Gothenburg
1st Se

Pripps!

CW01627469

PRISMAS ENGELSKA ORDBOK

Prismas Engelska Ordbok

ENGELSK-SVENSK
SVENSK-ENGELSK

BOKFÖRLAGET PRISMA STOCKHOLM

Engelsk-svenska delen
© 1988 Bokförlaget Prisma, Stockholm
Första upplagan 1988
Andra upplagan 1991

Svensk-engelska delen
© 1970, 1972, 1976 och 1988 Bokförlaget Prisma, Stockholm
Första upplagan 1970
Andra upplagan 1972
Tredje, omarbetade upplagan 1976
Fjärde, omarbetade upplagan 1988
Andra tryckningen 1989

I detta utförande 1992
Omslag Jan Bohman

ISBN 91-518-2525-2
Satt hos Gotab, Stockholm
Tryckt i Norge av Norbok A/S, 1992

ENGELSK-SVENSKA DELEN

FÖRORD

Denna ordbok är utarbetad inom Bokförlaget Prismas lexikonredaktion av Eva Gomer under medverkan av Bengt Ellenberger, Josef Huber, Hans Lindquist och Birgit Örsmark. Den innehåller ca 50 000 uppslagsord och ca 15 000 fraser, talesätt och andra språkliga konstruktioner.

Förlagets strävan har varit att täcka det centrala och nyaste ordförrådet i såväl brittisk som amerikansk engelska. Facktermer inom olika ämnesområden, vardagliga ord och slanguttryck är rikligt representerade. Även åtskilliga brittiska och amerikanska förkortningar, egennamn samt inregistrerade varumärken förekommer. För att ordboken också skall kunna användas vid läsning av äldre litteratur har ett visst antal ålderdomliga och föråldrade ord och uttryck upptagits.

Den grammatiska apparaten är den enklaste möjliga. Överallt där detta har varit möjligt har självförklarande uttryck använts i stället för grammatisk terminologi.

Vid arbetet har alla viktigare tillgängliga lexikon och uppslagsverk använts. Särskilt kan nämnas *Collins Dictionary of the English Language, Collins Cobuild English Language Dictionary, the Concise Oxford Dictionary, The Advanced Learner's Dictionary of Current English, The American Heritage Dictionary,* Svartvik-Sager *Engelsk universitetsgrammatik, Illustrerad svensk ordbok, Svensk ordbok, Svensk Handordbok* samt *Nyord i svenskan från 40-tal till 80-tal.*

BOKFÖRLAGET PRISMA
Lexikonredaktionen

ANVISNINGAR

Allmänt

De engelska uppslagsorden återges i sträng bokstavsordning, alltså t. ex. **pig, pigeon, piggery**. Uppgifter om ordklass o. d. ges endast där tveksamhet kan råda. I de talrika fall där ett ord har flera betydelser har huvudprincipen varit att ange den viktigaste (vanligaste) betydelsen först. Facktermer markeras med biol., med., sport., tekn. etc (se förkortningslistan på s.9)

Använda tecken

Om ett ord har flera betydelser anges olika ordklasser med hjälp av romerska siffror. Klart åtskilda betydelser inom varje ordklass anges med arabiska siffror, mindre betydelseskillnader med semikolon.

Ord med samma stavning men med olika ursprung och betydelse har numrerats med en siffra framför ordet, t. ex. **1 minute** ['minit] minut **2 minute** [mai'nju:t] ytterst liten.

–	betecknar det första helt utskrivna uppslagsordet i artikeln eller med | avskild del av ett ord, t. ex. **blame, -less** (= **blame, blameless**), **culmi|nate, -nation** (= **culminate, culmination**).
~	betecknar hela det närmast föregående uppslagsordet, t. ex. **bath**, *have a ~* (= *have a bath*).
|	står efter den del av ett uppslagsord som återkommer i ett eller flera följande uppslagsord.
--	anger att den följande orddelen skall avskiljas med bindestreck. Observera alltså skillnaden mellan **blue|bell, -berry** (= **bluebell, blueberry**) och **by|-election, --product** (= **by-election, by-product**).
( )	används dels för kompletterande förklaringar, t. ex. **ward** (*på sjukhus*) avdelning, dels för alternativa ord och fraser, t. ex. *wait up for s.b.* stanna (sitta) uppe och vänta på ngn.
[ ]	används dels kring uttalsbeteckningarna, dels för att ange ord eller del av ord som kan utelämnas, t. ex. *go for a walk* ta [sig] en promenad, **willow** pil[träd].

Stavning

Vid i övrigt lika stavning har ord med stor begynnelsebokstav placerats före ord med liten begynnelsebokstav.

I normala fall är stavningen den brittiska engelskans. I de fall där amerikansk engelska avviker väsentligt från brittisk engelska ges den amerikanska stavningen med hänvisning till den brittiska. De viktigaste skillnaderna mellan brittisk och amerikansk praxis framgår av nedanstående uppställning:

Brittisk engelska	*Amerikansk engelska*	
travelling, worshipped	traveling, worshiped	I amerikansk engelska bibehålls enkelt l och p efter obetonad vokal.
colour, neighbour	color, neighbor	Ändelsen -our motsvaras i amerikansk engelska av -or.
metre, theatre	meter, theater	-re i ordslut motsvaras i amerikansk engelska oftast av -er.
cheque, plough, catalogue, programme	check, plow, catalog, program	Bokstavsföljder som betecknar ett enda ljud förenklas i amerikansk engelska.
defence	defense	-ce i ordslut motsvaras i amerikansk engelska ibland av -se.

Uttal

Uttalet anges enligt Jones-Gimson EVERYMAN'S ENGLISH PRONOUNCING DICTIONARY, 14:e upplagan, 1977. Följande ljudskrift har använts:

ɑ:	i father ['fɑ:ðə]	ŋ	i song [sɔŋ]
æ	i man [mæn]	əʊ	i so [səʊ]
aɪ	i time [taɪm]	ɔ:	i sport [spɔ:t]
aʊ	i house [haʊs]	ɒ	i not [nɒt]
		ɔɪ	i boy [bɔɪ]
ʌ	i cup [kʌp]	ʃ	i fish [fɪʃ]
e	i bed [bed]	θ	i thing [θɪŋ]
eə	i fear [feə]	ð	i the [ðə]
eɪ	i day [deɪ]	u:	i shoe [ʃu:]
ɜ:	i service ['sɜ:vɪs]	ʊ	i good [gʊd]
ə	i flatter ['flætə]	ʊə	i poor [pʊə]
i:	i three [θri:]	w	i way [weɪ]
		x	i Bach (tyskt ach-ljud)
ɪ	i it [ɪt]	z	i zero ['zɪərəʊ]
j	i you [ju:]	ʒ	i measure ['meʒə]

~ över vokalen betecknar nasalering, t. ex. aide-de-camp [eɪddə'kã:(ŋ)].
ˌ under l och n (l̩, n̩) anger att dessa är stavelsebildande
: betecknar lång vokal.
ˈ före stavelse anger huvudaccent, t. ex. father ['fɑ:ðə].
ˌ före stavelse betecknar biaccent, t. ex. imagination [ɪˌmædʒɪ'neɪʃn].
Parentes står kring ljud som kan utelämnas, t. ex. change [tʃeɪn(d)ʒ].

Uttal anges för samtliga icke sammansatta ord. För sammansatta ord anges uttal för det första ordet i varje artikel. För övriga ord i den artikeln anges uttalet av det andra sammansättningsledet endast om detta i fråga om betoning avviker från det första ordet i artikeln. Se t. ex. artikeln weatherbound.

Förkortningar Abbreviations

a adjektiv adjective
abstr. abstrakt abstract
adj. adjektivisk adjectival
adv adverb adverb
AE. amerikansk engelska; [i] USA American English; [in] U.S.
anat. anatomi anatomy
angl. anglikanska kyrkan Anglican Church
a p. någon a person
arkeol. arkeologi archaeology
arkit. arkitektur architecture
art. artikel article
astr. astronomi astronomy
attr. attribut; attributiv[t] attribute; attributive[ly]
Austr. australiensk; [i] Australien Australian; [in] Australia

bank. bankväsen banking
BE. brittisk engelska; [i] England British English; [in] England
best. bestämd definite
bet. betydelse sense
beton. betonad stressed
bibl. bibliskt uttryck biblical term
bildl. bildlig[t] figurative[ly]
biol. biologi biology
bokb. bokbinderi bookbinding
bokför. bokföring bookkeeping
boktr. boktryckeri printing
bot. botanik botany
byggn. byggnadskonst building

ca cirka circa
Cambr. [i] Cambridge [in] Cambridge

data. databehandling data processing
demonstr. demonstrativ demonstrative
determ. determinativ determinative
dial. dialektal[t] dialectal[ly]
dipl. diplomati diplomacy

e. d. eller dylik[t] or suchlike
eg. egentlig[en], i egentlig betydelse literal[ly]
ekol. ekologi ecology
ekon. ekonomi economy
el. eller or
elektr. elektroteknik electricity
elektron. elektronik electronics
eng. engelsk[a, -t] English
etc. etcetera etc.

fack. fackspråk technical term
farm. farmakologi pharmacology
fem. femininum feminine
film. filmkonst film, cinematography
filos. filosofi philosophy
flyg. flygteknik aeronautics
fonet. fonetik phonetics
foto. fotografering photography
fys. fysik physics
fysiol. fysiologi physiology
fören. förenad attributive
förk. förkortning abbreviation
försäkr. försäkringsväsen insurance

gen. genitiv genitive
geogr. geografi geography
geol. geologi geology
geom. geometri geometry
golf. golfterm golf
gruv. gruvdrift mining
gymn. gymnastik gymnastics

hand. handelsterm commerce
her. heraldik heraldry
hist. historia; historisk[t] history; historical[ly]
högt. högtidlig[t] formal[ly]

ibl. ibland sometimes
imperf. imperfektum past tense
indef. indefinit indefinite
inf. infinitiv infinitive
interj interjektion interjection
interr. interrogativ interrogative
Irl. irländsk; [i] Irland Irish; [in] Ireland
iron. ironisk[t] ironical[ly]
i sht i synnerhet especially

jakt. jaktterm hunting
jfr jämför compare
jud. judendom; judisk[t] Judaism; Jewish
jur. juridik law
järnv. järnvägsterm railways

kat. katolsk Catholic
kem. kemi chemistry
kir. kirurgi surgery
kokk. kokkonst cookery
koll. kollektiv[t] collective[ly]
komp. komparativ comparative
konj konjunktion conjunction
konkr. konkret concrete
konst. konstterm art
kortsp. kortspel cards
kyrkl. kyrklig term ecclesiastical term

lantbr. lantbruk agriculture
lat. latin Latin
litt. litteratur; litterär[t] literature; literary

mat. matematik mathematics
med. medicin medicine
meteor. meteorologi meteorology
mil. militärväsen military
miner. mineralogi mineralogy
motsv. motsvarande equivalent to
mus. musik music
myt. mytologi mythology

naturv. naturvetenskap science
neds. nedsättande derogatory
ngn någon somebody
ngt något something

o. och and
obest. obestämd indefinite
obeton. obetonad unstressed
o. d. och dylik[t] and suchlike
opers. opersonlig impersonal
opt. optik optics
oreg. oregelbunden irregular
o.s. sig själv oneself
Oxf. [i] Oxford [in] Oxford

parl. parlamentarisk term parliamentary term
perf. part. perfekt particip, supinum past principle
pers. person; personlig person; personal
pl plutalis plural
poet. poetisk[t] poetical[ly]
polit. politik politics
poss. possessiv possessive
post. postväsen postal services
pred. predikativ predicative
prep preposition preposition
pres. presens present tense
pres. part. presens particip present participle
pron pronomen pronoun
psykol. psykologi psychology

radar. radarteknik radar
radio. radioteknik radio
reg. regelbunden regular
rel. relativ relative
relig. religion religion
rfl reflexiv reflexive
ridk. ridkonst horsemanship
rom. romersk Roman
räkn räkneord numeral

s substantiv noun
s.b. någon somebody
schack. schackterm chess
sg singularis singular
självst. självständig independent
sjö. sjöterm nautical
Sk. skotsk; [i] Skottland Scottish; [in] Scotland
skeppsb. skeppsbyggeri shipbuilding
skol. skolväsen education; school jargon
skämts. skämtsamt jocularly
sl. slang slang
slaktar. slakteriterm butchery
sms. sammansättning[ar] compound[s]
snick. snickeri carpentry
sociol. sociologi sociology
spelt. spelterm games
sport. sportterm sport
spr. språk language
språkv. språkvetenskap linguistics
stat. statistik statistics
s. th. något something
subst. substantiverad used as a noun
superl. superlativ superlative
Sydafr. sydafrikansk; [i] Sydafrika South African; [in] South Africa
särsk. särskil|d, -t special[ly]
sömn. sömnad needlework

t. till to
tandläk. tandläkarterm dentistry
teat. teaterterm theatre
tekn. teknik, teknologi technology
tel. telefonväsen telephony
teol. teologi theology
textil. textilterm textiles
TV. TV-term television
ty. tysk German

ung. ungefär approximate[ly]
univ. universitetsväsen university
urspr. ursprunglig[en] original[ly]
uttr. uttryck; uttryckande expression; expressing

v verb verb
vanl. vanlig[en] usual[ly]
vard. vardaglig stil informal style
versl. verslära metrics
veter. veterinärmedicin veterinary science
vulg. vulgär stil vulgar style
väv. vävterm weaving

zool. zoologi zoology

åld. ålderdomlig (föråldrad) stil archaic style

äv. även also

A

A, a [eɪ] (*bokstav, ton*) A, a; *A flat* (*mus.*) ass; *A sharp* (*mus.*) aiss; *A road* huvudled; *A 1 a*) *vard.* förstklassig, prima, *b*) första klass fartyg i Lloyd's register; *from A to Z* från a till ö, från början till slut, utan och innan

A 1 ~ *road* huvudväg **2** *BE.*, ~ *film* (*ung.*) barntillåten för barn i vuxens sällskap **3** *förk. för ampere; area; atomic*

a [eɪ, *obeton.* ə], (*framför vokalljud*) **an** [æn, *obeton.* ən, n] en, ett; *a man* en man; *an old woman* en gammal kvinna, en gumma; *a union* en förening; *twice a day* två gånger om dagen; *all of an age* alla i ungefär samma ålder

A. *förk. för acre*[*age*]; *America*[*n*]; *answer* **a.** *förk. för acre*[*age*]; *alto; amateur; answer* **AA** *förk. för Alcoholics Anonymous; anti-aircraft; Automobile Association* **A.A.A.** *förk. för* (*BE.*) *Amateur Athletic Association;* (*AE.*) *Automobile Association of America* **AAM** *förk. för air-to-air missile*

aardvark ['ɑ:dvɑ:k] jordsvin

Aaron ['eər(ə)n] Aron; ~*'s rod* (*bot.*) kungsljus

A.B. *förk. för able-bodied seaman*; (*AE.*) *Bachelor of Arts*

aback [ə'bæk] *adv, taken* ~ förvånad, förlägen

abacus ['æbəkəs] kulram

abaft [ə'bɑ:ft] *sjö.* **I** *adv* akter ut **II** *prep* akter om; ~ *the beam* akter om tvärs

abalone [æbə'ləʊnɪ] *AE.* haliotissnäcka

aban|don [ə'bændən] **I** *v* **1** överge, lämna (*a ship* ett fartyg) **2** ge upp (*hope* hoppet); frångå (*a habit* en vana) **3** ~ *o.s.* ge sig hän, hänge sig (*to* åt) **II** *s* frigjordhet, lössläppthet, otvungenhet; *with* ~ lössläppt, ohämmat, uppsluppet **-doned** [-dənd] **1** utsvävande, lössläppt **2** övergiven **-donment** [-dənmənt] **1** övergivande **2** övergivenhet **3** frigjordhet, lössläppthet, otvungenhet **4** hängivelse

abase [ə'beɪs] förnedra, förödmjuka **-ment** [-mənt] förnedring, förödmjukelse

abash [ə'bæʃ] förvirra, göra förlägen (generad)

abate [ə'beɪt] **1** minska, dämpa **2** *jur.* upphäva **3** sänka (*the price* priset) **4** minska[s], dämpas; avta; mojna **-ment** [-mənt] **1** minskning **2** *jur.* upphävande **3** sänkning

abattoir ['æbətwɑ:] slakthus

abbé ['æbeɪ] abbé **abbess** ['æbes] abbedissa **abbey** ['æbɪ] kloster; klosterkyrka **abbot** ['æbət] abbot

abbrevi|ate [ə'bri:vɪeɪt] förkorta **-ation** [əˌbri:vɪ'eɪʃn] förkortning; kortform

ABC 1 abc, alfabet; *the ~ of skiing* skidåkningens grunder **2** *förk. för American Broadcasting Company; Australian Broadcasting Commission; atomic, biological, and chemical;* (*data.*) *approach by concept*

abdi|cate ['æbdɪkeɪt] abdikera, avsäga sig tronen **-cation** [ˌæbdɪ'keɪʃn] abdikation

abdomen ['æbdəmen, *med. vanl.* æb'dəʊmen] buk, mage, abdomen **abdominal** [æb'dɒmɪnl] buk-, mag-, abdominal

abduct [æb'dʌkt] bortföra, enlevera **abduction** [æb'dʌkʃn] bortförande, enlevering **abductor** [æb'dʌktə] kidnappare; kvinnorövare

Abe [eɪb] *kortform av Abraham*

abeam [ə'bi:m] *sjö.* tvärs; ~ *to port* tvärs om babord

abecedarian [ˌeɪbi:si:'deərɪən] **I** *a* alfabetisk **II** *s* nybörjare

abed [ə'bed] *åld.* till sängs; sängliggande

Abel ['eɪb(ə)l] Abel

abele [ə'bi:l] *bot.* silverpoppel

Aberdeen [ˌæbə'di:n] Aberdeen **Aberdonian** [ˌæbə'dəʊnjən] Aberdeenbo

aber|rant [æ'berənt] anomal, abnorm, avvikande **-ration** [ˌæbe'reɪʃn] **1** anomali, abnormitet, avvikelse **2** sinnesförvirring **3** *opt.* aberration

abet [ə'bet] understödja, underblåsa (*ngt brottsligt*); *aid and* ~ vara medhjälpare **-ment** [-mənt] medhjälp (*t. brott*) **-tor** [-tə] medhjälpare (*t. brott*)

abeyance [ə'be(ɪ)əns] *s, be in* ~ vila, ligga nere, få anstå; *fall into* ~ komma ur bruk

abhor [əb'hɔ:] avsky **-rence** [əb'hɒr(ə)ns] avsky, fasa **-rent** [əb'hɒr(ə)nt] motbjudande, avskyvärd

abidance [ə'baɪd(ə)ns] avvaktan; ~ *by* fasthållande vid **abide** [ə'baɪd] *abode, abode el. reg.* **1** tåla, stå ut med **2** foga sig i (efter) **3** ~ *by a*) stå fast vid, hålla sig till, *b*) foga sig i (efter) **4** dröja; förbli **5** *åld.* vistas; bida **abiding** [-ɪŋ] bestående, varaktig

ability [ə'bɪlətɪ] **1** förmåga, duglighet, skicklighet; ~ *to learn* läraktighet, inlärningsförmåga; *to the best of my* ~ efter bästa förmåga, så gott jag kan **2** begåvning; *abilities* (*pl*) talanger, anlag; *a woman of great* ~ en mycket begåvad kvinna; *musical* ~ musikalisk begåvning

abject ['æbdʒekt] **1** eländig, usel **2** undergiven, krypande **abjection** [æb'dʒekʃn] **1** elände **2** undergivenhet

abjuration [ˌæbdʒʊ(ə)'reɪʃn] avsvärjelse **abjure** [əb'dʒʊə] avsvärja [sig]

ablative ['æblətɪv] *språkv.* **I** *s* ablativ **II** *a* ablativ-

ablaut ['æblaʊt] *språkv.* avljud

ablaze [ə'bleɪz] **1** i brand, i lågor **2** starkt upplyst, illuminerad **3** *bildl.* eld och lågor; glödande (*with* av)

able ['eɪbl] duglig, duktig, skicklig, kunnig; ~ *seaman* matros; *be ~ to do s.th.* kunna (vara i stånd att) göra ngt **--bodied** [ˌeɪbl'bɒdɪd] stark; arbetsför; ~ *seaman* matros

ablution [əb'lu:ʃn] **1** tvättning; *relig.* tvagning; *perform one's ~s* (*skämts.*) tvätta sig **2** *mil. vard.* toalett

ably ['eɪblɪ] *adv* dugligt, duktigt, skickligt, kunnigt

ABM *förk. för antiballistic missile*

abne|gate ['æbnɪgeɪt] avsäga sig; avstå [från] **-gation** [ˌæbnɪ'geɪʃn] avsägelse; förnekande

abnor|mal [æb'nɔ:ml] abnorm, onormal, avvikande **-mality** [ˌæbnɔ:'mælətɪ] abnormitet, avvikelse; missbildning **-mity** [æb'nɔ:mətɪ] *s, the ~ of* det monstruösa i

Abo, abo ['æbəʊ] *Austr. vard.* urinvånare

aboard [ə'bɔ:d] *adv, a, prep* **1** ombord [i, på]; *all ~!* alla passagerare ombord! **2** *sjö., close ~* längs efter, långsides
abode [ə'bəʊd] **I** *s* boning, hem[vist] **II** *v, imperf. o. perf. part. av abide*
abolish [ə'bɒlɪʃ] avskaffa, upphäva
abolition [ˌæbəʊ'lɪʃn] avskaffande; slaveriets upphörande (avskaffande) **-ist** [-'lɪʃənɪst] abolitionist
A-bomb ['eɪbɒm] atombomb
abomi|nable [ə'bɒminəbl] avskyvärd, *vard.* förfärlig, gräslig; *the ~ snowman* snömannen (*i Himalaya*) **-nate** [-neɪt] avsky **-nation** [əˌbɒmɪ'neɪʃn] avsky; styggelse, avskyvärdhet
aborigi|nal [ˌæbə'rɪdʒənl] **I** *a* ursprunglig, ur- **II** *s* urinvånare **-ne** [-nɪ] (*pl ~s* [-ni:z]) urinvånare, inföding
abort [ə'bɔ:t] **1** få missfall **2** misslyckas; stranda **3** bli rudimentär (förkrympt) **4** göra abort **abortion** [ə'bɔ:ʃn] **1** missfall; abort; *have an ~* få (göra) abort **2** förkrympning **3** missbildad varelse **4** misslyckande; misslyckad raketstart (*e.d*) **abortionist** [ə'bɔ:ʃnɪst] abortör **abortive** [ə'bɔ:tɪv] **1** förkrympt, ofullgången **2** misslyckad, felslagen
abound [ə'baʊnd] **1** finnas i överflöd **2** *~ in* (*with*) överflöda av, vimla av, ha i överflöd
about [ə'baʊt] **I** *prep* **1** *rumsbet.* [runt] omkring; omkring i (på); i närheten av; på, med, hos, vid, över [sig]; *the fields ~ the lake* åkrarna kring sjön; *stand ~ the door* stå vid (i närheten av) dörren; *somewhere ~ here* här någonstans; *I have no money ~ me* jag har inga pengar på mig; *she looked ~ her* hon såg sig omkring; *be quick ~ it!* skynda på!; *there is something ~ her* det är någonting hos (med) henne **2** sysselsatt med; *while I'm ~ it* medan jag ändå håller på [med det]; *he's been a long time ~ it* han har hållit på länge [med det] ; *what are you ~?* vad har du för dig? **3** om, angående, i fråga om; *how ~...? a*) hur skulle det vara att (med)...?, *b*) hur är (var) det med...?; *what ~...? a*) hur skulle det vara med...?, *b*) hur är det med...?; *be ~* handla om, gälla; *tell me ~ it!* berätta!; *quarrel ~ money* gräla om pengar **4** *tidsbet., måttsbet.* omkring, inemot, ungefär; *~ 8 o'clock* omkring klockan 8; *that's ~ my size* det är ungefär min storlek; *it's ~ time you came!* det var (är) på tiden att du kom (kommer)! **II** *adv* **1** [runt] omkring, runt; i omkrets; här och där, hit och dit; i farten, i rörelse; *there was nobody ~* det fanns ingen i närheten; *be [up and] ~ again* vara på benen (i farten) igen; *leave things ~* låta saker och ting ligga framme; *move ~* flytta hit och dit; *~ turn!* helt om! **3** nästan; ungefär; *~ finished* nästan klar; *I've had just ~ enough of that!* jag har fått nog av det! **4** *be ~ to* (+ *inf.*) [just] skola, stå i begrepp att; *he was ~ to leave* han skulle just ge sig i väg
about|-face [əˌbaʊt'feɪs] *AE.*, **--turn** [-'tɜ:n] *BE.* **I** *s* helomvändning (*äv. bildl.*) **II** *v* göra helt om, göra en helomvändning (*äv. bildl.*)
above [ə'bʌv] **I** *prep* över, ovanför; mer än; framför, före; *~ all* framför allt; *~ and beyond* förutom, jämte; *~ board* öppen, ärlig; *~ suspicion* höjd över alla misstankar; *it's ~ him* det övergår hans förstånd; *get ~ o.s.* bli uppblåst **II** *adv* **1** ovan, ovanför, där (här) ovan, upptill; *from ~* ovan-, upp|ifrån **2** däröver, mer; *sums of £100 and ~* summor på 100 pund och mer **III** *a* ovannämnda (*paragraph* paragraf) **IV** *s* ovanstående; *the ~* [det] ovanstående, ovannämnda [person, personer]
above|board [əˌbʌv'bɔ:d] *adv* öppet, ärligt **--mentioned** ovannämnd
Abp., abp. *förk. för archbishop* **abr.** *förk. för abridged; abridgment*
abracadabra [ˌæbrəkə'dæbrə] abrakadabra
abrade [ə'breɪd] skava (nöta) av
Abraham ['eɪbrəhæm]
abrasion [ə'breɪʒn] **1** avskavning **2** *med.* abrasion, skrapning **abrasive** [ə'breɪsɪv] **I** *s* slipmedel **II** *a* **1** slip-, slipande **2** *bildl.* skrovlig, sträv; irriterande
abreast [ə'brest] i bredd, bredvid varandra, jämsides; *~ of* (*with*) *a*) i jämnhöjd med, *b*) insatt i, förtrogen med; *keep ~ of events* hålla sig à jour med vad som händer; *keep ~ with s.b.* hålla jämna steg med ngn
abridge [ə'brɪdʒ] förkorta, avkorta **abridg[e]ment** [-mənt] **1** förkortning **2** sammandrag
abroad [ə'brɔ:d] **1** utomlands, utrikes, i (till) utlandet; *from ~* utifrån, från utlandet; *he was all ~* han var alldeles villrådig **2** i omlopp, i svang; *there is a rumour ~* det går ett rykte **3** ute, utomhus
abro|gate ['æbrə(ʊ)geɪt] *jur.* avskaffa, upphäva **-gation** [ˌæbrə(ʊ)'geɪʃn] *jur.* avskaffande, upphävande
abrupt [ə'brʌpt] **1** tvär, plötslig, abrupt; brysk, korthuggen **2** (*om tal e.d.*) osammanhängande; ryckig **3** tvär, brant
abscess ['æbsɪs] böld, varhärd, abscess
abscis|sa [æb'sɪsə] (*pl -sas el. -sae* [-i:]) *mat.* abskissa
abscond [əb'skɒnd] avvika, rymma, smita
abscence ['æbs(ə)ns] **1** frånvaro; *~ without leave* olovlig frånvaro; *~ of mind* tankspriddhet **2** brist (*of* på); avsaknad (*of* av) **absent I** *a* ['æbs(ə)nt] **1** frånvarande; *~ voter* poströstare **2** obefintlig **3** ouppmärksam, tankspridd, disträ **II** *rfl v* [æb'sent] avlägsna sig; hålla sig borta **absentee** [ˌæbs(ə)n'ti:] *s* frånvarande [person] **absentee ballot** *AE.* poströst **absenteeism** [ˌæbs(ə)n'ti:ɪz(ə)m] frånvaro (*utan giltigt förfall*); skolk; frånvarofrekvens **absent-minded** ['æbs(ə)nt'maɪndɪd] tankspridd, disträ
absinth[e] ['æbsɪnθ] **1** absint **2** *bot.* malört
abso|lute ['æbsəlu:t] absolut; fullständig; oinskränkt; *~ alcohol* ren alkohol; *an ~ fool* en komplett (fullständig) idiot; *~ majority* absolut majoritet; *~ monarchy* absolut (oinskränkt) monarki; *~ pitch* absolut gehör; *~ ruler* envåldshärskare; *~ temperature* absolut temperatur; *~ zero* absoluta nollpunkten **-lutely** [-lu:tlɪ] *adv* absolut; fullständigt; oinskränkt; *~!* ja absolut!, utan tvivel!, ja visst! **-lution** [ˌæbsə'lu:ʃn] **1** frikännande **2** *teol.* absolution, avlösning, syndaförlåtelse
absolve [əb'zɒlv] **1** frikänna; lösa, fritaga (*from* från) **2** ge absolution
absorb [əb'sɔ:b] absorbera; suga upp; helt uppta[ga]; införliva; *~ed in thought* försjunken i tankar **-ent** [-ənt] **I** *a* absorberande, uppsugande; ~

cotton (*AE.*) bomull, vadd **II** *s* absorberande (uppsugande) material **-ing** [-iŋ] absorberande; *bildl.* allt uppslukande, fängslande
absorption [əb'sɔ:pʃn] absorption, uppsugning; *bildl.* försjunkenhet
abstain [əb'steɪn] avstå, avhålla sig (*from* från) **-er** [-ə] *s* **1** *total* ~ helnykterist **2** röstskolkare
abstemious [æb'sti:mjəs] återhållsam, måttlig
abstention [əb'stenʃn] **1** återhållsamhet, måttlighet **2** röstnedläggelse
absti|nence ['æbstɪnəns] av-, åter|hållsamhet; nykterhet **-nent** [-nənt] av-, åter|hållsam; måttlig, nykter
abstract I *a* ['æbstrækt] abstrakt; teoretisk **II** *s* ['æbstrækt] **1** abstrakt begrepp; *in the* ~ i teorin, i princip **2** sammandrag, sammanfattning; utdrag **III** *v* [æb'strækt] **1** abstrahera; avskilja, ta bort **2** göra sammandrag av, sammanfatta; betrakta teoretiskt **3** stjäla, undanhålla **abstracted** [æb'stræktɪd] tankspridd **abstraction** [æb'strækʃn] **1** abstraktion; abstrakt begrepp **2** tankspriddhet **3** avskiljande, borttagande
abstruse [æb'stru:s] svårfattlig, dunkel, abstrus
absurd [əb'sɜ:d] orimlig, absurd, befängd **-ity** [-ɪtɪ], **-ness** [-nɪs] orimlighet, absurditet
abun|dance [ə'bʌndəns] överflöd; [stor] mängd; rikedom **-dant** [-dənt] överflödande, ymnig, riklig; rik (*in* på)
abuse I *s* [ə'bju:s] **1** missbruk; missförhållande **2** ovett, smädelser **II** *v* [ə'bju:z] **1** missbruka **2** skymfa, okväda **abusive** [ə'bju:sɪv] oförskämd, ovettig; skymflig
abut [ə'bʌt] *v*, ~ *on* gränsa (stöta) intill **-ment** [-mənt] **1** sidostöd **2** *byggn.* stöd; slutstycke; brofäste **2** stödjepunkt **-ter** [-ə] *jur.* ägare till grannfastighet
abysmal [ə'bɪzml] bottenlös; urdålig
abyss [ə'bɪs] avgrund **-al** [-(ə)l] *a* djuphavs-
Abyssin|ia [ˌæbɪ'sɪnjə] Abessinien **-ian** [-jən] **I** *s* abessinier **II** *a* abessinsk
AC *förk. för alternating current* **A.C.** *förk. för Air Corps; Ante Christum* (*lat.*) *before Christ; athletic club* **a/c** *förk. för account; account current*
acacia [ə'keɪʃə] *bot.* akacia
aca|demic [ˌækə'demɪk] **I** *a* akademisk; teoretisk **II** *s* akademiker; teoretiker **-demicals** [-'demɪklz] *pl* universitetsdräkt **-demician** [əˌkædə'mɪʃn] akademiledamot **-demy** [ə'kædəmɪ] **1** akademi, lärt samfund **2** akademi, skola; *military* ~ militärhögskola **3** [privat]skola
acanthus [ə'kænθəs] *bot.* akantus, björnklooört
acc. *förk. för acceptance; accompanied; according; account; accusative*
accede [æk'si:d] *v*, ~ *to a*) tillträda (*ämbete*), komma på (*the throne* tronen), *b*) ansluta sig till, *c*) instämma i, samtycka till
accelerate [ək'seləreɪt] **1** accelerera, öka hastigheten (takten) **2** accelerera, påskynda **acceleration** [ˌəkselə'reɪʃn] acceleration; påskyndande **acceleration lane** påfartssträcka **accelerator** [ək'seləreɪtə] gaspedal; *fys., kem.* accelerator
accent I *s* ['æks(ə)nt] **1** accent; tryck; betoning; tonvikt **2** accenttecken **3** accent, brytning; *speak with a French* ~ (*äv.*) bryta på franska **II** *v* [æk'sent] betona, accentuera
accentu|ate [æk'sentjʊeɪt] accentuera, betona **-ation** [ækˌsentjʊ'eɪʃn] accentuering, betoning
accept [ək'sept] **1** anta[ga], acceptera, ta emot; ~ *an invitation* tacka ja till en inbjudan **2** erkänna, inse; godta[ga]; finna sig i; acceptera **3** *hand.* acceptera (*en växel*) **-able** [-əbl] acceptabel, antaglig, godtagbar (*to* för) **-ance** [-əns] **1** antagande, accepterande; gynnsamt mottagande **2** erkännande; godtagande; accepterande **3** *hand.* accept; växelacceptering **-ation** [ˌæksep'teɪʃn] vedertagen betydelse **-ed** [ək'septɪd] accepterad, allmänt vedertagen
access ['ækses] **1** tillträde (*to* till); tillgänglighet; ~ *to one's children* umgängesrätt med sina barn **2** anfall, utbrott; ~ *of rage* vredesutbrott **accessary** [ək'sesərɪ] *se accessory I* **accessible** [ək'sesəbl] tillgänglig, åtkomlig, mottaglig (*to* för) **accession** [ək'seʃn] **1** tillträde; inträdande (*to* i); ~ [*to the throne*] tronbestigning **2** tillskott; tillägg; nyanskaffning **3** godkännande (*to* av); instämmande (*to* i); anslutning (*to* till) **accesso|ry** [ək'sesərɪ] **I** *s* **1** medhjälpare; medbrottsling **2** *-ries* (*pl*) accessoarer, tillbehör **II** *a* åtföljande; medbrottslig, delaktig (*to a crime* i ett brott) **access road** tillfartsväg **access time** *data.* access-, åtkomst|tid
accidence ['æksɪd(ə)ns] *språkv.* formlära
accident ['æksɪd(ə)nt] **1** tillfällighet, slump; *by* ~ av en händelse (slump) **2** olyckshändelse, olycka; *have an* ~ råka ut för en olycka; *~s will happen* en olycka händer så lätt **accidental** [ˌæksɪ'dentl] **I** *a* **1** tillfällig; oavsiktlig; oväntad **2** oväsentlig **II** *s*, *mus.* tillfälligt förtecken **accident-prone** ['æksɪd(ə)ntprəʊn] olycksbenägen
acclaim [ə'kleɪm] **I** *v* hylla, tilljubla **II** *s* hyllning, bifall, lovord
acclamation [ˌæklə'meɪʃn] **1** bifallsrop **2** acklamation; *by* ~ med acklamation
accli|mation [ˌæklaɪ'meɪʃn] *AE., se acclimatization* **-mate** [ə'klaɪmət] *AE., se acclimatize* **-matization** (*BE. äv. -matisation*) [əˌklaɪmətaɪ'zeɪʃn] acklimatisering; anpassning **-matize** (*BE. äv. -matise*) [ə'klaɪmətaɪz] acklimatisera [sig]; anpassa [sig]
acclivity [ə'klɪvətɪ] uppförsbacke; stigning
accolade ['ækə(ʊ)leɪd] **1** riddarslag, dubbning **2** hyllning, lovord **3** *mus.* ackolad, klammer
accommodate [ə'kɒmədeɪt] **1** anpassa, inställa (*to* efter); ackommodera; jämka **2** tillmötesgå, hjälpa **3** försona **4** härbärgera, inhysa, inkvartera; rymma **accommodating** [-deɪtɪŋ] tillmötesgående, hjälpsam
accommodation [əˌkɒmə'deɪʃn] **1** anpassning, inställning (*to* efter); kompromiss; ackommodation[sförmåga]; jämkning **2** bostad, logi, husrum; plats, utrymme **3** tillmötesgående **4** hjälpmedel; bekvämlighet **5** *hand.* lån **6** överenskommelse **accommodation address** [-əˌdres] tillfällig adress **accommodation ladder** [-ˌlædə] *sjö.* fallrepstrappa **accommodation road** [-rəʊd] privatväg
accompaniment [ə'kʌmpənɪmənt] **1** *mus.* ackompanjemang **2** bihang, komplement, tillbehör
accompanist [ə'kʌmp(ə)nɪst] ackompanjatör
accompa|ny [ə'kʌmp(ə)nɪ] **1** beledsaga; [åt]följa, följa med; *-nied by s.b.* åtföljd av (i sällskap

med) ngn; *-nied with* (*bildl.*) åtföljd (beledsagad) av **2** *mus.* ackompanjera

accomplice [ə'kʌmplɪs] medbrottsling

accom|plish [ə'kʌmplɪʃ] **1** utföra; uträtta; åstadkomma **2** fullborda, slutföra **-plished** [-plɪʃt] **1** fulländad; *an ~ fact* ett fullbordat faktum **2** skicklig, kunnig **-plishment** [-plɪʃmənt] **1** utförande; uträttande **2** fullbordande **3** prestation **4** *~s* (*pl*) talanger; fint sätt

accord [ə'kɔ:d] **I** *v* **1** bevilja; skänka **2** stämma överens; vara ense **II** *s* **1** överensstämmelse, samstämmighet; harmoni; *in ~ with* i överensstämmelse med; *with one ~* enhälligt **2** *of one's own ~* självmant **3** förlikning, kompromiss; överenskommelse **-ance** [-(ə)ns] **1** *in ~ with* i överensstämmelse (enlighet) med **2** beviljande **-ing** [-ɪŋ] **1** *~ to* enligt, [allt]efter **2** *~ as* i den mån som, alltefter som **-ingly** [-ɪŋlɪ] **1** i enlighet därmed **2** således, följaktligen

accordion [ə'kɔ:djən] dragspel

accost [ə'kɒst] [gå fram till och] tilltala; antasta

account [ə'kaʊnt] **I** *v* **1** betrakta som, anse [som] **2** uppskatta **3** *~ for a*) redovisa [för], *b*) förklara, vara en förklaring till; *that ~s for it* det förklarar saken **II** *s* **1** redogörelse, berättelse, rapport; redovisning; *by all ~s* efter allt vad man har hört; *call* (*bring*) *s.b. to ~ a*) ställa ngn till svars, göra ngn ansvarig, *b*) ge ngn en skrapa; *give an ~ of* redogöra för; *give a good ~ of o.s.* sköta (klara) sig bra; *render ~* lämna redovisning **2** konto, räkning; *~s* (*pl, äv.*) räkenskaper; *current ~* löpande räkning, kontokurant; *~s payable* (*AE.*) skulder; *~s receivable* (*AE.*) fordringar; *on ~ a*) på kredit, *b*) a conto, i avräkning, som avbetalning (*of* på); *do* (*keep*) *~s* föra räkenskaper; *open an ~ with* öppna konto hos; *pay* (*settle*) *an ~* betala en räkning; *put down to a p.'s ~* föra upp på ngns räkning (konto); *settle* (*square*) *~s with a*) utjämna sitt konto hos, *b*) *bildl.* göra upp räkningen med **3** [be]räkning; uppskattning, värdering; betydelse; fördel; *of little ~* av ringa (liten) betydelse; *of no ~* utan betydelse; *take into ~, take ~ of* ta med i beräkningen, överväga; *turn to ~* dra nytta (fördel) av **4** orsak, grund; *on ~ of* på grund av, med anledning av; *on my ~* för min skull; *on no ~* på inga villkor; *on one's own ~* för egen räkning; *on this* (*that*) *~* för den [sakens] skull

account|able [ə'kaʊntəbl] **1** ansvarig (*for* för; *to* inför) **2** förklarlig **-ancy** [-ənsɪ] bokföring **-ant** [-ənt] räkenskaps-, bok|förare; kamrer; *chartered* (*AE. certified public*) *~* auktoriserad revisor

accoutrement [ə'ku:təmənt] **1** *mil.* mundering **2** *vanl. pl ~s* utrustning, utstyrsel; stass

accredit [ə'kredɪt] **1** ackreditera (*at, to* hos, vid) **2** godkänna, auktorisera **2** tillskriva (*s.b. with s.th.* ngn ngt)

accrete [æ'kri:t] **1** växa till, öka **2** växa ihop **accretion** [-i:ʃn] **1** tillväxt, ökning; tillskott **2** hopväxning **3** avlagring, anhopning

accrue [ə'kru:] **1** tillväxa, uppstå (*i sht om ränta*); *~d interest* upplupen ränta **2** tillkomma, tillfalla (*to s.b.* ngn)

acct. *förk. för account*

accumu|late [ə'kju:mjʊleɪt] **1** hopa, samla ihop; ackumulera **2** hopa sig, samlas; ackumuleras **-lation** [ə,kju:mjʊ'leɪʃn] **1** hopande, samlande **2** anhopning, ackumulation **3** kapitalisering **-lator** [ə'kju:mjʊleɪtə] *fys.* ackumulator; batteri

accu|racy ['ækjʊrəsɪ] exakthet, precision; noggrannhet **-rate** [-rɪt] exakt, precis; noggrann

accursed [ə'kɜ:sɪd] förbannad

accu|sal [ə'kju:zl], **-sation** [,ækju:'zeɪʃn] anklagelse, beskyllning

accusative [ə'kju:zətɪv] *språkv.* ackusativ; *the ~* [*case*] ackusativ

accusa|torial [ə,kju:zə'tɔ:rɪəl], **-tory** [ə'kju:zət(ə)rɪ] *a* anklagande

accuse [ə'kju:z] anklaga, beskylla (*of* för); *the ~d* den anklagade

accus|tom [ə'kʌstəm] vänja (*to* vid) **-tomed** [-d] **1** van (*to* vid); *get ~ to* bli van vid **2** vanlig, bruklig

AC/DC ['eɪsi:'di:si:] **1** *förk. för alternating current/direct current* allström **2** *sl.* bisexuell

ace [eɪs] **1** äss, ess; etta (*på tärning*); (*i tennis*) serveäss **2** överdängare, stjärna **3** *within an ~ of* en hårsmån från

acerbity [ə'sɜ:bətɪ] surhet, bitterhet; *bildl.* kärvhet

acetate ['æsɪteɪt] acetat **acetic** [ə'si:tɪk] *a, ~ acid* ättiksyra **acetone** ['æsɪtəʊn] aceton **acetylene** [ə'setɪli:n] acetylen[gas]

ache [eɪk] **I** *s* värk; *~s and pains* krämpor **II** *v* **1** värka **2** *~ for* längta efter

achieve [ə'tʃi:v] **1** utföra; åstadkomma **2** [upp]nå **achievement** [ə'tʃi:vmənt] **1** utförande **2** prestation, bedrift; insats

Achilles [ə'kɪli:z] Akilles; *~' heel* akilleshäl

acid ['æsɪd] **I** *a* sur, bitter (*äv. bildl.*); *~ drops* syrliga karameller **II** *s* **1** syra **2** *sl.* LSD **acidification** [ə,sɪdɪfɪ'keɪʃn] försurning **acidity** [ə'sɪdətɪ] **1** aciditet, surhetsgrad **2** syrlighet **acid test** prövosten, eldprov **acidulous** [ə'sɪdjʊləs] syrlig; *bildl. äv.* skarp

ack-ack [,æk'æk] *vard.* **I** *s* luftvärnseld **II** *a* luftvärns-

acknowledge [ək'nɒlɪdʒ] **1** erkänna, tillstå **2** *~* [*receipt of*] bekräfta (erkänna) mottagandet av **3** uttrycka sin erkänsla för, tacka för **acknowledg[e]ment** [-mənt] **1** erkännande **2** kvitto **3** *in ~ of* som erkänsla (tack) for

acme ['ækmɪ] kulmen, höjdpunkt

acne ['æknɪ] acne, ungdomsfinnar

acolyte ['ækəʊlaɪt] **1** *kat.* akolut, korgosse **2** följeslagare

acorn ['eɪkɔ:n] ekollon **acorn barnacle (shell)** *bot.* havstulpan

acoustic[al] [ə'ku:stɪk(l)] akustisk, ljud- **acoustics** [-s] **1** (*behandlas som sg*) akustik, läran om ljuden **2** (*behandlas som pl*) akustik, ljudförhållanden

acquaint [ə'kweɪnt] **1** *~ o.s. with* bekanta sig med, göra sig bekant med, sätta sig in i; *be ~ed with* vara bekant med, känna [till], vara insatt i; *we're not ~ed* vi är inte bekanta (känner inte varandra) **2** *~ s.b. with* underrätta ngn om **-ance** [-(ə)ns] **1** bekantskap (*with* med); kännedom (*with* om); *make the ~ of* göra bekantsakp med **2** bekant; bekantskapskrets **-anceship** [-ənsʃɪp] **1** bekantskap **2** bekantskapskrets

acqui|esce [,ækwɪ'es] samtycka (*in* till); foga sig

A

-escence [-'esns] samtycke (*in* till) **-escent** [-'esnt] eftergiven, medgörlig
acquire [ə'kwaɪə] förvärva, skaffa [sig]; lägga sig till med; ~ *a taste for* få smak för **-ment** [-mənt] **1** förvärvande **2** *~s* (*pl*) talanger, färdigheter
acquisi|tion [ˌækwɪ'zɪʃn] **1** förvärvande **2** förvärv **-tive** [ə'kwɪzɪtɪv] förvärvslysten, hagalen; *the ~ society* prylsamhället **-tiveness** [ə'kwɪzɪtɪvnɪs] habegär
acquit [ə'kwɪt] **1** fritaga, frikänna (*of* från) **2** återbetala **3** ~ *o.s.* sköta sig (*well* bra) **-tal** [-tl] **1** frikännande **2** fullgörande **3** betalning **-tance** [-t(ə)ns] **1** betalning **2** befrielse (*från skuld*)
acre ['eɪkə] **1** (*ytmått = 4 047 m2*) acre, *ung.* tunnland **2** *vard.*, *~s* (*pl*) massor (*of* med) **-age** [-rɪdʒ] (*antal*) acres; areal
acrid ['ækrɪd] **1** skarp, bitande, frän (*äv. bildl.*) **-ity** [æ'krɪdətɪ], **-ness** ['ækrɪdnɪs] skärpa, fränhet (*äv. bildl.*)
acrimonious [ˌækrɪ'məʊnjəs] *bildl.* bitter, skarp
acrimony ['ækrimənɪ] *bildl.* bitterhet, skärpa
acro|bat ['ækrəbæt] akrobat **-batic** [ˌækrə(ʊ)'bætɪk] akrobatisk **-batics** [ˌækrə(ʊ)'bætɪks] *pl* akrobatik
acronym ['ækrə(ʊ)nɪm] akronym, initialförkortning
acrophobia [ˌækrə(ʊ)'fəʊbjə] akrofobi, höjdskräck
across [ə'krɒs] **I** *adv* **1** på tvären; tvärs [över]; på bredden; över; (*i korsord*) vågrätt **2** över, på (till) andra sidan **3** i kors; *with arms ~* med armarna i kors **II** *prep* **1** tvärs över, över, på, genom; *run* (*come*) ~ stöta (råka) på (*s.b.* ngn; *s.th.* ngt), komma över (*s.th.* ngt) **2** över, på (till) andra sidan [av] **--the-board** [əˌkrɒsðə'bɔ:d] generell, allmän
acrylic [ə'krɪlɪk] akryl-; ~ *fibre* akryl[fiber]
act [ækt] **I** *s* **1** handling, gärning; *the A~s [of the Apostles]* Apostlagärningarna; ~ *of faith* troshandling; ~ *of God* (*jur.*) force majeure; *catch s.b. in the ~* ta ngn på bar gärning **2** *parl.* beslut; lag; aktstycke, urkund **3** *teat.* akt; nummer; *a one ~ play* en enaktare; *put on an ~* spela teater, låtsas **II** *v* **1** handla; agera; uppträda; ~ *for* (*on behalf of*) *s.b.* företräda (representera) ngn; ~ *[up] on* handla på grundval av; ~ *up* (*vard.*) krångla, strula **2** fungera, tjäna, verka (*as* som) **3** göra (ha) verkan, [in]verka ([*up*]*on* på) **4** *teat.* spela [teater] (*äv. bildl.*), uppföra på scenen **5** spela (*a part* en roll); uppföra (*a play* en pjäs) **-ing** ['æktɪŋ] **I** *a* tillförordnad, ställföreträdande **II** *s, teat.* spel[sätt]
action ['ækʃn] **1** handling; aktion; uppträdande; agerande; *a man of ~* en handlingsmänniska, en handlingens man; *take ~* vidtaga åtgärder, ingripa **2** [in]verkan **3** strid; *readiness for ~* stridsberedskap; *go into ~* inlåta sig i strid **4** funktion, gång; *out of ~* sönder, ur funktion, (*mil.*) ur stridbart skick; *put into ~* sätta i gång **5** process; laga åtgärder; *bring an ~ against* väcka åtal mot **6** mekanism **7** handling (*i film o.d.*)
acti|vate ['æktɪveɪt] göra aktiv, aktivera; göra radioaktiv; *~d carbon* aktivt kol **-vation** [ˌæktɪ'veɪʃn] aktivering
active ['æktɪv] **1** aktiv, verksam **2** *språkv.* aktiv (*voice* form) **activism** [-ɪz(ə)m] *polit.* aktivism
activist [-ɪst] *polit.* aktivist **activity** [ˌæk'tɪvətɪ] **1** aktivitet, verksamhet **2** energi
ac|tor ['æktə] skådespelare, aktör **-tress** [-trɪs] skådespelerska, aktris
A.C.T.U. *förk. för Australian Council of Trade Unions*
actual ['æktʃʊəl] **1** faktisk, verklig; *in ~ fact* i själva verket; *what were her ~ words?* hur föll hennes ord egentligen? **2** aktuell, nuvarande, pågående **-ity** [ˌæktʃʊ'ælətɪ] realitet, verklighet; *-ities* faktiska förhållanden **-ize** (*BE. äv. -ise*) [-aɪz] **1** förverkliga **2** skildra levande **-ly** [-ɪ] *adv* **1** faktiskt, verkligen; i själva verket, egentligen **2** för närvarande
actuary ['æktjʊərɪ] aktuarie
actuate ['æktjʊeɪt] sätta i rörelse; *bildl.* driva, påverka
acuity [ə'kju:ətɪ] skärpa; skarp|sinne, -sinnighet
acumen [ə'kju:men] skarp|sinne, -sinnighet; *political ~* utpräglat sinne för politik
acupuncture ['ækjʊpʌŋktʃə] akupunktur
acute [ə'kju:t] **1** skarp, spetsig **2** *mat.* spetsig (*angle* vinkel) **2** skarpsinnig **3** akut (*disease* sjukdom); häftig, intensiv (*pain* smärta) **4** *språkv.* akut (*accent* accent)
1 ad [æd] *förk. för advertisement*
2 ad [æd] *förk. för* (*AE. sport.*) *advantage*
A.D. *förk. för Anno Domini* (*lat.*) A.D., e.Kr.
adage ['ædɪdʒ] ordspråk, tänkespråk
adagio [ə'dɑ:dʒɪəʊ] *mus.* adagio
Adam ['ædəm] Adam; *I don't know him from ~* jag har ingen aning om vem han är; *~'s ale* (*wine*) vanligt vatten
adamant ['ædəmənt] orubblig, obeveklig; hård **-ine** [ˌædə'mæntaɪn] diamant-
adapt [ə'dæpt] **1** av-, an|passa (*to* efter, till); adaptera; *~ed* (*äv.*) lämpad, lämplig (*to* för) **2** bearbeta, omarbeta **-ability** [əˌdæptə'bɪlətɪ] anpassningsförmåga; användbarhet **-able** [-əbl] anpassningsbar; användbar, lämplig **-ation** [ˌædæp'teɪʃn] **1** anpassning; adaptation **2** bearbetning **-er, -or** [ə'dæptə] **1** bearbetare **2** *tekn.* adapter; passbit; mellankoppling
A.D.C. *förk. för aide-de-camp*
add [æd] **1** tillägga; tillsätta; *~ed to* tillika med, vid sidan av; *~ed to which* vartill kommer att **2** addera, summera; ~ *up* addera, summera, lägga ihop; ~ *4 and* (*to*) *3* lägga ihop 4 och 3 **3** ~ *to* öka, bidraga till, utöka **4** ~ *up* (*om siffror o. bildl.*) stämma; ~ *up to* tillsammans utgöra, belöpa sig till, betyda; *it doesn't ~ up to much* det är inte särskilt lysande **added** ['ædɪd] ökad, ytterligare
addend|um [ə'dendəm] (*pl -a* [-ə]) tillägg
adder ['ædə] huggorm
addict I *v* [ə'dɪkt] ~ *o.s. to* ägna (hänge) sig åt; *be ~ed to* vara hemfallen åt, missbruka (*narkotika e.d.*) **II** *s* ['ædɪkt] slav (*under narkotika o.d.*); *drug ~* narkoman; *jazz ~* jazzfantast **addiction** [ə'dɪkʃn] begivenhet (*to* på), böjelse (*to* för); missbruk (*av narkotika o.d.*)
addition [ə'dɪʃn] **1** tillägg, tillskott; tillökning (*to the family* i familjen); *in ~* dessutom; *in ~ to* förutom, jämte **2** addition **additional** [ə'dɪʃənl] extra, ytterligare; tilläggs-
additive ['ædɪtɪv] tillsats
addle ['ædl] **1** ruttna, bli skämd **2** bli förvirrad

(virrig) **3** få att ruttna **4** förvirra, göra virrig

address [ə'dres] **I** *v* **1** adressera, skriva adress på **2** tilltala, vända sig till; hålla tal till; titulera; ~ *o.s. to a*) vända sig till, *b*) ägna sig åt **3** rikta, [fram]ställa; ~ *a request to* framföra en begäran till **4** vända sig mot **II** *s* **1** adress **2** anförande, [offentligt] tal; *debate on the A~* (*BE. parl., ung.*) remissdebatt **3** skicklighet; takt **4** *pay one's ~es to a woman* göra en kvinna sin kur **addressee** [ˌædre'siː] adressat

adduce [ə'djuːs] anföra, andraga

adenoids ['ædɪnɔidz] *pl, med.* adenoida vegetationer, polyper bakom näsan

adept ['ædept] **I** *a* erfaren, skicklig (*at, in* i) **II** *s* expert (*at, in* på), kännare

ade|quacy ['ædɪkwəsɪ] tillräcklighet; lämplighet **-quate** [-kwət] tillräcklig, nöjaktig; tillräckligt med; lämplig; adekvat

adhere [əd'hɪə] *v*, ~ *to a*) klibba (sitta) fast vid, *b*) hålla fast vid, vara trogen **adherence** [-r(ə)ns] *s* **1** vidhängande, fastsittande (*to* vid) **2** fasthållande; tillgivenhet, trohet **adherent** [-r(ə)nt] **I** *s* anhängare (*of* av) **II** *a* fastsittande (*to* vid), förbunden (*to* med)

adhe|sion [əd'hiːʒn] **1** fastsittande **2** fasthållande (*to* vid) **3** vidhäftning[sförmåga], adhesion **-sive** [-sɪv] **I** *a* vidhängande; vidhäftande; klibbig; självhäftande, häft-; ~ *plaster* häftplåster; ~ *tape* klisterremsa, tejp **II** *s* klister, lim, bindemedel

ad hoc [ˌæd'hɒk] ad hoc, för detta [särskilda] ändamål, för visst uppdrag

adieu [ə'djuː] *s o. interj, litt.* farväl, adjö

adipose ['ædɪpəʊs] fet; ~ *tissue* fettvävnad

adj. *förk. för adjacent; adjective; adjunct; adjourned; adjustment; adjutant*

adjacent [ə'dʒeɪs(ə)nt] angränsande, intilliggande; ~ *to* [som ligger] intill (bredvid)

adjec|tival [ˌædʒek'taɪvl] adjektivisk **-tive** ['ædʒɪktɪv] adjektiv

adjoin [ə'dʒɔɪn] **1** gränsa till, stöta intill **2** gränsa till (stöta intill) varandra; *~ing countries* angränsande länder

adjourn [ə'dʒɜːn] **1** ajournera; uppskjuta **2** ajournera sig

adjudge [ə'dʒʌdʒ] **1** tilldöma, tillerkänna; *he was ~d the winner* han förklarades för segrare **2** *jur.* döma (*s.b. guilty* ngn vara skyldig); tilldöma

adjudi|cate [ə'dʒuːdɪkeɪt] **1** döma, sitta till doms (*upon* över); vara domare (*in a competition* i en tävling) **2** döma; tilldöma; ~ *s.b. bankrupt* förklara ngn bankrutt **-cation** [əˌdʒuːdɪ'keɪʃn] **1** dom **2** tilldömande

adjunct ['ædʒʌŋkt] **1** tillsats; bihang **2** medhjälpare, underordnad **3** *språkv.* bestämning

adjuration [ˌædʒʊə'reɪʃn] **1** besvärjelse **2** bön

adjure [ə'dʒʊə] **1** besvärja **2** bönfalla

adjust [ə'dʒʌst] **1** ordna, rätta till; justera; ställa in; reglera **2** an-, av|passa (*to* efter) **-able** [-əbl] justerbar, reglerbar, inställbar; ~ *spanner* skiftnyckel **-ment** [-mənt] **1** ordnande; justering; inställning; reglering **2** an-, av|passning (*to* efter, till)

adjutant ['ædʒʊt(ə)nt] *mil.* adjutant

ad lib. [ˌæd'lɪb] (*förk. för lat. ad libitum*) **I** *adv* **1** efter behag **2** *vard.* improviserat, utan manuskript **II** *s* improvisation **ad-lib** [ˌæd'lɪb] *vard.* improvisera

Adm. *förk. för Admiral*[*ty*]

adman ['ædmæn] *vard.* annons-, reklam|man

admass ['ædmæs] lättpåverkbar publik

admin ['ædmɪn] *vard. förk. för administration*

adminis|ter [əd'mɪnɪstə] **1** administrera, förvalta **2** skipa (*justice* rättvisa) **3** ge; tilldela; utdela (*sacraments* sakrament); ~ *medicine to s.b.* ge ngn medicin **4** förestava (*an oath to s.b.* ngn en ed) **-tration** [ədˌmɪnɪ'streɪʃn] **1** handhavande, administrering, förvaltning **2** administration, förvaltning (*av land*); regering, ministär **3** skipande (*of justice* av rättvisa) **4** utdelning (*av medicin, sakrament*) **5** förestavande (*av ed*) **-trative** [əd'mɪnɪstrətɪv] förvaltande, förvaltnings-, administrations-, administrativ **-trator** [əd'mɪnɪstreɪtə] **1** förvaltare, föreståndare **2** administratör

admirable ['ædm(ə)rəbl] beundransvärd

admiral ['ædm(ə)r(ə)l] amiral **-ty** [-tɪ] **1** amiralsvärdighet **2** *BE., the A~ Board* amiralitetet; *First Lord of the A~* marinminister

admiration [ˌædmə'reɪʃn] beundran **admire** [əd'maɪə] beundra **admirer** [əd'maɪrə] beundrare

admissible [əd'mɪsəbl] tillåten, tillåtlig; antagbar **admission** [əd'mɪʃn] **1** tillträde; inträde; intagning ([*in*]*to* i, på]) **2** erkännande, medgivande **admission fee** inträdesavgift

admit [əd'mɪt] **1** släppa in ([*in*]*to* i); antaga **2** rymma, ha plats för **3** erkänna, medge **4** ~ *of* tillåta, lämna rum för, ge plats för; ~ *to a*) ge tillträde (gälla) till, *b*) erkänna **admittance** [-(ə)ns] tillträde, inträde; *no* ~ tillträde förbjudet **admittedly** [-ɪdlɪ] *adv* det måste erkännas (medges)

admixture [æd'mɪkstʃə] blandning; tillsats

admonish [əd'mɒnɪʃ] **1** förmana, tillrättavisa **2** varna **admonition** [ˌædmə(ʊ)'nɪʃn] **1** förmaning; tillrättavisning **2** varning **admonitory** [əd'mɒnɪt(ə)rɪ] varnande

ado [ə'duː] besvär; väsen, bråk; *much ~ about nothing* mycket väsen för ingenting; *without more* (*further*) ~ utan vidare [spisning]

adobe [ə'dəʊbɪ] [hus av] soltorkat tegel

adoles|cence [ˌædə(ʊ)'lesns] ungdom[sår, -tid], uppväxttid (*mellan pubertetens början o. vuxen ålder*) **-cent** [-nt] **I** *a* ungdoms-, tonårs-; *vard.* omogen, pueril **II** *s* ung människa, tonåring

adopt [ə'dɒpt] **1** adoptera **2** anta[ga], uppta[ga]; införa (*a new technique* en ny teknik); lägga sig till med; godkänna **adoption** [ə'dɒpʃn] **1** adoptering, adoption **2** antagande; upptagande; införande; godkännande

adorable [ə'dɔːrəbl] förtjusande, bedårande

adoration [ˌædə'reɪʃn] dyrkan, tillbedjan, stor kärlek **adore** [ə'dɔː] dyrka, tillbedja, avguda; *vard.* älska, vara mycket förtjust i

adorn [ə'dɔːn] pryda, smycka **-ment** [-mənt] **1** prydnad **2** försköning, prydande

A.D.P. *förk. för automatic data processing*

adrenal [ə'driːnl] *a*, ~ *gland* binjure **adrenaline** [ə'drenəlɪn] adrenalin

Adriatic [ˌeɪdrɪ'ætɪk] *a o. s, the A~* [*Sea*] Adriatiska havet

adrift [ə'drɪft] på drift, vind för våg; *bildl.* utan mål, planlös; *go ~ (vard.)* gå snett, slå fel
adroit [ə'drɔɪt] skicklig, händig; snabb
adu|late ['ædjʊleɪt] smickra grovt **-lation** [ˌædjʊ'leɪʃn] grovt smicker
adult ['ædʌlt] **I** *a* [full]vuxen; *~ education* vuxenundervisning **II** *s* vuxen [person]
adul|terate [ə'dʌltəreɪt] förfalska; späda ut **-teration** [əˌdʌltə'reɪʃn] förfalskning; utspädning **-terer** [ə'dʌltərə] äktenskapsbrytare **-terous** [ə'dʌlt(ə)rəs] innebärande äktenskapsbrott **-tery** [ə'dʌltərɪ] äktenskapsbrott
adulthood ['ædʌlthʊd] vuxen (mogen) ålder
adumbrate ['ædʌmbreɪt] **1** antyda; skissera **2** överskugga **3** förebåda
adv. *förk. för adverb[ial]; advertisement; advocate*
advance [əd'vɑ:ns] **I** *v* **1** föra (flytta, sträcka) fram[åt] **2** lägga (föra) fram, framkasta **3** främja, befordra; upphöja **4** förskottera **5** höja (*pris*) **6** avancera, gå framåt, göra framsteg; bli befordrad **7** stiga (*i pris*) **II** *s* **1** frammarsch, framryckning; framflyttning; *~s* (*pl*) försök till närmande **2** framsteg **3** förskott **4** ökning, höjning (*av pris e.d.*) **5** *in ~* på förhand, i förväg, i förskott **advance booking** förhandsbeställning **advanced** [-t] **1** [långt] framskriden; långtgående, avancerad; *~ in years* ålderstigen, gammal; *~ level, se A level*; *~ position* (*i sht mil.*) framskjuten ställning; *~ studies* avancerade studier **advance guard** *mil.* förtrupp **advancement** [-mənt] **1** befordran, avancemang **2** framåtskridande **3** förskott **advance party** *mil.* förtrupp **advance payment** förskottsbetalning **advance publicity** förhandsreklam
advan|tage [əd'vɑ:ntɪdʒ] företräde; övertag, överlägsenhet (*of, over* över); fördel (*äv. sport.*), förmån; *to ~* till sin fördel, fördelaktigt; *have the ~ of* ha övertaget över; *have the ~ of numbers* vara numerärt överlägsen; *you have the ~ of me* [ni känner mig men] jag har inte äran att känna er; *take ~ of, turn to ~* utnyttja **-tageous** [ˌædvən'teɪdʒəs] fördelaktig, förmånlig
advent ['ædvənt] **1** *A~* advent **2** ankomst
adventitious [ˌædven'tɪʃəs] tillfällig
adventure [əd'ventʃə] **I** *s* äventyr; vågspel II *v* äventyra; riskera **adventure playground** bygglekplats
adventur|er [əd'ventʃ(ə)rə] **1** äventyrare **2** spekulant **-ess** [-ɪs] äventyrerska **-ous** [-əs] äventyrslysten; äventyrlig
adverb ['ædvɜ:b] adverb **adverbial** [əd'vɜ:bjəl] **I** *s* adverbial **II** *a* adverbiell
adversary ['ædvəs(ə)rɪ] motståndare **adverse** ['ædvɜ:s] fientlig; mot-; ogynnsam, ofördelaktig; skadlig; *~ wind* motvind **adversity** [əd'vɜ:sətɪ] motgång
1 advert [əd'vɜ:t] *v, ~ to a)* ägna uppmärksamhet åt, *b)* göra en antydan om
2 advert ['ædvɜ:t] *BE. vard. förk. för advertisement*
advertise ['ædvətaɪz] **1** annonsera [ut]; göra reklam för **2** annonsera (*for* efter) **advertisement** [əd'vɜ:tɪsmənt] annons; reklam; annonsering; *put an ~ in a paper* sätta in en annons i en tidning **advertiser** ['ædvətaɪzə] annonsör **advertising** ['ædvətaɪzɪŋ] **1** annonsering, reklam; publicitet **2** reklambranschen **advertising agency** annons-, reklam|byrå **advertising campaign** annonskampanj
advice [əd'vaɪs] **1** (*ingen pl*) råd; *a piece of ~* ett råd; *take medical ~* konsultera en läkare **2** *hand.* meddelande, avi
advisable [əd'vaɪzəbl] [till]rådlig; klok, förståndig **advise** [əd'vaɪz] **1** [till]råda; *~ against* avråda från **2** underrätta (*of* om); *hand.* meddela, avisera **3** *AE.* rådgöra (*with* med) **advisedly** [-ɪdlɪ] överlagt **advis|er, -or** [-ə] rådgivare **advisory** [-(ə)rɪ] rådgivande
advo|cacy ['ædvəkəsɪ] försvar (*of* för); befrämjande, tillstyrkan (*of* av) **-cate I** *s* [-kət] **1** förkämpe (*of* för), förespråkare (*of* av) **2** *Sk.* advokat **II** *v* [-keɪt] förespråka, förorda
advt. *förk. för advertisement*
adz *AE.*, **adze** *BE.* [ædz] skarvyxa
A.E.C. *förk. för Atomic Energy Commission*
Aegean [i:'dʒi:ən] *a o. s, the ~ [Sea]* Egeiska havet
aegis ['i:dʒɪs] egid, skydd
aeon ['i:ən] eon, tidrymd; evighet
aerate ['e(ɪ)əreɪt] **1** lufta **2** tillsätta kolsyra till; *~d water* kolsyrat vatten
aerial ['eərɪəl] **I** *a* luft-; flyg; eterisk, himmelsk; *~ combat* luftstrid; *~ cableway* (*railway*) linbana **II** *s, tekn.* antenn
aerie ['eərɪ] *AE., se eyrie*
aero|batics [ˌeərə(ʊ)'bætɪks] (*behandlas som sg*) konstflygning **-drome** ['eərədrəʊm] flygplats; aerodrom **-dynamic** [ˌeərə(ʊ)daɪ'næmɪk] aerodynamisk **-dynamics** [ˌeərə(ʊ)daɪ'næmɪks] (*behandlas som sg*) aerodynamik **-gram[me]** ['eərə(ʊ)græm] **1** aerogram **2** radiotelegram **-naut** ['eərənɔ:t] aeronaut, flygare **-nautic[al]** [ˌeərə'nɔ:tɪk(l)] aeronautisk, flyg- **-nautics** [ˌeərə'nɔ:tiks] (*behandlas som sg*) aeronautik, flygkonst **-plane** ['eərəpleɪn] flygplan **-sol** ['eərə(ʊ)sɒl] **1** aerosol **2** aerosolflaska **-space** ['eərə(ʊ)speɪs] jordens atmosfär och yttre rymden **-statics** [ˌeərə(ʊ)'stætɪks] (*behandlas som sg*) aerostatik
aes|thete ['i:sθi:t] estet **-thetic[al]** [i:s'θetɪk(l)] estetisk **-thetics** [i:s'θetiks] (*behandlas som sg*) estetik
a.f. *förk. för audio frequency*
afar [ə'fɑ:] *adv o. s* fjärran; *from ~* ur fjärran, fjärran ifrån
A.F.C. *förk. för Air Force Cross; Association Football Club; automatic frequency control*
affa|bility [ˌæfə'bɪlətɪ] vänlighet, älskvärdhet, förbindlighet **-ble** ['æfəbl] vänlig, älskvärd, förbindlig
affair [ə'feə] **1** affär; angelägenhet, sak; *current ~s* aktuella frågor; *foreign ~s* utrikesärenden; *in the present state of ~s* på sakernas nuvarande ståndpunkt, i nuvarande läge; *the Watergate ~* Watergateaffären; *mind your own ~s* sköt dina egna angelägenheter **2** [kärleks]förhållande, -affär, historia; *have an ~ with s.b.* ha ett förhållande med ngn **3** *vard.* sak, grej, historia
1 affect [ə'fekt] **I** *v* **1** inverka på, påverka, beröra; (*om sjukdom e.d.*) drabba, angripa **2** göra intryck på, röra **II** *s, psykol.* känsloläge
2 affect [ə'fekt] **1** låtsa[s] **2** låtsas vara (ha), si-

mulera **3** ha förkärlek för

affectation [ˌæfekˈteɪʃn] **1** tillgjordhet, affekterat sätt **2** simulering; *~ of friendship* låtsad vänskap

1 affected [əˈfektɪd] **1** påverkad; rörd, gripen **2** angripen

2 affected [əˈfektɪd] **1** tillgjord, konstlad, affekterad **2** låtsad, simulerad

affection [əˈfekʃn] **1** tillgivenhet, ömhet; *ofta pl* känslor **2** sjukdom **-ate** [-ət] tillgiven, öm **-ately** [-ətlɪ] *adv* tillgivet; *Yours ~* Din (Er) tillgivne

affidavit [ˌæfɪˈdeɪvɪt] affidavit, edlig förklaring

affili|ate I *v* [əˈfɪlɪeɪt] uppta som medlem; ansluta; *~d company* dotterbolag **II** *s* [əˈfɪlɪɪt] dotterbolag **-ation** [əˌfɪlɪˈeɪʃn] upptagande som medlem; anslutning

affinity [əˈfɪnətɪ] **1** släktskap; frändskap; likhet; släktdrag **2** samhörighet[skänsla]; sympati **3** *kem.* affinitet

affirm [əˈfɜːm] **1** försäkra, bedyra, hävda **2** bekräfta, intyga **affirmation** [ˌæfəˈmeɪʃn] **1** försäkran; påstående **2** bekräftelse **affirmative** [əˈfɜːmətɪv] *a o. s* bekräftande; bejakande; *answer in the ~* svara jakande

affix I *v* [əˈfɪks] **1** fästa (*to, on* på) **2** tillägga, foga (*to* till, vid); *~ one's signature to* sätta sin signatur (sitt namn) på **II** *s* [ˈæfɪks] *språkv.* affix

afflatus [əˈfleɪtəs] [gudomlig] ingivelse, inspiration

afflict [əˈflɪkt] plåga, ansätta, hemsöka **afflicted** [-ɪd] **1** bedrövad, olycklig (*at* över) **2** plågad, ansatt, hemsökt **affliction** [əˈflɪkʃn] **1** bedrövelse; lidande **2** hemsökelse; olycka

afflu|ence [ˈæflʊəns] överflöd; rikedom, välstånd **-ent** [-ənt] **I** *a* överflödande, rik, förmögen; *~ society* överflödssamhälle **II** *s* biflod, tillflöde

afflux [ˈæflʌks] till|flöde, -strömning

afford [əˈfɔːd] **1** *I can't ~ it* jag har inte råd med det, jag kan inte kosta på mig det; *I can't ~ the time* jag har inte tid **2** erbjuda; skänka, bereda (*pleasure* nöje)

afforest [æˈfɒrɪst] plantera med skog **-ation** [əˌfɒrɪˈsteɪʃn] skogsplantering

affranchise [əˈfræntʃaɪz] befria (*från förpliktelse*)

affray [əˈfreɪ] *jur.* slagsmål, tumult (*på allmän plats*)

affricate [ˈæfrɪkət] *fonet.* affrikata

affright [əˈfraɪt] *åld. el. poet.* **I** *v* skrämma **II** *s* skräck

affront [əˈfrʌnt] **I** *v* förolämpa, skymfa **II** *s* förolämpning, skymf

Afghan [ˈæfgæn] **I** *s* **1** afghan **2** afghanska (*språk*) **3** afghanhund **II** *a* afghansk **Afghanistan** [æfˈgænɪstæn]

aficionado [əˌfɪsjəˈnɑːdə(ʊ)] (*pl ~s*) **1** fantast, entusiast **2** tjurfäktningsentusiast

afield [əˈfiːld] bort[a]; *far ~ a)* långt bort[a], *b)* [bort] från ämnet

afire [əˈfaɪə] i brand; *bildl.* upptänd, eld och lågor

aflame [əˈfleɪm] i lågor; *bildl.* eld och lågor

AFL-CIO *förk. för American Federation of Labor and Congress of Industrial Organizations* LO (*i USA*)

afloat [əˈfləʊt] **1** flytande, flott **2** på sjön; till sjöss **3** översvämmad, under vatten **4** *bildl.* på drift; flytande, utan ekonomiska bekymmer **5** i [full] gång; *a rumour is ~* det går ett rykte

A.F.M. *förk. för Air Force Medal*

afoot [əˈfʊt] **1** i görningen, på gång; i rörelse **2** till fots

afore|mentioned [əˌfɔːˈmenʃ(ə)nd], **-said** *i sht jur.* förutnämnd, ovannämnd **-thought** [əˈfɔːθɔːt] överlagd, uppsåtlig

afoul [əˈfaʊl] *a, adv, run ~ of* kollidera med, komma i konflikt med

afraid [əˈfreɪd] rädd (*of* för; *to, that* att); *I'm ~ not* tyvärr inte; *I'm ~ I can't* tyvärr kan jag inte

afresh [əˈfreʃ] ånyo, på nytt

Africa [ˈæfrɪkə] Afrika **African** [-n] **I** *s* afrikan **II** *a* afrikansk

Afri|kaans [ˌæfrɪˈkɑːns] afrikaans **-kaner** [-ˈkɑːnə] afrikand (*vit medborgare i Sydafrika som talar afrikaans*)

Afro [ˈæfrəʊ] afrofrisyr **--American** [ˌæfrəʊəˈmerɪkən] **I** *s* afroamerikan **II** *a* afroamerikansk **--Asian** [ˌæfrəʊˈeɪʃn] **I** *s* afroasiat **II** *a* afroasiatisk

aft [ɑːft] *sjö.* **I** *a* akter- **II** *adv* akter ut; i aktern

after [ˈɑːftə] **I** *prep* **1** efter, bakom; *~ all* när allt kommer omkring, ändå; *what is he ~?* vad är det han vill?; *the police are ~ her* polisen är efter henne; *~ you with the mustard* kan jag få senapen efter dig? **2** enligt; i jämförelse med, efter; *~ what he has said* med tanke på vad han har sagt; *~ what has happened* efter allt som har hänt; *a sculpture ~ Rodin* en skulptur i Rodins stil **II** *adv* **1** efter, bakom **2** efter[åt], senare **III** *a* **1** efter-, senare **2** aktre, aktra, akter- **IV** *konj* sedan, efter det att

after|birth [ˈɑːftəbɜːθ] efterbörd **-burner** [-ˌbɜːnə] efterbrännkammare **-care** [-keə] eftervård **-dinner** [-ˌdɪnə] *a, ~ speech* middagstal **-effect** [-ɪˌfekt] efterverkning **-glow** [-gləʊ] aftonrodnad; *bildl.* efterglans **-life** [-laɪf] liv efter detta **-math** [-mæθ] **1** följder, efterverkningar **2** andra skörd **-noon** [ˌɑːftəˈnuːn] eftermiddag; *~s* (*pl, vard.*) på eftermiddagarna

afters [ɑːftəz] (*behandlas som sg el. pl*) *BE., vard.* efterrätt

after|shave lotion [ˈɑːftəʃeɪvˌləʊʃn] rakvatten, aftershave **-taste** [-teɪst] eftersmak **-thought** [-θɔːt] **1** idé (förklaring) i efterhand; efterklokhet **2** tillägg (*t. ngt färdigt*) **-ward[s]** [-wəd(z)] efteråt, sedermera, sedan

A.G. *förk. för Adjutant General; Attorney General*

again [əˈgen] **1** igen, åter; *as much ~* lika mycket till; *every now and ~* då och då; *never ~* aldrig mer[a]; *over ~* om igen, en gång till; *time and ~* gång på gång; *I won't do it ~* (*äv.*) jag ska inte göra om det **2** vidare, å andra sidan **against** [-st] **1** [e]mot; vid **2** *as ~* i jämförelse med, mot

agape [əˈgeɪp] med vidöppen mun

agar-[agar] [ˈeɪgə(rˈeɪgə)] *bot.* agar-agar

agaric [ˈægərɪk] *bot.* skivling

agate [ˈægət] agat

agave [əˈgeɪvɪ] *bot.* agave

age [eɪdʒ] **I** *s* **1** ålder; *old ~* ålderdom[en]; *over ~* överårig; *under ~* omyndig, minderårig; *be (come) of ~* vara (bli) myndig; *I'm your ~* jag är

A

i din ålder; *they are the same* ~ de är lika gamla (jämnåriga) **2** tid, tidevarv, era; *the computer* ~ dataåldern; *the A~ of the Enlightenment* upplysningstiden; *the Middle A~s* medeltiden; *the Stone A~* stenåldern; *for ~s* (*vard.*) i (på) evigheter **II** *v* **1** åldras **2** komma att åldras **aged 1** [eɪdʒd] i en ålder av; *a boy ~ five* en femårig pojke **2** ['eɪdʒɪd] åldrig; *the* ~ de gamla, åldringarna **ageing** ['eɪdʒɪŋ] åldrande **ageless** ['eɪdʒlɪs] tidlös

agency ['eɪdʒ(ə)nsɪ] **1** agentur; byrå **2** förmedling, medverkan **3** inverkan; makt **4** *AE.* [regerings]organ

agenda [ə'dʒendə] dagordning, föredragningslista

agent ['eɪdʒ(ə)nt] **1** agent, ombud **2** [*secret*] ~ [hemlig] agent **3** medel; *chemical* ~ kemiskt medel

agglomer|ate [ə'glɒməreɪt] **I** *v* **1** gyttra ihop, agglomerera **2** gyttra ihop (hopa) sig **II** *a* hopgyttrad, agglomererad **-ation** [əˌglɒmə'reɪʃn] hopgyttring; anhopning; agglomerat

agglutinate [ə'glu:tɪneɪt] limma ihop; *fysiol., språkv.* agglutinera

aggran|dize (*BE. äv. -dise*) [ə'grændaɪz] förstora; upphöja; utvidga; överdriva **-dizement** (*BE. äv. -disement*) [-dɪzmənt] förstoring; upphöjning; utvidgning; överdrift

aggra|vate ['ægrəveɪt] **1** försvåra, förvärra **2** *vard.* reta, förarga **-vating** [-veɪtɪŋ] **1** försvårande, förvärrande **2** *vard.* retsam, förarglig **-vation** [ˌægrə'veɪʃn] **1** försvårande, förvärrande **2** *vard.* förtret, förargelse

aggre|gate I *v* ['ægrɪgeɪt] **1** hopa, sammangyttra **2** hopas, hopa sig **II** *s* ['ægrɪgɪt] **1** summa; *in the* ~ totalt **2** samling, hop **III** *a* ['ægrɪgɪt] sammanlagd; kollektiv **-gation** [ˌægrɪ'geɪʃn] hopande, sammangyttring

aggression [ə'greʃn] **1** angrepp, anfall **2** *psykol.* aggression **aggressive** [ə'gresɪv] aggressiv; stridslysten **agressor** [ə'gresə] angripare

aggrieve [ə'gri:v] *v* plåga, smärta; såra, kränka; *jur.* förfördela

aggro ['ægrəʊ] *BE., sl.* ungdomsvåld

aghast [ə'gɑ:st] förskräckt, bestört, häpen (*at* över)

agile ['ædʒaɪl] vig, rörlig **agility** [ə'dʒɪlətɪ] vighet, rörlighet

agi|tate ['ædʒɪteɪt] **1** uppröra **2** agitera **-tation** [ˌædʒɪ'teɪʃn] **1** rörelse; oro **2** agitation **-tator** ['ædʒɪteɪtə] agitator, uppviglare

aglow [ə'gləʊ] glödande (*with* av); ~ *with happiness* strålande av lycka

A.G.M. *förk. för annual general meeting*

ago [ə'gəʊ] för...sedan; *ten years* ~ för tio år sedan; *as long ~ as 1931* redan 1931; *it was long* ~ det var länge sedan

agog [ə'gɒg] ivrig, förväntansfull

ago|nize (*BE. äv. -nise*) ['ægənaɪz] **1** pina, plåga **2** lida kval **-nizing** (*BE. äv. -nising*) [-naɪzɪŋ] plågsam, upprivande

agony ['ægənɪ] **1** själskval, vånda; plåga; ~ *column* "Personligt" (*annonsavdelning i tidning*) **2** dödskamp

agoraphobia [ˌægərə'fəʊbjə] agorafobi, torgskräck

agrarian [ə'greərɪən] **I** *a* jordbruks-, jordbrukar-, agrar-; ~ *society* jordbrukssamhälle **II** *s* jordreformivrare

agree [ə'gri:] **1** samtycka (*to* till [att]); *I'll ~ to that* (*äv.*) jag kan hålla med om (gå med på) det **2** komma (vara) överens, bli (vara) ense, enas (*on, about* om; *that* om att); *~d!* överenskommet!, avgjort! **3** *this food doesn't ~ with me* jag tål inte den här maten **-able** [ə'grɪəbl] **1** angenäm, behaglig, trevlig (*to* för) **2** villig [att samtycka]; förenlig (*with* med); *are you ~ to that?* går du med på det? **-ment** [ə'gri:mənt] **1** överenskommelse; avtal, kontrakt; *make* (*reach, come to*) *an ~ with* komma överens (träffa avtal) med **2** överensstämmelse; enighet

agricul|tural [ˌægrɪ'kʌltʃ(ə)r(ə)l] jordbrukande, jordbruks- **-ture** ['ægrɪkʌltʃə] jordbruk

agronomy [ə'grɒnəmɪ] agronomi, lantbruksvetenskap

aground [ə'graʊnd] på grund

agt. *förk. för agent; agreement*

ague ['eɪgju:] [malaria]frossa

ah [ɑ:] *interj* ah!, o!, ack!

aha [ɑ:'hɑ:] *interj* aha!, ha!

ahead [ə'hed] före; i förväg; framåt; framför; *sjö.* för ut (över); *full speed* ~ (*sjö.*) full fart framåt; *in the years* ~ under kommande år; *straight* ~ rakt fram; ~ *of* framför, före; *be* ~ (*vard.*) ligga före, vinna; *get* ~ avancera, ha framgång; *go ~!* *a*) sätt igång!, *b*) fortsätt!; *the mountains lay* ~ bergen låg framför oss (dem *etc.*); *look* ~ se framåt; *plan* ~ planera för framtiden

ahem [m'mm] *interj* hm!

ahoy [ə'hɔɪ] *interj* ohoj!

A.I. *förk. för artificial insemination* **A.I.C.C.** *förk. för All India Congress Committee*

aid [eɪd] **I** *v* hjälpa, bistå **II** *s* **1** hjälp, bistånd; *in ~ of* (*BE. vard.*) till stöd (förmån) för; *what's all this in ~ of?* (*BE. vard.*) vad ska allt det här vara bra för? **2** medhjälpare **3** hjälpmedel

aide [eɪd] **1** *mil.* adjutant **2** medhjälpare **aid[e]-de-camp** [ˌeɪddə'kɑ̃:(ŋ)] (*pl aid*[*e*]*s-de-camp* [ˌeɪdzdə'kɑ̃:(ŋ)]) *mil.* adjutant

aigret[te] ['eɪgret] ägrett, fjäderbuske

ail [eɪl] **1** plåga, besvära **2** vara krasslig (dålig)

aileron ['eɪlərɒn] *flyg.* skev[nings]roder

ail|ing ['eɪlɪŋ] sjuklig **-ment** [-mənt] sjukdom, krämpa

aim [eɪm] **I** *v* **1** sikta med, måtta (*at* på), rikta (*at* mot) **2** sträva (*at, for* efter); sikta, syfta (*high* högt); *be ~ed at* syfta till **3** ämna, ha för avsikt **II** *s* **1** sikte; *take* ~ ta sikte, sikta (*at* på) **2** mål; målsättning; syfte, avsikt; *achieve one's* ~ nå sitt mål (sina syften); *miss one's* ~ förfela sitt syfte **aimless** ['eɪmlɪs] utan mål

ain't [eɪnt] *ovårdat för am* (*are, is*) *not; have* (*has*) *not*

air [eə] **I** *s* **1** luft; *change of* ~ luftombyte; *the open* ~ fria luften; *by* ~ med flyg; *go by* ~ flyga; *be in the* ~ *a*) ligga i luften, *b*) gälla, *c*) inte vara bestämd; *disappear into thin* ~ gå upp i rök, försvinna i tomma intet; *on the* ~ i radio, i TV, i sändning; *go on* (*off*) *the* ~ (*radio., TV.*) börja (sluta) sända; *walk on* ~ sväva som på små moln; *up in the* ~ *a*) oviss, *b*) *vard.* rasande; *clear the* ~ rensa luften; *get some fresh ~, take the* ~ hämta frisk luft; *give ~ to one's complaint* vädra sitt missnöje; *give s.b. the ~ (sl.)* avspisa (snoppa av) ngn, ge ngn sparken **2** fläkt, bris, [luft]drag **3** air; min, uppsyn; prägel; *a military ~* en militärisk prägel; *there was an ~ of mystery about her* det låg en air av mystik över henne **4** *~s (pl)* förnäm (viktig) min; *put on (give o.s.) ~s* spela förnäm **5** *mus.* melodi; air **II** *v* **1** vädra, lufta; [luft]torka; *put clothes out to ~* hänga ut kläder på vädring **2** lysa (briljera) med

air base ['eəbeɪs] flygbas **air bed** luftmadrass **airborne** flyg-, luft|buren; *~ troops (AE.)* fallskärmstrupper **air brake** [tryck]luftbroms **air bridge** *BE.* luftbro **airburst** luftkrevad **air-conditioned** [-kənˌdɪʃnd] luftkonditionerad **air conditioning** [-kənˌdɪʃənɪŋ] luftkonditionering **air-cool** [-ku:l] luftkyla *(motor)* **aircraft** [-krɑ:ft] flygmaskin[er] **aircraft carrier** hangarfartyg **air cushion** [-ˌkʊʃn] **1** uppblåsbar kudde **2** *tekn.* luftkudde **air-cushion vehicle** svävare, svävfarkost **airdrome** [-drəʊm] *AE.* flyg|fält, -plats **airdrop** [-drɒp] luftlandsättning **airdry** [-draɪ] lufttorka

Airedale ['eədeɪl] *a o. s, ~ [terrier]* airedaleterrier

airfield ['eəfi:ld] flygfält **air force** **1** flygvapen **2** *AE.* flygstyrka **air gun** luftgevär **air hostess** [-ˌhəʊstɪs] flygvärdinna

airing ['eərɪŋ] **1** vädring, luftning; [luft]torkning **2** utflykt **airing cupboard** [-ˌkʌbəd] torkskåp

air-intake ['eəˌɪnteɪk] luftintag **airless** [-lɪs] **1** lufttom **2** kvav **air letter** [-ˌletə] *BE.* aerogram **airlift** [-lɪft] luftbro **airline** [-laɪn] **1** flyglinje **2** flygbolag **airliner** [-ˌlaɪnə] trafik[flyg]plan **airlock** [-lɒk] **1** luftsluss **2** luftficka **air mail** [-meɪl] flyg-, luft|post **airman** [-mən] flygare **air mass** [-mæs] luftmassa **air-minded** [-ˌmaɪndɪd] flygsinnad **airplane** [-pleɪn] *AE.* flygplan **air pocket** [-ˌpɒkɪt] luftgrop **airport** flyg|plats, -fält **air pressure** [-ˌpreʃə] lufttryck **air pump** [-pʌmp] luftpump **air raid** [-reɪd] flyg|räd, -anfall **air-raid shelter** skyddsrum **air-raid warning** flyglarm **air rifle** [-ˌraɪfl] luftgevär **air route** [-ru:t] flygrutt, luftled

airscrew ['eəskru:] *BE.* flygplanspropeller **air shaft** ventilationstrumma **airship** luftskepp **airsick** flygsjuk **airspace** luftrum **airstream** luftström **airstrip** start- och landningsbana **airtight** lufttät; *an ~ argument* ett vattentätt argument **air-to-air** [-tʊ'eə] *mil.* luft–luft-; *~ missile* jaktrobot **air-to-surface** [-tə'sɜ:fɪs] *mil.* luft–mark-; *~ missile* attackrobot **airway** [-weɪ] **1** luftled **2** flygbolag **airworthy** [-ˌwɜ:ðɪ] flygduglig

airy ['eərɪ] **1** luftig; luft-; rymlig **2** *vard.* nonchalant, ogenerad, ledig **3** vag, obestämd **4** ytlig

aisle [aɪl] **1** sidoskepp *(i kyrka)* **2** mittgång

aitch [eɪtʃ] *(bokstav)* h; *drop one's ~es* tappa h-na *(i obildat uttal)*

ajar [ə'dʒɑ:] på glänt

AK *förk. för Alaska*

akimbo [ə'kɪmbəʊ] med händerna i sidan

akin [ə'kɪn] besläktad, släkt *(to* med); *~ to (äv.)* liknande

AL, Ala. *förk. för Alabama*

à la [ɑ:lɑ:] à la, på samma sätt som, lik[t]

Alabama [ˌælə'bæmə]

alabaster ['æləbɑ:stə] alabaster

à la carte [ˌɑ:lɑ:'kɑ:t] à la carte

alack[-a-day] [ə'læk(ədeɪ)] *interj, åld el. poet.* ack!, o ve!

alacrity [ə'lækrətɪ] beredvillighet, iver; livlighet

alarm [ə'lɑ:m] **I** *s* **1** alarm; larm[signal]; *state of ~* larmberedskap; *raise (give) the ~* slå larm **2** bestörtning; oro; *in at state of ~* alarmerad, oroad **3** väckarklocka **II** *v* **1** alarmera; larma **2** oroa; skrämma **alarm clock** väckarklocka **alarmed** [-d] alarmerad, orolig, oroad *(at, by* över) **alarming** [-ɪŋ] alarmerande, oroväckande, oroande

alas [ə'læs] *interj* ack!, tyvärr!

Alas. *förk. för Alaska*

Alaska [ə'læskə]

alb [ælb] alba, mässkjorta

Alba|nia [æl'beɪnjə] Albanien **-nian** [-njən] **I** *s* **1** alban **2** albanska [språket] **II** *a* albansk

albatross ['ælbətrɒs] albatross

albeit [ɔ:l'bi:ɪt] *poet.* ehuru, även om

albino [æl'bi:nəʊ] albino

Albion ['ælbjən] *åld. el. poet.* Albion *(Storbritannien)*

ALBM *förk. för air-launched ballistic missile*

album ['ælbəm] **1** album **2** LP-skiva, [skiv]album

albu|men, -min ['ælbjʊmɪn] **1** äggvita **2** äggviteämne **-minous** [æl'bju:mɪnəs] äggvitehaltig **-minuria** [ˌælbju:mɪ'njʊərɪə] *med.* äggvita

alchemist ['ælkɪmɪst] alkemist **alchemy** ['ælkɪmɪ] alkemi

alcohol ['ælkəhɒl] alkohol, sprit **-ic** [ˌælkə'hɒlɪk] **I** *a* alkohol-; alkoholhaltig **II** *s* alkoholist **-ism** ['ælkəhɒlɪz(ə)m] alkoholism

Alcoran [ˌælkɒ'rɑ:n] Koranen

alcove ['ælkəʊv] **1** alkov **2** lövsal, berså

Ald. *förk. för Alderman*

alder ['ɔ:ldə] *bot.* al

alderman ['ɔ:ldəmən] ålderman *(i kommunfullmäktige)*

Aldm. *förk. för Alderman*

ale [eɪl] öl; *pale ~* ljust öl

Alec ['ælɪk] *kortform av Alexander*

alert [ə'lɜ:t] **I** *a* **1** vaken, på alerten **2** pigg, livlig **II** *s* **1** [flyg]larm **2** *on the ~* på vakt, vaksam, på utkik **III** *v* larma, försätta i beredskap; varna

A level ['eɪˌlevl] *BE. (förk. för Advanced level)* [betyg i] avgångsexamen *(från gymnasieutbildning)*

alfalfa [æl'fælfə] *bot.* blålusern

alga ['ælgə] *(pl algae* ['ældʒi:]) alg; tång

algebra ['ældʒɪbrə] algebra **-ic[al]** [ˌældʒɪ'breɪɪk(l)] algebraisk

Algeria [æl'dʒɪərɪə] Algeriet **Algerian** [æl'dʒɪərɪən] **I** *s* algerier **II** *a* algerisk **Algers** [æl'dʒɪəz] Alger

algorithm ['ælgərɪðm] algoritm

alias ['eɪlɪæs] **I** *adv* alias, även kallad **II** *s* alias, antaget namn

alibi ['ælɪbaɪ] alibi; *vard.* ursäkt, bortförklaring

alien ['eɪljən] **I** *a* utländsk; främmande *(to* för) **2** oförenlig *(to* med) **II** *s* **1** främling **2** främmande väsen **-ate** [-eɪt] göra främmande; fjärma, alienera **-ation** [ˌeɪljə'neɪʃn] **1** fjärmande; alienation, främlingskap **2** *jur.* överlåtelse, avyttrande **-ist** ['eɪljənɪst] *AE.* rättspsykiater

1 alight [ə'laɪt] stiga av (ner, ur); landa; slå sig ner

2 alight [ə'laɪt] **1** brinnande, i lågor; *be ~* brinna, stå i lågor **2** upplyst

align [ə'laɪn] **1** ställa upp på rät linje; räta upp, rikta [in]; *~ o.s. with s.b.* ställa sig på ngns sida **2** ställa upp sig på rät linje **-ment** [-mənt] **1** placering i linje; uppställning [på linje]; inriktning; anslutning (*with* till), orientering (*with* mot) **2** rät linje **3** gruppering

alike [ə'laɪk] *a o. adv* lik[a]; på samma sätt; *they are (look) very much ~* de är mycket lika varandra, de liknar varandra mycket

alimentary [ˌælɪ'mentərɪ] närings-; *~ canal* matsmältningskanal

alimony ['ælɪmənɪ] *jur.* underhåll (*i samband m. skilsmässa*)

alive [ə'laɪv] **1** vid liv, i livet; levande; *no man ~* ingen i hela världen **2** *be ~ with* myllra av; *look ~! a*) skynda på!, *b*) se upp!; *~ and kicking* pigg och kry **3** *be ~ to* vara medveten om **4** strömförande; påkopplad

alka|li ['ælkəlaɪ] (*pl -[e]s*) alkali **-line** [-laɪn] alkalisk

all [ɔ:l] **I** *s* allt, allting; alla; det hela, helhet **II** *a o. pron* **1** all, allt; alla; hela, hel och hållen; *~ day* hela dagen; *~ of us* vi alla; *biggest of ~* störst av alla; *you of ~ people* du av alla människor; *of ~ things* framför allt; *~ but a*) alla (allt) utom, *b*) nästan; *not ~ that pretty, not as pretty as ~ that* inte så [väldigt] söt; *clothes and ~ that* (*vard.*) kläder och sånt; *at ~* över huvud taget, alls; *not at ~* inte alls; *not at ~!* ingen orsak!, för all del!; *for ~ a*) såvitt, *b*) trots; *for ~ that* trots allt; *in ~* inalles, allt som allt; *~ in ~* på det hela taget; *when ~ is said and done* när allt kommer omkring; *that's ~ there is to it* (*vard.*) så enkelt är det **2** hel-; *~ silk* helsiden **III** *adv* **1** alldeles, helt och hållet; *~ but crazy* nästan tokig; *~ the more* så mycket mera; *~ the same* ändå, i alla fall; *it's ~ the same to me* det gör mig detsamma; *~ about* runtomkring; *~ along a*) längs (utmed) hela, *b*) hela tiden; *be ~ for* vara helt för; *~ in* (*sl.*) dödstrött, slut; *~ out* (*vard.*) [för] fullt, i full fart; *~ over a*) över hela, *b*) slut; *that's him ~ over* det är typiskt (likt) honom; *~ right!* gärna det!, kör för det!, ja då!; *are you ~ right?* mår du bra?, är du oskadd?; *it's ~ right a*) det är helt i sin ordning, *b*) för all del, det gör ingenting; *it's ~ right with me* gärna för mig; *~ there* vaken, på alerten **2** *sport.* lika

Allah ['ælə] Allah

allay [ə'leɪ] stilla, lugna; minska, mildra

all clear ['ɔ:lklɪə] *s* faran över; *bildl.* klarsignal; *sound the ~* signalera faran över

allegation [ˌælɪ'geɪʃn] anklagelse; påstående **allege** [ə'ledʒ] **1** påstå; *the ~d murderer* den utpekade (föregivna) mördaren **2** andraga, anföra

allegiance [ə'li:dʒ(ə)ns] trohet; tro och lydnad; *hist.* länsplikt

alle|goric[al] [ˌælɪ'gɒrɪkl] allegorisk **-gory** ['ælɪgərɪ] allegori

allegretto [ˌælɪ'gretəʊ] *mus.* allegretto **allegro** [ə'leɪgrəʊ] *mus.* allegro

alleluja [ˌælɪ'lu:jə] halleluja

aller|gic [ə'lɜ:dʒɪk] allergisk (*to* mot) **-gy** ['ælədʒɪ] allergi

allevi|ate [ə'li:vɪeɪt] lätta, lindra **-ation** [əˌli:vɪ'eɪʃn] lättnad, lindring

alley ['ælɪ] **1** gränd; *blind ~* återvändsgata **2** allé **3** kägel-, bowling|bana **4** *i sht AE.* (*i tennis*) korridor **5** *vard., it's up my ~* det passar mig precis **-way** gränd; bakgata

All Fools' Day [ˌɔ:l'fu:lzdeɪ] 1 april

alliance [ə'laɪəns] **1** förbund, allians **2** förbindelse; släktskap **allied** [ə'laɪd, *attr.* 'ælaɪd] **1** allierad, förbunden **2** besläktad (*to, with* med)

alligator ['ælɪgeɪtə] alligator **alligator pear** avocado

all-important ['ɔ:lɪmˌpɔ:tnt] ytterst viktig

all-in [ˌɔ:l'ɪn] **1** inklusive-, hel-, total-; *~ price* allt-i-ett-pris **2** *~ wrestling* fribrottning

alliteration [əˌlɪtə'reɪʃn] allitteration

allo|cate ['ælə(ʊ)keɪt] tilldela; anslå; fördela **-cation** [ˌælə(ʊ)'keɪʃn] tilldelning; anslag; fördelning

allot [ə'lɒt] tilldela; anslå, anvisa **-ment** [-mənt] **1** tilldelning; utdelning **2** anslag **3** *BE.* kolonilott

all-out [ˌɔ:l'aʊt] *a, vard.* fullständig, total

allow [ə'laʊ] **1** tillåta, låta; *be ~ed to do s.th.* (*äv.*) få göra ngt; *no dogs ~ed* hundar får inte medtagas; *~ o.s. s.th.* tillåta (unna) sig ngt; *~ me!* tillåt mig [att hjälpa er]! **2** godkänna; erkänna **3** ge, bevilja; anslå, beräkna **4** *AE.* anse, mena **5** *~ for* räkna med, ta hänsyn till **6** *~ of* medge, tillåta **-able** [-əbl] **1** tillåten **2** avdragsgill **-ance** [-əns] **1** underhåll; anslag, bidrag, understöd; *daily ~* dagtraktamente **2** ranson, tilldelning **3** rabatt; ersättning; avdrag (*äv. skatte-*) **5** *make ~[s] for* ta hänsyn till, överse med

alloy I *s* ['ælɔɪ, *bildl.* ə'lɔɪ] **1** legering **2** tillsats; *without ~* (*bildl.*) oblandad, äkta **II** *v* [ə'lɔɪ] legera

all-round [ˌɔ:l'raʊnd] *a* all-round, mång-, all|sidig **-er** [-ə] allround [idrotts]man

All Saints' Day [ˌɔ:l'seɪntsdeɪ] allhelgonadagen, alla helgons dag (*1 nov.*)

allspice ['ɔ:lspaɪs] kryddpeppar

all-time ['ɔ:l'taɪm] *a, vard., an ~ record* ett alla tiders rekord; *an ~ high* en toppennotering

allude [ə'lu:d] *v, ~ to* hänsyfta (anspela, alludera) på

allure [ə'ljʊə] **I** *v* locka; tjusa **II** *s* lockelse; tjusning **allurement** [-mənt] **1** lockelse; tjusning **2** lockbete **alluring** [-rɪŋ] lockande, förförisk

allusion [ə'lu:ʒn] anspelning, hänsyftning

alluvial [ə'lu:vjəl] alluvial, uppslammad

ally I *v* [ə'laɪ] förena, alliera (*to, with* med) **II** *s* ['ælaɪ] bundsförvant, allierad; *the Allies* de allierade

almanac ['ɔ:lmənæk] almanack, kalender

almighty [ɔ:l'maɪtɪ] **1** allsmäktig **2** *vard.* fantastisk[t], väldig[t]

almond ['ɑ:mənd] mandel

almoner ['ɑ:mənə] **1** *BE.* sjukhuskurator **2** *åld.* allmoseutdelare

almost ['ɔ:lməʊst] nästan; *I ~ fell* jag var nära att ramla

alms [ɑ:mz] *pl* allmos|a, -or **--house** ['ɑ:mzhaʊs] *BE.* fattighus

aloe ['æləʊ] *bot.* aloe

aloft [ə'lɒft] högt upp; uppåt

alone [ə'ləʊn] **I** *a* ensam, för sig själv; på egen

hand; *leave* (*let*) *them* ~ lämna dem (låt dem vara) ifred; *let* ~ *the cost* för att inte tala om kostnaderna **II** *adv* endast
along [ə'lɒŋ] **I** *prep* längs [efter], utmed, framåt, nedåt; *walk* ~ *the street* gå gatan fram **II** *adv* **1** framåt, i väg **2** *come* ~*!* kom nu!, skynda på! **3** ~ *with* tillsammans med **4** *all* ~ hela tiden **-side** [ə,lɒŋ'saɪd] **I** *adv* långsides; vid sidan; ~ *of* långsides (längs) med **II** *prep* vid sidan av
aloof [ə'lu:f] på avstånd, borta; *bildl.* reserverad
aloud [ə'laʊd] med hög röst, högt
alp [ælp] alp, fjäll; *the Alps* Alperna
alpaca [æl'pækə] *zool. o. tyg* alpacka
alpenstock ['ælpɪnstɒk] alpstav
alpha ['ælfə] **1** (*bokstav*) alfa; ~ *and omega* a och o **2** *BE.* högsta betyg
alphabet ['ælfəbɪt] alfabet **-ic[al]** [,ælfə'betɪk(əl)] alfabetisk
alpha[nu]meric [,ælfə(nju:)'merɪk] alfanumerisk **alpha particle** [,ælfə'pɑ:tɪkl] alfapartikel **alpha rays** [,ælfə'reɪz] *pl* alfastrålar
alpine ['ælpaɪn] alpin, alp-, fjäll-
already [ɔ:l'redɪ] redan
Alsace [æl'sæs] Alsace, Elsass **Alsace-Lorraine** [-lɒ'reɪn] Alsace-Lorraine, Elsass-Lothringen **Alsatian** [æl'seɪʃən] **I** *a* elsassisk **II** *s* **1** elsassare **2** schäfer[hund]
also ['ɔ:lsəʊ] också, likaså **--ran** [-ræn] **1** (*i kapplöpning*) oplacerad häst **2** *vard.* nolla, obetydlig person, medelmåtta
alt. *förk. för alternate; altitude; alto* **Alta.** *förk. för Alberta* (*Canada*)
altar ['ɔ:ltə] altare **altar boy** korgosse **altarpiece** altartavla
alter ['ɔ:ltə] förändra[s], ändra[s] **-ation** [,ɔ:ltə'reɪʃn] [för]ändring
altercation [,ɔ:ltə'keɪʃn] gräl, häftig dispyt, ordväxling
alter ego [,æltər'egəʊ] **1** alter ego, andra jag **2** nära vän
alter|nate I *v* ['ɔ:ltəneɪt] **1** alternera, växla [om], tura[s] om; *-nating current* växelström **2** låta växla om, växla om med, alternera mellan **II** *a* [ɔ:l'tɜ:nɪt] **1** omväxlande, alternerande; *work on* ~ *days* arbeta [alternerande] varannan dag **2** alternativ **-nately** [ɔ:l'tɜ:nətlɪ] *adv* omväxlande, växelvis **-nation** [,ɔ:ltə'neɪʃn] alternering, omväxling **-native** [ɔ:l'tɜ:nətɪv] **I** *s* alternativ **II** *a* alternativ, annan **-nator** ['ɔ:ltəneɪtə] växelströmsgenerator, omformare
althorn ['æltho:n] *mus.* althorn
although [ɔ:l'ðəʊ] även om, fastän
alti|meter ['æltɪmi:tə] *flyg.* höjdmätare **-tude** [-tju:d] höjd (*över havet*); *at this* ~ på den här höjden
alto ['æltəʊ] *mus.* **I** *s* alt[stämma] **II** *a* alt-
altogether [,ɔ:ltə'geðə] **I** *adv* **1** helt och hållet, alldeles **2** allt som allt, sammanlagt; på det hela taget **II** *s, vard., in the* ~ i bara mässingen
altru|ism ['æltrʊɪz(ə)m] altruism, oegennytta **-istic** [,æltrʊ'ɪstɪk] altruistisk
alum ['æləm] alun
alumin|ium [,æljʊ'mɪnjəm] aluminium **-um** [ə'lu:mɪnəm] *AE.* aluminium
alum|na [ə'lʌmnə] (*pl -nae* [-i:]) *i sht AE.* alumn, f.d. [kvinnlig] elev **-nus** (*pl -i* [-aɪ]) *i sht AE.* alumn, f.d. [manlig] elev
always ['ɔ:lweɪz] alltid, jämt, ständigt
AM, am *förk. för amplitude modulation*
am [*beton.* æm, *obeton.* əm, m] (*jag*) är
A.M. *förk. för associate member; Albert Medal;* (*AE.*) *Master of Arts* **A.M., a.m.** *förk. för* (*lat.*) *ante meridiem* f.m., på förmiddagen **A.M.A.** *förk. för American Medical Association*
amalgam [ə'mælgəm] **1** *kem.* amalgam **2** blandning **-ate** [-eɪt] **1** *kem.* amalgamera **2** förena, slå samman, fusionera (*företag e.d.*) **3** (*om företag e.d.*) slås (gå) samman, fusionera **-ation** [ə,mælgə'meɪʃn] **1** *kem.* amalgamering **2** sammanslagning, samgående, fusionering (*av företag e.d.*); blandning, förening
amanuen|sis [ə,mænjʊ'ensɪs] (*pl -ses* [-si:z]) sekreterare; kopist
amass [ə,mæs] hopa, lägga på hög, samla
amateur ['æmətə] **I** *s* **1** amatör **2** älskare (*av ngt*) **II** *a* amatör- **-ish** [,æmə'tɜ:rɪʃ] amatörmässig
amatory ['æmətərɪ] kärleks-, erotisk
amaze [ə'meɪz] göra häpen, förvåna, förbluffa **amazement** [-mənt] häpnad, förvåning **amazing** [-ɪŋ] häpnadsväckande, förvånande, förbluffande
amazon ['æməz(ə)n] **1** amason, manhaftig kvinna **2** *the A~* Amazonfloden
ambassador [æm'bæsədə] ambassadör
amber ['æmbə] **I** *s* **1** bärnsten **2** (*i trafiksignal*) gult ljus **II** *a* **1** av bärnsten, bärnstensfärgad **2** (*om trafiksignal*) gul **-gris** [-gri:s] ambra
ambidextrous [,æmbɪ'dekstrəs] **1** lika skicklig med båda händerna, ambidexter **2** *vard.* mycket skicklig **3** opålitlig
ambi|ence ['æmbɪəns] atmosfär **-ent** [-ənt] omgivande
ambiguity ['æmbɪ'gju:ɪtɪ] tvetydighet **ambiguous** [æm'bɪgjʊəs] **1** tvetydig **2** svårförståelig, dunkel
ambit ['æmbɪt] **1** område; omfång; **2** gränser
ambi|tion [æm'bɪʃən] **1** ambition[er]; strävan; mål (*för strävan*) **2** ärelystnad **-tious** [-ʃəs] **1** ambitiös, målmedveten, framåt **2** ärelysten
ambiva|lence [,æmbɪ'veɪləns] ambivalens **-lent** [-lənt] ambivalent
amble ['æmbl] **I** *s* **1** passgång **2** lunk **II** *v* **1** gå i passgång **2** spatsera, lunka
ambulance ['æmbjʊləns] ambulans
ambush ['æmbʊʃ] **I** *s* bakhåll; *fall into an* ~ råka i ett bakhåll; *lie* (*wait*) *in* ~ ligga i bakhåll **II** *v* ligga i bakhåll [för], överfalla i bakhåll
ameba [ə'mi:bə] *se amoeba*
amelio|rate [ə'mi:ljəreɪt] **1** förbättra **2** bli bättre **-ration** [ə,mi:ljə'reɪʃn] förbättring
amen [,ɑ:'men, ,eɪ'men] amen; *say* ~ *to* säga ja och amen (samtycka) till
amenable [ə'mi:nəbl] **1** tillgänglig, mottaglig (*to* för) **2** ansvarig
amend [ə'mend] **I** *v* **1** rätta, korrigera; ändra; göra tillägg i (till) **2** förbättra **II** *s*, ~*s* (*pl*) gottgörelse; *make* ~*s to s.b. for s.th.* gottgöra ngn (ge ngn upprättelse) för ngt **-ment** [ə'mendmənt] **1** rättelse, korrigering; ändring[ar], tillägg **2** förbättring
amen|ity [ə'mi:nətɪ] **1** behaglighet, behag **2** *-ities* (*pl*) bekvämlighet[er]; faciliteter; service **3** *-ities*

(*pl*) artigheter, älskvärdheter
Ameri|ca [ə'merɪkə] Amerika **-can** [-kən] **I** *s* **1** amerikan; amerikanska **2** amerikansk-engelska, amerikanska **II** *a* amerikansk; ~ *cloth* vaxduk; ~ *Indian* indian; ~ *plan* (*AE.*) helpension **-canism** [-kənɪz(ə)m] amerikanism **-canize** (*BE. äv. -canise*) [-kənaɪz] amerikanisera
amethyst ['æmɪθɪst] ametist
ami|ability [ˌeɪmjə'bɪlətɪ] vänlighet, älskvärdhet **-able** ['eɪmjəbl] vänlig, älskvärd
amica|bility [ˌæmɪkə'bɪlətɪ] vänskaplighet; vänlighet **-ble** [ˌæmɪkəbl] vänskaplig; vänlig
amid [ə'mɪd] *prep* mitt i, mitt ibland; [mitt] under **amidships** [-ʃɪps] mid-, mitt|skepps **amidst** [-st] *se amid*
amino acid [ə'maɪnəʊˌæsɪd] aminosyra
amiss [ə'mɪs] *adv o. a* på tok, fel; *take* ~ ta illa upp
amity ['æmətɪ] vänskapligt förhållande, vänskap
ammeter ['æmɪtə] amperemeter
ammo ['æməʊ] *vard.* ammunition
ammo|nia [ə'məʊnjə] ammoniak **-niac** [ə'məʊnɪæk], **-niacal** [ˌæmə(ʊ)'naɪəkl] ammoniak-
ammunition [ˌæmjʊ'nɪʃn] ammunition **ammunition belt** patronbälte
amnesia [æm'ni:zjə] minnesförlust, amnesi
amnesty ['æmnəstɪ] **I** *s* amnesti, benådning **II** *v* bevilja amnesti
amni|on [ˌæmnɪən] (*pl -ons el. -a* [-ə]) *anat.* inre fosterhinna **-otic** [ˌæmnɪ'ɒtɪk] *a,* ~ *fluid* fostervatten
amoeb|a [ə'mi:b|ə] (*pl -ae* [-i:], *-as* [-əz]) amöba
amok [ə'mɒk] *se amuck*
among[st] [ə'mʌŋ(st)] [i]bland; mellan; ~ *other things* bland annat; ~ *themselves* sinsemellan
amoral [ˌeɪ'mɒr(ə)l] amoralisk
amorous ['æmərəs] amorös, kärleks-, kärleksfull; älskande; förälskad
amorphous [ə'mɔ:fəs] amorf, formlös
amor|tization (*BE. äv. -tisation*) [əˌmɔ:tɪ'zeɪʃn] amortering **-tize** (*BE. äv. -tise*) [ə'mɔ:taɪz] amortera
amount [ə'maʊnt] **I** *s* belopp, summa; massa, mängd; *quite an* (*any*) ~ *of money* ganska mycket pengar, en ansenlig summa [pengar] **II** *v,* ~ *to a*) uppgå (belöpa sig) till, *b*) innebära, betyda, vara detsamma som; *it ~s to the same thing* det går på ett ut
amour [ə'mʊə] [hemlig] kärleksaffär
ampere ['æmpeə] ampere **--hour** amperetimme
ampersand ['æmpəsænd] et-tecken, &
amphetamine [æm'fetəmɪn] amfetamin
amphibi|an [æm'fɪbɪən] **I** *a* amfibisk **II** *s* **1** *zool.* amfibie **2** amfibiefordon **-ous** [-əs] amfibisk
amphitheatre ['æmfɪˌθɪətə] amfiteater
ample ['æmpl] **1** rymlig; vidsträckt, utbredd, omfattande **2** riklig; ymnig; utförlig, fyllig; stor
ampli|fication [ˌæmplɪfɪ'keɪʃn] **1** utvidgning; utläggning; utförlig redogörelse **2** *elektr.* förstärkning **-fier** ['æmplifaɪə] *elektr.* förstärkare **-fy** ['æmplɪfaɪ] **1** utvidga; närmare utveckla; utföra i detalj **2** *elektr.* förstärka
amplititude ['æmplɪtju:d] **1** vidd, bredd, omfattning; riklighet; utförlighet; omfång **2** *fys.* amplitud **amplitude modulation** [-ˌmɒdjʊ'leɪʃn] *fys.* amplitudmodulering
amply ['æmplɪ] rikligt, mer än tillräckligt
ampoule ['æmpu:l] ampull
ampu|tate ['æmpjʊteɪt] amputera **-tation** [ˌæmpjʊ'teɪʃn] amputering, amputation
amt. *förk. för amount*
amuck [ə'mʌk] *adv, run* ~ löpa amok
amulet ['æmjʊlɪt] amulett
amuse [ə'mju:z] underhålla, roa; ~ *o.s.* [*by*] *doing s.th.* roa sig med att göra ngt **amusement** [-mənt] nöje, förlustelse, tidsfördriv, förströelse **amusement arcade** *BE.* spelhall **amusement park** nöjesfält, tivoli
an [*beton.* æn, *obeton.* ən, n] (*framför vokalljud, jfr a*) en, ett
anachro|nism [ə'nækrənɪz(ə)m] anakronism **-nistic** [əˌnækrə'nɪstɪk] anakronistisk
anaconda [ˌænə'kɒndə] *zool.* anakonda
anae|mia [ə'ni:mjə] anemi, blodbrist **-mic** [-mɪk] anemisk, blodfattig
anaes|thesia [ˌænɪs'θi:zjə] bedövning **-thetic** [-'θetɪk] **I** *s* bedövningsmedel; narkos; *local* ~ lokalbedövning; *be under* ~ vara bedövad (sövd) **II** *a* bedövande; bedövnings-; narkos- **-thetist** [æ'ni:sθətɪst] *BE.* narkosläkare **-thetize** (*BE. äv. -thetise*) [æ'ni:sθətaɪz] bedöva
anagram [ˌænəgræm] anagram
anal ['eɪnl] anal, anal-; ~ *fin* analfena
anal. *förk. för analogous; analogy; analysis, analytic*
analge|sia [ˌænæl'dʒi:zjə] *med.* analgesi, oförmåga att känna smärta **-sic** [-sɪk] **I** *a* smärtstillande **II** *s* smärtstillande medel
analogic[al] [ˌænə'lɒdʒɪk(l)] analogisk **analogous** [ə'næləgəs] analog, likartad, jämförlig (*to* med) **analogue** ['ænəlɒg] motsvarighet, parallell (*of* till) **analogy** [ə'nælədʒɪ] analogi, motsvarighet, parallell; *on the* ~ *of* i analogi med; *draw an* ~ dra en parallell, göra en jämförelse
analyse ['ænəlaɪz] analysera; undersöka **analy|sis** [ə'næləsɪs] (*pl -ses* [-si:z]) analys; undersökning; *in the last* (*final, ultimate*) ~ när allt kommer omkring **analyst** ['ænəlɪst] **1** analytiker **2** kemist **analytic[al]** [ˌænə'lɪtɪk(l)] analytisk **analyze** ['ænəlaɪz] *AE., se analyse*
anar|chic[al] [æ'nɑ:kɪk(l)] anarkistisk **-chism** ['ænəkɪz(ə)m] anarkism **-chist** ['ænəkɪst] anarkist **-chy** ['ænəkɪ] anarki
anathema [ə'næθəmə] **1** bannlysning, förbannelse **2** styggelse, ohygglighet
anatomical [ˌænə'tɒmɪkl] anatomisk **anatomist** [ə'nætəmɪst] anatom **anato|mize** (*BE. äv. -mise*) [ə'nætəmaɪz] dissekera (*äv. bildl.*) **anatomy** [ə'nætəmɪ] **1** anatomi **2** dissekering **3** *vard.* kropp
ANC *förk. för African National Congress*
ances|tor ['ænsestə] **1** förfader, stamfader **2** upphovsman **-tral** [æn'sestr(ə)l] fäderne-; fädernеärvd **-try** ['ænsestrɪ] **1** börd, anor **2** förfäder
anchor ['æŋkə] **I** *s* ankare (*äv. sport.*); *cast* (*drop, come to*) ~ kasta ankar, ankra; *drag* ~ dragga; *be* (*lie, ride*) *at* ~ ligga för ankar; *weigh* ~ lätta ankar **II** *v* **1** ankra, kasta ankar **2** stadigt fästa (*to* vid); förankra **-age** [-rɪdʒ] **1** ankring **2** ankarplats **3** ankringsavgift **4** fäste
anchorite ['æŋkəraɪt] eremit, anakoret

anchor man 1 *sport.* ankare **2** *radio., TV.* programledare
anchovy ['æntʃəvɪ] sardell; ansjovis
ancient ['eɪnʃ(ə)nt] **I** *a* forn, forntida; [ur]gammal; ~ *history* forntidens historia **II** *s, the ~s* antikens folk
ancillary [æn'sɪlərɪ] underordnad (*to s.th.* ngt); bi-; hjälp-, stöd-
and [*beton.* ænd, *obeton.* ənd, ən, nd, n] och; ~ *others* med flera; ~ *so on* (*forth*) och så vidare; *try* ~ *come* (*vard.*) försöka och (att) komma
Andalusia [ˌændə'lu:zjə] Andalusien
andante [æn'dæntɪ] *mus.* andante
Andes ['ændi:z] *pl, the* ~ Anderna
andiron ['ændaɪən] eldhund (*i öppen spis*)
Andrew ['ændru:] *bibl.* Andreas
anecdote ['ænɪkdəʊt] anekdot
anemia [ə'ni:mjə] *AE., se anaemia*
anemometer [ˌænɪ'mɒmɪtə] vindmätare
anemone [ə'nemənɪ] *bot.* anemon; *wood* ~ vitsippa; *sea* ~ (*zool.*) havsanemon
aneroid barometer ['ænərɔɪdbəˌrɒmɪtə] aneroidbarometer
anesthe|sia [ˌænɪs'θi:sjə] *AE., se anaesthesia* **-siologist** ['ænɪsˌθi:sɪ'ɒlədʒɪst] *AE.* narkosläkare
anew [ə'nju:] ånyo, på nytt; om igen
angel ['eɪndʒ(ə)l] ängel **-ic** [æn'dʒelɪk] änglalik; ängla-
anger ['æŋgə] **I** *s* vrede, ilska **II** *v* reta, förarga
angina [æn'dʒaɪnə] *med.* halsfluss, angina **angina pectoris** [-'pektərɪs] *med.* angina pectoris
Angl. *förk. för Anglican*
1 angle ['æŋgl] **I** *s* vinkel; hörn; *bildl.* synvinkel, aspekt; *at an* ~ på sned; *at right ~s to* i rät vinkel mot; ~ *of elevation* elevations-, höjd|vinkel; ~ *of incidence* infallsvinkel **II** *v* snedställa; vinkla (*äv. bildl.*)
2 angle ['æŋgl] meta; ~ *for* (*bildl.*) fi[s]ka efter
angle bracket hakparentes, rak parentes **angle iron (bar)** vinkeljärn
angler ['æŋlə] metare, [sport]fiskare **angleworm** metmask
Anglican ['æŋglɪkən] **I** *a* anglikansk **II** *s* medlem i anglikanska kyrkan
Anglicism ['æŋglɪsɪz(ə)m] anglicism **angli|cize** (*BE. äv. -cise*) anglisera
angling ['æŋglɪŋ] mete, metning
Anglo|-American [ˌæŋgləʊə'merɪkən] **I** *a* engelsk-amerikansk **II** *s* angloamerikan **--French** engelsk-fransk **-phile** ['æŋglə(ʊ)faɪl] anglofil, engelskvänlig person **-phobe** ['æŋglə(ʊ)fəʊb] engelskhatare **-phone** ['æŋlə(ʊ)fəʊn] engelskspråkig person **--Saxon** [ˌæŋgləʊ'sæks(ə)n] **I** *a* **1** anglosaxisk **2** fornengelsk **II** *s* **1** anglosaxare **2** anglosaxiska [språket]
Ango|la [æŋ'gəʊlə] Angola **-lan** [-lən] **I** *s* angolan **II** *a* angolansk
angora [æn'gɔ:rə] angora[ull, -tyg]
angry ['æŋgrɪ] **1** ond, arg (*at, about s.th.* på, över ngt; *with s.b.* på ngn) **2** (*om moln, himmel*) hotfull, dyster; (*om sår*) elak, inflammerad
anguish ['æŋgwɪʃ] smärta, vånda, kval, ångest **anguished** [-t] plågad, ångestfylld
angular ['æŋgjʊlə] vinkel-; kantig
aniline ['ænɪli:n] anilin **aniline dye** anilinfärg
animad|version [ˌænɪmæd'vɜ:ʃn] anmärkning, kritik **-vert** [-'vɜ:t] *v,* ~ [*up*]*on* anmärka på, kritisera, klandra
animal ['ænɪml] **I** *s* djur **II** *a* **1** djur-, animal[isk]; *the* ~ *kingdom* djurriket; ~ *spirits* livs|andar, -lust, vitalitet **2** djurisk **-cule** [ˌænɪ'mælkju:l] mikroskopiskt djur **-ity** [ˌænɪ'mælətɪ] **1** animalisk natur **2** djuriskhet
ani|mate I *v* ['ænɪmeɪt] **1** ge liv åt **2** liva [upp]; animera; *~d cartoon* animerad film; *~d discussion* animerad (livlig) diskussion **3** inspirera, uppmuntra **II** *a* ['ænəmət] **1** levande **2** livlig **-mation** [ˌænɪ'meɪʃn] **1** liv[lighet] **2** upplivande **3** *film.* animation, animering
animosity [ˌænɪ'mɒsətɪ] animositet, hätskhet, ovilja
anise ['ænɪs] *bot.* anis **aniseed** ['ænɪsi:d] anis (*frö*)
ankle ['æŋkl] fotled, ankel, vrist **ankle sock** *BE.* ankelsocka **anklet** [-lət] **1** *AE.* ankelsocka **2** fotring; armband (*kring vristen*)
annalist ['ænəlɪst] krönikeskrivare **annals** ['ænlz] *pl* annaler; års|bok, -skrift
anneal [ə'ni:l] härda (*äv. bildl.*); mjukglödga (*metall*); bränna (*keramik e.d.*)
annex I *v* [ə'neks] **1** tillägga; bifoga (*to* till); förena (*to* med) **2** annektera; införliva (*to* med) **II** *s* ['æneks] *AE., se annexe* **annexation** [ˌænek'seɪʃn] **1** tillägg; förening (*to* med) **2** annektering; införlivning (*to* med) **annexe** ['æneks] **1** tillbyggnad; annex **2** tillägg, supplement, bilaga
annihi|late [ə'naɪəleɪt] tillintetgöra, förinta **-lation** [əˌnaɪə'leɪʃn] tillintetgörelse, förintelse
anniversary [ˌænɪ'vɜ:s(ə)rɪ] årsdag; *wedding* ~ bröllopsdag (*årsdag*)
anno Domini ['ænə(ʊ)'dɔmɪnaɪ] [år]...efter Kristi födelse, i Herrens år
anno|tate ['ænə(ʊ)teɪt] förse med noter (kommentarer), kommentera **-tation** [ˌænə(ʊ)'teɪʃn] anteckning; not; kommentar
announce [ə'naʊns] **1** tillkännage, kungöra; meddela **2** anmäla, annonsera **announcement** [-mənt] **1** tillkännagivande, kungörelse; meddelande **2** anmälan; annons (*om födelse e.d.*) **announcer** [-ə] *radio. o. TV.* programannonsör, hallåman, hallåa
annoy [ə'nɔɪ] förarga; besvära, oroa **-ance** [-əns] förargelse, besvär, obehag, irritation **-ing** [-ɪŋ] förarglig, besvärlig, irriterande, retsam
annual ['ænjʊəl] **I** *a* **1** årlig, års- **2** ettårig **II** *s* **1** årsbok **2** ettårig växt **-ly** [-lɪ] *adv* årligen; årsvis
annuity [ə'nju:ɪtɪ] livränta
annul [ə'nʌl] annullera, upphäva, förklara ogiltig; avskaffa
annu|lar ['ænjʊlə] ringformig **-let** [-lɪt] liten ring
annulment [ə'nʌlmənt] *s* annullering, upphävande, ogiltigförklaring; avskaffande
Annunciation [əˌnʌnsɪ'eɪʃn] *s, the* ~ bebådelsen **Annunciation Day** Marie Bebådelsedag (*25 mars*)
anode ['ænəʊd] *fys.* anod
anodyne ['ænəʊdaɪn] smärtstillande medel
anoint [ə'nɔɪnt] smörja, inviga, helga
anom|alous [ə'nɔmələs] oregelbunden, abnorm, anomal **-aly** [-əlɪ] oregelbundenhet, avvikelse, anomali, abnormitet; missförhållande
anon [ə'nɔn] *åld. el. litt.* snart; *ever and* ~ då och

då
anon. *förk. för anonymous*
anonymity [ˌænəˈnɪmətɪ] anonymitet **anonimous** [əˈnɒnɪməs] anonym
anorak [ˈænəræk] anorak
another [əˈnʌðə] **1** en annan; *that's quite ~ matter* det är en helt annan sak; *she showed me one thing and ~* hon visade mig ett och annat **2** ~ *[one]* en till, ännu en; *and ~ thing* och en sak till **3** *one ~* varandra
answer [ˈɑːnsə] **I** *v* **1** besvara, svara på; svara; *~ the door* gå och öppna [dörren]; *~ the telephone* svara i telefonen; *~ me!* svara mig! **2** motsvara, svara mot (*the description* beskrivningen); uppfylla; *~ the needs* fylla behovet **3** [till fullo] betala, täcka (*a debt* en skuld) **4** försvara (rättfärdiga) sig **5** reagera på, lyda (*the helm* roder) **6** svara (*to* på); *~ back* svara (käbbla) emot **6** *~ to a*) reagera på, lyda (*the helm* roder), *b*) motsvara (*the description* beskrivningen); *~ to the name of Bob* lystra till namnet Bob **7** *~ for* [an]svara för (*s.th. to* ngt inför); stå till svars för **II** *s* **1** svar (*to* på); *for an ~* som (till) svar; *in ~ to* som svar på; *get no ~* inte få ngt svar **2** lösning, svar **3** *jur.* svarsskrift **-able** [ˈɑːns(ə)rəbl] ansvarig (*for s.th. to* för ngt inför)
ant [ænt] myra; *white ~* termit; *have ~s in one's pants (sl.)* ha myror i byxorna, vara nervös
antago|nism [ænˈtægəniz(ə)m] motstånd; fiendskap, motsättning, antagonism **-nist** [-nist] motståndare, antagonist **-nistic** [ænˌtægəˈnɪstɪk] motverkande, fientlig, antagonistisk **-nize** (*BE. äv. -nise*) [-naɪz] **1** egga (reta) upp **2** motverka
antarctic [æntˈɑːktɪk] **I** *a* antarktisk, sydpols-; *the A~ Circle* södra polcirkeln; *the A~ Ocean* Södra ishavet **II** *s, the A~* Antarktis **Antarctica** [-ə] Antarktis, antarktiska fastlandet
ante [ˈæntɪ] (*i poker*) **I** *s* ante, insats **II** *v* satsa
anteater [ˈæntˌiːtə] *zool.* myrslok
antebellum [ˌæntɪˈbeləm] före (*amerikanska*) inbördeskriget
antecedent [ˌæntɪˈsiːd(ə)nt] **I** *a* föregående; tidigare (*to* än) **II** *s* **1** föregångare (*of* till) **2** *~s (pl)* anteceden|tia, -tier **3** *~s (pl)* förfäder **4** *språkv.* korrelat
antechamber [ˈæntɪˌtʃeɪmbə] förrum
antedate [ˈæntɪdeɪt] **1** antedatera **2** föregå
antediluvian [ˌæntɪdɪˈluːvjən] **1** antediluviansk **2** urmodig, urgammal
antelope [ˈæntɪləʊp] antilop
ante meridiem [ˈæntɪməˈrɪdiəm] (*lat.; förk. a.m.*) på förmiddagen
antenatal [ˌæntɪˈneɪtl] före födelsen, prenatal; *~ clinic* mödravårdscentral
anten|na [ænˈten|ə] **1** (*pl -nae* [-iː]) *zool.* [känsel]spröt, antenn **2** (*pl -nas*) *tekn.* antenn
antepen|dium [ˌæntɪˈpendɪəm] (*pl -dia* [-diə]) antependium
ante|penult [ˌæntɪpɪˈnʌlt] antepenultima **-penultimate** [-ɪmət] tredje från slutet
anterior [ænˈtɪərɪə] **1** föregående, tidigare; *~ to* äldre (tidigare) än **2** främre
anteroom [ˈæntɪrʊm] förrum; väntrum
anthem [ˈænθəm] hymn; *national ~* nationalsång
anther [ˈænθə] *bot.* ståndarknapp
ant hill [ˈænthɪl] myrstack
anthology [ænˈθɒlədʒɪ] antologi
Anthony [ˈæntənɪ]
anthracite [ˈænθrəsaɪt] antracit
anthrax [ˈænθræks] *veter.* mjältbrand
anthropoid [ˈænθrə(ʊ)pɔid] **I** *a* **1** människolik-nande, antropoid **2** apliknande **II** *s* människolik-nande apa
anthro|pological [ˌænθrəpəˈlɒdʒɪkl] antropologisk **-pologist** [-ˈpɒlədʒɪst] antropolog **-pology** [-ˈpɒlədʒɪ] antropologi
anti|-aircraft [ˌæntɪˈeəkraft] luftvärns-; *~ gun* luftvärnskanon **-ballistic** [-bəˈlɪstɪk] *a, ~ missile* antirobot[robot] **-biotic** [-baɪˈɒtɪk] **I** *s* antibiotikum **II** *a* antibiotisk **-body** [ˈæntɪˌbɒdɪ] antikropp
antici|pate [ænˈtɪsɪpeɪt] antecipera; förutse; vänta sig; förekomma, föregripa; föregå; använda (ta ut) på förhand; betala i förskott **-pation** [ænˌtɪsɪˈpeɪʃn] antecipering; förväntan; förekommande, föregripande; förskott; *in ~* på förhand, i förväg **-pative** [ænˈtɪsɪpeɪtɪv], **-patory** [ænˈtɪsɪpeɪt(ə)rɪ] anteciperande; föregripande; förutseende; förväntansfull
anticlimax [ˌæntɪˈklaɪmæks] antiklimax
anticlockwise [ˌæntɪˈklɒkwaɪz] mot|urs, -sols
antics [ˈæntɪks] *pl* krumsprång, upptåg
anti|dote [ˈæntɪdəʊt] motgift, antidot **-freeze** [-friːz] kylarvätska **-histamine** [ˌæntɪˈhɪstəmɪn] antihistamin **-logarithm** [ˌæntɪˈlɒgərɪð(ə)m] *mat.* antilogaritm **-matter** [ˈæntɪmætə] antimateria **-missile** [-ˈmɪsaɪl] *a, ~ missile* antirobotrobot
antimony [ænˈtɪmənɪ] antimon
antipathy [ænˈtɪpəθɪ] motvilja, avsky, antipati (*to, against* mot)
anti|personnel [ˌæntɪpɜːsəˈnel] (*om vapen*) avsedd att döda (skada) människor, antipersonell **-perspirant** [-ˈpɜːspərənt] *s o. a* antiperspirant
anti|podal [ænˈtɪpədl] antipodisk, rakt motsatt **-podes** [-diːz] *pl* antipoder; rak motsats
antiquarian [ˌæntiˈkweərɪən] **I** *a* antikvarisk; forntids- **II** *s, se antiquary* **antiquary** [ˈæntɪkwərɪ] antikvarie, fornforskare; antikvitetssamlare **antiquated** [ˈæntɪkweɪtɪd] antikverad, föråldrad **antique** [ænˈtiːk] **I** *a* **1** antik, forntida **2** *vard.* antik, gammalmodig **II** *s* antikvitet **antiqui|ty** [ænˈtɪkwətɪ] **1** ålderdomlighet **2** forntid **3** *-ties (pl)* fornlämningar
antirrhinum [ˌæntɪˈraɪnəm] *bot.* lejongap
anti-Sem|ite [ˌæntɪˈsiːmait] antisemit **-itic** [ˌæntɪsɪˈmɪtɪk] antisemitisk **-itism** [ˌæntɪˈsemɪtɪz(ə)m] antisemitism
anti|septic [ˌæntɪˈseptɪk] **I** *a* antiseptisk **II** *s* antiseptiskt medel **-social** **1** osällskaplig **2** asocial; samhällsfientlig **-static** antistatisk **-tank** pansarvärns-; *~ missile* pansarvärnsrobot
antith|esis [ænˈtɪθɪsɪs] (*pl -eses* [-ɪsiːz]) antites; motsats, kontrast (*of, to* till)
antitoxin [ˌæntɪˈtɒksɪn] antitoxin, motgift
antler [ˌæntlə] horn (*på hjortdjur*); tagg (*på hjorthorn*)
antlion [ˈæntˌlaɪən] *zool.* myrlejon
antonym [ˈæntə(ʊ)nɪm] *språkv.* antonym, motsatsord
Antwerp [ˈæntwɜːp] Antwerpen
anus [ˈeɪnəs] anus, analöppning
anvil [ˈænvɪl] städ

anxiety [æŋ'zaɪətɪ] **1** ängslan, oro, bekymmer **2** önskan, iver **3** *psykol.* ångest **anxious** ['æŋkʃəs] **1** ängslig, orolig, bekymrad (*about* för) **2** angelägen (*for* om; *to* om att [få]), ivrig (*to* att [få])

any ['enɪ] **I** *pron* **1** någon, något, några; *not ~* (*äv.*) ingen, inget, inga; *do you have ~ stamps?* har ni några frimärken?; *it won't do ~ good* det tjänar ingenting till; *he wasn't having ~ of it* (*vard.*) han ville inte veta av det; *our enemies, if ~* våra eventuella fiender; *for ~ length of time* för någon längre tid **2** vilken (vilket, vilka) som helst, varje; all, alla; *at ~ rate, in ~ case* i alla händelser, i varje fall; *~ one of us* vem som helst av oss; *~ time* när som helst; *~ I have* alla jag har; *take ~ two books* ta vilka två böcker som helst **II** *adv* **1** något; *are you feeling ~ better?* mår du [litet] bättre?; *not ~ colder* inte kallare; *she wasn't ~ too pleased* hon var inte särskilt förtjust **2** *i sht AE.* över huvud taget; *it didn't help me ~* det hjälpte mig inte ett dugg **-body** [-ˌbɒdɪ] **1** någon [alls] **2** vem som helst; *~ who* (*äv.*) var och en som, den som **-how 1** på något sätt; på vilket sätt som helst **2** hur som helst; i varje fall **3** slarvigt, lite hur som helst **-one** *se anybody* **-place** *AE., se anywhere* **-thing 1** något [alls], någonting **2** vad som helst; allt; *~ but* allt annat än; *not for ~* inte för allt i världen; *as easy as ~* hur lätt som helst **-way** *se anyhow* **-where 1** var[t] som helst, överallt **2** någonstans; *~ else* någon annanstans; *get ~* komma någonvart; *she could be ~ from 20 to 40* hon kan vara vad som helst mellan 20 och 40

Anzac ['ænzæk] (*förk. för Australia and New Zeeland Army Corps*) australiensisk (nyzeeländsk) soldat

A/O, a/o *förk. för account of*

aorta [eɪ'ɔ:tə] aorta

A.P *förk. för Air Police; Associated Press*

apace [ə'peɪs] fort, snabbt

Apache [ə'pætʃɪ] apache[indian]

apart [ə'pɑ:t] **1** åt sidan; *joking ~* skämt åsido; *set* (*put*) *~* lägga åt sidan (undan); *take ~* göra ner, kritisera, straffa **2** för sig [själv]; *~ from* bortsett från, frånsett; *know ~* veta skillnaden mellan **3** isär; *live ~* leva åtskilda; *take s.th. ~* ta isär ngt; *I can't tell them ~* jag kan inte skilja på dem

apartheit [ə'pɑ:theɪt] apartheid

apartment [ə'pɑ:tmənt] **1** rum; *~s* (*pl*) möblerade rum **2** *AE.* våning, lägenhet **apartment house** hyreshus

apa|thetic [ˌæpə'θetɪk] apatisk, likgiltig **-thy** ['æpəθɪ] apati, likgiltighet, slöhet

ape [eɪp] **I** *s* **1** [svanslös] apa **2** imitatör **3** *AE. vard.* drummel **II** *v* apa efter, härma

Apennines ['æpɪnaɪnz] *pl, the ~* Apenninerna

aperient [ə'pɪərɪənt] **I** *a* [milt] avförande (laxerande) **II** *s* [milt] avföringsmedel (laxativ)

apéritif [ɑ:ˌperɪ'ti:f] aperitif

aperture ['æpəˌtjʊə] öppning; *foto.* bländare

apex ['eɪpeks] (*pl ~es el. apices* ['eɪpɪsi:z]) spets, topp

aphasia [ə'feɪzjə] afasi

aphid ['eɪfɪd], **aphis** ['eɪfɪs] (*pl aphides* ['eɪfɪdi:z]) *zool.* bladlus

aphorism ['æfərɪz(ə)m] aforism

aphrodisiac [ˌæfrə(ʊ)'dɪzɪæk] afrodisiakum

Aphrodite [ˌæfrə(ʊ)'daɪtɪ] Afrodite

apiary ['eɪpjərɪ] bikupa **apiculture** ['eɪpɪkʌltʃə] biodling

apiece [ə'pi:s] per styck; per person, var

aplenty [ə'plentɪ] *adv* i mängd

aplomb [ə'plɒm] självsäkerhet, aplomb

apocalypse [ə'pɒkəlɪps] apokalyps; *the A~* (*bibl.*) Uppenbarelseboken, Apokalypsen

Apocrypha [ə'pɒkrɪfə] *s pl, the ~* (*bibl.*) de apokryfiska böckerna **apocryphal** [-l] **1** oäkta, förfalskad; tvivelaktig **2** apokryfisk

apogee ['æpə(ʊ)dʒi:] **1** *fys.* apogeum **2** höjdpunkt

apolitical [ˌeɪpə'lɪtɪkl] icke-politisk

Apollo [ə'pɒləʊ] Apollon

apolo|getic [əˌpɒlə'dʒetɪk] ursäktande **-gize** (*BE. äv. -gise*) [ə'pɒlədʒaɪz] be om ursäkt, ursäkta sig; *~ to s.b. for* be ngn om ursäkt för **-gy** [ə'pɒlədʒɪ] ursäkt; *make an ~* be om ursäkt; *an ~ for a dinner* en usel middag

apo|plectic [ˌæpə(ʊ)'plektɪk] **1** *med.* apoplektisk, slag-; *~ fit* slaganfall **2** *vard.* rasande **-plexy** ['æpə(ʊ)pleksɪ] *med.* apoplexi, slag[anfall]

apos|tasy [ə'pɒstəsɪ] apostasi, avfall (*från ståndpunkt*) **-tate** [-teɪt] apostat, avfälling

apos|tle [ə'pɒsl] apostel; *the Apostles' Creed* den apostoliska trosbekännelsen **-tolic[al]** [ˌæpə'stɒlɪk(l)] **1** apostolisk **2** påvlig; *the A~ See* påvestolen

apostrophe [ə'pɒstrəfɪ] apostrof

apothecar|y [ə'pɒθɪkərɪ] *åld.* apotekare; *-ies' weight* medicinalvikt

apotheos|is [əˌpɒθɪ'əʊsɪs] (*pl -ses* [-si:z]) **1** apoteos, förgudning, förhärligande **2** kanonisering **3** himmelsfärd

app. *förk. för apparatus; appendix* (*i bok*); *appointed; apprentice; approved; approximate*

appal *BE.*, **appall** *AE.* [ə'pɔ:l] förskräcka, skrämma **appalling** [-lɪŋ] skrämmande, förskräcklig

Appalachian [ˌæpə'leɪtʃjən] *a o. s, the ~ Mountains, the ~s* Appalacherna

apparatus [ˌæpə'reɪtəs] apparat; apparatur; anordning

apparel [ə'pær(ə)l] dräkt, kläder

apparent [ə'pær(ə)nt] synbar, uppenbar, tydlig; skenbar **-ly** [-lɪ] *adv* synbarligen, uppenbarligen, till synes; skenbart

apparition [ˌæpə'rɪʃn] **1** uppträdande, syn, uppenbarelse **2** spöke

appeal [ə'pi:l] **I** *v* **1** vädja (*to s.b. for s.th.* vädja till ngn om ngt) **2** *jur.* vädja; *~ against* överklaga; *~ to the country* utlysa nyval **3** *~ to a*) tilltala, falla i smaken, locka, *b*) åberopa, vädja till **II** *s* **1** vädjan, appell; *make an ~ to s.b. for* vädja till ngn om **2** *jur.* appell, vad, överklagande; *Court of A~* appellationsdomstol; *right of ~* besvärsrätt; *lodge an ~* anföra besvär, överklaga **3** lockelse, attraktion; *this music has a wide ~* den här musiken tilltalar många **-ing** [-ɪŋ] *a* **1** vädjande, bönfallande **2** lockande, attraktiv, tilltalande

appear [ə'pɪə] **1** visa sig, vara (bli) synlig, komma fram; uppträda; framträda; *~ in court* inställa sig inför domstol **2** vara tydlig; framgå (*from* av) **3** synas, tyckas, verka, förefalla; *it ~s to me that* det tycks mig att; *how does it ~ to you?* vad anser du om det? **4** (*om bok o.d.*) komma ut, publiceras **-ance** [-r(ə)ns] **1** framträdande, uppträdande; inställelse; *at first* ~ vid första anblicken; *make one's* ~ visa sig, uppträda; *put in* (*make*) *an* ~ visa sig [en stund] **2** (*ofta pl*) utseende; sken; sätt att te sig; *in* ~ till utseendet; *to all* ~*s* så vitt man kan se, av allt att döma; ~*s are deceptive* skenet bedrar; ~*s were against her* hon hade skenet emot sig; *keep up* ~*s* hålla skenet uppe **3** publicering, utgivning

appease [ə'pi:z] lugna, stilla, blidka **-ment** [-mənt] lugnande, stillande, blidkande

appellation [ˌæpə'leɪʃn] benämning

append [ə'pend] fästa (*to* vid); bifoga (*to* till) **-age** [-ɪdʒ] bihang

appen|dectomy [ˌæpen'dektəmɪ] *i sht AE.*, **-dicectomy** [əˌpendɪ'sektəmɪ] *med.* blindtarmsoperation **-dicitis** [əˌpendɪ'saɪtɪs] *med.* appendicit, blindtarmsinflammation **-dix** [ə'pendɪks] (*pl -dixes el. -dices* [-dɪsi:z]) **1** appendix, bihang, bilaga **2** *anat., the vermiform* ~ maskformiga bihanget, appendix, blindtarmen

appertain [ˌæpə'teɪn] *v,* ~ *to* tillhöra, tillkomma

appe|tite ['æpɪtaɪt] matlust, aptit; begär (*for* efter), lust **-tizer** (*BE. äv. -tiser*) [-taɪzə] aptitretare **-tizing** (*BE. äv. -tising*) [-taɪzɪŋ] aptitretande; aptitlig

applaud [ə'plɔ:d] applådera **applause** [ə'plɔ:z] applåd[er]

apple ['æpl] äpple; ~ *of discord* stridsäpple; *she is the* ~ *of his eye* hon är hans ögonsten **-cart** äppelkärra; *upset the* ~ fördärva allt, kullkasta alla planer **-jack** *AE.* äppelbrännvin **--pie** [ˌæpl'paɪ] äppelpaj; *make an* ~ *bed* bädda säck; ~ *order* (*vard.*) perfekt ordning

apple polisher *AE. sl.* smickrare, lismare

apple sauce [ˌæpl'sɔ:s] **1** äppelmos **2** *AE.* struntprat; idioti

appliance [ə'plaɪəns] anordning, hjälpmedel, apparat, redskap

applicability [ˌæplɪkə'bɪlətɪ] användbarhet; tillämplighet **applicable** ['æplikəbl] användbar; tillämplig **applicant** ['æplɪkənt] sökande (*for* till) **application** [ˌæplɪ'keɪʃn] **1** anbringande, applicering; användning; *for external* ~ *only* endast för utvärtes bruk **2** tillämpning, tillämplighet (*to* på) **3** ansökan (*for a job* om arbete); anhållan (*for* om); hänvändelse; *make an* ~ *to s.b. for* anhålla hos ngn om; *available on* ~ fås på begäran **4** flit, iver **5** salva **application form** anmälnings-, ansöknings|blankett **applicator** ['æplɪkeɪtə] påstrykare; applikator

applied [ə'plaɪd] tillämpad (*mathematics* matematik), praktisk; ~ *art* konsthantverk

appliqué [æ'pli:keɪ] applikation

apply [ə'plaɪ] **1** använda (*to* till, på); tillämpa, applicera (*to* på); ägna; ~ *the brakes* använda (trampa på) bromsen; ~ *the rules* tillämpa reglerna; ~ *o.s.* göra sitt bästa, anstränga sig; ~ *o.s. to one's studies* ägna sig åt sina studier; ~ *one's attention to s.th.* ägna ngt sin uppmärksamhet **2** anbringa, applicera (*to* på); lägga på (*paint* målarfärg) **3** tillskriva (*an utterance to s.b.* ngn ett yttrande) **4** tillämpas; vara tillämplig (*to* på) **4** ansöka, anhålla (*for* om; *to* hos); [hän]vända sig; ~ *for a job* söka ett arbete

appoint [ə'pɔɪnt] **1** bestämma, fastställa **2** utnämna (*s.b. s.th.* ngn till ngt), förordna; tillsätta **-ment** [-mənt] **1** [avtalat] möte; *have an* ~ *with* ha stämt möte med; *make* (*fix*) *an* ~ *with* stämma (avtala) möte med, beställa tid hos **2** utnämning; *by* ~ *to His Majesty the King* (*Her Majesty the Queen*) kunglig hovleverantör **3** anställning, befattning, tjänst

apportion [ə'pɔ:ʃn] fördela [proportionellt]

apposite ['æpə(ʊ)zɪt] väl vald, riktig, träffande

apposition [ˌæpə(ʊ)'zɪʃn] *språkv.* apposition

appraisal [ə'preɪzl] värdering; uppskattning

appraise [ə'preɪz] värdera; uppskatta

appreci|able [ə'pri:ʃəbl] märkbar, tydlig, avsevärd **-ate** [ə'pri:ʃɪeɪt] **1** uppskatta, sätta värde på, värdera; *I would* ~ *if* jag skulle vara tacksam om **2** inse, vara medveten om (*the problems* problemen) **3** höja [i värde] **4** stiga [i värde] **-ation** [əˌpri:ʃɪ'eiʃn] **1** uppskattning; erkänsla; uppskattande recension; *in* ~ *of* som tack för **2** förståelse; uppfattning; värdering **3** värdestegring **-ative** [ə'prɪʃjətɪv] uppskattande

appre|hend [ˌæprɪ'hend] **1** begripa **2** befara, frukta **3** gripa, anhålla **-hensible** [-'hensəbl] begriplig **-hension** [-'henʃn] **1** ond aning, farhåga **2** fattningsförmåga **3** gripande, anhållande **-hensive** [-'hensɪv] ängslig, orolig

apprentice [ə'prentis] **I** *s* lärling; lärjunge, elev **II** *v* sätta i lära (*to* hos) **-ship** [ə'prentɪʃip] lärlingstid, lärotid; lärlingskap

ap|prise (*BE. äv. -prize*) [ə'praɪz] *högt.* underrätta, informera (*of* om)

approach [ə'prəʊtʃ] **I** *v* närma sig; nalkas; ~*ing* (*äv.*) annalkande, förestående **II** *s* **1** närmande, annalkande; *make* ~*es to s.b.* närma sig ngn, göra ngn närmanden **2** infart, tillfart[sväg] **3** ~ *to* grepp på, metod att angripa (*a problem* ett problem), syn på **4** inflygning **-able** [-əbl] tillgänglig; vänlig, lättillgänglig

approbation [ˌæprə(ʊ)'beɪʃn] gillande, godkännande; samtycke, bifall

appropri|ate I *v* [ə'prəʊprɪeɪt] **1** tillägna sig **2** anslå, bevilja **II** *a* [ə'prəʊprɪət] ändamålsenlig, lämplig, passande, riktig **-ation** [əˌprəʊpri'eɪʃn] **1** beslag[tagande] **2** bevillning; anslag

approval [ə'pru:vl] gillande, godkännande, bifall; *on* ~ till påseende **approve** [ə'pru:v] **1** ~ *of* godkänna, gilla, samtycka till **2** godkänna, bifalla, acceptera; justera (*the minutes* protokollet)

approved [ə'pru:vd] **1** godkänd; beprövad; erkänd **2** ~ *school* ungdomsvårdsskola

approx. *förk. för approximate*[*ly*]

approxi|mate I *a* [ə'prɒksɪmət] **1** ungefärlig, approximativ; *one hour is the* ~ *time needed* det behövs ungefär en timme **2** liknande, likartad **II** *v* [ə'prɒksɪmeɪt] ~ [*to*] komma nära, närma sig, ungefär uppgå till **-mately** [ə'prɒksɪmətlɪ] cirka, ungefär, på ett ungefär, approximativt **-mation** [əˌprɒksɪ'meɪʃn] approximation; uppskattning; närmande

appurtenance [ə'pɜ:tɪnəns] **1** tillhörighet **2** tillbehör

Apr. *förk. för April*

apricot ['eɪprɪkɒt] aprikos

April ['eɪpr(ə)l] april; ~ *fool!* april!, april!; ~ *Fool's Day* första april (*med aprilskämt*)

apron ['eɪpr(ə)n] **1** förkläde **2** *teat.* avantscen **3** skyddskåpa; vindskydd **4** (*på flygplats*) platta **apron string** förklädesband; *be tied to a p.'s ~s* gå i ngns ledband

apropos ['æprəpəʊ] **I** *a* passande, lämplig **II** *adv* **1** passande, lämpligt **2** på tal om det **III** *prep*, *~ of* på tal om, apropå

apt [æpt] **1** lämplig, passande **2** benägen, böjd (*to* [för] att); *be ~ to do s.th.* ha en benägenhet att; *~ to forget* glömsk **3** som har lätt för att fatta; *an ~ pupil* en begåvad (intelligent) elev **-itude** ['æptɪtju:d] anlag, fallenhet; begåvning, intelligens; skicklighet

aqua|lung ['ækwəlʌŋ] dyk-, syrgas|apparat (*för sportdykare*) **-marine** [ˌækwəmə'ri:n] **I** *s* akvamarin **II** *a* akvamarin **-naut** [-nɔ:t] akvanaut, djuphavsforskare **-plane I** *s* surfingbräda (*för surfing efter motorbåt*) **II** *v* **1** surfa (*efter motorbåt*) **2** vattenplana **-planing** [-ˌpleɪnɪŋ] **1** surfande (*efter motorbåt*) **2** vattenplaning

aquarelle [ˌækwə'rel] akvarell

aqua|rium [ə'kweərɪəm] (*pl -riums el. -ria* [-rɪə]) akvarium

Aquarius [ə'kweərɪəs] Vattumannen (*i Djurkretsen*)

aquat|ic [ə'kwætɪk] som lever (växer) i vatten, vatten- **-ics** *pl* vattensport

aquatint ['ækwətɪnt] akvatint

aqueduct ['ækwɪdʌkt] akvedukt; vattenledning

aqueous ['eɪkwɪəs] vatten-; vattenhaltig

aquiline ['ækwɪlaɪn] örnlik, örn-; *~ nose* örnnäsa

AR *förk. för Arkansas* **A.R.A.** *förk. för Associate of the Royal Academy*

Arab ['ærəb] **I** *s* **1** arab **2** (*häst*) arab **II** *a* arabisk **Arabia** [ə'reɪbjə] Arabien **Arabian** [ə'reɪbjən] **I** *s* arab **II** *a* arabisk; *the ~ Nights* [*Entertainment*] Tusen och en natt **Arabic** ['ærəbik] **I** *a* arabisk; *~ gum* gummi arabicum; *~ numerals* arabiska siffror **II** *s* arabiska [språket]

arable ['ærəbl] odlingsbar, brukningsbar

Araby ['ærəbɪ] *åld. el. poet.* Arabien

arbi|ter ['ɑ:bɪtə] [skilje]domare; *be the ~ of* vara herre över, behärska **-trage** [ˌɑ:bɪ'trɑ:ʒ] *ekon.* arbitrage **-trary** ['ɑ:bɪtrərɪ] **1** godtycklig **2** egenmäktig **-trate** ['ɑ:bɪtreɪt] **1** avgöra genom skiljedom **2** vara skiljedomare, medla **-tration** [ˌɑ:bɪ'treɪʃn] skiljedom[sförfarande]; medling **-trator** ['ɑ:bɪtreɪtə] skiljedomare; medlare

1 arbor ['ɑ:bə] *AE., se arbour*

2 arbor ['ɑ:bə] hjul-, maskin|axel

arbour ['ɑ:bə] berså, lövsal

arc [ɑ:k] [cirkel]båge

arcade [ɑ:'keɪd] arkad, pelargång

arcane [ɑ:'keɪn] mystisk; hemlig, svårtillgänglig

Arch. *förk. för Archbishop* **arch.** *förk. för archaic; archery; archipelago; architect[ure]*

1 arch [ɑ:tʃ] **I** *s* valv[båge]; valv|port, -gång; båge; *~* [*of the foot*] fotvalv **II** *v* **1** välva sig, beskriva en båge **2** kröka; välva; välva sig över; täcka med valv

2 arch [ɑ:tʃ] **1** skälmsk, skälmaktig **2** ärke-

archae|ological [ˌɑ:kɪə'lɒdʒɪkl] arkeologisk **-ologist** [ˌɑ:kɪ'ɒlədʒɪst] arkeolog **-ology** [ˌɑ:kɪ'ɒlədʒɪ] arkeologi

archa|ic [ɑ:'keɪɪk] ålderdomlig, föråldrad; arkaisk **-ism** ['ɑ:keɪɪz(ə)m] arkaism, föråldrat uttryck (ord)

arch|angel ['ɑ:kˌeɪn(d)ʒ(ə)l] ärkeängel; *yellow ~* (*bot.*) gulplister **-bishop** [ˌɑ:tʃ'bɪʃəp] ärkebiskop **-bishopric** [ˌɑ:tʃ'bɪʃəprɪk] ärke|stift, -biskopsdöme **-deacon** [ˌɑ:tʃ'di:k(ə)n] ärke-, arki|diakon **-diocese** [ˌɑ:tʃ'daɪəsɪs] ärkestift **-duke** [ˌɑ:tʃ'dju:k] ärkehertig

arched [ɑ:tʃt] valv-; bågformig; välvd

archenemy [ˌɑ:tʃ'enɪmɪ] ärkefiende

archeological [ˌɑ:kɪə'lɒdʒɪkl] *se archaeological*

archer ['ɑ:tʃə] bågskytt **archery** ['ɑ:tʃərɪ] bågskytte

archetype ['ɑ:kɪtaɪp] urtyp, förebild, arketyp

Archimedes [ˌɑ:kɪ'mi:di:z]

archipelago [ˌɑ:kɪ'pelɪgəʊ] arkipelag, skärgård, örikt hav

archit. *förk. för architecture*

archi|tect ['ɑ:kɪtekt] arkitekt **-tectural** [ˌɑ:kɪ'tektʃ(ə)r(ə)l] arkitektonisk **-tecture** ['ɑ:kɪtektʃə] arkitektur; byggnad, struktur

archives ['ɑ:kaɪvz] *pl* arkiv **archivist** ['ɑ:kɪvɪst] arkivarie

archway ['ɑ:tʃweɪ] valv|port, -gång

A.R.C.M. *förk. för Associate of the Royal College of Music* **A.R.C.S.** *förk. för Associate of the Royal College of Science*

arctic ['ɑ:ktɪk] **I** *a* arktisk, nordpols-, nordlig; *the A~ Circle* norra polcirkeln; *the A~ Ocean* Norra ishavet **II** *s, the A~* Arktis

ardent ['ɑ:d(ə)nt] brinnande; het, häftig; ivrig, nitisk; *~ spirits* spirituosa **ardour** ['ɑ:də] hetta, glöd; iver, nit

arduous ['ɑ:djʊəs] **1** mödosam, svår **2** brant

1 are [*beton.* ɑ:, *obeton.* ə] (*du, vi, ni, de*) är

2 are [ɑ:] *s* ar (*ytmått*)

area ['eərɪə] **1** yta, areal; ytinnehåll; area **2** trakt; område (*äv. bildl.*); kvarter; distrikt; plats; *mountainous ~* bergstrakter; *wooded ~* skogsområde; *~ of interest* intresseområde **area code** *AE.* riktnummer **areaway 1** korridor, förbindelsegång, passage **2** gård, plats (*mellan trottoar o. hus*)

arena [ə'ri:nə] arena

aren't [ɑ:nt] = *are not*; *~ I?* (*BE. vard.*) = *am I not?*

Argen|tina [ˌɑ:dʒ(ə)n'ti:nə] Argentina **-tine** ['ɑ:dʒ(ə)ntaɪn] **I** *s* **1** *the ~* Argentina **2** argentinare **II** *a* argentinsk **-tinean** [ˌɑ:dʒ(ə)n'tɪnjən] **I** *s* argentinare **II** *a* argentinsk

argon ['ɑ:gɒn] *kem.* argon

argot ['ɑ:gəʊ] [yrkes]jargong, -slang

arguable ['ɑ:gjʊəbl] **1** diskutabel **2** försvarbar; plausibel

argue ['ɑ:gju:] **1** gräla, tvista, strida **2** diskutera, resonera; argumentera, anföra skäl (*against* mot; *for* för); *there's no ~ing with her* det går inte att diskutera med henne **3** påstå, hävda **4** diskutera [igenom] **5** visa, vittna om **6** övertala (*s.b. into doing s.th.* ngn att göra ngt)

argu|ment ['ɑ:gjʊmənt] **1** gräl, dispyt **2** bevis, bevisföring; resonemang **3** argument **4** huvudinnehåll (*i bok e.d.*) **-mentation** [ˌɑ:gjʊmen'teɪʃn] argumenterande, argumentation; bevisföring **-mentative** [ˌɑ:gjʊ'mentətɪv] **1** kontroversiell **2** debatt-, strids|lysten

Argyll[shire] [ɑ:'gaɪl(ʃə)]

aria ['ɑːrɪə] *mus.* aria
arid ['ærɪd] **1** torr, ofruktbar **2** *bildl.* torr, nykter **-ity** [æ'rɪdətɪ] **1** torrhet, torka, ofruktbarhet **2** *bildl.* torrhet, nykterhet
Aries ['eəriːz] Väduren (*i Djurkretsen*)
aright [ə'raɪt] rätt, riktigt
arise [ə'raɪz] (*arose, arisen*) **1** uppstå, uppkomma **2** härröra (*from* från) **3** *åld.* resa sig upp **arisen** [ə'rɪzn] *perf part av arise*
aristocracy [ˌærɪ'stɒkrəsɪ] aristokrati **aristocrat** ['ærɪstəkræt] aristokrat **aristocratic** [ˌærɪstə'krætɪk] aristokratisk
Aristotle ['ærɪstɒtl] Aristoteles
arithmetic [ə'rɪθmətɪk] **I** *s* aritmetik, räkning **II** *a* aritmetisk; räkne-; ~ *mean* aritmetiskt medium; ~ *progression* aritmetisk serie **arithmetical** [ˌærɪθ'metɪkl] aritmetisk; räkne-
Ariz. *förk. för Arizona*
Arizona [ˌærɪ'zəʊnə]
Ark. *förk. för Arkansas*
ark [ɑːk] ark; *Noah's* ~ Noaks ark; *the A~ of the Covenant* förbundsarken
Arkansas ['ɑːkənsɔː]
1 arm [ɑːm] **1** arm (*äv. bildl.*); *the long ~ of the law* lagens långa arm; *at ~'s length* på armlängds avstånd, *bildl.* på avstånd; ~ *in* ~ arm i arm; *with open ~s* med öppna armar; *within ~'s reach* inom räckhåll; *put one's ~ around s.b.* slå armarna om (omfamna) ngn **2** ärm **3** karm, armstöd **4** gren, avdelning; truppslag; *the air* ~ flygvapnet
2 arm [ɑːm] **I** *s, vanl.* ~*s* (*pl*) vapen; *small ~s* handeldvapen; *coat of ~s* vapen[sköld]; *in* (*under*) *~s* under vapen, beväpnad; *be up in ~s about* (*bildl.*) vara upprörd över; *lay down one's* ~ lägga ner vapnen, kapitulera; *present ~s* skyldra gevär; *take* [*up*] *~s* gripa till vapen; *take up ~s against* (*bildl.*) gå till angrepp mot **II** *v* **1** [be]väpna, förse med vapen, [ut]rusta **2** rusta (*for war* för krig)
armada [ɑː'mɑːdə] armada
armadillo [ˌɑːmə'dɪləʊ] *zool.* bälta
Armageddon [ˌɑːmə'gedn] *bibl.* Harmageddon; *bildl.* världskatastrof, ragnarök
armament ['ɑːməmənt] **1** krigsmakt **2** [upp]rustning; bestyckning
armature ['ɑːməˌtjʊə] **1** *tekn.* ankare, rotor **2** *biol.* [skydds]hölje
armband ['ɑːmbænd] armbindel
armchair [ˌɑːm'tʃeə, *äv.* '--] **I** *s* fåtölj, länstol **II** *a,* ~ *strategist* skrivbordsstrateg
Arme|nia [ɑː'miːnjə] Armenien **-nian** [-n] **I** *a* armenisk **II** *s* **1** armenier **2** armeniska [språket]
armistice ['ɑːmɪstɪs] [vapen]stillestånd, vapenvila; *A~ Day* Vapenstilleståndsdagen (*11 nov.*)
armlet ['ɑːmlɪt] armbindel
armorial [ɑː'mɔːrɪəl] *a,* ~ *bearings* vapen, sköldemärke **armory** ['ɑːmərɪ] *AE., se armoury*
armour ['ɑːmə] **I** *s* **1** rustning; (*djurs*) pansar **2** pansar; armering **3** pansarfordon **II** *v* bepansra, armera; *~ed car* pansarbil; *~ed division* pansardivision **armour plate** pansarplåt **armoury** ['ɑːmərɪ] vapenförråd, arsenal; *AE.* vapenfabrik
arm|pit ['ɑːmpɪt] armhåla **-rest** armstöd
arms race ['ɑːmzreɪs] kapprustning
arm-twisting ['ɑːmtwɪstɪŋ] påtryckningar, [hårdhänt] övertalning
army ['ɑːmɪ] **1** armé, här **2** stor hop, härskara
aroma [ə'rəʊmə] arom, doft **-tic** [ˌærə(ʊ)'mætɪk] aromatisk, väldoftande
arose [ə'rəʊz] *imperf av arise*
around [ə'raʊnd] **I** *prep* runt [om], [runt] omkring; ~ *the clock* dygnet runt **II** *adv* **1** [*all*] ~ runt [om], [runt] omkring; i närheten; *if you need me, I'll be* ~ om du behöver mig finns jag här **2** här och där
arousal [ə'raʊzl] uppväckande; upphetsning
arouse [ə'raʊz] väcka (*äv. bildl.*); hetsa upp
arpeggio [ɑː'pedʒɪəʊ] *mus.* arpeggio
arr. *förk. för arranged; arrival; arrived*
arraign [ə'reɪn] **1** ställa inför rätta; anklaga **2** klandra, klaga på
arrange [ə'reɪndʒ] **1** ordna; arrangera, anordna; planera **2** bilägga, komma överens om, avgöra **3** bearbeta för radio; *mus.* arrangera, bearbeta **4** ~ *for* ombesörja, ordna, arrangera; ~ *for s.b. to come* ordna så (ombesörja) att ngn kommer **5** göra upp (*with s.b.* med ngn) **-ment** [-mənt] **1** ordnande; arrangemang; [an]ordning; uppställning; planering **2** biläggande; uppgörelse **3** bearbetning för radio; *mus.* arrangemang, bearbetning **4** (*ofta pl*) åtgärd, förberedelse; *make ~s for* vidtaga förberedelser för; *make ~s for s.th. to be done* se till att ngt blir gjort
arrant ['ær(ə)nt] durkdriven, ärke-, äkta
array [ə'reɪ] **I** *v* **1** ställa upp, ordna (*trupper t. slag*) **2** smycka, pryda **II** *s* **1** imponerande samling, uppbåd **2** slagordning, uppställning **3** *poet.* ståt, prakt, skrud
arrears [ə'rɪəz] *pl* resterande (obetalda) skulder, restantier; *be in ~[s] with* vara efter (på efterkälken) med
arrest [ə'rest] **I** *v* **1** hejda, stoppa **2** arrestera, anhålla **3** *bildl.* fånga (*a p.'s attention* ngns uppmärksamhet) **II** *s* **1** arrestering, anhållande; *be under* ~ vara arresterad, sitta i arrest; *put under* ~ sätta i arrest **2** hejdande, stoppande; stopp; *cardiac* ~ hjärtstillestånd **-ing** [-ɪŋ] *a, bildl.* fängslande, slående
arrival [ə'raɪvl] ankomst (*at, in* till); *on* ~ vid ankomsten (framkomsten); ~*s* (*pl*) ankommande [fartyg, flyg, tåg *e.d.*]; *time of* ~ ankomsttid **arrive** [ə'raɪv] anlända, [an]komma, komma fram (*at, in* till)
arro|gance ['ærəgəns] arrogans, övermod, inbilskhet **-gant** [-gənt] arrogant, övermodig, inbilsk
arrogate ['ærə(ʊ)geɪt] tillvita; ~ *s.th. to o.s.* tillvälla sig ngt
arrow ['ærəʊ] pil **-head** pilspets
arse [ɑːs] *i sht BE., vulg.* arsle, röv **arse licker** [-ˌlɪkə] *i sht BE., vulg.* rövslickare
arsenal ['ɑːsənl] arsenal (*äv. bildl.*)
arsenic ['ɑːsnɪk] arsenik
arson ['ɑːsn] mordbrand
1 art [ɑːt] *åld., thou* ~ du är
2 art [ɑːt] **1** konst; *the fine ~s* de sköna konsterna **2** *the ~s* humaniora, de humanistiska vetenskaperna; *Faculty of A~s* filosofisk (humanistisk) fakultet **2** knep, list **3** färdighet, skicklighet; konst
art. *förk. för article; artificial; artillery*
arterial [ɑː'tɪərɪəl] arteriell; ~ *road* huvudväg, trafikpulsåder

arteriosclerosis [ɑːˌtɪərɪəʊsklɪəˈrəʊsɪs] *med.* arterioskleros, åderförkalkning **artery** [ˈɑːtərɪ] artär, pulsåder (*äv. bildl.*)

artesian [ɑːˈtiːzjən] *a,* ~ *well* artesisk brunn

artful [ˈɑːtf(ʊ)l] slug, listig

art gallery [ˈɑːtˌgælərɪ] konstgalleri

arthritis [ɑːˈθraɪtɪs] *med.* artrit, ledinflammation; *rheumatoid* ~ ledgångsreumatism

artichoke [ˈɑːtɪʃəʊk] kronärtskocka; *Jerusalem* ~ jordärtskocka

article [ˈɑːtɪkl] **I** *s* **1** artikel, vara, persedel, sak **2** avsnitt, paragraf (*i kontrakt e.d.*); del (*av ämne*); artikel, uppsats; ~*s of association* bolagsordning; ~ *of faith* trosartikel; *the Thirty-nine* ~*s* de trettionio artiklarna (*anglikanska trosbekännelsen*) **3** *språkv.* artikel; *definite* (*indefinite*) ~ bestämd (obestämd) artikel **II** *v* sätta i lära (*to* hos)

articu|late I *v* [ɑːˈtɪkjʊleɪt] **1** artikulera, uttala tydligt **2** leda; ~*d lorry* långtradare med släp **II** *a* [ɑːˈtɪkjʊlət] tydlig, artikulerad **-lation** [ˌɑːtɪkjʊˈleɪʃn] **1** artikulation; tal **2** led, ledgång

arti|fice [ˈɑːtɪfɪs] **1** påhitt, konstgrepp **2** skicklighet **-ficial** [ˌɑːtɪˈfɪʃl] konstgjord, konst-; konstlad, artificiell; ~ *insemination* konstgjord befruktning; ~ *respiration* konstgjord andning; ~ *silk* konstsiden **-ficiality** [ˌɑːtɪfɪʃɪˈælətɪ] konstgjordhet; förkonstling

artillery [ɑːˈtɪlərɪ] artilleri **artilleryman** [-mən] artillerist

artisan [ˌɑːtɪˈzæn] hantverkare

artist [ˈɑːtɪst] artist, konstnär **artiste** [ɑːˈtiːst] artist (*scenkonstnär*) **artistic** [ɑːˈtɪstɪk] konstnärlig, artistisk **artistry** [ˈɑːtɪstrɪ] konstnärskap, artisteri

artless [ˈɑːtlɪs] **1** okonstlad; naturlig, enkel **2** oskicklig, utan finess **3** okultiverad; ouppfostrad

Art Nouveau [ˈɑː nuːˈvəʊ] *konst.* art nouveau, jugend **arty** [ˈɑːtɪ] *vard.* 'artistisk', 'konstnärlig', bohemisk

arum [ˈeərəm] *a,* ~ *lily* kalla

Aryan [ˈeərɪən] **I** *s* arier **II** *a* arisk

as [*beton.* æz, *obeton.* əz, z] **I** *konj* **1** [*just*] ~ [just] som (när); medan; allteftersom; *he caught me* [*just*] ~ *I was leaving* han fångade mig just som jag skulle gå **2** som; såsom; liksom; på samma sätt som; i egenskap av; *do* ~ *you like* gör som du vill, *I did it* ~ *she did* jag gjorde det på samma sätt som hon; *she was playing* ~ *only she can* hon spelade som bara hon kan; *work* ~ *a teacher* arbeta som lärare; ~ *his friend* i egenskap av hans vän **3** eftersom, då; ~ *I'm in charge here* eftersom jag har ansvaret här **4** hur...än, fastän; *much* ~ *I admire you* hur mycket jag än beundrar dig; *be that* ~ *it may* hur det än är med det; *try* ~ *she might* fastän hon försökte **5** såsom, till exempel; *capital cities,* ~ *Paris* huvudstäder, såsom Paris **II** *rel. pron* som; såsom; *such* ~ sådan (sådana, de) som; *I arrived on the same day* ~ *he left* jag kom samma dag som han reste **III** *adv* lika, så; ~ *big* ~ lika (så) stor som; ~ *much* ~ lika mycket som; ~ *soon* ~ så snart som; *twice* ~ *big* ~ dubbelt så stor som; ~ *usual* som vanligt; ~ *big* ~ *could be* så stor som möjligt **IV** ~ *against* mot; ~ *for* (*to*) vad beträffar; ~ *from* (*AE. of*) från [och med]; ~ *if* (*though*) som om; ~ *per* enligt; ~ *regards* vad beträffar; ~ *it is* som det [nu] är, redan nu; ~ *was* tidigare; ~ *it were* liksom, så att säga; ~ *yet* hittills, ännu [så länge]

AS, A.S., *förk. för Anglo-Saxon* **As.** *förk. för Asia*[*n*]; *Asiatic* **A.S.A.** *förk. för American Standards Association*

asbestos [æzˈbestɒs] asbest

ascend [əˈsend] **1** bestiga; gå (klättra, stiga, fara) uppför (upp i, upp på) **2** höja sig; stiga **3** gå tillbaka (*i tid*) **-ancy** [-ənsɪ] övertag, dominans; makt **-ant** [-ənt] **I** *a* **1** uppstigande **2** dominerande **II** *s, be in the* ~ vara på uppåtgående **-ency** [-ənsɪ] *se ascendancy* **-ent** [-ənt] *se ascendant*

ascension [əˈsenʃn] uppstigande; *the A*~ Kristi himmelsfärd **Ascension Day** Kristi Himmelsfärdsdag **ascent** [əˈsent] **1** bestigning; uppstigning **2** stigning, backe

ascertain [ˌæsəˈteɪn] förvissa sig om; ta reda på; fastställa **-able** [-əbl] fastställbar, påvisbar

ascetic [əˈsetɪk] **I** *a* asketisk **II** *s* asket **-ism** [əˈsetɪsɪz(ə)m] askes

ascorbic [əˈskɔːbɪk] *a,* ~ *acid* askorbinsyra

ascribable [əˈskraɪbəbl] *a, be* ~ *to s.th.* kunna tillskrivas ngt **ascribe** [əˈskraɪb] tillskriva (*s.th. to s.o.* ngn ngt) **ascription** [əˈskrɪpʃn] tillskrivande, tillräknande

asdic [ˈæzdɪk] ekolod

aseptic [æˈseptɪk] aseptisk, bakteriefri

asexual [əˈseksjʊəl] könlös

1 ash [æʃ] *bot.* ask; *mountain* ~ rönn

2 ash [æʃ] *vanl. pl* ~*es* aska; stoft; *reduce to* ~*es* lägga i aska

ashamed [əˈʃeɪmd] skamsen; *be* ~ skämmas, blygas (*of* över, för; *for* å ngns vägnar)

ash bin (can) *AE.* soptunna

1 ashen [ˈæʃn] ask-, av askträ

2 ashen [ˈæʃn] **1** askliknande, askgrå **2** ask-

ashore [əˈʃɔː] i land, på land; *run* ~ stranda

ashram [ˈæʃræm] **1** eremitkloster **2** hippie|koloni, -kollektiv

ashtray [ˈæʃtreɪ] ask|fat, -kopp **Ash Wednesday** askonsdag

Asia [ˈeɪʃə] Asien; ~ *Minor* Mindre Asien **Asian** [ˈeɪʃn], **Asiatic** [ˌeɪʃɪˈætɪk] **I** *s* asiat **II** *a* asiatisk

aside [əˈsaɪd] **I** *adv* avsides, åt sidan, åsido; ~ *from* (*AE.*) *a*) förutom, *b*) med undantag av; *put* ~ *money* lägga undan pengar **II** *s, teat.* avsidesreplik

asinine [ˈæsɪnaɪn] åsnelik; enfaldig

ask [ɑːsk] **1** fråga (*s.b. about* ngn om); fråga efter; ~ *a question* ställa en fråga; ~ *the way* fråga efter vägen; ~ *one's way* fråga sig fram; *be* ~*ed* vara tillfrågad; ~ *me another* (*vard.*) om jag det visste, det har jag ingen aning om; *I* ~ *you!* (*vard.*) nej, vet du vad!; *if you* ~ *me* om jag får säga min mening **2** be (*s.b. for* ngn om); begära, kräva; ~ *too much of* begära (kräva) för mycket av **3** [in]bjuda; ~ *s.b. in* be ngn komma in; ~ *s.b. to lunch* bjuda ngn på lunch **4** fråga, ställa frågor (*about* om); ~ *for* fråga efter; *there's no harm in* ~*ing* frågan är fri **5** be (*for* om); ~ *for trouble* (*vard.*) ställa till det för sig, mucka gräl; *you* ~*ed for it!* (*vard.*) du bad om det!, du kan skylla dig själv!

askance [əˈskæns], **askant** [əˈskænt] *adv, look* ~ *at* snegla misstänksamt på

askew [əˈskjuː] **I** *a* skev, sned **II** *adv* skevt, snett,

på sned
asking price ['ɑ:skɪŋpraɪs] *hand.* begärt pris
aslant [ə'slɑ:nt] **I** *adv* på sned; på snedden **II** *prep* tvärs (snett) över
asleep [ə'sli:p] sovande; *be* ~ sova; *my leg is* ~ mitt ben har domnat; *fall* ~ somna
A.S.M. *förk. för air-to-surface missile*
asocial [eɪ'səʊʃl] asocial
asparagus [ə'spærəgəs] sparris
aspect ['æspekt] **1** utseende; uppsyn, min **2** utsikt; läge; sida **3** aspekt; syn|punkt, -vinkel
aspen ['æspən] **I** *s* asp **II** *a* av asp, asp-
asperity [æ'sperətɪ] strävhet; kärvhet; skärpa; stränghet; hemsökelse
asperse [ə'spɜ:s] smäda, förtala **aspersion** [ə'spɜ:ʃn] smädelse; klander; förtal; *cast ~s on* förtala, baktala
asphalt ['æsfælt] **I** *s* asfalt **II** *v* asfaltera
asphyxi|a [æs'fɪksɪə] kvävning **-ate** [-eɪt] kväva
aspic ['æspɪk] aladåb; gelé
aspidistra [ˌæspɪ'dɪstrə] *bot.* aspidistra
aspirant [ə'spaɪərənt] **I** *a* som eftersträvar **II** *s* aspirant, kandidat (*to* på, till)
aspirate *fonet.* **I** *v* ['æspəreɪt] aspirera **II** *s* ['æsp(ə)rɪt] *fonet.* aspirata **aspiration** [ˌæspə'reɪʃn] **1** strävan, längtan **2** andning; *fonet.* aspirering **aspire** [ə'spaɪə] sträva, längta (*to* efter), aspirera (*to* på)
aspirin ['æsp(ə)rɪn] aspirin
1 ass [æs, *som skällsord* ɑ:s] åsna
2 ass [æs] *AE. vulg.* arsle; *piece of* ~ ligg (*äv. om kvinna*), knull
assail [ə'seɪl] angripa, överfalla; *bildl.* bestorma, överösa **-ant** [-ənt] angripare
assassin [ə'sæsɪn] mördare(*i sht av känd politiker*) **-ate** [-eɪt] mörda (*i sht känd politiker*) **-ation** [əˌsæsɪ'neɪʃn] mord (*i sht på känd politiker*)
assault [ə'sɔ:lt] **I** *v* anfalla, angripa; överfalla **II** *s* **1** [fientligt] anfall, angrepp **2** stormning **3** överfall; ~ *and battery* (*jur.*) övervåld och misshandel
assay [ə'seɪ] **I** *v* pröva, analysera **II** *s* prövning, analys
assemblage [ə'semblɪdʒ] **1** [för]samling **2** hopsättning, montering **assemble** [ə'sembl] **1** [för]samla, sammankalla **2** sätta ihop, montera **3** samlas **assembly** [ə'semblɪ] **1** församling; sällskap; sammankomst **2** hopsättning, montering **assembly hall 1** samlingssal, aula **2** monteringshall **assembly line** löpande band, monteringsband **assembly rooms** *pl* festvåning
assent [ə'sent] **I** *v* samtycka (*to* till); instämma (*to* i) **II** *s* samtycke, bifall; instämmande (*to* i); gillande (*to* av)
assert [ə'sɜ:t] hävda, förfäkta; påstå; ~ *o.s.* hävda sig, göra sig gällande **assertion** [ə'sɜ:ʃn] hävdande, förfäktande; påstående **assertive** [ə'sɜ:tɪv] bestämd, uttrycklig; påstridig
assess [ə'ses] **1** fastställa (*belopp o.d.*) **2** taxera; beskatta **3** uppskatta, värdera **assessable** [-əbl] taxeringsbar **assessment** [-mənt] **1** taxering; beskattning **2** uttaxerat belopp, skatt **3** uppskattning, värdering **assessor** [-ə] **1** taxeringsman **2** värderingsman **3** bisittare
asset ['æset] **1** tillgång, fördel **2** *jur.*, *hand.*, *~s* (*pl*) tillgångar; *~s and liabilities* tillgångar och skulder
asseverate [ə'sevəreɪt] bedyra
assidu|ity [ˌæsɪ'dju:ətɪ] flit, trägenhet, ihärdighet; *-ities* (*pl*) *a*) uppmärksamhet, *b*) efterhängsenhet **-ous** [ə'sɪdjʊəs] flitig, trägen, ihärdig
assign [ə'saɪn] **1** tilldela, anvisa (*s.th. to s.b.* ngn ngt); överlåta (*to* på) **2** tillsätta (*an expert to a job* en expert på ett arbete) **3** avsätta, anslå, bestämma (*time for s.th.* tid för ngt) **4** ~ *to* tillskriva, hänföra till **assignation** [ˌæsɪg'neɪʃn] **1** tilldelning, anvisning **2** uppdrag, uppgift **3** hemligt möte, rendezvous **assignment** [ə'saɪnmənt] **1** tilldelning, anvisning **2** uppdrag, uppgift **3** *jur.* överlåtelse **4** utnämning
assimi|late [ə'sɪmɪleɪt] **1** assimilera[s] (*äv. fonet.*); uppta[s] **2** ~ *to* (*with*) göra (bli) lik **-lation** [əˌsɪmɪ'leɪʃn] assimilation (*äv. fonet.*), assimilering
assist [ə'sɪst] **I** *v* **1** assistera, hjälpa, bistå **2** hjälpa till **II** *s* **1** *AE.* assistans, hjälp, bistånd **2** *sport.* målgivande passning **-ance** [-(ə)ns] assistans, hjälp, bistånd **-ant** [-(ə)nt] **I** *a* assisterande, biträdande; hjälp-; ~ *professor* (*AE. ung.*) universitetslektor **II** *s* medhjälpare, assistent; expedit, biträde
assize [ə'saɪz] **1** *AE.* lagstiftande församlings möte **2** *hist.* rättegång; förhör **3** *~s* (*pl, förr*) domstol[ssession]
assn. *förk. för association* **assoc.** *förk. för associate*[*d*]; *association*
associate I *v* [ə'səʊʃɪeɪt] **1** förbinda, förknippa, associera (*with* med); ~ *o.s. with* ansluta sig till, associera sig med **2** *be ~d with* vara ansluten (knuten) till **3** umgås (*with* med) **4** ansluta sig (*with* till), associera sig (*with* med) **II** *a* [ə'səʊʃɪɪt] förbunden, associerad; ~ *professor* (*AE. ung.*) docent **II** *s* [ə'səʊʃɪɪt] **1** delägare; kollega **2** bundsförvant **association** [əˌsəʊsɪ'eɪʃn] *s* **1** fören|ande, -ing; sammanslutning **2** association; ~ *of ideas* idéassociation **3** förening, förbund, samfund, sällskap **4** förbindelse; umgänge **association football** (*förk. soccer*) fotboll
assonance ['æsə(ʊ)nəns] assonans; allitteration
assort [ə'sɔ:t] **1** ordna, sortera **2** överensstämma **-ed** [-ɪd] av olika slag, blandad **-ment** [-mənt] **1** sort **2** sortering **3** sortiment, urval; blandning
asst. *förk. för assistant*
assuage [ə'sweɪdʒ] lindra, mildra
assume [ə'sju:m] **1** anta[ga]; anlägga (*min etc.*); *~d name* fingerat (antaget) namn **2** förmoda, anta[ga], förutsätta; ta för givet; *assuming this to be true* förutsatt att detta är sant **3** låtsa[s] **4** åtaga sig; tillträda (*an office* ett ämbete); lägga sig till med, överta[ga] **assumption** [ə'sʌm(p)ʃn] **1** antagande, förutsättning **2** övertagande; bemäktigande **3** förmätenhet **4** *the A~* Marie himmelsfärd
assurance [ə'ʃʊər(ə)ns] **1** försäkring, försäkran **2** säkerhet **3** själv|förtroende, -säkerhet **4** *i sht BE.* livförsäkring **assure** [ə'ʃʊə] **1** försäkra, förvissa (*of* om) **2** trygga **3** *i sht BE.* livförsäkra **assured** [ə'ʃʊəd] **1** säker, viss, garanterad **2** självsäker **3** säker, förvissad (*of* om) **4** *i sht BE.* livförsäkrad **assuredly** [ə'ʃʊərɪdlɪ] säkert, bestämt
Assyr|ia [ə'sɪrɪə] Assyrien **-ian** [ə'sɪrɪən] **I** *s* **1** assyrier **2** assyriska [språket] **II** *a* assyrisk

A.S.T. *förk. för Atlantic Standard Time*

aster ['æstə] *bot.* aster

asterisk ['æstərɪsk] asterisk, stjärna

astern [ə'stɜ:n] akter ut (över); *go ~* backa

asteroid ['æstərɔɪd] **I** *s* asteroid **II** *a* stjärnlik

asthma ['æsmə] astma **asthmatic** [æs'mætɪk] **I** *a* astmatisk **II** *s* astmatiker

astigmatic [ˌæstɪg'mætɪk] astigmatisk **astigmatism** [æs'tɪgmətɪz(ə)m] astigmatism

astir [ə'stɜ:] i rörelse; på benen

astonish [ə'stɒnɪʃ] förvåna, överraska; *~ed at* förvånad över **-ing** [-ɪŋ] förvånande, förvånansvärd **-ment** [-mənt] förvåning; *she looked at him in ~* hon såg förvånat på honom

astound [ə'staʊnd] slå med häpnad, högeligen förvåna **-ing** [-ɪŋ] häpnadsväckande, förvånande

astraddle [ə'strædl] **I** *adv* grensle **II** *prep* grensle över

astray [ə'streɪ] vilse; på avvägar

astride [ə'straɪd] **I** *adv* grensle; bredbent **II** *prep* grensle över

astringent [ə'strɪn(d)ʒ(ə)nt] **I** *a* **1** adstringerande, sammandragande **2** *bildl.* sträng, kärv **II** *s* adstringerande medel

astro|loger [ə'strɒlədʒə] astrolog **-logical** [ˌæstrə'lɒdʒɪkl] astrologisk **-logy** [ə'strɒlədʒɪ] astrologi

astronaut ['æstrənɔ:t] astronaut

astronomer [ə'strɒnəmə] astronom **astronomic[al]** [ˌæstrə'nɒmɪk(l)] astronomisk (*äv. bildl.*) **astronomy** [ə'strɒnəmɪ] astronomi

astrophysics [ˌæstrə(ʊ)'fɪzɪks] (*behandlas som sg*) astrofysik

astute [ə'stju:t] slug; skarpsinnig

asunder [ə'sʌndə] isär, sönder

asylum [ə'saɪləm] **1** asyl, fristad **2** asyl, vårdanstalt; *lunatic ~* (*förr*) hospital, mentalsjukhus

asymmetric[al] [ˌæsɪ'metrɪk(l)] asymmetrisk

at [*beton.* æt, *obeton.* ət] **1** (*befintlighet*) vid; på; i; till; hos; genom; *~ the table* vid bordet; *~ an hotel* på ett hotell; *~ Cambridge* i Cambridge; *arrive ~ the station* anlända till stationen; *~ my sister's* [hemma] hos min syster; *~ the Greggs'* [hemma] hos Greggs (familjen Gregg); *he came in ~ the window* han kom in genom fönstret **2** (*riktning*) mot; åt; på; *aim ~* sikta mot (på); *swear ~* svära åt **3** (*tid*) på; vid; i; *~ night* på kvällen; *~ Easter* på (under) påsken, i påsk; *~ the end of* vid slutet av; *~ your age* vid din ålder; *~ three o'clock* klockan tre **4** *~ rest* i vila; *~ one's own risk* på egen risk; *~ full speed* i (för, med) full fart; *sell ~ five pounds* sälja för (till ett pris av) fem pund; *~ war* i krig; *~ work* i arbete; *~ that* dessutom, till på köpet; *angry ~* ond på; *good ~* bra på; *be ~ s.b.* vara på (ligga efter) ngn; *the brakes are ~ it again* nu är det fel på bromsarna igen; *while we are ~ it* när vi nu håller på med det; *what is she ~?* vad håller hon på med?; *leave it ~ that* låt det vara bra med det; *shout ~* skrika åt

atavism ['ætəvɪz(ə)m] atavism

ate [et] *imperf av eat*

athe|ism ['eɪθɪɪz(ə)m] ateism **-ist** [-ɪst] ateist

Athenian [ə'θi:njən] **I** *s* atenare **II** *a* atensk **Athens** ['æθɪnz] Aten

athirst [ə'θɜ:st] **1** *åld.* törstig **2** ivrig (*for* på, efter)

ath|lete ['æθli:t] [fri]idrottsman; *~'s foot* fotsvamp **-letic** [æθ'letɪk] **1** idrotts-; idrottslig **2** atletisk, muskulös **-letics** [æθ'letɪks] **1** (*behandlas som pl*) allmän idrott, friidrott; idrottsövningar **2** (*behandlas som sg*) idrott[ande]

at-home [ət'həʊm] *s* mottagning i hemmet

athwart [ə'θwɔ:t] **I** *prep* tvärs över; *sjö.* tvärs [för] **II** *adv* tvärs över, från den ena sidan till den andra **-ships** *sjö.* tvärskepps

atishoo [ə'tɪʃu:] *interj* attji!, attjo!

Atlantic [ət'læntɪk] **I** *a* atlant-; *the ~ Ocean* Atlanten, Atlantiska oceanen **II** *s, the ~* Atlanten

atlas ['ætləs] **1** atlas, kartbok **2** *anat.* atlas[kota]

atmos|phere ['ætməˌsfɪə] atmosfär; stämning **-pheric** [ˌætmə'sferɪk] atmosfärisk; *~ pressure* lufttryck **-pherics** [ˌætmə'sferɪks] *pl* atmosfäriska störningar

atoll ['ætɒl] atoll, korallö

atom ['ætəm] **1** atom; *smash to ~s* slå i spillror (i tusen bitar) **2** smula, dugg **atom bomb** atombomb **atomic** [ə'tɒmɪk] atom-, atomisk; *~ bomb* atombomb; *~ pile* (*reactor*) atomreaktor; *~ power* atomkraft; *~ weight* atomvikt

atom|ize (*BE. äv. -ise*) ['ætə(ʊ)maɪz] **1** förvandla till atomer **2** smula sönder, finfördela **-izer** (*BE. äv. -iser*) [-aɪzə] spray[flaska]; rafräschissör

atonal [ə'təʊnl] *mus.* atonal

atone [ə'təʊn] **1** sona **2** *~ for* gottgöra, sona **-ment** [-mənt] gottgörelse; *relig.* försoning

atop [ə'tɒp] **I** *adv* överst, i toppen **II** *prep* på toppen av

atrocious [ə'trəʊʃəs] grym, ohygglig; fasansfull, hemsk; *vard.* gräslig, ryslig **atrocity** [ə'trɒsətɪ] grymhet, ohygglighet; ogärning, illdåd

atrophy ['ætrəfɪ] **I** *v* [komma att] förtvina **II** *s* atrofi, förtvining

attaboy ['ætəbɔɪ] *interj, AE. sl.* heja!, bravo!

attach [ə'tætʃ] **1** fästa, sätta fast (*to* på, vid); binda, knyta (*to* till, vid); *be ~ed to a*) vara fäst (fästad) vid, *b*) vara knuten till, *c*) vara hopbyggd med; *~ importance to s.th.* tillmäta ngt betydelse; *~ed please find...* (*i brev*) bifogat finner Ni... **2** *~ o.s. to* ansluta sig till **3** *~ to* vara förknippad (följa) med; *no blame ~es to her* ingen skuld faller på henne

attaché [ə'tæʃeɪ] attaché **attaché case** [ə'tæʃɪkeɪs] dokumentportfölj, attachéväska

attachment [ə'tætʃmənt] **1** fastsättning, fästande, vidfästning **2** tillgivenhet **3** tillsats, tillbehör **4** *jur.* konfiskation; beslagtagande

attack [ə'tæk] **I** *v* **1** attackera, anfalla, angripa **2** gå till attack, anfalla **II** *s* attack, anfall, angrepp (*on* mot, på) **-er** [-ə] angripare; *sport.* anfallsspelare

attain [ə'teɪn] *v, ~* [*to*] [upp]nå **-able** [-əbl] uppnåelig, åtkomlig **-ment** [-mənt] **1** uppnående **2** *vanl. pl ~s* färdigheter, insikter, talanger; *standard of ~s* kunskapsnivå

attar ['ætə] [rosen]olja

attempt [ə'tem(p)t] **I** *v* försöka; försöka sig på; *~ed murder* mordförsök **II** *s* **1** försök; *an ~ on Mount Everest* ett försök att betvinga Mount Everest **2** attentat; *~ on a p.'s life* attentat mot ngn

attend [ə'tend] **1** bevista, besöka, vara närvarande vid, delta i **2** åtfölja; uppvakta; betjäna;

(*om läkare*) behandla; *a method ~ed by great risks* en metod förenad med stora risker **3** vara närvarande (*at* vid) **4** vara uppmärksam **5** ~ *to* sköta, vårda, se till, vara uppmärksam på, betjäna, lyssna på (till); *are you being ~ed to?* (*i butik*) är det tillsagt?; *that's being ~ed to* det är redan ordnat **6** ~ [*up*]*on a*) passa upp på, betjäna, passa på, *åld.* uppvakta, *b*) vara en följd av, åtfölja **-ance** [-əns] **1** närvaro, deltagande (*at, on* vid, på, i) **2** uppvaktning; betjäning; behandling; vård, tillsyn **3** antal deltagande **-ant** [-ənt] **I** *a* närvarande; beledsagande, åtföljande; uppvaktande (*on* hos) **II** *s* **1** tjänare, följeslagare (*on* hos, till) **2** vaktmästare; tillsyningsman, vakt; skötare **3** besökare, deltagare

atten|tion [ə'tenʃn] **I** *s* **1** uppmärksamhet; kännedom; vård, tillsyn, passning; omsorg; *call a p.'s ~ to* fästa (rikta) ngns uppmärksamhet på; *pay ~ to* ägna uppmärksamhet åt, beakta, vara uppmärksam på, lägga märke till **2** *~s* (*pl*) uppvaktning **3** *stand to* (*at*) ~ stå i givakt **II** *interj, ~!* giv akt!; ~, *please!* hallå, hallå!, får jag be om er uppmärksamhet! **-tive** [-tiv] uppmärksam (*to* på)

attenu|ate I *v* [ə'tenjʊeɪt] göra smal; förtunna; försvaga **II** *a* [ə'tenjʊɪt] förtunnad; avsmalnad **-ation** [əˌtenjʊ'eɪʃn] förtunning; försvagning

attest [ə'test] **1** intyga, bevittna; attestera; vittna om **2** gå ed på **3** ~ *to* bevisa, bekräfta, vittna om **-ation** [ˌæte'steɪʃn] bekräftelse; vittnesbörd; intyg

Att[y].Gen. *förk. för Attorney General*

attic ['ætɪk] vind; vinds|rum, -våning

attire [ə'taɪə] **I** *v* klä, styra ut **II** *s* klädsel, dräkt, skrud

attitude ['ætɪtju:d] **1** attityd, hållning, inställning (*to*[*wards*] gentemot, till) **2** hållning, ställning; (*i balett*) attityd; *strike an* ~ inta en pose

attorney [ə'tɜ:nɪ] **1** befullmäktigat ombud **2** *AE.* advokat; *district* ~ allmän åklagare **3** *power of* ~ fullmakt, bemyndigande **Attorney General** (*pl attorneys general el. attorney generals*) **1** kronjurist, *ung.* justitiekansler, *b*) *AE.* justitieminister, (*i delstat ung.*) statsåklagare

attract [ə'trækt] dra till sig, attrahera; ~ *attention* tilldra sig (väcka) uppmärksamhet; *feel ~ed to* känna sig dragen till **attraction** [ə'trækʃn] attraktion, dragningskraft, lockelse; charm **attractive** [ə'træktɪv] attraktiv, tilldragande, lockande

attrib|utable [ə'trɪbjʊtəbl] *a, be ~ to* kunna tillskrivas, anses bero på **-ute I** *v* [ə'trɪbju:t] tillskriva (*s.th. to s.b.* ngn ngt) **II** *s* ['ætrɪbju:t] attribut (*äv. språkv.*); egenskap, kännetecken **-utive** [ə'trɪbjʊtɪv] *språkv.* **I** *a* attributiv **II** *s* attribut

attrition [ə'trɪʃn] **1** nötning, skavning; *war of ~* utmattningskrig **2** *teol.* syndaånger

attune [ə'tju:n] **1** *mus.* stämma **2** anpassa (*to* till, efter); ställa in (*to* efter) **atty.** *förk. för attorney* **A.T.V.** *förk. för Associated Television* **at.wt.** *förk. för atomic weight*

aubergine ['əʊbəʒi:n] *bot.* aubergine, äggplanta

auburn ['ɔ:bən] röd-, kastanje|brun

auction ['ɔ:kʃn] **I** *s* auktion **II** *v,* ~ [*off*] auktionera bort **-eer** [ˌɔ:kʃə'nɪə] auktionsförrättare

audacious [ɔ:'deɪʃəs] **1** djärv, [dum]dristig **2** fräck **audacity** [ɔ:'dæsətɪ] **1** djärvhet, [dum]dristighet **2** fräckhet

audible ['ɔ:dəbl] hörbar

audience ['ɔ:djəns] **1** åhörare, auditorium, publik; [radio]lyssnare; [TV-]tittare; läsekrets **2** audiens

audiovisual [ˌɔ:dɪəʊ'vɪzjʊəl] audi[o]visuell; ~ *aids* audi[o]visuella hjälpmedel

audit ['ɔ:dɪt] **I** *v* granska, revidera (*räkenskaper*) **II** *s* granskning, revision **audition** [ɔ:'dɪʃn] **1** hörande **2** prov (*för artister*), prov|sjungning, -spelning **auditive** ['ɔ:dɪtɪv] auditiv, hörsel- **auditor** ['ɔ:dɪtə] **1** åhörare **2** revisor **auditori|um** [ˌɔ:dɪ'tɔ:rɪ|əm] (*pl -ums el. -a* [-ə]) hörsal; [teater]salong; *AE.* möteslokal **auditory** ['ɔ:dɪt(ə)rɪ] hörsel-; ~ *nerve* hörselnerv

Aug. *förk. för August*

auger ['ɔ:gə] navare, borr

aught [ɔ:t] något [alls]; vad som helst; *for ~ I know* inte annat än (såvitt) jag vet

augment [ɔ:g'ment] öka[s]; förstärka[s]; förstora[s] **-ation** [ˌɔ:gmen'teɪʃn] ökning; förstärkning; förstoring

augur ['ɔ:gə] **I** *v* **1** sia om, förutspå **2** [före]båda; *it ~s well* det bådar gott **II** *s* augur, teckentydare **augury** ['ɔ:gərɪ] **1** spådom **2** järtecken, omen

August ['ɔ:gəst] augusti

august [ɔ:'gʌst] upphöjd, majestätisk

auk [ɔ:k] *zool.* alka, tordmule

auld [ɔ:ld] *Sk.* gammal; ~ *lang syne* (= *old long since*) forna dar; *A~ Reekie* [-'ri:kɪ] Edinburgh

aunt [ɑ:nt] moster, faster; tant **-ie, -y** [-ɪ] *vard. för aunt*

au pair [ˌəʊ'peə] **I** *s* au pair-flicka **II** *a o. adv* au pair

aura ['ɔ:rə] (*pl -s el. ae* [-i:]) aura, atmosfär, utstrålning

aural ['ɔ:r(ə)l] öron-, hörsel-

aure|ola [ɔ:'rɪə(ʊ)lə], **-ole** ['ɔ:rɪəʊl] gloria, strålkrans; *astr.* korona

auricular [ɔ:'rɪkjʊlə] **1** öron-, hörsel- **2** öronformig

aurist ['ɔ:rɪst] öronspecialist

aurochs ['ɔ:rɒks] **1** uroxe **2** visent

aurora [ɔ:'rɔ:rə] **1** *poet.* morgonrodnad **2** ~ *australis* [-ɔ:'streɪlɪs] sydsken; ~ *borealis* [-ˌbɔ:rɪ'eɪlɪs] norrsken

Aus. *förk. för Australia*[*n*]; *Austria*[*n*]

auscultation [ˌɔ:sk(ə)l'teɪʃn] auskultation

auspices ['ɔ:spɪsɪz] *pl* **1** hägn, beskydd; *under the ~ of* under beskydd av **2** förebud, [gott] omen **auspicious** [ɔ:'spɪʃəs] gynnsam, lovande

Aussie ['ɒzɪ] *vard.* australi|er, -ensare

Aust. *förk. för Australia*[*n*]; *Austria*[*n*]

aus|tere [ɒ'stɪə] **1** allvarlig; hård, sträng **2** torftig, spartansk; karg; stram **-terity** [ɒ'sterətɪ] **1** allvar; hårdhet, stränghet **2** torftighet; stramhet; åtstramning

Austral|asia [ˌɔstrəl'eɪʒjə] Australasien **-ia** [ɒ'streɪljə] Australien **-ian** [-jən] **I** *s* australi|er, -ensare **II** *a* australi|sk, -ensisk

Austri|a ['ɔ:strɪə] Österrike **-an** [-ɪən] **I** *s* österrikare **II** *a* österrikisk

autarchy ['ɔ:tɑ:kɪ] envälde, despotism **autarky** ['ɔ:tɑ:kɪ] autarki, självhushållning

auth. *förk. för author; authority; authorized*

authen|tic [ɔ:'θentɪk] autentisk, äkta; pålitlig

-ticate [-tɪkeɪt] bevisa äktheten av **-ticity** [ˌɔ:θen'tɪsətɪ] autenticitet, äkthet

author ['ɔ:θə] **1** författare, författarinna (*of* till) **2** upphovsman **-ess** [-rɪs] författarinna

author|itarian [ɔ:ˌθɒrɪ'teərɪən] auktoritär; diktatorisk, despotisk; ~ *state* diktatur **-itative** [ɔ:'θɒrɪtətɪv] **1** auktoritativ **2** befallande, myndig **3** officiell

authority [ɔ:'θɒrətɪ] **1** myndighet, [laglig] makt; [makt]befogenhet; *in* ~ makthavande, bestämmande; *be in* ~ ha makten (ansvaret, ledningen); *on one's own* ~ på eget ansvar (bevåg) **2** myndighet, organ, nämnd; *the authorities* (*pl*) myndigheterna, de styrande; *the local* ~ (*authorities*) de kommunala myndigheterna **3** bemyndigande; tillåtelse; rätt; *have the* ~ *to do s.th.* ha bemyndigande (rätt) att göra ngt **4** auktoritet, anseende **5** auktoritet, fackman, expert (*on* i, på); källa; utsago; *have s.th. on good* ~ ha ngt från säker källa

author|ization (*BE. äv. -isation*) [ˌɔ:θ(ə)raɪ'zeɪʃn] auktorisation; bemyndigande; tillstånd **-ize** (*BE. äv. -ise*) ['ɔ:θəraɪz] auktorisera, bemyndiga, befullmäktiga; godkänna

authorship ['ɔ:θəʃɪp] författarskap

auto ['ɔ:təʊ] (*pl -s*) *AE., vard.* bil

auto|biographical ['ɔ:tə(ʊ)ˌbaɪə(ʊ)'græfɪkl] självbiografisk **-biography** [ˌɔ:tə(ʊ)baɪ'ɒgrəfɪ] självbiografi

autocracy [ɔ:'tɒkrəsɪ] envälde, autokrati **autocrat** ['ɔ:tə(ʊ)kræt] envåldshärskare, autokrat

autocratic [ˌɔ:tə(ʊ)'krætɪk] enväldig, autokratisk

autocross ['ɔ:tə(ʊ)krɒs] *sport.* rallycross

autodidact ['ɔ:tə(ʊ)ˌdaɪdækt] autodidakt, självlärd person

autograph ['ɔ:təgrɑ:f] **I** *s* **1** autograf, namnteckning **2** (*författares*) originalmanuskript **II** *v* skriva sin autograf (namnteckning) på (i), signera

auto|mat ['ɔ:tə(ʊ)mæt] **1** [varu]automat **2** *AE.* automat[restaurang] **-mate** [-meɪt] automatisera **-matic** [ˌɔ:tə'mætɪk] **I** *a* automatisk (*äv. bildl.*); automat-; ~ *data processing* automatisk databehandling; ~ *machine* automat; *an* ~ *smile* ett mekaniskt leende **II** *s* automatvapen **-matically** [ˌɔ:tə'mætɪk(ə)lɪ] *adv* automatiskt **-mation** [ˌɔ:tə'meɪʃn] automation, automatisering; automatik

automa|tize (*BE. äv. -tise*) [ɔ:'tɒmətaɪz] automatisera[s] **-tization** (*BE. äv. -atisation*) [ɔ:ˌtɒmətaɪ'zeɪʃn] automatisering **-ton** [ɔ'tɒmət(ə)n] (*pl -ta* [-ətə] *el. -tons*) robot

auto|mobile ['ɔ:təmə(ʊ)bi:l] [automo]bil **-motive** [ˌɔ:tə'məʊtɪv] **1** bil- **2** självgående

autono|mous [ɔ:'tɒnəməs] autonom, självstyrande **-my** [-əmɪ] autonomi, självständighet, självbestämmande; självstyre[lse]

autopilot ['ɔ:tə(ʊ)ˌpaɪlət] autopilot

autopsy ['ɔ:təpsɪ] obduktion, autopsi

autumn ['ɔ:təm] höst; *last* ~ i höstas, förra hösten; *this* ~ [nu] i höst, den här hösten; *in* [*the*] ~ på (om) hösten (höstarna); *in* [*the*] *late* ~ sent på hösten, på senhösten; *in the* ~ *of 1939* på hösten 1939 **autumn leaves** *pl* höstlöv **autumnal** [ɔ:'tʌmnəl] höst-, höstlig; höstlik

auxiliary [ɔ:g'zɪljərɪ] **I** *s* hjälpare, assistent **2** hjälpverb **3** *auxiliaries* (*pl*) hjälptrupper **II** *a* hjälp-, reserv-; ~ *machinery* hjälpmaskiner; ~ *verb* hjälpverb

A.V. *förk. för Authorized Version* [*of the Bible*]

A-V, AV *förk. för audiovisual* **Av.** *förk. för Avenue* **av.** *förk. för average; avoirdupois*

avail [ə'veɪl] **I** *v* **1** tjäna till; gagna **2** ~ *o.s. of* utnyttja, begagna sig av **II** *s* nytta, gagn; *of* (*to*) *no* ~ till ingen nytta **-ability** [əˌveɪlə'bɪlətɪ] **1** tillgänglighet; användbarhet; anträffbarhet; tillgång **2** (*biljetts*) giltighet[stid] **-able** [-əbl] **1** tillgänglig; användbar; anträffbar **2** (*om biljett*) giltig

avalanche ['ævəlɑ:nʃ] lavin, snöskred

avant-garde [ˌævɑ̃:(ŋ)'gɑ:d] **I** *s* avantgarde **II** *a* avantgarde-

avar|ice ['ævərɪs] girighet, snikenhet **-icious** [ˌævə'rɪʃəs] girig, sniken

avdp. *förk. för avoirdupois* **Ave., ave.** *förk. för avenue*

avenge [ə'ven(d)ʒ] hämnas, ta hämnd för; ~ *o.s. on* hämnas (ta hämnd) på **avenger** [-ə] hämnare

avenue ['ævənju:] **1** allé **2** bred gata, aveny, boulevard **3** *bildl.* väg

aver [ə'vɜ:] **1** försäkra, bestämt förklara **2** *jur.* bestyrka

average ['æv(ə)rɪdʒ] **I** *v* **1** beräkna medeltalet (genomsnittet) av **2** i medeltal (genomsnitt) uppgå till (göra) **3** dela proportionellt **II** *s* **1** medeltal, genomsnitt; *on* [*an, the*] ~ i genomsnitt, i medeltal **2** *sjö.* haveri; *general* ~ gemensamt haveri **III** *a* genom|snittlig, -snitts-; ordinär, typisk

averse [ə'vɜ:s] *a* **1** *be* ~ *to* (*from*) vara avog mot, ogilla, tycka illa om **2** (*om löv*) motsatt **aversion** [ə'vɜ:ʃn] motvilja, avsmak, aversion (*to, for* mot); *it is my pet* ~ det är min fasa (det värsta jag vet)

avert [ə'vɜ:t] **1** vända bort; avleda **2** förhindra, avvärja, avstyra

aviary ['eɪvjərɪ] voljär, stor fågelbur

avia|tion [ˌeɪvɪ'eɪʃn] flygning, flygteknik **-tor** ['eɪvɪeɪtə] *åld.* flygare, pilot

avid ['ævɪd] **1** ivrig, entusiastisk **2** girig (*for* efter, på) **-ity** [ə'vɪdətɪ] **1** iver, entusiasm **2** girighet; begär

avocado [pear] [ˌævə(ʊ)'kɑ:də(ʊ) ('peə)] avokado

avocation [ˌævə(ʊ)'keɪʃn] *åld.* **1** bisyssla, hobby **2** [levnads]kall

avocet ['ævə(ʊ)set] *zool.* skärfläcka

avoid [ə'vɔɪd] **1** undvika; undgå; förhindra **2** *jur.* göra ogiltig **-able** som kan undvikas **-ance** [-(ə)ns] *s* undvikande; förhindrande

avoirdupois [ˌævədə'pɔɪz] *s,* ~ [*weight*] avoirdupois (*handelsviktsystem i engelskspråkiga länder*)

avouch [ə'vaʊtʃ] *åld.* **1** erkänna **2** garantera **3** hävda

avow [ə'vaʊ] **1** öppet tillstå, erkänna **2** försäkra, påstå **-al** [-əl] **1** bekännelse; erkännande **2** försäkran, påstående

avuncular [ə'vʌŋkjʊlə] farbroderlig

await [ə'weɪt] invänta, vänta på; emotse, se fram emot

awake [ə'weɪk] **I** *v* (*awoke, awoke el. awaked, awaked*) **1** vakna (*äv. bildl.*) **2** ~ *to* bli (göra) medveten om **3** väcka (*äv. bildl.*) **II** *a* vaken (*to* för) **awaken** [ə'weɪk(ə)n] *i sht bildl.* **1** väcka **2**

vakna **awakening** [ə'weɪknɪŋ] **I** *s* [upp]vaknande (*äv. bildl.*) **II** *a* väckande (*äv. bildl.*); vaknande
award [ə'wɔ:d] **I** *v* tillerkänna, tilldela; tilldöma **II** *s* **1** pris, belöning; stipendium **2** *jur.* [skilje]dom; utslag
aware [ə'weə] medveten (*of* om); uppmärksam (*of* på); *politically* ~ politiskt medveten; *not that I am* ~ [*of*] inte såvitt jag vet
awash [ə'wɒʃ] *sjö.* **1** i vattenbrynet **2** överspolad; översvämmad
away [ə'weɪ] **I** *adv* **1** bort, i väg; undan; ~ *with him!* bort (i väg) med honom!; *give* ~ ge bort; *go* ~ gå bort (sin väg); *look* ~ titta bort; *put* ~ lägga undan (åt sidan) **2** bort[a]; *keep* ~ *from* hålla sig borta från; *far* (*out*) *and* ~ ojämförligt, utan jämförelse **3** vidare, på; *talk* ~ prata på; *work* ~ arbeta på (vidare) **4** *right* (*straight*) ~ genast **II** *a* borta; borta-; ~ *match* bortamatch **III** *s* bortamatch
awe [ɔ:] **I** *s* respekt, vördnad; fruktan **II** *v* inge respekt (vördnad); inge fruktan **--inspiring** ['ɔ:ɪn,spaɪrɪŋ], **-some** ['ɔ:səm] respektingivande, vördnadsbjudande; skräckinjagande; fantastisk; storslagen **-stricken** ['ɔ:,strɪk(ə)n], **-struck** ['ɔ:strʌk] skräckslagen; vördnadsfylld
awful ['ɔ:fʊl] **1** ohygglig, fruktansvärd **2** *vard.* förfärlig, väldig, hemsk **-ly** *adv* **1** ['ɔ:fʊlɪ] ohyggligt, fruktansvärt **2** ['ɔ:flɪ] *vard.* förfärligt, väldigt, hemskt
awhile [ə'waɪl] en stund
awkward ['ɔ:kwəd] **1** tafatt, klumpig **2** förarglig, pinsam; besvärlig, krånglig **3** förlägen, besvärad, bortkommen
awl [ɔ:l] syl, pryl
awning ['ɔ:nɪŋ] soltält, markis
awoke [ə'wəʊk] *imperf o. perf part av awake*
AWOL, A.W.O.L. *mil., förk. för absent without leave*
awry [ə'raɪ] **I** *a* sned, på sned **II** *adv* **1** snett, på snedden **2** på tok
ax *AE.*, **axe** *BE.* [æks] **I** *s* **1** yxa; *he has an* ~ *to grind a*) han gör det i eget intresse, *b*) han har ett favoritämne, *c*) han har klagomål **2** *vard.* nedskärningar; *get the* ~ få sparken **II** *v* **1** hugga ner med yxa; yxa till **2** *vard.* skära ner; lägga ner; avskeda
axes ['æksɪs] *pl av axis o. axe*
axiom ['æksɪəm] axiom
axis ['æksɪs] (*pl axes* ['æksi:z]) *mat., fys., polit.* axel; *the A*~ axelmakterna
axle ['æksl] [hjul]axel
ay [eɪ] *interj, åld., poet.* ack!
1 ay[e] [aɪ] ja[röst]; *the ~s have it* frågan är med ja besvarad, jarösterna är i majoritet; ~ ~, *Sir* (*sjö.*) ska ske, kapten
2 ay[e] [eɪ] *adv, dial., poet.* alltid
AZ *förk. för Arizona*
azalea [ə'zeɪljə] *bot.* azalea
azimuth ['æzɪməθ] *astr.* azimut
Azores [ə'zɔ:z] *pl, the* ~ Azorerna
Aztec ['æztek] **I** *s* aztek **II** *a* aztekisk
azure ['æʒə] azur-, himmels|blå

B

B, b [bi:] (*bokstav*) B, b; (*ton*) h; *B flat* (*mus.*) b; *B sharp* (*mus.*) hiss
B. *förk. för* (*mus.*) *bass; bay; Bible; book; born; breadth; British* **b.** *förk. för* (*mus.*) *bass; bay; book; born;* (*i kricket*) *bowled; breadth* **B.A.** *förk. för Bachelor of Arts; British Academy* **B.A.A.** *förk. för British Airports Association*
baa [bɑ:] **I** *s* bräkande **II** *v* bräka
baas [bɑ:s] *Sydafr.* herre
babble ['bæbl] **I** *v* **1** babbla, pladdra; jollra **2** sorla **3** pladdra 'om **II** *s* **1** babbel, pladder; joller **2** sorl **babbler** ['bæblə] pratmakare
babe [beɪb] **1** *poet.* spenabarn; barnunge **2** *sl.* sötnos; tjej, brud; person; grej
babel ['beɪbl] **1** *the Tower of B*~ Babels torn **2** förbistring, villervalla, virrvarr
baboon [bə'bu:n] babian
baby ['beɪbɪ] **I** *s* **1** [späd]barn, baby; unge; *be left holding the* ~ stå där med allt ansvar; *throw the* ~ *out with the bath water* kasta ut barnet med badvattnet **2** barnslig person, barnunge **3** *sl.* sötnos; tjej, brud; person; grej **II** *a* mini-; ~ *buggy a*) lätt sittvagn, *b*) *AE. vard.* barnvagn; ~ *car* mini-, små|bil; ~ *carriage* (*AE.*) barnvagn; ~ *grand* mignonflygel; ~ *talk* joller, småbarnsspråk **III** *v* behandla ömt (som en baby) **-hood** [-hʊd] spädbarns-, baby|tid
Baby|lon ['bæbɪlən] Babel, Babylon **-lonia** [,bæbɪ'ləʊnjə] Babylonien **-lonian** [,bæbɪ'ləʊnjən] **I** *a* babylonisk **II** *s* babylonier
baby|-minder ['beɪbɪ,maɪndə] dagmamma **--sit** [-sɪt] sitta barnvakt **--sitter** [-,sɪtə] barnvakt
Bacchus ['bækəs]
baccy ['bækɪ] *BE. vard.* tobak
Bach [bɑ:x]
bachelor ['bætʃələ] **1** ungkarl **2** *univ.* kandidat; *B~ of Arts* (*Science*) (*ung.*) filosofie kandidat; *B~ of Divinity* teologie kandidat; *B~ of Law* juris kandidat; *B~ of Medicine* medicine kandidat
bacil|lus [bə'sɪl|əs] (*pl -li* [-aɪ]) bacill
back [bæk] **I** *s* **1** rygg; *break one's* ~ ta knäcken på sig; *get off someone's* ~ (*vard.*) sluta besvära ngn; *have s.th. on one's* ~ vara tyngd av ngt; *put one's* ~ *into s.th.* hugga i med ngt; *put* (*get*) *someone's* ~ *up* reta upp ngn; *see the* ~ *of* bli kvitt, bli av med; *turn one's* ~ *on s.b.* vända ngn ryggen; *with one's* ~ *up to the wall* hårt trängd **2** baksida; bakre del; ryggstöd; ~ *of the head* nacke, bakhuvud; ~ *to front* bak och fram; *at the* ~ *of* bakom; *at the very* ~ *of* längst bak i; *at the* ~ *of beyond* bortom all ära och redlighet; *in the* ~ *of the car* bak i bilen **3** *sport.* back **II** *a* bak-, bakre; bakåt-; *AE.* avlägsen; ~ *issue of a newspaper* ett gammalt nummer av en tidning; ~ *rent* obetald hyra **III** *adv* bakåt; tillbaka; *as far* ~ *as 1850* (*äv.*) redan 1850; ~ *and forth* fram och tillbaka; *pay* ~ betala tillbaka (igen) **IV** *prep, AE.*, ~ *of* bakom **V** *v* **1** [under]stödja, backa upp; vara bakgrund till **2** flytta

(dra) tillbaka; backa **3** *hand.* endossera, skriva på på baksidan **4** hålla (satsa) på **5** röra sig bakåt, backa **6** ~ *down* (*bildl.*) falla till föga, ge med sig; ~ *on*[*to*] ha baksidan mot; ~ *out* backa ut, *bildl.* backa ur **-ache** ['bækeɪk] ryggsmärtor, ont i ryggen **-bencher** [ˌbæk'bentʃə] *BE., Austr.* parlamentsledamot (*som inte är minister el. tillhör oppositionen*) **-bite** ['bækbaɪt] baktala, tala illa om **-biting** ['bækˌbaɪtɪŋ] förtal **-bone** ['bækbəʊn] **1** ryggrad (*äv. bildl.*) **2** mod, beslutsamhet **-breaking** ['bækˌbreɪkɪŋ] mycket slitsam **-chat** ['bæktʃæt] *vard.* uppkäftighet **-cloth** ['bækklɒθ] *teat.* [fond]kuliss **-comb** ['bækkəʊm] tupera **-date** [ˌbæk'deɪt] **1** antedatera **2** göra retroaktiv

back door [ˌbæk'dɔ:] **1** bakdörr **2** bak-, smyg|-väg

back|drop ['bækdrɒp] *se backcloth* **-er** [-ə] **1** [under]stödjare **2** vadhållare **-fire** [ˌbæk'faɪə] **I** *s* baktändning **II** *v* **1** baktända; *bildl.* slå tillbaka **2** (*vid skogsbrand e.d.*) anlägga moteld **-gammon** [bæk'gæmən] brädspel **-ground** ['bækgraʊnd] bakgrund (*äv. bildl.*) **-hand** ['bækhænd] **I** *a* bakåtlutad (*om skrift*) **II** *s, sport.* backhand **-handed** ['bækhændɪd] **1** backhands- **2** tvetydig **-hander** ['bækhændə] **1** backhandsslag **2** *vard.* sidohugg **3** *sl.* muta

backing ['bækɪŋ] stöd, hjälp, uppbackning; *mus.* ackompanjemang (*t. popsångare*)

backlash ['bæklæʃ] motreaktion **back list** förlags tidigare utgivning i lager, backlist **backlog** orderstock; ogjort arbete **backmost** bakerst **back number** [-ˌnʌmbə] **1** gammalt nummer (*av tidskrift e.d.*) **2** *vard.* gammalmodig person (grej) **back pack** [-pæk] *i sht AE.* ryggsäck **back-pedal** [-ˌpedl **1** trampa bakåt (*på cykel*) **2** ändra åsikt; backa ut **back rest** [-rest] ryggstöd **back-room** [ˌbæk'ru:m] *a,* ~ *boy* forskare som arbetar bakom kulisserna

back|-seat [ˌbæk'si:t] baksätes-; ~ *driver* (*vard.*) baksätesförare (*passagerare i baksätet som ger föraren goda råd*) **-side** baksida; *vard.* bak[del] **--slapping** ['bækˌslæpɪŋ] *a, bildl.* ryggdunkande, hjärtlig **-slide** [ˌbæk'slaɪd] återfalla; avfalla **-slider** ['bækˌslaɪdə] avfälling **-spin** [ˌbæk'spɪn] *sport.* underskruv **-stage** [ˌbæk'steɪdʒ] *adv o. a* bakom kulisserna **-stair** [ˌbæk'steə] *a* hemlig; bakslug **-stairs** [ˌbæk'steəz] *pl* baktrappa **-stroke** ['bækstrəʊk] ryggsim

back|up ['bækʌp] *i sht AE.* **I** *s* **1** reserv; stöd **2** [bakgrunds]ackompanjemang **3** *data.* back-up, säkerhetskopiering **II** *a,* ~ *light* backljus **-ward** [-wəd] **I** *a* **1** bakåtriktad, bakåtvänd **2** bakåtsträvande **3** försagd **4** efterbliven **II** *adv, se backwards* **-wards** [-wədz] *adv* bakåt, baklänges, tillbaka; ~ *and forwards* fram och tillbaka; *bend* (*lean, fall*) *over* ~ (*vard.*) ta knäcken (kål) på sig; *know s.th.* ~ (*BE. vard.*) kunna ngt utan och innan **-wash** [-wɒʃ] svallvåg; *bildl.* återverkningar, efterdyningar **-water** [-ˌwɔ:tə] **1** bakvatten, dödvatten (*äv. bildl.*) **2** avkrok **-woods** [-wʊdz] *pl, AE.* avlägsna skogstrakter; obygd[er] **-woodsman** [-wʊdzmən] **1** människa från obygden **2** *AE. vard.* lantis

back yard [ˌbæk'jɑ:d] bakgård; *in one's own* ~ nära till hands

bacon ['beɪk(ə)n] bacon; *bring home the* ~ (*vard.*) *a*) tjäna ihop till brödfödan, *b*) vara framgångsrik; *save one's* ~ (*BE. vard.*) rädda sitt skinn

bacteri|a [bæk'tɪərɪə] *pl av bacterium* **-al** [-l] bakterie- **-ological** [bækˌtɪərɪə'lɒdʒɪkl] bakteriologisk **-ology** [bækˌtɪərɪ'ɒlədʒɪ] bakteriologi **-um** [bæk'tɪəriəm] (*pl -a* [-ə]) bakterie

bad [bæd] **I** *a* (*worse, worst*) **1** dålig; svår; *not* [*half*] ~, *not so* ~ inte illa, ganska bra; ~ *cold* svår förkylning; *he is a* ~ *egg* (*lot*) han är oduglig; ~ *luck* otur; *he is in a* ~ *way* det står dåligt till med honom; [*that's*] *too* ~*!* (*vard.*) så tråkigt (synd)!; *go* ~ bli dålig (skämd), ruttna; *things are going from* ~ *to worse* det blir bara värre och värre **2** ond, elak; ~ *language* svordomar, grovt språk; *he's been a* ~ *boy* han har varit elak **3** ogiltig; falsk; ~ *cheque* ogiltig check; ~ *debt* oindrivbar fordran **4** dålig, krasslig; *feel* ~ känna sig dålig **5** skadlig (*for* för) **II** *s, go to the* ~ förfalla, spåra ur; *he is £10 to the* ~ han har en brist på 10 pund

bad|die, -dy ['bædɪ] *vard.* bov, skurk (*i film e.d.*)

bade [bæd] *imperf. av bid*

badge [bædʒ] **1** märke, emblem; [polis]bricka **2** känne|tecken, -märke

badger ['bædʒə] **I** *s* grävling **II** *v* ansätta; tjata på

badinage ['bædɪnɑ:ʒ] raljeri, gyckel

badly ['bædlɪ] *adv* (*worse, worst*) **1** dåligt; illa; svårt; *be* ~ *off* ha det dåligt ställd **2** *want* (*need*) ~, *be* ~ *in need of* vara i stort behov av

badminton ['bædmɪntən] **1** badminton **2** (*slags*) rödvinsbål

bad-tempered [ˌbæd'tempəd] retlig, på dåligt humör

baffle ['bæfl] **1** förvirra, förbrylla; *it ~s me* det är mig en gåta **2** trotsa **baffling** [-ɪŋ] förvirrande, förbryllande

bag [bæg] **I** *s* **1** väska; säck, påse, kasse, bag; ~ *and baggage* (*vard.*) pick och pack; ~ *of bones* benget, magert skrälle; *the whole* ~ *of tricks* (*vard.*) alla upptänkliga knep, alltihopa; *in the* ~ (*vard.*) som i en liten ask; *let the cat out of the* ~ [oavsiktligt] avslöja en hemlighet; *a mixed* ~ en brokig samling; *old* ~ kärring; *~s* (*pl*) *a*) *vard.* massor, *b*) *sl.* brallor **2** fångst **3** *sl.* specialintresse; specialitet **II** *v* **1** lägga i en väska *etc.* **2** fånga **3** *vard.* lägga beslag på, knycka **4** svälla, pösa **5** *~s I…!* pass för…!

bagatelle [ˌbægə'tel] **1** bagatell **2** fortunaspel

baggage ['bægɪdʒ] **1** bagage **2** *mil.* tross **baggage car** *AE.* godsfinka

bag|gy ['bægɪ] säckig, påsig **-man 1** *BE. vard.* handelsresande, provryttare **2** *Austr.* luffare **-pipes** *pl* säckpipa **-piper** säckpipblåsare

bah [bɑ:] *interj* äh!

Bahama [bə'hɑ:mə] *a o. s, The* ~ *Islands, The ~s* Bahamaöarna

1 bail [beɪl] **I** *s* borgen; *go* (*stand*) ~ *for* gå i borgen för; *let out on* ~ släppa mot borgen **II** *v* **1** ~ [*out*] släppa (få ut) mot borgen **2** *se bale II*

2 bail [beɪl] ~ [*out*] ösa, länsa **bailer** ['beɪlə] öskar

bailey ['beɪlɪ] ringmur; slottsgård; *Old B~* Old Bailey (*brottmålsdomstolen i London*)

bailiff ['beɪlɪf] **1** *hist.* fogde **2** (*sheriffs*) exekutionsbetjänt, utmätningsman **3** förvaltare

bairn [beən] *Sk.* barn

B

bait [beɪt] **I** *s* agn, bete; *rise to (swallow, take) the ~* nappa på kroken (*äv. bildl.*) **II** *v* **1** agna, sätta bete på; locka **2** hetsa (*med hundar*) **3** reta
baize [beɪz] boj (*tyg*)
bake [beɪk] **1** ugns|baka[s], -steka[s]; baka[s], grädda[s]; *~d beans* vita bönor i tomatsås; *I'm baking* jag håller på att smälta **2** (*om solen*) bränna; *it's baking hot* det är stekande varmt
Bakelite ['beɪkəlaɪt] (*varumärke*) bakelit
bak|er ['beɪkə] bagare; *~'s dozen* tretton **-ery** [-ərɪ] bageri
baking powder ['beɪkɪŋˌpaʊdə] bakpulver **baking soda** bikarbonat
baksheesh ['bækʃiːʃ] dricks, allmosa
Balaclava helmet [ˌbælə'klɑːvəˌhelmɪt] stickad kapuschong
balance ['bæləns] **I** *s* **1** [balans]våg; vågskål; *hold the ~* ha avgörandet i sin hand; *his life hung in the ~* hans liv hängde på en tråd **2** balans, jämvikt (*äv. bildl.*); motvikt; *~ of power* maktbalans; *loose one's ~* tappa (förlora) balansen **3** *hand.* balans; saldo; behållning; återstod, rest; *~ in hand* kassabehållning; *~ of payments* betalningsbalans; *~ of trade* handelsbalans; *~ brought forward* ingående saldo; *~ carried forward* utgående saldo; *~ due* debetsaldo; *on ~* allt som allt, när allt kommer omkring; *strike a ~* kompromissa **II** *v* **1** [av]väga **2** bringa i jämvikt; balansera; *a well ~d person* en sansad (välbalanserad) person **3** utjämna; uppväga **4** *hand.* balansera; *~ the books* göra bokslut **5** vara i jämvikt; jämna ut sig **balance sheet** balansräkning **balance wheel** (*i ur*) oro, balanshjul
balcony ['bælkənɪ] balkong; *teat., the ~* andra raden, *AE.* första raden
bald [bɔːld] **1** skallig; *~ eagle* vithövdad havsörn **2** enkel **3** rakt på sak, ohöljd
balderdash ['bɔːldədæʃ] gallimatias, smörja
baldheaded [ˌbɔːld'hedɪd] skallig; *go ~ at (into, for) it* (*vard.*) rusa i väg utan att tänka sig för
baldric ['bɔːldrɪk] axelgehäng
bale [beɪl] **I** *s* bal; packe **II** *v, ~ out a*) hoppa i fallskärm, *b*) *vard.* rädda (klara sig) ur knipan
baleen [bə'liːn] valfiskben
baleful ['beɪlf(ʊ)l] olycksbringande; ond
baler ['beɪlə] öskar
balk [bɔːk] **I** *s* balk, bjälke **2** oplöjd jordremsa **3** hinder **II** *v* **1** hindra; gäcka **2** (*om häst*) vägra; *bildl.* rygga (*at* för)
Balkan ['bɔːlkən] Balkan-; *the ~ Peninsula* Balkanhalvön **Balkans** [-z] *pl, the ~* Balkan
1 ball [bɔːl] **I** *s* boll, klot, kula; nystan; *~s* (*pl, vulg.*) *a*) testiklar, ballar, *b*) skitsnack; *the ~ of the foot (hand)* trampdynan (tumvalken); *on the ~* (*vard.*) på alerten, informerad; *have the ~ at one's feet* ha chansen; *keep the ~ rolling* hålla i gång samtalet (verksamheten); *start (set) the ~ rolling* sätta i gång det hela; *the ~ is in your court* (*bildl.*) bollen ligger hos dig; *~ and socket joint* kulled; *play ~* (*vard. äv.*) samarbeta, spela med i spelet **II** *v, AE., ~ up, se balls up*
2 ball [bɔːl] bal, dans; *have a ~* (*AE., vard.*) ha jätteroligt
ballad ['bæləd] visa; ballad
ballast ['bæləst] **I** *s* barlast **II** *v* barlasta
ball bearing [ˌbɔːl'beərɪŋ] kullager **ball boy** ['bɔːlbɔɪ] bollkalle **ball cock** ['bɔːlkɒk] flottörventil
ballerina [ˌbælə'riːnə] ballerina
ballet ['bæleɪ] balett **ballet dancer** ['bælɪˌdɑːnsə] balett|dansör, -dansös
ball game ['bɔːlgeɪm] **1** bollspel **2** *AE.* baseballmatch; *a different ~* (*vard.*) en helt annan historia
ballis|tic [bə'lɪstɪk] ballistisk (*missile* robot) **-tics** [-tɪks] (*behandlas som sg*) ballistik
ballocks ['bæləks] *pl, vulg.* **1** testiklar, ballar **2** skitsnack
balloon [bə'luːn] **I** *s* **1** ballong; *when the ~ goes up* (*vard.*) när det brakar löst **2** pratbubbla **3** *kem.* glaskolv **4** konjakskupa **II** *v* **1** stiga upp i ballong **2** blåsa upp, komma att svälla **3** *BE., ~ a ball* sparka en boll högt upp i luften
ballot ['bælət] **I** *s* **1** val-, röst|sedel **2** sluten omröstning **3** *parl.* lottdragning **II** *v* **1** rösta [slutet] **2** dra lott **ballot box** valurna **ballot paper** val-, röst|sedel
ballpark ['bɔːlpɑːk] *AE.* baseballstadion **ball pen, ballpoint [pen]** ['bɔːl|pen, -pɔɪnt (pen)] kul[spets]penna
ballroom ['bɔːlrʊm] balsal; dansställe
balls up [ˌbɔːlz'ʌp] *v, sl.* trassla till, fuska ihop
bally ['bælɪ] *BE., sl.* jäkla, sabla
ballyhoo [ˌbælɪ'huː] *vard.* **1** reklamjippo **2** väsen, ståhej
balm [bɑːm] balsam; lindring **balmy** ['bɑːmɪ] **1** balsamisk; lindrande **2** *AE.* knasig, knäpp
baloney [bə'ləʊnɪ] *vard.* strunt[prat]
balsa ['bɔːlsə] **1** balsaträd; balsa[trä] **2** balsaflotte
balsam ['bɔːlsəm] **1** balsam **2** *bot.* balsamin
Baltic ['bɔːltɪk] **I** *a* östersjö-; baltisk; *the ~ Sea* Östersjön; *the ~ States* de baltiska staterna, Baltikum **II** *s, the ~* Östersjön
balusters ['bæləstəz] *pl* trappräcke **balustrade** [ˌbælə'streɪd] balustrad
bamboo [bæm'buː] bambu; bamburör
bamboozle [bæm'buːzl] *vard.* **1** lura **2** förvirra
ban [bæn] **I** *s* bann[lysning]; förbud; *put a ~ on* bannlysa, förbjuda **II** *v* bannlysa; förbjuda
banal [bə'nɑːl] banal **-ity** [bə'nælətɪ] banalitet
banana [bə'nɑːnə] banan; *hand of ~s* bananklase
1 band [bænd] **I** *s* **1** band; snodd; bindel **2** *tekn.* band; [driv]rem; *radio.* band **II** *v* fästa (märka) med band
2 band [bænd] **I** *s* **1** skara, följe; band **2** musik|kår, -kapell, band **II** *v, ~ [together]* förena sig, samlas
bandage ['bændɪdʒ] **I** *s* bandage, förband; bindel **II** *v* förbinda
bandan[n]a [bæn'dænə] snusnäsduk
bandbox ['bændbɔks] hattask
banderol[e] ['bændərəʊl] banderoll
bandit ['bændɪt] bandit **-ry** [-rɪ] banditväsen
bandmaster ['bæn(d)ˌmɑːstə] kapellmästare
bando|leer, -lier [ˌbændə(ʊ)'lɪə] patronbälte (*som bärs över axeln*)
band|stand ['bændstænd] musikestrad **-wagon** [-ˌwægən] orkestervagn; *climb (get, jump) on the ~* (*vard.*) ansluta sig till den vinnande sidan
bandwidth ['bændwɪdθ] *radio.* bandbredd
bandy ['bændɪ] **I** *v* **1** kasta (slå) fram och tillbaka **2** [ut]växla; *~ words* gräla **II** *a* (*om ben*) krokig;

hjulbent **--legged** [-legd] hjulbent

bane [beɪn] fördärv, undergång

1 bang [bæŋ] **I** *v* **1** banka, slå, smälla; knalla; dunka; ~ *one's head against a brick wall* (*bildl.*) köra huvudet i väggen; ~ *up* (*AE.*) [total]förstöra **2** *sl.* injicera (*narkotika*) **3** *sl.* knulla **II** *s* **1** slag, smäll; knall; duns; *with a* ~ *a*) *vard.* plötsligt, *b*) framgångsrikt **2** *sl.* sil (*narkotikainjektion*) **3** *sl.* knull **III** *adv* pang; precis, just; rakt, rätt; *go* ~ smälla, explodera; ~ *on* (*BE. vard.*) mitt i prick **IV** *a, BE. vard.*, ~ *on* jätte|fin, -bra

2 bang [bæŋ] [pann]lugg

banger ['bæŋə] *sl.* **1** korv **2** smällare **3** *vard.* rishög (*bil*)

bangle ['bæŋgl] armring; fotledsring

banish ['bænɪʃ] **1** [lands]förvisa **2** *bildl.* bannlysa, slå ur tankarna **-ment** [-mənt] [lands]förvisning

banisters ['bænɪstəz] *pl* trappräcke

banjo ['bændʒəʊ] (*pl -[e]s*) banjo

Bank. *förk. för Banking*

1 bank [bæŋk] **I** *s* **1** strand[sluttning] **2** vall, [dikes]ren; driva; sandbank; molnbank **3** *flyg.* bankning **II** *v* **1** ~ [*up*] *a*) dämma för, *b*) torna upp **2** *flyg.* banka

2 bank [bæŋk] **I** *s* **1** bank[inrättning] **2** sparbössa **3** [spel]bank **II** *v* **1** sätta in [på banken] **2** *spelt.* hålla bank **3** *vard.*, ~ *on* lita på

3 bank [bæŋk] rad, uppsättning (*av likartade föremål*)

bank account ['bæŋkə,kaʊnt] bankkonto **bank bill** [-bill] **1** *BE.* växel (*mellan banker*) **2** *AE.* sedel **bankbook** [-bʊk] bankbok **banker** [-ə] **1** bankir, bankdirektör **2** säker match (*på tips*) **bank holiday** [,bæŋk'hɒlədɪ] bankfridag **banking** ['bæŋkɪŋ] bankväsen **bank note** ['bæŋknəʊt] sedel **bank rate** ['bæŋkreɪt] diskonto **bankroll** ['bæŋkrəʊl] *AE.* **1** sedelrulle **2** [ekonomiska] tillgångar

bank|rupt ['bæŋkrʌpt] **I** *a* bankrutt, i konkurs, konkursmässig **II** *s* bankruttör, konkursmässig (bankrutt) person **-ruptcy** [-rʌp(t)sɪ] bankrutt, konkurs

banner ['bænə] baner, fana, banderoll **banner headline** [-,hedlaɪn] jätterubrik

bannisters ['bænɪstəz] *se banisters*

banns [bænz] *pl* lysning (*t. äktenskap*); *ask the* ~ ta ut lysning; *publish* (*put up*) *the* ~ lysa till äktenskap

banquet ['bæŋkwɪt] bankett; festmåltid

bantam ['bæntəm] **1** dvärghöns **2** bantamviktare **-weight** bantamvikt[are]

banter ['bæntə] **I** *s* skämt, drift **II** *v* skämta, retas [med]

Bantu [,bæn'tu:] **I** *s* **1** bantuneger **2** bantuspråk **II** *a* bantu-

B.A.O.R. *förk. för British Army of the Rhine*

Bapt. *förk. för Baptist* **bapt.** *förk. för baptism; baptized*

baptism ['bæptɪz(ə)m] dop; ~ *of fire* elddop (*äv. bildl.*) **baptismal** [bæp'tɪzml] dop-; ~ *register* doplängd **Baptist** ['bæptɪst] **1** baptist **2** *John the* ~ Johannes Döparen **bap|tize** (*BE. äv. -tise*) [bæp'taɪz] döpa

bar [bɑ:] **I** *s* **1** stång; spak; bom; barr, tacka; *a* ~ *of soap* en tvål; *a* ~ *of chocolate* en chokladkaka; *a* ~ *of gold* en guldtacka; *behind* ~*s* bakom galler (lås och bom) **2** *mus.* takt[streck] **3** sand|bank, -rev **4** hinder (*to* för) **5** skrank; domstol; *the B*~ advokaterna, *AE. äv.* juristyrket; *be called* (*go*) *to the B*~ bli utnämnd till advokat; *the prisoner at the* ~ den anklagade **6** bar; [bar]disk; krog[lokal] **II** *v* bomma för (igen, till); stänga in[ne] (ute); spärra [av] **2** förbjuda; hindra; ~ *s.b. from doing s.th.* hindra ngn från att göra ngt **III** *prep* utom; ~ *none* utan undantag

bar. *förk. för barometer; barrel; barrister*

barb [bɑ:b] **I** *s* hulling **II** *v* förse med hullingar; ~*ed wire* taggtråd

Barbados [bɑ:'beɪdəʊz]

barbarian [bɑ:'beərɪən] **I** *s* barbar **II** *a* barbarisk, barbar- **barbaric** [bɑ:'bærɪk] barbarisk **barbarism** ['bɑ:bərɪz(ə)m] barbari; barbarisk handling **barbarity** [bɑ:'bærətɪ] grymhet; barbari **barbarous** ['bɑ:b(ə)rəs] barbarisk

barbecue ['bɑ:bɪkju:] **I** *s* **1** utomhusgrill; stekspett **2** grillat kött **3** barbecue, grillfest utomhus **II** *v* tillaga på utomhusgrill

barber ['bɑ:bə] barberare, [herr]frisör

barberry ['bɑ:bərɪ] *bot.* berberis

barbershop ['bɑ:bəʃɒp] *AE.* frisersalong

barbiturate [bɑ:'bɪtjʊrət] barbiturat

bar chart ['bɑ:tʃɑ:t] stapeldiagram

bare [beə] **I** *a* **1** bar, naken; kal; tom; *with a* ~ *sword* med blottat (naket) svärd **2** *bildl.* osminkad, enkel; blott[a], ren; knapp (*majority* majoritet); *the* ~ *facts* nakna fakta; *the* ~ *idea* blotta tanken **II** *v* blotta; göra bar; frilägga; ~ *one's teeth* visa tänderna

bare|back ['beəbæk] **I** *adv* barbacka **II** *a* barbacka- **-faced** [-feɪst] *a* ogenerad, oblyg, fräck **-foot** [-fʊt] *a o. adv* barfota **-headed** [,beə'hedɪd] *a o. adv* barhuvad **-legged** [,beə'legd] *a* barbent

bare|ly ['beəlɪ] *adv* **1** nätt och jämnt **2** sparsamt, torftigt **-ness** ['beənɪs] **1** nakenhet; kalhet; tomhet **2** torftighet

bargain ['bɑ:gɪn] **I** *s* **1** köp, handel, affär; uppgörelse, överenskommelse (*om köp*); *into* (*AE. äv. in*) *the* ~ *a*) på köpet, *b*) till på köpet; *make* (*strike*) *a* ~ *about* träffa avtal (göra upp) om; *make the best of a bad* ~ göra det bästa av situationen; *that's a* ~*!* avgjort!, överenskommet! **2** fynd, kap, bra köp; *what a* ~*!* vilket fynd! **II** *v* **1** göra upp, förhandla (*for* om) **2** köpslå, ackordera, pruta **3** ~ *away* förhandla bort, byta bort; ~ *for* vänta sig, räkna med; ~ *on* lita på **bargain price** fynd-, special|pris **bargain sale** utförsäljning

barge [bɑ:dʒ] **I** *s* **1** [kanal]pråm **2** slup **3** *vard.* skorv **II** *v* **1** *vard.* stöta, törna (*into* mot, på); rusa (*into* in i); ~ *in*[*to*] avbryta, tränga sig på, störa **2** knuffa, tränga (*one's way* sig fram) **3** forsla på pråm[ar] **bargee** [bɑ:'dzi:] *BE.*, **bargeman** *AE.* pråmskeppare **bargepole** ['bɑ:dʒpəʊl] *sjö.* stake; *not touch with a* ~ (*vard.*) inte vilja ta i med tång

bar graph ['bɑ:grɑ:f] stapeldiagram

baritone ['bærɪtə(ʊ)n] *mus.* **I** *s* baryton **II** *a* baryton-

barium ['beərɪəm] barium

1 bark [bɑ:k] **I** *s* bark **II** *v* **1** barka **2** garva **3**

skrapa [skinnet av]
2 bark [bɑ:k] **I** *s* **1** skall; skällande; *his ~ is worse than his bite* han är inte så ilsken som han låter **II** *v* skälla (*at* på); *~ up the wrong tree* (*vard.*) vara inne på fel spår
3 bark [bɑ:k] *i sht AE.* bark (*skepp*)
barker ['bɑ:kə] *vard.* kundvärvare, utropare
barley ['bɑ:lɪ] korn (*sädesslag*); *pearl ~* pärlgryn **barleycorn** korngryn **barley sugar**[-ˌʃʊgə] bröstsocker **barley wine** [-waɪn] *BE.* starkt öl
bar|maid ['bɑ:meɪd] [kvinnlig] bartender **-man** [-mən] bartender
barmy ['bɑ:mɪ] *sl.* knasig, knäpp, tokig
barn [bɑ:n] lada; loge; *AE.* ladugård, stall
barnacle ['bɑ:nəkl] **1** *zool.* rankfoting **2** *zool.* vitkindad gås **3** *bildl.* igel, kardborre
barn owl ['bɑ:naʊl] tornuggla **barnstorm** *i sht AE.* (*om skådespelare, valtalare*) turnera (*i landsorten*) **barnstormer** [-ˌstɔ:mə] *i sht AE.* kringresande skådespelare (valtalare) **barn swallow** [-ˌswɒləʊ] *AE.* ladusvala **barnyard** [-jɑ:d] loggård, stallplan
barometer [bə'rɒmɪtə] barometer **barometric[al]** [ˌbærə(ʊ)'metrɪk(l)] barometer-
baron ['bær(ə)n] **1** baron **2** magnat **3** *~ of beef* ländstycke av oxe **-ess** ['bærənɪs] baronessa **-et** ['bærənɪt] baronet **-ial** [bə'rəʊnjəl] baronlig, baron-
baroque [bə'rɒk] **I** *s* barock **II** *a* barock[-]
barque [bɑ:k] bark (*skepp*); *poet.* [liten segel]båt
1 barrack ['bærək] **I** *s, se barracks* **II** *v* förlägga i kasern
2 barrack ['bærək] *BE. vard.* bua (vissla) åt
barracking ['bærəkɪŋ] *BE. vard.* buanden, visslingar
barracks ['bærəks] (*behandlas som sg*) kasern; barack; *neds.* hyreskasern **barracks square** kaserngård
barracuda [ˌbærə'kju:də] *zool.* barracuda
barrage ['bærɑ:ʒ] **1** fördämning, damm **2** *mil.* spärreld **3** *bildl.* stört|sjö, -skur **barrage balloon** [-bəˌlu:n] spärrballong
barrel ['bær(ə)l] **1** fat, tunna; *a ~ of* (*vard.*) en massa; *scrape the ~* (*vard.*) bottenskrapa sina resurser **2** cylinder, trumma **3** gevärspipa, lopp **4** bläckpatron **barrel organ** [-ˌɔ:gən] positiv **barrel vault** [-vɔ:lt] *arkit.* tunnvalv
barren ['bær(ə)n] **1** ofruktsam, steril; ofruktbar, karg **2** andefattig, torftig; *~ of* i total avsaknad av
barricade [ˌbærɪ'keɪd] **I** *s* barrikad **II** *v* barrikadera
barrier ['bærɪə] barriär (*äv. bildl.*); bom; skrank; *bildl.* hinder
barring ['bɑ:rɪŋ] utom, med uteslutande av; bortsett från
barrister[-at-law] [ˌbærɪstə(r)ət'lɔ:] (*i England*) advokat (*berättigad att uppträda vid högre rätt*)
1 barrow ['bærəʊ] gravhög, [grav]kummel
2 barrow ['bærrəʊ] *i sht BE.* hand-, drag|kärra
Bart. *förk. för Baronet*
bartender ['bɑ:tendə] bartender; uppassare
barter ['bɑ:tə] **I** *v* **1** idka byteshandel **2** byta [ut, bort] (*for* mot) **II** *s* byteshandel
Bartholomew [bɑ:'θɒləmju:] *bibl.* Bartolomeus
basal ['beɪsl] bas-, grund-
basalt ['bæsɔ:lt] basalt
1 base [beɪs] **I** *s* **1** bas (*äv. kem., mat., mil.*); grundval; sockel; stödjepunkt **2** *sport.* start-, mål|linje; (*i baseball*) bas **3** *språkv.* stam, rot **II** *v* basera, grunda, stödja
2 base [beɪs] låg, simpel; usel; *~ metals* oädla metaller
base|ball ['beɪsbɔ:l] baseball **-less** grundlös, ogrundad **-line** (*i tennis e.d.*) baslinje, bakersta linje **-ment** [-mənt] källarvåning
bash [bæʃ] *vard.* **I** *v* **1** klå upp, slå [våldsamt], drämma till; *~ in* (*down*) slå in (*dörr etc.*) **2** *~ into* kollidera med **II** *s* **1** våldsamt slag **2** *have a ~ at* försöka sig på **3** party
bashful ['bæʃf(ʊ)l] blyg; försagd
basic ['beɪsɪk] **1** grund-; bas-, grundläggande; elementär, enkel; *~ facts* elementära fakta **2** *kem., miner.* basisk **basically** [-(ə)lɪ] i grund och botten, i stort sett, praktiskt taget
basil ['bæzl] *bot.* basilika
basilica [bə'zɪlɪkə] basilika (*kyrka*)
basilisk ['bæzɪlɪsk] *myt., zool.* basilisk
basin ['beɪsn] **1** skål; [hand]fat **2** *geol.* bäcken, sänka **3** [hamn]bassäng **4** flodområde
ba|sis ['beɪsɪs] (*pl -ses* [-si:z]) bas[is], grund[val]; förutsättning
bask [bɑ:sk] sola sig (*äv. bildl.*), värma sig
basket ['bɑ:skɪt] korg **-ball** basket[boll]
Basle [bɑ:l] Basel
Basque [bæsk] **I** *s* **1** bask (*folk*) **2** baskiska [språket] **II** *a* baskisk
1 bass [beɪs] *mus.* **I** *s* bas **II** *a* bas-
2 bass [bæs] *zool.* havsabborre
3 bass [bæs] bast
bass clef ['beɪsklef] basklav **bass drum** bastrumma **bass guitar** [-gɪˌtɑ:] basgitarr **bassist** [-ɪst] basist
bassinet [ˌbæsi'net] korgvagga (korgbarnvagn) [med suflett]
bassoon [bə'su:n] fagott **-ist** [-ɪst] fagottist
bass viol ['beɪsvaɪəl] viola da gamba
bast [bæst] bast
bastard ['bɑ:stəd] **I** *s* **1** bastard; utomäktenskapligt barn **2** *vard.* jäkel; knöl **II** *a* oäkta
1 baste [beɪst] tråckla [ihop]
2 baste [beɪst] späda, ösa (*stek o.d.*)
3 baste [beɪst] piska, slå
bastion ['bæstɪən] bastion
1 bat [bæt] fladdermus; *as blind as a ~* stenblind; *have ~s in the belfry* (*vard.*) vara knasig (knäpp)
2 bat [bæt] **1** slagträ; [bordtennis]racket; *off one's own ~* på egen hand, utan hjälp; *right off the ~* (*AE. vard.*) genast, utan tvekan **2** *AE. sl.* spritfest, supkalas **II** *v* slå med slagträ; (*i kricket o.d.*) vara inne
3 bat [bæt] blinka; *not ~ an eye*[*lid*] (*vard.*) inte röra en min
batch [bætʃ] **1** hop, omgång, parti **2** bak, sats
1 bate [beɪt] **1** dämpa; [för]minska; *with ~d breath* med återhållen andedräkt **2** slå av på
2 bate [beɪt] *BE., vard.* dåligt humör, raseri
bath [bɑ:θ] **I** *s* [*pl* bɑ:ðz] **1** bad; *have* (*take*) *a ~* bada, ta sig ett bad (*inomhus*) **2** badkar; badrum; *~s* (*pl*) bad, bad|hus, -inrättning, kur|anstalt, -ort **3** bad (*vätska*) **II** *v* bada

Bath chair [ˌbɑ:θ'tʃeə] rullstol
bathe [beɪð] **I** *v* **1** bada **2** badda **II** *s* bad (*utomhus*) **bather** ['beɪðə] badande [person]; badgäst
bathing ['beɪðɪŋ] badande, bad **bathing beauty** [-ˌbju:tɪ] badflicka **bathing costume** [-ˌkɒstjʊm] baddräkt **bathing machine** [-məˌʃi:n] badhytt (*på hjul*) **bathing suit** [-su:t] (*gammaldags*) baddräkt **bathing trunks** [-trʌŋks] *pl* badbyxor
bathos ['beɪθɒs] **1** antiklimax **2** överdrivet patos
bathrobe ['bɑ:θrəʊb] **1** bad|kappa, -rock **2** *AE.* morgonrock **bathroom** badrum **bath salts** *pl* badsalt **bathtowel** [-ˌtaʊəl] badhandduk **bathtub** [-tʌb] badkar; badbalja
bathy|scaphe ['bæθɪskæf] batyskop **-sphere** [-ˌsfɪə] batysfär
batik ['bætɪk] batik
batiste [bæ'ti:st] batist
batman ['bætmən] *mil.* kalfaktor, uppassare
baton ['bæt(ə)n] **1** [kommando]stav **2** batong **3** taktpinne **4** stafett[pinne]
bats [bæts] *vard.* galen, knäpp
batsman ['bætsmən] *sport.* slagman
battalion [bə'tæljən] bataljon
1 batten ['bætn] **I** *s* **1** planka, ribba, list **2** *sjö.* latta **II** *v* **1** förse (förstärka) med plank **2** *sjö.*, ~ *down* skalka (*the hatches* luckorna)
2 batten ['bætn] *v*, ~ *on s.b.* sko sig på ngn, leva högt på ngns bekostnad
1 batter ['bætə] **1** slå (*med upprepade slag*); slå in (ut) (*dörr e.d.*); ~*ed baby* misshandlat barn **2** illa tilltyga; nöta ut; kritisera, attackera **3** bulta, hamra
2 batter ['bætə] smet
3 batter ['bætə] (*i kricket, baseball*) slagman
battering ram ['bæt(ə)rɪŋræm] murbräcka
battery ['bætərɪ] **1** *mil. o. fys.* batteri **2** batteri, uppsättning **3** *jur.* misshandel **3** *mus.* slagverk, batteri
battle ['bætl] **I** *s* strid, drabbning, slag; *do* (*give, join*) ~ leverera batalj, inlåta sig i strid; ~ *royal a*) häftig dispyt (strid), *b*) kalabalik **II** *v* kämpa **battle-axe 1** stridsyxa **2** *vard.* ragata **battle cruiser** [-ˌkru:zə] slagkryssare **battle cry** [-kraɪ] stridsrop **battle|field, -ground** [-fi:ld, -graʊnd] slagfält **battlement** [-mənt] bröstvärn; tinnar **battleship** [-ʃɪp] slagskepp
batty ['bætɪ] *sl.* tokig, knäpp, knasig
bauble ['bɔ:bl] grannlåt; struntsak, småsak; leksak
bauxite ['bɔ:ksaɪt] *miner.* bauxit
Bavar|ia [bə'veərɪə] Bayern **-ian** [-ɪən] **I** *s* bayrare **II** *a* bayersk
bawdy ['bɔ:dɪ] **I** *a* oanständig, fräck **II** *s* oanständigheter
bawl [bɔ:l] **I** *v* vråla, skråla, hojta; ~ *out* (*vard.*) skälla ut **II** *s* vrål
1 bay [beɪ] vik, bukt
2 bay [beɪ] **1** nisch **2** avbalkning, bås; utrymme; lastplats; parkeringsplats **3** burspråk **4** *sjö.* sjukavdelning
3 bay [beɪ] **I** *s* **1** ståndskall **2** *at* ~ hårt ansatt, i knipa; *bring to* ~ ställa mot väggen; *keep* (*hold*) *at* ~ hålla stånd mot, hålla i schack (på avstånd) **II** *v* skälla
4 bay [beɪ] *bot.* lager[träd]
5 bay [beɪ] **I** *s* fux **II** *a* rödbrun
bay|berry ['beɪbərɪ] *bot.* lagerbär; *AE.* vaxbuske **-leaf** lager[bärs]blad
bayonet ['be(ɪ)ənɪt] bajonett
bayou ['baɪju:] *AE.* sumpigt utlopp
bay tree ['beɪtri:] *bot.* lager[träd]
bay window [ˌbeɪ'wɪndəʊ] burspråk, utbyggt fönster
bazaar [bə'zɑ:] basar
bazooka [bə'zu:kə] bazooka, raketgevär
B.B.C. *förk. för British Broadcasting Corporation* **bbl.** *förk. för barrel* **B.C.** *förk. för before Christ; British Columbia* **B.C.L.** *förk. för Bachelor of Civil Law* **B.D.** *förk. för Bachelor of Divinity* **Bde.** *förk. för brigade* **B.D.S.** *förk. för Bachelor of Dental Surgery*
be [bi:, *obeton.* bɪ] (*imperf. was, 2 pers. sg samt pl were, imperf. konjunktiv were, perf. part. been, pres. sg am, are, is, pl are*) **I** *huvudv* vara; bli; finnas till, existera; äga rum; må; kosta; gå; ligga, sitta; ~ *sensible!* var förnuftig!; *there is, there are* det är, det finns; *that is* (*äv.*) det vill säga; *here you are!* var så god!, här har du!; *four times two is eight* fyra gånger två är åtta; *if I were you* om jag vore du, i ditt ställe; ~ *that as it may* därmed må det vara hur som helst; *when is the wedding?* när äger bröllopet rum?; *he wants to* ~ *a musician* han vill bli musiker; *the bride to* ~ den blivande bruden; *she'll* ~ *five* hon blir fem [år]; *how are you?* hur mår du?; *how much is that?* vad kostar det?; *we were at school together* vi gick i skolan tillsammans; *the book is on the shelf* boken ligger på hyllan; ~ *in jail* sitta i fängelse; *the powers that are* de styrande makterna; *as it were* så att säga; *how is it that...?* hur kommer det sig att...?; *it was a long time before* det dröjde länge innan; *don't* ~ *long!* var (stanna) inte borta länge!; *she is clever, isn't she?* hon är begåvad, eller hur? **II** *hjälpv* **1** (*med. pres. part.*) *she is always complaining* hon klagar alltid; *the room is beeing redecorated* rummet håller på att tapetseras om; *I've been waiting for an hour* jag har väntat en timme; *what are you doing?* vad gör du?, vad håller du på med?; *we are coming tomorrow* vi kommer i morgon; *will we* ~ *seeing each other again?* kommer vi att ses igen? **2** (*med perf. part.*) bli; vara; *the box has been opened* lådan har öppnats; *the dog was run over* hunden blev överkörd; *I was born in 1950* jag är född 1950; *I would* ~ *surprised if* jag skulle bli förvånad om **3** *am* (*are, is*) *to* skall; *was* (*were*) *to* skulle; *they are to* ~ *married* de skall gifta sig; *it is to* ~ *sold* den skall säljas; *she was never to return* hon skulle aldrig återvända; *he was not to* ~ *persuaded* han kunde inte övertalas
B.E. *förk. för bill of exchange;* (*AE.*) *Board of Education; Bachelor of Education* (*Engineering*) **b.e.** *förk. för bill of exchange* **B.E.A.** *förk. för* (*förr*) *British European Airways*
beach [bi:tʃ] **I** *s* strand **II** *v* sätta på land; dra upp (*båt*) **beachcomber** ['bi:tʃˌkəʊmə] **1** inrullande havsvåg **2** strandgodssökare **beach ball** ['bi:tʃbɔ:l] badboll **beachhead** ['bi:tʃhed] *mil.* brohuvud
beacon ['bi:k(ə)n] **I** *s* **1** fyr, [fyr]båk, fyrtorn **2** *se Belisha beacon* **II** *v* **1** leda **2** lysa

bead [bi:d] **I** *s* **1** pärla; [*string of*] *~s* pärlhalsband **2** droppe, pärla (*av svett e.d.*); bubbla **3** radbandskula; *~s* radband; *tell one's ~s* läsa sina böner **4** korn (*på skjutvapen*) **II** *v* dekorera med pärlor **-ing** ['bi:dɪŋ] pärl|stav, -spånt
beadle ['bi:dl] **1** *univ.* pedell **2** (*förr*) kyrkvaktare **-dom** [-d(ə)m] beskäftig formalism
beady ['bi:dɪ] **1** *~ eyes* små glittrande ögon **2** pärlformad
beak [bi:k] **1** näbb; *sl.* kran (*näsa*) **2** pip **3** *sl.* [polis]domare **4** *sl.* magister **5** *sjö.* ramm
beaker ['bi:kə] bägare, mugg; laboratoriebägare
be-all and end-all ['bi:ɔ:lənd'endɔ:l] *vard., the ~* slutmålet, huvudsaken, A och O
beam [bi:m] **I** *s* **1** bjälke; balk **2** [däcks]balk; fartygs största bredd; *abaft* (*before*) *the ~* akter (för) om tvärs **3** [ljus]stråle, ljuskägla; radiosignal; *off* [*the*] *~* på fel spår **4** brett (strålande) leende **II** *v* **1** stråla, skina **2** utstråla, sända [ut] **beam-ends** *pl* balkändar; *ship on her ~* fartyg med över 90° slagsida; *on one's ~ a*) utblottad, *b*) desperat **beamy** [-ɪ] **1** strålande **2** *sjö.* bred
bean [bi:n] **1** böna; *full of ~s* (*vard.*) *a*) full av energi, i högform, *b*) *AE.* felaktig; *spill the ~s* (*vard.*) avslöja sig (hemligheten) **2** *sl.* korvöre **3** *AE. sl.* skalle, rot, kola
beanfeast ['bi:nfi:st] *BE. vard.* firmafest; kalas, fest **beanie** [-ɪ] *i sht AE.* liten rund hatt **beano** [-əʊ] *BE. sl.* skiva, party
1 bear [beə] **I** *s* **1** björn; *the Great* (*Little*) *B~* (*astr.*) Stora (Lilla) Björn[en] **2** *ekon.* baissespekulant **II** *v* spekulera i baisse (kursfall)
2 bear [beə] (*bore, borne, äv. born, se detta ord*) **1** bära [upp]; stödja; hålla; *~ one's head high* hålla huvudet högt; *~ arms* bära vapen **2** *~ o.s.* [upp]föra sig, uppträda **3** föda; frambringa, bära; *~ children* föda barn; *~ fruit* bära frukt **4** fördra, uthärda, tåla, stå ut med; *I can't ~ him* jag tål honom inte **5** hysa, bära [på]; äga, ha; *~ gossip* springa med skvaller; *~ in mind* hålla i minnet, komma ihåg; *~ relation to* ha samband med; *~ a title* inneha en titel; *~ witness* (*bildl.*) vittna **6** bära, föra; *this way ~s east* den här vägen bär österut **7** *~ a hand* ge ett handtag, hjälpa till; *bring to ~* göra gällande, sätta i gång; *he brought his influence to ~* han använde sitt inflytande **8** *~ down a*) tynga (pressa) ner, *b*) krysta; *~ down* [*up*]*on* [hotfullt] närma sig, styra ner mot; *~ off* (*sjö.*) väja; *~ on a*) vila på, *b*) hänföra sig till, ha betydelse för; *~ out* [under]stödja, bekräfta; *~ up* hålla modet uppe; *~ with* ha tålamod (fördrag) med **-able** ['beərəbl] uthärdlig, dräglig
bearberry ['beəbərɪ] *bot.* mjölon
beard [bɪəd] **I** *s* skägg **II** *v* trotsa **-ed** ['bɪədɪd] skäggig, med skägg
bearer ['beərə] **1** bärare **2** bud, överbringare **3** innehavare
bear garden ['beə͵gɑ:dn] **1** *hist.* björngård **2** *bildl.* slagfält
bearing ['beərɪŋ] **1** hållning, uppträdande, uppförande **2** betydelse ([*up*]*on* för); samband **3** *tekn.* lager **4** läge; riktning, orientering; *sjö.* bäring, pejling; *find one's ~s* orientera sig; *have lost one's ~s* inte veta var man är; *take one's ~s* ta ut bäringen, *bildl.* orientera sig
bearskin ['beəskɪn] **1** björnskinn **2** björnskinnsmössa
beast [bi:st] **1** djur; best **2** nöt[kreatur] **3** *bildl.* odjur, kräk, usling **-ly** ['bi:s(t)lɪ] *a* djurisk; *vard.* otäck, gräslig, avskyvärd; *~ weather* hundväder
beat [bi:t] **I** *v* (*beat, beaten*) **1** slå; aga; slå med; *~ the bounds* sätta gränser; *~ one's brains* rådbråka sin hjärna; *~ the drums* slå på trumma; *~ a retreat* slå till reträtt; *~ one's way out of a crowd* bana sig väg genom en folkmassa; *~ its wings* slå med vingarna; *~ about the bush* (*vard.*) gå som katten kring het gröt; *~ out* hamra ut; *~ up* (*vard.*) *a*) klå upp, *b*) trumma ihop, driva upp; *can you ~ it!* (*sl.*) det var som fan! **2** vispa; *~* [*up*] *eggs* vispa ägg **3** slå, besegra; motverka; *~ a record* slå rekord; *~ s.o. to it* (*vard.*) slå (komma före) ngn; *it ~s me how* (*vard.*) jag fattar inte hur **4** *~ it* (*sl.*) gå sin väg, sticka **5** *sl.* lura, bedra **6** *~ down a*) *vard.* pruta ner, *b*) gassa **8** slå, piska (*against, on* mot, på); klappa, bulta; *the heart ~s* hjärtat slår **II** *s* **1** slag; trummande, bultande; **2** *mus.* takt; taktslag **3** pass; rond; område **III** *a* slagen; utmattad; *the ~ generation* the beat generation (*bohemisk, nihilistisk efterkrigsungdom i USA*); *dead ~* dödstrött **beaten** ['bi:tn] **1** slagen **2** besegrad; utmattad **3** upp|trampad, -körd; *the ~ track* de gamla hjulspåren
beater ['bi:tə] **1** drevkarl **2** visp **3** [matt]piskare; klubba
beatific [͵bi:ə'tɪfɪk] **1** lycksalig **2** himmelsk **beatification** [bi:͵ætɪfɪ'keɪʃn] beatifikation, saligförklaring **beatify** [bi:'ætɪfaɪ] **1** saligförklara **2** göra lycksalig
beating ['bi:tɪŋ] **1** slående *etc., jfr beat I* **2** stryk, smörj; *take some ~* vara svåröverträffad, sakna sin like
beatitude [bi:'ætɪtju:d] salighet
beatnik ['bi:tnɪk] beatnik
beau [bəʊ] (*pl ~x* [-z]) **1** sprätt **2** älskare, beundrare
Beaufort scale ['bəʊfətskeɪl] *s, the ~* beaufortskalan
beau|teous ['bju:tjəs] *poet.* fager **-tician** [bju:'tɪʃn] skönhetsexpert, kosmetolog
beautiful ['bju:təf(u)l] vacker, skön **beautify** [-tɪfaɪ] försköna[s], göra (bli) vacker
beauty ['bju:tɪ] skönhet **beauty contest** [-͵kɒntest] skönhetstävling **beauty parlour (salon)** [-͵pɑ:lə (-͵sælɔ̃:ŋ)] skönhetssalong **beauty queen** [-kwi:n] skönhetsdrottning **beauty sleep** [-sli:p] *vard.* skönhetssömn (*före midnatt*) **beauty spot** [-spɒt] **1** musch, skönhetsfläck **2** vacker plats
1 beaver ['bi:və] **I** *s* bäver; bäverskinn **II** *v, BE., vard. ~* [*away*] arbeta hårt, slita
2 beaver ['bi:və] visir
Beaver board ['bi:vəbɔ:d] (*varumärke*) spånplatta
becalm [bɪ'kɑ:m] *v, be ~ed* (*sjö.*) råka ut för stiltje
became [bɪ'keɪm] *imperf. av become*
because [bɪ'kɒz] **I** *konj* därför att, emedan **II** *adv, ~ of* på grund av, för...skull
1 beck [bek] *dial.* bäck
2 beck [bek] nick; vink; *be at a p.'s ~ and call* [vara redo att] lyda ngns minsta vink
beckon ['bek(ə)n] **1** göra tecken, vinka (*to* åt) **2**

B

göra tecken (vinka) åt

become [bɪ'kʌm] (*became become*) **1** bli; *what became of her?* vad blev det av henne?; ~ *accustomed to* bli van vid **2** passa, klä **becoming** [-ɪŋ] passande; klädsam

bed [bed] **I** *s* **1** säng, bädd; ~ *and board* kost och logi; ~ *and breakfast* rum med frukost; *twin ~s* två likadana sängar; *separation from ~ and board* skilsmässa till säng och säte; *be in ~ with a cold* ligga sjuk i förkylning; *get out of the ~ on the wrong side* (*vard.*) vakna på fel sida; *go to ~ a*) gå till sängs, gå och lägga sig, *b*) gå i press; *go to ~ with s.b.* (*vard.*) ligga med ngn; *make the ~[s]* bädda; *put to ~* lägga; *take to one's ~* lägga sig sjuk **2** [trädgårds]säng, rabatt **3** flodbädd; sjöbotten **4** underlag, fundament **II** *v* **1** ~ *down* bädda ner [sig] **2** ~ [*out*] plantera ut

bedaub [bɪ'dɔ:b] kladda ner

bedazzle [bɪ'dæzl] blända

bed|bug ['bedbʌg] vägglus **-chamber** [-ˌtʃeɪmbə] *åld.* sovrum **-clothes** [-kləʊðz] *pl* sängkläder

beddable ['bedəbl] *vard.* sexig

bedding ['bedɪŋ] **1** sängkläder **2** strö; underlag

bedeck [bɪ'dek] smycka, pryda

bedevil [bɪ'devl] **1** plåga, pina **2** trassla till, förvirra **3** förhäxa **-ment** [-mənt] **1** förvirring, komplikation **2** besatthet

Bedfordshire ['bedfədʃə]

bedlam ['bedləm] **1** *åld.* mentalsjukhus **2** tumult, kalabalik

Bedouin ['bedʊɪn] beduin

bed|pan ['bedpæn] [stick]bäcken **-post** sängstolpe; *between you and me and the ~* (*vard.*) oss emellan

bedraggle [bɪ'drægl] smutsa ner

bed|ridden ['bedˌrɪdn] sängliggande **-rock** [ˌbed'rɒk] berggrund; *get down to ~* (*bildl.*) gå till grunden **-room** ['bedrʊm] sovrum, sängkammare

Beds. *förk. för Bedfordshire*

bed|side ['bedsaɪd] **I** *s, at the ~* vid sängkanten **II** *a, ~ lamp* sänglampa; ~ *manner* (*läkares*) lugnande sätt mot patienter; ~ *table* nattduksbord, sängbord **-sit, -sitter, -sitting room** [ˌbed|'sɪt, -'sɪtə, -'sɪtɪŋrʊm] kombinerat sov- och vardagsrum; enrummare; hyresrum **-sore** ['bedsɔ:] liggsår **-spread** ['bedspred] sängöverkast **-stead** ['bedsted] säng[botten och gavlar] **-straw** ['bedstrɔ:] *bot.* måra; *lady's ~* Jungfru Marie sänghalm, gulmåra **-time** ['bedtaɪm] lägg-, säng|dags **-time story** godnattsaga **-warmer** ['bedˌwɔ:mə] sängvärmare **-wetting** ['bedˌwetɪŋ] sängvätning

bee [bi:] *s* **1** bi; *have a ~ in one's bonnet* ha en fix idé **2** *AE.* junta; tävling

Beeb [bi:b] *vard., the ~* B.B.C.

beech [bi:tʃ] *bot.* bok **-mast, -nut** bokollon

beef [bi:f] **I** *s* **1** nöt-, ox|kött **2** (*pl beeves* [bi:vz]) oxe **3** *vard.* muskelkraft **4** *sl.* klagomål **II** *v, sl.* klaga (*about* över) **-burger** ['bi:fˌbɜ:gə] hamburgare **-cake** ['bi:fkeɪk] *sl.* [halvpornografiska bilder av] muskelknuttar **-eater** ['bi:fˌi:tə] vaktare i Towern **-steak** [ˌbi:f'steɪk] biff[stek]

beef tea ['bi:fti:] buljong **beefy** [-ɪ] **1** som oxkött **2** *vard.* muskulös, kraftig; fet

bee|hive ['bi:haɪv] bikupa **-keeper** [-ˌki:pə] biodlare **-line** [-laɪn] *s, make a ~ for* ta närmaste vägen till

been [bi:n] *perf. part. av be*

beep [bi:p] **I** *s* tut, pip **II** *v* tuta, pipa

beer [bɪə] **1** öl; *small ~ a*) svagdricka, *b*) *sl.* betydelselös, *c*) *sl.* underhuggare **beery** ['bɪərɪ] **1** öl-, ölliknande **2** öldrickande

beestings ['bi:stɪŋz] (*behandlas som sg*) råmjölk

beeswax ['bi:zwæks] bivax; bonvax

beet [bi:t] *bot.* beta

Beethoven ['beɪt(h)əʊvn] (*tonsättare*)

1 beetle ['bi:tl] **I** *s* skalbagge; *black ~* kackerlacka **II** *v, vard.* rusa, kila

2 beetle ['bi:tl] **I** *s* träklubba **II** *v* bulta (*med träklubba*)

beetle-browed ['bi:tlbraʊd] **1** med buskiga ögonbryn **2** dyster

beetle-head ['bi:tlhed] träskalle

beetroot ['bi:tru:t] rödbeta **beet sugar** [-ˌʃʊgə] betsocker

B.E.F. *förk. för British Expeditionary Force*

befall [bɪ'fɔ:l] (*befell befallen*) *åld. el. litt.* hända, ske

befit [bɪ'fɪt] passa, anstå

befog [bɪ'fɒg] **1** insvepa i dimma **2** förvirra

before [bɪ'fɔ:] **I** *prep* framför, inför; före; ~ *the beam* (*sjö.*) för om tvärs; ~ *long* inom kort **II** *adv* framför, före; förut, förr **III** *konj* innan, förrän **-hand** på förhand, i förväg; för tidigt

befoul [bɪ'faʊl] smutsa ner, besmutsa

befriend [bɪ'frend] gynna, hjälpa

beg [beg] **1** tigga; ~ *money* tigga pengar **2** tigga (be) om; ~ *to* be att få,få be att; *I ~ your pardon a*) förlåt, *b*) hur sa?; *I ~ to inform you* jag får härmed meddela **3** ~ *the question a*) svara undvikande, *b*) antaga vad som skall bevisas **4** tigga (*for* om); *go ~ging a*) gå och tigga, *b*) finnas, vara ledig, *c*) inte vara efterfrågad

began [bɪ'gæn] *imperf. av begin*

beget [bɪ'get] (*begot, begotten*) **1** avla, föda **2** förorsaka; skapa

beggar ['begə] **I** *s* **1** tiggare **2** *skämts.* kanalje, rackare; *you lucky ~!* din lyckans ost! **II** *v, his ignorance ~s description* hans okunnighet trotsar all beskrivning **beggarly** [-lɪ] *a* utfattig; eländig **beggary** [-rɪ] armod, yttersta fattigdom

begging ['begɪŋ] **I** *s* tiggande, tiggeri **II** *a* tiggar-, tiggande

begin [bɪ'gɪn] (*began, begun*) börja [med]; *to ~ with a*) till att börja med, först [och främst], *b*) för det första **-ner** [-ə] nybörjare **-ning** [-ɪŋ] **1** början; ursprung; *at the ~* i början **2** ~*s* (*pl*) begynnelsestadium

begone [bɪ'gɒn] *interj* försvinn!, ge dig i väg!

begonia [bɪ'gəʊnjə] *bot.* begonia

begot [bɪ'gɒt] *imperf. av beget* **begotten** [-n] *perf. part. av beget*

begrudge [bɪ'grʌdʒ] missunna; avundas

beguile [bɪ'gaɪl] **1** tjusa, fascinera **2** lura, bedra; ~ *s.b.* [*out*] *of s.th.* lura av ngn ngt **3** ~ *the time* fördriva tiden

begun [bɪ'gʌn] *perf. part. av begin*

behalf [bɪ'hɑ:f] *s, on* (*AE. in*) *a p.'s ~* i ngns ställe, på ngns vägnar; *act on ~ of* vara ombud för

behave [bɪ'heɪv] **1** uppföra sig; bete sig; [illegible]

(*äv.*) han uppförde sig väl **2** ~ *o.s.* uppföra sig väl (ordentligt) **behaviour** [bɪ'heɪvjə] **1** uppförande; beteende; *be on one's best* ~ visa sig från sin allra bästa sida, uppföra sig mycket bra **2** förhållande; sätt att arbeta **behavioural** [bɪ'heɪvjər(ə)l] *a,* ~ *science* beteendevetenskap **behaviourism** [bɪ'heɪvjərɪz(ə)m] behaviorism
behead [bɪ'hed] halshugga
behest [bɪ'hest] *litt.* befallning
beheld [bɪ'held] *imperf. o. perf. part. av behold*
behind [bɪ'haɪnd] **I** *prep* bakom; efter; ~ *schedule* (*time*) försenad; *be* ~ *the times* vara efter sin tid **II** *adv* bakom; bakpå, baktill; bakåt; kvar; *fall* (*lag*) ~ bli efter; *stay* ~ stanna kvar **III** *s, vard.* bak[del] **-hand** *adv, get* ~ komma på efterkälken (efter)
behold [bɪ'həʊld] (*beheld, beheld*) *åld. el. litt.* skåda, se **-en** [-(ə)n] *a, be* ~ *to s.b.* vara ngn tack skyldig **-er** [-ə] åskådare
beige [beɪʒ] *s o. a* beige
being ['bi:ɪŋ] **I** *s* **1** tillvaro, existens; *come into* ~ uppstå, bli till **2** väsen; varelse **II** *a, for the time* ~ för närvarande, tills vidare
belabour [bɪ'leɪbə] **1** klå upp **2** skarpt kritisera
belated [bɪ'leɪtɪd] försenad; senkommen
belay [bɪ'leɪ] *sjö.* göra fast; ~ *there!* stopp och belägg!
belch [beltʃ] **I** *v* **1** rapa **2** välla fram **3** spy ut **II** *s* rap[ning]
beleaguer [bɪ'li:gə] belägra (*äv. bildl.*)
Belfast [ˌbel'fɑ:st]
belfry ['belfrɪ] klock|torn, -stapel
Bel|gian ['beldʒ(ə)n] **I** *s* belgier **II** *a* belgisk **-gium** [-dʒəm] Belgien
Belgrade [ˌbel'greɪd] Belgrad
belie [bɪ'laɪ] vederlägga; motsäga; svika
belief [bɪ'li:f] tro (*in* på); övertygelse; tilltro (*in* till); *beyond* ~ otrolig[t]
believable [bɪ'li:vəbl] trolig; trovärdig **believe** [bɪ'li:v] **1** tro (*in* på) **2** tro; tro på; *make* ~ låtsas **believer** [-ə] troende [människa]
Belisha beacon [bɪ'li:ʃə 'bi:k(ə)n] trafikljus (*vid övergångsställe*)
belittle [bɪ'lɪtl] **1** förringa, nedsätta **2** få att verka liten
bell [bel] **I** *s* [ring]klocka; bjällra; *sjö.* glas (*tid*); *answer the* ~ gå och öppna dörren; *does that ring a* ~*?* (*vard.*) låter det bekant?, säger det dig något?; *sound as a* ~ kärnfrisk **II** *v* **1** sätta klocka (bjällra) på
belladonna [ˌbelə'dɒnə] belladonna
bell|-bottoms ['belˌbɒtəmz] *pl* byxor med utställda ben **-boy** [-bɔɪ] *AE.* hotellpojke
belle [bel] skönhet, vacker kvinna; *the* ~ *of the ball* balens drottning
bellhop ['belhɒp] *AE.* hotellpojke
bellicose ['belikəʊs] krigisk; stridslysten
belligerent [bɪ'lɪdʒər(ə)nt] **I** *a* krigförande; aggressiv **II** *s* krigförande [makt]
bellow ['beləʊ] **I** *s* böl; vrål **II** *v* böla; vråla; ryta
bellows ['beləʊz] (*behandlas som sg el. pl*) [blås]bälg; *a pair of* ~ en [blås]bälg
bell pull ['belpʊl] klocksträng **bell push** ringledningsknapp
belly ['belɪ] **I** *s* buk, mage **II** *v* bukta sig, svälla **belly ache I** *s* mag|ont, -knip **II** *v, sl.* klaga **bellybutton** [-ˌbʌtn] *vard.* navel **belly dance** [-dɑ:ns] magdans **belly flop** [-flɒp] *vard.* magplask **bellyful** [-fʊl] så mycket man orkar; *sl.* mer än man tål **belly landing** [-ˌlændɪŋ] *vard.* buklandning
belong [bɪ'lɒŋ] **1** ~ *to* tillhöra; ~ *together* höra ihop **2** höra hemma (*to* i), ha sin plats (*in* i); *where does this* ~*?* var ska den här vara?, vart hör den här? **3** *vard.* passa in, accepteras; *he does not quite* ~ han hör inte riktigt hit **-ings** [-ɪŋz] *pl* tillhörigheter
Belorussia [ˌbeləʊ'rʌʃə] Vitryssland
beloved [bɪ'lʌvd, *attr. o. som s äv.* -ɪd] **I** *a* älskad **II** *s* (*ngns*) älskade, älskling
below [bɪ'ləʊ] *prep o. adv* nedanför, under; *go* ~ gå under däck; ~ *me* under min värdighet; *from* ~ ned-, under|ifrån
Belshazzar [bel'ʃæzə] Belsassar
belt [belt] **I** *s* **1** bälte; skärp, livrem; område, zon; *hit below the* ~ vara (ge) ett slag under bältet; *tighten one's* ~ dra åt svångremmen **2** drivrem; *fan* ~ fläktrem **3** *vard.* kraftigt slag, smäll **II** *v* **1** omgjorda, förse med bälte *etc.* **2** prygla **3** *vard.*, ~ *out* vråla ut (fram) **4** *sl.*, ~ [*away*] sticka iväg, rusa **5** ~ *up!* (*vard.*) *a*) håll käften!, *b*) sätt på säkerhetsbältet! **-line** *AE.* ringlinje
B.E.M. *förk. för British Empire Medal*
bemire [bɪ'maɪə] söla ner; ~*d* fast i dyn
bemoan [bɪ'məʊn] jämra sig (klaga) över, begråta
bemuse [bɪ'mju:z] förvirra, omtöckna
Ben [ben] *kortform av Benjamin*
bench [ben(t)ʃ] **1** bänk; säte **2** *the* ~ *a*) rätten, *b*) domarkåren; *the B~ and the Bar* domare och advokater; *be raised to the B~* bli utnämnd till domare; *the Queen's* (*King's*) *B~* överrätten **3** hyvel-, arbets|bänk
bend [bend] **I** *s* **1** böjning; bukt; kurva; krök; *go round the* ~ (*vard.*) bli tokig **2** *sjö.* knop, stek **II** *v* (*bent, bent, jfr dock exemplet under I*) **1** böja, kröka; ~ *the rules* (*vard.*) tänja på reglerna; *on* ~*ed knees* på sina bara knän **2** vända, styra; *he is bent* [*up*]*on mastering Spanish* han har föresatt sig att lära sig spanska **3** böja (kröka, luta) sig; böja av, kröka; ~ *over backwards* (*vard.*) ta knäcken (kål) på sig **4** böja sig, ge vika (*to, before* för)
beneath [bɪ'ni:θ] *adv o. prep* nedanför, under; nedan; ~ *contempt* under all kritik
benediction [ˌbenɪ'dɪkʃn] välsignelse; tacksägelse[bön]
benefac|tion [ˌbenɪ'fækʃn] **1** välgärning **2** donation **-tor** [-tə] **1** välgörare **2** donator
benefice ['benɪfɪs] *kyrkl.* prebende **beneficent** [bɪ'nefɪsnt] välgörande **beneficial** [ˌbenɪ'fɪʃl] välgörande, hälsosam (*to* för) **beneficiary** [ˌbenɪ'fɪʃərɪ] **1** *kyrkl.* prebendeinnehavare **2** förmånstagare; arvinge
benefit ['benɪfɪt] **I** *s* **1** fördel, förmån; bidrag; *give s.o. the* ~ *of the doubt* i tveksamt fall hellre fria än fälla ngn **2** ~ [*performance*] recettföreställning **II** *v* **1** ha (dra) nytta (*from, by* av) **2** gagna, göra nytta (gott)
benevo|lence [bɪ'nevələns] välvilja, godhet **-lent** [-lənt] **1** välvillig **2** välgörenhets-
B.Eng. *förk. för Bachelor of Engineering*

E

Bengal [beŋ'gɔ:l] **I** *s* Bengalen **II** *a* bengalisk **Bengalese** [ˌbeŋgə'li:z **I** *a* bengalisk **II** *s* (*pl lika*) bengalier

benighted [bɪ'naɪtɪd] **1** *åld.* överraskad av natten **2** *bildl.* som lever i mörker, okunnig, oupplyst

benign [bi'naɪn] **1** välvillig **2** gynnsam **3** *med.* godartad, benign **benignant** [bɪ'nɪgnənt] **1** vänlig, välvillig **2** gynnsam, välgörande **benignity** [bɪ'nɪgnətɪ] **1** välvilja, godhet **2** *med.* godartad beskaffenhet

1 benny ['benɪ] *AE. sl.* ytterrock

2 benny ['benɪ] *AE. sl.* bensedrin-, amfetamin|-tablett

bent [bent] **I** *imperf. av bend* **II** *perf. part. o. a av bend* **1** böjd, krökt *etc.*, *jfr bend II* **2** besluten (*on* att); *be ~ on* ha föresatt sig att **3** *sl.* ohederlig; stulen; knäpp; homosexuell **III** *s* **1** böjelse; anlag, inriktning **2** *to the top of one's ~* så mycket man förmår (kan)

benumb [bɪ'nʌm] göra stel (känslolös); *bildl.* isa, förlama

Benzedrine ['benzədri:n] (*varumärke*) bensedrin, amfetamin

benzene ['benzi:n] bensen, bensol **benzine** ['benzi:n] [ren] bensin **benzol[e]** ['benzɒl] bensol

bequeath [bɪ'kwi:ð] testamentera; efterlämna

bequest [bɪ'kwest] testamentering; testamentarisk gåva, legat

Ber. *förk. för Bermuda*

berate [bɪ'reɪt] läxa upp, skälla ut

bereave [bɪ'ri:v] (*bereft, bereft el. ~d, ~d*) ~ [*of*] beröva, fråntaga **-ment** [-mənt] smärtsam förlust; dödsfall

bereft [bɪ'reft] *imperf. o. perf. part. av bereave*

beret ['bereɪ] basker[mössa]

Berkeley ['bɑ:klɪ], *AE.* ['bɜ:klɪ]

Berks. *förk. för Berkshire*

Berkshire ['bɑ:kʃə]

Berlin [*stad* bɜ:'lɪn; *efternamn* 'bɜ:lɪn]

Bermuda [bə'mju:də] *s, ~ el. the B~s* Bermuda[söarna]

berry ['berɪ] **I** *s* **1** bär; [*coffee*] ~ kaffeböna **2** rom, romkorn (*av hummer o.d.*) **II** *v* **1** (*om buske*) få bär **2** plocka bär

berserk [bə'sɜ:k] **I** *s* bärsärk **II** *a, go ~* gå bärsärkagång

berth [bɜ:θ] **I** *s* **1** sovplats, koj[plats]; hytt **2** ankarplats **3** svängrum (*för båt*); *give a wide ~ to* hålla sig på avstånd från, undvika **4** *vard.* anställning (*ombord*) **II** *v* **1** förtöja; docka **2** skaffa sovplats (-vagn, -hytt)

Bert[ie] ['bɜ:tɪ] *kortform av Albert, Herbert, Bertram*

beseech [bɪ'si:tʃ] (*besought, besought*) bönfalla, besvärja

beset [bɪ'set] (*beset, beset*) **1** besätta, belägra **2** ansätta, anfäkta **-ting** [-ɪŋ] *a, ~ sin* skötesynd

beside [bi'saɪd] bredvid; vid sidan av; intill; *~ o.s.* utom sig; *this is ~ the point* det hör inte hit **besides** [-z] **I** *adv* dessutom; för resten **II** *prep* utom, jämte

besiege [bɪ'si:dʒ] belägra; *bildl.* bestorma

besmear [bɪ'smɪə], **besmirch** [bɪ'smɜ:tʃ] fläcka ner; besudla

besom ['bi:z(ə)m] viska, kvast

besotted [bɪ'sɒtɪd] **1** bedårad **2** förvirrad **3** berusad

besought [bɪ'sɔ:t] *imperf. o. perf. part. av beseech*

bespatter [bɪ'spætə] **1** nedstänka **2** besudla

bespeak [bɪ'spi:k] (*bespoke, bespoken*) **1** beställa, tinga **2** vittna om **bespoke** [bɪ'spəʊk] måttbeställd, skräddarsydd; *~ tailor* beställningsskräddare

besprinkle [bɪ'sprɪŋkl] bestänka, bespruta

Bess *kortform av Elizabeth*

best [best] **I** *a o. adv* (*superl. av good, well*) bäst; *~ man* best man, brudgums marskalk; *the ~ part of* största delen av; *as ~ one can* (*may*) så gott man kan; *you had ~ go now* det är bäst att du går nu; *put one's ~ foot forward* göra sitt allra bästa **II** *s* **1** *the ~* den (det, de) bästa; *all the ~!* lycka till!, ha det så bra!; *get* (*have*) *the ~ of it* få (ha) övertaget; *look one's ~* vara till sin fördel; *make the ~ of* göra bästa möjliga av, utnyttja på bästa möjliga sätt; *make the ~ of it* göra så gott man kan; *at ~* i bästa fall; *be at one's ~* vara i högform, vara som bäst; *do s.th. for the ~* göra ngt i bästa välmening; *it is all for the ~* det är bäst som sker; *to the ~ of my ability* så gott jag kan; *he can shoot with the ~* han är en skicklig jägare **2** finkläder, bästa kläder; *Sunday ~* söndagskostym **3** *vard., six of the ~* sex slag (*stryk*) **II** *v* besegra

bestial ['bestjəl] bestialisk **-ity** [ˌbestɪ'ælətɪ] **1** bestialitet **2** tidelag

bestir [bɪ'stɜ:] *v, ~ o.s. a*) börja röra på sig, *b*) rycka upp sig

bestow [bɪ'stəʊ] *v, ~ s.th.* [*up*]*on s.b.* skänka (tilldela) ngn ngt **-al** [-əl] tilldelande; gåva

bestride [bɪ'straɪd] (*bestrode, bestridden*) sitta (sätta sig, stå, ställa sig) gränsle över

best seller ['bestˌselə] bästsäljare, bestseller

bet [bet] **I** *s* vad; vadhållning; *make a ~* slå vad; *it's a good ~ that* det är helt klart (säkert) att **II** *v* (*bet, bet el. ~ted, ~ted*) hålla (slå) vad [om]; *~ on* hålla (satsa) på; *you ~!* (*vard.*) var lugn för det!, det kan du skriva upp!

bet. *förk. för between*

beta ['bi:tə] **1** (*bokstav*) beta **2** *BE.* näst högsta betyg **beta particles** *pl* betapartiklar

betake [bɪ'teɪk] (*betook, betaken*) *~ o.s. to* bege sig till

betide [bɪ'taɪd] hända, vederfaras; *woe ~ him* ve honom!

betimes [bɪ'taɪmz] *åld.* tidigt; i god tid

betoken [bɪ'təʊk(ə)n] **1** vara tecken på **2** varsla om

betray [bɪ'treɪ] **1** förråda **2** avslöja, röja **3** svika **4** förleda **betrayal** [bɪ'tre(ɪ)əl] **1** förräderi **2** svek **3** avslöjande

betroth [bɪ'trəʊð] *åld.* trolova (*to* med) **-al** [-l] trolovning **-ed** [-d] *a o. s* trolovad

Betsy ['betsɪ] *kortform av Elizabeth*

1 better ['betə] **I** *a o. adv* (*komp. av good, well*) bättre; *~ half* äkta hälft; *the ~ part* större delen; *all the ~* så mycket bättre; *the sooner the ~* ju förr desto bättre; *no ~ than* inget annat än; *be ~ off* ha det bättre ställt, klara sig bättre; *go one ~* bjuda över; *he had ~ leave* det är bäst att han ger sig av; *think ~ of it* tänka närmare på saken **II** *s* **1** *one's ~s* folk som är förmer (högre uppsatta) än man själv **2** *the* ~ den (det, de) bättre; *all* (*so much*) *the* ~ så mycket bättre; *get the* ~ *of* få övertaget över, besegra; *a change for the* ~ en ändring till det bättre; *for* ~ *for worse* i nöd och lust **III** *v* **1** förbättra; överträffa **2** bli bättre

2 better ['betə] vadhållare

betterment ['betəmənt] förbättring

betting ['betɪŋ] vadhållning **betting shop** vadhållningsbyrå

bettor ['betə] *AE.* vadhållare

Betty ['betɪ] *kortform av Elizabeth*

between [bɪ'twi:n] **I** *prep* mellan; ~ *ourselves* (*you and me*) oss emellan [sagt]; *few and far* ~ tunnsådd; ~ *whiles* emellanåt; ~ *us* (*you, them*) (*äv.*) gemensamt, tillsammans **II** *adv* [där]emellan; *in* ~ där-, dess|emellan

betwixt [bɪ'twɪkst] *prep o. adv,* ~ *and between* mitt emellan

bevel ['bevl] **I** *s* **1** snedslipad (avfasad) kant **2** smygvinkel **II** *v* **1** snedslipa, avfasa **2** slutta

beverage ['bevərɪdʒ] dryck

bevy ['bevɪ] flock; hop

bewail [bɪ'weɪl] klaga [över], sörja [över]

beware [bɪ'weə] akta sig (*of* för); ~ *of pickpockets* varning för ficktjuvar

bewilder [bɪ'wɪldə] för|villa, -brylla **-ment** [-mənt] förvirring; virrvarr

bewitch [bɪ'wɪtʃ] förhäxa; förtrolla **-ment** [-mənt] förhäxning, förtrollning

beyond [bɪ'jɒnd] **I** *prep* bortom, på andra sidan om; [ut]över, längre än till **2** (*om tid*) efter, senare än **3** utöver, mer än, utom; ~ *belief* otroligt; *it is* ~ *me a*) det övergår mitt förstånd, *b*) det är mer än jag orkar; ~ *that a*) för övrigt, *b*) därutöver **II** *adv* **1** bortom, på andra sidan; längre **2** därutöver **II** *s, the* ~ det okända, livet efter detta; [*at*] *the back of* ~ bortom all ära och redlighet

b.f. *förk. för bold face;* (*BE. vard.*) *bloody fool*

b/f *förk. för brought forward*

bhang [bæŋ] indisk hampa, haschisch

b.h.p. *förk. för brake horse power*

biannual [baɪ'ænjʊəl] inträffande två gånger om året, halvårs-

bias ['baɪəs] **I** *s* **1** sned sida (riktning, bana), avvikning; helsnedd, diagonal (*av tyg*); *cut on the* ~ (*om tyg*) skuren på snedden **2** partiskhet, fördom; förutfattad mening; snedvridning **II** *v* göra partisk; inge förkärlek; påverka **bias[s]ed** [-t] partisk; fördomsfull

biathlon [baɪ'æθlən] *sport.* skidskytte

bib [bɪb] **I** *s* haklapp; bröstlapp (*på förkläde e.d.*); ~ *and brace* snickarbyxor; *best* ~ *and tucker* (*vard.*) finkläder

Bib. *förk. för Bible; biblical*

Bible ['baɪbl] bibel **biblical** ['bɪblɪkl] biblisk; bibel-

bibli|ographer [ˌbɪblɪ'ɒgrəfə] bibliograf **-ography** [-grəfɪ] bibliografi; litteraturförteckning; källförteckning

bibliophile ['bɪblɪə(ʊ)faɪl] bibliofil, bok|älskare, -samlare

bibulous ['bɪbjʊləs] begiven på sprit

bicameral [baɪ'kæm(ə)rəl] tvåkammar-

bicarbonate [baɪ'kɑ:bənɪt] *s,* ~ [*of soda*] bikarbonat

bicentenary [ˌbaɪsen'ti:nərɪ] **I** *s* tvåhundraårs|dag, -jubileum **II** *a* tvåhundraårig

biceps ['baɪseps] (*pl* ~[*es*]) *anat.* biceps

bicker ['bɪkə] **1** gnabbas, munhuggas **2** *poet.* brusa, strömma **3** glimma **-ing** [-rɪŋ] gnabb

bicycle ['baɪsɪkl] **I** *s* cykel **II** *v* cykla **bicycle clip** cykelklämma **bicyclist** [-ɪst] cyklist

bid [bɪd] **I** *v* (*bid, bid, i bet. 2, 3, 4 imperf. bade el. bid, perf.part. bidden el. bid*) **1** (*på auktion, i kortspel e.d.*) bjuda (*5 pounds* fem pund) **2** säga; ~ *farewell* säga farväl; ~ *welcome* hälsa välkommen **3** bjuda; befalla; *she bade him sit down* hon bjöd honom att sitta ner; *do as you are bid* gör som du är tillsagd **4** ~ *defiance to* utmana, trotsa **5** (*på auktion*) bjuda (*for* på); ~ *against s.b.* bjuda över ngn; ~ *for* (*äv.*) vara ute efter **6** *it* ~*s fair to* det verkar [troligt] att; **II** *s* **1** (*på auktion, i kortspel e.d.*) bud; anbud; *no* ~ (*kortsp.*) pass; *make a* ~ *for* vara ute efter **2** *AE.* försök **-den** ['bɪdn] *perf. part. av bid* **-der** ['bɪdə] (*på auktion, i kortspel*) person som bjuder; anbudsgivare; *the highest* ~ den högstbjudande **-ding** ['bɪdɪŋ] *s* **1** befallning, order; *do a p.'s* ~ lyda ngn **2** (*på auktion, i kortspel e.d.*) bud; anbud; budgivning

bide [baɪd] *v,* ~*one's time* bida sin tid

bidet ['bi:deɪ] bidé

biennial [baɪ'enɪəl] **I** *a* **1** tvåårig, tvåårs- **2** inträffande vartannat år **II** *s* tvåårig växt

bier [bɪə] [lik]bår

biff [bɪf] *sl.* **I** *s* smocka **II** *v* smocka till

bifocal [ˌbaɪ'fəʊkl] bifokal **bifocals** [-z] *pl* dubbelslipade glasögon, bifokalglasögon

bifurcate ['baɪfəkeɪt] dela [sig] i två grenar, klyva [sig]

big [bɪg] **I** *a* **1** stor; storväxt; kraftig; vuxen; viktig; ~ *brother* storebror; ~ *business* storfinansen; ~ *deal!* (*sl. iron.*) toppen!, tjusigt!; ~ *end* (*tekn.*) vevlager; ~ *game* storvilt; ~ *league* (*sport. o. bildl.*) elitserien; ~ *noise* (*shot, cheese, gun*) storpamp, höjdare; *the* ~ *stick* (*bildl.*) storsläggan; *the* ~ *time* (*sl.*) toppskiktet, topparna; ~ *toe* stortå; ~ *top* cirkus[tält]; *grow too* ~ *for one's breeches* bli högfärdig; *what's the* ~ *idea?* vad är meningen med det?; *look* ~ se viktig ut **2** generös, storsint **3** ~ *with child* gravid; ~ *with sadness* vemodsfull **II** *adv, talk* ~ skryta, vara stor i orden

bigamist ['bɪgəmɪst] bigamist **bigamy** ['bɪgəmɪ] bigami, tvegifte

biggish ['bɪgɪʃ] ganska stor

big|head ['bɪghed] **1** *vard.* viktigpetter **2** *AE. vard.* inbilskhet **-headed** [-ˌhedɪd] *AE. vard.* inbilsk **--hearted** [-ˌhɑ:tɪd] generös

bight [baɪt] **1** (*på tågända*) bukt **2** vik, bukt

big|-mouthed ['bɪgˌmaʊðd] *sl.* stor i käften; gapig **-ness** [-nɪs] storlek *etc., jfr big*

bigot ['bɪgət] intolerant (trångsynt) person; bigott person **-ed** [-ɪd] intolerant, trångsynt; bigott **-ry** [-rɪ] intolerans, trångsynthet; bigotteri

bigwig ['bɪgwɪg] *sl.* höjdare, högdjur, pamp

bike [baɪk] *vard.* **I** *s* cykel; motorcykel **II** *v* cykla, åka cykel (motorcykel)

bikini [bɪ'ki:nɪ] bikini

bilabial [ˌbaɪ'leɪbjəl] *a o. s, språkv.* bilabial

bilateral [ˌbaɪ'læt(ə)r(ə)l] bilateral

bilberry ['bɪlb(ə)rɪ] blåbär

bile [baɪl] galla **-stone** gallsten

bilge [bɪldʒ] **1** (*i fartygsskrov*) slag **2** (*på tunna*) buk **3** *vard.* smörja, nonsens **bilge pump** länspump **bilge water** *sjö.* slagvatten

bilingual [baɪ'lɪŋgw(ə)l] tvåspråkig

bilious ['bɪljəs] **1** gall-; gallsjuk **2** *vard.* äcklig **3** *vard.* ilsken

bilk [bɪlk] lura (*s.b. of s.th.* ngn på ngt); smita ifrån

Bill [bɪl] *kortform av William*

1 bill [bɪl] **I** *s* näbb **II** *v*, ~ *and coo a*) (*om duvor*) näbbas, *b*) kyssas och smekas

2 bill [bɪl] **I** *s* **1** räkning, faktura (*for* på); *BE.* nota (*for* på); ~ *of fare* matsedel **2** lista, förteckning; *teat.* program; ~ *of lading* konossement; ~ *of sale* köpebrev, pantförskrivning; *get a clean* ~ *of health* (*vard.*) *a*) bli friskförklarad, *b*) förklaras [ekonomiskt] oförvitlig; *fill the* ~ (*vard.*) vara helt tillfredsställande **3** lagförslag; proposition; motion **4** anslag, affisch; *post* (*stick*) *no* ~*s!* affischering förbjuden **5** *AE.* sedel **6** ~ [*of exchange*] växel **II** *v* **1** skicka räkning (faktura) till **2** affischera, sätta upp plakat **-board** *AE.* affisch-, annons|tavla

billet ['bɪlɪt] **I** *s* **1** inkvartering **2** *vard.* jobb **II** *v* **1** inkvartera (*on, at* hos, i) **2** *vard.* ge ett jobb

billet-doux [ˌbɪleɪ'du:] (*pl billets-doux* [-z]) *åld. el. skämts.* kärleksbrev

bill|fold ['bɪlfəʊld] *AE.* plånbok **-hook** trädgårdssax

billiard ball ['bɪljədbɔ:l] biljardboll **billiard cue** biljardkö **billiards** [-z] (*behandlas som sg*) biljard[spel] **billiard table** [-ˌteɪbl] biljardbord

billion ['bɪljən] **1** biljon **2** *AE.* miljard **-aire** [ˌbɪljə'neə] *AE.* miljardär

billow ['bɪləʊ] **I** *s* stor våg; bölja **II** *v* bölja, svalla **billowy** [-ɪ] böljande

bill|poster ['bɪlˌpəʊstə], **-sticker** affischör

Billy ['bɪlɪ] *kortform av William*

billy ['bɪlɪ] *AE.* klubba, batong

billycan campingkastrull **billy goat** getabock

billyo[h] ['bɪlɪəʊ] *s, vard., like* ~ som bara den

bimetallic [ˌbaɪmɪ'tælɪk] bimetall-, bimetallisk

bimonthly [ˌbaɪ'mʌnθlɪ] **1** som utkommer (inträffar) varannan månad **2** som utkommer (inträffar) var fjortonde dag

bin [bɪn] **1** lår, låda; brödskrin **2** *BE.* vinställ **3** sop|hink, -tunna

binary ['baɪnərɪ] dubbel-; binär

bind [baɪnd] **I** *v* (*bound, bound; jfr äv. bound III 2*) **1** binda [fast, ihop, in], fästa (*to* vid); binda upp **2** förplikta, ålägga; ~ *over to appear* (*jur.*) ålägga att inställa sig **3** stadfästa, binda med kontrakt **4** ~ [*up*] binda om, förbinda **5** kanta, sko **6** anställa som lärling **7** fastna **8** sitta ihop **9** *sl.* knorra, grumsa **II** *s* **1** ngt som binder; bindning **2** *vard.* knipa **-er** ['baɪndə] **1** bokbindare **2** bindemedel **3** samlingspärm, mapp **-ing** ['baɪndɪŋ] **I** *s* **1** förband, binda **2** bindning; [bok]band **II** *a* bindande **-weed** ['baɪndwi:d] *bot.* åkervinda

bine [baɪn] ranka, reva

binge [bɪndʒ] spritfest, kalas

bingo ['bɪŋgəʊ] bingo

binnacle ['bɪnəkl] *sjö.* nakterhus

binoculars [bɪ'nɒkjʊləz] *pl* fält-, teater|kikare; *a pair of* ~ en kikare

binomial [baɪ'nəʊmjəl] *mat.* **I** *s* binom **II** *a* binomial-

bio|chemistry [ˌbaɪə(ʊ)'kemɪstrɪ] biokemi **-cide** ['baɪə(ʊ)saɪd] biocid **-degradable** [ˌbaɪə(ʊ)dɪ'greɪdəbl] biologiskt nedbrytbar

biog. *förk. för biographical; biography*

bio|grapher [baɪ'ɒgrəfə] biograf, levnadstecknare **-graphic[al]** [ˌbaɪə(ʊ)'græfɪk(l)] biografisk **-graphy** [baɪ'ɒgrəfɪ] biografi, levnadsteckning

bio|logic[al] [ˌbaɪə(ʊ)'lɒdʒɪk(l)] biologisk **-logist** [baɪ'ɒlədʒɪst] biolog **-logy** [baɪ'ɒlədʒɪ] biologi

bionic [baɪ'ɒnɪk] **1** bionik-, bionisk **2** *vard.* övermänsklig **bionics** [-s] (*behandlas som sg*) bionik; robotteknik

bio|sphere ['baɪə(ʊ)ˌsfɪə] biosfär **-technology** [ˌbaɪəʊtek'nɒlədʒɪ] *AE.* ergonomi

bipartisan [ˌbaɪ'pɑ:tɪzæn] två-, fler|parti **bipartite** [-'pɑ:taɪt] tvådelad, tvekluven; bestående av två motsvariga delar; ömsesidig **biped** ['baɪped] **I** *s* tvåfotat djur **II** *a* tvåfotad **biplane** ['baɪpleɪn] biplan, tvådäckare

birch [bɜ:tʃ] **I** *s* **1** björk **2** [björk]ris **II** *v* ge ris, piska **-en** ['bɜ:tʃ(ə)n] björk-, av björk

bird [bɜ:d] **1** fågel; ~ *of paradise* paradisfågel; ~ *of passage* flyttfågel; ~ *of prey* rovfågel; *they are* ~*s of a feather* de är av samma skrot och korn; ~*s of a feather flock together* lika barn leka bäst; *a* ~ *in the hand is worth two in the bush* en fågel i handen är bättre än tio i skogen; *the early* ~ *catches the worm* morgonstund har guld i mund; *kill two* ~*s with one stone* slå två flugor i en smäll; *get the* ~ (*vard.*) få sparken **2** *vard.* kurre, typ; karl; *BE. sl.* tjej, flickvän; *a queer* ~ en lustig kurre

bird-brained ['bɜ:dbreɪnd] *vard.* korkad, dum **birdcage** fågelbur **bird cherry** *bot.* hägg **bird-fancier** [-ˌfænsɪə] fågelälskare **birdie** [-ɪ] **1** liten fågel, pippi **2** *golf.* birdie (*ett slag under par*)

bird's|-eye ['bɜ:dzaɪ] **I** *s, bot.* teärenpris **II** *a*, ~ *view of London* London i fågelperspektiv **--nest** fågelbo **--nesting** [-ˌnestɪŋ] boplundring

bird strike ['bɜ:dstraɪk] *flyg.* krock med fågel **bird-watcher** [-ˌwɒtʃə] fågelskådare

biretta [bɪ'retə] (*katolsk prästs*) barett

Birmingham ['bɜ:mɪŋəm]

Biro ['baɪrəʊ] (*varumärke*) kul[spets]penna

birth [bɜ:θ] **1** födelse; uppkomst; *at* ~ vid födelsen; *give* ~ *to a*) föda, *b*) ge upphov till **2** börd, härkomst; ursprung; *by* ~ till börden

birth certificate ['bɜ:θsəˌtɪfɪkɪt] dopattest; personbevis **birth control** födelsekontroll

birthday ['bɜθdeɪ] födelsedag; ~ *honours* (*BE.*) utnämningar (*t. knight, peer etc. på drottningens födelsedag*); *happy* ~*!* har den äran [att gratulera] på födelsedagen! **birthmark** födelsemärke **birthplace** födelseort **birth rate** födelsetal **birthright** förstfödslorätt **birthstone** månadssten

Biscay ['bɪskeɪ] *s, the Bay of* ~ Biscayabukten

biscuit ['bɪskɪt] **I** *s, BE.* kex, skorpa; *AE.* slät bulle; *take the* ~ ta priset **II** *a* ljusbrun

bisect [baɪ'sekt] dela i två [lika] delar, klyva

bisexual [ˌbaɪ'seksjʊəl] bisexuell; tvåkönad

bishop ['bɪʃəp] **1** biskop **2** *schack.* löpare **-ric** [-rɪk] biskops|ämbete, -stift

bismuth ['bɪzməθ] vismut

bison ['baɪsn] bisonoxe; visent

1 bit [bɪt] **I** *s* **1** hyveljärn; [borr]järn **2** bett (*på* *betsel*); *take the ~ between one's teeth a*) lägga manken till, *b*) bli istadig (*äv. bildl.*) **II** *v* **1** betsla **2** kuva

2 bit [bɪt] **1** bit; stycke; *a ~* (*vard.*) en smula, litet, något; *not a ~* (*vard.*) inte ett dugg (det minsta); *not a ~ of it* (*vard.*) inte ett dugg, visst inte; *every ~* vartenda dugg; *for a ~* ett [litet] tag; *quite a ~* en hel del; *~ by ~ a*) bit för bit, *b*) undan för undan; *do one's ~* dra sitt strå till stacken; *wait a ~* vänta litet (ett slag, ett tag); *~s and pieces* småsaker **2** litet mynt; *AE.* 12,5 cent

3 bit [bɪt] *imperf. av bite*

4 bit [bɪt] *data.* bit, binär siffra

bitch [bɪtʃ] **I** *s* **1** hynda, tik; räv-, varg|hona **2** *sl.* slinka; satkärring **3** *sl.* klagomål **4** *sl.* knipa; svår nöt att knäcka **II** *v, sl.* krångla, klaga **bitchy** ['bɪtʃɪ] elak, spydig

bite [baɪt] **I** *v* (*bit, bitten, åld. bit*) **1** bita [i, på], bita sig i; bita; *~ at* bita efter; *~ one's lip* bita sig i läppen; *~ off more than one can chew* (*vard.*) ta sig vatten över huvudet; *~ a p.'s head off* (*vard.*) bita (snäsa) av ngn; *~ the dust* (*vard.*) bita i gräset; *once bitten, twice shy* (*vard.*) bränt barn skyr elden; *bitten with* biten (besatt) av **2** nappa (*at* på) **3** (*om verktyg*) gripa, ta **4** svida (sticka, bita) på (i); stickas **5** fräta [på] **6** *sl.* irritera; lura **II** *s* **1** bett; stick **2** napp **3** grepp, tag **4** munsbit, tugga **5** *bildl.* sting, snärt **6** *tandläk.* bett **7** frätning **biting** ['baɪtɪŋ] bitande; stickande; frätande; skarp, bitter; sarkastisk, hånfull

bitt [bɪt] *sjö.* pollare

bitten ['bɪtn] *perf. part. av bite*

bitter ['bɪtə] **I** *a* **1** bitter, besk, skarp **2** bitande [kall] **II** *adv* bitande (*cold* kall) **III** *s* (*beskt*) öl; *~s* (*pl*) bitter (*besk aperitif*) **IV** *v* **1** förbittra **2** bli bitter

bittern ['bɪtən] *zool.* rördrom

bitter|ness ['bɪtənɪs] bitterhet **-sweet** bitterljuv

bitty ['bɪtɪ] osammanhängande; kornig

bitu|men ['bɪtjʊmɪn] *miner.* bitumen **-minous** [bɪ'tju:mɪnəs] bituminös

bivalve ['baɪvælv] *zool.* tvåskalig mussla

bivouac ['bɪvʊæk] **I** *s* bivack **II** *v* bivackera

biweekly [ˌbaɪ'wi:klɪ] **1** som utkommer (inträffar) varannan vecka **2** som utkommer (inträffar) två gånger i veckan

biz [bɪz] *vard., kortform av business*

bizarre [bɪ'zɑ:] bisarr

bk. *förk. för bank; book* **bkg.** *förk. för banking*

B.L. *förk. för Bachelor of Laws* (*Letters*); *Barrister-at-Law; British Library* **B/L, b.l.** *förk. för bill of lading*

blab [blæb] pladdra; skvallra [om]

black [blæk] **I** *a* **1** svart; mörk; *~ area* krisdrabbat (olycksdrabbat) område; *~ art* svartkonst; *~ bread* grovt rågbröd; *~ coffee* kaffe utan grädde; *~ eye* blått öga; *the B~ Forest* Schwarzwald; *B~ Friar* svartbroder, dominikan; *B~ Maria* (*vard.*) Svarta Maja (*polispiket*); *the ~ market* svarta börsen; *~ tie a*) svart fluga (rosett), *b*) smoking; *~ in the face* blå i ansiktet; *beat ~ and blue* slå gul och blå **2** dyster, sorglig **3** ond **II** *s* **1** svart [färg]; sot; svärta **2** svarta kläder **3** svart, neger **III** *v* svärta; blanka; *~ out a*) mörklägga, *b*) utplåna

blackamoor ['blækəˌmʊə] *åld.* svarting, morian

blackball [-bɔ:l] **I** *s* nejröst; veto **II** *v* rösta [med svart kula] mot; utesluta **black beetle** [ˌblæk'bi:tl] kackerlacka **blackberry** ['blækb(ə)rɪ] björnbär **blackbird** ['blækbɜ:d] koltrast **blackboard** ['blækbɔ:d] svart tavla **black-coated** ['blækkəʊtɪd] *a, ~ worker* manschettarbetare **blackcurrant** [ˌblæk'kʌr(ə)nt] svart vinbär **blacken** ['blæk(ə)n] svärta; *bildl.* svärta ner **blackguard** ['blægɑ:d] skurk, skojare **blackhead** ['blækhed] pormask **blacking** ['blækɪŋ] [blank]svärta **blackjack** ['blækdʒæk] **1** *AE.* batong **2** sjörövarflagga **3** *kortsp.* tjuguett; spader ess **black lead** [ˌblæk'led] grafit **blackleg** ['blækleg] **1** strejkbrytare, svartfot **2** falskspelare **blacklist** ['blæklɪst]**I** *s* svart lista **II** *v* svartlista **blackmail** ['blækmeɪl] **I** *s* utpressning **II** *v* pressa pengar av, öva utpressning mot **blackmailer** ['blækmeɪlə] utpressare **blackout** ['blækaʊt] **1** mörkläggning; strömavbrott **2** *med.* blackout **black pudding** [ˌblæk'pʊdɪŋ] blodkorv **blacksmith** ['blæksmɪθ] smed **blackthorn** ['blækθɔ:n] *bot.* slån

bladder ['blædə] **1** blåsa; *anat.* urinblåsa **2** skrävlare **-wrack** ['blædəræk] *bot.* blåstång

blade [bleɪd] **1** *bot.* blad, grässtrå **2** blad (*på kniv, åra, propeller e.d.*); skena (*på skridsko*) **3** skulderblad

blain [blein] blemma, blåsa

blamable ['bleɪməbl] klandervärd

blame [bleɪm] **I** *s* **1** klander **2** skuld; *put* (*lay*) *the ~ on* lägga skulden på **II** *v* klandra, förebrå; *~ s.b. for s.th.* klandra (lägga skulden på) ngn för ngt; *you are to ~* det är ditt fel **-less** ['bleɪmlɪs] oklanderlig; oskyldig **-worthy** ['bleɪmˌwɜ:ðɪ] klandervärd

blanch [blɑ:ntʃ] **1** bleka **2** blekna **3** *kokk.* blanchera; *~ almonds* skålla mandel **4** *~ed celery* blekselleri **5** *~ over* släta över

bland [blænd] **1** mild; smaklös **2** blid, förbindlig; oberörd

blandish ['blændɪʃ] fint smickra **-ments** [-mənts] *pl* smicker; lockelse[r]

blank [blæŋk] **I** *a* **1** ren, blank, tom; *~ cartridge* lös patron; *~ window* blindfönster; *~ rejection* blankt avslag **2** händelse-, innehålls-, uttrycks|lös; *look ~* se oförstående ut **3** *~ verse* blankvers **II** *s* **1** nit[lott]; *draw a ~* dra en nit **2** tomrum, lucka; *my mind went a complete ~* jag var alldeles tom i huvudet, det stod helt stilla för mig **3** streck (*för utelämnat ord*) **4** blankett **5** löst skott **III** *v, ~ out* stryka ut

blanket ['blæŋkɪt] **I** *s* filt; *bildl.* täcke; *~ of snow* snötäcke; *wet ~ a*) kalldusch, *b*) glädjedödare, trist person **II** *v* **1** täcka [med filt] **2** *~ out* tysta ner, förmörka **III** *a* allmän, övergripande; *~ insurance* (*ung.*) heltäckande försäkring

blare [bleə] **I** *v* smattra [som en trumpet]; *bildl.* basunera ut **II** *s* [trumpet]smatter

blarney ['blɑ:nɪ] smicker

blasé ['blɑ:zeɪ] blasé, blaserad

blaspheme [blæs'fi:m] häda; smäda **blasphemous** ['blæsfəməs] hädisk, blasfemisk **blasphemy** ['blæsfəmɪ] hädelse, blasfemi

blast [blɑ:st] **I** *s* stark vindstöt (vindpust) **2** explosion; sprängladdning **3** [trumpet]stöt; signal (*från bilhorn e.d.*) **4** bläster **5** [*at*] *full ~* i full gång, för fullt **II** *v* **1** förinta, förstöra **2** spränga; ~

off skjuta upp (*raket*) **3** blästra **III** *interj, sl.* tusan (jäklar) [också]!

blasted ['blɑ:stɪd] *sl.* sabla, jäkla **blast furnace** [-ˌfɜ:nɪs] masugn **blasting** [-ɪŋ] sprängning; ~ *in progress* sprängning pågår **blastoff** [-ɒf] uppskjutning (*av raket*)

blatant ['bleɪt(ə)nt] **1** skränig, skrikig **2** flagrant, påtaglig

1 blaze [bleɪz] **I** *s* **1** stark eld (låga); *what the ~s!* (*vard.*) vad tusan!; *like ~s* (*vard.*) som tusan **2** starkt [ljus]sken **3** våldsamt utbrott **II** *v* **1** flamma, låga; ~ *up a*) flamma upp, *b*) brusa upp **2** vara upplyst; lysa, skina klart

2 blaze [bleɪz] **I** *s* **1** bläckning (*på träd*) **2** bläs **II** *v* bläcka (*träd*); ~ *a* (*the*) *trail* (*bildl.*) bana väg

3 blaze [bleɪz] ~ [*abroad*] basunera ut

blazer ['bleɪzə] [klubb]jacka; sportblazer

blazon ['bleɪzn] **I** *s, her.* blasonering, beskrivning av vapen[sköld] **II** *v* **1** *her.* beskriva (måla) [vapen] **2** smycka, ge glans åt **3** ~ [*abroad*] basunera ut

bldg. *förk. för building*

bleach [bli:tʃ] bleka; blekas; blekna **bleachers** [-əz] *pl* åskådarplats utan tak **bleaching powder** ['bli:tʃɪŋˌpaʊdə] klorkalk

bleak [bli:k] **1** kal **2** kulen, kylig **3** dyster

bleary ['blɪərɪ] **1** (*om blick*) skymd, skum **2** otydlig **3** uttröttad **blear[y]-eyed** ['blɪer(ɪ)aɪd] sur-, skum|ögd

bleat [bli:t] **I** *v* bräka **II** *s* bräkande

bleb [bleb] liten bubbla; blåsa

bled [bled] *imperf. o. perf. part. av bleed*

bleed [bli:d] (*bled, bled*) **1** blöda; ~ *at the nose* blöda näsblod; ~ *to death* förblöda **2** åderlåta **3** *vard.* pungslå; ~ *white* skinna inpå bara kroppen **4** *tekn.* lufta (*ledning e.d.*) **5** (*om tyg*) fälla **bleeder** ['bli:də] **1** *sl.* jäkel **2** *med.* blödare **bleeding heart** ['bli:dɪŋˌhɑ:t] *bot.* löjtnantshjärta

bleep [bli:p] **I** *s* pip (*signal*) **II** *v* pipa

blemish ['blemɪʃ] **I** *v* vanställa; fläcka **II** *s* fläck, fel, brist

1 blench [blen(t)ʃ] rygga tillbaka

2 blench [blentʃ] **1** göra vit (blek) **2** vitna, blekna

blend [blend] **I** *v* **1** blanda **2** blandas, blanda sig; passa ihop **II** *s* **1** blandning **2** *språkv.* teleskopord

bless [bles] välsigna; ~ *o.s. a*) köra korstecken, *b*) prisa sig lycklig; ~ *me* (*my soul*)! bevare mig väl!, du store tid!; ~ *you! a*) Gud välsigne dig!, *b*) prosit!; *~ed with* begåvad med **blessed I** *a* ['blesɪd] **1** välsignad; lycklig; helig **2** *vard.* förbaskad; *every ~ day* varenda eviga dag **II** [blest] *perf. part. av bless* **blessing** ['blesɪŋ] välsignelse; nåd; *ask a ~* be bordsbön; *a ~ in disguise* tur i oturen; *count one's ~s* tacka sin lyckliga stjärna

blether ['bleðə] **I** *s* munväder **II** *v* pladdra

blew [blu:] *imperf. av blow*

blight [blaɪt] **I** *s* **1** *bot.* mjöldagg, rost **2** fördärv, olyckligt inflytande **II** *v* skada, fördärva **blighter** ['blaɪtə] rackare, skojare **Blighty** ['blaɪtɪ] *mil. sl.* England

blimey ['blaɪmɪ] *interj* kors!, jösses!

blimp [blɪmp] **1** styrbar ballong, litet luftskepp **2** *BE.* ärkereaktionär typ

blind [blaɪnd] **I** *a* **1** blind; ~ *alley* återvändsgata; ~ *date* träff med okänd person; ~ *letter* brev med otydlig (ofullständig) adress; ~ *of an eye* blind på ett öga; ~ *to a p.'s faults* blind för ngns fel **2** dold, hemlig **II** *adv*, ~ *drunk* stupfull **III** *s* **1** rullgardin; *Venetian* ~ persienn **2** skygglapp **3** svepskäl **IV** *v* **1** göra blind; blända **2** förblinda **blinders** ['blaɪndəz] *pl, AE.* skygglappar **blindfold** ['blaɪn(d)fəʊld] **I** *v* binda för ögonen på **II** *a* **1** med förbundna ögon **2** förhastad **blind man's buff** [ˌblaɪn(d)mænz'bʌf] blindbock **blindworm** ['blaɪndwɜ:m] ormslå, kopparorm

blink [blɪŋk] **I** *v* **1** blinka [med]; kisa (*at* mot); ~ *at the facts* blunda för fakta **2** glimta, skimra **II** *s* **1** blink **2** glimt **3** *vard., on the ~* sönder **blinker** ['blɪŋkə] **1** blinker (*på bil*) **2** *~s* (*pl*) skygglappar **blinking** ['blɪŋkɪŋ] *vard.* förbaskad

blip [blɪp] blip (*på radarskärm*)

bliss [blɪs] lycksalighet, sällhet **-ful** ['blɪsf(ʊ)l] lycksalig, säll, lycklig

blister ['blɪstə] **I** *s* blåsa, blemma **II** *v* få blåsor **-ing** [-rɪŋ] *a, ~ criticism* svidande kritik

blithe [blaɪð] **1** munter **2** tanklös

blithering ['blɪðərɪŋ] *vard.* dum, jädrans

B. Lit[t]. *förk. för Bachelor of Letters* (*Literature*)

blitz [blɪts] blixtanfall; *the B~* (*BE.*) blitzen (*under andra världskriget*)

blizzard ['blɪzəd] häftig snöstorm

bloated ['bləʊtɪd] uppsvälld, pussig **bloater** ['bləʊtə] lätt saltad rökt sill

blob [blɒb] droppe; klick

bloc [blɒk] *polit.* block[bildning]

block [blɒk] **I** *s* **1** stock; kloss; byggkloss; [klipp]block **2** stort hus, byggnadskomplex **3** *AE.* [hus]kvarter **4** stupstock **5** hinder, stockning **6** [hiss]block; ~ *and tackle* talja **7** kliché **8** perukstock **9** *psykol. o. sport.* blockering **10** rit-, skriv|block **11** [aktie]post **12** *bildl.* träbock **13** *vard., knock a p.'s ~ off* klå upp ngn **II** *v* **1** spärra [av]; blockera (*äv. sport.*); hindra; ~ *a ball* stoppa en boll; ~ *a blow* avvärja ett slag; ~ *up* blockera, stänga av **2** ~ *out* skissera, göra utkast till

blockade [blɒ'keɪd] **I** *s* blockad **II** *v* blockera; stänga för **--runner** [-ˌrʌnə] blockadbrytare

blockbuster ['blɒkbʌstə] *vard.* **1** kvartersbomb **2** jättesuccé **blockhead** *neds.* träskalle **block letter** stor bokstav

bloke [bləʊk] *BE., vard.* kille, karl

blond [blɒnd] **I** *a* blond **II** *s* blond person **blonde** [blɒnd] **I** *a* (*om flicka*) blond **II** *s* blondin

blood [blʌd] **I** *s* **1** blod; *a prince of the ~* en prins av blodet; *bad ~* hat, illvilja; *in cold ~* med berått mod, kallblodigt; *run in the ~* ligga i släkten; *his ~ is up* det kokar i honom; *it's more than flesh and ~ can stand* det är mer än en människa kan stå ut med **2** *åld.* sprätt, snobb **II** *v* **1** *jakt.* ge (*hundar*) smak på blod **2** åderlåta

blood-and-thunder [ˌblʌdən(d)'θʌndə] *a, a ~ novel* en bloddrypande roman

blood bank ['blʌdbæŋk] blodbank **blood bath** blodbad **bloodcurdling** [-ˌkɜ:dlɪŋ] fasaväckande **blooded** [-ɪd] fullblods- **blood donor** [-ˌdəʊnə] blodgivare

blood feud ['blʌdfju:d] släktfejd **blood group** blodgrupp **blood heat** normal kroppstemperatur **blood-horse** fullblod[shäst] **bloodhound** blodhund **bloodless** [-lɪs] **1** oblodig **2** mycket

blek **blood-letting** [-ˌletɪŋ] **1** åderlåtning **2** *skämts.* blodsutgjutelse **blood poisoning** [-ˌpɔɪzn̩ɪŋ] blodförgiftning **blood pressure** [-ˌpreʃə] blodtryck
blood-shed [ˈblʌdʃed] blodsutgjutelse **blood-shot** blodsprängd **bloodsucker** [-ˌsʌkə] blodigel; blodsugare (*äv. bildl.*) **bloodthirsty** [-ˌθɜːstɪ] blodtörstig **blood vessel** [-ˌvesl] blodkärl
bloody [ˈblʌdɪ] **I** *a* **1** blodig **2** bloddrypande; mordisk, grym **3** *BE. sl.* förbannad, jävla **II** *v* bloda ner **--minded** [-ˈmaɪndɪd] *BE., vard.* avig, illvillig
bloom [bluːm] **I** *s* **1** blomma; blom[mor]; blomstring **2** fägring, ungdomlig friskhet **3** tunn hinna (*på frukt, blad o.d.*) **II** *v* blomma, blomstra
bloomer [ˈbluːmə] *BE. vard.* tabbe, misstag
bloomers [ˈbluːməz] *pl* [vida] underbyxor, mamelucker
blooming [ˈbluːmɪŋ] *a o. adv, BE. vard.* sabla, jäkla
blossom [ˈblɒs(ə)m] **I** *s* blomma; blom[mor]; blomning **II** *v* blomma, slå ut i blom; ~ *into* utveckla sig till
blot [blɒt] **I** *s* plump; fläck **II** *v* **1** bläcka ner; fläcka **2** torka med läskpapper, läska **3** ~ [*out*] *a*) stryka (sudda) ut, *b*) skymma, fördunkla, *c*) utplåna, förinta
blotch [blɒtʃ] **I** *s* fläck, pladaska **II** *v* fläcka (kladda) ner
blotter [ˈblɒtə] **1** läskblock **2** *AE.* polisregister **blotting pad** [ˈblɒtɪŋˌpæd] läskblock; skrivunderlägg **blotting paper** [ˈblɒtɪŋˌpeɪpə] läskpapper
blotto [ˈblɒtəʊ] *sl.* asfull
blouse [blaʊz] **1** blus **2** uniformsjacka
1 blow [bləʊ] **I** *v* (*blew, blown, i bet. 6 perf. part. blowed*) **1** blåsa; blåsa i; ~ *the bellows a*) dra bälgen, *b*) trampa orgeln; ~ *a horse* spränga en häst; ~ *a kiss* kasta en slängkyss; ~ *one's nose* snyta sig; ~ *one's own trumpet* slå på trumman för sig själv; ~ *abroad* basunera ut; ~ *in* (*vard.*) komma inrusande, titta in; ~ *off* släppa ut (*gas*), *BE. sl.* prutta; ~ *out* blåsa ut, släcka, slockna, (*om storm*) bedarra; ~ *over* (*om oväder*) dra förbi, lägga sig; ~ *up* blåsa upp, förstora (*äv. foto.*) **2** spränga i luften, komma att explodera; ~ *one's top* (*AE. lid, stack*) explodera av ilska; *the fuse blew* [*out*] säkringen gick; ~ *out one's brains* skjuta sig för pannan; ~ *up a*) spränga i luften, explodera, *b*) stormskälla, tappa humöret **3** skvallra på, förråda **4** flåsa; (*om val*) spruta, blåsa; ~*n* andfådd **5** *sl.* sticka i väg; strunta i; göra av med (*pengar*); sumpa (*tillfälle*); inhalera (*narkotika*); *AE.* bjuda **6** *vard., I'll be ~ed if* förbaske mig om **II** *s* blåsande, blåsning
2 blow [bləʊ] slag, stöt; *at a* ~ i ett slag, på en gång; *come to ~s* råka i slagsmål; *without a* ~ utan strid **2** slag, olycka
3 blow [bləʊ] **I** *v* (*blew, blown*) stå (slå ut) i blom; *a full blown rose* en fullt utslagen ros **II** *s* blomning
blowball [ˈbləʊbɔːl] maskrosboll (*maskrosfrö*) **blower** [-ə] **1** blåsare **2** bläster **3** *sl.* telefon **blowfly** spyfluga **blowlamp** blåslampa
blown [bləʊn] *perf. part. av 1 blow I o. 3 blow I*
blowout [ˈbləʊaʊt] **1** [däcks]explosion; (*säkrings*) smältning **2** *sl.* kalas, skrovmål **blowpipe** blåsrör **blowtorch** blåslampa **blow-up 1** explosion **2** *vard. foto.* förstoring **3** *vard.* [vredes]utbrott
blowzed [ˈblaʊzd], **blowzy** [-ɪ] **1** rödbrusig **2** rufsig, osnygg
blub [blʌb] *BE. sl.* lipa **blubber** [ˈblʌbə] **I** *v* snyfta fram; lipa **II** *s* **1** gråt **2** valspäck, tran **III** *a* (*om läpp*) tjock, utstående
bludgeon [ˈblʌdʒ(ə)n] **I** *s* [knöl]påk **II** *v* slå ner, klubba till; ~ *into* tvinga till
blue [bluː] **I** *a* **1** blå; ~ *cheese* ädelost; ~ *chip* säkert [värde]papper; ~ *funk* byxångest; ~ *jay* (*zool.*) blåskrika; ~ *peter* (*sjö.*) avgångsflagg; *the ~ ribbon a*) *AE.* blå bandet (*nykterhetsmärke*), *b*) Strumpebandsorden[s band]; *once in a ~ moon* mycket sällan **2** dyster, deppig **3** pornografisk **4** konservativ **II** *s* **1** blått, blå färg; *men in ~ a*) poliser, *b*) sjömän; *the B~s* Royal Horse-guards **2** blåelse **3** [blå] luft; [blått] hav; *like a bolt from the ~* som en blixt från klar himmel **4** *dark* (*light*) *~s* (*vid idrottstävlingar*) representanter för Oxford (Cambridge) **5** konservativ, blå **III** *v* **1** göra blå **2** blåna **3** slösa bort (*pengar*)
Bluebeard [ˈbluːˌbɪəd] [riddar] Blåskägg
blue|bell [ˈbluːbel] *Sk.* blåklocka **-berry** [-ˌb(ə)rɪ] *AE.* blåbär **-bird** [-bɜːd] *zool.* blåsångare **-bonnet** [-ˌbɒnɪt] **1** *AE.* blåklint; blålupin **2** (*förr*) skotsk mössa **-book** [-bʊk] blå bok: *a*) rapport från regeringen, *b*) *AE. ung.* Vem är det? **-bottle** [-ˌbɒtl] **1** spyfluga **2** blåklint **--collar** *a,* ~ *worker* industriarbetare **--eyed** blåögd; ~ *boy* (*BE. vard.*) gullgosse, favorit **-ing** *se bluing* **-jacket** [-ˌdʒækɪt] blåjacka, örlogsmatros **--pencil** [ˌbluːˈpensl] redigera; censurera **-print** [ˈbluːprɪnt] blåkopia; ritning; *bildl.* plan
blues [bluːz] (*behandlas som sg el. pl*) **1** *the ~* melankoli, nedstämdhet **2** *mus.* blues
blue|stocking [ˈbluːˌstɒkɪŋ] blåstrumpa **-throat** [-θrəʊt] *zool.* blåhake
1 bluff [blʌf] **I** *a* **1** tvär[brant] **2** burdus, rättfram **II** *s* brant udde, klippa
2 bluff [blʌf] **I** *s* bluff; *call a p.'s ~* avslöja ngns bluff, syna ngn **II** *v* bluffa **bluffer** [ˈblʌfə] bluff, bluffmakare
bluing [ˈbluːɪŋ] blåelse **bluish** [-ɪʃ] blåaktig
blunder [ˈblʌndə] **I** *s* blunder, tabbe **II** *v* **1** dabba sig, göra en tabbe **2** drulla, drumla; ~ *upon* (*into*) av ren tur stöta (ramla) på **-buss 1** muskedunder **2** klumpig person **-er** [-rə] klåpare; drummel **-head** drummel
blunt [blʌnt] **I** *a* **1** slö, trubbig **2** burdus, rättfram **II** *s* **1** kort synål **2** *sl.* kontanter **III** *v* göra slö, avtrubba (*äv. bildl.*)
blur [blɜː] **I** *s* **1** fläck, plump; skamfläck **2** suddighet, otydliga konturer **II** *v* **1** bläcka (smeta) ner; sudda ut; befläcka **2** göra suddig
blurb [blɜːb] reklamtext (*på bokomslag*)
blurry [ˈblɜːrɪ] suddig
blurt [blɜːt] *v,* ~ *out* låta undfalla sig, vräka ur sig
blush [blʌʃ] **I** *v* rodna; blygas **II** *s* **1** rodnad **2** rosenskimmer **3** *at* [*the*] *first* ~ vid första påseendet
bluster [ˈblʌstə] **I** *v* **1** brusa, storma **2** gorma och svära; skrävla **II** *s* **1** skrän, larm; skrävel; raseri **2** storm, hård vind **-er** [-rə] skränfock; skrävlare

B.M. *förk. för Bachelor of Medicine; British Museum* **B.M.A.** *förk. för British Medical Association* **BMC** *förk. för British Motor Corporation* **B. Mus.** *förk. för Bachelor of Music* **Bn.** *förk. för Baron; Battalion*
bo [bəʊ] *interj* bu!
B.O. *förk. för (vard.) body odour; box office*
B.O.A.C. *(förr) förk. för British Overseas Airways Corporation*
boa ['bəʊə] **1** boa[orm] **2** (*dams*) boa
boar [bɔ:] [far]galt; *wild ~* vildsvin
board [bɔ:d] **I** *s* **1** bräda; *the ~s* tiljan, teatern **2** [anslags]tavla **3** kost; *~ and lodging* kost och logi, mat och husrum; *full ~* helinackordering **4** styrelse; råd; direktion; nämnd; departement; *~ of directors* styrelse, direktion; *~ of education* (*ung.*) skol[över]styrelse; *~ of trade a*) handelsdepartement, *b*) *AE.* handelskammare **5** [fartygs]bord; *on ~* ombord; *go by the ~* gå över bord, *bildl.* gå över styr **6** kartong, papp; *in ~s* kartonnerad **7** spånplatta **8** *above ~* öppet och ärligt **II** *v* **1** brädfodra **2** hålla mat åt, ha inackorderad **3** vara inackorderad **4** gå ombord i (på) **5** lägga till långsides; äntra **-er** ['bɔ:də] **1** inackordering[sgäst], pensionatsgäst **2** internatskoleelev
boarding ['bɔ:dɪŋ] **1** bräder; brädfodring **2** påstigning, embarkering **3** inackordering **boarding card** embarkeringskort **boarding house** pensionat **boarding school** internatskola
board room ['bɔ:drʊm] styrelserum **board school** folkskola (*före 1902*) **board walk** *AE.* strandpromenad
boast [bəʊst] **I** *s* **1** skryt **2** stolthet **II** *v* **1** skryta **2** kunna ståta med (uppvisa) **-ful** ['bəʊstf(ʊ)l] skrytsam
boat [bəʊt] **I** *s* båt; *be in the same ~* vara i samma båt (belägenhet); *take to the ~s* gå i livbåtarna **2** såssnipa **II** *v* åka båt
boat drill ['bəʊtdrɪl] livbåtsövning **boater** [-ə] (*platt*) halmhatt **boathook** båtshake **boating** [-ɪŋ] båt-, rodd-, segel|tur **boatman** [-mən] båtkarl; båtuthyrare **boat race** roddtävling **boatswain** ['bəʊsn] båtsman; (*på örlogsfartyg*) sergeant **boat train** ['bəʊttreɪn] tåg med anslutning till båt
Bob [bɒb] *kortform av Robert*
1 bob [bɒb] **I** *s* **1** knyck; knix **2** tyngd **3** bobbat hår **4** bobb **II** *v* **1** hoppa, guppa; dingla; knycka; knixa **2** *~ up* dyka upp **3** bobba (*hår*) **3** knycka på
2 bob [bɒb] (*pl lika*) *vard.* (*förr*) shilling; (*nu*) pence
bobbery ['bɒbərɪ] *vard.* tumult
bobbin ['bɒbɪn] **1** spole; rulle **2** [knyppel]pinne **bobbin lace** knypplad spets
Bobby ['bɒbɪ] *kortform av Robert*
bobby ['bɒbɪ] *BE. vard.* poliskonstapel **bobby pin** *i sht AE.* hårklämma
bob|cat ['bɒbkæt] *AE.* vildkatt **-sled** *AE.*, **-sleigh** *BE.* bobb, bobsleigh **-tail** stubbsvans
bod [bɒd] *vard.* kille, karl
bode [bəʊd] **1** [före]båda **2** varsla
bodgie ['bɒdʒɪ] *Austr.* teddy boy, *ung.* swingpjatt
bodice ['bɒdɪs] klänningsliv; blusliv
bodi|less ['bɒdɪlɪs] okroppslig **-ly** [-lɪ] **I** *a* kroppslig, fysisk; *in ~ fear* livrädd **II** *adv* **1** kroppsligen **2** med hull och hår
bodkin ['bɒdkɪn] **1** trädnål **2** *åld.* lång hårnål
body ['bɒdɪ] **I** *s* **1** kropp; *keep ~ and soul together* uppehålla livet **2** bål **3** [*dead*] *~* lik **4** huvuddel, viktigaste del; stomme, kaross[eri]; majoritet **5** samfund, kår; organ; *~ politic* stat[skropp] **6** skara, grupp, styrka, avdelning; *in a ~* alla tillsammans **7** kropp; ämne; *foreign ~* (*med.*) främmande kropp **8** styrka; fyllighet; fasthet **9** [klännings]liv **10** *vard.* person **II** *v*, *~ forth* utforma, förkroppsliga, symbolisera **body blow 1** kroppsslag **2** *bildl.* hårt slag, svårt bakslag **body building** [-ˌbɪldɪŋ] bodybuilding, kroppsbygge, styrketräning **bodyguard** [-gɑ:d] livvakt **body stocking** [-ˌstɒkɪŋ] kroppsstrumpa
Boer ['bəʊə] boer
boffin ['bɒfɪn] *sl.* vetenskapare
bog [bɒg] **I** *s* **1** mosse, myr **2** *BE. o. Austr. sl.* dass **I** *v, vard., be ~ged down* ha kört fast
bogey ['bəʊgɪ] **1** *golf.* bogey **2** spöke, ond ande **3** *sl.* snut, deckare **-man** buse (*som man skrämmer barn med*)
boggle ['bɒgl] **1** studsa, haja till; *the mind ~s at* man häpnar över **2** tveka; krångla
bogie ['bəʊgɪ] **1** boggi **2** tralla
bogtrotter ['bɒgtrɒtə] *neds.* irländare
bogus ['bəʊgəs] fingerad, falsk, sken-
bogy ['bəʊgɪ] *se bogey*
Bohe|mia [bə(ʊ)'hi:mjə] Böhmen **-mian** [-mjən] **I** *s* **1** böhmare **2** bohem **II** *a* **1** böhmisk **2** bohemisk, bohem-
1 boil [bɔɪl] **I** *s* kokning; kokpunkt; *on the ~* i kokning; *bring s.th. to the ~* koka upp ngt **II** *v* koka, sjuda (*äv. bildl.*); *~ away* koka bort; *~ down a*) koka ihop, *b*) *bildl.* reduceras; *~ down to a*) gå ut på, *b*) inskränka sig till
2 boil [bɔɪl] [var]böld
boiler ['bɔɪlə] **1** varmvattenstank **2** [ång]panna **3** [byk]gryta **boiler suit** *BE.* [arbets]overall **boiling** [-ɪŋ] **I** *s* kokning, sjudning **II** *adv, ~ hot* kokhet **boiling point** kokpunkt
boisterous ['bɔɪst(ə)rəs] **1** stormig **2** bullersam, bullrande
bold [bəʊld] **1** djärv, dristig; *make so ~ as to* ta sig friheten att **2** framfusig, fräck **3** markerad, starkt framträdande **bold-face** ['bəʊldfeɪs] *a, boktr.* halvfet; *~ type* halvfet stil **bold face** ['bəʊldfeɪs] *s, boktr.* halvfet stil
bole [bəʊl] trädstam
bolero 1 [bə'leərəʊ] bolero (*spansk dans*) **2** ['bɒlərəʊ] bolero (*kort jacka*)
Boliv|ia [bə'lɪvɪə] Bolivia **-ian** [-ɪən] **I** *s* bolivian **II** *a* boliviansk
boll [bəʊl] frökapsel
bollard ['bɒləd] **1** *sjö.* pollare **2** låg stolpe på refug
bollix ['bɒlɪks] *AE.*, **bollocks** ['bɒləks] *BE.*, *se ballocks*
boloney [bə'ləʊnɪ] **1** (*slags*) korv **2** *AE. sl.* skitsnack; bluff
Bolshe|vik ['bɒlʃɪvɪk] **I** *s* bolsjevik **II** *a* bolsjevikisk **-vism** [-vɪz(ə)m] bolsjevism
bol|shie, -shy ['bɒlʃɪ] *BE. vard.* **I** *s* bolsjevik, vänsteranhängare **II** *a* **1** revolutionär, vänster **2**

besvärlig, vrång

bolster ['bəʊlstə] **I** *s* **1** lång [under]kudde, pöl; dyna **2** underlag **II** *v* **1** ~ [*up*] [under]stödja **2** stoppa, vaddera

bolt [bəʊlt] **I** *s* **1** bult; nagel; stor skruv **2** regel, låskolv; (*på skjutvapen*) slutstycke **3** kort trubbig pil **4** åskvigg, blixt; *like a ~ from the blue* som en blixt från klar himmel **5** rusning; rymning; *make a ~ for it* sjappa, sticka **6** rulle (*tyg, tapet*) **7** *shoot one's ~* uttömma sina krafter **II** *v* **1** regla, låsa **2** kasta i sig, sluka (*one's food* maten) **3** fästa med bult[ar] **4** rusa i väg, skena; smita **5** reglas, låsas **III** *adv, ~ upright* kapprak

bolus ['bəʊləs] stort piller

bomb [bɒm] **I** *s* **1** bomb **2** *BE. sl.* stor summa pengar **3** *AE. sl.* fiasko, misslyckande **II** *v* **1** bomba **2** *AE. sl.* misslyckas, göra fiasko **-ard** [bɒm'bɑ:d] bombardera **-ardment** [bɒm'bɑ:dmənt] bombard|ering, -emang

bombast ['bɒmbæst] bombasm, svulst[ighet] **-ic** [bɒm'bæstɪk] bombastisk, svulstig

bomber ['bɒmə] **1** bombplan, bombare **2** bombfällare **bombproof** bombsäker; *~ shelter* skyddsrum **bombshell** **1** granat; *fell like a ~* slog ner som en bomb **2** *a blonde ~* ett blont bombnedslag **bomb site** sönderbombat område

bona fide [ˌbəʊnə'faɪdɪ] bona fide, i god tro; äkta

bonanza [bə(ʊ)'nænzə] **1** *bildl.* guldgruva, lyckträff **2** *AE.* rik malmåder

bonbon ['bɒnbɒn] karamell, godsak

bond [bɒnd] **I** *s* **1** skuldsedel, revers (*for* på) **2** obligation **3** förbindelse; överenskommelse **4** band, boja (*äv. bildl.*) **5** *in ~* i tullnederlag **II** *v* **1** binda ihop **2** hålla ihop **-age** ['bɒndɪdʒ] slaveri, träldom **-ed** ['bɒndɪd] *a, ~ warehouse* tullnederlag **-holder** ['bɒndˌhəʊldə] obligationsinnehavare **-sman** ['bɒn(d)zmən] livegen, träl; slav

bone [bəʊn] **I** *s* ben, knota; *~s* (*pl*) *a*) *vard.* skelett, *b*) *vard.* tärningar, *c*) huvuddrag, *d*) *vard.* läkare; *~ of contention* tvistefrö; *a bag of ~s* skinn och ben; *as dry as a ~* torr som fnöske; *be frozen* (*chilled*) *to the ~* vara frusen ända in i märgen; *make no ~s about a*) inte sticka under stol med, inte dra sig för, *b*) inte ha några invändningar mot; *have a ~ to pick with s.b.* ha en gås oplockad med ngn **II** *v* **1** bena [ur] **2** *BE. sl.* knycka **3** *AE. sl.* stormplugga

bone china ['bəʊnˌtʃaɪnə] benporslin **bone-dry** [-draɪ] *vard.* snustorr **bonehead** [-hed] *sl.* dumbom **bone idle** [-ˌaɪdl] genomlat **bone meal** [-mi:l] benmjöl **boner** [-ə] *sl.* tabbe **bonesetter** [-ˌsetə] kotknackare

bonfire ['bɒnfaɪə] brasa, bål

bongo ['bɒŋgəʊ] (*pl ~[e]s*) bongotrumma

bonhomie ['bɒnɒmi:] gemyt, hjärtlighet

bonkers ['bɒŋkəz] *BE. sl.* galen, tokig

bonnet ['bɒnɪt] **1** hätta, kapotthatt, bahytt; skotsk mössa **2** motorhuv; skyddshuv

bonny ['bɒnɪ] **1** *dial.* söt, fager **2** glad; god, bra **3** knubbig

bonus ['bəʊnəs] bonus; premie; återbäring (*på försäkring*); gratifikation

bony ['bəʊnɪ] benig; knotig

boo [bu:] **I** *v* bua [åt] **II** *s* bu[rop] **III** *interj* bu!, fy!, pytt!; *he would not say ~ to a goose* han gör inte en fluga för när

boob [bu:b] *sl.* **I** *s* **1** idiot; drummel **2** [kvinno]bröst **3** *BE.* tabbe, blunder **II** *v* dabba (klanta) sig **boob tube** ['bu:btu:b] *AE. sl.* dumburk (*TV*)

booby ['bu:bɪ] **1** idiot; drummel **2** *BE., the ~* jumbo **3** *zool.* sula **booby hatch** *AE. sl.* dårhus **booby prize** jumbo-, tröst|pris **booby trap** **1** elakt skämt, fälla **2** [min]försåt

book [bʊk] **I** *s* **1** bok; häfte; *the B~* Böckernas Bok, Bibeln; *a closed ~* ngt helt obegripligt; *close the ~s* göra bokslut; *it suits my ~s* det passar mina planer; *by* (*according to*) *the ~* enligt reglerna; *he is in the ~* han står i telefonkatalogen; *be in someone's good* (*bad*) *~s* ligga bra (dåligt) till hos ngn; *on the ~s* inskriven som medlem; *bring to ~* ställa till svars; *without ~ a*) utantill, *b*) utan auktoritet **2** libretto, text **3** *kortsp.* bok **II** *v* **1** notera, anteckna; boka, bokföra; *be ~ed for ignoring a traffic signal* bli uppskriven för att ha kört mot rött ljus **2** boka, förhandsbeställa, reservera; köpa i förväg; engagera; *~ed up* upptagen

bookbindery ['bʊkˌbaɪndərɪ] bokbinderi **book case** [-keɪs] bokhylla **book club** [-klʌb] bokklubb **book end** [-end] bokstöd **bookie** [-ɪ] *se bookmaker* **booking** [-ɪŋ] bokning, [förhands]beställning; förköp **booking office** biljett|kontor, -lucka **bookish** [-ɪʃ] **1** begiven på läsning, bokälskande **2** boklärd **3** boklig **book-keeper** [-ˌki:pə] bok|förare, -hållare **book-keeping** [-ˌki:pɪŋ] bokföring **book-learning** [-ˌlɜ:nɪŋ] bokvett **booklet** [-lɪt] häfte, broschyr **bookmaker** [-ˌmeɪkə] bookmaker, vadhållningsagent **bookmark[er]** [-ˌmɑ:k(ə)] bokmärke **bookmobile** [-məˌbi:l] *AE.* bokbuss **bookplate** [-pleɪt] exlibris **book-seller** [-ˌselə] bokhandlare **book-shop** [-ʃɒp] bokhandel **bookstall** [-stɔ:l] bokstånd; tidningskiosk **bookstore** [-stɔ:] *AE.* bokhandel **bookworm** [-wɜ:m] bokmal

1 boom [bu:m] *sjö.* bom, spira

2 boom [bu:m] **I** *s* **1** dån, dunder **2** boom, högkonjunktur **II** *v* **1** dåna, dundra **2** häftigt stiga (*om pris*); blomstra

boomerang ['bu:məræŋ] **I** *s* bumerang **II** *v* verka som en bumerang

boom town ['bu:mtaʊn] *i sht AE.* snabbt expanderande stad

1 boon [bu:n] *s* **1** välsignelse **2** *åld.* förmån

2 boon [bu:n] *a, ~ companion* glad broder

boor [bʊə] luns, tölp **-ish** ['bʊərɪʃ] bondsk, tölpaktig

boost [bu:st] **I** *v* **1** hjälpa upp **2** höja, öka; *~ morale* stärka moralen **II** *s* **1** höjning, ökning **2** puff **-er** ['bu:stə] **1** hjälpare, gynnare; reklamman **2** startraket **3** *tekn.* booster, signalförstärkare

1 boot [bu:t] **I** *s* **1** känga; pjäxa; stövel; *get the ~* (*vard.*) få sparken; *the ~ is on the other leg* (*foot*) det är alldeles tvärtom; *too big for one's ~s* stöddig, självgod; *bet one's ~s* (*sl.*) slå sig i backen på att **2** bagage|rum, -lucka **II** *v* sparka; *~* [*out*] (*vard.*) kasta ut, ge sparken

2 boot [bu:t] *s, to ~* [till] på köpet

bootblack ['bu:tblæk] skoputsare **bootee** [-i:] **1** låg damkänga **2** barnsocka

booth [bu:ð] **1** tält, stånd, bod **2** [telefon]hytt; bås

boot|jack ['bu:tdʒæk] stövelknekt **-lace** kängsnöre **-leg I** *s* **1** smuggelsprit, illegalt tillverkad sprit **2** piratinspelning **II** *v* **1** smuggla (langa) [sprit], tillverka [sprit] illegalt **2** göra piratinspelning **III** *a* **1** smuggel-, langar- **2** pirat-, illegal **-legger** [-ˌlegə] **1** sprit|smugglare, -langare **2** illegal tillverkare (försäljare) **-licker** [-ˌlɪkə] *vard.* fjäskare

boots [bu:ts] (*behandlas som sg*) *BE.* skoputsare (*på hotell*) **boot strap** stövelstropp; *by one's own ~s* av egen kraft **boot tree** skoblock

booty ['bu:tɪ] byte, rov

booze [bu:z] **I** *s* **1** sprit **2** fylla; supkalas **II** *v* supa **boozer** ['bu:zə] **1** *vard.* suput **2** *BE. sl.* pub **boozy** ['bu:zɪ] *vard.* supig; berusad

bo-peep [ˌbəʊ'pi:p] *s* tittut

bor. *förk. för borough*

boracic [bə'ræsɪk] *a, ~ acid* borsyra

borax ['bɔ:ræks] *kem.* borax

border ['bɔ:də] **I** *s* **1** kant, rand; bård **2** gräns, gräns|land, -område; *the B~* gränsområdet mellan England och Skottland **II** *v* **1** kanta; infatta **2** *~ [on]* gränsa till (*äv. bildl.*)

1 bore [bɔ:] **I** *v* **1** borra [igenom, upp] **2** borra (*for* efter) **II** *s* **1** borrhål **2** kaliber; lopp; cylinderdiameter

2 bore [bɔ:] **I** *v* tråka ut **II** *s* **1** tråkmåns **2** *it's a ~* det är långtråkigt (urtråkigt)

3 bore [bɔ:] *imperf. av 2 bear*

bored [bɔ:d] uttråkad **boredom** ['bɔ:dəm] leda; långtråkighet

borer ['bɔ:rə] borr

boric ['bɔ:rɪk] *a, ~ acid* borsyra

boring ['bɔ:rɪŋ] långtråkig

born [bɔ:n] *a o. perf. part. av 2 bear* **1** född; boren; -född; *lowly ~* av låg börd; *well ~* av hög börd; *she is a ~ physician* hon är som skapad till läkare; *~ of rich parents* född av rika föräldrar; *never in all my ~ days* (*vard.*) aldrig i livet; *Swedish-~* svenskfödd **borne** [bɔ:n] *perf. part. av 2 bear* **1** buren, burit *etc., se 2 bear* **2** född; fött **3** *it was ~ in [up]on us* vi insåg klart

boron ['bɔ:rɒn] *kem.* bor

borough ['bʌrə] **1** stad; [administrativt] distrikt (*i Storlondon o. New York city*) **2** *hist.* befäst stad (by); *rotten ~* rutten stad, korrumperad valkrets **3** stadsvalkrets

borrow ['bɒrəʊ] låna (*from, of* av) **borrower** [-ə] låntagare

borstal ['bɔ:stl] *s, BE., ~ [institution]* ungdoms|vårdsskola, -fängelse

bosh [bɒʃ] *vard.* strunt[prat]

bo's'n ['bəʊsn] *se boatswain*

Bosnia ['bɒznɪə] Bosnien

bosom ['bʊz(ə)m] **1** bröst, barm; famn; *bildl.* sköte **bosom friend** hjärtevän

BOSS *Sydafr., förk. för The Bureau of State Security*

1 boss [bɒs] **I** *s* **1** bas, förman, boss, chef **2** *AE.* ledare (*för valrörelse*), partichef, boss **II** *v* leda; kommendera

2 boss [bɒs] **I** *s* knopp; buckla **II** *v* prägla, ciselera

boss-eyed ['bɒsaɪd] *vard.* vindögd

bossy ['bɒsɪ] *vard.* dominerande, diktatorisk

bosun ['bəʊsn] *åld., se boatswain*

bot [bɒt] *zool.* häststyngslarv

B.O.T. *förk. för Board of Trade*

botanic[al] [bə'tænɪk(l)] botanisk **botanist** ['bɒtənɪst] botaniker, botanist **bota|nize** (*BE. äv. -nise*) ['bɒtənaɪz] botanisera **botany** ['bɒtənɪ] botanik

botch [bɒtʃ] **I** *s* fuskverk **II** *v* **1** fuska [bort], förfuska **2** laga illa, lappa **-er** ['bɒtʃə] **1** klåpare **2** lappskräddare

botel [bəʊ'tel] **1** hotell för båtägare **2** fartyg ombyggt till hotell

botfly ['bɒtflaɪ] *zool.* häststyng

both [bəʊθ] **I** *pron* båda [två], bägge [två]; *~ of them* de[m] båda, båda två **II** *adv, ~...and* både..och, såväl...som

bother ['bɒðə] **I** *v* **1** plåga, besvära, störa; *~!* tusan också! **2** *I can't be ~ed* jag har ingen lust (orkar inte) **3** göra sig besvär (*about* med); oroa sig (*about* för); *don't ~ to come* bry dig inte om att komma **II** *s* plåga, besvär, bråk **-some** [-səm] besvärlig

Bothnia ['bɒθnɪə] *s, the Gulf of B~* Bottniska viken

bottle ['bɒtl] **I** *s* **1** flaska, butelj; *go on the ~* [börja] supa **2** [gas]tub **II** *v* buteljera; konservera; *~ up one's anger* undertrycka sin vrede **-feed** ge (*baby*) flaska **-neck** [-nek] *i sht bildl.* flaskhals **--opener** [-ˌəʊpnə] flasköppnare

bottle party knytkalas (*där gästerna tar med sig dricka*) **bottle-washer** *vard.* faktotum; underhuggare

bottom ['bɒtəm] **I** *s* **1** botten (*äv. av hav, dal o.d. samt bildl.*); nedre (undre) del; *the ~ of a hill* foten av en kulle; *at ~* i grund och botten; *at the ~ of the page* längst ner på sidan; *be at the ~ of s.th.* stå (ligga) bakom ngt; *from the ~ of my heart* ur djupet av mitt hjärta; *get to the ~ of s.th.* gå till botten med ngt; *touch ~ a*) bottna, nå botten, *b*) gå på grund, *c*) *bildl.* nå botten; *~ up* upp och ner; *~s up!* botten upp! **2** *vard.* ända, stjärt **3** [stol]sits; nedre ända; *the ~ of the table* bordets nedre ända **4** [fartygs]botten; fartyg; skrov **II** *a* **1** lägsta; sista; nedersta, understa; *his ~ dollar* (*AE. sl.*) hans sista öre **2** grund- **III** *v* **1** sätta botten i **2** stödja **3** bottna, nå botten **4** gå till botten med; nå botten på **bottom drawer** [-ˌdrɔ:] brudkista **bottomless** [-lɪs] **1** bottenlös **2** outgrundlig **3** outtömlig **bottommost** [-məʊst] nedersta, lägsta, understa

botulism ['bɒtjʊlɪz(ə)m] *med.* botulism

bouclé ['bu:kleɪ] bouclé

boudoir ['bu:dwɑ:] budoar

bough [baʊ] [stor] trädgren

bought [bɔ:t] *imperf. o. perf. part. av buy*

boulder ['bəʊldə] [sten]block

boulevard ['bu:lvɑ:] boulevard

bounce [baʊns] **I** *v* **1** studsa, hoppa **2** rusa, störta (*out of* ut ur, upp ur; *into* in i) **3** *sl.* (*om check*) nobbas **4** *sl.* ge kicken, slänga ut **II** *s* **1** duns, stöt **2** studs[ning], hopp **bouncer** ['baʊnsə] *sl.* utkastare **bouncing** ['baʊnsɪŋ] *a, ~ baby* kraftig baby

1 bound [baʊnd] **I** *s* skutt, språng; studsning, hopp **II** *v* **1** studsa, skutta, hoppa; sätta av

2 bound [baʊnd] **1** *imperf. av bind* **2** *perf. part. av bind o. a* **1** bunden *etc., jfr bind*; [in]bunden **2** *~ on winning* besluten att vinna; *be ~ to* vara tvungen (skyldig) att; *you are ~ to be tired* du måste vara trött; *you are ~ to win* du vinner sä-

kert; ~ *up with* nära förbunden (sammanhängande) med
3 bound [baʊnd] *a* destinerad, på väg (*for* till); *homeward* ~ på hemgående
4 bound [baʊnd] **I** *v* **1** begränsa **2** ~ [*on*] utgöra gräns för **II** *s, vanl.* ~*s* (*pl*) gräns[er]; *out of* ~*s* [på] förbjuden mark
boundary [ˈbaʊnd(ə)rɪ] gräns[linje]
bounden [ˈbaʊndən] *a,* ~ *duty* ovillkorlig skyldighet
boundless [ˈbaʊndlɪs] obegränsad, gränslös
boun|teous [ˈbaʊntɪəs], **-tiful** [-ɪf(ʊ)l] **1** frikostig **2** riklig, ymnig; *Lady Bountiful* välgörarinna **bounty** [-ɪ] **1** frikostighet **2** gåva **3** premie; skottpengar
bouquet [bʊˈkeɪ] **1** bukett **2** bouquet (*på vin*)
bourbon [ˈbɜːbən] bourbon (*amer. whisky*)
bour|geois [ˈbʊeʒwɑː] **I** *a* [små]borgerlig, medelklass- **II** *s* [små]borgare, medlem av medelklassen **-geoisie** [ˌbʊeʒwɑːˈziː] medel-, borgar|klass, bourgeoisie
bourn [bʊən] *dial.* bäck
bout [baʊt] **1** [sup]period **2** dust, kamp **3** anfall, släng (*av sjukdom*)
bovine [ˈbəʊvaɪn] **1** oxlik, ox-; nötkreaturs- **2** slö, dum
1 bow [bəʊ] **I** *s* **1** rundning; båge **2** [pil]båge **3** stråke; *draw the long* ~ överdriva **4** sadelbom **5** rosett; knut **II** *v* spela med stråke på
2 bow [baʊ] **I** *v* **1** böja; kröka **2** nicka **3** bocka (buga) sig (*to* för); ~ *in* (*out*) under bugningar visa in (följa ut) **II** *s* bugning; *make one's* ~ göra sin entré, dra sig tillbaka; *take a* ~ ta emot applåder
3 bow [baʊ] **1** *sjö., vanl. pl* ~*s* bog, för; *down at the* ~*s* med fören djupt i vattnet **2** (*i roddsport*) bogman, etta
bowdler|ize (*BE. äv. -ise*) [ˈbaʊdləraɪz] censurera (*av sedlighetsskäl*)
bowel [ˈbaʊəl] **1** tarm **2** ~*s* (*pl*) *a*) inälvor, *b*) innandöme, inre **bowel movement** tarmtömning; avföring
1 bower [ˈbaʊə] *sjö.* bogankare
2 bower [ˈbaʊə] **1** lövsal **2** gemak; budoar
bowie knife [ˈbəʊɪnaɪf] bowiekniv, jaktkniv
1 bowl [bəʊl] **1** skål **2** [pip]huvud; [sked]blad **3** [skålformat] stadion
2 bowl [bəʊl] **I** *s* **1** boll, klot **2** ~*s* (*behandlas som sg*) bowls (*boccialiknande spel*); bowling **II** *v* **1** rulla (*längs marken*) **2** (*i kricket*) kasta; *the news ~ed him over* nyheten gjorde honom konfys (mållös) **3** spela bowls (bowling)
bow-legged [ˈbəʊlegd] hjulbent **bow legs** *pl, have* ~ vara hjulbent
1 bowler [ˈbəʊlə] **1** bowls-, bowling|spelare **2** (*i kricket*) kastare
2 bowler [ˈbəʊlə] kubb, plommonstop
bowling [ˈbəʊlɪŋ] **1** bowling; bowls **2** (*i kricket*) kast **bowling alley** [-ˌælɪ] **1** bowling-, kägel|bana **2** bowlinghall **bowling green** [-griːn] gräsplan för bowls
1 bowman [ˈbəʊmən] *åld.* båg|man, -skytt
2 bowman [ˈbaʊmən], **bow oar** (*i roddsport*) bogman, etta
bowser [ˈbaʊzə] tankbil (*för flygplansbränsle*)
bowsprit [ˈbəʊsprɪt] bogspröt
bowstring [ˈbəʊstrɪŋ] bågsträng **bow tie** [ˌbəʊˈtaɪ] fluga, rosett **bow window** [ˌbəʊˈwɪndəʊ] utbyggt fönster, burspråk
bow-wow I *interj* [ˌbaʊˈwaʊ] vov[vov] **II** *s* [ˈbaʊwaʊ] vovve
1 box [bɒks] **I** *s* **1** låda, skrin, dosa, ask, box; *the* ~ (*vard.*) TV **2** loge; avbalkning; [vittnes]bås; spilta; [post]box; [telefon]hytt; [vakt]kur **3** kuskbock **4** *BE.* [jakt]stuga **5** *fotb.* straffområde **6** *sport.* plint **II** *v* **1** stoppa i låda; ~ *up* packa in
2 box [bɒks] **I** *s,* ~ *on the ear* örfil **II** *v* boxa[s]
3 box [bɒks] *bot.* buxbom
boxcar [ˈbɒkskɑː] *AE.* godsvagn
boxer [ˈbɒksə] **1** boxare **2** boxer **boxing** [-ɪŋ] boxning
Boxing Day [ˈbɒksɪŋdeɪ] annandag jul
boxing glove [ˈbɒksɪŋglʌv] boxhandske
box junction [ˈbɒksdʒʌn(k)ʃn] vägkorsning med rutat område **box office** [-ˌɒfɪs] *teat.* biljettkontor **box pleat** [-pliːt] motveck **box-room** [-rʊm] skrubb **box spanner** [-ˌspænə] hylsnyckel
boy [bɔɪ] **1** pojke; ~*s will be* ~*s* pojkar är pojkar **2** (*infödd*) tjänare, boy
boycott [ˈbɔɪkɒt] **I** *v* bojkotta **II** *s* bojkott
boyfriend [ˈbɔɪfrend] pojkvän **boyhood** pojkår **boyish** [-ɪʃ] pojkaktig **boy scout** [pojk]scout
bozo [ˈbəʊzəʊ] (*pl* ~*s*) *AE. sl.* karl, kille
B.P. *förk. för British Pharmacopoeia* **b.p.** *förk. för boiling point* **bp.** *förk. för baptized; birthplace; bishop* **B.R.** *förk. för British Rail[ways]* **Br.** *förk. för Breton; Britain; British;* (*relig.*) *Brother* **br.** *förk. för branch; bronze; brother*
bra [brɑː] (*kortform av brassière*) behå, bh
brace [breɪs] **I** *s* **1** spänne; band; krampa **2** stag, stråva; stöd **3** *sjö.* brass **4** (*pl lika*) par; *a* ~ *of partridges* ett par rapphönor **5** tandställning **6** klammer[tecken] **7** borrsväng; ~ *and bit* borrsväng med borr **8** ~*s* (*pl*) hängslen **II** *v* **1** binda om; spänna, stärka **2** stödja **3** *sjö.* brassa **4** *rfl,* ~ *o.s.* [*up*] samla sig, bereda sig på
bracelet [ˈbreɪslɪt] arm|band, -ring
bracing [ˈbreɪsɪŋ] *a,* ~ *air* stärkande luft
bracken [ˈbræk(ə)n] *bot.* bräken, ormbunke
bracket [ˈbrækɪt] **I** *s* **1** vinkeljärn; stöd; konsol, konsolhylla **2** parentes, klammer; *in* ~*s* inom parentes (klammer) **3** kategori, klass (*i sht av inkomsttagare*) **II** *v* **1** sätta inom parentes (klammer) **2** jämställa, sammanföra **3** stötta med vinkeljärn (konsol *e.d.*)
brackish [ˈbrækɪʃ] bräckt (*om vatten*)
brad [bræd] golvspik; stift
bradawl [ˈbrædɔːl] syl
brae [breɪ] *Sk.* sluttning; kulle
brag [bræg] **I** *s* skryt, skrävel **II** *v* skryta, skrävla **braggadocio** [ˌbrægəˈdəʊtʃɪəʊ] **1** skrävel **2** skrävlare **braggart** [ˈbrægət] **I** *s* skrävlare **II** *a* skrytsam, skrävlande
braid [breɪd] **I** *s* **1** [hår]fläta **2** kant-, garnerings|band, snodd; träns **II** *v* **1** fläta **2** kanta **-ing** [ˈbreɪdɪŋ] *koll.* garneringsband
Braille [breɪl] blindskrift
brain [breɪn] **1** *s* hjärna; ~*s* (*pl*) hjärna, begåvning, gott förstånd; *beat one's* ~ bry sin hjärna; *she has got* ~*s* hon är intelligent; *have s.th. on the* ~ vurma för ngt, ha fått ngt på hjärnan; *turn a*

p.'s ~ förvrida huvudet på ngn **II** *v* slå in skallen på

brainchild ['breɪntʃaɪld] [originell] idé **brain death** hjärndöd **brain drain** begåvningsflykt **brain fever** [-ˌfi:və] hjärnhinneinflammation **brainpan** [-pæn] *vard.* skalle **brainstorm** [-stɔ:m] **1** våldsamt känsloutbrott **2** *AE. vard.* snilleblixt **brainstorming** [-ˌstɔ:mɪŋ] brainstorming, idé[kläcknings]möte **brainwash** [-wɒʃ] hjärntvätta **brainwashing** [-ˌwɒʃɪŋ] hjärntvätt **brain wave** [-weɪv] *vard.* snilleblixt **brainy** [-ɪ] *vard.* begåvad, intelligent

braise [breɪz] steka, bräsera

1 brake [breɪk] **I** *s* broms; *put the ~s on* (*bildl.*) bromsa, hejda **II** *v* **1** bromsa **2** bråka (*lin*)

2 brake [breɪk] busksnår

3 brake [breɪk] *se bracken*

brake band ['breɪkbænd] bromsband **brake drum** bromstrumma **brake fluid** bromsvätska **brake light** bromsljus **brake shoe** bromsback **brakesman** [-smən] bromsare

bramble ['bræmbl] taggig buske; björnbärsbuske

bran [bræn] kli

branch [brɑ:ntʃ]**I** *s* **1** gren, kvist **2** förgrening; gren; arm **3** filial **II** *v* **1** sända ut (ha) grenar **2** ~ [*off*] [för]grena sig

brand [brænd] **I** *s* **1** [varu]sort, -märke **2** [bränn]-märke; stämpel **3** brännjärn **4** *poet.* fackla; svärd **II** *v* **1** bränna in; brännmärka; stämpla; *~ed upon one's memory* outplånligt inristat i ens minne **2** *~ed goods* märkesvaror

brandish ['brændɪʃ] svinga, svänga (*vapen*)

brand-new [ˌbræn(d)'nju:] splitter ny

brandy ['brændɪ] **1** konjak **2** fruktbrännvin

1 brash [bræʃ] stenskärvor; avklippta kvistar

2 brash [bræʃ] sura uppstötningar

3 brash [bræʃ] **1** tanklös; förhastad **2** fräck

brass [brɑ:s] **1** mässing; mässingsföremål; *the ~* mässings-, bleckblås|instrumenten, bleckblåsarna; *the top ~* (*vard.*) höjdarna, de höga militärerna **2** *dial.* pengar **3** *vard.* fräckhet **4** (*i kyrka, på grav*) minnestavla

brassard ['bræsɑ:d] armbindel

brass band [ˌbrɑ:s'bænd] mässingsorkester **brass hat** *BE. vard.* hög officer

brassie ['brɑ:sɪ] brassie (*golfklubba för långa slag*)

brassiere ['bræsɪə; *AE.* brə'zɪə] bysthållare

brass tacks ['brɑ:stæks] *pl, vard., get down to ~* komma till saken **brassy** [-ɪ] **1** mässings- **2** *vard.* fräck; vulgär

brat [bræt] [barn]unge

bravado [brə'vɑ:dəʊ] skryt, övermod

brave [breɪv] **I** *a* modig, tapper **II** *s* indiankrigare **III** *v* trotsa, tappert möta **bravery** ['breɪv(ə)rɪ] mod, tapperhet

bravo [ˌbrɑ:'vəʊ] **I** *interj* bravo! **II** *s* **1** bravorop **2** lejd våldsman (mördare)

bravura [brə'vʊərə] **1** bravur **2** bravurnummer

brawl [brɔ:l] **I** *s* bråk; gräl **II** *v* bråka; gräla

brawn [brɔ:n] **1** starka muskler; muskelstyrka **2** *kokk.* sylta **brawny** ['brɔ:nɪ] muskulös

1 bray [breɪ] **I** *v* **1** (*om åsna*) skria **2** (*om trumpet*) smattra **II** *s* **1** skri[ande] **2** skräll, smatter

2 bray [breɪ] krossa (*i mortel*)

1 braze [breɪz] mässingsbeslå

2 braze [breɪz] löda ihop

brazen ['breɪzn] **I** *a* **1** av mässing (malm, koppar) **2** skrällig, metallisk **3** fräck, skamlös **II** *v, ~ out* komma med fräcka undanflykter från

1 brazier ['breɪzjə] kopparslagare

2 brazier ['breɪzjə] glödpanna, fyrfat

Brazil [brə'zɪl] Brasilien **Brazilian** [-jən] **I** *s* brasilian[are] **II** *a* brasiliansk **brazil nut** paranöt

B.R.C.S. *förk. för British Red Cross Society*

breach [bri:tʃ] **I** *s* **1** brytande, brytning; brott; *~ of faith* löftesbrott; *~ of promise* brutet äktenskapslöfte **2** brottsjö **3** rämna; bräsch **II** *v* slå en bräsch i

bread [bred] **1** bröd; *~ and butter* (*äv.*) smörgås[ar]; *~ and milk* brödbitar i varm mjölk; *~ and water* vatten och bröd; *~ and wine* nattvard; *know on which side one's ~ is buttered* vara om sig; *his ~ is buttered on both sides* han har det väl förspänt **2** föda, uppehälle; *make* (*earn*) *one's ~* tjäna sitt uppehälle

bread|-and-butter letter [ˌbredən(d)'bʌtəletə] tackbrev **-basket** ['bredˌbɑ:skɪt] **1** brödkorg **2** *sl.* kista (*mage*) **-crumb** ['bredkrʌm] inkråm (*i bröd*): *~s* (*pl*) rivebröd, brödsmulor **-line** [-laɪn] **1** kö för gratis mat **2** *vard., on the ~* på svältgränsen

breadth [bredθ] **1** bredd, vidd **2** vidsynthet, liberalitet

breadwinner ['bredˌwɪnə] familjeförsörjare

break [breɪk] **I** *v* (*broke, broken*) **1** bryta [av, loss, sönder]; bräcka, knäcka, slå (ha) sönder; spränga; krossa, ruinera; *~ a leg* bryta ett ben; *~ open* bryta upp **2** brytas (gå, slås) sönder; brista, spricka; bräckas, knäckas; spricka ut; (*om röst*) brytas; *the glass broke* glaset gick sönder; *his voice began to ~* han kom i målbrottet **3** bryta (*avtal o.d.*); bryta mot; *~ the law* bryta mot lagen; *~ with s.b.* bryta med ngn **4** avbryta[s], bryta; *~ the silence* bryta tystnaden; *~ a strike* avbryta en strejk **5** göra avbrott, bryta; *~ for lunch* göra avbrott för lunch **6** dressera, tämja; *~ a horse* rida in en häst **7** vekna, överväldigas **8** bryta fram; *~* [*out*] bryta (brista) ut (*into* i) **9** (*om våg*) bryta, slå **10** *~* [*new*] *ground* bryta ny mark; *~ the back of a task* göra undan det värsta av en uppgift; *~ the bank* (*i spel*) spränga banken; *~ even* uppnå balans, varken vinna eller förlora; *~ the ice* (*bildl.*) bryta isen; *~* [*out of*] *jail* bryta sig ut ur fängelset; *~ the news to s.b.* meddela ngn nyheten; *~ surface* flyta upp; *~ s.b. of s.th.* få ngn att sluta med ngt, vänja ngn av med ngt; *the weather broke* vädret slog om; *dawn is ~ing* det gryr **11** *~ away a*) slita sig lös, *b*) utträda, *c*) göra en utbrytning; *~ down a*) bryta ihop (samman) (*äv. bildl.*), få ett sammanbrott, *b*) krossa, nedbryta; *~ free* lösgöra sig; *~ in a*) bryta sig in, *b*) vänja, tämja, rida in, *c*) gå in (*skor*); *~ in* [*on*] plötsligt avbryta; *~ into a*) bryta sig in i, *b*) börja tära på; *~ into a gallop* falla i galopp; *~ off a*) bryta[s] av, *b*) avbryta[s], *c*) avbryta sig; *~ out a*) bryta ut, utbryta, *b*) bryta sig ut; *he broke out with pimples* han fick finnar; *~ through a*) bryta igenom, *b*) få ett genombrott; *~ up a*) bryta upp, bryta[s] sönder, *b*) upplösa, bryta (*förbindelse o.d.*), *c*) upplösa[s], skingra[s], *d*) *sl.* [få att] bryta ihop **II** *s* **1** brytning, brytande; brott; *she* *has made a ~ from her husband* hon har brutit med sin man **2** paus; avbrott; rast; spricka; *without a ~* utan avbrott, oavbrutet **4** *vard.* chans; *he never got a ~* han fick aldrig en chans **5** utbrytning **6** (*i biljard*) serie; (*i kricket*) riktningsändring **7** *at ~ of day* i gryningen, vid dagens inbrott

break|able ['breɪkəbl] **I** *a* bräcklig, ömtålig **II** *s*, *~s* (*pl*) bräckligt gods **-age** [-ɪdʒ] **1** sönderbrytning **2** bräckage, sönderslaget gods **-away** brytning (*from* med); utträdande (*from* ur); *sport.* utbrytning, kontring **-down 1** sammanbrott; misslyckande; *nervous ~* nervöst sammanbrott **2** motorstopp; maskinskada **3** analys **-down truck (van)** bärgningsbil

breaker ['breɪkə] **1** brottsjö, bränning **2** brytarspets

breakeven [breɪk'i:vn] *a*, *ekon.*, *~ point* noll-, jämvikts|punkt

breakfast ['brekfəst] **I** *s* frukost **II** *v* äta frukost

break|-in ['breɪkɪn] inbrott **-neck** *a* halsbrytande **--out** utbrytning **-through** inbrytning; genombrott **--up** upplösning; förfall; splittring **-water** [-ˌwɔ:tə] vågbrytare

bream [bri:m] *zool.* braxen

breast [brest] **I** *s* bröst (*äv. bildl.*); barm; *make a clean ~ of it* lätta sitt samvete **II** *v* **1** nå toppen av **2** trotsa, bjuda spetsen **--fed** uppfödd med bröstmjölk **--feed** amma **-pin** kråsnål **-plate** bröstharnesk; bröstplåt **-stroke** bröstsim **-work** bröstvärn

breath [breθ] **1** andedräkt; anda; andning; *below one's ~* viskande; *out of ~* andfådd; *hold* (*catch*) *one's ~* hålla (hämta) andan; *keep your ~ to cool your porridge* prata inte strunt; *save one's ~* låta bli att säga något; *take a p.'s ~ away* göra ngn mållös **2** andetag; vindpust; andhämtningspaus; *a ~ of air* en nypa luft

Breathalyzer ['breθəlaɪzə] (*varumärke*) alkotestare, ballong **Breathalyzer test** alkotest

breathe [bri:ð] **1** andas; leva; hämta andan; *~ again* (*freely, easily*) andas (pusta) ut; *~ down a p.'s neck* vara hack i häl på ngn, kontrollera ngn (*över axeln*); *~ fire* spruta eld; *~ one's last* utandas sin sista suck **2** susa, fläkta **3** viska; *don't ~ a word of it* knysta inte om det **4** inge, ingjuta; *~ confidence into s.b.* inge ngn tillförsikt **breathed** [breθt] *språkv.* tonlös **breathing space** ['bri:ðɪŋspeɪs] andrum

breath|less ['breθlɪs] **1** andfådd **2** livlös **3** utan en fläkt **-taking** andlöst spännande; hisnande, fantastisk

bred [bred] *imperf. o. perf. part. av breed*

breech [bri:tʃ] **1** bak[del]; nedre (undre) del **2** (*på kanon e.d.*) bakstycke **breech delivery** ['bri:tʃdɪˌlɪvərɪ] *med.* sätesbjudning

breeches ['brɪtʃɪz] *pl* knäbyxor; *riding ~* ridbyxor

breechloader ['bri:tʃˌləʊdə] bakladdare

breed [bri:d] **I** *v* (*bred, bred*) **1** [fram]föda **2** föda upp; odla **3** skapa, frambringa, alstra, föda; *~ bad blood* väcka ont blod **4** [upp]fostra **5** få ungar; föröka sig **6** uppstå **II** *s* **1** ras, släkte, stam **2** slag, sort **breeder** ['bri:də] **1** uppfödare **2** avelsdjur **breeder reactor** *kärnfys.* bridreaktor **breeding** ['bri:dɪŋ] **1** uppfödande; uppfödning, avel; förädling **2** fostran **3** fortplantning; häckning **4** god uppfostran **5** härstamning

1 breeze [brɪ:z] **1** bris, lätt vind **2** *AE. vard.* lätt match **3** *BE. vard.* gräl

2 breeze [bri:z] kolstybb

breezy ['bri:zɪ] **1** blåsig; frisk **2** sorglös; munter

Bren gun ['brengʌn] kulsprutegevär

brethren ['breðrən] *pl av brother, åld. el. bibl.* bröder

brevet rank ['brevɪtræŋk] titulär grad (*t.ex. major med kaptens lön*)

breviary ['bri:vjərɪ] *rom.-kat.* breviarium

brevity ['brevətɪ] korthet

brew [bru:] **I** *v* **1** brygga; tillaga; *~ [up] tea* göra (koka) te **2** bryggas; *the tea is ~ing* teet står och drar **2** nalkas; *a storm is ~ing* det drar ihop sig till storm **II** *s* brygd **brewer** ['bru:ə] bryggare **brewery** ['bru:ərɪ] bryggeri

1 briar ['braɪə] briarpipa

2 briar ['braɪə] *se brier*

bribe [braɪb] **I** *s* mut|a, -or; *take a ~* ta emot mutor **II** *v* muta **bribery** ['braɪbərɪ] bestickning; tagande av muta

bric-a-brac ['brɪkəbræk] kuriosa, gamla [pryd-nads]saker

brick [brɪk] **I** *s* **1** tegel[sten]; *drop a ~* (*BE. vard.*) trampa i klaveret; *like a ton of ~s* (*vard.*) med förödande kraft **2** stycke, bit **3** byggkloss **4** *vard.* hedersprick **II** *v*, *~ up* (*in*) mura igen

bricklayer ['brɪkˌle(ɪ)ə] murare **brick-maker** tegel|slagare, -brännare **brick red** [-red] tegel|-röd, -färgad **brickwork** [-wɜ:k] murverk **brick|works** [-wɜ:ks] (*behandlas som sg*), **-yard** [-ja:d] tegelbruk

bridal ['braɪdl] brud-; bröllops- **bride** [braɪd] brud **bridegroom** ['braɪdgrʊm] brudgum **bridesmaid** ['braɪdzmeɪd] [brud]tärna

1 bridge [brɪdʒ] **I** *s* **1** bro; brygga (*äv. tandläk.*); *cross a ~ when one comes to it* inte oroa sig i förväg **2** kommandobrygga **3** näsrygg **4** fiolstall **II** *v* slå en bro över; *bildl.* överbrygga

2 bridge [brɪdʒ] *kortsp.* bridge

bridge|-head ['brɪdʒhed] brohuvud **-work** tandbrygga

bridle ['braɪdl] **I** *s* betsel; tygel (*äv. bildl.*) **II** *v* **1** betsla; tygla (*äv. bildl.*) **2** *~ at* fnysa (knycka på nacken) åt **bridle path (road)** ridväg

brief [bri:f] **I** *s* **1** påvlig skrivelse **2** dossier; sammandrag, resumé (*äv. jur.*); *take a ~* (*jur.*) åtaga sig ett mål **II** *a* kort[fattad], kortvarig; *in ~* kort sagt, i korthet, i sammandrag; *be ~* fatta sig kort **III** *v* ge en resumé av (*äv. jur.*), göra ett sammandrag av; *jur.* informera

brief|case ['bri:fkeɪs] portfölj **-ing** [-ɪŋ] briefing, kort orientering; faktagenomgång; taktiksnack **-less** [-lɪs] *a*, *~ barrister* advokat utan klienter

briefs [bri:fs] *pl* trosor, [små] kalsonger

1 brier ['braɪə] törnbuske; nyponbuske

2 brier ['braɪə] *se 1 briar*

brier-rose ['braɪərəʊs] nyponbuske; nyponros

brig [brɪg] brigg

Brig. *förk. för Brigade; Brigadier*

brigade [brɪ'geɪd] brigad; kår **brigadier** [ˌbrɪgə'dɪə] *BE.* brigadgeneral **brigadier general** *AE.* brigadgeneral

brigand ['brɪgənd] stråtrövare

bright [braɪt] **1** klar, ljus; blank **2** glad, lycklig **3** *vard.* skärpt, begåvad **brighten** ['braɪtn] **1** göra ljus[are] (klar[are]); polera **2** muntra upp **3** bli ljus[are] (klar[are]) **4** bli gladare, lysa upp

Brighton ['braɪtn]

brill [brɪl] *zool.* slätvar

bril|liance, -liancy ['brɪljəns(ɪ)] **1** glans **2** briljans, talang[fullhet] **-liant** [-jənt] **I** *a* strålande; briljant, lysande **II** *s* briljant **-liantine** [ˌbrɪljən'ti:n] briljantin

brim [brɪm] **I** *s* **1** brädd, kant, rand **2** brätte **II** *v* vara bräddad; *~ over* flöda över **-ful** [ˌbrɪm'fʊl] bräddfull, rågad

brimstone ['brɪmstən] **1** *åld.* svavel **2** *~ [butterfly, moth]* citronfjäril

brindle[d] ['brɪndl(d)] brokig; brungulspräcklig

brine [braɪn] saltlake, saltvatten

bring [brɪŋ] (*brought, brought*) **1** bära (föra, ha) med sig, komma med; *~ me that book* hämta den där boken åt mig; *~ your brother* ta med dig din bror **2** medföra; fram|bringa, -kalla; förmå, få, bringa (*to* [till] att); *the blow brought him to his knees* slag fick honom på knä; *I can't ~ myself to do it* jag kan inte förmå mig till att göra det; *~ to mind a*) påminna, *b*) dra sig till minnes; *~ influence to bear* utöva inflytande; *that ~s the bill to 10 pounds* det gör att räkningen uppgår till 10 pund **3** inbringa; *the painting brought 100 pounds* tavlan inbringade 100 pund **4** *jur.* lägga fram; vidta **5** *~ about a*) åstadkomma, framkalla, förorsaka, *b*) vända, svänga med; *~ along* ta (ha) med [sig]; *~ back a*) ta (ha) med sig tillbaka, återföra, *b*) *bildl.* väcka; *~ s.b. back to life* återuppliva ngn; *~ down a*) skjuta ner, *b*) sänka (*pris o.d.*); *~ down the house* väcka stormande applåder; *~ down upon* dra [ner] över; *~ forth a*) frambringa, *b*) lägga fram; *~ forth young* få ungar; *~ forward a*) föra (lägga) fram, *b*) *bokför.* transportera; *~ in a*) föra (bära) in, *b*) inbringa, *c*) inkalla; *~ in a verdict of guilty* fälla utslaget skyldig; *~ off* [lyckas] klara av; *~ on* förorsaka, framkalla, medföra; *~ out a*) publicera, ge ut, *b*) få fram, *c*) framhäva, *d*) föra ut i sällskapslivet; *~ s.o. out of himself* få ngn att öppna sig; *~ over* omvända, få att gå över; *~ [a]round a*) få att kvickna till, *b*) få att ändra åsikt; *~ to* väcka till medvetande; *~ up a*) uppfostra, föda upp, *b*) kräkas upp, *c*) dra upp, föra på tal, *d*) föra (hämta) upp; *~ s.th. up against s.b.* anföra ngt mot ngn

brink [brɪŋk] rand, kant, brädd; *be on the ~ of* stå på randen av **brinkmanship** ['brɪŋkmənʃɪp] konsten att pressa en motståndare till randen av krig

briny ['braɪnɪ] **I** *a* salt **II** *s, vard., the ~* havet

brisk [brɪsk] **1** livlig, rask **2** uppiggande, frisk

brisket ['brɪskit] bringa (*på djur*)

bristle ['brɪsl] **I** *s* [svin]borst; *set up one's ~s* resa borst **II** *v* **1** *~ [up]* stå på ända **2** *bildl.* resa borst, bli ilsken **3** *~ with* vara tätt besatt (full) med **bristly** ['brɪslɪ] borstig, borstlik; sträv

Brit. *förk. för Britain; British*

Britain ['brɪtn] *[Great] ~* Storbritannien **Britannia** [brɪ'tænjə] Britannien **Britannic** [brɪ'tænɪk] brittisk; *Her (His) ~ Majesty* Hennes (Hans) Brittiska Majestät **British** ['brɪtɪʃ] **I** *a* brittisk; engelsk **II** *s, the ~* britterna, engelsmännen

Briton ['brɪtn] *hist. o. litt.* britt

Brittany ['brɪtənɪ] Bretagne

brittle ['brɪtl] spröd, bräcklig

bro. *förk. för brother*

broach [brəʊtʃ] **I** *s* **1** stekspett **2** tornspira **3** skärborr, brotsch; syl **II** *v* **1** slå upp (*tunna*) **2** framkasta, föra på tal

broad [brɔ:d] **I** *a* **1** bred, vid[sträckt]; *~ bean* bondböna; *~ jump* (*AE.*) längdhopp; *it's as ~ as it is long* (*vard.*) det går på ett ut; *in ~ daylight* mitt på ljusa dagen **2** klar, tydlig; *~ hint* tydlig vink **3** allmän, generell; stor, grov; *in ~ outline, in a ~ sense* i stora drag **4** liberal, tolerant, frisinnad; *B~ Church* (*angl.*) bredkyrklig (liberal) riktning **5** rättfram; grov[kornig]; *~ jest* grovkornigt skämt **6** bred; dialektal **II** *s, AE. sl.* brud, tjej **III** *adv, ~ awake* klarvaken

broadcast ['brɔ:dkɑ:st] **I** *v* (*broadcast, broadcast el. ~ed, ~ed*) **1** [ut]sända [i radio, TV] **2** så för hand, bredså **3** *bildl.* sprida [ut] **4** uppträda i radio (TV) **II** *s* [radio]utsändning, [TV-]sändning **III** *a* radio-, TV- **broadcasting** [-ɪŋ] radio[utsändning], TV[-sändning]; *the British B~ Corporation* BBC (*brittiska radio- och TV-bolaget*)

broadcloth ['brɔ:dklɒθ] fint kläde **broaden** [-n] göra (bli) bred[are]; bredda, vidga **broad-gauge** *a, järnv.* bredspårig **broadly** [-lɪ] *adv* brett *etc., jfr broad I; ~ speaking* i stort sett **broad-minded** [ˌbrɔ:d'maɪndɪd] vidsynt, tolerant **broadside** ['brɔ:dsaɪd] **1** [fartygs]sida **2** *sjömil. o. bildl.* bredsida **3** *~ [ballad]* skillingtryck **broadsword** ['brɔdsɔ:d] huggsabel

brocade [brə(ʊ)'keɪd] brokad

broccoli ['brɒkəlɪ] broccoli

brochure ['brəʊʃə] broschyr

brock [brɒk] *BE.* grävling

1 brogue [brəʊg] broguesko, grov sko, sportsko; *fishing ~s* sjöstövlar

2 brogue [brəʊg] bred dialekt (*i sht irl.*)

1 broil [brɔɪl] **I** *s* halstrat kött **II** *v* halstra[s], steka[s]; *~ing day* stekhet dag

2 broil [brɔɪl] **I** *s* gräl; larm, oväsen **II** *v* gräla; föra oväsen

broiler ['brɔɪlə] **1** halster, grill **2** broiler

broke [brəʊk] **I** *a, vard.* pank **II** *v, imperf. av break* **broken** ['brəʊk(ə)n] **I** *perf. part av break o.* **a** **1** bruten, sönder[slagen], trasig, spräckt; *~ English* bruten engelska; *~ heart* brustet hjärta; *~ line* streckad linje; *~ meat* köttrester; *~ money* småpengar **2** avbruten **3** *~ [in]* tämjd, inriden **brokenhearted** [ˌbrəʊk(ə)n'hɑ:tɪd] nedbruten av sorg, med brustet hjärta

broker ['brəʊkə] **1** mäklare **2** utmätningsman **-age** [-rɪdʒ] **1** mäkleri **2** mäklararvode **-ing** [-rɪŋ] mäklaraffärer

brolly ['brɒlɪ] *BE. vard.* paraply

bro|mic ['brəʊmɪk] brom- **-mide** [-maɪd] **1** *kem.* bromid **2** *vard.* plattityd; tråkmåns **-mine** [-mi:n] *kem.* brom

bron|chi ['brɒŋkaɪ], **-chia** [-kɪə] (*pl av bronchus*) bronker **-chial** [-kjəl] bronkial, luftrörs- **-chitis** [brɒŋ'kaɪtɪs] bronkit, luftrörskatarr

bronco ['brɒŋkəʊ] *AE.* [halv]vild häst

brontosaurus [ˌbrɒntə'sɔ:rəs] brontosaurie

bronze [brɒnz] **I** *s* **1** brons **2** bronsfärg **3** bronsföremål **II** *v* **1** bronsera **2** göra (bli) brun **III** *a*

brons ; bronsfärgad; *the ~ age* bronsåldern
brooch [brəʊtʃ] brosch
brood [bru:d] **I** *s* **1** kull **2** avkomma **II** *v* **1** ligga på ägg, ruva **2** grubbla, ruva (*on, over* på) **brood-mare** ['bru:dmeə] avelssto **broody** ['bru:dɪ] grubblande
1 brook [brʊk] tåla
2 brook [brʊk] bäck **brooklet** ['brʊklɪt] liten bäck
broom [bru:m] **I** *s* **1** *bot.* ginst **2** [sop]kvast; *a new ~ sweeps clean* nya kvastar sopar bäst **II** *v* sopa **-stick** ['brʊmstɪk] kvastskaft
Bros. *förk. för Brothers*
broth [brɒθ] [kött]spad, buljong; köttsoppa
brothel ['brɒθl] bordell
brother ['brʌðə] **I** *s* **1** bror, broder **2** *vard.* kompis, polare **II** *interj, sl.* jösses! **-hood** [-hʊd] broderskap; samfund **--in-law** ['brʌð(ə)rɪnlɔ:] (*pl brothers-in-law*) svåger **-ly** ['brʌðəlɪ] *a* broderlig
brougham ['bru:əm] täckt enspännare, kupé
brought [brɔ:t] *imperf. o. perf. part. av bring*
brouhaha ['bru:hɑ:hɑ:] ståhej; tumult
brow [braʊ] **1** ögonbryn; *knit one's ~s* rynka pannan **2** panna; min, uppsyn **3** utsprång, krön **-beat** skrämma, spela översittare mot
brown [braʊn] **I** *a* brun; *~ bread* mörkt bröd; *~ paper* omslagspapper; *~ study* grubbel; *~ sugar* farin; *do ~* lura **II** *s* **1** brun färg; brunt **2** brun fjäril **III** *v* bryna[s]
brownie ['braʊnɪ] **1** tomte **2** *B~* [*Guide*] miniorscout **3** (*slags*) nötkaka
Browning ['braʊnɪŋ] browning[pistol]
brown|ish ['braʊnɪʃ] brunaktig **-stone** *AE.* mörkbrun sandsten
browse [braʊz] **I** *s* skummande, bläddrande (*i bok e.d.*) **II** *v* **1** [av]beta **2** skumma, bläddra (*i bok e.d.*)
Bruges [bru:ʒ] Brügge
bruise [bru:z] **I** *s* blåmärke **II** *v* **1** slå gul o. blå **2** mala sönder, krossa **3** stöta, skada (*frukt*)
Brum [brʌm] *vard.* Birmingham
brumby ['brʌmbɪ] *Austr.* vildhäst
Brum|magem ['brʌmədʒəm] **I** *s, vard.* Birmingham **II** *a* billig, prålig **-mie** ['brʌmɪ] *vard.* Birminghambo
brunch [brʌntʃ] frukost-lunch
brunette [bru:'net] brunett
Brunswick ['brʌnzwɪk] Braunschweig; *the line of ~* huset Hannover
brunt [brʌnt] (*anfalls*) värsta tyngd, våldsamhet; *bear the ~* ta stöten, ta emot det värsta
brush [brʌʃ] **I** *s* **1** borste; kvast; pensel **2** [av]borstning; *give me a ~* borsta [av] mig **2** rävsvans **3** nappatag **4** snår[skog] **II** *v* **1** borsta [av]; sopa; rengöra; *~ aside* slå bort, avvisa; *~ away a tear* stryka bort en tår; *~ off a*) borsta av (bort), *b*) *sl.* nobba, spisa av; *~ up* friska upp **2** *~ against* (*by, past*) snudda vid
brush|off ['brʌʃɒf] *sl.* avspisning **--up** *BE.* uppsnyggning, uppfräschning; *have a wash and ~* snygga upp sig **-wood** småskog; ris, grenar
brusque [brʊsk] brysk, tvär
Brussels ['brʌslz] Bryssel **Brussels sprouts** brysselkål
brutal ['bru:tl] brutal; grov, rå **-ity** [bru:'tælətɪ] brutalitet; råhet **-ize** (*BE. äv. -ise*) ['brutəlaɪz] förråa, brutalisera
brute [bru:t] **I** *a* **1** (*om djur*) oskälig **2** djurisk, låg, rå; *~ force* rå styrka **II** *s* **1** oskäligt djur **2** brutal (rå) människa **brutish** ['bru:tɪʃ] djurisk, rå
B.S. *förk. för Bachelor of Surgery* **b.s.** *förk. för balance sheet; bill of sale* **B/S** *förk. för bill of sale*
B.Sc. *förk. för Bachelor of Science* **BSI** *förk. för British Standards Institution* **B.S.T.** *förk. för British Summer Time* **Bt.** *förk. för Baronet*
B.Th.U, btu *förk. för British thermal unit*
B.T.U. *förk. för Board of Trade Unit* **bu.** *förk. för bushel*
bub [bʌb] *AE. vard.* (*i tilltal*) grabben
bubble ['bʌbl] **I** *s* **1** bubbla **2** bubblande **3** humbug, svindel **II** *v* bubbla **bubble and squeak** [ˌbʌbl̩ən'skwi:k] *BE.* uppstekt potatis och kål **bubble bath** ['bʌblbɑ:θ] skumbad **bubbly** ['bʌblɪ] **I** *a* **1** bubblig **2** livlig **II** *s, vard.* skumpa, champis
bubonic [bju:'bɒnɪk] *a, ~ plague* böldpest
buccaneer [ˌbʌkə'nɪə] sjörövare
Bucharest [ˌbju:kə'rest] Bukarest
buck [bʌk] **I** *s* **1** bock; hanne (*av dovhjort, antilop, hare, kanin*); *old ~!* gamle gosse! **2** *vard.* kraftig grabb **3** *AE.* dollar **4** *gymn.* bock **5** *vard., pass the ~ to* flytta över ansvaret på **II** *v* **1** (*om häst*) hoppa med stela ben och krökt rygg **2** *AE. vard., ~ [against]* spjärna (kämpa) emot **3** *~ up* (*vard.*) *a*) raska på, *b*) pigga (gaska) upp [sig]
bucket ['bʌkɪt] *s* **1** pyts, hink, spann; *kick the ~* (*vard.*) dö, kola av **2** mudderskopa **3** pumpkolv **bucket seat** skålat säte **bucket shop** *sl.* jobbarbörs, inofficiell börs
Buckinghamshire ['bʌkɪŋəmʃə]
buck-jumper ['bʌkdʒʌmpə] *Austr.* otämjd häst
buckle ['bʌkl] **I** *s* spänne **II** *v* **1** spänna, knäppa (*up* ihop) **2** böja, buckla till **3** *vard., ~ down to a job* hugga i med ett arbete **buckler** [-ə] **1** (*liten rund*) sköld **2** skydd
buckram ['bʌkrəm] **1** styv kanfas **2** *åld.* stelt sätt
Bucks. *förk. för Buckinghamshire*
buck|shee [ˌbʌk'ʃi:] *BE. sl.* gratis **-shot** grova hagel **-skin** hjortläder; *~s* (*pl, AE.*) hjortskinnsbyxor **-tooth** utstickande tand **-wheat** bovete
bud [bʌd] **I** *s* knopp; *nip in the ~* kväva i sin linda **II** *v* knoppas, slå ut; börja växa
Buddh|a ['bʊdə] Buddha **-ism** [-ɪz(ə)m] buddism **-ist** [-ɪst] buddist
budding ['bʌdɪŋ] knoppande; *bildl.* gryende, spirande
buddy ['bʌdɪ] *AE. vard.* kompis, polare
budge [bʌdʒ] röra sig ur fläcken
budgerigar ['bʌdʒərɪgɑ:] undulat
budget ['bʌdʒɪt] **I** *s* budget; riksstat **II** *v* göra upp en budget **-ary** [-(ə)rɪ] budget-; budgetär; statsfinansiell
buff [bʌf] **I** *s* **1** mattgul färg **2** buffelläder; sämskskinn **3** *vard.* entusiast **4** *vard., in the ~* spritt naken **II** *a* matt-, brun|gul **III** *v* putsa med sämskskinn
buffalo ['bʌfələʊ] (*pl ~es el. lika*) buffel; bisonoxe
1 buffer ['bʌfə] buffert
2 buffer ['bʌfə] *BE. vard., old ~* gammal stofil
buffer state ['bʌfəsteɪt] buffertstat
1 buffet ['bʌfɪt] **I** *s* knuff, knytnävsslag **II** *v* **1** slå

B

(knuffa) [till]; brottas med
2 buffet ['bʊfeɪ] **1** byffé (*mål, bord*); serveringsdisk **2** [*äv.* 'bʌfɪt] skänk, sideboard **buffet car** *BE., järnv.* cafévagn
buffoon [bə'fu:n] **I** *s* gycklare, pajas **II** *v* spela pajas **-ery** [-ərɪ] gyckel, pajaseri
bug [bʌg] **I** *s* vägglus **2** *AE.* insekt; skalbagge **3** *vard.* bakterie **3** *vanl. pl* defekt, fabrikationsfel **4** *vard.* fix idé, fluga **5** *vard.* dold mikrofon **6** *sl., big ~* pamp **II** *v, vard.* **1** placera ut dold mikrofon **2** irritera, plåga **-aboo** ['bʌgəbu:], **-bear** buse, spöke
bugger ['bʌgə] **I** *s* **1** sodomit **2** *vulg.* jävel **3** *sl.* karl; unge **4** *sl., ~ all* ingenting **II** *v* **1** bedriva sodomi **2** *BE. sl.* förstöra, klanta till **3** *sl.* trötta ut; *~ about* (*around*) (*BE. sl.*) *a*) driva omkring, *b*) trassla till det för; *~ off* (*BE. vulg.*) sticka, dra åt helvete **III** *interj, vulg.* jävlar!, fan! **buggery** [-rɪ] analt samlag; sodomi
bugging ['bʌgɪŋ] utplacering av dold[a] mikrofon[er]
buggy ['bʌgɪ] **1** lätt enspännare **2** *se baby buggy*
bughouse ['bʌghaʊs] *AE. sl.* sinnessjukhus
bugle ['bju:gl] **I** *s* signalhorn; jakthorn **II** *v* blåsa (*i horn*) **bugler** [-ə] hornblåsare
bugloss ['bju:glɒs] *bot.* fårtunga; *viper's ~* blåeld
build [bɪld] **I** *v* (*built, built*) **I** *v* bygga; uppföra; anlägga (*väg*); skapa, bygga upp; *built on facts* byggd på fakta; *~ up a*) bygga upp, *b*) öka, stegras **II** *s* [kropps]byggnad; struktur **builder** ['bɪldə] byggmästare; byggare **building** ['bɪldɪŋ] byggande; byggnad **building society** *BE.*, **building and loan association** *AE.* hypotekskassa **build-up** ['bɪldʌp] **1** upp-, ut|byggnad **2** överdriven reklam; överdrivet beröm **3** *mil.* uppladdning
built [bɪlt] *imperf. o. perf. part. av build* **--in** inbyggd **--up 1** tätbebyggd **2** uppbyggd
bulb [bʌlb] **1** [blom]lök **2** kula, boll; [*elektric*] *~* glödlampa **-ous** ['bʌlbəs] **1** lök-; *~ plants* lökväxter **2** lökformig; svullen
bulbul ['bʊlbʊl] *zool.* persisk näktergal
Bul|garia [bʌl'geərɪə] Bulgarien **-garian** [-'geərɪən] **I** *s* bulgar **II** *a* bulgarisk
bulge [bʌldʒ] **I** *s* **1** utbuktning, rundning **2** uppgång, ökning **II** *v* bukta ut, puta ut
bulk [bʌlk] **I** *s* **1** volym, omfång, storlek, massa; *the ~* det mesta, största delen; *in ~* i stora mängder **2** skeppslast; bulklast; *in ~* i lös last **II** *v, ~ large* vara (te sig) stor (betydelsefull) **bulkhead** ['bʌlkhed] *sjö.* skott **bulky** ['bʌlkɪ] skrymmande
1 bull [bʊl] **I** *s* **1** tjur; *like a ~ in a china shop* som en elefant i en porslinsaffär, klumpig[t], taktlös[t] **2** hanne (*av elefant, val e.d.*) **3** *börs.* haussespekulant **4** [*Irish*] *~* orimlighet **5** *sl.* trams, skitprat **II** *v, börs.* spekulera i hausse
2 bull [bʊl] [påvlig] bulla
bullace ['bʊlɪs] *bot.* krikon
bull|calf [ˌbʊl'kɑ:f] **1** tjurkalv **2** dumbom **-dog** ['bʊldɒg] **1** bulldogg **2** ihärdig person **3** *vard* pistol; pipa **-doze** ['bʊldəʊz] **1** schakta **2** *vard.* skrämma; tvinga **-dozer** ['bʊldəʊzə] bulldozer, bandtraktor
bullet ['bʊlɪt] [gevärs-, revolver]kula **-headed** [-ˌhedɪd] med runt huvud
bulletin ['bʊlɪtɪn] bulletin **bulletin board** *AE.* anslagstavla
bulletproof ['bʊlɪtpru:f] skottsäker
bull|fight ['bʊlfaɪt] tjurfäktning **-fighter** tjurfäktare **-fighting** [-ˌfaɪtɪŋ] tjurfäktning **-finch** [-fɪntʃ] *zool.* domherre **-frog** [-frɒg] *zool.* oxgroda **-head** [-hed] **1** *zool.* simpa **2** dumhuvud **-headed** [-ˌhedɪd] **1** bredhövdad **2** dum; envis **-horn** [-hɔ:n] *AE.* megafon
bullion ['bʊljən] omyntat guld (silver); guld-, silver|tacka
bullock ['bʊlək] stut, oxe
bull's-eye ['bʊlzaɪ] **1** (*skottavlas*) prick; fullträff (*äv. bildl.*) **2** *sjö.* [fönster]ventil **3** runt fönster; oxöga **bullshit** *vulg.* skitsnack, dumheter
bully ['bʊlɪ] **I** *s* **1** översittare **2** *åld.* lejd bandit **II** *v* tyrannisera; spela översittare mot; mobba **III** *a* fin, bra **IV** *interj* fint, bra **bully beef** konserverat oxkött **bullying** [-ɪŋ] översitteri; mobbning **bullyrag** trakassera
bulrush ['bʊlrʌʃ] *bot.* **1** säv **2** kaveldun
bulwark ['bʊlwək] **1** bålverk (*äv. bildl.*) **2** vågbrytare **3** *~s* (*pl*) brädgång, reling
bum [bʌm] **I** *s* **1** *BE. sl.* rumpa **2** *AE.* luffare **II** *a, AE.* usel **III** *v, AE.* **1** luffa omkring **2** parasitera **3** tigga [sig till], bomma
bumble|bee ['bʌmblbi:] humla **-dom** [-dəm] formalism
bum-boat ['bʌmbəʊt] *sjö.* proviantbåt
bumf [bʌmf] *sl.* **1** dasspapper **2** papper, dokument
bummer ['bʌmə] *AE.* **1** luffare **2** *sl.* besvikelse, otrevlig grej
bump [bʌmp] **I** *v* **1** stöta, knuffa; dunsa; *~ into s.b.* stöta på (ihop med) ngn **2** skumpa fram **3** *sl., ~ off* mörda **4** *i sht AE., ~ and grind* jucka och rotera med höfterna (*vid dans*) **II** *s* **1** törn, stöt, duns **2** bula, knöl **3** luftgrop; gupp
bumper ['bʌmpə] **1** stötfångare (*på bil*) **2** breddad bägare **bumper car** radiobil (*på tivoli*)
bumpkin ['bʌmpkɪn] bondlurk
bumptious ['bʌmpʃəs] viktig, dryg; påstridig
bumpy ['bʌmpɪ] ojämn, gropig, skumpig
bun [bʌn] **1** bulle **2** hårknut
bunch [bʌntʃ] **I** *s* **1** klase; bukett, knippa; bunt **2** *vard.* hop, samling, hög **II** *v, ~* [*up*] bunta ihop **bunchy** ['bʌntʃɪ] **1** knölig **2** klasliknande
buncombe ['bʌŋkəm] *se bunkum*
bundle ['bʌndl] **I** *s* bunt, knyte, bylte, knippe; *a ~* (*sl.*) massor av stålar; *a ~ of nerves* ett nervknippe; *go a ~ on* (*sl.*) gilla skarpt **II** *v* **1** *~* [*up*] bunta ihop **2** köra, skicka (*off* i väg, *out* ut); *~ s.th. into* stuva ner ngt i **3** *~ off* (*out*) packa sig i väg, sticka **4** *~ up a*) bunta ihop, *b*) bylta på [sig]
bung [bʌŋ] **I** *s* propp, tapp **II** *v* **1** *vard., ~* [*up*] täppa igen **2** *BE. sl.* kasta, hyva
bungalow ['bʌŋgələʊ] **1** bungalow **2** enplansvilla
bunghole ['bʌŋhəʊl] tapphål, sprund
bungle ['bʌŋgl] **I** *v* förfuska, fuska bort **II** *s* fuskverk, klåperi **bungler** [-ə] fuskare, klåpare
bunion ['bʌnjən] öm knöl (*på stortån*)
1 bunk [bʌŋk] **I** *s* koj, brits **II** *v, ~* [*down*] gå till kojs
2 bunk [bʌŋk] *vard., se bunkum*
3 bunk [bʌŋk] *BE. sl.* **I** *s, do a ~* smita, sticka **II** *v* smita, sticka

B

bunk bed våningssäng
bunker ['bʌŋkə] **I** *s* **1** kolbox; oljetank **2** *golf. o. mil.* bunker **II** *v* bunkra, ta in kol (olja)
bunkhouse ['bʌŋkhaʊs] *AE.* [sov]barack
bunkum ['bʌŋkəm] tomt prat, nonsens
bunny ['bʌnɪ] *barnspr.* kanin
bunt [bʌnt] buk (*på segel*) **-ing** ['bʌntɪŋ] flaggväv; *koll.* flaggor
buoy [bɔɪ] **I** *s* boj; prick **II** *v* **1** *sjö.* pricka ut (*med bojar*) **2** ~ *up a*) hålla flott (uppe), *b*) inge mod, uppmuntra **-ancy** ['bɔɪənsɪ] **1** flytförmåga **2** (*sinnets*) återhämtningsförmåga; friskt mod; gladlynthet **-ant** ['bɔɪənt] **1** flytande **2** bärande **3** spänstig; livlig
bur [bɜ:] kardborre (*äv. bildl.*)
burble ['bɜ:bl] klucka, porla; gurgla; babbla
burbot ['bɜ:bət] *zool.* lake
burden ['bɜ:dn] **I** *s* **1** börda (*to* för), last; *beast of* ~ lastdjur **2** pålaga **3** *sjö.* dräktighet **4** omkväde **5** huvudtema **II** *v* belasta, betunga **-some** [-səm] betungande
burdock ['bɜ:dɒk] *bot.* kardborre
bureau ['bjʊərəʊ] (*p-* ~*s el* ~*x* [-z]) **1** sekretär, skrivpulpet **2** ämbetsverk; byrå **4** *AE.* byrå (*möbel*) **-cracy** [bjʊ(ə)'rɒkrəsɪ] byråkrati **-crat** ['bjʊərə(ʊ)kræt] byråkrat **-cratic** [ˌbjʊərə(ʊ)'krætɪk] byråkratisk
burg [bɜ:g] *AE. vard.* småstad
burgee ['bɜ:dʒi:] *sjö.* liten vimpel
burgeon ['bɜ:dʒ(ə)n] **I** *s* knopp **II** *v* knoppas; börja växa snabbt
burgess ['bɜ:dʒɪs] borgare
burglar ['bɜ:glə] inbrottstjuv **burglar alarm** tjuvlarm **burglarize** [-raɪz] *AE.* göra inbrott [i] **burglarproof** inbrotts-, stöld|säker **burglary** [-rɪ] inbrott **burgle** ['bɜ:gl] göra inbrott [i]
Burgundy ['bɜ:g(ə)ndɪ] Bourgogne; *hist.* Burgund **burgundy 1** bourgogne[vin] **2** rödvin
burial ['berɪəl] begravning **burial ground** begravningsplats **burial service** jordfästning
burin ['bjʊərɪn] gravstickel
burke [bɜ:k] **1** mörda (*genom kvävning*) **2** nedtysta
burl [bɜ:l] knut; noppa **-ed** [-d] noppig
burlap ['bɜ:læp] grov segelduk; säckväv
burlesque [bɜ:'lesk] **I** *a* burlesk **II** *s* burlesk pjäs; parodi **III** *v* parodiera
burly ['bɜ:lɪ] stor och kraftig, bastant
burn [bɜ:n] **I** *v* (*burnt, burnt, äv.* ~*ed,* ~*ed*) **1** [för]bränna; bränna ner (upp); bränna vid; ~ *one's boats* (*bridges*) bränna sina skepp; ~ *the candle at both ends* (*bildl.*) bränna sitt ljus i båda ändar; *have money to* ~ ha pengar som gräs **2** brinna; brinna upp (ner); lysa, glöda (*äv. bildl.*); ~ *down* brinna ner; ~ *off* bränna av, svedja; ~ *out a*) brinna ut (slut), *b*) *bildl.* bli (göra) slut (utmattad); ~ *up a*) brinna upp, *b*) flamma upp; *she was* ~*ing to tell us* hon brann av iver att få berätta för oss **3** brännas; brännas vid; *my ears* ~ det hettar i mina öron **4** brännmärka **II** *s* bränn|skada, -sår
burner ['bɜ:nə] brännare **burning** [-ɪŋ] **I** *a* brännande; brinnande; glödande; *it's a* ~ *shame* det är en evig skam **II** *s* bränning **burning glass** brännglas
burnish ['bɜ:nɪʃ] **I** *v* **1** polera **2** bli blank **II** *s* glans
burnouse [bɜ:'nu:z] burnus
burnsides ['bɜ:nsaɪdz] *pl, AE.* polisonger
burnt [bɜ:nt] **I** *v, imperf. o. perf. part. av burn* **II** *a* bränd; ~ *offering* brännoffer
burp [bɜ:p] *vard.* **I** *v* rapa **II** *s* rapning **burp gun** ['bɜ:pgʌn) *AE. sl.* kulsprutepistol
1 burr [bɜ:] **I** *s* **1** grad, gjutrand **2** brynsten **3** [tandläkar]borr **4** utväxt, knöl (*på träd*); ådring **5** *se bur*
2 burr [bɜ:r] **I** *s* skorrning; surr **II** *v* skorra; surra
burro ['bɜ:rəʊ] *AE.* packåsna
burrow ['bʌrəʊ] **I** *s* håla, lya **II** *v* gräva en håla; ~ *through* gräva sig fram genom
bursar ['bɜ:sə] **1** *i sht univ.* skattmästare **2** *Sk.* stipendiat
burst [bɜ:st] **I** *v* (*burst, burst*) **1** brista, spricka; slå ut; ~ *into song* brista ut i sång; ~ *open* (*om dörr e.d.*) flyga upp; *be* ~*ing with envy* hålla på att spricka av avund **2** spränga, spräcka; ~ *open* spränga; ~ *one's sides with laughter* hålla på att spricka av skratt **3** störta, komma störtande; ~ *in a*) komma instörtande, störta in, *b*) avbryta; *he* ~ *in on us* han dök upp hos oss; *they* ~ *into the room* de störtade in i rummet; ~ *out a*) bryta fram, *b*) störta ut, *c*) brista ut **II** *s* **1** bristning **2** explosion, krevad; salva **3** [plötsligt] utbrott, anfall; *a* ~ *of applause* en storm av applåder; *a* ~ *of flames* ett plötsligt uppflammande; *a* ~ *of laughter* en skrattsalva; *a* ~ *of speed* en spurt
bury ['berɪ] **1** begrava **2** gräva ner; gömma
bus [bʌs] **I** *s* **1** buss; *miss the* ~ *a*) missa bussen, *b*) missa chansen **2** *sl.* kärra (*bil, flygplan*) **II** *v* **1** åka buss **2** transportera med buss; *AE.* skicka (*skolbarn*) med buss, bussa **bus boy** ['bʌsbɔɪ] smörgåsnisse, diskplockare
busby ['bʌzbɪ] björnskinnsmössa
1 bush [bʊʃ] **1** buske; busksnår; *good wine needs no* ~ en god sak talar för sig själv; *beat about the* ~ gå som katten kring het gröt **2** kalufs **3** *the* ~ *a*) buschen, *b*) *vard.* landet, vischan **4** rävsvans
2 bush [bʊʃ] *tekn.* hylsa, bussning
bushel ['bʊʃl] bushel (*rymdmått, i Engl. = 36,37 l, i USA = 35,24 l*); *hide one's light under a* ~ sätta sitt ljus under en skäppa
bush|man ['bʊʃmən] buschman **bushranger** [-ˌreɪndʒə] **1** *Austr.* bandit, stråtrövare **2** *AE.* nybyggare **bushy** [-ɪ] buskrik; buskig, yvig
business ['bɪznɪs] **1** affär[er]; affärsverksamhet; affärslivet; *on* ~ i affärer; *do* ~ *with* göra affärer med; *get down to* ~ komma till saken; *go into* ~ bli affärsman; *mean* ~ mena allvar; *know one's* ~ kunna sina saker; *how's* ~*?* hur går affärerna? **2** affär[sföretag], företag, firma **3** bransch, yrke **4** angelägenhet, sak, uppgift, syssla, ärende; *mind one's own* ~ sköta sitt; *it's none of your* ~, *it's no* ~ *of yours* det angår dig inte; *you have no* ~ *to ask him* du har ingen rätt att fråga honom; *send s.b. about his* ~ avfärda ngn; *fast cars and all that* ~ (*vard.*) snabba bilar och allt sånt; *sick of the whole* ~ trött på alltihopa **business hours** *pl* kontors-, affärs-, öppet|tid[er] **businesslike** affärsmässig **businessman** affärsman **businesswoman** affärskvinna
busker ['bʌskə] gatumusikant
bus-lane ['bʌsleɪn] bussfil **busman** [-mən] buss|förare, -chaufför **bus shelter** väntkur

bussing [-ɪŋ] busstransport; *AE.* bussning (*av skolbarn*) **bus stop** busshållplats

1 bust [bʌst] **1** byst **2** bröst, barm

2 bust [bʌst] **I** *s* **1** [polis]razzia **2** *AE.* slag, smäll **3** *AE.* [ekonomiskt] misslyckande, bankrutt **4** dryckeslag **II** *v* **1** brista, gå sönder **2** göra bankrutt **3** göra razzia; *get ~ed* arresteras **4** *AE. mil.* degradera **5** *AE.* tämja (*häst*) **6** *AE.* slå till **III** *a, go ~ a*) gå sönder, *b*) göra bankrutt

bustard ['bʌstəd] *zool.* trapp

buster ['bʌstə] **1** *sl.* (*i sms.*) -bomb; -sprängare **2** *AE.* (*i tilltal*) du grabben, din drummel

1 bustle ['bʌsl] **I** *v* **1** ~ [*about*] gno, flänga **2** jaga, jäkta **II** *s* brådska, fläng

2 bustle ['bʌsl] turnyr

bust-up ['bʌstʌp] *vard.* stormigt gräl

busy ['bɪzɪ] **I** *a* **1** sysselsatt, upptagen; flitig; *he is ~ writing* han håller på att skriva; *be ~* (*äv.*) ha bråttom; *get ~* sätta i gång, börja arbeta; *~ as a bee* flitig som en myra **2** ivrig, beskäftig, rastlös **3** bråd; livlig[t trafikerad] **4** *AE.* (*om telelinje e.d.*) upptagen **5** detaljrik, överlastad **II** *v* sysselsätta (*o.s.* sig) **-body** [-ˌbɒdɪ] beskäftig människa **-ness** [-nɪs] **1** sysselsatthet **2** beskäftighet

but [bʌt, *obeton.* bət] **I** *konj* **1** men, utan; *it never rains ~ it pours* en olycka kommer sällan ensam; *not only...~* inte bara...utan också **2** (*äv. prep*) utom; mer än, annat än; *all ~ me* alla utom jag; *anything ~ simple* allt annat än enkelt; *I can't ~ admire her* jag kan inte annat än beundra henne; *the first ~ one* den andra; *the last ~ one* den näst sista; *the next street ~ one* andra gatan härifrån; *~ for* bortsett från, med undantag av; *~ for you* om inte du vore (hade varit) **3** bara; *I can ~ try* jag kan bara försöka **4** än; *who else ~ she* vem annan än hon **5** *vard., my ~ you are nice!* vad snäll du är!; *~ of course!* ja naturligtvis! **II** *adv* bara; *she is ~ a child* hon är bara ett barn; *all ~* nästan **III** *s* men; invändning; *ifs and ~s* om och men

butane ['bju:teɪn] butan

butch [bʊtʃ] *sl.* **1** tuff (muskulös) man **2** karlaktig lesbisk kvinna

butcher ['bʊtʃə] **I** *s* slaktare; *the ~'s* köttaffären, slakteriet **II** *v* **1** slakta **2** förstöra; misshandla **butcherbird** *zool.* törnskata **butchery** [-rɪ] blodbad, slaktande

butch haircut snagg

butler ['bʌtlə] förste betjänt, hovmästare

1 butt [bʌt] tunna, fat

2 butt [bʌt] **1** tjockända; handtag; [gevärs]kolv **3** fimp; *AE.* cigarrett **4** *AE. vard.* ända, skinkor

3 butt [bʌt] skottvall; måltavla (*äv. bildl.*)

4 butt [bʌt] stöta; stånga[s]; *~ in*[*to*] blanda (lägga) sig i

butte [bju:t] *AE.* kulle

butter ['bʌtə] **I** *s* **1** smör; *she looks as if ~ would not melt in her mouth* hon ser mjäkig ut; *lay on the ~* smickra, bre på tjockt **2** äckligt smicker **II** *v* bre[da] smör på; *~ up* smickra **butter bean** vaxböna **butter-boat** smörsnipa **butterbur** [-bɜ:] *bot.* pestskråp **buttercup** smörblomma **butterfingers** [-ˌfɪŋgəz] (*behandlas som sg*) *vard.* släpphänt person **butterfly** fjäril **buttermilk** kärnmjölk **butterscotch** [-ˌskɒtʃ] (*slags*) knäck **butterwort** *bot.* tätört

1 buttery ['bʌtərɪ] smörliknande, smörig

2 buttery ['bʌtərɪ] förrådsrum, handkammare

buttock ['bʌtək] *anat.* skinka; *~s* (*pl, äv.*) bakdel, ända

button ['bʌtn] **I** *s* **1** knapp **2** knopp **II** *v, ~* [*up*] knäppa ihop (till, igen), gå att (kunna) knäppas **-hole I** *s* **1** knapphål **2** blomma i knapphålet **II** *v* **1** förse med knapphål **2** uppehålla med prat

buttons ['bʌtnz] (*behandlas som sg*) *BE. vard.* pickolo

buttress ['bʌtrɪs] strävpelare, stöd

buxom ['bʌksəm] mullig, trind; frodig

buy [baɪ] **I** *v* (*bought, bought*) **1** köpa; *~ off a*) friköpa, *b*) köpa sig fri från; *~ out* köpa (lösa) ut; *~ over* muta **2** *AE. sl.* "köpa", tro på, acceptera **3** *sl., ~ it* dödas, stupa **II** *s, vard.* köp **buyer** ['baɪə] köpare; inköpare; *~'s market* köparens marknad

buzz [bʌz] **I** *v* **1** surra [med] **2** sorla, mumla **3** *~ about* flyga omkring **4** *vard.* ringa [upp] **5** *BE. vard., ~ off* sticka, dunsta **II** *s* **1** surr **2** sorl; prat, rykte **3** *vard.* påringning, signal

buzzard ['bʌzəd] *zool.* vråk

buzzer ['bʌzə] **1** en som surrar **2** ångvissla **3** summer; ringklocka

buzz saw ['bʌzsɔ:] *AE.* cirkelsåg

B/W *förk. för* (*foto.*) *black and white* **bx** *förk. för box*

by [baɪ, *obeton.* bɪ, bə] **I** *prep* **1** vid, bredvid, nära, hos; *~ oneself* ensam, [för sig] själv, på egen hand; *~ the river* vid floden; *come and sit ~ me* kom och sätt dig hos mig **2** av; *a prelude ~ Chopin* ett preludium av Chopin **3** genom, via; per, med; *enter ~ the back door* komma in genom bakdörren; *~ air* med flyg; *~ post* per post; *~ hiding behind the door* genom att gömma sig bakom dörren **4** förbi, längs med, utefter; *he drove ~ the old house* han körde förbi det gamla huset **5** senast, inte senare än; *I must be home ~ five* jag måste vara hemma senast klockan fem **6** dividerat med; multiplicerat med; *four ~ two equals eight* fyra gånger två är åtta **7** *~ birth* till börden; *~ day* om dagen; *not ~ far* inte på långa vägar; *~ heart* utantill; *~ the hour* i timmen, per timme; *~ name* till namnet; *go ~ the name of* gå under namnet; *~ night* om natten, nattetid; *~ now* vid det här laget; *one ~ one* en och en; *~ my watch* enligt min klocka; *it is colder ~ four degrees* det är fyra grader kallare; *I knew him ~ his voice* jag kände igen honom på rösten; *I swear ~ all gods* jag svär vid alla gudar; *she is younger ~ a year* hon är ett år yngre **II** *adv* **1** intill, bredvid, i närheten **2** undan, i reserv; *put money ~* lägga undan pengar **3** förbi; *he drove ~* han körde förbi; *the years went ~* åren gick **4** *~ and ~* så småningom, senare, en annan gång; *~ and large* i stort sett **III** *s, ~ the ~, ~ the way* i förbigående [sagt], förresten, inom parentes [sagt]

bye [baɪ] **1** bisak **2** *sport.* extra|match, -nummer **3** (*i kricket*) poäng **4** *vard., se bye-bye* **5** *by the ~, se by III* **--bye** [ˌbaɪ'baɪ] *interj, BE. vard.* hej då!, hej hej! **--byes** ['baɪbaɪz] *vard.* sömn; *go to ~* gå och sussa

by|-election ['baɪɪˌlekʃn] fyllnadsval **-gone** [-gɒn] **I** *a* förgången **II** *s, let ~s be ~s* låt det skedda vara glömt **-law** [-lɔ:] [lokal] förordning; stadga **--line** [-laɪn] (*i tidning*) signatur **-pass**

[-pɑ:s] **I** *s* förbifartsled, sidoväg **II** *v* gå (leda) förbi; kringgå **--product** [-ˌprɒdʌkt] biprodukt
byre ['baɪə] *BE.* fähus, ladugård
by|road ['baɪrəʊd] biväg **-stander** [-ˌstændə] åskådare **-street** [-stri:t] bakgata
byte [baɪt] *data.* grupp av bits, byte
by|way ['baɪweɪ] **1** biväg; avväg **2** *bildl.* outforskat område **-word 1** ord|språk, -stäv **2** *their name is a ~ for quality* deras namn är en garanti för kvalitet; *his name is a ~ for laziness* han är ökänd för sin lättja
Byzan|tine [bɪ'zæntaɪn] **I** *s* bysantin **II** *a* bysantinsk **-tium** [-tɪəm] Bysans

C

C, c [si:] (*bokstav, ton*) C, c; *C flat* (*mus.*) cess; *C sharp* (*mus.*) ciss
C *förk. för capacitance; Celsius; centigrade; century; cold* (*water*) **C.** *förk. för Cape; Catholic; Celtic; Conservative; Corps* **c.** *förk. för carat; cent; century; chapter; circa; copyright; coulomb*
C 3 ['si:'θri:] **1** i dålig kondition **2** *vard.* värdelös; underlägsen
CA *förk. för California* **C.A.** *förk. för Central America; chartered accountant; chief accountant; consular agent; Consumers' Association*
cab [kæb] **1** taxi; (*förr*) droska **2** förarhytt
cabal [kə'bæl **I** *s* intrig; klick; *the C~* kabalen (*under Karl II*) **II** *v* smida ränker, intrigera **-ler** [-ə] ränksmidare
cabaret ['kæbəreɪ] kabaré
cabbage ['kæbɪdʒ] **1** kål; kålhuvud **2** *vard.* hösäck, träskalle
cabby ['kæbɪ] *vard., se cab driver* **cab driver** [-ˌdraɪvə] taxichaufför; (*förr*) droskkusk
caber ['keɪbə] *Sk.* stör, stång; *toss the ~* störta stång
cabin ['kæbɪn] **1** hytt; kajuta **2** *flyg.* kabin **3** stuga, koja **cabin boy** *sjö.* hyttuppassare **cabin class** *sjö.* andra klass **cabin cruiser** ruffad motorbåt
cabinet ['kæbɪnɪt] **1** skåp; hölje (*på TV el. radio*) **2** kabinett, ministär **cabinet council** [-ˌkaʊnsl] kabinettssammanträde, konselj **cabinet crisis** [-ˌkraɪsɪs] regeringskris **cabinet-maker** [-ˌmeɪkə] möbel-, fin|snickare
cable ['keɪbl] **I** *s* **1** kabel; wire **2** ankarkätting **3** kabellängd **4** telegram **II** *v* telegrafera **cable car** linbanevagn **cablegram** kabeltelegram **cable railway, cableway** linbana
cabman ['kæbmən] taxichaufför; (*förr*) droskkusk
caboodle [kə'bu:dl] *s, vard., the whole ~* hela klabbet
caboose [kə'bu:s] **1** *sjö.* kabyss **2** *AE. järnv.* finka
cab-rank ['kæbræŋk] *BE.*, **cab stand** *AE.* taxihållplats; rad av taxibilar
ca'canny [kɑ:'kænɪ] *Sk.*maskning, obstruktion
cacao [kə'kɑ:əʊ] kakao[träd, -böna]
cachalot ['kæʃəlɒt] *zool.* kaskelottval
cache [kæʃ] **I** *s* gömställe; gömd proviant **II** *v* gömma, gräva ner
cachet ['kæʃeɪ] **1** [äkthets]stämpel, prägel **2** *med.* kapsel
cachin|nate ['kækɪneɪt] gapskratta **-nation** [ˌkækɪ'neɪʃn] gapskratt
cacique [kæ'si:k] (*latinamer.*) indianhövding
cackle ['kækl] **I** *v* kackla; pladdra **II** *s* kackel, kacklande; pladder
cacophony [kæ'kɒfənɪ] kakofoni, missljud
cac|tus ['kækt|əs] (*pl -ti* [-aɪ] *el. -tuses* [-əsɪz]) kaktus
cad [kæd] *BE. vard.* bracka, knöl, lymmel
cadaver [ke'deɪvə] kadaver, lik **-ous** [kə'dæv(ə)rəs] lik-; likblek
caddie ['kædɪ] *golf.* caddie
caddish ['kædɪʃ] simpel; lymmelaktig
1 caddy ['kædɪ] **1** teburk
2 caddy ['kædɪ] *golf.* caddie
cad|ence ['keɪd(ə)ns] **1** tonfall **2** *mus.* kadens **3** rytm; takt **-enza** [kə'denzə] *mus.* kadens
cadet [kə'det] **1** yngre son **2** kadett, aspirant
cadge [kædʒ] tigga [sig till]; snylta **cadger** ['kædʒə] tiggare; snyltare
cadmium ['kædmɪəm] *kem.* kadmium
cadre ['kɑ:də] **1** kader **2** *bildl.* kärna, stomme
cae|cum ['si:|kəm] (*pl -ca* [-kə]) *anat.* blindtarm
Caesar|ean, -ian [si:'zeərɪən] kejserlig; *~ birth* (*operation, section*) kejsarsnitt
caesium ['si:zjəm] *kem.* cesium
caesura [sɪ'zjʊərə] *versl.* cesur
C.A.F. *förk. för cost and freight*
café ['kæfeɪ] kafé; liten restaurang
cafeteria [ˌkæfɪ'tɪərɪə] cafeteria, självservering
caff [kæf] *sl.* kafé, fik
caffein[e] ['kæfi:n] koffein
cage [keɪdʒ] **I** *s* **1** bur **2** *gruv.* uppfordringskorg, hiss **3** *vard.* [basket]korg; [mål]bur **II** *v* sätta i bur; spärra in
cagey ['keɪdʒɪ] *vard.* förtegen; försiktig
cahoot [[kə'hu:t] *s, be in ~[s] with* vara i maskopi med
caiman *se cayman*
Cain [keɪn] Kain; *raise ~* (*sl.*) ställa till bråk
cairn [keən] stenkummel
caisson [kə'su:n] **1** kassun, brokista **2** ammunitionsvagn
cajole [kə'dʒəʊl] lirka med; förmå; locka **cajolery** [-ərɪ] lämpor
cake [keɪk] **I** *s* **1** tårta, [mjuk] kaka; *~s and ale* sötebrödsdagar; *you cannot eat your ~ and have it* man kan inte både äta upp kakan och ha den kvar; *it's a piece of ~* (*vard.*) det är en lätt match; *take the ~* (*vard.*) ta priset; *sell* (*go*) *like hot ~s* (*vard.*) gå åt som smör **2** kakformig sak, bit **3** *Sk.* havrebröd **II** *v* baka ihop [sig]; täcka med hård skorpa **cakewalk** ['keɪkwɔ:k] cakewalk (*dans*)
Cal. *förk. för California* **cal.** *förk. för calibre;*

calorie

calabash ['kæləbæʃ] kalebass[pumpa]

calaboose ['kæləbu:s] *AE. vard.* fängelse

calam|itous [kə'læmɪtəs] katastrofal; olycks- **-ity** [-ətɪ] katastrof, olycka

calash [kə'læʃ] **1** kalesch **2** huva, kråka

calcareous [kæl'keərɪəs] kalk-, kalkartad

cal|cification [,kælsɪfɪ'keɪʃn] förkalkning **-cify** ['kælsɪfaɪ] förkalka[s] **-cine** ['kælsaɪn] kalcinera[s] **-cium** ['kælsiəm] *kem.* kalcium

calcu|lable ['kælkjʊləbl] beräknelig, som kan beräknas **-late** [-leɪt] **1** beräkna, kalkylera, räkna ut **2** räkna; ~ [*up*]*on* räkna med **3** *AE.* förmoda; ämna **-lating** [-leɪtɪŋ] beräknande; ~ *machine* räknemaskin **-lation** [,kælkjʊ'leɪʃn] beräkning, uträkning, kalkyl; ~ *of ranges* avståndsberäkning **-lator** ['kælkjʊleɪtə] **1** [be]räknare **2** räknetabell **3** räknemaskin, kalkylator

calcu|lous ['kælkjʊləs] *med.* sten-; lidande av sten **-lus** [-ləs] (*pl -li* [-laɪ]) **1** *med.* sten, grus **2** kalkyl; *differential* ~ differentialkalkyl

caldron ['kɔ:ldr(ə)n] *se cauldron*

Caledonia [,kælɪ'dəʊnjə] *poet.* Kaledonien (*Skottland*)

calendar ['kælɪndə] **I** *s* **1** kalender; almanacka **2** register, förteckning **II** *v* [in]registrera; ordna och katalogisera

calender ['kælɪndə] **I** *s* mangel **2** satineringsmaskin **II** *v* **1** mangla **2** satinera, glätta

calends ['kælɪndz] *s pl, on the Greek* ~ aldrig

1 calf [kɑ:f] (*pl calves* [kɑ:vz]) **1** kalv **2** unge (*av elefant, val m.fl.*) **3** kalv|läder, -skinn

2 calf [kɑ:f] (*pl calves* [kɑ:vz]) *anat.* vad

calf-bound ['kɑ:fbaʊnd] bunden i kalvskinn

calf love ungdomsförälskelse, svärmeri

cali|brate ['kælɪbreɪt] kalibrera; avväga **-bration** [,kælɪ'breɪʃn] kalibrering

calibre ['kælɪbə] kaliber

calico ['kælɪkəʊ] kalikå; kattun

Calif. *förk. för California* **California** [,kælɪ'fɔ:njə] Kalifornien

caliph ['kælɪf] kalif

calk [kɔ:k] **1** kalkera **2** *se caulk*

call [kɔ:l] **I** *v* **1** kalla [för], benämna; *be ~ed* kallas, heta; ~ *s.b. names* skälla ut ngn **2** ropa på; kalla på, tillkalla; kalla (ropa) in; sammankalla; ~ *attention to* dra uppmärksamheten till; ~ *into being* skapa; ~ *into play* sätta igång (i rörelse); ~ *into question* sätta i fråga, bestrida; ~ *to account* ställa till ansvar; ~ *to the bar* utnämna till advokat; ~ *to mind* erinra om; ~ *to witness* ta till vittne; ~ *it a day* sluta, lägga av **3** komma på besök, göra visit; ~ *at a*) besöka, titta in hos, *b*) (*om tåg e.d.*) stanna i; ~ *on* hälsa på, besöka **4** ~ [*up*] telefonera [till], ringa [till] **5** ropa; utropa, proklamera; ~ *a halt* kommendera halt; ~ *a strike* utlysa strejk **6** väcka **7** ~ [*out*] ropa (*to* åt); ~ *for a*) kräva, påkalla, erfordra, *b*) komma (gå) och hämta, *c*) efterfråga; ~ [*up*]*on* uppmana, anmoda **8** *kortsp., bildl.* syna; bjuda **9** säga upp (*lån e.d.*) **10** ~ *back a*) ropa tillbaka, *b*) återkalla, *c*) ringa upp igen (senare); ~ *down a*) nedkalla, *b*) *AE.* skälla ut; ~ *forth a*) framkalla, locka fram, *b*) uppbjuda; ~ *in a*) kalla in, *b*) dra in, återkalla, återkräva, *c*) inkalla, tillkalla, *d*) titta in (*on* hos), besöka; ~ *off a*) ställa in, avlysa, *b*) ropa tillbaka, *c*) [av]bryta, stoppa; ~ *out a*) ropa (kalla) ut (upp), ropa (kalla) fram, *b*) inkalla, uppbåda, *c*) beordra att strejka, ta ut i strejk, *d*) utropa, skrika till; ~ *up a*) kalla fram (upp), *b*) framkalla, återkalla [i minnet], *c*) *mil.* inkalla, *d*) ringa upp **II** *s* **1** rop **2** lockrop, lockton **3** kallelse; maning, uppfordran; bud; *bildl.* röst; inropning (*av sångare e.d.*); *on* ~ *a*) i beredskap, *b*) på kallelse; *within* ~ inom hörhåll (räckhåll) **4** upprop **5** signal; anrop; påringning; telefonsamtal; *take the* ~ svara i telefon **6** besök, visit **7** *hand.* efterfrågan **8** anledning, orsak; *you had no* ~ *to interfere* du hade ingen anledning att lägga dig i det **9** krav [på återbetalning, på inbetalning]; fordran, anspråk; *on* (*at*) ~ vid anfordran **10** *kortsp.* bud; syn

call box ['kɔ:lbɒks] telefonhytt **callboy** *teat.* sufflörbud **caller** [-ə] **1** besökande, besökare **2** försångare (*i square dance*) **call girl** callgirl (*prostituerad som kontaktas per telefon*)

calligraphy [kə'lɪgrəfɪ] kalligrafi, skönskrift

calling ['kɔ:lɪŋ] yrke; kall **calling card** *AE.* visitkort

callisthenics [,kælɪs'θenɪks] (*behandlas som sg el. pl*) (*slags*) gymnastik

call loan ['kɔ:lləʊn] dagslån **call meter** [-,mi:tə] samtalsmätare **call note** [-nəʊt] (*fågels*) lockton **call office** [-,ɒfɪs] telestation

cal|losity [kæ'lɒsətɪ] **1** kallus, valk **2** förhärdelse, känslolöshet **-lous** ['kæləs] **1** valkig **2** förhärdad, okänslig

call-over ['kɔ:ləʊvə] upprop

callow ['kæləʊ] **1** fjäderlös **2** oerfaren, grön

call-up ['kɔ:lʌp] *mil.* inkallelse

callus ['kæləs] kallus, valk

calm [kɑ:m] **I** *a* lugn, stilla **II** *s* lugn, stilla; vindstilla **III** *v* lugna, stilla; ~ *down a*) lugna [ner] sig, *b*) stillna, *c*) lugna

Calor Gas ['kæləgæs] (*varumärke*) gasol

caloric [kə'lɒrɪk] *a* värme- **calorie** ['kælərɪ] kalori **calorific** [,kælə'rɪfɪk] värmealstrande

calotte [kə'lɒt] kalott

calque [kælk] *språkv.* översättningslån

calum|niate [kə'lʌmnɪeɪt] förtala **-niation** [kə,lʌmnɪ'eɪʃn], **-ny** ['kæləmnɪ] förtal

Calvary ['kælvərɪ] Golgata

calve [kɑ:v] kalva **-s** [-z] *pl av 1 o. 2 calf*

calx [kælks] metall-, mineral|aska

calypso [kə'lɪpsəʊ] *mus.* calypso

ca|lyx ['keɪlɪks] (*pl -lyxes el. -lyces* [-lɪsi:z]) *bot.* blomfoder

cam [kæm] *tekn.* [excenter]kam

camber ['kæmbə] **I** *s* välvning, buktning (*av väg*); camber (*på bil*) **II** *v* göra krum; [lätt] svänga [uppåt]

Cambrian ['kæmbrɪən] **I** *a* kambrisk; walesisk **II** *s* walesare

cambric ['keɪmbrɪk] kambrik, batist

Camb. *förk. för Cambridge* **Cambridge** ['keɪmbrɪdʒ] Cambridge **Cambs.** *förk. för Cambridgeshire*

came [keim] *imperf. av come*

camel ['kæml] kamel; *Arabian* ~ dromedar **--driver** [-,draɪvə], **-eer** [,kæmɪ'lɪə] kameldrivare **-hair** [-heə] kamelhår

camellia [kə'mi:ljə] *bot.* kamelia

camelopard ['kæmɪləpɑ:d] *åld.* giraff
camel's hair ['kæmlzheə] kamelhår
cameo ['kæmɪəʊ] **1** kamé **2** (*litterärt*) porträtt
camera ['kæm(ə)rə] **1** kamera **2** domares rum; *in ~* bakom lyckta dörrar **-man** kameraman, fotograf
camion ['kæmjən] låg lastvagn; lastbil
camisole ['kæmisəʊl] blusskyddare
camomile ['kæmə(ʊ)maɪl] *bot.* kamomill
camouflage ['kæmʊflɑ:ʒ] **I** *s* kamouflage **II** *v* kamouflera, dölja genom kamouflage
1 camp [kæmp] **I** *s* **1** läger (*äv. bildl.*) **2** lägerliv; militärliv **II** *v* **1** slå läger; ligga i läger; *~ [out]* campa, tälta **2** kampera
2 camp [kæmp] *vard.* **1** camp, bisarr, lustigt gammalmodig **2** femininiserad; homosexuell
campaign [kæm'peɪn] **I** *s* fälttåg; kampanj **II** *v* delta i en kampanj **-er** [-ə] förkämpe; *old ~* veteran
campanile [ˌkæmpə'ni:l] klockstapel, kampanil
camp-bed [ˌkæmp'bed] tält-, turist|säng **camp-chair** fällstol **camper** ['kæmpə] **1** campare **2** camping|bil, -buss **camp-fever** ['kæmpˌfi:və] tyfus **camp follower** ['kæmpˌfɒləʊə] marketentare; *bildl.* anhängare
camphor ['kæmfə] kamfer **camphor ball** malkula
camping ['kæmpɪŋ] camping, lägerliv **camping ground (site)** campingplats
camp meeting ['kæmpˌmi:tɪŋ] *AE.* [religiöst] tältmöte (friluftsmöte) **camp site** [-saɪt] campingplats **camp-stool** [-stu:l] fällstol
campus ['kæmpəs] **1** universitet, college **2** *AE.* skol-, college|område; plan, gård
camshaft ['kæmʃɑ:ft] *tekn.* kamaxel
1 can [kæn] **I** *s* **1** kanna; burk; dunk **2** *sl.* kåk (*fängelse*) **3** *AE. sl.* mugg (*toalett*); rumpa **II** *v* **1** konservera **2** *AE. sl.* avskeda **3** *AE. vard., ~ it!* lägg av!
2 can [kæn] *hjälpv* (*nekande: cannot, can't*) **1** kan; *you cannot but know it* det måtte du väl veta **2** kan [få], får
Can. *förk. för Canada*
Cana|da ['kænədə] Canada **-dian** [kə'neɪdjən] **I** *s* kanadensare **II** *a* kanadensisk
canal [kə'næl] **I** *s* kanal **II** *v* gräva en kanal igenom **-ize** (*BE. äv. -ise*) ['kænəlaɪz] kanalisera
canard [kæ'nɑ:d] [tidnings]anka
canary [kə'neərɪ] **I** *s* **1** kanariefågel **2** *the Canaries* (*pl*) Kanarieöarna **II** *a* ljusgul
canc. *förk. för cancellation; cancelled*
cancel ['kænsl] **1** stryka över, överkorsa **2** annullera, förklara ogiltig; upphäva; återkalla; inställa; avbeställa; lämna återbud till; makulera; stämpla (*frimärke e.d.*); döda (*bankbok*) **3** *mat.* eliminera **4** *~ [out]* upphäva (ta ut) varandra, motverka **-lation** [ˌkænsə'leɪʃn] **1** över|stryk-ning, -korsande **2** annullering *etc., se cancel 2*
cancer ['kænsə] **1** cancer **2** *bildl.* kräftsvulst **3** *C~* Kräftan (*i Djurkretsen*); *the Tropic of C~* Kräftans vändkrets **cancerous** ['kæns(ə)rəs] cancer-, cancerartad **cancer stick** ['kænsəstɪk] *sl.* cancerpinne (*cigarrett*)
cancroid ['kæŋkrɔɪd] **I** *a* **1** krabblik **2** cancerartad **II** *s* (*lindrig*) hudcancer
candelabra [ˌkændɪ'lɑ:brə], **candela|brum** [-brəm] (*pl -bra el. -brums*) kandelaber
candid ['kændɪd] öppen, frispråkig; *~ camera* dold kamera
candi|dacy ['kændɪdəsɪ] kandidatur **-date** [-dət] kandidat, sökande **-dature** [-dətʃə] *BE.* kandidatur
candied ['kændɪd] kanderad; (*om socker o.d.*) kristalliserad
candle ['kændl] [stearin]ljus; levande ljus; *burn the ~ at both ends* (*vard.*) bränna sitt ljus i bägge ändar; *not hold a ~ to* (*vard.*) inte kunna mäta sig med; *not worth the ~* (*vard.*) inte värd krutet (mödan) **--end** [-end] ljusstump **-light 1** levande ljus; eldsljus **2** skymning
Candlemas ['kændlməs] kyndelsmässa
candle|power ['kændleˌpaʊə] normalljus **-stick** [-stɪk] ljusstake
candour ['kændə] **1** uppriktighet, öppenhet **2** opartiskhet
C & W *förk. för country-and-western*
candy ['kændɪ] **I** *s* **1** kandisocker **2** *AE.* karamell[er], godis **II** *v* **1** kandera **2** kristallisera[s] **-floss** sockervadd
cane [keɪn] **I** *s* **1** rör; sockerrör **2** [spatser]käpp **3** spö; rotting **II** *v* prygla, klå upp **cane chair** ['keɪntʃeə] rottingstol **cane sugar** ['keɪnʃʊgə] rörsocker
canine 1 ['keɪnaɪn] hund- **2** ['kænaɪn] *~ [tooth]* hörn-, ögon|tand
canister ['kænɪstə] **1** kanister; bleck|dosa, -låda **2** (*förr*) kartesch[er] **canister shot** kartesch, kartescher
canker ['kæŋkə] **I** *s* **1** läppcancer **2** rost, brand (*på fruktträd*) **3** *bildl.* kräftskada **II** *v* **1** fräta[s] [upp] **2** *bildl.* fräta[s] sönder **cankered** [-d] **1** kräftsjuk; angripen av rost **2** fördärvad **3** förgrämd **cankerous** [-rəs] kräftartad; frätande **cankerworm** skadlig larv
cannabis ['kænəbɪs] cannabis
canned [kænd] **1** konserverad; *~ food* burkmat; *~ goods* konserver; *~ music* (*vard.*) grammofonmusik, 'burkmusik' **2** *sl.* packad (*berusad*)
cannery ['kænərɪ] konservfabrik
canni|bal ['kænɪbl] kannibal **-balism** [-bəliz(ə)m] kannibalism **-balize** (*BE. äv. -ise*) [-bəlaɪz] slakta (*bil, maskin e.d.*)
cannikin ['kænɪkɪn] liten kanna
cannon ['kænən] (*pl ~s el. lika*) **1** kanon; automatkanon (*i flygplan*) **2** (*i biljard*) karambol **-ade** [ˌkænə'neɪd] **I** *s* kanonad **II** *v* bombardera, [be]skjuta med kanoner **-ball** kanonkula **-eer** [ˌkænə'nɪə] artillerist
cannon fodder ['kænənˌfɒdə] kanonmat **cannonry** [-rɪ] **1** *koll.* kanoner **2** kanonad **cannon shot** [-ʃɒt] kanonkul|a, -or **2** kanonhåll
cannot ['kænɒt] kan (får) inte
canny ['kænɪ] slug; försiktig i affärer
canoe [kə'nu:] **I** *s* kanot **II** *v* paddla [i kanot]
1 canon ['kænən] **1** kanon, rättesnöre **2** kyrkligt påbud **3** kanoniska böcker **4** *mus.* kanon
2 canon ['kænən] kanik; domkyrkopräst
canon|ess ['kænənɪs] stiftsfröken **-ical** [kə'nɒnɪkl] kanonisk **-icals** [kə'nɒnɪklz] *pl* prästdräkt; *in full ~* i full ornat **-ization** (*BE. äv. -isation*) [ˌkænənaɪ'zeɪʃn] kanonisering **-ize** (*BE. äv. -ise*) ['kænənaɪz] kanonisera

C

canon law ['kænən ˌlɔ:] kanonisk lag
canoodle [kə'nu:dl] *sl.* kela [med]
can-opener ['kænˌəʊp(ə)nə] konservöppnare
canopy ['kænəpɪ] **I** *s* **1** baldakin; tron-, säng|himmel **2** tak, himlavalv **II** *v* förse med baldakin *etc.*
canst [kænst] *åld., thou* ~ du kan (*se 2 can*)
Cant. *förk. för Canterbury; Canticles*
1 cant [kænt] **I** *s* **1** snedslipad kant **2** sluttning **II** *v* **1** snedslipa **2** ställa på kant **3** stjälpa **III** *a* snedställd, sluttande
2 cant [kænt] **I** *s* **1** skenheligt tal, hyckleri **2** floskler **3** [yrkes]jargong; tjuvspråk **II** *v* använda skenheligt tal *etc.*
can't [kɑ:nt] = *cannot*
Cantab. *förk. för Cantabrigian II* **Cantabrigian** [ˌkæntə'bridʒɪən] **I** *s* **1** student (lärare) i Cambridge **2** cambridgebo **3** *AE.* student (lärare) vid Harvard **II** *a* cambridge-, från Cambridge
cantaloup[e] ['kæntəlu:p] cantaloupmelon
cantankerous [kæn'tæŋk(ə)rəs] grälsjuk
cantata [kæn'tɑ:tə] *mus.* kantat
canteen [kæn'ti:n] **1** marketenteri; kantin; lunchrum **2** fältkök; fältflaska; kantin; (*soldats*) matkärl **3** schatull (*för bordssilver*)
1 canter ['kæntə] hycklare, frasmakare
2 canter ['kæntə] **I** *s* samlad (kort) galopp; *win at a* ~ vinna lätt **II** *v* rida (låta gå) i kort galopp
canterbury ['kæntəb(ə)rɪ] not|ställ, -hylla **Canterbury bell** *bot.* blåklocka
canticle ['kæntɪkl] lovsång; *the C~s* (*pl*) Höga visan
cantilever ['kæntɪli:və] utskjutande stöd, konsol **cantilever bridge** konsolbro
cantle ['kæntl] **1** bit, stycke **2** sadelbom
canto ['kæntəʊ] sång (*del av diktverk*)
canton **I** *s* ['kæntɒn] kanton, distrikt **II** *v* **1** [kæn'tɒn] indela i distrikt **2** [kæn'tu:n] inkvartera
cantor ['kæntɔ:] kantor
Cantuar. *förk. för Cantuarensis* (*lat.*) [*Archbishop*] *of Canterbury*
Canuck [kə'nʌk] *AE. sl.* kanadick, franskspråkig kanadensare
Canute [kə'nju:t] Knut
canvas ['kænvəs] **1** segelduk, tältduk; kanfas; *under* ~ i tält, under segel **2** duk; tavla **3** *koll.* segel **4** *boxn.* ringgolv
canvass ['kænvəs] **I** *v* **1** grundligt dryfta **2** bearbeta (*för att få röster, bidrag e.d.*) **3** agitera; värva röster; ~ *for subscribers* skaffa prenumeranter **II** *s* röstvärvning, agitation **canvasser** [-ə] **1** röstvärvare, valarbetare **2** ackvisitör; försäljare **canvassing** [-ɪŋ] *se canvass II*
canyon ['kænjən] kanjon, djup flodbädd
cap [kæp] **I** *s* **1** mössa; *sport.* lagmössa; ~ *in hand* med mössan i hand, *bildl. äv.* underdånigt; ~ *and bells* narrmössa; ~ *and gown* akademisk dräkt; *the* ~ *fits* anmärkningen är träffande; *set one's* ~ *for* (*at*) (*om kvinna*) lägga sina krokar för **2** hatt (*på svamp*) **3** tänd-, knall|hatt **4** kapsyl, lock, hylsa, hatt, huv **5** krön **II** *v* **1** sätta mössa (kapsyl *etc.*) på; *Sk.* förläna akademisk grad; *be ~ped by England* bli uttagen till engelska landslaget **2** täcka, kröna, ligga ovanpå **3** *vard.* över|glänsa, -träffa, slå; *to* ~ *it all* som kronan på verket, till råga på allt
cap. *förk. för capacity; capital; capital letter; caput* (*lat.*) *chapter*
capa|bility [ˌkeɪpə'bɪlətɪ] **1** förmåga, duglighet, skicklighet **2** (*i sht pl*) [utvecklings]möjligheter, anlag **-ble** ['keɪpəbl] **1** ~ *of* i stånd till, kapabel till **2** duglig, skicklig; begåvad
capacious [kə'peɪʃəs] rymlig
capac|itate [kə'pæsɪteɪt] *jur.* ge kompetens (befogenhet) (*for* till) **-ity** [-ətɪ] **1** plats, utrymme; volym, mängd; *filled to* ~ fylld till bredden (sista plats); *be at* ~ vara fullt utnyttjad **2** anlag, fallenhet; [fattnings]förmåga **3** egenskap, ställning; *in the* ~ *of* i egenskap av **4** *fys.* kapacitet **5** *jur.* befogenhet, kompetens
cap-à-pie [ˌkæpə'pi:] *adv* från topp till tå
caparison [kə'pærɪsn] **I** *s* **1** schabrak, hästmundering **2** utstyrsel **II** *v* **1** förse med schabrak **2** styra ut
1 cape [keɪp] kap, udde; *the C~ a)* Godahoppsudden, *b)* Kapprovinsen; *the C~ of Good Hope* Godahoppsudden; *C~ Coloured* (*Sydafr.*) färgad
2 cape [keɪp] cape, krage
1 caper ['keɪpə] kaprisbuske; *~s* (*pl*) kapris (*krydda*)
2 caper ['keɪpə] **I** *s* **1** glädjesprång; skoj, upptåg; *cut ~s* (*a* ~) göra glädjesprång **2** *AE. sl.* organiserat rån **II** *v* göra glädjesprång
caper|caillie [ˌkæpə'keɪlɪ], **-calzie** [-'keɪlzɪ] tjäder
Cape Town ['keɪptaʊn] Kapstaden
capias ['keɪpɪæs] *jur.* häktningsorder
capillary [kə'pɪlərɪ] **I** *a* **1** hår-; hårfin **2** hårrörs-, kapillär **II** *s* kapillär, hårrör[skärl]
capital ['kæpɪtl] **I** *a* **1** huvudsaklig, förnämst; ~ *city* huvudstad; ~ *ship* slag|skepp, -kryssare **2** *BE.* utmärkt, ypperlig; ~ *idea* utmärkt (jättebra) idé **3** *jur.* belagd med dödsstraff; döds-; ~ *offence* (*crime*) brott som medför dödsstraff; ~ *punishment* dödsstraff; ~ *sin* dödssynd **4** ödesdiger; ~ *error* ödesdigert misstag **5** stor; ~ *letter* stor bokstav, versal **6** kapital-; ~ *gains* realisationsvinst; ~ *goods* kapitalvaror; ~ *stock* aktiekapital; ~ *transfer tax* gåvoskatt **II** *s* **1** kapital; *make* ~ [*out*] *of* slå mynt av, utnyttja **2** huvudstad **3** stor bokstav, versal; *small* ~ (*boktr.*) kapital **4** *byggn.* kapital **-ism** ['kæpɪtəlɪz(ə)m] kapitalism **-ist** ['kæpɪtəlɪst] kapitalist **-istic** [ˌkæpɪtə'lɪstɪk] kapitalistisk **-ization** (*BE. äv. -isation*) [ˌkæpɪtəlaɪ'zeɪʃn] kapitalisering, kapitalbildning **-ize** (*BE. äv. -ise*) ['kæpɪtəlaɪz] **1** skriva (trycka) med stor bokstav **2** kapitalisera; förse med kapital **3** dra fördel av, utnyttja
capitation [ˌkæpɪ'teɪʃn] **1** per capita-beräkning **2** [uttagande av] skatt (avgift) per capita
Capitol ['kæpɪtl] *s, the* ~ Capitolium (*i Rom, i Washington*)
capitu|late [kə'pɪtjʊleɪt] kapitulera **-lation** [kəˌpɪtjʊ'leɪʃn] kapitulation
capon ['keɪpən] kapun
cap-paper ['kæppeɪpə] brunt omslagspapper
caprice [kə'pri:s] nyck, infall **capricious** [kə'prɪʃəs] nyckfull, ombytlig
Capricorn ['kæprɪkɔ:n] Stenbocken (*i Djurkretsen*); *the Tropic of* ~ Stenbockens vändkrets
capsicum ['kæpsɪkəm] spansk peppar
cap|sizal [kæp'saɪzl] kapsejsning, kantring **-size**

[-'saɪz] kapsejsa, kantra
capstan ['kæpstən] ankarspel, capstan **capstan lathe** *tekn.* supportsvarv
capsule ['kæpsju:l] **1** kapsyl, hylsa **2** kapsel, hölje
Capt. *förk. för Captain*
captain ['kæptɪn] **I** *s* **1** anförare, ledare **2** (*i armén, AE. äv. inom flyget*) kapten; (*i flottan*) kommendör; [sjö]kapten, fartygschef, befälhavare **3** *AE.* hovmästare **4** *AE.* poliskommissarie **II** *v* anföra, leda **-ship** [-ʃɪp] **1** ledarskap, ledning **2** kaptenstjänst
caption ['kæpʃn] **I** *s* överskrift, rubrik; bild-, film|text **II** *v* rubricera, förse med rubrik (bildtext *etc.*)
cap|tious ['kæpʃəs] småaktig, klandersjuk **-tivate** [-tɪveɪt] fängsla, förtrolla, tjusa **-tive** [-tɪv] **I** *a* fången, fängslad **II** *s* fånge **-tivity** [kæp'tɪvətɪ] fångenskap **-tor** ['kæptə] tillfångatagare **-ture** ['kæptʃə] **I** *v* **1** ta till fånga; gripa; erövra, inta; kapa; *bildl.* fånga **2** *schack.* slå **II** *s* **1** tillfångatagande; gripande; erövring; uppbringande; kapande **2** fånge; [krigs]byte
capuchin ['kæpʊʃɪn] **1** damkappa med kapuschong **2** *C~* kapucinmunk **3** ~ [*monkey*] kapucinapa
car [kɑ:] **1** bil **2** spårvagn; järnvägsvagn (*för passagerare*); *AE. äv.* godsfinka **3** gondol, [ballong]-korg **4** *poet.* vagn
carafe [kə'ræf] karaff
caramel ['kærəmel] **1** bränt socker **2** kola **3** ljusbrun färg
carapace ['kærəpeɪs] sköldpaddsskal; ryggsköld
carat ['kærət] karat
caravan ['kærəvæn] **I** *s* **1** karavan **2** husvagn **II** *v* bo (åka) i husvagn
caraway ['kærəweɪ] kummin
carbide ['kɑ:baɪd] karbid
carbine ['kɑ:baɪn] karbin
carbohydrate [ˌkɑ:bə(ʊ)'haɪdreɪt] kolhydrat
carbolic [kɑ:'bɒlɪk] *a*, ~ *acid* karbolsyra
carbon ['kɑ:bən] **1** kol **2** *elektr.* kolspets **3** karbonpapper; genomslagskopia **carbonaceous** [ˌkɑ:bə(ʊ)'neɪʃəs] kol-, kolhaltig
carbonate **I** *v* ['kɑ:bəneɪt] behandla med kolsyra; *~d* kolsyrad, kolsyrehaltig **II** *s* ['kɑ:bənɪt] karbonat
carbon copy ['kɑ:bənˌkɒpɪ] genomslagskopia **carbon dating** kol-14-metoden **carbon dioxide** koldioxid
carbonic [kɑ:'bɒnɪk] *a*, ~ *acid* kolsyra
carboniferous [ˌkɑ:bə'nɪf(ə)rəs *a*, ~ *age* (*period*) karbon[tiden]
carbon|ize (*BE. äv. -ise*) ['kɑ:bənaɪz] karbonisera; förkola
carbon monoxide ['kɑ:bənmɒˌnɒksaɪd] koloxid **carbon paper** karbonpapper
carborundum [ˌkɑ:bə'rʌndəm] karborundum
carboy ['kɑ:bɔɪ] stor korgflaska, damejeanne
carbuncle ['kɑ:bʌŋkl] karbunkel (*böld o. ädelsten*)
carburett|er, -or [ˌkɑ:bjʊ'retə] förgasare, karburator
carc|ase, -ass ['kɑ:kəs] **1** kadaver, as, åtel **2** slaktat djurs kropp **3** *vard.* kroppshydda; *save one's* ~ rädda livhanken **4** tomt skal, stomme; spillra
carcinogen [kɑ:'sɪnədʒən] carcinogent (cancerframkallande) ämne
1 card [kɑ:d] **I** *s* **1** kort; *~s* (*äv.*) kortspel; *punch* (*punched*) ~ hålkort; *get one's ~s* få sparken; *have a ~ up one's sleeve* ha ngt i bakfickan; *it's on* (*AE. in*) *the ~s* det är troligt; *speak by the ~s* väga varje ord **2** program; lista **3** *vard.* rolig karl; original, [konstig] typ; *a knowing* ~ en spjuver
2 card [kɑ:d] **I** *s* **1** [ull]karda] **II** *v* karda
Card. *förk. för Cardinal*
cardam|om, -um ['kɑ:dəməm] kardemumma
cardan ['kɑ:dn] kardan-, kardansk **cardan joint** kardanknut **cardan shaft** kardanaxel
cardboard ['kɑ:dbɔ:d] papp, kartong **card-carrying** *a*, ~ *member* [in]registrerad medlem
card-game kortspel
cardiac ['kɑ:dɪæk] **I** *a* hjärt-; ~ *arrest* hjärtstillestånd **II** *s* **1** hjärtstimulerande medel **2** hjärtpatient
cardigan ['kɑ:dɪgən] cardigan, stickad kofta
cardinal ['kɑ:dɪnl] **I** *a* **1** huvud-, huvudsaklig, främst; avgörande; ~ *number* (*numeral*) grundtal; *the ~ points* de fyra väderstrecken **2** högröd, purpurröd **II** *s* **1** kardinal **2** purpurrött **3** kardinalfågel
card index ['kɑ:dɪndeks] kortregister, kartotek
cardi|ogram ['kɑ:dɪə(ʊ)græm] kardiogram **-ologist** [ˌkɑ:dɪ'ɒlədʒɪst] kardiolog, hjärtspecialist
cardsharp[er] ['kɑ:dˌʃɑ:p(ə)] falskspelare **card table** spelbord
care [keə] **I** *s* **1** bekymmer **2** omsorg, omtanke (*for* om); noggrannhet; [*handle*] *with* ~ aktas för stötar, [hanteras] varsamt; *take* ~ *to* vara noga med att; *take* ~ *not to* akta sig för att **3** omvårdnad, vård; *take* ~ *of* sörja för, ta hand (vård) om, sköta [om], vara rädd om, akta; *take ~!* akta dig!, se upp!, sköt om dig!, ha det så bra! **4** ~ *of* (*c/o*) adress **II** *v* **1** bry sig om [det]; ~ *about* bekymra (bry) sig om; ~ *for a*) tycka om, *b*) ta hand om, sörja för, *c*) bry sig om; *would you* ~ *for* skulle du vilja ha; *who ~s?* vad rör det mig!; *I don't* ~ det gör mig detsamma; *I couldn't* ~ *less* (*vard.*) det struntar jag i; *I don't* ~ *if I do* gärna för mig **2** ~ *to* ha lust (tycka om) att, [gärna] vilja
careen [kə'ri:n] [komma att] kränga
career [kə'rɪə] **I** *s* **1** levnadslopp, bana; karriär **2** [full] fart **II** *v* ila, rusa **career diplomat** [-ˌdɪpləmæt] yrkesdiplomat **career girl (woman)** [-gɜ:l, -ˌwʊmən] yrkes-, karriär|kvinna **careerist** [-rɪst] karriärist, streber **careers master** [-ˌmɑ:stə] yrkesvalslärare **careers officer** [-ˌɒfɪsə] yrkesvägledare
care|free ['keəfri:] sorglös, bekymmerslös **-ful** [-f(ʊ)l] **1** omsorgsfull; noggrann **2** försiktig; aktsam (*of* om, med); *be* ~ *with* vara rädd om, akta **-less** [-lɪs] **1** sorglös **2** slarvig, vårdslös; oförsiktig **3** likgiltig (*of* för), obekymrad (*of* om) **carelessness** [-lɪsnɪs] sorglöshet, slarv *etc., se careless*
caress [kə'res] **I** *v* smeka **II** *s* smekning
care|taker ['keəˌteɪkə] portvakt, fastighetsskötare; uppsyningsman, vaktmästare **-worn** tärd, förgrämd
cargo ['kɑ:gəʊ] skepps-, flyg|last, last **cargo**

steamer** lastångare

carhop ['kɑ:hɒp] *AE. vard.* uppassare på drive-in-restaurang

Caribbean [ˌkærɪ'bi:ən] karibisk

caribou ['kærɪbu:] amerikansk ren

carica|ture ['kærɪkətjʊə] **I** *s* karikatyr **II** *v* karikera **-turist** [-ˌtjʊərɪst] karikatyrtecknare; parodiförfattare

caries ['keərɪi:z] karies; tandröta; benröta

carillon ['kærɪljən] klockspel

carious ['keərɪəs] kariesangripen

Carmelite ['kɑ:mɪlaɪt] karmelit[munk, -nunna]

carmine ['kɑ:maɪn] **I** *a* karminröd **II** *s* karmin

carnage ['kɑ:nɪdʒ] blodbad, slakt

carnal ['kɑ:nl] köttslig, sinnlig; *have ~ knowledge of* (*jur.*) ha sexuellt umgänge med **-ity** [kɑ:'nælətɪ] sinnlighet

carnation [kɑ:'neɪʃn] **I** *s* **1** nejlika **2** ljusröd (skär) färg; hudfärg **II** *a* ljusröd, skär; hudfärgad

carnelian [kə'ni:ljən] *miner.* karneol

carney ['kɑ:nɪ] *vard.* ställa sig in hos; smickra, fjäska för

carnival ['kɑ:nɪvl] **1** karneval **2** kringresande tivoli **3** bullrande och uppsluppet festande

carni|vore ['kɑ:nɪvɔ:] rovdjur **-vorous** [kɑ:'nɪv(ə)rəs] köttätande

carny *se carney*

carol ['kær(ə)l] **I** *s* [lov]sång; jul|psalm, -sång **II** *v* [lov]sjunga; drilla

carom ['kærəm] *AE.* (*i biljard*) karambolage

carotid [kə'rɒtɪd] *a, ~ [artery]* halspulsåder

carousal [kə'raʊzl] supkalas, dryckesgille **carouse** [kə'raʊz] rumla, festa

carousel [ˌkæru:'zel] *AE.* karusell

1 carp [kɑ:p] (*pl ~s el. lika*) *zool.* karp

2 carp [kɑ:p] gnata; klanka (*at* på)

car park ['kɑ:pɑ:k] parkeringsplats

Carpathian [kɑ:'peɪθjən] *a, the ~ Mountains* Karpaterna

carpen|ter ['kɑ:pəntə] **I** *s* timmerman, byggnadssnickare; *the ~'s son* Jesus **II** *v* timra, snickra **-try** [-trɪ] **1** snickeri[arbete] **2** timmermans-, snickar|yrke

carpet ['kɑ:pɪt] **I** *s* matta; *be on the ~* (*vard.*) *a*) vara under övervägande, *b*) bli åthutad **II** *v* **1** mattbelägga **2** *vard.* ge en skrapa **carpetbag** resväska **carpetbagger** [-ˌbægə] *AE.* politisk lycksökare **carpet knight** [-naɪt] dagdrivare **carpet rod** [-rɒd] mattstång (*för trappmatta*) **carpet slipper** [-ˌslɪpə] filttoffel **carpet-sweeper** [-ˌswi:pə] (*mekanisk*) mattsopare

car|-pool ['kɑ:pu:l] **I** *s* samåkningsgrupp **II** *v* samåka **-port** ['kɑ:pɔ:t] carport, övertäckt bilplats

carrel[l] ['kærəl] (*på bibliotek e.d.*) studiecell

carriage ['kærɪdʒ] **1** vagn, ekipage; *~ and four* fyrspann; *~ and pair* tvåspännare **2** *tekn.* vagn; *järnv.* personvagn **3** lavett **4** transport, frakt **5** fraktkostnad; *~ forward* frakten betalas av mottagaren; *~ free* (*paid*) fraktfritt **6** hållning, sätt att föra sig **-way** kör|väg, -bana; *dual ~* väg med skilda körbanor

carrier ['kærɪə] **1** bärare, bud; åkare; transportföretag **2** paket-, bagage|hållare; *AE.* takräcke **3** *med.* smittbärare **5** hangarfartyg **6** brevduva **7** *radio.* bärvåg **carrier bag** bärkasse **carrier pigeon** [-ˌpɪdʒɪn] brevduva **carrier wave** *radio.* bärvåg

carrion ['kærɪən] kadaver **carrion crow** [-'krəʊ] *zool.* svartkråka

carrot ['kærət] morot; *~s* (*behandlas som sg, vard.*) rödhårig person **carroty** [-ɪ] **1** morotsröd **2** rödhårig

carrousel [ˌkæru:'zel] *AE.* karusell

carry ['kærɪ] **I** *v* **1** bära; bära på; medföra (*äv. bildl.*), ha med (på) sig; *bildl.* bära upp; forsla, frakta; *~ all before one* slå ner allt motstånd, genomdriva allt; *~ authority* vara inflytelserik; *~ the can* (*vard.*) få ta ansvaret; *~ into effect* utföra; *~ interest* löpa med ränta; *~ it* (*one's point*) få sin vilja igenom; *~ a tune* hålla ton[en]; *~ two* (*mat.*) två i minnet; *~ weight a*) ha inflytande, *b*) väga tungt **2** bära, föra, leda (*äv. bildl.*); *~ the joke too far* driva skämtet för långt **3** innehålla; ha plats för, rymma, ta; (*om tidning äv.*) ha, publicera; *~ing capacity* last|förmåga, -kapacitet **4** bära, hålla, föra; *~ one's head high* bära huvudet högt; *~ o.s.* uppträda, [upp]föra sig **5** intaga, erövra; vinna (*val, pris e.d.*); *~ the day* ta hem (avgå med) segern **6** driva (få) igenom, genomdriva (*lag e.d.*); *the motion was carried* motionen antogs (gick igenom) **7** *bokför.*, *~ [forward]* överföra, transportera **8** (*om projektil e.d.*) gå, nå; (*om ljud*) [kunna] höras **9** *AE.* få majoritet **10** *vard.* palla för, tåla (*sprit*) **11** *~ away a*) bära (föra *etc.*) bort, *b*) hänföra, rycka med sig; *be carried away by* ryckas med av, bli upptänd av; *~ back* föra tillbaka (*äv. i tiden*); *~ forward* (*bokför.*) överföra, transportera; *~ off a*) bära (föra *etc.*) bort, *b*) (*om döden*) rycka bort, *c*) hemföra, vinna, *d*) lyckas med, klara av; *~ on a*) fortsätta, gå (föra) vidare, *b*) föra (*samtal e.d.*), utöva, bedriva, *c*) *vard.* bråka, ställa till bråk; *~ on with* (*vard.*) ha en affär med; *~ out a*) utföra, genomföra, *b*) avsluta, slutföra; *~ over a*) bära (föra *etc.*) över, *b*) uppskjuta, *c*) *bokför.* transportera, överföra; *~ through a*) genomföra, fullfölja, driva igenom, *b*) hjälpa (klara) igenom **II** *s* **1** bärande, förande *etc.* **2** skottvidd, räckvidd

carry|all ['kærɪɔ:l] **1** [lätt] vagn **2** *AE.* rymlig väska **-cot** babylift **--over** [-ˌəʊvə] **1** *bokför.* transport **2** rest, överskott

carsick ['kɑ:sɪk] bil-, åk|sjuk

cart [kɑ:t] **I** *s* (*tvåhjulig*) kärra; *be in the ~* vara i knipa; *leave a p. in the ~* lämna ngn i sticket **II** *v* **1** köra, forsla (*m. kärra*) **2** släpa [på] **-age** ['kɑ:tɪdʒ] **1** transportkostnad, forlön **2** forsling (*m. kärra*)

carte [kɑ:t] matsedel **carte blanche** [ˌkɑ:t'blɑ̃:(n)ʃ] **1** blankofullmakt **2** carte blanche, full handlingsfrihet

cartel [kɑ:'tel] kartell

carter ['kɑ:tə] åkare, körare

cart|ful ['kɑ:tf(ʊ)l] vagnslass **-horse** arbetshäst

cartilage ['kɑ:tɪlɪdʒ] brosk

cartload ['kɑ:tləʊd] vagnslass; *bildl.* helt lass

carto|grapher [kɑ:'tɒgrəfə] kartograf, kartritare **-graphy** [-grəfɪ] kartografi **-mancy** ['kɑ:tə(ʊ)mænsɪ] spående i kort

carton ['kɑ:tn] kartong, pappask

cartoon [kɑ:'tu:n] **1** skämtteckning; [politisk] karikatyr **2** [tecknad] serie; *[animated] ~* tecknad (animerad) film **3** *konst.* kartong **-ist** [-ɪst]

skämt-, karikatyr|tecknare
cartridge ['kɑ:trɪdʒ] **1** patron **2** kassett **3** pick-up **cartridge belt** patronbälte **cartridge box** patron|väska, -kök **cartridge case** patronhylsa **cartridge paper** [-ˌpeɪpə] **1** karduspapper **2** kraftigt ritpapper
cart|wheel ['kɑ:twi:l] kärr-, vagns|hjul; *turn ~s* hjula **-wright** vagnmakare
carve [kɑ:v] **1** skära för (upp) (*stek e.d.*) **2** skära, snida; skära ut (in); gravera; skulptera **3** *~ out a*) skära (snida *etc.*) ut, *b*) *vard.* skapa sig; *~ up a*) skära i bitar, *b*) uppdela **carver** ['kɑ:və] **1** träsnidare; skulptör; gravör **2** förskärar|e, -kniv **carving** ['kɑ:vɪŋ] **1** [trä]snideri **2** utskuret (uthugget) arbete, snideri **carving knife** förskärar|e, -kniv
cascade [kæ'skeɪd] **I** *s* kaskad **II** *v* falla som en kaskad, falla i kaskader
1 case [keɪs] **I** *s* **1** fall; händelse; ärende, sak, fråga; situation, läge; *in ~* om, ifall; *bring it just in ~* ta med den för alla eventualiteter; *in ~ of* i händelse av, vid; *in the ~ of* i fråga om, när det gäller, för; *in any ~* i vilket fall som helst, i varje fall, i alla händelser; *in no ~* under inga omständigheter; *in that ~* i så fall; *in this ~* i det här fallet; *as the ~ may be* allt efter omständigheterna; *be in good ~* vara i goda omständigheter **2** [rätts]-fall; process, mål; sak; bevis[material]; skäl; *the ~ for the defendant* (*the prosecution*) försvarets (åklagarsidans) sakframställning; *there is a good ~ for* det finns starka skäl för, mycket talar för; *there is a lady in the ~* det är en kvinna med i spelet; *have a strong ~* ha en stark ställning, ha goda skäl; *make out one's ~* bevisa [riktigheten i] sina påståenden **3** [sjukdoms]fall; patient; klient **4** *språkv.* kasus **5** *vard.* original, egendomlig typ
2 case [keɪs] **I** *s* **1** låda, ask; skrin; etui; lår **2** hölje, fodral; huv; överdrag, kuddvar; boett; [bok]pärm; [glas]monter; fack **3** *boktr.* kast; *lower ~ types* gemena; *upper ~ types* versaler **II** *v* **1** lägga in [i en låda *etc.*] **2** *AE. sl.* spana in (*i sht plats som skall rånas*)
case book ['keɪsbʊk] **1** *med.* [sjuk]journal **2** bok med typfall
case-harden ['keɪsˌhɑ:dn] ythärda (*metall*); *bildl.* härda
case history ['keɪshɪstərɪ] fallbeskrivning; sjukdomshistoria
casein ['keɪsi:ɪn] kasein, ostämne
case knife ['keɪsnaɪf] slidkniv
case law ['keɪslɔ:] prejudikatlag
casemate ['keɪsmeɪt] kasematt, bombfritt valv
casement ['keɪsmənt] fönster (*med gångjärn på sidorna)*
caseous ['keɪsɪəs] ostaktig
case shot ['keɪsʃɒt] kartesch[er]
case study ['keisstʌdɪ] case study, fallstudie **casework** casework, individualinriktat socialarbete
cash [kæʃ] **I** *s* kontanter, reda pengar; kassa; *hard ~* reda pengar; *~ on delivery* [mot] postförskott (efterkrav); *~ down* mot kontant betalning; *in ~* vid kassa; *out of ~* utan kontanter, pank; *pay* [*in*] *~* betala kontant; *be short of ~* ha ont om kontanter **II** *v* lösa in (ut), kvittera ut; förvandla till kontanter; få pengar på; diskontera; *~ in a*) lösa in, *b*) *AE. sl.* lämna in (*dö*) ; *~ in on* (*sl.*) dra fördel av, utnyttja; *~ up* (*BE.*) räkna [dags]kassan
cash|-account [ˌkæʃə'kaʊnt] kassakonto **--book** ['kæʃbʊk] kassabok **--box** ['kæʃbɒks] kassa|skrin, -låda
cash crop ['kæʃkrɒp] avsalugröda **cash desk** kassa (*i varuhus e.d.*) **cash discount** kassarabatt
cashew [kæ'ʃu:] kasju[nöt]
cash flow ['kæʃfləʊ] penningflöde
1 cashier [kæ'ʃɪə] kassör, kassörska
2 cashier [kə'ʃɪə] *mil.* avskeda
cashmere [kæʃ'mɪə] kaschmir
cash-price ['kæʃpraɪs] kontantpris **cash register** [-ˌredʒɪstə] kassaapparat
casing ['keɪsɪŋ] hölje, omslag, fodral
casino [kə'si:nəʊ] kasino
cask [kɑ:sk] fat, tunna
casket ['kɑ:skɪt] **1** skrin, schatull **2** urna **3** *AE.* [lik]kista
Caspian ['kæspɪən] *a, the ~ Sea* Kaspiska havet
cassation [kæ'seɪʃn] *jur.* kassation, upphävande
casserole ['kæsərəʊl] gryta (*form o. maträtt*)
cassette [kə'set] kassett
cassock ['kæsək] prästrock, kaftan
cast [kɑ:st] **I** *v* (*cast, cast*) **1** kasta (*äv. bildl.*); *bildl.* förkasta, förvisa; *~ anchor* kasta ankare; *~ a glance* kasta en blick; *~ lots* dra lott; *~ into prison* kasta i fängelse; *~ a shadow* kasta en skugga; *~ a shoe* (*om häst*) tappa en sko; *~ a spell on* förhäxa; *~ teeth* tappa tänder; *~ a vote* avge en röst **2** gjuta; stöpa; [ut]forma, utarbeta **3** kasta av; fälla (*löv, skinn e.d.*) **4** *teat.* tilldela (*roll*) **5** *~* [*up*] addera; räkna [ut] **6** förutsäga; ställa (*horoskop*); *~ a person's fortune* spå ngn **7** *~ about* se sig om (*for* efter); *~ away a*) kasta bort, *b*) förspilla; *be ~ away* lida skeppsbrott; *~ back* (*bildl.*) återvända; *~ down* slå ner (*blicken*); *be ~ down* vara nedslagen; *~ in one's lot with* göra gemensam sak med; *~ off a*) kasta av, lägga av, förkasta, *b*) kasta loss; *~ up a*) kasta upp, kräkas, *b*) räkna ihop **II** *s* **1** kast[ande] **2** kast (*vid fiske*) **3** [fällt] skinn **4** gjutform; avgjutning **5** roll|fördelning, -besättning; *the ~* personerna, de medverkande **6** räkning, addering **7** utseende; läggning; typ **8** *have a ~ in one's eye* skela
castanets [ˌkæstə'nets] *pl* kastanjetter
castaway ['kɑ:stəweɪ] **1** utstött (förtappad) [människa] **2** skeppsbruten [människa] **3** bortkastad sak
caste [kɑ:st] **1** kast; *lose ~* sjunka på samhällsskalan **2** kastväsen
caster ['kɑ:stə] **1** kastare, gjutare *etc., se cast I* **2** ströare (*för socker e.d.*)
casti|gate ['kæstɪgeɪt] tukta; kritisera **-gation** [ˌkæstɪ'geɪʃn] tuktan; skarp kritik
casting ['kɑ:stɪŋ] gjutning; gjutet arbete **casting-net** fisknot, sänkhåv **casting vote** [ˌkɑ:stɪŋ'vəʊt] utslagsröst
cast iron [ˌkɑ:st'aɪən] **I** *s* gjutjärn **II** *a* **1** gjutjärns- **2** järnhård; oböjlig, orubblig
castle ['kɑ:sl] **I** *s* **1** slott; *~ in the air* (*in Spain*) luftslott, dagdröm **2** *schack.* torn **II** *v, schack.* rockera **--builder** [-ˌbɪldə] person som bygger luftslott
cast-off [ˌkɑ:st'ɒf] kasserad (avlagd) sak; ratad

person

castor ['kɑ:stə] **1** hjul, trissa (*på möbel*) **2** ströare (*för socker e.d.*); *a set of ~s* ett bordsställ **castor oil** [ˌkɑ:stər'ɔɪl] ricinolja

cas|trate [kæ'streɪt] kastrera **-tration** [-'treɪʃn] kastrering

casual ['kæʒjʊəl] **I** *a* **1** tillfällig; flyktig; planlös; *~ labourer* tillfällighetsarbetare; *~ sportsman* söndagsjägare; *~ poor* tillfälligt behövande [person] **2** nonchalant; ledig; *~ clothes* (*dress*) fritids-, vardags|kläder **II** *s* **1** *~s* (*pl*) fritids|kläder, -skor **2** tillfällighetsarbetare

casualty ['kæʒjʊəltɪ] **1** olycksfall **2** *casualties* (*pl*) olycksoffer, förluster i döda, tillfångatagna och sårade **casualty list** förlustlista **casualty ward** olycksfallsavdelning

cat [kæt] **I** *s* **1** katt; katta (*äv. bildl.*); kattdjur; *be like a ~ on a hot tin roof* (*on hot bricks*) vara orolig, sitta som på nålar; *let the ~ out of the bag* avslöja en hemlighet, skvallra; *look like s.th. the ~ brought in* se ovårdad (smutsig, vissen) ut; *put* (*set*) *the ~ among the pigeons* skapa oro i lägret; *it is raining ~s and dogs* det står som spön i backen; *not have room to swing a ~* ha det mycket trångt; *wait for the ~ to jump, see which way the ~ jumps* [vänta och] se vart vinden blåser (vad andra tycker) **2** *sl.* kille, typ **3** (*kortform för caterpillar*) bandtraktor **II** *v, sl.* spy

C.A.T. *BE., förk. för College of Advanced Technology* **cat.** *förk. för catalogue; catechism*

cataclysm ['kætəklɪz(ə)m] **1** kataklysm, naturkatastrof **2** omstörtning; omvälvning

catacomb ['kætəku:m] katakomb

catafalque ['kætəfælk] katafalk

catalog *AE.*, **catalogue** *BE.* ['kætəlɒg] **I** *s* katalog **II** *v* katalogisera

cataly|sis [kə'tælɪs|ɪs] (*pl -ses* [-si:z]) katalys **catalyst** ['kætəlɪst] katalysator

catamount ['kætəmaʊnt], **-ain** [ˌkætə'maʊntɪn] vildkatt; puma; lodjur

catapult ['kætəpʌlt] **I** *s* **1** katapult **2** slangbåge **II** *v* **1** skjuta ut med katapult **2** skjuta med slangbåge **3** *bildl.* slungas ut

cataract ['kætərækt] **1** katarakt **2** *med.* grå starr

catarrh [kə'tɑ:] katarr

catastrophe [kə'tæstrəfɪ] katastrof **catastrophic** [ˌkætə'strɒfɪk] katastrofal

cat burglar ['kætˌbɜ:glə] fasadklättrare **catcall** ['kætkɔ:l] **I** *s* **1** visselpipa **2** protestvissling **II** *v* vissla [åt]

catch [kætʃ] **I** *v* (*caught, caught*) **1** fånga (*äv. bildl.*); ta fast; få (fatta) tag i, gripa, ta; fängsla (*äv. bildl.*); *~ a person's attention* (*eye*) fånga ngns uppmärksamhet (blick); *~ one's breath* kippa efter andan; *~ hold of* a) ta tag i, *b*) ta fast; *~ sight of* få syn på **2** ertappa, komma på; *I caught him sleeping* jag kom på honom med att sova; *~ it* (*vard.*) bli utskälld **3** träffa, slå; *the stone caught me on the nose* stenen träffade mig på näsan **4** hinna (komma) med, hinna [i tid] till; *~ the bus* hinna med bussen **5** få, smittas av; *~* [*a*] *cold* bli förkyld **6** förstå, uppfatta, fatta; *I didn't ~ his meaning* jag förstod inte vad han menade **7** fastna med; haka i; *get caught* fastna **8** fastna; haka (hänga) upp sig **9** (*om eld*) ta sig **10** smitta, vara smittsam **11** *~* [*at*] gripa efter, försöka få tag i **12** *~ on* (*vard.*) *a*) bli populär (inne), *b*) fatta [galoppen]; *~ s.b. out* (*BE. vard.*) ertappa (komma på) ngn; *~ up a*) ta igen vad man försummat, *b*) hinna ifatt; *I was caught up in my reading* jag var helt uppslukad av läsningen; *~ up on* ta igen; *~ up with a*) hinna ifatt, *b*) komma ikapp med **II** *s* **1** fångande **2** fångst; kap, fynd **3** lyra; *play ~* kasta boll **4** knep, fälla; *there is a ~ in it* det är ngt skumt med det **5** stockning (*i rösten*) **6** [spärr]hake; knäppe, låsanordning **7** *mus.* (*slags*) kanon

catch|-as-catch-can [ˌkætʃəzˌkætʃ'kæn] fribrottning **-ing** ['kætʃɪŋ] smittsam, smittande

catchment area ['kætʃmənt 'eərɪə] **1** flodområde **2** *bildl.* upptagningsområde **catch|penny** ['kætʃˌpenɪ] **I** *a* säljande, publikdragande **II** *s* lockvara **--phrase** [-freɪz] modeord, inneuttryck **-pole, -poll** [-pəʊl] *hist.* exekutionsbetjänt **-up** [-ʌp] *se ketchup* **-word** [-wɜ:d] **1** rubrikord **2** *teat.* (*repliks*) slutord **3** slagord

catchy ['kætʃɪ] **1** [an]slående **2** knepig, svår

catechism ['kætɪkɪz(ə)m] **1** katekes **2** förhör

cathe|chize (*BE. äv. -chise*) ['kætɪkaɪz] **1** undervisa i katekesen **2** förhöra, fråga

categorical [ˌkætɪ'gɒrɪkl] kategorisk, bestämd **catego|rize** (*BE. äv. -rise*) ['kætɪgəraɪz] kategorisera **category** ['kætɪgərɪ] kategori

cater ['keɪtə] leverera mat; *~ for a*) leverera mat till, *b*) sörja för, *c*) tillgodose, *d*) servera **-er** [-rə] leverantör av mat **-ing** [-rɪŋ] catering, tillhandahållande (servering) av mat

caterpillar ['kætəpɪlə] **1** [fjärils]larv; kålmask **2** bandtraktor; tank

caterwaul ['kætəwɔ:l] **I** *v* jama; väsnas **II** *s* kattskrik; oväsen

catfish ['kætfɪʃ] *zool.* havskatt

catgut ['kætgʌt] tarmsträng, katgut

Cath. *förk. för Cathedral; Catholic*

cathar|sis [kə'θɑ:sɪs] **1** katharsis, rening **2** laxering **-tic** [-tɪk] **I** *a* **1** renande **2** laxerande **II** *s* laxermedel

Cathay [kə'θeɪ] *åld.* Kina

cathedral [kə'θi:dr(ə)l] katedral, domkyrka

catherine wheel ['kæθ(ə)rɪnwi:l] **1** roslönster **2** (*i fyrverkeri*) sol, hjul **3** *turn ~s* hjula

catheter ['kæθɪtə] *med.* kateter

cathode ['kæθəʊd] *elektr.* katod **cathode screen** *TV.* bildskärm

catholic ['kæθəlɪk] **I** *a* **1** universell **2** liberal, vidsynt **3** *C~* katolsk; *the Roman C~ Church* romersk-katolska kyrkan **II** *s, C~* katolik; *Roman C~* romersk katolik **Catholicism** [kə'θɒlɪsɪz(ə)m] katolicism[en]

cat|-ice ['kætaɪs] tunn is **-kin** [-kɪn] *bot.* hänge **--lap** *vard.* [te]blask **-mint** *bot.* kattmynta **-nap** tupplur **-nip** *bot.* kattmynta **--o'-nine-tails** *sjö.* [ˌkætə'naɪnteɪlz] dagg, niosvansad katt

cat's cradle ['kætsˌkreɪdl] "vagga" (*av snöre mellan fingrarna*)

cat's|-eye ['kætsaɪ] kattöga **--foot** ['kætsfʊt] *bot.* kattfot **--tail** *bot.* kaveldun

catsup ['kætsəp] = *ketchup*

cattle ['kætl] *pl* nötkreatur, boskap **cattle|-grid** *BE.*, **--guard** *AE.* färist **cattleman** boskapsuppfödare **cattle plague** boskapspest **cattle show** kreatursutställning **cattle truck** *järnv.*

boskapsvagn
cat|ty ['kætɪ] **1** kattlik **2** *vard.* elak, giftig **-walk** smal gångbro
Cauca|sian [kɔ:'keɪzjən] **I** *s* kaukasier, vit **II** *a* kaukasisk; vit **-sus** ['kɔ:kəsəs] *s, the* ~ Kaukasus
caucus ['kɔ:kəs] **1** *AE.* förberedande valmöte; planeringsmöte **2** [lokal] valkommitté; *the* ~ partimaskinen
caudal ['kɔ:dl] *a* stjärt-, svans-; ~ *fin* stjärtfena **caudate** ['kɔ:deɪt] försedd med stjärt (svans)
caught [kɔ:t] *imperf. o. perf. part. av catch*
caul [kɔ:l] fosterhinna; *born with a* ~ född med segerhuva
cauldron ['kɔ:ldr(ə)n] kittel
cauliflower ['kɒlɪflaʊə] blomkål
caulk [kɔ:k] dikta, täta, driva (*fartyg*)
causal ['kɔ:zl] orsaksmässig; orsaks- **causality** [kɔ:'zælətɪ] kausalitet, orsakssammanhang **causation** [kɔ:'zeɪʃn] **1** förorsakande **2** orsakssammanhang **causative** ['kɔ:zətɪv] *språkv.* kausativ
cause [kɔ:z] **I** *s* **1** orsak, grund, anledning (*of* till) **2** sak (*äv. jur.*); *make common* ~ *with* göra gemensam sak med; *show* ~ ange sina [rätts]grunder **II** *v* [för]orsaka, åstadkomma; förmå; låta
'cause [kɒz, *obetonat* kəz] *vard.* = *because*
causeless ['kɔ:zlɪs] grundlös; utan orsak
causerie ['kəʊzəri:] kåseri; pratstund, samtal
causeway ['kɔ:zweɪ] **1** broväg **2** upphöjd gångbana
caustic ['kɔ:stɪk] **I** *a* **1** brännande, frätande; ~ *soda* kaustik soda **2** bitande, sarkastisk **II** *s* frätmedel
cauter|ize (*BE. äv. -ise*) ['kɔ:təraɪz] bränna (*med brännjärn el. frätmedel*) **cautery** [-ɪ] **1** brännjärn **2** bränning
caution ['kɔ:ʃn] **I** *s* **1** försiktighet **2** varning; tillrättavisning **3** *vard.* festlig typ **II** *v* varna (*against* för); tillhålla, förmana **cautionary** [-ʃn̩ərɪ] varnande, varnings- **caution money** [-ˌmʌnɪ] *BE.* borgen **cautious** [-ʃəs] försiktig
cav. *förk. för cavalry*
cavalcade [ˌkævl'keɪd] kavalkad; procession
cavalier [ˌkævə'lɪə] **I** *s* **1** kavaljer **2** *hist.* ryttare; riddare **II** *a* **1** kavaljers- **2** nonchalant **3** stolt, övermodig
cavalry ['kævlrɪ] kavalleri
cave [keɪv] **I** *s* **1** håla; grotta; källare **2** *polit.* utbrytning ur parti **II** *v* **1** urholka **2** ~ *in a*) falla ihop, störta in, *b*) ge efter, *c*) *vard.* säcka ihop
caveat ['keɪvɪæt] **1** *jur.* protest **2** varning
cave-in ['keɪvɪn] ras, instörtande
caveman ['keɪvmən] **1** grottmänniska **2** *vard.* grobian
cavendish ['kæv(ə)ndɪʃ] (*slags*) tuggtobak
cavern ['kæv(ə)n] håla, grotta **-ous** [-əs] hålig, full av hålor; (*om ögon*) djupt liggande; (*om röst*) ihålig
caviar[e] ['kævɪɑ:] kaviar
cavil ['kævɪl] **I** *v* klanka, hacka (*at* på) **II** *s* småaktig (kitslig) kritik; klankande
cavity ['kævətɪ] hålighet, håla; *med.* kavitet; *oral* ~ munhåla
cavort [kə'vɔ:t] hoppa omkring
cavy ['keɪvɪ] marsvin
caw [kɔ:] **I** *s* kraxande **II** *v* kraxa
cay [keɪ] rev, bank, grund
cayenne [keɪ'en], **cayenne pepper** ['keɪen 'pepə] kajennpeppar
cayman ['keɪmən] (*pl* ~*s*) *zool.* kajman
C.B. *förk. för Companion of the [Order of the] Bath; County Borough* **C.B.C.** *förk. för Canadian Broadcasting Corporation* **C.B.D.** *förk. för cash before delivery* **C.B.E.** *förk. för Commander of [the Order of] the British Empire* **C.B.I.** *förk. för Confederation of British Industry* **CBS** *förk. för Columbia Broadcasting System* **C.C.** *förk. för City (County) Council; Cricket Club* **CD** *förk. för compact disc* **C.D.** *förk. för Civil Defence; Corps Diplomatique* **c.d.** *förk. för cash discount* **Cdr.** *förk. för Commander* **Cdre.** *förk. för Commodore* **CDT** *förk. för (AE.) Central Daylight Time* **C.E.** *förk. för chief (civil) Engineer; Church of England*
cease [si:s] **I** *v* upphöra [med]; sluta [upp]; ~ *fire!* eld upphör **II** *s, without* ~ oupphörligt **--fire** [ˌsi:s'faɪə] vapenvila **-less** ['si:slɪs] oupphörlig, ständig
cedar ['si:də] ceder[trä]
cede [si:d] avträda, överlåta
cedilla [sɪ'dɪlə] *språkv.* cedilj
ceil [si:l] förse med innertak **-ing** ['si:lɪŋ] **1** innertak **2** (*för flygplan*) maximihöjd **3** pris-, låne|-tak
celandine ['seləndaɪn] *bot., a) greater* ~ skelört, *b) lesser* ~ svalört
cele|brant ['selɪbr(ə)nt] mässförrättande präst, celebrant **-brate** [-breɪt] **1** fira, celebrera **2** prisa, lovsjunga **-brated** [-breɪtɪd] berömd, ryktbar; celeber **-bration** [ˌselɪ'breɪʃn] **1** firande, celebrerande **2** fest **3** förhärligande **4** nattvardsfirande **-brity** [sɪ'lebrətɪ] berömdhet, celebritet
celeriac [sɪ'lerɪæk] *bot.* rotselleri
celerity [sɪ'lerətɪ] snabbhet; hastighet
celery ['selərɪ] *bot.* [blek]selleri
celestial [sɪ'lestjəl] **I** *a* **1** himmelsk; gudomlig; *the C~ Empire* det Himmelska Riket, Kina **2** himla-; ~ *body* himlakropp; ~ *navigation* astronomisk navigation **II** *s* **1** himlainvånare **2** *C~* (*skämts.*) kines
celi|bacy ['selɪbəsɪ] ogift stånd, celibat **-bate** [-bət] **I** *a* ogift **II** *s, be a* ~ leva i celibat
cell [sel] cell; *elektr. äv.* element
cellar ['selə] **I** *s* källare; vinkällare **II** *v* förvara i [vin]källare **-age** [-rɪdʒ] **1** källarutrymme **2** källarhyra **-et** [ˌselə'ret] vinskåp **--flap** ['seləflæp], **--plate** ['seləpleɪt] källarlucka
cell division ['seldɪˌvɪʒn] celldelning
cellist ['tʃelɪst] *mus.* cellist **cello** [-əʊ] *mus.* cello
cellophane ['seləʊfeɪn] cellofan
cellular ['seljʊlə] cell-; cellformig; cellulär; ~ *shirt* brynja; ~ *tissue* cellvävnad **cellule** [-ju:l] liten cell
cellu|loid ['seljʊlɔɪd] celluloid **-lose** [-ləʊs] cellulosa
Celt [kelt] kelt **-ic** ['keltɪk] **I** *a* keltisk **II** *s* keltiska [språket]
cement [sɪ'ment] **I** *s* **1** cement; kitt; bindemedel **2** *bildl.* [förenings]band **II** *v* **1** cementera; kitta **2** fast förena **3** hänga samman **-ation** [ˌsi:men'teɪʃn] **1** cementering; kittning; sammanfogning **2** cementering (*av järn*)

C

cemetery ['semɪtrɪ] begravningsplats, kyrkogård (*ej vid kyrka*)

cen. *förk. för central* **C.Eng.** *förk. för chartered engineer*

cenotaph ['senə(ʊ)tɑ:f] kenotaf[ium], minnesgravvård

censer ['sensə] rökelsekar

censor ['sensə] **I** *s* censor **II** *v* censurera

censorious [sen'sɔ:rɪəs] [mycket] kritisk; klandersjuk

censorship ['censəʃɪp] **1** censur **2** censorskap

censure ['senʃə] **I** *s* klander, hård kritik **II** *v* klandra, kritisera, fördöma

census ['sensəs] folkräkning

cent [sent] **1** cent **2** *per* ~ procent; ~ *per* ~ hundraprocentig

cent. *förk. för centigrade; central; century*

cental ['sentl] centner (*vikt = 100 lb = 45,3 kg*)

centaur ['sentɔ:] centaur, kentaur

cente|narian [ˌsentɪ'neərɪən] **I** *a* hundraårig **II** *s* hundraåring **-nary** [sen'ti:nərɪ] **I** *a* hundraårig, hundraårs- **II** *s* **1** hundraårs|dag, -jubileum **2** hundraårsperiod

centennial [sen'tenjəl] **I** *a* hundraårig **II** *s* hundraårs|dag, -jubileum

center ['sentə] *AE., se centre*

centesimal [sen'tesɪml] **I** *s* hundradel **II** *a* hundradels

centi|grade ['sentɪgreɪd] hundragradig; celsius- **-gram[me]** centigram **-litre** [-ˌli:tə] centiliter **-metre** [-ˌmi:tə] centimeter **-pede** [-pi:d] tusenfoting

CENTO *förk. för Central Treaty Organization*

central ['sentr(ə)l] **I** *a* central; center-; mitt-, mellerst; huvud-; ~ *heating* centralvärme; ~ *reserve* mittremsa (*på väg*) **II** *s* **1** central **2** *AE.* telefonstation **-ity** [sen'trælətɪ] centralt läge; central karaktär **-ization** [ˌsentrəlaɪ'zeɪʃn] centralisering **-ize** (*BE. äv. -ise*) ['sentrəlaɪz] centralisera

centre ['sentə] **I** *s* centrum, center; mitt, medelpunkt; central; ~ *of gravity* tyngdpunkt **II** *v* **1** centrera **2** koncentrera **3** koncentreras (*on* på, till) **4** (*i fotboll*) göra inlägg mot mitten **centre bit** centrumborr **centreboard** *sjö.* centerbord **centrefold** mittuppslag **centre forward** center[forward] **centrepiece** bordsuppsats **centre spread** mittuppslag

cen|tric[al] ['sentrɪk(l)] central, centrum-; centrisk **-trifugal** [sen'trɪfjʊgl] centrifugal **-trifuge** ['sentrɪfju:dʒ] centrifug **-tripetal** [sen'trɪpɪtl] centripetal

centrist ['sentrist] *polit.* anhängare av mittenpolitik

centuple ['sentjʊpl] **I** *a* hundrafaldig **II** *v* hundrafaldiga

centurion [sen'tjʊərɪən] *hist.* centurion

century ['sentʃʊrɪ] **1** sekel, århundrade; *the nineteenth* ~ artonhundratalet **2** (*i kricket*) 100 poäng **3** *hist.* centuria

cep [sep] stensopp, karljohanssvamp

cephalic [ke'fælɪk] huvud-, kranie-

ceramic [sɪ'ræmɪk] **I** *a* keramisk **II** *s* **1** keramiskt material **2** keramikföremål **ceramics** [-s] (*behandlas som sg*) keramik (*krukmakeri*)

cereal ['sɪərɪəl] **I** *a* säd[es]- **II** *s* sädesslag; ~*s* (*pl äv.*) *a*) spannmål, *b*) flingor, rostat ris (*e.d., som morgonmål*)

cere|bellum [ˌserɪ'beləm] *s,* [*the*] ~ lilla hjärnan **-bral** ['serɪbr(ə)l] **1** cerebral, hjärn-; ~ *palsy* cerebral pares, cp **2** intellektuell **-brum** ['serɪbrəm] *s,* [*the*] ~ stora hjärnan

cere|monial [ˌserɪ'məʊnjəl] **I** *a* ceremoniell, högtids- **II** *s* ceremoniel **-monious** [-'məʊnjəs] ceremoniös; omständlig **-mony** ['serɪmənɪ] **1** ceremoni; högtidlighet, *Master of Ceremonies a*) ceremonimästare, *b*) konferencier **2** (*utan pl*) ceremonier, formalitet[er]; *stand on* ~ hålla på etiketten, vara formell

cerise [sə'ri:z] **I** *s* cerise[rött], körsbärsrött **II** *a* ceris, körsbärsfärgad

cert [sɜ:t] *vard.* bombsäker grej; given sak; säker vinnare

cert. *förk. för certificate; certification; certified*

certain ['sɜ:tn] **1** säker, viss; *for* ~ säkert; *he is* ~ *to come* han kommer säkert **2** viss, ej närmare bestämd; *a* ~ *number* ett visst antal; *to a* ~ *degree* i viss mån (grad) **certainly** [-lɪ] *adv* utan tvivel; säkerligen; [*yes,*] ~*!* ja visst!; ~ *not!* absolut inte! **certainty** [-tɪ] säkerhet, visshet; *for a* ~ med säkerhet

certifi|cate I *s* [sə'tɪfɪkət] **1** intyg, attest, bevis; certifikat **2** betyg, diplom **II** *v* [sə'tɪfɪkeɪt] förse med intyg (attest *etc.*), utfärda intyg (attest *etc.*) åt; ~*d* [ut]examinerad, behörig **-cation** [ˌsɜ:tɪfɪ'keɪʃn] **1** intygande, vitsordande **2** utfärdande av intyg

certi|fy ['sɜ:tɪfaɪ] **1** attestera; intyga, betyga; auktorisera; *-fied cheque* bekräftad check; *-fied mail* (*AE. ung.*) rekommenderad försändelse; *this is to* ~ *that* härmed intygas att **2** förklara sinnessjuk

certitude ['sɜ:tɪtju:d] säkerhet, visshet

cerulean [sɪ'ru:ljən] himmels-, azur|blå

cerumen [sɪ'ru:men] örvax

ceruse ['sɪəru:s] blyvitt

cer|vix ['sɜ:vɪks] (*pl -vixes el. -vices* [-vɪsi:z]) *anat.* cervix; livmoderhals

cessation [se'seɪʃn] upphörande; avbrott **cession** ['seʃn] avträdande, överlåtande

cess|pit ['sespɪt], **-pool** kloak, avlopps|brunn; *bildl.* dypöl

C.E.T. *förk. för Central European Time*

cetacean [sɪ'teɪʃjən] *zool.* **I** *a* val- **II** *s* val

Ceylon [sɪ'lɒn] Ceylon **-ese** [ˌselə'ni:z] **I** *s* ceylones **II** *a* ceylonesisk

C.F. *förk. för Chaplain to the Forces* **cf.** *förk. för confer* jfr, jämför **c.f.** *förk. för cost and freight* **c/f** *förk. för carried forward* trpt, transport **C.F.I.** *förk. för cost, freight, and insurance* **C.G.** *förk. för captain general; coastguard; Coldstream Guards; consul general* **cg** *förk. för centigram* **C.G.M.** *förk. för Conspicuous Gallantry Medal* **C.G.S.** *förk. för Chief of General Staff* **c.h.** *förk. för custom house*

chafe [tʃeɪf] **I** *v* **1** gnida (gnugga) [varm] **2** skava **3** irritera **4** gnida sig **5** bli irriterad **II** *s* skavsår

chafer ['tʃeɪfə] skalbagge

1 chaff [tʃɑ:f] **1** agnar **2** hackelse

2 chaff [tʃɑ:f] **I** *s* drift, skoj; *not to be caught with* ~ inte så lätt att lura **II** *v* skoja [med], retas [med]

chaffer ['tʃæfə] **I** *v* köpslå, schackra **II** *s* köpslående, schackrande

chaffinch ['tʃæfɪn(t)ʃ] bofink
chafing-dish ['tʃeɪfɪŋdɪʃ] värmeplatta (*för varmhållning av mat vid bordet*)
chagrin ['ʃægrɪn] **I** *s* förtret; besvikelse **II** *v* förtreta
chain [tʃeɪn] **I** *s* kedja (*äv. bildl.*); kätting; *~s* (*pl*) bojor **II** *v,* ~ [*up*] fastkedja (*to* vid) **--armour** [ˌtʃeɪn'ɑ:mə] ringbrynja
chain gang ['tʃeɪngæŋ] *AE.* grupp av hopkedjade straffångar **chain letter** [-ˌletə] kedjebrev **chain mail** [ˌtʃeɪn'meɪl] ringbrynja **chain reaction** ['tʃeɪnrɪˌækʃn] kedjereaktion **chain saw** ['tʃeɪnsɔ:] motorsåg **chain-smoke** ['tʃeɪnsməʊk] kedjeröka **chain-smoker** ['tʃeɪnˌsməʊkə] kedjerökare **chain stitch** ['tʃeɪnstɪtʃ] *sömn.* kejdestygn **chain store** ['tʃeɪnstɔ:] kedjebutik, filial[affär]
chair [tʃeə] **I** *s* **1** stol; *the ~* (*AE.*) elektriska stolen; *take a ~* sätta sig **2** ordförandeskap; *be in the ~* sitta som ordförande; *take the ~* inta ordförandeplatsen; *~! ~!* till ordningen! **3** lärostol; professur **II** *v* bära i gullstol **2** vara ordförande i; sitta som ordförande vid
chair lift ['tʃeəlɪft] stollift **chairman** [-mən] ordförande **chairmanship** ordförandeskap **chairperson** [-ˌpɜ:sn] ordförande **chairwoman** [-ˌwʊmən] [kvinnlig] ordförande
chaise [ʃeɪz] **1** schäs, lätt vagn **2** *AE.* vilstol **chaise longue** [ˌʃeɪz'lɒŋg] (*pl chaise[s] longues*) schäslong
chalet ['ʃæleɪ] **1** chalet, schweizerhydda **2** stuga
chalice ['tʃælɪs] [nattvards]kalk; *poet.* bägare
chalk [tʃɔ:k] **I** *s* **1** krita; *as alike* (*different*) *as ~ and cheese* (*vard.*) olika som natt och dag; *not by a long ~* (*vard.*) inte på långa vägar **2** kritstreck **II** *v* **1** rita (skriva) med krita; *~ up* (*vard.*) *a*) skriva upp (*köpa på kredit*), *b*) notera, få (*poäng*) **2** krita ner
chalk|pit ['tʃɔ:kpɪt] kalkbrott **-stone** giktknöl **--striped** kritstrecksrandig
chalky ['tʃɔ:kɪ] krit-, kritig; kritvit
challenge ['tʃælɪn(d)ʒ] **I** *v* **1** (*om vaktpost e.d.*) anropa **2** utmana; trotsa **3** bestrida **4** göra anspråk på, tilldra sig **5** *jur.* anföra jäv mot, jäva **II** *s* **1** anrop (*av vaktpost e.d.*) **2** utmaning **3** bestridande **challenge-cup** vandringspokal **challenger** [-ə] utmanare
chamber ['tʃeɪmbə] **1** *åld. el. poet.* kammare; *~ of horrors* skräckkabinett **2** *~s* (*pl*) *a*) juristkontor, *b*) domares ämbetsrum **3** *parl.* kammare **4** *C~ of Commerce* handelskammare **chamberlain** [-lɪn] **1** kammarherre **2** *ung.* [kommunal] kamrer **chambermaid** [hotell]städerska **chamber music** [-ˌmju:zɪk] kammarmusik **chamber orchestra** [-ˌɔ:kɪstrə] kammarorkester **chamber pot** [-pɒt] nattkärl
chameleon [kə'mi:ljən] *zool.* kameleont
chamfer ['tʃæmfə] **I** *s* **1** avfasning **2** räffla, fåra **II** *v* **1** avfasa **2** räffla, fåra
chamois ['ʃæmwɑ:] stenget **chamois leather** ['ʃæmɪleðə] sämskskinn
chamomile ['kæmə(ʊ)maɪl] *se camomile*
1 champ [tʃæmp] *v* bita [i], tugga [på]; *~ at the bit* (*vard.*) brinna av iver (otålighet)
2 champ [tʃæmp] *vard., se champion I 1*
champagne [ˌʃæm'peɪn] champagne
champion ['tʃæmpjən] **I** *s* **1** champion; mästare **2** förkämpe (*of* för) **II** *v* kämpa för, förfäkta **III** *a* förnämst; mästar-; rekord- **-ship 1** mästerskap (*i idrott e.d.*) **2** försvar (*of* för)
Chanc. *förk. för chancellor; chancery*
chance [tʃɑ:ns] **I** *s* **1** tillfällighet, slump; *by ~* händelsevis **2** chans; tillfälle; *have an eye for the main ~* se på förtjänsten, vara om sig; *the ~s are against it* det är föga troligt; *stand a fair ~* ha goda utsikter; *take one's ~* våga försöket **II** *a* tillfällig **III** *v* hända sig; råka; *~* [*up*]*on* råka på, råka finna **2** riskera; *~ one's arm* göra ett försök
chancel ['tʃɑ:nsl] kor
chancel|lery ['tʃɑ:nsələrɪ] **1** kansli **2** kanslersämbete **3** *AE.* ambassad-, konsulats|kansli **-lor** [-lə] **1** kansler; *Lord* [*High*] *C~* lordkansler (*justitieminister o. talman i överhuset*); *C~ of the Exchequer* (*i England*) finansminister **2** *AE.* [universitets]kansler
chancery ['tʃɑ:ns(ə)rɪ] **1** *C~ Division* (*i England*) lordkanslerns domstol, kanslersrätt (*nu avdelning av högsta domstolen*) **2** *AE.*, [*court of*] *~* domstol som tillämpar sedvanerätt **3** statsarkiv **4** *in ~* (*vard.*) i knipa
chandelier [ˌʃændə'lɪə] ljuskrona
chandler ['tʃɑ:ndlə] **1** handlande, hökare **2** ljus|-tillverkare, -försäljare
change [tʃeɪn(d)ʒ] **I** *v* **1** [för]ändra (*into* till), ändra på; *~ front* (*bildl.*) ändra ståndpunkt, göra en helomvändning; *~ one's mind* ändra sig, ändra åsikt; *~ one's tune* ändra inställning **2** byta ([*in*]*to* till; *out of* från); byta ut (*for* mot); skifta; *~one's clothes* byta kläder, byta [om]; *~ colour* skifta färg; *~ one's condition* gifta sig; *~ feet* (*vard.*) byta på fötterna; *~ gear* växla (*bil e.d.*); *~ hands* byta ägare; *~ places* byta plats; *~ sides* byta sida (*äv. bildl.*) **3** växla (*pengar*) **4** byta [blöjor] på **5** [för]ändras, ändra sig; (*om vind e.d.*) växla, kasta om **6** byta (*tåg e.d.*); byta [om], byta kläder **7** *~ down* (*up*) växla ner (upp) **II** *s* **1** [för]ändring; växling; skifte; *~ of address* adress[för]ändring; *~of heart* sinnes[för]ändring; *~ of life* klimakterium, övergångsålder; *a ~ for the better* en förändring till det bättre **2** [om]byte, utbyte; omväxling; *~ of air* luftombyte; *a ~ of clothes* ett ombyte med kläder; *for a ~* som omväxling, för omväxlings skull, (*iron.*) för en gångs skull **3** [*small*] *~* växel[pengar]; *can you give me ~ for a pound?* kan ni växla ett pund åt mig?; *keep the ~!* det är jämnt!; *get no ~ out of s.o.* (*sl.*) inte komma någon vart med ngn **4** *~s* (*pl*) växlingar (*vid klockringning*) **5** *åld., C~* börsen **-ability** [ˌtʃeɪn(d)ʒə'bɪlətɪ] ombytlighet, föränderlighet **-able** ['tʃeɪn(d)ʒəbl] **1** ombytlig, föränderlig **2** som kan bytas (ändras) **-ling** ['tʃeɪn(d)ʒlɪŋ] bortbyting **-over** ['tʃeɪn(d)ʒˌəʊvə] **1** omkoppling **2** omslag; *bildl.* övergång; *sport.* växling, byte **-over switch** omkopplare
changing-room ['tʃeɪn(d)ʒɪŋrʊm] omklädningsrum
channel ['tʃænl] **I** *s* **1** kanal, sund; *the C~* Engelska kanalen **2** flodbädd **3** strömfåra; segelränna **4** *bildl.* medium, [informations]väg, kanal **5** *radio., TV.* kanal **II** *v* **1** göra kanal[er] i **2** kanalisera; leda **channel selector** [-sɪˌlektə] kanalväljare

C

chant [tʃɑ:nt] **I** *s* **1** *poet.* sång, melodi **2** *kyrkl.* liturgiskt recitativ **3** taktfast ropande **II** *v* **1** *poet.* [be]sjunga **2** sjunga liturgiskt, mässa **3** ropa taktfast
chanterelle [ˌtʃæntəˈrel] kantarell
chanticleer [ˌtʃæntɪˈklɪə] tupp
chanty [ˈtʃɑ:ntɪ] *se shanty 2*
cha|os [ˈke(ɪ)ɒs] kaos **-otic** [ke(ɪ)ˈɒtɪk] kaotisk
1 chap [tʃæp] **I** *s* [hud]spricka **II** *v* **1** (*om hud*) bli (göra) narig (sprucken)
2 chap [tʃæp] *vard.* karl; *old ~* gamle gosse
chap. *förk. för chaplain; chapter*
chaparejos [ˌtʃæpəˈreɪhəʊs] *pl, se chaps*
chaparral [ˌtʃæpəˈræl] *AE.* tätt busksnår
chap-book [ˈtʃæpbʊk] *hist.* folkbok
chapel [ˈtʃæpl] **1** kapell; kyrka; (*frikyrklig*) gudstjänstlokal, bönhus; *~ of ease* annexkyrka; *be ~* vara frikyrklig **2** gudstjänst
chaperon [ˈʃæpərəʊn] **I** *s, bildl.* förkläde **II** *v* vara förkläde åt
chapfallen [ˈtʃæpˌfɔ:lən] *bildl.* lång i ansiktet
chaplain [ˈtʃæplɪn] kaplan; (*regements-, sjömans-, fängelse- etc.*) pastor, präst
chapman [ˈtʃæpmən] *åld.* gårdfarihandlare
chaps [tʃæps] *pl* (*cowboys*) läderbyxor
chapstick [ˈtʃæpstɪk] *AE.* cerat
chapter [ˈtʃæptə] **1** kapitel; *to the end of the ~* för alltid; *a ~ of accidents* en rad olyckor; *~ and verse* (*bildl.*) säker källa **2** avdelning (*av studentförening e.d.*) **3** domkapitel; ordenskapitel
1 char [tʃɑ:] [bäck]röding
2 char [tʃɑ:] *vard.* **I** *s* städerska **II** *v* arbeta som städerska, gå och städa
3 char [tʃɑ:] **1** bränna till kol; komma att förkolna **2** förkolna
4 char [tʃɑ:] *sl.* te
charabanc [ˈʃærəbæŋ] *BE.* turistbuss
character [ˈkærəktə] **1** karaktär; egenart; *a man of ~* en man med god (fast) karaktär **2** person[lighet]; *vard.* original, individ; *public ~* offentlig person; *he is quite a ~* han är ett riktigt original **3** person (*i bok e.d.*); figur, roll; *in ~* rollenligt, i stil **4** [skrift]tecken; bokstav; siffra **5** vitsord, betyg **-istic** [ˌkærəktəˈrɪstɪk] **I** *a* karakteristisk (*of* för) **II** *s* känne|märke, -tecken, utmärkande drag **-ization** (*BE. äv. -isation*) [ˌkærəktəraɪˈzeɪʃn] karakterisering, karakteristik **-ize** (*BE. äv. -ise*) [ˈkærəktəraɪz] karakterisera, beteckna; känneteckna
charade [ʃəˈrɑ:d] charad
charcoal [ˈtʃɑ:kəʊl] träkol **--burner** [-ˌbɜ:nə] kolare
charge [tʃɑ:dʒ] **I** *v* **1** ta [betalt]; belasta (*konto*), debitera (*with* med, för); *~ up* debitera; *~ s.th. to a p.'s account* debitera ngns konto med ngt; *I won't ~ you for that* jag kommer inte att ta betalt av dig för det **2** anklaga; *~ s.b. with s.th* anklaga ngn för ngt **3** *~ s.b. to do s.th.* ge ngn i uppdrag att göra ngt; *~ s.b. with s.th.* förelägga (anförtro) ngn ngt **4** anfalla; rusa på **5** ladda; fylla [i, på]; *~ up* ladda (*batteri o.d.*) **6** storma (rusa) fram (*at* mot); rusa [in]; *he ~d into the room* han rusade in i rummet **II** *s* **1** pris, avgift; taxa; [fast] utgift; *~s* (*pl*) omkostnader; *free of* (*no*) *~* gratis; *at my uncle's ~* på min farbrors bekostnad; **2** anklagelse, beskyllning (*of* för); *bring a ~ against s.b.* rikta en anklagelse mot ngn, väcka åtal mot ngn; *convicted on all five ~s* förklarad skyldig på alla fem anklagelsepunkterna; *be on a murder ~* vara anklagad för mord; *on a ~ of* anklagad för; *lay s.th. to a p.'s ~* lägga ngn ngt till last **3** befallning, åläggande; uppdrag **4** anfall, angrepp, stormning; *sound the ~* blåsa till anfall **5** laddning **6** [fängsligt] förvar; *give in ~* låta arrestera; *take in ~* arrestera **7** skyddsling; anförtrodd sak **8** ansvar; uppsikt; vård; *be in ~* ha ansvaret, vara ansvarig; *be in ~ of* ha ansvaret för, ha hand om, leda, ha vården om; *be in the ~ of* handhas av; *take ~* ta ledningen (kommandot); *take ~ of* ta hand om **-able** [ˈtʃɑ:dʒəbl] **1** ansvarig, åtalbar (*with* för) **2** *be ~ to s.b.* påföras ngns konto
charge account [ˈtʃɑ:dʒəkaʊnt] *AE.* konto (*i affär e.d.*)
chargé d'affaires [ˌʃɑ:ʒeɪdæˈfeə] (*pl chargés d'affaires* [ˌʃɑ:ʒeɪz-] chargé d'affaires
charger [ˈtʃɑ:dʒə] **1** stridshäst, officershäst **2** laddningsaggregat
chariness [ˈtʃeərənɪs] **1** försiktighet **2** rädsla **3** snålhet
chariot [ˈtʃærɪət] **1** triumf-, strids|vagn **2** lätt fyrhjulig vagn **-eer** [ˌtʃærɪəˈtɪə] körsven
charisma [kəˈrɪzmə] karisma, utstrålning
charitable [ˈtʃærətəbl] **1** barmhärtig; välgörenhets- **2** mild, överseende
charity [ˈtʃærətɪ] **1** barmhärtighet; välgörenhet; allmosor **2** mildhet, överseende **3** människokärlek, kärlek till nästan **4** välgörenhetsinrättning **charity boy (girl)** *hist.* barnhemsbarn **charity concert** välgörenhetskonsert **charity school** *hist.* fattigskola
charivari [ˌʃɑ:rɪˈvɑ:rɪ] larm, oljud
charlady [ˈtʃɑ:leɪdɪ] *se charwoman*
charlatan [ˈʃɑ:lət(ə)n] charlatan, kvacksalvare
Charlemagne [ˈʃɑ:ləmeɪn] Karl den store
Charles [tʃɑ:lz] Karl; *~'s Wain* Karlavagnen
charlock [ˈtʃɑ:lɒk] *bot.* åkersenap
charlotte [ˈʃɑ:lət] *s,* [*apple*] *~* äppelcharlotte
charm [tʃɑ:m] **I** *s* **1** tjusning, behag, charm; *~s* (*pl*) skönhet, behag **2** förtrollning; trollformel **3** amulett; berlock **II** *v* **1** tjusa, förtrolla, charmera **2** [för]trolla; *~ away* trolla bort; *~ s.th. out of a p.* avlocka ngn ngt; *bear a ~ed life* vara osårbar
charmer [ˈtʃɑ:mə] tjusare, charmör **charming** [-ɪŋ] förtjusande, bedårande, charmig, charmfull
charnel house [ˈtʃɑ:nlhaʊs] bårhus
chart [tʃɑ:t] **I** *s* **1** sjökort **2** diagram; tabell; karta; *weather ~* väderkarta **3** *vard., the ~s* topplista **II** *v* kartlägga
charter [ˈtʃɑ:tə] **I** *s* **1** kungabrev; frihetsbrev; privilegiebrev; *the Great C~* Magna Charta **2** oktroj, koncession **3** urkund; kontrakt **4** privilegium, tillerkänd rätt[ighet] **5** charter **6** *the C~ of the United Nations* Förenta Nationernas stadga **7** *sjö.* certeparti **II** *v* **1** bevilja rättigheter (oktroj, koncession, privilegium) **2** chartra, befrakta **3** *~ed accountant* auktoriserad revisor **charterer** [-rə] befraktare **charter party** [-ˌpɑ:tɪ] *sjö.* certeparti
chart|-house [ˈtʃɑ:thaʊs], **--room** navigationshytt
charwoman [ˈtʃɑ:wʊmən] städerska, städhjälp
chary [ˈtʃeərɪ] **1** försiktig **2** rädd (*of* för) **3** snål,

njugg (*of* med)
1 chase [tʃeɪs] **I** *s* **1** jakt; förföljande; *in ~ of* på jakt efter; *give ~ to* sätta efter, jaga **2** jaktpark **3** jagat villebråd **II** *v* **1** jaga; förfölja **2** *vard.* rusa
2 chase [tʃeɪs] ciselera, driva
1 chaser [ˈtʃeɪsə] **1** förföljare; jägare **2** jagare **3** hinderloppshäst **4** för-, akter|kanon **5** *sl.* eftersläckare (*att skölja ner annan dryck med*)
2 chaser [ˈtʃeɪsə] ciselör
chasm [ˈkæz(ə)m] svalg, klyfta
chassis [ˈʃæsɪs] chassi, underrede
chaste [tʃeɪst] kysk, ren
chasten [ˈtʃeɪsn] **1** tukta, straffa **2** dämpa, tygla
chastise [tʃæˈstaɪz] aga, tukta **-ment** [ˈtʃæstizmənt] aga, tuktan
chastity [ˈtʃæstətɪ] kyskhet, renhet
chasuble [ˈtʃæzʊbl] mässhake
chat [tʃæt] **I** *v* **1** prata **2** *~ up* (*sl.*) snacka in sig hos, flörta med **II** *s* **1** [små]prat; pratstund **2** *zool.* stenskvätta
chateau [ˈʃætəʊ] (*pl ~x* [-z] *el. ~s*) slott; herrgård (*utanför England*) **chatelaine** [ˈʃætəleɪn] *åld.* slottsfru, värdinna
chat show [ˈtʃætʃəʊ] intervjuprogram (*i radio el. TV*)
chattel [ˈtʃætl] *s, goods and ~s* lösegendom, tillhörigheter
chatter [ˈtʃætə] **I** *v* **1** sladdra, pladdra **2** smattra, skaka **II** *s* **1** sladder, pladder, prat **2** skrammel, skakning **chatterbox** prat|makare, -kvarn **chatty** [-ɪ] pratsam; pratig
chauffeur [ˈʃəʊfə] chaufför
chauvin|ism [ˈʃəʊvɪnɪz(ə)m] chauvinism; *male ~* manschauvinism **-ist** [-ɪst] chauvinist; *male ~* manschauvinist; *male ~ pig* (*vard.*) [mullig] mansgris
chaw [ˈtʃɔ:] *dial.* **I** *v* **1** tugga **2** *~ up* klå [upp] **II** *s* tobaksbuss
Ch.B. *förk. för Chirurgiae Baccalaureus* (*lat.*) *Bachelor of Surgery*
cheap [tʃi:p] **I** *a* **1** billig; *~ and nasty* billig och dålig; *C~ Jack* försäljare, knalle; *~ money policy* lågräntepolitik **2** tarvlig, billig, futtig; *feel ~* känna sig billig (enkel); *hold ~* ringakta **II** *adv* billigt; *sell ~* sälja billigt **III** *s, vard., I got it on the ~* jag fick den billigt **cheapen** [ˈtʃi:p(ə)n] **1** göra billig[are], förbilliga **2** bli billig[are]
cheat [tʃi:t] **I** *s* **1** bedragare, skojare, falskspelare **2** bedrägeri; fusk **II** *v* **1** bedra, lura; fuska; spela falskt; *~ s.b. [out] of s.th.* lura av ngn ngt; *~ at cards* fuska i kort; *~ on* (*vard.*) vara otrogen mot, bedra **2** *~ the time* fördriva tiden
check [tʃek] **I** *s* **1** hejdande, stopp, avbrott; hinder; dämpare; *act as a ~ on* verka återhållande på **2** band, tvång, tygel; kontroll; *AE.* avbockning, förprickning; *in ~* under kontroll; *keep (put) a ~ on, keep in ~ a*) hålla i schack, *b*) kontrollera, ha koll på **3** kontramärke, bricka; *AE.* pollettemärke **4** *AE.* check; [restaurang]nota **5** rutmönster; rutigt tyg; ruta (*i mönster*) **6** schack (*ställning*) **7** spelmark **II** *interj* schack! **III** *v* **1** hejda, stoppa, avbryta; bromsa, försinka **2** hålla tillbaka, tygla, hejda **3** tillrättavisa **4** kontrollera, checka; *AE.* bocka (pricka) av (för) **5** *AE.* stämma överens **6** *AE.* inlämna till förvaring (*i garderob e.d.*) **7** schacka **8** rutmönstra, göra rutig **9** *~ in a*) checka (boka) in, boka in sig, *b*) anmäla sig; *~ out a*) checka ut (*från hotell*), *b*) stämpla ut (*från arbete*), *c*) kontrollera; *~ up* checka upp, kontrollera
checkbook [ˈtʃekbʊk] *AE.* checkhäfte
checked [-t] rutig **checker** [-ə] **1** *AE.* = *chequer* **2** *put a ~ on* lägga band på **3** *~s* (*pl, behandlas som sg*) dam[spel] **checkerboard** [-əbɔ:d] *AE.* schack-, dam|bräde
check|mate [ˈtʃekmeɪt] **I** *s* schack och matt, schackmatt **II** *v* göra schackmatt **-point** vägspärr; kontrollstation **-room** *AE.* resgods-, bagage|inlämning **--till** kontrollkassa (*i butik*) **--up** **1** noggrann undersökning **2** hälsokontroll
cheek [tʃi:k] **I** *s* **1** kind; *~ by jowl* tätt ihop, förtroligt **2** *vard.* fräckhet; *I like your ~!* du var mig en fräck en! **3** dörrpost **4** *sl., ~s* (*pl*) skinkor **II** *v, vard.* vara fräck mot **cheekbone** [ˈtʃi:kbəʊn] kindben **cheekiness** [ˈtʃi:kɪnɪs] fräckhet **cheeky** [ˈtʃi:kɪ] fräck
cheep [tʃi:p] **I** *v* pipa **II** *s* pip
cheer [tʃɪə] **I** *s* **1** hurra-, bravo|rop **2** munterhet, glädje **3** *vard., what ~?* hur mås det? **4** *åld., make good ~* äta och må gott, kalasa **5** *~s!* skål! **II** *v* **1** hurra [för], ropa bravo [åt] **2** *~ up a*) pigga (muntra) upp, *b*) bli gladare, gaska upp sig **3** *~ [on]* heja på **-ful** [ˈtʃɪəf(ʊ)l] **1** glad[lynt], munter **2** glädjande; trevlig; *a ~ room* ett ljust och glatt rum **-fulness** [ˈtʃɪəf(ʊl)nɪs] glatt lynne, glättighet, gladlynthet **-ing** [ˈtʃɪərɪŋ] **I** *s* hurrarop; hejarop **II** *a* uppmuntrande, glädjande
cheerio [ˈtʃɪərɪəʊ] *BE., vard.* **1** hej [då]! **2** skål!
cheer|leader [ˈtʃɪəˌli:də] hejarklacksanförare **-less** [-lɪs] dyster, glädjelös
cheery [ˈtʃɪərɪ] glad, munter, livlig
1 cheese [tʃi:z] *s* ost; *big ~* (*sl.*) [stor]pamp, höjdare; *hard ~* otur; *that's the ~* så skall det vara
2 cheese [tʃi:z] *v, ~ it!* låt bli!, lägg av!, stick!
cheese|board [ˈtʃi:zbɔ:d] ostbricka **-burger** [-ˌbɜ:gə] ostburgare **-cake** [-keɪk] **1** (*slags tårta*) cheesecake **2** *sl.* sexig bild av pinuppa **-monger** [-ˌmʌŋgə] osthandlare **-paring** [-ˌpeərɪŋ] **I** *s* **1** *~s* (*pl*) struntsaker **2** småsnålhet **II** *a* småsnål, knusslig **--spread** [-spred] mjukost **--straw** [-strɔ:] *kokk.* oststång
cheesy [ˈtʃi:zɪ] **1** ostaktig **2** *AE. sl.* usel, värdelös; äcklig
cheetah [ˈtʃi:tə] *zool.* gepard
chef [ʃef] [mäster]kock; köksmästare
chem. *förk. för chemical; chemist; chemistry*
chemical [ˈkemɪkl] **I** *a* kemisk **II** *s, ~s* (*pl*) kemikalier
chemise [ʃəˈmi:z] damlinne
chemist [ˈkemɪst] **1** kemist **2** apotekare; *~'s* (*ung.*) apotek, färghandel **chemistry** [-rɪ] kemi
cheque [tʃek] check; *a ~ for £100* en check på 100 pund **-book** [ˈtʃekbʊk] checkhäfte
chequer [ˈtʃekə] **I** *s, ~s* (*pl*) rutmönster **II** *v* **1** dela i rutor, inruta **2** ge omväxling åt **chequerboard** damspelsbräde **chequered** [-d] **1** rutig **2** brokig, skiftesrik, växlande
cherish [ˈtʃerɪʃ] **1** hysa, nära (*känslor*) **2** vårda, omhulda
cheroot [ʃəˈru:t] cigarill
cherry [ˈtʃerɪ] **I** *s* **1** körsbär; körsbärsträd **2** *sl.* mödomshinna; oskuld **II** *a* körsbärs-; körsbärsröd

C

cherry brandy [ˌtʃerɪˈbrændɪ] körsbärslikör

cherry-stone [ˈtʃerɪstəʊn] körsbärskärna

cherry-tree [ˈtʃerɪtri:] körsbärsträd

chersonese [ˈkɜ:səni:s] *poet.* halvö

cherub [ˈtʃerəb] (*pl ~s el. ~im* [-ɪm]) kerub **-ic** [tʃeˈru:bɪk] kerubisk; änglalik

chervil [ˈtʃɜ:vɪl] *bot.* körvel; *wild ~* hundloka

Ches. *förk. för Cheshire* [ˈtʃeʃə]

chess [tʃes] schack[spel] **-board** [ˈtʃesbɔ:d] schackbräde **-man** [ˈtʃesmæn] schackpjäs

chest [tʃest] **1** kista, låda; *~ of drawers* byrå **2** bröstkorg, *get s.th. off one's ~* (*vard.*) lätta sitt hjärta genom att tala om ngt

chest|-expander [ˈtʃestɪksˌpændə] armstärkare **--note** [-nəʊt] bröstton

chestnut [ˈtʃesnʌt] **I** *s* **1** kastanje; kastanjeträd **2** fux **3** kastanjebrunt **4** *vard.* gammalt skämt **II** *a* kastanjebrun

chevalier [ˌʃevəˈlɪə] riddare

cheviot [ˈtʃevɪət] cheviot[tyg]

chevron [ˈʃevr(ə)n] **1** *her.* sparre **2** *mil.* ärmvinkel

chew [tʃu:] **I** *v* **1** tugga; *~ the cud a*) idissla, *b*) fundera; *~ the fat* (*rag*) (*sl.*) *a*) snacka [länge], *b*) skvallra; *~ one's nails* bita på naglarna **2** *bildl.* grubbla [på] **II** *s* **1** tuggning **2** tugga; *a ~ of tobacco* en tuggbuss **chewing gum** [ˈtʃu:ɪŋgʌm] tuggummi

chiaroscuro [kɪˌɑ:rəˈskʊərəʊ] *konst.* klärobskyr

chiasmus [kɪˈæzməs] *språkv.* kiasm

chic [ʃi:k] **I** *s* stil, elegans **II** *a* chic, elegant

chicane [ʃɪˈkeɪn] **I** *v* **1** begagna knep; bruka spetsfundigheter **2** lura (*m. knep*) **II** *s* **1** *kortsp.* chikan **2** *se chicanery* **-ry** [-ərɪ] knep, lagvrängning

chicano [tʃɪˈkɑ:nəʊ] *AE.* chicano, mexiko-amerikan

chick [tʃɪk] **1** liten kyckling; fågelunge; *the ~s* (*vard.*) ungarna, barnen **2** *sl.* tjej, brud

chicken [ˈtʃɪkɪn] **I** *s* **1** kyckling; höna, höns; *she is no ~* hon är ingen duvunge; *count one's ~s before they're hatched* sälja skinnet innan björnen är skjuten **2** *sl.* fegis **II** *a, sl.* feg **chicken feed** *sl.* struntsumma **chicken|-hearted** [-ˌhɑ:tɪd], **-livered** [-ˌlɪvəd] feg; lättskrämd **chickenpox** [-pɒks] vattkoppor **chicken wire** [-ˌwaɪə] hönsnät

chick|pea [ˈtʃɪkpi:] *bot.* kikärt **-weed** *bot.* våtarv

chicory [ˈtʃɪkərɪ] *bot.* **1** cikoria **2** endive

chide [tʃaɪd] (*chided el. chid, chided el. chid[den]*) gräla på, banna; klandra

chief [tʃi:f] **I** *a* huvud-, förnämst, viktigast, över-, ledande, förste; *C~ Constable* polismästare; *~ mate* förste styrman **II** *s* **1** ledare, chef; hövding, huvudman; befälhavare **2** *in ~* framför allt, först och främst, i synnerhet **chiefly** [ˈtʃi:flɪ] **I** *adv* huvudsakligen, först och främst, framför allt **II** *a* ledar-, chef- *etc., se chief II* **chieftain** [ˈtʃi:ftən] **1** hövding, huvudman **2** ledare

chiffon [ˈʃɪfɒn] chiffong **-[n]ier** [ˌʃɪfəˈnɪə] skänk, byffé

chilblain [ˈtʃɪlbleɪn] kylskada, frostknöl

child [tʃaɪld] (*pl children* [ˈtʃɪldr(ə)n]) barn (*äv. bildl.*); *from a ~* från barndomen (barnsben); *with ~* gravid, med barn; *it's ~'s play* (*vard.*) det är en barnlek

childbearing [ˈtʃaɪldˌbeərɪŋ] graviditet; barnafödande **childbed** [-bed] barnsäng **child benefit** [-ˌbenɪfɪt] barnbidrag **childbirth** [-bɜ:θ] barnsbörd, förlossning **child care** [-keə] barnavård

childe [tʃaɪld] *åld.* junker

Childermas [ˈtʃɪldəmæs] Menlösa barns dag

childhood [ˈtʃaɪldhʊd] barndom **childish** [-ɪʃ] barnslig **childlike** barnslig, som ett barn **child minder** [-ˌmaɪndə] dagbarnvårdare, dagmamma **childproof** [-pru:f] barnsäker **children** [ˈtʃɪldr(ə)n] *pl av child*

Chile [ˈtʃɪlɪ] Chile **Chilean** [-ən] **I** *s* chilen[are] **II** *a* chilensk

chill [tʃɪl] **I** *s* kyla (*äv bildl.*), köld; frossbrytning; *cast a ~ over* nedstämma, lägga sordin på; *catch a ~* förkyla sig; *take the ~ off* ljumma **II** *a* kylig, kall (*äv. bildl.*) **III** *v* **1** kyla [av]; bli kall; *bildl.* kyla av; *be ~ed to the bone* vara genomfrusen

chil[l]i [ˈtʃɪlɪ] chili (*rödpeppar*)

chilliness [ˈtʃɪlɪnɪs] kylighet **chilly** [-ɪ] **1** kylig (*äv. bildl.*) **2** frusen, känslig för kyla

Chiltern Hundreds [ˈtʃɪltənˈhʌndrədz] *BE., accept the stewardship of the ~* avsäga sig sitt mandat i underhuset

chime [tʃaɪm] **I** *s* **1** klockspel; [klockspels]ringning **2** harmoni, samklang **II** *v* **1** ringa; klinga **2** harmoniera, stå i samklang **3** *vard., ~ in a*) inflicka, infalla, *b*) instämma

chimera [kaɪˈmɪərə] hjärnspöke, inbillningsfoster, chimär **chimerical** [kaɪˈmerɪk(ə)l] **1** fantasifull **2** inbillad

chimney [ˈtʃɪmnɪ] **1** skorsten **2** lampglas **3** vulkanöppning **chimney corner** [-ˌkɔ:nə] spiselvrå **chimney-jack** [-dʒæk] rökhuv (*på skorsten*) **chimneypiece** [-pi:s] spisel|krans, -hylla **chimneypot** [-pɒt], **chimney stack** [-stæk] skorsten (*den del som sticker upp över taket*) **chimney stalk** [-stɔ:k] fabriksskorsten **chimney swallow** [ˌ-swɒləʊ] ladusvala **chimney sweep[er]** [-swi:p, -ˌswi:pə] sotare

chimpanzee [ˌtʃɪmpənˈzi:] schimpans

chin [tʃɪn] haka; *keep one's ~ up* (*vard.*) hålla humöret uppe; *take it on the ~* (*vard.*) ta det med jämnmod

China [ˈtʃaɪnə] Kina

china [ˈtʃaɪnə] porslin **china clay** [ˌtʃaɪnəˈkleɪ] porslinslera, kaolin **china closet** [ˈtʃaɪnəˌklɒzɪt] porslinsskåp

China|man [ˈtʃaɪnəmən] **1** kines; *~'s chance* (*AE.*) mycket liten chans **2** (*i kricket*) skruvat kast **-town** kineskvarter

chinaware [ˈtʃaɪnəweə] porslin

chinchilla [tʃɪnˈtʃɪlə] *zool.* chinchilla

chin-chin [ˈtʃɪnˈtʃɪn] *interj, vard. a*) hej, hej!, *b*) skål!

1 chine [tʃaɪn] **1** ås **2** ryggrad; *kokk.* rygg [stycke]

2 chine [tʃaɪn] ravin

Chinese [ˌtʃaɪˈni:z] **I** *s* (*pl lika*) kines **II** *a* kinesisk; *~ chequers* kinaschack; *~ lantern* kulört lykta; *~ white* zinkvitt

1 chink [tʃɪŋk] spricka, rämna; *a ~ in one's armour* (*bildl.*) en svag punkt

2 chink [tʃɪŋk] **I** *v* klirra, klinga **II** *s* klirrande,

klingande
Chinook ['tʃɪnʊk] **1** tjinuk (*indian o. språk*); *the ~ State* Washington **2** *c~* chinook (*het vind i v. USA*)
chintz [tʃɪnts] chintz, kretong
chinwag ['tʃɪnwæg] *BE., vard.* pratstund
chip [tʃɪp] **I** *s* **1** spån, skärva, flisa; bit, stycke; *dry as a ~* snustorr; *he is a ~ off the old block* (*vard.*) han är sin far upp i dagen; *have a ~ on one's shoulder* (*vard.*) vara lättstött **2** hack (*i porslin e.d.*) **3** tunn skiva (*potatis e.d.*); *~s* (*pl*) *a*) pommes frites, *b*) *AE.* [potatis]chips **4** *data.* chips **5** spelmark; *have had one's ~s* (*BE. vard.*) ha kolat av; *when the ~s are down* (*vard.*) när det kommer till kritan **II** *v* **1** tälja; slå en flisa ur, hugga i småbitar; *~ped potatoes* pommes frites **2** gå [sönder] i småbitar (flisor); bli kantstött **3** *vard., ~ in a*) göra ett inpass (*i samtal*), *b*) lämna ett [penning]bidrag
chip|board ['tʃɪpbɔ:d] (*slags*) tunn spånplatta **-munk** *AE.* jordekorre
chipolata [tʃɪpə'lɑ:tə] *BE.* (*slags*) prinskorv
chippy [-ɪ] **1** *sl.* snickare **2** *vard.* fish-and-chips-butik **2** *AE. vard.* fnask
chiro|mancy ['kaɪrə(ʊ)mænsɪ] kiromanti, konsten att spå i händer **-podist** [ki'rɒpədɪst] fotvårdsspecialist **-practor** ['kaɪrəʊˌpræktə] kiropraktor
chirp [tʃɜ:p] **I** *v* kvittra, pipa; (*om syrsa*) gnissla **II** *s* kvitter, pip; (*syrsas*) gnisslande
chirr [tʃɜ:] (*om syrsa*) gnissla
chirrup ['tʃɪrəp] **I** *v* **1** kvittra **2** smacka (*åt häst*) **II** *s* kvitter
chisel [tʃɪzl] **I** *s* mejsel; stämjärn **II** *v* **1** mejsla, hugga ut **2** *sl.* lura; lura åt sig
1 chit [tʃɪt] **1** måltidskupong **2** skriftligt meddelande; rekvisition; kvitto
2 chit [tʃɪt] *neds.* barnunge; jäntunge
chit-chat ['tʃɪttʃæt] **I** *s* småprat **II** *v* småprata
chitterlings [tʃɪtəlɪŋz] (*pl*) (*slags*) blandad inälvsmat
chival|ric ['ʃɪvlrɪk], **-rous** [-rəs] **1** ridderlig **2** chevaleresk, artig **-ry** [-rɪ] **1** ridderskap **2** riddarväsen[de] **3** ridderlighet
chive [tʃaɪv] gräslök
chiv[v]y ['tʃɪvɪ] **1** köra med; gnata på **2** jaga **3** rusa omkring
chlo|rate ['klɔ:reɪt] klorat **-ride** [-raɪd] klorid; *~ of lime* klorkalk **-rinate** [-rɪneɪt] klorera (*vatten*) **-rine** [-ri:n] klor[gas] **-roform** ['klɒrəfɔ:m] kloroform **-rophyll** ['klɒrəfɪl] klorofyll
Ch.M. *förk. för Chirurgiae Magister* (*lat.*) *Master of Surgery* **chm.** *förk. för chairman; checkmate*
choc [tʃɒk] *BE. vard.* choklad **--ice** ['tʃɒkaɪs] chokladdoppad glass
chock [tʃɒk] **I** *s* kil, kloss **II** *v* **1** kila fast, stötta **2** *~* [*up*] proppa full **III** *adv* tätt [ihop] **--a-block** [ˌtʃɒkə'blɒk] fullpackad; sammanträngd **-full** [tʃɒk'fʊl] proppfull
chocolate ['tʃɒk(ə)lət] **I** *s* choklad **II** *a* choklad|-färgad, -brun
choice [tʃɔɪs] **I** *s* **1** val; alternativ; *make* (*take*) *one's ~* göra sitt val; *by ~* helst **2** urval; *the ~* eliten **II** *a* utsökt, utvald
choir ['kwaɪə] **I** *s* **1** kör **2** kor **II** *v* sjunga i kör **-boy** korgosse (*i gosskör*) **-master** körledare
choke [tʃəʊk] **I** *v* **1** strypa; kväva **2** täppa till **3** *~* [*down*] undertrycka, hämma **4** *~ off* (*vard.*) *a*) avskräcka, täppa till munnen på, *b*) döda genom kvävning; *~ up* täppa till **5** *tekn.* choka **6** [hålla på att] kvävas; storkna; *sl.* dö **II** *s* **1** kvävning[sanfall] **2** *tekn.* choke
choke coil ['tʃəʊkkɔɪl] *elektr.* drossel, induktansspole **chokedamp** gruvgas
choker ['tʃəʊkə] *vard.* hög krage; kraghalsband
chok[e]y ['tʃəʊkɪ] *sl.* arrest, finka
choler ['kɒlə] **1** *åld.* galla **2** *poet.* vrede **cholera** [-rə] kolera **choleric** [-rɪk] kolerisk
cholesterol [kə'lestərɒl] kolesterol
choo-choo ['tʃu:tʃu:] *BE. vard.* tufftuff[tåg]
choose [tʃu:z] (*chose, chosen*) **1** välja (*from* [*among*] bland); utvälja; *we chose him as* (*to be*) *our leader* vi valde honom till [vår] ledare **2** välja; *~ well* göra ett bra val; *I cannot ~ but* jag kan inte [göra] annat än; *there is nothing* (*little*) *to ~ between them* det är inte stor skillnad mellan dem **3** behaga, vilja; *~ to* finna för gott att **choos[e]y** ['tʃu:zɪ] kinkig, kräsen
1 chop [tʃɒp] **I** *v* **1** hugga; hacka; *~ down* (*off*) hugga ner (av); *~ wood* hugga ved; *~ up* hugga upp (i småbitar), hacka sönder; *~ a ball* (*sport.*) skära en boll **2** klippa av (*ord*); *BE. vard.* stoppa (*plan e.d.*) **II** *s* **1** hugg; *sport.* skärande slag; *get the ~* (*sl.*) *a*) få sparken, *b*) dödas **2** avhugget stycke **3** kotlett
2 chop [tʃɒp] plötsligt ändra riktning; *~ and change a*) ideligen ändra (byta), *b*) vara fram och tillbaka
chophouse ['tʃɒphaʊs] stekhus (*restaurang*)
Chopin ['ʃɒpæ̃:(ŋ)]
chopper ['tʃɒpə] **1** liten yxa; köttyxa **2** *vard.* helikopter **3** *AE. sl.* maskingevär **4** chopper (*mc m. högt styre*) **chopping-block** [-ɪŋblɒk] huggkubbe
choppy ['tʃɒpɪ] (*om sjö*) krabb; (*om vind*) ombytlig, växlande
chops [tʃɒps] *pl* käft; käkar; *lick one's ~* (*vard. bildl.*) slicka sig om mun[nen], se fram emot
chopsticks ['tʃɒpstɪks] *pl* (*kinesiska*) mat-, ät|-pinnar **chop suey** [ˌtʃɒp'su:ɪ] chop suey (*kinesisk köttgryta*)
choral ['kɔ:r(ə)l] kör-; med kör **choral[e]** [kɒ'rɑ:l] koral, psalm **choralist** ['kɔ:rəlɪst] körsångare
1 chord [kɔ:d] **1** *se cord 2* **2** *bildl., strike the right ~* slå an den rätta strängen **3** *geom.* korda
2 chord [kɔ:d] *mus.* ackord; *common ~* treklang
chore [tʃɔ:] **1** rutinsyssla **2** obehagligt jobb
chorea [kɒ'rɪə] *med.* danssjuka
choreo|grapher [ˌkɒrɪ'ɒgrəfə] koreograf **-graphy** [-grəfɪ] koreografi
chorister ['kɒrɪstə] **1** korgosse, korsångare **2** *AE.* körledare
chortle ['tʃɔ:tl] **I** *v* skrocka, skratta **II** *s* skrockande (kluckande) skratt
chorus ['kɔ:rəs] **I** *s* **1** kör **2** balett; sångare **3** refräng; korus; *in ~* i korus, unisont **II** *v* sjunga (ropa) i korus (kör) **chorus girl** balettflicka **chorus master** körledare
chose [tʃəʊz] *imperf. av choose* **chosen** [-n] *perf. part. av choose*
chough [tʃʌf] *zool.* alpkråka

chouse [tʃaʊs] *åld.* lura

chow [tʃaʊ] **1** chow-chow (*hund*) **2** *sl.* käk **--chow** [ˌtʃaʊ'tʃaʊ] **1** chow-chow (*hund*) **2** blandade pickles

chowder ['tʃaʊdə] *AE.* fisk-, mussel|soppa, -stuvning

Christ [kraɪst] Kristus; *~!* (*sl.*) jösses!, herre gud!

christen ['krɪsn] **1** döpa **2** döpa till **Christendom** [-dəm] kristenhet[en] **christening** ['krɪsn̩ɪŋ] dop **Christian** ['krɪstjən] **I** *a* kristen, kristlig; *~ name* förnamn, dopnamn **I** *s* kristen **Christianity** [ˌkrɪstɪ'ænətɪ] kristendom[en] **Christian|ize** (*BE. äv. -ise*) ['krɪstjənaɪz] kristna

Christmas ['krɪsməs] jul[en]; juldagen; *Father ~* jultomten **Christmas box** julpengar (*t. brevbärare etc.*) **Christmas card** julkort **Christmas carol** [-ˌkær(ə)l] julsång **Christmas Day** [-deɪ] juldag[en] **Christmas Eve** [-ˌi:v] julafton[en] **Christmas present** [-ˌpreznt] julklapp **Christmas pudding** [-ˌpʊdɪŋ] plumpudding **Christmastide** [-taɪd] julen, juldagarna **Christmas tree** [-tri:] julgran

chromatic [krə(ʊ)'mætɪk] **1** färg- **2** *mus.* kromatisk

chrome [krəʊm] krom; kromgult **chrome steel** ['krəʊmsti:l] kromstål **chromium** ['krəʊmjəm] krom **chromium plated** förkromad

chromosome ['krəʊməsəʊm] kromosom

Chron. *förk. för Chronicles* **chron[ol].** *förk. för chronological; chronology*

chronic ['krɒnɪk] **1** kronisk **2** *vard.* förskräcklig; mycket allvarlig **chronicle** [-l] **I** *s* krönika; *C~s* (*pl, bibl.*) Krönikeböckerna **II** *v* uppteckna, skriva en krönika över **chronicler** [-lə] krönikör, krönikeskrivare

chrono|graph ['krɒnə(ʊ)grɑ:f] kronograf **-logic[al]** [ˌkrɒnə'lɒdʒɪk(l)] kronologisk **-logy** [krə'nɒlədʒɪ] kronologi **-meter** [krə'nɒmɪtə] kronometer

chrysal|is ['krɪsəlɪs] (*pl -ises* [-ɪsɪz] *el. -ides* [krɪ'sælɪdi:z] puppa

chrysanthemum [krɪ'sænθ(ə)məm] krysantemum

chubby ['tʃʌbɪ] knubbig; rund

1 chuck [tʃʌk] **I** *v* **1** klappa (*under hakan*) **2** *vard.* slänga, kasta; *~ [in, up]* ge upp, skippa, spola; *~ out* kasta ut, avvisa; *~ up* (*AE.*) kasta upp, kräkas; *~it!* lägg av!, sluta! **II** *s* **1** klapp (*under hakan*) **2** *vard.* kast; *get the ~* få sparken, bli spolad

2 chuck [tʃʌk] (*hönas*) skrockande

3 chuck [tʃʌk] *tekn.* chuck

4 chuck [tʃʌk] *sl.* käk; *hard ~* skeppsskorpa

chucker-out [ˌtʃʌkər'aʊt] (*pl chuckers-out*) *vard.* utkastare

chuckle ['tʃʌkl] **I** *v* **1** småskratta för sig själv **2** (*om höna*) skrocka **II** *s* **1** dämpat skratt **2** skrockande **-head** *vard.* fårskalle

chuck wagon ['tʃʌkˌwægən] *AE.* förrådsvagn

chuffed [tʃʌft] *BE. sl.* jätteglad

chug [tʃʌg] **I** *v* (*om motor*) puttra, tuffa **II** (*motors*) puttrande, tuffande

chum [tʃʌm] **I** *v, ~ up with* bli god vän med **II** *s, vard.* god vän, kompis, kamrat **-my** ['tʃʌmɪ] *vard.* kamratlig, vänskaplig

chump [tʃʌmp] **1** träkloss **2** *BE. sl., off one's ~* helt knäpp **3** *vard.* träskalle

chunk [tʃʌŋk] tjockt stycke, stor bit; stor mängd **chunky** ['tʃʌŋkɪ] [kort och] tjock; bylsig

church [tʃɜ:tʃ] **I** *s* kyrka; *the C~ of England, the English* (*Anglican*) *C~* engelska statskyrkan, anglikanska kyrkan; *go to ~* gå till kyrkan; *go into* (*enter*) *the C~* bli präst **II** *v* kyrktaga

church|goer ['tʃɜ:tʃˌgəʊə] kyrksam person; kyrkobesökare **--rate** [-reɪt] (*frivillig*) kyrkoskatt **--service** [-ˌsɜ:vɪs] **1** gudstjänst **2** bönbok **-warden** [ˌtʃɜ:tʃ'wɔ:dn] **1** kyrkvärd; kyrkofullmäktig **2** lång kritpipa **-yard** [ˌtʃɜ:tʃ'jɑ:d] kyrkogård (*vid kyrka*)

churl [tʃɜ:l] tölp, drummel **-ish** ['tʃɜ:lɪʃ] ohyfsad, drumlig, rå

churn [tʃɜ:n] **I** *v* **1** kärna (*smör*) **2** *~ [up]* röra (piska) upp **3** *~ out* (*bildl.*) spotta fram **II** *s* **1** smörkärna **2** (*stor*) mjölkkanna

chut [tʃt] *interj* asch!

chute [ʃu:t] **1** [fall]ränna (*för timmer e.d.*) **2** rutschbana; kälkbacke **3** vattenfall **4** *vard.* fallskärm

chutney ['tʃʌtnɪ] chutney (*slags kryddstark pickles*)

chutzpah ['hʊtspə] *AE. vard.* fräckhet

C.I. *förk. för Channel Islands* **C.I.A.** *förk. för Central Intelligence Agency*

ciao [tʃaʊ] *vard.* hej [då]!

cica|da [sɪ'kɑ:də], **-la** [-lə] *zool.* cikada, sångstrit

cica|trix ['sɪkətrɪks] (*pl -trices* [ˌsɪkə'traɪsɪ:z]) ärr **-trize** (*BE. äv. -trise*) [-traɪz] läka[s]; ärra sig

cicely ['sɪs(ɪ)lɪ] *bot.* körvel

cicerone [ˌtʃɪtʃə'rəʊnɪ] ciceron

C.I.D. *förk. för Criminal Investigation Department* (*Scotland Yard*)

cider ['saɪdə] cider, äppelvin

C.I.F., c.i.f. *förk. för cost, insurance, and freight*

cig [sɪg] *vard.* cigg (*cigarett*)

cigar [sɪ'gɑ:] cigarr **cigar cutter** [-ˌkʌtə] cigarrsnoppare

cigarrette [ˌsɪgə'ret] cigarrett **cigarette case** cigarrettetui **cigarette end** cigarrettstump, fimp **cigarette holder** [-ˌhəʊldə] cigarrettmunstycke **cigarette lighter** [-ˌlaɪtə] cigarrettändare **cigarette paper** [-ˌpeɪpə] cigarrettpapper

cigar holder [sɪ'gɑ:ˌhəʊldə] cigarrmunstycke **cigar lighter** [-ˌlaɪtə] cigarrtändare, cigarrettändare (*i sht i bil*)

cili|a ['sɪlɪə] *pl* **1** ögonhår **2** flimmerhår **-ated** [-eɪtɪd] försedd med ögonhår (flimmerhår)

C.-in-C. *förk. för Commander-in-Chief*

cinch [sɪntʃ] **I** *s* **1** *AE.* sadelgjord **2** *sl.* ngt säkert; lätt sak **3** *AE. vard.* fast grepp **II** *v* **1** *AE., ~ [up]* fästa (*med sadelgjord*) **2** *AE. vard.* få fast grepp om

cincture ['sɪŋktʃə] **I** *s* gördel, bälte **II** *v* omgjorda

cinder ['sɪndə] **1** slagg; *the ~s* kolstybben **2** *~s* (*pl*) aska **Cinderella** [ˌsɪndə'relə] Askungen **cinder track** kolstybbsbana

cine camera ['sɪnɪˌkæm(ə)rə] *BE.* film-, smalfilms|kamera

cinema ['sɪnəmə] bio[graf]; *go to the ~* gå på bio **-goer** [-ˌgəʊə] biobesökare

cinerary ['sɪnərərɪ] ask-; *~ urn* askurna

cinnabar ['sɪnəbɑ:] cinnober

cinnamon ['sɪnəmən] kanel
cinq[ue] [sɪŋk] (*på kort o. tärning*) femma; (*på tärning äv.*) sinka **cinquefoil** ['sɪŋkfɔɪl] *bot.* fingerört
C.I.O. *förk. för Congress of Industrial Organisation*
cipher ['saɪfə] **I** *s* **1** siffra; *bildl.* nolla; *he is a mere ~* han är en riktig nolla **2** chiffer[skrift]; chiffernyckel **3** monogram **II** *v* chiffrera
circle ['sɜ:kl] **I** *s* **1** cirkel; ring, krets; *come full ~* sluta där man började; *square the ~ a*) finna cirkelns kvadratur, *b*) försöka det omöjliga **2** kretsgång **3** omgång; period **4** *teat.* rad; *the dress ~* första raden; *the upper ~* andra raden **5** *bildl.* krets; *in the family ~* i familjekretsen; *in business ~s* i affärskretsar **II** *v* **1** ringa in, göra en ring runt; omge **2** gå (fara *etc.*) omkring (runt); kretsa runt **circlet** ['sɜ:klɪt] **1** liten cirkel **2** diadem
circuit ['sɜ:kɪt] **1** omkrets **2** omlopp, varv; rond; tur, runda, [rund]resa; rutt **3** domstolsdistrikt; (*domares*) tingsresa **4** [ström]krets; *short ~* kortslutning **5** kedja (*av biografer e.d.*) **6** *BE.* racerbana **7** *sport.* rad tävlingar, turnering **circuit breaker** [-ˌbreɪkə] relä; strömbrytare **circuitous** [sə'kju:ɪtəs] indirekt, kringgående; *~ road* omväg
circular ['sɜ:kjʊlə] **I** *a* cirkelrund; cirkel-; rund-; cirkulär; rörande sig i cirkel; *~ letter* cirkulär; *~ road* kringfartsled; *~ saw* cirkelsåg; *~ ticket* rundresebiljett; *~ tour* rundresa **II** *s* cirkulär **-ize** (*BE. äv. -ise*) [-raɪz] **1** skicka cirkulär till **2** göra cirkelrund
circul|ate ['sɜ:kjʊleɪt] **1** [låta] cirkulera, sätta i omlopp **2** cirkulera, vara i omlopp **-ating** [-eɪtɪŋ] cirkulerande; *~ decimal* periodiskt decimalbråk; *~ library* lånebibliotek; *~ medium* betalningsmedel **-ation** [ˌsɜ:kjʊ'leɪʃn] **1** cirkulation, omlopp **2** avsättning; spridning (*av tidning*); upplaga (*av tidning*) **-atory** [ˌsɜ:kjʊ'leɪt(ə)rɪ] cirkulations-; *the ~ system* blodomloppet
circum|cise ['sɜ:kəmsaɪz] omskära **-cision** [ˌsɜ:kəm'sɪʒn] omskärelse **-ference** [sə'kʌmf(ə)r(ə)ns] omkrets, periferi **-jacent** [ˌsɜ:kəm'dʒeɪsnt] kringliggande **-locution** [ˌsɜ:kəmlə'kju:ʃn] omskrivning; omsvep **-locutory** [ˌsɜ:kəm'lɒkjʊt(ə)rɪ] omskrivande **-navigate** [ˌsɜ:kəm'nævɪgeɪt] kringsegla **-scribe** ['sɜ:kəmskraɪb] **1** begränsa; kringgärda **2** dra en linje kring; *geom.* omskriva **-scription** [ˌsɜ:kəm'skrɪpʃn] **1** begränsning; kringgärdande **2** omkrets **3** [avgränsat] område **4** *geom.* omskrivning **-spect** ['sɜ:kəmspekt] försiktig **-stance** ['sɜ:kəmstəns] **1** omständighet; förhållande; *under the ~s* under sådana omständigheter; *under (in) no ~s* under inga förhållanden **2** *~s (pl)* [ekonomiska] förhållanden **3** krus, omständigheter; ståt **4** detaljer (*i berättelse*) **-stantial** [ˌsɜ:kəm'stænʃl] **1** omständlig **2** beroende på omständigheterna; *~ evidence (jur.)* indicier **-vent** [ˌsɜ:kəm'vent] **1** överlista **2** kringgå **3** omringa
circus ['sɜ:kəs] **1** cirkus **2** runt torg, rund öppen plats
cirrus ['sɪrəs] **1** *meteor.* fjädermoln **2** *bot.* klänge
cistern ['sɪstən] cistern
cit. *förk. för citation; cited; citizen*
citadel ['sɪtədel] citadell
citation [saɪ'teɪʃn] **1** *jur.* stämning, kallelse **2** citering; citat; åberopande **3** hedersomnämnande
cite [saɪt] **1** *jur.* instämma, kalla **2** åberopa; citera
cither[n] ['sɪθə(n)] *åld.* cittra
citizen ['sɪtɪzn] **1** medborgare; *~ of the world* världsmedborgare **2** borgare; stadsbo; invånare **3** *AE.* civilperson **-ship 1** medborgarskap **2** medborgaranda
citric ['sɪtrɪk] *a, ~ acid* citronsyra **citron** ['sɪtr(ə)n] **1** (*slags*) citron[träd] **2** (*liten*) vattenmelon **citr[o]us** ['sɪtrəs] citrus-; *~ fruit* citrusfrukt
cittern ['sɪtɜ:n] *åld.* cittra
city ['sɪtɪ] [stor] stad; *the C~ a*) City (*stadsdel i London*), *b*) affärsvärlden **city desk** [tidnings]redaktion för ekonomi och handel; *AE.* lokalredaktion **city editor** (*tidnings*) redaktör för handel och ekonomi; *AE.* lokalredaktör **city hall** stadshus, rådhus **city man** finans-, affärs|man **city planning** [-ˌplænɪŋ] *AE.* stadsplanering **cityscape** [-skeɪp] stadsbild **city slicker** [-ˌslɪkə] *vard.* sofistikerad stadsbo
civ. *förk. för civil[ian]*
civet ['sɪvɪt] *zool.* civett, sibetkatt
civic ['sɪvɪk] **1** stads- **2** medborgerlig, medborgar-; kommunal; *~ centre (ung.)* kommunalhus, centrum för kommunadministration **civics** [-s] (*behandlas som sg*) samhällskunskap; medborgarkunskap
civil ['sɪvl] **1** medborgerlig, medborgar-; *~ rights* medborgerliga rättigheter; *~ war* inbördeskrig; *the C~ War* amerikanska inbördeskriget **2** civil; *~ engineer (ung.)* väg- och vattenbyggnadsingenjör; *~ law* civilrätt; *~ list (parl.)* civillista, hovstat; *~ marriage* borgerlig vigsel; *~ servant* statstjänsteman; *the ~ service* statsförvaltningen (*utom den lagstiftande, judiciella o. militära*); *~ state* civilstånd **3** hövlig (*to* mot) **-ian** [sɪ'vɪljən] **I** *s* civilperson **II** *a* civil; *in ~ life* i det civila **-ity** [sɪ'vɪlətɪ] hövlighet (*to* mot) **-ization** (*BE. äv. -isation*) [ˌsɪvɪlaɪ'zeɪʃn] **1** civilisation, kultur **2** civiliser|ing, -ande **-ize** (*BE. äv -ise*) ['sɪvɪlaɪz] civilisera; göra kultiverad
civvy ['sɪvɪ] *sl.* **1** *civvies (pl)* civila kläder **2** civilperson
C.J. *förk. för Chief Justice* **cl.** *förk. för centilitre; class; classification; clerk; cloth* klotband; *clergyman*
clack [klæk] **I** *s* **1** smällande, skrammel, klapper **2** pladder **II** *v* **1** smälla (skramla) [med] **2** pladdra
clad [klæd] (*imperf. o. perf. part. av clothe*) klädd
claim [kleɪm] **I** *v* **1** göra anspråk på; *~ to be the owner* påstå sig vara ägaren **2** fordra, kräva; påkalla (*uppmärksamhet e.d.*) **3** göra gällande; hävda **II** *s* **1** anspråk (*to, on, for* på); krav, fordran; rätt; *have a ~ on* ha en fordran på; *lay (stake a) ~ to* göra anspråk på; *put in (make) a ~ for* resa krav på **2** rätt (*to s.th.* till ngt) **3** jordlott; inmutning, gruvlott **-ant** ['kleɪmənt], **-er** ['kleɪmə] [rätts]sökande; fordringsägare; pretendent
clairvoy|ance [kleə'vɔɪəns] **1** klärvoajans **2** klarsynthet **-ant** [-ənt] **1** klärvoajant **2** klarsynt
clam [klæm] **I** *s* mussla (*äv. bildl.*) **II** *v* **1** *AE.* samla musslor **2** *~ up (vard.)* tiga som muren

clamant ['kleɪmənt] larmande
clambake ['klæmbeɪk] **1** *AE.* skaldjurspicknick [på stranden] **2** fest, skiva
clamber ['klæmbə] **I** *v* klättra, kravla **II** *s* klättring, kravlande
clammy ['klæmɪ] fuktig, klibbig och kall
clamorous ['klæmərəs] larmande, högljudd, bullersam **clamour** ['klæmə] **I** *s* larm, rop, skrik; högljudda krav på **II** *v* larma, ropa, skrika; [högljutt] kräva
1 clamp [klæmp] **I** *s* skruvtving; krampa; klämma **II** *v* **1** spänna fast; klämma ihop **2** ~ *down on* klämma åt, slå ner på
2 clamp [klæmp] **I** *s* hög (*av kol, rovor e.d.*); stuka **II** *v* lägga upp (*i hög*)
clan [klæn] klan (*äv. bildl.*); stam
clandestine [klæn'destin] hemlig[hållen], lönnlig
clang [klæŋ] **I** *v* klinga (ringa, skrälla) [med] **II** *s* klang, skrällande **-o[u]r** ['klæŋgə] larm, skrammel
clank [klæŋk] **I** *s* rassel, skrammel (*med kedjor, svärd e.d.*) **II** *v* rassla (skramla) [med]
1 clap [klæp] **I** *s* **1** knall, skräll, smäll **2** klapp, dunk; handklappning **II** *v* **1** knalla, skrälla, smälla **2** klappa, dunka; klappa [i händerna], applådera **3** ~ *eyes on* (*vard.*) få syn på; ~ *hold of* (*vard.*) plötsligt gripa tag i; ~ *spurs to* sätta sporrarna i; ~ *in prison* sätta i finkan; ~ *on all sail* sätta till alla segel; ~ *on one's coat* kasta på sig kappan; ~ *up* (*together*) smälla upp, smäcka ihop
2 clap [klæp] *s sl.*, [*the*] ~ gonorré
clap|board ['klæpbɔ:d] *AE.* fjällpanel **--net** lärk-, fågel|nät **-per** [-ə] [klock]kläpp **-perboard** *film.* [synkron]klappa **-ping** [-ɪŋ] [hand]klappning[ar], applåder **-trap I** *s, vard.* tomma fraser; publikfriande klyschor
claque [klæk] klack, trogna anhängare
claret ['klærət] rött bordeauxvin; rödvin
clari|fication [ˌklærɪfɪ'keɪʃn] **1** klar|görande, -läggande **2** klarning, skirning **-fy** ['klærɪfaɪ] **1** klar|göra, -lägga **2** göra klar, skira **3** bli klar, klarna
clarinet [ˌklærɪ'net] *mus.* klarinett **clarinet[t]ist** [-ɪst] *mus.* klarinettist
clarion ['klærɪən] **I** *a* klar och högljudd **II** *s, åld.* gäll stridstrumpet **clarion call** stridssignal
clarity ['klærətɪ] klarhet
clash [klæʃ] **I** *v* **1** slå ihop med en skräll, skrälla, skramla **2** drabba samman, braka ihop **3** *bildl.* kollidera, stöta ihop; inte stämma; *the colours* ~ färgerna skär sig mot varandra **II** *s* **1** skräll, skrammel **2** *bildl.* konflikt, sammanstötning
clasp [klɑ:sp] **I** *s* **1** spänne, knäppe **2** fast grepp; omfamning; handslag **II** *v* **1** omfamna; hålla i ett fast grepp, sluta, krama; ~ *hands* skaka hand; ~ *one's hands* knäppa händerna **2** spänna, knäppa, häkta **clasp knife** ['klɑ:spnaɪf] fällkniv
class [klɑ:s] **I** *s* **1** klass, grupp, kategori; *in a ~ by o.s.* (*of it's own*) i en klass för sig, enastående **2** [samhälls]klass **3** [skol]klass; lektion; kurs; *evening ~es* kvällskurs[er]; *in* ~ på lektionen (lektionerna); *she takes ~es in cookery* hon går på matlagningskurs **4** kvalitet, klass; *no* ~ underhaltig, usel **II** *v* klassa; klassificera
class. *förk. för classic*[*al*]; *classification; classified*
class-conscious ['klɑ:sˌkɒnʃəs] klassmedveten
classic ['klæsɪk] **I** *a* klassisk; tidlös, ren **II** *s* klassiker; *the ~s* klassiska språk, klassisk (*grekisk o. romersk*) litteratur **-al** [-l] klassisk; ~ *music* klassisk musik **-ism** ['klæsɪsɪz(ə)m] klassicism
class|ifiable ['klæsɪfaɪəbl] klassificerbar **-ification** [ˌklæsɪfɪ'keɪʃn] klassi|fikation, -fiering **-ified** ['klæsɪfaɪd] **1** klassificerad, kategoriserad; systematiserad; ~ *advertisement* rubrikannons **2** hemligstämplad **-ify** ['klæsɪfaɪ] **1** klassificera, indela i klasser, kategorisera **2** hemligstämpla
classmate ['klɑ:smeɪt] klasskamrat **classroom** klassrum **class struggle (war)** klasskamp
classy [-ɪ] *sl.* stilig, flott
clatter ['klætə] **I** *v* **1** slamra (skramla, klappra) [med] **2** prata **II** *s* **1** slammer, skrammel **2** högljutt prat, oväsen
clause [klɔ:z] **1** *språkv.* sats; *main* ~ huvudsats; *subordinate* ~ bisats **2** klausul, paragraf, moment, avsnitt
claustrophobia [ˌklɔ:strə'fəʊbjə] klaustrofobi, cellskräck
clavichord ['klævɪkɔ:d] *mus.* klavikord
clavicle ['klævɪkl] *anat.* nyckelben
claw [klɔ:] **I** *s* klo **II** *v* **1** klösa, riva **2** gripa [tag i], riva till sig **claw-back** ['klɔ:bæk] finansiering (*av social förmån e.d.*) genom ökade skatter
claw hammer ['klɔ:ˌhæmə] klohammare
clay [kleɪ] **1** lera **2** stoft; *moisten one's* ~ fukta sin aska, dricka **clayey** ['kleɪɪ] lerig, ler- **clay pigeon** ['kleɪˌpɪdʒɪn] **1** lerduva **2** *AE. sl.* lätt byte
clean [kli:n] **I** *a* **1** ren; renlig; rumsren; (*om barn*) torr; *come* ~ erkänna **2** ren, fläckfri; anständig; *a ~ record* ett fläckfritt förflutet **3** slät, jämn; välformad, fin; väl utförd **4** fullständig; ~ *sweep* total seger (framgång) **II** *adv* helt och hållet, alldeles, rakt; *I ~ forgot about it* jag glömde alldeles bort det **III** *v* **1** rengöra, göra ren; putsa, borsta; städa; tvätta; rensa; ~ *down* borsta (tvätta) av; ~ *out a*) rensa [upp], städa [i], *b*) *sl.* pungslå, göra pank; ~ *up* rensa upp [i], städa undan [i], snygga till [sig] **2** rengöras, bli ren
clean|-bred [ˌkli:n'bred] fullblods- **--out** skarpt skuren; ~ *lines* rena linjer **-er** ['kli:nə] städerska, städare, rengörare, tvättare; rengöringsmedel; *send clothes to the ~'s* skicka kläder på kemtvätt **--handed** [ˌkli:n'hændɪd] oförvitlig, med rena händer **-ing** ['kli:nɪŋ] rengöring; *dry* ~ kemisk tvätt
clean|liness ['klenlɪnɪs] renhet; renlighet **-ly I** *adv* ['kli:nlɪ] rent *etc., jfr clean* **II** *a* ['klenlɪ] renlig, ren [av sig]
cleanse [klenz] **1** rengöra; rensa **2** rentvå
cleanser ['klenzə] rengöringsmedel
clean|-shaven [ˌkli:n'ʃeɪvn] slätrakad **-up 1** [grundlig] rengöring; upprensning **2** *AE.* jättevinst
clear [klɪə] **I** *a* **1** klar, ljus; ren; ~ *complexion* klar hy; ~ *conscience* rent samvete; *on a ~ day* vid klart väder **2** klar, tydlig, uppenbar; *a ~ advantage* en klar fördel; *a ~ case of murder* ett uppenbart mordfall; *a ~ majority* en klar majoritet; *as ~ as day* solklar; *let's get this ~, I am the boss!* en sak skall vi vara på det klara med, det är jag som är chefen!; *make o.s.* ~ uttrycka sig klart; *make*

it ~ to s.b. that göra klart för ngn att **3** klar, säker; *be ~ on s.th.* vara klar över ngt; *I am quite ~ that* jag är helt säker på att **4** fri; tom; klar, öppen; *all ~!* faran över!; *~ for traffic* öppen för trafik; *be ~ of* vara fri (befriad) från **5** *hand.* ren, netto; *~ profit* ren förtjänst, nettoförtjänst **6** hel; *three ~ days* tre hela dagar **II** *adv* **1** klart, ljust; rent **2** alldeles, fullständigt, totalt **3** *get ~ of* komma fri (loss) från, *sjö.* gå fri för; *keep ~ of* undvika, hålla sig undan från; *stand ~ of* gå ur vägen för, inte stå i vägen för **III** *s, in ~* i klartext; *in the ~ a)* rentvådd, frikänd, *b)* utom fara, klar, *c)* skuldfri **IV** *v* **1** klara, göra klar; *~ the air* rensa luften; *~ one's throat* klara strupen, harkla sig **2** rentvå, förklara oskyldig, befria från skuld; *~ s.b. of suspicion* befria ngn från misstankar **3** rensa, röja, tömma; befria från hinder; *~ one's conscience* lätta sitt samvete; *~ the decks [for action] a)* göra klart skepp (till drabbning), *b) bildl.* göra allt klart; *~ a room of people* utrymma ett rum; *~ the table* duka av; *~ the way for* bana väg för **4** klara, gå fri från; *the horse ~ed the hurdle* hästen klarade hindret **5** *hand.* klara, täcka (*utgifter*); betala, återbetala (*skuld*); sälja ut; cleara; klarera; förtulla **6** klarna, ljusna; bli klar; (*om dimma*) lätta **7** *~ away a)* röja undan, duka av (ut), *b* (*om dimma*) lätta; *~ off a)* göra sig av med, klara av, göra sig kvitt, *b) vard.* sticka, ge sig av; *~ out a)* rensa [ut, bort], tömma, utförsälja, *b) vard.* sticka, ge sig av; *~ up a)* klara upp, lösa (*mysterium o.d.*), *b)* ordna, bringa ordning i, *c)* (*om väder*) klarna [upp]

clearance ['klɪər(ə)ns] **1** rensning, sanering; [upp]röjning; tömning; utförsäljning **2** starttillstånd **3** *tekn.* spel, frigående **clearance sale** utförsäljning, realisation

clear|-cut [ˌklɪə'kʌt] **1** skarpt skuren, markerad **2** klar, bestämd **--headed** klartänkt

clearing ['klɪərɪŋ] **1** klarnande; klargörande; fritagande **2** uthuggning, röjt område (*i skog*) **3** *hand.* clearing, avräkning; klarering **clearing house 1** clearingcentral, avräkningsanstalt (*för banker*) **2** central för informationsutbyte

clear|ly ['klɪəlɪ] *adv* **1** klart; tydligt **2** tydligen; säkert, utan tvivel **-ness** [-nɪs] klarhet; tydlighet **--sighted** [ˌklɪə'saɪtɪd] klar-, skarp|synt **-way** ['klɪəweɪ] *BE., ung.* motortrafikled; *urban ~* genomfartsled

cleat [kli:t] **1** kil, klamp **2** *sjö.* krysshult, knap **3** tå-, klack|järn

cleavage ['kli:vɪdz] **1** spricka, rämna **2** klyvning; splittring **3** *vard.* springa mellan kvinnas bröst

1 cleave [kli:v] (*imperf. cleft, cleaved el. clove; perf. part. cleft, cleaved el. cloven*) **1** klyva; *bildl.* splittra; *cleft palate* kluven gom **2** bilda en klyfta mellan **3** tränga sig igenom

2 cleave [kli:v] *v, ~ to a)* klibba fast vid, *b)* hålla fast vid, vara trogen

cleav|er ['kli:və] hackkniv, köttyxa **-ers** [-əz] (*behandlas som sg*) *bot.* snärjmåra

clef [klef] *mus.* klav; *C ~* C-klav

cleft [kleft] **I** *s* klyfta **II** *v, imperf. o. perf. part. av cleave*

cleg [kleg] *zool.* broms, hästfluga

clem|ency ['klemənsɪ] mildhet; förbarmande **-ent** [-ənt] mild; barmhärtig

clench [klen(t)ʃ] **I** *v* **1** klinka, nita (*spik*) **2** gripa hårt om, omsluta; pressa (bita) samman; *~ one's fist* knyta näven **3** (*i boxning*) gå i närkamp **II** *s* **1** nitning, klinkning; krampa **2** tag, hårt grepp

clergy ['klɜ:dʒɪ] (*behandlas som pl*) prästerskap, präster **-man** [-mən] präst (*i statskyrkan*)

cleric ['klerɪk] präst[man] **-al** [-l] **1** klerikal; prästerlig; *~ collar* prästkrage **2** kontors-, kontorist-; *~ error* skrivfel

clerk [klɑ:k, *AE.* klɜ:k] **1** kontorist, tjänsteman; bokhållare; kanslist; *~ of the works* byggnadskontrollant **2** *~ [to the justices]* sekreterare, notarie; *town ~* (*ung.*) stadsjurist **3** klockare; *~ in holy orders* präst **4** *AE.* butiksbiträde, expedit; portier

clever ['klevə] **1** begåvad, intelligent **2** skicklig, duktig; fiffig, sinnrik **3** *BE. vard.* listig, slug **-dick** *vard.* slughuvud **-ness** [-nɪs] skicklighet *etc., jfr clever*

clew [klu:] **I** *s* tråd-, garn|nystan **II** *v* nysta

cliché ['kli:ʃeɪ] **1** *typ.* kliché **2** klyscha, kliché

click [klɪk] **I** *v* **1** klicka [till], knäppa [till]; ticka **2** *sl.* tända på varandra, passa ihop **3** *sl.* vara en succé; lyckas, ha tur **4** *~ one's heels* slå ihop klackarna **II** *s* **1** klickande, knäppande **2** smackande; *fonet.* klickljud **3** spärrhake; dörrklinka

client ['klaɪənt] klient; kund **-ele** [ˌkli:ɑ̃(n)'tel] klientel; kundkrets

cliff [klɪf] brant klippa, stup (*i sht vid havet*) **-hanger** ['klɪfˌhæŋə] *vard.* spännande historia, rysare **-hanging** ['klɪfˌhæŋɪŋ] *vard.* spännande

climacteric [klaɪ'mæktərɪk] **I** *a* **1** kritisk **2** övergångs-, klimakterisk **II** *s* **1** kritisk period **2** övergångsålder, klimakterium

climate ['klaɪmɪt] klimat (*äv. bildl.*) **climatic** [klaɪ'mætɪk] klimat-, klimatisk

climax ['klaɪmæks] klimax, höjdpunkt

climb [klaɪm] **I** *v* **1** klättra; klänga; kliva; *~ down a)* klättra ned från (nedför), *b)* kliva ned; *~ up a)* klättra uppför (upp på, upp i), *b)* klättra upp **2** stiga, höja sig **3** klättra (gå, kliva) uppför, bestiga **II** *s* klättring; stigning **--down** ['klaɪmdaʊn] *bildl.* reträtt **-er** ['klaɪmə] **1** bergsbestigare, klättrare **2** klängväxt **3** *BE., [social] ~* streber **-ing frame** ['klaɪmɪŋfreɪm] klätterställning

clime [klaɪm] *poet.* nejd, trakt; klimat

clinch [klɪn(t)ʃ] (*se äv. clench*) **I** *v* **1** nita, klinka **2** fastslå; avgöra; *~ the matter* göra slag i saken **3** (*i boxning*) gå i clinch **II** *s* (*i boxning*) clinch; *go into a ~* (*sl.*) omfamna varandra

cling [klɪŋ] (*clung, clung*) hålla (klänga, klamra) sig fast ([*on*] *to* vid); fastna, sitta fast; *he ~s to his faith* han håller fast vid sin lära; *~ together* hålla ihop

clinic ['klɪnɪk] klinik **-al** [-l] klinisk; *~ thermometer* febertermometer

1 clink [klɪŋk] **I** *v* klirra (klinga) [med] **II** *s* **1** klirr, klingande

2 clink [klɪŋk] *sl.* kåk, fängelse

clinker ['klɪŋkə] **1** klinker[tegel] **2** slagg **3** *AE. sl.* tabbe **--built** klinkbyggd

1 clip [klɪp] **I** *v* **1** klippa; klippa hål i; *~ s.o's wings* (*bildl.*) vingklippa ngn **2** klippa av, stympa (*ord*) **3** *vard.* klippa till **4** hålla ihop med klämma **5** *sl.* lura **II** *s* **1** klippning **2** avklippt bit **3** *vard.* snyting, slag **4** *vard.* fart, hastighet

2 clip [klɪp] **I** *v* klämma (fästa, hålla) ihop **II** *s* **1** [pappers]klämma, gem; clips; spänne

clipboard ['klɪpbɔ:d] skrivplatta (*m. klämma*)

clipper [-ə] **1** klipper[skepp] **2** snabb häst **3** klippare **clippers** [-əz] *pl* **1** nagelklippare; hårklippningsmaskin **2** trädgårdssax **clippie** [-ɪ] *vard.* kvinnlig busskonduktör **clipping** [-ɪŋ] **I** *s* **1** klippning **2** [tidnings]urklipp **II** *a, vard.* snabb

clique [kli:k] klick, kotteri

clitoris ['klɪtərɪs] *anat.* klitoris

cloa|ca [kləʊ'eɪkə] (*pl -cae* [-ki:]) kloak (*äv. bildl. o. zool.*)

cloak [kləʊk] **I** *s* mantel, slängkappa **2** *bildl.* täckmantel **II** *v* **1** svepa in [i mantel] **2** *bildl.* dölja **--and-dagger** [ˌkləʊk(ə)n'dægə] spion-, agent-, bov- **-room** ['kləʊkrʊm] **1** resgodsinlämning **2** garderob, kapprum **3** toalett

1 clobber ['klɒbə] *sl.* **1** slå ner, ge på nöten **2** sabla ner

2 clobber ['klɒbə] *BE. sl.* tillhörigheter, grejor

clock [klɒk] **I** *s* **1** klocka, ur; *six o'clock* klockan 6; [*a*]*round the ~* dygnet runt, 12 (24) timmar i sträck **2** *vard.* hastighets-, väg|mätare; taxameter; stoppur **3** *sl.* nia, fejs **II** *v* **1** *~ in* (*on*) stämpla in (*på stämpelur*); *~ out* (*off*) stämpla ut **2** klocka, ta tid (*m. stoppur*) **3** *~ up* klockas för, registrera

clock|-face ['klɒkfeɪs] urtavla **--radio** [-ˌreɪdɪəʊ] klockradio **--tower** [-ˌtaʊə] klocktorn **-wise** [-waɪz] medurs, medsols **-work** [-wɜ:k] urverk; *~ toys* mekaniska leksaker

clod [klɒd] **I** *s* **1** jord-, ler|koka, -klump **2** drummel, tölp **3** stoft, materia **II** *v* **1** kasta jordkokor på **2** klimpa sig **-hopper** ['klɒdˌhɒpə] *vard.* **1** klumpeduns; tölp **2** kraftig arbetssko **-pole, -poll** ['klɒdpəʊl] drummel, tölp; tjockskalle

clog [klɒg] **I** *s* **1** trä|sko, -toffel **2** black om foten, hämsko **II** *v* **1** sätta black om foten på; hindra, hämma **2** täppa till **3** stocka sig, gå trögt **--dance** ['klɒgdɑ:ns] träskodans

cloister ['klɔɪstə] **I** *s* **1** kloster; *the ~* (*äv.*) klosterlivet **2** pelar-, kors|gång **II** *v* sätta i kloster **-ed** [-d] kloster-, klosterlik; instängd

clon[e] [kləʊn] *biol.* **I** *s* klon **II** *v* klona

clonk [klɒŋk] **I** *v* **1** dunsa, dunka **2** *vard.* drämma till **II** *s* duns, dunk

clop [klɒp] **I** *v* klappra (*med hästhovar e.d.*) **II** *s* klapprande

close I *a* [kləʊs] **1** nära; förtrolig, intim; *a ~ haircut* kort[klippt] frisyr; *~ relative* nära släkting; *at ~ quarters a*) på nära håll, *b*) i närstrid; *it was a ~ call* (*shave*) det var nära ögat **2** tät; hopträngd; tättsittande **3** mycket jämn; *a ~ contest* en mycket jämn tävling **4** nära; ingående, grundlig, noggrann; *~ attention* spänd (stor) uppmärksamhet; *~ reasoning* strängt logiskt resonemang; *~ resemblance* nära (stor) likhet **5** sluten, inte öppen för alla; *~ corporation* slutet sällskap **6** strängt bevakad (bevarad); *a ~ prisoner* strängt bevakad fånge; *~ secret* strängt bevarad hemlighet **7** kvav, kvalmig, tryckande **8** snål, knusslig **9** dold, gömd; hemlig; hemlighetsfull; *keep ~* hålla sig gömd **10** *fonet.* (*om vokal*) sluten **11** *~ season* olaga jakttid (fisketid) **II** *adv* [kləʊs] nära, tätt (*by, to* intill; *upon* efter, inpå); *~* [*together*] tätt ihop (tillsammans); *~ by* i närheten; *stand ~ to the fire* stå nära brasan; *~ on 50* inemot (uppemot) 50 **III** *v* [kləʊz] **1** stänga, [till]sluta; stänga av; slå igen (*bok*); lägga ner (*företag*); *~d circuit* sluten [ström]krets; *~d shop* företag öppet endast för fackföreningsanslutna; *~ one's eyes* (*äv.*) dö; *~ one's eyes to* (*bildl.*) blunda för; *~ the ranks* sluta leden; *sorry, we're ~d* vi har tyvärr stängt **2** [av]sluta **3** *sjö.* passera tätt intill **4** stängas, [till]slutas (*on* om, efter); sluta sig; *this window doesn't ~ properly* det här fönstret går inte att stänga ordentligt **5** avslutas; sluta; (*om pjäs*) läggas ned; *the matter is ~d* affären är avslutad **6** närma sig **7** drabba samman **8** *~ down a*) (*om företag*) stänga[s], lägga[s] ned, slå[s] igen, *b*) (*om radio o.d.*) sluta sändningarna för dagen; *~ in a*) komma närmare, *b*) (*om dagar*) bli kortare; *~ in* [*up*]*on* sluta sig omkring, omringa; *~ up a*) tillsluta, bomma igen, *b*) (*om sår*) dra ihop sig, *c*) *film.* ta närbild[er]; *the ranks ~d up* leden slöts **IV** *s* [kləʊz] (*se äv. V*) **1** stängande; slut; avslutning **2** mötesplats **3** *mus.* kadens **V** *s* [kləʊs] (*se äv. IV*) **1** *BE.* inhägnad [plats]; domkyrkoplats; skolgård; lekplats **2** [återvänds]gata

closed-circuit ['kləʊzdˌsɜ:kɪt] *a, ~ television* intern-TV, kabel-TV **close-down** [-daʊn] **1** nedläggning, stängning (*av fabrik*) **2** *BE. radio., TV.* slut på sändningen **close-fisted** [ˌkləʊs'fɪstɪd] snål **close-fitting** [ˌkləʊs'fɪtɪŋ] tätt åtsittande **closely** ['kləʊslɪ] *adv* **1** nära; *~ related* nära besläktad **2** tätt **3** ingående, grundligt

closet ['klɒzɪt] **I** *s* **1** *åld.* [litet] rum, kabinett **2** skåp **3** toalett **II** *v* ta i enrum; *be ~ed together* överlägga i enrum **III** *a* privat, i enrum **closet drama** *i sht AE.* läsdrama

close-up ['kləʊsʌp] *film.* närbild **closing** ['kləʊzɪŋ] **I** *s* stängning; nedläggning **II** *a* **1** *~ time* stängnings|tid, -dags **2** avslutnings-, slut-, sista

closure ['kləʊʒə] **I** *s* **1** stängning; nedläggelse **2** slut, avslutning; tvångsavslutning (*av debatt*) **II** *v* tillämpa tvångsavslutning på (mot)

clot [klɒt] **I** *s* **1** klimp, klump; *~ of blood* klump av levrat blod, blodpropp **2** *sl.* klantskalle **II** *v* (*se äv. clotted*) **1** bilda klimpar (klumpar) **2** [låta] koagulera

cloth [klɒθ] **1** tyg, kläde; *the ~* prästerskapet; *American ~* vaxduk **2** duk; *lay the ~* duka **3** trasa (*för disk, putsning etc.*) **4** klot (*i bokband*)

clothe [kləʊð] (*clothed, clothed el. clad, clad*) **1** [be]kläda, hålla med kläder **2** täcka, hölja **3** *tekn.* isolera

clothes [kləʊ(ð)z] *pl* **1** kläder **2** *BE.* sängkläder

clothesbrush ['kləʊ(ð)zbrʌʃ] klädesborste **clotheshanger** [-ˌhæŋə] klädhängare, galge **clotheshorse** [-hɔ:s] torkställning **clothesline** [-laɪn] tvättlina, klädstreck **clothes peg** (*AE.* **pin**) [-peg, -pɪn] klädnypa **clothespress** [-pres] kläd-, linne|skåp

clothier ['kləʊðɪə] klädeshandlare; klädfabrikant **clothing** [-ɪŋ] beklädnad, kläder; *men's ~* herrkonfektion

clotted ['klɒtɪd] full med klumpar; levrad; *~ cream* (*BE.*) tjock grädde (*erhållen genom uppvärmning av mjölk*); *~ nonsense* rent nonsens

cloud [klaʊd] **I** *s* **1** moln, sky; *in the ~s* (*bildl.*) i det blå; *on ~ nine* (*vard.*) i sjunde himlen; *under a ~ a*) i onåd, *b*) dyster, på dåligt humör; *every ~*

has a silver lining ingenting ont som inte har något gott med sig **2** svärm, skara **3** skugga (*av dysterhet etc.*) **II** *v* **1** täcka med moln **2** *bildl.* fördystra, fördunkla, förmörka; göra oklar **3** ~ [*up*] täckas med moln, mulna **4** ådra, marmorera

cloud|berry ['klaʊdˌberɪ] hjortron **-burst** [-bɜ:st] skyfall **--capped** [-kæpt] molnhöljd **--cuckoo-land** [ˌklaʊd'kʊku:lænd] sagoland, drömvärld **-scape** ['klaʊdskeɪp] molnlandskap

cloudy ['klaʊdɪ] **1** molnig, molntäckt; mulen **2** oklar, dunkel **3** dyster

clout [klaʊt] **I** *s* **1** trasa, lapp **2** slag **II** *v* **1** lappa **2** slå till, klå upp

1 clove [kləʊv] kryddnejlika

2 clove [kləʊv] lökklyfta

3 clove [kləʊv] *imperf. av 1 cleave*

clove hitch ['kləʊvhɪtʃ] *sjö.* dubbelt halvslag

cloven ['kləʊvn] (*perf. part. av 1 cleave*) kluven; *show the ~ foot* visa bockfoten; ~ *leaf* klöverblad[skorsning]

clover ['kləʊvə] klöver; *be in ~* (*vard.*) må som en prins, vara på grön kvist

clown [klaʊn] **I** *s* **1** clown, pajas **2** drummel **II** *v* spela pajas **-ish** ['klaʊnɪʃ] **1** clown-, pajas|aktig **2** ohyfsad, klumpig

cloy [klɔɪ] övermätta

club [klʌb] **I** *s* **1** klubba, påk **2** [golf]klubba **3** klubb **4** *kortsp.* klöverkort; *~s* (*pl*) klöver **II** *v* **1** klubba [till, ned] **2** använda som klubba **3** slå sig tillsammans [om]

club foot [ˌklʌb'fʊt] klumpfot **club law 1** nävrätt **2** klubbstadga **club moss** *bot.* mattlummer **club sandwich** *AE.* tredubbel smörgås

cluck [klʌk] **I** *v* skrocka **II** *s* skrockande

clue [klu:] ledtråd, spår; *he hasn't a ~ a*) han har inte en aning, *b*) han är helt bakom

clump [klʌmp] **I** *s* **1** klunga (*av träd*); buskage **2** klump **3** klamp, tramp **4** ~ [*sole*] dubbel sula **5** *sl.* smocka **II** *v* **1** klampa, trampa **2** klumpa ihop; plantera ihop **3** dubbelbottna (*skor*) **4** *sl.* smocka till

clum|siness ['klʌmzɪnɪs] klumpighet; tafatthet **-sy** [-zɪ] klumpig; tafatt

clung [klʌŋ] *imperf. o. perf. part. av cling*

cluster ['klʌstə] **I** *s* klunga, klase; svärm **II** *v* **1** samla i klunga **2** växa i klunga **3** skocka sig, samlas i klunga

1 clutch [klʌtʃ] **I** *v* **1** gripa [tag i]; fasthålla **2** gripa (*at* efter) **II** *s* **1** grepp, tag **2** klo; *get into a p.'s ~es* hamna i ngns klor **2** *tekn.* koppling[spedal]; *double ~* dubbeltrampning, mellangas (*vid växling av bil*)

2 clutch [klʌtʃ] **1** [kyckling]kull **2** äggrede

clutter ['klʌtə] **I** *s* **1** virrvarr, bråte **2** oväsen **II** *v* **1** ~ [*up*] skräpa ner **2** väsnas **3** pladdra

cm[.] *förk. för centimetre* **c.m.** *förk. för court martial* **Cmdr.** *förk. för Commander* **C.M.G.** *förk. för Companion of* [*the Order of*] *St. Michael and St. George* **cml.** *förk. för commercial* **c/n** *förk. för credit note* **C.N.A.A.** *BE., förk. för Council for National Academic Awards* **C.N.D.** *förk. för Campaign for Nuclear Disarmament* **C.O.** *förk. för Commanding Officer; conscientious objector* **CO** *förk. för Colorado* **Co., co.** *förk. för Company* **Co.** *förk. för County* **c/o** *förk. för care of; carried over* transport

coach [kəʊtʃ] **I** *s* **1** [gala]vagn, kaross; diligens; ~ *and four* fyrspann **2** järnvägsvagn **4** [turist]buss **5** *sjö.* akterkajuta **6** tränare, instruktör; privatlärare **II** *v* **1** ~ [*it*] resa med diligens **2** ge (*ngn*) [privat]lektioner; träna (*ngn*) **coach box** ['kəʊtʃbɒks] kuskbock **coachman** ['kəʊtʃmən] kusk, förare **coachwork** ['kəʊtʃwɜ:k] karosseri; karosseritillverkning

coagul|ate [kəʊ'ægjʊleɪt] [bringa att] koagulera; ysta sig **-ation** [kəʊˌægjʊ'leɪʃn] koagulering

coal [kəʊl] **I** *s* kol, stenkol; *heap ~s of fire on s.b.* samla glödande kol på ngns huvud; *carry* (*take*) *~s to Newcastle* bjuda bagarbarn på bröd **II** *v* **1** kola, förse med kol **2** kola, bunkra **--bed** ['kəʊlbed] kol|lager, -flöts **--bin** ['kəʊlbɪn], **--box** ['kəʊlbɒks] kolbox

coa|lesce [ˌkəʊə'les] växa (smälta) samman; förena sig **-lescence** [-'lesns] samman|växande, -smältande; förening

coalfield ['kəʊlfi:ld] kolfält **coal gas** stadsgas **coal heaver** [-ˌhi:və] kolbärare

coalition [ˌkəʊə'lɪʃn] **1** koalition **2** sammansmältning

coal measures ['kəʊlˌmeʃəz] *pl, geol.* kolförande bergformation **coalmine** [-maɪn] kolgruva **coalmining** [-maɪnɪŋ] kolbrytning **coal oil** [-ɔɪl] *AE.* petroleum; fotogen **coal-owner** [ˌkəʊl'əʊnə] kolgruveägare **coal-pit** ['kəʊlpɪt] kolgruva **coal scuttle** ['kəʊlˌskʌtl] kol|box, -hink **coal tar** [ˌkəʊl'tɑ:] stenkolstjära **coal tit** ['kəʊltɪt] *zool.* svartmes

coarse [kɔ:s] grov; *bildl. äv.* rå **coarsen** ['kɔ:sn] förgrova[s], förråa[s] **coarseness** ['kɔ:snɪs] grovhet; *bildl. äv.* råhet

coast [kəʊst] **I** *s* **1** kust; *the ~ is clear* (*bildl.*) kusten är klar **2** *AE.* kälkbacke; kälkbacksåkning **II** *v* **1** segla längs (*kust*) **2** glida (rulla, åka) utför

coastal ['kəʊstl] kust- **coaster** [-ə] **1** *BE.* kustfartyg **2** *AE.* [glas]underlägg **3** cykel med frihjul **4** *AE.* (*slags*) kälke **coastguard 1** kustbevakning, sjöräddning **2** kustbevakare

coat [kəʊt] **I** *s* **1** rock; kappa; jacka, kavaj; *~ of arms* vapensköld; *~ of mail* ringbrynja; *cut one's ~ according to one's cloth* rätta mun[nen] efter matsäcken; *wear the King's ~* bära kronans kläder **2** päls-, hår-, fjäder|beklädnad **3** lager, skikt, hinna, beläggning; skal, hölje **II** *v* [be]kläda; bestryka; täcka

coat armour ['kəʊtˌɑ:mə] [familje]vapen **coated** [-ɪd] överdragen; belagd **coatee** [-i:] jacka, kofta **coat hanger** [-ˌhæŋə] klädhängare, galge **coating** [-ɪŋ] **1** beläggning, hinna, lager; överdrag **2** rocktyg **coat-tail** [-teɪl] rockskört

coauthor [kəʊ'ɔ:θə] medförfattare

coax [kəʊks] lirka [med], använda lämpor [med]; *~ s.b. into s.th.* med lämpor förmå ngn till ngt

coaxial [ˌkəʊ'æksɪəl] *a, ~ cable* koaxialkabel

cob [kɒb] **I** *s* **1** svanhanne **2** [kraftig] häst, klippare **3** klump, bit (*av kol*) **4** brödkaka **5** majskolv **II** *v, BE. vard.* ge smisk

cobalt [kɒ(ʊ)'bɔ:lt] kobolt

1 cobble ['kɒbl] **I** *s* **1** kullersten **2** *~s* (*pl*) små rundade kol **II** *v* **1** belägga med kullersten

2 cobble ['kɒbl] lappa [ihop]

1 cobbler ['kɒblə] skomakare

2 cobbler ['kɒblə] **1** kobbel (*dryck*) **2** *AE.* (*slags*) fruktpaj

cobblestone ['kɒblstəʊn] kullersten

cobby ['kɒbɪ] satt, kort och kraftig

cobnut ['kɒbnʌt] hasselnöt

cobra ['kəʊbrə] kobra, glasögonorm

cobweb ['kɒbweb] spindel|väv, -nät

cocain[e] [kə(ʊ)'keɪn] kokain

cochineal ['kɒtʃɪni:l] koschenill

1 cock [kɒk] **I** *s* **1** tupp; [fågel]han[n]e; ~ *of the walk* högsta hönset, den främste i gruppen; *that ~ won't fight* den gubben går inte **2** kran, tapp **3** hane (*på gevär*) **4** *BE. sl.* skitsnack **5** *vulg.* kuk **6** *BE. vard.* kompis, polare **II** *v* **1** sätta (ställa, sticka) rätt upp, resa; ~ *one's ears* spetsa öronen; ~ *an eye* blinka med ena ögat, plira; ~ *one's hat* sätta hatten på sned, vika upp brättet; ~ *one's nose* sätta näsan i vädret **2** spänna hanen på, osäkra **3** ~ [*up*] (*sl.*) röra (trassla) till

2 cock [kɒk] [hö]volm

cock|ade [kɒ'keɪd] kokard **--a-doodle-doo** [ˌkɒkədu:dl'du:] kuckeliku **--a-hoop** [ˌkɒkə'hu:p] morsk, stursk, triumferande

Cockaigne [kɒ'keɪn] drömland, schlaraffenland

cock|aloroum [ˌkɒkə'lɔ:rəm] **1** viktigpetter **2** skryt **--and-bull-story** [ˌkɒkən(d)'bʊlstɔ:rɪ] *vard.* rövarhistoria **-boat** ['kɒkbəʊt] jolle, liten båt **-chafer** ['kɒkˌtʃeɪfə] ollonborre **-crow** ['kɒkkrəʊ] hanegäll, gryning

cocked [kɒkt] *a,* ~ *hat* trekantig hatt; *knock s.b. into a ~ hat* (*sl.*) slå ngn sönder och samman

1 cocker ['kɒkə] cockerspaniel

2 cocker ['kɒkə] *BE. vard., old ~* gammal kompis

cock|erel ['kɒk(ə)r(ə)l] ungtupp, tuppkyckling **-eyed** [-aɪd] *vard.* **1** skelögd; vindögd **2** sned; tokig **3** på sniskan **-fight[ing]** tuppfäktning

1 cockle ['kɒkl] **I** *s* **1** *zool.* hjärtmussla **2** musselskal **3** liten spis **4** skrynkla, veck (*i glas, papper e.d.*); *warm the ~s of one's heart* värma en in i själen (hjärterötterna) **II** *v* skrynkla [till, ihop]

2 cockle ['kɒkl] *bot.* åkerklätt

cockney ['kɒknɪ] **I** *s* **1** cockney (*londonbo som talar londondialekt*) **2** cockney (*londondialekt*) **II** *a* cockney-

cock|pit ['kɒkpɪt] **1** cockpit, förarkabin (*i flygplan*) **2** slagfält **3** tuppfäktningsarena **-roach** [-rəʊtʃ] kackerlacka

cockscomb ['kɒkskəʊm] **1** tuppkam **2** *vard.* sprätt

cock|shy ['kɒkʃaɪ] *BE.* mål (*att kasta mot*); kast **-sure** [ˌkɒk'ʃʊə] tvärsäker **-sy** ['kɒksɪ] *se cocky*

1 cocktail ['kɒkteɪl] cocktail

2 cocktail ['kɒkteɪl] **1** stubbsvansad häst; halvblod **2** *åld.* uppkomling

cocktail cabinet ['kɒkteɪlˌkæbɪnɪt] barskåp

cockup ['kɒkʌp] *BE. sl.* tabbe **cocky** [-ɪ] mallig, nosig

coco ['kəʊkəʊ] kokospalm

cocoa ['kəʊkəʊ] **1** *se coco* **2** kakao; [drick]choklad **coco[a]nut** kokosnöt **coco[a]nut matting** kokosmatta **coco[a]nut palm** kokospalm **coco[a]nut shy** (*slags*) kastspel (*på tivoli*) **cocoa powder** kakaopulver

cocoon [kə'ku:n] kokong

1 cod [kɒd] torsk

2 cod [kɒd] *BE. sl.* **I** *v* driva med; lura **II** *s* skämt, upptåg

C.O.D. *förk. för cash* (*AE. collect*) *on delivery*

coddle ['kɒdl] **1** sjuda **2** klema bort, pjoska med

code [kəʊd] **I** *s* kod, [telegram]nyckel; chiffer; chiffrerat meddelande **2** kodex; lag[samling]; regler **II** *v* **1** koda, chiffrera **2** kodifiera

codfish ['kɒdfɪʃ] torsk

codger ['kɒdʒə] *s, vard., old ~* gubbstrutt

codi|fication [ˌkəʊdɪfɪ'keɪʃn] kodifiering, kodifikation **-fy** ['kəʊdɪfaɪ] kodifiera

codlin ['kɒdlɪn] *se 1 codling*

1 codling ['kɒdlɪŋ] (*slags*) matäpple

2 codling ['kɒdlɪŋ] småtorsk

cod-liver oil [ˌkɒdlɪvər'ɔɪl] fiskleverolja

co-driver ['kəʊˌdraɪvə] co-driver, andreförare

codswallop ['kɒdzˌwɒləp] *BE. sl.* skitsnack

co-ed [ˌkəʊ'ed] **1** *AE.* kvinnlig studerande vid samskola (universitet) **2** *BE.* samskola **coeducation** [ˌkəʊedju:'keɪʃn] samundervisning **coeducational** [ˌkəʊedju:'keɪʃənl] *a, ~ school* samskola

coefficient [ˌkəʊɪ'fɪʃnt] *mat. o. fys.* koefficient

coequal [keʊ'i:kw(ə)l] **I** *s* jämlike **II** *a* jämlik, jämställd

coerce [kəʊ'ɜ:s] tvinga till lydnad (underkastelse) **coercion** [kəʊ'ɜ:ʃn] tvång, betvingande **coercive** [kəʊ'ɜ: sɪv] tvingande, tvångs-

coeval [kəʊ'i:vl] **I** *a* samtidig; jämnårig **II** *s* samtida; jämnårig [person]

coexist [ˌkəʊɪg'zɪst] existera samtidigt (*with* som); leva sida vid sida **-ence** [-(ə)ns] *s* samtidig förekomst; samlevnad; *peaceful ~* fredlig samexistens **-ent** [-(ə)nt] samexisterande

C. of E. *förk. för Church of England*

coffee ['kɒfɪ] kaffe; *instant ~* snabbkaffe **coffee bar** kaffebar, cafeteria **coffee-grounds** *pl* [kaffe]sump **coffee house** kaffeservering; *hist.* kaffehus **coffee mill** kaffekvarn **coffee pot** kaffepanna; kaffekanna **coffee-room** frukostrum, matsal (*på hotell*) **coffee shop** kaffeställe; kaffeaffär **coffee table** soffbord **coffee-table book** presentbok, praktverk

coffer ['kɒfə] kista; penning-, kassa|skrin; *~s* (*pl*) skattkammare

coffin ['kɒfɪn] **I** *s* likkista **II** *v* lägga i kista

1 cog [kɒg] kugge

2 cog *v, sl., ~ dice* fuska med tärningar, spela falskt

cogent ['kəʊdʒ(ə)nt] bindande, övertygande, tvingande

cogi|tate ['kɒdʒɪteɪt] **1** tänka, fundera **2** tänka (fundera) ut **-tation** [ˌkɒdʒɪ'teɪʃn] **1** begrundande, tänkande, funderande **2** tanke, reflexion

cognac ['kɒnjæk] konjak

cognate ['kɒgneɪt] besläktad

cogni|zance ['kɒgnɪz(ə)ns] **1** kännedom, vetskap **2** *jur.* handläggning; behörighet **3** *AE.* bekännelse **4** *her.* sköldmärke **-zant** [-(ə)lnt] **1** ägande vetskap; *be ~ of* vara medveten om **2** *jur.* kompetent

cognomen [kɒg'nəʊmen] **1** familjenamn **2** binamn

cog-wheel ['kɒgwi:l] kugghjul

cohabit [kəʊ'hæbɪt] bo (leva) tillsammans, sam-

manbo **cohabitation** [ˌkəʊhæbɪ'teɪʃn] samman|levnad, -boende
cohere [kə(ʊ)'hɪə] hänga (hålla) ihop; ha sammanhang; stämma överens **coherence** [-r(ə)ns] **1** sammanhang **2** sammanhållning **coherent** [-r(ə)nt] sammanhängande; följdriktig **cohesion** [kə(ʊ)'hi:ʒn] kohesion; sammanhang **cohesive** [kə(ʊ)'hi:sɪv] kohesions-; sammanhängande
cohort ['kəʊhɔ:t] **1** *hist.* kohort **2** skara; grupp **3** *AE.* kollega
C.O.I. *förk. för Central Office of Information*
coif [kɔɪf] huva; kalott
coiffure [kwɑ:'fjʊə] frisyr
coign [kɔɪn] *s, ~ of vantage* fördelaktig ställning, utkiksplats
coil [kɔɪl] **I** *v* **1** lägga i ringlar, ringla (rulla) ihop; *~ up* rulla ihop **2** ringla sig; *~ up* ringla (rulla) ihop sig **II** *s* **1** rulle **2** slinga; [hår]lock **3** rörspiral; induktionsrulle, trådspiral, spole **4** spiral (*livmoderinlägg*)
coin [kɔɪn] **I** *s* mynt, slant; *koll.* pengar; *pay s.b. back in his own ~* ge ngn igen med samma mynt; *the other side of the ~* medaljens baksida **II** *v* **1** mynta, prägla; *~ it in* snabbt tjäna pengar; *~ words* skapa nya ord **-age** ['kɔɪnɪdʒ] **1** *koll.* mynt **2** [mynt]prägling **3** (*lands*) myntsort **4** prägling (*av nytt ord e.d.*); nybildat ord
coin|cide [ˌkəʊɪn'saɪd] **1** sammanfalla **2** stämma överens **-cidence** [kəʊ'ɪnsɪd(ə)ns] **1** sammanträffande, slump, tillfällighet **2** överensstämmelse **-cident** [kəʊ'ɪnsɪd(ə)nt] *a* **1** sammanfallande **2** överensstämmande **-cidental** [kəʊˌɪnsɪ'dentl] **1** tillfällig **2** samtidig
coiner ['kɔɪnə] **1** myntare **2** falskmyntare
coition [kəʊ'ɪʃn], **coitus** ['kəʊɪtəs] coitus, samlag
1 coke [kəʊk] **I** *s* koks **II** *v* göra till koks
2 coke [kəʊk] *sl.* kokain
3 coke [kəʊk] *vard.* coca cola
col [kɒl] bergspass, hålväg
Col. *förk. för Colonel; Colorado; Colossians* **col.** *förk. för colour[ed]; column*
colander ['kʌləndə] durkslag
cold [kəʊld] **I** *a* kall; kallsinnig, känslolös; *in ~ blood* med beråtť mod; *~ comfort* [en] klen tröst; *~ cream* cold-cream (*slags hudkräm*); *~ cuts* kallskuret; *~ pig* (*vard.*) skopa kallvatten; *~ snap* köldknäpp; *~ steel* kallt stål; *~ storage* förvaring i kylrum; *put s.th. into a cold storage* (*bildl.*) lägga ngt på is; *~ store* kylrum; *~ turkey* (*AE. sl.*) *se turkey*; *~ war* kallt krig; *I am ~* jag fryser; *have* (*get*) *~ feet a*) frysa om fötterna, *b*) vara rädd; *give s.b. the ~ shoulder* behandla ngn kyligt; *leave s.b. ~* (*vard.*) lämna ngn oberörd; *throw ~ water on* (*vard.*) behandla kallsinnigt; *knocked ~* slagen medvetslös **II** *s* **1** köld, kyla; *leave out in the ~* försumma, överge, lämna utanför **2** förkylning; *catch* [*a*] *~* bli förkyld **--blooded** [ˌkəʊld'blʌdɪd] kallblodig **--hearted** [ˌkəʊld'hɑ:tɪd] kallhjärtad, kallsinnig **-ness** ['kəʊldnɪs] kyla, köld (*äv. bildl.*)
cole [kəʊl] kål **-slaw** ['kəʊlslɔ:] kålsallad med majonnäs
colic ['kɒlɪk] kolik
coll. *förk. för colleague; collection; collector; college; collegial; colloquial*
collabo|rate [kə'læbəreɪt] samarbeta; *polit. äv.* kollaborera **-ration** [kəˌlæbə'reɪʃn] samarbete; *polit. äv.* kollaboration **-rationist** [kəˌlæbə'reɪʃ(ə)nɪst] *polit.* kollaboratör, samarbetsman **-rator** [kə'læbəreɪtə] medarbetare
collage ['kɒlɑ:ʒ] *konst.* collage
collapse [kə'læps] **I** *v* **1** falla ihop, störta samman (*äv. bildl.*) **2** *med.* kollapsa, bryta samman **3** vara hopfällbar, kunna fällas ihop **II** *s* **1** hopfallande, sammanstörtande; *bildl.* sammanbrott **2** *med.* kollaps, sammanbrott **collapsible** [-əbl] hopfällbar
collar ['kɒlə] **I** *s* **1** krage **2** halsband (*för djur*) **3** *tekn.* hylsa, ring, krage **II** *v* **1** förse med krage **2** ta i kragen; *vard.* gripa, arrestera **3** *vard.* knycka **-bone** nyckelben **-et[te]** [ˌkɒlə'ret] päls-, spets|krage **--stud** ['kɒləstʌd] kragknapp
collat. *förk. för collateral*
collate [kɒ'leɪt] **1** kollationera, jämföra **2** kalla (*t. prästtjänst*)
collateral [kɒ'læt(ə)r(ə)l] **I** *a* **1** belägen sida vid sida, parallell; kollateral **2** indirekt, bidragande, sido- **II** *s* **1** släkting på sidolinjen **2** säkerhet (*för lån*)
collation [kɒ'leɪʃn] **1** kollationering **2** kallelse (*t. prästtjänst*) **3** lätt måltid
colleague ['kɒli:g] kollega
collect I *s* ['kɒlekt] *kyrkl.* kollektbön **II** *v* [kə'lekt] **1** samla [in, ihop, upp] **2** [av]hämta; *~ on delivery* (*AE.*) [mot] postförskott (efterkrav) **3** inkassera; indriva; ta upp **4** *~ o.s.* (*one's wits*) ta sig samman, samla sig **5** samlas, samla (hopa) sig **III** *a, ~ call* ba-samtal, samtal som betalas av adressaten **IV** *adv, AE.* mot postförskott (efterkrav) **collected** [kə'lektɪd] **1** samlad; *~ works* samlade arbeten **2** samlad, fattad **collection** [kə'lekʃn] **1** samlande; [hop]samling **2** insamling; tömning (*av brevlåda*) **3** indrivning, inkassering, uppbörd **4** *kyrkl.* kollekt **5** samling, kollektion; anhopning **collective** [kə'lektɪv] **I** *a* **1** samlad, sammanlagd **2** kollektiv (*äv. språkv.*); gemensam; *~ bargaining* kollektivförhandlingar; *~ farm* kollektivjordbruk **II** *s* kollektivjordbruk; kollektiv **2** *språkv.* kollektiv[t substantiv] **collector** [kə'lektə] **1** samlare **2** biljettupptagare **3** uppbördsman, inkasserare **4** *elektr.* kollektor
college ['kɒlɪdʒ] **1** kollegium; sällskap **2** college; internatskola; collegebyggnad; [fack]högskola; institut, skola; *~ of education* (*BE.*) lärarhögskola; *~ of music* musikskola; *~ of advanced technology* (*BE., ung.*) teknisk högskola **4** *AE.* mindre universitet **colleger** [-ə] frielev (*vid Eton*) **collegian** [kə'li:dʒjən] medlem av college, student **collegiate** [kə'li:dʒɪət] **1** college-, hörande till college **2** kollegie-, kollegial
collet ['kɒlɪt] ring; hylsa; infattning (*kring juvel*)
collide [kə'laɪd] kollidera, krocka, stöta ihop
collie ['kɒlɪ] collie (*hundras*)
collier ['kɒlɪə] **1** kolgruvearbetare **2** kolfartyg **colliery** [-rɪ] kolgruva
collision [kə'lɪʒn] kollision, krock, sammanstötning
collo|cate ['kɒlə(ʊ)keɪt] ställa samman, ordna **-cation** [ˌkɒlə(ʊ)'keɪʃn] sammanställning (*av ord o.d.*)

collocutor ['kɒləkju:tə] samtalspartner
colloid ['kɒlɔɪd] **I** *s* kolloid[al lösning] **II** *a* kolloid
collop ['kɔləp] *dial.* köttskiva
colloq. *förk. för colloquial*
collo|quial [kə'ləʊkwɪəl] samtals-, talspråklig, vardaglig **-quialism** [-ɪz(ə)m] vardagligt uttryck **-quium** [-kwɪəm] kollokvium, vetenskaplig konferens **-quy** ['kɒləkwɪ] samtal
collu|sion [kə'lu:ʒn] hemlig överenskommelse, maskopi **-sive** [-sɪv] hemligt avtalad; sveklig
collywobbles ['kɒlɪˌwɒblz] *pl, vard.* **1** kurrande i magen **2** [nervöst] magknip
Colo. *förk. för Colorado*
Cologne [kə'ləʊn] Köln
cologne [kə'ləʊn] eau-de-cologne
Colombia [kə'lɒmbɪə] Colombia
1 colon ['kəʊlən] *anat.* grovtarm, kolon
2 colon ['kəʊlən] kolon (*skiljetecken*)
colonel ['kɜ:nl] överste
colonial [kə'ləʊnjəl] **I** *a* kolonial[-] **II** *s* koloniinvånare **-ism** [-jəliz(ə)m] kolonialism
colo|nist ['kɒlənɪst] nybyggare, kolonist **-nization** (*BE. äv. -nisation*) [ˌkɒlənaɪ'zeɪʃn] kolonisering, kolonisation **-nize** (*BE. äv. -nise*) ['kɒlənaɪz] kolonisera; slå sig ned i **-nizer** (*BE. äv. -niser*) ['kɒlənaɪzə] kolonisatör
colonnade [ˌkɒlə'neɪd] kolonnad
colony ['kɒlənɪ] **1** koloni; nybyggarsamhälle **2** *zool.* koloni, samhälle
color ['kʌlə] *AE., se colour*
Colorado [ˌkɒlə'rɑ:dəʊ]
coloration [ˌkʌlə'reɪʃn] färgsättning; färg[lägg]ning; färgteckning
coloratura [ˌkɒlərə'tʊərə] *mus.* koloratur
colorific [ˌkɒlə'rɪfɪk] färgframkallande, färg-
colossal [kə'lɒsl] kolossal; *vard. äv.* väldig, fantastisk **Colossians** [kə'lɒʃnz] *pl, bibl.* **1** kolosser **2** [*the Epistle to*] *the* ~ (*behandlas som sg*) Kolosserbrevet **colos|sus** [kə'lɒsəs] (*pl -si* [-saɪ] *el. -suses*) koloss; kolossalstaty
colour ['kʌlə] **I** *s* **1** färg, kulör; *man of* ~ färgad [man] **2** [ansikts]färg; *get a* ~ få färg, bli solbränd; *lose* ~ bli blek; *off* ~ *a*) illamående, dålig, *b*) smaklös, omdömeslös **3** *mus.* klangfärg, timbre **4** ~*s* (*pl*) *a*) flagga, fana, *b*) *BE. sport.* [lag]färger; *under false* ~*s* under falsk flagg; *with flying* ~*s* med flaggan i topp, framgångsrikt; *join the* ~*s* bli soldat, ta värvning; *nail one's* ~*s to the mast* vägra att erkänna sig besegrad, framhärda; *show one's* ~*s* bekänna (visa) färg; *stick to one's* ~*s* hålla fast vid sin ståndpunkt **5** utseende; sken, förevändning; *under* ~ *of* under sken (förevändning) av **6** ton, karaktär, prägel **II** *v* **1** färga (*äv. bildl.*); färglägga **2** få färg; ~ [*up*] rodna
colourable ['kʌl(ə)rəbl] **1** skenbar, plausibel **2** bedräglig
colour bar ['kʌləbɑ:] rasdiskriminering; rasbarriär **colour-blind** färgblind **coloured** [-d] färgad (*äv. bildl.*); kulört; ~ *people* färgade **colourfast** färgäkta **colourful** [-f(ʊ)l] färg|stark, -rik **colouring** [-rɪŋ] **1** färg[lägg]ning **2** färg; färger (*på fåglar, i ansikte e.d.*) **3** falskt sken **4** färgbehandling, kolorit **colourless** [-lɪs] färglös **colour supplement** [-ˌsʌplɪment] *BE.* (*i tidning*) färgbilaga
colporteur ['kɒlˌpɔ:tə] kolportör (*kringresande bokförsäljare*)
1 colt [kəʊlt] **1** föl, unghäst **2** ung oerfaren person
2 colt [kəʊlt] (*äv. C~*) colt (*revolver*)
colter *AE., se coulter*
coltish ['kəʊltɪʃ] **1** oerfaren **2** vild, yster **coltsfoot** (*pl* ~*s*) *bot.* tussilago, hästhovsört
columbari|um [ˌkɒləm'beərɪəm] (*pl -a*) **1** duvslag **2** kolumbarium (*urngravkammare*)
columbine ['kɒləmbaɪn] **I** *s, bot.* akleja **II** *a* duvlik
column ['kɒləm] **1** kolonn (*byggn. o. mil.*); pelare; *spinal* ~ ryggrad **2** kolumn, spalt **3** rattstång **-ist** [-nɪst] kolumnist, kåsör, krönikör
colza ['kɒlzə] *bot.* raps
Com. *förk. för Commander; committee; Commodore; Communist* **com.** *förk. för comedy; comic; commerce; commercial; committee*
1 coma ['kəʊmə] *med.* koma
2 coma ['kəʊmə] **1** *astr.* koma **2** *bot.* hårpensel; trädkrona
comb [kəʊm] **I** *s* **1** kam (*äv. på fåglar*); *cut a p.'s* ~ förödmjuka ngn **2** karda **3** honungskaka **II** *v* kamma; rykta; karda; ~ [*out*] (*bildl.*) finkamma
combat ['kɒmbæt] **I** *s* kamp, strid; *single* ~ envig, tvekamp **II** *v* **1** bekämpa, strida mot **2** kämpa **combatant** ['kɒmbət(ə)nt] **I** *a* stridande **II** *s* kombattant, stridande **combat fatigue** [-fəˌti:g] krigsneuros
combe [ku:m] *se coomb*
comber ['kəʊmə] **1** kardare, ullkammare **2** brottsjö
combination [ˌkɒmbɪ'neɪʃn] **1** kombination; serie **2** förening (*äv. kem.*) **3** [*motorcycle*] ~ motorcykel med sidvagn **4** ~*s* (*pl*) combination (*underplagg*) **combine I** *v* [kəm'baɪn] **1** förena; kombinera; ställa samman **2** samverka; förena sig **3** ingå kemisk förening **II** *s* ['kɒmbaɪn] **1** (*ekonomisk, politisk*) sammanslutning, syndikat **2** ~ [*harvester*] skördetröska
combo ['kɒmbəʊ] (*pl* ~*s*) combo (*liten* [*jazz*]*orkester*)
combustible [kəm'bʌstəbl] **I** *a* brännbar, lättantändlig **II** *s* brännbart ämne, bränsle **combustion** [-'bʌstʃ(ə)n] förbranning; *spontaneous* ~ självantändning **combustion chamber** förbränningskammare **combustion engine** förbränningsmotor
Comdr. *förk. för Commander* **Comdt.** *förk. för Commandant*
come [kʌm] (*came, come*) **1** komma; komma hit (dit); ~ *now!*, ~ ~*! a*) så ja!, se så!, *b*) nej, vet du vad!, sakta i backarna!, *c*) skynda på!; *coming!* jag kommer!; *the truth came to me* sanningen stod klar för mig; ~ *Easter* till påsk, nästa påsk; *not know whether one is coming or going* inte veta varken ut eller in; *to* ~ (*äv.*) kommande, framtida, blivande; *in days to* ~ under kommande dagar, i framtiden **2** ske, hända; ~ *what may* hända vad som hända vill **3** ~ *to* + *inf. a*) komma att (*realize* inse), *b*) komma för att (*see s.b.* hälsa på ngn); [*when you*] ~ *to think of it* när man tänker rätt på saken, egentligen; ~ *to pass* äga rum **4** kunna fås, finnas att få; *this skirt only* ~*s in blue* den här kjolen finns bara i blått **5** sträcka sig, gå **6** *sl.* komma (*få orgasm*) **7** *BE. vard.* spela, låtsas

vara; komma med; *don't ~ the innocent with me* spela inte oskyldig för mig; *don't ~ that nonsense again* kom inte med de där dumheterna igen **8** *how ~?* (*vard.*) hur kommer det sig?; *~ clean* (*vard.*) bekänna, avslöja; *~ loose* lossna; *~ short* komma till korta, inte räcka till; *~ true* slå in, besannas **9** *~ about* ske, hända [sig], inträffa **10** *~ across* komma över, få tag i, träffa (råka) på **11** *~ again?* (*vard.*) vad var det du sa?, vadå? **12** *~ along a*) komma (följa, gå) med, *b*) arta sig, ta sig, bli bättre; *~ along!* kom nu!, skynda på! **13** *~ apart* gå sönder (i bitar), kunna tas isär **14** *~ at a*) komma åt, *b*) gå lös på, angripa **15** *~ away a*) lossna, *b*) gå sin väg **16** *~ back a*) komma tillbaka, *b*) *AE.* ge svar på tal **17** *~ by a*) komma förbi, *b*) komma över **18** *~ down a*) komma (gå) ned, *b*) landa, *c*) störta samman, (*om hus*) rivas, *d*) *BE.* sluta vid universitet; *they have ~ down in the world* det har gått utför med dem; *~ down handsomely* vara frikostig; *~ down on* slå ned på, straffa; *~ down to* kunna reduceras till; *~ down with the measles* bli sjuk i mässlingen **19** *~ forth* träda fram **20** *~ forward* träda (stiga, komma) fram, anmäla sig **21** *~ from a*) komma (vara) från, *b*) komma [sig] av **22** *~ in a*) komma in, komma i mål, *b*) komma i bruk, komma på modet, *c*) komma till makten; *~ in useful* (*handy*) komma väl till pass; *where does he ~ in?* var kommer han in i bilden?; *~ in for* få [sin del] av **23** *~ into a*) komma in i, *b*) få ärva (*a fortune* en förmögenhet); *~ into being* (*existence*) komma till; *~ into blossom* gå i blom; *~ into effect* träda i kraft; *~ into one's own* förverkliga sig själv **24** *~ of a*) komma (härstamma) från, *b*) komma sig av, *c*) komma ut av; *nothing came of it* det kom ingenting ut av det; *that's what ~s of disobeying* så går det när man inte lyder; *~ of age* bli myndig **25** *~ off a*) ramla av (ner) [från], *b*) gå ur (av), lossna, gå att ta loss, *c*) avgå från (*pris e.d.*), *d*) *vard.* äga rum, bli av, *e*) *vard.* lyckas, gå i lås, *f*) *sl.* få orgasm; *~ off the winner* utgå som segrare; *~ off it!* (*vard.*) lägg av!, försök inte! **26** *~ on a*) komma [efter], fortsätta, närma sig; avancera, *b*) börja; utbryta, *c*) ta sig, utveckla sig, göra framsteg, växa, *d*) göra entré (*på scen*), *e*) komma upp [till behandling]; *~ on! a*) skynda på!, kom nu!, *b*) försök!, ryck upp dig! **27** *~ out a*) komma ut (*äv. publiceras*), *b*) debutera, *c*) (*om fläck o.d.*) gå ur, *d*) bli; komma fram, visa sig, bli synlig, *e*) stämma, gå jämnt ut; *this ~s out at £10* detta uppgår till (blir) 10 pund; *~ out in spots* få utslag; *~ out like* spela, låtsas vara; *~ out* [*on strike*] gå i strejk; *~ out on top* hävda sig väl, vinna; *~ out with* komma (klämma) fram med **28** *~ over a*) komma (gå) över, *b*) (*om budskap o.d.*) gå fram, *c*) *vard.* känna sig **29** *~ round a*) komma över, titta in, *b*) hämta sig, kvickna till, *c*) ändra åsikt, komma på andra tankar **30** *~ through a*) klara sig igenom, *b*) (*om meddelande o.d.*) komma in **31** *~ to a*) komma till, nå; gå in på (*ämne o.d.*), *b*) *~ to* [*o.s.*] kvickna till, hämta sig, *c*) uppgå (belöpa sig) till, *d*) gälla, vara fråga[n] om, *e*) drabba, *f*) leda till, *g*) *sjö.* stanna (*fartyg*); *~ to that* förresten, för den delen; *~ to a fortune* få ärva en förmögenhet; *~ to light* komma i dagen; *I had it coming to me* (*vard.*) jag hade mig själv att skylla; *it ~s to the same thing* det går (kommer) på ett ut; *when it ~s to choosing* när det gäller att välja; *that won't ~ to much* det blir inte mycket av det; *what is the world coming to?* vart är världen på väg?; *if it ~s to that* om det går därhän, vad det beträffar **32** *~ up a*) komma upp; komma fram; (*om solen*) gå upp, *b*) *BE.*, börja (*vid univ.*); *one pizza coming up!* en pizza klar (kommer)!; *~ up in the world* komma sig upp i världen; *~ up against* råka ut för, kollidera med; *~ up to* nå upp till, uppgå till; *~ up with* komma [fram] med

come|-at-able [ˌkʌm'ætəbl] åtkomlig, tillgänglig **-back** ['kʌmbæk] *vard.* **1** comeback, återkomst **2** svar [på tal]

comedian [kə'mi:djən] **1** komiker; komediskådespelare **2** komediförfattare **comedienne** [kəˌmeɪdɪ'en] komedienn

come-down ['kʌmdaʊn] **1** steg tillbaka (*i status o.d.*) **2** *vard.* besvikelse

comedy ['kɒmɪdɪ] komedi, lustspel

comely ['kʌmlɪ] *a* vacker, attraktiv

comestibles [kə'mestɪblz] *pl* matvaror

comet ['kɒmɪt] komet

comeuppance [ˌkʌm'ʌpəns] *sl.* vedergällning, straff man förtjänar

comfit ['kʌmfɪt] bränd mandel

comfort ['kʌmfət] **I** *s* tröst, lättnad; *take ~ a*) låta trösta sig, *b*) fatta mod **2** välbefinnande, komfort; *~s* (*pl*) bekvämligheter **II** *v* **1** trösta; *be ~ed* låta trösta sig **2** vederkvicka, uppliva **comfortable** ['kʌmf(ə)təbl] **1** bekväm, komfortabel; *be ~* ha det skönt (bra), trivas; *make o.s ~* göra det bekvämt för sig **2** väl till mods, obesvärad **3** som har det bra; välbärgad **4** avkopplande; lugn, trygg **comforter** ['kʌmfətə] **1** tröstare **2** yllehalsduk **3** [tröst]napp **comfort station** ['kʌmfətˌsteɪʃn] *AE.* bekvämlighetsinrättning, offentlig toalett **comfy** ['kʌmfɪ] *vard., se comfortable*

comic ['kɒmɪk] komisk; komedi-; *~ opera* operett; *~* [*paper*] skämttidning; *~ strip* skämtserie, tecknad serie **comical** [-(ə)l] komisk, skrattretande

coming ['kʌmɪŋ] **I** *a* **1** kommande **2** lovande; *~ man* framtidsman, påläggskalv **II** *s* **1** ankomst; annalkande **2** *~s and goings* (*pl*) folk som kommer och går, spring ut och in

comity ['kɒmɪtɪ] hövlighet; *~ of nations* nationers vänskapliga erkännande av varandras lagar och institutioner

comm. *förk. för commerce; commercial; committee*

comma ['kɒmə] komma[tecken]; *inverted ~s* citations-, anförings|tecken

command [kə'mɑ:nd] **I** *v* **1** befalla; kommendera, föra befäl[et över] **2** förfoga över, disponera [över]; *Yours to ~* Er ödmjuke tjänare **3** tillvinna sig, inge **4** inbringa; betinga [sig] (*pris*) **5** *this place ~s a splendid view of* denna plats erbjuder en strålande utsikt över **II** *s* **1** befallning; order, kommando **2** herravälde, makt; befäl; kontroll; *be in ~* föra befäl[et] (*of* över, på, i); *take ~ of* ta befälet över; *great ~ of language* stor språkfärdighet **3** förfogande, disposition; *at ~* till förfogande

comman|dant [ˌkɒmən'dænt] kommendant; be-

C

fälhavare **-deer** [ˌkɒmən'dɪə] tvångsuttaga, tvinga (*t. krigstjänst*); rekvirera, beslagtaga **commander** [kə'mɑ:ndə] **1** befälhavare, chef **2** (*i flottan*) kommendörkapten **3** (*i orden*) kommendör **commander in chief** [kə'mɑ:nd(ə)rin'tʃi:f] överbefälhavare
commanding [kə'mɑ:ndɪŋ] **1** befälhavande, kommenderande; ~ *officer* (*mil.*) befälhavare, chef **2** myndig, befallande **3** ~ *position* dominerande läge; *a* ~ *view of* fri utsikt över
commandment [kə'mɑ:n(d)mənt] bud[ord]; *the ten ~s* tio Guds bud
commando [kə'mɑ:ndəʊ] (*pl* -[*e*]*s*) commando|trupp, -soldat, kustjägare
commemo|rate [kə'meməreɪt] fira minnet av, högtidlighålla **-ration** [kəˌmemə'reɪʃn] firande, åminnelse; minnes|fest, -högtid, -gudstjänst **-rative** [kə'memərətɪv] minnes-, jubileums-
commence [kə'mens] **1** börja, inledas **2** [på]börja, inleda **-ment** [-mənt] **1** början, inledning **2** *AE.* promotion[sfest]
commend [kə'mend] **1** prisa **2** anbefalla, rekommendera **3** anförtro **4** ~ *me to your wife* hälsa din fru från mig **-able** [-əbl] berömlig, lovvärd
commen|dation [ˌkɒmen'deɪʃn] rekommendation, lovord **-atory** [kɒ'mendət(ə)rɪ] berömmande; rekommendations-
commensu|rable [kə'menʃ(ə)rəbl] **1** kommensurabel, jämförbar **2** proportionerlig **-rate** [-ət] **1** sammanfallande **2** proportionell
comment ['kɒment] **I** *s* kommentar[er] (*on, about* om, till); förklaring; kritik **II** *v*, ~ *on* kommentera, uttala sig om, kritisera **commentary** [-(ə)rɪ] **1** kommentar (*on* till), uttalande (*on* om) **2** [radio]reportage, -referat **commentate** [-eɪt] **1** vara kommentator **2** kommentera; referera **commentator** [-eɪtə] kommentator, [radio]reporter
commerce ['kɒmɜ:s] handel, varuutbyte **commercial** [kə'mɜ:ʃl] **I** *a* kommersiell, handels-; ~ *artist* reklamtecknare; ~ *bank* affärsbank; ~ *traveller* handelsresande; ~ *vehicle* fordon i yrkesmässig trafik **II** *s*, *radio. o. TV.* reklaminslag, reklamfinansierat program **commercialism** [kə'mɜ:ʃəlɪz(ə)m] kommersialism **commercial|ize** (*BE. äv. -ise*) [kə'mɜ:ʃəlaɪz] kommersialisera
commie ['kɒmɪ] *neds., i sht AE.* kommunist[isk]
commingle [kɒ'mɪŋgl] [hop]blanda[s]
comminute ['kɒmɪnju:t] **1** pulversiera **2** stycka
commiser|ate [kə'mɪzəreɪt] ~ [*with*] hysa medlidande med, ömka **-ation** [kəˌmɪzə'reɪʃn] med|lidande, -ömkan
commis|sar [ˌkɒmi'sɑ:] (*i Sovjet*) kommissarie **-sariat** [ˌkɒmɪ'seərɪət] **1** *mil.* intendentur **2** (*i Sovjet*) kommissariat **-sary** ['kɒmɪsəri] **1** *AE.* intendenturaffär **2** *AE.* intendent **3** *AE.* restaurang i filmstudio **4** biskops ställföreträdare
commission [kə'mɪʃn] **I** *s* order, uppdrag; ärende; bemyndigande, förordnande; *in* (*out of*) ~ *a*) (*om fartyg*) i (ur) aktiv tjänst, *b*) *vard.* i (ur) funktion **2** *mil.* [officers]fullmakt; *resign one's* ~ ta avsked [som officer] **3** kommission, kommitté **4** *hand.* provision; kommission; *on* ~ i kommission **5** begående (*av brott e.d.*) **II** *v* **1** bemyndiga; ge officersfullmakt; *~ed officer* officer **2** ge beställning på, uppdraga åt; *be ~ed to* få i uppdrag att **3** utrusta (*fartyg*), försätta (*fartyg*) i beredskap **commission-agent** [-ˌeɪdʒ(ə)nt] **1** *hand.* kommissionär **2** vadslagningsagent **commissionaire** [kəˌmɪʃə'neə] [dörr]vaktmästare **commissioner** [kə'mɪʃn̩ə] **1** kommitterad, delegerad **2** medlem av kommission (styrelse, nämnd) **3** chef för förvaltningsgren; kommissarie; *police* ~ polismästare **4** guvernör; *High C~* (*ung.*) överkommissarie (*representant för Brittiska samväldet*)
commit [kə'mɪt] **1** anförtro, överlämna (*to* åt); ~ *to the fire* bränna [upp], kasta på elden; ~ *to memory* lära sig utantill; ~ *to writing* anteckna, skriva ned **2** skicka (*i fängelse*); häkta; ~ *for trial* hänskjuta till högre rätt **3** remittera till utskott (kommitté) **4** begå; föröva **5** ~ *o.s. a*) blottställa sig, försäga sig, *b*) engagera sig, ta ställning, förbinda sig **-ment** [-mənt] **1** anförtroende, överlämnande **2** åtagande, förbindelse, förpliktelse **-ted** [-ɪd] engagerad; som har tagit ställning
committee 1 [kə'mɪtɪ] kommitté; utskott **2** [ˌkɒmɪ'ti:] (*förr*) förmyndare för sinnessjuk
commode [kə'məʊd] **1** liten byrå **2** kommod; nattstol
commodious [kə'məʊdjəs] rymlig
commodity [kə'mɒdətɪ] [handels]vara, artikel
commodore ['kɒmədɔ:] **1** *BE.* kommendör av 1. graden; eskaderchef **2** kommendör (*titel för ordförande i segelsällskap*)
common ['kɒmən] **I** *a* **1** gemensam; *the C~ Market* gemensamma marknaden, EG; ~ *noun* (*språkv.*) appellativ; *make* ~ *cause* göra gemensam sak; ~ *room* samlingsrum, uppehållsrum, lärarrum **2** allmän, offentlig; *it is* ~ *knowledge* det är allmänt känt att; ~ *law* (*ung.*) allmän civilrätt (*grundad på sedvanerätt*); *Book of C~ Prayer* anglikanska kyrkans bön- och ritualbok **3** vanlig, allmän; enkel, ordinär; menig; ~ *sense* sunt förnuft; ~ *shares* stamaktier; ~ *or garden* (*vard.*) vanlig enkel, helt vanlig **4** vulgär, tarvlig **5** *mus.*, ~ *time* 4/4-takt **II** *s* **1** allmänning; *right of* ~ nyttjanderätt; ~ *of pasture* betesrätt; ~ *of piscary* fiskerätt **2** *out of the* ~ utöver det vanliga **3** *in* ~ gemensamt
commonalty ['kɒmənl̩tɪ] *s, the* ~ folk i allmänhet, gemene man
commoner ['kɒmənə] **1** ofrälse (ej adlig) person **2** medlem av underhuset **3** *BE.* icke-stipendiat
common-law ['kɒmənlɔ:] *a*, ~ *marriage* samvetsäktenskap; ~ *husband* (*wife*) sammanboende (*jämställd m. gift*) **commonly** [-lɪ] *adv* **1** vanligtvis, vanligen **2** *neds.* enkelt, tarvligt
commonplace I *a* alldaglig, banal, vardaglig **II** *s* **1** plattityd, banalitet, truism **2** vardaglighet, vardaglig företeelse
commons ['kɒmənz] *pl* **1** ofrälse; folk i allmänhet **2** *be on short* ~ få för små matportioner **3** *the* [*House of*] ~ underhuset
common sense [ˌkɒmən'sens] **common-sensical** [-'sensɪkl] förnuftig
common|weal ['kɒmənwi:l] *åld., the* ~ det allmänna bästa **-wealth 1** samhälle **2** republik **3** *the C~* [*of Nations*] Brittiska samväldet; *the C~ of Australia* australiska statsförbundet

commotion [kəˈməʊʃn] **1** oordning, tumult; oväsen **2** orolighet[er], uppror
communal [ˈkɒmjʊnl] **1** gemensam, kollektiv **2** kommunal, kommun- **commune I** *s* [ˈkɒmjuːn] **1** kollektiv, storfamilj **2** kommun; *the C~* Pariskommunen **II** *v* [kəˈmjuːn] **1** samtala förtroligt **2** *AE.* gå till nattvarden
communi|cable [kəˈmjuːnɪkəbl] **1** som kan meddelas **2** smittsam **-cant 1** nattvardsgäst **2** sagesman **-cate** [-keɪt] **1** meddela, vidarebefordra; överföra **2** ~ *with* sätta sig (stå) i förbindelse med, kommunicera med; *communicating rooms* rum med dörr emellan **3** utdela (ta) nattvarden
communication [kəˌmjuːnɪˈkeɪʃn] **1** meddelande; överförande **2** förbindelse[r]; kommunikation[er]; *means of* ~ kommunikationsmedel **communication cord** *BE.* nödbroms **communications satellite** kommunikations-, tele|satellit
communi|cative [kəˈmjuːnɪkətɪv] **1** meddelsam **2** kommunikations-, kommunikativ **-cator** [-keɪtə] meddelare
communion [kəˈmjuːnjən] **1** gemenskap; samhörighetskänsla **2** kyrkosamfund **3** [*Holy*] *C~* nattvardsgång **--cup** nattvardskalk **--rail** altarring
communiqué [kəˈmjuːnɪkeɪ] kommuniké
commun|ism [ˈkɒmjʊnɪz(ə)m] **1** kommunism (*som allmänt ideal*) **2** *C~* kommunism (*som politisk rörelse baserad på Marx*) **-ist** [-ɪst] **I** *s* **1** kommunist (*anhängare av kommunismens idé*) **2** *C~* kommunist (*medlem av kommunistparti*) **II** *a* kommunistisk, kommunist-; *C~ Party* kommunistparti **-istic** [ˌkɒmjʊˈnɪstɪk] kommunistisk
community [kəˈmjuːnətɪ] **1** gemenskap **2** samhälle; samfund; koloni; *the* ~ samhället, det allmänna **3** befolkningsgrupp **community centre** kultur- och fritidscentrum **community chest** *AE.* välgörenhetskassa **community home** *BE.* ungdomsvårdsskola **community singing** allsång
commu|nize (*BE. äv. -nise*) [ˈkɒmjʊnaɪz] **1** nationalisera, förstatliga **2** göra kommunistisk
commutable [kəˈmjuːtəbl] utbytbar **commutation** [ˌkɒmjuːˈteɪʃn] pendling (*t. arbetet*) **commutation ticket** *AE.* säsongbiljett; månadskort **commutator** [ˈkɒmjuːteɪtə] *elektr.* strömomkastare **commute** [kəˈmjuːt] **1** förvandla, utbyta **2** pendla (*t. arbetet*) **commuter** [kəˈmjuːtə] pendlare (*t. arbetet*)
comp. *förk. för companion; comparative; compare; compiled; compiler; complete; composer; composition; compound; comprising*
compact I *s* [ˈkɒmpækt] **1** pakt, fördrag **2** puderdosa **3** *AE.* kompaktbil **II** *a* [kəmˈpækt] **1** kompakt, tätt packad; ~ *disc* CD-, kompakt|skiva **2** koncis **III** *v* [kəmˈpækt] **1** sammanpressa **2** sammansätta
1 companion [kəmˈpænjən] **I** *s* **1** följeslagare, kamrat **2** sällskapsdam **3** riddare (*i orden*) **4** pendang, motstycke **5** handbok **II** *v* **1** beledsaga **2** vara pendang till **3** umgås
2 companion [kəmˈpænjən] *sjö.* **1** skylight **2** lejdare
companion|able [kəmˈpænjənəbl] trevlig, sällskaplig **-ship** kamratskap
companionway [kəmˈpænjənweɪ] *sjö.* lejdare (*mellan däck*)
company [ˈkʌmp(ə)nɪ] **1** sällskap; *bad ~ a)* tråkigt sällskap, *b)* dåligt sällskap; *good* ~ trevligt (gott) sällskap; *low* ~ dåligt sällskap; *for* ~ för sällskaps skull; *keep s.b.* ~ hålla (göra) ngn sällskap; *keep ~ with* sällskapa (vara tillsammans) med; *part ~ with* skiljas från **2** umgänge; gäster; besök; *see little* ~ ha litet umgänge **3** [teater]sällskap, -grupp **4** bolag, firma, företag **5** kompani **6** *ship's* ~ befäl och besättning **company sergeant-major** fanjunkare
comparable [ˈkɒmp(ə)rəbl] jämförlig, jämförbar (*with, to* med) **comparative** [kəmˈpærətɪv] **I** *a* **1** komparativ (*äv. språkv.*); jämförande **2** relativ **II** *s, språkv.* komparativ **comparatively** [kəmˈpærətɪvlɪ] jämförelsevis, förhållandevis, relativt
compare [kəmˈpeə] **I** *v* **1** jämföra; ~ *to* jämföra med, likna vid; ~ *notes* utbyta erfarenheter (tankar) **2** [kunna] jämföras (jämställas) (*with* med) **3** *språkv.* komparera **II** *s, beyond* (*past*) ~ utan jämförelse, makalöst, oförlikneligt **comparison** [-ˈpærɪsn] **1** jämförelse; *bear* (*stand*) ~ *with* tåla jämförelse med **2** *språkv.* komparation
compartment [kəmˈpɑːtmənt] **1** avdelning, fack; *glove* ~ handskfack **2** kupé
compass [ˈkʌmpəs] **I** *s* **1** kompass **2** omkrets; område; *mus.* omfång **3** *~es* (*pl*) passare; *a pair of ~es* en passare **II** *v* **1** omge, innesluta **2** fatta, förstå **3** vinna, uppnå **compass card** kompassros
compassion [kəmˈpæʃn] medkänsla, medlidande, förbarmande **-ate** [kəmˈpæʃənət] medlidsam, deltagande
compass rose [ˈkʌmpəsrəʊz] kompassros **compass saw** sticksåg **compass window** [-ˌwɪndəʊ] utbyggt fönster, burspråksfönster
compat|ibility [kəmˌpætəˈbɪlətɪ] förenlighet; kompatibilitet **-ible** [-ˈpætəbl] förenlig; kompatibel
compatriot [kəmˈpætrɪət] landsman
compeer [kɒmˈpɪə] [jäm]like; kamrat
compel [kəmˈpel] **1** tvinga **2** framtvinga **-ling** [-ɪŋ] **1** [be]tvingande **2** fängslande **3** övertygande
compendi|um [kəmˈpendɪ|əm] (*pl -ums el. -a* [-ə]) kompendium; sammandrag; *BE.* handbok
compen|sate [ˈkɒmpenseɪt] **1** kompensera, ersätta, gottgöra (*s.b. for s.th.* ngn för ngt) **2** utjämna **3** ~ *for* kompensera, uppväga **-sation** [ˌkɒmpenˈseɪʃn] **1** kompensation, ersättning, gottgörelse; skadestånd; lön **2** utjämning
compere [ˈkɒmpeə] **I** *s* konferencier **II** *v* vara konferencier vid
compete [kəmˈpiːt] tävla; konkurrera
compe|tence, -tency [ˈkɒmpɪt(ə)ns, -ɪ] **1** kompetens; behörighet **2** [tillräcklig] inkomst; välstånd **-tent** [-t(ə)nt] **1** kompetent; behörig **2** passande, lämplig
competi|tion [ˌkɒmpɪˈtɪʃn] **1** tävlan, konkurrens **2** tävling **-tive** [kəmˈpetɪtɪv] **1** konkurrenskraftig **2** konkurrensbetonad; tävlingsinriktad **-tor** [kəmˈpetɪtə] **1** medtävlare, konkurrent **2** tävlande, tävlingsdeltagare
compilation [ˌkɒmpɪˈleɪʃn] kompil|ation, -ering
compile [kəmˈpaɪl] kompilera; ställa samman

C

compiler [kəm'paılə] kompilator

compla|cence, -cency [kəm'pleısns, -ı] självbelåtenhet **-cent** [-snt] självbelåten

complain [kəm'pleın] klaga, beklaga sig (*of, about* över; *to* för, hos) **complaint** [-t] **1** klagan, klagomål; *hand.* reklamation **2** ont, åkomma

complai|sance [kəm'pleız(ə)ns] tillmötesgående, förbindlighet **-sant** [-s(ə)nt] tillmötesgående, förbindlig

complement I *s* ['kɒmplımənt] **1** komplement **2** fullt (behövligt) antal **3** *språkv.* predikativ, predikatsfyllnad **II** *v* ['kɒmplıment] komplettera **-ary** [ˌkɒmplı'ment(ə)rı] komplement-, kompletterande

complete [kəm'pli:t] **I** *a* komplett, fullständig, fullkomlig; färdig **II** *v* **1** avsluta, fullborda **2** komplettera, fullständiga **completion** [kəm'pli:ʃn] **1** avslutning, fullbordande **2** komplettering, fullständigande

complex ['kɒmpleks] **I** *s* komplex **II** *a* **1** sammansatt **2** komplicerad, invecklad **3** *~ fraction* dubbelbråk

complexion [kəm'plekʃn] **1** hy **2** karaktär, prägel; *bildl.* utseende; *put a new ~ on* ställa i en helt ny dager

complexity [kəm'pleksətı] **1** komplexitet, sammansatthet, mångfald **2** komplikation

compli|ance, -ancy [kəm'plaıəns, -ı] **1** tillmötesgående; samtycke; *in ~ with* i enlighet med **2** eftergivenhet **-ant** [-ənt] **1** tillmötesgående **2** eftergiven

complicacy ['kɒmplıkəsı] komplexitet

compli|cate I *a* ['kɒmplikət] *se complicated* **II** *v* ['kɒmplıkeıt] komplicera, trassla till, invecka **-cated** ['kɒmplıkeıtıd] komplicerad, invecklad **-cation** [ˌkɒmplı'keıʃn] **1** komplikation **2** trassligt

complicity [kəm'plısətı] delaktighet, medbrottslighet

compli|ment I *s* ['kɒmplımənt] **1** komplimang, artighet **2** *~s* (*pl*) hälsning[ar]; *~s of the season* jul- och nyårsönskningar **II** *v* ['kɒmplıment] **1** komplimentera (*on* för); gratulera, lyckönska (*on* till) **2** *~ s.b. with s.th.* förära ngn ngt **-mentary** [ˌkɒmplı'ment(ə)rı] **1** artighets- **2** fri-, gratis-; *~ copy* friexemplar; *~ ticket* fribiljett

comply [kəm'plaı] *v, ~ with* rätta sig efter, [åt]lyda, efterkomma, iakttaga

component [kəm'pəʊnənt] **I** *a* bestånds- **II** *s* komponent, [bestånds]del

comport [kəm'pɔ:t] **1** *rfl* uppföra sig **2** *~ with* stå i överensstämmelse med

compose [kəm'pəʊz] **1** komponera; författa; utarbeta; ställa samman **2** utgöra, bilda; *~d of* bestående av **3** *boktr.* sätta **4** ordna; bilägga, stilla, lugna; *~ one's thoughts* samla tankarna; *~ o.s.* lugna (samla) sig **composed** [-d] lugn, samlad **composer** [-ə] kompositör

composite ['kɒmpəzıt] **I** *a* sammansatt, blandad **II** *s* sammansättning, blandning

composition [ˌkɒmpə'zıʃn] **1** komposition; litterärt verk (alster); konstverk **2** komponerande; författande; utarbetande; sammanställande **3** sammansättning, bildning **4** uppsatsskrivning **5** *boktr.* sättning **6** läggning, natur **7** förlikning **8** *hand.* ackord **compositor** [kəm'pɒzıtə] *boktr.* sättare

compost ['kɒmpɒst] kompost

composure [kəm'pəʊʒə] fattning, sans, lugn

compote ['kɒmpɒt] kompott

1 compound I *v* [kəm'paʊnd] **1** blanda [ihop, till], sätta ihop (samman) **2** förvärra; öka **3** göra upp; bilägga (*tvist e.d.*) **4** göra sig kvitt genom ackord **5** kompromissa, förlikas **6** *jur.* efterskänka, avstå från att utkräva **7** lämna (ta emot) skadeersättning **II** *a* ['kɒmpaʊnd] sammansatt; *~ fraction* dubbelbråk; *~ interest* ränta på ränta; *~ fracture* komplicerad fraktur **III** *s* ['kɒmpaʊnd] **1** sammansättning, blandning, förening **2** *språkv.* sammansatt ord, sammansättning

2 compound ['kɒmpaʊnd] **1** (*i Afrika*) läger, inhägnad; infödingskvarter **2** krigsfångeläger

compre|hend [ˌkɒmprı'hend] **1** begripa, fatta **2** inbegripa, omfatta, innefatta **-hensibility** ['kɒmprıˌhensə'bılətı] begriplighet, förståelighet **-hensible** [ˌkɒmprı'hensəbl] begriplig, förståelig **-hension** [ˌkɒmprı'henʃn] **1** förstånd, fattningsförmåga; uppfattning **2** sammanfattning, inbegripande **3** omfattning **-hensive** [ˌkɒmprı'hensıv] **1** omfattande, innehållsrik; mångsidig; enhets-; *~ school* (*ung.*) högstadium och gymnasieskola **2** *~ faculty* fattningsförmåga

compress I *v* [kəm'pres] **1** pressa ihop (samman); komprimera; *~ed air* tryckluft, komprimerad luft **2** *bildl.* sammantränga **II** *s* ['kɒmpres] kompress; vått omslag **-ible** [kəm'presəbl] sammantryckbar

compression [kəm'preʃn] samman|tryckning, -trängning; tryck; *tekn.* kompression; koncentration (*i uttryck o.d.*) **compressor** [kəm'presə] *tekn.* kompressor

comprise [kəm'praız] omfatta, innefatta; inbegripa, inkludera

compro|mise ['kɒmprəmaız] **I** *s* kompromiss; eftergift **II** *v* **1** kompromissa; göra ackord **2** kompromettera **3** äventyra **-mising** [-maızıŋ] komprometterande

comptroller [kən'trəʊlə] *se controller*

compul|sion [kəm'pʌlʃn] tvång **-sive** [-sıv] tvingande; tvångs-, tvångsmässig **-sory** [-s(ə)rı] obligatorisk; tvingande, tvångs-: *~ purchase* expropriation

compunction [kəm'pʌŋ(k)ʃn] samvetsbetänkligheter, skrupler

computable [kəm'pju:təbl] beräknelig **computation** [ˌkɒmpju:'teıʃn] beräkning, överslag; kostnadsförslag; kalkyl **compute** [kəm'pju:t] beräkna, uträkna **computer** [kəm'pju:tə] dator; *~ language* dataspråk **computer|ize** (*BE. äv. -ise*) [kəm'pju:təraız] **1** databehandla **2** datorisera

comrade ['kɒmreıd] kamrat

comsat ['kɒmsæt] kommunikations-, tele|satellit

1 con [kɒn] *sl.* **I** *v* lura, dupera **II** *s, ~ man, ~ trick, se confidence 3*

2 con [kɒn] *se pros and ~s*

3 con [kɒn] *sjö.* styra (*fartyg*)

4 con [kɒn] *åld.* studera; *~ by rote* lära sig utantill

con. *förk. för concerto; conclusion; connection; consolidated; continued; contra* **conc.** *förk. för concentrate*[*d*]; *concentration; concerning; concerto*

concate|nate [kɒn'kætɪneɪt] *bildl.* hoplänka, sammanbinda **-nation** [kɒn,kætɪ'neɪʃn] hoplänkning, sammanbindning; serie
concave [kɒn'keɪv] **I** *a* konkav **II** *v* göra konkav **concavity** [kɒn'kævətɪ] konkavitet, konkav yta
conceal [kən'si:l] dölja, hemlighålla **-ment** [-mənt] **1** döljande, hemlighållande **2** hemlighet; gömställe
concede [kən'si:d] **1** medge; bevilja; erkänna [riktigheten av] **2** ge upp; ~ *an election* erkänna sig besegrad i ett val; ~ *a game* förlora ett game
conceit [kən'si:t] **1** inbilskhet, egenkärlek, fåfänga **2** *åld.* (*sökt*) kvickhet; tankelek; idé **-ed** [-ɪd] inbilsk, egenkär
conceivable [kən'si:vəbl] tänkbar; möjlig; fattbar **conceive** [kən'si:v] **1** uttänka, hitta på **2** föreställa sig, fatta **3** ~ *a passion for* gripas av lidelse för **4** bli havande [med]; avla
concentrate ['kɒns(ə)ntreɪt] **I** *v* **1** koncentrera; dra samman (*trupper*) **2** koncentreras, koncentrera sig **II** *s* koncentrat **concentration** [,kɒns(ə)n'treɪʃn] koncentr|ering, -ation **concentration camp** koncentrationsläger
concentric [kɒn'sentrɪk] koncentrisk
concept ['kɒnsept] begrepp **conception** [kən'sepʃn] **1** konception, befruktning **2** föreställning, uppfattning; begrepp **3** tanke, idé **concep|tional** [kən'sepʃ(ə)nl], **-tive** [-tɪv] **1** konceptions-, befruktnings- **2** fruktbar; idérik **conceptual** [kən'septjʊəl] begreppsmässig
concern [kən'sɜ:n] **I** *v* **1** angå, röra; *to whom it may* ~ till den det vederbör **2** oroa, bekymra; ~ *o.s. with* (*about*) bekymra (bry) sig om, befatta sig med **II** *s* **1** angelägenhet, sak; *it is no* ~ *of yours* det angår inte dig **2** andel; delaktighet **3** företag, firma, affär, rörelse **4** oro, bekymmer; omsorg; *have no* ~ *for* inte bekymra (bry) sig om **5** befattning; förbindelse, samband; *have no* ~ *with* inte ha ngt att göra med **concerned** [-d] **1** berörd; inblandad, invecklad; *be* ~ *with* ha att göra med; *as far as I am* ~ vad mig beträffar, för min del, gärna för mig **2** orolig, bekymrad (*about, at* över) **concerning** [-ɪŋ] angående, beträffande
concert I *s* ['kɒnsət] **1** konsert **2** samstämmighet; *in* ~ i samförstånd, tillsammans **II** *v* [kən'sɜ:t] avtala, göra upp, planera, enas om **concerted** [kən'sɜ:tɪd] **1** gemensam **2** *mus.* flerstämmig **concert grand** [,kɒnsət'grænd] konsertflygel
concertina [,kɒnsə'ti:nə] concertina (*litet dragspel*)
concerto [kən'tʃeətəʊ] konsert (*för soloinstrument o. orkester*)
concession [kən'seʃn] **1** medgivande; beviljande **2** tillmötesgående **2** koncession **concessionaire** [kən,seʃə'neə] koncessionsinnehavare; generalagent **concessive** [kən'sesɪv] **1** medgivande **2** *språkv.* koncessiv
conch [kɒntʃ] *zool.* jätteöra (*snäcka*)
con|chie, -chy ['kɒn(t)ʃɪ] (*av conscientious objector*) *vard.* vapenvägrare, samvetsöm
conciliate [kən'sɪlɪeɪt] **1** försona, blidka **2** vinna **3** förlika **conciliation** [kən,sɪlɪ'eɪʃn] **1** försoning; förlikning, medling **2** försonlighet **conciliator** [kən'sɪlɪeɪtə] förlikningsman; medlare **conciliatory** [kən'sɪlɪət(ə)rɪ] försonande, försonlig, konciliant
concinnity [kɒn'sɪnətɪ] skönhet, elegans (*i litterärt verk e.d.*)
con|cise [kən'saɪs] koncis, kortfattad **-cision** [kən'sɪʒn] koncentration, korthet
conclave ['kɒnkleɪv] konklav; enskild rådplägning
con|clude [kən'klu:d] **1** [av]sluta, slutföra **2** sluta, ingå (*fördrag e.d.*) **3** dra slutsatsen, konkludera **-cluding** [-'klu:dɪŋ] avslutande, slut- **-clusion** [-'klu:ʒn] **1** slut, avslutning; *in* ~ till sist, slutligen **2** slutande, ingående (*av fördrag o.d.*) **3** slutledning; slutsats; *jump to ~s* dra förhastade slutsatser **4** *try ~s with* mäta sig med **-clusive** [-'klu:sɪv] **1** slutlig, slutgiltig **2** avgörande, bindande
concoct [kən'kɒkt] **1** laga till **2** koka ihop, hitta på, uppdikta **concoction** [kən'kɒkʃn] **1** tillagning; hopkok **2** uppdiktande; påhitt
concomitant [kən'kɒmɪt(ə)nt] **I** *a* beledsagande **II** *s* beledsagande omständighet
concord ['kɒŋkɔ:d] **1** endräkt **2** avtal, överenskommelse **3** *språkv.* kongruens **4** harmoni **-ance** [kən'kɔ:d(ə)ns] **1** överensstämmelse **2** konkordans (*förteckning*) **-ant** [kən'kɔ:d(ə)nt] överensstämmande; samstämmig
concordat [kɒn'kɔ:dæt] konkordat; överenskommelse
concourse ['kɒnkɔ:s] **1** tillströmning, tillopp **2** folkmassa **3** öppen samlingsplats; centralhall; *AE.* idrottsplan
concrete ['kɒnkri:t] **I** *a* **1** konkret **2** fast, hård, kompakt **3** betong-, av betong **II** *s* **1** konkret sak (ord) **2** betong **III** *v* **1** bygga i (täcka med) betong **2** [kən'kri:t] ge fast form åt; antaga fast form; konkretisera[s] **concrete mixer** betongblandare **concretion** [kən'kri:ʃn] **1** sammansmältning **2** fast massa; konkret sak **3** *med.* sten **concre|tize** (*BE. äv. -tise*) ['kɒnkri:taɪz] konkretisera
concubine ['kɒnkjʊbaɪn] konkubin; bihustru
concupiscence [kən'kju:pɪs(ə)ns] sexuellt begär, åtrå, lystnad
concur [kən'kɜ:] **1** sammanfalla **2** samverka, medverka **3** instämma **-rence** [kən'kʌr(ə)ns] **1** sammanträffande **2** samverkan, medverkan **3** instämmande; samstämmighet **-rent** [kən'kʌr(ə)nt] **1** jämlöpande, samtidig **2** samverkande, medverkande **3** samstämmig
concussion [kən'kʌʃn] häftig skakning, stöt; ~ [*of the brain*] hjärnskakning
condemn [kən'dem] **1** döma; fördöma; *the ~ed cell* dödscellen **2** utdöma **3** förklara förbruten, konfiskera **condemnation** [,kɒndem'neɪʃn] **1** [fällande] dom; fördömelse **2** konfiskering; expropriation **condemnatory** [kən'demnət(ə)rɪ] dömande; fördömande
condensation [,kɒnden'seɪʃn] **1** kondensering; förtätning **2** kondens[ation], imma **3** avkortning, nedskärning (*av text e.d.*) **condense** [kən'dens] **1** kondensera[s]; *~d milk* kondenserad mjölk **2** koncentrera **3** avkorta, skära ner (*text e.d.*) **condenser** [kən'densə] kondensator
conde|scend [,kɒndɪ'send] nedlåta sig, värdigas **-scending** [-'sendɪŋ] nedlåtande **-scension** [-'senʃn] nedlåtenhet

C

condign [kən'daɪn] välförtjänt
condiment ['kɒndɪmənt] krydda
condition [kən'dɪʃn] **I** *s* **1** villkor; *~s* (*pl, äv.*) omständigheter, förhållanden; [*up*]*on ~ that* under förutsättning att, på villkor att; *on no ~* på inga villkor **2** stånd, [samhälls]ställning **3** tillstånd, skick; kondition, form; *a heart ~* en hjärtåkomma; *in* (*out of*) *~* i gott (dåligt) skick, i (ur) form **II** *v* **1** betinga (*äv. psykol.*); bestämma; vänja, anpassa; *~ed reflex* betingad reflex; *be ~ed by* vara betingad av **2** försätta i god kondition **3** ställa som villkor, betinga sig **4** göra beroende ([*up*]*on* av) **conditional** [kən'dɪʃ(ə)nl] **I** *s, språkv.* konditionalis; villkorsbisats **II** *a* **1** villkorlig; beroende **2** *språkv.* villkors-, konditional **conditioned** [kən'dɪʃnd] **1** *psykol.* betingad; *~ reflex* betingad reflex **2** van (*to* vid)
condole [kən'dəʊl] *v, ~ with* kondolera, uttrycka sitt deltagande med **condolence** [-əns], **condolement** [-mənt] beklagande, deltagande, kondoleans
condom ['kɒndəm] kondom
condominium [ˌkɒndə'mɪnɪəm] **1** kondominium, gemensam överhöghet **2** *AE.* andels|fastighet, -lägenhet
condone [kən'dəʊn] förlåta, överse med
condor ['kɒndɔ:] *zool.* kondor
conduce [kən'dju:s] *v, ~ to* leda (tjäna) till, främja **conducive** [kən'dju:sɪv] *a, ~ to* bidragande till, främjande
conduct I *s* ['kɒndʌkt] **1** ledning; *safe ~* fri lejd **2** uppförande **3** skötsel **II** *v* [kən'dʌkt] **1** leda, [an]föra; handha, sköta; *mus. äv.* dirigera; *~ed tour* sällskapsresa **2** *~ o.s.* uppföra sig **-ance** [kən'dʌkt(ə)ns] *fys.* ledningsförmåga
conduc|tion [kən'dʌkʃn] *fys.* överförande, ledande, ledning **-tive** [-tɪv] *fys.* ledande **-tivity** [ˌkɒndʌk'tɪvəti] *fys.* ledningsförmåga **-tor** [kən'dʌktə] **1** ledare **2** *mus.* dirigent **3** buss-, spårvagns|konduktör; *AE. äv.* järnvägskonduktör **4** *fys.* ledare, konduktor **5** *AE.* stuprör **-tress** [kən'dʌktrɪs] [kvinnlig] konduktör
conduit ['kɒndɪt] ledning, rör; kanal
cone [kəʊn] **1** kon, kägla **2** strut **3** kotte
coney ['kəʊnɪ] *se cony*
conf. *förk. för conference*
confab ['kɒnfæb] *vard. för confabul|ate, -ation* **-ulate** [kən'fæbjʊleɪt] samtala, småprata **-ulation** [kənˌfæbjʊ'leɪʃn] samtal, småprat
confection [kən'fekʃn] **I** *s* **1** tillblandning, tillagning **2** sötsak, konfekt **3** *åld.* modesak (*för damer*) **4** *vard. bildl.* hopkok **II** *v* tillverka **-er** [-ə] konditor; godsakstillverkare; *~'s a*) godisbutik, *b*) konditori; *~'s sugar* (*AE.*) florsocker **-ery** [kən'fekʃn̩ərɪ] **1** sötsaker; konditorivaror **2** konditori; godisbutik **3** godsakstillverkning
confeder|acy [kən'fed(ə)rəsɪ] **1** allians; förbund, konfederation; *the C~* sydstaterna (*under amer. inbördeskriget*) **2** sammansvärjning **-ate I** *a* [-ət] förbunden, förbunds-, konfedererad **II** *s* [-ət] **1** förbundsmedlem, konfedererad **2** medbrottsling **III** *v* [kən'fedəreɪt] förena; ingå förbund **-ation** [kənˌfedə'reɪʃn] [stats]förbund, konfederation
confer [kən'fɜ:] **1** förläna, tilldela, skänka (*s.th. on s.b.* ngn ngt) **2** rådslå, överlägga, konferera **3** *åld. för compare, se cf.* **-ence** ['kɒnf(ə)r(ə)ns] konferens, överläggning **-ment** [-mənt] förlänande, utdelande
confess [kən'fes] **1** erkänna, bekänna **2** bikta [sig] **3** *~ to* erkänna **-ant** [-(ə)nt] biktbarn **-edly** [-ɪdlɪ] *adv* det måste medges; uppenbarligen
confession [kən'feʃn] **1** bekännelse, erkännande **2** synda-, tros|bekännelse; bikt **-al** [kən'feʃənl] **I** *a* **1** konfessionell **2** bekännelse-, bikt- **II** *s* biktstol
confessor [kən'fesə] **1** bekännare **2** biktfader
confidant, *fem.* **-e** [ˌkɒnfɪ'dænt] förtrogen [person]
confide [kən'faɪd] **1** *~ in* lita (tro) på; *~ in s.b.* (*äv.*) anförtro sig åt ngn **2** anförtro (*to* åt)
confidence ['kɒnfid(ə)ns] **1** förtroende (*in* till); *take a p. into one's ~* göra ngn till sin förtrogne **2** tillförsikt; självförtroende **3** förtroligt meddelande **confidence man** bondfångare **confidence trick** bondfångeri, bondfångarknep **confidence trickster** bondfångare **confident** [-(ə)nt] **1** självsäker; trygg **2** tillitsfull, säker (*of* om, på) **confidential** [ˌkɒnfɪ'denʃl] förtrolig; konfidentiell; hemlig **confiding** [kən'faɪdɪŋ] tillitsfull, förtroendefull
configuration [kənˌfɪgjʊ'reɪʃn] gestalt, gestaltning, kontur[er], form
confine I *v* [kən'faɪn] **1** begränsa, inskränka **2** hålla fängslad, stänga in; *~d* i barnsäng; *be ~d to bed* vara sängliggande **II** *s* ['kɒnfaɪn] *~s* (*pl*) gräns, gränser; gränstrakter **-ment** [-mənt] **1** fångenskap **2** barnsäng, förlossning **3** inskränkning, begränsning
confirm [kən'fɜ:m] **1** befästa; stärka **2** bekräfta, [be]styrka **3** *kyrkl.* konfirmera **confirmand** ['kɒnfəmənd] konfirmand **confirmation** [ˌkɒnfə'meɪʃn] **1** befästande; stärkande **2** bekräftelse, [be]styrkande **3** *kyrkl.* konfirmation **confirmative** [kən'fɜ:mətɪv], **confirmatory** [kən'fɜ:mət(ə)rɪ] bekräftande, [be]styrkande **confirmed** [kən'fɜ:md] **1** bekräftad *etc., se confirm* **2** inbiten, inrotad; oförbätterlig
confis|cate ['kɒnfiskeɪt] konfiskera, beslagta **-cation** [ˌkɒnfɪ'skeɪʃn] konfisk|ering, -ation, beslag
conflagration [ˌkɒnflə'greɪʃn] storbrand
conflate [kən'fleɪt] sammansmälta, slå ihop
conflict I *s* ['kɒnflɪkt] konflikt, strid, sammanstötning; motsats, motsättning **II** *v* [kən'flɪkt] **1** drabba samman, strida **2** komma i konflikt; vara oförenlig, gå isär **-ing** [kən'flɪktɪŋ] stridande; motsägande, motstridig
con|fluence ['kɒnfluəns] **1** sammanflöde **2** tillopp **-fluent** [-ənt] **I** *a* hopflytande, sammanlöpande **II** *s* biflod, flodarm **-flux** [-flʌks] *se confluence*
conform [kən'fɔ:m] **1** anpassa (*to* till); foga, lämpa (*to* efter) **2** rätta (foga, lämpa) sig (*to* efter); anpassa sig (*to* till) **3** överensstämma (*with* med) **conformable** [-əbl] **1** överensstämmande (*to* med) **2** eftergiven, medgörlig **conformation** [ˌkɒnfə'meɪʃn] **1** gestalt[ning], form, struktur **2** anpassning **conformist** [kən'fɔ:mɪst] konformist; medlem av engelska statskyrkan **conformity** [kən'fɔ:mətɪ] överensstämmelse, likhet; konformitet; anpassning; *in ~*

with i enlighet (överensstämmelse) med, enligt

confound [kən'faʊnd] **1** förbrylla, förvirra; förvåna **2** förväxla, blanda ihop; bringa i oordning **3** ~ *it!* sjutton också!; ~ *you!* dra åt skogen! **-ed** [-ɪd] *vard.* förbaskad

confraternity [ˌkɒnfrə'tɜːnətɪ] brödraskap

confront [kən'frʌnt] **1** konfrontera; ställa ansikte mot ansikte; *be ~ed with* ställas inför **2** stå ansikte mot ansikte med, möta **confrontation** [ˌkɒnfrʌn'teɪʃn] konfront|ering, -ation

Confucianism [kən'fjuːʃjəniz(ə)m] konfucianism

con|fuse [kən'fjuːz] **1** förvirra, förvilla **2** röra ihop; bringa i oordning **3** förväxla **-fused** [-'fjuːzd] **1** förvirrad, förbryllad, konfunderad (*at* över) **2** rörig, oordnad **-fusion** [-'fjuːʒn] **1** förvirring, oordning **2** sammanblandning, förväxling; oklarhet; ~ *of tongues* språkförbistring **3** förlägenhet, blygsel

con|futation [ˌkɒnfjuː'teɪʃn] vederläggning **-fute** [kən'fjuːt] vederlägga

Cong. *förk. för Congregational*

congeal [kən'dʒiːl] göra (bli) stel; [få att] koagulera; isa, frysa till is

congener|ic [ˌkɒndʒɪ'nerɪk], **-ous** [kɒn'dʒenərəs] besläktad, av samma slag

congenial [kən'dʒiːnjəl] **1** sympatisk, behaglig **2** besläktad; kongenial; samstämd

congenital [kən'dʒenɪtl] **1** medfödd **2** *vard.* komplett, fullständig

conger ['kɒŋgə] *zool.* havsål

congested [kən'dʒəstɪd] **1** *med.* blodöverfylld **2** till trängsel fylld; överbefolkad **congestion** [kən'dʒestʃ(ə)n] **1** *med.* blodstockning **2** stockning (*i trafik e.d.*); överbefolkning

conglomer|ate I *a* [kən'glɒmərət] hopgyttrad **II** *s* [kən'glɒmərət] hopgyttring, gytter; konglomerat **III** *v* [kən'glɒməreɪt] gyttra ihop [sig]; samlas **-ation** [kənˌglɒmə'reɪʃn] hopgyttring, gytter; konglomerat

Congo ['kɒŋgəʊ] *s, the* ~ Kongo **-lese** [ˌkɒŋgə(ʊ)'liːz] **I** *a* kongolesisk **II** *s* kongoles

congrat[ter]s [kən'græt|s, -əz] *pl, vard.,* ~*!* grattis!

congratu|late [kən'grætjʊleɪt] gratulera, lyckönska (*on* till); ~ *o.s.* (*äv.*) skatta sig lycklig (*on* över) **-lation** [kənˌgrætjʊ'leɪʃn] gratulation, lyckönsk|an, -ning; ~*s!* (*pl*) [jag, vi] gratulerar!, grattis! **-latory** [kən'grætjʊlət(ə)rɪ] gratulations-, lyckönsknings-

congre|gate ['kɒŋgrɪgeɪt] **1** hopsamla; församla **2** samlas, församla sig **-gation** [ˌkɒŋgrɪ'geɪʃn] **1** samling **2** *kyrkl.* kongregation **3** församling, menighet **-gational** [ˌkɒŋgrɪ'geɪʃənl] församlings-

congress ['kɒŋgres] **1** kongress **2** *C~* kongressen (*USA:s lagstiftande församling*) **congressional** [kən'greʃənl] kongress- **Congress|-man, -woman** ['kɒŋgres|mən, -wʊmən] kongressledamot (*i sht av kongressens representanthus*)

congru|ence ['kɒŋgruəns] **1** *geom. o. språkv.* kongruens **2** överensstämmelse **-ent** [-ənt] **1** kongruent **2** överensstämmande **-ity** [kɒn'gruːətɪ] **1** kongruens, överensstämmelse **2** följdriktighet **3** lämplighet **-ous** [-əs] **1** kongruent, överensstämmande **2** följdriktig **3** lämplig

conic[al] ['kɒnɪk(l)] konisk, kägelformad

conifer ['kəʊnɪfə] barrträd **-ous** [kə(ʊ)'nɪfərəs] *a* barr-; ~ *forest* barrskog

coniform ['kəʊnɪfɔːm] konformad

conj. *förk. för conjugation; conjunction; conjunctive*

conjec|tural [kən'dʒektʃ(ə)r(ə)l] gissnings-, grundad på gissningar **-ture** [kən'dʒektʃə] **I** *v* gissa; förmoda **II** *s* gissning[ar]; förmodan

conjoin [kən'dʒɔɪn] förena [sig], förbinda **conjoint** ['kɒndʒɔɪnt] förenad, förbunden

conjugal ['kɒn(d)ʒʊgl] äktenskaplig

conju|gate I *v* ['kɒn(d)ʒʊgeɪt] *språkv.* konjugera[s], böja[s] **II** *a* ['kɔn(d)ʒʊgɪt] **1** förenad i par **2** *språkv.* av samma stam **-gation** [ˌkɒn(d)ʒʊ'geɪʃn] *språkv.* konjugation, böjning

conjunct [kən'dʒʌŋ(k)t] förenad; med- **conjunction** [kən'dʒʌŋ(k)ʃn] **1** förening, förbindelse; *in ~ with* i anslutning till, i samverkan med **2** *språkv., astr.* konjunktion; *coordinating* (*subordinating*) ~ samordnande (underordnande) konjunktion **conjunctive** [-tɪv] **1** förbindande; binde- **2** konjunktions- **conjuncture** [kən'dʒʌŋ(k)tʃə] sammanträffande (*av omständigheter*); kritisk tidpunkt

conjure 1 [kən'dʒʊə] besvärja, bönfalla **2** ['kʌn(d)ʒə] ~ *up a*) trolla fram, *b*) frambesvärja (*andar*) **3** ['kʌn(d)ʒə] trolla **conjur|er, -or** ['kʌn(d)ʒ(ə)rə] trollkarl **conjuring** ['kʌn(d)ʒərɪŋ] trolldom, trolleri

1 conk [kɒŋk] *sl.* **I** *s* **1** kran (*näsa*); skalle **2** slag på näsan (nöten) **3** rakpermanentat hår **II** *v* **1** slå på näsan (nöten) **2** rakpermanenta

2 conk [kɒŋk] *vard.,* ~ [*out*] *a*) krångla, paja, *b*) tuppa av, kola av (*dö*)

conker ['kɒŋkə] *vard.* [häst]kastanj; ~*s* (*behandlas som sg*) (*slags*) lek med kastanjer

Conn. *förk. för Connecticut*

connate ['kɒneɪt] **1** medfödd **2** född samtidigt **3** besläktad

connect [kə'nekt] **1** förena, ansluta, förbinda; förknippa, associera; koppla samman; koppla [till, ihop]; *be ~ed with* ha förbindelse (stå i samband) med, vara knuten till (anställd vid); *I'll ~ you!* påringt! **2** hänga ihop, ha anslutning, stå i förbindelse **-ed** [-ɪd] **1** besläktad; förbunden **2** sammanhängande; *be well* ~ ha inflytelserika släktingar (vänner)

Connecticut [kə'netɪkət]

connecting rod [kə'nektɪŋˌrɒd] *tekn.* vevstake

connection [kə'nekʃn] **1** förening, anslutning, förbindelse; anknytning, samband, sammanhang; *in this ~* i samband härmed, i anslutning till detta **2** *tekn.* koppling; ledning; kontakt **3** (*personlig*) förbindelse; ~*s* (*pl äv.*) kundkrets, klientel **5** (*religiöst*) samfund **6** *sl.* knarklangare **connective** [kə'nektɪv] bindande; ~ *tissue* bindväv

connexion [kə'nekʃn] *se connection*

conning tower ['kɒnɪŋˌtaʊə] *sjö.* kommando-, strids-, manöver|torn

conniption [kə'nɪpʃn] *AE. sl., vanl. pl ~s* hysteriskt anfall, raseriutbrott

con|nivance [kə'naɪv(ə)ns] efterlåtenhet; tyst medgivande **-nive** [kə'naɪv] **1** ~ *at* se genom fingrarna med **2** konspirera (*with* med)

connoisseur [ˌkɒnə'sɜː] kännare, konnässör

con|notation [ˌkɒnə(ʊ)'teɪʃn] konnotation; bibetydelse **-note** [kɒ'nəʊt] ha bibetydelsen [av], innebära

connubial [kə'nju:bjəl] äktenskaplig

conquer ['kɒŋkə] **1** erövra; övervinna, besegra **2** segra **-or** ['kɒŋk(ə)rə] erövrare; besegrare, segrare; *the C~* Vilhelm Erövraren

conquest ['kɒŋkwest] erövring; *the* [*Norman*] *C~* normandernas erövring av England (1066)

Cons., cons. *förk. för Conservative; Constitution; Consul* **cons.** *förk. för consecrated; consigned; consignment; consolidated; consonant; constitutional; construction; consulting*

consanguin|eous [ˌkɒnsæŋ'gwɪnɪəs] besläktad (*genom blodsband*) **-ity** [-ətɪ] blodsband, släktskap

conscience ['kɒnʃ(ə)ns] samvete; *in all ~ a*) sannerligen, *b*) med gott samvete, på heder och samvete **conscience clause** samvetsklausul **conscience-stricken** [-ˌstrɪkn] drabbad av samvetskval **conscientious** [ˌkɒnʃɪ'enʃəs] samvetsgrann; *~ objector* samvetsöm, vapenvägrare

conscious ['kɒnʃəs] **1** medveten (*of* om) **2** vid medvetande **-ness** [-nɪs] medvetenhet; medvetande

conscript I *s* ['kɒnskrɪpt] värnpliktig [soldat], rekryt **II** *v* [kən'skrɪpt] inkalla; uttaga till militärtjänst **conscription** [kən'skrɪpʃn] uttagning till militärtjänst; värnplikt; inkallelse

conse|crate ['kɒnsɪkreɪt] **1** inviga; helga **2** ägna **-cration** [ˌkɒnsɪ'kreɪʃn] **1** invigning; helgande; biskopsinvigning **2** ägnande

consecutive [kən'sekjʊtɪv] **1** på varandra följande, i följd **2** följdriktig

consensus [kən'sensəs] consensus, samstämmighet, enighet; *the ~ of opinion is that* den allmänna meningen är att

consent [kən'sent] **I** *v* samtycka, ge sitt samtycke; *~ to* (*äv.*) gå med på **II** *s* samtycke, medgivande; *age of ~* lägsta tillåtna ålder för samlag (*för flickor*); *by common* (*with one*) *~* enhälligt

conse|quence ['kɒnsɪkwəns] **1** konsekvens, följd; slutsats; *in ~* följaktligen; *in ~ of* till följd av **2** betydelse, vikt; *of no ~* utan betydelse; *a person of ~* en inflytelserik person **-quent** [-kwənt] **I** *a* **1** åtföljande, som följer **2** följdriktig **II** *s* följd; efterled **-quential** [ˌkɒnsɪ'kwenʃl] **1** därav följande; följd- **2** följdriktig **3** viktig, dryg; betydande **-quently** ['kɒnsɪkwəntlɪ] följaktligen; därför

conservancy [kən'sɜ:v(ə)nsɪ] flod-, hamn|styrelse

concerva|tion [ˌkɒnsə'veɪʃn] bibehållande, bevarande; konservering; miljö-, natur|vård **-tism** [kən'sɜ:vətɪz(ə)m] konservatism; *C~* (*polit.*) konservatism **-tive** [kən'sɜ:vətɪv] **I** *a* **1** konservativ; *C~* (*polit.*) konservativ **2** försiktig **II** *s* konservativ person; *C~* (*polit.*) konservativ **-toire** [kən'sɜ:vətwɑ:] [musik]konservatorium **-tor 1** ['kɒnsəveɪtə] upprätthållare, bevarare **2** [kən'sɜ:vətə] intendent, konservator **-tory** [kən'sɜ:vətrɪ] **1** vinterträdgård; drivhus, orangeri **2** [musik]konservatorium

conserve [kən'sɜ:v] **I** *v* **1** bevara; vidmakthålla **2** förvara **3** koka in (*frukt o.d.*) **II** *s* (*äv. ~s*) inlagd frukt, fruktkonserv

consid|er [kən'sɪdə] **1** överväga, tänka (fundera) på, ta i betraktande; betänka **2** ta hänsyn till, tänka på **3** anse, anse (betrakta) som; tro **4** tänka [efter] **-erable** [kən'sɪd(ə)rəbl] betydlig, avsevärd, ansenlig; betydande **-erate** [kən'sɪd(ə)rɪt] omtänksam, hänsynsfull **-eration** [kənˌsɪdə'reɪʃn] **1** övervägande, betraktande; beaktande, hänsynstagande; *in ~ of a*) i betraktande av, med hänsyn till, *b*) [i gengäld] mot; *take into ~* ta under övervägande, ta hänsyn till **2** hänsyn, skäl; *on no ~* på inga villkor **3** ersättning, belöning; *for a ~* mot ersättning **4** hänsyn, omtanke, omtänksamhet **5** aktning; uppskattning **-ered** [kən'sɪdəd] **1** noga övervägd **2** ansedd **-ering** [kən'sɪd(ə)rɪŋ] **I** *prep* i betraktande av, med hänsyn till **II** *adv, vard.* när allt kommer omkring, efter omständigheterna **III** *konj* i betraktande av att, med hänsyn till att

consign [kən'saɪn] **1** överlämna; anförtro **2** [av]sända, översända; konsignera **3** deponera **consignation** [ˌkɒnsaɪ'neɪʃn] **1** avsändande, konsignering **2** utbetalning; deposition **3** *to the ~ of* adresserad till **consignee** [ˌkɒnsaɪ'ni:] [varu]mottagare **consignment** [kən'saɪnmənt] **1** ut-, över|lämnande **2** [av]sändning; konsignation; varusändning **consignment-note** fraktsedel **consignor** [kən'saɪnə] avsändare [av varor]

consist [kən'sɪst] **1** bestå (*of* av; *in* i) **2** stämma överens (*with* med) **-ence** [-(ə)ns] *se consistency 1 o. 2* **-ency** [-(ə)nsɪ] **1** konsistens **2** fasthet **3** konsekvens, följdriktighet **-ent** [-(ə)nt] **1** överensstämmande; förenlig **2** konsekvent, följdriktig **3** fast; jämn

consis|torial [ˌkɒnsɪs'tɔ:rɪəl] konsistoriell, konsistorie- **-tory** [kən'sɪst(ə)rɪ] **1** konsistorium **2** kardinalskollegium

consola|tion [ˌkɒnsə'leɪʃn] tröst **-tory** [kən'sɒlət(ə)rɪ] tröstande, trösterik

1 console [kən'səʊl] trösta

2 console ['kɒnsəʊl] **1** konsol, stöd **2** stor fristående radioapparat (TV) **3** manöver-, kontroll|-panel

consoli|date [kən'sɒlɪdeɪt] **1** konsolidera, stärka, befästa; *C~d Fund* (*BE.*) statsfond **2** göra tät (fast) **3** sammanslå, sammanföra **-dation** [kənˌsɒlɪ'deɪʃn] konsolidering, stärkande *etc., se consolidate*

consols ['kɒnsəlz] *pl, BE.* (*slags*) statsobligationer

conso|nance ['kɒnsənəns] konsonans; samklang; harmoni **-nant** [-ənt] **I** *a* överensstämmande; harmonisk **II** *s* konsonant **-nantal** [ˌkɒnsə'næntl] konsonantisk

consort I *s* ['kɒnsɔ:t] **1** make, maka, gemål; *prince ~* prinsgemål **2** eskortfartyg **3** ensemble **II** *v* [kən'sɔ:t] **1** umgås, sällskapa (*with* med) **2** passa; harmoniera **3** förena

consortium [ken'sɔ:tjəm] konsortium

conspectus [kən'spektəs] översikt (*of* över)

conpicuous [kən'spɪkjʊəs] **1** iögonenfallande; *be ~ by one's absence* lysa med sin frånvaro **2** framstående

conspir|acy [kən'spɪrəsɪ] konspiration, sammansvärjning, komplott **-ator** [-ətə] konspiratör, sammansvuren

conspire [kən'spaɪə] **1** konspirera, sammansvärja sig **2** samverka

constable ['kʌnstəbl] **1** polis[man], [polis]konstapel **2** kommendant, ståthållare (*vid kungligt slott*) **constabulary** [kən'stæbjʊlərɪ] **I** *a* polis- **II** *s* poliskår; gendarmeri

Constance ['kɒnst(ə)ns] Konstanz (*stad*); *Lake ~* Bodensjön

con|stancy ['kɒnst(ə)nsɪ] **1** beständighet, varaktighet **2** ståndaktighet; trofasthet **-stant** [-(ə)nt] **I** *a* **1** [be]ständig, konstant **2** ståndaktig; trofast **II** *s* konstant **-stantly** [-(ə)ntlɪ] *adv* [jämt och] ständigt, konstant

constellation [ˌkɒnstə'leɪʃn] konstellation (*äv. bildl.*), stjärnbild

consternation [ˌkɒnstə'neɪʃn] bestörtning

consti|pate ['kɒnstɪpeɪt] göra förstoppad (hård i magen) **-pation** [ˌkɒnstɪ'peɪʃn] förstoppning

constitu|ency [kən'stɪtjuənsɪ] valkrets; valmanskår **-ent** [-ənt] **I** *a* **1** bestånds- **2** väljande, val-, valmans- **3** konstituerande **II** *s* **1** beståndsdel **2** uppdragsgivare **3** valman, väljare

consti|tute ['kɒnstɪtju:t] **1** utnämna (utse, förordna) till **2** konstituera; inrätta; upprätta **3** utgöra, bilda **-tution** [ˌkɒnstɪ'tju:ʃn] **1** utnämnande, utseende, förordnande **2** konstituerande; inrättande; upprättande **3** författning, konstitution; grundlag **4** [kropps]konstitution; temperament, natur **5** struktur, beskaffenhet; sammansättning **-tutional** [ˌkɒnstɪ'tju:ʃənl] **I** *a* **1** konstitutionell; medfödd; naturlig **2** konstitutionell; grundlags-, författnings|enlig **II** *s* [motions]promenad **-tutive** ['kɒnstɪtju:tɪv] konstitutiv; grundläggande

constr. *förk. för construction*

constrain [kən'streɪn] **1** tvinga **2** lägga band på, hindra; begränsa **constrained** [-d] tvungen, konstlad, onaturlig **constraint** [-t] **1** tvång; tvångsmedel **2** band, tvungenhet, förlägenhet **3** restriktion

constrict [kən'strɪkt] sammandraga **constriction** [kən'strɪkʃn] sammandragning **constrictor** [kən'strɪktə] **1** sammandragande muskel, slutmuskel **2** [*boa*] ~ boaorm

constringent [kən'strɪn(d)ʒ(ə)nt] sammandragande

construct [kən'strʌkt] **I** *v* konstruera; uppföra, bygga **II** *s* [tanke]konstruktion **2** *språkv.* konstruktion

construction [kən'strʌkʃn] **1** konstruktion, uppförande, byggande, byggnad **2** konstruktion, byggnad **3** *mat. o språkv.* konstruktion **4** tolkning **-al** [-l] **1** konstruktions-, byggnads- **2** hörande till byggnadsstommen (grundplanen) **3** beroende på tolkningen

construc|tive [kən'strʌktɪv] konstruktiv, uppbyggande **-tor** [-tə] konstruktör

construe [kən'stru:] **1** *språkv.* analysera, ta ut satsdelar i; konstruera **2** tolka, utlägga

consubstantiation ['kɒnsəbˌstænʃɪ'eɪʃn] *teol.* konsubstantiation (*närvaro av Kristi lekamen i nattvarden*)

consuetude ['kɒnswɪtju:d] bruk, hävd

consul ['kɒns(ə)l] konsul **consular** ['kɒnsjʊlə] konsuls-, konsulat-, konsulär **consulate** ['kɒnsjʊlət] konsulat **consul general** generalkonsul **consulship** ['kɒns(ə)lʃɪp] konsulsbefattning; konsulat

consult [kən'sʌlt] **1** rådfråga, konsultera; *~ s.b.* (*äv.*) rådgöra med; *~ one's pillow* sova på saken **2** ta hänsyn till, tänka på **3** rådslå, överlägga **consultant** [-ənt] **1** rådsökande **2** konsulterande läkare **3** konsult, konsulent **consultation** [ˌkɒns(ə)l'teɪʃn] **1** rådfrågning, konsultation **2** rådplägning, överläggning; samråd **consultative** [-ətɪv] rådgivande, konsultativ **consulting room** [kən'sʌltɪŋru:m] mottagningsrum

consume [kən'sju:m] **1** konsumera; förbruka; förtära; förinta, förstöra; *~d with* upptänd (förtärd) av; *the time ~d in planning* den tid som gått åt för att planera **2** förtäras; tyna bort **consumedly** [-ɪdlɪ] *åld.* våldsamt **consumer** [-ə] konsument; förbrukare **consumer goods** konsumtionsvaror **consumer resistance** köpmotstånd **consumerism** [-ərɪz(ə)m] **1** *AE.* konsumentupplysning **2** konsumentskydd

consum|mate I *a* [kən'sʌmɪt] fulländad, perfekt **II** *v* ['kɒnsəmeɪt] **1** fullkomna, fullända **2** fullborda **-mation** [ˌkɒnsə'meɪʃn] **1** fullbordande **2** fulländning

consump|tion [kən'sʌm(p)ʃn] **1** konsumtion; förbrukning; förtäring **2** lungsot **-tive** [-tɪv] **I** *a* **1** lungsjuk **2** förtärande, förödande **II** *s* lungsjuk [person]

cont. *förk. för containing; contents; continent; continental; continued*

contact ['kɒntækt] **I** *s* **1** kontakt, beröring, förbindelse; *come into ~ with* komma i kontakt med; *make ~ with* vara i (få) kontakt med **2** eventuell smittbärare **II** *v* kontakta, komma (stå) i kontakt med **contact breaker** *elektr.* brytkontakt **contact breaker-points** *pl* brytarspetsar (*i bil*) **contact lens** kontaktlins **contact print** kontaktkopia

conta|gion [kən'teɪdʒ(ə)n] **1** smitta **2** smitt[o]sam sjukdom **3** *bildl.* smitta, farsot **-gious** [-dʒəs] smitt[o]sam; smitt[o]förande; *bildl.* smittande

contain [kən'teɪn] **1** innehålla; rymma; *18 ~s 6* 18 är jämnt delbart med 6 **2** *bildl.* behärska, tygla; *~ o.s.* behärska sig **3** *mil.* hålla, hindra, binda **container** [kən'teɪnə] behållare; container

contami|nate [kən'tæmɪneɪt] [för]orena, smutsa ner; smitta ner; kontaminera; *bildl.* besmitta, fördärva **-nation** [kənˌtæmɪ'neɪʃn] **1** förorening, nedsmutsning; nedsmittning; kontamination; besmittelse **2** förvanskning **3** *språkv.* kontamination

contemn [kən'tem] förakta

contemp. *förk. för contemporary*

contem|plate ['kɒntempleɪt] **1** betrakta **2** begrunda, fundera på (över) **3** planera, överväga **4** fundera **-plation** [ˌkɒntem'pleɪʃn] **1** betraktande **2** begrundande; kontemplation **-plative 1** ['kɒntempleɪtɪv] begrundande, tankfull **2** [kən'templətɪv] kontemplativ

contempo|raneous [kənˌtempə'reɪnjəs] samtidig, samtida **-rary** [kən'temp(ə)rərɪ] **I** *a* samtidig; samtida, nutida **II** *s* samtida (*of* till)

contempt [kən'tem(p)t] förakt; *hold in ~* hysa

förakt för, förakta; ~ *of court* ohörsamhet inför rätta, lagtrots **contemptible** [-əbl] föraktlig **contemptuous** [-jʊəs] föraktfull (*of* mot)

contend [kən'tend] **1** strida, kämpa **2** tävla (*for* om) **3** tvista, strida **4** påstå, hävda

1 content ['kɒntent] **1** innehåll, volym **2** innehåll, innebörd; *jfr contents*

2 content [kən'tent] **I** *a* nöjd, belåten **II** *v* tillfredsställa; ~ *o.s. with* nöja sig med **III** *s* belåtenhet; *to one's heart's* ~ av hjärtans lust **contented** [-ɪd] nöjd; förnöjsam

conten|tion [kən'tenʃn] **1** strid[ighet]; tvist; *bone of* ~ tvistefrö **2** tävlan **3** påstående; argument **-tious** [-ʃəs] **1** stridslysten, grälsjuk **2** omtvistad; ~ *issue* tvistefråga

contentment [kən'tentmənt] belåtenhet; förnöjsamhet

contents ['kɒntents] *pl* innehåll; *table of* ~ innehållsförteckning

con|test I *s* ['kɒntest] **1** kamp, strid **2** tävlan, tävling, match **3** ordstrid **II** *v* [kən'test] **1** bekämpa; bestrida **2** kämpa om; tävla om; ~ *a seat* kandidera i en valkrets **3** kämpa, strida, tävla (*for* om) **-testant** [kən'testənt] **1** stridande **2** tävlande, tävlingsdeltagare; medtävlare **-testation** [ˌkɒntes'teɪʃn] **1** tvist, dispyt **2** påstående **3** bestridande **-tested** [-ɪd] omtvistad

con|text ['kɒntekst] **1** sammanhang; kontext **2** omgivning[ar] **-texture** [kən'tekstʃə] **1** samman|vävning, -fogning **2** struktur, [upp]byggnad; väv[nad]

contigu|ity [ˌkɒntɪ'gju:ətɪ] beröring, omedelbar närhet; nära grannskap **-ous** [kən'tɪgjʊəs] angränsande, närliggande, intilliggande

contin|ence ['kɒntɪnəns], **-ency** [-ɪ] återhållsamhet; avhållsamhet; kyskhet

1 continent ['kɒntɪnənt] återhållsam; avhållsam, kysk

2 continent ['kɒntɪnənt] kontinent; världsdel; *the C~* kontinenten (*Europas fastland*) **continental** [ˌkɒntɪ'nentl] **I** *a* kontinental; fastlands-; ~ *breakfast* kontinental (*lätt*) frukost; *C~ Divide* floddelaren i västra Nordamerika; ~ *drift* kontinentalförskjutning; ~ *shelf* kontinentalsockel **II** *s* fastlandseuropé

contingen|cy [kən'tɪn(d)ʒ(ə)nsɪ] **1** eventualitet, tänkbar möjlighet; *-cies* (*pl*) oförutsedda utgifter **2** tillfällighet; ovisshet **contingency plan** katastrofplan **contingent** [-t] **I** *a* **1** eventuell; oviss; tillfällig **2** villkorlig; betingad (*on* av) **II** *s* kontingent; grupp

continu|al [kən'tɪnjʊəl] ständig[t återkommande]; ihållande **-ance** [-əns] fortsättande; varaktighet **-ation** [kənˌtɪnjʊ'eɪʃn] fortsätt|ning, -ande; återupptagande; förlängning

continue [kən'tɪnju:] **1** fortsätta (*to read, reading* att läsa); fortfara med; *~d a*) fortsatt, *b*) oavbruten; [*to be*] *~d* fortsättning [följer] **2** [bi]behålla **3** stanna [kvar], kvarstå **continuity** [ˌkɒntɪ'nju:ətɪ] **1** kontinuitet; oavbrutet sammanhang **2** programmanuskript (*för TV o. radio*); *film.* scenario, scenföljd **continuity girl** scripta

continuous [kən'tɪnjʊəs] kontinuerlig; oavbruten; sammanhängande, ständig, ihållande **continu|um** [kən'tɪnjʊ|əm] (*pl -a* [-ə]) sammanhängande enhet; kontinuum

contort [kən'tɔ:t] förvrida **contortion** [kən'tɔ:ʃn] förvridning; grimas **contortionist** [kən'tɔ:ʃn̩ɪst] **1** ormmänniska **2** ordvrängare

contour ['kɒntʊə] **I** *s* kontur **II** *v* dra upp konturerna av **contour line** nivåkurva (*på karta*) **contour map** höjdkarta

contr. *förk. för contraction; contralto*

contraband ['kɒntrəbænd] kontraband; smuggelgods

contrabass [ˌkɒntrə'beɪs] kontrabas, basfiol

contracep|tion [ˌkɒntrə'sepʃn] födelsekontroll **-tive** [-tɪv] **I** *a* preventiv[-] **II** *s* preventivmedel

con|tract I *s* ['kɒntrækt] **1** kontrakt, avtal, överenskommelse **2** entreprenad; ackord; *by* ~ på ackord; *by private* ~ under hand; *place a* ~ *for* lämna på entreprenad **II** *v* [kən'trækt] **1** dra[s] samman, minska[s]; dra ihop sig **2** avtala, avsluta (*genom kontrakt*); förbinda sig **3** göra upp, avsluta ett kontrakt (*for* om); ~ *out of* (*BE.*) anmäla sitt utträde ur **4** få, ådraga sig; skaffa sig **-tracted** [kən'træktɪd] **1** kontrakterad, avtalad **2** sammandragen **-tractible** [kən'træktəbl] samman-, hop|dragbar **-tractile** [kən'træktaɪl] hopdragbar; hopfällbar **-traction** [kən'trækʃn] **1** samman-, hop|dragning; kontraktion; förkortning, minskning **2** *bildl.* inskränkning **3** ådragande **-tractor** [kən'træktə] entreprenör; leverantör **-tractual** [kən'træktʃʊəl] kontraktsenlig, kontrakts-

contra|dict [ˌkɒntrə'dɪkt] bestrida; motsäga; säga emot **-diction** [-'dɪkʃn] motsägelse; inkonsekvens; ~ *in terms* självmotsägelse; *be in* ~ *with* stå i strid med **-dictory** [-'dɪkt(ə)rɪ] **1** motsägande, oförenlig **2** motsägelselysten

contra|distinction [ˌkɒntrədɪ'stɪŋ(k)ʃn] *in* ~ *to* i motsats till, till skillnad från **-distinguish** [-dɪ'stɪŋgwɪʃ] [åt]skilja (*genom motsats*)

contralto [kən'træltəʊ] *mus.* alt[stämma]

contraposition [ˌkɒntrəpə'zɪʃn] motsättning, motställning

contraption [kən'træpʃn] *vard.* apparat, manick, grej

contrapuntal [ˌkɒntrə'pʌntl] *mus.* kontrapunktisk

contrariety [ˌkɒntrə'raɪətɪ] motsats, motsättning, motsägelse **contrariness** ['kɒntrərɪnɪs] **1** oppositionslust **2** envetenhet, motsträvighet **contrariwise** ['kɒntrərɪwaɪz] **1** däremot; tvärtom **2** motsträvigt

contrary ['kɒntrərɪ] **I** *a* **1** motsatt, stridande (*to* mot); ~ *to* (*äv.*) tvärt emot **2** ogynnsam, motig; ~ *winds* motvind **3** [*äv.* kən'treərɪ] enveten, motsträvig, obstinat **II** *adv,* ~ *to* tvärt emot, i strid med **III** *s* motsats (*of* till); *on the* ~ *a*) tvärtom, *b*) däremot; *I know nothing to the* ~ jag vet ingenting som motsäger detta

contrast I *s* ['kɒntrɑ:st] kontrast, motsats, motsättning; *by* (*in*) ~ däremot, å andra sidan; *in* ~ *to* (*with*) i motsats till (mot) **II** *v* [kən'trɑ:st] **1** kontrastera, bilda motsats (*with* mot, till) **2** jämföra (*with* med), ställa upp som motsats (*with* mot, till)

contra|vene [ˌkɒntrə'vi:n] **1** överträda, kränka **2** bestrida, motsäga **3** komma i strid (konflikt) med **-vention** [-'venʃn] överträdelse, kränkning; *in* ~ *of* i strid med

con|tribute [kən'trɪbju:t] **1** bidraga, medverka **2** bidraga med; lämna som bidrag **3** medverka (*to a paper* i en tidning) **-tribution** [ˌkɒntrɪ'bju:ʃn] bidrag; tillskott; inlägg (*i diskussion e.d.*) **-tributor** [kən'trɪbjʊtə] bidragsgivare; medarbetare (*to a paper* i en tidning) **-tributory** [kən'trɪbjʊt(ə)rɪ] bidragsgivande; bidragande

con|trite ['kɒntraɪt] skamsen, ångerfull **-trition** [kən'trɪʃn] ånger, förkrosselse

con|trivance [kən'traɪvns] **1** uppfinningsförmåga; planläggning **2** knep, påhitt **3** uppfinning; anordning, apparat **-trive** [-'traɪv] **1** uppfinna, uttänka; planlägga **2** finna medel till, lyckas [åstadkomma] **3** klara ekonomin, få det att gå ihop **-trived** [-'traɪvd] **1** uttänkt, planlagd **2** konstlad, utstuderad **-triver** [-'traɪvə] **1** uppfinnare, upphovsman **2** ränksmidare **3** *be a good ~* kunna hushålla

control [kən'trəʊl] **I** *s* **1** kontroll; herravälde, myndighet, makt; reglering; hållhake; *lose ~ of* förlora kontrollen över; *the situation was beyond their ~* de hade inte längre situationen under kontroll; *be in ~ of* ha kontrollen (ledningen) över; *be out of ~ a)* inte gå att hålla ordning på, *b)* inte gå att manövrera **2** (*ofta pl*) kontroll-, styr|anordning[ar]; manöver-, styr|organ, spak, spakar, roder; kontrollinstrument **3** kontrollgrupp **4** kontrollmärke **II** *v* kontrollera, övervaka; behärska; sköta, styra; hålla ordning på; *~ o.s.* behärska sig **control column** *se control stick* **controllable** [-əbl] kontrollerbar **controller** [-ə] kontrollant, övervakare; styresman **control stick** *flyg.* styrspak **control tower** *flyg.* trafiklednings-, kontroll|torn

contro|versial [ˌkɒntrə'vɜ:ʃl] **1** kontroversiell, strids- **2** stridslysten **-versy** ['kɒntrəvɜ:sɪ] kontrovers, tvist, strid, polemik; *beyond ~* obestridlig[en]

contu|macious [ˌkɒntju:'meɪʃəs] tredsk, gensträvig **-macy** ['kɒntjʊməsɪ] tredska, gensträvighet

contumely ['kɒntju:mlɪ] skymf, hån, vanära

con|tuse [kən'tju:z] ge blåmärken **-tusion** [-'tju:ʒn] kontusion, blåmärke

conundrum [kə'nʌndrəm] gåta

conurbation [ˌkɒnɜ:'beɪʃn] storstads-, tätorts|-region

conva|lesce [ˌkɒnvə'les] tillfriskna **-lescence** [-'lesns] konvalescens, tillfrisknande **-lescent** [-'lesnt] **I** *a* tillfrisknande; konvalescent- **II** *s* konvalescent

con|vene [kən'vi:n] **1** komma samman **2** sammankalla **3** inkalla, instämma **-vener** sammankallande [person]

conveni|ence [kən'vi:njəns] **1** lämplighet; bekvämlighet; *flag of ~* bekvämlighetsflagg; *marriage of ~* konvenansparti; *[public] ~* bekvämlighetsinrättning, offentlig toalett; *at your ~* när det passar dig; *at your earliest ~* så snart det är möjligt för er **2** förmån **3** *make a ~ of* utnyttja, dra fördel av **-ent** [-ənt] lämplig; bekväm; passande

convent ['kɒnv(ə)nt] [nunne]kloster

convention [kən'venʃn] **1** sammankomst; konvent **2** avtal, överenskommelse; konvention **3** konvenans, etikett; vedertaget bruk **-al** [-'venʃənl] **1** överenskommen, fördragsenlig **2** konventionell; vedertagen; sedvanlig

conventual [kən'ventjʊəl] kloster-

con|verge [kən'vɜ:dʒ] konvergera, sammanstråla, [låta] sammanlöpa **-vergence** [-'vɜ:dʒ(ə)ns], **-vergency** [-'vɜ:dʒ(ə)nsɪ] konvergens **-vergent** [-'vɜ:dʒ(ə)nt] konvergerande, sammanlöpande

conversable [kən'vɜ:səbl] konversabel, språksam **conversant** [-(ə)nt] *~ with* förtrogen med, hemmastadd i **conversation** [ˌkɒnvə'seɪʃn] konversation; samtal; *make ~* kallprata **conversation piece 1** genremålning **2** samtalsämne **conversational** [ˌkɒnvə'seɪʃənl] **1** samtals-; konversations- **2** pratsam

1 converse [kən'vɜ:s] konversera, samtala

2 converse ['kɒnvɜ:s] **I** *a* motsatt; omvänd **II** *s* motsats; omvänt förhållande

conversion [kən'vɜ:ʃn] **1** om-, för|vandling; omläggning, omställning; ombyggnad; aptering **2** omvändelse **3** *mat.* omräkning; *ekon.* konvertering

convert I *v* [kən'vɜ:t] **1** om-, för|vandla; lägga (ställa) om; bygga om; aptera; omforma **2** omvända **3** *mat.* omräkna; *ekon.* konvertera **4** [kunna] förvandlas **5** omvändas, konvertera **II** *s* ['kɒnvɜ:t] omvänd, konvertit **-er** [kən'vɜ:tə] *fys., tekn.* omformare **-ible** [kən'vɜ:təbl] **I** *a* som kan omvandlas (förvandlas *etc., se convert*) **2** med nedfällbart tak **3** konvertibel, utbytbar **II** *s* cabriolet **-or** [kən'vɜ:tə] *se converter*

convex ['kɒnveks] konvex **-ity** [kɒn'veksətɪ] konvexitet

convey [kən'veɪ] **1** föra, forsla, befordra; överbringa **2** överföra; förmedla; leda **3** meddela; bibringa; uttrycka **4** *jur.* överlåta **conveyance** [kən've(ɪ)əns] **1** befordran, transport **2** överförande; förmedling, ledning **3** fortskaffningsmedel **4** *jur.* överlåtelse[handling] **convey|er, -or** [-ə] transportband **conveyor belt** löpande band

convict I *s* ['kɒnvɪkt] straffånge; brottsling **II** *v* [kən'vɪkt] förklara skyldig (*of* till), fälla (*of* för); överbevisa (*of* om) **conviction** [kən'vɪkʃn] **1** fällande; överbevisande; *have two previous ~s* vara straffad två gånger tidigare; *get a ~* få fällande dom **2** övertygelse; *carry ~* vara övertygande; *a person of strong ~s* en person med mycket bestämda åsikter

convince [kən'vɪns] övertyga, överbevisa (*of* om)

convivial [kən'vɪvɪəl] **1** festlig **2** sällskaplig

con|vocation [ˌkɒnvə(ʊ)'keɪʃn] **1** sammankallande, kallelse **2** församling, möte **3** *BE.* universitetssenat **-voke** [kən'vəʊk] sammankalla, inkalla

convo|luted ['kɒnvəlu:tɪd] **1** hoprullad, spiralformig **2** *bildl.* invecklad **-lution** [ˌkɒnvə'lu:ʃn] **1** hoprullning; buktighet **2** invecklad sak (beskaffenhet) **3** veck

convoy ['kɒnvɔɪ] **I** *s* konvoj; eskort **II** *v* konvojera; eskortera

con|vulse [kən'vʌls] [upp]skaka; sätta i skakning; framkalla krampryckningar hos; *~ with laughter* (*vard.*) vrida sig av skratt **-vulsion** [-'vʌlʃn] **1** konvulsion[er], krampryckning[ar], krampanfall **2** omvälvning; häftig skakning **-vulsive** [-'vʌlsɪv] konvulsivisk, krampaktig

C

cony ['kəʊnɪ] kanin; kaninskinn

coo [ku:] **I** *v* kuttra **II** *s* kutter **III** *interj, BE., sl.* oj!, åh!, oh!

cook [kʊk] **I** *s* kock; kokerska; köksa; *be a good ~* (*äv.*) laga god mat **II** *v* **1** tillaga[s], laga (*mat*); koka[s], steka[s]; laga mat **2** *sl.* förfalska, fiffla med **3** *sl.* sabba; *~ed* slut[körd]; *~ s.b.'s goose* sabba ngns chanser **4** *~ up a*) *vard.* koka ihop, hitta på, *b*) laga till, svänga ihop **5** *sl.* hända; *what's ~ing?* vad händer?, är det ngt på gång? **-book** ['kʊkbʊk] *AE.* kokbok

cooker ['kʊkə] **1** spis **2** *BE.* matäpple **cookery** [-ərɪ] kokkonst, matlagning **cookery book** kokbok **cookhouse** kabyss; fältkök

cookie ['kʊkɪ] **1** *Sk.* slät bulle **2** *AE.* småkaka; (*vard.*) *that's why the ~ crumbles* det är nu en gång så **3** *sl.* sötnos; tjej; kille, grabb

cooking ['kʊkɪŋ] matlagning; tillagning; kokning, stekning; *do the ~* laga maten **cooking apple** matäpple **cooking chocolate** blockchoklad **cooking fat** matfett **cooking oil** matolja **cooking-range** [köks]spis **cookout** *AE.* picknick (*där maten lagas utomhus*)

cooky ['kʊkɪ] *se cookie*

cool [ku:l] **I** *a* **1** kylig, sval; *bildl. äv.* kallsinnig **2** lugn, fattad, kallblodig **3** ogenerad, fräck; *a ~ customer* en fräck typ **4** *vard., a ~ ten thousand* hela (modiga) tiotusen **5** *AE. vard.* toppen, häftig, jättebra **II** *s* **1** svalka **2** *sl.* lugn, fattning; *keep one's ~* behålla fattningen, hålla huvudet kallt **III** *v* **1** avkyla, svalka, göra sval[are]: *bildl. äv.* lugna ner; *~ down* lugna ner [sig]; *~ one's heels* vänta länge **2** *~ [down, off]* svalna, kylas av **3** *sl., ~ it!* ta det lugnt! **coolant** ['ku:lənt] kylmedel, kylvätska **cool bag (box)** kylväska **cooler** ['ku:lə] **1** kylare (*för vin o.d.*) **2** *vard.* kall drink **3** *sl.* kåk, finka **cool-headed** [ˌku:l'hedɪd] lugn, kallblodig

coolie ['ku:lɪ] kuli

cool|ish ['ku:lɪʃ] sval, något kylig **-ness** [-nɪs] **1** svalka **2** lugn, fattning; kallsinnighet **3** fräckhet

cooly ['ku:lɪ] kuli

coomb [ku:m] *BE.* trång dal

coon [ku:n] **1** *vard.* (*kortform för racoon*) tvättbjörn **2** *sl. neds.* neger **3** *AE. sl., a ~'s age* en evighet

coop [ku:p] **I** *s* **1** bur (*för höns e.d.*) **2** *vard.* finka, kurra **II** *v, ~ [in, up]* sätta i bur, stänga in

coop, co-op ['kəʊɒp] *vard.* (*kortform för co*[-]*operative* [*society, shop, store*] konsum

cooper ['ku:pə] tunnbindare

cooper|ate, co-oper|ate [kəʊ'ɒpəreɪt] samarbeta; samverka **-ation** [kəʊˌɒpə'reɪʃn] **1** samarbete; samverkan **2** kooperation **-ative** [kəʊ'ɒp(ə)rətɪv] **I** *a* **1** samarbetsvillig; samverkande **2** kooperativ; konsumtions-; *~ shop* (*store*) konsumbutik; *the C~ Union and Wholesale Society* Kooperativa Förbundet **II** *s* kooperativ förening, kooperativt företag

coopery ['ku:pərɪ] tunnbinderi

co-opt [kəʊ'ɒpt] invälja (*on to* i)

co-ordi|nate I *a* [kəʊ'ɔ:dɪnət] samordnad, koordinerad; likställd; *mat.* koordinat- **II** *s* [kəʊ'ɔ:dɪnət] *mat.* koordinat[a] **III** *v* [kəʊ'ɔ:dɪneɪt] samordna, koordinera **-nation** [kəʊˌɔ:dɪ'neɪʃn] samordning, koordin|ation, -ering; likställdhet

coot [ku:t] **1** *zool.* sothöna; *bald as a ~* kal som en biljardboll **2** *old ~* gammal tokstolle

1 cop [kɒp] *sl.* **I** *s* **1** snut, polis **2** *BE.* arrestering; *it's a fair ~* (*vard.*) jag (*etc.*) har åkt dit; *not much ~* (*BE.*) inte mycket att ha **II** *v* **1** haffa, hugga; *~ it* få på pälsen **2** *AE. sl., ~ out* hoppa av, ge upp, smita **3** stjäla **4** köpa (*knark*)

2 cop [kɒp] garnspole

copartner [ˌkəʊ'pɑ:tnə] kompanjon, delägare, medintressent **-ship** kompanjonskap, delägarskap; bolag

1 cope [kəʊp] klara det, kämpa; *~ with a*) *vard.* klara [av], palla för, *b*) *åld.* mäta sig med

2 cope [kəʊp] **1** [kor]kåpa **2** valv; kupol; *~ of heaven* himlavalv

copeck ['kəʊpek] kopek

Copenhagen [ˌkəʊpn'heɪg(ə)n] Köpenhamn

coper ['kəʊpə] hästhandlare

copier ['kɒpɪə] **1** kopieringsmaskin **2** efterapare

copilot ['kəʊˌpaɪlət] *flyg.* andrepilot

coping ['kəʊpɪŋ] *byggn.* krönlist, murkappa **coping saw** lövsåg, bågsåg

copious ['kəʊpjəs] **1** ymnig, riklig, kopiös **2** ordrik; idérik

cop-out ['kɒpaʊt] *vard.* **1** utväg; smitning; avhopp **2** smitare

1 copper ['kɒpə] **I** *s* **1** koppar **2** kopparmynt **3** kopparkittel **II** *a* koppar-, av koppar; kopparröd **III** *v* förkoppra, kopparförhyda

2 copper ['kɒpə] *sl.* polis, snut

copper|-beech ['kɒpəbi:tʃ] *bot.* blodbok **--bottomed** [ˌkɒpə'bɒtəmd] **1** försedd med kopparbotten **2** *bildl.* pålitlig **-head** [-hed] *zool.* mockasinorm **-plate** [-pleɪt] kopparplåt; kopparstick; *~ [writing]* skönskrift **-smith** [-smɪθ] kopparslagare

coppery ['kɒpərɪ] koppar-; kopparhaltig; kopparröd

coppice ['kɒpɪs] skogsdunge **--wood** buskar, buskage

copra ['kɒprə] kopra

copse [kɒps] *se coppice*

copu|late ['kɒpjʊleɪt] kopulera, ha samlag **-lation** [ˌkɒpjʊ'leɪʃn] kopulation, samlag

copy ['kɒpɪ] **I** *s* **1** exemplar, nummer (*av tidning, bok*) **2** kopia; avbild; avskrift; *fair* (*clean*) *~* renskrift; *rough ~* kladd, utkast **3** manuskript (*t. sättning*); reklam-, annons|text; material, "story"; *it will make good ~* det blir en bra artikel **II** *v* kopiera; ta en kopia av; imitera, ta (apa) efter **copybook I** *s* välskrivningsbok **II** *a* **1** banal **2** mönstergill **copycat** *vard.* härmapa **copy desk** redaktionsbord **copy-edit** [-ˌedɪt] granska manus **copy-editor** [-ˌedɪtə] manusgranskare **copyhold** [-həʊld] *hist.* åborätt; frälsehemman **copyreader** [-ˌri:də] *AE.* redaktör, textredigerare **copyright** [-raɪt] **I** *s* copyright, upphovs[manna]rätt **II** *a* copyrightskyddad **III** *v* förvärva (få) copyright på **copywriter** [-ˌraɪtə] copywriter, reklamtextförfattare

coquet [kɒ'ket] **1** kokettera **2** *~ with* (*bildl.*) leka med **coquetry** ['kɒkɪtrɪ] koketteri **coquette** [kɒ'ket] kokett [kvinna]

Cor [kɔ:] *BE. sl.* herregud!

Cor. *förk. för Corinthians* **cor.** *förk. för corner;*

cornet; coroner
coracle ['kɒrəkl] fiskebåt (*av läderklätt vide*)
coral ['kɒr(ə)l] **I** *s* **1** korall **2** bitring **II** *a* korallröd
cord [kɔ:d] **I** *s* **1** rep, snöre, lina, snodd, sträng **2** *spinal* ~ ryggmärg; *vocal* ~ stämband **3** *AE.* [elektrisk] sladd **4** manchestertyg; korderoj; ~*s* (*pl*) manchesterbyxor **5** cord (*i bildäck*) **6** famn (*vedmått*) **II** *v* binda med rep (snöre *etc.*) **-age** ['kɔ:didʒ] tågvirke
cordate ['kɔ:deɪt] hjärtformig
Cordelier [ˌkɔ:dɪ'lɪə] franciskanermunk
cordial ['kɔ:djəl] **I** *a* **1** hjärtlig **2** hjärtstärkande **II** *s* **1** hjärtstärkande medel **2** fruktdryck; likör **-ity** [ˌkɔ:dɪ'æləti] hjärtlighet
cordon ['kɔ:dn] **I** *s* **1** kordong, [avspärrnings]kedja (*av poliser e.d.*) **2** ordensband; kordong, snöre, snodd **3** *byggn.* murkrans **4** kordong (*slags spaljéträd*) **II** *v*, ~ [*off*] spärra av (*m. poliskedja*)
corduroy ['kɔ:dərɔɪ] manchester[sammet], korderoj; ~*s* (*pl*) manchesterbyxor
core [kɔ:] **I** *s* **1** kärnhus **2** *bildl.* det innersta, kärna; hjärta; *to the* ~ alltigenom, genom- **3** *fys.* [reaktor]härd **II** *v* kärna ur
C.O.R.E. *AE., förk. för Congress of Racial Equality*
co|-religionist [ˌkəʊrɪ'lɪdʒənɪst] trosfrände **--respondent** [-rɪ'spɒndənt] *jur.* medsvarande (*i skilsmässomål*)
coriander [ˌkɒrɪ'ændə] *bot.* koriander
Corinthian [kə'rɪnθɪən] **I** *a* korintisk **II** *s* korintier; [*the First and Second Epistles of Paul the Apostle to*] *the C~s* Korint[i]erbrevet
cork [kɔ:k] **I** *s* **1** kork **2** flöte **II** *v* **1** ~ [*up*] korka igen, *bildl.* hålla tillbaka **2** svärta (*m. bränd kork*) **corker** ['kɔ:kə] *sl.* **1** dräpande argument; grov lögn **2** praktexemplar, baddare; panggrej **corking** ['kɔ:kɪŋ] *BE. sl.* toppen **corkscrew** ['kɔ:kskru:] **I** *s* korkskruv **II** *v* röra [sig] i spiral, slingra sig **corky** ['kɔ:kɪ] **1** korklik **2** *vard.* bångstyrig, yster
cormorant ['kɔ:m(ə)r(ə)nt] *zool.* skarv
1 corn [kɔ:n] **I** *s* **1** korn (*av vete, havre, peppar etc.*) **2** säd, spannmål **3** vete **4** *Sk.* havre **5** *AE.* majs **6** sentimental (banal) smörja **II** *v* konservera; salta in
2 corn [kɔ:n] liktorn
corn|cob majskolv **-crake** *zool.* kornknarr
cornea ['kɔ:nɪə] *anat.* hornhinna
cornelian [kɔ:'ni:ljən] *miner.* karneol
corneous ['kɔ:nɪəs] hornartad
corner ['kɔ:nə] **I** *s* **1** hörn, hörna; gathörn; *turn the* ~ *a*) vika om hörnet, *b*) passera den kritiska punkten; *a tight* ~ trängt läge, knipa; *cut* ~*s* ta genvägar (*äv. bildl.*); *at* (*on*) *the* ~ i [gat]hörnet; *in a* ~ *a*) i ett hörn, *b*) i hemlighet; *just round the* ~ *a*) alldeles om hörnet, *b*) *bildl.* helt nära, omedelbart förestående; *turn the* ~ *a*) svänga om hörnet, *b*) (*bildl.*) komma över det värsta **2** vinkel; *the* ~ *of the mouth* mungipan **3** *sport.* hörna; *take a* ~ lägga en hörna **4** *börs.* corner; *make a* ~ *in* köpa upp (*i spekulationssyfte*) **II** *v* **1** förse med hörn **2** tränga in i ett hörn; *bildl.* sätta på det hala, göra ställd **3** placera i ett hörn **4** *hand.* behärska (*genom monopol*) **5** ta kurvor[na] **corner-boy** gatpojke **corner-kick** *sport.* hörnspark, hörna **corner shop** kvartersbutik **corner-stone** hörnsten; *bildl. äv.* grundval
cornet ['kɔ:nɪt] **1** *mus.* kornett **2** strut; *BE.* glasstrut
corn exchange ['kɔ:nɪksˌtʃeɪndʒ] spannmålsbörs **corn factor** spannmålshandlare **cornfield** [-fi:ld] sädesfält; *AE.* majsfält **cornflakes** [-fleɪks] *pl* cornflakes, majsflingor **cornflour** [-flaʊə] **1** majsmjöl, majsena **2** finsiktat mjöl **cornflower** [-ˌflɑʊə] blåklint
cornice ['kɔ:nɪs] kranslist; kornisch
corniche [road] ['kɔ:nɪʃ(rəʊd)] bergväg
Cornish ['kɔ:nɪʃ] kornisk; från (i) Cornwall
corn meal ['kɔ:nmi:l] *AE.* majsmjöl, majsena **cornstalk** *AE.* majsstjälk **cornstarch** *AE.* majsmjöl, majsena
cornucopia [ˌkɔ:njʊ'kəʊpjə] **1** ymnighetshorn **2** överflöd
corny ['kɔ:nɪ] **1** sädesrik **2** *sl.* banal; sentimental; larvig, fånig
corolla [kə'rɒlə] [blom]krona
corollary [kə'rɒlərɪ] **1** följdsats **2** naturlig följd, naturligt resultat
coro|na [kə'rəʊnə] **1** [sol]korona, mångård **2** [tand]krona **-nal** ['kɒrənl] krona, krans **-nary** ['kɒrən(ə)rɪ] kransliknande; ~ [*thrombosis*] hjärtinfarkt; ~ *artery* kransartär **-nation** [ˌkɒrə'neɪʃn] kröning
coroner ['kɒrənə] coroner, undersökningsdomare (*fastställer dödsorsaken då brott misstänks*); ~*'s inquest* förhör om dödsorsaken (*inför jury*)
coronet ['kɒrənɪt] **1** [adels]krona **2** diadem **-ed** [-ɪd] **1** prydd med krona (diadem) **2** högadlig
corp. *förk. för corporation; corporal*
corpora ['kɔ:pərə] *pl av corpus*
1 corporal ['kɔ:p(ə)r(ə)l] kroppslig, kropps-; lekamlig; ~ *punishment* [kropps]aga
2 corporal ['kɔ:p(ə)r(ə)l] furir (*vid armén o. flyget*); *AE.* korpral (*vid armén*)
corpo|rate ['kɔ:p(ə)rət] **1** samfälld; kollektiv; kår- **2** korporativ; ~ *body* korporation; ~ *town* stadskommun **3** *AE.* företags-, bolags- **-ration** [ˌkɔ:pə'reɪʃn] **1** korporation, kår; samfund **2** juridisk person **3** *åld.* skrå **4** [statligt] bolag; *AE.* [aktie]bolag **5** styrelse; *municipal* ~ kommunstyrelse **6** *BE. vard.* kalaskula **-rative** ['kɔ:pərətɪv] korporativ
corporeal [kɔ:'pɔ:rɪəl] kroppslig, lekamlig
corps [kɔ:] (*pl corps* [kɔ:z]) kår
corpse [kɔ:ps] lik
corpu|lence ['kɔ:pjʊləns] korpulens, fetma **-lent** [-lənt] korpulent, fet
corpus ['kɔ:pəs] **1** huvud|massa, -del **2** samlad (*skriftlig*) produktion **3** *åld.* kropp, lik **4** kapital
Corpus Christi ['kɔ:pəs'krɪstɪ] *kat.* Kristi lekamens fest
corpus|cle ['kɔ:pʌsl], **-cule** [kɔ:'pʌskju:l] **1** *anat.* kropp; *blood* ~ blodkropp **2** *fys.* partikel
corpus delicti ['kɔ:pəsdɪ'lɪktaɪ] **1** *jur.* corpus delicti **2** lik
corral [kɔ:'rɑ:l] **I** *s* **1** inhägnad, fålla (*för djur*) **2** vagnborg **II** *v* **1** stänga in i en fålla **2** ordna en vagnborg **3** *vard.* lägga beslag på, fånga
correct [kə'rekt] **I** *a* korrekt; riktig **II** *v* **1** rätta; rätta till, korrigera, ändra **2** tillrättavisa; bestraffa **correction** [kə'rekʃn] **1** rättning, rät-

telse, korrigering, ändring; *I speak under ~* rätta mig om jag har fel **2** tillrättavisning; bestraffning **corrective** [kə'rektɪv] **I** *a* rättande, korrigerande, förbättrande **II** *s* korrektiv; botemedel **corrector** [kə'rektə] korrekturläsare **cor|relate** ['kɒrəleɪt] **I** *s* motsvarighet **II** *v* sätta (stå) i växelförhållande, korrelera **-relation** [ˌkɒrɪ'leɪʃn] växelförhållande, korrelation **-relative** [kɒ'relətɪv] motsvarande, korrelativ **correspond** [ˌkɒrɪ'spɒnd] **1** överensstämma; motsvara varandra; *~ to* (*with*) motsvara **2** korrespondera, brevväxla **correspondence** [-əns] **1** motsvarighet (*to* till); överensstämmelse (*with* med) **2** korrespondens, brevväxling **correspondence column** insändarspalt **correspondence school** korrespondensinstitut, brevskola **correspondent** [-ənt] **1** brevskrivare **2** korrespondent (*vid tidning*); insändarförfattare **3** affärsförbindelse **corresponding** [-ɪŋ] motsvarande **corridor** ['kɒrɪdɔ:] korridor **corridor train** genomgångståg **corrigen|dum** [ˌkɒrɪ'dʒend|əm] (*pl -da* [-də]) fel (*som bör rättas*); rättelselapp (*i bok e.d.*) **corrigible** ['kɒrɪdʒəbl] möjlig att rätta; förbätterlig **corrobo|rate** [kə'rɒbəreɪt] bekräfta, bestyrka **-ration** [kəˌrɒbə'reɪʃn] bekräftelse, bekräftande, bestyrkande **-rative** [kə'rɒb(ə)rətɪv] *a* bekräftande, bestyrkande **corroboree** [kə'rɒbərɪ] *Austr.* infödingsfest **cor|rode** [kə'rəʊd] fräta[s] bort (sönder), korrodera; fräta på **-rosion** [-'rəʊʒn] frätning, korrosion **-rosive** [-'rəʊsɪv] **I** *a* frätande, korrosions- **II** *s* frätande ämne, frätmedel **corru|gate** ['kɒrʊgeɪt] vecka, korrugera; *~d iron* korrugerad plåt; *~d paper* wellpapp **-gation** [ˌkɒrʊ'geɪʃn] veckning; korrugering **corrupt** [kə'rʌpt] **I** *a* **1** fördärvad, skämd **2** fördärvad, depraverad **3** korrumperad, korrupt **4** förvanskad **II** *v* **1** skämma[s], ruttna **2** fördärva, göra depraverad **3** korrumpera, muta **4** förvanska **corruption** [kə'rʌpʃn] **1** förskämning, förruttnelse **2** sedefördärv **3** korruption, mutning **4** förvanskning **corsage** [kɔ:'sɑ:ʒ] **1** klänningsliv **2** bröstbukett **corsair** ['kɔ:seə] **1** sjörövare, korsar **2** sjörövar-, korsar|fartyg **corselet** ['kɔ:slɪt] **1** bröstharnesk **2** korselett **corset** ['kɔ:sɪt] korsett **corslet** ['kɔ:slɪt] bröstharnesk **cortège** [kɔ:'teɪʒ] kortege; [begravnings]följe **cor|tex** ['kɔ:t|eks] (*pl -tices* [-tɪsi:z]) *bot. o. anat.* bark **-tical** [-tɪkl] bark-, barkartad **cortisone** ['kɔ:tɪzəʊn] kortison **corundum** [kə'rʌndəm] *miner.* korund **coruscate** ['kɒrəskeɪt] gnistra, blixtra, skimra **corvette** [kɔ:'vet] *sjö.* korvett **cos, 'cos** [kɒz] *vard.* = *because* **Cos., cos.** *förk. för Companies; Counties* **cosh** [kɒʃ] **I** *s* [gummi]batong **II** *v* slå med batong **cosher** ['kɒʃə] *Irl.* **1** klema bort **2** leva på andra **cosine** ['kəʊsaɪn] *mat.* cosinus **cosmetic** [kɒz'metɪk] **I** *a* kosmetisk; förskönande **II** *s* skönhetsmedel; *~s* (*pl, äv.*) kosmetika **cosmic** ['kɒzmɪk] kosmisk **cosmography** [kɒz'mɒgrəfɪ] kosmografi, världsbeskrivning **cosmonaut** ['kɒzmənɔ:t] kosmonaut **cosmopolitan** [ˌkɒzmə'pɒlɪt(ə)n] **I** *a* kosmopolitisk **II** *s* kosmopolit, världsborgare **cosmos** ['kɒzmɒs] kosmos, världsallt[et] **COSPAR** *förk. för Committee on Space Research* **Cossack** ['kɒsæk] kosack **cosset** ['kɒsɪt] klema bort, dalta med **cost** [kɒst] **I** *s* **1** kostnad[er], pris (*of* för); bekostnad; *~ and freight* (*hand.*) fraktfritt; *~, insurance, and freight* (*hand.*) frakt- och assuransfritt; *~ of living* levnadskostnader; *at ~* till inköpspris; *at the ~ of* på bekostnad av, till priset av; *at all ~s, at any ~* till varje pris; *I know to my ~ that* jag vet av bitter erfarenhet att **2** *jur.*, *~s* (*pl*) rättegångskostnader **II** *v* **1** (*cost, cost*) **1** kosta; *it ~ him dear*[*ly*] det stod honom dyrt **2** (*~ed, ~ed*) kostnadsberäkna, göra kostnadsberäkningar [för] **cost accounting** ['kɒstəˌkaʊntɪŋ] kostnadsberäkning **costal** ['kɒstl] revbens- **co-star** ['kəʊstɑ:] **I** *s* person som spelar en av huvudrollerna **II** *v* spela en av huvudrollerna **cost|-benefit** ['kɒstˌbenɪfɪt] lönsamhets- **-effective** [-ɪˌfektɪv] lönsam, kostnadseffektiv **costermonger** ['kɒstəˌmʌŋgə] frukt- och grönsakshandlare (*på gatan*) **costing** ['kɒstɪŋ] kostnadsberäkning, kalkylering **costive** ['kɒstɪv] **1** förstoppad **2** trög **3** knusslig **costly** ['kɒstlɪ] *a* dyrbar; kostsam **cost-of-living** [ˌkɒstəv'lɪvɪŋ] *a, ~ bonus* dyrtidstillägg; *~ index* levnadskostnadsindex **cost price** ['kɒstpraɪs] inköpspris **costume** ['kɒstju:m] **I** *s* **1** klädedräkt; national-, folk|dräkt; [promenad]dräkt **2** *teat.* kostym **II** *v* kostymera **cosy** ['kəʊzɪ] **I** *s* tehuv; äggvärmare **II** *a* varm och skön; mysig; trivsam, [hem]trevlig **cot** [kɒt] **1** barn-, spjäl|säng, turistsäng **2** *sjö.* hängkoj **cotangent** [ˌkəʊ'tæn(d)ʒənt] *mat.* kotangent **cote** [kəʊt] litet hus (*för djur*) **coterie** ['kəʊtərɪ] kotteri **cottage** ['kɒtɪdʒ] **1** [litet] hus; stuga, torp[stuga] **2** *sl.* offentlig toalett **cottage cheese** *ung.* keso, kvarg **cottage hospital** sjukstuga **cottage industry** hem-, små|industri **cottage loaf** *BE.* rund limpa med mindre limpa ovanpå **cottage piano** litet piano **cottage pie** *BE., se shepherd's pie* **cottager** [-ə] **1** invånare i stuga, stugägare **2** lantarbetare **cotter** ['kɒtə] sprint, kil **cotter pin** saxsprint **cotton** ['kɒtn] **I** *s* bomull; bomulls|tråd, -tyg **II** *v* **1** *vard.*, *~ on* [*to*] *a*) fatta [galoppen], *b*) använda, utnyttja **2** *AE. vard.*, *~ to a*) bli god vän med, *b*) gilla **cotton candy** *AE.* spunnet socker **cotton grass** *bot.* ängsull **cotton-mill** bomullsspinneri **cotton-picking** **I** *s* bomullsplockning **II** *a, AE. sl.* jävla, förbannad **cottontail** amerikansk vildkanin **cotton waste** [bomulls]trassel **cottonwood** *bot.* nordamerikansk poppel **cotton wool** [ˌkɒtn'wʊl] råbomull; bomull[svadd] **couch** [kaʊtʃ] **I** *s* **1** soffa; schäslong; dagbädd; bänk **2** grundlager (*av färg*) **II** *v* **1** avfatta, uttrycka **2** ligga, lägga sig (*för att sova*) **couch grass** ['kaʊtʃgrɑ:s] *bot.* kvickrot **cougar** ['ku:gə] *zool.* kuguar, puma

cough [kɒf] **I** *s* hosta; hostning **II** *v*, ~ *up a*) hosta upp, *b*) *sl.* hosta upp, klämma fram med, punga ut med **cough drop (lozenge)** ['kɒf|drɒp, -lɒzɪn(d)ʒ] halstablett **cough mixture** ['kɒf,mɪkstʃə] hostmedicin

could [kʊd, *obeton.* kəd] (*imperf. av 2 can*) kunde; skulle kunna; kunde (skulle kunna) få; ~ *be!* kanske det!; *he ~ well be a spy* han skulle mycket väl kunna vara spion; ~ *you tell me...* kan du säga mig... **couldn't** ['kʊdnt] = *could not* **couldst** [-st] *åld., thou* ~ du kunde

coulee ['ku:lɪ] **1** lavaström **2** *AE.* ravin

coulisse [ku:'li:s] kuliss

coulter ['kəʊltə] plogjärn

council ['kaʊnsl] **1** råd; rådsförsamling; *city (town)* ~ kommun-, stads|fullmäktige; *county* ~ (*ung.*) landsting **2** koncilium, kyrkomöte **council estate** [-ɪ,steɪt] kommunalt bostadsområde **council flat (house)** [-flæt, -haʊs] kommunal bostad **councillor** ['kaʊnsɪlə] rådsmedlem; *city (town)* ~ kommun-, stads|fullmäktig **council school** ['kaʊnslsku:l] kommunal skola

1 count [kaʊnt] (*icke-brittisk*) greve

2 count [kaʊnt] **I** *v* **1** räkna; räkna till; räkna ihop (in); räkna upp; ~ *eight* räkna till åtta; ~ *out a*) räkna upp (*pengar*), *b*) (*i boxning*) räkna ut, *c*) *vard.* räkna bort, lämna ur räkningen; ~ *up* räkna (summera) ihop **2** ~ [*in*] räkna med, inberäkna; *not ~ing* utom, exklusive; ~ *me in* räkna med mig också **3** räkna (anse) som (för); ~ *o.s. lucky* anse sig [vara] (skatta sig) lycklig **4** räkna (*in tens* i tiotal); ~ *down* räkna ner (*raket inför start e.d.*); ~ *up to 60* räkna [ända] till 60 **5** ~ [*up*]*on* räkna med, lita på **6** räknas; räknas med; *the picture ~s as a rarity* tavlan räknas som en raritet; *this will ~ against you* detta kommer att ligga dig i fatet (vara en nackdel för dig) **7** ~ [*for*] vara värd, gälla **II** *s* **1** [samman]räkning; *keep ~ of* hålla räkning på; *lose* ~ tappa räkningen; *take ~ of* bry sig om, ta hänsyn till **2** slutsumma **3** *jur.* anklagelsepunkt **4** (*i boxning*) räkning; *out for the* ~ nere för räkning; *take the* ~ gå ner för räkning **-able** ['kaʊntəbl] som går att räkna **-down** ['kaʊntdaʊn] nedräkning (*vid raketstart e.d.*)

countenance ['kaʊntənəns] **I** *s* **1** ansiktsuttryck; ansikte **2** lugn, fattning; *keep (lose) one's* ~ behålla (tappa) fattningen; *put s.b. out of* ~ bringa ngn ur fattningen **3** uppmuntran, stöd **II** *v* **1** uppmuntra, stödja; sanktionera **2** tolerera; tåla

1 counter ['kaʊntə] **1** (*i butik e.d.*) disk; *over the* ~ (*på apotek*) utan recept **2** spelmark, jetong, bricka **3** räknare; räkneapparat

2 counter ['kaʊntə] **I** *a* mot-; motsatt **II** *adv* i motsatt riktning; ~ *to* tvärt emot; *run ~ to* (*bildl.*) strida mot, gå rakt emot **III** *s* **1** motsats **2** (*hästs*) bringa **3** bakkappa (*på sko*) **4** kontraslag, kontring **IV** *v* **1** motsätta sig **2** möta **3** kontra

counter|act [,kaʊntə'rækt] motarbeta, motverka; neutralisera **-action** **1** [,kaʊntə'rækʃn] motarbetande, motverkan; neutralisering **2** ['kaʊntər,ækʃn] motaktion **-attack** ['kaʊnt(ə)rə,tæk] **I** *s* motanfall **II** *v* göra motanfall [mot] **-balance** **I** *s* ['kaʊntə,bæləns] motvikt **II** *v* [,kaʊntə'bæləns] mot-, upp|väga **-blast** ['kaʊntəblɑ:st] *bildl.* motstöt; häftig [mot]reaktion **-charge** ['kaʊntətʃɑ:dʒ] **1** motbeskyllning **2** *mil.* motangrepp **-clockwise** [,kaʊntə'klɒkwaɪz] mot|urs, -sols **-culture** ['kaʊntə,kʌltʃə] mot-, alternativ|kultur **-espionage** [,kaʊntər'espjənɑ:ʒ] kontraspionage **-feit** ['kaʊntəfɪt] **I** *s* förfalskning **II** *a* förfalskad, oäkta **III** *v* **1** förfalska **2** låtsa, hyckla **-feiter** ['kaʊntəfɪtə] förfalskare **-foil** ['kaʊntefɔɪl] *BE.* stam, talong **-intelligence** ['kaʊntərɪn,telɪdʒəns] **1** kontraspionage **2** säkerhetstjänst

counter jumper ['kaʊntə,dʒʌmpə] *vard. neds. åld.* bodknodd

counter|mand [,kaʊntə'mɑ:nd] **I** *v* kontramandera, avbeställa **II** *s* kontramandering, avbeställning **-mark** ['kaʊntəmɑ:k] kontrollstämpel (*på guld o. silver*) **-measure** ['kaʊntə,meʒə] motåtgärd **-move** ['kaʊntəmu:v] motdrag **-offensive** ['kaʊntərə,fensɪv] motoffensiv **-pane** ['kaʊntəpeɪn] sängöverkast **-part** ['kaʊntəpɑ:t] **1** motstycke, motsvarighet **2** motpart **3** dublett, kopia **-point** ['kaʊntəpɔɪnt] *mus.* kontrapunkt **-poise** ['kaʊntəpɔɪz] **I** *s* **1** motvikt **2** jämvikt **II** *v* **1** uppväga **2** bringa i jämvikt **-revolution** ['kaʊntərevə'lu:ʃn] kontrarevolution **-sign** ['kaʊntəsaɪn] **I** *s* **1** *mil.* lösenord **2** kontrasignering **II** *v* kontrasignera **-sink** ['kaʊntəsɪŋk] försänka (*skruv*) **-tenor** [,kaʊntə'tenə] *mus.* kontratenor **-vail** ['kaʊntəveɪl] uppväga **-weight** ['kaʊntəweɪt] motvikt

countess ['kaʊntɪs] grevinna

countless ['kaʊntlɪs] otalig, oräknelig

country ['kʌntrɪ] **1** land, rike; *appeal to the* ~ (*BE.*) utlysa [ny]val **2** land, lands|bygd, -ort; trakt; *in the* ~ på landet; *up ~ a*) inåt landet, *b*) ute i landet **country club** sport- och sällskapsklubb **country cousin** släkting (oskuld) från landet **country dance** folkdans **country gentleman** [-,dʒentlmən] godsägare **country house** [,kʌntrɪ'haʊs] **1** herrgård, gods **2** landställe **countryman** [-mən] **1** landsman **2** lantman **country seat** [,kʌntrɪ'si:t] herrgård, gods **countryside** ['kʌntrɪsaɪd] landsbygd; trakt; landskap; natur **countrywide** ['kʌntrɪwaɪd] landsomfattande

county ['kaʊntɪ] **1** *BE.* grevskap; *the Home Counties* grevskapen närmast London **2** *AE., ung.* [stor]kommun **county administration** [-ædmɪnɪ'streɪʃn] *ung.* länsstyrelse **county council** [-,kaʊnsl] grevskapsråd (*ung. landsting*) **county court** [-kɔ:t] grevskapsrätt (*ung. tingsrätt*) **county family** [-,fæm(ə)lɪ] godsägarfamilj **county school** [-sku:l] kommunal skola **county seat** [-si:t] *AE.*, **county town** [-taʊn] *BE.* centralort

coup [ku:] kupp **coup d'état** [,ku:deɪ'tɑ:] statskupp

coupe [ku:p] [glass]coupe

coupé ['ku:peɪ] kupé (*bil, vagn*)

coupla ['kʌplə] *vard.* = *couple of*

couple ['kʌpl] **I** *s* par **II** *v* **1** [hop]koppla **2** förena **3** para [sig] **4** gifta sig

couplet ['kʌplɪt] rimmat verspar

coupling ['kʌplɪŋ] **1** [hop]koppling **2** *tekn.* koppling[sanordning]

coupon ['ku:pɒn] kupong

courage ['kʌrɪdʒ] mod, tapperhet; *have the ~ of one's convictions* stå för sin övertygelse **coura-**

geous [kə'reɪdʒəs] modig, tapper

courier ['kʊrɪə] **1** kurir **2** reseledare

course [kɔ:s] **I** *s* **1** lopp; bana; *the ~ of the river* flodens lopp **2** kurs, riktning; *change one's ~* ändra kurs (riktning) **3** förlopp, gång; *the ~ of nature* naturens gång; *in due ~* i sinom tid, i vederbörlig ordning; *in the ~ of* under (inom) loppet av; *be in ~ of construction* vara under byggnad; *let things run* (*take*) *their ~* låta sakerna ha sin gång **4** *of ~* naturligtvis; *as a matter of ~* som en naturlig följd (sak) **5** *sport.* bana, fält; *golf ~* golfbana **6** [läro]kurs **7** *med.* kur; *~ of treatment* behandlingskur **8** rätt (*i måltid*); *first ~* för-, entré|rätt; *main ~* huvudrätt **9** [förfarings]sätt, väg; *~ of action* tillvägagångssätt; *the best ~* [*of action*] *would be* det bästa vore **10** serie, rad, följd; *~ of lectures* föreläsningsserie **11** *byggn.* lager, skikt **12** varv (*i stickning*) **II** *v* **1** jaga, sätta efter **2** rinna; springa

court [kɔ:t] **I** *s* **1** [kringbyggd] gård, gårdsplan; borggård; *the ball is in your ~* (*bildl.*) bollen ligger hos dig **2** *BE.* bostadskvarter; liten [återvänds]gata; gods, slott **3** hov; hovstat; mottagning vid hovet; *at ~* vid hovet; *the C~ of St. James's* brittiska hovet **4** *pay ~ to s.b.* göra ngn sin kur, uppvakta ngn **5** domstol; rättssal; session, rättegångsförhandlingar; *~ of appeal* appellationsdomstol; *~ of justice* (*law*) domstol; *before the ~* inför rätta; *in ~* i rätten, inför rätta; *in the ~* i rättssalen; *settle s.th. out of ~* avgöra ngt genom förlikning; *laugh s.b. out of ~* (*BE.*) skratta ut ngn totalt; *go to ~* dra saken inför rätta, gå till domstol **6** bana, plan (*för tennis e.d.*); *service ~* serveruta **7** församling, styrelse; *BE.* universitetsstyrelse **II** *v* **1** uppvakta, göra sin kur **2** fjäska för **3** sträva efter **4** utmana (*disaster* ödet)

court card ['kɔ:tkɑ:d] *kortsp.* målare, klätt kort **court dress** hovdräkt

courteous ['kɜ:tjəs] artig; hövisk

courtesan [ˌkɔ:tɪ'zæn] kurtisan

courtesy ['kɜ:tisɪ] artighet; tillmötesgående; *by ~ of* med benäget tillstånd av **courtesy call** artighetsvisit **courtesy light** innerbelysning (*i bil*) **courtesy title** hövlighetstitel

courthouse ['kɔ:thaʊs] domstolsbyggnad **courtier** [-jə] hovman **courting** [-ɪŋ] **I** *s* uppvaktning **II** *a* uppvaktande; *~ couple* älskande par **court-jester** hovnarr **courtly** [-lɪ] *a* **1** hovmannalik, hövisk **2** fjäskande, underdåning **court martial** [ˌkɔ:t'mɑ:ʃl] **I** *s* (*pl court martials el. courts martial*) krigsrätt **II** *v* ställa inför krigsrätt **courtroom** ['kɔ:tru:m] rätts-, dom|sal **courtship** ['kɔ:tʃɪp] **1** uppvaktning **2** parningslek **3** *bildl.* frieri **courtyard** ['kɔ:tjɑ:d] gård, gårdsplan

cousin ['kʌzn] *s,* [*first, full*] *~* kusin; *first ~ once removed* kusinbarn; *second ~* syssling; *third ~* brylling; *call ~s with* räkna släkt med **cousin-german** [-'dʒɜ:mən] kusin

couth [ku:θ] *skämts.* kultiverad, artig

1 cove [kəʊv] **1** liten vik **2** skyddad plats; håla

2 cove [kəʊv] *BE. sl. åld.* jeppe, prisse

covenant ['kʌvənənt] **I** *s* **1** avtal, överenskommelse **2** *bibl.* förbund **II** *v* träffa avtal; förbinda sig [till] **-er** [-ə] fördragsslutande part, kontrahent

Coventry ['kɒv(ə)ntrɪ] Coventry; *send s.b. to ~* frysa ut ngn

cover ['kʌvə] **I** *v* **1** täcka (*äv. bildl.*), täcka över, hölja; översålla; klä [över]; *~ in a*) bygga tak över, *b*) gräva igen; *~ up* täcka (hölja) över, skyla över, tysta ner; *~ up for s.b.* skydda ngn; *~ed wagon* prärievagn **2** dölja; skydda **3** utgöra skydd (betäckning) för **4** täcka (*m. skjutvapen*) **5** sträcka sig över, omfatta; innefatta **6** tillryggalägga, avverka **7** (*i tidning, radio o.d.*) täcka, bevaka; referera **8** (*om hingst e.d.*) betäcka **II** *s* **1** täcke, överdrag, skynke; hölje; omslag; fodral; huv **2** lock **3** pärm[ar], omslag; *from ~ to ~* från pärm till pärm **4** kuvert; *under plain ~* med diskret avsändare **5** skydd; betäckning; täckmantel; *under ~ of night* i skydd av natten; *under* [*the*] *~ of religion* under religionens täckmantel **6** snår; ide, lya **7** [bords]kuvert **8** *hand.* täckning, säkerhet

coverage ['kʌvərɪdʒ] **1** täckning (*äv. hand.*) **2** (*i tidning, radio o.d.*) täckning, bevakning; rapportering **coveralls** [-ɔ:lz] *pl* overall **cover girl** omslagsflicka **covering** [-ɪŋ] **I** *s* **1** täcke *etc., se cover II* **2** [be]täck|ning, -ande **II** *a* täckande; *~ fire* eldunderstöd; *~ letter* följebrev, medföljande skrivelse **coverlet** [-lɪt] sängöverkast

covert I *a* ['kʌvət] hemlig, förstulen **II** *s* ['kʌvə] **1** skydd, gömställe **2** snår; lya, ide **covert coat** kort överrock **coverture** ['kʌvəˌtjʊə] betäckning, skydd; förklädnad

covet ['kavɪt] eftertrakta, åtrå **-ous** [-əs] lysten, girig

covey ['kʌvɪ] **1** [rapphöns]kull; flock **2** hop

1 cow [kaʊ] **I** *s* **1** ko; *neds.* kossa **2** hona (*av elefant, val etc.*)

2 cow [kaʊ] skrämma, kuscha

coward ['kaʊəd] feg stackare, ynkrygg **-ice** [-ɪs] feghet **-ly** [-lɪ] *a* feg, rädd

cow|bane ['kaʊbeɪn] *bot.* sprängört **-bell** koskälla **-berry** lingon **-boy** cowboy **-catcher** [-ˌkætʃə] *AE.* kofångare, plog (*på lokomotiv*)

cower ['kaʊə] krypa ihop, huka sig

cow|girl ['kaʊgɜ:l] cowboyflicka **-hand** cowboy **-hide** kohud; koläder

cowl [kaʊl] **1** munkkåpa **2** huva, kapuschong **3** rök|huv, -hatt

cowlick ['kaʊlɪk] *AE.* tjusarlock **cow parsley** *bot.* hund|loka, -käx

co-worker ['kəʊˌwɜ:kə] medarbetare

cow|pat ['kaʊpæt] komocka **-pox** kokoppor **-puncher** [-ˌpʌntʃə] *AE. vard.* cowboy

cow|rie, -ry ['kaʊrɪ] kaurisnäcka

cow|shed ['kaʊʃed] ladugård **-slip** gullviva

cox [kɒks] **I** *s, se coxswain* **II** *v* styra, vara cox

coxcomb ['kɒkskəʊm] sprätt, snobb

coxswain ['kɒksweɪn, 'kɒksn] cox, styrman (*i kapproddbåt*)

coy [kɔɪ] [tillgjort] blyg; pryd; skälmsk

coyote ['kɔiəʊt] *zool.* prärievarg

coze [kəʊz] **I** *s* pratstund **II** *v* ha en pratstund

cozen ['kʌzn] bedra; lura, narra (*into* till) **-age** [-ɪdʒ] bedrägeri

cozy ['kəʊzɪ] *AE., se cosy*

C.P. *förk. för Communist Party; Court of Probate* **cp.** *förk. för compare* **c.p.** *förk. för candle power* **cpd.** *förk. för compound* **Cpl.** *förk. för Corporal* **CPR** *förk. för Canadian Pacific Railway* **Cr.**

förk. för Counsellor **cr.** *förk. för credit[or]*
1 crab [kræb] **I** *s* **1** krabba; kräftdjur; *catch a ~* (*vid rodd*) doppa åran fel; *the C~* Kräftan (*i Djurkretsen*) **2** kran, spel, vinsch **3** flatlus **II** *v* fånga krabbor
2 crab [kræb] *vard.* **I** *v* **1** klaga, knota **2** *AE.* förstöra **II** *s* kverulant
3 crab [kræb] ~ [*apple*] vild|äpple, -apel
crabbed ['kræbɪd] **1** sur, vresig, retlig **2** (*om handstil*) krafsig, oläslig
crack [kræk] **I** *s* **1** spricka, rämna; *the ~ of dawn* (*vard.*) gryningen; *the ~ of doom* domedagen **2** brak, knall, knakande, smäll **3** *vard.* hårt slag, rapp **4** fel, skavank **5** *vard., have a ~ at* försöka [sig på] **6** *sl., se wisecrack* **7** *sl.* baddare, toppkille **II** *a* förstklassig, mäster-, topp-; *~ shot* mästerskytt **III** *v* **1** spräcka (*äv. röst*); knäcka (*äv. kod*), bräcka; *~ a bottle* (*vard.*) knäcka en flaska; *~ a problem* lösa ett problem **2** brista, spricka **3** knaka, braka; smälla [med], klatscha [med] **4** *vard.* misslyckas **5** knäckas, kollapsa **5** slå till **6** spränga (*a safe* ett kassaskåp) **7** *kem.* kracka **8** hitta, fånga **9** (*om röst*) brytas **10** *~ a joke* berätta en vits, vitsa; *~ a smile* (*vard.*) brista ut i ett leende; *~ down on* slå ner på; *~ up a*) störta samman, krossas, *b*) *vard.* bryta samman, kollapsa, *c*) berömma, prisa
crackbrained ['krækbreɪnd] tokig, förryckt **crack-down** stränga åtgärder (restriktioner) **cracked** [krækt] **1** spräckt; sprucken (*äv. om röst*), knäckt **2** *sl.* tokig, vrickad **cracker** ['krækə] **1** en som knäcker *etc., se crack III* **2** smällare, smällkaramell **3** cracker, tunt smörgåskex; *Swedish ~* knäckebröd **4** *BE. sl.* fantastisk person (tjej) **5** *~s* (*pl*) nötknäppare **cracker-barrel** ['krækəˌbær(ə)l] *AE.* hemmagjord **crackerjack** ['krækədʒæk] *vard.* **I** *a* utmärkt **II** *s* baddare, styv karl **crackers** ['krækəz] *BE. sl.* knäpp, tokig **cracking** ['krækɪŋ] **I** *a, vard.* **1** fantastisk **2** *get ~* sätta igång, sätta fart **3** spänstig, energisk **II** *s, kem.* krackning **crackjaw** ['krækdʒɔ:] *vard.* tungvrickande
crackle ['krækl] **I** *v* spraka, knastra **II** *s* **1** sprakande, knastrande **2** krackelering **crackling** [-lɪŋ] **1** sprakande, knastrande **2** knaperstekt svål (*på skinka*)
crackpot ['krækpɒt] tokstolle **cracksman** [-smən] *sl.* inbrottstjuv, kassaskåpssprängare **cracky** [-ɪ] **1** sprickig **2** *sl.* tokig, vrickad
cradle ['kreɪdl] **I** *s* **1** vagga (*äv. bildl.*) **2** ställning, [rörlig] plattform; stapelsläde **II** *v* lägga i vagga; vagga **cradlesong** vaggvisa
craft [krɑ:ft] **1** [hantverks]skicklighet **2** hantverk; yrke; konst; slöjd **3** skrå **4** listighet, slughet **5** (*pl lika*) fartyg; farkost **craftsman** ['krɑ:ftsmən] yrkesman; hantverkare; konstnär **craftsmanship** ['krɑ:ftsmənʃɪp] hantverk; hantverks-, yrkes-, konst|skicklighet **crafty** ['krɑ:ftɪ] listig, slug
crag [kræg] brant skrovlig klippa; klippspets **crag|ged** ['krægɪd] *AE.* , **-gy** [-gɪ] *BE.* brant och skrovlig; klippig
crake [kreɪk] *zool.* kornknarr; småfläckig sumphöna
cram [kræm] **I** *v* proppa (packa, stoppa) full **2** *vard.* plugga [med]; drilla **3** proppa i [sig] mat **--full** [ˌkræm'fʊl] proppfull **-ming** ['kræmɪŋ] examensplugg[ande]
cramp [kræmp] **I** *s* **1** kramp; *writer's ~* skrivkramp **2** krampa **II** *v* **1** förorsaka kramp **2** hålla ihop med krampa **3** inskränka; hämma, hindra **cramped** [-t] **1** trång, inskränkt, begränsad **2** (*om handstil*) hopträngd, gnetig
crampon ['kræmpən] **1** lyftsax **2** issko, brodd
cranberry ['krænb(ə)rɪ] *bot.* tranbär
crane [kreɪn] **I** *s* **1** trana **2** [lyft]kran; *overhead* [*travelling*] *~* travers **II** *v* **1** lyfta (flytta) med kran **2** sträcka på (*halsen*) **crane fly** ['kreɪnflaɪ] *zool.* harkrank **cranesbill** *bot.* geranium, näva
crani|al ['kreɪnjəl] kranie-, skall- **-um** [-əm] (*pl -a* [-ə]) kranium
crank [kræŋk] **I** *s* **1** vev; krökt stång (axel *etc.*); startvev (*t. bil*) **2** *vard.* original, excentrisk person; *AE.* surpuppa **II** *v* **1** böja (bryta) rätvinkligt **2** veva; veva igång (*motor*) **crankcase** ['kræŋkkeɪs] vevhus **crankshaft** ['kræŋkʃɑ:ft] vevaxel **cranky** ['kræŋkɪ] **1** lös, ostadig, skranglig; i olag **2** full av krökar **3** *vard.* excentrisk; *AE.* sur, ilsken
cranny ['krænɪ] *s* springa, skreva; *every nook and ~* alla vinklar och vrår
crap [kræp] *sl.* **I** *s* **1** *sl.* smörja, dumheter, skitprat **2** *vulg.* skit **II** *v, vulg.* skita
crape [kreɪp] kräpp, sorgflor
crappy ['kræpɪ] *sl.* kass, värdelös
craps [kræps] (*behandlas som sg*) *AE.* (*slags*) tärningsspel; *shoot ~* spela tärning
crapu|lent ['kræpjʊlənt], **-lous** [-əs] **1** omåttlig; supig **2** fyllsjuk
crash [kræʃ] **I** *v* **1** braka, skrälla **2** slå (gå) sönder (i kras), krossa[s] **3** gå omkull, göra (gå) bankrutt **4** krocka (krascha) [med], kvadda; *flyg.* störta [med], krasch[land]a [med] **5** braka igenom (i väg, fram) **6** *BE. vard.* tränga sig in (*objuden*); planka **II** *s* **1** brak, skräll **2** katastrof, olycka; krock, kollision; *flyg. äv.* störtning, kraschlandning **3** bankrutt, krasch **III** *a* **1** katastrof-; snabb- **2** plötslig; kraftig
crash barrier ['kræʃbærɪə] **1** vägräcke **2** utrullningshinder (*på hangarfartyg*) **crash course** *sl.* snabbkurs **crash helmet** störthjälm **crashing** [-ɪŋ] *vard.* fantastisk, fenomenal; *a ~ bore* en riktig tråkmåns **crash-land** kraschlanda [med] **crash-landing** kraschlandning **crash pad** *sl.* övernattningsställe; kvart
crass [kræs] grov; krass; dum
crate [kreɪt] **1** spjällåda; packkorg; [öl]back **2** *sl.* (*om bil e.d.*) gammal kärra
crater ['kreɪtə] krater
cravat [krə'væt] kravatt, halsduk
crave [kreɪv] **1** be om **2** *~* [*for, after*] längta efter, åtrå **3** kräva, ha behov av
craven ['kreɪv(ə)n] **I** *a* feg **II** *s* feg stackare, ynkrygg; *cry ~* ge sig på nåd och onåd
craw [krɔ:] *s* kräva; [djur]mage **-fish** *se crayfish*
crawl [krɔ:l] **I** *v* **1** krypa, kravla, kräla; smyga **2** krypa (släpa sig) fram **3** fjäska, krypa (*to* för) **4** vimla, myllra **5** crawla **II** *s* **1** krypande, kravlande, krälande; smygande **2** crawl **crawler** ['krɔ:lə] **1** krypare **2** *sl.* fjäskig typ **3** crawlare **4** *~s* (*pl*) spark-, kryp|byxor **crawler tractor** ['krɔ:ləˌtræktə] bandtraktor

C

crayfish ['kreɪfɪʃ] *zool.* kräfta

crayon ['kre(ɪ)ən] **I** *s* **1** [färg]krita; kolstift **2** kritteckning; pastellmålning **II** *v* teckna med färgkrita (kolstift)

craze [kreɪz] **I** *v* göra förryckt (sinnesrubbad) **II** *s* mani, dille (*for* på); fluga **crazy** ['kreɪzɪ] **1** tokig, galen, rubbad **2** *vard.* tokig (*about, over* i) **3** *sl.* toppen, jättebra **4** ~ *pavement* beläggning med oregelbundet lagda stenplattor

creak [kri:k] **I** *v* knarra, gnissla **II** *s* knarr, gnissel **creaky** ['kri:kɪ] knarrande, gnisslande

cream [kri:m] **I** *s* **1** grädde; *double* ~ tjock grädde, vispgrädde; *single* ~ tunn grädde, kaffegrädde **2** kräm **3** redd soppa; chokladpralin **4** grädda, elit **5** kräm[färg] **II** *v* **1** skumma [grädden av] **2** bilda grädde **3** tillsätta grädde till; tillaga med grädde **4** smörja in [med kräm] **cream cheese** ['kri:mtʃi:z] mjuk gräddost

creamer ['kri:mə] **1** skumslev **2** separator **3** *AE.* gräddkanna **creamery** [-rɪ] mejeri; mejeributik

cream-faced ['kri:mfeɪst] blek **cream jug** gräddkanna **cream tea** eftermiddagste med sylt, vispgrädde och scones **creamy** [-ɪ] **1** gräddlik, gräddig, grädd-; krämig **2** gräddfärgad

crease [kri:s] **I** *s* **1** [press]veck; rynka; skrynkla **2** (*i kricket*) gränslinje; (*i ishockey*) målområde **II** *v* **1** vecka; rynka; skrynkla **2** vecka (rynka, skrynkla) sig, bli skrynklig **3** (*om gevärskula e.d.*) snudda vid **creaseproof** ['kri:spru:f] skrynkelfri **creasy** ['kri:sɪ] skrynklig

create [kri:'eɪt] **1** skapa; åstadkomma; inrätta; ställa till med **2** utnämna **3** *BE. sl.* ställa till bråk **creation** [-'eɪʃn] **1** skapande *etc., se create*; skapelse **2** utnämning **3** produkt; skapelse; kreation **creative** [-'eɪtɪv] *a* skapande, kreativ; skapar-, konstruktiv **creativity** [ˌkri:eɪ'tɪvətɪ] skapande förmåga, kreativitet **creator** [kri:'eɪtə] skapare; upphovsman

creature ['kri:tʃə] **1** varelse; människa; *poor* ~ stackars krake **2** skapelse **3** *AE.* nötkreatur **4** *bildl.* marionett, verktyg **creature comforts** *pl* detta livets goda

crèche [kreɪʃ] **1** [barn]daghem; barnkrubba **2** [jul]krubba

cre|dence ['kri:d(ə)ns] **1** [till]tro; *give* ~ *to* sätta tro till **2** *letter of* ~ kreditiv[brev] **-dentials** [krɪ'denʃlz] *pl* **1** referenser, betyg **2** (*sändebuds*) kreditiv

credibility [ˌkredɪ'bɪlətɪ] trovärdighet **credibility gap** förtroendeklyfta **credible** ['kredəbl] trovärdig; trolig

credit ['kredɪt] **I** *s* **1** ära, förtjänst; heder, beröm, lovord; ~ *where* ~ *is due* äras den som äras bör; *be a*~ *to* vara en heder för; *do s.b.* ~ göra ngn heder, hedra ngn; *give s.b.* ~ *for a*) tro ngn om, *b*) hålla ngn räkning för; *take the* ~ *for* ta åt sig äran för **2** tilltro, tro; *give* ~ *to* sätta tro till; *gain* ~ vinna tilltro **3** anseende, gott rykte; *a man of good* ~ en man med gott anseende **4** *hand.* kredit (*for an amount* på ett belopp; *with* hos); tillgodohavande; kredit[sida]; *letter of* ~ kreditiv; *on* ~ på kredit; *on the* ~ *side* på plussidan; *his* ~ *is good* han är kreditvärdig; *the* ~*s and debits* debet och kredit **5** ~*s* (*pl*), ~ *title* lista över medverkande (*i film*) **6** *AE.* intyg om genomgången kurs; kurspoäng **II** *v* **1** tro [på]; tilltro; ~ *s.b. with s.th. a*) tro ngn om ngt, *b*) tillskriva ngn ngt, ge ngn äran av ngt **2** *hand.* kreditera, gottskriva **creditable** [-əbl] aktnings-, heder|värd **credit account** [-əˌkaʊnt] [kund]konto (*i butik*) **credit card** [-kɑ:d] kredit-, köp|kort **creditor** [-ə] kreditor, borgenär, fordringsägare **credit squeeze** [-skwi:z] kreditåtstramning

credo ['kri:dəʊ] trosbekännelse

credu|lity [krɪ'dju:lətɪ] lättrogenhet, godtrogenhet **-lous** ['kredjʊləs] lättrogen, godtrogen

creed [kri:d] troslära; trosbekännelse

creek [kri:k] **1** liten vik (bukt) **2** *AE.* bäck; biflod **3** *sl., up the* ~ *a*) illa ute, *b*) galen

creel [kri:l] **1** flätkorg; fiskkorg **2** hummertina

creep [kri:p] **I** *v* (*crept, crept*) krypa (*äv. bildl.*); kräla; smyga [sig] **II** *s* **1** krypande **2** *sl.* äckel, äckelpotta **3** *it gives me the* ~*s* det kryper i mig **creeper** ['kri:pə] **1** krypare; kryp **2** kryp-, klätter|växt **3** dragg **4** *vard.* gummisko **creepy** ['kri:pɪ] **1** krypande **2** hemsk, kuslig, skräck-

cre|mate [krɪ'meɪt] kremera, bränna **-mation** [-'meɪʃn] kremering, eldbegängelse

crematori|um [ˌkremə'tɔ:rɪ|əm] (*pl -a* [-ə] *el. -ums*), **crematory** ['kremət(ə)rɪ] krematorium

crenellate ['krenəleɪt] krenelera, förse med tinnar (skottgluggar)

Creole ['kri:əʊl] **I** *s* kreol **II** *a* kreolsk

creosote ['krɪəsəʊt] kreosot

crepe [kreɪp] **1** crêpe, kräpp[tyg] **2** crêpe (*tunn pannkaka*) **crepe de Chine** [ˌkreɪpdə'ʃi:n] crêpe de chine **crepe paper** ['kreɪpˌpeɪpə] kräppapper **crepe rubber** ['kreɪpˌrʌbə] rågummi

crepitate ['krepɪteɪt] spraka, knastra; skramla

crept [krept] *imperf. o. perf. part. av creep*

crepuscular [ˌkrɪ'pʌskjʊlə] skymnings-

crescendo [krɪ'ʃendəʊ] *mus. o. bildl.* crescendo

crescent ['kresnt] **I** *s* **1** månskära; halvmåne **2** svängd husrad (gata) **II** *a* **1** halvmånformig **2** *åld. el. poet.* växande

cress [kres] *bot.* krasse

crest [krest] **I** *s* **1** [tupp]kam; tofs (*på djurhuvud*) **2** hjälmbuske **3** *her.* hjälmprydnad, vapen **4** vågkam; bergskam; topp, krön **II** *v* **1** kröna, toppa **2** nå toppen av **3** (*om våg*) häva sig **-fallen** ['krestˌfɔ:l(ə)n] nedslagen, modfälld

cretin ['kretɪn] kretin

cretonne [kre'tɒn] kretong

crevasse [krɪ'væs] spricka, rämna (*i glaciär*)

crevice ['krevɪs] *s* springa, spricka, skreva

1 crew [kru:] *imperf. av 2 crow II*

2 crew [kru:] **I** *s* (*behandlas ibl. som pl*) **1** besättning **2** *vard.* gäng **II** *v* **1** bemanna **crew cut** snagg[ning]; *have a* ~ vara snaggad

crib [krɪb] **I** *s* **1** barn-, spjäl|säng **2** bås, kätte, fålla; krubba; sädesbinge **3** koja, hydda **4** *vard.* plagiat; ordagrann översättning, lathund **5** *vard.* bordell **II** *v* **1** stänga in (*i bås etc.*) **2** knycka; planka, skriva av; fuska

cribbage ['krɪbɪdʒ] cribbage (*slags kortspel*)

crib-biter ['krɪbˌbaɪtə] krubbitare

crick [krɪk] *s,* ~ *in the neck* sendrag i nacken, nackspärr; ~ *in the back* ryggont

1 cricket ['krɪkɪt] *zool.* syrsa

2 cricket ['krɪkɪt] **I** *s* kricket[spel]; *it's not* ~ (*vard.*) det är inte rent spel **II** *v* spela kricket **-er**

[-ə] kricketspelare **--ground** kricketplan
crier ['kraɪə] utropare; ropande [person]
crikey ['kraɪkɪ] *interj, sl.* jösses!, du milde!
crim. *förk. för criminal*
crime [kraɪm] brott; förbrytelse; brottslighet, kriminalitet
Crimea [kraɪ'mɪə] *s, the* ~ Krim **Crimean** [-n] *a, the* ~ *War* Krimkriget
crime sheet ['kraɪmʃi:t] *mil.* straffregister
crime writer deckarförfattare
crimi|nal ['krɪmɪnl] **I** *a* **1** brottslig, kriminell; straffbar; förbrytar- **2** brott[s]-; kriminal-; ~ *case* brottmål; ~ *connexion* (*conversation*) äktenskapsbrott; ~ *court* brottmålsdomstol; ~ *law* strafflag; ~ *offender* brottsling; ~ *record* straffregister; *C~ Investigation Department* kriminalpolis **II** *s* brottsling, förbrytare **-nality** [ˌkrɪmɪ'nælətɪ] brottslighet, kriminalitet **-nologist** [ˌkrɪmɪ'nɒlədʒɪst] kriminolog **-nology** [ˌkrɪmɪ'nɒlədʒɪ] kriminologi
crimp [krɪmp] **I** *s* veck; våg **II** *v* vecka; våga, krusa (*hår*)
crimson ['krɪmzn] **I** *s* karmosin[rött] **II** *a* karmosinröd **III** *v* **1** färga (bli) högröd **2** rodna
cringe [krɪn(d)ʒ] **I** *v* krypa ihop; krypa, svansa (*to* för) **II** *s* kryperi, inställsamhet
crin|kle ['krɪŋkl] **I** *v* **1** vecka, rynka, krusa **2** vecka (rynka, skrynkla) sig **II** *s* veck, skrynkla; våg (*i hår*) **-kly** [-klɪ] *a* veckig, skrynklig, krusig
crinoline ['krɪnəli:n] **1** krinolin **2** torpednät
cripes [kraɪps] *interj, sl.* jösses!
crip|ple ['krɪpl] **I** *s* krympling **II** *v* göra till krympling, lemlästa; *bildl.* lamslå, förlama **-pling** [-ɪŋ] förödande, förlamande
cri|sis ['kraɪs|ɪs] (*pl -ses* [-si:z]) kris
crisp [krɪsp] **I** *a* **1** frasig, knaprig, mör, spröd **2** (*om luft e.d.*) frisk och sval **3** *bildl.* kort och koncis, rapp **4** krusig, krullig **5** (*om sedel*) ovikt, ny **II** *v* krusa (krulla) [sig] **III** *s, ~s* (*pl*) chips **crispbread** ['krɪspbred] knäckebröd **crispy** ['krɪspɪ] **1** frasig, knaprig **2** krusig, vågig
criss-cross ['krɪskrɒs] **I** *s* **1** korsmönster, nätverk **2** *AE.* luffarschack **II** *a* **1** löpande i kors **III** *adv* kors och tvärs **IV** *v* **1** [genom]korsa **2** korsa, ruta
crit. *förk. för critical; criticism*
criteri|on [kraɪ'tɪərɪ|ən] (*pl -ons el. -a* [-ə]) kriterium
crit|ic ['krɪtɪk] kritiker, recensent **-ical** [-kl] **1** kritisk (*of* mot) **2** riskfylld
criti|cism [-cɪz(ə)m] kritik (*of* av, över) **-cize** (*BE. äv. -cise*) [-saɪz] kritisera; klandra
critique [krɪ'ti:k] kritik, recension
croak [krəʊk] **I** *v* **1** (*om korp*) kraxa; (*om groda*) kväka **2** *bildl.* kraxa, spå olycka **3** *sl.* kola [av] (*dö*); ta kål på (*döda*) **II** *s* kraxande; kväkande **croaker** ['krəʊkə] **1** olyckskorp **2** person som knorrar **croaky** ['krəʊkɪ] *a* **1** kraxande; kväkande **2** olycksbådande
Croat ['krəʊæt] kroat **Croatia** [krəʊ'eɪʃjə] Kroatien **Croatian** [krəʊ'eɪʃjən] kroatisk
crochet ['krəʊʃeɪ] **I** *s* virkning **II** *v* virka **crochet hook** ['krəʊʃɪhʊk] virknål
1 crock [krɒk] **1** ler|kärl, -kruka **2** lerskärva; flisa
2 crock [krɒk] **I** *s* **1** gammal hästkrake **2** *BE. sl.* skrälle **II** *v, BE. sl.* skada, göra (bli) oduglig
crockery ['krɒkərɪ] porslin[skärl]; lerkärl
crocodile ['krɒkədaɪl] **1** krokodil **2** krokodilskinn **3** *vard.* rad av skolbarn på dubbla led
crocus ['krəʊkəs] *bot.* krokus
Croesus ['kri:səs] Krösus; *bildl.* krösus
croft [krɒft] täppa, jordlott **-er** [-ə] *BE.* torpare
crone [krəʊn] kärring, gammal häxa
crony ['krəʊnɪ] gammal god vän
crook [krʊk] **I** *s* **1** herdestav; kräkla **2** krök, böjning; krok, hake **3** *vard.* ohederlig person, skojare, bedragare, tjuv **4** *sl., on the* ~ ohederligt, oärligt **II** *v* **1** kröka, böja **2** kröka (böja) sig **III** *a, Austr. sl.* urdålig; kass **-backed** ['krʊkbækt] krokryggig **-ed** ['krʊkɪd] **1** krokig, krökt, böjd; sned **2** ohederlig, oärlig
croon [kru:n] gnola, nynna, sjunga **-er** ['kru:nə] crooner, schlagersångare (*med sentimental repertoar*)
crop [krɒp] **I** *s* **1** skörd; gröda; *bad ~s* dålig skörd; *out of* ~ i träda **2** massa, grupp **3** *zool.* kräva **4** kortklippt hår; *wear one's hair in a* ~ ha håret kortklippt **5** piskskaft; kort ridpiska **II** *v* **1** (*om djur*) beta av **2** kortklippa; skära av; beskära (*äv. foto.*) **3** bära [skörd], avkasta **4** *vard.*, ~ *up* dyka upp, yppa sig **cropper** ['krɒpə] **1** odlare; skördare **2** *a good* ~ växt som ger god avkastning **3** *vard., come a* ~ *a*) stå på näsan, störta omkull, *b*) misslyckas totalt **crop rotation** ['krɒprəʊ'teɪʃn] växelbruk
croquet ['krəʊkeɪ] krocket[spel]
croquette [krɒ'ket] *kokk.* krokett
crosier ['krəʊʒə] kräkla, biskopsstav
cross [krɒs] **I** *s* **1** kors (*äv. bildl.*); kryss; korstecken; bomärke; *on the* ~ *a*) diagonalt, *b*) *sl.* ojust **2** korsning, mellanting, blandning **3** *fotb.* crossboll **II** *v* **1** korsa, lägga i kors; ~ *one's fingers, keep one's fingers ~ed* hålla tummen (tummarna); ~ *one's legs* lägga benen i kors **2** korsa, gå [tvärs] över (*a street* en gata); fara (åka) över (genom); *it ~ed my mind* det föll mig in (kom för mig) **3** gå om (korsa) [varandra]; passera (möta) [varandra]; *the two trains ~ed* de båda tågen möttes **4** stryka (*off a list* från en lista); ~ [*out, through*] korsa över, stryka över (ut) **5** markera med kryss, korsa för **6** göra korstecken över (på); ~ *o.s.* göra korstecknet, korsa sig; ~ *my heart!* på hedersord! **7** *biol.* korsa **8** *bildl.* korsa, hindra, gäcka **III** *a* **1** kors-, tvär-; korslagd, korsande **2** mot-; i strid [mot] **3** arg, ond, sur (*with* på); *as* ~ *as two sticks* sur som ättika
cross|bar ['krɒsbɑ:] tvär|slå, -bom; stång (*på herrcykel*); *fotb.* målribba **-beam** tvärbjälke **--bench** tvärbänk (*för oavhängiga parlamentsledamöter*) **--bencher** oavhängig parlamentsledamot **-bill** *zool.* korsnäbb **-bones** *pl,* [*skull and*] ~ dödskalle med korslagda benknotor **-bow** armborst **-bred** hybrid-; bastard- **-breed** korsning[sprodukt], hybrid, blandras **--buttock** (*i brottning*) höftsving **--country** [ˌkrɒs'kʌntrɪ] **I** *a* **1** terräng-; terränggående; ~ *lorry* (*mil.*) terränglastbil; ~ *truck* (*mil.*) terrängdragbil **2** [som går] över hela landet **II** *adv* genom terrängen **III** *s* terränglöpning **-cut [saw]** ['krɒskʌtˌsɔ:] kapsåg **--examination** ['krɒsɪgˌzæmɪ'neɪʃn] korsförhör **--examine** [ˌkrɒsɪg'zæmɪn] [kors]förhöra

C

--eyed ['krɒsaɪd] vindögd **--fertilize** [ˌkrɒs'fɜ:tɪlaɪz] *bot.* korsbefrukta **-fire** ['krɒsˌfaɪə] korseld (*äv. bildl.*)

cross|-grained ['krɒsgreɪnd] **1** (*om trä*) med tvärgående fibrer **2** tvär, vresig **-head** underrubrik **-ing** [-ɪŋ] **1** över|korsning, -strykning **2** över|resa, -fart **3** korsning; gatu-, väg|korsning; järnvägskorsning; [*zebra, pedestrian*] ~ fotgängarövergång, övergångsställe; *level* ~ plankorsning, järnvägskorsning [i plan] **--legged** [-legd] med benen i kors **-let** [-lət] *her.* litet kors **-ness** [-nɪs] vrede, ilska, dåligt humör **--ply** [-plaɪ] *a*, ~ [*tyre*] diagonaldäck **--purpose** [ˌkrɒs'pɜ:pəs] missförstånd; *be at ~s* missförstå varandra **--question** [ˌkrɒs'kwestʃ(ə)n] korsförhöra **--questioning** [ˌkrɒs'kwestʃənɪŋ] korsförhör **--reference** [ˌkrɒs'ref(ə)rəns] [kors]hänvisning (*i text*) **-road** ['krɒsrəʊd] korsväg; biväg **-roads** [-z] (*behandlas som sg*) vägkorsning, korsväg, vägskäl

cross section [ˌkrɒs'sekʃn] tvärsnitt (*äv. bildl.*) **cross-stitch** ['krɒsstɪtʃ] korsstygn **crosstalk** ['krɒstɔ:k] **1** *radio., tel.* överhörning **2** *BE.* kvick konversation **crosstie** ['krɒstaɪ] *AE.* syll, sliper **crossways** *se crosswise* **crosswind** ['krɒswɪnd] sidvind **crosswise** ['krɒswaɪz] i kors; på tvären **crossword puzzle** ['krɒswɜ:dˌpʌzl] korsord[sgåta]

crotch [krɒtʃ] **1** klyka **2** skrev; gren **-et** ['krɒtʃɪt] **1** *mus.* fjärdedelsnot **2** liten krok, hake **3** idé, nyck, infall **-ety** ['krɒtʃɪtɪ] *vard.* vresig, sur, irriterad

crouch [kraʊtʃ] huka sig ner; ligga (sitta, gå) hopkrupen

croup [kru:p] *med.* krupp, strypsjuka

croupier ['kru:pɪə] croupier

1 crow [krəʊ] kråka; *as the ~ flies* fågelvägen; *eat ~* (*AE.*) bita i det sura äpplet

2 crow [krəʊ] **I** *v* (*imperf. äv crew*) **1** (*om tupp*) gala **2** (*om småbarn*) utstöta glädjerop **3** stoltsera, briljera **II** *s* **1** galande **2** (*småbarns*) glädjerop

crow|bar ['krəʊbɑ:] kofot, bräckjärn **-berry** *bot.* kråkbär

crowd [kraʊd] **I** *s* **1** folk|massa, -samling, -trängsel; *the ~* den stora massan; *that would pass in a ~* det skulle ingen lägga märke till **2** mängd **3** gäng, sällskap **II** *v* **1** samlas i stor mängd, hopa sig, trängas **2** pressa in, packa ihop **3** proppa (packa) full, överlasta, fylla till trängsel **4** *sl.* sätta åt, pressa **5** *~ on sail* sätta alla segel **-ed** [-ɪd] alldeles full, full|proppad, -packad, -satt; full [av folk]; livligt trafikerad

crowfoot ['krəʊfʊt] (*pl ~s*) *bot.* ranunkel

crown [kraʊn] **I** *s* **1** krona; *the C~* kronan, staten **2** krans **3** krona; silvermynt (*= 25 p, tidigare 5 sh.*) **4** krön, hjässa, topp; [tand]krona; [träd]krona; *bildl.* höjdpunkt **5** [hatt]kulle **II** *v* kröna; fulländа; *to ~* [*it*] *all* till råga på allt

crown cap ['kraʊnkæp] kapsyl (*på ölflaska o.d.*) **crown colony** [-ˌkɒlənɪ] kronkoloni **crown court** [-kɔ:t] *BE.*, *ung.* tingsrätt (*för brottmål*) **crown jewels** [-ˌdʒu:əlz] *pl* kronjuveler **crown land** [ˌkraʊn'lænd] kronojord **crown law** [ˌkraʊn'lɔ:] straffrätt **crown prince** [ˌkraʊn'prɪns] kronprins

crow's|-feet ['krəʊzfi:t] åldersrynkor kring ögonen **--nest** *sjö.* mastkorg

crozier ['krəʊʒə] *se crosier*

CRT *förk. för cathode-ray tube*

cru|cial ['kru:ʃl] avgörande, central; kritisk; *vard.* mycket viktig; *a ~ moment* ett kritiskt ögonblick **-cible** [-sɪbl] **1** smältdegel **2** *bildl.* svårt prov **-cifix** [-sɪfɪks] krucifix **-cifixion** [ˌkru:sɪ'fɪkʃn] korsfästelse **-cify** [-sɪfaɪ] korsfästa; *bildl.* pina, plåga; *sl.* göra ner

crude [kru:d] **1** rå, obearbetad **2** grov, ohyfsad; *~ facts* nakna fakta **crudeness** ['kru:dnɪs], **crudity** ['kru:dɪtɪ] råhet; omogenhet; *bildl.* grovhet, plumphet

cruel [krʊəl] grym **-ty** ['krʊəltɪ] grymhet

cruet ['kru:ɪt] flaska i [bordsställ]

cruise [kru:z] **I** *v* **1** kryssa, vara på kryssning **2** köra med lagom hastighet; *vard.* långsamt glida fram (*i bil e.d.*); *~ at 60* ha en marschfart av 60 **II** *s* kryssning, sjöresa **cruise missile** ['kru:zˌmɪsaɪl] kryssningsrobot **cruiser** ['kru:zə] **1** kryssare **2** *AE.* polisbil **cruiser weight** ['kru:zəweɪt] (*i boxning*) lätt tungvikt

cruller ['krʌlə] *AE. kokk.* (*slags*) munk

crumb [krʌm] **I** *s* [bröd]smula; inkråm (*i bröd*); *bildl.* gnutta **II** *v* **1** smula sönder **2** panera **crumble** ['krʌmbl] smula[s] sönder; smula sig **crumbly** ['krʌmblɪ] smulig **crumbs** [-z] *interj, sl.* jösses!, himmel!

crummy ['krʌmɪ] *sl.* **1** smutsig, läskig; kass **2** mullig

crump [krʌmp] **I** *v* **1** slå till hårt **2** explodera **II** *s* **1** kraftigt slag **2** granatexplosion

crumpet ['krʌmpɪt] **1** (*slags*) mjuk tekaka **2** *sl., a piece of ~* en kalasbrud **3** *sl.* boll, skalle

crumple ['krʌmpl] **1** ~ [*up*] krossa[s], skrynkla[s] ihop, knyckla[s] till **2** *bildl.* falla ihop, duka under, svikta

crunch [krʌntʃ] **I** *v* **1** tugga (krasa) sönder, knapra på **2** knastra; knarra **II** *s* **1** knaprande; knastrande **2** avgörande moment, kritisk punkt; *when it comes to the ~* när det kommer till kritan **crunchy** ['krʌntʃɪ] knaprig; knastrande

crusade [kru:'seɪd] **I** *s* korståg (*äv. bildl.*) **II** *v* **1** starta en kampanj **2** dra ut på korståg **crusader** [-ə] **1** kors|farare, -riddare **2** förkämpe

cruse [kru:z] *åld.* [ler]krus

crush [krʌʃ] **I** *v* **1** krossa[s]; mala[s] (stampa[s], klämma[s]) sönder **2** pressa, trycka **3** skrynkla till; skrynkla sig **4** kuva, tillintetgöra, förtrycka **5** tränga sig fram **II** *s* **1** krossande **2** pressning **3** trängsel, folkmassa **3** stor bjudning **4** fruktdryck **5** *have a ~ on s.b.* vara förälskad i ngn

crush bar ['krʌʃbɑ:] bar (*på teater*) **crush barrier** [-ˌbærɪə] kravallstaket **crushing** [-ɪŋ] förkrossande; dräpande **crush-room** ['krʌʃrʊm] foajé

crust [krʌst] **I** *s* **1** skorpa (*på bröd, sår, is etc.*); kant (*på bröd*) **2** [jord]skorpa **3** skare **II** *v* täcka med skorpa (skare); täckas av skorpa (skare)

crusta|cean [krʌ'steɪʃjən] **I** *s* kräftdjur; skaldjur **II** *a, se crustaceous* **-ceous** [-ʃjəs] kräftdjurs-; skaldjurs-

crusted ['krʌstɪd] **1** överdragen med skorpa **2** (*om vin*) med bottensats **3** *bildl.* inrotad **crusty** [-ɪ] **1** skorpartad **2** vresig, knarrig

crutch [krʌtʃ] krycka; stöd

crux [krʌks] krux, stötesten; *the ~ of the matter* kruxet, den springande punkten
cry [kraɪ] **I** *s* rop, skrik; (*djurs*) skri, skall; *a far ~* lång väg; *in full ~* i full fart; *within ~* inom hörhåll **2** gråtattack; *have a good ~* (*vard.*) gråta ut **3** anskri; opinion[sstorm] **4** stridsrop; slagord; *follow the ~* följa med strömmen **5** koppel (*hundar*) **II** *v* **1** ropa, skrika; utropa; (*om djur*) skri[k]a, ge skall **2** gråta **3** *~ down a*) nedsätta, förringa, *b*) överrösta; *~ for a*) ropa på (efter), begära, kräva, *b*) gråta efter, gråta av; *~ for the moon* begära det omöjliga; *~ off* lämna återbud, dra sig ur; *~ out a*) skrika till, ropa högt, *b*) skrika, [ut]ropa; *for ~ing out ~ loud!* (*vard.*) för sjutton!, för Guds skull!; *~ out for* (*vard.*) ropa på, kräva **-baby** ['kraɪˌbeɪbɪ] lipsill **-ing** ['kraɪɪŋ] [himmels]-skriande; flagrant; *a ~ shame* en evig skam
crypt [krɪpt] krypta **-ic** ['krɪptɪk] kryptisk **-ogram** ['krɪptə(ʊ)græm] kryptogram; chiffer, chifferskrift
crystal ['krɪstl] **I** *s* **1** kristall **2** klock-, ur|glas **II** *a* kristall-; kristallklar **crystal ball** kristallkula **crystalline** ['krɪstəlaɪn] kristall-; kristallisk; kristallklar **crystal[l]|ization** (*BE. äv. -isation*) [ˌkrɪstəlaɪ'zeɪʃn] kristallisering; *bildl.* utkristallisering **crystal[l]|ize** (*BE. äv. -ise*) ['krɪstəlaɪz] **1** kristallisera[s]; *bildl.* utkristallisera sig **2** *~d fruit* kanderad frukt **crystal set** ['krɪstlset] *radio.* kristallmottagare
C.S. *förk. för Capital Stock; chartered surveyor; Christian Science; Christian Scientist; Civil Service* **C.S.C.** *förk. för Civil Service Commission* **CSE** *förk. för Certificate of Secondary Education* **C.S.M.** *förk. för Company Sergeant-Major* **CST** *förk. för Central Standard Time* **CT** *förk. för Connecticut* **C.T.** *förk. för central time* **Ct.** *förk. för Connecticut* **ct.** *förk. för cent; certificate; court* **ctr.** *förk. för centre* **C.U.** *förk. för Cambridge University* **cu.** *förk. för cubic*
cub [kʌb] **I** *s* **1** unge (*av bl.a. björn, lejon, räv, tiger*) **2** pojkvasker, gröngöling **II** *v* föda ungar
Cuba ['kju:bə]
cubage ['kju:bɪdʒ] kubikinnehåll
Cuban ['kju:bən] **I** *s* kuban **II** *a* kubansk
cubature ['kju:bətjʊə] *se cubage*
cubbish ['kʌbɪʃ] valpig **cubby[hole]** krypin
cube [kju:b] **I** *s* kub; tärning **II** *v* **1** upphöja i kub (till tre) **2** mäta kubikinnehållet i **3** skära i tärningar **cube root** ['kju:ru:t] kubikrot **cubic** ['kju:bɪk] kubisk; kubik-; *~ capacity* volym; cylinder-, slag|volym; *~ content* kubikinnehåll; *~ equation* tredjegradsekvation; *~ measure* rymd-, kubik|mått; *~ metre* kubikmeter **cubicle** ['kju:bɪkl] [sov]hytt, litet rum, bås **cubism** ['kju:bɪz(ə)m] kubism **cubist** ['kju:bɪst] **I** *s* kubist **II** *a* kubistisk
cubit ['kju:bɪt] aln (*ca 50 cm*)
cub scout ['kʌbskaʊt] miniorscout; (*förr*) vargunge
cuckold ['kʌkəʊld] hanrej, bedragen äkta man
cuckoo ['kʊku:] **I** *s* (*pl ~s*) **1** gök **2** *vard.* idiot **II** *a, vard.* tokig **III** *v* **1** gala, ropa [kuku] **2** upprepa om och om igen **IV** *interj* kuku! **cuckoo clock** gökur **cuckoopint** *bot.* munkhätta **cuckoo spit** orm-, grod|spott
cucumber ['kju:kʌmbə] gurka; *as cool as a ~* (*vard.*) lugn som en filbunke
cud [kʌd] *s, chew the ~ a*) idissla, *b*) fundera, grubbla
cuddle ['kʌdl] **I** *v* **1** omfamna [varandra], krama[s], kela [med] **2** *~ up* krypa ihop, kura ihop sig **II** *s* omfamning, kramning **cuddlesome** [-səm], **cuddly** [-lɪ] *a* kramgod, smeksam
cudgel ['kʌdʒ(ə)l] **I** *s* [knöl]påk; *take up the ~s for* ta parti för, försvara **II** *v* **1** klå, prygla **2** *~ one's brains* bry sin hjärna
1 cue [kju:] **I** *s* **1** *teat.* stickreplik, slutord (*i replik*); *on ~* i rätt ögonblick **2** vink, antydan, påminnelse **3** (*på bandspelare*) framspolning, framspolningsknapp **II** *v* ge stickreplik (vink)
2 cue [kju:] [biljard]kö
1 cuff [kʌf] manschett; ärmuppslag; *AE. äv.* byxuppslag; *off the ~* (*vard.*) improviserat, oförberett; *on the ~* på kredit
2 cuff [kʌf] **I** *s* **1** slag (*m. öppen hand*), örfil **II** *v* slå till (*m. öppen hand*), örfila
cuff link ['kʌflɪŋk] manschettknapp
cuirass [kwɪ'ræs] harnesk, kyrass **cuirassier** [ˌkwɪrə'sɪə] kyrassiär
cuisine [kwi:'zi:n] kök, kokkonst
cul-de-sac [ˌkʊldə'sæk] återvändsgata
culinary ['kʌlɪnərɪ] matlagnings-, köks-, kulinarisk
cull [kʌl] **I** *v* plocka; gallra (sortera) ut **II** *s* slaktdjur
culmi|nate ['kʌlmɪneɪt] kulminera, nå höjdpunkten **-nation** [ˌkʌlmɪ'neɪʃn] **1** kulmen, höjdpunkt **2** kulminering
culpa|bility [ˌkʌlpə'bɪlətɪ] brottslighet; skuld **-ble** ['kʌlpəbl] brottslig; skyldig (*of* till)
culprit ['kʌlprɪt] brottsling; anklagad; missdådare; *the ~* (*äv.*) den skyldige
cult [kʌlt] **1** kult, dyrkan **2** sekt
culti|vate ['kʌltɪveɪt] **1** bruka, bearbeta (*jord*); odla (*äv. bildl.*); *~ a p.'s acquaintance* odla ngns bekantskap; *~ one's mind* odla sin själ, bilda sig **2** kultivera, civilisera **-vation** [ˌkʌltɪ'veɪʃn] **1** brukning, bearbetning (*av jord*); odling; kultur **2** odling, utveckling **3** bildning, kultur **-vator** [-veɪtə] **1** odlare **2** utövare **3** *lantbr.* kultivator
cultural ['kʌltʃ(ə)r(ə)l] kulturell, bildnings-, kultur- **culture** ['kʌltʃə] **I** *s* **1** *biol. o. bildl.* kultur, odling; *bildl. äv.* bildning, förfining **II** *v, biol. o. bildl.* odla; *bildl. äv.* bilda, förfina
culvert ['kʌlvət] kulvert
cum [kʌm] med; och; kombinerad med; *my teacher ~ my friend* min lärare och vän
Cumb. *förk. för Cumberland*
cumber ['kʌmbə] **I** *v* hindra **II** *s* hinder; börda **cumbersome** [-səm], **cumbrous** ['kʌmbrəs] hindersam, besvärlig, ohanterlig
cumin ['kʌmɪn] *bot.* kummin
cummerbund ['kʌməbʌnd] brett [siden]skärp
cummin ['kʌmɪn] *se cumin*
cumu|late I *a* ['kju:mjʊlət] hopad **II** *v* ['kju:mjʊleɪt] hopa [sig], samla[s] **-lative** ['kju:mjʊlətɪv] växande, som hopar sig, kumulativ; ackumulerad
cumu|lus ['kju:mjʊləs] (*pl -li* [-laɪ]) cumulus-, stack|moln
cuneate ['kju:nɪeɪt] kilformig **cuneiform** ['kju:nɪɪfɔ:m] kilformig; *~ writing* kilskrift
cunning ['kʌnɪŋ] **I** *a* **1** slug, listig **2** skicklig **3**

AE. näpen, lustig **II** *s* **1** slughet, list **2** skicklighet

cunt [kʌnt] *vulg.* fitta (*äv. neds. om kvinna*)

cup [kʌp] **I** *s* **1** kopp; bägare (*äv. bildl.*); kalk (*äv. bildl.*); *he ist not my ~ of tea* han är inte min favorit (typ); *in one's ~s* berusad **2** cup, [pris]pokal **3** [behå]kupa **4** bål (*dryck*) **II** *v* **1** kupa (*one's hand* handen); *~ one's ear* kupa handen bakom örat **2** *med.* koppa **-bearer** [ˈkʌpˌbeərə] munskänk

cupboard [ˈkʌbəd] skåp; skänk **cupboard love** matfrieri

cup|full [ˈkʌpfʊl] (*mått*) kopp **-holder** [-ˌhəʊldə] innehavare av vandringspris, cupförsvarare

Cupid [ˈkju:pɪd] **1** *myt.* Cupido; *~'s bow* amorbåge **2** amorin

cupidity [kju:ˈpɪdətɪ] snikenhet, vinningslystnad

cupola [ˈkju:pələ] kupol

cuppa, cupper [ˈkʌpə] *vard.*, = *cup of* [*tea*]

cupreous [ˈkju:prɪəs] koppar-, kopparhaltig; kopparaktig; kopparfärgad **cupric** [ˈkju:prɪk] koppar-, kopparhaltig

cup tie [ˈkʌptaɪ] *sport.* cupmatch

cur [kɜ:] **1** bondhund, byracka **2** usling, ynkrygg

curable [ˈkjʊərəbl] botlig

curate [ˈkjʊərət] kyrko-, pastors|adjunkt

curative [ˈkjʊərətɪv] **I** *a* botande, läkande **II** *s* botemedel, läkemedel

curator [ˌkjʊəˈreɪtə] **1** [musei]intendent **2** *Sk.* förmyndare, kurator

curb [kɜ:b] **I** *s* **1** kindkedja (*på betsel*) **2** *bildl.* band, tygel, hinder **3** *AE.* trottoarkant **II** *v* lägga band på, tygla, hindra **curb roof** brutet tak **curbstone** *AE.* trottoarkant

curcuma [ˈkɜ:kjʊmə] *bot.* gurkmeja

curd [kɜ:d] *vanl. ~s* (*pl*) ostmassa

curdle [ˈkɜ:dl] ysta [sig]; stelna; *terror ~d his blood* skräcken kom blodet att isas i hans ådror

cure [kjʊə] **I** *s* **1** botande, kurering; kur, bot **2** botemedel (*äv. bildl.*) **3** prästbefattning; *~* [*of souls*] själavård **4** konservering, insaltning, rökning **II** *v* **1** bota, kurera **2** konservera, lägga in, salta in, röka **--all** [ˈkjʊərɔ:l] universalmedel

curfew [ˈkɜ:fju:] **1** aftonringning **2** [signal för] utegångsförbud

curio [ˈkjʊərɪəʊ] kuriositet (*konstföremål*) **curiosity** [ˌkjʊərɪˈɒsətɪ] **1** vetgirighet; nyfikenhet **2** kuriositet, raritet **curiosity shop** antikvitetsaffär **curious** [ˈkjʊərɪəs] **1** vetgirig; nyfiken **2** egendomlig, besynnerlig, underlig **3** *åld.* (*lätt*) pornografisk

curl [kɜ:l] **I** *v* **1** krusa, locka, lägga i lockar; kröka; *~ one's lip* dra upp läppen (*i förakt*) **2** locka (krusa, ringla) sig **3** *~ up a*) rulla ihop [sig], kröka sig, *b*) krypa ihop, kura ihop sig, *c*) *vard.* ge upp, vara slagen, *d*) *BE. vard.* känna (väcka) avsky **4** spela curling **II** *s* **1** lock **2** krusning, krökning **3** våglinje, [års]ring **curler** [ˈkɜ:lə] **1** papiljott, spole, rulle **2** curlingspelare

curlew [ˈkɜ:lju:] *zool.* [stor]spov

curlicue [ˈkɜ:lɪkju:] krusidull

curling [ˈkɜ:lɪŋ] **1** *sport.* curling **2** krusande *etc.*, *se curl I* **curly** [ˈkɜ:lɪ] lockig, krullig

curmudgeon [kɜ:ˈmʌdʒ(ə)n] gnidare, snåljåp; bitvarg

currant [ˈkʌr(ə)nt] **1** vinbär **2** korint

currency [ˈkʌr(ə)nsɪ] **1** valuta; myntslag, sedlar **2** utbredning, spridning **3** livstid, gångbarhet; omlopp[stid], cirkulation **current** [ˈkʌr(ə)nt] **I** *a* **1** allmänt utbredd, gängse; gällande; accepterad; aktuell; *~ affairs* aktuella frågor **2** innevarande, löpande; *the ~ issue of a magazine* senaste numret av en tidskrift **3** (*om mynt o.d.*) gångbar, cirkulerande, som är i omlopp; (*om vara*) kurant **II** *s* **1** ström; ström-, vatten|drag **2** [elektrisk] ström; strömstyrka **3** *bildl.* strömning, strömdrag **currently** [ˈkʌr(ə)ntlɪ] för närvarande

curricu|lum [kəˈrɪkjʊl|əm] (*pl -la* [-lə] *el. -lums*) lärokurs; undervisningsplan **curriculum vitae** [-ˈvi:taɪ] levnadsbeskrivning, meritförteckning

currish [ˈkɜ:rɪʃ] **1** som en byracka **2** grälsjuk; gemen

1 curry [ˈkʌrɪ] **I** *s* curry; curry|rätt, -stuvning **II** *v* krydda med curry

2 curry [ˈkʌrɪ] **1** piska **2** bereda (*läder*) **3** *åld.* rykta **4** *~ favour with* ställa sig in hos **-comb** ryktskrapa

curse [kɜ:s] **I** *s* **1** förbannelse; svordom; *the ~* (*vard.*) mens **2** plåga, gissel, förbannelse **3** bann **II** *v* **1** förbanna **2** svära (*at* över) **3** plåga **cursed** [ˈkɜ:sɪd, kɜ:st] förbannad, fördömd

cursive [ˈkɜ:sɪv] **I** *a* kursiv, lutande **II** *s* kursiv (lutande) stil (bokstav)

cursory [ˈkɜ:s(ə)rɪ] flyktig, hastig

curt [kɜ:t] **1** kort och koncis **2** snäv, tvär barsk

curtail [kɜ:ˈteɪl] avkorta, förkorta; beskära; minska; *be ~ed of* beskäras på, berövas **curtailment** [-mənt] avkortning; beskärning; minskning **curtail step** nedersta trappsteg

curtain [ˈkɜ:tn] **I** *s* **1** gardin; draperi, förhänge; *draw the ~* dra för (undan) gardinen **2** ridå; *drop the ~* låta ridån falla **3** *vard.*, *~s* (*pl*) döden, slutet **II** *v* sätta upp gardiner i, förse med gardin[er] **curtain call** *teat.* inropning **curtain lecture** [-ˌlektʃə] sparlakansläxa, skarp tillrättavisning **curtain-pole** [-pəʊl] gardinstång **curtain-raiser** [-ˌreɪzə] *teat.* kort förpjäs **curtain-rod** [-rɒd] gardinstång

curts[e]y [ˈkɜ:tsɪ] **I** *s* nigning; *drop a ~* niga **II** *v* niga

curvaceous [kɜ:ˈveɪʃəs] *vard.* (*om kvinna*) kurvig **curvature** [ˈkɜ:vətʃə] krökning, buktning

curve [kɜ:v] **I** *s* kurva (*äv. mat.*), krök[ning], böjning, båge, båglinje, böjd linje **II** *v* **1** böja, kröka **2** böja (kröka) sig, svänga

cushion [ˈkʊʃn] **I** *s* **1** kudde, dyna; luftkudde **2** (*i biljard*) vall **II** *v* **1** förse med kudde (dynor), stoppa, madrassera **2** mildra, dämpa

cushy [ˈkʊʃɪ] *sl.* bekväm, behaglig

cusp [kʌsp] **1** udd **2** (*månens*) horn

cuspidor [ˈkʌspɪdɔ:] *AE.* spott|kopp, -låda

cuss [kʌs] *vard.* **1** förbannelse; *I don't give a ~* det skiter jag i **2** typ, individ **-ed** [ˈkʌsɪd] *vard.* **1** fördömd; jäkla **2** envis **-edness** [ˈkʌsɪdnɪs] *vard.* vrånghet; elakhet

custard [ˈkʌstəd] vanilj|kräm, -sås

custo|dial [kʌˈstəʊdjəl] förmyndar-, skydds- **-dian** [-djən] väktare, vårdare; förmyndare; intendent **-dy** [ˈkʌstədɪ] **1** förmynderskap, vård, vårdnad, uppsikt **2** [fängsligt] förvar; häkte

custom [ˈkʌstəm] **I** *s* **1** sed[vänja], bruk, vana; praxis, kutym **2** kunder, kundkrets; *withdraw one's ~ from a shop* sluta handla i en affär **3** *~s* (*behandlas som sg el. pl*) *a*) tull[ar], tullavgifter,

b) tull[verk], tullväsende, *c*) tullbehandling **II** *a*, *AE.* beställnings-
customary ['kʌstəm(ə)rɪ] [sed]vanlig, bruklig **customer** [-ə] **1** kund **2** *vard.* typ, individ, figur; *a queer* ~ en konstig prick; *an ugly* ~ en ful fisk **custom-made** *AE.* måttillverkad; skräddarsydd; special|beställd, -tillverkad **customs house** tull|hus, -kammare
cut [kʌt] **I** *v* (*cut, cut*) **1** skära (hugga, klippa) [av, sönder, igenom]; kastrera; ~ *one's hair* klippa håret (sig); ~ *a ball* (*sport.*) skära en boll; *it ~s both ways a*) det är på gott och ont, *b*) det verkar i båda riktningarna **2** skära [i] (*äv. bildl.*) **3** skära (minska) ner; sänka; korta av, förkorta **4** *vard.* ge upp; bryta med; snäsa av; sticka (smita) från; ~ *and run* sticka **5** *kortsp.* kupera; dra (*ett kort*) **6** späda (*whisky with water* whisky med vatten); lösa upp **7** klippa av, bryta (*filmning e.d.*); stryka; stänga av, stoppa (*motor e.d.*); sluta med **8** få (*tänder*); (*om tänder*) komma fram **9** skära (hugga, klippa) [till, ut, in, bort]; smida; gräva (hugga) [ut]; ~ *a coat* skära till en kappa; ~ *a tunnel* gräva en tunnel **10** ~ *corners* ta genvägar (*äv. bildl.*); ~ *a dash* väcka uppseende; ~ *dead* (*vard.*) fullständigt ignorera; ~ *a poor figure* göra en slät figur; ~ *it fine* (*vard.*) klara ngt nätt och jämnt; ~ *no ice* inte ha ngn framgång; ~ *loose a*) befria, *b*) slå sig lös, *c*) *sjö.* kapa förtöjningarna; ~ *a record* sätta rekord; ~ *teeth* få tänder; ~ *short* avbryta, göra kortare, stoppa **11** ~ *across a*) *bildl.* skära [tvärs]igenom, *b*) ta en genväg genom (över); ~ *away* skära (hugga) bort (av); ~ *back a*) skära ner, beskära, *b*) göra inskränkningar (*on* i): ~ *down a*) hugga ner, fälla, *b*) *bildl.* skära ner (*on* på), *c*) döda; ~ *s.b. down to size* ta ner ngn på jorden; ~ *in a*) skära (hugga) in, *b*) blanda sig i, avbryta (*samtal*), *c*) avbryta (*dans*) och ta ngns partner, *c*) tränga sig in i bilkön; ~ *s.b. in on the profit* (*vard.*) låta ngn få del i vinsten; ~ *into a*) skära in i, *b*) blanda sig i, avbryta (*samtal*); ~ *off a*) skära (hugga, kapa) av (bort), *b*) [av]bryta (*telefonsamtal*), *c*) stänga (slå) av, *d*) göra slut på, dra in, *e*) avspisa, *f*) göra arvlös, *g*) *bildl.* skilja, avstänga, isolera; ~ *out a*) skära (klippa, hugga) ut, *b*) stryka, utelämna, hoppa över, *c*) skära (klippa) till, *d*) (*om motor e.d.*) plötsligt stanna, kopplas ur, slå ifrån, *e*) *vard.* slå ur brädet, tränga undan, *f*) *vard.* sluta med, lägga av med; ~ *it out!* (*vard.*) lägg av!; *be ~ out for* vara som klippt och skuren för; ~ *through* ta en genväg [genom, över]; ~ *up a*) skära (klippa, hugga, såga) sönder (i bitar), *b*) *bildl.* kränka, såra, *c*) *vard.* göra ner, kritisera hårt, *d*) uppröra; ~ *up rough* (*BE. vard.*) ilskna till; ~ *up well* (*vard.*) lämna mycket pengar efter sig **II** *a*, ~ *flowers* snittblommor, lösa blommor; ~ *glass* slipat glas; ~ *and dried* (*vard.*) fix och färdig, stereotyp, uppgjord på förhand; *half* ~ (*BE. sl.*) på örat **III** *s* **1** skärning, klippning, huggning; slipning; genomskärning **2** hugg, stick, snitt; slag **3** skåra, rispa, skråma; *a* ~ *above* (*vard.*) ett strå vassare än, ett pinnhål högre än **4** [avskuren] skiva; bit, stycke; *a* ~ *of meat* en skiva kött; *cold ~s* kallskuret **5** nedskärning; nedsättning, minskning; [*power*]~ strömavbrott **6** snitt (*av klädesplagg*) **7** *vard.* [an]del **8** [*short*] ~ genväg **9** sårande anmärkning, gliring **10** *kortsp.* kupering **11** *AE. vard.* skolk **12** *vard.*, *give s.b. the* ~ säga upp bekantskapen med ngn
cut|away ['kʌtəweɪ] **1** jackett **2** genomskuren bild **-back 1** nedskärning **2** *AE.* tillbakablick (*i film e.d.*)
cute [kju:t] **1** söt, rar **2** skarpsinnig, klipsk
cuticle ['kju:tɪkl] **1** ytterhud **2** nagelband
cutie ['kju:tɪ] *AE. sl.* söt tjej, sötnos
cutlass ['kʌtləs] huggare, kort svärd
cutler ['kʌtlə] knivsmed **cutlery** [-rɪ] **1** knivsmide **2** knivar, eggverktyg **3** *koll.* [mat]bestick
cutlet ['kʌtlɪt] kotlett, köttskiva; hackad biff
cut|out ['kʌtaʊt] **1** utklippsfigur, pappersdocka **2** säkring, propp; [ström]brytare **--price** *BE.*, **--rate** *AE.*, *a* ~ *shop* en lågprisaffär
cutter ['kʌtə] **1** skärare, huggare, snidare; tillskärare **2** skärmaskin; fräs **3** *sjö.* kutter **cutthroat I** *s* mördare **II** *a* mordisk; *bildl.* mördande; ~ *competition* mördande konkurrens **cutting** [-ɪŋ] **I** *a* **1** skärande, vass **2** *bildl.* sårande, skarp, bitande **3** (*om vind o.d.*) bitande **II** *s* **1** skärande, klippande *etc.*, *se cut I* **2** avskuret stycke; bit; urklipp; spån, avfall **3** stickling, skott **4** klippning (*av film*)
cuttle[fish] ['kʌtl(fɪʃ)] bläckfisk
cutty ['kʌtɪ] *Sk.* **I** *a* kort[klippt] **II** *s* **1** pipsnugga **2** lösaktig kvinna
C.V.O. *förk. för Commander of the Royal Victorian Order* **Cwlth.** *förk. för Commonwealth* **c.w.o.** *förk. för cash with order* **cwt.** *förk. för hundredweight*
cyanic [saɪ'ænɪk] cyan-; ~ *acid* cyanvätesyra **cyanide** ['saɪənaɪd] cyanid
cybernetics [ˌsaɪbə'netɪks] (*behandlas som sg*) cybernetik
cyclamen ['sɪkləmən] cyklamen
cycle ['saɪkl] **I** *s* **1** cykel, kretslopp; omloppstid **2** [dikt]cykel **3** cykel; *sl.* motorcykel **II** *v* **1** cykla **2** cirkla, kretsa **cycle path (track, way)** cykel|-bana, -väg **cyclic** ['saɪklɪk] cyklisk; cirklande, kretsande **cyclist** ['saɪklɪst] cyklist
cyclone ['saɪkləʊn] cyklon
cyclopaedia [ˌsaɪklə(ʊ)'pi:djə] encyklopedi
Cyclops ['saɪklɒps] (*pl Cyclopes* ['saɪkləʊpi:z] *el.* ~*es*) cyklop
cyclotron ['saɪklətrɒn] *tekn.* cyklotron
cygnet ['sɪgnɪt] ung svan
cyl. *förk. för cylinder; cylindrical*
cylinder ['sɪlɪndə] **1** cylinder (*äv. tekn.*), vals **2** lopp (*i eldvapen*) **cylinder head** *tekn.* topp-, cylinder|lock **cylindrical** [sɪ'lɪndrɪkl] cylindrisk
cymbal ['sɪmbl] *mus.* cymbal, bäcken
Cymric ['kɪmrɪk] walesisk
cynic ['sɪnɪk] cyniker **cynical** [-l] cynisk **cynicism** ['sɪnɪsɪz(ə)m] cynism
cynosure ['sɪnəˌzjʊə] *bildl.* medelpunkt (*för beundran*); ledstjärna
cypher ['saɪfə] *se cipher*
cypress ['saɪprəs] *bot.* cypress
Cyprian ['sɪprɪən] cyprisk **Cypriot** [-rɪət] **I** *a* cypriotisk **II** *s* cypriot **Cyprus** ['saɪprəs] Cypern
cyst [sɪst] *med.* cysta **-itis** [sɪs'taɪtɪs] *med.* cystit, blåskatarr
czar [zɑ:] tsar
czardas ['tʃɑ:dæʃ] (*pl lika*) czardas
czar|evitch ['zɑ:rəvɪtʃ] tsarevitj **-ina** [zɑ:'ri:nə]

tsarinna
Czech [tʃek] **I** *s* tjeck **II** *a* tjeckisk **-oslovak** ['tʃekə(ʊ)sləʊvæk] **I** *s* tjeckoslovak **II** *a* tjeckoslovakisk **-oslovakia** [ˌtʃekə(ʊ)slə(ʊ)'vækɪə] Tjeckoslovakien **-oslovakian** [ˌtʃekə(ʊ)slə(ʊ)'vækɪən] **I** *s* tjeckoslovak **II** *a* tjeckoslovakisk

D

D, d [di:] (*bokstav, ton*) D, d; *D flat* (*mus.*) dess; *D sharp* (*mus.*) diss
D. *förk. för* (*AE.*) *Democratic*; *Department*
d. *förk. för date; daughter; day; degree; delete;* (*eg. lat. denari|us, -i; förr*) *penny, pennies; diameter; died; dollar*[*s*]; *dose*
'd = *had, would*
D.A. *förk. för District Attorney*
1 dab [dæb] *zool.* sandskädda
2 dab [dæb] **I** *v* lätt beröra (trycka på), klappa, badda **II** *s* lätt slag (tryckning), klapp **-ble** ['dæbl] **1** plaska [med]; väta; stänka ner **2** fuska (*in, at, with* med, i) **-bler** ['dæblə] dilettant, klåpare
dab hand ['dæbhænd] *BE. vard.* baddare, överdängare (*at* i)
dachshund ['dækshʊnd] tax
da capo [dɑ:'kɑ:pəʊ] *mus.* da capo, dakapo
dactyl ['dæktɪl] *versl.* daktyl
dad[dy] ['dæd(ɪ)] *vard.* pappa **daddy-longlegs** [ˌdædɪ'lɒŋlegz] (*pl lika*) *BE. vard.* harkrank
dado ['deɪdəʊ] (*pl -*[*e*]*s*) **1** sockel **2** bröstpanel
daffodil ['dæfədɪl] påsklilja, gul narciss
daft [dɑ:ft] *BE. vard.* tokig, dum
dagger ['dægə] **1** dolk; *at ~s drawn* på fientlig fot; *look ~s* se mordisk ut; *look ~s at* kasta mördande blickar på **2** *boktr.* kors
dago ['deɪgəʊ] (*pl -*[*e*]*s*) *neds.* dago (*sydeuropé*)
dahlia ['deɪljə] *bot.* dahlia
daily ['deɪlɪ] **I** *a* daglig, om dagen **II** *adv* dagligen, om dagen **III 1** *s* **1** dagstidning **2** daglig städhjälp
dainty ['deɪntɪ] **I** *s* läckerhet, godbit **II** *a* **1** läcker **2** utsökt, förtjusande; nätt, fin **3** kräsen
dairy ['deərɪ] **1** mejeri **2** mjölkaffär **3** mjölkkammare **--cattle** [-ˌkætl] *pl* mjölkkor **-maid** [-meɪd] mejerska **-man** [-mən] **1** mejerist **2** mjölkhandlare
dais [deɪs] estrad, podium
daisy ['deɪzɪ] **1** *bot.* tusensköna, bellis; *ox-eye ~* prästkrage **2** *sl.* toppengrej, praktexemplar **3** *sl., be pushing up the daisies* vara död och begraven
Dak. *förk. för Dakota* [de'kəʊtə]
dale [deɪl] dal
Dalecarlia [ˌdælɪ'kɑ:ljə] Dalarna
dalesman ['deɪlzmən] dalbo
dalliance ['dælɪəns] **1** söl[ande] **2** *åld.* flört
dally ['dælɪ] **1** söla **2** *~ with* leka med
Dalma|tia [dæl'meɪʃjə] Dalmatien **-tian** [-n] **1** dalmatier **2** dalmatiner[hund]
1 dam [dæm] **I** *s* **1** damm, fördämning **2** vattenreservoar **II** *v, ~* [*up*] dämma upp (för)
2 dam [dæm] (*om djur*) moder
damage ['dæmɪdʒ] **I** *s* **1** skada, skadegörelse (*to* på) **2** *~s* (*pl, jur.*) skadestånd **3** *vard., what's the ~?* vad kostar kalaset? **II** *v* skada[s]; *a damaging admission* ett farligt medgivande
damask ['dæməsk] **I** *s* **1** damast **2** damaskenerstål **3** ljusrött **II** *a* **1** damast- **2** damaskerad **3** ljusröd **III** *v* **1** damaskera **2** väva i damastmönster **3** färga ljusröd
dame [deɪm] **1** *D~ Nature* moder Natur; *D~ Fortune* fru Fortuna **2** Dame (*titel för adlad kvinna*) **3** *AE. sl.* tjej, brud
dammit ['dæmɪt] *interj, vard.* tusan också!, jäklar!
damn [dæm] **I** *v* fördöma; förbanna; döma; *it was ~ed from the start* det var dömt från början; *well, I'll be ~ed!* (*vard.*) det var som tusan!; *I'll be ~ed if I'll go there* så tusan att jag går dit **II** *s, I don't care* (*give*) *a ~* det ger jag tusan i **III** *a, sl.* förbaskad, jäkla; *~ all* inte ett dugg **IV** *interj, sl., ~ it!* tusan (jäklar) också! **damnable** ['dæmnəbl] **1** fördömlig **2** *vard.* förbaskad **damnation** [dæm'neɪʃn] **I** *s* fördömelse **II** *interj* tusan (jäklar) också! **damned** [dæmd] **1** fördömd **2** *sl.* förbaskad **damnedest** ['dæmdɪst] *vard., do one's ~* göra sitt bästa **damnify** ['dæmnɪfaɪ] *jur.* tillfoga skada
damp [dæmp] **I** *s* **1** fukt **2** gruvgas **3** nedslagenhet **II** *a* fuktig **III** *v* **1** fukta **2** kväva, dämpa (*äv. bildl.*) **-en** ['dæmp(ə)n] **1** fukta **2** *bildl.* kväva, dämpa **-er** ['dæmpə] **1** glädjedödare; sordin; *put a ~ on* lägga sordin på **2** [stöt]dämpare; *mus.* dämmare **3** spjäll
damsel ['dæmzl] *poet. el. åld.* flicka, ungmö
damson ['dæmz(ə)n] *bot.* krikon
Dan [dæn] **1** *kortform av Daniel* **2** *s, åld.* mäster
dance [dɑ:ns] **I** *v* **1** dansa **2** *~ attendance on* fjäska för **II** *s* **1** dans; *lead s.b. a* [*pretty*] *~* ställa till besvär för ngn **2** dans[tillställning], bal
dance|-band ['dɑ:nsbænd] dans|orkester, -band **--floor** dansgolv; dansbana **--hall** dans|ställe, -lokal
dancer ['dɑ:nsə] dansare, dansör, dansös; *the ~s* (*äv.*) de dansande **dancing** [-ɪŋ] dans **dancing-girl** dansare, dansös, balettflicka
dandelion ['dændɪlaɪən] maskros
dander ['dændə] *AE. sl., get one's ~ up* bli arg
dandify ['dændɪfaɪ] klä sig snobbigt
dandle ['dændl] **1** gunga (*ngn*) på knät, vyssja **2** kela med
dandruff ['dændrʌf] mjäll
dandy ['dændɪ] **I** *s* dandy, snobb **II** *a, vard.* förstklassig, finfin
Dane [deɪn] *s* **1** dansk **2** *Great ~* grand danois
danger ['deɪn(d)ʒə] fara, risk (*of* för); *out of ~* utom fara **-ous** ['deɪn(d)ʒrəs] farlig (*for, to* för)
dangle ['dæŋgl] dingla [med]; *~ after* (*about, round*) hänga efter (*s.b.* ngn); *~ s.th. before s.b.* fresta ngn med ngt
Danish ['deɪnɪʃ] **I** *a* dansk; *~ pastry* wienerbröd **II** *s* danska [språket]

dank [dæŋk] fuktig
Danube ['dænju:b] *s, the* ~ Donau
dap [dæp] **1** pimpla (*fiska i vattenytan*) **2** [få att] studsa, hoppa
dapper ['dæpə] **1** prydlig, nätt **2** [liten och] pigg
dapple ['dæpl] **I** *v* göra (bli) fläckig; *~d* spräcklig, brokig **II** *a* fläckig, spräcklig **--grey** [ˌdæpl'greɪ] apelkastad, gråspräcklig
darbies ['dɑ:bɪz] *BE. sl.* handklovar
Darby and Joan ['dɑ:bɪ ən 'dʒəʊn] lyckligt äldre par
dare [deə] **1** våga; riskera; *she ~s [to] dress differently* hon vågar klä sig annorlunda **2** *I ~ say he'll be there* det är troligt att han kommer dit, han kommer nog dit; *I ~ say* (*äv.*) kanske det **3** utmana; *I ~ you to jump* hoppa om du törs **-devil** ['deəˌdevl] **I** *s* våghals **II** *a* våghalsig
daren't [deənt] = *dare not* **daresay** [ˌdeə'seɪ, 'deəseɪ] = *dare say, se under dare 2*
daring ['deərɪŋ] **I** *a* **1** djärv, oförskräckt **2** vågad **II** *s* djärvhet, oförskräckthet
dark [dɑ:k] **I** *a* **1** mörk **2** *bildl.* mörk, dyster; elak, ond; *the D~ Ages* medeltidens mörkaste århundraden; *~ horse* dark horse, okänd storhet, oskrivet blad; *~ lantern* blindlykta; *a ~ purpose* ont syfte; *~ scowl* mörk (butter) uppsyn **II** *s* mörker; *after ~* efter mörkrets inbrott; *be in the ~ about* vara okunnig om
darken ['dɑ:k(ə)n] **1** bli mörk[are], mörkna **2** förmörka, skymma; *never ~ my door again!* sätt aldrig din fot här igen! **3** *bildl.* fördystra[s], fördunkla[s] **darkey** [-ɪ] *vard. neds.* svarting, nigger **darkish** [-ɪʃ] ganska mörk; mörklagd **darkling** [-lɪŋ] *poet.* **I** *adv* i mörker **II** *a* nattlig **darkness** [-nɪs] **1** mörker; dunkel **2** okunnighet **3** hemlighet **darkroom** mörkrum **darky** [-ɪ] *se darkey*
darling ['dɑ:lɪŋ] **I** *s* älskling **II** *a* **1** *vard.* söt, gullig **2** älsklings-
1 darn [dɑ:n] **I** *v* stoppa (*strumpor e.d.*) **II** *s* stopp; stoppning
2 darn [dɑ:n] *se damn* **darned** [-d] *sl.* **I** *a* förbaskad **II** *adv* förbaskat
darning egg (mushroom) ['darnɪŋˌeg ('mʌʃrʊm)] stoppsvamp **darning needle** stoppnål **darning wool** [-wʊl] stoppgarn
dart [dɑ:t] **I** *s* **1** pil; kastspjut; *~s* (*behandlas som sg*) pilkastning, dart; *play ~s* kasta pil, spela dart **2** språng, snabb rörelse **II** *v* **1** kasta, slunga **2** rusa, störta **-board** ['dɑ:tbɔ:d] pil-, dart|tavla
dash [dæʃ] **I** *v* **1** slå, kasta, slänga; *~ one's head against s.th.* stöta (köra) huvudet mot ngt; *~ s.th. to pieces* slå ngt i bitar (i kras) **2** bestänka; *~ed with brandy* med en droppe konjak **3** *bildl.* krossa, gäcka (*a p.'s hopes* ngns förhoppningar); nedslå, göra modfälld **4** störta, rusa **5** *~ down (off)* kasta (rafsa) ner **6** *sl.*, *~ed!*, *~ it!* tusan (förbaskat) också! **II** *s* **1** rusning, anlopp, framstöt **2** tillsats, stänk, skvätt **3** häftigt slag, häftig stöt **4** stil; bravur; *cut a ~* slå på stort, briljera **5** [tank]streck **6** *sl.* muta **-board** ['dæʃbɔ:d] instrumentbräda (*i bil, båt, flygplan*)
dashiki [dɑ:'ʃi:kɪ] (*färggrann*) utanpåskjorta
dashing ['dæʃɪŋ] **1** käck, livlig **2** elegant, flott, stilig
dastardly ['dæstədlɪ] feg, usel, ömklig
dat. *förk. för dative*
data ['deɪtə] **1** *pl av datum* **2** *data.* data, information **3** data, fakta och siffror; information **data bank (base)** data|bank, -bas **data processing** [-ˌprəʊsesɪŋ] databehandling **data processing computor** dator, datamaskin
1 date [deɪt] dadel[palm]
2 date [deɪt] **I** *s* **1** datum; tidpunkt; *out of ~* föråldrad, gammalmodig, omodern; *to ~* hittills, till dags dato; *up to ~* modern, med sin tid, aktuell, à jour **2** avtalat möte, träff **II** *v* **1** datera; tidsbestämma **2** *~ from (back to)* härröra från, datera sig från (till) **3** avslöja åldern på; bli omodern **4** *AE. vard.* vara pojkvän (flickvän) till; sällskapa med **dated** ['deɪtɪd] omodern, gammalmodig
date line ['deɪtlaɪn] datumgräns
date-palm ['deɪtpɑ:m] dadelpalm
date stamp ['deɪtstæmp] datumstämpel
dative ['deɪtɪv] dativ
da|tum ['deɪtəm] (*pl -ta* [-tə]) utgångspunkt; fakta; *se äv. data*
daub [dɔ:b] **I** *v* **1** bestryka; smeta **2** smeta (söla) ner **3** kludda [ihop] **II** *s* **1** smet; färgklick; lera **2** kludd[ande] **dauber** ['dɔ:bə] målarkludd **dauby** ['dɔ:bɪ] **1** smetig, klibbig **2** kluddig
daughter ['dɔ:tə] dotter **daughter-in-law** ['dɔ:t(ə)rɪnlɔ:] (*pl daughters-in-law*) svärdotter, sonhustru **daughterly** ['dɔ:təlɪ] *a* dotterlig
daunt [dɔ:nt] skrämma **-less** ['dɔ:ntlɪs] oförfärad
davenport ['dævnpɔ:t] **1** litet skrivbord, sekretär **2** *AE.* [bädd]soffa
davit ['dævɪt] *sjö.* dävert
Davy ['deɪvɪ] *kortform av David* **Davy Jones** *sjö.* djävulen; *go to ~ ~'s locker* drunkna **Davy lamp** gruvlampa
dawdle ['dɔ:dl] ~ [*away*] slå dank, slöa, förspilla tiden **dawdler** [-ə] latmask, dagdrivare, sölkorv
dawn [dɔ:n] **I** *v* dagas, gry; *it ~ed upon me* (*bildl.*) det gick upp för mig **II** *s* gryning; *at ~* i gryningen
day [deɪ] **1** dag; *the ~ after tomorrow* i övermorgon; *the ~ before yesterday* i förrgår; *all [the] ~* hela dagen; *any ~* när som helst, vilken dag som helst; *by ~* på (om) dagen; *~ by ~* dag för dag, dagligen; *~ in ~ out* dag ut och dag in; *go to London for the ~* resa till London över en dag; *the other ~* häromdagen; *some ~* en [vacker] dag; *one of these ~s* endera dagen, en vacker dag; *this ~ week (fortnight)* i dag om en vecka (fjorton dagar); *those ~s* nuförtiden; *at the end of the ~* (*bildl.*) när allt kommer omkring, slutligen; *it's one of those ~s* det är en sådan där dag (*när allt går galet*); *it's all in a ~'s work* (*vard.*) det är man så van vid; *it's early ~s* det är det för tidigt att säga ngt om; *that will be the ~ a*) det ser jag fram emot, *b*) det kommer nog inte att hända; *she's forty if she's a ~* hon är inte en dag yngre än fyrtio; *call it a ~* (*vard.*) *a*) låta det vara nog för i dag, *b*) lägga av, ge upp; *take a ~ off* ta en dag ledigt **2** ~ [*and night*] dygn **3** (*ofta pl*) tid; [tids]period; glanstid; *in his ~s* på sin (hans) tid; *in this ~ and age* nuförtiden; *in the good old ~s* på den gamla goda tiden; *those were the ~s!* det var tider det! **4** batalj, slag; *carry (win) the ~* segra, vinna; *lose the ~* förlora

day|boy ['deɪbɔɪ] externatelev (*bor hemma men äter i skolan*) **-break** gryning **-dream I** *s* dagdröm **II** *v* dagdrömma **-dreamer** [-ˌdri:mə] dagdrömmare **-labourer** [-ˌleɪbərə] daglönare, dagsverkare

daylight ['deɪlaɪt] **1** dagsljus; *in broad ~* mitt på ljusa dagen; *I'm beginning to see ~ a*) det börjar klarna för mig, *b*) jag kan se en ljusning (slutet) **2** gryning **daylight robbery** *vard.* rövarpris **daylight-saving time** sommartid

day-nursery ['deɪˌnɜ:s(ə)rɪ] daghem **day return** endagsbiljett (*för återresa samma dag*)

day room ['deɪrʊm] dagrum (*på sjukhus o.d.*) **day school** [dag]skola **daystar** morgonstjärna **daytime** dag (*i motsats t. natt*); dagtid; *in the ~* på (om) dagen (dagarna), på dagtid **day-to-day** ['deɪtəˌdeɪ] daglig; *~ chores* dagliga sysslor **daywork** ['deɪwɜ:k] dagsverke

daze [deɪz] **I** *v* **1** bedöva **2** förvirra; blända **II** *s, in a ~* förvirrad, omtumlad

dazzle ['dæzl] **I** *v* blända[s]; förblinda, överväldiga **II** *s* bländande sken; *bildl.* skimmer

dB, db *förk. för decibel*[*s*] **D.B.E.** *förk. för Dame Commander of the Order of the British Empire* **DC** *förk. för direct current; District of Columbia* **D.C.B.** *förk. för Dame Commander of the Order of Bath* **D.C.L.** *förk. för Doctor of Civil Law* **D.C.M.** *förk. för Distinguished Conduct Medal* **D.D.** *förk. för Doctor of Divinity* **dd.** *förk. för delivered*

D-day ['di:deɪ] dagen D (*invasionsdagen 6 juni 1944*)

D.D.S. *förk. för Doctor of Dental Surgery* **DE** *förk. för Delaware*

deacon ['di:k(ə)n] diakon; syssloman **-ess** ['di:kənɪs] diakonissa **-ry** ['di:k(ə)nrɪ] diakonat, diakonämbete

dead [ded] **I** *a* **1** död (*äv. bildl.*); livlös; dödsliknande; *~ and gone* (*vard.*) död och begraven; *~ centre* (*tekn.*) dödpunkt (*jfr 5*); *~ end a*) återvändsgata, *b*) slutpunkt; *~ heat* dött lopp; *~ language* dött språk; *~ man's handle* död mans grepp; *~ march* sorgmarsch; *~ men* (*marines*) *sl.* lik (*tomflaskor*); *the D~ Sea* Döda havet; *~ stock* dött kapital, osäljbart lager; *~ stop* tvärstopp; *~ time* dödtid; *~ weight a*) tung börda, belastning, *b*) *sjö.* dödvikt; *~ window* blindfönster **2** matt, glanslös (*colour* färg); stillastående (*air* luft) **3** okänslig, oemottaglig (*to* för); utan känsel, stel **4** dov **5** exakt, precis; absolut, fullständig; *hit the ~ centre* träffa mitt i prick (*jfr 1*); *be in ~ earnest* mena allvar; *~ level* alldeles jämnt plan; *~ loss* ren förlust; *~ shot* mästerskytt; *come to a ~ stop* tvärstanna **II** *s* **1** *the ~* de döda **2** *in the ~ of night* mitt i natten **III** *adv* **1** död-, döds **2** alldeles, fullständigt; *~ against* rakt emot; *~ slow* ytterst långsam[t]

dead-[and-]alive [ˌded(ənd)ə'laɪv] *BE.* urtråkig, ointressant **deadbeat** [ˌded'bi:t] **I** *a* dödstrött **II** *s, AE. vard.* dagdrivare; odåga **deaden** ['dedn] **1** bedöva; döva, dämpa **2** förslöa, göra (bli) okänslig **dead-end** [ˌded'end] *a* **1** *~ street* återvändsgata **2** *~ job* arbete som saknar befordringsmöjligheter **deadhead** ['dedhed] *AE. vard.* person med fribiljett **deadline** ['dedlaɪn] deadline, tidsgräns, sista dag (tidpunkt) **deadlock** ['dedlɒk] dödläge, baklås **deadly** ['dedlɪ] **I** *a* **1** dödlig; dödsbringande **2** döds-; *~ sins* dödssynder **II** *adv* dödligt; döds- **dead-nettle** [ˌded'netl] *bot.* plister **deadpan** [ˌded'pæn] uttryckslös

deaf [def] döv (*to* för); *~ in one ear* döv på ena örat; *turn a ~ ear* slå dövörat till **deaf-aid** ['defeɪd] hörapparat **deaf-and-dumb** [ˌdefən(d)'dʌm] dövstum **deafen** ['defn] göra döv; bedöva **deafening** ['defnɪŋ] öronbedövande **deaf--mute** [ˌdef'mju:t] **I** *s* dövstum [person] **II** *a* dövstum

1 deal [di:l] **I** *s* **1** *kortsp.* giv **2** *vard.* affärstransaktion, överenskommelse; *square* (*fair*) *~* rättvis behandling; *it's a ~!* överenskommet!, kör till!; *big ~!* (*AE., ofta iron.*) fantastiskt! **3** *a* [*great*] *~* en hel mängd; *a good ~* ganska mycket, en hel del **II** *v* (*dealt, dealt*) **1** handla (*in* med), göra affärer (*in* i) **2** *~ with a*) ta itu med, gripa sig an, *b*) behandla, handla om, *c*) uppträda mot, *d*) ha att göra med; *~ in* handla om, behandla **3** *~* [*out*] dela ut, (*i kortspel*) ge; *~ a blow at* rikta ett slag mot **4** *sl.* dila (*sälja knark*)

2 deal [di:l] **1** furu-, gran|planka **2** (*virke*) gran, furu

dealer ['di:lə] **1** handlande (*in* i, med), -handlare **2** *kortsp.* givare **3** *sl.* dilare (*knarklangare*) **dealings** ['di:lɪŋz] *pl* **1** förbindelse[r]; affärer **2** uppträdande, handlingssätt **dealt** [delt] *imperf. o. perf. part. av deal*

dean [di:n] **1** *univ.* dekan[us] **2** doyen **3** domprost; *rural ~* kontraktsprost

dear [dɪə] **I** *a* **1** dyr, kostsam **2** dyr, kär; *run for ~ life* springa för brinnande livet **II** *s* käraste; raring; *my ~* kära du; *..., there's a ~* (*vard.*) ...så är du snäll; *she's a ~* hon är rar (en raring) **III** *adv* dyrt **IV** *interj, ~ me!, ~, ~!, oh ~!* kors!, nej men!, kära nån!, oj då! **dearly** ['dɪəlɪ] *adv* **1** innerligt, högt **2** dyrt

dearth [dɜ:θ] brist, knapphet

deary ['dɪərɪ] käraste, raring

death [deθ] död; bortgång; dödsfall; *bleed to ~* förblöda; *be at ~'s door* ligga för döden; *do* (*put*) *to ~* döda; *be in at the ~* (*bildl.*) vara med i slutskedet; *catch one's ~* [*of cold*] (*vard.*) få en jätteförkylning

deathbed ['deθbed] dödsbädd **death blow** dödande slag; *bildl.* dödsstöt **death cap** lömsk flugsvamp **death cell** dödscell **death certificate** [-səˌtɪfɪkeɪt] dödsattest **death-dealing** [-ˌdi:lɪŋ] dödsbringande

death duty ['deθdju:tɪ] arvsskatt **death knell** själaringning **deathless** [-lɪs] odödlig **deathly** [-lɪ] **I** *a* dödlig; dödslik, döds- **II** *adv* dödligt; döds- **death rate** dödlighet **death rattle** dödsrossling[ar] **death-roll** lista över stupade (döda) **death's-head** dödskalle **death tax** *AE.* arvsskatt **death-throes** *pl* dödsryckningar (*äv. bildl.*) **deathtrap** dödsfälla **death warrant** [-ˌwɒr(ə)nt] dödsdom **deathwatch** [-wɒtʃ] **1** likvaka **2** *zool.* dödsur **death wish** [-wɪʃ] *psykol.* dödsdrift

deb [deb] *vard. för débutante*

deb. *förk. för debenture*

débâcle [deɪ'bɑ:kl] **1** *bildl.* sammanbrott, vild flykt, debacle **2** islossning; översvämning

debar [di'bɑ:] **1** utestänga, avstänga, utesluta **2** förhindra

debase [dɪ'beɪs] **1** försämra **2** förnedra **3** förfalska **-ment** [-mənt] **1** försämring **2** förnedring **3** förfalskning

debatable [di'beɪtəbl] omstridd, omtvistlig **debate** [dɪ'beɪt] **I** *v* **1** debattera, dryfta, diskutera **2** fundera [på], överväga **II** *s* diskussion, debatt **debater** [dɪ'beɪtə] debattör

debauch [di'bɔ:tʃ] **I** *v* (*moraliskt*) fördärva **II** *s* utsvävning; orgie **debauchee** [ˌdebɔ:'tʃi:] vällusting **debauchery** [dɪ'bɔ:tʃ(ə)rɪ] utsvävning, utsvävningar, omåttlighet, sedeslöshet

debenture [dɪ'ben(t)ʃə] **1** debenture (*slags obligation*) **2** skuldsedel

debil|itate [dɪ'bɪlɪteɪt] försvaga **-itation** [dɪˌbɪlɪ'teɪʃn] försvagning **-ity** [dɪ'bɪlətɪ] svaghet, kraftlöshet

debit ['debɪt] **I** *s* debet **II** *v* debitera

debonair [ˌdebə'neə] **1** glad[lynt]; sorglös **2** älskvärd

debouch [dɪ'baʊtʃ] **1** marschera ut **2** mynna ut

debris ['deɪbri:] spillror; skräp

debt [det] skuld; *bad ~s* osäkra fordringar; *National D~* statsskuld; *be in a p.'s ~* stå i skuld hos ngn; *run into ~* sätta sig i skuld; *out of ~* skuldfri; *pay the ~ of nature* skatta åt förgängelsen, dö **debt collector** ['detkəˌlektə] inkasserare **debtor** ['detə] gäldenär

debug [ˌdi:'bʌg] *vard.* **1** rätta till **2** avlägsna dolda mikrofoner från

debunk [ˌdi:'bʌŋk] *vard.* avslöja, blotta

début ['deɪbu:] debut **débutante** ['debju:tɑ:nt] debutant (*vid hovet, i sällskapslivet*)

Dec. *förk. för December* **dec.** *förk. för deceased; declaration; declination; decrease*

decade ['dekəɪd] decennium, årtionde; dekad, tiotal

deca|dence ['dekəd(ə)ns] dekadans, förfall **-dent** [-t] dekadent, förfallen

Decalogue ['dekəlɒg] *the ~* tio Guds bud

decamp [dɪ'kæmp] **1** bryta upp (*ur läger*), avtåga **2** avvika i hemlighet, rymma [fältet] **-ment** [-mənt] uppbrott

decant [dɪ'kænt] dekantera, hälla upp (*vin*) **-er** [-ə] [vin]karaff

decapitate [dɪ'kæpɪteɪt] halshugga

decarbon|ize (*BE. äv. -ise*) [di:'kɑbənaɪz] sota (*motor*)

decathlon [dɪ'kæθlɒn] *sport.* tiokamp

decay [di'keɪ] **I** *v* **1** förfalla; förstöras; tyna av **2** vissna; multna, murkna, ruttna **II** *s* **1** förfall; avtynande **2** bortvissnande; förmultning, förruttnelse

decease [dɪ'si:s] **I** *v* avlida, dö **II** *s* frånfälle, död **deceased** [-t] **I** *a* avliden **II** *s, the ~* den avlidne, de avlidna

deceit [dɪ'si:t] **1** bedrägeri, svek **2** bedräglighet **-ful** [-f(ʊ)l] bedräglig, svekfull; vilseledande

deceive [dɪ'si:v] bedra[ga], vilseleda; lura **deceiver** [-ə] bedragare

deceler|ate [ˌdi:'seləreɪt] minska farten (hastigheten) [på], sakta in **-ation** ['di:ˌselə'reɪʃn] fart-, hastighets|minskning

December [dɪ'sembə] december

decency ['di:snsɪ] **1** anständighet; tillbörlighet; ärbarhet **2** hygglighet

decen|nary [dɪ'sen(ə)rɪ] *se decennium* **-nial** [-jəl] **I** *a* tioårs-; tioårig **II** *s* tioårsdag **-nium** [-jəm] (*pl -niums el. -nia* [-jə]) decennium, årtionde

decent ['di:snt] **1** anständig; tillbörlig, passande; ärbar **2** *vard.* hygglig, snäll, bussig; skaplig **3** *vard.* anständigt klädd

decentral|ization (*BE. äv. -isation*) [di:ˌsentrəlaɪ'zeɪʃn] decentralisering **-ize** (*BE. äv. -ise*) [ˌdi:'sentrəlaɪz] decentralisera

decep|tion [dɪ'sepʃn] **1** bedrägeri, svek **2** villfarelse, illusion **-tive** [-tɪv] bedräglig, svekfull; vilseledande

decibel ['desɪbel] *fys.* decibel

decide [dɪ'saɪd] **1** besluta (bestämma) [sig för]; avgöra; *the weather ~d me against going* vädret gjorde att jag bestämde mig för att inte gå **2** döma **decided** [-ɪd] **1** avgjord, bestämd, utpräglad **2** bestämd, resolut

deciduous [dɪ'sɪdjʊəs] **1** *bot.* lövfällande **2** avfallande; *~ teeth* mjölktänder

deci|gram[me] ['desɪgræm] decigram **-litre** [-ˌli:tə] deciliter

decimal ['desɪml] **I** *a* decimal-; *~ fraction* decimalbråk; *~ point* decimalkomma; *~ system* decimalsystem; *go ~* införa decimalsystemet **II** *s* decimal; decimalbråk

decimate ['desɪmeɪt] decimera

decimetre ['desɪˌmi:tə] decimeter

decipher [dɪ'saɪfə] dechiffrera; uttyda

deci|sion [dɪ'sɪʒn] **1** avgörande; beslut; utslag **2** beslutsamhet **-sive** [dɪ'saɪsɪv] **1** avgörande **2** beslutsam

deck [dek] **I** *s* **1** *sjö.* däck (*äv. i buss e.d.*); durk; *clear the ~s* (*vard.*) göra sig klar [till strid]; *hit the ~* (*vard.*) *a*) falla till marken, *b*) göra sig redo, *c*) stiga ur sängen **2** kortlek **II** *v* **1** *~* [*out*] utsmycka, pryda **2** *sjö.* däcka **deck chair** däck-, fäll|stol **deck hand** jungman **deckhouse** däckshus, ruff **deck passenger** [-ˌpæsɪn(d)ʒə] däckspassagerare

declaim [dɪ'kleɪm] **1** deklamera **2** orera; *~ against* protestera mot

declama|tion [ˌdeklə'meɪʃn] **1** deklamation; [högtidligt] tal **2** häftigt tal, haranger **-tory** [dɪ'klæmət(ə)rɪ] deklamatorisk; högtravande, pompös

declara|tion [ˌdeklə'reɪʃn] **1** förklaring; *the D~ of Independence* (*AE.*) oavhängighetsförklaringen (*av 4 juli 1776*); *the D~ of Rights* (*BE.*) rättighetsförklaringen (*av 1689*) **2** deklaration, anmälan, uppgift; *customs ~* tulldeklaration **-tive** [dɪ'klærətɪv], **-tory** [dɪ'klærət(ə)rɪ] förklarande

declare [dɪ'kleə] **1** förklara, tillkännage, deklarera, förkunna **2** deklarera, uppge; *have you anything to ~?* har ni ngt att förtulla **3** *~* [*o.s.*] uttala sig (*for* för; *against* mot) **4** *~ off a*) inställa, *b*) dra sig ur, *c*) ta tillbaka; *well, I ~!* har man hört på maken!, det må jag då säga! **declared** [-d] förklarad, uttrycklig, öppen

déclassé [deɪ'klɑ:seɪ] deklasserad

declassify [di:'klæsɪfaɪ] släppa fri (*dokument o.d.*), ta bort hemligstämpeln från

declension [dɪ'klenʃn] **1** nedgång, förfall; avvi-

D

kelse **2** *språkv.* deklination, böjning

declination [ˌdeklɪ'neɪʃn] **1** *astr.* deklination; (*kompassens*) missvisning **2** [formell] vägran

decline [dɪ'klaɪn] **I** *v* **1** avböja, undanbe sig, tacka nej; vägra **2** slutta nedåt; böja nedåt **3** (*om sol e.d.*) sjunka, dala **4** *bildl.* gå utför, avtaga, minska; förfalla; *declining years* ålderdom **5** *språkv.* böja, deklinera **II** *s* **1** avtagande, minskning, tillbakagång, nedgång; *on the ~* på nedåtgående **2** sluttning

declivity [dɪ'klɪvətɪ] sluttning, lutning

declutch [ˌdɪ'klʌtʃ] *tekn.* koppla (trampa) ur

decoct [dɪ'kɒkt] koka av **decoction** [dɪ'kɒkʃn] **1** avkokning **2** dekokt, avkok

decode [ˌdɪ'kəʊd] dechiffrera; avkoda **decoder** [-ə] avkodare

decoke [ˌdi:'kəʊk] *BE. vard.* sota (*motor*)

décolle|tage [ˌdeɪkɒl'tɑ:ʒ] dekolletage, urringning **-té** [deɪ'kɒlteɪ] dekolleterad, urringad

decol|orant [di:'kʌlərənt] blekningsmedel **-our, -orize** (*BE. äv. -orise*) [di:'kʌlə(raɪz)] bleka [ur]

decom|pose [ˌdi:kəm'pəʊz] **1** upplösa, sönderdela, bryta ned **2** upplösas, sönderfalla; vittra, ruttna **-position** [ˌdi:kɒmpə'zɪʃn] upplösning, sönderfall; förruttnelse

decompression [ˌdi:kəm'preʃn] dekompression **decompression sickness (illness)** dykarsjuka

decontami|nate [ˌdi:kən'tæmɪneɪt] sanera (*från gas, radioaktivitet etc.*); *-nating agent* saneringsmedel **-nation** ['di:kənˌtæmɪ'neɪʃn] sanering

decontroll [ˌdi:kən'trəʊl] slopa kontrollen av

décor ['deɪkɔ:] **1** inredningsstil **2** [scen]dekor, dekorationer

deco|rate ['dekəreɪt] **1** dekorera; pryda, smycka; klä **2** måla och tapetsera **3** dekorera, tilldela utmärkelse **-ration** [ˌdekə'reɪʃn] **1** dekorering; prydande, [ut]smyckning; *interior ~* heminredning **2** dekoration, prydnad[er] **3** medalj, orden **-rative** ['dek(ə)rətɪv] dekorativ, prydande; dekorations-, prydnads- **-rator** ['dekəreɪtə] **1** dekoratör **2** *BE.* målare (*hantverkare*); *interior ~* inredningsarkitekt

deco|rous ['dekərəs] anständig, korrekt **-rum** [dɪ'kɔ:rəm] **1** anständighet, dekorum **2** god ton

decoy I *s* ['di:kɔɪ] lockfågel (*äv. bildl.*); bulvan; lockbete **II** *v* [dɪ'kɔɪ] locka[s] med lockfågel, lura

decrease I *v* [di:'kri:s] avta, minska[s] **II** *s* ['di:kri:s] minskning, avtagande; *be on the ~* vara i avtagande **decreasingly** [dɪ'kri:sɪŋlɪ] allt mindre, mindre och mindre

decree [dɪ'kri:] **I** *s* **1** dekret, påbud; förordning **2** *jur.* dom; *~ absolute* slutgiltig skilsmässa; *~ nisi* [dɪˌkri:'naɪsaɪ] (*ung.*) hemskillnad, **II** *v* påbjuda, bestämma, förordna

decrement ['dekrɪmənt] avtagande, minskning

decrepit [dɪ'krepɪt] orkeslös, skröplig; fallfärdig

decry [dɪ'kraɪ] nedvärdera, fördöma

dedi|cate ['dedɪkeɪt] **1** ägna (*to* åt) **2** dedicera (*s.th. to s.b.* ngt till ngn), tillägna (*s.th. to s.b.* ngn ngt) **3** inviga, helga **-cated** [-ɪd] hängiven, engagerad **-cation** [ˌdedɪ'keɪʃn] **1** hängivenhet (*to* för); engagemang **2** dedikation, tillägnan **3** invigning **-catory** ['dedɪkət(ə)rɪ] dedikations-

deduce [dɪ'dju:s] härleda, sluta sig till

deduct [dɪ'dʌkt] dra (räkna, ta) av (ifrån); *be ~ed from* avgå (dras av) från **deductible** [-əbl] avdragsgill **deduction** [dɪ'dʌkʃn] **1** avdrag **2** här-, slut|ledning **deductive** [dɪ'dʌktɪv] deduktiv, slutlednings-

deed [di:d] **I** *s* **1** handling, gärning **2** bragd, bedrift, stordåd **3** *jur.* överlåtelsehandling; kontrakt, dokument, handling **II** *v, AE.* kontraktsenligt överlåta **deed poll** ['di:dpəʊl] *jur.* ensidigt kontrakt (*i sht vid namnbyte*) **deejay** [di:'dʒeɪ] *sl.* disk-jockey, skivpratare

deem [di:m] anse, mena

deep [di:p] **I** *a* **1** djup; *a ~ breath* ett djupt andetag; *~ insight* djup insikt; *~ kiss* kyss med öppen mun; *~ sea* djuphav; *~ space* yttre rymden; *~ in thought* djupt försjunken i tankar; *~ in debt* djupt skuldsatt; *go off the ~ end* (*vard.*) *a*) bli ursinnig, *b*) bli hysterisk, *c*) *AE.* förhasta sig **2** djup, dunkel, svårfattlig **3** djupsinnig **4** listig; *he's a ~ one a*) han är listig och utstuderad, *b*) han är svår att komma underfund med **II** *adv* djupt (*äv. bildl.*); *~ in the past* för mycket länge sedan; *~ into the night* långt in på natten; *~ down* (*vard.*) innerst inne, i själva verket; *sink ~* sjunka djupt **III** *s* djup; havsdjup; *the ~* (*poet.*) havet, djupet

deepen ['di:pn] fördjupa[s]; göra (bli) djupare

deep|freeze [ˌdi:p'fri:z] **I** *v* djupfrysa **II** *s* frys, frysbox **--fry** flottyrkoka, fritera **--laid** listigt uttänkt, utstuderad **--rooted** djupt [in]rotad **--sea** djuphavs- **--seated** djupt [in]rotad (liggande) **--set** djupt liggande

deer [dɪə] (*pl lika el. ~s*) hjort; rådjur; *fallow ~* dovhjort, hjort; *red ~* kronhjort

deer|skin ['dɪəskɪn] hjortskinn **-stalker** [-ˌstɔ:kə] **1** hjort-, gång|skytt **2** jägarhatt (*av Sherlock Holmes-typ*) **-stalking** [-ˌstɔ:kɪŋ] gångskytte på hjort

de-esca|late [ˌdi:'eskəleɪt] trappa ner **-lation** [ˌdi:eskə'leɪʃn] nedtrappning

def. *förk. för defective; defence; defendant; definite; definition*

deface [dɪ'feɪs] **1** van|ställa, -pryda **2** utplåna

de facto [di:'fæktəʊ] **I** *adv* de facto, i själva verket **II** *a* faktisk

defal|cate ['di:fælkeɪt] *jur.* förskingra **-cation** [ˌdi:fæl'keɪʃn] *jur.* förskingring

defamation [ˌdefə'meɪʃn] ärekränkning, förtal **defamatory** [dɪ'fæmət(ə)rɪ] ärekränkande **defame** [dɪ'feɪm] ärekränka, förtala

default [dɪ'fɔ:lt] **I** *s* **1** försummelse; uteblivande; uraktlåtenhet att betala; *make ~* vara försumlig, brista (*i ngt*), utebli; *judgment by ~* tredskodom **2** *in ~ of* i brist på, i frånvaro av **3** *lose* (*win*) *a game by ~* förlora (vinna) en match på walkover **II** *v* inte fullgöra sina skyldigheter, brista i betalning; *jur.* utebli, inte inställa sig inför rätta **-er** [-ə] försumlig person (betalare); förskingrare; *jur.* tredskande part

defeasance [dɪ'fi:zns] upphävande

defeat [dɪ'fi:t] **I** *v* **1** besegra, slå **2** omintetgöra, kullkasta **3** *jur.* annullera, upphäva **II** *s* **1** besegrande; nederlag; tillbakaslående **2** omintetgörande, kullkastande **3** *jur.* annullering, upphävande **-ism** [-ɪz(ə)m] defaitism **-ist** [-ɪst] defaitist

defecate ['defəkeɪt] **1** ha avföring **2** rena

defect I *s* ['di:fekt] brist (*of* på); defekt, fel, ofullkomlighet, lyte **II** *v* [dɪ'fekt] *polit.* hoppa av **de-**

fection [dɪ'fekʃn] avfall; avhopp **defective** [dɪ'fektɪv] **1** bristfällig, defekt, felaktig, ofullständig, **2** efterbliven **defector** [dɪ'fektə] *polit.* avhoppare
defence [dɪ'fens] **1** försvar; skydd, värn; *in ~ of* till försvar för **2** *~s* (*pl*) försvarsverk **3** *jur.* försvarstalan, svaromål; svarandesida **-less** [-lɪs] försvars-, värn|lös
defend [dɪ'fend] försvara; skydda, värna (*from* för); *~ o.s.* (*jur.*) föra sin egen talan **defendant** [-ənt] *jur.* svarande **defender** [-ə] försvarare; *sport.* försvarsspelare **defense** [dɪ'fens] *AE.*, *se defence*
defen|sible [dɪ'fensəbl] försvarbar **-sive** [-sɪv] **I** *a* defensiv; försvars- **II** *s* försvarsställning; *on the ~* på defensiven
1 defer [dɪ'fɜ:] uppskjuta
2 defer [dɪ'fɜ:] *~ to* böja sig för, ge vika för, foga sig efter **-ence** ['def(ə)r(ə)ns] hänsyn, hänsynsfullhet, aktning **-ential** [ˌdefə'renʃl] hänsyns-, aktnings|full
defi|ance [dɪ'faɪəns] trots; utmaning; *bid ~ to* trotsa, utmana; *in ~ of* trots, i trots av **-ant** [-ənt] trotsig; utmanande
defi|ciency [dɪ'fɪʃnsɪ] **1** brist; bristfällighet, otillräcklighet; *mental ~* efterblivenhet **-cient** [-ʃnt] bristande, otillräcklig; *mentally ~* efterbliven; *be ~ in* sakna
deficit ['defɪsɪt] *hand.* deficit, brist, underskott
defier [dɪ'faɪə] **1** trotsare **2** utmanare
1 defile I *s* ['di:faɪl] trång passage, pass **II** *v* [dɪ'faɪl] defilera
2 defile [dɪ'faɪl] befläcka, besudla; [för]orena
definable [dɪ'faɪnəbl] definierbar **define** [dɪ'faɪn] **1** definiera **2** bestämma [gränserna för], begränsa, avgränsa; fastställa; specificera **definite** ['defɪnɪt] klart avgränsad; fastställd; avgjord; bestämd, definitiv, exakt; *~ article* (*språkv.*) bestämd artikel **definitely** ['defɪnɪtlɪ] *adv* definitivt, absolut, avgjort **definition** [ˌdefɪ'nɪʃn] **1** definition, definiering **2** (*på foto e.d.*) skärpa, tydlighet **definitive** [dɪ'fɪnɪtɪv] definitiv, slutgiltig, avgörande
deflate [dɪ'fleɪt] **1** släppa luften ur, tömma[s] på luft; *bildl.* ta luften ur (*ngn*) **2** *ekon.* åstadkomma deflation av; sänka **deflation** [dɪ'fleɪʃn] *ekon.* deflation **deflationary** [dɪ'fleɪʃn(ə)rɪ] *ekon.* deflations-
deflect [dɪ'flekt] böja [sig] åt sidan, avleda[s], avvika **de|flection, -flexion** [dɪ'flekʃn] böjning [åt sidan, nedåt]; avvikelse
defloration [ˌdi:flɔ:'reɪʃn] deflor|ation, -ering
deflower [ˌdi:'flaʊə] **1** deflorera **2** beröva (*ngn, ngt*) dess skönhet (oskuld), fördärva, vanhelga
defoli|ate [ˌdi:'fəʊlɪeɪt] avlöva[s] **-ation** [ˌdi:fəʊlɪ'eɪʃn] avlövning; lövfällning
deforest [ˌdi:'fɒrɪst] kalhugga **-ation** [di:ˌfɒrɪ'steɪʃn] kalhuggning
deform [di:'fɔ:m] deformera, vanställa **deformation** [ˌdi:fɔ:'meɪʃn] deformering, vanställande; deformation; missbildning **deformed** [-d] deformerad, vanställd; missbildad **deformity** [-ətɪ] **1** vanskaplighet **2** deformitet, missbildning, lyte
defraud [dɪ'frɔ:d] bedra[ga], svindla (*of* på) **-er** [-ə] bedragare, svindlare
defray [dɪ'freɪ] bestrida, bära (*kostnader*) **-al** [-(ə)l], **-ment** [-mənt] bestridande (*av kostnad*)
defrock [ˌdi:'frɒk] *se unfrock*
defrost [ˌdi:'frɒst] tina upp; avfrosta **-er** [-ə] defroster, avfrostare
deft [deft] flink, händig, skicklig **-ness** ['deftnɪs] flinkhet, händighet, skicklighet
defunct [dɪ'fʌŋ(k)t] **1** avliden, död **2** inte längre förekommande; *~ law* upphävd lag
defuse [ˌdi:'fju:z] desarmera
defy [dɪ'faɪ] **1** utmana **2** trotsa
deg. *förk. för degree*
degauss [ˌdi:'gaʊs] avmagnetisera; *~ing system* avmagnetiseringsanordning, magnetskydd
degener|acy [dɪ'dʒenrəsɪ] degeneration; förfall **-ate I** *a* [dɪ'dʒen(ə)rət] degenererad, urartad **II** *v* [dɪ'dʒenəreɪt] degenerera[s], urarta **-ation** [dɪˌdʒenə'reɪʃn] degener|ering, -ation, urartning
degradation [ˌdegrə'deɪʃn] **1** degradering **2** förnedring **3** förfall, tillbakagång; urartning **degrade** [dɪ'greɪd] **1** degradera **2** vanära, förnedra **3** urarta, förfalla
degree [dɪ'gri:] **1** grad (*äv. mat., fys. m.m.*); *difference of ~* gradskillnad; *the third ~* (*jur.*) tredje graden; *by ~s* gradvis, stegvis; *to a ~* något, ganska; *to a high ~* i hög grad; *to some* (*a certain*) *~* i någon (viss) mån **2** rang, ställning **3** *univ.* grad, examen; *take one's ~* avlägga examen
dehydrate [ˌdi:'haɪdreɪt] **1** torka **2** *kem.* dehydrera
de-ice [ˌdi:'aɪs] avisa[s], förhindra isbildning på [i]
dei|fication [ˌdi:ɪfɪ'keɪʃn] förgudning **-fy** ['di:ɪfaɪ] upphöja till gud; avguda
deign [deɪn] *~ to* värdigas, nedlåta sig att
deism ['di:ɪz(ə)m] deism **deity** ['di:ɪtɪ] gudom, gudomlighet; *the D~* Gud
deject [dɪ'dʒekt] nedslå, göra nedslagen (nedstämd, modfälld) **dejection** [dɪ'dʒekʃn] nedslagenhet, modfälldhet; förstämning
Del. *förk. för Delaware* **del.** *förk. för delegate*
Delaware ['deləweə]
delay [dɪ'leɪ] **I** *v* **1** fördröja, försena; *~ing tactics* förhalningstaktik **2** dröja med, uppskjuta (*doing s.th.* att göra ngt) **3** dröja (*on* vid) **II** *s* försening, dröjsmål; fördröjning **delayed-action** [-dˌækʃn] *a*, *~ bomb* tidsinställd bomb
delec|table [dɪ'lektəbl] behaglig, ljuvlig, härlig **-tation** [ˌdi:lek'teɪʃn] förnöjelse, förtjusning, nöje
dele|gacy ['delɪgəsɪ] **1** ombudsmannaskap **2** delegation, deputation **-gate I** *s* [-gət] **1** delegat, ombud, befullmäktigad, delegerad **2** *AE.* territorialrepresentant **II** *v* [-geɪt] delegera; ge i uppdrag, bemyndiga; anförtro **-gation** [ˌdelɪ'geɪʃn] **1** delegering; befullmäktigande; överlåtande **2** delegation, deputation
delete [dɪ'li:t] stryka, utplåna
deleterious [ˌdelɪ'tɪərɪəs] skadlig
deletion [dɪ'li:ʃn] strykning; utplånande
deliber|ate I *a* [dɪ'lɪb(ə)rət] **1** försiktig; behärskad **2** noga övervägd, överlagd, avsiktlig **II** *v* [dɪ'lɪbəreɪt] **1** överväga; tänka över; betänka sig **2** rådslå, överlägga (*on* om) **-ately** [dɪ'lɪb(ə)rətlɪ] **1** avsiktligt, med flit, medvetet **2** betänksamt **-ation** [dɪˌlɪbə'reɪʃn] **1** övervägande, betän-

kande **2** överläggning **-ative** [dɪ'lɪb(ə)rətɪv] **1** reflekterande, betänksam **2** rådgivande
deli|cacy ['delɪkəsɪ] **1** ömtålighet, spädhet, klenhet **2** finhet (*i utförande e.d.*), utsökthet **3** känslighet **4** finess, förfining **5** finkänslighet, takt **6** delikatess, läckerhet **-cate** [-kət] **1** ömtålig, späd, klen, spröd, skör **2** fin, utsökt, mild **3** delikat, grannlaga, ömtålig **4** känslig, fin **5** finkänslig, taktfull **6** delikat, läcker **-catessen** [ˌdelɪkə'tesn] **1** färdiglagad mat; delikatesser **2** affär för färdiglagad mat; delikatessaffär
delicious [dɪ'lɪʃəs] **1** delikat, läcker, utsökt **2** härlig
delight [dɪ'laɪt] **I** *s* glädje, nöje, välbehag; förtjusning **II** *v* **1** glädja, fröjda **2** finna nöje (*in* i), njuta (*in* av) **-ed** [-ɪd] förtjust, glad; *I shall be ~ed to* det skall bli mig ett nöje att **-ful** [-f(ʊ)l] förtjusande [trevlig], härlig, underbar
delim|it[ate] [di:'lɪmɪt(eɪt)] avgränsa, begränsa **-itation** [dɪˌlɪmɪ'teɪʃn] **1** avgränsning **2** gränsreglering
deline|ate [dɪ'lɪnɪeɪt] **1** teckna [konturerna av]; skissera **2** beskriva **-ation** [dɪˌlɪnɪ'eɪʃn] **1** [kontur]teckning; skiss **2** beskrivning
delin|quency [dɪ'lɪŋkwənsɪ] **1** förseelse, lagöverträdelse **2** pliktförgätenhet, försumlighet **3** brottslighet **-quent** [-kwənt] **I** *s* delinkvent, brottsling **II** *a* **1** brottslig **2** försumlig
delir|ious [dɪ'lɪrɪəs] **1** gripen av yrsel, yrande **2** vild, yr (*with joy* av glädje) **-ium** [-ɪəm] **1** yrsel; [feber]hallucinationer; ~ [*tremens*] [-'tri:menz] delirium [tremens] **2** upphetsning, vansinne
deliver [dɪ'lɪvə] **1** lämna av (fram, ut, över); leverera, dela (bära) ut; ~ *the goods a*) leverera varorna, *b*) *vard.* göra det man har lovat **2** befria; ~ *us from evil* fräls oss från ondo **3** förlösa; *be ~ed of a child* nedkomma med ett barn **4** framföra, hålla (*a speech* ett tal); ~ *a cry* utstöta ett skrik **5** ~ [*up, over*] lämna ifrån sig, överlämna, ge upp **6** rikta, utdela (*a blow* ett slag); avlossa (*a shot* ett skott) **deliverance** [dɪ'lɪv(ə)r(ə)ns] **1** befrielse, räddning **2** yttrande, uttalande **delivery** [dɪ'lɪv(ə)rɪ] **1** av-, fram-, ut-, över|lämnande; leverans; utdelning, utbärning, tur; *general* ~ (*AE.*) poste restante; *special* ~ express[utdelning]; *cash* (*AE. collect*) *on* ~ [mot] postförskott (efterkrav) **2** förlossning, nedkomst **3** framställningssätt; framförande **4** överlämnande, uppgivande; utlämnande **5** kast (*av boll*) **delivery man** varubud **delivery note** följesedel **delivery van** skåpbil
dell [del] däld, liten dal
delouse [ˌdi:'laʊs] avlusa
delphinium [del'fɪnɪəm] *bot.* riddarsporre
delta ['deltə] delta
delude [dɪ'lu:d] lura, vilseleda, förleda (*into* till); ~ *o.s.* (*äv.*) inbilla sig
deluge ['delju:dʒ] **I** *s* syndaflod, översvämning; skyfall; *bildl.* störtflod **II** *v* översvämma
delu|sion [dɪ'lu:ʒn] självbedrägeri, illusion, villfarelse, inbillning; *~s of grandeur* storhetsvansinne; *be under the ~ that* leva i den villfarelsen att **-sive** [-sɪv], **-sory** [-sərɪ] bedräglig, vilseledande, illusorisk
de luxe [də'lʊks] lyx-, luxuös
delve [delv] ~ *in*[*to*] forska (gräva) i
Dem. *AE., förk. för Democrat*[*ic*]
demagnet|ization (*BE. äv. -isation*) ['di:ˌmægnɪtaɪ'zeɪʃn] avmagnetisering **-ize** (*BE. äv. -ise*) [ˌdi:'mægnɪtaɪz] avmagnetisera
dema|gog ['deməgɒg] *AE., se demagogue* **-gogic[al]** [ˌdemə'gɒgɪk(l)] demagogisk **-gogue** ['deməgɒg] demagog, agitator **-goguery** ['deməgɒg(ə)rɪ], **-gogy** ['deməgɒgɪ] demagogi
demand [dɪ'mɑ:nd] **I** *v* begära, fordra, kräva (*of, from* av); *he ~ed my name* han krävde att få veta mitt namn **II** *s* **1** begäran (*for* om), fordran, krav (*for* på); *on* ~ vid anfordran; *make ~s on s.b.* ställa krav på ngn **2** efterfrågan (*for* på); *supply and* ~ tillgång och efterfrågan; *in great* (*much in*) ~ mycket efterfrågad **demanding** [-ɪŋ] fordrande, krävande **demand note 1** a vista-växel **2** kravbrev
demar|cate ['di:mɑ:keɪt] avgränsa; utstaka (*gräns*) **-cation** [ˌdi:mɑ:'keɪʃn] avgränsning; *line of* ~ demarkationslinje
demean [dɪ'mi:n] *v,* ~ *o.s.* förnedra (nedlåta) sig **-our** [-ə] hållning, uppträdande, sätt
demented [dɪ'mentɪd] sinnesrubbad, tokig **dementia** [dɪ'menʃɪə] demens
demerit [di:'merɪt] **1** fel, brist **2** klandervärt beteende; *AE. skol.* anmärkning
demesne [dɪ'meɪn] domän; [jorda]gods; *hold in* ~ (*jur.*) inneha med oinskränkt äganderätt
demigod ['demɪgɒd] halvgud
demijohn ['demɪdʒɒn] damejeanne
demilitar|ize (*BE. äv. -ise*) [ˌdi:'mɪlɪtəraɪz] demilitarisera
demise [dɪ'maɪz] **I** *s* **1** frånfälle, död **2** upphörande, slut **3** *jur.* överlåtelse av egendom **4** ~ *of the crown* tronskifte **II** *v* överlåta
demi-semiquaver ['demɪsemɪˌkweɪvə] *mus.* trettiotvåendelsnot
demist [ˌdi:'mɪst] ta bort imma från **-er** [-ə] defroster, avfrostare
demo ['deməʊ] *vard.* [protest]demonstration
demob [ˌdi:'mɒb] *BE. vard.* **I** *v, be ~bed* mucka **II** *s* **1** muck **2** muckande soldat
demobi|lization (*BE. äv. -lisation*) ['di:ˌməʊbɪlaɪ'zeɪʃn] demobilisering, hemförlovning **-lize** (*BE. äv. -lise*) [di:'məʊbɪlaɪz] demobilisera; hemförlova
democracy [dɪ'mɒkrəsɪ] demokrati **democrat** ['deməkræt] demokrat **democratic** [ˌdemə'krætɪk] demokratisk **democra|tize** (*BE.äv. -tise*) [dɪ'mɒkrətaɪz] demokratisera
demographic [ˌdi:mə'græfɪk] demografisk, befolknings- **demography** [di:'mɒgrəfɪ] demografi, befolknings|statistik, -lära
demolish [dɪ'mɒlɪʃ] **1** demolera, rasera **2** *bildl.* förstöra, göra slut på **demolition** [ˌdemə'lɪʃn] **1** demolering, [ned]rivning, rasering **2** *bildl.* förstörelse
demon ['di:mən] **1** demon, ond ande **2** överdängare, fenomen **demoniac** [dɪ'məʊnɪæk], **demoniacal** [ˌdi:mə(ʊ)'naɪəkl] **1** demonisk, djävulsk **2** besatt [av onda andar]; ursinnig, vild, vanvettig **demonic** [di:'mɒnɪk] demonisk, djävulsk
demon|strable ['demənstrəbl] bevislig, bevisbar **-strate** [-eɪt] **1** bevisa, påvisa **2** demonstrera

-stration [ˌdemən'streɪʃn] **1** bevis; bevisande; uppvisande **2** demonstration **-strative** [dɪ'mɒnstrətɪv] **I** *a* **1** demonstrativ (*äv. språkv.*); öppen[hjärtig] **2** bevisande, övertygande **II** *s, språkv.* demonstrativt pronomen **-strator** ['demənstreɪtə] **1** demonstratör **2** demonstrant
demoral|ize (*BE. äv. -ise*) [dɪ'mɒrəlaɪz] demoralisera
demote [ˌdi:'məʊt] degradera **demotion** [ˌdi:'məʊʃn] degradering
demur [dɪ'mɜ:] **I** *v* hysa betänkligheter, göra invändningar (*to, at* mot) **II** *s* invändning[ar]
demure [dɪ'mjʊə] **1** anständig; tillbakadragen **2** tillgjort (låtsat) blyg, pryd
demur|rage [dɪ'mʌrɪdʒ] *hand.* [kostnader för] överliggetid **-rer** [-ə] *jur.* formell invändning
den [den] **1** (*djurs*) kula, håla, lya **2** litet rum, krypin **3** näste, tillhåll, håla
denary ['di:nərɪ] decimal-
denational|ize (*BE. äv. -ise*) [ˌdi:'næʃnəlaɪz] denationalisera; överföra i privat ägo; beröva nationaliteten
denatural|ize (*BE. äv. -ise*) [ˌdi:'nætʃrəlaɪz] **1** göra onaturlig **2** denaturalisera, beröva medborgarskap **3** denaturera
denature [ˌdi:'neɪtʃə] denaturera
denial [dɪ'naɪ(ə)l] **1** förnekande **2** avslag, vägran **3** dementi **4** självförnekelse
denier ['denɪə] *textil.* denier
denigrate ['denɪgreɪt] svärta ner, tala illa om
denim ['denɪm] denim (*grovt bomullstyg*); *~s* (*pl*) blå|jeans, -byxor
denizen ['denɪzn] **I** *s* **1** invånare **2** *BE.* naturaliserad medborgare **3** naturaliserat djur (ord *etc.*) **II** *v* naturalisera
Denmark ['denmɑ:k] Danmark
denomi|nate [dɪ'nɒmɪneɪt] benämna, beteckna **-nation** [dɪˌnɒmɪ'neɪʃn] **1** benämning, beteckning **2** mått-, mynt|enhet, valör **3** kyrkosamfund, religiös sekt **-national** [dɪˌnɒmɪ'neɪʃənl] kyrkosamfunds-, konfessionell **-native** [di'nɒmɪnətɪv] **I** *a* benämnande **II** *s, språkv.* denominativt verb **-nator** [dɪ'nɒmɪneɪtə] *mat.* nämnare; *least* (*lowest*) *common ~* minsta gemensamma nämnare
denota|tion [ˌdi:nə(ʊ)'teɪʃn] betydelse, beteckning **-tive** [dɪ'nəʊtətɪv] signifikativ; tydlig
denote [dɪ'nəʊt] beteckna, utmärka; ange; tyda på
dénouement [deɪ'nu:mɑ̃:(ŋ)] upplösning (*i pjäs e.d.*); utgång
denounce [dɪ'naʊns] **1** utpeka, stämpla; fördöma, kritisera **2** uppsäga, förklara ogiltig **3** ange, anmäla **-ment** [-mənt] fördömande, förkastelsedom
dense [dens] **1** tät, kompakt **2** dum **density** ['densətɪ] **1** täthet, kompakthet; *fys.* densitet **2** dumhet
dent [dent] **I** *s* märke, buckla **II** *v* **1** göra märke[n] i, buckla till **2** få märken, bli bucklig
dent. *förk. för dental; dentistry*
den|tal ['dentl] **I** *a* **1** tand-; tandläkar-; *~ floss* tandtråd; *~ hygienist* tandhygienist; *~ plaque* (*tandläk.*) plack; *~ plate* tandprotes; *~ surgeon* tandläkare **2** *språkv.* dental **II** *s, språkv.* dental **-tate** [-teɪt] *bot.* tandad **-ticle** [-tɪkl] liten tand **-tifrice** [-tɪfrɪs] tand|kräm, -pulver **-tine** [-ti:n] tandben **-tist** [-tɪst] tandläkare **-tistry** [-tɪstrɪ] tandläkaryrket; tandläkekonst **-ture** [-(t)ʃə] löständer; tandprotes
denude [dɪ'nju:d] **1** blotta, avklä[da] **2** beröva (*s.b. of s.th.* ngn ngt)
denuncia|tion [dɪˌnʌnsɪ'eɪʃn] **1** fördömande, brännmärkning **2** *jur. åld.* angivelse **3** uppsägning **-tory** [dɪ'nʌnsɪət(ə)rɪ] **1** hotande **2** anklagande **3** fördömande
deny [dɪ'naɪ] **1** förneka, neka till, bestrida; inte vilja kännas vid **2** vägra, neka; tillbakavisa **3** *~ o.s.* neka sig, försaka
deodor|ant [di:'əʊdər(ə)nt] deodorant **-ize** (*BE. äv. -ise*) [-aɪz] ta bort [dålig] lukt från, göra luktfri
dep. *förk. för departs; departure; deponent; deposit; deputy*
depart [dɪ'pɑ:t] **1** avlägsna sig; avresa; (*om tåg o.d.*) avgå **2** *~ from* avvika, skilja sig från, frångå; *~ from one's word* svika sitt ord **3** *~ this life* skiljas från detta livet, gå bort **-ed** [-ɪd] **I** *a* **1** gången, svunnen **2** bort-, hädan|gången **II** *s, the ~* den bortgångne (bortgångna), de bortgångna
department [dɪ'pɑ:tmənt] **1** avdelning; *univ.* institution; *bildl.* område, gren, fack **2** departement (*äv. franskt län*); *the State D~, the D~ of State* (*i USA*) utrikesdepartementet **departmental** [ˌdi:pɑ:t'mentl] avdelnings-; institutions-; departements- **department store** varuhus
departure [dɪ'pɑ:tʃə] **1** avresa, avfärd; avgång; *~s* avgående [tåg, flyg *etc.*]; *point of ~* utgångspunkt; *a new ~* ett nytt försök, en ny sak **2** avvikelse, avsteg **3** bortgång, död
depend [dɪ'pend] **1** bero, komma an ([*up*]*on* på); vara beroende ([*up*]*on* av); *that ~s* det beror på **2** lita ([*up*]*on* på); *you can ~* [*up*]*on it!* det kan du lita på! **-able** [-əbl] pålitlig **-ant** [-ənt] underlydande; beroende person **-ence** [-əns] **1** tillit, förtröstan ([*up*]*on* till) **2** beroende, avhängighet ([*up*]*on* av) **-ency** [-ənsɪ] besittning, underlydande område **-ent** [-ənt] **I** *a* beroende ([*up*]*on* av); hänvisad ([*up*]*on* till); underordnad; *~ clause* bisats **II** *s, se dependant*
depict [dɪ'pɪkt] avbilda, måla (teckna) av; skildra, beskriva **depiction** [dɪ'pɪkʃn] bild; skildring
depilatory [dɪ'pɪlət(ə)rɪ] **I** *a* hårborttagande **II** *s* hårborttagningsmedel
deplane [di:'pleɪn] *AE.* stiga ur (*flygplan*)
deplete [dɪ'pli:t] [ut]tömma; [kraftigt] reducera **depletion** [dɪ'pli:ʃn] [ut]tömning; reducering
deplorable [dɪ'plɔ:rəbl] **1** beklagansvärd, beklaglig **2** bedrövlig **deplore** [dɪ'plɔ:] djupt beklaga
deploy [dɪ'plɔɪ] *mil.* **I** *v* utveckla [sig] på bred front; gruppera [sig] **II** *s, se deployment* **-ment** [-mənt] *mil.* spridning; gruppering
deplume [dɪ'plu:m] plocka (*fågel*)
deponent [dɪ'pəʊnənt] **1** *språkv.* deponens **2** *jur.* [edligt] vittne
depopu|late [ˌdi:'pɒpjʊleɪt] avfolka **-lation** [di:ˌpɒpjʊ'leɪʃn] avfolkning
deport [dɪ'pɔ:t] **1** deportera, bortföra **2** *rfl* uppföra sig **deportation** [ˌdi:pɔ:'teɪʃn] deport|e-

D

ring, -ation **deportee** [di:ˌpɔ:'ti:] deporterad [person] **deportment** [dɪ'pɔ:tmənt] hållning; uppträdande

deposal [dɪ'pəʊzl] *se deposition* **depose** [dɪ'pəʊz] **1** avsätta (*från ämbete*) **2** *jur.* vittna [om] (*under ed*)

deposit [dɪ'pɒzɪt] **I** *s* **1** insättning, deposition; insatta pengar **2** handpenning; förskott; insats; pant **3** fällning, avlagring; fyndighet; lager **II** *v* **1** sätta (lägga) ner, placera **2** deponera, anförtro; sätta in **3** deponera; lämna i handpenning **4** avlagra, utfälla **deposit account** [-əˌkaʊnt] inlåningsräkning (*med uppsägning*) **depositary** [-(ə)rɪ] depositarie, förvarare **deposition** [ˌdepə'zɪʃn] **1** *jur.* [skriftligt] vittnesmål, [skriftlig] edlig försäkran **2** deponerande; insättning; inlämning i förvar **3** avsättning (*från ämbete*) **4** [ut]fällning, avlagring **5** nedläggande **6** *the D~* nedtagningen från korset **depositor** [dɪ'pɒzɪtə] insättare **depository** [dɪ'pɒzɪt(ə)rɪ] **1** förvarings|rum, -ställe; magasin **2** *se depositary*

depot ['depəʊ] **1** *mil.* depå; utbildningsplats för rekryter **2** depå, nederlag, förråd **3** *BE.* bussgarage; spårvagnshall **4** ['di:pəʊ] *AE.* järnvägsstation; busstation **depot troops** reservtrupper

depravation [ˌdeprə'veɪʃn] *se depravity* **deprave** [dɪ'preɪv] fördärva (*moraliskt*), demoralisera; *~d* depraverad **depravity** [dɪ'prævətɪ] depravation, [sede]fördärv

depre|cate ['deprɪkeɪt] **1** ogilla, ta avstånd från **2** nedvärdera, förringa **-cation** [ˌdeprɪ'keɪʃn] **1** ogillande, avståndstagande **2** nedvärdering **-catory** ['deprɪkət(ə)rɪ] **1** ogillande **2** urskuldande

depreci|ate [dɪ'pri:ʃɪeɪt] **1** sänka priset på; nedskriva **2** minska i värde **3** *bildl.* nedsätta, förringa **-ation** [dɪˌpri:ʃɪ'eɪʃn] **1** värdeminskning; depreciering; nedskrivning (*av valuta*); *hand.* avskrivning **2** nedvärdering, förringande **-atory** [dɪ'pri:ʃjət(ə)rɪ] nedsättande, förringande

depre|dation [ˌdepri'deɪʃn] plundring, härjning **-dator** ['deprɪdeɪtə] plundrare

depress [dɪ'pres] **1** trycka ner; sänka **2** nedslå, göra deprimerad **3** hämma, försvaga **depressed** [-t] **1** nedstämd, nere; deprimerad **2** nedsänkt; tillplattad **3** matt; minskad; nedsatt; *~ area* krisdrabbat område (*med stor arbetslöshet*) **depressing** [-ɪŋ] nedslående, deprimerande **depression** [dɪ'preʃn] **1** nedtryckning, sänkning **2** depression, nedslagenhet, nedstämdhet **3** depression, lågkonjunktur **4** *meteor.* lågtryck; lågtryckscentrum] **5** sänka, fördjupning **depressive** [dɪ'presɪv] **1** *psykol.* depressiv **2** deprimerande, nedslående

deprivation [ˌdeprɪ'veɪʃn] förlust; berövande; försakelse **deprive** [dɪ'praɪv] beröva (*s.b. of s.th.* ngn ngt); undanhålla (*s.b. of s.th.* ngn ngt)

dept. *förk. för department*

depth [depθ] djup (*äv. bildl.*); djuphet; djupsinne; *the ~[s] of despair* förtvivlans djup; *~ of field* (*foto.*) skärpedjup; *in ~* ingående; *in the ~s of despair* i djupaste förtvivlan; *in the ~s of the forest* i djupaste skogen; *in the ~s of winter* mitt i [kallaste] vintern; *I was out of (beyond) my ~ a)* jag kom ut på djupt vatten, *b)* det övergick min horisont **depth bomb (charge)** sjunkbomb

deputation [ˌdepjʊ'teɪʃn] **1** befullmäktigande **2** deputation **depute** [dɪ'pju:t] **1** anförtro, överlåta (*åt representant*) **2** utse (*som representant*)

depu|tize (*BE. äv. -tise*) ['depjʊtaɪz] **1** vikariera **2** utse till vikarie **deputy** ['depjʊtɪ] **1** fullmäktig, deputerad **2** ställföreträdare, vikarie; *attr.* vice, ställföreträdande, andre

der. *förk. för derivation; derivative*

deracinate [di:'ræsɪneɪt] dra upp med rötterna

derail [dɪ'reɪl] [få att] spåra ur; *the train was ~ed* tåget spårade ur **-ment** urspår[n]ing

derange [dɪ'reɪn(d)z] **1** bringa i oordning, rubba; störa **2** göra sinnesrubbad **-ment** [-mənt] **1** [bringande i] oordning, rubbning; störning **2** sinnesrubbning

deration [ˌdi:'ræʃn] upphäva ransoneringen av

Derby ['dɑ:bɪ, *dial. o. AE.* 'dɜ:bɪ] **1** Derby (*stad*) **2** *the ~* Derby (*hästkapplöpning*) **3** hästkapplöpning; [*local*] *~* lokalderby **derby [hat]** ['dɜ:bɪ (hæt)] *AE.* plommonstop **Derbyshire** [-ʃə]

derelict ['derɪlɪkt] **I** *a* **1** övergiven, herrelös **2** förfallen **3** pliktförgäten **II** *s* **1** herrelöst gods; övergivet skepp **2** socialt utslagen person **3** pliktförgäten person **dereliction** [ˌderɪ'likʃn] **1** övergivande **2** havets tillbakavikande; torrlagt land **3** *~ [of duty]* pliktförgätenhet

deride [dɪ'raɪd] håna, förlöjliga **derision** [dɪ'rɪʒn] åtlöje, hån, förlöjligande **deri|sive** [dɪ'raɪsɪv], **-sory** [dɪ'raɪsərɪ] **1** hånfull, gäckande **2** löjlig, futtig

deriv. *förk. för derivation; derivative; derived*

derivation [ˌderɪ'veɪʃn] **1** härled|ande, -ning; ursprung; etymologi **2** avledning **3** derivering **derivative** [dɪ'rɪvətɪv] **I** *a* av-, här|ledd **II** *s* **1** *kem.* derivat **2** *språkv.* avledning **derive** [dɪ'raɪv] **1** av-, här|leda; derivera **2** få, hämta, erhålla, inhösta **3** härstamma, härleda sig

dermatol|ogist [ˌdɜ:mə'tɒlədʒɪst] dermatolog, hudläkare **-ogy** [-ədʒɪ] dermatologi, läran om hudsjukdomarna

derogate ['derə(ʊ)geɪt] *v, ~ from* förringa, kränka **derogation** [ˌderə(ʊ)'geɪʃn] **1** inskränkning; intrång **2** förringande **3** försämring **derogatory** [dɪ'rɒgət(ə)rɪ] **1** inkräktande, inskränkande **2** skadlig (*to* för) **3** nedsättande, förringande, förklenande

derrick ['derɪk] **1** last|kran, -bom **2** borrtorn (*över oljekälla*)

derring-do [ˌderɪŋ'du:] *åld. el. litt.* oförvägenhet

derringer ['derɪn(d)ʒə] (*liten grovkalibrig*) pistol

derv [dɜ:v] *BE.* dieselolja

dervish ['dɜ:vɪʃ] dervisch

desc. *förk. för descendant*

descant **I** *v* [dɪ'skænt] *~ [up]on* utbreda sig över **II** *s* ['deskænt] *mus.* **1** diskant; sopran **2** flerstämmig komposition **3** ackompanjemang

descend [dɪ'send] **1** gå (komma, fara, flytta *etc.*) ner (nerför); sjunka, sänka sig (*[up] on* över) **2** slutta [nedåt] **3** sänka (förnedra, nedlåta) sig (*to* till) **4** härstamma; gå i arv **5** *~ [up]on* överrumpla, överraska, komma på överraskande besök till **-ant** [-ənt] avkomling, ättling (*of* till) **-ent** [-ənt] *a* härstammande

descent [dɪ'sent] **1** nedstigande, nedgång; nedfärd **2** sluttning, nedförsbacke **3** [plötsligt] överfall, invasion **4** *bildl.* sjunkande, fall **5** härstamning **6** övergång genom arv

describe [dı'skraıb] beskriva, framställa, skildra; dra[ga] (rita) upp **description** [dı'skrıpʃn] **1** beskrivning, skildring **2** slag, sort **descriptive** [dı'skrıptıv] beskrivande, skildrande; deskriptiv
descry [dı'skraı] varsna, upptäcka
dese|crate ['desıkreıt] vanhelga **-cration** [ˌdesı'kreıʃn] vanhelgande
desegre|gate [ˌdi:'segrıgeıt] upphäva segregationen [i] **-gation** [ˌdi:segrı'geıʃn] desegregation
1 desert ['dezət] **I** *s* öken (*äv. bildl.*); ödemark **II** *a* öken-; öde, ödslig, obebodd
2 desert [dı'zɜ:t] **1** överge, svika **2** desertera [från]; rymma; hoppa av
3 desert [dı'zɜ:t] *vanl.* *~s* (*pl*) förtjänst; välförtjänt lön
deserter [dı'zɜ:tə] desertör **desertion** [dı'zɜ:ʃn] **1** övergivande **2** desertering; rymning **3** övergivenhet
deserve [dı'zɜ:v] förtjäna, vara förtjänt av, vara värd **deservedly** [-ıdlı] *adv* välförtjänt; med rätta **deserving** [-ıŋ] förtjänstfull, värdig; *be ~ of s.th.* förtjäna (vara värd) ngt
desiccate ['desıkeıt] torka [ut]
desider|ate [dı'zıdəreıt] sakna; längta efter **-atum** [dıˌzıdə'reıtəm] (*pl -ata* [-eıtə]) brist; behov; önskemål
design [dı'zaın] **I** *s* **1** plan; avsikt, syfte; *by ~* avsiktligt; *~s against* komplott (anslag) mot; *he has ~s on her* han lägger an på henne **2** design, formgivning; planläggning, planering; utkast, plan, ritning **3** mönster; modell; konstruktion **II** *v* **1** ämna, avse **2** planlägga, planera **3** formge; teckna, rita, göra ritning till; konstruera
desig|nate ['dezıgneıt] **I** *v* **1** ange, beteckna, utmärka **2** designera, bestämma, avse **II** *a* designerad, utnämnd **-nation** [ˌdezıg'neıʃn] **1** angivande **2** utnämning **3** beteckning, benämning
designedly [dı'zaınıdlı] *adv* avsiktligt **designer** [dı'zaınə] **1** designer, formgivare; [mönster]ritare; tecknare; dekoratör **2** ränksmidare, intrigmakare **designing** [dı'zaınıŋ] **I** *a* beräknande, slug **II** *s* formgivning, design
desirable [dı'zaırəbl] **1** önskvärd **2** åtråvärd
desire [dı'zaıə] **I** *s* **1** önskan, längtan (*for* om, efter), åtrå **2** begäran **3** önskemål, önskning **II** *v* **1** önska [sig], åstunda; *leave much to be ~d* lämna mycket övrigt att önska **2** begära, be **desirous** [dı'zaıərəs] ivrig, lysten (*of* efter); *be ~ of s.th.* önska (vilja ha) ngt
desist [dı'zıst] avstå (*from* från); upphöra (*from* med)
desk [desk] **1** skrivbord; skolbänk; pulpet **2** [butiks]kassa; [hotell]reception **3** redaktion (*på tidning*) **desk clerk** ['deskklɑ:k] *AE.* portier, receptionist
deso|late I *a* ['desələt] **1** ödslig; obebodd, övergiven **2** ensam, övergiven; tröstlös **II** *v* ['desəleıt] **1** avfolka, ödelägga **2** göra bedrövad **-lation** [ˌdesə'leıʃn] **1** ödeläggelse; förödelse **2** ödslighet **3** övergivenhet; tröstlöshet
despair [dı'speə] **I** *s* förtvivlan (*at, about* över); *in ~* förtvivlad **II** *v* förtvivla, misströsta (*of* om) **-ing** [-rıŋ] förtvivlad
desperado [ˌdespə'rɑ:dəʊ] desperado, vettvilling, bandit
desper|ate ['desp(ə)rət] **1** desperat; hänsynslös; förtvivlad; *be ~ for* vara i trängande behov av; *be ~ to get* absolut vilja ha **2** huvudlös, riskabel **3** hopplös **4** *vard.* förskräcklig, fenomenal **-ation** [ˌdespə'reıʃn] desperation, förtvivlan
despicable ['despıkəbl] föraktlig, ömklig
despise [dı'spaız] förakta
despite [dı'spaıt] *prep* trots
despoil [dı'spɔıl] [be]röva (*s.b. of s.th.* ngn ngt), plundra (*s.b. of s.th.* ngn på ngt)
despond [dı'spɒnd] misströsta **-ence** [-əns], **-ency** [-ənsı] misströstan, förtvivlan **-ent** [-ənt] modfälld, förtvivlad
despot ['despɒt] despot **-ic** [de'spɒtık] despotisk **-ism** ['despətız(ə)m] despotism
dessert [dı'zɜ:t] dessert, efterrätt; *BE.* frukt, dadlar, nötter (*som dessert*) **-spoon** dessertsked
destination [ˌdestı'neıʃn] **1** bestämmelse, ändamål **2** bestämmelseort, destination
destine ['destın] [förut]bestämma, ämna (*for* för, till) **destined** [-d] förutbestämd, ämnad, destinerad (*for* till) **destiny** ['destını] **1** öde, bestämmelse **2** *the Destinies* ödesgudinnorna, parcerna
desti|tute ['destıtju:t] [ut]blottad (*of* på); utfattig; *be ~ of* (*äv.*) vara helt utan, sakna **-tution** [ˌdestı'tju:ʃn] armod, nöd, fattigdom; brist
destroy [dı'strɔı] förstöra; tillintetgöra, förinta; rasera, riva ner; nedkämpa; göra slut på **destroyer** [-ə] **1** förstörare **2** *sjö.* jagare
destruct [dı'strʌkt] destruera, avsiktligt förstöra (*a missile* en raket) **destructible** [-əbl] förstörbar **destruction** [dı'strʌkʃn] **1** förstörelse; tillintetgörelse; förintelse; rasering; destruktion **2** fördärv, undergång **destructive** [dı'strʌktıv] destruktiv, förstörelse-; nedgörande, negativ **destructor** [dı'strʌktə] förbränningsugn (*för avfall*)
desultory ['des(ə)lt(ə)rı] planlös, osammanhängande, virrig, slumpmässig
detach [dı'tætʃ] **1** lösgöra, ta loss, avskilja **2** *mil.* detachera **detachable** [-əbl] löstagbar **detached** [-t] **1** fristående, avskild **2** opartisk, objektiv; oengagerad **detachment** [-mənt] **1** lösgörande, avskiljande **2** avskildhet; objektivitet; likgiltighet; opartiskhet **3** *mil.* detachering; detachement
detail ['di:teıl] **I** *s* **1** detalj[er]; enskildhet; *matter of ~* bisak, oviktig sak; *go into ~* gå in på detaljer[na]; *but that's a ~!* det är verkligen inget viktigt!; *send further ~s* sänd närmare upplysningar **2** *mil.* litet detachement; utkommendering **II** *v* **1** i detalj redogöra för; specificera **2** *mil.* uttaga, kommendera, detachera, avdela **detailed** [-d] detaljerad, utförlig, detaljrik
detain [dı'teın] **1** uppehålla, hindra **2** kvarhålla i häkte; internera **3** *skol.* låta sitta kvar (*efter skoldagens slut*) **detainee** [ˌdi:teı'ni:] häktad (internerad) person; politisk fånge **detainer** [dı'teınə] *jur.* order om kvarhållande i häkte **detainment** [dı'teınmənt] kvarhållande
detect [dı'tekt] upptäcka; ertappa, komma på **detection** [dı'tekʃn] upptäckt; ertappande **detective** [dı'tektıv] **I** *a* detektiv-, kriminal-; *~ story* detektivhistoria, deckare **II** *s* detektiv; kriminalpolis; *private ~* privatdetektiv **detector** [dı'tektə] detektor
détente [deı'tɑ̃:(n)t] avspänning (*mellan natio-*

ner)

detention [dɪ'tenʃn] **1** uppehållande; försening **2** kvarhållande [i häkte]; internering **3** *skol.* kvarsittning (*efter skoldagens slut*) **4** undanhållande **detention camp** fångläger **detention centre** *BE. ung.* ungdomsfängelse

deter [dɪ'tɜ:] avskräcka

detergent [dɪ'tɜ:dʒ(ə)nt] **I** *s* (*syntetiskt*) tvättmedel, rengöringsmedel **II** *a* renande

deterio|rate [dɪ'tɪərɪəreɪt] försämra[s]; urarta; sjunka i värde **-ration** [dɪˌtɪərɪə'reɪʃn] försämring, urartande, förfall

deter|minant [dɪ'tɜ:mɪnənt] **1** *mat.* determinant **2** bestämmande faktor **-minate** [-minət] bestämd **-mination** [dɪˌtɜ:mɪ'neɪʃn] **1** bestämdhet, beslutsamhet **2** bestämning, bestämmande; fastställande **3** fast föresats, beslut; *jur.* utslag **-minative** [dɪ'tɜ:mɪnətɪv] *a* bestämmande; *språkv.* determinativ **-mine** [dɪ'tɜ:mɪn] **1** bestämma; fastställa; avgöra **2** besluta (bestämma) [sig för]; få (komma) (*ngn*) att bestämma sig **3** ~ *on s.th.* (*on doing s.th.*) besluta (bestämma) sig för ngt (att göra ngt) **-mined** [dɪ'tɜ:mɪnd] bestämd; beslutsam

deterrent [dɪ'ter(ə)nt] **I** *a* avskräckande **II** *s* avskräckande medel; avskräckningsvapen

detersive [dɪ'tɜ:sɪv] *se detergent II*

detest [dɪ'test] *v* avsky **detestable** [-əbl] avskyvärd **detestation** [ˌdi:te'steɪʃn] **1** avsky (*of* för); *hold in* ~ hysa avsky för **2** avskydd person (sak)

dethrone [dɪ'θrəʊn] störta från tronen, avsätta; detronisera **-ment** [-mənt] störtande, avsättning; detronisering

deto|nate ['detəneɪt] [bringa att] detonera (explodera); spränga **-nation** [ˌdetə'neɪʃn] detonation, explosion; knall **-nator** ['detəneɪtə] detonator; knall-, tänd|hatt; tändrör

detour ['di:ˌtʊə] **I** *s* omväg; avstickare; förbifartsled **II** *v* ta en omväg; göra en avstickare

detract [dɪ'trækt] **1** avleda **2** ~ *from* förringa, minska **detraction** [dɪ'trækʃn] förringande; förtal **detractive** [dɪ'træktɪv] förringande; smädlig **detractor** [dɪ'træktə] förtalare, belackare **detractory** [dɪ'træktərɪ] *se detractive*

detri|ment ['detrɪmənt] skada, förfång, men, förlust; *without* ~ *to* utan förfång (men) för **-mental** [-l] skadlig, till förfång, menlig (*to* för)

detruncate [ˌdi:'trʌŋkeɪt] beskära

1 deuce [dju:s] *spelt.* tvåa; (*i tennis*) 40 lika

2 deuce [dju:s] *vard.* **I** *interj* tusan, jäklar **II** *s, what* (*where*) *the* ~... vad (var) tusan...; *the* ~ *of a mess* en jäkla röra **deuced** [-t] *vard.* förbaskad, jäkla

Deut. *förk. för Deuteronomy* **Deuteronomy** [ˌdju:tə'rɒnəmɪ] Femte Mosebok

devaluate [di:'væljʊeɪt] *se devalue* **devaluation** [ˌdi:væljʊ'eɪʃn] devalvering, nedskrivning (*av valuta*) **devalue** [di:'vælju:] devalvera, skriva ner (*valuta*)

devas|tate ['devəsteɪt] ödelägga **-tating** [-teɪtɪŋ] ödeläggande; förödande **-tation** [ˌdevə'steɪʃn] ödeläggelse

develop [dɪ'veləp] **1** utveckla; utarbeta; *she* ~*ed a cold* hon fick en förkylning **2** arbeta upp; exploatera, bygga ut **3** *foto.* framkalla **4** utvecklas, utveckla sig **-er** [-ə] **1** exploatör **2** *foto.* framkallare, framkallningsvätska **-ment** [-mənt] **1** utveckling; utarbetning; [till]växt **2** exploatering, utbyggnad **3** *foto.* framkallning **4** bostadsområde; industriområde

devi|ant ['di:vjənt] **I** *a* avvikande **II** *s* avvikare **-ate** ['di:vɪeɪt] avvika **-ation** [ˌdi:vɪ'eɪʃn] **1** avvikelse **2** *sjö.* deviation, missvisning

device [dɪ'vaɪs] **1** plan; påhitt; knep **2** anordning, apparat, manick, uppfinning **3** mönster; märke, emblem **4** devis, motto **5** *leave s.b. to his own* ~*s* låta ngn sköta (klara) sig själv

devil ['devl] **I** *s* **1** djävul, satan, fan; *the* ~*!* fan (tusan) också!; *how* (*what, who*) *the* ~ hur (vad, vem) fan (tusan); *why the* ~ varför i helsike; *a* (*the*) ~ *of a...* en jäkla..., en tusan till...; *poor* ~ stackars sate; ~*'s advocate* advocatus diaboli; ~*'s bones* tärningar, tärningsspel ; ~*'s books* kortlek; *between the* ~ *and the deep blue sea* mellan två eldar; *there will be the* ~ *to pay* det blir ett jäkla liv; *give the* ~ *his due*,... man måste i alla fall erkänna att...; *go to the* ~ gå (dra) åt skogen; *play the* ~ *with* (*vard.*) gå hårt åt, ta kål på, förvärra; *raise the* ~ ställa till bråk, röra upp himmel och jord; *run like the* ~ springa som (av bara) tusan; *the* ~ *take the hindmost* rädde sig den som kan; *talk of the* ~ [*and he will appear*] när man talar om trollen [står de i farstun] **2** jäkel; *vard.* jäkla [svår] sak **3** springpojke, hjälpreda (*åt advokat*); *printer's* ~ boktryckarlärling **II** *v* **1** *vard.* plåga, reta **2** krydda [starkt] **-fish** *zool.* **1** marulk **2** bläckfisk **3** djävulsrocka **-ish** [-ɪʃ] **I** *a* **1** djävulsk, satanisk **2** *vard.* jäkla, förbaskad **II** *adv* jäkla, jäkligt **--may-care** [ˌdevlmeɪ'keə] oförvägen; sorglös **-ment** ['devlmənt] sattyg, jäkelskap **-ry** ['devlrɪ] **1** sattyg, jäkelskap **2** djävulskhet, elakhet **3** svart magi, trolldom

devious ['di:vjəs] **1** slingrande, irrande; ~ *ways* (*paths*) om-, smyg|vägar **2** oärlig, falsk

devise [dɪ'vaɪz] **I** *v* **1** hitta på, uttänka; uppfinna **2** *jur.* borttestamentera **II** *s, jur.* borttestamentering; testamente **deviser** [-ə] upphovsman; uppfinnare

devital|ize (*BE. äv. -ise*) [ˌdi:'vaɪtəlaɪz] försvaga

devoid [dɪ'vɔɪd] *a*, ~ *of* blottad (tom) på, utan

devoir ['devwɑ:] *s, pay one's* ~*s to s.b.* visa ngn aktning (uppmärksamhet)

devolution [ˌdi:və'lu:ʃn] **1** delegerande; överlåtande **2** decentralisering, tilldelande av (*visst*) regionalt självstyre **3** *biol.* degeneration **devolve** [dɪ'vɒlv] **1** överlåta ([*up*]*on* på) **2** *jur.* övergå ([*up*]*on* till) **3** ~ [*up*]*on* bero på, hänföra sig till

Devon. *förk. för Devonshire* **Devonshire** ['devnʃə]

devote [dɪ'vəʊt] ägna **devoted** [-ɪd] **1** helgad, ägnad, bestämd **2** hängiven; tillgiven; trogen **3** dömd, prisgiven **devotee** [ˌdevə(ʊ)'ti:] dyrkare, anhängare; entusiast, fantast **devotion** [dɪ'vəʊʃn] **1** hängivenhet; tillgivenhet (*to* för) **2** fromhet **3** ~*s* (*pl*) andaktsövning **devotional** [dɪ'vəʊʃənl] from; andakts-

devour [dɪ'vaʊə] sluka (*äv. bildl.*); förtära; uppsluka

devout [dɪ'vaʊt] **1** from; andäktig **2** innerlig

dew [dju:] **I** *s* dagg **II** *v, poet.* daggbestänka

dewdrop ['dju:drɒp] daggdroppe **dewlap 1** (*på

nötkreatur) dröglapp **2** dubbelhaka **dew point** *meteor.* daggpunkt **dewy** [-ɪ] daggig; dagg-; daggfrisk
dexter|ity [dekˈsterətɪ] [finger]färdighet, händighet; skicklighet **-ous** [ˈdekst(ə)rəs] fingerfärdig, händig; skicklig
D.F.C. *förk. för Distinguished Flying Cross* **D.F.M.** *förk. för Distinguished Flying Medal* **dg** [.] *förk. för decigram* **D.G.** *förk. för Deo gratias* (*lat.*) *thanks be to God; director-general* **DHSS** *BE., förk. för Department of Health and Social Security* **di[a].** *förk. för diameter*
dia|betes [ˌdaɪəˈbiːtiːz] *med.* diabetes, sockersjuka **-betic** [-ˈbetɪk] **I** *s* diabetiker, sockersjuk person **II** *a* diabetisk, sockersjuk
diabolic[al] [ˌdaɪəˈbɒlɪk(l)] diabolisk, djävulsk
diachronic [ˌdaɪəˈkrɒnɪk] *språkv. m.m.* diakronisk, historisk
diacritic [ˌdaɪəˈkrɪtɪk] **I** *s* diakritiskt tecken **II** *a* diakritisk; ~ *mark* diakritiskt tecken
diadem [ˈdaɪədem] diadem; krona
diaeresis [daɪˈɪərɪsɪs] *språkv.* trema
diag|nose [ˈdaɪəgnəʊz] diagnostisera **-nosis** [ˌdaɪəgˈnəʊsɪs] (*pl -noses* [-ˈnəʊsiːz]) diagnos **-nostic** [ˌdaɪəgˈnɒstɪk] **I** *a* diagnostisk **II** *s* **1** symtom **2** ~*s* (*behandlas som sg*) diagnostik
diagonal [daɪˈægənl] *a o. s, mat.* diagonal
diagram [ˈdaɪəgræm] diagram
dial [ˈdaɪ(ə)l] **I** *s* **1** urtavla; visartavla **2** solur **3** *tel.* finger-, nummer|skiva **4** *radio.* stationsskala; *TV.* kanalväljare **5** *sl.* nylle, nia, fejs **II** *v* ringa [upp]; slå [ett telefonnummer]
dial. *förk. för dialect*[*al*]
dia|lect [ˈdaɪəlekt] dialekt **-lectal** [ˌdaɪəˈlektl] dialektal, dialekt- **-lectic[al]** [ˌdaɪəˈlektɪk(l)] dialektisk, logisk **-lectics** [ˌdaɪəˈlektɪks] (*behandlas som sg*) dialektik
dialling [ˈdaɪəlɪŋ] telefonering, ringande; ~ *area* riktnummerområde; ~ *code* riktnummer; ~ *tone* kopplingston
dialog *AE.*, **dialogue** *BE.* [ˈdaɪəlɒg] dialog, samtal
diam. *förk. för diameter*
diameter [daɪˈæmɪtə] diameter **diametral** [-mɪtr(ə)l], **diametric[al]** [ˌdaɪəˈmetrɪk(l)] diametrisk; diametral
diamond [ˈdaɪəmənd] **I** *s* **1** diamant; *black* ~ stenkol; *rough* ~ *a*) oslipad (rå) diamant, *b*) fin men ohyfsad människa; ~ *cut* ~ möte mellan likar **2** *kortsp.* ruterkort; ~*s* (*pl*) ruter; *ace of* ~*s* ruteress **3** *geom.* romb **4** (*i baseboll*) innerplan **II** *a* **1** diamant- **2** rombisk **diamond cutter** [-ˌkʌtə] diamantslipare **diamond jubilee** [-ˌdʒuːbɪliː] 60-(75-)årsjubileum **diamond wedding** [-ˌwedɪŋ] diamantbröllop
diaper [ˈdeɪəpə] **I** *s* **1** *AE.* blöja **2** rombiskt mönster **II** *v* dekorera i rombiskt mönster
diaphanous [daɪˈæfənəs] **1** luftig, [nästan] genomskinlig **2** otydlig, vag
diaphragm [ˈdaɪəfræm] **1** diafragma, mellangärde **2** membran; mellanvägg **3** *foto.* bländare **4** pessar
diapositiv [ˌdaɪəˈpɒzɪtɪv] diapositiv, diabild
diarrhoea [ˌdaɪəˈrɪə] diarré
diary [ˈdaɪərɪ] dagbok; almanacka, kalender
diatom [ˈdaɪətəm] *bot.* kiselalg
diatonic [ˌdaɪəˈtɒnɪk] *mus.* diatonisk
diatribe [ˈdaɪətraɪb] diatrib; häftig och bitter kritik
dibble [ˈdɪbl] **I** *s* sättpinne **II** *v* plantera med sättpinne
dibs [dɪbz] *pl, sl.* stålar, kosing
dice [daɪs] **I** *s pl* (*av 1 die 1*) tärningar; *play* ~ spela tärning; *no* ~ (*AE. sl.*) aldrig i livet, den gubben går (gick) inte **II** *v* **1** spela tärning **2** skära i tärningar
dicey [ˈdaɪsɪ] *BE. sl.* knivig; riskabel
dichotomy [daɪˈkɒtəmɪ] dikotomi, klyvning, delning
Dick [dɪk] *kortform av Richard*
dick [dɪk] **1** *AE. sl.* detektiv **2** *BE. sl., clever* ~ stöddig typ **3** *vulg.* kuk
Dickens [ˈdɪkɪnz]
dickens [ˈdɪkɪnz] *s, vard., what the* ~ vad tusan
Dickensian [dɪˈkenzɪən] dickensk
1 dick[e]y [ˈdɪkɪ] **1** *BE. vard.* åsna **2** *se dickey-bird* **3** löst skjortbröst **4** utfällbart säte (*i baklucka på bil*)
2 dick[e]y [ˈdɪkɪ] *BE. sl.* i dålig kondition; skakis
dick[e]y-bird [ˈdɪkɪbɜːd] *barnspr.* pippi[fågel]
dict. *förk. för dictation; dictator; dictionary*
dictaphone [ˈdɪktəfəʊn] diktafon, dikteringsmaskin
dic|tate I *v* [dɪkˈteɪt] diktera; föreskriva **II** *s* [ˈdɪkteɪt] diktat, befallning, föreskrift; rättesnöre; maning **-tation** [dɪkˈteɪʃn] **1** diktamen **2** föreskrift, order
dictator [dɪkˈteɪtə] diktator **dictatorial** [ˌdɪktəˈtɔːrɪəl] diktatorisk **dictatorship** [dɪkˈteɪtəʃɪp] diktatur
diction [ˈdɪkʃn] uttryckssätt, diktion; [språk]stil
dictionary [ˈdɪkʃ(ə)nrɪ] lexikon, ordbok
dic|tum [ˈdɪk|təm] (*pl -tums el. -ta* [-tə]) **1** uttalande, utlåtande **2** maxim
did [dɪd] *imperf. av 1 do*
didactic [dɪˈdæktɪk] didaktisk, läro-; undervisande, docerande
diddle [ˈdɪdl] *vard.* lura, svindla; ~ *s.b. out of s.th.* lura av ngn ngt
didn't [ˈdɪdnt] = *did not*
dido [ˈdaɪdəʊ] (*pl -*[*e*]*s*) *vard.* upptåg, spratt
didst *åld., thou* ~ du gjorde
1 die [daɪ] **1** (*pl dice*) tärning; *the* ~ *is cast* tärningen är kastad **2** (*pl* ~*s*) gjutform; stans, matris; mynt-, pappers|stämpel
2 die [daɪ] (*pres. part. dying*) **1** dö; omkomma, avlida; falla, stupa; [ut]slockna; ~ *away* (*down*) dö bort, slockna; ~ *out* (*off*) dö ut (bort); *never say* ~*!* ge aldrig tappt! **2** längta (*for* efter); *I'm dying to see you* [åh] vad jag längtar efter att få träffa dig
die-cast [ˈdaɪkɑːst] *a* formgjuten; formpressad
die-hard [ˈdaɪhɑːd] **I** *s* reaktionär (stockkonservativ) person **II** *a* reaktionär, stockkonservativ
diere|sis [daɪˈɪərɪsɪs] (*pl -ses* [-siːz]) *språkv.* trema
diesel [ˈdiːzl] dieselolja; dieselmotor; dieselbil **diesel engine (motor)** [-ˌendʒɪn, -ˌməʊtə] dieselmotor
1 diet [ˈdaɪət] församling; (*icke-engelsk*) riksdag; *the D~ of Worms* riksdagen i Worms
2 diet [ˈdaɪət] **I** *s* diet; kost[håll]; *be on a* ~ *a*)

D

hålla diet, *b*) banta **II** *v* **1** sätta på diet **2** hålla diet; banta **dietary** [-(ə)rı] **I** *a* dietisk, diet- **II** *s* matordning, diet **dietetic** [ˌdaıə'tetık] **I** *a* diet[et]isk **II** *s, ~s* (*behandlas som sg*) dietlära **dieti|cian, -tian** [ˌdaıə'tıʃn] dietist, dietexpert

diff. *förk. för difference; different*

differ ['dıfə] **1** vara olik[a]; skilja sig åt; skilja sig, avvika (*from* från); *tastes* ~ smaken är olika **2** vara av olika mening, ha olika uppfattning; *from* (*with*) *s.b* ha en annan uppfattning än ngn

differ|ence ['dıfr(ə)ns] **1** olikhet; [åt]skillnad; mellanskillnad, differens; *all the ~ in the world* en oerhörd (avgörande) skillnad; *that makes all the* (*a big*) ~ det gör en väldig (är stor) skillnad; *make a ~ between* göra skillnad mellan, behandla olika; *it makes no ~ to me* det gör mig detsamma; *split the ~ a*) kompromissa, *b*) dela resten lika; *a car with a* ~ en bil som är ngt helt annat (speciellt) **2** meningsskiljaktighet; tvist **-ent** ['dıfr(ə)nt] olik[a], [åt]skild; annorlunda [beskaffad], helt annan (*to, from* än)

differen|tial [ˌdıfə'renʃl] **I** *a* **1** särskiljande, utmärkande **2** differentiell; differential-; ~ *calculus* differentialkalkyl; ~ *gear* (*tekn.*) differentialväxel **II** *s* **1** *mat.* differential **2** *tekn.* differential, differentialväxel **3** skillnad, differens; *wage ~s* löneskillnader **-tiate** [ˌdıfə'renʃıeıt] **1** skilja [sig] ; differentiera[s] **2** [sär]skilja, skilja mellan; ~ *between* göra åtskillnad mellan **-tiation** [ˌdıfərenʃı'eıʃnl] differentiering

differently ['dıfr(ə)ntlı] *adv* annorlunda, olika

difficult ['dıfık(ə)lt] svår; besvärlig; omedgörlig **difficult|y** [-ı] **1** svårighet[er] **2** *ofta pl -ies a*) betänkligheter, invändningar, *b*) [penning]knipa

diffi|dence ['dıfıd(ə)ns] brist på självförtroende; blyghet **-dent** [-d(ə)nt] utan självförtroende; blyg

diffract [dı'frækt] *fys.* diffraktera[s], böja[s] **diffraction** [dı'frækʃn] *fys.* diffraction, böjning

diffuse I *v* [dı'fju:z] [ut-, kring]sprida[s]; sprida sig **II** *a* [dı'fju:s] **1** diffus; [ut]spridd **2** omständlig; svamlig **diffuseness** [dı'fju:snıs] **1** diffushet **2** omständlighet; svammel **diffusion** [dı'fju:ʒn] **1** [ut-, kring]spridning **2** *fys., kem.* diffusion

dig [dıg] **I** *v* (*dug, dug*) **1** gräva; ~ *potatoes* ta upp potatis; ~ *one's way through the crowd* tränga sig fram genom mängden; ~ *out* gräva fram (upp), *bildl.* gräva (leta) fram (upp); ~ *up* gräva upp (fram) (*äv. bildl.*) **2** köra, stöta, sticka **3** *vard.*, ~ *in* hugga in; ~ *into the cake* hugga in på kakan **4** *vard.* digga, gilla, kolla in **5** *AE. sl.* jobba hårt, slita **6** *BE. sl.* bo **II** *s* **1** hugg, stöt, stick; knuff; *bildl.* pik **2** grävning; *vard.* arkeologisk utgrävning

digest I *s* ['daıdʒest] sammandrag **II** *v* [dı'dʒest] **1** smälta (*mat, intryck o.d.*); smälta maten **2** göra ett sammandrag av **3** klassificera, systematisera **digestible** [dı'dʒestəbl] smältbar **digestion** [dı'dʒestʃn] [mat]smältning; digestion **digestive** [dı'dʒestıv] matsmältnings-; ~ *biscuit* digestivekex

dig|ger ['dıgə] **1** grävare; guldgrävare **2** grävmaskin **-ging** [-ıŋ] grävning **-gings** [-ıŋz] **1** (*behandlas som pl*) grävmassor **2** (*behandlas som sg el. pl*) guldfält

digit ['dıdʒıt] **1** finger, tå **2** ensiffrigt tal, siffra

digital [-l] **1** finger- **2** digital, siffer; ~ *computer* digitalmaskin

digitalis [ˌdıdʒı'teılıs] *bot., med.* digitalis

digni|fied ['dıgnıfaıd] värdig, vördnadsbjudande **-fy** [-faı] **1** hedra **2** göra värdig; ge värdighet åt; upphöja **-tary** [-t(ə)rı] dignitär **-ty** ['dıgnətı] **1** värdighet; *stand on one's* ~ hålla på sin värdighet **2** [hög] rang; dignitet

digress [daı'gres] avvika; komma från ämnet **digression** [daı'greʃn] avvikelse, utvikning [från ämnet] **digressive** [daı'gresıv] som går ifrån (ligger vid sidan av) ämnet

digs [dıgz] *BE. vard., pl* lya, hyresrum

1 dike [daık] *AE., se dyke*

2 dike [daık] *sl.* lesbisk kvinna, lotus

dilapi|dated [dı'læpıdeıtıd] förfallen, fallfärdig, vanvårdad **-dation** [dıˌlæpı'deıʃn] förfall; vanvård

dilate [daı'leıt] **1** [ut]vidga[s]; (*om ögon*) spärra[s] upp **2** *bildl.* breda ut sig ([*up*]*on* över) **dilation** [daı'leıʃn] utvidgning

dilatory ['dılət(ə)rı] **1** sölig **2** förhalande

dildo ['dıldəʊ] penisattrapp

dilemma [dı'lemə] dilemma; *on the horns of a* ~ i valet och kvalet, i ett dilemma

dilet|tante [ˌdılı'tæntı] (*pl -tantes el. -tanti* [-'tænti:]) **I** *s* **1** dilettant **2** konstälskare **II** *a* dilettantmässig **dilettantism** [-tiz(ə)m] dilettantism

dili|gence ['dılıdʒ(ə)ns] flit, arbetsamhet **-gent** [-dʒ(ə)nt] flitig, arbetsam, ivrig

dill [dıl] *bot.* dill

dilly-dally ['dılıdælı] vela, vackla [hit och dit]

dilute [daı'lju:t] **I** *v* **1** blanda [ut], späda [ut], förtunna **2** *bildl.* försvaga, urvattna **II** *a* utspädd, vattnig **dilution** [daı'lu:ʃn] [ut]spädning, förtunning; urvattning (*äv. bildl.*); *bildl.* försvagning

dim [dım] **I** *a* **1** dunkel; matt; skum; *bildl.* oklar, vag; omtöcknad **2** *vard.* korkad **II** *v* **1** fördunkla[s], skymma[s]; dämpa[s] **2** *AE.*, ~ *the* [*head*]*lights* bländа av

dim. *förk. för dimension; diminuendo; diminutive*

dime [daım] *AE.* tiocentare **dime novel** ['daımˌnɒvl] *AE.* billig sensationsroman

dimension [dı'menʃn] **I** *s* dimension; *~s* (*pl, äv.*) storlek, omfång, mått **II** *v, AE.* dimensionera **-al** [dı'menʃənl] dimensionell

dime store ['daımstɔ:] *AE.* billighetsaffär

dimin. *förk. för diminuendo; diminutive*

diminish [dı'mınıʃ] [för]minska[s]; försvaga[s]; avta; *~ed seventh* (*mus.*) förminskad septima

diminuendo [dıˌmınjʊ'endəʊ] *mus.* diminuendo

diminu|tion [ˌdımı'nju:ʃn] förminskning; avtagande **-tive** [dı'mınjʊtıv] **I** *a* diminutiv, mycket liten **II** *s, språkv.* diminutiv

dimmer ['dımə] **1** avbländningsanordning, reostat **2** *AE., ~s* (*pl*) *a*) halvljus, *b*) parkeringsljus

dimple ['dımpl] **I** *s* [smil]grop **II** *v* bilda gropar [i]; krusas

dimwit ['dımwıt] *vard.* dumskalle, knasboll

din [dın] **I** *s* dån, larm, buller **II** *v* **1** dåna, bullra, larma **2** ~ *s.th. into s.b.* hamra in ngt i ngn

dine [daın] **1** äta middag; ~ *on* (*off*) *chicken* ha (få) kyckling till middag; ~ *out* äta middag ute (borta) **2** bjuda på middag **diner** ['daınə] **1** middagsgäst **2** restaurangvagn **3** *AE.* bar[servering], matställe **dinette** [daı'net] *AE.* matvrå

dingbat [ˈdɪŋbæt] *AE. sl.* **1** pryl, grej **2** stålar
ding-dong [ˌdɪŋˈdɒŋ] **I** *s* bingbång **2** slagsmål; storgräl **II** *a* ettrig, vild **III** *adv* med buller och bång
dinghy [ˈdɪŋgɪ] jolle; gummibåt
dinginess [ˈdɪn(d)ʒɪnɪs] smutsighet
dingle [ˈdɪŋgl] liten, skogig dal
dingo [ˈdɪŋgəʊ] *Austr.* vildhund
dingy [ˈdɪn(d)ʒɪ] **1** smutsig; grådaskig **2** mörk
dining car [ˈdaɪnɪŋkɑː] restaurangvagn **dining room** matsal
dinkum [ˈdɪŋkəm] *Austr. vard.* sann, äkta
dinky [ˈdɪŋkɪ] *vard.* **1** *BE.* liten och nätt, prydlig **2** *AE.* obetydlig
dinner [ˈdɪnə] middag[smål]; bankett; *be at ~* [sitta och] äta middag; *go out to ~* gå ut och äta middag; *have fish for ~* ha fisk till middag; *have people to ~* ha gäster till middagen **dinner-dance** middag med dans **dinner jacket** [-ˌdʒækɪt] smoking **dinner party** [-ˌpɑːtɪ] middag[sbjudning] **dinner plate** [-pleɪt] [flat] tallrik, mattallrik **dinner service** [-ˌsɜːvɪs] matservis **dinner table** [-ˌteɪbl] mat-, middags|bord **dinner-time** [-taɪm] middags|dags, -tid
dinosaur [ˈdaɪnə(ʊ)sɔː] dinosaurie
dint [dɪnt] **I** *s* **1** *åld.* märke (*efter slag*), intryck **2** *by ~ of* genom, med hjälp av **II** *v* göra märken i
dioc. *förk. för diocesan; diocese*
diocesan [daɪˈɒsɪsn] **I** *a* stifts- **II** *s* **1** biskop **2** stiftsbo **diocese** [ˈdaɪəsɪs] stift, biskopsdöme
diode [ˈdaɪəʊd] *elektr.* diod; *light emitting ~* lysdiod
dioxide [daiˈɒksaɪd] *kem* dioxid
dip [dɪp] **I** *v* **1** doppa, nedsänka; *~ candles* stöpa ljus; *~ a garment* färga [om] ett plagg; *~ sheep* tvätta får **2** *sjö.*, *~ the flag* hälsa med flaggan **3** *~ the [head]lights* blända av (ner) **4** dyka [ner], doppa sig; *~ into a book* bläddra i (skumma) en bok; *~ into one's pocket a*) gräva i fickan, *b*) spendera ur egen ficka **5** (*om solen*) sjunka, dala **6** luta, slutta [nedåt] **II** *s* **1** doppning, nedsänkning **2** kort bad, dopp **3** vätska (*i vilket ngt doppas*); dip[sås] **4** stöpt ljus **5** titt (*i bok e.d.*) **6** lutning, sluttning
Dip.A.D. *förk. för Diploma in Art and Design*
Dip.Ed. *förk. för Diploma in Education*
diphtheria [dɪfˈθɪərɪə] difteri
diphthong [ˈdɪfθɒŋ] diftong **-ize** [-gaɪz] diftongera
diploma [dɪˈpləʊmə] **1** diplom **2** akademisk examen; akademiskt avgångsbetyg
diplo|macy [dɪˈplɒməsɪ] diplomati **-mat** [ˈdɪpləmæt] diplomat
diplomate [ˈdɪpləmeɪt] diplominnehavare
diplomatic [ˌdɪpləˈmætɪk] diplomatisk; *~ bag* [säck för] diplomatpost; *the ~ corps* diplomatiska kåren; *~ service* utrikestjänst (*för diplomat*)
dipper [ˈdɪpə] **1** *zool.* strömstare **2** öskar; skopa **3** *åld.* baptist **4** *AE., the [Big] D~* Karlavagnen **5** (*på bil*) avbländare
dippy [ˈdɪpɪ] *sl.* knasig, knäpp
dipsoma|nia [ˌdɪpsə(ʊ)ˈmeɪnjə] dipsomani, periodsuperi **-niac** [-nɪæk] dipsoman, periodsupare
dipstick [ˈdɪpstɪk] olje[mät]sticka **dip switch** *BE.* (*på bil*) avbländare
dire [ˈdaɪə] **1** förskräcklig, gräslig **2** *in ~ need of* i trängande behov av
direct [dɪˈrekt] **I** *v* **1** rikta; vända (*blick*); styra (*steg*) **2** leda, styra; vara direktör (ledare) för; [väg]leda; dirigera; regissera **3** visa vägen; *~ a p. to the station* visa ngn vägen till stationen **4** adressera **5** befalla, beordra, bestämma, föreskriva **II** *a* **1** direkt; rak; omedelbar; *~ action* utomparlamentarisk aktion (*strejk e.d.*); *~ current* likström; *~ hit* fullträff; *~ speech* direkt anföring **2** rättfram; tydlig **III** *adv* direkt; rakt
direction [dɪˈrekʃn] **1** riktning; håll; *in the ~ of* [i riktning] mot, åt...till; *in the wrong ~* åt fel håll; *sense of ~* lokalsinne **2** ledning; överinseende; styrelse, direktion **3** *~s* (*pl*) anvisning[ar], föreskrift[er]; direktiv; regi; *~s for use* bruksanvisning **4** (*på brev e.d.*) adress **direction finder** [-ˌfaɪndə] radiopejl **direction indicator** [-ˌɪndɪkeɪtə] körriktningsvisare **direction-post** [-pəʊst] vägvisare
directive [dɪˈrektɪv] **I** *a* ledande; anvisande **II** *s* direktiv
direct|ly [dɪˈrektlɪ] **I** *adv* **1** direkt; rakt; omedelbart **2** rakt på sak **3** [*vard. äv.* ˈdreklɪ] genast, strax **II** *konj* [*vard. äv.* ˈdreklɪ] så snart som **-ness** [-nɪs] **1** riktning rakt fram **2** rättframhet
director [dɪˈrektə] **1** direktör, chef; ledare; styresman **2** styrelsemedlem; *board of ~s* [bolags]-styrelse **3** [film]regissör; dirigent **4** handledare
directorate [dɪˈrekt(ə)rɪt] **1** styrelse, direktion **2** direktörsbefattning **director-general** [dɪˌrektəˈdʒen(ə)r(ə)l] (*pl directors-general*) generaldirektör **directorial** [dɪˌrekˈtɔːrɪəl] ledande, styrande; styrelse-, direktions- **directorship** [dɪˈrektəʃɪp] direktörsbefattning; ledarställning; ledning **directory** [dɪˈrekt(ə)rɪ] **I** *a* [väg]ledande; anvisande **II** *s* adresskalender; *telephone ~* telefonkatalog **directress** [dɪˈrektress] direktris
dirge [dɜːdʒ] sorgesång
dirigible [ˈdɪrɪdʒəbl] **I** *a* styrbar **II** *s* [styrbart] luftskepp
dirk [dɜːk] (*Sk. högländares*) dolk
dirt [dɜːt] **1** smuts, lort, smörja; lera; träck; *vard.* skit; *do s.b. ~* (*sl.*) vara taskig mot ngn; *eat ~* (*sl.*) svälja förödmjukelsen; *treat s.b. like ~* inte ha ngn respekt för ngn **2** [lös] jord; *yellow ~* guld **3** oanständigt tal **dirt-cheap** [ˌdɜːtˈtʃiːp] *vard.* jätte-, skit|billigt **dirt farmer** [ˈdɜːtˌfɑːmə] *AE.* bonde som själv brukar sin jord **dirt road** [ˈdɜːtrəʊd] *AE.* grusväg **dirt-track** [ˈdɜːttræk] *sport.* dirt-track **dirt wagon** [ˈdɜːtˌwægən] *AE.* sop|kärra, -vagn
dirty [ˈdɜːtɪ] **I** *a* **1** smutsig, oren; *~ clothes* smuts|kläder, -tvätt; *~ linen a*) smutskläder, *b*) (*vard.*) intima hemligheter **2** *bildl.* snuskig; lumpen, ojust, gemen; *~ dog* fähund; *~ look* ilsken blick; *~ money a*) svarta pengar, *b*) smutstillägg; *~ trick* fult spratt (knep); *do the ~ on* (*BE. vard.*) bära sig lumpet åt mot **3** (*om väder*) ruskig **II** *v* **1** smutsa ner **2** bli smutsig
dis|ability [ˌdɪsəˈbɪlətɪ] **1** oduglighet, oförmåga **2** invaliditet, handikapp **3** inkompetens **4** laga hinder **-able** [dɪsˈeɪbl] **1** göra oduglig (oförmögen) **2** göra till invalid, invalidisera **3** diskvalificera, förklara inkompetent **-abled** [dɪsˈeɪbld] **1** obrukbar, oduglig **2** handikappad, invalidiserad,

~ *soldier* krigsinvalid **3** (*om fartyg*) redlös

disabuse [ˌdɪsəˈbjuːz] ~ *s.b. of an illusion* ta ngn ur en villfarelse

disadvant|age [ˌdɪsədˈvɑːntɪdʒ] **1** nackdel; ogynnsam omständighet; *at a* ~ i ett ogynnsamt (ofördelaktigt) läge; *it would be to my* ~ det skulle vara till min nackdel **2** förlust, skada; *sell to* ~ sälja med förlust **-aged** [-ɪdʒd] socialt (ekonomiskt) missgynnad **-ageous** [ˌdɪsædvɑːn'teɪdʒəs] ofördelaktig, ogynnsam (*to* för)

disaf|fected [ˌdɪsəˈfektɪd] missnöjd, fientligt stämd **-fection** [-ˈfekʃn] ovilja (*to*[*wards*] mot); [politiskt] missnöje (*to*[*wards*] med)

disagree [ˌdɪsəˈgriː] **1** inte stämma överens, vara olika **2** vara oense, inte komma överens (*about*, *on* om) **3** inte samtycka (*to* till); *I* ~ det håller jag inte med om **4** *chocolate ~s with me* jag tål inte choklad **-able** [-əbl] obehaglig; otrevlig; vresig **-ment** [-mənt] **1** bristande överensstämmelse, motsättning **2** oenighet **3** meningsskiljaktighet

disallow [ˌdɪsəˈlaʊ] inte godkänna, förklara ogiltig; förkasta, tillbakavisa; bestrida **-ance** [-əns] förkastande; ogillande

disappear [ˌdɪsəˈpɪə] försvinna **-ance** [-r(ə)ns] försvinnande

disappoint [ˌdɪsəˈpɔɪnt] **1** göra besviken; *be ~ed* vara (bli) besviken (*in, with s.b.* på ngn; *with s.th.* på ngt) **2** svika, gäcka; *be ~ed of* gå miste om, bli lurad på **-ing** [-ɪŋ] *how ~!* vilken besvikelse!; *it was* ~ det var en besvikelse **-ment** [-mənt] besvikelse, missräkning

disapprobation [ˌdɪsæprə(ʊ)ˈbeɪʃn] ogillande

disap|proval [ˌdɪsəˈpruːvl] ogillande **-prove** [-ˈpruːv] ~ [*of*] ogilla, förkasta

disarm [dɪsˈɑːm] **1** avväpna (*äv. bildl.*); av-, ned|rusta **2** lägga ner vapnen **-ament** [-əmənt] avväpning; av-, ned|rustning

disarrange [ˌdɪsəˈreɪn(d)ʒ] bringa i oordning; *bildl.* rubba, kullkasta **-ment** [-mənt] oordning, oreda

disarray [ˌdɪsəˈreɪ] **I** *s* oordning, oreda **II** *v* bringa i oordning

disassemble [ˌdɪsəˈsembl] ta isär

disas|ter [dɪˈzɑːstə] olycka, katastrof **-trous** [-trəs] olycksbringande, katastrofal

disavow [ˌdɪsəˈvaʊ] inte vilja kännas vid; förkasta **-al** [-(ə)l] *s* förnekande; förkastande

disband [dɪsˈbænd] **1** upplösa, skingra (*trupp*) **2** (*om trupp*) upplösas, skingras **-ment** [-mənt] upplösning, skingring (*av trupp*)

disbe|lief [ˌdɪsbɪˈliːf] tvivel; misstro **-lieve** [-ˈliːv] **1** inte tro på, betvivla **2** ~ *in God* inte tro på Gud **-liever** [-ˈliːvə] tvivlare; otrogen

disburden [dɪsˈbɜːdn] **1** befria från börda **2** lätta (*one's mind* sitt sinne)

disburse [dɪsˈbɜːs] betala ut **-ment** [-mənt] utbetalning

disc [dɪsk] **1** skiva, lamell, platta, bricka; disk; *slipped* ~ diskbråck **2** grammofonskiva

disc. *förk. för discount; discovered*

discard **I** *v* [dɪˈskɑːd] **1** kasta [bort]; förkasta; kassera; överge **2** avskeda **3** *kortsp.* saka, kasta **II** *s* [ˈdɪskɑːd] **1** kasserad sak; utslagen person **2** sakat kort

disc brake [ˈdɪskbreɪk] skivbroms

discern [dɪˈsɜːn] **1** urskilja; skönja; inse **2** särskilja; ~ *right from wrong* skilja mellan ont och gott **-ible** [-əbl] urskiljbar; skönjbar; märkbar **-ing** [-ɪŋ] omdömesgill; skarpsinnig **-ment** [-mənt] urskillning[sförmåga]; omdöme

discharge [dɪsˈtʃɑːdʒ] **I** *v* **1** lasta[s] av, lossa[s] **2** tömma [ut]; *med.* av-, ut|söndra, vara sig **3** avlossa[s], avfyra[s] **4** avskeda **5** släppa ut, låta gå, frige; skriva ut (*från sjukhus*); befria, fritaga (*från plikt e.d.*) **6** betala, avbörda sig; uppfylla; fullgöra **7** *fys.* ladda ur [sig]; ta ström från **8** utmynna (*into* i) **9** avfärga, bleka; färga av sig **II** *s* **1** avlastning, lossning **2** uttömning, utflöde; *med.* av-, ut|söndring **3** avlossande; skott; salva **4** avsked[ande] **5** frigivning; frikännande; ansvarsfrihet; utskrivning (*från sjukhus*) **6** betalning; uppfyllande; fullgörande **7** *fys.* urladdning

disc harrow [ˈdɪskhærəʊ] tallriksharv

disciple [dɪˈsaɪpl] lärjunge, anhängare, discipel

disci|plinarian [ˌdɪsɪplɪˈneərɪən] disciplinkarl, person som upprätthåller disciplin **-plinary** [ˈdɪsɪplɪn(ə)rɪ] **1** disciplinär **2** pedagogisk, bildnings- **-pline** [ˈdɪsɪplɪn] **I** *s* **1** disciplin, [god] ordning **2** tuktan, bestraffning **3** disciplin, vetenskapsgren **II** *v* **1** disciplinera; fostra **2** tukta, bestraffa

disc jockey [ˈdɪskˌdʒɒkɪ] disk-jockey, skivpratare

disclaim [dɪsˈkleɪm] **1** *jur.* avsäga sig rätten till **2** frånsäga sig, förneka **-er** [-ə] förnekande, dementi

disclose [dɪsˈkləʊz] avslöja, uppenbara; blotta **disclosure** [dɪsˈkləʊʒə] avslöjande, uppenbarande; upptäckt

disco [ˈdɪskəʊ] *vard.* disko[tek]

discol|oration [dɪsˌkʌləˈreɪʃn] **1** avfärgning, blekning; missfärgning **2** urblekt ställe, fläck **-our** [dɪsˈkʌlə] **1** avfärga, bleka; missfärga; fläcka **2** bli missfärgad (urblekt)

discom|fit [dɪsˈkʌmfɪt] bringa ur fattningen; göra modfälld (snopen); gäcka, korsa (*plan*) **-fiture** [-fɪtʃə] **1** missräkning; snopenhet, förvirring **2** nederlag

discomfort [dɪsˈkʌmfət] **I** *s* obehag, otrevnad, besvärlighet **II** *v* förorsaka obehag (otrevnad); oroa

discom|pose [ˌdɪskəmˈpəʊz] bringa ur jämvikt (fattningen); uppskaka, oroa **-posure** [-ˈpəʊʒə] upprördhet; oro

disconcert [ˌdɪskənˈsɜːt] **1** bringa ur fattningen, förvirra, göra förlägen **2** omintetgöra, kullkasta **-ed** [-ɪd] förlägen, förvirrad, bragt ur fattningen

disconnect [ˌdɪskəˈnekt] skilja; ta loss; koppla av (ur, ifrån), stänga av **-ed** [-ɪd] **1** osammanhängande **2** skild; utan förbindelse (samband)

disconsolate [dɪsˈkɒns(ə)lət] **1** otröstlig **2** tröstlös, dyster

discontent [ˌdɪskənˈtent] **I** *s* missnöje **II** *v* göra missnöjd **III** *a* missnöjd **-ed** [-ɪd] missnöjd **-ment** [-mənt] missnöje

discon|tinuance [ˌdɪskənˈtɪnjʊəns] avbrytande; upphörande; avbrott **-tinue** [-ˈtɪnjuː] **1** avbryta, sluta (upphöra) med; dra in; lägga ner **2** sluta, upphöra **-tinuity** [ˌdɪskɒntɪˈnjuːətɪ] brist på sammanhang; avbrott **-tinuous** [ˌdɪskənˈtɪnjʊəs] osammanhängande, diskontinuerlig; avbruten

disco|phile, -phil [ˈdɪskə(ʊ)|faɪl, -fɪl] diskofil

discord I *s* ['dɪskɔ:d] **1** oenighet **2** oförenlighet **3** *mus.* dissonans; disharmoni (*äv. bildl.*) **II** *v* [dɪ'skɔ:d] **1** vara oense, tvista **2** vara oförenlig **-ance** [dɪ'skɔ:d(ə)ns] *se discord I* **-ant** [dɪ'skɔ:d(ə)nt] **1** oförenlig; motsatt **2** oenig **3** disharmonisk

discotheque ['dɪskə(ʊ)tek] diskotek

discount ['dɪskaʊnt] **I** *s* **1** diskonto; rabatt, avdrag; [*cash*] ~ kassarabatt; [*trade*] ~ varurabatt; *at a* ~ *a*) under pari, *b*) med rabatt, *c*) impopulär, tillbakasatt **2** diskontering **II** *v* **1** diskontera **2** reducera; dra av, rabattera, minska **3** antecipera, föregripa

discountenance [dɪ'skaʊntɪnəns] **1** ogilla; avskräcka; vägra sitt stöd **2** bringa ur fattningen; göra modfälld

discount house (shop) ['dɪskaʊnthaʊs (ʃɒp)] *AE.* lågpris|varuhus, -affär

discour|age [dɪ'skʌrɪdʒ] **1** nedslå, göra modfälld **2** söka hindra, avskräcka; motverka **-agement** [-ɪdʒmənt] *s* **1** modfälldhet **2** hindrande, avskräckande; motverkan **3** svårighet **-aging** [-ɪdʒɪŋ] **1** nedslående; avskräckande **2** hindrande

discourse I *s* ['dɪskɔ:s] **1** föredrag; tal; avhandling; predikan **2** konversation, samtal **II** *v* [dɪ'skɔ:s] **1** hålla tal (föredrag) (*on* om) **2** samtala

discour|teous [dɪs'kɜ:tjəs] ohövlig **-tesy** [-tɪsɪ] ohövlighet

discov|er [dɪ'skʌvə] **1** upptäcka; hitta **2** avslöja **-erer** [-(ə)rə] upptäckare **-ery** [-(ə)rɪ] upptäckt

discredit [dɪs'kredɪt] **I** *s* **1** vanrykte, dåligt anseende; vanheder, skam **2** misstro **II** *v* **1** bringa i vanrykte; misskreditera **2** misstro, betvivla **-able** [-əbl] vanhedrande, misskrediterande

discreet [dɪ'skri:t] diskret, taktfull

discrep|ancy [dɪ'skrep(ə)nsɪ] skiljaktighet, avvikelse; diskrepans, motsägelse **-ant** [-(ə)nt] skiljaktig, avvikande; motsägande

discrete [dɪ'skri:t] **1** åtskild; separat **2** *mat., språkv. m.m.* diskret

discretion [dɪ'skreʃn] **1** diskretion, takt, [gott] omdöme, urskillning[sförmåga] **2** handlingsfrihet, bestämmanderätt; gottfinnande, godtycke; *at* ~ efter behag; *at one's own* ~ efter eget gottfinnande, efter behag; *use your own* ~ gör som du själv tycker är bäst **3** *age* (*years*) *of* ~ mogen (vuxen) ålder **-ary** [dɪ'skreʃn̩(ə)rɪ] godtycklig

discrimi|nate [dɪ'skrɪmɪneɪt] **1** göra skillnad (*between* på, mellan); göra skillnad mellan, skilja på; ~ [*against*] diskriminiera; ~ [*between*] *right and wrong* skilja på rätt och orätt **-nating** [-neɪtɪŋ] **1** skarpsynt; särskiljande **2** omdömesgill, skarpsinnig; kräsen **3** (*om tull e.d.*) differentierad **-nation** [dɪˌskrɪmɪ'neɪʃn] **1** skiljande; diskriminiering **2** urskillning, omdöme; skarpsinne **-native, -natory** [dɪ'skrɪmɪ|nətɪv, -nət(ə)rɪ] **1** urskiljande; skarp[sinnig] **2** diskriminerande

discursive [dɪ'skɜ:sɪv] **1** planlös, osammanhängande, avvikande från ämnet **2** *filos.* diskursiv

discus ['dɪskəs] diskus

discuss [dɪ'skʌs] diskutera, debattera **discussion** [dɪ'skʌʃn] diskussion, debatt

disdain [dɪs'deɪn] **I** *v* förakta, ringakta **II** *s* förakt, ringaktning **-ful** [-f(ʊ)l] föraktfull

disease [dɪ'zi:z] sjukdom[ar]; *bildl.* ont **diseased** [-d] sjuklig

disembark [ˌdɪsɪm'ba:k] **1** landsätta **2** debarkera, landstiga **-ation** [ˌdɪsemba:'keɪʃn] **1** debarkering, landstigning **2** landsättning

disembarrass [ˌdɪsɪm'bærəs] frigöra, befria **-ment** [-mənt] frigörelse

disembody [ˌdɪsɪm'bɒdɪ] befria från kroppen

disembowel [ˌdɪsɪm'baʊəl] ta inälvorna ur

disenchant [ˌdɪsɪn'tʃɑ:nt] desillusionera, öppna ögonen på **-ment** [-mənt] desillusion, besvikelse

disencumber [ˌdɪsɪn'kʌmbə] lätta, befria, lösgöra (*of* från)

disen|gage [ˌdɪsɪn'geɪdʒ] **1** fri-, lös|göra[s], befria[s], lossa[s]; koppla[s] loss (ifrån) **2** *mil.* dra ur striden **-gaged** [-'geɪdʒd] ledig, ej upptagen; obunden **-gagement** [-'geɪdʒmənt] **1** lös-, fri|görande; befriande **2** otvungenhet, obundenhet **3** brytande av förlovning

disentangle [ˌdɪsɪn'tæŋgl] **1** lösgöra, befria **2** komma lös **3** reda ut [sig] **-ment** [-mənt] *s* **1** lösgörande, befriande **2** utredande

disestablish [ˌdɪsɪ'stæblɪʃ] *v*, ~ *the Church* skilja kyrkan från staten

disfavour [ˌdɪs'feɪvə] **I** *s* **1** ogillande; onåd **2** ovänlig handling **II** *v* ogilla; klandra; missgynna

disfeature [dɪs'fi:tʃə] vanställa

disfig|uration [dɪsˌfɪgjʊ(ə)'reɪʃn] *se disfigurement* **-ure** [dɪs'fɪgə] vanställa, vanpryda **-urement** [dɪs'fɪgəmənt] **1** vanställande **2** vanställdhet, vanprydnad

disforest [dɪs'fɒrɪst] avverka skogen på (i), kalhygga

disfranchise [ˌdɪs'fræn(t)ʃaɪz] beröva rösträtt (medborgerliga rättigheter) **-ment** [dɪs'fræn(t)ʃɪzmənt] berövande (förlust) av rösträtt (medborgerliga rättigheter)

disfrock [dɪs'frɒk] *se unfrock*

disgorge [dɪs'gɔ:dʒ] **1** spy ut (*äv. bildl.*) **2** [motvilligt] lämna ifrån sig

disgrace [dɪs'greɪs] **I** *s* **1** vanära; skam, skamfläck **2** onåd **II** *v* **1** vanhedra; skämma ut **2** störta i onåd **-ful** [-f(ʊ)l] vanhedrande; skamlig; skandalös

disgruntled [dɪs'grʌntld] missnöjd, sur

disguise [dɪs'gaɪz] **I** *v* klä ut, förkläda (*as* till); maskera; kamouflera **2** förställa, förvända; dölja, skyla över; ~*d voice* förställd röst **II** *s* **1** förklädnad; mask; kamouflage; *in* ~ förklädd; *in the* ~ *of* förklädd till **2** förställning; maskering; sken **-ment** [-mənt] *se disguise II*

disgust [dɪs'gʌst] **I** *v* äckla, inge avsmak, väcka avsky hos **II** *s* äckel (*for* inför, över); avsmak, avsky (*at, with* för) **-ing** [-ɪŋ] äcklig; vidrig; motbjudande

dish [dɪʃ] **I** *s* **1** fat, skål, karott; assiett; *dirty* ~*es* (*odiskad*) disk; *do* (*wash up*) *the* ~*es* diska **2** [mat]rätt **3** *sl.* pangbrud **4** *vard.* parabolantenn **5** *vard.* favoritgrej **II** *v* **1** ~ [*up*] lägga upp (*på fat*), servera, sätta fram; ~ *out* (*vard.*) dela ut; ~ *up* (*bildl.*) duka upp **2** urholka **3** *BE. sl.* sabba **4** *vard.* knäcka, ta kål på

dishabille [ˌdɪsæ'bi:l] *in* [*a state of*] ~ halvklädd, i negligé

disharmo|nious [ˌdɪshɑ:'məʊnjəs] disharmonisk **-ny** [ˌdɪs'hɑ:m(ə)nɪ] disharmoni

dishcloth ['dɪʃklɒθ] disktrasa; kökshandduk
dishearten [dɪs'hɑ:tn] göra modfälld (nedslagen) **-ing** [-ɪŋ] nedslående
dishevelled [dɪ'ʃevld] ovårdad; rufsig
dishonest [dɪs'ɒnɪst] oärlig, ohederlig **dishonesty** [-ɪ] oärlighet, ohederlighet
dishonour [dɪs'ɒnə] **I** *s* vanära, skam **II** *v* **1** vanära, vanhedra **2** vägra (underlåta) att betala (*växel o.d.*) **-able** [dɪs'ɒn(ə)rəbl] **1** vanhedrande, skamlig **2** ohederlig
dish|pan ['dɪʃpæn] *AE.* diskbalja **-washer** [-ˌwɒʃə] **1** diskare **2** diskmaskin **-water** [-ˌwɔ:tə] **1** diskvatten **2** te-, kaffe|blask
dishy ['dɪʃɪ] *sl.* snygg, tjusig
disillusion [ˌdɪsɪ'lu:ʒn] **I** *v* desillusionera **II** *s* desillusion[ering]
disincline [ˌdɪsɪn'klaɪn] göra obenägen; *I was ~d to* jag hade ingen lust att
disin|fect [ˌdɪsɪn'fekt] desinficera **-fectant** [-'fektənt] **I** *a* desinficerande **II** *s* desinfektionsmedel **-fection** [-'fekʃn] desinfektion, desinficering
disinflation [ˌdɪsɪn'fleɪʃn] *ekon.* inflationsbekämpande politik **-ary** [-'fleɪʃ(ə)n(ə)rɪ] *a, ekon.* inflationsbekämpande
disingenuous [ˌdɪsɪn'dʒenjʊəs] inte uppriktig, falsk
disinherit [ˌdɪsɪn'herɪt] göra arvlös **-ance** [-(ə)ns] arvlöshet[sförklaring]
disinte|grate [dɪs'ɪntɪgreɪt] desintegrera[s], sönderdela[s]; vittra sönder **-gration** [dɪsˌɪntɪ'greɪʃn] desintegrering, sönderdelning; förvittring
disinter [ˌdɪsɪn'tɜ:] gräva upp; ta upp ur graven; *bildl.* gräva fram
disinterested [dɪs'ɪntrəstɪd] **1** osjälvisk; opartisk, objektiv **2** *vard.* ointresserad
disjoin [dɪs'dʒɔɪn] skilja **disjoint** [-t] bryta[s] sönder, sönderdela[s]; åtskilja **disjointed** [-tɪd] **1** isärtagen; sönderdelad **2** *med.* ur led **3** osammanhängande
disjunc|tion [dɪs'dʒʌŋkʃn] [av]söndring, åtskiljande **-tive** [-tɪv] **1** åtskiljande **2** *språkv.* disjunktiv
disk [dɪsk] *i sht AE., se disc*
dislike [dɪs'laɪk] **I** *v* tycka illa om, ogilla **II** *s* **1** motvilja (*of* mot); *take a ~ to* fatta motvilja mot **2** *likes and ~s* ['dɪslaɪks] sympatier och antipatier
dislo|cate ['dɪslə(ʊ)keɪt] **1** förskjuta, rubba; *bildl. äv.* förrycka **2** *med.* vricka, stuka, vrida ur led **-cation** [ˌdɪslə(ʊk)'keɪʃn] **1** förskjutning, rubbning; förvirring, oreda **2** *med.* vrickning, stukning
dislodge [dɪs'lɒdʒ] förflytta, rubba; driva bort, fördriva
disloyal [ˌdɪs'lɔɪ(ə)l] illojal; otrogen **-ty** [-tɪ] illojalitet; otrohet
dismal ['dɪzm(ə)l] **I** *a* dyster, sorglig; hemsk **II** *s pl , the ~s* melankoli
dismantle [dɪs'mæntl] **1** ta isär, montera ner, demontera; skrota (*fartyg*) **2** klä av; *~ s.b. of s.th.* beröva (klä av) ngn ngt
dismay [dɪs'meɪ] **I** *s* förskräckelse, förfäran **II** *v* göra förskräckt (bestört)
dismember [dɪs'membə] stycka; slita sönder; sönderdela **-ment** [-mənt] styckning; sönderdelning
dismiss [dɪs'mɪs] **1** skicka bort (i väg); låta gå; entlediga, hemförlova; upplösa (*möte e.d.*) **2** avskeda **3** avfärda, förskjuta, slå bort (ur hågen); avslå; *~ a subject* lämna ett ämne **4** *jur.* avvisa, förklara ogiltig, ogilla; *~ a case* avskriva ett mål **5** *~!* höger och vänster om marsch! **dismissal** [-l] **1** bortskickande; entledigande, hemförlovning, frigivning; upplösning **2** avsked[ande] **3** avvisande, ogillande; avslag
dismount [ˌdɪs'maʊnt] **1** stiga av (ner, ur); sitta av **2** kasta av (ur sadeln) **3** demontera
disobedience [ˌdɪsə'bi:djəns] olydnad (*to* mot) **disobedient** [ˌdɪsə'bi:djənt] olydig (*to* mot) **disobey** [ˌdɪsə'beɪ] vara olydig [mot], inte lyda; överträda (*lag*)
disoblige [ˌdɪsə'blaɪdʒ] **1** inte tillmötesgå; nonchalera **2** *vard.* besvära **disobliging** [-ɪŋ] inte tillmötesgående, ohjälpsam
disorder [dɪs'ɔ:də] **I** *s* **1** oordning **2** tumult, oro-lighet **3** opasslighet; krämpa **4** avvikelse **II** *v* bringa i oordning; rubba; göra förvirrad **disorderly** [-lɪ] *a* **1** oordentlig; oordnad **2** bråkig, oregerlig; *~ conduct* förargelseväckande beteende; *~ house a*) spelhåla, *b*) bordell; *charged with being drunk and ~* anklagad för fylleri och förargelseväckande beteende
disorgan|ization (*BE. äv. -isation*) [dɪsˌɔ:gənaɪ'zeɪʃn] desorganisation, upplösning[stillstånd]; oreda **-ize** (*BE. äv. -ise*) [dɪs'ɔ:gənaɪz] desorganisera, upplösa; ställa till oreda i; *~d* (*äv.*) oordnad, kaotisk, i en enda röra
disorient[ate] [dɪs'ɔ:rɪent(eɪt)] desorientera; förvirra, förbrylla
disown [dɪs'əʊn] inte [vilja] kännas vid; förneka, förskjuta, desavouera
disparage [dɪ'spærɪdʒ] tala nedsättande om, nedvärdera; ringakta **-ment** [-mənt] nedvärdering, nedsättande; ringaktning
dispar|ate ['dɪspərət] disparat, olikartad, motsatt **-ity** [dɪ'spærətɪ] olikhet, skillnad; skiljaktighet
dispassionate [dɪ'spæʃṇət] lidelsefri; objektiv, opartisk
dispatch [dɪ'spætʃ] **I** *v* **1** [av]sända, skicka, expediera **2** göra undan, klara av, expediera; avsluta **3** mörda, döda, expediera **4** *vard.* kasta i sig **II** *s* **1** avsändande, skickande, expediering; spedition **2** undanstökande, avklarande, expediering **3** hast, skyndsamhet; *with ~* snabbt, i ilfart **4** (*journalists*) rapport **5** depesch **6** mördande, dödande, expediering **dispatch box** dokumentskrin **dispatch case** dokumentportfölj **dispatcher** [-ə] avsändare; speditör **dispatch goods** *pl* ilgods **dispatch rider** [-ˌraɪdə] [motorcykel]ordonnans
dispel [dɪ'spel] förjaga; skingra
dispensable [dɪ'spensəbl] umbärlig **dispensary** [-ərɪ] apotek (*på sjukhus o.d.*) **dispensation** [ˌdɪspen'seɪʃn] **1** utdelning; fördelning **2** *~ of justice* skipande av rättvisa **3** *~ of providence* försynens skickelse **4** *kyrkl.* dispens **5** undantag; befrielse **dispense** [dɪ'spens] **1** utdela; fördela **2** göra i ordning och lämna ut (*medicin*); *dispensing chemist's* apotek **3** skipa (*rättvisa*) **4** befria (*from* från); ge dispens **5** *~ with a*) kunna vara

utan, klara sig utan, avvara, *b*) göra onödig (överflödig) **dispenser** [dɪˈspensə] **1** apotekare; receptarie **2** dispenser, automat
dis|persal [dɪˈspɜːsl] skingring, spridning **-perse** [dɪˈspɜːs] skingra[s], sprida[s] **-persion** [dɪˈspɜːʃn] **1** [kring]spridande; [kring]spriddhet; spridning **2** *fys. o. stat.* dispersion, spridning **-persive** [dɪˈspɜːsɪv] *a* spridande, skingrande
dispirit [dɪˈspɪrɪt] göra modfälld (nedslagen)
displace [dɪsˈpleɪs] **1** [för]flytta, flytta på, rubba **2** avskeda, avsätta **3** ersätta; tränga undan (ut) **4** *polit.*, *~d person* tvångsförflyttad **-ment** [-mənt] **1** för-, om|flyttning; rubbning **2** ersättande; undanträngande **3** *sjö.* deplacement **4** *tekn.* cylinder-, slag|volym
display [dɪˈspleɪ] **I** *v* **1** visa [fram], förevisa; skylta med **2** visa [prov på]; röja, ådagalägga **3** breda (veckla) ut **4** demonstrera, visa upp (*military might* militär styrka); ståta med **II** *s* **1** [fram]visande; uppvisning; utställning; skyltning **2** prov (*of* på); uttryck (*of* för) **3** demonstration; ståtande (*of* med); *make a ~ of* ståta med, tydligt visa **4** *elektron.* radarskärm; [data]skärm; display, teckenruta **display window** [-ˌwɪndəʊ] skyltfönster
displease [dɪsˈpliːz] misshaga; förarga; *~d* missnöjd, missbelåten **displeasing** [-ɪŋ] misshaglig; förarglig **displeasure** [dɪsˈpleʒə] misshag, missnöje
disport [dɪˈspɔːt] *v, ~ o.s.* roa sig, leka
disposable [dɪˈspəʊzəbl] **1** disponibel, tillgänglig **2** engångs-, som kan slängas **disposal** [dɪˈspəʊzl] **1** bortskaffande, undanröjande, expediering **2** disposition, [fritt] förfogande, användning; *be at a p.'s ~* stå till ngns förfogande **3** avyttrande, försäljning; placering **4** anordning, disposition **dispose** [dɪˈspəʊz] **1** *~ of a*) göra sig av med, avyttra, *b*) bringa ur världen, klara av, avgöra, avfärda, *c*) slänga [bort], göra sig (bli) av med, *d*) [fritt] förfoga över, disponera [över], *e*) sätta i sig; *~of by will* testamentera bort **2** *man proposes, God ~s* människan spår, Gud rår **3** göra benägen (böjd), stämma **4** ordna **5** vänja (*to* vid) **disposed** [-d] **1** böjd, benägen, disponerad (*to, for* för; *to do s.th.* att göra ngt) **2** *~ of a*) såld, *b*) slut, inte längre tillgänglig **disposition** [ˌdɪspəˈzɪʃn] **1** anordning, arrangemang; uppställning **2** förberedelse, disposition; ordnande **3** överlåtelse, avyttrande **4** förfogande[rätt], disposition; *at your ~* till ert förfogande **5** sinnelag, temperament; läggning, disposition **6** benägenhet, tendens
dispossess [ˌdɪspəˈzes] **1** fördriva; vräka **2** *~ s.b. of s.th* beröva ngn ngt **dispossession** [ˌdɪspəˈzeʃn] **1** fråntagande, berövande **2** fördrivande, vräkning
disproof [ˌdɪsˈpruːf] motbevis; vederläggning
disproportion [ˌdɪsprəˈpɔːʃn] disproportion, brist på proportion **-ate** [-ət] oproportionerlig
disproval [dɪsˈpruːvl] vederläggning **disprove** [dɪsˈpruːv] vederlägga
disputabel [dɪˈspjuːtəbl] omtvistlig, diskutabel **disputant** [-ənt] **I** *a* tvistande **II** *s* tvistande [part] **disputation** [ˌdɪspjuːˈteɪʃn] dispyt **disputa|tious** [ˌdɪspjuːˈteɪʃəs], **-tive** [dɪˈspjuːtətɪv] grälsjuk, stridslysten **dispute** [dɪˈspjuːt] **I** *v* **1** disputera, diskutera, tvista (*about, on* om); tvista om **2** bestrida, ifrågasätta **3** kämpa om **4** motsätta sig, motstå **II** *s* [*äv.* ˈdɪspjuːt] dispyt; tvist; konflikt; *matter in ~* tvistefråga, omtvistad sak; *without ~* obestridlig[en] **disputed** [dɪˈspjuːtɪd] omstridd
disqual|ification [dɪsˌkwɒlɪfɪˈkeɪʃn] diskvalifikation; hinder; inkompetens **-ify** [dɪsˈkwɒlɪfaɪ] diskvalificera; förklara oförmögen (inkompetent, obehörig)
disquiet [dɪsˈkwaɪət] **I** *v* oroa **II** *s* oro **disquietude** [dɪsˈkwaɪətjuːd] oro
disquisition [ˌdɪskwɪˈzɪʃn] avhandling; föredrag
disregard [ˌdɪsrɪˈgɑːd] **I** *v* inte fästa avseende vid, ignorera, åsidosätta **II** *s* ignorerande, åsidosättande; likgiltighet, förakt
disrepair [ˌdɪsrɪˈpeə] dåligt skick, förfall
disreputable [dɪsˈrepjʊtəbl] **1** illa beryktad, ökänd **2** vanhedrande **3** oordnad; sliten **disrepute** [ˌdɪsrɪˈpjuːt] vanrykte, dåligt rykte
disrespect [ˌdɪsrɪˈspekt] respektlöshet, ringaktning, ohövlighet, vanvördnad **-ful** [-f(ʊ)l] respektlös, ohövlig, vanvördig
disrobe [ˌdɪsˈrəʊb] klä av [sig]; avlägga ämbetsdräkten
disrupt [dɪsˈrʌpt] **1** avbryta, störa; bringa i oordning; *the snow ~ed the traffic* snön orsakade kaos i trafiken **2** riva (slita) upp, splittra **disruption** [dɪsˈrʌpʃn] **1** avbrott, störning; rubbning **2** upplösning, sönderfall, splittring **disruptive** [dɪsˈrʌptɪv] söndrande, splittrande, upplösande
dissatis|faction [ˈdɪ(s)ˌsætɪsˈfækʃn] missnöje, missbelåtenhet, otillfredsställdhet **-factory** [-ˈfækt(ə)rɪ] otillfredsställande **-fied** [ˌdɪ(s)ˈsætɪsfaɪd] missnöjd, missbelåten, otillfredsställd **-fy** [ˌdɪ(s)ˈsætɪsfaɪ] göra missnöjd (missbelåten, otillfredsställd)
dissect [dɪˈsekt] **1** *anat. o. bildl.* dissekera; *bildl. äv.* noga studera, analysera **2** skära sönder **dissection** [dɪˈsekʃn] *anat.* dissektion, dissekering; *bildl.* dissekering, ingående granskning, analys
dissemble [dɪˈsembl] **1** dölja **2** förställa sig, låtsa[s], simulera **dissembler** [-ə] hycklare
dissemi|nate [dɪˈsemɪneɪt] sprida [ut] **-nation** [dɪˌsemɪˈneɪʃn] [ut-, kring]spridning
dissension [dɪˈsenʃn] meningsskiljaktighet; oenighet **dissent** [dɪˈsent] **I** *v* **1** skilja sig i åsikter; ha annan mening (*from* än) **2** avvika från (gå ur) statskyrkan; *~ing minister* frikyrkopräst **II** *s* meningsskiljaktighet, skillnad i åsikter **dissenter** [dɪˈsentə] **1** oliktänkande [person] **2** *D~* (*BE.*) dissenter, frikyrklig **dissentient** [dɪˈsenʃɪənt] **I** *a* oliktänkande; avvikande **II** *s, se dissenter*
dissertation [ˌdɪsəˈteɪʃn] [doktors]avhandling (*on* om)
disservice [dɪ(s)ˈsɜːvɪs] otjänst, björntjänst
dissever [dɪ(s)ˈsevə] **1** avskilja[s] **2** sönderdela
dissi|dence [ˈdɪsɪd(ə)ns] meningsskiljaktighet **-dent** [-dənt] **I** *a* oenig, oliktänkande **II** *s* oliktänkande [person]
dissimilar [ˌdɪˈsɪmɪlə] olik[a]; *~ to s.th.* olik ngt **dissimilarity** [ˌdɪsɪmɪˈlærətɪ], **dissimilitude** [ˌdɪsɪˈmɪlɪtjuːd] olikhet (*to* med)
dissimu|late [dɪˈsɪmjʊleɪt] **1** dölja **2** låtsas, simulera **-lation** [dɪˌsɪmjʊˈleɪʃn] förställning, hyckleri

dissi|pate ['dɪsɪpeɪt] **1** skingra, förjaga **2** förslösa **3** leva lättsinnigt (utsvävande, slösaktigt) **-pated** [-ɪd] **1** utsvävande **2** förslösad **-pation** [ˌdɪsɪ'peɪʃn] **1** skingrande **2** förslösande; slöseri **3** sus och dus, utsvävningar

dissoci|ate [dɪ'səʊʃɪeɪt] [åt]skilja, hålla isär; upplösa; ~ *o.s. from* ta avstånd från **-ation** [dɪˌsəʊsɪ'eɪʃn] [åt]skiljande; upplösning

dissoluble [dɪ'sɒljʊbl] upplös|lig, -bar

disso|lute ['dɪsəlu:t] **1** tygellös, utsvävande **2** utlevad **-lution** [ˌdɪsə'lu:ʃn] upplösning

dissolve [dɪ'zɒlv] upplösa[s]; lösa [sig]; smälta[s]; sönderdela[s]; skingra[s]; *~d in tears* upplöst i tårar

disso|nance ['dɪsənəns] dissonans, disharmoni; *bildl. äv.* oenighet **-nant** [-nənt] disharmonisk, missljudande

dissuade [dɪ'sweɪd] avråda **dissuasion** [dɪ'sweɪʒn] avrådan; avstyrkande

dissyl|labic [ˌdɪsɪ'læbɪk] *språkv.* tvåstavig **-lable** [dɪ'sɪləbl] *språkv.* tvåstavigt ord

dist. *förk. för distant; distinguished; district*

distaff ['dɪstɑ:f] slända; *on the ~ side* på spinnsidan

dis|tance ['dɪst(ə)ns] **I** *s* distans; avstånd; sträcka; *at a ~* på avstånd; *at this ~ of time* så [här] långt efteråt; *in the ~* i fjärran, på [långt] avstånd; *within ~* inom räckhåll (synhåll, hörhåll); *go the ~ a*) (*i boxning*) gå alla ronder, *b*) hålla ut; *keep one's ~* vara reserverad, hålla distans **II** *v* **1** hålla på avstånd **2** distansera, lämna bakom sig **-tant** [-t(ə)nt] **1** avlägsen; fjärran; *~ look* frånvarande blick; *~ relative* avlägsen släkting **2** reserverad, avmätt

distaste [ˌdɪs'teɪst] avsmak (*for* för); motvilja (*for* mot) **-ful** [dɪs'teɪstf(ʊ)l] osmaklig, motbjudande

1 distemper [dɪ'stempə] valpsjuka

2 distemper [dɪ'stempə] **I** *s* temperafärg; limfärg; temperamålning **II** *v* måla med temperafärg

distend [dɪ'stend] **1** utvidga; blåsa upp **2** utvidgas, svälla **distension** [dɪ'stenʃn] **1** utvidgning, svällande **2** vidd, omfång

distil [dɪ'stɪl] **1** destillera[s]; bränna[s] **2** [låta] droppa, drypa **-late** ['dɪstɪlɪt] destillat **-lation** [ˌdɪstɪ'leɪʃn] **1** destillering **2** destillat

distill|er [dɪ'stɪlə] destillator, destillatör; spritttillverkare **-ery** [dɪ'stɪlərɪ] bränneri, spritfabrik

distinct [dɪ'stɪŋ(k)t] **1** distinkt, klar, tydlig; uttrycklig **2** olik; [åt]skild; *as ~ from* till skillnad från; *keep ~* hålla isär **distinction** [dɪ'stɪŋ(k)ʃn] **1** [åt]skillnad; distinktion; särskiljande; *without ~ of person* utan hänsyn till person **2** kännemärke, särmärke **3** betydelse, anseende; *a man of ~* en framstående man **4** utmärkelse **distinctive** [dɪ'stɪŋ(k)tɪv] åt-, sär|skiljande, utmärkande, typisk, distinktiv; utpräglad **distinctiveness** [dɪ'stɪŋ(k)tɪvnɪs] särprägel, utmärkande drag **distinctly** [dɪ'stɪŋ(k)tlɪ] *adv* tydligt, distinkt; uttryckligen

distinguish [dɪ'stɪŋgwɪʃ] **1** urskilja, se klart **2** särskilja, skilja [åt] **3** känneteckna, utmärka; *be ~ed for* utmärka sig för; *~ o.s.* utmärka sig, göra sig bemärkt **4** göra skillnad, skilja (*between, among* mellan, på) **distinguishable** [-əbl] **1** som kan skiljas; *they are hardly ~* man kan knappt skilja dem åt **2** märkbar, urskiljbar; tydlig **distinguished** [-t] **1** förnämlig, framstående, celeber **2** distingerad **distinguishing** [-ɪŋ] särskiljande, utmärkande, karakteristisk; igenkännings-; *~ mark* [särskilt] kännetecken

distort [dɪ'stɔ:t] förvrida; förvränga (*äv. bildl.*); förvanska **distortion** [dɪ'stɔ:ʃn] **1** förvridning; förvrängning; förvanskning; vrångbild **2** *tekn.* distorsion **distortionist** [dɪ'stɔ:ʃnɪst] ormmänniska

distract [dɪ'strækt] **1** avvända, avleda; distrahera **2** förvirra; göra galen **3** förströ, roa **distracted** [-ɪd] **1** förvirrad **2** förryckt, galen **distraction** [dɪ'strækʃn] **1** distraktion, förströddhet; *in a state of ~* disträ, förströdd **2** avkoppling, distraktion, förströelse **3** förvirring, oreda; störning, distraherande faktor **4** förryckthet, galenskap; *to ~* till vanvett

distrain [dɪ'streɪn] *jur.* ta i mät

distraught [dɪ'strɔ:t] upprörd, utom sig

distress [dɪ'stres] **I** *s* **1** nöd[läge], betryck, trångmål; *in ~* i [sjö]nöd **2** smärta, sorg **3** *jur.* utmätning **II** *v* plåga, göra olycklig; oroa **distressed** [-t] **1** nödställd; *~ area* krisdrabbat område **2** olycklig, bekymrad (*about, at* för, över) **distress sale** exekutiv auktion **distress signal** [-ˌsɪgnl] nödsignal

distribute [dɪ'strɪbju:t] **1** ut-, för|dela, distribuera **2** sprida; utbreda **3** dela in (*into* i), klassificera **distribution** [ˌdɪstrɪ'bju:ʃn] **1** utdelning; fördelning (*äv. stat.*); distribution **2** spridning; utbredning **3** indelning, klassificering **distributive** [dɪ'strɪbjʊtɪv] **1** ut-, till|delande **2** fördelande, fördelnings-; *språkv.* distributiv **distrib|uter, -utor** [dɪ'strɪbjʊtə] utdelare; fördelare (*äv. tekn.*); distributör

district ['dɪstrɪkt] **1** distrikt; stadsdel; del av grevskap; *D~ of Columbia* Columbia (*USA:s förbundsdistrikt med huvudstaden Washington*) **2** trakt, område, bygd, distrikt **district attorney** [-əˌtɜ:nɪ] *AE.* allmän åklagare **district court** [-kɔ:t] *AE.* federal domstol i lägsta instans **district heating** [-ˌhi:tɪŋ] fjärrvärme **district nurse** [-nɜ:s] distriktssköterska

distrust [dɪ'strʌst] **I** *s* misstro[ende] **II** *v* misstro, inte lita på **-ful** [-f(ʊ)l] miss-, klen|trogen; misstänksam (*of* mot)

disturb [dɪ'stɜ:b] **1** störa, avbryta **2** oroa **3** ställa till oreda i **4** besvära **-ance** [(ə)ns] **1** störande, avbrytande **2** oro; störning, rubbning **3** oreda, oordning; tumult, bråk, orolighet **-er** [-ə] orosstiftare

disunion [ˌdɪs'ju:njən] söndring, splittring **disunite** [ˌdɪsju:'naɪt] skilja[s], upplösa[s], splittra[s]

disuse [ˌdɪs'ju:s] *s, fall into ~* komma ur bruk

disused [ˌdɪs'ju:zd] avlagd, kasserad; nedlagd

disyl|labic, -lable *se dissyl|labic, -lable*

ditch [dɪtʃ] **I** *s* dike, grav; litet vattendrag; *the D~* (*vard.*) Engelska kanalen; *the last ~* sista utvägen (försvarsställningen) **II** *v* **1** dika [ut]; omge med dike **2** *sl.* köra i diket med (*för att undvika krock e.d.*); spola (*överge, göra sig av med*); nödlanda på vatten; *AE.* skaka av sig

dither ['dɪðə] **I** *v* **1** *BE.* tveka **2** *AE.* vara upprörd **3** darra **II** *s* **1** *BE.* tvekan **2** *AE.* upprördhet

ditto ['dɪtəʊ] dito; detsamma; *~ marks* citations-,

upprepnings|tecken; ~ *suit, suit of ~s* hel kostym
ditty ['dɪtɪ] [liten] visa (dikt) **ditty bag** sjösäck **ditty box** sjömanskista
diurnal [ˌdaɪ'ɜ:nl] dags-; daglig
div. *förk. för divide[d]; dividend; division; divorced*
divan [dɪ'væn] **1** divan **2** divan (*turkiskt statsråd; österländsk rådskammare*) **3** (*förr*) rökrum
dive [daɪv] **I** *v* (*AE. imperf. äv. dove*) **1** dyka **2** sticka ner handen, rota (*into* i) **II** *s* **1** dykning; [sim]hopp; *make a ~ for a*) dyka ner efter, *b*) kasta sig över; *~ into* dyka in i **2** *vard.* krog, sylta; spelhåla; tillhåll **dive-bomb** ['daɪvbɒm] fälla störtbomber [över, på] **dive bomber** ['daɪvˌbɒmə] störtbomb|plan, -are **diver** ['daɪvə] dykare
diverge [daɪ'vɜ:dʒ] divergera, gå isär, skilja sig åt; avvika **diver|gence** [-(ə)ns], **-gency** [-(ə)nsɪ] divergens, skiljaktighet; avvikelse; motsättning **divergent** [-(ə)nt] divergerande; skiljaktig, avvikande, delad
divers ['daɪvɜ:z] *åld.* åtskilliga, diverse **diverse** [daɪ'vɜ:s] olik[a]; skild; mångfaldig
diversi|fication [daɪˌvɜ:sɪfɪ'keɪʃn] **1** *hand.* diversifiering **2** differentiering **3** omväxling; olikhet **-fied** [daɪ'vɜ:sɪfaɪd] **1** *hand.* diversifierad **2** omväxlande **-fy** [daɪ'vɜ:sɪfaɪ] **1** *hand.* diversifiera **2** göra omväxlande; göra olik
diversion [daɪ'vɜ:ʃn] **1** avledande; omläggning (*av trafik*), förbifart; avstickare **2** *mil.* skenmanöver **4** förströelse, avkoppling
diversity [daɪ'vɜ:sətɪ] **1** mångfald **2** tvistefråga; *~ of opinion* meningsskiljaktighet
divert [daɪ'vɜ:t] **1** avleda; avvända; lägga om (*trafik e.d.*) **2** roa, underhålla
Dives ['daɪvi:z] *bibl.* den rike mannen
divest [daɪ'vest] **1** klä av **2** beröva, fråntaga (*s.b. of s.th.* ngn ngt); *~ o.s. of* avstå från, avhända sig
divide [dɪ'vaɪd] **I** *v* **1** dela [upp] (*into* i); avstava, avdela **2** *~ [up]* fördela, dela (portionera) ut **3** *mat.* dividera, dela; *~ 9 by 3, ~ 3 into 9* dividera 9 med 3 **4** dela [av], [åt]skilja **5** dela in, kategorisera, klassificera **6** *parl.* låta rösta; *~ the House* anordna votering i parlamentet **7** dela, splittra, göra oense; *opinions are ~d on* meningarna är delade om **8** dela [upp] sig (*into* i) **II** *s* **1** *AE.* vattendelare **2** skiljelinje **dividend** ['dɪvɪdend] **1** *ekon. o. bildl.* utdelning; återbäring; bonus **2** *mat.* dividend **divider** [dɪ'vaɪdə] **1** delare; avdelare **2** *~s* (*pl*) passare
divination [ˌdɪvɪ'neɪʃn] förutsägelse, spådom; [för]aning **divine** [dɪ'vaɪn] **I** *a* **1** gudomlig; guds-; *~ service* gudstjänst **2** *vard.* gudomlig, underbar, fantastisk **II** *s* teolog, präst **III** *v* **1** spå, förutsäga **2** ana [sig till] **3** gå med slagruta **diviner** [dɪ'vaɪnə] **1** spåman **2** slagruteman
diving ['daɪvɪŋ] dykning (*äv. flyg.*); simhopp, simhoppning **diving bell** dykarklocka **diving board** trampolin **diving dress (suit)** dykardräkt
divining rod [dɪ'vaɪnɪŋrɒd] slagruta
divinity [dɪ'vɪnətɪ] **1** gudom[lighet]; gud[inna]; *the D~* Gud **2** teologi; *skol.* religion, kristendom; *Bachelor* (*Doctor*) *of ~* teologie kandidat (doktor)
divisi|bility [dɪˌvɪzɪ'bɪlətɪ] delbarhet **-ble** [dɪ'vɪzəbl] delbar (*by* med; *into* i)
division [dɪ'vɪʒn] **1** [upp-, in-, för]delning (*into* i); *~ of labour* arbetsfördelning; *~ of words* avstavning **2** *mat.* division, delning **3** område, distrikt, [val]krets **4** *mil., sport.* division **5** skilje|linje, -vägg; gräns **6** skiljaktighet, splittring; oenighet **7** *parl.* votering, [om]röstning **divisional** [-l] delnings-, skilje-; divisions-; avdelnings-
divisor [dɪ'vaɪzə] *mat.* divisor
divorce [dɪ'vɔ:s] **I** *s* skilsmässa (*äv. bildl.*), äktenskapsskillnad; *get a ~* få skilsmässa **II** *v* **1** [låta] skilja sig från; skilja **2** skilja sig, skiljas **3** skilja [åt] **divorcée** [dɪˌvɔ:'si:] frånskild kvinna
divulge [daɪ'vʌldʒ] avslöja, röja, yppa
divvy ['dɪvɪ] *vard.* **1** *BE.* återbäring **2** *AE.* andel
Dixie ['dɪksɪ] *AE. vard.* Dixie, sydstaterna **-land** [-lænd] **1** *AE.* Dixie, sydstaterna **2** *mus.* dixiland
dixie ['dɪksɪ] *mil.* kokkärl
D.I.Y., d.i.y. *förk. för do-it-yourself*
dizziness ['dɪzɪnɪs] yrsel, svindel **dizzy** ['dɪzɪ] **I** *a* **1** yr **2** svindlande **3** virrig, förvirrad **II** *v* **1** göra yr i huvudet **2** förvirra
D.J. *förk. för dinner jacket; disc jockey* **dl** *förk. för decilitre* **D. Lit[t].** *förk. för Doctor of Letters; Doctor of Literature* **dm** *förk. för decimetre* **D. Mus.** *förk. för Doctor of Music*
1 do [du:; *obeton.* dʊ, də, d] **I** *v* (*did, done; 3 pers. sg pres. does*); *se äv. done* **1** göra; framställa; utföra; *~ as you please* gör som du vill; *please, ~!* var så god!, ja gärna!; *it does her credit* det länder henne till heder; *~ s.b. a favour* göra ngn en tjänst; *~ s.b. justice* göra ngn rättvisa; *he does nothing but complain* han gör inte annat än klagar; *he did right to leave her* han gjorde rätt i att lämna henne; *and so we did* och det 'gjorde vi också; *and so did we* och det gjorde 'vi också; *that does it!* nu får det vara nog!; *that did it a*) det tog skruv, *b*) det avgjorde saken; *what can I ~ for you?* vad kan jag göra för dig?, (*i butik*) vad får det lov att vara?; *what ~ you ~ for a living?* vad har du för yrke?, vad sysslar du med?; *~ this letter and two copies* skriv ut det här brevet med två kopior; *~ a book into a play* omarbeta (göra om) en bok till pjäs; *you ~ s.th. to me* du har förtrollat mig; *they ~ you very well at that hotel* man bor och äter mycket bra på det hotellet; *~ o.s. well* ha det bra, smörja kråset; *nothing doing!* det går inte!, inte en chans! **2** göra i ordning, ordna; arrangera; *~ the dishes* diska; *~ one's hair* göra sig snygg i håret; *this room needs doing* det här rummet behöver städas (snyggas upp, målas *e.d.*); *~ the flowers* arrangera blommorna **3** sköta, ha hand om, stå för; utföra; *I'll ~ the talking* låt mig sköta konversationen; *~ sums* räkna **4** studera, läsa; *~ medicine* läsa medicin; *~ a degree* avlägga examen **5** räcka [för], vara lagom [för]; duga till (som); passa; gå an; *that'll ~* det räcker (duger, är bra); *it will ~ for us* det räcker [till] för oss; *that will ~ me nicely* det passar mig utmärkt **6** må; klara (sköta) sig; *how ~ you ~?* (*vid första mötet m. ngn*) goddag; *how are you doing nowadays?* hur går det för dig nuförtiden? **7** spela, uppföra (*roll, pjäs*) **8** göra; avverka; besöka; *this car will ~ 100 mph* den här bilen gör 100 miles i timmen; *we did 8 kilometres on our walk* vi avverkade 8 km på vår promenad; *~ a museum* besöka ett mu-

seum **9** lösa (*problem, korsord*); ~ *a jig-saw puzzle* lägga pussel **10** tillhandahålla, stå till tjänst med; föra; *we don't ~ lunches* vi serverar inte lunch; *we don't ~ that make* vi för inte det märket **11** tillaga, anrätta; ~ *the cooking* laga maten; *well done* genomstekt **12** lura; *you've been done for £10* du har blivit lurad på 10 pund **13** göra inbrott i **14** avtjäna, sitta inne; ~ *one year* avtjäna (sitta inne på) ett år **15** *vulg.* sätta på, dra över (*kvinna*) **16** (*i frågesats; i nekande sats; beton. i jakande sats*) ~ *you understand?* förstår du?; *when did he leave?* när for han?; *he doesn't* (*does not*) *like her* han tycker inte om henne; *don't go!* gå inte!; *didn't you* (*did you not*) *know?* visste du inte det?; *not until then did he realize* inte förrän då insåg han; *little did he realize that* föga insåg han att; ~ *hurry!* skynda på, för guds skull!; *but I did call* men jag ringde verkligen; ~ *I remember him!* om jag kommer ihåg honom! **17** (*som ersättning för annat verb*) *you like it, don't you?* du tycker om den, eller hur?; *you speak better than I ~* du talar bättre än jag; *he likes her, and so ~ I* han tycker om henne, och det gör jag med; *may I come in? - ~!* får jag komma in? - ja visst! **18** ~ *away with a*) göra av med, ta livet av, *b*) avskaffa, slopa; ~ *well* (*badly*) *by s.b.* behandla ngn väl (illa); ~ *down a*) göra ner, förödmjuka, *b*) lura; ~ *for* (*vard.*) *a*) överbevisa, *b*) ta kål på, *c*) hushålla för, *d*) duga som (till); ~ *well for o.s.* (*vard.*) lyckas, ha framgång; ~ *in* (*sl.*) fixa (*mörda*); *be done in* (*sl. äv.*) vara slut (färdig); ~ *out* (*vard.*) städa (snygga) upp, tapetsera om; ~ *s.b. out of s.th.* (*vard.*) lura av ngn ngt; ~ *over a*) *vard.* snygga upp, tapetsera om, *b*) *BE. sl.* slå ner, golva; ~ *up a*) slå (packa) in, *b*) ruinera, *c*) snygga (piffa, rusta) upp, *d*) knäppa[s]; ~ *with* göra med; *have to ~ with* ha att göra med, hänga ihop med; *what has that got to ~ with it?* vad har det med saken att göra?; *what have you done with your hair?* vad har du gjort med håret?; *she didn't know what to ~ with herself* hon visste inte vad hon skulle ta sig till (sysselsätta sig med); *I can ~ with £1* jag behöver ett pund, jag klarar mig med ett pund; *you could ~ with a shave* du behöver raka dig; *I could do with an ice cream* det skulle smaka bra med en glass; *be done with* vara över (slut, avklarad); *let's have done with it* låt oss få det överstökat (få slut på det); ~ *without* klara sig utan, undvara **II** *s* (*pl ~s el. ~'s*) **1** *sl.* svindel, bedrägeri **2** *vard.* fest, party **3** *vard., ~'s and don'ts* (*vard.*) regler och förbud, vad man får och inte får

2 do [dəʊ] *mus.* do

do. *förk. för ditto*

D.O.A. *förk. för dead on arrival*

dobbin ['dɒbɪn] arbetshäst; brunte

doc [dɒk] *vard.* doktor

doc. *förk. för document*

docile ['dəʊsaɪl] foglig **docility** [də(ʊ)'sɪlətɪ] foglighet

1 dock [dɒk] **I** *s* **1** [fartygs]docka; hamnbassäng; *dry* (*graving*) ~ torrdocka; *floating* ~ flytdocka; *in ~* (*BE. vard.*) *a*) på sjukhus, *b*) på verkstad **2** *~s* (*pl*) hamn[anläggning]; kaj; varv; *naval ~s* örlogsvarv **3** *AE.* lastkaj **II** *v* docka

2 dock [dɒk] *jur.* förhörsbås

3 dock [dɒk] **I** *s* stubbsvans **II** *v* stubbsvansa; stubba, kupera

4 dock [dɒk] *bot.* syra, skräppa

dockage ['dɒkɪdʒ] **1** dockningsavgift **2** dockning

docker ['dɒkə] hamn-, dock|arbetare

docket ['dɒkɪt] **I** *s* **1** innehållsförteckning **2** *jur.* förteckning över domslut; *AE.* föredragningslista **3** adresslapp (*på paket*) **4** *BE.* tullbevis **II** *v* **1** förse med innehållsförteckning **2** inregistrera (*domslut*) **3** förse med adresslapp

dock|land ['dɒklænd] hamnkvarter **-yard** skeppsvarv

doctor ['dɒktə] **I** *s* **1** doktor; läkare; *D~ of Philosophy* filosofie doktor; *call a ~* tillkalla läkare; *it's just what the ~ ordered* det är precis det rätta **2** *sl.* skepps-, fält|kock **II** *v* **1** behandla, sköta; ordinera; *vard.* praktisera (*som läkare*) **2** *vard.* kastrera **3** lappa ihop **4** förfalska, fiffla med **-ate** ['dɒkt(ə)rɪt] doktorsgrad

doctrinaire [ˌdɒktrɪ'neə] **I** *s* principryttare **II** *a* doktrinär **doctrinal** [dɒk'traɪnl] läro-, dogmatisk **doctrinarian** [ˌdɒktrɪ'neərɪən] *se doctrinaire* **doctrine** ['dɒktrɪn] doktrin, lära, lärosats, dogm

document I *s* ['dɒkjʊmənt] dokument, handling **II** *v* ['dɒkjʊment] dokumentera **-ary** [ˌdɒkjʊ'ment(ə)rɪ] **I** *a* dokumentär **II** *s* dokumentärfilm **-ation** [ˌdɒkjʊmen'teɪʃn] dokument|ation, -ering

DOD *AE., förk. för Department of Defense*

dodder ['dɒdə] **1** stappla **2** darra, skaka

dodge [dɒdʒ] **I** *v* **1** hoppa (vika) undan [för] **2** göra undanflykter; slingra (krångla) sig ifrån; kringgå **II** *s* **1** hopp åt sidan, sidosprång **2** knep, fint

dodgem ['dɒdʒəm] radiobil (*på nöjesfält*)

dodger ['dɒdʒə] **1** skojare, filur; smitare **2** (*slags*) majsbröd **3** *sl.* sandwich, macka; käk **dodgy** ['dɒdʒɪ] *BE. vard.* **1** lurig, listig **2** knepig, krånglig

dodo ['dəʊdəʊ] (*pl ~[e]s*) **1** *zool.* dront; *as dead as a ~* stendöd, helt borta **2** *vard.* träskalle; trögmåns

doe [dəʊ] **1** hind **2** har-, kanin|hona; *Austr.* känguruhona

D.O.E. *förk. för Department of the Environment*

does [dʌz, *obeton.* d(ə)z] *3 pers. sg pres. av do*

doeskin ['dəʊskɪn] dovhjortsskinn

doesn't [dʌznt] = *does not*

doff [dɒf] ta av [sig]

dog [dɒg] **I** *s* **1** hund; *the ~s* (*vard.*) hundkapplöpning; *not a ~'s chance* inte skuggan av en chans; *~ in the manger* missunnsam person (*som inte unnar andra det han inte själv har glädje av*); *every ~ has his day* alla får chansen någon gång; *done up like a ~'s dinner* (*vard.*) uppsnofsad, tjusigt klädd; *give a ~ a bad name and hang him* (*ung.*) det är svårt att bli rentvådd när man fått en fläck på sig; *go to the ~s* (*vard.*) gå åt pipan, förfalla; *lead a ~'s life* leva ett hundliv; *let sleeping ~s lie* inte väcka den björn som sover; *put on the ~* (*AE. vard.*) göra sig viktig; *you can't teach an old ~ new tricks* man kan inte lära gamla hundar sitta; *throw to the ~s* kasta bort **2** *vard.* kille, karl; knöl, usling; *dirty ~* fähund; *lazy ~* latmask; *lucky ~* lyckans ost **II** *v* följa i hälarna, jaga

dog biscuit ['dɒg,bɪskɪt] hundkex **dogcart** [-kɑ:t] dogcart (*slags tvåhjulig vagn*) **dog collar** [-,kɒlə] **1** hundhalsband **2** *vard.* präst-, rund|-krage; tättsittande halsband **dog days** [-deɪz] *pl* rötmånad

dog|-ear ['dɒg,ɪə] **I** *s* hundöra (*i bok*) **II** *v* göra hundöron i **--eat-dog** *a* präglad av hänsynslös konkurrens **--end** [-end] *vard.* [cigarrett]fimp **--fancier** [-,fænsɪə] hundälskare; hunduppfödare **--fight** [-faɪt] **1** flygstrid **2** hundslagsmål; vilt slagsmål **--fish** [-fɪʃ] *zool.* små-, pigg|haj **--fox** [-fɒks] rävhanne

dogged ['dɒgɪd] envis, seg, ihärdig

doggerel ['dɒg(ə)r(ə)l] **1** dålig, haltande vers **2** knittel[vers]

doggie ['dɒgɪ] *vard.* vovve

doggo ['dɒgəʊ] *BE. vard., lie* ~ ligga och trycka, hålla sig undan

doggone ['dɒg,gɒn] *AE. vard.* **I** *interj* förbaskat!, jäklar! **II** *a* jäkla, förbaskad

doggy ['dɒgɪ] **I** *s, vard.* vovve **II** *a* **1** hund- **2** hundälskande **doghouse 1** *AE.* hundkoja **2** *vard., in the* ~ i onåd **dog Latin** [,dɒg'lætɪn] kökslatin

dogma ['dɒgmə] (*pl -s el. -ta*) dogm; trossats **-tic** [dɒg'mætɪk] dogmatisk **-tize** (*BE. äv. -ise*) [-taɪz] **1** dogmatisera **2** docera

do-gooder [,du:'gʊdə] *vard. neds.* blåögd välgörare (idealist)

dog paddle ['dɒg,pædl] hundsim **dog rose** [-rəʊz] nypon-, vild|ros **dogsbody** [-z,bɒdɪ] *vard.* passopp; arbetssträl **dog's ear** [-z,ɪə] hundöra **dog-sleep** [-sli:p] lätt orolig sömn **Dog Star** [-stɑ:] Sirius, Hundstjärnan **dog tag** [-tæg] *AE. sl.* (*soldats*) identitetsbricka **dog-tired** [,dɒg'taɪəd] dödstrött **dogtrot** ['dɒgtrɒt] jämn lunk **dog-watch** ['dɒgwɔtʃ] *sjö.* plattvakt (*kl. 16-18 el. 18-20*) **dogwood** ['dɒgwʊd] *bot.* skogskornell

doily ['dɔɪlɪ] tallriksunderlägg, liten spetsduk

dol. *förk. för dollar*

doldrums ['dɒldrəmz] *pl* stiltjebälten; stiltje; *in the* ~ (*bildl.*) *a*) dyster, nedstämd, *b*) stagnerande, avstannande, livlös

dole [dəʊl] **I** *s* **1** allmosa; allmoseutdelning **2** *BE. vard.* arbetslöshetsunderstöd; *be on the* ~ vara arbetslös, gå och stämpla **II** *v,* ~ *out* dela ut (*i småportioner*) **-ful** [-f(ʊ)l] sorgsen; dyster; sorglig

doll [dɒl] **I** *s* docka; *sl.* brud, tjusig tjej **II** *v, sl.* ~ *up* klä (fiffa) upp [sig], styra ut [sig]

dollar ['dɒlə] dollar

dollop ['dɒləp] *vard.* klick, klump

doll's-house ['dɒlzhaʊs] dockskåp

dolly ['dɒlɪ] **1** *barnspr.* docka **2** *sl.* sötnos, brud **3** *film., TV.* dolly, kameravagn

dolmen ['dɒlmen] *arkeol.* dolmen, dös

Dolomites ['dɒləmaɪts] *pl, the* ~ Dolomiterna

dolorous ['dɒlərəs] smärtsam; sorglig

dolphin ['dɒlfɪn] **1** *zool.* delfin **2** *sjö.* pollare

dolt [dəʊlt] trä-, dum|skalle **-ish** [-ɪʃ] dum, tjockskallig

dom. *förk. för domain; domestic*

domain [də(ʊ)'mein] domän; [jord]egendom; *bildl.* domän, område, gebit

dome [dəʊm] **1** dom, kupol **2** *sl.* skalle **domed** [-d] välvd

Domesday Book ['du:mzdeɪ,bʊk] Vilhelm Erövrarens jordebok

domestic [də(ʊ)'mestɪk] **I** *a* **1** hus-, hem-, familje-; hemkär; ~ *animal* husdjur; ~ *art* (*industry*) hemslöjd; ~ *market* hemmamarknad; ~ *science* hemkunskap, hushållslära **2** inhemsk, inrikes; ~ *policy* inrikespolitik **II** *s* tjänare; hemhjälp **domesticate** [-eɪt] **1** göra hemkär (huslig) **2** naturalisera **3** tämja, domesticera (*djur*) **domestication** [də(ʊ),mestɪ'keɪʃn] domesticering, tämjande **domesticity** [,dəʊme'stɪsətɪ] **1** hem-, familje|liv; hemkärlek; huslighet **2** tamt tillstånd

domicile ['dɒmɪsaɪl] **I** *s* hemvist, hemort; vistelseort **II** *v* bosätta sig; vara bosatt (bofast)

domi|nance ['dɒmɪnəns] dominans; herravälde; inflytande **-nant** [-nənt] **I** *a* dominerande; [för]härskande; ledande, inflytelserik **II** *s, mus.* dominant **-nate** [-neɪt] **1** dominera, behärska; härska över **2** dominera, härska; vara förhärskande **-nation** [,dɒmɪ'neɪʃn] **1** dominering **2** herravälde; styre, kontroll **-neer** [dɒmɪ'nɪə] dominera, härska; ~ [*over*] (*äv.*) tyrannisera **-neering** [,dɒmɪ'nɪərɪŋ] dominerande, tyrannisk, despotisk

Dominican [də'mɪnɪkən] **I** *s* dominikan[ermunk] **II** *a* **1** dominikan[er]- **2** *the* ~ *Republic* Dominikanska republiken

dominie ['dɒmɪnɪ] *Sk.* skollärare

dominion [də'mɪnjən] **1** herravälde, makt **2** välde, besittning **3** dominion (*inom Brittiska samväldet*)

domino ['dɒmɪnəʊ] **1** dominobricka; *~es* (*behandlas som sg*) dominospel **2** (*pl ~[e]s*) domino (*maskeraddräkt*)

1 don [dɒn] **1** don (*spansk titel*) **2** lärare (*vid univ. o. college*)

2 don [dɒn] ikläda sig, ta på sig

Donald Duck ['dɒnəld 'dʌk] Kalle Anka

donate [də(ʊ)'neɪt] donera; skänka **donation** [də(ʊ)'neɪʃn] donation, gåva; [bort]givande

done [dʌn] *perf. part. av do o. a* **1** gjort, gjord *etc., se 1 do; ~!* kör till!, okej!; *well ~!* bravo!, det gjorde du bra!; *it can't be* ~ det går inte; *have you ~?* är du färdig?, har du slutat?; *that's ~ it! a*) det fattades bara det!, *b*) det var det!; *be* (*have*) ~ *with* bryta med; *let's have ~ with it* låt oss få saken ur världen; ~ *for* (*vard.*) *a*) nästan död, *b*) i knipa; ~ *in* (*up*) (*vard.*) utmattad, slut **2** *that isn't* ~ det är inte passande, det går inte an **3** [färdig]-kokt, -stekt; *well* ~ genomstekt **4** *vard.* lurad

donjon ['dɒn(d)ʒ(ə)n] huvudtorn, slottskärna

donkey ['dɒŋkɪ] åsna (*äv. bildl.*); [*for*] *~'s years* (*vard.*) [i, på] många herrans år

donor ['dəʊnə] givare; donator

Don Quixote [,dɒn'kwɪksət] Don Quijote

don't [dəʊnt] = *do not*; *~!* låt bli!; *then ~!* slipp då! **don't know** *s* person som svarar 'vet ej' (*på frågeformulär e.d.*)

donut ['dəʊnʌt] *se doughnut*

doodle ['du:dl] **I** *v* **1** klottra **2** *AE.,* ~ *away* söla **II** *s* klotter **-bug** V 1-bomb

doom [du:m] **I** *s* **1** ont öde; undergång; död **2** *åld.* dom[slut] **3** yttersta domen **II** *v* döma [till döden] **doomsday** ['du:mzdeɪ] domedag **doomster** ['du:mstə], **doomwatcher** ['du:mwɒtʃə] domedagsprofet

door [dɔ:] dörr; port; ingång; *the ~ to success* vägen (nyckeln) till framgång; *out of ~s* utomhus; *within ~s* inomhus; *be at death's ~* ligga för döden; *he's got a foot in the ~* han har fått in en fot; *lay s.th. at a p.'s ~* ge ngn skulden för ngt; *it lies at his own ~* det är hans eget fel, han har sig själv att skylla; *show s.b. the ~* visa ngn på dörren
door|bell ['dɔ:bel] dörrklocka **-frame** dörrkarm **-jamb** dörrpost **-keeper** [-ˌki:pə] dörr-, port|vakt
door|-knob ['dɔ:nɒb] dörrknopp (*handtag*) **-man** dörr-, port|vakt **-mat** dörrmatta **-nail** *s*, [*as*] *dead as a ~* stendöd **-plate** dörr-, namn|skylt **-post** dörrpost **-step 1** yttertrappa; *on one's* (*the*) *~* inpå knutarna **2** *sl.* tjock brödskiva **--to--door** [-tə'dɔ:] *a, ~ salesman* dörrknackare **-way** ['dɔ:weɪ] dörr[öppning]; port **-yard** ['dɔ:ˌjɑ:d] *AE.* gårdsplan (*framför ytterdörr*)
dope [dəʊp] **I** *s* **1** *sl.* narkotika, knark; dopingmedel **2** *sl.* [hemliga] upplysningar, [förhands]tips **3** (*slags*) fernissa, [impregnerings]lack; tillsatsmedel; smörjmedel **4** *sl.* dumskalle **5** *AE. vard.* framkallningsvätska **II** *v* **1** *sl.* ge knark; dopa; knarka **2** lura, dupera **3** fernissa, impregnera; smörja **dope-fiend** ['dəʊpfi:nd] knarkare **dope|-peddler, --pusher** [-ˌpedlə, -ˌpʊʃə] knarklangare **dop[e]y** [-ɪ] *sl.* **1** dum **2** knarkpåverkad
dor [dɔ:] *zool.* tordyvel; skalbagge
dorm [dɔ:m] *vard. för dormitory*
dor|mancy ['dɔ:mənsɪ] dvala **-mant** [-mənt] slumrande, vilande; inaktiv, overksam, passiv
dormer [window] [ˌdɔ:mə'wɪndəʊ] vindskupefönster
dormitory ['dɔ:mɪtrɪ] **1** sovsal **2** *AE.* studenthem **dormitory suburb** [-ˌsʌbɜ:b] sovstad
dormouse ['dɔ:maʊs] *zool.* hasselmus
dorsal ['dɔ:sl] rygg-, dorsal; *~ fin* ryggfena
dory ['dɔ:rɪ] liten flatbottnad båt
dosage ['dəʊsɪdʒ] *med.* dosering; dos; strålningsdos **dose** [dəʊs] **I** *s* **1** dos[is]; strålningsdos; *like a ~ of salts* jättesnabbt **2** *vard.* släng (*av sjukdom e.d.*) **3** *sl.* könssjukdom **II** *v* **1** ge medicin; dosera **2** uppblanda, tillsätta
doss [dɒs] *BE. sl.* **I** *v ~* [*down*] slafa (*på ungkarlshotell*) **II** *s* slaf (*på ungkarlshotell*)
dossal ['dɒsl] altarbonad
dosshouse ['dɒshaʊs] *BE. sl.* ungkarlshotell
dossier ['dɒsɪeɪ] dossié
dost [dʌst] *åld., 2 pers. sg pres. av do; thou ~* du gör
dot [dɒt] **I** *s* **1** punkt, prick; *on the ~* punktligt, prick, på slaget; *the year ~* (*vard.*) för evigheter sedan **2** smula; stänk **II** *v* **1** pricka; punktera; *~ one's i's and cross one's t's* (*vard.*) vara ytterst noggrann **2** översålla, vara utspridd över (på); *she has friends ~ted about all over the country* hon har vänner spridda över (här och där i) hela landet **3** *~ and carry one* ett upp och ett i minnet **4** *sl., ~ s.b. one* klippa till ngn
dotage ['dəʊtɪdʒ] **1** senilitet; *be in one's ~* ha blivit barn på nytt **2** dåraktig (blind) kärlek **dotard** [-əd] senil person **dote** [dəʊt] **1** vara senil (barn på nytt) **2** *~* [*up*]*on* avguda, dyrka
doth [dʌθ] *åld.* = *does*
dotted ['dɒtɪd] prickig; prickad; *~line* prickad (streckad) linje; *~ note* (*mus.*) punkterad not
dottle ['dɒtl] orökt rest av tobak i pipa
dotty ['dɒtɪ] **1** prickig **2** *BE. sl.* fnoskig; tokig (*about* i)
double ['dʌbl] **I** *a* **1** dubbel, dubbel-; tvåfaldig; *~ the number* dubbla antalet; *~ pneumonia* dubbelsidig lunginflammation; *an egg with a ~ yolk* ett ägg med två gulor **II** *adv* dubbelt; två och två; *ride ~* rida två på samma häst; *see ~* se dubbelt **III** *s* **1** *the ~* det dubbla, dubbelt så mycket (många); *~ or quits* kvitt eller dubbelt **2** dubbelgångare; exakt kopia; *teat., film. a*) stand-in, ersättare, *b*) aktör som spelar två roller (*i samma pjäs*); *she is the ~ of her sister* hon är sin syster upp i dagen **3** (*i tennis e.d.*) *~s* (*behandlas som sg*) dubbel[spel, -match]; *men's ~* herrdubbel **4** tvärvändning; *bildl.* slingerbult **5** *mil.* språngmarsch; *at* (*on*) *the ~ a*) med språng, *b*) fortare än kvickt **IV** *v* **1** fördubbla[s], dubblera[s] **2** vika (lägga) dubbel; *~* [*up*] *one's fist* knyta näven; *~ back on one's tracks* hastigt vända och springa tillbaka; *~ up a*) vika[s] dubbel, vika sig dubbel, *b*) dela rum (säng *e.d. m. ngn*) **3** göra en exakt kopia av **4** *teat.* spela två roller i samma pjäs; *~ for* ersätta, vara stand-in för **5** göra en tvärvändning **6** *sjö.* dubblera, runda **7** *kortsp.* dubbla **8** förflytta sig med dubbla hastigheten **double-barrelled** [-ˌbær(ə)ld] **1** dubbel-, två|pipig **2** tvetydig **3** *~ name* dubbelnamn
double bass [ˌdʌbl'beɪs] *mus.* kontrabas **double-breasted** [-'brestɪd] (*om plagg*) dubbelknäppt, tvåradig **double chin** dubbelhaka **double cream** tjock grädde, vispgrädde **double-cross** *vard.* **I** *v* spela dubbelspel med, lura **II** *s* dubbelspel, bedrägeri **double-dealer** person som spelar dubbelspel, bedragare **double-dealing** dubbelspel, falskhet **double-decker** dubbeldäckare; tvåvåningsbuss; tredubbel sandwich **double Dutch** *BE. vard.* rotvälska **double--edged 1** tveeggad (*äv. bildl.*) **2** tvetydig, dubbelbottnad
double entendre [ˌdu:blɑ̃:(n)'tɑ̃:(n)dr(ə)] tvetydighet
double entry [ˌdʌbl'entrɪ] dubbel bokföring **double exposure** dubbelexponering **double--faced** ['dʌblfeɪst] falsk, hycklande **double feature** ['dʌblˌfi:tʃə] *a, ~ programme* föreställning med två långfilmer
double glazing [ˌdʌbl'gleɪzɪŋ] dubbel-, tvåglas|fönster **double-jointed** extremt böjlig i lederna **double-park** dubbelparkera **double-quick I** *a* hastig, snabb **II** *adv* hastigt, snabbt **double sharp** *mus.* dubbelkors **double standard** dubbelmoral
doublet ['dʌblɪt] **1** *hist.* åtsittande [mans]jacka **2** *språkv.* orddubblett **3** *boktr.* bröllop
double-tongued [ˌdʌbl'tʌŋd] tvetungad, falsk, lögnaktig
doubloon [dʌb'lu:n] *hist.* dublon
doubly ['dʌblɪ] *adv* dubbelt; *~ cautious* extra försiktig
doubt [daʊt] **I** *s* tvivel; ovisshet; tvekan; *no ~* utan tvivel, med all sannolikhet, [helt] säkert, nog; *beyond ~* utom tvivel; *without* [*a*] *~* utan tvivel; *I have no ~ that* jag tvivlar inte på att; *I have my ~s* jag har mina misstankar; *I have my ~s*

whether they will come jag tvivlar på att de kommer; *give s.b. the benefit of the ~* i tveksamma fall hellre fria än fälla ngn **II** *v* **1** tvivla (*of* på); vara oviss; tveka **2** betvivla, tvivla på (*whether, that* att) **-ful** ['daʊtf(ʊ)l] **1** tveksam, osäker **2** tvivelaktig, osäker, oviss **-less** ['daʊtlɪs] utan tvivel, otvivelaktigt; förmodligen

douche [du:ʃ] **I** *s* sköljning, dusch **II** *v* skölja, duscha

dough [dəʊ] **1** deg **2** *sl.* stålar **-boy** ['dəʊbɔɪ] *AE. vard.* soldat **-nut** ['dəʊnʌt] (*flottyrkokt*) munk

doughty ['daʊtɪ] morsk, resolut

doughy ['dəʊɪ] degig (*äv. bildl.*)

dour [dʊə] bister; sträng; envis

douse [daʊs] *se dowse*

1 dove [dʌv] duva (*äv. bildl.*)

2 dove [dəʊv] *AE. imperf. av dive*

dove|cot, -cote ['dʌv|kɒt, -kəʊt] duvslag **-tail I** *s, snick.* laxstjärt, sinka **II** *v* **1** *snick.* hoplaxa, hopsinka **2** *bildl.* hoplänka; passa ihop

dowager ['daʊədʒə] änkenåd; välbärgad äldre dam

dowdy ['daʊdɪ] sjaskig; gammalmodig

dowel ['daʊəl] **I** *s, snick.* träplugg, tapp

dower ['daʊə] **I** *s* **1** [änkas] del i boet **2** *åld.* hemgift **3** gåva, talang **II** *v* **1** ge hemgift åt **2** begåva

1 down [daʊn] dun; fjun; ludd

2 down [daʊn] **1** *åld.* sanddyn **2** *~s* (*pl*) kalt högländt område

3 down [daʊn] **I** *adv o. pred. a* **1** ner, ned; nedför, nedåt, utför; *~!* (*t. hund*) ligg!; *~ with school!* ner med skolan!; *fall ~* falla ner; *go ~ south* resa söderut; *grind ~* mala ner; *write ~* skriva ner; *~ through the ages* sedan urminnes tider; *from the biggest ~ to the smallest* från den största [ner] till den minsta **2** nere; *~ there* där nere; *~ under* i Australien; *feel ~* känna sig nere; *live ~ south* bo söderut **3** *be ~* vara nere; *the sun is ~* solen har gått ner; *I'll be ~ in a minute* jag kommer ner om ett ögonblick; *be three goals ~* ligga under med tre mål; *be £5 ~* ha 5 pund mindre än man räknat med; *meat is ~* köttet har gått ner (är nedsatt); *the shoes were ~* skorna var nergångna; *the tyres were ~* däcken var platta; *be ~ for* ha [an]tecknat sig för; *be ~ for the count* (*i boxning*) ha gått ner för räkning; *the meeting is ~ for tomorrow* mötet är planerat till i morgon; *be ~ on s.b.* vilja komma åt ngn, trakassera ngn; *be ~ with [the] flu* ligga i influensa **4** kontant; *pay £1 ~* betala 1 pund i handpenning (kontant) **II** *attr. a* **1** nedåtgående; *the ~ traffic* trafiken från stan **2** kontant; *~ payment a*) kontant betalning, *b*) handpenning **III** *prep* **1** nedför, nedåt, utför; utefter; nere i; *~ the centuries* genom århundradena; *come ~ the hill* komma nedför backen; *she lives ~ the street* hon bor nedåt (längre ner på) gatan; *walk ~ the street* (*äv.*) gå gatan fram[åt]; *he works ~ the garage* han arbetar på verkstaden **IV** *s* **1** nedgång; *ups and ~s* med- och motgång **2** *vard., have a ~ on* ha ett horn i sidan till **V** *v* **1** slå (dra) ner (omkull) **2** gå (komma) ner **3** *vard.* svepa (*drink e.d.*) **4** *vard., ~ tools* lägga ner arbetet

down|-and-out [ˌdaʊnən'aʊt] utslagen **-beat** ['daʊnbi:t] **I** *s, mus.* nedslag **II** *a, vard.* **1** dyster, nedstämd **2** avslappad **-cast** ['daʊnkɑ:st] nedslagen

down|er ['daʊnə] *sl.* **1** nedåttjack, lugnande medel **2** trist historia **-fall 1** fall, undergång **2** skyfall **-grade I** *v* degradera; nedvärdera **II** *s, AE.* **1** (*vägs o.d.*) lutning **2** *on the ~* på nedgång, på tillbakagång **-hearted** [ˌdaʊn'hɑ:tɪd] nedstämd **-hill** [ˌdaʊn'hɪll] **I** *s* sluttning, utförsbacke **II** *a* sluttande; *~ race* störtlopp; *~ run* utförsåkning **III** *adv* utför; *go ~* (*vard.*) förfalla, vara på tillbakagång **--market** ['daʊnmɑ:kɪt] massmarknads- **-pour** ['daʊnpɔ:] störtregn **-right** ['daʊnraɪt] **I** *a* **1** rättfram, uppriktig **2** ren, fullständig, fullkomlig **II** *adv* riktigt; fullkomligt, fullständigt **-stairs** [ˌdaʊn'steəz] nedför trappan, ner; [där] nere, i nedre våningen **-stream** [ˌdaʊn'stri:m] med strömmen **--to-earth** [ˌdaʊntʊ'ɜ:θ] jordnära, realistisk **-town** [ˌdaʊn'taʊn] *AE.* **I** *s* [affärs]centrum **II** *a* city-, central **III** *adv* i (ner mot, in till) centrum **-trodden** ['daʊnˌtrɒdn] förtrampad, förtryckt **-ward** ['daʊnwəd] **I** *a* nedåtgående, sjunkande; *~ slope* nedförsbacke **II** *adv, se downwards* **-wards** ['daʊnwədz] ned[åt], utför; *from the Tudors ~* från Tudorerna och framåt

D

downy ['daʊnɪ] dunig

dowry ['daʊərɪ] **1** hemgift **2** begåvning, gåva

dowse [daʊz] gå (leta) med slagruta **dowser** ['daʊzə] slagruteman **dowsing rod** ['daʊzɪŋrɒd] slagruta

doyen ['dɒɪən] doyen, nestor

doz. *förk. för dozen*

doze [dəʊz] dåsa, slumra; *~ off* slumra till

dozen ['dʌzn] (*pl lika efter ord som betecknar antal*) dussin; *two ~ oranges* två dussin apelsiner; *~s of times* hundratals (massor av) gånger; *by the ~* dussinvis; *daily ~* (*BE.*) daglig motion; *talk nineteen to the ~* prata som en kvarn **dozenth** [-θ] tolfte; *for the ~ time* för femtielfte gången

dozy ['dəʊzɪ] dåsig, sömnig

D.P. *förk. för displaced person* **D.P.H.** *förk. för Diploma in Public Health* **D. Ph[il].** *förk. för Doctor of Philosophy* **D.P.M.** *förk. för Diploma in Psychological Medicine* **dpt.** *förk. för department* **Dr.** *förk. för Doctor; Drive* **dr.** *förk. för debit; debtor; drachma; drawer*

drab [dræb] **1** gulbrun, smutsgul, grågul **2** enformig, tråkig

drabble ['dræbl] söla ner [sig]

draff [dræff] drägg, drav

draft [drɑ:ft] **I** *s* **1** *mil.* detach|ement, -ering, kommendering; *AE.* uttagning (*t. militärtjänst*) **2** *hand.* tratta; växel **3** plan, utkast, koncept; skiss **4** *AE., se draught* **II** *v* **1** *mil.* detachera, kommendera; *AE.* ta ut, inkalla (*t. militärtjänst*) **2** göra utkast till, sätta upp, avfatta; skissera

drag [dræg] **I** *v* **1** släpa, dra; *~ anchor* (*sjö.*) dragga; *~ one's feet* (*heels*) (*vard.*) dra benen efter sig, söla; *~ s.o.'s name in the mud* släpa ngns namn i smutsen; *~ o.s. away from* slita sig från; *~ up* uppfostra slarvigt och hårdhänt **2** *~ on* (*out*) dra ut [på tiden], dra ut på, framsläpa **3** dragga [i] (*for* efter) **4** släpa sig [fram], gå långsamt; sacka efter **5** *sl.* dra ett bloss **6** *AE. sl.* tråka ut **II** *s* **1** släpande, dragande **2** släpighet, tröghet; släpande rörelse **3** hämsko, broms (*äv. bildl.*); hinder **4** tung harv **5** *jakt.* släp **6** dragnät, släpnot **7** *sl.* tråkmåns, torris; dötrist grej **8** *sl.* transvestitkläder **9** *vard.* bloss (*på cigarett*) **10** *AE. sl.* gata **11** *sl.* kärra (*bil*); drag race (*accelerationstävling för bilar*)

dragée [dræ'ʒeɪ] dragé

draggle ['drægl] **1** släpa i smutsen, smutsa ner **2** bli efter, söla

drag|line ['dræglaɪn] **1** släplina **2** grävmaskin med släpskopa **-net** dragnät, släpnot

dragon ['dræg(ə)n] drake **-fly** *zool.* trollslända

dragoon [drə'gu:n] **I** *s* dragon **II** *v* tvinga (*into* till)

dragrope ['drægrəup] släplina

dragster ['drægstə] dragster (*bil för dragracing*)

drain [dreɪn] **I** *v* **1** ~ [*off*] låta rinna av, avleda **2** ~ [*away*] rinna av (bort), filtreras (silas) bort **3** dricka ur, tömma [i botten] **4** *bildl.* [ut]tömma, åderlåta (*of* på); dö bort **5** dränera, torrlägga; avvattna[s] **II** *s* **1** dränerings-, avlopps|rör, kloak, kloakledning, avlopp; *throw one's money down the ~* (*vard.*) kasta pengarna i sjön; *all our efforts have gone down the ~* (*vard.*) alla våra ansträngningar har varit förgäves **2** *bildl.* tömning, åderlåtning **3** *med.* dränage **drainage** ['dreɪnɪdʒ] **1** dränering, avvattning, torrläggning; avrinning **2** avloppsledningar, kloaksystem **3** avloppsvatten **drainage area (basin)** flod-, avrinnings|område **drainer** [-ə], **draining board** [-ɪŋbɔ:d] avrinningsbräde (*på diskbänk*) **drainpipe I** *s* avloppsrör, stuprör **II** *a* stuprörs-

drake [dreɪk] ank|bonde, -hanne, anddrake

dram [dræm] **I** *s* **1** dram (*handelsvikt = 1/16 ounce, 1,77 g; amer. medicinalvikt = 1/8 ounce, 3,88 g*) **2** sup, snaps

drama ['drɑ:mə] drama, skådespel **drama critic** [-ˌkrɪtɪk] teaterkritiker **dramatic** [drə'mætɪk] dramatisk; ~ *critic* teaterkritiker **dramatics** [drə'mætɪks] **1** (*behandlas som sg*) dramatik; *amateur ~* amatörteater **2** (*behandlas som pl*) teatraliskt sätt **dramatis personae** [ˌdrɑ:mətɪspɜ:'səʊnaɪ] **1** personer (*på rollista*) **2** huvudpersoner **dramatist** ['dræmətɪst] dramatiker **drama|tization** (*BE. äv. -tisation*) [ˌdræmətaɪ'zeɪʃn] dramatisering **drama|tize** (*BE. äv. -tise*) ['dræmətaɪz] dramatisera

drank [dræŋk] *imperf. av drink*

drape [dreɪp] **I** *s* **1** *AE.* draperi, förhänge, gardin **2** drapering, fall **II** *v* **1** drapera, kläda; pryda **2** falla (*i veck*) **3** *vard.* placera, hänga, vräka; *she ~d her arm over the the back of the sofa* hon la sin arm över ryggstödet på soffan

draper ['dreɪpə] klädes-, manufaktur|handlare **drapery** [-rɪ] **1** klädes-, manufaktur|varor; tyger **2** klädes-, manufaktur|handel **3** draperi; gardin

drastic ['dræstɪk] drastisk

drat [dræt] *interj, vard.*, ~ [*it*]! jaklar! **dratted** ['drætɪd] *vard.* förbaskad, jäkla

draught [drɑ:ft] **1** [luft]drag; *there is a ~ here* det drar [här]; *feel the ~* ha ont om pengar **2** dragande; *beast of ~* dragdjur **3** drag; notvarp **4** dos; klunk; [ande]drag; bloss **5** *on ~* på fat; *beer on ~* fatöl **6** damspelsbricka; *~s* (*behandlas som sg*) dam[spel] **7** (*fartygs*) djupgående

draught beer ['drɑ:ftbɪə] fatöl **draughtboard** damspelsbräde **draught horse** drag-, arbets|häst **draughtsman 1** ritare, tecknare **2** damspelsbricka

draw [drɔ:] **I** *v* (*drew, drawn*) **1** dra[ga]; dra med (på, till, åt) sig; ~ *s.b. away from* dra bort ngn från; ~ *s.th. to a close* avsluta ngt **2** dra för (ned, till, undan, ut, åt); ~ *the curtains* dra för (ifrån) gardinerna; ~ *a tooth* dra ut en tand; ~ *trumps* (*kortsp.*) dra ut trumfen **3** ~ [*off*] pumpa (dra, hämta, tappa) upp; ~ *a bath* tappa upp badvatten; ~ *wine from a cask* tappa upp vin ur en tunna; ~ *it mild* (*vard.*) ta det försiktigt **4** dra till sig, attraheras; ~ *s.b.'s attention to* fästa ngns uppmärksamhet på; ~ *a crowd* dra till sig en folkmassa; *feel ~n to s.b.* känna sig dragen till (attraherad av) ngn **5** tappa [av], tömma [ut]; ~ *blood* tappa på blod, åderlåta, förorsaka blodvite **6** rita, teckna; ~ *the line a*) dra linjen, *b*) *vard. bildl.* sätta en gräns, *c*) *vard.* vägra **7** göra, dra (ställa) [upp]; hämta; ~ *comparisons* göra (anställa) jämförelser; ~ *conclusions* dra slutsatser; ~ *inspiration from* hämta inspiration från **8** ställa (skriva) ut (*check e.d.*); sätta upp, upprätta (*dokument*); ~ *a cheque on s.b.* ställa ut en check på ngn **9** ~ [*in*] dra in, insupa, andas in; ~ *a deep breath* ta (dra) ett djupt andetag **10** förtjäna, ha, uppbära; ta ut, lyfta; ~ *interest* löpa med ränta; ~ *money from a bank* ta ut pengar på en bank; ~ *a big salary* ha en stor lön **11** dra; förrätta dragning i; ~ [*a*] *blank* dra en nit (*äv. bildl.*); ~ *lots* dra lott; ~ *the winner a*) få en vinst, *b*) vinna (*på hästkapplöpning*) **12** spänna (*a bow* en båge) **13** ta ur, rensa; ~ *a chicken* ta ur en kyckling **14** locka fram, framkalla; ~ *applause* framkalla applåder; *I could ~ no reply from her* jag kunde inte locka ur henne ngt svar; ~ *a smile* locka fram ett leende; *he refuses to be ~n a*) han vägrar att yttra sig, *b*) han låter sig inte provoceras **15** ~ *a match* spela oavgjort **16** dra (flytta, röra) sig; ~ *to a close* närma sig sitt slut; ~ *nearer* dra sig närmare, närma sig; ~ *towards the door* dra sig mot dörren **17** dra; (*om te o.d.*) [stå och] dra; *the chimney ~s well* det är bra drag i skorstenen **18** spela oavgjort; *schack.* spela remi **19** ~ *away a*) dra i väg, avlägsna sig, *b*) dra ifrån (*i lopp e.d.*), *c*) dra sig undan, *d*) dra undan (bort); ~ *back a*) dra sig tillbaka, *b*) dra sig undan; ~ *forth a*) dra fram, *b*) framlocka, framkalla; ~ *in a*) (*om dagar*) bli kortare, *b*) (*om tåg*) anlända; ~ *off a*) tappa av (upp), *b*) dra tillbaka (*trupper*); ~ *on a*) använda, utnyttja, *b*) närma sig, dra närmare, *c*) ta ut, lyfta (*pengar*), *d*) dra på sig (*kläder*), *e*) driva på, uppmuntra; ~ *out a*) dra ut på, förlänga, *b*) få att tala (yttra sig), *c*) ta ut, lyfta (*pengar*), *d*) (*om dagar*) bli längre, *e*) (*om tåg*) avgå; ~ *s.th out of s.b.* locka ur ngn ngt; ~ *up a*) [få att] stanna, *b*) avfatta, sätta upp, upprätta (*dokument o.d.*), *c*) *mil.* ställa upp; ~ *o.s. up* sträcka (räta) på sig **II** *s* **1** drag[ning]; *be quick on the ~* vara snabb att dra (*pistol e.d.*) **2** *vard.* dragplåster, attraktion **3** lotteri; lott; [lott]dragning **4** oavgjord match (tävling); *schack.* remi

draw|back ['drɔ:bæk] **1** nackdel, olägenhet **2** [tull]restitution **-bridge** vindbrygga

drawee [drɔ:'i:] *hand.* trassat

drawer ['drɔ:ə] **1** person som drar *etc., jfr draw* **2** ritare, tecknare **3** författare (*t. dokument e.d.*) **4** *hand.* trassent, utställare **5** [drɔ:] [byrå-, bords]låda; *chest of ~s* byrå **drawers** [drɔ:z] *pl* [under]byxor, kalsonger

drawing ['drɔ:ɪŋ] **I** *s* **1** dragande, dragning *etc.*, *jfr draw* **2** ritning, teckning **II** *a* drag-, dragande **drawing board** ritbräde **drawing card** *AE. teat.* dragplåster **drawing pin** *BE.* häftstift **drawing room** sällskaps-, vardags|rum, salong
drawl [drɔ:l] **I** *v* tala släpigt, släpa på orden **II** *s* släpigt tal
drawn [drɔ:n] **I** *v, perf. part av draw* **II** *a* **1** oavgjord **2** härjad, fårad, tärd
dray [dreɪ] flakvagn **-horse** arbetshäst
dread [dred] **I** *v* frukta **II** *s* fruktan, skräck (*of* för) **III** *a, litt.* fruktad **-ful** ['dredf(ʊ)l] förskräcklig, hemsk, ryslig **-nought** ['drednɔ:t] **1** dreadnought (*typ av slagskepp*) **2** *sl.* tungviktsboxare **3** orädd person
dream [dri:m] **I** *s* dröm; *go like a* ~ gå som smort **II** *v* (*dreamt, dreamt el. dreamed, dreamed*) drömma; ~ *up* (*vard.*) fantisera ihop, hitta på **dreamer** ['dri:mə] drömmare; svärmare **dreamlike** ['dri:mlaɪk] drömlik **dreamt** [dremt] *imperf. o. perf. part. av dream* **dreamy** ['dri:mɪ] drömmande, frånvarande, obestämd
dreary ['drɪərɪ] dyster, trist
1 dredge [dredʒ] **I** *s* **1** släpnät **2** mudderverk **II** *v* **1** dragga efter **2** muddra [upp]
2 dredge [dredʒ] beströ, pudra över (*m. mjöl, socker e.d.*)
1 dredger ['dredʒə] bottenskrapa, mudderverk
2 dredger ['dredʒə] [socker]ströare
dregs [dregz] *pl* drägg, bottensats; *bildl.* drägg, avskum
drench [dren(t)ʃ] göra genomvåt, genomdränka
dress [dres] **I** *v* **1** klä[da]; klä [på] sig; klä om [sig]; ~ *o.s.* klä sig, klä om [sig]; *get ~ed* klä sig; ~ *up a*) klä ut [sig], *b*) klä upp [sig], klä [sig] fin **2** kamma (snygga) till (*hår*); rykta; beskära (*träd e.d.*) **3** bearbeta, bereda; tillreda, tillaga, anrätta; rensa; ordna (*varor i skyltfönster e.d.*) **4** förbinda, lägga (sköta) om (*sår*) **5** *mil.*, ~ *ranks* rätta leden **6** ~ *down* (*vard.*) skälla ut, klå upp **II** *s* dräkt; klädsel, kläder; klänning; *full* ~ högtidsdräkt, galatoalett **dressage** ['dresɑ:ʒ] [häst]dressyr **dress circle** [ˌdres'sɜ:kl] *teat.* första raden **dress coat** [ˌdres'kəʊt] frack **dresser** ['dresə] **1** köksskåp **2** person som bearbetar *etc.*, *jfr dress* **3** *BE.* operationsassistent **4** påklä-d|are, -erska **5** *AE.* toalettbord **6** *he is a fashionable* ~ han klär sig modernt
dressing ['dresɪŋ] **1** påklädning; omklädning **2** bearbetning, beredning; tillredning **3** dressing, salladssås; *AE.* fyllning **4** omslag, förband **5** gödning **dressing-down** [ˌdresɪŋ'daʊn] *vard.* utskällning; kok stryk **dressing gown** ['dresɪŋgaʊn] morgonrock **dressing room** ['dresɪŋrʊm] omklädningsrum, toalettrum; klädloge **dressing station** ['dresɪŋsteɪʃn] *mil.* förbandsplats **dressing table** ['dresɪŋteɪbl] toalettbord
dressmaker ['dresmeɪkə] sömmerska, damskräddare **dress rehearsal** [ˌdresrɪ'hɜ:sl] generalrepetition **dress suit** [ˌdres'su:t] frack **dressy** ['dresɪ] *vard.* **1** stiligt klädd **2** (*om kläder*) elegant, stilig
drew [dru:] *imperf. av draw*
dribble ['drɪbl] **I** *v* **1** droppa, drypa **2** dregla **3** *sport.* dribbla **II** *s* **1** droppande **2** droppe, droppar **3** *sport.* dribbling **drib[b]let** [-lɪt] smula, skvätt, småsumma
dribs [drɪbz] *pl*, ~ *and drabs* (*vard.*) småportioner, småposter
drier ['draɪə] tork[are], torkmaskin
drift [drɪft] **I** *s* **1** drivande, drift; strömning; avdrift **2** driva (*of snow* av snö) **3** tendens, trend; mening **4** drivkraft, impuls **5** avvaktande, overksamhet **II** *v* **1** driva [fram]; glida **2** driva omkring, ströva **3** hopas i drivor
driftage ['drɪftɪdʒ] **1** *sjö.* avdrift **2** drivgods **drift ice** drivis **driftwood** drivved
1 drill [drɪl] **I** *s* **1** [drill]borr; borrmaskin **2** exercis, drill; träning; *vard.* rutin **II** *v* **1** drilla; [genom]borra; borra sig (*into* in i) **2** exercera, drilla; träna
2 drill [drɪl] *zool.* drill
3 drill [drɪl] *lantbr.* radsåningsmaskin
4 drill [drɪl] kyprat bomullstyg, twills
drink [drɪŋk] **I** *v* (*drank, drunk*) dricka; supa; *bildl. äv.* tömma; ~ *away one's fortune* supa upp sin förmögenhet; ~ *in* (*bildl.*) insupa; ~ *off* dricka ur, tömma; ~ *a p.'s health* dricka ngns skål; ~ *to s.b.* dricka ngns skål, skåla med ngn **II** *s* **1** dryck; *food and* ~ mat och dryck; *the* ~ (*vard.*) drickat, spat, sjön **2** dryckesvaror; spritdryck[er], alkohol; *he has a* ~ *problem* han har alkoholproblem **3** dryckenskap **4** drink, glas, sup; klunk; *a* ~ *of water* lite (ett glas) vatten **drinkable** ['drɪŋkəbl] drickbar **drinker** ['drɪŋkə] person som dricker; drinkare
drinking ['drɪŋkɪŋ] **I** *s* **1** drickande, supande **II** *a* dryckes-, dricks- **drinking bout 1** supkalas **2** [sup]period **drinking companion** [-kəmˌpænjən] dryckes-, sup|broder **drinking fountain** [-ˌfaʊntɪn] dricksfontän **drinking glass** [-glɑ:s] dricksglas **drinking water** [-ˌwɔ:tə] dricksvatten
drip [drɪp] **I** *v* droppa; drypa **II** *s* **1** drypande; [tak]dropp **2** *vard.* tråkmåns **drip-dry** [ˌdrɪp'draɪ] **I** *a* som kan dropptorka[s] **II** *v* dropptorka[s] **dripping** ['drɪpɪŋ] **I** *s* **1** dropp[ande] **2** stekflott, flottyr; fett (*som droppar från stek*) **II** *a* droppande, drypande; ~ *wet* dyblöt **dripstone** ['drɪpstəʊn] *geol.* droppsten
drive [draɪv] **I** *v* (*drove, driven*) **1** driva; driva på (fram); ~ *cattle* driva (fösa) boskap; ~ *s.b. into a corner* tränga in ngn i ett hörn; ~ *a ship out of course* driva ett fartyg ur kursen **2** köra (*bil, häst e.d.*); skjutsa; driva (*motor o.d.*); ~ *on the left* ha vänstertrafik; *driven by electricity* eldriven **3** slå, driva; ~ *home a*) slå i (*spik e.d.*) ordentligt, *b*) *bildl.* inpränta, hamra in; *the blow drove a hole in the wall* slaget gjorde ett hål i väggen; ~ *a nail into a wall* slå i en spik i väggen; ~ *a tunnel* gräva en tunnel **4** *sport.* slå (*boll*) **5** driva; tvinga; driva på, pressa; ~ *s.b. to despair* driva ngn till förtvivlan; ~ *s.b. mad* (*crazy*) göra ngn galen; *you're driving him too hard* du pressar honom för hårt; ~ *a hard bargain* ställa hårda krav **6** driva[s] [fram]; drivas (pressas) på (fram) **7** köra, åka, fara; ~ *up outside the house* köra upp framför huset **8** slå, driva, piska; *the wawes drove against the rocks* vågorna slog mot klipporna; ~ *ashore* driva i land **9** ~ *at* mena; *what are you driving at?* (*äv.*) vart vill du komma? **II** *s* **1** åktur, färd; körning **2**

körväg, uppfartsväg **3** *sport.* drive **4** energi, kraft, kläm, fart **5** kampanj, 'drive' **6** *tekn.* drift; styrning; *four-wheel* ~ fyrhjulsdrift; *left-hand* ~ vänsterstyrning **7** tendens, riktning **8** *psykol.* drift

drive-in ['draɪvɪn] *AE.* **I** *a* drive-in-; ~ *restaurant* drive-in-restaurang **II** *s* drive-in-|bio, -restaurang *etc.*

drivel ['drɪvl] **I** *v* **1** prata smörja, dilla **2** dregla **3** ~ *away* plottra bort **II** *s* **1** dravel, smörja, tjafs **2** dregel

driven ['drɪvn] *perf. part. av drive*

driver ['draɪvə] **1** chaufför; förare **2** djurfösare **3** *tekn.* drivhjul **4** *golf.* driver **driveway** privat väg; garageinfart

driving ['draɪvɪŋ] **I** *a* drivande *etc., jfr drive*; driv-; ~ *rain* slagregn **II** *s* drivande; körning, åkning *etc., jfr drive* **driving belt** drivrem **driving instructor** [-ɪnˌstrʌktə] körskolelärare, bilinstruktör **driving licence** [-ˌlaɪsns] körkort **driving mirror** [-ˌmɪrə] backspegel **driving school** [-sku:l] kör-, trafik|skola **driving wheel** [-wi:l] drivhjul

drizzle ['drɪzl] **I** *v* dugga, duggregna **II** *s* duggregn

drogue [drəʊg] **1** drivankare; boj **2** *flyg.* vindstrut; bromsfallskärm

droll [drəʊl] [puts]lustig, [tok]rolig, komisk **-ery** ['drəʊlərɪ] putslustighet; komik

dromedary ['drʌməd(ə)rɪ] dromedar

drone [drəʊn] **I** *v* surra, brumma **II** *s* **1** drönare; hanbi **2** *BE.* drönare, slöfock, lätting **3** surr, brummande **4** radiostyrt flygplan

drool [dru:l] **1** *se drivel I* **2** ~ *over* dregla av lystnad inför

droop [dru:p] **I** *v* **1** hänga ner, sloka; sänka sig; sjunka **2** bli kraftlös; bli modlös **II** *s* **1** slokande; sänkning **2** kraftlöshet; modlöshet, nedstämdhet

drop [drɒp] **I** *s* **1** droppe; *a* ~ *in the bucket* (*ocean*) (*vard.*) en droppe i havet; *he's had a* ~ *too much* han har tittat för djupt i glaset; *acid* ~*s* syrliga karameller **2** prisma (*i ljuskrona*); örhänge **3** fall, fallande, nedgång, sjunkande; *at the* ~ *of a hat* som på en given signal **4** fallucka **5** luftlandsättning **6** *AE.* brevlådeöppning **II** *v* **1** droppa [ner], drypa **2** falla, sjunka; falla (sjunka) ner; stupa; ~ *dead!* (*sl.*) dra (far) åt helvete!; ~ *with fatigue* stupa av trötthet **3** låta falla [bort], släppa, tappa [bort]; utelämna; fälla; släppa ner, luftlandsätta; *bildl.* fälla, låta undfalla sig; ~ *anchor* kasta ankar; ~ *bombs* fälla bomber; ~ *a hem* lägga ner en fåll; ~ *s.b. a hint* ge ngn en vink; ~ *a remark about* fälla en anmärkning om **4** (*om vind*) lägga sig, mojna **5** sätta (släppa, lämna) av (*passagerare, varor*) **6** (*om djur*) [fram]föda **7** *vard.* lämna, överge, upphöra med; bryta (säga upp bekantskapen) med; ~ *it!* sluta!, låt bli!; *let's* ~ *the subject* låt oss lämna det ämnet; ~ *a bad habit* sluta med en ovana **8** *vard.* skicka, sända; ~ *me a line!* skicka en rad [till mig]! **9** *sport.* peta, utesluta; *AE. sl.* sparka (*avskeda*) **10** ~ *away* droppa (troppa) av, falla ifrån; ~ *back* falla tillbaka; ~ *behind* sacka (halka) efter; ~ *by* titta in, komma förbi; ~ *down a*) falla ner, *b*) släppa; ~ *in* titta in (*on s.b.* till, hos ngn; *at the pub* på puben); ~ *off a*) avta, minska, falla bort, *b*) släppa (sätta) av, *c*) slumra (nicka) till, somna; ~ *out a*) falla ut (*of* ur), *b*) dra sig ur, gå ur, hoppa av, sluta (*of s.th.* ngt); ~ *over* titta över, hälsa 'på; ~ *through* rinna ut i sanden, förfalla

drop curtain ['drɒpˌkɜ:tn] *teat.* ridå **drop forge (hammer)** [-fɔ:dʒ, -ˌhæmə] fallhammare, hejare **drop leaf** [-li:f] [bords]klaff **droplet** [-lɪt] liten droppe **drop-off** [-ɒf] **1** brant sluttning **2** minskning **dropout** [-aʊt] **1** person som hoppat av studier **2** (*socialt*) utslagen **droppings** [-ɪŋz] *pl* [djur]spillning **drop scene** [-si:n] **1** ridå **2** slutakt **drop shot** [-ʃɒt] *sport.* stoppboll

dropsical ['drɒpsɪkl] vattusiktig **dropsy** ['drɒpsɪ] vattusot

droshky ['drɒʃkɪ] (*rysk*) droska

dross [drɒs] **1** slagg **2** avfall; skräp

drought [draʊt] torka, regnbrist **droughty** ['draʊtɪ] torr, regnfattig

drove [drəʊv] **I** *v, imperf. av drive* **II** *s* **1** kreaturshjord **2** [folk]massa **drover** ['drəʊvə] boskapsdrivare

drown [draʊn] **1** dränka (*äv. bildl.*); *be* ~*ed* drunkna **2** drunkna **3** översvämma; ~ *out* överrösta

drowse [draʊz] **1** dåsa **2** göra dåsig **II** *s* dåsighet, dåsande **drowsy** ['draʊzɪ] **1** dåsig, sömnig **2** sövande, sömngivande

drub [drʌb] prygla, piska **-bing** ['drʌbɪŋ] kok stryk, smörj

drudge [drʌdʒ] **I** *s* arbetsträl **II** *v* arbeta som en slav, slita **drudgery** ['drʌdʒ(ə)rɪ] slavgöra, hårt rutinarbete

drug [drʌg] **I** *s* drog; läkemedel, medikament; sömn-, bedövnings|medel; ~*s* (*pl, äv.*) narkotika; ~ *on the market* svårsåld (osäljbar) vara **II** *v* **1** blanda sömnmedel (gift) i **2** droga; bedöva; förgifta **3** ge läkemedel **drug addict** ['drʌgˌædɪkt] narkotikamissbrukare, narkoman **druggist** ['drʌgɪst] *AE.* apotekare **drugstore** ['drʌgstɔ:] *AE.* drugstore (*apotek o. kemikalieaffär med kiosk o. bar*)

drum [drʌm] **I** *s* **1** trumma; *beat the* ~ slå på trumma; *beat the* ~ *for* (*vard.*) slå på trumman för **2** trummande **3** trumma, cylinder, vals; fat, dunk **4** trumhinna **5** *åld.* trumslagare **II** *v* **1** spela på trumma, trumma; ~ *one's fingers* trumma med fingrarna **2** ~ *up* trumma ihop, samla; ~ *s.th. into a p.'s head* trumfa in ngt i skallen på ngn

drum brake ['drʌmbreɪk] trumbroms **drumfire** *mil.* trumeld **drumhead** trumskinn; ~ *court-martial* ståndrätt **drum major** [ˌdrʌm'meɪdʒə] tamburmajor **drum majorette** ['drʌmˌmeɪdʒə'ret] *AE.* [kvinnlig] tamburmajor **drummer** ['drʌmə] **1** trumslagare **2** *AE.* handelsresande **drum roll** ['drʌmrəʊl] trumvirvel **drumstick** ['drʌmstɪk] **1** trum|stock, -pinne **2** *kokk.* kyckling-, fågel|ben (*nedanför låret*)

drunk [drʌŋk] **I** *v, perf. part. av drink* **II** *a* drucken, berusad (*äv. bildl.*), full **III** *s* fyllo, fyllerist; *vard.* supkalas **-ard** ['drʌŋkəd] drinkare, fyllbult **-en** ['drʌŋk(ə)n] **1** drucken, berusad **2** försupen **-enness** ['drʌŋk(ə)nnɪs] **1** fylla **2** dryckenskap, fylleri **-ometer** [drʌŋ'kɒmɪtə] *AE.* alkotestare, ballong

drupe [dru:p] *bot.* stenfrukt

dry [draɪ] **I** *a* (*adv dryly el. drily*) **1** torr (*äv. bildl.*); uttorkad; ~ *goods a*) spannmål, *b*) *AE.*

manufakturvaror; ~ *measure* mått för torra varor; ~ *nurse* barnsköterska; ~ *point* torrnål[sgravyr]; ~ *rot a*) torröta, *b*) *vard. bildl.* röta; ~ *run* (*vard.*) repetition **2** torr i halsen, törstig; som ger törst **3** (*om bröd*) utan smör (marmelad) **4** sin-, i sin **5** *vard.* torrlagd, utan spritförsäljning **II** *v* torka; torka ut; förtorka, bli torr; ~ *out a*) torka ut, *b*) *vard.* sitta (sätta) på torken; ~ *up a*) torka ut, sina, *b*) torka (*disk*), *c*) *vard.* tystna; ; ~ *up!* (*vard.*) håll mun!

dryad ['draɪəd] dryad, skogsnymf

dry cell [ˌdraɪ'sel] *elektr.* torrelement

dry-clean [ˌdraɪ'kli:n] kemtvätta **dry-cleaners** [-əz] (*behandlas som sg*) kemtvätt[inrättning] **dry-cleaning** [-ɪŋ] kemtvätt

dry-cure [ˌdraɪ'kjʊə] torrsalta **drying** ['draɪɪŋ] torkning, torkande **drying room** ['draɪɪŋrʊm] torkrum **dryness** ['draɪnɪs] **1** torka; torrhet **2** tråkighet **dry-salt** ['draɪsɔ:lt] torrsalta **dry-salter** ['draɪsɔ:ltə] *åld.* kemikaliehandlare; diversehandlare **dryshod** ['draɪʃɒd] torrskodd

D. Sc. *förk. för Doctor of Science* **D.S.C.** *förk. för Distinguished Service Cross* **D.S.M.** *förk. för Distinguished Service Medal* **D.S.O.** *förk. för Distinguished Service Order* **D.S.T.** *förk. för daylight-saving time* **D.T.'s** *vard. förk. för delirium tremens* **Du.** *förk. för Duke; Dutch*

dual ['dju:əl] tvåfaldig, dubbel; ~ *carriageway* (*BE.*) väg med skilda körbanor **-ism** [-ɪz(ə)m] dualism

1 dub [dʌb] **I** *v* **1** dubba; ~ *s.b. a knight* dubba ngn till riddare **2** kalla för **3** smörja (*läder*)

2 dub [dʌb] *film.* dubba

3 dub [dʌb] *AE. vard.* klåpare

dubbin[g] ['dʌbɪ|n, -ŋ] läderfett

dubious ['dju:bjəs] **1** tvivelaktig **2** tveksam

dubi|table ['dju:bɪtəbl] tvivelaktig **-tation** [ˌdju:bɪ'teɪʃn]tvivel;tvekan

ducal ['dju:kl] hertiglig, hertig-

ducat ['dʌkət] *hist.* dukat

duchess ['dʌtʃɪs] hertiginna **duchy** ['dʌtʃɪ] hertigdöme

1 duck [dʌk] **1** anka; and; *wild* ~ vildand; *like water off a ~'s back* (*vard.*) som vatten på en gås; *she takes to it like a ~ to water* (*vard.*) i det fallet är hon som fisken i vattnet; *play ~s and drakes* kasta smörgås; *play ~s and drakes with* (*vard.*) slösa med, handskas vårdslöst med **2** *BE. vard.* raring, älskling **3** (*i kricket*) noll

2 duck [dʌk] **I** *v* **1** doppa sig, dyka ner (*o. hastigt komma upp igen*) **2** böja sig ner (undan); ducka; bocka sig, nicka **3** *vard.*, ~ [*out*] smita ifrån (undan) **II** *s* **1** (*hastig*) dykning, dopp **2** duckning; bock, nick

3 duck [dʌk] segelduk; *~s* (*pl*) buldansbyxor

4 duck [dʌk] amfibielastbil (*använd under andra världskriget*)

duckbilled platypus ['dʌkbɪld 'plætɪpəs] *zool.* näbbdjur

duckboard ['dʌkbɔ:d] spång, gångbräda (*över gyttja e.d.*) **duck hawk 1** *BE.* brun kärrhök **2** *AE.* pilgrimsfalk **duckling** [-lɪŋ] ankunge **duck's arse** ankstjärt (*frisyr*) **duck soup** *AE. sl.* lätt match, enkel sak **duckweed** *bot.* andmat **ducky** [-ɪ] *vard.* **I** *s, BE.* raring, sötnos **II** *a* förtjusande

duct [dʌkt] [rör]ledning, rör; *anat.* kanal, gång **ductile** ['dʌktaɪl] **1** tänjbar, formbar; plastisk, böjlig **2** *bildl.* smidig; foglig **ductless** ['dʌktlɪs] *a, ~ gland* endokrin körtel

dud [dʌd] **I** *s* **1** blindgångare **2** oduglig sak; odugling; fiasko **3** falskt mynt, falsk sedel **4** *~s* (*pl*) kläder, tillhörigheter **II** *a* oduglig; falsk

dude [dju:d] *AE. vard.* **1** [kläd]snobb **2** person **3** *ung.* gröna-vågare **dude ranch** *AE.* turistranch

dudgeon ['dʌdʒ(ə)n] *s, in high* ~ mycket förgrymmad

due [dju:] **I** *a* **1** som skall betalas; förfallen till betalning; *the sum which is ~ to him* den summa som tillkommer honom; *be* (*become, fall*) ~ förfalla [till betalning] **2** passande, lämplig, behörig, vederbörlig, tillbörlig; *with all ~ respect* med all respekt; *in ~ course* [*of time*] i vederbörlig ordning, i sinom tid **3** väntad; *I am ~ in Paris tomorrow* jag skall vara i Paris i morgon; *when is the train ~?* när beräknas tåget komma in? **4** ~ *to* beroende på, på grund av; *be ~ to* bero på **II** *adv* rakt; ~ *north* rätt norrut **III** *s* **1** *a p.'s ~* vad som tillkommer ngn, ngns rätt; *give a p. his ~* ge ngn vad som tillkommer honom **2** skuld **3** *~s* (*pl*) *a*) tull, *b*) [medlems]avgift[er]

duel ['dju:əl] **I** *s* duell **II** *v* duellera **dueller** [-ə], **duellist** [-ɪst] duellant

duet[te] [dju:'et] duett; duo

1 duff [dʌf] *sl.* **I** *v* **1** bättra på, göra som ny **2** *Austr.* ändra ägarmärken på, stjäla (*boskap*) **3** *golf.* slå klumpigt **II** *a, BE.* skruttig

2 duff [dʌf] *sl.* rumpa

duffel ['dʌfl] **1** duffel (*tyg*) **2** *AE.* campingutrustning; sportutrustning **duffel bag** persedel|påse, -säck **duffel coat** duffel (*rock*)

duffer ['dʌfə] *vard.* dumhuvud, fårskalle

1 dug [dʌg] juver, spene

2 dug [dʌg] *imperf. o. perf. part. av dig*

dugout ['dʌgaʊt] **1** kanot (*urholkad trädstam*) **2** *mil.* underjordisk håla, skyddsrum

duke [dju:k] **1** hertig **2** *sl.*, *~s* (*pl*) nävar **-dom** ['dju:kdəm] **1** hertigdöme **2** hertigvärdighet

dulcet ['dʌlsɪt] (*om ljud*) smekande, ljuv[lig]

dull [dʌl] **I** *a* **1** trög[tänkt]; långsam, slö, håglös; okänslig **2** trist, tråkig, ointressant **3** matt, glanslös **4** trubbig, slö **5** dov, dämpad; molande; ~ *of hearing* lomhörd **II** *v* göra (bli) trög *etc.*, *jfr I*; matta; dämpa; förslöas **-ard** ['dʌləd] slöfock, trögmåns **-ness** ['dʌlnɪs] tröghet, slöhet; tråkighet; matthet; trubbighet

duly ['dju:lɪ] vederbörligen, som sig bör, i vederbörlig ordning; i rätt tid, punktligt

dumb [dʌm] **1** stum, mållös; ~ *animals* oskäliga djur; ~ *show* pantomim; *strike* ~ göra mållös (stum) **2** *AE. vard.* dum **-bell** ['dʌmbel] **1** hantel **2** *AE. sl.* idiot **-found** [dʌm'faʊnd] göra mållös, förstumma **-waiter** [ˌdʌm'weɪtə] **1** serveringsbord **2** mathiss

dumdum ['dʌmdʌm] *s o. a*, ~ [*bullet*] dumdumkula

dummy ['dʌmɪ] **1** attrapp; skyltdocka; (*buktalares*) docka; [mål]gubbe (*på skjutbana*); dummy; modell, imitation **2** (*i bridge*) träkarl **3** *vard. bildl.* nolla **4** bulvan **5** *sl.* dumskalle, idiot; stum person **6** *BE.* tröstnapp **6** *sport.* fint; *sell a ~* finta **dummy cartridge** [-ˌkɑ:trɪdʒ] blind-

D

patron **dummy run** [-rʌn] provkörning, repetition

dump [dʌmp] **I** *s* **1** [sop]tipp, avstjälpningsplats; avskrädeshög **2** tippning (*av sopor*) **3** *mil.* förrådsplats, depå **4** *vard.* kyffe, håla **5** *data.* innehåll i minne **II** *v* **1** stjälpa av, tippa; släppa (tappa) med en duns; *vard.* göra sig av med, dumpa **2** *hand.* dumpa **3** falla med en duns, dunsa ner **dumper** [ˈdʌmpə] tippvagn **dumping-cart** [ˈdʌmpɪŋkɑ:t] tippkärra **dumping-ground** [ˈdʌmpɪŋgraʊnd] avstjälpningsplats

dumpling [ˈdʌmplɪŋ] *kokk.* **1** klimp **2** äppelknyte

dumps [dʌmps] *pl, vard., down in the ~* nere, deppig

dump truck [ˈdʌmptrʌk] tipplastbil, dumper

dumpy [ˈdʌmpɪ] kort och tjock

1 dun [dʌn] **I** *a* **1** gråbrun **2** mörk, dunkel **II** *s* **1** gråbrunt **2** gråbrun häst

2 dun [dʌn] **I** *s* **1** indrivare, fordringsägare **2** krav (*på betalning*) **III** *v* kräva

dunce [dʌns] dumhuvud

dunderhead [ˈdʌndəhed] dumhuvud

dune [dju:n] dyn

dung [dʌŋ] **I** *s* dynga, gödsel **II** *v* gödsla

dungaree [ˌdʌŋgəˈri:] (*slags*) grovt bomullstyg; *~s* (*pl*) överdragskläder, overall, *AE.* bomullsbyxor

dungeon [ˈdʌn(d)ʒ(ə)n] fängelsehåla

dunghill [ˈdʌŋhɪl] gödselstack

dunk [dʌŋk] doppa (*i kaffe e.d.*)

dunno [dəˈnəʊ] *sl.* = [*I*] *don't know*

duo [ˈdju:əʊ] duo; duett

duodec|imal [ˌdju:ə(ʊ)ˈdesɪml] som har tolv till bas **-imo** [-ɪməʊ] duodes[format]

duode|num [ˌdju:ə(ʊ)ˈdi:n|əm] (*pl -na* [-nə] *el. -nums*) *med.* tolvfingertarm

dup. *förk. för duplicate*

dupe [dju:p] **I** *s* lättlurad (lättledd) person **II** *v* dupera, lura **dupery** [ˈdju:pərɪ] bedrägeri

duple [ˈdju:pl] *mus., ~ time* tvåtakt

duplex [ˈdju:pleks] **I** *a* tvåfaldig; *tekn.* duplex- **II** *s, AE., ~ [apartment]* etagevåning; *~ [house]* tvåfamiljshus

dupli|cate I *a* [ˈdju:plɪkət] dubbel, tvåfaldig; dubblett-; identisk **II** *s* [ˈdju:plɪkət] dubblett, duplikat; kopia; *in ~* i två [likalydande] exemplar **III** *v* [ˈdju:plɪkeɪt] **1** ta kopia av; duplicera **2** fördubbla **-cation** [ˌdju:pliˈkeɪʃn] **1** duplicering **2** fördubbling **-cator** [ˈdju:plikeɪtə] dupliceringsapparat

duplicity [dju:ˈplɪsətɪ] falskhet, dubbelspel

Dur. *förk. för Durham*

dura|bility [ˌdjʊərəˈbɪlətɪ] varaktighet, hållbarhet **-ble** [ˈdjʊərəbl] varaktig, hållbar, slitstark; *~ goods, ~s* (*pl*) varaktiga konsumtionsvaror

duration [djʊ(ə)ˈreɪʃn] varaktighet; *for the ~* till slutet, så länge det varar

duress [djʊ(ə)ˈres] **1** [olaga] tvång **2** fängsligt förvar, fångenskap

during [ˈdjʊərɪŋ] *prep* under [loppet av]

dusk [dʌsk] skymning, dunkel **dusky** [ˈdʌskɪ] **1** skum, dunkel **2** mörk[färgad], svartaktig

dust [dʌst] **I** *s* **1** damm; stoft; puder, [fint] pulver; *a ~* ett dammoln; *~ and ashes* stor besvikelse; *bite the ~* (*vard.*) bita i gräset; *give s.th. a ~* damma av ngt; *kick up* (*raise*) *a ~* (*vard.*) ställa till bråk; *lick the ~* (*vard.*) kräla i stoftet; *shake the ~ off one's feet* skudda stoftet av fötterna; *throw ~ into a p.'s eyes* slå blå dunster i ögonen på ngn **2** [hushålls]sopor **3** [liten] smula, 'doft' **4** *bildl.* stoft, aska, jord **5** *teol.* (*människans*) kropp; jordiska kvarlevor, stoft **II** *v* **1** *~ [off]* damma [av], dammtorka; *~ a p.'s jacket for him* (*vard.*) damma på ngn, ge ngn på pälsen; *~ down a*) borsta dammet av, *b*) skälla ut **2** damma [ner]; göra dammig **3** [be]strö, strö över, [be]pudra

dustbin [ˈdʌs(t)bɪn] soptunna **dust bowl** uttorkat område, nybliven öken **dustcart** sopvagn **dustcloth** *AE.* dammtrasa **dust coat** *BE.* städrock, skyddsrock **dust cover** [-ˌkʌvə] skyddsomslag (*på bok*) **duster** [-ə] **1** *BE.* dammtrasa **2** *AE.* städrock **dusting** [-ɪŋ] **1** damning **2** [be]pudring **2** utskällning **dust jacket** [-ˌdʒækɪt] *se dust cover* **dustman** [-mən] *BE.* renhållningsarbetare, sophämtare **dustpan** [-pæn] sopskyffel **dustproof** [-pru:f] dammtät **dust-up** [-ʌp] *vard.* bråk, gräl, slagsmål **dusty** [-ɪ] **1** dammig; *not so ~* (*vard.*) inte så illa (tokig) **2** (*om färg*) matt, gråaktig **3** tråkig; otillfredsställande

Dutch [dʌtʃ] **I** *a* holländsk, nederländsk; *~ cap a*) holländsk spetsmössa, *b*) pessar; *~ comfort* klen tröst; *~ courage* falskt mod (*genom alkohol*), brännvinskurage; *~ metal* oäkta bladguld; *~ treat* knytkalas; *~ uncle* (*vard.*) person som håller förmaningstal; *go ~* dela på kostnaderna **II** *s* **1** holländska [språket]; *Cape ~* afrikaans, kapholländska; *High ~* högtyska; *Low ~* lågtyska **2** *the ~* holländarna **3** *sl., in ~* i knipa

duteous [ˈdju:tjəs] *högt. el. åld.* plikttrogen, lydig **dutiable** [ˈdju:tjəbl] tullpliktig **dutiful** [ˈdju:tɪf(ʊ)l] **1** plikttrogen, lydig **2** pliktskyldig

duty [ˈdju:tɪ] **1** plikt, skyldighet; *in ~ bound* förpliktad **2** åliggande, uppgift; uppdrag; tjänst, tjänstgöring; *off ~* inte i tjänst, ledig; *on ~* i tjänst, tjänstgörande, jour-, vakt|havande; *do ~ for* tjäna som, fungera som **3** skatt, pålaga, avgift, accis; tull **duty-bound** förpliktad **duty-free** [ˌdju:tɪˈfri:] tullfri **duty officer** [ˈdju:tɪˌɒfɪsə] dagofficer **duty-paid** [ˈdju:tɪpeɪd] förtullad, tullfri

D.V. *förk. för Deo Volente* (*lat.*) *God willing*

dwarf [dwɔ:f] **I** *s* (*pl ~s el. dwarves*) dvärg **II** *a* dvärg-, dvärglik; *~ tree* dvärgträd **III** *v* **1** förkrympa, hämma i växten **2** få att se mindre ut; *be ~ed by* se liten ut bredvid **-ish** [ˈdwɔ:fɪʃ] dvärg|lik, -artad

dwarves [dwɔ:vz] *pl av dwarf*

dwell [dwel] (*dwelt, dwelt*) **1** *litt.* bo, vistas; dväljas **2** *~ [up]on* dröja vid, uppehålla sig vid

dwelling [ˈdwelɪŋ] *litt.* bostad **dwelling house** bostads-, bonings|hus **dwelling place** bostad

dwelt [dwelt] *imperf. o. perf. part. av dwell*

dwindle [ˈdwɪndl] **1** krympa ihop; förminskas **2** få (komma) att krympa ihop

d.w.t. *förk. för deadweight tonnage* **DX** *radio., förk. för distance DX* kortvågsmottagning

dye [daɪ] **I** *v* färga; gå att färga **II** *s* **1** färg; färgämne **2** *bildl.* slag, sort **dyed-in-the-wool** [ˌdaɪdɪnðəˈwʊl] **1** (*om tyg*) av färgat garn **2** *bildl.*

tvättäkta; inbiten, oförbätterlig **dyeing** ['daɪɪŋ] färgning **dyer** ['daɪə] färgare; *~'s and cleaner's* kemisk tvätt och färgning **dyestuff** ['daɪstʌf] färgämne **dye-works** ['daɪwɜ:ks] *pl* färgeri

dying ['daɪɪŋ] **I** *a* döende; döds-; *~ wish (words)* sista önskan (ord) **II** *s* döende[t], död

1 dyke [daɪk] **I** *s* **1** damm, fördämning **2** dike **II** *v* **1** dämma för **2** dika

2 dyke [daɪk] *sl.* lesbisk kvinna

dynamic [daɪ'næmɪk] dynamisk **dynamics** [-s] (*behandlas vanl. som sg*) **1** *fys., mus., bildl.* dynamik **2** dynamisk kraft **dynamism** ['daɪnəmɪz(ə)m] **1** *filos.* dynamism **2** dynamisk kraft

dynamite ['daɪnəmaɪt] **I** *s* dynamit **II** *v* spränga med dynamit **dynamiter** [-ə] dynamitard

dynamo ['daɪnəməʊ] [likströms]generator

dynast ['dɪnəst] härskare **dynasty** [-ɪ] dynasti

dysentery ['dɪsntrɪ] dysenteri, rödsot

dyslexia [dɪs'leksɪə] dyslexi, ordblindhet

dyspep|sia, -sy [dɪs'pep|sɪə, -sɪ] *med.* dyspepsi, dålig matsmältning **-tic** [-tɪk] **I** *a* **1** som lider av dålig matsmältning **2** *bildl.* på dåligt humör, retlig **II** *s* person som lider av dålig matsmältning

dz. *förk. för dozen*

E

E, e [i:] (*bokstav, ton*) E, e; *E flat* (*mus.*) ess; *E sharp* (*mus.*) eiss

E *förk. för East* **E.** *förk. för Earl* **e.** *förk. för engineering* **ea.** *förk. för each*

each [i:tʃ] var, varje; var och en; *one apple ~* ett äpple var[dera], var sitt äpple; *they cost 1 pound ~* de kostar 1 pund [per] styck; *~ other* varandra; *~ and every girl* varenda flicka

eager ['i:gə] ivrig, angelägen; *~ beaver* (*vard.*) överambitiös person, arbetsmyra **-ness** [-nɪs] iver, begär (*for* efter); otålighet

eagle ['i:gl] **1** örn **2** (*förr*) 10-dollarmynt (*i guld*) **3** *golf.* eagle (*2 slag under par*) **eagle-eyed** skarpögd, med örnblick **eagle owl** *zool.* uv **eaglet** [-ɪt] örnunge

E.&E.O. *förk. för errors and omissions excepted* (*hand.*) med förbehåll för fel och utelämnanden

1 ear [ɪə] öra; *mus. äv.* gehör; *a thick ~* (*vard.*) en örfil; *wet behind the ~s* (*vard.*) inte torr bakom öronen; *in one ~ and out the other* (*vard.*) in genom det ena örat och ut genom det andra; *head over ~s* upp över öronen; *up to the ~s* (*vard.*) upp över öronen; *be all ~s* (*vard.*) vara idel öra; *be out on one's ~* (*vard.*) få sparken; *my ~s are burning a*) det hettar i öronen på mig, *b*) *bildl.* man talar [illa] om mig; *give* (*lend an*) *~ to* lyssna [välvilligt] till; *have an ~ for music* ha musiköra; *have the ~ of s.b.* (*bildl.*) ha ngns öra; *keep* (*have*) *one's ~ to the ground* (*vard.*) [försöka] hålla sig informerad om vad som är på gång; *make a pig's ~ of* (*vard.*) totalt förstöra; *play by ~ a*) spela efter gehör, *b*) *vard.* handla på känn, improvisera; *set by the ~s* tussa ihop, orsaka stridigheter mellan; *turn a deaf ~* (*vard.*) slå dövörat till

2 ear [ɪə] [sädes]ax

ear|ache ['ɪəreɪk] örsprång, ont i öronen **-drop** (*hängande*) örhänge **-drum** trumhinna **-flap** [nerfällbar] öronlapp **-ful** [-fʊl] *vard.* **1** *get an ~ of s.th.* lyssna på ngt **2** tillrättavisning, utskällning

earl [ɜ:l] (*brittisk*) greve **-dom** ['ɜ:ldəm] grevevärdighet

early ['ɜ:lɪ] **I** *a* tidig; för tidig; *the E~ Church* den äldsta kyrkan, fornkyrkan; *~ closing* eftermiddagsstängt (*en dag i veckan*); *~ warning* förvarning; *~ warning system* (*mil.*) fjärrvarningssystem; *at an ~ date* inom kort; *next week at the earliest* tidigast nästa vecka; *in the ~ days of the year* under årets första dagar; *in ~ summer* i början av sommaren, på försommaren; *he was two hours ~* han kom två timmar för tidigt; *be an ~ bird* (*riser*) stiga upp tidigt om morgnarna, vara morgonpigg; *the ~ bird catches the worm* morgonstund har guld i mun; *keep ~ hours* vara tidigt uppe och tidigt i säng **II** *adv* tidigt; *~ in the morning* tidigt på morgonen; *I cannot come earlier than Friday* jag kan komma tidigast på fredag; *as ~ as possible* så tidigt som möjligt

earmark ['ɪəmɑ:k] **I** *s* ägarmärke (*i örat på djur*); *bildl.* kännetecken **II** *v* **1** märka (*djur i örat*) **2** *bildl.* öronmärka, reservera (*för visst ändamål*)

earn [ɜ:n] [för]tjäna; förvärva; få

1 earnest ['ɜ:nɪst] **I** *a* allvarlig; allvarsam; uppriktig; ivrig; flitig, målmedveten **II** *s* allvar; *in [dead] ~* på [fullt] allvar; *be in ~* mena allvar

2 earnest ['ɜ:nɪst] **1** handpenning **2** bevis; försäkran **earnest money** handpenning

earnings ['ɜ:nɪŋz] *pl* förtjänst, inkomst[er], intäkt[er]

ear|phone ['ɪəfəʊn] hörlur, hörtelefon; öronmussla **-piece** *tel.* hörlur **-piercing** [-ˌpɪəsɪŋ] öronbedövande **-plug** [-plʌg] öronpropp **-ring** [-rɪŋ] örhänge **-shot** [-ʃɒt] hörhåll **-splitting** [-ˌsplɪtɪŋ] öronbedövande

earth [ɜ:θ] **I** *s* **1** jord[klot]; mark; jord, mull, mylla; *the ~* jorden; *~ to ~, [ashes to ashes,] dust to dust* (*kyrkl.*) av jord är du kommen, jord skall du åter varda; *how* (*what, why*) *on ~* hur (vad, varför) i all (hela) världen; *come back* (*down*) *to ~* (*bildl.*) komma ner på jorden igen; *cost the ~* (*vard.*) kosta skjortan (en förmögenhet) **2** lya, gryt; *run to ~ a*) tvinga (*räv*) att gå ner i lya, *b*) (*om räv*) gå ner i lya, *c*) spåra upp **3** *elektr.* jord, jordledning **II** *v, elektr.* jorda

earth|born ['ɜ:θbɔ:n] jordisk, dödlig **-bound** **1** jordbunden **2** på väg mot jorden

earthen ['ɜ:θn] ler-; jord- **-ware** [-weə] lergods

earthling ['ɜ:θlɪŋ] jord|bo, -varelse **earthly** [-lɪ] *a* **1** jordisk, världslig **2** *vard.* tänkbar, möjlig; *not an ~ [chance]* inte den minsta chans **earthquake** jord|bävning, -skalv **earthshaking** [-ˌʃeɪkɪŋ] *vard.* omskakande, revolutionerande

earthwork [-wɜ:k] **1** uppgrävning, schaktning **2** *mil.* jordvall, skyddsvärn **earthworm** [-wɜ:m] daggmask **earthy** [-ɪ] **1** jord-, av jord **2** jordnära

3 grov, plump
ear trumpet ['ɪəˌtrʌmpɪt] hörlur (*för döva*) **earwax** [-wæks] öronvax **earwig** [-wɪg] **I** *s* tvestjärt **II** *v, åld.* utöva påtryckningar på
ease [i:z] **I** *s* **1** välbefinnande, välbehag; lugn; bekvämlighet; sorglöshet; otvungenhet, ledighet; *a life of ~* ett bekymmerslöst liv; *at [one's] ~ a)* ledig, avslappad, obesvärad, ogenerad, *b)* i lugn och ro, bekvämt; *[stand] at ~! (mil.)* manöver!; *ill at ~* illa till mods **2** lätthet **3** lättnad, lindring **II** *v* **1** lindra (*pain* smärta) **2** lätta [på]; underlätta; minska; lossa på; *~ a dress* släppa ut en klänning; *~ the helm* lätta på rodret; *~ her! (sjö.)* sakta [fart]!; *~ [down] the speed* minska farten; *~ o.s. (nature)* uträtta naturbehov **3** lirka; *~ out a screw* lirka ut en skruv **4** lätta, släppa, minska, avta **5** *~ off (up) a)* lätta, minska, *b)* lätta på, *c)* sakta ner (farten), ta det lugnare, lugna ner sig
easel ['i:zl] staffli
easement ['i:zmənt] **1** *jur.* servitut **2** *åld.* lättnad, lindring
easi|ly ['i:zɪlɪ] *adv* **1** lugnt, behagligt **2** lätt, med lätthet; ledigt; mycket väl; *~ the best* den absolut bästa; *she may ~ come first* hon kan mycket väl komma etta **-ness** [-nɪs] **1** lätthet **2** lugn; ledighet, otvungenhet
east [i:st] **I** *a* östlig, ostlig, östra, öst-; *E~ Berlin* Östberlin; *E~ Germany* Östtyskland; *the E~ Indies (pl)* Ostindien; *E~ Indiaman* ostindiefarare; *~ wind* ostlig vind **II** *adv* mot (åt) öster, österut; *~ of* öster om; *~ by south* ost till syd **III** *s* **1** öster, öst, ost; *from the ~* österifrån; *the wind is in the ~* vinden är ostlig; *to[wards] the ~* mot (åt) öster, österut; *to the ~ of* öster om **2** *the E~ a)* Östern, *b)* östra USA, öststaterna, *c)* öst[blocket, -staterna]; *the Far E~* Fjärran Östern; *the Middle E~* Mellanöstern, Mellersta Östern; *the Near E~ a)* Främre Orienten, *b)* Mellanöstern
Easter ['i:stə] påsk[en]; *~ [Day, Sunday]* påskdag[en]; *~ Eve* påskafton[en]; *~ Monday* annandag påsk
easterly ['i:stəlɪ] **I** *a* östlig, ostlig; från (i, mot) öster **II** *adv* östligt, ostligt; från (i, mot) öster, österut **III** *s* östlig vind **eastern** [-n] *äv. E~* **1** östlig, ostlig, östra, öst-, ost-; *E~ [Roman] Empire* Östromerska riket **2** österländsk **Easterner** [-nə] **1** österlänning **2** person från de östra delarna av landet **eastward** [-wəd] **I** *a* östlig, ostlig, östra **II** *adv* mot (åt) öster, österut; *sjö.* ostvart **eastwards** [-wədz] *se eastward II*
easy ['i:zɪ] **I** *a* **1** lätt, enkel; *~ money* lättförtjänta pengar; *it is as ~ as anything* det är en barnlek (jätteenkelt); *it's ~ for you to say* det är lätt för dig att säga; *come in (be) an ~ first* komma in som god etta; *~ to get on with* lätt att komma överens med **2** bekväm, ledig, behaglig; *~ manners* ledigt (otvunget) sätt; *at an ~ pace* i sakta mak; *~ on the eye (vard.)* snygg att se på, attraktiv **3** bekymmerslös, obekymrad, sorglös; lugn; *feel ~ about* känna sig lugn inför; *lead an ~ life* leva ett bekymmerslöst liv; *be in E~ Street (vard.)* ha det bra ekonomiskt; *a woman of ~ virtue* en kvinna som är lätt på foten, en prostituerad **4** mild, lätt; *~ laws* milda lagar; *on ~ terms* på gynnsamma villkor **5** *vard.* medgörlig; lättlurad; *~ game (mark)* lättlurad person **II** *adv* **1** *vard.* lätt, enkelt; *~ come ~ go* lätt fånget, lätt förgånget **2** *vard., ~ now!, ~ does it!, [go] ~!* ta det lugnt!, sakta i backarna!, ta det försiktigt!; *take it ~!* ta det lugnt!; *go ~ on (with)* spara på, vara rädd om; *go ~ on s.b.* inte vara för hård (sträng) mot ngn **3** *mil., stand ~!* lediga!
easy chair [ˌi:zɪ'tʃeə] fåtölj, länstol **easy-going** ['i:zɪˌgəʊɪŋ] **1** sorglös; hygglig **2** bekväm, maklig
eat [i:t] (*ate, eaten*) **1** äta, förtära (*äv. bildl.*); *I'll ~ my hat if (vard.)* jag ska äta upp min gamla hatt om; *~ one's words (vard.)* få äta upp sina egna ord; *~ away* fräta (nöta) bort; *what's ~ing you? (vard.)* vad är det med dig?, vad är du sur för?; *~ into* fräta (tära) på; *~ out* äta ute (*på restaurang*); *~ one's heart out (vard.)* grubbla, gräma sig, tråna; *~ out of s.b.'s hand* äta ur handen på ngn (*äv. bildl.*); *~ s.b. out of house and home (vard.)* äta ngn ur huset; *rats had ~en through the floor* råttor hade gnagt sig igenom golvet; *~ up a)* äta upp, *b) vard. bildl.* sluka, suga i sig, förtära **2** *vulg.* ha oralt samlag med
eatable ['i:təbl] **I** *a* ätbar **II** *s, ~s (pl)* matvaror, livsmedel **eaten** [-n] *perf. part. av eat* **eater** [-ə] **1** person som äter; (*i sms*) -ätare **2** ätäpple **eating** [-ɪŋ] **I** *s* mat **II** *a* ät-; *~ apples* ätäpplen; *~ house* matställe **eats** [i:ts] *sl.* käk, krubb
eau de Cologne [ˌəʊdəkə'ləʊn] eau-de-cologne
eaves [i:vz] *pl* tak|fot, -skägg **-drop** ['i:vzdrɒp] tjuvlyssna [på] **-dropper** ['i:vzdrɒpə] tjuvlyssnare
ebb [eb] **I** *s* ebb; *bildl.* nedgång, förfall; *~ and flow* ebb och flod; *be at a low ~ (bildl.)* vara nergången (nere) **II** *v* **1** ebba, dra sig tillbaka **2** *bildl.* ebba ut, sina, avta
ebonite ['ebənaɪt] ebonit
ebony ['ebənɪ] ebenholts
ebul|lience, -liency [ɪ'bʌljəns(ɪ)] känslosvall; hänförelse; stor vitalitet **-lient** [-ljənt] **1** sjudande, kokande **2** översvallande; vital **-lition** [ˌebə'lɪʃn] **1** sjudning, kokning **2** utströmning; utbrott
EC *förk. för East central (postdistrikt i London)*
eccen|tric [ɪk'sentrɪk] **I** *a* excentrisk; *bildl. äv.* originell **II** *s* **1** original, underlig person **2** excenterskiva **-tricity** [ˌeksen'trɪsətɪ] excentricitet; *bildl. äv.* originalitet
eccl[es]. *förk. för ecclesiastic[al]*
Ecclesiastes [ɪˌkli:zɪ'æsti:z] Predikaren
ecclesi|astic [ɪˌkli:zɪ'æstɪk] präst **-astical** [-'æstɪk(ə)l] ecklesiastisk; kyrko-, kyrklig; andlig
E.C.G. *förk. för electrocardio|gram, -graph*
echelon ['eʃəlɒn] **1** *mil.* echelong **2** nivå; grad
echin|us [e'kaɪn|əs] (*pl -i* [-ai]) *zool.* sjöborre
echo ['ekəʊ] **I** *s* (*pl ~es*) eko, genljud **II** *v* **1** eka, genljuda, återkastas, ge eko **2** återkasta; upprepa **echo sounder** [-ˌsaʊndə] ekolod
éclair [eɪ'kleə] éclair (*avlång gräddbakelse*)
éclat ['eɪklɑ:] **1** glans; stor succé **2** anseende
eclectic [e'klektɪk] **I** *a* eklektisk **II** *s* eklektiker
eclipse [ɪ'klɪps] **I** *s* **1** eklips, förmörkelse; *lunar ~* månförmörkelse; *solar ~* solförmörkelse **2** fördunklande, tillbakagång **II** *v* förmörka; fördunkla; överskugga **ecliptic** [ɪ'klɪptɪk] **I** *a* ekliptisk, förmörkelse- **II** *s* ekliptika
eclogue ['eklɒg] eklog (*herdedikt*)
ecological [ˌi:kə'lɒdʒɪkl] ekologisk **ecology**

[iːˈkɒlədʒɪ] ekologi
econ. *förk. för economical; economics; economy*
economic [ˌiːkəˈnɒmɪk] **I** *a* **1** ekonomisk; nationalekonomisk **2** *BE.* lönande **3** *vard.* billig **economical** [-l] **1** ekonomisk, sparsam **2** *se economic 1, 2* **economics** [-s] **1** (*behandlas som sg*) ekonomi; nationalekonomi **2** *pl* ekonomi, ekonomiska aspekter **economist** [ɪˈkɒnəmɪst] **1** ekonom; nationalekonom **2** hushållare **econo|mize** (*BE. äv. -mise*) [ɪˈkɒnəmaɪz] ~ [*on*] hushålla [med], spara [på] **economy** [ɪˈkɒnəmɪ] **1** ekonomi, sparsamhet; hushållande; besparing, besparingsåtgärd; återhållsamhet **2** ekonomi, ekonomisk förvaltning; ekonomiskt system **3** ordning, organisation, struktur; *the ~ of nature* naturens ordning (hushållning)
ecstacy [ˈekstəsɪ] extas, hänryckning **ecstatic** [ɪkˈstætɪk] extatisk, hänryckt
E.C.T. *förk. för electroconvulsive therapy*
ectoplasm [ˈektə(ʊ)plæz(ə)m] ektoplasma
Ecuador [ˈekwədɔː] Ecuador
ecumenic[al] [ˌiːkjuːˈmenɪk(l)] ekumenisk
eczema [ˈeksɪmə] eksem
Ed *kortform av Edgar, Edward*
ed. *förk. för edited; edition; editor; education*
edacious [ɪˈdeɪʃəs] *skämts.* rovgirig, glupsk
E.D.C. *förk. för European Defence Community*
Eddy [ˈedɪ] *kortform av Edgar, Edward*
eddy [ˈedɪ] **I** *s* [ström]virvel **II** *v* virvla
edelweiss [ˈeɪdlvaɪs] *bot.* edelweiss
Eden [ˈiːdn] *s* Eden, paradiset; *the Garden of ~* Edens lustgård
edge [edʒ] **I** *s* **1** egg; skarp (vass) kant; *bildl.* skärpa; *the ~ of a knife* eggen på en kniv; *give an ~ to, put an ~ on* skärpa, slipa egg på; *take the ~ off a*) göra slö, *b*) *bildl.* ta udden av, *c*) döva; *be on ~* vara nervös (på helspänn); *my nerves are all on ~* jag är förskräckligt nervös; *set s.b.'s teeth on ~* irritera ngn, få ngn att rysa **2** kant; rand, brädd, brant, bryn; *the ~ of the forest* skogsbrynet; *do the outside ~* (*sport.*) åka ytterskär; *be on the ~ of a*) vara på randen av, *b*) vara på vippen att, just stå i begrepp att **3** övertag; fördel; *have the ~ on* (*over*) ha övertaget över, vara ett strå vassare än **4** *dial.* krön, ås **II** *v* **1** kanta, infatta; putsa kanten på (*m. kniv*); *~ a tablecloth with lace* kanta en duk med spets **2** skärpa, slipa, vässa **3** maka [sig], flytta [sig], tränga [sig]; lirka; *~ one's way towards* sakta (försiktigt) maka (flytta) sig mot; *~ one's way through a crowd* bana sig väg genom en folkmassa; *~ away* smyga sig bort; *~ out of a room* smyga sig ut ur ett rum; *~ up to s.b.* sakta närma sig ngn **4** slipa, skärpa, vässa **5** kantställa (*skidor*)
edge tool [ˈedʒtuːl] egg-, skär|verktyg **edge|ways** [-weɪz], **-wise** [-waɪz] med kanten (sidan) före (uppåt); *not get a word in ~* inte få en syl i vädret **edging** [-ɪŋ] kant, bård **edgy** [-ɪ] **1** vass, skarp; kantig **2** lättretlig, otålig
edible [ˈedɪbl] ätlig **edibles** [-z] *pl* matvaror
edict [ˈiːdɪkt] edikt, påbud
edification [ˌedɪfɪˈkeɪʃn] uppbyggelse; upplysning
edi|fice [ˈedɪfɪs] [stor] byggnad **-fy** [-faɪ] uppbygga **-fying** [-faɪɪŋ] uppbygglig
Edinburgh [ˈedɪnb(ə)rə] Edinburgh
edit [ˈedɪt] redigera; vara redaktör för, ge ut; klippa (*film*); *~ out* redigera bort
edit. *förk. för edited; edition; editor*
edition [ɪˈdɪʃn] upplaga, utgåva, edition **editor** [ˈedɪtə] redaktör; utgivare; [film]klippare; [*general*] ~ förlagsredaktör; *managing ~* redaktionschef; *principal* (*supervising*) ~ huvudredaktör **editorial** [ˌedɪˈtɔːrɪəl] **I** *a* redaktörs-, redaktions-, redaktionell; utgivar- **II** *s* [tidnings]ledare **editor in chief** [ˌedɪtərɪnˈtʃiːf] chef-, huvud|redaktör **editorship** [ˈedɪtəʃɪp] redaktörskap; redaktion
E.D.P. *förk. för electronic data processing* **E.D.T.** *förk. för* (*AE.*) *Eastern Daylight Time* **educ.** *förk. för educated; educational*
edu|cate [ˈedjuːkeɪt] **1** undervisa, utbilda; [upp]fostra **2** lära, träna **-cation** [ˌedjuːˈkeɪʃn] undervisning, utbildning; [upp]fostran; bildning **-cational** [ˌedjuːˈkeɪʃənl] undervisnings-, utbildnings-; uppfostrings-; bildande; *~ books* läroböcker; *~ experience* lärorik erfarenhet; *~ toys* pedagogiska leksaker **-cationalist, -cationist** [ˌedjuː|ˈkeɪʃn̩əlɪst, -ˈkeɪʃnɪst] pedagog **-cative** [ˈedjuːkətɪv] bildnings-, fostrande, pedagogisk, lärorik **-cator** [ˈedjuːkeɪtə] uppfostrare; pedagog, lärare
educe [iːˈdjuːs] dra ut; få fram; härleda
EE *förk. för Early English; electrical engineer[ing]* **EEC** *förk. för European Economic Community* **EEG** *förk. för electroencephalogram*
eel [iːl] ål
e'en [iːn] *poet. sammandragning av 1 even el. evening*
e'er [eə] *poet. sammandragning av ever*
eerie [ˈɪərɪ] kuslig, hemsk; spöklik
eff [ef] (*eufemism för fuck*) *sl.* svära; *~ off!* dra åt helvete!
efface [ɪˈfeɪs] **1** utplåna; sudda ut (bort) **2** ställa i skuggan; *~ o.s.* träda i bakgrunden **-ment** [-mənt] *s* utplånande *etc.*, *jfr efface*
effect [ɪˈfekt] **I** *s* **1** effekt (*äv. fys.*), verkan; resultat, verkning, inverkan, påverkan; *in ~ a*) i själva verket, *b*) praktiskt taget; *with* (*to*) *no ~* utan verkan, verkningslös; *to such good ~ that* så verkningsfull att; *be in ~* vara i kraft (gällande); *bring into ~* sätta i verket; *come into ~* träda i kraft; *have an ~ on* ha effekt på; *put one's knowledge into ~* göra bruk av sina kunskaper; *take ~ a*) göra verkan, ge resultat, *b*) träda i kraft **2** innebörd, innehåll; *my letter was to the ~ that* mitt brev gick ut på att; *or words to that ~* eller liknande ord, eller ngt i den vägen **3** effekt, intryck; *for ~* för effektens skull; *create an ~* göra intryck **4** *~s* (*pl*) effekter, tillhörigheter **II** *v* åstadkomma; genomföra; effektuera, verkställa
effec|tive [ɪˈfektɪv] **1** effektiv; verksam; verkningsfull **2** effektfull **3** verklig, faktisk **4** i kraft, gällande **-tual** [-tʃʊəl] **1** effektiv, verksam **2** bindande, giltig **-tuate** [-tʃʊeɪt] effektuera, verkställa, genomföra, åstadkomma
effemi|nacy [ɪˈfemɪnəsɪ] feminint sätt, omanlighet **-nate** [-nət] feminin, omanlig; förvekligad
effer|vesce [ˌefəˈves] bubbla, skumma; mousseraa; *bildl.* sprudla **-vescence** [-ˈvesns], **-vescency** [-ˈvesnsɪ] bubblande; mousserande; *bildl.* upprymdhet **-vescent** [-ˈvesnt] bubblande,

E

skummande; mousserande; *bildl.* upprymd, översvallande
effete [ɪ'fi:t] **1** kraftlös, dekadent; utsliten **2** (*om djur o. växter*) steril
effi|cacious [ˌefɪ'keɪʃəs] effektiv, verksam **-caciousness** [-'keɪʃəsnɪs], **-cacy** ['efɪkəsɪ] effektivitet; verkan
efficiency [ɪ'fɪʃ(ə)nsɪ] **1** effektivitet; kompetens, duglighet, prestationsförmåga **2** effektivitet, verkningsgrad **efficiency apartment** [-əˌpɑ:tmənt] *AE.* rum med kokskåp **efficient** [-t] **1** effektiv; verksam **2** effektiv, duglig, kompetent
Effie ['efɪ] *kortform av Euphemia*
effigy ['efɪdʒɪ] avbildning, bild (*på mynt e.d.*); docka, figur
efflo|resce [ˌeflɔ:'res] **1** slå ut i blom **2** *kem.* efflorescera **-rescence** [-'resns] **1** blomning **2** *kem.* efflorescering
effluence ['eflʊəns] utflöde, utströmning **effluent** [-t] **I** *a* utflytande, utströmmande **II** *s* utsläpp; utflöde, utlopp; avlopp **efflux** ['eflʌks] *se effluence*
effort ['efət] **1** [kraft]ansträngning; *make an ~ to* anstränga (bemöda) sig för att, göra ett försök att; *make every* (*a great*) ~ göra allt man kan **2** kraftprov; prestation **-less** [-lɪs] lätt och ledig, obesvärad; *~ smile* otvunget leende
effrontery [ɪ'frʌntərɪ] oförskämdhet
effulgent [ɪ'fʌldʒ(ə)nt] strålande,skimrande
effuse [ɪ'fju:z] **1** utgjuta **2** utstråla; sprida **3** tala vitt och brett, utgjuta sig **effusion** [ɪ'fju:ʒn] **1** utgjut|ande, -ning **2** öppenhjärtighet, hjärtlighet **3** utgjutelse (*i tal el. skrift*) **effusive** [ɪ'fju:sɪv] *a* översvallande
EFTA *förk. för European Free Trade Association*
e.g. *förk. för exempli gratia* (*lat.*) *for example*
egad [i:'gæd] *interj, åld.* vid Gud!; minsann!
egalitarian [ɪˌgælɪ'teərɪən] **I** *a* jämlikhets- **II** *s* jämlikhetsförkämpe
1 egg [eg] ägg; *bad ~* (*bildl.*) rötägg; *in the ~* i sin linda; *as sure as ~ is ~s* (*vard.*) så säkert som amen i kyrkan; *have ~ all over one's face* (*vard.*) få stå där med skammen; *lay an egg* (*AE. sl.*) göra fiasko; *put* (*have*) *all one's ~s in one basket* sätta allt på ett kort; *don't teach your grandmother to suck ~s* du ska inte lära mor din göra barn
2 egg [eg] ~ [*on*] driva på, egga [upp]
egg beater ['egˌbi:tə] ägg-, grädd|visp **egg cup** [-kʌp] äggkopp **egg flip** [-flɪp] äggtoddy **egghead** [-hed] *vard.* ägghuvud (*intellektuell person*) **eggnog** [-nɒg] äggtoddy **eggplant** [-plɑ:nt] *bot.* aubergine, äggplanta **eggshell** [-ʃel] äggskal **egg slice** [-slaɪs] stekspade **egg timer** [-ˌtaɪmə] äggklocka **egg white** [-waɪt] äggvita
ego ['egəʊ] **1** *filos.* ego, jag **2** *vard.* fåfänga, inbilskhet; egenkärlek **-centric** [ˌegə(ʊ)'sentrɪk] **I** *a* egocentrisk **II** *s* egocentriker **-ism** ['egəʊɪz(ə)m] **1** egoism **2** självupptagenhet **-ist** ['egəʊɪst] egoist **-istic[al]** [ˌegəʊ'ɪstɪk(l)] egoistisk, självisk **-tism** ['egə(ʊ)tɪz(ə)m] egotism, självförgudning **-tist** ['egə(ʊ)tɪst] **1** egocentriker **2** egoist **-tistic[al]** [ˌegə(ʊ)'tɪstɪk(l)] **1** egocentrisk, självupptagen **2** egoistisk
ego trip ['egəʊtrɪp] *vard.* egotrip, tillfredsställande av självkänslan
egregious [ɪ'gri:dʒəs] oerhörd, enorm
egress [i:'gres] utgång; utträde **egression** [i:'greʃn] utgång
egret ['i:gret] **1** ägretthäger, vit häger **2** ägrett (*fjäder*)
Egypt ['i:dʒɪpt] Egypten **Egyptian** [ɪ'dʒɪpʃn] **I** *a* egyptisk **II** *s* **1** egyptier **2** egyptiska [språket]
eh [eɪ] *interj* **1** va? **2** eller hur?
E.I. *förk. för East Indian; East Indies*
eider ['aɪdə] ejder **eider-down** **1** ejderdun **2** duntäcke **eider duck** ejder
eight [eɪt] **I** *räkn* åtta; *a girl of ~* en flicka på åtta år **II** *s* åtta; åttatal; [*figure of*] ~ åtta (*skridskofigur*); *the ~ of spades* spader åtta, spaderåttan; *by* (*in*) *~s* åtta och åtta, åtta åt gången; *have had one over the ~* (*sl.*) ha tagit sig ett järn för mycket, vara packad **eighteen** [ˌeɪ'ti:n] **I** *räkn* arton **II** *s* arton; artontal **eighteenth** [ˌeɪ'ti:nθ] **I** *räkn* artonde; *the ~ century* sjuttonhundratalet **II** *s* arton[de]del **eight-figure** ['eɪtˌfɪgə] åttasiffrig **eightfold** ['eɪtfəʊld] **I** *a* åtta|dubbel, -faldig **II** *adv* åtta|dubbelt, -faldigt, åtta gånger så mycket **eighth** [eɪtθ] **I** *räkn* åttonde; *the ~ century* sjuhundratalet, åttonde århundradet; *~ note* (*AE.*) åttondelsnot; *~ part* åttondel **II** *adv, the ~ largest city* den åttonde staden i storlek **III** *s* **1** åttondel **2** [*on*] *the ~ of May* den åttonde maj **3** *mus.* oktav
eighthly ['eɪtθlɪ] för det åttonde **eightieth** ['eɪtɪɪθ] **I** *räkn* åttionde **II** *s* åttion[de]del **eight-ply** ['eɪtplaɪ] åttadubbel **eight-room** ['eɪtrʊm] *a, ~ flat* åttarummare, åttarumsvåning **eight-sided** ['eɪtˌsaɪdɪd] åttasidig, åttkantig **eight|-storeyed** *BE.*, **--storied** *AE.* ['eɪtˌstɔ:rɪd] *a, ~ house* åttavåninghus **eighty** ['eɪtɪ] **I** *räkn* åttio **II** *s* åttio; åtti[o]tal; *in the eighties* på åttiotalet; *be in one's eighties* vara mellan 80 och 90 år gammal
eight-year ['eɪtjɜ:] åttaårs- **eight-year-old** ['eɪtjərəʊld] **I** *a* åttaårig, åtta års **II** *s* åttaåring
eightyish ['eɪtɪɪʃ] omkring åttio; i åtti[o]årsåldern
Eire ['eərə] Eire
eisteddfod [aɪ'steðvɒd] eisteddfod (*årlig walesisk festival*)
either ['aɪðə, *i sht AE.* 'i:ðə] **I** *pron* **1** endera; vilken[dera]; någon[dera]; *take ~* tag vilken som helst (endera) **2** vardera; båda, bägge **II** *konj, ~...or a*) antingen...eller, *b*) vare sig...eller; *he is ~ lazy or stupid* han är antingen lat eller dum **III** *adv* heller; *he sings badly and he can't dance ~* han sjunger dåligt, och inte kan han dansa heller
ejacu|late [ɪ'dʒækjʊleɪt] **1** utropa, utstöta **2** ejakulera, uttömma [sädesvätska] **-lation** [ɪˌdʒækjʊ'leɪʃn] **1** utrop **2** ejakulation, sädesuttömning
eject [ɪ'dʒekt] kasta (stöta, driva) ut; förvisa; avsätta; vräka **ejection** [ɪ'dʒekʃn] utkastande, utstötande, utdrivande; förvisning; avsättning; vräkning **ejection (ejector) seat** katapultstol
1 eke [i:k] *~ out* få att räcka till, dryga ut; *~ out a living* nödtorftigt dra sig fram
2 eke [i:k] *åld.* också, dessutom
el [el] *vard.* (*av elevated railway*) högbana
elabo|rate **I** *a* [ɪ'læb(ə)rət] omsorgsfullt utarbetad, detaljerad; omsorgsfull; utstuderad; komplicerad **II** *v* [ɪ'læbəreɪt] **1** genomarbeta, i detalj utarbeta, utveckla **2** komplicera; göra detaljerad

3 ~ *[up]on* breda ut sig över, utveckla, gå in på detaljer om **-ration** [ɪˌlæbəˈreɪʃn] omsorgsfullt utarbetande

élan [eɪˈlɑ̃(ŋ)] élan, hänförelse

elapse [ɪˈlæps] förflyta, förgå

elastic [ɪˈlæstɪk] **I** *a* **1** elastisk; spänstig; tänjbar **2** resår-, gummi- **II** *s* resår, gummi|snodd, -band **elasticity** [ˌelæˈstɪsətɪ] elasticitet; spänst[ighet]; tänjbarhet

elate [ɪˈleɪt] göra upprymd (förtjust); fylla med stolthet (optimism) **elation** [ɪˈleɪʃn] upprymdhet, förtjusning, glädje; stolthet

elbow [ˈelbəʊ] **I** *s* **1** armbåge; *at one's* ~ strax bredvid sig; *out at* ~*[s]* trasig på armbågen (armbågarna), luggsliten; *up to the ~s with* (*in*) upp över öronen i **2** krök; knä (*på rör e.d.*) **II** *v* **1** knuffa med armbågen **2** ~ *one's way* armbåga sig fram **elbow grease** *vard.* hårt slit **elbow room** armbågs-, sväng|rum

1 elder [ˈeldə] **I** *a* (*komp. av old*) äldre (*om två best. pers. el. syskon*) **II** *s* **1** *my ~s* de som är äldre än jag **2** [församlings]äldste

2 elder [ˈeldə] *bot.* fläder **-berry** [-ˌberɪ] fläderbär

elderly [ˈeldəlɪ] äldre, ganska gammal **eldest** [ˈeldɪst] (*superl. av old*) äldst (*om två best. pers. el. syskon*)

elect [ɪˈlekt] **I** *a* [ny]vald (*men inte installerad*); utsedd, korad; *the president* ~ den tillträdande presidenten **II** *s, the* ~ (*i sht relig.*) de utvalda **III** *v* **1** välja, utse till (*Mayor* borgmästare) **2** välja, föredra (*to do s.th.* att göra ngt) **election** [ɪˈlekʃn] val (*i sht genom röstning*); *a general* ~ allmänna val **electioneer** [ɪˌlekʃəˈnɪə] **I** *v* agitera, delta i valkampanj **II** *s* agitator, deltagare i valkampanj **elective** [ɪˈlektɪv] **1** val- **2** vald, tillsatt genom val **3** med rätt att välja **4** valfri, tillvals- (*course* kurs) **elector** [ɪˈlektə] **1** väljare; valman; elektor **2** *hist., E~* kurfurste **electoral** [ɪˈlekt(ə)r(ə)l] **1** valmans-, val-; elektors-; ~ *college* (*i USA*) elektorskollegium (*förrättar presidentval*); ~ *roll* röstlängd **2** *hist., E~* kurfurstlig **electorate** [ɪˈlekt(ə)rət] **1** valmanskår **2** *hist.* kurfurstendöme

electric [ɪˈlektrɪk] elektrisk, el-; ~ *blue* stålblå; *the ~ chair* elektriska stolen; ~ *charge* elektrisk laddning; ~ *eel* (*zool.*) darrål; ~ *eye* fotocell; ~ *field* elektriskt fält; ~ *guitar* elgitarr; ~ *ray* (*zool.*) darrocka; ~ *shock* [elektrisk] stöt; ~ *torch* ficklampa **electrical** [-l] elektrisk, elektricitets-, el-; ~ *engineer* elektroingenjör **electrician** [ˌɪlekˈtrɪʃn] elektriker; elektrotekniker **electricity** [ˌɪlekˈtrɪsətɪ] **1** elektricitet, el, ström **2** el[ektricitets]lära **electricity meter** elmätare **electrification** [ɪˌlektrɪfɪˈkeɪʃn] **1** elektrifiering **2** elektrisering (*äv. bildl.*) **electrify** [ɪˈlektrɪfaɪ] **1** elektrifiera **2** elektrisera; *bildl. äv.* elda, liva

electrocardiogram [ɪˌlektrə(ʊ)ˈkɑːdɪə(ʊ)græm] elektrokardiogram

electro|cute [ɪˈlektrəkjuːt] **1** döda med elektrisk ström **2** avrätta i elektriska stolen **-cution** [ɪˌlektrəˈkjuːʃn] **1** dödande med elektrisk ström **2** avrättning i elektriska stolen

electrode [ɪˈlektrəʊd] elektrod

electroencephalogram [ɪˌlektrə(ʊ)enˈsefələ(ʊ)græm] elektroencefalogram

electro|lysis [ˌɪlekˈtrɒlɪsɪs] elektrolys **-lyte** [ɪˈlektrə(ʊ)laɪt] elektrolyt

electro|magnet [ɪˌlektrə(ʊ)ˈmægnɪt] elektromagnet **-motive** [-ˈməʊtɪv] elektromotorisk

electron [ɪˈlektrɒn] elektron **electronic** [ˌɪlekˈtrɒnɪk] elektronisk; ~ *data processing* elektronisk databehandling; ~ *flash* (*foto.*) elektronblixt; ~ *music* elektronisk musik **electronics** [ˌɪlekˈtrɒnɪks] **1** (*behandlas som sg*) elektronik **2** (*behandlas som pl*) elektroniska komponenter, elektronik **electron microscope** [ɪˈlektrɒnˌmaɪkrəskəʊp] elektronmikroskop

electroplate [ɪˈlektrə(ʊ)pleɪt] **I** *v* galvanisera; försilvra **II** *s* [galvaniserat] nysilver

electroshock treatment [ɪˈlektrə(ʊ)ʃɒkˌtriːtmənt] *med.* elchockbehandling

electro|static [ɪˌlektrə(ʊ)ˈstætɪk] elektrostatisk **-technology** elektroteknik **-therapy** *med.* elektroterapi

ele|gance [ˈelɪgəns] elegans; smak-, stil|fullhet; förfining **-gant** [-gənt] elegant; smakfull, stilfull; förfinad

elegiac [ˌelɪˈdʒaɪək] elegisk **elegy** [ˈelɪdʒɪ] elegi

element [ˈelɪmənt] **1** *elektr., mat., språkv.* element; *kem.* grundämne **2** element; *be in one's* ~ vara i sitt rätta element (sitt esse) **3** beståndsdel, ingrediens; element; inslag; moment; *an ~ of truth* ett spår av sanning **4** *~s* (*pl*) första grunderna, elementa **5** *the ~s* elementen, elementerna, väder och vind **elemental** [ˌelɪˈmentl] **1** elementernas, elementens **2** elementär; enkel; grundläggande **elementary** [ˌelɪˈment(ə)rɪ] **1** *kem.* grund-, enkel; *fys.* elementar; ~ *particle* elementarpartikel **2** elementär, enkel; grund-; ~ *school a*) *BE.* (*förr*) låg- och mellanstadium, *b*) *AE. ung.* grundskola (*6 el. 8 första klasserna*)

elephant [ˈelɪfənt] elefant; *white ~ a*) värdelös sak, krimskrams, *b*) felinvestering **elephantiasis** [ˌelɪfənˈtaɪəsɪs] *med.* elefantiasis **elephantine** [ˌelɪˈfæntaɪn] **1** elefant- **2** stor som en elefant, klumpig

ele|vate [ˈelɪveɪt] **1** höja [upp], lyfta upp **2** *bildl.* upphöja, befordra; höja nivån på, lyfta; göra upprymd **-vated** [-veɪtɪd] **1** upphöjd, upplyft; ~ *railway* högbana **2** *bildl.* hög; högstämd; *have an ~ opinion of o.s.* ha höga tankar om sig själv; ~ *style* högre stil **3** livad, upprymd; *vard.* lätt berusad **-vation** [ˌelɪˈveɪʃn] **1** [upp]höjande, lyftande; [för]höjning **2** upphöjelse (*to archbishop* till ärkebiskop) **3** höjd (*över havet, marken*) **4** upphöjning, höjd, kulle **5** *mil.* elevation[svinkel] **6** högstämdhet; höghet, ädelhet **7** upprymdhet **8** *byggn.* fasadritning **-vator** [ˈelɪveɪtə] **1** elevator; paternosterverk; *AE.* hiss **2** *i sht AE.* spannmålsmagasin, silo **3** *flyg.* höjdroder

eleven [ɪˈlevn] (*jfr eighteen o. sms.*) **I** *räkn* elva **II** *s* elva (*äv. sport.*) **elevenses** [-sɪz] *BE. vard.* elva-, förmiddags|kaffe, -te **eleventh** [-θ] **I** *räkn* elfte; *at the ~ hour* i elfte timmen, i sista minuten **II** *s* elftedel

elf [elf] (*pl elves* [elvz]) alf, älva, hustomte **elfin** [ˈelfɪn], **elfish** [ˈelfɪʃ] **1** alf-, älvlik, älv-, tomte- **2** okynnig, odygdig

elicit [ɪˈlɪsɪt] framlocka, få fram; framkalla

elide [ɪˈlaɪd] *språkv.* elidera[s]

eligi|bility [ˌelɪdʒəˈbɪlətɪ] **1** valbarhet **2** lämplig-

E

het **-ble** ['elɪdʒəbl] **1** valbar (*for* till) **2** berättigad (*for* till) **3** lämplig, passande, önskvärd

elimi|nate [ɪ'lɪmɪneɪt] **1** eliminera; utesluta, avlägsna **2** *sport.*, *~d* utslagen **3** *fysiol.* avsöndra **4** *sl.* kallblodigt mörda **-nation** [ɪˌlɪmɪ'neɪʃn] **1** eliminering; uteslutande, avlägsnande **2** *sport.* utslagning **3** *fysiol.* avsöndring **4** *sl.* mord

elision [ɪ'lɪʒn] *språkv.* elision

élite [eɪ'li:t] elit **elitism** [-ɪz(ə)m] elitism, elittänkande

elixir [ɪ'lɪksə] elixir

Eliza|beth [ɪ'lɪzəbəθ] Elizabeth, Elisabet **-bethan** [ɪˌlɪzə'bi:θn] **I** *a* elisabetansk **II** *s* elisabetan

elk [elk] älg; *American ~* kanadahjort, vapiti

ell [el] *hist.* aln

ellipse [ɪ'lɪps] *geom.* ellips **ellip|sis** [-sɪs] (*pl -ses* [-si:z]) *språkv.* ellips **elliptic** [-tɪk] *geom.* elliptisk **elliptical** [-tɪkl] *geom. o. språkv.* elliptisk

elm [elm] alm

elocution [ˌelə'kju:ʃn] talarkonst; talteknik **-ary** [-'kju:ʃn̩ərɪ] talar-, tal- **-ist** [-'kju:ʃn̩ɪst] taltekniker, lärare i talteknik

elon|gate ['i:lɒŋgeɪt] förlänga[s], utdraga[s] **-gation** [ˌi:lɒŋ'geɪʃn] **1** förlängning, utsträckning **2** *astr.* elongation

elope [ɪ'ləʊp] rymma (*för att gifta sig*) **-ment** [-mənt] rymning (*för att gifta sig*)

elo|quence ['eləkw(ə)ns] vältalighet **-quent** [-kw(ə)nt] vältalig; *bildl. äv.* uttrycksfull, talande

else [els] **1** annars; *or ~* eller också, för annars; *do it, or ~!* gör det, annars så! **2** annan; mer; *anybody ~ would have done it* vem som helst annan (alla andra) skulle ha gjort det; *somebody* (*something*) *~* någon annan (något annat); *nowhere* (*somewhere*) *~* ingen (någon) annanstans; *who ~?* vem annars (mer)?, vilka andra (fler)?; *where ~?* var annars?; *this is somebody ~'s coat* det här är någon annans rock; *do you want anything ~?* vill du ha något mer (annat)? **-where** [ˌels'weə] någon annanstans, på annat (andra) håll

eluci|date [ɪ'lu:sɪdeɪt] klargöra, klarlägga, förklara **-dation** [ɪˌlu:sɪ'deɪʃn] klargörande, klarläggande, förklaring **-dative, -datory** [ɪ'lu:sɪ|deɪtɪv, -deɪt(ə)rɪ] *a* klargörande, klarläggande, förklarande

elude [ɪ'lu:d] undkomma, undgå, kringgå, slingra sig undan (ifrån); trotsa, gäcka; *the name ~s me* jag kommer inte på namnet **elusive** [ɪ'lu:sɪv] undanglidande, gäckande, svårfångad; undvikande; svår att komma ihåg; flyktig

elves [elvz] *pl av elf*

Elysian [ɪ'lɪzɪən] *a, the ~ fields* de elyseiska fälten

'em [əm] *vard.* = *them*

emaci|ated [ɪ'meɪʃɪeɪtɪd] utmärglad, avtärd **-ation** [ɪˌmeɪʃɪ'eɪʃn] utmärgling, avtärdhet

ema|nate ['eməneɪt] **1** emanera, härröra, utgå (*from* från) **2** emanera, sända ut **-nation** [ˌemə'neɪʃn] emanation, utflöde, utströmning

emanci|pate [ɪ'mænsɪpeɪt] frige (*a slave* en slav); befria; emancipera, frigöra **-pation** [ɪˌmænsɪ'peɪʃn] frigivning; emancipation, frigörelse **-pator** [ɪ'mænsɪpeɪtə] befriare

emascu|late I *v* [ɪ'mæskjʊleɪt] **1** kastrera **2** försvaga, förvekliga **II** *a* [ɪ'mæskjʊlɪt] **1** kastrerad **2** försvagad, förvekligad **-lation** [ɪˌmæskjʊ'leɪʃn] **1** kastrering **2** försvagning, förvekligande

embalm [ɪm'bɑ:m] **1** balsamera **2** bevara, hedra (*minnet av*) **3** *poet.* fylla med vällukt **-ment** [-mənt] balsamering

embankment [ɪm'bæŋkmənt] [väg-, järnvägs]bank; fördämning, jordvall; strandgata (*längs flod*)

embargo [em'bɑ:gəʊ] **I** *s* (*pl ~es*) embargo; kvarstad, beslag; handelsförbud; hinder, förbud **II** *v* lägga embargo på; kvarstadbelägga; lägga beslag på; konfiskera

embark [ɪm'bɑ:k] **1** inskeppa, ta ombord **2** embarkera, gå ombord **3** *~* [*up*]*on* inlåta sig i (på), ge sig in på **embarkation** [ˌembɑ:'keɪʃn] inskeppning; embarkering

embarrass [ɪm'bærəs] **1** göra förlägen; förvirra **2** besvära, hindra **embarrassed** [-t] förlägen, generad (*about* över); besvärad; *~ by lack of money* i penningknipa **embarrassing** [-ɪŋ] pinsam, genant; besvärande **embarrassment** [-mənt] **1** förlägenhet; förvirring; penningknipa **2** besvär, hinder

embassy ['embəsɪ] ambassad, beskickning

embattled [ɪm'bætld] **1** uppställd i slagordning, rustad till strid **2** *her.* krenelerad

embed [ɪm'bed] **1** bädda in, borra in (*in* i); *bildl.* inpränta, förankra **2** innesluta, omge

embellish [ɪm'belɪʃ] **1** försköna, utsmycka **2** *bildl.* brodera ut **-ment** [-mənt] **1** förskönande, utsmyckande **2** utsmyckning; utbroderande

ember ['embə] glödande kol; *~s* (*pl, äv.*) glöd; *E~ days* allmänna böne- och fastedagar

embezzle [ɪm'bezl] försnilla, förskingra **-ment** [-mənt] försnillning, förskingring

embitter [ɪm'bɪtə] **1** göra bitter, förbittra **2** förvärra, förbittra **-ment** [-mənt] bitterhet

emblazon [ɪm'bleɪzn] **1** utbasunera; förhärliga **2** (*praktfullt*) dekorera, utsmycka **3** *her.* pryda med heraldiska figurer

emblem ['emblem] emblem, symbol, tecken **-atic[al]** [ˌemblɪ'mætɪk(l)] symbolisk; *be ~ of* symbolisera **-atize** (*BE. äv. -atise*) [em'blemətaɪz] symbolisera

embodiment [ɪm'bɒdɪmənt] **1** förkroppsligande; inkarnation; konkret form **2** införlivande; inneslutning **embody** [ɪm'bɒdɪ] **1** förkroppsliga; inkarnera; ge konkret form åt; vara ett uttryck för **2** införliva, inbegripa, innesluta

embolden [ɪm'bəʊld(ə)n] inge mod, uppmuntra

embolism ['embəlɪz(ə)m] *med.* emboli, blodpropp

embosom [ɪm'bʊzəm] *åld.* **1** omfamna; *bildl.* omhulda **2** inbädda, innesluta

emboss [ɪm'bɒs] utföra i relief, ciselera, prägla; pryda med relief **-ment** [-mənt] relief, drivet arbete

embrace [ɪm'breɪs] **I** *v* **1** omfamna [varandra]; krama[s] **2** anta; ta, gripa (*an opportunity* ett tillfälle); gå över till (*Judaism* judendomen) **3** innefatta, omfatta, inbegripa; spänna över; *physics ~s optics* fysik innefattar optik **4** omge, omsluta; *a castle ~d by water* ett slott omgivet av vatten **II** *s* omfamning, kram, famntag

embrasure [ɪm'breɪʒə] **1** dörr-, fönster|smyg **2** *mil.* skottglugg

embro|cate ['embrəʊkeɪt] badda, gnida in **-cation** [ˌembrə(ʊ)'keɪʃn] **1** ingnidning, baddning **2**

liniment, salva
embroider [ɪm'brɔɪdə] **1** brodera **2** *bildl.* brodera ut **embroidery** [-rɪ] **1** brodering; broderi **2** *bildl.* utbrodering
embroil [ɪm'brɔɪl] **1** inveckla, dra in (*i gräl e.d.*) **2** trassla till, komplicera **-ment** [-mənt] **1** förvecklingar **2** oreda, trassel
embryo ['embrɪəʊ] embryo; *bildl. äv.* frö; *in ~* outvecklad, rudimentär, i sin linda **embryonal** ['embrɪənl], **embryonic** [ˌembrɪ'ɒnɪk] embryonal, foster-
emcee [ˌem'si:] *vard.* ceremonimästare; konferencier
emend [i:'mend] emendera, rätta (*text*) **emendation** [ˌi:men'deɪʃn] emendation, rättelse (*av text*)
emerald ['emər(ə)ld] **I** *s* smaragd **II** *a* smaragd-; *an ~ dress* en smaragdgrön klänning; *the E~ Isle* den gröna ön (*Irland*)
emerge [ɪ'mɜ:dʒ] **1** dyka (stiga) upp, höja sig (*from* ur); *~ from an ordeal* klara sig igenom ett eldprov; *~ the winner* utgå som segrare **2** *bildl.* uppstå, dyka upp **3** framgå; *it ~d that* det framgick att **emergence** [-(ə)ns] uppdykande, uppstigande, framträdande
emergency [ɪ'mɜ:dʒ(ə)nsɪ] **1** nödläge, kritisk situation, oförutsedd händelse; *in an ~, in case of ~* i en nödsituation, i ett nödläge; *declare a state of ~* utlysa undantagstillstånd **2** akutfall **emergency brake** nödbroms **emergency door (exit)** reserv-, nöd|utgång **emergency landing** [-ˌlændɪŋ] nödlandning **emergency ward** [-wɔ:d] olycksfallsavdelning
emergent [ɪ'mɜ:dʒ(ə)nt] **1** framväxande, frambrytande **2** (*om nation*) nybliven
emeritus [i:'merɪtəs] *a* emeritus
emersion [i:'mɜ:ʃn] **1** uppdykande, uppstigande; framträdande **2** *astr.* utträdande (*ur förmörkelse*)
emery ['emərɪ] smärgel **emery board** sandpappersfil (*nagelfil*) **emery cloth** smärgelduk
emetic [ɪ'metɪk] **I** *a* som framkallar kräkning **II** *s* kräkmedel
emf, EMF *förk. för electromotive force*
emi|grant ['emɪgr(ə)nt] **I** *s* utvandrare, emigrant **II** *a* utvandrar-, emigrant- **-grate** [-greɪt] utvandra, emigrera **-gration** [ˌemɪ'greɪʃn] utvandring, emigration
émigré ['emɪgreɪ] [politisk] emigrant
emi|nence ['emɪnəns] **1** framstående ställning, hög rang, högt anseende **2** *Your* (*His*) *E~* Ers (Hans) eminens **3** höjd, kulle **-nent** [-nənt] **1** eminent, framstående **2** utmärkt, utomordentlig, enastående
emir [e'mɪə] emir **-ate** [-rət] emirat
emis|sary ['emɪs(ə)rɪ] emissarie, [hemlig] agent, sändebud **-sion** [ɪ'mɪʃn] **1** utsändande, utstrålning, utströmmande; emission **2** *ekon.* emission
emit [ɪ'mɪt] **1** utsända, utstråla, avge, sprida **2** utstöta, ge ifrån sig (*a scream* ett skrik) **3** *ekon.* emittera
emollient [ɪ'mɒlɪənt] **I** *a* uppmjukande, lenande **II** *s* uppmjukande (lenande) medel
emolument [ɪ'mɒljʊmənt] inkomst, lön, förtjänst, arvode, förmån
emote [ɪ'məʊt] *vard.* vara teatralisk, spela över
emotion [ɪ'məʊʃn] [sinnes]rörelse, upprördhet; [stark] känsla **-al** [-l] lättrörd, känslosam; känslo-, känslomässig, emotionell **-alist** [-lɪst] känslomänniska **-ality** [ˌɪməʊʃə'nælətɪ] lättrördhet, emotionell läggning
emotive [ɪ'məʊtɪv] känslomässig, känslo-
Emp. *förk. för Emperor; Empire; Empress*
empanel [ɪm'pænl] utse panel (jury *e.d.*)
empathy ['empəθɪ] inlevelse
emperor ['emp(ə)rə] kejsare
empha|sis ['emfəsɪs] (*pl -ses* [-si:z]) emfas, eftertryck; tonvikt, betoning; *lay* (*put*) *~ on, give ~ to* lägga tonvikten på, betona, ge eftertryck åt **-size** (*BE. äv. -sise*) [-saɪz] [starkt] betona, poängtera, lägga tonvikten på, ge eftertryck åt
emphatic [ɪm'fætɪk] **1** eftertrycklig, emfatisk; beslutsam, bestämd; *be ~ about* insistera på, betona **2** kraftfull, stark (*personality* personlighet) **3** [kontur]skarp, tydlig **4** starkt betonad **emphatically** [-(ə)lɪ] *adv* eftertryckligt, med eftertryck
empire ['empaɪə] **1** kejsardöme; [kejsar]rike; imperium, [stormakts]välde; *the* [*British*] *E~* Brittiska imperiet; *the Roman E~* Romarriket, Romerska riket **2** *E~* empir[e] **Empire Day** (*förr*) imperiedagen (*24 maj*) **Empire style** empirstil
empiric [em'pɪrɪk] **I** *a, se empirical* **II** *s* **1** empiriker **2** kvacksalvare, charlatan **empirical** [-l] **1** empirisk, erfarenhetsmässig **2** kvacksalvar- **empiricism** [em'pɪrɪsɪz(ə)m] empiri[sm]
emplane [ɪm'pleɪn] gå (ta) ombord [på plan]
employ [ɪm'plɔɪ] **I** *v* **1** sysselsätta, ge arbete åt; anställa; ha i sin tjänst; *be ~ed by* (*with*) vara anställd hos; *reading ~s a lot of my time* läsning upptar en stor del av min tid **2** använda **II** *s, in a p.'s ~* i ngns tjänst, anställd hos ngn **employee** [ˌemplɔɪ'i:] anställd, arbetstagare **employer** [ɪm'plɔɪə] arbetsgivare **employment** [ɪm'plɔɪmənt] **1** sysselsättning, arbete; anställning, plats, tjänst **2** användning **employment agency** *BE.* (*privat*) arbetsförmedling **Employment Service Agency** *BE.* (*statlig*) arbetsförmedling
empori|um [em'pɔ:rɪ|əm] (*pl -ums el. -a* [-ə] **1** handelscentrum **2** varuhus
empower [ɪm'paʊə] **1** bemyndiga **2** göra det möjligt för, tillåta
empress ['emprɪs] kejsarinna
emptiness ['em(p)tɪnɪs] tomhet
empty ['em(p)tɪ] **I** *a* tom (*äv. bildl.*); *vard.* hungrig; *on an ~ stomach* på fastande mage; *~ vessels make most noice* tomma tunnor skramlar mest; *~ of* tom på, utan **II** *s* tom|flaska, -fat, -glas, -låda **III** *v* **1** tömma; lasta av; utrymma; hälla (slå, tömma) ut **2** tömmas, bli tom **3** (*om flod*) falla ut, mynna (*into* i) **--handed** [ˌem(p)tɪ'hændɪd] tomhänt **--headed** [ˌem(p)tɪ'hedɪd] enfaldig, dum
emu ['i:mju:] *zool.* emu
emu|late ['emjʊleɪt] söka efterlikna (överträffa); tävla med **-lation** [ˌemjʊ'leɪʃn] efterliknande; tävlan **-lative, -lous** ['emju|lətɪv, -ləs] tävlingslysten; tävlande; tävlings-
emul|sifier [ɪ'mʌlsɪfaɪə] emulgeringsmedel **-sify** [-sɪfaɪ] emulgera **-sion** [ɪ'mʌlʃn] emulsion
enable [ɪ'neɪbl] *~ s.b. to* göra det möjligt för ngn

E

att, sätta ngn i stånd att **enabling act** [-ɪŋækt] fullmaktslag

enact [ɪ'nækt] **1** anta (*lag*); stadga **2** *teat.* spela, uppföra; *the drama was ~ed in London* dramat utspelades i London **-ment** [-mənt] **1** antagande (*av lag*); stadgande **2** förordning, lag

enamel [ɪ'næml] **I** *s* **1** emalj **2** emalj[arbete, -föremål] **3** nagellack **II** *v* emaljera **-ler** [-ə] emaljör

enamoured [ɪ'næməd] förälskad, betagen (*of* i)

enc. *förk. för enclosed; enclosure*

encage [ɪn'keɪdʒ] sätta i bur

encamp [ɪn'kæmp] förlägga (ligga) i läger; slå läger **-ment** [-mənt] **1** förläggning i läger **2** läger, lägerplats

encapsulate [ɪn'kæpsjʊleɪt] **1** kapsla in [sig] **2** sammanfatta, förkorta

encase [ɪn'keɪs] innesluta, lägga (packa) in; omge; överdraga (*in* med)

encephalitis [ˌenkefə'laɪtɪs] *med.* encefalit, hjärninflammation

enchain [ɪn'tʃeɪn] fängsla, fjättra (*äv. bildl.*) **-ment** [-mənt] *s* fängslande; hopkedjande

enchant [ɪn'tʃɑ:nt] **1** förhäxa, förtrolla **2** tjusa **-er** [-ə] **1** trollkarl **2** tjusare, charmör **-ing** [-ɪŋ] förtjusande, bedårande **-ment** [-mənt] **1** trolldom, förtrollning **2** troll-, tjus|kraft **3** förtjusning **-ress** [-rɪs] **1** trollkvinna **2** förtrollerska, tjuserska

encipher [ɪn'saɪfə] chiffrera

encircle [ɪn'sɜ:kl] omringa; omge, innesluta **-ment** [-mənt] in-, om|ringning

encl. *förk. för enclosed; enclosure*

enclasp [ɪn'klɑ:sp] omsluta

enclave ['enkleɪv] enklav

enclose [ɪn'kləʊz] **1** omge, omsluta, innesluta **2** inhägna; omgärda **3** bifoga, närsluta (*i brev*); *~d please find* härmed bifogas **enclosure** [ɪn'kləʊʒə] **1** inhägnad, inhägnat område; gård **2** inhägnad, stängsel **2** bilaga (*t. brev*)

encode [en'kəʊd] koda

encomi|um [en'kəʊmjəm] (*pl -ums el. -a* [-ə]) *högt.* lovtal

encompass [ɪn'kʌmpəs] **1** omge, omringa **2** förorsaka **3** omfatta

encore [ɒŋ'kɔ:] **I** *interj* dakapo! **II** *s* **1** extranummer **2** dakapo[rop] **III** *v* begära dakapo av; ropa dakapo åt

encounter [ɪn'kaʊntə] **I** *v* möta, träffa [på], stöta på **II** *s* **1** möte, sammanträffande **2** samman|stötning, -drabbning **encounter group** sensitivitetsträningsgrupp

encour|age [ɪn'kʌrɪdʒ] uppmuntra, inge mod; understödja, befrämja **-agement** [-mənt] uppmuntran; understöd, främjande **-aging** uppmuntrande; hoppfull

encroach [ɪn'krəʊtʃ] inkräkta, göra intrång **-ment** [-mənt] intrång, inkräktande, ingrepp, övergrepp

encrust [ɪn'krʌst] **1** täcka med skorpa; bilda skorpa [på] **2** [be]kläda, [be]täcka; *~ed with jewels* juvelbesatt

encum|ber [ɪn'kʌmbə] **1** tynga, betunga, belasta; hindra, besvära **2** belamra **3** *~ed with debts* belastad med skulder, skuldsatt **-brance** [-br(ə)ns] **1** hinder, besvär, belastning, black om foten **2** hypotek, inteckning

ency., encyc., encycl. *förk. för encyclop[a]edia*

encyclop[a]e|dia [enˌsaɪklə(ʊ)'pi:djə] encyklopedi, uppslagsbok **-dic** [-dɪk] encyklopedisk, uppslagsboks-

end [end] **I** *s* **1** slut; ände, ända; avslutning; *the ~* (*sl.*) *a*) botten, *b*) *AE.* toppen; *the ~ of the road* (*bildl.*) slutet på allt; *that's not the ~ of the world* det är inte hela världen; *that's the ~ of her* (*vard.*) det är slut med henne, hennes saga är all; *that's the ~d of that* och därmed basta; *a sticky ~* (*vard.*) en hemsk död; *go off the deep ~* (*vard.*) tappa humöret; *keep one's ~ up* (*vard.*) stå på sig (*jfr 4*); *make both ~s meet* få det att gå ihop [ekonomiskt]; *put an ~ to* få slut på, sätta stopp för; *~ on a*) med spetsen (fören, kortändan) före, *b*) ände mot ände, för mot för; *all ~s up* totalt, fullständigt; *at the ~ a*) i (på, vid) slutet, *b*) slutligen, till slut; *at the ~ of the day* vid dagens slut; *be at an ~ a*) vara slut (uttröttad), *b*) vara förbi (ute); *I'm at the ~ of my patience* det är slut med mitt tålamod; *in the ~ a*) till slut (sist), *b*) när allt kommer omkring; *no ~ of ...* (*vard.*) en massa..., massor av...; *he's no ~ of a nice fellow* (*vard.*) han är väldigt trevlig; *think no ~ of s.b.* ha höga tankar om ngn; *on ~* (*vard.*) *a*) i sträck, i ett kör, *b*) på högkant (ända); *he talked for hours on ~* han talade timmar i sträck; *bring to an ~* [av]sluta, få (göra) slut på; *come to an ~* ta slut, sluta; *come to a bad ~* sluta illa **2** [sista] bit, ända, stump; *just a few odd ~s left* bara några rester kvar **3** mål, ändamål; avsikt, syfte; *an ~ in itself* ett självändamål; *at a loose ~* (*BE.*), *at loose ~s* (*AE.*) utan mål, utan sysselsättning; *to what ~?* i vilket syfte?; *the ~ justifies the means* ändamålet helgar medlen **4** [an]del; *my ~ of the bargain* min andel i affären; *keep one's ~ up* (*vard.*) göra sitt (*jfr 1*) **5** *sport.* sida; *change ~s* byta sida **II** *v* **1** [av]sluta, göra slut på; *~ it all* (*vard.*) ta livet av sig; *a novel to ~ all novels* en roman som överträffar alla andra **2** sluta, ta slut, upphöra; avlöpa; *all's well that ~s well* slutet gott, allting gott; *~ in a point* sluta i en spets; *the word ~s in a vowel* ordet slutar på vokal; *~ up a thief* sluta som tjuv; *~ up in prison* sluta (hamna) i fängelse; *~ up doing s.th.* slutligen göra ngt

end-all ['endɔ:l] *se be-all*

endanger [ɪn'deɪn(d)ʒə] utsätta för fara, äventyra; riskera

endear [ɪn'dɪə] göra omtyckt (avhållen) **-ing** [-rɪŋ] vinnande, älskvärd, sympatisk **-ment** [-mənt] älskvärdhet; ömhetsbetygelse; *term of ~* smeknamn, smeksamt ord

endeavour [ɪn'devə] **I** *v* bemöda sig (*to* [om] att), sträva (*to* efter att), anstränga sig, försöka **II** *s* bemödande, strävan, ansträngning, försök

endemic [en'demɪk] **I** *a* endemisk, inhemsk **II** *s* endemisk sjukdom

end|game ['endgeɪm] *schack.* slutspel **-ing** [-ɪŋ] **1** slut, avslutning **2** *språkv.* ändelse

endive ['endɪv] chikoré, frisésallad

end|less ['endlɪs] ändlös, oändlig, utan slut **-long** *åld.* på längden; på ända **-most** närmast änden, längst bort

endocrine ['endə(ʊ)kraɪn] *anat.* **I** *a* endokrin (*gland* körtel) **II** *s* endokrin körtel **endogenous**

[en'dɒdʒɪnəs] *biol.* endogen
endorse [ɪn'dɔ:s] **1** endossera, skriva sitt namn på baksidan av (*check*); göra en anteckning på baksidan av; ~ *a* [*driver's*] *licence* (*i sht BE.*) anteckna förseelse på baksidan av ett körkort **2** *bildl.* godkänna, bifalla, stödja, skriva under på **endorsement** [-mənt] **1** endossering; påskrift; anteckning (*på körkort om förseelse*) **2** *bildl.* godkännande, bifall, stöd, bekräftelse
endow [ɪn'daʊ] **1** donera (testamentera) pengar till **2** *bildl.*, ~ *with* begåva med, ge **endowment** [-mənt] **1** donation[smedel] **2** donerande **2** ~*s* (*pl*) begåvning, anlag **endowment insurance** kapitalförsäkring
endpaper ['end,peɪpə] *bokb.* för-, efter|sättsblad
end product slutprodukt
endue [ɪn'dju:] ~ *with* förse med, förläna
endurance [ɪn'djʊər(ə)ns] **1** uthärdande, fördragande; uthållighet **2** vedermöda, prövning, lidande **endure** [ɪn'djʊə] **1** uthärda, [få] utstå, stå ut med; tåla **2** räcka, vara, bestå **enduring** [ɪn'djʊərɪŋ] **1** varaktig, bestående **2** tålig, tålmodig
end|ways *BE.*, **-wise** *AE.* ['end|weɪz, -waɪz] **1** med spetsen (smaländan) före **2** på ända, upprest
ENE *förk. för east-northeast*
enema ['enimə] (*pl* ~*s el.* ~*ta* [-tə]) lavemang
enemy ['enəmɪ] **I** *s* fiende; *make an* ~ *of s.b.* få ngn till fiende, bli ovän med ngn **II** *a* fiende-, fiendens, fientlig; ~ *aircraft* fientligt flygplan
energetic [,enə'dʒetɪk] energisk, kraftfull
ener|gize (*BE. äv. -gise*) ['enədʒaɪz] **1** ingjuta kraft i, stimulera **2** ge ström **energy** ['enədʒɪ] energi, kraft; *with* ~ med energi, energiskt, med eftertryck **energy-efficient** ['enədʒɪ,fɪʃ(ə)nt] energisnål
ener|vate ['enɜ:veɪt] göra kraftlös, försvaga **-vation** [,enɜ:'veɪʃn]kraftlöshet, försvagning
enfeeble [ɪn'fi:bl] försvaga, göra kraftlös
enfold [ɪn'fəʊld] **1** omsluta, svepa in (om) **2** omfamna **2** vecka
enforce [ɪn'fɔ:s] **1** övervaka efterlevnad av; upprätthålla respekten för; genomdriva **2** framtvinga, tilltvinga sig; tvinga; ~ *s.th. upon s.b.* påtvinga ngn ngt **3** ge eftertryck åt, hävda **-ment** [-mənt] **1** upprätthållande; genomdrivande, tillämpning **2** framtvingande
enfran|chise [ɪn'fræn(t)ʃaɪz] **1** ge rösträtt **2** befria, frige **3** ge stadsprivilegier **-chisement** [-(t)ʃɪzmənt] **1** förlänande av rösträtt **2** befriande, frigivning **3** förlänande av stadsrättigheter
eng. *förk. för engine; engineer; engineering; engraver; engraving* **Eng.** *förk. för England; English*
engage [ɪn'geɪdʒ] **1** anställa, engagera **2** reservera, beställa (*tickets* biljetter) **3** engagera; sysselsätta; ta i anspråk, lägga beslag på; fånga (*intresse e.d.*); verka tilldragande på; ~ *s.b. in conversation* inleda samtal med ngn **4** förplikta sig, åtaga sig (*to do s.th.* att göra ngt) **5** ~ *in* engagera sig i, ägna sig åt, deltaga i, inlåta sig på; ~ *in conversation* inleda samtal **6** *mil.* sätta in [i strid]; anfalla; inlåta sig i strid **7** *tekn.* koppla in (ihop); (*om kugghjul*) gripa in i varandra; ~ *the clutch* släppa upp kopplingen; ~ *a gear* lägga i en växel
engaged [-d] **1** ~ [*to be married*] förlovad (*to* med); *the* ~ *couple* de förlovade; *be* ~ *a*) vara förlovad, *b*) förlova sig; *become* ~ förlova sig (*to* med) **2** upptagen; engagerad; sysselsatt; anställd; *be* ~ *in* deltaga i; *be* ~ *in* (*on, with*) vara sysselsatt (hålla på) med; ~ *tone* (*signal*) (*BE. tel.*) upptagetton **engagement** [-mənt] **1** förbindelse, förpliktelse; åtagande; [avtalat] möte **2** förlovning **3** anställning, engagemang **4** *mil.* strid, sammandrabbning
engender [ɪn'dʒendə] framkalla, skapa, alstra
engin. *förk. för engineering*
engine ['en(d)ʒɪn] **1** maskin; motor; *steam* ~ ångmaskin; *petrol* ~ bensinmotor; *twin-~d* tvåmotorig **2** lok[omotiv] **3** instrument, verktyg; ~*s of torture* tortyrinstrument **engine driver** [-,draɪvə] *i sht BE.* lokförare **engineer** [,en(d)ʒɪ'nɪə] **I** *s* **1** ingenjör; mekaniker; tekniker; *sjö.* maskinist **2** *AE.* lokförare **3** *mil. vard.* ingenjörssoldat **4** upphovsman **II** *v* **1** anstifta, förorsaka, vara orsak (upphov) till **2** som ingenjör konstruera (bygga, planera) **engineering** [,en(d)ʒɪ'nɪərɪŋ] **1** ingenjörs|vetenskap, -konst; [maskin]teknik **2** *vard.* manövrerande, knep **engine room** ['en(d)ʒɪnrʊm] maskinrum **enginery** ['en(d)ʒɪnərɪ] maskineri, maskinuppsättning
England ['ɪŋglənd] England
English ['ɪŋglɪʃ] **I** *a* engelsk; ~ *horn* (*mus.*) engelskt horn **II** *s* **1** engelska [språket]; *the King's* (*Queen's*) ~ riksengelska, korrekt engelska; *Old* ~ fornengelska; *Middle* ~ medelengelska; *in plain* ~ rent ut sagt **2** *the* ~ engelsmännen **III** *v, åld.* översätta till engelska **-man** [-mən] engelsman **-woman** [-,wʊmən] engelska
engorge [ɪn'gɔ:dʒ] **1** *med.*, ~*d* blodöverfylld **2** sluka; *bildl.* mätta
engr. *förk. för engineer; engraved; engraver*
engraft [ɪn'grɑ:ft] **1** [in]ympa **2** *bildl.* inplanta, införa
engrained [ɪn'greɪnd] *se ingrained*
engrave [ɪn'greɪv] gravera (rista) in; *bildl.* inprägla, inrista **engraver** [-ə] gravör **engraving** [-ɪŋ] **1** [in]gravering **2** gravyr; träsnideri
engross [ɪn'grəʊs] **1** skriva ren, texta **2** ta i anspråk, upptaga, fängsla; ~*ed in* fördjupad i, helt absorberad av **3** *jur.* avfatta, sätta upp (*skrivelse*) **-ment** [-mənt] **1** renskrift, textad skrivelse **2** upptagenhet, försjunkenhet
engulf [ɪn'gʌlf] [upp]sluka; *bildl. äv.* dränka, begrava
enhance [ɪn'hɑ:ns] intensifiera, öka, höja, stegra
enig|ma [ɪ'nɪgmə] gåta; mysterium **-matic[al]** [,enɪg'mætɪk(l)] gåtfull **-matize** (*BE. äv. -matise*) [ɪ'nɪgmətaɪz] göra gåtfull
enjoin [ɪn'dʒɔɪn] ålägga, föreskriva, påbjuda; *jur. äv.* förbjuda
enjoy [ɪn'dʒɔɪ] **1** njuta av; tycka om; ~ *a party* ha roligt på en fest **2** åtnjuta, ha **3** ~ *o.s.* roa sig, ha roligt; ~ *yourself!* mycket nöje!, ha det så trevligt! **-able** [-əbl] njutbar, angenäm, trevlig **-ment** [-mənt] **1** njutning; nöje **2** åtnjutande
enkindle [ɪn'kɪndl] upptända, egga
enl. *förk. för enlarge*[*d*]; *enlisted*
enlace [ɪn'leɪs] omslingra; omsluta
enlarge [ɪn'lɑ:dʒ] **1** förstora[s], förstora[s] upp (*äv. foto.*); utvidga[s]; utöka[s] **2** ~ [*up*]*on* breda

E

ut sig över, tala vitt och brett om **enlargement** [-mənt] förstoring (*äv. foto.*); utvidgning; ökning
enlarger [-ə] *foto.* förstoringsapparat
enlighten [ɪn'laɪtn] upplysa, lämna upplysningar (information) (*on* om) **-ment** [-mənt] upplysning; *the* [*Age of*] *E~* upplysningen, upplysningstiden
enlist [ɪn'lɪst] **1** värva; enrollera; *~ed man* (*AE.*) menig **2** ta värvning, enrollera sig **3** vinna, ta i anspråk, försäkra sig om (*hjälp e.d.*) **-ment** [-mənt] värvning; inskrivning
enliven [ɪn'laɪvn] liva [upp], ge liv åt; pigga upp
enmesh [ɪn'meʃ] snärja [in], fånga
enmity ['enmətɪ] fiendskap, antagonism
ennead ['enɪæd] grupp (serie) av nio
ennoble [ɪ'nəʊbl] adla; *bildl. äv.* förädla
ennui [ɑ̃:'nwi:] leda, ledsnad
enor|mity [ɪ'nɔ:mətɪ] **1** *the ~ of* det avskyvärda (oerhörda) i **2** ogärning, avskyvärt brott **3** *vard.* enorm storlek (omfattning) **-mous** [-məs] enorm, kolossal, väldig, oerhörd
enough [ɪ'nʌf] *a o. adv* **1** nog; tillräcklig[t]; *~ money* nog [med] pengar, tillräckligt med (mycket) pengar; *just ~* alldeles lagom [med]; *that's ~!*, *~ of that!* nu får det vara nog!, nu räcker det!; *trouble ~ and to spare* mer än nog med besvär; *it's not good ~* det duger inte (är inte tillräckligt bra); *~ is as good as a feast* lagom är bäst; *it's ~ to drive one mad* det är så man kan bli galen; *he was kind ~ to* han var vänlig nog att **2** ganska, rätt (nog) [så]; *oddly ~* egendomligt nog; *pleased ~* ganska glad; *sure ~* mycket riktigt!, minsann!; *well ~* ganska bra
enquire, enquiry [ɪn'kwaɪə, -rɪ] *se inquire, inquiry*
enrage [ɪn'reɪdʒ] göra rasande, reta upp; *~d* rasande, ursinnig, uppretad
enrapture [ɪn'ræptʃə] hänföra, hänrycka
enrich [ɪn'rɪtʃ] **1** göra rik; berika **2** pryda, dekorera **3** anrika (*nuclear fuel* kärnbränsle)
enrobe [ɪn'rəʊb] klä[da]
enrol *BE.*, **enroll** *AE.* [ɪn'rəʊl] skriva in [sig]; inregistrera [sig]; upptaga[s]; intaga[s]; *mil.* värva; ta värvning, enrollera [sig]; *sjö.* mönstra på **enrolment** *BE.*, **enrollment** *AE.* [-mənt] **1** inskrivning; inregistrering; *mil.* värvning, enrollering; *sjö.* påmönstring **2** register, lista
en route [ɑ̃:(n)'ru:t] på väg
ensconce [ɪn'skɒns] förskansa; sätta i säkerhet, gömma; *~ o.s.* (*äv.*) slå sig ner
ensemble [ɑ̃:(n)'sɑ̃:(m)bl] **1** (*mus. o. plagg*) ensemble; ensemblespel **2** helhet; helhetsintryck
enshrine [ɪn'ʃraɪn] bevara (lägga ner) i ett skrin; bevara, vårda (*som relik*)
enshroud [ɪn'ʃraʊd] insvepa
ensign **1** ['ensaɪn; *sjö.* 'ensn] [national]flagga, fana; baner, standar; vimpel; *bildl.* symbol, tecken **2** ['ensaɪn] *AE.* fänrik (*i flottan*) **3** ['ensaɪn] fanbärare
ensilage ['ensɪlɪdʒ] ensilering **ensile** [ɪn'saɪl] ensilera, lägga i silo
enslave [ɪn'sleɪv] förslava, göra till slav[ar] (*äv. bildl.*) **-ment** [-mənt] förslavning
ensnare [ɪn'sneə] snara, fånga i snara; snärja
ensue [in'sju:] följa; bli följden, vara en följd (*from, on* av) **ensuing** [-ɪŋ] påföljande
ensure [ɪn'ʃʊə] **1** tillförsäkra; garantera; säkerställa **2** försäkra, skydda
E.N.T. *förk. för ear, nose, and throat*
entail [ɪn'teɪl] **I** *v* **1** medföra, föra med sig, vara förenad med **2** göra till fideikommiss **II** *s* [upprättande av] fideikommiss
entangle [ɪn'tæŋgl] **1** trassla (snärja) in; inveckla; *become ~d in* bli invecklad i **2** trassla (krångla) till **-ment** [-mənt] **1** intrasslande; invecklande **2** trassel; komplikation, förveckling **3** hinder
enter ['entə] **1** gå (komma, stiga, träda) in i (på) (*a room* ett rum); fara (köra, resa, åka) in i (på) (*a country* ett land); stiga på (upp i, upp på) (*a bus* en buss); tränga igenom (in i); skjuta (sticka) in i; *mil.* rycka (tåga) in i; *the bullet ~ed his arm* kulan trängde in i hans arm; *~ harbour* löpa in i hamn; *it never ~ed my head* (*mind*) det föll mig aldrig in **2** gå med i, bli medlem av (*a party* ett parti); deltaga i; gå in (börja) vid; *~ the Church* bli präst; *~ a race* deltaga i ett lopp; *~ the university* börja läsa vid universitet **3** anteckna, skriva upp (*på lista e.d.*); bokföra; anmäla (*t. skola, tävling e.d.*) **4** framlägga (*a proposal* ett förslag); inge (*t. domstol*); *~ an action against* (*jur.*) inleda en process mot **5** gå (komma, stiga, träda) in (*into* i, på); fara (köra, resa, åka, tränga) in (*into* i, på); *~ into a new career* slå in på en ny bana; *~ into correspondence with* börja korrespondera med; *~ into details* (*an agreement*) gå in på detaljer (en överenskommelse); *~ into a discussion* ge sig in i (inlåta sig i, inleda, [på]börja) en diskussion; *~ into negotiations* ta upp (inleda) förhandlingar; *~ into relations with* träda i förbindelse med; *~ upon a*) slå in på (*a new career* en ny bana), [på]börja, tillträda, *b*) inlåta sig i (på) (*a discussion* en diskussion), gå (komma) in på (*a subject* ett ämne), *c*) inträda i (*a new era* en ny era) **6** *teat.* göra entré; *~ Juliet* (*scenanvisning*) Julia kommer in **7** anmäla sig (*for* till); deltaga
enter|ic [en'terɪk] inälvs-, tarm-; *~ fever* tyfus, tyfoidfeber **-itis** [ˌentə'raɪtɪs] *med.* enterit, tarminflammation
enter|prise ['entəpraɪz] **1** företagsamhet, driftighet **2** företag, vågstycke **-prising** [-praɪzɪŋ] företagsam, initiativrik
entertain [ˌentə'teɪn] **1** bjuda (*s.b. to lunch* ngn på lunch) **2** ha gäster, ha bjudning[ar] **3** underhålla, roa **4** överväga **5** hysa, nära (*a hope* ett hopp) **-er** [-ə] entertainer, underhållare **-ing** [-ɪŋ] underhållande, roande
entertainment [ˌentə'teɪnmənt] **1** underhållning; nöje; *musical ~* musikunderhållning **2** representation **entertainment tax** nöjesskatt **entertainment value** *be good ~ value* ha stort underhållningsvärde
enthral *BE.*, **enthrall** *AE.* [ɪn'θrɔ:l] trollbinda, fängsla **enthralling** [-ɪŋ] fängslande, gripande, spännande
enthrone [ɪn'θrəʊn] placera på tronen; installera (*biskop*); *bildl.* hedra, upphöja; *sit ~d* trona, ha främsta platsen **-ment** [-mənt] upphöjande på tronen; biskopsinstallation
enthuse [ɪn'θju:z] *vard.* **1** bli entusiastisk **2** entusiasmera **enthusiasm** [-ɪæz(ə)m] entusiasm, hänförelse **enthusiast** [-ɪæst] entusiast, eldsjäl

enthusiastic [ɪnˌθju:zɪ'æstɪk] entusiastisk, hänförd
entice [ɪn'taɪs] locka, förleda **-ment** [-mənt] lockelse; lockmedel
entire [ɪn'taɪə] **1** hel, fullständig, oavkortad; total, odelad; intakt **2** ej kastrerad **-ly** [-lɪ] **1** helt [och hållet], fullständigt; totalt **2** enbart; endast **-ty** [-tɪ] helhet; *the* ~ (*äv.*) det hela
entitle [ɪn'taɪtl] **1** berättiga; *be ~d to* vara berättigad till [att] **2** betitla, benämna, kalla; *~d* (*äv.*) med titeln
entity ['entətɪ] **1** självständigt helt, enhet **2** väsen **3** verklighet
entomb [ɪn'tu:m] **1** begrava, jorda **2** tjäna som grav för **-ment** [-mənt] begravning
entomolo|gist [ˌentə(ʊ)'mɒlədʒɪst] entomolog **-gy** [-dʒɪ] entomologi
entourage [ˌɒntʊ'rɑ:ʒ] **1** omgivning[ar] **2** följe, uppvaktning
entrails ['entraɪlz] *pl* **1** inälvor **2** inre, innandöme
entrain [ɪn'treɪn] stiga på tåg; lasta in på tåg
1 entrance ['entr(ə)ns] **1** ingång, entré; infart; uppgång; *the ~ to (of) a harbour* inloppet till en hamn; *private ~* egen ingång **2** entré, inträde, inträdande; intåg **3** tillträde, inträde
2 entrance [ɪn'trɑ:ns] försätta i trance (extas); hänföra, hänrycka
entrance examination ['entr(ə)nsɪgˌzæmɪ'neɪʃn] inträdesprov **entrance fee** [-fi:] inträdesavgift **entrance ticket** [-ˌtɪkɪt] entrébiljett
entrant ['entr(ə)nt] **1** person som inträder, inträdande **2** [anmäld] deltagare, tävlande
entrap [ɪn'træp] **1** fånga [i fälla], snara, snärja **2** förleda, lura
entreat [ɪn'tri:t] bönfalla, enträget be **entreaty** [-ɪ] enträgen bön
entrée ['ɒntreɪ] **1** tillträde **2** entrérätt; *AE.* huvudrätt
entremets ['ɒntrəmeɪ] *sg* **1** dessert **2** (*förr*) mellanrätt (*mellan huvudrätt o. dessert*)
entrench [ɪn'tren(t)ʃ] **1** gräva skyttegrav (skyttevärn) kring **2** befästa; förskansa **3** ~ *upon* inkräkta på, överträda **-ment** [-mənt] befästning, förskansning; skyttegrav
entrepreneur [ˌɒntrəprə'nɜ:] **1** entreprenör; företagare **2** mellanhand
entrust [ɪn'trʌst] *v, ~ s.b. with s.th, ~ s.th. to s.b.* anförtro ngn ngt (ngt åt ngn)
entry ['entrɪ] **1** inträde; entré; intåg; inresa; tillträde **2** entré, ingång, dörr **3** införande, notering; post; uppslagsord, artikel (*i lexikon e.d.*) **4** deltagarantal, deltagare, tävlande **5** *jur.* besittningstagande; intrång **entry permit** inresetillstånd
entwine [ɪn'twaɪn] **1** fläta ihop (samman); vira om **2** slingra sig samman
enumer|ate [ɪ'nju:məreɪt] **1** räkna upp **2** räkna **-ation** [ɪˌnju:mə'reɪʃn] uppräkning
enunci|ate [ɪ'nʌnsɪeɪt] **1** uttala [klart och tydligt]; artikulera **2** utforma, formulera **-ation** [ɪˌnʌnsɪ'eɪʃn] **1** uttal; artikulation **2** utformning, formulering
envelop [ɪn'veləp] **1** svepa (hölja) in **2** *mil.* innesluta, omringa
envelope ['envələʊp] **1** kuvert; omslag **2** hölje; *bot.* hylle
envelopment [ɪn'veləpmənt] **1** insvepande, inhöljande **2** *mil.* inneslutning **3** [om]hölje
envi|able ['envɪəbl] avundsvärd **-ous** [-əs] avundsjuk
environ [ɪn'vaɪər(ə)n] omsluta, omge **environment** [-mənt] **1** omgivning[ar]; omvärld, förhållanden; miljö **2** omgivande **environmental** [ɪnˌvaɪər(ə)n'mentl] miljö-; ~ *control* (*protection*) miljö|vård, -skydd **environmentalist** [ɪnˌvaɪər(ə)n'mentəlɪst] miljövårdare **environs** [ɪn'vaɪər(ə)nz] *pl* omgivningar
envisage [ɪn'vɪzɪdʒ] **1** föreställa sig; betrakta **2** förutse **3** *åld.* [modigt] möta **envision** [ɪn'vɪʒn] föreställa sig; förutse
envoy ['envɔɪ] envoyé
envy ['envɪ] **I** *s* avund[sjuka] **II** *v* avundas, missunna
enwrap [ɪn'ræp] hölja (svepa) in; *~ped in thoughts* försjunken i tankar
enzyme ['enzaɪm] enzym
eon ['i:ən] *AE.* eon, evighet
EP ['i:'pi:] EP[-skiva], maxisingel
epaulet[te] [ˌepə(ʊ)'let] epålett
Eph. *förk. för Ephesians*
ephemeral [ɪ'femər(ə)l] efemär, kortlivad, dagsländelik
epic ['epɪk] **I** *a* **1** episk **2** grandios, storslagen **II** *s* epos, episk dikt
epicentre ['epɪsentə] epicentrum
epicure ['epɪˌkjʊə] **1** läckergom, finsmakare **2** epikuré **epicurean** [ˌepɪkjʊ(ə)'ri:ən] **I** *s* epikuré, njutningsmänniska **II** *a* epikureisk, njutningslysten
epidemic [ˌepɪ'demɪk] **I** *s* epidemi **II** *a* epidemisk
epidermis [ˌepɪ'dɜ:mɪs] epidermis, överhud
epiglot|tis [ˌepɪ'glɒtɪ|s] (*pl -tises el. -tides* [-tɪdi:z]) epiglottis, struplock
epigram ['epɪgræm] epigram **-matic** [ˌepɪgrə'mætɪk] epigrammatisk
epigraph ['epɪgrɑ:f] **1** inskription **2** motto
epilep|sy ['epɪlepsɪ] epilepsi **-tic** [ˌepɪ'leptɪk] **I** *a* epileptisk **II** *s* epileptiker
epilogue ['epɪlɒg] epilog
Epiphany [ɪ'pɪfənɪ] **1** trettondagen (*6 jan.*) **2** *e~* uppenbarelse
Epis[c]. *förk. för Episcopal*[*ian*]
episco|pacy [ɪ'pɪskəpəsɪ] **1** episkopalstyrelse **2** *the ~* episkopatet, biskoparna **-pal** [-pl] biskops-, biskoplig; episkopal **-palian** [ɪˌpɪskə(ʊ)'peɪljən] **I** *a* episkopal **II** *s* medlem av episkopalkyrkan **-pate** [ɪ'pɪskə(ʊ)pət] **1** episkopat, biskopsvärdighet **2** *the ~* episkopatet, biskoparna
epi|sode ['epɪsəʊd] episod; avsnitt, del **-sodic[al]** [ˌepɪ'sɒdɪk(l)] episodisk; tillfällig, sporadisk
epistemology [eˌpɪsti:'mɒlədʒɪ] kunskapsteori
epistle [ɪ'pɪsl] epistel; brev; *the E~s of Paul* Pauli brev **epistolary** [ɪ'pɪstələrɪ] brev-; i brevform
epitaph ['epɪtɑ:f] epitaf[ium], gravskrift
epithalami|um [ˌepɪθə'leɪmj|əm] (*pl -a* [-ə]) bröllopssång
epithet ['epɪθet] epitet
epitome [ɪ'pɪtəmɪ] **1** typiskt exempel; personifikation **2** samman|fattning, -drag
epito|mize (*BE. äv. -mise*) [ɪ'pɪtəmaɪz] **1** vara ty-

E

pisk för; personifiera **2** sammanfatta, göra ett sammandrag av
E.P.N.S. *förk. för electroplated nickel silver*
epoch ['i:pɒk] epok; *mark an ~* bilda epok **-al** ['epɒkl] **1** som rör en epok **2** epokgörande **--making** ['i:pɒk,meɪkɪŋ] epokgörande
epos ['epɒs] epos
eq. *förk. för equal; equation; equivalent*
equa|bility [,ekwə'bɪlətɪ] **1** jämnhet, likformighet **2** lugn **-ble** ['ekwəbl] **1** jämn, likformig **2** lugn
equal ['i:kw(ə)l] **I** *a* **1** lika; samma; jämställd, jämlik; *~ pay for ~ work* lika lön för lika arbete; *~ sign* likhetstecken; *of ~ length* av samma längd, lika långa; *all men are ~ before the law* alla människor är lika inför lagen; *be on ~ terms (on an ~ footing) with* stå på jämlik fot med; *now we're ~* nu är vi kvitt **2** *be ~ to* vara lika med; *be ~ to the situation* vara situationen vuxen; *be ~ to one's work* klara av sitt jobb **II** *s* like; jämlike; *she has no ~* det finns inte hennes like (make) **III** *v* vara lik; motsvara; vara jämställd (jämlik) med; *three times two ~s six* tre gånger två är lika med sex; *not to be ~led* oförliknelig, makalös **equality** [i:'kwɒlətɪ] **1** likhet **2** jämlikhet, jämställdhet; likställdhet, likställighet; *on an ~* på jämställd fot
equal|ization (*BE. äv. -isation*) [,i:kwəlaɪ'zeɪʃn] **1** likställande, utjämning; likställdhet **2** *sport.* utjämning, kvittering **equal|ize** (*BE. äv. -ise*) ['i:kwəlaɪz] **1** göra lika; likställa **2** *sport.* utjämna, kvittera **equalizer** (*BE. äv. -iser*) ['i:kwəlaɪzə] **1** utjämnare **2** *sport.* utjämnings-, kvitterings|mål **3** *AE. sl.* puffra (*pistol*) **equally** ['i:kwəlɪ] *adv* lika; jämnt
equals sign ['i:kwəlzsaɪn] likhetstecken
equanimity [,ekwə'nɪmətɪ] jämnmod, fattning
equate [ɪ'kweɪt] **1** likställa, jämställa; sätta likhetstecken mellan **2** *mat.* uppställa som ekvation
equation [ɪ'kweɪʃn] **1** ekvation **2** utjämning, jämkning; jämvikt **3** jämställande
equator [ɪ'kweɪtə] ekvator **-ial** [,ekwə'tɔ:rɪəl] ekvatorial-
equestri|an [ɪ'kwestrɪən] **I** *s* rid-; ryttar- **II** *s* ryttare **-enne** [ɪ,kwestrɪ'en] [cirkus]ryttarinna
equi|angular [,i:kwɪ'æŋgjʊlə] likvinklig **-distant** med (på) samma avstånd **-lateral** liksidig
equilibrate [,i:kwɪ'laɪbreɪt] bringa (vara) i jämvikt; väga jämnt [med] **equilibrist** [i:'kwɪlɪbrɪst] ekvilibrist, balanskonstnär, akrobat **equilibri|um** [,i:kwɪ'lɪbrɪ|əm] (*pl -ums el. -a* [-ə]) **1** jämvikt, jämviktsläge **2** avvägande, balanserande
equine ['ekwaɪn] häst-
equi|noctial [,i:kwɪ'nɒkʃl] **1** dagjämnings- **2** tropisk, ekvatorial; *~ gale* tropisk storm **-nox** ['i:kwɪnɒks] dagjämning; *autumnal ~* höstdagjämning; *vernal ~* vårdagjämning
equip [ɪ'kwɪp] **1** utrusta; rusta; *you are better ~ped than I for the task* du är bättre rustad än jag för uppgiften **2** ekipera **equipage** ['ekwɪpɪdʒ] **1** ekipage **2** *mil.* utrustning **equipment** [ɪ'kwɪpmənt] **1** utrustning (*äv. bildl.*); *kitchen ~* köksutrustning **2** utrustande **3** ekipering
equipoise ['ekwɪpɔɪz] **I** *s* **1** jämvikt **2** motvikt **II** *v* mot-, upp|väga; hålla i jämvikt; balansera
equitable ['ekwɪtəbl] rättvis; skälig
equitation [,ekwɪ'teɪʃn] ridkonst
equity ['ekwətɪ] **1** rimlighet, billighet; rättvisa; rättvis fordran **2** sedvanerätt **3** *E~* (*BE.*) skådespelarnas fackförbund **equity stock** *koll.* stamaktier
equiv. *förk. för equivalent*
equiva|lence [ɪ'kwɪvələns] likvärdighet, jämngodhet; *kem.* ekvivalens **-lent** [-lənt] **I** *a* likvärdig, överensstämmande (*to* med); fullt motsvarande (*to s.th.* ngt); *kem.* ekvivalent **II** *s* **1** motsvarighet (*of* till); *kem.* ekvivalent **2** motsvarande värde
equivo|cal [ɪ'kwɪvəkl] **1** tvetydig, dubbeltydig **2** tvivelaktig **-cate** [-keɪt] **1** yttra sig tvetydigt **2** komma med undanflykter, slingra sig **-cation** [ɪ,kwɪvə'keɪʃn] **1** tvetydigt uttryckssätt **2** dubbeltydighet
equi|voke, -voque ['ekwɪvəʊk] **1** ordlek, vits **2** tvetydighet **3** tvetydigt uttryck
E.R. *förk. för Elizabeth Regina; Eduardus Rex*
era ['ɪərə] **1** era, tidevarv **2** tideräkning
eradi|cate [ɪ'rædɪkeɪt] rycka upp med roten, utrota **-cation** [ɪ,rædɪ'keɪʃn] utrotning
erase [ɪ'reɪz] radera [ut]; sudda ut (bort); utplåna **erasement** [-mənt] [ut]radering; utplånande **eraser** [-ə] rader|gummi, -kniv, kautschuk **erasure** [ɪ'reɪʒə] **1** [ut]radering, utstrykning **2** radering, raderat ställe
ere [eə] *poet., se before*
erect [ɪ'rekt] **I** *a* upprätt[stående], rak; *fysiol.* erigerad, styv **II** *v* **1** [upp]resa, ställa upprätt **2** bygga, uppföra **3** bilda, upprätta **4** *bildl.* upphöja, förhärliga **5** *fysiol.* erigera, styvna **erection** [ɪ'rekʃn] **1** [upp]resande **2** byggande, uppförande **3** bildande, inrättande **4** *konkr.* byggnad, konstruktion **5** *fysiol.* erektion **erectness** [ɪ'rektnɪs] upprätt ställning
eremite ['erɪmaɪt] eremit
erg [ɜ:g] *fys.* erg
ergonomics [,ɜ:gə(ʊ)'nɒmɪks] (*behandlas som sg*) ergonomi
ergot ['ɜ:gət] *bot.* mjöldryga
eristic [e'rɪstɪk] dispytlysten
ermine ['ɜ:mɪn] **1** hermelin[sskinn] **2** domarvärdighet
erne [ɜ:n] *zool.* havsörn
Ernie ['ɜ:nɪ] *kortform av Ernest*
erode [ɪ'rəʊd] erodera[s], fräta[s] bort; *bildl.* undergräva[s]
erogenous [ɪ'rɒdʒɪnəs] erogen
ero|sion [ɪ'rəʊʒn] erosion; erodering **-sional** [-l], **-sive** [ɪ'rəʊsɪv] erosions-, eroderande
erotic [ɪ'rɒtɪk] erotisk **erotica** [-ə] erotisk litteratur (konst) **eroticism** [ɪ'rɒtɪsɪz(ə)m], **erotism** ['erətɪz(ə)m] **1** erotisk natur (egenskap) **2** erotisk symbol, erotik (*i litteratur e.d.*) **3** sexuell upphetsning
err [ɜ:] **1** fela **2** ta fel, missta sig **3** *it is better to ~ on the side of caution* hellre fria än att fälla (*i tveksamma fall*)
errand ['er(ə)nd] ärende, uppdrag; *go on (run) ~s for s.b.* gå (springa) ärenden åt ngn **errand boy** [-bɔɪ] springpojke
errant ['er(ə)nt] **1** *åld. el. poet.* kring|vandrande, -strövande **2** vilsegången, felande
errata [e'rɑ:tə] *pl av erratum*
erratic [ɪ'rætɪk] **I** *a* **1** underlig, excentrisk, obe-

räknelig **2** oregelbunden, planlös; irrande, kringflackande **3** *geol.*, *~ block* flyttblock **II** *s, geol.* flyttblock
erra|tum [e'rɑ:t|əm] (*pl -ta* [-tə]) tryck-, skriv|-fel; *-ta* (*pl*) rättelselista (*i bok*)
erroneous [ɪ'rəʊnjəs] felaktig, oriktig
error ['erə] **1** fel, felaktighet, misstag; *be in ~* ha fel, missta sig **2** *mat.* avvikelse **3** förseelse, synd
ersatz ['eəzæts] surrogat, ersättning
erst [ɜ:st] *åld.* **1** fordom **2** först **-while I** *a* förutvarande **II** *adv, åld.* fordom
erudite ['eru:daɪt] lärd **erudition** [ˌeru:'dɪʃn] lärdom
erupt [ɪ'rʌpt] **1** få (ha) ett utbrott **2** (*om utslag*) slå ut; (*om tand*) spricka fram **eruption** [ɪ-'rʌpʃn] **1** utbrott; eruption **2** [hud]utslag; framsprickande **eruptive** [ɪ'rʌptɪv] **1** ut-, fram|brytande; eruptiv **2** med utslag
escalate ['eskəleɪt] eskalera, trappa[s] upp; öka kraftigt **escalation** [ˌeskə'leɪʃn] eskalering, upptrappning; kraftig ökning **escalator** ['eskəleɪtə] rulltrappa **escalator clause** indexklausul (*i löneavtal*)
escalope ['eskələʊp] tunn skiva [kalv]kött
escapade [ˌeskə'peɪd] eskapad; upptåg
escape [ɪ'skeɪp] **I** *v* **1** fly, rymma; undkomma, klara sig undan **2** (*om vätska, gas*) läcka (rinna, strömma) ut **3** undgå; undslippa; *you can't ~ the fact that* du kan inte förneka det faktum att; *the word ~s me* jag kommer inte på ordet **II** *s* **1** flykt, rymning; *have a miraculous ~* undkomma som genom ett under; *have a narrow ~* med knapp nöd undkomma; *there is no ~* det går inte att undkomma, det finns ingen utväg **2** läcka, utströmning (*av vätska, gas*) **escape hatch** nödutgång (*i form av lucka*) **escapement** [-mənt] spärrhake, gång (*i urverk*) **escape pipe** avloppsrör **escapism** [-ɪz(ə)m] eskapism, verklighetsflykt **escapologist** [ˌeskeɪ'pɒlədʒɪst] utbrytarkung
escarp [ɪ'skɑ:p] *mil.* eskarp, brant sluttning **-ment** brant sluttning (*äv. mil.*)
eschalot ['eʃəlɒt] schalottenlök
eschew [ɪs'tʃu:] undvika, avhålla sig från
escort I *s* ['eskɔ:t] eskort, följe, skydds-, heders|-vakt; kavaljer, ledsagare **II** *v* [ɪ'skɔ:t] eskortera, ledsaga
escritoire [ˌeskri:'twɑ:] sekretär
escrow [e'skrəʊ] *jur.* deposition
escutcheon [ɪ'skʌtʃ(ə)n] **1** vapensköld; *a blot on his ~* en fläck på hans ära **2** *sjö.* namnbräda (*på akterspegel*) **3** [nyckel]beslag; skyddsplåt; skydd (*kring strömbrytare e.d.*)
ESE *förk. för east-southeast*
Eskimo ['eskɪməʊ] eskimå **Eskimo dog** eskimåhund
esopha|gus [i:'sɒfəg|əs] (*pl -gi* [-gaɪ] *el. -guses*) *AE. anat.* matstrupe
esoteric [ˌesə(ʊ)'terɪk] esoterisk, svårtillgänglig, förbehållen de invigda
E.S.P. *förk. för extrasensory perseption* **esp.** *förk. för especially*
espalier [ɪ'spæljə] **1** spaljé **2** spaljéträd
especial [ɪ'speʃl] speciell, särskild **-ly** [-ɪ] speciellt, särskilt, i synnerhet
espial [ɪ'spaɪ(ə)l] *åld.* urskiljande; upptäckande; spionerande
espionage [ˌespɪə'nɑ:ʒ] spionage, spioneri
esplanade [ˌesplə'neɪd] **1** [strand]promenad **2** *mil.* esplanad
espousal [ɪ'spəʊzl] **1** antagande, stödjande; anslutning **2** *åld.*, *~[s]* förmälning, vigsel **espouse** [ɪ'spəʊz] **1** ansluta sig till, hylla, omfatta **2** *åld.* ta till hustru, äkta
esprit ['espri:] espri, kvickhet **esprit de corps** [ˌespri:də'kɔ:] kår-, kamrat|anda
espy [ɪ'spaɪ] skymta, få syn på, urskilja
Esq. *förk. för esquire* herr (*efter namnet i brevadress*)
Esquimau ['eskɪməʊ] *se Eskimo*
esquire [ɪ'skwaɪə] **1** *BE.* herr (*se Esq.*) **2** *åld.* väpnare **3** *åld., se squire*
ESRO *förk. för European Space Research Organization*
essay I *s* ['eseɪ] **1** essä, uppsats (*on* om, över) **2** försök **II** *v* [e'seɪ] pröva, försöka sig på **-ist** ['eseɪɪst] essä|ist, -författare
essence ['esns] **1** [innersta] väsen (natur); *in ~* i allt väsentligt, i grund och botten; *the ~ of a problem* det väsentliga i ett problem; *she was the ~ of kindness* hon var vänligheten själv **2** essens, extrakt
essential [ɪ'senʃl] **I** *a* **1** väsentlig, absolut nödvändig, oundgänglig; grund-, grundläggande, bas- **2** absolut, fulländad, perfekt **3** essens-; *~ oil* eterisk olja **II** *s* väsentlighet; grund|förutsättning, -villkor, nödvändighet; grund-, huvud|drag **-ity** [ɪˌsenʃɪ'ælətɪ] **1** väsentlighet **2** väsen **-ly** [ɪ'senʃ(ə)lɪ] väsentligen; i huvudsak; i själva verket, i grund och botten
E.S.T. *förk. för Eastern Standard Time* (*AE.*); *electroshock treatment* **est.** *förk. för established; estate; estimate[d]; estuary* **estab.** *förk. för established*
establish [ɪ'stæblɪʃ] **1** grunda, grundlägga, upprätta, bilda **2** skapa; stifta; stadfästa; införa; upprätta, knyta (*relations* kontakter) **3** engagera, skaffa anställning åt; etablera, installera, inrätta; vinna bifall för; *~ o.s. a*) etablera sig, *b*) skapa sig en ställning **4** fastslå, fastställa; bevisa, påvisa **-ed** [-t] **1** etablerad, säker, grundmurad, stadig **2** accepterad, erkänd, fastställd, fastslagen, bevisad; vedertagen, hävdvunnen; etablerad, bestående; *an ~ fact* ett känt faktum **3** *the E~ Church [of England]* engelska statskyrkan **-ment** [-mənt] **1** grundande, grundläggande, upprättande, bildande **2** skapande; stiftande; stadfästande; införande; upprättande **3** engagerande; etablerande, installerande; inrättande **4** fastslående, fastställande; bevisning, påvisande **5** institution, anstalt, inrättning; etablissemang, företag **6** hus, hushåll; *keep up a large ~* föra stort hus **7** *mil., sjö.* styrka, besättning; *peace ~* fredsstyrka **8** *BE., the E~ a*) etablissemanget, det etablerade samhället, *b*) statskyrkan
estate [ɪ'steɪt] **1** [jorda]gods, [lant]egendom; plantage **2** *jur.* egendom, ägodelar; *real ~* fast egendom **3** kvarlåtenskap; [döds]bo; konkursbo **4** stånd; *the three ~s [of the realm]* de tre stånden (*the lords spiritual, the lords temporal, the commons*) **5** *BE.* [industri-, bostads]område **estate agent** [-ˌeɪdʒ(ə)nt] **1** *BE.* fastighetsmäklare **2** godsförvaltare **estate car** [-kɑ:] *BE.* stations-,

herrgårds|vagn, kombibil **estate duty** [-ˌdju:tɪ] arvsskatt

esteem [ɪ'sti:m] **I** *v* **1** [upp]skatta, [hög]akta **2** *högt.* anse som **II** *s* [hög]aktning; *hold s.b. in high ~* högakta ngn

esthete ['i:sθi:t] *AE.* estet

esti|mable ['estɪməbl] aktningsvärd **-mate I** *v* [-eɪt] **1** uppskatta, värdera, beräkna (*at* till); lämna kostnadsförslag (*for* på) **2** bedöma **II** *s* [-mət] **1** uppskattning, värdering, beräkning; kostnadsförslag; budgetförslag; *the E~s* statsbudgeten; *at a rough ~* ungefärligt beräknat, på en höft **2** bedömande **-mation** [ˌestɪ'meɪʃn] **1** uppskattning, värdering, beräkning; aktning **2** uppfattning, bedömning, mening

Esto|nia [e'stəʊnjə] Estland **-nian** [-njən] **I** *a* estnisk, estländsk **II** *s* est, estländare

estovers [e'stəʊvəz] *jur.* lagstadgade rättigheter (*t.ex. fri ved*)

estrade [e'strɑ:d] estrad, plattform

estrange [ɪ'streɪn(d)ʒ] göra främmande; stöta bort **-ment** [-mənt] fjärmande; främlingskap; kyligt förhållande

estrogen ['estrədʒən] *AE.* östrogen

estuary ['estjʊərɪ] flodmynning

E.T.A. *förk. för estimated time of arrival* **et al.** *förk. för et alii* (*lat.*) *and other things; et alibi* (*lat.*) *and elsewhere* **etc.** *förk. för et cetera*

et cetera [ɪt'set(ə)rə] etcetera, och så vidare **et-ceteras** [-s] *pl* diverse [små]saker

etch [etʃ] etsa **-ing** [-ɪŋ] etsning

eter|nal [i:'tɜ:nl] evig; evinnerlig, ständig **-nity** [-nətɪ] **1** evighet **2** odödlighet

ethanediol ['i:θeɪnˌdaɪɒl] glykol **ethanol** ['eθənɒl] etanol

ether ['i:θə] eter **ethereal** [i:'θɪərɪəl] **1** eter- **2** eterisk, himmelsk, översinnlig **ethereal|ize** (*BE. äv. -ise*) [i:'θɪərɪəlaɪz] **1** göra eterisk, förandliga **2** tillsätta eter till **etheric** [i:'θerɪk] eter- **ether|ize** (*BE. äv. -ise*) ['i:θəraɪz] *åld.* söva med eter

ethic ['eθɪk] **I** *a* **1** etik-, moral- **2** etisk, moralisk **II** *s* etik, moral **ethical** [-l] **I** *a, se ethic I* **II** *s* receptbelagt läkemedel **ethics** [-s] **1** (*behandlas som sg*) etik, morallära **2** (*behandlas som pl*) etik, moral

Ethio|pia [ˌi:θɪ'əʊpjə] Etiopien **-pian** [-pjən] **I** *a* etiopisk **II** *s* etiopier

ethnic ['eθnɪk] etnisk, ras-, folk- **-al** [-l] **1** etnisk, ras-, folk- **2** etnologisk **ethnographic[al]** [ˌeθnə(ʊ)'græfɪk(l)] etnografisk **ethnography** [eθ'nɒgrəfɪ] etnografi **ethnologic[al]** [ˌeθnə(ʊ)'lɒdʒɪk(l)] etnologisk **ethnologist** [eθ'nɒlədʒɪst] etnolog **ethnology** [eθ'nɒlədʒɪ] etnologi

ethology [i:'θɒlədʒɪ] etologi

ethos ['i:θɒs] folkkynne; livssyn

ethyl ['eθɪl] etyl **-ene** [-i:n] etylen

etiolate ['i:tɪəʊleɪt] göra sjukligt blek

etiquette ['etɪket] **1** etikett, umgängesregler **2** oskriven lag, hederskodex

Eton ['i:tn] Eton; *~ crop* pojkklippt hår (*på kvinna*)

Etruscan [ɪ'trʌskən] **I** *a* etruskisk **II** *s* etrusk

et seq. *förk. för et sequens* (*lat.*) *and the following; et sequentia* (*lat.*) *and those that follow*

étude [eɪ'tju:d] *mus.* etyd

etymologic[al] [ˌetɪmə'lɒdʒɪk(l)] etymologisk **etymology** [ˌetɪ'mɒlədʒɪ] etymologi

eucalyptus [ˌju:kə'lɪptəs] *bot.* eucalyptus

Eucharist ['ju:kərɪst] *bibl.* nattvard, nattvardens sakrament; *the ~* [den heliga] nattvarden

Euclid ['ju:klɪd] Euklides

euchre ['ju:kə] *AE. vard.* överlista, lura

eugenic [ju:'dʒenɪk] eugenisk, rashygienisk **eugenics** [-s] (*behandlas som sg*) eugenik, rasförädling, rashygien

eulo|gize (*BE. äv. -gise*) ['ju:lədʒaɪz] lovprisa, hålla lovtal över **-gy** [-dʒɪ] **1** lovtal **2** beröm

eunuch ['ju:nək] eunuck

euphemism ['ju:fɪmɪz(ə)m] eufemism, förmildrande (förskönande) omskrivning

euphonic [ju:'fɒnɪk], **euphonious** [-'fəʊnjəs] välljudande, välljuds- **euphony** ['ju:fənɪ] välljud

euphoria [ju:'fɔ:rɪə] eufori, välbefinnande, lyckorus

Euphrates [ju:'freɪti:z] *s, the ~* Eufrat

euphuism ['ju:fju:ɪz(ə)m] konstlad (högtravande) stil

Eura|sia [jʊ(ə)'reɪʒjə] Eurasien **-sian** [-ʒjən] **I** *s* eurasier **II** *a* eurasisk

Euratom *förk. för European Atomic Energy Commission*

eureka [jʊ(ə)'ri:kə] *interj* heureka!, jag har [funnit] det!

eurhythmics [ju:'rɪðmɪks] (*behandlas som sg*) eurytmi

Euripides [ju(ə)'rɪpɪdi:z] Euripides

Europe ['jʊərəp] Europa **European** [ˌjʊərə'pi:ən] **I** *a* europeisk **II** *s* europé

Eurydice [jʊ(ə)'rɪdɪsi:] Eurydike

euthanasia [ˌju:θə'neɪzjə] **1** eutanasi, dödshjälp **2** smärtfri död

EVA *förk. för extravehicular activity* aktivitet utanför rymdkapseln

evacu|ant [ɪ'vækjʊənt] **I** *a* avförande, laxerande **II** *s* avföringsmedel, laxativ **-ate** [-eɪt] **1** evakuera, utrymma **2** tömma **3** ha avföring **-ation** [ɪˌvækjʊ'eɪʃn] **1** evakuering, utrymning **2** [ut]-tömning; avföring **-ee** [ɪˌvækju:'i:] evakuerad [person]

evade [ɪ'veɪd] **1** undvika, undgå; slingra sig undan (ifrån); kringgå **2** trotsa; undandra sig (*bedömande e.d.*)

evalu|ate [ɪ'væljʊeɪt] värdera, uppskatta; väga mot varandra **-ation** [ɪˌvæljʊ'eɪʃn] värdering, uppskattning

eva|nesce [ˌi:və'nes] försvinna, förblekna **-nescence** [-'nesns] **1** försvinnande, förbleknande **2** flyktighet **-nescent** [-'nesnt] **1** försvinnande, förbleknande, flyktig **2** förgänglig

evan|gelic[al] [ˌi:væn'dʒelɪk(l)] evangelisk **-gelicalism** [-'dʒelɪkəlɪz(ə)m], **-gelism** [ɪ'væn(d)ʒəlɪz(ə)m] **1** *ung.* lågkyrklighet **2** förkunnelse **3** missionering **-gelist** [ɪ'væn(d)ʒəlɪst] **1** evangelist **2** förkunnare **3** missionär **4** förkämpe

evapo|rate [ɪ'væpəreɪt] **1** dunsta [bort, av]; *bildl.* gå upp i rök **2** torka (*genom avdunstning*); *~d milk* kondenserad mjölk **3** komma (få) att dunsta bort **-ration** [ɪˌvæpə'reɪʃn] avdunstning; torkning

eva|sion [ɪ'veɪʒn] undvikande; försök att slingra sig undan; svepskäl, undanflykt[er] **-sive** [ɪ'veɪsɪv] *a* undvikande; kringgående; svårfångad, undanglidande
Eve [i:v] Eva
eve [i:v] **1** [helgdags]afton; *New Year's E~* nyårsafton **2** *on the ~ of* kvällen (tiden) före **3** *åld., poet.* afton, kväll
1 even ['i:vn] *poet.* afton
2 even ['i:vn] **I** *a* **1** jämn; plan, slät; *~ division* rättvis delning; *~ game* jämn match; *on an ~ keel* på rätt köl; *~ money a)* jämna pengar, *b)* dubbla summan mot insatsen (*vid vadhållning*); *~ numbers* jämna tal; *~ surface* jämn (slät, plan) yta; *~ temper* jämnt humör; *~ with* i jämnhöjd med; *of ~ date* (*jur. el. åld.*) av samma (dagens) datum **2** kvitt; *get ~ with s.b. a)* bli kvitt med ngn, *b) vard.* ta revansch på ngn, ge ngn igen (*for s.th.* för ngt) **II** *adv* **1** till och med, även; redan; *not ~* inte ens; *~ as a)* medan, samtidigt som, *b)* just så som; *~ as a girl* redan som flicka; *~ if* (*though*) även om, om också; *~ now a)* redan nu, *b)* ändå, likafullt, *c)* fortfarande; *~ so* icke desto mindre, ändå, trots det; *~ then a)* redan då, *b)* ändå, likafullt **2** ännu (*worse* värre) **3** *åld.* just, precis; ända (*unto death* in i döden) **III** *v, ~ out* jämna[s] ut; *~ up a)* utjämna, *b)* göra upp (*affärer*)
even-handed ['i:vn,hændɪd] opartisk, rättvis
evening ['i:vnɪŋ] afton, kväll; *the ~ of life* livets höst; *this ~* i kväll; *in the ~* på kvällen (kvällarna); *of an ~* på kvällarna; *on the ~ of the twenty-sixth* på kvällen den 26 **evening class** aftonskola **evening dress** aftonklänning; frack; högtidsdräkt **evening paper** [-,peɪpə] kvälls-, afton|tidning **evening school** [-sku:l] aftonskola **evening star** [-stɑ:] aftonstjärna
evensong ['i:vnsɒŋ] aftonsång
event [ɪ'vent] **1** händelse, tilldragelse; *at all ~s, in any ~* i varje fall, i alla händelser; *in the ~ of* (*that*) i händelse av (att); *in the normal course of ~s* i normala fall; *be wise after the ~* vara efterklok **2** *sport.* gren; tävling; nummer **-ful** [-fʊl] händelserik
eventide ['i:vntaɪd] *poet.* afton[stund]
eventu|al [ɪ'ventʃʊəl] **1** slutlig **2** *åld.* möjlig, eventuell **-ality** [ɪ,ventʃʊ'ælətɪ] möjlighet, eventualitet **-ally** [ɪ'ventʃʊəlɪ] slutligen, till slut; så småningom **-ate** [ɪ'ventʃʊeɪt] **1** bli följden (*from* av) **2** resultera (*in* i)
ever ['evə] **1** någonsin; *the first ~* den allra första; *the best book ~* den bästa bok som någonsin funnits; *come as fast as ~ you can* kom så fort du någonsin kan; *hardly ~* knappast någonsin, nästan aldrig; *seldom, if ~* sällan eller aldrig; *don't ~ do that again!* gör aldrig så igen! **2** alltid; *as ~* som alltid (vanligt); *for ~ a)* för alltid (evigt), *b)* jämt och ständigt; *Yours ~* Er (Din) tillgivne; *~ and again* (*anon*) (*åld.*) tid efter annan; *they lived happily ~ after* de levde lyckliga i alla sina dagar; *~ since a)* alltsedan [dess], ända sedan, *b)* så länge (*I have known her* jag har känt henne) **3** *vard., ~ so much* (*good*) (*BE.*) väldigt (hemskt) mycket (bra); *you may be ~ so rich* du må vara aldrig så rik; *what* (*where, who, why*) *~* vad (var, vem, varför) i all världen **-green** [-gri:n] **I** *a* vintergrön **II** *s* **1** vintergrön växt **2** evergreen (*schlager*) **-lasting** [,evə'lɑ:stɪŋ] **I** *a* ständig; evinnerlig **II** *s* **1** evighet **2** eternell, evighetsblomster **-more** [,evə'mɔ:] evigt, beständigt; *for ~* för evigt
every ['evrɪ] varje, var, varenda; all; *~ other* (*second*) *day, ~ two days* varannan dag; *~ third day, ~ three days* var tredje dag; *~ now and then* (*again*), *~ so often* då och då; *~ time a)* varje gång, jämt, *b) vard.* alla gånger, absolut, visst; *in ~ way a*) i alla avseenden, *b)* med alla medel; *~ which way* (*AE.*) åt alla håll; *~ bit as much* precis lika mycket; *his ~ word* varje ord han sa; *I have ~ reason to believe that* jag har alla skäl att tro att; *~ man for himself* var och en är sig själv närmast **-body** [-,bɒdɪ] var och en, alla; *~ else* alla andra; *goodbye ~!* hej allesammans! **-day** [-deɪ] daglig; vardags-; vardaglig, alldaglig **-one** [-wʌn] *se everybody* **-thing** [-θɪŋ] allt[sammans] **-where** [-weə] överallt
evict [ɪ'vɪkt] **1** vräka, avhysa **2** åter|få, -ta **eviction** [ɪ'vɪkʃn] vräkning, avhysning
evi|dence ['evɪd(ə)ns] **I** *s* **1** bevis, belägg (*of* på); vittnes|mål, -börd; indicier; tecken; spår; *call s.b. in ~* inkalla ngn som vittne; *give ~* vittna, avlägga vittnesmål; *turn queen's* (*king's, state's*) *~* uppträda som kronvittne; *bear ~ of* visa tecken på, vittna om **2** *be in ~* vara synlig (framträdande, tydlig) **II** *v* bevisa, bestyrka; visa **-dent** [-d(ə)nt] tydlig, uppenbar **-dential** [,evɪ'denʃl] bevis-, bevisnings- **-dently** ['evɪd(ə)ntlɪ] *adv* tydligen, uppenbarligen
evil ['i:vl] **I** *a* **1** ond, elak; *the E~ One* den onde; *~ days* svåra tider; *an ~ fate* ett ont (olyckligt) öde; *~ reputation* dåligt rykte; *~ smell* dålig lukt **2** skadlig, fördärvlig **II** *s* **1** ont, det onda; ondska **2** *speak ~ of* tala illa om
evince [ɪ'vɪns] visa [prov på]; bevisa
eviscerate [ɪ'vɪsəreɪt] **1** ta inälvorna ur, rensa **2** *bildl.* tömma; *~d* urvattnad, innehållslös
evocation [,evə'keɪʃn] fram|manande, -kallande, -besvärjelse **evocative** [ɪ'vɒkətɪv] *a* frammanande; som väcker minnen **evoke** [ɪ'vəʊk] framkalla, väcka; frammana
evolu|tion [,i:və'lu:ʃn] **1** *biol.* evolution, utveckling; *theory of ~* utvecklingslära **2** förlopp, [händelse]utveckling **3** *fys.* utveckling (*of heat* av värme) **4** *mat.* rotutdragning **5** (*i dans o. skridsko*) tur, piruett, figur **6** *mil.* manöver **-tional** [-ʃənl], **-tionary** [-ʃnərɪ] evolutions-, utvecklings- **-tionism** [-ʃənɪz(ə)m] utvecklingslära[n] **-tionist** [-ʃənɪst] anhängare av utvecklingsläran
evolve [ɪ'vɒlv] **1** utveckla, framlägga **2** *fys.* utveckla (*heat* värme) **3** utvecklas, utveckla sig
ewe [ju:] tacka, fårhona; *~ lamb* tacklamm, *bildl.* ögonsten
ewer ['ju:ə] handkanna (*för vatten*)
ex [eks] **I** *s, vard.* före detta man (hustru *etc.*) **II** *prep* **1** *hand.* från; *~ works* fritt fabrik **2** *ekon.* utan (*dividend* utdelning)
ex- [eks] före detta, förutvarande, ex-
ex. *förk. för examination; examined; example; except[ed]; exception; exchange; excursion; executed; express; extra*
exacer|bate [ek'sæsəbeɪt] **1** förvärra, intensifiera **2** irritera **-bation** [ek,sæsə'beɪʃn] **1** förvärrande, intensifiering **2** irritation

E

exact [ɪgˈzækt] **I** *a* exakt, precis, noggrann; noga **II** *v* fordra, kräva **exacting** [-ɪŋ] fordrande, krävande **exaction** [ɪgˈzækʃn] **1** utkrävande, indrivning; utpressning **2** krav, fordran **exactitude** [ɪgˈzæktɪtjuːd] noggrannhet, exakthet **exactly** [ɪgˈzæktli] **I** *adv* noga; exakt, just, precis; noggrant; *what ~ is it you want?* vad är det egentligen du vill? **II** *interj* ja, just det!, precis!

exagger|ate [ɪgˈzædʒəreɪt] överdriva; framhäva, förstärka **-ation** [ɪgˌzædʒəˈreɪʃn] överdrift; framhävande, förstärkning **-ative** [ɪgˈzædʒərətɪv] överdriven, böjd för överdrift[er]

exalt [ɪgˈzɔːlt] **1** upphöja **2** förhärliga, höja till skyarna **exaltation** [ˌegzɔːlˈteɪʃn] **1** upphöjelse **2** exaltation, överspändhet, hänförelse **exalted** [ɪgˈzɔːltɪd] **1** hög; högt uppsatt; upphöjd; *~ ideals* höga ideal **2** *vard.* överdrivet hög (*opinion of o.s.* uppfattning om sig själv) **3** exalterad, överspänd, hänförd

exam [ɪgˈzæm] *vard.* examen; tenta **examination** [ɪgˌzæmɪˈneɪʃn] **1** undersökning, prövning; granskning; *on closer ~* vid närmare granskning **2** examen; tentamen; examination; förhör **examination paper** examensskrivning **examine** [ɪgˈzæmɪn] **1** undersöka, pröva; granska **2** examinera; tentera; förhöra **examinee** [ɪgˌzæmɪˈniː] examinand, tentand **examiner** [ɪgˈzæmɪnə] **1** undersökare, granskare **2** examinator, tentator

example [ɪgˈzɑːmpl] **1** exempel; förebild; avskräckande exempel; *for ~* till exempel; *make an ~ of s.b.* statuera exempel på ngn **2** prov[bit]; exemplar

exasper|ate [ɪgˈzæsp(ə)reɪt] reta [upp], göra rasande, förarga **-ating** [-eɪtɪŋ] förarglig, otrevlig, retfull, som kan göra en rasande **-ation** [ɪgˌzæspəˈreɪʃn] förbittring, ursinne

Exc. *förk. för Excellency* **exc.** *förk. för excellent; except[ed]; exception; excursion*

exca|vate [ˈekskəveɪt] gräva; gräva ut; gräva upp **-vation** [ˌekskəˈveɪʃn] grävning; utgrävning; uppgrävning **-vator** [ˈekskəveɪtə] **1** grävare; utgrävare **2** grävmaskin

exceed [ɪkˈsiːd] **1** över|stiga, -gå, -skrida **2** överträffa **-ingly** [-ɪŋlɪ] ytterst, i högsta grad

excel [ɪkˈsel] **1** vara främst (bäst), excellera (*at, in* i) **2** överträffa **-lence** [ˈeks(ə)ləns] **1** förträfflighet, ypperlighet **2** framstående egenskap, överlägsenhet **-lency** [ˈeks(ə)lənsɪ] excellens; *Your E~* Ers excellens **-lent** [ˈeks(ə)lənt] utomordentlig, ypperlig

excelsior [ekˈselsɪɔː] **I** *interj* högre!, uppåt! **II** *s, AE.* träull

except [ɪkˈsept] **I** *v* göra undantag för, undanta **II** *prep* utom; *~ for* bortsett från; *~ that* utom att, bortsett från att **III** *konj, vard., I would have come earlier, ~ I lost my way* jag skulle ha kommit tidigare om det inte hade varit för det att jag gick vilse **excepting** [-ɪŋ] utom, med undantag för **exception** [ɪkˈsepʃn] **1** undantag; undantagande; *with the ~ of* med undantag av **2** invändning; *take ~ to* göra invändning mot, starkt klandra; *take ~ at a*) ta illa upp av, *b*) klandra **exceptionable** [ɪkˈsepʃnəbl] tvivelaktig; klandervärd **exceptional** [ɪkˈsepʃənl] ovanlig, exceptionell; undantags- **exceptive** [ɪkˈseptɪv] undantags-

excerpt I *v* [ekˈsɜːpt] excerpera **II** *s* [ˈeksɜːpt] utdrag, excerpt

excess [ɪkˈses] **1** överskridande **2** omåttlighet; övermått; överdrift; överskott; *~es* (*pl, äv.*) excesser, utsvävningar, övergrepp; *in ~* i övermått, omåttligt; *in ~ of* mera än, över[stigande]; *carry (do) s.th. to ~* överdriva ngt **3** övervikt **excess baggage (luggage)** [-ˌbægɪdʒ, -ˌlʌgɪdʒ] övervikt[sbagage] **excess fare** [-feə] tilläggsavgift (*på biljett*) **excessive** [-ɪv] överdriven; omåttlig; häftig, svår **excess postage** [-ˌpəʊstɪdʒ] tilläggsporto; lösen **excess weight** [-weɪt] övervikt

exch. *förk. för exchange; exchequer*

exchange [ɪksˈtʃeɪn(d)ʒ] **I** *v* [ut]byta, växla (*for* mot); skifta; utväxla **II** *s* **1** [ut]byte, [ut]växling; ordväxling; *lose by the ~* förlora på bytet; *lose (win) the ~* (*schack.*) förlora (vinna) kvalitet; *in ~* i stället, i utbyte; *in ~ for* i utbyte mot **2** börs; växling (*av pengar*); växel-, valuta|kurs; [*bill of*] *~* växel; *corn ~* spannmålsbörs; *foreign ~ a*) utländsk valuta, *b*) valutahandel; *rate of ~* växelkurs **3** telefon|växel, -station **exchangeability** [ɪksˌtʃeɪn(d)ʒəˈbɪlətɪ] utbytbarhet **exchangeable** [ɪksˈtʃeɪn(d)ʒəbl] som kan utväxlas, utbytbar **exchange rate** växelkurs **exchange student** [-ˌstjuːdnt] utbytesstudent

exchequer [ɪksˈtʃekə] **1** *the E~* (*i England ung.*) riksrevisionsverket; *Chancellor of the E~* (*i England*) finansminister **2** *vard.* finanser, kassa **exchequer bill** (*slags*) statsobligation

1 excise [ekˈsaɪz] **1** skära bort **2** stryka, avlägsna

2 excise [ˈeksaɪz] accis **-man** [-ˌmæn] *BE.* (*förr*) accis-, uppbörds|man

excit|ability [ɪkˌsaɪtəˈbɪlətɪ] lättretlighet **-able** [ɪkˈsaɪtəbl] lättretlig, hetsig **-ant** [ˈeksɪtənt] **I** *a* upphetsande, stimulerande, retande **II** *s* stimulans, retmedel **-ative, -atory** [ekˈsaɪt|ətɪv, -ət(ə)rɪ] *a, se excitant I*

excite [ɪkˈsaɪt] **1** [upp]väcka; framkalla **2** upptända, [upp]egga, elda; uppröra **3** *fysiol.* reta, stimulera **excited** [-ɪd] upprörd, upphetsad, uppeggad; begeistrad (*about* över); spänd (*about* på); *don't get ~!* ta det lugnt! **excitement** [-mənt] **1** retning **2** spänning, uppståndelse, iver; upphetsning, upprördhet; begeistring **3** spännande tilldragelse **exciting** [-ɪŋ] spännande; upphetsande

excl. *förk. för exclamation; excluding; exclusive*

exclaim [ɪkˈskleɪm] utropa; skrika till; *~ against* fara ut mot **exclamation** [ˌeksklәˈmeɪʃn] utrop **exclamation mark** (*AE.* **point**) utropstecken **exclamatory** [ekˈsklæmət(ə)rɪ] utrops-

exclude [ɪkˈskluːd] utesluta; undanta **excluding** [-ɪŋ] utom, exklusive

exclusion [ɪkˈskluːʒn] uteslutande, uteslutning; *to the ~ of* med uteslutande av

exclusive [ɪkˈskluːsɪv] **I** *a* **1** exklusiv, förnäm **2** uteslutande, enda; ensam-; särskild, speciell; exklusiv; *~ of* exklusive, med undantag av **II** *s* artikel med ensamrätt **-ly** [-lɪ] enbart, endast, uteslutande **-ness** [-nəs] exklusivitet

excogitate [eksˈkɒdʒɪteɪt] tänka ut, hitta på

excommuni|cate [ˌekskəˈmjuːnɪkeɪt] bannlysa, exkommunicera **-cation** [ˈekskəˌmjuːnɪˈkeɪʃn] bannlysning, exkommunicering

excrement ['ekskrɪmənt] exkrement
excres|cence [ɪk'skresns] [sjuklig] utväxt **-cent** [-snt] **1** utväxande, utväxtartad **2** överflödig **3** (*om språkljud*) inskjuten
excreta [ek'skri:tə] *s, pl, fysiol.* exkret **excrete** [ek'skri:t] *fysiol.* av-, ut|söndra **excretion** [ek'skri:ʃn] *fysiol.* av-, ut|söndring
excruci|ate [ɪk'skru:ʃɪeɪt] pina, plåga **-ating** [-eɪtɪŋ] **1** olidlig, mycket plågsam, kvalfull **2** mycket stor **3** *vard.* irriterande, påfrestande
excul|pate ['ekskʌlpeɪt] frita; rentvå **-patory** [eks'kʌlpət(ə)rɪ] urskuldande
excur|sion [ɪk'skɜ:ʃn] utflykt, utfärd, exkursion **-sive** [-sɪv] irrande, kringströvande
excuse I *v* [ɪk'skju:z] **1** ursäkta, förlåta; urskulda; ~ *me* förlåt, ursäkta; ~ *me for laughing* förlåt att (om) jag skrattar; *you are ~d* du får (kan) gå, du behöver inte vara här **2** befria från, låta slippa; *you are ~d making dinner* du slipper laga middag **II** *s* [ɪk'skju:s] **1** ursäkt; undanflykt; förevändning; *a poor ~ for a dinner* (*vard.*) en jämmerlig middag; *make ~s* komma med undanflykter **2** befrielse **--me** [ɪk'skju:zmi:] *s, ladie's ~* damernas tjuv (*dans*)
ex-directory [ˌeksdɪ'rekt(ə)rɪ] *BE.* (*om telefonnummer*) hemlig
exe|crable ['eksɪkrəbl] avskyvärd **-crate** [-kreɪt] förbanna; avsky **-cration** [ˌeksɪ'kreɪʃn] förbannelse; avsky
executant [ɪg'zekjʊtənt] exekutör, utövare (*av musikstycke*)
execute ['eksɪkju:t] **1** utföra, verkställa, sätta i verket; expediera; fullgöra; uträtta **2** *jur.* verkställa; utställa, upprätta (*a will* ett testamente); ~ *an estate* överlåta en egendom **3** avrätta **execution** [ˌeksɪ'kju:ʃn] **1** utförande, verkställande; fullgörande; uträttande; *put* (*carry*) *into* ~ verkställa **2** *mus.* föredrag, teknik **3** avrättning **4** *jur.* verkställande; utställande, upprättande; överlåtelse **executioner** [ˌeksɪ'kju:ʃnə] bödel, skarprättare **executive** [ɪg'zekjʊtɪv] **I** *a* utövande, verkställande; administrativ **II** *s* **1** verkställande myndighet **2** företagsledare, chef **3** administration; styrelse **executor** [ɪg'zekjʊtə] testamentsexekutor **executrix** [ɪg'zekjʊtrɪks] [kvinnlig] testamentsexekutor
exege|sis [ˌeksɪ'dʒi:|sɪs] (*pl -ses* [-si:z]) exeges **exegete** ['eksɪdʒi:t] exeget **exegetic** [ˌeksɪ'dʒetɪk] exegetisk
exem|plar [ɪg'zemplə] **1** mönster, ideal, förebild **2** typexempel; exemplar **-plary** [-plərɪ] **1** exemplarisk, förebildlig **2** avskräckande **-plification** [ɪgˌzemplɪfɪ'keɪʃn] exemplifiering **-plify** [ɪg'zemplɪfaɪ] **1** exemplifiera; vara ett exempel på **2** *jur.* göra bestyrkt avskrift av
exempt [ɪg'zem(p)t] **I** *a* fritagen, undantagen, befriad **II** *v* frita, undanta, befria **exemption** [ɪg'zem(p)ʃn] befrielse, frikallande, dispens
exequies ['eksɪkwɪz] *pl* begravning
exercise ['eksəsaɪz] **I** *v* **1** använda, begagna, visa; [ut]öva (*influence* inflytande); ~ *tact* visa takt **2** öva [upp], träna [upp]; motionera (*a dog* en hund); *mil.* drilla, exercera **3** öva sig, träna; motionera **4** *be ~d about a decision* vara orolig för (irriterad över) ett beslut **II** *s* **1** utövande (*of one's rights* av sina rättigheter); utövning **2** övning, träning; motion, kroppsövning; *~s* (*pl, mil.*) exercis, drill **3** övningsuppgift, skrivning; *mus.* övningsstycke **4** *AE., vanl. ~s* (*pl*) ceremonier, festligheter; *graduation ~s* skolavslutning **exercise book** skrivbok, övningsbok **exerciser** [-ə] **1** motionsredskap **2** motionär
exert [ɪg'zɜ:t] **1** utöva, använda, bruka **2** ~ *o.s.* bemöda (anstränga) sig **exertion** [ɪg'zɜ:ʃn] **1** utövande, användning; brukande **2** ansträngning; *by one's own ~s* genom egna ansträngningar
exeunt ['eksɪʌnt] *teat.* de går ut
exhalation [ˌeks(h)ə'leɪʃn] utandning; utdunst|ande, -ning **exhale** [eks'heɪl] **1** andas ut **2** släppa ut (*luft e.d.*)
exhaust [ɪg'zɔ:st] **I** *v* [ut]tömma, förbruka; ~ *a topic of conversation* uttömma ett samtalsämne **2** pumpa ut, evakuera (*ånga e.d.*) **3** utmatta, trötta ut; ~ *o.s.* bli utmattad **4** strömma ut (*om gas e.d.*) **II** *s* **1** avgas[er] **2** utströmning, utsläpp (*av gas e.d.*) **3** avgasrör **exhausted** [-ɪd] **1** utmattad, slut **2** uttömd, förbrukad **exhausting** [-ɪŋ] tröttande, ansträngande **exhaustion** [ɪg'zɔstʃn] **1** utmattning **2** uttömning, förbrukning **exhaustive** [ɪg'zɔstɪv] **1** uttömmande, grundlig, fullständig **2** tröttande **exhaust-pipe** avgasrör **exhaust-valve** utlopps-, avgas-, utblåsnings|-ventil
exhibit [ɪg'zɪbɪt] **I** *s* **1** utställning; utställningsföremål **2** *jur.* [bevis]föremål (*som företes vid rättegång*) **II** *v* **1** ställa ut, skylta [med]; förevisa **2** [upp]visa, ådagalägga; förete **3** ställa ut, ha utställning **exhibition** [ˌeksɪ'bɪʃn] **1** utställning; utställande; visning; *make an ~ of o.s.* skämma ut sig, göra sig till ett åtlöje **2** *BE.* stipendium **exhibitioner** [ˌeksɪ'bɪʃn̩ə] stipendiat **exhibitionism** [ˌeksɪ'bɪʃn̩ɪz(ə)m] exhibitionism **exhibitionist** [ˌeksɪ'bɪʃn̩ɪst] exhibitionist; blottare **exhibitor** [ɪg'zɪbɪtə] utställare, förevisare
exhil|arant [ɪg'zɪlər(ə)nt] **I** *a* uppiggande **II** *s* uppiggande medel **-arate** [-əreɪt] pigga (muntra) upp; göra upprymd **-aration** [ɪgˌzɪlə'reɪʃn] **1** uppiggande, upplivande **2** munterhet, upprymdhet
exhort [ɪg'zɔ:t] [upp]mana; förmana **exhortation** [ˌegzɔ:'teɪʃn] [upp]maning; förmaning
exhumation [ˌeks(h)ju:'meɪʃn] uppgrävning; framgrävning; gravöppning **exhume** [eks'hju:m] gräva upp; *bildl.* dra (gräva) fram
exi|gence ['eksɪdʒ(ə)ns], **-gency** [-dʒənsɪ] **1** nödläge, kritiskt läge **2** nödvändighet **-gent** [-dʒ(ə)nt] **1** tvingande, trängande **2** fordrande, krävande
exigu|ity [ˌeksɪ'gju:ətɪ] ringhet, knapphet **-ous** [eg'zɪgjʊəs] ringa, knapp
exile ['eksaɪl] **I** *s* **1** landsflykt, exil **2** lands|flyktig, -förvisad **II** *v* landsförvisa
exist [ɪg'zɪst] existera, finnas [till]; förekomma **existence** [-(ə)ns] **1** tillvaro, existens; förekomst; liv, bestånd; *in ~* existerande; *come into ~ a*) uppstå, uppkomma, *b*) komma till världen **2** varelse **existent** [-(ə)nt] **1** existerande, befintlig; förefintlig **2** nuvarande **existential** [ˌegzɪ'stenʃl] existentiell **existentialism** [ˌegzɪ'stenʃəlɪz(ə)m] existentialism **existing** [ɪg'zɪstɪŋ] **1** existerande **2** nuvarande, dåvarande

E

exit ['eksɪt] **I** *s* **1** utgång; avfart **2** *teat. o. bildl.* sorti **3** utgående, utgång, utträde; utresa **4** död **II** *v* gå ut; gå bort; ~ *Julia* Julia går ut **exit permit** [-ˌpɜːmɪt] utresetillstånd **exit visa** [-ˌviːzə] utresevisum
ex libris [eks'laɪbrɪs] exlibris
Exod. *förk. för Exodus*
exodus ['eksədəs] uttåg, utvandring; *E~* Andra Mosebok; *the E~* uttåget ur Egyptén
ex officio [ˌeksə'fɪʃɪəʊ] ex officio, på ämbetets vägnar
exoner|ate [ɪg'zɒnəreɪt] **1** frikänna, frita **2** avbörda, befria **-ation** [ɪgˌzɒnə'reɪʃn] **1** frikännande, fritagande **2** avbördande, befriande
exorbi|tance [ɪg'zɔːbɪt(ə)ns] omåttlighet, övermått; orimlighet, obillighet **-tant** [-t(ə)nt] omåttlig, orimlig, oerhörd, skandalös
exor|cise ['eksɔːsaɪz] besvärja, driva ut (*onda andar*) **-cism** [-sɪz(ə)m] exorcism, djävulsutdrivning, andebesvärjelse **-cist** [-sɪst] exorcist, djävulsbesvärjare, andeutdrivare **-cize** [-saɪz] *se exorcise*
exoteric [ˌeksə(ʊ)'terɪk] **1** exoterisk, populär **2** yttre
exotic [ɪg'zɒtɪk] exotisk; ~ *dancer* stripteasedansös
exp. *förk. för expenses; experiment[al]; expired; export[ed]; exporter; express*
expand [ɪk'spænd] [ut]vidga[s], vidga sig, expandera; utbreda [sig], utveckla[s]; bli meddelsam; ~ *on a subject* breda ut sig över (närmare utveckla) ett ämne **expanse** [ɪk'spæns] **1** vidd, vid yta **2** utbredning, omfång **expansible** [ɪk'spænsəbl] uttänjbar **expansion** [ɪk'spænʃn] **1** utbredande, öppnande **2** utbredning, utvidgning; expansion; ökning **3** *se expanse 1* **expansive** [ɪk'spænsɪv] **1** expansiv, utvidgbar **2** expansions-, utvidgnings- **3** vidsträckt, utbredd **4** *bildl.* öppen[hjärtig], oreserverad; expansiv, extravagant
expatiate [ek'speɪʃɪeɪt] *bildl.* breda ut sig ([*up*]-*on* över)
expatriate I *v* [eks'pætrɪeɪt] landsförvisa; ~ *o.s.* gå i exil **II** *s* [eks'pætrɪət] **1** landsförvisad, landsflykti[n]g **2** person som är bosatt utomlands **III** *a* [eks'pætrɪət] **1** landsförvisad; landsflyktig **2** bosatt utomlands, utlands-
expect [ɪk'spekt] **1** vänta [sig]; *what do you ~ me to do?* vad väntar du dig att jag ska göra?; *be ~ing* vänta barn **2** anta, förmoda **expec|tance** [ɪk'spekt(ə)ns], **-tancy** [-t(ə)nsɪ] förväntan; förväntning **expectant** [-ənt] **I** *a* **1** väntande; förväntansfull **2** gravid; ~ *mothers* blivande mödrar **II** *s* väntande [person] **expectation** [ˌekspek'teɪʃn] **1** väntan; förväntan, förhoppning; *~s* (*pl, äv.*) förväntningar, utsikter; *in ~ of* i väntan (avvaktan) på; *contrary to* (*beyond*) *all ~*[*s*] mot (över) [all] förväntan **2** *stat.* sannolikhet; ~ *of life* sannolik livslängd **expecting** [ɪk'spektɪŋ] *vard.* gravid; *be ~* vänta barn
expecto|rant [ek'spektər(ə)nt] **I** *a* slemlösande **II** *s* slemlösande medel **-rate** [-reɪt] hosta upp, spotta ut **-ration** [ekˌspektə'reɪʃn] upphost|ande, -ning; slem, spott
expedi|ence [ɪk'spiːdjəns], **-ency** [-ənsɪ] **1** ändamålsenlighet, lämplighet **2** egennytta **-ent** [-ənt] **I** *a* ändamålsenlig, lämplig; fördelaktig, opportun **II** *s* utväg, [hjälp]medel
expe|dite ['ekspɪdaɪt] **1** påskynda befordra **2** expediera, uträtta **-dition** [ˌekspɪ'dɪʃn] **1** expedition (*äv. mil.*); forskningsresa; utflykt **2** skyndsamhet **-ditionary** [ˌekspɪ'dɪʃ(ə)n(ə)rɪ] expeditions- **-ditious** [ˌekspɪ'dɪʃəs] snabb
expel [ɪk'spel] **1** driva (kasta, köra, stöta) ut, fördriva; förvisa; utestänga; relegera
expend [ɪk'spend] förbruka, använda, lägga (ge) ut **-able** [-əbl] förbruknings-, som kan förbrukas (offras); överflödig **-iture** [-ɪtʃə] **1** förbruk|ning, -ande; utgivande; slöseri; ~ *of time* tidsåtgång **2** utgifter
expense [ɪk'spens] utgift; utlägg; kostnad; *at the ~ of* på bekostnad av **expense account** representations-, omkostnads|konto **expensive** [-ɪv] dyr[bar], kostsam
experience [ɪk'spɪərɪəns] **I** *s* **1** erfarenhet; vana; *know by* (*from*) ~ veta av erfarenhet **2** upplevelse, händelse, erfarenhet **II** *v* erfara, uppleva; röna; få pröva på **experienced** [-t] erfaren, skolad
experi|ment I *s* [ɪk'sperɪmənt] experiment, försök **II** *v* [ɪk'sperɪment] experimentera, göra experiment (försök) **-mental** [ekˌsperɪ'mentl] **1** experiment-, försöks-, experiment|ell, -al; provisorisk **2** erfarenhets-, empirisk **3** experimenterande **-mentation** [ekˌsperɪmen'teɪʃn] experimenterande, försök
expert ['ekspɜːt] **I** *a* **1** kunnig, skicklig, tränad (*at, in* i, på) **2** sakkunnig, expert-, fackmanna- **II** *s* expert, specialist, sakkunnig **expertise** [ˌekspɜː'tiːz] **1** expertutlåtande **2** skicklighet, expertis **expertize** ['ekspɜːtaɪz] *AE.* vara expert [på]; avge expertutlåtande [om] **expertness** ['ekspɜːtnɪs] expertis, sakkunskap, skicklighet
expi|ate ['ekspɪeɪt] sona, få plikta för **-ation** [ˌekspɪ'eɪʃn] sonande, soning **-atory** ['ekspɪətərɪ] sonande, sonings-
expiration [ˌekspɪ'reɪʃn] **1** utandning **2** utlöpande, utgång; upphörande **expiratory** [ɪk'spaɪərət(ə)rɪ] utandnings- **expire** [ɪk'spaɪə] **1** gå till ända, gå ut; upphöra **2** andas ut **3** ge upp andan, dö **expiry** [ɪk'spaɪərɪ] **1** utgång, upphörande, slut **2** död
explain [ɪk'spleɪn] förklara (*to s.b.* för ngn); ~ *away* bortförklara **explanation** [ˌeksplə'neɪʃn] förklaring **explanatory** [ɪk'splænət(ə)rɪ] förklarande, upplysande
expletive [ek'spliːtɪv] **I** *a* [ut]fyllnads-, utfyllande **II** *s* **1** svordom, kraftuttryck **2** fyllnadsord
explicable [ɪk'splɪkəbl] förklarlig **explicate** ['eksplɪkeɪt] *högt.* utveckla, förklara **explication** [ˌeksplɪ'keɪʃn] förklaring, utläggning **explica|tive, -tory** [ek'splɪkə|tɪv, -t(ə)rɪ] förklarande
explicit [ɪk'splɪsɪt] **1** klar, tydlig **2** rättfram, oförbehållsam
explode [ɪk'spləʊd] **1** låta (få att) explodera, spränga [i luften]; *~d view* sprängskiss **2** kullkasta, vederlägga; *~d theories* vederlagda (förlegade) teorier **3** explodera (*äv. bildl.*), springa i luften
exploit I *s* ['eksplɔɪt] bedrift, bragd, prestation **II** *v* [ɪk'splɔɪt] exploatera; utnyttja; bearbeta **exploitation** [ˌeksplɔɪ'teɪʃn] exploatering; utnytt-

jande; bearbetning
exploration [ˌekspləˈreɪʃn] **1** utforsk|ning, -ande **2** expedition, forskningsresa **explora|tive, -tory** [eksˈplɒrə|tɪv, -t(ə)rɪ] utforskande, forsknings- **explore** [ɪkˈsplɔː] utforska; undersöka **explorer** [ɪkˈsplɔːrə] forsknings-, upptäckts|resande; utforskare
explo|sion [ɪkˈspləʊʒn] explosion (*äv. bildl.*); [våldsamt] utbrott **-sive** [-sɪv] **I** *a* explosiv (*äv. bildl.*), explosions-; *bildl.* häftig, våldsam; ~ *charge* sprängladdning **II** *s* **1** sprängämne **2** *språkv.* explosiva
exponent [ekˈspəʊnənt] **1** *mat.* exponent **2** förespråkare,, talesman (*of* för); tolk, uttolkare, framställare (*of* av)
export I *s* [ˈekspɔːt] **1** ~[*s*] export **2** export|vara, -artikel **II** *v* [ekˈspɔːt] exportera **exportation** [ˌekspɔːˈteɪʃn] **1** export, utförsel **2** *AE.* export|-vara, -artikel **exporter** [ekˈspɔːtə] exportör **export licence** [ˈekspɔːtˌlaɪs(ə)ns] exportlicens
expose [ɪkˈspəʊz] **1** utsätta, exponera (*to* för); blottställa; ~ *a child* sätta ut ett barn (*att förgås*) **2** avslöja; röja, yppa; demaskera **3** exponera, visa, ställa ut; ~ *o.s.* (*om blottare*) blotta sig **4** *foto.* exponera **exposé** [ekˈspəʊzeɪ] **1** avslöjande **2** exposé, översikt **exposed** [ɪkˈspəʊzd] **1** utsatt; blottställd; oskyddad, utsatt för väder och vind; sårbar **2** synlig, utställd **exposition** [ˌekspə(ʊ)ˈzɪʃn] **1** utställande; utställning, exposition **2** framställning; redogörelse (*of* för) **3** utläggning, förklaring; *mus. o. litt.* exposition **expositive** [ekˈspɒzɪtɪv] förklarande; beskrivande **expositor** [ekˈspɒzɪtə] kommentator; tolkare; framställare **expository** [ekˈspɒzɪt(ə)rɪ] *a* förklarande
expostu|late [ɪkˈspɒstjʊleɪt] protestera; ~ *with s.b. about* (*on*) *s.th.* protestera hos ngn mot ngt, förebrå ngn ngt **-lation** [ɪkˌspɒstjʊˈleɪʃn] protest; förebråelse **-lative, -latory** [ɪkˈspɒstju|lətiv, -lət(ə)rɪ] protest-; förebråënde
exposure [ɪkˈspəʊʒə] **1** utsättande (*to danger* för fara) **2** utsatthet; utsatt läge; *die of* ~ frysa ihjäl **3** (*byggnads e.d.*) läge; *with a southern* ~ med söderläge, i söder **4** *foto.* exponering; exponeringstid **5** utställande, exponerande (*in shop-windows* i skyltfönster); framträdande, framförande (*inför publik*); *indecent* ~ (*blottares*) blottande **5** frilagd yta (*of granite* av granit) **exposure meter** *foto.* exponeringsmätare
expound [ɪkˈspaʊnd] **1** utveckla (*an idea* en idé) **2** förklara
express [ɪkˈspres] **I** *v* **1** uttrycka; uttala **2** pressa ut (fram) (*from* ur) **3** sända express (med expressbud) **II** *a* **1** tydlig, uttrycklig, bestämd, uttalad (*wish* önskan) **2** särskild, speciell; *an* ~ *purpose* ett speciellt ändamål **3** express-, il-, snabb- **III** *adv* express, med ilbud; *send s.th.* ~ sända ngt express **IV** *s* **1** expressbefordran; expressgods; ilbud **2** express-, snabb-, snäll|tåg **3** *AE.* expressbyrå, budcentral **expression** [ɪkˈspreʃn] **1** uttryck (*äv. mat.*); uttrycksfullhet; uttryckssätt; *a joyful* ~ ett glatt [ansikts]suttryck; *a dialect* ~ ett dialektalt uttryck **2** yttrande, uttalande **3** [ut]pressande **expressionism** [ɪkˈspreʃn̩ɪz(ə)m] expressionism **expressive** [ɪkˈspresɪv] **1** expressiv, uttrycksfull **2** ~ *of* uttryckande **expressly** [ɪkˈspreslɪ] *adv* **1** uttryckligen, otvetydigt **2** särskilt, speciellt **expressway** [ɪkˈspressweɪ] *AE.* motorväg
expropri|ate [eksˈprəʊprɪeɪt] expropriera **-ation** [eksˌprəʊprɪˈeɪʃn] expropri|ation, -ering
expul|sion [ɪkˈspʌlʃn] utdriv|ande, -ning; uteslutning; relegering **-sive** [-sɪv] *a* utdrivande
expunge [ekˈspʌn(d)ʒ] utstryka; utplåna
expur|gate [ˈekspɜːgeɪt] expurgera, avlägsna anstötliga inslag från, [ut]rensa **-gation** [ˌekspɜːˈgeɪʃn] expurgation, [ut]rensning **-gatory** [ekˈspɜːgət(ə)rɪ] *a*, ~ *index* index librorum prohibitorum (*kat. kyrkans förteckning över förbjudna böcker*)
exquisite [ˈekskwɪzɪt] **1** utsökt, utsökt vacker (fin *etc.*) **2** enastående, utomordentlig; intensiv, häftig **3** fin, känslig
ex-serviceman [ˌeksˈsɜːvɪsmæn] f.d. soldat
ext. *förk. för extension; external; extinct; extra; extract*
extant [ekˈstænt] bevarad, i behåll, kvarvarande
extempo|raneous [ekˌstempəˈreɪnjəs], **-rary** [ɪkˈstemp(ə)rərɪ] improviserad, oförberedd, extemporerad
extempore [ɪkˈstempərɪ] **I** *adv* extempore, oförberett **II** *a, se extemporaneous*
extempo|rization (*BE. äv. -risation*) [ekˌstempəraɪˈzeɪʃn] improvisation, extemporering **-rize** (*BE. äv -rise*) [ɪkˈstempəraɪz] improvisera, extemporera
extend [ɪkˈstend] **1** sträcka (räcka) ut (fram) **2** bygga ut (till) **3** förlänga; utsträcka; utvidga; vidga, öka; *~ed family* storfamilj; *in an ~ed sense of the word* i ordets vidaste bemärkelse; *~ed play record* EP-skiva, 45-varvsskiva **4** *bildl.* ge, erbjuda (*help* hjälp); framföra (*greetings* hälsningar) **5** *bokför.* transportera **6** *jur.* värdera mark **7** anstränga, pressa **8** sticka ut (fram) **9** sträckas (dras) ut; utsträckas **10** sträcka sig; räcka, vara (*for many years* i många år) **11** breda ut sig; vara utbredd
exten|sibility [ɪkˌstensəˈbɪlətɪ] [ut]tänjbarhet, [ut]sträckbarhet **-sible** [ɪkˈstensəbl] [ut]tänjbar, som kan [ut]sträckas **-sile** [ekˈstensaɪl] [ut]tänjbar; som kan skjutas fram
extension [ɪkˈstenʃn] **1** utsträckande; utvidg|ande, -ning; förlängning **2** sträckare; *med.* sträck **3** till-, ut|byggnad **4** utbredning, utsträckning; omfång **5** *tel.* anslutning[sapparat] **6** *university* ~ *course* extramural universitetskurs **extension cord** skarv-, förlängnings|sladd
extensive [ɪkˈstensɪv] omfattande, vidsträckt, utbredd; utförlig; *lantbr.* extensiv; *make* ~ *use of s.th.* flitigt använda ngt
extent [ɪkˈstent] **1** utsträckning, omfattning; *to a certain* ~ i viss utsträckning, till en viss grad **2** yta, område, omfång; mängd, volym
extenu|ate [ekˈstenjʊeɪt] förringa, minska, överskyla; *-ating circumstances* förmildrande omständigheter **-ation** [ekˌstenjʊˈeɪʃn] förringande, förmildrande; ursäkt
exterior [ekˈstɪərɪə] **I** *a* yttre, utvändig, ytter-; utvärtes **II** *s* **1** yttre, exteriör, utsida **2** *film.* utomhusscen
extermi|nate [ɪkˈstɜːmɪneɪt] utrota, tillintetgöra **-nation** [ɪkˌstɜːmɪˈneɪʃn] utrot|ande, -ning, för-

int|ande, -else
external [ek'stɜ:nl] **I** *a* **1** yttre, ytter-; extern; utvändig; utvärtes; utrikes- **II** *s*, *~s* (*pl*) yttre företeelser, oviktig detalj **-ity** [ˌekstɜ:'nælətɪ] yttre omständighet[er] (drag) **-ize** (*BE. äv. -ise*) [-aɪz] ge yttre form åt
extinct [ɪk'stɪŋ(k)t] **1** [ut]slocknad (*volcano* vulkan) **2** utdöd **3** avskaffad **extinction** [ɪk'stɪŋ(k)ʃn] **1** [ut]släckande; tillintetgörande, förintelse **2** utdöende
extinguish [ɪk'stɪŋgwɪʃ] **1** utsläcka, [tor]kväva **2** tillintetgöra, förinta (*äv. bildl.*) **-er** [-ə] eldsläckare
extir|pate ['ekstɜ:peɪt] **1** utplåna, utrota **2** dra upp med rötterna **-pation** [ˌekstɜ:'peɪʃn] **1** utplånande, utrotning **2** uppdragande med rötterna
extol [ɪk'stəʊl] prisa, höja till skyarna
extort [ɪk'stɔ:t] pressa [ut] (*money from s.b.* pengar av ngn), avtvinga (*s.th. from s.b.* ngn ngt), framtvinga **extortion** [ɪk'stɔ:ʃn] utpressning; av-, fram|tvingande **extortionate** [ɪk'stɔ:ʃnət] utpressnings-; ocker-; orimlig **extortioner** [ɪk'stɔ:ʃnə] utpressare; ockrare
extra ['ekstrə] **I** *a* extra, ytterligare; *~ time* (*sport.*) förlängning **II** *adv* extra **II** *s* **1** extra person (sak); extra tillbehör **2** extra|avgift, -kostnad **3** extranummer (*av tidning*) **4** *film.* statist
extract I *v* [ɪk'strækt] **1** dra ut (*from* ur); *~ the square root from* (*mat.*) dra roten ur **2** avlocka, framtvinga; locka fram **3** finna, hämta (*inspiration from* inspiration i, ur) **4** extrahera, utvinna; pressa [ut] **5** excerpera, göra utdrag ur (*skrift*) **II** *s* ['ekstrækt] **1** extrakt **2** excerpt, utdrag (*ur skrift*) **extraction** [ɪk'strækʃn] **1** utdragning; extraherande, extraktion **2** utdrag **3** härkomst, extraktion **extractive** [ɪk'stræktɪv] **1** extraktiv; extrakt- **2** *~ industry* råvaruindustri (*för utvinnande av kol, malm e.d.*)
extracurricular [ˌekstrəkə'rɪkjələ] utanför schemat, fritids-
extra|dite ['ekstrədaɪt] utlämna (*brottsling t. annan stat*); få utlämnad **-dition** [ˌekstrə'dɪʃn] utlämning (*av brottsling t. annan stat*)
extra|judicial [ˌekstrədʒu:'dɪʃl] *jur.* utanför rättsordningen; inte hörande till målet **-marital** [ˌekstrə'mærɪtl] *a*, *~ relations* utomäktenskapliga förbindelser **-mundane** [ˌekstrə'mʌndeɪn] utomvärldslig **-mural** [ˌekstrə'mjʊər(ə)l] utanför murarna (*av stad el. univ.*); *~ studies* studier på akademisk nivå utanför universitet
extraneous [ek'streɪnjəs] **1** yttre; som kommer utifrån; främmande **2** ovidkommande, irrelevant
extra|ordinarily [ɪk'strɔ:dnrəlɪ] utomordentligt, ovanligt **-ordinary** [-ɔ:dnrɪ] **1** utomordentlig, extraordinär, märkvärdig; ovanlig[t stor] **2** extraordinarie, extra, tillfällig, särskild
extrapolate [ek'stræpə(ʊ)leɪt] **1** *mat.* extrapolera **2** sluta sig till
extra|sensory [ˌekstrə'sensərɪ] *a*, *~ perception* extrasensorisk perception, utomsinnlig varseblivning **-terrestrial** [-tɪ'restrɪəl] utomjordisk **-territorial** ['ekstrəˌterɪ'tɔ:rɪəl] extraterritorial
extrava|gance [ɪk'strævəgəns] **1** extravagans, överdåd, slöseri **2** omåttlighet, överdrift **-gant** [-gənt] **1** extravagant, överdådig, slösaktig **2** överdriven; omåttlig, orimlig **-ganza** [ekˌstrævə'gænzə] **1** *litt. o. mus.* fantasi[stycke] **2** utstyrsel|pjäs, -stycke
extreme [ɪk'stri:m] **I** *a* **1** extrem, ytterlighets-; *an ~ case* ett extremfall; *the ~ right* (*polit.*) yttersta högern **2** ytterst; borterst, längst bort; *to the ~ left* längst [ut] till vänster; *the ~ opposite* raka motsatsen; *the ~ unction* sista smörjelsen **3** ytterst stor (sträng), extrem, ytterlig; *~ old age* utomordentligt hög ålder **II** *s* **1** ytterlighet; *in the ~* i högsta grad, ytterst; *go to ~s* gå till ytterligheter; *drive s.b to ~s* driva ngn till det yttersta **2** *mat.* ytterled **extremely** [-lɪ] *adv* ytterst, utomordentligt, högst **extremist** [-ɪst] extremist **extremity** [ɪk'stremətɪ] **1** yttersta punkt (del, gräns) **2** *anat.* extremitet **3** högsta grad **4** extremt tillstånd (läge); nödläge **5** ytterlighet, ytterlighetsåtgärd; *resort to extremities* gå till ytterligheter, ta till ytterlighetsåtgärder
extri|cate ['ekstrɪkeɪt] lösgöra, befria **-cation** [ˌekstrɪ'keɪʃn] *s* lös-, fri|görande, befriande
extrinsic [ek'strɪnsɪk] utanförliggande, yttre
extrovert ['ekstrə(ʊ)vɜ:t] **I** *a* extrovert, utåtriktad **II** *s* extrovert (utåtriktad) person
extrude [ek'stru:d] pressa (trycka) ut **extrusion** [ek'stru:ʒn] *s* utpressande, uttryckande
exuber|ance [ɪg'zju:b(ə)r(ə)ns] **1** överflöd, frodighet, ymnighet **2** översvallande; övermått; sprudlande glädje (vitalitet) **-ant** [-(ə)nt] **1** överflödande, frodig, ymnig **2** översvallande; sprudlande, vital
exudation [ˌeksju:'deɪʃn] utsvettning, utsöndring; svett **exude** [ɪg'zju:d] ut-, av|söndra[s]; sippra ut; *~ confidence* utstråla förtroende
exult [ɪg'zʌlt] jubla, triumfera **exultant** [-(ə)nt] jublande, triumferande **exultation** [ˌegzʌl'teɪʃn] jubel, triumf
exurb [ek'sɜ:b] bostadsområde utanför förorterna **exurbia** [-ɪə] *koll.* bostadsregion utanför förorterna
eye [aɪ] **I** *s* **1** öga; blick; *~[s]* syn[förmåga]; *an ~ for an ~* öga för öga; *~ to ~* (*vard.*) öga mot öga; *all ~s* (*vard.*) vaksam, uppmärksam; [*all*] *my ~s!* (*vard.*) struntprat!, dumheter!; *before* (*under*) *the very ~ of s.b. a*) inför ögonen på ngn, *b*) mitt för näsan på ngn; *in the ~s of the law* i lagens mening; *one in the ~* (*vard.*) en smocka [i ögat], en besvikelse; *in one's mind's ~* för sin inre syn; *to the naked ~* för blotta ögat; *under the ~ of s.b.* under uppsikt (övervakning) av ngn; *with a jealous ~* avundsjukt; *with* (*having*) *an ~ to a*) angående, med avseende på, *b*) i avsikt att; *with one's ~s open* med öppna ögon; *with one's ~s shut a*) med lätthet, med förbundna ögon, *b*) utan att märka (se) ngt; *be all ~s* göra stora ögon; *be in the public ~* vara föremål för allmänhetens intresse; *be up to one's ~s in work* ha arbete upp över öronen; *catch a p.'s ~* fånga ngns blick; *do s.b. in the ~* (*vard.*) grundlura ngn, dra ngn vid näsan; *give s.b. the* [*glad*] *~* [ögon]flörta med ngn; *have one's ~s about one* ha ögonen med sig; *have an ~ for antiques* ha blick (sinne) för antikviteter; *have ~s for* vara intresserad av; *have one's ~s on s.th.* (*vard.*) *a*) ha ngt i kikaren, *b*) ha ett gott öga till ngt; *have an ~ to the main chance* vara om sig; *keep an ~ on* hålla ett öga på; *keep*

an ~ open (*out*) *for* hålla utkik efter; *keep one's ~s open* (*vard. peeled, skinned*) ha ögonen med sig; *lay* (*clap, set*) *~s on* få syn på; *look s.b. in the ~* se stint på ngn; *make ~s at* [ögon]flörta med; *make sheep's ~s at* (*åld.*) kasta kärleksfulla blickar på; *run one's ~*[*s*] *over* ögna (titta) igenom; *see ~ to ~ with* gå med på, samtycka till, se på saken på samma sätt som; *set one's ~s in* (*sport.*) träna upp ögat; *set one's ~s on* kasta sina blickar på; *shut* (*close*) *one's ~s to, turn a blind ~ to* blunda för, se genom fingrarna med; *strike a p.'s ~* falla ngn i ögonen **2** [nåls]öga; *bot.* öga (*på potatis e.d.*); *the ~ of the wind* (*sjö.*) vindögat **II** *v* betrakta, mönstra, granska

eye|ball ['aɪbɔ:l] ögonglob **-brow** ögonbryn **--catching** [-ˌkætʃɪŋ] som fångar blicken, slående **-ful** [-fʊl] *vard.* **1** titt, blick **2** *she is quite an ~* hon är något att vila ögonen på **-glass** [-glɑ:s] **1** monokel **2** *AE., ~es* (*pl*) glasögon **-hole** [-həʊl] **1** öga (*på rep e.d.*) **2** *vard.* ögonhåla **3** titthål **-lash** [-læʃ] ögonhår; ögonfrans **-let** [-lɪt] **1** litet hål, snörhål; öljett **2** litet öga **-level** [-ˌlevl] ögonhöjd **-lid** [-lɪd] ögonlock **--opener** [-ˌəʊpnə] *vard.* tankeställare **-piece** [-pi:s] (*kikares*) okular[lins] **-shade** [-ʃeɪd] skärm (*över ögonen*) **-shadow** [-ˌʃædəʊ] ögonskugga **-shot** [-ʃɒt] *s, out of* (*within*) *~* utom (inom) synhåll **-sight** [-saɪt] syn[förmåga] **--socket** [-ˌsɒkɪt] ögonhåla **-sore** [-sɔ:] ful (anskrämlig) syn

Eye-tie ['aɪtaɪ] *BE. sl. neds.* italienare

eye|tooth ['aɪtu:θ] hörn-, ögon|tand; *give one's ~ for* (*vard.*) ge vad som helst (sin högra arm) för **-wash 1** ögonvatten **2** *vard.* struntprat **-witness** [ˌaɪ'wɪtnɪs] ögonvittne

eyrie ['aɪərɪ] **1** [rovfågels]näste **2** [rovfågels]kull

Ezekiel [ɪ'zi:kjəl] Hesekiel

F

F, f [ef] (*bokstav, ton*) F, f; *F flat* (*mus.*) fess; *F sharp* (*mus.*) fiss

F *förk. för Fahrenheit; Fellow* **F., f.** *förk. för female; feminine; following* [*page*]; *franc*[*s*] **FA** *förk. för field artillery; Football Association*

fa [fɑ:] *mus.* fa

fab [fæb] *interj, BE. vard.* jättebra!, fantastiskt!

fable ['feɪbl] **1** fabel; legend; myt, saga; fablernas (sagans) värld **2** lögn **fabled** [-d] **1** sago-, fabel- **2** uppdiktad

fabric ['fæbrɪk] **1** tyg, väv, vävnad; (*tygs*) struktur **2** uppbyggnad; stomme, struktur, konstruktion

fabri|cate ['fæbrɪkeɪt] **1** fabricera, tillverka; montera; konstruera **2** dikta ihop, hitta på; förfalska **-cation** [ˌfæbrɪ'keɪʃn] **1** fabrikation, tillverkning; montering; konstruktion **2** hopdiktande, påhitt; förfalskning

fabu|list ['fæbjʊlɪst] **1** fabeldiktare **2** lögnare **-lous** [-ləs] **1** fabel-, sago-; diktad **2** sagolik, fabulös; *vard.* jättefin, fantastisk

fac. *förk. för facsimile; factor; factory*

façade, facade [fə'sɑ:d] fasad (*äv. bildl.*), framsida

face [feɪs] **I** *s* **1** ansikte; min, uppsyn; *vard.* fräckhet; *a sad ~* en sorgsen min; *in* [*the*] *~ of a*) trots, *b*) ställd inför; *fly in the ~ of a*) öppet trotsa, *b*) rusa rakt på; *laugh in a p.'s ~* skratta ngn rätt upp i ansiktet; *look s.b. in the ~* se ngn rakt i ansiktet; *shut the door in a p.'s ~* stänga dörren mitt framför näsan på ngn; *fall on one's ~* falla framstupa; *~ to ~* ansikte mot ansikte, inför; *I told him so to his ~* jag sa honom det rakt upp i ansiktet; *she praised him to his ~* hon berömde honom i hans närvaro; *have the ~ to* (*vard.*) ha fräckheten (mage) att; *lose* (*save*) *~* förlora (rädda) ansiktet (anseendet); *make* (*pull*) *a ~* göra en grimas; *pull a long ~* bli lång i ansiktet (synen); *put one's ~ on* (*vard.*) göra make-up; *put a bold* (*good*) *~ on* hålla god min i elakt spel; *put a brave ~ on it* bita i det sura äpplet; *set one's ~ against* bestämt motsätta sig; *show one's ~* visa sig, framträda **2** yta; framsida; fasad; rätsida; ur-, visar|tavla; *the ~ of the town has changed* stadens utseende har förändrats; *vanish off the ~ of the earth* försvinna från jordens yta; *on the ~ of it* som det ter sig utåt, av allt att döma, ytligt sett; *a cliff ~* en klippvägg **3** *boktr.* (*typs*) tryckyta; typsnitt **II** *v* **1** vara vänd mot, se mot; ligga (vetta) mot; ligga (stå) mitt emot; stå ansikte mot ansikte med; *~ the music* (*vard.*) ta konsekvenserna, stå sitt kast; *facing page* motstående sida; *a room facing the south* ett rum som vetter åt söder; *sit facing the engine* åka framlänges (*på tåg e.d.*) **2** [oförskräckt] möta (*enemy* fiende; *problems* problem), stå inför; räkna med, vara beredd på; *~ out* stå ut med, uthärda; *be ~d with* stå (ställas) inför, konfronteras med; *let's ~ it, she is…* man måste erkänna att hon är...; ~ *the facts* inte blunda för fakta **3** lägga med framsidan (rätsidan) uppåt **4** beklä[da], klä; infodra **5** *mil.* låta göra vändning; *about ~!* helt om! *right ~!* höger om! **6** vara vänd, vända sig (*to*[*wards*] mot); vetta, ligga (*to*[*wards*] mot); *the room ~s to the south* rummet vetter mot söder **7** ~ *up to a*) [modigt] möta, *b*) finna sig i, böja sig för, *c*) ta på sig (*responsibility* ansvar)

face card ['feɪskɑ:d] *AE., kortsp.* målare, klätt kort **face cloth (flannel)** tvättlapp **face-lift** ansiktslyftning (*äv. bildl.*) **face-off** (*i ishockey*) nedsläpp, tekning **face pack** ansiktsmask **face powder** [ansikts]puder **facer** [-ə] *BE. vard.* svårighet, problem **face-saving** som räddar (för att rädda) ansiktet

facet ['fæsɪt] **I** *s* **1** fasett **2** *bildl.* sida, aspekt **II** *v* slipa i fasett

face|tiae [fə'sɪ:ʃɪi:] *pl* **1** kvickheter **2** oanständig litteratur **-tious** [-ʃəs] skämtsam; *be ~* göra sig lustig

face value ['feɪsvælju:] nominellt värde; *take s.th. at* [*its*] ~ ta ngt för gott

facia ['feɪʃə] *se fascia*

facial ['feɪʃl] **I** *a* ansikts- **II** *s* ansiktsbehandling

facile ['fæsaɪl] **1** lätt[vindig], enkel **2** flink, flyhänt **3** ledig, avspänd **facilitate** [fə'sɪlɪteɪt] underlätta; främja **facilit|y** [fə'sɪlətɪ] **1** lätthet **2** flinkhet, flyhänthet **3** *-ies* (*pl*) anordningar, hjälpmedel, faciliteter; tillfällen; möjligheter; *modern -ies* moderna bekvämligheter (hjälpmedel) **4** *-ies* (*pl*) toalett

facing ['feɪsɪŋ] **1** skoning, infodring, kantgarnering; *~s* (*pl, mil.*) [rock]uppslag (*i annan färg*) **2** *byggn.* yt-, fasad|beklädnad

facsimile [fæk'sɪmɪlɪ] **I** *s* faksimil[e] **II** *v* faksimilera

fact [fækt] **1** faktum, realitet; ~ *and fiction* fantasi och verklighet; ~ *of life* ofrånkomligt (obehagligt) faktum; *teach s.b. the ~s of life* ge ngn sexualupplysning; *a matter of ~* ett faktum; *as a matter of ~, in* [*point of*] ~ faktiskt, i verkligheten, i själva verket; *the ~* [*of the matter*] *is that* saken är den att, faktum är att **2** *jur.* sakförhållande, faktum i målet; *after the ~* efter brottet[s begående] **--finding** *a* undersöknings-

faction ['fækʃn] **1** partigrupp, fraktion **2** parti|käbbel, -strider **factional** ['fækʃənl] parti- **factious** ['fækʃəs] **1** parti-, fraktions- **2** grälsjuk

factitious [fæk'tɪʃəs] konstgjord; konstlad

factor ['fæktə] **1** faktor (*äv. mat.*); ~ *of production* produktionsfaktor **2** agent, kommissionär **3** *Sk.* förvaltare **-age** [-rɪdʒ] kommissionsarvode **-ize** (*BE. äv. -ise*) [-raɪz] *mat.* dela upp i faktorer

factory ['fækt(ə)rɪ] fabrik; bruk **Factory Act** arbetarskyddslag **factory farm** industriellt jordbruk, storjordbruk **factory ship** *BE.* flytande valkokeri

factotum [fæk'təʊtəm] faktotum, allt i allo

factual ['fæktʃʊəl] **1** faktisk, verklig **2** saklig

facultative ['fækltətɪv] fakultativ, frivillig, valfri

faculty ['fækltɪ] **1** förmåga; anlag, fallenhet; skicklighet, duglighet **2** *univ.* fakultet; fakultetsmedlemmar; *AE.* lärarkår

fad [fæd] *vard.* modenyck, fluga, mani, nyck **-dish** ['fædɪʃ] vurmig, nyckfull **-dist** ['fædɪst] vurmare, fantast

fade [feɪd] **1** vissna; förtvina **2** blekna, mattas; förblekna; tona bort; tyna av, vissna bort **3** bleka, komma att blekas **4** *film o.d.*, ~ *away* (*out*) sakta försvinna, dö (tona) bort; ~ *in* tona in (upp); ~ *into* långsamt övergå till **fade-in** ['feɪdɪn] *film. etc.* upptoning **fadeless** ['feɪdlɪs] **1** oförgänglig **2** färgäkta **fade-out** ['feɪdaʊt] **1** *film. etc.* borttoning **2** *bildl.* tillbakagång **fading** ['feɪdɪŋ] **1** vissnande, [för]bleknande **2** *radio.* fading

faecal ['fi:kl] avförings-; *med.* fekal **faeces** ['fi:si:z] *pl* avföring, exkrementer

fae|rie, -ry ['fe(ɪ)ərɪ] *åld. el. poet.* **I** *s* **1** feernas värld **2** förtrollning **II** *a* fe-

Faeroes ['feərəʊz] *the ~, the Faeroe Islands* Färöarna **Faeroese** [ˌfeərəʊ'i:z] **I** *s* färöing **II** *a* färöisk

1 fag [fæg] **I** *v* **1** *vard.* slita, knoga **2** *BE. skol.*, ~ [*for*] vara passopp åt (*äldre elev*) **3** tröttköra, låta slita **II** *s* **1** *vard.* slit, knog **2** *BE. skol.* pojke som passar upp på äldre elev

2 fag [fæg] *BE. sl.* cigg, tagg (*cigarrett*)

3 fag [fæg] *AE. sl.* bög, homofil

fag end [ˌfæg'end] **1** [värdelös] tamp, ända **2** *BE. vard.* fimp

1 faggot ['fægət] risknippe; knippa, knippe, bunt

2 faggot ['fægət] *AE. sl.* bög, homofil

fah [fɑ:] *mus.* fa

Fahrenheit ['fær(ə)nhaɪt] Fahrenheit

faience [faɪ'ɑ̃:(n)s] fajans

fail [feɪl] **I** *v* misslyckas; stranda; göra fiasko; slå fel; vara förgäves; bli underkänd (kuggad); ~ *in doing s.th.* misslyckas med att göra ngt; *the crops ~ed* skörden slog fel **2** klicka, strejka, inte fungera, svika; *his heart ~ed* hans hjärta stannade; *the motor ~ed* motorn strejkade **3** brista; svika; ~ *in one's duty* svika (inte fullgöra) sin plikt; ~ *in its effect* förfela sin verkan **4** vara otillräcklig, ta slut, inte räcka till **5** försvagas, avta; bli sämre (svagare); tona (dö) bort **6** göra bankrutt, gå omkull **7** svika, lämna i sticket; *words ~ me* jag saknar ord **8** ~ *to do s.th.* underlåta (försumma) att göra ngt, inte [lyckas] göra ngt; *I couldn't ~ to notice* jag kunde inte undgå att lägga märke till; *I ~ to see why* jag kan inte inse varför **9** underkänna, kugga (*a candidate* en kandidat); ~ *an exam* bli underkänd i en examen **II** *s, without ~* säkert, bestämt

fail|ing ['feɪlɪŋ] **I** *s* brist, fel **II** *prep* i brist på; ~ *this* (*that*) i annat fall **--safe** hel-, idiot|säker **-ure** [-jə] **1** misslyckande; strandning; fiasko; misslyckad person (sak) **2** underlåtenhet (*to attend* att närvara); uteblivande; brist **3** strejkande, svikande; fel; *crop ~* missväxt; *heart ~* hjärtförlamning; *motor ~* motorstopp; *power ~* strömavbrott **4** försvagning; försämring **5** bankrutt, konkurs

fain [feɪn] *åld.* **I** *a, be ~ to* vara [så illa] tvungen att **II** *adv, I would ~* jag skulle gärna vilja **III** *v, se fains* **fains** [-z] ~ *I* (*i lek*) pass för att inte

faint [feɪnt] **I** *a* svag; matt; otydlig; *a ~ noise* ett svagt ljud; *I haven't the ~est* [*idea*] jag har inte den blekaste aning **II** *v* svimma; ~ *away* svimma av **III** *s* svimning **faint-hearted** [ˌfeɪnt'hɑ:tɪd] feg, försagd **fainting-fit** ['feɪntɪŋfɪt] svimningsanfall

1 fair [feə] **1** marknad; [välgörenhets]basar; *vanity* ~ fåfängans marknad **2** *hand.* mässa

2 fair [feə] **I** *a* **1** rättvis, just (*to, on* mot); opartisk; ärlig (*fight* strid), hederlig; rimlig, skälig; *vard.* fullkomlig, verklig (*battle* strid); ~ *game* lovligt villebråd; ~ *play* fair play, rent spel; ~ *enough!* kör till!, okej!, bra!; ~ *and square* öppen och ärlig; ~ *is* ~ rätt ska vara rätt; *it's only* ~ det är inte mer än rätt; *all's* ~ *in love and war* i krig och kärlek är allting tillåtet; *have a* ~ *chance of winning* ha stora chanser att vinna; *that's a* ~ *comment* det stämmer (är riktigt); *by* ~ *means or foul* med rätt eller orätt, med ärliga medel eller oärliga; *get a* ~ *trial a*) få en rättvis rättegång, *b*) få en ärlig chans **2** ganska bra (stor); *a* ~ *amount* (*äv.*) ganska mycket; *in a* ~ *way to success* på god väg att lyckas ~ *wind* förlig vind; ~ *to middling* (*vard.*) någorlunda, skaplig **3** blond, ljus[lagd] **4** vacker (*äv. om väder*); fager; behaglig; *the* ~ *sex* det täcka könet; ~ *words* vackra ord, fagert tal; *the barometer is set* ~ barometern står på vackert [väder] **5** *bildl.* fläckfri (*name* namn); otadlig **6** tydlig, läslig (*handwriting* handstil); ~ *copy* renskrift, renskrivet exemplar **7** fri, öppen (*passage* passage) **II** *adv* **1** rättvist, just; ärligt, hederligt; rimligt; *play* ~ spela rent spel, vara hederlig **2** rakt, rätt; *fall* ~ falla pladask; ~ *and square* öppet och ärligt; *it hit him* ~ *and square in the face* den träffade honom rakt i ansiktet **3** *copy s.th. out* ~ skriva rent ngt

fairground ['feəgraʊnd] marknadsplats; mässområde

fair-haired [ˌfeə'heəd] **1** ljushårig **2** *AE.*, ~ *boy* gullgosse, favorit **fairish** ['feərɪʃ] **1** ganska bra, skaplig **2** ganska ljus[lagd] **fairing** ['feərɪŋ] *tekn.* kåpa (*för att minska luftmotstånd*); strömlinjeform **fairly** ['feəlɪ] **1** rättvist; ärligt, hederligt **2** ganska, tämligen, rätt **3** alldeles; fullständigt **4** lämpligen **fair-minded** [ˌfeə'maɪndɪd] rättvis, just **fairness** ['feənɪs] **1** rättvisa, opartiskhet; ärlighet, hederlighet; rimlighet; *in all* ~ i rättvisans namn, rimligtvis **2** blondhet; skönhet **fairway** ['feəweɪ] **1** farled **2** *golf.* fairway (*klippt del mellan utslagsplats o. green*) **fair-weather** ['feəˌweðə] *a* **1** vackert-väder- **2** ~ *friends* vänner i medgångens stund

fairy ['feərɪ] **I** *s* **1** fe, älva **2** *sl.* bög, homofil **II** *a* felik, älvlik; fe-, älv-; sago- **fairy cycle** liten barncykel **fairy godmother** god fe **fairyland** **1** älvornas rike **2** fantasivärld **fairylike** älvlik **fairy ring** [ˌfeərɪ'rɪŋ] *bot.* häx-, älv|ring **fairy story** ['feərɪˌstɔ:rɪ], **fairy tale** ['feərɪteɪl] [fe]-saga; osann (påhittad) historia

faith [feɪθ] **1** tro (*in* på); förtroende (*in* för), tillit (*in* till); *the* ~ den sanna tron; *have* ~ *in* tro (lita) på, ha förtroende för **2** tro, troslära, religion; *the Christian* ~ den kristna tron **3** trohet, hederlighet; hedersord; *in* ~ minsann; *in bad* ~ trolöst; *in good* ~ i god tro **-ful** ['feɪθfʊl] **1** trogen (*to* mot); *the* ~ de rättrogna **2** trovärdig, verklighetstrogen **3** trogen, exakt **-fully** ['feɪθfʊlɪ] *adv* troget *etc.*, *jfr faithful*; *Yours* ~ Högaktningsfullt (*i brev*) **--healer** ['feɪθˌhi:lə] helbrägdagörare **--healing** ['feɪθˌhi:lɪŋ] helbrägdagörelse **-less** **1** trolös, opålitlig (*to* mot) **2** utan tro, klentrogen

fake [feɪk] **I** *v* **1** förfalska; försköna, bättra på; koka ihop, hitta på; ~ *up a*) hitta på, *b*) förfalska **2** simulera, låtsas ha (*a headache* huvudvärk) **3** improvisera **II** *a* falsk, förfalskad; uppdiktad **III** *s* förfalskning; uppdiktad historia; bluffmakare **faker** ['feɪkə] förfalskare; bluffmakare

fakir ['feɪˌkɪə] fakir

falcon ['fɔ:lkən] falk **falconer** [-ə] falkenerare **falconry** [-rɪ] **1** falkdressyr **2** falkjakt

falderal [ˌfældə'ræl] **1** falleri, fallera **2** struntsak; struntprat

faldstool ['fɔ:ldstu:l] **1** bönpall **2** biskopsstol (*utan ryggstöd*)

fall [fɔ:l] **I** *v* (*fell, fallen*) **1** falla; falla omkull, ramla; falla ner; sjunka; stupa; infalla; *he fell and hurt his knee* han ramlade och gjorde sig illa i knät; *prices* ~ priserna sjunker; ~ *in battle* falla (stupa) i strid; *night fell* natten föll på; *Easter* ~*s early this year* påsken infaller tidigt i år; ~ *apart* (*to pieces*) falla isär (i bitar); *her face fell* hon blev lång i ansiktet; *the fortress fell* fortet föll; *her gaze fell* hon sänkte (vände bort) blicken; *the government fell* regeringen föll; *her hair fell to her waist* hennes hår föll (hängde, räckte) ner till midjan; ~ *a victim to* falla offer för; *his voice fell to a whisper* hans röst sänktes (sjönk) till en viskning **2** förfalla [till betalning] **3** slutta **4** *the wind* ~*s* vinden avtar, det mojnar **5** ~ *asleep* somna, falla i sömn; ~ *ill* bli sjuk, insjukna; ~ *in love* bli kär; ~ *flat* (*bildl.*) falla platt till marken, misslyckas; ~ *foul of a*) *sjö.* kollidera med, *b*) råka i konflikt med; ~ *short* visa sig otillräcklig; ~ *short of* inte motsvara, inte gå upp mot **6** (*om djurungar*) födas **7** ~ *about laughing* skratta sig fördärvad; ~ *among* råka in bland (i); ~ *away a*) slutta [ner], *b*) bortfalla, lossna, *c*) (*om oro o.d.*) vika [undan], avta; ~ *back* dra sig tillbaka; ~ *back* [*up*]*on* (*bildl.*) falla tillbaka på; ~ *behind a*) bli (sacka) efter, *b*) ligga efter (*m. arbete e.d.*); ~ *down* falla (ramla) ner (omkull), falla ihop; ~ *down on* (*vard.*) misslyckas med; ~ *for a*) falla för (*ngn*), *b*) gå 'på, luras av; ~ *from a*) falla [ner] från, *b*) störtas från; *not a word fell from his lips* inte ett ord kom över hans läppar; ~ *in a*) falla (störta) in, falla ihop, *b*) *mil.* falla in i ledet; ~ *in!* (*mil.*) uppställning!; ~ *in* [*up*]*on* överraska, dimpa ner hos; ~ *in with a*) träffa, ansluta sig till, råka in i, *b*) gå med på, stödja; ~ *into a*) falla [ner] i, *b*) förfalla till (*bad habits* dåliga vanor), *c*) kunna indelas i; ~ *into disrepair* förfalla, bli förfallen; ~ *into a rage* bli rasande; ~ *off a*) falla (ramla) av (ner från), *b*) minska, avta, gå ner, försämras, *c*) *sjö.* falla av; ~ *on* (*upon*) *a*) anfalla, kasta sig över, *b*) snubbla på (*a stone* en sten), *c*) till|falla, -komma, *d*) komma (råka) på, hitta; ~ *flat on one's face* falla pladask, *bildl.* misslyckas kapitalt; ~ *on one's feet* (*bildl.*) komma ner på fötterna, klara sig bra; *suspicions* ~ *on him* misstankarna faller på honom; ~ *out a*) falla (ramla) ut (*of* ur, genom), *b*) utfalla, avlöpa, *c*) *vard.* råka i gräl, bli osams, *d*) *mil.* lämna ledet; ~ *out of* lägga bort, upphöra med; ~ *over* falla (ramla) omkull, ta överbalansen; ~ *over o.s. to do s.th.* anstränga sig till det yttersta att göra ngt; ~ *through* slå fel, misslyckas, falla igenom; ~ *to a*)

F

börja, sätta igång, *b*) tillkomma, falla på, *b*) tillfalla; ~ *under* falla (höra, sortera) under; ~ *upon, se fall on*; ~ *within* falla inom (under) **II** *s* **1** fall (*äv. i brottning*); fallande, minskning, nedgång, avtagande; *the F~* syndafallet; *the ~ of night* nattens inbrott; ~ *in morals* moraliskt förfall; ~ *of snow* snöfall; ~ *in temperature* temperaturfall; *have a ~* falla **2** *AE.* höst **3** ~[*s*] [vatten]fall; *the Niagara F~s* Niagarafallen **4** sluttning **5** *sjö.* fall **6** (*djurs*) födelse; [djur]kull

falla|cious [fə'leɪʃəs] bedräglig, vilseledande; felaktig **-cy** ['fæləsɪ] **1** bedräglighet; *the ~ of* det bedrägliga i **2** felslut **3** misstag

fall-back ['fɔ:lbæk] **1** reträtt **2** nödfallsutväg, reserv

fallen ['fɔ:l(ə)n] *perf. part. av fall o. a* fallen (*äv. bildl.*); nerfallen; stupad; störtad (*government* regering); ~ *arch* nedsjunket fotvalv, plattfot

fall guy ['fɔ:lgaɪ] *AE. vard.* **1** lurad person **2** syndabock

falli|bility [ˌfælə'bɪlətɪ] felbarhet **-ble** ['fæləbl] felbar

falling ['fɔ:lɪŋ] fallande; ~ *sickness* (*evil*) fallandesjuka; ~ *star* stjärnfall

Fallopian tube [fə'ləʊpɪən 'tju:b] *anat.* äggledare

fallout ['fɔ:laʊt] radioaktivt nedfall

1 fallow ['fæləʊ] **I** *s* träda, trädesåker **II** *v* ligga (lägga) i träda **III** *a* trädes-, i träda; *lie ~* ligga i träda (*äv. bildl.*)

2 fallow ['fæləʊ] gulbrun

fallow deer ['fælə(ʊ)ˌdɪə] dovhjort

false [fɔ:ls] **I** *a* falsk; osann; bedräglig; otrogen; oäkta; ~ *alarm* falskt alarm; ~ *bottom* dubbel botten; ~ *colours* falsk flagg; ~ *note* falsk ton; ~ *pearls* oäkta pärlor; ~ *scent* villospår; ~ *start* tjuvstart; ~ *step a*) oklok handling, *b*) felsteg (*äv. bildl.*); ~ *teeth* löständer **II** *adv, play s.b. ~* bedra ngn **-hood** ['fɔ:lshʊd] lögn, osanning; bedrägeri, ljugande; falskhet

falsetto [fɔ:l'setəʊ] falsett

falsies ['fɔ:lsɪz] *pl, vard.* behå med inlägg, lösbröst

falsi|fication [ˌfɔ:lsɪfɪ'keɪʃn] förfalskning **-fier** ['fɔ:lsɪfaɪə] förfalskare **-fy** ['fɔ:lsɪfaɪ] **1** förfalska **2** svika **3** vederlägga **-ty** ['fɔ:lsətɪ] **1** oriktighet; falskhet **2** lögn

falter ['fɔ:ltə] **1** stappla, ragla **2** stamma **3** vackla, tveka, vara osäker

fame [feɪm] berömmelse, ryktbarhet **famed** [-d] berömd, ryktbar

familial [fə'mɪljəl] familje-

familiar [fə'mɪljə] **I** *a* **1** bekant; [väl]känd **2** vanlig **3** ~ *with* förtrogen med **4** informell, familjär, förtrolig; närgången **II** *s* **1** förtrogen vän **2** tjänande ande **-ity** [fəˌmɪlɪ'ærətɪ] **1** förtrogenhet, nära bekantskap **2** förtrolighet **3** närgångenhet **-ize** (*BE. äv. -ise*) [fə'mɪljəraɪz] **1** göra bekant (förtrogen) (*with* med); ~ *o.s. with* bli bekant (förtrogen) med, sätta sig in i **2** göra allmänt känd (accepterad)

family ['fæm(ə)lɪ] **1** familj; hushåll, hus; *he has a ~ of two* han har två barn; *in the ~ way* (*vard.*) med barn **2** släkt, ätt; *it runs in the ~* det ligger i släkten **3** stam; ras **family allowance** [-əˌlaʊəns] (*förr*) barnbidrag **family circle** [-ˌsɜ:kl] familjekrets **family doctor** [-ˌdɒktə] husläkare **family man** [-mæn] familjefar; hemkär man **family name** [-neɪm] familje-, efter|namn **family planning** [-ˌplænɪŋ] familjeplanering, födelsekontroll **family skeleton** [-ˌskelɪtn] familjehemlighet **family tree** [-tri:] stamträd

famine ['fæmɪn] **1** hungersnöd **2** svält, hunger **3** svår brist (*in* på)

famish ['fæmɪʃ] *v, vard., I'm ~ing* (*~ed*) jag håller på att svälta ihjäl

famous ['feɪməs] **1** berömd, ryktbar **2** *vard.* utmärkt, jättebra

1 fan [fæn] **I** *s* **1** fläkt; *lantbr.* sädesvanna **2** solfjäder **II** *v* **1** fläkta [på] ; *lantbr.* fläkta, vanna (*säd*); *bildl.* underblåsa **2** ~ [*out*] breda ut [sig] som en solfjäder

2 fan [fæn] beundrare, entusiast, fantast, fan

fanat|ic [fə'nætɪk] **I** *s* fanatiker **II** *a* fanatisk **-ical** [-ɪkl] fanatisk **-icism** [-ɪsɪz(ə)m] fanatism

fan belt ['fænbelt] fläktrem

fancied ['fænsɪd] **1** inbillad; overklig **2** favorit-

fancier [-ə] **1** expert, kännare, vän **2** odlare, uppfödare (*av blommor, fåglar e.d.*) **fanciful** [-f(ʊ)l] **1** fantasi|full, -rik **2** fantastisk **3** inbillad, fantasi-

fancy ['fænsɪ] **I** *s* **1** fantasi, inbillningsförmåga; fantasibild; inbillning; *that was just his ~* det hade han bara inbillat sig **2** infall, nyck; *she had a sudden ~ to go to Paris* hon fick ett plötsligt infall att resa till Paris; *I have a ~ that* jag har en känsla av att **3** förkärlek, tycke; smak, böjelse, lust; *have a ~ for s.th.* ha lust på (förkärlek för) ngt; *take a ~ to a*) bli förtjust i, *b*) få lust att **II** *v* **1** föreställa sig, tänka sig; *just ~!, ~ that!* [kan man] tänka sig!; ~ *doing that! a*) tänk att få göra det!, *b*) hur kan (kunde) man göra det! **2** förmoda; inbilla sig, tycka; *he fancied he heard footsteps* han tyckte sig höra fotsteg; *I rather ~ he has gone* jag tror faktiskt att han har gått **3** ~ *o.s.* ha höga tankar om sig själv; *he fancies himself as an expert* han tror att han är (sig vara) expert **4** tycka om, vara förtjust i; gärna vilja ha; vara pigg på; *I don't ~ a house in Leeds* jag skulle inte vilja ha ett hus i Leeds **5** föda upp (*djur*) **III** *a* **1** fantasi-, fantasifull, konstfärdig; ovanlig; extra fin, särskilt utvald; invecklad, komplicerad (*dancing steps* danssteg) **2** (*ofta iron.*) fantastisk, fantasi-; nyckfull; överdriven; ~ *prices* fantasipriser **fancy dress** [ˌfænsɪ'dres] maskeraddräkt **fancy dress ball** ['fænsɪdresˌbɔ:l] maskerad[bal] **fancy-free** [ˌfænsɪ'fri:] obunden, fri **fancy goods** ['fænsɪgʊdz] *pl* prydnadssaker; presentartiklar **fancy man** ['fænsɪmæn] *sl.* **1** älskare **2** hallick **fancy woman** ['fænsɪwʊmən] *sl.* **1** älskarinna **2** prostituerad **fancywork** ['fænsɪwɜ:k] fint handarbete (*broderi, virkning etc.*)

fandangle [fæn'dæŋgl] *vard.* **1** prål[ighet] **2** nonsens, tokerier

fandango [fæn'dæŋgəʊ] fandango (*dans*)

fane [feɪn] *åld. el. poet.* tempel

fanfare ['fænfeə] fanfar

fang [fæŋ] **1** huggtand, bete; gifttand; *~s* (*pl, BE. vard.*) gaddar (*tänder*) **2** tandrot **-ed** [-d] försedd med huggtänder *etc., jfr fang*

fanlight ['fænlaɪt] halvcirkelformat fönster;

över[ljus]fönster
fan mail ['fænmeɪl] beundrarpost
fanner ['fænə] ventilator, fläkt
fanny ['fænɪ] **1** *AE. sl.* rumpa **2** *BE. vulg.* fitta **fanny adams** *BE. sl., sweet ~* inte ett jävla dugg
fanta|size (*BE. äv. -sise*) ['fæntəsaɪz] fantisera
fantast ['fæntæst] fantast **fantastic[al]** [fæn'tæstɪk(l)] **1** fantastisk; absurd, befängd, orimlig; fantasi- **2** nyckfull **fantasy** ['fæntəsɪ] **1** fantasi (*äv. mus.*); fantasifoster, illusion **2** fantastiskt infall, [vilt] påhitt
FAO *förk. för Food and Agriculture Organization*
far [fɑ:] (*farther, farthest el. further, furthest*) **I** *a* **1** fjärran, avlägsen; bortre; *the F~ East* Fjärran Östern; *in the ~ distance* i ett avläget fjärran; *the ~ end of the room* bortre (andra) änden av rummet; *it's a ~ cry from* det är ngt helt annat än **2** lång (*way* väg); *I'm ~ from happy* jag är långt ifrån lycklig **II** *adv* **1** långt (*from here* härifrån); långt bort[a]; *~ and away* med god marginal; *~ and near* när och fjärran; *~ and wide* vida omkring, vitt och brett; *~ different* helt olika; *~ from it* långt därifrån; *~ be it from me to* jag vill absolut inte, det vare mig fjärran att; *~ gone a*) långt framskriden (gången), *b*) *vard.* stupfull; *~ in the future* långt in i framtiden; *~ off* (*away*) långt bort[a]; *as* (*so*) *~ as a*) ända (så långt som) till, *b*) såvitt; *as ~ back as 1850* redan 1850; *as ~ back as I can remember* så långt tillbaka som jag kan minnas; *so ~ a*) så till vida, *b*) hittills; *so ~, so good* så långt är allt gott och väl; *in so ~ [as]* i den mån [som]; *have you come ~?* har du kommit långt bortifrån?; *go ~ a*) gå långt (*äv. bildl.*), räcka långt (länge); *how ~?* hur långt (länge)?, i vilken utsträckning? **2** mycket, vida, långt (*better* bättre); *by ~* vida, ojämförligt, betydligt, avsevärt, allra; *~ too heavy* alldeles för tung
farad ['færəd] *fys.* farad
faraway ['fɑ:rəweɪ] **1** avlägsen **2** *bildl.* frånvarande, drömmande
farce [fɑ:s] fars **farcical** ['fɑ:sɪkl] farsartad
fare [feə] **I** *s* **1** [passagerar]avgift, biljettpris, taxa **2** [taxi]passagerare **3** mat, kost, kosthåll; *bill of ~* matsedel **II** *v* **1** klara sig (*well* bra); *~ thee well!* (*åld.*) farväl!, lev väl! **2** *opers., it ~d badly with her* det gick illa för henne **3** *åld.* äta **4** *åld., ~ [forth]* färdas **fare meter** ['feəmi:tə] taxameter **fare stage** ['feəsteɪdʒ] [gräns för] taxezon **fare-thee-well** [ˌfeəði:'wel] *vard., to a ~* perfekt, på ett fulländat sätt **farewell** [ˌfeə'wel] **I** *interj* farväl! **II** *s* avsked, farväl **III** *a* avskeds-
far|-fetched [ˌfɑ:'fetʃt] [lång]sökt; otrolig **--flung 1** utspridd **2** fjärran
farina [fə'raɪnə] **1** mjöl **2** *BE.* [potatis]stärkelse **farinaceous** [ˌfærɪ'neɪʃəs] **1** mjöl-; stärkelsehaltig **2** mjölig **farinose** ['færɪnəʊs] mjöl-, mjölhaltig
farm [fɑ:m] **I** *s* **1** bondgård, jord-, lant|bruk; (*i USA e.d.*) farm **2** farm, odling; *fox ~* rävfarm; *fish ~* fiskodling **3** arrende[gård]; arrende[avgift] **II** *v* **1** bruka, odla (*land* jorden); föda upp (*cattle* boskap) **2** driva jordbruk **3** ha fosterbarn **4** *~ out a*) lägga (lämna) ut (*arbete*), *b*) bortackordera (*fosterbarn*), *c*) arrendera ut **farmer** ['fɑ:mə] **1** bonde, jord-, lant|brukare; (*i USA e.d.*) farmare **2** uppfödare, farmare, odlare **3** arrendator **4** fosterförälder **farm hand** ['fɑ:mhænd] lant-, jordbruks|arbetare **farmhouse** ['fɑ:mhaʊs] bondgård, mangårdsbyggnad **farming** ['fɑ:mɪŋ] **I** *s* **1** jord-, lant|bruk **2** uppfödning, odling **II** *a* jord-, lant|bruks- **farmstead** ['fɑ:msted] bondgård **farmyard** ['fɑ:mjɑ:d] gårdsplan (*vid bondgård*)
Faroes ['feərəʊz] *se Faeroes*
far|-off ['fɑ:rɒf] *se faraway* **--out 1** avlägsen **2** *sl.* excentrisk, bisarr **3** *sl.* toppen, fantastisk
farrago [fə'rɑ:gəʊ] hopkok, röra, blandning
far-reaching [ˌfɑ:'ri:tʃɪŋ] vittgående, omfattande
farrier ['færɪə] **1** hovslagare **2** veterinär **3** *mil.* kompaniofficer (*som har hand om hästarna*)
farrow ['færəʊ] **I** *s* griskull **I** *v* grisa
far|-seeing [ˌfɑ:'si:ɪŋ] framsynt **--sighted** [-'saɪtɪd] **1** långsynt **2** framsynt, förutseende
fart [fɑ:t] *vulg.* **I** *s* prutt, fjärt **II** *v* prutta, fjärta
far|ther ['fɑ:ðə] **I** *a* **1** avlägsnare, bortre **2** ytterligare **II** *adv* **1** längre; längre bort **2** ytterligare **-thermost** *a* borterst, längst bort [belägen] **-thest** [-ðɪst] **I** *a* **1** borterst, längst bort [belägen]; *at the ~ a*) längst bort, *b*) på sin höjd **2** längst **II** *adv* längst bort; längst
farthing ['fɑ:ðɪŋ] **1** (*förr*) 1/4 penny **2** *not worth a ~* inte värt ett dugg
fartlek ['fɑ:tlek] *sport.* intervallträning
F.A.S. *förk. för free alongside ship*
fascia ['feɪʃə] **1** butiksskylt (*ovanför fönster*) **2** *BE.* instrumentbräda
fasci|nate ['fæsɪneɪt] fascinera, fängsla, hänföra; förtrolla **-nating** [-neɪtɪŋ] fascinerande; mycket intressant; förtjusande **-nation** [ˌfæsɪ'neɪʃn] tjusning, förtrollning, lockelse
fascism ['fæʃɪz(ə)m] fascism **fascist** [-ɪst] **I** *s* fascist **II** *a* fascistisk, fascist-
fashion ['fæʃn] **I** *s* **1** mod[e]; *come into* (*go out of*) *~* bli modern (omodern); *it's all the ~* det är högsta mode; *set the ~* diktera modet; *a man of ~* en man av värld **2** sätt, vis; slag, sort; *after* (*in*) *a ~* någotsånär, någorlunda, i viss mån; *after the ~ of* lik[nande], i stil med **3** [yttre] form, fason **4** bruk, sed; vana **II** *v* forma, gestalta; formge **fashionable** [-əbl] **I** *a* **1** modern, mode- **2** fashionabel; förnäm, elegant; *the ~ world* den fina världen **II** *s* modelejon **fashion house** modehus **fashion magazine** mode|journal, -tidning **fashion parade** *se fashion show* **fashion plate** mode|plansch, -teckning **fashion show** mode-, mannekäng|uppvisning
1 fast [fɑ:st] **I** *v* fasta **II** *s* fasta; fastetid
2 fast [fɑ:st] **I** *a* **1** snabb; hastig; *~ food* snabbmat; *~ lane* omkörnings-, ytter|fil; *~ train* snabb-, snäll|tåg; *the clock is ~* klockan går för fort; *a ~ talker* (*vard.* en väloljad talare; *he is a ~ worker* han arbetar snabbt, han förspiller ingen tid; *pull a ~ one on s.b.* lura ngn **2** fast[sittande, -satt]; stadig; färgäkta; ljus-, tvätt|äkta (*dye* färg); trofast (*friend* vän); *make ~* göra (sätta, binda) fast **3** utsvävande (*life* liv); vidlyftig, nöjeslysten; *a ~ woman* en lättsinnig kvinna **4** *åld.* djup (*sleep* sömn) **II** *adv* **1** snabbt; hastigt, fort; i snabb följd; *live ~* leva hektiskt, slita på sig (*jfr 4*); *run ~* springa fort; *my watch is running ~* min klocka går för fort **2** *be ~ asleep* sova djupt

F

(tungt) **3** fast; stadigt; stramt, hårt, tätt; *follow ~ on* (*åld.*) följa tätt på; *hold ~ to a*) hålla fast i, *b*) *bildl.* hålla fast vid; *play ~ and loose with s.b.* (*vard.*) vara falsk mot (lura) ngn **4** utsvävande; vidlyftigt; lättsinnigt; *live ~* leva flott, föra ett utsvävande liv (*jfr 1*)

fast-day ['fɑ:stdeɪ] fastedag

fasten ['fɑ:sn] **1** sätta fast, fästa (*to* i, på, vid); binda [fast], göra fast; knäppa; knyta; *~ down* göra (sätta) fast; *~ up* knäppa igen (ihop, till), fästa (knyta) ihop (till); *~ seat belts!* spänn fast säkerhetsbältena! **2** stänga, regla; *~ in* (*up*) *a*) inringa, *b*) sätta i fängelse **3** *bildl.* fästa ([*up*]*on* på); *he ~ed his gaze on her* han fäste blicken på henne; *~ the blame on* lägga skulden på **4** fastna; gå att fästa, fästas; gå att stänga, stängas; *the dress ~s at the back* klänningen knäpps bak; *the door won't ~* dörren går inte att stänga; *~ onto s.b.* (*bildl.*) hänga sig på ngn **5** *~* [*up*]*on a*) påbörda, tillvita, *b*) ta fasta på, *c*) bemäktiga sig **-er** [-ə] *se fastening 2* **-ing** [-ɪŋ] **1** fastsättande, fästande; knytande; knäppande **2** fästanordning; spänne, hake, knäppe, lås; regel

fastidious [fə'stɪdɪəs] nogräknad, noga, kinkig, kräsen (*about* med) **-ness** [-nɪs] noggrannhet; kinkighet

fasting ['fɑ:stɪŋ] fastande, fasta **--day** fastedag

fastness ['fɑ:stnɪs] **1** fäste, fästning **2** fasthet, stadga; (*färgs*) äkthet **3** *åld.* snabbhet

fat [fæt] **I** *a* **1** fet, tjock (*äv. bildl.*); *~ cat* (*AE. sl.*) rik knös, inflytelserik person; *a ~ wallet* (*cheque*) en fet plånbok (check) **2** fet, flottig, oljig; *~ pork* fett fläsk **3** fruktbar (*ground* mark) **4** inkomstbringande, givande; *a ~ part* (*teat.*) en stor (tacksam) roll **5** *sl.* mycket liten, minimal (*chance* chans); *a ~ lot of good you are!* du är då inte till särskilt stor hjälp!; *a ~ lot he knows!* han vet då inte särskilt mycket! **II** *s* **1** fett; fettämne; fettvävnad; fetaste bit (*av ngt*); *deep ~* flottyr; *now the ~ is in the fire* (*vard.*) nu är det klippt (färdigt), nu är det kokta fläsket stekt; *live off the ~ of the land* ha sina bästa dagar, må som en prins **2** *teat.* glansroll **III** *v* **1** göda **2** bli fet

fatal ['feɪtl] **1** dödlig, dödande, döds-; *be* (*prove*) *~* få dödlig utgång; *~ accident* dödsolycka **2** ödesdiger (*to* för), olycksbringande; fatal; *be* (*prove*) *~ to* visa sig ödesdiger för, omintetgöra **3** ödes-; oundviklig; *~ sister* ödesgudinna **-ism** [-ɪz(ə)m] fatalism **-ist** [-ɪst] fatalist **-istic** [ˌfeɪtə'lɪstɪk] fatalistisk **-ity** [fə'tælətɪ] **1** dödsolycka; dödsoffer **2** dödlighet **3** ödesbestämdhet

fate [feɪt] **1** ödet; *as sure as ~* (*vard.*) så säkert som aldrig det **2** öde; undergång, fördärv, död; *meet one's ~* gå sitt öde till mötes **3** *the F~s* (*pl*) ödesgudinnorna **fated** ['feɪtɪd] ödesbestämd; dömd till undergång **fateful** ['feɪtf(ʊ)l] **1** ödesdiger, avgörande **2** ödesbestämd

fathead ['fæthed] *vard.* tjock-, dum|skalle

father ['fɑ:ðə] **I** *s* **1** fader, far; *F~ Christmas* Jultomten; *the Holy F~* den Helige Fadern (*påven*); [*Old*] *F~ Time* Tiden; *Our F~, which art in heaven* Vår fader, du som är i himlen; *the F~s of the Church* Kyrkofäderna; *like ~ like son* äpplet faller inte långt från päronträdet **2** *~s* (*pl*) [för]fäder **3** äldste, nestor; *city ~s* stadens äldste; *the F~ of the House* underhusets ålderspresident **II** *v* **1** avla; vara far till; ge upphov till, vara upphovsman till **2** erkänna faderskapet till **3** *~ s.th. on s.b.* lägga ansvaret för ngt på ngn **father confessor** biktfader **fatherhood** faderskap **father-in-law** ['fɑ:ð(ə)rɪnlɔ:] (*pl fathers-in-law*) svärfar **fatherland** fädernesland **fatherlike** faderlig **fatherliness** [-lɪnɪs] faderlighet **fatherly** [-lɪ] *a* faderlig

fathom ['fæðəm] **I** *s* famn (*mått = 6 feet = 1,83 m*) **II** *v* **1** mäta djupet av, loda **2** tränga in i, utforska; komma underfund med, begripa **-less** [-lɪs] omätlig; ofattbar, outgrundlig

fatigue [fə'ti:g] **I** *s* **1** trötthet; utmattning (*äv. tekn.*) **2** strapats, ansträngning **3** *mil.* handräckning[stjänst]; handräckningsmanskap; *~s* (*pl*) arbetskläder **II** *v* trötta ut **fatigue duty** *mil.* handräckningstjänst **fatigue party** *mil.* handräckningsmanskap

fatling ['fætlɪŋ] göd|djur, -kalv, -lamm *etc.* **fatness** [-nɪs] fetma **fatso** ['fætsəʊ] *sl.* tjockis

fatten ['fætn] **1** göda **2** bli fet **fattening** [-ɪŋ] fettbildande **fatty** ['fætɪ] **I** *a* **1** fetthaltig, fet, fett- **2** fet, oljig **II** *s, vard.* tjockis

fatu|ity [fə'tju:ətɪ] dumhet, enfaldighet **-ous** ['fætjʊəs] dum, enfaldig

faucet ['fɔ:sɪt] *AE.* tapp; [tapp]kran

fault [fɔ:lt] **I** *s* **1** fel, skavank; brist; *to a ~* överdrivet; *with all ~s* i befintligt skick; *find ~ with* hitta fel på (hos), anmärka på **2** fel, skuld; *be at ~ a*) ha fel, bära skulden, *b*) vara förbryllad; *my memory was at ~* jag mindes fel, mitt minne svek mig; *you were at ~ in not telling me* du gjorde fel i att inte tala om det för mig **3** *geol.* förkastning **4** *sport.* fel[serve]; *double ~* dubbelfel **II** *v* finna fel på (hos), kritisera, klandra **fault-finder** ['fɔ:ltˌfaɪndə] felfinnare **fault-finding** ['fɔ:ltˌfaɪndɪŋ] **I** *s* småaktig kritik, kverulans **II** *a* klandersjuk, kverulantisk **faultless** ['fɔ:ltlɪs] felfri; oklanderlig **faulty** ['fɔ:ltɪ] bristfällig, oriktig, felaktig

faun [fɔ:n] faun

fauna ['fɔ:nə] fauna, djurvärld

faux pas [ˌfəʊ'pɑ:] (*pl faux pas* [ˌfɔ:'pɑ:z]) tabbe, felsteg

favour ['feɪvə] **I** *s* **1** gillande; gunst, ynnest; *be in ~ with* ligga väl till hos, vara populär hos; *be* (*fall*) *out of ~ a*) vara (falla) i onåd, *b*) inte längre vara populär; *find ~ with* gillas av, vinna gillande av, vara populär hos **2** förmån, favör; ynnestbevis; tjänst; *in ~ of a*) till förmån för, *b*) gillande, som gillar, *c*) (*om check*) utställd på; *all those in ~ raise their hands* alla som röstar för [förslaget] räcker upp handen; *in their ~* till deras förmån, dem till godo; *ask a ~ of s.b.* be ngn om en tjänst; *do me the ~ of closing the door* gör mig den tjänsten att stänga dörren **3** *treat with ~* favorisera **4** [band]rosett; kotiljongsmärke, kokard **II** *v* **1** gilla, vara välvilligt inställd till **2** favorisera, gynna **3** gynna, hjälpa, understödja, uppmuntra, underlätta, förespråka **4** skona (*an injured knee* ett skadat knä) **5** *vard.* likna (*one's father* sin far) **6** *~ s.b. with* förära ngn, hedra ngn med **-able** [-rəbl] **1** gynnsam, fördelaktig **2** vänlig (*to* mot) **-ite** ['feɪv(ə)rɪt] **I** *s* favorit; gunstling; *this tune is my ~* det här är min älsklingsmelodi **II** *a* favorit-, älsklings- **-itism** ['feɪv(ə)rɪtɪz(ə)m] **1** gunstlingssystem, favorisering **2** gunstlingskap

1 fawn [fɔ:n] **I** *s* **1** dovhjortskalv **2** ljust gråbrun färg **II** *a* ljust gråbrun **III** *v* (*om dovhjort*) kalva

2 fawn [fɔ:n] **1** vifta på svansen; *bildl.* svansa, krypa ([*up*]*on* för) **-ing** [-ɪŋ] *a* svansande, krypande

fay [feɪ] **I** *s* fe, älva **II** *a, vard.* anspråksfull

faze [feɪz] *AE. vard.* störa

F.B.A. *förk. för Fellow of the British Academy*

F.B.I. *förk. för Federal Bureau of Investigation*

F.C. *förk. för Football Club* **F.C.O.** *förk. för Foreign and Commonwealth Office* **F.D.** *förk. för Fidei Defensor* (*lat.*) *Defender of the Faith*

fealty ['fi:(ə)ltɪ] trohet[sed]

fear [fɪə] **I** *s* **1** fruktan, rädsla, ängslan (*of* för; *that, lest* [för] att); farhåga; *for ~ of* av fruktan för; *for ~ that* så att inte; *be* (*go*) *in ~ of* vara rädd för, frukta för; *put the ~ of God into* skrämma livet ur ngn **2** risk; *no ~!* ingen risk!, aldrig i livet!, sällan! **II** *v* **1** frukta (*God* Gud); vara rädd för; *I ~ the worst* jag fruktar det värsta **2** frukta, vara rädd (*for* för); *never ~!* var inte rädd! **-ful** ['fɪəf(ʊ)l] **1** rädd (*of* för; *that, lest* [för] att); rädd av sig, ängslig **2** fruktansvärd, skrämmande; *vard.* förskräcklig (*cold* förkylning) **-less** ['fɪəlɪs] oförskräckt **-some** ['fɪəsəm] **1** skrämmande, ryslig **2** rädd[hågad]

feasi|bility [ˌfi:zə'bɪlətɪ] **1** genomförbarhet, möjlighet **2** sannolikhet, trolighet **-ble** ['fi:zəbl] **1** genomförbar, möjlig **2** sannolik, trolig

feast [fi:st] **I** *s* **1** kyrklig högtid, helg[dag]; *movable* (*immovable*) *~s* rörliga (fasta) helgdagar **2** festmåltid; *bildl.* fest, njutning (*for the eyes* för ögat) **II** *v* **1** kalasa, festa ([*up*]*on* på) **2** bjuda på festmåltid, förpläga, traktera; *~ one's eyes on* njuta av anblicken av

feat [fi:t] bragd, bedrift; prestation; *~ of strength* kraftprestation

feather ['feðə] **I** *s* **1** fjäder; *~s* (*pl, äv.*) fjäderdräkt; *show the white ~* visa feghet; *they are birds of a ~* de är av samma skrot och korn; *birds of a ~ flock together* lika barn leka bäst; *a ~ in one's cap* (*bildl.*) en fjäder i hatten; *in fine ~ a*) på gott humör, *b*) i fin form; *in full ~* på gott humör; *you could have knocked me down with a ~* jag var helt förbluffad; *I don't care a ~* det bryr jag mig inte ett dugg om; *in one's best ~s* (*vard.*) i sina bästa kläder, i full stass **2** *fack.* spont **3** (*vid rodd*) skevning **II** *v* **1** klä (förse) med fjädrar; *~ one's nest* se om sitt hus, sko sig **2** (*vid rodd*) skeva [med] **3** *fack.* hopfoga med spont **4** (*om fågel*) få fjädrar

feather-bed I *s* [fjäder]bolster **II** *v* **1** klema bort **2** ge [statligt] stöd till (*för att undvika arbetslöshet e.d.*) **feather-bedding** [statliga] stödåtgärder **featherbrained** virrig, huvudlös **feathered** [-d] fjäderförsedd; bevingad **featherheaded** virrig, huvudlös **feathering** [-rɪŋ] fjäderdräkt **featherweight 1** mycket lätt person (sak) **2** *sport.* fjädervikt **feathery** [-rɪ] fjäder-; fjäderklädd

feature ['fi:tʃə] **I** *s* **1** ansikts|parti, -del; *~s* (*pl*) ansiktsdrag **2** särdrag; kännemärke **3** huvud-, lång|film **4** [återkommande] spalt (*i tidning*); *~* [*story*] (*i tidning*) specialartikel; featureprogram (*i radio, TV*); huvud|nummer, -attraktion; lockvara **II** *v* **1** prägla, känneteckna; kännetecknas av **2** framhäva, göra till huvudnummer; presentera (*i framträdande roll*) **3** skissera (teckna) huvuddragen av **4** *AE. vard.* föreställa (tänka) sig **5** *vard.* likna (*t. utseendet*) **6** *sl.* ligga med **-less** [-lɪs] utan särdrag, slätstruken

Feb. *förk. för February*

febrile ['fi:braɪl] feberaktig; febril

February ['febrʊərɪ] februari

fecal ['fi:kl] *AE., se faecal* **feces** ['fi:sɪz] *pl, AE., se faeces*

feckless ['feklɪs] hjälplös, svag; otillräcklig, gagnlös

fecund ['fi:kənd] fruktbar; fruktsam; produktiv **fecundate** [-eɪt] göra fruktbar; befrukta **fecundation** [ˌfi:kən'deɪʃn] befruktning **fecundity** [fɪ'kʌndətɪ] fruktbarhet; fruktsamhet; *bildl.* produktivitet, kreativitet

1 fed [fed] *imperf. o. perf. part. av feed*; *fed up, se feed I 2*

2 fed [fed] *AE. sl.* FBI-agent

Fed., fed. *förk. för federal; federation; federated*

feder|al ['fed(ə)r(ə)l] förbunds-, federal; *the F~ Bureau of Investigation* (*i USA*) säkerhetspolisen; *the F~ Republic of Germany* Förbundsrepubliken Tyskland **-alism** [-əlɪz(ə)m] federalism **-alize** (*BE. äv. -alise*) [-(ə)laɪz] förena till förbund[sstat] **-ate I** *v* ['fedəreɪt] förena sig till (bilda) förbund[sstat] **II** *a* ['fedərət] förbunds-, federerad; förenad, förbunden **III** *s* ['fedərət] förbundsmedlem **-ation** [ˌfedə'reɪʃn] **1** statsförbund, federation **2** förbund, sammanslutning, allians, federation **-ative** ['fedərətɪv] förbunds-, federativ

fedora [fe'dɔ:rə] mjuk filthatt

fee [fi:] **I** *s* **1** avgift **2** honorar, arvode **3** *jur.* ärvd jordegendom; *land held in ~ simple* land som innehas som oinskränkt besittning **4** *hist.* förläning, län **II** *v, Sk.* anställa mot arvode, leja

feeble ['fi:bl] svag, kraftlös; matt **--minded** [ˌfi:bl'maɪndɪd] sinnessvag

feed [fi:d] **I** *v* (*fed, fed*) **1** mata; föda; utfodra, ge mat åt; *~ the birds on hempseed* mata fåglarna med hampfrö; *~ o.s.* ta mat själv, (*om barn*) äta själv; *~ o.s. well* äta gott; *these supplies will ~ 50 men* de här förråden kan föda 50 man; *~ up* göda **2** ge (*mat*); *~ meat to the dog* ge hunden kött [att äta] **3** förse, mata (*maskin e.d.*); underhålla (*eld e.d.*); *bildl.* ge näring åt, underhålla, tillfredsställa; *~ information into the computer* mata in information i datorn; *~ s.b. with information, ~ information to s.b.* förse ngn med information; *~ one's eyes on* njuta av anblicken av **3** *vard., fed up* utled [på allting], uttråkad; *I'm fed up with it* jag har fått nog av det, jag är utled på det **4** *sport.* passa till **5** *~ back* (*tekn. o. bildl.*) återkoppla, leda tillbaka **6** äta; beta; *he ~s on bread* han lever (livnär sig) på bröd; *the sheep are ~ing in the meadow* fåren betar på ängen **II** *s* **1** matande; utfodring; matning **2** mat (*t. djur o. spädbarn*), foder **3** *tekn.* matning, tillförsel; sats, omgång, påfyllning, laddning **4** *tekn.* matare **5** *vard.* mål [mat]; *have a good ~* få sig ett skrovmål; *be off one's ~* inte ha ngn matlust

feedback ['fi:dbæk] *tekn. o. bildl.* feedback, återkoppling **feeder** [-ə] **1** matare; utfodrare; ätare **2** *tekn.* matare, matar|apparat, -ledning **3**

F

underblåsare **4** tillflöde; tillfartsväg **5** nappflaska; haklapp **6** *AE.* uppfödare av gödboskap **feeder bus** matarbuss

feeding ['fi:dıŋ] **1** matning; utfodring **2** mat, foder **3** *tekn.* matning **feeding bottle** [-ˌbɒtl] nappflaska

feel [fi:l] **I** *v* (*felt, felt*) **1** känna; känna på (av); ~ *joy* känna glädje; *I don't ~ the cold as much as you do* jag känner inte av kylan lika mycket som du; *I felt it move* jag kände hur det rörde på sig; ~ *in one's bones that* känna på sig (ha på känn) att **2** känna sig; känna; ~ *convinced that* känna sig övertygad om att; ~ *tired* känna sig trött; *how do you ~?* hur känner du dig?; ~ *for* känna (ömma) för; ~ *like a king* känna sig som en kung; *if you ~ like it* om du har lust; ~ *like doing s.th.* ha lust att göra ngt; *I ~ like an ice cream* jag är sugen på (det skulle smaka med) en glass; *I felt like screaming* jag kunde ha skrikit, jag hade lust att skrika; ~ *up to a*) känna för, *b*) känna sig kapabel (att man klarar av) att; *I don't ~ up to going out* jag känner inte för att gå ut **3** känna [efter]; *I felt in my pocket* jag kände efter i fickan; ~ *for* treva (söka) efter **4** sondera, utforska; ~ *one's way* treva sig fram; ~ *one's way around* känna sig för, sondera terrängen **5** anse, tycka, känna; *what* (*how*) *do you ~ about it?* vad anser du om det?; *I ~ it my duty to* jag anser det vara min plikt att; *it was felt that* man ansåg att; *that's just how I ~* det är precis vad jag tycker **6** kännas; *it ~s warm* den känns varm; *what does it ~ like?, how does it ~?* hur känns den? **7** ~ [*quite*] *o.s.* känna sig i form, vara sig själv **II** *s* **1** känsel; *it is rough to the ~* den känns sträv att ta på; *let me have a ~ of it* låt mig få känna på den **2** känsla; *have a ~ for s.th.* ha känsla för ngt

feel|er ['fi:lə] **1** känselspröt, antenn **2** försöksballong, trevare **-ing** [-ıŋ] **I** *a* känslig, lättrörd; djupt känd, sympatisk **II** *s* **1** känsel; *I've lost all ~ in my left arm* jag har förlorat all känsel i min vänstra arm **2** känsla; medkänsla; *a ~ of pain* en smärtförnimmelse; *have a ~ for* ha känsla för; *I've a ~ she won't come* jag har en känsla av att hon inte kommer; *hurt a p.'s ~s* såra ngn; *no hard ~s?* du tar väl inte illa upp?; *no hard ~s!* jag tar inte illa upp!; *ill* (*bad*) ~ irritation **3** mening, inställning, uppfattning; *there was a general ~ that* den allmänna uppfattningen var att

feet [fi:t] *pl av foot*

feign [feın] hitta på, låtsa, simulera; hyckla; *a ~ed name* falskt (fingerat) namn; *a ~ed voice* förställd röst

feint [feınt] **I** *s* sken|anfall, -manöver; *sport.* fint; *make a ~ at* använda list mot **II** *v* företa skenanfall; *sport.* finta

feldspar ['feldspɑ:] fältspat

felic|itate [fə'lısıteıt] lyckönska, gratulera (*on* till) **-itation** [fəˌlısı'teıʃn] lyckönskan, gratulation **-itous** [fə'lısıtəs] väl vald, välfunnen, träffande **-ity** [fə'lısətı] **1** stor lycka, sällhet **2** välfunnet uttryck; lyckat grepp; *the ~ of* det lyckade i

feline ['fi:laın] **I** *a* kattlik; katt- **II** *s* kattdjur

1 fell [fel] *imperf. av fall*

2 fell [fel] **I** *v* **1** fälla [till marken]; avverka, hugga ner **2** ~ *a seam* sy en fällsöm **II** *s* **1** *AE.* avverkning **2** fällsöm

3 fell [fel] *åld.* grym; hemsk; dödlig

4 fell [fel] fäll, skinn, hud

5 fell [fel] *dial.*, ~[*s*] berg, hed

fellah ['felə] (*pl ~s el. ~in el. ~een* [-hi:n]) **1** fellah (*arabisk bonde*) **2** *vard., se fellow*

feller ['felə] **1** timmerhuggare **2** *vard., se fellow*

fellow ['feləʊ] **1** [*äv.* 'felə] *vard.* karl, man; grabb, kille; typ, prick; pojkvän; *a ~* (*äv.*) en annan, man; *a nice ~* en trevlig karl (prick); *poor little ~* stackars liten krake; *my dear ~!* kära vän!, min gode man! **2** kollega; *~s* (*äv.*) kamrater **3** medlem, ledamot (*av samfund*) **4** *univ.* styrelseledamot; lärare; *ung.* forskardocent **5** make (*av ett par*) **fellow citizen** [ˌfelə(ʊ)'sıtızn], **fellow countryman** [ˌfelə(ʊ)'kʌntrımən] landsman **fellow creature** [ˌfelə(ʊ)'kri:tʃə] medmänniska **fellow feeling** [ˌfelə(ʊ)'fi:lıŋ] medkänsla **fellow ship** ['felə(ʊ)ʃıp] **1** kamratskap; gemenskap; samhörighet **2** sammanslutning, brödraskap **fellow traveller** [ˌfelə(ʊ)'træv(ə)lə] **1** reskamrat, medresenär **2** kommunistsympatisör

felon ['felən] **I** *a, poet. el. åld.* grym **II** *s, jur.* förbrytare **felonious** [fə'ləʊnjəs] *jur.* brottslig, kriminell **felony** ['felənı] *jur.* (*förr*) svårare förbrytelse, grövre brott

felspar ['felspɑ:] fältspat

1 felt [felt] *imperf. o. perf. part. av feel*

2 felt [felt] **I** *s* filt (*tyg*) **II** *v* **1** klä med filt **2** filta sig **felt hat** filthatt

fem. *förk. för female; feminine*

female ['fi:meıl] **I** *a* kvinnlig, kvinno-; honlig, hon-; ~ *bear* björnhona; ~ *dog* tik **II** *s* **1** hona; honblomma **2** *ngt neds.* kvinna, fruntimmer

feme [fi:m] *jur.* kvinna; ~ *covert* gift kvinna; ~ *sole* ogift kvinna, ekonomiskt oberoende hustru

femi|nine ['femının] **I** *a* kvinnlig, kvinno-; feminin (*äv. språkv.*) **II** *s, språkv.* femininum; *in the ~* i femininum **-ninity** [ˌfemı'nınətı] kvinnlighet **-nism** ['femınız(ə)m] feminism; kvinnosaken **-nist** ['femınıst] feminist; kvinnosakskvinna; *the ~ movement* kvinnorörelsen **-nize** (*BE. äv. -nise*) ['femınaız] förkvinnliga

fe|mur ['fi:|mə] (*pl -murs el. -mora* ['femərə] *anat.* lårben

fen [fen] kärr, sankmark, myr, träsk

fence [fens] **I** *s* **1** stängsel, staket, inhägnad; *sit on the ~* inte ta ställning (parti) **2** hälare **3** hinder (*vid hästkapplöpning*) **II** *v* **1** ~ [*in, off*] inhägna, omgärda, sätta upp stängsel (staket) kring **2** fäkta **3** *bildl.* slingra sig, komma med undanflykter; ripostera **4** *sl.* vara hälare **fencer** ['fensə] fäktare

fencible ['fensəbl] *hist.* soldat vid hemmafronten

fencing ['fensıŋ] **1** fäktkonst, fäktning **2** stängselmaterial; *koll.* stängsel **3** skicklig (kvick) debatt **4** *sl.* häleri **fencing instructor** fäkt|lärare, -mästare

fend [fend] **1** ~ [*off*] avvärja, parera **2** ~ [*for o.s.*] klara sig själv

fender ['fendə] **1** eldgaller **2** buffert (*på lok*); *AE.* stänkskärm, flygel **3** *sjö.* fender

fennel ['fenl] *bot.* fänkål

fenny ['fenı] sank, träskartad

feoff [fef] *se fief* **-ee** [fe'fi:] *hist.* läntagare **-ment** ['fefmənt] förläning **-or** [fe'fɔ:] länsherre

feral ['fıər(ə)l] vild; förvildad

feretory ['ferɪt(ə)rɪ] **1** relikskrin; relikkapell; sarkofag **2** bår
ferine ['fɪəraɪn] *se feral*
ferment I *s* ['fɜ:ment] **1** jäs[nings]ämne **2** jäsning (*äv. bildl.*) **II** *v* [fɜ:'ment] **1** jäsa **2** få att jäsa **3** hetsa [upp] **fermentation** [ˌfɜ:men'teɪʃn] jäsning **fermenting** [fə'mentɪŋ] **I** *a* jäs-; jäsande **II** *s* jäsning
fern [fɜ:n] ormbunke
ferocious [fə'rəʊʃəs] rovlysten, grym, vild; våldsam, häftig **ferocity** [fə'rɒsətɪ] rovlystnad; grymhet, vildhet; våldsamhet, häftighet
ferreous ['ferɪəs] järnhaltig; järn-
1 ferret ['ferɪt] **I** *s, zool.* frett **II** *v* **1** jaga med frett **2** snoka **3** ~ *out* snoka upp (reda på), spåra upp
2 ferret ['ferɪt] sidenband
ferrety [-ɪ] vesslelik, vessle-
ferriage ['ferɪɪdʒ] **1** färjning, färjtransport **2** färjavgift
ferric ['ferɪk] järn-; ferri-; ~ *oxide* järnoxid **ferriferous** [fe'rɪfərəs] järnhaltig
Ferris wheel ['ferɪswi:l] pariserhjul
ferrite-rod aerial ['feraɪtrɒd 'eərɪəl] ferritantenn
ferroconcrete [ˌferə(ʊ)'kɒnkri:t] armerad betong **ferrous** ['ferəs] järn-, ferro-; ~ *oxide* järnoxid **ferruginous** [fe'ru:dʒɪnəs] **1** järnhaltig **2** rostfärgad
ferrule ['feru:l] doppsko; (*sammanhållande*) metall|ring, -skoning
ferry ['ferɪ] **I** *s* **1** färja **2** färj|trafik, -förbindelse **II** *v* **1** färja; transportera **2** åka färja **-boat** färja **-man** [-mən] färjkarl
fertile ['fɜ:taɪl] **1** fruktsam, fertil (*age* ålder) **2** fruktbar, bördig; rik **3** *bildl.* fruktbar, givande; rik (*in, of* på); produktiv **fertility** [fə'tɪlətɪ] **1** fruktsamhet, fertilitet **2** fruktbarhet, bördighet **ferti|lization** (*BE. äv. -lisation*) **1** befruktning **2** gödning, gödsling **ferti|lize** (*BE. äv. -lise*) **1** befrukta **2** göda, gödsla **3** göra fruktbar **ferti|-lizer** (*BE. äv. -liser*) gödnings|ämne, -medel
ferule ['feru:l] färla
fer|vency ['fɜ:v(ə)nsɪ] *se fervour* **-vent** [-v(ə)nt], **-vid** [-vɪd] *bildl.* brinnande, glödande, het, ivrig **-vour** [-və] *bildl.* värme, glöd, hetta, iver
fescue ['feskju:] *bot.*, ~ [*grass*] svingel
fest [fest] *AE.* fest; möte **festal** ['festl] fest-, festlig
fester ['festə] **I** *v* **1** vara [sig] **2** ruttna **3** bli bitter (irriterad) **4** förbittra, irritera **5** *BE. vard.* slöa, slappa **II** *s* varigt sår, varbildning
festival ['festəvl] **1** [kyrklig] högtid, helg, fest **2** [års]fest, högtidlighet **3** festspel, festival **festive** [-ɪv] festlig, fest-; i feststämning, upprymd **festivit|y** [fe'stɪvətɪ] **1** feststämning, festivitas **2** fest; firande **3** *-ies* (*pl*) festligheter, festiviteter, högtidligheter
festoon [fe'stu:n] **I** *s* girland, festong **II** *v* pryda med girlander (festonger)
festschrift ['festʃrɪft] (*pl ~en* [-ən] *el. ~s*] festskrift
fetal ['fi:tl] foster-
fetch [fetʃ] **I** *v* **1** hämta, gå efter; (*om hund*) apportera; *would you ~ a towel for me* (*me a towel*)? kan du hämta en handduk åt mig? **2** framkalla, locka fram (*a laugh* ett skratt) **3** inbringa (*5 pounds* 5 pund), betinga (*a certain price* ett visst pris) **4** ~ *a groan* ge till ett stön, stöna till; ~ *a sigh* dra en suck, sucka **5** *vard.* utdela, ge (*a blow* ett slag) **6** *sjö.* nå, sätta kurs mot (*the harbour* hamnen) **7** *vard.* fånga, attrahera; göra intryck på, imponera på; göra häpen; *be ~ed by an idea* fångas av en idé **8** ~ *and carry* springa ärenden, vara passopp (*for* åt) **9** ~ *up a*) *sl.* kräkas upp, *b*) *vard.* hamna, landa (*at a pub* på en pub), *c*) *sjö.* tvärstoppa **II** *s* **1** avstånd; räckvidd **2** knep, trick **-ing** ['fetʃɪŋ] *vard.* tilltalande, tilldragande; förtjusande
fête, fete [feɪt] **I** *s* **1** [välgörenhets]fest, basar (*i det fria*) **2** [kyrklig] högtidsdag **II** *v* fira [med en fest], ge en fest för
fetid ['fetɪd] stinkande
fetish ['fi:tɪʃ] fetisch; *make a ~ of cleanliness* vara överdrivet renlig **-ism** [-ɪz(ə)m] fetischism **-ist** [-ɪst] fetischist
fetlock ['fetlɒk] (*hästs*) hovskägg; kotled
fetor ['fi:tə] stank
fetter ['fetə] **I** *s* [fot]boja; *~s* (*pl, äv.*) fjättrar **II** *v* **1** fjättra **2** *bildl.* hämma, lägga band på
fettle ['fetl] kondition, skick, form; *in fine ~ a*) i fin (god) form, *b*) på gott humör
fetus ['fi:təs] foster
feud [fju:d] **1** [släkt]fejd, vendetta **2** tvist, strid
feudal ['fju:dl] läns-; feodal[-]; ~ *system* feodalsystem **-ism** ['fju:dəlɪz(ə)m] feodalväsen, feodalism **-istic** [ˌfju:də'lɪstɪk] feodal[istisk] **-ize** (*BE. äv. -ise*) ['fju:dəlaɪz] feodalisera
feudatory ['fju:dət(ə)rɪ] **I** *a* läns-; feodal; länspliktig; ~ *state* vasallstat **II** *s* läntagare, vasall
fever ['fi:və] **I** *s* **1** feber; febersjukdom **2** upphetsning **II** *v* ge feber **-ish** ['fi:v(ə)rɪʃ], **-ous** ['fi:v(ə)rəs] **1** feber-, febrig; feberframkallande; feberliknande **2** *bildl.* feberaktig, febril, upphetsad
few [fju:] *a o. s* få; *a ~* några [få], några stycken, litet; *not a ~, quite a ~* (*vard.*) ganska många; *a good ~* (*vard.*) rätt många, inte så få (litet); *the ~* fåtalet, minoriteten; *some ~, only a ~* bara några få (litet), inte [så] många; *~ and far between* sällsynta; *the hotels are ~ and far between* det är långt mellan hotellen; *the first ~ hours* de allra första timmarna; *every ~ days* med några dagars mellanrum **-er** ['fju:ə] (*komp. av few*) färre, mindre; *no ~er than* inte mindre än **-est** ['fju:ɪst] (*superl. av few*) fåtaligast, minst **-ness** [-nɪs] ringa antal
fey [feɪ] **1** *Sk.* dödsmärkt **2** klärvoajant **3** vimsig
fez [fez] fez
ff. *förk. för folios; and the following pages*
fiancé [fɪ'ɑ̃:(ŋ)seɪ] fästman **-e** [-seɪ] fästmö
fiasco [fɪ'æskəʊ] fiasko, misslyckande
fiat ['faɪæt] **1** dekret; order **2** sanktion, medgivande
fib [fɪb] **I** *s* **1** liten lögn (osanning); *tell ~s* småljuga, narras **II** *v* **1** småljuga, narras **-ber** ['fɪbə] liten lögnare
fibre ['faɪbə] **1** fiber, tråd, tåga **2** fibermassa **3** rottråd **4** textur; struktur **5** väsen, karaktär; *moral ~* moralisk styrka **-board** [trä]fiberplatta **-glass** glassfiber
fibril ['faɪbrɪl] fin fiber; *biol.* rothår
fibrin ['faɪbrɪn] fibrin
fibroid ['faɪbrɔɪd], **fibrous** [-əs] fibrös, fibrig

F

fibster ['fɪbstə] *se fibber* **fibula** ['fɪbjʊlə] **1** *anat.* fibula, vadben **2** fibula, bronsåldersspänne **fichu** ['fi:ʃu:] fischy **fickle** ['fɪkl] ombytlig, nyckfull **fictile** ['fɪktaɪl] ler-, krukmakar-; ~ *art* keramik **fiction** ['fɪkʃn] **1** skönlitteratur **2** påhitt, dikt, diktande; *jur.* fiktion; *fact and* ~ fantasi och verklighet **-al** [-l] **1** skönlitterär **2** [upp]diktad **-ist** [-ɪst] skönlitterär författare **fictitious** [fɪk'tɪʃəs] oäkta, fingerad, föregiven, uppdiktad, fiktiv, ej autentisk **fiddle** ['fɪdl] **I** *s* **1** fiol, fela; [*as*] *fit as a* ~ (*vard.*) pigg som en mört, frisk som en nötkärna; *have a face as long as a* ~ vara lång i synen; *play second* ~ (*vard. bildl.*) spela andra fiolen **2** struntsak, bagatell **3** *sjö.* slingerbord **4** *BE. vard.* fuffens, fiffel **II** *v* **1** spela fiol; spela (*ngt*) på fiol **2** mixtra, knåpa, pilla (*with* med, på) **3** *vard.*, ~ *about* (*around*) fjanta omkring, förspilla (*tid*) **4** *vard.* fiffla **5** *vard.* förfalska; svindla **fiddle-faddle** [-ˌfædl] *interj* strunt[prat]! **fiddler** [-ə] **1** fiolspelare **2** klåpare **3** *vard.* fifflare **fiddlestick** [-stɪk] **1** fiolstråke **2** ~*s!* (*pl*) dumheter!, prat! **fiddling** [-ɪŋ] obetydlig, trivial **fidelity** [fɪ'delətɪ] **1** trohet (*to* mot); trofasthet; pliktro[gen]het; noggrannhet, exakthet (*vid återgivning av ngt*); naturtrogen [ljud]återgivning **fidget** ['fɪdʒɪt] **I** *v* skruva nervöst på sig, flytta sig hit och dit, inte kunna sitta stilla; ~ *with* nervöst fingra på; *don't* ~*!* sitt stilla! **II** *s* **1** ~[*s*] nervositet, rastlös oro; *he's got the* ~*s* han kan inte sitta stilla, det kryper i honom **2** nervös (rastlös) person **fidgety** [-ɪ] nervös, rastlös, som inte kan sitta stilla **fiduciary** [fɪ'dju:ʃjərɪ] *jur.* **I** *a* förtroende-; betrodd; anförtrodd **II** *s* förtroendeman **fie** [faɪ] *interj* fy!; ~ *upon you!* fy skäms! **fief** [fi:f] förläning, län **field** [fi:ld] **I** *s* **1** fält; åker; hage; äng; mark; *a* ~ *of rye* ett rågfält; *play the* ~ dela sina intressen (på gracerna) **2** *mil.* fält, slagfält; *hold* (*keep*) *the* ~ hålla stånd; *take the* ~ dra i fält; *win the* ~ vinna [fält]slaget **3** *sport.* plan, plats; (*i hästsport e.d.*) [start]fält; (*i kricket*) utelag, fältparti; *bet against the* ~ hålla på en outsider; *leave the* ~ (*vard.*) backa ur; *take the* ~ springa in på plan, komma på plats **4** flygfält **5** *fys.* fält; *magnetic* ~ magnetfält; ~ [*of force*] kraftfält; ~ *of view* synfält **6** *bildl.* fält, område, fack, ämne **7** *her. o.d.* fält, botten **II** *v* **1** *sport.* höra till utelaget, vara uteman **2** *sport.* ställa upp (*lag*) **3** *sport.* fånga och returnera (*boll*) **4** *vard. bildl.* avvärja, tillbakavisa (*a question* en fråga)
field day ['fi:lddeɪ] **1** *mil.* manöverdag **2** *vard.* betydelsefull (stor, rolig) dag **3** idrottsdag; friluftsdag **fielder** [-ə] (*i kricket*) fältman, utespelare **field event** friidrottstävling (*kast, hopp e.d., dock ej löpning*) **fieldfare** *zool.* snöskata, björktrast **field glasses** *pl* fältkikare; *a pair of* ~ en fältkikare **field hockey** *AE.* landhockey **field hospital** fältsjukhus **field marshal** [ˌfi:l(d)'mɑ:ʃl] fältmarskalk **fieldmouse** ['fi:ldmaʊs] *zool.* sork **field mustard** ['fi:ldmʌstəd] *bot.* åkersenap **field officer** ['fi:ldˌɒfɪsə] regementsbefäl **fieldsman** ['fi:ldsmən] *se fielder* **field sports** ['fi:ldspɔ:ts] *pl* friluftssport (*jakt, fiske*) **fieldwork** ['fi:ldwɜ:k] **1** *mil.* förskansning i fält **2** fältarbete **fiend** [fi:nd] **1** ond ande; djävul **2** *vard.* fantast, entusiast, fanatiker; missbrukare; *drug* ~ narkoman, knarkare **-ish** [-ɪʃ] djävulsk, ondskefull **fierce** [fɪəs] **1** vild[sint], ilsken **2** våldsam, häftig (*storm* storm); ~ *competition* hård konkurrens **3** *vard.* otrevlig, obehaglig **fiery** ['faɪərɪ] **1** brännande, glödande, brännhet; flammande (*cheeks* kinder) **2** eldig (*horse* häst); hetsig **fiesta** [fɪ'estə] fiesta, fest **fife** [faɪf] **I** *s* liten flöjt, pipa (*i militärorkester*) **II** *v* spela flöjt; spela (*ngt*) på flöjt **fifer** [-ə] flöjtspelare **fif|teen** [ˌfɪf'ti:n] (*jfr eighteen o. sms.*) **I** *räkn* femton **II** *s* **1** femton; femtontal **2** femtonmannalag **-teenth** [-θ] *räkn o. s* femtonde; femton[de]del **fifth** [fɪfθ] (*jfr eighth*) **I** *räkn* femte; ~ *column* femte kolonn; ~ *columnist* femtekolonnare, förrädare **II** *s* **1** femte; femtedel; *the* ~ *of May* femte maj **2** *mus.* kvint **3** *vard.* [flaska innehållande] 1/5 gallon sprit **-ly** [-lɪ] för det femte **fiftieth** ['fɪftɪɪθ] *räkn o. s* femtionde; femtion[de]del **fifty** ['fɪftɪ] (*jfr eighty o. sms.*) **I** *räkn* femti[o] **II** *s* femti[o]; femti[o]tal **fifty-fifty** [ˌfɪftɪ'fɪftɪ] *vard.* fifty-fifty, jämn[t], lika; *go* ~ dela lika
1 fig [fɪg] **1** fikonträd; fikon; *I don't care a* ~ det struntar jag blankt i; *not worth a* ~ inte värd ett ruttet lingon
2 fig [fɪg] *sl.* **I** *s* **1** *in full* ~ i full mundering (stass) **2** *in good* ~ i god form (kondition) **II** *v* **1** ~ *out* [*up*] styra ut, fiffa upp **2** dopa (*häst*)
fig. *förk. för figuratively; figure*
fight [faɪt] **I** *s* kamp, strid; slagsmål; boxningsmatch; stridsvilja, kamplust; *show* ~ visa kamplust **II** *v* (*fought, fought*) **1** kämpa, strida, slåss; boxas; ~ *for freedom* kämpa för friheten; ~ *shy of* undvika, dra sig undan **2** bekämpa, kämpa (strida) mot; slåss med (mot); ~ *poverty* bekämpa fattigdomen; ~ *off* kämpa ner, slå tillbaka **3** ~ *a battle* utkämpa en strid; ~ *a case at law* kämpa för (genomdriva) en sak i domstol; ~ *a duel* duellera; ~ *one's way* kämpa (slå) sig fram; ~ *it out* kämpa striden till slut, slåss om det
fighter ['faɪtə] **1** slagskämpe; boxare; fighter, kämpe **2** jakt[flyg]plan **fighter-bomber** [-ˌbɒmə] attack[flyg]plan **fighting** [-ɪŋ] stridande; strids-; stridsberedd; ~ *cock* stridstupp; ~ *spirit* kamp|anda, -lust; *he has a* ~ *chance* han har en chans om han anstränger sig
fig leaf ['fɪgli:f] fikonlöv
figment ['fɪgmənt] påhitt, påfund; *a* ~ *of the imagination* ett fantasifoster
figura|tion [ˌfɪgjʊ'reɪʃn] **1** formgivning; gestaltning **2** *mus.* figuration **-tive** ['fɪgjʊrətɪv] **1** bildlig, figurlig **2** figurativ **-tively** ['fɪgjʊrətɪvlɪ] **1** bildligt, i bildlig betydelse **2** figurativt
figure ['fɪgə, *AE.* 'fɪgjə] **I** *s* **1** tal; siffra; summa, belopp, pris; *be good at* ~*s* vara bra i räkning; *get into double* ~*s* uppgå till ett tvåsiffrigt tal; *sell for a high* ~ sälja för ett högt belopp **2** figur; person, gestalt, skepnad; *a slender* ~ en slank figur; *a shady* ~ en skum figur; *a public* ~ offentlig person; *a* ~ *of fun* en löjlig figur; *the great* ~*s of his-*

tory de stora gestalterna i historien; *she's a fine ~ of a woman* hon är en ståtlig (stilig) kvinna; *cut a fine ~* ta sig bra (elegant) ut; *cut a poor ~* göra en slät figur **3** figur; bild; staty; emblem **4** (*i geom., dans, retorik*) figur; *cut ~s* åka figurer (*i konståkning*); *~ of eight* åtta (*i konståkning*); *~ of speech* bildligt uttryck **II** *v* **1** beräkna, kalkylera; *~ out a*) förstå, begripa, *b*) räkna ut, fundera ut; *I can't ~ him out* jag blir inte klok på honom; *~ up* räkna (summera) ihop **2** *AE. vard.* anta, förmoda, tro **3** *AE. vard.*, *~ [up]on* räkna med, lita på, ta hänsyn till **4** *AE. vard.* fungera, stämma; *that ~s* det stämmer **5** figurera, förekomma, framträda (*in* i) **6** illustrera; avbilda; mönstra, dekorera **7** föreställa sig, tänka sig

figurehead ['fɪgəhed] *sjö.* galjons|figur (*äv. bildl.*), -bild **figure skating** [-ˌskeɪtɪŋ] konståkning

fila|ment ['fɪləmənt] **1** glödtråd (*i lampa*) **2** fiber, tråd **3** *bot.* ståndarsträng **-mentary** [ˌfɪlə'ment(ə)rɪ], **-mentous** [ˌfɪlə'mentəs] tråd-; fintrådig; trådlik

filbert ['fɪlbət] *bot.* filbertnöt

filch [fɪltʃ] knycka, snatta **-er** [-ə] småtjuv, snattare

1 file [faɪl] **I** *s* **1** fil (*verktyg*) **II** *v* fila; *~ away* fila bort

2 file [faɪl] **I** *s* **1** [samlings]pärm, mapp, brevpärm, kartotek, arkiv **2** dokument[samling], journal; lägg, årgång (*av tidningar*); *on ~* arkiverad, bland akterna; *on our ~s* i vårt register **3** *data.* fil **4** rad, linje, led; *in single* (*Indian*) *~* i gåsmarsch, i en rad, på ett led **5** *schack.* vertikal rutrad **II** *v* **1** arkivera; inregistrera; sätta in [i pärm] **2** *jur.* inge, lämna in (*skrivelse*) **3** gå i rad (gåsmarsch); *~ in* (*out*) tåga (marschera) in (ut)

filet ['fɪlɪt] *se fillet*

filial ['fɪljəl] sonlig, dotterlig

filiation [ˌfɪlɪ'eɪʃn] **1** egenskap av son **2** härkomst; släktskap[sförhållande]

filibuster ['fɪlɪbʌstə] **I** *s* **1** fribytare **2** *AE.* filibuster (*tal o. person*) **II** *v* **1** uppträda som fribytare **2** *AE.* filibustra, långprata

filigree ['fɪlɪgri:] filigran[sarbete]

filing ['faɪlɪŋ] insättning [i pärm] **filing clerk** *ung.* registrator

filings ['faɪlɪŋz] *pl* filspån

fill [fɪl] **I** *v* **1** fylla; (*tand äv.*) plombera; stoppa (*pipa*); *~ the bill* (*vard.*) *a*) hålla måttet, *b*) räcka, vara tillräckligt **2** fylla, tillfredsställa (*a need* ett behov) **3** inneha, bekläda (*tjänst e.d.*); tillsätta, besätta (*tjänst e.d.*) **4** fyllas **5** *~ in a*) fylla ut, fylla igen, *b*) fylla i (*blankett e.d.*), *c*) hoppa (rycka) in (*for* för), *d*) *BE. sl.* slå sönder och samman; *~ s.b. in on s.th.* (*vard.*) sätta ngn in i ngt; *~ out a*) göra (bli) fylligare, *b*) *AE.* fylla i (*blankett e.d.*); *~ up a*) fylla [upp], fyllas [upp], fylla[s] helt; fylla [s] i (igen, på), komplettera[s], *b*) fylla i (*blankett e.d.*), *c*) tanka [fullt] **II** *s* **1** fyllning; fyllnadsmaterial; [pip]stopp **2** lystmäte; *eat one's ~* äta sig mätt **filler** ['fɪlə] **1** påfyllare **2** fyllnad[smaterial], utfyllnad **3** spackel[färg] **filler cap** tanklock

fillet ['fɪlɪt] **I** *s* **1** hårband, pannband; bindel **2** remsa; list **3** *kokk.* filé **II** *v* **1** binda (*m. band*); binda upp **2** filea

fill-in ['fɪlɪn] **1** vikarie, avlösare **2** *AE. vard.* kort upplysning

filling ['fɪlɪŋ] **I** *s* **1** fyllnad[smaterial], fyllning; plomb **3** *väv.* inslag **II** *a* **1** fyllande; mättande **2** fyllnads-, fyllnings- **filling station** bensinstation

fillip ['fɪlɪp] **I** *s* **1** knäpp [med fingrarna] **2** stimulans; uppmuntran, sporre **II** *v* **1** knäppa [med fingrarna]; knäppa bort **2** stimulera; uppmuntra, sporra

fill-up ['fɪlʌp] fyllning; tankning

filly ['fɪlɪ] stoföl, ungt sto

film [fɪlm] **I** *s* **1** tunn hinna, film; tunt överdrag; tunn väv, gasväv **2** film; filmrulle **3** dis **II** *v* **1** täcka med hinna *etc.*, *jfr I* **2** filma; filmatisera

film director ['fɪlmdɪˌrektə] filmregissör **film producer** filmproducent **filmsetting** [-setɪŋ] *boktr.* fotosättning **film star** [-stɑ:] filmstjärna **film strip** [-strɪp] bildband **film studio** [-ˌstju:dɪəʊ] film|ateljé, studio **filmy** [-ɪ] **1** hinnaktig, tunn, transparent

filter ['fɪltə] **I** *s* filter **II** *v* **1** filtrera; sila **2** filtreras; silas; sippra; *~ out* (*through*) (*bildl.*) läcka ut **filter paper** [-ˌpeɪpə] filterpapper **filter tip** [-tɪp] **1** filter[munstycke] **2** filtercigarrett **filter-tipped** [-tɪpt] med filter, filter-

filth [fɪlθ] **1** orenhet, smuts, lort **2** oanständigheter **filthy** ['fɪlθɪ] **1** oren, smutsig, lortig; *~ lucre* snöd vinning **2** oanständig **3** vidrig, gemen **4** *BE. vard.* urusel

fil|trate ['fɪltreɪt] **I** *v* filtrera **II** *s* filtrat **-tration** [fɪl'treɪʃn] filtrering

fin [fɪn] fena; simfot; *flyg.* sidoroder; *sjö.* bärplan

fin. *förk. för finance; financial; finish*

final ['faɪnl] **I** *a* **1** slut-, slutlig, sista; slutgiltig, definitiv; *sport.* final- **2** *språkv.* final, avsikts- (*clause* sats) **II** *s* **1** *sport.*, *~[s pl]* final **2** *~[s pl]* slutexamen **3** *vard.* sista upplaga (*av tidning*) **finale** [fɪ'nɑ:lɪ] *mus. o. bildl.* final **finalist** ['faɪnəlɪst] finalist **finality** [faɪ'nælətɪ] **1** definitiv karaktär; slutgiltighet **2** avslutande händelse **final|ize** (*BE. äv. -ise*) ['faɪnəlaɪz] **1** avsluta, fullborda, slutligen fastställa **2** avsluta förberedelserna (förhandlingarna); träffa en överenskommelse **finally** ['faɪnəlɪ] *adv* till sist, slutligen, äntligen; definitivt

finance [faɪ'næns] **I** *s* **1** finans; finansväsen; finansvetenskap; *high ~* storfinansen **2** *~s* (*pl*) finanser, ekonomisk ställning; *his ~s aren't sound* (*äv.*) hans ekonomi är inte bra **II** *v* finansiera **finance company (house)** kreditinstitut, finansieringsbolag **financial** [faɪ'nænʃl] finansiell, finans-, ekonomisk; *~ year* räkenskapsår, budgetår **financier** [faɪ'nænsɪə] finansman

finch [fɪn(t)ʃ] *zool.* fink

find [faɪnd] **I** *v* (*found, found*) **1** finna; hitta, påträffa, få tag i; upptäcka; *be found* finnas, hittas, påträffas, förekomma; *~ one's feet a*) (*om barn*) börja kunna stå, *b*) finna sig till rätta, börja få fotfäste; *~ one's tongue* återfå talförmågan; *the bullet found its mark* kulan träffade målet; *where am I going to ~ the money?* var ska jag få (ta) pengarna ifrån?; *I can't ~ time to go* jag hinner inte gå; *go and ~ me a newspaper* gå och skaffa mig en tidning; *you must take us as you ~ us* du får ta oss som vi är; *~ one's way a*) hitta [vägen],

F

b) hitta en utväg; ~ *out a*) leta reda på, ta reda på, hitta (komma) på, finna (tänka) ut, komma underfund med, *b*) ta reda på det; ~ *s.b. out a*) inte finna ngn hemma, *b*) avslöja (komma på) ngn **2** *jur.*, *the court has found that* domstolen har funnit att; ~ *s.b. guilty* [be]finna (förklara) ngn skyldig; ~ *s.b. not guilty* (*äv.*) frikänna ngn **3** anse (tycka, finna) (*ngn, ngt*) vara; inse; *I ~ Paris too big* jag tycker att Paris är för stort; *I found myself forced to* jag fann mig [vara] tvingad att **4** *rfl* befinna sig; känna sig; sörja för sig själv; finna sig själv; ~ *o.s. in difficulties* befinna sig i svårigheter **5** *jur.* döma (*for* till förmån för); ~ *for s.b.* (*äv.*) förklara ngn oskyldig **II** *s* fynd, upptäckt

finder ['faɪndə] **1** upphittare, upptäckare; *~s keepers* (*vard.*) den som hittar (*ngt*) får behålla (*det*) **2** *foto.* sökare **finding** ['faɪndɪŋ] **1** finnande, upphittande **2** fynd, upptäckt **3** *jur.* dom, utslag **4** *~s* (*pl*) hantverkares verktyg

1 fine [faɪn] **I** *s* **1** böter, vite, bötessumma; *a parking ~* parkeringsböter **2** *in ~ a*) kort sagt, *b*) till sist, slutligen **II** *v* **1** bötfälla, döma att böta; *I was ~d £ 50* jag fick böta 50 pund

2 fine [faɪn] **I** *a* **1** fin; bra; härlig; vacker, stilig, elegant; utsökt; förfinad; skicklig; tunn; *iron.* skön (*mess* röra), snygg (*excuse* ursäkt); [*that's*] *~!* bra!, utmärkt!; *the ~ arts* de sköna konsterna; *one ~ day* en vacker dag, en gång; *~ feelings* finkänslighet; *~ nuances* fina nyanser; *~ sand* fin sand; *a ~ taste* utsökt smak; *~ thread* fin (tunn) tråd; *a ~ time* en härlig tid; *I feel ~* (*vard.*) jag mår (känner mig) bra; *that's all very ~, but* det är nog gott och väl, men **2** (*om metall o.d.*) ren; *~ silver* rent silver; *gold 18 carats ~* 18 karats guld **II** *adv* fint *etc.*, *jfr I*; *that suits me ~* (*vard.*) det passar mig bra; *cut it ~* vara ute i sista sekunden, nätt och jämnt klara det **III** *v* **1** rena, förfina; raffinera **2** *~ down* (*away*) minska[s], bli (göra) mindre

fine-drawn ['faɪndrɔ:n] *bildl.* hårdragen **fineness** [-nɪs] **1** finhet *etc.*, *jfr 2 fine I 1* **2** (*metallers*) renhet, lödighet, halt **finery** [-ərɪ] prålig elegans, stass

finesse [fɪ'nes] **1** finess; elegans; takt **2** trick, knep, list **3** *kortsp.* mask **II** *v* **1** gå listigt till väga **2** *kortsp.* maska

finger ['fɪŋgə] **I** *s* finger; *first ~* pekfinger; *middle* (*second*) *~* långfinger; *ring ~* ringfinger; *little ~* lillfinger; *burn one's ~s* (*bildl.*) bränna fingrarna, bli bränd; *get* (*pull*) *one's ~ out* (*BE. vard.*) lägga på ett kol, få ändan ur vagnen; *have a* (*one's*) *~ in the pie a*) ha ett finger med i spelet, *b*) lägga sig i; *not lay a ~ on* inte skada (röra); *lay* (*put*) *one's ~ on* (*bildl.*) sätta fingret på; *not lift* (*raise*) *a ~* inte lyfta ett finger; *point one's ~ at a*) peka på; *point the ~ at* (*bildl.*) peka finger åt; *put the ~ on* (*AE. vard.*) *a*) utpeka, ange (*för polisen*); *let s.th. slip through one's ~s* låta ngt gå sig ur händerna; *twist* (*wrap*) *s.b. around one's ~* kunna linda ngn runt sitt lillfinger **II** *v* **1** fingra på, känna på **2** *AE. vard.* ange, utpeka (*för polisen*) **3** spela på (*instrument*) **4** *mus.* förse med fingersättning **fingerboard** greppbräde; klaviatur **finger bowl** sköljkopp **fingered** [-d] **1** tummad **2** med...fingrar; *five-~* femfingrad **3** *mus.* med fingersättning **fingering** [-rɪŋ] **1** fingrande, tummande **2** *mus.* teknik, anslag; fingersättning **fingermark** märke [efter smutsigt finger] **fingernail** fingernagel **finger post** vägvisare **fingerprint** fingeravtryck **fingerstall** fingertuta **fingertip** **1** finger|topp, -spets; *have s.th. at one's ~s* kunna (ha) ngt på sina fem fingrar **2** fingertuta

finick|ing ['fɪnɪkɪŋ], **-y** [-ɪ] pedantisk; petig

finis ['fɪnɪs] slut

finish ['fɪnɪʃ] **I** *v* **1** sluta, avsluta, slutföra, göra (få) färdig, bli färdig med; äta upp, dricka ur (upp); ~ [*off, up*] *a*) göra slut på, tillintetgöra, *b*) *vard.* ta död (kål) på; *have ~ed* vara färdig med (ha gjort färdigt) ngt; *let me ~ my coffee* låt mig dricka ur mitt kaffe; *let him ~ reading* låt honom läsa färdigt; *it nearly ~ed me* (*vard.*) det tog nästan kål på mig **2** ytbehandla, ge en finish; bearbeta **3** ~ [*off, up*] sluta, upphöra, vara (bli) färdig; *~ with s.b.* säga upp bekantskapen med ngn, vara färdig (göra slut) med ngn; *I haven't ~ed with you yet!* jag är inte färdig med dig ännu! **4** *sport.* fullfölja tävlingen, komma i mål; *~ second* sluta (komma in) som tvåa **II** *s* **1** slut, avslutning; slutstrid; *be in at the ~* vara med i slutstriden **2** *sl.* nattlokal **finished** [-t] **1** fulländad, färdig; *~ goods* helfabrikat, färdigvaror **2** färdig, slut (*as an actor* som skådespelare); *I'm totally ~* jag är helt slut (alldeles färdig) **finishing** [-ɪŋ] *a* fulländande, slut-; *~ coat* översta skikt (*vid lackering e.d.*); *~ line* mållinje; *~ school* flickpension; *~ tape* målsnöre; *give s.th. the ~ touch* lägga sista handen vid ngt, ge ngt en sista avslipning

finite ['faɪnaɪt] **1** begränsad, ändlig **2** *språkv.* finit

fink [fɪŋk] *AE. sl.* **I** *s* **1** svartfot, strejkbrytare **2** tjallare, polisspion **3** otrevlig typ, skummis **II** *v* **1** tjalla **2** ge upp; hoppa av

Finland ['fɪnlənd] Finland **-er** [-ə] finländare

Finn [fɪn] finne, finländare

finnan haddock ['fɪnən,hædək] rökt kolja

finned [fɪnd] med fenor, fen-

finner *zool.* fenval

Finnish ['fɪnɪʃ] **I** *a* finsk, finländsk **II** *s* finska [språket]

Finno|-Ugrian, --Ugric [,fɪnə(ʊ)'ju:grɪən] finsk-ugrisk

finny ['fɪnɪ] fen-, fenlik

fiord [fjɔ:d] fjord

fir [fɜ:] **1** gran; tall, fura **2** (*virke*) gran, furu

fire [faɪə] **I** *s* eld; *~!* elden är lös!; *be on ~ a*) brinna, stå i brand, *b*) vara i elden; *catch ~* ta (fatta) eld; *go through ~ and water for* gå genom eld och vatten för; *play with ~* leka med elden; *set ~ to, set on ~* sätta eld på, sticka i brand; *set the world* (*the Thames*) *on ~* (*vard.*) göra underverk (storverk) **2** brasa, bål; låga; kamin; *electric ~* elektrisk kamin; *we have an open ~* vi har öppen spis **3** brand, eldsvåda **4** *mil.* eld, skottlossning; *~!* eld!, ge fyr!; *open ~* öppna eld; *between two ~s* mellan två eldar; *a ~ of questions* en skur av frågor; *be in the line of ~ a*) vara under beskjutning, *b*) vara i elden (skottgluggen); *be under ~* vara under beskjutning **5** *bildl.* hetta, glöd, lidelse, eld **II** *v* **1** avskjuta, avlossa (*a gun* ett gevär); avfyra (*äv. bildl.*); *~ questions at s.b.* bombardera ngn med frågor; *~ a salute* ge salut **2** *vard.* sparka, ge sparken (*avskeda*) **3** [an]tända, sätta (tända) eld på, sätta i brand **4** bränna (*porslin e.d.*) **5** elda, förse med bränsle; *oil ~s the heating system* värmesystemet eldas med olja **6** *bildl.* elda [upp], egga **7** skjuta, ge eld (*at* mot, på); ~ *away a*) börja skjuta, *b*) *vard.* sätta igång **8** antändas, fatta eld; (*om motor*) tända

fire alarm ['faɪərəˌlɑ:m] brandalarm **firearm** [-ɑ:m] eld-, skjut|vapen

fireball ['faɪəbɔ:l] klotblixt **firebomb** brandbomb **firebrand 1** eldfackla **2** orosstiftare **firebreak** brandgata **firebrick** eldfast tegel **fire brigade** [-brɪˌgeɪd] *BE.* brandkår **firebug** [-bʌg] *vard.* pyroman **fire clay** [-kleɪ] eldfast lera **fire control** [-kənˌtrəʊl] *mil.* eldledning **firecracker** [-ˌkrækə] smällare (*fyrverkeripjäs*) **firedamp** [-dæmp] gruvgas **fire department** [-dɪˌpɑ:tmənt] *AE.* brandkår **firedog** [-dɒg] eldhund (*i öppen spis*) **fire drill** [-drɪl] brandövning **fireeater** ['faɪərˌi:tə] **1** eldslukare **2** hetsporre, stridstupp **fire engine** [-ˌen(d)ʒɪn] brandbil **fire escape** [-ɪˌskeɪp] brandstege; reservutgång **fire-extinguisher** [-ɪkˌstɪŋgwɪʃə] (*bärbar*) brandsläckare

fire|fighting ['faɪəˌfaɪtɪŋ] *a* brand|släcknings-, -försvars- **-fly** [-flaɪ] *zool.* eldfluga **-guard** brasskärm, gnistgaller

fire insurance ['faɪərɪnˌʃʊər(ə)ns] brandförsäkring

firelight ['faɪəlaɪt] eldsken **firelock** flintlås; flintlåsgevär **fireman** [-mən] **1** brand|man, -soldat **2** eldare **firepan** fyrfat **fireplace** eldstad, öppen spis **firepower** [-ˌpaʊə] *mil.* eldkraft **fireproof** [-pru:f] **I** *a* brandsäker; eldfast **II** *v* göra brandsäker **fire raiser** [-ˌreɪzə] mordbrännare **fireside** [-saɪd] *s, the ~* härden, [öppna] spisen; *by the ~* (*bildl.*) vid hemmets härd, i hemmets lugna vrå **fire station** [-ˌsteɪʃn] brandstation **fire wall** [-wɔ:l] brandmur **firewater** [-ˌwɔ:tə] eldvatten, sprit (*i sht whisky*) **firewood** [-wʊd] ved **firework** [-wɜ:k] fyrverkeripjäs; *~s* (*pl*) *a*) fyrverkeri (*äv. bildl.*), fyrverkeripjäser, *b*) *vard. bildl.* utbrott

firing ['faɪərɪŋ] **1** bränning (*i ugn*); eldning **2** bränsle **3** avskjutande **firing line** *mil.* eldlinje **firing party (squad)** ['faɪərɪŋˌpɑ:tɪ, -skwɒd] exekutionspluton

firkin ['fɜ:kɪn] fjärding, kagge

1 firm [fɜ:m] **I** *a* fast, hård; säker, stadig **II** *adv* fast; *stand ~ over* stå fast vid **III** *v* **1** ~ [*up*] göra (bli) fast, stabiliseras

2 firm [fɜ:m] firma

firmament ['fɜ:məmənt] firmament, himlavalv

firmness ['fɜ:mnɪs] fasthet, hårdhet

firry ['fɜ:rɪ] gran-; furu-

first [fɜ:st] **I** *a o. räkn* första; förnämst; *~ aid* första hjälpen; ~ *cause* källa, orsak; *F~ Cause* (*filos.*) Skaparen, Gud; ~ *class* första klass; *at ~ hand* direkt, från källan; *the ~ lady* rikets (landets) första dam; ~ *mate* (*officer*) (*sjö.*) förste styrman; ~ *name* förnamn; ~ *night* premiär[kväll]; ~ *offender* förstagångsförbrytare; *in the ~ place* först och främst, för det första; ~ *principles* grundprinciper; ~ *thing in the morning* genast i morgon bitti; ~ *things ~* man måste ta sakerna i tur och ordning; *he doesn't know the ~ thing about her* han vet inte ett dugg om henne; *the ~ three* de tre första; ~ *violins* första fiolerna **II** *adv* först; ~ *and last* på det hela taget, först som sist; ~ *or last* förr eller senare; ~ *of all a*) allra först, *b*) först och främst; ~ *come, ~ served* den som kommer först till kvarnen får först mala; *I've loved you since I ~ saw you* jag har älskat dig från första gången jag såg dig **III** *s* **1** första; *she was the ~ to leave* hon var den första som gick; *come in ~* komma in som etta, vinna kapplöpningen **2** början; *at ~* först, i början; *from the ~* från första början, ända från början; *from ~ to last* från början till slut **3** *tekn.* ettan[s växel]; *in ~* på ettan **4** *BE. univ.* högsta betyg **5** *~s* (*pl*) varor av prima (högsta) kvalitet

first-aid ['fɜ:steɪd] *a, ~ box* förbandslåda **firstborn** ['fɜ:s(t)bɔ:n] *a o. s* förstfödd **first-class** [ˌfɜ:st'klɑ:s] **I** *a* första klassens, förstaklass-; förstklassig; ~ *letter a*) (*i England*) förstaklassbrev (*snabbefordrat brev*), *b*) (*i USA, Canada*) brevpost **II** *adv* [i, med] första klass **first-day cover** ['fɜ:stdeɪˌkʌvə] förstadagsbrev **first-hand** [ˌfɜ:st'hænd] **I** *a* förstahands-, i första hand, direkt **II** *adv* i första hand, direkt **firstling** ['fɜ:stlɪŋ] förstling **firstly** ['fɜ:stlɪ] *adv* först; för det första **first-nighter** ['fɜ:stˌnaɪtə] premiär|besökare, -lejon **first-rate** [ˌfɜ:st'reɪt] första klassens, förstklassig, prima

firth [fɜ:θ] havsarm, fjord

fiscal ['fɪskl] fiskal; skatte-; finans-; ~ *year* räkenskapsår, budgetår

fish [fɪʃ] **I** *s* (*pl ~ el. ~es*) **1** fisk; ~ *and chips* friterad fisk med pommes frites; *like a ~ out of water* inte i sitt rätta element; *neither ~, flesh, nor fowl* varken fågel eller fisk; *a fine kettle of ~* en skön röra, en snygg historia; *drink like a ~* dricka som en svamp; *I've other ~ to fry* jag har annat att göra **2** *vard., a poor ~* en stackars sate; *a queer ~* en underlig kurre **II** *v* **1** fiska; ~ *for a*) fiska (*salmon* lax), *b*) *bildl.* söka efter, försöka få tag i, fika efter; ~ *for compliments* gå med håven **2** fiska, fånga (*salmon* lax); ~ *out* fiska upp (*äv. bildl.*); ~ *up* fiska upp, *bildl.* fiska fram **3** fiska i (*a lake* en sjö)

fishball ['fɪʃbɔ:l] *kokk.* fiskbulle **fishbowl** guldfiskskål **fish cake** *kokk.* fiskfrikadell

fisher ['fɪʃə] **1** fiskare **2** *zool.* fiskmård, pekan **fisherman** [-mən] **1** fiskare **2** fiskebåt **fishery** [-rɪ] **1** fiskeri; fiske **2** fiskevatten **3** *jur.* fiskerätt **fish-eye lens** ['fɪʃaɪˌlens] *foto.* fisköga **fish finger** fiskpinne **fish hawk** [-hɔ:k] *zool.* fiskgjuse **fish-hook** [-hʊk] metkrok

fishing ['fɪʃɪŋ] **1** fiske, fiskande **2** fiskevatten **fishing line** metrev **fishing net** fisknät **fishing rod** metspö **fishing tackle** fiskredskap, fiskeutrustning

fish meal ['fɪʃmi:l] fiskmjöl **fishmonger** [-ˌmʌŋgə] *BE.* fisk|handlare, -månglare **fishnet** *AE.* fisknät **fish stick** *AE.* fiskpinne **fishwife** fisk|handlerska, -månglerska **fishy** [-ɪ] **1** fisk-, fisk|lik, -aktig; ~ *eyes* fiskögon, uttryckslösa ögon **2** *vard.* skum, misstänkt; otrolig **3** slö, livlös

fissile ['fɪsaɪl] *BE.* klyvbar **fission** ['fɪʃn] klyvning (*äv. fys.*); *biol.* delning; *nuclear ~* (*fys.*) kärnklyvning, fission **fissionable** ['fɪʃn̩əbl] klyvbar **fissure** ['fɪʃə] **I** *s* **1** klyfta, spricka,

F

rämna **2** klyvning **II** *v* klyva[s]

fist [fɪst] **I** *s* **1** knytnäve **2** *vard.* handstil **II** *v* slå med knytnäven **fistic** ['fɪstɪk] *vard.* knytnävs-, boxnings- **fisticuffs** ['fɪstɪkʌfs] *pl* slagsmål

fistul|a ['fɪstjʊl|ə] (*pl -as el. -ae* [-iː]) *med.* fistel

1 fit [fɪt] *med. o. bildl.* anfall, attack; utbrott; ~ *of anger* vredesutbrott; ~ *of cough* hostattack; ~ *of laughter* skrattanfall; *by ~s [and starts]* ryckvis; *it gave me a ~* (*vard.*) jag höll på att få slag; *have* (*throw*) *a ~* (*vard.*) få ett utbrott

2 fit [fɪt] **I** *a* **1** lämplig; passande; *be ~ for a job* vara lämplig (passa) för ett arbete; ~ *for habitation* beboelig; *a book ~ to be read* en bok som förtjänar att läsas; *think* (*see*) ~ *to* anse det lämpligt att, finna för gott att **2** färdig, redo; *vard.* färdig, nära (*to scream* att skrika); ~ *for fight* klar för strid (*äv. bildl.*), beredd **3** kry; spänstig **II** *v* **1** passa; vara lagom [stor]; passa i (till); passa in på, svara mot; ~ *s.b.'s plans* passa ngns planer; *this skirt ~s you better* den här kjolen passar dig bättre (sitter bättre på dig); *the key doesn't ~ the lock* nyckeln passar inte i nyckelhålet; *that part won't ~ the machine* den delen passar inte till maskinen; *the description ~s me* beskrivningen passar in på mig; *the doctor will try and ~ you in tomorrow* doktorn ska försöka hitta en tid åt er (klämma in er) i morgon **2** anpassa, avpassa (*to* efter) **3** förse, utrusta (*with warm clothes* med varma kläder); ~ *out* utrusta, ekipera; ~ *up with* utrusta (förse) med **4** prova [in] (*kläder*); ~ *a dress on s.b.* prova en klänning på ngn **5** göra lämplig (passande); kvalificera (*for a job* för ett arbete) **6** anbringa, passa (sätta) in; sätta på; montera; utrusta; ~ *a handle on a door* sätta handtag på en dörr **7** passa; stämma överens; *it all ~s* allt stämmer [överens]; ~ *in with* passa in i, passa ihop (stämma) med; *things don't ~ together* saker och ting stämmer inte **III** *s* passform; *be a good ~* sitta bra; *be a tight ~* sitta åt

fitful ['fɪtf(ʊ)l] ryckig; ojämn, oregelbunden; ~ *weather* ostadigt väder

fit|ment ['fɪtmənt] *BE.* möbel **-ness** [-nɪs] **1** lämplighet **2** kryhet; kondition

fitted ['fɪtɪd] **1** anpassad; inpassad; ~ *carpet* heltäckningsmatta; ~ *kitchen* kök med fast inredning; ~ *suit* skräddarsydd kostym; ~ *cupboard* inbyggt skåp **2** lämpad, lämplig (*for* for); anpassad, avpassad (*to* efter) **fitter** ['fɪtə] **1** [av]provare (*av kläder*) **2** montör; installatör; mekaniker

fitting ['fɪtɪŋ] **I** *a* passande, lämplig **II** *s* **1** [in]montering, installation **2** provning (*hos skräddare*) **3** *~s* (*pl*) inredning; tillbehör; armatur; *electrical ~s* elektriska installationer **4** *BE.* (*om kläder, skor*) storlek, passform **--out** [ˌfɪtɪŋ'aʊt] utrustning **--room** provrum **--up** [ˌfɪtɪŋ'ʌp] inredning

five [faɪv] (*jfr eight o. sms*) **I** *räkn* fem **II** *s* femma; femtal **five-day** ['faɪvdeɪ] *a, ~ week* femdagarsvecka **five-finger** ['faɪvfɪŋgə] *a, ~ exercise* (*mus.*) fingerövning för en hand **five-o'clock shadow** ['faɪvəˌklɔk'ʃædəʊ] skäggstubb (*som börjar synas kl. 5 på e.m.*) **five-o'clock train** ['faɪvəˌklɔk'treɪn] *a, the ~* femtåget **fiver** ['faɪvə] *vard.* fempund-, femdollar|sedel **fives** [faɪvz] (*behandlas som sg*) fives (*slags squashliknande bollspel*) **five-seater** ['faɪvˌsiːtə] femsitsig bil **five-speed** ['faɪvspiːd] femväxlad (*car* bil)

fix [fɪks] **I** *v* **1** fästa, sätta fast, anbringa; installera, montera; ~ *bayonets* sätta på bajonetter; ~ *the mirror to the wall* sätta fast spegeln på väggen **2** ~ [*up*] fastställa, bestämma (*pris, datum e.d.*) **3** fästa, rikta; ~ *the gaze on* rikta blicken mot; ~ *a p.'s attention on* rikta ngns uppmärksamhet på **4** fixera (*äv. foto.*); ge stadga (fasthet) åt; ~ *a custom* befästa en sedvänja; ~ *an idea* förankra en idé **5** placera, sätta [in], ställa, lägga; ~ *the blame on* lägga skulden på; ~ *s.b. up with s.th.* ordna (skaffa) ngt åt ngn; *I can't ~ you up* jag kan inte ordna rum åt dig **6** laga, reparera; snygga upp (till) **7** *vard., i sht AE.* fixa (ordna, greja) [till] (*tickets* biljetter; *a meal* en måltid; ordna (klara) upp **8** *vard.* fixa, göra upp [på förhand] (*match e.d.*); fiffla med; muta **9** *sl.* göra upp med, hämnas på; fixa (*i sht döda*) **10** *vard., ~ s.b.* ge ngn vad han förtjänar **11** *AE. dial. el. vard.* planera; *I'm ~ing to go out* jag tänker gå ut **12** fastna **13** ~ [*up*]*on* fastna (bestämma sig) för **14** *sl.* ta en sil (*narkotika*) **II** *s* **1** *vard.* knipa, dilemma; *be in a bit of a ~* vara i knipa **2** *sl.* sil (*narkotika*) **3** *vard.* muta **3** *sjö.* positionsbestämning

fixate [fɪk'seɪt] fixera (*äv. psykol.*) **fixation** [fɪk'seɪʃn] **1** fästande; fixering (*äv. psykol.*); fastställande **2** fix idé **fixative** ['fɪksətɪv] **I** *a* fixer- **II** *s* fixermedel, fixativ

fixed [fɪkst] **1** fästad; fast; fixerad; ~ *star* fixstjärna **2** stel, orörlig **3** fast[ställd], bestämd; ~ *price* fast pris; ~ *costs* fasta kostnader **4** fix (*idea* idé); inrotad **-ly** ['fɪksɪdlɪ] *adv* fast; stelt, orörligt; stadigt

fix|er ['fɪksə] **1** *foto.* fixermedel, fixativ **2** *sl.* fixare **-ings** [-ɪŋz] *pl, i sht AE.* **1** utrustning, apparater **2** *kokk.* tillbehör **-ity** [-ətɪ] beständighet, fasthet, stabilitet **-ture** [-tʃə] **1** fast tillbehör (inventarium); *bildl.* [gammalt] inventarium **2** *BE.* [fastställd dag för] tävling (match *e.d.*)

fizz [fɪz] **I** *v* fräsa, väsa; (*om kolsyrad dryck*) pärla, moussera **II** *s* **1** fräsande, väsande; pärlande, mousserande **2** *vard.* brusande dryck; skumpa, champis; fizz (*drink*) **fizzle** ['fɪzl] **I** *v* **1** fräsa, väsa **2** ~ [*out*] *a*) fräsa till och slockna, *b*) *vard.* misslyckas, sluta snöpligt **II** *s* **1** fräsande, väsande **2** *vard.* fiasko **fizzy** ['fɪzɪ] fräsande, väsande; pärlande, mousserande

fjord [fjɔːd] fjord

fl. *förk. för floor; fluid* **Fl.** *förk. för Flanders; Flemish* **Fla.** *förk. för Florida*

flabbergast ['flæbəgɑːst] *vard.* göra paff, slå med häpnad

flabby ['flæbɪ] slapp; [fet och] sladdrig, slak

flaccid ['flæksɪd] slapp, sladdrig, slak **-ity** [flæk'sɪdətɪ] slapphet, sladdrighet, slakhet

1 flag [flæg] **I** *s* flagga; fana; ~ *of convenience* bekvämlighetsflagg; ~ *of truce* parlamentärflagg; *keep the ~ flying* hålla fanan högt; *show the ~* (*vard.*) markera sin närvaro, visa sig; *strike* (*lower*) *the ~* stryka flagg **II** *v* **1** pryda (markera) med flaggor (flagga); ~ [*down*] stoppa (*fordon*) genom att vinka med flagga, hejda **2** signalera med flaggor [till]

2 flag [flæg] *bot.* svärdslilja

3 flag [flæg] **1** hänga ner, sloka **2** slakna, slappna, mattas

4 flag [flæg] **I** *s* stenplatta; trottoarsten **II** *v* be-

lägga med stenplattor (trottoarsten)
flag captain [ˌflægˈkæptɪn] kapten på flaggskepp
flag day [ˈflægdeɪ] insamlingsdag (*för välgörande ändamål*) **Flag Day** amerikanska flaggans dag (*14 juni*)
flagel|lant [ˈflædʒələnt] flagellant **-late** [-leɪt] gissla, piska
flageolet [ˌflædʒə(ʊ)ˈlet] *mus.* flageolett[flöjt]
flaggy [ˈflægɪ] slokande; slapp
flagitious [fləˈdʒɪʃəs] skändlig; brottslig
flag-man [ˈflægmən] **1** banvakt **2** *sjö.* flaggsignalist
flagon [ˈflægən] stor [vin]flaska, [vin]krus
flagpole [ˈflægpəʊl] flaggstång
fla|grancy [ˈfleɪgr(ə)nsɪ] skändlighet; *the ~ of* det flagranta i **-grant** [-gr(ə)nt] flagrant, uppenbar
flag|ship [ˈflægʃɪp] flaggskepp **-staff** flaggstång **-stone** stenplatta; trottoarsten **--waver** [-ˌweɪvə] *vard.* chauvinist **--waving** [-ˌwevɪŋ] *vard.* chauvinism
flail [fleɪl] **1** *s* slaga **II** *v* **1** tröska med slaga **2** fäkta med (*armar*)
flair [fleə] **1** väderkorn; näsa, sinne, känsla **2** *vard.* stil, elegans
flak [flæk] **1** luftvärn; luftvärnseld **2** *AE. sl.* hård kritik
flake [fleɪk] **I** *s* flaga; flinga; tunt lager **II** *v* **1** flagna, falla av i flagor **2** flaga, flisa, skära av i flagor **flake white** [ˌfleɪkˈwaɪt] *s* blyvitt **flaky** [ˈfleɪkɪ] flagig, fjällig; flingliknande; *~ pastry* smördeg
flamboy|ance [flæmˈbɔɪəns] praktfullhet *etc.*, *jfr flamboyant* **-ant** [-ənt] **1** praktfull, [färg]grann, flammande **2** extravagant, överdriven, prålig **3** *arkit.* flamboyant
flame [fleɪm] **I** *s* **1** flamma, låga; *bildl. äv.* eld, glöd; *be in ~s* stå i lågor **2** *vard.* flamma, älskling **II** *v* flamma, låga **III** *a* brandgul
flamenco [fləˈmeŋkəʊ] flamenco
flame-thrower [ˈfleɪmˌθrəʊə] *mil.* eldkastare **flaming** [ˈfleɪmɪŋ] **1** flammande, lågande; *bildl. äv.* glödande, lidelsefull, häftig; *~ sun* glödande sol **2** *vard.* förbaskad
flamingo [fləˈmɪŋgəʊ] *zool.* flamingo
flammable [ˈflæməbl] lättantändlig, brännbar
flamy [ˈfleɪmɪ] flammande; eld-
flan [flæn] flan (*slags frukttårta*)
Flanders [ˈflɑːndəz] Flandern **Flanders poppy** *bot.* kornvallmo
flange [flæn(d)ʒ] *tekn.* **I** *s* fläns **II** *v* förse med fläns
flank [flæŋk] **I** *s* sida; flank (*äv. mil.*) **II** *v* **1** flankera; begränsa **2** *mil.* anfalla i flanken **3** kringgå, undvika
flannel [ˈflænl] **I** *s* **1** [ylle]flanell; *~s* (*pl*) flanell|-byxor, -kläder **2** tvättlapp **3** *BE. vard. a*) svammel, *b*) smicker, fjäsk **II** *a* flanell- **III** *v* **1** putsa med flanell; laga med flanell; klä i flanell **2** *BE. vard.* smickra, fjäska för **flannelboard** flanellograf **flannelette** [ˌflænˈlet] bomullsflanell **flannelly** [ˈflænlɪ] *a* flanell-, flanelliknande
flap [flæp] **I** *v* **1** slå, smälla, daska, klappa **2** fladdra (flaxa, slå) med; vifta med **3** fladdra; flaxa; (*om segel*) slå **4** *vard.* råka i panik, bli upprörd **II** *s* **1** smäll, dask, klatsch **2** fladdrande; flaxande, [ving]slag **3** flik; lock (*på ficka*); *flyg.* [ving]klaff **4** *vard.* panik, upprördhet; *get into a ~* få stora skälvan
flap|doodle [ˈflæpˌduːdl] *sl.* skitsnack, struntprat **-jack** [-dʒæk] **1** (*slags*) havrekaka **2** *i sht AE.* pannkaka **-per** [-ə] **1** flugsmälla **2** (*på 1920-talet*) modern ung kvinna
flare [fleə] **I** *v* **1** blossa, fladdra; *~ up* flamma upp, *bildl. vard. äv.* brusa upp **2** puta ut; vidga sig **II** *s* **1** fladdrande låga; bloss, lysraket, signalljus **2** utbuktning, utvidgning **3** plötsligt utbrott **flared** [-d] (*om plagg*) utsvängd, utställd **flare-up** [ˌfleərˈʌp] **1** uppflammande, uppblossande **2** *vard.* utbrott, bråk
flash [flæʃ] **I** *v* **1** flamma, blixtra [till]; blinka; blänka [till], lysa fram; *~ back* (*i film e.d.*) ge en tillbakablick; *~ [out, up]* blossa upp **2** fara (rusa) som en blixt; *she ~ed by* (*past*) *on her bike* hon susade förbi på sin cykel **3** *BE. sl.* blotta sig **4** låta blixtra (lysa); blinka (lysa) med; *vard.* snabbt visa; *~ a look at s.b.* ge ngn en strålande blick; *~ a message* snabbt skicka ett meddelande **5** *vard.* lysa (briljera) med; *~ money around* vifta med pengar **6** *BE. sl.* blotta sig **II** *s* **1** plötsligt sken (ljus); blixt (*äv. foto.*), glimt, stråle; *~ of lightning* blixt; *~ of sunshine* plötslig solglimt; *in a ~* blixtsnabbt, på ett ögonblick; *~ in the pan* [person som gör en] kortlivad succé **2** briljerande, prål **3** *TV., radio.* kort nyhetsinslag, nyhetstelegram **4** *mil.* förbandstecken **III** *a* **1** *vard.* prålig; vräkig, vulgär **2** falsk, oäkta **3** *vard.* förbrytar-, kriminell
flashback [ˈflæʃbæk] (*film e.d.*) tillbaka-, åter|-blick **flashbulb** *foto.* fotoblixt, blixtljuslampa **flashcube** *foto.* blixtkub **flasher** [-ə] **1** blinker, blinkljus **2** *BE. sl.* blottare **flash gun** *foto.* synkronblixt **flashlight** **1** ficklampa **2** *foto.* blixtljus **3** *i sht AE.* blinkljus; blinkfyr **flash point** **1** flampunkt **2** *bildl.* kritisk punkt **flashy** [-ɪ] **1** vräkig, prålig, billig **2** ytlig
flask [flɑːsk] **1** plunta, fickflaska; bastflaska **2** kolv, retort **3** *åld.* kruthorn
1 flat [flæt] **I** *a* **1** plan, horisontell, platt, flat; slät; *as ~ as a pancake* platt som en pannkaka; *~ plate* flat tallrik; *~ race* (*i sht BE.*) slätlopp; *~ roof* platt tak; *~ shoes* lågklackade skor; *~ surface* plan yta; *~ tyre* punktering; *fall ~ a*) falla raklång, *b*) *bildl.* misslyckas, falla platt till marken; *lay ~ a*) slå omkull, *b*) jämna med marken; *stand ~ against the wall* stå tryckt mot väggen **2** platt, banal; *a ~ joke* ett platt skämt **3** monoton, utan nyanser (kontraster, variationer); matt (*paint* målarfärg) **4** smaklös, fadd; avslagen; *feel ~* inte ha lust med någonting **5** *hand.* trög, matt (*market* marknad) **6** fast, enhetlig, enhets-; *~ rate* enhetstaxa; *~ rate of pay* enhetlig lönesättning **7** *mus.* sänkt en halv ton; (*om röst, instrument*) en halv ton för låg; *B ~* b; *the piano is ~* pianot är för lågt stämt **8** direkt; exakt; *~ denial* blankt förnekande; *a ~ five minutes* exakt fem minuter; *and that's ~!* och därmed basta! **II** *adv* **1** plant, platt *etc., jfr I*; *lie ~ out* ligga utsträckt **2** fullständigt; exakt; rakt; rent ut; *~ broke* (*BE. vard.*) helt pank; *in five seconds ~* på fem sekunder blankt; *she told me ~ that* hon sade mig rent ut att; *~ out* (*vard.*) *a*) för fullt, maximalt, *b*) helt slut, alldeles

F

utmattad; *go* (*work*) ~ *out* (*vard.*) arbeta för fullt (för högtryck) **3** *mus.* för lågt, falskt **III** *s* **1** platt föremål; plan yta; platta; flata, flatsida **2** låg slätt, flackt land **3** *mus.* *b*[-förtecken]; sänkt ton **4** *teat.* kuliss **5** punktering **6** *BE.* slätlopp **8** *sjö.* pråm, läktare **IV** *v* **1** platta ut (till), göra plan (platt, flat) **2** *AE. mus.* sänka [ett halvt tonsteg]
2 flat [flæt] våning, lägenhet
flat|boat ['flætbəʊt] flatbottnad båt, pråm **-fish** *zool.* plattfisk **-foot 1** plattfot **2** *sl.* snut, polis **-footed 1** plattfotad **2** *BE. vard.* klumpig, tafatt; bestämd, obeveklig **3** *vard.*, *catch s.b* ~ ta ngn på sängen **-iron** (*förr*) strykjärn
flatlet ['flætlɪt] liten våning
flatly ['flætlɪ] *adv* **1** plant *etc.*, *jfr 1 flat I* **2** bestämt, absolut; ~ *deny* (*äv.*) förneka blankt **flatten** ['flætn] **1** ~ [*out*] göra platt (plan), platta ut (till) **2** *vard.* golva, slå ner; *bildl.* krossa, ta luften ur **3** *mus.* sänka [ett halvt tonsteg] **4** ~ *out* (*flyg.*) ta upp planet (*i sht efter dykning*) **5** ~ [*out*] bli platt (plan), plattas ut (till)
1 flatter ['flætə] **1** smickra **2** vara smickrande för
2 flatter ['flætə] platthammare
flatterer ['flætərə] smickrare **flattering** [-ɪŋ] smickrande **flattery** [-ɪ] smicker
flatu|lence, -ency ['flætjʊləns(ɪ)] **1** väderspänning **2** *bildl.* uppblåsthet **-lent** [-ənt] **1** väderspänd **2** gasbildande **3** *bildl.* uppblåst
flat|ware ['flætweə] *AE.* **1** flata tallrikar **2** bordssilver, bestick **-ways** [-weɪz] *BE.*, **-wise** *AE.* platt, med flatsidan
flaunt [flɔ:nt] **I** *v* **1** briljera (glänsa) [med] **2** vaja **II** *s* briljerande, glänsande **flaunty** [-ɪ] *i sht AE.* skrytsam, vräkig
flautist ['flɔ:tɪst] flöjtist, flöjtspelare
flavorous ['fleɪvərəs] smaklig, välsmakande; doftande **flavour** ['fleɪvə] **I** *s* smak; arom; bismak; krydda; *a film with a* ~ *of Paris* en film med en doft av Paris (med en parisisk atmosfär) **II** *v* sätta smak på, smaksätta, krydda **flavouring** ['fleɪv(ə)rɪŋ] **1** krydda, smaktillsats **2** smaksättning, kryddning **flavoursome** ['fleɪvəsəm] *se flavorous*
1 flaw [flɔ:] **I** *s* **1** skavank, fel, brist **2** spricka **II** *v* **1** spräcka, fördärva **2** spricka
2 flaw [flɔ:] vindby, kastby
flawless ['flɔ:lɪs] felfri; utan sprickor; *bildl.* fläckfri
flax [flæks] lin **flaxen** ['flæks(ə)n] lin-, av lin; lingul **flaxseed** ['flækssi:d] linfrö **flaxy** ['flæksɪ] *se flaxen*
flay [fleɪ] **1** flå; skala **2** *bildl.* skinna, lura **3** nedgöra (*m. kritik*)
flea [fli:] loppa; *send s.b. off with a* ~ *in his ear* (*vard.*) snoppa av (stuka till) ngn **fleabite** ['fli:-baɪt] **1** loppbett **2** besvärlighet, lätt förtret **flea-bitten** ['fli:ˌbɪtn] **1** loppbiten **2** *vard.* maläten, sjaskig **flea market** loppmarknad **fleapit** ['fli:-pɪt] *vard.* sjabbig bio (teater)
fleck [flek] **I** *s* **1** fläck; prick **2** korn, partikel; ~ *of dust* dammkorn **II** *v* göra fläckig **-er** ['flekə] göra fläckig
flection ['flekʃn] böjning; krök
fled *imperf. o. perf. part. av flee*
fledge [fledʒ] **1** föda upp (*fågelunge*) **2** förse (pryda, täcka) med (fjädrar) **3** (*om fågel*) få fjädrar **fledged** [-d] flygfärdig; *fully* ~, *se full-fledged* **fledg[e]ling** ['fledʒlɪŋ] **1** just flygfärdig fågel **2** *bildl.* gröngöling, nybörjare
flee [fli:] (*fled, fled*) **1** fly, ta till flykten **2** fly från; undfly; undvika
fleece [fli:s] **I** *s* **1** (*fårs*) ull, päls, fäll **2** får|fäll, -skinn; *the Golden F~* Gyllene Skinnet **II** *v* **1** klippa (*får*) **2** *bildl.* klå, skinna (*of* på) **fleecy** ['fli:sɪ] ullig
fleer [flɪə] **I** *s* hånleende, flin **II** *v* hånle (flina) [åt]
1 fleet [fli:t] **1** flotta; eskader; *Admiral of the F~* storamiral **2** flotta, vagnpark
2 fleet [fli:t] **1** snabb, hastig **2** *poet.* flyktig, snabb
Fleet Admiral ['fli:tˌædm(ə)r(ə)l] *AE.* storamiral
fleeting ['fli:tɪŋ] flyktig, snabb, hastig
Fleet Street ['fli:tstri:t] Fleet Street (*Londongata*); *bildl.* brittiska pressen (tidningsvärlden), brittiska journalister
Fleming ['flemɪŋ] flamländare **Flemish** [-ɪʃ] **I** *a* flamländsk **II** *s* flamländska [språket]
flesh [fleʃ] **I** *s* kött (*äv. bildl.*); [frukt]kött; *vard.* hull, fetma; ~ *and fell* med hull och hår; *all* ~ människosläktet; *go the way of all* ~ gå all världens väg, förgås; *my own* ~ *and blood* mitt eget kött och blod; *in the* ~ *a*) i egen hög person, *b*) livslevande; *lose* ~ magra; *it made my* ~ *creep* det fick mig att rysa (*av fasa*); *put on* ~ lägga på hullet, bli fet **II** *v* **1** *jakt.* med rått kött stimulera jaktinstinkten hos **2** såra, rispa (*m. vapen*) **3** *åld. el. poet.* vänja vid strid **4** ~ [*out*] fylla ut, sätta kött på benen
flesh-coloured ['fleʃˌkʌləd] hudfärgad **flesher** [-ə] *Sk.* slaktare **flesh fly** [-flaɪ] spyfluga **fleshings** [-ɪŋz] *pl* hudfärgade trikåer **fleshly** [-lɪ] **1** kroppslig, världslig **2** köttslig, sinnlig **3** fet, tjock **fleshpots** [-pɒts] *pl* köttgrytor (*äv. bildl.*) **flesh wound** [-wu:nd] köttsår **fleshy** [-ɪ] **1** köttig **2** fet, tjock
fleur-de-lis [ˌflɜ:də'li:] (*pl fleurs-de-lis*) **1** *bot.* iris, svärdslilja **2** fransk lilja
flew [flu:] *imperf. av 1 fly*
flex [fleks] **I** *v* **1** böja **2** spänna (*muskel*) **3** (*om muskel*) spännas **II** *s* [elektrisk] sladd **-ibility** [ˌfleksə'bɪlətɪ] **1** böjlighet, smidighet **2** *bildl.* flexibilitet; medgörlighet, foglighet **-ible** ['fleksəbl] **1** böjlig, smidig **2** *bildl.* flexibel; medgörlig, foglig; ~ *working hours* flextid **-ile** ['fleksaɪl] **1** böjlig, smidig **2** medgörlig
flexion ['flekʃn] böjning; krökning; bukt **-al** ['flekʃənl] böjnings-
flexitime ['fleksɪtaɪm] flextid
flex|uose ['fleksjʊəʊs], **-uous** ['flekʃjʊəs] slingrande, serpentin- **-ure** ['flekʃə] böjning, buktning
flibbertigibbet [ˌflɪbətɪ'dʒɪbɪt] pratmakare; slarver, oansvarig person
1 flick [flɪk] **I** *s* **1** lätt slag, snärt; knäpp (*m. fingrarna*) **2** knäpp (*ljud*) **3** fläck; strimma; korn **II** *v* snärta till, ge ett lätt slag **2** knäppa i väg (*a piece of paper* en papperstuss) **3** slänga (snärta) med (*the tail* svansen); rycka på **4** ~ *through* bläddra igenom
2 flick [flɪk] *sl.* film; *go to the ~s* gå på bio
flicker ['flɪkə] **I** *v* fladdra, flämta; flimra; darra **II**

s fladdrande, flämtande; flimmer; darrning
flick knife ['flɪknaɪf] stilettkniv
flier ['flaɪə] *se flyer*
1 flight [flaɪt] **I** *s* **1** flykt (*äv. bildl.*); flygning, flygtur; *the ~ of birds* fåglarnas flykt; *the ~ of the arrow* pilens bana (väg); *the ~ of time* tidens flykt; *~s of fancy* fantasier, fantastiska påhitt; *take ~* (*om fågel*) flyga upp **2** flock, svärm (*of starlings* starar), [fågel]sträck; *a ~ of insects* en insektssvärm; *a ~ of arrows* en skur av pilar **3** *mil.* [flyg]grupp **4** [ving-, stjärt]penna; styrfjäder (*på pil*) **5** *~* [*of stairs*] trappa, rad av trappsteg; *six ~s up* sex trappor upp; *~ of hurdles* (*sport.*) häck-, hinder|rad **II** *v* **1** flyga i flock **2** skjuta (*fågel*) i flykten **3** sätta styrfjäder på
2 flight [flaɪt] flykt, flyende; *put s.b. to ~* slå ngn på flykten; *take* [*to*] *~* ta till flykten, fly
flight lieutenant ['flaɪtlef,tenənt] kapten (*i flygvapnet*) **flight recorder** färdskrivare (*i flygplan*), 'svart låda' **flight sergeant** sergeant (*i flygvapnet*)
flighty ['flaɪtɪ] **1** flörtig, kokett **2** flyktig; nyckfull **3** oberäknelig, överspänd
flimflam ['flɪmflæm] *vard.* **1** strunt[prat] **2** lurendrejeri
flimsy ['flɪmzɪ] **I** *a* **1** svag, bräcklig; tunn **2** *bildl.* svag, ohållbar **II** *s* **1** tunt [kopie]papper **2** kopia
flinch [flɪn(t)ʃ] **1** rygga tillbaka (*from* [in]för), vika **2** rycka till (*av smärta*); *without ~ing* utan att blinka
fling [flɪŋ] **I** *v* (*flung, flung*) kasta (*äv. i brottning*), slunga, slänga; *~ an excuse* slänga ur sig en ursäkt; *~ one's arms about s.b.* slå armarna om ngn; *~ o.s. into a chair* kasta sig i en fåtölj; *~ o.s. into s.th.* (*bildl*) kasta sig in i (över) ngt; *~ away* slänga (kasta) bort; *~ one's scruples* kasta sina betänkligheter; *~ back* kasta tillbaka (bakåt); *~ off a*) kasta av sig (*rock e.d.*), *b*) *bildl.* skaka av sig, *c*) skaka fram (*dikt e.d.*); *~ on* slänga på sig; *the door was flung open* dörren flög (slogs, ryck-tes) upp; *~ up a*) kasta upp, *b*) ge upp **II** *s* **1** kast **2** släng, häftig rörelse **3** *have a ~* festa om, slå runt **4** försök; *have a ~ at* försöka sig på **5** (*slags*) skotsk dans, reel
flint [flɪnt] **1** flinta **2** stift (*i tändare*) **flintlock** ['flɪntlɒk] **1** flintlås **2** flintlåsgevär **flinty** ['flɪntɪ] flint-; stenhård, hård som flinta (*äv. bildl.*)
flip [flɪp] **I** *v* **1** kasta (slänga, knäppa) [i väg]; *he ~ped me a napkin* han slängde till mig en servett; *~ a coin* singla slant **2** *~ through* bläddra igenom **3** knäppa med fingrarna **4** skutta, hoppa **5** *sl.*, *i sht AE.* tappa behärskningen, bli urförbannad; flipp[r]a ut, bli alldeles salig; *~ one's lid* (*top*) bli utom sig, förlora fattningen **II** *s* **1** knäpp, snärt, smäll; ryck **2** kullerbytta, volt **3** *vard.* flygtur, rundflygning **4** flip (*drink m. uppvispat ägg*) **III** *a, AE. vard.* vanvördig
flip-flop ['flɪpflɒp] **1** flick-flack, baklängesvolt **2** vippkontakt **3** omsvängning (*i åsikter e.d.*) **4** (*slags*) badsandal
flip|pancy ['flɪpənsɪ] **1** lättvindighet, nonchalans **2** näsvishet **-pant** [-pənt] **1** lättvindig, nonchalant **2** näsvis
flipper ['flɪpə] simfot
flipping ['flɪpɪŋ] *BE. sl.* förbaskad, jäkla
flip side ['flɪpsaɪd] (*grammofonskivas*) B-sida, baksida
flirt [flɜ:t] **I** *v* flörta; *~ with* (*äv.*) leka med, inte ta på allvar **II** *s* flört[ig person] **flirtation** [flɜ:'teɪʃn] flört, kurtis **flirtatious** [flɜ:'teɪʃəs] flörtig, koketterande
flit [flɪt] **I** *v* **1** fladdra, flyga, sväva; rusa, ila **2** *BE. vard.* smita (*från hyra*); rymma **II** *s* **1** fladdrande, flygande, svävande; rusande, ilande **2** *BE. vard.*, *do a* [*moonlight*] *~* avdunsta (flytta) [under natten] (*för att smita från hyra*) **flitch** [flɪtʃ] **1** rökt och rimmat sidfläsk **2** helgeflundrefilé
flivver ['flɪvə] **1** gammal bil **2** *AE. sl.* fiasko
float [fləʊt] **I** *v* **1** flyta; driva (*på vattnet*); *oil ~s on water* olja flyter på vatten **2** sväva; *fog ~ed on the meadow* dimma svävade över ängen **3** starta, sätta i gång, grunda **4** *ekon.* bjuda (släppa) ut på aktiemarknaden; låta (*valuta*) flyta **5** hålla flytande; låta flyta; flotta **6** översvämma, sätta under vatten, bevattna **II** *s* **1** flytande föremål; flotte; flottör; ponton; flöte; simdyna; [liv-, flyt]-boj; *zool.* simblåsa **2** *teat.*, *~s* (*pl*) ramp **3** hjulskovel **4** liten flakvagn; kortegevagn **5** växel-, hand|kassa **floatation** [flə(ʊ)'teɪʃn] *se flotation*
floating ['fləʊtɪŋ] **1** flytande, drivande; svävande; lös; *~ anchor* drivankare; *~ dock* flytdocka; *~ kidney* vandrande njure; *~ light* fyrskepp, lysboj **2** rörlig; *~ voter* marginalväljare **3** *ekon.* flytande, rörlig; *~ assets* likvida medel; *~ capital* rörligt kapital; *~ currencies* flytande valutor
1 flock [flɒk] **I** *s* **1** flock, skara, skock; hjord **II** *v* flockas, skocka sig
2 flock [flɒk] tuss, tott; *textil.* flock
floe [fləʊ] isflak
flog [flɒg] **1** piska, prygla, klå; *~ a dead horse* spilla krut på döda hökar; *he was ~ged to death* han var uttjatad **2** *sl.* klå (*besegra*) **3** *BE. sl.* sälja, kursa **-ging** ['flɒgɪŋ] prygel, stryk; *jur.* spöstraff
flood [flʌd] **I** *s* **1** flod, högvatten **2** flöde; översvämning; ström, [stört]flod (*äv. bildl.*); *the F~* syndafloden **II** *v* **1** översvämma (*äv. bildl.*); bevattna; flöda (*the carburettor* förgasaren); *bildl.* strömma; *be ~ed* översvämmas, vara översvämmad (*äv. bildl.*); *the room was ~ed with flowers* rummet var översvämmat av blommor; *~ed with light* badande i ljus **2** svämma över, flöda över sina bräddar
flood|gate ['flʌdgeɪt] dammlucka, (*nedre*) slussport; *bildl.* sluss **-light** [-laɪt] **I** *s* **1** strålkastare **2** strålkastar|belysning, -ljus; fasadbelysning **II** *v* belysa med strålkastare; fasadbelysa
floor [flɔ:] **I** *s* **1** golv; botten; *sjö.* durk; *take the ~* börja dansen **2** våning[splan]; *the first ~* [våningen] en trappa upp, *AE.* bottenvåningen; *on the second ~* på andra våningen, *AE.* på första våningen **3** mark **4** undre gräns, minimigräns; *wage ~* minimilön **5** sammanträdessal; *the ~* [*of the House*] sessionssalen; *cross the ~* gå över till ett annat parti; *get the ~* få ordet; *be given* (*have*) *the ~* ha ordet **II** *v* **1** förse med golv, lägga golv i **2** slå till marken, golva; *be ~ed by a problem* (*vard.*) gå bet på ett problem
floorcloth ['flɔ:klɒθ] golv-, skur|trasa **flooring** [-rɪŋ] golvmaterial; golvbeläggning; golv **floor-lamp** golvlampa **floor leader** *AE. parl.* talman **floor manager** **1** *TV.* studioman, regissör **2**

F

avdelningschef (inspektör, värd[inna]) på varuhus **floor show** krogshow **floor-walker** *AE.* varuhusinspektör, avdelningschef

floo|sie, -zie, -zy ['flu:zɪ] *sl.* slinka

flop [flɒp] **I** *v* **1** dunsa, dimpa, plumsa, plaska; sprattla; *the book ~ped onto the floor* boken dunsade i golvet **2** *vard.* misslyckas, göra fiasko, bli en flop **3** *sl.*, *~ [out]* koja, gå och lägga sig **II** *adv* plums, med en duns, pladask **III** *s* **1** duns, plums, plask **2** *vard.* misslyckande, fiasko, flop **3** *AE. sl.* slaf, säng **flophouse** ['flɒphaʊs] *AE. sl.* ungkarlshotell **floppy** ['flɒpɪ] slak, nedhängande; *~ disc* (*data.*) flexskiva

flora ['flɔ:rə] flora **floral** ['flɔ:r(ə)l] blomster-; blommig

Florence ['flɒr(ə)ns] Florens **Florentine** ['flɒr(ə)ntaɪn] **I** *a* florentinsk **II** *s* florentinare

florescence [flɔ:'resns] blomning[stid]

floricul|ture ['flɔ:rɪkʌltʃə] blomsterodling **-turist** [ˌflɔ:rɪ'kʌltʃ(ə)rɪst] blomsterodlare

florid ['flɒrɪd] **1** rödlätt, rödblommig (*complexion* hy) **2** överlastad, svulstig (*style* stil)

Florida ['flɒrɪdə]

florid|ity [flɒ'rɪdətɪ], **-ness** ['flɒrɪdnɪs] **1** rödblommighet **2** överlastning, svulstighet

florin ['flɒrɪn] **1** florin, gulden **2** (*förr*) 2-shillingmynt

florist ['flɒrɪst] blomster|odlare, -handlare; *~'s shop* blomster|handel, -affär

floss [flɒs] **1** flock; flocksilke **2** [*dental*] *~* tandtråd **floss silk** [ˌflɒs'sɪlk] flocksilke **flossy** ['flɒsɪ] **1** dunig **2** *AE. sl.* (*om kläder*) skrikig

flotation [flə(ʊ)'teɪʃn] **1** startande, finansierande (*av företag genom aktieutgivning e.d.*); emission **2** flyt|förmåga, -kraft **3** *miner.* flotation

flotilla [flə(ʊ)'tɪlə] *sjö.* flottilj

flotsam ['flɒtsəm] vrakgods, strandfynd; *~ and jetsam* diverse bråte (småsaker), *bildl.* spillror, olycksbarn

1 flounce [flaʊns] **I** *v* svassa (*about* runt), rusa **II** *s* svassande; knyck

2 flounce [flaʊns] **I** *s* volang, rysch **II** *v* förse med volang[er] (rysch)

1 flounder ['flaʊndə] *zool.* flundra

2 flounder ['flaʊndə] **I** *v* **1** plumsa, klafsa (*i dy e.d.*) **2** bära sig klumpigt åt, göra misstag **II** *s* plumsande *etc.*, *jfr I*

flour ['flaʊə] **I** *s* [vete]mjöl **II** *v* **1** mjöla, beströ med mjöl **2** mala till mjöl

flourish ['flʌrɪʃ] **I** *v* **1** blomstra; florera; trivas, frodas **2** stoltsera [med], lysa [med] **3** spela (*fanfar e.d.*) **4** pryda med snirklar; utsmycka **5** svänga, svinga **II** *s* **1** svängande, svingande **2** elegant sväng (gest) **3** snirkel, släng (*på bokstav*); floskler, stilblommor **4** fanfar **5** prål, ståtande

floury ['flaʊərɪ] mjölig, beströdd med mjöl; av mjöl

flout [flaʊt] trotsa; strunta i; håna

flow [fləʊ] **I** *v* **1** flyta, rinna, strömma; flöda; cirkulera; *the river ~s into the sea* floden rinner ut i havet; *money ~ed into the country* pengar strömmade in i landet **2** (*om hår*) svalla, bölja, falla **3** (*om tidvatten*) stiga **4** *vard.* ha mens **5** översvämma **II** *s* **1** flöde, flod, ström; rinnande; utströmning, utflöde; *~ of blood* blodflöde; *~ of information* informationsflöde; *~ of lava* lavaström **2** (*hårs*) svall **3** (*tidvattnets*) stigande, flod; *the tide is on the ~* det är flod **4** *vard.* mens **5** *Sk.* träsk; havsvik **flow chart** ['fləʊtʃɑ:t] flödesdiagram

flower ['flaʊə] **I** *s* **1** blomma **2** blom[ning]; *be in ~* stå i blom, blomma **3** *bildl.* blomma, blomning; *in the ~ of her youth* i hennes ungdoms vår; *~ of rhetoric* stilblomma; *the ~ of young men* blomman av unga män **4** *~s of sulphur* (*kem.*) svavelblomma **II** *v* **1** blomma, stå i blom, *bildl.* blomstra **2** pryda med blommor **flowerage** [-rɪdʒ] blomsterprakt **flowerbed** blomsterrabatt **flowered** [-d] [prydd] med blommor; blommig **flowering** [-rɪŋ] **I** *a* blommande **II** *s* blomning[stid] **flowerpot** blomkruka **flowershow** blomsterutställning **flowery** [-rɪ] **1** blomrik **2** blomsterprydd; blommig **3** blomliknande **4** *bildl.* blomsterrik

flowing ['fləʊɪŋ] *a* **1** flytande, rinnande, strömmande; flödande **2** svallande, böljande, fladdrande **3** (*om stil*) flytande, ledig

flown [fləʊn] *perf. part. av fly*

flow sheet ['fləʊʃi:t] flödesdiagram

fl. oz. *förk. för fluid ounce[s]*

flu [flu:] *vard.* influensa, flunsa

fluctu|ate ['flʌktjʊeɪt] **1** fluktuera, variera, växla **2** vara vankelmodig, vackla **-ation** [ˌflʌktjʊ'eɪʃn] **1** fluktuation, variation, växling **2** vankelmod, vacklan

1 flue [flu:] **1** rök|kanal, -gång **2** *se flue pipe*

2 flue [flu:] dun, fjun

3 flue [flu:] (*slags*) fisknät

flu|ency ['flu:ənsɪ] ledighet; flytande (ledig) framställning **-ent** [-t] ledig; flytande; *speak ~ Italian* tala flytande italienska **fluently** [-tlɪ] *adv* flytande; *speak Italian ~* tala italienska flytande

flue pipe ['flu:paɪp] orgel-, labial|pipa

fluff [flʌf] **I** *s* **1** ludd, dun **2** småsak, bagatell **3** *vard.* miss, felläsning, felspelning **4** *vard.*, *a bit of ~* en ung tjej **II** *v* **1** göra luddig, ludda (fluffa) upp **2** *vard.* staka sig; klanta sig **fluffy** ['flʌfɪ] **1** luddig **2** fluffig, luftig

fluid ['flu:ɪd] **I** *a* **1** flytande, i flytande form; vätske-; *~ coupling* (*clutch, drive*) vätskekoppling; *~ ounce* (*vätskemått = 28,4 cm3, i USA = 29,6cm3*) **2** (*om stil*) flytande, ledig **3** osäker, obestämd (*situation* situation); instabil, växlande; rörlig **II** *s* vätska **-ity** [flu:'ɪdətɪ] **1** flytande tillstånd, fluiditet **2** ledighet (*i stil*)

1 fluke [flu:k] **I** *s* **1** ankarfly **2** hulling, spets (*på harpun e.d.*) **3** *~s* (*pl*) valstjärt

2 fluke [flu:k] **I** *s* tur, flax; lyckträff **II** *v* ha tur

fluky ['flu:kɪ] **1** osäker, ostadig **2** tursam

flume [flu:m] **1** flodravin **2** vatten-, flottnings|-ränna

flummox ['flʌməks] förvirra, förbrylla

flung [flʌŋ] *imperf. o. perf. part. av fling*

flunk [flʌŋk] *vard., i sht AE.* **1** köra, bli kuggad (underkänd) **2** kugga, köra, underkänna **3** *~ out* bli fockad (*från skola*)

flunk[e]y ['flʌŋkɪ] lakej

fluo|rescence [ˌflʊə'resns] fluorescens **-rescent** [-'resnt] fluorescerande; *~ lamp* lysrör

fluor|idate ['flʊərɪdeɪt] fluoridera **-idation** [ˌflʊərɪ'deɪʃn] fluoridering **-ide** ['flʊəraɪd] **1** fluorid **2** fluorförening **-in[e]** ['flʊəri:n] fluor

flurry ['flʌrɪ] **I** *s* **1** [kast]by; regnby **2** förvirring, nervös oro, uppståndelse **II** *v* **1** förvirra, uppröra **2** bli förvirrad (upprörd)

1 flush [flʌʃ] **I** *v* **1** rodna, blossa upp, glöda **2** flöda, forsa [fram] **3** få att rodna, göra röd (blossande, glödande) **4** komma att flöda; spola [ren] (*the toilet* toaletten) **5** *be ~ed with* vara upphetsad (upplivad, rusig) av **II** *s* **1** rodnad **2** ström, fors; [ren]spolning **3** upphetsning, upprymdhet, rus, yra; *in the ~ of victory* i segeryran **4** flor; friskhet; *in the first ~ of youth* i ungdomens vår

2 flush [flʌʃ] **I** *a* **1** jämn, slät, plan; angränsande, sammanhängande; *~ against* tätt intill (mot); *~ with* i jämnhöjd med **2** *vard.* riklig, överflödande; stadd vid kassa, rik **3** bräddfull **4** kraftfull, energisk **5** (*om slag*) rak, direkt **II** *adv* **1** jämnt, slätt *etc.*, *jfr I* **2** rakt, direkt **III** *v* jämna, göra slät

3 flush skrämma (jaga) upp (*vilt*)

4 flush [flʌʃ] *kortsp.* flush

fluster ['flʌstə] **I** *v* göra nervös, förvirra **2** bli nervös (förvirrad) **II** *s* förvirring; nervositet

flute [flu:t] **I** *s* flöjt **II** *v* **1** spela (blåsa) flöjt **flutist** ['flu:tɪst] flöjtist, flöjtspelare

flutter ['flʌtə] **I** *v* **1** fladdra (flaxa) med **2** fladdra (flaxa) omkring **3** vara (göra) nervös (orolig) **4** *BE. vard.* slå vad, spela **II** *s* **1** fladdrande, flaxande; fladder **2** nervositet, oro; *in a ~* nervös, orolig **3** *BE. vard.* vadslagning, spel

fluvial ['flu:vjəl] flod-

flux [flʌks **I** *s* **1** flöde, flod, ström; *~ and reflux* flod och ebb **2** växling, ständig förändring; *be in a state of ~* vara stadd i omvandling **3** *med.* flytning **4** fluss; flussmedel **5** *fys.* strömhastighet **II** *v* **1** göra (bli) flytande, smälta **2** strömma ut

1 fly [flaɪ] **I** *v* (*flew, flown*) **1** flyga; *the swallows ~ high* svalorna flyger högt; *~ high* (*vard.*) *a*) ha högtflygande planer, *b*) blomstra, ha framgång; *~ in* anlända med flyg; *~ out a*) avresa med flyg (*of* från) **2** flyga, ila, rusa; *he came ~ing towards me* han kom rusande mot mig; *the door flew open* dörren flög upp; *my money flies* mina pengar försvinner snabbt; *time flies* tiden ilar (rusar i väg); *let ~ a*) kasta (slänga) i väg (ur sig), *b*) fyra av, skjuta i väg; *~ at* (*upon*) *s.b.* flyga (rusa) på ngn; *let ~ at* (*vard.*) tappa tålamodet med; *~ into a rage* bli rasande, få ett raseriutbrott; *~ off the handle* (*vard.*) tappa humöret **3** fladdra, vaja; *the flag is ~ing in the wind* flaggan fladdrar för vinden **4** fly (*before the enemy* för fienden) **5** flyga [med], köra, föra (*an aircraft* ett flygplan); *~ the Atlantic* flyga över Atlanten **6** hissa, föra (*flagg*); *they flew the flag* (*äv.*) de flaggade **7** fly från (ur); *he flew the country* han flydde ur landet; *~ the coop* (*AE. vard.*) sticka [sin väg] **II** *s* **1** gylf **2** tältdörr; yttertält **3** *teat.* scenvind

2 fly [flaɪ] fluga; *he wouldn't hurt a ~* han kan inte göra en fluga förnär; *a ~ in the ointment* (*vard.*) smolk i glädjebägaren; *there are no flies on her* (*vard.*) hon är inte dum

3 fly [flaɪ] *sl., i sht BE.* smart, klipsk

fly agaric ['flaɪ,ægərɪk] [röd] flugsvamp **flyblow** [-bləʊ] **I** *s* flugägg **II** *v* (*om flugor*) smutsa ner **flyblown** [-bləʊn] smutsad av fluglort; *bildl.* fläckad, besmittad, skämd **fly-by-night** [-baɪnaɪt] *vard.* **I** *a* **1** [ekonomiskt] opålitlig **2** kort, övergående **II** *s* **1** person som smiter från skulder [på natten] **2** nattmänniska **flycatcher** [-,kætʃə] **1** *zool.* flugsnappare **2** flugfångare

flyer ['flaɪə] **1** flygare **2** flygplan **3** *vard.* långt hopp **4** *AE.* flygblad **5** spekulationsköp

flying ['flaɪɪŋ] **I** *s* flygning **II** *a* **1** flyg-; flygande; *~ fish* flygfisk; *~ fox* flygande hund; *~ lizard* flygödla; *~ machine* flygmaskin; *~ officer* löjtnant (*vid flyget*); *~ range* (*flygplans*) aktionsradie; *~ saucer* flygande tefat **2** flygande, snabb; *~ squad* rörlig beredskapsstyrka (*av polis el. militär*); *~ start* (*sport.*) flygande start **3** *~ buttress* (*arkit.*) strävbåge

flyleaf ['flaɪli:f] *bokb.* flygande blad **flyover** [-,əʊvə] **1** planskild korsning **2** viadukt, vägbro **3** *AE.* flygparad **fly-past** [-pɑ:st] flygparad **fly sheet** [-ʃi:t] **1** flygblad, cirkulär **2** tältlucka; yttertält **flyspeck** [-spek] flug|smuts, -lort **flyweight** [-weɪt] flugviktare **flywheel** [-wi:l] svänghjul

FM *förk. för frequency modulation* **fm** *förk. för fathom; from* **F.M.** *förk. för Field Marshal* **F.O.** *förk. för Field Officer; Flying Officer; Foreign Office* **fo.** *förk. för folio*

foal [fəʊl] **I** *s* föl **II** *v* föla

foam [fəʊm] **I** *s* skum, fradga, lödder **II** *v* skumma, fradga; *~ at the mouth* ha fradga kring munnen **foam rubber** ['fəʊm,rʌbə] skumgummi **foamy** ['fəʊmɪ] skummig, fradgande, löddrig

1 fob [fɒb] **1** klockkedja **2** klockficka

2 fob [fɒb] *v*, *~ s.b. off* avspisa ngn; *~ off s.th. on s.b.* pracka på ngn ngt

F.O.B., f.o.b. *förk. för free on board*

focal ['fəʊkl] brännpunkts-, fokal-; *~ length* (*distance*) brännvidd; *~ point* (*äv. bildl.*) brännpunkt

fo'c's'le, fo'c'sle ['fəʊksl] *se forecastle*

fo|cus ['fəʊkəs] (*pl -cuses el. -ci* [-saɪ]) **I** *s* **1** fokus, brännpunkt (*äv. bildl.*); brännvidd; *the picture is in* (*out of*) *~* bilden är skarp (oskarp); *bring into ~ a*) ställa in skärpan på, *b*) *bildl.* ställa i fokus **2** centrum (*för jordbävning o. bildl.*); *med.* [sjukdoms]härd **II** *v* **1** samla[s] i en brännpunkt, fokusera[s]; *bildl.* koncentrera[s] (*on* på); *all eyes were ~ed on her* allas blickar var riktade på henne **2** ställa in (*kamera*)

fodder ['fɒdə] **I** *s* foder; *bildl.* näring (*for the imagination* för fantasin) **II** *v* [ut]fodra

foe [fəʊ] *poet.* fiende

foe|tal ['fi:tl] foster- **-tus** [-təs] foster

fog [fɒg] **I** *s* dimma, tjocka; töcken (*äv. bildl.*); *be in a ~ a*) vara omtöcknad, *b*) vara osäker (*about* om) **II** *v* **1** hölja[s] i dimma; bli (göra) immig; *~ the issue* dölja (skymma) problemet **2** *foto.* göra suddig **fog bank** ['fɒgbæŋk] dimbank **fogbound** ['fɒgbaʊnd] **1** höljd i dimma **2** lamslagen av dimma

fogey ['fəʊgɪ] *se fogy*

foggy ['fɒgɪ] dimmig; *bildl. äv.* suddig; vag; *I haven't the foggiest* [*idea*] jag har inte den blekaste aning **foghorn** mistlur **fog|lamp, -light** dimljus

fogy ['fəʊgɪ] *s*, *old ~* gammal stofil

foible ['fɒɪbl] svaghet, svag sida

1 foil [fɒɪl] kullkasta, gäcka, omintetgöra

2 foil [fɒɪl] **I** *s* **1** folie; foliepapper **2** *bildl.* kon-

trast; *be a ~ to* tjäna som kontrast till, framhäva **II** *v* täcka med folie
3 foil [fɒɪl] florett
foist [fɒɪst] **1** smuggla (*in* in) **2** ~ *s.th.* [*off*] *on s.b.* pracka (lura) på ngn ngt
fol. *förk. för folio; followed; following*
1 fold [fəʊld] **I** *v* vika [ihop] (*a sheet of paper* ett papper); vecka; ~ *up* vika (lägga) ihop (*a newspaper* en tidning) **2** fälla ihop; *the bird ~ed its wings* fågeln fällde ihop vingarna; ~ *one's arms* (*legs*) lägga armarna (benen) i kors; ~ *one's arms round* (*about*) slå (lägga) armarna om; ~ *one's hands* knäppa händerna **3** ~ [*up*] slå (svepa) in; ~ *s.b. in one's arms* sluta ngn i sina armar; ~ *s.th. in paper* slå in ngt i papper **4** vikas (fällas) [ihop]; kunna vikas; vecka sig, bilda veck (*äv. geol.*); *this chair ~s up* den här stolen är hopfällbar; *how does this map ~?* hur viker man ihop den här kartan? **5** ~ [*up*] (*vard.*) *a*) gå omkull, slå igen, sluta, *b*) vika sig dubbel (*av skratt el. smärta*) **II** *s* **1** veck (*äv. geol.*) **2** hopvikt föremål; *a ~ of cloth* ett hopvikt tygstycke **3** bukt, slinga (*of a rope* på ett rep) **4** *tekn.* fals **5** vikning; veckning **6** sänka, bäcken
2 fold [fəʊld] **1** [får]fålla, inhägnad **2** [fåra]hjord (*äv. bildl.*); församling; *return to the ~* (*bildl.*) återvända till fadershuset
fold|able ['fəʊldəbl], **-away** [hop]vikbar, [hop]fällbar
folder [-ə] **1** folder, [vikt] trycksak **2** mapp, samlingspärm **3** *bokb.* falsmaskin
folding ['fəʊldɪŋ] [hop]vikbar, [hop]fällbar **folding bed** fäll-, tält|säng **folding chair** fällstol **folding door** dubbeldörr; vikdörr **folding money** *AE. vard.* sedlar, papperspengar **folding table** klaff-, fäll|bord
fold-out ['fəʊldaʊt] *boktr.* utvikningsblad
foliage ['fəʊlɪɪdʒ] löv-, blad|verk, löv **foliar** [-ə] blad- **foliate I** *a* [-ət] bladlik; -bladig **II** *v* [-eɪt] **1** foliera **2** pryda med löv **3** få blad
folio ['fəʊlɪəʊ] **1** folio[format]; foliant **2** manusblad **3** pagina (*upptill på sida*); *drop ~* pagina nertill på sida
folk [fəʊk] (*pl ~*[*s*]; *behandlas som pl*) **1** folk, människor; *country ~* lantbor; *little ~*[*s*] småttingar, småbarn; *old ~*[*s*] gamla människor; *hello ~s!* hej alla människor (gott folk)! **2** *vard.* familjemedlemmar; *my ~*[*s*] min familj, mina anhöriga; *my old ~*[*s*] mina föräldrar
folk dance ['fəʊkdɑːns] folkdans **folklore** [-lɔː] **1** folklore **2** folklivsforskning **folk music** folkmusik **folk song** folkvisa **folksy** [-sɪ] *vard., i sht AE.* **1** enkel, folklig **2** vänlig **folk story (tale)** folksaga
foll. *förk. för followed; following*
follow ['fɒləʊ] **1** följa [efter, på]; följa med, åtfölja; efterträda; *the road ~s the valley* vägen följer dalen; *we're being ~ed* vi är förföljda; *she ~ed me about* hon följde mig överallt; *the earthquake was ~ed by an epidemic* jordbävningen [åt]följdes av en epidemi; ~ *out* genomföra (*ideas* idéer); ~ *through* tänka igenom, genomföra; ~ *up a*) följa upp, fullfölja, vidareutveckla, *b*) undersöka, utforska **2** följa, lyda (*the fashion* modet); ~ *instructions* följa instruktioner; ~ *suit a*) *kortsp.* bekänna färg, *b*) göra likadant, följa exemplet **3** följa (hänga) med, förstå; *do you ~ me?* förstår du vad jag menar? **4** utöva, ägna sig åt (*a profession* ett yrke); ~ *the law* bli jurist; ~ *the plough* (*litt.*) bli bonde; ~ *the sea* (*litt.*) gå till sjöss, bli sjöman **5** följa [med], regelbundet läsa; vara intresserad av (*athletics* friidrott); *what team do you ~?* vilket lag håller du på? **6** följa; komma efter; ~ *in a p.'s footsteps* följa i ngns fotspår; *as ~s* som följer, följande, på följande sätt; *what is there to ~?* vad blir det efter (ovanpå detta, sedan)?; *with dancing to ~* med efterföljande dans; ~ *on* följa (komma) efter, ta vid; ~ *through* (*sport.*) ta ut slaget (rörelsen) helt **7** vara en följd (*from* av); *it ~s from this that* härav följer (framgår) att; *this doesn't ~* inte nödvändigtvis **8** förstå; *I don't ~* jag förstår inte det (hänger inte med)
follower ['fɒləʊə] **1** anhängare, efterföljare **2** följeslagare **following** [-ɪŋ] **I** *a* följande; *the ~ day* följande dag; ~ *wind* vind i ryggen (akterifrån) **II** *s* **1** anhängare, supporterskara **2** följande person[er]; [det] följande; *will the ~ raise their hands?* vill följande personer räcka upp handen?; *he said the ~* han sade följande **follow-my-leader** [ˌfɒlə(ʊ)mɪ'liːdə] *BE.*, **follow-the-leader** *AE.* följa John (*lek*) **follow-through** [ˌfɒləʊ'θruː] **1** *sport.* fullföljande [av slaget] **2** uppföljning **follow-up** [ˌfɒləʊ'ʌp] uppföljning; efterbehandling
folly ['fɒlɪ] **1** dårskap, dåraktighet **2** *byggn.* fåfänga **3** *follies* revy
foment [fə(ʊ)'ment] **1** *med.* lägga varma omslag på, badda **2** underblåsa; uppmuntra **fomentation** [ˌfəʊmen'teɪʃn] **1** *med.* varmt omslag; baddning **2** underblåsande; uppmuntran
fond [fɒnd] **1** *be ~ of* tycka om, vara förtjust i **2** öm, kärleksfull, innerlig (*embrace* omfamning) **3** eftergiven, släpphänt (*mother* mor)
fondant ['fɒndənt] sockerglasyr
fondle ['fɒndl] smeka, kela med
fondness ['fɒndnɪs] tillgivenhet, ömhet; förkärlek
fondue ['fɒndjuː] *kokk.* fondue
1 font [fɒnt] dopfunt; vigvattenskål **2** *åld. el. poet.* källa **3** oljekammare (*på lampa*)
2 font [fɒnt] *boktr., i sht AE., se 2 fount*
fontanel[le] [ˌfɒntə'nel] *anat.* fontanell
food [fuːd] föda, mat; näring; livsmedel, födoämne; ~ *and drink* mat och dryck; ~ *for thought* tankeställare **food poisoning** ['fuːdˌpɔɪznɪŋ] matförgiftning **food rationing** ['fuːdˌræʃnɪŋ] matransonering **foodstuff** ['fuːdstʌf] matvara, födoämne, livsmedel **food value** ['fuːdˌvæljuː] näringsvärde
fool [fuːl] **I** *s* **1** dåre, dumbom; *åld.* idiot; *village ~* (*åld.*) bydåre; *don't be a ~!* var inte dum [nu]!; *he's nobody's ~* han är ingen dumbom; *go on a ~'s errand* göra sig besvär (anstränga sig) förgäves; *live in a ~'s paradise* leva i lycklig okunnighet **2** narr; (*förr*) hovnarr; *~'s cap* narr|mössa, -huva; *All F~s' Day* första april; *act* (*play*) *the ~* bära sig dumt åt, spela pajas; *make a ~ of s.b.* göra narr av ngn, få ngn att verka löjlig, dra ngn vid näsan; *make a ~ of o.s.* göra bort sig, bära sig dumt åt **II** *a, vard.* dum, fånig **III** *v* **1** driva med; lura; *you won't ~ me so easily!* så lätt lurar du mig

inte!; *they ~ed him into believing that* de lurade i honom att **2** ~ *away* slarva (slösa) bort **3** larva sig, skämta; ~ [*around, about*] *with* (*vard.*) leka med, slösa bort sin tid med (på), fåna sig med **4** ~ *along* (*AE.*) släntra fram

foolery ['fu:lərɪ] dårskap; gyckel **foolhardy** [-ˌhɑ:dɪ] dumdristig **foolish** [-ɪʃ] dåraktig, dum; löjlig **foolproof** [-pru:f] absolut säker (ofarlig), idiotsäker **foolscap** [-skæp] *i sht BE.* folio (*pappersformat ca 40 x 33 cm*)

foot [fʊt] (*pl feet* [fi:t]) **1** fot; *by* ~ till fots; *on* ~ *a*) till fots, *b*) i (på) gång; *under* ~ på marken, under fötterna; *my* ~*!* (*vard.*) sällan!, struntprat!; *be on one's feet a*) stå [upp], *b*) vara på benen, *c*) vara på fötter, klara sig; *be carried off one's feet* överväldigas; *find one's feet, se find I 1; get* (*have*) *a* ~ *in the door* (*bildl.*) få in en fot; *get off on the wrong* (*right*) ~ (*vard.*) börja illa (bra); *have one* ~ *in the grave* (*vard.*) stå med ena foten i graven; *have one's* ~ *on the ground* stå med båda fötterna på jorden, vara praktisk; *jump to one's feet* rusa (hoppa) upp; *knock s.b. off his feet a*) slå omkull ngn, *b*) *bildl.* fullständigt överrumpla ngn; *put s.b.* [*back*] *on his feet* hjälpa ngn på benen (att resa sig); *put one's* ~ *down* (*vard.*) *a*) säga ifrån bestämt, slå näven i bordet, *b*) trampa på gasen; *put one's best* ~ *forward* (*vard.*) *a*) lägga manken till, *b*) sätta det långa benet före, skynda sig; *put one's* ~ *in it* (*vard.*) göra bort sig, trampa i klaveret; *put one's feet up* lägga upp benen, vila, göra det bekvämt för sig; *put a* ~ *wrong* göra ett misstag; *rise to one's feet* resa sig, ställa sig upp; *I'll never set* ~ *here again!* jag sätter aldrig min fot här mer!; *set s.b.* (*s.th.*) *on* ~ hjälpa ngn (sätta ngt) på fötter; *tread under* ~ trycka ner **2** fot (*of a hill* av en kulle); fotända (*of the bed* av sängen); nederdel, nedre (undre) del (*of a page* av en sida) **3** (*mått*) fot (= *12 inches* = *30,48 cm*) **4** gång; *heavy* ~ tung gång, tunga steg **5** (*behandlas som pl*) *BE.* infanteri; *the 4th* ~ fjärde infanteriregementet; *five thousand* ~ fem tusen fotsoldater **6** ~*s* (*behandlas som sg el. pl*) bottensats, drägg **II** *v* **1** ~ *it a*) dansa, *b*) gå [till fots], traska **2** ~ *the bill* betala räkningen

footage ['fʊtɪdʒ] **1** antal fot, längd i fot **2** antal filmmetrar **foot-and-mouth disease** [ˌfutən'maʊθdɪˌzi:z] mul- och klövsjuka

football ['fʊtbɔ:l] **I** *s* **1** fotboll; *Rugby* ~ rugby **2** problem som skickas vidare **II** *v* spela fotboll **footballer** [-ə] fotbollsspelare **football ground** fotbollsplan **football jersey** fotbollströja **football shorts** fotbollsbyxor

footboard ['fʊtbɔ:d] **1** fot|steg, -bräde **2** fotgavel (*på säng*) **footboy** tjänstepojke **footbrake** fotbroms **footbridge** gångbro **footed** [-ɪd] med (på) fot; *four-*~ fyrfotad; *heavy-*~ tungfotad **footer** [-ə] **1** *BE. vard.* fotboll **2** *five-*~ fem fot lång person (sak) **footfall** [ljud av] steg **foot fault** (*i tennis*) fotfel **footgear** fotbeklädnad, skodon **foothills** *pl* låga kullar (*vid foten av berg*) **foothold** fotfäste (*äv. bildl.*); *get a* ~ få fotfäste **footing** [-ɪŋ] **1** grund, basis; *the business was on a secure* ~ företaget var solitt **2** förhållande, fot; läge; *on a friendly* (*an equal*) ~ *with* på vänskaplig (jämställd) fot med; *on a war* ~ på krigsfot **3** fotfäste; *get a* ~ få fotfäste; *loose one's* ~ tappa fotfästet **4** *i sht AE.* nedsummering; [total]summa **footle** ['fu:tl] *vard.* larva sig, vara fånig; ~ [*around, about*] larva omkring **footlights** *pl* ramp[ljus]; *the* ~ (*vard.*) *a*) skådespelaryrket, *b*) scenen **footling** [-lɪŋ] *vard.* futtig, obetydlig, strunt- **footloose** **1** obunden, fri **2** rastlös **footman** [-mən] **1** betjänt, lakej **2** (*förr*) infanterist **footmark** fotspår **footnote** fotnot **footpace** gående, skritt **footpath** gångstig; gångbana **foot-pound** *fys.* pundfot **footprint** fotspår, fotavtryck **footrest** fotpall, fotstöd **foot rule** tumstock (*1 fot lång*) **footsie** [-sɪ] *vard.* fotflört **footslog** marschera, trampa **footsore** ömfotad **footstall** **1** sockel, plint **2** stigbygel (*t. damsadel*) **footstep** **1** [ljudet av] steg, fotsteg **2** fotspår; *follow in a p.'s* ~*s* gå i ngns fotspår, följa ngn i spåren **footstool** [fot]pall **foot-ton** *fys.* tonfot **footway** gångbana, trottoar **footwear** fotbeklädnad, skodon **footwork** fotarbete **footworn** **1** ömfotad **2** nött av fötter

foozle [fu:zl] *i sht golf.* **I** *v* missa, fördärva (*slag*) **II** *s* miss, dåligt slag

fop [fɒp] snobb, sprätt **-pery** ['fɒpərɪ] snobberi, sprättighet **-pish** ['fɒpɪʃ] snobbig, sprättig

for [fɔ:, *obeton.* fə] **I** *prep* **1** för; *agent* ~ *FIAT* agent för FIAT; *struggle* ~ *life* kampen för tillvaron; *word* ~ *word* ord för ord; *those* ~ *the proposal* de som är för förslaget; *I bought it* ~ *two pounds* jag köpte den för två pund; *I only did it* ~ *you* jag gjorde det bara för dig; *do it* ~ *money* (*pleasure*) göra det för pengar (nöjes skull); *what did you do that* ~*?* vad gjorde du det för?; *that's good* ~ *her* det är bra för henne; *what's this good* ~*?* (*vard.*) *a*) vad är det här till?, *b*) vad är det här bra för? **2** till, åt; *a letter* ~ *you* ett brev till dig; *hold it* ~ *me* håll den åt mig **3** [i riktning] mot, till; *the train* ~ *Leeds* tåget till Leeds; *heading* ~ *the border* med kurs mot gränsen **4** efter; om; på; till; för att få; *send* ~ *a doctor* skicka efter en läkare; *ask* ~ *s.th.* be om ngt; *a cheque* ~ *5 pounds* en check på 5 pund; *go* ~ *a walk* gå på en promenad; *vote* ~ *her* rösta på henne; *the meeting is set* ~ *tomorrow* mötet är utsatt till i morgon; *turn to s.b.* ~ *help* vända sig till ngn för att få hjälp **5** på grund av, till följd av, med anledning av, av, för; *weep* ~ *joy* gråta av glädje; ~ *that reason* av den anledningen; *if it weren't* ~ *her* om det inte vore för henne; *go to prison* ~ *theft* åka i fängelse för stöld **6** [så]som, för; till; *we took her* ~ *the owner* vi tog henne för ägaren; *I know that* ~ *a fact* det vet jag bestämt; ~ *example* (*instance*) till exempel; *I* ~ *one* jag till exempel **7** för [att vara]; *it's cool* ~ *this time of the year* det är svalt för den här tiden på året **8** vad beträffar, i fråga om, för, angående; ~ *my part, as* ~ *me* vad mig beträffar, för min del; *as* ~ *that* vad det beträffar, angående det **9** trots; ~ *all our wealth* trots all vår rikedom; *he's a good friend* ~ *all that* han är en god vän trots allt **10** (*om tid o. avstånd*) i, på, sedan, under; *work* ~ *8 hours* arbeta [i] 8 timmar; ~ *several months* på (sedan) flera månader; *I haven't seen you* ~ *a long time* jag har inte sett dig på länge; ~ *kilometres* på (under) flera kilometer; *she ran* ~ *two miles* hon sprang [i] två miles **11** *D* ~ *David* D som i David; ~ *all I know* såvitt (vad) jag vet;

F

so much ~ that! detta om detta!, nog om detta!; *nothing ~ it* det kan inte hjälpas; *now ~ it!* till verket!; *you're ~ it!* (*vard.*) nu är det din tur!; *you'll be ~ it if he catches you!* (*BE. vard.*) du kommer att få om han får tag i dig!; *do s.th. ~ o.s.* göra ngt ensam; *not be long ~ this world* inte ha långt kvar (*att leva*); *that's ~ her to say* det är hennes sak (tillkommer henne) att säga; *oh ~ a cup of coffee!* åh, vad det vore gott med en kopp kaffe! **II** *konj* för, ty; *s.b. was there, ~ I heard a noice* ngn var där, för jag hörde ett ljud

for. *förk. för foreign; forestry* **f.o.r.** *förk. för free on rail*

forage ['fɒrɪdʒ] **I** *s* **1** [kreaturs]foder **2** foderanskaffning **3** *mil.* räd **II** *v* **1** söka efter föda **2** leta, rota (*for* efter) **3** *mil.* göra en räd **forage cap** *mil.* lägermössa

foray ['fɒreɪ] **I** *s* plundringståg, räd **II** *v* göra en räd mot, plundra

forbad[e] [fə'bæd] *imperf. av forbid*

1 forbear [fɔ:'beə] (*forbore, forborne*) ~ [*from*] *a*) upphöra med, *b*) avhålla sig från

2 forbear ['fɔ:beə] *se forebear*

forbear|ance [fɔ:'beər(ə)ns] överseende, fördrag, tålamod **-ing** [-ɪŋ] överseende, fördragsam, tålmodig

forbid [fə'bɪd] (*forbad[e], forbidden*) **1** förbjuda; *God ~!* [vilket] Gud förbjude! **2** omöjliggöra, hindra **3** utestänga från **-den** [-n] *perf. part. av forbid* **-ding** [-ɪŋ] avskräckande; frånstötande

for|bore [fɔ:'bɔ:] *imperf. av 1 forbear* **-borne** [-bɔ:n] *perf. part. av 1 forbear*

force [fɔ:s] **I** *s* **1** kraft, styrka (*äv. bildl.*); makt; [laga] kraft, giltighet; *the ~ of a blow* (*of her arguments*) styrkan i ett slag (i hennes argument); *the ~s of evil* ondskans makter; *the ~ of habit* vanans makt; *from ~ of habit* av gammal vana; *he is a ~ in the company* han är en maktfaktor (inflytelserik person) i firman; *by ~ of* i kraft av; *by ~ of arms* med vapenmakt; *in ~* i stort antal; *be in* (*come into*) *~* vara i (träda i) kraft **2** *fys.* kraft; *electromotive ~* elektromotorisk kraft **3** våld; *by ~* med våld; *resort to ~* använda våld **4** styrka, trupp, kår; *the F~* (*vard.*) polisen; *~s* (*äv.*) stridskrafter; *armed ~s* väpnade styrkor, krigsmakt; *naval ~s* sjöstridskrafter; *work ~* arbetsstyrka; *join* (*combine*) *~s* förena (alliera) sig **II** *v* **1** tvinga, nödga; *he was ~d to resign* han var tvungen att avgå **2** pressa (tvinga) fram, tilltvinga sig (*from, out of* av, från, ur); *she ~d a confession out of* (*from*) *him* hon tvingade fram en bekännelse av honom **3** *~ s.th.* [*up*]*on s.b.* påtvinga (truga på) ngn ngt; *I don't want to ~ myself on you* jag vill inte tvinga mig på er **4** forcera, bryta upp (*a lock* ett lås), spränga (*a safe* ett kassaskåp); *~ an entry* [med våld] skaffa sig tillträde (tränga sig in) **5** tvinga, pressa, trycka, jaga; *~ the clothes into a bag* pressa ner kläderna i en väska; *~ a nail into a board* tvinga ner en spik i brädan; *~ one's way* (*a passage*) *through* [med våld] bana sig väg genom; *if it won't go in, don't ~ it* om den inte går in så tvinga den inte **6** driva [fram] (*plants* växter) **7** pressa [upp, fram], forcera; *~ the pace* driva upp farten (tempot); *~ a smile* pressa fram ett leende; *~ one's voice* anstränga (pressa) sin röst **8** våldta **9** *~ back* tränga (hålla) tillbaka; *~ down an aircraft* tvinga ner ett flygplan; *~ down food* tvinga ner (i sig) mat; *~ out a splinter* trycka (klämma) ut en sticka; *~ through* tvinga (driva) igenom; *~ up the prices* driva upp priserna **forced** [-t] **1** tvingad *etc.*, *jfr force II*; tvungen; tvångs-; påtvingad; *~ landing* nödlandning **2** frampressad, forcerad; *~ march* (*mil.*) forcerad marsch (ilmarsch) **3** tillkämpad; ansträngd, konstlad; *a ~ smile* ett ansträngt leende

force-feed ['fɔ:sfi:d] tvångsmata (*äv. bildl.*) **force feed** trycksmörjning **forceful** [-f(ʊ)l] kraftfull **force-land** [-lænd] nödlanda

force majeure [ˌfɔ:s mæ'ʒɜ:] force majeure

forcemeat ['fɔ:smi:t] *kokk.* fyllning, [kött]färs

for|ceps ['fɔ:seps] (*pl lika el. -cipes* [-sɪpɪz]; *behandlas som sg el. pl*) *kir.* [förlossnings]tång **forceps delivery** tångförlossning

forci|ble ['fɔ:səbl] **1** kraftig, stark; eftertrycklig; övertygande, effektiv **2** tvångs-; *~ feeding* tvångsmatning **-bly** [-blɪ] *adv* **1** med våld **2** eftertryckligt; övertygande

forcing house ['fɔ:sɪŋhaʊs] driv-, växt|hus

ford [fɔ:d] **I** *s* vad[ställe] **II** *v* vada över

fore [fɔ:] **I** *a* fram-, främre **II** *s* främre del; *sjö.* för; *to the ~ a*) framträdande, fullt synlig, *b*) aktuell; *come to the ~* hamna i blickpunkten, bli aktuell, träda i förgrunden **III** *adv, sjö.* föröver; *~ and aft* i för och akter, från för till akter, långskepps **IV** *prep, åld.* inför, vid; *~ God* inför Gud

1 forearm ['fɔ:rɑ:m] underarm

2 forearm [fɔ:r'ɑ:m] beväpna [i förväg], förbereda

fore|bear ['fɔ:beə] förfader **-bode** [fɔ:'bəʊd] **1** förebåda **2** ana **-boding** [fɔ:'bəʊdɪŋ] **1** förebud, varsel **2** föraning, ond aning **-cast** ['fɔ:kɑ:st] **I** *s* prognos, förutsägelse, [förhands]beräkning; *weather ~* väder|prognos, -rapport **II** *v* (*-cast, -cast el. -casted, -casted*) förutse; förutsäga **-castle** ['fəʊksl] *sjö.* skans; back **-close** [fɔ:'kləʊz] **1** utestänga; hindra **2** göra upp på förhand **3** *jur.*, *~ a pledge* förklara en pant förfallen **-court** ['fɔ:kɔ:t] **1** [för]gård, gårdsplan **2** (*del av*) tennisplan (*mellan servlinje o. nät*) **-doom** [fɔ:'du:m] döma [på förhand] **-father** ['fɔ:fɑ:ðə] förfader **-finger** ['fɔ:ˌfɪŋgə] pekfinger **-foot** ['fɔ:fʊt] **1** framfot **2** *sjö.* förstäv **-front** ['fɔ:frʌnt] främsta del (led) **-gather** [fɔ:'gæðə] *se forgather* **-go** [fɔ:'gəʊ] (*forewent, foregone*) **1** *se forgo* **2** föregå **-going** [fɔ:'gəʊɪŋ] föregående, ovannämnd **-gone** [fɔ:'gɒn] [för]gången, förliden; *a ~ conclusion a*) en given sak, *b*) en förutfattad mening; *it was a ~ conclusion* (*äv.*) det var givet på förhand **-ground** ['fɔ:graʊnd] förgrund **-hand** ['fɔ:hænd] **I** *s, sport.* forehand **II** *a, sport.* forehand- **-handed** ['fɔ:ˌhændɪd] *AE.* **1** förutseende **2** välbärgad **-head** ['fɒrɪd] panna

foreign ['fɒrɪn] **1** utländsk; utrikes[-]; främmande; *~ aid* utlandsbistånd; *~ correspondent* utrikeskorrespondent; *~ exchange a*) utrikeshandel, *b*) utländsk valuta; *~ language* främmande språk; *the F~ Legion* Främlingslegionen; *~ minister* (*secretary*) utrikesminister; *~ office* utrikesdepartement; *~ trade* utrikeshandel, handel med utlandet **2** främmande (*to* för) **foreigner** [-ə] ut-

länning
fore|judge [fɔ:'dʒʌdʒ] döma på förhand **-know** (*foreknew, foreknown*) veta på förhand **-knowledge** [ˌfɔ:'nɒlɪdʒ] förhandskännedom **-land** ['fɔ:lənd] kap, udde **-leg** ['fɔ:leg] framben **-lock** ['fɔ:lɒk] lock i pannan; *take time by the ~ a*) gripa tillfället i flykten, *b*) ta tillfället i akt **-man** ['fɔ:mən] **1** förman, arbetsledare **2** *jur.* ordförande (*i jury*) **-mast** ['fɔ:mɑ:st] fockmast **-most** ['fɔ:məʊst] *a o. adv* främst, först, förnämst; *first and ~* först och främst **-name** ['fɔ:neɪm] förnamn **-noon** ['fɔ:nu:n] förmiddag
forensic [fə'rensɪk] juridisk, rätts-; *~ medicine* rättsmedicin
fore|ordain [ˌfɔ:rɔ:'dein] förutbestämma **-peak** ['fɔ:pi:k] *sjö.* förpik **-play** ['fɔ:pleɪ] förspel (*t. samlag*) **-reach** ['fɔ:ri:tʃ] *sjö.* **1** stjäla vind **2** segla (gå) om **-run** [fɔ:'rʌn] (*foreran, forerun*) föregå **-sail** ['fɔ:seɪl] fock, försegel **-see** [fɔ:'si:] (*foresaw, foreseen*) förutse; veta på förhand **-seeable** [fɔ:'si:əbl] förutsebar; *in the ~ future* inom överskådlig framtid **-shadow** [fɔ:'ʃædəʊ] antyda, ställa i utsikt; förebåda **-shore** ['fɔ:ʃɔ:] strand[remsa] (*mellan hög- och lågvatten*) **-shorten** [fɔ:'ʃɔ:tn] [perspektiviskt] förkorta, förminska **-sight** ['fɔ:saɪt] **1** förutseende, framsynthet **2** korn (*på eldvapen*) **-skin** ['fɔ:skɪn] *anat.* förhud
forest ['fɒrɪst] **I** *s* skog (*äv. bildl.*) **II** *v* plantera skog
forestall [fɔ:'stɔ:l] förekomma, föregripa
forest|er ['fɒrɪstə] skogvaktare; jägmästare; skogs|djur, -fågel **-ry** [-rɪ] skogsvård; skogsvetenskap
fore|taste I *s* ['fɔ:teɪst] försmak **II** *v* [fɔ:'teɪst] få en försmak av **-tell** [fɔ:'tel] (*foretold, foretold*) förutsäga; förebåda **-thought** ['fɔ:θɔ:t] **1** förutseende; omtänksamhet **2** beräkning **-token I** *s* ['fɔ:təʊk(ə)n] förebud, varsel **II** *v* [fɔ:'təʊk(ə)n] förebåda, varsla om
forever [fə'revə] **1** för alltid, evigt; jämt **2** *vard.* i evighet[er] **-more** [fəˌrevə'mɔ:] *se forever*
fore|warn [fɔ:'wɔ:n] förvarna, varsko; *~ed is forearmed* varnad är väpnad **-word** ['fɔ:wɜ:d] förord, företal **-woman** ['fɔ:ˌwʊmən] **1** [kvinnlig] förman (arbetsledare) **2** *jur.* [kvinnlig] juryordförande
forfeit ['fɔ:fɪt] **I** *s* **1** förverkande, förlust **2** böter, bötessumma; pant **3** *~s* (*behandlas som sg*) pantlek; *play at ~s* leka en pantlek **II** *a* förverkad **III** *v* **1** *jur.* förverka, gå förlustig **2** mista, förlora; få plikta med (*one's life* sitt liv) **forfeiture** ['fɔ:fɪtʃə] **1** förverkande, förlust **2** böter
forgather [fɔ:'gæðə] **1** [för]samlas **2** umgås (*with* med)
1 forge [fɔ:dʒ] **I** *s* **1** smedja; smidesverkstad **2** ässja, smidesugn **3** järnverk **II** *v* **1** smida **2** utforma **3** förfalska; efterapa
2 forge [fɔ:dʒ] kämpa (arbeta) sig fram; *~ ahead* öka farten, spurta
forger ['fɔ:dʒə] förfalskare **forgery** ['fɔ:dʒ(ə)rɪ] förfalskning; efterapning; *jur.* urkundsförfalskning
forget [fə'get] (*forgot, forgotten*) **1** glömma [bort]; inte komma ihåg; *I ~* (*äv.*) jag har glömt; *never to be forgotten* oförglömlig; *~ it!* glöm det!, det gör inget! **2** *~ about* glömma bort **-ful** [-f(ʊ)l] glömsk **-fulness** [-f(ʊ)lnɪs] glömska **--me-not** [-mɪnɒt] *bot.* förgätmigej
for|givable [fə'gɪvəbl] förlåtlig **-give** [-'gɪv] (*forgave, forgiven*) **1** förlåta (*s.b.* [*for*] *s.th.* ngn ngt) **2** efterskänka (*a debt* en skuld) **-giveness** [-'gɪvnɪs] förlåtelse; överseende **-giving** [-'gɪvɪŋ] förlåtande; överseende
forgo [fɔ:'gəʊ] (*forwent, forgone*) avstå från, försaka
forgot [fə'gɒt] *imperf. av forget* **-ten** [-n] *perf. part. av forget*
fork [fɔ:k] **I** *s* **1** gaffel (*äv. schack.*); grep; tjuga **2** förgrening; gren; vägskäl; korsväg **II** *v* **1** lyfta med gaffel (grep) **2** *sl.*, *~ out* (*over, up*) punga ut [med] **3** förgrena sig; *~* [*to the*] *right* svänga (vika) av åt höger **forked** [-t] [för]grenad; delad, kluven; *~ lightning* sicksackblixt **fork-lift truck** ['fɔ:klɪftˌtrʌk] gaffeltruck
forlorn [fə'lɔ:n] **1** övergiven **2** bedrövlig, eländig **3** hopplös; desperat, förtvivlad; *~ attempt* förtvivlat försök **4** *~ of hope* berövad allt hopp
form [fɔ:m] **I** *s* **1** form; gestalt; utformning; *~ and content* form och innehåll; *~ of address* tilltal, tilltalsform; *plural ~* pluralform, pluralis; *take ~* ta form (gestalt); *a ~ approached* en gestalt närmade sig; *in ~* formenlig, till formen; *in the ~ of* i form av; *be in* (*off*) *~* vara i (ur) form, vara i god (dålig) kondition; *be in great ~* vara i högform **2** form, etikett[sak], formalitet; *it's bad ~* det passar sig inte; *it's good ~* det hör till god ton **3** formulär, blankett; *application ~* ansöknings|formulär, -blankett **4** *i sht BE.* [skol]klass **5** lång bänk (*utan ryggstöd*) **6** (*hares*) läger **7** gjutform **8** *have ~* vara straffad tidigare, stå i straffregistret **9** *AE.* [tryck]form **II** *v* **1** bilda; forma, gestalta; grunda, inrätta; *~ a club* bilda en klubb **2** utveckla, skaffa sig; ingå; utforma; bilda sig; *~ a friendship with* bli god vän med; *~ a habit* skaffa sig en vana; *~ an opinion* bilda sig en uppfattning; *~ a plan* göra upp en plan **3** utbilda, fostra (*a child* ett barn); forma (*s.b's character* ngns karaktär) **4** utgöra (*a part of* en del av); tjäna som; *the plank will ~ a bridge* plankan får tjäna som bro **5** formas, ta gestalt (form); bildas, bilda sig; *the idea ~ed in my mind* idén tog form i mitt huvud; *scum ~ed on the water* det bildades skum på vattnet **6** *mil.*, *~* [*up*] formera sig
formal ['fɔ:ml] **I** *a* formell, formenlig (*document* dokument) **2** formell, högtidlig; konventionell; *~ call* artighetsvisit; *~ dress* högtidsdräkt **3** formell, stel; akademisk (*education* utbildning); regelbunden, symmetrisk (*garden* trädgård) **II** *s, AE.* högtidsdräkt
formaldehyde [fɔ:'mældɪhaɪd] *kem.* formaldehyd **formalin** ['fɔ:məlɪn] *kem.* formalin
formal|ism ['fɔ:məlɪz(ə)m] formalism **-ist** [-ɪst] formalist **-ity** [fɔ:'mælətɪ] **1** formalitet; formsak **2** formalism, konventionalism **3** formalism, formenlighet, formbundenhet **-ize** (*BE. äv. -ise*) ['fɔ:məlaɪz] göra formell, formalisera **-ly** ['fɔ:məlɪ] *adv* **1** formellt; i formella sammanhang; högtidligt, officiellt; *be ~ dressed* bära högtidsdräkt **2** till formen (*different* olika)
format ['fɔ:mæt] **1** (*boks*) utseende, utstyrsel, format **2** *data.* format

forma|tion [fɔ:ˈmeɪʃn] **1** bildande; formande, gestaltning; grundande, inrättande; utformning; danande **2** formering; gruppering **3** bergsformation **-tive** [ˈfɔ:mətɪv] **I** *a* **1** formande, bildande; utvecklings-, utbildnings-; danande **2** ordbildande, avlednings- **II** *s* ordbildningselement

forme [fɔ:m] [tryck]form

1 former [ˈfɔ:mə] **I** *a* **1** förre, förra **2** föregående, tidigare; forn **II** *s* den förre (förra)

2 former [ˈfɔ:mə] formare, skapare

formerly [ˈfɔ:məlɪ] *adv* förut; fordom, förr [i världen]

formic [ˈfɔ:mɪk] myr-; ~ *acid* myrsyra

Formica [fɔ:ˈmaɪkə] (*slags*) plastlaminat, *ung.* perstorpsplatta

formidable [ˈfɔ:mɪdəbl] **1** fruktansvärd, skräckinjagande; avskräckande **2** väldig, formidabel

formless [ˈfɔ:mlɪs] formlös, oformlig

formu|la [ˈfɔ:mjʊlə] (*pl -las el. -lae* [-li:]) **1** formel (*äv. mat., kem. o. motorsport.*); formulering **2** formulär **3** *AE.* recept **-lary** [-lərɪ] **I** *s* **1** formel|system, -samling; ritual[samling] **2** farmakopé **II** *a* formel-; rituell; dogmatisk **-late** [-leɪt] formulera **-lation** [ˌfɔ:mjʊˈleɪʃn] formulering

forni|cate [ˈfɔ:nɪkeɪt] bedriva otukt **-cation** [ˌfɔ:nɪˈkeɪʃn] otukt, hor **-cator** [ˈfɔ:nɪkeɪtə] horkarl

forsake [fəˈseɪk] (*forsook, forsaken*) **1** lämna i sticket, överge **2** ge upp

forsooth [fəˈsu:θ] *åld.* sannerligen, i sanning

forswear [fɔ:ˈsweə] (*forswore, forsworn*) **1** avsvärja [sig] **2** ~ *o.s.* begå mened, svärja falskt

forsythia [fɔ:ˈsaɪθjə] *bot.* forsytia

fort [fɔ:t] fäste, fort; *hold the* ~ (*vard.*) hålla ställningarna

1 forte [ˈfɔ:teɪ] stark sida; *cooking is not his* ~ matlagning är inte hans starka sida

2 forte [ˈfɔ:tɪ] *mus.* forte

forth [fɔ:θ] **1** fram[åt], vidare; *and so* ~ och så vidare; *back and* ~ fram och tillbaka; *from this time* ~ från och med nu, hädanefter **2** bort; ut, fram **-coming** [ˌfɔ:θˈkʌmɪŋ] **1** förestående, stundande; kommande (*books* böcker) **2** tillgänglig, disponibel **3** tillmötesgående; meddelsam **-right** [ˈfɔ:θraɪt] **I** *a* rättfram **II** *adv* **1** rättframt **2** genast **-with** [ˌfɔ:θˈwɪθ] genast, omedelbart

fortieth [ˈfɔ:tɪɪθ] *räkn o. s* fyrtionde; fyrtion[de]del

forti|fication [ˌfɔ:tɪfɪˈkeɪʃn] **1** befästande, förstärkande **2** befästning; ~*s* (*mil.*) befästningsverk **-fy** [ˈfɔ:tɪfaɪ] **1** befästa **2** stärka; förstärka; *bildl.* [be]styrka **3** berika (*födoämne*); förskära (*vin*)

fortitude [ˈfɔ:tɪdju:d] mod, [själs]styrka

fortnight [ˈfɔ:tnaɪt] fjorton dagar, två veckor; *today* ~ i dag om fjorton dagar **-ly** [-ˌnaɪtlɪ] var fjortonde dag

fortress [ˈfɔ:trɪs] fort, fästning, befäst ort

fortui|tous [fɔ:ˈtju:ɪtəs] tillfällig, slumpartad, oplanerad **-tousness** [-təsnɪs], **-ty** [-tɪ] tillfällighet, slump

fortunate [ˈfɔ:tʃnət] lycklig; lyckosam, tursam; *be* ~ ha tur **-ly** [ˈfɔ:tʃnətlɪ] *adv* lyckligtvis

fortune [ˈfɔ:tʃu:n] **1** förmögenhet; *a small* ~ en smärre (hel) förmögenhet; *come into a* ~ ärva en förmögenhet; *make a* ~ tjäna en förmögenhet; *marry a* ~ gifta sig rikt **2** lycka, öde; tur; ~*s* (*pl*) [levnads]öde, lott; *F*~ lyckan[s gudinna]; *Dame F*~ fru Fortuna; *by good* ~ lyckligtvis; *by sheer good* ~ tillfälligtvis, av en händelse; *have a piece of good* ~ ha tur, ha lyckan med sig; ~ *favours the bold* (*brave*) lyckan står den djärve bi, *seek* (*make*) *one's* ~ söka (göra) sin lycka; *tell* ~*s* spå (*by cards* i kort)

fortune|-hunter [ˈfɔ:tʃ(ə)nˌhʌntə] lycksökare **--teller** [-ˌtelə] spå|kvinna, -man **--telling** [-ˌtelɪŋ] spådomskonst

forty [ˈfɔ:tɪ] (*jfr eighty o. sms.*) **I** *räkn* fyrti[o]; *make* ~ *winks* (*vard.*) ta sig en liten tupplur **II** *s* fyrti[o]; fyrti[o]tal **--five** [ˌfɔ:tɪˈfaɪv] **1** 45-varvsskiva **2** *AE.* 45-kalibrig pistol **--niner** [ˌfɔ:tɪˈnaɪnə] 'fyrtinia' (*guldletare i Kalifornien 1849*)

fo|rum [ˈfɔ:rəm] (*pl -rums el. -ra* [-rə]) forum; domstol

forward [ˈfɔ:wəd] **I** *a* **1** främre, framtill belägen (*seats* sittplatser); *sjö.* för- **2** fram-; framåt-, framåt|riktad, -gående; ~ *gears* växlar framåt; ~ *pass* (*sport.*) passning framåt **3** framfusig, näsvis (*remark* anmärkning) **4** avancerad, radikal (*view* åsikt); progressiv **5** försigkommen **6** framtida (*delivery* leverans) **II** *adv* fram, framåt; framlänges; *sjö.* föröver, förut; *backward and* ~ fram och tillbaka, hit och dit; *from this time* ~ *a*) sedan dess, alltifrån den tiden, *b*) från och med nu; *bring* ~ bringa i dagen, föra på tal; *come* ~ anmäla sig; *date* ~ postdatera; *go straight* ~ gå rakt fram; *look* ~ *to* se fram emot; *rush* ~ rusa fram; *step* ~ stiga (träda) fram; *take two steps* ~ ta två steg framåt **III** *s, sport.* forward, anfallsspelare **IV** *v* **1** skicka vidare, vidarebefordra, eftersända; *to be* ~*ed* (*på post*) eftersändes **2** [be]främja, hjälpa, befordra **forwarding agent** [-ɪŋˈeɪdʒ(ə)nt] speditör **forwardness** [-nɪs] **1** framskridet stadium **2** tidighet; brådmogenhet **3** framfusighet; näsvishet **4** beredvillighet, iver **forwards** [-z] framåt, framlänges

fossil [ˈfɒsl] **I** *s* **1** fossil **2** *vard. neds.* gammal stofil **II** *a* fossil (*insect* insekt) **-ize** (*BE. äv. -ise*) **1** fossilisera[s], förstena[s] **2** *bildl.* bli (göra) föråldrad

foster [ˈfɒstə] **1** [upp]fostra (*a child* ett barn); *i sht BE.* placera i fosterhem **2** utveckla; stödja, främja, befordra; uppamma; hysa (*hope* hopp) **fosterage** [-rɪdʒ] **1** [upp]fostran; ställning som fosterbarn **2** utveckling; stödjande, främjande, befordran; uppammande **foster brother** fosterbror **foster child** fosterbarn **fosterer** [-rə] **1** fostrare; foster|far, -mor **2** gynnare **foster mother** fostermor **foster parents** *pl* fosterföräldrar **foster sister** fostersyster

fought [fɔ:t] *imperf. o. perf. part. av fight*

foul [faʊl] **I** *a* **1** vidrig, motbjudande (*smell* lukt), äcklig (*taste* smak); illaluktande, stinkande **2** (*om mat e.d.*) skämd, rutten **3** smutsig; oren, förorenad (*air* luft); ~ *linen* smutskläder **4** skamlig, gemen; oanständig, snuskig, vulgär; ~ *deed* skamligt dåd; ~ *language* oanständigt språk **5** ojust, regelvidrig, otillåten, förbjuden, ogiltig; *resort to* ~ *means* ta till ojusta medel; ~ *play* ojust (falskt, ohederligt) spel; *the police suspected* ~

play polisen misstänkte våldsam (onaturlig) död **6** ful, dålig, ruskig, regnig (*weather* väder); *have a ~ temper* ha ett dåligt (hemskt) humör; ~ *wind* motvind **7** [till]täppt, igentäppt (*drain* avlopp); (*om fartygsbotten*) beväxt **8** tilltrasslad; *fall* (*run*) ~ *of a*) komma (råka) i konflikt med (*the law* rättvisan), *b*) kollidera med **9** *vard.* dålig, ointressant (*book* bok) **II** *s* **1** ojust spel, fel, regelbrott, ruff; (*i boxning*) foul **2** trassel (*av metrev e.d.*); påsegling, kollision **3** *through fair and ~* i vått och torrt **III** *v* **1** smutsa[s] ner, bli smutsig, förorena[s] **2** trassla[s] till, trassla sig; fastna i **3** vanhedra, fläcka **4** täppa[s] till (igen); (*om sjögräs o.d.*) växa fast (*på fartygsbotten*) **5** *sport.* spela ojust, ruffa; överträda (*regler*) **6** segla på, kollidera med **7** *vard.*, ~ *up a*) sabba, förstöra, *b*) smutsa (skita) ner, *c*) täppa[s] till (igen), trassla[s] till **-ly** ['faʊlɪ] *adv* vidrigt, otäckt; skändligen **--mouthed** ['faʊlmaʊðd] ful i mun, rå; hädisk **-ness** [-nɪs] **1** orenhet, förorening **2** smuts; stank **3** gemenhet, vidrighet; råhet, oanständighet

1 found [faʊnd] **1** *imperf. o. perf. part. av find* **2** utrustad, inredd; *well ~* välutrustad; *all ~* (*BE.*) inklusive allt

2 found [faʊnd] **1** grunda, grundlägga, stifta (*a society* en förening) **2** *bildl.* grunda, basera ([*up*]*on* på); *well ~ed complaints* välgrundade klagomål

3 found [faʊnd] gjuta, stöpa

foundation [faʊn'deɪʃn] **1** grund, grundval; bas, underlag; fundament; *the ~s of a house* grunden till ett hus **2** grundande, grundläggning, stiftande **3** stiftelse; donation; *be on the ~* vara stipendiat **4** (*inom kosmetiken*) underlag[skräm] **foundation cream** underlagskräm **foundation garment** [-ˌgaːmənt] korsett; behå **foundation stone** [-stəʊn] grundsten

1 founder ['faʊndə] grundare, grundläggare; stiftare

2 founder ['faʊndə] gjutare

3 founder ['faʊndə] **1** (*om fartyg*) sjunka, gå under, förlisa; (*om mark e.d.*) sjunka, sätta sig; *bildl.* stranda, stupa, misslyckas, gå om intet **2** falla, stupa, kollapsa (*av trötthet*); (*om häst*) snava, bli halt; (*om kreatur*) äta sig sjuk

founding father [ˌfaʊndɪŋ'faːðə] grundare, stiftare; *the F~ Fathers* (*AE.*) Fäderna (*medlemmar av konventet 1787*)

foundling ['faʊndlɪŋ] hittebarn

foundry ['faʊndrɪ] **1** gjuteri **2** gjutning **3** gjutgods

1 fount [faʊnt] *poet.* källa (*äv. bildl.*), springbrunn

2 fount [faʊnt] *boktr.* font, [stil]sats

fountain ['faʊntɪn] **1** fontän, vattenkonst **2** källa (*äv. bildl.*) **3** ström, kaskad (*of sparks* av gnistor) **4** behållare, reservoar **fountainhead** [ˌfaʊntɪn'hed] (*flods*) källa; *bildl.* källa, ursprung, upphov **fountain pen** ['faʊntɪnpen] reservoarpenna

four [fɔː] (*jfr eight o. sms.*) **I** *räkn* fyra; *the F~ Hundred* (*AE.*) societeten; *within the ~ seas* i Storbritannien **II** *s* **1** fyra; fyrtal; *on all ~s* på alla fyra; *be on all ~s with* vara helt jämställd med **2** fyra (*båt för 4 roddare*)

four-cylinder [ˌfɔː'sɪlɪndə] fyrcylindrig **four-dimensional** fyrdimensionell **four-engined** fyrmotorig **four flush** ['fɔːflʌʃ] *AE.* **1** *kortsp.* sprucken flush **2** *sl.* bluff **fourfold** ['fɔːˌfəʊld] **I** *a* fyr|dubbel, -faldig **II** *adv* fyr|dubbelt, -faldigt **four-footed** [ˌfɔː'fʊtɪd] fyrfotad, fyrfota- **four--four** [ˌfɔː'fɔː] *a,* ~ *time* (*mus.*) fyrafjärdedelstakt **four-handed** ['fɔːˌhændɪd] **1** för fyra personer **2** *mus.* fyrhändigt **four-in-hand** [ˌfɔːrɪn'hænd] **1** fyrspann **2** smal slips **four|--leaf, --leaved** ['fɔː|liːf, -liːvd] *a,* ~ *clover* fyrklöver **four-legged** ['fɔːlegd] fyrbent **four-letter** ['fɔːˌletə] *a,* ~ *words* runda ord **four-part** ['fɔːpaːt] fyrstämmig **four-poster** [ˌfɔː'pəʊstə] himmelssäng **fourscore** [ˌfɔː'skɔː] *åld.* åttio **foursome** ['fɔːsəm] *s, golf.* foursome, fyrspel **foursquare** [ˌfɔː'skweə] **1** rättfram, öppenhjärtig **2** stadig, bastant **four-stroke** [ˌfɔː'strəʊk] *a,* ~ *engine* fyrtaktsmotor

four|teen [ˌfɔː'tiːn] (*jfr eighteen o. sms.*) **I** *räkn* fjorton **II** *s* fjorton; fjortontal **-teenth** [ˌfɔː'tiːnθ] *räkn o. s* fjortonde; fjorton[de]del

fourth [fɔːθ] (*jfr eighth*) **I** *räkn* fjärde; *the F~ of July* fjärde juli (*USA:s nationaldag*) **II** *s* **1** fjärdedel **2** *tekn.* fyran[s växel] **3** *mus.* kvart **4** *kortsp.* fjärde man **fourth-class** ['fɔːθklaːs] *a,* ~ *mail* (*AE., ung.*) ekonomipost (*befordras långsamt*) **four-wheel** ['fɔːwiːl] *a,* ~ *drive* fyrhjulsdrift **four-wheeler** [ˌfɔː'wiːlə] fyrhjuling

fowl [faʊl] **I** *s* [höns]fågel **II** *v* jaga (snara) fågel **-er** ['faʊlə] fågel|jägare, -fängare **-ing** ['faʊlɪŋ] fågeljakt

fox [fɒks] **I** *s* **1** räv (*äv. bildl.*) **2** *sl.* toppentjej **II** *v* **1** *vard.* förbrylla **2** lura, bedra; gå listigt tillväga **2** få [mögel]fläckar **foxglove** ['fɒksglʌv] *bot.* fingerborgsblomma **foxhole** *mil.* skyttevärn **foxhound** rävhund **foxhunt[ing]** rävjakt **fox terrier** [ˌfɒks'terɪə] foxterrier **foxtrot** ['fɒkstrɒt] foxtrot **foxy** ['fɒksɪ] **1** rävlik, räv- **2** rävaktig, slug **3** möglig, fläckig **4** rödbrun **5** (*om öl e.d.*) sur

foyer ['fɔɪeɪ] foajé

F.P.A. *förk. för Family Planning Association* **Fr.** *förk. för Father; France; Frater* (*lat.*) Brother; *French; Friar* **fr.** *förk. för fragment; franc*[*s*]; *from*

fracas ['frækaː] uppträde, bråk

fraction ['frækʃn] **1** del; bråkdel, fragment **2** *mat.* bråk; *vulgar ~* allmänt bråk **3** *kem. o. polit.* fraktion **4** *relig.* brytande av brödet (*vid nattvarden*) **-al** ['frækʃənl], **-ary** ['frækʃnrɪ] **1** *mat.* bråk-, bruten **2** obetydlig; ~ *currency* skiljemynt **3** *kem.* fraktionerad **-ate** ['frækʃəneɪt] separera, uppdela; *kem.* fraktionera

fractious ['frækʃəs] **1** irriterad, grinig **2** oregerlig, bråkig

fracture ['fræktʃə] **I** *s* **1** brytning **2** fraktur, [ben]brott **II** *v* bryta[s]

fragile ['frædʒaɪl] **1** skör, ömtålig, bräcklig, spröd, fragil; skröplig **2** svag, tunn; lätt, öm **fragility** [frə'dʒɪlətɪ] skörhet *etc., jfr fragile*

fragment I *s* ['frægmənt] fragment, brottstycke; bit, stycke, skärva **II** *v* [fræg'ment] gå (bryta) sönder, splittra[s] **fragmentary** ['frægmənt(ə)rɪ] **1** fragmentarisk; lösryckt; ofullständig **fragmentation** [ˌfrægmen'teɪʃn] splittring; *bildl.* sönderfall, upplösning **fragmentation bomb** split-

F

terbomb
fra|grance, -grancy ['freɪgr(ə)ns, -gr(ə)nsɪ] vällukt, doft **-grant** [-gr(ə)nt] välluktande, doftande
frail [freɪl] **1** skör, bräcklig, spröd, klen **2** svag, lättledd **-ty** ['freɪltɪ] **1** svaghet, bräcklighet; *frailties* (*pl*) [moraliska] fel (brister)
frame [freɪm] **I** *s* **1** stomme; underrede, chassi, [cykel]ram; stativ; spant **2** ram, infattning; [glasögon]bågar; *bildl.* ram, struktur, organisation; *the ~ of a picture* ramen till en tavla; *~ of government* regim, författning; *~ of mind* sinnesstämning; *~ of reference* referensram **3** kropp; kroppsbyggnad **4** *film. o.d.* bild[ruta]; TV-bild **5** [*cold*] ~ drivbänk **II** *v* **1** foga ihop, sätta samman; konstruera **2** rama in, infatta [i ram] **3** utforma, utarbeta, göra upp (*plans* planer); tänka ut, hitta på (*a reply* ett svar); forma, bilda (*words* ord) **4** *sl.* sätta dit (fast); falskeligen beskylla; fixa (*match e.d.*); koka ihop **5** arta sig (*well* bra), utveckla sig, gå framåt
frame aerial ['freɪm,eərɪəl] ramantenn **frame house** [-haʊs] hus med trästomme **framer** [-ə] **1** formare, konstruktör *etc., se frame II* **2** inramare **frame-up** [-ʌp] *sl.* sammansvärjning, komplott; fixning (*av match e.d.*), fusk **framework** [-wɜ:k] **1** [grund]stomme; konstruktion **2** *bildl.* struktur, ram[ar]; stomme; *within the ~ of* inom ramen för **framing** [-ɪŋ] ram[ar]; inramning
franc [fræŋk] franc
France [frɑ:ns] Frankrike
franchise ['fræn(t)ʃaɪz] **1** rösträtt; privilegium **2** medborgarrätt **3** *hand.* ensamrätt, tillstånd **3** *sjöförsäkr.* franchise, självrisk
Francis ['frɑ:nsɪs] (*helgonnamn*) Franciscus; (*kunganamn*) Frans **Franciscan** [fræn'sɪskən] franciskaner[munk]
Franco-German [,fræŋkəʊ'dʒɜ:mən] fransk-tysk
Franco|nia [fræŋ'kəʊnjə] Franken **-nian** [-njən] **I** *a* frankisk **II** *s* frankiska [språket]
Francophile ['fræŋkə(ʊ)faɪl] frankofil, franskvän
Franco-Prussian [,fræŋkəʊ'prʌʃn] *a, the ~ War* fransk-tyska kriget
frangible ['frændʒɪbl] brytbar, spröd, bräcklig, skör
1 Frank [fræŋk] *hist.* frank
2 Frank [fræŋk] *kortform av Francis*
frank [fræŋk] **I** *a* öppen[hjärtig], uppriktig (*with* mot); *to be* [*perfectly*] ~ för att vara helt uppriktig, uppriktigt sagt **II** *v, i sht BE.* frankera
frankfurter ['fræŋkfɜ:tə] frankfurterkorv
frankincense ['fræŋkɪn,sens] rökelse
Frankish ['frænkɪʃ] frankisk
frankly ['fræŋklɪ] öppet, öppenhjärtigt, uppriktigt [sagt]
frantic ['fræntɪk] **1** utom sig, upphetsad (*av glädje el. vrede*); rasande, hektisk **2** *vard.* hemsk, väldig, förfärlig
frater|nal [frə'tɜ:nl] **1** broderlig, broder[s]-; **2** ~ *twin* tvåäggstvilling **-nity** [-nətɪ] **1** broderskap, broderlighet **2** broderskap, samfund; *AE.* (*manlig*) studentförening **-nization** (*BE. äv. -nisation*) [,frætənaɪ'zeɪʃn] förbrödring, fraternisering **-nize** (*BE. äv. -nise*) förbrödra sig, fraternisera
fratricide ['freɪtrɪsaɪd] **1** brodermord **2** brodermördare
fraud [frɔ:d] **1** bedrägeri, bluff, skoj, lurendrejeri **2** *vard.* bedragare, bluff, lurendrejare **-ulence** ['frɔ:djʊləns] bedräglighet, svek **-ulent** ['frɔ:djʊlənt] bedräglig, svekfull
fraught [frɔ:t] ~ *with* försedd med, full med (av); ~ *with peril* farofylld
1 fray [freɪ] strid, bråk, oväsen
2 fray [freɪ] **I** *v* **1** nöta (slita) ut **2** bli nött (sliten) **3** *bildl.* slita på; irritera **4** *bildl.* bli sliten; bli irriterad **5** skrubba, gnida **II** *s* nött (slitet) ställe
frazzle ['fræzl] *vard., worn to a ~* alldeles slut (utmattad); *burnt to a ~* alldeles uppbränd, förkolnad
F.R.C.M. *förk. för Fellow of the Royal College of Music* **F.R.C.P.** *förk. för Fellow of the Royal College of Physicians* **F.R.C.S.** *förk. för Fellow of the Royal College of Surgeons*
freak [fri:k] **I** *s* **1** nyck, hugskott, infall **2** ~ [*of nature*] egendomlighet, underligt djur, monster, missfoster **3** *sl.* original, originell människa **4** *sl.* knarkare **5** *sl.* -entusiast, -fantast, -fanatiker; *jazz* ~ jazzfantast **II** *a* onormal; abnorm **III** *v, vard.,* ~ [*out*] *a*) tända på, vara påtänd (*av narkotika*), *b*) bli alldeles konfys, *c*) hoppa av från (ställa sig utanför) knegarsamhället **-ish** ['fri:kɪʃ] **1** underlig, ovanlig; abnorm **2** nyckfull (*weather* väder)
freck|le ['frekl] **I** *s* fräkne; fläck **II** *v* göra (bli) fräknig (fläckig) **-led** [-ld], **-ly** [-lɪ] *a* fräknig; fläckig
Fred [fred], **Freddy** ['fredɪ] *kortformer av Frederick* **Frederick** (*kunganamn*) Fredrik
free [fri:] **I** *a* **1** fri, obunden; *jur.* skuldfri, ointecknad (*property* egendom); ~ *agent* självständig människa; *a ~ country* ett fritt land; ~ *house* (*BE.*) självständig pub; ~ *kick* frispark; ~ *labour* oorganiserad arbetskraft; ~ *speech* det fria ordet; ~ *throw* frikast; ~ *trade* frihandel; ~ *translation* fri översättning; ~ *verse* fri (obunden) vers; ~ *will* fri vilja; *she is ~ to go* det står henne fritt att gå; *you're ~ to go now!* du kan gå nu! (*om du vill*); *feel ~!* (*vard.*) ja, var så god!, ja, gärna!; *go ~* gå lös, röra sig fritt; *set ~* frige, försätta på fri fot, släppa lös **2** fri, ledig, inte upptagen; öppen [för alla]; ~ *seat* ledig plats; ~ *passage* fri passage **3** [kostnads]fri, gratis; *admission ~, ~ entrance* fritt inträde; ~ *of charge* kostnadsfri; ~ *delivery* fri leverans; ~ *pass* frikort; ~ *port* frihamn; ~ *sample* gratisprov; *for ~* (*vard.*) gratis; ~ *alongside ship* (*hand.*) fritt vid fartygs sida; ~ *on board* (*hand.*) fritt ombord; ~ *on rail* (*hand.*) fritt järnväg **4** fri[tagen], befriad (*from, of* från); ~ *from* (*äv.*) utan; ~ *from debt* skuldfri; ~ *from pain* smärtfri; *a place ~ of tourists* en plats fri från turister; *in one hour we were ~ of the city* på en timme var vi utanför staden **5** frispråkig; frigjord; otvungen, ledig; ~ *and easy* ogenerad, otvungen, lätt och ledig **6** frikostig, generös (*with, of* med); ~ *with advice* generös med goda råd **II** *adv* **1** fritt **2** *make ~ with* ta sig friheter med **III** *v* frige, befria, släppa fri, fri-, lös|göra (*of, from* från)
free|bie ['fri:bɪ] *AE. sl.* gratisprylar **-board** *sjö.* fri-

bord **-booter** [-ˌbu:tə] fribytare
freedman ['fri:dmæn] frigiven [slav]
freedom ['fri:dəm] **1** frihet, obundenhet; oberoende, självständighet, självbestämmande; ~ *of action* handlingsfrihet; ~ *of the press* tryckfrihet; ~ *of worship* religionsfrihet **2** befrielse (*from taxation* från skatt) **3** frispråkighet; frigjordhet; otvungenhet, ledighet; öppenhet, öppenhjärtighet **4** privilegium; ~ *of the city* hedersborgarskap; *I have the ~ of his kitchen* jag får använda hans kök så mycket jag vill, jag har fritt tillträde till hans kök
free|-for-all ['fri:fərˌɔ:l] *vard.* allmänt slagsmål (gräl) **-hand** [-hænd] frihands- **--handed** [ˌfri:'hændɪd] generös, frikostig **--hearted** [ˌfri:'hɑ:tɪd] öppenhjärtig; generös **-hold** ['fri:həʊld] [egendom med] full besittningsrätt; egen mark (tomt) **-holder** ['fri:ˌhəʊldə] mark-, tomt|ägare; självägande bonde **-lance** ['fri:lɑ:ns] **I** *s* **1** frilans[are] **2** *hist.* legoknekt **II** *v* frilansa, arbeta som frilans[are] **-lancer** ['fri:lɑ:nsə] frilans[are] **--living** ['fri:ˌlɪvɪŋ] hemfallen åt frosseri **-loader** ['fri:ˌləʊdə] *AE. sl.* snyltare **-ly** ['fri:lɪ] **1** fritt, obundet; frivilligt, gärna **2** frikostigt; rikligt **3** öppet; ogenerat; ledigt, otvunget **-man** ['fri:mən] **1** fri man **2** medborgare; ~ [*of the city*] hedersborgare **-mason** ['fri:ˌmeɪsn] frimurare **-masonry** ['fri:ˌmeɪsnrɪ] frimureri **-sheet** ['fri:ʃi:t] gratis-, annons|tidning
freesia ['fri:zjə] *bot.* fresia
free|-spoken [ˌfri:'spəʊk(ə)n] öppenhjärtig, frispråkig **-style** ['fri:staɪl] *a*, ~ *swimming* fritt simsätt; ~ *wrestling* fribrottning **-thinker** [ˌfri:'θɪŋkə] fritänkare **-way** ['fri:weɪ] *AE.* motorväg **-wheel** ['fri:wi:l] **I** *s* frihjul **II** *v* glida fram [på frihjul]
freeze [fri:z] **I** *v* (*froze, frozen*) **1** förvandlas till is; frysa [till]; frysa fast (*to* i, vid); ~ *over* (*up*) frysa till **2** *bildl.* isas, bli till is, stelna **3** frysa, vara iskall; ~ [*to death*] frysa ihjäl **4** frysa, förvandla till is, isbelägga; [djup]frysa, frysa in (ner) **5** *bildl.* frysa (*löner, TV-bild e.d.*), få att stelna; spärra (*konto*); ~*!* stå still! **6** *vard.* [lokal]bedöva **7** *vard., i sht AE.*, ~ *onto* klamra sig fast vid; ~ *out* frysa ut, bojkotta **II** *s* **1** frost **2** *bildl.* frysning; *wage*[*s*] ~ lönestopp **freeze-dry** ['fri:zdraɪ] frystorka **freezer** ['fri:zə] [djup]frys, frys|box, -skåp **freeze-up** ['fri:zʌp] *vard.* köldknäpp
freezing ['fri zɪŋ] **I** *a* iskall (*äv. bildl.*) **II** *adv*, ~ *cold* iskall, bitande kall **III** *s* infrysning **freezing mixture** köldblandning **freezing point** fryspunkt
freight [freɪt] **I** *s* **1** frakt[avgift] **2** frakt[gods]; *i sht BE.* [skepps]last **II** *v* **1** lasta **2** frakta **freightage** ['freɪtɪdʒ] **1** last **2** frakt[avgift] **freighter** ['freɪtə] **1** befraktare, speditör **2** lastbåt; fraktflygplan; godsvagn **freightliner** ['freɪtˌlaɪnə] containertåg **freight train** ['freɪttreɪn] *AE.* godståg
French [fren(t)ʃ] **I** *a* fransk; ~ *bean* brytböna, haricot vert; ~ *bread* baguette; ~ *chalk* skräddarkrita; ~ *doors* (*AE.*) *se French windows*; ~ *dressing* vinägrettsås; ~ *fried potatoes* (*BE.*), ~ *fries* (*AE.*) pommes frites; ~ *horn* valthorn; *take* ~ *leave* (*vard.*) smita, sticka; ~ *letter* (*BE. sl.*) gummi (*kondom*); ~ *polish* shellack; ~ *stick* pain riche; ~ *windows* (*BE.*) franska fönster (*glasdörrar*) **II** *s* **1** franska [språket]; *excuse my ~!* (*skämts.*) ursäkta svordomen (mitt grova språk)! **2** *the* ~ fransmännen **Frenchify** ['fren(t)ʃɪfaɪ] *vard.* förfranska[s] **Frenchman** ['fren(t)ʃmən] fransman **Frenchwoman** ['fren(t)ʃˌwʊmən] fransyska **Frenchy** ['fren(t)ʃɪ] *vard.* **I** *a* fransk **II** *s* fransman
frenetic [frə'netɪk] frenetisk, vild, ursinnig
fren|zied ['frenzɪd] vanvettig, vild **-zy** [-zɪ] **I** *s* vanvett; ursinne, raseri; vansinne **II** *v* göra vanvettig *etc.*, *jfr I*

F

freq. *förk. för frequent*[*ly*]
frequency ['fri:kwənsɪ] frekvens (*äv. fys.*); talrikhet, förekomst, antal **frequency modulation** *radio.* frekvensmodulering **frequent I** *a* ['fri:kwənt] vanlig, ofta förekommande, frekvent, upprepad **II** *v* [frɪ'kwent] frekventera, ofta besöka **frequentation** [ˌfri:kwen'teɪʃn] frekventering, regelbundet besökande **frequentative** [frɪ'kwentətɪv] *språkv.* frekventativt verb **frequenter** [frɪ'kwentə] regelbunden (flitig) besökare **frequently** ['fri:kwəntlɪ] *adv* ofta
fresh [freʃ] **I** *a* **1** ny; nygjord; nyutkommen (*magazine* tidning); *a ~ arrival* en nykomling; *a ~ coat of paint* ett nytt lager färg; *make a ~ start* börja om på nytt; ~ *supplies* nya förråd; *be ~ out of* (*vard., i sht AE.*) just ha slut på **2** färsk (*fruit* frukt); frisk (*water* vatten); fräsch (*flower* blomma); grön, oerfaren; *in the ~ air* i friska luften; ~ *colours* fräscha (friska, klara) färger; ~ *paint!* nymålat!; *it's ~ in my memory* jag har det i färskt minne **3** ~ *water* färskvatten, sötvatten **4** frisk, sval (*morning* morgon); ~ *breeze* styv bris; ~ *gale* hård kuling **5** fräsch; frisk [och kry], pigg; *as ~ as a daisy* fräsch som en nyponblomma, pigg som en mört **6** *vard.* fräck, uppstudsig; påflugen; *don't get ~ with me!* var inte fräck mot mig! **II** *adv* ny- **III** *s*, *in the ~ of the morning* i den tidiga morgonstunden **-en** ['freʃn] **1** friska upp; fräscha upp; färska upp (*bread* bröd); göra friskare; ~ [*up*] fräscha upp [sig] **2** bli friskare; bli fräschare **3** (*om vind*) friska i, öka **-er** ['freʃə] *se freshman* **-et** ['freʃɪt] översvämning (*av flod*) **-ly** ['freʃlɪ] *adv* ny- *etc.*, *se fresh I*; nyligen **-man** ['freʃmən] *univ.* recentior; *AE.* förstaårselev (*vid high school*) **-ness** ['freʃnɪs] nyhet; friskhet *etc.*, *jfr fresh I* **-water** ['freʃˌwɔ:tə] **1** söt-, färsk|vattens- **2** (*om sjöman*) oerfaren **3** *AE.* liten och okänd (*school* skola)
1 fret [fret] **I** *v* **1** vara retlig (irriterad); reta (oroa) sig; *don't ~!* lugna [ner] dig!; *the boy is ~ting for his mother* pojken gnäller (längtar) efter sin mamma **2** nöta, fräta, tära; gnaga **3** (*om vatten*) skvalpa **4** plåga, reta, irritera; oroa **5** nöta (gnida, skava) bort; erodera; gnaga på; tära på **II** *s* **1** irritation, retlighet; *be in a ~* vara på dåligt humör
2 fret [fret] **I** *s* [bård i] geometriskt mönster; gallermönster **II** *v* pryda med [galler]mönster
3 fret [fret] *mus.* band (*på stränginstrument*)
fretful ['fretfʊl] retlig, grinig, upprörd
fret saw ['fretsɔ:] lövsåg **fretwork 1** genombrutet mönster, nät-, galler|mönster **2** lövsågsarbete
Freudian ['frɔɪdjən] **I** *a* freudiansk; ~ *slip* freu-

diansk felsägning (felläsning) **II** *s* freudian
F.R.G.S. *förk. för Fellow of the Royal Geographical Society* **Fri.** *förk. för Friday*
fria|bility [ˌfraɪəˈbɪlətɪ] sprödhet, skörhet; smulighet **-ble** [ˈfraɪəbl] spröd, skör; smulig
friar [ˈfraɪə] [tiggar]munk; *Black F~* dominikanermunk; *Grey F~* Franciskanermunk; *White F~* karmelitermunk; *Austin F~* augustinermunk; *~'s lantern* irrbloss **friary** [ˈfraɪərɪ] munkkloster
fribble [ˈfrɪbl] **I** *v* slarva [bort] **II** *s* **1** slarv **2** slarver **III** *a* slarvig
fricassee [ˈfrɪkəsi:] *kokk.* frikassé
fricative [ˈfrɪkətɪv] **I** *a* frikativ **II** *s, språkv.* frikativa
friction [ˈfrɪkʃn] friktion; gnidning; *bildl.* friktion, slitningar, oenighet **-al** [ˈfrɪkʃənl] friktions-
Friday [ˈfraɪdɪ] fredag; *Good ~* långfredag[en]; *last ~* i fredags, förra fredagen; *next ~* nästa fredag; *this ~* [nu] på fredag; *on ~* på fredag; *on ~s* på (om) fredagarna; *on ~ nights* på fredagskvällarna
fridge [frɪdʒ] *vard.* kyl[skåp]
friend [frend] **1** vän, väninna; kamrat; bekant; *be (make) ~s with* vara (bli) [god] vän med; *a ~ in need is a ~ indeed* i nöden prövas vännen; *my honourable ~ (sagt av parlamentsledamot)* den ärade talaren; *my learned ~ (sagt av jurist i domstol)* min ärade kollega; *a ~ at court* en inflytelserik vän (bekant) **2** kväkare; *the Society of F~s* Vännernas samfund *(kväkarna)*
friend|less [ˈfrendlɪs] utan vänner **-liness** [lɪnɪs] vänlighet, vänskaplighet **-ly** [-lɪ] **I** *a* vänlig *(to, with* mot), vänskaplig; gynnsam, välvillig; *~ match* vänskapsmatch; *~ society (BE.)* [privat] försäkringskassa **II** *s* vänskapsmatch **-ship** [-ʃɪp] vänskap
frier [ˈfraɪə] *se fryer*
frieze [fri:z] *arkit.* fris
frig [frɪg] *vulg.* knulla [med]; runka
frigate [ˈfrɪgɪt] fregatt
frigging [ˈfrɪgɪŋ] *vulg.* jävla
fright [fraɪt] **I** *s* **1** skräck, förskräckelse; fruktan; *get (have) a ~, take ~* bli skrämd; *give s.b. a ~* skrämma ngn **2** *vard.* spöke, fasa; *he looks a ~ in that coat* han ser förskräcklig ut i den där rocken **II** *v, poet., se frighten* **frighten** [ˈfraɪtn] skrämma, göra skrämd; *~ away (off)* skrämma bort, jaga i väg; *~ed at* förskräckt över; *~ed of* rädd för; *~ s.b. out of his wits* skrämma ngn från vettet; *~ s.b. to death* skrämma livet ur ngn; *don't be ~ed!* var inte rädd! **-ful** [ˈfraɪtfʊl] förskräcklig, hemsk, förfärlig
frigid [ˈfrɪdʒɪd] **1** *bildl.* kylig, kall[sinnig]; frigid **2** [is]kall, arktisk **-ity** [frɪˈdʒɪdətɪ], **-ness** [ˈfrɪdʒɪdnɪs] **1** *bildl.* kyla, kallsinnighet; frigiditet **2** köld, [arktisk] kyla
frill [frɪl] **I** *s* **1** veckad (rynkad) remsa, rysch **2** *~s (pl, vard.) a)* krusiduller, choser, *b)* krimskrams; *with all the ~s* med allt som hör till **II** *v* förse med rysch, rynka, vecka **frilly** [ˈfrɪlɪ] försedd med rysch, rynkad, veckad; *bildl.* utsmyckad
fringe [frɪn(d)ʒ] **I** *s* **1** frans[ar]; bård **2** marginal; ytterkant, periferi; *the lunatic ~ (polit.)* tok|vänstern, -högern **3** *i sht BE.* lugg **II** *v* förse med fransar; kanta **fringe benefits** [ˈfrɪn(d)ʒˌbenɪfɪts] *pl* extraförmåner *(utöver lön)* **fringe theatre** *BE., ung.* fria teatergrupper **fringy** [ˈfrɪn(d)ʒɪ] försedd med fransar, frans-
frippery [ˈfrɪpərɪ] bjäfs, grannlåt; prål, snobberi
Frisco [ˈfrɪskəʊ] *AE. vard.* San Francisco
Frisian [ˈfrɪzɪən] **I** *a* frisisk **II** *s* fris
frisk [frɪsk] **1** hoppa (skutta) omkring **2** *vard.* muddra
1 fritter [ˈfrɪtə] **1** *~ [away]* slösa bort **2** splittra, bryta i småbitar, strimla
2 fritter [ˈfrɪtə] *kokk., apple ~s* friterade äpplen
frivol [ˈfrɪvl] **1** slarva, vara lättsinnig; tramsa **2** *~ away* slösa bort **frivolity** [frɪˈvɒlətɪ] slarv, lättsinne; tramsighet **frivolous** [ˈfrɪvələs] **1** slarvig, lättsinnig; tramsig, fånig **2** obetydlig, futtig **frivolousness** [ˈfrɪvələsnɪs] *se frivolity*
frizz [frɪz] **I** *v* **1** krusa, krulla *(hair* hår) **2** krusa (krulla) sig **II** *s* krulligt hår
1 frizzle [ˈfrɪzl] **I** *v* **1** krusa, krulla **II** *s* krulligt hår
2 frizzle [ˈfrɪzl] steka, fräsa
frizz[l]y [ˈfrɪz(l)ɪ] krusig, krullig
fro [frəʊ] *adv, to and ~* fram och tillbaka, hit och dit, av och an
frock [frɒk] **I** *s* **1** klänning; arbetsblus **2** munkkåpa **II** *v* beklä med prästvärdighet **frock coat** [ˌfrɒkˈkəʊt] bonjour
1 frog [frɒg] **1** groda; *have a ~ in one's throat* vara hes **2** *F~ (BE. sl.)* fransman
2 frog [frɒg] galon, snoddgarnering; uniformsknapp
Froggy [ˈfrɒgɪ] *BE. sl.* fransman **frogman** [-mən] grodman **frogmarch** [-mɑ:tʃ] bära *(fånge)* i armar och ben med ansiktet nedåt
frolic [ˈfrɒlɪk] **I** *v* springa och leka, skutta; ha upptåg för sig **II** *s* skoj, upptåg **frolicsome** [-səm], **frolicky** [-ɪ] munter, lekfull, sprallig
from [frɒm] **1** från; från och med; *the train ~ London* tåget från London; *~ now on* från och med nu, hädanefter; *~ a child* ända från barndomen; *~ time to time* då och då; *nothing prevents her ~ coming* ingenting hindrar henne från att komma; *~ the age of 12* från och med 12 års ålder; *~ 1932 to (until) 1986* från 1932 till 1986; *where does she come ~?* varifrån kommer hon? **2** efter; *painted ~ nature* målad efter naturen; *~ a painting by Rubens* efter en målning av Rubens **3** [på grund] av; att döma av; *exhausted ~ the swim* utmattad av simturen; *act ~ conviction* handla av övertygelse; *~ experience* av erfarenhet; *~ what I heard* [att döma] av vad jag har hört **4** undan, för; ur; *he fled ~ the enemy* han flydde undan fienden; *escape ~ prison* fly ur fängelset **5** *different ~* olik; *safe ~* säker för **6** *~ above* ovanifrån; *~ across the sea* från andra sidan havet; *~ among* från, [fram] ur; *~ behind* bakifrån; *~ below (beneath)* nedifrån; *~ inside* inifrån; *~ outside* utifrån; *~ underneath* underifrån
frond [frɒnd] *bot.* ormbunksblad
front [frʌnt] **I** *s* **1** framsida, främre del; fasad, front; *the ~ of the book* bokens början (framsida); *in ~* framtill, före; *in ~ of* framför, utanför, inför; *at (in) the ~ of* på framsidan av, framför, i spetsen för; *come to the ~* framträda, komma (träda) i förgrunden **2** *meteor., mil. o. bildl.* front; *warm ~* varmfront; *at the ~* vid fronten; *on a broad ~* på bred front; *on the wages ~* på lönefronten **3** strand[promenad] **4** hållning, uppträ-

dande; fräckhet; *put on a bold ~* hålla god min; *have the ~ to do s.th.* ha fräckheten att göra ngt **5** *vard.* täckmantel; fasad **6** *i sht AE.* galjonsfigur **7** skjortbröst **II** *a* främre, främsta; framtill belägen; första; *~ bench* (*BE. parl.*) främsta bänkraden (*för ministrar och oppositionsledare*); *~ door* ytterdörr; *~ garden* trädgård åt gatan; *~ man* (*vard.*) galjonsfigur, bulvan; *~ matter* titelsidor (*i bok*); *~ page* förstasida (*av tidning*), titelsida (*i bok*); *~ row* (*teat.*) första bänk; *~ seat* framsäte, plats längst fram (framtill); *~ vowel* främre vokal; *~ wheel* framhjul **III** *v* **1** *~* [*on, onto*] vetta (ligga) åt (mot); stå mitt emot; *the door is ~ing the street* porten vetter mot gatan; *the house ~s* [*onto*] *the street* huset ligger med framsidan (fasaden) ut mot gatan **2** utgöra framsidan av **3** bjuda stången, möta **4** *~ about* göra helt om

front|age ['frʌntɪdʒ] fasad, framsida **-al** [-l] **I** *s* **1** fasad **2** antependium **II** *a* **1** frontal; front-, fasad- **2** pann- **-bencher** *BE. parl.* innehavare av plats på första bänkraden (*se front II*)

frontier ['frʌnˌtɪə] **I** *s* **1** (*stats*) gräns; gränsområde; *~s* (*bildl.*) gränser **2** *AE.* gräns för nybyggarområde **II** *a, AE.* nybyggar- **frontiersman** [-zmən] *AE.* gränsbo, nybyggare

frontispiece ['frʌntɪspi:s] **1** fasad **2** frontespis, titelplansch (*i bok*)

front|let ['frʌntlɪt] **1** (*djurs*) panna **2** altarkläde **-runner** [-ˌrʌnə] *vard.* ledare, person som ligger i täten (*i tävling*) **-ward[s]** [-wəd(z)] fram[åt] **--wheel drive** ['frʌntwi:lˌdraɪv] framhjulsdrift

frost [frɒst] **I** *s* **1** frost; isblomma; *degrees of ~* köldgrader, grader under noll, grader kallt **2** rimfrost **3** *vard. bildl.* kyla **4** *vard.* misslyckande, fiasko **II** *v* **1** frostskada; täcka med rimfrost **2** *i sht AE.* glasera (*bakverk*) **3** mattslipa (*glas e.d.*) **-bite** ['frɒs(t)baɪt] frostskada **-bitten** ['frɒs(t)ˌbɪtn] frost|skadad, -biten **-bound** ['frɒs(t)baʊnd] (*om mark*) hårdfrusen

frost heave ['frɒsthi:v] tjälskott **frosting** [-ɪŋ] **1** glasyr, kristyr (*på bakverk*) **2** matt yta (*på glas e.d.*) **frost line** [gräns för] frostfritt djup **frostwork** rimfrost, isblommor **frosty** [-ɪ] frost-, frostig; [is]kall (*äv. bildl.*)

froth [frɒθ] **I** *s* **1** skum, fradga **2** svammel **II** *v* skumma, fradga [sig] **frothy** ['frɒθɪ] skummande, fradgande

frou-frou ['fru:fru:] frasande

frown [fraʊn] **I** *v* **1** rynka pannan (ögonbrynen), ha en bister uppsyn **2** *~* [*up*]*on* (*at*) se ogillande på, rynka på näsan åt, ogilla **3** *~ down* skrämma till tystnad **II** *s* rynkad panna, ogillande [blick], bister uppsyn

frowst [fraʊst] *BE., vard.* kvav (instängd, unken) luft **frowsty** ['fraʊstɪ] kvav, unken, instängd

froze [frəʊz] *imperf. av freeze* **frozen** [-n] **1** *perf. part. av freeze* **2** [fast]frusen; köldskadad; ihjälfrusen **3** kall, isig; *~ zones* polartrakter **4** djupfryst **5** *bildl.* [fast]frusen, bunden; fastlåst

F.R.S. *förk. för Fellow of the Royal Society* **frt.** *förk. för freight*

fruc|tiferous [frʌk'tɪfərəs] fruktbärande **-tify** ['frʌktɪfaɪ] **1** göra fruktbärande, befrukta **2** bära frukt **-tose** ['frʌktəʊs] fruktos, fruktsocker **-tuous** ['frʌktjʊəs] fruktbar

frugal ['fru:gl] **1** frugal, enkel **2** sparsam **-ity** [fru:'gælətɪ] **1** frugalitet, enkelhet **2** sparsamhet

fruit [fru:t] **I** *s* frukt (*äv. koll. o. bildl.*); *first ~s* (*pl*) första frukter (vinst), förstlingar **II** *v* [få att] bära frukt

fruitage ['fru:tɪdʒ] **1** *koll.* frukt[er] **2** fruktskörd **fruit body** (*svamps*) fruktkropp **fruitcake 1** [engelsk] fruktkaka **2** *sl., i sht BE.* originell person **fruit cocktail** frukt|sallad, -cocktail **fruit drop** syrlig karamell **fruited** [-ɪd] fruktbärande **fruiter** [-ə] **1** fruktodlare **2** fruktträd **fruiterer** [-ərə] *i sht BE.* frukthandlare **fruitful** [-f(ʊ)l] fruktbar, produktiv (*äv. bildl.*)

fruition [fru:'ɪʃn] förverkligande; åtnjutande; *come to ~* förverkligas

fruitless ['fru:tlɪs] **1** fruktlös, fåfäng **2** ofruktsam **fruit machine** [-məˌʃi:n] *BE.* enarmad bandit **fruit salad** [-ˌsæləd] **1** fruktsallad **2** *sl.* samling militära ordnar och medaljer, lullull **fruit sugar** [-ˌʃʊgə] fruktsocker **fruit tree** [-tri:] fruktträd **fruity** [-ɪ] **1** frukt-, fruktliknande **2** (*om röst*) fyllig, klangfull **3** *vard. bildl.* pikant, saftig **4** *sl.* knasig, tokig **5** *sl., i sht AE.* homosexuell

frump [frʌmp] tantig (trist) kvinna **-ish, -y** ['frʌmp|ɪʃ, -ɪ] tantig, trist

frus|trate [frʌ'streɪt] **1** frustrera **2** omintetgöra, gäcka **-tration** [frʌ'streɪʃn] **1** frustrering **2** omintetgörande, gäckande

1 fry [fraɪ] **I** *v* **1** steka, bryna, fräsa (*i panna*); *deep ~* fritera; *~ up* steka (värma) upp **2** stekas; *we're ~ing in this heat* (*vard.*) vi smälter i den här värmen **3** *sl., i sht AE.* avrättas i elektriska stolen **II** *s* **1** stekt maträtt **2** *AE.* stekparty

2 fry [fraɪ] *pl* yngel; småfisk; *small ~ a*) små|ungar, -glin, *b*) obetydliga människor

fryer ['fraɪə] stekkyckling **frying pan** *BE.* stekpanna; *out of the ~ into the fire* ur askan i elden **fry-pan** *AE.* stekpanna

ft. *förk. för foot, feet; fort; fortification*

fuchsia ['fju:ʃə] *bot.* fuchsia, Kristi bloddroppe

fuck [fʌk] *vulg.* **I** *v* knulla [med] **2** *~ about* (*around*) *a*) driva omkring, slappa, *b*) mixtra, *c*) jävlas med; *~ off!* dra åt helvete!; *~ up a*) sabba (förstöra), *b*) göra konfys, förvirra **II** *s* **1** knull; ligg **2** *I don't care a ~* det skiter jag i; *who the ~ is that?* vem fan är det? **III** *interj, ~ you* (*it*)! fan också!, jävlar! **-ing** ['fʌkɪŋ] *vulg.* jävla

fuddle ['fʌdl] **I** *v* **1** supa, dricka **2** supa full; *~d* full **3** förvirra **II** *s* förvirring

fuddy-duddy ['fʌdɪˌdʌdɪ] *vard.* gammal stofil, underlig kurre

1 fudge [fʌdʒ] fudge (*slags kola*)

2 fudge [fʌdʒ] **I** *s* [plats för] presstoppnyhet (*i tidning*) **II** *v* **1** lappa ihop, fuska till **2** förfalska, förvränga **3** undvika

fuel [fjʊəl] **I** *s* bränsle, drivmedel; *bildl.* näring, stoff; *add ~ to the fire* (*flames*) gjuta olja på elden **II** *v* tanka, fylla på [bränsle]

fuel injection ['fjʊəlɪnˌdʒekʃn] direktinsprutning **fuelling station** [-ɪŋˌsteɪʃn] bunkerstation **fuel oil** [-ɔɪl] brännolja **fuel tank** [-tæŋk] bränsletank

fug [fʌg] *i sht BE.* instängdhet, kvalmighet

fugacious [fju:'geɪʃəs] flyktig; kortlivad

fuggy ['fʌgɪ] instängd, kvalmig

fugitive ['fju:dʒɪtɪv] **I** *a* **1** flyende; förrymd **2**

flyktig, obeständig **II** *s* flykting; rymling
fugleman ['fju:glmæn] ledare; föredöme
fugue [fju:g] *mus.* fuga
fulcrum ['fʌlkrəm] stöd[jepunkt] (*för hävstång e.d.*)
fulfil *BE.*, **fulfill** *AE.* [fʊl'fɪl] uppfylla (*a desire* en önskan), infria (*a promise* ett löfte); fullgöra, utföra (*orders* order); fullborda; ~ *o.s.* förverkliga sig själv **-ment** [-mənt] uppfyllelse, infriande *etc.*, *jfr fulfil*
ful|gent, -gid ['fʌl|dʒ(ə)nt, dʒɪd] *poet.* strålande
full [fʊl] **I** *a* **1** full, fylld (*of* av, med); ~ *house a*) *teat.* utsålt [hus], fullt hus, *b*) (*i poker*) fullt hus, kåk; *play to ~ houses* (*teat.*) spela för fulla hus; ~ *sails* [för] fulla segel; ~ *up* fullsatt, fylld till sista plats, proppfull, *vard.* [propp]mätt; *we are ~ up* (*om hotell e.d.*) vi är fullbelagda, vi har fullt **2** hel, full[ständig]; fulltalig; fullvärdig (*member* medlem); riklig; ~ *blood* fullblod; ~ *board* hel|-pension, -inackordering; *a ~ day's work* en hel dags arbete; *a ~ dozen* ett helt dussin; ~ *dress* högtidsdräkt, gala, stor toalett; ~ *moon* fullmåne; ~ *employment* full sysselsättning; ~ *name* fullständigt namn; ~ *particulars* alla detaljer; ~ *sister* helsyster; *at ~ speed* i full fart; *in ~ swing* i full gång (fart); ~ *stop* (*point*) punkt (*i skrift*); ~ *time* (*sport.*) full tid **3** *be ~ of* vara upptagen (helt uppfylld) av, vara fullt sysselsatt med **4** (*om figur e.d.*) fyllig, rund; (*om färg*) djup, mättad; *mus.* fyllig, mäktig, djup (*voice* röst) **5** (*om plagg*) vid, rymlig; ~ *skirt* helveckad kjol **II** *adv* **1** fullt, helt, fullständigt; *I know ~ well* jag vet mycket väl **2** drygt, gott och väl; *it is a ~ eight miles from here* det är drygt åtta miles härifrån **3** rakt, rätt, direkt; *hit s.b. ~ in the stomach* träffa ngn rakt i magen **4** *work ~ out* arbeta på högvarv **III** *s, in ~* till fullo, fullständigt, i sin helhet, helt och fullt; *to the ~* till fullo, fullständigt, i högsta grad
full|-blooded [ˌfʊl'blʌdɪd] fullblods-; varmblodig **--blown** i full blom; fullt utvecklad (utslagen) **--bodied** fyllig, mustig **--bottomed** [-'bɒtəmd] *a, ~ wig* allongeperuk **--cream** helfet **--dress** gala-, parad-; viktig; ~ *rehearsal* generalrepetition
fuller ['fʊlə] valkare
full|-faced [ˌfʊl'feɪst] **1** med runt ansikte **2** ~ *photo* foto [taget] rakt framifrån **--fledged 1** fullfjädrad, flygfärdig **2** *bildl.* färdig, utbildad, fullfjädrad, mogen (*pianist* pianist) **--grown** utvuxen; fullvuxen **--length** [-'leŋ(k)θ] oavkortad; i full längd; ~ *film* långfilm; ~ *mirror* helfigursspegel; ~ *portrait* porträtt i helfigur **--mouthed** [-'maʊðd] högljudd **-ness** ['fʊlnɪs] **1** fullständighet **2** (*om ton, färg e.d.*) fyllighet, djup, mättnad **3** fullhet; *out of the ~ of my heart* av hela mitt hjärta **--scale** [ˌfʊl'skeɪl] **1** i naturlig skala (storlek) **2** fullständig, total **--time** [ˌfʊl'taɪm] heltids- (*job* arbete) **--timer** ['fʊlˌtaɪmə] heltidsarbetande [person]; studerande på heltid
fully ['fʊlɪ] *adv* **1** fullt, helt, fullständigt, totalt; ~ *fashioned* (*om strumpor e.d.*) formstickad; ~ *fledged, se full-fledged* **2** drygt, minst (*an hour* en timme) **3** rikligt, tillräckligt
fulmar ['fʊlmə] *zool.* stormfågel
fulmi|nant ['fʌlmɪnənt] **1** explosiv, blixtrande **2** (*om smärta*) häftig, skarp, genomträngande **-nate** [-neɪt] **1** dundra, rasa (*against* mot) **2** explodera **-nating** [-neɪtɪŋ] explosiv, knall-; ~ *powder* knallpulver **-nation** [ˌfʌlmɪ'neɪʃn] **1** dundrande, fördömande, utfall **2** explosion
fulsome ['fʊlsəm] överdriven (*compliments* komplimanger), grov, falsk
fum|ble ['fʌmbl] **I** *v* **1** famla, treva, söka (*for* efter); ~ *in one's pockets* gräva i fickorna; ~ *for words* söka efter ord **2** fingra (*at, with* på) **3** fumla med, missa (*a ball* en boll) **II** *s* **1** fumlande, trevande, sökande **2** miss **-bler** [-blə] klåpare
fume [fju:m] **I** *s* **1** ~*s* (*pl*) rök, avgaser, ånga, dunster; *petrol ~s* bensinångor **2** lukt, stank **3** raseri, ilska **II** *v* **1** röka (*trä e.d.*) **2** koka av ilska, vara rasande (*at* över) **3** ryka; ånga
fumi|gate ['fju:mɪgeɪt] röka [ut] (*för att desinficera*) **-gation** [ˌfju:mɪ'geɪʃn] rökning (*desinfektion*)
fumy ['fju:mɪ] rökig
fun [fʌn] **I** *s* nöje; skämt, skoj; upptåg; ~ *and games* (*äv. iron.*) jätteroligt, lyckat; *for* (*in*) ~ på skämt, på skoj; *for the ~ of it* för skojs (nöjes) skull; *like ~!* (*AE. vard.*) ingalunda!, det skulle aldrig falla mig in!; *what ~!* så (vad) roligt!; *have great ~* ha mycket roligt; *make ~ of, poke ~ at* driva med, göra narr av **II** *a* skojig, rolig, trevlig **III** *v, vard.* skämta
function ['fʌŋ(k)ʃn] **I** *s* **1** funktion (*äv. mat.*), uppgift; verksamhet, syssla; *the ~ of a tool* ett verktygs uppgift; *his ~ as a judge* hans uppgift som domare **2** festlighet, högtidlighet, ceremoni; [officiell] tillställning **II** *v* fungera; tjänstgöra **-al** ['fʌŋ(k)ʃənl] funktionell, funktions-; ämbets-, officiell **-alism** ['fʌŋ(k)ʃn̩əlɪz(ə)m] funktionalism **-ary** ['fʌŋ(k)ʃn̩ərɪ] **I** *s* funktionär; tjänste-, ämbets|man **II** *a, se functional*
fund [fʌnd] **I** *s* **1** fond; *start a ~* inrätta en fond **2** *bildl.* fond, förråd (*of knowledge* av kunskaper), stor tillgång **3** ~*s* (*pl*) *a*) tillgångar, medel, pengar, *b*) *BE.* statsobligationer; *be in ~s* vara stadd vid kassa; *be short of ~s* ha dåligt med pengar **II** *v* **1** fondera **2** placera i statsobligationer
fundamental [ˌfʌndə'mentl] **I** *a* fundamental, grund-, grundläggande, elementär; ~ *particle* elementarpartikel; *be ~ to s.th.* vara grundläggande för ngt **II** *s* **1** grund[princip]; *let's get down to ~s* låt oss komma till saken **2** *mus. o. fys.* grundton
funeral ['fju:n(ə)r(ə)l] **I** *s* **1** begravning; *that's your ~* (*vard.*) det är din huvudvärk (sak) **2** begravningståg **II** *a* begravnings-; ~ *director* begravningsentreprenör; ~ *parlor* (*AE. house*) bårhus, gravkapell; begravningsbyrå; ~ *pile* (*pyre*) likbål; ~ *procession* begravnings|tåg, -procession; ~ *service* jordfästning **funereal** [fju:'nɪərɪəl] **1** begravnings- **2** dyster, sorglig
funfair ['fʌnfeə] *BE.* nöjesfält, tivoli
fun|gus ['fʌŋgəs] (*pl -gi* [-gaɪ] *el. -guses*) svamp, svampbildning
funicular [fju:'nɪkjʊlə] **I** *s* linbana **II** *a* kabel-; ~ *railway* linbana
1 funk [fʌŋk] *vard., i sht BE.* **I** *s* **1** rädsla; *be in a [blue] ~* vara skraj (byxis, rädd) **2** fegis **II** *v* [fegt, av rädsla] smita från
2 funk [fʌŋk] *AE. sl.* stank

funk hole ['fʌŋkhəʊl] *vard.* **1** *mil.* skyddsrum **2** arbete som berättigar till befrielse från krigstjänst **funky** ['fʌŋkɪ] *sl., i sht AE.* **1** stinkande **2** skön, bra; inne

funnel ['fʌnl] **I** *s* **1** tratt **2** lufttrumma **3** skorsten (*på fartyg, lok e.d.*) **II** *v* **1** hälla[s] genom en tratt **2** koncentrera[s], fokusera[s]

funnies ['fʌnɪz] *pl, AE. vard.* [tecknade] serier

funny [-ɪ] **I** *a* **1** rolig, skojig, lustig, komisk; ~ *bone* änkestöt, tjuvsena (*i armbågen*) **2** rolig, underlig, konstig; ~ *farm* (*sl.*) dårhus **3** tvivelaktig, skum; ~ *business* skumma affärer (saker) **4** *vard.* dålig, konstig; *I feel* ~ jag känner mig dålig **II** *s, vard.* skämt, vits; *se äv. funnies*

fur [fɜ:] **I** *s* **1** päls (*på vissa djur; plagg*); skinn (*av vissa djur*); *make the* ~ *fly* ställa till bråk (en scen) **2** *BE.* pannsten **3** *vard.* beläggning (*på tunga*) **II** *v* **1** pälsfodra, klä med päls **2** ~ *up a*) kalka[s] igen, *b*) (*om tunga*) bli belagd

fur. *förk. för furlong*

fur coat ['fɜ:kəʊt] päls[kappa]

furbelow ['fɜ:bɪləʊ] **1** volang; garnering **2** ~*s* (*pl*) grannlåt[er], bjäfs

furbish ['fɜ:bɪʃ] **1** polera, putsa **2** ~ *up* piffa (putsa) upp, renovera

fur|cate ['fɜ:keɪt] **I** *a* grenig, kluven **II** *v* grena sig **-cation** [fɜ:'keɪʃn] [gaffelformig] förgrening

furious ['fjʊərɪəs] rasande, ursinnig; häftig, våldsam; *fast and* ~ vild, uppsluppen

furl [fɜ:l] **1** rulla ihop (*flagga e.d.*), fälla ihop (*paraply e.d.*); beslå (*segel*) **2** rullas ihop, fällas ihop

furlong ['fɜ:lɒŋ] 1/8 mile (*201,17 m*)

furlough ['fɜ:ləʊ] *AE.* **I** *s* permission; permittering **II** *v* ge permission; permittera

furnace ['fɜ:nɪs] [smält-, mas]ugn; *this room is like a* ~ (*bildl.*) det här rummet är hett som en bakugn

furnish ['fɜ:nɪʃ] **1** utrusta, förse (*with* med) **2** ge, lämna (*information* upplysningar) **3** möblera, inreda **-er** [-ə] **1** leverantör **2** möbelhandlare **-ing** [-ɪŋ] **1** utrustande, utrustning **2** ~*s* (*pl*) möbler, inredning, inventarier **3** *AE.*, ~*s* (*pl*) ekipering, accessoarer

furniture ['fɜ:nɪtʃə] (*endast sg*) **1** möbler, bohag, möblemang; *a piece of* ~ en (*enstaka*) möbel; *a suite of* ~ ett möblemang, en möbel; *the* ~ *was sold by auction* möblerna såldes på auktion **2** (*fabriks, fartygs*) utrustning **3** *åld.* seldon **furniture remover** flyttkarl **furniture van** flyttbuss

furor ['fjʊərɔ:] *AE.*, **furore** [fjʊ(ə)'rɔ:rɪ] *BE.* furor, vild hänförelse, sensation

furred [fɜ:d] päls-; pälsklädd; pälsbärande **furrier** ['fʌrɪə] körsnär **furring** ['fɜ:rɪŋ] **1** pälsgarnering; pälsverk **2** beläggning (*på tunga*) **3** brädfodring

furrow ['fʌrəʊ] **I** *s* [plog]fåra; *bildl.* fåra, rynka (*i panna e.d.*) **II** *v* plöja, *bildl.* fåra, göra rynkor i

further ['fɜ:ðə] **I** *adv* (*komp. av far*) **1** längre; längre bort; ~ *back a*) längre bak, *b*) längre tillbaka, tidigare; ~ *on* längre fram; *nothing is* ~ *from my thoughts* inget är mig mera fjärran; *I can go no* ~ (*bildl.*) jag kan inte sträcka mig längre **2** vidare, ytterligare; dessutom; *and* ~ och vidare (dessutom); ~ *to your letter* beträffande ert brev **II** *a* (*komp. av far*) **1** ytterligare, vidare; *on* ~ *consideration* vid närmare eftertanke; ~ *education* vidareutbildning, fortbildning; *until* ~ *notice* tills vidare; ~ *particulars* närmare upplysningar; *will there be anything* ~? var det ngt mer? **2** avlägsnare, bortre; *the* ~ *end of the corridor* bortre ändan av korridoren **III** *v* [be]främja, gynna; befordra **furtherance** ['fɜ:ð(ə)r(ə)ns] främjande; hjälp **furtherer** ['fɜ:ðərə] främjare, gynnare **furthermore** [ˌfɜ:ðe'mɔ:] dessutom, vidare **furthermost** ['fɜ:ðəməʊst] *a* borterst, avlägsnast **furthest** (*superl. av far*) **I** *adv* längst; längst bort, ytterst **II** *a* borterst, avlägsnast, ytterst

furtive ['fɜ:tɪv] hemlig, förstulen; i smyg

furun|cle ['fjʊərʌŋkl] *med.* furunkel, böld

fury [fjʊərɪ] **1** raseri, ursinne; raseriutbrott; *in a* ~ rasande, i ursinne; *like* ~ (*vard.*) som galen, i rasande fart **2** (*rasande pers.*) furie **3** *myt.*, *F*~ furie

furze [fɜ:z] *bot.* ärttörne

1 fuse [fju:z] **I** *s* tändrör; stubin[tråd]; lunta; *have a short* ~ (*vard.*) ha kort stubin, vara lättretlig **II** *v* förse med stubintråd (lunta)

2 fuse [fju:z] **I** *s* **1** säkring; propp; *a* ~ *has blown* det har gått en säkring **II** *v* **1** sammansmälta (*äv. bildl.*); *bildl. äv.* fusionera, slå[s] samman **2** smälta **3** förse med säkring **4** *BE., the lights* ~*d* det gick en säkring **fuse box** säkringsskåp

fusee [fju:'zi:] **1** snäcka (*i ur*) **2** stormtändsticka **3** tändrör; stubin[tråd]

fuselage ['fju:zɪlɑ:ʒ] [flygplans]kropp

fusible ['fju:zəbl] smältbar

fusil ['fju:zl] lätt musköt **fusilier** [ˌfju::zɪ'lɪə] fysiljär **fusillade** [ˌfju:zɪ'leɪd] **I** *s* gevärs|eld, -salva; *bildl.* salva, skur **II** *v* beskjuta (*m. gevärseld*)

fusion ['fju:ʒn] sammansmältning; fusion (*äv. kärnfys.*), sammanslagning (*av företag*) **fusion bomb** vätebomb

fuss [fʌs] **I** *s* **1** väsen, bråk, ståhej, uppståndelse; *a lot of* ~ *about nothing* mycket väsen för ingenting; *make* ~ föra (göra) väsen, ställa till bråk; *make a* ~ *of* (*over, about*) göra väsen av, göra sig till för **II** *v* **1** göra stort väsen; oroa sig i onödan; ~ *over* pyssla om, pjoska med **2** ~ *about* (*around*) fjanta omkring (runt) **3** irritera, störa **fuss-budget** ['fʌsˌbʌdʒɪt] *AE. vard.*, **fusspot** ['fʌspɒt] *BE. vard.* omständlig person; gnatmåns **fussy** ['fʌsɪ] **1** beskäftig, fjäskig; tjafsig; petig, kinkig, orolig **2** utstyrd, prålig

fustian ['fʌstɪən] **I** *s* **1** (*slags kraftigt*) bomullstyg **2** bombasm, svulstighet (*i språk*) **II** *a* **1** billig; värdelös **2** bombastisk, svulstig

fustigate ['fʌstɪgeɪt] *åld.* prygla

fusty ['fʌstɪ] **1** unken, mögelluktande, instängd **2** gammalmodig, förlegad

fut. *förk. för future*

futile ['fju:taɪl] **1** fåfäng, meningslös, misslyckad **2** futil, futtig, obetydlig **3** fånig, idiotisk **futility** [fju:'tɪlətɪ] **1** fåfänglighet, meningslöshet **2** futilitet, obetydlighet

future ['fju:tʃə] **I** *a* framtida, framtids-; kommande, blivande **II** *s* **1** framtid; *in* ~ hädanefter, i fortsättningen; *in the* ~ i framtiden **2** *språkv.*, *the* ~ futurum **3** ~*s* (*pl*) terminsaffärer **futurism** [-rɪz(ə)m] futurism **futuristic** [ˌfju:tʃə'rɪstɪk] **1** futuristisk **2** ultramodern **futurity** [fju:'tjʊərətɪ]

F

framtida händelse
futurolo|gist [ˌfju:tʃəˈrɒlədʒɪst] futurolog, framtidsforskare **-gy** [-dʒɪ] futurologi, framtidsforskning
fuze [fju:z] *AE., se 1 fuse*
1 fuzz [fʌz] fjun, ludd; [hår]burr
2 fuzz [fʌz] *sl.* snut (*polis*)
fuzzy [ˈfʌzɪ] **1** fjunig; luddig; (*om hår*) burrig **2** oklar, suddig (*äv. bildl.*)
fwd. *förk. för forward* **f.w.d.** *förk. för four-wheel-drive; front-wheel drive*
F.Z.S. *förk. för Fellow of the Zoological Society*

G

G, g [dʒi:] (*bokstav, ton*) G, g; *G flat* (*mus.*) gess; *G sharp* (*mus.*) giss; *G clef* (*mus.*) g-klav, diskantklav
G *förk. för grand* (*AE. sl.*; *1000 dollar el. pund*) **G., g.** *förk. för gauge; gauss; guilder*[*s*]; *guinea* [*s*]; *Gulf* **g** *förk. för gallon*[*s*]; *gram*[*s*] **G.A.** *förk. för General Assembly; general average* **Ga.** *förk. för Georgia*
gab [gæb] *vard.* **I** *v* prata, pladdra, gaffla **II** *s* prat, pladder, gafflande; *have the gift of the ~* ha en välsmord tunga
gabble [ˈgæbl] **I** *v* **1** pladdra, babbla; (*om gäss*) snattra **2** rabbla **II** *s* pladder, babbel; snatter
gabby [ˈgæbɪ] *vard.* pratsjuk
gaberdine [ˈgæbədi:n] **1** gabardin **2** *hist.* (*judes*) kaftan **3** regnrock (*för barn*)
gable [ˈgeɪbl] gavel **gable roof** gaveltak **gable window** gavelfönster
gaby [ˈgeɪbɪ] *vard., i sht BE.* dumbom
1 gad [gæd] **I** *v,* ~ [*about, around*] driva omkring **II** *s,* [*up*]*on the ~* på äventyr (driven)
2 gad [gæd] *interj, åld., by ~!* för tusan!
gadabout [ˈgædəbaʊt] *vard., be a ~* vara rastlös, vara mycket ute och roa sig (resa)
gadfly [ˈgædflaɪ] *zool.* broms
gadget [ˈgædʒɪt] **1** tillbehör, finess; anordning **2** grej, manick
Gael [geɪl] gael **-ic** [ˈgeɪlɪk] **I** *a* gaelisk **II** *s* (*språk*) gaeliska
1 gaff [gæf] **I** *s* **1** huggkrok; ljuster **2** *sjö.* gaffel **II** *v* **1** fånga med huggkrok; ljustra **2** *sl.* lura, bedra
2 gaff [gæf] *sl.* **1** nonsens, dumt prat **2** *BE., blow the ~* skvallra **3** *i sht AE, stand the ~* bli hånad, ha problem
gaffe [gæf] blunder, tabbe
gaffer [ˈgæfə] **1** *vard., i sht BE.* bas, förman **2** gammal gubbe, gamling
gaff|-rigged [ˈgæfrɪgd] *sjö.* gaffelriggad **-sail** *sjö.* gaffelsegel
1 gag [gæg] **I** *s* munkavle (*äv. bildl. vard.*) **II** *v* **1** sätta munkavle på (*äv. bildl. vard.*) **2** *sl.* hålla på att kvävas; [få att] spy
2 gag [gæg] *sl.* **I** *s* **1** vits, gagg, komiskt inlägg (*i pjäs e.d.*) **2** [handgripligt] skämt, practical joke **II** *v* **1** komma med gaggs **2** *teat.,* ~ [*up*] improvisera (*utanför texten*)
gaga [ˈgɑ:gɑ:] *sl.* **1** senil, gaggig **2** knasig, tokig
1 gage [geɪdʒ] **I** *s* **1** pant **2** stridshandske, utmaning **II** *v, åld.* satsa; sätta i pant
2 gage [geɪdʒ] *sl., i sht AE.* marijuana
gaggle [ˈgægl] **I** *v* (*om gäss*) snattra, kackla **II** *s* **1** gåsflock; *vard.* skock **2** snattrande, kacklande
gai|ety [ˈge(ɪ)ətɪ] **1** glädje, munterhet **2** festlighet, förlustelse **3** festligt utseende **-ly** [ˈgeɪlɪ] *adv* glatt, muntert
gain [geɪn] **I** *v* **1** vinna (*confidence* förtroende), skaffa sig (*knowledge* kunskaper), erhålla, få; *~ ground* vinna terräng, breda ut sig, göra framsteg; *~ speed* öka (få upp) farten; *~ time* vinna tid; *~ weight* öka (gå upp) i vikt; *what do you hope to ~ by that?* vad hoppas du vinna med det?; *my watch ~s two minutes* min klocka fortar sig två minuter **2** [för]tjäna (*one's living* sitt uppehälle) **3** nå (*port* hamn[en]); [upp]nå (*one's aims* sina syften) **4** öka, gå upp; vinna; tilltaga; *~ in value* öka i värde; *my watch ~s* min klocka fortar sig **5** *~* [*up*]*on a*) vinna på, ta in på (*one's competitors* sina medtävlare), *b*) dra ifrån (*one's pursuers* sina förföljare) **II** *s* **1** vinst; förvärv; förtjänst; fördel; *~s* (*äv.*) affärsvinster, intäkter; *ill-gotten ~s* orättmätig vinst, syndapengar **2** ökning, uppgång (*in value* i värde) **3** *elektron.* förstärkning **-er** [ˈgeɪnə] vinnare **-ful** [ˈgeɪnfʊl] vinstgivande, lönande, lukrativ; *be in ~ employment* ha förvärvsarbete **-ings** [ˈgeɪnɪŋz] *pl* vinster, intäkter, förtjänst
gain|say [ˌgeɪnˈseɪ] (*-said, -said*) *åld. el. litt.* förneka, bestrida; motsäga
gait [geɪt] gång, sätt att gå
gaiter [ˈgeɪtə] damask
gal [gæl] *vard.* tjej
gal. *förk. för gallon*[*s*]
gala [ˈgɑ:lə] gala, stor fest
galactic [gəˈlæktɪk] *astr.* galaktisk
galanty show [gəˈlæntɪˌʃəʊ] skuggspel
Galatians [gəˈleɪʃənz] (*behandlas som sg*) [*the Epistle to the*] ~ Galaterbrevet
galaxy [ˈgæləksɪ] **1** galax, stjärnsystem; *the G~* Vintergatan **2** lysande samling (*av människor*)
1 gale [geɪl] **1** storm **2** *~s of laughter* (*vard.*) skrattsalvor
2 gale [geɪl] *bot.* [*sweet*] ~ pors
Galen [ˈgeɪlɪn] Galenos
Galilean [ˌgælɪˈli:ən] **I** *s* galilé **II** *a* galileisk **Galilee** Galiléen; *the Sea of ~* Galileiska sjön
1 gall [gɔ:l] **I** *s* **1** *bildl.* galla, bitterhet **2** *vard.* fräckhet **3** *åld.* galla; gallblåsa
2 gall [gɔ:l] **I** *s* **1** skrubbsår, skavsår **2** *bildl.* irritation **II** *v* **1** skava [sönder], skrubba **2** irritera, reta, plåga
3 gall [gɔ:l] galläpple
gall. *förk. för gallon*[*s*]
gallant [ˈgælənt] **I** *a* **1** tapper, modig **2** galant, chevaleresk **3** ståtlig, imponerande **II** *s* **1** friare, [uppvaktande] kavaljer **2** sprätt **3** tapper man **III**

v **1** uppvakta, kurtisera **2** eskortera (*dam*) **-ry** [-rɪ] **1** tapperhet, [hjälte]mod **2** galanteri

gall bladder [ˈgɔːlˌblædə] gallblåsa **galleas** [ˈgælɪəs] *sjö.* galeas **galleon** [ˈgælɪən] *sjö.* galeon

gallery [ˈgælərɪ] **1** galleri (*äv. sjö.*); läktare; *teat.* tredje (översta) rad **2** åskådare, [läktar]publik; *play to the ~* spela för galleriet, fria till publiken **3** *i sht AE.* auktionslokal **4** [gruv]gång **5** *shooting ~* skjutbana inomhus

galley [ˈgælɪ] **1** *hist.* galär **2** slup **3** *boktr.* sättskepp **4** skeppskök, byssa; pentry **galley proof (sheet)** *boktr.* spaltkorrektur **galley slave** galärslav

gallfly [ˈgɔːlflaɪ] gallstekel

Gallic [ˈgælɪk] gallisk; fransk **Gallicism** [ˈgælɪsiz(ə)m] gallicism

galligaskins [ˌgælɪˈgæskɪnz] *pl* **1** *hist.* vidbyxor **2** läderdamasker

gallimaufry [ˌgælɪˈmɔːfrɪ] *i sht AE.* röra, hopkok

gallinaceous [ˌgælɪˈneɪʃəs] *a, ~ bird* hönsfågel

gallipot [ˈgælɪpɒt] apoteksburk

gallivant [ˌgælɪˈvænt] gå (driva) omkring

gallnut [ˈgɔːlnʌt] galläpple

gallon [ˈgælən] (*i England*) [*imperial*] ~ gallon (= *4,55 l*); (*i USA*) gallon (= *3,79 l*)

galloon [gəˈluːn] galon, träns

gallop [ˈgæləp] **I** *s* galopp; *at a ~* i galopp; *at full ~* i full galopp; *go for a ~* ta en ridtur i galopp **II** *v* **1** [låta] galoppera **2** *vard.* rusa, rasa, jaga

gallows [ˈgæləʊz] (*pl ~[es]*; *behandlas vanl. som sg*) galge; *send s.b. to the ~* döma ngn till galgen **gallows bird** *vard.* galgfågel **gallows humour** galghumor **gallow[s] tree** galge

gallstone [ˈgɔːlstəʊn] *med.* gallsten

Gallup Poll [ˈgæləppəʊl] gallupundersökning

galluses [ˈgæləsɪz] *pl* hängslen

galop [ˈgæləp] galopp (*slags dans*)

galore [gəˈlɔː] *vard.* i massor, massor av

galosh [gəˈlɒʃ] galosch

galumph [gəˈlʌmf] *vard.* klampa, trampa

galvanic [gælˈvænɪk] **1** galvanisk **2** *vard.* krampartad, konvulsivisk **galvanism** [ˈgælvəniz(ə)m] galvanism **galva|nize** (*BE. äv. -nise*) [ˈgælvənaɪz] **1** galvanisera **2** *bildl.* stimulera, egga, sporra **galvanometer** [ˌgælvəˈnɒmɪtə] galvanometer

gam [gæm] *sl.* [snygg] spira (*ben*)

gam|bade [gæmˈbeɪd], **-bado** [-ˈbeɪdəʊ] hopp, skutt, krumsprång

gambit [ˈgæmbɪt] **1** *schack.* gambit **2** *bildl.* upptakt, schackdrag, utspel

gam|ble [ˈgæmbl] **I** *v* **1** spela [hasard] (*on horses* på hästar); *~ on* (*vard.*) tippa, vara säker på (*its being a fine day* att det blir en fin dag **2** satsa, sätta på spel; *~ away* spela bort **II** *s* [hasard]spel; *bildl.* lotteri, chansning, vågspel **-bler** [-blə] [hasard]spelare

gambling [ˈgæmblɪŋ] hasardspel **--den** spelhåla **--debts** *pl* spelskulder **--joint** *AE.* spelhåla

gamboge [gæmˈbuːʒ] **1** gummigutta **2** gulockra

gambol [ˈgæmbl] **I** *v* hoppa och skutta, göra glädjesprång **II** *s* **1** glädjesprång **2** upptåg

1 game [geɪm] **I** *s* **1** lek (*äv. bildl.*); spel (*äv. bildl.*); *~s* (*äv.*) idrott, sport; *athletic ~s* idrotter, idrottstävlingar; *the Olympic G~s* [de] olympiska spelen; *the ~ of politics* det politiska spelet; *beat s.b. at his own ~* slå ngn med hans egna vapen; *make [a] ~ of* driva med, förlöjliga; *play ~s* leka lekar, spela spel; *play ~s with s.b.* (*äv.*) leka med ngn; *play s.b.'s ~* spela ngn i händerna; *play the ~* (*vard.*) hålla sig till spelreglerna, spela (uppträda) just; *two can play at that ~* en ann är så god som en ann, det där kan jag med; *be on (off) one's ~* spela bra (dåligt), vara i (ur) form; *the ~ is up* spelet är förlorat; *give the ~ away* avslöja sina planer **2** match; [spel]omgång, -period; parti (*of chess* schack); vunnet spel; game (*i tennis*); set (*i bordtennis o. badminton*); vinnande poäng; *the ~ is five two* ställningen är fem två **3** spelstil; [sport]utrustning **4** *vard.* bransch, yrke, game; *the publishing ~* förlagsbranschen; *be on the ~* (*sl., i sht BE.*) gå på sporten (*vara prostituerad*) **5** *vard.* knep, trick; *none of your little ~s!* försök inte med mig! **6** vilt, villebråd; *big ~* storvilt; *fair ~* lovligt villebråd **II** *a* **1** modig **2** *vard.* redo, färdig; *be ~* hänga med, ställa upp; *be ~ for anything* gå (vara) med på allting **3** jakt-, vilt- **III** *v* spela [hasard]

2 game [geɪm] *a, a ~ leg* ett ofärdigt (lamt) ben

game-bag [ˈgeɪmbæg] jaktväska **gamecock, game fowl** stridstupp **gamekeeper** [-ˌkiːpə] skogvaktare; jaktvårdare **game laws** [-lɔːz] *pl* jaktlagar **gamely** [-lɪ] *adv* modigt; sportsligt **gamesmanship** [-zmənʃɪp] *vard.* konsten att vinna genom finter (psykning) **gamesome** [-səm] lekfull **games-master** [-zˌmɑːstə] gymnastiklärare **gamester** [-stə] [hasard]spelare **games theory** [-zˌθɪərɪ] spelteori **game warden** [-ˌwɔːdn] viltvårdare; skogvaktare **gaming** [-ɪŋ] [hasard]spel, dobbel **gaming house** spelhall

gamma globulin [ˈgæməˌglɒbjʊlɪn] gammaglobulin **gamma radiation** gammastrålning **gamma rays** [-reɪz] *pl* gammastrålar

1 gammon [ˈgæmən] rimmad (rökt) skinka

2 gammon [ˈgæmən] *BE. vard.* **I** *s* bedrägeri, skoj, humbug **II** *v* bluffa; lura

gammy [ˈgæmɪ] *BE. sl.* halt, justerad

gamp [gæmp] *BE., vard.* paraply

gamut [ˈgæmət] [ton]skala, tonomfång; *bildl.* räckvidd, skala

gamy [ˈgeɪmɪ] **1** med viltsmak **2** *vard.* modig, djärv, käck

gander [ˈgændə] **1** gåskarl **2** *vard.* idiot **3** *vard.* titt

gang [gæŋ] **I** *s* **1** [arbets]lag, -grupp **2** gäng, band, liga **3** [verktygs]uppsättning **II** *v* bilda gäng; *~ up* (*vard.*) gadda ihop sig (*on, against* mot)

gangbang [ˈgæŋbæŋ] *sl.* gäng-, kompani|knull

Ganges [ˈgæn(d)ʒiːz]

gangland [ˈgæŋlænd] *vard.* gangstervärlden

gangling [ˈgæŋlɪŋ] lång och gänglig

gangli|on [ˈgæŋglɪən] (*pl -a* [-ə] *el. -ons*) **1** ganglie, nervknut **2** *bildl.* kraftcentrum

gangplank [ˈgæŋplæŋk] landgång, gångbord

gangrene [ˈgæŋgriːn] **1** kallbrand **2** *bildl.* moraliskt förfall

gangster [ˈgæŋstə] gangster

gangway [ˈgæŋweɪ] **I** *s* **1** *sjö.* landgång **2** *BE.* gång, passage **3** spång **II** *interj* ur vägen!

gannet [ˈgænɪt] *zool.* havssula

G

gantry ['gæntrɪ] **1** kranportal; brygga, ställning (*för skyltar över vägar e.d.*); *järnv.* signalbrygga **2** servicetorn (*för missiler e.d.*)

gaol, -er ['dʒeɪl(ə)] *BE., se jail, -er*

gap [gæp] **1** öppning, hål, gap; bräsch **2** *bildl.* gap, tomrum, lucka; klyfta; stor skillnad; *generation ~* generationsklyfta **3** *i sht AE.* ravin, trångt pass

gape [geɪp] **I** *v* **1** gapa, stå öppen **2** [stå och] gapa, glo (*at* på) **II** *s* **1** gapande **2** gapande, gloende **3** gap; *~s* (*pl, vard.*) gäspningsanfall **gaping** ['geɪpɪŋ] *a* gapande

garage ['gærɑ:dʒ] **I** *s* garage; bilverkstad; servicestation **II** *v* ställa in (ha) i garage **garage mechanic** [-mɪˌkænɪk] bilmekaniker

garb [gɑ:b] **I** *s* **1** [kläde]dräkt, skrud, kostym **2** klädstil **3** *bildl.* yttre sken **II** *v* klä, skruda

garbage ['gɑ:bɪdʒ] **1** skräp, strunt, smörja **2** *i sht AE.* avskräde, avfall, sopor **garbage can** *AE.* soptunna **garbage collector (man)** *AE.* sophämtare **garbage truck** *AE.* sopbil

garble ['gɑ:bl] förvanska, förvränga, stympa

garden ['gɑ:dn] **I** *s, BE.* trädgård; *~s* (*pl, äv.*) [offentlig] park; *the G~ of Eden* Edens lustgård; *back* (*front*) *~* trädgård bakom (framför) huset; *zoological ~[s]* zoo[logisk trädgård], djurpark **II** *v* ägna sig åt trädgårdsskötsel **III** *a* trädgårds-; *common or ~, se common I 3* **gardener** [-ə] trädgårdsmästare

gardenia [gɑ:'di:njə] *bot.* gardenia

gardening ['gɑ:dnɪŋ] trädgårds|arbete, -skötsel **garden party** [-ˌpɑ:tɪ] garden party, trädgårdsfest **garden path** [-pɑ:θ] trädgårdsgång; *lead s.b. up the ~* (*vard.*) vilseleda (bedra) ngn **garden warbler** *zool.* trädgårdssångare

gargantuan [gɑ:'gæntjʊən] gigantisk, enorm

gargle ['gɑ:gl] **I** *v* gurgla [sig] **II** *s* **1** gurgelvatten **2** gurgling

gargoyle ['gɑ:gɔɪl] **1** *arkit.* droppnäsa (*på takränna*) **2** person med groteskt utseende

garibaldi [ˌgærɪ'bɔ:ldɪ] *BE.* (*slags*) korintkaka

garish ['geərɪʃ] prålig; skrikig, gräll

garland ['gɑ:lənd] **I** *s* **1** [blomster]krans, -girland **2** samling, antologi **II** *v* pryda med krans[ar], bekransa

garlic ['gɑ:lɪk] vitlök **garlicky** [-ɪ] vitlöks-

garment ['gɑ:mənt] [klädes]plagg; ytterplagg, klädnad, dräkt

garner ['gɑ:nə] **I** *v* magasinera, lagra; samla **II** *s* **1** *åld.* spannmålsmagasin **2** magasin, lager

garnet ['gɑ:nɪt] *miner.* granat

gar|nish ['gɑ:nɪʃ] **I** *v* **1** pryda, smycka, dekorera **2** *jur.* stämma **3** *sl.* pressa på pengar **II** *s* garnering **-niture** [-nɪtʃə] garnering, dekorering

garret ['gærət] vinds|rum, -våning**garrison** ['gærɪsn] **I** *s* garnison **II** *v* förlägga garnison i; förlägga i garnison

garrotte [gə'rɒt] **I** *s* **1** garrottering **2** garrotteringsjärn **II** *v* **1** garrottera **2** strypa, ta struptag på

garru|lity [gæ'ru:lətɪ] pratsjuka **-lous** ['gærələs] pratsjuk

garter ['gɑ:tə] **I** *s* strumpeband (*runt ben*); ärmhållare; *AE.* strumpeband; *the Order of the G~* Strumpebandsorden **II** *v* fästa med strumpeband

gas [gæs] **I** *s* **1** gas; *step on the ~* (*vard.*) *a*) trampa på gasen, accelerera, *b*) skynda på (sig) **2** *AE.* bensin **3** *sl.* struntprat, snack; *i sht AE.* toppen|grej, -kille, -tjej **II** *v* **1** gasförgifta; gasa [ihjäl] sprida gas [över] **2** *sl., i sht AE.* göra jätteglad **3** *vard.* snacka (*to* med); skrävla (*to* för)

gasbag ['gæsbæg] *sl.* pratkvarn **gas burner** gaslåga; gasbrännare **gas chamber** gaskammare

Gascony ['gæskənɪ] Gascogne

gas cooker ['gæsˌkʊkə] gasspis **gas engine** gasmotor **gaseous** [-jəs] gas-, gasartad, gasformig **gas fire** [-faɪə] gaskamin

gash [gæʃ] **I** *s* jack, djup skåra **II** *v* göra en djup skåra (ett djupt sår) i

gasholder ['gæsˌhəʊldə] gasklocka **gasiform** [-ɪfɔ:m] i gasform **gasify** [-ɪfaɪ] förgasa[s] **gas jet** [-dʒet] gaslåga; gasbrännare

gasket ['gæskɪt] **1** *tekn.* packning; *blow a ~* (*sl.*) få ett utbrott

gaslamp ['gæslæmp] gas|lampa, -lykta **gaslight** gasbelysning; gasljus **gas lighter** [-ˌlaɪtə] gaständare (*för gas*); cigarrettändare (*med gasfyllning*) **gas main** [-meɪn] [huvud]gasledning **gas mantle** [-ˌmæntl] gasstrumpa **gas mask** [-mɑ:sk] gasmask **gas meter** [-ˌmi:tə] gasmätare **gaso|lene, -line** ['gæsə(ʊ)li:n] *AE.* bensin

gasometer [gæ'sɒmɪtə] gasklocka; gasmätare

gasp [gɑ:sp] **I** *v* **1** dra efter andan, flämta, flåsa; kippa efter andan (luft) **2** längta (*for* efter) **3** *~ [out]* flåsa (flämta) fram **II** *s* flämtning, häftigt andetag; *at the last ~ a*) döende, *b*) i sista ögonblicket **-er** ['gɑ:spə] *BE. sl.* giftpinne, cigg

gasproof ['gæspru:f] gas|tät, -säker **gas range** gasspis **gas ring** gasbrännare (*på gasspis*) **gas station** [-ˌsteɪʃn] *i sht AE.* bensinstation **gas stove** [-stəʊv] gasspis; gaskök **gassy** [-ɪ] **1** full av gas **2** *sl.* pratig, babblig **gas tank** [-tæŋk] *AE.* bensintank **gastight** [-taɪt] gastät

gas|tric ['gæstrɪk] mag-; *~ juice* magsaft; *~ ulcer* magsår **-tritis** [gæ'straɪtɪs] gastrit, magkatarr **-tronome** ['gæstrənəʊm], **-tronomist** [gæ'strɒnəmɪst] gastronom **-tronomy** [gæ'strɒnəmɪ] gastronomi

gasworks ['gæswɜ:ks] (*behandlas som sg*) gasverk

gat [gæt] *sl., i sht AE.* puffra

gate [geɪt] **I** *s* **1** port; grind; bom, spärr; lucka; in-, ut|gång; (*på flygplats äv.*) gate; *bildl* [inkörs]port **2** bergspass (*i sht t. annat land*) **3** (*vid [sport]evenemang*) publiksiffra; biljettintäkter **II** *v, univ.* ge husarrest

gâteau ['gætəʊ] (*pl ~x* [-z]) tårta

gate-crash ['geɪtkræʃ] *vard.* **1** komma objuden till (på), planka in på; tränga sig in på **2** planka [in] **-er** [-ə] objuden gäst, inkräktare; plankare

gate|fold ['geɪtfəʊld] utvikningsblad **-house** portvaktsbostad; grindstuga **-keeper** port-, grind|vakt **--leg[ged] table** slagbord **-man** [-mən] portvakt

gate money ['geɪtˌmʌnɪ] (*vid [sport]evenemang*) biljettintäkter **gatepost** [-pəʊst] grindstolpe; *between you, me, and the ~* oss emellan [sagt]

gateway port[gång]; [inkörs]port (*äv. bildl.*)

gather ['gæðə] **I** *v* **1** samla (*one's friends* sina vänner); *be ~ed to one's fathers* samlas till sina fäder (*dö*) **2** samla [ihop, in] (*wood* ved); plocka (*flowers* blommor); *~ information* inhämta (skaffa sig) upplysningar; *~ a shawl about one's shoul-*

ders svepa en sjal om axlarna; ~ *speed* skjuta (få) fart; ~ *one's wits* samla sig (sina tankar); ~ *s.b.* [*in*]*to one's arms* sluta ngn i sina armar; ~ *together* samla ihop; ~ *up* samla ihop (upp) **3** förstå, dra den slutsatsen (*from* av) **4** rynka, dra ihop (*a skirt* en kjol *one's brows* ögonbrynen) **5** samlas **6** samla (dra ihop) sig **7** (*om böld e.d.*) mogna **8** rynkas **II** *s* rynka **-ing** ['gæð(ə)rɪŋ] **I** *s* **1** [för]samling; sammankomst, möte **2** [in-, hop] samling, -samlande; plockning **3** *sömn.* rynkning **4** *vard.* varsamling **II** *a* annalkande (*storm* oväder)

GATT *förk. för General Agreement on Tariffs and Trade*

gauche [gəʊʃ] klumpig, tafatt; taktlös

gaucho ['gaʊtʃəʊ] gaucho, sydamerikansk cowboy

gaud [gɔ:d] grannlåt, billig prydnadssak

1 gaudy ['gɔ:dɪ] prålig, grann, skrikig

2 gaudy ['gɔ:dɪ] *BE.* årlig fest[middag] (*i skola el. college*)

gauge [geɪdʒ] **I** *s* **1** [standard]mått; dimension, vidd; tjocklek; kapacitet; kaliber; (*tråds*) grovlek **2** spårvidd; *narrow* (*standard*) ~ smal (normal) spårvidd **3** mätare; *bildl. äv.* måttstock, kriterium; *petrol* ~ bensinmätare; *pressure* ~ tryckmätare; *take the* ~ *of* beräkna storleken av **4** *sjö.* (*fartygs*) läge **II** *v* **1** mäta (*tjocklek e.d.*); justera (*mått o.d.*) **2** beräkna, bedöma, uppskatta

Gaul [gɔ:l] **1** Gallien **2** gallier

gaunt [gɔ:nt] **1** mager, utmärglad **2** (*om plats*) dyster

1 gauntlet ['gɔ:ntlɪt] **1** järnhandske; *take up the* ~ ta upp den kastade handsken; *throw down the* ~ kasta [strids]handsken **2** krag-, sport|handske

2 gauntlet ['gɔ:ntlɪt] gatlopp; *run the* ~ löpa gatlopp

gauze [gɔ:z] gas, flor **gauze bandage** ['gɔ:z,bændɪdʒ] gasbinda

gave [geɪv] *imperf. av give*

gavel ['gævl] ordförande-, auktions|klubba **gavot[te]** [gə'vɒt] gavott

Gawd [gɔ:d] *sl.* Gud

gawk [gɔ:k] **I** *s* tölp, drummel **II** *v* [stå och] gapa **gawky** ['gɔ:kɪ] tafatt, klumpig

gawp [gɔ:p] *BE. sl.* glo, stirra (*at* på)

gay [geɪ] **I** *a* **1** glad, munter; *a* ~ *life* ett glatt liv **2** färgglad, lysande, bjärt **3** lättsinnig, utsvävande; *a* ~ *dog* en glad lax **4** *vard.* homosexuell **II** *s, vard.* homosexuell [person]

gaz. *förk. för gazette; gazetteer*

gaze [geɪz] **I** *v* stirra, titta (*at*, [*up*]*on* på) **II** *s* stirrande; [spänd] blick

gazebo [gə'zi:bəʊ] lusthus, inglasad balkong (*med utsikt*)

gazelle [gə'zel] *zool.* gasell

gazette [gə'zet] officiell tidning **gazetteer** [,gæzə'tɪə] ortnamnsförteckning (*med ortsbeskrivningar*)

G.B. *förk. för Great Britain* **G.B.E.** *förk. för* (*Knight, Dame*) *Grand Cross of the British Empire* **G.B.S.** *förk. för George Bernard Shaw* **G.C.** *förk. för George Cross* **G.C.B.** *förk. för* (*Knight*) *Grand Cross of the Bath* **GCE** *förk. för General Certificate of Education* **G.C.F., g.c.f.** *förk. för greatest common factor* **G.C.M., g.c.m.** *förk. för greatest common measure* **G.C.V.O.** *förk. för* (*Knight, Dame*) *Grand Cross of the Royal Victorian Order* **Gdns.** *förk. för Gardens* **GDR** *förk. för German Democratic Republic* (*DDR*) **gds.** *förk. för goods*

gear [gɪə] **I** *s* **1** kugghjul, drev; mekanism; utväxling[smekanism]; växel; *a bicycle with five-speed* ~ en femväxlad cykel; *in* ~ inkopplad, med en växel i; *out of* ~ *a*) urkopplad, utan växel i, *b*) i olag; *bottom* (*low*) ~ lägsta växel; *top* (*high*) ~ högsta växel; *change* ~ växla; *change into the fourth* ~ lägga i fyran[s växel]; *put a car into* ~ lägga i en växel; *throw a car out of* ~ växla ur **2** redskap, grejor, utrustning **3** landningsställ **4** *sl.* mode|kläder, -prylar; stöldgods **II** *v* **1** rätta, anpassa (*to* efter, till) **2** koppla in (på), förse med utväxling; ~ *down* växla ner; ~ *up a*) växla upp, *b*) förbereda, göra redo **-box** ['gɪəbɒks] växellåda **-ing** ['gɪerɪŋ] utväxling[smekanism], växel **gear lever** ['gɪə,li:və] *BE.*, **gearshift** ['gɪəʃɪft] *AE.* växelspak **gearwheel** ['gɪəwi:l] kugghjul, drev

gecko ['gekəʊ] *zool.* geckoödla

1 gee [dʒi:] **I** *s, sl.* kuse (*häst*) **II** *interj,* ~ [*up*] hoppla! **III** *v,* ~ [*up*] smacka åt (*häst*)

2 gee [dʒi:] *interj, AE. vard.*, ~ [*whiz*]! nej men!, jösses!, himmel!, åh!

gee-gee ['dʒi:dʒi:] *sl.* kuse (*häst*)

geese [gi:s] *pl av goose*

gee-up ['dʒi:ʌp] *interj* hoppla!

geezer ['gi:zə] *vard.* gammalt original, gammal stofil

Geiger[-Müller] counter ['gaɪgə('mʊlə)-,kaʊntə] geigermätare

geisha ['geɪʃə] geisha

gel [dʒel] **I** *s, kem.* gel **II** *v* **1** bilda gel, stelna **2** *bildl.* ta form

gelatine [,dʒelə'ti:n] gelatin **gelatinous** [dʒə'lætɪnəs] gelatin-, gelatinaktig

geld [geld] kastrera, snöpa **-ing** ['geldɪŋ] kastrerad häst, valack

gelid ['dʒelɪd] [is]kall

gelt [gelt] *sl., i sht AE.* stålar

gem [dʒem] **I** *s* **1** ädelsten, juvel **2** *bildl.* pärla, klenod **II** *v* smycka med ädelsten[ar]

gemi|nate I *v* ['dʒemɪneɪt] ordna[s] parvis **II** *a* ['dʒemɪnət] parvis förekommande **-nation** [,dʒemɪ'neɪʃn] fördubbling

Gemini ['dʒemɪnaɪ] Tvillingarna (*i djurkretsen*)

gem|ma ['dʒe|mə] (*pl -mae* [-mi:]) *bot.* bladknopp **-mation** [dʒe'meɪʃn] *biol.* knoppning

gen [dʒen] *BE., vard.* **I** *s* upplysning, information (*on* om) **II** *v, be ~ned up* få fullständig information, få detaljerade upplysningar

Gen. *förk. för General; Genesis* **gen.** *förk. för gender; general; generator; generic; genitive; genus*

gendarme ['ʒɑ̃:(n)dɑ:m] **1** gendarm **2** *sl.* snut

gender ['dʒendə] **1** *språkv.* kön, genus **2** *vard.* kön

gene [dʒi:n] *biol.* gen

gene|alogical [,dʒi:njə'lɒdʒɪkl] genealogisk; ~ *tree* släktträd **-alogist** [,dʒi:nɪ'ælədʒɪst] genealog, släktforskare **-alogy** [,dʒi:nɪ'ælədʒɪ] **1** genealogi, släktforskning **2** stamtavla

genera ['dʒenərə] *pl av genus*

G

general ['dʒen(ə)r(ə)l] **I** *a* **1** allmän, [allmänt] spridd (utbredd); vanlig; generell; *be* ~ vara allmänt hållen, vara vag (obestämd); ~ [*degree*] lägre akademisk examen; ~ *description* allmän (generell) beskrivning; ~ *editor* allmänredaktör; *a* ~ *election* allmänna val; *get a* ~ *idea of* få en ungefärlig uppfattning om; ~ *knowledge* allmänbildning; ~ *meeting* [bolags]stämma; ~ *office work* allmänna kontorsgöromål; *it is* ~ *practice that* det är brukligt (vanligt) att; ~ *practitioner* allmänpraktiserande läkare; *the* ~ *public* [den stora] allmänheten; *the* ~ *reader* den vanlige läsaren; *as a* ~ *rule* i allmänhet, på det hela taget; ~ *shop* (*store*) diversehandel; *in* ~ *terms* i allmänna ordalag; *in the* ~ *way of things* i allmänhet **2** general-; *the G~ Assembly* Generalförsamlingen (*i FN*); *consul* ~ generalkonsul; ~ *headquarters* högkvarter; *G~ Post Office* (*förr*) *a*) postverk, *b*) huvudpostkontor; ~ *staff* generalstab; ~ *strike* storstrejk **II** *s* **1** general **2** *in* ~i allmänhet, på det hela taget, vanligtvis **-issimo** [ˌdʒen(ə)rə'lɪsɪməʊ] generalissimus **-ity** [ˌdʒenə'rælətɪ] **1** allmängiltighet **2** obestämdhet, vaghet; *generalities* (*pl*) allmänna ordalag **3** *åld.* majoritet **-ization** (*BE. äv. -isation*) [ˌdʒen(ə)rəlaɪ'zeɪʃn] **1** allmän princip (teori) **2** generalisering **-ize** (*BE. äv. -ise*) ['dʒen(ə)rəlaɪz] **1** generalisera **2** popularisera **-ly** ['dʒen(ə)rəlɪ] *adv* **1** i allmänhet, för det mesta, i regel **2** allmänt, vanligt **3** i allmänhet; ~ *speaking* i stort sett **--purpose** *a,* ~ *tool* universalverktyg **-ship** [-ʃɪp] **1** generals rang; tid som general **2** taktik, skicklig ledning

gener|ate ['dʒenəreɪt] alstra, frambringa, framkalla, generera; *generating station* kraftstation **-ation** [ˌdʒenə'reɪʃn] **1** alstring, frambringande, framkallande, genererande **2** generation; släktled; mansålder **3** fortplantning **-ative** ['dʒenərətɪv] **1** skapande, frambringande, produktiv **2** fortplantnings- **3** *språkv.* generativ (*grammar* grammatik) **-ator** ['dʒenəreɪtə] generator; dynamo; alstrare

generic [dʒɪ'nerɪk] generisk; allmän; ~ *name* (*biol.*) släktnamn; ~ *products* märkeslösa varor; ~ *term* överbegrepp

genero|sity [ˌdʒenə'rɒsətɪ] **1** storsinthet **2** generositet, frikostighet, givmildhet **-us** ['dʒen(ə)rəs] **1** storsint, ädelmodig **2** generös, frikostig, givmild **3** riklig

genesis ['dʒenɪsɪs] **1** ursprung, uppkomst **2** *G~* Första Mosebok

genetic [dʒɪ'netɪk] genetisk; ärftlighets- **geneticist** [dʒɪ'netɪsɪst] genetiker, ärftlighetsforskare **genetics** [dʒɪ'netɪks] (*behandlas som sg*) genetik, ärftlighetslära

Geneva [dʒɪ'ni:və] Genève

geneva [dʒɪ'ni:və] genever

genial ['dʒi:njəl] **1** gynnsam, mild, behaglig, skön **2** vänlig, trevlig, gemytlig **-ity** [ˌdʒi:nɪ'ælətɪ] **1** mildhet, behaglighet **2** vänlighet, trevlighet, gemytlighet

genie ['dʒi:nɪ] ande

genii ['dʒi:nɪaɪ] *pl av genius 4*

genital ['dʒenɪtl] genital, köns- **genitals** [-z] *pl* könsorgan, genitalier

geni|tival [ˌdʒenɪ'taɪvl] genitiv-, genitivisk **-tive** ['dʒenɪtɪv] **I** *a* genitiv- **II** *s, the* ~ genitiv[en]

ge|nius ['dʒi:|njəs] (*pl -niuses, i bet. 4 -nii* [-nɪaɪ]) **1** geni, snille; *a man of* ~ ett geni (snille); *have a* ~ *for s.th.* ha en utpräglad begåvning för ngt **2** [tids]anda, skaplynne, natur **3** genius; *his evil* ~ hans onda genius **4** *myt.* ande, genie

genocide ['dʒenə(ʊ)saɪd] folkmord

genre ['ʒɑ̃:(ŋ)r(ə)] genre, slag, stil

gent [dʒent] *vard. för gentleman; s* (*behandlas som sg*) herrtoalett

genteel [dʒen'ti:l] **1** fin, förnäm, respektabel **2** tillgjord, affekterad

gentian ['dʒenʃɪən] *bot.* gentiana

gentile ['dʒentaɪl] **1** *språkv.,* ~ *noun* nationalitetsord **2** stam-, folk- **Gentile I** *s* **1** icke-jude; kristen **2** hedning **II** *a* **1** icke-judisk; kristen **2** hednisk

gentility [dʒen'tɪlətɪ] **1** finhet, förnämitet, respektabilitet **2** tillgjordhet **3** [folk av] förnäm härkomst, överklass

gentle ['dʒentl] **I** *a* **1** (*om pers. e.d.*)) blid, mild, vänlig, snäll; *a* ~ *horse* en snäll (lugn) häst; *as* ~ *as a lamb* from som ett lamm; *the* ~ *sex* det täcka könet; *be* ~ *with* vara snäll mot (försiktig med) **2** mjuk, mild (*voice* röst); lätt, öm (*kiss* kyss); diskret; lagom, måttlig; svag (*slope* sluttning) **3** *åld.* ädel, förnäm; chevaleresk, artig **II** *s* [met]mask **-folk[s]** *pl* fint folk, herrskapsfolk

gentleman ['dʒentlmən] **1** gentleman; *gentlemen's agreement* överenskommelse gentlemän emellan; *a* ~*'s* ~ en gentlemans betjänt **2** herre, man; *there is a* ~ *asking for you* det är en herre som frågar efter er; *gentlemen!* mina herrar!; *gentlemen of the jury!* herrar jurymedlemmar! **3** *BE. hist.* herreman, ståndsperson **4** (*förr*) smugglare **--at-arms** [ˌdʒentlmənət'ɑ:mz] medlem av kunglig livvakt, kunglig livdrabant **--farmer** (*pl gentlemen-farmers*) gods-, jord|ägare (*som inte själv brukar jorden*) **-ly** [-lɪ] *a* gentlemanna|mässig, -lik

gentle|ness ['dʒentlnɪs] blidhet, mildhet, vänlighet *etc., jfr gentle* **-woman** [-ˌwʊmən] fin[t bildad] dam, förnäm dam

gentry ['dʒentrɪ] (*behandlas som pl*) **1** aristokrati; societet **2** *BE.* lågadel, övre medelklass **3** *neds.* folk, människor

genu|flect ['dʒenju:flekt] knäböja **-flection, -flexion** [ˌdʒenju:'flekʃn] knäböj|ning, -ande

genuine ['dʒenjʊɪn] äkta, oförfalskad, original-, autentisk, genuin; uppriktig; sann

genus ['dʒi:nəs] (*pl genera* ['dʒenərə]) **1** *biol.* släkte **2** grupp, slag, klass

geo|centric [ˌdʒi:ə(ʊ)'sentrɪk] geocentrisk **-desic** [-'desɪk] geodetisk **-odesy** [dʒi:'ɒdɪsɪ] geodesi **-detic** [ˌdʒi:ə(ʊ)'detɪk] geodetisk **-detics** [ˌdʒi:ə(ʊ)'detɪks] (*behandlas som sg*) geodesi

Geoffr[e]y ['dʒefrɪ]

geog. *förk. för geographer; geographic*[*al*]; *geography* **geographer** [dʒɪ'ɒgrəfə] geograf **geographic[al]** [dʒɪə'græfɪk(l)] geografisk **geography** [dʒɪ'ɒgrəfɪ] geografi

geol. *förk. för geologic*[*al*]; *geologist; geology* **geologic[al]** [ˌdʒɪə(ʊ)'lɒdʒɪk(l)] geologisk **geologist** [dʒɪ'ɒlədʒɪst] geolog **geology** [dʒɪ'ɒlədʒɪ] geologi

geometer [dʒɪ'ɒmɪtə] geometriker **geometric, geometrical** [ˌdʒɪə(ʊ)'metrɪk(l)] geometrisk

geometrician [ˌdʒɪə(ʊ)məˈtrɪʃn] geometriker
geometry [dʒɪˈɒmətrɪ] geometri
geophys|ical [ˌdʒiːə(ʊ)ˈfɪzɪkl] geofysisk **-icist** [-ˈfɪzɪsɪst] geofysiker **-ics** [-ˈfɪzɪks] (*behandlas som sg*) geofysik
geopolitics [ˌdʒiːə(ʊ)ˈpɒlɪtɪks] (*behandlas som sg*) geopolitik
Geordie [ˈdʒɔːdɪ] *BE.* person från Tyneside
George [dʒɔːdʒ] Georg; *by ~!* (*vard.*) ta mig sjutton!, för tusan!; *St.* ~ Sankt Georg (*Englands skyddshelgon*), Sankt Göran; *St. ~'s Day* Georgsdagen (*Englands nationaldag, 23 april*)
georgette [crepe] [dʒɔːˈdʒet(kreɪp)] georgette
Geor|gia [ˈdʒɔːdʒjə] **1** Georgia **2** Georgien **-gian** [-n] **I** *a* **1** georgiansk (*architecture* arkitektur) **2** georgisk **II** *s* georgier
Ger. *förk. för German; Germany*
geranium [dʒɪˈreɪnjəm] *bot.* pelargon[ia]; geranium
geriat|ric [ˌdʒerɪˈætrɪk] geriatrisk **-rics** [-rɪks] (*behandlas som sg*) geriatri[k]
germ [dʒɜːm] **1** bakterie **2** (*ofta pl*) frö, upphov, upprinnelse; *the ~s of the conflict* fröet (upprinnelsen) till konflikten **3** embryo; grodd
German [ˈdʒɜːmən] **I** *a* tysk; ~ *Democratic Republic* DDR, Östtyskland; ~ *measles* röda hund; ~ *sausage* medvurst; ~ *shepherd* (*AE.*) schäfer; ~ *silver* nysilver **II** *s* **1** tysk **2** tyska [språket]
german [ˈdʒɜːmən] hel-, köttslig; *brother-~* helbror; *cousin ~* kusin
germane [dʒɜːˈmeɪn] nära förbunden (*to* med); relevant
Germanic [dʒɜːˈmænɪk] **I** *a* **1** germansk **2** urgermansk **II** *s* urgermanska [språket]
Germany [ˈdʒɜːm(ə)nɪ] Tyskland
germicide [ˈdʒɜːmɪsaɪd] **I** *a* bakteriedödande **II** *s* bakteriedödande ämne (medel)
germinal [ˈdʒɜːmɪnl] **1** grodd-; foster- **2** *bildl.* spirande, framväxande; nydanande
germi|nate [ˈdʒɜːmɪneɪt] **1** gro, växa; *bildl.* spira **2** få att gro (växa); *bildl.* ge upphov till **-nation** [ˌdʒɜːmɪˈneɪʃn] groning, uppspirande
germ warfare [ˈdʒɜːmˌwɔːfeə] bakteriologisk krigföring
gerontology [ˌdʒerɒnˈtɒlədʒɪ] gerontologi
gerrymander [ˈdʒerɪmændə] **I** *s* ändring av valkretsindelning (*för att gynna visst parti*) **II** *v* **1** ändra indelning av (*valkretsar för att gynna visst parti*) **2** manipulera med
gerund [ˈdʒer(ə)nd] *språkv.* gerundium; verbalsubstantiv på -ing
gestation [dʒeˈsteɪʃn] **1** dräktighet; havandeskap **2** *bildl.* mognad[sprocess], framväxande
gesticu|late [dʒeˈstɪkjʊleɪt] gestikulera **-lation** [dʒeˌstɪkjʊˈleɪʃn] **1** gestikulerande **2** gest **-latory** [dʒeˈstɪkjʊlət(ə)rɪ] *a* gestikulerande
gesture [ˈdʒestʃə] **I** *s* gest, åtbörd (*äv. bildl.*) **II** *v* gestikulera
get [get] (*got, got; AE. perf. part. gotten*) **1** få; lyckas få; skaffa [sig]; ~ *a job* få (skaffa sig) ett arbete; ~ *lunch* få (äta) lunch; ~ *a present* få en present; ~ *tickets for s.b.* skaffa (hämta) biljetter åt ngn; *can I ~ you a drink?* kan jag hämta ngt att dricka åt dig?; *we'll never ~ the piano upstairs* vi får aldrig upp pianot för trapporna; *what do you ~ from that?* vad får du ut av det?; *where did you ~ that from?* var har du [fått] det ifrån? **2** få, råka ut för, ådraga sig (*a cold* en förkylning); ~ *a shock* få en chock; ~ *it* [*in the neck*] (*vard.*) få en tillrättavisning; *he's got it bad* (*vard.*) han har åkt dit; *you'll ~ it!* du ska få [så du tiger]! **3** få; få tag i, fånga; nå; ~ *s.b. by the arm* gripa ngn i armen; *got you!* nu fick jag allt tag i dig!; *I got her on the phone* jag fick tag i henne på telefon; *the painter got her character* konstnären fångade hennes karaktär **4** få; [få att] bli; ~ *one's hair cut* [låta] klippa sig; ~ *the car to start* få bilen att starta; ~ *o.s. ready* göra sig i ordning; ~ *a window open* få upp ett fönster; ~ *s.b. to do s.th.* få (förmå) ngn att göra ngt; ~ *s.th. done* få ngt gjort, se till att ngt blir gjort; ~ *s.b.* (*s.th.*) *going* (*to go*) få (sätta) i gång ngn (ngt) **5** komma (hinna) med (*the train* tåget); föra, leda; ~ *s.b. to hospital* föra ngn till sjukhus; *where does that ~ us?* (*vard.*) vart kommer vi med det? **6** göra i ordning, laga (*dinner* middag) **7** *radio., TV.* få (ta) in (*Radio Luxemburg* Radio Luxemburg) **8** höra, [upp]fatta, förstå; *AE. vard.* lära sig; *I didn't ~ your meaning* jag förstod inte vad du menade; ~ *it?* förstår du?; *it ~s me how* jag fattar inte hur; ~ *by heart* (*AE.*) lära sig utantill **9** *vard.* få fast; sätta fast (dit); träffa; knäppa (*skjuta*); *the blow got him on the chin* slaget träffade honom på hakan; *you've got me there!* nu är jag ställd!; *your habits will ~ you in the end* dina vanor kommer att knäcka dig till slut **10** *vard.* påverka, gripa tag i; reta, irritera; *that music really ~s me* den musiken griper mig verkligen; *his shrill voice ~s me* hans gälla röst irriterar mig **11** bli (*wet* våt); ~ *dressed* klä på sig; ~ *even with* (*vard.*) bli kvitt med; ~ *married* gifta sig; *I'm ~ting tired* jag börjar bli trött **12** komma (*home* hem); ~*!* (*vard.*) stick!, ~ *lost!* försvinn!; ~ *there a*) komma (ta sig) dit, *b*) *vard.* klara av det; *we're not ~ting anywhere* vi kommer ingen vart; ~ *with it* (*sl.*) hänga med **13** ~ *going* komma (sätta) i gång; ~ *moving* [börja] röra på sig; ~ *working* börja arbeta; ~ *to work* gå till verket **14** ~ *to* (+ *inf.*) komma att; *how did you ~ to be a doctor?* hur kom det sig att du blev läkare?; *we got to be friends* vi kom att bli vänner; *you'll soon ~ to like it* du kommer snart att [lära dig att] tycka om det; ~ *to know a*) lära känna, *b*) få veta (reda på); *I'm ~ting to understand* jag börjar [att] förstå **15** *have got* ha; *have got to* vara (bli) tvungen att; *what have you got to say?* vad har du att säga?; *you've got to go* du måste gå; *he has only got to ask* han behöver bara be **16** ~ *about* (*around*) *a*) fara omkring, komma ut [bland folk], *b*) vara uppe (*efter sjukdom*), *c*) (*om rykte*) spridas, komma ut; ~ *across a*) komma (hjälpa) över (*gata e.d.*), *b*) göra sig (bli) förstådd, *c*) (*om idé e.d.*) gå hem, *d*) *vard.* irritera; ~ *ahead* lyckas, ha framgång; ~ *ahead of* överträffa, gå om; ~ *along a*) klara (reda) sig, *b*) gå framåt, göra framsteg, *c*) komma överens; ~ *along! a*) gå din väg!, *b*) *BE. vard.* du pratar!; ~ *at a*) komma åt, nå, *b*) komma på, komma underfund med, *c*) mena, syfta på, *d*) vilja åt, trakassera, kritisera, *e*) påverka (*genom mutor e.d.*); *what are you ~ting at?* vart vill du komma?, vad syftar du på?; ~ *away a*) ge sig av (i väg), komma

G

bort (i väg), rymma, *b*) starta; ~ *away!* det menar du inte!; *you can't ~ away from the fact that* du kan inte komma ifrån att; ~ *away with* komma undan (smita) med; *he got away with that* han klarade sig helskinnad undan; ~ *back a*) få tillbaka (igen), *b*) återvända, gå (komma) tillbaka; ~ *back at* ta hämnd (hämnas) på; *get one's own back* (*vard.*) ta revansch; ~ *behind* bli (komma) efter; ~ *by a*) komma förbi, passera, *b*) *vard.* klara sig (*with little money* på litet pengar), *c*) duga, *d*) accepteras av; ~ *down a*) gå (stiga) ner (av), *b*) bära ner (nedför), *c*) skriva ner, anteckna, *d*) göra nedstämd, trycka ner, *e*) få ner, få i sig; ~ *down to business* (*brass tacks*) ta itu med uppgiften, komma till saken; ~ *in a*) stiga in (upp, ner) (*into* i, på), *b*) komma in, komma hem, *c*) hämta (ta, få) in, *d*) skicka efter, tillkalla, *e*) bli invald, *f*) hinna med, få färdig; ~ *in with s.b.* bli god vän med ngn; ~ *into a*) gå (stiga, komma) in i (upp på, ner i), *b*) anlända till, *c*) få på sig, komma i (*one's clothes* kläderna), *d*) råka (komma, försätta sig) i (*difficulties* svårigheter), *e*) komma (välja) in i (*parliament* parlamentet), *f*) *vard.* bli van vid, komma (sätta sig) in i; ~ *s.b. into a school* få in ngn i en skola; *what's got into him?* vad har det flugit i honom?; ~ *off a*) klara sig (slippa) undan, *b*) få (bli) frikänd, *c*) få (skicka) i väg (*the children to school* barnen till skolan), *d*) stiga (gå) av (*buss e.d.*), *e*) gå (komma) bort från, lämna, *f*) ta (få) av (*lock, kläder e.d.*), *g*) ge sig (komma) i väg; ~ *off!* släpp [mig]!; ~ *off to bed* gå och lägga sig; ~ *off to sleep* somna [in]; *tell s.b. where to ~ off* (*vard.*) be ngn dra åt skogen; ~ *off with s.b.* (*BE. vard.*) inleda ett förhållande med; ~ *on a*) gå (stiga) på, *b*) sätta på (*lock e.d.*), få (sätta, ta) på sig (*kläder e.d.*), *c*) [börja] bli gammal, *d*) göra framsteg, klara sig, lyckas, ha framgång, *e*) komma överens, dra jämnt, trivas, *f*) fortsätta, gå vidare, *g*) *sl.* börja knarka; ~ *on!* mig lurar du inte!; *how are you ~ting on?* hur har du det?, hur går det för dig?, hur mår du?; *it's ~ting on* det börjar bli sent, tiden går; *he's ~ting on my nerves* han går mig på nerverna; *he's ~ting on for sixty* han närmar sig de sextio; ~ *on to a*) komma (stiga) upp på (*the roof* taket), *b*) komma i kontakt med, få tag i (*på telefon*), *c*) komma på, upptäcka, *d*) framföra önskemål (krav) till; ~ *out a*) komma (gå, stiga, fara, slippa) ut (*of* ur), komma (gå, stiga) upp (*of* ur); gå (stiga) av (ur) (*tåg e.d.*), lämna, *bildl.* hoppa av, *b*) få (ta) ut (ur) (*sticka, fläck e.d.*), *c*) ge ut, komma ut med (*a book* en bok), *d*) (*med svårighet*) få (pressa) fram (*of* ur), få ut (ur) (*of* ur), *e*) ta (hämta) fram (*a glass of wine* ett glas vin), ta upp (*a coin of one's pocket* ett mynt ur fickan), ta ut (*money of the bank* pengar från banken); ~ *out!* ut!; ~ *out of a*) undvika, smita från, undgå, *b*) bli ovan vid, glömma bort; ~ *over a*) få över (*s.th. over a fence* ngt över ett staket), *b*) komma (ta sig) över, *bildl.* hämta sig från, komma över (*a shock* en chock), övervinna (*shyness* blyghet), *c*) få fram, förmedla (*a message* ett budskap); ~ *s.th over* [*with*] få ngt undanstökat (undangjort); ~ *round a*) kringgå (*a problem* ett problem), komma ifrån, *b*) *vard.* lirka med, lyckas övertala; ~ *round to* få tid med, komma till; ~ *through a*) gå igenom, klara sig i (*examen e.d.*), *b*) komma (klara sig) igenom, *c*) komma fram (*äv. i telefon*), *d*) göra slut på (*pengar e.d.*), *e*) få (driva) igenom (*lagförslag e.d.*), *f*) *AE. sl.* skaffa knark; ~ *to a*) komma (anlända) till, *b*) *vard.* reta upp, irritera; *I got to wondering* jag började undra; ~ *together a*) samla [ihop], få (plocka) ihop, *b*) samlas, träffas (*för att umgås*); ~ *it together* (*vard.*) samla sig, klara av det; ~ *up a*) stiga (gå) upp (*late* sent), resa sig [upp], ställa sig upp, *b*) få, skaffa sig (*an appetite* aptit), *c*) komma uppför, *d*) få upp, få att resa sig (stiga upp), *e*) klä (styra) ut, *f*) *vard.* [an]ordna, *g*) *vard.* bättra på, plugga in; ~ *up steam* få upp ångan; ~ *up to* (*vard.*) ställa till med, vara inveckad i

get|-at-able [get'ætəbl] *vard.* tillgänglig, åtkomlig **-away** ['getəweɪ] **1** rymning **2** start **--together** [ˌgetə'geðə] *vard.* sammankomst, träff **--up** ['getʌp] *vard.* utstyrsel

gewgaw ['gju:gɔ:] **I** *s* bjäfs, grannlåt **II** *a* grann, prålig

geyser 1 ['gaɪzə] gejser **2** ['gi:zə] varmvattenberedare

G.G. *förk. för Girl Guides; Governor-General*

Ghana ['gɑ:nə] Ghana **-ian** [gɑ:'ne(ɪ)ən] **I** *a* ghanansk **II** *s* ghanan

ghastly ['gɑ:stlɪ] **1** hemsk, kuslig **2** likblek, spöklik **3** *vard.* förfärlig, gräslig

gherkin ['gɜ:kɪn] liten gurka

ghetto ['getəʊ] getto

ghost [gəʊst] **I** *s* **1** spöke, vålnad, ande **2** *the Holy G~* den Helige Ande **3** *give up the ~* ge upp andan (*dö*) **4** skugga; aning, tillstymmelse; *be a ~ of one's former self* vara en skugga av sitt forna jag; *the ~ of a smile* tillstymmelsen av ett leende **5** skugga, spökbild (*på TV- el. radarskärm*) **II** *v* vara spökskrivare [åt]

ghostlike ['gəʊstlaɪk] spöklik, spök-, ande- **ghostly** [-lɪ] *a* spöklik **ghost story** spökhistoria **ghostwriter** [-ˌraɪtə] spökskrivare

ghoul [gu:l] **1** ond ande, ghul **2** gravplundrare **-ish** ['gu:lɪʃ] hemsk, demonisk, makaber

G.H.Q. *förk. för general headquarters*

G.I. *AE. vard.* **I** *s* menig [soldat] **II** *a* militär-, soldat-

giant ['dʒaɪənt] **I** *s* jätte, gigant **II** *a* jättelik, gigantisk **-ess** [-es] jättinna, jättekvinna

Gib *vard. för Gibraltar*

gibber ['dʒɪbə] **I** *v* babbla; sluddra **II** *s* babbel; sludder **-ish** [-rɪʃ] **1** tjatter **2** rappakalja, struntprat

gibbet ['dʒɪbɪt] **I** *s* [enarmad] galge **II** *v* avrätta genom hängning, hänga

gibbon ['gɪbən] *zool.* gibbon[apa]

gibbous ['gɪbəs] **1** (*om månen*) mellan halv och full **2** puckelryggig, kutig

gibe [dʒaɪb] **I** *v* håna, pika **II** *s* hån, gliring

giblets ['dʒɪblɪts] *pl* [fågel]krås

Gibraltar [dʒɪ'brɔ:ltə] Gibraltar; *the Strait of ~* Gibraltar sund

giddap [gɪ'dæp] *interj* hoppla!

gid|diness ['gɪdɪnɪs] yrsel, svindel **-dy** [-dɪ] **1** yr **2** svindlande **3** tanklös; lättsinnig

giddy-up [gɪdɪ'ʌp] *interj* hoppla!

gift [gɪft] **I** *s* **1** gåva, skänk, present; *make s.b. a*

~ ge ngn en gåva **2** gåva, talang, begåvning; *have a ~ for languages* vara språkbegåvad **II** *v* skänka, ge som present
gifted ['gɪftɪd] begåvad, talangfull **gift-horse** ['gɪfthɔ:s] *s, never look a ~ in the mouth* man skall inte skåda given häst i munnen **gift token (voucher)** presentkort
1 gig [gɪg] gigg (*vagn o. båt*)
2 gig [gɪg] *vard.* [enstaka] spelning (engagemang)
gigantic [dʒaɪ'gæntɪk] gigantisk, jättelik, väldig
giggle ['gɪgl] **I** *v* fnittra, fnissa **II** *s* fnitter, fniss
gigolo ['ʒɪgələʊ] gigolo
gigot ['dʒɪgət] får|stek, -lår
gild [gɪld] (*~ed, ~ed el. gilt*) förgylla (*äv. bildl.*); *~ the lily a*) försöka bättra på det redan vackra, *b*) överdriva
1 gill [gɪl] **I** *s* **1** gäl; *green about the ~s* (*vard.*) grön i ansiktet; *white about the ~s* (*vard.*) blek om nosen **2** *bot.* skiva, lamell (*på svamp*)
2 gill [dʒɪl] gill (*mått för våta varor = 1/4 pint = 0, 142 l*)
gillyflower ['dʒɪlɪˌflaʊə] *bot.* **1** lövkoja; lackviol **2** *åld.* [trädgårds]nejlika
gilt [gɪlt] **I** *a* förgylld **II** *s* förgyllning **--edged** [ˌgɪlt'edʒd] **1** (*om bok*) med guldsnitt **2** *~ securities* guldkantade [värde]papper
gimbals ['dʒɪmb(ə)lz] *pl* kardansk upphängning
gimcrack ['dʒɪmkræk] **I** *s* grannlåt, billig strunt **II** *a* grannlåts-, strunt-
gimlet ['gɪmlɪt] **I** *s* **1** *tekn.* hand-, vrick|borr **2** *AE.* (*slags*) cocktail **II** *a* genomträngande
gimmick ['gɪmɪk] *vard.* gimmick, [lustig] grej; jippo; trick, knep **-ry** [-rɪ] *vard.* gimmickar; jippo[n]
gimp [gɪmp] kant-, garnerings|snodd
1 gin [dʒɪn] gin
2 gin [dʒɪn] **I** *s* **1** *tekn.* bomullsrensningsmaskin **2** snara, giller **II** *v* **1** rensa bomull **2** snara, snärja
ginger ['dʒɪn(d)ʒə] **I** *s* **1** ingefära **2** rödbrun (gulbrun) färg **3** *vard.* fart, kläm, ruter **II** *v* **1** krydda med ingefära **2** *~ up* liva (elda) upp **ginger ale (beer)** [ˌdʒɪn(d)zər|'eɪl, -'bɪə] (*slags*) ingefärsdricka **gingerbread** ['dʒɪn(d)ʒəbred] **1** pepparkaka **2** snirklar, krusiduller **gingerly** ['dʒɪn(d)ʒəlɪ] **I** *adv* försiktigt, ängsligt; motvilligt **II** *a* försiktig, ängslig; motvillig **ginger nut (snap)** tunn pepparkaka, pepparnöt **gingery** ['dʒɪn(d)ʒərɪ] **1** ingefärs- **2** röd-, gul|brun **3** *vard.* klämmig, med full fart
gingham ['gɪŋəm] gingham (*slags tvåfärgat bomullstyg*)
gingivitis [ˌdʒɪndʒɪ'vaɪtɪs] *med.* gingivit, inflammation i tandköttet
gink [gɪŋk] *sl.* [konstig] kille (karl)
gippy ['dʒɪpɪ] *sl.* **1** egyptier, egyptiska; ngt egyptiskt **2** zigenare **gippy tummy** *sl.* diarré
gipsy ['dʒɪpsɪ] **I** *s* zigenare, zigenerska **II** *a* zigenar-
giraffe [dʒɪ'rɑ:f] giraff
girandole ['dʒɪr(ə)ndəʊl] **1** lampett med spegel **2** örhänge (*m. ring av ädelstenar kring mittsten*)
gird [gɜ:d] **I** *v* (*reg. el. girt, girt*) **1** *~* [*on*] omgjorda sig med; *~* [*up*] *one's loins* (*bibl. o. bildl.*) omgjorda sina länder **2** innesluta, omringa **3** förläna (*knighthood* riddarvärdighet)
girder ['gɜ:də] [tvär]balk
girdle ['gɜ:dl] **I** *s* gördel; höfthållare; bälte (*äv. bildl.*) **II** *v* omgjorda; omge (*äv. bildl.*)
girl [gɜ:l] **1** flicka **2** tjänsteflicka
girlfriend ['gɜ:lfrend] flickvän; väninna, flickbekant **Girl Guide** flickscout **girlhood** flick|ålder, -tid **girlie** [-ɪ] **I** *s* lillflicka, tös **II** *a, ~ magazine* tidning med bilder av [halv]nakna flickor **girlish** [-ɪʃ] flickaktig **Girl Scout** *AE.* flickscout
giro ['dʒaɪrəʊ] [post-, bank]giro; *pay by ~* betala på postgiro (bankgiro)
girt [gɜ:t] *imperf. o. perf.part. av gird*
girth [gɜ:θ] **I** *s* **1** omfång, omkrets; *a man of great ~* en omfångsrik man **2** sadelgjord **II** *v* **1** omge **2** *~* [*up*] spänna en sadelgjord på
gist [dʒɪst] kärna, huvud-, kärn|punkt
git [gɪt] *BE. sl.* klantskalle; jävel
gittern ['gɪtɜ:n] cittra
give [gɪv] **I** *v* (*gave, given*) **1** ge; skänka; lämna; framkalla, väcka (*offence* anstöt); vålla, förorsaka (*trouble* besvär); *be ~n* få; *~ me the book* ge mig boken; *~ it to me* ge mig den (den till mig); *~ me some advice* ge mig ett råd; *~ a lecture* hålla en föreläsning; *~ my love to* hälsa så mycket till; *~ place* lämna (ge) plats; *~ a play* (*Hamlet*) ge (framföra) en pjäs (Hamlet); *it ~s me great pleasure* det ger mig mycket nöje; *~ one's vote* avge sin röst; *I don't ~ anything for his promises* jag ger inte ett dugg för hans löften; *~ one's life for one's country* ge sitt liv för sitt land; *~ two pounds for a book* ge två pund för en bok **2** ge till, utstöta; *~ a cry* ge till ett skrik, skrika till; *~ a jolt* skaka till **3** ägna; *~ o.s. to music* ägna sig åt musik; *~ one's life to* ägna sitt liv åt **4** skåla för; *I ~ you the Queen* jag föreslår drottningens skål; *~ a toast for* utbringa en skål för **5** *~ and take* ge och ta, kompromissa; *six o'clock, ~ or take a few minutes* ungefär klockan 6; *~ as good as one gets* ge igen, ge svar på tal; *~ me...* (*vard.*) tacka vet jag..., jag gillar...; *~ battle* inlåta sig i strid; *~ s.b. to believe that* få ngn att (låta ngn) tro att; *~ birth to a*) föda, *b*) ge upphov till; *~ ground a*) retirera, *b*) dra tillbaka; *~ rise to* ge upphov till; *~ way a*) ge efter, ge vika, ge sig (*to* för), *b*) ge (lämna) företräde, ge plats (*to* åt), *c*) vika [undan], väja (*to* för); *my legs were giving way under me* benen vek sig under mig; *~ s.b. what for* (*vard.*) skälla ut ngn efter noter **6** ge efter, ge vika; *the table will ~ if you sit on it* bordet kommer att ge vika om du sitter på det; *his courage will never ~* hans mod kommer aldrig att svikta **7** *vard.* hända, ske; *what ~s?* vad står på?, vad är det som händer? **8** vetta (*onto* mot) **9** *~ away a*) ge (skänka) bort, *b*) överlämna, dela ut (*pris*), *c*) missa (*tillfälle*); *~ away the bride* överlämna bruden åt brudgummen; *~ away the game* (*show*) avslöja (förråda) allt; *~ back* ge (lämna) tillbaka, återlämna; *~ forth a*) utsända, *b*) ge ifrån sig; *~ in a*) ge sig, ge upp, ge vika, ge efter (*to* för), *b*) lämna in (*one's composition* sin uppsats); *~ in one's name* anmäla sig; *~ off* avge, utdunsta, utsända; *~ out a*) avge, utsända (*värme, gas e.d.*), *b*) tillkännage, meddela, *c*) dela ut (*free samples* gratisprov), *d*) ta slut, tryta, *e*) inte fungera, strejka; *~ over a*) överlämna, *b*) ägna (*to* åt), *c*) *vard.* sluta (*fighting*

G

slåss); ~ *up a*) ge upp, ge upp hoppet om, *b*) upphöra [med], sluta (*smoking* röka), *c*) avstå från, avträda, lämna (*one's seat* sin plats), *d*) avslöja, förråda, *e*) överlämna, avlämna (*tickets* biljetter); ~ *o.s. up* anmäla sig [för polisen], överlämna sig; ~ *o.s. up to* hänge sig åt, ägna sig helt åt **II** *s* **1** *vard.* elasticitet, spänst; *bildl.* flexibilitet
give|-and-take [ˌgɪv(ə)nˈteɪk] givande och tagande; kompromisser; [tanke]utbyte **-away** [ˈgɪvəweɪ] **1** (*oavsiktligt*) avslöjande **2** *i sht AE*. reklampresent; *radio-, TV-* tävlingsprogram (*m. priser*)
given [ˈgɪvn] **1** *perf. part. av give* **2** bekant, given; ~ *name* (*i sht AE.*) förnamn **3** ~ *to* begiven på, slav under, hemfallen åt **4** given, bestämd **5** förutsatt **6** (*på officiella dokument*) given, daterad
giver [-ə] givare
gizmo [ˈgɪzməʊ] *AE. sl.* grej, manick
gizzard [ˈgɪzəd] (*fågels*) muskelmage; *vard.* mage
Gk[.] *förk. för Greek*
glacé [ˈglæseɪ] **1** (*om läder*) glacé-; (*om siden*) glansig **2** (*om frukt*) glaserad, kanderad
glacial [ˈgleɪsjəl] glaciär-, glacial-; is-, istids-; *bildl.* kylig, iskall; ~ *period* (*epoch*) istid **-ist** [-ɪst] glaciolog
glaci|ated [ˈglæsɪeɪtɪd] istäckt **-ation** [ˌglæsɪˈeɪʃn] nedisning
glacier [ˈglæsjə] glaciär, jökel **glaciologist** [ˌglæsɪˈɒlədʒɪst] glaciolog
glac|is [ˈglæsɪs] (*pl -es* [-i:z] *el. lika*) svag sluttning
glad [glæd] **1** glad (*about, at* åt, över); *we would be ~ of your help* vi vore glada att få er hjälp; *I'm ~ to see you* det var roligt att träffa dig; *she was ~ to help* hon var glad att kunna (få) hjälpa till; *I shall be ~ to come* jag kommer gärna; *I'd be ~ to!* ja gärna! **2** glad, glädjande (*news* nyheter); *give s.b. the ~ eye* [ögon]flörta med ngn; *give s.b. the ~ hand* hälsa översvallande på ngn, välkomna ngn med öppna armar **-den** [ˈglædn] glädja[s]
glade [gleɪd] glänta
glad-hand [ˈglædhænd] hälsa välkommen, välkomna
gladiator [ˈglædɪeɪtə] gladiator
gladio|lus [ˌglædɪˈəʊ|ləs] (*pl lika el. -li* [-laɪ] *el. -luses*) *bot.* gladiolus
glad|ly [ˈglædlɪ] *adv* med glädje, gladeligen, gärna **-ness** [-nɪs] glädje **-rags** *pl, sl.* stass, högtidsblåsa
Glam. *förk. för Glamorgan[shire]* [gləˈmɔ:g(ə)n-(ʃə)]
glamor|ize (*BE. äv. -ise*) [ˈglæməraɪz] glamorisera, glorifiera, romantisera **glamorous** [-əs] glamorös, förtrollande, tjusig **glamour** [ˈglæmə] glamour, tjuskraft, förtrollning; lockande skönhet **glamour boy** charmgosse, tjusig kille **glamour girl** tjusig (förtrollande) flicka, glamour girl
glance [glɑ:ns] **I** *v* **1** titta [flyktigt, hastigt], kasta en blick (*at* på); ögna (*at* i; *over, through* igenom) **2** blänka (glänsa) [till]; *the moon ~d on the water* månen blänkte i vattnet **3** ~ *off* studsa (rikoschettera) mot, reflekteras mot, slinta mot **4** snudda vid **II** *s* **1** [flyktig, hastig] blick, titt (*at* på); *at a ~* med en enda blick, omedelbart; *at the first ~* vid första ögonkastet **2** blänk[ande], glimt, skimmer **3** studsande, rikoschetterande **4** anspelning, antydan **glancingly** [ˈglɑ:nsɪŋlɪ] flyktigt, hastigt
gland [glænd] körtel **glandu|lar, -lous** [ˈglændjʊ|lə -ləs] körtel-; *-lar fever* körtelfeber **glandule** [ˈglændju:l] liten körtel
glans [glæns] (*pl glandes* [ˈglændi:z]) *anat.* ollon
glare [gleə] **I** *s* **1** skarpt (bländande) sken (ljus); glans **2** ilsken blick **3** prål, skrikighet **II** *v* **1** lysa skarpt, glänsa **2** glo, stirra vilt, blänga ilsket **glaring** [ˈgleərɪŋ] **1** skarp, bländande; glänsande **2** vilt stirrande, ilsket blängande **3** gräll, skrikig; uppenbar, iögonenfallande; grov, [himmels]skriande; bjärt
Glasgow [ˈglɑ:sgəʊ]
glass [glɑ:s] **I** *s* **1** glas (*ämne*); *a pane of ~* en glasruta **2** [dricks]glas; spegel; barometer; teleskop, kikare; ~ *and china* glas och porslin; *a ~ of wine* ett glas vin **3** *~es* (*pl*) glasögon **II** *v* glasa, sätta glas i, förse (täcka) med glas
glass-blower [ˈglɑ:sˌbləʊə] glasblåsare **glass-blowing** [-ɪŋ] glasblåsning **glass cutter** glasskärare; glasslipare **glass eye** [-aɪ] emaljöga **glass fibre** glasfiber **glasshouse 1** *BE.* växt-, driv|hus **2** *AE.* glasbruk **3** *vard., i sht BE.* militärt fångläger **glassware** glas[varor] **glass wool** glasull **glassworks** (*behandlas som sg*) glasbruk **glassy** [-ɪ] **1** glas-, glasaktig **2** *bildl.* tom, livlös, glasartad (*look* blick)
Glaswegian [glæsˈwi:dʒən] **I** *a* glasgow- **II** *s* glasgowbo
glaucoma [glɔ:ˈkəʊmə] *med.* glaukom, grön starr
glaucous [ˈglɔ:kəs] blågrön
glaze [gleɪz] **I** *v* **1** glasa, sätta glas i **2** polera, glätta **3** glasera **4** (*om blick*) bli glasartad, stelna **II** *s* **1** glasyr **2** glans, glansig yta **glazer** [ˈgleɪzə] **1** polerare **2** polerskiva **glazier** [ˈgleɪzjə] glasmästare **glazing** [ˈgleɪzɪŋ] **1** glasning, insättande av glas[rutor] **2** glasering **3** glasyr **2** *koll.* glas-, fönster|rutor
G.L.C. *förk. för Greater London Council*
gleam [gli:m] **I** *s* glimt; skimmer; stråle (*äv. bildl.*); ljussken; *a ~ of hope* en strimma hopp **II** *v* glimma, skimra; stråla; glänsa
glean [gli:n] **1** samla [ihop], plocka ihop (*information* upplysningar) **2** plocka [upp] (*ax*) efteråt **3** göra en efterskörd **-ings** [ˈgli:nɪŋz] *pl* efterskörd; *bildl.* småplock
glee [gli:] **1** glädje, munterhet **2** glee (*slags flerstämmig sång*) **-ful** [ˈgli:f(ʊ)l] glad, munter
glen [glen] trång dal[gång] (*i sht i Skottland o. på Irland*)
glengarry [glenˈgærɪ] glengarry (*skotsk båtmössa*)
glib [glɪb] talför, munvig; lättvindig; ledig
glide [glaɪd] **I** *v* **1** glida [fram]; sväva; ~ *past* glida förbi **2** glidflyga **3** låta glida **II** *s* **1** glidande, glidning **2** glidflykt **glider** [ˈglaɪdə] glid-, segel|flygplan **gliding** [ˈglaɪdɪŋ] glidning; segelflygning
glim [glɪm] *sl.* ljus; lampa, lykta **-mer** [ˈglɪmə] **I** *v* lysa svagt, glimma **II** *s* **1** svagt sken, glimrande **2** glimt, skymt; ~ *of hope* svagt hopp
glimpse [glɪm(p)s] **I** *s* glimt, skymt; *bildl.* kort inblick (*of* i); *catch a ~ of* [få] se en skymt av **II** *v* [få] se en skymt av, skymta

glint [glɪnt] **I** *v* glittra, blänka **II** *s* glimt; glitter, blänk
glisten ['glɪsn] glittra, glimma, glänsa
glitter ['glɪtə] **I** *v* glittra, gnistra, glimma, blänka, tindra; *bildl.* lysa, glänsa (*with* av); *all that ~s is not gold* det är inte guld allt som glimmar **II** *s* glitter, glittrande, glimmer; glans, prakt
gloaming ['gləʊmɪŋ] *Sk. el. poet.* skymning
gloat [gləʊt] **I** *v* , ~ [*over*] självbelåtet (skadeglatt) betrakta, gotta sig åt, frossa i **II** *s* triumferande blick, skadeglädje
global ['gləʊbl] **1** global **2** vittomfattande, mångsidig; total
globe [gləʊb] **1** jordglob; *the ~* jordklotet, jorden **2** *astr.* planet, himlakropp **3** klot, kula; glob; glasskål (*för guldfiskar*); *i sht Austr.* glödlampa **4** riksäpple **globetrotter** ['gləʊbˌtrɒtə] globetrotter, jordenruntresenär **globose** ['gləʊbəʊs], **globous** ['gləʊbəs] klotformig **globular** ['glɒbjʊlə] **1** klotformig, sfärisk **2** klot- **globule** ['glɒbju:l] litet klot, liten kula, droppe
glockenspiel ['glɒkənspi:l] *mus.* klockspel
glomeration [ˌglɒmə'reɪʃn] anhopning
gloom [glu:m] **I** *s* **1** mörker, dunkel **2** dysterhet; tryckt (dyster) stämning **II** *v* **1** se dyster ut **2** bli mörk (dyster) **3** förmörka; fördystra **-iness** ['glu:mɪnɪs] **1** mörker, dunkel **2** dysterhet, melankoli **-y** ['glu:mɪ] **1** mörk, dunkel **2** dyster, melankolisk
glori|fication [ˌglɔ:rɪfɪ'keɪʃn] **1** förhärligande; glorifiering **2** *vard.* skönmålning **3** *BE. vard.* firande **-fy** ['glɔ:rɪfaɪ] **1** förhärliga; glorifiera; lovprisa **2** pryda, försköna **3** dyrka, avguda
gloriole ['glɔ:rɪəʊl] gloria, helgonskimmer
glorious ['glɔ:rɪəs] **1** ärofull, ärorik, lysande; *the G~ Revolution* den ärorika revolutionen **2** strålande, fantastisk, underbar **3** *vard.* härlig; förskräcklig; rejäl, ordentlig; *a ~ mess* en salig röra **glory** ['glɔ:rɪ] **I** *s* **1** ära **2** *the crowning ~* kronan på verket, höjdpunkten **3** ära, lov och pris; *~ be to God* ära vare (pris ske) Gud; *~ [be]!* (*vard.*) himmel! **4** glans, prakt, ståt; strålande skönhet; glanstid; esse; *in all its ~* i all sin prakt (glans); *the ~ of the sunset* den praktfulla solnedgången; *Rome at the height of its ~* Rom på höjden av sin makt **5** [himmelsk] salighet; *go to ~* (*litt.*) gå till sin Gud (*dö*) **II** *v*, *~ in* glädja sig åt, jubla över
Glos. *förk. för Gloucestershire* ['glɒstəʃə]
1 gloss [glɒs] **I** *s* glans, glänsande yta; *bildl.* sken **II** *v* **1** göra (bli) glansig (glänsande) **2** ~ [*over*] tysta ner, bagatellisera, släta över
2 gloss [glɒs] **I** *s* **1** glossa, randanmärkning, kommentar **2** vilseledande förklaring (tolkning) **3** *se glossary* **II** *v* **1** glossera; kommentera **2** ~ [*over*] misstolka, bortförklara
glossary ['glɒsərɪ] ordförteckning, ordlista, glossarium
glossy ['glɒsɪ] **I** *a* glänsande, glansig; *~ magazine* elegant tidskrift (*på glättat papper o. med färgbilder*); *~ print* (*foto.*) blank kopia **II** *s, se ~ magazine o. ~ print*
glot|tal ['glɒtl] stämbands-; *~ stop* (*fonet.*) glottisstöt, knacklaut **-tis** [-tɪs] *anat.* glottis, röstspringa
glove [glʌv] **I** *s* handske; [sport-, box]handske; *fit like a ~* passa som hand i handske (precis); *be hand in ~ with* (*vard.*) vara mycket god vän med; *handle with kid ~s* (*vard.*) behandla med silkesvantar (mycket försiktigt) **II** *v* behandska
glove compartment ['glʌvkəmˌpɑ:tmənt] handskfack (*i bil*) **glove puppet** handdocka
glover [-ə] handskmakare
glow [gləʊ] **I** *s* glöd (*äv. bildl.*); sken; *the ~ of health* hälsans friska rodnad **II** *v* glöda (*äv. bildl.*); lysa, skina; *she ~ed with health* hon strålade av hälsa
glower ['glaʊə] blänga (stirra) ilsket (*at* på) **-ingly** [-rɪŋlɪ] *adv* ilsket, hotfullt
glow|ing ['gləʊɪŋ] glödande (*äv. bildl.*), lysande; blossande (*cheeks* kinder); entusiastisk (*account* skildring), exalterad **--worm** lysmask
gloze [gləʊz] *v, åld.*, ~ [*over*] skyla (släta) över
glucose ['glu:kəʊs] glukos
glue [glu:] **I** *s* lim **II** *v* limma, klistra; *~ down* (*on*) klistra (limma) fast; *~ s.th. together* limma (klistra) ihop ngt; *he's ~d to the TV* han sitter klistrad vid TV:n **gluey** ['glu:ɪ] limmig, klibbig
glum [glʌm] dyster; trumpen
glume [glu:m] *bot.* agn
glut [glʌt] **I** *v* **1** mätta, proppa full, överlasta; frossa på; *bildl.* mätta, tillfredsställa **2** översvämma (*the market* marknaden) **3** proppa igen (till) **II** *s* [över]mättnad, överflöd; *there is a ~ in the market* marknaden är övermättad
gluten ['glu:tən] gluten **glutenous** [-əs] glutenhaltig
glutinous ['glu:tɪnəs] glutinös, klibbig, limartad
glutton ['glʌtn] frossare, matvrak; *~ for work* arbets|myra, -narkoman **-ous** ['glʌtn̩əs] glupsk, frossande; omättlig **-y** ['glʌtn̩ɪ] frosseri
glycerin[e] ['glɪsəri:n] *kem.* glycerin
glycol ['glaɪkɒl] *kem.* glykol
G.M. *förk. för general manager; George Medal; Grand Master*
G-man ['dʒi:mæn] *AE. sl.* FBI-agent
GMT *förk. för Greenwich Mean Time*
gnarled [nɑ:ld], **gnarly** ['nɑ:lɪ] **1** knotig, knölig **2** tvär, butter
gnash [næʃ] **I** *v, ~ one's teeth* skära tänder, gnissla med tänderna **II** *s* tandagnisslan
gnat [næt] [vanlig stick]mygga
gnaw [nɔ:] **1** gnaga (tugga, bita) på; *~ one's fingernails* bita på naglarna; *anxiety was ~ing her* oron tärde på (plågade) henne; *~ a hole* gnaga ett hål; *~ off* gnaga av **2** fräta på **3** gnaga (*at, upon* på); *~ at s.b.* (*bildl.*) tära (gnaga, fräta) på ngn
gneiss [naɪs] *geol.* gnejs
1 gnome [nəʊm] **1** gnom, jordande, dvärg **2** *neds.* gnom, internationell finansman
2 gnome ['nəʊmɪ:] gnom, sentens, levnadsregel **gnomic** ['nəʊmɪk] gnomisk, aforistisk
G.N.P. *förk. för gross national product* BNP, bruttonationalproduct
go [gəʊ] **I** *v* (*went, gone; 3 pers. sg pres. goes; se äv. going, gone*) **1** resa, åka, fara, köra; ge sig av (i väg); gå; *~ in rags* gå [klädd] i trasor; *~ on holiday* åka på semester; *this bus ~es to Leeds* den här bussen går till Leeds; *here ~es!* (*vard.*) nu börjas det!; *here we ~ again!* (*vard.*) nu är det färdigt igen!; *there he ~es!* där är han ju!; *who ~es there?* vem där?; *we must ~* (*be ~ing*) vi måste gå (ge oss i väg); *~ and get* gå och hämta; *~ shut the*

G

door! (*AE.*) gå och stäng dörren!; *he's ~ne and lost his new watch* (*vard.*) han har gått och tappat sin nya klocka; *don't ~ doing* (*and do*) *that!* (*vard.*) gå inte och gör det!; *~ shopping* gå [ut] och handla **2** gå, leda; sträcka sig, nå, räcka; *this road ~es to York* den här vägen går till York; *the garden ~es to the lake* trädgården sträcker sig till sjön **3** gå, fungera; vara (gå, sätta) i gång, starta; *the radio won't ~* radion går (fungerar) inte; *ready, steady, ~!* klara, färdiga, gå! **4** gå till väga, göra; gå, skrida (*into action* till handling); *~ carefully about* gå försiktigt till väga med; *when you serve you ~ like this* när man servar gör man så här **5** gå, säljas (*cheap* billigt); *the bracelet went for two hundred pounds* armbandet gick för tvåhundra pund **6** gå, passa; *the scarf does not ~ with the hat* scarfen går (passar) inte till hatten **7** gå, utfalla, förlöpa; *how is it ~ing?, how ~es it?* (*vard.*) hur står det till?, hur har du det (går det för dig)?; *everything ~es well* allt går bra; *as things ~* som förhållandena nu är **8** gå för sig, tolereras; gälla; *anything ~es here* allting går för sig här; *what the boss says ~es* vad chefen säger gäller; *that ~es for me too* det gäller mig också, det tycker jag med **9** gå [bort], försvinna; gå över, upphöra; gå åt, ta slut; gå sönder; [av]gå, avskedas; (*om tid*) gå; *it is* (*has*) *~ne* den är försvunnen (borta, slut), den har försvunnit (tagit slut); *my eyesight is ~ing* min syn håller på att försvinna; *there ~es another one!* där går (försvinner) en till!; *the ladder went at the crucial moment* stegen gick sönder i det kritiska ögonblicket; *I don't know where my money ~es* jag vet inte vart mina pengar tar vägen; *two hours to ~ till* två timmar kvar tills; *the minister will have to ~* ministern måste avgå **10** gå, ljuda, låta; säga; (*om ord e.d.*) lyda; *the alarm ~es* larmet går (ljuder); *the gun went bang* geväret sa pang; *as the phrase* (*saying*) *~es* som det heter (man brukar säga); *how does that tune ~?* hur går den där melodin?; *this text ~es to the melody of...* den här texten går (sjungs) till melodin... **11** ha sin plats, skola vara (stå, ligga, hänga); få plats (rum); *where do the forks ~?* var ska gafflarna ligga (vara); *3 into 9 ~es 3* 3 går i 9 tre gånger; *it won't ~ in the box* den får inte plats i lådan **12** bli; *~ bad* bli dålig (skämd); *~ mad* bli tokig; *his face went red* han blev röd i ansiktet **13** *this pie is good as my pies ~* den här pajen är god i jämförelse med mina **14** *AE., food to ~* mat för avhämtning **15** *vard., i sht AE.* väga; *I went fifty kilos yesterday* jag vägde femtio kilo i går **16** *vard.* uppträda, spela; *that group can really ~* den gruppen kan verkligen spela **17** *spelt.* bjuda (*five spades* fem spader); *~ one better* bjuda över **18** *vard., ~ it* köra hårt, gå på, ha ett högt tempo; *~ it!* gå på!, ge inte upp!, sätt i gång!; *~ it alone* agera på egen hand **19** *~ to* (+ *inf.*) *a*) tjäna till att, vara till för att, bidra till att, *b*) gå och (*get* hämta); *this letter ~es to prove that...* det här brevet är till för att bevisa att **20** *~ about a*) resa (åka *etc.*) omkring, *b*) ta itu med, ägna sig åt, *c*) gå, vara i omlopp, *d*) *sjö.* gå över stag, vända; *~ against a*) strida (gå) emot, *b*) gå olyckligt för, gå emot, *c*) motsätta sig; *~ ahead a*) börja, sätta i gång, fortsätta, *b*) gå (resa *etc.*) före (i förväg), *c*) ta ledningen; *~ ahead with s.th.* genomföra ngt; *~ along a*) gå [vägen fram], *b*) instämma, samtycka; *as one ~es along a*) under vägen, *b*) efter hand, undan för undan; *~ along with a*) resa (åka *etc.*) tillsammans med, följa med, *b*) hålla med, instämma med, *c*) höra ihop med, höra till; *~ with you!* (*vard.*) sluta!, ge dig i väg!; *~ [a]round a*) resa (åka *etc.*) omkring, *b*) sälskapa (*with* med), *c*) gå runt, cirkulera, *d*) ägna sig åt, *e*) räcka (gå) runt; *~ at a*) ta itu med, *b*) ge sig på, gå lös på; *~ away a*) resa, ge sig i väg, *b*) försvinna; *~ back a*) resa (åka *etc.*) tillbaka, återvända, *b*) gå tillbaka (*to* till), datera sig (*to* från), *c*) (*om klocka*) ställas tillbaka; *~ back on one's words* ta tillbaka det man har sagt; *~ back on one's promise* svika (bryta) sitt löfte; *~ back on s.b.* lämna ngn i sticket; *~ before a*) resa (åka *etc.*) före, gå före, *b*) träda (komma) inför (*the court* rätta); *~ below* (*sjö.*) gå ner under däck; *~ beyond* gå utöver, överskrida; *~ by a*) passera [förbi], resa (åka *etc.*) förbi (via, över), *b*) resa (åka *etc.*) med (*boat* båt), *c*) (*om tid*) gå, förflyta, *d*) drivas av, gå på (*petrol* bensin), *e*) ledas (guidas) av, *f*) döma (gå, rätta sig) efter; *~ by air* flyga; *~ by car* bila, åka bil; *~ by the name of* gå under namnet; *~ down a*) gå ner (*äv. om mat e.d.*), sjunka, gå under, *b*) minska, sjunka, avta, *c*) misslyckas (*i examen e.d.*). besegras, förlora, (*om boxare*) gå ner för räkning, *d*) slå an, gå hem (*with* på, hos), *e*) *BE.* bli sjuk, insjukna (*with* i), *f*) *BE., univ.* sluta vid, lämna, *g*) *BE. sl.* åka in (*i fängelse*); *~ down in history* gå till historien (eftervärlden); *he has ~ne down in the world* det har gått utför med honom; *~ down on one's knees* falla på knä; *~ for a*) gå (åka) efter (och hämta), hämta, *b*) försöka få (*a job* ett arbete), *c*) gälla [för], *d*) *vard.* gilla, tycka om, *e*) anfalla, attackera, ge sig på; *~ for a swim* gå och bada; *~ for a walk* ta en promenad; *~ in a*) gå in, *b*) gå i, passa i, *c*) (*om solen, månen*) gå i moln, *d*) gå in [i huvudet], fastna; *~ in for a*) delta i, vara (gå) med i (*tävling e.d.*), *b*) gå in för, satsa på, ägna sig åt, verka (vara) för, *c*) gå upp i (*examen*); *~ into a*) gå in i (på, vid), *b*) få plats (rymmas) i, *c*) slå sig på (*publishing* bokutgivning), *d*) gå in på, undersöka, ge sig in på, *e*) klä sig i (*mourning* sorgkläder), *f*) köra in i, krocka med, *g*) lagga in sig (bli inlagd) på (*sjukhus*), *h*) råka i, gripas av (*panics* panik); *~ into hysterics* bli hysterisk; *~ off a*) ge sig av (i väg), fara i väg, *b*) lämna (*stage* scenen), *c*) (*om ljus, vatten e.d.*) slockna, stängas av, inte fungera, *d*) explodera, (*om vapen*) gå av, (*om larm e.d.*) börja ringa, *e*) gå, förlöpa, *f*) mattas, avta, bli sämre, *g*) somna, falla i sömn, *h*) gripas av, brista ut i, *i*) *BE. vard.* bli skämd (dålig), *j*) *BE. vard.* sluta tycka om; *she went off* (*vulg.*) det gick för henne; *~ off one's rocker* (*head*) bli tokig; *~ on a*) fortsätta, resa (åka *etc.*) vidare, *b*) försiggå, pågå, stå på, hända, *c*) fortgå, pågå, hålla på, *d*) (*om ljus, vatten e.d.*) tändas, sättas (komma) på, *e*) åka (ge sig av) på (*an excursion* en utflykt), *f*) göra entré, komma in (*på scenen*), *g*) pladdra, prata på, tjata (*about* om), *h*) gå efter, hålla sig till, *i*) (*om kläder*) gå på, *j*) gå på, börja skift; *~ on* [*with you*]! (*vard.*) nej, vet du vad!; *~ on, tell me!* seså, berätta nu!; *~ on a diet* hålla diet; *~ on at s.b.* bråka med (tjata på) ngn;

~ *on for sixty* (*BE.*) närma sig de sextio; *not ~ much on* (*BE.*) inte tycka om, ogilla; ~ *out a*) gå (resa *etc.* ut), *spelt.* gå ut, *b*) slockna, sluta att fungera, *c*) bli omodern, *d*) somna, svimma, slockna, *e*) *radio.* gå ut, sändas, *f*) gå i strejk; ~ *all out* göra sitt yttersta, satsa allt; *out you ~!* ut med dig!; ~ *out to* (*bildl.*) gå till; ~ *out with* gå ut (sällskapa) med; ~ *over a*) gå (resa *etc.*) över, *b*) gå över, övergå (*t. annat parti e.d.*), *c*) gå igenom, granska, kontrollera, se över, läsa igenom, repetera, *d*) mottagas (*well* väl), *e*) välta, stjälpa, *f*) *sl.* puckla på; ~ *over s.th. in one's mind* tänka igenom ngt; ~ *round a*) resa (åka *etc.*) runt (omkring), *b*) gå runt, *c*) räcka [till]; ~ *round to* gå och hälsa på, gå över till; *my head is ~ing round* jag är yr i huvudet; ~ *through a*) gå igenom, söka (leta) igenom, granska, repetera, *b*) genomgå, genomlida, *c*) slita (nöta) ut, göra slut på; ~ *through with* genomföra, fullfölja; ~ *to a*) gå till (*bed* sängs), *b*) gå på (*the movies* bio), *c*) gå i (*school* skolan), *d*) (*om pengar*) gå till, *e*) uppgå till, *f*) *bildl.* ta på sig (*a lot of trouble* en massa besvär); ~ *to sleep* somna; ~ *to the country* (*BE. parl.*) utlysa nyval; ~ *to blazes* (*hell*) dra åt helvete; ~ *to it* stå i, sätta fart; ~ *together a*) resa (åka *etc.*) tillsammans, *b*) *vard.* gå (vara) tillsammans, *c*) passa (gå) ihop; ~ *under a*) gå under, sjunka, *b*) gå under (omkull), *c*) duka under (*to* för); ~ *under the name of* gå (vara känd) under namnet; ~ *up a*) gå (resa *etc.*) upp, resa in (*to London* till London), *b*) gå (resa, klättra *etc.*) uppför, klättra upp i (*a tree* ett träd), *c*) gå upp, stiga, *d*) sprängas, *e*) *BE.* börja (*vid univ. e.d.*), *f*) växa upp ; ~ *up in flames* brinna ner; ~ *with a*) gå (resa, följa *etc.*) med, *b*) sällskapa (vara ihop) med, *c*) passa, gå till, *d*) höra till, följa med, höra ihop med, *e*) hålla med; ~ *without* [få] vara utan; *that ~es without saying* det säger sig självt **II** *s* (*pl ~es*) **1** gång, gående; *from the word ~* (*vard.*) från allra första början; *no ~* (*vard.*) omöjlig, värdelös, misslyckad; *on the ~* (*vard.*) i farten, på bettet **2** försök; tur; *at* (*in*) *one ~* på en gång, i ett drag; *have a ~* försöka, göra ett försök; *have a ~ at* försöka sig (pröva) på; *it's her ~* det är hennes tur **3** *vard.* go, ruter, fart, framåtanda **4** *vard.* succé; *make a ~ of* lyckas (ha framgång) med **5** *vard.* överenskommelse **6** *vard.* hårt arbete

G.O. *förk. för general order*

goad [gəʊd] **I** *s* pikstav; *bildl.* sporre **II** *v* driva på med pikstav; *bildl.* sporra, driva

go-ahead ['gəʊəhed] **I** *a* framåt[strävande], företagsam **II** *s, vard.* klar|signal, -tecken

goal [gəʊl] mål (*äv. sport.*); *keep* (*play in*) ~ stå [i mål]; *score a ~* göra mål

goal area ['gəʊlˌeərɪə] (*i fotboll*) målområde **goalie** [-ɪ] *vard.*, **goal keeper** [-ˌki:pə] *sport.* målvakt **goal kick** [-kɪk] (*i fotboll*) inspark **goal line** *sport.* kortlinje **goalmouth** [-maʊθ] *sport.* målområde **goal post** [-pəʊst] målstolpe **goal tender** [-ˌtendə] *AE., sport.* målvakt

goat [gəʊt] **1** get; *act the giddy ~* (*vard.*) fåna sig; *get a p.'s ~* (*sl.*) reta upp ngn, gå ngn på nerverna **2** *vard.* bock, vällusting **-ee** [-'ti:] pipskägg **-herd** ['gəʊthɜ:d] getherde **-skin** ['gəʊtskɪn] getskinn

1 gob [gɒb] *vard.* **I** *s* **1** spottloska **2** *~s* (*pl*) massor **II** *v* spotta

2 gob [gɒb] *sl., i sht BE.* käft

1 gobble ['gɒbl] **1** ~ [*up, down*] sluka, glufsa i sig **2** smacka, smaska

2 gobble ['gɒbl] (*om kalkon*) klucka

gobble|degook, -dygook ['gɒbldɪˌgu:k] *vard.* högtravande språk, fikonspråk

gobbler ['gɒblə] *vard.* kalkontupp

go-between ['gəʊbɪˌtwi:n] mellanhand, medlare

goblet ['gɒblɪt] glas på fot; bägare

goblin ['gɒblɪn] elakt troll, svartalf

gob stopper ['gɒbˌstɒpə] *BE.* stor hård karamell

go-by ['gəʊbaɪ] *sl.* avsnoppning; *give s.b. the ~* snoppa av ngn, strunta i ngn

G.O.C. *förk. för General Officer Commanding*

go-cart ['gəʊkɑ:t] **1** *i sht AE.* gåstol (*för barn*); sittvagn **2** *se go-kart* **3** handkärra

god [gɒd] **1** gud; *G~* Gud; *G~ knows!* det vete gudarna!; *for G~'s sake* för guds skull; *thank G~!* gudskelov! **2** *the ~s* (*pl*) [publiken på] tredje raden (*på teater*)

god|-awful ['gɒdɔ:fʊl] *AE. vard.* jäklig, hemsk **-child** gud-, fadder|barn **-dam[n], -damned** ['gɒdæm(d)] *vard., i sht AE.* **I** *a* förbannad, jäkla **II** *interj* tusan också! **-daughter** [-ˌdɔ:tə] guddotter

god|dess ['gɒdɪs] gudinna **-father** [-ˌfɑ:ðə] gudfar **--fearing** [-ˌfɪerɪŋ] gudfruktig **-forsaken** [-fəˌseɪk(ə)n] gudsförgäten **-head** [-hed] gudom, gudomlighet **-less** [-lɪs] gudlös **-like** [-laɪk] gudalik, gudomlig **-liness** [-lɪnɪs] gudsfruktan, fromhet **-ly** [-lɪ] *a* gudfruktig, from **-mother** [-ˌmʌðə] gudmor **-parent** [-ˌpeər(ə)nt] gudfar, gudmor, fadder **-send** [-send] gudagåva, skänk från ovan **-son** [-sʌn] gudson

Godspeed [ˌgɒd'spi:d] *interj* lycka till!

goer ['gəʊə] **1** -besökare; *film~* biobesökare **2** person som går [fort], gående

go-getter ['gəʊˌgetə] *vard.* handlingsmänniska; gåpåare

goggle ['gɒgl] **I** *v* **1** glo, stirra **2** rulla (*med ögonen*) **II** *s* **1** stirrande **2** *~s* (*pl*) skyddsglasögon **-box** *BE. sl.* dumburk, TV

going ['gəʊɪŋ] **I** *s* **1** gång, gående; avgång **2** väglag, före; underlag; *muddy ~* (*äv.*) lerig väg; *it's heavy ~ talking to him* det går trögt att tala med honom; *while the ~ is good* så länge det går; *go while the ~ is good* gå medan tid är **3** *vard.* fart; *good* (*fast*) ~ bra fart (tempo); *good~!* inte illa! **II** *a* **1** framgångsrik, väl inarbetad (*concern* rörelse); *get ~* komma (sätta) i gång; *get s.th. ~* sätta i gång (fart på) ngt; *keep ~* fortsätta, hålla i gång **2** tillgänglig, som finns [att få], som går att få; *the best fellow ~* den bästa karl som går på två ben **3** [nu] gällande (*rate* taxa), marknads-, dags- (*value* värde) **4** *~, ~, gone!* (*vid auktion*) första, andra, tredje! **5** *be ~ to* (+ *inf.*) skola, ämna, tänka, ha för avsikt, stå i begrepp att, [just] skola; *it's ~ to rain* det kommer att bli regn; *I wasn't ~ to do it* jag skulle (tänkte) inte göra det

going-over ['gəʊɪŋ'əʊvə] (*pl goings-over*) *vard.* **1** genomgång, översyn, granskning **2** kok stryk

goings-on ['gəʊɪŋz'ɒn] *pl, vard.* förehavanden; händelser; *there are some strange ~* det händer underliga saker

goitre ['gɔɪtə] *med.* struma

G

go-kart ['gəʊkɑ:t] go-kart, go-cart (*liten tävlingsbil*)

gold [gəʊld] **I** *s* guld **II** *a* guld-, gyllene

gold brick ['gəʊldbrɪk] **1** falsk guldtacka; värdelöst föremål **2** *AE. sl.* maskare, skolkare **gold--digger** [-ˌdɪgə] **1** guldgrävare **2** *vard.* lycksökerska **gold dust** [-dʌst] guldstoft

golden ['gəʊld(ə)n] **1** guld-, av guld; guldgul, gyllene (*hair* hår); ~ *age* guldålder; ~ *disc* (*mus.*) guldskiva; ~ *handshake* (*vard.*) gratifikation, avgångsvederlag; *the* ~ *mean a*) den gyllene medelvägen *b*) *konst.* gyllene snittet; ~ *rule* gyllene regel; *the* ~ *section* (*konst.*) gyllene snittet; ~ *syrup* (*BE.*) ljus sirap; ~ *wedding* guldbröllop **-rod** *bot.* gullris

goldfinch ['gəʊldfɪn(t)ʃ] *zool.* steglits[a] **goldfish** guldfisk **gold foil** guldfolie **gold leaf** bladguld **gold medal** [-ˌmedl] guldmedalj **gold mine** [-maɪn] guldgruva (*äv. bildl.*) **gold plate** [-pleɪt] förgyllning **gold-plate** [-pleɪt] förgylla **gold reserve** [-rɪˌzɜ:v] guldreserv **gold rush** [-rʌʃ] guldrush **goldsmith** [-smɪθ] guldsmed **gold standard** [-ˌstændəd] guldmyntfot

golf [gɒlf] **I** *s* golf **II** *v* spela golf

golf ball ['gɒlfbɔ:l] golfboll **golf club** **1** golfklubba **2** golfklubb **golf course** golfbana **golfer** [-ə] golfspelare **golf links** *pl* golfbana

Goliath [gə(ʊ)'laɪəθ] Goliat

golliwog[g] ['gɒlɪwɒg] trasdocka med svart ansikte

golly ['gɒlɪ] *interj, vard.* kors [i alla mina dar]!, kära nån!

goluptious [gə'lʌpʃəs] *skämts.* läcker

gonad ['gəʊnæd] gonad, könskörtel

gondo|la ['gɒndələ] gondol **-lier** [ˌgɒndə'lɪə] gondoljär

gone [gɒn] **I** *perf. part. av go* **II** *a* **1** borta, försvunnen; slut; *the key is* ~ nyckeln är borta; *my money is* ~ mina pengar är slut (borta); *be* ~*!* ge dig i väg! **2** *vard.* svag, utmattad, slut **3** [för]gången; förbi, över; *she is four months* ~ (*vard.*) hon är i femte månaden **4** *sl.*, *be* ~ *on s.b.* vara tänd på (förtjust i) ngn **goner** ['gɒnə] *sl.*, *he is* ~ han är dödens, det är ute med honom

gong [gɒŋ] **1** gonggong **2** *BE. mil. sl.* medalj

gonna ['gɒnə] *sl.* = *going to*

gonorrhoea [ˌgɒnə'rɪə] *med.* gonorré

goo [gu:] *vard.* **1** gegga, kladd **2** sentimentalitet

goober [pea] ['gu:bəpi:] jordnöt

good [gʊd] **I** *a* (*better, best*) **1** god, bra; [*that's*] ~*!* [det är] bra!; *very* ~ [*,sir*]! javisst [,herrn]!; ~ *enough!* det är bra!, det duger!; ~ *afternoon* god middag,, god dag, adjö; ~ *day* god dag, adjö; ~ *evening* god afton, god dag, adjö; ~ *fortune* tur, lycka; ~ *land* fruktbar mark; *have a* ~ *mind to* ha god lust att; ~ *morning* god morgon, god dag, adjö; ~ *music* god (bra, seriös) musik; ~ *nature* godmodighet; ~ *news* goda nyheter; ~ *night* god natt, god afton, adjö; *have the* ~ *sense to* ha den goda smaken att; *a* ~ *temper* ett gott humör; *the* ~ *things in life* det goda i livet; *and a* ~ *thing too* (*vard.*) och tur var [väl] det; *be* ~ *for s.b.* vara bra (hälsosam, nyttig) för ngn; *too* ~ *to be true* för bra för att vara sann; *that's a* ~ *one!* den var bra! **2** färsk (*inte skämd*), frisk, fräsch, fin **3** vänlig, snäll, god (*to* mot); lydig (*dog* hund); ~ *boy* (*girl*)! bra!, duktig pojke (flicka)!; *the G~ Shepherd* den gode herden; *be a* ~ *boy* vara en snäll pojke; *my* ~ *man* (*åld.*) min gode man; *that's very* ~ *of you* det var (är) mycket snällt av er; *would you be* ~ *enough to tell me* vill du vara snäll och säga mig **4** lämplig, passande (*for a job* för ett arbete); *a* ~ *time for* lämplig tidpunkt för **5** duktig, skicklig, bra (*at* i, på); ~ *at languages* duktig i språk **6** pålitlig, tillförlitlig, bra, aktad (*family* familj), säker, solid, fullgod; *a* ~ *make* ett pålitligt märke; *a* ~ *investment* en säker (bra) investering; ~ *securities* fullgoda säkerheter; *be* ~ *for £10,000* vara god för 10 000 pund **7** stilig, snygg (*figure* figur); fin (*complexion* hy); ~ *looks* fördelaktigt utseende **8** rolig, trevlig, bra; *have a* ~ *time* ha roligt, roa sig; *have a* ~ *time!* mycket nöje! **9** ordentlig, riktig, rejäl (*scolding* utskällning); ganska [stor, lång] (*way* väg); dryg (*hour* timme); *a* ~ *deal of* en hel del; *a* ~ *few people* inte så få (ganska många) människor; *a* ~ *while* en god stund; *a* ~ *5 km* dryga (drygt) 5 km; *have a* ~ *cry* gråta ut [ordentligt]; *take a* ~ *look at* titta noga på **II** *adv* **1** *as* ~ *as* så gott som (*finished* slut) **2** *vard.*, ~ *and proper* ordentligt, rejält; ~ *and strong* mycket starkt **3** *feel* ~ må bra, trivas; *come* ~ (*Austr. vard.*) lyckas, komma igen **III** *s* **1** gott (*and evil* och ont); det goda (*in the world* i världen); nytta, gagn; fördel; *do* ~ göra gott; *for the* ~ *of the workers* för arbetarnas bästa; *he is no* ~ han är ingen bra människa, han duger ingenting till; *I'm no* ~ *at that* jag är inte bra på det; *it is no* ~ *complaining* det är inte lönt (är ingen idé, tjänar ingenting till) att klaga; *what is the* ~ *of that?* vad tjänar det till?, vad ska det vara bra för?; *it would be some* ~ det skulle vara (komma) till nytta; *be up to no* ~ ha ont i sinnet, ha ngt rackartyg i görningen; *we were £10 to the* ~ vi hade 10 pund för mycket; *make* ~ *a*) gottgöra, ersätta, *b*) lyckas, ha framgång, *c*) fullfölja, hålla (*one's promise* sitt löfte), *d*) bevisa riktigheten av, *e*) försäkra sig om, hålla (*a position* en position) **2** goda [människor] **3** *for* ~ [*and all*] för gott (alltid)

good|bye **I** *s* [ˌgʊd'baɪ] adjö, farväl; avsked; *say* ~ säga adjö **II** *interj* [gʊ(d)'baɪ] adjö!, farväl! **--for-nothing** ['gʊdfəˌnʌθɪŋ] **I** *a* odugling, värdelös **II** *s* odugling, värdelös person **--humoured** [ˌgʊd'hju:məd] älskvärd, godmodig, gladlynt

good|ish [-ɪʃ] **1** ganska (rätt) bra (god) **2** avsevärd, rätt stor (lång) **--looking** [ˌgʊd'lʊkɪŋ] snygg, som ser bra ut **-ly** [-lɪ] *a* **1** ganska stor, ansenlig **2** vacker; fin **--natured** [ˌgʊd'neɪtʃəd] godmodig, vänlig **-ness** [-nɪs] **1** godhet, dygd **2** godhet, vänlighet **3** ~ *gracious* (*me*)*!*, [*my*] ~*!* du milde!, kors!, himmel!; ~ *knows!* det vete gudarna!; *for* ~*' sake* för guds skull; *thank* ~*!* gudskelov!, tack och lov!; *I wish to* ~ [*that*] jag önskar bara att **--o[h]** *interj, BE. vard.* jättebra!, instämmer!

goods [gʊdz] *pl* **1** gods, varor, artiklar; *BE.* fraktgods (*på järnväg*), frakt; *stolen* ~ stöldgods **2** lös egendom, lösöre, [personliga] tillhörigheter **3** *sl.*, *the* ~ äkta vara, den rätta grejen; *a piece of* ~ en brud, en tjej; *deliver the* ~ (*vard.*) klara av det, göra sitt; *have the* ~ *on s.b.* (*AE.*) ha bindande bevis mot ngn **goods train** ['gʊdztreɪn] godståg

good-tempered [ˌgud'tempəd] godmodig **goodtime** ['gʊdtaɪm] nöjeslysten **goodwife** ['gʊdwaɪf] *åld.* husmor **good will** [ˌgʊd'wɪl] **1** *hand.* goodwill, gott anseende; kundkrets **2** välvilja, god vilja

goody ['gʊdɪ] **I** *s, vanl. pl goodies* godsaker; *bildl.* godbitar **2** *vard.* hjälte (*i film e.d.*) **II** *interj* mums!, smaskens! **--goody** [-ˌgʊdɪ] **I** *s, vard.* gudsnådelig (skenhelig) person **II** *a* gudsnådelig, skenhelig

gooey ['gu:ɪ] *vard.* **1** klibbig, kladdig **2** sentimental, sliskig

goof [gu:f] *vard.* **I** *s* **1** tabbe, groda **2** dumbom, klantskalle **II** *v* **1** fuska bort, klanta till **2** ~ *about* (*around*) traska (larva) omkring **goofball** ['gu:fbɔ:l] *AE. sl.* sömntablett **goofy** ['gu:fɪ] **I** *a, vard.* dum **II** *s, G~* Jan Långben

gook [gu:k] *AE.* **1** *sl., neds.* guling, asiat **2** *vard.* kladd, lort

goon [gu:n] **1** dumbom **2** *AE. vard.* bandit, hejduk

goose [gu:s] **1** (*pl geese* [gi:s]) gås; *vard.* gås, dumbom; *cook one's* ~ (*vard.*) försitta sin chans, förstöra för sig **2** (*pl ~s*) pressjärn

gooseberry ['gʊzb(ə)rɪ] **1** krusbär **2** *BE. vard., play* ~ vara femte hjulet under vagnen

goose egg ['gu:seg] *AE. sl.* noll poäng, nolla **goose flesh** gåshud **goose|gog, -gob** *dial.* krusbär **goose step** *mil.* noggrann (preussisk) marsch, paradmarsch **goos[e]y** [-ɪ] **1** gås- **2** med gåshud **3** dum som en gås

G.O.P. *förk. för* (*AE.*) *Grand Old Party*

gopher ['gəʊfə] *zool.* **1** kindpåsråtta **2** jordekorre **3** landsköldpadda

gorblimey [ˌgɔ:'blaɪmɪ] *interj, vard.* kors då!, det var som tusan!

1 gore [gɔ:] **I** *s* **1** levrat blod **2** *vard.* slagsmål

2 gore [gɔ:] stånga [ihjäl]

3 gore [gɔ:] **I** *s* våd; kil **II** *v* sätta kil i

gorge [gɔ:dʒ] **I** *s* **1** hålväg, ravin **2** maginnehåll **3** *my ~ rises at it* (*bildl.*) det äcklar mig **4** hinder **5** *åld.* strupe, hals **II** *v* proppa full; ~ *o.s. on* (*with*) frossa på, proppa i sig (sig full med)

gorgeous ['gɔ:dʒəs] **1** praktfull, magnifik **2** *vard.* fantastisk, strålande, underbar, härlig

gorget ['gɔ:dʒɪt] **1** *hist.* halsharnesk **2** (*fågels*) färgteckning på halsen

Gorgon ['gɔ:gən] **1** *myt.* gorgon **2** *g~* (*vard. om kvinna*) skräcködla

gorilla [gə'rɪlə] gorilla

gormand|ize (*BE. äv -ise*) ['gɔ:məndaɪz] frossa **-izer** (*BE. äv. -iser*) [-ə] frossare

gormless ['gɔ:mlɪs] *BE. vard.* dum; trög

gorse [gɔ:s] *bot.* ärttörne

gory ['gɔ:rɪ] **1** blodig **2** blodtörstig

gosh [gɒʃ] *interj* kors!, jösses!

goshawk ['gɒshɔ:k] *zool.* duvhök

gosling ['gɒzlɪŋ] gässling, gåsunge

go-slow [ˌgəʊ'sləʊ] *BE.* maskning[saktion]

gospel ['gɒspl] **1** evangelium; *St. John's G~* Johannesevangeliet; *take s.th. as* (*for*) ~ tro blint på ngt **2** *mus.* gospel **gospel truth** dagsens sanning, rena rama sanningen

gossamer ['gɒsəmə] **1** tunn gasväv, flor **2** spindelväv, sommartråd

gossip ['gɒsɪp] **I** *s* **1** skvaller; [små]prat, tomt prat; *have a ~ with* ha en pratstund med **2** skvaller|bytta, -kärring **II** *v* skvallra, sladdra; [små]prata **gossip-monger** [-ˌmʌŋgə] skvaller|bytta, -kärring **gossipy** [-ɪ] skvallrig; pratig

gossoon [gɒ'su:n] *Irl.* [tjänste]pojke

got [gɒt] **1** *imperf. o. perf. part. av get* **2** *have* ~ ha [fått]; *have ~ to* vara tvungen att; *I've ~ to go* jag måste gå **3** *vard., have ~ it badly* vara blint förälskad

Goth [gɒθ] **1** got **2** rå (ohyfsad) person, barbar

Goth. *förk. för Gothic*

Gotham **1** ['gəʊtəm] Gotham (*i Nottinghamshire*) **2** ['gəʊθəm] *vard.* New York

Gothenburg ['gɒθ(ə)nbɜ:g] Göteborg

Gothic ['gɒθɪk] **I** *a* **1** gotisk (*äv. arkit., konst.*) **2** *åld.* rå, barbarisk **3** ~ *novel* gotisk roman, skräckroman **II** *s* **1** gotiska [språket] **2** gotik **3** *boktr.* (*gammal engelsk*) fraktur; *AE.* grotesk

gotta ['gɒtə] *sl.* = *got to* **gotten** ['gɒtn] *AE., perf. part. av get*

gouge [gaʊdʒ] **I** *s* **1** hål|järn, -mejsel **2** [mejslad] räffla **3** *AE. vard.* bedrägeri **II** *v* **1** urholka med håljärn **2** ~ [*out*] trycka ut, holka ur **3** *AE. vard.* lura, bedra

gourd [gʊəd] kalebass, flaskkurbits

gour|mand ['gʊəmənd] gourmand **-met** [-meɪ] gourmé, finsmakare

gout [gaut] **1** gikt **2** *åld.* [blod]droppe **-y** [-ɪ] giktbruten

Gov., gov. *förk. för government; governor*

govern ['gʌvn] **1** regera [över], styra, härska [över] **2** styra, leda, bestämma; reglera **3** *språkv.* styra **-able** [-əbl] som [lätt] kan behärskas (styras) **-ance** [-əns] ledning, makt, styrelse; behärskning **-ess** [-ɪs] guvernant **-ing** [-ɪŋ] *a* regerande, styrande, härskande; ledande (*principle* princip); ~ *body* styrelse, direktion; ~ *party* regeringsparti **-ment** [-mənt] **1** styrande, styrelse, ledning **2** regering, ministär; *the* ~ (*äv.*) staten, statsmakterna; *the British G~* brittiska regeringen; *form a* ~ bilda regering **3** styrelsesätt, statsskick, regeringsform **4** ~ *issue* (*i sth AE.*) av staten tillhandahållen, statlig; ~ *securities* (*stocks*) statsobligationer **-mental** [ˌgʌvn'mentl] regerings-, regeringens, stats-, statens

governor ['gʌvənə] **1** styresman, ledare, härskare **2** guvernör (*äv. i USA*), ståthållare **3** *BE.* chef, direktör (*för fängelse, bank*); styrelsemedlem; *the* [*board*] *of ~s* styrelsen, direktionen **4** *BE. vard., the ~ a*) farsgubben, *b*) chefen **5** *tekn.* regulator **governor general** [ˌgʌvənə'dʒen(ə)r(ə)l] (*pl governors general el. governor generals*) generalguvernör

Govt., govt. *förk. för government*

gown [gaʊn] **1** [elegant] klänning, dräkt; morgonrock **2** talar, ämbets-, domar|dräkt; studentkappa; *cap and* ~ akademisk dräkt

goy [gɔɪ] (*pl ~im el. ~s*) *sl.* icke-jude

G.P. *förk. för general practitioner; Gallup poll;* (*BE.*) *graduated pension; Grand Prix* **G.P.O.** *förk. för General Post Office* **gr.** *förk. för grade; grain; gram; gross*

grab [græb] **I** *v* **1** gripa [tag i]; rycka till sig, roffa åt sig; rycka undan **2** fånga uppmärksamheten hos **3** ~ *at* gripa [efter] (*the chance* chansen) **4** (*om broms*) hugga **II** *s* **1** grepp, hugg; *make a ~ at*

G

(*for*) gripa efter **2** grip|skopa, -klo **-ber** ['græbə] roffare **-ble** ['græbl] **1** treva (*for* efter) **2** krypa runt, kravla **-by** ['græbı] *vard.* girig

grace [greıs] **I** *s* **1** grace, behag[fullhet], charm, älskvärdhet, elegans; *airs and ~s* tillgjordhet; *social ~s* umgängesformer, sällskapliga former; *he had the ~ to* han hade vänligheten att **2** ynnest, välvilja, gunst, nåd; *be in a p.'s good ~s* vara väl anskriven (ligga väl till) hos ngn **3** anständighet[skänsla], takt; *with [a] bad ~* motvilligt; *with [a] good ~* [glatt och] villigt, gärna **4** *teol.* nåd, *God's ~* Guds nåd; *by the ~ of God* med Guds nåde; *in the year of ~ 1985* i nådens år 1985 **5** frist, anstånd; *a day's ~* en dags frist **6** bordsbön; *say ~* be bordsbön **7** *mus., ~s* (*pl*) prydnadsnoter, ornament **8** *His* (*Her, Your*) *G~* Hans (Hennes, Ers) nåd **9** *the G~s* (*myt.*) gracerna **II** *v* **1** smycka, pryda **2** hedra (*with one's presence* med sin närvaro) **graceful** ['greısf(ʊ)l] graciös, behagfull, charmerande, älskvärd, elegant **graceless** ['greıslıs] **1** oförskämd, hänsynslös **2** gudlös

grace note ['greısnəʊt] *mus.* prydnadsnot

gracious ['greıʃəs] **I** *a* **1** vänlig, älskvärd, förekommande; välvillig **2** behaglig, bekväm; *~ living* behagligt liv **3** barmhärtig, nådig **II** *interj, good ~!, ~ me!* du milde!, himmel!, gode Gud!

grad [græd] *vard. = graduate II*

gra|date [grə'deıt] gradera **-dation** [-'deıʃn] **1** gradering; skala **2** *~s* (*pl*) grader, nyanser, [mellan]stadier, omärkliga övergångar **3** *språkv.* avljud

grade [greıd] **I** *s* **1** grad; nivå; stadium; rang; lönegrad; *at ~* i (på samma) nivå; *make the ~* lyckas, slå igenom **2** sort, kvalitet, klass, storlek **3** betyg **4** *AE.* [skol]klass **5** *i sht AE.* (*vägs*) lutning, stigning **6** korsad [kreaturs]ras **II** *v* **1** gradera; sortera; klassificera **2** betygsätta, sätta betyg på **3** plana, planera (*mark*)

grade crossing ['greıd,krɒsıŋ] *AE.* plankorsning **grader** [-ə] väg|skrapa, -hyvel **grade school** [-sku:l] *AE.* grund-, folk|skola

gradient ['greıdjənt] (*vägs*) stigning, lutning; stignings-, lutnings|grad

gradual ['grædʒʊəl] **I** *a* gradvis, stegvis; långsam, svag (*slope* sluttning) **II** *s* gradualpsalm **-ly** [-ı] gradvis, stegvis, successivt; långsamt; så småningom

gradu|ate I *v* ['grædjʊeıt] **1** avlägga (ta) akademisk examen (*from* vid); *AE. äv.* ta examen, gå ur skolan **2** *AE.* ge akademisk examen **3** gradera; indela i grader **4** sortera **5** så småningom övergå (*to* till) **II** *s* ['grædʒʊət] akademiker, person med akademisk examen; *AE. äv.* elev som gått ut skolan **III** *a* ['grædʒʊət] akademisk, med akademisk examen; *~ profession* yrke som kräver akademisk examen; *~ student* forskarstudent; *~ unemployment* arbetslöshet bland akademiker **-ation** [,grædjʊ'eıʃn] **1** avläggande av akademisk examen; promovering, promotion; *AE. äv.* avgång (*från skola*), skolavslutning **2** gradering; gradindelning

graffi|to [grə'fi:təʊ] (*pl -ti* [-tı]) **1** *konst.* graffito, vägginskrift **2** *-ti* (*pl*) graffiti, [vägg]klotter

1 graft [grɑ:ft] **I** *s* **1** ymp[kvist] **2** *med.* transplantationsvävnad, transplantat **3** ympning **4** *med.* transplantation **II** *v* **1** [in]ympa **2** *med.* transplantera

2 graft [grɑ:ft] **I** *s* **1** *vard., hard ~* knog, kneg **2** *i sht AE.* mygel; mutor, mutpengar **II** *v* **1** *vard.* knega **2** *i sht AE.* mygla

graham ['gre(ı)əm] graham[s]-; *~ flour* grahamsmjöl

Grail [greıl] *the Holy ~* den heliga gra[a]l

grain [greın] **I** *s* **1** [sädes]korn, frö; *a ~ of wheat* ett vetekorn **2** säd, spannmål **3** korn; *bildl.* uns, gnutta, korn, spår; *a ~ of sand* ett sandkorn; *a ~ of truth* ett uns (en gnutta) sanning; *sand of fine ~* fin[kornig] sand; *that's a ~ of comfort* det är åtminstone en smula tröst; *with a ~ of salt* (*bildl.*) med en nypa salt **4** fiber; (*i trä, marmor*) ådring, ådrighet, mönstring; (*läders*) narv[sida]; (*tygs*) trådriktning; *foto., miner.* kornighet; *against the ~* mot fibrernas längdriktning; *it goes against the ~ with me* det strider mot min natur **5** (*vikt*) gran (*= 0,068 g*) **II** *v* **1** göra kornig, granulera, kristallisera **2** marmorera, ådra **-ing** ['greınıŋ] marmorering, ådring **-y** ['greını] **1** kornig **2** ådrad, marmorerad

1 gram [græm] gram

2 gram [græm] *bot.* mungböna

graminaceous [,græmı'neıʃəs], **gramineous** [grə'mınıəs] gräs-, gräsartad

grammar ['græmə] grammatik, språklära (*äv. bok*); språkriktighet; *it is bad ~* det är grammatikaliskt fel (ogrammatikaliskt) **grammarian** [grə'meərıən] grammatiker **grammar school** ['græməsku:l] *BE.* sekundärskola med teoretiska linjer; *AE.* grundskola (*klass 1-6 el. 1-8*) **grammatical** [grə'mætıkl] grammatisk; grammatikalisk

gramme [græm] gram

gramophone ['græməfəʊn] grammofon **gramophone record** [-,rekəd] grammofonskiva

grampus ['græmpəs] *zool.* späckhuggare

granary ['grænərı] kornbod (*äv. bildl.*), spannmålsmagasin

grand [grænd] **I** *a* **1** stor; stor|slagen, -artad, pampig, ståtlig, imponerande; fin, förnäm, distingerad (*old lady* gammal dam); *~ ideas* storslagna idéer; *~ old man* grand old man, nestor; *~ opera* opera (*utan talpartier*); *the G~ Old Party* (*AE.*) republikanska partiet; *~ piano* flygel; *live in ~ style* leva storstilat (flott) **2** *vard.* utmärkt, fantastisk, härlig **3** fullständig, omfattande, total; *~ result* slutresultat; *~ total* totalsumma **4** stor, störst, huvud-; stor-; *the ~ arena* huvudarenan; *~ duchess* stor|hertiginna, -furstinna; *~ duchy* storhertigdöme; *~ duke* stor|hertig, -furste; *G~ Master* stormästare (*i orden*); *the G~ National* Grand National (*årlig steeplechase i Liverpool*); *~ staircase* huvudtrappa; *~ tour a)* (*förr*) rundresa (*som avslutning på eng. adelsmans uppfostran*), *b) vard.* rundtur **II** *s* **1** flygel **2** (*pl ~*) *AE. sl.* tusen pund (dollar)

grand|aunt ['grændɑ:nt] fars (mors) faster (moster) **-child** ['græntʃaıld] barnbarn **-dad[dy]** ['grændæd(ı)] *vard.* far- mor|far **-daughter** ['græn,dɔ:tə] son-, dotter|dotter

grandee [græn'di:] **1** grand (*spansk adelsman*) **2** storman, storhet

grandeur ['græn(d)ʒə] **1** storhet, värdighet, förnämhet **2** prakt, ståt **3** bombasm, svulstighet

grandfather ['græn(d)ˌfɑːðə] far-, mor|far **grandfather clock** golvur
grandilo|quence [græn'dɪləkwəns] högtravande språk, svulstighet **-quent** [-kwənt] högtravande, svulstig
grandiose ['grændɪəʊs] grandios, storslagen
grand|ma ['grænmɑː], **-mam[m]a** ['grænməˌmɑː] *vard.* far-, mor|mor **-master** [-(d)ˌmɑːstə] *schack.* stormästare **-mother** ['grænˌmʌðə] far-, mor|mor **-nephew** ['grænˌnevjuː] brors (systers) sonson (dotterson) **-niece** ['grænniːs] brors (systers) sondotter (dotterdotter) **-pa** ['grænpɑː], **-papa** ['grænpəˌpɑː] *vard.* far-, morfar **-parent** ['grænˌpeər(ə)nt] far-, mor|far, far-, mor|mor; *~s* (*pl*) far-, mor|-föräldrar
Grand Prix [grɑːn'priː] Grand Prix
grandson ['grænsʌn] son-, dotter|son **-stand** ['græn(d)stænd] **I** *s* **1** huvud-, åskådar|läktare (*vid fotbollsmatch e.d.*) **2** publik på huvudläktare (åskådarläktare) **II** *a*, *~ finish* spurt på upploppet; *~ tickets* biljetter till huvudläktaren; *have a ~ view of* ha en utmärkt utsikt över **-uncle** ['grændˌʌŋkl] fars (mors) farbror (morbror)
grange [greɪn(d)ʒ] **1** *i sht BE.* lantgård **2** *åld.* lada
granite ['grænɪt] granit
granny ['grænɪ] *vard.* far-, mor|mor **granny['s] knot** käringknut
grant [grɑːnt] **I** *v* **1** bevilja, tillmötesgå, uppfylla (*a wish* en önskan) **2** bevilja, ge (*an interview* en intervju); anslå (*means towards* medel till); skänka; *jur.* överlåta; *God ~ that* Gud give att **3** medge; *~ed* (*~ing*) *that* förutsatt att, låt oss anta att; *it must be ~ed that* man måste medge att; *take s.th. for ~ed* ta ngt för givet, förutsätta ngt **II** *s* **1** anslag, beviljande (*towards* till); stipendium; *jur.* överlåtelse **2** beviljande, anslående **-ee** [grɑːn'tiː] *jur.* person som beviljats anslag **-or** [grɑːn'tɔː] *jur.* överlåtare
granular ['grænjʊlə] kornig, grynig **granulate** [-jʊleɪt] göra kornig, korna, granulera; *~d sugar* strösocker **granule** [-juːl] litet korn
grape [greɪp] **1** [vin]druva; vin[ranka]; *the ~* (*sl.*) vin; *bunch of ~s* druvklase; *sour ~s* (*ung.*) surt, sa räven [om rönnbären]
grapefruit ['greɪpfruːt] grapefrukt **grape hyacinth** [-ˌhaɪəs(ɪ)nθ] pärlhyacint **grapeshot** [-ʃɒt] kartesch **grape sugar** [-ˌʃʊgə] druvsocker **grapevine** [-vaɪn] **1** vinranka **2** *vard.*, *the ~* djungeltelegrafen
graph [græf] **1** graf[isk framställning], diagram; *mat.* graf, kurva
graph|ic ['græfɪk] **1** åskådlig, levande, målande (*account* redogörelse) **2** grafisk, skriv-, skrift- (*symbols* symboler); *~ arts* grafik, grafisk konst **3** grafisk, i diagram[form], diagram- (*representation* framställning) **-ics** [-s] **1** (*behandlas som sg*) grafisk framställning, teckning **2** *pl* grafik, grafisk konst
graphite ['græfaɪt] grafit; blyerts
graph|ologist [græ'fɒlədʒɪst] grafolog **-ology** [græ'fɒlədʒɪ] grafologi
graph paper ['grɑːfˌpeɪpə] millimeterpapper
grapnel ['græpnl] litet ankare; dragg
grapple ['græpl] **I** *s* **1** hake, krok **2** livtag; brottning **II** *v* **1** brottas; råka i handgemäng **2** *~ with* (*bildl.*) brottas med, gripa sig an (ge sig i kast, ta itu) med **3** haka sig fast **grappling hook (iron)** hake, krok; *sjö.* änterhake
grasp [grɑːsp] **I** *v* **1** gripa, fatta tag i; *~ the nettle* ta tjuren vid hornen **2** fatta, begripa **3** *~ at* gripa efter **II** *s* **1** grepp, [fast] tag; räckhåll; *within her ~* inom räckhåll för henne **2** (*ngns*) våld, klor; [herra]välde **3** förståelse; *it's beyond his ~* det övergår hans fattningsförmåga; *have a good ~ of s.th.* behärska (ha grepp om) ngt **-ing** ['grɑːspɪŋ] **1** gripande, grip- **2** girig, sniken
grass [grɑːs] **I** *s* **1** gräs; *let the ~ grow under one's feet* låta gräset gro under sina fötter **2** gräsmatta; bete[smark]; *keep off the ~!* beträd ej gräsmattan!; *put out to ~ a*) släppa ut på [grön]bete, *b*) låta (*kapplöpningshäst*) sluta tävla, *c*) *vard.* pensionera **3** *sl.* gräs, marijuana **4** *BE. sl.* tjallare **II** *v* **1** täcka[s] med gräs **2** utfodra med gräs **3** beta **4** hala i land (*fisk*) **5** *sport.*, *i sht AE.* slå omkull **6** *sl.*, *~ [on]* tjalla på
grass box ['grɑːsbɒks] gräsuppsamlare (*t. gräsklippare*) **grasshopper** [-ˌhɒpə] gräshoppa **grassland** [-lænd] grässlätt, gräsmark **grass roots** [ˌgrɑːs'ruːts] *pl* **1** *the ~* (*bildl.*) gräsrötterna, vanligt folk **2** *the ~* grunden, basen **grassroots** ['grɑːsruːts] gräsrots-; *at ~ level* på gräsrotsnivå **grass snake** ['grɑːssneɪk] *zool.* snok **grass widow** [ˌgrɑːs'wɪdəʊ] **1** gräsänka **2** frånskild kvinna **grass widower** [ˌgrɑːs'wɪdəʊə] **1** gräsänkling **2** frånskild man **grassy** ['grɑːsɪ] gräs-; gräsbevuxen
1 grate [greɪt] **I** *v* **1** riva (*carrots* morötter) **2** raspa (skrapa) mot; gnissla med **3** raspa, skrapa, gnissla, skorra **4** *~ [up]on* irritera, reta **II** *s* gnissel, skrapande
2 grate [greɪt] **I** *s* spisgaller, rost; galler **II** *v* förse med galler, sätta galler i
grateful ['greɪtf(ʊ)l] **1** tacksam (*to s.b. for s.th.* mot ngn för ngt) **2** angenäm, välgörande (*rest* vila)
grater ['greɪtə] rivjärn
grati|fication [ˌgrætɪfɪ'keɪʃn] **1** tillfredsställande **2** tillfredsställelse **-fy** ['grætɪfaɪ] tillfredsställa (*a whim* en nyck) **-fying** ['grætɪfaɪɪŋ] tillfredsställande, angenäm
1 grating ['greɪtɪŋ] galler[verk]
2 grating ['greɪtɪŋ] *a* raspande, skrapande, gnisslande, skorrande
gratis ['greɪtɪs] gratis
gratitude ['grætɪtjuːd] tacksamhet (*to s.b. for s.th.* mot ngn för ngt)
gratu|itous [grə'tjuːɪtəs] **1** kostnads-, avgifts|fri, gratis **2** ogrundad, omotiverad; oberättigad; opåkallad, onödig **-ity** [-ətɪ] **1** dricks[pengar] **2** gåva **3** gratifikation
1 grave [greɪv] grav; *have one foot in the ~* stå med ett ben i graven
2 grave I *a* [greɪv] **1** allvarsam; allvarlig; viktig **2** (*om färg*) mörk, dyster **3** [grɑːv] *språkv.* grav (*accent* accent) **II** [grɑːv] *s*, *språkv.* grav accent
3 grave [greɪv] (*imperf. ~d*, *perf. part. ~d el. ~n*) *åld.* snida; gravera
grave clothes ['greɪvkləʊðz] *pl* svepning **grave digger** [-ˌdɪgə] dödgrävare
gravel ['grævl] **I** *s* **1** grus, grov sand **2** *med.* grus

G

II *v* **1** grusa, sanda **2** förvirra **3** *AE. vard.* irritera, störa
gravel|-blind ['grævlblaınd] *litt.* nästan helt blind **-ly** ['grævļı] *a* **1** grusig, sandig; grus- **2** (*om röst*) skrovlig **--pit** grus|tag, -grop
grave-mound ['greıvmaʊnd] grav|hög, -kulle
grav|en ['greıvn] *a, åld.* snidad; ~ *image* (*bibl.*) avgudabild **-er** [-ə] gravstickel
grave|-stone ['greıvstəʊn] gravsten **-yard** kyrkogård; begravningsplats
gravid ['grævıd] gravid
graving dock ['greıvıŋdɒk] torrdocka
gravi|tate ['grævıteıt] **1** *fys.* gravitera, dras (röra sig) mot en medelpunkt **2** *bildl.*, ~ *to*[*wards*] dras mot (till) **-tation** [,grævı'teıʃn] **1** *fys.* gravitation, tyngdkraft **2** *bildl.* dragning (*to*[*wards*] mot, till)
gravity ['grævətı] **1** tyngdkraft, gravitation; *the law of* ~ gravitations-, tyngd|lagen **2** tyngd; *centre of* ~ tyngdpunkt; *force of* ~ tyngdkraft; *specific* ~ densitet **3** allvar[lighet]; värdighet; högtidlighet **4** allvar, betydelse, vikt
gravy ['greıvı] **1** köttsaft, sky; [kött]sås **2** *sl., i sht AE.* lättförtjänta pengar **gravy boat** sås|skål, -snipa **gravy train** *sl., i sht AE., get on the* ~ ha ett lätt jobb med bra betalt
gray [greı] *AE.* = *grey* **-ling** [-lıŋ] *zool.* **1** harr **2** gräsfjäril
1 graze [greız] **1** beta, gå på bete **2** driva på bete, låta beta, valla
2 graze [greız] **I** *v* **1** ~ [*against*] *a*) snudda vid, *b*) skrapa mot **2** skrubba, skrapa (*one's elbow* armbågen) **II** *s* **1** snuddande, skrapande **2** skrubbsår
grazier ['greızjə] boskapsuppfödare, fårfarmare
grease I *s* [gri:s] **1** [djur]fett, ister, talg **2** smörj|-fett, -medel **II** *v* [gri:z] smörja [med fett]; rundsmörja; ~ *a p.'s palm* (*hand*) (*sl.*) smörja (muta) ngn; *like ~d lightning* som en oljad blixt
grease cup ['gri:skʌp] smörjkopp **grease gun** fett-, smörj|spruta **grease monkey** *vard.* bil-, flyg|mekaniker **greasepaint** ['gri:speınt] [teater]smink **greaseproof** *a,* ~ *paper* smör[gås]-papper
greaser ['gri:zə] *BE. sl.* **1** bilmekaniker **2** långhårig skinnknutte **3** äckelpotta **greasy** [-ı] **1** fet; oljig; hal **2** flottig; smutsig **3** *bildl.* salvelsefull, oljig
great [greıt] **I** *a* **1** stor; *G~ Britain* Storbritannien; *the G~ Lakes* Stora sjöarna; *G~er London* Storlondon; *a ~ assembly* en stor församling; *a ~ big house* (*vard.*) ett jättehus, ett stort fint hus **2** stor; framstående, betydande (*writer* författare); mäktig, imponerande, betydelsefull; skicklig (*carpenter* snickare); *Alexander the G~* Alexander den store; *live to a ~ age* nå en hög ålder; *a ~ decision* ett viktigt beslut; *a ~ deed* en ädel (storsint) handling; *the ~ majority* det stora flertalet; *a ~ many, a ~ number* [*of*] ett stort antal, [väldigt] många; ~ *minds* stora andar; *the G~ Powers* stormakterna; *the ~ thing is* det viktigaste är; *the G~ War* första världskriget; ~ *worry* stor oro **3** stor; ivrig, flitig (*collector of stamps* frimärkssamlare); ~ *friends* mycket goda vänner; *be a ~ walker* promenera mycket **4** (*om tid*) lång (*while* stund) **5** *vard.* underbar, fantastisk, utmärkt, storartad, härlig; [*that's*] *~!* fint!, jättebra!; *G~ Scot!* du store tid!; *a dirty ~ smack on the face* (*BE.*) ett jättehårt slag i ansiktet; *it would be ~ if* det vore väldigt bra om; *be ~ at singing* (*football*) vara en fantastisk sångare (fotbollsspelare); *be ~ on a*) vara hemma på, *b*) intressera sig för; *he's a ~ one for criticizing* han är bra på att kritisera **6** *åld.*, ~ *with child* gravid; ~ *with hope* hoppfull **II** *adv, AE. vard.* mycket bra, utmärkt **III** *s, the* ~ de stora, de mäktiga, stjärnorna
great|aunt [,greıt'ɑ:nt] = *grandaunt* **-coat** ['greıtkəʊt] (*militärs*) rock; överrock
great-grand|child [,greıt'græntʃaıld] barnbarnsbarn **-daughter** [-,dɔ:tə] sons (dotters) sondotter (dotterdotter) **-father** [-(d),fɑ:ðə] farfars (morfars, farmors, mormors) far, gammel|-farfar, -morfar **-mother** [-,mʌðə] farfars (morfars, farmors, mormors) mor, gammel|farmor, -mormor **-son** [-sʌn] sons (dotters) sonson (dotterson)
great|-hearted [,greıt'hɑ:tıd] varmhjärtad; storsint **-ly** ['greıtlı] *adv* mycket, i hög grad **-ness** ['greıtnıs] **1** storlek **2** storhet, höghet **-uncle** [,greıt'ʌŋkl] = *granduncle*
greaves [gri:vz] *hist.* benskenor
grebe [gri:b] *zool.* dopping; *great crested* ~ skäggdopping
Grecian ['gri:ʃn] (*i sht om stil, arkitektur o.d.*) grekisk
Greece [gri:s] Grekland
greed [gri:d] begär, lystnad (*for* efter); glupskhet
greedy ['gri:dı] **1** lysten; girig **2** glupsk
Greek [gri:k] **I** *s* **1** grek; grekiska, grekinna **2** grekiska [språket]; *it's* [*all*] ~ *to me* (*vard.*) det är rena grekiskan för mig **II** *a* grekisk
green [gri:n] **I** *a* **1** grön; grönskande; ~ *belt* grönområden (*kring stad*); *have ~ fingers* (*AE. a ~ thumb*) ha gröna fingrar, ha hand[lag] med växter; ~ *light* grönt [trafik]ljus; *give s.b. the ~ light* ge ngn klarsignal; ~ *pepper* grönpeppar; ~ *pound* "grönt pund"(*beräkningsenhet för Storbritanniens betalningstransaktioner med EG:s jordbruksfond*); *turn ~ a*) *litt.* bli grön, *b*) bli grön [i ansiktet], bli illamående, *c*) bli grön av avund **2** grön, omogen (*äv. bildl.*); *bildl. äv.* oerfaren; färsk (*ej rimmad el. rökt*); (*om timmer*) nyavverkad **3** färsk (*memory* minne); spänstig, ungdomlig; *a ~ old age* en andra ungdom **II** *s* **1** grönt; grön färg **2** grön äng, gräs|plan, -matta, -bana; *golf.* green; *village* ~ byallmänning **3** *~s* (*pl*) grönsaker, grönt **4** *sl.* stålar **5** *sl.* gräs, marijuana **6** *sl.* ligg, knull **7** *do you see any ~ in my eye?* tror du verkligen att jag är så enfaldig? **III** *v* göra (bli) grön
green|back ['gri:nbæk] *AE. sl.* dollarsedel **-ery** [-ərı] grönska; grönt (*t. dekoration*) **--eyed 1** grönögd; *the ~ monster* svartsjukan, avundsjukan **2** svartsjuk, avundsjuk **-finch** *zool.* grönfink **-fly** *zool.* bladlus **-gage** [-geıdʒ] *bot.* renklo, reine claude **-grocer** [-,grəʊsə] *i sht BE.* frukt- och grönsakshandlare **-grocery** [-,grəʊs(ə)rı] *i sht BE.* **1** frukt- och grönsakshandel **2** frukt och grönsaker **-horn** ['gri:nhɔ:n] *vard.* **1** gröngöling **2** nykomling; invandrare **-house** ['gri:nhaʊs] växthus **-ish** [,gri:nıʃ] grönaktig
Greenland ['gri:nlənd] Grönland **-er** [-ə] grönländare
green|ness ['gri:nnıs] **1** grön färg **2** grönska **3**

oerfarenhet; omogenhet **-room** [-rʊm] (*förr*) artistfoajé **-stuff** grönsaker; grönfoder **-sward** [-swɔ:d] *åld. el. litt.* gräsmatta
Greenwich ['grɪnɪdʒ] Greenwich; ~ [*Mean*] *Time* Greenwichtid
greenwood ['gri:nwʊd] grön skog; skogsbygd
greet [gri:t] **1** hälsa; *be ~ed with cheers* hälsas med hurrarop **2** välkomna, hälsa välkommen **3** möta; *a lovely smell ~ed us* en härlig doft mötte oss; *be ~ed by silence* mötas (hälsas) av tystnad **greeting** ['gri:tɪŋ] **1** hälsning; *birday ~s* födelsedagshälsningar **2** välkomnande **greetings card** hälsningskort
gregarious [grɪ'geərɪəs] **1** flock-, som lever i flock **2** sällskaplig
Gregorian [grɪ'gɔ:rɪən] *a, the ~ calendar* [den] gregorianska kalendern
gremlin ['gremlɪn] smådjävul (*som vållade fel i flygplan under andra världskriget*); bråkmakare
grenade [grɪ'neɪd] [hand]granat
grenadier [ˌgrenə'dɪə] grenadjär
grew [gru:] *imperf. av grow*
grey [greɪ] **I** *a* grå; (*om tyg äv.*) naturfärgad, oblekt; ~ *area a*) grå zon, *b*) område med ganska hög arbetslöshet; ~ *eminence* grå eminens; *G~ Friar* gråbrödra-, franciskaner|munk; ~ *matter a*) grå hjärnsubstans, *b*) *vard.* grå celler, intelligens **II** *s* **1** grått; grå färg; grå nyans **2** grålle, grå häst **III** *v* göra (bli) grå, gråna
grey|back ['greɪbæk] *zool.* **1** gråkråka **2** gråval **-beard 1** gammal [vis] man **2** krus (*för spritdrycker format som skäggigt ansikte*) **-hen** *zool.* orrhöna **-hound** vinthund; *G~* Greyhoundbuss (*långfärdsbuss i USA*); ~ *racing* hundkapplöpning **-ish** [-ɪʃ] gråaktig **-lag [goose]** *zool.* grågås
grid [grɪd] **1** *se gridiron* **2** rut|nät, -system (*på karta e.d.*); nät **3** *the ~* ledningsnätet (*för el, gas, vatten e.d.*) **4** [*control*] ~ (*elektron.*) galler, gitter **5** [*starting*] ~ (*i motorsport*) startplats
griddle ['grɪdl] **1** *BE.* pannkakslagg, [scones]järn **2** [spis]häll **-cake** (*slags*) pannkaka
gridiron ['grɪdˌaɪən] **1** grill; rost; halster **2** *teat.* kulissmekanism (*ovanför scen*) **3** fotbollsplan (*i amer. fotboll*)
grief [gri:f] sorg; bedrövelse; *bring to ~* leda i olycka; *come to ~* (*vard.*) *a*) misslyckas, *b*) sluta illa, *c*) råka ut för en olycka; *good ~!* (*vard.*) kära nån!, du store tid!
grievance ['gri:vns] anledning till missnöje; klagomål; *have a ~ against s.b.* ha anledning att klaga på ngn **grieve** [gri:v] **1** sörja, känna sorg (*at, about, for , over* över) **2** bedröva; vålla sorg; *it ~s me to see that* det gör mig ont (smärtar mig) att se att **grievous** [-əs] svår, allvarlig (*injury* skada); skadlig; smärtsam, plågsam; smärtfylld
griffin ['grɪfɪn] *myt., her.* grip
griffon ['grɪfn] **1** *myt., her.* grip **2** gåsgam **3** (*slags*) terrier
grift [grɪft] *AE. sl.* **1** oärligt förtjänade pengar **2** skoj, bedrägeri
grig [grɪg] *dial.* **1** ålunge **2** livlig person
grill [grɪl] **I** *s* **1** halster, grill **2** grillad mat (rätt) **3** grill[rum, -restaurang] **II** *v* **1** halstra, grilla; *be ~ed by the sun* bli stekt av solen **2** *vard.* ansätta [i förhör], halstra, grilla **grill[e]** [grɪl] **1** galler; gallergrind; skyddsgaller **2** [kylar]grill **grill-room** ['grɪlrʊm] grill[rum, -restaurang] **grim** [grɪm] **1** sträng, hård, beslutsam **2** grym, ohygglig (*accident* olycka); *hold on like ~ death* hålla ut in i det sista, inte vika en tum **3** *åld. el. poet.* vildsint (*warrior* krigare) **4** *vard.* otrevlig, obehaglig, hemsk
grimace [grɪ'meɪs] **I** *s* grimas **II** *v* grimasera
grime [graɪm] **I** *s* sot, [ingrodd] smuts, lort **II** *v* sota (smutsa, lorta) ner **grimy** ['graɪmɪ] sotig, smutsig, lortig
grin [grɪn] **I** *v* grina, flina; visa tänderna; ~ *and bear it* (*vard.*) hålla god min i elakt spel **II** *s* grin, flin, hånleende
grind [graɪnd] **I** *v* (*ground, ground*) **1** mala; ~ *corn into flour* mala säd till mjöl; ~ *pepper* (*äv.*) krossa (stöta) peppar (*i mortel*); ~ *one's heel into the ground* borra ner klacken i marken; ~ *s.th. into s.b.* inpränta ngt i ngn; ~ *s.th. to a powder* finmala ngt **2** slipa (*a knife* en kniv; *a gem* en ädelsten); vässa; *ground glass* mattslipat glas **3** skrapa (gnissla, knarra) [med]; ~ *one's teeth* gnissla tänder; ~ *out* väsa fram **4** ~ [*down*] trycka ner, förtrycka, tyrannisera; ~ *the faces of the poor* utarma de fattiga **5** veva [på] (*a barrel organ* ett positiv); ~ *on* fortskrida; ~ *out a*) veva fram (*old tunes* gamla melodier), *b*) klämma fram (*an article* en artikel) **6** *vard.* plugga (*English* engelska); träla med **7** mala; gå att mala; slipas; ~ *away* mala 'på, mala i ett; *will not ~* går ej att mala **8** skrapa, skava, gnissla (*against, on* mot); *the boat was grinding on the rocks* båten låg och skavde mot klipporna **9** *vard.*, ~ *away at Latin* plugga latin **10** *i sht AE:* rotera med höfterna (*vid dans*) **II** *s* **1** malning; *coarse ~* grovmalning **2** skrap[ande] **3** *vard.* slit[göra], släp, knog; plugg; *the daily ~* det dagliga slitet **4** *sl.* plugghäst **5** *BE. sl.* knull, ligg **6** *i sht AE.* roterande med höfterna (*vid dans*)
grind|er ['graɪndə] **1** [skär]slipare; malare **2** kvarn; slipmaskin **3** oxel-, kind|tand **-stone** ['graɪn(d)stəʊn] slipsten; *keep* (*have*) *one's nose to the ~* ligga i, jobba hårt
gringo ['grɪŋgəʊ] (*pl ~s*) gringo (*öknamn på engelsktalande pers. i Sydamerika*)
grip [grɪp] **I** *s* **1** grepp, tag, fattning (*of* om); handtryckning; *come* (*get*) *to ~s with a*) ta itu med, ge sig i kast med, *b*) ge sig på, gå till angrepp mot; *get* (*have*) *a ~ on* få (ha) grepp om (på); *get a ~ on o.s.* (*vard.*) ta sig samman, skärpa sig; *have s.b. in one's ~* ha ngn i sitt grepp (sin hand); *lose one's ~* förlora greppet **2** handtag, grepp **3** resbag **4** hårklämma **5** knip, stick (*av smärta*) **II** *v* **1** gripa [om], fatta tag i **2** *bildl.* fånga, fängsla **3** gripa (*at* efter) **4** gripa, få grepp
gripe [graɪp] **I** *v* **1** få (orsaka) knip **2** *vard.* gnata, gnälla **II** *s* **1** *~s* (*pl*) magknip, kolik **2** *vard.* gnat, gnäll
grippe [grɪp] *åld.* influensa
grip|ping ['grɪpɪŋ] *a* gripande, fängslande **-sack** *AE.* [res]bag
grisly ['grɪzlɪ] gräslig, hemsk
grist [grɪst] **1** mäld; mald säd; *it's all ~ to* (*for*) *the* (*one's*) *mill* allt går att (kan man) använda
gristle ['grɪsl] brosk (*i sht i kött*)
grit [grɪt] **I** *s* **1** sandkorn; sand, grus; slipkorn **2**

G

grovkornig sandsten **3** ~*s* (*pl*) gryn; *AE.* majsgryn **4** okuvligt mod, kurage, gott gry **II** *v* **1** gnissla med; ~ *one's teeth* skära (gnissla) tänder **2** grusa, sanda **-ty** ['grɪtɪ] **1** grynig; grusig, sandig **2** modig, djärv, resolut

1 grizzle ['grɪzl] *vard., i sht BE.* (*mest om barn*) gnälla, grina, pipa

2 griz|zle ['grɪzl] gråna, bli grå **-zled** [-zld] grå, gråhårig **-zly** [-zlɪ] **I** *a* grå[aktig]; gråhårig; ~ *bear* grissly-, grå|björn **II** *s* grissly-, grå|björn

gro. *förk. för gross*

groan [grəʊn] **I** *v* stöna, jämra sig (*with pain* av smärta); *vard.* klaga, knota, knorra; *the table ~ed under* (*beneath*) *the weight* bordet knakade (dignade) under tyngden; *they ~ed at his puns* de stönade över hans vitsar **II** *s* **1** stönande, jämmer; knakande **2** *vard.* [ständig] klagan, knot

groat [grəʊt] **1** *hist., eng. silvermynt = 4 pence* **2** ~*s* (*pl*) [krossade] gryn, gröpe

grocer ['grəʊsə] livsmedels- matvaru-, speceri|handlare; *at the ~'s* i livsmedelsbutiken **gro-cer|y** ['grəʊs(ə)rɪ] **1** livsmedels-, matvaru-, speceri|butik **2** *-ies* (*pl*) livsmedel, matvaror, specerier

grog [grɒg] [rom]toddy

groggy ['grɒgɪ] *vard.* **1** ostadig på benen, vacklande **2** svag, yr, omtöcknad

groin [grɔɪn] **1** ljumske; *vard.* skrev, testiklar **2** *arkit.* kryssvalv

groom [gru:m] **I** *s* **1** stalldräng, hästskötare **2** brudgum **II** *v* **1** sköta, vårda; rykta; göra fin (snygg); *badly ~ed* ovårdad, vansköt **2** förbereda, träna, trimma (*s.b. for a job* ngn till ett jobb) **groomsman** ['gru:mzmən] (*brudgums*) marskalk

groove [gru:v] **1** *s* **1** skåra, räffla, ränna; fåra; spår (*i grammofonskiva e.d.*); *in the ~ a*) *mus.* så det svänger, *b*) *AE.* inne, toppmodern **2** slentrian, gamla hjulspår **II** *v* **1** räffla, göra fåror (skåror) i **2** *sl.* vara i toppform **3** *mus.* spela så det svänger **groovy** ['gru:vɪ] *sl.* toppen, mysig, helskön

grope [grəʊp] treva, famla, leta, söka (*for, after* efter)

gross [grəʊs] **I** *a* **1** [över]fet, mycket tjock **2** brutto-, total-; ~ *national product* bruttonationalprodukt; ~ *profit* bruttoförtjänst; ~ *ton* brutto[register]ton; ~ *weight* brutto-, total|vikt **3** vulgär, tarvlig **4** grov, uppenbar (*inefficiency* ineffektivitet); skriande, flagrant; omdömeslös, urskillningslös **5** tät, frodig (*vegetation* vegetation) **II** *s* (*pl lika*) gross (*144 st.*) **III** *v* tjäna brutto **-ly** ['grəʊslɪ] *adv* **1** vulgärt, tarvligt, grovt; *eat ~* äta som en gris **2** enormt, oerhört, förskräckligt **-ness** ['grəʊsnɪs] **1** tarvlighet, grovhet **2** fetma **3** *the ~ of* det oerhörda (enorma) i

grotesque [grə(ʊ)'tesk] **I** *a* grotesk (*äv. konst.*), förvriden; befängd **II** *s, konst. o. boktr.* grotesk

grotto ['grɒtəʊ] grotta

grotty ['grɒtɪ] *BE. sl.* läskig, ful; kass, usel

grouch [graʊtʃ] *vard.* **I** *v* vara sur, sura, gnälla **II** *s* **1** dåligt humör, surhet; *have a ~ against s.b.* vara sur på ngn **2** surpuppa **-y** ['graʊtʃɪ] sur, på dåligt humör, vresig

1 ground [graʊnd] *imperf. o. perf. part. av grind*

2 ground [graʊnd] **I** *s* **1** mark, jord; *above ~ a*) ovan jord, *b*) i livet; *below ~ a*) under jord, *b*) död [och begraven]; *be on firm* (*sure*) ~ ha fast mark under fötterna; *break new* (*fresh*) ~ bryta ny mark (*äv. bildl.*); *burn to the ~* brinna ner till marken; *cut the ~ from under a p.'s feet* slå undan marken under ngns fötter; *fall* (*be dashed*) *to the ~* falla till marken, gå om intet, grusas; *get off the ~ a*) (*om flygplan*) lyfta, *b*) (*om projekt e.d.*) realiseras, komma i gång ordentligt; *it suits me down to the ~* det passar mig precis; *touch ~* få fast mark under fötterna **2** ~*s* (*pl*) tomt, område (mark) kring byggnad **3** (*ibl. pl*) område, terräng, mark (*äv. bildl.*); plats, plan; [flod-, sjö]botten; *burial ~s* begravningsplats; *fishing ~s* fiskevatten; *football ~* fotbollsplan; *high ~* högländt terräng; *hunting ~s* jaktmarker; *cover a lot of ~ a*) avverka en lång sträcka, *b*) *bildl.* täcka (spänna över) ett stort område; *gain* (*lose*) ~ vinna (förlora) terräng **4** ståndpunkt; *hold* (*stand*) *one's ~* hävda sin ställning, stå på sig; *shift one's ~* byta ståndpunkt, ändra mening **5** (*ofta pl*) anledning, orsak, grund, skäl; ~*s for complaint* anledning till klagomål; *on health ~s* av hälsoskäl; *on the ~[s] of* (*that*) på grund av (av att), med anledning av (av att); *give ~[s] for* ge anledning till; *have good ~[s] for suspecting* ha goda skäl (all anledning) att misstänka **6** grundfärg; *konst.* grundning, bakgrund, botten, underlag; *on a blue ~* mot blå bakgrund **7** ~*s* (*pl*) [kaffe]sump, bottensats **8** *AE., elektr.* jord[ledning] **II** *v* **1** placera på marken **2** lära (*ngn*) grunderna **3** grunda, bygga, basera (*on* på) **4** *flyg.* tvinga att landa, ta ner; förbjuda att flyga (starta); ge (*pilot*) marktjänst, beröva (*ngn hans*) flygcertifikat **5** *AE. elektr.* jorda **6** grundstöta (gå på grund) med **7** grunda, grundmåla **8** träffa (nå) marken

ground bait [,graʊn(d)'beɪt] lockmat (*vid mete*) **ground bass** *mus.* basso ostinato **ground colour** grund-, botten|färg **ground control** *flyg.* flygledning, markkontroll **ground floor** botten|våning, -plan, första våning; *get in on* (*start from*) *the ~* (*vard.*) *a*) börja och arbeta från grunden (*i företag*), *b*) vara med från första början (*i företag e.d.*) **ground hog** *zool.* skogsmurmeldjur

ground|ing ['graʊndɪŋ] **1** grund|ande, -ning **2** grundkunskaper; grundläggande undervisning **3** flygförbud **4** *AE. elektr.* jordning, jordledning **-less** [-lɪs] grundlös, ogrundad **-ling** [-lɪŋ] **1** bottenfisk; bottenväxt; krypande växt **2** *teat. hist.* ståplatsåskådare

groundnut ['graʊn(d)nʌt] *bot.* jordnöt

ground plan [,graʊn(d)'plæn] plan-, grund|ritning **ground rent** ['graʊndrent] *jur.* jordränta

groundsel ['graʊnsl] *bot.* korsört

groundsheet ['graʊn(d)ʃi:t] tältunderlag, markskydd **groundsman** [-zmən] plan-, park|skötare **ground staff** *flyg.* markpersonal

ground swell ['graʊndswel] kraftig (svår) dyning **ground water** grundvatten **groundwork** **1** underarbete **2** *konst.* underlag, botten, grund

group [gru:p] **I** *s* **1** grupp **2** koncern **3** *mil.* [flyg]eskader **II** *v* gruppera [sig]

group captain ['gru:p,kæptɪn] överste (*vid flyg-*

vapnet) **group dynamics** (*behandlas som sg*) *psykol.* gruppdynamik **groupie** [-ɪ] *sl.* groupie, popgruppsfan (*tjej som hänger efter popstjärnor*) **group insurance** [-ɪnˌʃʊər(ə)ns] *i sht AE.* grupplivförsäkring **group therapy** [-ˌθerəpɪ] *psykol.* gruppterapi

1 grouse [graʊs] (*pl lika el. ~es*) *zool.* skogshönsfågel; *black ~* orre; *red* (*willow*) *~* dalripa

2 grouse [graʊs] **I** *s* klagan, knot, knorrande **II** *v* klaga, knota, knorra

grout [graʊt] **I** *s* **1** tunt murbruk, puts **2** gröt **II** *v* fogstryka; putsa

grove [grəʊv] skogsdunge, lund

grovel ['grɒvl] krypa, kräla i stoftet (*to, before* för), ödmjuka sig **-ler** [-l̩ə] lismare, krypande (underdånig) person **-ling** [-l̩ɪŋ] lismande, krypande, underdånig

grow [grəʊ] (*grew, grown*) **1** växa; växa upp; växa till; öka[s], stiga, tillta[ga]; *~ in popularity* öka i popularitet; *~ in wisdom* växa till i visdom; *it will ~ on you* du kommer att tycka om det så småningom; *the habit grew on her* det blev en vana hos henne; *~ with weeds* växa igen av ogräs; *~ away from s.b.* växa ifrån ngn, bli främmande för ngn; *~ apart* växa isär (ifrån varandra); *~ downwards a*) växa nedåt, *b*) minska, avta[ga]; *~ in a*) växa fram (igen), *b*) (*om nagel*) växa in; *~ into a*) växa i (*kläder*), *b*) bli, växa upp till (*a man* man), *c*) utveckla sig till (*a scandal* en skandal); *~ out of, ~ from a*) växa fram (utvecklas) ur, *b*) växa ur (*kläder*), *c*) växa ifrån, *d*) upphöra med, lägga av; *~ together* växa ihop (samman); *~ up a*) växa upp, bli fullvuxen; *b*) *bildl.* växa fram, uppstå **2** bli (*cold* kall); *be ~ing cold* börja bli kall; *~ used to* börja bli van vid **3** *~ to* (*+ inf.*) så småningom (mer och mer) börja [att], komma att; *I grew to like him* jag kom att tycka om honom, jag började tycka om honom mer och mer **4** odla (*tomatoes* tomater); låta växa; *~ one's hair* låta håret växa; *~ a beard* lägga sig till med (anlägga) skägg

grower ['grəʊə] **1** odlare **2** *that plant is a fast ~* den plantan växer snabbt **growing pains** ['grəʊɪŋpeɪnz] *pl* växtvärk (*äv. bildl.*)

growl [graʊl] **I** *v* **1** morra, brumma (*at* åt, mot); *the thunder ~ed* åskan mullrade **2** brumma (morra) fram (*an apology* en ursäkt) **II** *s* morrande, brummande **-er** ['graʊlə] **1** brumbjörn **2** *AE. sl.* ölsejdel

grown [grəʊn] **I** *perf. part. av grow* **II** *a* [full]vuxen; utvuxen; *fully ~* fullvuxen, fullt utvuxen **--up I** ['grəʊnʌp] **I** *a* vuxen **II** *s* vuxen [person]; *many ~s* många vuxna

growth [grəʊθ] **1** växt; tillväxt; ökning, tilltagande, utvidgning; utveckling; *reach full ~* bli fullt utvecklad, nå sin fulla storlek **2** växt, växtlighet, vegetation; *thick ~ of beard* tät skäggväxt **3** *med.* [ut]växt **4** odling

groyne [grɔɪn] vågbrytare

grub [grʌb] **I** *v* **1** gräva, böka, rota (*for* efter) **2** *~* [*up*] gräva upp, rensa (*ogräs*), röja (*mark*); *~* [*up, out*] gräva upp (fram), dra upp **3** träla, knoga **4** *sl.* käka; mata **5** *sl., i sht AE.* bomma, tigga (*a cigarette* en cigarrett) **II** *s* **1** *zool.* larv **2** *sl.* käk **3** arbetsträl **4** *BE. vard.* smutsgris, smutsig unge **-by** ['grʌbɪ] smutsig, snuskig; sjaskig, eländig

grudge [grʌdʒ] **I** *s* agg; harm; *bear s.b. a ~, have a ~ against s.b.* hysa agg mot ngn **II** *v* **1** knorra över; *~ doing s.th.* motvilligt göra ngt; *not ~ the money* inte dra sig för kostnaderna **2** missunna, avundas (*s.b. s.th.* ngn ngt) **grudging** ['grʌdʒɪŋ] ovillig, motsträvig, motvillig; missunnsam

gruel [grʊəl] [havre]välling

gruelling ['grʊəlɪŋ] **I** *a* hård, ansträngande; sträng **II** *s, vard.* ansträngning, svår pärs; straff

gruesome ['gru:səm] kuslig, hemsk

gruff [grʌf] butter, barsk, vresig; (*om röst*) sträv, hård

grumble ['grʌmbl] **I** *v* knota, knorra, klaga (*about, at, over* över); mullra **II** *s* **1** knot, knorrande; muller, mullrande

grumpy ['grʌmpɪ] knarrig, butter, vresig; tjurig, grinig

grunt [grʌnt] **I** *v* **1** grymta **2** grymta fram **II** *s* grymtning, grymtande

gruntled ['grʌntld] *vard.* nöjd [och belåten]

gryphon ['grɪfn] *se griffin*

GS *förk. för General Secretary; General Staff* **gs.** *förk. för guineas*

G-string ['dʒi:strɪŋ] **1** (*minimalt*) höftskynke, fikonlöv (*hos strippa*) **2** *mus.* g-sträng

gt. *förk. för great* **G.T.C., g.t.c.** *förk. för good till cancelled* (*countermanded*)

guano ['gwɑ:nəʊ] guano

guarant|ee [ˌgær(ə)n'ti:] **I** *s* **1** borgen, garanti, säkerhet **2** borgensman, garant **II** *v* garantera; gå i god för **-or** [-'tɔ:] borgensman **-y** ['gær(ə)ntɪ] **1** = *guarantee I o. II* **2** borgensförbindelse

guard [gɑ:d] **I** *v* **1** skydda, bevara, vakta (*against* mot; *from* för, från); gardera (*äv. schack. o. kortsp.*); *~ a secret* bevara en hemlighet **2** vakta [över], bevaka, hålla vakt vid; *~ the entrance* hålla vakt vid (bevaka) ingången; *~ prisoners* vakta fångar; *~ one's reputation* slå vakt om sitt rykte; *~ one's tongue* vakta sin tunga **3** sätta skydd på (*maskin e.d.*) **4** hålla vakt; vara på sin vakt, akta sig (*against* mot, för); gardera (skydda) sig (*against* mot); *you must ~ against catching cold* du måste akta dig så du inte blir förkyld **II** *s* **1** vakt, vaktman, väktare; fångvaktare **2** vakt[hållning], bevakning; *be off one's ~* inte vara på sin vakt, vara oförberedd; *be on* (*stand*) *~* hålla (ha) vakt, stå (gå) på vakt: *be on one's ~* vara på sin vakt (*against* mot), akta sig (*against* för); *be under ~* stå under (på) bevakning; *keep ~* hålla vakt, stå (gå) på vakt; *put a ~ on s.b.* sätta ngn under bevakning **3** *mil.* vakt, vakt|styrka, -manskap, -post; bevakning; *G~s* (*pl*) garde[sregemente]; *Life G~s* livgarde; *~ of honour* hedersvakt; *the changing of the ~s* vakt|ombytet, -avlösningen; *mount ~* börja (gå på) vakten; *relieve ~* avlösa vakten **4** *BE.* [tåg]konduktör; *~'s van* konduktörskupé **5** skydd, värn **6** skydd; skydds|anordning, -plåt, -galler, -räcke *etc.*; parerplåt; säkerhetskedja (*på halsband e.d.*) **7** (*i fäktning, boxning e.d.*) gard, försvarsställning; *on ~!* en garde!; *drop* (*lower*) *one's ~* sänka garden (*äv. bildl.*)

guarded ['gɑ:dɪd] **1** vaktad, bevakad, skyddad, garderad **2** försiktig, återhållsam, reserverad; *in ~ terms* i försiktiga ordalag **guard hair** stickel-

G

hår (*i djurpäls*) **guardhouse** *mil.* vaktlokal; arrest **guardian** [-jən] **I** *s* **1** beskyddare; bevakare; väktare; försvarare **2** *jur.* förmyndare; målsman, vårdnadshavare **II** *a* skydds-, beskyddande; ~ *angel* skyddsängel **guardianship** [-jənʃɪp] **1** *jur.* förmynderskap; *be under* ~ stå under förmyndare **2** [be]skydd, vård, uppsikt **guardrail** **1** [skydds]räcke **2** *järnv.* moträl **guard ring** skyddsring **guardroom** vakt|rum, -lokal; arrest, arrestlokal **guardsman** ['gɑ:dzmən] **1** (*i England*) gardesofficer, gardist **2** (*i USA*) nationalgardist **3** vakt, väktare

Guatemala [,gwætɪ'mɑ:lə] Guatemala

gubernatorial [,gju:bənə'tɔ:rɪəl] *AE.* guvernörs-

gudgeon ['gʌdʒ(ə)n] **I** *s* **1** *zool.* sandkrypare **2** agn, bete **3** *sl.* lättlurad person **II** *v, sl.* lura

guelder-rose [,geldə'rəʊz] *bot.* skogsolvon

Guernsey ['gɜ:nzɪ]

guer[r]illa [gə'rɪlə] **I** *s* gerillasoldat **II** *a* guerilla-; ~ *warfare* gerillakrig[föring]

guess [ges] **I** *v* **1** gissa; gissa sig till; uppskatta (*the weight at two pounds* vikten till två pund); *I ~ed as much* det var det jag trodde **2** *vard., i sht AE.* tro, anta; *I ~ not* antagligen inte; *I ~ so* jag tror (antar) det; *I ~ I'll go now* jag tror jag går nu, jag tänker gå nu **3** gissa (*at, about* [på] ngt); *keep s.b. ~ing* hålla ngn i ovisshet **II** *s* gissning; *at a ~* gissningsvis; *it's anyone's ~* det är omöjligt att säga; *your ~ is as good as mine* jag vet inte mer än du om det; *have* (*make*) *a ~ at* gissa på **guessing game** ['gesɪŋgeɪm] gissningslek **guesstimate** *vard.* **I** *s* ['gestɪmɪt] grov uppskattning **II** *v* ['gestɪmeɪt] göra en grov uppskattning av **guesswork** ['geswɜ:k] gissningar, spekulationer

guest [gest] gäst; främmande; ~ *of honour* hedersgäst; *paying* ~ inackordering; *be my ~!* (*vard.*) gör som du vill!, fortsätt bara!

guest appearance ['gestə,pɪər(ə)ns] gästuppträdande **guest artist** gästartist **guesthouse** [-haʊs] finare pensionat, gästhem **guest room** [-rʊm] gästrum

guffaw [gʌ'fɔ:] **I** *v* gapskratta **II** *s* gapskratt

guidance ['gaɪdns] ledning; vägledning, rådgivning, orientering; *for your ~* för er ledning (orientering) **guide** [gaɪd] **I** *v* **1** [väg]leda, visa vägen, guida; *guiding principle* ledande princip; *guiding star* ledstjärna **2** styra, leda (*a horse* en häst; *a country* ett land); vägleda; *~d missile* fjärrstyrd projektil, robot **II** *s* **1** vägvisare, guide, rese-, färd|ledare, ciceron; [väg]ledare **2** guide [bok], resehandbok (*to London* över London); handbok (*to gardening* i trädgårdsskötsel); katalog (*to an exhibition* över en utställning); ledning; ledtråd **3** *tekn.* styr-, led|skena, ledare **4** [*Girl*] ~ flickscout

guidebook ['gaɪdbʊk] *se guide II 2* **guide dog** ledarhund **guideline** riktlinje **guidepost** **1** väg|visare, -skylt, -stolpe **2** riktlinje; princip

guild [gɪld] gille, skrå

guilder ['gɪldə] (*holländsk*) gulden, florin

guildhall [,gɪld'hɔ:l] **1** *BE.* gillessal **2** stadshus

guile [gaɪl] lömskhet, bakslughet, falskhet; [argan] list **-less** ['gaɪllɪs] sveklös; ärlig

guillemot ['gɪlɪmɒt] *zool.* sillgrissla

guillotine [,gɪlə'ti:n] **I** *s* **1** giljotin; skärmaskin (*för papper, metall*) **2** *parl.* tidsbegränsning, diskussionsspärr (*för debatt*) **II** *v* **1** giljotinera **2** *parl.* tillämpa tidsbegränsning (diskussionsspärr)

guilt [gɪlt] **1** skuld; skuldkänsla, skuldmedvetenhet **2** *åld.* brottslighet **guiltless** ['gɪltlɪs] oskyldig (*of* till) **guilty** ['gɪltɪ] **1** skyldig (*of* till); *find s.b.* ~ (*not* ~) förklara ngn skyldig (icke skyldig); *plead* ~ erkänna sig skyldig; *plead not* ~ neka **2** skuldmedveten; *look* ~ se skuldmedveten ut; ~ *conscience* dåligt samvete

Guinea ['gɪnɪ]

guinea ['gɪnɪ] **1** guinea (= *£1.05, anv. i vissa prisuppgifter; förr = 21 shilling*) **2** *AE. sl.* gips-, spaghetti|gubbe (*italienare*)

guinea fowl (hen) ['gɪnɪfaʊl (hen)] *zool.* pärl|höns, -höna **guinea pig** **1** *zool.* marsvin **2** *vard.* försökskanin

guise [gaɪz] **1** sken, mask; *under the ~ of* under sken (en mask) av **2** utseende, yttre, gestalt; *in the ~ of* [för]klädd som, utklädd till; *in human ~* i mänsklig gestalt

guitar [gɪ'tɑ:] gitarr **-ist** [-rɪst] gitarrist

gulch [gʌlʃ] *AE.* trång ravin (klyfta)

gulden ['gʊldən] (*holländsk*) gulden, florin

gulf [gʌlf] **I** *s* **1** golf, [havs]bukt, [havs]vik; *the G~ Stream* Golfströmmen; *the G~ of Mexico* Mexikanska golfen; *the* [*Persian*] *G~* Persiska viken **2** djup klyfta, avgrund (*äv. bildl.*) **3** malström, virvel **II** *v* uppsluka

gull [gʌl] *zool.,* [*common*] ~ fiskmås

gullet ['gʌlɪt] matstrupe; strupe

gullible ['gʌləbl] lättrogen, lättlurad

1 gully ['gʌlɪ] **I** *s* **1** ravin, klyfta **2** rännsten, dike, kanal **II** *v* dika, gräva ut

2 gully ['gʌlɪ] *Sk.* stor kniv

gulp [gʌlp] **I** *v* **1** ~ [*down*] sluka, slänga (kasta, stjälpa) i sig (*food* mat) **2** ~ [*back*] hålla tillbaka, kväva (*sobs* snyftningar) **3** svälja, nästan storkna **4** klucka **II** *s* sväljning; klunk; *at a* (*one*) ~ i ett tag (drag)

1 gum [gʌm] **I** *s* **1** gummi; kåda; ~ *arabic* gummi arabicum **2** klister; gummilösning **3** tuggummi **4** *i sht BE.* (*slags*) gelékaramell **II** *v* **1** gummera[s]; klibba fast **2** klistra ihop (fast) **3** avsöndra gummi (kåda) **4** ~ *up a*) täcka med gummi, *b*) *vard.* trassla till; ~ *up the works* förstöra (trassla till) allt

2 gum [gʌm] tandkött

3 gum [gʌm] *s, by ~!* för tusan!

gum|drop ['gʌmdrɒp] (*slags*) gelékaramell **-my** [-ɪ] **1** gummi-, gummiartad **2** klibbig **3** som avsöndrar gummi

gumption ['gʌm(p)ʃn] *vard.* **1** sunt förnuft, fyndighet, rådighet **2** mod; framåtanda; *he hasn't the ~ to try* han vågar inte försöka

gum|shield ['gʌmʃi:ld] (*i boxning*) tandskydd **-shoe** **I** *s* **1** galosch; gummisko **2** *sl.* deckare, snut **II** *v, AE. sl.* smyga, handla i smyg **-tree** gummiträd; eukalyptusträd; *up a ~* (*sl.*) i klistret, i knipa

gun [gʌn] **I** *s* **1** kanon; gevär, bössa; pistol, revolver; *fire a 21-~ salute* skjuta salut med 21 skott; *carry a ~* bära vapen, vara beväpnad; *draw a ~ on s.b.* rikta en pistol mot ngn **2** skytt, jägare; *AE. sl.* revolverman, gangster, bandit **3** [tryck]-spruta, pistol; *grease ~* fett-, smörj|spruta **4** *big*

~ (*sl.*) stor kanon, [stor]pamp, högdjur (*äv. om militär*); *give it the ~* (*sl.*) stå på, ge järnet; *go great ~s* (*sl.*) vara i högform, jobba för högtryck; *jump* (*beat*) *the ~* tjuvstarta; *spike a p.'s ~s* (*vard.*) hindra (stoppa) ngn; *stick to one's ~s* (*vard.*) stå på sig, stå fast, inte ändra sig **II** *v* **1** skjuta [på]; ~ [*down*] skjuta [ner] (*ngn*) **2** ~ *the engine* rusa motorn **3** jaga (*m. skjutvapen*), skjuta med gevär; ~ *for a*) jaga, förfölja, *b*) kämpa för, sträva efter, vara ute efter

gun barrel ['gʌnˌbær(ə)l] gevärs|pipa, -lopp, eldrör **gunboat** [-bəʊt] kanonbåt **gun carriage** [-ˌkærɪdʒ] [kanon]lavett **guncotton** [-ˌkɒtn] bomullskrut **gun dog** [-dɒg] jakthund **gunfight** [-faɪt] *AE.* revolverstrid **gunfire** [-ˌfaɪə] kanonsalva; artillerield **gunman** [-mən] gangster, revolverman, bandit **gun moll** [-məʊl] *AE. sl.* [kvinnlig] gangster, gangsterbrud **gunned** [gʌnd] beväpnad med kanon *etc.* **gunnel** ['gʌnl] *se gunwale* **gunner** ['gʌnə] **1** *mil.* artillerist (*äv. sjö.*); kanonjär; *sjö.* artillerikonstapel **2** skytt, jägare **gunnery** ['gʌnərɪ] **1** artillerivetenskap, skjutlära **2** *koll.* kanoner **3** skjutning, kanoneld **gunnery officer** artilleriofficer

gunny ['gʌnɪ] *i sht AE.* säckväv; [jute]säck

gunpoint ['gʌnpɔɪnt] **1** kanon-, pistol|mynning **2** *at ~* under pistolhot **gunpowder** [-ˌpaʊdə] krut; *the G~ Plot* krutkonspirationen (*5 nov. 1605*) **gun room** [-rʊm] **1** gunrum, officersmäss (*på krigsfartyg*) **2** (*privat*) vapenförråd **gunrunner** [-ˌrʌnə] vapensmugglare **gunrunning** [-ˌrʌnɪŋ] vapensmuggling **gunshot** [-ʃɒt] skott|vidd, -håll; *within* (*out of*) ~ inom (utom) skotthåll **gun-shy** [-ʃaɪ] skotträdd **gunslinger** [-ˌslɪŋə] *AE. sl.* revolverman, bandit **gunsmith** [-smɪθ] gevärssmed **gunstock** [-stɒk] gevärsstock **gunwale** [-l] *sjö.* reling

guppy ['gʌpɪ] *zool.* guppy

gurgle ['gɜ:gl] **I** *v* **1** porla; klucka **2** gurgla, skrocka **II** *s* **1** porlande; kluckande **2** gurglande [ljud]

guru ['gʊru:] guru, vishetslärare

gush [gʌʃ] **I** *s* **1** ström, stråle; framströmmande **2** [känslo]utbrott; ordsvall **II** *v* **1** välla [fram], strömma [ut] **2** vara översvallande (överdriven), utgjuta sig **3** låta strömma fram **gusher** ['gʌʃə] **1** översvallande (överdriven) person **2** framsprutande [olje]källa **gushy** ['gʌʃɪ] *vard.* översvallande, överdriven

gusset ['gʌsɪt] kil (*i klädesplagg*)

gust [gʌst] **1** vindstöt, kastvind, [storm]by **2** rökmoln, rökutsläpp **3** [känslo]utbrott

gusto ['gʌstəʊ] smak; förkärlek; njutning; förtjusning, begeistring

gusty ['gʌstɪ] **1** stormig, byig **2** häftig, temperamentsfull

gut [gʌt] **I** *s* **1** tarm[kanal]; matsmältningskanal **2** *~s* (*pl, i sht djurs*) inälvor, innanmäte; *hate a p.'s ~s* (*vard.*) hata ngn som pesten; *sweat* (*work*) *one's ~s out* (*vard.*) arbeta livet ur sig **3** kattgut, tarmsträng **4** gut (*till metrev e.d.*) **5** smal kanal (passage) **6** *~s* (*pl, vard.*) mod, kurage; 'mage'; kraft, energi; *she has no ~s a)* hon är feg, *b*) det är ingen ruter i henne **7** *~s* (*pl, vard.*) kärna, kärnpunkt (*of a problem* i ett problem) **II** *v* **1** rensa (*t.ex. fisk*), ta ur inälvorna (innanmätet) ur **2** plundra, rensa **3** ta ut det viktigaste ur **III** *a, vard.* väsentlig; naturlig **gutless** ['gʌtlɪs] *vard.* feg; obeslutsam **gutsy** ['gʌtsɪ] *sl.* **1** glupsk **2** tuff

gutta-percha [ˌgʌtə'pɜ:tʃə] guttaperka

gutter ['gʌtə] **I** *s* **1** tak-, häng|ränna **2** rännsten (*äv. bildl.*); *take s.b. out of the ~* plocka upp ngn från gatan **II** *v* flyta, strömma **gutter press** skandalpress **guttersnipe** gatunge

guttural ['gʌt(ə)r(ə)l] **I** *a* guttural; strupljuds-; strup- **II** *s* guttural[t ljud], strupljud

guv [gʌv], **guv'nor** ['gʌvnə] *BE. vard.* farsa, farsgubbe; chef, boss

1 guy [gaɪ] **1** *vard.* karl, kille, grabb **2** Guy Fawkes-docka (*bärs omkring på gatorna o. bränns 5 nov. till minne av krutkonspirationen*) **3** *BE.* löjlig figur; fågelskrämma **II** *v* driva med, förlöjliga

2 guy [gʌj] *sjö.* gaj, stötta

Guyana [gaɪ'ænə]

guzzle ['gʌzl] vräka i sig; supa, pimpla **guzzler** [-ə] matvrak; fylltratt

gybe [dʒaɪb] *sjö.* **I** *v* gip[p]a, slå över **II** *s* gip[p]

gym [dʒɪm] *kortform för gymnasium, gymnastic*[*s*]

gymkhana [dʒɪm'kɑ:nə] *i sht BE.* [plats för] ryttar|fest, -tävling

gymnasi|um [dʒɪm'neɪzj|əm] (*pl -ums el. -a* [-ə]) **1** gymnastiksal **2** (*utanför England*) gymnasium **gymnast** ['dʒɪmnæst] gymnast **gymnastic** [dʒɪm'næstɪk] gymnastisk **gymnastics** [dʒɪm'næstɪks] (*behandlas som sg*) gymnastik; (*behandlas som pl*) gymnastiska övningar; *mental ~* tanke|gymnastik, -övningar **gym shoe** ['dʒɪmʃu:] gymnastiksko **gym slip** ['dʒɪmslip] ärmlös skolklänning (*ingår i skoluniformen*)

gynae|cologist [ˌgaɪnɪ'kɒlədʒɪst] gynekolog **-cology** [-'kɒlədʒɪ] gynekologi

1 gyp [dʒɪp] *sl.* **I** *v* lura, bedraga, skoja **II** *s* **1** bedrägeri, skoj **2** bedragare, skojare

2 gyp [dʒɪp] *BE. sl.* plåga, pina, ont

gypsum ['dʒɪpsəm] *miner.* gips

gypsy ['dʒɪpsɪ] = *gipsy*

gyrate [ˌdʒaɪ(ə)'reɪt] rotera; virvla; kretsa **gyration** [-'reɪʃn] rotation, roterande; virvlande; kretsande **gyratory** ['dʒaɪ(ə)rət(ə)rɪ] roterande; virvlande; kretsande

gyre ['dʒaɪə] *i sht litt.* **I** *s* virvel **II** *v* virvla

gyro ['dʒaɪərəʊ] **1** gyrokompass **2** gyro[skop] **-compass** [-ˌkʌmpəs] gyrokompass **-plane** ['dʒaɪərəpleɪn] autogiro **-scope** ['dʒaɪər(ə)skəʊp] gyroskop **-scopic** [ˌdʒaɪərə'skɒpɪk] gyroskopisk **-stat** ['dʒaɪərə(ʊ)stæt] gyroskop

gyve [dʒaɪv] *åld.* **I** *s* (*vanl. pl*) bojor **II** *v* fjättra, fängsla

G

H

H, h [eɪtʃ] (*bokstav, ton*) H, h; *jfr aitch*
H *förk. för hydrogen; hard* (*på pennor*); (*sl.*) *heroin* **H., h.** *förk. för harbour; hard[ness]; height; high; hour; hundred; husband*
ha [hɑ:] *interj* ha!; åh!; ~ ~*!* ha, ha!
ha. *förk. för hectare*
habeas corpus [ˌheɪbjəsˈkɔ:pəs] *jur.* habeas corpus-akt (*skyddslag mot godtycklig häktning*)
haberdash|er [ˈhæbədæʃə] **1** sybehörshandlare **2** *AE.* innehavare av herrekipering **-ery** [-ərɪ] **1** sybehör **2** sybehörsaffär **3** *AE.* herrekipering[saffär]
habit [ˈhæbɪt] **I** *s* **1** vana; bruk, sed; beroende (*av medicin e.d.*); *a bad* ~ en ovana, en dålig (ful) vana; ~ *of mind* sinnelag, karaktär; *out of* (*by*) [*sheer*] ~, *from* [*force of*] ~ av [gammal] vana; *be in the* ~ *of* ha för vana att; *make a* ~ *of doing s.th.* ha för vana att göra ngt **2** dräkt; munkkåpa; nunnedräkt; [*riding*] ~ (*dams*) riddräkt **II** *v* klä[da]
habitable [ˈhæbɪtəbl] beboelig **habitant 1** [-(ə)nt] *åld.* invånare **2** [-ɔ̃:(ŋ)] fransk-kanadensare **habitat** [-æt] lokal, naturlig hemvist (växtplats), fyndort **habitation** [ˌhæbɪˈteɪʃn] boning, bostad; bebyggelse; *show signs of* ~ se bebodd ut
habit-forming [ˈhæbɪtˌfɔ:mɪŋ] vanebildande
habitual [həˈbɪtjʊəl] **1** [sed]vanlig; inrotad, invand **2** vane-; vanemässig; ~ *smoker* vanerökare
habitually [həˈbɪtjʊəlɪ] *adv* ständigt, jämt **habituate** [həˈbɪtjʊeɪt] **1** vänja (*to* vid) **2** *AE. vard.* frekventera, ofta gå på **habitué** [həˈbɪtjʊeɪ] stamgäst, habitué
1 hack [hæk] **I** *v* **1** hacka [i, på]; hacka sönder; röja (*a path* en stig); ~ *to bits* (*bildl.*) smula sönder, allvarligt skada **2** (*i rugby*) sparka på smalbenet; (*i basket*) slå på armen **3** *vard.* hacka, hosta **4** stympa, skära ner (*tidningsartikel e.d.*) **5** *AE.* tolerera, stå ut med **6** hacka (*at* i, på) **II** *s* **1** hack, hugg, skåra **2** hacka, korp **3** *vard.* hackhosta **4** (*i rugby*) [sår efter] spark på smalbenet
2 hack [hæk] **I** *s* **1** ridhäst; uthyrningshäst **2** hästkrake **3** *BE.* ridtur **4** medelmåttig författare (journalist) **5** *AE.* [hyr]droska **6** *AE. vard.* taxiförare; taxi **II** *v* **1** ta en ridtur; hyra ut (*häst*) **2** författa medelmåttiga artiklar **3** *AE. vard.* köra taxi **III** *a* banal, medelmåttig
hackle [ˈhækl] **1** häckla **2** hackelfluga (*slags metfluga*) **3** (*fågels*) nackfjäder **4** ~*s* (*pl*) borst (*på djur*); *get a p.'s* ~*s up* få ngn att resa borst, reta upp ngn; *make one's* ~*s rise* resa borst **II** *v* häckla
hackney [ˈhæknɪ] **I** *s* **1** rid-, vagns-, åkar|häst **2** hästdroska; hyrvagn **II** *a,* ~ *carriage* hästdroska; hyrvagn **III** *v* banalisera; göra [ut]sliten **hackneyed** [-d] banal; [ut]sliten
hacksaw [ˈhæksɔ:] bågfil (*metallsåg*)
had [hæd] *imperf. o. perf. part. av have*
haddock [ˈhædək] kolja
Hades [ˈheɪdi:z] Hades, underjorden
hadn't [ˈhædnt] = *had not*
Hadrian [ˈheɪdrɪən] Hadrianus
hadst [hædst] *åld., thou* ~ du hade
haemoglobin [ˌhi:mə(ʊ)ˈgləʊbɪn] *kem.* hemoglobin **haemophilia** [-ˈfɪlɪə] *med.* hemofili, blödarsjuka **haemorrhage** [ˈhemərɪdʒ] **I** *s, med.* blödning **II** *v, med.* blöda **haemorroids** [ˈhemərɔɪdz] *pl* hemorrojder
haft [hɑ:ft] **I** *s* handtag, skaft (*på yxa e.d.*) **II** *v* förse med handtag
hag [hæg] häxa; gammal ragata, hagga
haggard [ˈhægəd] **1** härjad, utmärglad, [ut]sliten **2** vild, oregerlig
haggis [ˈhægɪs] (*slags skotsk*) fårpölsa
haggle [ˈhægl] pruta, köpslå (*over* på, om)
hagiography [ˌhægiˈɒgrəfɪ] hagiografi, helgonbiografi; idealiserande levnadsbeskrivning
hagridden [ˈhægˌrɪdn] **1** riden av maran **2** *neds.* plågad av fruntimmer
Hague [heɪg] *The* ~ Haag
1 hail [heɪl] **I** *s* hagel; hagelskur; *bildl.* skur (*of abuse* av ovett; *of bullets* av kulor) **II** *v* **1** hagla **2** låta hagla; ~ *criticism on s.b.* låta kritiken hagla över ngn
2 hail [heɪl] **I** *v* **1** hälsa, hylla **2** kalla (ropa) på (till sig); anropa, preja **3** ~ *from* vara (komma) från, vara född i **II** *s* **1** hälsning, hyllning **2** anrop, prejning; *within* ~ inom hörhåll **III** *interj, poet.* hell!, var hälsad! **--fellow-well-met** [ˈheɪlˌfelə(ʊ)ˌwelˈmet] kamratlig, förtrolig (*slap on the back* klapp i ryggen)
hail|stone [ˈheɪlstəʊn] hagel[korn] **-storm** hagel|by, -skur
hair [heə] hår; hårstrå; *a fine head of* ~ [ett] vackert hår; *a* ~ *of the dog* [*that bit you*] en återställare; *to a* ~ på pricken; *do one's* ~ kamma sig; *get in a p.'s* ~ (*vard.*) gå ngn på nerverna; *keep your* ~ *on!* (*BE. vard.*) ta det lugnt!; *let one's* ~ *down a*) släppa ner håret, *b*) slå sig lös, släppa alla hämningar; *split* ~*s* ägna sig åt hårklyverier, hänga upp sig på småsaker; *that made my* ~ *stand on end* det fick håret att resa sig på mitt huvud; *not turn a* ~ inte röra en min, vara fullkomligt oberörd; *win by a* ~ vinna mycket knappt
hair|ball [ˈheəbɔ:l] hårboll **-brush** hårborste **-clip** hårklämma **-cloth** tageltyg **-cut 1** [hår]klippning; *have* (*get*) *a* ~ klippa sig **2** klippning, frisyr **-curler** [-ˌkɜ:lə] hårspole; papiljott **-do** [-du:] (*pl* ~*s*) *vard.* frisyr **-dresser** [-ˌdresə] [hår]frisör, hårfrisörska; damfrisering, frisersalong **-drier, -dryer** [-ˌdraɪə] hårtork[ningsapparat] **-dye** [-daɪ] hårfärgningsmedel
hair follicle [ˈheəˌfɒlɪkl] hår|follikel, -säck
hair|grip [ˈheəgrɪp] hårklämma **-line 1** hårfäste **2** mycket tunn linje; *boktr.* hårstreck, tunt streck **-net** hårnät **-piece** postisch; tupé **-pin I** *s* hårnål **II** *a,* ~ *bend* hårnålskurva **--raiser** [-ˌreɪzə] *vard.* rysare **--raising** [-ˌreɪzɪŋ] hårresande; hemsk, rafflande
hair restorer [ˈheərɪˌstɔ:rə] hårväxtmedel
hair's-breadth [-zbredθ] **I** *s* hårs|bredd, -mån; *be within a* ~ *of ruin* stå på ruinens brant; *escape by a* ~ undkomma med knapp nöd **II** *a* hårfin, [mycket] knapp (*difference* skillnad); *it was a* ~ *escape* det var nära ögat (på håret) **hair-shirt** [ˌheəˈʃɜ:t] tagelskjorta
hair slide [ˈheəslaɪd] hårspänne **hairsplitting**

[-ˌsplɪtɪŋ] **I** *s* hårklyveri[er], spetsfundigheter **II** *a* hårklyveri- **hairspring** [-sprɪŋ] spiralfjäder (*i ur*) **hairstyle** [-staɪl] frisyr **hairy** [-rɪ] **1** hårig, luden **2** *sl.* knepig, knivig; farlig

Hai|ti [ˈheɪtɪ] Haiti **-tian** [-ʃjən] **I** *s* haitier **II** *a* haitisk

hake [heɪk] *zool.* kummel

halberd [ˈhælbɜ:d] hillebard

halcyon [ˈhælsɪən] **I** *s* **1** *myt.* isfågel **2** *poet.* kungsfiskare **II** *a* stilla, fridfull; lycklig; ~ *days* sötebrödsdagar, lycklig tid (*eg. 14 dagar kring vintersolståndet*)

1 hale [heɪl] **1** frisk; kraftig; ~ *and hearty* frisk och kry **2** *dial.* hel

2 hale [heɪl] hala, dra, släpa

half [hɑ:f] **I** *s* (*pl halves*) **1** halva, hälft; ~ *the kingdom* halva kungariket; ~ *an hour* en halvtimme, en halv timme; *an hour and a* ~ en och en halv timme; *better* ~ (*vard.*) bättre hälft; *she is too audacious by* ~ (*vard.*) hon är lite för fräck; *I do nothing by halves* jag gör ingenting till hälften; *cut in halves* skära mitt itu, dela i två halvor; *go halves with s.b.* dela lika med ngn; *go halves on an apple with s.b.* dela ett äpple med ngn **2** *sport.* planhalva; halvlek; halvback **3** halv biljett **4** halvtimme **5** litet glas (*öl*) **II** *a* halv; *a* ~ *cup* en halv kopp **III** *adv* **1** halvt, till hälften, halv-; ~ *cooked* halvkokt; *that's* ~ *right* det är till hälften riktigt; ~ [*past*] *five* halv sex; *give me* ~ *as much again* ge mig en halv gång till så mycket; *I* ~ *wish* jag önskar nästan **2** *not* ~ (*vard.*) *a*) inte ett dugg, inte alls, ingalunda, *b*) *BE.* verkligen, riktigt; *not* ~*!* om!, jättemycket!; *not* ~ *bad* riktigt bra, inte så illa

half|-a-crown [ˌhɑ:fəˈkraʊn] *se half-crown* **--a-dollar** *BE. sl., se half-crown* **--and-half** [-(ə)n(d)ˈhɑ:f] **I** *s* lika blandning; hälften av var; en del av varje **II** *a* som består av lika delar (hälften var) **III** *adv* halvt om halvt, hälften var **-back** *sport.* halvback **--baked 1** halvstekt **2** *vard.* dum, knasig **3** *vard.* illa planerad, ogenomtänkt **--binding** [ˈhɑ:fˌbaɪndɪŋ] halvfranskt band **--blood** [ˈhɑ:fblʌd] **1** halvsyskonskap; halvsyskon **2** (*om husdjur*) halvblod **-board** [ˈhɑ:fbɔ:d] halvpension **--bound** [ˌhɑ:fˈbaʊnd] i halvfranskt band **--breed** [ˈhɑ:fbri:d] **1** halvblod[sindian] **2** (*om djur*) korsning, bastard **--brother** [ˈhɑ:fˌbrʌðə] halvbror **--caste** [ˈhɑ:fkɑ:st] halvblod[sindier] **--crown** [ˌhɑ:fˈkraʊn] (*före 1970*) 2 1/2 shilling (*nu motsv. 12 1/2 pence*) **--hearted** [ˌhɑ:fˈhɑ:tɪd] halvhjärtad, likgiltig

half holiday [ˌhɑ:fˈhɒlədɪ] halv semesterdag (lovdag, fridag)

half|-hour [ˌhɑ:fˈaʊə] halvtimme; *it strikes on the* ~ den slår varje halvtimme **--hourly** [-lɪ] *adv o. a* varje halvtimme, halvtimmes- (*service* trafik) **--length I** *a* **1** i halvfigur; ~ *portrait* (*äv.*) bröstbild **2** av halva längden **II** *s* bröstbild **--life** *fys.* halveringstid **--mast I** *s, at* ~ på halv stång **II** *v* hissa på halv stång **--moon** halvmåne **--nelson** (*i brottning*) halvnelson **--note** [ˈhæfnəʊt] *AE. mus.* halvnot **--pay** [ˌhɑ:fˈpeɪ] halv lön **-penny** [ˈheɪpnɪ] **1** (*pl -pennies*) halvpenny[mynt] **2** (*pl -pence* -p(ə)ns]) (*värdet av*) en halv penny; *three halfpence* 1 1/2 penny **-pennyworth** [ˈheɪpnɪwɜ:θ] en halv pennys värde; *a* ~ *of*... ...för en halv penny **--pint** [ˈhɑ:fpaɪnt] *sl.* liten (obetydlig) kille (typ) **--price** [ˌhɑ:fˈpraɪs] *a o. adv* för (till) halva priset

half seas over [ˌhɑ:fsi:zˈəʊvə] *BE. vard.* halvfull, på lyran

half|-sister [ˈhɑ:fˌsɪstə] halvsyster **--size** [ˌhɑ:fˈsaɪz] halv|nummer, -storlek **--sole** [ˌhɑ:fˈsəʊl] *s o. v* halvsula **--step** [ˈhæfstep] *AE. mus.* halvton

half term [ˈhɑ:fˌtɜ:m] *BE.* mitterminslov

half|-timber[ed] [ˌhɑ:fˈtɪmbə(d)] korsvirkes- **--time** halvtid (*äv. sport.*) **--title** *boktr.* smutstitel; deltitel **-tone** [ˈhɑ:ftəʊn] *boktr.* autotypi, halvtonskliché **--truth** [ˈhɑ:ftru:θ] halvsanning **-way** [hɑ:fˈweɪ] **I** *a* som ligger halvvägs (på halva vägen); ~ *house a*) värdshus på halva vägen, *b*) mellan|ting, -stadium; *at a* ~ *stage* på ett mellanstadium **II** *adv* halvvägs; *meet* ~ möta[s] på halva vägen **-wit** [ˈhɑ:fwɪt] **1** sinnessvag person **2** idiot, dumhuvud **-witted** [ˌhɑ:fˈwɪtɪd] **1** sinnessvag **2** [halv]fnoskig, dum **--yearly** [ˌhɑ:fˈjɪəlɪ] *a o. adv* halvårs-, [som äger rum] varje halvår

halibut [ˈhælɪbət] *zool.* hälleflundra

halitosis [ˌhælɪˈtəʊsɪs] *med.* dålig andedräkt

hall [hɔ:l] **1** [för]hall, vestibul, tambur, farstu, entré **2** [stort] hus; samlingslokal; *concert* ~ konserthus; *city* (*town*) ~ stads-, råd|hus; *village* ~ (*ung.*) hembygds-, församlings|gård **3** sal; *univ.* matsal; *AE.* korridor; [*assembly*] ~ samlingssal, aula **4** herrgård[sbyggnad], herresäte **5** ~*s* (*pl, vard.*) varieté[teater]

hallelu|iah, -jah [ˌhælɪˈlu:jə] *s o. interj* halleluja

halliard [ˈhæljəd] *sjö.* fall

hallmark [ˈhɔ:lmɑ:k] **I** *s* **1** kontrollstämpel; guld-, silver|stämpel **2** *bildl.* hallstämpel, känne|-märke, -tecken **II** *v* kontrollstämpla

hallo [həˈləʊ] *interj, se hello* **halloa** [həˈləʊ], **halloo** [həˈlu:] **I** *s* hallå[rop] (*vid jakt*) **II** *v* ropa [hallå] (*vid jakt*)

hallow [ˈhæləʊ] helga **hallowed** [-d, *kyrkl.* -ɪd] *a* helgad; ~ *be Thy name* helgat varde ditt namn

Hallow|e'en, -een [ˌhæləʊˈi:n] Allhelgonaafton (*31 okt.*)

hall stand [ˈhɔ:lstænd] *BE.*, **hall tree** (*fristående*) kläd-, rock|hängare

hallu|cination [həˌlu:sɪˈneɪʃn] hallucination, synvilla **-cinatory** [həˈlu:sɪnət(ə)rɪ] hallucinatorisk **-cinogen** [həˈlu:sɪnədʒen] *s* hallucinogen **-cinogenic** [həˌlu:sɪnəˈdʒenɪk] *a* hallucinogen

hallway [ˈhɔ:lweɪ] *AE.* hall, tambur; korridor

halo [ˈheɪləʊ] **I** *s* (*pl* ~[*e*]*s*) **1** [helgon]gloria (*äv. bildl.*); nimbus **2** halo, ring, mån-, sol|gård **II** *v* omge med gloria *etc.*

halogen [ˈhælə(ʊ)dʒen] *kem.* halogen

1 halt [hɔ:lt] **I** *s* **1** halt; uppehåll, paus, rast; *call a* ~ *a*) *mil.* kommendera halt, *b*) säga stopp, *c*) sätta stopp (*to* för); *come to a* ~ göra halt (uppehåll) **2** *i sht BE.* anhalt, hållplats **II** *v* **1** [låta] göra halt (stanna)

2 halt [hɔ:lt] **I** *v* **1** (*om vers e.d.*) halta; ~*ing French* bruten franska **2** tveka, vackla **II** *a, åld.* halt

halter [ˈhɔ:ltə] **I** *s* **1** grimma **2** [rep med] snara **3** nackband (*på klänning*) **II** *v* **1** sätta grimma på **2** hänga

halve [hɑ:v] **1** halvera; dela mitt itu **2** dela lika

H

halves [hɑ:vz] *pl av half*

halyard ['hæljəd] *sjö.* fall

1 ham [hæm] **1** skinka; lår (*på djur*); *salted ~* rimmad skinka **2** *vard.* baksida av lår (knä)

2 ham [hæm] **I** *s, vard.* **1** överdrivet spel (agerande); *~ [actor]* överdriven skådespelare **2** radioamatör **II** *v, vard.* spela över

hamburger ['hæmbɜ:gə] hamburgare

hame [heɪm] bogträ

ham|-fisted [ˌhæm'fɪstɪd], **--handed** [ˌhæm-ˌhændɪd] **1** *vard.* fumlig, tafatt **2** med stora händer

hamlet ['hæmlɪt] liten by (*i England utan kyrka*)

hammer ['hæmə] **I** *s* **1** hammare (*äv. i piano o. anat.*); slägga; *the ~ and sickle* hammaren och skäran; *drop ~* fallhammare, hejare; *go at it ~ and tongs* (*vard.*) slåss (ta i) för fullt (av alla krafter, så att stickor och strån yr) **2** *sport.* slägga; *[throwing] the ~* släggkastning **3** [auktions]-klubba; *go (come) under the ~* gå under klubban, säljas på auktion **4** hane (*på gevär*) **II** *v* **1** hamra på (*a board* en planka); hamra (slå) i[n] (*a nail into the wall* en spik i väggen); *~ [down]* hamra (spika) fast; *~ home* hamra (slå) i[n] ordentligt (*äv. bildl.*); *~ in a*) slå (hamra) i[n] (*a nail* en spik), *b*) slå in (*a door* en dörr), *c*) *bildl.* hamra (banka) in; *~ s.th. into shape* hamra till ngt; *~ out a*) hamra (slå) ut, hamra till, *b*) *bildl.* utarbeta **2** *vard.* slå, klå, besegra **3** *ekon.* stryka (*ur börsen*); pressa ner (*i pris*) **4** hamra, slå, bulta (*at* på); *my heart was ~ing* mitt hjärta bultade; *~ away at a*) hamra (slå) på, *b*) arbeta hårt med **-head** *zool.* hammarhaj **-less** [-lɪs] (*om gevär*) med osynlig hane **-lock** (*i brottning*) backhammer **-toe** *med.* hammartå

hammock ['hæmək] hängmatta

hammy ['hæmɪ] *vard.* överdriven

1 hamper ['hæmpə] hindra, vara i vägen för; belamra

2 hamper ['hæmpə] stor korg (*vanl. m. lock*); *AE.* tvättkorg

Hampshire ['hæmpʃə]

hamshackle ['hæmˌʃækl] fjättra (*djur*)

hamster ['hæmstə] *zool.* hamster

hamstring ['hæmstrɪŋ] **I** *s* knäsena; hassena (*på häst*) **II** *v* **1** skära av hassenan på **2** hindra, stoppa; lamslå

hand [hænd] **I** *s* **1** hand; framtass; *bildl.* hand, handtag, hjälp; *a high ~* ett dominerande (diktatoriskt) sätt; *my right ~* min högra hand (*äv. bildl.*); *~ and foot* till händer och fötter, fullständigt; *~s down* (*bildl.*) med lätthet, utan besvär; *~s off!* (*vard.*) bort med tassarna!; *~ over fist a*) lätt[vindigt], *b*) i stora mängder, *c*) mycket snabbt; *~s up! a*) upp med händerna!, *b*) räck upp händerna (en hand)!; *ask for a girl's ~* anhålla om en flickas hand; *be ~ in glove with* vara mycket god vän med, stå på förtrolig fot med; *change ~s* övergå i andra händer, byta ägare; *not do a ~'s turn* inte göra ett handtag; *force a p.'s ~* utöva påtryckningar på ngn, tvinga ngn att bekänna färg; *get the upper ~ of* få överhanden (övertaget) över; *give me a ~* ge mig ett handtag; *he gave me his ~ on it* han gav mig sin hand på det; *have one's ~s full* ha händerna fulla, ha fullt upp att göra; *have a ~ in s.th.* ha ett finger med (vara inblandad) i ngt; *hold (stay) one's ~* hejda sig, avvakta, vänta och se; *hold a p.'s ~* (*bildl.*) stödja (hjälpa) ngn; *keep one's ~ in* fortsätta med, utöva; *keep your ~s off the chocolate* håll fingrarna borta från chokladen; *lay ~s on a*) bära hand på, *b*) lägga beslag på, få tag i, hitta; *set one's ~ to a*) sätta sitt namn under, *b*) sätta i gång [med]; *take a ~ in s.th.* ta del (deltaga) i ngt; *throw one's ~ in* ge upp; *near (close) at ~* nära [till hands], nära förestående; *the information at (on) ~* den information som finns (är tillgänglig); *keep s.th. at ~* ha ngt nära till hands (inom räckhåll); *learn s.th. at first ~* få veta ngt i första hand; *by ~ a*) för hand, *b*) med bud; *brought up by ~* uppfödd på flaska; *take s.b. by the ~* ta ngn i hand[en]; *from ~ to ~* ur hand i hand, från man till man; *from ~ to mouth a*) ur hand i mun, *b*) oförberett, oplanerat; *in ~ a*) i sin hand (ägo), under kontroll, *b*) i reserv, på lager, till förfogande, *c*) kvar[varande], resterande, *d*) för händer, på gång; *~ in ~* tillsammans, hand i hand (*äv. bildl.*); *the matter in ~* saken i fråga; *be in good ~s* vara i goda händer; *put s.th. in ~* se till att ngt blir gjort; *take in ~ a*) ta hand om, *b*) fostra, *c*) kontrollera; *fall into a p.'s ~s* falla (råka) i händerna på ngn; *get s.th. off one's ~s* bli av med (kvitt) ngt; *take s.th. off a p.'s ~s* befria ngn från ngt; *on ~ a*) till hands, *b*) på lager, i sin ägo; *on ~s and knees* på alla fyra; *the subject on ~* det aktuella ämnet; *out of ~ a*) ur kontroll, okontrollerad, oregerlig, *b*) utan vidare, genast; *get s.th. out of ~* tappa kontrollen över ngt; *it got out of [my] ~* det slapp mig ur händerna, jag tappade kontrollen över det; *the party got out of ~* festen urartade (spårade ur); *to ~ a*) till hands, tillgänglig, *b*) *hand.* till handa; *your letter has come to ~* ert brev har kommit mig (oss) till handa; *~ to ~* man mot man; *under his ~* med hans egenhändiga namnteckning; *with a firm ~* med fast hand **2** *kortsp.* [kort på] hand; parti, spel, omgång; [kort]spelare; *a ~ of bridge* ett parti bridge; *show one's ~* visa sina kort (*äv. bildl.*) **3** hand, sida, håll; *at a p.'s ~[s]* från ngns håll (sida), från ngn; *on every ~ (all ~s)* från (på) alla håll, på alla sidor; *on the right ~* på höger hand (sida), till höger; *on the one ~, on the other ~* å ena sidan, å andra sidan **4** handstil; *write a good ~* ha en snygg handstil **5** arbetare; man; besättningsman, sjöman; expert; *all ~s on deck* alle man på däck; *lost with all ~s* borta med man och allt; *be a good ~ at s.th.* vara expert på (duktig i, bra på) ngt; *she is an old ~ at that* hon är gammal och van vid det; *we've taken on a new ~* vi har anställt en ny arbetare **6** handlag, skicklighet, duglighet; *have a good ~ for* ha ett gott handlag (bra hand) med; *try one's ~ at* försöka sig på **7** visare (*på klocka*); *minute ~* minutvisare **8** applåd[er]; *give s.b. a big ~* ge ngn en stor applåd **9** [banan]klase **II** *v* **1** räcka, ge, lämna (*s.th. to s.b.* ngt till ngn); *~ down a*) lämna (låta gå) i arv, efterlämna, *AE. jur* tillkännage, fälla (*dom e.d.*); *be ~ed down to* gå i arv till; *~ in* lämna in, inge; *~ on* skicka (låta gå) vidare; *~ out* dela ut; *~ over* över|lämna, -låta (*to* till); *~ round* skicka runt, dela ut **2** leda; hjälpa (*s.b. into a car* ngn in i en bil) **3** *~ it to s.b.* ge ngn sitt erkännande

hand|bag ['hæn(d)bæg] handväska **-ball** (*slags*) handboll (*där 2 el. 4 spelare m. handen slår en boll mot en vägg*) **-bill** reklamlapp, flygblad **-book** handbok
h. and c. *förk. för hot and cold* [*water*]
hand|cart ['hæn(d)kɑ:t] hand-, drag|kärra **-clasp** *AE.* handslag **-craft** *se handicraft* **-cuff** **I** *v* sätta handbojor på **II** *s,* ~*s* (*pl*) handbojor
Handel ['hændl] Händel
handful ['hæn(d)fʊl] **1** handfull **2** *vard.* besvärlig person, besvärligt barn; besvärlig sak **hand glass 1** förstoringsglas **2** nackspegel **hand grenade** [-grəˌneɪd] handgranat **handgun** [-gʌn] *AE.* handeldvapen (*i sht pistol*)
handi|cap ['hændɪkæp] **I** *s* **1** handikapp; rörelsehinder; svår belastning **2** *sport.* handikapp; handikapptävling **II** *v* **1** handikappa; belasta; ~*ped* handikappad, rörelsehindrad **2** *sport.* ge handikapp; belasta med handikapp **-craft 1** hantverksskicklighet **2** hantverk; hemslöjd; handarbete **-work** hantverk, händers verk; handarbete
handkerchief ['hæŋkətʃɪf] näsduk
hand-knit[ted] ['hændˌnɪt(ɪd)] handstickad
handle ['hændl] **I** *s* **1** handtag, skaft; öra; dörr|-handtag, -vred; grepp; vev; *fly off the* ~ (*vard.*) bli rasande, flyga i flinta **2** anledning, förevändning, tillfälle **3** *sl.* titel (*före namn*) **II** *v* **1** ta i, beröra, vidröra **2** hantera, handha, handskas med; manövrera; behandla **3** ha (ta) hand om, sköta **4** avhandla, diskutera (*a subject* ett ämne) **5** handla (driva handel) med **6** gå att styra; *this car* ~*s well on bends* den här bilen ligger (går) bra i kurvor
handlebar ['hændlbɑ:] **I** *s* (*vanl. pl* ~*s*) styrstång, [cykel]styre **II** *a,* ~ *moustache* knävelborrar
handling ['hændlɪŋ] beröring, vidrörande, hantering, handhavande *etc., jfr handle II*; *her* ~ *of the matter* hennes sätt att behandla saken
hand|made [ˌhæn(d)'meɪd] handgjord, gjord för hand **-maid[en]** ['hæn(d)meɪd(n)] *bildl. el. åld.* tjänarinna **--me-down** ['hæn(d)mɪdaʊn] *vard.* **I** *s,* ~*s* (*pl*) ärvda (begagnade) kläder **II** *a* ärvd, begagnad **--out** ['hændaʊt] **1** gåva, allmosa **2** broschyr, reklamlapp; gratisprov **2** pressmeddelande, kommuniké **--pick** ['hæn(d)pɪk] handplocka (*äv. bildl.*) **-rail** ['hændreɪl] ledstång, räcke **-saw** ['hændsɔ:] handsåg; fogsvans **-set** ['hændset] telefonlur, mikrofon **-shake** hand|-slag, -skakning, -tryckning
handsome ['hænsəm] **1** vacker, stilig, ståtlig, snygg (*man* man) **2** ansenlig, ganska stor, nätt (*sum of money* summa pengar) **3** fin, generös, storslagen (*reward* belöning) **4** *AE.* skicklig, flott (*manœuvre* manöver) **-ly** [-lɪ] *adv* vackert *etc., jfr handsome*; elegant, flott; *they were* ~ *rewarded* de blev rikligt belönade
hand|spike ['hændspaɪk] hävstång, handspak **-spring** handvolt **-stand** *s, do a* ~ stå på händerna **--to-hand** [ˌhæn(d)tə'hænd] *a o. adv* man mot man; ~ *fighting* handgemäng, strid[er] man mot man **--to-mouth** [ˌhæn(d)tə'maʊθ] *a o. adv* ur hand i mun; *lead a* ~ *existence* leva ur hand i mun **-writing** ['hændˌraɪtɪŋ] handstil
handy ['hændɪ] **1** till hands, lättillgänglig; *come in* ~ komma väl till pass; *have s.th.* ~ ha ngt till hands **2** händig, skicklig (*at doing s.th.* att göra ngt) **3** praktisk, lätthanterlig, behändig; *a* ~ *tool* ett praktiskt verktyg **-man** [-æn] allt i allo, hantlangare, hjälp
hang [hæŋ] **I** *v* (*hung, hung, i bet. 2 o. 5 vanl.* ~*ed,* ~*ed*) **1** hänga, vara upphängd (*by* i, vid, med; *from* ned från; *on* i, på); (*om tyg e.d.*) falla; *it* ~*s in the air* (*bildl.*) det ligger i luften; ~ *in the balance* (*bildl.*) stå och väga, vara oviss; *the curtain* ~*s well* gardinen har ett vackert fall **2** hängas, bli hängd; *it can go* ~*!* (*sl.*) jag ger tusan i det! **3** gå sakta; *time* ~*s heavily* (*heavy*) tiden sniglar sig fram **4** hänga [upp] (*laundry* tvätt); ~ *s.th. from s.th.* hänga [upp] ngt i ngt; ~ *wallpaper* tapetsera, sätta upp tapeter **5** hänga, avrätta genom hängning; ~ *it* [*all*]! (*sl.*) jäklar också!; *I'll be* ~*ed if* (*before*)...(*sl.*) så ta mig tusan om jag...; *I'm* ~*ed if I know!* (*sl.*) jag vet ta mig tusan inte!; ~ *him!* (*sl.*) åt fanders med honom!; ~ *it!* (*sl.*) tusan också! **6** hänga med (*one's head* huvudet) **7** behänga (*a wall with tapestries* en vägg med gobelänger) **8** ~ *fire a*) vänta med att skjuta, *b*) *bildl.* dröja, dra ut på tiden **9** ~ *about* (*around*) stå och hänga, driva omkring; ~ *about with* sällskapa med; ~ *back from* tveka inför, dra sig för; ~ *behind* dröja sig (stanna) kvar; ~ *in* (*AE. sl.*) hålla ut; ~ *on a*) hänga fast, hålla (klamra) sig fast (*to* vid), *b*) hänga (bero) på, *c*) *vard.* vänta, dröja ([*for*] *a minute* ett ögonblick); *he hung on*[*to*] (*upon*) *her every word* han lyssnade uppmärksamt på vartenda ord hon sade; ~ *out a*) hänga ut (fram, upp), *b*) *vard.* hålla till (hus), *c*) *AE. vard.* tala fritt ur hjärtat; *let it all* ~ *out* (*sl.*) slappna (koppla) av; ~ *together* hänga (hålla) ihop; ~ *up a*) hänga upp, *b*) lägga på luren, ringa av; ~ *up on s.b.* ringa av i örat på ngn; *be hung up on s.b.* (*vard.*) vara fixerad vid ngn **II** *s* **1** sätt på vilket ngt hänger; (*tygs*) fall **2** *I don't care a* ~ *for what he says* (*sl.*) jag bryr mig inte ett dugg om vad han säger **3** *get the* ~ *of* (*vard.*) komma underfund med, få grepp om, fatta
hangar ['hæŋə] hangar
hang|dog ['hæŋdɒg] **I** *a* skamsen, slokörad; förstulen, hemlighetsfull **II** *s* galgfågel
hanger ['hæŋə] hängare; klädhängare, galge **--on** [ˌhæŋər'ɒn] (*pl hangers-on*) snyltare, påhäng, parasit
hang|-gliding ['hæŋˌglaɪdɪŋ] häng-, drak|flygning **-ing** [-ɪŋ] **I** *s* **1** [upp]hängning **2** [avrättning genom] hängning **3** *vanl. pl* ~*s* tapeter, gobelänger, draperier, förhängen **II** *a* **1** hängande; sluttande, lutande; ~ *gardens* hängande trädgårdar **2** oviss, inte beslutad **3** hängnings-, galg-; ~ *matter* brott belagt med dödsstraff (hängningsstraff) **-man** [-mən] bödel **-nail** [-neɪl] nagelrot **-over** [-ˌəʊvə] **1** baksmälla **2** kvarleva **--up** [-ʌp] *vard.* fixering, fix idé; ständigt problem
hank [hæŋk] **1** ögla, bukt, slinga; rulle **2** härva (*garn*)
hanker ['hæŋkə] ~ *for* (*after*) tråna (längta) efter, åtrå **-ing** [-rɪŋ] längtan (*for, after* efter), åtrå
hank|ie, -y ['hæŋkɪ] *vard.* näsduk
hanky-panky [ˌhæŋkɪ'pæŋkɪ] *vard.* smussel; dumheter; hemligt förhållande
Hanover ['hænə(ʊ)və] Hannover
Hansard ['hænsɑ:d] Handsard (*det officiella eng. parlamentstrycket*)
hansom [cab] ['hænsəm(kæb)] tvåhjulig droska

Hants. *förk. för Hampshire*

Hanuk[k]ah ['hɑ:nʊkɑ:] *jud.* chanukkah (*tempelinvigningsfest*)

hap [hæp] *åld.* **I** *s* **1** tur, lycka **2** händelse **II** *v* hända; råka

ha'penny [''heɪpnɪ] = *halfpenny*

haphazard [ˌhæp'hæzəd] **I** *a* slumpmässig, planlös; tillfällig; *in a ~ way* slumpmässigt, planlöst, godtyckligt **II** *adv* på en höft, på måfå, slumpmässigt

hapless ['hæplɪs] olycklig

ha'p'orth ['heɪpəθ] = *halfpennyworth*

happen ['hæp(ə)n] **1** hända (*to s.b.* ngn), ske, inträffa, äga rum; *it ~ed like this* det gick till så här; *the meeting never ~ed* mötet ägde aldrig rum; *it all ~ed so quickly* allt gick (skedde) så snabbt; *these things ~* sådant händer, så kan det gå **2** råka; falla sig; komma sig; *I ~ed to meet him* jag råkade möta honom; *you don't ~ to have a toothpick on you?* du har händelsevis (råkar) inte ha en tandpetare på dig?; *it so ~ed that* det föll sig så att; *as it ~s* (*~ed*) händelsevis; *as it ~s, I am* jag råkar faktiskt vara **-ing** ['hæpn̩ɪŋ]] **1** händelse, tilldragelse **2** *teat. o.d.* happening **-stance** [-stəns] *AE.* **1** tillfällighet **2** tur

happi|ly ['hæpɪlɪ] *adv* **1** lyckligt **2** lyckligtvis **-ness** [-nɪs] lycka

happy ['hæpɪ] **1** lycklig, glad (*about, at* över); tillfreds, nöjd (*with* med); *H~ Birthday!* har den äran [på födelsedagen]!; *a ~ event* en lycklig tilldragelse; *I shall be ~ to come* det skall bli mig ett nöje att komma, jag kommer mycket gärna **2** gynnsam, lycklig; *~ medium* gyllene medelväg; *be in the ~ position of not having to...* vara i den lyckliga situationen att inte behöva... **3** lyckad, träffande (*turn of phrase* formulering) **4** *vard.* lätt berusad, glad **--go-lucky** [ˌhæpɪgə(ʊ)'lʌkɪ] obekymrad, sorglös, bekymmerslös

Hapsburg ['hæpsbɜ:g] Habsburg

harakiri [ˌhærə'kɪrɪ] harakiri

harangue [hə'ræŋ] **I** *s* harang, tirad, [straff]predikan **II** *v* hålla straffpredikan (predika) för

harass ['hærəs] ansätta, plåga, trakassera, oroa; hetsa, jäkta

harbinger ['hɑ:bɪn(d)ʒə] förebud; förelöpare; budbärare

harbour ['hɑ:bə] **I** *s* hamn (*av. bildl.*); tillflykt, tillflyktsort, skydd **II** *v* **1** ge skydd åt, härbärgera, hysa; gömma **2** *bildl.* hysa (*a grudge* agg) **3** gå i hamn **harbourage** [-rɪdʒ] tillflyktsort; hamn **harbour master** [-ˌmɑ:stə] hamnkapten

hard [hɑ:d] **I** *a* **1** hård; fast; *~ cash* (*money*) kontanter, klingande mynt; *~ cheese* (*BE. sl.*) otur; *~ coal* antracit; *~ core a*) *bildl.* innersta kärna, kärntrupp, *b*) vägunderlag (*av krossad sten e.d.*); *~ currency* hårdvaluta; *~ hat a*) skyddshjälm, *b*) *vard., i sht AE.* byggnadsarbetare, *c*) *sl.* flaggviftare, ärkepatriot, *d*) *AE. vard.* ultrareaktionär [person]; *~ landing* kraschlandning; *~ light* hårt ljus; *~ water* hårt (kalkhaltigt) vatten; *~ wheat* durumvete; *~ vowel* (*språkv.*) hård vokal **2** svår (*task* uppgift; *question* fråga); svåruthärdlig; *~ case* (*BE. vard.*) svårt fall, oförbätterlig människa, stackare; *~ of hearing* hörselskadad, lomhörd; *a ~ nut to crack a*) en svår nöt att knäcka, *b*) en svårövertalad person; *it's ~ for* (*on*) *you* det är svårt (hårt) för dig; *Chinese is ~ going* det är mycket svårt att lära sig kinesiska; *she had a ~ time of it* hon hade det svårt, det var en hård match för henne; *learn s.th. the ~ way* få slita hårt för att lära sig ngt **3** hård, ansträngande; häftig; sträng; krävande, fordrande; grym, tung, svår; kraftig; ihärdig; *~ and fast a*) fast, *b*) (*om regel e.d.*) bindande, orubblig; *drive a ~ bargain* pressa priset till det yttersta; *~ drinker* storsupare; *~ drugs* tung narkotika; *~ facts* kalla (nakna) fakta; *~ fate* hårt (grymt) öde; *~ frost* sträng kyla; *~ knock* hård (kraftig) knackning; *~ labour* straffarbete; *~ liquor* (*stuff*) starksprit; *~ luck* (*lines*)! vilken otur!; *~ work* hårt arbete; *~ worker* hårt arbetande människa, arbetsmänniska; *don't be ~ on him* var inte för hård (sträng) mot honom **4** *mil.* starkt befäst; (*om kärnvapen*) under|jordisk, -jords- **5** *Austr. sl., put the ~ word on s.b.* klämma åt ngn **II** *adv* **1** hårt, fast; kraftigt; häftigt; starkt; fort; *~ a port* (*sjö.*) hårt babord; *be ~ at it* (*vard.*) ligga i, slita, knoga; *he's ~ done by having to* det är hårt för honom att han måste; *be ~ put* [*to it*] knappast klara av det, ha det svårt; *breathe ~* andas tungt; *freeze ~* vara sträng kyla; *hit ~* slå (träffa) hårt; *listen ~* lyssna noga; *look ~ at* se noga på, titta skarpt på; *rain ~* regna häftigt (kraftigt); *think ~* tänka skarpt, tänka efter noga; *try ~* försöka ordentligt, anstränga sig hårt; *turn ~ right* svänga hårt till höger; *work ~* arbeta hårt (*at* med [att]) **2** med svårighet; svårt; illa; *die ~* (*bildl.*) vara seglivad; *take it ~* ta det hårt **3** *~ by* nära tätt intill; *be ~ up* (*vard.*) vara i knipa (pank), ha ont om pengar; *be ~ up for* vara i stort behov av, sakna; *it'll go ~ with him* han kommer att få svårigheter, det kommer att stå honom dyrt

hard|-and-fast ['hɑ:d(ə)n'fɑ:st] *se hard I 3* **-back** [-bæk] [in]bunden bok **-bake** [-beɪk] mandelknäck **--bitten** [ˌhɑ:d'bɪtn] hänsynslös, tuff **-board** [-bɔ:d] hardboard (*hårdpressad träfiberplatta*) **--boiled** [ˌhɑ:d'bɔɪld] **1** hårdkokt (*egg* ägg) **2** *vard.* hårdkokt, kallhamrad **--core** ['hɑ:dkɔ:] **1** *~ pornography* hårdporr **2** orubblig, övertygad (*Communist* kommunist) **--earned** [ˌhɑ:d'ɜ:nd] surt förvärvad

harden ['hɑ:dn] **1** göra hård[are]; [för]stärka; härda (*steel* stål; *the body* kroppen); vänja; förhärda; *~ed* [för]härdad, garvad, inkrökt; *~ o.s. to a*) härda sig mot, vänja sig vid, *b*) förhärda sig mot; *this ~ed her attitude* detta skärpte hennes hållning; *~ off a plant* härda en växt **2** bli hård [are], hårdna; stelna; härdas; förhärdas; *~ off* (*om växt*) härdas **3** (*om pris*) *a*) bli fast[are], stabiliseras, *b*) stiga **-ing** ['hɑ:dnɪŋ] härdning; hårdhet, skärpning; förhärdning; *~ of the arteries* åderförkalkning

hard|-featured [ˌhɑ:d'fi:tʃəd] med hårda (grova) ansiktsdrag **--fought** förbittrad, hård, häftig (*battle* strid) **--headed** saklig, nykter; förslagen, beräknande **-hearted** hårdhjärtad **--hit** hårt drabbad

hardi|hood ['hɑ:dɪhʊd], **-ness** [-nɪs] djärvhet, dristighet, mod; fräckhet

hardly ['hɑ:dlɪ] *adv* **1** knappast, knappt; nätt och jämnt; *~ anybody* knappast någon, nästan ingen; *~ ever* nästan aldrig; *we ~ knew them* vi kände dem knappast **2** med möda (svårighet)

hard|-mouthed [ˌhɑ:d'maʊðd] omedgörlig, envis **-ness** ['hɑ:dnɪs] hårdhet; stränghet; svårighet **--nosed** [ˌhɑ:d'nəʊzd] *AE. sl.* tuff, hård, omedgörlig **--pressed** [ˌhɑ:d'prest] i knipa, hårt ansatt, illa däran; ~ *for money* i penningknipa

hard|ship ['hɑ:dʃɪp] umbäranden, vedermöda, prövning, strapats; *the ~s of war* krigets vedermödor; *suffer great ~* lida stor nöd, slita mycket ont **-tack** skeppsskorpa **-top** hardtop (*bil o. båt*) **-ware 1** järn-, metall|varor **2** *data.* hård-, maskin|vara **3** *mil.* tung utrustning **4** *vard.* vapen (*sg el. pl*) **--wearing** [ˌhɑ:d'weərɪŋ] slitstark; motståndskraftig **--wood** ['hɑ:dwʊd] hårt träslag (*t.ex. ek, lönn*) **--working** [ˌhɑ:d'wɜ:kɪŋ] arbetsam, hårt arbetande

hardy ['hɑ:dɪ] **1** härdig, härdad, motståndskraftig **2** djärv, dristig

hare [heə] **I** *s* hare; ~ *and hounds* snitseljakt (*lek*); *run with the ~ and hunt with the hounds* hålla sig väl med båda sidor (alla); *start a ~* ta upp ett ämne till diskussion **II** *v, BE. vard.* rusa, springa (*off* i väg; *about* omkring)

hare|bell ['heəbel] blåklocka **-brained** [-breɪnd] tanklös, huvudlös **-lip** [ˌheə'lɪp] har|läpp, -mynthet

harem ['hɑ:ri:m] harem

hare's-foot ['heəzfʊt] *bot.* harklöver

haricot ['hærɪkəʊ] *s,* ~ [*bean*] trädgårdsböna, brytböna, haricot vert

hark [hɑ:k] **1** lyssna (*to* till, på), höra (*to* på) **2** ~ *back* gå tillbaka (*to* till)

harlequin ['hɑ:lɪkwɪn] **1** *teat.* Harlekin **2** narr, clown

harlot ['hɑ:lət] sköka, hora, prostituerad

harm [hɑ:m] **I** *s* skada, ont; *out of ~'s way* i säkerhet, utom fara; *keep* (*stay*) *out of ~'s way* undvika faran, hålla sig undan; *there is no ~ in asking* det skadar inte att fråga; *there is no ~ done* det är ingen skada skedd; *you will come to no ~* det kommer inte att hända dig ngt; *do ~ to s.b.* tillfoga (vålla) ngn skada, göra ngn illa; *it will do more ~ than good* det kommer att göra mer skada än nytta; *she meant no ~* hon menade inget illa, det var inte illa ment **II** *v* skada, göra illa (ont) **-ful** [-f(ʊ)l] skadlig, farlig **-less** [-lɪs] oskadlig, ofarlig; oskyldig (*question* fråga); *make* (*render*) ~ oskadliggöra

har|monic [hɑ:'mɒnɪk] **I** *a* harmonisk (*äv. mus.*); ~ *progression* harmoniföljd; ~ *theory* harmonilära **II** *s, mus.* **1** [harmonisk] överton **2** *~s* (*behandlas som sg*) harmonik **-monica** [-'mɒnɪkə] munspel **-monious** [-'məʊnjəs] **1** *mus.* harmonisk, välljudande, samstämmande **2** *bildl.* harmonisk, samstämmig **-monium** [-'məʊnjəm] [orgel]harmonium, kammarorgel **-monize** (*BE. äv. -monise*) ['hɑ:mənaɪz] **1** harmoniera, stämma överens **2** sjunga flerstämmigt **3** *mus.* harmonisera, sätta harmonier till; *bildl.* göra harmonisk, bringa i samklang **-mony** ['hɑ:mənɪ] **1** *bildl.* harmoni, samstämmighet; samförstånd **2** *mus.* harmoni, samklang; välljud; harmonilära

harness ['hɑ:nɪs] **I** *s* **1** sele; seldon; *in ~* i arbete[t] **2** *väv.* harnesk **II** *v* **1** sela [på]; spänna för; ~ *a horse to a carriage* spänna en häst för en vagn **2** tämja (*the atom* atomen); exploatera, bygga ut, utnyttja (*vattenfall e.d.*)

harp [hɑ:p] **I** *s* harpa; *vard.* munspel **II** *v* **1** spela [på] harpa **2** ~ [*up*]*on* mala (jämt tjata) om; ~ *on the same string* mala (jämt tjata) om samma sak **-er** ['hɑ:pə], **-ist** ['hɑ:pɪst] harpist, harpspelare

harpoon [hɑ:'pu:n] **I** *s* harpun **II** *v* harpunera

harpsichord ['hɑ:psɪkɔ:d] *mus.* cembalo

harpy ['hɑ:pɪ] **1** *myt., H~* harpya **2** rovgirig person, blodsugare

harridan ['hærɪd(ə)n] gammal häxa (ragata)

harrier ['hærɪə] **1** plundrare **2** harrier, engelsk harhund **3** *zool.* kärrhök **4** terränglöpare

Harrovian [hə'rəʊvjən] **I** *s* harrowelev **II** *a* harrow- **Harrow** ['hærəʊ] Harrow (*berömd eng. public school*)

harrow ['hærəʊ] **I** *s* harv; *be under the ~* vara i trångmål **II** *v* **1** harva **2** *bildl.* plåga, pina; oroa, irritera **-ing** [-ɪŋ] hemsk

harry ['hærɪ] **1** plåga, oroa **2** plundra, härja

harsh [hɑ:ʃ] **1** hård, sträv **2** sträng, hård **3** hård; skärande; skorrande **-ness** [-nɪs] hårdhet, strävhet *etc., jfr harsh*

hart [hɑ:t] [kron]hjort (*hanne*)

harum-scarum [ˌheərəm'skeərəm] **I** *a* tanklös, obetänksam **II** *s* virrpanna, tanklös person

harvest ['hɑ:vɪst] **I** *s* **1** skörd; skördetid **2** skörd (*äv. bildl.*), gröda; *the ~ of our efforts* frukterna av våra ansträngningar **II** *v* skörda (*äv. bildl.*) **harvester** [-ə] **1** skördare, skörde|man, -arbetare, slåtterkarl **2** skördemaskin; självbindare **harvest home** skördefest **harvestman 1** skörde|man, -arbetare, slåtterkarl **2** *zool.* lockespindel **harvest moon** skördemåne (*fullmåne vid höstdagjämningen*) **harvest mouse** *zool.* dvärgmus

Harwich ['hærɪdʒ]

has [hæz, *obeton.* həz, əz] *3 pers. sg pres. av have* **--been** ['hæzbɪn] *vard.* fördetting

1 hash [hæʃ] **I** *v* **1** finhacka, hacka sönder **2** fördärva, förstöra **II** *s* **1** *kokk.* hachis, ragu **2** röra, virrvarr; *make a ~ of* (*vard.*) röra till, göra pannkaka av; *settle* (*fix*) *a p.'s ~* (*AE. vard.*) *a*) kuva (tysta) ngn, *b*) bli kvitt med ngn **3** återanvändning

2 hash [hæʃ] *sl.* hasch

hash house *AE. sl.* sylta, fik

hashish ['hæʃi:ʃ] haschisch

hasn't ['hæznt] = *has not*

hasp [hɑ:sp] **I** *s* hasp, klinka **II** *v* stänga med hasp (klinka)

hassle ['hæsl] *vard.* **I** *s* kiv, gräl; krångel, trubbel **II** *v* gräla (kivas) med

hassock ['hæsək] **1** knäkudde **2** grästuva

hast [hæst] *åld., 2 pers. sg pres. av have*

haste [heɪst] **I** *s* hast, skyndsamhet; brådska; *make ~* skynda sig, raska på, rusa: *more ~, less speed* skynda långsamt **II** *v, poet.* skynda [sig] **hasten** ['heɪsn] **1** skynda [sig] **2** skynda (driva, jäkta) på **hastiness** ['heɪstɪnɪs] brådska, hast **hasty** ['heɪstɪ] **1** hastig, snabb, skyndsam; brådskande **2** förhastad, överilad; ~ *words* förhastade ord **3** hetsig, häftig

hat [hæt] hatt; *bad ~* (*vard., i sht BE.*) rötägg, slyngel, ful fisk; *my ~!* (*BE. vard.*) himmel!, du store tid!, försök inte!; *old ~* ngt omodernt (förlegat); *red ~* kardinalshatt; *out of a ~ a*) som genom trolleri, *b*) på måfå, på en höft; ~ *in hand*

H

ödmjukt, underdånigt; *at the drop of a ~* genast; *I'll eat my ~ if* (*sl.*) jag ska äta upp min gamla hatt om; *keep s.th. under one's ~* hålla tyst om ngt, inte föra ngt vidare; *pass* (*send*) *the ~ round* göra en insamling, skicka runt hatten; *take off one's ~ to* (*bildl.*) ta av sig hatten för, beundra, gratulera; *talk through one's ~* (*vard.*) *a*) prata i nattmössan, prata strunt, *b*) bluffa **-band** ['hætbænd] hattband **-box** ['hætbɒks] hattask

1 hatch [hætʃ] **I** *s* **1** kläckning **2** kull **II** *v* kläcka, kläckas (*äv. bildl.*)

2 hatch [hætʃ] **1** [last]lucka; lucköppning; serveringslucka; dammlucka; underdörr; *under ~es a*) under däck, *b*) utom synhåll, *c*) förödmjukad, *d*) död **2** *sl., down the ~!* botten upp!

3 hatch [hætʃ] *konst.* skugga

hatchback ['hætʃbæk] kombi[bil]

hatchery ['hætʃərɪ] äggkläckningsanstalt

hatchet ['hætʃɪt] [hand]yxa; tomahawk; *bury the ~* gräva ner stridsyxan, sluta fred **hatchet face** smalt, skarpskuret ansikte **hatchet job** *vard., i sht AE.* illvilligt angrepp **hatchet man** *vard.* **1** hejduk, hantlangare **2** *AE.* lejd mördare **3** *AE.* elak kritiker

hatching ['hætʃɪŋ] *konst.* skuggning

hatchway ['hætʃweɪ] **1** *sjö.* lucköppning **2** lucka, öppning

hate [heɪt] **I** *v* hata, avsky, tycka illa om **II** *s* hat, avsky **-ful** ['heɪtf(ʊ)l] förhatlig, avskyvärd

hath [hæθ] *åld., 3 pers. sg pres. av have*

hat|pin ['hætpɪn] hattnål **-rack** hatthylla

hatred ['heɪtrɪd] hat (*for* mot), avsky (*of* för)

hat stand ['hætstænd] (*fristående*) hatt-, kläd|hängare **hatter** [-ə] hattmakare; *~'s* hatt|affär, -makeri; *as mad as a ~* spritt språngande galen **hat tree** *AE., se hat stand* **hat trick** [-(t)rɪk] *sport.* hat trick (*tre mål i följd av samma spelare*)

hauberk ['hɔ:bɜ:k] brynja

haughty ['hɔ:tɪ] högdragen, högmodig, högfärdig, överlägsen, arrogant

haul [hɔ:l] **I** *v* **1** hala, dra, släpa; bogsera; *~ s.b. up* (*vard.*) *a*) ställa ngn till svars, *b*) ge ngn en uppsträckning; *~ s.b. up before the magistrate* (*vard.*) dra ngn inför rätta, ställa ngn till svars **2** frakta, transportera **3** *sjö., ~* [*up*] *a*) dra (hala) upp (*fartyg på land*), *b*) hala ombord **4** *sjö., ~* [*off*] *a vessel* gira med ett fartyg **5** *sjö.* (*om vind*) dra sig föröver; *~* [*round*] gira, ändra kurs **6** ändra sig **II** *s* **1** halning, drag; bogsering **2** notvarp, fångst (*av fisk*); byte, kap **3** sträcka (*som ngt dras*), transportsträcka; *in* (*over*) *the long ~ a*) i framtiden, *b*) [över] en längre tid **haulage** ['hɔ:lɪdʒ] **1** halande, dragande *etc., jfr haul I* **2** transport[kostnader], speditionsavgift **haulage contractor** **1** åkeri, speditionsfirma, transportföretag **2** åkare, speditör **haul[i]er** ['hɔ:l(j)ə] åkeriägare, åkare, speditör

haulm [hɔ:m] **1** blast **2** stjälk

haunch [hɔ:n(t)ʃ] **1** höft; länd (*på häst e.d.*); *go down on one's ~es a*) sätta sig på huk, *b*) (*om hund*) sätta sig på bakbenen **2** *kokk.* lår[stycke]

haunt [hɔ:nt] **I** *v* **1** spöka hos (i, på); *bildl. äv.* hemsöka, plåga, förfölja; *she was ~ed by fear* hon hemsöktes (plågades) av fruktan; *the idea ~s me* tanken förföljer mig **2** ofta besöka, hålla till hos (i, på) **II** *s* tillhåll; vistelseort **-ed** ['hɔ:ntɪd] **1** spök-; *~ house* spökhus; *this place is ~* det spökar här **2** plågad, hemsökt; orolig, rastlös; besatt **-ing** ['hɔ:ntɪŋ] **1** efterhängsen (*tune* melodi); gripande, oförglömlig (*memory* minne)

hauteur [əʊ'tɜ:] *litt.* högmod, stolthet

have [hæv] **I** *v* (*had, had; 3 pers. sg pres. has*) **A** *hjälpv* ha; *~ been* ha varit; *~ had* ha haft; *I ~ found it* jag har hittat den; *~ you got a pencil?* (*BE.*) har du en penna?; *I ~ lived* (*I've lived, I ~ been living*) *here for five years* jag har bott här i fem år; *he should ~ gone* han skulle (borde) ha gått; *I ~ not* (*I've not, I ~n't*) *seen him* jag har inte sett honom; *you ~* (*you've*) *seen him, ~n't you?* du har sett honom, eller hur? **B** *huvudv* **1** ha; äga; hysa; *I ~ no car* jag har ingen bil; *they ~ two children* de har två barn; *~ a cold* (*äv.*) vara förkyld; *~ a conversation* ha (föra) en konversation; *~ fear* vara rädd, känna (hysa) fruktan; *~ guests* ha gäster; *~ mercy on* vara barmhärtig mot; *~ an operation* genomgå en operation, opereras; *~ a party* ha en fest; *do you ~ a pencil?* har du en penna?; *she has red hair* hon har rött hår; *I ~ it!* (*vard.*) jag har det!, jag vet!; *what time do you ~?* (*AE.*) hur mycket är klockan? **2** få (*a gift* en present); äta (*breakfast* frukost), dricka (*tea* te), ha, ta; *~ another one* ta en till; *she is having a baby* hon väntar barn; *~ an idea* få (ha) en idé; *~ a good meal* äta en god måltid; *~ news from s.b.* få höra från ngn; *~ a shock* få en chock; *I must ~ more time* jag måste få mera tid [på mig]; *we had many visitors* vi fick (hade) många besök; *let me ~ it* låt mig få den; *what will you ~?* vad vill du ha (äta)?; *there are no cigarettes to be had* det går inte att få [tag i] några cigarretter **3** kunna, förstå; *he has no French* han kan ingen (inte ett ord) franska **4** ha (*ngn*) fast; *vard.* lura; *she had him by the hair* hon höll fast honom i håret; *I'll ~ you!* jag ska nog få fast dig!; *I ~ him where I want him* jag har fått honom dit jag vill; *you ~ me there!* nu blev jag ställd!, det vet jag inte!; *he was had by the salesman* han blev lurad av försäljaren; *ever been had?* nu blev du allt lurad! **5** tillåta, finna sig i, vilja; *I won't ~ it!* jag tänker inte finna mig (finner mig inte) i det!; *I'm not having any of that!* jag vill inte veta av (går inte med på) det! **6** *~ to* (*+ inf.*) vara (bli) tvungen att, få lov att, behöva; *I had to run to catch the train* jag måste springa för att hinna med tåget; *that will ~ to do* det får duga; *she doesn't ~ to work* hon behöver inte (är inte tvungen att) arbeta; *we shall ~ to leave tomorrow* vi måste resa i morgon; *~ to do with* ha att göra med; *it has nothing to do with me* det har ingenting med mig att göra **7** *~ s.th. done* få ngt gjort, låta göra ngt, se till att ngt blir gjort; *~ one's hair cut* [låta] klippa sig (håret); *~ one's shoes repaired* få sina skor lagade; *~ s.b. do s.th.* låta ngn (få ngn att) göra ngt; *he had his leg broken* han har (hade) brutit benet; *she had her car stolen* hon fick sin bil stulen; *she was having her room redecorated* hon höll på och tapetsera om sitt rum; *I won't ~ you jumping on the sofa* jag vill inte att ni hoppar i soffan; *what would you ~ me say?* vad vill du jag ska säga om det? **8** *~ it a*) påstå, hävda, *b*) vinna [en seger]; *~ had it* (*vard.*) *a*) vara slut (ur leken, död), *b*) bli omodern, *c*) ha missat chansen, *d*) ligga illa till; *you've had it!* nu ligger du illa till!, nu är det klippt!; *rumour has it that* ryktet säger (går) att; ~ *it your own way!* [gör] som du vill!; *let them* ~ *it!* (*sl.*) på dem bara!, ge dem vad de tål!; *she will* ~ *it that* hon vill ha det till att; *I won't* ~ *it that* jag vill inte veta av (höra talas om) att; *as fate would* ~ *it* ödet ville att; *as Shakespeare has it* som Shakespeare säger, som det står hos Shakespeare; ~ *it away* (*off*) (*BE. vulg.*) knulla; ~ *it coming* (*vard.*) vänta sig en utskällning; *I didn't know she had it in her* det hade jag inte trott att hon skulle klara av; ~ *it in for* (*vard.*) vilja komma åt, ha ett horn i sidan till; ~ *it out with s.b.* tala ut (göra upp) med ngn **9** ta [sig], få sig, göra; ~ *a look* se, titta, ta sig en titt; ~ *a smoke* röka; ~ *a try* försöka **10** *you had better* (*best*) *go* det är bäst att du går; *I had rather* (*sooner*) *you left now* jag skulle föredra att du går nu **11** ~ *at* (*åld.*) gå lös på; ~ *in a*) inbjuda, *b*) ta hem (*a plumber* en rörmokare), *c*) sätta in (*a new engine* en ny motor); ~ *on a*) ha på sig (*kläder*), *b*) ha för sig, ha planerat, *c*) lura, driva med; *the police has nothing on me* polisen kan inte anklaga mig för någonting; ~ *a tooth out* [låta] dra ut en tand; *be had up* bli stämd [inför rätta], åka fast **II** *s*, *the ~s and the ~-nots* [de] rika och [de] fattiga

havelock ['hævlɒk] havelock (*solskydd för hals o. nacke*)

haven ['heɪvn] hamn; tillflyktsort

have-not ['hævnɔt] *se have II*

haven't ['hævnt] = *have not*

haver ['heɪvə] *BE.* vackla, tveka

haversack ['hævəsæk] ränsel, tornister; ryggsäck

havoc ['hævək] förstörelse, ödeläggelse; *vard.* kaos; *cry* ~ (*åld.*) ge signal till plundring (förstörelse); *play* ~ *with* gå illa (hårt) åt; *wreak* ~ *on* anställa förödelse (skada) på

1 haw [hɔ:] *bot.* hagtornsbär; hagtorn

2 haw [hɔ:] **I** *interj* hm **II** *v* humma, säga hm; *jfr 2 hem II*

Hawai|i [hə'waɪi:] Hawaii **-ian** [-ɪən] **I** *a* hawaii[an]sk, hawaii- **II** *s* hawai|ian, -ier

1 hawk [hɔ:k] hök (*äv. polit.*); *AE.* falk; *bildl.* hänsynslös person **II** *v* **1** jaga med falk **2** (*om hök, falk*) jaga; ~ *at* anfalla, slå ner på

2 hawk [hɔ:k] **1** sälja (ropa ut) på gatan **2** ~ [*about*] sprida (*skvaller e.d.*)

3 hawk [hɔ:k] harkla sig

1 hawker ['hɔ:kə] falkenerare

2 hawker ['hɔ:kə] gatuförsäljare; gårdfarihandlare

hawk-eyed ['hɔ:kaɪd] falkögd; vaksam, observant **hawking** [-ɪŋ] falkjakt **hawk moth** *zool.* svärmare

hawsehole ['hɔ:zhəʊl] *sjö.* klys[gatt] **hawsepipe** *sjö.* ankarklys **hawser** [-ə] *sjö.* tross, tåg, kabel

hawthorn ['hɔ:θɔ:n] *bot.* hagtorn

hay [heɪ] **I** *s* hö; *hit the* ~ (*sl.*) gå och kvarta (knyta sig), krypa till kojs; *make* ~ bärga hö; *make* ~ *of* röra till, vända upp och ner på; *make* ~ *while the sun shines* (*vard.*) smida medan järnet är varmt **II** *v* **1** ge (utfodra med) hö **2** göra hö av, torka

haycock ['heɪkɒk] hövolm **hay fever** [-ˌfi:və] hösnuva **hayfork** [-fɔ:k] högaffel, hötjuga **haymaker** [-ˌmeɪkə] **1** slåtterkarl **2** *sl.* sving, hårt slag (*i boxning*) **haymow** [-məʊ] **1** höskulle **2** mängd (*bärgat*) hö **hayrick** [-rɪk] höstack **hayseed** [-si:d] *AE.* bondlurk, tölp **haystack** [-stæk] höstack **haywire** [-ˌwaɪə] *vard.* **1** *go* ~ paja, gå sönder **2** oberäknelig, knasig

hazard ['hæzəd] **I** *s* **1** fara, risk; riskfylldhet; *at* ~ på spel, i fara; *at all ~s* till varje pris; *the ~s of war* krigets faror **2** *golf.* hinder **3** slump, lyckträff; *by* ~ av en slump (händelse) **4** (*slags*) tärningsspel **II** *v* **1** riskera, sätta på spel **2** våga [sig på] (*a guess* en gissning) **hazardous** [-əs] riskfylld, farlig; vågad; osäker **hazard warning device (light)** varningsblinkers (*på bil*)

1 haze [heɪz] **I** *s* dis[ighet]; töcken (*äv. bildl.*) **II** *v*, ~ [*over*] göra (bli) disig

2 haze [heɪz] **1** *i sht AE.* skända (*student*) **2** *sjö.* straffa, förödmjuka

hazel ['heɪzl] **I** *s* **1** *bot.* hassel; hasselnöt **2** nötbrun (ljusbrun) färg **II** *a* nöt-, ljus|brun **-nut** hasselnöt

hazy ['heɪzɪ] disig, dimmig; *bildl.* dimmig, suddig, oklar

HB *förk. för hard-black* medium (*om blyertspenna*) **H.B.M.** *förk. för Her* (*His*) *Britannic Majesty*

H-bomb ['eɪtʃbɒm] h-bomb, vätebomb

H.C. *förk. för Holy Communion; House of Commons* **H.C.F., h.c.f.** *förk. för highest common factor* **hd.** *förk. för hand; head* **hdqrs.** *förk. för headquarters* **HE, H.E.** *förk. för high explosive; His Eminence; His* (*Her*) *Excellency*

he [hi:, *obeton.* hɪ, ɪ] **I** *pron* **1** *pers.* han; (*om djur äv.*) den, det; *Harry Gregg, who's ~?* Harry Gregg, vem är det?; *if I were* ~ om jag vore han; *~'s a fine stallion* det är en fin hingst **2** *determ.* den; ~ *who lives will see* den som lever får se; *everybody can do as* ~ *likes* var och en kan göra som den vill **II** *s* **1** han; han[n]e **2** (*i sms.*) han-; *it's a ~-dog* det är en hanhund

head [hed] **I** *s* **1** huvud; *vard.* huvudvärk; ~ *of hair* hår[växt]; ~ *of lettuce* salladshuvud; ~ *of a nail* spikhuvud; *be* ~ *and shoulders above* vara mer än huvudet högre än, *bildl. äv.* vara vida överlägsen, stå skyhögt över; *count ~s* räkna antalet närvarande (röstande *etc.*); *give a horse* (*s.b.*) *his* ~ ge en häst (ngn) fria tyglar; *keep one's* ~ hålla huvudet kallt, behålla fattningen; *lose one's* ~ (*bildl.*) tappa huvudet, förlora fattningen; *it turned his* ~ det steg honom åt huvudet; *keep one's* ~ *above water* (*bildl.*) hålla sig flytande (huvudet ovanför vattenytan); ~ *first* (*foremost*) huvudstupa; *have a good* ~ *for figures* vara duktig i (ha sinne för) siffror; *have a good* ~ *for heights* inte få svindel; ~ *on* med huvudet först; *have a good* ~ *on one's shoulders* ha huvudet på skaft, vara ett ljushuvud; ~ *over heels* huvudstupa, handlöst; ~ *over heals in love* (*debt*) upp över öronen förälskad (skuldsatt); *turn* (*go*) ~ *over heals* göra (slå) en kullerbytta; *beat a p.'s* ~ *off* fullkomligt besegra ngn; *cry one's* ~ *off* (*sl.*) gallskrika, skrika som en galning; *talk a p.'s* ~ *off* prata ihjäl ngn; *we put our ~s together* (*vard.*) vi slog våra kloka huvuden ihop; *above* (*over*) *a p.'s* ~ över huvudet på ngn; *taller than s.b. by a* ~ huvudet högre än ngn; *from* ~ *to foot* från topp till tå; *off* (*out of*) *one's* ~ (*sl.*) knasig, galen; *off the top of one's* ~ obetänksamt, oförberett; *on*

H

one's [*own*] ~ på egen risk, på eget ansvar; *over a p.'s* ~ över ngns huvud, över ngns horisont; *over* ~ *and ears* upp över öronen; *be promoted over the* ~ *of s.b. else* gå förbi ngn vid befordran; *get s.th. into one's* ~ få in ngt i sin skalle; *get s.th. out of one's* ~ få ngt ur sitt huvud (sina tankar); *go to a p.'s* ~ stiga ngn åt huvudet (*äv. bildl.*); *hold up one's* ~ (*bildl.*) hålla huvudet högt; *put s.th. into a p.'s* ~ inbilla (intala) ngn ngt; *what put that into his* ~? hur kom han på den tanken (idén)?; *take it into one's* ~ *to do s.th.* få för sig (i sitt huvud) att man ska göra ngt; *win by a* ~ *a*) (*om häst*) vinna med en huvudlängd, *b*) vinna ytterst knappt **2** chef, direktör; föreståndare; ledare; överhuvud, huvudman; *vard.* rektor; ~ *of department a*) avdelningschef, *b*) *univ.* institutionschef; ~ *of state* stats|chef, -överhuvud; *the* ~ *of the family* familjens överhuvud **3** ledning; spets; tät; ledarställning; *be at the* ~ *of* stå i spetsen (vara i ledningen) för; *make* ~ göra framsteg; *make* ~ *against s.b.* bjuda ngn spetsen **4** topp; översta del, övre ände; spets; huvudända (*of a bed* på en säng); knopp (*of a cane* på en käpp); *arkit.* kapitäl, [kolonn]huvud; (*mynts*) framsida; (*flods*) källa, tillflöde, övre lopp; (*vägs*) änd-, slut|punkt; [hög] udde; *at the* ~ *of the page* överst på sidan; ~*s or tails?* krona eller klave?; *I cannot make* ~ *nor tail of it* (*vard.*) jag blir inte klok på det **5** skum, fradga (*på öl*) **6** (*pl lika*) person, individ; antal, stycke; *five pound a* (*per*) ~ fem pund per person (per man, vardera); *five hundred* ~ *of cattle* fem hundra nötkreatur; *large* ~ *of game* stort viltbestånd **7** huvudpunkt; moment; kapitel; kategori; huvudord; [huvud]rubrik, överskrift; *under the* ~ *of...* under rubriken...; *the* ~ *and front of* huvudpunkten (själva kärnan) i **8** höjdpunkt; kritisk punkt, kris; *bring matters to a* ~ driva saken till sin spets **9** *sjö.* förstäv, bog; ~*s* (*pl, sl.*) mugg (*toalett*) **10** *tekn.* [vatten]tryck; ångtryck; [ton]huvud **11** *sl.* knarkare **II** *v* **1** ligga vid övre änden av; stå överst på (*a list* en lista); ~ [*up*] anföra, leda, stå (gå) i spetsen för **2** styra, köra (*towards, for* [i riktning] mot) **3** förse med överskrift (rubrik, titel); ~*ed writing paper* skrivpapper med brevhuvud **4** (*i fotboll*) nicka **5** ~ *off a*) hejda, stoppa, *b*) avvärja (*a quarrel* ett gräl), avböja (*questions* frågor) **6** ~ [*for*] gå, vara på väg, *where are you* ~*ing* (~*ed*) [*for*]? vart är du på väg (ska du ta vägen)?; *are you* ~*ing my way?* ska du samma väg som jag?; ~ *back* gå (vara på väg) tillbaka; *be* ~*ing back* vara på tillbakaväg; ~ *for* gå (vara på väg, styra sina steg) [i riktning] mot, styra (sätta kurs) mot; *you are* ~*ing for trouble* du kommer att få obehag **7** (*om flod e.d.*) rinna upp; *bildl.* ha sin upprinnelse (sitt ursprung) i

head|ache ['hedeɪk] huvudvärk; *that's your* ~ (*vard.*) det är din huvudvärk (ditt problem) **-band 1** pannband **2** *boktr.* kapitälband **-dress** huvudprydnad; huvudbonad

-headed ['hedɪd] med...huvud, -huvad; *bare*~ barhuvad; *curly*~ lockig; *two*~ tvåhövdad

head|er ['hedə] **1** *vard.* dykning, huvudhopp **2** (*i fotboll*) nick[ning] **-fast** *sjö.* förtöjningslina **-gear** huvudbonad **--hunter** [-ˌhʌntə] **1** huvudjägare **2** head-hunter (*pers. som letar upp kandidater t. chefsposter*) **-ing** [-ɪŋ] **1** överskrift, rubrik, titel **2** avsnitt, avdelning, stycke **3** (*i fotboll*) nick[ning] **4** *gruv.* ort; tunnel **5** riktning, kurs **-lamp** [-læmp] strålkastare (*på bil*) **-land** [-lənd] udde **-less** [lɪs] huvudlös (*äv. bildl.*) **-light** [-laɪt] strålkastare (*på bil*) **-line** [-laɪn] rubrik; *hit the* ~*s* bli förstasidesstoff **-long** med huvudet före, huvudstupa; hals över huvud **-man 1** [ˌhed'mæn] förman **2** ['hedmæn] hövding **-master** [ˌhed'mɑ:stə] rektor **-mistress** [ˌhed'mɪstrɪs] [kvinnlig] rektor **--on** [ˌhed'ɒn] *a o. adv* **1** med huvudet före; ~ *collision* frontalkrock **2** rakt på sak, rättfram[t] **-phones** ['hedfəʊnz] *pl* hörlurar **-quarters** [ˌhed'kwɔ:təz] *pl* högkvarter; högsta militärledning; stab, stabsplats; huvudkontor

head|rest ['hedrest] huvud-, nack|stöd **-room** fri höjd (*under viadukt e.d.*) **-scarf** sjalett **-set** huvudmikrofon **-shrinker** [-ˌʃrɪŋkə] *sl.* hjärnskrynklare (*psykiater*)

headsman ['hedzmən] bödel, skarprättare

head|stone ['hedstəʊn] gravsten (*vid huvudändan*) **-strong** halsstarrig, egensinnig

head waiter ['hedˌweɪtə] hovmästare **headwaters** *pl* källfloder, källor, källa **headway** [-weɪ] **1** fart [framåt]; framsteg; *make* ~ komma vidare, göra framsteg **2** fri höjd (*under viadukt e.d.*) **3** turtäthet **headwind** [-wɪnd] motvind **headword** [-wɜ:d] uppslagsord, stickord **headwork** [-wɜ:k] tankearbete, intellektuellt arbete **heady** [-ɪ] **1** [be]rusande, [alkohol]stark **2** häftig, upprörande **3** förhastad; otålig

heal [hi:l] **1** bota; läka; *bibl.* hela; *time* ~*s all wounds* tiden läker alla sår **2** återställa; bilägga, överbrygga (*differences* meningsskiljaktigheter) **3** läka[s]; ~ [*over, up*] läka[s] igen (ihop) **--all** ['hi:lɔ:l] universalmedel **-er** ['hi:lə] person som botar; botemedel

health [helθ] **1** hälsa, sundhet; hälsotillstånd; *bad* (*ill*) ~ svag hälsa, sjuklighet; *in poor* ~ sjuk, sjuklig, inte frisk **2** skål; *your* (*good*) ~! skål!; *drink* [*to*] *a p.'s* ~ dricka ngns skål, skåla med ngn

health centre ['helθˌsentə] läkarcentral **health certificate** friskintyg **health food** [-fu:d] hälsokost **health food shop** hälsokostbutik **healthiness** [-ɪnɪs] hälsa, sundhet **health insurance** [-ɪnˌʃʊər(ə)ns] sjukförsäkring **health resort** [-rɪˌzɔ:t] kurort **health service** [-ˌsɜ:vɪs] [allmän] hälsovård **healthy** [-ɪ] **1** frisk; sund (*äv. bildl.*) **2** hälsosam

heap [hi:p] **I** *s* hop, hög; *be struck all of a* ~ (*vard.*) stå som fallen från skyarna, bli alldeles paff **2** *vard.*, *a* ~ *of* en massa; ~*s of* massor (massvis) med, en massa **3** *vard.* [skrot]hög; *the car was a* ~ bilen var en skrothög **II** *v* **1** ~ [*up, together*] hopa, lägga i en hög, stapla, trava; lägga på hög; ~ *insults on s.b.* överösa ngn med förolämpningar **2** fylla (*with* med); råga; *a* ~*ed spoonful* en rågad sked **heaps** *adv* [väldigt] mycket; *she was feeling* ~ *better* hon kände sig mycket bättre

hear [hɪə] (*heard, heard*) **1** höra, lyssna på (till); åhöra; ~ *s.b. out* höra ngn tala till slut; *you're not going, do you* ~ *me!* du går inte, hör du det! **2** få höra (veta) **3** *jur.* behandla (*a case* ett fall); [för]höra **4** höra; ~, ~! bravo!, instämmer!; *he doesn't* ~ *very well* han hör inte så bra **5** få höra; ~ *from* *s.b.* höra av (ifrån) ngn; *you'll be ~ing from me!* jag kommer att ställa dig till svars för det här!; *~ of (about)* höra talas om; *she wouldn't ~ of it* hon ville inte höra talas om (veta av) det; *~ tell of (dial.)* höra talas om **heard** [hɜ:d] *imperf. o. perf. part. av hear* **hearer** ['hɪərə] åhörare **hearing** ['hɪerɪŋ] **1** hörsel; *good ~* god hörsel; *be hard of ~* vara lomhörd **2** hörhåll; *out of (within) ~* utom (inom) hörhåll; *he said it in my ~* han sade det i min närvaro (när jag hörde på) **3** lyssnande, åhörande; hearing, utfrågning; *jur.* förhör, hörande, behandling; *preliminary ~* förundersökning; *gain a ~* skaffa sig (vinna) gehör; *get a fair ~ a)* få en chans att försvara sig, *b) jur.* få en opartisk rättegång; *give s.b. a ~* lyssna (på, till) ngn **hearing aid** ['hɪərɪŋeid] hörapparat

hearken ['hɑ:k(ə)n] *åld.* lyssna (*to* till)

hearsay ['hɪəseɪ] hörsägen, rykte; *have s.th. by (from, on) ~* veta ngt genom hörsägen, ha hört talas om ngt

hearse [hɜ:s] lik|vagn, -bil

heart [hɑ:t] **1** *anat.* hjärta **2** *bildl.* hjärta; sinne[lag]; mod; själ; *my dearest ~!* du mitt hjärta!; *happy ~* glad sinnesstämning; *~ and soul* absolut, helt och fullt, med liv och lust; *change of ~* sinnes[för]ändring; *break a p.'s ~* krossa ngns hjärta; *I thought my ~ would break* jag trodde mitt hjärta skulle brista; *it breaks my ~ to see* det skär mig i hjärtat att se; *break one's ~ over s.th.* gräma ihjäl sig över ngt; *cross my ~ [and hope to die]!* jag lovar!; *cry one's ~ out* gråta förtvivlat; *eat one's ~ out* sörja ihjäl sig; *find it in one's ~ to say* ha hjärta (kunna förmå sig) att säga; *have a ~!* var lite hygglig nu!; *she has no ~* hon har inget hjärta [i kroppen]; *not have one's ~ in it* inte lägga ner sin själ i det; *have one's ~ in one's boots* vara nere i skorna (missmodig); *have one's ~ in one's mouth (throat)* ha hjärtat i halsgropen; *have one's ~ in the right place* ha hjärtat på rätta stället; *I didn't have the ~ to tell him* jag hade inte hjärta att säga honom det; *lose ~* tappa modet; *I lost my ~ to London* jag har förlorat mitt hjärta till London; *put one's ~ into one's work* lägga ner hela sin själ i arbetet; *my ~ sank* mitt mod sjönk; *set one's ~ on s.th.* fästa sig vid (eftertrakta, gärna vilja ha) ngt; *take ~* fatta mod; *wear one's ~ on one's sleeve* öppet visa sina känslor; *a novel after my own ~* en roman efter mitt sinne; *at ~* i själ och hjärta, i grund och botten; *light at ~* lätt om hjärtat (till sinnes); *we have it at ~* det ligger oss varmt om hjärtat; *by ~* utantill, ur minnet; *from [the bottom of] my ~* av allt mitt hjärta; *in my ~ of ~s* i djupet av mitt hjärta, innerst inne; *~ to ~* öppenhjärtigt, förtroligt; *to one's ~'s content* av hjärtans lust, så mycket man vill; *it is near (close) to my ~* det ligger mig varmt om hjärtat, det är en hjärtesak för mig; *hold s.b. to one's ~* trycka ngn till sitt hjärta (bröst); *take s.th. to ~* ta illa vid sig av ngt, ta ngt hårt; *with all my (my whole) ~* av hela mitt hjärta **3** hjärta, inre, kärna, centrum, medelpunkt; *the ~ of the city* stadens kärna (centrum); *the ~ of the matter* kärnpunkten (det väsentliga) [i saken]; *~ of oak* karlakarl, kärnkarl **4** *kortsp.* hjärterkort; *~s (pl)* hjärter; *queen of ~s* hjärterdam

heartache ['hɑ:teɪk] [hjärte]sorg **heart attack** [-əˌtæk] hjärtattack **heartbeat** [-bi:t] hjärt-, puls|slag **heartbreak** [-breɪk] [hjärte]sorg **heartbreaking** [-ˌbreɪkɪŋ] hjärt|slitande, -skärande, sorglig **heartbroken** [-ˌbrəʊk(ə)n] med brustet hjärta, otröstlig, förtvivlad **heartburn** [-bɜ:n] halsbränna **hearten** [-n] **1** uppmuntra **2** repa mod **heart failure** [-ˌfeɪljə] hjärtkollaps **heartfelt** [-felt] innerlig, djupt känd, hjärtlig

hearth [hɑ:θ] härd (*äv. tekn.*); hemmets härd; *~ and home* hus och hem **hearthrug** ['hɑ:θrʌg] spismatta **hearthstone** ['hɑ:θstəʊn] **1** spiselhäll **2** skursten

heartily ['hɑ:tɪlɪ] *adv* **1** ordentligt, duktigt, tappert; *eat ~* äta duktigt **2** hjärtligt, innerligt, varmt **heartiness** [-ɪnɪs] hjärtlighet *etc., jfr hearty* **heartless** [-lɪs] hjärtlös, hård[hjärtad] **heart-lung machine** [-'lʌŋməˌʃi:n] hjärt-lungmaskin **heart-rending** [-ˌrendɪŋ] hjärtslitande, sorglig **heart-searching** [-ˌsɜ:tʃɪŋ] självrannsakan **heartsease, heart's-ease** [-si:z] **1** *bot.* styvmorsviol **2** sinnes|frid, -ro **heartsick** [-sɪk] betryckt, nedstämd **heartstrings** [-strɪŋz] *pl* innersta (djupaste) känslor **heart-to-heart** [ˌhɑ:ttə'hɑ:t] **I** *a* öppen[hjärtig], förtrolig **II** *s* öppenhjärtigt (förtroligt) samtal **heartwarming** ['hɑ:twɔ:mɪŋ] glädjande, värmande **hearty** ['hɑ:tɪ] **I** *a* **1** hjärtlig; varm; uppriktig; *~ manners* hjärtligt sätt; *~ dislike* uppriktig motvilja **2** kraftig, rejäl; robust, spänstig **3** närande, bastant (*meal* måltid) **II** *s, vard.* kompis

heat [hi:t] **I** *s* **1** hetta, värme; *the ~ of summer* sommarens hetta; *by low ~* på svag värme **2** *bildl.* hetta; iver; *the ~ of the battle* stridens hetta; *in the ~ of the moment* i ögonblickets upphetsning **3** (*hondjurs*) parnings-, löp|tid; *be in ~ (om tik)* löpa **4** *sport.* heat, [uttagnings]lopp; ; *final ~* finalomgång; *preliminary ~* försöksheat **5** *vard.* tryck, påtryckning; *sl.* polispådrag; *the ~ is off* faran är över; *the ~ is on* det är polispådrag; *put the ~ on s.b.* sätta åt ngn; *turn on the ~* öka trycket, dra åt tumskruvarna **II** *v* **1** *~ [up]* värma [upp], upphetta **2** *~ [up]* bli het (varm), *bildl.* bli upphetsad **-ed** ['hi:tɪd] [upp]värmd *etc., jfr heat II;* hetsig, upphetsad **-er** ['hi:tə] **1** värmare; värme|-apparat, -element; kamin **2** *AE. sl.* puffra

heath [hi:θ] *BE.* hed **heathberry** [hi:θb(ə)rɪ] blåbär; kråkbär **heath cock** ['hi:θkok] orrtupp

heathen ['hi:ðn] **I** *s* **1** hedning; *the ~ (koll., behandlas som pl)* hedningarna **2** barbar, ocivilise-rad människa **II** *a* hednisk, hedna- **-dom** [-dəm] hedendom[en]; hednavärld[en] **-ism** ['hi:ðənɪz(ə)m] hedendom[en]

heather ['heðə] *bot.* ljung

heath hen ['hi:θhen] orrhöna

heating ['hi:tɪŋ] upphettning, uppvärmning, eldning **heating element** [-ˌelɪmənt] [elektriskt] element **heat pump** [-pʌmp] värmepump **heat rash** [-ræʃ] värmeutslag **heat resistant** [-rɪˌzɪst(ə)nt] värmebeständig **heat shield** [-ʃi:ld] värmesköld **heatstroke** [-strəʊk] värmeslag **heat wave** [-weɪv] **1** värmebölja **2** värmevåg

heave [hi:v] **I** *v* (*~d, ~d el. sjö. hove, hove*) **1** *~ [up]* häva, lyfta, hiva **2** kasta, slunga; *~ up (vard.)* kräkas upp **3** utstöta, upphäva, dra (*a sigh* en suck) **4** *sjö.* hiva, hyva, vinda upp; *~ an-*

H

chor lätta ankar; ~ *to* stoppa (*fartyg*) **5** hävas, höjas och sänkas; svalla, bölja **6** *sjö.* röra sig, komma; stampa; rulla; ~ *in sight* komma i sikte; ~ *to* lägga bi **7** försöka (vilja) kräkas; ~ *up* (*vard.*) kräkas **II** *s* **1** hävning, lyftning **2** kast, slungande **3** höjning; svallning; sjöhävning **4** *sjö.* hivande **5** *sl.*, *the* ~*s* kväljningar **--ho** [ˌhi:v'həʊ] **I** *interj* å hej!, hugg i och dra! **II** *s, vard., the* ~ sparken (*avsked*)

heaven ['hevn] *relig. o. vard.* himmel[en], himmelrike[t]; ~*s* (*pl*) himmel, himlavalv; *she is in her seventh* ~ hon är i sjunde himlen; *it was* ~ det var himmelskt; *move* ~ *and earth* röra upp himmel och jord; *go to* ~ komma till himlen; *for* ~*'s sake* för guds skull; ~*s above*! du store tid!; *good H*~*s!* du milde!, himmel!, kors i all sin dar!; [*good*] ~*s no*! nej för Guds skull!; ~ *forbid!* Gud förbjude!; ~ *knows* det vete gudarna; *thank H*~! Gud vare tack och lov! **-ly** [-lɪ] **1** himmels-, himla-; ~ *body* himlakropp **2** *vard.* himmelsk, gudomlig, ljuvlig **3** gudomlig, himmelsk **--sent** gudasänd, lyckosam, perfekt **-ward[s]** [-wəd(z)] mot himlen

heavily ['hevɪlɪ] *adv* tungt (*loaded* lastad); hårt (*committed* engagerad; *taxed* beskattad); högt (*insured* försäkrad); kraftigt (*built* byggd); ~ *populated* tättbefolkad; *breathe* ~ andas tungt; *move* ~ röra sig långsamt (trögt); *rain* ~ regna häftigt; *time hangs* ~ *on my hands* tiden sniglar sig fram [för mig] **heaviness** [-nɪs] tyngd, grovhet *etc.*, *jfr heavy* **heavy** ['hevɪ] **I** *a* **1** tung (*stone* sten);~ *hydrogen* tungt väte; ~ *industry* tung industri; ~ *skies* regntunga skyar; ~ *soil* tung (lerig) jord; ~ *traffic* tung trafik (*jfr 2*) **2** grov (*sea* sjö, sjögång); stor; svår (*cold* kyla); häftig, våldsam; stark; ~ *blow* hårt (svårt) slag; ~ *demand* stor (livlig) efterfrågan; ~ *eater* storätare; ~ *emphasis* stort eftertryck; ~ *going* tungt (besvärligt) väglag; *the conversation was* ~ *going* konversationen gick trögt; ~ *rain* häftigt regn; ~ *silence* tryckande tystnad; ~ *smell* genomträngande lukt; ~ *thud* dov duns; ~ *taxes* höga (dryga) skatter; ~ *traffic* tät (livlig, stark) trafik (*jfr 1*); ~ *work* hårt (ansträngande) arbete; *be* ~ *on petrol* dra mycket (sluka) bensin **3** dyster, nedstämd, betryckt; ~ *at heart* dyster till sinnes; *with a* ~ *heart* med tungt hjärta **4** grov, kraftig (*line* linje); ~ *features* grova drag; ~ *meal* tung (bastant) måltid **5** *mil.* tung[t beväpnad]; ~ *artillery* tungt artilleri **6** tung, tråkig (*style* stil); dramatisk, storslagen (*music* musik) **7** *sl.* urtråkig; urdålig; toppen **8** tyngd, [be]lastad; ~ *with child* [hög]gravid; ~ *with incense* tung (fylld) av rökelse; ~ *with pollen* pollenbemängd; ~ *with sleep* mycket sömnig, sömntung **II** *adv* tungt; *the guilt lies* ~ *on me* skulden vilar tungt på mig; *time hangs* ~ *on my hands* tiden sniglar sig fram [för mig] **III** *s* **1** *teat.* skurk, skurkroll **2** *mil.* tung artilleripjäs; hangarfartyg; slagskepp **3** *vard.* tungviktsboxare **4** *Sk.* starköl

heavy|-duty [ˌhevɪ'dju:tɪ] **1** [slit]stark, tålig **2** med höga tullar **--handed** [-'hændɪd] **1** klumpig, tafatt **2** hårdhänt, sträng **--hearted** [-'hɑ:tɪd] tungsint, melankolisk, svårmodig **-weight** ['hevɪweɪt] **I** *s* tungvikt; tungviktare; *vard.* storhet, höjdare **II** *a* tungvikts- (*champion* mästare)

Hebr. *förk. för Hebrew*[*s*]

Hebraic [hi:'breɪɪk] hebreisk **Hebrew** ['hi:bru: **I** *s* **1** hebré, jude **2** hebreiska [språket] **II** *a* hebreisk

Hebrides ['hebrɪdi:z] *pl, the* ~ Hebriderna

heck [hek] *interj, what the* ~! vad i helsike!, vac tusan!

heck|le ['hekl] **1** häckla, avbryta [med irriterande frågor] **2** häckla (*lin*) **-ler** [-lə] häcklare

hectare ['hektɑ:] hektar

hectic ['hektɪk] hektisk

hecto|gram[me] ['hektə(ʊ)græm] hekto[gram] **-litre** [-ˌli:tə] hektoliter

hector ['hektə] **I** *s* översittare **II** *v* tyrannisera, hunsa, spela översittare mot

he'd [hi:d] = *he had*; *he would*

hedge [hedʒ] **I** *s* **1** häck **2** *bildl.* skydd, hinder, spärr **3** försiktigt (undanglidande) yttrande **II** *v* **1** inhägna (avgränsa) [med häck] **2** hindra, inskränka, begränsa **3** (*vid vadslagning*) helgardera **4** slingra sig, komma med undanflykter

hedgehog ['hedʒ(h)ɒg] igelkott **hedgehop** flyga lågt **hedgerow** busk-, träd|häck **hedge sparrow** [-ˌspærəʊ] *zool.* järnsparv

heed [hi:d] **I** *v* bry sig om, beakta **II** *s* beaktande; *give* (*pay*) ~ *to* bry sig om, beakta, ta hänsyn till *take* ~ ta sig i akt, akta sig **-ful** ['hi:df(ʊ)l] uppmärksam **-less** ['hi:dlɪs] **1** ~ *of* obekymrad om **2** tanklös, sorglös

heehaw [ˌhi:'hɔ:] **I** *s* **1** [åsne]skri **2** gapskratt **II** *v* **1** skria **2** gapskratta

1 heel [hi:l] **I** *s* **1** häl; klack; **2** ände, slut; klack; *cool* (*kick*) *one's* ~*s* [få] stå och vänta; *show s.b. a clean pair of* ~*s* springa ifrån ngn; *turn on one's* ~ vända på klacken; *be at* (*on*) *a p.'s* ~*s* vara hack i häl (ligga i hälarna) på ngn; *down at* ~ *a*) sjabbig, sliten, *b*) slarvig, hafsig, *c*) ner|kippad, -gången; *rock back on one's* ~*s* (*vard.*) slå (bli slagen) med häpnad; *take to one's* ~*s* lägga benen på ryggen; *bring to* ~ få att (låta) gå fot, *bildl.* hålla i strama tyglar **2** kant (*of a loaf* på en limpa), sista bit **3** *sjö.* [mast]fot; [köl]häl **4** *sl.* kräk, knöl **II** *v* **1** klacka **2** följa i hälarna på

2 heel [hi:l] *sjö.* **I** *v*, ~ [*over*] kränga, få slagsida **II** *s* slagsida

heft [heft] **I** *s* **1** vikt, tyngd **2** *AE.* huvuddelen **II** *v, vard.* lyfta; väga (*i handen*) **hefty** ['heftɪ] *vard.* stor och stark, kraftig; skrymmande; tung; ~ *blow* kraftigt slag

hegemony [hɪ'gemənɪ] hegemoni, herravälde; ledning

he-goat ['hi:gəʊt] [geta]bock

heifer ['hefə] kviga

heigh-ho [ˌheɪ'həʊ] *interj* håhåjaja!

height [haɪt] **1** höjd (*äv. astr.*); (*persons*) längd; ~ *above sea-level* höjd över havet; *what* ~ *are you?* hur lång är du? **2** höjd; topp; *mountain* ~*s* bergstoppar; *fear of* ~*s* höjdskräck **3** höjd[punkt]; *the* ~ *of fashion* högsta mode[t]; *the* ~ *of rudeness* höjden av ohövlighet; *at the* ~ *of one's power* på höjden av sin makt; *at the* ~ *of the storm* när stormen rasade som värst; *at the* ~ *of summer* på högsommaren; *be at its* ~ ha nått sin höjdpunkt, vara på toppen **-en** ['haɪtn] **1** göra (bli) hög[re] **2** öka[s]; förstärka[s]

heinous ['heɪnəs] avskyvärd

heir [eə] arvinge, arvtagare; ~ *apparent* (*pl* ~*s ap-*

parent) bröstarvinge, laglig arvinge; ~ *to the throne* tronarvinge **-ess** ['eərɪs] arvtagerska **-loom** ['eərlu:m] släktklenod; arvegods
heist [haɪst] *sl., i sht AE.* **I** *s* stöt, rån **II** *v* råna, göra en stöt mot
held [held] *imperf. o. perf. part. av hold*
Helen ['helɪn] Helena; ~ *of Troy* Sköna Helena
helicopter ['helɪkɒptə] helikopter
Heligoland ['helɪgə(ʊ)lænd] Helgoland
helio|centric [ˌhi:lɪə(ʊ)'sentrɪk] *astr.* heliocentrisk **-trope** ['heljətrəʊp] (*växt. ädelsten, apparat*) heliotrop
heliport ['helɪpɔ:t] heliport (*landningsplats för helikopter*)
helium ['hi:ljəm] helium
helix ['hi:lɪks] helix, spiral
hell [hel] **1** helvete[t]; ~*'s bells* (*teeth*)! milda makter!, tusan också!; ~ *for leather* allt vad tygen håller, som en galning; *a* ~ *of a lot* (*vard.*) en jäkla massa; *a* ~ *of a noise* (*vard.*) ett jäkla oväsen; *tired as* ~ förbi av trötthet; *for the* ~ *of it* (*vard.*) för skojs skull; *like* ~*!* (*vard.*) *a*) jäklar!, tusan också!, *b*) så tusan heller!; *work like* ~ arbeta som bara den; *to* ~ *with it!* åt helvete med den!, förbannat också!; *go to* ~*!* dra åt helvete!; *what the* ~... vad tusan...; *who the* ~... vem tusan...; *come* ~ *or high water* (*vard.*) vad som än må hända; *give s.b.* ~ (*vard.*) skälla ut ngn, sätta åt ngn, låta ngn få veta att han lever; *play* ~ *with a*) vända upp och ner på, *b*) jäklas med; *raise* ~ (*vard.*) röra upp himmel och jord, föra ett helvetes liv **2** (*skräddares*) lapplåda
he'll [hi:l] = *he will*; *he shall*
hellbent ['helbent] *vard.* fast besluten (*on doing* att göra), helt inställd (*on* på)
Hellene ['heli:n] hellen **Hellenic** [he'li:nɪk] hellensk **Hellenism** ['helɪnɪz(ə)m] hellenism
hellish ['helɪʃ] helvetisk, infernalisk; djävulsk[t elak]
hello [hə'ləʊ] *s o. interj* hallå; hej; vad nu då!, jaså!
helluva ['heləvə] *sl.* = *hell of a, se hell 1*
helm [helm] **I** *s* roder (*äv. bildl.*); *at the* ~ vid rodret **II** *v* styra (*äv. bildl.*)
helmet ['helmɪt] hjälm
helmsman ['helmzmən] rorsman, rorgängare
helot ['helət] **1** *H*~ (*hist.*) helot **2** slav, träl
help [help] **I** *v* **1** hjälpa, bistå; ~ *s.b.* [*to*] *do s.th.* hjälpa ngn att göra ngt; *so* ~ *me a*) på min ära, *b*) vad som än händer; *so* ~ *me God!* så sant mig Gud hjälpe!; ~ *s.b. off with his coat* hjälpa ngn av med rocken; ~ *s.b. out a*) hjälpa ngn ut, *b*) hjälpa ngn [ur knipan]; *will £10* ~ *you out?* är du hjälpt med 10 pund? **2** hjälpa, låta bli; *I can't* ~ *it* jag kan inte hjälpa det (inte låta bli); *I can't* ~ *it if it rains* jag kan inte hjälpa att det regnar; *it can't be* ~*ed* det kan inte hjälpas; *I couldn't* ~ *laughing* jag kunde inte låta bli att skratta; *I couldn't* ~ *seeing it* jag kunde inte undgå att se det; *if I can* ~ *a*) om jag slipper (kan slippa), *b*) om jag får råda, om det går som jag vill; *don't be longer than you can* ~ stanna inte längre än du behöver **3** ~ *s.b. to s.th* servera ngn ngt; ~ *o.s. to s.th. a*) ta för sig av ngt, *b*) lägga sig till med ngt; ~ *yourself!* varsågod [och ta]!; *she's been* ~*ing herself to money from my purse* hon har försett sig med pengar ur min portmonnä **4** hjälpa [till]; *crying won't* ~ det hjälper inte att gråta; ~ *out* hjälpa till **II** *s* **1** hjälp; *be of* ~ *to s.b.* vara ngn till hjälp; *can I be of any* ~ *to you?* kan jag hjälpa dig med något?; *she's a great* ~ hon är till stor hjälp; *there's no* ~ *for it* det är ingenting att göra åt, det kan inte hjälpas
help|er ['helpə] [med]hjälpare **-ful** [-f(ʊ)l] hjälpsam, tjänstvillig; nyttig **-ing** [-ɪŋ] **I** *s* portion (*mat*) **II** *a* hjälpande (*hand* hand) **-less** [-lɪs] hjälplös **-mate** [med]hjälpare; hjälp (*i sht om maka*)
Helsinki ['helsɪŋkɪ] Helsingfors
helter-skelter [ˌheltə'skeltə] **I** *a* brådstörtad; slumpmässig, virrig **II** *adv* brådstörtat, hals över huvud; huller om buller
helve [helv] skaft, handtag (*på yxa*)
1 hem [hem] **I** *s* **1** fåll; nederkant (*på kjol*) **II** *v* **1** fålla; lägga upp (*kjol*) **2** ~ *in* (*around, about*) om-, in|ringa, stänga inne
2 hem I *v* [hem] humma, säga hm; tveka; ~ *and haw* tveka, humma och hacka, stamma **II** *interj* [hm, mm] hm!
he-man ['hi:mæn] *vard.* he-man, viril man
hemi|demisemiquaver ['hemɪˌdemɪ'semɪˌkweɪvə] *mus.* sextiofjärdedelsnot **-sphere** [-ˌsfɪə] **1** halvklot, hemisfär; *in the northern* ~ på norra halvklotet **2** *anat.* hjärnhalva
hemline ['hemlaɪn] [kjol]fåll; *the* ~*s are lower this year* kjolarna är längre i år
hemlock ['hemlɒk] **1** odört **2** odörtsgift **3** *bot.*, ~ [*spruce*] hemlockgran
hemp [hemp] *bot.* hampa **-en** ['hempən] hamp-, av hampa
hemstitch ['hemstɪtʃ] **I** *s* hålsöm **II** *v* sy hålsöm på
hen [hen] **1** höna; *mother* ~ ligg-, kyckling|höna **2** [fågel]hona, höna **2** hona (*av hummer*)
henbane ['henbeɪn] *bot.* bolmört
hence [hens] **1** därför, följaktligen **2** härefter; *a year* ~ (*äv.*) om ett år **3** *åld.* bort, härifrån; [*get thee*] ~*!* vik hädan! **-forth, -forward** [ˌhens|'fɔ:θ, -'fɔ:wəd] hädanefter, framdeles
henchman ['hen(t)ʃmən] kumpan, medhjälpare
hen|coop ['henku:p] hönsbur **-house** hönshus
henna ['hennə] **I** *s* henna[färg] **II** *v* färga med henna
hen party ['henˌpɑ:tɪ] *vard.* fruntimmersbjudning, tjejmöte **henpecked** [-pekt] *vard.* hunsad; *be* ~ stå under toffeln; ~ *husband* toffelhjälte **hen run** [-rʌn] hönsgård
hepatic [hɪ'pætɪk] lever-
hepatica [hɪ'pætɪkə] *bot.* blåsippa
hepatitis [ˌhepə'taɪtɪs] *med.* hepatit, inflammation i levern
hep|tagon ['heptəgən] *geom.* heptagon, sjuhörning **-tarchy** ['heptɑ:kɪ] heptarki (*i sht det anglosaxiska Englands indelning i sju kungariken*)
her [hɜ:] **I** *pers. pron* (*objektsform av she*) **1** henne; (*om fartyg, nation m.m. äv.*) den, det; *I know* ~ jag känner henne **2** hon; *it's* ~ det är hon **3** sig; *she had no money about* ~ hon hade inga pengar på sig **II** *poss. pron* hennes; dess; sin; ~ *car* hennes bil; *she lost* ~ *glove* hon tappade sin handske
her. *förk. för heraldic; heraldry*

H

herald [ˈher(ə)ld] **I** *s* **1** *hist.* härold **2** *litt.* förebud, budbärare, härold; *the ~ of spring* vårens budbärare **3** heraldiker **II** *v* **1** tillkännage, förkunna **2** förebåda **heraldic** [heˈrældɪk] heraldisk **heraldry** [ˈher(ə)ldrɪ] heraldik

herb [hɜːb] ört, växt; kryddväxt **herbaceous** [hɜːˈbeɪʃəs] örtartad, ört-; *~ border* perenn rabatt **herbage** [ˈhɜːbɪdʒ] **1** *koll.* örter **2** bete, betesmark **herbal** [ˈhɜːbl] **I** *a* ört- **II** *s* örtbok **herbalist** [ˈhɜːbəlɪst] medicinalväxt|odlare, -handlare, -specialist **herbari|um** [hɜːˈbeərɪ|əm] (*pl -ums el. -a* [-ə]) herbarium **herbicide** [ˈhɜːbɪsaɪd] ogräsmedel **herbivorous** [hɜːˈbɪvərəs] växt-, gräs|ätande

herculean [ˌhɜːkjʊˈliːən] herkulisk; Herkules-; *a ~ task* ett herkulesarbete **Hercules** [ˈhɜːkjʊliːz] Herkules

herd [hɜːd] **I** *s* **1** hjord, flock **2** *neds.* hop, skock, massa; *the ~* den stora (gråa) massan **3** *åld. el. dial.* herde **II** *v* **1** driva[s] samman i en hjord **2** vakta, valla (*boskap*) **herd instinct** [ˈhɜːdˌɪnstɪŋ(k)t] flockinstinkt **herder** [ˈhɜːdə] *AE.*, **herdsman** [ˈhɜːdzmən] *BE.* boskapsuppfödare; [boskaps]herde

here [hɪə] här; hit; *~ I am* här är jag; *~ and now* här och nu, genast; *~ and there a*) här och där, *b*) hit och dit; *~, there, and everywhere a*) överallt, *b*) åt alla håll och kanter; *that's neither ~ nor there* det har inte med saken att göra, det spelar ingen roll; *~'s to you!* skål!; *~ you are a*) var så god!, *b*) där är du ju!; *~ we are!* nu är vi framme!; *~ comes trouble!* nu är det färdigt!, nu blir det elände!; *~ goes!* nu sätter vi i gång!, nu börjas det!; *~ we go again! a*) nu är det så dags igen!, *b*) nu (då) sätter vi i gång; ; *~, let me try!* seså, låt mig få försöka!

here|about[s] [ˈhɪərəˌbaʊt(s)] häromkring, här i trakten, här i närheten **-after** [ˌhɪərˈɑːftə] **I** *adv* **1** *högt. el. jur.* [här] nedan **2** i framtiden **3** i ett annat liv, i livet efter detta **II** *s, the ~ a*) livet efter detta, *b*) framtiden **-by** [ˌhɪəˈbaɪ] *högt.* härmed; härigenom

hered|itary [hɪˈredɪt(ə)rɪ] ärftlig (*disease* sjukdom), ärftlighets-; arv- (*enemy* fiende), arvs- **-ity** [-ətɪ] ärftlighet; arv

Herefordshire [ˈherɪfədʃə]

herein [ˌhɪərˈɪn] *högt. el. jur.* häri **-after** [ˌhɪərɪnˈɑːftə] [här] nedan

heresy [ˈherəsɪ] kätteri; irrlära **heretic** [-tɪk] kättare **heretical** [hɪˈretɪkl] kättersk

here|to [ˌhɪəˈtuː] *högt. el. jur.* härtill **-tofore** [-tʊˈfɔː] *högt. el. jur.* hittills; förut, tidigare **-upon** [ˌhɪərəˈpɒn] **1** härpå **2** *högt. el. jur.* i följd härav **-with** [-ˈwɪð] *högt.* härmed; *we send you ~* härmed sänder vi er

herit|able [ˈherɪtəbl] **1** ärftlig **2** *jur.* arvsberättigad **-age** [-ɪdʒ] arv; arvedel; arvegods

hermaphrodite [hɜːˈmæfrədaɪt] **I** *s* hermafrodit **II** *a* hermafroditisk

hermetic [hɜːˈmetɪk] hermetisk (*seal* tillslutning)

hermit [ˈhɜːmɪt] eremit; enstöring **hermitage** [-ɪdʒ] eremithydda **hermit crab** *zool.* eremitkräfta

herni|a [ˈhɜːnjə] (*pl -as el. -ae* [ˈhɜːnɪiː]) *med.* bråck

hero [ˈhɪərəʊ] (*pl -es*) **1** hjälte (*äv. i bok e.d.*); *the ~ of the day* dagens hjälte **2** *myt.* hero, halvgud

Herod [ˈherəd] Herodes

heroic [hɪˈrəʊɪk] **I** *a* heroisk; hjälte-; hjältemodig; *~ couplet* parrimmad femfotad jambisk vers; *~ tenor* hjältetenor **II** *s, ~s* (*pl*) högtravande språk, överdrivet patos, hjältelater **-al** [-l] *se heroic I*

heroin [ˈherəʊɪn] heroin

hero|ine [ˈherəʊɪn] hjältinna **-ism** [-ɪz(ə)m] heroism, hjältemod

heron [ˈher(ə)n] *zool.* häger

herpes [ˈhɜːpiːz] *med.* herpes; revorm

herring [ˈherɪŋ] sill **-bone I** *s* **1** fiskbensmönster **2** (*vid skidåkning*) saxning **II** *a, ~ pattern* fiskbensmönster

hers [hɜːz] *självst. poss. pron* hennes; sin; *that car is ~* den bilen är hennes; *she has got ~* hon har fått sin; *jfr 1 mine*

herself [hɜːˈself] *rfl o. pers. pron* sig [själv]; [hon] själv; *she washed ~* hon tvättade sig; *she talked to ~* hon talade för sig själv; *all but ~* alla utom hon själv; *the queen ~* drottningen själv

Herts. [hɑːts] *förk. för Hertfordshire* [ˈhɑːfədʃə]

hertz [hɜːts] *fys.* hertz

he's [hiːz] = *he is*; *he has*

hesi|tancy [ˈhezɪt(ə)nsɪ] *se hesitation* **-tant** [-t(ə)nt] tvekande, tveksam **-tate** [-teɪt] **1** tveka, vara tveksam (*about* om; *at, over* inför), vara villrådig; *he who ~s is lost* (*ung.*) friskt vågat hälften vunnet; *she ~s at nothing* hon drar sig inte för någonting; *~ to do s.th.* tveka (dra sig för) att göra ngt **2** hacka, stamma **-tation** [ˌhezɪˈteɪʃn] tvekan, tveksamhet, villrådighet; *without the slightest ~* utan minsta tvekan; *I have no ~ in saying* jag tvekar inte att säga

Hesse [ˈhesɪ], **Hessen** [ˈhesn] Hessen **Hessian** [ˈhesɪən] **I** *a* hessisk; *~ boots* (*slags*) höga stövlar **II** *s* **1** hessare **2** *textil.* hessians, juteväv

heterodox [ˈhet(ə)rə(ʊ)dɒks] heterodox, irrlärig

hetero|geneity [ˌhetərə(ʊ)dʒɪˈniːətɪ] heterogenitet, olikhet **-geneous** [-ˈdʒiːnjəs] heterogen, olikartad **-sexual** [ˈ-seksjʊəl] heterosexuell

het up [ˌhetˈʌp] *vard.* upphetsad, upprörd (*about* över)

hew [hjuː] (*~ed, ~ed el. ~n*) **1** hugga; *~ down* hugga ner, fälla; *~ off* hugga av; *~ out a*) hugga (skära) ut, *b*) *bildl.* utforma, yxa till; *~ up* hugga upp (i bitar) **2** *AE.*, *~ to* hålla sig till **hewer** [ˈhjuːə] **1** *~ of wood* vedhuggare; *the ~s of wood and drawers of water* det trälande människosläktet **2** gruvarbetare, kolbrytare **hewn** [hjuːn] *perf. part. av hew*

hexagon [ˈheksəgən] *geom.* hexagon, sexhörning **hexagonal** [hekˈsægənl] *geom.* hexagonal **hexameter** [hekˈsæmɪtə] *versl.* hexameter

hey [heɪ] *interj* åh!, nej men!, vad!; (*för att påkalla uppmärksamhet*) hallå [där]!; *~ presto!* hokuspokus!, vips!; *~ you!* hallå där! **-day** [ˈheɪdeɪ] höjdpunkt; glans|tid, -dagar; *in his ~* i sin glans dagar

HF, H.F., hf, h.f. *förk. för high frequency* **hf.** *förk. för half* **HG, H.G.** *förk. för High German; His (Her) Grace; Home Guard* **H.H.** *förk. för His (Her) Highness; His Holiness* **hhd[.]** *förk. för hogshead*

hi [haɪ] *AE. vard.* hej[san]!, hallå [där]!

H.I. *förk. för Hawaiian Islands*

hiatus [haɪˈeɪtəs] **1** lucka (*i text*) **2** avbrott, uppe-

håll **3** *språkv.* hiatus, vokalmöte
hiber|nate ['haɪbɜ:neɪt] övervintra; ligga i ide (*äv. bildl.*) **-nation** [ˌhaɪbə'neɪʃn] övervintring; vinter|dvala, -sömn
Hibernia [haɪ'bɜ:njə] *poet.* Irland
hibiscus [hɪ'bɪskəs] *bot.* hibiskus
hic|cough, -cup ['hɪkʌp] **I** *s* **1** hicka; hickning; *have the ~s* ha hicka **2** *vard.* litet problem **II** *v* hicka
hick [hɪk] *vard., i sht AE.* **I** *s* bondlurk; lantis **II** *a* lantlig, bondsk
hickory ['hɪkərɪ] hickory[träd]; hickhoryträ
hid [hɪd] *imperf. av 1 hide* **-den** ['hɪdn] **I** *perf. part. av 1 hide* **II** *a* [för]dold, hemlig; undangömd
1 hide [haɪd] **I** *v* (*hid, hidden el. hid*) **1** gömma, dölja (*from* för); hålla gömd; hemlighålla; *I have nothing to ~* jag har inget att dölja **2** gömma sig **II** *s, BE.* gömställe (*för naturfilmare e.d.*)
2 hide [haɪd] **1** [djur]hud; skinn **2** *vard.* skinn; *save one's own ~* rädda sitt eget skinn; *I haven't seen ~ nor hair of them* jag har inte sett röken av dem
hide|-and-seek [ˌhaɪdən(d)'si:k] kurragömma **-away** ['haɪdəˌweɪ] gömställe; tillflyktsort **-bound** ['haɪdbaʊnd] *bildl.* inskränkt
hideous ['hɪdɪəs] ohygglig, otäck, motbjudande, förskräcklig, avskyvärd; fasaväckande
hide-out ['haɪdaʊt] gömställe
1 hiding ['haɪdɪŋ] *s, be in ~* hålla sig gömd; *come out of ~* komma fram ur sitt gömställed; *go into ~* gömma sig
2 hiding ['haɪdɪŋ] *vard.* kok stryk, smörj; *give s.b. a good ~* ge ngn ett rejält kok stryk
hiding place ['haɪdɪŋpleɪs] gömställe
hie [haɪ] *åld. el. poet.* skynda, hasta
hierar|chic[al] [ˌhaɪə'rɑ:kɪk(l)] hierarkisk **-chy** ['haɪərɑ:kɪ] hierarki
hieroglyph ['haɪərə(ʊ)glɪf] hieroglyf; hemligt tecken **-ic** [ˌhaɪərə(ʊ)'glɪfɪk] **I** *a* **1** hieroglyfisk **2** sinnebildlig, symbolisk **II** *s* **1** hieroglyf; hemligt tecken; *~s* (*pl*) hieroglyfer, hieroglyfskrift
hi-fi [ˌhaɪ'faɪ] *vard.* **I** *s* **1** hi-fi **2** hi-fi-anläggning **II** *a* hi-fi- (*equipment* anläggning)
higgledy-piggledy [ˌhɪgldɪ'pɪgldɪ] *vard.* **I** *a* rörig **II** *adv* huller om buller **II** *s* röra
high [haɪ] **I** *a* **1** hög (*building* byggnad); högt belägen; *~ collar* hög krage; *~ dive* dykning från hög höjd; *H~ German* högtyska; *~ hat* hög hatt; *~ jump a*) höjdhopp, *b*) *BE. vard.* tillrättavisning; *~ places* (*äv.*) högre ort; *~ plateau* högplatå; *~ relief* haut-, hög|relief; *~ tide a*) högvatten, flod, *b*) höjdpunkt; *~ and dry a*) strandad, på torra land, *b*) hjälplös, *c*) barskrapad; *leave s.b. ~ and dry* lämna ngn i sticket; *knee-~* knähög; *a nine-foot-~ wall* en nio fot hög mur **2** hög, betydande, stor; *a person of ~ character* en karaktärsfast person; *H~ Church* högkyrka[n]; *~ days and holidays* högtider och helgdagar; *~ fashion* haute couture; *~ fever* hög feber; *~ fidelity* (*fys.*) high fidelity, trogen ljudåtergivning; *~ finance* storfinans[en]; *H~ Mass* högmässa; *~ opinion* hög uppfattning; *~ point* höjdpunkt; *~ prices* höga priser; *H~ Renaissance* högrenässans; *the ~ seas* öppna havet (*utanför territorialgränserna*); *~ sound* högt ljud; *~ speed* hög fart; *~ tea* kvällsmåltid med te (*vanl. vid 18-tiden*); *~ tension* (*elektr.*) högspänning; *~ wind* hård (stark) vind **3** hög; förnäm, fin; över-; överste-; *~ altar* högaltare; *be on one's ~ horse* sätta sig på sina höga hästar; *~ office* högt ämbete; *~ priest* överstepräst; *~ street* huvud-, stor|gata; *the H~ Street* (*BE.*) Storgatan; *~ table* honnörsbord (*i skola, college e.d.*) **4** högtravande (*drama* drama); högdragen; föraktfull, nedsättande; upprymd, glad; *vard.* berusad, på snusen; *sl.* hög, påtänd (*av narkotika*); *~ and mighty* (*vard.*) överlägsen, högdragen; *it was ~ drama* det var högdramatiskt; *in ~ spirits* på gott humör, uppsluppen; *have a ~ old time* (*vard.*) roa sig ordentligt; *~ words* föraktfulla ord **5** lyxig, flott; *~ life a*) high life, livet i den förnäma världen, *b*) festligt, roligt **6** (*om tid o.d.*) hög; *at ~ noon* klockan 12 på dagen, när solen står (stod) som högst; *~ season* högsäsong; *~ summer* högsommar; *it's ~ time you went home* det är hög tid (på tiden) att du går hem **7** (*om kött*) ankommen, skämd; (*om vilt*) välhängd **8** *tekn.* med hög utväxling **9** *~ school a*) *BE., se grammar school, b*) *AE.* high school (*årskurserna 7-12*); *junior ~ school* (*AE. ung.*) grundskolans högstadium; *senior ~ school* (*AE. ung.*) gymnasieskola **II** *adv* **1** högt; *~ up* högt upp; *as ~ as* så högt som; *one floor ~er* en trappa högre (upp); *jump ~* hoppa högt; *the sea is running ~* sjön går hög; *feelings are running ~* känslorna svallar; *search ~ and low* leta överallt **III** *s* **1** höjd; högt belägen plats; *bildl.* höjdpunkt, topp, rekord [siffra]; *reach a new ~* nå [upp till] nya rekordsiffror (höjder) **2** *vard., have got one's ~* vara hög **3** high school; *the H~* (*i Oxford*) High Street **4** *on ~* i höjden (himmelen); *from on ~* från ovan, ovanifrån

H

high|ball ['haɪbɔ:l] *AE.* grogg **-binder** [-ˌbaɪndə] *AE. vard.* **1** gangster **2** korrumperad politiker **-born** [-bɔ:n] av hög börd **-boy** [-bɔɪ] *AE.* hög byrå **-brow** [-braʊ] (*ofta neds.*) **I** *s* intellektuell; intelligenssnobb **II** *a* intellektuell, kulturell; snobbig **-chair** [-tʃeə] [hög] barnstol
High-Church [ˌhaɪ'tʃɜ:tʃ] *a* högkyrklig **-man** [-mən] anhängare av högkyrkan
high|-class [ˌhaɪ'klɑ:s] **1** högklassig, av hög klass; kvalitets- **2** överklass-, förnäm **-er-up** [-ər'ʌp] *vard.* höjdare **--explosive** högexplosiv; *~ shell* spränggranat **-falutin, -faluting** [-fə'lu:tɪn, -ŋ] *vard.* pompös, högtravande, svulstig; uppblåst **--fidelity** *a* high-fidelity-, hi-fi- (*amplifier* förstärkare) **--flier** fantast, person med höga ambitioner; streber; *he's a ~* (*äv.*) han har gjort kometkarriär **--flown** ['haɪfləʊn] *bildl.* högtravande; högtflygande **--flyer** [ˌhaɪ'flaɪə] *se --flier* **--flying** [ˌhaɪ'flaɪɪŋ] högtflygande; högtsträvande **--frequency** [ˌhaɪ'fri:kwənsɪ] *a* högfrekvens- **--grade** ['haɪgreɪd] förstklassig, av hög kvalitet **--handed** [ˌhaɪ'hændɪd] egenmäktig; överlägsen, nedlåtande **--hat** [ˌhaɪ'hæt] *vard., i sht AE.* **I** *a* snobbig, högfärdig, mallig **II** *v* vara snobbig (högfärdig, mallig) mot **III** *s* snobb, högfärdsblåsa, mallgroda **--heeled** ['haɪhi:ld] högklackad **-jack** *se hijack* **-land** ['haɪlənd] **I** *s* högland; *the H~s* Skotska högländerna **II** *a* höglands- **-lander** ['haɪləndə] bergsbo; *H~* [skotsk] högländare **--level** 'haɪˌlevl] på hög nivå **-light** ['haɪlaɪt] **I** *s* **1** *konst.* glansdager **2** glansnummer,

huvudattraktion; höjdpunkt **3** ~*s* (*pl*) [hår]slinga **II** *v* skarpt belysa, framhäva (*äv. bildl.*)

highly ['haɪlɪ] *adv* **1** högt (*placed* placerad); ~ *paid* högt betald **2** högeligen, mycket, högst, i hög grad; ~ *disappointed* mycket besviken; ~ *spiced* starkt kryddad; ~ *strung* [över]spänd, nervös **3** uppskattande, berömmande; *speak* ~ *of* tala berömmande (väl) om; *think* ~ *of* ha höga tankar om

high|-minded [ˌhaɪ'maɪndɪd] **1** storsint, ädel, ädelmodig **2** *åld* högdragen **--muck-a-muck** ['haɪˌmʌkəmʌk] inbilsk (högdragen) person

highness ['haɪnɪs] **1** höjd, upphöjdhet; storlek; ~ *of ideals* höga ideal **2** *His* (*Her, Your*) *H~* Hans (Hennes, Ers) Höghet

high|-octane [ˌhaɪ'ɒkteɪn] högoktanig **--pitched 1** hög (*i volym el. tonläge*); gäll **2** *bildl.* upphöjd; intensiv, livlig (*argument* dispyt) **3** (*om tak*) brant [sluttande] **--powered 1** starkt förstorande (*telescope* teleskop); stark, kraftig (*engine* motor) **2** dynamisk, energisk; högeffektiv **--pressure 1** högtrycks- **2** *vard.* påträngande (*salesman* försäljare); aggressiv (*selling* försäljning) **--rise** ['haɪraɪz] höghus-, flervånings-; ~ *block* hög-, flervånings|hus **-road** ['haɪrəʊd] allmän landsväg; *the* ~ *to fame* (*bildl.*) vägen till berömmelse **--sounding** ['haɪˌsaʊndɪŋ] *bildl.* klingande; högtravande **--speed** ['haɪspi:d] snabb-; ~ *film* snabb film; ~ *steel* snabbstål **-spirited** [ˌhaɪ'spɪrɪtɪd] modig, djärv; livlig **--strung** [ˌhaɪ'strʌŋ] *AE.* [över]spänd, nervös **--tension** [ˌhaɪ'tenʃn] högspännings- (*wire* ledning) **--up** ['haɪʌp] *vard.* höjdare, högdjur **--water** [ˌhaɪ'wɔ:tə] högvattens-; ~ *mark a*) högvattensmärke, *b*) *bildl.* höjdpunkt, kulmen **-way** ['haɪweɪ] **1** *i sht AE. el. jur.* allmän landsväg; *H~ Code* (*BE.*) vägtrafikförordning; ~*s and byways* vägar och stigar; ~ *robbery* (*bildl.*) röveri **2** [transport]led, -väg, huvudstråk; *the* ~ *to success* (*bildl.*) vägen till framgång **-wayman** ['haɪweɪmən] stråtrövare

H.I.H. *förk. för His* (*Her*) *Imperial Highness*

hijack ['haɪdʒæk] **I** *v* kapa (*flygplan e.d.*); råna, överfalla (*under transport*) **II** *s* kapning (*av flygplan e.d.*); rån, överfall **-er** [-ə] [flygplans]kapare; rånare

hike [haɪk] **I** *s* **1** [fot]vandring **2** *AE.* höjning, ökning (*av priser, skatter e.d.*) **II** *v* **1** [fot]vandra; promenera **2** ~ *up* dra[s] (hissa[s]) upp, åka upp **hiker** ['haɪkə] [fot]vandrare

hilari|ous [hɪ'leərɪəs] **1** rolig, [ur]komisk, festlig **2** munter, glad, uppsluppen **-ty** [-'lærətɪ] munterhet, uppsluppenhet

hill [hɪl] **1** kulle, höjd, berg; backe, sluttning; *up* ~ *and down dale* backe upp och backe ner; *as old as the* ~ urgammal, gammal som gatan; *be over the* ~ (*sl.*) *a*) ha sett sina bästa år, *b*) *mil.* ha rymt (deserterat) **2** hög (*av jord e.d.*); stack **hillbilly** ['hɪlˌbɪlɪ] **1** *AE., neds.* lantis, bergsbo (*i sydöstra USA*) **2** *mus.* hillbilly-musik, country and western **hillock** ['hɪlək] liten kulle; hög **hillside** ['hɪlsaɪd] backe, [bergs]sluttning **hilly** ['hɪlɪ] bergig, kullig, backig, kuperad

hilt [hɪlt] fäste, handtag (*på svärd, dolk e.d.*); *up to the* ~ helt och hållet

him [hɪm] *pers. pron* (*objektsform av he*) **1** honom; *I baked* ~ *a cake* jag bakade en kaka åt honom (honom en kaka) **2** han; *it's* ~ det är han **3** sig; *he had no money about* ~ han hade inga pengar på sig

H.I.M. *förk. för His* (*Her*) *Imperial Majesty*

Himalayas [ˌhɪmə'le(ɪ)əz] *s, the* ~ (*pl*) Himalaya

himself [hɪm'self] *rfl o. pers. pron* sig [själv]; [han] själv; *he washed* ~ han tvättade sig; *he talked to* ~ han talade för sig själv; *all but* ~ alla utom han själv; *the king* ~ kungen själv

1 hind [haɪnd] bakre, bak-; ~ *leg* bakben; *get up on one's* ~ *legs* (*vard.*) resa sig [och tala]; *he could talk the* ~ *legs off a donkey* (*vard.*) han pratar som en kvarn

2 hind [haɪnd] *zool.* hind

1 hinder ['hɪndə] **1** hindra (*s.b. from doing s.th.* ngn från att göra ngt); förhindra

2 hinder ['haɪndə] bakre **-most** bakerst; borterst

Hindi ['hɪndɪ] hindi

hind|most ['haɪn(d)məʊst] bakerst; borterst **-quarter** [ˌhaɪnd'kwɔ:tə] *s*, ~*s* (*pl*) bakdel, länder (*av djur*)

hindrance ['hɪndr(ə)ns] **1** hinder (*to* för); *it is more of a* ~ *than a help* den är mera till besvär än till nytta (hjälp) **2** [för]hindrande

hindsight ['haɪndsaɪt] efterklokhet

Hindu [ˌhɪn'du:] **I** *s* hindu **II** *a* hinduisk **-ism** ['hɪndu:ɪz(ə)m] hinduism **-stan** [ˌhɪndʊ'stɑ:n] Hindustan **-stani** [ˌhɪndʊ'stɑ:nɪ] **I** *s* hindustani **II** *a* hindustansk

hinge [hɪn(d)ʒ] **I** *s* **1** gångjärn **2** *bildl.* kärnpunkt, springande punkt **3** [*stamp*] ~ [frimärks]fastsättare **II** *v* **1** förse (fästa) med gångjärn **2** gå (röra sig) på gångjärn **3** ~ [*up*]*on* hänga (bero) på

hinny ['hɪnɪ] *zool.* mulåsna

hint [hɪnt] **I** *s* **1** vink, antydan; anspelning; ~*s* (*pl, äv.*) råd, tips; *give* (*drop*) *s.b. a* ~ ge ngn en vink (antydan); *take a* ~ förstå vinken **2** gnutta, aning, spår; *a* ~ *of garlic* (*irony*) en gnutta vitlök (ironi) **II** *v* **1** antyda (*to* för); *what are you* ~*ing?* vad menar du (vill du antyda) med det? **2** ~ *at* anspela (syfta) på, antyda

hinterland ['hɪntəlænd] upp-, in|land

1 hip [hɪp] höft; bäcken; höftled

2 hip [hɪp] nypon

3 hip [hɪp] *interj*, ~, ~, *hurrah!* hipp, hipp, hurra!

4 hip [hɪp] *sl.* **1** 'hip, inne **2** *be* ~ *to s.th.* fatta ngt

hip bath ['hɪpbɑ:θ] sittbadkar **hipbone** höftben **hip flask** fickplunta **hip joint** höftled

hipped [hɪpt] *AE. sl.*, ~ *on* tänd på

hippie ['hɪpɪ] hippie

hippo ['hɪpəʊ] *vard.* flodhäst

hip pocket ['hɪpˌpɒkɪt] bakficka (*på byxor*)

hippodrome ['hɪpədrəʊm] **1** music hall; varieté; cirkus **2** *hist.* hippodrom, rännarbana

hippopota|mus [ˌhɪpə'pɒtə|məs] (*pl -muses el. -mi* [-maɪ]) *zool.* flodhäst

hippy ['hɪpɪ] hippie

hipster ['hɪpstə] **I** *s, sl.* hipster (*person som håller reda på vad som är inne*) **II** *a*, ~ *trousers* byxor som sitter på höften

hire ['haɪə] **I** *s* **1** hyrande, förhyrning; hyra, hyresavgift; *for* (*on*) ~ att hyra, till uthyrning, (*på taxi*) ledig; *let s.th. out on* ~ hyra ut ngt **2** lön; (*sjömans*) hyra **II** *a* hyr-, hyres-; ~ *car* hyrbil; ~

charge hyresavgift **III** *v* **1** [för]hyra; leja; *~d bus* abonnerad (hyrd) buss; *~d car* hyrbil; *~d murderer* lejd mördare **2** *~ out* hyra (leja) ut **3** *AE.* anställa **4** *AE.*, *~ out* ta anställning **-ling** ['haɪəlɪŋ] person som bara arbetar för pengarnas skull

hire-purchase [ˌhaɪə'pɜ:tʃəs] *BE.* **I** *s* avbetalningsköp; *on ~* på avbetalning **II** *a* avbetalnings-; *~ agreement* avbetalningskontrakt

hirsute ['hɜ:sju:t] **1** hårig, lurvig; luden **2** *vard.* långhårig

his [hɪz, *obeton.* ɪz] *poss. pron* hans; sin; *~ own fault* hans eget fel; *he lost ~ wallet* han tappade sin plånbok; *that car is ~* den bilen är hans

hiss [hɪs] **I** *v* **1** väsa, fräsa, vissla (*at* åt) **2** vissla åt, vissla ut **II** *s* **1** väsning, fräsande, vissling **2** [ut]vissling

hist [s:t] *interj* pst!; hysch!

histamine ['hɪstəmi:n] histamin

histogram ['hɪstəˌgræm] stapeldiagram

histology [hɪ'stɒlədʒɪ] histologi

historian [hɪ'stɔ:rɪən] historiker **historic** [-'stɒrɪk] historisk, märklig; *~ moment* historiskt ögonblick **historical** [hɪ'stɒrɪkl] historisk (*som avser historien*); historie-; *~ methods* historiska metoder; *~ novel* historisk roman; *~ writing* historieskrivning **history** ['hɪst(ə)rɪ] **1** historia; historien; *make ~* göra historia **2** historia, berättelse; historiskt drama **history book** ['hɪst(ə)rɪbuk] historiebok

histrionic [ˌhɪstrɪ'ɒnɪk] **I** *a* **1** teater-, skådespelar- **2** teatralisk **II** *s, ~s* (*pl*) teatraliskt uppträdande, 'teater'

hit [hɪt] **I** *v* (*hit, hit*) **1** slå [till]; träffa; *~ a ball* slå till (träffa) en boll; *~ s.b. a blow over the head* slå [till] ngn i huvudet; *~ a child* slå ett barn; *~ the mark* träffa prick, slå huvudet på spiken, lyckas; *~ one's way out of s.th.* slå sig fri från ngt; *it ~s you [in the eye]* det faller i ögonen, det är påfallande; *~ off* träffa exakt (väl) **2** köra emot (på); stöta emot, träffa, ta i; *the car ~ a tree* bilen körde på (emot) ett träd; *the ball ~ the post* bollen tog i stolpen **3** slå, stöta (*against, on* mot, i, på); *I ~ my head against the shelf* jag slog huvudet i hyllan **4** drabba, träffa; *be hard ~ by* drabbas hårt av; *the tax will ~ everybody* skatten träffar (drabbar) alla **5** [upp]nå, komma upp till; träffa, komma på, hitta; *~ the answer* komma på lösningen; *~ the bottle* (*vard., i sht AE.*) supa till, ta till flaskan; *it ~'s my fancy* det tilltalar min fantasi; *~ a new high* nå nya rekordsiffror; *~ the papers* komma i tidningen; *~ a problem* få problem; *~ the road* (*vard.*) *a*) ge sig i väg, *b*) ge sig ut på luffen (och lifta); *~ the sack* (*hay*) (*sl.*) krypa till kojs; *she will ~ the town tomorrow* (*vard.*) hon kommer att drabba stan i morgon; *~ it* (*mus. sl.*) börja lira, köra igång; *he ~ me for a dollar* (*vard., i sht AE.*) han klämde mig på en dollar **6** *vard.*, *~ it off with s.b.* komma bra överens med ngn **7** *AE. sl.* mörda (*på uppdrag*) **8** slå; *~ back* slå tillbaka (*at* mot); *he ~ back at his critics* han gav sina kritiker svar på tal; *~ hard* slå hårt; *~ out* slå omkring sig; *~ out at* (*against*) *s.b.* slå efter ngn, *bildl.* gå till attack mot (angripa) ngn **9** slå, stöta (*against* emot); *he ~s hard* han slår hårt; *~ and run* smita från olycksplatsen (*efter kollision*); *~ or miss, se ~-or-miss*; *~ [up]on* komma på, träffa på, råka, hitta **II** *s* **1** slag, stöt; träff; *direct* (*bildl. real*) *~* fullträff **2** dräpande svar, kvick anmärkning, pik **3** *vard.* succé, framgång; schlager, hit; *be* (*make*) *a ~* göra succé **4** *vard.* lyckokast, lyckträff **5** *AE. sl.* mord (*på uppdrag*)

hit-and|-miss [ˌhɪtən(d)'mɪs] slumpartad **--run** *a* **1** *~ accident* smitningsolycka; *~ case* [fall av] smitning (*vid trafikolycka*); *~ driver* bilförare som smiter (smitit) **2** *mil.*, *~ raid* blixtanfall; *~ tactics* överraskningstaktik

hitch [hɪtʃ] **I** *v* **1** fästa, göra (binda, haka) fast, koppla (*s.th. to s.th.* ngt vid (till) ngt); *~ [up]* spänna för, sela på **2** *~ [up]* dra (hala) upp (*one's trousers* byxorna) **3** *vard.*, *get ~ed* gifta (gänga) sig **4** *vard.*, *~ a lift* lifta (*from* med) **5** fastna, haka [sig] fast; fästas, bindas fast **6** *i sht AE.* vackla, linka, halta (*along* fram) **7** *vard.* lifta **II** *s* **1** hake, hinder, mankemang; avbrott; *without a ~* (*äv.*) utan problem; *technical ~* tekniskt missöde; *there is a ~ in the proceedings* förhandlingarna har hakat upp sig **2** ryck, knyck; *give [s.th.] a ~* rycka till [i ngt] **3** stek (*slags knut*) **4** *i sht AE.* linkande, haltning; *walk with a ~* linka, halta **5** hake, krok **6** *vard.* lift

hitch|hike ['hɪtʃhaɪk] lifta **-hiker** [-ə] liftare

hither ['hɪðə] hit; *~ and thither* hit och dit **-to** [ˌhɪðə'tu:] hittills **-ward[s]** ['hɪðəwəd(z)] *åld.* hit

hit man ['hɪtmæn] *i sht AE.* lejd mördare **hit-or-miss** [ˌhɪtɔ:'mɪs] slumpartad **hit parade** ['hɪtpəˌreɪd] schlagerparad **hit song** ['hɪtsɒŋ] schlager **hitter** ['hɪtə] **1** *vard.* slugger **2** person som slår *etc.*, *jfr hit I*

hive [haɪv] **I** *s* **1** bikupa (*äv. bildl.*); bisvärm; *be a ~ of activity* sjuda av aktivitet **2** myller, svärm **II** *v* **1** fånga, stocka (*bin*) **2** (*om bin*) samla (*i kupan*) **3** *~ [away, up]* spara, lägga undan, härbärgera **4** *~ off a*) överflytta[s], *b*) överföra i privat ägo **5** (*om bin*) samlas, flyga in (*i kupan*)

hives [haɪvz] *pl, med.* nässelfeber

hl *förk. för hectolitre* **H.L.** *förk. för House of Lords* **H.M.** *förk. för Her* (*His*) *Majesty*; *headmaster, headmistress*

h'm [hm, mm] *interj* hm!

H.M.S. *förk. för Her* (*His*) *Majesty's Service* (*Ship*) **H.M.S.O.** *förk. för Her* (*His*) *Majesty's Stationery Office* **HMV** *förk. för His Master's Voice* Husbondens röst (*skivmärke*) **HO, H.O.** *förk. för head office; Home Office* **Ho.** *förk. för House*

hoard [hɔ:d] **I** *s* **1** förråd, lager **2** gömställe (*för skatter e.d.*) **II** *v*, *~ [up]* samla, lägga på hög, samla på kistbotten; hamstra; *~ up in one's heart* gömma i sitt hjärta **-er** ['hɔ:də] samlare; hamstrare

1 hoarding ['hɔ:dɪŋ] samling, [upp]lagring; hamstring

2 hoarding ['hɔ:dɪŋ] **1** plank **2** annonstavla

hoarfrost [ˌhɔ:'frɒst] rimfrost

hoarse [hɔ:s] hes **-n** ['hɔ:sn] göra (bli) hes

hoary ['hɔ:rɪ] **1** grå[nad], vit[hårig] **2** gråvit **3** urgammal; ärevördig

hoax [həʊks] **I** *s* spratt, upptåg; knep **II** *v* lura, narra (*into paying* att betala); spela (*ngn*) ett spratt

hob [hɒb] kokplatta (*vid sidan av eldhärd*)

hobble ['hɒbl] **I** *v* linka, halta; stappla fram;

H

hanka sig fram **II** *s* **1** linkande, haltande; stapplande **2** *dial.* knipa **-dehoy** [ˌhɒbldɪˈhɔɪ] *åld. el. dial.* drummel, slyngel
1 hobby [ˈhɒbɪ] hobby
2 hobby [ˈhɒbɪ] *zool.* lärkfalk
hobbyhorse [ˈhɒbɪhɔːs] käpphäst (*äv. bildl.*); gunghäst; *be on one's ~* (*bildl.*) vara inne på sitt älsklingsämne
hobgoblin [ˈhɒbgɒblɪn] [elak] tomte, [elakt] troll, svartalf; spöke
hobnail [ˈhɒbneɪl] **I** *s* spik, stift (*under sko*) **II** *a*, *~[ed] boots* spikbeslagna skor
hobnob [ˈhɒbnɒb] umgås förtroligt (*with* med)
hobo [ˈhəʊbəʊ] (*pl -[e]s*) *i sht AE.* **1** luffare **2** kringvandrande arbetare
Hobson [ˈhɒbsn] *s, it's a case of ~'s choice* det finns inget val
1 hock [hɒk] has (*på djur*)
2 hock [hɒk] rhenvin; torrt vitvin
3 hock [hɒk] *vard., i sht AE.* **I** *v* pantsätta **II** *s, in ~ a*) pantsatt, på stampen, *b*) i fängelse, *c*) i skuld
hockey [ˈhɒkɪ] [land]hockey **hockey stick** hockeyklubba
hocus-pocus [ˌhəʊkəsˈpəʊkəs] **I** *s* hokuspokus; trollkonster, fiffel **II** *v* lura
hod [hɒd] [murbruks]tråg
hodden [ˈhɒdn] *Sk.* grå vadmal
hodge-podge [ˈhɒdʒpɒdʒ] *i sht AE., se hotchpotch*
hoe [həʊ] **I** *s* hacka **II** *v* hacka
hog [hɒg] **I** *s* **1** [göd]svin, -galt **2** *se hogg* **3** *vard.* svin, kräk; matvrak **4** *sl., go the whole ~* löpa linan ut, ta steget fullt ut **II** *v* **1** skjuta rygg **2** kortklippa (*hästman*) **3** *sl.* hugga för sig, roffa åt sig **hogg[et]** [ˈhɒgɪt] *BE. dial.* ungfår **hoggish** [ˈhɒgɪʃ] svinaktig; glupsk
Hogmanay [ˈhɒgmənеɪ] *Sk.* nyårsafton
hogshead [ˈhɒgzhed] **1** oxhuvud (*mått, för öl = 54 gallons = 245 l, för vin = 52,5 gallons = 238,5 l*) **2** fat (*för transport av vin e.d.*)
hog|tie [ˈhɒgtaɪ] *i sht AE.* **1** binda till händer och fötter **2** hindra, handlingsförlama **-wash 1** nonsens, struntprat **2** svinmat, skulor
hoi[c]k [hɔɪk] **1** få (*flygplan*) att lyfta **2** (*om flygplan*) stiga brant
hoi polloi [ˌhɔɪˈpɒlɔɪ] *s, the ~* massorna, slöddret, pöbeln
hoist [hɔɪst] **I** *v* hissa (*a flag* en flagga); hissa (lyfta) upp; *~ with one's own petard* gå i sin egen fälla **II** *s* **1** hissning; lyft **2** hiss; lyftanordning
hoity-toity [ˌhɔɪtɪˈtɔɪtɪ] *a, vard.* mallig, stöddig, översittaraktig
hokey-pokey [ˌhəʊkɪˈpəʊkɪ] *se hocus-pocus*
hokum [ˈhəʊkəm] *AE. sl.* **1** klyschor, tomma fraser **2** sentimentalt skräp (*i film e.d.*)
1 hold [həʊld] **I** *v* (*held, held*) **1** hålla; hålla i (fast, kvar); hålla (bära) upp; *~ s.th. firm* hålla fast ngt; *~ hands* hålla varandra i handen (händerna); *~ one's head high* hålla huvudet högt; *~ the ladder for s.b.* hålla i stegen åt ngn; *they held the man* de höll fast mannen; *~ s.th. in place* hålla ngt på plats; *~ one's sides with laughter* hålla sig för magen av skratt; *~ s.b. tight* hålla ngn hårt; *the shelf is held by two angle irons* hyllan bärs upp av två vinkeljärn **2** behålla, hålla kvar; hålla, lägga undan; *bildl.* fängsla, hålla fången; *her singing held the audience* hennes sång fängslade åhörarna; *~ one's course* hålla kursen; *~ a fort* hålla ett fort; *~ it!* stopp ett tag!, vänta!, håll stilla!; *~ a note* hålla ut en ton; *~ one's own* (*ground*) hålla stånd, stå på sig, [kunna] hävda sig; *~ s.th. ready* hålla ngt redo (i beredskap); *the car ~s the road well* bilen ligger bra på vägen; *they will ~ our tickets until tomorrow* de håller våra biljetter till i morgon; *it ~s its value* den behåller sitt värde; *~ s.b. to* (*by*) *his promise* få ngn att stå (hålla fast) vid sitt löfte **3** [av]hålla, anordna (*a meeting* ett möte); *~ a conversation* konversera **4** [inne]ha; äga; sköta, upprätthålla; *~ a law degree* ha en juridisk examen; *~ an office* inneha (sköta) ett ämbete; *~ the third place* ligga på tredje plats; *~ a record* [inne]ha ett rekord; *~ shares* ha aktier **5** innehålla; rymma, ha plats för; *this case ~s old photographs* den här lådan innehåller gamla fotografier; *the box will ~ three books* kassetten rymmer tre böcker; *what does the future ~?* vad bär framtiden i sitt sköte? **6** tåla, hålla för; *~ water* vara vattentät, *bildl. äv.* vara hållbar, hålla; *he can't ~ his liquor* han tål inte sprit (ingenting) **7** anse, hävda, vidhålla; hysa, ha (*affection for* tillgivenhet för); hålla (*s.b. dear* ngn kär); *~ a theory* ha (omfatta) en teori; *she ~s that it is correct* hon anser att det är riktigt; *~ s.th. to be true* anse ngt vara (att ngt är) sant **8** hejda, hålla; *~ one's breath* hålla andan; *~ one's peace* (*tongue*) hålla tyst; *there's no ~ing her* det går inte att hejda henne **9** hålla, inte brista; *~ firm* hålla, inte gå sönder; *that cable won't ~* den vajern kommer inte att hålla **10** hålla (stå) sig, hålla i sig; *will the weather ~ fine?* kommer det vackra vädret att hålla i sig? **11** *~ [good]* stå sig, hålla streck, gälla, vara giltig, stå fast; *the old theories don't ~ today* de gamla teorierna håller inte streck i dag; *this rule ~s [good] for everybody* den här regeln gäller [för] alla **12** *~ to* (*by*) hålla (stå) fast vid (*one's views* sina åsikter) **13** *~ s.th. against s.b.* lägga ngn ngt till last; *~ back a*) hålla tillbaka, hejda, hålla inne [med], *b*) tveka, dra sig undan, dröja, lägga band på sig; *~ s.th. back from s.b.* undanhålla ngn ngt, dölja ngt för ngn; *~ down a*) hålla ner (nere, fast), *b*) undertrycka, trycka ner, *c*) *vard.* behålla, ha kvar (*a job* ett jobb); *~ forth a*) orera, breda ut sig (*on* om, över), *b*) erbjuda, utlova; *~ in a*) hålla in (*one's stomach* magen), *b*) tygla, hålla i styr, behärska, lägga band på; *~ o.s. in a*) hålla in magen, *b*) behärska (lägga band på) sig; *~ off* hålla [sig] på avstånd (borta); *~ off* [*from*] vänta med, skjuta upp; *I hope the rain ~s off* jag hoppas att det blir uppehållsväder (inte blir regn); *~ on* (*vard.*) *a*) hålla [sig] fast (*to* i, vid), *b*) hålla ut; *~ on!* stopp (vänta) ett tag!, (*i telefon*) ett ögonblick!; *~ on one's way* fortsätta; *~ out a*) sträcka (räcka) fram (ut), *b*) erbjuda (*opportunities* tillfällen), *c*) *AE.* hålla inne, *d*) hålla ut, hålla stånd; *~ out hope* inge hopp; *~ out for* (*vard.*) avvakta, stå fast vid sitt krav på; *~ out on s.b.* (*vard.*) undanhålla ngn något, hemlighålla något för ngn; *~ over* uppskjuta; *~ s.th. over s.b.* låta ngt hänga över ngn som ett hot; *~ to* hålla fast vid; *~ together* hålla ihop (samman); *~ up a*) hålla uppe, stödja, *b*) hålla (räcka, sträcka) upp, *c*) hålla (visa) fram, *d*) stoppa,

hejda, hindra, försena, uppehålla, *e*) råna, överfalla, *f*) hålla sig uppe, *g*) hålla (stå) sig; ~ *up one's head* hålla huvudet högt; ~ *up to ridicule* förlöjliga; ~ *with* hålla med om, gilla **II** *s* **1** tag, grepp, fattning; fäste; *bildl.* grepp (*on, over* om), hållhake (*on, over* på), inflytande, herravälde (*over* över); *catch* (*grab, seize, take*) ~ *of* gripa (ta, fatta) tag i, få grepp om; *get* ~ *of* få tag (fatt) i; *get* [*a*] ~ *of yourself!* ta dig samman!, ryck upp dig!; *keep* ~ *of* hålla fast i; *lose one's* ~ tappa taget (fästet); *have a* ~ *on s.b.* ha en hållhake på ngn **2** (*i brottning*) grepp; *no* ~*s barred* alla grepp är tillåtna **3** handtag **4** kort uppehåll **5** fängelse; cell **6** behållare **7** *mus.* fermat

2 hold [həʊld] *sjö., flyg.* lastrum

hold|all ['həʊldɔ:l] *BE.* stor bag (korg) **-back** hinder **-er** [-ə] **1** hållare **2** innehavare; ägare **-fast 1** fasthållande **2** grepp; fasthållare; klämma, tving

holding ['həʊldɪŋ] **1** arrende[gård]; lantegendom **2** innehav[ande]; arrendering **3** ~*s* (*pl*) innehav, andelar **4** (*i boxning*) fasthållande **holding company** [-ˌkʌmp(ə)nɪ] holdingbolag

hold-up ['həʊldʌp] **1** rån|kupp, -överfall **2** stopp, stockning; försening; avbrott, uppehåll

hole [həʊl] **I** *s* **1** hål; grop; *bildl.* lucka (*in a p.'s arguments* i ngns argument); *a* ~ *in the wall* ett litet sjabbigt ställe; *make* ~ *in one* (*golf.*) göra hole in one (*gå i hål med ett slag*); *make a* ~ *in one's savings* göra ett djupt hål i sina besparingar **2** (*djurs*) håla **3** *vard.* håla; finka, kurra **4** *sl.* knipa; *in the* ~ i [penning]knipa **II** *v* **1** göra hål i **2** *golf.* slå (*bollen*) i hål; ~ *in one* göra hole in one (*gå i hål med ett slag*) **3** (*om strumpor*) få hål, gå sönder **4** ~ *up* (*i sht AE.*) *a*) (*om djur*) gå ner i sin håla, *b*) gömma [sig], *c*) *golf.* göra hole in one **--and-corner** [ˌhəʊlən(d)'kɔ:nə] *vard.* hemlig; förstulen

holiday ['hɒlədɪ] **1** ledig dag, fridag, lovdag; helgdag **2** *i sth BE., ofta pl* ledighet, semester; ferier, lov; *Christmas* ~*s* jullov; *on* ~ på semester; *go on* ~ åka på semester; *take* ~ ta semester, ta sig ledigt **holiday camp** *BE.* semester|by, -anläggning (*i sht vid kusten*) **holiday-maker** [-ˌmeɪkə] semesterfirare

holier-than-thou [ˌhəʊlɪəð(ə)n'ðaʊ] självgod

holiness ['həʊlɪnɪs] helighet; *His H~* hans helighet (*påven*)

holism ['hɒlɪz(ə)m] holism **holistic** [hɒ'lɪstɪk] holistisk

holla ['hɒlə] *se hollo*

Holland ['hɒlənd] Holland **Hollands** [-z] holländsk genever

holler ['hɒlə] *vard.* **I** *v* skrika, ropa **II** *s* skrik, rop

hollo ['hɒləʊ] *interj* hallå!, hör hit!

hollow ['hɒləʊ] **I** *a* **1** ihålig (*äv. bildl.*); ~ *sound* ihåligt ljud; *have a* ~ *leg* kunna äta hur mycket som helst utan att bli fet **2** innehållslös, tom; värdelös; intetsägande; falsk, opålitlig **3** hungrig, tom i magen **II** *adv, BE. vard., beat a p.* ~ besegra ngn fullständigt **III** *s* **1** [i]hålighet **2** sänka, dal **IV** *v,* ~ [*out*] urholka, göra ihålig **--eyed** hålögd

holly ['hɒlɪ] *bot.* järnek **-hock** [-hɒk] *bot.* stockros

holm [oak] ['həʊməʊk] *bot.* stenek

holocaust ['hɒləkɔ:st] stor förödelse (*genom brand*); förödande brand; förintelse; *H~* holokaust, förintelse (*av judar under andra världskriget*)

holo|gram ['hɒləʊgræm] hologram **-graph** [-grɑ:f] handskrivet dokument; originalmanuskript

hols [hɒls] *BE. skolsl. = holidays*

holster ['həʊlstə] pistolhölster

holy [həʊlɪ] helig; from, gudlig; *the* ~ *of holies* det allra heligaste; *the H~ Bible* Bibeln; *the H~ Communion* [den heliga] nattvarden; ~ *day* helgdag; *the H~ Father* den Helige Fadern (påven); *the H~ Ghost* (*Spirit*) den Helige Ande; *H~ Innocents' Day* Menlösa barns dag; ~ *Joe* (*vard.*) *a*) präst, *b*) gudaktig (gudsnådelig) person; *the H~ Land* det Heliga Landet; *the H~ Office* inkvisitionen; ~ *orders a*) prästvigning, *b*) det andliga ståndet; *the H~ Roman Empire* det heliga romerska riket; *H~ Saturday* påskafton[en]; *the H~ Scripture* (*Writ*) den Heliga Skrift, Bibeln; *the H~ See* påvestolen; ~ *smoke* (*cow, Moses*)! (*vard.*) milda makter!, jösses!; *he is a* ~ *terror* han är en skräck (plåga); *H~ Thursday* skärtorsdag[en]; ~ *water* vigvatten; *the H~ Week* stilla veckan, påskveckan

holystone ['həʊlɪstəʊn] skursten

homage ['hɒmɪdʒ] *s, pay* (*do*) ~ *to* betyga sin vördnad, bringa sin hyllning

homburg ['hɒmbɜ:g] homburg[hatt] (*slags filthatt*)

home [həʊm] **I** *s* **1** hem; bostad, hus; hem|bygd, -land, -ort; hemvist; *it's a* ~ *from* ~ det är som hemma (som ett andra hem); *away from* ~ borta hemifrån; ~ *sweet* ~ hem, ljuva hem; *there is no place like* ~ borta bra men hemma bäst; *be* ~ *and dry* (*BE. sl.*) vara på den säkra sidan, ha sitt på det torra; *at* ~ hemma, i hemmet; *be at* ~ *in* (*on, with*) vara hemma[stadd] i (på, med), vara förtrogen med; *be at* ~ *to s.b.* ta emot (ha mottagning för) ngn; *feel at* ~ känna sig som hemma, finna sig till rätta; *make yourself at* ~ känn dig som hemma **2** hem, institution, anstalt **3** *sport.* hemma[plan]; mål; *at* ~ hemma, på hemmaplan **II** *a* **1** hem-, hemma-; hemgjord, hemlagad; huslig, hushålls-; inhemsk; ~ *address* hemadress; ~ *cooking* husmanskost; *H~ Counties* Home Counties (*grevskapen runt London*); ~ *country* hem-, fädernes|land; ~ *economics* (*ung.*) hemkunskap, huslig ekonomi; *H~ Guard* hemvärn; *the H~ Office* (*BE., ung.*) inrikesdepartementet; ~ *market* hemmamarknad; ~ *rule* självstyre, självbestämmande[rätt]; *H~ Rule* (*BE*) home rule (*irländsk självstyrelse*); *the H~ Secretary, the Secretary of State for the H~ Department* (*BE.*) inrikesministern **2** effektiv; dödlig; ~ *thrust* välriktad stöt, träff **3** ~ *truth* obehaglig (besk) sanning **4** *sport.* hemma-; ~ *ground* hemmaplan; ~ *plate* (*i baseboll*) innemål, slagbas; ~ *run* (*i baseboll*) lopp (*runt hela planen*); ~ *stretch* (*vid hästkapplöpning o. bildl.*) upplopp **5** *AE.* central-, huvud; ~ *office* huvudkontor **III** *adv* **1** hem, hemåt; hemma; *on the way* ~ på vägen hem, på hemvägen; *go* (*come*) ~ gå (komma) hem; *the book was nothing to write* ~ *about* boken var inte särskilt märkvärdig **2** eftertryckligt, grundligt; i (in)

H

ordentligt, i botten; *hammer a nail ~* slå i en spik ordentligt; *bring s.th. ~ to s.b. a)* klargöra ngt för ngn, *b)* lägga skulden för ngt på ngn; *it came ~ to me* jag fick det klart för mig, jag började inse det; *go* (*strike*) ~ träffa [mitt i] prick; *the thrust went ~* stöten visste var den tog **3** *sjö.* i läge; *come ~* (*om ankare*) inte ta, släppa **IV** *v* **1** (*om fågel e.d.*) återvända hem; *~ on*[*to*] anflyga mot **2** *~ in* [*on*] riktas mot **3** härbärgera, ge ett hem; ha ett hem **4** skicka (gå) hem

home|-brew ['həʊmbru:] hembryggt öl **-coming** [-ˌkʌmɪŋ] hemkomst **-felt** [-felt] innerlig **--grown** [ˌhəʊm'grəʊn] av egen (inhemsk) skörd, hemodlad **-land** ['həʊmlænd] hemland **-less** ['həʊmlɪs] hemlös; husvill **-ly** ['həʊmlɪ] **1** enkel; anspråkslös; vardaglig **2** *BE.* huslig; hemtrevlig, hemlik **3** *AE.* alldaglig, intetsägande; ganska ful **--made** [ˌhəʊm'meɪd] hemgjord; hem|bakad, -lagad **-maker** ['həʊmˌmeɪkə] **1** husmor **2** hemhjälp (*socialarbetare*)

home|opath ['həʊmjə(ʊ)pæθ] homeopat **-opathic** [ˌhəʊmjə(ʊ)'pæθɪk] homeopatisk **-opathy** [ˌhəʊmɪ'ɒpəθɪ] homeopati

Homer ['həʊmə] Homeros

homer ['həʊmə] brevduva

home|room ['həʊmrʊm] *AE.* hemrum (*klassrum*) **-sick** hemsjuk, som har hemlängtan; *be ~* ha hemlängtan, längta hem **-sickness** hemlängtan **-spun I** *a* **1** enkel, naturlig **2** hemvävd; hemspunnen **II** *s* hemvävt tyg; homespun (*tygsort*) **-stead** [bond]gård; *AE.* [nybyggar]hemman **-ward** [-wəd] **I** *a* hem-; hemåtgående; *~ journey* hemresa **II** *adv* hemåt; *~ bound* på väg hem **-wards** [-wədz] *se homeward II* **-work** [hem]läxor, hemuppgifter; förberedande studier; *what have we got for ~?* vad har vi i läxa?; *she hadn't done her ~* (*vard.*) hon hade inte satt sig in i saken (läst på)

homey ['həʊmɪ] *i sht AE., se homy*

homi|cidal [ˌhɒmɪ'saɪdl] **1** dråp-, mord- **2** mordisk **-cide** ['hɒmɪsaɪd] **1** dråp, mord; *culpable ~* överlagt mord; *~* [*squad*] mordkommission **2** dråpare, mördare

homily ['hɒmɪlɪ] [moral]predikan

homing ['həʊmɪŋ] **1** hemvändande; *~ pigeon* brevduva **2** målsökande; *~ guidance* styrorgan (*i raket*)

hominy ['hɒmɪnɪ] *i sht AE.* majs[gryns]gröt

homo ['həʊməʊ] (*pl ~s*) *vard.* homofil

homoeopath ['həʊmjə(ʊ)pæθ] *se homeopath*

homo|geneity [ˌhɒmə(ʊ)dʒe'ni:ətɪ] homogenitet **-geneous** [-'dʒi:njəs] homogen **-genize** [hɒ'mɒdʒənaɪz] homogenisera

homo|graph ['hɒmə(ʊ)grɑ:f] *språkv.* homograf **-nym** [-nɪm] *språkv.* homonym **-phone** [-fəʊn] *språkv.* homofon **-sexual** [ˌhəʊmə(ʊ)'seksjʊəl] **I** *s* homosexuell [person] **II** *a* homosexuell **-sexuality** [ˌhəʊmə(ʊ)seksjʊ'ælətɪ] homosexualitet

homy ['həʊmɪ] hemlik, hemtrevlig

Hon[.] *förk. för Honourable* **hon[.]** *förk. för honorary; honorable*

Honduras [hɒn'djʊərəs]

hone [həʊn] **I** *s* slip-, bryn|sten (*i sht för rakkniv*) **II** *v* slipa, bryna

honest ['ɒnɪst] **1** ärlig, hederlig, rättskaffens; uppriktig; *~ broker* medlare, förlikningsman (*i internationella tvister*); *~ wages* skäliga löner; *~ to God* (*goodness*) *a)* autentisk, äkta, *b)* *interj* det är helt säkert!, är det verkligen sant? **2** äkta, genuin **3** *åld.* ärbar; *make an ~ woman of* gifta sig med (*i sht gravid kvinna*) **honestly** [-lɪ] **I** *adv* ärligt, hederligt, rättskaffens; uppriktigt sagt, ärligt talat; *~ speaking* ärligt talat **II** *interj* nej, vet du vad!, fy! **honesty** [-ɪ] **1** ärlighet, hederlighet, rättskaffenhet; uppriktighet; *~ is the best policy* ärlighet varar längst **2** *bot.* judaspenningar

honey ['hʌnɪ] **1** honung **2** sötma **3** *i sht AE.* raring, älskling, sötnos; *vard.* urtjusig sak **honeybee** [honungs]bi **honey buzzard** [-ˌbʌzəd] *zool.* bivråk **honeycomb** [-kəʊm] **I** *s* vaxkaka; vaxkakemönster **II** *v* göra cellformig (hålig), genomborra; *bildl.* underminera, infiltrera, genomsyra **honeydew** [-dju:] honungsdagg **honeydew melon** honungsmelon **honeyed** [-d] *poet.* **1** honungs-, honungsfylld **2** *bildl.* honungslen (*voice* röst) **honeymoon** [-mu:n] **I** *s* smekmånad (*AE. äv. bildl.*), bröllopsresa **II** *v* fira smekmånad, vara på bröllopsresa **honeysuckle** [-ˌsʌkl] *bot.* kaprifol[ium]

honk [hɒŋk] **I** *s* snatter, skrik (*av gäss*); (*bils*) tutande **II** *v* **1** (*om gäss*) snattra, skrika; (*om bil*) tuta **2** *BE. sl.* spy

honky ['hɒŋkɪ] *sl., i sht AE.* viting (*vit man*) **--tonk** [-tɒŋk] **1** *AE. sl.* sylta, billig nattklubb (bar) **2** *mus.* honky-tonk (*slags ragtime*)

honor ['ɒnə] *AE., se honour* **honorary** ['ɒn(ə)rərɪ] heders-, honorär-, titulär- ; *~ consul* honorärkonsul; *~ doctor* hedersdoktor; *~ post* förtroendeuppdrag; *~ secretary* (*oarvoderad*) sekreterare **honorific** [ˌɒnə'rɪfɪk] **I** *a* heders-, artighets- **II** *s* artighetsuttryck; hederstitel

honour ['ɒnə] **I** *s* **1** ära, heder; *guard of ~* hedersvakt; *it's an ~ to me* det är en ära för mig; *~ where ~ is due* ära[s] den som äras bör; *may I have the ~* [*of the next dance*]? får jag lov?; *do ~ to a)* betyga sin vördnad, *b)* vara en heder för; *in a p.'s ~* till ngns ära; *in ~ of* för att hedra [minnet av]; *in ~ of the occasion* dagen till ära **2** *~s* (*pl*) hedersbetygelser, utmärkelser; *with military ~s* under militära hedersbetygelser; *do the ~s* vara värd (värdinna), utöva värdskapet **3** heder; hederskänsla; *man of ~* hedersman; *make it a point of ~* göra det till en hederssak; *sense of ~* hederskänsla; *word of ~* hedersord; *~ bright!* (*BE. skolsl.*) på hedersord!, absolut!; *in ~ bound* moraliskt förpliktad; [*up*]*on my ~* på hedersord, på min ära; *he put me on my ~ not to tell* jag gav honom mitt hedersord på att jag inte skulle säga ngt **4** *kortsp., ~s* (*pl*) honnörer **5** *~s* (*pl*) högsta betyg; *~s* [*degree*] (*univ.*) 'honours' (*betyg i akademisk specialkurs*); *first-class ~s* [*degree*] högsta betyg (*i akademisk specialkurs*) **6** *Your H~* (*t. vissa domare*) Ers Höghet (Nåd) **II** *v* **1** hedra, ära; ge utmärkelse **2** honorera, inlösa (*check, växel e.d.*)

honourable ['ɒn(ə)rəbl] **1** heder-, aktnings|-värd, värd att hedras (äras) **2** ärofull; hedrande; hedersam; *~ mention* hedersomnämnande **3** rättskaffens **4** *parl., the H~* ärade; *the H~ member is wrong* den ärade ledamoten (min ärade kollega) har fel **5** *the H~* (*i titel till barn till viscount och baron och yngre söner till earl*) välborn|e, -a;

the Right H~ (*i titel till earl, viscount, baron*) högvälborne **honours list** ['ɒnəzlɪst] *BE.* förteckning över utmärkelser (ordensutnämningar *m.m.*)
Hon. Sec. *förk. för Honorary Secretary*
hooch [hu:tʃ] *AE. sl.* sprit
1 hood [hʊd] **I** *s* **1** huva, hätta; kapuschong **2** huv, skydd; rökhuv; kåpa; sufflett; *AE.* motorhuv **II** *v* sätta huva (huv *etc.*) på; övertäcka; *~ed crow* grå kråka
2 hood [hʊd] *AE. sl., se hoodlum* **hoodlum** ['hu:dləm] *i sht AE.* ligist, gatpojke
hoodoo ['hu:du:] **I** *s* (*pl ~s*) *vard.* **1** olycksbringare **2** otur, olycka **II** *v* bringa otur (olycka)
hoodwink ['hʊdwɪŋk] dupera, lura, vilseleda
hooey ['hu:ɪ] *interj, sl.* skitsnack!
hoof [hu:f] **I** *s* (*pl ~s el. hooves*) **1** hov; klöv; *on the ~* (*om boskap*) levande **2** *neds.* (*människas*) fot, klöv; *shake a ~* svänga sina lurviga ben **II** *v* **1** sparka (*med hovarna*) **2** *sl., ~ it*) gå till fots, *b*) dansa **hoofed** [-t] hov-, -hovad, klöv-, -klövad
hook [hʊk] **I** *s* **1** krok; hake; hängare; [met]krok; släng (*på bokstav*); flagga (*på not*); *~ and eye* hyska och hake; *~, line and sinker* (*vard.*) helt och hållet, fullständigt, med hull och hår; *by ~ or by crook* på ett eller annat sätt; *off the ~* (*vard.*) *a*) ur knipan, *b*) (*om telefonlur*) av, inte pålagd; *on the ~* (*vard.*) *a*) på kroken, *b*) i knipa; *on one's own ~* (*vard., i sht AE.*) på eget initiativ, på egen hand; *get the ~* (*AE. sl.*) få sparken; *sling one's ~* (*BE. sl.*) sticka, dra **2** snara **3** [flod]krök; udde **4** (*i boxning*) hook, krok **5** skära **II** *v* **1** *~ [up]* haka (häkta, koppla) fast (ihop, igen), kroka fast; *~ me up, please* var snäll och häkta ihop (knäpp) klänningen (*e.d.*) åt mig; *~ up with* (*sl.*) gänga sig med **2** fånga med krok **3** *~ on* haka (kroka) fast (*to* vid, i) **4** kröka [på] (*one's arm* armen) **5** knyta (*ryamatta e.d.*) **6** *~ [down]* slå, meja [ner] (*med skära*) **7** (*i boxning*) ge ett krokslag; (*i ishockey*) haka [upp] **8** *vard.* lura; *sl.* sno, knycka **9** *sl., ~ it* sticka, smita **10** hakas (häktas, kopplas) ihop (igen) **11** kröka [sig] **12** *~ on* haka sig (hakas) fast (*to* vid, i)
hookah ['hʊkə] vattenpipa
hooked [hʊkt] **1** krökt, böjd, krokig **2** krokförsedd **3** fångad, snarad **4** *sl.* gängad (*gift*) **5** *sl., be ~* vara knarkare; *be* (*get*) *~ on s.th.* gilla (digga) ngt, vara slav under (tokig i) ngt **hooker** ['hʊkə] **1** *AE. sl.* klunk (*sprit*) **2** *AE. sl.* fnask **hookey** ['hʊkɪ] *se hooky* **hooknosed** ['hʊknəʊzd] kroknäst, med örnnäsa **hook-up** ['hʊkʌp] **1** *radio., TV.* samsändning; sammankoppling **2** [ohelig] allians **hookworm** ['hʊkwɜ:m] hakmask (*slags inälvsparasit*) **hooky** ['hʊkɪ] *vard., i sht AE.* skolk; *play ~* skolka
hooligan ['hu:lɪgən] *sl.* ligist, bråkmakare, buse **-ism** [-ɪz(ə)m] *sl.* ligistfasoner, busliv
hoop [hu:p] **I** *s* **1** tunnband; (*leksak äv.*) rullband; band, ring; sybåge; *go through the ~[s]* (*bildl.*) gå igenom en svår prövning **2** krocketbåge **3** krinolinband **II** *v* förse med tunnband *etc.*
hoopla ['hu:plɑ:] **1** *BE.* ringkastning (*på nöjesfält*) **2** *AE. sl.* liv, ståhej; bluff
hoorah, hooray [hʊ'reɪ] *interj* hurra!
hoos[e]gow ['hu:sgaʊ] *AE. sl.* finka
hoot [hu:t] **I** *v* **1** bua, skräna (*at* åt) **2** tuta; (*om tågvissla e.d.*) tjuta; *BE.* blåsa i horn; *~ with lauhter* tjuta av skratt **3** (*om uggla*) hoa, ropa **4** bua åt; bua ut **II** *s* **1** (*ugglas*) hoande, rop **2** tut; (*ångvisslas*) tjut; *~s of laughter* tjut av skratt **3** buande, skrän **4** *I don't give a ~* det gör mig alldeles detsamma, det bryr jag mig inte ett dugg om **-er** ['hu:tə] *i sht BE.* **1** tuta, signalhorn; vissla **2** *sl.* kran (*näsa*)
Hoover ['hu:və] (*varumärke*) dammsugare **hoover** dammsuga
hooves [hu:vz] *pl av hoof*
1 hop [hɒp] **I** *v* **1** hoppa, skutta; hoppa på ett ben; *~ on a bus* (*into a taxi*) (*vard.*) hoppa på en buss (in i en taxi); *~ off* (*vard.*) hoppa av **2** *AE. vard.* sätta igång **3** *BE. sl., ~ it* (*off*) sticka, försvinna, smita **4** hoppa över (*a hedge* en häck); *vard.* flyga (ta skuttet) över **5** *AE. vard.* åka med (*a train* ett tåg) **6** *AE.* låta studsa; *~ a flat stone* kasta smörgås **II** *s* **1** hopp, skutt; hoppande (*på ett ben*); *vard.* skutt, flygtur; *on the ~* (*vard.*) *a*) på alerten, *b*) *BE.* på sängen, oförberedd; *~, step, and jump* (*åld.*) tresteg; *a ~, step* (*skip*), *and jump from the church* ett stenkast från kyrkan **2** *vard.* skutt (*danstillställning*) **3** *AE.* studs[ning]
2 hop [hɒp] **1** humle[planta]; *~s* (*pl*) humle[kottar] **2** *sl.* opium; knark
hope [həʊp] **I** *s* (*ibl. pl*) hopp, förhoppning (*of, for* om); *not a ~!, some ~[s]!* och det trodde du!; *beyond ~* utan hopp, hopplös; *live in ~[s] of* hoppas på [att], ha hopp om [att]; *place one's ~ in* sätta sitt hopp till **II** *v* **1** hoppas [på]; *I ~ [that] you can come* jag hoppas att du kan komma; *we ~ to go to England* vi hoppas kunna resa till England; *~ against hope that* trots allt hoppas [på] att **2** hoppas (*for* på); *~ for the best* hoppas på det bästa **hope chest** *AE.* brudkista **hopeful** ['həʊpf(ʊ)l] **I** *a* hoppfull; förhoppningsfull, lovande **II** *s, young ~* ung och lovande person **hopefully** ['həʊpfʊlɪ] *adv* **1** hoppfullt, förhoppningsfullt **2** *vard.* förhoppningsvis **hopeless** ['həʊplɪs] hopplös; omöjlig; *vard. äv.* oförbätterlig
hop garden ['hɒpˌgɑ:dn] humlegård
hop-o'-my-thumb [ˌhɒpəmɪ'θʌm] tummeliten
hopper ['hɒpə] **1** hoppare **2** gräshoppa **3** humleplockare **4** mudderpråm **5** matartratt **hopping** [-ɪŋ] **I** *a* hoppande **II** *adv, ~ mad* rosenrasande, ursinnig **hopscotch** hoppa hage (*lek*)
Horace ['hɒrəs] Horatius
horde [hɔ:d] hord, flock; svärm
horizon [hə'raɪzn] horisont **-tal** [ˌhɒrɪ'zɒntl] **I** *a* horisontal, horisontell, vågrät; *~ bar* (*gymn.*) räck **II** *s* horisontal|linje, -läge, -plan
hormone ['hɔ:məʊn] hormon
horn [hɔ:n] **I** *s* **1** horn (*äv. mus. o. ämne*); signalhorn; mistlur; *jazzsl.* blåsinstrument; *the H~* Kap Horn; *French ~* (*mus.*) valthorn; *~ of plenty* ymnighetshorn; *on the ~s of a dilemma* mellan två hötappar; *blow one's ~* (*AE.*) göra reklam (slå på trumman) för sig själv; *draw* (*pull*) *in one's ~s a*) lägga band på sig, *b*) dra åt svångremmen, spara, *c*) ta tillbaka, backa **2** spets (*på månskära*) **3** *vulg.* ståkuk **II** *v* **1** förse med horn **2** stånga **3** *~ in on* avbryta, tränga sig in i (på) **hornbeam** ['hɔ:nbi:m] *bot.* avenbok **hornbill** ['hɔ:nbɪl] *zool.* hornfågel **horned** [hɔ:nd] horn|-

H

försedd, -prydd; ~ *owl* (*zool.*) hornuggla
hornet ['hɔ:nɪt] *zool.* bålgeting; *stir up a ~'s nest* (*bildl.*) sticka handen i ett getingbo
horn|less ['hɔ:nlɪs] hornlös, kullig (*cattle* boskap) **-pipe** hornpipe (*slags sjömansdans*) **--rimmed** [-rɪmd] hornbågad
horny ['hɔ:nɪ] **1** horn|artad, -aktig, hornlik **2** behornad **3** *sl.* kåt
horology [hɒ'rɒlɒdʒɪ] **1** urmakarkonst **2** tidmätning
horoscope ['hɒrəskəʊp] horoskop
horrendous [hɒ'rendəs] förskräcklig, avskyvärd
hor|rible ['hɒrəbl] **1** fasansfull, ohygglig; *vard.* hemsk, gräslig, förskräcklig, förfärlig, ryslig **-rid** [-rɪd] otäck, avskyvärd, vidrig; *vard.* hemsk, gräslig **-rific** [hɒ'rɪfɪk] fasaväckande, hårresande, ryslig, hemsk **-rify** ['hɒrɪfaɪ] fylla med fasa (skräck), skrämma, göra skräckslagen; göra förfärad **-rifying** ['hɒrɪfaɪɪŋ] fasaväckande, skräckinjagande; förfärlig
horror ['hɒrə] **1** fasa, skräck (*of* för); avsky (*of* för) **2** (*ofta pl*) fasa, ohygglighet, grymhet; *the ~s of war* krigets fasor **3** *~s* (*pl*) *a*) *sl.* deppighet, *b*) *vard.* dille, delirium; *it gives me the ~s* det ger mig stora skälvan **horror film** skräckfilm **horror|-stricken** [-ˌstrɪk(ə)n], **--struck** [-strʌk] skräckslagen
hors de combat [ˌ(h)ɔ:də'kɔ̃:(m)bɑ:] *a* försatt ur stridbart skick, stridsoduglig **hors d'oeuvre** [ɔ:'dɜ:vr(ə)] (*pl lika el. ~s*) hors d'oeuvre, smårätter (*före huvudrätten*), smörgåsbord
horse [hɔ:s] **I** *s* **1** häst (*äv. gymn.*); hingst; hästdjur; *a ~ of another* (*a different*) *colour* en helt annan sak; *back the wrong ~* hålla (satsa) på fel häst; *wild ~s would not drag me there* vilda hästar kunde inte få mig dit; *flog* (*beat*) *a dead ~* spilla krut på döda hökar; *have s.th.* [*straight*] *from the ~'s mouth* ha ngt från säker källa; *hold one's ~s* ge sig till tåls, inte vara så het på gröten; *work like a ~* arbeta (slita) som ett djur **2** (*behandlas som pl*) kavalleri, rytteri; kavallerister **3** sågbock; [trä]bock; [tork]ställning **4** *sl.* horse (*heroin*) **5** *vard.* häst[kraft] **II** *v* **1** förse med häst[ar] **2** bära (låta rida) på ryggen **3** *vard.*, *~ around* (*about*) spexa, skoja, busa
horseback ['hɔ:sbæk] *s*, *on ~* till häst, ridande; *set off on ~* rida i väg **horsebox** *BE.* hasttransportvagn **horse chestnut** [ˌhɔ:s'tʃesnʌt] *bot.* hästkastanj
horse-cloth ['hɔ:sklɒθ] hästtäcke **horseflesh** **1** hästkött **2** *koll.* hästar **horsefly** *zool.* hästfluga, broms **Horse Guards** hästgarde **horsehair** hästhår, [häst]tagel **horse laugh** hästgnägg, gapskratt **horseman** [-mən] ryttare **horsemanship** [-mənʃɪp] ridkonst; ridskicklighet **horse marine** [-məˌri:n] *skämts.* sjöman till häst; misslyckad person; *tell that to the ~s* det kan du försöka inbilla andra **horse meat** [-mi:t] hästkött **horse opera** [-ɒp(ə)rə] *vard.* västern-, cowboy|film **horseplay** [-pleɪ] våldsam lek, spex **horsepower** [-ˌpaʊə] (*pl lika*) hästkraft **horserace** [-reɪs] [häst]kapplöpning **horse--racing** [-ˌreɪsɪŋ] kapplöpningssport; hästkapplöpningar **horseradish** [-ˌrædɪʃ] *bot.* pepparrot **horse sense** [-sens] sunt förnuft, vanligt bondförstånd **horseshoe** [-ʃu:] hästsko **horse trading** [-ˌtreɪdɪŋ] *bildl.* kohandel **horsewhip** [-wɪp] **I** *s* rid|piska, -spö **II** *v* piska [upp] **horsewoman** [-ˌwʊmən] ryttarinna **hors[e]y** [-ɪ] **1** häst-; hästlik **2** hästintresserad
horta|tive ['hɔ:tətɪv], **-tory** [-t(ə)rɪ] [för]manande; uppmuntrande
horticul|tural [ˌhɔ:tɪ'kʌltʃ(ə)r(ə)l] trädgårds-, trädgårdsodlings; ~ *show* trädgårdsutställning **-ture** ['hɔ:tɪkʌltʃə] trädgårds|skötsel, -konst, hortikultur **-turist** [ˌhɔ:tɪ'kʌltʃ(ə)rɪst] trädgårdsodlare
hosanna [hə(ʊ)'zænə] *interj* hosianna!
1 hose [həʊz] **I** *s* slang **II** *v* vattna (*med slang*), spruta [på]
2 hose [həʊz] (*pl lika el. ~n*) **1** *koll.* strumpor, sockor **2** *hist.* hosor **hosier** ['həʊzɪə] trikåvaruhandlare **hosiery** ['həʊzɪərɪ] *koll.* strumpor, trikåvaror
hospice ['hɒspɪs] härbärge
hospitable ['hɒspɪtəbl] **1** gäst|fri, -vänlig **2** mottaglig (*to new ideas* för nya idéer)
hospital ['hɒspɪtl] sjukhus **hospitality** [ˌhɒspɪ'tælətɪ] gästfrihet **hospital|ization** (*BE. äv. -isation*) [ˌhɒspɪt(ə)laɪ'zeɪʃn] **1** inläggning på sjukhus **2** sjukhusvistelse **hospital|ize** (*BE. äv. -ise*) ['hɒspɪtəlaɪz] lägga (ta) in på sjukhus **hospitaller** ['hɒspɪtl̩ə] medlem av religiös barmhärtighetsorden
1 host [həʊst] **I** *s* **1** värd **2** *biol.* värdväxt; värddjur **3** värdshusvärd **II** *v* vara värd för **2** *AE. vard.* smita från [restaurang]notan
2 host [həʊst] stor mängd, massa
Host [həʊst] *kat.* hostia
hostage ['hɒstɪdʒ] gisslan; pant
hostel ['hɒstl] härbärge; gästhem; *youth ~* vandrarhem **-ler** ['hɒstələ] gäst på vandrarhem **-ry** ['hɒstlrɪ] *åld.* värdshus
hostess ['həʊstɪs] värdinna
hos|tile ['hɒstaɪl, *AE.* 'hɒstl] fientlig[t inställd] (*to* mot); fiende- **-tility** [hɒ'stɪlətɪ] fientlighet, fientlig inställning; fiendskap
hostler ['ɒslə] *i sht BE., se ostler*
hot [hɒt] **I** *a* **1** het, varm; ~ *air* (*vard.*) tomt skryt; ~ *dog* varm korv [med bröd]; *the ~ line* heta linjen; *a ~ meal* varm (lagad) mat; ~ *pants* hot pants (mycket korta åtsittande shorts); ~ *pepper* chillipeppar; ~ *potato* (*vard. bildl.*) het potatis; ~ *rod* hot rod *(äldre bil m. upptrimmad motor);~ seat* (*vard.*) knipa, besvärligt läge; *be ~ and bothered*, *be ~ under the collar* (*vard.*) vara upphetsad; *get into ~ water* (*vard.*) få besvär, få det hett om öronen (*i sht med makthavare*); *you're getting ~!* (*i lek*) det bränns!; *it's getting too ~ for me here* (*vard.*) marken börjar brännas under mina fötter; *give it s.b. ~* (*vard.*) ge ngn på pälsen; *I went ~ and cold all over* (*vard.*) jag blev ömsom varm och ömsom kall; *make it ~ for s.b.* (*vard.*) göra livet surt för ngn **2** (*om krydda, smak*) stark, skarp; (*om färg*) skarp, intensiv; ~ *mustard* stark senap; ~ *red* intensiv röd färg **3** häftig, hetsig, het; ~ *argument* häftig dispyt; ~ *temper* hetsigt (häftigt) humör **4** färsk, aktuell, het; jättepopulär: ~ *favourite* storfavorit; ~ *news* senaste nytt, rykande aktuella nyheter; ~ *tip* hett tips; ~ *from the press* direkt från pressarna, nyutkommen **5** *sl.* het, farlig; stulen; efterspanad (*av polisen*); ~

goods stöldgods **6** nära; ~ *on the scent* hack i häl **7** *vard.* [mycket] radioaktiv; spänningsförande **8** *sl.* skarp, toppen; sexig; ~ *stuff a*) skarp brud (sak), *b*) porr|bok, -film *etc.* **II** *adv* hett *etc.*, *jfr I a* **III** *v* **1** *vard.* bli livligare (hetsigare), skärpas; *the pace is ~ting up* tempot blir snabbare

hot|bed ['hɒtbed] **1** drivbänk **2** *bildl.* grogrund; härd **--blooded** [ˌhɒt'blʌdɪd] **1** hetlevrad, hetsig **2** (*om häst*) varmblodig

hotchpotch ['hɒtʃpɒtʃ] **1** röra, salig blandning **2** (*slags*) kött- och grönsakssoppa

hotel [hə(ʊ)'tel, əʊ'tel] **1** hotell **2** *Austr.* pub, ölkrog **-ier** [-ɪeɪ], **--keeper** [-ˌki:pə] hotell|ägare, -direktör

hot|foot ['hɒtfʊt] **I** *a* mycket snabb **II** *v* ila, skynda **-head** brushuvud **--headed** [ˌhɒt'hedɪd] hetsig, häftig, hetlevrad

hot|house ['hɒthaʊs] driv-, växt|hus **-plate** [elektrisk] kokplatta; värmeplatta **-pot** *BE.* kött-, fisk|gryta (*med potatis*) **-spur** hetsporre, brushuvud **--tempered** [-ˌtempəd] hetlevrad **--water bottle** [ˌhɒt'wɔ:təˌbɒtl] varmvattenflaska, sängvärmare

hound [haʊnd] **I** *s* **1** [jakt]hund; *ride to* (*follow the*) *~s* delta i rävjakt (*med hundar*) **2** usling **3** *sl.*, *i sht AE.* fantast; *autograph* ~ autografjägare **II** *v* **1** förfölja, jaga, hetsa; driva på; ~ *down* nedlägga, fälla (*byte*)

hour ['aʊə] timme; tid[punkt]; stund; *~s* (*pl, äv.*) arbets-, kontors-, butiks|tid; *half an* (*a half*) ~ en halvtimme; *a quarter of an* ~ en kvart[s timme]; *the woman of the* ~ dagens kvinna; *lunch* ~ lunch, lunch|timme, -tid; *the small ~s* småtimmarna; *30 miles an* ~ 30 miles i timmen; *the problems of the* ~ de aktuella problemen; *after ~s* efter arbetstid (stängningsdags); *at all ~s* [*of the day and night*] vid alla tider på dygnet; *at an early* ~ tidigt; *at a late* ~ sent; *at this* ~ så här dags; *by the* ~ *a*) per timme, *b*) timvis, i timmar; *for ~s* [*and ~s*] i timmar, timtals, timme efter timme; *on the* ~ *a*) varje hel timme, *b*) på slaget; *his* ~ *has come* hans stund är inne; *keep early ~s* lägga sig tidigt, ha tidiga vanor

hourglass ['aʊəglɑ:s] timglas **hour hand** timvisare **hourly** [-lɪ] **I** *a* **1** tim-; som inträffar (går) varje timme; ~ *wages* timlön **2** ständig **II** *adv* **1** varje timme, i timmen **2** vilken timme som helst; ständigt

house I *s* [haʊs, *pl ~s* 'haʊzɪz] **1** hus; hem; ~ *and home* hus och hem; *open* ~ öppet hus; *as safe as ~s* (*BE.*) säkert som aldrig det, bombsäkert; *like a* ~ *on fire* (*vard.*) i (med) rasande fart, blixtsnabbt; *at my* ~ i mitt hus (hem), hemma hos mig; *to my* ~ hem till mig; *invite s.b. to one's* ~ bjuda hem ngn; *put one's* ~ *in order* beställa om sitt hus, ordna upp sina affärer **2** släkt, ätt, hus; *an ancient* ~ en gammal släkt; *the H~ of Bourbon* huset (ätten) Bourbon **3** hushåll; *set up* ~ sätta bo, flytta till egen bostad **4** firma, [handels]hus; restaurang, pub *e.d.*; *publishing* ~ bokförlag; *drinks are on the* ~ det är huset (barägaren *etc.*) som bjuder på drinkarna **5** elevhem, hus (*på internatskola*) **6** *parl.* hus; *the H~ a*) underhuset, *b*) *BE. vard.* börsen; *the H~s of Parliament a*) parlamentshuset (*i London*), *b*) parlamentet; *the H~ of Commons* (*BE.*) underhuset; *the H~ of Lords* (*BE.*) överhuset; *the H~ of Representatives a*) *AE.* representanthuset (*i kongressen*), *b*) *Austr.* underhuset; *the Lower H~ a*) underhuset, *b*) andra kammaren; *the Upper H~ a*) överhuset, *b*) första kammaren **7** publik, salong (*på teater, bio*); *full* ~ fullt hus, fullsatt, utsålt; *bring down the* ~ riva ner stormande applåder **8** *vard.* bordell **9** *kortsp.* hand; *full* ~ full hand **II** *v* [haʊz] **1** skaffa bostad åt; härbärgera, hysa [in] **2** *sjö.* surra [fast]; stuva; hala (ta, hämta) in **3** bo, vistas; uppehålla sig

house agent ['haʊsˌeɪdʒ(ə)nt] *BE.* fastighets-, hus|mäklare **house arrest** husarrest

house|boat ['hausbəʊt] husbåt **-breaker** [-ˌbreɪkə] inbrottstjuv **-breaking** [-ˌbreɪkɪŋ] inbrott **-coat** [-kəʊt] morgonrock (*för damer*) **--craft** [-krɑ:ft] hushållsgöromål **-father** [-ˌfɑ:ðə] husfar (*på institution*) **--flag** [-flæg] *sjö.* rederiflagga **-fly** [-flaɪ] *zool.* husfluga **-hold** [-(h)əʊld] **I** *s* hushåll, hus **II** *a* hushålls-, hus-, hem-; ~ *duties* hushållsgöromål, husliga plikter; ~ *gods* husgudar (*äv. bildl.*); ~ *name* kändis, [väl]känd person; ~ *troops* livgarden; ~ *word* allmänt bekant ord, gängse uttryck **-holder** [-(h)əʊldə] husägare, lägenhetsinnehavare, person med egen bostad **-keeper** [-ˌki:pə] hus|hållerska, -föreståndarinna **-keeping** [-ˌki:pɪŋ] **1** hushållning, skötsel av hushåll **2** hushållspengar **-maid** [-meɪd] husa, husjungfru; *~'s knee* skur[gums]knä **-man** [-mən] assistentläkare (*på sjukhus*) **-master** [-ˌmɑ:stə] husfar, elevhemsföreståndare (*vid internatskola*) **-mistress** [-ˌmɪstrɪs] husmor, elevhemsföreståndarinna (*vid internatskola*)

house mouse ['haʊsmaʊs] *zool.* husmus **house party** [-ˌpɑ:tɪ] **1** weekendbjudning (*i sommarstuga*) **2** weekendgäster **house physician** [-fɪˌzɪʃn] läkare (*som bor på sjukhuset el. institutionen där han arbetar*)

house|-proud ['haʊspraʊd] [överdrivet] stolt över sitt hem **-room** husrum, plats; *I wouldn't give that bowl* ~ den där skålen vill jag inte ha i mitt hus **--to-house** [ˌhaʊstə'haʊs] *a*, ~ *selling* direkt-, hem|försäljning, dörrknackning

house|top ['haʊstɒp] hustak; *proclaim from the ~s* ropa ut från taken, basunera ut **--train** göra (*hund e.d.*) rumsren; *~ed* rumsren **--warming** [-ˌwɔ:mɪŋ] **I** *s* inflyttningsfest **II** *a*, ~ *party* inflyttningsfest **-wife 1** ['haʊswaɪf] hemmafru **2** ['hʌzɪf] *i sht BE.* syetui **-wifely** [-ˌwaɪflɪ] *a* som anstår en husmor, husmoderlig **-wifery** [-wɪf(ə)rɪ] hushållsgöromål; en husmors arbete **-work** [-wɜ:k] hushålls|arbete, -göromål

housing ['haʊzɪŋ] **I** *s* **1** bostäder; hus, byggnader **2** härbärgering, [in]hysande **3** bostadsbyggande **4** täckning, skydd; *tekn.* hus, kåpa, skydd; *wheel* ~ hjulhus **II** *a* bostads-; ~ *estate* bostadsområde (*med centrumbebyggelse*); ~ *problem* bostadsproblem; ~ *scheme* bostadsbyggnads|plan, -projekt; ~ *shortage* bostadsbrist

hove [həʊv] *imperf. o. perf. part. av heave*

hovel ['hɒvl] **1** ruckel, kyffe **2** [öppet] skjul

hover ['hɒvə] **1** sväva; kretsa, cirkla **2** stryka omkring **3** *bildl.* vackla, sväva, pendla, tveka **-craft** (*pl lika*) svävare, svävfarkost

how [haʊ] **1** hur; ~ *are you?* hur mår du?, hur står

det till [med dig]?; ~ *do you do?* (*vid presentation*) god dag!; ~ *about...?* vad sägs om...?, hur skulle det vara med...?; ~ *about asking them?* (*äv.*) ska vi fråga dem?; ~*'s that?* vad tycker du om det?; ~*'s that for size?* hur är den i storlek?; ~*'s that for endurance?* vilken uthållighet!; *that's ~ it is* så är det, så ligger det till; *that's ~ she did it* det var så hon gjorde det; ~ *come?* (*vard.*) hur kommer det sig?; ~ *ever?* hur i all världen?; *and ~!* det kan du lita på!, ja visst! **2** så, vad; ~ *awful!* så förskräckligt! **3** att; *she told me ~ she had met them there* hon berättade att hon hade träffat dem där

howdy ['haʊdɪ] *interj, i sth AE. vard.* mors!, hej!

however [haʊ'evə] **I** *konj* emellertid, likväl, dock **II** *adv* **1** hur...än; ~ *long it takes* hur lång tid det än tar, det må ta aldrig så lång tid **2** hur i all världen

howitzer ['haʊɪtsə] *mil.* haubits

howl [haʊl] **I** *v* **1** tjuta; vråla; vina; yla; *vard.* skrika, vråla (*with laughter* av skratt) **2** ~ *down* tysta ner, överrösta (*talare e.d.*) **II** *s* **1** tjut; vrål; vinande; ylande; vrålskratt **2** *sl.* urrolig person (grej) **-er** ['haʊlə] **1** *zool.* vrålapa **2** *vard.* tabbe, groda **3** person (sak) som tjuter *etc., jfr howl I* **-ing** ['haʊlɪŋ] **1** tjutande *etc., se howl I* **2** *vard.* jätte-, enorm, dunder-

1 hoy [hɔɪ] pråm

2 hoy [hɔɪ] *interj* hallå!, ohoj!

hoyden ['hɔɪdn] vildkatta, yrhätta

H.P. *förk. för* (*BE.*) *Houses of Parliament* **H.P., h.p.** *förk. för high pressure*; *hire purchase* (*BE.*); *horse power* **H.Q.** *förk. för headquarters* **H.R.** *förk. för Home Rule* (*BE.*); *House of Representatives* (*AE.*) **hr[.]** *förk. för hour* **H.R.H.** *förk. för Her* (*His*) *Royal Highness* **H.S.** *förk. för Home Secretary* **H.S.H.** *förk. för His* (*Her*) *Serene Highness* **HT** *förk. för high tension* **ht.** *förk. för height* **Hts.** *förk. för Heights*

hub [hʌb] **1** nav **2** centrum, medelpunkt

hubbub ['hʌbʌb] oväsen, bråk; tumult

hubby ['hʌbɪ] *vard.* äkta man, gubbe

hubcap ['hʌbkæp] navkapsel

hubris ['hju:brɪs] hybris, övermod

huckaback ['hʌkəbæk] handduksväv

huckleberry ['hʌklb(ə)rɪ] *bot.* amerikanskt blåbär

huckster ['hʌkstə] **I** *s* **1** påträngande försäljare **2** *åld.* gatuförsäljare, månglare **3** *AE.* reklamskrivare (*för radio o. TV*) **II** *v* **1** gå omkring och sälja **2** sälja (annonsera) med påträngande (skumma) metoder **3** pruta, köpslå

huddle ['hʌdl] **I** *v* **1** ~ [*together*] skocka sig, tränga ihop sig; ~ [*up*] krypa ihop, kura ihop sig; *be ~d* [*up*] sitta (ligga) hopkrupen **2** *vard.* träffas privat **3** ~ [*together*] samla (gyttra) ihop **4** *i sht BE.* göra slarvigt, slarva med **II** *s* **1** massa, hög; hop, skock, samling **2** *vard.* privat (improviserat) möte; *go into a ~* slå sina kloka huvuden ihop, ha en hemlig överläggning

hue [hju:] **1** färgton, nyans, schattering **2** prägel, karaktär; aspekt

hue and cry [ˌhju:ən'kraɪ] **1** (*förr*) skallgång, klappjakt **2** *raise* (*set up*) *a ~ and cry* upphäva ett ramaskri, skrika som om det gällde livet

huff [hʌf] **I** *v* **1** förarga, förnärma **2** bli förargad (förnärmad) **3** pusta, flåsa; ~ *and puff* flåsa och stöna **4** (*i damspel*) blåsa **II** *s* vredesutbrott, uppbrusande; *in a ~* stött, förnärmad **huffy** ['hʌfɪ] förolämpad, stött; snarstucken

hug [hʌg] **I** *v* **1** krama, omfamna **2** hålla sig tätt intill (nära) **3** *bildl.* hålla fast vid (*belief* övertygelse), hysa **4** *rfl* lyckönska (gratulera) sig (*on, for* till) **II** *s* omfamning, kram, famntag

huge [hju:dʒ] väldig, jätte|lik, -stor, enorm **-ly** ['hju:dʒlɪ] väldigt, jättemycket, enormt **-ness** ['hju:dʒnɪs] jätteformat, ofantlighet, enorm storlek

huggermugger ['hʌgəˌmʌgə] **1** röra, virrvarr **2** hemlighet

hug-me-tight ['hʌgmɪtaɪt] damkofta

hula[-hula] ['hu:lə('hu:lə)] hula-hula[-dans]

hulk [hʌlk] **1** holk (*övergivet fartygsskrov*); ~*s* (*pl*) holk (*fartygsskrov använt som magasin, fängelse e.d.*) **2** *neds.* åbäke **hulk|ing, -y** ['hʌlkɪ(ŋ)] stor och klumpig, åbäkig

1 hull [hʌl] **I** *s* **1** [fartygs-, flygbåts-, stridsvagns] skrov; [raket]hylsa **2** snopp, bärstjälk; balja, skida **II** *v* **1** snoppa, rensa (*jordgubbar etc.*); sprita (*ärter*) **2** skjuta igenom skrovet på

hullabal[l]oo [ˌhʌləbə'lu:] bråk, oväsen, rabalder, spektakel

hullo [hə'ləʊ] *interj, se hello*

hum [hʌm] **I** *v* **1** brumma; surra; (*om trafik*) brusa **2** humma, säga hm, mumla **3** *sl.* stinka **4** *sl.* vara i farten; *make things ~* sätta fart på saker och ting **5** gnola [på], nynna [på] **II** *s* brum, brummande; surr[ande]; sorl, brus **III** *interj* hm!

human ['hju:mən] **I** *a* mänsklig; människo-; *a ~ being* en mänsklig varelse, en människa; *the ~ nature* den mänskliga naturen; *the ~ race* människosläktet; ~ *rights* mänskliga rättigheter; *he's only ~* han är inte mer än människa **II** *s* människa

humane [hju:'meɪn] human, mänsklig, människovänlig **humanism** ['hju:mənɪz(ə)m] **1** humanism; *H~* humanismen (*kulturströmning under renässansen*) **2** humanitet, mänsklighet **humanist** ['hju:mənɪst] humanist **humanitarian** [hju:ˌmænɪ'teərɪən] **I** *s* människovän, filantrop **II** *a* människovänlig, filantropisk, humanitär, humanitets- **humanity** [hju:'mænətɪ] **1** mänskligheten, människosläktet **2** människonatur[en], den mänskliga naturen **3** humanitet, människokärlek; *treat s.b. with ~* behandla ngn humant **4** *the humanities* (*pl*) humaniora, klassisk filologi **human|ize** (*BE. äv. -ise*) ['hju:mənaɪz] **1** göra (bli) mänsklig, förmänskliga **2** humanisera, göra mer human (mänskligare) **humanly** ['hju:mənlɪ] *adv* på mänskligt sätt, mänskligt; *do all that is ~ possible* göra allt som står i mänsklig makt

humble ['hʌmbl] **I** *a* **1** ödmjuk; underdånig; *your ~ servant* Er ödmjuke tjänare, (*i brevunderskrift*) Vördsammast; *eat ~ pie* [få] svälja förödmjukelsen **2** anspråkslös, enkel, blygsam, ringa, låg; *of ~ birth* av låg börd; *a ~ cottage* en anspråkslös stuga; *in my ~ opinion* enligt min enkla åsikt **3** hänsynsfull; servil **II** *v* **1** förödmjuka; ~ *o.s.* [för]ödmjuka sig **2** bli förödmjukad

humblebee ['hʌmblbi:] humla

humbug ['hʌmbʌg] **I** *s* **1** humbug, bedrägeri, svindel **2** humbug, bluff[makare], skojare **3** struntprat, nonsens **4** *BE.* (*slags*) pepparmynts-

karamell **II** *v* lura, bedra; bluffa **-gery** [-ərɪ] humbug, bedrägeri, svindel
humdinger ['hʌmdɪŋə] *sl.* baddare; toppengrej
humdrum ['hʌmdrʌm] **I** *a* alldaglig; tråkig, enformig **II** *s* **1** långtråkighet; långtråkig uppgift **2** tråkmåns
humer|us ['hju:mərəs] (*pl -i* [-aɪ]) *anat.* överarmsben
humid ['hju:mɪd] fuktig
humid|ifier [hju:'mɪdɪfaɪə] luftfuktare **-ify** [-ɪfaɪ] göra (*luft e.d.*) fuktig **-ity** [-ətɪ] fukt[ighet], fuktighetsgrad; luftfuktighet
humil|iate [hju:'mɪlɪeɪt] förödmjuka, förnedra **-iation** [hju:ˌmɪlɪ'eɪʃn] förödmjuk|else, -ande, förnedring **-ity** [hju:'mɪlətɪ] ödmjukhet
hummingbird ['hʌmɪŋbɜ:d] *zool.* kolibri
hummock ['hʌmək] liten höjd (kulle)
humor ['hju:mə] *AE., se humour* **humorist** ['hju:mərɪst] humorist **humorous** ['hju:m(ə)rəs] humoristisk; lustig, skämtsam **humour** ['hju:mə] **I** *s* **1** humor; skämtsamhet; *sense of ~* [sinne för] humor; *I don't see the ~ in that* jag kan inte se det roliga i det **2** humör, lynne, sinnesstämning; temperament, sinnelag; *in a good* (*bad*) *~* på gott (dåligt) humör; *out of ~* på dåligt humör **3** nyck, infall **4** [kropps]vätska **II** *v* ge efter för; anpassa sig efter; *~ s.b.* (*äv.*) låta ngn få sin vilja fram **humoursome** ['hju:məs(ə)m] nyckfull
hump [hʌmp] **I** *s* **1** puckel, knöl; kulle; *it gives me the ~* (*BE. vard.*) det går mig på nerverna; *she's got the ~* (*BE. vard.*) hon deppar; *be over the ~* vara över det värsta **II** *v* **1** kuta med (*one's back* ryggen) **2** *BE. sl.* bära, lyfta **3** *vulg.* knulla [med]
humpback ['hʌmpbæk] puckelrygg (*rygg o. pers.*) **humpback whale** *zool.* knölval **humpbacked** [-t] puckelryggig
humph [mm] *interj* hm!
humpty dumpty [ˌhʌm(p)tɪ'dʌm(p)tɪ] *i sht BE.* tjockis
humpy ['hʌmpɪ] **1** bucklig, kullig **2** *BE. vard.* ilsken; dyster
humus ['hju:məs] humus, mylla, matjord
Hun [hʌn] **1** *hist.* hunn[er] **2** *vard. neds.* tysk **3** *vard.* vandal
hunch [hʌn(t)ʃ] **I** *s* **1** föraning; *have a ~ that* ha på känn att **2** puckel, knöl **3** stort stycke, klump **II** *v*, *~* [*up*] kröka (*one's back* ryggen), skjuta (dra) upp (*one's shoulders* axlarna); *~ up* (*äv.*) sitta hopkrupen
hunch|back ['hʌn(t)ʃbæk] puckelrygg (*rygg o. pers.*) **-backed** [-bækt] puckelryggig
hundred ['hʌndrəd] *räkn o. s* hundra; hundratal, hundrade; *a* (*one*) *~* [ett] hundra; *a* (*one*) *~ and one a*) [ett] hundra ett, *b*) hundratals, femtielva; *a* (*one*) *~ percent* hundraprocentig[t], fullständig[t]; *never in a ~ years!* aldrig i livet!; *one in a ~* en på hundra; *ninety out of a ~* nittio av hundra; *two ~ years* två hundra år; *the ~s a*) mellan 100 och 110, *b*) mellan 100 och 200, *c*) mellan 100 och 1 000; *in the nineteen ~s* på nittonhundratalet; *they came in ~s* (*by the ~*) de kom i hundratal; *H~ Years' War* hundraårskriget; *~s and thousands* (*pl*) strössel **hundredfold** *a o. adv* hundra|faldig[t], -falt; *increase a ~* öka hundrafalt **hundredpercenter** [-pəˌsentə] *AE.* fłåspatriot, flaggviftare **hundredth** [-θ] **I** *räkn* hundrade; *~ part* dra[de]del **II** *s* hundra[de]del; *a ~ of a degree* en hundradels grad **hundredweight** [-weɪt] centner; [*long*] *~* (*BE.*) centner (= *112 pounds* = *50,802 kg*); [*short*] *~* (*AE.*) centner (= *100 pounds* = *45,359 kg*); [*metric*] *~* centner (= 50 kg)
hung [hʌŋ] *imperf. o. perf. part. av hang*
Hun|garian [hʌŋ'geərɪən] **I** *s* **1** ungrare **2** ungerska [språket] **II** *a* ungersk **-gary** ['hʌŋgərɪ] Ungern
hunger ['hʌŋgə] **I** *s* hunger; *bildl.* hunger, längtan, törst (*for* efter) **II** *v* vara hungrig; hungra, svälta; *bildl.* hungra, längta, törsta (*after, for* efter) **hunger march** hunger|marsch, -demonstration **hunger strike** hungerstrejk
hungry ['hʌŋgrɪ] **1** hungrig; *bildl.* hungrande, längtande, törstande (*for* efter); *go ~* hungra **2** mager, karg (*soil* jord)
hung-up [hʌŋ'ʌp] *vard., be ~ a*) vara ur gängorna, *b*) ha en skruv lös, *c*) ha komplex (*about* för); *be ~ on* (*sl.*) *a*) digga, gilla, *b*) vara fast i (*drugs* knarket)
hunk [hʌŋk] **1** stort stycke **2** *sl., i sht AE.* sexig kille
hunky-dory [ˌhʌŋkɪ'dɔ:rɪ] *vard., i sht AE.* toppen, prima, bra
hunt [hʌnt] **I** *v* **1** jaga (*wild animals* vilda djur) **2** jaga (leta) efter, vara på jakt efter (*a book* en bok); *~ the slipper* (*thimble*) (*ung.*) gömma nyckeln (ringen) (*lek*); *~ down* övermanna, gripa, infånga; *~ out* spåra upp; *~ up* spåra upp, leta fram **3** jaga med (*hounds* hundar) **4** jaga; *go ~ing* gå på jakt **5** jaga, leta, vara på jakt (*for a book* efter en bok); *~ about* (*around*) *for* jaga runt efter **II** *s* **1** jakt; hets-, räv|jakt; *bildl.* jakt, letande; *be on the ~ for a*) jaga (*tigers* tigrar), *b*) vara på jakt (leta) efter **2** jaktmark **3** jaktsällskap; jaktklubb **-er** [-ə] **1** jägare (*äv. bildl.*) **2** hunter (*jakthäst, jakthund*) **3** jaktur (*med lock el. boett av metall*)
hunting ['hʌntɪŋ] jakt **hunting box** jakthydda **hunting ground** jaktmark; *the happy ~s* de sälla jaktmarkerna; *happy ~* (*bildl.*) fyndgruva **hunting horn** jakthorn **hunting lodge** jakt|hydda, -stuga **hunting pink** röd jaktrock
huntress ['hʌntrɪs] [kvinnlig] jägare
Hunts. *förk. för Huntingdonshire* ['hʌntɪŋdənʃə]
huntsman ['hʌntsmən] jägare
hurdle ['hɜ:dl] **I** *s* **1** *sport.* hinder (*äv. bildl.*), häck; *~s* (*behandlas som sg*) häck[löpning] **2** (*tillfälligt*) grindstängsel **II** *v* **1** *sport.* hoppa över, ta (*hinder, häck*) **2** omge med grindstängsel **3** övervinna (*hinder e.d.*) **hurdler** [-ə] *sport.* hinderlöpare **hurdle race** *sport.* häcklöpning; hinderlöpning
hurdy-gurdy ['hɜ:dɪˌgɜ:dɪ] *mus.* positiv
hurl [hɜ:l] **I** *v* kasta, slunga; *~ insults at s.b.* utslunga förolämpningar mot ngn **II** *s* kast, slungning
hurly-burly ['hɜ:lɪˌbɜ:lɪ] **I** *s* oväsen, larm, tumult **II** *a* våldsam
hur|rah [hʊ'rɑ:], **-ray** [-'reɪ] **I** *interj* hurra! **II** *s* hurra **III** *v* hurra, ropa hurra
hurricane ['hʌrɪkən] orkan **hurricane lamp** stormlykta
hurried ['hʌrɪd] skyndsam, brådskande, snabb,

H

hastig

hurry ['hʌrɪ] **I** *s* brådska, jäkt, hast, skyndsamhet; *in a ~* (*vard.*) i första taget, lätt, gärna; *be in a ~* ha bråttom (*to* [med] att); *what's the ~?* varför har du (han *etc.*) så bråttom?; *there's no ~* det är ingen brådska **II** *v* **1** ~ [*up*] skynda [sig], skynda på, jäkta, rusa, ila, brådska; ~ *along* skynda i väg, skynda sig; ~ *on!* skynda på (dig, er)! **2** påskynda; skynda på, jäkta [på]; snabbt föra (transportera); *troops were hurried to the front* trupper transporterades snabbt till fronten; ; ~ *s.b. along* (*on, up*) skynda på ngn, jäkta [på] ngn; ~ *s.b. away* (*off*) snabbt föra bort ngn **-scurry** [ˌhʌrɪ'skʌrɪ] **I** *v* flänga (rusa) omkring **II** *s* vimmel, oreda

hurt [hɜ:t] **I** *v* (*hurt, hurt*) **1** skada, göra illa; skada sig i, göra sig illa i (*one's finger* fingret); ~ *o.s.* göra sig illa, slå sig; *my finger ~s me* jag har ont i fingret, det gör ont i mitt finger **2** *bildl.* skada; såra, stöta; *it won't ~ her to wait* det skadar henne inte (hon tar ingen skada av) att vänta; *feel ~* känna sig sårad (stött) **3** göra ont, värka; *it ~s* det gör ont **4** *bildl.* skada; *it won't ~* det skadar inte (gör ingenting) **II** *s* **1** skada, sår **2** *bildl.* skada, men, oförrätt **-ful** ['hɜ:tf(ʊ)l] sårande

hurtle ['hɜ:tl] **1** slunga, kasta, stöta, slå (*against* mot) **2** störta, rusa

husband ['hʌzbənd] **I** *s* [äkta] man, make **II** *v* hushålla (vara sparsam) med **-ry** [-rɪ] **1** lant-, jord|bruk **2** hushållning; sparsamhet

hush I *v* [hʌʃ] **1** tysta [ner]; hyssja åt; ~ *up* tysta ner, hemlighålla **2** lugna, tysta; ~ *a baby* vyssja en baby **3** tystna **II** *s* [hʌʃ] tystnad, stillhet **III** *interj* [ʃ:] tyst!, sch!, hyssj! **hushaby** ['hʌʃəbaɪ] **I** *interj* vyss[anlull]! **II** *s* vaggsång **hushed** ['hʌʃt] dämpad, tyst; *in a ~ tone* (*voice*) i dämpad ton, med dämpad röst **hush-hush** [ˌhʌʃ'hʌʃ] *vard.* [topp]hemlig; konfidentiell **hush money** ['hʌʃˌmʌnɪ] *sl.* mutor (pengar) för att hålla tyst

husk [hʌsk] **I** *s* skal (*äv. bildl.*), skida, hylsa, agn **II** *v* skala **-iness** [-ɪnɪs] heshet, skrovlighet

1 husky ['hʌskɪ] **1** hes, skrovlig **2** skalliknande **3** *vard.* stor och stark, välbyggd

2 husky ['hʌskɪ] eskimåhund

hussar [hʊ'zɑ:] husar

hussy ['hʌsɪ] **1** slyna, slampa **2** jäntunge **3** *dial.* syskrin

hustings ['hʌstɪŋz] (*behandlas som pl el. sg*) **1** *BE., hist.* talar|stol, -tribun (*för valtalare*) **2** parlamentsval **2** val|rörelse, -kampanj

hustle ['hʌsl] **I** *v* **1** knuffa [till], stöta [till]; tränga [ihop]; fösa (*s.b. into a room* in ngn i ett rum); ~ *one's way through a crowd* tränga sig fram genom en folkmassa **2** påskynda, forcera; pressa, tvinga (*s.b. into a decision* ngn till ett avgörande); ~ *up* (*vard., i sht AE.*) svänga ihop, snabbt göra i ordning **3** skynda sig, ila; tränga sig fram (*through a crowd* genom en folkmassa); trängas **4** *AE. vard.* sno på, lägga manken till **5** *sl.* sno (*stjäla*) **6** *AE. sl.* (*om prostituerad*) gå på gatan, ragga kunder **II** *s* **1** knuffande, skuffande; trängande; jäkt, hets; *the ~ and bustle of the city* stadens liv och rörelse **2** fiffel, båg **hustler** ['hʌslə] **1** *sl.* fnask **2** *AE. vard.* arbetsträl

hut [hʌt] **I** *s* hydda, koja; *mil.* barack **II** *v* förlägga i barack

hutch [hʌtʃ] **1** bur (*för kanin e.d.*) **2** *vard. neds.* litet hus **3** baktråg

H.V., h.v. *förk. för high voltage* **H.W., h.w.** *förk. för high water* **H.W.M.** *förk. för high-water mark*

hyacinth ['haɪəs(ɪ)nθ] *bot. o. miner.* hyacint

hyaena [haɪ'i:nə] *se hyena*

hybrid ['haɪbrɪd] **I** *s* hybrid, korsning; *bildl.* blandform **II** *a* hybrid; bland- **-ize** (*BE. äv. -ise*) [-aɪz] korsa, hybridisera; *bildl.* blanda

hydra ['haɪdrə] *myt. o. zool.* hydra

hydrangea [haɪ'dreɪn(d)ʒə] *bot.* hortensia

hy|drant ['haɪdr(ə)nt] vatten-, brand|post **-drate** [-dreɪt] *kem.* **I** *s* hydrat **II** *v* hydratisera **-draulic** [haɪ'drɔ:lɪk] hydraulisk (*brake* broms) **-draulics** [haɪ'drɔ:lɪks] (*behandlas som sg*) hydraulik **-dride** ['haɪdraɪd] *kem.* hydrid

hydro ['haɪdrə(ʊ)] **I** *s* **1** (*pl ~s*) *BE.* vattenkuranstalt **2** (*i Canada*) elektricitet **II** *a, se hydroelectric*

hydro|carbon [ˌhaɪdrə(ʊ)'kɑ:bən] *kem.* kolväte **-chloric** klorväte-; ~ *acid* klorväte-, salt|syra **-cyanic** [-'saɪənɪk] cyanväte-; ~ *acid* vätecyanid, blåsyra **-electric** hydroelektrisk, vattenkraft[s]-; ~ *plant* vattenkraftstation; ~ *power* vattenkraft

hydro|foil ['haɪdrə(ʊ)fɔɪl] **1** bärplan **2** bärplans-, hydrofoil|båt **-gen** ['haɪdrədʒ(ə)n] *kem.* väte; ~ *bomb* vätebomb; ~ *peroxide* väte|peroxid, -superoxid

hydrology [haɪ'drɒlədʒɪ] hydrologi **hydrolysis** [-ɪsɪs] *kem.* hydrolys

hydro|pathic [ˌhaɪdrə(ʊ)'pæθɪk] *a, ~ establishment* vattenkuranstalt **-phobia** hydrofobi, vattuskräck, rabies **-plane** ['haɪdrə(ʊ)pleɪn] **1** planande racerbåt **2** *AE.* sjöflygplan, hydroplan **3** *sjö.* horisontalroder (*på ubåt*) **-therapy** [ˌhaɪdrə(ʊ)'θerəpɪ] *med.* hydroterapi, vattenkur

hydroxide [haɪ'drɒksaɪd] *kem.* hydroxid

hyena [ha(ɪ)'i:nə] hyena

hygiene ['haɪdʒi:n] hygien, hälsovård, hälsovårdslära; renlighet **hygienic** [haɪ'dʒi:nɪk] hygienisk, hälsovårds-; hälsosam

hygrometer [hai'grɒmɪtə] hygrometer, fuktighetsmätare

hying ['haɪɪŋ] *pres. part. av hie*

hymen ['haɪmen] *anat.* hymen, mödomshinna

hymn [hɪm] **I** *s* hymn, lovsång; psalm **II** *v* lovsjunga **hymnal** ['hɪmn(ə)l] **I** *a* hymn-; psalm- **II** *s* psalmbok **hymn book** ['hɪmbʊk] psalmbok **hymnody** ['hɪmnə(ʊ)dɪ] **1** psalmsång **2** psalmdiktning **3** *koll.* hymner, psalmer

hyped up [haɪpt'ʌp] *sl.* hög, påtänd (*av narkotika*)

hyper|active [ˌhaɪpər'æktɪv] hyperaktiv **-aesthesia** [-ɪs'θi:zjə] överkänslighet **-bola** [haɪ'pɜ:bələ] (*pl -bolas el. -bolae* [-bəlɪ]) *mat.* hyperbel **-bole** [haɪ'pɜ:bəlɪ] hyperbol, [retorisk] överdrift **-market** ['haɪpəˌmɑ:kɪt] stormarknad **-sensitive** [ˌhaɪpə'sensətɪv] överkänslig **-sonic** [ˌhaɪpə'sɒnɪk] hypersonisk (*minst fem gånger ljudhastigheten*) **-tension** [ˌhaɪpə'tenʃn] *fysiol.* hypertoni, för högt blodtryck

hyphen ['haɪfn] **I** *s* bindestreck **II** *v, se hyphenate* **-ate** ['haɪfəneɪt]) sätta bindestreck mellan, förena (skriva) med bindestreck; *~d name* dubbelnamn

hypno|sis [hɪp'nəʊsɪs] (*pl -ses* [-si:z]) hypnos

hypnotic [-'nɒtɪk] **I** *a* **1** hypnotisk **2** mottaglig för hypnos **3** sömngivande **II** *s* sömnmedel **hypnotism** ['hɪpnətɪz(ə)m] **1** hypnotism **2** hypnos **hypnotist** ['hɪpnətɪst] hypnotisör **hypno|tize** (*BE. äv. -tise*) ['hɪpnətaɪz] hypnotisera
hypo ['haɪpəʊ] **1** *foto.* fixersalt **2** *vard. för hypodermic syringe*
hypo|chondria [ˌhaɪpə(ʊ)'kɒndrɪə] hypokondri, inbillningssjuka **-chondriac** [-'kɒndrɪæk] **I** *s* hypokonder, svårmodig (inbillningssjuk) människa **II** *a* hypokondrisk, svårmodig, inbillningssjuk
hypocrisy [hɪ'pɒkrəsɪ] hyckleri, förställning, skenhelighet, hypokrisi **hypocrite** ['hɪpəkrɪt] hycklare, skenhelig person, hypokrit **hypocritical** [ˌhɪpə(ʊ)'krɪtɪkl] hycklande, skenhelig, hypokritisk
hypodermic [ˌhaɪpə(ʊ)'dɜ:mɪk] **I** *a* införd (liggande) under huden; subkutan; ~ *syringe* (*needle*) injektions|spruta, -nål **II** *s* injektions|spruta, -nål; injektion (*under huden*)
hypotension [ˌhaɪpə(ʊ)'tenʃn] *fysiol.* hypotension, för lågt blodtryck
hypotenuse [haɪ'pɒtənju:z] *geom.* hypotenusa
hypoth|ecate [haɪ'pɒθɪkeɪt] *jur.* hypotisera, pantsätta, belåna, lämna som hypotek **-ecation** [haɪˌpɒθɪ'keɪʃn] *jur.* hypotisering, pantsättning
hypoth|esis [hai'pɒθɪsɪs] (*pl -eses* [-ɪsi:z]) hypotes, antagande; *working* ~ arbetshypotes **-esize** (*BE. äv. -esise*) [-ɪsaɪz] anta, uppställa som hypotes **-etical** [ˌhaɪpə(ʊ)'θetɪkl] hypotetisk
hyssop ['hɪsəp] *bot.* isop
hysteria [hɪ'stɪərɪə] hysteri **hysteric** [hɪ'sterɪk] **I** *s* hysterisk person, hysteriker **II** *a, se hysterical* **hysterical** [hɪ'sterɪkl] **1** hysterisk **2** *vard.* vansinnigt rolig, urkomisk **hysterics** [hɪ'sterɪks] *pl* **1** hysteri; hysteriskt anfall; *go into* ~ bli hysterisk, få ett hysteriskt anfall **2** *vard.* hysteriskt skratt; *just looking at him could give you* ~ bara man tittade på honom kunde man skratta sig fördärvad
Hz *förk. för hertz*

I

I, i [aɪ] (*bokstav*) I, i
I [aɪ] *pers. pron* jag
I. *förk. för Independence; Independent; Institute; International; Island, Isle* **i.** *förk. för intransitive; (ekon.) interest* **Ia.** *förk. för Iowa* **IAEA** *förk. för International Atomic Energy Agency*
iamb ['aɪæm(b)] jamb **iambic** [aɪ'æmbɪk] **I** *a* jambisk **II** *s* jamb; jambisk vers **iam|bus** [aɪ'æmbəs] (*pl -bi* [-baɪ] *el. -buses*) jamb
Ian [ɪən]
IATA *förk. för International Air Transport Association* **I.B.A.** *förk. för Independent Broadcasting Authority*
Iberi|a [aɪ'bɪərɪə] Pyreneiska (Iberiska) halvön **-an** [-ən] **I** *s* iber **II** *a* iberisk; *the ~ Peninsula* Pyreneiska (Iberiska) halvön
ibex ['aɪbeks] (*pl ~[es] el. ibices* ['ɪbɪsi:z]) *zool.* stenbock
ibid. *förk. för ibidem* [ɪ'baɪdem] (*lat.*) ibidem, på samma ställe
ibis ['aɪbɪs] *zool.* ibis[fågel]
I.B.R.D. *förk. för International Bank for Reconstruction and Development* Världsbanken **i/c** *förk. för in charge [of]* **IC** *förk. för integrated circuit* **I.C.A.** *förk. för International Cooperation Administration; (BE.) Institute of Contemporary Arts* **I.C.A.O.** *förk. för International Civil Aviation Organization* **ICBM** *förk. för intercontinental ballistic missile* interkontinental robot
ice [aɪs] **I** *s* **1** is; *as cold as* ~ iskall; *break the* ~ (*bildl.*) bryta isen; *cut no ~ with* (*vard.*) inte imponera (göra något intryck) på; *put s.th. on* ~ (*bildl.*) lägga ngt på is; *be (be treading, be skating) on thin* ~ vara ute på hal is **2** ishockeyplan **3** glass **4** *AE. sl.* glitter, diamanter **II** *v* **1** ~ *[up, over]* frysa, isbelägga, täcka med is **2** lägga is i, iskyla, isa (*drink e.d.*); lägga på is; *~d water* isvatten **3** glasera (*tårta e.d.*) **4** ~ *[up, over] a)* frysa till, *b)* bli nedisad, nedisas
ice age ['aɪseɪdʒ] istid **ice bag** isblåsa **iceberg** **1** isberg; *the tip of the* ~ (*bildl.*) toppen av isberget **2** *AE., vard.* iskall typ, isbit **iceberg lettuce** isbergssallad **iceboat** **1** isbrytare **2** isjakt **icebound** (*om fartyg*) in-, fast|frusen; (*om hamn*) tillfrusen **icebox** frysfack (*i kylskåp*); isskåp; *AE. äv.* kylskåp **icebreaker** [-ˌbreɪkə] isbrytare **ice bucket** [-ˌbʌkɪt] ishink **icecap** iskalott, isbälte (*kring polerna*) **ice cream** [ˌaɪs'kri:m] glass **ice-cream cone (cornet)** glasstrut **ice cube** is|bit, -tärning, -kub **ice ferns** *pl* isblommor (*på fönster*) **ice floe** isflak **ice hockey** [-ˌhɒkɪ] ishockey **ice house** iskällare
Iceland ['aɪslənd] Island **-er** [-ə] islänning **-ic** [aɪs'lændɪk] **I** *a* isländsk **II** *s* isländska [språket]
ice lolly ['aɪslɒlɪ] *BE. vard.* isglass[pinne] **iceman** ['aɪsmæn] *AE.* iskarl, isutkörare **ice pack** ['aɪspæk] **1** packis **2** isblåsa **ice pick** ishacka **ice rink** skridskobana, isrink **ice skate** skridsko **ice-skate** åka skridskor **ice-skating** [-ˌskeɪtɪŋ] skridskoåkning **ice tray** islåda (*i kylskåp*) **ice water** [-ˌwɔ:tə] **1** smältvatten **2** *AE.* isvatten **ice yacht** isjakt
ichnography [ɪk'nɒgrəfɪ] *arkit.* grundplan, planritning
ichthyology [ˌɪkθɪ'ɒlədʒɪ] iktyologi, vetenskapen om fiskar
icicle ['aɪsɪkl] istapp **icily** [-ɪlɪ] iskallt (*äv. bildl.*), isande **iciness** [-ɪnɪs] iskyla, isande kyla (*äv. bildl.*) **icing** [-ɪŋ] **1** glasyr (*på tårta e.d.*) **2** nedisning (*av fartyg e.d.*), isbildning **3** (*i ishockey*) icing **icing sugar** flor-, puder|socker
I.C.J. *förk. för International Court of Justice*
icon ['aɪkɒn] ikon, helgonbild
icono|clasm [aɪ'kɒnə(ʊ)klæz(ə)m] ikonoklasm, bildstorm[eri] **-clast** [-klæst] ikonoklast, bildstormare

iconolatry [ˌaɪkɒ'nɒlətrɪ] bilddyrkan

I.C.S. *förk. för Indian Civil Service*

icy ['aɪsɪ] **1** is-; isig, istäckt **2** iskall (*äv. bildl.*), bitande kall

ID *förk. för Idaho; identification; identity* **Id.** *förk. för Idaho* **id.** *förk. för idem* (*lat.*) densamme **I.D.** *förk. för inside diameter; Intelligence Department*

I'd [aɪd] = *I had*; *I would*, *I should*

I.D.A. *förk. för International Development Association* **Ida.** *förk. för Idaho* ['aɪdəhəʊ]

idea [aɪ'dɪə] idé, infall; föreställning, begrepp; åsikt, mening, uppfattning; plan, förslag; avsikt, syfte; aning; *history of ~s* idéhistoria; *the very ~ of* blotta tanken på; *the very ~!* det är ju befängt!, är det möjligt?; *that's the ~!* just det!, precis!; *that's not my ~ of* det är inte vad jag menar med; *what's the ~ of that?* vad är meningen med det?; *what's the big ~?* (*vard.*) vad ska det tjäna till (vara bra för)? *don't get ~s!* inbilla dig ingenting!; *you're getting the ~* du börjar fatta [vad det handlar om]; *he has no ~ of right and wrong* han har inget begrepp om vad som är rätt och orätt; *you've no ~ how worried I was* du har ingen aning om hur orolig jag var; *I haven't the slightest* (*faintest*) *~* jag har inte den ringaste aning; *put ~s into a p.'s head* sätta griller i huvudet på ngn

ideal [aɪ'dɪəl] **I** *a* **1** idealisk, fulländad; ideal- **2** inbillad, tänkt; utopisk **II** *s* ideal **-ism** [-ɪz(ə)m] idealism **-ist** [-ɪst] idealist **-istic** [aɪˌdɪə'lɪstɪk] idealistisk; ideell **-ity** [ˌaɪdɪ'ælɪtɪ] idealitet; *the ~ of* det idealiska med (i) **-ize** (*BE. äv. -ise*) [aɪ'dɪəlaɪz] idealisera; framställa som idealisk

identi|cal [aɪ'dentɪk(l)] identisk; en och samma; likalydande; *two ~ copies* två likalydande exemplar; *is this the ~ man you saw?* är det samma man som du såg?; *~ twins* enäggstvillingar; *we have ~ views* vi har precis samma åsikt

identification [aɪˌdentɪfɪ'keɪʃn] identi|fiering, -fikation; legitimation; igenkänningstecken **identification card** identitetskort **identification mark** igenkänningstecken **identification papers** legitimations-, identitets|papper **identification parade** konfrontering (*för identifiering av misstänkt*) **identify** [aɪ'dentɪfaɪ] **1** identifiera; fastställa identiteten av; känna igen; artbestämma (*växt, djur*); *~ o.s.* legitimera sig; *~ o.s. with* identifiera sig med, helt gå upp i, leva sig in i **2** identifiera sig (*with* med) **identikit** [ai'dentɪkɪt] konstruerad (tecknad) bild (*av efterspanad*) **identity** [aɪ'dentətɪ] identitet; likhet, överensstämmelse **identity card** identitets-, legitimations|kort **identity disc** *mil.* identitets-, döds|bricka **identity papers** identitets-, legitimations|papper

ideological [ˌaɪdɪə'lɒdʒɪkl] ideologisk **ideology** [ˌaɪdɪ'ɒlədʒɪ] ideologi

ides [aɪdz] (*behandlas som sg*) idus; *the ~ of March* den 15 mars

id est [ɪd est] *lat.* det vill säga

idiocy ['ɪdɪəsɪ] idioti

idiolect ['ɪdɪə(ʊ)lekt] *språkv.* idiolekt

idiom ['ɪdɪəm] **1** idiomatiskt uttryck; språkegenhet **2** idiom, språk, dialekt **idiomatic[al]** [ˌɪdɪə'mætɪk(l)] idiomatisk

idiosyncrasy [ˌɪdɪə'sɪŋkrəsɪ] **1** egenhet, egenart **2** idiosynkrasi, överkänslighet

idiot ['ɪdɪət] idiot; dumbom **-ic** [ˌɪdɪ'ɒtɪk] idiotisk; dum, dåraktig

idle ['aɪdl] **I** *a* **1** sysslolös, overksam, inaktiv; arbetslös; oanvänd; *~ pleasures* tidsfördriv; *money lying ~* dött kapital; *they were made ~ through the strike* de blev arbetslösa genom strejken **2** (*om maskin e.d.*) stilla[stående], inte i gång, ur drift; på tomgång; *the machine stood ~* maskinen stod stilla **3** lat, lättjefull; trög; *~ life* lättjefullt liv **4** grundlös, utan grund; gagnlös, fåfäng; *~ talk* tomt prat; ~ *threat* tomt hot; *~ wish* önskedröm; *it would be ~ to go on* det vore lönlöst att fortsätta **II** *v* **1** *~ [away]* slösa bort (*one's time* sin tid) **2** [gå omkring och] lata sig, slöa **3** (*om motor*) gå på tomgång **idleness** [-nɪs] sysslolöshet, overksamhet *etc.*, *jfr idle I* **idler** [-ə] lätting, dagdrivare **idly** [-ɪ] sysslolöst *etc.*, *jfr idle I*

idol ['aɪdl] **1** avgudabild; avgud **2** *bildl.* idol, avgud[ad människa] **-ater, -atress** [aɪ'dɒl|ətə, -ətrɪs] avgudadyrkare **-atrous** [aɪ'dɒlətrəs] **1** avgudadyrkande **2** *bildl.* dyrkande, beundrande **-atry** [aɪ'dɒlətrɪ] **1** avgudadyrkan **2** *bildl.* dyrkan, omåttlig beundran **-ization** (*BE. äv. -isation*) [ˌaɪdəlaɪ'zeɪʃn] avgudadyrkan; dyrkan **-ize** (*BE. äv. -ise*) ['aɪdəlaɪz] avguda, dyrka (*äv. bildl.*)

idyll ['ɪdɪl] idyll **idyllic** [aɪ'dɪlɪk] idyllisk

i.e. *förk. för id ist* (lat.) = *that is* dvs.

if [ɪf] **I** *konj* **1** om, ifall [att]; även om, om också, om...så; *as ~* som om; *as ~ to* [lik]som för att; *~ anything* snarare, om något; *~ not* om inte, annars; *come home at once, ~ not I'll...* kom genast hem, annars ska jag...; *~ only* om bara; *I'll do it, ~ only to please you* jag ska göra det, om inte annat så för att göra dig glad; *~ so* i så fall; *~ I know John* om jag känner John rätt; *~ it hadn't been for you* om inte du hade varit; *it's a good film ~ rather long* det är en bra film även om den är ganska lång; *it will be done ~ I'll do it myself* det ska bli gjort, om jag så ska göra det själv; *it weighs one pound ~ that* den väger ett pund om ens det; *well, ~ it isn't Peter!* nej men är det inte Peter! **2** om, huruvida, ifall; *I don't know ~ she'll come* jag vet inte om hon kommer **II** *s* om; *it's a big ~* det är den stora frågan, det är osäkert; *~s and buts* om och men

iffy ['ɪfɪ] *AE. vard.* osäker, tvivelaktig

I.F.S. *förk. för Irish Free State*

igloo, iglu ['ɪglu:] (*pl ~s*) iglo[o] (*snöhydda*)

igneous ['ɪgnɪəs] **1** vulkanisk (*rock* bergart) **2** eld-

ignite [ɪg'naɪt] **1** sätta eld på, [an]tända **2** fatta eld, antändas **ignition** [ɪg'nɪʃn] antändning, tändning; *the ~* tändningen (*i bil*) **ignition coil** tändspole **ignition key** tändnings-, start|nyckel

ignoble [ɪg'nəʊbl] gemen, skamlig, tarvlig, föraktlig; dålig, usel

igno|minious [ˌɪgnə(ʊ)'mɪnɪəs] vanhedrande, skamlig **ignominy** ['ɪgnəmɪnɪ] vanära, skam; skamlig handling

ignoramus [ˌɪgnə'reɪməs] okunnig person, dumhuvud **ignorance** ['ɪgn(ə)r(ə)ns] okunnighet, ovetenhet (*of* om); brist på bildning **ignorant** ['ɪgn(ə)r(ə)nt] okunnig, ovetande (*of* om); obildad **ignore** [ɪg'nɔ:] ignorera, inte bry sig om, inte ta hänsyn till (notis om)

iguana [ɪ'gwɑ:nə] *zool.* leguan
ikon ['aɪkɒn] *se icon*
ILEA *förk. för Inner London Education Authority*
ileus ['ɪlɪəs] *med.* ileus, tarmstopp
ilex ['aɪleks] *bot.* järnek, kristtorn
Iliad ['ɪlɪəd] *the ~* Iliaden
ilk [ɪlk] **1** *Sk., of that ~* från godset med samma namn (*efter familjenamn*) **2** *people of that ~* den sortens folk
ill [ɪl] **I** *a* (*worse, worst*) **1** (*vanl. pred.*) sjuk, dålig, krasslig; *be ~* vara sjuk; *fall* (*be taken*) *~* bli sjuk, insjukna (*with* i); *~ with anxiety* sjuk av oro **2** dålig; elak, illvillig, ond; *~ deeds* illgärningar; *~ effects* olyckliga verkningar; *~ fortune* (*luck*) otur, olycka; *~ humour* dåligt humör, vresighet; *~ omen* dåligt omen; *~ repute* dåligt rykte, vanrykte; *~ will* illvilja, agg; *~ at ease* illa till mods; *it is an ~ wind that blows nobody any good* inget ont som inte har något gott med sig **II** *adv* (*worse, worst*) **1** illa; *speak* (*think*) *~ of* tala (tänka) illa om; *take s.th. ~* ta illa upp för ngt **2** knappast, med svårighet; *she can ~ afford it* hon har knappast råd med det **III** *s* **1** skada; ont; *wish s.b. ~* önska ngn illa **2** krämpa **3** *~s* (*pl*) missöden, motgångar; missförhållanden
Ill. *förk. för Illinois* **ill.** *förk. för illustrated; illustration*
I'll [aɪl] = *I will, I shall*
ill|-advised [ˌɪləd'vaɪzd] oklok, oförnuftig; illa genomtänkt **--affected** illasinnad (*towards* mot) **--assorted** som inte passar varandra, omaka **--behaved** ohyfsad; ouppfostrad **--bred** illa uppfostrad, ouppfostrad **--breeding** dålig uppfostran **--considered** illa genomtänkt; obetänksam **--disposed** illvillig, ogynnsamt stämd (*towards* mot)
illegal [ɪ'li:gl] olaglig, lagstridig, illegal **-ity** [ˌɪli:'gælətɪ] olaglighet, lagstridighet, illegalitet **-ize** (*BE. äv. -ise*) [ɪ'li:gəlaɪz] göra olaglig
illeg|ibility [ɪˌledʒɪ'bɪlətɪ] oläslighet **-ible** [ɪ'ledʒəbl] oläs|lig, -bar
illegiti|macy [ˌɪlɪ'dʒɪtɪməsɪ] utomäktenskaplig börd *etc., jfr illegitimate I* **-mate** [-mət] **I** *a* **1** utomäktenskaplig **2** illegitim, olaglig; orättmätig **3** ologisk, inkonsekvent **II** *s* utomäktenskapligt barn
ill-fated [ˌɪl'feɪtɪd] olycklig, olycksalig; olycksförföljd **ill feeling** agg, avoghet **ill-founded** ogrundad, grundlös **ill-gotten** orättmätigt erhållen; *~ gains* orättfånget gods **ill-humoured** vresig; på dåligt humör
illiberal [ɪ'lɪb(ə)r(ə)l] **1** trångsynt, inskränkt **2** knusslig, snål **3** okultiverad **illicit** [ɪ'lɪsɪt] olaglig, illegal; otillåten, smyg-, lönn-; *~ spirits* hembränt; *~ trade* svartabörshandel
illimitable [ɪ'lɪmɪtəbl] gränslös, obegränsad; oändlig
Illinois [ˌɪlɪ'nɔɪ]
illiter|acy [ɪ'lɪt(ə)rəsɪ] **1** oförmåga att läsa och skriva, analfabetism **2** språkfel **3** obildning **-ate** [ɪ'lɪt(ə)rət] **I** *a* **1** inte läs- och skrivkunnig **2** inte språkriktig **3** illitterat, obildad, olärd **II** *s* **1** analfabet **2** illitterat (obildad) person
ill|-judged [ˌɪl'dʒʌdʒd] oklok, oförnuftig **--mannered** ohyfsad; oartig **--matched** som inte passar ihop, omaka **--natured** ondskefull, elak, hätsk
illness ['ɪlnɪs] sjukdom
illogical [ɪ'lɒdʒɪkl] ologisk
ill|-omened [ˌɪl'əʊmend] olycksförföljd, olycksalig **--tempered** på dåligt humör, irriterad, retlig **--timed** oläglig, olämplig; illa planerad **--treat** misshandla; behandla illa **--treatment** misshandel; dålig behandling
illumi|nate [ɪ'lju:mɪneɪt] **1** upplysa, belysa; illuminera; *~d sign* ljusreklamskylt **2** *bildl.* belysa, förklara, klargöra **3** illuminera (*handskrift*) **-nation** [ɪˌlju:mɪ'neɪʃn] **1** upplysning, belysning; *~s* (*pl, i sht BE.*) illuminering[ar], illumination[er] **2** ljuskälla **3** *bildl.* upplysning **4** illuminering (*av handskrift*) **-nator** [ɪ'lju:mɪneɪtə] **1** illuminator (*av handskrift*) **2** belysningsanordning
ill-use [ˌɪl'ju:z] behandla illa; misshandla
illusion [ɪ'lu:ʒn] **1** illusion; villfarelse, falsk föreställning, dröm; *it gives an ~ of space* den ger en illusion av rymd; *be under the ~ that* inbilla sig att **2** tunn tyll (gasväv) **-ist** [ɪ'lu:ʒənɪst] **1** visionär; drömmare **2** illusionist, trollkonstnär **3** trollkarl
illu|sive [ɪ'lu:sɪv], **-sory** [-s(ə)rɪ] illusorisk, bedräglig, overklig
illust. *förk. för illustrated; illustration*
illus|trate ['ɪləstreɪt] illustrera; belysa, förtydliga (*med exempel*); *~d* [*magazine*] vecko-, bild|tidning **-tration** [ˌɪlə'streɪʃn] **1** illustration; belysning, förtydligande (*genom exempel*) **-trative** ['ɪləstrətɪv] illustrativ; belysande (*of* för) **-trator** ['ɪləstreɪtə] illustratör **-trious** [ɪ'lʌstrɪəs] illuster, lysande, mycket berömd; ärofull
I.L.O. *förk. för International Labour Organization* **ILS** *förk. för instrument landing system*
I'm [aɪm] = *I am*
image ['ɪmɪdʒ] **1** bildstod, figur **2** *opt.* [spegel]bild **3** avbild; personifikation; *God created man in his own ~* Gud skapade människan till sin avbild; *she is the ~ of health* hon är hälsan personifierad; *he is the living* (*spitting*) *~ of his father* han är sin far upp i dagen **4** bild, föreställning; (*språklig*) bild, liknelse, metafor **5** image, profil **-ry** [-(ə)rɪ] **1** bildspråk **2** *koll.* bilder
imaginable [ɪ'mædʒ(ɪ)nəbl] tänkbar, som tänkas kan **imaginary** [ɪ'mædʒɪn(ə)rɪ] inbillad, inbillnings-; imaginär (*äv. mat.*); *an ~ case* ett tänkt (konstruerat) fall; *~ number* imaginärt tal **imagination** [ɪˌmædʒɪ'neɪʃn] **1** fantasi; uppfinningsförmåga **2** inbillning, föreställning; *it's only* [*your*] *~!* det är bara inbillning (som du inbillar dig)! **imaginative** [ɪ'mædʒ(ɪ)nətɪv] fantasi|rik, -full; fantasi- **imaginativeness** [ɪ'mædʒ(ɪ)nətɪvnɪs] fantasi|rikedom, -fullhet, idérikedom
imagine [ɪ'mædʒɪn] **1** föreställa sig, tänka sig; *~ yourself rich* tänk dig om du vore rik; *you can't ~ how...* du kan inte föreställa dig hur... **2** tro, gissa, misstänka; *I would never have ~d that* det skulle jag aldrig ha trott **3** inbilla sig; *you're just imagining things* du bara inbillar dig [saker och ting]
imbalance [ˌɪm'bæləns] obalans, bristande balans
imbe|cile ['ɪmbɪsi:l] **I** *a* imbecill; *vard.* idiotisk, dum **II** *s* imbecill [person]; *vard.* idiot, dumskalle **-cility** [ˌɪmbɪ'sɪlətɪ] imbecillitet; *vard.* idioti, dumhet

imbibe [ɪm'baɪb] **1** dricka (*i sht alkohol*) **2** *litt.* insupa, tillägna sig (*kunskaper, idéer etc.*) **3** suga in, inandas (*fresh air* frisk luft); suga upp, suga åt sig, absorbera (*moisture* fuktighet)

imbroglio [ɪm'brəʊlɪəʊ] (*pl -s*) förvirring, förvirrad situation

imbue [ɪm'bju:] genomsyra, uppfylla, besjäla; ~ *s.b. with fresh courage* ingjuta nytt mod i ngn

IMF *förk. för International Monetary Fund* **imit.** *förk. för imitation; imitative*

imi|tate ['ɪmɪteɪt] imitera, efter|likna, -apa, härma **-tation** [ˌɪmɪ'teɪʃn] **I** *s* imitation (*äv. konkr.*), efter|bildning, -apning, härmning **II** *a* imiterad, konstgjord, oäkta, falsk; ~ *jewellery* oäkta smycken; ~ *leather* läderimitation; ~ *pearls* imiterade pärlor **-tative** ['ɪmɪtətɪv] efterliknande, imitativ, härmande; *the ~ arts* bildkonsten, de bildande konsterna; *a style ~ of Rubens* en stil som imiterar Rubens **-tator** ['ɪmɪteɪtə] imitatör, efter|bildare, -apare, härmare

immaculate [ɪ'mækjʊlət] **1** obefläckad, ren, fläckfri; felfri, oklanderlig; ~ *clothes* oklanderlig klädsel; *the I~ Conception* den obefläckade avlelsen **2** *biol.* inte fläckig

imma|nence ['ɪmənəns] **-nency** [-nənsɪ] immanens **-nent** [-nənt] immanent, inneboende

immaterial [ˌɪmə'tɪərɪəl] **1** oväsentlig, oviktig; *it is quite ~ to me* det är helt oviktigt för mig **2** immateriell, okroppslig

imma|ture [ˌɪmə'tjʊə] omogen (*äv. bildl.*); barnslig **-turity** [-'tjʊərətɪ] omogenhet

immeasurable [ɪ'meʒ(ə)rəbl] omätlig; oändlig, gränslös

immedi|acy [ɪ'mi:djəsɪ] **1** omedelbarhet, direkthet **2** angelägenhet, brådskande natur, aktualitet **-ate** [-ət] **1** omedelbar, omgående; direkt (*influence* inflytande); *for ~ delivery* för omgående leverans **2** närmaste; *the ~ future* den närmaste framtiden; *our ~ neighbour* vår närmaste granne **-ately** [-ətlɪ] **I** *adv* **1** omedelbart, omgående, genast **2** närmast; direkt; *she is somewhere ~ in the area* hon är någonstans i den närmaste omgivningen; *it ~ concerns me* det angår mig direkt **II** *konj, i sht BE.* så snart [som]; på samma gång som

immemorial [ˌɪmɪ'mɔ:rɪəl] urgammal; *from time ~* från urminnes tid

immense [ɪ'mens] **1** enorm, kolossal, ofantlig, väldig **2** *vard.* utmärkt, jättebra **immensity** [-ətɪ] **1** enorm (ofantlig) storlek, stor omfattning, stort omfång, väldighet; oändlighet; *the ~ of space* rymdens oändlighet **2** *vard.* enorm (väldig) mängd

immerse [ɪ'mɜ:s] **1** sänka ner, doppa; döpa (*genom nedsänkning i vatten*); *be ~d in water* stå under vatten **2** *bildl.* fördjupa; ~ *o.s. in* fördjupa sig i; *be ~ in* vara fördjupad (försjunken) i **immersion** [ɪ'mɜ:ʃn] **1** nedsänkning, neddoppning; dop (*genom nedsänkning i vatten*) **2** *bildl.* fördjupande, försjunkenhet **immersion heater** doppvärmare

immi|grant ['ɪmɪgr(ə)nt] **I** *s* immigrant, invandrare **II** *a* invandrar-; ~ *worker* utländsk arbetare, gästarbetare **-grate** ['ɪmɪgreɪt] immigrera, invandra (*to* till) **-ation** [ˌɪmɪ'greɪʃn] immigration, invandring

immi|nence ['ɪmɪnəns] omedelbar närhet; *the ~ of the danger* den överhängande faran **-nent** [-nənt] överhängande, nära förestående, hotande

immo|bile [ɪ'məʊbaɪl] orörlig **-bility** [ˌɪmə(ʊ)'bɪlɪtɪ] orörlighet **-bilize** (*BE. äv. -bilise*) [ɪ'məʊbɪlaɪz] **1** göra orörlig; lamslå; immobilisera (*trupper*) **2** binda, låsa (*kapital*)

immoderate [ɪ'mɒd(ə)rət] omåttlig, måttlös; överdriven, extrem

immod|est [ɪ'mɒdɪst] **1** oförskämd, oblyg **2** oanständig **-esty** [-ɪstɪ] **1** oförskämdhet, oblyghet **2** oanständighet

immo|late ['ɪmə(ʊ)leɪt] **1** slakta till offer, offra **2** *litt. bildl.* offra **-lation** [ˌɪmə(ʊ)'leɪʃn] offrande, offer (*äv. litt. bildl.*)

immoral [ɪ'mɒr(ə)l] **1** omoralisk **2** osedlig, sedeslös, promiskuös **-ity** [ˌɪmə'rælətɪ] **1** omoral, omoraliskhet **2** osedlighet, sedeslöshet, promiskuitet

immortal [ɪ'mɔ:tl] **I** *a* odödlig, som har evigt liv **II** *s* odödlig [person *e.d.*] **-ity** [ˌɪmɔ:'tælətɪ] odödlighet **-ize** (*BE. äv. -ise*) [ɪ'mɔ:təlaɪz] göra odödlig, föreviga

immortelle [ˌɪmɔ:'tel] eternell, evighetsblomma

immov[e]|ability [ɪˌmu:və'bɪlətɪ] orörlighet, orubblighet **-able** [ɪ'mu:vəbl] **1** orörlig, orubblig; obeveklig; oföränderlig; ~ *feasts* (*kyrkl.*) fasta helgdagar **2** *jur.* fast (*property* egendom)

immune [ɪ'mju:n] **1** immun (*from, against, to* mot); oemottaglig, okänslig (*to* för) ; skyddad (*against, from* mot) **2** befriad (*från straff e.d.*) **immunity** [-ətɪ] **1** immunitet (*from, against, to* mot); oemottaglighet, okänslighet (*to* för) **2** befrielse **immuni|zation** (*BE. äv. -sation*) [ˌɪmju:naɪ'zeɪʃn] immunisering **immu|nize** (*BE. äv. -nise*) ['ɪmju:naɪz] immunisera, göra immun **immunoreaction** [ɪˌmju:nəʊrɪ'ækʃn] immunreaktion

immure [ɪ'mjʊə] **1** *åld. el. litt.* inspärra **2** ~ *o.s.* isolera sig, stänga sig inne

immuta|bility [ɪˌmju:tə'bɪlətɪ] oföränderlighet; tidlöshet **-ble** [ɪ'mju:təbl] oföränderlig; tidlös

imp [ɪmp] **1** smådjävul **2** rackarunge, busfrö

Imp. *förk. för Imperator* (*lat.*) *Emperor; Imperial*

imp. *förk. för imperative; imperfect; imperial; impersonal; import; important; importer*

impact I *s* ['ɪmpækt] **1** stöt; sammanstötning, kollision; nedslag (*av projektil e.d.*); kraft, styrka; *the ~ of the blow* kraften i slaget **2** inflytande, in-, på|verkan; effekt; intryck; *the ~ of the Renaissance on* renässansens inflytande på; *his speech had a great ~ on us* hans tal gjorde stort intryck på oss **II** *v* [ɪm'pækt] **1** stöta **2** stöta samman, kollidera

impair [ɪm'peə] skada, försämra, försvaga; *her hearing was ~ed by the accident* hennes hörsel blev försämrad av olyckan **-ment** [-mənt] försämring, försvagning

impale [ɪm'peɪl] spetsa, fastnagla ([*up*]*on* på)

impalpable [ɪm'pælpəbl] som inte kan kännas; *bildl.* vag, ogripbar

impanel [ɪm'pænl] *i sht AE., se empanel*

impart [ɪm'pɑ:t] **1** meddela, vidarebefordra **2** förläna, skänka (*wisdom* visdom)

impartial [ɪm'pɑ:ʃl] opartisk **-ity** ['ɪm-

ˌpɑːʃɪ'ælətɪ], **-ness** [ɪm'pɑːʃlnɪs] opartiskhet
impass|ability ['ɪmˌpɑːsə'bɪlətɪ] oframkomlighet **-able** [ɪm'pɑːsəbl] ofarbar, oframkomlig; oöverstiglig
impasse [æm'pɑːs] *bildl.* återvändsgränd, fastlåst position, dödläge
impassioned [ɪm'pæʃnd] passionerad, lidelsefull
impas|sive [ɪm'pæsɪv] **1** känslolös, okänslig; uttryckslös **2** lugn; orubblig **-sivity** [ˌɪmpæ'sɪvətɪ] **1** känslolöshet, okänslighet; uttryckslöshet **2** [orubbligt] lugn
impa|tience [ɪm'peɪʃns] otålighet **-tient** [-nt] otålig (*at* över); ofördragsam (*of* mot); ~ *for* otålig efter; *be* ~ *to do s.th.* vara ivrig att få göra ngt
impeach [ɪm'piːtʃ] **1** *jur.* anklaga; åtala; *BE. äv.* anklaga för brott mot staten; *i sht AE.* åtala för tjänstefel, väcka riksrättsåtal mot; ~ *s.b. for* (*with*) anklaga ngn för **2** ifrågasätta (*a p.'s honesty* ngns heder) **-ment** [-mənt] **1** (*i USA*) riks-rätts|åtal, -process **2** *jur.* anklagelse; åtal
impeccable [ɪm'pekəbl] oklanderlig, fläckfri
impecunious [ˌɪmpɪ'kjuːnjəs] medellös, obemedlad
impedance [ɪm'piːd(ə)ns] *elektr.* impedans
impede [ɪm'piːd] hindra, hejda, hämma, försena
impediment [ɪm'pedɪmənt] **1** hinder; ~ *in one's speech* talfel **2** (*pl,* ~*s el.* ~*a* [ɪmˌpedɪ'mentə]) *jur.* [äktenskaps]hinder **impedimenta** [ɪmˌpedɪ'mentə] *pl* **1** *mil.* tross **2** hindrande bagage; hinder
impel [ɪm'pel] **1** driva, egga, sporra, förmå, tvinga **2** [fram]driva **-ler** [-ə] **1** *tekn.* kompressorhjul; fläkthjul; impeller
impend [ɪm'pend] vara nära förestående, hota **-ing** [-ɪŋ] överhängande, nära förestående, hotande
impenetrable [ɪm'penɪtrəbl] **1** ogenomtränglig (*forest* skog) **2** *bildl.* ogenomtränglig; outgrundlig; obegriplig
impeni|tence [ɪm'penɪt(ə)ns] obotfärdighet, förhärdelse **-tent** [-t(ə)nt] obotfärdig, förhärdad
imperative [ɪm'perətɪv] **I** *a* **1** tvingande, absolut nödvändig (erforderlig) **2** befallande, myndig (*tone of voice* röst) **3** imperativ[isk]; *the* ~ *mood* (*språkv.*) imperativ[en] **II** *s* **1** tvingande nödvändighet **2** befallning, order **3** *språkv.* imperativ; *in the* ~ i imperativ
imperceptible [ˌɪmpə'septəbl] omärklig, ej förnimbar, ej iakttagbar, ohörbar, osynlig
imperfect [ɪm'pɜːfɪkt] **I** *a* **1** ofullkomlig, bristfällig **2** ofullständig **3** *språkv., the* ~ *tense* progressiv form (*i sht i imperfektum*) **II** *s, språkv.* progressiv form (*i sht i imperfektum*) **imperfection** [ˌɪmpə'fekʃn] **1** ofullkomlighet, bristfällighet; fel, brist, defekt **2** ofullständighet
imperial [ɪm'pɪərɪəl] **I** *a* **1** kejserlig; kejsar-; inom (som gäller) [brittiska] imperiet, imperie-; ~ *Rome* kejsartidens Rom; *His I~ Highness* Hans Kejserliga Majestät; ~ *trade* handel[n] inom [brittiska] imperiet **2** *bildl.* majestätisk, myndig, befallande **3** (*om varor o.d.*) utmärkt, av bästa kvalitet **4** (*om vikt o. mått*) brittisk standard-; ~ *gallon, se gallon* **II** *s* **1** pipskägg **2** imperialformat **3** *AE.* bagagetak (*på diligens*); kappsäck (*för diligenstak*) **-ism** [-iz(ə)m] imperialism **-ist** imperialist **-istic** [ɪmˌpɪərɪə'lɪstɪk] imperialistisk
imperil [ɪm'per(ə)l] äventyra, sätta på spel, riskera
imperious [ɪm'pɪərɪəs] befallande, myndig; arrogant, högdragen, övermodig
imperishable [ɪm'perɪʃəbl] oförgänglig, oförstörbar; ~ *truths* eviga sanningar
imperma|nence [ɪm'pɜːm(ə)nəns] obeständighet, ovaraktighet **-nent** [-nənt] obeständig, ovaraktig
impermeable [ɪm'pɜːmjəbl] ogenom|tränglig, -släpplig; ~ *to air* lufttät; ~ *to water* vattentät
impermissible [ˌɪmpə'mɪsəbl] otillåtlig
impersonal [ɪm'pɜːsnl] opersonlig (*äv. språkv.*); (*om pron äv.*) obestämd **-ity** [ɪmˌpɜːsə'nælətɪ] opersonlighet
imperson|ate [ɪm'pɜːsəneɪt] **1** personifiera; utge sig för att vara (*annan pers.*) **2** imitera, efterapa **-ation** [ɪmˌpɜːsə'neɪʃn] **1** personifiering **2** imitation **-ator** [ɪm'pɜːsəneɪtə] imitatör
imperti|nence [ɪm'pɜːtɪnəns], **-nency** [-nənsɪ] näsvishet; oförskämdhet **-nent** [-nənt] **1** näsvis; påträngande **2** irrelevant, ovidkommande
imperturb|ability ['ɪmpəˌtɜːbə'bɪlətɪ] orubblighet; oberördhet, [orubbligt] lugn **-able** [ˌɪmpə'tɜːbəbl] orubblig; oberörd, [orubbligt] lugn
impervi|able, -ous [ɪm'pɜːvj|əbl, -əs] **1** ogenom|tränglig, -släpplig; ~ *to water* vattentät **2** *bildl.* oemottaglig (*to reason* för skäl)
impetu|osity [ɪmˌpetjʊ'ɒsətɪ] häftighet; impulsivitet; oöverlagd (impulsiv) handling **-ous** [ɪm'petjʊəs] häftig; impulsiv
impetus ['ɪmpɪtəs] **1** impuls; *give an* ~ *to* ge en impuls till **2** *fys.* rörelseenergi, fart; [levande] kraft
impiety [ɪm'paɪətɪ] gudlöshet; ogudaktighet; pietets-, respekt|löshet
impinge [ɪm'pɪn(d)ʒ] **1** inkräkta, göra intrång ([*up*]*on* på, i); påverka **2** slå, stöta, kollidera (*against,* [*up*]*on* mot, med) **-ment** [-mənt] **1** slag, stöt **2** intrång; påverkan
impious ['ɪmpɪəs] gudlös, ogudaktig; pietets-, respekt|lös
impish ['ɪmpɪʃ] okynnig, rackar-
implacable [ɪm'plækəbl] oförsonlig, obeveklig
implant [ɪm'plɑːnt] **1** inplant[er]a; inpränta, inprägla, inskärpa **2** *med.* implantera
implausible [ɪm'plɔːzəbl] osannolik
imple|ment I *s* ['ɪmplɪmənt] tillbehör; verktyg, redskap (*äv. bildl.*); *gardening* ~*s* trädgårdsredskap **II** *v* ['ɪmplɪment] utföra; genomföra, realisera, förverkliga, fullfölja **-mentation** [ˌɪmplɪmen'teɪʃn] utförande *etc., jfr implement II*
impli|cate ['ɪmplɪkeɪt] **1** blanda (dra) in (*s.b. in s.th.* ngn i ngt), implicera **2** innebära, medföra **-cation** [ˌɪmplɪ'keɪʃn] **1** inblandning (*in a crime* i ett brott) **2** innebörd, slutsats; följd; *by* ~ underförstått, implicit
implicit [ɪm'plɪsɪt] **1** underförstådd, implicit, indirekt **2** obetingad, absolut; ~ *faith* blind tro
implied [ɪm'plaɪd] underförstådd, indirekt
implode [ɪm'pləʊd] implodera
implore [ɪm'plɔː] bönfalla, enträget be (*s.b. to do s.th.* ngn att göra ngt); enträget be om (*forgiveness* förlåtelse); ~ *a p.'s mercy* bönfalla ngn

om nåd

implosion [ɪm'pləʊʒn] implosion

imply [ɪm'plaɪ] **1** antyda; *are you ~ing that* vill du antyda (ha sagt) att **2** innebära, medföra; betyda

impolite [ˌɪmpə'laɪt] oartig, ohövlig

impolitic [ɪm'pɒlətɪk] oförståndig, oklok, mindre välbetänkt

imponderable [ɪm'pɒnd(ə)rəbl] **I** *a* ovägbar; *bildl.* som inte kan uppskattas **II** *s* obestämbart faktum, ovägbart ämne; *~s* (*pl, äv.*) imponderabilia

import I *s* ['ɪmpɔ:t] **1** import, införsel; *~s* (*pl*) import|varor, -artiklar; *visible ~s* importvaror; *invisible ~s* importerade tjänster **2** innebörd, mening, betydelse **3** vikt, betydelse; *a man of great ~* en man av stor betydelse **II** *v* [ɪm'pɔ:t] **1** importera, föra in **2** innebära, betyda

importance [ɪm'pɔ:tns] vikt, betydelse; *a man of ~* (*äv.*) en betydande man; *attach the greatest ~ to* lägga (fästa) den största vikt vid **important** [-t] viktig, betydelsefull, betydande; *that's not ~* det är inte viktigt; *it's not ~* det gör ingenting (spelar ingen roll) **importantly** [-tlɪ] *adv* **1** *vanl. neds.* [strunt]viktigt **2** huvudsakligen, helt; *it is ~ different* det är helt annorlunda

importation [ˌɪmpɔ:'teɪʃn] import[erande], införsel; import|vara, -artikel **import duty** ['ɪmpɔ:tˌdju:tɪ] importtull **importer** [ɪm'pɔ:tə] importör **import licence** ['ɪmpɔ:tˌlaɪs(ə)ns] importlicens

impor|tunate [ɪm'pɔ:tjʊnət] påträngande, enträgen, efterhängsen **-tune** [-tju:n] **1** besvära, ansätta (*s.b. with requests* ngn med böner om); tigga och be, enträget be (*s.b. for s.th.* ngn om ngt) **-tunity** [ˌɪmpɔ:'tju:nətɪ] enträgenhet, efterhängsenhet

impose [ɪm'pəʊz] **1** lägga på, påbörda; påtvinga; *~ a tax on s.th.* lägga skatt på (beskatta) ngt **2** tvinga; *~ o.s.* (*one's presence*) *on s.b.* tvinga sig på ngn **3** lura, pracka (*s.th. on s.b.* på ngn ngt) **4** *boktr.* skjuta ut **5** *~* [*up*]*on* utnyttja, dra fördel av, missbruka (*a p.'s kindness* ngns vänlighet); *I don't wish to ~* jag vill inte tränga mig på (vara till besvär) **imposing** [-ɪŋ] imponerande **imposition** [ˌɪmpə'zɪʃn] **1** påläggande (*of taxes* av skatter); påbud **2** pålaga, skatt **3** belastning, börda; *BE.* straffläxa; *I'd love to stay if it isn't too much of an ~* jag skulle gärna vilja stanna om det inte är för mycket besvär **4** *boktr.* utskjutning

impossi|bility [ɪmˌpɒsə'bɪlətɪ] omöjlighet **-ble** [ɪm'pɒsəbl] **I** *a* omöjlig; *vard. äv.* outhärdlig, odräglig **II** *s, ask for the ~* begära det omöjliga

impost ['ɪmpəʊst] tull; skatt

imposter, impostor [ɪm'pɒstə] bedragare, skojare **imposture** [-tʃə] bedrägeri, skoj

impo|tence ['ɪmpət(ə)ns] **-tency** [-sɪ] **1** makt-, kraft|löshet; vanmakt; oförmåga **2** *fysiol.* impotens **-tent** [-t] **1** makt-, kraft|lös; vanmäktig; oförmögen **2** *fysiol.* impotent

impound [ɪm'paʊnd] **1** instänga (*i inhägnad e.d.*) **2** konfiskera, beslagta; lägga beslag på

impoverish [ɪm'pɒv(ə)rɪʃ] **1** utarma, göra fattig[are]; *~ed* utarmad, utfattig; *~ the soil* utarma (suga ut) jorden **-ment** [-mənt] utarmning, utarmande; utsugning (*av jord*)

impractica|bility [ɪmˌpræktɪkə'bɪlətɪ] outförbarhet *etc., jfr impracticable* **-ble** [ɪm'præktɪkəbl] **1** outförbar, ogörlig, ogenomförbar; praktiskt omöjlig **2** oframkomlig (*road* väg)

impractical [ɪm'præktɪkl] opraktisk **-ity** [ˌɪmpræktɪ'kælətɪ] opraktiskhet

impre|cate ['ɪmprɪkeɪt] **1** svära, förbanna; häda **2** nedkalla (*curses* [*up*]*on* förbannelser över); förbanna **-cation** [ˌɪmprɪ'keɪʃn] **1** förbannelse; svordom **2** nedkallande av förbannelse

impregnable [ɪm'pregnəbl] **1** ointaglig **2** oövervinnelig, orubblig; obestridlig

impreg|nate I *v* ['ɪmpregneɪt] **1** genomdränka, mätta; impregnera **2** befrukta; göra fruktbar **II** *a* [ɪm'pregnɪt] befruktad; gravid **-nation** [ˌɪmpreg'neɪʃn] **1** genomdränkning; impregnering **2** befruktning

impresario [ˌɪmprɪ'sɑ:rɪəʊ] (*pl -s*) impressario

1 impress I *v* [ɪm'pres] **1** göra intryck på, imponera på; *I'm ~ed by* jag är imponerad av **2** trycka in (på); prägla, stämpla; *~ a pattern onto* (*into*) *s.th.* trycka (prägla) ett mönster på ngt; *~ a seal in wax* (*wax with a seal*) göra ett sigillavtryck i vax **3** *bildl.* inskärpa; inpränta, inprägla; *~ a thought on s.b.* inskärpa en tanke hos ngn **II** *s* ['ɪmpres] **1** prägling, stämpling **2** stämpel, prägel (*äv. bildl.*); avtryck

2 impress [ɪm'pres] **I** *v* tvångsutskriva; tvångsvärva **II** *s* tvångsutskrivning; tvångsvärvning

impression [ɪm'preʃn] **1** intryck; verkan; känsla; *make an ~ on s.b.* göra intryck på ngn; *I had* (*was under*) *the ~ that* jag hade ett intryck av att; *first ~s are usually right* det första intrycket är oftast det riktiga **2** avtryck, spår, märke (*of a foot* av en fot) **3** *boktr.* tryckning; omtryckning; tryckt upplaga; *a first ~ of 2.000 copies* en första upplaga av 2 000 exemplar **4** imitation; *make a funny ~ of s.b.* göra en rolig imitation av ngn **-able** [ɪm'preʃn̩əbl] mottaglig för intryck

impression|ism [ɪm'preʃn̩ɪz(ə)m] impressionism **-ist** [-ɪst] impressionist **-istic** [ɪmˌpreʃə'nɪstɪk] impressionistisk

impressive [ɪm'presɪv] imponerande

imprint I *v* [ɪm'prɪnt] **1** trycka på, trycka in, prägla; stämpla, märka **2** *bildl.* inprägla, inpränta (*on the memory* i minnet; *on s.b.* hos ngn) **II** *s* ['ɪmprɪnt] **1** avtryck, märke, intryck (*of a finger* av ett finger); prägel **2** *boktr.*, [*printer's, publisher's*] *~* tryckeriets (förläggarens) namn, tryckort och tryckår

imprison [ɪm'prɪzn] sätta i fängelse, fängsla **-ment** [-mənt] fängslande; fångenskap; fängelse, fängelsestraff; *sentence s.b. to life ~* döma ngn till livstids fängelse

improb|ability [ɪmˌprɒbə'bɪlətɪ] osannolikhet **-able** [ɪm'prɒbəbl] osannolik, otrolig

improbity [ɪm'prəʊbətɪ] ohederlighet, oärlighet

impromptu [ɪm'prɒm(p)tju:] **I** *a* oförberedd; improviserad **II** *adv* oförberett; improviserat; *speak ~* tala oförberett **III** *s* improvisation; *mus.* impromptu

improper [ɪm'prɒpə] **1** oriktig, felaktig; oegentlig; *~ use of a tool* felaktig användning av ett verktyg; *~ fraction* (*mat.*) oegentligt bråk **2** oanständig; opassande, olämplig; *it's ~ to do that* det passar sig inte att göra det **impropriety** [ˌɪmprə'praɪətɪ] **1** oanständighet; olämplighet **2**

oriktighet, felaktighet; oegentlighet

improve [ɪm'pru:v] **1** förbättra, göra bättre; bättra på, höja; ~ *one's mind* vidareutbilda sig; *that doesn't* ~ *matters* det gör inte saken bättre **2** förbättras, gå framåt; bli bättre; *she has ~d in maths* hon har blivit bättre i matte; *the invalid is improving* sjuklingen mår bättre (repar sig) **3** ~ [*up*]*on* förbättra, bättra på, överträffa (*last year's results* förra årets resultat) **-ment** [-mənt] förbättring *etc.*, *jfr improve*; ~ *in pay* löneförbättring; ~ *of one's mind* vidareutbildning; *an* ~ *on the previous year* en förbättring i jämförelse med föregående år

improvi|dence [ɪm'prɒvɪd(ə)ns] brist på förutseende; tanklöshet, oförsiktighet; slösaktighet **-dent** [-d(ə)nt] oförutseende; tanklös, oförsiktig; slösaktig; förhastad

improving [ɪm'pru:vɪŋ] informativ, lärorik; uppbygglig

improvisation [ˌɪmprəvaɪ'zeɪʃn] improvisation **improvise** ['ɪmprəvaɪz] improvisera **improviser** ['ɪmprəvaɪzə] improvisatör

impru|dence [ɪm'pru:d(ə)ns] oklokhet **-dent** [-d(ə)nt] oklok

impu|dence ['ɪmpjʊd(ə)ns] fräckhet, oförskämdhet, näsvishet **-dent** [-d(ə)nt] fräck, oförskämd, näsvis

impugn [ɪm'pju:n] bestrida; motsäga; angripa; [skarpt] kritisera

impuis|sance [ɪm'pju:ɪsns] makt-, kraft|löshet, svaghet **-sant** [-snt] makt-, kraft|lös, svag

impulse ['ɪmpʌls] **1** impuls, stöt **2** *bildl.* impuls, ingivelse, lust; *on* ~ av en ingivelse, impulsivt **3** tendens, strömning, trend **impulse buying** impulsköp

impulsion [ɪm'pʌlʃn] **1** fram-, på|drivning **2** drivkraft; drift, tvång

impulsive [ɪm'pʌlsɪv] **1** impulsiv **2** fram-, på|drivande

impunity [ɪm'pju:nətɪ] straffrihet; *with* ~ ostraffat

impure [ɪm'pjʊə] oren **impurity** [ɪm'pjʊərətɪ] orenhet, förorening

imputation [ˌɪmpju:'teɪʃn] tillvitelse, beskyllning, anklagelse **impute** [ɪm'pju:t] tillskriva, tillvita (*s.th. to s.b.* ngn ngt); ~ *s.th. to* (*äv.*) lägga skulden för ngt på

in [ɪn] **I** *prep* **1** *rumsbet.* i; på; ~ *the car* i bilen; ~ *here* här inne, hit in; ~ [*the*] *church* i kyrkan; ~ *the street* på gatan; *fall* ~ *the water* falla i vattnet; *I have it* ~ *me* jag har det i mig, det ligger i min natur **2** *tidsbet.* i, inom, om, under, på; ~ *May* i maj; ~ *the beginning* i början; ~ *my presence* i min närvaro; *I'll be back* ~ *a week* jag är tillbaka [in]om en vecka; ~ *a moment* om ett ögonblick; ~ *1990* [år] 1990; ~ *my absence* under (i) min frånvaro; ~ *the reign of Elizabeth I* under Elisabet I:s regering; ~ *the morning* på morgonen, om morgnarna; ~ *the nineties* på åttiotalet; ~ *those days* på den tiden; *I did it* ~ *one hour* jag gjorde det på en timme **3** (*annan bet.*) ~ *my opinion* enligt min åsikt; *you find it* ~ *Byron* det står hos Byron; *rare* ~ *a child of that age* sällsynt hos ett barn i den åldern; ~ *the army* i armén; *dressed* ~ *blue* klädd i blått; *pay* ~ *cash* betala kontant; *they died* ~ *hundreds* de dog i hundratal; ~ *journalism* i, (inom) journalistiken; *paint* ~ *oils* måla i olja; ~ *marble* i marmor; ~ *small quantities* i små mängder; ~ *the shade* i skuggan; *there's no harm* ~ *that* det är inget ont i det; *tear s.th.* ~ *two* riva itu ngt; ~ *a loud voice* med hög röst; ~ *a word* med ett ord [sagt]; ~ *the bank* på banken; *deaf* ~ *one ear* döv på ena örat; ~ *English* på engelska; *twelve inches* ~ *a foot* tolv tum på en fot; ~ *quest of* på jakt efter; *one person* ~ *ten* en person på (av) tio; ~ *this way* på det här sättet; ~ *reply to* som svar på; ~ *the honour of s.b.* till ngns ära; *ten* ~ *number* tio till antalet; ~ *silence* under tystnad; ~ *good health* vid god hälsa, frisk; *there's nothing* ~ *it* det är sak sammma (hugget som stucket); ~ *that* (*so far as*) eftersom, så tillvida som **4** (*före ing-form*) ~ *crossing the street, he was run over* när han gick över gatan blev han överkörd; ~ *doing so, she could* i och med att hon gjorde så kunde hon; ~ *trying to escape* (*äv.*) vid flyktförsöket **II** *adv* **1** in; inne, hemma; framme, anländ; *come* ~ kom in; *bring him* ~ för in honom; *she wasn't* ~ *when I came* hon var inte inne (hemma) när jag kom; *the train is* ~ tåget är inne; *our team is* ~ vårt lag är inne; *we were asked* ~ vi blev ombedda att komma in **2** vid makten; *the Conservatives got* ~ de konservativa kom till makten **3** *BE.* (*om eld*) tänd **4** ~ *between* dess-, där|emellan; *be* ~ *for a*) kunna (få) räkna med (*trouble* svårigheter), kunna vänta sig (*rain* regn), *b*) delta i, ha anmält sig till (*a race* ett lopp), *c*) söka (*the post of manager* chefsposten); *you're* ~ *for it* du är illa ute; *have* [*got*] *it* ~ *for s.b.* vilja komma åt ngn, ha ett horn i sidan till ngn; *be* ~ *on a*) vara med om (i), ha del i, *b*) känna till, ha reda på, *c*) lägga (blanda) sig i; *be* ~ *with s.b.* komma [bra] överens (ha tumme) med ngn **III** *a* inne, modern; *the* ~ *thing* innegrejen; *be* ~ vara inne (modern); *miniskirts are* ~ det är inne med kortkort **IV** *s* **1** *know the ~s and outs of* känna till alla detaljer om, känna ngt utan och innan **2** *AE.* mäktig (inflytelserik) person; *vard.* makt, inflytande

I

in. *förk. för inch*[*es*]

inability [ˌɪnə'bɪlətɪ] oförmåga; oduglighet

inaccessi|bility ['ɪnækˌsesə'bɪlətɪ] otillgänglighet, oåtkomlighet **-ble** [ˌɪnæk'sesəbl] otillgänglig, oåtkomlig

inaccu|racy [ɪn'ækjʊrəsɪ] bristande noggrannhet, inexakthet; fel[aktighet], oriktighet **-rate** [-rət] inte noggrann, inexakt; felaktig, oriktig

inaction [ɪn'ækʃn] overksamhet; tröghet

inac|tive [ɪn'æktɪv] overksam, inaktiv **-tivity** [ˌɪnæk'tɪvətɪ] overksamhet, inaktivitet

inad|equacy [ɪn'ædɪkwəsɪ] otillräcklighet, bristfällighet; olämplighet **-equate** [-ɪkwət] otillräcklig, bristfällig; inadekvat; inte avpassad; olämplig

inadmissible [ˌɪnəd'mɪsəbl] otillåtlig; oacceptabel

inadvert|ence [ˌɪnəd'vɜ:t(ə)ns], **-ency** [-(ə)nsɪ] **1** ouppmärksamhet; ovarsamhet **2** förbiseende **-ent** [-(ə)nt] **1** ouppmärksam; ovarsam **2** oavsiktlig

inadvisable [ˌɪnəd'vaɪzəbl] inte tillrådlig, oklok

inalienable [ɪn'eɪljənəbl] omistlig, oförytterlig

inane [ɪ'neɪn] **I** *a* tom, meningslös, innehållslös, dum, idiotisk **II** *s, åld., the* ~ tomma rymden

inanimate [ɪn'ænɪmət] **1** livlös, inte levande; ~ *objects* livlösa föremål **2** utan vitalitet, trög
inani|tion [ˌɪnə'nɪʃn] **1** utmattning, kraftlöshet **2** tomhet **-ty** [ɪ'nænətɪ] dumhet, fantasilöshet, andefattighet; meningslöshet
inapplicable [ɪn'æplɪkəbl] inte tillämplig (passande); irrelevant
inapposite [ɪn'æpəzɪt] inte lämplig (passande, tillämplig)
inappre|ciable [ˌɪnə'pri:ʃəbl] **1** som inte kan uppskattas **2** omärklig; oväsentlig; obetydlig, minimal **-ciation** [ˈɪnəˌpri:ʃɪ'eɪʃn] låg uppskattning **-ciative** [ˌɪnə'pri:ʃjətɪv] inte uppskattande; oförstående
inapprehensive [ɪnˌæprɪ'hensɪv] likgiltig (*of danger* för faran), omedveten (*of* för)
inappropriate [ˌɪnə'prəʊprɪət] olämplig, opassande
inapt [ɪn'æpt] **1** olämplig, opassande **2** oskicklig; oduglig **inaptitude** [-ɪtju:d] **1** olämplighet **2** oskicklighet; oduglighet
inarticulate [ˌɪnɑ:'tɪkjʊlət] **1** oartikulerad, otydlig; osammanhängande **2** stum, mållös **3** outtalad, vag **4** *biol.* oledad
inartistic [ˌɪnɑ:'tɪstɪk] okonstnärlig, oartistisk
inasmuch [ˌɪnəz'mʌtʃ] *adv,* ~ *as a*) eftersom, emedan *b*) såtillvida som
inatten|tion [ˌɪnə'tenʃn] ouppmärksamhet; tanklöshet; vårdslöshet, slarv **-tive** [-tɪv] ouppmärksam; tanklös; vårdslös, slarvig
inaudi|bility [ɪnˌɔ:də'bɪlətɪ] ohörbarhet **-ble** [ɪn'ɔ:dəbl] ohörbar
inaugu|ral [ɪ'nɔ:gjʊrəl] **I** *a* **1** invignings-, öppnings- **2** installations- **II** *s, AE.* installationsanförande (*i sht av president*) **-rate** [-reɪt] **1** inviga, öppna (*a new factory* en ny fabrik) **2** installera (*i ämbete*) **3** inleda, initiera, sätta i gång **-ration** [ɪˌnɔ:gjʊ'reɪʃn] **1** invigning, öppnande **2** installation (*i ämbete*); *I~ Day* (*AE.*) installationsdagen (*för nyvald president, 20 jan.*)
inauspicious [ˌɪnɔ:'spɪʃəs] **1** olycksbådande **2** ogynnsam
inboard ['ɪnbɔ:d] *sjö.* **I** *a* inombords- **II** *adv* inombords
inborn [ˌɪn'bɔ:n] medfödd; inneboende, naturlig
inbred [ˌɪn'bred] **1** som uppkommit genom inavel, inavlad **2** medfödd; inrotad **inbreeding** [-'bri:dɪŋ] inavel
Inc. *förk. för Incorporated* **inc.** *förk. för included; including; inclusive; income; incomplete; incorporated; increase*
Inca ['ɪŋkə] (*pl* ~[*s*]) *hist.* Inka
incalculable [ɪn'kælkjʊləbl] **1** oräknelig, otalig, oändlig **2** oberäknelig, oförutsebar
in camera [ˌɪn'kæmərə] *jur.* inom lyckta dörrar
incandes|cense [ˌɪnkæn'desns] glödning; glödhetta **-cent** [-snt] glödande; ~ *lamp* glödlampa
incantation [ˌɪnkæn'teɪʃn] besvärjelse; trollformel
incapa|bility [ɪnˌkeɪpə'bɪlətɪ] oförmåga **-ble** [ɪn'keɪpəbl] **1** oduglig, inkompetent; ~ *of* oförmögen (ur stånd) till; *a problem* ~ *of solution* ett problem som inte går att lösa **2** hjälplös, maktlös; *drunk and* ~ redlöst berusad
inca|pacitate [ˌɪnkə'pæsɪteɪt] **1** göra oförmögen (oduglig); *physically ~d* rörelsehindrad **2** *jur.* diskvalificera; omyndigförklara **-pacity** [-'pæsətɪ] **1** oförmåga, inkompetens **2** *jur.* obehörighet
incarcer|ate [ɪn'kɑ:səreɪt] spärra in, fängsla **-ation** [ɪnˌkɑ:sə'reɪʃn] inspärrning, fängslande
incar|nate I *a* [ɪn'kɑ:neɪt] **1** förkroppsligad, personifierad; *a devil* ~ en djävul i människohamn; *stupidity* ~ dumheten personifierad **2** *bot.* rosa, skär **II** *v* ['ɪnkɑ:neɪt] förkroppsliga; levandegöra **-nation** [ˌɪnkɑ:'neɪʃn] inkarnation, förkroppsligande
incautious [ɪn'kɔ:ʃəs] oförsiktig, ovarsam
incendi|arism [ɪn'sendjərɪz(ə)m] **1** mordbrand **2** (*förr*) uppvigling, agitation **-ary** [-ərɪ] **I** *a* **1** mordbrands-; brand- **2** uppviglande, upphetsande **3** lättantändlig, brännbar **II** *s* **1** pyroman, mordbrännare **2** (*förr*) uppviglare, agitator **3** brandbomb **4** brännbart ämne
1 incense ['ɪnsens] **I** *s* rökelse; doft **II** *v* tända rökelse för; fylla med väldoft
2 incense [ɪn'sens] reta upp, göra rasande
incentive [ɪn'sentɪv] **I** *s* drivfjäder, sporre, incitament, uppmuntran; stimulansåtgärd **II** *a* sporrande, eggande, stimulerande; ~ *pay* prestationslön
incept [ɪn'sept] **1** *BE.* (*förr*) promoveras **2** (*om organism*) ta upp (*näring*) **inception** [ɪn'sepʃn] början, start, påbörjande; *from* (*at*) *its* ~ från [första] början
incertitude [ɪn'sɜ:tɪtju:d] osäkerhet, ovisshet
incessant [ɪn'sesnt] oavbruten, oupphörlig, ständig, ihållande
incest ['ɪnsest] incest, blodskam **incestuous** [ɪn'sestjʊəs] incestuös; skyldig till incest
1 inch [ɪn(t)ʃ] **I** *s* tum (*2,54 cm*); ~ *by* ~ så småningom, gradvis, sakta men säkert; *by ~es* på ett hår när; *within an* ~ *of* mycket nära, nästan; *she came within an* ~ *of winning* hon var mycket nära att vinna; *she is every* ~ *a lady* hon är en lady i varje tum (ut i fingerspetsarna); *gain a few ~es* växa ett par centimeter; *give him an* ~ *and he'll take a mile* om man räcker honom ett finger tar han hela handen **II** *v* röra sig (flytta) mycket långsamt (*forward* framåt)
2 inch [ɪntʃ] *Sk. o. Irl.* holme, liten ö
inchmeal ['ɪntʃmi:l] tum för tum, i små steg
inchoate ['ɪnkəʊeɪt] **I** *a* **1** begynnande **2** outvecklad **II** *v* påbörja
inci|dence ['ɪnsɪd(ə)ns] **1** omfattning, utbredning, frekvens; mängd; *a high* ~ *of crime* hög brottslighet; *the* ~ *of death from cancer* antalet dödsfall i cancer **2** fördelning; verkan **3** *fys.*, [*angle of*] ~ infallsvinkel **-dent** [-(ə)nt] **I** *s* händelse, tilldragelse; incident, episod, intermezzo; bråk (*in a pub* på en pub) **II** *a* **1** ~ *to* relaterad till, förbunden med, beroende av **2** *fys.* infallande **-dental** [ˌɪnsɪ'dentl] sido-, bi-, oväsentlig, tillfällig **2** ~ *to* förbunden med, som brukar följa med; ~ *upon* orsakad av **-dentally** [ˌɪnsɪ'dentlɪ] **1** tillfälligtvis, i förbigående **2** apropå det, förresten
inciner|ate [ɪn'sɪnəreɪt] **1** [för]bränna, bränna till aska **2** brinna upp **-tion** [ɪnˌsɪnə'reɪʃn] [för]bränning **-ator** [-ə] förbränningsugn
incipi|ence [ɪn'sɪpɪəns], **-ency** [-ənsɪ] början **-ent** [-ənt] begynnande, begynnelse-
incise [ɪn'saɪz] skära (rista, gravera) in **incision**

[ɪn'sɪʒn] inskärning, skåra, snitt; *med.* insnitt **incisive** [ɪn'saɪsɪv] **1** [in]skärande; vass **2** *bildl.* vass, skarp, bitande **incisor** [ɪn'saɪzə] framtand, skärtand

incite [ɪn'saɪt] sporra, egga **-ment** [-mənt] **1** uppehetsning, uppvigling **2** incitament, eggelse, retmedel, drivfjäder

incivility [ˌɪnsɪ'vɪlətɪ] ohövlighet

incl. *förk. för including; inclusive*

inclem|ency [ɪn'klemənsɪ] (*vädrets*) stränghet, bisterhet **-ent** [-ənt] **1** (*om väder*) sträng, bister, hård **2** *bildl.* hård, sträng, oförsonlig, obeveklig

inclinable [ɪn'klaɪnəbl] **1** benägen, böjd (*to* [för] att) **2** som kan lutas (böjas) **inclination** [ˌɪnklɪ'neɪʃn] **1** böjelse, benägenhet, lust, håg (*for, [to]wards* för; *to + inf.* [för] att); tendens; *an ~ to stoutness* anlag för fetma **2** *fys. o. astr.* inklination, lutningsvinkel **3** lutning (*of a slope* på en sluttning); böjning (*of the head* på huvudet); lutande, böjande **incline** [ɪn'klaɪn] **I** *v* **1** luta; böja; *~ one's head* böja på huvudet, buga sig; *if you would ~ your ear* om ni ville låna mig ert öra **2** göra böjd (benägen) (*to* för) **3** luta, slutta (*to, towards* mot, åt) **4** vara böjd (benägen) (*to* för), luta (*to* åt) **II** *s* lutning, sluttning **inclined** [ɪn'klaɪnd] **1** benägen, böjd (*to* för); *feel ~ to do s.th.* (*äv.*) ha lust att göra ngt; *they are ~ to be late* de har en benägenhet att komma för sent **2** lutande, sluttande (*plane* plan)

include [ɪn'klu:d] omfatta, innefatta, inbegripa, inkludera; innehålla, bestå av; *all ~d* [-ɪd] inklusive allt, allt inberäknat; *service not ~d* exklusive dricks; *does that ~ me?* gäller det mig också?; *your name is not ~d on the list* ditt namn är inte upptaget (står inte) på listan **including** [-ɪŋ] omfattande; inklusive; *up to and ~ May 11* till och med 11 maj **inclusion** [ɪn'klu:ʒn] inbegripande; medräknande; *with the ~ of Peter* inklusive (med) Peter **inclusive** [ɪn'klu:sɪv] **1** *~ of* inklusive, inberäknat, med, medräknat; *capital ~ of profit* kapital inklusive avkastning; *be ~ of* inkludera **2** inberäknad, till och med; *Friday to Monday ~* fredag t.o.m. måndag **3** med allt inberäknat (inkluderat); *~ sum* klumpsumma; *~ terms* pris som inkluderar allt, allt-i-ett-pris **4** [vitt]omfattande, innehållsrik

incognito [ɪn'kɒgnɪtəʊ] **I** *a o. adv* inkognito, under antaget namn **II** *s* (*pl ~s*) **1** person som uppträder inkognito **2** inkognito

incoher|ence [ˌɪnkə(ʊ)'hɪər(ə)ns], **-ency** [-(ə)nsɪ] brist på sammanhang **-ent** [-(ə)nt] **1** osammanhängande; oordnad **2** oklar, som har svårt att uttrycka sig tydligt

incombustible [ˌɪnkəm'bʌstəbl] inte brännbar; eldfast

income ['ɪŋkʌm] inkomst[er]; avkastning; intäkter; *have a large ~* ha en hög inkomst, ha höga inkomster; *live beyond one's ~* leva över sina tillgångar **income group** inkomstgrupp **income tax** inkomstskatt **income tax return** självdeklaration

incoming ['ɪnˌkʌmɪŋ] **I** *a* **1** inkommande; inträdande; ankommande (*train* tåg) **2** tillträdande (*president* president) **II** *s* **1** inträde; ankomst **2** *vanl. pl, ~s* inkomster

incommen|surable [ˌɪnkə'menʃ(ə)rəbl] inkommensurabel (*äv. mat.*), ojämförbar **-surate** [-ʃ(ə)rət] **1** inte proportionell (*with* med); otillräcklig (*to* för); *be ~ with* inte stå i proportion till **2** = *incommensurable*

incom|mode [ˌɪnkə'məʊd] vålla besvär, besvära **-modious** [-'məʊdjəs] **1** trång, obekväm **2** besvärlig

incommuni|cado [ˌɪnkəmju:nɪ'kɑ:dəʊ] isolerad, avskild från yttervärlden **-ative** [-'mju:nɪkətɪv] tystlåten, inte meddelsam

incommutable [ˌɪnkə'mju:təbl] oföränderlig

incomparable [ɪn'kɒmp(ə)rəbl] ojämförlig; makalös, enastående

incompat|ibility [ˌɪnkəmˌpætə'bɪlətɪ] oförenlighet; inkompatibilitet **-ible** [ˌɪnkəm'pætəbl] oförenlig; inkompatibel

incompe|tence [ɪn'kɒmpɪt(ə)ns], **-tency** [-t(ə)nsɪ] **1** inkompetens, oförmåga **2** *jur.* obehörighet, jävighet **-tent** [-t(ə)nt] **1** inkompetent, oduglig **2** *jur.* obehörig, jävig

incomplete [ˌɪnkəm'pli:t] ofullständig; inte avslutad, ofullbordad

incomprehen|sibility [ɪnˌkɒmprɪhensə'bɪlətɪ] obegriplighet **-sible** [-'hensəbl] obegriplig **-sion** [ˌɪnkɒmprɪ'henʃn] oförmåga att förstå

inconceiv|ability ['ɪnkənˌsi:və'bɪlətɪ] ofattbarhet **-able** [ˌɪnkən'si:vəbl] ofattbar, obegriplig

inconclusive [ˌɪnkən'klu:sɪv] inte avgörande; inte övertygande; inte slutgiltig,; resultatlös; *~ evidence* inte bindande bevis

incon|gruity [ˌɪnkɒŋ'gru:ətɪ] **1** bristande överensstämmelse, inkongruens; oförenlighet; olämplighet **2** orimlighet, absurditet, motsägelse **-gruous** [ɪn'kɒŋgrʊəs] **1** oförenlig, inkongruent (*with, to* med); som inte går i stil, omaka; olämplig **2** orimlig, absurd, motsägelsefull

inconse|quence [ɪn'kɒnsɪkwəns] inkonsekvens, bristande följdriktighet; ologiskhet; brist på sammanhang **-ent** [-ənt], **-ential** [ˌɪnkɒnsɪ'kwenʃl] **1** inkonsekvent, inte följdriktig; ologisk; osammanhängande **2** betydelselös, oviktig, obetydlig

inconsider|able [ˌɪnkən'sɪd(ə)rəbl] obetydlig, oansenlig **-ate** [-ət] hänsynslös; tanklös

inconsist|ency [ˌɪnkən'sɪst(ə)nsɪ] **1** oförenlighet, bristande överensstämmelse **2** inkonsekvens; motsägelse **3** ombytlighet **-ent** [-(ə)nt] **1** oförenlig, motstridig **2** inkonsekvent; ologisk; motsägande **3** ombytlig

inconsolable [ˌɪnkən'səʊləbl] otröstlig

inconsonant [ɪn'kɒnsənənt] oförenlig, i disharmoni (*with* med)

inconspicuous [ˌɪnkən'spɪkjʊəs] inte iögonenfallande, oansenlig

incon|stancy [ɪn'kɒnst(ə)nsɪ] vankelmod, föränderlighet; ombytlighet **-stant** [-st(ə)nt] inte konstant, föränderlig; ombytlig

incontestable [ˌɪnkən'testəbl] obestridlig, oomtvistlig, oemotsäglig

inconti|nence [ɪn'kɒntɪnəns] **1** liderlighet **2** hämningslöshet, brist på kontroll **3** *med.* inkontinens **-nent** [-nənt] **1** liderlig **2** hämningslös, okontrollerad **3** *med.* inkontinent

incontrovertible [ˌɪnkɒntrə'vɜ:təbl] obestridlig, otvivelaktig

inconven|ience [ˌɪnkən'vi:njəns] **I** *s* olägenhet; obekvämlighet; besvär, obehag **II** *v* förorsaka be-

svär, besvära; *don't ~ yourself!* gör dig inget besvär! **-ient** [-jənt] olämplig, oläglig; obekväm, opraktisk, besvärlig
inconvertible [ˌɪnkən'vɜ:təbl] **1** inte utbytbar **2** inkonvertibel, inte konvertibel (inlösbar); (*om sedel*) inte växlingsbar (*mot guld el. silver*)
incorpo|rate I *v* [ɪn'kɔ:pəreɪt] **1** införliva[s], inkorporera[s], inlemma[s], integrera[s] (*in*[*to*] i, med; *with* med) **2** slå[s] (smälta) ihop (samman) **3** göra till en korporation; *~ a company* bilda ett bolag; *~d company* (*i sht AE.*) aktiebolag **II** *a* [ɪn'kɔ:p(ə)rət] **1** införlivad, inkorporerad, inlemmad, integrerad **2** som bildar en korporation **-ration** [ɪnˌkɔ:pə'reɪʃn] **1** införlivande, inkorporering, inlemmande, integrering **2** erkännande som korporation **3** korporation, kår **-rator** [ɪn'kɔ:pəreɪtə] *AE.* medlem i korporation
incorporeal [ˌɪnkɔ:'pɔ:rɪəl] okroppslig
incorrect [ˌɪnkə'rekt] felaktig, oriktig, inkorrekt; olämplig
incorrigible [ɪn'kɒrɪdʒəbl] oförbätterlig
incorruptible [ˌɪnkə'rʌptəbl] **1** omutlig, obesticklig, hederlig **2** oförstörbar
increase I *v* [ɪn'kri:s] **1** öka, tillta[ga], stiga, växa, höjas, bli starkare (större); *~ in weight* öka (gå upp) i vikt **2** öka, höja; förstärka, utvidga; *~ one's efforts* öka sina ansträngningar **II** *s* ['ɪnkri:s] ökning, tilltagande, tillväxt, [för]höjning; *be on the ~* vara i tilltagande **increasing** [ɪn'kri:sɪŋ] ökande, tilltagande; *an ~ number of people* ett allt större antal (fler och fler) människor **increasingly** [ɪn'kri:sɪŋlɪ] *adv* alltmer, mer och mer; *he became ~ angry* han blev argare och argare
incredible [ɪn'kredəbl] otrolig; *vard. äv.* fantastisk
incredu|lity [ˌɪnkrɪ'dju:lətɪ] klentrogenhet, skepsis **-lous** [ɪn'kredjʊləs] klentrogen, skeptisk
increment ['ɪnkrɪmənt] ökning, tillväxt, tillägg; [löne]påslag
incrimi|nate [ɪn'krɪmɪneɪt] rikta misstankar mot; anklaga (*för brott*) **-nating** [-neɪtɪŋ] anklagelse-, anklagande **-nation** [ɪnˌkrɪmɪ'neɪʃn] anklagelse **-natory** [ɪn'krɪmɪnət(ə)rɪ] anklagelse-, anklagande
incubate ['ɪnkjʊbeɪt] **1** ruva [på]; kläcka (*i sht i maskin*); odla (*bakterier*); utveckla (*idéer e.d.*) **2** kläckas (*i sht i maskin*); (*om bakterier*) odlas; (*om idéer e.d.*) utvecklas **incubation** [ˌɪnkjʊ'beɪʃn] **1** kläckning; ruvande; odling; utveckling **2** *med.* inkubation **incubation period** *med.* inkubationstid **incubator** ['ɪnkju:beɪtə] kuvös; kläckningsmaskin; apparat för odling av bakterier
incu|bus ['ɪnkjʊ|bəs] (*pl -bi* [-baɪ] *el. -buses*) mara, mardröm (*äv. bildl.*)
incul|cate ['ɪnkʌlkeɪt] inpränta, inprägla, inskärpa (*in* i, hos) **-cation** [ˌɪnkʌl'keɪʃn] inpräntande, inpräglande, inskärpande
incul|pate ['ɪnkʌlpeɪt] anklaga, beskylla **-pation** [ˌɪnkʌl'peɪʃn] anklagelse, beskyllning
incum|bency [ɪn'kʌmbənsɪ] **1** innehav av kyrkligt ämbete; pastorat **-bent** [-bənt] **I** *a* **1** *högt., be ~* [*up*]*on s.b.* åligga (vila på) ngn, vara ngns plikt **II** *s* innehavare av kyrkligt ämbete, pastoratsinnehavare
incunabu|lum [ˌɪnkju:'næbjʊ|ləm] (*pl -la* [-lə]) inkunabel
incur [ɪn'kɜ:] ådraga sig, utsätta sig för, åsamka sig
incurable [ɪn'kjʊərəbl] obotlig
incurious [ɪn'kjʊərɪəs] inte nyfiken; likgiltig; ointresserad
incursion [ɪn'kɜ:ʃn] fientligt anfall, räd; *bildl.* intrång; *the ~ of darkness* mörkrets inbrott
incuse [ɪn'kju:z] **I** *s* prägel (*på mynt*) **II** *v* prägla (*mynt*) **III** *a* präglad (*på mynt*)
Ind. *förk. för Independent; India*[*n*]; *Indiana*; *Indies* **ind.** *förk. för independence; independent; index; indicative; indirect; industrial; industry*
indebted [ɪn'detɪd] **1** skuldsatt; *be ~ to s.b. a*) vara skyldig ngn pengar, *b*) vara ngn tack skyldig; *be ~ to s.b. for s.th.* stå i tacksamhetsskuld till ngn för ngt **-ness** [-nɪs] **1** skuld; tacksamhetsskuld **2** (*ngns samtliga*) skulder
inde|cency [ɪn'di:snsɪ] oanständighet **-cent** [-snt] **1** oanständig; *~ assault* våldtäktsförsök; *~ exposure* blottande, exhibitionism **2** opassande (*haste* brådska)
indecipherable [ˌɪndɪ'saɪf(ə)rəbl] omöjlig att tolka, oläslig
indeci|sion [ˌɪndɪ'sɪʒn] obeslutsamhet **-sive** [-'saɪsɪv] **1** obeslutsam **2** inte avgörande (bindande); obestämd
indeclinable [ˌɪndɪ'klaɪnəbl] *språkv.* oböjlig
indeco|rous [ɪn'dekərəs] opassande, otillbörlig, otillständig **-rum** [ˌɪndɪ'kɔ:rəm] opassande beteende, otillbörlighet, otillständighet
indeed [ɪn'di:d] **I** *adv* **1** verkligen, minsann, faktiskt; rent av; [*yes*], *~!* ja (jo) visst!, ja verkligen!; *~ I am tired* jag är verkligen trött; *it was nice, ~ delicious* den var god, ja rent av delikat; *thank you very much ~* tack så väldigt mycket **2** visserligen **II** *interj* verkligen!
indef. *förk. för indefinite*
indefatigable [ˌɪndɪ'fætɪgəbl] outtröttlig, oförtröttlig
indefeasible [ˌɪndɪ'fi:zəbl] *jur,* oåterkallelig; omistlig, oförgriplig
indefensible [ˌɪndɪ'fensəbl] omöjlig att försvara, ohållbar; oförsvarlig
indefinable [ɪndɪ'faɪnəbl] odefinierbar, obestämbar
indefinite [ɪn'defɪnət] obestämd; vag, oklar; obegränsad, inte närmare bestämd; *språkv.* indefinit, obestämd (*pronoun* pronomen); *~ article* obestämd artikel **-ly** [-lɪ] *adv* obestämt; vagt, oklart; obegränsat; oändligt [länge]; *postpone s.th. ~* uppskjuta ngt på obestämd tid; *we can't go on like this ~* vi kan inte fortsätta så här i all oändlighet
indelible [ɪn'deləbl] outplånlig; *~ pencil* anilinpenna
indeli|cacy [ɪn'delɪkəsɪ] taktlöshet, ogrannlagenhet; plumphet, smaklöshet **-cate** [-kət] taktlös, ogrannlaga; plump, smaklös
indem|nification [ɪnˌdemnɪfɪ'keɪʃn] gottgörelse, skadeersättning **-nify** [ɪn'demnɪfaɪ] **1** gottgöra, ersätta, hålla skadeslös **2** säkra, trygga (*s.b. from el. against* ngn mot); försäkra **-nity** [ɪn'demnətɪ] **1** gottgörelse, ersättning, skadestånd **2** skydd, försäkring[sskydd] **3** skadeslös-

het; strafflöshet

indent I *v* [ɪn'dent] *v* **1** dra in, göra indrag i (*text vid nytt stycke e.d.*) **2** tanda (*kant av ngt*); göra snitt (hack, jack) i; göra märken i, buckla till **3** upprätta två likalydande exemplar av (*kontrakt e.d.*) **4** *i sht BE.* beställa, rekvirera **5** anställa (*med lärlingskontrakt*) **6** *i sht BE.* beställa, rekvirera ([*up*]*on s.b. for s.th.* ngt från ngn) **II** *s* ['ɪndent] **1** *i sht BE.* [statlig] rekvisition (beställning); exportorder **2** *se indenture* **3** indrag (*i text*) **4** märke, buckla **indentation** [ˌɪnden'teɪʃn] **1** tandning; inskärning; hack, jack, fördjupning **2** märke, buckla, intryck; inbuktning **3** indrag (*i text*) **indention** [ɪn'denʃn] indrag (*i text*) **indenture** [ɪn'dentʃə] **I** *s* kontrakt, avtal; *vanl. pl ~s* lärlingskontrakt **II** *v* **1** ingå avtal **2** kontraktsanställa

independ|ence [ˌɪndɪ'pendəns] oberoende, självständighet, oavhängighet; *I~ Day* (*AE.*) självständighetsdagen (*4 juli*) **-ency** [-ənsɪ] **1** självständig stat, självständigt territorium **2** *se independence* **-ent** [-ənt] **I** *a* **1** oberoende, självständig, oavhängig; independent; *~ church* frikyrka; *~ clause* (*språkv.*) överordnad sats, huvudsats; *a very ~ girl* en mycket självständig flicka; *~ suspension* separat hjulupphängning; *two ~ systems* två av varandra oberoende system **2** [ekonomiskt] oberoende; självförsörjande; *~ income* egen inkomst; *~ means* egen förmögenhet, egna pengar **II** *s* independent; partilös [person]

indescribable [ˌɪndɪ'skraɪbəbl] obeskrivlig

indestruct|ibility ['ɪndɪˌstrʌktə'bɪlətɪ] oförstörbarhet **-ible** [ˌɪndɪ'strʌktəbl] oförstörbar

indetermi|nable [ˌɪndɪ'tɜ:mɪnəbl] **1** obestämbar **2** omöjlig att avgöra **-nate** [-nət] obestämd; obestämbar; oviss; vag, svävande **-nation** ['ɪndɪˌtɜ:mɪ'neɪʃn] **1** obestämdhet; obestämbarhet **2** villrådighet

in|dex ['ɪn|deks] **I** *s* (*pl -dexes el. -dices* [-dɪsi:z]) **1** register, index (*i bok*); [biblioteks]katalog; kartotek; *åld.* innehållsförteckning; *the I~* index (*förteckning över av påven förbjudna böcker*) **2** indicium, bevis, tecken **3** visare, pil (*på instrument e.d.*) **4** *mat. o.d.* index; exponent **5** [pris]index **II** *v* **1** förse med register; införa i register **2** utpeka, peka på **index finger** pekfinger **index number** *stat.* indextal

India ['ɪndjə] Indien **India ink** *AE.* tusch **Indiaman** [-mən] ostindiefarare **Indian** [-n] **I** *a* indisk; indiansk; *~ club* (*kägelliknande*) klubba (*använd av jonglörer e.d.*); *~ corn* majs; *in ~ file* i gåsmarsch; *~ ink* tusch; *~ meal* majsmjöl; *the ~ Ocean* Indiska oceanen; *~ summer* brittsommar; *~ wrestling* armbrytning **II** *s* **1** indier **2** [*Red, American*] *~* indian **3** indianskt språk

Indiana [ˌɪndɪ'ænə]

India paper ['ɪndjəˌpeɪpə] **1** japanpapper, [kinesiskt] rispapper **2** bibelpapper **India rubber** kautschuk, gummi; radergummi

indi|cate ['ɪndɪkeɪt] ange, indikera, antyda, visa; visa (peka) på; tyda på; *be ~d* rekommenderas, vara tillrådlig; *~ a place on the map* peka på en ort på kartan **-cation** [ˌɪndɪ'keɪʃn] **1** tecken, antydan, anvisning, indikation; symtom; markering, utmärkning; *there is no ~ that* ingenting tyder (pekar) på att; *could you give me a rough ~ of* kan du ge mig en ungefärlig idé om; *the ~ of rivers on the map* markeringen av floder på kartan **2** utslag (*på instrument*) **3** angivande, antydande, anvisande **-cative** [ɪn'dɪkətɪv] **I** *a* **1** *~ of* angivande, antydande, utvisande; *be ~ of* tyda på **2** *språkv.*, *~ mood* indikativ **II** *s, språkv.* indikativ; indikativform; *in the ~* i indikativ **-cator** ['ɪndɪkeɪtə] **1** *tekn. o. kem.* indikator; *bildl. äv.* tecken (*of* på) **2** blinker, körriktningsvisare; nål, visare (*på instrument*)

indices ['ɪndɪsi:z] *pl av index*

indict [ɪn'daɪt] väcka åtal mot, åtala **-able** [-əbl] åtalbar **-ment** [-mənt] åtal; *bring an ~ against* väcka åtal mot

Indies ['ɪndɪz] *the ~* Ostindien

indiffer|ence [ɪn'dɪfr(ə)ns] **1** likgiltighet (*to* [in]för) **2** betydelselöshet **3** medelmåttighet **-ent** [-(ə)nt] **1** likgiltig, okänslig, kallsinnig (*to* [in]för) **2** oväsentlig, oviktig, utan betydelse **3** medelmåttig; dålig

indigence ['ɪndɪdʒ(ə)ns] fattigdom

indigene ['ɪndɪdʒi:n] inföding **indigenous** [ɪn'dɪdʒɪnəs] **1** inhemsk (*to* i); infödd **2** naturlig (*to* för), medfödd

indigent ['ɪndɪdʒ(ə)nt] [ut]fattig

indi|gestible [ˌɪndɪ'dʒestəbl] osmältbar; svårsmält (*äv. bildl.*) **-gestion** [-'dʒestʃ(ə)n] dålig matsmältning, matsmältningsbesvär **-gestive** [-'dʒestɪv] som lider av (ger) dålig matsmältning

indig|nant [ɪn'dɪgnənt] indignerad, harmsen, uppbragt **-nation** [ˌɪndɪg'neɪʃn] indignation, harm, förtrytelse **-nity** [ɪn'dɪgnətɪ] förödmjukelse, skymf

indigo ['ɪndɪgəʊ] **I** *s* (*pl ~*[*e*]*s*) indigo[blått] **II** *a, ~* [*blue*] indigoblå

indirect [ˌɪndɪ'rekt] indirekt (*lighting* belysning); förtäckt (*threat* hot); *by ~ means* på omvägar; *~ object* indirekt objekt, dativobjekt; *~ route* omväg; *~ speech* (*AE. discourse*) indirekt tal (anföring); *~ taxes* indirekta skatter

indiscernible [ˌɪndɪ'sɜ:nəbl] omärk|bar, -lig

indiscipline [ɪn'dɪsɪplɪn] brist på disciplin

indiscreet [ˌɪndɪ'skri:t] **1** indiskret, taktlös **2** obetänksam, oförsiktig, tanklös **indiscretion** [-'skreʃn] **1** indiskretion, taktlöshet **2** obetänksamhet, oförsiktighet, tanklöshet; *youthful ~* ungdomligt övermod

indiscrimi|nate [ˌɪndɪ'skrɪmɪnət] **1** okritisk; godtycklig, slumpartad, urskillningslös; inte utpräglad **2** rörig, virrig **-nating** [-neɪtɪŋ] okritisk, kritiklös

indispensable [ˌɪndɪ'spensəbl] oumbärlig, oundgänglig, absolut nödvändig

indis|posed [ˌɪndɪ'spəʊzd] indisponerad; opasslig, inte riktigt bra (frisk); ohågad; *be ~ to do s.th.* inte vara upplagd för att göra ngt **-position** [ˌɪndɪspə'zɪʃn] indisposition, opasslighet; obenägenhet

indisputable [ˌɪndɪ'spju:təbl] obestridlig, oomtvistlig, odiskutabel

indissoluble [ˌɪndɪ'sɒljʊbl] **1** oupplöslig, fast, permanent **2** *kem.* olöslig

indistinct [ˌɪndɪ'stɪŋ(k)t] otydlig, oklar, oskarp, inte distinkt

indistinguishable [ˌɪndɪ'stɪŋgwɪʃəbl] **1** omöjlig

I

att [sär]skilja; *the twins are ~ from one another* man kan inte se skillnad på tvillingarna **2** som inte kan urskiljas, omärklig
individual [ˌɪndɪ'vɪdjʊəl] **I** *a* individuell; säregen, personlig, särskild, speciell; individual- (*psychology* psykologi); egenartad; *~ portions* portioner för en person **II** *s* individ **-ism** [-ɪz(ə)m] individualism **-ist** individualist **-istic** ['ɪndɪˌvɪdjʊə'lɪstɪk] individualistisk **-ity** ['ɪndɪˌvɪdjʊ'ælətɪ] individualitet, egenart, särprägel **-ize** (*BE. äv. -ise*) [ˌɪndɪ'vɪdjʊəlaɪz] individualisera, särprägla; ge en personlig prägel åt **-ly** [ˌɪndɪ'vɪdjʊəlɪ] *adv* individuellt, var och en särskilt; personligt, särpräglat
individuate [ˌɪndɪ'vɪdjʊeɪt] ge individualitet åt; individualisera
indivis|ibility ['ɪndɪˌvɪzɪ'bɪlətɪ] odelbarhet **-ible** [ˌɪndɪ'vɪzəbl] odelbar
Indo-China, Indochina [ˌɪndəʊ'tʃaɪnə] Indokina
indocile [ɪn'dəʊsaɪl] oläraktig; motspänstig
indoctri|nate [ɪn'dɒktrɪneɪt] indoktrinera **-nation** [ɪnˌdɒktrɪ'neɪʃn] indoktrinering
Indo-European ['ɪndə(ʊ)ˌjʊərə'pi:ən] indoeuropeisk
indol|ence ['ɪndələns] indolens, slöhet, lojhet **-ent** [-ənt] indolent, slö, loj
indomitable [ɪn'dɒmɪtəbl] obetvinglig, oövervinnelig, okuvlig
Indonesi|a [ˌɪndə(ʊ)'ni:zjə] Indonesien **-an** [-ən] **I** *a* indonesisk **II** *s* **1** indones **2** indonesiska [språket]
indoor ['ɪndɔ:] inomhus-; *~ games* inomhusidrott **indoors** [ˌɪn'dɔ:z] *adv* inomhus
indraught ['ɪndrɑ:ft] ström inåt; luftintag
indubitable [ɪn'dju:bɪtəbl] otvivelaktig
induce [ɪn'dju:s] **1** förmå, föranleda **2** [för]orsaka, framkalla, få till stånd, medföra **3** *elektr., filos.* inducera **-ment** [-mənt] bevekelsegrund; lockbete, drivfjäder, sporre
induct [ɪn'dʌkt] **1** insätta, installera ([*in*]*to an office* i ett ämbete) **2** sätta in, inviga ([*in*]*to a subject* i ett ämne) **3** *AE. mil.* inkalla **inductee** [ˌɪndʌk'ti:] *s, AE. mil.* inkallad **induction** [ɪn'dʌkʃn] **1** installation, insättande (*i ämbete*) **2** *AE. mil.* inkallelse **3** framkallande (*of sleep* av sömn) **4** *elektr., filos., mat.* induktion **induction coil** induktionsspole **induction motor** induktions-, asynkron|motor **inductive** [ɪn'dʌktɪv] **1** *elektr., filos., mat.* induktiv **2** föranledande; induktiv
indulge [ɪn'dʌldʒ] **1** ge efter för, tillfredsställa (*a whim* en nyck); skämma bort (*a child*); *~ o.s. in a*) hänge sig åt, *b*) unna sig, frossa i **2** *hand.* ge [betalnings]anstånd (uppskov) **3** *~ in a*) ge efter för, tillfredsställa (*a desire* en önskan), *b*) hänge sig åt, unna sig, festa på **4** *vard.* ta sig ett glas [för mycket] **indulgence** [-(ə)ns] **1** eftergivenhet, släpphänthet; tillfredsställande (*of* av); överdrift (*in* i); nöje[n], njutning[ar], lyx **2** överseende **3** privilegium, ynnest; *kyrkl.* avlat **4** *hand.* anstånd, uppskov (*med betalning*) **indulgent** [-(ə)nt] **1** eftergiven, släpphänt **2** överseende
industrial [ɪn'dʌstrɪəl] **I** *a* industriell, industri-; *~ action* (*BE.*) strejkaktion, stridsåtgärder; *~ alcohol* denaturerad sprit; *~ design* industriell formgivning; *~ dispute* arbetskonflikt; *~ relations* förhållandena mellan arbetare och arbetsgivare i ett industriföretag; *the I~ Revolution* den industriella revolutionen; *~ talks* överläggningar mellan arbetsmarknadens parter **II** *s, ~s* (*pl*) industri|aktier, -papper **-ism** [-ɪz(ə)m] industrialism **-ist** [-ɪst] industri|man, -idkare **-ization** (*BE. äv. -isation*) [ɪnˌdʌstrɪəlaɪ'zeɪʃn] industrialisering **-ize** (*BE. äv. -ise*) [ɪn'dʌstrɪəlaɪz] industrialisera
indus|trious [ɪn'dʌstrɪəs] flitig, arbetsam, trägen **-try** ['ɪndəstrɪ] **1** industri; närings-, industri|gren, näring **2** flit, arbetsamhet
inebri|ant [ɪ'ni:brɪənt] [be]rusande **-ate I** *s* [ɪ'ni:brɪət] alkoholist, drinkare **II** *a* berusad **III** *v* [ɪ'ni:brɪeɪt] berusa **-ated** [ɪ'ni:brɪeɪtɪd] berusad **-ation** [ɪˌni:brɪ'eɪʃn], **-ety** [ˌɪni:'braɪətɪ] berusning
inedible [ɪn'edɪbl] oätlig, oätbar
inedited [ɪn'edɪtɪd] **1** opublicerad **2** oredigerad
ineducable [ɪn'edjʊkəbl] obildbar
ineffable [ɪn'efəbl] outsäglig, obeskrivlig
ineffaceable [ˌɪnɪ'feɪsəbl] outplånlig
ineffec|tive [ˌɪnɪ'fektɪv] **1** ineffektiv; resultatlös, verkningslös **2** oduglig, inkompetent **-tual** [-tʃʊəl] **1** verkningslös, utan verkan (effekt), resultatlös **2** (*om pers.*) kraftlös, maktlös
ineffica|cious [ˌɪnefɪ'keɪʃəs] verkningslös; gagnlös **-cy** [ɪn'efɪkəsɪ] ineffektivitet; fruktlöshet, resultatlöshet
ineffi|ciency [ˌɪnɪ'fɪʃnsɪ] ineffektivitet; inkompetens, oduglighet **-cient** [-ʃnt] ineffektiv; inkompetent, oduglig
inelastic [ˌɪnɪ'læstɪk] oelastisk; osmidig **-ity** [-læs'tɪsətɪ] brist på elasticitet; osmidighet
ineleg|ance [ɪn'elɪgəns] brist på elegans; klumpighet **-ant** [-ənt] utan elegans; grov, klumpig
ineligi|bility [ɪnˌelɪdʒə'bɪlətɪ] olämplighet, brist på kvalifikationer (*for* för); ovalbarhet (*for* till) **-ble** [ɪn'elɪdʒəbl] olämplig, inte kvalificerad (*for* till); inte valbar (*for* till)
ineluctable [ˌɪnɪ'lʌktəbl] oundviklig, ofrånkomlig
inept [ɪ'nept] **1** olämplig, opassande, malplacerad **2** klumpig, tafatt; inkompetent **-itude** [-ɪtju:d] **1** olämplighet **2** klumpighet, tafatthet; inkompetens
inequable [ɪn'ekwəbl] ojämn
inequality [ˌɪnɪ'kwɒlətɪ] olikhet, skillnad; bristande social (ekonomisk) jämlikhet
inequi|table [ɪn'ekwɪtəbl] orättvis, orättfärdig **-ty** [-'ekwətɪ] orättvisa, orättfärdighet
ineradicable [ˌɪnɪ'rædɪkəbl] outrotlig; outplånlig
inert [ɪ'nɜ:t] **1** trög; slö, långsam; **2** *kem.* inert; *~ gas* inert gas, ädelgas **inertia** [ɪ'nɜ:ʃjə] tröghet, tröghetskraft; slöhet, långsamhet; inaktivitet **inertial** [-ʃəl] tröghets-; *~ guidance* (*navigation*) tröghetsnavigering **inertia-reel seat-belt** rullbälte (*i bil*)
inescapable [ˌɪnɪ'skeɪpəbl] ofrånkomlig, oundviklig
inestimable [ɪn'estɪməbl] oskattbar, ovärderlig
inevita|bility [ɪnˌevɪtə'bɪlətɪ] oundviklighet, ofrånkomlighet **-ble** [ɪn'evɪtəbl] **I** *a* oundviklig, ofrånkomlig; *a tourist with his ~ camera* en turist med den obligatoriska (eviga) kameran **II** *s, the ~* det oundvikliga (ofrånkomliga)
inexact [ˌɪnɪg'zækt] inexakt, otillförlitlig, oriktig

-itude [-ɪtju:d], **-ness** [-nɪs] brist på noggrannhet, otillförlitlighet, oriktighet
inexcusable [ˌɪnɪk'skju:zəbl] oförlåtlig, oursäktlig
inexhaustible [ˌɪnɪg'zɔ:stəbl] **1** outtömlig; oändlig (*patience* tålamod) **2** outtröttlig
inexorable [ɪn'eks(ə)rəbl] obeveklig, orubblig, obönhörlig
inexpedi|ency [ˌɪnɪk'spi:djənsɪ] olämplighet **-ent** [-ənt] olämplig; inte tillrådlig; oklok
inexpensive [ˌɪnɪk'spensɪv] billig, inte dyr
inexperi|ence [ˌɪnɪk'spɪərɪəns] oerfarenhet, brist på (bristande) erfarenhet **-enced** [-ənst] oerfaren
inexpert [ɪn'ekspɜ:t] oerfaren, okunnig, outbildad, ovan
inexpiable [ɪn'ekspɪəbl] som inte kan sonas (gottgöras)
inexplic|ability [ɪnˌeksplɪkə'bɪlətɪ] oförklarlighet **-able** [ˌɪnɪk'splɪkəbl] oförklarlig
inex|pressible [ˌɪnɪk'spresəbl] outsäglig; obeskrivlig **-pressive** [-ɪv] uttryckslös
inextinguishable [ˌɪnɪk'stɪŋgwɪʃəbl] osläckbar; outsläcklig; oförstörbar
inextricable [ɪn'ekstrɪkəbl] **1** ofrånkomlig, oundviklig (*question* fråga) **2** olöslig (*knot* knut) **3** tilltrasslad
inf. *förk. för infantry; inferior; infinitive; influence; information; infra* **Inf.** *förk. för infantry*
infalli|bility [ɪnˌfælə'bɪlətɪ] ofelbarhet **-ble** [ɪn'fæləbl] ofelbar; osviklig
infam|ize (*BE. äv. -ise*) ['ɪnfəmaɪz] göra ökänd (illa beryktad) **infamous** [-əs] **1** ökänd, illa beryktad, notorisk **2** gemen, skändlig, skamlig; chockerande **infamy** [-ɪ] **1** vanära, skam **2** skändlighet; nidingsdåd
infancy ['ɪnfənsɪ] **1** spädbarnsålder; tidig barndom; *bildl.* barndom **2** *jur.* minderårighet **infant** [-t] **I** *s* **1** spädbarn, baby; *BE.* skolbarn (*under 7 år*); *bildl.* barn, nybörjare **2** minderårig **II** *a* **1** spädbarns-, småbarns-, barn[a]-; ~ *mortality* barna-, spädbarns|dödlighet; ~ *prodigy* underbarn; ~ *school* (*BE. ung.*) förskola (*5–7 år*) **2** ny, nyetablerad **3** *jur.* minderårig **infanticide** [ɪn'fæntɪsaɪd] barnamord **infantile** ['ɪnfəntaɪl] **1** infantil, barnslig **2** spädbarns-; barn[a]-; ~ *paralysis* (*åld.*) barnförlamning **3** i vardande, under utveckling
infantry ['ɪnf(ə)ntrɪ] infanteri **-man** [-mən] infanterist
infarct [ɪn'fɑ:kt] *med.* infarkt; ~ *of the heart* hjärtinfarkt **infarction** [ɪn'fɑ:kʃn] *med.* infarkt; *heart* ~ hjärtinfarkt
infatu|ate [ɪn'fætjʊeɪt] förtrolla, bedåra, förblinda **-ated** [-eɪtɪd] förtrollad, bedårad, förblindad, blint förälskad (*with* av, i); *become* ~ *with s.b.* förälska sig blint i ngn; *be* ~ *with one's own importance* vara uppfylld av sin egen betydelse **infatuation** [ɪnˌfætjʊ'eɪʃn] förblindelse; blind förälskelse, passion
infect [ɪn'fekt] infektera, smitta **infection** [-kʃn] infektion, smitta; infektionssjukdom, smittsam sjukdom; smittämne **infectious** [-kʃəs] smitt[o]sam; *med. äv.* infektiös; *bildl. äv.* smittande (*mirth* munterhet) **infective** [-tɪv] smitt[o]sam
infelic|itous [ˌɪnfɪ'lɪsɪtəs] olycklig[t vald], olämplig (*remark* anmärkning) **-ity** [-ɪtɪ] **1** olycka **2** olyckligt valt (olämpligt) uttryck (ord)
infer [ɪn'fɜ:] **1** sluta sig till; *nothing can be ~red from this* av detta kan man inte dra några slutsatser **2** beteckna, innebära **3** antyda **-ence** ['ɪnf(ə)r(ə)ns] slut|ledning, -sats; *by ~ from what he said I could* av vad han sade kunde jag dra slutsatsen att **-ential** [ˌɪnfə'renʃl] som går att sluta sig till
inferior [ɪn'fɪərɪə] **I** *a* lägre (*to* än); underlägsen, underordnad (*to s.b.* ngn; *to s.th.* ngt); medelmåttig, sämre, dålig (*quality* kvalitet) **II** *s* underordnad; *his ~s* hans underordnade **inferiority** [ɪnˌfɪərɪ'ɒrətɪ] underlägsenhet; mindervärdighet **inferiority complex** mindervärdeskomplex
infer|nal [ɪn'fɜ:nl] **1** underjordisk, som hör till underjorden **2** infernalisk, djävulsk **3** *vard.* förbannad, helvetisk **-no** [-nəʊ] inferno, helvete
infer|tile [ɪn'fɜ:taɪl] ofruktbar; ofruktsam; steril; infertil **-tility** [ˌɪnfɜ:'tɪlətɪ] ofruktbarhet; ofruktsamhet; sterilitet; infertilitet
infest [ɪn'fest] hemsöka, översvämma; *~ed by rats* hemsökt (översvämmad, angripen) av råttor **-ation** [ˌɪnfe'steɪʃn] hemsökelse, härjning
infidel ['ɪnfɪd(ə)l] **I** *s* otrogen (*icke-kristen, icke-muhammedan*); hedning; agnostiker **II** *a* otrogen; hednisk; agnostisk **-ity** [ˌɪnfɪ'delətɪ] **1** otrohet; trolöshet **2** *relig.* otro
infield ['ɪnfi:ld] **1** (*i kricket*) område närmast grinden; (*i baseboll*) inner|plan, -fält **2** inäga; uppodlad mark
infighting ['ɪnˌfaɪtɪŋ] **1** närkamp (*i boxning*) **2** intern maktkamp
infil|trate ['ɪnfɪltreɪt] **1** infiltrera; nästla sig in i; tränga in i; genomdränka **2** nästla sig in; tränga in **-tration** [ˌɪnfɪl'treɪʃn] infiltr|ation, -ering; innästling; inträngande **-trator** ['ɪnfɪltreɪtə] infiltratör
infinite ['ɪnfɪnət] **I** *a* oändlig, ändlös, gränslös; *språkv.* infinit **II** *s, the* ~ oändligheten; *the I~* den Oändlige (*Gud*)
infinitesimal [ˌɪnfɪnɪ'tesɪml] **1** oändligt liten **2** *mat.* infinitesimal; ~ *calculus* infinitesimalkalkyl
infinitive [ɪn'fɪnətɪv] *språkv.* infinitiv; *in the* ~ i infinitiv **infinitive marker** *språkv.* infinitivmärke
infinitude [ɪn'fɪnɪtju:d] **1** oändlig mängd **2** ändlöshet **infinity** [ɪn'fɪnətɪ] **1** oändlighet, ändlöshet, gränslöshet; *to* ~ i det oändliga, i oändlighet **2** oändligheten **3** oändlig mängd (massa)
infirm [ɪn'fɜ:m] **1** klen, skröplig, bräcklig, [ålderdoms]svag **2** obeslutsam **infirmary** [-ərɪ] sjukhus; sjuk|rum, -avdelning **infirmity** [-ətɪ] klenhet, skröplighet, bräcklighet, [ålderdoms]svaghet; *infirmities of old age* ålderskrämpor
inflame [ɪn'fleɪm] **1** [upp]tända, hetsa upp; uppröra (*feelings* känslor); *~d with rage* upptänd av raseri **2** förvärra, öka, intensifiera **3** inflammera; *~d eyes* inflammerade ögon **4** antända, sätta eld på **5** bli upptänd (upphetsad) **6** antändas, fatta eld
inflam|mability [ɪnˌflæmə'bɪlətɪ] lättantändlighet (*äv. bildl.*), eldfarlighet **-mable** [ɪn'flæməbl] **I** *a* lättantändlig (*äv. bildl.*), eldfarlig; *highly* ~ mycket eldfarlig **II** *s* lättantändligt (eldfarligt)

I

ämne **-mation** [ˌɪnflə'meɪʃn] **1** inflammation **2** upphetsning, glöd **3** antändning **-matory** [ɪn'flæmət(ə)rɪ] **1** inflammatorisk, inflammations- **2** upphetsande, hets-, uppviglande

inflatable [ɪn'fleɪtəbl] uppblåsbar **inflate** [ɪn'fleɪt] **1** blåsa (pumpa) upp; *bildl.* blåsa upp, öka; *~d with pride* svällande av stolthet **2** driva upp, höja (*priser*); verka inflationsdrivande på **3** liva, göra upprymd **4** blåsas (pumpas) upp **inflated** [-ɪd] **1** uppblåst (*äv. bildl.*), uppumpad; *have an ~d opinion of o.s.* ha en överdriven uppfattning om sig själv **2** svulstig (*style* stil) **3** inflations-, inflatorisk; inflationistisk **inflation** [ɪn'fleɪʃn] **1** uppblåsning, uppumpning; *bildl.* uppblåsthet **2** inflation; *vard.* prisökning **3** svulstighet **inflationary** [ɪn'fleɪʃn̩ərɪ] inflationsdrivande; inflationistisk; inflatorisk; *~ wage claims* inflationsdrivande lönekrav

inflect [ɪn'flekt] **1** *språkv.* böja, deklinera, konjugera **2** *mus.* modulera (*the voice* rösten) **3** böja, kröka **inflection** [-kʃn] **1** *mus.* modul|ation, -ering (*av rösten*) **2** *språkv.* böjning; böjningsform; böjningsändelse **3** böjning, krök

inflexibility [ɪnˌfleksə'bɪlətɪ] oböjlighet **inflexible** [ɪn'fleksəbl] oböjlig; obeveklig, orubblig, envis; oföränderlig **inflexion** [ɪn'flekʃn] *se inflection*

inflict [ɪn'flɪkt] **1** ålägga, pålägga (*a penalty* [*up*]*on s.b.* ngn ett straff); vålla, tillfoga (*suffering* [*up*]*on s.b.* ngn lidande); *~ o.s.* (*one's company*) [*up*]*on s.b.* tvinga sig på ngn **2** tilldela (*a blow* [*up*]*on s.b.* ngn ett slag) **infliction** [-kʃn] **1** åläggande *etc.*, *jfr inflict* **2** straff, lidande, plåga, hemsökelse

inflorescence [ˌɪnflɒ'resns] **1** blomställning **2** blomning

inflow ['ɪnfləʊ] tillströmning; tillflöde; inflöde

influ|ence ['ɪnflʊəns] **I** *s* inflytande ([*up*]*on, over* på, över; *with* hos); in-, på|verkan; *a man of ~* en inflytelserik person (man); *be under the ~ of* stå under inflytande av, vara påverkad av; *under the ~* (*vard.*) [sprit]påverkad **II** *v* inverka på, påverka, influera; ha inflytande på **-ent** [-ənt] **I** *a* inströmmande **II** *s* biflod **-ential** [ˌɪnflʊ'enʃl] inflytelserik

influenza [ˌɪnflʊ'enzə] influensa

influx ['ɪnflʌks] **1** tillströmning (*of people* av folk) **2** inflöde, inströmning **3** [flod]mynning

info ['ɪnfəʊ] *vard., kortform för information*

inform [ɪn'fɔ:m] **1** meddela, underrätta, informera, upplysa (*s.b. of el. about* ngn om); *~ the police* underrätta polisen; *~ o.s. of* ta reda på, göra sig underrättad om; *keep o.s. ~ed of* hålla sig underrättad om **2** besjäla, liva upp, inspirera **3** informera, ge information (*of, about* om) **4** *~ against* (*on*) *s.b.* ange ngn, göra anmälan mot ngn

informal [ɪn'fɔ:ml] informell; inofficiell; otvungen; *~ dress* (*på bjudningskort*) kavaj **-ity** [ˌɪnfɔ:'mælətɪ] informell (inofficiell) karaktär; otvungenhet; *the ~ of her behaviour* hennes otvungna uppträdande

informant [ɪn'fɔ:mənt] sagesman, källa **information** [ˌɪnfə'meɪʃn] **1** information[er], upplysning[ar], uppgift[er], meddelande[n], underrättelse[r] (*about, on* om); *an important piece of ~* en viktig upplysning; *for your ~* för kännedom, för din (er) information **2** information, informationsställe **3** *jur.* angivelse **information bureau** informations|kontor, -byrå **information theory** informationsteori **informa|tive** [ɪn'fɔ:mətɪv], **-tory** [-t(ə)rɪ] upplysande, informativ; lärorik **informed** [ɪn'fɔ:md] **1** [väl]informerad, [väl]underrättad **2** kultiverad; bildad, skolad **informer** [ɪn'fɔ:mə] angivare

infra ['ɪnfrə] (*i text*) nedan; *~ dig* (*vard.*) under ens värdighet

infract [ɪn'frækt] överträda, bryta (*a law* en lag) **infraction** [-kʃn] överträdelse, kränkning

infrangible [ɪn'fræn(d)ʒɪbl] **1** som inte kan brytas **2** okränkbar

infra|red [ˌɪnfrə'red] **I** *s* infrarött **II** *a* infraröd (*radiation* strålning) **-structure** ['ɪnfrəˌstrʌktʃə] infrastruktur

infre|quency [ɪn'fri:kwənsɪ] ovanlighet, sällsynthet **-quent** [-kwənt] ovanlig, sällsynt; *his mistakes are so ~* (*äv.*) han gör så sällan fel **-quently** [-kwəntlɪ] *adv* sällan

infringe [ɪn'frɪn(d)ʒ] **1** överträda, kränka (*a law* en lag) **2** *~* [*up*]*on* inkräkta på, göra intrång i (på) **-ment** [-mənt] överträdelse, kränkning; intrång

infuri|ate [ɪn'fjʊərɪeɪt] göra rasande; *be* (*get*) *~d* bli rasande **-ating** [-eɪtɪŋ] som kan göra en rasande, ytterst irriterande

infuse [ɪn'fju:z] **1** inge, ingjuta; *~ courage into s.b.* ingjuta mod i ngn; *they were ~d with new hope* de var fyllda av (hade fattat) nytt mod **2** låta [stå och] dra; *~ the tea* låta teet stå och dra **3** (*om te o.d.*) [stå och] dra **infuser** [-ə] tekula **infusion** [ɪn'fju:ʒn] **1** ingivande, ingjutande **2** infusion (*äv. med.*); avkok, dekokt

ingenious [ɪn'dʒi:njəs] fyndig, påhittig; sinnrik, fiffig; genialisk; skicklig **ingénue** ['æ̃(n)ʒeɪnju:] ingeny

ingenuity [ˌɪnd(ʒ)ɪ'nju:ətɪ] fyndighet, påhittighet; sinnrikhet, fiffighet; genialitet; skicklighet

ingenuous [ɪn'dʒenjʊəs] **1** naiv, okonstlad **2** frimodig, öppen[hjärtig]; uppriktig **-ness** [-nɪs] **1** naivitet, okonstlat sätt **2** frimodighet, öppen[hjärtig]het; uppriktighet

ingest [ɪn'dʒest] **1** *biol.* intaga, upptaga (*föda o.d.*) **2** (*om jetmotor*) suga in smuts

inglenook ['ɪŋglnʊk] *BE.* spiselvrå

inglorious [ɪn'glɔ:rɪəs] **1** inte ärofull; vanhedrande, skamlig **2** okänd, obemärkt

ingoing ['ɪnˌgəʊɪŋ] **I** *a* ingående, inkommande (*mail* post) **II** *s, BE. jur., vanl. pl* summa att betala av ny hyresgäst, överlåtelsesumma (*för inredning e.d.*)

ingot ['ɪŋgət] [metall]tacka, -stång, göt, barr

ingrained [ˌɪn'greɪnd] **1** genomfärgad **2** ingrodd (*dirt* smuts); inrotad (*habit* vana); orubblig (*belief* tro); *an ~ fool* en komplett idiot

ingrati|ate [ɪn'greɪʃɪeɪt] *v, ~ o.s. with s.b.* ställa sig in hos ngn **-ating** [-eɪtɪŋ] inställsam, insmickrande; *an ~ smile* ett inställsamt leende

ingratitude [ɪn'grætɪtju:d] otacksamhet

ingredient [ɪn'dri:djənt] ingrediens, beståndsdel

ingress ['ɪngres] inträde; tillträde

ingrowing ['ɪngrəʊɪŋ] (*om tånagel*) som växer inåt

inhabit [ɪn'hæbɪt] bebo, leva i **-able** [-əbl] beboelig **-ant** [-(ə)nt] invånare

inhalation [ˌɪn(h)əˈleɪʃn] inandning, inhalation **inhalator** [ˈɪn(h)əleɪtə] inhalator **inhale** [ɪnˈheɪl] **1** inandas, andas in (*smoke* rök); inhalera **2** andas in; (*vid rökning*) dra halsbloss **inhaler** [ɪnˈheɪlə] inhalator

inhere [ɪnˈhɪə] *v,* ~ [*in*] tillhöra, utgöra viktig del av **inherent** [-r(ə)nt] inneboende; medfödd

inherit [ɪnˈherɪt] ärva (*äv. bildl.*) **inheritable** [-əbl] ärftlig; arvsberättigad **inheritance** [-(ə)ns] arv **inheritance tax** *AE.* arvsskatt **inheritor** [-ə] arvtagare, arvinge **inheri|tress, -trix** [-rɪs, -rɪks] arvtagerska

inhibit [ɪnˈhɪbɪt] **1** undertrycka (*an impulse* en impuls), hämma; hindra (*s.b. from doing s.th.* ngn från att göra ngt), hejda; *be ~ed* vara hämmad, ha hämningar **2** förbjuda **inhibition** [ˌɪn(h)ɪˈbɪʃn] undertryckande, hämmande; *psykol.* hämning; *she has no ~s* hon har inga hämningar **inhibi|tive, -ory** [ɪnˈhɪbɪ|tɪv, -tərɪ] hämmande; hindrande

inhospi|table [ɪnˈhɒspɪtəbl] ogästvänlig **-ality** [ˈɪnˌhɒspɪˈtælətɪ] ogästvänlighet

inhu|man [ɪnˈhjuːmən] **1** inhuman, omänsklig **2** inte mänsklig **-mane** [ˌɪnhjuːˈmeɪn] inhuman, omänsklig **-manity** [ˌɪnhjuːˈmænətɪ] omänsklighet

inhume [ɪnˈhjuːm] jorda, begrava

inimical [ɪˈnɪmɪk(ə)l] **1** fientlig (*to* mot) **2** skadlig (*to* för)

inimitable [ɪˈnɪmɪtəbl] oefterhärmlig

iniqui|tous [ɪˈnɪkwɪtəs] orättvis, orättfärdig; upprörande **-ty** [-tɪ] **1** orättvisa, orättfärdighet **2** ogärning; synd

initial [ɪˈnɪʃl] **I** *a* **1** begynnelse- (*stage* stadium), första (*reaction* reaktion), inledande, initial-; ~ *letter* initial, begynnelsebokstav; ~ *velocity* utgångshastighet **II** *s* initial (*äv. boktr.*); begynnelsebokstav **III** *v* underteckna med sina initialer **-ly** [ɪˈnɪʃəlɪ] *adv* i början; *språkv.* initialt

initiate I *v* [ɪˈnɪʃɪeɪt] **1** [på]börja, inleda; initiera, sätta i gång [med] **2** uppta [som medlem] (*into a society* i en förening) **3** inviga (*s.b. into s.th.* ngn i ngt), lära (*ngn*) grunderna (*into* i) **II** *s* [ɪˈnɪʃɪət] **1** [nyligen] invigd person **2** nybörjare, novis **III** *a* [ɪˈnɪʃɪət] invigd **initiation** [ɪˌnɪʃɪˈeɪʃn] **1** påbörjande, inledning; initiering **2** upptagande [som medlem] **3** invigning, införande **initiation ceremony** invignings-, intagnings|ceremoni **initiative** [ɪˈnɪʃɪətɪv] **I** *s* initiativ; initiativkraft; *on one's own* ~ på eget initiativ; *take the* ~ ta initiativet **II** *a* begynnelse-, inledande, första **initiator** [ɪˈnɪʃɪeɪtə] initiativtagare

inject [ɪnˈdʒekt] **1** spruta in, injicera (*into* i) **2** *bildl.* införa, lägga in (*humour into a scene* humor i en scen); ingjuta (*new life into* nytt liv i) **injection** [-kʃn] injektion, insprutning; spruta **injector** [-ktə] *tekn.* injektor

injudicious [ˌɪndʒuːˈdɪʃəs] oförståndig, omdömeslös

Injun [ˈɪndʒən] **I** *s, AE. dial.* indian **II** *interj, sl., honest ~!* verkligen!

injunction [ɪnˈdʒʌŋ(k)ʃn] föreskrift, förordning; förhållningsorder, åläggande, uppmaning

injure [ˈɪn(d)ʒə] **1** skada (*äv. bildl.*), såra; kränka; ~ *one's leg* skada sig i benet; ~ *a p.'s reputation* skada ngns rykte; *~d pride* sårad (kränkt) stolthet **2** göra (*ngn*) orätt, förorätta; *~d party* (*jur.*) målsägare **injurious** [ɪnˈdʒʊərɪəs] **1** skadlig (*to the health* för hälsan) **2** ovettig, ärekränkande, smädlig **injury** [ˈɪn(d)ʒ(ə)rɪ] **1** skada, men (*äv. bildl.*); kränkning; *leg* ~ benskada; *do s.b. an* ~ skada ngn, tillfoga ngn skada **2** *jur.* oförrätt **injury benefit** *BE.* ersättning från arbetsskadeförsäkring **injury time** *fotb.* förlängning (*på grund av skada*)

injustice [ɪnˈdʒʌstɪs] orättvisa, orättfärdighet (*to* mot)

ink [ɪŋk] **I** *s* **1** bläck; tusch; *sketch in* ~ tuschteckning **2** tryck|svärta, -färg **II** *v* **1** bläcka ner; ~ *in* (*over*) rita i (fylla i, märka) med bläck **2** färga in med trycksvärta **-eraser** [ˈɪŋkɪˌreɪzə] bläckkautschuk **-horn** [ˈɪŋkhɔːn] bläckhorn

inkling [ˈɪŋklɪŋ] aning, hum (*of* om); antydan (*of* om)

inkpad [ˈɪŋkpæd] stämpeldyna **inkpot** bläckhorn **inkstand** skrivställ (*m. bläckhorn o.d.*) **inkwell** bläckhorn **inky** [-ɪ] bläckig; bläcksvart

inlaid [ˌɪnˈleɪd] **I** *imperf. o. perf. part. av inlay* **II** *a* inlagd; ~ *table* bord med inläggning; ~ *work* inlagt arbete, inläggning

inland I *a* [ˈɪnlənd] **1** inlands-, belägen inne i landet; ~ *sea* innanhav **2** *i sht BE.* inrikes, inländsk; ~ *postage* inrikesporto; ~ *revenue* (*statens*) skatteintäkter; *the I~ Revenue* skatteverket **II** *s* [ˈɪnlənd] inland[et] **III** *adv* [ɪnˈlænd] inne i landet; inåt (in i) landet

in-law [ɪnˈlɔː] ingift [släkting]

inlay I *v* [ˌɪnˈleɪ] *(inlaid, inlaid)* lägga in (*trä, mosaik e.d.*) **II** *s* [ˈɪnleɪ] **1** inlagt arbete, inläggning, intarsia **2** [tand]fyllning

inlet [ˈɪnlet] **1** [smal] vik, havsarm **2** ingång, öppning; inlopp; intag, insläpp **inlet valve** inloppsventil; insugningsventil

inlying [ˈɪnˌlaɪɪŋ] belägen inuti (inne i)

inmate [ˈɪnmeɪt] intern; intagen (*på institution*)

in memoriam [ɪnmɪˈmɔːrɪəm] in memoriam, till minne av

inmost [ˈɪnməʊst] innerst

inn [ɪn] **1** värdshus; gästgivargård **2** *the I~s of Court* (*de fyra*) juristkollegierna (*i London*)

innards [ˈɪnədz] *s pl, vard.* **1** inälvor **2** innanmäte

innate [ˌɪˈneɪt] medfödd, naturlig

inner [ˈɪnə] **I** *a* inre, inner-; invändig; ~ *ear* inneröra; *the ~ man* (*woman*) *a*) själen, *b*) *skämts.* magen, aptiten; ~ *tube* innerslang **II** *s* (*vid bågskytte*) inre ring; skott inom detta område **-most** [-məʊst] innerst

innings [ˈɪnɪŋz] *pl* **1** (*behandlas som sg*) (*i kricket*) inneomgång, tur att vara inne; poäng (*under inneomgång*) **2** (*behandlas ibland som sg*) aktiv (framgångsrik) period; *have a long* ~ (*äv.*) leva länge **3** (*behandlas som pl*) land som erövrats från havet

innkeeper [ˈɪnˌkiːpə] värdshusvärd; gästgivare

inno|cence [ˈɪnəs(ə)ns] **1** oskuld, oskuldsfullhet; *in all* ~ i all oskuld (oskyldighet) **2** oskadlighet **3** naivitet, lättrogenhet, enfald **-cent** [-snt] **I** *a* **1** oskyldig (*of* till); oskuldsfull **2** ~ *of* i avsaknad av (*knowledge* kunskaper) **3** oskadlig, harmlös, oskyldig; *an* ~ *game* en oskyldig lek **4** naiv, lättrogen; enfaldig **II** *s* **1** oskyldig (oskuldsfull)

I

person, oskyldigt barn; [*Holy*] *I~s' Day* Menlösa barns dag (*28 dec.*) **2** enfaldig person, dumbom
innocuous [ɪ'nɒkjʊəs] oskadlig, ofarlig, harmlös
inno|vate ['ɪnə(ʊ)veɪt] innovera, förnya **-vation** [ˌɪnə(ʊ)'veɪʃn] **1** innovation, nyhet **2** innovering, införande av nyhet, förnyelse **-vator** ['ɪnə(ʊ)veɪtə] innovatör, nyskapare, förnyare
innoxious [ɪ'nɒkʃəs] ofarlig, harmlös
innuendo [ˌɪnju:'endəʊ] (*pl ~[e]s*) antydan, insinuation; pik, gliring
Innuit ['ɪnju:ɪt] (*grönländsk el. nordamer.*) inuit, eskimå
innumerable [ɪ'nju:m(ə)rəbl] otalig, oräknelig
inocu|late [ɪ'nɒkjʊleɪt] **1** inympa, inokulera, vaccinera; *get ~d* bli vaccinerad, [låta] vaccinera sig **2** inplanta (*s.b. with s.th.* ngt hos ngn) **-lation** [ɪˌnɒkjʊ'leɪʃn] inympning, inokulation, vaccination
inoffensive [ˌɪnə'fensɪv] oförarglig, harmlös
inoperative [ɪn'ɒp(ə)rətɪv] **1** som inte är i funktion **2** utan verkan, verkningslös, ineffektiv
inopportune [ɪn'ɒpətju:n] olämplig, olämplig, inopportun
inordinate [ɪ'nɔ:dɪnət] överdriven, omåttlig
inorganic [ˌɪnɔ:'gænɪk] oorganisk (*chemistry* kemi)
inpatient ['ɪnˌpeɪʃnt] sjukhuspatient, [inlagd] patient
input ['ɪnpʊt] **1** insats, inmatning **2** input, insats (*av arbete, varor, kapital*) **3** *data.* indata; inmatning; *elektr.* ineffekt, tillförd energi
inquest ['ɪnkwest] **1** [rättslig] undersökning; förhör (*om dödsorsak*) **2** *vard.* efterforskning, undersökning
inquietude [ɪn'kwaɪətju:d] oro, rastlöshet
inquire [ɪn'kwaɪə] **1** fråga, göra sig underrättad, höra sig för (*about, after* om; hänvända sig (*at* till); *~ about* (*after*) *s.th. of s.b.* fråga om ngt hos ngn (ngn om ngt); *~ after s.b.* höra sig för hur det står till med ngn **2** *~ into* undersöka, efterforska **3** fråga om, fråga efter (*the way* vägen); *~ s.th. of s.b.* fråga efter ngt hos ngn, höra sig för (höra efter) hos ngn om ngt **inquiry** [-rɪ] **1** förfrågan, förfrågning (*about, after, for* om); *make inquiries a*) inhämta upplysningar (informationer), göra förfrågningar, *b*) (*om polisen*) göra efterforskningar **2** undersökning, efterforskning (*into* om); utredning; förhör; *court of ~* undersökningsdomstol; *hold an ~ into* göra undersökningar (hålla förhör) om
inquisi|tion [ˌɪnkwɪ'zɪʃn] *jur.* undersökning; *the I~* inkvisitionen **-tive** [ɪn'kwɪzətɪv] nyfiken, frågvis **-tor** [ɪn'kwɪzɪtə] ledare för undersökning; inkvisitor **-torial** [ɪnˌkwɪzɪ'tɔ:rɪəl] inkvisitorisk, strängt rannsakande
inroad ['ɪnrəʊd] **1** fientligt infall, attack, raid **2** intrång, inkräktande; *make ~s* [*up*]*on* (*into*) göra intrång på (i), inkräkta på, tära på
inrush ['ɪnrʌʃ] [plötslig] tillströmning
ins. *förk. för inches; inspector; insulated; insulation; insurance*
insalubrious [ˌɪnsə'lu:brɪəs] ohälsosam, skadlig, osund
insane [ɪn'seɪn] sinnes-, mental|sjuk; vansinnig; vanvettig, tokig, idiotisk (*idea* idé); *~ asylum* (*AE.*) mentalsjukhus
insanitary [ɪn'sænɪt(ə)rɪ] ohälsosam; ohygienisk
insanity [ɪn'sænətɪ] sinnes-, mental|sjukdom; vansinne; vanvett, galenskap
insa|tiability [ɪnˌseɪʃjə'bɪlətɪ] omättlighet **-tiable** [-'seɪʃjəbl], **-tiate** [-'seɪʃɪət] omättlig
inscribe [ɪn'skraɪb] **1** [in]rista, [in]gravera, skriva [in] **2** skriva upp (in); *~ one's name on a list* skriva (sätta) upp sitt namn på en lista **3** dedicera (*bok*) **4** *geom.* inskriva **inscription** [ɪn'skrɪpʃn] **1** inskrift, inskription, påskrift **2** dedikation **3** *geom.* inskrivande
inscru|tability [ɪnˌskru:tə'bɪlətɪ] outgrundlighet, hemlighetsfullhet, mystik **-table** [-'skru:təbl] outgrundlig; hemlighetsfull, mystisk
insect ['ɪnsekt] insekt; *bildl.* kryp **insecticide** [ɪn'sektɪsaɪd] insekticid, insektsmedel **isectivore** [ɪn'sektɪvɔ:] *zool.* insektsätare
inse|cure [ˌɪnsɪ'kjʊə] osäker, otrygg **-curity** [-'kjʊərətɪ] osäkerhet, otrygghet
insemi|nate [ɪn'semɪneɪt] **1** inseminera **2** *bildl.* inympa, inplanta (*ideas into s.b.* idéer hos ngn) **-nation** [ɪnˌsemɪ'neɪʃn] insemination
insensate [ɪn'senseɪt] **1** livlös, död (*matter* materia) **2** känslolös; okänslig **3** dum, huvudlös
insen|sibilty [ɪnˌsensə'bɪlətɪ] **1** okänslighet, likgiltighet (*to* för); omedvetenhet (*of* om) **2** medvetslöshet **3** tanklöshet, obetänksamhet **-sible** [ɪn'sensəbl] **1** medvetslös; utan känsel **2** okänslig, likgiltig (*to* för); omedveten (*of* om) **3** tanklös, obetänksam **-sitive** [ɪn'sensətɪv] okänslig (*to* för)
insepa|rability [ɪnˌsep(ə)rə'bɪlətɪ] oskiljaktighet; oskiljbarhet **-rable** [ɪn'sep(ə)rəbl] oskiljaktig; oskiljbar
insert I *v* [ɪn'sɜ:t] sätta (föra, skjuta, sticka, stoppa) in, infoga, införa **II** *s* ['ɪnsɜ:t] **1** inlägg, tillägg **2** (*i bok*) inlaga, insticks|blad, -ark; (*i tidning*) [annons]bilaga **insertion** [ɪn'sɜ:ʃn] **1** insättande, införande *etc.*, *jfr insert I* **2** inlägg, insats; tillägg (*i text*) **3** isättning (*i plagg*) **4** *anat.* [muskel]fäste; *bot.* fäste
inset I *v* [ˌɪn'set] insätta, införa **II** *s* ['ɪnset] **1** *se insert 2*; infälld bild, infällt diagram; *~* [*map*] infälld karta **2** isättning (*i plagg*)
inshore [ˌɪn'ʃɔ:] *a o. adv* nära land; in mot land; *~ fishing* kustfiske
inside [ˌɪn'saɪd] **I** *s* **1** insida; innersida, inre [del]; *~ out a*) med avigsidan (insidan) ut, *b*) ut och in; *know s.th. ~ out* kunna (känna till) ngt utan och innan; *turn s.th. ~ out* vända ut och in på ngt; *keep on the ~ of the road* hålla sig vid vägkanten; *locked from* (*on*) *the ~* låst från insidan **2** *vard.*, *~*[*s*] mage, tarmar **3** inre krets; *s.b. on the ~* ngn i den inre kretsen **II** *a* inre, inner-, invändig; intern; invärtes; *~ information* intern information, upplysning i förtroende; *~ job* (*vard.*) internt jobb (*brott som begås m. hjälp av ngn inifrån*); *~ lane a*) innerbana, *b*) innerfil; *~ left* (*right*) vänsterinner (högerinner); *~ pocket* innerficka; *~ seat* plats vid fönstret (väggen) **III** *adv* **1** inuti, invändigt; inåt; in; *~ of a week* inom (på) mindre än en vecka; *come ~!* kom in!; *~, she's a nice girl* innerst inne är hon en trevlig flicka **2** *sl.* inne, in (*i fängelse*) **IV** *prep* inne i, inuti, inom, innanför; in i **insider** [-ə] insider, initierad, invigd

insidious [ɪn'sɪdɪəs] förrädisk, lömsk, smygande
insight ['ɪnsaɪt] **1** skarpsinne **2** insikt, inblick (*into* i); insyn; *gain an ~ into s.th.* få en inblick i ngt
insignia [ɪn'sɪgnɪə] (*pl ~[s]*) insignier, utmärkelsetecken, tecken på värdighet (rang)
insignifi|cance [ˌɪnsɪg'nɪfɪkəns], **-cancy** [-ɪ] **1** obetydlighet; betydelselöshet; meningslöshet **-cant** [-kənt] obetydlig, oansenlig; betydelselös; meningslös
insin|cere [ˌɪnsɪn'sɪə] inte uppriktig, falsk, hycklande **-cerity** [-'serətɪ] brist på uppriktighet, falskhet, hyckleri
insinu|ate [ɪn'sɪnjʊeɪt] **1** insinuera, antyda, låta påskina **2** omärkligt föra (smyga) in; *~ o.s.* smyga sig (tränga) in (*into* i), nästla (ställa) sig in (*with s.b.* hos ngn) **-ation** [ɪnˌsɪnjʊ'eɪʃn] **1** insinuation, antydan **2** insmygande, inträngande
insipid [ɪn'sɪpɪd] **1** smaklös, fadd **2** tråkig, ointressant, intetsägande **-ity** [ˌɪnsɪ'pɪdətɪ] **1** smaklöshet, faddhet **2** tråkighet
insist [ɪn'sɪst] insistera; *~ [up]on a)* insistera på, [envist] yrka på, *b)* hävda [bestämt], vidhålla, stå fast vid; *I ~ that you come* (*on your coming*) jag insisterar på att du kommer; *he ~s on his innocence* (*that he is innocent*) han vidhåller (hävdar bestämt) att han är oskyldig; *she ~s on punctuality* hon håller på punktlighet **-ence** [-(ə)ns] insisterande, yrkande, krav, enträgen begäran; hävdande (*on* av), fasthållande (*on* vid) **-ent** [-(ə)nt] enträgen, envis; påträngande; ihållande
insobriety [ˌɪnsə(ʊ)'braɪətɪ] onykterhet
insofar [ˌɪnsə(ʊ)'fɑː] *AE.*, *~ as* (*that*) i den mån (utsträckning) som
insolation [ˌɪnsə(ʊ)'leɪʃn] **1** solbestrålning **2** solsting
insole ['ɪnsəʊl] innersula; iläggssula
inso|lence ['ɪnsələns] oförskämdhet, fräckhet **-lent** [-ənt] oförskämd, fräck
insol|ubility [ɪnˌsɒljʊ'bɪlətɪ] olöslighet **-uble** [ɪn'sɒljʊbl] olöslig (*äv. bildl.*)
insol|vency [ɪn'sɒlv(ə)nsɪ] insolvens, obestånd **-vent** [-(ə)nt] **I** *a* insolvent, oförmögen att betala **II** *s* insolvent person
insom|nia [ɪn'sɒmnɪə] sömnlöshet **-niac** [-nɪæk] sömnlös person
insomuch [ˌɪnsə(ʊ)'mʌtʃ] *adv*, *~ that* till den grad att; *~ as* eftersom
insouci|ance [ɪn'suːsjəns] likgiltighet, sorglöshet **-ant** [-ənt] likgiltig, sorglös
inspect [ɪn'spekt] syna, granska, undersöka; inspektera, besiktiga **inspection** [-kʃn] synande, granskning, undersökning; inspektion, besiktning, [av]syn[ing]; *for your ~* till påseende; *on closer ~* vid närmare granskning **inspector** [-ktə] **1** inspektör; inspektor; granskare; uppsyningsman; *~ general* (*pl ~s general*) (*ung.*) överinspektör **2** förste polisassistent **inspectorate** [-kt(ə)rət] **1** inspektorat, inspektörs-, inspektors|befattning **2** inspektörskår
inspiration [ˌɪnspə'reɪʃn] **1** inspiration, ingivelse **2** inandning **inspire** [ɪn'spaɪə] **1** inspirera; inge (*respect* respekt); [upp]väcka (*a p.'s love* ngns kärlek); fylla (*s.b. with hope* ngn med hopp) **2** andas in **inspired** [ɪn'spaɪəd] inspirerad; genialisk **inspiring** [ɪn'spaɪərɪŋ] inspirerande
inspirit [ɪn'spɪrɪt] liva upp; inspirera
Inst. *förk. för Institute*; *Institution* **inst.** *förk. för instant* ds, dennes, innevarande månad; *instantaneous; instrumental*
instability [ˌɪnstə'bɪlətɪ] instabilitet; ostadighet; obeständighet
instal[l] [ɪn'stɔːl] **1** installera (*pers.*, *utrustning etc.*); dra (lägga) in, montera [in], sätta upp **2** *~ o.s. in an armchair* slå sig ner (installera sig) i en fåtölj **installation** [ˌɪnstə'leɪʃn] **1** installation, installering (*av pers.*, *utrustning etc.*); insättning (*i ämbete*); uppsättning, [in]montering **2** *military ~* militär anläggning
installment [ɪn'stɔːlmənt] *AE.*, *se instalment*
installment plan *AE.* avbetalningsplan; *buy on the ~* köpa på avbetalning **instalment** [ɪn'stɔːlmənt] *BE.* **1** avbetalning, amortering; *pay by* (*in*) *~s* betala av, göra avbetalningar **2** del, avsnitt (*av TV-serie e.d.*)
instance ['ɪnstəns] **I** *s* **1** exempel (*of* på); fall; *for ~* till exempel; *in many ~s* i många fall; *in the first ~* först och främst **2** *at the ~ of s.b.* på ngns anmodan (begäran) **3** *jur.* instans; *in the first ~* i första instans **II** *v* ge (anföra) som exempel
instant ['ɪnstənt] **I** *s* ögonblick; *at the same ~* i samma ögonblick; *on the ~* ögonblickligen; *this* [*very*] *~* nu genast **II** *a* **1** omedelbar, ögonblicklig **2** trängande (*need of assistance* behov av hjälp) **3** *~ coffee* snabb-, pulver|kaffe **4** *se inst.* **instantaneous** [ˌɪnst(ə)n'teɪnjəs] ögonblicklig; momentan **instantly** ['ɪnstəntlɪ] *adv* omedelbart, ögonblickligen
instead [ɪn'sted] i stället; *~ of* i stället för
instep ['ɪnstep] [fot]vrist
insti|gate ['ɪnstɪgeɪt] **1** anstifta (*rebellion* uppror) **2** egga, driva på; uppvigla till **-gation** [ˌɪnstɪ'geɪʃn] anstiftan; tillskyndan; *at the ~ of* på tillskyndan (anstiftan) av **-gator** ['ɪnstɪgeɪtə] anstiftare; upphovsman
instil[l] [ɪn'stɪl] [gradvis] införa (introducera); ingjuta (*s.th. into s.b.* ngt hos ngn), inge, bibringa (*s.th. into s.b.* ngn ngt)
instinct **I** *s* ['ɪnstɪŋ(k)t] instinkt; instinktiv känsla, intuitiv förmåga; *by* (*from*) *~* instinktivt **II** *a* [ɪn'stɪŋ(k)t] *~ with* [upp]fylld av **instinctive** [ɪn'stɪŋ(k)tɪv] instinktiv; instinktmässig (*behaviour* beteende)
insti|tute ['ɪnstɪtjuːt] **I** *s* **1** institut; institution; stiftelse; inrättning **2** *AE.* intensivkurs, seminarium **3** grund|sats, -regel **II** *v* **1** inrätta, upprätta; instifta; arrangera **2** installera, insätta (*in*[*to*] *an office* i ett ämbete) **3** inleda, initiera, ta initiativ till; *jur.* anhängiggöra **-tution** [ˌɪnstɪ'tjuːʃn] **1** inrättande *etc.*, *jfr institute II* **2** institution; institut; stiftelse; inrättning **3** bruk, sed, inrättning **4** *vard.* institution (*äv. om pers.*), vana, vanlig företeelse **-tutional** [ˌɪnstɪ'tjuːʃənl] **1** institutionell, institutions-; anstalts-; *~ care* anstaltsvård **2** hävdvunnen, stadgad **3** slentrianmässig, enahanda **-tutionalize** (*BE. äv. -tutionalise*) [ˌɪnstɪ'tjuːʃ(ə)nəlaɪz] **1** institutionalisera **2** placera på institution **3** göra till (bli) en institution
instr. *förk. för instructor*; *instrument*[*al*]
instruct [ɪn'strʌkt] **1** beordra, befalla, ge instruktioner **2** instruera, undervisa, ge anvisning[ar], visa **3** informera, underrätta **instruc-**

I

tion [-kʃn] **1** *vanl. pl ~s* instruktioner, anvisning[ar], föreskrift[er] *~s for use* bruksanvisning **2** undervisning, instruktion **instructional** [-kʃənl] **1** undervisnings-, instruktions- **2** upplysande **instructive** [-ktɪv] instruktiv, lärorik, upplysande **instruc|tor,** *fem.* **-tress** [-ktə, -ktrɪs] instruktör, lärare; *AE.* universitetslärare (*under lektor*)

instrument [ˈɪnstrʊmənt] **I** *s* **1** instrument (*äv. mus.*); verktyg, redskap (*äv. bildl.*) **2** [bidragande] orsak; *my evidence was an in his arrest* mitt vittnesmål var en bidragande orsak till hans anhållande **3** *jur.* [rättsligt] dokument **II** *v* **1** *mus.* instrumentera, orkestrera **2** förse med instrument *etc.* **instrumental** [ˌɪnstrʊˈmentl] **I** *a* **1** bidragande; behjälplig **2** instrument-, instrumentell **3** *mus.* instrumental **II** *s, mus.* instrumentalstycke **instrumentalist** [ˌɪnstrʊˈmentəlɪst] *mus.* instrumentalist **instrumentality** [ˌɪnstrʊmenˈtælətɪ] medverkan, förmedling **instrumentation** [ˌɪnstrʊmenˈteɪʃn] **1** *mus.* instrumentation, orkestrering **2** medel; medverkan **instrument flying** instrumentflygning

insubordi|nate [ˌɪnsəˈbɔːdn̩ət] olydig (*mot överordnad*), upprorisk, uppstudsig **-nation** [ˈɪnsəˌbɔːdɪˈneɪʃn] insubordination, olydnad (*mot överordnad*), upproriskhet

insubstantial [ˌɪnsəbˈstænʃl] **1** overklig, inbillad, okroppslig **2** svag, ohållbar; ringa, torftig

insufferable [ɪnˈsʌf(ə)rəbl] outhärdlig, olidlig, odräglig

insuffi|ciency [ˌɪnsəˈfɪʃnsɪ] otillräcklighet, bristfällighet; *med.* insufficiens **-cient** [-ʃnt] otillräcklig, bristfällig; *med.* insufficient

insular [ˈɪnsjʊlə] **1** ö-; insulär **2** reserverad, otillgänglig; inskränkt, trångsynt **3** isolerad, avskild **-ism** [-rɪz(ə)m] inskränkthet, småaktighet **-ity** [ˌɪnsjuˈlærətɪ] **1** = *insularism* **2** karaktär av ö

insu|late [ˈɪnsjʊleɪt] *fys., tekn., bildl.* isolera; *-lating tape* isoler[ings]band **-lation** [ˌɪnsjʊˈleɪʃn] *fys., tekn., bildl.* isolering, isolation **-lator** [-ə] *fys., tekn.* isolator

insulin [ˈɪnsjʊlɪn] *med.* insulin

insult **I** *s* [ˈɪnsʌlt] **1** förolämpning, skymf (*to* mot); *add ~ to injury* göra ont värre **2** *med.* skada; chock **II** *v* [ɪnˈsʌlt] förolämpa, skymfa

insuperable [ɪnˈsjuːp(ə)rəbl] oöverstiglig, oövervinn[e]lig

insupportable [ˌɪnsəˈpɔːtəbl] outhärdlig

insurable [ɪnˈʃʊərəbl] som går att försäkra **insurance** [-(ə)ns] försäkring, assurans; försäkringssumma; försäkringspremie **insurance agent** försäkringsagent **insurance company** försäkringsbolag **insurance policy** försäkrings|brev, -premie **insure** [ɪnˈʃʊə] försäkra, assurera (*against* mot); försäkra sig **insured** [ɪnˈʃʊəd] **I** *a* försäkrad, assurerad; *~ letter* assurerat brev **II** *s, the ~* försäkringstagaren, den försäkrade **insurer** [ɪnˈʃʊərə] försäkringsgivare, assuradör

insurgent [ɪnˈsɜːdʒ(ə)nt] **I** *a* upprorisk, upprors- **II** *s* upprorsman; insurgent

insurmountable [ˌɪnsəˈmaʊntəbl] oöverstiglig, oövervinn[e]lig

insurrection [ˌɪnsəˈrekʃn] resning, uppror **-al** [-ʃənl] upprorisk **-ary** [-ʃnərɪ] **I** *a* upprorisk **II** *s* upprorsmakare **-ist** [-ʃnɪst] upprorsman

insusceptible [ˌɪnsəˈseptəbl] okänslig, oemottaglig (*to* för)

int. *förk. för interest; interior; internal; international; interpreter*

intact [ɪnˈtækt] orörd, oskadad, hel, obruten, intakt

intake [ˈɪnteɪk] **1** intagning (*of students* av studerande) **2** intag, inlopp (*för vätska, luft*); insugning, inmatning; *air ~* luft|intag, -tillförsel **3** intagning (*in a garment* i ett plagg) **intake valve** insugningsventil

intan|gibility [ɪnˌtæn(d)ʒəˈbɪlətɪ] ogripbarhet ofattlighet; obestämbarhet **-gible** [ɪnˈtæn(d)ʒəbl] som man inte kan ta på; ogripbar; ofattbar; obestämd, vag; *~ assets* immateriella tillgångar

integer [ˈɪntɪdʒə] **1** *mat.* heltal, helt tal **2** enhet, helhet

inte|gral [ˈɪntɪgr(ə)l] **I** *a* **1** väsentlig, integrerande (*part* del) **2** orörd, intakt, hel; odelad **3** *mat.* integral-; *~ calculus* integralkalkyl **II** *s, mat.* integral **-grate** **I** *v* [-greɪt] **1** integrera (*äv. mat., elektr.*); *~ s.th. into s.th.* integrera ngt i ngt; *~d circuit* (*elektr.*) integrerad krets **2** *AE.* (*om skola*) bli integrerad **3** integreras (*into* i) **II** *a* [-grət] integrerad **-gration** [ˌɪntɪˈgreɪʃn] integration (*äv. mat.*), integrering; sammansmältning till en helhet

integrity [ɪnˈtegrətɪ] **1** hederlighet, redbarhet **2** integritet, okränkbarhet **3** helhet, fullständighet, obrutenhet

integument [ɪnˈtegjʊmənt] hud, hinna, hölje, skal

intellect [ˈɪntəlekt] **1** intellekt, förstånd; *her powers of ~* hennes intellektuella förmåga **2** *vard.* begåvad person, begåvning **3** intelligens, intelligent[s]ia **intellection** [ˌɪntəˈlekʃn] tankeverksamhet **intellectual** [ˌɪntəˈlektjʊəl] **I** *a* intellektuell, förståndsmässig, andlig **II** *s* intellektuell [person]

intelligence [ɪnˈtelɪdʒ(ə)ns] **1** intelligens, förstånd **2** (*militär[a]*) underrättelse[r], upplysning[ar] **3** (*ngt åld.*) nyheter, upplysningar, information[er] **4** underrättelse|tjänst, -väsen **5** förnuftigt väsen, ande **intelligence quotient** intelligenskvot **intelligence service** underrättelsetjänst **intelligence test** intelligenstest **intelligent** [-(ə)nt] intelligent **intelligentsia** [ɪnˌtelɪˈdʒentsɪə] *the ~* intelligent[s]ian, de intellektuella

intelligi|bility [ɪnˌtelɪdʒəˈbɪlətɪ] begriplighet, förståelighet **-ble** [ɪnˈtelɪdʒəbl] begriplig, förståelig

intemper|ance [ɪnˈtemp(ə)r(ə)ns] omåttlighet, överdrift (*i fråga om mat o. dryck*); dryckenskap **-ate** [-ət] **1** omåttlig (*i fråga om alkohol*), begiven på sprit **2** obehärskad, okontrollerad, våldsam; *~ rage* våldsamt raseri **3** (*om klimat*) icke-tempererad, sträng, hård

intend [ɪnˈtend] **1** ämna, avse, tänka, planera; mena, vilja; *what do you ~ to do?* vad tänker (ämnar) du göra?; *she ~s well* hon menar väl **2** *~ for* avse för; *this park is ~ed for the general public* den här parken är avsedd för allmänheten; *this picture is ~ed for my son* det är meningen att min son skall ha den här tavlan **3** innebära, ge uttryck åt; *what do his words ~?* vad innebär hans ord? **-ed** [-ɪd] **I** *a* avsedd, planerad, tilltänkt; framtida, blivande **II** *s, vard.* tillkommande, fästman, fästmö

intense [ɪn'tens] intensiv; stark, kraftig, häftig, våldsam; livlig **intensification** [ɪnˌtensɪfɪ'keɪʃn] intensifiering **intensifier** [ɪn'tensɪfaɪə] *språkv.* förstärkande ord (partikel) **intensify** [ɪn'tensɪfaɪ] intensifiera[s], göra (bli) intensivare, förstärka[s], öka[s], stegra[s] **intensity** [ɪn'tensətɪ] **1** intensitet, styrka, kraft, häftighet, våldsamhet; livlighet **2** *fys.* styrka; *current ~* strömstyrka **3** *foto.* svärta **intensive** [ɪn'tensɪv] **I** *a* intensiv, koncentrerad; *~ care* intensivvård; *~ care unit* intensivvårdsavdelning; *~ study* koncentrerade studier; *capital-~* kapitalintensiv; **II** *s, språkv.* förstärkande ord (partikel, pronomen)

intent [ɪn'tent] **I** *s* avsikt, syfte; *jur. äv.* uppsåt; *with ~ to* (*i sht jur.*) i avsikt att; *to all ~s and purposes* praktiskt taget, i själva verket **II** *a* spänt uppmärksam, koncentrerad; *an ~ look* (*äv.*) en forskande blick; *~ [up]on* helt inriktad på, koncentrerad på **intention** [-nʃn] **1** avsikt, syfte, uppsåt; mening; intention; *with the ~ of doing s.th.* i avsikt att göra ngt; *with the best of ~s* i bästa avsikt (välmening); *with good ~s* med goda föresatser; *I have no ~ of doing it* jag har inte för avsikt att göra det; *honourable ~s* hederliga avsikter (*att gifta sig med ngn*) **2** *med.* läkning, läkningsprocess **intentional** [-nʃənl] avsiktlig **intentionally** [-nʃn̩lɪ] *adv* avsiktligt **intently** [-ntlɪ] *adv* med spänd uppmärksamhet, spänt

inter [ɪn'tɜ:] begrava

inter|act [ˌɪntər'ækt] påverka varandra **-action** [ˌɪntər'ækʃn] växelverkan, interaktion

inter alia [ˌɪntər'eɪlɪə] inter alia, bland annat

interbreed [ˌɪntə'bri:d] (*interbred, interbred*) **1** korsa (*raser*) **2** korsas [med varandra]

intercede [ˌɪntə'si:d] **1** medla (*in a strike* i en strejk) **2** lägga sig ut (*with s.b. for s.b.* hos ngn för ngn)

intercept ['ɪntəsept] **1** snappa upp; fånga upp **2** genskjuta, hejda, stoppa; skära av [vägen för]; avleda **3** *mat.* skära av **interception** [ˌɪntə'sepʃn] **1** uppsnappande; uppfångande **2** genskjutande, hejdande, stoppande; avskärande; avledning **3** *mat.* skärning; *point of ~* skärningspunkt **interceptor** [ˌɪntə'septə] jakt[flyg]plan

intercession [ˌɪntə'seʃn] **1** medling **2** förord, rekommendation **3** förbön

interchange [ˌɪntə'tʃeɪn(d)ʒ] **I** *v* **1** [ut]växla; utbyta (*thoughts* tankar); byta ut [mot varandra]; byta plats, alternera **2** låta omväxla **II** *s* **1** utväxling; utbyte (*of thoughts* av tankar); alternering **2** [motorvägs]korsning, trafikplats (*i flera plan*) **-able** [-əbl] utbytbar, som kan bytas ut (*with* mot) **-ably** [-əblɪ] *adv* omväxlande (*with* med)

intercollegiate [ˌɪntəkə'li:dʒɪət] [som försiggår] mellan olika college

intercom ['ɪntəkɒm] *vard.* lokal-, snabb|telefon **-municate** [ˌɪntəkə'mju:nɪkeɪt] kommunicera [med varandra]; (*om rum e.d.*) stå i förbindelse med varandra **-munication** ['ɪntəkəˌmju:nɪ'keɪʃn] inbördes förbindelse, förbindelse med varandra, kommunikation [med varandra]

interconnect [ˌɪntəkə'nekt] förbinda (förena, koppla ihop) med varandra

intercontinental ['ɪntəˌkɒntɪ'nentl] interkontinental; *~ ballistic missile* interkontinental robot

intercourse [-kɔ:s] **1** umgänge; förbindelse **2** [*sexual*] ~ samlag, sexuellt umgänge

interdenominational ['ɪntədɪˌnɒmɪ'neɪʃənl] samkyrklig

interdepend|ence, -ency [ˌɪntədɪ'pendəns(ɪ)] ömsesidigt beroende **-ent** [-ənt] beroende av varandra

inter|dict I *s* ['ɪntədɪkt] **1** *kyrkl.* interdikt, [påvligt] förbud **2** *jur.* förbud **II** *v* [ˌɪntə'dɪkt] *kyrkl. o. jur.* förbjuda **-diction** [ˌɪntə'dɪkʃn] *se interdict I*

interdisciplinary ['ɪntəˌdɪsɪ'plɪnərɪ] tvärvetenskaplig

interest ['ɪntrɪst] **I** *s* **1** intresse (*in* för); *questions of public ~* frågor av allmänt intresse; *it has no ~ for me* det har inget intresse för mig; *take* (*have*) *an ~ in* intressera sig (ha intresse) för **2** intresse, [egen] fördel, [eget] bästa; *the public ~* allmänhetens bästa, det allmänna bästa; *be in one's own ~* ligga i eget intresse **3** (*ofta pl*) intresse; anspråk, rätt; andel; *French ~s in Africa* franska intressen i Afrika; *controlling ~* aktiemajoritet; *trading ~s* handelsintressen; *have an ~ in a firm* ha andel i en firma **4** (*ofta pl*) intressenter, intressen, intressegrupper; *the landed ~[s]* godsägarna; *the moneyed ~* kapitalintresset; *the shipping ~[s]* rederierna, redarkretsarna **5** ränta (*on* på); *rate of ~* räntesats; *compound ~* ränta på ränta; *ten percent ~* tio procents ränta; *bear ~* ge ränta, löpa med ränta, förränta sig; *lend at* (*on*) *~* låna ut mot ränta **II** *v* intressera, göra intresserad; *~ s.b. in doing s.th.* intressera ngn för att göra ngt; *~ o.s. in* intressera sig för **interested** [-ɪd] **1** intresserad; *be ~ed in* vara intresserad av, intressera sig för **2** partisk; inblandad, involverad; *the ~ parties* berörda parter, vederbörande; *he is an ~ party* han är partisk **interesting** [-ɪŋ] intressant (*to s.b.* för ngn)

interface ['ɪntəfeɪs] **1** gräns|yta, -skikt; gemensam gräns **2** samverkan, samspel **3** *elektr.* interface, kabel (*t.ex. mellan dator o. skrivare*)

inter|fere [ˌɪntə'fɪə] **1** ingripa (*in* i; *with* mot); lägga sig i; komma [hindrande] emellan; *~ with a*) lägga sig i, *b*) hindra, störa, *c*) mixtra med, fingra på; *~ with a p.'s plans* korsa ngns planer; *don't ~!* lägg dig inte i det där (här)!; *don't ~ with the machine!* mixtra inte med maskinen! **2** *fys.* interferera **-ference** [-'fɪər(ə)ns] **1** ingripande (*from* av); inblandning (*in, with* i); hinder, störning **2** *fys.* interferens; störning (*i radio, TV*) **-fering** [-'fɪərɪŋ] som lägger (blandar) sig i; störande; *I don't like his ~ ways* jag tycker inte om att han alltid lägger sig i [allting]

interim ['ɪntərɪm] **I** *a* interims-, provisorisk, tillfällig **II** *s* mellantid; *in the ~* under tiden

interior [ɪn'tɪərɪə] **I** *a* **1** inre; invändig; *~ angle* inre vinkel; *~ decoration* heminredning; *~ decorator* [hem]inredningsarkitekt; *~ monologue* inre monolog **2** inrikes, inhemsk **II** *s* **1** inre; insida; interiör **2** interiör-, inomhus|bild; film tagen inomhus; inomhusscen (*av film*) **3** *AE., Department of the I~* inrikesdepartement

interj. *förk. för interjection*

inter|ject [ˌɪntə'dʒekt] kasta (slunga) in (*kommentar e.d.*) **-jection** [-'dʒekʃn] **1** inlägg, inpass (*i diskussion e.d.*) **2** *språkv.* interjektion
interlace [ɪntə'leɪs] **1** fläta samman; fläta (blanda) in; ~ *a speech with puns* krydda ett tal med ordlekar **2** vara sammanflätad **-ment** [-mənt] sammanflätning; flätmönster
interlard [ˌɪntə'lɑ:d] *bildl.* späcka, blanda upp; *a speech ~ed with jokes* ett tal späckat av skämt
interleave [ˌɪntə'li:v] interfoliera (*bok e.d.*)
interline [ˌɪntə'laɪn] skriva (infoga) mellan raderna
interlinear [ˌɪntə'lɪnɪə] [skriven, infogad] mellan raderna
interlink [ˌɪntə'lɪŋk] **1** länka samman; sammanfoga **2** hänga ihop
interlock [ˌɪntə'lɒk] **1** gripa (haka) in i varandra; hänga ihop; vara sammankopplad **2** fästa (haka) ihop; koppla samman
interlocu|tion [ˌɪntələ(ʊ)'kju:ʃn] samtal **-tor** [ˌɪntə'lɒkjʊtə] samtalspartner, interlokutör; *my* ~ den person jag talat med, min sagesman
inter|lope [ˌɪntə'ləʊp] tränga sig in (på), lägga sig i **-loper** ['ɪntələʊpə] inkräktare
interlude ['ɪntəlu:d] **1** mellanspel; paus; period **2** *mus.* interludium, mellanspel
inter|marriage [ˌɪntə'mærɪdʒ] giftermål (*mellan pers. av olika familj, ras e.d.*), blandäktenskap **-marry** [-'mærɪ] gifta sig (*med pers. av annan familj, ras e.d.*); gifta sig med varandra; ingå blandäktenskap
intermedi|ary [ˌɪntə'mi:djərɪ] **I** *a* **1** förmedlande, som uppträder som mellanhand **2** mellanliggande **II** *s* **1** förmedlare; mellanhand **2** mellanled; mellanstadium **-ate** [-ət] **I** *a* mellanliggande; mellan-; ~ *range ballistic missile* medeldistansrobot; ~ *stage* mellanstadium, övergångsstadium **II** *s* mellanliggande led, mellanform
interment [ɪn'tɜ:mənt] begravning
intermez|zo [ˌɪntə'metsəʊ] (*pl -zos el. -zi* [-si:]) *mus. o. bildl.* intermezzo, mellanspel
intermi|nable [ɪn'tɜ:m(ɪ)nəbl] oändlig, ändlös **-nably** [-nəblɪ] *adv* oändligt, ändlöst; i det oändliga
intermingle [ˌɪntə'mɪŋgl] **1** blanda [in] **2** blanda sig (*with* med)
inter|mission [ˌɪntə'mɪʃn] uppehåll, paus, avbrott **-mit** [-'mɪt] [tillfälligt] avbryta, göra ett uppehåll (en paus) i **2** [tillfälligt] avstanna **-mittent** [-'mɪt(ə)nt] intermittent; avbruten, oregelbundet återkommande, oregelbunden; periodisk; ~ *fever* växelfeber
inter|mix [ˌɪntə'mɪks] **1** blanda **2** blanda sig (*with* med) **-mixture** [-'mɪkstʃə] blandning
intern I *v* [ɪn'tɜ:n] internera **II** *s* ['ɪntɜ:n] *AE.* assistentläkare (*på sjukhus*) **internal** [ɪn'tɜ:nl] **I** *a* inre, inner-, invändig; invärtes, för invärtes bruk; inhemsk, inrikes-; intern; ~ *combustion engine* förbränningsmotor; ~ *ear* inneröra; ~ *medicine* invärtes medicin; ~ *rhyme* (*versl.*) inrim; ~ *secretion* inre sekretion; ~ *telephone* lokal-, snabb|telefon **II** *s* gynekologisk undersökning **internally** [-lɪ] *adv* i det inre, invärtes; inom sig; *he is bleeding* ~ han har inre blödningar; *not to be taken* ~ ej för invärtes bruk
international [ˌɪntə'næʃənl] **I** *a* internationell, världsomfattande; ~ *law* folkrätt, internationell rätt **II** *s, sport.* **1** landskamp **2** landslagsspelare **3** *the* [*First etc.*] *I~* [första *etc.*] Internationalen
Internationale [ˌɪntənæʃə'nɑ:l] *s, the* ~ Internationalen (*sång*)
international|ization (*BE. äv. -isation*) ['ɪntəˌnæʃnəlaɪ'zeɪʃn] internationalisering **-ize** (*BE. äv. -ise*) [ˌɪntə'næʃnəlaɪz] internationalisera
internecine [ˌɪntə'ni:saɪn] **1** för alla parter förödande (*war* krig) **2** blodig (*slaughter* slakt) **3** inbördes (*conflict* konflikt)
intern|ee [ˌɪntɜ:'ni:] internerad [person] **-ment** [ɪn'tɜ:nmənt] internering
interpel|lant [ˌɪntə'pelənt] *parl.* interpellant **-late** [ɪn'tɜ:peleɪt] *parl.* interpellera **-lation** [ɪnˌtɜ:pe'leɪʃn] *parl.* interpellation **-lator** [ˌɪntəpe'leɪtə] *parl.* interpellant
interphone ['ɪntəfəʊn] lokal-, snabb|telefon
interplanetary [ˌɪntə'plænɪt(ə)rɪ] interplanetarisk
interplay [ˌɪntə'pleɪ] samspel, växelverkan
Interpol ['ɪntəpɒl] (*förk. för International Criminal Police Organization*) Interpol
interpo|late [ɪn'tɜ:pə(ʊ)leɪt] interpolera (*äv. mat.*); inflicka, inskjuta (*ord e.d.*); förfalska genom tillägg (ändring) **-lation** [ɪnˌtɜ:pə(ʊ)'leɪʃn] interpolering, interpolation (*äv. mat.*); tillägg; textförfalskning
interpose [ˌɪntə'pəʊz] **1** placera (sätta) emellan (bland); ~ *s.th. between two things* placera ngt mellan två saker **2** inskjuta, inflicka (*a remark* ett yttrande); komma med (*an objection* en invändning) **3** ingripa; gå (träda) emellan
inter|pret [ɪn'tɜ:prɪt] **1** förklara; tolka, [ut]tyda **2** vara tolk, tolka (*for* åt) **-pretation** [ɪnˌtɜ:prɪ'teɪʃn] förklaring; uttolkning, [ut]tydning **-preter** [ɪn'tɜ:prɪtə] tolk; uttolkare
interracial [ˌɪntə'reɪʃjəl] *a* mellan [personer av] olika raser
interreg|num [ˌɪntə'reg|nəm] (*pl -nums el. -na* [-nə]) interregnum
interre|late [ˌɪntərɪ'leɪt] ställa (stå) i relation till varandra; *be ~d* stå i relation till varandra, hänga ihop; *~d facts* sammanhängande fakta **-lation, -lationsship** [-'leɪʃn(ʃɪp)] inbördes (ömsesidigt) förhållande
inter|rogate [ɪn'terə(ʊ)geɪt] fråga ut, förhöra **-rogation** [ɪnˌterə(ʊ)'geɪʃn] **1** utfrågning, förhör **2** fråga **-rogative** [ˌɪntə'rɒgətɪv] **I** *a* frågande; *språkv. äv.* interrogativ, fråge- **II** *s* **1** *språkv.* frågeord **2** frågetecken **-rogator** [ɪn'terə(ʊ)geɪtə] utfrågare, förhörsledare **-rogatory** [ˌɪntə'rɒgət(ə)rɪ] **I** *a* frågande **II** *s* fråga; *-rogatories* (*pl, jur.*) skriftliga frågor (*som besvaras skriftligt under ed*)
inter|rupt [ˌɪntə'rʌpt] avbryta; störa **-rupter** [-'rʌptə] strömbrytare **-ruption** [-'rʌpʃn] avbrott; avbrytande **-ruptor** [-'rʌptə] strömbrytare
inter|sect [ˌɪntə'sekt] **1** skära igenom; *geom.* skära **2** (*i sht om vägar*) skära (korsa) varandra, korsas; *geom.* skära varandra **-section** [-'sekʃn] **1** skärningspunkt (*äv. geom.*); väg-, gatu|korsning **2** skärning; genomskärning
intersperse [ˌɪntə'spɜ:s] blanda (strö) in; *a speech ~d with quotations* ett tal späckat med citat

interstate ['ɪntəsteɪt] mellan stater, mellanstatlig
interstellar [ˌɪntə'stelə] interstellär
inter|stice [ɪn'tɜ:stɪs] mellanrum, öppning, springa **-stitial** [ˌɪntə'stɪʃl] mellan-, mellanrums-; *anat.* interstitial
inter|twine [ˌɪntə'twaɪn], **-twist** [-'twɪst] fläta[s] ihop (samman)
interurban [ˌɪntər'ɜ:bən] interurban; mellan (som förbinder) två städer
interval ['ɪntəvl] intervall (*äv. mus.*); avstånd, mellanrum; paus, uppehåll; *at ~s a*) emellanåt, då och då, *b*) med mellanrum
inter|vene [ˌɪntə'vi:n] **1** komma (ligga) emellan; inträffa (infalla) emellan; *if nothing ~s* om inget kommer emellan; *six years ~ between these events* sex år har gått mellan dessa händelser **2** ingripa, intervenera **-vention** [-'venʃn] intervention; ingripande; mellankomst
interview ['ɪntəvju:] **I** *s* intervju; samtal **II** *v* intervjua **-ee** [ˌɪntəvju:'i:] *s, the ~* den intervjuade, intervjuobjektet **-er** ['ɪntəvju:ə] intervjuare
interweave [ˌɪntə'wi:v] väva[s] (fläta[s]) samman; blanda in
intestate [ɪn'testeɪt] **I** *a* **1** *die ~* dö utan att ha efterlämnat testamente **2** borttestamenterad **II** *s* avliden som inte efterlämnat testamente
intes|tinal [ɪn'testɪnl] tarm-; inälvs-; *~ flora* tarmflora **-tine** [-tɪn] *vanl. pl ~s* tarmar, inälvor; *large ~* tjocktarm; *small ~* tunntarm
inti|macy ['ɪntɪməsɪ] **1** förtrolighet, intimitet; förtroligt förhållande; förtrolig atmosfär **2** intimt förhållande, kärleksförhållande **-mate I** *a* [-mət] **1** förtrolig, intim, nära (*friend* vän); *an ~ restaurant* en intim restaurang; *be on ~ terms with* stå på förtrolig fot med **2** ingående, djup; *~ knowledge* ingående kunskaper **3** innersta (*thoughts* tankar) **II** *s* [-mət] förtrogen [vän] **III** *v* [-meɪt] antyda, låta förstå **-mation** [ˌɪntɪ'meɪʃn] antydan, vink
intimi|date [ɪn'tɪmɪdeɪt] skrämma (*s.b. into doing s.th.* ngn [till] att göra ngt); avskräcka; terrorisera **-dation** [ɪnˌtɪmɪ'deɪʃn] skrämsel
into ['ɪntʊ, *framför konsonant* 'ɪntə] **1** in i; ut i; in på; i; *go ~ a room* gå in i ett rum; *drive ~ a wall* köra in i en mur; *he went ~ the garden* han gick ut i trädgården; *work far ~ the night* arbeta till långt in på natten; *I'm not ~ the job yet* (*vard.*) jag har inte kommit in i jobbet ännu; *jump ~ the water* hoppa i vattnet; *4 ~ 8 is 2* 4 går i 8 två gånger; *divide s.th. ~ two parts* dela ngt i två delar; *get ~ trouble* råka i svårigheter; *take ~ account* ta med i beräkningen **2** till; *change ~ a ghost* förvandlas till ett spöke; *develop ~* utveckla sig till; *translate ~ Swedish* översätta till svenska **3** *vard.* intresserad av, för; *she's ~ jazz* hon är intresserad av jazz
intoler|able [ɪn'tɒl(ə)rəbl] outhärdlig, odräglig **-ance** [-lər(ə)ns] intolerans **-ant** [-lər(ə)nt] intolerant
intonation [ˌɪntə(ʊ)'neɪʃn] *mus., språkv.* intonation **intone** [ɪn'təʊn] **1** sjunga entonigt, mässa **2** *mus., språkv.* intonera
intoxi|cant [ɪn'tɒksɪkənt] **I** *a* [be]rusande **II** *s* berusningsmedel, rusdryck **-cate** [-keɪt] berusa (*äv. bildl.*) **-cated** [-keɪtɪd] berusad (*äv. bildl.*); *~ by drugs* narkotikapåverkad; *~ with success* berusad av framgång **-cating** [-keɪtɪŋ] berusande (*äv. bildl.*) **-cation** [ɪnˌtɒksɪ'keɪʃn] **1** berusning (*äv. bildl.*); rus **2** *med.* förgiftning, intoxikation
intr. *förk. för intransitive*
intractable [ɪn'træktəbl] motspänstig; omedgörlig; svårlöslig; svårbehandlad
intramural [ˌɪntrə'mjʊər(ə)l] **1** *AE.* innanför universitetets murar, inom universitetet **2** *med.* intramural
intransigent [ɪn'trænsɪdʒ(ə)nt] **I** *a* oförsonlig, omedgörlig **II** *s* ytterlighetsman
intransitive [ɪn'trænsɪtɪv] *språkv.* intransitiv
intra|uterine [ˌɪntrə'ju:təraɪn] *med.* inne i livmodern, livmoder-; *~ device* livmoderinlägg **-venous** [-'vi:nəs] *med.* intravenös
in-tray ['ɪntreɪ] låda (korg) för inkommande post
intrepid [ɪn'trepɪd] oförskräckt, djärv **-ity** [ˌɪntrɪ'pɪdətɪ] oförskräckthet, djärvhet
intri|cacy ['ɪntrɪkəsɪ] krånglighet, invecklad beskaffenhet; trasslighet **-cate** [-kət] krånglig, invecklad; till-, hop|trasslad
intrigue [ɪn'tri:g] **I** *v* **1** väcka intresse hos, göra nyfiken; förbrylla; fängsla; *I would be ~d to know why* det skulle intressera mig att veta varför **2** intrigera, smida ränker **3** ha ett hemligt förhållande (*with* med) **II** *s* **1** intrig[erande], ränksmideri, anslag **2** hemligt förhållande, kärleksaffär **intriguer** [-ə] intrigmakare, ränksmidare **intriguing** [-ɪŋ] **1** intressant; förbryllande; fängslande **2** intrigant
intrinsic [ɪn'trɪnsɪk] inre, inneboende; egentlig, verklig; väsentlig **-ally** [-(ə)lɪ] *adv* i sig [själv]; egentligen, verkligen; väsentligen
intro[d]. *förk. för introduction; introductory*
intro|duce [ˌɪntrə'dju:s] **1** presentera, föreställa (*s.b. to* ngn för); göra bekant, låta göra bekantskap (*to* med), låta pröva (*to* på); *~ o.s.* presentera sig; *he was ~d to drink at an early age* han fick stifta bekantskap med sprit i unga år **2** framlägga, väcka; *~ a bill* framlägga en proposition, väcka en motion **3** introducera, införa (*decimal system into a country* decimalsystem i ett land) **4** anmäla, presentera (*TV-program e.d.*); inleda, börja (*one's speech with* sitt tal med) **5** föra (sticka) in (*s.th. into* ngt i) **-duction** [-'dʌkʃn] **1** presentation, introduktion (*to* för); *letter of ~* introduktionsbrev **2** introduktion (*äv. mus.*), inledning (*to* till); handledning **3** framläggande, väckande (*av lagförslag e.d.*) **4** introduktion, införande (*of a new fashion* av ett nytt mode) **5** anmälan, presentation (*av TV-program e.d.*); inledning (*av tal, till bok e.d.*) **6** införande, instickande (*into* i) **-ductory** [-'dʌkt(ə)rɪ] inledande, inlednings-, introduktions-
introspec|tion [ˌɪntrə(ʊ)'spekʃn] introspektion, själviakttagelse **-tive** [-tɪv] introspektiv, inåtblickande, själviakttagande
intro|version [ˌɪntrə(ʊ)'vɜ:ʃn] introversion, inåtvändhet **-vert** ['ɪntrə(ʊ)vɜ:t] **I** *s* introvert (inåtvänd) person **II** *a* (*äv. ~ed*) introvert, inåtvänd
intrude [ɪn'tru:d] tränga sig på, inkräkta, komma olägligt; *am I intruding?* kommer jag olägligt?, stör jag?; *~ on a p.'s affairs* blanda sig i ngns angelägenheter **intruder** [-ə] inkräktare, objuden gäst **intrusion** [-'tru:ʒn] intrång, inkräk-

tande ([*up*]*on, into* i, på); inträngande (*into* i); inblandning (*into* i); *forgive the ~, I just wanted to* förlåt att jag tränger mig på, jag ville bara **intrusive** [-'tru:sɪv] inkräktande; påträngande

intuit [ɪn'tju:ɪt] veta (inse) intuitivt **intuition** [ˌɪntju:'ɪʃn] intuition; ingivelse **intuitive** [ɪn'tju:ɪtɪv] intuitiv

inun|date ['ɪnʌndeɪt] översvämma (*äv. bildl.*) *bildl. äv.* överhopa **-dation** [ˌɪnʌn'deɪʃn] översvämning; *bildl. äv.* ström, störtflod

inure [ɪ'njʊə] **1** härda (*to* mot), vänja (*to* vid); *be ~d to* vara härdad mot, vara van vid **2** (*om lag o.d.*) träda i kraft

inv. *förk. för invented; invention; inventor; invoice*

invade [ɪn'veɪd] **1** invadera, marschera (tränga) in i, ockupera; inkräkta på, göra intrång i; *bildl.* invadera, översvämma; (*om sjukdom*) angripa **invader** [-ə] invaderande fiende, angripare, inkräktare

1 invalid I *s* ['ɪnvəlɪd] [kroniskt] sjuk, sjukling; invalid **II** *a* ['ɪnvəlɪd] sjuk-, sjuklig; invalid-; *~ chair* rullstol **III** *v* ['ɪnvəli:d] göra (bli) sjuk; invalidisera[s]; *~ out* (*BE.*) skicka hem som sårad (sjuk, invalid)

2 invalid [ɪn'vælɪd] ogiltig; utan laga kraft; som saknar grund (inte duger) **invalidate** [-eɪt] göra ogiltig; ogiltigförklara; upphäva, annullera

1 invalidity [ˌɪnvə'lɪdətɪ] sjuklighet; invaliditet

2 invalidity [ˌɪnvə'lɪdətɪ] ogiltighet

invaluable [ɪn'væljʊəbl] ovärderlig

invari|ability [ɪnˌveərɪə'bɪlətɪ] oföränderlighet; beständighet **-able** [ɪn'veərɪəbl] **I** *a* **1** oföränderlig; ständig **2** *mat.* konstant **II** *s, mat.* konstant **-ably** [ɪn'veərɪəblɪ] *adv* oföränderligt; ständigt, undantagslöst

inva|sion [ɪn'veɪʒn] invasion (*äv. bildl.*), inmarsch, intrång **-sive** [-sɪv] invasions-

invective [ɪn'vektɪv] invektiv, skymford

inveigh [ɪn'veɪ] *v, ~ against* fara ut (vara ovettig) mot, okväda

inveigle [ɪn'veɪgl] locka, förleda, lura (*s.b. into s.th.* till ngt; *into doing s.th.* att göra ngt)

invent [ɪn'vent] uppfinna; hitta på **invention** [-nʃn] **1** uppfinnande; uppfinning; uppfinningsförmåga; *the ~ of the radio* uppfinnandet av radion; *necessity is the mother of ~* nöden är uppfinningarnas moder **2** påhitt, lögn **3** *mus.* invention **inventive** [-ɪv] uppfinnar-; uppfinningsrik, påhittig **inventiveness** [-ɪvnɪs] uppfinningsförmåga, påhittighet **inventor** [-ə] uppfinnare

inventory ['ɪnventrɪ] **I** *s* **1** inventarium, inventarielista, lagerförteckning **2** *i sht AE. ofta pl* inventarier; lager, förråd **II** *v* göra en förteckning över; inventera

inverse [ˌɪn'vɜ:s] omvänd, omkastad; *be in ~ ratio* (*proportion*) *to a*) stå i omvänt förhållande till, *b*) *mat.* vara omvänt proportionell mot **inversion** [ɪn'vɜ:ʃn] **1** inversion; omkastning; omvändning; *språkv.* inversion, omvänd ordföljd **2** homosexualitet **invert I** *v* [ɪn'vɜ:t] vända upp och ner (ut och in) [på]; kasta (flytta) om; invertera; *~ed commas* citationstecken **II** *s* ['ɪnvɜ:t] homosexuell [person] **invert sugar** ['ɪnvɜ:tˌʃʊgə] invertsocker

invertebrate [ɪn'vɜ:tɪbrət] *zool.* **I** *s* invertebrat, ryggradslöst djur **II** *a* ryggradslös

invest [ɪn'vest] **1** investera, placera (*money in* pengar i) **2** installera (*s.b. in an office* ngn i ett ämbete) **3** förse, utrusta (*s.b. with s.th.* ngn med ngt); *~ new rights in the monarchy* tilldela monarkin nya rättigheter; *she was ~ed with an air of mystery* det låg en air av mystik omkring henne **4** investera (*in shares* i aktier); *~ in a new toothbrush* (*vard.*) köpa en ny tandborste

investi|gate [ɪn'vestɪgeɪt] utforska, undersöka; utreda (*a case* ett fall) **-gation** [ɪnˌvestɪ'geɪʃn] undersökning; [ut]forskning; utredning **-gative** [ɪn'vestigeɪtɪv] [ut]forskande, undersökande (*journalism* journalistik), undersöknings-; utrednings- **-gator** [ɪn'vestɪgeɪtə] undersökare; utredare; forskare **-gatory** [-ərɪ] *se investigative*

investiture [ɪn'vestɪtʃə] investitur, insättande (installerande) i ämbete

investment [ɪn'ves(t)mənt] investering; kapitalplacering **investor** [ɪn'vestə] investerare, kapitalplacerare; aktieägare

inveterate [ɪn'vet(ə)rət] inrotad, ingrodd; djupt rotad (*dislike* motvilja); oförsonlig (*enemy* fiende); inbiten (*smoker* rökare)

invidious [ɪn'vɪdɪəs] anstötlig, stötande; impopulär (*task* uppgift); hätsk; orättvis (*comparison* jämförelse)

invigi|late [ɪn'vɪdʒɪleɪt] *BE.* vakta (*vid examensskrivning*) **-lation** [ɪnˌvɪdʒɪ'leɪʃn] *BE.* vakt[hållning] (*vid examensskrivning*) **-lator** [ɪn'vɪdʒɪleɪtə] *BE.* skrivvakt

invigor|ate [ɪn'vɪgəreɪt] stärka, styrka, liva [upp]; stimulera **-ating** [-ɪŋ] uppfriskande (*shower* dusch); stärkande (*climate* klimat)

invin|cibility [ɪnˌvɪnsɪ'bɪlətɪ] oövervinn[e]lighet **-cible** [ɪn'vɪnsəbl] oövervinn[e]lig

invio|lability [ɪnˌvaɪələ'bɪlətɪ] okränkbarhet **-lable** [ɪn'vaɪələbl] okränkbar, oantastlig; helig (*oath* ed) **-lacy** [ɪn'vaɪələsɪ] okränkthet **-late** [ɪn'vaɪələt] okränkt, oantastad (*honour* heder); orörd (*virgin* jungfru)

invis|ibility [ɪnˌvɪzə'bɪlətɪ] osynlighet **-ible** [ɪn'vɪzəbl] osynlig (*to* för); *~ mending* konststoppning

invitation [ˌɪnvɪ'teɪʃn] **1** inbjudan, invitation **2** lockelse, invit **3** anmodan, uppfordran **invitation card** inbjudningskort **invite** [ɪn'vaɪt] **I** *v* **1** [in]bjuda, invitera (*s.b. to dinner* ngn på (till) middag); *~ s.b. in for coffee* bjuda in ngn på kaffe; *~ s.b. out for dinner* bjuda ut ngn på middag **2** anmoda, uppmana, uppfordra, inbjuda; be om (*applications* ansökningar); dra till sig, framkalla, ådraga sig; *~ criticism* inbjuda till (ådraga sig) kritik **II** *s, vard.* inbjudan **inviting** [ɪn'vaɪtɪŋ] inbjudande; lockande, frestande, attraktiv

invocation [ˌɪnvə(ʊ)'keɪʃn] anropande; åkallan, invokation

invoice ['ɪnvɔɪs] **I** *s* faktura (*for an amount* på ett belopp; *of goods* på varor); *as per ~* enligt faktura **II** *v* fakturera; *as ~d* enligt faktura

invoke [ɪn'vəʊk] **1** åkalla, anropa (*God* Gud); bönfalla om (*help* hjälp) **2** åberopa [sig på] **3** frambesvärja (*a spirit* en ande)

involuntary [ɪn'vɒlənt(ə)rɪ] ofrivillig; oavsiktlig

invo|lute, -luted ['ɪnvəlu:t(ɪd)] **1** invecklad **2**

(*om snäcka e.d.*) rullad i spiral; *bot.* inrullad i kanten **-lution** [ˌɪnvəˈluːʃn] **1** inveckling; trasslighet **2** *biol.* inrullning **3** *med.* involution, återgång **4** *mat.* potensupphöjning
involve [ɪnˈvɒlv] **1** medföra, innefatta, involvera; *the job ~s many problems* arbetet medför många problem **2** blanda in, dra in, inveckla; engagera; *many people were ~d in the crime* många personer var inblandade i brottet; *people ~d* inblandade (berörda) personer; *be ~d with a*) ha att göra med, *b*) vara i maskopi (lag) med, *c*) ha ett förhållande med; *the book doesn't ~ the reader* boken fängslar inte läsaren **-ment** [-mənt] inveckling, inblandning; engagemang
invulner|ability [ɪnˌvʌln(ə)rəˈbɪlətɪ] osårbarhet **-able** [ɪnˈvʌln(ə)rəbl] osårbar; oangripbar; ointaglig (*fortress* fästning)
inward [ˈɪnwəd] **I** *a* **1** inåt|gående, -riktad; inkommande (*mail* post) **2** inre; invändig; invärtes **II** *s* **1** inre; insida **2** *~s* (*pl*) inälvor **III** *adv* inåt **inwardly** [-lɪ] invärtes; i sitt inre; [tyst] för sig själv **inwards** [-z] *adv* inåt
inwrought [ˌɪnˈrɔːt] invävd; sammanvävd (*äv. bildl.*)
iodic [aɪˈɒdɪk] jod-, jodhaltig **iodine** [ˈaɪə(ʊ)diːn] jod
I.O.M. *förk. för Isle of Man*
ion [ˈaɪən] jon
Ionian [aɪˈəʊnjən] **I** *s* jonier **II** *a* jonisk; *the ~ Sea* Joniska havet **Ionic** [aɪˈɒnɪk] jonisk (*order* kolonnordning)
ion|ization (*BE. äv. -isation*) [ˌaɪənaɪˈzeɪʃn] jonisering **-ize** (*BE. äv. -ise*) [ˈaɪənaɪz] jonisera
ionosphere [aɪˈɒnəˌsfɪə] jonosfär
iota [aɪˈəʊtə] (*grekisk bokstav*) iota; *bildl.* jota; *not a* (*one*) *~* inte ett jota (dugg)
IOU [ˌaɪəʊˈjuː] (*= I owe you*) skuldförbindelse, revers
I.O.W. *förk. för Isle of Wight*
Iowa [ˈaɪəʊə]
IPA *förk. för International Phonetic Alphabet*
ipso facto [ˌɪpsəʊˈfæktəʊ] (*lat.*) ipso facto, genom (i och med själva) handlingen
I.Q. *förk. för intelligence quotient* IQ **I.R.** *förk. för* (*BE.*) *Inland Revenue* **I.R.A.** *förk. för Irish Republican Army* IRA
Iran [ɪˈrɑːn] Iran **Iranian** [ɪˈreɪnjən] **I** *a* iransk **II** *s* iranier
Iraq [ɪˈrɑːk] Irak **Iraqi** [-ɪ] **I** *a* irakisk **II** *s* irakier
iras|cibility [ɪˌræsəˈbɪlətɪ] lättretlighet, hetsighet **-cible** [ɪˈræsəbl] lättretlig, hetlevrad, häftig
irate [aɪˈreɪt] rasande, ilsken, vred
IRBM *förk. för intermediate range ballistic missile* medeldistansrobot
ire [ˈaɪə] *litt.* vrede, raseri **-ful** [-f(ʊ)l] *litt.* vred, rasande
Ireland [ˈaɪələnd] Irland
irides|cence [ˌɪrɪˈdesns] regnbågsskimmer **-cent** [-snt] skiftande (skimrande) i regnbågens färger
iridium [aɪˈrɪdɪəm] iridium
iris [ˈaɪərɪs] (*pl ~es el. irides* [ˈaɪərɪdiːz]) **1** *anat.* iris, regnbågshinna **2** *bot.* iris, svärdslilja **iris diaphragm** *foto.* irisbländare
Irish [ˈaɪ(ə)rɪʃ] **I** *a* irländsk, irisk; *~ bull* (*bildl.*) groda, paradox; *~ coffee* Irish coffee (*kaffe med whisky o. vispgrädde*); *the ~ Free State* (*förr*) Irländska fristaten; *the ~ Sea* Irländska sjön; *the ~ Republican Army* Irländska republikanska armén; *~ stew* irländsk fårstuvning (gryta) **II** *s* **1** irländska [språket] **2** *the ~* irländarna **-man** [-mən] irländare **-woman** [-ˌwʊmən] irländska
irk [ɜːk] irritera, reta, förarga **-some** [ˈɜːksəm] irriterande, störande; tråkig; tröttsam
I.R.O. *förk. för* (*BE.*) *Inland Revenue Office; International Refugee Organization*
iron [ˈaɪən] **I** *s* **1** järn (*äv. bildl.*); *med.* järn[preparat]; *a will of ~* en järnvilja; *have many ~s in the fire* ha många järn i elden; *rule with a rod of ~* styra med järnhand; *strike while the ~ is hot* smida medan järnet är varmt **2** stryk-, press|järn **3** *~s* (*pl*) järn, bojor; *put s.b. in ~s* slå ngn i järn (bojor) **4** *golf.* iron, järnklubba **5** *vard.* harpun **6** *AE. sl.* [skjut]järn, revolver **II** *a* järn-, av järn; järnhård; *the I~ Age* järnåldern; *~ constitution* järn|fysik, -hälsa; *the I~ Curtain* järnridån; *~ gray* järn-, stål|grå; *~ grip* järngrepp; *rule with an ~ hand* styra med järnhand; *~ lung* järnlunga; *~ mine* järngruva; *~ ore* järnmalm; *~ rations* (*pl, mil.*) reservproviant **III** *v* **1** stryka, pressa; *~ out a*) stryka (pressa) ut (*veck e.d.*), *b*) *bildl.* utjämna, undanröja (*problems* problem) **2** förse (klä) med järn
iron|bound [ˈaɪənbaʊnd] **1** järnbeslagen **2** (*om kust*) klippig **3** hård, obeveklig **-clad** [-klæd] **I** *s, hist.* pansarskepp **II** *a* **1** bepansrad **2** *bildl.* järnhård, orubblig **3** oantastlig, oangripbar
ironic[al] [aɪˈrɒnɪk(l)] ironisk
ironing [ˈaɪənɪŋ] **1** strykning, pressning; *do the ~* stryka **2** stryktvätt **ironing board** strykbräde
iro|nize (*BE. äv. -nise*) [ˈaɪərənaɪz] ironisera [över]
iron|monger [ˈaɪənˌmʌŋgə] järnhandlare; *~'s* [*shop*] järn|affär, -handel **-mongery** [-ˌmʌŋg(ə)rɪ] *BE.* **1** järnvaror **2** järn|affär, -handel
Ironsides [ˈaɪənsaɪdz] *pl, the ~* järnsidorna (*Cromwells kavalleriregemente el. armé*)
iron|ware [ˈaɪənweə] järnvaror **-work** järn|smide, -gods, -arbete **-works** (*behandlas som sg el. pl*) järn|verk, -bruk
1 irony [ˈaɪərənɪ] ironi
2 irony [ˈaɪənɪ] järn-, järnhaltig
Iroquois [ˈɪrəkwɔɪ, *pl* -z] **I** *s* irokes **II** *a* irokesisk
irradi|ant [ɪˈreɪdjənt] strålande **-ate** [-dɪeɪt] bestråla; *bildl.* belysa, kasta ljus över
irrational [ɪˈræʃənl] **1** irrationell (*äv. mat.*), oberäknelig; orimlig **2** oskälig; *~ animals* oskäliga djur
irreconcilable [ɪˈrekənsaɪləbl] **I** *a* **1** oförsonlig (*enemy* fiende) **2** oförenlig (*to, with* med); *~ opinions* oförenliga åsikter **II** *s* oförsonlig motståndare (inställning)
irrecoverable [ˌɪrɪˈkʌv(ə)rəbl] oersättlig; ohjälpligt förlorad; som inte kan gottgöras; oindrivbar (*debt* skuld)
irredeemable [ˌɪrɪˈdiːməbl] **1** oinlös|lig, -bar (*bond* obligation), som inte kan inlösas (återköpas) **2** ohjälplig, oförbätterlig (*sinner* syndare) **3** oersättlig
irreducible [ˌɪrɪˈdjuːsəbl] oreducerbar (*äv. mat.*); *mat. äv.* som inte går att förenkla; *an ~ minimum* ett absolut minimum

irrefutable [ɪ'refjʊtəbl] obestridlig, ovedersäglig
irregular [ɪ'regjʊlə] **I** *a* **1** oregelbunden (*pulse* puls); ojämn (*surface* yta); inte enhetlig; (*om blomblad e.d.*) osymmetrisk; ~ *teeth* (*verbs*) oregelbundna tänder (verb) **2** (*om trupper*) irreguljär **3** inkorrekt, mot alla regler, avvikande, okonventionell; ~ *behaviour* otillbörligt uppträdande **4** *AE.* (*om varor*) defekt, felaktig **II** *s*, ~*s* (*pl*) irreguljära trupper **-ity** [ɪˌregjʊ'lærətɪ] **1** oregelbundenhet, ojämnhet **2** oriktighet, avvikelse **3** oegentlighet
irrele|vance [ɪ'reləvəns] irrelevans, betydelselöshet, brist på samband, ovidkommande yttrande (faktum *e.d.*) **-vant** [-vənt] irrelevant, som inte hör till saken, betydelselös, ovidkommande
irreligious [ˌɪrɪ'lɪdʒəs] irreligiös, gudlös
irremediable [ˌɪrɪ'mi:djəbl] obotlig, ohjälplig
irremissible [ˌɪrɪ'mɪsəbl] **1** oförlåtlig **2** oeftergivlig
irreparable [ɪ'rep(ə)rəbl] irreparabel; ohjälplig, obotlig; oersättlig
irreplaceable [ˌɪrɪ'pleɪsəbl] oersättlig
irrepressible [ˌɪrɪ'presəbl] okuvlig, obändig; uppsluppen
irreproachable [ˌɪrɪ'prəʊtʃəbl] oförvitlig, oklanderlig
irresist|ibility ['ɪrɪˌzɪstə'bɪlətɪ] oemotståndlighet **-ible** [ˌɪrɪ'zɪstəbl] oemotståndlig
irreso|lute [ɪ'rezəlu:t] obeslutsam, villrådig **-lution** ['ɪˌrezə'lu:ʃn] obeslutsamhet, villrådighet
irrespective [ˌɪrɪ'spektɪv] *a*, ~ *of* oavsett, utan hänsyn till
irrespon|sibility ['ɪrɪˌspɒnsə'bɪlətɪ] oansvarighet; ansvarslöshet **-ible** [ˌɪrɪ'spɒnsəbl] oansvarig; ansvarslös
irretriev|able [ˌɪrɪ'tri:vəbl] oersättlig; ohjälplig **-ably** [-əblɪ] *adv* ohjälpligt, räddningslöst (*lost* förlorad)
irrever|ence [ɪ'rev(ə)r(ə)ns] vanvördnad **-ent** [-(ə)nt] vanvördig
irreversible [ˌɪrɪ'vɜ:səbl] **1** oåterkallelig; bestående **2** irreversibel, som bara går i en riktning
irrevocable [ɪ'revəkəbl] oåterkallelig
irri|gate ['ɪrɪgeɪt] **1** [konst]bevattna **2** *med.* spola, skölja **-gation** [ˌɪrɪ'geɪʃn] **1** [konst]bevattning **2** *med.* spolning, sköljning, irrigation **-gator** ['ɪrɪgeɪtə] sköljkanna
irri|tability [ˌɪrɪtə'bɪlətɪ] [lätt]retlighet, irritabilitet **-table** ['ɪrɪtəbl] [lätt]retlig, irritabel **-tant** ['ɪrɪt(ə)nt] **I** *a* irriterande, som förorsakar irritation, retande **II** *s* irritament, retmedel **-tate** ['ɪrɪteɪt] *bildl.* irritera, reta (*äv. fysiol.*), förarga, oroa **-tating** [-teɪtɪŋ] *bildl.* irriterande, retande (*äv. fysiol.*); retsam; förarglig; ~ *cough* rethosta **-tation** [ˌɪrɪ'teɪʃn] *bildl.* irritation, retning (*äv. fysiol.*)
irrupt [ɪ'rʌpt] **1** tränga in **2** [plötsligt] öka i antal, [plötsligt] tillväxa **irruption** [ɪ'rʌpʃn] **1** infall; inträngande **2** [plötslig] ökning, [plötslig] tillväxt
is [ɪz, *obeton.* z, s] *3 pers. sg pres. av be*
Is. *förk. för Island*[*s*]; *Isle*[*s*]
Isaiah [aɪ'zaɪə] Jesaja
ISBN *förk. för International Standard Book Number* ISBN
isinglass ['aɪzɪŋglɑ:s] husbloss (*slags gelatin*)
Isl. *förk. för Island; Isle*
Islam ['ɪzlɑ:m] islam **-ic** [ɪz'læmɪk] islam[it]isk
island ['aɪlənd] **1** ö (*äv. bildl.*) **2** [*traffic*] ~ refuge **-er** [-ə] öbo
isle [aɪl] *poet. o. i ortnamn* ö; *the I~ of Man* ön Man **islet** ['aɪlɪt] holme, liten ö
ism ['ɪz(ə)m] *vard., ofta neds.* ism
isn't ['ɪznt] = *is not*
ISO *förk. för International Standards Organization* **I.S.O.** *förk. för Imperial Service Order*
isobar ['aɪsə(ʊ)bɑ:] isobar
isolate ['aɪsəleɪt] isolera **isolated** [-ɪd] isolerad; enstaka **isolation** [ˌaɪsə'leɪʃn] isolering **isolation hospital** epidemisjukhus **isolation ward** isolering[savdelning] (*på sjukhus*) **isolationism** [ˌaɪse'leɪʃnɪz(ə)m] isolationism **isolationist** [ˌaɪsə'leɪʃnɪst] **I** *s* isolationist, anhängare av isolationismen **II** *a* isolationistisk
isomer ['aɪsə(ʊ)mə] *s, kem., fys.* isomer **-ic** [ˌaɪsə(ʊ)'merɪk] *a, kem., fys.* isomer
isometrics [ˌaɪsə(ʊ)'metrɪks] (*behandlas som sg*) isometrisk träning
isomor|phic, -phous [ˌaɪsə(ʊ)'mɔ:|fɪk, -fəs] isomorf **isosceles** [aɪ'sɒsɪli:z] *geom.* likbent (*triangle* triangel)
isotherm ['aɪsə(ʊ)θɜ:m] *s, meteor.* isoterm
isotope ['aɪsə(ʊ)təʊp] *kem.* isotop
Israel ['ɪzreɪ(ə)l] Israel **Israeli** [ɪz'reɪlɪ] **I** *s* (*pl* ~, ~[*s*]) israel **II** *a* israelisk **Israelite** ['ɪzˌrɪəlaɪt] **I** *s* israelit **II** *a* israelitisk
issue ['ɪʃu:] **I** *s* **1** utsändande; utdelning; utgiv|ande, -ning (*of new stamps* av nya frimärken); utsläppande; utfärdande; avgivande; emission; *date of* ~ utgivnings|dag, -datum; *the* ~ *of shares* utgivningen av aktier, aktieemissionen **2** utströmmande, utflöde; utsläpp; (*flods*) utlopp **3** upplaga, utgåva (*of a book* av en bok); publikation; nummer (*of a magazine* av en tidskrift) **4** resultat, utgång, följd; utfall; *the* ~ *of the fight* resultatet (utgången) av striden; *that decided the* ~ det avgjorde saken; *force the* ~ tvinga fram ett avgörande **5** avkastning (*av jordegendom e.d.*) **6** avkomma, ättlingar, barn **7** *mil.* tilldelning, ranson; utrustning; *a gun of the latest* ~ en kanon av senaste modell **8** [viktig] fråga, [viktigt] ämne, problem; *jur.* tvistemål, sak; *be at* ~ *a*) vara under debatt (omstridd), *b*) vara oense (*with s.b. on s.th.* med ngn om ngt); *point at* ~ tvistefråga; *evade the* ~ kringgå frågan; *join* (*take*) ~ *with s.b. over* (*on*) *s.th.* vara oense (inlåta sig i diskussion) med ngn om ngt **II** *v* **1** komma [ut], strömma (välla, rinna) ut; utgå; sändas (släppas) ut **2** [här]stamma, härröra (*from* från) **3** ~ *in* resultera (sluta) i **4** sända ut; utfärda (*a driving licence* ett körkort; *orders* order), utställa; sälja (*tickets* biljetter); *the issuing authorities* utfärdande myndighet; ~ *s.b. with a visa* (*a visa to s.b.*) utfärda visum åt ngn **5** (*om bibliotek*) låna ut **6** publicera (*books*); ge (släppa) ut (*new stamps* nya frimärken); emittera (*shares* aktier) **7** dela ut (*utrustning o.d.*); förse, utrusta (*with* med); ~ *s.b. with s.th.* (*s.th. to s.b.*) utrusta (förse) ngn med ngt
isthmus ['ɪsməs] näs
it [ɪt] **I** *pers. pron* **1** den, det; sig; *who is ~?* vem är det?: *~'s me* (*I*)! det är jag!; ~ *is raining* det regnar; *that's ~! a*) det är riktigt (rätt, sant)!, så är det!, *b*) det fattades bara det!; *that's ~ then!* så

där, ja!, det var det!; *that's not* ~ det är inte det som är problemet (saken gäller); *this is* ~*!* nu börjar det!; ~ *is generally believed that* man tror allmänt att **2** *vard., when the brakes didn't work I thought that was* ~ när bromsarna inte tog trodde jag det var ute med mig; *bus* ~ åka buss, ta bussen; *that steak was really* ~ den biffen var verkligen fantastisk (toppen); *have a hard time of* ~ ha det svårt (en svår tid) **II** *s* **1** (*i lekar*) *you're* ~*!* du har den! **2** *vard.* 'det', sex appeal; samlag

It. *förk. för Italian; Italy* **i.t.a., I.T.A.** *förk. för initial teaching alphabet* **ital.** *förk. för italic* **Ital.** *förk. för Italian; Italy*

Italian [ɪ'tæljən] **I** *a* italiensk; ~ *handwriting* lutande handstil **II** *s* **1** italienare; italienska **2** italienska [språket] **-ate** [-eɪt] italianiserad **-ism** [-ɪz(ə)m] italiensk språkegenhet **-ize** (*BE. äv. -ise*) [-aɪz] italianisera

italic [ɪ'tælɪk] **I** *a* **1** lutande (*handwriting* handstil); kursiv (*type* stil) **II** *s,* ~*s* (*pl*) kursivering, kursiv [stil], kursiverad stil; *in* ~*s* med (i) kursiv; *print in* ~*s* kursivera; *the* ~*s are mine* kursiverat av mig **itali|cize** (*BE. äv. -cise*) [ɪ:'tælɪsaɪz] kursivera

Italy [ɪ'tælɪ] Italien

itch [ɪtʃ] **I** *s* **1** klåda **2** starkt begär, lystnad (*for* efter) **II** *v* **1** klia; ha klåda; *my back* ~*es* det kliar på ryggen på mig **2** känna begär (lystnad, lust, längtan) (*to do s.th.* [efter] att göra ngt; *for s.th.* efter ngt); *my fingers* ~ *to...* det kliar i fingrarna på mig att... **itching** ['ɪtʃɪŋ] **I** *s* klåda **II** *a* **1** kliande; ~ *powder* klipulver **2** lysten, hungrig, nyfiken; *have an* ~ *palm* vara girig **itchy** ['ɪtʃɪ] kliande; ~ *cloth* tyg som kliar

item ['aɪtəm] **I** *s* **1** punkt, nummer (*on the programme* på programmet; *on the agenda* på dagordningen) **2** [bokförings]post **3** artikel, sak (*in a catalogue* i en katalog) **4** [*news*] ~ notis, nyhet (*i tidning, TV e.d.*) **II** *adv* likaledes, vidare **-ize** (*BE. äv. -ise*) [-aɪz] specificera, ange i detalj

iter|ate ['ɪtəreɪt] upprepa **-ation** [ˌɪtə'reɪʃn] upprepning **-ative** ['ɪtərətɪv] *språkv.* iterativ

itiner|ant [ɪ'tɪn(ə)r(ə)nt] [kring]resande, kringvandrande; ~ *theatre group* resande teatersällskap **-ary** [ai'tɪn(ə)rərɪ] **I** *s* **1** resväg, rutt; resplan **2** resebeskrivning; resehandbok **II** *a* rese- **-ate** [ɪ'tɪnəreɪt] resa omkring

I.T.O. *förk. för International Trade Organization*

its [its] *poss. pron* dess; sin

it's [its] = *it is; it has*

itself [ɪt'self] *rfl pron* sig, sig själv, själv; *the child dressed* ~ barnet klädde sig [självt]; *and now I get to the problem* ~ och nu kommer jag till själva problemet; *the frame* ~ *is worth £1,000* bara ramen är värd 1 000 pund; *by* ~ för (av) sig själv, själv; *in* ~ i sig själv; *of* ~ av sig själv

itsy-bitsy ['ɪtsɪ'bɪtsɪ], **itty-bitty** ['ɪtɪ'bɪtɪ] *AE. vard.* ynkligt liten

ITV *förk. för Independent Television* **I.U.** *förk. för international unit* **IU[C]D** *förk. för intra-uterine [contraceptive] device*

I've [aɪv] = *I have*

ivo|ry ['aɪv(ə)rɪ] **I** *s* **1** elfenben **2** elfenbensbete **3** elfenbens|färg, -vitt **4** *-ries* (*pl, sl.*) *a*) [piano]tangenter, elfenben, *b*) gaddar (*tänder*), *c*) tärningar, biljardbollar **II** *a* **1** elfenbens-; *the I~ Coast* Elfenbenskusten; ~ *tower* (*bildl.*) elfenbenstorn, avskildhet, isolering

ivy ['aɪvɪ] *bot.* murgröna **Ivy League** *AE., the* ~ toppuniversiteten (*grupp av 8 universitet i ö. USA*)

I.W.W. *förk. för Industrial Workers of the World*

J

J, j [dʒeɪ] (*bokstav*) J, j

J. *förk. för Journal; Judge; Justice* **Ja.** *förk. för January*

jab [dʒæb] **I** *v* **1** sticka; stöta; ~*bing pain* stickande smärta; *he* ~*bed his elbow into my side* han stötte armbågen i sidan på mig **2** stöta (slå) till (*at s.b. with s.th* ngn med ngt); (*i boxning*) jabba (*at* mot) **II** *s* **1** stöt, stick; slag **2** *vard.* stick, spruta

jabber ['dʒæbə] **I** *v* pladdra, babbla, snattra **II** *s* pladder, babblande, snatter

jacaranda [ˌdʒækə'rændə] jakaranda

jacinth ['dʒæsɪnθ] *miner.* hyacint

Jack [dʒæk] *vard. för John*; ~ *Frost* Kung Bore; ~ *Ketch* (*BE. åld.*) bödeln; ~ *the Ripper* (*hist.*) Jack uppskäraren; *before you could say* ~ *Robinson* innan man visste ordet av, i en handvändning; ~ *Tar* (*litt.*) beckbyxa, sjöbuss

jack [dʒæk] **I** *s* **1** karl; *every man* ~ [*of them*] (*vard.*) varenda kotte (en); ~ *of all trades* mångsysslare, tusenkonstnär **2** sjöman, matros **3** *kortsp.* knekt **4** domkraft; vinsch **5** [åsne]hane **6** målklot (*i bowls*) **7** *elektr.* grenuttag; *tel.* jack **8** *AE. sl.* pengar **9** stövelknekt **10** *sjö.* gös (*liten flagga*) **II** *v* **1** ~ [*up*] lyfta (hissa) [upp] (*med domkraft, vinsch e.d.*) **2** *AE.* jaga (fiska) med lampor **3** *vard.,* ~ *up* höja (*prices* priserna) **4** ~ *in* lämna, överge

jackal ['dʒækɔ:l] **1** sjakal **2** underhuggare **3** skurk, svindlare

jack|anapes ['dʒækəneɪps] slyngel; rackarunge; sprätt, snobb **-ass 1** [-æs] *zool.* åsnehingst; skrattfågel **2** [-ɑ:s] *bildl.* åsna, dumskalle **-boot 1** militärstövel; kragstövel **2** totalitärt styre **-daw** [-dɔ:] *zool.* kaja

jackeroo [ˌdʒækə'ru:] *Austr. vard.* ung boskapsskötare

jacket ['dʒækɪt] **1** jacka; kavaj, blazer; *dust a p.'s* ~ (*vard.*) ge ngn på pälsen **2** *tekn.* mantel, kåpa, hölje, beklädnad **3** [skydds]omslag (*på bok*); *AE.* [skiv]omslag; *i sht AE.* mapp **4** skal (*på potatis o.d.*); *potatoes baked in their* ~*s* ugnsbakad potatis

jack|fish ['dʒækfɪʃ] *vard.* [liten] gädda **--in-office** [-ɪnˌɒfɪs] (*pl jacks-in-office*) struntviktig lägre tjänsteman **--in-the-box** [-ɪnðəbɒks] (*pl* *jacks-in-the-box el. jack-in-the-boxes*) gubben i lådan **-knife** [-naɪf] stor fällkniv **--o'-lantern** [-ə(ʊ)ˌlæntən] **1** irrbloss **2** lyktgubbe (*ansikte utskuret ur pumpa*) **-pot** [-pɒt] *spelt.* pott; jackpott; *hit the ~* (*sl.*) *a*) få jackpott, vinna högsta vinsten, *b*) ha en fantastisk tur

jacks [dʒæks] (*slags*) spel med stenar (benbitar)

jack|screw [ˈdʒækskruː] domkraft **-straws** *pl, AE.* skrapnos, plockepinn

Jacob [ˈdʒeɪkəb] Jakob; *~'s ladder a*) himlastege, *b*) *sjö.* lejdare, repstege; *~'s staff* (*sjö.*) Jakobsstav

Jacobean [ˌdʒækə(ʊ)ˈbiːən] *BE. hist.* från (tillhörande) Jakob I:s tid (1603-25)

Jacobin [ˈdʒækə(ʊ)bɪn] *hist.* **I** *s* jakobin **II** *a* jakobinsk, jakobiner-

Jacobite [ˈdʒækə(ʊ)baɪt] *BE. hist.* jakobit

1 jade [dʒeɪd] *miner.* jade

2 jade [dʒeɪd] **I** *s* **1** hästkrake **2** *neds.* hagga; slyna **II** *v* trötta ut **jaded** [ˈdʒeɪdɪd] **1** utsliten, tröttkörd; matt **2** nedsatt (*appetite* aptit)

1 jag [dʒæg] **I** *s* **1** spets, tagg, udd; utsprång **2** jack, hack **II** *v* tanda, göra taggig; göra jack (hack) i

2 jag [dʒæg] *sl.* **1** rus, fylla **2** spritfest, supkalas

jagged [ˈdʒægɪd] tandad, naggad, ojämn

jaguar [ˈdʒægjʊə] *zool.* jaguar

jail [dʒeɪl] **I** *s* fängelse **II** *v* sätta i fängelse

jailbird [ˈdʒeɪlbɜːd] fängelsekund; fånge **jailbreak** rymning [från fängelse] **jailer** [-ə] fångvaktare **jailhouse** *AE.* fängelse **jailor** [-ə] fångvaktare

jalop[p]y [dʒəˈlɒpɪ] *vard.* bilskrälle, rishög

jalousie [ˈʒæluːziː] jalusi, persienn

1 jam [dʒæm] **I** *s* **1** trängsel; anhopning, stockning; blockering; stopp; *traffic ~* trafikstockning; *there's a ~ in the pipe* det är stopp i röret **2** *vard.* knipa, klämma; *get into a ~* råka i knipa **3** *se jam session* **II** *v* **1** stoppa, pressa, klämma (*into* in (ner) i); *be ~med together* vara hopträngda (hopklämda); *~ all facts into one page* klämma in alla fakta på en sida **2** fylla, trängas på; *the street was ~med with cars* gatan var fylld av bilar **3** stoppa, sätta ur funktion, blockera; *~ up* stoppa (bromsa) upp; *don't ~ the lock* ha inte sönder låset **4** klämma, krama, pressa, trycka hårt [på]; *~ on the brakes* ställa sig på bromsen, tvärbromsa **5** *radio.* störa **6** fastna, sitta fast, blockeras, låsa sig; *the window has ~med* fönstret har fastnat **7** *jazzsl.* jamma

2 jam [dʒæm] sylt; marmelad

Jam. *förk. för Jamaica;* (*bibl.*) *James*

Jamai|ca [dʒəˈmeɪkə] Jamaica **-can** [-kən] **I** *s* jamaican **II** *a* jamaicansk

jamb[e] [dʒæm] sido|post, -karm (*på dörr el. fönster*)

jamboree [ˌdʒæmbəˈriː] **1** jamboree, internationellt scoutläger **2** skiva, hippa

James [dʒeɪmz] Jakob; *~* [*the Great*] (*aposteln*) Jakob; *the Epistle of ~* Jakobs brev; *the Court of Saint James* (*officiell benämning på*) brittiska hovet

jamming [ˈdʒæmɪŋ] *radio.* störning **jamming station** störningssändare

jam-packed [ˈdʒæmpækt] proppfull

jam session *sl.* jam session (*sammankomst med improviserat jazzspel*)

Jan. *förk. för January*

jane [dʒeɪn] *AE. sl.* tjej, brud

jangle [ˈdʒæŋgl] **1** skrälla, låta illa; skramla, klirra, rassla, gnissla **2** skramla (klirra, rassla) med; *it ~d my nerves* det gick mig på nerverna

janissary [ˈdʒænɪsərɪ] *hist.* janitsjar

jani|tor, -tress *fem.* [ˈdʒænɪ|tə, -trɪs] **1** *Sk.* [skol]vaktmästare **2** *i sht AE.* fastighetsskötare, portvakt

janizary [ˈdʒænɪzərɪ] *se janissary*

January [ˈdʒænjʊərɪ] januari

Janus-faced [ˈdʒeɪnəsfeɪst] med janusansikte; *bildl.* hycklande, falsk

Jap [dʒæp] *a o. s, vard. för Japanese* **Japan** [dʒəˈpæn] Japan **japan** [dʒəˈpæn] **I** *s* **1** japanlack **2** japanskt lackarbete **II** *v* lackera [med japanlack] **Japanese** [ˌdʒæpəˈniːz] **I** *a* japansk **II** *s* **1** (*pl lika*) japan **2** japanska [språket]

jape [dʒeɪp] **I** *s* skoj, skämt **II** *v* skoja, skämta

japonica [dʒəˈpɒnɪkə] *bot.* **1** japansk kvitten **2** kamelia

1 jar [dʒɑː] **1** burk, kruka **2** *BE. vard.* glas; *have a ~ with s.b.* ta ett glas med ngn

2 jar [dʒɑː] **I** *s* **1** skakning; stöt; skallrande, skrammel **2** gnissel, skorrande (skärande) ljud; disharmoni **3** *bildl.* chock **4** *bildl.* konflikt, oenighet **II** *v* **1** skaka, vibrera, skallra **2** gnissla, skorra, skära (*against, on* mot, i); låta illa (falskt), inte harmoniera; *his voice ~s on my ears* hans röst skär i mina öron **3** *bildl.*, *~ on* irritera, plåga; *it ~s on my nerves* det går mig på nerverna **4** strida, skära sig (*with* mot), inte gå ihop (*with* med)

3 jar [dʒɑː] *s, on a* (*the*) *~* på glänt

jargon [ˈdʒɑːgən] **I** *s* **1** jargong, fackspråk; fikonspråk **2** struntprat, dravel; rotvälska **II** *v* använda jargong *etc.*

jarring [ˈdʒɑːrɪŋ] **1** vibrerande **2** skärande, gäll; disharmonisk

Jas. [dʒeɪmz] *förk. för* (*bibl.*) *James*

jasmine [ˈdʒæsmɪn] *bot.* jasmin

jasper [ˈdʒæspə] *miner.* jaspis

jaun|dice [ˈdʒɔːndɪs] **1** gulsot **2** *bildl.* avundsjuka, missunnsamhet, bitterhet **-diced** [-dɪst] avundsjuk, missunnsam, bitter; *take a ~ view of s.th.* betrakta ngt med avund (bitterhet)

jaunt [dʒɔːnt] **I** *v* göra en utflykt **II** *s* utflykt, utfärd, tur

jaunty [ˈdʒɔːntɪ] **1** lätt och ledig, obesvärad; pigg, rask **2** piffig, käck (*hat* hatt)

Java [ˈdʒɑːvə] Java **Javan** [-(ə)n], **Javanese** [ˌdʒævəˈniːz] **I** *a* javanesisk **II** *s* javanes

javelin [ˈdʒævlɪn] [kast]spjut; *the ~, throwing the ~, ~ throwing* spjutkastning

jaw [dʒɔː] **I** *s* **1** käke; haka; *lower ~* underkäke; *upper ~* överkäke **2** käft[ar] (*på verktyg o.d.*) **3** *~s* (*pl, bildl.*) käftar, gap; *the ~s of death* dödens käftar **4** *~s* (*pl*) trång mynning, trångt pass **5** *sl.* käftande; snack; moralpredikan **II** *v* **1** *sl.* snacka, babbla; hålla moralpredikan

jaw|bone [ˈdʒɔːbəʊn] käkben; underkäke **-breaker** [-ˌbreɪkə] *vard.* tungvrickande ord

jay [dʒeɪ] **1** *zool.* nötskrika **2** dumskalle; lättlurad person **-walker** [-ˌwɔːkə] oförsiktig fotgängare, laura

jazz [dʒæz] **I** *s* jazz **2** *vard.* fart, kläm **3** *sl.* svammel, snack; grejer; *and all that* ~ och allt det där **II** *v* **1** spela (dansa) jazz **2** *vard.*, ~ *up a*) jazza upp, *b*) pigga upp, sätta fart (sprutt) på **jazzy** ['dʒæzɪ] *vard.* **1** jazzig **2** gräll, skrikig; häftig

J.C. *förk. för Jesus Christ; Julius Caesar* **J.C.D.** *förk. för Doctor of Canon Law* (*lat. Juris Canonici Doctor*); *Doctor of Civil Law* (*lat. Juris Civilis Doctor*) **J.C.R.** *förk. för junior common room* (rum för yngre studenter i Cambridge) **jct[n].** *förk. för junction* **J.D.** *förk. för Doctor of Laws* (*lat. Jurum Doctor*); *juvenile delinquent*

jealous ['dʒeləs] **1** svartsjuk; avundsjuk (*of* på); missunnsam (*of* mot) **2** mån, rädd (*of* om); ängsligt vaksam (*of* på); *keep a* ~ *eye on* (*watch over*) misstroget bevaka **3** *bibl.* nitälskande (*God* Gud) **jealousy** [-ɪ] **1** svartsjuka; avundsjuka; misstänksamhet **2** ängslig vaksamhet **3** nitälskan

Jean [dʒi:n]

jean [dʒeɪn] denim, jeanstyg **jeans** [dʒi:nz] *pl* jeans[byxor]

jeep [dʒi:p] jeep

jeepers [creepers] ['dʒi:pəz ('kri:pəz)] *interj, AE. sl.* jösses!

jeer [dʒɪə] **I** *v* hånskratta (*at* åt); driva, skoja (*at* med) **II** *s* glåpord, gliring **-ing** ['dʒɪərɪŋ] **I** *a* hånfull, spydig **II** *s* hånfullhet, spydighet

Jehovah [dʒɪ'həʊvə] Jehova, Jahve; ~*'s Witnesses* Jehovas vittnen

jejune [dʒɪ'dʒu:n] **1** enkel, okonstlad **2** torr, tråkig **3** torftig, ofruktbar

Jekyll and Hyde ['dʒekɪlən'haɪd] doktor Jekyll och mister Hyde; ~*-and-Hyde personality* dubbelnatur

jell [dʒel] **I** *v* **1** bli [till] gelé; stelna **2** *bildl.* ta [fast] form **II** *s, AE. vard.* gelé

jelly ['dʒelɪ] **I** *s* **1** gelé **2** aladåb; *beat s.b. to a* ~ (*vard.*) göra slarvsylta (mos) av ngn **II** *v* göra gelé av; koka in i gelé; *jellied eel* ål i gelé **jelly babies** *BE.* sega gubbar (*godis i form av en baby*) **jellybean** gelékaramell **jellyfish** *zool.* manet

jemmy ['dʒemɪ] **I** *s* **1** kofot (*verktyg*) **II** *v* bryta upp med kofot

jenny ['dʒenɪ] hona; ~ *ass* (*donkey*) åsninna; ~ *wren* gärdsmygshona

jeop|ardize (*BE. äv. -ardise*) ['dʒepədaɪz] riskera, äventyra, sätta på spel **-ardy** [-ədɪ] fara; *in* ~ i fara; *be in* ~ *of one's life* sväva i livsfara

jeremiad [ˌdʒerɪ'maɪəd] jeremiad, klagovisa

Jeremiah [ˌdʒerɪ'maɪə] Jeremia

Jericho ['dʒerɪkəʊ] Jeriko; *go to* ~*!* (*vard.*) dra åt skogen!

jerk [dʒɜ:k] **I** *s* **1** ryck, knyck; kast, släng; stöt; [kramp]ryckning; *physical* ~*s* (*BE. vard.*) gymnastik; *give a* ~ rycka till **2** *AE. sl.* fåntratt, stolle **II** *v* **1** rycka, knycka; kasta (slänga) [i väg]; stöta till; vrida till; ~ *out* kasta ur sig, spotta fram (*words* ord) **2** rycka till **3** *AE. vulg.* runka (*onanera*)

jerkin ['dʒɜ:kɪn] väst; *hist.* ärmlös läderjacka

jerkwater ['dʒɜ:kˌwɔ:tə] *AE. vard.* provinsiell; betydelselös; ~ *town* gudsförgäten stad

jerky ['dʒɜ:kɪ] ryckig, knyckig; stötig; krampaktig

jerrican ['dʒerɪkæn] vattendunk; bensindunk; jeepdunk

Jerry ['dʒerɪ] *s, BE. sl.* tysk; tyskarna

jerry ['dʒerɪ] *BE. vard.* potta

jerry|-build ['dʒerɪbɪld] bygga dåliga hus, göra ett fuskbygge **-builder** [-ˌbɪldə] byggmästare som bygger dåliga hus **-building** [-ˌbɪldɪŋ] fuskbygge

jerry can ['dʒerɪkæn] bensin-, jeep|dunk

jersey ['dʒɜ:zɪ] **1** tröja, pullover **2** jersey (*tyg*) **jersey wool** yllejersey

Jerusalem [dʒə'ru:s(ə)ləm] Jerusalem; ~ *artichoke* jordärtskocka

jessamine ['dʒesəmɪn] *bot.* jasmin

jest [dʒest] **I** *s* skämt, skoj; gyckel, drift; *in* ~ på skämt (skoj) **II** *v* skämta, skoja (*about* om); gyckla, driva **-er** ['dʒestə] **1** *hist.* narr, gycklare **2** skämtare **-ing** ['dʒestɪŋ] **I** *a* skämtsam; *it's no* ~ *matter* det är ingenting att skämta om **II** *s* skämt, skoj; gyckel, drift

Jesuit ['dʒezjʊɪt] jesuit

Jesus ['dʒi:zəs] Jesus; ~ *Christ* Jesus Kristus; *the Society of* ~ jesuitorden, Jesu sällskap

1 jet [dʒet] **I** *s* **1** stråle; ström; *thin* ~ *of water* fin vattenstråle; ~ *of gas* utströmmande gas **2** *tekn.* munstycke **3** jet[flyg]plan **II** *v* **1** spruta (strömma) ut **2** spruta på **3** flyga med jet[flyg]plan

2 jet [dʒet] *miner.* jet, gagat

jetblack [ˌdʒet'blæk] kolsvart

jet engine ['dʒetˌendʒɪn] jetmotor **jet lag** [-læg] rubbad dygnsrytm (*efter längre resa med jetplan*) **jet plane** [-pleɪn] jetplan **jet-propelled** [-prə'peld] jetdriven **jet propulsion** [-prəˌpʌlʃn] jetdrift

jetsam ['dʒetsəm] gods som kastats över bord (*i sjönöd*); vrakgods, strandfynd; *jfr flotsam*

jet set ['dʒetset] jet set (*överklass som rör sig mellan världens nöjescentra*)

jetsom ['dʒetsəm] *se jetsam*

jettison ['dʒetɪsn] **I** *v* **1** kasta bort, göra sig av med (*old clothes* gamla kläder); överge, förkasta (*plan* plan) **2** kasta över bord **II** *s* gods som kastats över bord

jetty ['dʒetɪ] vågbrytare, pir; [utskjutande] brygga

Jew [dʒu:] **I** *s* jude **II** *a, neds.* judisk **--baiting** ['dʒu:ˌbeɪtɪŋ] judeförföljelse

jewel ['dʒu:əl] **I** *s* **1** juvel, ädelsten; smycke; *bildl.* klenod, pärla, skatt **2** sten (*i ur*) **II** *v* **1** pryda med juveler **2** förse (*ur*) med stenar **jewel box (case)** juvel-, smycke|skrin **jeweler** *AE.*, **jeweller** *BE.* [-ə] juvelerare, guldsmed; *at the* ~*'s* i guldsmedsaffären, hos guldsmeden **jewellery** *BE.*, **jewelry** *AE.* [-rɪ] **1** juveler; smycken; *a piece of* ~ ett smycke **2** juvelerar-, guldsmeds|-yrket

Jewess ['dʒu:ɪs] judinna **Jewish** [-ɪʃ] judisk **Jewry** ['dʒʊərɪ] **1** *koll.* judarna; judendomen **2** judekvarter **jew's harp** [ˌdʒu:z'hɑ:p] mungiga

1 jib [dʒɪb] **1** *sjö.* klyvare **2** *the cut of a p's* ~ ngns uppträdande (sätt, uppsyn)

2 jib [dʒɪb] *i sht BE.* **1** rygga, dra sig (*at* för); ~ *at* (*äv.*) streta emot, skygga för **2** (*om häst*) vägra, skygga (*at* inför)

3 jib [dʒɪb] kranarm

4 jib [dʒɪb] *dial.* grimas

jib boom [ˌdʒɪ(b)'bu:m] *sjö.* klyvarbom

J

jiff[y] ['dʒɪf(ɪ)] *vard.* ögonblick; *in a* ~ på ögonblicket, genast
jig [dʒɪg] **I** *s* **1** jigg (*slags dans*); jiggmelodi **2** *tekn.* jigg **3** (*vid fiske*) pilk, pimpel **II** *v* **1** dansa jigg, jigga **2** skutta (hoppa) [upp och ner] **3** pilka, pimpla **4** låta hoppa (gunga) upp och ner
jigger ['dʒɪgə] **I** *s* **1** jiggdansör **2** litet [whisky]glas **3** *AE. vard.* grej, manick
jiggered ['dʒɪgəd] **1** *vard., I'm ~ if I'll do it* så tusan heller att jag gör det **2** *dial.* uttröttad
jiggery-pokery [ˌdʒɪgərɪ'pəʊkərɪ] *vard., i sht BE.* fiffel, skoj[eri], bluff; knep
jiggle ['dʒɪgl] vicka; ruska på; rycka i (*the door handle* dörrhandtaget)
jigsaw ['dʒɪgsɔ:] löv-, kontur|såg; ~ [*puzzle*] pussel
jilt [dʒɪlt] överge, ge på båten
jim crow ['dʒɪm 'krəʊ] *s, AE.* **1** diskriminering av negrer **2** *neds.* nigger **jim-crow** *a, AE.* rasdiskriminerande; neger-; [gällande] endast för negrer
jim-dandy [dʒɪm'dændɪ] *AE. vard.* toppen, jättebra
jimjams ['dʒɪmdʒæmz] **1** *sl.* dille (*delirium*) **2** nervositet, oro; *it gives me the* ~ det gör mig nervös (skakis)
Jimmy ['dʒɪ:ɪ] *vard.* **1** James **2** skotte
jimmy ['dʒɪmɪ] *AE., se jemmy*
jingle ['dʒɪŋgl] **I** *v* **1** (*om klockor*) klinga, pingla; (*om mynt, nycklar*) skramla, klirra **2** klinga (pingla) med; skramla (klirra) med **II** *s* **1** (*klockors*) klingande, pinglande; (*mynts, nycklars*) skramlande, klirr[ande] **2** rytmisk (slående) vers, ramsa; *advertising* ~ reklamsnutt
jingo ['dʒɪŋgəʊ] **I** *s* **1** (*pl ~es*) chauvinist, 'jingo' **2** *by ~!* för tusan! **II** *a* chauvinistisk **-ism** [-iz(ə)m] chauvinism **-istic** [ˌdʒɪŋgəʊ'ɪstɪk] chauvinistisk
jinks [dʒɪŋks] *pl, high ~s* skoj, upptåg
jinn [dʒɪn] djinn, demon, ande
jin|rikisha, -ri[c]ksha, -rickshaw [ˌdʒɪn'rɪkʃə] [jin]riksha
jinx [dʒɪŋks] olycksbringare (*pers. o. sak*); *be* (*put*) *a ~ on* dra olycka över
jitter ['dʒɪtə] *vard.* **I** *v* vara nervös (orolig) **II** *s, get the ~s* få stora darren, bli skakis **jitterbug I** *s* **1** jitterbug **2** jitterbuggare; *bildl.* nervknippe, nervös person **II** *v* dansa jitterbug **jittery** [-rɪ] *vard.* skakis, nervis
jive [dʒaɪv] **I** *s* **1** jive (*dans*) **2** ~ [*talk*] jive (*sl. bland svarta jazzmusiker*) **II** *v* dansa jive
J.J. *förk. för Judges; Justices* **jnr.** *förk. för junior*
Joan [dʒəʊn] Joan; [*Saint*] ~ *of Arc* Jeanne d'Arc
Job [dʒəʊb] Job; *the Book of* ~ (*bibl.*) Jobs bok; *~'s comforter* dålig tröstare (*som gör saken värre*); *the patience of* ~ en ängels tålamod
job [dʒɒb] **I** *s* **1** arbete; [arbets]uppgift; *vard.* jobb (*anställning*); *it's your ~ to make coffee* det är din uppgift (ditt jobb) att göra kaffe; *be on the* ~ *a*) vara mitt uppe i sitt arbete, *b*) *BE. vulg.* knulla; *bring new ~s to a region* skaffa nya arbetstillfällen till en region; *I have a ~ to do* jag har ett arbete att utföra; *know one's* ~ kunna sitt arbete; *make a good* (*bad*) *~ of s.th.* göra ngt bra (dåligt) **2** arbete, produkt; *the cabinet is a lovely* ~ skåpet är ett underbart arbete **3** *vard.* jobb, hårt arbete, slit, knog, svår uppgift; *I had a ~ doing it* (*to do it*) det var jobbigt (ett slit) att göra det; *it's quite a* ~ det är en svår uppgift **4** *vard.* sak, grej; affär; fall; *just the ~!* just precis (vad som behövdes)!, vilken bra grej (idé)!; *it's a good ~!* vilken tur!; *and a good ~ too!* och gudskelov för det!; *that's not my* ~ det är inte min sak; *that should do the* ~ det borde göra susen; *give s.b.* (*s.th.*) *up as a bad* ~ anse ngn (ngt) vara ett hopplöst fall **5** *vard.* stöt, inbrott **6** *barnspr., do a big* (*little*) ~ bajsa (kissa) **7** jobberi **II** *v* **1** arbeta på ackord; ha tillfälliga arbeten **2** jobba, spekulera (*in* i, med); mygla, fiffla **3** (*som mellanhand*) göra affärer (*in* i); *BE.* arbeta som börsmäklare **4** ~ [*out*] lägga ut (*work among contractors* arbete på entreprenörer)
jobber ['dʒɒbə] **1** ackordsarbetare; tillfällighetsarbetare **2** mellanhand, grossist; *BE.* börsmäklare **3** jobbare, svartabörshaj **jobbery** [-rɪ] korruption, mygel; jobberi **jobbing** [-ɪŋ] *a, ~ printer* accidenstryckare **jobless** [-lɪs] arbetslös **job lot** *hand.* [blandat] varuparti
Jock [dʒɒk] *sl.* skotte
jockey ['dʒɒkɪ] **I** *s* **1** jockej, jockey **2** *AE. sl.* förare **II** *v* **1** rida på (*a horse in a race* en häst i en kapplöpning) **2** lura (*s.b. into doing s.th.* ngn att göra ngt); manövrera (*s.b. out of a job* bort (ut) ngn från ett arbete) **3** ~ *for position* (*i kapplöpning o. bildl.*) manövrera sig till en bra position
jockstrap ['dʒɒkstræp] suspensoar
jocose [dʒə(ʊ)'kəʊs] skämtsam; munter **jocosity** [-'kɒsətɪ] skämtsamhet; munterhet
jocular ['dʒɒkjʊlə] skämtsam, lustig, humoristisk **-ity** [ˌdʒɒkjʊ'lærətɪ] skämtsamhet, lustighet, humor
jocund ['dʒɒkənd] glad, livad, munter
jodhpurs ['dʒɒdpəz] *pl* **1** jodhpurs (*slags ridbyxor*) **2** (*äv. jodhpur boots*) jodhpurs (*slags ridkängor*)
Joe [dʒəʊ] **1** *kortform för Joseph* **2** *AE. sl.* karl, kille; menig [soldat], värnpliktig; ~ *Blow* (*äv. Austr.*) genomsnitts|amerikan, -australiensare
joey ['dʒəʊɪ] *Austr. vard.* **1** känguruunge **2** ungdjur; unge
jog [dʒɒg] **I** *v* **1** jogga; ~ *on* (*along*) lunka (skumpa, trava) [fram]; *we must be ~ging* vi måste knalla **2** knuffa (stöta, puffa) till; låta gunga (guppa), komma att skumpa **3** ~ *a p.'s memory* friska upp ngns minne, ge ngn en påstötning **II** *s* **1** knuff, stöt **2** [sakta] lunk
joggle ['dʒɒgl] **I** *v* **1** skaka (ruska) [på] **2** hopfoga med tapp **II** *s* **1** skakande, skumpande; skakning **2** tappfog; klack
jog trot ['dʒɒgtrɒt] **I** *s* jämn (sakta) lunk; *bildl. äv.* slentrian, rutin **jog-trot I** *a* lugn och maklig, slentrian-, rutin|mässig **II** *v* lunka på; gå i den gamla vanliga lunken
John [dʒɒn] John; (*som kunganamn*) Johan; *bibl.* Johannes; ~ *the Baptist* Johannes Döparen; ~ *Bull* John Bull (*personifikation av England o. eng. folket*), typisk engelsman; ~ *Doe* (*jur., förr*) N.N. (*fingerad kärande i vräkningsmål*); ~ *Hancock* (*AE. vard.*) namnteckning, signatur **john** *AE. sl., the* ~ muggen (*toan*)
johnny ['dʒɒnɪ] *BE.* **1** *vard.* kille, grabb, gosse **2** *sl.* kondom **johnny cake** *AE. o. Austr.* (*slags*)

majskaka
joie de vivre [ʒwɑ:də'vi:vr] livs|glädje, -lust
join [dʒɔɪn] **I** *v* **1** förena, förbinda (*to* med); foga (knyta, slå) samman; ~ *battle* drabba samman, kämpa; ~ *hands a*) knäppa händerna, *b*) räcka varandra händerna, *c*) förena sina krafter, samverka; ~ *two things together* förena (förbinda) två saker [med varandra]; ~*ed in marriage* förenade i äktenskap, [samman]vigda **2** gå in i (vid); bli medlem av (i); ansluta sig till; förena sig (slå sig samman) med; ~ *a university* börja [läsa] vid universitet; *will you ~ us?* vill du göra oss sällskap (följa med oss)?, kommer du med [oss]?; *the river ~s the sea at* floden mynnar i havet vid **3** *vard.* gränsa till **4** ~ [*together*] förenas, vara förenad, förena sig (*in* i; *with* med); (*om floder*) flyta samman (ihop); (*om vägar*) mötas; ~ *together in doing s.th.* göra ngt gemensamt (tillsammans); ~ *in a*) delta[ga] i (*a demonstration* en demonstration), blanda (lägga) sig i (*the conversation* samtalet), stämma in i (*the chorus* refrängen), *b*) bli medlem i; *won't you ~ in?* vill du inte komma (vara) med?; ~ *up a*) bli soldat, ta värvning, *b*) (*om vägar e.d.*) mötas, *c*) förena sina krafter **5** gränsa till varandra **II** *s* skarv, fog
join|er ['dʒɔɪnə] *i sht BE.* [möbel]snickare **-ery** [-rɪ] snickeri[arbete]
joint [dʒɔɪnt] **I** *s* **1** sammanfogning; fog, skarv; skarvställe; skarvstycke **2** *anat., biol., bildl.* led; *out of* ~ ur led, ur gängorna, i olag **3** *slaktar.* [styckad] bit; stek; ~ *of veal* kalvstek **4** *sl.* sylta, dåligt ställe, sämre bar (nattklubb); håla, kvart **5** *sl.* joint (*marijuanacigarrett*) **II** *a* förenad, förbunden; gemensam, samfälld (*estate* egendom), delad; med-; ~ *account* gemensamt [bank]konto, gemensam räkning; ~ *heir* medarvinge; ~ *ownership* gemensam äganderätt; ~ *resolution* (*AE.*) gemensamt beslut (*av båda lagstiftande församlingarna*); ~ *stock* aktiekapital **III** *v* **1** hop-, samman|foga, förbinda **2** *slaktar.* stycka
jointed ['dʒɔɪntɪd] ledad, försedd med leder **jointly** [-lɪ] *adv* gemensamt, samfällt **joint-stock** [-stɒk] *a,* ~ *company* aktiebolag **jointure** [-ʃə] *jur.* änkesäte; änkas arvslott
joist [dʒɔɪst] [bärande] bjälke (balk)
joke [dʒəʊk] **I** *s* **1** skämt; kvickhet, vits, rolig historia; spratt, upptåg; *for a* ~ på skoj (skämt); *crack* (*make*) ~*s* vitsa, skämta; *make a ~ of s.b.* skämta (driva) med ngn; *it's no* ~ det är inget skämt (att skämta om); *the ~ was on me* det var mig skämtet gick ut över; *it's getting beyond* ~ det börjar gå för långt, det är inte roligt längre; *play a ~ on s.b.* spela ngn ett spratt; *I don't see the* ~ jag kan inte se det roliga i det; *take a* ~ tåla skämt **2** föremål för skämt, person man driver med **II** *v* **1** skämta, skoja (*about* om); göra sig lustig (*on* över) **2** driva med, göra narr av
joker ['dʒəʊkə] **1** skämtare **2** *sl.* kille, grabb **3** *kortsp.* joker **jokey** [-ɪ] skämtsam **joking** [-ɪŋ] **I** *a* skämtsam; *I'm not in a ~ mood* jag är inte på skämthumör **II** *s* skämt, skoj; ~ *apart* skämt åsido **jokingly** [-ɪŋlɪ] *adv* på skämt, skämtsamt **joky** [-ɪ] skämtsam
jolli|fication [ˌdʒɒlɪfɪ'keɪʃn] festlighet; muntration **-ty** ['dʒɒlətɪ] munterhet, glädje, uppsluppenhet; *-ties* (*BE., pl*) fest, party
jolly ['dʒɒlɪ] **I** *a* glad, munter, uppsluppen; gemytlig, trevlig; *vard.* glad, på snusen; *J~ Roger* sjörövarflagga[n] (*med dödskalle o. korsade benknotor*) **II** *adv, BE. vard.* mycket, väldigt (*nice* trevlig); ~ *good* fantastisk, jättefin, riktigt bra; *a ~ good fellow* en väldigt bra karl, en hedersknyffel **III** *v, vard.* **1** ~ *s.b.* [*up, along*] muntra (pigga) upp ngn
jolly boat ['dʒɒlɪbəʊt] jolle
jolt [dʒəʊlt] **I** *v* **1** stöta till **2** *bildl.* skaka om, rycka upp, chocka **3** skaka, skumpa **II** *s* **1** skakning, stöt **2** chock
Jon. *förk. för* (*bibl.*) *Jonah*
Jonah ['dʒəʊnə], **Jonas** ['dʒəʊnəs] **1** *bibl.* Jona **2** olycksbringare **Jonathan** ['dʒɒnəθ(ə)n] *bibl.* Jonatan
jonquil ['dʒɒŋkwɪl] *bot.* jonkvill (*slags narciss*)
Jor|dan ['dʒɔ:dn] **1** *the* ~ Jordan[floden] **2** Jordanien **-danian** [dʒɔ:'deɪnjən] **I** *a* jordansk **II** *s* jordanier
Joseph ['dʒəʊzɪf] *bibl.* Josef
josh [dʒɒʃ] *AE. vard.* **I** *s* skoj, gyckel, drift **II** *v* skoja (gyckla, driva) med **Joshua** ['dʒɒʃwə] *bibl.* Josua
joss [dʒɒs] kinesisk avgudabild **joss house** ['dʒɒshaʊs] kinesiskt tempel **joss stick** ['dʒɒsstɪk] rökelsepinne
jostle ['dʒɒsl] **I** *v* **1** knuffa [till], stöta till; knuffa undan **2** trängas, knuffas; tränga sig fram **II** *s* knuff, stöt; knuffande, trängsel; kollision
jot [dʒɒt] **I** *s* jota, dugg; *I don't care* (*give*) *a* ~ jag bryr mig inte ett dugg om det **II** *v* ~ [*down*] kasta (krafsa) ner, anteckna **-ter** ['dʒɒtə] liten anteckningsbok **-ting** ['dʒɒtɪŋ] anteckning
joule [dʒu:l] *fys.* joule
jounce [dʒaʊns] **I** *v* skaka **II** *s* skakning
journal ['dʒɜ:nl] **1** tidning; tidskrift, journal **2** journal; dagbok (*äv. bokför.*); liggare; skeppsdagbok, loggbok; domstolsprotokoll; *keep a* ~ föra dagbok **2** *tekn.* axeltapp **-ese** [ˌdʒɜ:nə'li:z] *neds.* tidningsjargong **-ism** ['dʒɜ:nəlɪz(ə)m] journalistik **-ist** ['dʒɜ:nəlɪst] journalist, tidningsman **-istic** [ˌdʒɜ:nə'lɪstɪk] journalistisk **-ize** (*BE. äv. -ise*) ['dʒɜ:nəlaɪz] föra in i journal (dagbok)
journey ['dʒɜ:nɪ] **I** *s* resa; *make a* ~ göra en resa; *go* (*set out*) *on a* ~ åka på en resa, resa bort; *reach one's ~'s end* (*litt.*) nå sitt mål, nå slutet **II** *v* resa **-man** [-mən] **1** gesäll **2** duglig arbetare
joust [dʒaʊst] **I** *s* tornering **II** *v* tornera
Jove [dʒəʊv] Jupiter; *by ~!* ta mig tusan!, för tusan!
jovi|al ['dʒəʊvjəl] jovial[isk], fryntlig, gladlynt **-ality** [ˌdʒəʊvɪ'ælətɪ] jovialitet, fryntlighet, gladlynthet
jowl [dʒaʊl] **1** [under]käke, haka **2** *vanl. pl* kind, kindben
joy [dʒɔɪ] **I** *s* **1** glädje, fröjd, nöje; källa till glädje; *wish s.b.* ~ lyckönska ngn **2** *BE. vard.* framgång; *I didn't get much* ~ jag hade inte ngn vidare framgång **II** *v* glädjas, fröjdas
joyful ['dʒɔɪf(ʊ)l] glad, upprymd; glädjande **joyfulness** [-nɪs] glädje, glad stämning, upprymdhet, munterhet **joyless** [-lɪs] glädjelös **joyous** [-əs] glad; glädjande **joy ride** *vard.* nöjestripp (*i sht i stulen bil*) **joy stick** *vard.* styrspak (*i flygplan o. dataspel*)

J

J.P. *förk. för Justice of the Peace* **Jr., jr.** *förk. för junior* **J.S.D.** *förk. för Doctor of Juristic Science* **jt.** *förk. för joint*

jubi|lant [ˈdʒu:bɪlənt] jublande, överlycklig **-late** [-leɪt] **1** jubla **2** jubilera **-lation** [ˌdʒu:bɪˈleɪʃn] **1** jubel **2** jubileumsfest **-lee** [ˈdʒu:bɪli:] **1** *bildl.* fröjdetid **2** jubileum (*i sht 25- el. 50-årsjubileum*) **3** *rom.-kat.* jubelår

J.U.D. *förk. för Doctor of Canon and Civil Law* (*lat. Juris Utriusque Doctor*)

Judaea [dʒu:ˈdɪə] Judéen

Judah [ˈdʒu:də] *bibl.* Juda

judaic[al] [dʒu:ˈdeɪk(l)] judisk, judaistisk **Judaism** [ˈdʒu:deɪɪz(ə)m] judendom, judaism

Judas [ˈdʒu:dəs] *bibl.* Judas; *bildl.* judas, förrädare **judas [hole, window]** titthål (*i dörr*)

judder [ˈdʒʌdə] *vard., i sht BE.* **I** *v* skaka, vibrera **II** *s* skakning, vibration; ryck

Judea [dʒu:ˈdɪə] Judéen

judge [dʒʌdʒ] **I** *s* domare; kännare, bedömare; [*the Book of*] *J~s* (*bibl.*) Domareboken; *J~ Advocate General* (*pl J~ Advocates General el. J~ Advocate Generals*) chefsjurist (*vid krigsrätt*); *be a good ~ of antiquities* vara antikvitetskännare, förstå sig på antikviteter; *be no ~ of s.th.* inte kunna bedöma ngt; *I'll be the ~ of that* det måste jag få avgöra själv **II** *v* **1** döma, fälla dom över **2** [be]döma; bestämma, avgöra; *you can ~ for yourself which is best* du kan bedöma (bestämma, avgöra) själv vilket som är bäst; *as far as I can ~* såvitt jag kan bedöma; *you shouldn't ~ people by appearance* man skall inte döma människor efter utseendet **3** anse [för]; *that was ~d to be the best* det ansågs vara det bästa **4** sitta (tjänstgöra) som domare **5** fälla omdöme, döma (*of* om, över); *judging from* (*by*) att döma av

judg[e]ment [ˈdʒʌdʒmənt] **1** dom, domslut, utslag; *give* (*deliver, pass, pronounce*) ~ fälla (avkunna) dom, fälla utslag (*on* över); *sit in ~ on a*) sitta som domare i (*a case* ett mål), *b*) sitta (sätta sig) till doms över **2** [straff]dom, straff **3** dom, kritik **4** bedöm|ning, -ande; omdöme[sförmåga]; *error of ~* felbedömning; *good ~ of distance* god förmåga att bedöma avstånd; *in my ~* enligt mitt bedömande (min mening); *against one's better ~* mot bättre vetande; *give one's ~ on* ge sitt omdöme om; *show ~* visa omdöme[sförmåga] **Judgment** [ˈdʒʌdʒmənt] *s, the Last* (*General*) ~ yttersta domen; *~ Day, the Day of ~* domedagen, yttersta dagen

judicature [ˈdʒu:dɪkətʃə] **1** rätt[s]skipning, jurisdiktion, domsrätt **2** domarkår **3** domstol; *the ~* (*äv.*) domstolarna

judi|cial [dʒu:ˈdɪʃl] **1** rättslig, juridisk, rätts-; domstols-, judiciell; dömande, domar-; *~ murder* justitiemord; *take* (*bring*) *~ proceedings against* vidtaga laga (rättsliga) åtgärder mot **-ciary** [-ʃərɪ] **I** *s, the ~ a*) rättsväsendet, *b*) domstol, domstolsmyndighet, *c*) domarkåren **II** *a, se judicial* **-cious** [-ʃəs] omdömesgill, förståndig, klok

Judith [ˈdʒu:dɪθ] *bibl.* Judit

judo [ˈdʒu:dəʊ] judo

Judy [ˈdʒu:dɪ] **1** Judy (*Punchs maka, jfr Punch*) **2** *BE. sl.* tjej

jug [dʒʌg] **I** *s* **1** tillbringare, kanna **2** *BE. vard.* glas [öl] **3** *sl.* kåk (*fängelse*) **II** *v* **1** steka (*i gryta*) **2** *sl.* bura in, sätta på kåken

juggernaut [ˈdʒʌgənɔ:t] **1** nedbrytande (våldsam) kraft; överväldigande makt; vidunder **2** *BE.* långtradare **3** *J~* Jaggernaut, Jagannath (*hinduisk gud*)

juggins [ˈdʒʌgɪnz] *BE. vard.* dummerjöns

jug|gle [ˈdʒʌgl] **I** *v* **1** jonglera **2** manipulera med (*siffror e.d.*); ha (*flera saker*) på gång samtidigt **II** *s* jonglerande **-gler** [-ə] **1** jonglör **2** skojare, bedragare **-glery** [-ərɪ] **1** jonglerande **2** fuffens, skoj, bedrägeri, manipulerande

Jugo|slav [ˌju:gə(ʊ)ˈslɑ:v] *se Yugoslav* **-slavia** [-ˈslɑ:vjə] *se Yugoslavia* **-slavian** [-ˈslɑ:vjən] *se Yugoslavian*

jugular [ˈdʒʌgjʊlə] **I** *a* strup-, hals-; *~ vein* hals|ven, -blodåder **II** *s* hals|ven, -blodåder

juice [dʒu:s] **1** saft; juice; *digestive ~[s]* matsmältningsvätska; *gastric ~[s]* magsaft **2** *vard.* soppa (*bensin*); kräm (*ström*); drink **3** energi, vitalitet **II** *v, ~ up* (*AE. sl.*) *a*) sätta sprätt på (*a party* en fest); *get ~d up* bli packad (*berusad*) **juicy** [ˈdʒu:sɪ] **1** saftig **2** pikant, saftig (*gossip* skvaller) **3** *sl.* läcker, sexig **4** *i sht AE.* lönsam, fördelaktig

jujitsu [dʒu:ˈdʒɪtsu:] jujutsu, jiujitsu

juju [ˈdʒu:dʒu:] amulett; fetisch

jujube [ˈdʒu:dʒu:b] **1** *bot.* bröstbärsträd, jujub **2** (*slags*) [bröst]karamell

jukebox [ˈdʒu:kbɒks] jukebox

Jul. *förk. för July*

julep [ˈdʒu:lep] **1** (*slags*) söt dryck; sirap (*i medicin*) **2** *i sht AE.* (*slags*) whiskydrink

Juliet [ˈdʒu:ljət] *(hos Shakespeare)* Julia

July [dʒu:ˈlaɪ] juli

jumble [ˈdʒʌmbl] **I** *v* blanda ihop, röra till (*äv. bildl.*) **II** *s* virrvarr, röra; sammelsurium **jumble sale** loppmarknad (*på välgörenhetsbasar*) **jumbly** [-ɪ] *a* rörig, kaotisk; virrig

jumbo [ˈdʒʌmbəʊ] **I** *s* (*pl ~s*) **1** *vard.* koloss, jätte **2** jumbojet[plan] **II** *a, vard.* kolossal, jätte- **jumbo jet** *vard.* jumbojet

jumbuck [ˈdʒʌmbʌk] *Austr. vard.* får

jump [dʒʌmp] **I** *s* **1** hopp; skutt, språng; *high ~* höjdhopp; *long* (*AE. broad*) *~* längdhopp; *one ~ ahead* ett steg (steget) före; *on the ~* (*vard., i sht AE.*) *a*) på språng, *b*) på alerten **2** stegring, plötslig uppgång (*i priser e.d.*) **3** ryckning, sprittning; *give s.b. a ~* få (komma) ngn att rycka till, skrämma ngn; *he gave a ~* han ryckte till; *it gave me the ~s* (*sl.*) det gav mig stora skälvan **4** *BE. sl.* ligg, knull **II** *v* **1** hoppa; skutta; *~ at* hoppa mot, *bildl.* hoppa (nappa) på (*an offer* ett erbjudande), välkomna, gripa (*the chance*); *~ down a p.'s throat* (*vard.*) skälla ut (vara ovettig mot) ngn; *~ for joy* hoppa högt av glädje; *~ into a taxi* hoppa in i en taxi; *~ on s.b.* (*bildl. vard.*) slå ner på ngn; *~ to conclusions* dra förhastade slutsatser; *~ to one's feet* hoppa (rusa) upp; *~ to it* (*vard.*) sätta i gång, sätta fart **2** hoppa (rycka) till, hoppa högt, hoppa upp; *you made me ~* du fick mig att hoppa högt, du skrämde mig ordentligt **3** (*om priser e.d.*) stiga snabbt (plötsligt), rusa i höjden **4** hoppa över (*äv. bildl.*); *~ a fence* (*a few pages*) hoppa över ett staket (några sidor); *~ the rails* spåra ur **5** *vard., ~ bail* (*jur.*) inte infinna sig i rätten, avvika (*under frigivning mot* *borgen*); ~ *the lights* köra mot rött; ~ *the queue* gå (smita) före [i kön]; ~ *s.b.* hoppa på (överfalla) ngn; ~ *ship* (*om sjöman*) avvika från fartyg; ~ *a train* tjuvåka med ett tåg **6** få att (låta) hoppa över; ~ *a horse over a hurdle* få en häst att hoppa över ett hinder **7** få att hoppa (rusa) upp **8** ~ *a car* starta en bil med startkablar **9** *BE. sl.* (*om man*) sätta på, knulla

jumped-up ['dʒʌmptʌp] *vard.*, ~ *people* uppkomlingar **jumper** [-ə] **1** hoppare; *long* ~ längdhoppare **2** *i sht BE.* jumper; *AE.* förklädesklänning **3** stenborr **jumper cables** [-əkeɪblz] *pl, AE.* startkablar **jumping jack** [-ɪŋˌdʒæk] sprattelgubbe **jumping-off place (point)** [-ɪŋˌɒfpleɪs (pɔɪnt)] **1** start-, utgångs|punkt **2** slutstadium; yttersta gräns **3** *AE.* avlägsen plats **jump leads** [-li:dz] *pl* startkablar **jump suit** overall **jump-start** rulla i gång (*bil*) **jumpy** [-ɪ] **1** nervös, darrig **2** hoppig, ryckig

Jun. *förk. för June; junior* **jun.** *förk. för junior*

junc. *förk. för junction*

junction ['dʒʌŋ(k)ʃn] **1** knut[punkt]; [väg]korsning; *railway* ~ järnvägsknut **2** förenande; förening[spunkt]; förbindelse **3** *elektron.* koppling; kontaktställe **junction box** fördelardosa; kabelbox **juncture** [-tʃə] *s, at this* ~ vid denna [avgörande] tidpunkt, i detta [kritiska] ögonblick

June [dʒu:n] juni

jungle ['dʒʌŋgl] **1** djungel (*äv. bildl.*); *the law of the* ~ djungelns lag **jungle fever** djungelfeber, malaria

junior ['dʒu:njə] **I** *a* **1** yngre (*to* än); junior, den yngre; junior-; *Parker, J~* Parker junior (den yngre); *the* ~ *miss* unga fröken (damen); ~ *school* (*BE. ung.*) lågstadium (*7-11 år*); ~ *high school, se high I 9;* ~ *team* juniorlag **2** lägre (*i rang*), underordnad **II** *s* **1** yngre person; yngre medlem (medarbetare); *she is my* ~ *by five years* (*five years my* ~) hon är fem år yngre än jag; *I'll give it to* ~ jag ska ge den åt min son **2** underordnad [medarbetare] **3** *BE.* lågstadieelev; *AE.* tredjeårs-, junior|student (*vid college*) **4** *sport.* junior

juniper ['dʒu:nɪpə] **1** *bot.* en[buske] **2** ene[trä]

1 junk [dʒʌŋk] **I** *s* **1** skräp, lump, skrot, smörja **2** *bildl. vard.* smörja, skräp **3** *sl.* knark (*i sht heroin*) **II** *v, vard. i sht AE.* kassera, skrota

2 junk [dʒʌŋk] djonk (*båt*)

junket ['dʒʌŋkɪt] **I** *s* **1** (*slags*) keso **2** fest, kalas **3** *AE.* utflykt **II** *v* **1** festa, kalasa **2** *AE.* göra en utflykt

junk food ['dʒʌŋkfu:d] *vard.* skräpmat (*chips e.d.*) **junkie** [-ɪ] *vard.* knarkare **junkman** [-mən] lump|handlare, -samlare **junk shop** skrot-, lump|affär **junkyard** skrotupplag **junky** [-ɪ] *se junkie*

Junr., junr. *förk. för junior*

junta ['dʒʌntə] junta

Jupiter ['dʒu:pɪtə] Jupiter

jural ['dʒʊər(ə)l] rättslig, rätts-

juridical [ˌdʒʊə'rɪdɪkl] juridisk, rättslig

juris|diction [ˌdʒʊərɪs'dɪkʃn] **1** jurisdiktion; domsrätt; rätt[s]skipning; domvärjo; domsrätt **-dictional** [-'dɪkʃənl] jurisdiktions- **-prudence** [-'pru:d(ə)ns] juridik, rättsvetenskap; *medical* ~ rättsmedicin **-prudent** [-'pru:d(ə)nt] *a o. s* rättslärd

jurist ['dʒʊərɪst] **1** jurist, rättslärd **2** juridisk författare **3** juris studerande, jurist **juristic[al]** [dʒʊə'rɪstɪk(l)] juridisk, rättslig

juror ['dʒʊərə] jurymedlem; [pris]domare

jury ['dʒʊərɪ] **1** jury; *grand* ~ (*i sth AE.*) åtalsjury (*12-23 ledamöter*); *sit* (*serve*) *on the* ~ sitta i juryn **2** [tävlings]jury **jury box** jury|skrank, -bänk **juryman** [-mən] juryman

jury-rigged *sjö.* nödriggad

just [dʒʌst] **I** *a* **1** rättvis, opartisk; hederlig, rättskaffens **2** riktig, korrekt (*account* redogörelse), just; skälig; *as* [*it*] *is only* ~ vilket inte är mer än rätt **3** välförtjänt (*reward* belöning); rättmätig, berättigad, befogad (*criticism* kritik) **4** lagenlig, laglig **II** *adv* **1** just, nyss, nyligen; *they have* ~ *come* de har just (nyss) kommit; *she left* ~ *before I came* hon for just innan jag kom **2** just, strax; alldeles; ~ *after lunch* strax efter lunch; *he's* ~ *leaving* han ska just gå; *I'm* ~ *going to...* jag ska just...; ~ *round the corner* just (alldeles) runt hörnet; *it's* ~ *on five o'clock* klockan är strax fem **3** just, precis, exakt; nätt och jämnt; ~ *now a*) just nu, *b*) alldeles nyss; ~ *so!* just [precis]!, alldeles riktigt!; *not* ~ *yet* inte riktigt ännu; *it's* ~ *as well!* det är (var) lika bra!; *it's* ~ *five o'clock* klockan är exakt fem; *it's* ~ *possible* det är ju (nog) möjligt; *that's* ~ *like you!* det är just likt dig!; *that's* ~ *what I mean* det är just det jag menar; *he was* ~ *in time* han hann precis; *he* ~ *excaped being run over* han undgick med knapp nöd att bli överkörd; *I only* ~ *caught the train* jag hann nätt och jämnt med tåget; ~ *what does it mean?* vad exakt betyder det?; *I'm* ~ *about to leave* jag ska just gå **4** bara, endast, blott; ~ *you and me* bara du och jag; ~ *a minute* (*moment, second*)! ett ögonblick [bara]!; ~ *call me Eva!* säg Eva!; *this is* ~ *to confirm* härmed bekräftas; ~ *you dare!* du skulle bara våga!; ~ *imagine!* tänk bara!; ~ *listen!* hör på! **5** verkligen, alldeles, helt enkelt; *it's* ~ *wonderful* det är verkligen underbart; *that's* ~ *about the limit!* det är verkligen höjden!

justice ['dʒʌstɪs] **1** rättvisa, rätt; rättskaffenhet; *court of* ~ domstol; *High Court of J~* (*ung.*) hovrätt; *law and* ~ lag och rätt; *administer* ~ skipa rättvisa (rätt, lag); *bring to* ~ dra inför rätta; *do* ~ *to a*) göra rättvisa åt, *b*) göra heder åt, *c*) behandla (bedöma) rättvist; *do o.s.* ~ göra sig själv rättvisa **2** riktighet, rätt; berättigande; *the* ~ *of* riktigheten (det berättigade) i; *with* ~ med rätta **3** domare (*i Supreme Court of Judicature*); ~ [*of the peace*] fredsdomare; *Lord J~* domare (*i appellationsdomstol*); *Lord Chief J~* president i högsta domstolen **-ship** domar|ämbete, -värdighet

justiciary [dʒʌ'stɪʃɪərɪ] **I** *s* domare, lagskipare **II** *a* lagskipnings-, rätts-

justifiable ['dʒʌstɪfaɪəbl] rättmätig, försvarlig, befogad, berättigad **justification** [ˌdʒʌstɪfɪ'keɪʃn] berättigande; rättfärdigande, försvar **justify** ['dʒʌstɪfaɪ] **1** rättfärdiga; försvara; ursäkta, urskulda; *the end justifies the means* ändamålet helgar medlen; *he was justified in taking the money* han var berättigad (gjorde rätt i) att ta pengarna **2** [be]styrka, bevisa

just|ly ['dʒʌstlɪ] *adv* rättvist; riktigt; med rätta

K

-ness [-nɪs] rättvisa; rättmätighet

jut [dʒʌt] **I** *s* utskjutande del **II** *v*, ~ [*out, forth*] sticka (skjuta) ut (fram)

jute [dʒu:t] *bot. o. textil.* jute

Jutland ['dʒʌtlənd] Jylland

juve|nescence [ˌdʒu:və'nesns] **1** ungdom[stid] **2** föryngring **-nescent** [-'nesnt] ung; ungdomlig **-nile** ['dʒu:vənaɪl] **I** *a* **1** ungdomlig, barnslig, omogen, juvenil; ung **2** ungdoms-; ~ *court* ungdomsdomstol; ~ *delinquency* ungdomsbrottslighet; ~ *delinquent* ungdomsbrottsling **II** *s* **1** ungdom, ung person; minderårig; ungt djur; ung växt **2** ungdomsbok

juxta|pose [ˌdʒʌkstə'pəʊz] placera intill varandra (sida vid sida) **-position** [-pə'zɪʃn] läge (plats) intill varandra

K

K, k [keɪ] (*bokstav*) K, k

k *förk. för kilo*[*s*] **K.** *förk. för king; knight* **k.** *förk. för karat; king; knight*

Kaf[f]ir ['kæfə] **1** *åld.* kaffer; *neds.* svarting, neger **2** *neds.* otrogen (*icke-muslim*)

kaftan ['kæftæn] kaftan

kail, kale [keɪl] **1** grön-, krus|kål **2** *Sk.* kål **3** *AE. sl.* stålar

kaleido|scope [kə'laɪdəskəʊp] kalejdoskop **-scopic** [kəˌlaɪdə'skɒpɪk] kalejdoskopisk, mångskiftande, brokig

kaleyard ['keɪljɑ:d] *Sk.* köksträdgård

kangaroo [ˌkæŋgə'ru:] *zool.* känguru **kangaroo court** inofficiell domstol, skendomstol

Kans. *förk. för Kansas* **Kansas** ['kænzəs]

kaolin ['ke(ɪ)əlɪn] kaolin (*porslinslera*)

kapok ['keɪpɒk] kapock, glansull

kaput [kæ'pʊt] *vard.* kaputt; bankrutt; trasig

karat ['kærət] *AE.* karat

karate [kə'rɑ:tɪ] karate, japansk kampsport **karate chop** karateslag

Karelia [kə'ri:lɪə] Karelen

karma ['kɑ:mə] *relig,. filos.* karma

Kashmir [ˌkæʃ'mɪə]

Kate [keɪt], **Katie** ['keɪtɪ] *kortform av Catharine, Katharine, Catherine, Katherine* ['kæθ(ə)rɪn]

katydid ['keɪtɪdɪd] *zool.* (*slags amer.*) vårtbitare

kayak ['kaɪæk] kajak

K.B. *förk. för King's Bench; Knight Bachelor* **K.B.E.** *förk. för Knight* [*Commander of the Order*] *of the British Empire* **kc** *förk. för kilocycle* **K.C.** *förk. för King's Counsel* **K.C.B.** *förk. för Knight Commander* [*of the Order*] *of the Bath* **K.C.M.G.** *förk. för Knight Commander* [*of the Order*] *of St. Michael and St. George* **K.C.V.O.** *förk. för Knight Commander of the Victorian Order* **K.D., k.d.** *förk. för* (*hand.*) *knocked down* (*om möbler o.d.*) ej hopmonterade

kebab [kɪ'bæb] kebab, grillspett

keck [kek] *i sht AE.* **1** ha kväljningar, vilja kräkas **2** känna avsky

kedge [kedʒ] *sjö.* **I** *s* varpankare **II** *v* förhala

kedgeree [ˌkedʒə'ri:] *i sth BE.* (*slags*) fiskrisotto

keek [ki:k] *Sk.* kika

keel [ki:l] **I** *s* **1** köl; *poet.* skepp, *on an even* ~ *a*) på rät köl, *b*) *bildl.* på rätt köl, i balans **II** *v*, ~ [*over*] *a*) kantra, kapsejsa, *b*) *vard.* klappa ihop **-haul** ['ki:lhɔ:l] kölhala **-son** ['kelsn] kölsvin

1 keen [ki:n] **1** ivrig, angelägen; entusiastisk; ~ *on* förtjust i, entusiastisk för, pigg på; *she's* ~ *on getting the job finished* hon är ivrig (angelägen om) att bli färdig med arbetet **2** vass, skarp (*knife* kniv) **3** skarp, genomträngande, bitande (*wind* vind); ~ *satire* bitande satir **4** intensiv, djup, stark, häftig (*desire* önskan; *pain* smärta); skarp, fin (*hearing* hörsel); frisk, stor (*appetite* aptit); hård, skarp (*competition* konkurrens) **7** *i sht BE.* (*om pris*) konkurrenskraftig **8** *sl., i sht AE.* toppen

2 keen [ki:n] **I** *v* begråta (*en död*) **II** *s* klagosång (*över en död*)

keenness ['ki:nnɪs] iver; skärpa (*äv. bildl.*); intensitet *etc., jfr 1 keen*

keep [ki:p] **I** *v* (*kept, kept*) **1** hålla; behålla, hålla (ha) kvar; förvara; uppehålla; ~ *a place for s.b.* hålla en plats åt ngn; ~ *one's bed* (*i sth AE.*) stanna i sängen; ~ *one's ground* hålla stånd; ~ *your seats!* behåll era platser!, sitt kvar!; ~ *it as a souvenir!* behåll den som ett minne!; ~ *in mind* hålla i minnet, komma ihåg, tänka på; ~ *s.b. in prison* hålla ngn fängslad; *where do they* ~ *their money?* var förvarar de sina pengar?; *you mustn't* ~ *her* du får inte uppehålla henne; *what kept you?* varför kommer du så sent?; *what's* ~*ing them?* var håller de hus?, varför dröjer de? **2** hålla; ha; ~ *the beat* hålla takten; ~ *bad company* vara i dåligt sällskap; ~ *one's course* (*AE.*) hålla kursen; *well kept garden* välskött trädgård; ~ *the path* (*AE.*) följa stigen; ~ *one's hands in one's pockets* ha händerna i fickorna; ~ *late hours* lägga sig sent; ~ *a note of* anteckna, skriva upp; ~ *the dog quiet* hålla tyst på hunden; ~ *s.b. at work* hålla ngn i arbete; ~ *s.b. waiting* låta ngn vänta **3** hålla (*one's promise* sitt löfte); följa, iaktta[ga], rätta sig efter (*rules* regler); uppfylla (*one's obligations* sina förpliktelser); bevara (*a secret* en hemlighet) **4** ha (*a shop* en affär); hålla sig med; ha hand om; ~ *bees* ha bin; ~ *a car* hålla sig med bil; *who* ~*s your cat while you are away?* vem ser efter (tar hand om) din katt när du är bortrest?; ~ *house for s.b.* hushålla för ngn **5** underhålla, försörja; *have a large family to* ~ ha en stor familj att försörja; ~ *a mistress* ha en älskarinna; *kept woman* älskarinna **6** [be]hålla, hålla inne med, inte avslöja; ~ *this to yourself* behåll det för dig själv; *can you* ~ *this from your brother?* kan du hemlighålla det för din bror? **7** vakta, sköta; skydda; ~ *goal* stå i mål; ~ *sheep* vakta får; *God* ~ *you!* (*åld.*) Gud vare med dig! **8** föra (*accounts* räkenskaper; *a diary* dagbok) **9** *i sht BE.* föra, ha [till försäljning]; *we don't* ~ *handbags* vi för inte handväskor **10** fira (*Christmas* jul) **11** hålla, köra, gå ([*to the*] *right* till höger); fortsätta (*straight on* rakt fram) **12** fortsätta (*doing s.th.* att göra ngt); *she ~s changing her plans* hon ändrar hela tiden sina planer; *~ going* fortsätta, hålla på, hålla sig i gång; *~ moving!* rör på er!; *~ smiling!* se glad ut!, upp med humöret!; *I ~ thinking...* jag tror fortfarande...; *~ walking* gå vidare **13** förbli; hålla sig; *~ calm* hålla sig lugn; *~ fit* hålla sig i form; *~ quiet!* håll (var) tyst!; *how are you ~ing?* hur står det till [med dig]? **14** (*om mat o.d.*) hålla (stå) sig; *these apples will ~ all winter* de här äpplena håller sig hela vintern; *the meat won't ~* köttet håller sig inte **15** vänta; *that business can ~* den saken kan vänta; *will it ~?* kan det vänta? **16** *~ at* a) framhärda i, fortsätta med, *b*) driva på, hålla i strama tyglar; *~ away* hålla [sig] borta (på avstånd); *~ back a*) hålla inne med, *b*) hejda, hindra; *~ down a*) undertrycka, hålla tillbaka, hålla nere, *b*) ligga lågt; *~ from* skydda (bevara) från; *~ s.b. from doing s.th.* hindra (avhålla) ngn från att göra ngt; *~ in a*) hålla sig inne, *b*) hålla in (*one's stomach* magen), *c*) hålla inne med, lägga band på, tygla, *d*) låta (*elev*) sitta kvar, *e*) hålla liv i (*eld*); *~ s.b. in clothes* hålla ngn med kläder; *~ in with* hålla sig väl med; *~ off a*) hålla på avstånd (borta), *b*) hålla sig ifrån, undvika (*mat el. dryck*); *~ off the grass!* beträd ej gräsmattan!; *if the rain ~s off* om det inte blir regn; *~ on a*) fortsätta [med] (*doing s.th* att göra ngt), *b*) behålla på, inte ta av sig (*one's coat* kappan), *c*) behålla (*personal*); *~ on about* tjata om; *~ on at* tjata på; *~ out a*) hålla (stänga) ute, *b*) hålla sig ute; *~ out of* hålla sig borta från, hålla sig ifrån; *~ out of a p.'s way* hålla sig (gå) ur vägen för ngn; *~ to* hålla sig till (*the subject* ämnet), hålla fast vid (*one's plans* sina planer), stå fast vid (*one's promise* sitt löfte); *~* [*o.s.*] *to o.s.* hålla sig för sig själv; *~ s.th. to o.s.* [be]hålla ngt för sig själv, tiga om ngt; *~ to the right* hålla (gå, köra) till höger!; *~ together* hålla ihop (tillsammans); *~ under a*) hålla nere, *b*) undertrycka, tygla, kuva; *~ the fire under* hålla elden under kontroll; *~ up a*) hålla uppe, uppehålla (*äv. bildl.*), *b*) hålla i stånd, vidmakthålla, upprätthålla (*traditions* traditioner), bibehålla, *c*) hålla sig uppe (*äv. bildl.*), *d*) hålla i sig; *the child kept me up all night* barnet höll mig uppe hela natten; *~ one's chin up* hålla modet uppe; *~ it up!* fortsätt med det!, ge inte upp!; *~ up with a*) hålla jämna steg med, hinna med, *b*) hålla sig à jour med (informerad om), *c*) hålla brevkontakt (korrespondera) med, *d*) *vard.* kunna tävla med, inte vara sämre än; *~ up with the times* följa med sin tid **II** *s* **1** uppehälle, levebröd **2** huvudtorn (*i medeltidsfästning*) **3** *vard.*, *for ~s* för alltid, för gott

keep|er ['ki:pə] **1** [djur]skötare **2** [musei]intendent **3** vakt[are], vårdare, skötare **4** hållare **5** [magnet]ankare **-ing** [-ıŋ] **1** förvar, vård **2** *be in ~ with* överensstämma (harmoniera) med; *be out of ~ with* inte gå (passa) ihop med, svära mot **-sake** minne, minnes|sak, -gåva, souvenir

keg [keg] kagge; ölfat; öl (*från fat*)

Keith [ki:θ]

kelp [kelp] **1** *bot.* brunalg, tång **2** kelp, tångaska

kelson ['kelsn] *sjö.* kölsvin

kelter ['keltə] *s*, *in good ~* i god ordning; *out of ~* i oordning

kempt [kem(p)t] kammad

Ken. *förk. för Kentucky*

ken [ken] **I** *s*, *that is beyond my ~* det övergår mitt förstånd **II** *v*, *dial.* veta, känna till; förstå; märka

kennel ['kenl] **I** *s* **1** hundkoja; *vanl. pl ~s* kennel, hundgård **2** lya, kula, håla **3** kyffe **4** koppel [hundar] **II** *v* bo (stänga in) i hundkoja (kennel)

Kentucky [ken'tʌkı]

Kenya ['kenjə, 'ki:njə]

kept [kept] *imperf. o. perf. part. av keep*

kerb [kɜ:b] trottoarkant **-stone** ['kɜ:bstəʊn] kantsten (*på trottoar*) **-weight** ['kɜ:bweıt] (*bils*) tjänstevikt

kerchief ['kɜ:tʃıf] sjalett, halsduk

kerfuffle [kə'fʌfl] *vard., i sht BE.* ståhej, uppståndelse

kernel ['kɜ:nl] **1** kärna (*äv. bildl.*) **2** [sädes]korn, vetekorn

kerosene ['kerəsi:n] fotogen

kestrel ['kestr(ə)l] *zool.* tornfalk

ketch [ketʃ] *sjö.* ketch

ketchup ['ketʃəp] ketchup

kettle ['ketl] [te-, kaffe]panna; kittel; *the ~ is boiling* tevattnet (kaffevattnet) kokar; *a pretty* (*fine*) *~ of fish* en salig röra **-drum** puka **--holder** [-ˌhəʊldə] grytlapp

key [ki:] **I** *s* nyckel (*äv. bildl.*); lösning **2** tangent (*på piano, skrivmaskin m.m.*); klaff (*på klarinett e.d.*) **3** facit, nyckel; teckenförklaring (*på karta e.d.*) **4** *mus.* tonart; *bildl.* ton[läge], röst[läge]; *in the ~ of G* i G; *sing off ~* sjunga falskt; *speak in a low ~* tala med låg röst; *a poem in a melancholy ~* en dikt med melankolisk stämning **5** färgton, nyans **6** *bot.* vingfrukt **7** *the House of K~s* folkrepresentationen (*på ön Man*) **II** *a* viktig, nyckel- **III** *v* **1** anpassa (*to* efter) **2** *mus.* stämma **3** *bildl.*, *~ up* skruva (jaga) upp, stimulera

keyboard ['ki:bɔ:d] klaviatur; manual (*på orgel*); tangentbord **keyboard instrument** klaverinstrument **keyhole** nyckelhål **key money** handpenning (*på lägenhet*) **keynote** *mus. o. bildl.* grundton; *bildl. äv.* grund|tanke, -princip **keyring** nyckelring **key signature** *mus.* [fasta] förtecken, tonartsbeteckning **-stone** *byggn.* slutsten (*i valv*); *bildl.* hörnsten, grundpelare, kärna **key word** nyckelord

K.G. *förk. för Knight* [*of the Order*] *of the Garter*

kg[.] *förk. för kilogram*

khaki ['kɑ:kı] **I** *s* kaki (*tyg, färg*) **II** *a* kaki-; kakifärgad

kHz *förk. för kilohertz*

kibbutz [ki:'bu:ts] (*pl ~im* [ˌki:'bʊ:tsım]) kibbutz

kibe [kaıb] frostknöl (*på hälen*)

kibitzer ['kıbıtsə] *AE. vard.* lägga sig i, komma med goda råd (*i sht som åskådare vid kortspel*)

kibosh ['kaıbɒʃ] *s*, *sl.*, *put the ~ on* sätta stopp för, sabba

kick [kık] **I** *s* **1** spark; *~ in the pants* (*sl.*, *bildl.*) spark i ändan, bakslag, motgång; *~ in the teeth* (*sl.*) avspisning, avslag **2** rekyl (*från skjutvapen*) **3** *vard.* spänning; stimulans; kick (*av knark, alkohol*); *for ~s* för nöjes skull; *get a ~ out of s.th.* tycka jättemycket om ngt, tycka ngt är helkul **4** *vard.* krut, sting (*i drink*) **5** *vard.* styrka, kraft **II**

K

v **1** sparka [till]; ~ *the bucket* (*sl.*) kola [av] (*dö*); ~ *one's heels* stå och vänta, vara sysslolös **2** sparka[s]; ~ *against the pricks a*) handla mot sitt samvete, *b*) spjärna mot udden **3** (*om skjutvapen*) rekylera **4** *vard.* protestera (*against* mot); klaga; göra motstånd (*against* mot) **5** *vard.* växla (*i sht i sportbil*) **6** *vard.* lägga av med (*heroin* heroin); lägga av (*a habit* en vana) **7** ~ *about* (*around*) *vard. a*) köra med (*ngn*), *b*) diskutera fram och tillbaka, *c*) vandra (driva) omkring (runt), *d*) ligga och skräpa; ~ *off a*) *sport.* göra avspark, *b*) *vard.* sparka i gång, börja, *c*) sparka av sig (*skor*); ~ *out* sparka (kasta) ut; ~ *over the traces* hoppa över skaklarna; ~ *up* riva (virvla) upp (*dust* damm); ~ *up a row* (*din, shindy*) ställa till bråk; ~ *up one's heels* (*vard.*) slå klackarna i taket; *he was ~ed upstairs* (*vard.*) han blev sparkad snett uppåt

kickback ['kıkbæk] **1** häftig reaktion; återverkan **2** *AE.* provision på inkomst (*betalas olagligen t. ngn med inflytande över inkomstens storlek*) **kickdown** nedväxling, kickdown (*i automatväxlad bil*) **kicker** [-ə] **1** en som sparkar **2** *AE.* krånglig passus (*i kontrakt e.d.*); fallgrop **3** *vard.* liten utombordsmotor, 'gräddvisp' **kick-off** [ˌkık'ɒf] *sport. o. bildl.* avspark; *bildl. äv.* igångsättande; *for a* ~ till att börja med **kick pleat** ['kıkpli:t] gångveck (*på kjol*)

kickshaw[s] ['kıkʃɔ:(z)] struntsak, värdelös småsak

kick-starter ['kıkˌstɑ:tə] kickstart (*på motorcykel*)

1 kid [kıd] **I** *s* **1** killing, kid **2** chevreau, get-, killing|skinn **3** *vard.* barn, unge; *listen, ~!* hör på, grabben!; *it's ~'s stuff a*) det är för barn, *b*) det är en barnlek **II** *v* få killingar

2 kid [kıd] *vard.* **1** lura, narra; retas med **2** skämta, skoja; retas; *you're ~ding!* du skämtar!; *no ~ding!* helt säkert!, bergis!

kid brother ['kıdˌbrʌðə] lillebrot **kid|die, -dy** [-ı] *vard.* litet barn, pyre **kid glove** [-glʌv] *s* glacéhandske; *handle s.b. with kid gloves* (*bildl.*) behandla ngn med silkesvantar **kidglove** [-glʌv] *a* **1** överförfinad **2** diplomatisk, taktfull, hänsynsfull

kidnap ['kıdnæp] kidnappa, röva bort **-per** [-ə] kidnappare **-ping** [-ıŋ] kidnapp[n]ing, bortrövande; barnarov

kidney ['kıdnı] **1** njure **2** slag, sort; *of the same* ~ av samma slag (sort) **kidney bean** *bot.* bryt-, skär|böna; rosenböna **kidney machine** konstgjord njure **kidney stone** njursten

ki[e]f [ki:f] marijuana

kike [kaık] *AE. sl.* jude

kill [kıl] **I** *v* **1** döda, slå ihjäl (*äv. bildl.*), mörda; slakta; utrota; *be ~ed* (*äv.*) omkomma, dö; *be ~ed in action* stupa (falla) i strid; ~ *o.s.* ta livet av sig, begå självmord; ~ *two birds with one stone* slå två flugor i en smäll; ~ *time* fördriva (slå ihjäl) tiden; *this colour ~s the other ones* den här färgen slår ihjäl de andra; ~ *off* döda, slå ihjäl, slakta, utrota **2** *vard.* ta död (kål, knäcken) på, ta livet av; *the effort ~ed her* ansträngningen tog nästan död på henne; *my feet are ~ing me* jag har så ont i fötterna att jag kan dö; *don't ~ yourself!* förta (överansträng) dig inte!; *he was ~ing himself* [*laughing*] han höll på att skratta ihjäl sig **3** *sport.* döda, dämpa, stoppa (*boll*) **4** *vard.* stänga av (*motor*); bryta (*ström*) **5** *vard.* stryka (*three lines* tre rader); förkasta (*a bill* ett lagförslag) **6** *sl.* knäcka, tömma (*a bottle of whisky* en flaska whisky) **7** döda; *cigarettes can* ~ cigaretter kan döda; *dressed* (*got up*) *to* ~ uppklädd till tusen **II** *s* **1** dödande (*vid jakt, tjurfäktning*); *be in at the* ~ (*bildl.*) vara närvarande vid slutet **2** [jakt]byte

kill|er ['kılə] **1** mördare, dråpare; slaktare **2** ngt dödande; utrotningsmedel; *this disease is a* ~ den här sjukdomen är dödlig **-ing** [-ıŋ] **I** *a* **1** dödande, dödlig **2** *bildl. vard.* mördande (*pace* tempo) **3** vansinnigt rolig, festlig, urkomisk **II** *s* **1** dödande *etc., jfr kill I*; mord **2** klipp, kap; *make a* ~ göra ett klipp **--joy** glädjedödare **--time** tidsfördriv

kiln [kıln] **I** *s* brännugn (*för porslin, tegel e.d.*); torkugn **II** *v* bränna (torka) i brännugn (torkugn)

kilo ['ki:ləʊ] *förk. för kilogram; kilometre*

kilo|cycle ['kılə(ʊ)ˌsaıkl] kilocykel **-gram[me]** [-græm] kilogram **-hertz** [-hɜ:ts] kilohertz **-meter** *AE.*, **-metre** *BE.* [-ˌmi:tə] kilometer **-watt** [-wɒt] kilowatt

kilt [kılt] kilt **-ed** ['kıltıd] **1** (*om kjol*) veckad **2** klädd i kilt

kimono [kı'məʊnəʊ] kimono

kin [kın] **I** *s* släkt[ingar]; familj; släktskap; *of* ~ släkt, besläktad; *next of* ~ närmaste släkting[ar] **II** *a* släkt, besläktad (*to* med)

1 kind [kaınd] **1** sort, slag, art, natur; *a ~ of* ett (något) slags, en sorts; *I know your* ~ jag känner din typ; *he's my ~ of man* han är min typ; *a different ~ of* ett annat slags; *several ~s of tea* flera sorters te; *these ~ of people, people of this* ~ den sortens människor; *these ~ of trees* den här sortens träd; *these ~s of trees* dessa slags träd; *what ~ of* [*a*] *teacher is she?* vad för slags (hurdan) lärare är hon?; *they differ in* ~ de är av olika slag; *they are all of a* ~ de är av [ett och] samma slag; *heating of a* ~ uppvärmning av ngt slag; *nothing of the ~ a*) inget i den stilen, *b*) inte alls, visst inte; *something of the* ~ ngt i den stilen **2** *vard.*, ~ *of* ganska, på sätt och vis, nästan; *I ~ of thought that...* jag trodde nästan (nog, halvt om halvt) att... **3** *in* ~ in natura; *return in* ~ betala igen med samma mynt

2 kind [kaınd] *a* vänlig, god, snäll, älskvärd (*to* mot); (*om klimat*) behaglig, mild; ~ *deeds* goda gärningar; ~ *regards* hjärtliga (vänliga) hälsningar; *would you be ~ enough* (*so ~ as*) *to* vill du vara snäll (vänlig) och

kindergarten ['kındəˌgɑ:tn] lekskola, kindergarten

kind-hearted [ˌkaınd'hɑ:tıd] godhjärtad, snäll

kindle ['kındl] **1** antända, tända; lysa upp; *bildl.* [upp]tända, väcka **2** antändas, fatta eld; lysa[s] upp; *bildl.* flamma upp, väckas

kindliness ['kaındlınıs] vänlighet, godhet

kindling ['kındlıŋ] tänd-, torr|ved, tändmaterial

kind|ly ['kaındlı] **I** *a* vänlig, välvillig, god[hjärtad]; (*om klimat*) mild, behaglig **II** *adv* vänligt, snällt, älskvärt; ~ *shut the door* var snäll och stäng dörren; *take ~ to* gilla, finna sig i **-ness** [-nis] vänlighet, godhet, snällhet, älskvärdhet, välvilja (*to* mot)

kindred ['kındrıd] **I** *s* **1** släktskap (*genom blods-*

band); *bildl.* likhet **2** *koll.* släkt[ingar] **II** *a* besläktad; liknande; ~ *spirit* själsfrände
kinesics [kɪ'ni:sɪks] (*behandlas som sg*) studiet av kroppsspråket
kinet|ic [kaɪ'netɪk] *fys.* kinetisk, rörelse- **-ics** [-ɪks] (*behandlas som sg*) *fys.* kinetik
king [kɪŋ] **I** *s* **1** kung, konung (*äv. bildl.*); *K~s* (*bibl.*) Konungaböckerna; *oil* ~ oljemagnat; ~ *of the castle a*) (*lek*) herre på täppan, *b*) *bildl.* högsta hönset; *the K~ in Council* kungen och hans rådsherrar; *K~'s speech* trontal **2** *kortsp., schack.* kung; (*i damspel*) dam; ~ *of diamonds* ruter kung **II** *v* **1** göra till kung **2** ~ *it* spela kung, vara överlägsen
kingbird ['kɪŋbɜ:d] *zool.* tyrannfågel **king cobra** [-ˌkəʊbrə] *zool.* kungskobra **kingcup** [-kʌp] smörblomma; kabbleka **kingdom** [-dəm] **1** kunga|rike, -döme; *the* ~ *of Sweden* kungariket Sverige **2** *naturv. o. bildl.* rike; *the animal* (*plant, mineral*) ~ djurriket (växtriket, mineralriket); *the* ~ *of heaven* himmelriket; *thy* ~ *come* (*bibl.*) tillkomme ditt rike; *till* ~ *come* (*vard.*) i all evighet; *send s.b. to* ~ *come* (*vard.*) förpassa ngn till sällare jaktmarker **kingfisher** [-ˌfɪʃə] *zool.* kungsfiskare **kinglet** [-lɪt] **1** *neds.* småkung **2** *zool.* kungsfågel **kingly** [-lɪ] *a* kunglig, konungslig **kingmaker** [-ˌmeɪkə] kungamakare **kingpin** [-pɪn] **1** *tekn.* spindelbult **2** (*i bowling*) mittenkägla; (*i kägelspel*) kung **3** *vard.* ledare, stöttepelare; viktig punkt, huvudpunkt **kingship** [-ʃɪp] kungavärdighet; kungamakt **king-size[d]** [-saɪz(d)] extra stor, jättestor, kingsize, extra lång, jättelång
kink [kɪŋk] **I** *s* **1** kink, ögla, knut (*på tågvirke e.d.*) **2** sendrag **3** aber, hake; egenhet, fix idé **4** *BE. vard.* sexuell avvikelse **5** *AE.* ljus idé **kinky** ['kɪŋkɪ] **1** *sl.* knäpp; sexuellt avvikande, pervers **2** full med knutar **3** krullig
kinsfolk ['kɪnzfəʊk] (*behandlas som pl*) släktingar, anförvanter **kinship** ['kɪnʃɪp] släktskap (*äv. bildl.*); blodsband; *bildl.* likhet, frändskap **kinsman** ['kɪnzmən] [manlig] släkting, anförvant **kinswoman** ['kinzˌwʊmən] [kvinnlig] släkting, anförvant
kiosk ['ki:ɒsk] kiosk
kip [kɪp] *BE. sl.* **I** *s* **1** sömn **2** *sl.* slaf (*säng*) **II** *v, sl.* slafa, kvarta; ~ *down* gå och kvarta
kipper ['kɪpə] **I** *s* **1** 'kipper' (*slags rökt och saltad sill*) **2** laxhanne (*under parningstiden*) **II** *v* röka och salta sill
kirk [kɜ:k] *Sk.* kyrka
kismet ['kɪsmet] (*inom islam*) kismet, öde
kiss [kɪs] **I** *s* **1** kyss; puss; ~ *of death* (*bildl.*) dödsstöt; *give s.b. the* ~ *of life* (*vard.*) behandla ngn med mun mot mun-metoden; *blow a* ~ kasta en slängkyss **2** lätt beröring **II** *v* **1** kyssa; pussa; ~ *the dust* bita i gräset; ~ *the ground* krypa i stoftet **2** lätt beröra [varandra] **3** kyssas; pussas; *~ing cousin* kär släkting, förtrolig vän; ~ *off* (*AE. vard.*) göra sig av med, avfärda; ~ *and make up* försonas med en kyss
kissable ['kɪsəbl] kysstäck **kiss curl** *BE.* tjusarlock **kisser** [-ə] **1** en som kysser **2** *sl.* trut (*mun*); nylle, face (*ansikte*) **kissproof** kyssäkta
kit [kɪt] **I** *s* **1** utrustning; grejor; ställ, uppsättning; kläder, mundering; *first-aid* ~ förbandslåda; *gym* ~ gymnastikkläder; *repair* ~ reparations|verktyg, -grejor; *safari* ~ safarimundering **2** *vard., the whole* ~ [*and caboodle*] hela bunten (rasket) **II** *v,* ~ *out* (*up*) (*i sht BE.*) utrusta, förse **-bag** ['kɪtbæg] (*hantverkares*) verktygsväska
kitchen ['kɪtʃɪn] kök **kitchenet[te]** [ˌkɪtʃɪ'net] kokvrå; kokskåp
kitchen garden ['kɪtʃɪnˌgɑ:dn] köksträdgård **kitchen maid** [-meɪd] kökspiga **kitchen midden** [-ˌmɪdn] *arkeol.* kökkenmödding **kitchen sink** [-sɪŋk] diskbänk; diskho; *everything except the* ~ allt upptänkligt, precis allt **kitchen sink drama** *teat.* vardagsdrama **kitchenware** [-ˌweə] köks|utrustning, -redskap
kite [kaɪt] **I** *s* **1** [leksaks]drake; *BE. sl.* kärra (*flygplan*); *fly a* ~ *a*) flyga med en drake, *b*) *bildl.* skicka ut en trevare, *c*) skaffa pengar på en växel; *K~ mark* (*BE.*) triangelmärke (*officiellt kvalitetsmärke*) **2** *zool.* glada **3** *sjö.* lätt [topp]segel **II** *v* flyga med drake; sväva **--flying** [-ˌflaɪɪŋ] drakflygning; *bildl.* opinionspejling
kith [kɪθ] *s,* ~ *and kin* släkt[ingar] och vänner
kitsch [kɪtʃ] kitsch, skräp, smörja, krimskrams
kitten ['kɪtn] **I** *s* kattunge; *have ~s* (*BE. vard.*) få spader, få fjärilar i magen **II** *v* få [katt]ungar **-ish** [-ɪʃ] **1** lekfull [som en kattunge), livlig **2** (*om kvinna*) flörtig, kelen
kittiwake ['kɪtɪweɪk] *zool.* tretåig mås
kittle ['kɪtl] *Sk.* **I** *a* vansklig, kinkig **II** *v* **1** förvirra **2** kittla
1 kitty ['kɪtɪ] kissemiss, kattunge
2 kitty ['kɪtɪ] **1** *spel.* pott, insats **2** gemensam kassa
kiwi ['ki:wi:] **1** kivi[fågel]; kiwi[frukt] **2** *sl., K~* nyzeeländare
K.K.K. *förk. för Ku Klux Klan* **kl.** *förk. för kilolitre*
klaxon ['klæksn] (*förr*) bilhorn (*m. kraftigt ljud*)
Kleenex ['kli:neks] (*varumärke*) pappersnäsduk; ansiktsservett
kleptoma|nia [ˌkleptə(ʊ)'meɪnjə] kleptomani **-niac** [-nɪæk] kleptoman
km[.] *förk. för kilometre* **kn.** *förk. för knot*
knack [næk] knep, trick; talang, skicklighet; *there's a* ~ *to* (*in*) *it* det finns ett knep med det; *get the* ~ *of s.th.* få kläm på ngt; *he's got a* ~ *of saying the wrong thing* han har en förmåga att säga fel saker
knacker ['nækə] *BE.* **1** hästslaktare **2** uppköpare av rivningshus **3** *sl., vanl. pl* ballar (*testiklar*)
knag [næg] **1** kvist (*i trä*) **2** trä|plugg, -pinne
knapsack ['næpsæk] ryggsäck, ränsel
knapweed ['næpwi:d] *bot.* klint
knave [neɪv] **1** *åld.* skojare, kanalje **2** *kortsp.* knekt **knavery** ['neɪvərɪ] skurkstreck, bedrägeri **knavish** ['neɪvɪʃ] skurkaktig
knead [ni:d] **1** knåda **2** massera
knee [ni:] **I** *s* knä (*äv. tekn.*); *be on one's ~s* ligga på knä; *bend* (*bow*) *the* ~ böja knä, knäböja (*to* för); *bring s.b. to his ~s* tvinga ngn på knä; *go* [*down*] (*fall down*) *on one's ~s* falla på knä (*to* för); *on one's bended ~s* på sina bara knän **II** *v* stöta till med knät
knee breeches ['ni:ˌbrɪtʃɪz] *pl* knäbyxor **kneecap** [-kæp] **1** *anat.* knäskål **2** knäskydd **knee-deep** [ˌni:'di:p] [som går] ända [upp] till knäna,

K

[nedsjunken] till knäna; *bildl.* upp över öronen **knee-high** [ˌniːˈhaɪ] knähög; [som går] ända [upp] till knäna **knee jerk** [ˈniːdʒɜːk] *fysiol.* patellar-, knä|reflex **knee joint** [ˈniːdʒɔɪnt] knäled

kneel [niːl] **I** *v* (*knelt, knelt el. ~ed, ~ed*) knäböja, falla (ligga) på knä (*to, before* [in]för); *~ down* falla på knä **II** *s* knäböj|ning, -ande

knee-|length [ˌniːˈleŋθ] som når till knäna; knäkort (*skirt* kjol) **-pad** [ˈniːpæd] knäskydd **-pan** [ˈniːpæn] *anat.* knäskål

knell [nel] **I** *s* **1** själaringning **2** varsel, förebud (*om olycka*) **II** *v* ringa själaringning

knelt [nelt] *imperf. o. perf. part. av kneel*

knew [njuː] *imperf. av know*

knickerbockers [ˈnɪkəbɒkəz] *pl* knickerbockers, knäbyxor, (*slags*) golfbyxor **knickers** [-z] *pl* **1** [dam]underbyxor **2** *se knickerbockers*

knickknack [ˈnɪknæk] billig prydnadssak; småsak; krimskrams

knife [naɪf] **I** *s* (*pl knives*) kniv; *have one's ~ into s.b.* ha ett horn i sidan till ngn; *be under the ~* opereras **II** *v* knivhugga, sticka ner (*m. kniv*); sticka kniven i

knife edge [ˈnaɪfedʒ] **1** knivsegg **2** egg (*på våg*) **3** kritisk (avgörande) punkt **knife grinder** [-ˌgraɪndə] skärslipare **knife-point** [-pɔɪnt] knivspets; *at ~* under knivhot

knight [naɪt] **I** *s* **1** *hist. o. bildl.* riddare; [ordens]riddare; *~ of the road* (*BE. vard. el. neds.*) landsvägsriddare **2** knight (*lägre, ej ärftlig adelstitel*) **3** *schack.* springare, häst **II** *v* dubba till riddare; adla **knight errant** [ˌnaɪtˈer(ə)nt] (*pl knights errant*) vandrande riddare **knighthood** [ˈnaɪthʊd] **1** riddarvärdighet; knightvärdighet; *receive a ~* bli dubbad till riddare, förlänas riddarvärdighet, få en knighttitel **2** ridderlighet **3** *koll.* ridderskap **knightly** [ˈnaɪtlɪ] *a* ridderlig

knit [nɪt] (*~ted, ~ted el. knit, knit*) **1** sticka (*socks* strumpor); *a ~ted cardigan* en stickad kofta **2** *~* [*together, up*] fast förena, binda (knyta, foga) samman **3** rynka, dra ihop (*one's eyebrows* pannan, ögonbrynen) **4** *~* [*up*] förenas, sammanfogas, (*om ben*) växa ihop **5** rynkas, dras ihop; *her eyebrows ~* hennes panna (ögonbryn) rynkas (rynkades)

knitting [ˈnɪtɪŋ] stickning; stickat plagg **knitting machine** [-məˌʃiːn] stickmaskin **knitting needle** [-ˌniːdl] sticka **knitwear** [-weə] stickade plagg, stickat

knives [naɪvz] *pl av knife*

knob [nɒb] **I** *s* knopp, knapp; ratt (*på radio e.d.*); (*runt*) dörr|handtag, -vred; *and the same to you with* [*brass*] *~s on* (*BE. vard.*) likaledes och med råge **2** utväxt; knöl (*på trädstam*) **3** [rund] kulle **II** *v* **1** förse med knopp *etc.* **2** bukta ut **-by** [ˈnɒbɪ] knölig; knotig **-kerrie** [ˈnɒbˌkerɪ], **-stick** [ˈnɒbstɪk] *Sydafr.* knölklubba

knock [nɒk] **I** *s* **1** slag; stöt; knackning; *he gave the box a ~* han slog till lådan; *her knee got a ~* hon slog i knät; *there was a ~ at the door* det knackade på dörren **2** knackning (*i motor*) **3** *sl.* kritik; smäll; *take the* (*a*) *~* (*sl.*) bli knäckt (ruinerad) **II** *v* **1** slå [till]; stöta [till]; bulta, knacka; *~ one's elbow* stöta till (i) armbågen; *~ a hole in the wall* slå upp (göra) ett hål i väggen; *~ holes in an argument* slå hål på ett argument; *~ s.b unconscious* slå ngn medvetslös **2** *vard.* racka ner på, sabla ner, kritisera **3** *BE. sl.* knulla [med] **4** knacka, bulta (*at the door* på dörren) **5** kollidera (*against, into* med) **6** (*om motor*) knacka **7** *~ about* (*around*) *a*) misshandla, *b*) diskutera, prata igenom, *c*) vandra (driva, fara) omkring [i], *d*) hålla ihop (*with a gang* med ett gäng); *~ back* (*vard.*) svepa, hälla (stjälpa) i sig; *how much did it ~ you back?* hur mycket gick du back på den?; *~ down a*) slå ner (till marken), *b*) slå bort, klubba (*på auktion*), *c*) riva, demolera, montera ner, demontera, *d*) *vard.* pressa [ner], slå av på (*pris*); *~ in* slå in (i); *~ s.b. into the middle of next week* ge ngn en rejäl snyting; *~ off a*) *vard.* sluta [jobbet], lägga av (*one hour early* en timme tidigare), *b*) *vard.* svänga (smälla) ihop (*an article* en artikel), *c*) pruta (slå av) på (*pris*), *d*) *sl.* knäppa (*döda*), *e*) *sl.* råna, sno, *f*) *sl.* lägga av med, *g*) *sl.* sätta på (*kvinna*); *~ it off!* (*sl.*) lägg av!; *~ on* slå på (mot, i); *~ s.b. on the head* slå ngn i huvudet; *that ~ed her plans on the head* det saboterade (kullkastade) alla hennes planer; *~ out a*) slå ut (*a tooth* en tand), slå (knacka) ur (*one's pipe* pipan), *b*) slå knockout på, knocka, slå ut, slå medvetslös, *c*) slå, besegra, *d*) *vard.* överväldiga, chocka; *~ the bottom out of* (*vard.*) *a*) slå botten ur, *b*) *bildl.* slå hål på, kullkasta; *~ over* stjälpa, slå (stöta) omkull; *~ together* (*vard.*) smälla (svänga) ihop, snabbt sätta ihop; *~ up a*) smälla upp (*a shed* ett skjul), snabbt sätta upp, *b*) svänga ihop (*a meal* en måltid), *c*) *BE. vard.* väcka [upp], *d*) *sl.* göra på smällen, *e*) *BE. vard.* ta knäcken på, trötta ut, *f*) (*i kricket*) göra (*poäng*), *g*) (*i tennis o.d.*) slå några bollar (*för att värma upp*); *~ up against* (*vard.*) stöta ihop med

knockabout [ˈnɒkəbaʊt] **I** *s* liten enmastad båt **II** *a* **1** bullrig, bullersam **2** (*om kläder*) oöm

knockdown [ˌnɒkˈdaʊn] **I** *a* **1** knockout-, överväldigande; *~ blow* dråpslag **2** *i sht BE., ~ price* minimi-, vrak-, fynd|pris **3** isärtagbar, monteringsbar **II** *s, AE. o. Austr. vard.* presentation, introduktion **knocker** [ˈnɒkə] **1** portklapp **2** *sl. pl ~s* pattar (*bröst*) **3** *Austr. vard., on the ~* på stubben, genast **knocking-shop** [ˈnɒkɪŋʃɒp] *BE. sl.* bordell **knock-kneed** [ˌnɒkˈniːd] kobent **knockout** [ˈnɒkaʊt] **I** *s* **1** knockout[slag] **2** utslagstävling **3** *vard.* toppen|kille, -tjej, pangbrud; pang|grunka, -grej **II** *a* **1** knockout-; *~ blow* knockoutslag, dråpslag; *~ drops* knockoutdroppar **2** *~ contest* utslagstävling **knock-up** [nɒkˈʌp] träning, bollning, inslagning (*före tennismatch e.d.*)

knoll [nəʊl] liten rund kulle

knot [nɒt] **I** *s* **1** knut; knop; *bildl.* band, bojor; *the marriage ~* äktenskapets band **2** rosett **3** *bildl.* knut, svårighet, svårt problem; *tie o.s. in ~s* trassla in sig, bli helt förvirrad **4** klunga, grupp **5** knota, knöl (*på träd*) **6** *anat.* utväxt, knöl; [muskel]knuta **7** *sjö.* knop (*hastighet*); *at a rate of ~s* mycket snabbt **II** *v* **1** knyta, fästa (*m. knut*) **2** trassla ihop (till) **3** knuta sig

knot|grass [ˈnɒtgrɑːs] *bot.* trampört **-hole** kvisthål **-ted** [-ɪd] **1** knutig; knotig, knölig **2** *sl., get ~!* dra åt helvete! **-ty** [-ɪ] **1** knutig; knotig, knölig **2** *bildl.* kvistig, knepig

knout [naʊt] knutpiska

know [nəʊ] **I** *v* (*knew, known*) **1** veta; känna till, veta av; *for all* (*as far as*) *I* ~ såvitt (vad) jag vet; *I* ~ *what* jag har en idé (vet vad vi kan göra); *you never* ~ man vet aldrig (kan aldrig veta); *he's so curious, you* ~ (*vard.*) han är så nyfiken, vet (förstår) du; *she is* ~*n to have been here* man vet att hon har varit här; *I wouldn't* ~ (*vard.*) det har jag ingen aning om; *she* ~*s a thing or two* (*what's what*) (*vard.*) hon har väl reda på sig; *let me* ~ *when you've finished* säg till [mig] (låt mig veta) när du är färdig; *I* ~ *better than to go* jag är inte så dum att jag går; ~ *one's own mind* veta vad man vill; *before you* ~ *where you are* innan man vet ordet av; ~ *about* veta besked om, veta om, känna till; *what do you* ~, *I've just met him!* kan du tänka dig, jag har just träffat honom!; *I didn't* ~ [*about*] *that* det visste jag inte (kände jag inte till); ~ *how to a*) veta att, *b*) kunna, förstå sig på att; ~ *how to sing* kunna sjunga; ~ *of* veta, känna till; *not that I* ~ *of* inte såvitt (vad) jag vet; **2** känna, vara bekant med; *I don't* ~ *you* jag känner inte dig; *get to* ~ lära känna, bli bekant med; *if I* ~ *you* om jag känner dig rätt **3** kunna, ha lärt sig (*French* franska); *I* ~ *nothing about poetry* jag förstår mig inte på poesi; *he* ~*s all about cooking* han kan allt om matlagning **4** känna igen; [kunna] skilja; ~ *s.b. by his voice* känna igen ngn på rösten; *I* ~ *a fraud when I see one* jag känner igen en bedragare när jag ser en; ~ *the difference between right and wrong,* ~ *right from wrong* kunna skilja mellan rätt och orätt; *you wouldn't* ~ *him from his brother* man kan inte se skillnad på honom och hans bror; *she wouldn't* ~ *the difference* hon ser ingen skillnad **5** [få] uppleva, vara med om; ~ *poverty* uppleva fattigdom; *I've never* ~*n her to smile* jag har aldrig sett henne le; *you have never* ~*n me to tell a lie* du har aldrig hört mig ljuga (varit med om att jag ljugit); *they have* ~*n better days* de har sett bättre dagar **II** *s, vard., in the* ~ informerad, underrättad, initierad

know|-all ['nəʊɔːl] *vard.* besserwisser, allvetare **--how** *vard.* know-how, kunnande, sakkunskap **-ing** [-ɪŋ] **I** *a* **1** kunnig, skicklig, insiktsfull **2** slug, slipad; menande **3** avsiktlig, medveten **II** *s, there is no* ~*ing* man kan aldrig [så noga] veta **-ingly** [-ɪŋlɪ] *adv* **1** kunnigt, med sakkunskap **2** medvetet, med avsikt **3** menande

knowledge ['nɒlɪdʒ] (*endast sg*) **1** kunskap[er], insikt[er] (*of* i, om); kännedom, vetskap (*of* om); vetande, lärdom; *his* ~ *of French is poor* hans kunskaper i franska är dåliga; *to* [*the best of*] *my* ~ såvitt jag vet (kan förstå); *it has come to my* ~ det har kommit till min kännedom **2** *jur., carnal* ~ könsumgänge **knowledg[e]able** [-əbl] kunnig, insiktsfull

known [nəʊn] **I** *a o. perf. part. av know* känd, bekant (*to s.b.* för ngn); *it is a* ~ *fact that* det är ett känt faktum att; ~ *quantity* (*mat.*) bekant storhet; *make* ~ tillkännage, offentliggöra, göra bekant, meddela; *make o.s.* ~ *a*) göra sig känd, *b*) ge sig tillkänna (*to s.b.* för ngn) **II** *s* känt faktum

Knt. *förk. för knight*

knuckle ['nʌkl] **I** *s* **1** knoge; led; *rap s.b. over the* ~*s* slå ngn på fingrarna **2** *kokk.* lägg **3** *vard., near the* ~ på gränsen till det oanständiga **II** *v, vard.,* ~ *down* (*under*) foga (böja) sig; ~ *down to* ta itu med **knuckle-duster** [-ˌdʌstə] knogjärn **knucklehead** [-hed] *vard.* dumskalle **knuckle joint** [-dʒɔɪnt] fingerled

knurl [nɜːl] *s o. v.* räffla

KO, K.O. ['keɪ'əʊ] *sl.* **I** *s* knockout **II** *v* slå knockout på

koala [bear] [kəʊ'ɑːlə (beə)] *zool.* koala, pungbjörn

kohlrabi [ˌkəʊl'rɑːbɪ] *bot.* kålrabbi

kol|khos, -khoz [kɒl'hɔːz] kolchos

kook [kuːk] *AE. vard.* knasig typ, knäppgök

kookaburra ['kʊkəˌbʌrə] *zool.* skrattfågel

kook|ie, -y ['kʊkɪ] *AE. vard.* knasig, knäpp, stollig

Koran [kɒ'rɑːn] *the* ~ Koranen

Kore|a [kə'rɪə] Korea **-an** [-n] **I** *s* **1** korean **2** koreanska [språket] **II** *a* koreansk

kosher ['kəʊʃə] **1** *jud.* (*om mat o.d.*) koscher, ritualenlig **2** *vard.* genuin, äkta; riktig

kowtow [ˌkaʊ'taʊ] **I** *v* **1** buga sig (*m. pannan mot marken*) **2** krypa (*to* för) **II** *s* djup bugning (*förr kinesisk vördnadsbetygelse*)

k.p.h. *förk. för kilometres per hour*

kraal [krɑːl] kral, sydafrikansk infödingsby

Kremlin ['kremlɪn] *the* ~ Kreml

kro|na ['krəʊnə] (*pl -nor* [-nə]) krona (*myntenhet*)

krypton ['krɪptɒn] *kem.* krypton

Kt. *förk. för knight* **kt.** *förk. för karat;* (*sjö.*) *knot*

kudos ['kjuːdɒs] ära, beröm[melse], heder

Ku Klux Klan [ˌkjuːklʌks'klæn] Ku Klux Klan

Kurd [kɜːd] kurd **-ish** ['kɜːdɪʃ] kurdisk

Kuwait [kʊ'weɪt]

kW, kw *förk. för kilowatt* **kWh, kwh, kw-h** *förk. för kilowatt-hour*

Ky. *förk. för Kentucky*

L

L, l [el] (*bokstav*) L, l

L (*på motorfordon*) *förk. för learner driver* övnings|bil, -körning **L., l.** *förk. för lake; latitude; law; leaf; league; left; length; line; link; litre*[*s*]; *low* **L.** *förk. för Liberal; Licentiate* **£** [paʊnd(z)] *förk. för libra* (*lat.*) *pound*[*s*] [*sterling*] **L.A.** *förk. för Legislative Assembly; Los Angeles* **La.** *förk. för Louisiana*

la [lɑː] *mus.* la

lab [læb] *vard.* (*kortform av laboratory*) labb

Lab. *förk. för Labour; Labrador*

label ['leɪbl] **I** *s* **1** etikett; adresslapp; märke; påskrift **2** *bildl.* etikett, stämpel; *apply a* ~ *to* sätta etikett (en stämpel) på **3** skivmärke, grammofonbolag **II** *v* **1** etikettera, förse med etikett (adresslapp); märka **2** *bildl.* stämpla (beteckna) som (*a liar* lögnare)

labial ['leɪbjəl] **I** *a* läpp-, labial **II** *s, språkv.* labial **-ize** (*BE. äv. -ise*) ['leɪbɪəlaɪz] labialisera

labi|um ['leɪbj|əm] (*pl -a* [-ə]) *anat., biol.* läpp; *-a majora* (*minora*) yttre (inre) blygdläppar[na]

labor ['leɪbə] *AE., se labour*

laboratory [lə'bɒrət(ə)rɪ, *AE.* 'læbrəˌtɔ:rɪ] laboratorium **laboratory equipment** laboratorieutrustning

Labor Day ['leɪbədeɪ] *AE., ung.* arbetarnas dag (*första måndagen i september*)

laborious [lə'bɔ:rɪəs] **1** mödosam; (*om stil e.d.*) tung **2** arbetsam

labor union ['leɪbəˌju:njən] *AE.* fackförening

labour ['leɪbə] **I** *s* **1** arbete, [veder]möda, ansträngning; *hard ~* straffarbete; *~ of love* kärt besvär; *the ~ of Hercules* Herkules storverk **2** *ekon.* arbete (*i sht i motsats t. kapital*); arbetskraft, arbetare; *organized ~* organiserad arbetskraft **3** *polit., L~* labour[partiet] (*BE.*), arbetarpartiet **4** förlossningsarbete; värkar; *be in* (*go into*) *~* ha (börja få) värkar **II** *v* **1** arbeta [hårt], slita **2** sträva (*for* efter; *to* efter att), anstränga (bemöda) sig **3** *~ under a*) lida av, tyngas av, *b*) ha att kämpa (dras) med; *~ under a delusion* göra sig falska förhoppningar **4** arbeta (kämpa) sig [fram], bana sig väg; *the engine is ~ing* motorn går tungt (låter ansträngd) **5** ha [födslo]värkar **6** (*om fartyg*) slingra, rulla, stampa **7** *bildl.* breda ut sig över, behandla [alltför] ingående; utarbeta i detalj

laboured ['leɪbəd] **1** (*om andning*) mödosam, tung **2** överarbetad, ansträngd **labourer** [-rə] [grov]arbetare; *farm ~* lant-, jordbruks|arbetare **labour exhange** [-ɪksˌtʃeɪn(d)ʒ] (*förr*) arbetsförmedling **labour force** [-fɔ:s] arbetsstyrka **Labour Government** [-ˌgʌvnmənt] arbetarregering; *BE.* labourregering **Labourite** [-raɪt] Labourmedlem **Labour Leader** [-ˌli:də] *a*) labourledare (*BE.*), ledare för arbetarpartiet, *b*) fackföreningsledare **labour market** [-ˌmɑ:kɪt] arbetsmarknad **labour movement** [-ˌmu:vmənt] arbetarrörelse **labour pains** [-peɪnz] *pl* födslo|våndor, -smärtor **Labour Party** [-ˌpɑ:tɪ] labour, labourparti (*BE.*), arbetarparti **labour-saving** [-ˌseɪvɪŋ] arbetsbesparande

Labrador ['læbrədɔ:] **1** Labrador **2** [~] *retriever* labrador[hund]

laburnum [lə'bɜ:nəm] *bot.* gullregn

labyrinth ['læbərɪnθ] labyrint (*äv. bildl.*) **labyrin|thian, -thine, -thic** [-θɪən, -θaɪn, -θɪk] labyrintisk **födslo|våndor, -smärtor**

L.A.C. *förk. för BE. leading aircraftman*

lace [leɪs] **I** *s* **1** spets[ar] **2** snodd, snöre; galon[er] **3** spets (*spritttillsats i dryck*) **II** *v* **1** *~* [*up*] snöra (*one's shoes* skorna); trä (*a cord through* ett snöre genom); *~ together* (*up*) snöra till (ihop, åt); *~ one's fingers* fläta samman fingrarna **2** *bildl., be ~d with red* vara rödstrimmig **3** spetsa (*dryck m. sprit*) **4** *vard., ~* [*into*] *s.b.* angripa ngn (*m. ord el. fysiskt*), klå upp ngn **5** *~* [*up*] snöras; *shoes that ~* snörskor **5** snöra sig (*i snörliv*)

lacer|ate ['læsəreɪt] **1** sarga, riva (skära) sönder **2** *bildl.* såra djupt **-ation** [ˌlæsə'reɪʃn] **1** [kött]sår, riv-, skär|sår **2** sårande yttrande

lace-up ['leɪsʌp] **I** *a, ~ boot, se II* **II** *s* snör|sko -känga

lachrymose ['lækrɪməʊs] **1** tårfylld; gråtmild **2** sorglig

lacing ['leɪsɪŋ] **1** snöre, snodd; galon[er] **2** spets (*sprittillsats i dryck*) **3** *vard., give s.b. a ~* ge ngn [ett kok] stryk

lack [læk] **I** *s* brist (*of* på); avsaknad (*of* av); *for* (*through*) *~ of* i (av) brist på **II** *v* **1** sakna (*confidence* självförtroende) **2** *be ~ing* saknas, fattas **3** *be ~ing in* sakna (*confidence* självförtroende), lida brist på **4** *~ for* sakna; *she ~ed for nothing* hon saknade ingenting

lackadaisical [ˌlækə'deɪzɪkl] likgiltig, ointresserad, nonchalant, slapp

lackey ['lækɪ] lakej (*äv. bildl.*)

lacklustre ['lækˌlʌstə] glanslös, matt

laconic[al] [lə'kɒnɪk(l)] lakonisk, kortfattad

lacquer ['lækə] **I** *s* **1** lack **2** hårspray **3** lackarbete **II** *v* lackera

lacrimal ['lækrɪml] tår-; *~ duct* tårkanal; *~ gland* tårkörtel

lacrosse [lə'krɒs] lacrosse (*landhockeyliknande bollspel*)

lac|tate ['lækteɪt] laktera, avsöndra mjölk **-tation** [læk'teɪʃn] laktation, mjölkavsöndring **-tic** ['læktɪk] *kem.* mjölk-; *~ acid* mjölksyra **-tose** ['læktəʊs] laktos, mjölksocker

lacu|na [lə'kju:|nə] (*pl -nae* [-ni:] *el. -nas*) **1** lucka, lakun **2** *biol.* hålighet

lacustrine [lə'kʌstraɪn] [in]sjö-

lacy ['leɪsɪ] spets-, spetsliknande

lad [læd] **I** *s* **1** pojke, gosse, grabb **2** *vard.* karl, man, 'gosse'; *my ~!* min vän!, snälla du!; *he's a bit of a ~* han är en glad fyr; *he's a bit of a ~ with the girls* han är en riktig fruntimmerskarl **3** *BE.* stallpojke; hästkarl

ladder ['lædə] **I** *s* **1** stege; *sjö.* lejdare; *the social ~* den sociala rangskalan **2** *i sht BE.* [löp]maska (*på strumpa e.d.*) **II** *v, i sht BE.* riva upp en maska på (*strumpa*) **--proof** (*om strumpa*) masksäker

laddie ['lædɪ] *i sht Sk.* [liten] pojke (grabb)

lade [leɪd] (*laded, laden el. laded*) **1** lasta (*gods på fartyg*); ta ombord (*gods*) **2** ösa, sleva **laden** ['leɪdn] *a o. perf. part. av lade* **1** lastad **2** nedtyngd, dignande (*with* av) **3** *bildl.* betungad, tyngd

la-di-da[h] [ˌlɑ:dɪ'dɑ:] **I** *a, vard.* tillgjord, affekterad **II** *s* tillgjord (affekterad) person

lading ['leɪdɪŋ] **1** lastning, lastande **2** [skepps]last; *bill of ~* konossement

ladle ['leɪdl] **I** *s* slev **II** *v* ösa (*m. slev*), sleva; *~ out a*) ösa upp, servera, *b*) *vard.* ösa ut (*money* pengar)

lady ['leɪdɪ] **1** dam, kvinna; *ladies* (*behandlas som sg*), *ladies' room* (*vard.*) dam|toalett, -rum; *ladies and gentlemen* mina damer och herrar; *~'s bedstraw* (*bot.*) gulmåra, jungfru Marie sänghalm; *ladies' fingers* (*bot.*) getväppling; *ladies' hairdresser* hår-, dam|frisör[ska]; *ladies' invitation* (*excuse-me*) [*dance*] damernas [dans]; *~'s maid* kammarjungfru; *~'s* (*ladies'*) *man* kvinnokarl; *~'s mantle* (*bot.*) daggkåpa; *the ~ of the house* husets härskarinna, frun i huset, värdinnan; *~ bountiful* (*ung.*) god fé; *L~ Luck* Fru Fortuna; *your good ~* (*vard.*) din kära hustru; *the old ~* (*vard.*) morsan; *my dear young ~* min bästa fröken; *his young ~* hans flicka (flickvän) **2** *L~* Lady (*adelstitel*); *My L~* [mɪ'leɪdɪ] (*i tilltal*) Ers (Hennes) nåd, grevinnan *etc.* **3** *Our L~* Vår Fru, Jungfru Maria

lady author ['leɪdɪˌɔ:θə] författarinna, kvinnlig författare **lady|bird** [-bɜ:d] *BE.*, **-bug** [-bʌg] *AE.*, *zool.* [Maria] nyckelpiga **Lady Day** [-deɪ] Marie bebådelsedag **lady doctor** [-ˌdɒktə] [kvinnlig] läkare **lady friend** [-frend] väninna, kvinnlig vän **lady-in-waiting** [ˌleɪdɪɪn'weɪtɪŋ] (*pl ladies-in-waiting*) [uppvaktande] hovdam

lady-killer ['leɪdɪˌkɪlə] *vard.* kvinnotjusare **ladylike** [-laɪk] **1** ladylike, som anstår en dam, elegant, förnäm **2** *neds.* (*om man*) feminin **lady mayoress** [-ˌmeərɪs] *BE.* lordmayors hustru **Ladyship** [-ʃɪp] *s*, *Your* (*Her*) *~* Ers (Hennes) nåd **ladysnow** [-snəʊ] *sl.* kokain **lady's-slipper** [-ˌslɪpə] *bot.* guckusko

1 lag [læg] **I** *v* **1** *~* [*behind*] bli (gå, komma, släpa) efter, sacka, komma på efterkälken **II** *s* **1** eftersläpning; förhalning, fördröjning; retardation **2** tids|intervall, -skillnad

2 lag [læg] *sl.* **I** *s* fånge; *old ~* kåkfarare **II** *v* haffa, sy in

3 lag [læg] värmeisolera

lager ['lɑ:gə] [ljust] öl, pilsner

laggard ['lægəd] sölkorv; eftersläntrare

lagging ['lægɪŋ] **1** värmeisolering **2** isolering, isoleringsmaterial

la|goon, -gune [lə'gu:n] lagun

laic[al] ['leɪɪk(l)] lekmanna-; världslig

laid [leɪd] *imperf. o. perf. part. av 4 lay*; *~ paper* papper med vattenstämpel

lain [leɪn] *perf. part. av 2 lie*

lair [leə] **1** (*djurs*) lya, kula, håla, läger **2** *vard.* lya, tillhåll

laird [leəd] *Sk.* godsägare

laisser (laissez) faire [ˌleɪseɪ'feə] **1** laissez faire (*statlig passivitet gentemot privata företagare*) **2** efterlåtenhet, låt-gå-mentalitet

laity ['le(ɪ)ətɪ] *s*, *the ~* lekmännen

1 lake [leɪk] [in]sjö; *the Great L~s* Stora sjöarna (*mellan Canada o. USA*)

2 lake [leɪk] rödaktigt färgämne

Lake District ['leɪkˌdɪstrɪkt] *the ~* Sjödistriktet (*i nordvästra England*) **lake dwelling** *arkeol.* pålbyggnad **Lakeland** [-lənd] *se Lake District* **Lake Poets** [-pəʊɪts] *pl* Sjöskolan (*Wordsworth, Coleridge m.fl. diktare*)

1 lam [læm] *sl.* **1** klå upp, damma på **2** *~ into s.b.* ge ngn så han tiger, trycka ner ngn i skorna

2 lam [læm] *AE. sl.* **I** *s* smitning; *on the ~* på flykt; *take it on the ~* sticka, smita (*från polisen*) **II** *v* smita, sticka

lama ['lɑ:mə] lama (*tibetansk munk*) **Lamaism** [-ɪz(ə)m] lamaism

lamb [læm] **I** *s* **1** lamm (*äv. bildl.*); *like a ~ a*) from som ett lamm, *b*) oskyldig som ett lamm **2** lamm[kött] **II** *v* lamma

lambaste [læm'beɪst] *vard.* klå upp; skälla ut

lamb chop ['læmtʃɒp] lammkotlett

lambent ['læmbənt] **1** fladdrande (*flame* låga); milt lysande **2** lysande (*wit* intellekt)

lambkin ['læmkin] litet lamm, lammunge **lambskin** ['læmskɪn] lammskinn **lambswool** ['læmzwʊl] lammull

lame [leɪm] **I** *a* **1** halt, lytt, ofärdig; *be ~ in one leg* halta på ena benet **2** ond, värkande (*back* rygg); svag **3** *bildl.* lam, tam, svag; *a ~ excuse* en lam ursäkt; *a ~ try* ett tamt försök; *~ duck* (*vard.*) *a*) ineffektiv person, odugling, nolla, *b*) *ekon.* insolvent börsspekulant, *c*) *polit.* 'lam anka' (*politiker som inte valts om men som sitter kvar tills efterträdaren tillträder*) **II** *v* göra halt (ofärdig)

lamé ['lɑ:meɪ] lamé (*tyg*)

lamel|la [lə'mel|ə] (*pl -lae* [-i:]) *naturv.* lamell

lameness ['leɪmnɪs] **1** hälta, ofärdighet **2** *bildl.* lamhet

lament [lə'ment] **I** *s* **1** klagan **2** klago|sång, -visa **II** *v* **1** klaga, jämra sig, gråta (*for, over* över) **2** beklaga; begråta, sörja [över]; *~ed* sörjd, saknad; *our late ~ed mother* vår bortgångna (hädangångna) mor **lamentable** ['læməntəbl] **1** bedrövlig, jämmerlig, eländig **2** *åld.* sorglig, beklaglig **lamentation** [ˌlæmen'teɪʃn] [ve]klagan, jämmer; klago|sång, -visa; *L~s* (*bibl.*) Klagovisorna

lami|na ['læmɪ|nə] (*pl -nae* [-ni:] *el. -nas*) lamell, tunn platta (skiva)

lami|nate ['læmɪneɪt] **1** klyva i tunna skivor **2** utvalsa (uthamra) till tunna skivor **3** laminera; *~d glass* laminerat glas, lamellglas **-nation** [ˌlæmɪ'neɪʃn] **1** laminering **2** lamell; [tunt] skikt

lamp [læmp] lampa; lykta

lampblack ['læmpblæk] kimrök **lamp chimney** [-ˌtʃɪmnɪ] lampglas (*t. fotogenlampa*) **lampion** [-ɪən] [kulört] fotogenlykta (*för utomhusbruk*) **lamplight** [-laɪt] lamp|sken, -ljus **lamplighter** ['læmplaɪtə] lykttändare

lampoon [læm'pu:n] **I** *s* pamflett, nid-, smäde|-skrift **II** *v* skriva pamflett mot, smäda (*i pamflett*)

lamppost ['læmppəʊst] lyktstolpe

lamprey ['læmprɪ] *zool.* nejonöga

lampshade ['læmpʃeɪd] lampskärm

Lancashire ['læŋkəʃə] Lancashire **Lancaster** ['læŋkəstə] Lancaster **Lancastrian** [læŋ'kæstrɪən] **1** Lancashire-, Lancaster|bo **2** *hist.* anhängare av huset Lancaster (*i rosornas krig*)

lance [lɑ:ns] **I** *s* **1** lans; *break a ~ with* bryta en lans (ta en dust) med **2** spjut (*för jakt, fiske e.d.*) **3** *kir.* lansett **II** *v*, *kir.* öppna med lansett, skära upp **lance corporal** [ˌlɑ:ns'kɔ:p(ə)r(ə)l] *BE.* korpral (*i armén*)

lancelet ['lɑ:nslɪt] *zool.* lansettfisk

lancer ['lɑ:nsə] *mil.* lansiär

lancet ['lɑ:nsɪt] lansett **lancet arch** *arkit.* lansettbåge **lancet window** *arkit.* lansettfönster

lancinate ['lɑ:nsɪneɪt] stingande, häftig (*pain* smärta)

Lancs. *förk. för Lancashire*

land [lænd] **I** *s* **1** land (*i motsats till hav*); *by ~ and by sea* till lands och till sjöss; *on ~* på torra land; *the lay* (*lie*) *of the ~ a*) terrängens beskaffenhet, *b*) *bildl.* läget; *see how the ~ lies* se hur läget är, sondera terrängen **2** [jordbruks]mark, jord; *the drift from the ~* flykten från landsbygden; *return to the ~* återvända till torvan (jorden) **3** (*egen-*

dom) mark, jord; *~s* (*pl*) ägor, marker, jordegendomar **4** *litt. o. bildl.* land, rike; *the Holy L~* det heliga landet; *the ~ of dreams* drömmarnas land (rike); *the L~ of the Midnight Sun* Midnattssolens land; *a ~ of milk and honey* ett land som flyter av mjölk och honung **5** oräfflad del (*av gevärspipa e.d.*) **II** *v* **1** föra i land, lossa (*a cargo* en last), sätta i land (*passengers* passagerare), landsätta (*troops* trupper); dra upp (*a boat* en båt) **2** landa, hala in (*fisk*); *vard. bildl.* få tag i (*a job* ett arbete); fånga (*a husband* en man); ro i land, kamma hem (*a contract* ett kontrakt) **3** landa (gå ned) med (*flygplan e.d*) **4** *vard.* ge (*slag*); *he ~ed him one* (*a punch*) *on the jaw* han gav honom ett slag på hakan **5** *vard., that will ~ you in trouble* det kommer att ge dig bekymmer; *I've ~ed myself in a mess* jag har råkat i knipa; *~ s.b. with extra work* lassa på ngn extra arbete; *be* (*get*) *~ed with s.b.* få ngn på halsen **6** gå (stiga) i land, landstiga; landa, lägga till **7** (*om flygplan e.d.*) landa, gå ned **8** landa, slå ned, hamna; *the bomb ~ed on the roof* bomben slog ned på taket; *~ on one's feet* landa (komma ner) på fötterna (*äv. bildl.*); *~ up* slutligen hamna; *she ~ed up being fired* till slut blev hon avskedad; *you will ~ up in trouble* du kommer att råka i svårigheter; *~ up with* (*vard.*) sitta där med (*a bore* en tråkmåns)

land agent ['lænd,eɪdʒ(ə)nt] **1** [gods]förvaltare **2** egendomsmäklare

landau ['lændɔ:] landå

landed ['lændɪd] **1** jordägande; *~ gentry* godsägararistokrati, lantadel **2** jord-; *~ estate* (*property*) jordegendom; *~ proprietor* godsägare **landfall** [-fɔ:l] **1** landkänning **2** siktat land **land forces** [-,fɔ:sɪz] *pl* landstridskrafter **landholder** [-,həʊldə] *i sth AE.* jordägare

landing ['lændɪŋ] **1** landning; landstigning; landsättning; *forced ~* nödlandning **2** landningsplats **3** trappavsats **landing craft** *mil.* landstigningsbåt **landing field** landnings-, flyg|fält **landing gear** *AE.* landningsställ **landing stage** [landnings]-, båt|brygga **landing strip** start- och landningsbana

landlady ['læn,leɪdɪ] **1** hyresvärd[inna], värdinna; [kvinnlig] husägare **2** värdshusvärdinna **3** *BE. åld.* godsägarinna **landlocked** ['lændlɒkt] helt omgiven av land **landlord** ['lænlɔ:d] **1** [hyres]värd; husägare **2** värdshusvärd **3** *BE. åld.* jord-, gods|ägare **landlubber** ['lænd,lʌbə] *sjö.* landkrabba **landmark** ['læn(d)mɑ:k] **1** landmärke **2** *bildl.* milstolpe; hållpunkt **3** gräns-, rå|-märke, röse **land mine** ['læn(d)maɪn] *mil.* landmina **landowner** ['lænd,əʊnə] jordägare **landscape** ['lænskeɪp] **I** *s* **1** landskap, natur; *~ gardening* (*architecture*) trädgårds|konst, -arkitektur; *~ gardener* trädgårdsarkitekt **2** *konst.* landskap; landskapsmåleri **II** *v* **1** förbättra genom trädgårdsanläggningar; anlägga **2** arbeta som trädgårdsarkitekt **landscapist** ['læn,skeɪpɪst] landskapsmålare **landslide** ['læn(d)slaɪd] **1** jordskred, ras **2** *polit.* jordskred; jordskredsseger **landslide victory** jordskredsseger **landslip** ['læn(d)slɪp] jordskred, ras **landsman** ['læn(d)zmən] **1** landkrabba **2** obefaren sjöman **land tax** ['lændtæks] (*förr*) jordränta **landward** ['lændwəd] **I** *a* land-; som ligger (rör sig) mot land **II** *adv, ~*[*s*] mot land **landwash** bränning

lane [leɪn] **1** smal väg (*mellan byggnader, häckar e.d.*), stig; trång gata, gränd; *it is a long ~ that has no turning* allting har en ända **2** [kör]fil, -fält **3** farled, rutt, segelled; *flyg.* luft|led, -korridor **4** *sport.* bana

lang syne [,læŋ'saɪn] *Sk.* **I** *adv* för länge sedan **I** *s* gångna tider, den gamla goda tiden

language ['læŋgwɪdʒ] språk; tungomål; *bad ~* ohyfsat (rått) språk; *strong ~ a*) kraftuttryck, *b*) starka ord; *putting it into plain ~ a*) enkelt uttryckt, *b*) för att gå rakt på sak; *speak the same ~* tala samma språk, vara på samma våglängd

languid ['læŋgwɪd] **1** slapp, slö, matt, trött; likgiltig **2** trög, långsam

languish ['læŋgwɪʃ] **1** tyna av, [av]mattas **2** tyna bort, försmäkta (*in prison* i fängelse) **3** längta, trängta, tråna (*for* efter; *to* efter att) **4** se trånande ut **-ing** [-ɪŋ] **1** trånande, smäktande **2** tynande (*existence* tillvaro) **-ment** [-mənt] trånad, trängtan

languor ['læŋgə] **1** tröghet, slöhet; matthet, slapphet **2** vemod **3** tryckande tystnad; tryckande luft **-ous** [-rəs] **1** smäktande (*music* musik) **2** trög, slö; sömnig; släpig (*voice* röst)

lank [læŋk] **1** lång och gänglig, mager, utmärglad **2** (*om hår*) rak och stripig **lanky** ['læŋkɪ] lång och gänglig

lanolin[e] ['lænə(ʊ)li:n] lanolin

lantern ['læntən] **1** lykta; lanterna **2** [*magic*] *~* laterna magica, skioptikon **3** *byggn.* lanternin **lantern jaws** *pl* magra, infallna kinder

lanyard ['lænjəd] **1** snodd (*t. kniv, visselpipa e.d.*) **2** *mil.* fyrsnöre **3** *sjö.* talj[e]rep

Laos ['lɑ:ɒs] Laos **Laotian** ['laʊʃɪən] **I** *s* laotier **II** *a* laotisk

1 lap [læp] **1** sköte (*äv. bildl.*), knä; *it's in the ~ of the gods* det ligger i gudarnas knän; *live in the ~ of luxury* föra en skyddad lyxtillvaro; *drop a problem in a p.'s ~* vältra över ett problem på ngn

2 lap [læp] **I** *s* **1** etapp, sträcka; *sport.* varv; *~ of honour* ärevarv **2** överlappning; överlappande del **3** poler-, slip|skiva **4** *tekn.* fals, fog **5** lager, skikt (*av bomull e.d.*) **II** *v* **1** linda, svepa (*a bandage round* ett bandage om); linda (svepa) in (*s.th. in* ngt i); linda (svepa) om (*s.th. in* ngt med); *bildl.* bädda (svepa) in; *~ped in luxury* insvept (omgiven) av lyx **2** överlappa **3** *sport.* varva **4** slipa, polera **5** gå (nå, skjuta) ut (*over* över) **6** avverka (göra) ett varv (*in 12 minutes* på 12 minuter)

3 lap [læp] **I** *v* **1** *~* [*up*] lapa, slicka i sig (upp); *~ up* (*vard.*) slicka (smeta, hälla) i sig **2** (*om vågor*) klucka (plaska, skvalpa) mot **3** (*om vågor*) klucka, plaska, skvalpa (*against* mot) **II** *s* **1** kluckande, plaskande, vågskvalp **2** lapande, slickande

lap dog ['læpdɒg] knähund

lapel [lə'pel] slag (*på kavaj e.d.*)

lapidary ['læpɪdərɪ] **I** *a* **1** sten-; ädelstens-; lapidarisk; *~ inscription* inskrift inhuggen i sten; *~ style* lapidarstil, stenstil **II** *s* stenslipare **lapidate** [-eɪt] *litt.* kasta sten på; stena **lapidify** [læ'pɪdɪfaɪ] försten

lapis lazuli [,læpɪs'læzjʊlaɪ] **1** lapis lazuli, lasursten **2** lasurblått

Lapland ['læplænd] Lappland **Laplander** [-ə] same, lapp **Lapp** [læp] **I** *s* same, lapp **II** *a* samisk, lapsk **Lappish** ['læpɪʃ] **I** *s* (*språk*) samiska, lapska **II** *a* samisk, lapsk

lapse [læps] **I** *s* **1** lapsus, förbiseende, misstag; fel, felsteg, försyndelse; förseelse; ~ *of justice* felaktigt domslut; ~ *of memory* minnesfel; *suffer from ~s of memory* ha minnesluckor **2** fall, nedgång, minskning; ~ *in confidence* minskat förtroende; ~ *in standards* standardsänkning **3** avbrott, upphörande; *there was a ~ in the conversation* det blev en paus i samtalet **4** *jur.* upphörande, utgång, förfallande (*av rättighet*) **5** förlopp; tid, tidrymd; *after a ~ of 6 weeks* efter [en tid av] 6 veckor **I** *v* **1** förfalla, sjunka ner, minska **2** återgå, förfalla, försjunka (*into* till, i); ~ *into silence* försjunka i tystnad; ~ *into one's old ways* återgå till sina gamla vanor **3** komma ur bruk, upphöra **4** avfalla, göra avsteg (*from* från); ~ *from duty* försumma sin plikt **5** *jur.* förfalla, gå (löpa) ut **6** (*om tid*) förflyta, gå **lapsed** [-t] **1** avfällig (*från tro*); *a ~ Catholic* en katolik som avfallit från sin tro **2** *jur.* förfallen, utgången

lapstrake ['læpstreɪk] *sjö.* **I** *a* klinkbyggd **II** *s* klinkbyggd båt

lapstrap ['læpstræp] säkerhetsbälte (*i flygplan*)

lap|streak ['læpstri:k] *se lapstrake* **-wing** *zool.* tofsvipa

larboard ['lɑ:bəd] *sjö. åld.* babord

larceny ['lɑ:sənɪ] *jur.* stöld; *petty ~* snatteri; *grand ~* (*AE. o. åld. BE.*) grov stöld

larch [lɑ:tʃ] **1** *bot.* lärkträd **2** lärkträ **larch tree** *bot.* lärkträd

lard [lɑ:d] **I** *s* ister[flott]; *vard.* fetma **II** *v* späcka (*äv. bildl.*)

larder ['lɑ:də] skafferi

large [lɑ:dʒ] **I** *a* **1** stor; vid[sträckt], omfattande, omfångsrik; *a ~ heart* ett stort och varmt hjärta; *~ effect* stor (omfattande) verkan; *as ~ as life a*) i naturlig storlek, *b*) i levande livet; *~ of limb* grovlemmad **2** *sjö.* förlig (*wind* vind) **3** frikostig, generös; tolerant, vidsynt **II** *adv* **1** *sjö.* för förlig vind **2** *by and ~* i regel, vanligtvis **3** *loom ~* vara betydande, spela en stor roll **III** *s*, *at ~ a*) på fri fot, fri, *b*) utförligt, i detalj, *c*) i stort, i allmänhet; *the public at ~* den stora allmänheten; *be at ~* ströva fritt omkring; *in* [*the*] *~* i stor skala, som helhet

large|-handed [ˌlɑ:dʒ'hændɪd] generös **--hearted** [-'hɑ:tɪd] varmhjärtad; storsint **-ly** ['lɑ:dʒlɪ] *adv* **1** till stor del; i hög grad **2** i stor skala **--minded** [ˌlɑ:dʒ-'maɪndɪd] storsint, tolerant **-ness** ['lɑ:dʒnɪs] **1** storlek, omfattning **2** betydelse **3** storsinthet; frikostighet **--scale** ['lɑ:dʒskeɪl] i stor skala, storskalig; stor, omfattande **--sized** ['lɑ:dʒsaɪzd] stor; i stort nummer, i stor storlek

largess[e] [lɑ:'dʒes] **1** frikostighet, generositet **2** frikostig gåva

largish ['lɑ:dʒɪʃ] ganska stor

largo ['lɑ:gəʊ] *s o. adv, mus.* largo

lariat ['lærɪət] *AE.* **1** lasso **2** tjuder

1 lark [lɑ:k] *zool.* lärka; *up with the ~* uppe med tuppen; *as happy as a ~* glad som en lärka

2 lark [lɑ:k] **I** *s* skoj, upptåg; skämt; *what a ~!* så skojigt!, va kul!; *have a ~ with s.b.* ha roligt med ngn **II** *v* **1** ~ [*about*] ha skoj, ha upptåg för sig **2** skoja, leka (*with* med)

larkspur ['lɑ:kspɜ:] *bot.* riddarsporre

lar|va ['lɑ:|və] (*pl -vae* [-vi:]) *zool.* larv

laryn|gal [lə'rɪŋgl], **-geal** [ˌlærɪn'dʒi:əl] **1** *anat.* laryngal, struphuvud- **2** *fonet.* strup- **laryngitis** [ˌlærɪn'dʒaɪtɪs] *med.* laryngit, strupkatarr **laryngoscope** [lə'rɪŋgəskəʊp] laryngoskop **larynx** ['lær|ɪŋks] (*pl -ynxes el. -ynges* [lə'rɪndʒi:z]) *anat.* larynx, struphuvud

lascivious [lə'sɪvɪəs] lättfärdig, slipprig, liderlig, lasciv

laser ['leɪzə] *fys.* laser

1 lash [læʃ] **I** *v* **1** piska (*äv. bildl.*), prygla; (*om regn, vågor e.d.*) piska mot; ~ *o.s. into a fury* arbeta upp sig till raseri; *he ~ed the crowd into a fury* han jagade (hetsade) upp folkmassan till raseri **2** *bildl.* gissla, kritisera **3** piska (snärta) med; *the lion ~ed its tail* lejonet piskade med svansen **4** ~ *against* piska mot; *the rain was ~ing down* regnet öste ner; ~ *out a*) slå vilt omkring sig, *b*) (*om häst*) slå bakut, *c*) *vard.* slå på stort; ~ *out against* (*at*) fara ut mot, skälla ut **II** *s* **1** [pisk]rapp, snärt (*äv. bildl.*); *a ~ of wind* en häftig vindstöt, en piskande vind **2** snärt (*på piska*) **3** ögon|frans, -hår

2 lash [læʃ] surra (*to* vid); ~ *down* surra fast; ~ *together* binda ihop

1 lashing ['læʃɪŋ] **1** pisk|ande, -ning, prygel **2** *~s of* (*BE. vard.*) massor (mängder) av

2 lashing ['læʃɪŋ] rep (*att surra med*) **lash-up** [-ʌp] provisorium

lass [læs] flicka, tös **lassie** ['læsɪ] *vard.* liten flicka (tös, stumpa)

lassitude ['læsɪtju:d] **1** trötthet, matthet **2** slöhet, tröghet

lasso [læ'su:] **I** *s* (*pl -*[*e*]*s*) lasso **II** *v* fånga med lasso

1 last [lɑ:st] **I** *a* **1** sist; ytterst; slutlig; *the L~ Judgment* yttersta domen; ~ *name* (*AE.*) efternamn; ~ *but not least* sist men inte minst; *the ~ house but one, the second ~ house* näst sista huset; *the third ~ door* tredje dörren från slutet; *the ~ thing in* det allra senaste inom; *that was the ~ thing I expected* det var det sista jag hade väntat mig **2** senast, sist, förra; ~ *night* i går kväll; ~ *Saturday* förra lördagen, i lördags; ~ *year* förra året, i fjol; *the ~ few days* de senaste dagarna **3** ytterst, högst, störst; *to the ~ degree* i högsta grad; *of the ~ importance* av allra största vikt **II** *adv* **1** sist; *he came ~* han kom sist **2** senast, sist, sista (senaste) gången; *when I ~ saw him* när jag såg honom sist (senast) **3** till sist, slutligen **III** *s* **1** sista; *the ~ a*) den (det) sista, *b*) den (det) sistnämnda; *that was the ~ I heard from her* det var sista gången jag hörde av henne; *that's the ~ I want to hear about it* jag vill inte höra ett ord till om det; *you will never see the ~ of her* henne blir du aldrig av med; *my ~* mitt senaste brev **2** *breathe one's ~* dra sitt sista andetag, utandas sin sista suck **3** *at ~* till slut, slutligen, äntligen; *at long ~* äntligen; *to the ~* [ända] till slutet

2 last [lɑ:st] **1** vara, räcka, hålla på (*for many years* i många år) **2** hålla (stå) sig, hålla; *these flowers won't ~ another day* de här blommorna håller sig inte en dag till; *their marriage will ~* deras äktenskap kommer att hålla **3** ~ [*out*] hålla

L

(stå) ut, klara sig **4** ~ *out* räcka [till], vara tillräcklig; *will our supplies ~ one week?* kommer våra förråd att räcka en vecka? **5** räcka [till] för; *it will ~ you a lifetime* den kommer att räcka hela livet för dig

3 last [lɑ:st] **I** *s* (*skomakares*) läst; *cobbler, stick to your ~!* skomakare bliv vid din läst! **II** *v* lästa ut (*sko*)

lasting ['lɑ:stɪŋ] **I** *a* bestående, varaktig, ihållande **lastly** [-lɪ] *adv* slutligen, till slut **last-minute** [-,mɪnɪt] i sista minuten

Las Vegas [,læs 'veɪgəs]

Lat. *förk. för Latin* **lat.** *förk. för latitude*

latch [lætʃ] **I** *s* **1** regel, [dörr]klinka; *drop the ~* regla dörren; *leave the door on the ~* ställa upp dörren på låset **2** säkerhetslås **II** *v* **1** regla, stänga med dörrklinka **2** gå i lås **3** ~ *on to a*) ansluta sig till, omfatta (*new ideas* nya idéer), *b*) fatta, förstå, *c*) *AE.* få tag i (på) **latchkey** ['lætʃki:] portnyckel **latchkey child** nyckelbarn

late [leɪt] **I** *a* (*komp. later el. latter, superl. latest el. last*) **1** sen; för sen, försenad; ~ *arrival* för sen ankomst; *in the ~ autumn* på senhösten, sent på hösten; *in the ~ evening* sent på kvällen; *in the ~ twenties* i slutet av tjugotalet; *she's in her ~ twenties* hon är närmare trettio; *keep ~ hours* ha sena vanor; *be ~* vara sen (försenad), komma för sent; *be ~ for work* komma för sent till arbetet; *don't be ~!* kom inte för sent!, kom inte hem [för] sent!; *make s.b. ~* uppehålla (försena) ngn **2** förra, förutvarande, tidigare, före detta, f.d.; avliden, framliden; *the ~ prime minister* förre (förutvarande, den [nyligen] avlidne) premiärministern; *my ~ husband* min avlidne (salig) man **3** nyligen gjord (inträffad); senaste; *in the ~ war* under det senaste kriget; *of ~ a*) nyligen, *b*) på senare tid, på sista tiden; *of ~ years* på (under) senare år **II** *adv* (*komp. later, superl. latest el. last*) för sent; sent; *arrive ~* komma för sent; *marry ~* gifta sig sent; *better ~ than never* bättre sent än aldrig; *sit* (*stay*) *up ~* sitta (stanna, vara) uppe sent [på kvällarna]; ~ *at night* sent på kvällen (natten); ~ *in the day a*) sent (långt fram) på dagen, *b*) i senaste laget; ~ *into the night* till långt in på natten; *as ~ as last week* ännu (så sent som) i förra veckan; *it was as ~ as 1865 before slavery was abolished* det var så sent som 1865 som slaveriet avskaffades

latecomer ['leɪt,kʌmə] person som kommer [för] sent, eftersläntrare **lately** [-lɪ] *adv* på senare tid, på sista tiden

lateen sail [lə'ti:nseɪl] *sjö.* latinsegel

latency ['leɪt(ə)nsɪ] latens, fördoldhet

lateness ['leɪtnɪs] senhet; försening; *he could not account for the ~ of his arrival* han kunde inte ge ngn förklaring till sin sena ankomst

latent ['leɪt(ə)nt] latent, dold; ~ *period* latenstid

later ['leɪtə] **I** *a* senare; *in his ~ years* under hans senare år **II** *adv* senare; efteråt, sedan; *sooner or ~* förr eller senare, så småningom; ~ *on* längre fram, senare; *not ~ than 1990* senast (inte senare än) 1990; *see you ~!* (*vard.*) hej så länge!, vi ses!

lateral ['læt(ə)r(ə)l] **I** *a* **1** sido-; sidoställd **2** *språkv.* lateral **II** *s, språkv.* lateral **-ly** [-lɪ] i sidled

latest ['leɪtɪst] **I** *a* sist, senast; *the ~ news* de senaste nyheterna **II** *s* **1** *at the ~* senast; *tomorrow at the ~* senast i morgon **2** *vard., the ~* det senaste; *have you heard the ~?* har du hört det senaste?

latex ['leɪteks] latex, mjölksaft

lath [lɑ:θ] **I** *s* ribba, spjäla, list, läkt; latta **II** *v* sätta ribbor (*etc.*) på

lathe [leɪð] **I** *s* svarv **II** *v* svarva

lather ['lɑ:ðə] **I** *s* **1** lödder **2** *vard.* upphetsad sinnesstämning; *get into a ~ about* hetsa upp sig (bl uppretad) över **II** *v* **1** tvåla in; täcka med lödder **2** tvåla in sig; löddra sig **3** *vard.* klå upp, opöc **lathery** [-rɪ] löddrig

lathy ['lɑ:θɪ] lång och smal, smal som en sticka

Latin ['lætɪn] **I** *a* latinsk; romersk; *the ~ Church* romersk-katolska kyrkan; *the ~ peoples* de romanska folken; *the ~ Quarter* Quartier Latin (*i Paris*) **II** *s* **1** latin **2** latiner (*invånare i Latium*) **Latin America** [,lætɪnə'merɪkə] Latinamerika

Latin|ize (*BE. äv. -ise*) ['lætɪnaɪz] latinisera

latish ['leɪtɪʃ] ganska sen

lati|tude ['lætɪtju:d] **1** latitud; breddgrad **2** handlings-, rörelse|frihet, spelrum **-tudinal** [,lætɪ'tju:dɪnl] latitud-

latrine [lə'tri:n] avträde, latrin

latter ['lætə] **1** *the ~ a*) den senare (sistnämnde), *b*) denne; *the former...the ~* den förre...den senare **2** senare, sista; *the ~ part* den senare (sista) delen **--day** modern; *the L~ Saints* de sista dagarnas heliga, mormonerna **-ly** [-lɪ] *adv* nyligen; på sista tiden, på senare tid

lattice ['lætɪs] **I** *s* spjälverk; galler[verk] **II** *v* förse med spjälverk (galler[verk]) **latticed** [-t] gallerförsedd **latticework** spjälverk; galler[verk]

Latvi|a ['lætvɪə] Lettland **-an** [-ən] **I** *a* lettisk **II** *s* **1** lett **2** lettiska [språket]

laud [lɔ:d] *litt.* **I** *s* lov[sång] **II** *v* lova, prisa **-able** ['lɔ:dəbl] lov-, beröm|värd **-ative, -atory** ['lɔ:d|ətɪv, -ət(ə)rɪ] [lov]prisande, berömmande

laugh [lɑ:f] **I** *v* **1** skratta (*at* åt); *he who ~s last ~s best* skrattar bäst som skrattar sist; ~ *like a drain* skratta bullrande; *be ~ing* (*vard.*) ha det bra [förspänt]; *don't make me ~!* (*vard.*) det är ju skrattretande!, det kan jag aldrig tro!; ~ *at s.b* skratta åt (göra narr av) ngn; ~ *over s.th.* skratta åt (göra sig löjlig) över ngt; ~ *in a p.'s face* skratta ngn rätt upp i ansiktet; ~ *on the other side of one's face* skratta så lagom; ~ *up one's sleeve* skratta (le) i mjugg **2** skratta; ~ *o.s. sick* skratta sig fördärvad; ~ *s.th. away* (*off*) slå bort ngt med ett skratt; ~ *s.b. down* (*out of court*) skratta ut ngn **II** *s* skratt; *the ~ was on me* det var mig de skrattade åt; *have the last ~* vara den som skrattar sist

laughable ['lɑ:fəbl] skrattretande, löjlig **laughing** [-ɪŋ] **I** *a* skrattande; *no ~ matter* ingenting att skratta åt **II** *s* skratt; skrattande **laughing gas** lustgas **laughing stock** person man skrattar åt, åtlöje, driftkucku **laughter** [-tə] skratt; skrattsalva

1 launch [lɔ:n(t)ʃ] **I** *v* **1** sätta i sjön; sjösätta **2** kasta, slunga (*a spear* ett spjut); skjuta i väg, avfyra (*a torpedo* en torped), utslunga; skjuta (sända) upp (*a rocket* en raket); ~ *o.s. into work* kasta sig in i sitt arbete **3** starta, sätta i gång (*a company* en firma); lansera (*a new product* en ny produkt), föra fram; ~ *s.b. on his way* ge ngn en bra start, hjälpa fram ngn **4** ~ *into* kasta sig in i (på); ~ *into expense* dra på sig utgifter; ~ *out a*) ge sig ut, ge sig in (*into* i, på), *b*) sätta i gång (*into, on* med), *c*) *vard.* slösa, ge ut mycket pengar, *d*) ta till orda, *e*) diversifiera; ~ *out* (*forth*) *into a new carrier* ge sig in på en ny bana **II** *s, se launching*

2 launch [lɔ:n(t)ʃ] **1** motorbåt (*i sht för transporter*) **2** barkass, storbåt

launching ['lɔ:n(t)ʃɪŋ] **1** stapelavlöpning; sjösättning; isättning (*av båt*); avfyrning (*av torped e.d.*); uppskjutning (*av raket e.d.*) **2** start, igångsättning (*av firma e.d.*); lansering (*av produkt e.d.*) **launch[ing] pad** avfyrningsramp, startplatta **launch[ing] site** område kring avfyrningsramp (startplatta)

launder ['lɔ:ndə] tvätta [och stryka]; *bildl.* tvätta (*svarta pengar*) **launderette** [ˌlɔ:ndə'ret] självtvätt, tvättomat **laundress** ['lɔ:ndrɪs] tvätterska

laundry ['lɔ:ndrɪ] **1** tvättinrättning; tvättstuga **2** tvätt[kläder] **3** tvätt [och strykning]

laureate ['lɔ:rɪət] **I** *a* **1** *litt.* lager|krönt, -kransad **2** *åld.* lager- **II** *s* [*poet*] ~ hov|poet, -skald

laurel ['lɒr(ə)l] **1** *bot.* lager[träd] **2** ~*s* (*pl*) *a*) lagerkrans, *b*) *bildl.* lagrar; *look to one's ~s* [vara tvungen att] göra sig gällande (hävda sig); *rest on one's ~s* vila på sina lagrar; *win ~s* skörda lagrar

Laurel and Hardy ['lɔ:r(ə)lən'hɑ:dɪ] Laurel och Hardy, Helan och Halvan

lav [læv] *BE. vard.* (*kortform av lavatory*) toa

lava ['lɑ:və] lava

lavabo [lə'veɪbəʊ] (*pl* ~[*e*]*s*) **1** *rom.-kat.* handtvagning (*vid mässa*) **2** tvättfat **lavage** ['lævɪdʒ] *med.* sköljning, spolning

lavatory ['lævət(ə)rɪ] toalett[rum], WC **lavatory paper** [-ˌpeɪpə] *BE.* toalettpapper **lavatory seat** [-si:t] *BE.* toalettsits, fjöl

lavender ['lævəndə] **I** *s* **1** lavendel **2** lavendelblått **II** *a* lavendel-

laver ['leɪvə] (*slags ätlig*) alg

lavish ['lævɪʃ] **I** *a* **1** ymnig, riklig, överflödande **2** generös, frikostig **3** slösaktig, överdådig, extravagant **II** *v* slösa [med], vara frikostig med **-ness** [-nɪs] ymnighet *etc.*, *jfr lavish I*

law [lɔ:] **1** lag; regel; ~ *of etiquette* etikettsregel; ~*s of football* fotbollsregler; ~*s of harmony* harmonilära; ~ *of nature* naturlag; ~ *and order* lag och ordning; *by* ~ *a*) enligt lag[en], *b*) i lag; *in* ~ inför lagen; *be a* ~ *unto o.s.* skriva sina egna lagar, göra som man själv vill; *be above* (*outside*) *the* ~ stå över (utanför) lagen; *become* ~ *a*) vinna laga kraft, *b*) bli lag; *keep within the* ~ hålla sig inom lagens råmärken; *lay down the* ~ uttala sig auktoritativt (dogmatiskt); *take the* ~ *into one's own hands* ta lagen i egna händer; *take s.b. to* ~, *go to* ~ *with* (*against*) *s.b.* dra ngn inför rätta, börja processa med ngn **2** *jur.* rätt, lag; *commercial* ~ handelsrätt; *Roman* ~ romersk rätt; *international* ~, ~ *of nations* internationell rätt **3** juridik; rättsvetenskap; lagfarenhet; *court of* ~ domstol, rätt; *faculty of* ~ juridisk fakultet; *Doctor of L*~[*s*] juris doktor; *read* ~ läsa juridik **4** *the* ~ *a*) jurist|yrket, -banan, *b*) polisen **law-abiding** ['lɔ:əˌbaɪdɪŋ] laglydig **lawbreaker** lagbrytare **law-court** [-kɔ:t] domstol, rätt **lawful** [-f(ʊ)l] **1** laglig, lagenlig, laga **2** laglig, rättmätig (*heir* arvinge); ~ [*wedded*] *wife* lagvigd hustru **lawgiver** [-ˌgɪvə] lagstiftare **lawless** [-lɪs] **1** laglös **2** lagstridig **3** otyglad (*rage* vrede) **lawlessness** [-lɪsnɪs] **1** laglöshet **2** lagstridighet **Law Lords** [-lɔ:dz] *pl* 'laglorder' (*överhusmedlemmar som sitter i högsta domstolen*) **lawman** [-mən] *AE.* lagens företrädare

1 lawn [lɔ:n] gräs|matta, -plan

2 lawn [lɔ:n] batist

lawn mower ['lɔ:nˌməʊə] gräsklippare; *power lawn mower* motorgräsklippare **lawn tennis** [lawn]tennis (*på gräsplan*)

law stationer ['lɔ:ˌsteɪʃnə] *BE.* kopist (*av lagtexter*) **law student** [-ˌstju:dnt] juris studerande **lawsuit** [-su:t] rättegång, process; mål **lawyer** [-jə] jurist; advokat

lax [læks] slapp; lös[lig]

laxative ['læksətɪv] **I** *s* laxativ, laxermedel **II** *a* laxer-, lösande, avförande

lax|ity ['læksətɪ], **-ness** [-nɪs] slapphet; löshet; löslighet

1 lay [leɪ] **1** lekmanna-; ~ *brother* lekmannabroder, tjänande broder; ~ *preacher* (*reader*) lekmannapredikant

2 lay [leɪ] *s* ballad, visa; sång, melodi

3 lay [leɪ] *imperf. av lie*

4 lay [leɪ] **I** *v* (*laid, laid*) **1** lägga; ~ *bricks* mura; ~ *a cloth on the table* lägga en duk på bordet; ~ *eggs* lägga ägg, värpa; ~ *hold of* gripa, ta (fatta) tag i **2** anlägga (*a road* en väg); lägga [ner] (*a cable* en kabel; *pipes* rör); dra (*mains* ledningar) **3** göra i ordning; ~ *the table* duka [bordet]; ~ *a fire* lägga in (göra i ordning) en brasa; ~ *a trap for s.b.* gillra en fälla åt ngn **4** lägga på (*a carpet* en matta); ~ *a coat of paint* lägga på ett lager färg; ~ *a floor with carpets* täcka ett golv med mattor **5** få att lägga sig; *bildl. äv.* dämpa, tysta ner; ~ *the dust* få dammet att lägga sig **6** ålägga; lägga [på]; ~ *the blame on s.b. for s.th.* lägga skulden på ngn för ngt; ~ *a burden on s.b.* lägga en börda på ngn; *the crime was laid to their charge* de anklagades för brottet; ~ *an embargo on* lägga embargo på; ~ *a fine on s.b.* bötfälla ngn **7** förlägga (*the scene to* scenen till) **8** lägga fram (*one's problems before* sina problem för) **9** slå (*a rope* ett rep) **10** sätta, hålla (*five to one* fem mot ett); ~ *a bet* slå (hålla) vad **11** *vulg.*, ~ *a woman* sätta på en kvinna **12** ~ *bare* blottlägga, avslöja; ~ *open* blottställa, blotta (*to* för), öppna **13** *dial. el. ovårdat* ligga **14** värpa, lägga ägg **15** *sjö.* gå upp, lägga sig (*close to the wind* högt i vind) **16** ~ *about* (*åld.*) slå vilt omkring sig; ~ *aside a*) lägga ifrån sig (bort, åt sidan), *b*) spara, lägga undan; ~ *by a*) spara, lägga undan, *b*) *sjö.* lägga bi; ~ *down a*) lägga ner (*the hammer* hammaren; *one's arms* vapnen), nedlägga (*one's office* sitt ämbete, *b*) offra (*one's life* sitt liv), ge upp, *c*) uppställa (*conditions* villkor), fast|slå, -ställa (*rules* regler), *d*) [börja] bygga, konstruera, anlägga (*a railway* en järnväg), *e*) ned-, upp|teckna (*plans* planer), *f*) deponera, *g*) lagra (*wine* vin), *h*) förvandla till betesmark, *i*) *vard.* slå vad om, satsa; ~ *down the law* (*vard.*) lägga ut texten, ge förhållningsorder; ~ *o.s. down to sleep* lägga sig och sova; ~ *in* lägga upp [ett lager av]; ~ *into s.b.* gå lös på (angripa) ngn; ~ *off a*) friställa, permittera, *b*) märka ut, *c*) *vard.* låta vara i fred, låta bli, lägga av [med]; ~

L

on a) arrangera, ordna, *b*) lägga på (*a coat of paint* ett lager färg; *taxes* skatter), *c*) *BE.* lägga (dra, leda) in (*electricity* elektricitet); ~ *it on* (*sl.*) *a*) bre på tjockt, överdriva grovt, *b*) ta hutlöst betalt, *c*) slå hårt; ~ *out a*) lägga ut (fram), breda ut, *b*) göra layout[en] till, *c*) svepa (*lik*), *d*) planera, anlägga (*a garden* en trädgård), tänka ut, göra upp (*plans* planer), *e*) *vard.* slösa (göra av) med, lägga ut (*money* pengar), *f*) *vard.* slå ner (ut, sanslös), *g*) försätta ur stridbart skick; ~ *o.s. out* (*vard.*) bemöda sig, göra sitt yttersta (*to* [för] att), staka ut, ~ *over* (*AE.*) *a*) uppskjuta, *b*) göra uppehåll (*i resa*); ~ *to* (*sjö.*) *a*) lägga till, *b*) lägga bi; ~ *up a*) lägga upp, lagra, spara, *b*) *sjö.* lägga upp (*fartyg*); *be laid up with* (*vard.*) ligga till sängs (sjuk) i **II** *s* **1** läge; tillstånd; *know the ~ of the land* veta hur landet ligger **2** *vulg.* ligg (*samlag; samlagspartner*)

layabout ['le(ɪ)əˌbaʊt] latmask; dagdrivare **lay-by** [-baɪ] **1** *BE.* rast-, parkerings|plats (*vid väg*) **2** sidospår **lay days** [-deɪz] *pl, sjö.* liggedagar

layer ['le(ɪ)ə] **I** *s* **1** lager, skikt **2** *bot.* avläggare **3** värphöna **II** *v* föröka [sig] genom avläggare

layette [leɪ'et] babyutstyrsel

lay figure [ˌleɪ'fɪgə] **1** led-, modell|docka **2** *bildl.* nolla; marionett **laying** ['leɪɪŋ] *s*, ~ *on of hands* handpåläggning

layman ['leɪmən] lekman

lay|-off ['leɪɒf] **1** friställande **2** arbetslöshetsperiod **-out 1** utläggning **2** planering; arrangemang **3** layout, skiss; plan **4** *vard., i sht AE.* anläggning, institution **-over** [-ˌəʊvə] *AE.* kort uppehåll (*i resa*)

laze [leɪz] **I** *v* lata sig, slöa; ~ *about* (*around*) slå dank, slöa **2** ~ *away one's time* slöa bort tiden, förslösa sin tid **II** *s* latstund, slötid; *have a ~ in bed* ligga och dra sig i sängen **laziness** ['leɪzɪnɪs] lättja, slöhet **lazy** ['leɪzɪ] lat, lättjefull, slö **lazybones** ['leɪzɪˌbəʊnz] (*behandlas som sg*) *vard.* lätting, latmask, slöfock

lb[.] [paʊnd] *förk. för libra* (*lat.*) *pound* (*vikt*) **lbs [.]** *förk. för librae* (*lat.*) *pounds* (*vikt*) **l.b.w.** (*i kricket*) *förk. för leg before wicket*

l.c. *förk. för left centre* (*på scen e.d.*); *loco citato* (*lat.*) på det anförda stället; *lower case* **L/C, l/c, l.c.** *förk. för letter of credit* **L[.]C[.]D[.], l[.]c[.]d[.]** *förk. för lowest common denominator* **L.C.J.** *förk. för Lord Chief Justice* **L.C.M., l.c.m.** *förk. för lowest common multiple* **Ld.** *förk. för Lord* **L.E.A.** *förk. för Local Education Authority*

lea [li:] *poet.* äng

leach [li:tʃ] urlaka; filtrera

1 lead [led] **I** *s* bly; *red ~* blymönja; *white ~* blyvitt **2** bly|kula, -hagel **3** *sjö.* [sänk]lod **4** grafit, blyerts; blyertsstift **5** blysträng (*t. blyinfattning*); blyplatta (*t. blytak*) **II** *a* bly-, av bly

2 lead [li:d] **I** *v* (*led, led*) **1** leda, föra (*s.b. to* ngn till); anföra, leda, stå i spetsen för, vara ledare för; ~ *one's class in history* vara bäst i klassen i historia; ~ *a discussion* leda en diskussion; ~ *water into* dra in vatten i; ~ *the way* gå före [och visa vägen], vara ledande (föregångare); ~ *a wire* dra en ledning; ~ *a witness* ställa ledande frågor till ett vittne; *be easily led* vara lättledd; ~ *s.b. by the nose* (*vard.*) få ngn dit man vill; ~ *s.b. up the garden path* dra ngn vid näsan, lura ngn **2** få, komma, föranleda (*to* att); *that led me to change my mind* det fick mig att ändra mig **3** föra, leva (*a quiet life* ett stillsamt liv); ~ *s.b. a dog's* (*a wretched*) *life* göra livet surt för ngn **4** *kortsp.* spela ut, öppna med (*a king* en kung) **5** (*om väg e.d.; bildl.*) leda, föra, gå; *this road ~s to Leeds* den här vägen går till Leeds; *this will ~ to trouble* det här kommer att leda till bråk **6** leda; gå i spetsen; vara före (först); ligga i täten, ha ledningen; (*i dans*) föra; *BE. mus.* spela första fiolen; *she led them by 10 seconds* hon ledde med 10 sekunder före dem; *The Times led with the accident* Times hade olyckan på ledande plats **7** *kortsp.* spela ut, öppna, ha förhand **8** ~ *astray* vilse-, miss|leda; ~ *away a*) föra (leda) bort (*the prisoner* fången), *b*) leda bort (*from the subject* från ämnet); ~ *off a*) föra bort (*s.b.* ngn), *b*) börja, inleda; ~ *on* locka, förleda, föra bakom ljuset; ~ *up to a*) leda (föra) [fram, upp] till, *b*) [sakta, försiktigt] närma sig **II** *s* **1** ledande plats (ställning); ledning; försprång; *follow a p.'s ~* följa ngns exempel; *have a ~ of 10 seconds* leda med 10 sekunder; *take the ~ a*) ta (gå upp i) ledningen, *b*) föregå med gott exempel **2** ledning, ledtråd **3** ledande roll, huvudroll; huvudrollsinnehavare; *mus.* ledstämma, ledinstrument **4** ledande nyhet (*i tidning e.d.*); inledande avsnitt **5** *elektr.* ledning, kabel **6** [hund]koppel, rem; *on a ~* i koppel **7** *kortsp.* utspel; förhand; *it's your ~* det är du som börjar

leaded ['ledɪd] blyinfattad **leaden** ['ledn] **1** bly-, av bly **2** blygrå **3** tung [som bly]

leader ['li:də] **1** ledare; chef; anförare **2** *mus.* ledare; konsertmästare; *AE.* dirigent **3** *i sht BE.* ledare, ledarartikel **4** *i sht AE.* lockvara **leadership 1** ledarskap, ledning; *under the ~ of s.b.* under ngns ledning **2** ledarförmåga **lead-in** [ˌli:d'ɪn] **1** introduktion **2** antennledning **leading** ['li:dɪŋ] ledande, ledar-; huvud-, viktigast, förnämst, främst; ~ *aircraftman* (*BE. ung.*) vicekorpral (*i flyget*); ~ *article* (*AE.*) ledare, ledarartikel; ~ *lady* huvudrollsinnehavare, primadonna; ~ *light* (*vard., bildl.*) betydande (framstående) person, ledande kraft; ~ *man* huvudrollsinnehavare; ~ *part* huvudroll; ~ *question* ledande fråga; ~ *reins* (*AE. strings*) *pl* gåsele (*för barn*); *bildl.* ledband; ~ *tone* (*mus.*) septima

lead pencil [ˌled'pensl] blyertspenna

leaf [li:f] **I** *s* (*pl leaves* [li:vz]) **1** löv, blad; *be in ~* (*om träd o.d.*) vara fullt utslagen; *come into ~* lövas, spricka ut **2** blad (*i bok e.d.*); *take a ~ out of a p.'s book* ta exempel av ngn; *turn over a new ~* börja på nytt, ändra sitt uppträdande **3** folie; *gold ~* bladguld **4** utdrags-, iläggs|skiva, klaff (*t. bord*) **5** *sl.* marijuana **II** *v*, ~ [*through*] bläddra igenom

leaf bud ['li:fbʌd] *bot.* bladknopp **leafless** [-lɪs] avlövad, utan blad **leaflet** [-lɪt] **1** folder, broschyr, prospekt; flygblad, reklamlapp **2** litet löv **leaf mould** lövjord **leaf spring** *tekn.* bladfjäder **leafy** [-ɪ] lövad, lummig, lövklädd, grön

1 league [li:g] (*gammalt längdmått*) 3 miles (*ca 4,83 km*)

2 league [li:g] **1** förbund; *the L~ of Nations* Nationernas förbund; *be in ~ with a*) vara i förbund med, *b*) göra gemensam sak med **2** *sport.* serie;

liga **3** klass, kategori; *not in the same* ~ inte i (av) samma klass **league leader** ['li:g,li:də] *sport.* serieledare **leaguer** ['li:gə] förbundsmedlem

leak [li:k] **I** *s* läcka (*äv. bildl.*); otäthet; läckage; ~ *of information* informationsläcka; *have a* ~ *a*) läcka, vara otät, *b*) *sl.* pissa; *spring a* ~ springa läck **II** *v* **1** läcka, vara läck (otät); ~ [*out*] läcka (sippra) ut (*äv. bildl.*); *the bucket ~s* hinken läcker; *water is ~ing through the wall* vatten läcker in (ut) genom väggen **2** *sl.* pissa **3** låta läcka ut; släppa igenom; *bildl.* läcka (*information to s.b.* information till ngn) **leakage** ['li:kɪdʒ] läckande; läcka (*äv. bildl.*); läckage **leaky** ['li:kɪ] läckande, otät, läck

leal [li:l] *åld. el. Sk.* lojal, trogen

1 lean [li:n] **I** *a* mager; tunn **II** *s* magert kött

2 lean [li:n] **I** *v* (*leaned, leaned* [lent, lent] *el. leant, leant* [lent, lent]) **1** luta sig (*back* bakåt, tillbaka; *forward* framåt; *against* mot, på); stödja sig (*against,* [*up*]*on* mot, på); ~ *on s.b.* förlita (stödja) sig på ngn; ~ *over backwards* (*vard.*) göra mer än ngn kan begära; ~ *to*[*wards*] luta (tendera) åt, vara böjd att **2** luta, stå snett; *the L~ing Tower of Pisa* lutande tornet i Pisa **3** luta, stödja; ~ *one's head on a p.'s shoulder* luta huvudet mot ngns axel **II** *s* lutning; *be on the* ~ luta **leaning** ['li:nɪŋ] böjelse, dragning, sympati (*towards* för), fallenhet; *have artistic ~s* ha konstnärliga intressen **leant** [lent] *imperf. o. perf. part. av 2 lean*

lean-to ['li:ntu:] skjul, utbyggnad (*intill vägg o. med sluttande tak*)

leap [li:p] **I** *v* (*leapt, leapt* [lept, lept] *el. ~ed, ~ed* [lept, lept]) **1** hoppa; ~ *at an offer* hoppa på (kasta sig över) ett erbjudande; *the idea leapt into my mind* idén dök plötsligt upp i mitt huvud **2** hoppa över (*a ditch* ett dike); *she leapt the horse over the fence* hon lät hästen hoppa över hindret **II** *s* hopp, språng; *a* ~ *in the dark* ett språng ut i det okända; *by ~s and bounds* som en oljad blixt, med stormsteg **leapfrog** ['li:pfrɒg] **I** *s* bockhoppning; *play* ~ hoppa bock **II** *v* **1** hoppa bock; hoppa (skutta) framåt **2** hoppa bock över **leapt** [lept] *imperf. o. perf. part. av leap* **leap year** ['li:pjɜ:] skottår

learn [lɜ:n] (*learnt, learnt* [lɜ:nt, lɜ:nt] *el. learned, learned* [lɜ:nt, lɜ:nt]) **1** lära sig (*English* engelska; [*how*] *to cook* laga mat); lära (läsa) in **2** erfara, få veta, [få] höra (*from* av) **3** (*i ovårdat tal*) undervisa, lära **4** [få] höra (*of, about* om) **5** lära [sig] (*from experience* av erfarenheten); *they will never* ~ de lär sig aldrig **learned I** [lɜ:nt] *imperf. o. perf. part av learn* **II** ['lɜ:nɪd] *a* lärd; vetenskaplig; *my* ~ *friend* (*om advokat*) min ärade kollega; *a* ~ *man* en lärd man **learner** ['lɜ:nə] elev, lärjunge; nybörjare; trafikskoleelev **learning** ['lɜ:nɪŋ] **1** lärdom, vetande, bildning; *man of* ~ lärd man; *seat of* ~ lärdomssäte **2** inlärning, studium **learnt** [lɜ:nt] *imperf. o. perf. part. av learn*

lease [li:s] **I** *s* arrende, uthyrning; arrende-, hyres|kontrakt; arrende-, hyres|tid; *have* (*take*) *on* ~ arrendera; *let out on* ~ arrendera ut; *get* (*take*) *a new* ~ *of life* få nytt liv, leva upp igen **II** *v* **1** arrendera, hyra **2** ~ [*out*] arrendera (hyra) ut; leasa **-hold** ['li:s(h)əʊld] **I** *s* arrende **II** *a* arrende-; arrenderad **-holder** ['li:s(h)əʊldə] arrendator

leash [li:ʃ] **I** *s* [hund]koppel, rem; *on a* (*the*) ~ i koppel; *give full* ~ *to* (*bildl.*) ge fria tyglar åt; *keep a tight* ~ *on* (*bildl.*) hålla i strama tyglar; *be straining at the* ~ *a*) dra i kopplet, *b*) vänta otåligt på att få sätta igång **II** *v* ha i koppel (kopplad)

least [li:st] **I** *a o. adv* (*superl. av little*) minst; ~ *common denominator* (*multiple*) minsta gemensamma nämnare (dividend); *I have the* ~ *money of all* jag har minst pengar av alla; *the* ~ *important question* den minst viktiga frågan **II** *s, the* ~ det minsta; ~ *said, soonest mended* ju mindre man säger, desto bättre är det; *to say the* ~ [*of it*] minst sagt; *at* ~ åtminstone; *at the* ~ allra minst; *not in the* ~ inte det minsta, inte alls **-ways** ['li:stweɪz] *BE. vard.*, **-wise** ['li:stwaɪz] *AE., vard.* åtminstone, i varje fall

leather ['leðə] **I** *s* **1** läder, skinn **2** läder|rem, -jacka, -stövel; läder[kula] (*fotboll*) **II** *a* läder-, skinn- **leatherneck** *AE. sl.* marinsoldat **leathery** [-rɪ] läderaktig; (*om kött*) seg

1 leave [li:v] **I** *s* **1** tillåtelse, lov, tillstånd; *by* (*with*) *your* ~ med din tillåtelse; *ask a p.'s* ~ *to do s.th.* be ngn om lov (tillstånd) att få göra ngt **2** permission, ledighet, lov; ~ *of absence* permission, tjänstledighet; *be on* ~ vara på (ha) permission, vara [tjänst]ledig; *absent without* ~ frånvarande utan giltigt förfall **3** avsked; *take* ~ säga adjö (farväl) (*of* till); *take* ~ *of one's senses* bli tokig (galen); *take one's* ~ ta avsked, säga adjö (farväl)

2 leave [li:v] (*left, left*) **1** lämna; lämna kvar; glömma [kvar]; efterlämna, lämna efter sig; testamentera; ~ *alone* låta bli, låta vara [i fred]; ~ *well alone* hålla fingrarna borta från; ~ *be* (*vard.*) låta bli (vara); ~ *one page blank* lämna en sida blank (tom); ~ *go* (*hold*) *of* (*vard.*) släppa [taget om]; ~ *s.b. penniless* göra ngn utfattig; ~ *s.b. speechless* göra ngn mållös; ~ *s.th. undone* låta ngt vara ogjort, låta bli att göra ngt; *be left* återstå, vara (bli, finnas, lämnas) kvar; *nothing was left for them but to* det återstod inget annat för dem än att; *that's all we have left* det är allt vi har kvar; ~ *it at that* (*vard.*) låta det vara [bra så], låta det bero [vid det]; ~ *s.b. to himself* låta ngn sköta sig själv (vara i fred); ~ *the key with them* lämna nyckeln hos dem; *this ~s me with a problem* detta ställer mig inför ett problem; *it ~s much to be desired* det lämnar mycket övrigt att önska; *15 from 20 ~s 5* 15 från 20 blir (är) 5; *she left a husband and three children* hon efterlämnade make och tre barn; *my uncle left me a necklace* min farbror testamenterade ett halsband till mig **2** lämna, [av]resa från, [av]gå från; ~ *home* resa (flytta) hemifrån; ~ *school* sluta skolan; ~ *the table* resa sig från bordet; *we left New York yesterday* vi lämnade (reste från) New York i går **3** över|lämna, -låta, lämna (*to* åt); låta; ~ *it to me* låt mig ta hand om (sköta) det; ~ *it to me to* överlåt åt mig att; *I* ~ *it to you to decide* jag överlåter åt dig att avgöra det; ~ *s.th. to chance* lämna ngt åt slumpen **4** [av]gå, [av]resa; ge sig av (i väg); sluta (*anställning*); *I* ~ *for Rome today* jag reser till Rom i dag **5** *he ~s his clothes about* han låter sina kläder ligga kringströdda (framme); ~ *aside* åsidosätta, inte bry sig om, lämna åsido; ~ *behind* glömma [kvar], lämna [kvar], efterlämna, lämna

L

bakom sig; ~ *off a*) upphöra (sluta upp) med, sluta [med], avbryta (*work* arbetet), *b*) lägga av (*one's winter coat* vinterkappan), *c*) sluta (*at page 26* på sidan 26); ~ *off!* (*vard.*) lägg av!, sluta!; ~ *off smoking* sluta röka; ~ *out a*) lämna ute (framme), *b*) ute|lämna, -sluta, förbigå, lämna utanför

3 leave [li:v] lövas

leaved [li:vd] med blad; *three-~* trebladig

leaven ['levn] **I** *s* **1** jäsmedel, jäst, bakpulver; surdeg **2** *bildl.* inslag (*of humour* av humor) **II** *v* **1** få att jäsa **2** *bildl.* luckra (lätta) upp; genomsyra **-ing** ['levn̩ɪŋ] *se leaven I*

leaves [li:vz] *pl av leaf*

leave-taking ['li:vˌteɪkɪŋ] avresa; avsked; avskedstagande

leaving ['li:vɪŋ] **1** avsked; avresa **2** *~s* (*pl*) [mat]rester, lämningar; avfall **leaving certificate** avgångsbetyg **leaving party** avskeds|fest, -party

Lebanese [ˌlebə'ni:z] **I** *s* (*pl lika*) libanes **II** *a* libanesisk **Lebanon** ['lebənən] Libanon

lecher ['letʃə] liderlig (vällustig) man (sälle) **lecherous** ['letʃ(ə)rəs] liderlig, vällustig **lechery** ['letʃərɪ] liderlighet, lusta

lecithin ['lesɪθɪn] *kem.* lecitin

lectern ['lektɜ:n] [läs-, kor]pulpet

lecture ['lektʃə] **I** *s* **1** föreläsning, föredrag (*on* om); *give a ~* hålla föredrag (en föreläsning) **2** skrapa, tillrättavisning **II** *v* **1** föreläsa, hålla föreläsning (*on* om) **2** ge en skrapa, tillrättavisa **lecturer** ['lektʃ(ə)rə] föreläsare, föredragshållare; *ung.* docent, universitetslektor **lecture room** föreläsningssal **lectureship** *ung.* docentur, universitetslektorat

LED *förk. för light emitting diode* lysdiod

led [led] *imperf. o. perf. part. av lead*

ledge [ledʒ] **1** list, kant; hylla; [fönster]bräde; gesims **2** klippavsats **3** malmförande lager; malmåder **4** undervattensrev

ledger ['ledʒə] *bokför.* huvudbok, liggare **ledger line** *mus.* hjälplinje

lee [li:] **I** *s* lä[sida]; *under the ~ of a*) i lä om, på läsidan av, *b*) *bildl.* i skydd av **II** *a* lä-

leech [li:tʃ] *zool.* blodigel; *bildl. a*) blodsugare, *b*) igel; *cling like a ~* vara som en blodigel

leek [li:k] *bot.* purjolök

leer [lɪə] **I** *s* sneglande (hånfull, menande, tvetydig) blick **II** *v* snegla, kasta hånfulla (menande) blickar (*at* på) **leery** ['lɪərɪ] **1** *dial.* slug, förslagen **2** *sl.* misstänksam (*of* mot)

lees [li:z] *pl* drägg, bottensats

lee|ward ['li:wəd; *sjö.* 'lu:əd] **I** *a* lä-, i lä **II** *adv* lävart; i lä **III** *s* lä[sida]; *to ~* åt läsidan **-way 1** *sjö.* avdrift **2** spelrum; frist; *make up ~* ta igen en tidsförlust

1 left [left] *imperf. o. perf. part. av leave*

2 left [left] **I** *a* vänster (*hand* hand), vänster-; ~ *turn* vänstersväng **II** *adv* till vänster(*of* om), åt vänster; *keep ~* hålla till vänster; *turn ~* svänga till (ta av åt) vänster; ~ *turn!* (*mil.*) vänster om! **III** *s* vänster hand (sida); (*i boxning*) vänster; *the L~* (*polit.*) vänstern; *on my ~* på min vänstra sida, till vänster om mig

left|-footer ['leftˌfʊtə] *s, vard.* romersk-katolik (*i sht på Irland*) **--hand** [-hænd] *a* vänster, vänster-; ~ *drive* vänsterstyrning; ~ *side* vänster sida **--handed** [ˌleft'hændɪd] **1** vänsterhänt **2** vänsterhands-, med (för) vänster hand **3** klumpig, tafatt; tvetydig, tvivelaktig (*compliment* komplimang) **4** *jur.* morganatisk **--hander** ['leftˌhændə] **1** vänsterhänt person **2** vänsterslag **-ist** ['leftɪst] **I** *s* vänsteranhängare **II** *a* vänster|orienterad, -vriden, vänster-

left-luggage office [ˌleft'lʌgɪdʒˌɒfɪs] *BE.* resgodsinlämning, effektförvaring **left-over** ['leftˌəʊvə] **I** *a* överbliven, kvarvarande **II** *s*, *~s* (*pl*) [mat]rester

leftward ['leftwəd] **I** *a* vänster, vänster- **II** *adv, se leftwards* **leftwards** [-z] till (åt) vänster **left-wing** *a, polit.* vänster|orienterad, -vriden, vänster-, radikal **left wing** *s* **1** *polit.* vänsterfalang **2** *sport.* vänsterkant; vänsterytter **3** *mil.* vänsterflygel **left-winger** [-ˌwɪŋə] **1** *polit.* vänsteranhängare, radikal **2** *sport.* vänsterytter **lefty** [-ɪ] *vard.* **1** vänstervriden person **2** *i sht AE.* vänsterhänt person

leg [leg] **I** *s* **1** ben (*äv. byx-, möbel- etc.*); skaft (*på stövel e.d.*); fot (*på möbel*); *be on one's last ~s a*) vara alldeles slut (utmattad), *b*) sjunga på sista versen; *break one's ~* bryta benet; *give s.b. a ~ up* hjälpa ngn upp (uppför); *not have a ~ to stand on* (*vard.*) inte ha ngt stöd för sina åsikter (påståenden), inte ha ngn ursäkt; *pull a p.'s ~* (*vard.*) skoja (driva) med ngn; *shake a ~* (*sl.*) sno på, sätta fart; *show a ~* (*vard.*) stiga upp (*ur sängen*); *stretch one's ~s* sträcka på benen, röra på sig; *walk a p.'s ~s off a*) gå för fort för ngn, gå ifrån ngn, *b*) skrämma bort ngn **2** *kokk.* lägg, lår, lårstycke, kyl; ~ *of lamb* lamm|stek, -lår, -kyl **3** etapp (*av resa, stafett e.d.*) **4** sida, katet (*i rätvinklig triangel*) **5** *sport.* omgång (*av tävling, matcher e.d.*); (*i kricket*) 'leg'-sida (*plandel t. vänster o. bakom slagmannen*); *be out ~ before wicket* utvisad på grund av ben framför grind **6** *sjö.* slag **II** *v, vard., ~ it* gå, springa, skynda sig

leg. *förk. för legal; legate; legato; legislation; legislative; legislature*

legacy ['legəsɪ] legat, testamentsgåva; *bildl.* arv

legal ['li:gl] lag-, laglig, laga, lagenlig; rätts-, rättslig, juridisk; *take ~ action against* vidtaga rättsliga åtgärder mot; *take ~ advice* rådfråga en advokat; ~ *adviser* advokat, juridisk rådgivare; ~ *aid* rättshjälp; ~ *holiday* (*AE.*) bankfridag; ~ *medicine* rättsmedicin; ~ *offence* straffbar handling, lagbrott; *the ~ profession a*) advokatkåren, juristerna, *b*) juristyrket; ~ *separation* (*i sth AE.*) hemskillnad; ~ *status* rättslig ställning; ~ *tender* lagligt betalningsmedel **-ism** ['li:gəlɪz(ə)m] överdriven laglydnad, formalism **-istic** [ˌli:gə'lɪstɪk] överdrivet laglydig, formalistisk **-ity** [li:'gælətɪ] laglighet, legalitet, lagenlighet; rättmätighet **-ization** (*BE. äv. -isation*) [ˌli:gəlaɪ'zeɪʃn] legalisering **-ize** (*BE. äv. -ise*) ['li:gəlaɪz] legalisera, göra laglig

legate ['legɪt] legat

legatee [ˌlegə'ti:] arvinge, legat-, testaments|tagare

legation [lɪ'geɪʃn] legation, beskickning

legato [lə'gɑ:təʊ] *mus.* legato

legator [lɪ'geɪtə] testator

legend ['ledʒ(ə)nd] **1** legend (*äv. bildl.*); sägen,

saga **2** inskrift, inskription (*på mynt, vapensköld e.d.*) **3** [tecken]förklaring, text (*t. karta, tabell e.d.*) **-ary** [-(ə)rɪ] legend-; sagoomspunnen; legendarisk
legerdemain [ˌledʒədə'meɪn] taskspeleri, trolleri, jonglerande, trick
legged [legd] -bent, med...ben; *four-~* fyrbent, med fyra ben; *long-~* långbent **leggings** ['legɪŋz] *pl* benläder; damasker **leggy** ['legɪ] långbent; *vard.* med långa, snygga ben
Leghorn [ˌleg'hɔ:n] Livorno
leg|ibility [ˌledʒɪ'bɪlətɪ] läslighet, läsbarhet; tydlighet **-ible** ['ledʒəbl] läs|lig, -bar; tydlig
legion ['li:dʒ(ə)n] legion; *the Foreign L~* Främlingslegionen; *the L~ of Honour* Hederslegionen; *~s of people* massor med (horder av) människor; *they are ~* de är oräkneliga (legio) **-ary** ['li:dʒənərɪ] **I** *s* legionär **II** *a* legions- **-naire** [ˌli:dʒə'neə] legionär
legis|late ['ledʒɪsleɪt] lagstifta **-lation** [ˌledʒɪs'leɪʃn] lagstiftning **-lative** ['ledʒɪslətɪv] legislativ, lagstiftande, lagstiftnings-; *~ assembly* lagstiftande församling **-lator** ['ledʒɪsleɪtə] lagstiftare **-lature** ['ledʒɪsleɪtʃə] legislatur, lagstiftande församling
legist ['li:dʒɪst] rättslärd
legit [lɪ'dʒɪt] *sl. för legitimate*
legiti|macy [lɪ'dʒɪtɪməsɪ] legitimitet, laglighet, laglig rätt; äkta börd; rättmätighet **-mate I** *a* [-mət] **1** legitim; laglig, rättmätig; född inom äktenskapet; *~ child* barn [fött] inom äktenskapet; *~ heir* legitim (rättmätig, laglig) arvinge **2** standard-, normal, reguljär **3** legitim, berättigad (*question* fråga); befogad, välgrundad **4** *~ theatre* seriös (allvarligt syftande) teater (*i motsats t. varieté o.d.*) **II** *v* [-meɪt] **1** legitimera; göra laglig; legalisera; ge äktenskapligt barns rättsställning **2** berättiga; rättfärdiga **-mation** [lɪˌdʒɪtɪ'meɪʃn] legitimering; legalisering **-matize** (*BE. äv. -matise*) [lɪ'dʒɪtɪmətaɪz], **-mize** (*BE. äv. -mise*) [lɪ'dʒɪtɪmaɪz] legitimera
leg|-pull ['legpʊl] *BE. vard.* drift, skoj **-room** plats (svängrum) för benen **-show** *vard.* revy (varieté) med bensprattel
legume ['legju:m] **1** baljfrukt; balja **2** legym, grönsak **leguminous** [le'gju:mɪnəs] *a*, *~ plant* balj-, ärt|växt
leg warmer ['legˌwɔ:mə] benvärmare **legwork** [-wɜ:k] *vard.* spring, rännande
Leics. *förk. för Leicestershire* ['lestəʃə]
leisure ['leʒə; *AE. vanl.* 'li:ʒə] fritid, ledighet; *at ~ a*) fri, ledig, inte upptagen, *b*) i lugn och ro, utan brådska; *at your ~* när du får tid, när det passar dig **leisure activities** *pl* fritids|sysselsättning, -aktiviteter **leisure clothes** *pl* fritidskläder **leisured** [-d] **1** ledig, med mycket fritid; *the ~ classes* de rika, överklassen **leisure hours** *pl* fritid, ledig tid **leisurely** [-lɪ] **I** *a* maklig, avspänd, lugn **II** *adv* makligt, avspänt, lugnt, utan brådska **leisure time** fritid, ledig tid **leisure wear** fritidskläder
leit|motif, -motiv ['laɪtmə(ʊ)ti:f] ledmotiv
lemma ['lemə] (*pl -s el. -ta* [-tə]) lemma, hjälpsats; tema; motto; uppslagsord
lemming ['lemɪŋ] *zool.* fjällämmel
lemon ['lemən] **I** *s* **1** citron; citronträd; citron|gult, -färg **2** *sl.* nolla; dumhuvud; omöjlig grej **II** *a* citron-; citron|gul, -färgad **lemonade** [ˌlemə'neɪd] lemonad, läskedryck
lemon cheese (curd) ['lemən|tʃi:z, -kɜ:d] citronkräm **lemon drop** (*slags*) syrlig karamell **lemon juice** citronsaft **lemon squash** [ˌlemən'skwɒʃ] *BE.* citrondricka (*citron, socker, vatten*) **lemon squeezer** ['lemənˌskwi:zə] citronpress **lemony** ['lemənɪ] som smakar citron, med citronsmak
lemur ['li:mə] *zool.* lemur, maki
lend [lend] (*lent, lent*) **1** låna [ut]; *~ money at interest* låna ut pengar mot ränta **2** ge, skänka, förläna (*lustre to* glans åt); *~ s.b. an ear* lyssna (höra) på ngn, låna ngn sitt öra; *~ s.b. a hand* ge ngn ett handtag; *~ one's name to s.th.* låna sitt namn till ngt **3** *~ o.s.* (*itself*) *to* lämpa sig (vara lämplig för) **lender** ['lendə] långivare **lending library** ['lendɪŋˌlaɪbrərɪ] lånebibliotek
length [leŋθ] **1** längd; varaktighet, långvarighet; utsträckning; sträcka; *a certain ~ of time* en viss tid; *a ~ of tubing* ett rörstycke; *a ~ of wallpaper* en tapetvåd; *at arm's ~ a*) på armslängds avstånd, *b*) *bildl.* på avstånd; [*at*] *full ~* raklång; *win by 2 ~s* (*sport.*) vinna med 2 längder; *2 miles in ~* 2 miles lång; *the book was 400 pages in ~* boken var 400 sidor tjock; *an illness of some ~* en längre tids (ganska lång) sjukdom; *go any ~*[*s*] *to* inte sky några medel (gå hur långt som helst) för att; *go to great ~s* (*bildl.*) gå mycket långt **2** *at ~ a*) slutligen, till slut, *b*) ingående, utförligt, på djupet, i detalj
lengthen ['leŋθ(ə)n] **1** förlänga, göra längre; *~ a dress* lägga ner en klänning; *a ~ed stay* en längre (förlängd) vistelse **2** förlängas, bli längre **lengthening** ['leŋθənɪŋ] förlängning **lengthiness** [-ɪnɪs] långrandighet **length|ways** [-weɪz] *BE.*, **-wise** [-waɪz] *AE.* **I** *adv* på längden **II** *a* längsgående, på längden; *~ cut* längdsnitt, snitt på längden **lengthy** [-ɪ] långvarig, tämligen lång; långdragen; långrandig, [mycket] utförlig
leni|ence ['li:njəns], **-ency** [-ənsɪ] eftergivenhet, mildhet, fördragsamhet, överseende **-ent** [-ənt] eftergiven, mild, fördragsam, överseende (*to, towards* mot)
Leninism ['lenɪnɪz(ə)m] leninism
lenit|ive ['lenɪtɪv] **I** *a* smärtstillande, lugnande **II** *s* smärtstillande (lugnande) medel
lens [lenz] *anat., fys.* lins; *foto. äv.* objektiv
Lent [lent] fasta[n], fastlag[en] (*från askonsdagen till påskaftonen*); *the ~s* (*i Cambridge*) roddtävlingarna på vårterminen
lent [lent] *imperf. o. perf. part. av lend*
Lenten ['lentən] **1** faste-, fastlags-
len|ticular [ˌlen'tɪkjʊlə], **-tiform** ['lentɪfɔ:m] linsformad, lins-
lentil ['lentɪl] *bot.* [åker]lins
lentoid ['lentɔɪd] linsformad, lins-
Leo ['li:əʊ] Lejonet (*stjärnbild*)
Leonard ['lenəd]
leonine ['li:ə(ʊ)naɪn] lejon-; lejonliknande
leopard ['lepəd] leopard, panter
leotard[s] ['li:ə(ʊ)tɑ:d(z)] (*åtsittande*) gymnastikdräkt, trikåer
leper ['lepə] leprasjuk (spetälsk) [person]
leprechaun ['leprəkɔ:n] *Irl.* [hus]tomte

L

lep|rosy ['leprəsɪ] lepra, spetälska **-rous** [-rəs] leprös, spetälsk

lesbian ['lezbɪən] **I** *s* lesbisk kvinna **II** *a* lesbisk

lese-majesty [ˌli:z'mædʒɪstɪ] majestätsbrott

lesion ['li:ʒn] sjuklig förändring; skada, sår

less [les] **I** *a o. adv* (*komp. av little*) mindre; *of ~ importance* av mindre betydelse; *~ quickly* mindre snabbt; *~ and ~* mindre och mindre, allt mindre; *~ of that!* bär dig inte åt på det där viset!; *the ~ you think about it the better* ju mindre du tänker på det desto bättre [är det]; *I see ~ of them nowadays* jag ser allt mindre av dem nuförtiden; *think ~ of* inte ha några höga tankar om; *I hope you won't think [any the] ~ of me* jag hoppas att du inte tänker illa om mig; *much* (*still, even*) *~* än [nu] mindre; *I don't want it, still ~ need it* jag vill inte ha det, ännu mindre behöver jag det; *no ~ a person than the queen* ingen mindre än drottningen; *he says he's won the first prize, no ~* (*vard.*) kan du tänka dig, han påstår att han har vunnit högsta vinsten; *I expected no ~* det var precis vad jag väntade mig; *none the ~* icke desto mindre; *it's nothing* (*no*) *~ than a catastrophe* det är ingenting mindre än en katastrof **II** *prep* minus; *a month ~ three days* en månad så när som på tre dagar; *6 ~ 2* 6 minus 2

lessee [le'si:] arrendator; hyresgäst

less|en ['lesn] **1** [för]minska, göra mindre **2** förringa, nedvärdera **3** minska[s], bli mindre, avta **-er** [-ə] mindre; *to a ~ extent* i mindre utsträckning

lesson ['lesn] **1** lektion; lektionstimme; *French ~, ~ in French* lektion i franska, fransk lektion; *give ~s in English* ge lektioner (undervisa) i engelska **2** läxa; *bildl. äv.* tillrättavisning, uppsträckning; *do one's ~s* läsa sina läxor; *he has learnt his ~* (*bildl.*) han har fått [sig] en läxa; *teach s.b. a ~* (*bildl.*) ge ngn en läxa **3** bibeltext

lessor [le'sɔ:] utarrenderare; hyresvärd

lest [lest] *åld.* **1** för att inte, av fruktan att, ifall; *they tiptoed ~ the guard should discover them* de gick på tå för att inte vakten skulle upptäcka dem **2** (*efter ord för fruktan e.d.*) [för] att; *he was frightened ~ he should fall* han var rädd att han skulle falla

1 let [let] **I** *v* (*let, let*) **1** låta (*s.b. do s.th.* ngn göra ngt), tillåta (*s.b. do s.th.* att ngn gör ngt); *I want to go, but dad won't ~ me* jag vill åka, men jag får inte för pappa (pappa tillåter det inte); *~ x equal y* antag att x är lika med y; *~'s go swimming!* ska vi [inte] gå och bada?; *~ me help you!* kan jag hjälpa dig?; *~ me know when you're ready* säg till (tala om för mig) när du är färdig; *~ it be known, that...* låt alla få veta (må det bli känt) att...; *~ them pass* låt dem passera, släpp förbi dem **2** hyra[s] ut; arrendera[s] ut; *to ~* att hyra **3** *~ alone a*) låta bli, lämna (låta vara) i fred, inte bry sig om, *b*) än[nu] mindre, för att inte tala om; *we'd better ~ well alone* det är bäst att vi låter det vara som det är; *~ be* låta bli, lämna (låta vara) i fred; *~ down a*) släppa (dra, fira, hala, hissa, sänka) ner, *b*) *sömn.* lägga (släppa) ner, *c*) göra besviken, svika, lämna i sticket; *~ o.s. down* blamera sig; *~ one's hair down, se hair*; *~ down a tyre* släppa ut luften ur ett däck; *~ fall a*) låta falla, släppa, tappa, *b*) låta undfalla sig; *~ go* släppa, låta falla, låta gå (fara), släppa ifrån sig, släppa lös; *~ o.s. go a*) släppa (slå) sig lös, släppa alla hämningar, låta sig ryckas med, *b*) slarva med sitt yttre; *~ go of* släppa [taget om]; *~ it go at that!* låt det stanna (bero) vid det; *~ in a*) släppa in (*the cat* katten), *b*) *sömn.* fälla in; *~ o.s. in* öppna (låsa upp) och gå in; *~ in water* släppa igenom vatten, läcka, vara otät; *~ o.s. in for* ge sig in på, inveckla sig i; *~ o.s. in for a lot of extra work* få en massa extraarbete på halsen; *~ s.b. in for s.th.* blanda (dra) in ngn i ngt, förorsaka ngn ngt; *~ s.b. in on s.th.* inviga ngn i ngt; *~ into a*) släppa in i, *b*) inviga i (*a secret* en hemlighet); *~ a pipe into the wall* lägga (sätta) in ett rör i väggen; *~ loose* släppa, släppa fri (lös); *~ off a*) avskjuta, fyra av, skjuta i väg, *b*) släppa av, *c*) ge ledigt, *d*) låta slippa undan, låta komma lindrigt undan, *e*) släppa ut (*air* luft), *f*) hyra ut, *g*) släppa sig; *~ s.b. off at the station* släppa av ngn vid stationen; *~ off steam* (*vard.*) lätta på trycket, avreagera sig; *~ s.b. off with a warning* låta ngn slippa undan med en varning; *~ on a*) avslöja, tillstå, låta komma ut, *b*) låtsas, låtsas om, *c*) skvallra (*that* om att); *~ out a*) släppa ut, släppa lös, *b*) utstöta (*a howl* ett tjut), *c*) avslöja (*a secret* en hemlighet), *d*) hyra ut, arrendera ut, *e*) *sömn.* lägga (släppa) ut; *I ~ myself out* jag hittar ut själv; *~ slip a*) försitta (*a chance* en chans), *b*) låta undfalla sig; *~ through* släppa fram (igenom); *~ up* minska, försvagas, avta, sluta; *~ up on* (*vard.*) vara mildare (mindre hård) mot

2 let [let] **1** *jur., without ~ or hindrance* utan minsta hinder **2** (*i tennis e.d.*) nätboll

letdown ['letdaʊn] **1** besvikelse **2** minskning, nedgång **3** inflygning

lethal ['li:θl] dödlig, dödande

lethar|gic [le'θɑ:dʒɪk] letargisk, sömnsjuk; slö **-gy** ['leθədʒɪ] letargi; slöhet, håglöshet, försoffning

let's [lets] = *let us*

Lett [let] **1** lett **2** lettiska [språket]

letter ['letə] **I** *s* **1** bokstav; *the ~ of the law* lagens bokstav; *small* (*capital*) *~* liten (stor) bokstav; *to the ~ a*) bokstavligt, *b*) till punkt och pricka **2** brev; skrivelse; *by ~* skriftligen, brevledes, per brev; *~ of advice* avi; *~ of attorney* (*authority*) fullmakt; *~[s] of credence* (*dipl.*) kreditiv[brev]; *~ of credit* (*bank.*) kreditiv; *~ to the editor* insändare; *~s patent a*) patent[brev], *b*) privilegiebrev **3** *~s* (*pl*) litterär bildning; vitterhet; litteratur; *man of ~s a*) lärd (boksynt) man, *b*) skönlitterär författare, skriftställare **II** *v* förse med bokstäver; märka, klassificera **letter bomb** brevbomb **letter box** brev-, post|låda **letter card** postbrev **letter carrier** [-ˌkærɪə] *AE.* brevbärare **lettered** [-d] **1** litterärt bildad, boksynt; lärd, kultiverad **2** försedd med bokstäver; *~ in gold* med guldskrift **letterhead** [-hed] **1** brevhuvud **2** firmabrevpapper **lettering** [-rɪŋ] **1** textning **2** inskrift, text **letter-perfect** [ˌletə'pɜ:fɪkt] *i sht AE., be ~ in s.th.* kunna ngt perfekt **letterpress** ['letəpres] *boktr.* **1** text[innehåll] (*i motsats t. illustrationer*) **2** boktryck, högtryck **letter telegram** ['letəˌtelɪgræm] brevtelegram

letting ['letɪŋ] uthyrning; utarrendering

Lettish ['letɪʃ] **I** *a* lettisk, lettländsk **II** *s* lettiska

[språket]
lettuce ['letɪs] sallad, sallat; salladshuvud
let-up ['letʌp] *vard.* minskning, avtagande; paus, avbrott
leucocyte ['lju:kə(ʊ)saɪt] *med.* vit blodkropp
leukaemia [lju:'ki:mɪə] *BE.*, **leukemia** [lu:-'ki:mɪə] *AE.*, *med.* leukemi
Levant [lɪ'vænt] *the* ~ Levanten
levant [lɪ'vænt] *BE.* smita (*från skuld*)
Levantine ['levəntaɪn] **I** *s* levantin **II** *a* levantisk
1 levee ['levɪ] **1** *hist.* levé (*furstes morgonmottagning*) **2** eftermiddagsmottagning (*för män vid brittiska hovet*)
2 levee ['levɪ] **1** flodfördämning; kaj (*vid flod*) **2** skyddsvall
level ['levl] **I** *s* **1** plan, nivå (*äv. bildl.*); *it is above my* ~ det går över min horisont, det ligger över min nivå; *above the* ~ *of the sea* över havet[s yta]; *at eye* ~ i ögonhöjd; *at the highest* ~ på högsta nivå; *on a* ~ *with* i nivå (höjd) med, på samma nivå som; *on the* ~ (*vard.*) *a*) ärligt, uppriktigt [talat], *b*) just, renhårig; *find one's* ~ finna sin plats [här i livet] **2** vattenpass **II** *a* **1** horisontell, vågrät **2** jämn, plan; jämnhög, i jämnhöjd; jämställd, likställd; likformig; jämngod; ~ *crossing* (*BE.*) plankorsning, järnvägskorsning; ~ *spoonful* struken sked; ~ *with the ground a*) i jämnhöjd med marken, i marknivå, *b*) parallell med marken; *the runners are* ~ löparna ligger lika; *do one's* ~ *best* göra sitt allra bästa; *draw* ~ komma i jämnhöjd med varandra; *draw* ~ *with* hinna upp (i kapp); *he played* ~ *with her* han spelade mot henne utan handikapp **3** *have a* ~ *head* ha ett klart intellekt; *keep a* ~ *head* hålla huvudet kallt **III** *v* **1** ~ [*off*] jämna [till], planera **2** göra jämn, jämna ut; nivellera; göra vågrät (*med hjälp av vattenpass*); göra lika, göra likställd; bringa i jämnhöjd; ~ [*with the ground*] jämna med marken; ~ *down* sänka [till en lägre nivå], utjämna; ~ *up* höja [till en högre nivå], utjämna, räta upp; ~ *with s.b.* (*vard.*) vara uppriktig mot ngn **3** rikta; ~ *a blow* (*weapon, charge*) *at* (*against*) rikta ett slag (ett vapen, en anklagelse) mot **4** slå ned, fälla **5** ~ *off* (*out*) *a*) (*om mark, flygplan*) plana ut, *b*) *bildl.* jämna ut sig **--headed** [ˌlevl-'hedɪd] [väl]balanserad, stadig, sansad
leveller ['levḷə] utjämnare; förkämpe för jämställdhet
lever ['li:və] **I** *s* **1** hävstång; spak **2** *bildl.* hävstång; [påtrycknings]medel **II** *v* lyfta med hävstång, bända, baxa **-age** ['li:v(ə)rɪdʒ] **1** hävstångsverkan; hävstångskraft **2** inflytande, påtryckning
leveret ['lev(ə)rɪt] unghare
leviathan [lɪ'vaɪəθn] **1** *bibl.* leviatan (*havsvidunder*) **2** *bildl.* koloss, monster
Levis ['li:vaɪs] *pl* (*varumärke*) Levis[jeans]
levitate ['levɪteɪt] (*inom spiritismen*) [få att] sväva
Levite ['li:vaɪt] *bibl.* levit
Leviticus [lɪ'vɪtɪkəs] Tredje Mosebok
levity ['levətɪ] lättsinne, lättsinnighet, lättfärdighet; ombytlighet
levy ['levɪ] **I** *s* **1** uttaxering; uppbörd **2** *mil.* utskrivning, uppbåd; ~ *en masse* [ɑ̃(ŋ)'mæs] massuppbåd **II** *v* **1** uttaxera; ta upp, lägga på (*skatt, avgift*); ~ *a fine on s.b.* påföra ngn böter; ~ *a tax on beer* lägga skatt på öl **2** ta ut till militärtjänst, kalla in **3** beslagta, utmäta **4** ~ *war* föra krig
lewd [lu:d] liderlig; obscen, oanständig
lexi|cal ['leksɪkl] lexikalisk **-cographer** [ˌleks-ɪ'kɒgrəfə] lexikograf, ordboksförfattare **-cographic[al]** [ˌleksɪkə(ʊ)'græfɪk(l)] lexikografisk **-cography** [ˌleksɪ'kɒgrəfɪ] lexikografi **-con** ['leksɪkən] **1** lexikon (*vanl. grekiskt el. latinskt*) **2** ordlista; vokabulär
L.F. *förk. för low frequency* **lg[e].** *förk. för large* **lgth.** *förk. för length* **L.H., l.h.** *förk. för left hand* **l.h.d.** *förk. för left-hand drive* **L.I.** *förk. för Light Infantry; Long Island*
lia|bility [ˌlaɪə'bɪlətɪ] **1** ansvar; skyldighet, plikt; *limited* ~ *company* [aktie]bolag med begränsad ansvarighet; *tax* ~ skatteplikt; ~ *for jury service* skyldighet att sitta i jury; ~ *to pay damages* skadeståndsskyldighet **2** mottaglighet, utsatthet; benägenhet **3** *-bilities* (*pl, hand.*) skulder; förpliktelser **4** börda; belastning **-ble** ['laɪəbl] **1** ansvarig (*for* för); (*juridiskt*) skyldig, förpliktad (*to* att); ~ *to* underkastad; ~ *to duty* tullpliktig; ~ *to penalty* straffbar; ~ *for tax* skattepliktig **2** mottaglig, utsatt, disponerad (*to pneumonia* för lunginflammation) **3** trolig, möjlig; benägen (*to do s.th.* [för] att göra ngt); *be* ~ *to* (*äv.*) riskera att; *she is* ~ *to tell the police* det är troligt att hon underrättar polisen; *an accident is* ~ *to happen soon* det kommer snart att hända en olycka; *she's* ~ *to loose her temper* hon kommer säkert att bli rasande; *this paint is* ~ *to come off* den här färgen flagar lätt
liaise [lɪ'eɪz] upprätthålla förbindelse **liaison** [-ɔ̃:(ŋ); *mil.* -(ə)n] **I** *s* **1** förbindelse; *mil. äv.* samband **2** förhållande, [kärleks]förbindelse **3** *fonet.* bindning **4** *kokk.* [av]redning (*äggula, grädde*) **liaison officer** sambandsofficer
liana [lɪ'ɑ:nə], **liane** [lɪ'ɑ:n] *bot.* lian
liar ['laɪə] lögnare, lögnhals
lib [lɪb] *vard. för liberation* (*t.ex. women's lib*)
Lib. *förk. för Liberal* **lib.** *förk. för liber* (*lat., book*), *librarian; library*
libation [laɪ'beɪʃn] **1** libation, dryckesoffer **2** *skämts.* alkoholhaltig dryck
libber ['lɪbə] *vard., women's* ~ kvinnosaks|-kvinna, -kämpe
libel ['laɪbl] **I** *s* **1** *jur.* ärekränkning; förtal; smädeskrift **2** skymf, förolämpning **II** *v* **1** *jur.* ärekränka; förtala; smäda **2** skymfa, förolämpa **-ler, -list** ['laɪbḷ|ə, -ɪst] person som ärekränker; smädeskrivare **-lous** ['laɪbḷəs] ärekränkande; smädlig
liberal ['lɪb(ə)r(ə)l] **I** *a* **1** liberal; frisinnad **2** *L~* (*polit.*) liberal **3** frikostig, generös; fördragsam, överseende; riklig (*helping of food* matportion); fri (*translation* översättning); *the* ~ *arts* humaniora, humanistiska ämnen **II** *s*, *L~* (*polit.*) liberal **-ism** ['lɪb(ə)rəlɪz(ə)m] liberalism **-ity** [ˌlɪbə'rælətɪ] **1** frikostighet, generositet **2** liberalitet, fördomsfrihet **-ization** (*BE. äv. -isation*) [ˌlɪb(ə)rəlaɪ'zeɪʃn] liberalisering **-ize** (*BE. äv. -ise*) ['lɪb(ə)rəlaɪz] liberalisera
liber|ate ['lɪbəreɪt] **1** befria; frige **2** *kem. o. bildl.* frigöra **-ation** [ˌlɪbə'reɪʃn] **1** befrielse; frigivning **2** *kem. o. bildl.* frigörande **-ator** ['lɪbəreɪtə] bef-

riare

Liberi|a [laɪ'bɪərɪə] Liberia **-an** [-ən] **I** *a* liberi[an]sk **II** *s* liberi|an, -er

libertine ['lɪbəti:n] libertin, vällusting

liber|ty ['lɪbətɪ] frihet; ~ *of the press* tryckfrihet; *basic -ties* grundrättigheter; *what a ~!* vilken fräckhet!; *be at ~ a*) vara på fri fot (i frihet, fri), *b*) ha tid, vara ledig, inte vara upptagen, *c*) vara fri (oförhindrad); *be at ~ to do s.th.* ha lov (ha tillåtelse, få) göra ngt; *you are at ~ to* (*äv.*) det står dig fritt att; *restore s.b. to ~* återge ngn friheten; *take the ~ of doing* (*to do*) *s.th.* ta sig friheten att göra ngt; *take -ties with a*) ta sig friheter med, *b*) vara närgången mot **liberty hall** *vard., this is ~* här (nu) får man göra vad man vill

libidinous [lɪ'bɪdɪnəs] **1** vällustig, liderlig **2** *psykol.* libidinös **libido** [lɪ'bi:dəʊ] *psykol.* libido

Libra ['laɪbrə] Vågen (*stjärnbild*)

li|bra ['laɪbrə] (*pl -brae* [-bri:]) pund (*gammal romersk vikt*)

librarian [laɪ'breərɪən] bibliotekarie **library** ['laɪbrərɪ] bibliotek; boksamling; [skiv]samling; [film]arkiv; *public ~* [offentligt] bibliotek

libret|tist [li'bretɪst] librettoförfattare, librettist **-to** [-əʊ] libretto

Liby|a ['lɪbɪə] Libyen **-an** [-ən] **I** *a* libysk **II** *s* libyer

lice [laɪs] *pl av louse 1*

licence ['laɪs(ə)ns] **1** licens; [formellt] tillstånd; certifikat; utskänkningstillstånd, [sprit]rättigheter; *dog ~* hundskatt[emärke]; *driving ~* körkort; *hunting ~* jaktlicens; *marriage ~* vigselbevis; *radio ~* radiolicens **2** [handlings]frihet; *poetic ~* poetisk frihet, licentia poetica **3** tygellöshet; lättsinne

license ['laɪs(ə)ns] **I** *v* bevilja (ge) licens (tillstånd, utskänkningstillstånd, [sprit]rättigheter); tilldela certifikat; *be ~d to do s.th.* ha tillstånd att göra ngt; *~d house* (*premises*) krog (ställe) med [sprit]rättigheter; *fully ~d* med fullständiga [sprit]rättigheter **II** *s, AE., se licence* **licensee** [ˌlaɪs(ə)n'si:] licensinnehavare; innehavare av [sprit]rättigheter **license plate** *AE.* registreringsskylt, nummerplåt

licentiate [laɪ'senʃɪət] **1** auktoriserad utövare (*av yrke*) **2** licentiat

licentious [laɪ'senʃəs] utsvävande, lastbar

lichen ['laɪkən] *bot.* lav

lich gate ['lɪtʃgeɪt] övertäckt portvalv (*t. kyrkogård*)

lick [lɪk] **I** *v* **1** slicka (*äv. om flammor o. vågor*); slicka på (*a lollipop* en klubba); ~ *a p.'s boots* krypa för (krusa för, smickra) ngn; ~ *one's lips* slicka sig om munnen; ~ *one's wounds* slicka sina sår; ~ *into shape* få ordning (stil, fason) på **2** *vard.* klå, slå; besegra; övertrumfa; *this ~s everything* det här slår allt (är ändå höjden) **II** *s* **1** slick[ning]; *give s.th. a ~* slicka på ngt **2** slick, slurk, liten klick; *give o.s. a ~ and a promise* tvätta sig nödtorftigt, ta en snabbvask **3** sleke, slicksten (*för husdjur*) **4** *vard.* slag, smäll **5** *vard.* fart, speed, fräs; *at a ~* i full fräs

lickety-split [ˌlɪkətɪ'splɪt] *AE. vard.* jättesnabbt, i rasande fart

licking ['lɪkɪŋ] **1** slickande **2** *vard.* stryk, smörj; nederlag

licorice ['lɪkərɪs] *AE.* lakrits

lid [lɪd] **1** lock; *saucepan ~* kastrullock; *flip one's ~* (*sl.*) *a*) explodera [av ilska], *b*) bli tokig; *put the ~ on* (*vard.*) *a*) göra slut på, sätta stopp för, *b*) hålla i styr, hindra; *take the ~ off* (*vard.*) avslöja **2** ögonlock **3** *sl.* kanna (*hatt*)

lido ['li:dəʊ] *BE.* friluftsbad

1 lie [laɪ] **I** *s* lögn, osanning; *give the ~ to* motbevisa, vederlägga; *give the ~ to s.b.* beskylla ngn för att ljuga; *tell ~s* (*a ~*) tala osanning, ljuga **II** *v* ljuga, tala osanning (*to* för)

2 lie [laɪ] **I** *v* (*lay, lain*) **1** ligga; ~ *asleep* (*resting*) ligga och sova (vila); ~ *awake* ligga vaken; ~ *low a*) hålla sig undan (gömd), *b*) ligga lågt (*äv. bildl.*), bida sin tid; *where does the problem ~?* var ligger problemet?; *how do things ~?* hur ligger det till med saker och ting?; *know how the land ~s* (*bildl.*) veta hur landet ligger (läget är, situationen är) **2** ligga begraven, vila **3** ligga, vara belägen, utbreda sig; *the lake lay before us* sjön utbredde sig (låg) framför oss **4** ~ *about* (*around*) ligga framme [och skräpa], ligga kringspridda; ~ *back* luta sig tillbaka; ~ *down* lägga sig [ner], lägga sig och vila; ~ *down!* (*t. hund*) ligg!; ~ *down under s.th., take s.th. lying down* finna sig i ngt; ~ *in a*) ligga kvar i sängen, *b*) ligga (bestå) i, *c*) ligga i barnsäng; ~ *on a*) ligga (vila) på, *b*) åligga, ankomma på; *it ~s heavy* [*up*] *on my conscience* det tynger (vilar tungt på) mitt samvete; ~ *to* (*sjö.*) *a*) ligga för ankar, *b*) dreja bi; ~ *under a*) ligga under, *b*) tyngas av; ~ *up a*) [gå och] lägga sig, ligga till sängs, *b*) vara ur funktion, inte användas, (*om bil*) vara uppallad, (*om fartyg*) vara upplagd; ~ *with* ligga på (hos); *the decision ~s with her* avgörandet ligger hos henne; *it ~s with me to decide* det är min sak att avgöra **II** *s* **1** läge, position; *the ~ of the land* landets topografi; *know the ~ of the land* (*bildl.*) veta hur landet ligger (läget är, situationen är) **2** (*djurs*) läger, lya, håla

lie-abed ['laɪəbed] sjusovare

Liechtenstein ['lɪktənstaɪn]

lie detector ['laɪdɪˌtektə] lögndetektor

lie-down ['laɪdaʊn] vila

lief [li:f] *åld.* **1** snar, ivrig; glad **2** kär, dyr

liege [li:dʒ] **I** *a* **1** ~ *lord* länsherre **2** länspliktig, vasall-; trogen, lojal **II** *s* **1** länsherre **2** vasall; trogen undersåte **-man** ['li:dʒmən] **1** vasall **2** trogen anhängare

lie-in ['laɪɪn] *s, have a ~* ligga kvar (och dra sig) i sängen

lieu [lju:] *s, in ~* i stället [*of* för]

Lieut. *förk. för Lieutenant*

lieutenant [lef'tenənt; *AE.* lu:'tenənt] **1** (*BE. i armén*) löjtnant; (*BE. i flottan*) kapten; *first ~* (*AE., i armén*) löjtnant; *second ~* fänrik; ~ *junior grade* (*AE. i flottan*) löjtnant **2** *AE.* biträdande poliskommissarie; vice brandchef **3** ställföreträdare, närmaste man **lieutenant colonel** överstelöjtnant **lieutenant commander** örlogskapten **lieutenant general** generallöjtnant **lieutenant governor** viceguvernör

life [laɪf] (*pl lives*) **1** liv; levnad; livs|tid, -längd; *country ~* livet på landet, lantlivet; *plant ~* växtlivet; *the good ~* det ljuva livet; *a ~ for a ~* öga för öga, tand för tand; *the ~ of a bulb* en glödlampas livslängd; *as large as ~ a*) i naturlig storlek, *b*) *vard.* livs levande, i egen hög person; *larger than ~ a)* i övernaturlig storlek, *b)* överdriven; *true to ~* verklighetstrogen; *at his time of ~* i hans ålder; *for ~* på livstid, för [hela] livet; *for dear ~ (vard.)* för brinnande livet, allt vad tygen håller; *not for the ~ of me* inte med bästa vilja i världen, aldrig i livet; *from (after) ~* efter levande modell, efter naturen; *in early (early in) ~* tidigt i livet, i ungdomen; *never in my ~!* aldrig i livet!; *not on your ~! (vard.)* aldrig i livet!; *be the ~ and soul of a party* vara medelpunkten på en fest; *it is a matter of ~ and death* det gäller livet, det är en fråga om liv eller död; *bring to ~* göra levande; *bring s.b. back to ~* återkalla ngn till livet, återuppliva ngn; *come to ~ a)* få liv, bli levande, *b)* leva upp, kvickna till [igen]; *frighten the ~ out of s.b.* skrämma livet ur ngn; *get a ~ sentence* bli dömd till livstids fängelse; *have the time of one's ~* roa sig kungligt, ha jätteroligt; *lead a quiet ~* föra (leva) ett lugnt liv; *lead the ~ of Riley (vard.)* må som en prins; *lose one's ~* omkomma, mista livet, [få] sätta livet till; *how many lives were lost?* hur många människor omkom?; *resemble s.th. to the ~* vara en exakt kopia (avbild) av ngt; *save a p.'s ~* rädda livet på ngn; *I can't sing to save my ~* jag kan inte sjunga för allt i världen; *take a p.'s ~* ta livet av ngn; *take one's [own] ~* ta livet av sig, ta sitt liv; *take one's ~ in one's hands* våga (riskera) livet **2** levnadsteckning, biografi

life-and-death [ˌlaɪfən(d)'deθ] *a, a ~ struggle* en kamp på liv och död

life assurance ['laɪfəˌʃʊər(ə)ns] livförsäkring **life belt** [-belt] livbälte **lifeblood** [-blʌd] hjärtblod; *bildl.* livsnerv, hjärteblod **lifeboat** [-bəʊt] livbåt; räddningsbåt **life bouy** [-bɔɪ] liv[räddnings]boj, frälsarkrans **life cycle** [-saɪkl] livscykel **life expectancy** [-ɪkˌspekt(ə)nsɪ] [sannolik] livslängd **lifeguard** [-gɑ:d] livräddare, strandvakt **Life Guards** [-gɑ:dz] livgarde **life history** [-ˌhɪst(ə)rɪ] **1** *biol.* utveckling *(från befruktning t. död)* **2** levnadshistoria **life insurance** [-ɪnˌʃʊər(ə)ns] livförsäkring **life jacket** [-ˌdʒækɪt] flytväst **lifeless** [-lɪs] **1** livlös, utan liv **2** trög, utan vitalitet **lifelike** [-laɪk] verklighets-, natur|trogen, levande **lifeline** [-laɪn] **1** livlina **2** livsviktig förbindelse; andningshål; räddningsplanka **lifelong** [-lɒŋ] livslång **life preserver** [-prɪˌzɜ:və] **1** *BE.* knölpåk **2** *AE.* livbälte; flytväst **lifer** [-ə] *vard.* livstidsfånge **life raft** [-rɑ:ft] räddningsflotte **life-saver** [-ˌseɪvə] **1** livräddare **2** *vard.* räddare i nöden **life-saving** [-ˌseɪvɪŋ] **I** *a* livräddnings- **II** *s* livräddning **life-size[d]** [ˌlaɪf'saɪz(d)] i naturlig storlek, i kroppsstorlek **life span** ['laɪfspæn] livslängd **lifetime** ['laɪftaɪm] livstid; liv; *it's the chance of a ~* det är mitt (ditt *etc.*) livs chans; *once in a ~* en gång i livet; *during (in) her ~* under hennes liv (levnad), på hennes tid

lift [lɪft] **I** *v* **1** lyfta; lyfta upp; lyfta på; höja; *~ down (up)* lyfta ner (upp); *~ off* lyfta av (bort); *~ one's eyes* höja blicken; *have one's face ~ed* göra en ansiktslyftning, lyfta sig; *not ~ a finger* inte lyfta (röra) ett finger; *~ one's hand to s.b. (bildl.)* lyfta sin hand mot ngn; *~ [up] one's head* lyfta på huvudet; *~ up a window* skjuta upp ett fönster; *~ one's voice in song* brista ut i sång **2** avskaffa, [upp]häva *(restrictions* restriktioner) **3** ta upp *(potatis, morötter e.d.)* **4** skjutsa, ge lift, transportera **5** *vard.* snatta, sno, knycka; plagiera **6** *AE.* betala av **7** *(om flygplan e.d.)* lyfta, gå upp; *~ off (om rymdfarkost)* lyfta, starta **8** lätta, lyfta; *the fog ~ed* dimman lättade **II** *s* **1** lyft; lyftning, höjande *(of the eyebrows* på ögonbrynen); *bildl.* upplyftning; *give s.b. a ~* uppmuntra (pigga upp) ngn; *give me a ~ with this bag* hjälp mig med den här väskan **2** *fys.* lyftkraft; upptryck **3** *BE.* hiss; lift **4** skjuts, lift; *give s.b. a ~* ge ngn skjuts (lift) **-boy** ['lɪftbɔɪ] hisspojke **-man** ['lɪftmən] hisskonduktör **-off** ['lɪftɒf] *(rymdfarkosts)* start; startögonblick

ligament ['lɪgəmənt] *anat.* ligament, ledband

ligature ['lɪgəˌtʃʊə] *med. o. boktr.* ligatur

1 light [laɪt] **I** *s* **1** ljus; sken; dager; dagsljus, gryning; *konst.* ljust parti; *ultraviolet ~* ultraviolett ljus (strålning); *~ and shade* skuggor och dagrar; *in [the] ~ of* i ljuset av, i betraktande av, med hänsyn till; *bring (come) to ~* bringa (komma) i dagen; *see the ~ [of day] a)* se dagens ljus, komma till världen, *b)* offentliggöras, *c)* komma till insikt; *finally I saw the ~* äntligen gick det upp ett ljus för mig; *see s.th. in a new ~* betrakta ngt med nya ögon; *shed (throw, cast) ~ on* sprida (kasta) ljus över, bringa klarhet i; *this showed him in a bad ~* detta fick honom att framstå i en dålig dager; *stand in a p.'s ~ a)* skymma (stå i ljuset för) ngn, *b) bildl.* stå i vägen för ngn, ställa ngn i skuggan **2** ljus; lyse, belysning; lampa; lanterna; fyr; trafikljus; *go out like a ~* slockna direkt *(somna, bli medvetslös)*; *have the ~s on* ha ljuset på *(i bil e.d.)*; *hide one's ~ under a bushel (bibl.)* sätta sitt ljus under en skäppa; *leave a ~ burning in the hall* låta en lampa brinna i hallen; *put on (out) the ~[s]* tända (släcka) [lyset] **3** ljus|-intag, -öppning, [tak]fönster; *leaded ~s* blyinfattade rutor **4** eld; *do you have a ~?* har du lite eld (en tändsticka)?; *set (put a) ~ to* sätta eld på **5** *~s (pl)* förstånd; *according to his ~s* efter bästa förstånd, så gott han kan **6** framstående person, förgrundsfigur; *one of the leading ~s of the theatre* en av de ledande personligheterna inom teatern **II** *a* ljus; upplyst, belyst; *~ blue* ljusblå **III** *v (lit, lit el. lighted, lighted)* **1** tända *(a candle* ett ljus) **2** *~ [up]* lysa upp *(äv. bildl.)*, belysa; *a smile lit [up] his face* hans ansikte lystes upp av ett leende; *be lit up (vard.)* vara på sniskan **3** lysa (*[the way for] s.b.* ngn [på väg]); *~ the way for s.th.* vara vägledande för ngt **4** tändas; ta eld **5** *bildl.* lysa upp; *her face lit with delight* hennes ansikte lyste upp av förtjusning **6** *~ up a)* tända cigarretten (pipan *etc.*), *b)* lysa upp *(äv. bildl.)*

2 light [laɪt] **I** *a* **1** lätt, inte tung; obetydlig, oviktig, lindrig; *~ burden* lätt börda; *~ comedy* lustspel, fars; *be a ~ eater* vara liten i maten; *with a ~ hand* med lätt hand; *with a ~ heart* med lätt hjärta; *~ horse* lätt kavalleri; *~ infantry* lätt infanteri; *~ lorry* lätt lastbil; *no ~ matter* ingen bagatell (oviktig sak); *~ meal* lätt måltid; *~ metal* lättmetall; *~ opera* operett; *~ punishment* lätt (lindrig, mild) bestraffning; *~ rain* lätt regn; *~ reading* lättare lektyr, underhållningslektyr; *~ soil* lätt (porös) jord; *~ vowel (fonet.)* kort (obetonad) vokal; *~ wine* lättvin; *~ work* lätt arbete;

L

make ~ work of lätt klara av; *make ~ of a*) ta lätt på, bagatellisera, *b*) ringakta, förringa **2** tanklös, lättsinnig; lättfärdig **3** yr, vimmelkantig; *~ in the head a*) inte riktigt klok, *b*) yr i huvudet, *c*) upprymd (*av starka drycker*) **II** *adv* lätt; *sleep ~* sova lätt; *travel ~* resa med lätt packning **III** *v* (*lighted, lighted el. lit, lit*) **1** (*om fågel*) sätta sig, slå ner **2** stiga av (ur) **3** ~ [*up*]*on a*) stöta (råka) på **4** ~ *on* (*bildl.*) falla på, drabba; ~ *into* (*vard.*) angripa, attackera **5** ~ *out* (*vard.*) sticka, smita

light bulb ['laɪtbʌlb] glödlampa

1 lighten ['laɪtn] **1** belysa, lysa upp; göra ljus[are] **2** ljusna **3** lysa, skina; blixtra

2 lighten ['laɪtn] **1** göra lättare; lätta (*fartyg på last*); *bildl. äv.* lindra, mildra **2** pigga (muntra) upp **3** lätta **4** bli piggare (gladare)

1 lighter ['laɪtə] tändare

2 lighter ['laɪtə] läktare, lastpråm

light-fast ['laɪtfɑ:st] ljusäkta

light|-fingered ['laɪt,fɪŋgəd] **1** lång|fingrad, -fingrig, tjuvaktig **2** fingerfärdig **--footed** lättfotad, lätt på foten **--headed** [,laɪt'hedɪd] **1** lättsinnig, tanklös **2** yr, vimmelkantig **--hearted** [,laɪt-'hɑ:tɪd] lätt om hjärtat, obekymrad, sorglös

lighthouse ['laɪthaʊs] fyr[torn] **lighthouse keeper** fyrvaktare

lighting ['laɪtɪŋ] upplysning; belysning, lyse

lighting-up [,laɪtɪŋ'ʌp] *a*, ~ *time* tändningsdags (*för gatubelysning, billyse*)

lightly ['laɪtlɪ] *adv* lätt; ~ *clad* lätt-, tunn|klädd; ~ *taxed* lågt beskattad (taxerad); ~ *wounded* lätt (lindrigt) sårad; *get off ~* komma lindrigt undan; *sleep ~* sova lätt; *speak ~ of* tala nedsättande om, förringa, bagatellisera; *take s.th. ~* ta lätt på ngt; *touch ~ on* (*bildl.*) lätt (flyktigt) beröra; *treat s.th. ~* behandla ngt lättvindigt

light meter ['laɪt,mi:tə] *foto.* exponeringsmätare

1 lightness ['laɪtnɪs] ljus, klarhet; ljusstyrka, lyskraft

2 lightness ['laɪtnɪs] **1** lätthet *etc., jfr 2 light I 1*; *the ~ of the breeze* den lätta brisen; *a feeling of ~* en känsla av lättnad **2** tanklöshet, lättsinne

lightning ['laɪtnɪŋ] **I** *s* blixt; blixtrande, blixtar; *a flash of ~* en blixt, ett blixtnedslag; *like* (*as quick as*) ~ blixtsnabbt, som en blixt; *like greased ~* som en oljad blixt; *struck by ~* träffad av blixten **II** *a* blixt-; blixtsnabb; ~ *raid* blixt|räd, -anfall; *at ~ speed* med blixtens hastighet **lightning conductor (rod)** [-kən,dʌktə, -rɒd] åskledare

lights [laɪts] *pl* lungor (*av slaktat djur*)

lightship ['laɪtʃɪp] fyrskepp

lightweight ['laɪtweɪt] **I** *a* lättvikts- **II** *s* **1** lättvikt **2** lättviktare

light year ['laɪtjə] *astr.* ljusår

lig|neous ['lɪgnɪəs] trä-; träartad **-nin** [-nɪn] lignin **-nite** [-naɪt] lignit, brunkol

likable ['laɪkəbl] sympatisk, tilltalande, behaglig

1 like [laɪk] **I** *a* **1** lik; *be ~* vara lik, likna; *what's she ~? a*) hur[dan] är hon?, *b*) hur ser hon ut?; *they are ~ one another* de liknar varandra; *they are as ~ as two pears* de är lika som bär; *do you have a plate ~ this?* har ni en likadan tallrik?; *you don't know what poverty is ~* du vet inte vad fattigdom vill säga **2** liknande; samma; *on this and ~ occasions* vid detta och liknande tillfällen; *in ~ manner* på samma sätt **II** *prep* **1** som, såsom, likt; ~ *anything* (*vard.*) som bara den, som en galning, så gärna som aldrig det; ~ *father, ~ son* äpplet faller inte långt från trädet; ~ *master ~ man* sådan herre sådan dräng; *run ~ a fool* springa som en dåre; *work ~ hell* arbeta som bara tusan; ~ *hell you will!* i helvete heller [ska du]!; *do something, ~ taking a walk* göra ngt, som t.ex. att ta en promenad; *a man ~ that* en sådan [där] man; *just ~ that* så där utan vidare; *they are ~ that* de är sådana; *don't talk ~ that* säg inte så; ~ *this* så här; *if the weather is anything ~ fine tomorrow* om det blir någorlunda vackert väder i morgon; *she's not anything ~ her mother* hon är inte ett dugg lik sin mamma; *there's nothing ~ skating* ingenting går upp mot skridskoåkning; *that dress is nothing ~ as nice as the red one* den klänningen är inte alls (inte på långa vägar) så snygg som den röda; *something ~ this* (*that*) ngt i den stilen (vägen), ngt sådant (liknande); *something ~ £10* ungefär (omkring) 10 pund; *that's something ~ a party* det kan man kalla en fest **2** likt, typiskt [för]; *that's just ~ her* det är typiskt (just likt) henne; *it's not ~ you to* det är inte likt dig att **III** *adv* **1** *vard.* liksom, så att säga; *it's my money, ~* det är mina pengar, liksom; ~ *let's get going* nu går vi **2** *as ~ as not, ~ enough* troligtvis, högst sannolikt **IV** *konj* **1** såsom, [på samma sätt] som; *he doesn't play it ~ you do* han spelar den inte på samma sätt som du **2** *vard.* som om; *it looks ~ we'll be in time* det ser ut som om vi skulle hinna **V** *s, the ~* ngt liknande (sådant); *and the ~, and such ~* och liknande (dylikt), med flera; *I've never seen the ~* (*vard.*) jag har aldrig sett på maken; *the ~*[*s*] *of* sådana som, maken till

2 like [laɪk] **I** *v* tycka om, gilla; vilja ha, föredra; [gärna] vilja; *I ~ her* (*music*) jag tycker om henne (musik); *do what you ~* gör vad du vill; *I should ~ to know why* jag skulle gärna vilja veta varför; *I would ~ her to come* jag skulle vilja att hon kom; *how do you ~ your tea? a*) hur vill du ha ditt te?, *b*) vad tycker du om teet?; *I ~ that!* (*iron.*) det må jag då säga!, det var inte dåligt!; *what would you ~? a*) vad vill du ha?, *b*) (*i affär*) vad får det lov att vara?; *if you ~* om du vill **II** *s, ~s and dislikes* sympatier och antipatier

likeable ['laɪkəbl] *se likable*

likeli|hood ['laɪklɪhʊd], **-ness** [-nɪs] sannolikhet; *in all ~* med all sannolikhet; *there is no ~ of that* det är inte sannolikt **likely** [-lɪ] **I** *a* **1** trolig, sannolik; *not ~!* (*vard.*) knappast!; *a ~ story* (*iron.*) och det vill du jag ska tro!, visst, visst!; *it is ~ to rain* det blir troligen regn; *he is ~ to be late* han kommer nog för sent; *she is not ~ to come* det är inte troligt att hon kommer **2** lämplig, passande; tänkbar; *a ~ place for a swim* en lämplig plats för ett bad; *he called at every ~ place* han besökte varje tänkbar plats **II** *adv, as ~ as not, very ~* högst sannolikt, med all sannolikhet, troligtvis

like-minded [,laɪk'maɪndɪd] likasinnad **liken** ['laɪk(ə)n] likna (*to* vid) **likeness** ['laɪknɪs] **1** likhet (*to* med) **2** skepnad, gestalt, form; *appear in the ~ of* uppträda i skepnad av **3** porträtt; avbild

likewise ['laɪkwaɪz] **1** på samma sätt, likaledes **2** dessutom, också

liking ['laɪkɪŋ] förkärlek, böjelse, tycke, sympati;

be to a p.'s ~ vara i ngns smak; *have a* ~ *for s.b.* ha förkärlek (vara svag) för ngn; *take a* ~ *to* fatta tycke för, börja tycka om

lilac ['laɪlək] **I** *s* **1** syren **2** lila [färg], gredelint **II** *a* lila, gredelin

Lilliputian [ˌlɪlɪ'pju:ʃjən] **I** *s* lilleputt; pyssling **II** *a* lilleputt-; miniatyr-

Lilo ['laɪləʊ] (*varumärke*) gummi-, luft|madrass

lilt [lɪlt] **I** *s* **1** glad röst, vackert tonfall **2** lätt gång; lätta rörelser **3** glad (munter) visa **II** *v* **1** (*om visa*) ha en glad (munter) melodi **2** tala (sjunga, spela) glatt (melodiskt) **3** röra sig lätt

lily ['lɪlɪ] lilja **lily-livered** [-ˌlɪvəd] feg **lily of the valley** [ˌlɪlɪəvðə'vælɪ] liljekonvalj **lily-white** ['lɪlɪwaɪt] liljevit

limb [lɪm] **1** lem; *life and* ~ liv och lem; *lower ~s* ben, nedre extremiteter; *tear s.b.* ~ *from* ~ slita ngn i stycken **2** [träd]gren; *be out on a* ~ vara illa ute, vara ute på hal is

limber ['lɪmbə] **I** *a* smidig, böjlig; [lätt]rörlig **II** *v*, ~ *up* mjuka upp [sig]

1 limbo ['lɪmbəʊ] **1** *teol.* limbo **2** övergångs-, mellan|stadium **3** fängelse

2 limbo ['lɪmbəʊ] (*dans*) limbo

1 lime [laɪm] *bot.* lemon

2 lime [laɪm] *bot.* lind

3 lime [laɪm] **I** *s* **1** kalk; *slaked* ~ släckt kalk **2** fågellim **II** *v* **1** kalka **2** bestryka med fågellim **3** fånga med fågellim

lime green ['laɪmgri:n] **I** *s* lindblomsgrönt **II** *a* lindblomsgrön

lime juice ['laɪmdʒu:s] limejuice, lemonsaft

limekiln ['laɪmkɪln] kalkugn

limelight['laɪmlaɪt] *bildl.* rampljus; *be in the* ~ stå i rampljuset

limerick ['lɪmərɪk] limerick

limestone ['laɪmstəʊn] kalksten

limit ['lɪmɪt] **I** *s* **1** gräns; *the city ~s* stadens gränser; *within ~s* inom vissa gränser; *that's the* [*very*] *~!* det är [ändå] höjden!; *there's a ~!* det finns gränser!; *go the* ~ gå till ytterligheter; *go to the ~s to help* göra sitt yttersta för att hjälpa; *put a* ~ *on, set a* ~ *to* (*on*) (*bildl.*) sätta en gräns för, begränsa **2** *mat.* limes, gränsvärde **II** *v* begränsa; inskränka **limitation** [ˌlɪmɪ'teɪʃn] **1** begränsning; inskränkning **2** *jur.* preskription[stid] **limited** ['lɪmɪtɪd] begränsad; inskränkt; ~ [*liability*] *company* (*BE.*) aktiebolag [med begränsad ansvarighet]; ~ *monarchy* konstitutionell monarki

limnology [lɪm'nɒlədʒɪ] limnologi, sötvattensbiologi

limousine ['lɪmu:zi:n] limousine

1 limp [lɪmp] **I** *v* halta, linka; mödosamt ta sig fram **II** *s* haltande (linkande) [gång]; *walk with a* ~ halta, linka

2 limp [lɪmp] **1** böjlig, mjuk; sladdrig **2** kraftlös, slapp

limpet ['lɪmpɪt] **1** *zool.* skålsnäcka **2** *mil.* fästmina

limpid ['lɪmpɪd] klar (*äv. bildl.*), genomskinlig

limy ['laɪmɪ] **1** klibbig **2** kalk-

linage ['laɪnɪdʒ] **1** antal rader, radantal **2** honorar per rad

linchpin ['lɪn(t)ʃpɪn] **1** hjul- axel|sprint **2** *bildl.* stöttepelare, stöd

Lincoln green ['lɪŋkəngri:n] gul-, brun|grönt; (*slags*) gulgrönt (brungrönt) ylletyg

Lincs. *förk. för Lincolnshire* ["lɪŋkənʃə]

linden ['lɪndən] *bot.* lind

1 line [laɪn] **I** *s* **1** linje; streck; rynka, fåra; kontur[linje]; gräns[linje]; *konst.* linjer, stil; *dividing* ~ skiljelinje; ~ *of life* livslinje (*i handflata*); *state* ~ stats-, riks|gräns; *as straight as a* ~ snörrät; *the* ~ *between right and wrong* gränsen mellan rätt och orätt; *the beautiful ~s of the ship* fartygets vackra linjer; *cross the* ~ (*äv.*) passera ekvatorn; *draw a* ~ dra ett streck; *draw the* ~ sätta en gräns, säga stopp, dra gränsen (*at* vid); *toe the* ~ lyda order, hålla sig på mattan **2** lina, streck; *elektr., tel.* linje, ledning, kabel; *fishing* ~ metrev; *washing* ~ tvätt|lina, -streck; *be on the* ~ vara i telefon (på tråden); *be on the* ~ *to s.b.* ha ngn på tråden; *hold the ~, please!* (*i telefon*) var god och dröj! **3** (*skriven*) rad; vers[rad]; [kort] upplysning, vink; *~s* (*pl*) *a*) *teat.* replik, roll, *b*) *skol.* rader (*att skriva som bestraffning*); *the bottom* (*top*) ~ *of a page* nedersta (översta) raden på en sida; *marriage ~s* (*vard., i sht BE.*) vigselattest; *musical* ~ melodislinga; *drop s.b. a* ~ skriva en rad till ngn; *give s.b. a* ~ *on* ge ngn en upplysning (vink) om; *read between the ~s* läsa mellan raderna; *shoot a* ~ skryta **4** släkt[gren], gren, led, linje; *in a direct* ~ i direkt nedstigande led; *in the male* ~ på mans|sidan, -linjen; *the last of one's* ~ den sista av sin ätt **5** [varu]slag, sortiment, uppsättning; kollektion; ~ *of goods* varuslag; *a new* ~ *of shirts* en ny kollektion (uppsättning) skjortor; *the best in its* ~ den bästa i sitt slag **6** rad, räcka, led; fil; *i sth AE.* kö; *mil.* linje; *in* [*a*] ~ i rad; ~ *of attack* anfallslinje; ~ *of battle* slaglinje; *front* ~ frontlinje; *single* ~ *of traffic* enkelt körfält; *all along the* ~ *a*) över hela linjen, *b*) till alla delar; *be in* ~ *for* stå i tur för; *be in* ~ *with* vara i linje (överensstämmelse) med; *bring s.th. into* ~ *with* (*bildl.*) bringa ngt i överensstämmelse med; *fall* (*get*) *into* ~ falla in i ledet, ställa upp sig på rad; *fall into* ~ *with* inordna sig i, acceptera; *hold the* ~ hålla stånd; *keep a party in* ~ hålla ihop ett parti; *stand in* ~ (*AE.*) stå i kö, köa; *step out of* ~ gå sin egen väg, göra ngt olämpligt **7** rutt, linje, [kommunikations]led; [trafik]företag, -bolag; (*projektils*) bana; *järnv., i sht BE.* linje, bana, spår, sträcka; *bus* ~ busslinje; *the end of the* ~ (*bildl.*) slutet; *the train stopped on the* ~ tåget stannade ute på linjen; *the missile follows a curved* ~ projektilen går i en krökt bana **8** bransch, fack, område, gebit; ~ *of business* bransch, affärsgren; *what* ~ *is she in?* vilken bransch är hon i?; *that's not in my* ~ *a*) det är inte mitt gebit (område), *b*) det ligger inte för mig; *something in that* ~ ngt i den vägen (stilen) **9** riktning, kurs; linje, inriktning; ~ *of action* handlingslinje; ~ *of argument* argumentation; ~ *of conduct* förfaringssätt; ~ *of thought* tanke|bana, -gång; *the* ~ *of least resistance* minsta motståndets väg; *take a firm* (*strong*) ~ *with* inta en fast hållning (uppträda bestämt) mot; *try another* ~ *of approach to a problem* pröva att angripa problemet från ett annat håll **10** *lay* (*put*) *on the* ~ *a*) betala kontant, *b*) lägga korten på bordet, ge klara besked, *c*) sätta på spel **II** *v* **1** linjera, dra en linje (linjer) på **2** kanta **3** ~ [*up*] rada upp, ordna i rad (linje) **4** rynka, fåra **5** bilda

L

(ställa sig i) linje; ~ [*up*] ställa upp sig, ställa sig i kö, ställa sig

2 line [laɪn] **1** fodra, klä [invändigt] **2** fylla, proppa full, späcka; ~ *one's pockets* sko sig

lineage ['lɪnɪɪdʒ] **1** härstamning, härkomst **2** ättlingar **lineal** [-əl] *a* i rätt nedstigande led, direkt **lineament** [-əmənt] (*ofta pl*) **1** [anlets]drag **2** huvuddrag **linear** [-ə] **1** linje-, linjär **2** längd-; ~ *measure* längdmått **3** endimensionell; ~ *equation* förstagradsekvation, linjär ekvation **4** *bot.* långsmal

1 lined [laɪnd] **1** randig; ~ *paper* linjerat papper **2** rynkig, fårad

2 lined [laɪnd] **1** fodrad, klädd [invändigt] **2** fylld, späckad

line drawing ['laɪnˌdrɔːɪŋ] streckteckning **lineman** [-mən] **1** banvakt **2** *AE.* linjearbetare, kabelläggare **3** *sport.* forward (*i amer. fotboll*)

linen ['lɪnɪn] **I** *s* **1** linne[vävnad] **2** *koll.* linne[förråd]; underkläder; *dirty* ~ [smuts]tvätt, -kläder **II** *a* linne- **linen cupboard** linneskåp

liner ['laɪnə] linje-, passagerar|fartyg; trafikflygplan

linesman ['laɪnzmən] **1** *sport.* linje|domare, -man **2** linjearbetare, kabelläggare

line|-up ['laɪnʌp] **1** uppställning (*äv sport.*) **2** gruppering **3** uppradade personer (*för identifiering av misstänkt*); konfrontering **4** *AE.* kö

1 ling [lɪŋ] (*pl* ~[*s*]) *zool.* långa; lake

2 ling [lɪŋ] *bot.* ljung

linger ['lɪŋgə] **1** dröja [sig] kvar, stanna [kvar]; ~ *on* (*over*) (*bildl.*) dröja (uppehålla sig) vid **2** släntra [i väg] **3** *bildl.*, ~ [*on*] leva kvar (vidare), fortleva **4** dröja, söla

lingerie ['læː(n)ʒərɪ] damunderkläder

lingering ['lɪŋg(ə)rɪŋ] långvarig (*illness*); långsam (*death* död); dröjande (*look* blick); kvardröjande (*doubt* tvivel)

lingo ['lɪŋgəʊ] (*pl* ~*es*) *vard.* [konstigt] språk, rotvälska; jargong

linguist ['lɪŋgwɪst] **1** språkkunnig person; *she is a good* ~ hon är mycket språkbegåvad **2** lingvist, språkforskare **linguistic** [lɪŋ'gwɪstɪk] **1** språk- **2** lingvistisk, språkvetenskaplig **linguistics** [lɪŋ'gwɪstɪks] (*behandlas som sg*) lingvistik, språkvetenskap

liniment ['lɪnɪmənt] liniment

lining ['laɪnɪŋ] foder (*äv. tekn.*), [invändig] beklädnad; *brake* ~ bromsbelägg; *every cloud has a silver* ~ inget ont som inte har något gott med sig

link [lɪŋk] **I** *s* **1** länk (*i kedja*); radiolänk; förbindelse; *bildl.* förbindelse[länk], band, led; *the missing* ~ den felande länken; *a new rail* ~ en ny järnvägsförbindelse; *break all* ~*s with* bryta alla förbindelser med **2** manschettknapp **3** *längdmått = 7,92 tum = 20,12 cm* **II** (*i eg. bet. äv.* ~ *up*) *v* **1** länka ihop, koppla ihop (samman), förena (*to*, *with* med); ~ *arms a*) gå arm i arm, *b*) bilda kedja **2** ~ [*together*] länkas ihop, kopplas ihop (samman), förena sig **-age** ['lɪŋkɪdʒ] samman|koppling, -länkning; länksystem

links [lɪŋks] *pl* **1** golfbana **2** *Sk.* strandhed

link-up ['lɪŋkʌp] *se linkage*

linn [lɪn] *i sht Sk.* **1** [damm nedanför] vattenfall **2** ravin, hålväg

linnet ['lɪnɪt] *zool.* hämpling

lino ['laɪnəʊ] *vard.* linoleum **-cut** ['laɪnə(ʊ)kʌt] linoleumsnitt **-leum** [lɪ'nəʊljəm] linoleum; korkmatta

Linotype ['laɪnə(ʊ)taɪp] (*varumärke*) *boktr.* linotype (*radgjutningsmaskin*)

linseed ['lɪnsiːd] linfrö **linseed oil** linolja

lint [lɪnt] moll, förbandsgas, linneskav

lintel ['lɪntl] *byggn.* överstycke (*på dörr el. fönster*)

lion ['laɪən] **1** lejon; *the* ~*'s share* lejonparten; *beard the* ~ *in his den* (*bildl.*) uppsöka lejonet i dess kula **2** modig man, lejon; berömdhet, celebritet; *social* ~ societetslejon **-ess** [-es] lejoninna **--hearted** [-ˌhɑːtɪd] orädd, modig som ett lejon **-ize** (*BE. äv. -ise*) [-aɪz] fira, behandla som en celebritet

lip [lɪp] **1** läpp; ~*s* (*äv.*) mun; *lower* ~ underläpp; *upper* ~ överläpp; *bite one's* ~ *a*) bita sig i läppen, *b*) vara irriterad; *button one's* ~ (*sl.*, *i sht AE.*) knipa (hålla) käft; *keep a stiff upper* ~ bita ihop tänderna, bevara fattningen; *smack one's* ~*s* gotta sig, slicka sig om munnen **2** rand, kant, brädd; pip **3** *sl.* fräckheter, oförskämdheter; *none of your* ~*!* var inte så fräck (uppkäftig)! **lipgloss** ['lɪpglɒs] läppglans **lippy** ['lɪpɪ] *AE. sl.* uppkäftig, fräck **lip-read** ['lɪpriːd] (*lip-read*, *lip-read*) läsa på läpparna **lip-reading** ['lɪpˌriːdɪŋ] läppavläsning **lip service** ['lɪpˌsɜːvɪs] tomma ord, läpparnas bekännelse, munväder **lipstick** ['lɪpstɪk] läppstift

lique|faction [ˌlɪkwɪ'fækʃn] smältning; kondensering **-fy** ['lɪkwɪfaɪ] smälta; kondensera; *-fied petroleum gas* gasol

liqui|faction, -fy *se lique|faction, -fy*

liqueur [lɪ'kjʊə] likör

liquid ['lɪkwɪd] **I** *a* **1** flytande, i vätskeform; ~ *air* flytande luft; ~ *crystals* flytande kristaller; ~ *food* flytande föda; ~ *glass* vattenglas; ~ *measure* mått för våta varor **2** klar, genomskinlig; *bildl.* flytande, jämn; ~ *eyes* blanka (glänsande) ögon; ~ *notes* pärlande toner **3** *ekon.* disponibel, likvid; ~ *assets* likvida tillgångar **II** *s* **1** vätska **2** *fonet.* likvida

liquidate ['lɪkwɪdeɪt] **1** likvidera, erlägga likvid för, betala **2** likvidera, avveckla (*företag e.d.*) **3** likvidera, röja ur vägen, avrätta **liquidation** [ˌlɪkwɪ'deɪʃn] **1** likvidering, betalning **2** likvidation, avveckling (*av affärsrörelse*); *go into* ~ träda i likvidation **3** likvidering, avrättning **liquidator** ['lɪkwideɪtə] *ekon.* likvidator **liquidity** [lɪ'kwɪdətɪ] **1** *ekon.* likviditet **2** flytande tillstånd **liquid|ize** (*BE. äv. -ise*) [-aɪz] **1** göra flytande; mosa, pressa **2** bli flytande **liquid|izer** (*BE. äv. -iser*) ['lɪkwɪdaɪzə] mixer

liquor ['lɪkə] **1** spritdryck[er], stark[a] (alkoholhaltig[a]) dryck[er], sprit, alkohol; *hard* ~ starksprit; *in* ~ berusad **2** vätska, spad, vatten, sky; lösning, emulsion; *potato* ~ potatisvatten

liquorice ['lɪkərɪs] lakrits

Lisbon ['lɪzbən] Lissabon

lisle ['laɪl] (*slags*) bomulls|tråd, -tyg, -väv

lisp [lɪsp] **I** *v* läspa **II** *s* läspning; *have* (*speak with*) *a* ~ läspa

lissom[e] ['lɪs(ə)m] smidig, böjlig; vig

1 list [lɪst] **I** *s* **1** lista, förteckning (*of* över); (*bokförlags*) utgivnings|program, -lista; *shopping* ~

inköps-, handlings|lista; ~ *of names* namnlista, (*i bok*) namnregister **II** *v* **1** göra upp en lista (förteckning) över, lista, föra (ta) upp **2** föra (skriva, ta) upp på listan (en lista); *~ed building* kulturminnesmärke

2 list [lɪst] **1** kant[remsa, -band], bård (*på tyg*) **2** träspån

3 list [lɪst] *sjö.* **I** *s* slagsida; ~ *to port* babords slagsida **II** *v* få (ha) slagsida

listen ['lɪsn] lyssna (*to* på); höra 'på; ~ *for* lyssna efter; ~ *in on* (*to*) tjuvlyssna på, avlyssna (*a telephone conversation* ett telefonsamtal); ~ *in to* lyssna (höra) på (*i radio*); *I've told him, but he won't* ~ jag har sagt åt honom, men han hör inte på; *~, let's do s.th. else!* hör på, ska vi inte göra ngt annat!; ~ *to me!* lyssna (hör på) mig!; ~ *to the radio* lyssna på radio **listener** ['lɪsn̩ə] lyssnare; åhörare **listening** ['lɪsn̩ɪŋ] *s* lyssnande **listening post** *mil.* lyssnarpost

listing ['lɪstɪŋ] **1** lista **2** listning, upptagande på lista

listless ['lɪstlɪs] håglös, apatisk

list price ['lɪstpraɪs] list-, katalog|pris

lit [lɪt] **I** *imperf. o. perf. part. av light* **II** *a, sl.,* ~ [*up*] berusad

lit. *förk. för literal[ly]; literary; literature*

litany ['lɪtənɪ] *kyrkl. o. bildl.* litania

liter ['li:tə] *AE.* liter

literacy ['lɪt(ə)rəsɪ] läs- o. skrivkunnighet

literal ['lɪt(ə)r(ə)l] **I** *a* **1** bokstavlig, egentlig; bokstavs-; ~ *error* bokstavs-, tryck|fel **2** ordagrann (*translation* översättning) **3** nykter, saklig; faktisk, verklig **II** *s* bokstavs-, tryck|fel **-ly** [-ɪ] *adv* **1** bokstav|ligt, -ligen; i egentlig betydelse; *vard.* bokstavligt talat, verkligen **2** ordagrant

literary ['lɪt(ə)rərɪ] litterär; litteratur-; ~ *agent* litterär agent **literate** ['lɪtərət] **1** läs- och skrivkunnig **2** litterat, bildad **literati** [ˌlɪtə'rɑ:ti:] *pl* litterära (bildade) människor **literature** ['lɪt(ə)rətʃə] litteratur

lithe ['laɪð] smidig, böjlig, vig

lithium ['lɪθɪəm] *kem.* litium

lithograph ['lɪθə(ʊ)grɑ:f] **I** *s* litografi, litografiskt blad **II** *v* litografera **lithographer** [lɪ'θɒgrəfə] litograf **lithography** [lɪ'θɒgrəfɪ] litografi (*tryckmetod*)

Lithua|nia [ˌlɪθju:'eɪnjə] Litauen **-nian I** *a* litauisk **II** *s* **1** litauer **2** litauiska språket

liti|gant ['lɪtɪgənt] **I** *s* part (*i mål*) **II** *a* processande, tvistande **-gate** [-geɪt] processa (tvista) [om] **-gation** [ˌlɪtɪ'geɪʃn] process, rättstvist; processande

litmus ['lɪtməs] lackmus **litmus paper** lackmuspapper

litre ['li:tə] liter

Lit[t].D. *förk. för Litterarum Doctor* (*lat.*) *Doctor of Letters* (*Literature*)

litter ['lɪtə] **I** *s* **1** skräp, avfall; *everything was in a* ~ allt låg huller om buller **2** [djur]kull **3** strö, halm **4** [sjuk]bår; bärstol **5** förna **II** *v* **1** skräpa ner i (på); stöka till i (på) **2** få, föda ([*en kull*] *ungar*) **3** lägga strö (halm) under; täcka med strö (halm) **4** skräpa ner **5** få (föda) en kull ungar **litter bag** skräppåse **litter basket (bin)** skräpkorg **litterbug** *AE. vard.,* **litter lout** *BE., vard.* person som skräpar ner

little ['lɪtl] **I** *a* (*less el. lesser, least*) **1** liten; föga, ringa, obetydlig; *a ~ girl* en liten flicka; ~ *brother* lillebror; ~ *sister* lillasyster; ~ *finger* lillfinger; ~ *toe* lilltå; *the ~ one* lillen, lillan; *the ~ ones* de små, småbarnen, småttingarna; *the L~ Bear* (*AE. Dipper*) (*astr.*) Lilla Björn[en]; *a ~ butter* [ngt] litet smör; *not a ~ butter* inte så litet (ganska mycket) smör; *with a ~ effort* med litet (en smula) ansträngning; *there is ~ hope* det finns föga (litet) hopp; *of ~ importance* av ringa betydelse; *the ~ man* (*äv.*) den vanliga människan; *have a ~ mind* vara småsint; *the ~ people* (*folk*) småfolket, pysslingarna, tomtarna; *a nice ~ profit* en liten nätt vinst; *you ~ rascal!* din lilla rackare!; *a ~ reflection* en smula (litet) eftertanke; ~ *things* småsaker; ~ *things please ~ minds* (*ung.*) litet roar småbarn; *it takes no ~ time* det tar inte [så] litet tid; *in a ~ while* om en liten (kort) stund **II** *adv* (*less el. lesser, least*) litet; föga; *a ~ better* något (litet) bättre; ~ *better than* föga bättre än; *there is ~ else but rubbish left* det är nästan bara (inte mycket annat än) skräp kvar; *earn ~ enough money* tjäna ganska (nog så) litet pengar; ~ *short of* nästan, närapå, inte långt från; *a ~ strange* litet (något, en aning) underlig; *not a ~ worried* inte så litet (ganska) orolig; *as ~ as possible* så litet som möjligt; ~ *did he know that* föga anade han att; **III** *s* litet; *a ~* litet, en smula; *after a ~* efter en liten stund; *sit down for a ~* sitta ner ett litet tag; *not a ~* inte så litet, ganska mycket; *only a ~* bara [helt] litet; *quite a ~* en hel del, ganska mycket; *give me a ~* ge mig litet; *a ~ after five* litet över fem; *the ~ of this book I have read* det lilla jag har läst av den här boken; ~ *by ~* litet i taget, bit för bit, så småningom; ~ *or nothing* knappast någonting, föga eller intet; *every ~ helps* alla bidrag mottages med tacksamhet, många bäckar små gör en stor å; *make ~ of* bagatellisera, förringa; *think ~ of* inte ha höga tankar om; *I see ~ of her nowadays* jag ser inte mycket av henne nuförtiden; *he did what ~ he could* han gjorde det lilla han kunde

littoral ['lɪtər(ə)l] **I** *a* strand-, kust-, litoral **II** *s* kustområde

litur|gic[al] [lɪ'tɜ:dʒɪk(l)] liturgisk **-gy** ['lɪtədʒɪ] liturgi

livable ['lɪvəbl] **1** beboelig **2** dräglig, uthärdlig **3** ~ *with* trevlig att bo ihop med

1 live [laɪv] **I** *a* **1** levande; livs levande; *a ~ seal* en levande säl; *a real ~ count* en livs levande (tvättäkta) greve **2** aktuell (*question* fråga) **3** glödande (*coal* kol; *colour* färg); verksam, aktiv (*volcano* vulkan); inte avbränd, oanvänd (*match* tändsticka); inte detonerad (*bomb* bomb); [skarp]laddad (*cartridge* patron), skarp (*ammunition* ammunition); *sport.* (*om boll*) i spel; strömförande (*wire* ledning); *she's a real ~ wire* (*vard.*) hon är ett riktigt energiknippe **4** *TV, radio.* direktsänd, direkt-, live **II** *adv* direkt, live

2 live [lɪv] **1** leva; leva kvar, fortleva; ~ *and let ~* leva och låta [andra] leva; *long ~ the Queen!* leve drottningen!; ~ *from hand to mouth* leva ur hand i mun; ~ *frugally* leva enkelt; ~ *well a*) leva gott, *b*) föra ett hederligt liv; *no man living* ingen enda; *we ~ and learn* man lär så länge man lever; *will she ~?* kommer hon att överleva?; *her name will*

~ hennes namn kommer att leva [kvar]; *he'll ~ to regret that* det kommer han att få ångra en dag; *if I ~ to see the day* om jag får uppleva den dagen; *not many ~ to be a hundred* inte många lever tills de blir hundra år; ~ *by* (*off*) leva av, leva på; ~ *on a*) leva vidare (kvar), *b*) leva på (av); ~ *through* genomleva, uppleva (*a long war* ett långt krig); *he was not expected to ~ through the night* man trodde inte att han skulle överleva natten; ~ *up to a*) leva upp till, motsvara (*expectations* förväntningar), *b*) leva i enlighet med (*principles* principer), *c*) kunna mäta sig med, *d*) uppfylla (*obligations* förpliktelser); ~ *with* leva med **2** bo; ~ *in London* (*High Street*) bo i London (på High Street); ~ *at 14 Park Lane* bo på Park Lane 14; ~ *with one's parents* bo hos sina föräldrar; ~ *in* bo på skolan (sin arbetsplats *e.d.*); *a house not fit to ~ in* ett obeboeligt hus; ~*d in* bebodd; ~ *out* inte bo på skolan (sin arbetsplats *e.d.*), ha egen bostad; ~ *together* bo (leva) ihop, sammanbo **3** leva (*one's own life* sitt eget liv); ~ *a lie* leva på en lögn; ~ *a part* leva sig in i en roll; ~ *religion* leva i enlighet med sin religion; ~ *down* få folk att glömma (*a scandal* en skandal); *he won't ~ it down* man kommer aldrig att förlåta honom för vad han gjort; ~ *out one's life in a foreign country* sluta sina dagar i främmande land

liveable ['lɪvəbl] *se livable*

liveli|hood ['laɪvlɪhʊd] uppehälle, levebröd; *earn* (*make*) *a* ~ förtjäna sitt uppehälle **-ness** [-nɪs] livlighet *etc., jfr lively*

livelong ['lɪvlɒŋ] *a, poet., the ~ day* hela långa dagen

lively ['laɪvlɪ] *a* **1** livlig, livfull, vital; pigg, vaken; *things are getting* ~ det börjar gå livligt till; *he's having a ~ time* han har händerna fulla [med arbete] **2** frisk, uppfriskande (*breeze* bris) **3** (*om båt*) lättmanövrerad

liven ['laɪvn] **1** ~ [*up*] pigga (liva) upp **2** ~ [*up*] piggas (livas) upp

1 liver ['lɪvə] *anat. o. kokk.* lever

2 liver ['lɪvə] *s, a fast ~* en rucklare; *a high ~* person som för ett högt liv

liveried ['lɪvərɪd] livréklädd, i livré

liverish ['lɪvərɪʃ] **1** *vard.* leversjuk **2** lättretlig

Liverpudlian [ˌlɪvə'pʌdlɪən] **I** *a* Liverpool- **II** *s* Liverpoolbo

liver sausage ['lɪvəˌsɒsɪdʒ] *BE.*, **liver wurst** [-wɜːst] *AE.* leverkorv **liverwort** [-wɜːt] *bot.* levermossa

1 livery ['lɪvərɪ] **1** lever- **2** *se liverish*

2 livery ['lɪvərɪ] **1** livré; *bildl.* dräkt, skrud **2** hyr[kusk]verk; *keep horses at ~* hyra ut hästar **livery company** [-ˌkʌmp(ə)nɪ] *BE.* gille [i Londons City] **livery man** [-mən] **1** *BE.* medlem av gille [i Londons City] **2** hyrkusk **livery stable** [-ˌsteɪbl] hyr[kusk]verk

lives [laɪvz] *pl av life*

livestock ['laɪvstɒk] (*behandlas som sg el. pl*) boskap, husdjur; kreatursbesättning

livid ['lɪvɪd] **1** blygrå, blåsvart; blek; likblek, askgrå **2** *vard.* rasande, ilsken

living ['lɪvɪŋ] **I** *a* levande (*creature* varelse); ~ *death* eländigt tillstånd; *she is the ~ image of her mother* hon är en levande avbild av sin mor, hon är sin mor upp i dagen; ~ *language* levande språk; [*with*]*in ~ memory* i mannaminne; *not a ~ soul* inte en levande själ **II** *s* **1** *the ~* (*pl*) de levande **2** liv; *cost of ~* levnadskostnader; *standard of ~* levnadsstandard; *good ~* god mat och dryck; ~ *in Paris is expensive* det är dyrt att leva (bo) i Paris **3** uppehälle, levebröd; *earn* (*make*) *a ~* förtjäna sitt uppehälle, försörja sig; *what does he do for a ~?* vad försörjer han sig på? **4** *BE. kyrkl.* pastorat **living conditions** [-kənˌdɪʃnz] *pl* levnads-, livs|villkor **living room** [-rʊm] vardagsrum **living wage** [-weɪdʒ] lön som man kan leva på

Livy ['lɪvɪ] Livius

Liz [lɪz] *kortform av Elizabeth*

lizard ['lɪzəd] *zool.* ödla

L.J. *förk. för Lord Justice* **L.L.** *förk. för Lord Lieutenant* **ll.** *förk. för lines*

llama ['lɑːmə] *zool.* lama

LL.B. *förk. för Legum Baccalaureus* (*lat.*) *Bachelor of Laws* **LL.D.** *förk. för Legum Doctor* (*lat.*) *Doctor of Laws* **LL.M.** *förk. för Legum Magister* (*lat.*) *Master of Laws*

lo [ləʊ] *interj a*) *åld.* se!, si!, *b*) ~ *and behold* ser man på!

load [ləʊd] **I** *s* **1** last; lass; börda (*äv. bildl.*); belastning (*äv. bildl.*); *a ~ of firewood* ett lass (fång) ved; *the ship was carrying a ~ of* fartyget hade en last av; *that was a ~ off my mind* en sten föll från mitt bröst; *put a ~ on* belasta; *have a ~ on* (*AE. sl.*) vara på trycket (*berusad*) **2** laddning (*i skjutvapen*) **3** *elektr.* effekt; spänning **4** *vard.*, ~*s a*) massor, *b*) mycket; ~*s* (*a ~*) *of* en massa, massor med **5** *vard., get a ~ of this!* lyssna (titta) på det här! **II** *v* **1** lasta (*a ship* ett fartyg); lassa; belasta, tynga [ner]; *bildl.* överhopa; ~ *deals onto a lorry* lasta plank på en lastbil; ~ *down a*) lasta ner (för tungt), *b*) överlasta; ~ *up a*) lasta (lassa) på, *b*) lasta full, fylla; ~ *the washing machine* lägga in tvätt i (fylla) tvättmaskinen; *be ~ed with debts* vara överhopad av skulder **2** ladda (*vapen, kamera etc.*) **3** *data.* lagra [ner] **4** förfalska, preparera (*tärningar etc.*); ~ *the dice against s.b.* överlista (lura) ngn; ~ *a question* formulera en försåtlig fråga **5** *försäkr.* höja premie **6** lasta, ta ombord **7** ladda

loaded ['ləʊdɪd] **1** lastad *etc., jfr load II* **2** förfalskad; ~ *dice* falska tärningar; ~ *question* försåtlig fråga **3** *sl., i sht AE.* packad, på trycket (*berusad*); påtänd (*av narkotika*) **4** *sl.* tät (*rik*) **loader** [-ə] lastare **loading** [-ɪŋ] **1** last; börda **2** laddning **3** *försäkr.* extrapremie **load line** *sjö.* lastmärke **load|star** ['ləʊdstɑː] *se lodestar* **-stone** *se lodestone*

1 loaf [ləʊf] (*pl loaves*) **1** limpa, bröd (*äv. ~ of bread*); *meat ~* köttfärslimpa; ~ *of sugar* sockertopp; *sugar ~* toppsocker; *loaves and fishes* brödfödan; *half a ~ is better than no bread* små smulor är också bröd **2** *sl.* skalle, rot

2 loaf [ləʊf] ~ [*about, around*] slå dank, gå och dra, stå och hänga; ~ *away* slösa bort, fördriva; ~ *away one's time* förslösa sin tid **-er** [-ə] **1** dagdrivare **2** *i sht AE.* loafer (*sko utan snörning*)

loam [ləʊm] lerjord **loamy** ['ləʊmɪ] lerartad, lerig

loan [ləʊn] **I** *s* lån; utlåning; lånord; *on ~* utlånad, till låns **II** *v* låna [ut] **loan shark** ['ləʊnʃɑːk]

vard., i sht AE. kredithaj **loan word** ['ləʊnwɜ:d] lånord
loath [ləʊθ] ovillig, obenägen
loathe [ləʊð] *v* avsky (*doing s.th.* att göra ngt) **loathing** ['ləʊðɪŋ] avsky; vämjelse **loathsome** ['ləʊðsəm] avskyvärd, vämjelig, frånstötande, vidrig
loaves [ləʊvz] *pl av loaf*
lob [lɒb] **I** *v* **1** *sport.* lobba **2** *vard.* kasta **II** *s, sport.* lobb
lobby ['lɒbɪ] **I** *s* **1** lobby, [hotell]vestibul, hall; [teater]foajé; korridor **2** *i sht BE.* lobby, förhall, korridor (*i parlamentet*); *division* ~ omröstningskorridor **3** påtryckningsgrupp, lobby **II** *v* **1** öva påtryckningar på (*lagstiftare*); ~ *a bill through parliament* genom påtryckningar driva igenom ett lagförslag i parlamentet **2** bedriva korridorpolitik **-ist** [-ɪst] *i sht AE.* lobbyist, korridorpolitiker
lobe [ləʊb] *anat., bot.* lob; flik; ~ *of the ear* örsnibb
lobelia [lə(ʊ)'bi:ljə] *bot.* lobelia
lobster ['lɒbstə] hummer **lobster pot (trap)** hummertina
lobworm ['lɒbwɜ:m] metmask
local ['ləʊkl] **I** *a* lokal, lokal- (*äv. med.*), orts-; ~ *anaesthetic* lokalbedövning; ~ *authorities* (*BE.*) lokala (kommunala) myndigheter; ~ *call* lokalsamtal; ~ *colour* lokalfärg; ~ *government a*) *BE.* kommunal självstyrelse, *b*) *AE.* lokala (kommunala) myndigheter; *a* ~ *man* en man från orten; ~ *option* (*AE., Sk.*) lokalt veto; ~ *paper* ortstidning; ~ *time* lokal tid; ~ *train* lokaltåg **II** *s* **1** ortsbo **2** lokaltåg **3** *BE. vard.* kvarterspub **4** lokalbedövning **5** *AE.* lokal nyhet; lokalkontor
locale [lə(ʊ)'kɑ:l] plats (*för en händelse*)
local|ity [lə(ʊ)'kælətɪ] **1** lokalitet, plats, ställe **2** scen, plats; *the* ~ *of the crime* brottsplatsen **3** belägenhet, läge **-ize** (*BE. äv. -ise*) ['ləʊkəlaɪz] **1** ge lokal karaktär **2** begränsa, lokalisera **3** anta lokal karaktär
locate [lə(ʊ)'keɪt] **1** lokalisera, ange platsen för; spåra (*the source of error* felkällan) **2** förlägga; stationera; ~*d* (*äv.*) belägen **location** [-'keɪʃn] **1** läge, plats, position **2** lokalisering, spårande; upptäckt **3** *film.* inspelningsplats (*utanför studio*); *shot on* ~ filmad på platsen **4** anläggande (*av väg e.d.*) **5** (*i Sydafrika*) svart stadsdel, lokation
loc. cit. *förk. för loco citato* (*lat.*) l. c., på anfört ställe
loch [lɒk] *Sk.* sjö; havsvik
loci ['ləʊsaɪ] *pl av locus*
1 lock [lɒk] **I** *s* **1** lås; låsanordning, spärr; *steering* ~ rattlås; *under* ~ *and key* inom lås och bom; *put s.th. under* ~ *and key* låsa in ngt, låsa om ngt **2** (*på eldvapen*) säkring, (*förr*) lås; ~, *stock and barrel* rubb och stubb **3** sluss; *air* ~ luftsluss **4** (*bils*) framhjulsutslag; vändradie **5** (*i brottning*) lås **II** *v* **1** låsa [igen, till]; stänga [igen, till], spärra; ~ *the stable door after the horse has bolted* (*been stolen*) (*ung.*) vara för sent ute, vara efterklok; ~ *away* låsa undan; ~ *in* låsa in; ~ *out a*) låsa (stänga) ute, *b*) lockouta; ~ *up a*) låsa (stänga) igen (till), *b*) låsa in (undan), spärra in, fängsla, *c*) låsa, binda (*kapital*) **2** innesluta; inveckla (*in combat* i strid); ~ *horns* drabba samman; *the lovers were* ~*ed in an embrace* de älskande var tätt omslingrade **3** förse med sluss[ar]; slussa (*a vessel* ett fartyg) **4** (*om hjul e.d.*) låsa sig **5** låsas, gå att låsa; gå i lås **6** slussa
2 lock [lɒk] **1** [hår]lock, hår|test, -tofs **2** ulltott; bomullstuss
lock|able ['lɒkəbl] låsbar **-age** [-ɪdʒ] **1** slussning; slussavgift **2** slussanläggning **-er** [-ə] förvarings|fack, -box, [låsbart] skåp (fack), [låsbar] låda **-et** [-ɪt] medaljong **-gate** [ˌlɒk'geɪt] slussport
lock|jaw ['lɒkdʒɔ:] *med.* munläsa; *vard.* stelkramp **-nut** stoppmutter **-out** lockout **-smith** låssmed **-up I** *s* **1** stängning[stid] **2** *BE.* garage, förråd (*ej i direkt anslutning t. bostaden*) **3** arrest, finka **II** *a* låsbar, som går att låsa
1 loco ['ləʊkəʊ] lokomotiv
2 loco ['ləʊkəʊ] *sl., i sht AE.* galen
locomo|tion [ˌləʊkə'məʊʃn] förflyttning; rörelseförmåga **-tive** ['ləʊkəˌməʊtɪv] **I** *s* lok[omotiv] **II** *a* rörlig; rörelse-; ~ *engine* lok[omotiv]
locum tenens [ˌləʊkəm'ti:nenz] (*pl locum tenentes* [tə'nenti:z]) *i sht BE.* vikarie (*för läkare el. präst*)
lo|cus ['ləʊkəs] (*pl -ci* [-saɪ]) plats, ställe
locust ['ləʊkəst] **1** *zool.* gräshoppa **2** *bot.*, ~ [*tree*] falsk akacia
locution [lə(ʊ)'kju:ʃn] **1** talesätt, uttryck, vändning **2** uttryckssätt
lode [ləʊd] malmåder **-star** polstjärna; *bildl.* ledstjärna **-stone** magnetit; *bildl.* magnet
lodge [lɒdʒ] **I** *s* **1** grindstuga; trädgårdsmästarbostad **2** stuga, hydda (*för jakt, i fjällen e.d.*); wigwam, [indian]tält; *L*~ (*i namn*) Residens, Hotell **3** [ordens]loge **4** (*på univ., college*) portvaktsrum; (*i Cambridge*) [college]rektorsbostad **5** [bäver]hydda **II** *v* **1** härbärgera, inkvartera, logera **2** deponera, lämna i förvar **3** an-, fram|föra (*complaints* klagomål); ~ *a charge against* väcka åtal mot; ~ *a protest* inlägga protest **4** placera, lägga (*the power with s.b.* makten hos ngn) **5** sticka (stöta, driva) in (*dolk e.d.*); *a bullet was* ~*d in the wall* en kula hade fastnat i väggen **6** hyra, bo (*with* hos) **7** fastna, bli sittande
lodger ['lɒdʒə] hyresgäst, inneboende **lodging** [-ɪŋ] **1** logi, husrum, tak över huvudet **2** ~*s* (*pl*) hyresrum, möblerat (möblerade) rum **3** ~[*s*] [hyres]lägenhet **lodging house** pension[at], inackorderingsställe
loess ['ləʊɪs] lössjord
loft [lɒft] **I** *s* **1** loft, vind; höskulle; *in the* ~ på loftet (vinden) **2** duvslag **3** [kör-, orgel]läktare **II** *v* **1** *sport.*, ~ *a ball* slå en hög boll, lyfta en boll **2** förvara på loft (vind) **lofter** ['lɒftə] *golf.* loftad klubba **lofty** ['lɒftɪ] **1** hög, imponerande **2** *bildl.* ädel, upphöjd, hög **3** högdragen, överlägsen
1 log [lɒg] **I** *s* **1** [timmer]stock, [träd]stam; kloss, kubb; vedträ; *sleep like a* ~ sova som en stock **2** *sjö.* logg; loggbok; *make* (*keep*) *a* ~ föra loggbok (*of* över) **II** *v* **1** avverka; kapa i stockar **2** föra in i loggboken; logga
2 log [lɒg] *förk. för logarithm*
loganberry ['ləʊgənb(ə)rɪ] *bot.* loganbär
loga|rithm ['lɒgərɪð(ə)m] *mat.* logaritm **-rithmic[al]** [ˌlɒgə'rɪðmɪk(l)] logaritmisk

log|book ['lɒgbʊk] loggbok; journal, dagbok **--cabin** [-ˌkæbɪn] timmer|stuga, -hydda

loge [ləʊʒ] [teater]loge; (*på teater, biograf*) balkong, rad

log-fire ['lɒgfaɪə] stockeld, stockvedsbrasa **logger** [-ə] **1** skogs|huggare, -arbetare **2** timmerlastare **loggerheads** *pl, be at* ~ ligga i luven på varandra

loggia ['ləʊdʒə] loggia

logging ['lɒgɪŋ] skogsavverkning **log|-house, --hut** timmer|stuga, -koja

logic ['lɒdʒɪk] logik **logical** [-l] logisk; följdriktig (*conclusion* slutsats) **logicality** [ˌlɒdʒɪ'kælətɪ] logiskhet, följdriktighet **logician** [lə(ʊ)'dʒɪʃn] logiker

logistics [lə(ʊ)'dʒɪstɪks] (*behandlas som sg el. pl*) *mil.* underhållstjänst

log jam ['lɒgdʒæm] *i sht AE.* timmerbröt

logo ['ləʊgəʊ] *förk. för logotype* **-paedics** *BE.*, **-pedics** *AE.* [ˌlɒgə(ʊ)'pi:dɪks] (*behandlas som sg*) logopedi **-type** ['ləʊgə(ʊ)taɪp] logotyp

logroll ['lɒgrəʊl] *polit., i sht AE.* **1** kohandla, bedriva kohandel **2** kohandla igenom (*lagförslag*) **-ing** [-ɪŋ] **1** *AE. polit.* kohandel **2** timmertransport (*på vattenled*)

loin [lɔɪn] **1** *kokk.* fransyska, ländstycke, njurstek **2** ~*s* (*pl*) länder **-cloth** ['lɔɪnklɒθ] höft|kläde, -skynke

loiter ['lɔɪtə] **1** söla; slöa; driva omkring, stå och hänga; ~ *about* (*around*) slå dank, driva (stryka) omkring **2** ~ *away the time* slösa bort tiden **loiterer** [-rə] dagdrivare; person som driver omkring (står och hänger)

loll [lɒl] **1** vräka sig, ligga utsträckt, sitta (stå) och hänga, luta sig lättjefullt **2** hänga och slänga; ~ *out* hänga ut [ur munnen]

lollapalooza [ˌlɒləpə'lu:zə] *AE. sl.* toppengrej

lollipop ['lɒlɪpɒp] klubba, slickepinne

lollop ['lɒləp] *i sht BE.* lunka, skumpa

lolly ['lɒlɪ] **1** *vard., se lollipop* **2** *BE. sl.* stålar (*pengar*) **lolly water** [-ˌwɔ:tə] *Austr. vard.* läsk, läskedryck

Lombard ['lɒmbəd] **I** *s* **1** invånare i Lombardiet **2** *hist.* langobard **II** *a* **1** lombardisk; ~ *Street* (*bildl.*) finans-, bank|världen **2** *hist.* langobardisk **Lombardy** [-ɪ] Lombardiet

London ['lʌndən] London **Londonderry** [ˌlʌndən'derɪ] Londonderry **Londoner** ['lʌndənə] londonbo

lone [ləʊn] ensam; enslig; *play a* ~ *hand* agera på egen hand; *a* ~ *wolf* (*bildl.*) en ensamvarg **loneliness** ['ləʊnlɪnɪs] ensamhet; enslighet **lonely** ['ləʊnlɪ] *a* ensam [och övergiven]; enslig; ödslig; ~ *heart* ensamstående person; *feel* ~ känna sig ensam [och övergiven] **loner** ['ləʊnə] enstöring **lonesome** ['ləʊns(ə)m] **I** *a, i sht AE., se lonely* **II** *s, AE. vard., by one's* ~ på egen hand, för sig själv

1 long [lɒŋ] **I** *a* **1** lång; långsträckt; långvarig; längd-; *the* ~ *arm of the law* lagens långa arm; *make a* ~ *arm for* sträcka sig efter; ~ *chance* mycket liten (minimal) chans; ~ *drink* [lång] drink, grogg; *pull a* ~ *face* bli lång i ansiktet; ~ *glass* högt (stort) glas; ~ *green* (*sl.*) sedlar, papperspengar; *be* ~ *on good ideas* (*vard.*) ha massor med bra idéer; ~ *johns* (*vard.*) långkalsingar; ~ *jump* längdhopp; *take a* ~ *look at* ta en ordentlig titt på; ~ *measure* längdmått; *a* ~ *memory* [ett] bra minne; ~ *odds* höga odds; ~ *purse* (*vard.*) rikedomar; *in the* ~ *run* i långa loppet; [*for*] *a* ~ *time* länge, på länge; *it's a* ~ *time since I saw you* det var länge sedan jag såg dig; ~ *time no see!* (*vard.*) det var länge sedan!; *be* ~ *in the tooth* (*vard.*) inte höra till de yngre, vara litet för gammal; ~ *wave* (*fys.*) långvåg; *it's a* ~ *way* det är lång väg (långt); *be* ~ *about s.th.* dröja (ta lång tid på sig) med; *be* ~ *in doing s.th.* dröja (ta lång tid på sig) med att göra ngt; *don't be* ~*!* skynda dig!; *I shan't be* ~ jag är snart färdig (tillbaka) **II** *adv* **1** länge; långt; ~ *ago* för länge sedan; *not* ~ *ago* [för] inte [så] länge sedan; ~ *before* långt innan (före); *not* ~ *before* kort (strax) innan (före); ~ *into next month* långt in i nästa månad; ~ *since* för länge sedan; *as* (*so*) ~ *as a*) så länge [som], *b*) förutsatt att, om...bara, *c*) eftersom; *as* ~ *as five years ago* redan för fem år sedan; *at the* ~*est* högst, på sin höjd, längst; *no* (*not any*) ~*er* inte längre (mer); *so* ~*!* (*vard.*) hej då (så länge)! **2** hel; *all day* ~ hela [långa] dagen; *a week* ~ en vecka lång, en hel vecka **III** *s* **1** lång tid; *before* ~ inom kort, snart; *for* ~ länge, på länge; *I shan't stay for* ~ jag skall inte stanna länge; *take* ~ ta lång tid; *it takes twice as* ~ det tar dubbelt så lång tid; *the* ~ *and the short of it* kontentan [av det hela], kort sagt **2** lång [signal *e.d.*]; *fonet.* lång vokal (stavelse) **3** *ekon.* haussespekulant **4** ~*s* (*pl*) långbyxor

2 long [lɒŋ] längta (*for* efter)

long. *förk. för longitude*

long|boat ['lɒŋbəʊt] **1** barkass **2** vikingaskepp **-bow** pilbåge **-case clock** golvur **--distance** [ˌlɒŋ'dɪst(ə)ns] långdistans-; fjärr-; ~ *call* rikssamtal; ~ *driver* långtradarchaufför; ~ *lorry* långtradare; ~ *runner* långdistanslöpare; ~ *train* fjärrtåg **-drawn-out** [ˌlɒŋdrɔ:n'aʊt] långt utdragen **-er** ['lɒŋgə], **-est** ['lɒŋgɪst] *se long I, II*

longevity [lɒn'dʒevətɪ] **1** långt liv **2** längd

long|hand ['lɒŋhænd] vanlig skrift (*i motsats t. stenografi*) **--headed** [ˌlɒŋ'hedɪd] skarpsinnig, klok

longing ['lɒŋɪŋ] **I** *s* längtan **II** *a* längtande, längtansfull

longish ['lɒŋɪʃ] ganska (tämligen) lång, längre

longi|tude ['lɒn(d)ʒɪtju:d] longitud, längd[grad] **-tudinal** [ˌlɒn(d)ʒɪ'tju:dɪnl] **1** longitud- **2** längsgående, längd-, på längden

long|-legged ['lɒŋlegd] långbent **--lived** [ˌlɒŋ'lɪvd] långlivad; långvarig **--lost** ['lɒŋlɒst] förlorad sedan länge **--playing** ['lɒŋˌpleɪɪŋ] *a,* ~ *record* LP-skiva, långspelande [grammofon]skiva **--range** [ˌlɒŋ'reɪn(d)ʒ] **1** långskjutande (*gun* kanon); långdistans-; ~ *ballistic missile* långdistansrobot **2** långtids-; långsiktig (*plan* plan); ~ *weather forecast* långtidsprognos **--ship** ['lɒŋʃɪp] vikingaskepp **-shoreman** ['lɒŋʃɔ:mən] *AE.* hamn-, stuveri|arbetare **--sighted** [ˌlɒŋ'saɪtɪd] **1** långsynt; översynt **2** framsynt, förutseende **--standing** [ˌlɒŋ'stændɪŋ] långvarig; gammal **--suffering** [ˌlɒŋ'sʌf(ə)rɪŋ] **I** *a* tålmodig, tålig **II** *s* tålmodighet, tålamod **--term** ['lɒŋtɜ:m] långfristig; på lång sikt, långsiktig **-time** ['lɒŋtaɪm] av gammalt datum; gammal (*friend* vän) **-ways** ['lɒŋweɪz] *BE.*, **-wise** ['lɒŋwaɪz] *AE.* på längden, längs efter **-winded** [ˌlɒŋ'wɪndɪd] **1** lång|randig, -tråkig **2** uthållig, med bra kondition

loo [lu:] *BE. vard.* toa; *in the ~* på toa

looby ['lu:bɪ] dumbom

loofa[h] ['lu:fə] luffasvamp (*slags tvättsvamp*)

look [lʊk] **I** *v* **1** titta, se; *~ and see* titta (se) efter; *just ~!* [nej, men] titta!; *~, I know you're busy, but...* jag vet ju att du har mycket att göra, men...; *~ before you leap* tänk först, handla sedan; *~ [here]! a)* se här!, titta hit!, *b)* hör du (nu)!, hör på!, vet du!, stopp ett tag! **2** leta, söka, titta **3** se ut, förefalla, tyckas [vara], verka [vara]; *~ alive* (*lively, sharp, smart*)! skynda (raska) på!, rör på benen!; *it ~s all right to me* jag tycker att det verkar [vara] riktigt (i sin ordning); *how does it ~ to you?* hur tycker du det verkar [vara]?: *it ~s well on him* den ser snygg ut på honom; *the house ~s about 30 years old* huset ser ut att (verkar) vara omkring 30 år gammalt; *~ like* se ut som, likna; *what does she ~ like?* hur ser hon ut?; *it ~s like* (*as if it will*) *rain* det ser ut att (verkar) bli regn **4** ligga, vetta (*to, towards* mot); *the window ~ west* fönstret vetter mot (åt) väster **5** *she ~s herself* (*her old self*) *again* hon är sig lik igen; *he ~s his age* han ser så gammal ut som han är, det syns hur gammal han är: *~ one's best* vara till sin fördel, ta sig bra ut, klä (*in blue* i blått); *he ~s it* han ser sådan ut **6** *~ about* se sig om[kring] (*for* efter); *~ after a)* se till (efter), passa, sköta [om], ha hand om, *b)* följa med blicken, se efter, *c)* tillvarata (*one's interests* sina intressen); *~ after o.s.* sköta (klara) sig själv; *~ after yourself!* sköt om dig!; *~ ahead* se framåt; *~ around* se sig om (omkring); *~ at* titta (se) på, betrakta, överväga; *to ~ at him you wouldn't think so* av hans utseende att döma (när man ser honom) skulle man inte tro det; *it is not much to ~ at* det ser inte mycket ut för världen; *~ away* titta (se) bort; *~ back a)* se sig om, *b)* se tillbaka ([*up*]*on* på); *never ~ back* (*äv.*) gå stadigt framåt; *~ down a)* titta (se) ner (*the hole* i hålet); *~ down* [*up*]*on* se ner på (*äv. bildl.*), ha utsikt över; *~ for a)* leta (söka, titta) efter, *b)* hoppas på, vänta sig; *~ forward* titta (se) framåt; *~ forward to* se fram emot, längta efter; *~ in* titta in (*on s.b.* till ngn), hälsa på (*on s.b.* hos); *~ into a matter* undersöka en sak; *~ on a)* vara åskådare, titta (se) på, *b) se ~ upon*; *~ out a)* titta (se) ut (*of the window* genom fönstret), *b)* se sig för, se upp, akta sig, *c)* vetta (*on, over* mot, åt), *d)* se (söka, leta) ut; *~ out for a)* hålla utkik (titta) efter, se upp för, *b)* ge akt på; *~ over a)* se över, *b)* se (gå) igenom (över), undersöka; *~ round* se sig om[kring] (*for* efter); *~ through* titta (se) igenom; *~ through the binoculars* titta i kikaren; *~ straight through s.b.* se rätt igenom (inte låtsas se) ngn; *~ to a)* vända blickarna mot (*the future* framtiden), *b)* sörja för, sköta om, *c)* vänta [sig] att, hoppas [på] att (*hear from s.b.* få höra ifrån ngn), *d)* förlita sig på; *~ to it that...* se till att...; *~ to s.b. for help* vänta sig hjälp av ngn; *~ up a)* titta (se) upp, *b)* bli bättre, *c)* (*om priser*) stiga, *d)* slå upp (*i lexikon e.d.*), *e)* söka upp, hälsa på, ta kontakt med; *things are ~ing up* det ljusnar (blir bättre och bättre); *~ up to s.b.* se upp till (respektera) ngn; *~ s.b. up and down* mönstra ngn uppifrån och ner (från topp till tå); *~ upon* titta (se) på, betrakta; *~ upon as* betrakta (anse) som **II** *s* **1** blick; titt; *a kind ~* en vänlig blick; *have* (*take*) *a ~ at* ta [sig] en titt på, titta på; *can I have a ~?* får jag (kan jag få) se (titta)?; *take a good ~* titta noga **2** (*ofta pl*) utseende; uttryck, min; *a ~ of disdain* ett föraktfullt uttryck; *good ~s* fördelaktigt utseende; *I don't like the ~ of this* jag tycker det här är oroväckande, jag tycker inte om det här; *by the ~ of it* av utseendet att döma

look-alike ['lʊkəlaɪk] dubbelgångare **looker** [-ə] *vard.* **1** tittare **2** *i sht AE.* snygging, toppentjej **looker-on** [ˌlʊkər'ɒn] (*pl lookers-on* [ˌlʊkəz'ɒn]) åskådare **look-in** ['lʊkɪn] *vard.* **1** påhälsning; *give s.b. a ~* titta in till (hälsa på hos) ngn **2** chans **looking glass** ['lʊkɪŋglɑ:s] spegel **lookout** ['lʊkaʊt] **1** utkik; utkikspost; utkiks|plats, -torn; *be on the ~ for* hålla utkik efter **2** *i sht BE.* utsikt[er], chans **3** *vard.* problem; *that's my ~* det är mitt problem (min huvudvärk) **look-see** [lʊk'si:] *AE. sl.* snabb titt

1 loom [lu:m] **1** vävstol **2** [år]lom

2 loom [lu:m] **1** dyka upp (fram); skymta; torna upp sig, vara hotande nära **2** resa sig [högt] (*over* över)

1 loon [lu:n] *AE. zool.* lom

2 loon [lu:n] *vard.* galning, dumbom **loon[e]y** ['lu:nɪ] *sl.* **I** *a* galen, tokig **II** *s* galning, dåre, tokstolle **loony bin** ['lu:nɪbɪn] *sl.* dårkista (*mentalsjukhus*)

loop [lu:p] **I** *s* **1** ögla; slinga; snara; stropp; krök, krökning **2** *med.* spiral (*livmoderinlägg*) **3** *flyg.* lo[o]ping **4** *data.* slinga **II** *v* **1** göra en ögla på **2** fästa med ögla; slå en ögla runt **3** *flyg.*, *~ the ~* göra en lo[o]ping **4** bilda en ögla; gå i bukter (krökar), slingra sig **loop aerial** ramantenn **looper** ['lu:pə] *zool.* mätarlarv **loophole** ['lu:phəʊl] **1** skottglugg, titthål **2** *bildl.* kryphål; *a ~ in the law* en lucka i lagen **loopy** ['lu:pɪ] *vard.* knasig, stollig

loose [lu:s] **I** *a o. adv* **1** lös; *~ button* lös knapp; *~ change* små-, växel|pengar; *~ clothing* löst sittande kläder; *~ connection a)* lös förbindelse, *b) elektr.* glappkontakt; *~ cover* löst [möbel]överdrag; *~ dye* färg som fäller; *~ ends* (*bildl.*) ouppklarade saker, olösta frågor; *~ limbs* ledlösa (rörliga) lemmar; *~ rope* slak lina; *~ tooth* lös tand; *be at a ~ end* (*vard.*) inte veta vad man skall ta sig till (hur man skall bära sig åt); *come ~* lossna; *get ~ a)* komma lös, slita sig, *b)* lossna; *have ~ bowels* vara lös i magen; *let* (*set, turn*) *~* släppa lös (loss); *run ~* springa lös **2** fri (*translation* översättning); lös, inexakt, vag; *~ talk* löst prat **3** omoralisk, ansvarslös; lösaktig, lättfärdig (*woman* kvinna); *lead a ~ life* föra ett utsvävande liv **4** *vard., i sht AE.* avspänd, avslappad **II** *s, be on the ~ a)* vara på fri fot, *b)* vara lös och ledig, *c) vard.* vara ute och festa **III** *v* **1** lösa, lossa; släppa lös (loss) **2** skjuta i väg (*pil e.d.*) **3** *~ off* öppna eld (*at* mot)

loose|-fitting ['lu:sˌfɪtɪŋ] löst sittande, vid **--jointed** **1** ledlös **2** lös i fogarna **--leaf** [-li:f] lösblads-, med lösa blad **--limbed** [-lɪmd] ledlös

loosely ['lu:slɪ] *adv* **1** löst (*connected* förenad) **2**

L

fritt (*translated* översatt) **3** omoraliskt; lösaktigt; *live ~* föra ett utsvävande liv **loosen** [-n] **1** lösa upp; lossa [på]; knyta upp **2** *~ [up] a*) luckra upp, *b*) mjuka upp, *c*) *bildl.* lätta upp (på), mildra **3** släppa lös (loss) **4** lossna; (*om knut*) gå upp **5** bli lösare; lösas upp; mildras **6** *vard.*, *~ up* tina upp, bli mera pratsam

loosestrife ['lu:sstraɪf] *s, bot.*, *purple ~* fackelblomster; *yellow ~* videört

loose-tongued ['lu:stʌŋd] lösmynt, pratig

loot [lu:t] **I** *s* **1** rov, byte **2** plundring **3** *sl.* stålar (*pengar*) **II** *v* plundra; röva **-er** ['lu:tə] plundrare

1 lop [lɒp] **I** *s* avhuggna (kapade) grenar **II** *v* hugga av, kapa

2 lop [lɒp] **1** hänga slak, sloka **2** stå och hänga, gå och driva

lope [ləʊp] **I** *v* gå (springa) med långa kliv; (*om fyrbenta djur*) skutta **II** *s* långt kliv (språng, skutt)

lop|-eared ['lɒp,ɪəd] med hängande öron **-sided** [,lɒp'saɪdɪd] som lutar åt ena sidan; skev, sned; *bildl.* ensidig

loquacious [lə(ʊ)'kweɪʃəs] pratsam, pratig, talträngd **loquaciousness** [-nɪs], **loquacity** [-'kwæsətɪ] pratsamhet, pratighet, talträngdhet

lor [lɔ:] *interj, vard.* jösses!

lord [lɔ:d] **I** *s* **1** härskare, herre (*of* över); magnat; *the ~ of the manor* gods|ägaren, -herren **2** *poet.*, *åld.* gemål; *my ~ and master* (*skämts.*) min herre och man **3** *i sht BE.* lord; *the [House of] L~s* överhuset; *L~ Lieutenant a*) *BE.* lordlöjtnant, *ung.* landshövding, *b*) *hist.* vicekonung (*i Irland*); *L~ Mayor* Lord Mayor (*borgmästare i bl.a. London*); *L~s Spiritual* (*Temporal*) andliga (världsliga) lorder (*i överhuset*); *my ~* [mɪ'lɔ:d, *t. domare äv.* mɪ'lʌd] (*i tilltal*) *a*) (*t. domare*) herr domare, Ers nåd, *b*) (*t. biskop*) biskopen, Ers nåd, *c*) (*t. adelsman*) greven, baron, Ers nåd; *as drunk as a ~* full som en alika, kanonfull; *live like a ~* leva furstligt; *swear like a ~* svära som en borstbindare **4** *teol.*, *the L~* Herren, Gud; *Our L~* Vår Herre och Frälsare, Kristus; *the L~'s Day* söndagen; *the L~'s Prayer* Herrens bön, Fader Vår; *the L~'s Supper* Herrens heliga nattvard; *[good (oh)] L~!* herregud!, jösses!, milda makter!; *L~ help you!* Gud nåde dig!; *L~ knows* (*vard.*) Gud (vem) vet **II** *v*, *~ it over* spela herre över **-ly** ['lɔ:dlɪ] *a* **1** högdragen, arrogant **2** som en lord; ståtlig, förnäm **-ship** ['lɔ:dʃɪp] **1** herravälde, makt (*of, over* över) **2** (*i tilltal*) *Your L~* Ers nåd

lore [lɔ:] kunskap, vetande; *plant ~* läran om växterna

lorgnette [lɔ:'njet] lorgnette; teaterkikare (*med handtag*)

lorn [lɔ:n] *poet.* ensam, övergiven

lorry ['lɒrɪ] **1** *BE.* lastbil **2** öppen godsvagn; flakvagn

lory ['lɔ:rɪ] *zool.* loripapegoja

lose [lu:z] (*lost, lost; se äv. lost*) **1** förlora; mista; tappa [bort]; *~ one's cold* bli av med sin förkylning; *~ one's English* glömma bort sin engelska; *~ ground* förlora mark; *~ one's head* tappa huvudet (fattningen); *~ heart* tappa modet; *~ interest* tappa intresset; *~ one's labour* anstränga sig förgäves; *~ one's life* mista (förlora) livet; *~ one's purse* tappa portmonnän; *~ a pursuer* skaka av sig en förföljare; *~ one's temper* tappa humöret; *~ way* (*om fartyg*) sakta farten; *~ one's way* gå (köra *etc.*) vilse; *~ weight* gå ner i vikt; *~ o.s. a*) gå vilse, förirra sig, tappa bort sig, *b*) *bildl.* förlora sig, försjunka (*in memories* i minnen); *she ~ herself in her work* hon gick helt upp i sitt arbete **2** förlora (*a match* en match) **3** försitta (*an opportunity* ett tillfälle), förspilla (*time* tiden); missa, komma för sent till (*the plane* planet); *~ the point of a story* missa poängen i en historia **4** (*om klocka*) sakta sig, gå efter (*two minutes a day* två minuter per dag) **5** förlora; misslyckas; *you can't ~* du kan inte misslyckas; *~ by the change* förlora på bytet; *this poem will ~ in translation* den här dikten kommer att förlora vid en översättning **6** (*om klocka*) sakta sig, dra sig efter **7** *vard.*, *~ out* klara sig dåligt, dra det kortaste strået

los|er ['lu:zə] förlorare; *be a good (bad) ~* vara en god (dålig) förlorare **-ing** [-'ɪŋ] **I** *a* förlorande (*team* lag); förlustbringande (*concern* företag); *they play a ~ game* det är givet att de förlorar, de kämpar förgäves **II** *s*, *~s* (*pl*) [spel]förluster

loss [lɒs] **1** förlust; skada; mistande; *~ of appetite* aptitlöshet; *~ of memory* minnesförlust; *~ of time* tids|förlust, -spillan; *it's a great ~ to me* det är en stor förlust för mig; *be a dead ~* (*sl.*) vara ett hopplöst fall (helt värdelös); *he's no ~* ingen kommer att sakna honom; *sell at a ~* sälja med förlust; *sustain heavy ~es* lida svåra förluster **2** *be at a ~* vara villrådig, inte veta varken ut eller in; *be at a ~ for words* ha svårt att finna ord; *he's never at a ~ for an excuse* han har alltid en ursäkt till hands

lost [lɒst] **I** *imperf. av lose* **II** *a o. perf. part. av lose* **1** förlorad; borttappad; försvunnen; *a ~ art* en bortglömd konst; *a ~ cause* ett hopplöst fall; *~ property office* hittegodsmagasin, expedition för tillvaratagna effekter; *~ in the crowd* försvunnen i folkmängden; *~ in thought* försjunken i tankar; *~ to the world* förlorad för världen; *be ~ a*) vara försvunnen (borta), ha försvunnit, *b*) *bildl.* vara (gå) förlorad, *c*) *bildl.* ha tappat tråden, *d*) *se lost II 2*; *the ship was ~ with all hands* fartyget gick under med man och allt; *the motion was ~* motionen förkastades; *be ~ to shame* inte ha ngn skam i kroppen; *get ~* försvinna, komma bort; *get ~!* stick!, försvinn! **2** vilse|gången, -kommen; *bildl.* bortkommen, vilsen; *be ~* ha gått vilse; *I'm ~* jag har gått (kommit) vilse; *without my glasses I'm ~* utan mina glasögon är jag förlorad **3** *bildl.* bortkastad, förspilld (*on* på); *poetry is ~ on him* poesi är bortkastad på honom **4** förtappad, fördömd (*soul* själ); fallen (*woman* kvinna)

lot [lɒt] **I** *s* **1** lott; öde; [an]del; *it falls to my ~ to* det faller på min lott att **2** lott[sedel]; *by ~* genom lottning (lottdragning); *cast (draw) ~s* dra lott (*for s.th.* om ngt); *cast (throw) in one's ~ with* slå sig ihop med, göra gemensam sak med; *we drew ~s to see who would start* vi drog lott om vem som skulle börja **3** [varu]parti, post; nummer (*på auktion*) **4** *i sht AE.* tomt, plats, område; *building ~* byggnadsplats; *parking ~* parkeringsplats **5** *AE.* filmstudio **6** samling (*personer el. saker*); sällskap; uppsättning; *vard.* gäng, anhang, typer; *a nice ~ of people* en samling trevliga människor;

he's a bad ~ han är en odåga; *they are a bad* ~ de är ett riktigt pack **7** *the* ~ allt[ihop]; *that's the* ~ det är allt; *the whole* ~ *of them* allihopa, hela bunten **8** massa, mängd; *a* ~ mycket (*better* bättre); *a* ~ *of* mycket, en massa (*trouble* besvär); *quite a* ~ en hel del, ganska mycket; ~*s* [*of*] (*vard.*) massor; ~*s of friends* (*vard.*) massor av vänner; *I have* ~*s* (*a* ~) *to do* jag har massor att göra; *a* ~ *of people were there* en massa människor var där; *he made* ~*s and* ~*s of mistakes* han gjorde massvis med fel; *we see a* ~ *of her nowadays* vi ser en hel del av henne nuförtiden; *a* ~ *you care!* det bryr väl inte du dig om! **II** *v* **1** stycka (*mark*) i lotter **2** dra lott om **3** tilldela; fördela

loth [ləʊθ] *se loath*

lotion ['ləʊʃn] lotion, vätska, lösning; *hair* ~ hårvatten; *skin* ~ ansiktsvatten, lotion; *suntan* ~ sololja

lottery ['lɒtərɪ] lotteri (*äv. bildl.*) **lottery ticket** lottsedel

lotus ['ləʊtəs] *bot.* **1** lotus[blomma] **2** käringtand **lotus position** (*i yoga*) lotusställning

loud [laʊd] **I** *a* **1** hög, stark (*voice* röst); högljudd; ~ *and clear* hög och tydlig **2** skrikig, gräll, bjärt (*colour* färg); *vard.* stökig, vulgär **II** *adv* högt; *speak* ~ tala högt; *say it out* ~ (*vard.*) säg det högt

louden ['laʊdn] göra (bli) högre **loud-hailer** [-ˌheɪlə] *BE.* elektrisk megafon **loudly** [-lɪ] *adv* **1** högt *etc., jfr loud I 1* **2** skrikigt *etc., jfr loud I 2* **loudmouth** [-maʊθ] *vard.* skrävlare; gaphals **loudmouthed** [-maʊθt] *vard.* skrävlande; gapig, skrikig **loudness** [-nɪs] **1** högljuddhet, styrka; *the* ~ *of his voice* styrkan i hans röst, hans högljudda röst **2** skrikighet *etc., jfr loud I 2* **loudspeaker** [ˌlaʊd'spi:kə] högtalare

lough [lɒk] *Irl.* sjö; havsvik

Louisiana [lu:ˌi:zɪ'ænə]

lounge [laʊn(d)ʒ] **I** *v* **1** ~ [*about, around*] ströva omkring, flanera, ligga och dra sig, stå (sitta) och hänga **2** ~ *away one's time* slösa bort sin tid, slöa **II** *s* **1** vestibul, foajé; sällskapsrum, salong; (*på flygplats*) väntrum; *BE.* vardagsrum; ~ [*bar*] (*BE.*) 'finare avdelning' (*i pub*); [*cocktail*] ~ cocktailbar **2** divan **3** flanerande; hängande, slöande

lounge lizard ['laʊn(d)ʒˌlɪzəd] *vard.* salongslejon **lounger** [-ə] dagdrivare, lätting **lounge suit** [-su:t] [kavaj]kostym

loupe [lu:p] lupp

lour ['laʊə] *se 2 lower*

louse I *s* [laʊs] **1** (*pl lice* [laɪs]) lus **2** (*pl* ~*s*) *sl.* äckel, skurk **II** *v* [laʊz] **1** avlusa **2** *sl.,* ~ *s.th. up* sabba ngt **lousy** ['laʊzɪ] **1** lusig, nedlusad, full med löss; ~ *with money* (*sl.*) nedlusad med pengar **2** *vard.* urusel, urdålig (*film* film); nedrig, jäkla; *that was a* ~ *thing to do* det var nedrigt att göra så; *a* ~ *5 dollars* futtiga 5 dollar

lout [laʊt] drummel, knöl, lymmel **-ish** ['laʊtɪʃ] drumlig, knöl-, lymmel|aktig

lou|ver, -vre ['lu:və] luftintag, ventilationsgaller

lovable ['lʌvəbl] sympatisk, älsklig, intagande

love [lʌv] **I** *s* **1** kärlek (*for el. of s.b.* till ngn; *of s.th.* till ngt); förälskelse (*for* i); lust (*of* för); förtjusning (*of* i); *there's no* ~ *lost between them* de tål inte varandra; *make* ~ älska, ligga med varandra; *make* ~ *to* ligga (älska) med; *for* ~ *a*) av kärlek, för kärleks skull, *b*) gratis; *for the* ~ *of God* för Guds skull; *I wouldn't do it for* ~ *or money* jag skulle inte göra det för allt i världen; *study mathematics for the* ~ *of it* läsa matematik för ro skull; *in* ~ kär, förälskad (*with* i); *fall in* ~ bli kär (förälskad), förälska sig (*with* i) **2** älskling, raring, lilla vän; *yes,* [*my*] ~*!* javisst, [min] älskling!; *here your are* [, ~]! var så god [, raring, lilla du (vän)]! **3** hälsning[ar]; ~ (*i brevslut*) hjärtliga hälsningar; *give my* ~ *to your mother* hälsa din mamma så hjärtligt [från mig]; *send s.b. one's* ~ skicka hälsningar (hälsa) till ngn **4** (*i tennis e.d.*) noll; *30* ~ 30 noll; ~ *all* noll noll **II** *v* älska; tycka [mycket] om, vara förtjust i; *she* ~*s reading* (*to read*) hon älskar att läsa; *yes, I should* ~ *to* ja, mycket gärna; *I'd* ~ *a cup of coffee* jag skulle gärna vilja ha en kopp kaffe; *I* ~ *that!* fantastiskt!, jättebra!

loveable ['lʌvəbl] *se lovable* **love affair** [-əˌfeə] kärlekshistoria, förhållande **lovebird** [-bɜ:d] **1** *zool.* dvärgpapegoja **2** *vard.,* ~*s* (*pl*) turturduvor **love child** [-tʃaɪld] kärleksbarn (*utomäktenskapligt barn*) **love game** [-geɪm] (*i tennis*) blankt game **love-hate** [-heɪt] hatkärleks- **loveless** [-lɪs] kärlekslös, utan kärlek **love letter** [-ˌletə] kärleksbrev **loveliness** [-lɪnɪs] ljuvlighet, skönhet, älsklighet **lovelock** [-lɒk] tjusarlock **lovelorn** [-lɔ:n] försmådd [av sin älskade]; trånande, hopplöst förälskad **lovely** [-lɪ] **I** *a* **1** förtjusande, ljuvlig, älsklig, vacker, söt **2** underbar, fantastisk, härlig **II** *s, vard.* skönhet, vacker flicka **lovemaking** [-ˌmeɪkɪŋ] **1** kel, smek, erotiska lekar; samlag **2** *åld.* uppvaktning **love match** [-mætʃ] giftermål av kärlek **love nest** [-nest] kärleksnäste **love potion** [-ˌpəʊʃn] kärleksdryck

lover ['lʌvə] **1** älskare; *the* ~*s* de älskande; *the two* ~*s* det förälskade paret; *they are* ~*s* de har ett förhållande **2** älskare, beundrare, vän; ~ *of music, music* ~ musik|älskare, -vän; *be a* ~ *of good food* vara en vän av (älska) god mat **-boy** *vard.* **1** pojkvän **2** vän; *listen,* ~*!* hör på, min vän!

love seat ['lʌvsi:t] liten tvåmanssoffa **lovesick** kärlekskrank, trånande, smäktande **love song** kärleks|visa, -sång **love story** [-ˌstɔ:rɪ] kärlekshistoria

lovey ['lʌvɪ] *BE. vard.* raring, min vän **--dovey** [-ˌdʌvɪ] *a* kärlekskrank, kuttrande

loving ['lʌvɪŋ] älskande, kärleksfull, öm; tillgiven; *the* ~ *couple* det älskande paret; ~ *cup* pokal; *your* ~ *son* din tillgivne son **-ly** *adv* [-lɪ] kärleksfullt *etc., jfr loving* **-ness** [-nɪs] kärleksfullhet, ömhet; tillgivenhet

1 low [ləʊ] **I** *a* (*jfr äv. 1 lower I o. lowest*) **1** låg; djup (*bow* bugning); urringad (*dress* klänning); *L~ Church* (*BE.*) lågkyrkan; ~ *cost* låg kostnad; *the L~ Countries* Belgien, Nederländerna, Luxemburg; ~ *frequency* låga frekvenser; ~ *gear* låg växel; *L~ German* lågtyska, plattyska; *L~ Latin* vulgär-, medeltids|latin; ~ *light* dämpat (svagt) ljus; ~ *notes* låga toner; ~ *point* botten, lägsta punkt; ~ *relief* basrelief, låg relief; *the river is* ~ det är lågt vattenstånd i floden; *L~ Sunday* första söndagen efter påsk; ~ *tension* lågspänning; ~ *tide a*) ebb, *b*) lägsta punkt; *in a* ~ *voice* med låg röst; ~ *water* lågvatten, lågt vattenstånd; ~ *whis-*

L

per låg viskning **2** låg, obetydlig, ringa; knapp; ~ *birth* låg börd; ~ *forms of life* lägre (lågt stående) former av liv; ~ *life* de lägre samhällsskikten[s liv]; *L~ Mass* stilla mässa; ~ *supplies* knappa förråd; *be ~ in funds* ha ebb i kassan **3** låg, vulgär, simpel; gemen, usel; ~ *comedy* fars, slapstick; ~ *cunning* durkdrivenhet; ~ *joke* rått skämt; ~ *trick* gement spratt **4** svag, klen; nedstämd, deprimerad, nere; *be ~ in health* ha svag hälsa; *in ~ spirits* nedstämd **II** *adv* (*jfr äv. 1 lower II o. lowest*) lågt; djupt; svagt; knappt; *bow ~* buga sig djupt; *bring ~ a*) ruinera, *b*) förödmjuka, *c*) försvaga; *buy ~ and sell high* köpa billigt och sälja dyrt; *fall ~* falla (sjunka) djupt (*moraliskt*); *fly ~* flyga lågt; *get* (*run*) *~ on s.th.* börja få slut på ngt; *lay ~ a*) fälla till marken, *b*) (*om sjukdom*) drabba, angripa; *play ~* (*kortsp.*) spela med låg insats; *speak ~* tala tyst; *turn the lights down ~* dämpa belysningen **III** *s* **1** låg nivå, botten|nivå, -läge **2** *meteor.* lågtrycksområde; lågtryck

2 low [ləʊ] **I** *v* råma, böla **II** *s* råmande, bölande

low|born [ˌləʊ'bɔ:n] av låg härkomst **-boy** ['ləʊbɔɪ] *AE.* låg byrå **-bred** [ləʊ'bred] ohyfsad, ouppfostrad **-brow** ['ləʊbraʊ] *vard.* **I** *s* ointellektuell (okultiverad, obildad) person **II** *a* ointellektuell, okultiverad, obildad **-browed** ['ləʊbraʊd] *se lowbrow II* **-cut** ['ləʊkʌt] urringad **-down** ['ləʊdaʊn] *s, vard.* information, upplysning; *get* (*give s.b.*) *the ~ on* få (ge ngn) upplysningar om, bli tipsad (tipsa ngn) om **--down** ['ləʊdaʊn] *a, vard.* tarvlig, gemen; lömsk; föraktlig

1 lower ['ləʊə] **I** *a* lägre *etc, jfr 1 low I*; undre, under-; nedre; ~ *arm* underarm; *L~ Austria* Niederösterreich; *the ~ class* underklassen, de lägre klasserna; ~ *deck* (*sjö.*) *a*) trossdäck, *b*) *vard.* underofficerare och manskap; ~ *house* underhus; *the ~ regions* helvetet, de undre regionerna; *L~ Saxony* Niedersachsen; *the ~ world a*) jorden, världen, *b*) helvetet, underjorden **II** *adv* lägre *etc., jfr 1 low II; ~ down the list* längre ner på listan **III** *v* **1** sänka; släppa (fira, flytta, dra) ner, hala; sätta ner (*äv. bildl.*); minska (*the pressure* trycket); ~ *the radio* skruva ner (sänka) radion; ~ *the resistance* försvaga (sätta ner) motståndskraften; ~ *o.s. a*) sjunka ner (*into* i), *b*) sänka sig ner, *b*) nedlåta sig (*to* till att); *that ~ed him in my opinion* det fick honom att sjunka i min aktning **2** sjunka; bli lägre; minska[s], avta

2 lower ['laʊə] **1** (*om himlen*) mulna, mörkna **2** se bister ut; blänga (*at* på)

lowercase ['ləʊəkeɪs] *a, ~ letter* gemen, liten bokstav **lowermost** *a* lägst; underst; nederst **lowest** ['ləʊɪst] *a o. adv* lägst *etc., jfr 1 low I o. II*

low-grade ['ləʊgreɪd] lågkvalitet-, av låg kvalitet **low-key[ed]** **1** dämpad, återhållen **lowland** [-lənd] **I** *s* lågland; *the L~s* Skotska lågländerna **II** *a* låglands- **Lowlander** [-ləndə] [skotsk] lågländare **lowly** [-lɪ] **I** *a* blygsam, anspråkslös; obetydlig, alldaglig **II** *adv* anspråkslöst **low-minded** [ˌləʊ'maɪndɪd] gemen, lågsinnad; vulgär **low-necked** [ˌləʊ'nekt] urringad **lowness** ['ləʊnɪs] låghet; ringhet; gemenhet *etc., jfr 1 low I o. II* **low-paid** [ˌləʊ'peɪd] lågavlönad **low-pitched** [ˌləʊ'pɪtʃt] låg, i lågt tonläge, med låg tonhöjd **low-pressure** [ˌləʊ'preʃə] **1** lågtrycks- **2** avspänd, lugn **low-rise** ['ləʊraɪz] **I** *a* låghus- **II** *s* låghus **low-tension** [ˌləʊ'tenʃn] lågspännings- **low-water** [ˌləʊ'wɔ:tə] *a* lågvatten[s]-; ~ *mark a*) lågvattenmärke, *b*) lägsta punkt

1 lox [lɒks] (*slags*) rökt lax

2 lox [lɒks] (*av liquid oxygen*) flytande syre

loyal ['lɔɪ(ə)l] lojal, plikttrogen, trofast (*to* mot) **Loyalist** ['lɔɪəlɪst] regeringstrogen person **loyalty** ['lɔɪ(ə)ltɪ] lojalitet, pliktro[gen]het, trofasthet

lozenge ['lɒzɪn(d)ʒ] **1** *geom.* romb; *her.* ruta **2** *med.* tablett, pastill

LP *förk. för long player el. long-playing record* LP, LP-skiva **L.P., l.p.** *förk. för low pressure* **LPG, LP gas** *förk. för liquefied petroleum gas* **L.P.S.** *BE., förk. för Lord Privy Seal* **LRBM** *förk. för longe-range ballistic missile* **l.s.** *förk. för locus sigilli* (*lat.*) *the place of the seal* **LSD** *förk. för lysergic acid diethylamide* **L.S.D., £.s.d., l.s.d.** *förk. för librae, solidi, denarii* (*lat.*) *pounds, shillings, pence* **L.S.E.** *förk. för London School of Economics* **LT** *förk. för low-tension; letter telegram* **Lt.** *förk. för Lieutenant* **l.t.** *förk. för long ton;* (*i sht AE.*) *local time* **Lt.Col.** *förk. för lieutenant colonel* **Lt.Comdr.** *förk. för lieutenant commander* **Ltd., ltd.** *förk. för limited* **Lt.Gen.** *förk. för lieutenant general* **Lt.Gov.** *förk. för lieutenant governor*

lubber ['lʌbə] **1** landkrabba **2** luns; drummel **lubber line** *sjö.* styrstreck

lubra ['lu:brə] *Austr.* infödingskvinna

lubricant ['lu:brɪkənt] **I** *s* smörjmedel **II** *a* smörjande **lubricate** [-keɪt] **1** smörja, olja (*äv. bildl.*); smörja (olja, fetta) in **lubricating** [-keɪtɪŋ] smörjande, smörj-; ~ *oil* smörjolja **lubrication** [ˌlu:brɪ'keɪʃn] smörjning, oljning, infettning **lubricator** [-keɪtə] smörjare; smörjmedel; smörjkopp **lubricity** [lu:'brɪsətɪ] **1** liderlighet, slipprighet **2** smörjförmåga

Lucerne [lu:'sɜ:n] Luzern; *the Lake of ~* Vierwaldstättersjön

lucerne [lu:'sɜ:n] *bot.* lusern, lucern

lucid ['lu:sɪd] **1** klar, ljus, lysande **2** redig, klar; överskådlig; ~ *intervals* ljusa (klara) stunder **-ity** [lu:'sɪdətɪ] redighet, klarhet; överskådlighet

luck [lʌk] **I** *s* lycka, tur; framgång; *bad ~* otur, olycka; *bad ~!* vilken otur!, det var synd!; *better ~ next time!* bättre lycka nästa gång!; *good ~* tur, lycka; *good ~* [*to you*]!, *the best of ~!* lycka till!; *hard ~* (*vard.*) otur (*on s.b.* för ngn); *worse ~* tyvärr, vad värre var; *just my ~!* [det är] min vanliga otur!; *by ~* av en slump; *no such ~* tyvärr inte; *be down on one's ~* vara förföljd av otur (i knipa); *be in* (*out of*) *~* ha tur (otur); *it's the ~ of the draw* man får ta det som det kommer; *they do it for ~* de gör det för att få tur; *as ~ would have it, I was...* det slumpade sig så att jag var...; *try one's ~* pröva lyckan **II** *v, AE. vard., ~ out* lyckas (*in finding s.th.* hitta ngt)

luckily ['lʌkɪlɪ] *adv* lyckligtvis, som tur var **luckless** [-lɪs] otursförföljd, olycklig; oturlig **lucky** [-ɪ] tursam, tur-, med tur, som har tur, lycklig, lyckosam, lyck[o]-; ~ *charm* lyckobringare, amulett; ~ *day* lyckodag; *you ~ dog* (*devil, thing*)! din lyckans ost!; ~ *guess* bra gissning; ~

man man med tur; ~ *number* lyckotal; ~ *shot* lyckträff; *be* ~ ha tur (*at cards* i kortspel); *it's* ~ *for you* det är tur för dig; *a four-leaf clover is* ~ en fyrklöver bringar lycka (har tur med sig, betyder tur); *I was* ~ *enough to* jag hade turen att; *third time* ~*!* tredje gången gillt!

lucrative ['lu:krətɪv] lukrativ, lönande, inbringande

lucre ['lu:kə] *s, neds., filthy* ~ snöd vinning

lucubration [ˌlu:kju:'breɪʃn] **1** [nattliga] studier **2** (*ofta pl*) lärda mödor (skriverier)

lud [lʌd] *BE., my* ~, *m'*~ herr domare, Ers nåd

ludicrous ['lu:dɪkrəs] löjlig, skrattretande, orimlig

ludo ['lu:dəʊ] *BE.* ludo, *ung.* fia[spel]

luff [lʌf] *sjö.* **I** *s* **1** snedsegels mastlik (staglik) **2** bredaste del av fartygsbog **II** *v* lova, gå upp i vind

lug [lʌg] **I** *v* släpa [på], kånka [på]; dra, rycka; ~ *s.th. about with one* släpa med sig ngt **II** *s* **1** släpande, kånkande; dragande, ryck **2** *BE. vard., Sk.* öra **3** grepe, öra, handtag; kant, fläns **4** *sl.* dumskalle; klump[eduns] **5** *sl., put the* ~ *on s.b.* pressa ngn på pengar

luggage ['lʌgɪdʒ] bagage **luggage rack** bagage|hylla, -nät **luggage van** resgodsvagn

lugger ['lʌgə] *sjö.* loggert **lugsail** [-seɪl] *sjö.* loggertsegel

lugubrious [lu:'gu:brɪəs] dyster, sorglig

Luke [lu:k] Lukas

lukewarm ['lu:kwɔ:m] ljum[men]; *bildl. äv.* sval

lull [lʌl] **I** *v* **1** vyssja, lulla (*to sleep* till sömns); *bildl.* stilla, lugna (*a p's fears* ngns oro), undanröja (*suspicions* misstankar) **2** lugna sig, stillna **II** *s* avbrott, paus, lugn period; *bildl. äv.* stiltje **lullaby** ['lʌləbaɪ] **I** *s* vagg|visa, -sång **II** *v* sjunga till sömns

lulu ['lu:lu:] *sl., i sht AE.* unik person (grej)

lumbago [lʌm'beɪgəʊ] *med.* ryggskott **lumbar** ['lʌmbə] *med.* lumbal, länd-; *the* ~ *region* korsryggen

1 lumber ['lʌmbə] **I** *s* **1** skräp, bråte **2** *i sht AE.* timmer, virke **II** *v* **1** ~ [*up*] fylla med skräp (bråte), belamra **2** *BE. vard.,* ~ *s.b. with s.th.* lassa på ngn ngt, belasta ngn med ngt **3** *i sht AE.* fälla, göra timmer av

2 lumber ['lʌmbə] lufsa, klampa

lumber|er ['lʌmbərə] *i sht AE.* timmer-, skogs|huggare; skogsarbetare **-jack 1** *se lumberer* **2** *AE.* lumberjacka **-jacket** [-ˌdʒækɪt] lumberjacka **-man** [-mən] *se lumberjack* **--room** [-rʊm] skräpkammare **-yard** [-jɑ:d] *AE.* brädgård

lumi|nary ['lu:mɪnərɪ] **1** *bildl.* ljus, ledande personlighet; berömd person **2** *litt.* ljuskälla, lysande himlakropp **-nosity** [ˌlu:mɪ'nɒsətɪ] **1** lys|förmåga, -kraft; *astr.* luminositet, ljusstyrka **-nous** ['lu:mɪnəs] **1** lysande, strålande; självlysande (*paint* färg); ljus[-] **2** *bildl.* klar, tydlig; upplysande

lumme ['lʌmɪ] *interj, BE.* åh, du milde!, kors!

lummox ['lʌməks] *vard.* tölp, drummel

lummy ['lʌmɪ] *se lumme*

1 lump [lʌmp] **I** *s* **1** klump, klimp; stycke, bit; *a* ~ *of sugar* en sockerbit; *the* ~ (*BE.*) de oorganiserade byggnadsarbetarna; *in the* ~ i klump, som en helhet; *a* ~ *in one's throat* en klump i halsen **2** *med.* knöl, knuta, bula **3** samling, massa **4** *vard.* klumpeduns; dumskalle **II** *v* **1** ~ [*together*] *a*) klumpa (bunta, slå) ihop, *b*) *bildl.* skära över en kam, behandla i klump **2** klumpa (klimpa) sig **3** ~ *along* släntra i väg

2 lump [lʌmp] *vard.,* ~ *it* stå ut med (finna sig i) det

lumpenproletariat [ˌlʌmpənprəʊlɪ'teərɪət] trasproletariat

lumper ['lʌmpə] *AE.* stuveri-, hamn|arbetare

lumpish ['lʌmpɪʃ] **1** klumpig, tung **2** dum, trög; klumpig **lump sugar** [-ˌʃʊgə] bitsocker **lump sum** klumpsumma **lumpy** [-ɪ] **1** full av klumpar, klimpig **2** (*om sjö*) gropig **3** (*om pers.*) tung och klumpig

lunacy ['lu:nəsɪ] van|sinne, -vett

lunar ['lu:nə] **1** mån-; ~ *module* månlandare; ~ *month* synodisk månad, månmånad, månvarv; ~ *probe* månsond; ~ *year* månår **2** silver-

lunatic ['lu:nətɪk] **I** *a, åld. el. vard.* van|sinnig, -vettig; dåraktig; ~ *asylum* (*vanl. neds.*) sinnessjukhus; ~ *fringe, se fringe* **II** *s åld.* sinnessjuk person; *vard.* dåre, galning

lunation [lu:'neɪʃn] *astr.* synodisk månad, månmånad

lunch [lʌn(t)ʃ] **I** *s* lunch; *have* (*take*) ~ äta lunch; *how long do you get for* ~*?* hur lång lunch[paus] har du?; *out to* ~ (*AE. vard.*) orealistisk, tokig **II** *v* **1** luncha, äta lunch; *I* ~*ed on a salad* jag åt en sallad till lunch **2** bjuda på lunch **lunch break** ['lʌn(t)ʃbreɪk] lunchrast **luncheon** ['lʌn(t)ʃ(ə)n] lunch (*i sht formell*) **luncheonette** [ˌlʌn(t)ʃə'net] *AE.* lunch|bar, -restaurang **luncheon voucher** ['lʌn(t)ʃ(ə)nˌvaʊtʃə] lunchkupong **lunch hour** ['lʌn(t)ʃˌaʊə] lunch|rast, -timme **lunch room** ['lʌn(t)ʃrʊm] **1** lunchrum **2** lunch|bar, -restaurang **lunch time** ['lʌn(t)ʃtaɪm] lunch|tid, -dags

lung [lʌŋ] lunga; *at the top of one's* ~*s* av sina lungors fulla kraft **lung cancer** ['lʌŋˌkænsə] lungcancer

1 lunge [lʌndʒ] **I** *s* **1** (*i fäktning o. bildl.*) utfall **2** häftig rörelse **II** *v* **1** (*i fäktning o. bildl.*) göra [ett] utfall (*at* mot) **2** störta [sig], rusa, göra en häftig rörelse

2 lunge [lʌndʒ] **I** *s* longe, språnglina (*för hästdressyr*) **II** *v* **1** longera, låta löpa i lina

lunkhead ['lʌŋkhed] *AE. sl.* dumhuvud

lupin *BE.*, **lupine** *AE.* ['lu:pɪn] *bot.* lupin

lupine ['lu:paɪn] varglik

1 lurch [lɜ:tʃ] **I** *s* **1** krängning, plötslig överhalning **2** raglande, vinglande **II** *v* **1** göra en överhalning, kränga **2** ragla, vingla

2 lurch [lɜ:tʃ] *s, leave in the* ~ lämna i sticket

lure [ljʊə] **I** *s* **1** [lock]bete; (*vid falkjakt*) lockfågel, vette; (*slags*) [fiske]drag; *bildl.* lockelse, frestelse **II** *v* locka, lura (*into* in i)

lurid ['ljʊərɪd] **1** hemsk, kuslig, makaber, blodrypande, rafflande kuslig; ~ *tale* skräckhistoria **2** gräll, skrikig; glödande, eldröd **3** likblek, glåmig

lurk [lɜ:k] dölja sig, smyga, stå på lur (och lura); ~*ing doubts* smygande (gnagande) tvivel

luscious ['lʌʃəs] härlig, ljuvlig; läcker

1 lush [lʌʃ] **I** *a* **1** (*om växtlighet*) frodig, yppig; (*om frukt*) saftig **2** luxuös, extravagant, överdådig

L

2 lush [lʌʃ] *AE. sl.* **I** *s* **1** alkoholist, fyllo **2** sprit **II** *v* supa

lust [lʌst] **I** *s* lusta; åtrå, begär (*for* efter); ~ *for power* maktlystnad **II** *v,* ~ *after* (*for*) åtrå, begära, trängta efter **lustful** ['lʌstf(ʊ)l] vällustig **lustily** ['lʌstɪlɪ] av alla krafter, kraftfullt, energiskt **lustiness** ['lʌstɪnɪs] vigör, [livs]kraft, styrka

lustre ['lʌstə] **I** *s* **1** glans (*äv. bildl.*), lyster, skimmer **2** [bords]lyster **3** polish **II** *v* **1** glänsa, skimra **2** göra glänsande **lustreless** [-lɪs] glanslös, matt **lustrous** [-rəs] glänsande, skimrande

lusty ['lʌstɪ] **1** livskraftig, kraftfull **2** kraftig, stark; ~ *apetite* enorm aptit; ~ *laugh* bullrande (hjärtligt) skratt

lutanist ['lu:tənɪst] lutspelare

1 lute [lu:t] *mus.* luta

2 lute [lu:t] **I** *s* **1** kitt **2** tätningsring **II** *v* kitta

lutenist ['lu:tənɪst] lutspelare **lutist** [-ɪst] *AE.* lutspelare

Luther ['lu:θə] Luther **Lutheran** ['lu:θ(ə)r(ə)n] **I** *a* lut[h]ersk **II** *s* lut[h]eran

Luxemburg ['lʌks(ə)mbɜ:g]

luxuriance [lʌg'zjʊərɪəns] frodighet, yppighet; rikedom, överflöd **luxuriant** [-ənt] frodig, yppig; riklig, överflödande; överlastad (*style* stil); produktiv **luxuriate** [-eɪt] **1** frossa; leva gott **2** frodas **luxurious** [-əs] lyx-, luxuös, lyxig, överdådig; lyxälskande **luxury** ['lʌkʃ(ə)rɪ] **I** *s* **1** lyx, överflöd **2** lyx|artikel, -vara; njutning[smedel]

L.V. *förk. för luncheon voucher* **L.W.** *förk. för long wave; low water*

lych gate ['lɪtʃgeɪt] *se lich gate*

lychnis ['lɪknɪs] *bot.* gökblomster

lye [laɪ] lut

1 lying ['laɪɪŋ] **I** *pres. part. av 1 lie II* **II** *a* lögnaktig **III** *s* lögnaktighet; *that would be* ~ det vore att ljuga

2 lying ['laɪɪŋ] *pres. part. av 2 lie I* **--in** [ˌlaɪɪŋ'ɪn] (*pl lyings-in*) barnsäng; ~ *hospital* barnbördshus

lyme grass ['laɪmgrɑ:s] *bot.* strandråg

lymph [lɪmf] *fysiol.* lymfa **lymphatic** [lɪm'fætɪk] *fysiol.* **I** *a* lymf-, lymfatisk; ~ *system* lymfsystem; ~ *vessel* lymfkärl **II** *s* lymfkärl **lymph node** ['lɪmfnəʊd] *fysiol.* lymf|knuta, -körtel **lymphocyte** ['lɪmfəʊsaɪt] *fysiol.* lymfocyt

lynch [lɪn(t)ʃ] lyncha **lynching** ['lɪn(t)ʃɪŋ] lynchning **lynch law** ['lɪn(t)ʃlɔ:] lynchlag

lynx [lɪŋks] (*pl* ~[*es*]) *zool.* lo[djur] **--eyed** ['lɪŋksaɪd] skarpögd, med falkögon

lyrate ['laɪərɪt] lyrformad **lyre** ['laɪə] *mus.* lyra

lyric ['lɪrɪk] **I** *a* lyrisk; ~ *poet* lyriker **II** *s* lyrisk dikt; lyriker; ~*s* (*pl*) *a*) text, ord (*t. sång*), *b*) lyrik, dikter **lyrical** ['lɪrɪkl] lyrisk; *wax* ~ *about* bli lyrisk över **lyricism** [-sɪz(ə)m] lyrism, lyrisk stil; lyriskhet **lyricist** [-sɪst] **1** textförfattare **2** lyriker

lyrist 1 ['laɪerɪst] lyrspelare **2** ['lɪrɪst] lyriker, lyrisk diktare

M

M, m [em] (*bokstav*) M, m

M *förk. för mark[s]; Monsieur; motorway* **m** *förk. för metre[s]; mile[s]; milli-; minute[s]* **M.** *förk. för Majesty; marquis; Master; Medieval; Member; Middle; million; Monday; Monsieur* **m.** *förk. för male; mare; married; masculine; medicine; medium; meridian; month*

'm = *am* (*I'm*)

ma [mɑ:] *vard.* mamma

M.A. *förk. för Master of Arts; Military Academy*

ma'am (*i tilltal*) **1** [mæm] frun **2** [mɑ:m] *M*~ Ers kunglig höghet

Mac [mæk] *vard., i sht AE.* (*i tilltal*) grabben, kompis

mac [mæk] *vard. för mackintosh*

Mac- [mæk] (*i namn = son till*)

macabre [mə'kɑ:br(ə)] makaber, ohygglig, kuslig

macadam [mə'kædəm] makadam

macaroni [ˌmækə'rəʊnɪ] **1** *pl* makaroner **2** (*pl* ~[*e*]*s*) *hist.* snobb, sprätt

macaroon [ˌmækə'ru:n] makron, (*slags*) mandelkaka

macaw [mə'kɔ:] *zool.* ara

1 mace [meɪs] **I** *s* **1** *hist.* spikklubba **2** spira, [ämbets]stav

2 mace [meɪs] muskotblomma (*krydda*)

Macedo|nia [ˌmæsɪ'dəʊnjə] Makedonien **-nian** [-n] **I** *a* makedonisk **II** *s* makedonier

macerat|e ['mæsəreɪt] **1** laka[s] ur; blöta[s] upp **2** utmärgla[s], späka[s]

Mach [mɑ:k] *fys.,* ~ [*number*] machtal

machete [mə'tʃetɪ] machete (*djungelkniv*)

Machiavellian [ˌmækɪə'velɪən] machiavellisk

machi|nate ['mækɪneɪt] intrigera, smida ränker **-nation** [ˌmækɪ'neɪʃn] **1** ränksmideri, stämpling **2** intriger, ränker **-nator** ['mækɪneɪtə] intrigmakare, ränksmidare

machine [mə'ʃi:n] **I** *s* **1** maskin; apparat; automat; bil; flygplan; (*om pers.* maskin, robot; *vending* ~ varuautomat **2** [parti]apparat; [regerings]maskineri; *the war* ~ krigsmaskineriet **II** *v* framställa maskinellt, maskintillverka; sy på maskin **machine gun** kulspruta; *light* ~ kulsprutegevär **machine-gun** beskjuta med kulspruta **machine gunner** [-ˌgʌnə] kulspruteskytt **machine language** [-ˌlæŋgwɪdʒ] *data.* maskinspråk **machine-made** [-meɪd] maskin|tillverkad, -gjord **machine readable** [-ˌri:dəbl] som kan läsas av dator **machinery** [mə'ʃi:nərɪ] **1** maskiner, maskinell utrustning, maskinpark; maskindelar **2** maskineri, apparat (*äv. bildl.*); mekanism **3** litterära knep **machine tool** [-tu:l] verktygsmaskin **machinist** [-ɪst] **1** maskin|arbetare, -skötare; fackarbetare (*på mekanisk verkstad*) **2** maskinkonstruktör; maskinreparatör

machismo [mə'tʃɪzməʊ] manschauvinism, machismo, manlighet **macho** ['mɑ:tʃəʊ] **I** *a* mans-

chauvinistisk, manlig **II** *s* **1** manschauvinist **2** manschauvinism
1 mack [mæk] *BE. vard., se mackintosh*
2 mack [mæk] *sl.* hallick
mackerel ['mækr(ə)l] (*pl* ~[*s*]) *zool.* makrill **mackerel breeze** kraftig bris **mackerel sky** himmel med makrillmoln
mackinaw ['mækɪnɔ:] *AE.* kort, rutig jacka
mackintosh ['mækɪntɒʃ] regn|kappa, -rock
macro|biotic [ˌmækrə(ʊ)baɪ'ɒtɪk] makrobiotisk **-cosm** ['mækrə(ʊ)kɒz(ə)m] makrokosmos, universum
macu|la ['mækjʊlə] (*pl -lae* [-li:]) macula, fläck, punkt
mad [mæd] **I** *a* **1** vansinnig; tokig, galen; ~ *about* (*on*) galen (tokig) i; ~ *with joy* utom sig av glädje; *a ~ idea* en vansinnig (tokig) idé; *a ~ rush* en vansinnig brådska; *as ~ as a hatter* (*March hare*) spritt språngande galen, helgalen; *like ~* (*vard.*) som en galning, som besatt; *you must be ~!* du är inte riktigt klok!; *drive s.b. mad* göra ngn vansinnig (galen); *it's enough to drive you ~* det är så man kan bli galen; *go ~* bli vansinnig (*etc.*); *have a ~ on* (*AE. sl.*) vara sur **2** *vard.* arg, ond, ilsken, rasande; *be ~ about* (*at*) vara rasande (sur) på; *don't get ~ with him* bli inte ond på honom **3** (*om djur*) [folk]ilsken, galen **II** *v, AE. el. åld.* göra (bli) galen
Madagascar [ˌmædə'gæskə] Madagaskar
madam ['mædəm] **1** (*i artigt tilltal*) min fru, frun, fröken, damen; *yes, ~* javisst; *Dear M~,* (*i brev*) Bästa Fru X! **2** frun [i huset]; *~ is not at home* frun är inte hemma **3** bordellmamma **4** *BE. vard.* lillgammal flicka **madame** ['mædəm] (*pl mesdames* ['meɪdæm]) madame, fru
madcap ['mædkæp] **I** *s* galenpanna, vildhjärna, yrhätta **II** *a* vild, galen, tokig
madden ['mædn] göra (bli) galen (vansinnig) **-ing** ['mædn̩ɪŋ] som kan göra en galen; *vard.* outhärdlig, irriterande, retfull
madder ['mædə] **1** *bot.* krapp[rot] **2** krapp[rött]
made [meɪd] **I** *imperf. av make* **II** *a o. perf. part. av make* **1** gjord, tillverkad (*in Sweden* i Sverige); *~ of money* gjord av pengar, mycket rik; *they are ~ for each other* de är som skapta för varandra; *show what you're ~ of* visa vad du duger till (går för) **2** konstgjord; konstruerad, påhittad **3** sammansatt (*dish* rätt) **4** välbärgad, förmögen; framgångsrik; *you're ~ for life* din lycka är gjord; *you've got* (*had*) *it ~* (*vard.*) du har ditt på det torra, din lycka är gjord
Madeira [mə'dɪərə] **1** Madeira **2** madeira[vin] **Madeira cake** *kokk.* sandkaka
mademoiselle [ˌmædəm(w)ə'zel] (*pl mesdemoiselles* [ˌmeɪdəm(w)ə'zel]) mademoiselle, fröken
made|-to-measure [ˌmeɪdtə'meʒə] måttbeställd **--to-order** *AE.* special|beställd, -tillverkad; måttbeställd **--up** ['meɪdˌʌp] **1** påhittad, uppdiktad (*story* historia), konstruerad **2** sminkad, målad **3** samman-, hop|satt **4** asfalterad, med betongbeläggning
mad|house ['mædhaʊs] *vard.* dårhus (*äv. bildl.*) **-ly** [-lɪ] vansinnigt *etc., jfr mad I*; som en galning; *be ~ in love with* (*vard.*) vara vansinnigt (upp över öronen) förälskad i **-man** [-mən] sinnessjuk man, dåre, galning **-ness** [-nɪs] **1** vansinne, galenskap; *that's sheer ~* det är rena vansinnet **2** ursinne, raseri
Madonna [mə'dɒnə] madonna; madonna|bild, -figur
madras [mə'drɑ:s] madras (*indiskt bomullstyg*)
Madrid [mə'drɪd]
madrigal ['mædrɪgl] madrigal
madwoman ['mædˌwʊmən] sinnessjuk kvinna, dåre, galning
maelstrom ['meɪlstrɒm] malström (*äv. bildl.*)
maestro [mɑ:'estrəʊ] maestro, mästare
mae west [ˌmeɪ'west] *sl.* (*uppblåsbar*) flytväst
Maffia ['mæfɪə] maffia
maffick ['mæfɪk] *BE. åld.* jubla (*i segeryra*)
Mafia ['mæfɪə] maffia
mag [mæg] *vard., se magazine*
mag. *förk. för magazine; magnetic; magnitude*
magazine [ˌmægə'zi:n] **1** tidskrift, veckotidning, magasin **2** [patron]magasin **3** ammunitionsförråd, kruthus; proviantförråd
magenta [mə'dʒentə] magenta, rosanilin
Maggie ['mægɪ] *kortform av Margaret*
maggot ['mægət] [flug]larv; mask (*i mat*) **maggoty** [-ɪ] full av mask
Magi ['meɪdʒaɪ] (*pl av Magus* ['meɪgəs]) *bibl., the three ~* de tre vise männen
magic ['mædʒɪk] **I** *s* **1** magi[k], trolldom; trolleri, trollkonster; förtrollning; *black ~* svart magi, svartkonst; *I can't work ~* jag kan inte trolla; *like* (*as if by ~*) som genom ett trollslag **II** *a* magisk, trolldoms-, troll-; förtrollad; förtrollande (*beauty* skönhet); *the ~ carpet* den flygande mattan; *~ eye* fotocell; *the M~ Flute* Trollflöjten; *~ lantern* laterna magica; *~ wand* troll|spö, -stav; **magical** [-l] *se magic II* **magician** [mə'dʒɪʃn] trollkarl; magiker; illusionist
magis|terial [ˌmædʒɪ'stɪərɪəl] **1** magistral, myndig, befallande, auktoritativ; dominerande, diktatorisk **2** magister-, lärar- **-tracy** ['mædʒɪstrəsɪ] **1** fredsdomares (skiljedomares) ämbete **2** *the ~* freds-, skilje|domarkåren **-trate** ['mædʒɪstreɪt] fredsdomare; polisdomare; skiljeman; *~s' court* (*ung.*) freds-, skilje|domstol **-trature** ['mædʒɪstrəˌtjʊə] *se magistracy*
Magna C[h]arta [ˌmægnə'kɑ:tə] Magna Charta
magnanimity [ˌmægnə'nɪmətɪ] storsinthet, ädelmod, generositet **magnanimous** [mæg'nænɪməs] storsint, ädel[modig], generös
magnate ['mægneɪt] magnat
magne|sia [mæg'ni:ʃə] *kem.* magnesia **-sium** [-zjəm] *kem.* magnesium
magnet ['mægnɪt] magnet (*äv. bildl.*) **-ic** [mæg'netɪk] **1** magnetisk, magnet-; *~ field* magnetfält; *~ mine* magnetmina; *~ needle* magnetnål; *~ pole* magnetpol; *~ tape* magnetband **2** *bildl.* magnetisk; tilldragande, oemotståndlig **-ics** [mæg'netɪks] (*behandlas som sg*) läran om magnetismen **-ism** ['mægnɪtɪz(ə)m] **1** magnetism **2** *bildl.* dragningskraft **-ize** (*BE. äv. -ise*) ['mægnɪtaɪz] **1** magnetisera, göra magnetisk **2** *bildl.* attrahera; trollbinda
magneto [mæg'ni:təʊ] *tekn.* magnetapparat, tändmagnet
magni|fication [ˌmægnɪfɪ'keɪʃn] förstoring **-ficence** [mæg'nɪfɪsns] prakt, storslagenhet **-ficent** [mæg'nɪfɪsnt] praktfull, storslagen, magni-

M

fik; *vard.* fantastisk, underbar **-fico** [mæg'nɪfɪkəʊ] (*pl ~es*) **1** (*venetiansk*) adelsman **2** storman, magnat **-fier** ['mægnɪfaɪə] förstorings|apparat, -glas **-fy** ['mægnɪfaɪ] **1** förstora **2** *bildl.* förstora upp, överdriva (*problems* problem) **-fying glass** ['mægnɪfaɪɪŋ,glɑ:s] förstoringsglas
magnilo|quence [mæg'nɪlə(ʊ)kwəns] högtravande språk **-quent** [-kwənt] högtravande
magnitude ['mægnɪtju:d] **1** storlek, storleksklass, omfattning, betydelse **2** *astr.* magnitud, storleksklass; *mat.* storhet
magnolia [mæg'nəʊljə] *bot.* magnolia
magnum ['mægnəm] magnum[butelj] **magnum bonum** [,mægnəm'bəʊnəm] **1** (*slags*) plommon **2** magnum bonum (*potatissort*)
magpie ['mægpaɪ] **1** skata **2** pratkvarn **3** näst yttersta ring (*på måltavla*)
Magyar ['mægjɑ:] **I** *s* **1** magyar (*ungrare*) **2** magyariska [språket] (*ungerska*) **II** *a* magyarisk (*ungersk*)
maharaja[h] [,mɑ:(h)ə'rɑ:dʒə] maharadja
mahogany [mə'hɒgənɪ] **1** mahogny[trä] **2** mahognyträd **3** mahogny[färg]
Mahomet [mə'hɒmɪt] Muhammed
maid [meɪd] **1** tjänsteflicka, hembiträde **2** *åld. el. litt.* mö, jungfru; *the M~ of Orléans* Jungfrun av Orléans (*Jeanne d'Arc*) **3** ungmö; *old ~* gammal ungmö (nucka) **4** *~ of honour a*) hovfröken, *b*) *AE.* brudtärna
maiden ['meɪdn] **I** *s* **1** *åld. el. litt.* mö, jungfru **2** häst som aldrig har vunnit i kapplöpning **II** *a* **1** *åld. el. litt.* ungmö-, jungfru- **2** ogift; jungfrulig (*äv. bildl.*); *~ aunt* ogift tant; *~ name* flicknamn (*namn som ogift*) **3** jungfru-, allra första; *~ speech* jungfrutal; *~ voyage* jungfruresa **-head 1** jungfrudom, mödom **2** mödomshinna **-hood** jungfrudom, mödom; jungfrulighet **-like** flickaktig **-ly** [-lɪ] *a* jungfrulig
maidservant ['meɪd,sɜ:v(ə)nt] tjänsteflicka, hembiträde
1 mail [meɪl] **I** *s* **1** *i sht AE.* post; postförsändelse; *send by ~* skicka med post (på posten); *is there any ~ for me?* är det ngn post till mig? **2** post, postverk **3** post|båt, -flyg, -tåg **II** *v, i sht AE.* skicka (sända) med post (på posten); posta
2 mail [meɪl] **I** *s* **1** ringbrynja **2** (*djurs*) pansar **II** *v* bepansra
mailbag ['meɪlbæg] post|säck, -väska **mailbox** *i sht AE.* brevlåda **mail|car** *AE.*, **-coach** *BE.*, *järnv.* postvagn **mail drop** *i sht AE.* brevinkast; brevlåda **mailing** [-ɪŋ] postande **mailing list** adressregister **mailman** *i sht AE.* brevbärare **mail order** [-,ɔ:də] postorder **mail-order firm** postorderfirma **mailsack** [-sæk] postsäck
maim [meɪm] lemlästa, stympa
main [meɪn] **I** *a* huvud-; huvudsaklig; *have an eye to the ~ chance* se till sina egna intressen; *~ clause* (*språkv.*) huvudsats; *~ course* huvudrätt; *~ deck* (*sjö.*) huvuddäck; *~ entrance* huvud|ingång, -entré; *the ~ idea of the book* huvudtanken i boken; *~ line a*) *järnv.* stambana, huvudlinje, *b*) *AE.* huvudväg, *c*) *sl.* lättåtkomlig ven (*för narkotikainjektion*); *~ road* huvudväg, stor landsväg; *~ store* (*data.*) minne; *~ street* huvudgata **2** *by ~ force a*) handgripligen, *b*) av alla krafter **II** *s* **1** huvudledning (*för el, gas, vatten*); *~s* (*pl*) el-, gas-, vattenlednings|nät **2** *in* (*for*) *the ~s* på det hela taget, i stort sett **3** *litt.*, *the ~* öppna havet
mainbrace *sjö.* storbrass
Maine [meɪn]
mainland ['meɪnlənd] fastland **mainline** *sl.* pumpa, injicera (*narkotika*) **mainly** [-lɪ] *adv* huvudsakligen, i högsta grad, till största delen, framför allt **mainmast** *sjö.* stormast **mainsail** *sjö.* storsegel **mainsheet** *sjö.* storskot **mainspring** *bildl.* drivfjäder **mainstay 1** *sjö.* storstag **2** *bildl.* stöttepelare, stöd **mainstream 1** huvud|fåra, -ström **2** *bildl.* huvudströmning
main|tain [meɪn'teɪn] **1** upprätthålla, uppehålla; vidmakthålla, bibehålla, bevara (*law and order* lag och ordning) **2** underhålla (*a road* en väg); försörja, livnära (*one's children* sina barn) **3** vidhålla, stå fast vid; påstå, hävda **4** försvara, företräda (*a p.'s interests* ngns intressen) **-tenance** ['meɪntənəns] **1** upprätthållande, uppehållande; vidmakthållande, bibehållande, bevarande **2** underhållande, underhåll, skötsel, översyn; underhållskostnader; försörjning **3** vidhållande; hävdande **4** försvar[ande], företrädande
maintop ['meɪntɒp] *sjö.* stormärs **main yard** ['meɪnjɑ:d] *sjö.* storrå
maître d'hôtel [,metrə'dəʊtel] (*pl maîtres d'hôtel*) **1** hovmästare **2** hotellvärd
maize [meɪz] majs **-na** [meɪ'zi:nə] majsena
Maj. *förk. för Major*
majestic [mə'dʒestɪk] majestätisk **majestically** [-(ə)lɪ] *adv* majestätiskt **majesty** ['mædʒəstɪ] majestät; *bildl. äv.* storslagenhet; *Her* (*His, Your*) *M~* Hennes (Hans, Ers) Majestät; *the ~ of the sea* havets mäktighet
Maj. Gen. *förk. för Major General*
majolica [mə'jɒlɪkə] majolika (*slags fajans*)
major ['meɪdʒə] **I** *a* **1** större, mycket stor; huvud-, [mera] betydande, viktigare; allvarlig (*illness* sjukdom); *a ~ author* en betydande författare; *~ axis* huvudaxel (*i ellips*); *of ~ importance* av mycket stor (största) betydelse; *the ~ part* större delen, huvuddelen, majoriteten; *~ road ahead* korsande huvudled; *a ~ scientific discovery* en viktig vetenskaplig upptäckt **2** *mus.* dur-; *C ~* C-dur; *~ key* durtonart; *~ third* stor ters **3** *jur.* myndig **4** *BE. skol.*, *Smith M~* den äldre [av bröderna] Smith **5** *i sht AE. univ.*, *~ field of study* huvudämne **II** *s* **1** *mil.* major **2** *mus.* [*the*] *~* dur; *in* [*the*] *~* i dur **3** *jur.* myndig person; *become a ~* bli myndig **4** *AE. univ.* huvudämne **III** *v, AE. univ.*, *~ in philosophy* ha (välja) filosofi som huvudämne
Majorca [mə'dʒɔ:kə] Mallorca
major-domo [,meɪdʒə'dəʊməʊ] major domus; hovmästare **major general** *mil.* generalmajor
majority [mə'dʒɒrətɪ] **I** *s* **1** majoritet; flertal; *the ~ of* majoriteten (största delen) av, flertalet; *by a small ~* med knapp majoritet; *in the ~* i majoritet; *have a ~* ha majoritet; *join* (*pass over to*) *the ~* ingå i evigheten, dö **2** myndighet[sålder], myndig ålder; *attain one's ~* bli myndig, uppnå myndig ålder **3** *mil.* majors rang (grad) **II** *a* majoritets-; *~ decision* majoritetsbeslut
majuscule ['mædʒəskju:l] stor bokstav, majuskel
make [meɪk] **I** *v* (*made, made*) **1** göra; tillverka,

framställa; åstadkomma (*a change* en förändring); ingå, sluta (*an agreement* ett avtal); stifta (*laws* lagar); ~ *the bed* bädda [sängen]; ~ *book* ordna vadhållning; ~ *bread* baka [bröd]; ~ *breakfast* laga (göra i ordning) frukost; ~ *the cards* blanda korten; ~ *cars* tillverka bilar; ~ *a circuit* (*elektron.*) sluta en krets; ~ *coffee* (*tea*) koka (göra) kaffe (te); ~ *conditions* ställa villkor; ~ *a day of it* ta hela dagen på sig [till det]; *we'll* ~ *a night of it* vi skall festa hela natten; ~ *a dress* sy en klänning; *that material will* ~ *a dress* det tyget passar till en klänning; ~ *a guess* gissa; ~ *a gesture* göra en gest; ~ *a house* bygga ett hus; ~ *a journey* göra en resa; ~ *s.b. a present of s.th.* (*högt.*) förära ngn ngt, ge ngn ngt som gåva; ~ *a promise* avge ett löfte, lova; ~ *a speech* hålla tal; *one swallow doesn't* ~ *a summer* en svala gör ingen sommar; ~ *a trick* (*kortsp.*) ta [hem] ett stick; ~ *war* börja (föra) krig, kriga; ~ *love not war!* älska, kriga inte!; ~ *water a*) kasta vatten, kissa, *b*) *sjö.* ta in vatten, vara läck; ~ *s.b. sad* göra ngn ledsen; *we could not* ~ *ourselves understood* vi kunde inte göra oss förstådda; *she is as clever as they could* ~ *them* (*vard.*) hon är så duktig som någon kan vara; ~ *do with* få klara sig med; ~ *into* göra till, göra om (förvandla) till; ~ *it a*) *vard.* lyckas, klara det, *b*) *sl.* sila, ta en sil; ~ *it with* (*vulg.*) knulla med; ~ *it five! a*) tag fem!, *b*) vi säger väl fem! **2** göra till; utse (utnämna) till; ~ *s.b. a chairman* utse ngn till ordförande; *he made her his wife* han gjorde henne till sin hustru; *they made it a rule to* de gjorde det till en regel att **3** få (komma) att; förmå att, låta; tvinga [att]; ~ *s.b. do s.th.* förmå (få) ngn att göra ngt; *she made me cry* hon fick mig att gråta; *I'll* ~ *him pay in time* jag ska få honom att betala i tid; *what* ~*s you say that?* varför säger du det?; ~ *one's voice heard* göra sin röst hörd; *what made the engine stop?* vad var det som gjorde att motorn stannade?; *she* ~*s her hero die* hon låter sin hjälte dö; *that* ~*s the room look larger* det får rummet att se större ut; *you can't* ~ *me* du kan inte tvinga mig; ~ *believe* låtsas **4** göra, bli, vara; utgöra; uppgå till; *5 times 4* ~[*s*] *20* 5 gånger 4 är (blir, gör) 20; *60 seconds* ~ *a minute* det går 60 sekunder på en minut; *this* ~*s the third time* det här blir tredje gången; *how much does it* ~ *altogether?* hur mycket blir det allt som allt?; *she will make an excellent doctor* hon kommer att bli en utmärkt läkare; *he* ~*s one of the party* han tillhör sällskapet **5** [för]tjäna (*money* pengar); få [sig], skaffa [sig]; skapa [sig], göra [sig]; ~ *a fortune* skapa [sig] en förmögenhet; ~ *friends* skaffa sig (få) vänner; *they made friends* de blev vänner; ~ *a name* skapa sig ett namn; ~ *high points* få höga poäng **6** avverka, tillryggalägga (*8 kilometres in one hour* 8 kilometer på en timme); ~ *good time* göra bra fart, komma fort fram; *the water was making a foot an hour* vattnet steg en fot i timmen **7** fastställa (bestämma) till; uppskatta till; ~ *the price 92 pounds* fastställa priset till 92 pund; *let's* ~ *it next week!* ska vi säga (bestämma) nästa vecka?; *what time do you* ~ *it?*, *what do you* ~ *the time?* hur mycket är din klocka?; *I* ~ *it 12.30* min klocka är 12.30; *I* ~ *it 3 miles* jag uppskattar det till 3 miles **8** hinna med, hinna i tid (fram) till; komma fram till, nå (*land* land; *the summit* toppen); *she didn't* ~ *the plane* hon hann inte med planet; ~ *port* komma i hamn; *they just made it* de hann precis **9** *vard.*, komma med i (in på); hamna i (på); *she made the front page* hon hamnade på förstasidan; ~ *the team* komma med i laget; ~ *university* komma in på universitet **10** göra berömd; *that film made her* den filmen gjorde henne berömd; *that* ~*s my day! a*) dagen är räddad!, *b*) *iron.* det fattades bara det!; *they can* ~ *or break him* de har hans öde i sin hand **11** ~ *as if* (*as though*) låtsas som om (*one doesn't hear* man inte hör), göra min av (*to leave* att vilja gå); ~ *to* göra en ansats att, visa tecken till att; ~ *like* (*AE. sl.*) *a*) imitera, *b*) låtsas som om **12** ~ *after* rusa efter; ~ *away* ge sig i väg; ~ *away with a*) röja ur vägen, göra sig av med, *b*) försnilla, försvinna med; ~ *away with o.s.* begå självmord; ~ *for a*) rusa (skynda) mot (till), hålla [kurs] på, styra (fara) mot, *b*) främja, verka för, ge anledning till, bidra till; *where are you making for?* vart är du på väg?; ~ *of* anse om; *what do you* ~ *of that?* vad anser du om det?; ~ *much of* ha höga tankar om; ~ *off* ge sig i väg, smita; ~ *out a*) skriva (ställa) ut (*a cheque* en check), göra upp (*a list* en lista), fylla i (*a form* en blankett), *b*) urskilja, skönja, *c*) förstå, lista ut, *d*) bevisa, förklara, argumentera (tala) för, *e*) påstå, låtsas, *f*) klara sig, komma till rätta (*with* med), *g*) *sl.*, *i sht AE.* hångla; ~ *over a*) överlåta, skriva över, *b*) ändra, göra om; ~ *up a*) utgöra, bilda, *b*) göra upp, sammanställa (*a list* en förteckning), *c*) göra upp, bilägga (*a quarrel* en tvist), *d*) hitta på, dikta ihop, konstruera, *e*) komplettera, göra komplett, fylla ut, *f*) ordna [till], göra (ställa) i ordning, packa (slå) in, *g*) sminka [sig], göra make-up, *h*) belägga (*m. asfalt, betong*); ~ *up* [*for*] kompensera, gottgöra, ta igen, hämta in; ~ *up for lost time* ta igen förlorad tid; ~ *it up to s.b. for s.th.* kompensera (gottgöra) ngn för ngt; ~ *up to* (*vard.*) flörta med, stöta på; *be made up of* bestå (utgöras) av; ~ *up one's mind* bestämma sig (*to* för att); ~ *it up* bli sams, enas **II** *s* **1** fabrikat; märke; tillverkning, produktion **2** utförande, utseende; skärning **3** *vard.*, *on the* ~ *a*) vinningslysten, karriärhungrig, på hugget, *b*) på jakt (*efter sexpartner*)

make-believe ['meɪkbɪˌli:v] **I** *s* fantasi, [falskt] sken, overklighet; låtsaslek **II** *a* låtsad, låtsas-, sken- **maker** [-ə] **1** tillverkare, fabrikant **2** skapare; *the M*~ Skaparen (*Gud*) **makeshift** [-ʃɪft] **I** *s* provisorium, surrogat **II** *a* provisorisk, nöd-, tillfällig **make-up** [-ʌp] **1** sammansättning; karaktär, natur, beskaffenhet **2** make-up; sminkning; smink, kosmetika **3** *boktr.* ombrytning **makeweight** [-weɪt] fyllnadsgods

making ['meɪkɪŋ] **1** framställning, tillverkning; tillredning, tillagning; *in the* ~ i vardande, blivande; *be the* ~ *of* skapa framgång för **2** ~*s* (*pl*) *a*) inkomster, förtjänst[er], *b*) goda förutsättningar, anlag (*of* för), *c*) *AE. sl.* tobak och papper (*för cigarrettrullning*); *he has the* ~*s of a lawyer* han är ett bra advokatämne, han har goda förutsättningar att bli advokat

malacca [cane] [mə'lækəkeɪn] rottingkäpp; spanskrör

maladjust|ed [ˌmælə'dʒʌstɪd] **1** missanpassad **2**

M

dåligt justerad **-ment** [-'dʒʌs(t)mənt] **1** missanpassning **2** feljustering

maladministration ['mæləd,mɪnɪ'streɪʃn] vanstyre, dålig förvaltning

maladroit [,mælə'drɔɪt] fumlig, tafatt

malady ['mælədɪ] sjukdom; sjuka, ont; *social* ~ samhälleligt ont

malaise [mæ'leɪz] obehag, olustkänslor; nedstämdhet; illamående

malapropism ['mæləprɒpɪz(ə)m] felaktig användning av ord, [skrattretande] felsägning

malaria [mə'leərɪə] *med.* malaria

Malay [mə'leɪ] **I** *s* **1** malaj **2** malajiska [språket] **II** *a, the* ~ *Peninsula* Malackahalvön **Malaya** [mə'le(ɪ)ə] *s, the States of* ~ Västmalaysia; *the Federation of* ~ Malaysia **Malayan** [mə'le(ɪ)ən] **I** *a* [väst]malaysisk **II** *s* [väst]malaysier **Malaysia** [mə'leɪzɪə] Malaysia **Malaysian** [mə'leɪzɪən] **I** *a* malaysisk **II** *s* malaysier

malcontent ['mælkən,tent] **I** *a* missnöjd **II** *s* missnöjd person

male [meɪl] **I** *a* manlig, mans-, av manligt kön, maskulin; han-, av hankön; ~ *chauvinist pig* (*vard.*) manschauvinist, mullig mansgris; ~ *child* gossebarn; ~ *choir* manskör; ~ *plug* stickkontakt; ~ *screw* skruv; ~ *tiger* tigerhane **II** *s* man, manlig individ; han[n]e

maledic|tion [,mælɪ'dɪkʃn] **1** förbannelse **2** elakt förtal **-tive** [-tɪv], **-tory** [-t(ə)rɪ] förbannelse

malefactor ['mælɪfæktə] missdådare, ogärningsman; brottsling

malevo|lence [mə'levələns] elakhet, illvilja **-lent** [-lənt] elak, illvillig

mal|feasance [mæl'fi:zns] *jur.* förbrytelse; ämbetsbrott **-formation** [,mælfɔ:'meɪʃn] missbildning **-formed** [mæl'fɔ:md] missbildad, vanskapt **-function** [,mæl'fʌŋ(k)ʃn] **I** *s* bristande funktionsförmåga; funktionsstörning **II** *v* fungera dåligt, krångla

malice ['mælɪs] **1** illvilja, ondska, elakhet; skadeglädje; ond avsikt; *bear s.b.* ~ hysa agg mot ngn **2** *jur.* brottslig avsikt; *with* ~ *aforethought* med berått mod, i ont uppsåt, överlagt **malicious** [mə'lɪʃəs] **1** illvillig, ondskefull, elak; skadeglad, maliciös **2** *jur.* uppsåtlig

malign [mə'laɪn] **I** *a* skadlig, fördärvlig **II** *v* förtala, baktala **malignancy** [mə'lɪgnənsɪ] **1** elakhet, ondskefullhet, ondska **2** *med.* malign beskaffenhet **malignant** [mə'lɪgnənt] **1** elak, ondskefull **2** *med.* malign, elakartad

malinger [mə'lɪŋgə] simulera (*låtsas vara sjuk*) **-er** [-rə] simulant

mall [mɔ:l] esplanad; *AE., Austr. äv.* gågata, köpcenter; *The M*~ [mæl] The Mall (*londongata*)

mallard ['mælɑ:d] *zool.* gräsand

malle|ability [,mælɪə'bɪlətɪ] **1** smidbarhet **2** *bildl.* smidighet, formbarhet; foglighet **-able** ['mælɪəbl] **1** smidbar **2** *bildl.* smidig, formbar; foglig

mallet ['mælɪt] **1** [trä]klubba **2** klubba (*för krocket el. polo*)

mallow ['mæləʊ] *bot.* malva

malm [mɑ:m] lös kalksten; kalkjord

malmsey ['mɑ:mzɪ] malv[o]asir (*vinsort*)

malnutrition [,mælnju:'trɪʃn] undernäring

malodorous [mæl'əʊdərəs] illaluktande

malpractice [,mæl'præktɪs] **1** försummelse, förseelse (*av ämbetsman*), tjänstefel; felbehandling (*av patient*) **2** försyndelse

malt [mɔ:lt] **I** *s* malt **II** *v* **1** mälta **2** tillsätta malt till

Mal|ta ['mɔ:ltə] Malta **-tese** [,mɔ:l'ti:z] **I** *s* **1** (*pl lika*) maltesare **2** maltesiska [språket] **II** *a* maltesisk; ~ *cross* malteserkors

malt liquor ['mɔ:lt,lɪkə] maltdryck

maltreat [,mæl'tri:t] misshandla; behandla illa **-ment** [-mənt] misshandel; dålig behandling

mama 1 [mə'mɑ:] *åld. vard.* mamma **2** ['mɑ:mə] *AE.* mamma; *sl. a*) brud, tjej, *b*) tant (*fru*)

mamba ['mæmbə] *zool.* mamba

mamil|la [mə'mɪlə] (*pl -lae* [-li:]) bröstvårta

1 mamma *i sht AE.* **1** [mə'mɑ:] mamma **2** ['mɑ:mə] *se mama 2*

2 mam|ma ['mæmə] (*pl -mae* [-mi:]) [kvinno]bröst; juver

mammal ['mæml] däggdjur **mammalian** [mæ'meɪljən] **I** *a* däggdjurs- **II** *s* däggdjur

mammary ['mæmərɪ] bröst-; ~ *gland* bröstkörtel

mammilla [mə'mɪlə] *AE., se mamilla*

mammon ['mæmən] mammon; rikedom

mammoth ['mæməθ] **I** *s, zool.* mammut **II** *a* mammut-, jättelik

mammy ['mæmɪ] **1** *vard.* mamma **2** *AE. neds.* svart barnsköterska (*för vita barn*)

Man [mæn] *s, the Isle of* ~ ön Man

man [mæn] **I** *s* (*pl men* [men]) **1** man; mannen; herre; ~ *and boy* ända från barndomen (pojktiden); ~ *and wife* man och hustru; *a* ~ *about town* en [storstads]elegant, ett citylejon; *a* ~ *of property* en förmögen man; *a* ~ *of the world* en man av värld, en världsman; *the M*~ *a*) *negersl.*) den vite mannen, *b*) *sl.* snuten; *the* ~ *in the moon* gubben i månen, mångubben; *the* ~ *in* (*AE. on*) *the street* mannen på gatan, gemene man; *that* ~ *Smith* den där Smith; *men's clothes* herrkläder; *best* ~ best man (*brudgums marskalk*); *medical* ~ medicinare; *old* ~ gammal man, [gammal] gubbe; *the old* ~ (*vard.*) *a*) farsgubben, *b*) chefen; *my old* ~ (*vard.*) *a*) min gubbe (*make*), *b*) min farsa; *hello, old* ~*!* (*vard.*) tjänare, gamle gosse!; *the right* ~ rätt[e] man[nen]; *as one* ~ som en man, enhälligt, enade; ~ *to* ~ *a*) man mot man, *b*) man och man emellan, helt öppet; *to a* ~ *a*) enhälligt, *b*) till siste man, mangrant; *be a* ~*!* var som en man!; *be one's own* ~ vara sin egen [herre]; *he's a Cambridge* ~ han har studerat i Cambridge; *he's not a* ~ *to* han är inte den (en sådan) som; *he's your* ~ han är rätte mannen (*för uppgiften e.d.*); *I'm your* ~*!* (*vard.*) okay!, det går jag med på!; *that's just like a* ~*!* det är typiskt karlar!; *make a* ~ [*out*] *of s.b.* göra karl av ngn; *what can a* ~ *do* (*vard.*) vad kan man göra; *sort out* (*separate*) *the men from the boys* skilja de erfarna från de oerfarna **2** människa; person; (*ibl. M*~) människan, människosläktet; ~ *of God* gudsman, präst; *the evolution of* ~ människans utveckling; *M*~ *proposes, God disposes* människan spår och Gud rår; *any* ~ var och en, vem som helst; *no* ~ ingen [människa] **3** *vanl. pl men a*) arbetare (*i motsats t. företagsledning*), *b*) *mil.* meniga, soldater, *c*) *sjö.* manskap; *officers and* *men* officerare och meniga; *50 men* 50 man **4** tjänare, anställd; betjänt; dräng **5** pjäs (*i schack*), bricka (*i brädspel e.d.*) **6** *hist.* vasall **II** *interj, vard.* himmel!, kors!; (*i tilltal*) hörru!, du grabben! **III** *v* bemanna (*a ship* ett fartyg); besätta (*a fortress* ett fort)

manacle ['mænəkl] **I** *s, vanl. ~s* (*pl*) handbojor **II** *v* sätta handbojor på

manage ['mænɪdʒ] **1** hantera (*a weapon* ett vapen), handskas med; sköta (*one's affairs* sina affärer), handha, ha hand om; leda (*a company* ett företag); *~ the election* vara valförrättare **2** klara av, få bukt med; *I can ~ him* jag kan klara av honom **3** klara, orka med; ha tid med; lyckas [med]; *can you ~ the bags?* klarar du väskorna själv?; *can you ~ lunch tomorrow?* har du tid att (kan du) äta lunch med mig i morgon?; *I can ~ 10 pounds* jag kan betala (har råd med) 10 pund; *~ to do s.th.* lyckas göra ngt; *I hope she'll ~ to come* jag hoppas att hon kan komma; *how did you ~ to miss that?* hur kunde du missa det? **4** klara (reda) sig; *~ without* klara sig utan, kunna undvara; *I can ~ by myself* jag klarar mig själv; *can you ~?* klarar du dig? **manageable** [-əbl] [lätt]hanterlig; lättskött; medgörlig, foglig **management** [-mənt] **1** skötsel, ledning, förvaltning **2** [företags]ledning, styrelse, direktion; administration; *under new ~* ny regim, ny ägare **3** handhavande, hantering; behandling **manager** [-ə] **1** direktör, [företags]ledare, chef; föreståndare **2** manager, impressario **3** *sport.* lagledare, förbundskapten **4** *jur. ung.* konkursförvaltare **manageress** [ˌmænɪdʒə'res] direktris; föreståndarinna **managerial** [ˌmænə'dʒɪərɪəl] direktörs-; styrelse-, lednings- **managership** ['mænɪdʒəʃɪp] **1** direktör-, chef|skap **2** *sport.* lagledning **managing** ['mænɪdʒɪŋ] ledande, styrande, administrativ; *~ director* verkställande direktör

man-at-arms [mænət'ɑ:mz] (*pl men-at-arms*) *hist.* ryttare [i full rustning]

manatee [ˌmænə'ti:] *zool.* sjöko, siren

man child ['mæntʃaɪld] gossebarn

Manchu|ria [mæn'tʃʊərɪə] Manchuriet **-rian** [-n] **I** *s* manchu **II** *a* manchurisk

Mancunian [mæn'kju:njən] **I** *a* manchester-, från Manchester **II** *s* manchesterbo

mandamus [mæn'deɪməs] *jur.* åläggande (*från högre domstol*)

mandarin ['mændərɪn] **1** mandarin (*kinesisk ämbetsman*) **2** hög ämbetsman; pamp; hög funktionär **3** *bot.* mandarin[träd] **mandarine** [ˌmændə'ri:n] *se mandarin 3*

man|datary ['mændət(ə)rɪ] *se mandatory* **-date** [-deɪt] **I** *s* **1** mandat, uppdrag; bemyndigande **2** *polit.* mandat; förvaltarskap; mandatområde **II** *v, ~ a territory to s.b.* ställa ett område under ngns mandat; *~d territory* mandat[område] **-datory** [-dət(ə)rɪ] **I** *a* **1** mandat-, mandatär- **2** obligatorisk; tvångs- **II** *s* **1** mandatärmakt **2** befullmäktigat ombud

mandible ['mændɪbl] underkäke; (*hos insekt*) mandibel; (*hos fågel*) näbbhalva

mando|lin ['mændəlɪn], **-line** [ˌmændə'li:n] mandolin

man|dragora [mæn'drægərə], **-drake** ['mændreɪk] *bot.* alruna

man|drel, -dril ['mændrəl] spindel (*på svarv*)

mandrill ['mændrɪl] *zool.* mandrill

mane [meɪn] man (*på häst, lejon; äv. om tjockt hår*)

man|-eater ['mænˌi:tə] **1** människoätare **2** människoätande tiger (haj) **3** *vard.* manslukerska **-eating** [-ˈi:tɪŋ] människoätande (*shark* haj)

manes ['mɑ:neɪz] *pl* maner (*avlidnas andar*)

maneuvre [mə'nu:və] *AE., se manœuvre*

manful ['mænf(ʊ)l] manlig

manganese ['mæŋgəni:z] mangan

mange [meɪn(d)ʒ] skabb (*hos husdjur*)

mangel[wurzel] ['mæŋglˌwɜ:zl] *bot.* foderbeta

manger ['meɪn(d)ʒə] krubba

1 mangle ['mæŋgl] **I** *s* **1** mangel **2** *i sht BE.* vridmaskin **II** *v* **1** mangla **2** vrida

2 mangle ['mæŋgl] **1** hacka (skära, slita) sönder, illa tilltyga **2** förstöra, fördärva

mango ['mæŋgəʊ] (*pl ~[e]s*) *bot.* mango[frukt]; mangoträd

mangold[wurzel] ['mæŋg(ə)ldˌwɜ:zl] *se mangel[wurzel]*

mangonel ['mæŋgənəl] *hist.* katapult, kastmaskin

mangrove ['mæŋgrəʊv] *bot.* mangrove[träd]

mangy ['meɪn(d)ʒɪ] **1** skabbig **2** sjabbig, sjaskig

manhandle ['mænˌhændl] **1** flytta [med handkraft] **2** behandla omilt (hårdhänt), skuffa

Manhattan [mæn'hætn]

man|hole ['mænhəʊl] manhål **-hood** **1** manlighet **2** mannaålder; manbarhet; *boys grow to ~* pojkar växer upp [till män] **3** [alla] män **--hour** [-ˌaʊə] mantimme (*arbetstimme*) **-hunt** förbrytarjakt; jakt på rymling

mania ['meɪnjə] mani; vurm **maniac** [-nɪæk] **I** *s* **1** *vard.* galning, dåre; fantast; *sports ~* sport|-dåre, -fantast **2** *psykol. åld.* maniker **II** *a, se maniacal* **maniacal** [mə'naɪəkl] **1** manisk **2** vansinnig **manic** ['mænɪk] **I** *s* maniker **II** *a* manisk **manic-depressive** [ˌmænɪkdɪ'pressɪv] *psykol.* **I** *a* manodepressiv **II** *s* manodepressiv [person]

mani|cure ['mænɪˌkjʊə] **I** *s* **1** manikyr **2** manikyrist **II** *v* manikyrera **-curist** [-ˌkjʊərɪst] manikyrist

mani|fest ['mænɪfest] **I** *a* påtaglig, uppenbar, tydlig, klart framträdande, manifest; entydig **II** *v* **1** manifestera; ge uttryck åt, visa, ådagalägga **2** bevisa **3** yttra (visa) sig; (*om ande*) uppenbara (visa) sig **III** *s, sjö.* manifest **-festation** [ˌmænɪfe'steɪʃn] **1** manifestation, uppenbarande, åläggande; tecken **2** manifestation, demonstration **-festly** ['mænɪfestlɪ] *adv* påtagligt, uppenbart, tydligt, klart; entydigt; tydligen, uppenbarligen **-festo** [ˌmænɪ'festəʊ] (*pl ~[e]s*) manifest

manifold ['mænɪfəʊld] **I** *a* mångfaldig, mångahanda **II** *v* mångfaldiga, duplicera **III** *s* **1** duplikat, kopia **2** *tekn.* gren-, förgrenings|rör

manikin ['mænɪkɪn] **1** liten man; dvärg **2** *se mannequin* **3** led-, modell|docka

Manila [mə'nɪlə] Manilla **Manil[l]a hemp** manillahampa

manioc ['mænɪɒk] *bot.* maniok, kassava

manipu|late [mə'nɪpjʊleɪt] **1** hantera, manövrera, sköta **2** manipulera (fiffla) med (*accounts* räkenskaper), frisera (*figures* siffror) **3** manipulera, påverka, styra **-lation** [məˌnɪpjʊ'leɪʃn] **1**

M

hanterande, manövrering, skötsel; handgrepp **2** manipulation, fiffel, frisering **3** manipulation, påverkan, styrning

mankind 1 [mæn'kaınd] människosläktet, människorna **2** ['mænkaınd] det manliga släktet (könet), män[nen]

man|like ['mænlaık] lik en man; manlig **-ly** [-lı] *a* manlig, karlaktig, maskulin **--made** ['mænmeıd] gjord (tillverkad) av människohänder; konstgjord, syntetisk

manna ['mænə] manna

manned [mænd] bemannad

mannequin ['mænıkın] **1** mannekäng **2** skyltdocka; provdocka

manner ['mænə] **1** sätt, vis; *in like* (*this*) ~ på samma (detta) sätt; *in a ~ of speaking* så att säga, på sätt och vis; *it was just a ~ of speaking* det är bara som man säger; *she is to the ~ born* det faller sig helt naturligt för henne, det är medfött hos henne **2** sätt [att vara], uppträdande; *a kind ~* ett vänligt sätt **3** *~s* (*pl*) belevat sätt, maner; *~s!* uppför dig ordentligt!; *good ~s* fint sätt, god ton; *road ~s* vägvett; *she has no ~s* hon kan inte uppföra sig; *that's bad ~s* det passar sig inte (är opassande); *teach s.b. ~s* lära ngn hur man uppför sig **4** *~s* (*pl*) seder [och bruk]; *a novel of ~s* en sederoman **5** maner, stil; *in the ~ of Renoir* i Renoirs stil **6** slag, sort; *all ~ of animals* alla slags djur; *what ~ of man is he?* vad för slags karl är han?; *by all ~ of means* visst, naturligtvis; *by no ~ of means* på intet vis, under inga förhållanden **mannered** [-d] manier[er]ad, konstlad, tillgjord **mannerism** [-riz(ə)m] [typiskt] maner; förkonstling; *konst.* manierism **mannerless** [-lıs] ouppfostrad **mannerly** [-lı] *a* väluppfostrad, artig, belevad

mannish ['mænıʃ] **1** manhaftig (*woman* kvinna) **2** manlig

manœu|vrability [mə,nu:vrə'bılətı] manöverduglighet, manövreringsförmåga **-vrable** [mə'nu:vrəbl] manöverduglig, manövrerbar; *easily ~* lättmanövrerad **-vre** [mə'nu:və] **I** *s* manöver (*äv. bildl.*); *~s* (*pl, mil.*) manöver, stridsövningar **II** *v* **1** manövrera; styra, hantera; *bildl. äv.* manipulera; *~ for leadership* manövrera sig till ledarskapet **2** hålla (vara på) manöver

man-of-war [,mænə(v)'wɔ:] (*pl men-of-war*) **1** krigs-, örlogs|fartyg **2** *zool.*, [*Portuguese*] ~ portugisisk örlogsman

manometer [mə'nɒmıtə] manometer

manor ['mænə] **1** gods, lantegendom, herrgård; *lord* (*lady*) *of the ~* godsägare (godsägarinna) **2** *BE. vard.* polisdistrikt **manor house (seat)** herrgård[sbyggnad], slott

manpower ['mæn,paʊə] **1** mannakraft; arbetskraft **2** *mil.* styrka

manqué ['mɑ̃:(ŋ)keı] ofullbordad; potentiell, slumrande; *an artist ~ a*) en misslyckad konstnär, *b*) en blivande konstnär

manrope ['mænrəʊp] *sjö.* mantåg

mansard ['mænsɑ:d] **1** ~ [*roof*] mansardtak, brutet tak **2** vindsrum under brutet tak

manservant ['mæn,sɜ:v(ə)nt] (*pl menservants*) betjänt, [manlig] tjänare

mansion ['mænʃn] **1** stor och ståtlig byggnad, palats **2** *~s* (*pl*) hyreshus

man|-sized ['mænsaızd] i mansstorlek; *vard.* stor, jättelik **-slaughter** [-,slɔ:tə] *jur.* dråp

mantel[piece] ['mæntl(pi:s)] spisel|krans, -hylla **mantel shelf** spiselhylla

mantilla [mæn'tılə] mantilj

man|tis ['mæntıs] (*pl -tises el. -tes* [-i:z]) *zool.* bönsyrsa

mantissa [mæn'tısə] *mat.* mantissa

mantle ['mæntl] **I** *s* **1** *bildl.* täcke (*of snow* av snö), hölje **2** glödstrumpa **3** *geol., zool.* mantel **4** *åld.* mantel, cape **II** *v* täcka, hölja, svepa in

man-to-man [,mæntə'mæn] *a* man-mot-man-; oförbehållsam, öppen (*discussion* diskussion)

mantrap ['mæntræp] *ung.* rävsax (*mot inbrottstjuv e.d.*)

manual ['mænjʊəl] **I** *a* manuell, hand-; *~ controls* handreglage; *~ gear-change* (*i bil*) manuell växel; *~ labour* fysiskt arbete, kroppsarbete **II** *s* **1** handbok, instruktionsbok **2** *mus.* manual **-ly** [-ı] *adv* för hand, manuellt

manufac|ture [,mænjʊ'fæktʃə] **I** *s* **1** tillverkning, framställning, fabrikation, produktion **2** produkt, alster, [fabriks]vara **3** fabrikat, tillverkning **II** *v* **1** tillverka, framställa, fabricera, producera **2** *bildl.* hitta på (*excuses* undanflykter) **-turer** [-tʃ(ə)rə] fabrikant, tillverkare, producent **-turing** [-tʃ(ə)rıŋ] **I** *a* fabriks-, produktions-, tillverknings- **II** *s* tillverkning, framställning, fabricering, fabrikation, produktion

manumit [,mænjʊ'mıt] frige (*slav*)

manure [mə'njʊə] **I** *s* gödsel; *artificial ~* konstgödning **II** *v* gödsla, göda

manuscript ['mænjʊskrıpt] **I** *s* **1** handskrift **2** manuskript, manus (*of* till) **II** *a* **1** handskriven **2** i manuskript

Manx [mæŋks] **I** *a* från ön Man **II** *s* manx (*språk*) **Manx cat** manxkatt **Manxman** [-mən] invånare på ön Man

many ['menı] **I** *a* många; *~ a man* mången [man]; *~ people* mycket folk, många människor; *~ thanks* tack så mycket, stort tack; *~ thousand people* många (flera) tusen människor; *~ a time* [*and oft*], *~ and ~ a time* mången gång, många gånger; *as ~ again* lika många till; *as ~ as five* så många som fem, hela fem; *I haven't seen him for ~ a day* jag har inte sett honom på mången god dag; *there is one chair too ~* det är en stol för mycket; *she's one too ~ for us* hon är för klipsk för oss, henne rår vi inte på; *she said it in so ~ words* hon sa det rent ut; *~'s the time I've done so* det är många gånger som jag har gjort det **II** *s, the ~* den stora massan, de många; *a great* (*good*) *~* en hel del, ganska många (mycket)

many|-coloured [,menı'kʌləd] mångfärgad, brokig **--sided** mångsidig

map [mæp] **I** *s* **1** karta (*of* över); sjökort (*of* över); *put a town on the ~* göra en stad berömd; *wipe a town off the ~* utradera en stad, få en stad att falla i glömska; *it's off the ~ a*) det är inte aktuellt, *b*) den ligger avsides **2** *sl.* fejs, nia (*ansikte*) **II** *v* kartlägga; *~ out a*) staka ut (*a road* en väg), planera, *b*) kartlägga

maple ['meıpl] *bot.* lönn **maple leaf** lönn|blad, -löv **maple syrup** [-,sırəp] lönnsirap

mapping ['mæpıŋ] kartläggning

mar [mɑ:] fördärva; störa; grumla; *make or ~*

hjälpa eller stjälpa
Mar. *förk. för March* **mar.** *förk. för maritime; married*
marabou ['mærəbu:] *zool.* marabu[stork]
maraca [mə'rækə] *mus.* maraca
marathon ['mærəθn] **I** *s* maraton[lopp] **II** *a* maraton-
maraud [mə'rɔ:d] marodera, plundra, röva **-er** [-ə] marodör
marble ['mɑ:bl] **I** *s* **1** marmor **2** marmorblock; marmor|staty, -skulptur **3** kula (*t. spel*) **4** *vard., lose one's ~s* bli tokig **II** *a* marmor-; marmorvit **III** *v* marmorera **marble cake** marmorerad tekaka, tigerkaka **marbled** [-d] marmorerad **marbletop[ped]** [-tɒp(t)] (*om bord*) med marmorskiva **marbling** [-ɪŋ] marmorering **marbly** [-ɪ] *a* marmoraktig; kall som marmor
March [mɑ:tʃ] mars
1 march [mɑ:tʃ] **I** *s* **1** marsch; [fot]vandring; *the ~ of time* tidens gång; *be on the ~* vara på [fram]marsch **2** *mus.* marsch; *funeral ~* sorg-, begravnings|marsch; *wedding ~* bröllopsmarsch **3** dags|marsch, -etapp; *steal a ~ on* skaffa sig försprång framför **II** *v* **1** marschera, tåga (*on, against* mot); [fot]vandra; *forward ~!* framåt marsch!; *~ off* marschera (tåga) i väg; *time ~es on* tiden går; *~ past* marschera förbi, defilera [förbi]; *~ up* marschera (rycka) fram **2** låta marschera; *~ s.b. off* föra bort ngn
2 march [mɑ:tʃ] gräns[land, -område]
March. *förk. för Marchioness*
marcher ['mɑ:tʃə] demonstrant, marschdeltagare **marching** [-ɪŋ] marscherande **marching orders** [-ɪŋ,ɔ:dəz] *pl* **1** marschorder **2** *vard.* sparken; respass; klartecken (*att fortsätta med ngt*); *she gave him his ~* hon gjorde slut med honom
marchioness ['mɑ:ʃ(ə)nɪs] markisinna
marchpane ['mɑ:tʃpeɪn] *åld.* marsipan
Mardi gras [,mɑ:dɪ'grɑ:] *AE.* fettisdagen
mare [meə] sto, märr **mare's nest** ['meəznest] **1** värdelös upptäckt; chimär **mare's-tail** ['meəzteɪl] **1** *bot.* hästsvans **2** långsträckta cirrusmoln
Margaret ['mɑ:g(ə)rɪt]
margarine [,mɑ:dʒə'ri:n] margarin
marge [mɑ:dʒ] *BE. vard. för margarine*
margin ['mɑ:dʒɪn] **I** *s* **1** rand, kant; gräns; *the ~ of the lake* sjöstranden **2** marginal; *a note in the ~* en marginalanteckning **3** *hand.* marginal, överskott; *ekon.* täckning; *bildl.* marginal, spelrum; *profit ~, ~ of profit* vinstmarginal; *safety ~* säkerhetsmarginal; *~ of error* felmarginal; *by a large (narrow) ~* med bred (knapp) marginal **II** *v* **1** förse med kant (marginal) **2** anteckna i marginalen **marginal** [-l] **1** rand-, kant-; gräns-; *~ to Norway* gränsande till Norge **2** marginal-; *~ note* marginalanteckning, randanmärkning **3** marginal-, marginell, underordnad; *~ cost* marginalkostnad; *that is a ~ constituency for Labour* Labour har endast en knapp majoritet i den valkretsen **marginalia** [,mɑ:dʒɪ'neɪljə] *pl* marginalanteckningar, randanmärkningar **marginally** ['mɑ:dʒɪnəlɪ] *adv* i kanten; i marginalen; marginellt **margin release** ['mɑ:dʒɪnrɪ,li:s] (*på skrivmaskin*) marginalfrigörare **margin stop** ['mɑ:dʒɪnstɒp] (*på skrivmaskin*) marginalinställare
marguerite [,mɑ:gə'ri:t] *bot.* prästkrage
Maria [mə'raɪə, mə'rɪə] Maria **Marie** ['mɑ:rɪ] Marie
marigold ['mærɪgəʊld] *bot.* [*pot*] *~* ringblomma; *African (French) ~* tagetes; *marsh ~* kabbleka
mari|huana, -juana [,mærɪ'hwɑ:nə] marijuana
marimba [mə'rɪmbə] *mus.* marimba
marina [mə'ri:nə] småbåtshamn, marina
mari|nade [,mærɪ'neɪd] **I** *s* **1** marinad **2** marinerad fisk, marinerat kött **II** *v* marinera **-nate** [-'neɪt] marinera
marine [mə'ri:n] **I** *a* marin[-], havs-, sjö-; sjöfarts-; flott-; *~ biology* marinbiologi; *~ corps* marinsoldatkår; *~ insurance* sjö|försäkring, -assurans; *~ motor* marin-, båt|motor **II** *s* **1** sjöväsen **2** marin, flotta; *merchant ~* handelsflotta **3** marinsoldat; *The Royal M~s* brittiska marinsoldatkåren; *tell it to the ~s* (*vard.*) det kan du inbilla andra **4** marinmålning **mariner** ['mærɪnə] *litt.* sjöman, sjöfarare
marionette [,mærɪə'net] marionett
marital ['mærɪtl] äktenskaplig, äktenskaps-; *~ status* civilstånd
maritime ['mærɪtaɪm] maritim, sjö-, havs-; sjöfarts-; *~ climate* kustklimat; *~ law* sjölag, sjörätt; *~ region* kustregion
marjoram ['mɑ:dʒ(ə)rəm] *bot.* mejram
Mark [mɑ:k] *bibl.* Markus
1 mark [mɑ:k] mark (*mynt*)
2 mark [mɑ:k] **I** *s* **1** märke; fläck; repa; spår; *dirty ~s* smutsfläckar, smutsiga märken; *leave one's ~* lämna (sätta) sina spår; *make one's ~* göra sig ett namn, lyckas **2** märke, tecken; symbol, bomärke; känne|märke, -tecken (*of* på); uttryck (*of* för); *punctuation ~* skilje-, interpunktions|tecken; *question ~* frågetecken; *bear the ~ of genius* bära geniets kännetecken, ha geniala drag **3** markör; visare; *sjö.* märke (*på lodlina*) **4** betyg, betygspoäng; *high (good) ~s* höga (bra) betyg **5** mål[tavla], märke, prick; *sport.* markering, startlinje; *beside the ~* (*bildl.*) irrelevant, ovidkommande; *on your ~[s], get set, go!* på era platser, färdiga, gå!; *hit the ~* träffa [mitt i] prick, *bildl. äv.* träffa rätt, slå (träffa) huvudet på spiken; *miss the ~* missa [målet], bomma; *be quick (slow) off the ~* (*sport. o. bildl.*) vara snabb (långsam, trög) i starten **6** nivå, höjd; vikt, betydelse; *of ~* av vikt (betydelse); *of little ~* av ringa betydelse; *a man of ~* en betydande man; *be above the ~* hålla måttet, räcka mer än väl; *the temperature has reached the ~ of 20 degrees* temperaturen har nått upp till 20 gradersstrecket; *be up to the ~* vara tillfredsställande, hålla måttet; *not feel quite up to the ~* inte känna sig riktigt kry **7** typ, modell; *this car is a SAAB ~ (M~) GLE* det här är en SAAB GLE **8** *the ~* (*i boxning*) maggropen **9** *sl.* lätt (lämpligt) offer **II** *v* **1** göra märken på, sätta fläckar på, fläcka ner; skada; repa; *the American boxer was not ~ed at all* den amerikanske boxaren fick inte en skråma **2** märka, sätta märke på, markera; sätta prislapp på, prismärka; *bildl.* utmärka, känneteckna, beteckna, märka; *~ books* prismärka böcker; *~ time a)* göra på stället marsch, *b)* stå och stampa på samma

M

ställe, c) försöka klara sig, vänta; *an animal ~ed with black* ett djur med svarta fläckar; *the sofa is ~ed at £100* soffan har en prislapp med 100 pund; *her face was ~ed by sorrow* hennes ansikte var märkt av sorg; *the experience ~ed them* upplevelsen satte sina spår hos dem; *~ s.b. as a criminal* beteckna ngn som brottsling; *that event ~ed the end of an era* den händelsen markerade slutet på en epok; *~ s.th. with an asterisk* markera ngt med en asterisk; *it's not ~ed on the map* det är inte utsatt på kartan; *~ down a*) anteckna, skriva ner, *b*) sätta ner [priset på]; *~ up a*) notera, skriva upp, *b*) höja [priset på] **3** märka (pricka) ut; *~ off a*) markera, avgränsa, avspärra, *b*) skilja; *~ out a*) staka ut, *b*) utse, bestämma (*for* till) **4** märka, lägga märke till; *~ my words* sanna mina ord; *~ you, I didn't promise anything* kom bara ihåg att jag inte har lovat något **5** bedöma; betygsätta; rätta (*a paper* en skrivning) **6** *sport., spelt.* markera **7** få märken, bli repig (smutsig), skadas

markdown ['mɑ:kdaʊn] [pris]nedsättning

marked [ma:kt] **1** märkt *etc., jfr 2 mark II* **2** markerad, tydlig, uppenbar, påfallande, markant, märkbar **3** *a ~ man* en märkt (på förhand dömd) man **marker** ['ma:kə] **1** märkare; betyg[s]sättare; [skrivnings]rättare **2** bokmärke **3** markör **4** [spel]mark

market ['mɑ:kɪt] **I** *s* **1** [salu]torg; marknad[splats];*go to ~* gå till torget, åka på marknad **2** *hand.* marknad; *buyer's ~* köparens marknad; *the black ~* svarta börsen; *the foreign ~* utlands-, export|marknaden; *the home ~* hemmamarknaden, den inhemska marknaden; *the world ~* världsmarknaden; *at ~* till dagspris (gällande pris); *in* (*on*) *the ~* i handeln, på marknaden, till salu; *be in the ~ for* vara intresserad av [att köpa], önska köpa; *there is no ~ for* det är ingen efterfrågan på; *come in* (*on*[*to*]) *the ~* komma ut på marknaden; *find* (*meet with*) *a ready ~ for* finna god avsättning för; *play the ~* spekulera på börsen; *put on the ~* släppa ut på marknaden **II** *v* **1** sälja (köpa) på torget (marknaden) **2** utbjuda [till försäljning], saluföra, avyttra; marknadsföra **marketable** [-əbl] **1** säljbar; avyttringsbar; gångbar **2** marknads-, handels-; *~ value* marknadsvärde **market day** marknads-, torg|dag **market garden** [-ˌgɑ:dn] *i sht BE.* handelsträdgård **marketing** [-ɪŋ] marknadsföring, marketing **marketplace** [-pleɪs] **1** [salu]torg; marknadsplats **2** affärsvärld; *bildl.* marknad **market price** [-praɪs] marknads|pris, -värde **market research** [-rɪˌsɜ:tʃ] marknadsundersökning **market town** [-taʊn] *i sht BE.* stad med [jordbruks]- marknad **market value** [-ˌvælju:] marknadsvärde

marking ['mɑ:kɪŋ] **1** markering (*äv. sport*); märkning, stämpling **2** teckning (*på djur*) **marking ink** märkbläck

marksman ['mɑ:ksmən] skicklig skytt, skarpskytt **-ship** skjutskicklighet; träffsäkerhet

mark-up ['mɑ:kʌp] **1** *hand.* pålägg, påslag; vinstmarginal **2** prishöjning

Marlborough ['mɔ:lb(ə)rə, *AE.* 'mɑ:l-]

mar|lin[e] ['mɑ:lɪn], **-ling** [-lɪŋ] *sjö.* märling **marlin[e]-, marling|spike** *sjö.* märlspik

marmalade ['mɑ:məleɪd] [apelsin-, citrus]marmelad

marmo|real, -rean [mɑ:'mɔ:|rɪəl, -rɪən] marmor-; marmorlik

marmoset ['mɑ:mə(ʊ)zet] *zool.* silkesapa

marmot ['mɑ:mət] *zool.* murmeldjur

1 maroon [mə'ru:n] **I** *a* kastanje-, röd|brun **II** *s* **1** kastanjebrun (rödbrun) färg **2** signalljus, lysprojektil

2 maroon [mə'ru:n] **I** *v* landsätta och överge (*på obebodd kust*) **2** *bildl.* isolera; strandsätta

Marq. *förk. för Marquis*

marque [mɑ:k] [bil]typ, -modell

marquee [mɑ:'ki:] **1** stort [fest]tält **2** *AE.* markis, baldakin (*över entré*)

marquess ['mɑ:kwɪs] *i sht BE.* markis (*adelsman*)

marquetry ['mɑ:kɪtrɪ] inläggning, inlagt arbete

mar|quis ['mɑ:kwɪs] (*pl ~*[*es*]) markis (*adelsman*) **-quise** [mɑ:'ki:z] (*ej brittisk*) markisinna

marriage ['mærɪdʒ] **1** giftermål, äktenskap *bildl.* nära släktskap (samband); *civil ~* borgerlig äktenskap; *offer of ~* giftermålsanbud; *~ of convenience* konvenans-, resonemangs|parti; *by ~* genom gifte[rmål]; *give s.b. in ~ to s.b.* gifta bort ngn med ngn **2** vigsel, bröllop; *civil ~* borgerlig vigsel; *religious ~* kyrklig vigsel **marriageable** [-əbl] giftasvuxen **marriage ceremony** [-ˌserɪmənɪ] vigsel|akt, -ceremoni **marriage certificate** [-səˌtɪfɪkət] vigselattest **marriage guidance** [-ˌgaɪdns] äktenskapsrådgivning; *~ counsellor* äktenskapsrådgivare **marriage licence** [ˌlaɪs(ə)ns] äktenskapslicens **marriage lines** [-laɪnz] *pl, vard.* vigselattest **marriage service** [-ˌsɜ:vɪs] vigsel[akt] **marriage settlement** [-ˌsetlmənt] äktenskapsförord

married ['mærɪd] **I** *a* gift (*to* med); äktenskaplig; *~ couple* gift par, äkta makar; *~ life* äktenskap, äktenskapligt samliv; *he is a ~ man* han är [en] gift [man]; *be ~ a*) vara gift, *b*) gifta sig, *c*) bli gift; *get ~* gifta sig **II** *s, young ~s* unga gifta människor

marrow ['mærəʊ] **1** märg: *bildl.* kärna; *spinal ~* ryggmärg; *be chilled to the ~* frysa ända in i märgen, vara genomfrusen; *it pierced the very ~ of my bones* det gick (skar) genom märg och ben på mig **2** *bot.* [*vegetable*] *~* pumpa, kurbits **marrowbone** märg|ben, -pipa **marrowfat, marrow pea** *bot.* märgärt **marrow squash** *AE. bot.* pumpa, kurbits

marry ['mærɪ] **1** gifta sig med; *~ money* gifta sig rikt (till pengar) **2** *~* [*off*] gifta bort **3** viga **4** gifta sig; *bildl.* förenas; *~ into money* gifta sig rikt (till pengar); *she is not the ~ing kind* hon är inte den typen som gifter sig

Mars [mɑ:z] *astr., myt.* Mars

Mar|seillaise [ˌmɑ:seɪ'jeɪz] *the M~* marseljäsen **-seilles** [mɑ:'seɪlz] Marseille

marsh [mɑ:ʃ] moras, sumpmark, träskområde, kärr

marshal ['mɑ:ʃl] **I** *s* **1** *mil.* marskalk **2** marskalk, ceremonimästare **3** (*domares*) sekreterare **4** *AE. ung.* sheriff, polismästare; brandchef **5** ordningsvakt (*vid idrottsplats*) **II** *v* **1** ordna (*facts* fakta); rangordna **2** ställa upp (*troops* trupper); anföra, leda **marshalling yard** [-ɪŋjɑ:d] rangerbangård

marsh gas ['mɑ:ʃgæs] gruv-, sump|gas **marsh**

hawk *AE. zool.* kärrhök **marshland** sump|-mark, -område; marskland **marsh mallow** [-ˌmæləʊ] *bot.* altea **marshmallow** [-ˌmæləʊ] marshmallow (*slags mjuk o. seg konfekt*)
marshy [ˈmɑːʃɪ] sumpig, träskartad
marsupial [mɑːˈsjuːpjəl] **I** *a* pung[djurs]- **II** *s* pungdjur
mart [mɑːt] marknad[splats], handelscentrum
marten [ˈmɑːtɪn] *zool.* mård
martial [ˈmɑːʃl] krigs-, krigisk, militär-; ~ *law* krigslagar
Martian [ˈmɑːʃjən] **I** *a* mars-, från Mars **II** *s* marsian, marsinvånare
martin [ˈmɑːtɪn] *zool.* svala; *house* ~ hussvala; *sand* ~ backsvala
martinet [ˌmɑːtɪˈnet] disciplinryttare, tyrann
martingale [ˈmɑːtɪŋgeɪl] **1** *ridk.* martingal, språngrem **2** *spelt.* [spel med] fördubbling av insatsen
Martinmas [ˈmɑːtɪnməs] mårtensmässa (*11 november*)
martlet [ˈmɑːtlət] *åld., se martin*
martyr [ˈmɑːtə] **I** *s* martyr (*äv. bildl.*); *be a ~ to illness* plågas av sjukdom **II** *v* låta lida martyrdöden; göra till martyr **-dom** [-dəm] martyrium, martyrskap (*äv. bildl.*); martyrdöd
marvel [ˈmɑːvl] **I** *s* under[verk] **II** *v* förundra sig (*at, about* över; *that* över att) **-lous** *BE.*, **-ous** *AE.* [ˈmɑːv(ə)ləs] underbar, fantastisk; otrolig
Marx [mɑːks] Marx **-ian** [ˈmɑːksjən] marxistisk **-ism** [ˈmɑːksɪz(ə)m] marxism[en] **-ist** [ˈmɑːksɪst] **I** *a* marxistisk **II** *s* marxist
Mary [ˈmeərɪ] *bibl. o. som drottningnamn* Maria; *the Virgin* ~ Jungfru Maria; ~ *Queen of Scots* Maria Stuart **Mary Jane** *AE. sl.* marijuana
Maryland [ˈmeərɪlænd, *AE.* ˈmerɪlənd]
marzipan [ˌmɑːzɪˈpæn] marsipan
masc. *förk. för masculine*
mascara [mæˈskɑːrə] mascara
mascot [ˈmæskət] maskot
mascu|line [ˈmæskjʊlɪn] **I** *a* **1** maskulin, manlig; manhaftig (*woman* kvinna); ~ *appearance* maskulint utseende; ~ *rhyme* (*versl.*) manligt rim **2** *språkv.* maskulin; *the ~ gender* maskulinum, maskulint genus **II** *s, the* ~ maskulinum **-linity** [ˌmæskjʊˈlɪnətɪ] manlighet; manhaftighet
maser [ˈmeɪzə] *fys.* maser
mash [mæʃ] **I** *s* **1** mäsk **2** gröt, sörja **3** (*slags*) djurfoder **4** *BE.* potatismos **II** *v* **1** göra gröt av, mosa; blanda (röra) ihop; *~ed potatoes* potatismos **2** mäska, bereda till mäsk **-er** [ˈmæʃə] potatis|stöt, -press
mashie [ˈmæʃɪ] *golf.* järnklubba nr 5
mask [mɑːsk] **I** *s* **1** (*ansikts-, gas-*) mask (*äv. biol., foto., teat.*); *bildl. äv.* förställning, täckmantel; munskydd; *death* ~ dödsmask **2** maskerad **II** *v* maskera; *bildl. äv.* dölja, camouflera; *~ed ball* maskeradbal
maso|chism [ˈmæzə(ʊ)kɪz(ə)m] masochism **-chist** masochist
mason [ˈmeɪsn] **1** stenhuggare; [sten]murare **2** frimurare **-ic** [məˈsɒnɪk] frimurar-; ~ *lodge* frimurarloge **-ry** [ˈmeɪsnrɪ] **1** murning **2** murverk **3** frimureri
masque [mɑːsk] *hist.* maskspel
masquerade [ˌmæskəˈreɪd] **I** *s* **1** maskerad **2** maskeraddräkt **3** *bildl.* teater; förklädnad **II** *v* **1** delta i maskerad **2** vara maskerad (utklädd); ~ *as* (*äv.*) utge sig för att vara
1 mass [mæs] *kyrkl., mus.* (*ofta M~*) mässa; *High M~* högmässa; *Low M~* stilla mässa; *go to ~* gå i mässan; *say ~* läsa mässan
2 mass [mæs] **I** *s* massa (*äv. fys.*); mängd, [stor] hop; *a ~ of snow* en massa snö; *the ~es* massorna, de breda lagren; *the [great] ~ of* majoriteten (större delen, det stora flertalet) av; *~es of* (*vard., i sht BE.*) massor med (*books* böcker); *in the ~ a*) i huvudsak, *b*) som helhet; *people, in the ~, prefer* folk i allmänhet föredrar **II** *v* **1** samla i mängd, hopa; *mil.* dra samman, koncentrera (*troops* trupper) **2** samlas i mängd, hopas; *mil.* dras samman, koncentreras
Mass. *förk. för Massachusetts* **Massachusetts** [ˌmæsəˈtʃuːsɪts]
massacre [ˈmæsəkə] **I** *s* massaker; blodbad, massmord (*of* på); *vard.* jätteförlust, nederlag **II** *v* massakrera, anställa blodbad på; *vard.* göra ner, orsaka jätteförlust
mas|sage [ˈmæsɑːʒ] **I** *s* massage **II** *v* massera **-seur** [mæˈsɜː] massör **-seuse** [mæˈsɜːz] massös
massif [ˈmæsiːf] [berg]massiv
massive [ˈmæsɪv] massiv; tung, stadig; kraftig (*forehead* panna); omfattande, stor; ~ *support* massivt stöd; *on a ~ scale* i stor skala
mass media [ˈmæsˌmiːdjə] *pl* massmedia **mass meeting** [ˌmæsˈmiːtɪŋ] massmöte **mass number** [ˌmæsˈnʌmbə] *fys.* masstal **mass observation** [ˌmæsɒbzɜːˈveɪʃn] *i sht BE.* massobservation **mass-produce** [ˈmæsprəˌdjuːs] massproducera **mass production** [ˌmæsprəˈdʌkʃn] massproduktion
mast [mɑːst] **I** *s* mast; *at half ~* på halv stång; *before the ~* (*sjö.*) för om masten (*som manskap*) **II** *v* förse med mast[er]; *three-~ed* tremastad
master [ˈmɑːstə] **I** *s* **1** herre, härskare (*of* över); husbonde; husse; arbetsgivare, chef; *the ~ of the house* husets herre, herrn i huset, husbonden, husfadern; *be one's own ~* vara sin egen; *be ~ of* vara herre över, behärska; *be ~ of one's own fate* ha sitt öde i sina egna händer; *be ~ of the situation* vara situationens herre **2** mästare; mäster; *the M~* Mästaren (*Kristus*); ~ *of chess* schackmästare; ~ *of the piano* mästare på piano; *the old ~s* de gamla mästarna; ~ *of ceremonies a*) ceremonimästare, *b*) konferencier, *c*) (*i radio, TV*) programvärd; ~ *of foxhounds* master vid rävjakt; *M~ of the Horse* överhovstallmästare; *M~ of the Queen's (King's) Music* förste hovkapellmästare; *M~ of the Rolls* domare i appellationsdomstol och riksarkivarie **3** läro|mästare, -fader; (*vid vissa college*) rektor; *univ.* magister; *i sht BE.* lärare; *M~ of Arts* filosofie magister (*i humanistiska ämnen*); ~ *of Science* filosofie magister (*i naturvetenskapliga ämnen*); *he is a French ~* han är fransklärare (lärare i franska) **4** kapten, befälhavare (*på handelsfartyg*); *~'s certificate* sjökaptensbrev **5** *M~ Peter* (*i tilltal*) unge herr Peter **6** original (*t. kopia*); matris **7** *Sk.* bröstarvinge (*t. viscount el. baron*) **II** *a* **1** huvud-, över-; förnämst, främst; ~ *copy* original, huvudexemplar, matris; ~ *key* huvudnyckel; ~ *race* herrefolk; ~ *sergeant* (*AE.*) fanjunkare; ~ *switch* huvud-

M

strömbrytare **2** mäster-, mästar-; ~ *carpenter* snickarmästare; ~ *cook* mästerkock **III** *v* **1** behärska (*French* franska); bemästra (*the situation* situationen); övervinna (*one's shyness* sin blyghet); ~ *one's temper* behärska sig **2** härska över, göra sig till herre över

master|-at-arms [ˌmɑ:stə(r)ət'ɑ:mz] (*pl masters-at-arms*) *sjömil.* väbel **-ful** ['mɑ:stəf(ʊ)l] **1** översittaraktig, befallande, dominerande **2** mästerlig **-ly** ['mɑ:stəlɪ] *a* mästerlig, mycket skicklig **-mind** ['mɑ:stəmaɪnd] **I** *v* planlägga, vara hjärnan bakom **II** *s* (*om pers.*) ledande hjärna (förmåga) **-piece** ['mɑ:stəpi:s] mästerverk **-stroke** ['mɑ:stəstrəʊk] genidrag, mästerstycke, mästerligt drag

mastery ['mɑ:st(ə)rɪ] **1** herravälde, kontroll (*of, over* över), överlägsenhet; *gain the ~ of the seas* få herraväldet till sjöss **2** stor skicklighet, mästerskap; behärskande, kunnande, sakkunskap

masthead ['mɑ:sthed] masttopp

masti|cate ['mæstɪkeɪt] tugga; mala sönder, krossa **-cation** [ˌmæstɪ'keɪʃn] tuggande; söndermalning, krossande

mastiff ['mæstɪf] mastiff (*slags dogg*)

mastodon ['mæstədɒn] mastodont (*äv. bildl.*)

mastur|bate ['mæstəbeɪt] onanera **-bation** [ˌmæstə'beɪʃn] onani

1 mat [mæt] **1** dörrmatta; matta (*för gymnastik e.d.; bildl.*); *a ~ of weed* en matta av ogräs **2** underlägg, tablett

2 mat [mæt] **I** *s* **1** passepartout **2** matt yta **II** *a* matt, glanslös (*finish* yta)

matador ['mætədɔ:] matador

1 match [mætʃ] tändsticka; *strike a ~* tända en tändsticka

2 match [mætʃ] **I** *s* **1** like, jämlike; *be a ~ for* kunna mäta sig med; *meet one's ~* finna (möta) sin överman **2** make, pendang, motstycke; *be a good ~* passa bra ihop (*for* med); *this vase is a ~ for that one* den här vasen är en pendang till den där **3** match, [idrotts]tävling; *football ~* fotbollsmatch; *I'll give him a ~* (*bildl.*) jag skall ge honom en match **4** giftermål, äktenskap; parti; *make a good ~* göra ett bra parti; *he's a good ~* han är ett bra parti **II** *v* **1** para ihop; passa ihop, foga samman; avpassa (*to* efter); finna en pendang (ett motstycke, maken) till, matcha; *~ the tongue and groove of boards* sammanfoga spåntade bräder; *they are well ~ed a*) de passar bra ihop, *b*) de är jämställda; *~ s.th. with* passa ihop (matcha) ngt med **2** matcha, gå bra ihop med, passa till; anpassa (*to* efter) **3** finna en jämbördig motståndare till; *sport.* matcha, lansera; *~ a boxer with* (*against*) låta en boxare gå en match mot **4** kunna mäta sig (tävla) med; motsvara; *be ~ed against s.b.* ställa upp mot ngn; *~ one's powers against s.b.* mäta sina krafter med ngn; *it didn't ~ our hopes* det motsvarade inte våra förväntningar **5** gifta bort **6** passa (gå bra) ihop; passa (*with* till); matcha [varandra]; *they don't ~* de passar inte ihop; *that colour is hard to ~* det är svårt att hitta ngt som passar till den färgen **7** *~ up to the situation* vara situationen vuxen

matchboard ['mætʃbɔ:d] spontad bräda

matchbox ['mætʃbɒks] tändsticksask

matchless ['mætʃlɪs] makalös

matchmaker ['mætʃˌmeɪkə] **1** äktenskapsmäklare **2** promotor; arrangör (*av match, tävling*)

match point ['mætʃpɔɪnt] match|boll, -poäng

matchwood ['mætʃwʊd] tändstickstrå; *make ~ of* göra kaffeved av

1 mate [meɪt] **I** *s* **1** make (*äv. om sak*), maka; *where is the ~ to this glove?* var är maken till den här handsken? **2** *vard.* [arbets]kamrat, kompis; *listen, ~!* hörru du! **3** hantlangare, lärling **4** *sjö.* styrman; *first ~* förstestyrman **II** *v* **1** para (*djur*) **2** (*om djur*) para sig

2 mate [meɪt] *se checkmate*

mater ['meɪtə] *skolsl.* moɪsa[n] **-familias** [ˌmeɪtəfə'mɪlɪæs] husmor (*i familj*)

material [mə'tɪərɪəl] **I** *a* **1** materiell; kroppslig, lekamlig; konkret (*proof* bevis); *~ damage* materiella skador **2** väsentlig, viktig (*to* för) **II** *s* material, stoff; ämne (*äv. om pers.*); tyg; *~s* (*pl, äv.*) materiel; *raw ~* råämne, råvara, råmaterial; *writing ~* skrivmateri|al,-el; *she is good editorial ~* hon är ett bra redaktörsämne **-ism** [-ɪz(ə)m] materialism **-ist** [-ɪst] materialist **-istic** [məˌtɪərɪə'lɪstɪk] materialistisk **-ize** (*BE. äv. -ise*) [mə'tɪərɪəlaɪz] **1** förverkligas, ta fast form; ta form; komma till stånd **2** (*om ande, spöke*) uppenbara (visa) sig, dyka upp **3** materialisera, förkroppsliga **-ly** [mə'tɪərɪəlɪ] *adv* **1** i väsentlig grad, väsentligt **2** materiellt

materiel, matériel [məˌtɪərɪ'el] *mil.* materiel

maternal [mə'tɜ:nl] **1** moderlig; moders-; *~ affection* moderskärlek **2** på mödernet; *~ uncle* morbror **-ly** [-ɪ] *adv* **1** moderligt **2** på mödernet; *~ related* släkt på mödernet

maternity [mə'tɜ:nətɪ] **1** moderskap **2** moderlighet **maternity allowance** moderskapspenning **maternity benefit** moderskapshjälp **maternity dress** mammaklänning **maternity home (hospital)** BB, förlossningsanstalt **maternity ward** BB-, förlossnings|avdelning

matey ['meɪtɪ] *BE. vard.* **I** *a* kamratlig; vänskaplig, förtrolig **II** *s* kompis, kamrat

math [mæθ] *AE. vard. för mathematics* matte

mathematic[al] [ˌmæθ(ə)'mætɪk(l)] matematisk, matematik- **mathematician** [ˌmæθ(ə)mə'tɪʃn] matematiker **mathematics** [ˌmæθ(ə)'mætɪks] **1** (*behandlas som sg*) matematik **2** (*behandlas som pl el. sg*) [kunskaper i] matematik; matematiska beräkningar; *the ~ of this are* (*is*) *complicated* det här är svåra matematiska beräkningar; *her ~ are better now* hon är bättre i matematik nu **maths** [mæθs] *BE. vard. för mathematics* matte

matinée ['mætɪneɪ] matiné, eftermiddagsföreställning

mating ['meɪtɪŋ] parning **mating call** parningsläte, lockrop **mating season** parningstid; brunsttid

matins ['mætɪnz] (*behandlas som sg el. pl*) **1** morgonbön; morgon|andakt, -gudstjänst; ottesång **2** *litt.* fåglars morgonkvitter

matri|arch ['meɪtrɪɑ:k] matriark **-archal** [ˌmeɪtrɪ'ɑ:kl] matriarkalisk **-archy** ['meɪtrɪɑ:kɪ] matriarkat

matric [mə'trɪk] *BE. vard. för matriculation*

matrices ['meɪtrɪsi:z] *pl av matrix*

matricide ['meɪtrɪsaɪd] **1** modermord **2** modermördare

matricu|late [mə'trɪkjʊleɪt] skriva in [sig] (*vid univ. el. college*) **-lation** [mə,trɪkjʊ'leɪʃn] **1** inskrivning (*vid univ. el. college*) **2** (*förr*) inträdesexamen (*vid univ. el. college*)

matri|monial [,mætrɪ'məʊnjəl] äktenskaps-, äktenskaplig; ~ *problems* äktenskapliga problem **-mony** ['mætrɪm(ə)nɪ] **1** äktenskap; *enter into holy* ~ inträda i det äkta ståndet **2** giftermål, bröllop **3** mariage (*kortspel*)

ma|trix ['mei|trɪks] (*pl -trices* [-trɪsi:z] *el. -trixes* [-trɪksɪz]) **1** livmoder; *bildl.* ursprung, vagga **2** *anat.* nagelbädd **3** matris; gjutform

matron ['meɪtr(ə)n] **1** äldre gift kvinna, matrona **2** föreståndarinna, husmor (*vid institution, skola e.d.*); *AE.* kvinnlig fångvaktare **-ly** [-lɪ] *a* matron|lik, -aktig

matt[e] [mæt] *se mat*

Matt. *bibl., förk. för Matthew*

matter ['mætə] **I** *s* **1** materia; substans, stoff, material; ämne; *mind and* ~ ande och materia; *advertising* ~ reklam; *colouring* ~ färgämne; *inorganic* ~ oorganiskt ämne; *postal* ~ postförsändelse[r]; *printed* ~ trycksak[er]; *solid and liquid ~s* fasta och flytande ämnen **2** *abstr.* ämne; innehåll; *the* ~ *of the lecture* ämnet för föreläsningen **3** sak, angelägenhet, ärende, fråga; *~s* (*pl*) förhållanden[a]; *business ~s* affärsangelägenheter; *money ~s* penning|frågor, -affärer; *it's no great* ~ det är inte så viktigt, det gör ingenting; *that's not the* ~ *in hand* det är inte det det är frågan om; *a* ~ *of course* en självklarhet, en självklar sak; *as a* ~ *of course* [som ngt] självklart; *a* ~ *of fact* ett faktum; *as a* ~ *of fact* i själva verket, faktiskt; *a* ~ *of habit* en vanesak; *it's a* ~ *of life and death* det gäller livet, det är en fråga om liv eller död; *a* ~ *of time* en tidsfråga; *for that* ~ vad det beträffar, för den delen; *in a* ~ *of minutes* inom (på) några [få] minuter; *in the* ~ *of* vad beträffar, i fråga om; *it is a* ~ *of* det handlar (rör sig, är en fråga) om, det gäller; *it's a* ~ *of £20* det rör sig om [ungefär] 20 pund; *as ~s stand* som det är (ligger till) **4** anledning, orsak; föremål (*of interest* för intresse); *a* ~ *of* (*for*) *complaint* en anledning till klagomål **5** *no* ~ det gör ingenting (detsamma), det spelar ingen roll; *no* ~ *how you do it* hur du än gör det; *no* ~ *how hot it was* till och med i den värsta hettan; *no* ~ *who it is* vem det än må vara **6** *what's the* ~*?* vad står på?, vad är det?, vad är det för fel?, vad har hänt?; *what's the* ~ *with smoking?* vad är det för fel med att röka?; *what's the* ~ *with you?* vad är det med dig?; *something's the* ~ *with the car* det är ngt fel på bilen? **7** *med.* var, sekret **8** *boktr.* manuskript; text; sats **II** *v* vara av betydelse, betyda; *it doesn't* ~ det gör ingenting (detsamma), det spelar ingen roll; *what does it* ~*?* vad gör det?, vad spelar det för roll?; *why should it* ~ *to me?* vad angår det mig?

matter-of|-course [,mæt(ə)rə(v)'kɔ:s] självklar, naturlig **--fact** prosaisk, nykter, saklig

Matthew ['mæθju:] *bibl.* Matteus

matting ['mætɪŋ] [grova] mattor; mattväv; mattillverkning

mattins ['mætɪnz] *se matins*

mattock ['mætək] bred hacka

mattress ['mætrɪs] madrass

maturation [,mætjʊ'reɪʃn] mognande, mognad

mature [mə'tjʊə] **I** *a* **1** mogen (*äv. bildl.*); vuxen; fullt utvecklad (*cell* cell); ~ *fruit* (*cheese*) mogen frukt (ost); *after* ~ *consideration* efter moget övervägande; *of* ~ *years* i mogen (vuxen) ålder **2** förfallen [till betalning] **II** *v* **1** mogna; utvecklas **2** förfalla [till betalning] **3** komma (få) att mogna

maturity [mə'tjʊərətɪ] **1** mognad, mogenhet; mogen ålder; *reach* ~ nå mogen ålder, bli myndig, (*om djur*) bli fullvuxen **2** förfallodag; *at* ~ på förfallodagen

matutinal [,mætju:'taɪnl] morgon-, tidig

matzo ['mɒtsə] (*pl ~s el. ~th*) *jud.* osyrat [påsk]-bröd

maudlin ['mɔ:dlɪn] gråtmild, sentimental

Maugham [mɔ:m]

maul [mɔ:l] **I** *s* tvåhandshammare, slägga **II** *v* mörbulta, illa tilltyga; *bildl.* göra ner, starkt kritisera

maunder ['mɔ:ndə] **1** släntra [omkring] **2** dilla

maundy ['mɔ:ndɪ] fottvagning; *M~ money* allmosor (*som delas ut på skärtorsdagen*); *M~ Thursday* skärtorsdagen

Maureen ['mɔ:ri:n] **Maurice** ['mɒrɪs] **Mauritius** [mə'rɪʃəs]

mausoleum [,mɔ:sə'lɪəm] mausoleum

mauve [məʊv] **I** *s* malvafärg, [ljus]lila **II** *a* malvafärgad, [ljus]lila

maverick ['mæv(ə)rɪk] **1** *AE.* omärkt kalv **2** frifräsare; ensamvarg; *polit.* vilde

mavis ['meɪvɪs] *poet.* taltrast

maw [mɔ:] **1** (*djurs*) mage; löpmage; (*fågels*) kräva **2** *vard.* gap, käft

mawkish ['mɔ:kɪʃ] **1** överdrivet sentimental; mjäkig **2** äcklig, kväljande

max. *förk. för maximum*

maxim ['mæksɪm] maxim, grundsats **maximal** [-l] maximal **maxim|ize** (*BE. äv. -ise*) [-aɪz] maximera; *mat.* finna maximum för **maxi|mum** [-məm] **I** *s* (*pl -ma* [-mə] *el. -mums*]) maximum, höjdpunkt, största omfattning; *be at its* ~ vara som högst (störst), vara på höjdpunkten **II** *a* maximi-; högst, störst; maximal; *score* ~ *points* få maximipoäng; *a* ~ *speed of* en högsta hastighet av

May [meɪ] maj

may [meɪ] (*imperf. might, se detta ord*) *hjälpv, pres.* **1** kan [kanske, eventuellt]; *it* ~ *be that* det kan hända att; *who* ~ *you be?* och vem är du?, vem är du egentligen?; *she* ~ *not be hungry* hon är kanske inte hungrig; *she* ~ *come tomorrow* hon kanske kommer (kan komma) i morgon; *I* ~ *have said so* jag har kanske (det är möjligt att jag har) sagt så; *yes, I* ~*!* ja, det kanske (kan hända att) jag kan **2** kan [få], får [lov att]; *she* ~ *come tomorrow* hon får (kan få) komma i morgon; ~ *I go now?* kan jag [få] gå nu?; *yes, you* ~ ja, det får du (kan du få) **3** må, måtte; *however it* ~ *end* hur det än må (kommer att) sluta; ~ *you never regret it!* måtte du aldrig [få] ångra det!; *I hope he* ~ *succeed* jag hoppas att han [skall] lyckas; *be that as it* ~ därmed må det vara hur som helst; *that's as* ~ *be, but* det må så vara, men; *come what* ~ hända vad som hända vill

Maya ['maɪə] maya (*indianfolk*)

maybe ['meɪbi:] kanske, kanhända

M

May beetle (bug) ['meɪˌbi:tl (bʌg)] *zool.* ollonborre **Mayday** [-deɪ] mayday (*nödsignal*) **May Day** första maj
mayest ['meɪəst] *se mayst*
mayflower ['meɪˌflaʊə] vårblomma; *BE.* gullviva, hagtorn, kabbleka **mayfly** [-flaɪ] *zool.* dagslända
mayhem ['meɪhem] **1** *jur.* (*förr*) lemlästning, stympning **2** förödelse, förstörelse
mayn't [meɪnt] = *may not*
mayonnaise [ˌme(ɪ)ə'neɪz] majonnäs
mayor [meə] borgmästare, mayor **-ess** ['meərɪs] **1** kvinnlig borgmästare (mayor) **2** borgmästarinna, mayors hustru
maypole ['meɪpəʊl] majstång **May Queen** majdrottning
mayst [meɪst] *åld. el. dial., 2 pers. sg pres. av may*
may tree ['meɪtri:] *BE., bot.* hagtorn
maze [meɪz] **1** labyrint; virrvarr (*of streets* av gator) **2** förvirring
mazuma [mə'zu:mə] *sl., i sht AE.* stålar (*pengar*)
mazurka [mə'zɜ:kə] mazurka, masurka
mazy ['meɪzɪ] labyrintisk; förvirrande; förvirrad
M.B. *förk. för Medicinae Baccalaureus* (*lat.*) *Bachelor of Medicine* **M.B.A.** *förk. för Master of Business Administration* **M.B.E.** *förk. för Member of [the Order of] the British Empire* **M.C.** *förk. för Master of Ceremonies; Member of Congress* (*AE.*); *Military Cross* (*BE.*) **mc.** *förk. för megacycle[s]*
McCarthy [mə'kɑ:θɪ]
McCoy [mə'kɔɪ] *s, sl., the real ~ a*) äkta vara, *b*) en pålitlig snubbe
M.Ch. *förk. för Magister Chirurgiae* (*lat.*) *Master of Surgery* (*ung.*) med. lic. i kirurgi **M.D.** *förk. för Medicinae Doctor* (*lat.*) *Doctor of Medicine; Medical Department; mentally deficient; Managing Director* **MD, Md.** *förk. för Maryland* **M.D.S.** *förk. för Master of Dental Surgery* **ME** *förk. för Middle English* **ME, Me.** *förk. för Maine*
me [mi:, *obeton.* mɪ] **I** *pers. pron* **1** mig; *give it to ~* ge mig den, ge den till mig **2** *vard.* jag; *it's ~* det är jag **3** jag, mig; *dear ~!* kära nån!; *poor ~!* stackars mig!; *she's older than ~* hon är äldre än jag; *who, ~!* vem, jag? **4** *vard.* (*framför -ing-form*) *she disapproved of ~ coming* hon ogillade att jag kom **5** *i sht AE. dial. för myself; I got ~ a new hat* jag skaffade mig en ny hatt **II** *poss. pron* (*vard., dial. för my*) *that's ~ sister* det där är min syster **III** *s, vard.* jag; *the real ~* mitt verkliga (rätta) jag
1 mead [mi:d] mjöd
2 mead [mi:d] *åld., poet.* äng
meadow ['medəʊ] äng **-sweet** älg|gräs, -ört
meagre ['mi:gə] mager (*äv. bildl.*); knapp, torftig
1 meal [mi:l] måltid; mål [mat]; mat; *a hot ~* varm mat; *make a ~ of* (*vard.*) överdriva; *she really made a ~ of it* (*vard.*) hon gick inte att hejda
2 meal [mi:l] grovt mjöl, gröpe; *Sk.* havremjöl; *AE.* majsmjöl **meal-beetle** ['mi:lˌbi:tl] *zool.* mjölbagge **mealie** ['mi:lɪ] *Sydafr.* majskolv
meal ticket ['mi:lˌtɪkɪt] **1** *AE.* måltids-, lunch|-kupong **2** *sl.* födkrok **meal time** [-taɪm] matdags
mealworm ['mi:lwɜ:m] *zool.* mjölmask **mealy** [-ɪ] **1** mjölig, mjölaktig; mjöl- **2** (*om häst*) fläckig **3** (*om hy*) blek **mealy-mouthed** [-maʊðd] försiktig [i sitt tal], inte rättfram, undanglidande
1 mean [mi:n] (*meant, meant*) **1** betyda, innebära; mena, avse, syfta på; *the name ~s nothing to me* namnet säger mig [absolut] ingenting; *I know what it ~s to be poor* jag vet vad det innebär (vill säga) att vara fattig; *ten pounds ~ a lot to her* tio pund är mycket pengar för henne; *you don't ~ it!* det menar du inte!; *what do you ~ by that?* vad menar du med det **2** ha för avsikt, tänka ämna, vilja; mena; [till]ämna, avse; *be meant for s.b.* vara ämnad åt (avsedd för) ngn; *this book was meant for you* (*äv.*) det var meningen att du skulle få (ha) den här boken; *he ~s no harm* han menar ingenting illa; *he ~s you no harm* han vill dig inget illa; *he ~s no offence* han vill inte såra ngn; *I didn't ~ you to* det var inte min mening att du skulle; *what's that meant to be?* vad ska det där föreställa?; *it did break, but I meant it to* den gick sönder, men det var meningen; *what do you ~ to do?* vad skall (tänker) du göra?; *~ s.b. to do s.th.* vilja att ngn gör ngt; *I ~ to have it* jag är fast besluten att få den; *I only meant to help you* jag ville ju bara hjälpa dig; *it is meant to be used* den är till för att användas; **3** mena (*well* väl)
2 mean [mi:n] **I** *s* **1** medelväg; *the golden* (*happy*) *~* den gyllene medelvägen **2** *mat.* medel|tal, -värde; genomsnitt; *geometric ~* geometriskt medium (medelvärde) **II** *a* medel-; genomsnitts-; *~ proportional* medelproportional; *~ temperature* medeltemperatur
3 mean [mi:n] **1** *i sht BE.* snål, gnidig, närig **2** gemen, tarvlig, nedrig, hemsk; *~ motives* låga motiv; *that's a ~ thing to do* det var nedrigt (tarvligt) gjort **3** obetydlig, oansenlig; *no ~ performance* ingen dålig prestation **4** usel, torftig, eländig (*shack* koja) **5** *vard., i sht AE.* elak; sur **6** *vard.* skamsen; krasslig; *feel ~* skämmas **7** *sl.* schysst, bra; fantastisk
meander [mɪ'ændə] **I** *s* **1** meander|slinga, -ornament **2** *vanl. pl ~s* (*flods*) slingrande lopp, meandrar; *bildl.* krokvägar, avvikelser **II** *v* **1** slingra sig [fram] **2** ströva omkring, irra runt **-ing** [-rɪŋ] *a* slingrande
meaning ['mi:nɪŋ] **I** *s* betydelse, mening; innebörd; *explain the ~ of* förklara innebörden av; *what's the ~ of...?* vad betyder (är meningen med)...?; *do you get my ~?* förstår du vad jag menar? **II** *a* talande, menande (*look* blick) **-ful** [-fʊl] menings|full, -fylld, betydelsefull **-less** [-lɪs] meningslös; betydelselös
means [mi:nz] **1** (*behandlas som sg el. pl*) medel, hjälpmedel, sätt, möjlighet[er], utväg[ar]; *by ~ of s.th.* med [hjälp av] ngt, genom ngt; *by all ~!* för all del!, självklart!, naturligtvis!; *by no ~!, not by any ~!* inte alls!, absolut inte!, ingalunda!; *by some ~ or other* på ett eller annat sätt, på något sätt; *by this ~* på detta sätt; *there is no ~ of doing it* det är omöjligt att göra det **2** *pl* medel, resurser, tillgångar, inkomster; *~ of production* produktionsmedel; *man of ~s* förmögen man; *that is beyond my ~* det har jag inte råd med; *live beyond one's ~s* leva över sina tillgångar **means test** ['mi:nztest] inkomst-, behovs|prövning
meant [ment] *imperf. o. perf. part. av 1 mean*

mean|time [ˌmi:n'taɪm], **-while I** *s* mellantid; *in the ~* under [mellan]tiden, så länge **II** *adv* under [mellan]tiden, så länge
meas. *förk. för measure*
mea|sles ['mi:zlz] (*behandlas som sg*) mässling **-sly** [-zlɪ] *a, vard.* ynklig, futtig
measure ['meʒə] **I** *s* **1** mått (*äv. bildl.*); mått|enhet, -system, -redskap; måttstock (*äv. bildl.*); dimension[er]; gräns[er]; *~ of length* längdmått; *full* (*short*) *~* fullt (knappt) mått; *give full* (*short*) *~* mäta väl (knappt); *greatest common ~* (*mat.*) största gemensamma divisor; *beyond ~* omåttlig[t], övermåttan; *his joy was beyond ~* hans glädje kände inga gränser; *for good ~ a*) som påbröd, *b*) för säkerhets skull; *within ~* inom rimliga gränser, med måtta; *get the ~ of s.b.* bedöma ngn [rätt]; *it gave me some ~ of the difficulty* det gav mig en uppfattning om svårigheten; *made to ~* måttbeställd; *take a p.'s ~* ta mått på ngn (*for a garment* till ett plagg) **2** grad, mån; *in* (*to a*) *large ~* i hög grad; *in some* (*a*) *~* på sätt och vis, i viss mån **3** åtgärd, steg; *take ~s* vidta åtgärder (mått och steg) **4** lagförslag; *bring in a ~* framlägga ett lagförslag **5** versmått, meter **6** *mus.* takt, rytm; *poet.* visa, melodi; *åld.* dans **II** *v* **1** mäta (*äv. bildl.*); ta mått på (*s.b. for a garment* ngn till ett plagg); *bildl. äv.* bedöma; *~ one's length* falla raklång (framstupa); *~ one's strength against* mäta sina krafter med; *~ off* (*out*) mäta upp; *~ out punishments* utmäta straff; *~ up a*) mäta [upp], ta mått på, *b*) bedöma **2** an-, av|passa, lämpa (*by, to* efter) **3** mäta; ta mått; gå att mäta, kunna mätas; *it ~s ten feet* den mäter tio fot (är tio fot lång); *she didn't ~ up* hon höll inte måttet (var en besvikelse); *~ up to s.th.* kunna mäta sig med ngt, motsvara ngt **measured** [-d] **1** uppmätt; avpassad **2** välöverlagd, genomtänkt **3** avmätt, avpassad, regelbunden, jämn; *with ~ steps* med avmätta steg **measureless** [-lɪs] mått-, gräns|lös, oändlig **measurement** [-mənt] **1** mätning **2** mått; dimension; *the metric system of ~* metersystemet; *take a p.'s ~s* ta mått på ngn **measuring tape** ['meʒ(ə)rɪŋteɪp] måttband **measuring worm** ['meʒ(ə)rɪŋwɜ:m] *zool.* mätarlarv
meat [mi:t] **1** kött (*av däggdjur*); köttig del, ätligt innanmäte; *crab ~* krabba, krabbkött **2** mat; *~ and drink* mat och dryck; *one man's ~ is another man's poison* smaken är olika **3** *bildl.* väsentligt innehåll, kärna **meatball** ['mi:tbɔ:l] **1** köttbulle **2** *AE. sl.* dumskalle **meatloaf** ['mi:tləuf] köttfärslimpa **meatpie** [ˌmi:t'paɪ] kött|paj, -pastej **meaty** ['mi:tɪ] **1** köttig; kött- **2** kraftig, muskulös **3** givande, intressant
Mecca ['mekə] Mecka; *bildl.* mecka, vallfartsort
mech. *förk. för mechanical; mechanics; mechanism*
mechanic [mɪ'kænɪk] mekaniker; verkstadsarbetare **mechanical** [-l] mekanisk (*äv. bildl.*); maskinell; *bildl. äv.* automatisk, vanemässig; *~ device* mekanism; *~ engineer* maskiningenjör **mechanics** [-s] **1** (*behandlas som sg*) mekanik; maskinlära **2** *pl, bildl.* mekanism; teknik; *the ~ of piano-playing* tekniken i pianospelning **mechanism** ['mekənɪz(ə)m] **1** mekanism (*äv. bildl.*); *defence ~* (*psykol.*) försvarsmekanism **2** *bildl.* mekanik; teknik; *the ~ of learning* inlärningsteknik **mecha|nization** (*BE. äv. -nisation*) [ˌmekənaɪ'zeɪʃn] mekanisering; motorisering **mecha|nize** (*BE. äv. -nise*) ['mekənaɪz] mekanisera; motorisera; *~d forces* (*mil.*) motoriserade förband
M.Econ. *förk. för Master of Economics*
Med [med] *vard.* medelhavsområdet
M.Ed. *förk. för Master of Education* **med.** *förk. för medical; medicine; medieval; medium*
medal ['medl] medalj **medalled** [-d] medaljerad **medallion** [mɪ'dæljən] medaljong **medallist** ['medl̩ɪst] **1** medaljör, medaljgjutare, medaljgravör **2** *i sht sport.* medaljör, medaljvinnare; *gold ~* guldmedaljör
meddle ['medl] lägga (blanda) sig i (*in s.th.* ngt); *~ in a p.'s affair* lägga sig i ngns angelägenheter; *~ with a*) befatta sig med, *b*) blanda (lägga) sig i; *she's always meddling* hon lägger sig alltid i allting **meddler** [-ə] person som lägger sig i allting **meddlesome** [-səm], **meddling** [-ɪŋ] påträngande, beskäftig
media ['mi:djə] *pl av medium*
mediaeval [ˌmedɪ'i:vl] *se medieval*
medial ['mi:djəl] medial; mitt-, mellan- **median** [-n] **I** *a* **1** median-, mitt-, mellan-; *~ strip* (*AE.*) mittremsa (*på väg*) **II** *s* median
medi|ate I *v* ['mi:dɪeɪt] **1** medla (*between* mellan; *in* i) **2** medla, mäkla (*peace* fred); åstadkomma (*a settlement* en uppgörelse) **II** *a* ['mi:dɪət] indirekt **-ation** [ˌmi:dɪ'eɪʃn] medlande; medling; förlikning **-ator** ['mi:dɪeɪtə] medlare; mellanhand, förmedlare; förlikningsman
medic ['medɪk] *vard.* läkare; sjukvårdare; medicinare (*studerande*) **Medicaid, medicaid** [-eɪd] *AE., statlig sjukförsäkring för låginkomsttagare* **medical** [-l] **I** *a* medicinsk, medicin-; läkar-; *~ care* (*attendance*) läkarvård; *~ certificate* läkar-, frisk|intyg; *~ examination* läkarundersökning; *~ examiner a*) *i sht AE.* rättsläkare, *b*) läkare som utfärdar [frisk]intyg; *~ jurisprudence* rättsmedicin; *~ man* läkare; *~ orderly* (*mil.*) sjukvårdare; *~ school* medicinsk fakultet (högskola); *~ student* medicinare, medicine studerande **II** *s, vard.* läkarundersökning **medicament** [me'dɪkəmənt] medikament, läkemedel **Medicare, medicare** ['medɪkeə] *AE., federal sjukförsäkring för pensionärer* **medicate** ['medɪkeɪt] **1** läkarbehandla; behandla (*sår*) **2** tillsätta läkemedel till; *~d shampoo* medicinskt schampo **medication** [ˌmedɪ'keɪʃn] **1** medicinsk behandling **2** medikament, läkemedel **medicinal** [me'dɪsɪnl] **I** *a* medicinsk; medicinal; *~ herb* medicinalväxt; *for ~ purposes* för medicinska ändamål **2** läkande, botande **medicine** ['meds(ɪ)n] **1** medicin (*äv. i motsats t. kirurgi*), läkekonst, läkarvetenskap; *practise ~* utöva läkaryrket **2** medicin, läke-, bote|medel; *give s.b. a taste* (*dose*) *of his own ~* låta ngn få smaka sin egen medicin; *take one's ~* (*bildl.*) ta konsekvenserna, bita i det sura äpplet **medicine chest** ['meds(ɪ)ntʃest] förbandslåda, husapotek **medicine man** medicinman **medico** ['medɪkəu] *vard.* läkare; medicinare (*studerande*)
medieval [ˌmedɪ'i:vl] medeltids-, medeltida; *vard.* urgammal, primitiv

M

medi|ocre [ˌmi:dɪ'əʊkə] medelmåttig **-ocrity** [-'ɒkrətɪ] **1** medelmåttighet **2** (*person*) medelmåtta

medi|tate ['medɪteɪt] **1** grubbla på (över) **2** meditera, fundera, tänka ([*up*]*on* över, på) **-tation** [ˌmedɪ'teɪʃn] meditation, begrundan[de], funderande (*on* över, på); (*religiös*) betraktelse **-tative** ['medɪtətɪv] meditativ, begrundande, eftertänksam, tankfull

Mediterranean [ˌmedɪtə'reɪnjən] **I** *s*, *the* ~ Medelhavet **II** *a* medelhavs-, mediterran; *the* ~ *Sea* Medelhavet

medi|um ['mi:dj|əm] **I** *s* (*pl* *-a* [-ə], *-ums* [-əmz]) **1** medelväg; medelvärde; *the happy* ~ den gyllene medelvägen **2** medium; hjälpmedel; förmedlande länk; uttrycksmedel; *the media* (*vard.*) massmedia; ~ *of exchange* betalningsmedel; *through the* ~ *of* genom förmedling av **3** (*spiritistiskt*) medium **II** *a* medel|stor, -god; medel-, mellan-; ~ *rare* lättstekt; *of* ~ *size* mellanstor, i mellanstorlek; ~ *wave* (*radio.*) mellanvåg **medium--range** medeldistans-; ~ *missile* medeldistansrobot **medium-size[d]** medel-, mellan|stor

medlar ['medlə] *bot.* mispel

medley ['medlɪ] **I** *s* **1** blandning **2** *mus.* potpurri **2** (*i simning*) medley; ~ *relay* medley i lag **II** *a* blandad, brokig

medulla [me'dʌlə] *anat. o. bot.* märg **medulla oblongata** [-ˌɒblɒŋ'gɑ:tə] *anat.* förlängda märgen

medu|sa [mɪ'dju:zə] (*pl* *-sas el. -sae* [-zi:]) *zool.* medusa, manet

meek [mi:k] **1** tålig, tålmodig, undergiven; ödmjuk **2** mesig

1 meet [mi:t] **I** *v* (*met, met*) **1** möta; träffa; lära känna, göra bekantskap med; (*om vattendrag*) förena sig (flyta samman) med; ~ *one's death* finna sin död, dö, omkomma; ~ *Mr. A.!* får jag presentera (föreställa) herr A?; *pleased to* ~ *you!* *a*) roligt att träffas!, *b*) goddag!; *arrange to* ~ *s.b.* stämma möte med ngn; *I could not* ~ *her eye* jag kunde inte möta hennes blick; *there's more to it than ~s the eye* det ligger ngt bakom, där ligger en hund begraven; *I'll* ~ *your train* jag möter dig vid tåget (stationen) **2** [be]möta; bekämpa; besvara **3** tillfredsställa, tillmötesgå (*demands* krav); motsvara, uppfylla (*expectations* förväntningar); betala, bestrida (*debts* skulder); täcka (*a deficit* ett underskott); ~ *a p.'s wishes* efterkomma ngns önskningar **4** mötas; träffas; ses; sammanträda; (*om vattendrag*) förena sig, gå (flyta) ihop; ~ *halfway* mötas på halva vägen, kompromissa; *the skirt wouldn't* ~ kjolen gick inte igen **5** ~ *up with* träffa, stöta på; ~ *with* *a*) råka ut för, stöta (träffa) på, uppleva, *b*) möta, *c*) hitta, komma över; ~ *with an accident* råka ut för en olycka; ~ *with difficulties* stöta på svårigheter; ~ *with praise* få beröm; ~ *with a warm welcome* få (röna) ett hjärtligt mottagande **II** *s* **1** *jakt.* möte, mötesplats; jaktsällskap **2** *sport.* tävling, möte

2 meet [mi:t] *åld.* lämplig, passande

meeting ['mi:tɪŋ] möte; samman|träffande, -komst, -träde; (*vattendrags*) sammanflöde; *sport.* tävling, möte **meeting house** (*kväkares*) böne-, församlings|hus

Meg [meg] *kortform av Margaret*

mega|cycle ['megəˌsaɪkl] megacykel **-hertz** [-hɜ:ts] megahertz **-lithic** [ˌmegə'lɪθɪk] *arkeol.* megalitisk

megaloma|nia [ˌmegələ(ʊ)'meɪnjə] storhetsvansinne, megalomani **-niac** [-nɪæk] person som lider av storhetsvansinne

mega|phone ['megəfəʊn] megafon, ropare **-ton** megaton (*1 miljon ton*) **-watt** megawatt

melan|cholia [ˌmelən'kəʊljə] melankoli, svårmod, tungsinne **-choliac** [-'kəʊlɪæk] melankoliker **-cholic** [-'kɒlɪk] melankolisk **-choly** ['melənkəlɪ] **I** *s* melankoli, svårmod, tungsinne **II** *a* melankolisk, tungsint, dyster, deprimerad

Melba toast ['melbətəʊst] tunt, hårdrostat bröd

Melbourne ['melbən]

mêlée ['meleɪ] handgemäng; strid; livlig debatt

meliorate ['mi:ljəreɪt] förbättra

mellif|erous [me'lɪfərəs] honungsalstrande **-luous** [-lʊəs] honungs|söt, -len, -ljuv

mellow ['meləʊ] **I** *a* **1** mogen, söt (*fruit* frukt); mogen (*cheese* ost); (*om vin*) fyllig **2** (*om färg, klang*) fyllig, mättad, rik **3** (*om person*) mogen, varmhjärtad; jovialisk; lätt berusad **4** lucker (*som jord*) **II** *v* **1** göra mogen *etc.*, *jfr I*, komma att mogna; mildra, dämpa **2** luckra **3** mogna; bli fyllig; mildras, dämpas **4** bli berusad **5** bli lucker

melodic [mɪ'lɒdɪk] melodisk, melodi- **melodious** [-'ləʊdjəs] melodisk, melodiös **melodist** ['melədɪst] **1** sångare **2** låtskrivare

melo|drama ['melə(ʊ)ˌdrɑ:mə] melodram[a] **-dramatic** [ˌmelə(ʊ)drə'mætɪk] melodramatisk, teatralisk

melody ['melədɪ] melodi; *bildl.* melodi, välljud (*of poetry* i poesi)

melon ['melən] **1** melon **2** *AE. sl.* extra utdelning (*t. aktieägare*)

melt [melt] **I** *v* **1** smälta (*äv. bildl.*); lösa upp; ~ *down* smälta ner **2** smälta (*äv. bildl.*); lösas upp; ~ *into tears* röras (bevekas) till tårar, smälta i tårar; *it ~s in the mouth* den smälter i munnen **II** **1** smältande **2** *tekn.* smälta **melt-down** ['meltdaʊn] härdsmälta (*i kärnreaktor*) **melting point** ['meltɪŋpɔɪnt] smältpunkt **melting pot** ['meltɪŋpɒt] smältdegel (*äv. bildl.*); *be in the* ~ (*äv.*) vara oviss

mem. *förk. för member; memoir; memorandum; memorial*

member ['membə] **1** medlem, ledamot; ~ *for a constituency* representant för en valkrets; *a* ~ *of the family* en familjemedlem; *M~ of Parliament* parlamentsledamot, riksdagsman; *~s only* endast för medlemmar **2** [djur]lem; [växt]del **3** penis **4** *mat., språkv.* del; led **-ship** **1** medlemskap, ledamotskap **2** medlemsantal

membrane ['membreɪn] membran, tunn hinna (skiljevägg)

memento [mɪ'mentəʊ] (*pl* ~[*e*]*s*) minne, minnessak

memo ['meməʊ] *förk. för memorandum* PM

memoir ['memwɑ:] biografi; monografi; *~s* (*pl*) *a*) memoarer, självbiografi, *b*) (*lärt sällskaps*) handlingar

memorable ['mem(ə)rəbl] minnesvärd

memoran|dum [ˌmemə'ræn|dəm] (*pl* *-da* [-də] *el.* *-dums* [-dəmz]) **1** [minnes]anteckning, notering; promemoria **2** (*kort skriftligt*) meddelande

3 *dipl.* memorandum **4** *jur.* resumé
memorial [mɪ'mɔ:rɪəl] **I** *s* **1** minne; minnesmärke (*to* över) **2** betänkande, inlaga, memorial **3** krönika **II** *a* minnes-; *M~ Day* (*AE.*) minnesdagen (*vanl. 30 maj*)
memo|rize (*BE. äv. -rise*) ['meməraɪz] memorera, lära sig utantill **memory** [-ɪ] **1** minne (*äv. data.*), minnesförmåga; *short ~* kort (dåligt) minne; *from ~* ur minnet; *commit s.th. to ~* lägga ngt på minnet; *have a good ~ for names* ha bra minne för namn; *if my ~ serves me right* om jag minns rätt **2** minne, hågkomst; åminnelse; *in* (*to the*) *~ of* till minne av; *honour the ~ of* hedra minnet av; *walk* (*take a trip*) *down ~ lane* hänge sig åt gamla minnen **memory bank** databank
men [men] *pl av man*
menace ['menəs] **I** *s* **1** *litt.* hot (*to* mot); hotande **2** [hotande] fara **3** *vard.* plåga, pest; *she's a ~* hon är en plåga **II** *v* hota; hota med **menacing** [-ɪŋ] *a* hotande **menacingly** [-ɪŋlɪ] *adv* hotfullt, hotande
ménage [me'nɑ:ʒ] [personer i ett] hushåll
menagerie [mɪ'nædʒərɪ] menageri
mend [mend] **I** *v* **1** reparera, laga; lappa; stoppa (*socks* strumpor) **2** förbättra; *~ one's ways* (*manners*) bättra sig; *~ matters* klara upp en sak; *that won't ~ matters* det gör inte saken bättre **3** tillfriskna, återhämta sig; bli bättre, förbättras **II** *s* **1** lagat ställe, lagning, lapp, stopp **2** *be on the ~* vara på bättringsvägen
mendacious [men'deɪʃəs] lögnaktig **mendacity** [-'dæsətɪ] **1** lögnaktighet **2** osanning
mendi|cancy ['mendɪkənsɪ] tiggeri **-cant** [-ənt] **I** *a* tiggar-, tiggande; *~ friar* tiggarmunk **II** *s* tiggarmunk
mending ['mendɪŋ] kläder som skall lagas, lagning, stoppning
menfolk ['menfəʊk] (*behandlas som pl*) manfolk, karlar
menhir ['men,hɪə] *arkeol.* menhir
menial ['mi:njəl] **I** *a* **1** enkel, låg, simpel; tjänar- **2** servil **II** *s* **1** tjänare **2** servil person
meningitis [,menɪn'dʒaɪtɪs] *med.* meningit, hjärnhinneinflammation
menopause ['menə(ʊ)pɔ:z] *med.* menopaus; klimakterium
menses ['mensi:z] (*behandlas som sg el. pl*) mens, menstruation
menstru|al ['menstrʊəl] menstruations- **-ate** [-eɪt] menstruera, ha menstruation **-ation** [,menstrʊ'eɪʃn] menstruation
mensuration [,mensjʊə'reɪʃn] mätning
menswear ['menzweə] herrkläder
mental ['mentl] **1** mental, själslig, psykisk; intellektuell; *~ age* intelligensålder; *~ arithmetic* (*calculations*) huvudräkning; *~ cruelty* själslig grymhet; *~ deficiency* förståndshandikapp; *~ faculties* själsförmögenheter; *~ health* mental (psykisk, själslig) hälsa; *~ hospital* (*institution*) mentalsjukhus; *~ patient* mentalsjuk patient; *~ reservation* tyst förbehåll; *~ work* intellektuellt arbete; *make a ~ note of s.th.* lägga ngt på minnet **2** *vard.* knäpp, knasig, stollig **mentality** [men'tælətɪ] **1** mentalitet, sinnesförfattning, läggning **2** intelligens, förstånd **mentally** ['mentəlɪ] *adv* **1** mentalt, själsligt, psykiskt; *~ deficient* förståndshandikappad; *~ ill* mentalsjuk, psykiskt sjuk **2** i tankarna; i huvudet
menthol ['menθɒl] mentol **mentholated** ['menθəleɪtɪd] med mentol, mentol-
mention ['menʃn] **I** *v* nämna, tala om (*to* för); omnämna; *she was ~ed in the book* hon omnämndes i boken; *don't ~ it!* för all del!, ingen orsak!; *not to ~* för att inte tala om; *it hardly needs ~ing that* det behöver knappast sägas att **II** *s* omnämnande; *honourable ~* hedersomnämnande; *get* (*receive*) *a ~* (*äv.*) bli omnämnd, nämnas
mentor ['mentɔ:] rådgivare, handledare, mentor
menu ['menju:] meny, matsedel
meow [mɪ'aʊ] *se miaow*
Mephistopheles [,mefɪ'stɒfɪli:z] Mefistofeles
mercan|tile ['mɜ:k(ə)ntaɪl] handels-, köpmans-, merkantil; *~ marine* handelsflotta; *~ agency* kreditupplysningsbyrå; *the ~ system* merkantilismen **-tilism** ['mɜ:kəntɪlɪz(ə)m] merkantilism
mercenary ['mɜ:sɪn(ə)rɪ] **I** *a* vinningslysten, sniken; egennyttig **2** lego-, lejd; *~ troops* legotrupper **II** *s* legosoldat; *mercenaries* (*äv.*) legotrupper
mercer ['mɜ:sə] *BE.* manufakturhandlare (*i sht i finare tyger*)
mercer|ize (*BE. äv. -ise*) ['məɜ:səraɪz] mercerisera
merchandise ['mɜ:tʃ(ə)ndaɪz] [handels]varor
merchant ['mɜ:tʃ(ə)nt] **I** *s* **1** köpman, [gross]handlare, affärsman; *i sht AE.* detaljhandlare **2** *neds.* typ, dåre; *gossip ~* skvallrig typ; *speed ~* fartdåre **II** *a* handels-; *~ bank* affärsbank (*i sht för utlandsaffärer*); *~ navy* (*marine*) handelsflotta; *~ prince* affärsmagnat; *~ sailor* matros i handelsflottan; *~ ship* handelsfartyg **-man** handelsfartyg
merci|ful ['mɜ:sɪf(ʊ)l] barmhärtig **-less** [-lɪs] obarmhärtig
mercurial [mɜ:'kjʊərɪəl] **1** kvicksilver- **2** livlig; ombytlig **mercurialism** [mɜ:'kjʊərɪəlɪz(ə)m] kvicksilverförgiftning **mercury** ['mɜ:kjʊrɪ] kvicksilver **Mercury** ['mɜ:kjʊrɪ] Merkurius
mercy ['mɜ:sɪ] **1** nåd, barmhärtighet; *ask* (*beg*) *for ~* be (tigga) om nåd; *be at the ~ of* vara utlämnad på nåd och onåd åt; *have ~ [up]on s.b.* förbarma sig över (ha förbarmande med) ngn, vara ngn nådig **2** lycka; välsignelse, välgärning; *it's a ~ nobody was hurt* det var tur att ingen blev skadad; *her death was a ~ after all her suffering* hennes död var en välsignelse efter allt hennes lidande
1 mere [mɪə] *a* blott, ren; *by a ~ chance* av en ren händelse; *the ~ thought of it* blotta tanken på det; *he's a ~ child* han är bara ett barn
2 mere [mɪə] *poet.* sjö, tjärn
merely ['mɪəlɪ] endast, bara, blott
meretricious [,merɪ'trɪʃəs] **1** uppseendeväckande, prålig **2** falsk, oäkta
merge [mɜ:dʒ] **1** gå ihop (samman) (*into* i); smälta ihop (samman); flyta ihop; (*om företag*) fusionera, gå ihop **2** slå ihop (samman) (*into* till); fusionera; *be ~d with* (*in*) slås ihop (införlivas) med, gå upp i **merger** ['mɜ:dʒə] samgående; sammansmältning; *hand.* sammanslagning, fusion
meridian [mə'rɪdɪən] **I** *s* **1** meridian **2** *bildl.* topp, höjdpunkt **II** *a* **1** meridian-, middags- **2** topp-, höjd- **meridional** [-l] **I** *a* **1** meridian- **2** sydeuro-

M

peisk, *i sht* sydfransk **II** *s* sydeuropé, *i sht* person från Sydfrankrike
meringue [mə'ræŋ] maräng
merino [mə'ri:nəʊ] merinofår; merino|ull, -garn
merit ['merɪt] **I** *s* förtjänst, merit; fördel, värde; *women of* ~ förtjänta kvinnor; *the ~s and demerits of* fördelarna och nackdelarna (felen och förtjänsterna) med; *a book of great literary ~s* en bok med stora litterära förtjänster; *judge s.b. on his ~s* bedöma ngn utifrån hans egna förutsättningar (rent objektivt) **II** *v* vara värd (förtjänt av), förtjäna **-ed** [-ɪd] välförtjänt
meri|tocracy [,merɪ'tɒkrəsɪ] meritokrati **-torious** [-'tɔ:rɪəs] förtjänstfull; berömvärd
mer|maid ['mɜ:meɪd] sjöjungfru **-man** ['mɜ:mæn] vattenande, näck
merriment ['merɪmənt] munterhet, glädje, uppsluppenhet
merry ['merɪ] **1** munter, glad, uppsluppen; [*A*] *M~ Christmas!* God Jul!; *the M~ Widow* Glada änkan; *make* ~ roa sig, vara glad och uppsluppen; *make ~ over* göra sig lustig över; *play ~ hell with s.b.* (*vard.*) bråka med ngn **2** angenäm, skön, härlig **3** *BE. vard.* lätt berusad **--andrew** [,merɪ'ændru:] clown, pajas **--go-round** ['merɪgə(ʊ),raʊnd] karusell (*äv. bildl.*) **-makers** ['merɪmeɪkəz] glada (upprymda) människor, festprissar **-making** ['merɪ,meɪkɪŋ] festande, förlustelser, muntration
mesa ['meɪsə] *AE.* mesa (*slags taffelberg*)
mesca|lin, -line ['meskəlɪn, -li:n] meskalin
mesdames ['meɪdæm] *pl av madame*
mesh [meʃ] **I** *s* **1** nät[verk] **2** maska; maskstorlek; *~es* (*pl*) nät[verk], *bildl. äv.* garn, snaror; *fine ~ stockings* finmaskiga strumpor **3** *tekn.* ingrepp; *be in* ~ (*om kuggar*) gripa in i varandra **II** *v* **1** fånga i nät (garn), snara **2** *tekn.* koppla in (*kugghjul*) **3** samordna **4** fastna i nät (garn), snärja in sig **5** (*om kuggar*) gripa in i varandra **6** *bildl.* sam|verka, -arbeta
mesmer|ism ['mezmərɪz(ə)m] mesmerism, animal magnetism, (*slags*) hypnos **-ize** (*BE. äv. -ise*) [-aɪz] **1** hypnotisera; *bildl.* trollbinda, fascinera
meson ['mi:zɒn] *fys.* meson
Mesopotamia [,mes(ə)pə'teɪmjə] Mesopotamien
mess [mes] **I** *s* **1** oreda, röra, oordning, villervalla; klämma, knipa, problem; skräp, smörja; smuts; *her marriage was a* ~ hennes äktenskap var trassligt (en enda röra); *get into a* ~ komma i knipa, få problem, råka illa ut; *look a* ~ se hemsk (slarvig, smutsig) ut, vara stökig (en salig röra); *make a* ~ skräpa (smutsa) ner, stöka till; *the cat has made a ~ on the carpet* katten har bajsat på mattan; *make a ~ of* skräpa (smutsa) ner, stöka (röra, ställa, trassla) till, fördärva, förstöra; *she's in a fine* ~ nu har hon ställt till det för sig **2** *vard.* smutsig (ovårdad) typ, lortgris **3** *mil., sjö.* mäss; mat|lag, -sällskap **4** *åld.* [mat]rätt; portion; *~ of pottage* materiell fördel (*för vilken högre värden offras*), *bibl.* grynvälling **II** *v* **1** ~ [*up*] skräpa (smutsa) ner, stöka till, röra ihop, trassla till, fördärva, förstöra **2** *mil.* utspisa **3** ~ *about a*) greja, pilla, knåpa, syssla, hålla på, *b*) larva omkring, larva sig; ~ *about* (*around*) *with s.b. a*) ge sig i lag med ngn, befatta (beblanda) sig med ngn, *b*) ha ihop det med ngn; ~ *about* (*around*) *with s.th.* blanda (lägga) sig i ngt **4** *mil.* äta (*i mässen*)
message ['mesɪdʒ] **I** *s* **1** meddelande, underrättelse; budskap; *get the* ~ (*vard.*) förstå [vad som menas], fatta, begripa; *can I take a ~?* (*i telefon*) kan jag lämna ngt meddelande (framföra ngt)? **2** *Sk.* ärende, inköp
messenger ['mesɪndʒə] **1** bud; budbärare, sändebud **2** springpojke, [express]bud **3** kurir **4** *sjö.* kabellarium **messenger boy** springpojke, [express]bud
Messiah [mɪ'saɪə] Messias
messieurs [meɪ'sjɜ:] *pl av monsieur*
mess jacket ['mes,dʒækɪt] (*midjekort*) mässjacka **mess kit** [-kɪt] *mil.* **1** högtidsdräkt (*för officerare*) **2** kokkärl **messmate** [-meɪt] mässkamrat
Messrs. ['mesəz] (*eg. förk. för messieurs, används som pl av Mr. i sht i firmanamn*) Herrar, Firma
messuage ['meswɪdʒ] *jur.* gård med uthus och tillhörande mark
mess-up ['mesʌp] oreda, trassel, virrvarr
messy [-ɪ] rörig, virrig, oordnad; smutsig, snuskig
mestizo [mes'ti:zəʊ] (*pl ~[e]s*) mestis
1 Met [met] *s, the* ~ (*vard. för the Metropolitan Opera House*) Metropolitan (*opera i New York*)
2 Met [met] *s, the ~ Office = the Meteorological Office*
met [met] *imperf. o. perf. part. av meet*
met. *förk. för metaphor; metaphysics; meteorological; meteorology; metropolitan*
metabolic [,metə'bɒlɪk] metabolisk, ämnesomsättnings- **metabolism** [me'tæbəlɪz(ə)m] metabolism, ämnesomsättning
metage ['mi:tɪdʒ] **1** officiell mätning **2** mätavgift
metal ['metl] **I** *s* **1** metall; legering **2** glasmassa **3** makadam **4** *~s* (*pl*) räls, spår, skenor; *leave* (*run off*) *the ~s* spåra ur **5** (*persons*) innersta väsen **II** *a* metall- **III** *v* **1** täcka (belägga) med metall **2** belägga med makadam, makadamisera **-lic** [mɪ'tælɪk] metallisk; metall- **-lurgic[al]** [,metə'lɜ:dʒɪk(l)] metallurgisk **-lurgist** [me'tælədʒɪst] metallurg **-lurgy** [me'tælədʒɪ] metallurgi
metamor|phose [,metə'mɔ:fəʊz] **1** förvandla (*into* till) **2** genomgå en metamorfos **-phosis** [,metə'mɔ:|fəsɪs] (*pl -phoses* [-fəsi:z]) metamorfos, förvandling
metaphor ['metəfə] metafor, bild, bildligt uttryck **-ic[al]** [,metə'fɒrɪk(l)] metaforisk, bildlig
metaphys|ical [,metə'fɪzɪkl] metafysisk, översinnlig **-ics** [-ɪks] (*behandlas som sg*) metafysik
metasta|sis [mɪ'tæstə|sɪs] (*pl -ses* [-si:z]) *med.* metastas
metathe|sis [me'tæθə|sɪs] (*pl -ses* [-si:z]) *språkv.* metates
mete [mi:t] *litt.*, ~ [*out*] *a*) tilldela, *b*) utmäta
meteor ['mi:tjə] meteor **-ic** [,mi:tɪ'ɒrɪk] meteor-; *bildl.* meteorlik, komet- **-ite** ['mi:tjəraɪt] meteorit
meteor|ologic[al] [,mi:tjərə'lɒdʒɪk(l)] meteorologisk; ~ *office* meteorologiskt institut, väder[leks]tjänst **-ologist** [,mi:tjə'rɒlədʒɪst] meteorolog **-ology** [,mi:tjə'rɒlədʒɪ] meteorologi
1 meter ['mi:tə] *AE., se metre*

2 meter ['mi:tə] mätare; parkeringsmätare **meter maid** *BE. vard.* lapplisa
Meth. *förk. för Methodist*
metha|don, -done ['meθə|dɒn, -dəʊn] *kem.* metadon
methane ['mi:θeɪn] *kem.* metan, sump-, gruv|gas
methanol ['meθənɒl] *kem.* metanol
methinks [mɪ'θɪŋks] (*methought, methought*) *åld.* jag tycker
method ['meθəd] metod; system, ordning; *there is ~ in his* (*her etc.*) *madness* det är metod i galenskapen **-ic[al]** [mɪ'θɒdɪk(l)] metodisk, systematisk
Method|ism ['meθədɪz(ə)m] *kyrkl.* metodism **-ist** [-ɪst] *kyrkl.* metodist
method|ize (*BE. äv. -ise*) ['meθədaɪz] ordna metodiskt, systematisera **-ology** [ˌmeθə'dɒlədʒɪ] metodik, metodologi, metodlära
meths [meθs] *BE. vard. för methylated spirits*
methyl ['meθɪl, *kem.* 'mi:θaɪl] *kem.* metyl **methyl alcohol** ['mi:θaɪlˌælkəhɒl] *kem.* metylalkohol **methylate** ['meθɪleɪt] blanda med metanol (metylalkohol); *~d spirits* denaturerad sprit
meticulous [mɪ'tɪkjʊləs] ytterst noggrann, petig, pedantisk
metonymy [mɪ'tɒnɪmɪ] metonymi
metre ['mi:tə] **1** meter **2** *versl.* meter; versmått
metric ['metrɪk] meter-; *~ system* metersystem; *~ ton* ton (*1 000 kg*); *go ~* gå över till metersystemet **metrical** [-l] **1** mått[s]- **2** *versl.* metrisk, vers- **metricate** [-eɪt] gå över till metersystemet **metrication** [ˌmetrɪ'keɪʃn] övergång till metersystemet **metrics** [-s] (*behandlas som sg*) metrik, verslära
metronome ['metrənəʊm] metronom
metropolis [mɪ'trɒpəlɪs] **1** metropol, huvudstad, storstad; *bildl.* centrum, högborg **2** ärkebiskops-, metropolit|säte **metropolitan** [ˌmetrə'pɒlɪt(ə)n] **I** *a* **1** huvudstads- storstads-, metropolitan- **2** ärkebiskops-, metropolitansk **II** *s* **1** storstads-, huvudstads|bo **2** ärkebiskop, metropolit
mettle ['metl] **1** mod, kurage; eld[ighet]; *be on one's ~* vara på alerten, göra sitt yttersta; *put s.b. on his ~* sätta ngn på prov, se vad ngn duger till; *show one's ~* visa vad man kan (duger till) **2** natur, väsen, temperament **mettled** [-d], **mettlesome** [-səm] modig; eldig; (*om häst*) eldig, yster
1 mew [mju:] **I** *v* jama **II** *s* jamande
2 mew [mju:] *zool.* [fisk]mås
mewl [mju:l] **I** *v* (*om baby*) gnälla, gråta **II** *s* (*babys*) gnäll, gråt
mews [mju:z] (*behandlas som sg el. pl*) *i sht BE.* huslänga, fashionabla bostäder (*urspr. stallängor som byggts om*)
Mexican ['meksɪk(ə)n] **I** *a* mexikansk **II** *s* mexikan[are] **Mexico** [-əʊ] Mexico
mezzanine ['metsəni:n] **1** mezzanin, halv-, mellan|våning **2** *AE. teat.* första raden
mezzo|-soprano [ˌmedzəʊsə'prɑ:nəʊ] *mus.* mezzosopran **-tint** ['medzəʊtɪnt] *konst.* mezzotint[gravyr]
MF *förk. för medium frequency* **mfd.** *förk. för manufactured* **mfg.** *förk. för manufacturing* **mfr.** *förk. för manufacture[r]* **MG** *förk. för machine gun* **mg[.]** *förk. för milligram* **Mgr.** *förk. för manager; Monseigneur; Monsignor* **M.H.R.** *förk. för* (*AE. o. Austr.*) *Member of the House of Representatives* **MHz** *förk. för megahertz* **MI** *förk. för Michigan; Military intelligence*
mi [mi:] *mus.* mi
mi. *förk. för mile*
Miami [maɪ'æmɪ]
miaou, miaow [mi:'aʊ] *s* jamande; mjau **II** *v* jama
miaul [mɪ'ɔ:l] jama
mica ['maɪkə] *miner.* glimmer
mice [maɪs] *pl av mouse*
Mich. *förk. för Michaelmas; Michigan*
Michael ['maɪkl] Mikael **Michaelmas** ['mɪklməs] mickelsmässa (*29 sept.*) **Michaelmas daisy** *bot.* höstaster **Michaelmas term** *univ.* hösttermin
Michaelangelo [ˌmaɪkəl'ændʒələʊ]
Michigan ['mɪʃɪgən]
Mick[ey] ['mɪk(ɪ)] (*äv. m~*) *neds.* irländare; katolik **mickey** ['mɪkɪ] *s, vard., take the ~ out of* driva (retas) med, behandla respektlöst **Mickey Finn** *sl.* [drink med] knockoutdroppar **Mickey Mouse** Musse Pigg
mickle ['mɪkl] **I** *a, åld. el. dial.* stor; riklig **II** *s, many a little makes a ~* många bäckar små gör en stor å
microbe ['maɪkrəʊb] mikrob
micro|biology [ˌmaɪkrə(ʊ)baɪ'ɒlədʒɪ] mikrobiologi **-cosm** ['maɪkrə(ʊ)kɒz(ə)m] mikrokosmos **-cosmic[al]** [ˌmaɪkrə(ʊ)'kɒzmɪk(l)] mikrokosmisk **-fiche** ['maɪkrə(ʊ)fɪʃ] mikro|fiche, -kort **-film** ['maɪkrə(ʊ)fɪlm] **I** *s* mikrofilm **II** *v* mikrofilma **-groove** ['maɪkrə(ʊ)gru:v] mikrospår (*på grammofonskiva*) **-meter** [maɪ'krɒmɪtə] mikrometer
micron ['maɪkrɒn] mikron, mikrometer
micro|organism [ˌmaɪkrəʊ'ɔ:gəniz(ə)m] mikroorganism **-phone** ['maɪkrəfəʊn] mikrofon **-scope** ['maɪkrəskəʊp] mikroskop **-scopic** [ˌmaɪkrə'skɒpɪk] mikroskopisk **-wave** ['maɪkrə(ʊ)weɪv] mikrovåg **-wave oven** mikrovågsugn
micturate ['mɪktjʊ(ə)reɪt] urinera
mid [mɪd] **I** *a* **1** *språkv.* mellanhög (*vowel* vokal) **2** mitt-, mellan; *in ~ May* i mitten av maj **II** *s, åld., se middle*
mid|air [ˌmɪd'eə] **I** *s, in ~* i luften; *float in ~* sväva fritt (mellan himmel och jord **II** *a* i luften; *a ~ collision* en kollision i luften **-day** ['mɪddeɪ] **I** *s* middag[stid] **II** *a* middags-; mitt på dagen; *~ meal* middag[smål]
midden ['mɪdn] **1** gödselhög; avskrädeshög **2** *arkeol.* kökkenmödding
middle ['mɪdl] **I** *a* mellersta, mellan-, medel-; genomsnittlig; *a woman of ~ age* en medelålders kvinna; *the M~ Ages* medeltiden; *M~ America* Mellanamerika; *~ C* (*mus.*) ettstrukna C; *the ~ class* medelklassen; *~ distance* (*konst.*) mellanplan; *the ~ ear* mellanörat; *the M~ East* Mellersta Östern; *M~ English* medelengelska; *~ finger* långfinger; *~ game* (*schack.*) mittspel; *M~ High German* medelhögtyska; *M~ Kingdom* (*hist.*) *a*) Mellersta riket (*i Egypten*), *b*) Mittens rike (*Kina*); *~ term* (*i logiken*) medelterm; *~ watch* (*sjö.*) hundvakt (*kl. 24-04*); *the M~ West* Mellan-

M

västern (*i USA*) **II** *s* **1** mitt; *in the ~ of* mitt i (på, under), [i] mitten av (på); *in the ~ of May* i mitten av maj; *in the ~ of nowhere* (*vard.*) vid världens ände **2** midja **III** *v* **1** placera i mitten **2** (*i fotboll*) passa mot mittfältet **--aged** [ˌmɪdl'eɪdʒd] medelålders **-brow** ['mɪdlbraʊ] *neds.* **I** *s* genomsnittsmänniska, person utan större kulturella intressen **II** *a* alldaglig, konventionell **--class** [ˌmɪdl'klɑ:s] medelklass-, borgerlig **--distance** [ˌmɪdl'dɪst(ə)ns] *sport.* medeldistans- **-man** ['mɪdlmæn] mellanhand **--of-the-road** ['mɪdləvðə'rəʊd] moderat, mitten-

Middlesex ['mɪdlseks]

middle|-sized ['mɪdlsaɪzd] av medellängd; mellanstor **-weight** *sport.* **1** mellanvikt **2** mellanviktare

middling ['mɪdlɪŋ] **I** *a* medelmåttig; medelgod; medelstor **II** *adv* någorlunda, ganska (*well* bra) **middlings** [-z] *pl* **1** mellankvalitet **2** sammalet vetemjöl

Middx. *förk. för Middlesex*

midfield ['mɪdfi:ld] *sport.* **I** *s* mittfält **II** *a, ~ player* mittfältare

midge [mɪdʒ] *zool., bildl.* mygga **midget** ['mɪdʒɪt] **I** *s* dvärg; lilleputt **II** *a* mini-, miniatyr-, lilleputt-

mid|land ['mɪdlənd] **I** *s* inland, inre (*av ett land*); *the M~s* Midlands (*grevskapen i mellersta England*) **II** *a* inlands-

mid|most ['mɪdməʊst] **I** *a* mittersta, mellersta **II** *adv* i mitten **-night I** *s* midnatt; *at ~* vid midnatt **II** *a* midnatts-; *~ blue* midnattsblå[tt]; *the ~ sun* midnattssolen; *burn the ~ oil* arbeta (läsa) till långt in på natten **-point** mittpunkt; medelpunkt **-rib** huvudnerv (*på blad*) **-riff** mellangärde, diafragma; mage **-ship I** *s* midskeppsdel **II** *a* midskepps- **-shipman** *sjö.* kadett **-ships** *adv* midskepps

midst [mɪdst] **I** *s, in the ~ of* mitt i (ibland, under); *in our ~* [mitt] ibland oss **II** *prep, poet., se amid*

mid|stream ['mɪdstri:m] mitten av strömfåra; *the ~ of life* livets mitt **-summer** [-ˌsʌmə] midsommar; *M~['s] Day* midsommardagen; *M~ Eve* midsommarafton **-way** [ˌmɪd'weɪ] halvvägs

Midwest ['mɪd'west] *s, the M~* Mellanvästern (*i USA*)

mid|wife ['mɪdwaɪf] barnmorska **-wifery** [-wɪf(ə)rɪ] förlossningshjälp; förlossningskonst

midwinter [ˌmɪd'wɪntə] midvinter

mien [mi:n] *litt.* hållning, uppträdande; uppsyn

miff [mɪf] *vard.* **I** *s* **1** bråk, gruff **2** dåligt humör **II** *v* ta illa upp, bli stött (*at* över) **2** förarga

1 might [maɪt] (*imperf. av may*) **1** kunde [kanske, eventuellt], skulle kunna; *they ~ [well] come* de kunde kanske komma; *they ~ be sisters* de skulle kunna vara systrar; *you ~ show some gratitude* du kunde ju visa lite tacksamhet **2** kunde [få], fick [lov att]; *~ I express my opinion?* kunde jag få säga min mening?; *I asked if I ~ go* jag frågade om jag fick (kunde få) gå **3** måtte, skulle [komma att]; *I hoped they ~ succeed* jag hoppades att de skulle lyckas

2 might [maɪt] makt; styrka, kraft; *with ~ and main* med all makt, av alla krafter

mightily ['maɪtɪlɪ] *adv* **1** i stor utsträckning, i hög grad, väldigt **2** mäktigt; med all styrka (makt kraftigt **mighty** [-ɪ] **I** *a* **1** mäktig, väldig; star *the ~* de mäktiga, de som har makten **2** myck stor, vidsträckt **3** *vard.* kolossal, väldig **II** *ad vard., i sht AE.* väldigt, kolossalt, mycket; *~ eas* väldigt enkelt

mignonette [ˌmɪnjə'net] *bot.* reseda

migraine ['mi:greɪn] migrän

mi|grant ['maɪgr(ə)nt] **I** *a* flyttande, flytt-; vanc rande, vandrar-; *~ bird* flyttfågel **II** *s* **1** flyttfågc vandringsdjur **2** säsongarbetare (*inom lantbr ket*) **-grate** [-greɪt] flytta; vandra; utvandı **-gration** [maɪ'greɪʃn] **1** flyttning; vandring; u vandring; folkvandring; migration **2** [fågel sträck; svärm; stim **-gratory** ['maɪgrət(ə)rɪ] fly tande, flytt-; vandrande; utvandrande; migratc risk

Mike [maɪk] *kortform av Michael*; *for the love c ~!* för Guds skull!

1 mike [maɪk] *vard.* mick (*mikrofon*)

2 mike [maɪk] *sl.* **I** *v* slå dank, maska **II** *v* mask ning; *do a ~* maska, smita från jobbet

mil. *förk. för military; militia*

milady [mɪ'leɪdɪ] (*tilltal för eng. adelsdam*) mila dy

milage ['maɪlɪdʒ] *se mileage*

Milan [mɪ'læn] Milano

milch [mɪltʃ] mjölk-, mjölkproducerande; *~ co* mjölkko (*äv. bildl.*)

mild [maɪld] mild (*taste* smak); svag (*medicin* medicin); lätt, lindrig (*rebuke* tillrättavisning)

mil|dew ['mɪldju:] mjöldagg, rost; mögel **-dew** [-djʊɪ] angripen av mjöldagg; möglig

mild|ly ['maɪldlɪ] *adv* milt; svagt; lindrigt; *to pu it ~* milt uttryckt **-ness** ['maɪldnɪs] mildhet; lätt het, lindrighet

mile [maɪl] **1** [*statute*] *~* mile, engelsk mil (= *1 760 yards = 1 609 m*); *nautical ~* nautisk mi distansminut (= *1 852 m*); *Swedish ~* [svensk mil (*10 km*); *~s and ~s* miltals; *for ~s* milsvitt, p många mil; *for ~s and ~s* mil efter mil; *they liv ~s away* de bor miltals härifrån (därifrån); *she ~s better at tennis than I am* (*vard.*) hon är hundr gånger (ofantligt mycket) bättre i tennis än jag millopp (*på 1 eng. mil*) **-age** ['maɪlɪdʒ] **1** anta miles (mil); *what's the ~ from* hur många mil ä det från **2** antal tillryggalagda miles (mil) **3** e sättning per mile, milersättning **4** antal körd miles per gallon (mil per liter) **5** *vard., i sht AE* nytta, användbarhet **-ometer** [maɪ'lɒmɪtə] väg mätare **-post** ['maɪlpəʊst] *AE.* vägskylt **-ston** ['maɪlstəʊn] milstolpe (*äv. bildl.*), milsten

milieu ['mi:ljɜ:] miljö, omgivning

mili|tancy ['mɪlɪt(ə)nsɪ] stridbarhet **-tant I** *a* militant, stridbar **2** kämpande, stridande **II** *s* mi litant (stridbar) person

milita|rism ['mɪlɪtərɪz(ə)m] militarism **-ris** [-rɪst] militarist; militär expert **-rize** (*BE. äv -rise*) [-raɪz] militarisera

military ['mɪlɪt(ə)rɪ] **I** *a* militär-, krigs-, militä risk; *~ academy* militär-, krigs|högskola; *~ ban* militär|orkester, -musikkår; *~ honours* militär hedersbetygelser; *~ police* militärpolis; *~ servic* militärtjänst **II** *s, the ~* militären

militate ['mɪlɪteɪt] *v, ~ against* tala (strida) mo vara oförenlig med; *~ for* tala för

militia [mɪ'lɪʃə] milis, lantvärn, reservtrupper **-man** [-mən] milissoldat
milk [mɪlk] **I** *s* mjölk; *bot.* mjölksaft; suspension, mjölk; *a land of (flowing with) ~ and honey* ett land som flyter av mjölk och honung; *~ of human kindness* vänlighet, medmänsklighet; *it's no use crying over spilt ~* det är inte värt att gråta över spilld mjölk **II** *v* **1** mjölka (*äv. bildl.*); *bildl. äv.* åderlåta **2** mjölka, ge mjölk
milk-and-water [ˌmɪlkən'wɔ:tə] svag; tam, intetsägande, urvattnad
milk bar ['mɪlkbɑ:] *ung.* glassbar (*där äv. bl.a. mjölkdrinkar serveras*) **milk chocolate** [-ˌtʃɒk(ə)lət] mjölkchoklad **milk float** [-fləʊt] *BE.* [liten] mjölkbil (*för leverans t. hushållen*) **milking** [-ɪŋ] mjölkning **milking machine** [-ɪŋməˌʃi:n] mjölk[nings]maskin **milkmaid** [-meɪd] mjölkerska; mejerska **milkman** mjölk|bud, -utkörare **milk run** [-rʌn] *vard.* rutinflygning **milk shake** [-ʃeɪk] milk shake (*dryck av mjölk, saft o. glass*) **milksop** [-sɒp] mes, mähä **milk tooth** [-tu:θ] mjölktand **milky** [-ɪ] **1** mjölkaktig, mjölkig; mjölk-; *the M~ Way* Vintergatan **2** mesig, kraftlös
1 mill [mɪl] **I** *s* **1** kvarn; *go through the ~* slita ont, gå igenom ekluten; *put s.b. through the ~* sätta ngn på hårt prov **2** fabrik; spinneri, väveri; verk **II** *v* **1** mala, krossa **2** valsa (*järn e.d.*); fräsa **3** räffla (*mynt*) **4** *~ about (around)* springa omkring, gå runt
2 mill [mɪl] en tusendels dollar
mill|board ['mɪlbɔ:d] [styv] papp **-dam** kvarndamm
millen|nial [mɪ'lenɪəl] tusenårig **-nium** [-ɪəm] (*pl -niums el. -nia* [-ɪə]) **1** årtusende **2** tusenårsjubileum **3** *relig., the ~* det tusenåriga riket
milleped[e] ['mɪlɪpi:d] *se milliped[e]*
miller ['mɪlə] mjölnare
millesimal [mɪ'lesɪml] **I** *a* tusende; tusendels **II** *s* tusendel
millet ['mɪlɪt] *bot.* hirs
mill-hand ['mɪlhænd] **1** mjölnardräng **2** fabriksarbetare
milliard ['mɪljɑ:d] miljard
milli|bar ['mɪlɪbɑ:] *meteor.* millibar **-gram[me]** milligram **-litre** [-ˌli:tə] milliliter **-metre** [-ˌmi:tə] millimeter
milli|ner ['mɪlɪnə] modist; *at the ~'s* hos modisten, i hattaffären **-nery** [-n(ə)rɪ] **1** modevaror (*som säljs av modist*) **2** modistyrket **3** hattaffär, modist
milling machine ['mɪlɪŋmə'ʃi:n] fräs[maskin]
million ['mɪljən] miljon; *~s of times* miljoner (miljontals) gånger; *feel like a ~ dollars* (*vard.*) må som en prins **millionaire** [ˌmɪljə'neə] miljonär **millionairess** [ˌmɪljə'neərɪs] miljonärska **millionth** ['mɪljənθ] **I** *s* miljondel **II** *räkn* miljonte; *~ part* miljondel
milliped[e] ['mɪlipi:d] *zool.* tusenfoting **mill|pond** ['mɪlpɒnd] kvarndamm; *the ~* (*skämts.*) pölen (*Atlanten*); *the sea was as smooth as a ~* havet var blankt som en spegel **-race** kvarnränna; kvarnvatten **-stone** kvarnsten (*äv. bildl.*); *it's a ~ round her neck* det är som en kvarnsten om hennes hals
milord [mɪ'lɔ:d] = *my lord, se lord I 3*
milt [mɪlt] **I** *s* mjölke (*hos fisk*) **II** *v* befrukta (*fiskrom*)
mime [maɪm] **I** *s* **1** mim; pantomim **2** mim[are], mimartist; pantomimiker **II** *v* **1** mima; spela pantomim
mimeograph ['mɪmɪəʊgrɑ:f] (*varumärke*) mimeograf, duplikator **II** *v* mimeografera, duplicera
mimic ['mɪmɪk] **I** *a* **1** härmande, mimisk **2** låtsad, imiterad **II** *s* imitatör; härmare **III** *v* imitera; härma; efterlikna **mimicry** [-rɪ] **1** *zool.* mimicry, skyddande likhet **2** imitation, härmande
mimosa [mɪ'məʊzə] *bot.* mimosa
Min. *förk. för Minister; Ministry* **min.** *förk. för mineralogy; minimum; mining; minute[s]*
minacious [mɪ'neɪʃəs] *litt.* hotande, hotfull **minacity** [-'næsətɪ] *litt.* hot[fullhet]
minaret ['mɪnəret] minaret
minatory ['mɪnət(ə)rɪ] *litt.* hotande
mince [mɪns] **I** *v* **1** finhacka, hacka sönder, mala, finfördela; *~d meat* köttfärs **2** mildra; *~ your words!* välj dina ord!; *not ~ matters (one's words)* inte skräda orden **3** tala (gå) tillgjort **II** *s, i sht BE.* köttfärs **mincemeat** ['mɪnsmi:t] **1** pajfyllning (*av mandel, russin, äpplen m.m.*) **2** köttfärs; *make ~ of* (*bildl.*) göra slarvsylta av **mince pie** [ˌmɪns'paɪ] (*slags*) paj (*fylld med mincemeat*) **mincer** ['mɪnsə] köttkvarn **mincing** ['mɪnsɪŋ] tillgjord, affekterad
mind [maɪnd] **I** *s* **1** sinne; själ; ande; förstånd, intellekt; tankar; tankesätt, inställning; sinnelag, mentalitet; medvetande; lust, böjelse; *frame of ~* sinnesstämning; *presence of ~* sinnesnärvaro; *state of ~* sinnestillstånd; *follow one's own ~* följa sitt eget huvud; *have a dirty ~* ha snuskig fantasi; *have a good ~* ha gott huvud, vara intelligent; *have a great ~ to* ha god lust att; *have a literary ~* ha en litterär läggning, vara en litterär begåvning; *have a ~ of one's own* ha egna idéer, veta vad man vill; *we have no ~ to go* vi har ingen lust att gå; *he can't keep his ~ off chess* han har bara schack i huvudet, han tänker bara på schack; *keep one's ~ on s.th.* koncentrera sig på ngt; *lose one's ~* tappa förståndet, bli galen; *make up one's ~ to* bestämma (besluta) sig för att; *put (give) one's ~ to s.th. a)* gå in för ngt, *b)* koncentrera sig på ngt; *take a p.'s ~ off things* få ngn på andra tankar (att glömma); *his ~ is wandering* han har en skruv lös; *in one's ~'s eye* för sitt inre öga, i fantasin; *in one's right ~* vid sina sinnens fulla bruk; *it's all in the ~* det är bara inbillning; *be clear in one's ~ about s.th.* vara på det klara med ngt; *have s.b. (s.th.) in ~* tänka på ngn (ngt); *have in ~ to do s.th.* ha för avsikt att göra ngt; *get s.th. off one's ~* få ngt ur tankarna; *be of ~ to do s.th.* vara hågad (benägen) att göra ngt; *have s.th. on one's ~* gå och tänka på ngt, ha ngt på hjärtat; *be out of one's ~* vara galen, inte vara riktigt klok; *you can put that idea out of your ~!* det kan du slå ur hågen (glömma)! **2** minne; *bear (have, keep) s.th. in ~* ha (hålla) ngt i minnet, lägga ngt på minnet, komma ihåg ngt; *bring (call) s.th. to ~* påminna om ngt, återkalla ngt i minnet; *it puts me in ~ of* det påminner mig om **3** uppfattning, åsikt, mening, tanke; *to my ~* enligt min mening (uppfattning), i mitt tycke; *be in two ~s about*

M

s.th. inte vara på det klara med ngt, vara villrådig i fråga om ngt; *be of one* (*the same*) ~ ha samma uppfattning (åsikt), vara överens (ense); *change one's* ~ ändra åsikt (uppfattning), ändra sig, komma på andra tankar; *I have given him a piece of my* ~ jag har sagt honom mitt hjärtas mening; *read a p.'s* ~ läsa ngns tankar **4** ande, personlighet; *great ~s* stora andar; *small ~s* små själar **II** *v* **1** ge akt på, lägga märke till; tänka på, komma ihåg; se till; ägna sig åt; akta; akta sig (se upp) för; ~ *your own business!* sköt dina egna affärer (dig själv)!, lägg dig inte i det här!; ~ *the dog!* varning för hunden!; ~ *your eye!* akta dig!, se upp!; ~ *the step!* se upp för trappsteget!; ~ *you do it!* se till att du gör det!; ~ *what you are doing!* tänk på vad du gör!; ~ *what I say! a*) kom ihåg det!, *b*) gör som jag säger! **2** sköta, passa, se efter (*children* barn) **3** bry sig om, tänka på; ha något emot; *never ~ her!* bry dig inte om henne!; *never ~ the expense!* det gör detsamma (spelar ingen roll) vad det kostar!; *do you ~ my smoking?* har du ngt emot att jag röker?; *don't ~ me!* bry dig inte om mig!; *I don't ~ what she does* (*äv.*) det kvittar mig vad hon gör; *he doesn't ~ it* han bryr sig inte om det, han har inget emot det; *would you ~ opening the door?* vill du vara snäll och öppna dörren?; *I wouldn't ~ a cup of tea* jag skulle gärna vilja ha en kopp te **4** *~!* se upp!, akta dig! **5** ~ [*you*]! förstår du!, märk väl!, kom ihåg!; ~ *you, he did try* han försökte i alla fall; *she's quite good, ~ you* egentligen är hon ganska bra **6** ~ *about* bry sig om; *do you ~ if I open the window*? har du ngt emot att jag öppnar fönstret?; *I don't ~!* gärna för mig!, det har jag ingenting emot!; *I don't ~ if I do* inte mig emot, gärna det; *never ~! a*) det gör ingenting!, det spelar ingen roll!, strunt i det!, *b*) bry dig inte om det!; *never you ~!* bry dig inte om det!, det har du inte med att göra!

mind|-bending ['maɪndˌbendɪŋ] **1** hallucinogen **2** överväldigande **--blowing** *sl.* **1** hallucinogen **2** upphetsande, chockartad **--boggling** [-ˌbɒglɪŋ] *vard.* ofattbar

minded ['maɪndɪd] **1** sinnad, lagd, hågad; *politically* ~ politiskt sinnad; *romantically* ~ romantiskt lagd **2** -minded, -sinnad, intresserad av; *opera-~* opera-minded, intresserad av opera

minder [-ə] vakt, skötare **mindful** ['maɪn(d)f(ʊ)l] uppmärksam (*of* på), medveten (*of* om); *be ~ of* (*äv.*) tänka på **mindless** [-lɪs] **1** huvudlös, tanklös **2** själlös; meningslös **mind-reader** [-ˌri:də] tankeläsare

1 mine [maɪn] *pron* **1** *självst.* min; *a friend of ~* en vän till mig, en av mina vänner; *her friends and ~* hennes och mina vänner; *that car is ~* den där bilen är min; ~ *is best* min är bäst; *it's a habit of ~* det är en vana som jag har **2** *fören., åld.* min; ~ *eyes* mina ögon

2 mine [maɪn] **I** *s* **1** gruva; [malm]fyndighet; *bildl.* guldgruva, källa; *a ~ of information* en outtömlig informationskälla **2** *mil.* mina **II** *v* **1** bryta, utvinna (*ore* malm); gräva i **2** gräva (*a tunnel* en tunnel) **3** *mil.* minera, lägga ut minor i; minspränga **4** gräva (*for copper* efter koppar) **5** underminera (*äv. bildl.*) **6** arbeta i gruva

mine detector ['maɪndɪˌtektə] min|detektor, -sökare **minefield** [-fi:ld] *mil.* minfält **mine-layer** [-ˌle(ɪ)ə] minfartyg **miner** [-ə] gruvarbetare; *~'s lamp* gruvlampa

mineral ['mɪn(ə)r(ə)l] **I** *s* **1** mineral **2** *~s* (*pl, i sht BE.*) mineralvatten; läskedrycker **II** *a* mineral-; mineralisk; mineralhaltig; *the ~ kingdom* mineralriket; ~ *oil a*) *BE.* petroleum, mineralolja, *b*) *AE.* paraffinolja; ~ *pitch* asfalt; ~ *water* mineralvatten; ~ *wool* mineralull

mineralogist [ˌmɪnə'rælədʒɪst] mineralog **mineralogy** [-ədʒɪ] mineralogi

minestrone [ˌmɪnɪ'strəʊnɪ] *kokk.* minestrone (*slags grönsakssoppa*)

minesweeper ['maɪnˌswi:pə] minsvepare

mingle ['mɪŋgl] **1** blanda **2** blandas, blanda sig; beblanda sig; förena sig

mingy ['mɪndʒɪ] *vard.* snål, knusslig

minia|ture ['mɪnətʃə] **I** *s* miniatyr; *in ~* i miniatyr, i liten skala **II** *a* miniatyr-, i miniatyr, i liten skala; ~ *camera* småbildskamera; ~ *golf* mini-, miniatyr|golf **-turist** [-ˌtjʊərɪst] miniatyrmålare **-turize** (*BE. äv. -turise*) [-tʃəraɪz] tillverka (utföra) i miniatyr[format], miniatyrisera

mini|bus ['mɪnɪbʌs] minibus **-cab** minitaxi **-computer** [-kəm'pju:tə] minidator

minim ['mɪnɪm] **1** *mus.* halvnot **2** liten sak (person) **3** *ung.* droppe (*apoteksvikt för våtvaror = 0,0616 ml*)

mini|mal ['mɪnɪml] minimal **-mize** (*BE. äv. -mise*) [-maɪz] **1** minska till ett minimum, minimera **2** förringa, bagatellisera **-mum** [-məm] **I** *s* (*pl -mums el. -ma* [-mə]) minimum; *with a ~ of* med ett minimum av, med minsta möjliga **II** *a* minimi-; minimal; minsta möjliga, ytterst liten; ~ *wage* minimilön **-mus** [-məs] *BE. skol., Smith ~* den yngste [av bröderna] Smith

mining ['maɪnɪŋ] **1** gruvdrift; [malm]brytning; gruvarbete **2** *mil.* minering **mining engineer** gruvingenjör; bergsingenjör

minion ['mɪnjən] **I** *s* **1** gunstling, favorit **2** hantlangare, hejduk **II** *a* liten och söt

miniskirt ['mɪnɪskɜ:t] kortkort kjol, minikjol

minis|ter ['mɪnɪstə] **I** *s* **1** minister; statsråd; ~ *of state a*) minister, *b*) *BE.* ställföreträdande departementschef **2** [protestantisk] präst; frikyrkopastor **3** förespråkare **II** *v* **1** hjälpa; ~ *to* sörja för, sköta, ta hand om; *~ing angel* skyddsängel, hjälpande ängel **2** *kyrkl.* officiera till **-terial** [ˌmɪnɪ'stɪərɪəl] **1** minister-, ministeriell; ~ *post* ministerpost **2** präst-, prästerlig **-terialist** [ˌmɪnɪ'stɪərɪəlɪst] regeringsanhängare

ministration [ˌmɪnɪ'streɪʃn] **1** hjälp; vård; hjälpande **2** (*prästs*) tjänsteförrättning **ministry** ['mɪnɪstrɪ] **1** ministerium, departement; ~ *of defence* försvarsdepartement **2** ministär, regering **3** ministertid; (*ministers*) ämbetstid **4** regeringsbyggnader **5** prästämbete **6** (*prästerlig*) tjänstgöring; (*prästs*) ämbetstid **7** prästerskap

minium ['mɪnɪəm] [bly]mönja

mink [mɪŋk] **1** *zool.* mink, amerikansk flodiller **2** (*skinn*) mink, nerts; minkpäls

Minn. *förk. för Minnesota*

Minneapolis [ˌmɪnɪ'æpəlɪs] **Minnesota** [ˌmɪnɪ'səʊtə]

minnow ['mɪnəʊ] *zool.* elritsa, kvidd

minor ['maɪnə] **I** *a* **1** mindre, smärre, obetydlig, oviktig, små-; lindrig[are]; ~ *amendments* smärre ändringar; ~ *illness* lindrig[are] sjukdom; *of ~ importance* av mindre betydelse; *the ~ planets* småplaneterna; ~ *poet* obetydlig diktare; *a ~ role* en mindre (underordnad) roll, en biroll; *Asia M~* Mindre Asien **2** *jur.* minderårig, omyndig **3** *mus.* moll-; *D ~* d-moll; ~ *third* liten ters; ~ *key* molltonart **4** *BE. skol., Smith ~* den yngre [av bröderna] Smith **II** *s* **1** *jur.* minderårig (omyndig) person; obetydlig (oviktig) person (sak) **2** *mus.* moll[tonart, -ackord, -skala] **3** *AE. skol.* biämne **4** (*i logiken*) undersats

Minorite ['maɪnəraɪt] minorit, franciskan[ermunk]

minority [maɪ'nɒrətɪ] **1** minoritet; *be in a ~* vara i minoritet **2** *jur.* minderårighet, omyndig ålder **minority government** minoritetsregering

minster ['mɪnstə] *BE.* klosterkyrka; katedral

minstrel ['mɪnstr(ə)l] **1** *hist.* ménestrel, kringvandrande spelman **2** (*negersminkad*) sångare, artist **minstrel show** varieté (*m. negersminkade artister*)

1 mint [mɪnt] **1** *bot.* mynta **2** mint|karamell, -konfekt

2 mint [mɪnt] **I** *s* **1** mynt[verk]; *a ~ [of money]* en massa pengar **II** *a* obegagnad, ny, perfekt; *in ~ condition* i oklanderligt (perfekt) skick **II** *v* mynta, prägla (*äv. bildl.*) **mintage** ['mɪntɪdʒ] **1** myntning **2** myntstämpel **mint sauce** [,mɪnt'sɔ:s] myntasås

minuend ['mɪnjʊənd] *mat.* minuend

minuet [,mɪnjʊ'et] menuett

minus ['maɪnəs] **I** *prep* **1** minus **2** *vard.* utan **II** *a* minus- (*äv. bildl.*); negativ; ~ *number* negativt tal; ~ *sign* minustecken; ~ *value* minusvärde **III** *s* **1** minus (*äv. bildl.*), minustecken **2** negativ mängd (storhet)

minuscule ['mɪnəskju:l] **I** *a* mycket liten, diminutiv **II** *s* liten bokstav, gemen, minuskel

1 minute ['mɪnɪt] **I** *s* **1** minut (*äv. del av grad*); [liten] stund, ögonblick; *ten ~s past (to) two* tio minuter över (i) två; *just a ~!* ett ögonblick [bara]!; *in a ~ a)* strax, genast, med detsamma, *b)* på en minut (ett ögonblick); *I shan't be a ~* jag kommer strax, det dröjer inte länge; *have you got a ~?* har du tid en liten stund?; *wait a ~! a)* vänta ett ögonblick!, *b)* låt mig se!; *at the last ~* i sista ögonblicket; *at 8 o'clock to the ~* på slaget (precis klockan) 8; *up to the ~* toppmodern, helt aktuell; *any ~* när (vilket ögonblick) som helst; *this ~* genast, på ögonblicket; *at this very ~* i detta ögonblick, just nu **2** memorandum; utkast; anteckning; *~s (pl)* protokoll (*of* över, från); *take the ~s* föra protokoll **II** *v* **1** protokollföra, ta till protokollet; föra protokoll över; anteckna, notera **2** ta tid på

2 minute [maɪ'nju:t] **1** ytterst liten, minimal, obetydlig **2** mycket noggrann, minutiös

minute hand ['mɪnɪthænd] minutvisare

1 minutely [maɪ'nju:tlɪ] *adv* **1** minimalt; obetydligt **2** mycket noggrant, minutiöst

2 minutely ['mɪnɪtlɪ] *a o. adv* varje minut

minuteness [maɪ'nju:tnɪs] **1** yttersta noggrannhet **2** obetydlighet

minutiae [maɪ'nju:ʃɪi:] *pl* **1** detaljer **2** obetydligheter

minx [mɪŋks] (*om kvinna*) markatta, odjur

miracle ['mɪrəkl] **1** mirakel, under[verk]; *by a ~* som genom ett under; *work (do, perform) ~s* göra (uträtta) underverk; **2** ~ [*play*] mirakelspel **miraculous** [mɪ'rækjʊləs] mirakulös, under-, mirakel-; underbar; undergörande

mirage ['mɪrɑ:ʒ] hägring; *bildl. äv.* villa, illusion

mire ['maɪə] **I** *s* träsk (*äv. bildl.*) myr; dy (*äv. bildl.*); *drag s.b. through the ~* (*bildl.*) smutskasta ngn **II** *v* **1** smutsa ner **2** *bildl.* sätta i klistret, förorsaka svårigheter för

mirror ['mɪrə] **I** *s* **1** spegel (*äv. bildl.*) **II** *v* [av]spegla **mirror image** spegelbild **mirror writing** spegelskrift

mirth [mɜ:θ] munterhet, uppsluppenhet **-ful** ['mɜ:θf(ʊ)l] munter, uppsluppen **-less** ['mɜ:θlɪs] glädjelös

MIRV *förk. för multiple independently targeted reentry vehicle (missil med flera kärnstridsspetsar)*

miry ['maɪərɪ] träskartad, sank; dyig

misadventure [,mɪsəd'ventʃə] missöde, olyckshändelse; *kill s.b. by ~ (jur.)* döda ngn av våda

misalliance [,mɪsə'laɪəns] mesallians

misan|thrope ['mɪz(ə)nθrəʊp] misantrop, människohatare **-thropic[al]** [,mɪz(ə)n'θrɒpɪk(l)] misantropisk, människofientlig **-thropist** [mɪ'zænθrəpɪst] *se misanthrope* **-thropy** [mɪ'zænθrəpɪ] misantropi, människoförakt

misapply [,mɪsə'plaɪ] **1** använda felaktigt; missbruka **2** förskingra

misappre|hend ['mɪs,æprɪ'hend] miss|förstå, -uppfatta **-hension** [-'henʃn] miss|förstånd, -uppfattning; *be under a ~* misstaga sig

misappro|priate [,mɪsə'prəʊprɪeɪt] förskingra, försnilla; tillskansa sig **-priation** ['mɪsə,prəʊprɪ'eɪʃn] förskingring, försnillande

misbegotten ['mɪsbɪ,gɒtn] **1** illa planerad, ogenomtänkt **2** orättmätigt förvärvad, orättfången; ~ *gains* orättfånget gods **3** *litt., dial.* illegitim, oäkta

misbe|have [,mɪsbɪ'heɪv] uppföra sig illa, bära sig illa åt **-haviour** [-'heɪvjə] dåligt uppförande

misbelief [,mɪsbɪ'li:f] felaktig uppfattning; vantro

misc. *förk. för miscellaneous; miscellany*

miscalcu|late [,mɪs'kælkjʊleɪt] **1** räkna fel på, felberäkna; misstaga sig på **2** räkna fel; misstaga sig **-lation** ['mɪs,kælkjʊ'leɪʃn] felräkning; felberäkning

miscall [,mɪs'kɔ:l] felaktigt kalla

mis|carriage [,mɪs'kærɪdʒ] **1** missfall **2** misslyckande; misskötsel; ~ *of justice* justitiemord **3** *BE.* felexpediering (*av försändelse*) **-carry** [-'kærɪ] **1** misslyckas; slå fel **2** få missfall **3** *BE.* förkomma (*om försändelse*)

miscast [,mɪs'kɑ:st] (*miscast, miscast*) **1** ge (*skådespelare*) fel roll; *she was ~ as Ofelia* hon passade inte i rollen som Ofelia **2** felbesätta rollerna i (*Romeo and Juliet* Romeo och Julia)

miscegenation [,mɪsɪdʒɪ'neɪʃn] rasblandning

miscel|lanea [,mɪsə'leɪnɪə] *pl* diverse litteratur **-laneous** [-'leɪnjəs] **1** blandad, varierad, brokig **2** varjehanda **3** mångsidig **-lany** [mɪ'selənɪ] **1** [brokig] blandning, mångfald **2** blandade skrifter; antologi

mischance [,mɪs'tʃɑ:ns] otur; *by ~* olyckligtvis, av en olycklig slump

mischief ['mɪstʃɪf] **1** rackartyg, bus; ofog;

M

skälmskhet; *full of* ~ full av rackartyg; *out of* ~ på okynne; *be up to* ~ ha ngt rackartyg för sig; *his eyes are full of* ~ hans ögon lyser av okynne (skälmskhet); *do* ~ göra rackartyg; *get into* ~ hitta på rackartyg; *keep out of* ~ *a*) låta bli att göra rackartyg, *b*) hålla (*ngn*) borta från rackartyg **2** skada, åverkan; förtret; *do* ~ *to s.b.* tillfoga ngn skada, göra ngn förtret **3** rackarunge **mischievous** ['mɪstʃɪvəs] **1** okynnig, busig, rackar- **2** spjuveraktig, skälmsk **3** skadlig

miscible ['mɪsəbl] blandbar, som går att blanda

miscon|ceive [ˌmɪskən'si:v] miss|förstå, -uppfatta **-ception** [-'sepʃn] miss|förstånd, -uppfattning

misconduct I *s* [ˌmɪs'kɒndʌkt] **1** dåligt uppförande **2** ämbetsbrott **3** äktenskapsbrott **4** missskötsel, vansskötsel **II** *v* [ˌmɪskən'dʌkt] **1** ~ *o.s.* uppföra sig illa, missköta sig **2** ~ *o.s.* begå äktenskapsbrott **3** missköta, vansköta

miscon|struction [ˌmɪskən'strʌkʃn] **1** fel-, miss|tolkning **2** *i sht språkv.* felaktig konstruktion **-strue** [-'stru:] **1** fel-, miss|tolka **2** *i sht språkv.* felkonstruera

miscount [ˌmɪs'kaʊnt] **I** *s* felräkning **II** *v* räkna fel

miscreant ['mɪskrɪənt] **I** *s* **1** skurk **2** *åld.* kättare **II** *a* **1** skurkaktig **2** *åld.* kättersk

misdate [ˌmɪs'deɪt] feldatera

misdeal [ˌmɪs'di:l] *kortsp.* **I** *v* (*misdealt, misdealt*) ge fel **II** *s* felgivning

misdeed [ˌmɪs'di:d] miss|dåd, -gärning

misdemeanour [ˌmɪsdɪ'mi:nə] **1** förseelse **2** *jur.* förseelse, mindre lagöverträdelse

misdi|rect [ˌmɪsdɪ'rekt] **1** miss-, vilse|leda **2** felrikta **3** fel|sända, -adressera **-rection** [-'rekʃn] **1** miss-, vilse|ledande **2** felriktning **3** feladressering

misdoing [ˌmɪs'du:ɪŋ] missgärning; försyndelse

miser ['maɪzə] **1** girigbuk **2** egoist

miserable ['mɪz(ə)r(ə)bl] **1** olycklig, eländig **2** miserabel, bedrövlig; trist; usel

miser|liness ['maɪzəlɪnɪs] girighet, gnidighet **-ly** [-lɪ] *a* girig, gnidig

misery ['mɪzərɪ] **1** olycka, elände, förtvivlan; *put an animal out of its* ~ göra slut på ett djurs lidande; *put s.b. out of his* ~ (*bildl.*) inte längre hålla ngn på sträckbänken **2** misär, nöd, elände **3** *BE. vard.* gnällmåns, kverulant

misfire [ˌmɪs'faɪə] **1** (*om skjutvapen*) klicka; (*om motor*) misstända **2** *bildl.* slå slint, klicka, misslyckas

misfit I *s* ['mɪsfɪt] **1** ngt som inte passar **2** missanpassad [person], misslyckad individ **II** *v* [mɪs'fɪt] inte passa

misfortune [mɪs'fɔ:tʃu:n] olycka, otur; motgång

mis|give [mɪs'gɪv] (*misgave, misgiven*) inge farhågor, göra misstänksam; *my mind misgave me* jag hade onda aningar **-giving** [-ɪŋ] farhåga, ond [för]aning; betänklighet

misgovern [ˌmɪs'gʌvən] regera (styra) dåligt **-ment** [-mənt] vanstyre

mis|guide [ˌmɪs'gaɪd] vilse-, miss|leda **-guided** [-'gaɪdɪd] vilseledd; missriktad; omdömeslös; olämplig

mishandle [ˌmɪs'hændl] missköta; felbehandla, behandla illa

mishap ['mɪshæp] missöde, olyckshändelse

mishear [ˌmɪs'heə] (*misheard, misheard*) höra fel

mishit *sport.* **I** *s* ['mɪshɪt] miss **II** *v* [ˌmɪs'hɪt] (*mishit, mishit*) missa

mishmash ['mɪʃmæʃ] mischmasch, röra

misin|form [ˌmɪsɪn'fɔ:m] felunderrätta, vilseleda **-formation** [-fə'meɪʃn] felaktig[a] (vilseledande) upplysning[ar]

misinterpret [ˌmɪsɪn'tɜ:prɪt] miss-, fel|tolka; miss|tyda, -uppfatta **-ation** ['mɪsɪnˌtɜ:prɪ'teɪʃn] miss-, fel|tolkning; missuppfattning

misjudge [ˌmɪs'dʒʌdʒ] felbedöma, misstaga sig på; underskatta **-ment** [-mənt] felbedömning; underskattning

mislay [ˌmɪs'leɪ] (*mislaid, mislaid*) förlägga, slarva bort

mislead [ˌmɪs'li:d] (*misled, misled*) föra (leda) vilse; *bildl.* vilseleda

mismanage [ˌmɪs'mænɪdʒ] missköta, vansköta **-ment** [-mənt] misskötsel, vansskötsel

misname [ˌmɪs'neɪm] felaktigt kalla, oriktigt benämna

misnomer [ˌmɪs'nəʊmə] felaktig beteckning, oriktig benämning

misogynist [mɪ'sɒdʒɪnɪst] kvinnohatare

misplace [ˌmɪs'pleɪs] felplacera; förlägga ~*d* (*äv.*) malplacerad, illa anbragt

misprint I *s* ['mɪsprɪnt] tryckfel **II** *v* [ˌmɪs'prɪnt] trycka fel

mis|prize (*BE. äv. -prise*) [ˌmɪs'praɪz] **1** ringakta **2** underskatta

mispro|nounce [ˌmɪsprə'naʊns] uttala fel **-nunciation** ['mɪsprəˌnʌnsɪ'eɪʃn] felaktigt uttal

misquote [ˌmɪs'kwəʊt] felcitera

misread [ˌmɪs'ri:d] (*misread, misread*) läsa fel på; miss|tolka, -uppfatta

misrepre|sent ['mɪsˌreprɪ'zent] ge en felaktig framställning (bild) av; förvränga **-sentation** [-zen'teɪʃn] felaktig framställning; förvrängning

misrule [ˌmɪs'ru:l] **I** *s* vanstyre **II** *v* regera dåligt, vanstyra

1 miss [mɪs] **I** *s* bom, miss; *give s.th. a* ~ (*vard.*) strunta i (hoppa över, låta bli, undvika) ngt; *a* ~ *is as good as a mile* nära skjuter ingen hare **II** *v* **1** missa; bomma, inte träffa; komma för sent till; inte få tag i; ~ *the boat* (*bus*) *a*) missa (inte hinna med, komma för sent till) båten (bussen), *b*) *bildl.* missa chancen; *they* ~*ed each other in the crowd* de tappade bort (hittade inte) varandra i folkmassan (trängseln); *you can't* ~ *it!* du kan inte ta (gå) fel!, du kan inte undgå den! **2** gå miste om; missa; inte uppfatta; förbise; försumma; undgå; *you haven't* ~*ed much* du har inte gått miste om mycket; *we narrowly* ~*ed having an accident* vi undgick precis en olycka, det var ytterst nära att vi hade råkat ut för en olycka **3** ~ [*out*] utelämna, hoppa över, glömma, missa **4** sakna, längta (känna saknad) efter **5** missa, bomma; misslyckas; (*om motor*) krångla, misstända; *you can't* ~*!* (*äv.*) det går nog bra! **6** ~ *out on a*) avstå från, *b*) utebli från, *c*) gå miste om, missa

2 miss [mɪs] **1** *M*~ *a*) fröken (*Smith* Smith), *b*) miss (*Sweden* Sverige) **2** *vard. el. hand.* [skol]flicka, ung flicka, tonåring

Miss. *förk. för Mississippi*

missal ['mɪsl] missale, [katolsk] mässhandbok

misshapen [ˌmɪs'ʃeɪp(ə)n] missbildad, vanskapt
missile ['mɪsaɪl, *AE.* 'mɪsəl] **I** *s* **1** kastvapen; projektil **2** raket, robot[vapen], missil; *ballistic* ~ [ballistisk] robot; *guided* ~ fjärrstyrd robot; *medium range ballistic* ~ [ballistisk] medeldistansrobot **II** *a* **1** kast- **2** raket-, robot-
missing ['mɪsɪŋ] felande; saknad, försvunnen; *be* ~ saknas, fattas, vara borta (försvunnen); *the* ~ *link* felande länken
mission ['mɪʃn] **1** mission; uppdrag (*äv. mil.*); uppgift; kall[else]; ~ *in life* livsuppgift, kall **2** delegation **3** *dipl.* beskickning; *AE.* legation **4** *relig.* mission; missionsstation **-ary** [-ərɪ] **I** *s* missionär **II** *a* missionärs-; missions-
missis ['mɪsɪz] frun (*använt av tjänstefolk*); *the* ~ (*vard.*) frugan
Mississippi [ˌmɪsɪ'sɪpɪ]
missive ['mɪsɪv] officiell skrivelse; *högt.* brev, försändelse
Missouri [mɪ'zʊərɪ]
misspell [ˌmɪs'spel] (*misspelt, misspelt*) stava fel [på] **-ing** [-ɪŋ] felstavning; stavfel
misspend [ˌmɪs'spend] (*misspent, misspent*) förslösa, slösa bort
misstate [ˌmɪs'steɪt] oriktigt påstå (hävda) **-ment** [-mənt] oriktig uppgift
missus ['mɪsɪz] *se missis*
missy ['mɪsɪ] *vard.* liten fröken
mist [mɪst] **I** *s* dis, dimma, mist; imma; *through a* ~ *of tears* genom ett töcken av tårar **II** *v* **1** hölja i dimma, imma ner **2** bli dimmig, bli immig
mis|take [mɪ'steɪk] **I** *s* misstag, fel; miss|uppfattning, -förstånd; *by* ~ av misstag; *my* ~ det är (var) mitt fel; *make a* ~ *a*) misstaga sig, göra ett misstag, *b*) (*vid räkning e.d.*) göra (räkna, skriva) fel; *there's no* ~ *about it* det råder inget tvivel om det; *make no* ~, *and no* ~ det är inte tu tal om den saken, det kan du skriva upp **II** *v* (*mistook, mistaken*) **1** miss|förstå, -tolka, -uppfatta (*the situation* situationen) **2** ta fel (miste) på, misstaga sig på; *there's no mistaking*... det går inte att ta miste på... **3** ~ *s.b.* (*s.th.*) *for* förväxla ngn (ngt) med; *I mistook you for John* jag tog dig för (trodde att du var) John **-taken** [-(ə)n] **I** *perf. part. av mistake*; *be* ~ ta (ha) fel, misstaga sig (*about* [i fråga] om, på); *if I'm not* ~ om jag inte misstar mig (tar fel); *he cannot be* ~ *for anybody else* han kan inte förväxlas med ngn annan **II** *a* felaktig (*idea* uppfattning), falsk; missriktad (*love* kärlek); *a case of* ~ *identity* en förväxling **-takenly** [-(ə)nlɪ] *adv* av misstag; med orätt
mister ['mɪstə] **I** *s* herr[n]; ~ *chairman* herr ordförande **II** *v, vard.* tilltala med *mister*
mistime [ˌmɪs'taɪm] välja fel (olämplig) tidpunkt för; ~*d* oläglig
mistletoe ['mɪsltəʊ] *bot.* mistel
mistrans|late [ˌmɪstræns'leɪt] översätta fel, feløversätta **-lation** [-'leɪʃn] felöversättning
mistreat [ˌmɪs'tri:t] behandla illa; misshandla
mistress ['mɪstrɪs] **1** älskarinna **2** hus|mor, -fru; matmor; föreståndarinna; (*hunds*) matte; *the* ~ *of the house* frun i huset **3** *i sht BE.* lärarinna, lärare **4** härskarinna, härskare (*of* över); ägarinna, ägare (*of* till); *M~ of the Robes* (*BE.*) överhovmästarinna
mistrial [ˌmɪs'traɪ(ə)l] ogiltig[förklarad] rättegång
mistrust [ˌmɪs'trʌst] **I** *s* misstro (*of* mot, till) **II** *v* misstro **-ful** [-f(ʊ)l] misstrogen
misty ['mɪstɪ] dimmig, disig (*äv. bildl.*), immig; oklar, suddig (*äv. bildl.*)
misunderstand [ˌmisʌndə'stænd] miss|förstå, -uppfatta **-ing** [-ɪŋ] miss|förstånd, -uppfattning; misshällighet, meningsskiljaktighet
misuse I *s* [ˌmɪs'ju:s] missbruk; felaktig användning **II** *v* [ˌmɪs'ju:z] **1** missbruka; använda felaktigt **2** misshandla
MIT *förk. för Massachusetts Institute of Technology*
1 mite [maɪt] **I** *s* **1** *bibl., bildl.* skärv; *the widow's* ~ änkans skärv **2** parvel, pyre; *poor little* ~*!* stackars liten! **II** *adv, vard., a* ~ en smula, en aning; *not a* ~ inte ett dugg
2 mite [maɪt] *zool.* kvalster
miti|gable ['mɪtɪgəbl] som kan blidkas (lindras, mildras) **-gate** [-geɪt] lindra, mildra; *-gating circumstances* förmildrande omständigheter **-gation** [ˌmɪtɪ'geɪʃn] lindrande, mildrande
mitre ['maɪtə] **1** *kyrkl.* mitra **2** *tekn.* gering; *sömn.* snett hörn **mitre box** *tekn.* geringslåda **mitre joint** *tekn.* geringsfog
mitt [mɪt] **1** halv|vante, -handske; [tum]vante **2** [baseboll]handske **3** *sl.* labb, karda, näve **4** *sl.* boxhandske **mitten** ['mɪtn] **1** [tum]vante **2** *sl.* boxhandske
mittimus ['mɪtɪməs] *jur.* häktningsorder
mix [mɪks] **I** *v* **1** blanda; mixa (*äv. film., tekn.*); röra ihop; ~ *s.th. in[to] s.th.* blanda i (röra ner) ngt i ngt; ~ *study and pleasure* förena studier med nöjen; *he tried to* ~ *it for Jane* (*vard.*) han försökte ställa till det för Jane; ~ *up a*) blanda [ihop] (*ingredients* ingredienser), *b*) förväxla; *be* (*get*) ~*ed up in* vara (bli) inblandad i; *she got* ~*ed up with bad company* hon råkade i dåligt sällskap; ~ *it up* (*AE. sl.*) råka i slagsmål, fajtas **2** korsa (*djur, växter*) **3** blanda sig, blandas **4** passa (gå) ihop; *study and pleasure don't* ~ studier och nöjen går inte ihop **5** umgås; blanda sig; ~ *well* vara sällskaplig av sig; *she has started to* ~ *in high society* hon har börjat umgås i societeten **II** *s* **1** mix, [färdig] blandning **2** *vard.* förvirring **mixed** [-t] blandad; sammansatt; bland-; ~ *bag* (*vard.*) skön blandning, blandad kompott; ~ *bathing* gemensamhetsbad; *it's a* ~ *blessing* det är på gott och ont; ~ *doubles* (*sport.*) mixed double; ~ *farming* jordbruk och boskapsskötsel; ~ *feelings* blandade känslor; ~ *grill* (*kokk.*) mixed grill; ~ *language* blandspråk; ~ *marriage* blandäktenskap; ~ *school* samskola **mixed-up** [mɪkst'ʌp] förvirrad
mixer ['mɪksə] **1** blandare; mixer; matberednings-, hushålls|maskin **2** ljudtekniker; mixerbord **3** *vard., he is a good* ~ han har lätt för att umgås med folk, han har många kontakter **4** groggvirke; läsk, juice (*e.d. som används t. drinkar*) **mixture** ['mɪkstʃə] **1** blandning; ~ *of teas* teblandning **2** *farm., mus.* mixtur **mix-up** ['mɪksʌp] **1** röra; förvirring, oklarhet **2** *vard.* slagsmål
miz[z]en ['mɪzn] *sjö.* mesan[segel] **-mast** *sjö.* mesanmast
Mk. *förk. för mark* märke **mk.** *förk. för mark* (*valuta*) **mkt.** *förk. för market* **ml** *förk. för mile;*

M

millilitre **MLA** *förk. för* (*AE.*) *Modern Language Association* **M.Litt.** *förk. för Magister Litterarum* (*lat.*) *Master of Letters* **M.M.** *förk. för Military Medal* **mm** *förk. för millimetre* **M.mus.** *förk. för Master of Music* **M.N.** *förk. för* (*BE.*) *Merchant Navy* **MN** *förk. för Minnesota*
mnemon|ic [ni:'mɒnɪk] **I** *a* mnemoteknisk, som underlättar erinringen **II** *s* stöd för minnet, minnesregel **-ics** [-ɪks] (*behandlas vanl. som sg*) mnemo[tek]nik, minnesteknik
MO *förk. för Missouri*
mo [məʊ] *vard., i sht BE.* (*kortform av moment*) *half a* ~ en halv sekund, ett ögonblick
Mo. *förk. för Missouri* **mo.** *förk. för month*[*s*]
M.O. *förk. för Medical Officer; mail order; money order* **m.o.** *förk. för mail order; money order*
moan [məʊn] **I** *v* **1** jämra sig, stöna **2** *vard.*, ~ *and groan* gnöla och gnälla, knota **3** jämra sig över **II** *s* **1** jämmer, stönande **2** *vard.* knot, gnöl, gnäll **-ing** ['məʊnɪŋ] jämmer, stönande; klagan
moat [məʊt] **I** *s* vallgrav **II** *v* omge med vallgrav
mob [mɒb] **I** *s* **1** [larmande] folkhop, folkmassa; mobb, pöbel; *the* ~ (*neds.*) massorna **2** *neds.* grupp, gäng **3** *sl.* [förbrytar]gäng, liga **II** *v* **1** attackera, anfalla **2** skocka sig (samlas) omkring
mobcap ['mɒbkæp] *hist.* spetsmössa
mobile ['məʊbaɪl] **I** *a* rörlig, mobil; ~ *home* husvagn (*som används som permanentbostad*); ~ *library* bokbuss; *are you* ~ *tonight?* (*vard.*) har du [tillgång till] bil i kväll? **II** *s* mobil **mobility** [mə(ʊ)'bɪlətɪ] rörlighet
mobi|lization (*BE. äv. -lisation*) [ˌməʊbɪlaɪ'zeɪʃn] mobilisering **-lize** (*BE. äv. -lise*) [-laɪz] mobilisera (*äv. bildl.*); uppbåda; göra rörlig
mob law ['mɒblɔ:] pöbelvälde **mob orator** [-ˌɒrətə] folktalare **mob rule** [-ru:l] pöbelvälde
mobster ['mɒbstə] *AE. sl.* gangster, ligamedlem
moccasin ['mɒkəsɪn] **1** mockasin **2** *zool.*, [*water*] ~ mockasinorm
mocha ['mɒkə] **1** mocka[kaffe] **2** mocka[skinn]
mock [mɒk] **I** *v* **1** för|håna, -löjliga, göra sig lustig över, driva med **2** imitera, härma **3** gäcka; trotsa; omintetgöra (*a p.'s plans* ngns planer) **4** ~ *at* göra sig lustig över, driva med **II** *s* **1** *make a* ~ *of s.b.* göra narr av ngn, göra ngn till åtlöje **2** imitation, efterapning **III** *a* oäkta, falsk, imiterad; låtsad, spelad; sken-, fingerad, ~ *combat* sken-, spegel|fäktning; ~ *orange* (*bot.*) [lukt]schersmin; ~ *sun* bi-, väder|sol; ~ *turtle soup* falsk sköldpaddsoppa **mocker** ['mɒkə] **1** hånare, bespottare **2** *vard., put the ~s on s.th.* fördärva (sabba) ngt **mockery** ['mɔkərɪ] **1** hån; förlöjligande, drift, gyckel (*of* av, med); [föremål för] åtlöje; parodi; *a* ~ *of a trial* en farsartad (en parodi på en) rättegång; *that is a* ~ *of justice* det är ett hån mot all rättvisa; *make a* ~ *of s.b.* göra ngn till åtlöje; *make a* ~ *of s.th.* förhåna ngt **2** imitation, efterapning **mock-heroic** [ˌmɒkhɪ'rəʊɪk] **I** *a* komiskt (parodiskt) heroisk (hjältelik) **II** *s* parodisk hjältedikt **mocking** ['mɒkɪŋ] hånfull; gäckande **mocking-bird** ['mɒkɪŋbɜ:d] *zool.* härm|trast, -fågel **mock-up** ['mɒkʌp] modell (*i full skala*)
M.O.D. *förk. för Ministry of Defence* **mod.** *förk. för moderate; modern*
modal ['məʊdl] modal; ~ *auxiliary verb* modalt hjälpverb
mod. cons. *vard. förk. för modern conveniences*
mode [məʊd] **1** sätt; form; ~ *of expression* uttrycks|sätt, -form; ~ *of life* levnadssätt **2** mode; *be the* ~ vara på modet **3** *mus.* tonart; *major* ~ durtonart **4** *filos.* modus; (*i logiken*) modalitet
model ['mɒdl] **I** *s* **1** modell; *bildl. äv.* mönster, förebild; *on the* ~ *of* efter [mönstret av]; *it is made on the* ~ *of* (*äv.*) det är en efterbildning av **2** [foto]modell; mannekäng; prov-, skylt|docka **II** *a* **1** modell-; ~ *railway* modelljärnväg **2** mönster-, exemplarisk, mönstergill; *a* ~ *husband* en exemplarisk (idealisk) äkta man **III** *v* **1** [ut]forma; rita, göra [modellen till]; ~ *A* [*up*]*on* (*after*) *B* göra ([ut]forma, bilda) A med B som förebild; ~ *o.s. on s.b.* ta efter ngn, ta ngn som förebild **2** modellera; [ut]forma; *her delicately ~led features* hennes fint tecknade (utmejslade) [ansikts]drag **3** (*som mannekäng*) visa (*kläder*) **4** modellera **5** arbeta som (vara) [foto]modell (mannekäng); ~ *for s.b. a*) stå modell för ngn, *b*) vara mannekäng hos ngn **modelling** [-ɪŋ] **1** modellering, utformning, formande **2** arbete som [foto]modell (mannekäng); *do some* ~ arbeta som fotomodell (mannekäng)
modem ['məʊdem] *data.* modem
moderate I *a* ['mɒd(ə)rət] moderat (*äv. polit.*), måttfull, måttlig; rimlig, sansad; ~ *breeze* måttlig vind, god bris; ~ *demands* måttliga (rimliga) krav; ~ *gale* hård vind, styv kuling **II** *s* ['mɒd(ə)rət] moderat [politiker] **III** *v* ['mɒdəreɪt] **1** moderera; mildra **2** lugna sig; mildras; avta, minska **3** presidera, sitta som ordförande (*over a meeting* vid ett möte) **moderately** [-lɪ] *adv* **1** någorlunda **2** måttligt, lagom **moderation** [ˌmɒdə'reɪʃn] **1** moderation, måtta, måttfullhet, måttlighet; *in* ~ med måtta, måttligt, lagom **2** moderering **moderator** ['mɒdəreɪtə] **1** ordförande; förhandlingsledare; programledare **2** medlare **3** *kärnfys.* moderator **4** *Cambr., Oxf.* examinator
modern ['mɒd(ə)n] **I** *a* modern; nymodig; nutida; ~ *conveniences* moderna bekvämligheter; *M~ English* nyengelska (*från ca 1450*); ~ *languages* moderna språk; ~ *times a*) nutiden, *b*) moderna tider **II** *s* modern människa, nutidsmänniska **modernism** ['mɒdənɪz(ə)m] modernism; modern företeelse (uppfattning) **modernist** ['mɒdənɪst] **I** *s* modernist **II** *a* modernistisk **modernity** [mɒ'dɜ:nətɪ] modernitet, nymodighet **moderni|zation** [ˌmɒdənaɪ'zeɪʃn] (*BE. äv. -sation*) modernisering **modern|ize** (*BE. äv. -ise*) ['mɒdənaɪz] **1** modernisera **2** vara (bli) modern
modest ['mɒdɪst] **1** blygsam, anspråkslös, försynt, modest; måttlig, ringa **2** anständig, ärbar
modesty [-ɪ] **1** blygsamhet; anspråkslöshet **2** anständighet, ärbarhet
modicum ['mɒdɪkəm] [liten] smula, minimum
modi|fiable ['mɒdɪfaɪəbl] modifierbar **-fication** [ˌmɒdɪfɪ'keɪʃn] ändring, jämkning; modifikation, modifiering **-fier** ['mɒdɪfaɪə] *språkv.* bestämning[sord] **-fy** ['mɒdɪfaɪ] **1** [för]ändra, jämka på; modifiera **2** *språkv.* bestämma
modish ['məʊdɪʃ] modebetonad, fashionabel; på modet, modern
modiste [məʊ'di:st] tillverkare (försäljare) av eleganta damkläder; modist

modular ['mɒdjʊlə] modul-
modu|late ['mɒdjʊleɪt] modulera (*äv. mus.*); anpassa (*to* efter) **-lation** [ˌmɒdjʊ'leɪʃn] modulation, modulering (*äv. mus.*)
module ['mɒdju:l] modul; enhetsmått; *lunar* ~ mån|modul, -landare
Mogul ['məʊgʌl] **1** mogul; mongol; *the Great* ~ Stormogul, Stora Mogul **2** *m~* magnat, [stor] pamp
M.O.H. *förk. för Medical Officer of Health*
mohair ['məʊheə] mohair
Mohammed [mə(ʊ)'hæməd] Muhammed **-an** [-'hæmɪd(ə)n] **I** *s* muhammedan **II** *a* muhammedansk
M.O.I. *förk. för Ministry of Information*
moiety ['mɔɪətɪ] hälft; halva
moire [mwɑ:] moaré **moiré** ['mwɑ:reɪ] **I** *a* vattrad, moaré- **II** *s* **1** vattring **2** moaré
moist [mɔɪst] fuktig **moisten** ['mɔɪsn] **1** fukta **2** bli fuktig **moisture** ['mɔɪstʃə] fukt, fuktighet **moistur|izer** (*BE. äv. -iser*) ['mɔɪstʃəraɪzə] fuktighetsbevarande crème
moke [məʊk] *BE. sl.* åsna
molar ['məʊlə] **I** *a* molar-, kind-; ~ *tooth, se molar II* **II** *s* molar, kind-, oxel|tand
molasses [mə(ʊ)'læsɪz] (*behandlas som sg*) melass; *AE.* sirap
mold [məʊld] *AE., se mould*
Moldavia [mɒl'deɪvjə] **1** Moldavien, Moldaviska Sovjetrepubliken **2** (*flod*) Moldau, Vltava
1 mole [məʊl] födelsemärke, leverfläck
2 mole [məʊl] *zool.* mullvad
3 mole [məʊl] pir, vågbrytare
molecular [mə(ʊ)'lekjʊlə] molekyl-, molekylär, molekular; ~ *weight* molekylmassa **molecule** ['mɒlɪkju:l] *fys., kem.* molekyl
mole|hill ['məʊlhill] mullvadshög; *make a mountain out of a* ~ göra en höna av en fjäder **-skin 1** mullvadsskinn **2** mollskinn; *~s* (*pl*) mollskinnsbyxor
molest [mə(ʊ)'lest] störa, ofreda, genera; antasta **molestation** [ˌməʊle'steɪʃn] ofredande
moll [mɒl] *sl.* **1** gangsterbrud **2** fnask
mollify ['mɒlɪfaɪ] **1** lugna **2** mildra, dämpa, lindra
mollusc *BE.*, **mollusk** *AE.* ['mɒləsk] *zool.* mollusk, blötdjur
mollycoddle ['mɒlɪˌkɒdl] **I** *s* vekling, bortklemad person **II** *v* klema bort, klema med
Molotov cocktail ['mɒlətɒfˌkɒkteɪl] molotovcocktail (*hemmagjord bensinbomb*)
molt [məʊlt] *AE., se moult*
molten ['məʊlt(ə)n] **I** *a* smält; flytande **II** *åld., perf. part. av melt*
Moluccas [mə'lʌkəs] *pl, the* ~ Moluckerna
molybdenum [mɒ'lɪbdɪnəm] *kem.* molybden
mom [mɒm] *vard., i sht AE.* mamma
moment ['məʊmənt] **1** ögonblick, [liten] stund; tidpunkt; *the* ~ *of truth* sanningens ögonblick; *the* ~ *it happened* [i] samma ögonblick som det hände, med detsamma det hände; *the man of the* ~ mannen för dagen; *I shan't be a* ~*!* jag är strax tillbaka (färdig)!; *one* ~*!, half (just, wait) a* ~*!* ett ögonblick!, vänta lite (ett slag)!; *this* ~ *a*) genast, med detsamma, *b*) alldeles nyss; *any* ~ *[now]*, *at any* ~ när (vilket ögonblick) som helst, varje ögonblick; *at a* ~*'s notice* med detsamma, när som helst; *at the* ~ just nu (då), för ögonblicket, för tillfället; *at the last* ~ i sista stund (ögonblicket); *not for a* ~ aldrig, inte för en sekund; *I didn't hesitate for a* ~ jag tvekade inte en sekund; *in a* ~ *a*) genast, strax, om ett ögonblick, *b*) på ett ögonblick; *in a* ~ *of madness* i ett anfall av galenskap **2** betydelse, vikt; *of little* ~ oviktig, betydelselös **3** *fys.* moment
momen|tarily *a* ['məʊmənt(ə)rɪlɪ] för ett ögonblick, tillfälligt; för varje ögonblick **-tary** [-t(ə)rɪ] ögonblicklig, tillfällig, momentan **-tous** [mə(ʊ)'mentəs] betydelsefull, viktig **-tum** [mə(ʊ)'mentəm] **1** *fys.* rörelsemängd; impuls **2** drivkraft; styrka; fart; *gain (gather)* ~ få (ta) fart, *bildl.* bli slagkraftig, vinna mark
Mon. *förk. för Monday* **mon.** *förk. för monetary*
Monaco ['mɒnəkəʊ] Monaco
monad ['mɒnæd] *filos., biol., kem.* monad
monarch ['mɒnək] monark, kung; härskare **monar|chial, -chic[al]** [mɒ'nɑ:|kɪəl, -kik(l)] monarkisk, konungslig; monarkistisk **monarchist** ['mɒnəkɪst] **I** *s* monarkist **II** *a* monarkistisk **monarchistic** [ˌmɒnə'kɪstɪk] monarkistisk **monarchy** ['mɒnəkɪ] monarki
monas|tery ['mɒnəst(ə)rɪ] [munk]kloster **-tic** [mə'næstɪk] kloster-, munk- **-ticism** [mə'næstɪsɪz(ə)m] **1** kloster-, munk|väsen **2** klosterliv
monaural [ˌmɒn'ɔ:r(ə)l] **1** [avsedd] för ett öra **2** mono[-], enkanalig
Monday ['mʌndɪ] (*jfr Friday*) måndag
mondial ['mɒndɪəl] världs-, universell
Monegasque [ˌmɒnɪ'gæsk] **I** *s* monegask **II** *a* monegaskisk
monet|ary ['mʌnɪt(ə)rɪ] penning-, mynt-, monetär; valuta-; ~ *unit* valuta-, mynt|enhet; *the International M~ Fund* Internationella valutafonden
money ['mʌnɪ] **1** (*saknar pl*) pengar; *hard-earned* ~ surt förvärvade slantar; *your* ~ *or your life!* pengar eller livet!; *cheap at the* ~ billig för det priset; *be in the* ~ (*vard.*) ha (tjäna) pengar som gräs; *be out of* ~ vara pank; *there is* ~ *in it* där finns pengar att tjäna; *for my* ~ (*äv.*) enligt min åsikt; *that's the one for my* ~*!* jag satsar på honom (henne, den)!; *get one's* ~*'s worth* få valuta för pengarna (sina pengar); *keep s.b. in* ~ stödja ngn ekonomiskt; *make* ~ *a*) tjäna [mycket] pengar, *b*) vara lönsam; *put* ~ *into* investera pengar i; *put* ~ *on* satsa pengar på; *that's throwing good* ~ *after bad* (*vard.*) det är att kasta goda pengar efter dåliga; ~ *talks* (*vard.*) allt går att få för pengar **2** (*pl* ~ *el. monies*) mynt|slag, -sort
moneybag ['mʌnɪbæg] **1** penningpung **2** *sl., ~s* (*behandlas som sg*) rik knös **money-box** sparbössa **moneyed** [-d] **1** förmögen, penningstark **2** penning- **money-grubber** [-ˌgrʌbə] roffare; girigbuk **money-grubbing** [-ˌgrʌbɪŋ] **I** *a* girig, sniken **II** *s* rofferi; snikenhet **moneylender** [-ˌlendə] penningutlånare **moneymaker** [-ˌmeɪkə] person som tjänar mycket pengar; lönande företag, guldgruva **moneymaking** [-ˌmeɪkɪŋ] **1** lönande, inbringande **2** som tjänar [mycket] pengar **money market** [-ˌmɑ:kɪt] penningmarknad **money order** [-ˌɔ:də] *i sth AE.* postanvisning **money-spinner** [-ˌspɪnə]

vard. bildl. guldgruva, lönande sak **money wages** [-ˌweɪdʒɪs] nominella löner **money-wort** [-wɜ:t] *bot.* penningblad

Mongol ['mɒŋgɒl] **I** *s* **1** mongol **2** *med.*, *m~* mongol[o]id [person] **II** *a* **1** mongolisk **2** *med.* mongol[o]id **Mongolia** [mɒŋ'gəʊljə] Mongoliet **Mongolian** [mɒŋ'gəʊljən] **I** *a* mongolisk **II** *s* **1** mongol **2** mongoliska [språket] **mongolism** ['mɒŋgə(ʊ)lɪz(ə)m] *med.* mongolism **Mongoloid** ['mɒŋgəlɔɪd] **I** *a* **1** mongol-, mongol[o]id **2** *med.*, *m~* mongol[o]id **II** *s* **1** mongol **2** *med.*, *m~* mongol[o]id [person]

mongoose ['mɒŋgu:s] *zool.* mungo

mongrel ['mʌŋgr(ə)l] **I** *s* **1** korsning, bland|ras, -art, bastard; halvblod **2** bondhund, byracka **II** *a* bastard-, korsnings-, av blandras

monies ['mʌnɪz] *pl av money, se money 2*

monition [mə(ʊ)'nɪʃn] varning; tillrättavisning, förmaning

monitor ['mɒnɪtə] **I** *s* **1** kontroll|apparat, -anordning; övervakare, kontrollör **2** *skol.* ordningsman **3** *tekn.* strålningsmätare; *TV. e.d.* monitor, kontrollmottagare **4** *zool.* varan **II** *v* kontrollera, övervaka; lyssna på, avlyssna

monk [mʌŋk] munk

monkey ['mʌŋkɪ] **I** *s* **1** *zool.* apa; *make a ~ of s.b.* (*vard.*) göra narr av (driva med) ngn; *get the ~ off [one's back]* (*AE. sl.*) lägga av med knark **2** rackarunge, rackare **3** *sl.* (*i vadhållning*) £500; *AE.* $500 **II** *v, vard.*, *~ about* pillra, mixtra; *~ with* pillra (mixtra) med **monkey bread tree** [-bredˌtri:] apbrödsträd, baobab **monkey business** [-ˌbɪznɪs] *sl.* rackartyg; skumma affärer **monkey jacket** [-ˌdʒækɪt] kort åtsittande jacka **monkey nut** [-nʌt] *BE.* jordnöt **monkey suit** *AE. sl.* frack; smoking; uniform **monkey tricks** [-trɪks] *pl, vard.* rackartyg, ofog **monkey wrench** [-ren(t)ʃ] skiftnyckel

monkish ['mʌŋkɪʃ] munk-, munkaktig, munklik **monkshood** [-shʊd] *bot.* stormhatt

Monmouthshire ['mɒnməθʃə]

mono ['mɒnəʊ] mono[-], enkanalig **-chromatic** [ˌmɒnə(ʊ)krə(ʊ)'mætɪk] monokrom[atisk] **-chrome** ['mɒnəkrəʊm] **I** *s* monokrom [målning] **II** *a* monokrom; svartvit (*television* TV)

monocle ['mɒnəkl] monokel

monoga|mous [mɑ'nɒgəməs] monogam **-my** [-mɪ] monogami, engifte

monogram ['mɒnəgræm] monogram, namnchiffer

monograph ['mɒnəgrɑ:f] monografi

monolith ['mɒnə(ʊ)lɪθ] monolit **-ic** [ˌmɒnə(ʊ)'lɪθɪk] **1** monolitisk **2** gigantisk, jättelik; omedgörlig; oåtkomlig

monologue ['mɒnəlɒg] monolog

monoma|nia [ˌmɒnə(ʊ)'meɪnjə] monomani, fix idé, vurm **-niac** [-nɪæk] monoman

monophonic [ˌmɒnə(ʊ)'fɒnɪk] monofonisk; mono[-], enkanalig

monophthong ['mɒnəfθɒŋ] *språkv.* monoftong

monoplane ['mɒnə(ʊ)pleɪn] *flyg.* monoplan

monopo|lize (*BE. äv. -lise*) [mə'nɒpəlaɪz] monopolisera, lägga under monopol; ha monopol på; *bildl. äv.* lägga beslag på **-ly** [-ɪ] monopol (*of, on* på)

monorail ['mɒnə(ʊ)reɪl] enskenig järnväg

monosyl|labic [ˌmɒnə(ʊ)sɪ'læbɪk] enstavig, monosyllabisk **-lable** ['mɒnəˌsɪləbl] enstavigt ord

monotheism ['mɒnə(ʊ)θi:ˌɪz(ə)m] monoteism

mono|tone ['mɒnətəʊn] **I** *s* entonighet; monoton klang; monoton röst **II** *a* monoton, entonig **-tonous** [mə'nɒtṇəs] monoton; entonig; enformig **-tony** [mə'nɒtṇɪ] monotoni; entonighet; enformighet

monovalent ['mɒnə(ʊ)ˌveɪlənt] *kem.* monovalent, envärd

monoxide [mɒ'nɒksaɪd] monoxid; *carbon ~* koloxid

Monroe [mən'rəʊ]

monsieur [mə'sjɜ:] (*pl messieurs* ['mesəz]) herr[e], monsieur

monsoon [mɒn'su:n] monsun

monster ['mɒnstə] **I** *s* monster, vidunder, odjur; missfoster **II** *a* ofantlig, kolossal, enorm

monstrance ['mɒnstr(ə)ns] *kyrkl.* monstrans

mon|strosity [mɒn'strɒsətɪ] **1** monster, vidunder, odjur; missfoster **2** monstrositet, abnormitet **-strous** ['mɒnstrəs] **1** monstruös, vidunderlig, oformlig; monströs, missbildad **2** ofantlig, kolossal, enorm **3** avskyvärd, ohygglig, chockerande

Mont. *förk. för Montana*

montage [mɒn'tɑ:ʒ] montage

Montagu[e] ['mɒntəgju:]

Montana [mɒn'tænə]

month [mʌnθ] månad; *the ~ of April* april månad, månaden april; *six ~s* (*äv.*) ett halvår; *this ~* den här månaden, i denna månad; *for ~s* i (på) månader; *a ~ of Sundays* (*vard.*) oändligt länge, en evighet; *never in a ~ of Sundays* (*vard.*) aldrig i livet **-ly** ['mʌnθlɪ] **I** *a* månads-, månatlig **II** *adv* månatligen, varje månad; *twice ~* två gånger i månaden **III** *s* **1** månads|tidskrift, -tidning, månatligen utkommande skrift **2** *vard.*, *-lies* (*pl*) mens

monu|ment ['mɒnjʊmənt] monument, minnesmärke (*äv. bildl.*); grav[vård] **-mental** [ˌmɒnjʊ'mentl] **1** monumental, storslagen, imponerande **2** monument-, minnes- **3** *vard.* kolossal, enorm, monumental (*ignorance* okunnighet)

moo [mu:] **I** *v* säga mu, råma, böla **II** *s* råmande, bölande **III** *interj* mu!

mooch [mu:tʃ] *sl.* **1** *~ [about, around]* slå dank, gå och drälla **2** smyga sig **3** *i sht AE.* snylta, tigga; sno, knycka

1 mood [mu:d] **1** humör, sinnesstämning; *in the ~* på humör; *be in the ~ for s.th.* ha lust med ngt, vara pigg på ngt; *be in no ~* inte ha lust **2** nedstämdhet; *I'm in a ~* jag känner mig nedstämd (dyster)

2 mood [mu:d] *språkv.* modus; *the indicative ~* indikativ; *the subjunctive ~* konjunktiv

moody ['mu:dɪ] lynnig; på dåligt humör, sur

moon [mu:n] **I** *s* **1** måne; månsken; *full ~* fullmåne; *new ~* nymåne; *the man in the ~* gubben i månen; *once in a blue ~* mycket sällan; *there is a ~* det är månsken; *be over the ~* vara i sjunde himlen; *cry for the ~* begära det orimliga; *promise s.b. the ~* lova ngn guld och gröna skogar; *reach for the ~* försöka ta ner månen **II** *v* **1** *~ away* drömma bort (*one's time* sin tid) **2** *~ [around]* gå omkring och drömma, dagdrömma

moon|beam ['mu:nbi:m] månstråle **-calf** idiot **-light I** *s* mån|ljus, -sken **II** *a* månskens-; ~ *walk* månskenspromenad **III** *v, vard.* extraknäcka, jobba extra (*i sht på kvällen*) **-lit** mån|belyst, -ljus **-scape** månlandskap **-shine 1** månsken **2** nonsens **3** *AE.* hembränd whisky, smuggelsprit **-shiner** [-ˌʃaɪnə] *AE. sl.* hembrännare, spritsmugglare **-stone** [-stəʊn] *miner.* månsten **-struck** vansinnig

moony ['mu:nɪ] **1** mån- **2** *vard.* drömmande, drömsk **3** *BE. sl.* tokig

Moor [mʊə] mor; morian

1 moor [mʊə] hed

2 moor [mʊə] *sjö.* förtöja **-age** ['mʊərɪdʒ] *sjö.* förtöjning; förtöjningsplats; hamnavgift

moor|cock ['mʊəkɒk] *zool.* [tupp av] moripa **-hen** *zool.* **1** rörhöna **2** [höna av] moripa

mooring ['mʊərɪŋ] *sjö.* **1** förtöjningsplats **2** förtöjningsboj **3** *~s* (*pl*) *a*) förtöjningar, *b*) *bildl.* fast punkt, stöd **mooring cable** förtöjnings-, ankar|tross

Moorish ['mʊərɪʃ] morisk

moorland ['mʊələnd] hed[land]

moose [mu:s] (*pl lika*) [nordamerikansk] älg

moot [mu:t] **I** *a* diskutabel, omtvistad, öppen (*point* fråga) **II** *v* föra på tal, ta upp till diskussion **III** *s, hist.* folkmöte

mop [mɒp] **I** *s* **1** mopp, svabb **2** kalufs **II** *v* **1** moppa av, svabba; ~ *up a*) torka upp, *b*) *vard.* klara av, slutföra, *c*) *mil.* rensa [från fiender]

mope [məʊp] **I** *v* vara nerstämd (nere); tjura **II** *s* **1** dyster (tjurig) person **2** *the ~s* (*pl*) nedstämdhet

moped ['məʊped] moped

mop-up ['mɒpʌp] **1** upptorkning **2** *mil.* rensning

moraine [mɒ'reɪn] *geol.* morän

moral ['mɒr(ə)l] **I** *a* **1** moralisk, moral-; sedlig, sedlighets-; andlig; ~ *courage* moraliskt mod; ~ *law* sedelag; ~ *lecture* moralpredikan; ~ *sense a*) moralbegrepp, anständighetskänsla, *b*) andemening; ~ *support* moraliskt stöd; ~ *victory* moralisk seger; *it is a ~ certainty that* man kan med säkerhet säga att **II** *s* **1** [moralisk] lärdom, sensmoral; *draw a ~ from* dra lärdom av **2** *~s* (*pl*) moral (*i sht sexualmoral*), seder, moraliska principer **morale** [mɒ'rɑ:l] [strids]moral, kampanda **moralist** ['mɒrəlɪst] moralist **morality** [mə'rælətɪ] **1** moral; moralitet, sedlighet; moral-, sede|lära **2** ~ [*play*] moralitet (*medeltida allegoriskt skådespel*) **moral|ize** (*BE. äv. -ise*) ['mɒrəlaɪz] **1** moralisera (*about,* [*up*]*on* över), predika moral **2** dra moralen ur **3** förbättra moralen hos **moral|izer** (*BE. äv. -iser*) ['mɒrəlaɪzə] moralpredikant

morass [mə'ræs] moras, träsk (*äv. bildl.*), sumpmark; *bildl. äv.* virrvarr

moratorium [ˌmɒrə'tɔ:rɪəm] moratorium; betalningsanstånd; anstånd, uppskov

Moravia [mə'reɪvjə] Morava, Mähren

morbid ['mɔ:bɪd] sjuklig, morbid; sjukligt dyster; onaturlig; makaber, ohygglig; ~ *anatomy* patologisk anatomi **-ity** [mɔ:'bɪdətɪ] sjuklighet, morbiditet; dysterhet; onaturlighet; ohygglighet

mor|dacious [mɔ:'deɪʃəs] sarkastisk, bitande, vass **-dant** ['mɔ:d(ə)nt] **I** *a* sarkastisk, bitande, vass **II** *s* betningsmedel; etssyra; fixermedel

mordent ['mɔ:d(ə)nt] *mus.* mordent

more [mɔ:] (*komp. av much o. many*) mer, mera; fler, flera; ytterligare, till; vidare; ~ *beautiful* vackrare; ~ *than happy* överlycklig; ~ *lazy than stupid* snarare lat än dum; ~ *thrilling* mera spännande; ~ *friends* fler[a] vänner; ~ *and* ~ mer och mer, fler och fler, alltmer[a]; ~ *or less a*) mer eller mindre, *b*) cirka, ungefär; *neither* ~ *nor less* varken mer eller mindre; *the* ~ *the merrier* ju fler [a] desto trevligare; *the* ~ *is the pity* desto mera synd, så mycket värre; *he is the* ~ *intelligent of the two* han är den intelligentare (intelligentaste) av de två; *the* ~ *you give them, the* ~ *they want* ju mer du ger dem, desto mer vill de ha; *the* ~ *fool you for giving them the money* hur kunde du vara så dum och ge dem pengarna; *once* ~ en gång till, om igen; *three* ~ tre till, ytterligare tre; *all the* ~ så mycket (desto) mer[a]; *all the* ~ *so because* så mycket mer[a] som; *there's* ~ *to it* [*than that*] det är inte så enkelt, det ligger ngt bakom; *and what's* ~ till råga på allt, och inte nog med det; *that's* ~ *like it!* (*vard.*) nu börjar det likna ngt!, det var annat det!; *are there any* ~ *of them?* finns det fler[a] ?; *is there any* ~ *wine in the bottle?* finns det [ngt] vin kvar i flaskan?; *never* ~ aldrig mer; *not any* ~ *a*) inte mer[a], inte fler[a], *b*) aldrig mer[a], *c*) inte längre; *no* ~ *a*) inte mer[a], inte (inga) fler[a], *b*) aldrig (inte) mer, *c*) inte längre, *d*) inte heller, *e*) lika litet; *no* ~ *than a*) bara, inte mer än, *b*) lika litet som; *no* ~ *of that!* nu får det vara nog!; *no* ~ *singing!* sluta sjunga!, nu får det vara slut med sjungandet!; *be no* ~ inte längre leva (existera); *she is no* ~ *an expert than I am* hon är inte mer expert än vad jag är; *that's no* ~ *than I expected* det var just det jag hade väntat mig; *no* ~ *do I* [det gör] inte jag heller; *I saw no* ~ *of him* jag såg aldrig mer till honom; *some* ~ litet mer (till); *some ~, please!* kan jag få litet till?; *do you want some* ~ *tea?* vill du ha litet te till (mera te)?

moreish ['mɔ:rɪʃ] *vard., be* ~ ha mersmak

morel [mɒ'rel] *bot.* [topp]murkla

morello [mə'reləʊ] *bot.* morell

moreover [mɔ:'rəʊvə] dessutom

mores ['mɔ:ri:z] *pl* sedvänjor, seder och bruk

Moresque [mɒ'resk] morisk

morganatic [ˌmɔ:gə'nætɪk] morganatisk

morgue [mɔ:g] **1** bårhus **2** *vard.* (*tidnings*) klipparkiv

moribund ['mɒrɪbʌnd] döende; utdöende (*species* art); *bildl.* dödsdömd, dödfödd (*plan* plan)

morish ['mɔ:rɪʃ] *se moreish*

Mormon ['mɔ:mən] **I** *s* mormon **II** *a* mormonsk; *the* ~ *State* Mormonstaten (*Utah*)

morn [mɔ:n] *poet.* morgon

morning ['mɔ:nɪŋ] **I** *s* morgon; förmiddag; *bildl.* gryning, morgon, början; *the* ~ *of life* livets morgon; *good ~!* godmorgon, goddag, adjö; *tomorrow* ~ i morgon bitti; *the* ~ *dawned* det (morgonen) grydde; *in the* ~ på morgonen (förmiddagen), på (om) mornarna (förmiddagarna); *early in the* ~ tidigt på morgonen; *~s* (*pl, vard.*) på mornarna; *on the* ~ *of April 29* på morgonen den 29 april; *have got the* ~ *after* [*the night before*] ha baksmälla **II** *a* morgon-, förmiddags-; ~ *coat* jackett; ~ *sickness* (*vard.*) illamående på morgnarna (*vid graviditet*); ~ *star* morgonstjärna (*t.ex. Ve-*

M

nus) **morning-glory** [ˌmɔ:nɪŋ'glɔ:rɪ] *bot.* Ipomoea **morning-room** ['mɔ:nɪŋrʊm] *ung.* vardagsrum
Moroc|can [mə'rɒkən] **I** *s* marockan **II** *a* marockansk **-co** [-əʊ] **1** Marocko **2** *m~* marokäng
moron ['mɔ:rɒn] **1** idiot, fårskalle **2** *med.* debil [person]
morose [mə'rəʊs] på dåligt humör, sur; dyster
morpheme ['mɔ:fi:m] *språkv.* morfem
mor|phia ['mɔ:fjə], **-phine** [-fi:n] morfin **-phinism** ['mɔ:fɪnɪz(ə)m] morfinism
morphology [mɔ:'fɒlədʒɪ] *biol., språkv.* morfologi
Morris chair ['mɒrɪstʃeə] länstol (*med ställbar rygg*) **morris dance** morrisdans (*slags folkdans utförd av män*)
morrow ['mɒrəʊ] *åld. el. poet., the ~* följande dag, morgondagen; *on the ~ of* tiden närmast efter, omedelbart efter
Morse code ['mɔ:skəʊd] *s,* [*the*] ~ morsealfabetet
morsel ['mɔ:sl] munsbit, smula, liten bit
mortal ['mɔ:tl] **I** *a* **1** dödlig; jordisk; döds-; dödande, dödsbringande; *~ agony* dödsångest; *~ blow* dödande slag; *~ enemy* dödsfiende; *~ illness* dödlig sjukdom; *our ~ life* vårt jordiska liv; *~ sin* dödssynd; *~ weapon* dödsbringande vapen **2** fruktansvärd, förskräcklig; intensiv **3** möjlig, upptänklig; *no ~ use* ingen upptänklig (som helst) nytta; *not a ~ thing* inte ett enda dugg **4** *sl.* dötrist **II** *s* **1** dödlig [människa] **2** *vard.* människa, typ, själ **-ity** [mɔ:'tælətɪ] **1** dödlighet **2** dödlighet; dödssiffra **3** människosläktet **-ly** ['mɔ:təlɪ] *adv* dödligt; *vard.* väldigt
mortar ['mɔ:tə] **I** *s* **1** mortel **2** granatkastare; mörsare **3** murbruk **II** *v* **1** mura **2** skjuta med granatkastare (mörsare) **-board 1** murbruksbräda **2** (*fyrkantig tofsprydd*) akademikerhatt
mort|gage ['mɔ:gɪdʒ] **I** *s* hypotek, inteckning; hypoteks-, intecknings|handling **II** *v* **1** inteckna, belåna **2** *vard.* sätta i pant **-gagee** [ˌmɔ:gə'dʒi:] hypoteksinnehavare **-gager** ['mɔ:gɪdʒə], **-gagor** [ˌmɔ:gə'dʒɔ:] hypoteks-, intecknings|gäldenär
mortice ['mɔ:tɪs] *se mortise*
mortician [mɔ:'tɪʃn] *AE.* begravningsentreprenör
morti|fication [ˌmɔ:tɪfɪ'keɪʃn] **1** förödmjukelse; grämelse, harm **2** späkning **3** *med.* kallbrand **-fy** ['mɔ:tɪfaɪ] **1** förödmjuka; gräma, förarga **2** späka **3** *med.* få kallbrand **4** *med.* förorsaka kallbrand
mortise ['mɔ:tɪs] *snick.* **I** *s* tapphål **II** *v* [hop]tappa
mortmain ['mɔ:tmeɪn] *jur.* besittning för evärdlig tid
mortuary ['mɔ:tjʊərɪ] **I** *s* bårhus **II** *a* döds-; begravnings-
mos. *förk. för months*
Mosaic [mə(ʊ)'zeɪɪk] mosaisk
mosaic [mə(ʊ)'zeɪɪk] **I** *s* mosaik; mosaik|läggning, -arbete **II** *a* mosaik-; *~ gold* musivguld
Moscow ['mɒskəʊ] Moskva
Moselle [mə(ʊ)'zel] **1** *the ~* Mosel **2** mosel[vin]
Moses ['məʊzɪz] Mose[s]
mosey ['məʊzɪ] *AE. sl.* **1** dunsta, pysa **2** *~ along* (*on*) släntra i väg
Moslem ['mɒzlem] *se Muslim*
mosque [mɒsk] moské
mosquito [mə'ski:təʊ] (*pl ~*[*e*]*s*) stickmygga, moskit **mosquito boat** motortorpedbåt **mosquito net[ting]** moskit-, mygg|nät
moss [mɒs] **I** *s* **1** mossa **2** *i sht Sk.* [torv]mosse **moss-grown** ['mɒsgrəʊn] mossbeväxt **moss stitch** ['mɒsstɪtʃ] mosstickning **mosstrooper** ['mɒsˌtru:pə] *hist.* gränsrövare (*vid Sk. gränsen på 1600 talet*) **mossy** ['mɒsɪ] moss-, mossbeväxt, mosslik
most [məʊst] (*superl. av much o. many*) **I** *a o. s* mest, den (det) mesta; flest, de flesta; *~ men* (*people*) de flesta [människor]; *at* [*the*] *~* högst, på sin höjd, i bästa fall; *for the ~ part* till största delen, i stort sett, mest[adels], för det mesta; *make the ~ of s.th.* göra det bästa (mesta möjliga) av ngt, utnyttja ngt till fullo, ta vara på ngt, verkligen njuta av ngt; *it's the ~!* (*sl.*) det är toppen! **II** *adv* **1** mest; *the ~ difficult* det svåraste; *~ easily* lättast; *~ famous* mest berömd; *~ of all* allra mest, mest av allt; *~ of all because* framför allt eftersom (därför att) **2** högst, mycket, ytterst, synnerligen; *~ certainly* absolut, helt säkert; *~ likely* högst sannolikt, med all sannolikhet **3** *dial. el. AE. vard.* nästan **mostly** ['məʊs(t)lɪ] *adv* **1** huvudsakligen, mest[adels] **2** för det mesta, vanligen
M.O.T. *förk. för Ministry of Transport*; *~* [*test*] (*årlig*) bilprovning
mote [məʊt] smolk, grand; *see the ~ in one's neighbour's eye and not the beam in one's own* se grandet i sin broders öga men icke bjälken i sitt eget
motel [məʊ'tel] motell
motet [məʊ'tet] *mus.* motett
moth [mɒθ] *zool.* **1** nattfjäril **2** mal **-ball** ['mɒθbɔ:l] mal|kula, -medel; *put in ~s* (*bildl.*) lägga i malpåse **--eaten** ['mɒθˌi:tn] maläten (*äv. bildl.*)
mother ['mʌðə] **I** *s* **1** moder (*äv. bildl.*); mor, mamma; *~ earth* moder jord, *vard.* marken; *M~ Goose* Gåsmor; *Mother's Day* Mors dag (*2:a söndagen i maj*); *the ~ of two sons* mor till två söner; *the M~ of Parliaments* parlamentens moder (*brittiska parlamentet*); *queen ~* änkedrottning, kungamoder; *be ~* (*vard.*) servera te; *be* [*like*] *a ~ to s.b.* vara som en mor för ngn; *become a ~* bli mor; *I had the ~ and father of a headache* (*vard.*) jag hade världens huvudvärk **2** moder, abedissa; föreståndarinna, husmor; *~ superior* abedissa **3** *AE. sl., se motherfucker* **II** *v* **1** sätta till världen, föda; *bildl.* frambringa, vara upphov till **2** [upp]fostra **3** vara som en mor för; sköta om **mother country** [-ˌkʌntrɪ] foster-, fädernes|land; hemland **motherfucker** [-ˌfʌkə] *vulg., i sht AE.* jävla idiot, skitstövel **mother hen** [-hen] kycklinghöna **motherhood** [-hʊd] moderskap **Mothering Sunday** [-rɪŋˌsʌndɪ] *BE.* midfastosöndagen; mors dag **mother-in-law** ['mʌð(ə)rɪnlɔ:] (*pl mothers-in-law*) svärmor **motherland** ['mʌðəlænd] fädernes-, foster|land **motherless** ['mʌðəlɪs] moderlös **motherly** ['mʌðəlɪ] *a* moderlig, moders-; *~ love* moderskärlek **mother-of-pearl** [ˌmʌð(ə)rəv'pɜ:l] pärlemo[r]

mother ship ['mʌðəʃɪp] moderfartyg **mother tongue** ['mʌðətʌŋ] modersmål **mother wit** ['mʌðəwɪt] sunt förnuft, bondförstånd
mothproof ['mɒθpru:f] **I** *a* malsäker **II** *v* malsäkra
motif [məʊ'ti:f] motiv; tema
motion ['məʊʃn] **I** *s* **1** rörelse; gest, tecken; sätt att röra sig, rörelsemönster; impuls; *slow ~ (film.)* slow motion; *be in ~* vara i rörelse (i gång), röra sig; *put (set) in ~* sätta i rörelse (i gång); *go through the ~s* göra ngt för formens skull, låtsas att man gör ngt, göra ngt helt mekaniskt; *make a ~ to s.b.to come* göra tecken åt ngn att komma **2** förslag, motion, yrkande **3** *~[s]* avföring **4** mekanism; rörlig maskindel **II** *v* **1** vinka, göra tecken **2** vinka, göra tecken åt (till); *~ s.b. to a chair* anvisa ngn en stol, göra tecken åt ngn att sätta sig **motionless** [-lɪs] orörlig, helt stilla **motion picture** [-ˌpɪktʃə] *AE.* film **motion sickness** [-ˌsɪknɪs] åksjuka
motivate ['məʊtɪveɪt] motivera **motivation** [ˌməʊtɪ'veɪʃn] motivering; motivation (*äv. psykol.*) **motive** ['məʊtɪv] **I** *s* motiv, bevekelsegrund **II** *a* **1** rörelse-; *~ power* drivkraft (*äv. bildl.*) **2** motivations- **III** *v* motivera **motiveless** ['məʊtɪvlɪs] omotiverad **motivity** [məʊ'tɪvətɪ] drivkraft
motley ['mɒtlɪ] **I** *a* brokig (*äv. bildl.*), blandad **II** *s* **1** brokig skara, brokig blandning **2** narrdräkt
motor ['məʊtə] **I** *s* motor; *i sht BE.* bil, motorfordon **II** *a* motor-; *fysiol.* motorisk **III** *v* **1** bila, åka bil **2** *BE.* köra (transportera) i bil **-assisted** [-rəˌsɪstɪd] med hjälpmotor **-bicycle** [-ˌbaɪsɪkl] motorcykel; moped **-bike** *vard.* motorcykel **-boat** [-bəʊt] motorbåt **-bus** busstaxi **-cade** [-keɪd] bilkortege **-car** [-kɑ:] bil **-coach** [-kəʊtʃ] [turist]buss **-cycle** [-ˌsaɪkl] **I** *s* motorcykel; *~ combination* motorcykel med sidvagn **II** *v* köra (åka) motorcykel **-cyclist** [-ˌsaɪklɪst] motor|cyklist, -cykelförare **-ing** [-rɪŋ] **I** *s* **1** bil|körning, -åkning, bilande; *school of ~* trafik-, kör|skola **2** motorsport **II** *a* bil-; motor-; trafik-; *~ accident* bil-, trafik|olycka; *~ skills (pl)* körskicklighet **-ism** [-rɪz(ə)m] bilism, motorism **-ist** [-rɪst] bilist, bilförare **-ization** (*BE. äv. -isation*) [ˌməʊtəraɪ'zeɪʃn] motorisering **-ize** (*BE. äv. -ise*) ['məʊtəraɪz] motorisera
motorman ['məʊtəmən] **1** lokförare (*av ellok*); spårvagnsförare **2** maskinskötare, mekaniker **motor-mechanic** [-mɪˌkænɪk] montör, mekaniker **motor-race** [-reɪs] bil-, motor|tävling **motor-racing** [-ˌreɪsɪŋ] tävlingskörning **motor scooter** [-ˌsku:tə] skoter **motor ship** [-ʃɪp] motorfartyg **motor vehicle** [-ˌvi:ɪkl motorfordon **motor vessel** [-ˌvesl] motorfartyg **motorway** [-weɪ] motorväg
mottle ['mɒtl] **I** *v* göra fläckig, marmorera; *~d* fläckig, spräcklig, marmorerad **II** *s* fläck; spräcklighet, marmorering
motto ['mɒtəʊ] motto, devis, valspråk
1 mould [məʊld] **I** *s* mögel; mögelsvamp **II** *v* mögla
2 mould [məʊld] mylla, matjord; *poet.* mull, jord
3 mould [məʊld] **I** *s* **1** [gjut]form; schablon, mall; *boktr.* matris; *kokk., bildl.* form; *the ~ of his face* formen på hans ansikte; *be cast in the same ~* vara stöpt i samma form; *be cast in heroic ~* vara hjältemodig **2** *bildl.* typ, karaktär; *people of a different ~* folk av en annan typ **3** *kokk.* pudding **II** *v* gjuta; stöpa; forma (*out of* av; *into* till; *on* efter); *bildl.* forma, gestalta, bilda
mouldboard ['məʊldbɔ:d] vändskiva (*på plog*)
moulder ['məʊldə] *v, ~ [away]* vittra, falla sönder, multna **-ing** [—rɪŋ] vittrande, sönderfall; multnande
moulding board ['məʊldɪŋbɔ:d] bak|bord, -bräda
mouldy ['məʊldɪ] **I** *a* **1** möglig **2** *bildl.* föråldrad **3** *sl.* dötrist
moult [məʊlt] **I** *v* rugga, fälla hår; ömsa skinn (skal) **II** *s* ruggning, hårfällning; skalömsning
mound [maʊnd] **I** *s* hög; kulle; [försvars]mur, vall, bank **II** *v* **1** *~ [up]* kasta upp i en hög **2** omge med vall
1 mount [maʊnt] **I** *s* **1** [rid]häst; riddjur **2** montering; infattning; ram; inramning; passepartout **3** frimärksfastsättare **4** (*i mikroskop*) objektglas **5** underlag; ställning; stativ **II** *v* **1** gå (springa) uppför; gå (klättra) upp på (i); bestiga; *~ a horse* sitta upp [på en häst] **2** placera; montera; spänna (sätta) upp; infatta; rama in; förse med passepartout; klistra upp (in); preparera; *~ specimens* göra i ordning preparat (*för mikroskopering*) **3** förbereda, organisera; sätta upp, iscensätta; sätta i gång; *~ guard a)* gå 'på vakten, ställa sig på vakt, *b)* stå på (hålla, gå på) vakt ; *~ a guard* sätta ut vakt **4** hjälpa upp i sadeln; förse med häst[ar] **5** (*om djur*) bestiga, betäcka **6** sitta upp, stiga till häst **7** stiga; stiga (gå, klättra) upp; gå uppför **8** stiga, öka, växa
2 mount [maʊnt] (*litt. o. i namn*) berg; *M~ Etna* Etna; *M~ Everest* Mount Everest
mountain ['maʊntɪn] berg (*äv. bildl.*), fjäll; *a ~ of washing* ett berg av tvätt **mountain ash** [ˌmaʊntɪn'æʃ] *bot.* rönn **mountain chain** ['maʊntɪntʃeɪn] bergskedja **mountain dew** [ˌmaʊntɪn'dju:] hembränd whisky **mountaineer** [ˌmaʊntɪ'nɪə] **I** *s* **1** bergsbo **2** berg[s]bestigare **II** *v* klättra i berg, göra berg[s]bestigningar **mountaineering** [ˌmaʊntɪ'nɪərɪŋ] berg[s]bestigning, bergsklättring, alpinism **mountain goat** [ˌmaʊntɪn'gəʊt] *zool.* snöget; bergsget **mountain lion** *zool.* puma, kuguar **mountainous** ['maʊntɪnəs] bergs-; bergig; *bildl.* enorm, skyhög **mountain range** [ˌmaʊntɪn'reɪn(d)ʒ] bergskedja **mountain sheep** [ˌmaʊntɪn'ʃi:p] *zool.* [amerikanskt] bergfår **mountain side** bergs|sluttning, -sida
mountebank ['maʊntɪbæŋk] kvacksalvare; charlatan
mounted ['maʊntɪd] **1** beriden, ridande (*police* polis); motoriserad, fordonsburen **2** monterad; uppklistrad; infattad; inramad; iordningställd; med beslag
Mountie ['maʊntɪ] *vard.* (*kanadensisk*) ridande polis
mounting ['maʊntɪŋ] montering, montage; uppklistring; infattning; inramning; beslag (*t.ex. på byrå*); lavett
Mounty ['maʊntɪ] *vard., se Mountie*
mourn [mɔ:n] **1** sörja, begråta; sörja över **2**

sörja (*for, over* över); ~ *for s.b.* sörja ngn **3** vara sorgklädd **-er** ['mɔ:nə] sörjande [person]; gråterska **-ful** ['mɔ:nf(ʊ)l] **1** sorglig, dyster **2** sorgsen, sörjande; klagande **-ing** ['mɔ:nɪŋ] **I** *a* sörjande; sorg[e]-; ~ *band* sorgband; ~ *paper* brevpapper med sorgkant **II** *s* sorg; sorgdräkt; sorgetid; *be in* ~ *a*) ha sorg, *b*) vara sorgklädd

mouse I *s* [maʊs] (*pl mice* [maɪs]) **1** mus (*äv. bildl.*) **2** *sl.* blåtira **II** *v* [maʊz] **1** fånga möss **2** snoka omkring **mouse-coloured** ['maʊsˌkʌləd] råttfärgad, musgrå **mouse-ear** ['maʊsˌɪə] *bot.* arv **mouser** ['maʊzə] (*katt e.d.*) råttfångare **mouse-trap** ['maʊstræp] råttfälla

mousse [mu:s] *kokk.* mousse

moustache [mə'stɑ:ʃ] mustasch[er]

mousy ['maʊsɪ] **1** musgrå **2** blyg, som en mus **3** full av möss

mouth I *s* [maʊθ, *pl* ~*s* [maʊðz] **1** mun; (*djurs*) käft; *by word of* ~ muntligen; *be down in the* ~ (*vard.*) vara deppig (nere); *give* ~ skälla, ge hals; *give* ~ *to* ge uttryck åt; *have five* ~*s to feed* ha fem munnar att mätta; *have a big* ~ (*vard.*) prata för mycket (högt), prata utan att tänka sig för; *have a foul* ~ vara ful i mun[nen]; *have a hard* ~ (*om häst*) vara hårdmynt; *keep one's* [*big*] ~ *shut* (*vard.*) hålla klaffen (käften); *put words into a p.'s* ~ *a*) tala om för ngn vad han skall säga, lägga orden i ngns mun, *b*) tillskriva ngn ett yttrande; *shut your* ~*!* håll klaffen (käften)!; *take the words out of a p.'s* ~ ta ordet ur mun[nen] på ngn **2** grimas; *make* ~*s at* göra grimaser åt **3** öppning; hål; in-, ut|gång; in-, ut|lopp; mynning **II** *v* [maʊð] **1** uttala övertydligt (tillgjort) **2** forma med läpparna (*utan att ngt ljud hörs*) **3** vänja vid betsel **4** ta (stoppa) i munnen, tugga på **5** grimasera

mouthful ['maʊθfʊl] **1** munfull; munsbit; smula **2** tungvrickare **3** *vard., i sth AE., say a* ~ komma med en bra anmärkning **mouth organ** [-ˌɔ:gən] munspel **mouthpiece** [-pi:s] **1** munstycke **2** mikrofon (*på telefon*) **3** *bildl.* språkrör; talesman **mouth-to-mouth** [ˌmaʊθtə'maʊθ] *a, the* ~ *method* munmotmunmetoden **mouthwash** ['maʊθwɒʃ] munvatten **mouthwatering** ['maʊθˌwɔ:tərɪŋ] som får det att vattnas i munnen, aptitretande **mouthy** ['maʊðɪ] bombastisk; talträngd

mov|ability [ˌmu:və'bɪlətɪ] rörlighet, flyttbarhet **-able** ['mu:vəbl **I** *a* **1** rörlig, flyttbar; *Easter is a* ~ *feast* påsk är en rörlig helg **2** *jur.* lös (*property* egendom) **II** *s, ofta* ~*s* (*pl*) lös|egendom, -öre, möbler

move [mu:v] **I** *s* (*i spel el. bildl.*) drag; åtgärd, steg; rörelse; flyttning; *it's my* ~ det är mitt drag (min tur); *be on the* ~ *a*) vara i rörelse, röra sig (*äv. bildl.*), *b*) vara under utveckling, förändras, gå framåt, *c*) vara i farten; *he's up to every* ~ [*in the game*] honom kan man inte lura, han kan knepen; *get a* ~ *on!* skynda på!, kom igen!; *make a* ~ *a*) göra ett drag (*äv. bildl.*), göra något, vidtaga åtgärder, *b*) röra på sig; *it's time we made a* ~ det är dags (på tiden) att vi går (bryter upp, rör på oss); *make a* ~ *to do s.th.* göra en ansats att göra ngt; *watch a p.'s every* ~ ständigt ha ögonen på (kolla) ngn **II** *v* **1** röra [på]; sätta i rörelse (i gång); driva; hålla i gång **2** flytta [på], flytta om; transportera, förflytta; rulla; ta bort, avlägsna; ~ *the bowels* tömma tarmen; ~ *house* flytta **3** påverka, förmå, få, driva; beveka, göra intryck på; röra, göra rörd, gripa; *be* ~*d* bli rörd, röras (*to tears* till tårar), bli skakad; ~ *s.b. from an opinion* få ngn att ändra uppfattning **4** föreslå, framlägga förslag om, yrka [på]; ansöka om; hemställa hos (*for* om) **5** avyttra, sälja; ~ *stock* tömma (sälja ut) lagret **6** röra [på] sig; göra en rörelse; sätta sig (vara) i rörelse; sätta[s] i gång; flytta [på] sig, maka [på] sig; förflytta sig, tåga; flytta[s]; bryta upp, gå; utveckla (förändra) sig; ~*! a*) fortsätt!, cirkulera!, *b*) försvinn!; *white* ~*s* (*to* ~) (*schack.*) vit är vid draget; ~ *in high society* röra sig (umgås) i societeten; ~ *to Stockholm* flytta till Stockholm; ~ *with the times* följa med sin tid; *that's moving!* (*vard.*) vilken fart!; *which way are events moving?* i vilken riktning utvecklar sig saker och ting?; *things are beginning to* ~ det börjar hända saker och ting; *it's time we were moving* det är dags (på tiden) att vi ger oss i väg (rör på oss); ~ *away* gå undan (bort), flytta [på] sig, avlägsna sig, avtåga; ~ *down the bus, please!* fortsätt framåt (bakåt) i bussen!; ~ *off* ge sig av, avlägsna sig, gå; ~ *on* gå (fara) vidare, fortsätta, cirkulera; ~ *out a*) flytta [ut], *b*) ge sig av, avtåga; ~ *up a*) gå (stiga) fram, *b*) stiga, öka, *c*) flyttas upp, avancera **7** företaga sig (göra) ngt, vidtaga åtgärder **8** väcka förslag, hemställa (*for* om), yrka (*for* om) **9** *hand.* få avsättning, sälja (gå) [bra]

move|able ['mu:vəbl] *se movable* **-ment** [-mənt] **1** rörelse; *mil. äv.* förflyttning; *a sudden* ~ en plötslig rörelse; *political* ~ politisk rörelse; *there was a* ~ *towards the door* man (folk) drog sig mot utgången **2** tendens, utveckling; *hand.* pris-, kurs|utveckling **3** [ur]verk, mekanism **4** *mus.* sats; tempo; *litt.* rytm; *konst.* rörelse, flykt; *the third* ~ *of a symphony* tredje satsen i en symfoni **5** avföring **6** *ofta* ~*s* (*pl*) förehavanden

mover ['mu:və] **1** upphovsman; drivande kraft **2** förslagsställare **3** *AE.* flyttfirma; flyttkarl

movie ['mu:vɪ] *AE. vard.* film; bio[graf]; *the* ~*s* (*pl*) *a*) filmindustrin, *b*) filmförevisning; *go to the* ~*s* gå på bio **moviegoer** [-ˌgəʊə] *AE.* biobesökare **movie house** [-haʊs] *AE.* biograf **moviemaker** [-ˌmeɪkə] *AE.* filmskapare **movie star** [-stɑ:] *AE.* filmstjärna **movie theater** [-'θi:ətə] *AE.* biograf

moving ['mu:vɪŋ] **1** rörande, gripande **2** rörlig; rörelse-; drivande; ~ *force* drivkraft; ~ *picture* (*AE.*) film; ~ *van* (*AE.*) flyttbil

1 mow [maʊ] **1** höskulle, loge **2** hö

2 mow [məʊ] (~*ed*, ~*ed el.* ~*n*) meja, slå; klippa (*the lawn* gräsmattan); ~ *down* (*bildl.*) meja ner **mower** ['məʊə] slåttermaskin; gräsklippare; slåtterkarl **mown** [məʊn] *perf. part. av 2 mow*

moxie ['mɒksɪ] *AE. sl.* energi; mod; fräckhet

Mozambique [ˌməʊzəm'bi:k] Moçambique

Mozart ['məʊtsɑ:t]

M.P. *förk. för* (*BE.*) *Member of Parliament;* (*BE.*) *Metropolitan Police; Military Police; Mounted Police* **m.p.** *förk. för melting point* **m.p.g.** *förk. för miles per gallon* **m.p.h.** *förk. för miles per hour* **M.Ph[il].** *förk. för Master of Philosophy* **M.P.S.** *förk. för Member of the Pharmaceutical* (*Philological, Physical*) *Society* **M.R.** *förk. för* (*BE.*) *Master of the Rolls* **Mr.**

['mɪstə] (*pl Messrs.* ['mesəz]) *förk. för mister* hr, herr **MRA** *förk. för Moral Rearmament* **M.R.C.** *förk. för* (*BE.*) *Medical Research Council* **Mrs.** ['mɪsɪz] (*pl Mrs.* ['mɪsɪz] *el. Mesdames* ['meɪdæm]) *förk. för missis* fru **MS., ms.** [ˌem'es] (*pl MSS. el. mss.* [ˌemes'es]) *förk. för manuscript* **MS** *förk. för Mississippi; multiple sclerosis* **M/S** *förk. för motor ship* **M.S.** *förk. för Master of Surgery* **Ms.** [mɪz, məz] *förk. använd när man inte vill ange Miss el. Mrs.* **M.Sc.** *förk. för Master of Science* **M.S.L., m.s.l.** *förk. för mean sea level* **MSS., mss.** *se Ms., ms.* **M/T** *förk. för motor tanker* **MT** *förk. för Montana* **Mt., mt.** *förk. för mount, mountain* **MTB** *förk. för motor torpedo boat* **M.Tech.** *förk. för Master of Technology* **mtg.** *förk. för meeting; mortgage* **mtn.** *förk. för mountain* **Mt. Rev.** *förk. för Most Reverend*

much [mʌtʃ] **I** *a* (*more, most*) *o. s* mycket, mycken; *as ~ again* lika mycket till; *as ~ as* lika (så) mycket som; *four times as ~* fyra gånger så mycket; *I thought as ~* det var just det jag trodde; *how ~?* hur mycket?; *how ~ is it?* hur mycket (vad) kostar den?; *not ~!* (*vard.*) sällan!, visst inte!; *nothing ~* (*vard.*) inget vidare, nästan ingenting; *so ~* så mycket; *so ~ the better* så mycket (desto) bättre; *so ~ for that* så var det med den saken (det); *this* (*that*) *~* så mycket; *too ~ a*) för mycket, *b*) för dyr, *c*) *vard.* löjlig, komisk, *d*) *sl.* otrolig, fantastisk, toppen; *too ~ advice* för många råd; *without ~ difficulty* utan större svårighet; *he is not ~ of a cook* han är inte mycket till (ingen vidare) kock; *it is as ~ as to say that* det är detsamma som att säga att; *he is not up to ~* (*vard.*) han är inte mycket att hurra för, det är inte mycket bevänt med honom; *make ~ of* göra stor affär av; *I couldn't make ~ of that book* jag fick inte ut mycket av den boken; *we don't see ~ of each other* vi träffas inte så ofta; *I don't think ~ of* jag har inga höga tankar om, jag ger inte mycket för **II** *adv* (*more, most*) **1** mycket; [*very*] *~ afraid* mycket rädd; *~ better* mycket bättre; *~ too high* alldeles (alltför) hög; *you are very ~ mistaken* du misstar dig grundligt; *~ more pleasant* mycket trevligare; *very ~ older* betydligt äldre; *~ as I like her* hur mycket jag än tycker om henne; *~ as I should like to* hur gärna jag än skulle vilja; *~ to my astonishment* till min stora förvåning; *it hurt me* [*very*] *~* det sårade mig mycket; *I like it very ~* jag tycker mycket om den; *I don't like him too ~* jag tycker inte särskilt mycket om honom; *thank you very ~!* tack så mycket!; *however ~ he tries* hur mycket han än försöker **2** absolut, mycket, vida, långt; *~ the biggest* absolut (utan tvekan) den största; *I would ~ prefer to stay* jag skulle absolut föredra att (mycket hellre vilja, helst av allt vilja) stanna **3** nästan, ungefär; *they are ~ the same size* de är ungefär lika stora **muchness** ['mʌtʃnɪs] **1** *åld. el. vard.* storlek, mängd; *that's much of a ~* (*BE.*) det är hugget som stucket

muck [mʌk] **I** *s* **1** dynga, gödsel **2** lort, smuts; *sl., i sht BE.* smörja; *make a ~ of* (*sl., i sht BE.*) sabba, göra pannkaka av **II** *v* **1** gödsla **2** *~* [*out*] mocka [i] (*the cowshed* ladugården) **3** smutsa (lorta) ner **4** *BE. sl., ~ about a*) drälla (larva) omkring, *b*) tjafsa [med]; *~ in* slå sig ihop; *~* [*up*] *a*) sabba, göra pannkaka av, *b*) svina ner **mucker** ['mʌkə] *BE. sl.* polare; djävel, knöl **muckrake** ['mʌkreɪk] **I** *s* dynggrep **II** *v* idka sensationsskriverier, rota fram skandaler **muckraker** ['mʌkˌreɪkə] sensationsmakare; skandalreporter **muckraking** ['mʌkˌreɪkɪŋ] sensationsskriverier; undersökande journalistik **muck-up** ['mʌkʌp] *vard.* röra; fiasko **mucky** ['mʌkɪ] lortig, smutsig, skitig

mucous ['mju:kəs] slemmig; slem-; *~ membrane* slemhinna **mucus** ['mju:kəs] slem

mud [mʌd] **I** *s* dy, gyttja, lera; smuts; *it's as clear as ~* det är inte alls klart; *here's ~ in your eye!* (*vard.*) skål!; *his name is ~* (*vard.*) man vill inte ha med honom att göra; *drag a p.'s name in the ~* släpa ngns namn i smutsen; *sling* (*throw*) *~ at* (*bildl.*) smutskasta **II** *v* smutsa ner **mud bath** ['mʌdbɑ:θ] gyttjebad

muddle ['mʌdl] **I** *s* oreda, röra, virrvarr, villervalla; *make a ~ of* trassla till, blanda (röra) ihop; *everything was in a ~* allt var i en enda röra (låg huller om buller) **II** *v* **1** *~* [*up*] blanda (röra) ihop, förväxla **2** förvirra, göra konfys **3** grumla **4** *AE.* blanda, mixa (*drinkar*) **5** *~ along* trassla sig fram; *~ through* (*i sht BE.*) trassla sig igenom, klara sig **muddled** [-d] förvirrad, virrig, rörig **muddle-headed** [-ˌhedɪd] virrig, förvirrad

muddy ['mʌdɪ] **I** *a* **1** gyttjig, lerig, dyig; smutsig **2** oren (*complexion* hy); grumlig (*liquid* vätska); murrig (*colour* färg) **3** rörig, virrig (*style* stil) **II** *v* **1** smutsa (stänka) ner **2** bli smutsig (nerstänkt) **3** röra (virra) till

mud flap ['mʌdflæp] stänkskydd **mud flat** gyttjig strandremsa (*som lämnas bar vid ebb*) **mudguard** stänkskärm **mudpack** (*kosmetisk*) ansiktsmask **mud pie** sandkaka **mudslinging** [-ˌslɪŋɪŋ] *bildl.* smutskastning

muesli ['mju:zlɪ] müsli

muezzin [mu:'ezɪn] muezzin, böneutropare

1 muff [mʌf] muff

2 muff [mʌf] **I** *s* **1** miss; tabbe; *make a ~ of* trassla till, röra ihop, missa **2** klåpare, fuskare **II** *v* **1** missa **2** fördärva, förstöra; fuska bort

muffin ['mʌfɪn] **1** *BE., ung.* tekaka **2** *AE.* (*slags skålformad sötad*) plätt

muffle ['mʌfl] **I** *s, tekn.* muffel **II** *v* **1** *~* [*up*] linda (svepa) in, linda om, pälsa på **2** linda om (*för att dämpa*), dämpa; madrassera; *~d* dämpad, kvävd, dov; *~d drums* förstämda trummor **muffler** [-ə] **1** tjock (varm) halsduk **2** *AE.* ljuddämpare

mufti ['mʌftɪ] civil klädsel; *in ~* civilklädd

1 mug [mʌg] mugg, sejdel

2 mug [mʌg] **I** *s* **1** *sl.* fejs, tryne; trut **2** *sl.* grimas **3** *sl.* lättlurad typ **4** *that's a ~'s game* det är helt meningslöst (idiotiskt) **5** *AE.* skurk, gangster **6** *AE.* fotografi (*för polisens register*) **II** *v* **1** *vard.* överfalla, råna **2** *AE.* fotografera (*för polisens register*)

3 mug [mʌg] *v, BE. sl., ~* [*up*] plugga [i sig]

1 mugger ['mʌgə] *vard.* rånare, ligist

2 mugger ['mʌgə] *zool.* nilkrokodil

mugging ['mʌgɪŋ] *sl.* överfall, rån

muggins ['mʌgɪnz] (*behandlas som sg*) **1** *sl.* dumskalle **2** (*slags*) kortspel; domino[variant]

muggy ['mʌgɪ] tryckande, kvav

M

mugwort ['mʌgwɜ:t] *bot.* gråbo

mugwump ['mʌgwʌmp] oavhängig person; politisk vilde

mulatto [mju:'lætəʊ] (*pl* ~[*e*]*s*) mulatt

mulberry ['mʌlb(ə)rɪ] *bot.* mullbär[träd]

mulch [mʌl(t)ʃ] **I** *s* gödselhalm (*för växter*); kompost **II** *v* täcka med gödselhalm (kompost)

mulct [mʌlkt] **I** *s* böter **II** *v* **1** bötfälla **2** lura, bedraga; ~ *of* lura av

1 mule [mju:l] **1** mulåsna; mula **2** *AE. vard.* tjurskalle, envis person

2 mule [mju:l] toffel (*utan bakkappa*); slipper

muleteer [ˌmju:lɪ'tɪə] mulåsnedrivare **mulish** ['mju:lɪʃ] envis som en åsna, trilsk

1 mull [mʌl] fundera, grubbla (*over* på, över)

2 mull [mʌl] glödga [och krydda] (*wine* vin); ~*ed wine* (*slags*) glögg

mulle[i]n ['mʌlɪn] *bot.* kungsljus

mullet ['mʌlɪt] *zool.* multe

mulligan stew ['mʌlɪgənstju:] [kött]gryta

mulligatawny [ˌmʌlɪgə'tɔ:nɪ] (*indisk*) currykryddad soppa

mullion ['mʌlɪən] lodrät fönsterpost; ~*ed window* lodrätt avdelat fönster

mult[i]angular [mʌltɪ'æŋgjʊlə] månghörnig

multi|coloured ['mʌltɪˌkʌləd] mång-, fler|färgad **-faceted** [ˌmʌltɪ'fæsɪtɪd] mångfasetterad (*äv. bildl.*) **-farious** [ˌmʌltɪ'feərɪəs] mångahanda, mång|faldig, -skiftande **-form** ['mʌltɪfɔ:m] mångformig **-lateral** [ˌmʌltɪ'læt(ə)r(ə)l] **1** mångsidig **2** multilateral **-lingual** [ˌmʌltɪ'lɪŋgw(ə)l] flerspråkig **-millionaire** [ˌmʌltɪmɪljə'neə] mångmiljonär **-national** [ˌmʌltɪ'næʃənl] multinationell **-parous** [mʌl'tɪpərəs] **1** som föder flera ungar på en gång **2** som har fött flera barn **-partite** [ˌmʌltɪ'pɑ:taɪt] flerdelad **-phase** ['mʌltɪfeɪz] *elektr.* flerfasig, flerfas-

multiple ['mʌltɪpl] **I** *a* mång-, fler|faldig, mångahanda, mång-, fler|dubbel; multipel; ~ *sclerosis* multipel skleros; ~ *store* (*shop*) (*i sht BE.*) kedjebutik, filialaffär **II** *s, mat.* multipel, mångfald; *lowest* (*least*) *common* ~ minsta gemensamma dividend **--choice** [ˌmʌltɪpl'tʃɔɪs] flervals-

multiplex ['mʌltɪpleks] mång-, fler|faldig

multipliable ['mʌltɪˌplaɪəbl], **multiplicable** [-ˌplɪkəbl] *mat.* multiplicerbar (*by* med) **multiplicand** [ˌmʌltɪplɪ'kænd] *mat.* multiplikand **multiplication** [ˌmʌltɪplɪ'keɪʃn] **1** *mat.* multiplikation **2** mångfaldigande **3** fortplantning, förökning **multiplication sign** multiplikationstecken **multiplication table** multiplikationstabell **multiplicity** [ˌmʌltɪ'plɪsətɪ] **1** mångfald **2** mångskiftande karaktär **multiplier** ['mʌltɪplaɪə] *mat.* multiplikator **multiply** ['mʌltɪplaɪ] **1** *mat.* multiplicera (*by* med) **2** mångfaldiga, öka **3** mångfaldigas, flerdubblas, öka[s] **4** föröka sig

multipurpose [ˌmʌltɪ'pɜ:pəs] universal-, som kan användas till mycket

multi|racial [ˌmʌltɪ'reɪʃl] omfattande flera raser **-stage** ['mʌltɪsteɪdʒ] flerstegs- **-storey** *BE.*, **-story** *AE.* [ˌmʌltɪ'stɔ:rɪ] **I** *a* flervånings-; ~ *car park* parkeringshus **II** *s* parkeringshus

multi|tude ['mʌltɪtju:d] **1** mängd, massa, stort antal **2** folkmassa; *the* ~ den stora massan **3** mångfald, talrikhet **-tudinous** [ˌmʌltɪ'tju:dɪnəs] **1** talrik **2** myllrande, full[satt]

1 mum [mʌm] *vard., i sht BE.* mamma

2 mum [mʌm] **I** *a* tyst **II** *s, ~'s the word!* var alldeles tyst!, säg inte ett knyst om det!

mumble ['mʌmbl] **I** *v* mumla, muttra; ~ *into one's beard* mumla i skägget **II** *s* mummel, muttrande

mumbo jumbo [ˌmʌmbəʊ'dʒʌmbəʊ] (*pl mumbo jumbos*) **1** fetisch, magiskt föremål **2** meningslös ritual, tom ceremoni **3** rappakalja, struntprat; fikonspråk

mummer ['mʌmə] **1** mimartist **2** *neds., skämts.* skådis **mummery** [-rɪ] **1** pantomimspel **2** *bildl.* komedi, gyckelspel

mummi|fication [ˌmʌmɪfɪ'keɪʃn] mumifiering **-fy** ['mʌmɪfaɪ] mumifiera[s]

1 mummy ['mʌmɪ] mumie

2 mummy ['mʌmɪ] *i sht BE., barnspr.* mamma

mumps [mʌmps] (*behandlas som sg*) påssjuka

mun. *förk. för municipal*

munch [mʌn(t)ʃ] **1** mumsa **2** mumsa (snaska) på

mundane [ˌmʌn'deɪn] **1** världslig **2** banal, alldaglig, vardaglig

Munich ['mju:nɪk] München

municipal [mju:'nɪsɪpl] kommunal, municipal; kommun-, stads-; ~ *council* kommunfullmäktige; ~ *elections* kommunalval; ~ *library* stads-, kommun|bibliotek **-ity** [mju:ˌnɪsɪ'pælətɪ] **1** kommun **2** kommunstyrelse **-ize** (*BE. äv. -ise*) [mju:'nɪsɪpəlaɪz] kommunalisera

munifi|cence [mju:'nɪfɪsns] frikostighet, generositet; storslagenhet **-cent** [-snt] frikostig, generös; storslagen

muniments ['mju:nɪmənts] *pl, jur.* urkunder, privilegiebrev

munition [mju:'nɪʃn] **I** *v, mil.* utrusta, förse med krigsmateriel **II** *s, ~s* (*pl*) krigs|materiel, -förnödenheter, ammunition

mural ['mjʊər(ə)l] **I** *a* mur-, vägg- **II** *s* mural-, vägg|målning

murder ['mɜ:də] **I** *s* mord (*of* på); *attempted* ~ mordförsök; ~ *will out* ett brott kommer alltid fram; *cry blue* ~ (*vard.*) skrika som om kniven satt i en; *get away with* ~ (*vard.*) ostraffat göra som man vill, tillåta sig vad som helst; *it's* ~ (*vard.*) det är livsfarligt (rena självmordet); *it was* ~ (*vard.*) det var mördande tråkigt (ursvårt, jätteobekvämt *etc.*) **II** *v* **1** mörda **2** *vard.* fördärva, sabba; rådbråka; totalt utklassa **murderer** [-rə] mördare **murderess** [-rɪs] mörderska **murderous** ['mɜ:d(ə)rəs] **1** mordisk, mordlysten, blodtörstig; mord-; mördande (*äv. bildl.*) **2** *vard.* livsfarlig; mördande tråkig; väldigt obehaglig; ursvår

mu|rex ['mjʊəreks] (*pl -rices* [-rɪsi:z]) *zool.* purpursnäcka

murk [mɜ:k] mörker **murky** ['mɜ:kɪ] **1** mörk, dunkel **2** mulen; tät (*fog* dimma)

murmur ['mɜ:mɜ:] **I** *v* **1** sorla, porla; susa, brusa; surra **2** mumla, muttra; knota, knorra **II** *s* **1** sorl, porlande; sus, brus; surr; ~ *of traffic* trafikbrus **2** mummel, muttrande; knot[ande], knorrande; *a ~ of disagreement* ett ogillande mummel

mus. *förk. för museum; music; musical*

muscat ['mʌskət] **1** muskatdruva **2** muskatell [vin] **muscatel** [ˌmʌskə'tel] **1** muskatell[vin] **2** muskatellrussin; muskatdruva

muscle [mʌsl] **I** *s* muskel; muskelvävnad; [muskel]styrka; *she didn't move a* ~ hon rörde inte en fena; *you need* ~ *for this* det krävs muskelstyrka för det här; *pull* (*stretch*) *a* ~ få en muskelsträckning, sträcka en muskel **II** *v, vard.*, ~ *in* tränga sig in (*on* hos, i, på) **muscle-bound** ['mʌslbaʊnd] stel i musklerna; *bildl.* stelbent **muscle fibre** ['mʌslˌfaɪbə] muskeltråd **muscleman** ['mʌslmæn] **1** muskulös man; muskelknutte **2** (*gangsters*) gorilla

Muscovite ['mʌskə(ʊ)vaɪt] **I** *s* moskvabo **II** *a, åld.* moskovitisk, rysk

muscu|lar ['mʌskjʊlə] **1** muskel- **2** muskulös **-larity** [ˌmʌskjʊ'lærətɪ] muskelstyrka **-lature** ['mʌskjʊlətʃə] muskulatur

Mus. D[oc]. *förk. för lat. musicae doctor = Doctor of Music*

1 muse [mju:z] musa, sång|mö, -gudinna; *the* [*nine*] *M~s* (*mytol.*) [de nio] muserna

2 muse [mju:z] grubbla, fundera (*on, about* på, över); titta tankfullt, sitta och drömma

museum [mju:'zɪəm] museum **museum piece** museiföremål

1 mush [mʌʃ] **1** mos, gröt, sörja; *AE.* majsgröt **2** *vard.* överdriven sentimentalitet **3** *AE. sl.* paraply

2 mush [mʌʃ] färd med hundsläde

3 mush [mʌʃ] *BE. sl.* fejs, nia (*ansikte*)

mushroom ['mʌʃrʊm] **I** *s* svamp; champinjon; *grow like ~s* växa upp som svampar [ur marken] **II** *a* **1** svamp-; champinjon; ~ *cloud* svamp[moln] (*vid atomexplosion*); ~ *soup* svamp-, champinjon|soppa **2** plötslig; hastigt uppvuxen, snabbt framväxande **III** *v* **1** växa [fram] (utveckla sig) snabbt, växa upp som svampar ur marken **2** plocka svamp; *go ~ing* gå ut och plocka svamp

mushy ['mʌʃɪ] **1** mosig, grötig, sörjig **2** överdrivet sentimental, sliskig

music ['mju:zɪk] **1** musik; ~ *of the spheres* sfärernas musik; *that's* ~ *to my ears* det är som musik för mina öron; *put* (*set*) *s.th. to* ~ tonsätta ngt **2** noter, nothäften; *turn the* ~ vända notblad **3** *vard.*, *face the* ~ ta konsekvenserna **musical** [-l] **I** *a* **1** musik-; ~ *box* speldosa; ~ *chairs* (*lek*) hela havet stormar; ~ *comedy* musikal; ~ *evening* musikalisk soaré; ~ *instrument* musikinstrument **2** musikalisk; melodisk; ~ *laughter* melodiskt skratt; *have a* ~ *ear* ha musiköra **II** *s* musikal **musicale** [ˌmju:zɪ'kæl] *AE.* musikalisk soaré **musical|ity** [ˌmju:zɪ'kælətɪ], **-ness** ['mju:zɪklnɪs] musikalitet **music book** ['mju:zɪkbʊk] not|bok, -häfte **music box** ['mju:zɪkbɒks] speldosa **music centre** ['mju:zɪkˌsentə] kompaktanläggning **music hall** ['mju:zɪkhɔ:l] **1** *i sht BE.* varieté[teater] **2** *AE.* konsertsal **musician** [mju:'zɪʃn] musiker; musikant; tonsättare **musicianship** [mju:'zɪʃnʃɪp] musikaliskt kunnande **musicologist** [ˌmju:zɪ'kɒlədʒɪst] musikforskare **musicology** [ˌmju:zɪ'kɒlədʒɪ] musikvetenskap **music paper** ['mju:zɪkˌpeɪpə] notpapper **music stand** ['mju:zɪkstænd] notställ **music stool** ['mju:zɪkstu:l] pianostol

musk [mʌsk] **I** *s* mysk **II** *a* mysk-; ~ *deer* (*zool.*) myskhjort

muskellunge ['mʌskəlʌndʒ] (*pl* ~[*s*]) *zool.* nordamerikansk storgädda

musket ['mʌskɪt] *hist.* musköt **-eer** [ˌmʌskɪ'tɪə] *hist.* musketerare; musketör **-ry** ['mʌskɪtrɪ] **1** skjutning med gevär **2** *koll., hist.* musketerare; musketörer

muskmelon ['mʌskˌmelən] *bot.* melon **musk ox** [-ɒks] *zool.* myskoxe **muskrat** [-ræt] *zool.* bisamråtta **musky** [-ɪ] myskartad; myskdoftande

Muslim ['mʊslɪm] **I** *s* muslim, muselman **II** *a* muslimsk, muselmansk

muslin ['mʌzlɪn] muslin

musquash ['mʌskwɒʃ] *zool.* bisamråtta

muss [mʌs] *AE.* **I** *v*, ~ [*up*] röra till, trassla ihop **II** *s* röra, oreda

mussel ['mʌsl] *zool.* mussla; *sea* ~ blåmussla **mussel bed** musselbank

1 must [mʌst] **I** *hjälpv* **1** måste, är (var) tvungen att, får (fick) [lov att]; *you* ~ *go at once* du måste gå genast; *she said that she* ~ *go* hon sade att hon måste (var tvungen att) gå; *you* ~ *not* (*~n't*) du får (skall, fick, skulle) inte; *I ~n't forget that* jag får inte glömma det **2** måste, måtte; *you* ~ *have lost it* du måste (måtte) ha tappat den, du har nog (säkert) tappat den **3** *he* ~ *come just now!* det är typiskt att han skulle (han ska förstås) komma just nu! **II** *s, a* ~ ett måste; *this play is a* ~ den här pjäsen måste man se (ha sett)

2 must [mʌst] [druv]must

3 must [mʌst] unkenhet; mögel

mustache ['mʌstæʃ] *AE., se moustache* **mustachio** [mə'stɑ:ʃɪəʊ] *skämts., ofta ~s* (*pl*) yvig[a] mustasch[er]

mustang ['mʌstæŋ] mustang (*nordamer. präriehäst*)

mustard ['mʌstəd] **1** senap (*äv. bot.*); *be as keen as* ~ (*vard.*) vara eld och lågor **2** senapsgult **mustard gas** senapsgas

muster ['mʌstə] **I** *s* **1** mönstring, inspektion (*i sht mil.*); *pass* ~ (*bild.*) hålla måttet, bli godkänd, duga **2** uppbåd; samling; samlande; sammandrivning (*of cattle* av boskap) **II** *v* **1** samla [ihop], uppbåda, sammankalla; *mil.* ställa upp **2** *bildl.*, ~ [*up*] samla (*courage* mod); uppbåda (*strength* styrka) **3** *AE. mil.*, ~ *in* inkalla, värva; ~ *out* avföra ur rullorna **4** samlas; ställa upp sig **muster roll** *mil.* rulla; *sjö.* bemanningslista

mustn't ['mʌsnt] = *must not*

musty ['mʌstɪ] möglig; unken; gammal

mutability [ˌmju:tə'bɪlətɪ] föränderlighet; mutabilitet **mutable** ['mju:təbl] föränderlig; mutabel **mutant** ['mju:tənt] *biol.* mutant **mutate** [mju:'teɪt] *biol.* mutera **mutation** [mju:'teɪʃn] **1** förändring; ändring **2** *biol.* mutation **3** *språkv.* omljud

mute [mju:t] **I** *a* mållös, tyst; stum; ~ *dislike* outtalad motvilja; ~ *swan* knölsvan **II** *s* **1** stum person **2** statist **3** *mus.* sordin; dämmare **4** *språkv.* klusil, explosiva **III** *v* dämpa; *mus. äv.* dämma, sätta sordin på

muti|late ['mju:tɪleɪt] stympa (*äv. bildl.*), lemlästa; *bildl.* förvanska, vanställa **-lation** [ˌmju:tɪ'leɪʃn] stympning, lemlästning; *bildl.* förvanskning, vanställande **-lator** ['mju:tɪleɪtə] stympare; förvanskare

mutineer [ˌmju:tɪ'nɪə] myterist **mutinous** ['mju:tɪnəs] upprorisk **mutiny** ['mju:tɪnɪ] **I** *s,* *sjö., bildl.* myteri; uppror **II** *v* göra myteri (uppror)

mutism ['mju:tɪz(ə)m] *psykol.* mutism, stumhet

mutt [mʌt] *sl.* **1** klantskalle, idiot **2** hundracka

mutter ['mʌtə] **I** *v* **1** muttra, mumla; knota, knorra (*at, about* över) **2** muttra (mumla) [fram] **II** *s* muttrande, mummel; knot, knorrande

mutton ['mʌtn] får[kött]; ~ *dressed as lamb* äldre person som försöker verka ung, äldre sak som verkar ny **mutton chop** fårkotlett **mutton-chops** *pl* yviga polisonger **muttonhead** *sl.* fårskalle

mutual ['mju:tʃʊəl] **1** ömsesidig (*respect* respekt), inbördes; ~ *admiration society* sällskap för inbördes beundran; ~ *insurance company* ömsesidigt försäkringsbolag **2** gemensam (*friend* vän) **-ity** [ˌmju:tjʊ'ælətɪ] ömsesidighet **-ly** ['mju:tʃʊəlɪ] *adv* ömsesidigt; *a person ~ known to us* en person som vi båda känner

Muzak ['mju:zæk] (*varumärke*) muzak, bakgrundsmusik, skval

muzzle ['mʌzl] **I** *s* **1** nos; mule; tryne **2** mynning (*på skjutvapen*) **2** munkorg; nosgrimma **II** *v* **1** sätta munkorg på **2** tysta [ner] **3** bärga (*segel*) **muzzle-loader** [-ˌləʊdə] mynningsladdare **muzzle velocity** [-vɪˌlɒsətɪ] (*projektils*) utgångshastighet

muzzy ['mʌzɪ] **1** otydlig, oklar, suddig **2** virrig, förvirrad, omtöcknad

MV *förk. för megavolt* **M.V.** *förk. för motor vessel; muzzle velocity* **M.V.O.** *förk. för Member of the Royal Victorian Order* **M.V.Sc.** *förk. för Master of Veterinary Science* **MW** *förk. för megawatt; medium wave*

my [maɪ; *obeton.* mɪ] **I** *poss. pron* min; ~ *wallet* min plånbok; ~ *own brother* min egen bror; ~ *dear Jane* kära Jane; ~ *goodness!* du milde!, kors i all sin dar!; *never in ~ life* aldrig i livet; *I hurt ~ head* jag slog mig i huvudet; *please forgive ~ butting in* förlåt att jag lägger mig i; *if you don't mind ~ saying so* om du inte tar illa upp **II** *interj* o!, åh!; *oh, ~!* oj då!, oj oj!, nej men!

myalgia [maɪ'ældʒɪə] myalgi, muskel|smärta, -värk

mycelium [maɪ'si:lɪəm] *bot.* mycelium

Mycenae [maɪ'si:ni:] Mykene **-an** [ˌmaɪsə'ni:ən] mykensk

mycolo|gist [maɪ'kɒlədʒɪst] mykolog, svampkännare **-gy** [-dʒɪ] mykologi, läran om svamparna

myocarditis [ˌmaɪəʊkɑ:'daɪtɪs] *med.* myokardit, hjärtmuskelinflammation **myope** ['maɪəʊp] *med.* närsynt person **myopia** [maɪ'əʊpjə] *med.* myopi, närsynthet **myopic** [maɪ'ɒpɪk] *med.* myopisk, närsynt

myriad ['mɪrɪəd] **I** *s* myriad, otalig mängd, oräknelig skara **II** *a* oräknelig

myrmidon ['mɜ:mɪdən] hantlangare, hejduk

myrrh [mɜ:] **1** myrra **2** *bot.* körvel

myrtle ['mɜ:tl] *bot.* myrten; *bog ~* pors

myself [maɪ'self] *rfl o. pers. pron* mig [själv]; [jag] själv, jag; *I have washed ~* jag har tvättat mig; *I never talk to ~* jag pratar aldrig för mig själv; *all but ~* alla utom jag själv; [*all*] *by ~* [alldeles] ensam (själv); *my husband and ~* min man och jag

mysterious [mɪ'stɪərɪəs] mystisk, gåtfull, hemlighetsfull, besynnerlig **-ness** [-nɪs] mystik, gåtfullhet, hemlighetsfullhet, besynnerlighet

mystery ['mɪst(ə)rɪ] **1** mysterium, gåta; gåtfullhet, hemlighetsfullhet, mystik; *it's a ~ to me* det är mig en gåta; *there's no ~ about that* det är inget mystiskt med det; *make a ~ of* göra en hemlighet av **2** detektiv|roman, -film, -pjäs **3** *teol.* mysterium **4** (*medeltida*) mysteriespel **mystery play** (*medeltida*) mysteriespel **mystery tour** resa med hemligt mål

mystic ['mɪstɪk] **I** *a* mystisk **II** *s* mystiker **mysticism** ['mɪstɪsɪz(ə)m] mysticism; mystik

mysti|fication [ˌmɪstɪfɪ'keɪʃn] **1** mystifikation, bedrägeri **2** gåta, mysterium; huvudbry **-fy** ['mɪstɪfaɪ] **1** mystifiera, förbrylla **2** omge med mystik

mystique [mɪ'sti:k] mystik; mytbildning

myth [mɪθ] myt; saga, sägen **-ical** ['mɪθɪk(l)] **1** mytisk **2** fiktiv, uppdiktad

mythological [ˌmɪθə'lɒdʒɪkl] mytologisk **mythology** [mɪ'θɒlədʒɪ] mytologi

myxomatosis [ˌmɪksə(ʊ)mə'təʊsɪs] myxomatos (*kaninpest*)

N

N, n [en] (*bokstaven*) N, n

N *förk. för newton*[*s*]; *North; noun* **N.** *förk. för National*[*ist*]; *Navy; New* **n.** *förk. för natus* (*lat.*) *born; neuter; new; nominative; noon; note; noun; number* **N.A.** *förk. för North America* **N.A.A.C.P.** *förk. för* (*AE.*) *National Association for the Advancement of Colored People* **NAAFI** ['næfɪ] *förk. för Navy, Army, and Air Force Institutes* (*ung. marketenteri- o. förströelsedetaljen*)

nab [næb] *vard.* haffa; hugga tag i, gripa, rycka till sig; sno åt sig

nacelle [næ'sel] **1** flygplanskropp **2** (*på luftskepp*) gondol

nacre ['neɪkə] pärlemor

nadir ['neɪˌdɪə] *astr.* nadir; *bildl.* bottenläge, lägsta punkt

nae|vus ['ni:vəs] (*pl -vi* [-vaɪ]) födelsemärke, leverfläck

1 nag [næg] **1** hästkrake **2** liten ridhäst

2 nag [næg] **I** *v* **1** tjata (gnata) på **2** tjata, gnata (*at* på); ~ *at* (*äv.*) plåga, tära på **II** *s* tjatig (gnatig) person **-ger** ['nægə] *se 2 nag II* **-ging** ['nægɪŋ] **I** *a* tjatig, gnatig; ~ *pain* molande (gnagande) smärta **II** *s* gnat, tjat

naiad ['naɪæd] (*pl -s el. -es* [-i:z]) najad, vattennymf

nail [neɪl] **I** *s* **1** nagel; klo **2** spik; stift; nagel; *as* *hard as ~s a)* i utmärkt form, *b) bildl.* stenhård, obeveklig; *hit the ~ on the head* (*bildl.*) slå (träffa) huvudet på spiken; *pay on the ~* (*vard.*) betala genast (på stubben) **II** *v* **1** spika [fast]; *~ down* spika igen (till), spika fast (*a lid* ett lock); *~ up* spika igen (till), spika upp; *be ~ed to the spot* (*bildl.*) stå som fastnaglad; *I ~ed her down to coming in time* jag tvingade henne att komma i tid **2** *vard.* haffa, sätta fast; *get ~ed* bli haffad, åka fast **3** *vard.* avslöja (*a lie* en lögn; *a liar* en lögnare)

nail|-biting [ˈneɪlˌbaɪtɪŋ] **I** *s* **1** nagelbitning **2** nervositet **II** *a* nervpirrande **nailbrush** [-brʌʃ] nagelborste **nailfile** [-faɪl] nagelfil **nail polish** [-ˌpɒlɪʃ] nagellack **nail scissors** [ˌsɪzəz] *pl* nagelsax **nail varnish** [-ˌvɑːnɪʃ] nagellack

naïve, naive [nɑːˈiːv] naiv **-té** [-teɪ], **naivety** [-tɪ] naivitet

naked [ˈneɪkɪd] **1** naken; bar; blottad; kal (*branch* gren); öppen (*flame* låga); *the ~ eye* blotta ögat; *~ facts* nakna fakta; *~ sword* naket (blottat) svärd; *the ~ truth* nakna (oförfalskade) sanningen; *~ of* blottad på, utan **3** oskyddad, värnlös **-ness** [-nɪs] nakenhet

NALGO *förk. för National and Local Government Officers' Association*

namby-pamby [ˌnæmbɪˈpæmbɪ] **I** *a* **1** sentimental **2** klemig; mjäkig **II** *s* mjäkig (klemig) person

name [neɪm] **I** *s* **1** namn, benämning (*of* på); *a man, Hobson by ~* en man vid namn (som heter) Hobson; *in ~ only* endast till namnet; *in the ~ of justice* (*the law*) i rättvisans (lagens) namn; *what's your ~?* vad heter du?; *my ~ is Josef* jag heter (mitt namn är) Josef; *that's the ~ of the game* (*i sht AE.*) det är det det handlar om (går ut på); *what's in a ~?* vad betyder väl ett namn?; *go by* (*under*) *the ~ of* gå (vara känd) under namnet; *not have a penny to one's ~* vara helt pank, inte ha ett [rött] öre; *I know her only by ~* jag känner henne bara till namnet; *he knows all his pupils by ~* han vet (kan) namnet på alla sina elever; *put one's ~ down a)* skriva sitt namn, anteckna sig (*on a list* på en lista), *b)* anmäla sig (*for* till, för); *put one's ~ to* sätta sitt namn under; *what ~ shall I say?* (*i telefon*) hur var namnet?, vem får jag hälsa ifrån? **2** skällsord; *call s.b. ~s* skälla ut ngn **3** rykte, namn; *have a good* (*bad*) *~* ha [ett] gott (dåligt) rykte (namn om sig); *have a ~ for s.th.* vara känd för ngt; *make one's ~* (*o.s. a ~*) göra (skapa) sig ett namn, bli berömd **II** *v* **1** kalla [för]; ge namn [åt]; döpa [till]; [be]nämna; uppkalla (*after, AE. for* efter); namnge, nämna vid namn; säga namnet på; *a woman ~d Sheila* en kvinna som heter (vid namn) Sheila; *the child is ~d Victor* barnet heter (kallas [för]) Victor; *you ~ it* (*vard.*) vad som helst, allt man kan tänka sig **2** utnämna, utse; bestämma, ange, säga, nämna; *~ s.b. as* (*for, to*) *leader* utnämna (utse) ngn till ledare; *~ the day* (*vard.*) bestämma bröllopsdag[en] **3** namna, sätta namn på

name-calling [ˈneɪmˌkɔːlɪŋ] skäll, utskällning **name day** [-deɪ] *rom.-kat.* namnsdag **name-dropping** [-ˌdrɒpɪŋ] *vard.* skryt över att vara bekant med kändisar **nameless** [-lɪs] **1** namnlös, anonym **2** obeskrivlig; outsäglig

namely [ˈneɪmlɪ] nämligen

name part [ˈneɪmpɑːt] titelroll **nameplate** namn|skylt, -plåt **namesake** namne

Namibia [nəˈmɪbɪə] Namibia

nancy [boy] [ˈnænsɪ(bɔɪ)] feminin karl; homofil

nankeen [næŋˈkiːn] nankin, grovt gult bomullstyg

nanny [ˈnænɪ] **1** barn|sköterska, -flicka **2** *barnspr.* farmor, mormor **nanny goat** get (*hona*)

1 nap [næp] **I** *s* tupplur; *have* (*take*) *a ~* ta sig en [tupp]lur **II** *v* ta sig en tupplur; *catch s.b. ~ping* (*bildl.*) överrumpla ngn, ta ngn på sängen

2 nap [næp] lugg, ludd (*på tyg*)

3 nap [næp] **1** stall-, vinnar|tips **2** *go ~* riskera allt **II** *v* tippa (*häst*) som vinnare

napalm [ˈneɪpɑːm] napalm

nape [neɪp] *s, ~* [*of the neck*] nacke

naphtha [ˈnæfθə] *kem.* nafta **-lene, -line** [-liːn] *kem.* naftalen, naftalin

napkin [ˈnæpkɪn] **1** [*table*] *~* servett **2** liten handduk **3** blöja **4** *AE.*, [*sanitary*] *~* dambinda

Naples [ˈneɪplz] Neapel

Napoleon [nəˈpəʊljən]

nappa [ˈnæpə] nappa[skinn]

1 nappy [ˈnæpɪ] *BE.* blöja

2 nappy [ˈnæpɪ] **I** *a* **1** luddig, luggig **2** (*om öl*) skummande; stark **II** *s* starkt öl

narcissism [nɑːˈsɪsɪz(ə)m] *psykol.* narcissism **narcissus** [-əs] *bot.* narciss, pingstlilja; påsklilja

narcosis [nɑːˈkəʊsɪs] narkos **narcotic** [-ˈkɒtɪk] **I** *a* **1** narkotisk; narkotika-; narkoman- **2** narkos-; bedövande **II** *s* narkotiskt medel, narkotikum; *~s* (*pl*) narkotika **narcotism** [ˈnɑːkətɪz(ə)m] narkomani

nark [nɑːk] *BE. sl.* **I** *s* angivare, tjallare **II** *v* **1** tjalla på **2** reta, förarga

narrate [nəˈreɪt] berätta, skildra **narration** [nəˈreɪʃn] **1** berättande **2** berättelse, skildring **narrative** [ˈnærətɪv] **I** *s* berättelse, skildring **II** *a* berättande; berättar- **narrator** [nəˈreɪtə] berättare

narrow [ˈnærəʊ] **I** *a* **1** trång, smal; *~ gauge* smalspår; *~ passage* trång passage **2** knapp (*victory* seger), snäv; inskränkt (*sense* betydelse); begränsad; *within ~ bounds* inom snäva gränser; *~ circumstances* knappa (små) omständigheter; *have a ~ escape* komma undan med knapp nöd; *that was a ~ escape* (*squeak*) det var nära ögat; *have a ~ mind* vara inskränkt (trångsynt) **3** noggrann (*scrutiny* undersökning) **4** *fonet.* sluten (*vowel* vokal) **II** *s, ~s* (*behandlas som sg el. pl*) trång passage, trångt sund **III** *v* **1** smalna, bli trång; minskas, begränsas **2** göra trängre (smalare); *~* [*down*] inskränka, begränsa **-ly** [-lɪ] *adv* **1** trångt, smalt **2** knappt *etc., jfr narrow I 2*; *he ~ escaped being run over* han undgick med knapp nöd att bli överkörd **3** noggrant, noga; *he looks too ~ly into things* han är alltför noga (petig) med saker och ting **--minded** [ˌnærəʊˈmaɪndɪd] inskränkt, trångsynt

narw[h]al [ˈnɑːw(ə)l] *zool.* narval

NASA *förk. för National Aeronautics and Space Administration* amerikanska rymdflygstyrelsen

nasal [ˈneɪzl] **I** *a* **1** näs-; *~ cavity* (*anat.*) näshåla **2** *fonet.* nasal **II** *s* nasal[ljud] **-ization** (*BE. äv.*

N

-isation) [ˌneɪzəlaɪ'zeɪʃn] nasalisering **-ize** (*BE. äv. -ise*) ['neɪzəlaɪz] nasalera; tala nasalt; förvandla till nasal
nascency ['næsnsɪ] ursprung, uppkomst; födsel
nascent [-t] blivande, vardande; uppkommande
nasturtium [nə'stɜːʃ(ə)m] *bot.* [indian]krasse
nasty ['nɑːstɪ] **1** snuskig, [från]stötande, oanständig; *have a ~ mind* ha snuskig fantasi **2** obehaglig, otrevlig, otäck, hemsk, vidrig, äcklig; elak, stygg, nedrig (*to* mot); *you ~ little boy!* din elaka (stygga, otäcka) lilla unge!; *a ~ smell* en otäck (vidrig, elak) lukt; *that was a ~ thing to say* det var elakt sagt
nat. *förk. för national; native; natural*
natal ['neɪtl] födelse- **-ity** [ne'tælətɪ] *i sht AE.* nativitet, födelsetal
natch [nætʃ] *vard. för naturally*
nates ['neɪtiːz] *pl* bakdel, säte
nation ['neɪʃn] nation; folk[slag]
national ['næʃənl] **I** *a* nationell; national-; folk-; stats-; inhemsk; landsomfattande, riks-; *~ anthem* nationalsång; *the N~ Assembly* [franska] nationalförsamlingen; *~ bank a)* riks-, central|bank, *b) AE.* nationalbank; *N~ Convention* nationalkonvent; *~ debt* statsskuld; *~ dress* nationaldräkt; *the N~ Health Service* (*BE.*) hälso- och sjukvården; *~ income* nationalinkomst; *~ insurance* socialförsäkring; *~ park* nationalpark; *~ service* (*i sht BE.*) allmän värnplikt; *N~ Socialism* nationalsocialism, nazism **II** *s* medborgare, undersåte **-ism** ['næʃn̩əlɪz(ə)m] nationalism **-ist** ['næʃn̩əlɪst] **I** *s* nationalist **II** *a* nationalistisk; *N~ China* Nationalistkina, Taiwan **-istic** [ˌnæʃn̩ə'lɪstɪk] nationalistisk **-ity** [ˌnæʃ(ə)'nælətɪ] **1** nationalitet **2** national|karaktär, -egenskap **-ization** (*BE. äv. -isation*) [ˌnæʃn̩əlaɪ'zeɪʃn] nationalisera, förstatliga **-ize** (*BE. äv. -ise*) ['næʃn̩əlaɪz] nationalisera, förstatliga
nationwide ['neɪʃn̩waɪd] landsomfattande
native ['neɪtɪv] **I** *a* **1** födelse-; *~ country* fädernes-, foster|land; *~ language* modersmål; *~ town* hem-, födelse|stad **2** infödd (*Irishman* irländare); inhemsk (*plant* växt); *an animal ~ to Canada* ett djur hemmahörande (som är inhemskt) i Canada **3** infödings-; *~ quarters* infödingskvarter; *go ~* börja leva som infödingarna **4** medfödd (*talent* begåvning) **5** (*om metall*) gedigen, ren **II** *s* **1** inföding; infödd **2** inhemsk växt; inhemskt djur **--born** infödd
nativity [nə'tɪvətɪ] födelse, börd; *the N~* Jesu födelse **nativity play** julspel (*om Jesu födelse*)
natl. *förk. för national*
NATO ['neɪtəʊ] *förk. för North Atlantic Treaty Organization*
natron ['neɪtrən] kristallsoda
natter ['nætə] *vard., i sht BE.* **I** *v* snattra, tjattra, skvallra **II** *s* pratstund, snack
natty ['nætɪ] *vard.* nätt, prydlig
natural ['nætʃr(ə)l] **I** *a* **1** natur-; naturlig; okonstlad; vildväxande (*flowers* blommor); *~ childbirth* naturlig förlossning (*utan bedövningsmedel*); *~ gas* naturgas; *~ history* naturhistoria, biologi; *~ manner* naturligt (okonstlat) sätt; *~ resources* naturtillgångar; *~ science* naturvetenskap; *~ selection* naturligt urval; *in its ~ state* i naturtillståndet **2** naturlig, medfödd (*ability* förmåga); *she is a ~ artist* hon är född till (en boren) konstnär; *it comes ~ to me* det faller sig naturligt för mig **3** naturlig, självklar (*leader* ledare) **4** utomäktenskaplig; köttslig, biologisk; *~ child* utomäktenskapligt barn; *~ brother* köttslig bror; *~ parents* biologiska föräldrar **5** *mus.* utan förtecken; utan ventiler (klaffar); *~ scale* diatonisk skala **II** *s* **1** *mus.* återställningstecken **2** *vard.* naturbegåvning **3** *åld.* idiot **--born** infödd
natural|ism ['nætʃrəlɪz(ə)m] naturalism **-ist** [-ɪst] **1** naturforskare; biolog **2** naturalist **-istic** [ˌnætʃrə'lɪstɪk] **1** naturalistisk **2** naturhistorisk **-ization** (*BE. äv. -isation*) [ˌnætʃrəlaɪ'zeɪʃn] naturalisering; naturalisation **-ize** (*BE. äv. -ise*) ['nætʃrəlaɪz] **1** naturalisera; ge medborgarskap [åt]; inplantera (*djur, växt*); införliva (*ord, seder etc.*) **2** göra naturlig **3** (*om djur, växt*) naturaliseras; (*om ord, seder etc.*) införlivas **-ly** ['nætʃrəlɪ] *adv* **1** naturligtvis **2** naturligt; okonstlat; otvunget; *behave ~* uppträda naturligt **3** av naturen; av sig själv; *she is ~ lazy* hon är lat av naturen; *it comes ~ to me* det faller sig naturligt för mig; *my hair curls ~* jag är självlockig
nature ['neɪtʃə] natur[en]; väsen, läggning; sort, slag; beskaffenhet; *human ~* människonaturen; *call of ~* (*vard.*) trängande [natur]behov; *child of ~* naturbarn; *laws of ~* naturlagar; *against ~* mot naturen; *by ~* till sin natur, av naturen; *draw from ~* teckna efter naturen; *s.th. in (of) the ~ of* ngt i stil med, ngt slags; *it's in the ~ of things* det ligger i sakens natur; *in a state of ~* i naturligt tillstånd; *things of that ~* sådant, dylikt **nature conservation** [-kɒnsəˌveɪʃn] naturvård **nature reserve** [-rɪˌsɜːv] naturreservat **nature study** [-ˌstʌdɪ] *skol.* naturkunnighet **naturist** ['neɪtʃərɪst] naturist, nudist
naught [nɔːt] **I** *s* **1** *åld. el. litt.* intet, inget; misslyckande **2** *set at ~* ringakta, förakta **3** *i sht AE., se nought I* **II** *a, åld.* värdelös **III** *adv, åld. el. litt.* inte alls
naughtiness ['nɔːtɪnɪs] **1** elakhet; olydnad **2** lättsinne, oanständighet **naughty** [-ɪ] **1** stygg, elak; olydig **2** lättsinnig, oanständig
nau|sea ['nɔːsjə] **1** kväljningar; illamående **2** äckel, avsmak **-seate** [-sɪeɪt] **1** kvälja, göra illamående **2** äckla **3** ha kväljningar, må illa **-seating** [-sɪeɪtɪŋ], **-seous** [-sjəs] **1** kväljande **2** äcklig, vämjelig
naut. *förk. för nautical*
nautical ['nɔːtɪkl] nautisk, sjö-; navigations-; *~ chart* sjökort; *~ mile* nautisk mil, sjömil, distansminut
nautilus ['nɔːtɪləs] *zool.* pärlbåtsnäcka
nav. *förk. för naval; navigable; navigation; navigator*
naval ['neɪvl] flott-, örlogs-, marin-; sjömilitär; sjö-; *~ academy* sjökrigshögskola; *~ architecture* skeppsbyggnadskonst; *~ base* flott-, örlogs|bas; *~ cadet* sjökadett; *~ college* sjökrigsskola; *~ dockyard* örlogsvarv; *~ forces* (*pl*) sjöstridskrafter; *~ officer* sjöofficer; *~ power* sjömakt
1 nave [neɪv] mittskepp (*i kyrka*)
2 nave [neɪv] [hjul]nav
navel ['neɪvl] **1** navel **2** centrum, mittpunkt **3** *~ [orange]* navelapelsin

navicert ['nævɪsɜ:t] *sjö.* lejdebrev (*till neutralt fartyg i krigstid*)
navig. *förk. för navigation*
navi|gable ['nævɪgəbl] **1** segelbar **2** manöverduglig; styrbar **-gate** [-geɪt] **1** navigera **2** navigera på (över); segla på (över); flyga över **3** *vard.* lotsa; ~ *one's way to* lotsa sig fram till, styra sina steg mot **-gation** [ˌnævɪ'geɪʃn] **1** sjö|fart, -trafik, seglation **2** navigation, navigering **-gator** ['nævɪgeɪtə] **1** navigatör **2** sjöfarare **3** *flyg.* navigator, navigationsinstrument
navvy ['nævɪ] *BE. vard.* byggnads-, väg-, järnvägs|arbetare
navy ['neɪvɪ] **I** *s* **1** [örlogs]flotta, marin; *the Royal N~* engelska (brittiska) flottan **2** marinblått **II** *a* flott-, marin; ~ *blue* marinblå; ~ *cut* finskuren tobak; ~ *yard* (*AE.*) örlogsvarv
nay [neɪ] **I** *s* nejröst; person som röstar nej **II** *adv, åld. el. dial.* ja, till och med; *åld.* nej
Nazareth ['næzəreθ] Nasaret
Na|zi ['nɑ:tsɪ] **I** *s* nazist **II** *a* nazistisk **-zism** [-tsɪz(ə)m] nazism
NB, N.B. *förk. för New Brunswick* **N.B., n.b.** *förk. för nota bene* **NBC** *förk. för National Broadcasting Company* **N.B.G., nbg** *vard., förk. för no bloody good* **NC, N.C.** *förk. för North Carolina* **N.C.B.** *förk. för National Coal Board* **N.C.O.** *förk. för noncommissioned officer* **ND, N.D.** *förk. för North Dakota* **n.d.** *förk. för no date* **N.Dak.** *förk. för North Dakota* **NE** *förk. för Nebraska; northeast[ern]* **N.E.** *förk. för New England* **N.E.A.** *förk. för* (*AE.*) *National Education Association*
Neanderthal man [nɪ'ændətɑ:lmæn] neandertalmänniska
neap [ni:p] *s,*~ [*tide*] nipflod
Neapolitan [nɪə'pɒlɪt(ə)n] **I** *s* neapolitan[are] **II** *a* neapolitansk
near [nɪə] **I** *a o. adv* nära; när|belägen, -liggande; nära förestående; närstående; nära nog, nästan; *the N~ East* Mellanöstern; *in the ~ future* inom en nära (snar) framtid; *be ~ at hand a*) vara nära till hands (i närheten), *b*) vara nära förestående; *it was a ~ accident* det var nära att en olycka hade skett; *that was a ~ guess* det var nästan rätt gissat; *it was a ~ miss* det träffade alldeles nära målet; *that was a ~ thing!* (*vard.*) det var nära ögat!; ~ *translation* noggrann (ordagrann) översättning; ~ *by* i närheten; *those ~est and dearest to me* mina närmaste; *not anywhere* (*nowhere*) ~ inte på långa vägar; *not ~ so bad* inte alls (på långa vägar) lika dåligt; *I was ~ doing it* det var nära att jag gjorde det; *come* (*draw, get*) ~ närma sig; *come ~er!* kom närmare!; *live ~* leva sparsamt; *she lives quite ~* hon bor alldeles i närheten; *as ~ as makes no difference* så gott som **II** *a* imiterad, konst-; ~ *beer* (*AE. ung.*) svagdricka; ~ *leather* konstläder, läderimitation; ~ *silk* konstsiden **III** *prep* nära; i närheten av **IV** *v* närma sig
nearby I *a* ['nɪəˌbaɪ] närbelägen **II** *adv* [ˌnɪə'baɪ]] i närheten, alldeles bredvid (intill) **nearly** ['nɪəlɪ] *adv* **1** nästan, närapå; *not ~* inte på långa vägar, långt ifrån **2** nära; *it concerns us ~* det angår (berör) oss nära **nearness** ['nɪənɪs] närhet **nearside** ['nɪəsaɪd] *i sht BE.* **I** *s* sida närmast vägkanten (trottoarkanten) **II** *a* närmast vägkanten (trottoarkanten) **near-sighted** [ˌnɪə'saɪtɪd] närsynt
neat [ni:t] **1** ordentlig, noggrann, noga; prydlig, välvårdad, oklanderlig **2** skicklig[t gjord]; elegant (*solution* lösning) **3** snygg, nätt (*figure* figur) **4** (*om dryck*) outspädd, ren **5** *sl., i sht AE.* toppen, jättebra **6** *AE.* netto-; ~ *profit* nettovinst **-en** ['ni:tn] snygga upp (till) **-ness** ['ni:tnɪs] ordentlighet, noggrannhet; prydlighet
N.E.B. *förk. för New English Bible* **Nebr.** *förk. för Nebraska*
Nebraska [nɪ'bræskə]
nebu|la ['nebjʊlə] (*pl -lae* [-i:] *el. -las*) *astr.* nebulosa **-lar** [-lə] nebular-, nebulosa-; ~ *hypothesis* nebularhypotes **-lous** [-ləs] **1** *bildl.* oklar, dunkel **2** nebulosa-, nebular
neces|sarily ['nesəs(ə)rəlɪ] *adv* nödvändigtvis; ovillkorligen **-sary** [-s(ə)rɪ] **I** *a* nödvändig; erforderlig; oundviklig; *a ~ evil* ett nödvändigt ont; *if ~* om så erfordras (behövs, är nödvändigt) **II** *s, vanl. pl, the -saries a*) det nödvändiga, *b*) *jur.* livets nödtorft
neces|sitate [nɪ'sesɪteɪt] göra nödvändig; *we were ~d to stay at home* vi tvingades att stanna hemma **-sitous** [-sɪtəs] nödlidande, fattig, utblottad **-sity** [-sətɪ] **1** nödvändighet (*for, of* av); [nöd]tvång; *from* (*out of*) ~ av nödtvång; *of ~* nödvändigtvis, oundvikligen; *in case of ~* i nödfall, vid behov; ~ *is the mother of invention* nöden är uppfinningarnas moder; *it is a matter of absolute ~* det är absolut nödvändigt; *there is no ~ for him to come* det är inte nödvändigt att han kommer; ~ *knows no law* nöden har ingen lag **2** nöd, fattigdom, armod; *in time of ~* i svåra tider, i nödtider; *live in ~* leva i fattigdom; **3** nödvändig sak; *the -sities of life* livets nödtorft
neck [nek] **I** *s* **1** hals (*äv. bildl.*); *back of the ~* nacke; *the ~ of a bottle* halsen på en flaska; *it's ~ or nothing* kosta vad det kosta vill, det må bära eller brista; *be up to one's ~ in work* ha arbete upp över öronen; *break one's ~ a*) bryta nacken (halsen) av sig, *b*) *vard.* göra allt (sitt yttersta) (*to* för att); *get it in the ~* (*vard.*) få obehag, få stryk; *have a stiff ~* vara stel i nacken; *have s.b. round one's ~* (*vard.*) ha fått ngn på halsen; *keep ~ and ~ with* hålla jämna steg med; *risk one's ~* våga halsen (sin hals); *save one's ~* rädda sitt eget skinn, klara sig ur knipan; *stick one's ~ out* (*vard. bildl.*) sticka ut huvudet; *take s.b. by the ~* ta ngn i kragen; *win by a ~* vinna med en halslängd (noslängd) **2** [hals]ringning **3** näs; sund; ~ *of land* landtunga **4** *vard., in this ~ of the woods* i de här trakterna **II** *v* **1** *vard.* [grov]hångla **2** *AE.* nacka (*a fowl* en höna)
neck|band ['nekbænd] halslinning **-cloth** (*förr*) kravatt
neckerchief ['nekətʃɪf] [fyrkantig] halsduk
necking ['nekɪŋ] *vard.* [grov]hångel
neck|lace ['neklɪs] hals|band, -kedja **-line** [hals]ringning **-tie** *AE.* slips, kravatt, halsduk **-wear** [-weə] *koll.* kragar o. halsdukar
necrology [ne'krɒlədʒɪ] dödslista
necroman|cer ['nekrə(ʊ)mænsə] svartkonstnär; andebesvärjare **-cy** [-sɪ] svartkonst; nekromanti[k]
necrophilia [ˌnekrə(ʊ)'fɪlɪə] nekrofili

N

necrosis [ne'krəʊsɪs] *med.* nekros, vävnadsdöd

nectar ['nektə] nektar

nectarine ['nekt(ə)rɪn] *bot.* nektarin

N.E.D.C. *förk. för National Economic Development Council*

neddy ['nedɪ] *barnspr.* åsna

née, nee [neɪ] (*om gift kvinna*) född; *Mrs. Brown, ~ Gregg* fru Brown, född Gregg

need [ni:d] **I** *s* **1** behov (*of, for* av); *if ~ be* om så (det) behövs; *be in ~ of* behöva, vara i behov av; *there is a ~ for a*) det behövs, det finns behov av, *b*) det krävs; *there is no ~ for him to do it* han behöver inte göra det; *there is no ~ for hurry* det brådskar inte; *have ~ of* behöva, ha behov av; *you have no ~ to do it* du behöver inte göra det; *my ~s are few* jag har små behov (behöver inte mycket) **2** nöd; *in time of ~* i nödens stund; *be in ~* vara i (lida) nöd; *a friend in ~ is a friend indeed* i nöden prövas vännen **II** *v* **1** behöva[s], fordra[s], kräva[s]; *be ~ed* behövas, fordras, krävas; *just what she ~s* precis vad hon behöver; *it ~s doing* (*to be done*) det behöver göras; *it ~s a lot of work* det kräver (krävs) mycket arbete **2** behöva, vara tvungen att; *~ she* (*does she ~ to*) *hurry?* behöver hon skynda sig?; *she ~s to hurry* hon måste skynda sig

need|ful ['ni:df(ʊ)l] **I** *a* behövlig, nödvändig (*for, to* för) **II** *s, the ~ a*) det nödvändiga, *b*) de pengar som krävs **-iness** [-ɪnɪs] nöd; armod

needle ['ni:dl] **I** *s* **1** [sy]nål; visare (*på instrument*); [grammofon]stift; virknål; [*knitting*] ~ [strump]sticka; *an eye of a ~* ett nålsöga; *magnetic ~* magnetnål; *look for a ~ in a haystack* leta efter en nål i en höstack **2** *med.* sprutspets, injektionsnål; *vard.* spruta **3** barr (*på barrträd*) **4** *BE. sl., have* (*get*) *the ~* bli sur (irriterad, nervös), reta sig **II** *v* **1** *vard.* pika, reta **2** sy, brodera **3** *AE.* spetsa (*drink*)

needle|craft ['ni:dlkrɑ:ft] handarbete, sömnad **-point** stramaljbroderi

needless ['ni:dlɪs] onödig; överflödig; *~ to say, he forgot it* naturligtvis (självfallet) glömde han det

needle valve ['ni:dlvælv] *tekn.* nålventil **needlewoman** ['ni:dl,wʊmən] sömmerska **needlework** [-wɜ:k] handarbete; sömnad; broderi

needn't ['ni:dnt] = *need not* **needs** [ni:dz] nöd vändigtvis, ovillkorligen; *he ~ must* (*must ~*) *do it* han måste ovillkorligen göra det **needy** ['ni:dɪ] [hjälp]behövande, nödlidande

ne'er [neə] *poet.* = *never* **--do-well** ['neədu:,wel] **I** *s* odåga; slarver; latmask **II** *a* oduglig; värdelös

nefarious [nɪ'feərɪəs] skändlig, nedrig

neg. *förk. för negative*[*ly*]

negate [nɪ'geɪt] **1** förneka; motsäga **2** ogiltigförklara; upphäva **negation** [nɪ'geɪʃn] **1** förnekande, förkastande (*of* av) **2** *språkv.* negation

nega|tive ['negətɪv] **I** *a* negativ; nekande; *~ answer* nekande (negativt) svar; *~ sign* minustecken, negativt förtecken **II** *s* **1** nekande; nekande svar; *answer in the ~* svara nekande **2** *mat.* negativ storhet; *elektr.* negativ pol **3** *foto.* negativ **4** *språkv.* negation; nekande ord (uttryck) **III** *v* **1** förneka **2** avslå, förkasta **-tivism** [-tɪvɪz(ə)m] negativism **-tivity** [,negə'tɪvətɪ] negativitet

neglect [nɪ'glekt] **I** *v* försumma, strunta i, missköta, inte ta hänsyn till, negligera **II** *s* försummelse, misskötsel, vanskötsel, underlåtenhet; *~ of duties* pliktförgätenhet; *be in a state of ~* vara vanvårdad (vansskött) **-ful** [-f(ʊ)l] försumlig, ovarsam; likgiltig; *be ~ of a*) försumma, vara ovarsam med, *b*) vara likgiltig för

négligé ['negli:ʒeɪ] negligé

negli|gence ['neglɪdʒ(ə)ns] försumlighet, oaktsamhet, vårdslöshet **-gent** [-dʒ(ə)nt] försumlig, oaktsam, vårdslös (*of* med, i); nonchalant, likgiltig; *be ~ of* (*äv.*) försumma **-gible** [-dʒəbl] försumbar, obetydlig, betydelselös, negligeabel, negligerbar

nego|tiable [nɪ'gəʊʃjəbl] **1** *hand.* överlåtbar, säljbar **2** (*om väg*) framkomlig, farbar **3** förhandlingsbar **-tiate** [nɪ'gəʊʃɪeɪt] **1** underhandla om, förhandla om **2** *ekon.* negociera, avyttra; förmedla (*a loan* ett lån) **3** komma över (igenom, förbi), passera; klara [av] **-tiation** [nɪ,gəʊʃɪ'eɪʃn] **1** underhandling, förhandling **2** *ekon.* negociering, avyttring; förmedling (*of a loan* av ett lån) **3** passage, passerande; övervinnande **-tiator** [nɪ'gəʊʃɪeɪtə] **1** underhandlare, förhandlare **2** förmedlare (*of a loan* av ett lån)

Negress, negress ['ni:grɪs] negerkvinna, negress **negritude** ['ni:grɪtju:d] framhävande av att man är neger; hävdande av negerkulturen **Negro, negro** ['ni:grəʊ] **I** *s* neger **II** *a* neger- **Negroid, negroid** ['ni:grɔɪd] negroid

neigh [neɪ] **I** *v* gnägga **II** *s* gnäggning

neighbor ['neɪbə] *AE., se neighbour*

neighbour *BE.* ['neɪbə] **I** *s* **1** granne **2** *bibl.* nästa **II** *a* grann-; *~ country* grannland **III** *v, ~* [*on*] gränsa till **-hood** [-hʊd] **1** grannskap, närhet; omgivning[ar]; trakt, område; kvarter; *in the ~ of* i närheten (trakten) av (*äv. bildl.*) **2** *koll.* grannar **3** grannsämja **-ing** ['neɪb(ə)rɪŋ] grann-; angränsande; närbelägen **-liness** ['neɪbəlɪnɪs] grannsämja **-ly** ['neɪbəlɪ] *a* som anstår en god granne (goda grannar) **-ship** ['neɪbəʃɪp] grannsämja

neither ['naɪðə; *AE.* 'ni:ðə] **I** *pron* ingen[dera] (*av två*); *in ~ case* i ingetdera fallet; *~ of them was there* ingen av dem var där **II** *konj o. adv* **1** *~...nor* varken...eller; *~ she nor he was there* varken hon eller han var där **2** inte heller; *if I don't go, ~ does he* om inte jag går gör inte han det heller

nelly ['nelɪ] *BE. sl., not on your ~!* aldrig i livet!

nelson ['nelsn] (*i brottning*) nelson

nem. con. *förk. för nemine contradicente* (*lat.*) *no one contradicting* ingen däremot, enhälligt

nemesis ['nemɪsɪs] nemesis, vedergällning

neo|classicism [,niəʊ'klæsɪsɪz(ə)m] nyklassicism **-colonialism** nykolonialism

Neolithic [,ni:əʊ'lɪθɪk] neolitisk; *the ~ Age* neolitikum, yngre stenåldern

neologism [ni:'ɒlədʒɪz(ə)m] neologism, språklig nybildning

neon ['ni:ən] *kem.* neon

neophyte ['ni:əʊfaɪt] **1** nyomvänd [person] **2** novis

Nepal [nɪ'pɔ:l]

nepenthe [ne'penθɪ] *poet.* glömskedryck

nephew ['nevju:] brorson, systerson

nephritis [ne'fraɪtɪs] *med.* nefrit, njurinflamma-

tion
nepotism ['nepətɪz(ə)m] nepotism, svågerpolitik
Neptune ['neptju:n] Neptunus
N.E.R.C. *förk. för National Environment Research Council*
Nereid ['nɪərɪɪd] *myt.* nereid, havsnymf
Nero ['nɪərəʊ]
nervate ['nɜ:veɪt] *bot.* nervig
nerve [nɜ:v] **I** *s* **1** *anat.* nerv; *bot.* [blad]nerv; *be all (a bundle of) ~s* vara ett nervknippe; *get on a p.'s ~s* gå ngn på nerverna; *have a fit of ~s* råka i panik, få ett nervöst sammanbrott; *have ~s of steel* ha nerver av stål; *strain every ~* anstränga sig till det yttersta, uppbjuda all sin kraft **2** mod, tapperhet; orubblighet; *lose one's ~* bli rädd, tappa nerverna **3** *vard.* fräckhet; *you've got a ~!* du är inte lite fräck! **II** *v* ge styrka åt, inge mod; *~ o.s.* stålsätta sig
nerve cell ['nɜ:vsel] nervcell **nerve centre** [-ˌsentə] nervcentrum; *bildl.* centrum, hjärta **nerve fibre** [-ˌfaɪbə] nervtråd **nerve gas** [-gæs] nervgas **nerveless** [-lɪs] **1** lugn, samlad **2** kraftlös; håglös **nerve|-racking, --wracking** [-ˌrækɪŋ] nervpåfrestande, enerverande **nervine** ['nɜ:vi:n] **I** *a* nervlugnande **II** *s* nervlugnande medel
nervous ['nɜ:vəs] **1** nerv-; *~ breakdown* nervsammanbrott; *~ system* nervsystem **2** orolig, ängslig, nervös (*about, of* för) **-ness** [-nɪs] oro, ängslan, nervositet
nervy ['nɜ:vɪ] *vard.* **1** *BE.* nervös, spänd, skärrad **2** *AE.* fräck, oförskämd
nest [nest] **I** *s* **1** bo, rede, näste; *leave the ~* lämna boet **2** näste, tillhåll **3** sats, uppsättning; *~ of tables* satsbord **II** *v* **1** bygga bo **2** leta efter (plundra) fågelbon **nest egg** ['nesteg] **1** boägg **2** sparslant
nest|le ['nesl] **1** *~ [up, down]* krypa tätt ihop (tillsammans), kura ihop sig **2** ligga inbäddad **3** skydda, ordna skydd åt **-ling** [-lɪŋ] **1** (*ej flygfärdig*) fågelunge **2** barn; unge
1 net [net] **I** *s* **1** nät, garn (*äv. bildl.*); håv; snara (*äv. bildl.*) **2** tyll **3** *sport.* nätboll; kasse, mål (*i fotboll e.d.*) **II** *v* **1** fånga med (i) nät; snara **2** omge med nät **3** *sport.* slå bollen i nät **4** knyta nät
2 net [net] **I** *a* **1** netto[-]; *~ price* nettopris; *~ profit* netto|förtjänst, -vinst; *~ ton* nettoregisterton; *~ weight* nettovikt **2** *bildl.* slutlig, slut-; *the ~ result* slutresultatet **II** *s* netto|inkomst, -vikt *etc.* **III** *v* **1** förtjäna [i] netto **2** inbringa [i] netto
netball ['netbɔ:l] (*slags*) korgboll
Neth. *förk. för Netherlands*
nether ['neðə] nedre, undre, neder-, under-; *~ lip* underläpp; *the ~ regions* underjorden, helvetet
Nether|lander ['neðələndə] nederländare **-lands** [-ləndz] **I** *s, the ~ (pl)* Nederländerna **II** *a* nederländsk
netting ['netɪŋ] nät[verk]
nettle ['netl] **I** *s, bot.* nässla; *stinging ~* brännnässla; *grasp the ~* ta tjuren vid hornen **II** *v* **1** irritera, reta, förarga **2** brännas (*som en nässla*) **nettle rash** [-ræʃ] nässel|feber, -utslag
network ['netwɜ:k] **1** nät (*äv. bildl.*), nätverk **2** *radio., TV.* sändarnät; radio-, TV-|bolag
neural ['njʊər(ə)l] nerv- **-gia** [ˌnjʊə'rældʒə] *med.* neuralgi, nervvärk
neuras|thenia [ˌnjʊərəs'θi:njə] *med.* neurasteni, nervklenhet **-thenic** [-'θenɪk] *med.* **I** *a* neurastenisk, nervklen **II** *s* neurasteniker
neuritis [ˌnjʊə'raɪtɪs] *med.* neurit, nervinflammation
neurolo|gist [ˌnjʊə'rɒlədʒɪst] neurolog, nervläkare **-gy** [-dʒɪ] neurologi
neuro|sis [ˌnjʊə'rəʊ|sɪs] (*pl -ses* [-si:z]) neuros **neurotic** [-'rɒtɪk] **I** *a* neurotisk **II** *s* neurotiker
neuter ['nju:tə] **I** *s* **1** *språkv.* neutrum **2** *biol.* könlös individ; kastrerat djur **II** *a* **1** neutral; *in the ~ gender* i neutrum; *~ word* neutralt ord, neutrum **2** *biol.* könlös **III** *v* kastrera (*djur*)
neutral ['nju:tr(ə)l] **I** *a* neutral; opartisk; obestämd; *~ colour* neutral färg; *~ country* neutralt land; *~ gear* (*i motor*) fri-, neutral|läge; *~ solution* (*kem.*) neutral lösning **II** *s* **1** neutral stat (person *etc.*) **2** (*i motor*) fri-, neutral|läge **-ity** [nju:'trælətɪ] neutralitet; opartiskhet **-ization** (*BE. äv. -isation*) [ˌnju:trəlaɪ'zeɪʃn] neutralisering; *kem.* neutralisation **-ize** (*BE. äv. -ise*) ['nju:trəlaɪz] **1** neutralisera; uppväga; förklara neutral **2** *mil.* oskadliggöra
neutron ['nju:trɒn] *fys.* neutron
Nev. *förk. för Nevada*
Nevada [ne'vɑ:də]
never ['nevə] aldrig; inte alls; *~ again* aldrig mer; *~ before* aldrig tidigare; *~ ever a)* absolut inte, *b)* aldrig någonsin; *~ yet* ännu inte; *~ in all my life* aldrig i hela mitt liv, aldrig någonsin; *well, I ~!* jag har då aldrig hört (sett) på maken!; *that will ~ do!* det duger absolut inte! **--ending** [-rˌendɪŋ] evig, oupphörlig, ständig **--failing** [-ˌfeɪlɪŋ] osviklig; outsinlig **-more** [ˌnevə'mɔ:] *litt.* aldrig mer **--never** [ˌnevə'nevə] *vard.* **I** *s* avbetalning; *on the ~* på avbetalning **II** *a* fantasi-, idyllisk; *~ land* drömland, utopi **-theless** [ˌnevəðə'les] icke desto mindre, ändå, i alla fall
new [nju:] **1** ny[-]; nymodig, modern; *the ~ bride* den nyblivna bruden; *~ ideas* nya idéer; *the N~ Look* new look, nya looken; *~ maths* den nya matematiken; *~ moon* nymåne; *the N~ Style* den nya stilen (tideräkningen); *the N~ Testament* Nya testamentet; *the ~ woman* den moderna kvinnan; *the N~ World* Nya världen (*Amerika*); *this is ~ to me* det är (var) nytt för mig; *I'm ~ to this job* jag är ny på den här platsen; *turn over a ~ leaf* börja om på nytt **2** färsk (*potatoes* potatis); *~ bread* färskt (nybakat) bröd
new|born ['nju:bɔ:n] **1** nyfödd **2** pånyttfödd **-comer** [-ˌkʌmə] nykomling
New England [ˌnju:'ɪŋglənd] New England, Nya England
Newf. *förk. för Newfoundland*
new|fangled ['nju:ˌfæŋgld] nymodig, [extremt] modern **--fashioned** [ˌnju:'fæʃnd] nymodig, modern
Newfoundland **1** ['nju:fən(d)lənd, *lokalt uttal* ˌnju:f(ə)nd'lænd] Newfoundland **2** [nju:'faʊndlənd] *~ [dog]* newfoundlandshund
New Guinea [ˌnju:'gɪnɪ] Nya Guinea
New Hampshire [ˌnju:'hæmpʃə]
newish ['nju:ɪʃ] ganska (tämligen) ny
New Jersey [ˌnju:'dʒɜ:zɪ]

newlaid ['nju:leɪd] nyvärpt, färsk; ~ *eggs* nyvärpta (färska) ägg

newly ['nju:lɪ] *adv* **1** nyligen; ny-; *a ~ built house* ett nybyggt hus **2** på ett nytt sätt; ~ *arranged* arrangerad på ett nytt sätt **-weds** [-wedz] *pl, the* ~ de nygifta

New Mexico [ˌnju:'meksɪkəʊ]

new-mown ['nju:məʊn] nyklippt (*lawn* gräsmatta); nyslagen; ~ *hay* nyslaget hö

newness ['nju:nɪs] **1** nyhet; nymodighet; *the ~ of* det nya med **2** färskhet

New Orleans [ˌnju:'ɔ:lɪənz]

news [nju:z] (*behandlas som sg*) nyhet[er], underrättelse[r] (*about* om, angående) ; *an important piece of ~* en viktig nyhet; *no ~ is good ~* inga nyheter är goda nyheter; *this is ~ to me* det är en nyhet (nytt) för mig; *that's good ~* det var roligt att höra (goda nyheter); *I have no ~ of them* jag har inte hört av dem; *I have ~ for you* (*iron.*) jag har en överraskning åt dig; *listen to the ~* lyssna på [radio]nyheterna **news agency** ['nju:zˌeɪdʒ(ə)nsɪ] nyhets-, telegram|byrå

news|agent ['nju:zˌeɪdʒ(ə)nt] *BE.* tobakshandlare, innehavare av tidningskiosk **-boy** [-bɔɪ] tidningspojke; tidningsbud **-cast** [-kɑ:st] nyhetssändning (*i radio, TV*) **-caster** [-ˌkɑ:stə] nyhetsuppläsare (*i radio, TV*) **-dealer** [-ˌdi:lə] *AE., se newsagent* **-flash** [-flæʃ] nyhetstelegram (*i radio, TV*) **-hawk, -hound** [-hɔ:k, -haʊnd] *AE. vard.* tidningsreporter **-item** [-ˌaɪtəm] [tidnings]notis **-letter** [-ˌletə] nyhets-, informations|blad, cirkulär **-man** [-mən] *AE.* journalist, reporter **-monger** [-ˌmʌŋgə] *åld.* skvallerbytta **-paper** [-ˌpeɪpə] tidning **-paperman** [-ˌpeɪpəmæn] **1** journalist, reporter **2** tidningsägare

new|speak ['nju:spi:k] byråkrat-, politiker|jargong

news|print ['nju:zprɪnt] tidningspapper **-reader** [-ˌri:də] nyhetsuppläsare **-reel** [-ri:l] journalfilm **--room** [-rʊm] nyhetsredaktion **--sheet** [-ʃi:t] *se newsletter* **-stand** tidningskiosk

news vendor ['nju:zˌvendə] tidningsförsäljare

newsy ['nju:zɪ] *vard.* full av nyheter, skvallrig

newt [nju:t] *zool.* [liten] vattenödla

newton ['nju:tn] *fys.* newton

New Year [ˌnju:'jɪə] nyår; *~'s Day* nyårsdagen; *~'s Eve* nyårsafton; *Happy ~!* Gott Nytt År!; *-resolution* nyårslöfte

New York [ˌnju:'jɔ:k] New York **New Yorker** [-ə] newyorkbo

New Zealand [ˌnju:'zi:lənd] **I** *s* Nya Zeeland **II** *a* nyzeeländsk **New Zealander** [-ə] nyzeeländare

next [nekst] **I** *a o. s* nästa, [närmast] följande; närmast; ~ *Monday* nästa måndag, [nu] på måndag; *the ~ three days* de tre närmaste dagarna; *they live ~ door to us* de bor i huset (våningen *etc.*) intill, de bor grannar med oss; ~ *door to* (*bildl.*) nästan, så gott som; *the ~ man I see* förste bäste jag möter; *the ~ in size* närmaste storlek; *the week after ~* nästnästa vecka; *~ please!* [varsågod,] nästa!; *who's ~?* vems tur är det nu?; *you are ~* du är [närmast] i tur **II** *adv* [nu] närmast, härnäst, sedan, därefter; näst; *when shall we meet ~?* när ska vi träffas nästa gång (härnäst)?; ~ *after seeing her* direkt efter det jag hade träffat henne; ~ *oldest* näst äldst; *the ~ best thing* det näst bästa; ~ *to a*) [alldeles] bredvid (intill), närmast (direkt) efter, *b*) näst [efter], *c*) nästan, så gott som, i det närmaste; ~ *to impossible* i det närmaste omöjligt; *the ~ to last row* näst sista raden; *it is ~ to murder* det är nära nog mord; ~ *to nothing* nästan ingenting **III** *prep, åld.* bredvid; närmast; näst **next-door** [ˌneks(t)'dɔ:] *a* närmast, grann-; *we are ~ neighbours* vi är närmaste grannar; *the ~ house* grannhuset **next of kin** [ˌnekstəv'kɪn] närmaste anhörig[a]

nexus ['neksəs] (*pl lika*) samband, förbindelse, band (*of* mellan)

NF[.] *förk. för Newfoundland* **N.F., N/F** *förk. för no funds* **Nfld.** *förk. för Newfoundland* **NG, N.G.** *förk. för National Guard* **N.G.** *förk. för Nya Guinea* **N.G, ng** *förk. för no good* **NH, N.H.** *förk. för New Hampshire* **N.Heb.** *förk. för New Hebrides* **NHL** *förk. för National Hockey League (Canada)* **N.H.S.** *förk. för National Health Service* **N.I.** *förk. för National Insurance; Northern Ireland*

Niagara [naɪ'ægərə]

nib [nɪb] **I** *s* **1** spets, udd; näbb **2** [stål]penna; udd, spets (*på reservoarpenna*) **3** *~s* (*pl*) krossade kakaobönor

nibble ['nɪbl] **I** *v* **1** knapra på; nafsa efter **2** knapra (*at* på); nafsa (*at* på) **3** *bildl., ~ at* nosa på, pröva på, testa **II** *s* **1** knaprande, nafsande **2** [liten] munsbit; *have a ~* (*bildl.*) få napp

niblick ['nɪblɪk] *golf.* järnklubba (*8-10*)

nibs [nɪbz] *pl, sl. skämts., his ~* hans högvördighet (nåd)

Nicaragua [ˌnɪkə'ræ|gjʊə, *AE.* -gwə]

nice [naɪs] **1** trevlig; rar, hygglig, snäll, sympatisk; fin, snygg, skön (*äv. iron.*); söt, vacker; ~ *and clean* ren och fin; *take it ~ and easy* ta det lugnt (vackert); ~ *and warm* varm och skön; *that's a ~ mess!* det var en skön röra!; *that's a ~ one!* (*vard.*) det är toppen! **2** god, läcker, bra **3** noggrann, anspråksfull, nogräknad, kritisk, kräsen **4** ömtålig, känslig, kinkig, knepig **5** subtil, [hår]fin (*distinction* skillnad)

nice-looking ['naɪsˌlʊkɪŋ] med trevligt (*etc., jfr nice*) utseende, som ser trevlig ut **nicely** [-lɪ] *adv* trevligt *etc., jfr nice; go ~* gå som smort; *that will do ~* det räcker mer än väl **nicety** [-(ə)tɪ] **1** skärpa, precision, noggrannhet; *to a ~* ytterst noga, med precision, precis lagom **2** finess; *niceties* (*pl, äv.*) spetsfundigheter, hårklyveri[er] **3** *the niceties of* det behagliga (angenäma) i (med)

niche [nɪtʃ] nisch (*äv. bildl.*)

Nicholas ['nɪkələs] Nikolaus

Nick [nɪk] **1** *kortform av Nicholas* **2** *Old ~* djävulen, hin håle

nick [nɪk] **I** *s* **1** hack, jack; skåra, inskärning **2** *BE. sl.* kåk (*fängelse*); finka **3** *in the ~ of time* i grevens tid **4** *BE. vard., in good ~* i fin form, i bra skick **II** *v* **1** göra ett hack (ett jack, en skåra) i **2** *sl., i sht BE.* sno, knycka; sy in, haffa **3** gissa (träffa) rätt

nickel ['nɪkl] **I** *s* **1** nickel **2** *AE.* femcentare **II** *v* förnickla **nickelodeon** [ˌnɪkə'ləʊdɪən] *AE.* jukebox **nickel-plated** ['nɪklˌpleɪtɪd] förnicklad **nickel silver** ['nɪklˌsɪlvə] alpacka

nicker ['nɪkə] *BE. sl.* pund

nicknack ['nɪknæk] *se knickknack*

nickname ['nɪkneɪm] **I** *s* öknamn; smeknamn **II** *v* ge (*ngn*) öknamnet (smeknamnet)
nico|tine ['nɪkəti:n] nikotin **-tinism** [-ti:nɪz(ə)m] nikotinism, nikotinförgiftning
niece [ni:s] brors-, syster|dotter**niff** [nɪf] *BE. sl.* odör, stank
nifty ['nɪftɪ] *vard.* snygg, tjusig
Nigeri|a [naɪ'dʒɪərɪə] Nigeria **-an** [-ən] **I** *a* nigeriansk **II** *s* nigerian
niggard ['nɪgəd] snåljåp, girigbuk **-ly** [-lɪ] **I** *a* **1** knusslig, gnidig, småsnål **2** knapp **II** *adv* knussligt, gnidigt, småsnålt
nigger ['nɪgə] *neds.* nigger; svarting; *there is a ~ in the woodpile* det är en hake med det
nig|gle ['nɪgl] **1** klanka, gnata **2** vara petig **3** irritera; oroa **-gling** [-glɪŋ] **1** gnatig **2** petig **3** pillrig, irriterande
nigh [naɪ] *åld., poet., dial. = near*
night [naɪt] natt (*äv. bildl.*); kväll, afton; mörker; *~s* (*pl, vard.*) på nätterna (natten); *work ~s* (*vard.*) arbeta natt (på natten), ha nattskift; *first ~* (*teat.*) premiär[kväll]; *good ~!* godnatt!; *last ~ a*) i går kväll, *b*) i natt; *this ~* i kväll, i natt; *at ~* på kvällen (natten), på (om) kvällarna (nätterna), nattetid; *by ~* på (om) natten (nätterna), nattetid; *on the ~ of April 29* på kvällen den 29 april; *[on] the ~ before yesterday* i förrgår kväll, natten till i går; *get* (*have*) *a late ~* komma sent i säng; *have a good* (*bad*) *~* sova bra (dåligt); *have a ~ out a*) ha ledig kväll, *b*) vara ute och roa sig på kvällen; *make a ~ of it* (*vard.*) festa hela kvällen (natten) igenom, göra sig en helkväll; *stay the ~* övernatta, stanna över natten (*at* hos, i, på)
night-bird ['naɪtbɜ:d] nattfågel; *bildl.* nattuggla **night blindness** [-ˌblaɪndnɪs] nattblindhet
night|cap ['naɪtkæp] **1** nattmössa **2** sängfösare **-club** [-klʌb] nattklubb **-dress** [-dres] *BE.* nattlinne; nattkläder **-fall** [-fɔ:l] nattens (mörkrets) inbrott; *at ~* vid mörkrets inbrott, i kvällningen **-gown** [-gaʊn] nattlinne; nattskjorta **-hawk** [-hɔ:k] *se nightjar*
nightie ['naɪtɪ] *vard.* nattlinne; nattskjorta
nightingale ['naɪtɪŋgeɪl] *zool.* näktergal
night|jar ['naɪtdʒɑ:] *zool.* nattskärra; *bildl.* nattuggla **--light** nattljus, nattlampa (*för barn e.d.*) **-long** *a o. adv* [som varar] hela natten **-ly** [-lɪ] **I** *a* nattlig, natt-, kvälls- **II** *adv* på (om) natten (kvällen), varje natt (kväll) **-mare** [-meə] mardröm (*äv. bildl.*)
night owl ['naɪtaʊl] *vard. bildl.* nattuggla **night porter** [-ˌpɔ:tə] nattportier **night school** [-sku:l] aftonskola
night|-services ['naɪtˌsɜ:vɪsɪz] *pl* nattrafik **-shade** [-ʃeɪd] *s, bot., black ~* nattskatta; *deadly ~* belladonna; *woody ~* besksöta **-shift** [-ʃɪft] nattskift **-shirt** [-ʃɜ:t] nattskjorta **-spot** [-spɒt] *vard.* nattklubb
night stick ['naɪtstɪk] *AE.* batong **night-time** *s, in the ~* på (om) natten (nätterna), nattetid
night watch [ˌnaɪt'wɒtʃ] nattvakt (*tjänstgöring o. pers.*) **night watchman** [-mən] nattvakt (*pers.*) **nightwear** ['naɪtweə] nattdräkt **nighty** ['naɪtɪ] *vard., se nightie*
nihil|ism ['naɪɪlɪz(ə)m] nihilism **-ist** [-ɪst] nihilist **-istic** [ˌnaɪɪ'lɪstɪk] nihilistisk
nil [nɪl] ingenting, noll; *the score is five ~* det står fem noll
Nile [naɪl] *the ~* Nilen
nimble ['nɪmbl] **1** snabb, flink, kvick **2** *bildl.* rörlig, vaken, livlig; *a ~ intellect* ett rörligt intellekt **--fingered** [-ˌfɪŋgəd] fingerfärdig; *bildl.* långfingrad **--footed** [-ˌfʊtɪd] snabbfotad **-witted** [-ˌwɪtɪd] fyndig, kvicktänkt
nim|bus ['nɪm|bəs] (*pl -bi* [-baɪ] *el. -buses* [-bəsɪz]) **1** nimbus, gloria; *bildl. äv.* skimmer **2** *meteor.* nimbus, låga regnmoln
niminy-piminy [ˌnɪmɪnɪ'pɪmɪnɪ] sipp, pryd; sjåpig
nincompoop ['nɪnkəmpu:p] dumhuvud
nine [naɪn] (*jfr eight o. sms.*) **I** *räkn* nio; *a ~ day's wonder* (*bildl.*) dagslända, kortvarig företeelse **II** *s* nia; *the N~ a*) de nio muserna, *b*) de nio [medlemsstaterna i EG]; *dressed up to the ~s* (*vard.*) elegant (flott) klädd **-fold** ['naɪnfəʊld] **I** *a* nio|-dubbel, -faldig **II** *adv* nio|dubbelt, -faldigt **-pin** ['naɪnpɪn] kägla; *~s* (*behandlas som sg*) kägelspel, käglor; *go down like ~s* (*bildl.*) falla som käglor **-teen** [ˌnaɪn'ti:n] (*jfr eighteen o. sms.*) **I** *räkn* nitton **II** *s* nitton; nittontal; *talk ~ to the dozen* tala oavbrutet **-teenth** [ˌnaɪn'ti:nθ] *räkn o. s* nittonde; nitton[de]del; *the ~ hole* (*golfsl.*) baren (*i klubblokalen*) **-tieth** [-tɪɪθ] *räkn o. s* nittionde; nittion[de]del **--to-five** [ˌnaɪntə'faɪv] *a, ~ man* kontorsanställd **-ty** [-tɪ] (*jfr eighty o. sms.*) **I** *räkn* nitti[o] **II** *s* nitti[o]; nitti[o]tal; *the -ties* nittiotalet
ninny ['nɪnɪ] dumbom, trögtänkt person
ninth [naɪnθ] (*jfr eighth*) **I** *räkn* nionde **II** nion[de]del
1 nip [nɪp] **I** *v* **1** nypa, knipa, klämma; *~ o.s.* klämma sig; *~ off* nypa (knipsa, klippa) av **2** (*om kyla, frost*) bita i; *the cold ~ped our cheeks* kylan bet i våra kinder; *the frost ~ped the plants* frosten tog växterna; *~ in the bud* (*bildl.*) kväva i sin linda **3** *sl.* sno, knycka **4** *~ at* nafsa efter **5** *BE. vard.* kila, slinka (*along, off* i väg; *in* in) **II** *s* **1** nyp, nypning, knipning, klämning **2** kyla; frost [angrepp]; *there's a ~ in the air* det är skärpa i luften **3** nypa (*of fresh air* frisk luft)
2 nip [nɪp] droppe, tår; hutt
nipper ['nɪpə] **1** knipsare; *~s* (*pl*) avbitartång, avbitare, kniptång **2** gripklo (*på krabba e.d.*) **3** *vard., i sht BE.* knatte; stumpa
nipple ['nɪpl] **1** bröstvårta, spene **2** *AE.* napp **3** *tekn.*, *[grease] ~* nippel, smörjkopp
nippy ['nɪpɪ] **1** bitande, kylig, skarp **2** *BE. vard.* snabb, flink, rask
Nirvana [ˌnɪə'vɑ:nə]
Nisei ['ni:seɪ] *AE.* japansk-amerikan
1 nit [nɪt] gnet, lusägg
2 nit [nɪt] *vard., i sht BE., se nitwit*
niter ['naɪtə] *AE., se nitre*
nit-picking ['nɪtˌpɪkɪŋ] *vard.* **I** *a* petig **II** *s* petighet
nitrate ['naɪtreɪt] *kem.* nitrat **nitre** [-tə] *kem.* salpeter **nitric** [-trɪk] *kem.* salpeter-; *~ acid* salpetersyra **nitrogen** [-trədʒən] *kem.* kväve **nitrogenous** [naɪ'trɒdʒɪnəs] *kem.* kvävehaltig, kväve- **nitroglycerine** [ˌnaɪtrə(ʊ)'glɪsəri:n] nitroglycerin **nitrous** ['naɪtrəs] *kem.* nitrös, salpeterhaltig, salpeter-; *~ acid* salpetersyra; *~ oxide* lustgas
nitty-gritty [ˌnɪtɪ'grɪtɪ] *sl.* kärnpunkt, springande

N

punkt; *get down to the* ~ komma till sakens kärna

nitwit ['nɪtwɪt] dumhuvud, fårskalle

nix [nɪks] *AE. sl.* **I** *s* ingenting **II** *interj* nix!, nej!

NJ, N.J. *förk. för New Jersey* **n.l.** *förk. för* (*boktr.*) *new line* **N.L.C.** *förk. för National Liberal Club* **N.L.F.** *förk. för National Liberation Front* **n.m.** *förk. för nautical mile* **NM, N. M[ex].** *förk. för New Mexico* **NMR** *förk. för nuclear magnetic resonance* **NNE, N.N.E.** *förk. för north-northeast* **NNW, N.N.W.** *förk. för north--northwest*

1 no [nəʊ] *a* ingen, inte någon; ~ *one* ingen, inte någon; ~ *one man can lift that* ingen människa kan lyfta det ensam; *on* ~ *condition* på inga villkor; *there's* ~ *denying that...* det kan inte förnekas att...; *he's* ~ *genius* han är inte något snille precis; *it's of* ~ *importance* det är utan betydelse (betydelselöst); *there was* ~ *mistaking* det gick inte att ta miste (fel) på; ~ *parking* parkering förbjuden; *there's* ~ *saying what* man kan inte (aldrig) veta vad; *in* ~ *time* på nolltid; ~ *two paintings are identical* det finns inte två tavlor som är lika

2 no [nəʊ] **I** *adv* **1** nej; ~*?* jaså inte [det]?; *oh* ~*!* å nej!, nej då!; *answer* ~ svara nej **2** inte; *do you know wheather she comes or* ~ vet du om hon kommer eller inte; *it's* ~ *better than before* det är inget (ingalunda) bättre än förut; *it's* ~ *different from* det skiljer sig inte från; ~ *later than Tuesday* senast på tisdag; ~ *less a person than the president* ingen mindre än presidenten; *I'm* ~ *less tired than you are* jag är inte mindre trött än du; *I could do* ~ *less* det var det minsta jag kunde göra; *I can stay* ~ *longer* jag kan inte stanna längre; ~ *sooner...than* knappt...förrän **II** *s* (*pl* ~*es*) nej; nejröst; *I won't take* ~ *for an answer* jag accepterar inte ett nej som svar; *the* ~*es have it* nejrösterna är i majoritet

No. *förk. för north*[*ern*]; *number* **no.** *förk. för number*

no-account ['nəʊəˌkaʊnt] *AE.* värdelös, oduglig

Noah ['nəʊə] Noa[k]

nob [nɒb] *sl., i sht BE.* pamp, höjdare

nobble ['nɒbl] *BE. sl.* **1** fixa, dopa (*häst för att hindra den att vinna*) **2** besegra (*med ojusta medel*) **3** knycka, sno **4** få tag i; kidnappa

nobby ['nɒbɪ] *sl., i sht BE.* flott, pampig

Nobel [nəʊ'bel] Nobel **Nobel prize** ['nəʊbelpraɪz] Nobelpris

nobility [nə(ʊ)'bɪlətɪ] **1** [hög]adel; adelsstånd, adligt stånd **2** adelskap; adlig börd **3** *bildl.* ädelhet; ~ *of mind* ädelt (upphöjt) sinne

noble ['nəʊbl] **I** *a* **1** [hög]adlig **2** ädel, högsint; nobel, förnäm, fin; *the* ~ *art of self-defence* boxningssporten **3** ståtlig, pampig **4** ~ *gas* ädelgas; ~ *metal* ädelmetall **II** *s* adelsman, ädling **nobleman** [-mən] adelsman **noble-minded** [ˌnəʊbl'maɪndɪd] ädel, högsint

noblesse [nə(ʊ)'bles] *litt.* nobless; ~ *oblige* [əʊ'bli:ʒ] (*ofta iron.*) noblesse oblige, adelskap förpliktar

noblewoman ['nəʊblˌwʊmən] adelsdam

nobody ['nəʊb(ə)dɪ] **I** *pron* ingen, inte någon; ~ *else could have done it* ingen annan kunde ha gjort det **II** *s* nolla, obetydlig (oduglig) person

nock [nɒk] skåra (*på pil, pilbåge*)

noc|turnal [nɒk'tɜ:nl] nattlig; natt-; ~ *animal* nattdjur **-turne** ['nɒktɜ:n] **1** *mus.* nocturne **2** *konst.* nattstycke

nod [nɒd] **I** *v* **1** nicka (*to* åt, till); ~ *in agreement* nicka instämmande; *have a* ~*ding acquaintance with s.b.* känna ngn helt flyktigt **2** nicka (slumra) till; *bildl.* slumra; ~ *off* (*vard.*) nicka (slumra) till; ~ *over a book* nicka till över en bok; *even Homer* ~*s* även Homeros slumrar ibland **3** nicka med (*one's head* huvudet) **4** nicka (*approval* bifall); *he* ~*ded me to go* han nickade åt mig att gå **II** *s* **1** nick[ning]; *a* ~ *of the head* en nick med (på) huvudet **2** kort slummer; *the land of N*~ Jon Blunds (sömnens) rike

noddle ['nɒdl] *s, vard., i sht BE.* huvud, skalle

noddy ['nɒdɪ] dum|huvud, -skalle

node [nəʊd] **1** knut[a], knöl; [finger]led; *lymph* ~ lymfknut **2** *astr., fys.* nod **nodule** ['nɒdju:l] liten knut[a] (knöl)

Noel, Noël [nəʊ'el] jul[en]

noggin ['nɒgɪn] **1** liten mugg (bägare) **2** noggin (*mått för alkohol, ca 1,4 dl*) **3** *vard.* skalle

no-go area [ˌnəʊgəʊ'eərɪə] förbjudet (barrikaderat) område

noise [nɔɪz] **I** *s* buller, [störande] ljud, oväsen; bråk, stoj; (*i radio e.d.*) störning[ar], brus; *the* ~ *of the traffic* trafikbullret; *make a* ~ föra oväsen, bråka; *make a lot of* ~ *about* göra stort väsen av; *big* ~ (*BE. sl.*) storpamp, höjdare **II** *v*, ~ [*abroad, about*] basunera ut, förkunna vitt och brett, sprida ut **noiseless** ['nɔɪzlɪs] ljudlös, tyst **noisiness** ['nɔɪzɪnɪs] stoj, oväsen, högljuddhet; bullrigt sätt

noisome ['nɔɪsəm] **1** stinkande, vidrig **2** skadlig, ohälsosam

noisy ['nɔɪzɪ] bullrig, bullrande, bullersam, högljudd

nom. *förk. för nominal; nominative*

nomad ['nəʊmæd] nomad **-ic** [nə(ʊ)'mædɪk] nomad-, nomadiserande, nomadisk

no-man's-land ['nəʊmænzlænd] öde (herrelöst, omtvistat) område; ingenmansland

nom de plume [ˌnɔ̃:(m)də'plu:m] nom de plume, författarnamn, pseudonym

nomenclature [nə(ʊ)'menklətʃə, *AE.* 'nəʊmenkleɪtʃə] nomenklatur; terminologi

nominal ['nɒmɪnl] **1** nominell; [endast] till namnet; ~ *value* nominellt värde **2** obetydlig, symbolisk (*fee* avgift) **3** nominal-, namn-; *språkv.* substantivisk

nomi|nate ['nɒmɪneɪt] **1** utnämna, utse **2** nominera, föreslå [som kandidat] (*for* till) **-nation** [ˌnɒmɪ'neɪʃn] **1** utnämning **2** nominering

nominative ['nɒm(ɪ)nətɪv] *språkv.* **I** *s* nominativ; *in the* ~ i nominativ **II** *a* nominativ-; *in the* ~ *case* i nominativ

nominee [ˌnɒmɪ'ni:] kandidat

non- [nɒn] icke-; non-; o-

non-acceptance [ˌnɒnək'sept(ə)ns] vägran att godkänna

nonage ['nəʊnɪdʒ] *jur.* minderårighet, omyndighet; *bildl.* omognad

nonagenarian [ˌnəʊnədʒɪ'neərɪən] **I** *s* nittioåring, person mellan 90 och 100 år **II** *a* nittioårig, som är mellan 90 och 100 år

non|aggression [ˌnɒnə'greʃn] *a*, ~ *pact* nonaggressions-, ickeangrepps|pakt **-alcoholic**

[-ælkə'hɒlɪk] alkoholfri **-aligned** [-ə'laɪnd] alliansfri **-alignment** [-ə'laɪnmənt] alliansfrihet; *policy of ~* alliansfri politik, neutralitetspolitik **-appearance** [-ə'pɪər(ə)ns] uteblivande från domstol **-belligerent** [-bə'lɪdʒər(ə)nt] **I** *a* icke-krigförande **II** *s* icke-krigförande makt

nonce [nɒns] *s, for the ~* för tillfället **nonce word** tillfällig [ord]bildning

noncha|lance ['nɒnʃ(ə)ləns] nonchalans; vårdslöshet; likgiltighet **-lant** [-lənt] nonchalant; vårdslös; likgiltig

non-com ['nɒnˌkɒm] *förk. för noncommissioned officer*

non|commissioned [ˌnɒnkə'mɪʃnd] *a, ~ officer* under|officer, -befäl **-committal** [-kə'mɪtl] till intet förpliktande (*answer* svar), oförbindlig; avvaktande, reserverad

non compos mentis ['nɒnˌkɒmpɒs'mentis] *lat.* otillräknelig

non|conformist [ˌnɒnkən'fɔ:mɪst] nonkonformist; *N~* (*kyrkl*) nonkonformist, frikyrklig, dissenter **-conformity** [-kən'fɔ:mətɪ] **1** brist på överensstämmelse **2** nonkonformism **-denominational** [-dɪnɒmɪ'neɪʃənl] konfessionslös; ekumenisk **-descript** ['nɒndɪskrɪpt] **1** *a* obestämbar, svårbestämbar **II** *s* obestämbar (svårbestämbar) person (sak)

none [nʌn] **I** *pron* ingen, inget, inga, inte någon (något, några), ingenting; *~ but he* ingen (inga) utom han, bara han; *~ other than* ingen mindre än; *~ of the boys has* (*have*) *come* ingen av pojkarna har kommit; *that's ~ of your business!* det angår dig inte!; *he would have ~ of it* han ville inte veta av det; *~ of that!* nu räcker det!, sluta upp med det där! **II** *adv* inte, ingalunda; *~ the less* icke desto mindre; *~ the soon* inte ett ögonblick för tidigt, i sista stund; *we were ~ the wiser for that* vi blev inte klokare av det; *he'll be ~ the worse for it* han kommer inte att må (fara) illa av det; *~ too easy* inte särskilt (långt ifrån) lätt

noneffective [ˌnɒnɪ'fektɪv] *i sht AE.* **1** ineffektiv **2** (*om soldat*) inte stridsduglig

nonentity [nɒ'nentətɪ] nolla, obetydlig person; struntsak

non|essential [ˌnɒnɪ'senʃl] **I** *a* oväsentlig, icke nödvändig; *biol.* icke essentiell (*amino acid* aminosyra) **II** *s* oväsentlighet **-event** [-ɪ'vent] pseudohändelse **-existent** [-ɪg'zɪst(ə)nt] icke existerande; obefintlig **-ferrous** [-'ferəs] icke järnhaltig (*alloy* legering) **-fiction** [-'fɪkʃn] facklitteratur **-flammable** [-'flæməbl] icke eldfängd, brandsäker

non|interference ['nɒnˌɪntə'fɪər(ə)ns] icke-inblandning **-intervention** nonintervention

non|-iron [ˌnɒn'aɪən] strykfri **-leaded** [-'ledɪd] blyfri (*petrol* bensin) **-pareil** ['nɒnp(ə)rəl] **I** *a* makalös, oförliknelig **II** *s* **1** makalös (oförliknelig) person, unik sak **2** *boktr.* nonpareil[le] **3** *AE.* strössel

non|party [ˌnɒn'pɑ:tɪ] partipolitiskt obunden, partilös **-payment** [-'peɪmənt] utebliven betalning **-perishable** [-'perɪʃəbl] oförstörbar; hållbar **-plus** [-'plʌs] **I** *s* rådlöshet; svarslöshet **II** *v* göra svarslös (förbluffad) **-poisonous** [-'pɔɪz(ə)nəs] icke giftig; giftfri **-profit** [-'prɒfɪt] *AE.*, **-profitmaking** [-'prɒfɪtmeɪkɪŋ] *BE.* ideell (*organization* organisation) **-proliferation** [-prə(ʊ)lɪfə'reɪʃn] icke-spridning, begränsning (*of nuclear weapons* av kärnvapen) **-proliferation treaty** icke-spridningsavtal **-recurrent** [-rɪ'kʌr(ə)nt] *a, ~ charge* engångsavgift **-resident** [-'rezɪd(ə)nt] **I** *a* utsocknes, som inte bor på orten; som inte bor på hotellet **II** *s* person som inte bor på orten (hotellet) **-returnable** [-rɪ'tɜ:nəbl] *a, ~ bottle* engångsflaska **-run** [-'rʌn] masksäker (*stocking* strumpa) **-scheduled** [-'ʃedju:ld] **1** oplanerad **2** (*om flyg*) utanför tidtabellen, extra

nonsense ['nɒns(ə)ns] nonsens, strunt[prat], dumheter; *a woman with no ~ about her* en rejäl (rättfram) kvinna; *no more of your ~!* nu får det vara nog med dumheter! **nonsensical** [nɒn'sensɪkl] dum, meningslös

non|skid [ˌnɒn'skɪd], **-slip** [-'slɪp] halksäker; *~ tyres* (*ung.*) vinterdäck **-smoker** [-'sməʊkə] **1** icke-rökare **2** kupé för icke rökare **-smoking** [-'sməʊkɪŋ] *a, ~ compartment* kupé för icke-rökare **-standard** [-'stændəd] som inte är standard; special-; (*om språkbruk*) inte korrekt **-starter** [-'stɑ:tə] **1** häst som inte ställer upp (startar) **2** *bildl.* nolla, odugling **-stop** [-'stɒp] *a o. adv* nonstop, utan uppehåll (mellanlandning), utan att stanna; *~ flight* nonstop-flygning; *fly ~* flyga nonstop **-suit** [-'su:t] **I** *s, jur.* nedläggande (avskrivande) av mål **II** *v, jur.* nedlägga talan mot

non|-U [ˌnɒn'ju:] *BE. vard.*, (*förk. för non-Upper Class*) (*om språk*) som inte används av överklassen, inte förnäm **-union** [-'ju:njən] inte fackföreningsansluten (*worker* arbetare) **-violence** [-'vaɪələns] icke-våld **-violent** [-'vaɪələnt] icke-vålds-, fredlig

1 noodle ['nu:dl] nudel

2 noodle ['nu:dl] **1** dumhuvud **2** *AE. sl.* skalle

nook [nʊk] vinkel, hörn, vrå; *in every ~ and cranny* i alla vinklar och vrår

noon [nu:n] **1** middag[stid], klockan tolv på dagen; *at ~* vid middagstid, klockan tolv [på dagen] **2** *poet.* höjdpunkt, kulmen **-day, -time** ['nu:n|deɪ, -taɪm] *se noon 1*

noose [nu:s] **I** *s* snara, löpknut, ögla; *bildl.* snara, band **II** *v* **1** fånga med en snara **2** göra en snara (ögla) på

nope [nəʊp] *vard.* nej, nix

nor [nɔ:] och inte [heller]; *he doesn't like dogs, ~ do I* han tycker inte om hundar och det gör inte jag heller; *neither…~* varken…eller; *neither he ~ she* varken han eller hon; *~ must we forget to* inte heller får vi glömma bort att

Nor. *förk. för Norman; North; Norway; Norwegian*

Nordic ['nɔ:dɪk] nordisk; nordeuropeisk; *the ~ Council* Nordiska rådet

Norfolk ['nɔ:fək]

norm [nɔ:m] **1** norm, rättesnöre **2** normalt bruk (beteende)

Norm. *förk. för Norman* **norm.** *förk. för normal*

normal ['nɔ:ml] **I** *a* **1** normal; *~ curve* (*stat.*) normalfördelningskurva; *~ school* (*AE.*) [lärar]seminarium; *it's quite a ~ thing* det är helt normalt **2** *geom.* vinkelrät **II** *s* **1** det normala **2** *geom.* normal **-cy** [-sɪ] *i sht AE.*, **-ity** [nɔ:'mælətɪ] normaltillstånd; *return to ~* återgå till det normala, nor-

N

maliseras **-ization** (*BE. äv. -isation*) [ˌnɔ:məlaɪ'zeɪʃn] normalisering **-ize** (*BE. äv. -ise*) ['nɔ:məlaɪz] normalisera

Norman ['nɔ:mən] **I** *s* normand **II** *a* normandisk; ~ *arch* normandisk rundbåge

Normandy ['nɔ:məndɪ] Normandie

normative ['nɔ:mətɪv] normativ

Norn [nɔ:n] *myt.* norna

Norse [nɔ:s] **I** *a* **1** [forn]nordisk **2** [gammal]norsk **II** *s* **1** *Old* ~ fornnordiska (*språk*) **2** *the* ~ (*behandlas som pl*) *a*) nordmännen, vikingarna, *b*) norrmännen **-man** ['nɔ:smən] nordman, viking

north [nɔ:θ] **I** *a* nordlig, nord-, norra; *N~ Africa* Nordafrika; *N~ America* Nordamerika; *the N~ Atlantic Drift* (*Current*) Golfströmmen; *the N~ Atlantic Treaty Organization* Atlantpakten; *the N~ Pole* nordpolen; *the N~ Sea* Nordsjön; *the N~ Star* Polstjärnan; ~ *wind* nordlig vind, nordanvind **II** *adv* mot (åt, från) norr, norrut; ~ *of* norr om; ~ *by west* nord till väst **III** *s* norr, nord; *the* ~ (*N~*) norra delen, nordliga länder (områden); *the N~ a*) norra England, *b*) nordstaterna (*i USA*), *c*) *poet.* nordan[vinden]; *from the* ~ norrifrån; *the wind is in the* ~ vinden är nordlig; *to*[*wards*] *the* ~ mot (åt) norr, norrut; *to the* ~ *of* norr om

Northamptonshire [nɔ:'θæm(p)tənʃə]

Northants. *förk. för Northamptonshire*

northbound ['nɔ:θbaʊnd] norrgående, destinerad norrut

northeast [ˌnɔ:θ'i:st, *sjö.* nɔ:r'i:st] **I** *a* nord|östlig, -ostlig, -östra **II** *adv* i (mot) nordöst (nordost); ~ *of* nordöst (nordost) om **III** *s* nord|öst, -ost **-er** [-ə] nordost[lig vind] **-erly** [-əlɪ], **-ern** [-ən] *se northeast I*

northerly ['nɔ:ðəlɪ] **I** *a o. adv* nordlig; från (i, mot) norr **II** *s* nordlig vind

northern ['nɔ:ðən] **1** nordlig, nord-, norr-, norra; ~ *lights* (*pl*) norrsken **2** nordisk **-er** ['nɔ:ð(ə)nə] *äv. N~* nordbo; person från de norra delarna av landet **-most** ['nɔ:ðənməʊst] nordligast

Northman ['nɔ:θmən] nordman, viking

northpolar [ˌnɔ:θ'pəʊlə] arktisk

Northumb. *förk. för Northumberland* [nɔ:'θʌmbələnd]

Northumbria [nɔ:'θʌmbrɪə]

north|ward ['nɔ:θwəd] **I** *a* nordlig, norra **II** *adv* mot (åt) norr, norrut; *sjö.* nordvart **-wards** [-wədz] *adv, se northward II*

northwest [ˌnɔ:θ'west] **I** *a* nord|västlig, -västra **II** *adv* i (mot) nordväst; ~ *of* nordväst om **III** *s* nordväst **-er** [-ə] nordväst[lig vind] **-erly** [-əlɪ], **-ern** [-ən] *se northwest I*

Nor|way ['nɔ:weɪ] Norge **-wegian** [nɔ:'wi:dʒ(ə)n] **I** *a* norsk **II** *s* **1** norrman **2** norska [språket]

Norwich [*i England* 'nɒrɪdʒ; *i USA* 'nɔ:wɪtʃ]

Nos., nos. *förk. för numbers*

nose [nəʊz] **I** *s* **1** näsa (*äv. bildl.*); luktsinne; *as plain as the* ~ *in* (*on*) *your face* (*vard.*) klart som korvspad, solklart; *on the* ~ (*sl.*) *a*) *hästsport.* [på, som] vinnare, *b*) *i sht AE.* precis, på pricken; *under my* ~ *a*) mitt framför näsan på mig, *b*) mig ovetande; *with one's* ~ *in the air* med näsan i vädret, högdraget; *bite* (*snap*) *a p.'s* ~ *off* snäsa av ngn; *bleed at the* ~ blöda näsblod; *blow one's* ~ snyta sig; *follow your* ~*!* gå dit näsan pekar!, fortsätt rakt fram!; *have a* ~ *for s.th.* ha näsa för ngt; *keep one's* ~ *clean* (*vard.*) inte lägga näsan i blöt, uppföra sig ordentligt; *lead s.b. by the* ~ dominera (behärska) ngn; *look down one's* ~ *at* (*vard.*) se ner på; *pay through the* ~ (*vard.*) betala överpris; *poke* (*stick*) *one's* ~ *into s.th.* blanda (lägga) sig i ngt; *see no further than* [*the end of*] *one's* ~ (*vard.*) *a*) vara närsynt, *b*) inte se längre än näsan räcker; *speak through one's* ~ tala i näsan; *turn up one's* ~ *at* (*vard.*) vara överlägsen mot; *win by a* ~ vinna med knapp marginal **2** nos; bog, för; spets, pip **II** *v* **1** nosa; ~ [*about, around*] snoka [runt] (*after, for* efter); ~ *into a p.'s affairs* lägga sig i ngns angelägenheter; ~ [*out*] *a*) nosa sig till, nosa (spåra) upp, *b*) utspionera, *c*) *vard.* bli utslagen med knapp marginal **2** ~ *one's way* treva (leta, sakta röra) sig fram

nosebag ['nəʊzbæg] tornister, foderpåse **nosebleed** näsblödning **nosecone** (*på raket*) noskon **nose dive** *flyg., bildl.* störtdykning **nosegay** [liten] blomsterbukett **nose rag** *sl.* snorfana (*näsduk*) **nose ring** nosring **nosey** [-ɪ] *se nosy*

nosh [nɒʃ] *sl.* **I** *s* käk; måltid **II** *v* käka **--up** ['nɒʃʌp] *BE. sl.* skrovmål; kalas

nosing ['nəʊzɪŋ] trappnos; utskjutande kant

nostal|gia [nɒ'stældʒɪə] nostalgi; hemlängtan **-gic** [-dʒɪk] nostalgisk; hemsjuk

nostril ['nɒstr(ə)l] näsborre

nostrum ['nɒstrəm] patentmedicin; *bildl.* patentlösning

nosy ['nəʊzɪ] *vard.* nyfiken, snokande

not [nɒt] inte, icke, ej; *do* ~ (*don't*) *go* gå inte; *I cannot* (*can't*) jag kan inte; .., *doesn't* (*hasn't, isn't*) *it* (*he, she*)? .., eller hur?; *is he coming? - I hope* ~ kommer han? - det hoppas jag att han inte gör; ~ *at all a*) inte alls, *b*) för all del!, ingen orsak!; ~ *until then* först (inte förrän) då; ~ *that I care* inte för att jag bryr mig om det; ~ *that I know of* inte såvitt jag vet; ; ~ *a few* inte så få; ~ *a thing* ingenting alls; ~ *only* ... *but* inte bara... utan

nota bene [ˌnəʊtə'bi:nɪ] *lat.* märk väl, observera, nota bene

nota|bility [ˌnəʊtə'bɪlətɪ] **1** märkvärdighet, betydelse **2** notabilitet, framstående person **-ble** ['nəʊtəbl] **I** *a* **1** märklig, anmärkningsvärd **2** framstående **II** *s* notabilitet, framstående person **-bly** ['nəʊtəblɪ] *adv* **1** märkligt; påfallande **2** i synnerhet, särskilt

notary ['nəʊtərɪ] ~ [*public*] notarius publicus

notation [nə(ʊ)'teɪʃn] notation, beteckning, beteckningssätt; *mus.* notskrift, notbeteckning

notch [nɒtʃ] **I** *s* **1** jack, hack, skåra; *a* ~ *above* (*vard.*) ett pinnhål högre **2** *AE.* trångt bergspass **II** *v* **1** göra ett jack (ett hack, en skåra) i **2** sätta ett märke vid **3** *vard.*, ~ [*up*] notera (*a high score* höga poäng)

note [nəʊt] **I** *s* **1** anteckning, notering; not (*äv. dipl.*), anmärkning; kort brev; ~*s* (*pl, äv.*) *a*) manuskript, koncept, *b*) referat, *c*) kommentar[er]; *exchange of* ~*s* (*dipl.*) notväxling; *compare* ~*s* jämföra sina erfarenheter, utbyta åsikter; *make* (*take*) ~*s* göra anteckningar; *make* (*take*) *a* ~ *of* anteckna, göra en notering om; *send s.b. a* ~ skriva några rader (skicka ett litet brev) till ngn; *speak without ~s* tala utan manuskript **2** *worthy of ~* beaktansvärd; *take ~ of* lägga märke till, ta notis om; *take no ~ of what she says!* bry dig inte om vad hon säger! **3** sedel; *~ [of hand], promissory ~* skuldsedel, revers (*for* på) **4** [skilje]tecken; *~ of exclamation* utropstecken; *~ of interrogation* frågetecken **5** vikt, betydelse; *a man of ~* en betydande (framstående) man; *nothing of ~* ingenting av vikt (betydelse) **6** [fågel]sång; *mus., i sht BE. a*) ton, not, *b*) tangent; *bildl.* [under]-ton, stämning; *a false ~* en falsk ton; *a ~ of desperation* en ton (stämning) av desperation; *sound* (*strike*) *a ~ of warning* höja en varnande röst; *strike a false* (*wrong*) *~* (*bildl.*) klinga falskt; *strike the right ~* (*bildl.*) anslå den rätta tonen **II** *v* **1** lägga märke till, märka, observera, uppmärksamma, beakta **2** *~ [down]* anteckna, notera, skriva upp **3** nämna, påpeka

notebook ['nəʊtbʊk] anteckningsbok **noted** [-ɪd] **1** berömd, känd (*for* för) **2** märkbar, betydande (*increase* ökning) **notepaper** [-ˌpeɪpə] brev-, skriv|papper **noteworthy** [-ˌwɜːðɪ] anmärkningsvärd

nothing ['nʌθɪŋ] **I** *pron* ingenting, inget, inte något (någonting); *~ but, ~ else than* (*but*) inget annat än, bara, endast; *~ doing!* det går inte!, aldrig i livet!; *there was ~ doing at the party* (*vard.*) det var inget drag på festen; *~ much* inte särskilt mycket; *for ~ a*) gratis, *b*) utan orsak, *c*) förgäves; *not for ~* inte för inte; *with ~ on* utan någonting på sig; *£100 ~!* (*vard.*) 100 pund, menar du allvar?; *six miles ~* jämnt sex miles; *it's ~!* det var ingenting [att tala om]!; *there's ~ for it but to go* det är inget annat att göra än att gå; *he is ~ if not courageous* om det är något han är så är det modig; *there was ~ in it for me* jag fick inte ut ngt av det, jag tjänade ingenting på det; *there is ~ in the rumour* det ligger ingen sanning i ryktet; *there's ~ like dancing* ingenting går upp mot att dansa; *there's ~ to it!* (*vard.*) det är hur lätt som helst!; *that's ~ to me a*) det rör (angår) mig inte, det har jag inte med att göra, *b*) det är ingen match (en bagatell) för mig; *that is ~ to what we have seen* det är ingenting mot vad vi har sett; *feel like ~ on earth* känna sig vissen (eländig); *have ~ to do with* inte ha något att göra med; *it has ~ to do with her* det har ingenting med henne att göra; *make ~ of a*) ta lätt på, *b*) inte få ut ngt av; *she thinks ~ of doing that* hon tycker inte att det är så märkvärdigt att göra det **II** *adv* inte alls, ingalunda; *~ like* inte på långt när (på långa vägar) **III** *s* **1** intighet **2** bagatell; *no ~* inte ett dugg, ingenting alls; *wisper soft ~s to s.b.* viska små ljuva ord till ngn **3** noll; nolla

nothingness ['nʌθɪŋnɪs] **1** intighet **2** betydelselöshet

notice ['nəʊtɪs] **I** *s* **1** meddelande, notis; tillkännagivande, kungörelse; varsel, meddelande i förväg; uppsägning; anslag; affisch, plakat; annons; anmälan, recension, kritik; *birth ~* födelseannons; *~ [to quit]* uppsägning; *a month's ~* en månads uppsägning; *at short ~* med kort varsel; *until further ~* tills vidare; *without ~* utan förvarning; *be under* (*have got one's*) *~* vara (ha blivit) uppsagd; *give ~ [to quit]* säga upp sig; *give s.b. ~* säga upp ngn; *give ~ of* underrätta (varsko, varsla) om; *give ~ of appeal* (*jur.*) överklaga, anmäla vad; *give ~ of a strike* varsla om strejk; *~ is hereby given that* härmed tillkännages att; *post* (*put up*) *a ~* sätta upp ett anslag (meddelande) **2** beaktande, uppmärksamhet; kännedom; *attract ~* väcka (tilldra sig) uppmärksamhet; *bring s.th. to a p.'s ~* fästa ngns uppmärksamhet (visa ngn) på ngt; *it came to her ~ that* det kom till hennes kännedom att; *that has escaped her ~* det har undgått henne, det har hon inte lagt märke till; *take ~ of* ta notis om, lägga märke till, bry sig om **II** *v* märka, lägga märke till, konstatera, uppmärksamma

noticeable ['nəʊtɪsəbl] **1** påfallande **2** märkbar, synlig, synbar **notice board** *BE.* anslagstavla

noti|fiable ['nəʊtɪfaɪəbl] (*om smittosam sjukdom*) anmälningspliktig **-fication** [ˌnəʊtɪfɪ'keɪʃn] **1** kungörelse, tillkännagivande **2** underrättelse, meddelande, anmälan **-fy** ['nəʊtɪfaɪ] **1** kungöra, tillkännage **2** underrätta; meddela, anmäla (*change of address* adressförändring); *~ s.b. of s.th.* underrätta ngn om ngt, meddela ngn ngt

notion ['nəʊʃn] **1** begrepp, föreställning; intryck **2** idé; åsikt; infall, nyck; *not the slightest ~ of* inte den ringaste aning om **3** *AE., ~s* (*pl*) sybehör, småsaker **-al** [-ʃənl] **1** spekulativ; abstrakt; tänkt, hypotetisk, fiktiv **2** *språkv.* semantisk

noto|riety [ˌnəʊtə'raɪətɪ] **1** ökändhet **2** ökänd person **-rious** [nə(ʊ)'tɔːrɪəs] ökänd, beryktad

Nottinghamshire ['nɒtɪŋəmʃə]

Notts. *förk. för Nottinghamshire*

notwithstanding [ˌnɒtwɪθ'stændɪŋ] **I** *prep* trots, oaktat **II** *adv* inte desto mindre, trots det[ta] **III** *konj* trots att

nougat ['nuːgɑː] fransk nougat

nought [nɔːt] **I** *s* noll; nolla; *~s and crosses* luffarschack **II** *a o. adv, se naught*

noun [naʊn] *språkv.* substantiv **noun phrase** *språkv.* nominalfras

nourish ['nʌrɪʃ] **1** nära, ge näring åt, uppföda **2** *bildl.* hysa, nära (*hope* hopp) **-ing** [-ɪŋ] *a* närande **-ment** [-mənt] näring; föda

Nov. *förk. för November*

Nova Scotia [ˌnəʊvə'skəʊʃə]

1 novel ['nɒvl] roman

2 novel ['nɒvl] ny, nymodig; ovanlig

novel|ette [ˌnɒvə'let] **1** lång novell, kortroman **2** trivialroman **-ettish** [-etɪʃ] banal, trivial; sentimental **-ist** ['nɒvəlɪst] romanförfattare **-istic** [ˌnɒvə'lɪstɪk] roman-

novelty ['nɒvltɪ] **I** *s* **1** nyhet, nymodighet; ovanlighet **2** *novelties* (*pl*) skämtartiklar, billiga småsaker, krimskrams **II** *a* nyhets-

November [nə(ʊ)'vembə] november

novice ['nɒvɪs] novis (*äv. kyrkl.*), nybörjare (*at* i)

novi|ciate, -tiate [nə(ʊ)'vɪʃɪət] *kyrkl.* novitiat; *bildl.* läro-, prövo|tid

now [naʊ] **I** *adv* **1** nu; *~...~* än...än; *[every] ~ and then* (*again*) då och då, ibland; *before ~* förut, tidigare; *by ~* nu, vid det här laget; *for ~* för tillfället, tills vidare; *from ~ on* från och med nu, hädanefter; *up to ~, till* (*until*) *~* tills nu (då) **2** *~, ~! a*) (*lugnande*) seså!, såja!, *b*) aj, aj!; *~ really!* nu får det verkligen vara nog!; *~ then a*) nå?, *b*) seså!, såja!, *c*) aj, aj!; *come ~!* såja!, lugna dig!,

N

nej, hör du!; *how ~?* nå?, vad nu?, vad är det fråga[n] om?; *~, why didn't I think of that?* men varför har jag inte tänkt på det?; *~, I don't know* nej, jag vet inte **II** *konj, ~* [*that*] nu då **III** *s* nu[et]

nowadays ['nauədeɪz] nu för tiden

noway[s] ['nəʊweɪ(z)] *i sht AE.* ingalunda, på inget vis

nowhere ['nəʊweə] ingenstans; ingenvart; *~ else* ingen annanstans; *~ near* långt ifrån, inte på långt när; *~ special* ingen särskild stans; *the middle of ~* världens ände; *appear from* (*out of*) *~* dyka upp från ingenstans; *be* (*come in*) *~* (*sport.*) bli klart distanserad, hamna utanför prislistan, *bildl.* inte komma med i räkningen; *we're getting ~* (*vard.*) vi kommer ingenvart; *violence will get you ~* du kommer ingenvart med våld

nowise ['nəʊwaɪz] *se noway*[*s*]

noxious ['nɒkʃəs] skadlig, ohälsosam (*to* för); [moraliskt] fördärvlig

nozzle ['nɒzl] pip, munstycke; *tekn. äv.* dys[a]

NP *förk. för new penny* (*pence*); *noun phrase* **N.P.** *förk. för Notary Public* **n.p.** *förk. för* (*boktr.*) *new paragraph* **nr[.]** *förk. för near* **NS** *förk. för not sufficient* (*satisfactory*); *nuclear ship* **N.S.** *förk. för New Style; Nova Scotia* **n.s.** *förk. för new series; not specified* **N.S.P.C.C.** *förk. för National Society for the Prevention of Cruelty to Children* **N.S.W.** *förk. för New South Wales* **N.T.** *förk. för National Trust; New Testament; Northern Territory*

nth [enθ] *mat.* n-te (*power* potens); *vard.* femtielfte, hundrade; *to the ~ degree* i allra högsta grad; *for the ~ time* för femtielfte gången

Nth. *förk. för North* **NTP, N.T.P.** *förk. för normal temperature and pressure* **nt[.]wt[.]** *förk. för net weight*

nuance [nju:'ɑ̃:(n)s] nyans

nub [nʌb] **1** bit, stycke; klump **2** noppa, knut **3** kärnpunkt, poäng (*of a story* i en historia)

nubile ['nju:baɪl] **1** giftasvuxen **2** sexuellt tilldragande

nuclear ['nju:klɪə] kärn-, atom-, nukleär; kärnvapen-, atomvapen-; *~ attack* kärnvapenanfall; *~ bomb* atombomb; *~ energy* atomenergi; *~ family* kärnfamilj; *~ fission* fission, kärnklyvning; *~ fuel* kärnbränsle; *~ fusion* fusion; *~ physics* kärnfysik; *~ power* kärnkraft; *~ power station* kärnkraftverk; *~ reactor* kärnreaktor; *~ test* kärnvapenprov; *~ weapon* kärnvapen **--powered** [-ˌpauəd] kärnenergidriven, atomdriven; *~ submarine* atomubåt

nuclei ['nju:klɪaɪ] *pl av nucleus* **nucleic** [-klɪɪk] *a, ~ acid* nukleinsyra **nucle|us** [-klɪ|əs] (*pl -i* [-aɪ] *el. -uses*) *astron., biol., fys., bildl.* kärna

nude [nju:d] **I** *a* **1** naken; bar **2** (*om kontrakt e.d.*) ogiltig **II** *s* naken figur; *konst.* akt, nakenstudie; *in the ~* naken

nudge [nʌdʒ] **I** *v* puffa (knuffa) till [med armbågen]; snudda vid **II** *s* puff, lätt knuff

nudism ['nju:dɪz(ə)m] nudism **nudist** [-ɪst] nudist **nudity** [-ətɪ] nakenhet

nugatory ['nju:gət(ə)rɪ] **1** obetydlig, värdelös **2** ogiltig

nugget ['nʌgɪt] [guld]klimp

N.U.G.M.W. *förk. för National Union of General and Municipal Workers*

nuisance ['nju:sns] obehag, besvär; plåga, otyg; olägenhet; *what a ~!* så förargligt (tråkigt)!; *he is a ~* han är en plåga; *it's a ~* det är förargligt (besvärligt); *make a ~ of o.s.* vara besvärlig (störande, bråkig); *public ~* olägenhet för allmänheten, förargelseväckande uppträdande

N.U.J. *förk. för National Union of Journalists*

nuke [nu:k] *AE. sl.* **1** kärnvapen **2** kärnkraftverk

null [nʌl] ogiltig; värdelös; *~ and void* av noll och intet värde, ogiltig

nulli|fication [ˌnʌlɪfɪ'keɪʃn] annullering, upphävande, ogiltigförklaring **-fy** ['nʌlɪfaɪ] annullera, upphäva, förklara ogiltig **-ty** ['nʌlətɪ] **1** intighet, betydelselöshet **2** ogiltighet

N.U.M. *förk. för National Union of Mineworkers*

Num. *förk. för* (*bibl.*) *Numbers* **num.** *förk. för number; numeral*

numb [nʌm] **I** *a* stel, känslolös, domnad; paralyserad, förlamad; *~ with cold* stel av köld, stelfrusen **II** *v* göra stel; förlama; döva

number ['nʌmbə] **I** *s* **1** antal, mängd; *a ~ of* ett antal, många, mycket; *~s of people* ett stort antal (massor av) människor; *five in ~* fem till antalet; *many* (*few*) *in ~*[*s*] många (få) till antalet; *superior in ~*[*s*] numerärt överlägsen; *one of our ~s* en av oss (de våra); *on a ~ of occasions* vid ett flertal tillfällen, flera gånger; *times without* (*beyond*) *~* oräkneliga (otaliga) gånger; *win by force of ~s* vinna på grund av numerär överlägsenhet **2** nummer, tal; *~s* (*pl*) *a*) räkning, aritmetik, *b*) versmått, verser; *cardinal ~* grundtal; *ordinal ~* ordningstal; *imaginary ~* imaginärt tal; *~ one* (*vard.*) man själv, en annan; *look after* (*take care of*) *~ one* (*vard.*) vara om sig och kring sig; *N~ Ten* 10 Downing Street (*eng. premiärministerns bostad*); *dial a wrong ~* slå fel [telefonnummer]; *do a ~ one* (*barnspr.*) kissa (bajsa); *do a ~ two* (*barnspr.*) bajsa; *do a ~ on* (*AE. sl.*) *a*) utnyttja, *b*) driva med; *his ~ is up* (*vard.*) det är ute med honom; *he is my ~ two* (*vard.*) han är min ställföreträdare; *get a p.'s ~* (*AE. vard.*) veta vad ngn går för, genomskåda ngn **3** nummer (*av tidskrift e.d.*) **4** nummer (*programpunkt*); (*jazz-, pop-*) låt **5** *sl., a nice little ~* en pangbrud **6** [*the Book of*] *Numbers* Fjärde mosebok **7** *språkv.* numerus **II** *v* **1** numrera **2** räkna; omfatta, uppgå till; *his days are ~ed* hans dagar är räknade; *be ~ed among* (*with*) räknas till (bland); *the group ~ed 10* gruppen bestod av 10 personer **3** räknas **-less** [-lɪs] oräknelig, otalig

numbskull ['nʌmskʌl] *se numskull*

numeral ['nju:mər(ə)l] **I** *s* siffra; tal; räkneord; *Arabic* (*Roman*) *~s* arabiska (romerska) siffror **II** *a* siffer-; tal-

numerator ['nju:məreɪtə] *mat.* täljare

numeric[al] [nju:'merɪk(l)] **1** siffer-, tal-, numerisk; *~ value* numeriskt värde, siffervärde **2** nummer-; *~ order* nummerordning

numerous ['nju:m(ə)rəs] talrik; omfattande

numis|matics [ˌnju:mɪz'mætɪks] (*behandlas som sg*) numismatik **-matist** [nju:'mɪzmətɪst] numismatiker, mynt|kännare, -samlare

numskull ['nʌmskʌl] dumhuvud, träskalle

nun [nʌn] nunna

nuncio ['nʌnʃɪəʊ] nuntie, påvligt sändebud

nunnery ['nʌnərɪ] nunnekloster

NUPE *förk. för National Union of Public Employees*
nuptial ['nʌpʃl] **I** *a* bröllops-, vigsel-; äktenskaplig **II** *s, vanl ~s (pl)* bröllop, vigsel
N.U.R. *förk. för National Union of Railwaymen*
Nuremberg ['njʊərəmbɜ:g] Nürnberg
nurse [nɜ:s] **I** *s* **1** [sjuk]sköterska, -syster; barnsköterska; *male ~* manlig sjuksköterska, sjukskötare **2** [*wet*] ~ amma **II** *v* **1** sköta, vårda (*sjuka; barn*); *~ a baby in one's arms* vagga (hålla) en baby i sina armar **2** amma **3** sköta om; *~ a cold* sköta om (kurera) sin förkylning; *~ the fire* se till brasan **4** *bildl.* hysa, nära (*a hope* ett hopp); *~ a grudge against* hysa agg mot **5** (*om baby*) dia **-maid** ['nɜ:smeɪd] barnflicka
nursery ['nɜ:s(ə)rɪ] **1** barnkammare **2** plantskola (*äv. bildl.*)
nurseryman ['nɜ:srɪmən] trädgårdsmästare **nursery rhyme** barnkammarrim; barnvisa **nursery school** lekskola; förskola **nursery slopes** *pl* nybörjarbacke (*i skidskola*) **nursery tale** [barn]saga
nursing ['nɜ:sɪŋ] **1** vård, skötsel **2** amning **nursing bottle** [-ˌbɒtl] *i sht AE.* nappflaska **nursing home** [-həʊm] **1** privat|klinik, -sjukhus **2** *BE.* (*privat*) mödrahem **nursing mother** [-ˌmʌðə] **1** fostermor **2** ammande mamma
nursling ['nɜ:slɪŋ] dibarn; fosterbarn; skyddsling; *bildl.* skötebarn
nurture ['nɜ:tʃə] **I** *s* **1** [upp]fostran **2** näring, föda **II** *v* **1** [upp]fostra **2** nära, föda upp
N.U.S. *förk. för National Union of Seamen* (*Students*)
nut [nʌt] **I** *s* **1** nöt, [nöt]kärna; *it's a hard* (*tough*) *~ to crack* det är en hård nöt att knäcka; *he's a tough ~* (*vard.*) han är en hårding **2** mutter; *the ~s and bolts of s.th.* (*vard.*) det grundläggande (det elementära, de praktiska detaljerna) i ngt **3** *mus.* sadel; frosch **4** *BE.*, *~s* (*pl*) småkol **5** *sl.* knasboll; rot, kola (*huvud*); *AE.* fantast, entusiast; *off one's ~* knasig, knäpp; *do one's ~* vara (bli) fly förbannad **6** *vulg.*, *~s* (*pl*) ballar (*testiklar*) **II** *v* plocka nötter
N.U.T. *förk. för National Union of Teachers*
nut|brown ['nʌtbraʊn] nötbrun **-cracker** [-ˌkrækə] *vanl. pl ~s* nötknäppare **-hatch** [-hætʃ] *zool.* nötväcka **-house** *sl.* dårhus **-meg** *bot.* muskotträd; muskot[nöt]
nutri|ment ['nju:trɪmənt] näring, föda **-tion** [nju:'trɪʃn] **1** närings|process, -upptagning **2** näringstillförsel **3** näringslära **-tious** [nju:'trɪʃəs] närande, näringsrik **-tive** ['nju:trətɪv] **I** *a* närande; närings- **II** *s* näringsmedel
nuts [nʌts] **I** *s, pl, se nut* **II** *a, sl.* knasig, knäpp; *~ about* tokig i, heltänd på **III** *interj, sl.* skitsnack!
nut|shell ['nʌt-ʃel] nötskal; *in a ~* (*bildl.*) i ett nötskal, i korthet, kort sagt **-ter** [-ə] *BE. sl.* knasjocke, knäpphäck **-ty** [-ɪ] **1** nötrik **2** nöt-, med nötsmak; nötliknande **3** *sl.* knasig, knäpp; *~ about* (*over*) tokig i, heltänd på
nuzzle ['nʌzl] **1** gnida nosen (mulen, trynet) mot **2** böka fram (upp) **3** *~* [*up*] *against* trycka sig intill
NV *förk. för Nevada* **N.W.** *förk. för north-west*[*ern*] **N.W.T.** *förk. för Northwest Territories* (*Canada*) **NY, N.Y.** *förk. för New York* **N.Y.C.** *förk. för New York City*
nylon ['naɪlɒn] **I** *s* nylon; *~s* (*pl*) nylonstrumpor **II** *a* nylon-; *~ shirt* nylonskjorta
nymph [nɪmf] **1** *myt., biol.* nymf **2** *poet.* fager mö, skön flicka
nympho ['nɪmfəʊ] *vard.* nymfoman **-mania** [ˌnɪmfə(ʊ)'meɪnɪə] nymfomani **-maniac** [ˌnɪmfəʊ'meɪnɪæk] *a o. s* nymfoman
N.Z. *förk. för New Zealand*

O

O, o [əʊ] **I** *s* **1** (*bokstav*) O, o **2** (*i telefonnummer e.d.*) noll[a]
O [əʊ] *interj* o!, åh!; ack!; *~ for...* ack, den som hade...
O. *förk. för Ocean; octavo; Ohio; old* **o.** *förk. för octavo; old; only; order*
o' [ə] *förk. för of* (*t.ex. i o'clock*)
oaf [əʊf] drummel, slyngel; dummer[jöns] **-ish** ['əʊfɪʃ] drumlig, slyngelaktig; dum, fånig
oak [əʊk] **I** *s* **1** *bot.* ek **2** ek[trä, -virke] **3** eklövskrans **4** *univ., sport one's ~* stänga sig inne **II** *a* ek-, av ek **oak apple (gall)** ['əʊkˌæpl (-gɔ:l)] galläpple **oaken** ['əʊk(ə)n] ek-, av ek
oakum ['əʊkəm] drev (*för tätning*)
O.A.P. *förk. för old age pension*[*er*]
oar [ɔ:] **I** *s* **1** åra; *put one's ~ in* lägga (blanda) sig i, avbryta; *rest on one's ~s a*) vila på årorna, *b*) *bildl.* vila på lagrarna **2** roddare **II** *v* ro **oarlock** ['ɔ:lɒk] *AE.* årtull **oarsman** ['ɔ:zmən] roddare
O.A.S. *förk. för Organization of American States*
oa|sis [əʊ'eɪ|sɪs] (*pl -ses* [-si:z]) oas
oast [əʊst] *i sht BE.* kölna (*torkugn för humle*)
oat [əʊt] **1** havre (*växt*); *~s* (*pl*) havre (*föda, foder*); *rolled ~s* havregryn; *feel one's ~s* (*AE. vard.*) känna sig märkvärdig (övermodig); *sow one's* [*wild*] *~s* (*bildl.*) så sin vildhavre **-en** ['əʊtn] havre-, av havre
oath [əʊθ, *pl ~s* əʊðz] **1** ed; *take* (*make, swear*) *an ~* gå (avlägga) ed; [*up*]*on* (*under*) *~ a*) under ed, *b*) edsvuren **2** svordom
oatmeal ['əʊtmi:l] havremjöl; *~ porridge* havregrynsgröt
O.A.U. *förk. för Organization of African Unity*
O.B. *BE. förk. för Old Boy; outside broadcast*
ob. *förk. för obiit* (*lat.*) *died* **obdt.** *förk. för obedient*
obdu|racy ['ɒbdjʊrəsɪ] förhärdelse, förstockelse; obeveklighet, hårdhet **-rate** [-rət] förhärdad, förstockad; obeveklig, hård[hjärtad]
O.B.E. *förk. för Officer of the Order of the British Empire*
obedi|ence [ə'bi:djəns] lydnad (*to* mot); åtlyd-

O

nad; *in ~ to your wishes* enligt era önskemål **-ent** [-ənt] lydig (*to* mot)
obeisance [ə(ʊ)'beɪs(ə)ns] **1** vördnad, aktning **2** djup bugning, vördnadsfull hälsning
obelisk ['ɒbəlɪsk] obelisk
obese [ə(ʊ)'bi:s] överfet, mycket fet **obesity** [-ətɪ] obesitas, stark fetma
obey [ə'beɪ] lyda
obfuscate ['ɒbfʌskeɪt] **1** förmörka, fördunkla **2** göra förvirrad
obiter dictum ['ɒbɪtə 'dɪktəm] **1** *jur.* obiter dictum **2** påpekande (observation) i förbigående
obituary [ə'bɪtjʊərɪ] dödsruna, nekrolog
obj. *förk. för object; objection; objective*
object I *s* ['ɒbdʒɪkt] **1** föremål, sak, objekt **2** *språkv.* objekt; *direct ~* direkt objekt, ackusativobjekt; *indirect ~* indirekt objekt, dativobjekt **3** avsikt, syfte, [ända]mål; *with this ~ in view* med det målet för ögonen **4** *vard.* ömklig syn (figur) **5** hinder; *money is no ~* (*äv.*) det får kosta vad det vill **II** *v* [əb'dʒekt] **1** invända (*that* att) **2** göra invändningar, protestera (*to* mot); *~ to* (*äv.*) ogilla; *if you don't ~* om du inte har ngt emot det
object glass ['ɒbdʒɪk(t)glɑ:s] *opt.* objektiv
objection [əb'dʒekʃn] invändning (*to* mot); motvilja; *are there any ~s?* några invändningar?; *I have no ~ [to that]* det har jag ingenting emot; *he has a strong ~ to cats* han har stark motvilja mot katter; *make* (*raise*) *~s* göra invändningar **-able** [-əbl] obehaglig, motbjudande; stötande, anstötlig
objec|tive [əb'dʒektɪv] **I** *a* **1** objektiv, saklig **2** mål- **II** *s* **1** *opt.* objektiv **2** *språkv.* objektskasus **3** *bildl.* mål; *mil.* [anfalls]mål **-tivity** [ˌɒbdʒek'tɪvətɪ] objektivitet; saklighet
object lesson ['ɒbdʒɪktˌlesn] åskådningslektion, praktisk demonstration
objector [əb'dʒektə] person som gör invändningar; motståndare; opponent
objet d'art [ˌɒbʒeɪ'dɑ:] (*pl objets d'art* [*uttal lika*]) konstföremål
objur|gate ['ɒbdʒɜ:geɪt] tillrättavisa; banna **-gation** [ˌɒbdʒɜ:'geɪʃn] tillrättavisning; bannor
oblate ['ɒbleɪt] *geom.* avplattad vid polerna
obli|gate ['ɒblɪgeɪt] förplikta **-gation** [ˌɒblɪ'geɪʃn] förpliktelse, plikt; skyldighet, åliggande; *without* (*with no*) *~ to buy* utan köptvång; *be under an ~ to do s.th.* vara förpliktad att göra ngt **2** tacksamhetsskuld; *be under an ~ to s.b.* stå i tacksamhetsskuld till ngn **-gatory** [ə'blɪgət(ə)rɪ] obligatorisk
oblige [ə'blaɪdʒ] **1** förplikta, tvinga; *be* (*feel*) *~d to* vara (känna sig) förpliktad (tvungen) att; *we are ~d to go* (*äv.*) vi måste gå **2** tillmötesgå; göra (*ngn*) en tjänst; *much ~d!* tack så mycket!; *I am much ~d to you* jag är mycket tacksam mot dig; *a prompt answer would ~* vi är tacksamma för ett omgående svar; *could you ~ me with a light?* kan jag få [låna] en tändsticka?; *would you ~ us with a song?* skulle du vilja sjunga ngt för oss? **obliging** [-ɪŋ] tillmötesgående, förekommande, tjänstvillig
oblique [ə'bli:k] **I** *a* **1** sned, skev; *~ angle* sned vinkel **2** *språkv.* indirekt; *~ case* oblikt kasus; *~ narration* (*speech*) indirekt tal **3** *bildl.* indirekt, förtäckt, undvikande; *~ threat* förtäckt hot **II** *s* snedstreck
oblit|erate [ə'blɪtəreɪt] utplåna, stryka ut **-eration** [əˌblɪtə'reɪʃn] *s* utplånande
oblivi|on [ə'blɪvɪən] glömska; *fall* (*sink*) *into ~* falla i glömska **-ous** [-əs] glömsk (*of* av); *be ~ of* vara [helt] glömsk av (omedveten om)
oblong ['ɒblɒŋ] **I** *a* avlång; rektangulär **II** *s* avlång figur; rektangel
obloquy ['ɒbləkwɪ] smädelser, förtal; vanrykte, vanära
obnoxious [əb'nɒkʃəs] avskyvärd, vidrig, vedervärdig, outhärdlig
oboe ['əʊbəʊ] *mus.* oboe **oboist** [-ist] *mus.* oboist
obs. *förk. för obscure; observation; obsolete*
obscene [əb'si:n] **1** obscen, oanständig, slipprig **2** vidrig, avskyvärd **obscenity** [-'senətɪ] **1** obscenitet, oanständighet, slipprighet **2** vidrighet
obscure [əb'skjʊə] **I** *a* **1** mörk, dunkel, obskyr **2** otydlig, oklar; dunkel, vag, obestämd **3** obemärkt, obekant; oansenlig; *of ~ birth* av ringa börd **II** *v* förmörka, fördunkla (*äv. bildl.*); skymma **obscurity** [əb'skjʊərətɪ] **1** dunkel, mörker **2** otydlighet, oklarhet; vaghet, obestämdhet **3** obemärkthet; oansenlighet
obsequies ['ɒbsɪkwɪz] *pl* begravning[sakt]
obsequious [əb'si:kwɪəs] krypande, inställsam
observable [əb'zɜ:vəbl] märkbar, som kan iakttagas **observance** [-vns] **1** iakttagande, efterlevnad (*av regler e.d.*) **2** sedvänja, bruk; ceremoni **3** observation; uppmärksamhet **observant** [-vnt] **1** iakttagande, uppmärksam, observant **2** *be ~ of* [strängt] efterleva, noga iaktta **observation** [ˌɒbzə'veɪʃn] **1** observation; iakttag|else, -ande; *powers of ~* iakttagelseförmåga; *keep s.b. under ~* ha ngn under observation **2** yttrande, anmärkning **3** efterlevnad (*av bestämmelse*) **observation post** *mil.* observationspost **observatory** [əb'zə:vətrɪ] observatorium
observe [əb'zə:v] **1** observera; iaktta; märka, lägga märke till **2** iakttaga (*silence* tystnad); efterleva, följa (*rules* regler); fira (*the anniversary of* årsdagen av) **3** yttra, anmärka **4** yttra sig **observer** [əb'zə:və] iakttagare; observatör
obsess [əb'ses] hemsöka, anfäkta; *be ~ed by* (*with*) vara [som] besatt av
obsession [əb'seʃn] anfäktelse, besatthet, fix idé, monomani; tvångs|föreställning, -tanke **-al** [-l] tvångs-, tvångsmässig
obsessive [əb'sesɪv] tvångs-, tvångsmässig; *~ neurosis* tvångsneuros; *become ~* bli till ett tvång, bli en mani (fix idé)
obso|lescense [ˌɒbsə(ʊ)'lesns] åldrande; ålderdomlig (föråldrad) karaktär **-lescent** [-'lesnt] ålderdomlig, föråldrad; på väg att försvinna ur bruk
obsolete ['ɒbsəli:t] **1** föråldrad, ej längre bruklig, gammalmodig, obsolet **2** *biol.* rudimentär
obstacle ['ɒbstəkl] hinder (*to* för) **obstacle race** hindertävling
obstetric[al] [ɒb'stetrɪk(l)] obstetrisk, förlossnings-; *~ ward* förlossningsavdelning **obstetrician** [ˌɒbste'trɪʃn] obstetriker, förlossningsläkare **obstetrics** [ɒb'stetrɪks] (*behandlas som sg*) obstetrik, förlossningskonst
obsti|nacy ['ɒbstɪnəsɪ] envishet **-nate**

['ɒbstənət] envis
obstreperous [əb'strep(ə)rəs] larmande, bullrande; oregerlig
obstruct [əb'strʌkt] **1** blockera, spärra av (*a road* en väg) **2** hindra, vara i vägen för (*the traffic* trafiken); hämma **3** skymma (*the view* [ut]sikten) **obstruction** [-kʃən] **1** blockering, avspärrning **2** hinder **3** *polit., sport.* obstruktion **obstructive** [-ktɪv] **1** blockerande, spärrande **2** hindrande, hämmande; *be* ~ (*om pers.*) sätta sig på tvären
obtain [əb'teɪn] **1** [lyckas] få, erhålla; få tag i; [upp]nå (*result* resultat); vinna, förvärva (*knowledge* kunskap); *where can that be ~ed?* var kan man få tag i (på) det? **2** gälla, råda, vara i bruk **-able** [-əbl] *a, be* ~ finnas att få, gå att få tag i, kunna köpas
obtrude [əb'tru:d] **1** påtvinga; ~ *s.th.* [*up*]*on s.b.* tvinga på ngn ngt **2** sträcka (skjuta) fram (ut) **3** tränga sig på **obtrusion** [-'tru:ʒn] **1** påtvingande; påflugenhet **2** framsträckande; fram-, ut|skjutande **obtrusive** [-'tru:sɪv] **1** påflugen, påträngande **2** iögonenfallande (*building* byggnad)
obtuse [əb'tju:s] **1** slö, trög[tänkt] **2** *mat.* trubbig (*angle* vinkel) **3** trubbig, slö **4** vag, dov (*pain* smärta)
obverse ['ɒbvɜ:s] **I** *a* **1** med framsidan vänd mot betraktaren **2** motsatt **II** *s* **1** motsats, motstycke; komplement **2** (*mynts*) a[d]vers, fram-, bild|sida
obviate ['ɒbvɪeɪt] förebygga; kringgå; undanröja
obvious ['ɒbvɪəs] **1** tydlig, uppenbar, iögonenfallande **2** naiv, enkel **-ness** [-nɪs] tydlighet
O.C. *förk. för Officer Commanding* **Oc.** *förk. för Ocean* **o/c** *förk. för overcharge*
ocarina [ˌɒkə'ri:nə] *mus.* okarina
occasion [ə'keɪʒn] **I** *s* **1** tillfälle (*tidpunkt*); högtidligt tillfälle, speciell händelse (tilldragelse); *on* ~ då och då, allt som oftast; *on festive ~s* vid festliga (högtidliga) tillfällen; *on several ~s* vid flera tillfällen; *on that* ~ vid det tillfället; *on the* ~ *of* med anledning av; *rise to the* ~ vara situationen vuxen; *take* ~ *to* begagna tillfället att **2** anledning, orsak; *no* ~ *to* ingen anledning att; *give* ~ *to* ge anledning (upphov) till **II** *v* föranleda, ge anledning till, förorsaka **-al** [-ʒənl] **1** tillfällig; enstaka; ~ *cause* sekundär orsak; ~ *poem* tillfällighetsdikt; ~ *table* litet extrabord; *she likes an* ~ *glass of wine* hon tycker om ett glas vin någon [enstaka] gång **-ally** [-ʒnəlɪ] *adv* då och då, emellanåt; *very* ~ mycket sällan, någon [enstaka] gång
Occident ['ɒksɪd(ə)nt] *s, the* Västerlandet, Occidenten **Occidental, occidental** [ˌɒksɪ'dentl] **I** *a* västerländsk **II** *s* västerlänning
occiput ['ɒksɪpʌt] bakhuvud
occlude [ɒ'klu:d] **1** blockera, täppa till; hindra **2** *kem.* absorbera **occlusion** [-ʒn] **1** tilltäppning **2** *kem., med., meteor.* ocklusion
occult [ɒ'kʌlt] **I** *a* ockult, övernaturlig; hemlig; dold **II** *v* dölja; förmörka; *~ing light* intermittent sken (*från fyr*) **III** *s, the* ~ ockulta ting, det ockulta **-ism** ['ɒk(ə)ltɪz(ə)m] ockultism
occupancy ['ɒkjʊpənsɪ] besittningstagande; besittningsrätt; innehavande **occupant** [-pənt] innehavare; invånare (*of a house* i ett hus); *the ~s of the car* de som befinner (befann) sig i bilen **occupation** [ˌɒkjʊ'peɪʃn] **1** *mil.* ockupation **2** besittningstagande; inflyttning; *ready for* ~ inflyttningsklar **3** yrke; verksamhet, sysselsättning; *favourite* ~ favoritsysselsättning; *she is a teacher by* ~ hon är lärare till yrket **occupational** [ˌɒkju:'peɪʃənl] yrkes-; sysselsättnings-; ~ *disease* yrkessjukdom; ~ *hazard* (*risk*) risker i arbetet; ~ *therapy* sysselsättnings-, arbets|terapi **occupier** ['ɒkjʊpaɪə] **1** innehavare; *the ~s of the flat* innehavarna av (de som bor i) lägenheten **2** *mil.* ockupant **occupy** ['ɒkjʊpaɪ] **1** ockupera (*a country* ett land; *a house* ett hus), inta, ta i besittning **2** bebo, bo i (*a house* ett hus) **3** inneha, inta (*a position* en position) **4** uppta (*a p.'s time* ngns tid); ta i anspråk; *is this seat occupied?* är den här platsen upptagen? **5** sysselsätta, uppta; *be occupied with* vara sysselsatt (upptagen) med; *keep s.b. occupied* hålla ngn sysselsatt
occur [ə'kɜ:] **1** hända, ske, inträffa **2** förekomma, finnas **3** ~ *to s.b.* falla ngn in; *it never ~red to me* det föll mig aldrig in **ocurrence** [ə'kʌr(ə)ns] händelse, tilldragelse; förekomst; *be an everyday* ~ förekomma dagligen
ocean ['əʊʃn] **1** ocean, [världs]hav; *the O~ of Storms* Stormarnas ocean (*på månen*) **2** *bildl.* hav; *an* ~ *of flowers* ett hav av blommor; *~s of* massor av **--going** [-ˌgəʊɪŋ] oceangående
Oceania [ˌəʊʃɪ'eɪnjə] Oceanien (*Söderhavsöarna*)
oceanic [ˌəʊʃɪ'ænɪk] **1** oceanisk, ocean-, havs- **2** väldig, omätlig **ocean liner** ['əʊʃnˌlaɪnə] oceanångare **oceanography** [ˌəʊʃjə'nɒgrəfɪ] oceanografi, havsforskning
ocelot ['əʊsɪlɒt] *zool.* ozelot, panterkatt
ochre ['əʊkə] ockra; *yellow* ~ gulockra
o'clock [ə'klɒk] *adv, at five* ~ klockan fem; *it's five* ~ klockan är fem
OCR *förk. för optical character reader* (*recognition*) **Oct.** *förk. för October* **oct.** *förk. för octavo*
octagon ['ɒktəgən] *geom.* oktogon, åttahörning **-al** [ɒk'tægənl] *geom.* oktogonal, åttkantig
octahedron [ˌɒktə'hedr(ə)n] *geom.* oktaeder
octane ['ɒkteɪn] *kem.* oktan
octant ['ɒktənt] *geom., astr., sjö.* oktant
octave ['ɒktɪv] **1** *mus.* oktav **2** *versl.* åttaradig strof, *vanl.* ottave rime
octavo [ɒk'teɪvəʊ] oktav, [bok i] oktavformat
octet[te] [ɒk'tet] *mus.* oktett
October [ɒk'təʊbə] oktober
octogenarian [ˌɒktəʊdʒɪ'neərɪən] **I** *s* åttioåring, person mellan 80 och 90 år **II** *a* åttioårig, mellan 80 och 90 år gammal
octopus ['ɒktəpəs] *zool.* [åttaarmad] bläckfisk
octosyllabic [ˌɒktəʊsɪ'læbɪk] åttastavig
ocular ['ɒkjʊlə] **I** *a* okulär, ögon-; ~ *demonstration* (*proof*) synligt bevis **II** *s* okular
O.D. *förk. för Officer of the Day;* (*bank.*) *on demand; ordnance datum; outside diameter; overdraft; overdrawn*
oda|lisk, -lisque ['əʊdəlɪsk] odalisk
odd [ɒd] **1** konstig, underlig, egen[domlig], besynnerlig; ~ *fish* (*BE. vard.*) konstig prick; *an* ~ *person* (*äv.*) en udda person, en särling; *the* ~ *thing about* det underliga med **2** udda; ojämn; omaka; enstaka; extra; övertalig; överskjutande; *an* ~ *glove* en omaka (udda) handske; ~ *lot* udda [varu]parti; ~ *pair* udda par, restpar; ~ *volumes*

O

enstaka (udda) volymer; ~ *and even* udda och jämnt; *30 pounds* ~ 30 pund och litet till, drygt 30 pund; *he is* [*the*] ~ *man out a*) han är den som blir över, *b*) han är femte hjulet under vagnen **3** tillfällig, sporadisk, extra; ~ *job* tillfälligt arbete, ströjobb; *at* ~ *moments* (*times*) då och då, vid enstaka tillfällen

oddball ['ɒdbɔ:l] *AE. vard.* konstig prick, knasboll **oddity** [-ɪtɪ] **1** egendomlighet, underlighet **2** egendomlig person, original **odd|-jobber, --jobman** [-ˌdʒɒbə, -ˌdʒɒbmæn] diversearbetare, 'hustomte' **oddment** ['ɒdmənt] *vanl.* ~*s* (*pl*) småsaker; restposter

odds [ɒdz] *pl* **1** odds (*äv. spelt.*); chanser, utsikter; *long* (*short*) ~ höga (låga) odds; *it's long* ~ (*vard.*) vi har små chanser; *by all* ~ (*AE.*) otvivelaktigt, ojämförligt; *over the* ~ (*BE.*) mer än väntat (nödvändigt); *the* ~ *are 4 to 1* oddsen är 4 mot 1; *the* ~ *are 3 to 1 against* oddsen är 3 mot 1 mot, chansen är 1 på 4 för; *the* ~ *are against us* vi har oddsen (alla odds) emot oss; *the* ~ *are in his favour* han har goda chanser; *the* ~ *are that he* sannolikt kommer han att; *give* (*lay*) ~ *of 4 to 1* sätta (hålla) 4 mot 1 **2** *BE.* skillnad; *it makes no* ~ det spelar ingen roll (gör ingen skillnad); *what's the* ~*?* (*vard.*) vad spelar det för roll? **3** *be at* ~ vara oense (på kant med varandra) **4** ~ *and ends* småsaker, grejer, pick och pack; ~ *and sods* (*BE.*) diverse saker (människor) **odds-on** ['ɒdzɒn] *a, be an* ~ *favourite* vara en klar favorit, ha goda (de största) utsikterna

ode [əʊd] ode (*on* över)

odious ['əʊdjəs] avskyvärd, motbjudande; förhatlig **odium** [-jəm] hat, ovilja

odometer [əʊ'dɒmɪtə] *AE.* vägmätare

odontol|ogist [ˌɒdɒn'tɒlədʒɪst] odontolog **-ogy** [-ədʒɪ] odontologi

odor|iferous [ˌəʊdə'rɪfərəs], **-ous** ['əʊdərəs] *poet.* välluktande, doftande

odour ['əʊdə] **1** lukt; odör; doft **2** anstrykning, drag; *with an* ~ *of dishonesty* med en anstrykning av ohederlighet; *an* ~ *of sanctity* ett drag av skenhelighet **3** *in bad* (*good*) ~ illa (väl) anskriven (*with* hos) **-less** doftlös, luktfri

Odysseus [ə'dɪsju:s] Odysseus **Odyssey** ['ɒdɪsɪ] **1** *the* ~ Odysséen **2** *o*~ (*bildl.*) odyssé

OE, O[.]E. *förk. för Old English* **oe.** *förk. för omissions excepted* **O.E.C.D.** *förk. för Organization for Economic Cooperation and Development*

oedema [i:'di:mə] (*pl* ~*ta* [-tə]) *med.* ödem, vattensvullnad

O.E.E.C. *förk. för Organization for European Economic Cooperation*

o'er ['əʊə] *poet.* = *over*

oestrogen ['i:strə(ʊ)dʒ(ə)n] östrogen

of [*betonat* ɒv, *obetonat* əv] **1** (*i uttr. för ägande, tillhörighet, härkomst, plats, läge e.d.*) av; efter; från; i; om; på; till; vid; över; *the Battle* ~ *Waterloo* slaget vid Waterloo; *a map* ~ *York* en karta över York; *north* ~ *Paris* norr om Paris; *possession* ~ innehav av; *professor* ~ *German* professor i tyska; *professor G.* ~ *Oxford* professor G. från Oxford; *the Queen* ~ *Denmark* drottningen av Danmark; *son* ~ son till; *the university* ~ *Stockholm* Stockholms universitet; *wide* ~ *the truth* långt ifrån sanningen; *widow* ~ *a teacher* änka efter en lärare; *the works* ~ *Byron* Byrons verk **2** (*i uttr. m. subjektiv gen.*) från; *the love* ~ *God* Guds kärlek **3** (*i uttr. m. objektiv gen.*) av; för; i; om; på; till; *audience* ~ *the king* audiens hos kungen; *fear* ~ rädsla (fruktan) för; *fear* ~ *God* gudsfruktan; *knowledge* ~ kunskap om; *his love* ~ *his mother* hans kärlek till sin mor; *the murder* ~ *Lincoln* mordet på Lincoln **4** (*i uttr. m. partitiv gen.*) av; bland; till; *many* ~ *them* många av (bland) dem; *the whole* ~ *the house* hela huset; *he is the best* ~ *players* han är den [allra] bäste spelaren (den bäste spelaren av alla); *there were five* ~ *us* vi var fem [stycken, till antalet]; *he asked the five* ~ *us to lunch* han bjöd oss alla fem på lunch; *a friend* ~ *Mary's* en vän till Mary, en av Marys vänner; *a fugue* ~ *Bach's* en fuga av Bach **5** (*i uttr. m. egenskapsgen.*) av; i; med; på; till; ~ *no importance* oviktig, inte av ngn betydelse; *a girl* ~ *six* en flicka på sex år; *a man* ~ *great courage* en man med stort mod, en mycket modig man; *that idiot* ~ *a doctor* den där idioten till läkare **6** (*uttr. material, upphovsman e.d.*) av; i; på; *beloved* ~ *all* älskad av alla; *how very kind* ~ *you!* så vänligt av dig!; *made* ~ *steel* gjord av stål; *a dress* [*made*] ~ *wool* en ylleklänning **7** (*uttr. anledning, orsak e.d.*) av; för; i; på; över; *be ashamed* ~ skämmas för (över); *die* ~ *cancer* dö i cancer; *die* ~ *starvation* dö av svält; *smell* ~ *garlic* lukta vitlök **8** (*uttr. avlägsnande, frånskiljande e.d.*) från; för; på; *cheat s.b. out* ~ *s.th.* lura av ngn ngt; *cure* ~ bota från (för); *rid* ~ rensa från; *rob* ~ bestjäla på **9** (*i uttr. betecknande* [*samtals*]*ämne, innehåll e.d.*) från; för; om; på; *hear* ~ *s.b.* höra från ngn; *have a sense* ~ *humour* ha sinne för humor; *speak* ~ *s.th.* tala om ngt; *think* ~ *s.th.* tänka på (komma på) ngt; *warn* ~ *s.th.* varna för ngt; *nimble* ~ *foot* lätt på foten **10** (*utan motsvarighet i svenskan*) *two meters* ~ *snow* två meter snö; *on the first* ~ *April* den första april; *a glass* ~ *wine* ett glas vin; *the month* ~ *April* månaden april; *by the name* ~ *Jonas* vid namn (som heter) Jonas; *a number* ~ *people* ett antal människor; *a piece* ~ *paper* ett papper; *the town* ~ *A.* staden A. **11** (*uttr. tid*) av; i; om; på; *a quarter* ~ *six* (*AE.*) [en] kvart i sex; *your letter* ~ *April 3* Ert brev av den 3 april; ~ *late years* på senare år; ~ *mornings* (*åld.*) om (på) morgonen (mornarna)

ofay ['əʊfeɪ] *AE. negersl.* vit person

off [ɒf] **I** *prep* **1** från; bort[a] från; ner från; ur; av; *she fell* ~ *the roof* hon föll ner från taket; *keep your fingers* ~ *the pie* håll fingrarna borta från pajen; *the shirt has three buttons* ~ *it* det saknas tre knappar i skjortan **2** nära, vid; ~ *the coast* utanför kusten; *a road* ~ *Piccadilly* en tvärgata till Piccadilly; *just* ~ alldeles intill (i närheten av) **3** på; *dine* ~ *chicken* äta kyckling till middag; *5 % discount* ~ *the price* 5 % rabatt på priset; *she got £5* ~ *the table* hon fick bordet 5 pund billigare **4** *vard., be* ~ *s.th.* inte [längre] vara intresserad av (sugen på) ngt **II** *adv o. pred. a* **1** *be* ~ *a*) vara dålig (förstörd, sur, skämd *e.d.*), *b*) vara ledig, ha ledigt, *c*) vara av[stängd], vara avtagen, *d*) vara ur, ha lossnat, ha gått av, *e*) vara avbruten, *f*) vara inställd (avblåst), *g*) vara slut, *h*) ge (ha gett) sig i väg, *i*) ha fel; *he is* ~ *to X.* han har gått (givit sig i väg) till X.; [*be*] ~ *with you!* i väg med dig!, försvinn!; *be well* ~ ha det bra [ställt]; *their engagement is* ~ deras förlovning är uppslagen; *you're* ~ *there* där misstar du dig (har du fel) **2** av; bort[a]; från; i väg; ur; *3 %* ~ *for cash* 3 % rabatt vid kontant betalning; *April isn't very far* ~ det är inte långt kvar till april; *drink* ~ dricka ur; ~ *we go!* nu går vi!; *take one's coat* ~ ta av sig rocken **3** ledigt; *time* ~ ledighet; *take a day* ~ ta sig ledigt en dag **III** *attr. a* **1** dålig; liten, svag; ~ *chance* liten chans; ~ *day* dålig dag; ~ *season* lågsäsong **2** ledig; ~ *day* ledig dag **3** bortre **4** ~ *position* avstängt läge

off. *förk. för offer; office; officer; official*

offal ['ɒfl] **1** (*djurs*) inälvor **2** avfall; avskräde; *bildl.* drägg **3** ruttnande ämne; as

offbeat ['ɒfbi:t] **I** *s, mus.* oaccentuerad taktdel **II** *a, vard.* ovanlig, okonventionell **off chance** liten möjlighet; *on the* ~ i förhoppning (*of meeting* om att få träffa) **off-colour** [-ˌkʌlə] **1** *i sht BE.* krasslig **2** opassande; taktlös

offence [ə'fens] **1** [lag]överträdelse, förseelse, [mindre] brott; *bildl.* försyndelse; *an* ~ *against* ett brott (en förseelse) mot; *it is an* ~ *to* det är straffbart att; *commit an* ~ överträda lagen **2** förolämpning, kränkning, skymf; anstöt; *give* ~ *to* väcka anstöt hos; *take* ~ ta illa upp; *take* ~ *at* ta anstöt av; *no* ~ [*meant*]! det var inte illa menat!, ta inte illa upp! **3** anfall, angrepp

offend [ə'fend] **1** förolämpa, förnärma, såra; stöta, väcka anstöt hos; *be ~ed by* bli förnärmad (stött) på (över); *don't be ~ed!* ta inte illa upp!; *the smell ~ed her* hon tyckte lukten var obehaglig **2** ~ *against* bryta mot, överträda (*a law* en lag) **-er** [-ə] lag|brytare, -överträdare; *juvenile* ~ ungdomsbrottsling

offense [ə'fens] *AE.* = *offence* **offensive** [-ɪv] **I** *a* **1** offensiv, anfalls-, anfallande **2** anstötlig, stötande **3** förolämpande, kränkande **4** obehaglig, motbjudande, vidrig (*smell* lukt) **II** *s* offensiv, anfall; *on the* ~ på offensiven; *take the* ~ ta till offensiven

offer ['ɒfə] **I** *s* anbud, bud; erbjudande (*of* om); *hand.* offert (*of, for* på); ~ *of marriage* giftermålsanbud, frieri; *on* ~ till specialpris; *make an* ~ lämna [ett] anbud ([en] offert) **II** *v* **1** bjuda; erbjuda; *hand.* offerera, bjuda ut; ~ *for sale* bjuda ut till försäljning; ~ *to do s.th.* erbjuda sig att göra ngt; ~ *s.b. a cigarette* bjuda ngn på en cigarrett; ~ *one's services* erbjuda sina tjänster **2** utlova, utfästa (*a reward* en belöning) **3** framföra, framlägga, anföra, komma med, yttra; ~ *an excuse* ursäkta sig; ~ *an explanation* komma med en förklaring; ~ *an opinion* lägga fram en åsikt; ~ [*up*) *prayers to God* uppsända böner till Gud **4** ~ [*up*] offra (*to* åt) **5** erbjuda, förete; *the mountain ~ed a fine view* det var en fin utsikt från berget **6** ~ *resistance* göra (bjuda) motstånd **7** erbjuda sig; *if an opportunity ~s* om tillfälle yppar (erbjuder) sig **offering** ['ɒf(ə)rɪŋ] **1** offer[gåva] **2** erbjudande, anbud **offertory** ['ɒfət(ə)rɪ] *kyrkl.* **1** offertorium **2** kollekt **3** kollektbön

offhand [ˌɒf'hænd] **I** *adv* **1** på rak arm, utan vidare **2** nonchalant, slarvigt **II** *a* **1** oförberedd **2** nonchalant, slarvig **-ed** [-ɪd] *se offhand II*

office ['ɒfɪs] **1** kontor; byrå, kansli; expedition, tjänsterum, mottagning[srum]; *~s* (*pl*) kontor; *at the* ~ på kontoret *etc.* **2** [ämbets]verk, departement; *the Home O~* inrikesdepartementet **3** ämbete, tjänst, befattning; *the Government in* ~ den sittande regeringen; *be in* (*hold*) ~ *a*) inneha sitt ämbete (sin tjänst), *b*) sitta (vara) vid makten; *take* ~ *a*) tillträda sitt ämbete (sin tjänst), *b*) komma till makten **4** uppgift, plikt **5** tjänst; förmedling; *good ~s* bona officia, förmedling; *through the ~s of* genom förmedling av; *do s.b. a good* ~ göra ngn en stor tjänst **6** gudstjänst **7** *~s* (*pl*) ekonomi|byggnader, -utrymmen **8** *vard.* tips, vink **9** *vard.* toa **office bearer** [-ˌbeərə] ämbets-, tjänste|man **office block** [-blɒk] kontorsbyggnad **office boy** [-bɔɪ] kontors-, spring|-pojke **office holder** [-ˌhəʊldə] *AE.* ämbets-, tjänste|man **office hours** [-ˌaʊəz] *pl* affärs-, expeditions-, kontors|tid

officer ['ɒfɪsə] **1** officer; ~ *of the day* dagofficer **2** [*police*] ~ polis[man] **3** tjänste-, -ämbets|man; funktionär, styrelseledamot

official [ə'fɪʃl] **I** *a* officiell; tjänste-, ämbets[manna]-; ~ *duties* ämbetsplikter; ~ *statement* officiellt uttalande **II** *s* **1** ämbets-, tjänste|man **2** *sport.* funktionär **-dom** [-dəm] byråkrati, ämbets-, tjänstemanna|välde **-ese** [əˌfɪʃə'li:z] kansli|-språk, -stil **-ly** [ə'fɪʃəlɪ] *adv* på ämbetets (tjänstens) vägnar; officiellt

officiate [ə'fɪʃɪeɪt] **1** officiera, förrätta gudstjänst **2** fungera, tjänstgöra (*as* som)

officious [ə'fɪʃəs] **1** beskäftig; nitisk **2** officiös, halvofficiell

offing ['ɒfɪŋ] **I** *s* **1** öppen sjö **2** *bildl., in the* ~ nära förestående, under uppsegling

offish ['ɒfɪʃ] *vard.* tillbakadragen, reserverad

off|-key ['ɒfki:] **1** *mus.* falsk **2** motsatt; oenig **--licence** [-ˌlaɪsns] *BE.* **1** tillstånd att sälja vin och sprit **2** spritbutik **--line** [-laɪn] *data.* off-line, fristående, ej direktansluten **--peak** [-pi:k] låg-; ~ *electricity* nattström; *at* ~ *hours* vid lågtrafik, vid låg belastning **-print** [-prɪnt] särtryck **--putting** [-ˌpʊtɪŋ] *BE. vard.* osympatisk; frånstötande **--season** [-ˌsi:zn] lågsäsong- **-set** [-set] **I** *s* **1** *bot., geol.* utlöpare **2** motvikt, kompensation **3** offset[tryck] **II** *v* uppväga, kompensera, neutralisera **-shoot** [-ʃu:t] **1** *bot.* sidoskott; sidogren **2** *bildl.* sidogren; utlöpare **-shore** [ˌɒf'ʃɔ:] *a o. adv* utanför kusten; kust-; havs-; havsteknisk; ~ *wind* frånlandsvind **-side** [ˌɒf'saɪd] **I** *a o. adv, sport.* offside **II** *s* **1** *sport.* offside **2** *i sht BE.* (*på bil*) sida närmast vägens mitt **-spring** ['ɒfsprɪŋ] **1** avkomma, ättling **2** *bildl.* resultat **-stage** [ˌɒf'steɪdʒ] utanför scenen; i kulisserna **--the--cuff** [ˌɒfðə'kʌf] oförberedd, spontan **--the-record** [ˌɒfðə'rekɔ:d] inofficiell, utom protokollet **--white** ['ɒfwaɪt] off-white, naturvit, benfärgad

O.F.S. *förk. för Orange Free State*

oft [ɒft] *åld., poet.* ofta

often ['ɒfn] ofta; *as* ~ *as* så ofta som; *as* ~ *as not* ganska ofta, inte så sällan; *every so* ~ allt som oftast, med jämna mellanrum; *more* ~ *than not* oftast, vanligen

ogive ['əʊdʒaɪv] *arkit.* spetsbåge

ogle ['əʊgl] **1** kasta ögon efter; ögonflirta med **2** stirra på, begapa; snegla på

ogre ['əʊgə] [människoätande] jätte, troll; *bildl.*

monster, odjur **ogress** ['əʊgrɪs] jättinna, trollgumma
OH *förk. för Ohio*
oh [əʊ] *interj* o!, å[h]!, oj!, aj!, jaså!, verkligen!; ~ *no!* nej då, visst inte!, ånej!; ~ *yes!* jo[då]!, ja (jo) visst!, jadå!; ~ *well!* nåja!
Ohio [ə(ʊ)'haɪəʊ]
ohm [əʊm] *fys.* ohm
O.H.M.S. *förk. för On Her (His) Majesty's Service*
oho [ə(ʊ)'həʊ] *interj* åhå!, åh!, jo jo!
oil [ɔɪl] **I** *s* **1** olja; *burn the midnight* ~ arbeta sent på natten; *pour* ~ *on troubled waters* (*bildl.*) gjuta olja på vågorna; *strike* ~ *a*) träffa på olja, *b*) *vard.* bli rik, ha framgång **2** ~*s* (*pl*) *a*) oljefärger, *b*) oljemålningar; *paint in* ~*s* måla i olja **II** *v* olja [in], smörja; ~ *a p.'s palm* (*bildl.*) smörja (muta) ngn; ~ *one's tongue* (*vard.*) använda smicker; ~ *the wheels* (*bildl.*) olja maskineriet, få det hela att löpa; *well* ~*ed* (*vard.*) berusad
oil cake ['ɔɪlkeɪk] oljekaka **oilcan** oljekanna **oilcloth** vaxduk; oljeduk **oil colour** [-ˌkʌlə] oljefärg **oiler** [-ə] **1** smörjare **2** oljekanna **3** oljetanker **4** oljekälla **oilfield** [-fi:ld] oljefält **oil painting** [ˌɔɪl'peɪntɪŋ] oljemålning; *she's no* ~ (*vard.*) hon är inte direkt ngn skönhet **oil rig** ['ɔɪlrɪg] oljerigg, oljeborrplattform **oilskin** ['ɔɪlskɪn] **1** vaxduk; oljeduk **2** ~*s* (*pl*) olje|kläder, -ställ **oil slick** ['ɔɪlslɪk] oljefläck (*på vatten*) **oil well** ['ɔɪlwel] oljekälla **oily** ['ɔɪlɪ] *a* **1** oljig, full av olja; fet; oljeliknande **2** *bildl.* oljig, lismande, inställsam
ointment ['ɔɪntmənt] salva; smörjelse
OK *förk. för Oklahoma*
O.K. [ˌəʊ'keɪ] *vard.* **I** *a o. adv* OK, o.k., okay, bra, rätt, i sin ordning; *it's* ~ *with* (*by*) *me* det är okay för min del **II** *v* godkänna **III** *s* okay, gillande
okapi [əʊ'kɑ:pɪ] *zool.* okapi
okay [ˌəʊ'keɪ] *vard.*, **okey|-doke, --dokey** ['əʊkɪ|'dəʊk, -'dəʊkɪ] *AE. sl., se O.K.*
Okla. *förk. för Oklahoma*
Oklahoma [ˌəʊklə'həʊmə]
old [əʊld] **I** *a* (*older, oldest; ibl. elder, eldest*) **1** gammal; *the* ~ de gamla, gamlingarna; ~ *age* ålderdom[en]; ~ *age pension* ålderspension; ~ *bird* (*skämts.*) gammal räv; ~ *boy a*) gammal (tidigare, f.d.) elev; *b*) gammal farbror, *c*) *sport.* oldboy; ~ *boy* (*chap, fellow, man, thing*)! (*vard.*) gamle gosse (vän)!; *the good* ~ *days* den gamla goda tiden; ~ *girl a*) gammal (tidigare, f.d.) elev, *b*) gammal tant; ~ *girl!* (*vard.*) lilla gumman!; *he's an* ~ *hand* han är gammal och erfaren; *any* ~ *how* (*vard.*) *a*) hur som helst, *b*) på måfå; *my* ~ *lady* (*vard.*) *a*) frugan, *b*) min mamma; *the* ~ *one* (*gentleman*) (*vard.*) hin håle; *the O*~ *Testament* Gamla testamentet; *any* ~ *thing* (*vard.*) vad [sjutton] som helst; *have a fine* ~ *time* (*vard.*) ha det jätteroligt; *the O*~ *World* Gamla världen; *as* ~ *as the hills* urgammal; *good* ~ *Annie* (*vard.*) gamla bussiga (kära gamla) Annie; *grow* ~ bli gammal, åldras **2** forn-; *O*~ *English* fornengelska; *O*~ *High German* fornhögtyska **II** *s, of* ~ sedan gammalt; *a friend of* ~ en urgammal vän; *in days* (*times*) *of* ~ i gamla tider, förr i världen
olden ['əʊld(ə)n] *åld., poet.* gammal, forn; *in* ~ *days* (*times*) i gamla tider
old|-established [ˌəʊldɪ'stæblɪʃt] gammal (*firm* firma); hävdvunnen **--fashioned** gammalmodig, omodern; gammaldags
old|ish ['əʊldɪʃ] äldre, rätt (ganska) gammal **--line** *AE.* konservativ; reaktionär; traditionell **--time** gammaldags, gångna tiders **--timer** [-ˌtaɪmə] **1** veteran, person som är gammal i gården **2** *AE. vard.* gamling, gammal man **--world** [ˌəʊld'wɜ:ld] **1** gammaldags sirlig **2** *O*~*-World* Gamla världens
oleaginous [ˌəʊlɪ'ædʒɪnəs] olje-, oljig; oljehaltig
O level ['əʊˌlevl] *BE.* (*förk. för Ordinary level*) [betyg i] avgångsexamen (*från grundskola*)
olfac|tion [ɒl'fækʃn] lukt[sinne] **-tory** [-t(ə)rɪ] *a* lukt-
olid ['ɒlɪd] illaluktande
oligarchy ['ɒlɪgɑ:kɪ] oligarki
oligopoly [ˌɒlɪ'gɒpəlɪ] *ekon.* oligopol
olio ['əʊlɪəʊ] **1** *kokk.* gryta **2** *bildl.* blandning; potpurri
olive ['ɒlɪv] **I** *s* **1** oliv (*träd, frukt*); *the Mount of O*~*s* Oljeberget **2** olivgrönt **II** *a* olivgrön **olive branch** oliv|gren, -kvist; fredsinvit; *hold out the* ~ räcka ut handen till försoning **olive green I** *s* olivgrönt **II** *a* olivgrön **olive oil** olivolja
Olivier [ə'lɪvɪeɪ]
ology ['ɒlədʒɪ] *vard.* vetenskap
Olym|piad [ə(ʊ)'lɪmpɪæd] *hist., sport.* olympiad **-pian** [-pɪən] **I** *a* olympisk; majestätisk, storslagen **II** *s, hist.* olympier **-pic** [-pɪk] *hist., sport.* olympisk; *the* ~ *Games, the* ~*s* (*behandlas som sg el. pl*) olympiska spelen
O.M. *förk. för Order of Merit*
ombudsman ['ɒmbʊdzmən] **1** justitieombudsman **2** ombudsman
omelet[te] ['ɒmlɪt] omelett
omen ['əʊmən] **I** *s* omen, varsel, förebud **II** *v* förebåda, varsla [om]
ominous ['ɒmɪnəs] olycksbådande, ödesdiger, ominös
omission [ə'mɪʃn] **1** utelämnande **2** underlåtenhet, försummelse; *sin of* ~ underlåtenhetssynd
omit [ə'mɪt] **1** utelämna **2** underlåta, försumma
omnibus ['ɒmnɪbəs] **I** *s* **1** omnibus **2** samlings|verk, -volym **II** *a* samlings-; allmän; ~ *volume* samlings|verk, -volym
omnipo|tence [ɒm'nɪpət(ə)ns] allmakt **-tent** [-t(ə)nt] allsmäktig
omnipres|ence [ˌɒmnɪ'prezns] allestädesnärvaro **-ent** [-nt] allestädes närvarande
omni|science [ɒm'nɪsɪəns] allvetenhet **-scient** [-sɪənt] allvetande
omnivorous [ɒm'nɪv(ə)rəs] allätande; *an* ~ *reader* allätare i fråga om lektyr
on [ɒn] **I** *prep* **A** *rumsbet.* **1** i; på; vid; ~ *board* ombord; *she is* ~ *the board* hon sitter i styrelsen; *a house* ~ *the coast* ett hus på (vid) kusten; *he is* ~ *drugs* han går på (använder) narkotika; ~ *duty* i tjänst; *sit* ~ *the grass* sitta i gräset; *he is* ~ *the staff* han tillhör personalen; ~ *the table* på bordet; ~ *TV* på (i) TV; *I have no money* ~ *me* jag har inga pengar på mig; *she is* ~ *"The Observer"* hon är (arbetar) på (vid) "The Observer" **2** mot; *make an attack* ~ göra en attack mot; *fair* ~ rättvis mot; *march* ~ *Paris* marschera mot Paris; *war* ~ *world hunger* krig mot världssvälten **3** till; ~

land and sea till lands och till sjöss; ~ *the left* till vänster **B** *tidsbet.* **1** på, om; ~ *Sunday* på (om) söndag; ~ *the minute* på minuten; ~ *the evening of April 2* på kvällen den andra april; ~ *November the first* den första november **2** vid, [genast] efter; ~ *my arrival in London* vid (efter) min ankomst till London; ~ *being asked he admitted that* när han blev tillfrågad erkände han att; ~ *[receiving] my letter* efter att ha fått mitt brev **C** (*annan bet.*) **1** om, över, i; på, med; *away ~ an errand* ute i ett ärende; *expert ~* expert på; *a lecture ~* en föreläsning om (över); *speak ~* tala om; *work ~ a new project* arbeta (hålla på) med ett nytt projekt **2** av, på, med; *live ~ potatoes* leva på potatis; *it works ~ oil* den går på (drivs med) olja **3** till; med; *~ foot* till fots; *I went ~ the train* jag tog (åkte med) tåget **4** i jämförelse (jämfört) med; *wages are up ~ last year['s]* lönerna har gått upp jämfört med i fjol **5** enligt, efter; ~ *his theory* enligt hans teori **6** med anledning av, på grund av; ~ *his authority* på grund av hans auktoritet **7** mot; ~ *payment of* mot betalning av **8** på, efter; *she made mistake ~ mistake* hon gjorde misstag på misstag **9** *this round is ~ me* den här omgången bjuder jag på (gången bjuder jag); *it's ~ the house* det är värden på stället (restaurangen *etc.*) som bjuder **II** *adv o. pred. a* **1** *be ~ a*) vara på, *b*) vara i gång, pågå, *c*) spelas, visas, uppföras, ges, gå, *d*) uppträda, *e*) vara (följa) med, *f*) gälla; *you're ~!* överenskommet!, kör till!; *are you ~?* är (hänger) du med?; *what's he ~ about?* vad är det han pratar (bråkar) om?; *she's always ~ at me* hon är jämt på (efter) mig; *there's never anything ~ in this town* det händer aldrig ngt (inte mycket) i den här staden **2** på; på sig; *put the kettle ~* sätta på tevatten; *what did she have ~?* vad hade hon på sig? **3** fram[åt]; vidare; på; kvar; *and so ~* och så vidare; *from that day ~* från och med den dagen; *sit ~* sitta kvar; *well ~ in the night* långt fram på natten; *work ~* arbeta på, fortsätta att arbeta **4** ~ *and ~* i ett, hela tiden, utan uppehåll; ~ *and off a*) då och då, *b*) från och till **III** *attr. a, the ~ switch* påsättningsknappen; *it wasn't one of his ~ days* (*vard.*) det var inte ngn av hans bättre dagar

once [wʌns] **I** *adv* **1** en gång; ~ *a day* en gång om dagen; ~ *again* (*more*) en gång till, ännu en gång; ~ *and again* gång på gång; ~ *and away a*) en gång för alla, *b*) då och då; ~ *and for all* en gång för alla; ~ *in a while* då och då, ibland; ~ *or twice* ett par gånger; *never ~* inte en enda gång, aldrig någonsin **2** en gång [i tiden], förr [i tiden], tidigare; ~ *upon a time there was* det var en gång; *I ~ lived in Denmark* förut (förr) bodde jag i Danmark **II** *s, at ~ a*) genast, meddetsamma, *b*) på en (samma) gång, samtidigt; *all at ~ a*) plötsligt, *b*) på en (samma) gång, samtidigt; *for [this] ~* [bara] för den här gången, för en gångs skull **III** *konj* när...väl; ~ *she understands* när hon så småningom förstår **--over** ['wʌns,əʊvə] *vard.* **1** hastig blick; snabb kontroll **2** kok stryk, omgång

oncoming ['ɒn,kʌmɪŋ] **I** *a* annalkande, hotande (*danger* fara); mötande (*traffic* trafik) **II** *s* annalkande, ankomst; *the ~ of summer* sommarens ankomst, den annalkande sommaren

one [wʌn] **I** *räkn o. a* **1** en, ett; [den, det] ena; ~ *and a half hours* en och en halv timme; ~ *and all* varenda en; ~ *at a time* en i taget, en och en; ~ *by ~* en och en, en i taget, den ena efter den andra; ~ *day* en [vacker] dag; ~ *half of* hälften av, ena halvan av; ~ *hundred* [ett] hundra; ~ *Mr. Ross* en viss [Mr.] Ross; ~ *of these days* endera dagen; ~ *or other* den ena eller den andra; ~ *or two* ett par, några; *[the] ~...the other* den ena...den andra; *the last but ~* den näst sista; *I for ~* jag för min del; *for ~ thing,... for another* för det första,...för det andra; *this book for ~ thing* den här boken till exempel; *all in ~* allt i ett; *not ~* inte en enda [en]; *it's all ~* det går på ett ut, det gör detsamma; *are they ~ with us?* är de överens med oss? **2** enda; *my ~ [and only] hope* mitt enda hopp; *the ~ man* den ende [mannen]; *the ~ way to do it* den enda möjligheten att göra det; *the ~ and only Miles Davis* den makalöse (oförliknelige) Miles Davis **II** *pron* **1** (*ersättningsord, ofta oöversatt*) en; någon; något; *the Evil O~* den onde, hin håle; *my ~* (*vard.*) min, mitt; *my dear ~s* mina kära; *the little ~s* de små, småttingarna, ungarna; *the young ~s* ungarna; ~ *for the road* (*vard.*) en färdknäpp; *a red pencil and a blue ~* en röd penna och en blå; *which pencil is yours? - the blue ~* vilken penna är din? - den blå; *is there a cinema here? - no, there isn't ~* finns det någon biograf här? - nej, det finns det inte (finns inte någon); *he is a teacher, and his brother wants to be ~ too* han är lärare och hans bror vill också bli det; *I'm not ~ to...* jag är inte den som... **2** *the ~ who* den (det, han, hon) som; *I was the ~ who* det var jag som; *this* (*that*) ~ den här (där); *which ~* vilken **3** man, en; sig; *~'s* ens, sin, sitt, sina; ~ *must not forget that* man får inte glömma att; *break ~'s leg* bryta benet [av sig] **4** ~ *another* varandra **III** *s* **1** etta; *they came by ~s and twos* de kom en och en och två och två; *be ~ up* (*sport.*) leda med ett mål **2** *be a ~ for s.th.* (*vard.*) vara förtjust (tokig) i ngt

one|-armed [,wʌn'ɑːmd] enarmad; ~ *bandit* (*vard.*) enarmad bandit (*spelautomat*) **--eyed** enögd **--handed I** *a* enhänt **II** *adv* med ena handen **--horse 1** enspänd **2** *vard.* liten, obetydlig (*town* håla)

O'Neill [ə(ʊ)'niːl]

oneirocritic [əʊ,naɪərə(ʊ)'krɪtɪk] drömtydare

one|-legged [,wʌn'legd] enbent **--man** enmans-; ~ *show* enmans|teater, -show

one|ness ['wʌnnɪs] **1** enhet **2** ensamhet **3** enighet **4** överensstämmelse **--night** *a,* ~ *stand a*) engångs|föreställning, -uppträdande, *b*) *vard.* engångsligg **--off** *BE.* enstaka **--piece** *a,* ~ *bathing costume* hel baddräkt

oner ['wʌnə] *BE. vard.* **1** överdängare, proffs **2** hårt slag

onerous ['ɒnərəs] **1** betungande, tung **2** *jur.* tyngd av pålagor

one|self [wʌn'self] *rfl o. pers. pron* sig [själv]; *wash ~* tvätta sig; *talk to ~* tala för sig själv; *by ~* ensam, själv **--sided** [,wʌn'saɪdɪd] ensidig (*äv. bildl.*) **--step** ['wʌnstep] onestep (*dans*) **--storied, --storeyed** ['wʌn,stɔːrɪd] envånings-, enplans- **--time** ['wʌntaɪm] *a* tidigare, f.d., förutvarande **--track** ['wʌntræk] **1** enkelspårig **2** *vard. bildl.* enkelspårig; *have a ~ mind* vara en-

O

kelspårig (enkelriktad) **--up** ['wʌnʌp] *vard.* **I** *a, be ~* leda, vara värst **II** *v, AE.* ha övertaget (leda) över **--upmanship** [wʌn'ʌpmənʃɪp] konsten att [alltid] få övertaget (vara värst) **--way** ['wʌnweɪ] **1** enkelriktad (*traffic* trafik) **2** *AE.*, *~ ticket* enkel biljett **3** ensidig (*agreement* överenskommelse)

ongoing ['ɒn,gəʊɪŋ] pågående (*project* projekt); löpande

onion ['ʌnjən] [röd]lök; *know one's ~s* (*BE. vard.*) kunna sin sak **onion dome** lökkupol

onlooker ['ɒn,lʊkə] åskådare

only ['əʊnlɪ] **I** *a* enda; *the ~ one* (*person*) den enda; *the ~ thing* det enda; *the ~ thing is* [*that*] *it's too late* det är bara det att det är för sent; *I am an ~ child* jag är enda barnet; *~ begotten* (*åld.*) enfödd **II** *adv* bara, endast, blott; *~ just* just nu, alldeles nyss; *we ~ just caught the bus* vi hann precis med bussen; *~ now* först (inte förrän) nu; *~ too a*) bara alltför, *b*) väldigt; *~ yesterday a*) senast (så sent som) i går, *b*) först (inte förrän) i går; *if ~ to* om så bara för att; *if ~ I knew* om jag bara visste; *not ~...but* [*also*] inte bara...utan även **III** *konj* men, det är bara det att; *~ that* utom [det] att; *he always says he will do it, ~ he never does it* han säger alltid att han skall göra det men det är bara det att han aldrig gör det

o.n.o. *förk. för or near offer*

onomastic [,ɒnə(ʊ)'mæstɪk] namn-

onomato|poeic, -poetic [,ɒnə(ʊ)mætə(ʊ)-'pi:ɪk, -pəʊ'etɪk] onomatopoetisk, ljudhärmande

onrush ['ɒnrʌʃ] anstormning; fram|rusande, -vällande **onset 1** angrepp, anfall **2** ansats, början, inbrott **onshore** *a o. adv* **1** pålands-; mot land; *~ wind* pålandsvind **2** i land **onslaught** ['ɒnslɔ:t] häftigt anfall, våldsam attack

Ont. *förk. för Ontario*

Ontario [ɒn'teərɪəʊ]

onto ['ɒntʊ] = *on to* upp (ut) på

onus ['əʊnəs] börda; skyldighet; ansvar; *the ~ of the proof rests with them* bevisbördan ligger hos dem

onward ['ɒnwəd] *a* framåtriktad; *the ~ march of time* tidens gång **onwards** *adv* framåt, vidare; *from today ~* från och med i dag

onyx ['ɒnɪks] onyx

oodles ['u:dlz] *pl, vard.* massor, mängder; *~ of money* massor av pengar

oof [u:f] *sl.* stålar, kosing

ooh [u:] *interj* oj!, åh!, aj!

oomph [ʊmf] *vard.* **1** entusiasm; schwung **2** sex appeal

oops [ʊps] *interj* hoppsan!, oj då!

ooze [u:z] **I** *s* **1** stilla flöde, [fram]sipprande **2** slam, dy, gyttja **II** *v* **1** sippra fram (ut); droppa; vätska sig; *~ out* sippra fram (ut) **2** *~* [*away*] dunsta bort, sakta försvinna **3** ut-, av|söndra **4** *bildl.* flöda (svalla) över av (*gratitude* tacksamhet) **oozy** ['u:zɪ] slammig, dyig, gyttjig

op. *förk. för opera; operation; operator; opposite; optical; opus* **o.p.** *förk. för out of print*

opacity [ə(ʊ)'pæsətɪ] ogenomskinlighet, opacitet

opal ['əʊpl] *miner.* opal **opalescence** [,əʊpə'lesns] opalescens, opalskimmer **opalescent** [,əʊpə'lesnt] opaliserande, opalskimrande

opaque [ə(ʊ)'peɪk] **1** ogenomskinlig, opak **2** oklar, dunkel **3** dum, obegåvad

op. cit. *förk. för opere citato* (*lat.*) *in the work cited*

OPEC *förk. för Organization of Petroleum-Exporting Countries*

open ['əʊp(ə)n] **I** *a* **1** öppen (*äv. bildl.*); öppenhjärtig, uppriktig; fri, obegränsad; tillgänglig; offentlig; oviss, oavgjord; *~ championship* (*sport.*) öppet mästerskap; *~ day* (*AE. house*) (*institutions, skolas etc.*) öppet hus; *~ harbour* öppen (isfri) hamn; *keep ~ house* hålla öppet hus; *~ letter* öppet brev; *the ~ market* den öppna (fria) marknaden; *~ sandwich* smörgås med pålägg; *~ scholarship* stipendium som kan sökas av alla; *~ season* lovlig tid (*för fiske o. jakt*); *~ secret* offentlig hemlighet; *~ shop* företag med såväl organiserade som oorganiserade anställda; *the O~ University* (*BE.*) det öppna universitetet (*med distansundervisning, föreläsningar i radio, TV etc.*); *~ water* öppet vatten; *~ wound* öppet sår; *wide ~* vidöppen; *in the ~ air* i det fria, i fria luften; *with ~ arms* med öppna armar; *with an ~ hand* generöst, frikostigt; *the shop is ~* affären är öppen (har öppet); *be ~ for traffic* vara öppen för trafik; *be ~ to a*) vara öppen (tillgänglig, tillåten) för, *b*) vara öppen (mottaglig) för; *two possibilities were ~ to her* två möjligheter stod öppna för henne; *my house is always ~ to you* mitt hus står alltid öppet för dig; *be ~ to persuasion* gärna låta sig övertalas; *be ~ to the public* vara öppen för allmänheten; *be ~ to question* vara diskutabel, kunna ifrågasättas; *be ~ with s.b.* vara öppen[hjärtig] (uppriktig) mot ngn; *fling* (*throw*) *~* slänga (kasta) upp dörren **2** ledig (*evening* kväll; *post* plats) **3** *fonet.* öppen (*vowel* vokal) **II** *s* **1** *in the ~ a*) i det fria, *b*) *bildl.* öppet, offentligt; *it's all out in the ~* (*bildl.*) allt har kommit (varit på tal); *come out into the ~ a*) komma ut (fram), *b*) (*om pers.*) förklara sig, tala öppet (ut) **2** *sport.* open (*tävling för amatörer o. proffs*) **III** *v* **1** öppna; börja, sätta i gång; inleda; inviga; göra tillgänglig; yppa, avslöja; *~* [*up*] *a*) öppna, *b*) bryta, röja, exploatera, *c*) göra [större], utvidga; *~ out a*) ta fram, veckla upp, öppna, *b*) göra större, utvidga, *c*) utveckla, *d*) yppa; *~ an account* öppna [ett] konto (*with* hos); *~ a book* öppna (slå upp) en bok; *~ fire* öppna eld (*on* mot); *~ one's heart to* öppna sitt hjärta för; *~ the mind* vidga horisonten (sina vyer) **2** öppna[s]; öppna sig; börja; breda ut (vidga) sig; uttala sig; vetta; leda; *it won't ~* den går inte upp (att öppna); *I couldn't get the bottle to ~* jag fick inte upp flaskan; *the play ~s next week* pjäsen har premiär nästa vecka; *~ on* [*to*] (*into*) vetta mot (åt), leda in (ut) till, öppnas mot; *~* [*out*] *a*) öppna sig, [ut]vidga sig, *b*) bli meddelsam, öppna sig; *~ up a*) öppna, *b*) öppna (yppa) sig, *c*) öppna sig, tala öppet, *d*) öppna eld, *e*) *vard.* dra på, trampa gasen i botten; *~ up!* öppna [dörren]!

open|-air [,əʊpn̩'eə] frilufts-; *~ theatre* friluftsteater **--and-shut** [-ən(d)'ʃʌt] självklar; enkel **-cast** ['əʊpənkɑ:st] *a* i dagbrott; *~ mine* dagbrott; *~ mining* dagbrytning **--ended** [,əʊpn̩-'endɪd] (*om kontrakt e.d.*) inte tidsbegränsad

opener ['əʊpn̩ə] **1** öppnare; *bottle ~* flasköppnare **2** inledare **3** *AE.* öppningsnummer (*på vari-*

eté)

open|-eyed [ˌəʊpn̩'aɪd] **1** med öppna ögon **2** vaksam; på alerten **--faced** öppen, frimodig **--handed** generös, frikostig **--hearted** [ˌəʊp(ə)n'hɑːtɪd] **1** öppenhjärtig, uppriktig **2** varmhjärtad

opening ['əʊpnɪŋ] **I** *a* inledande, inlednings-, öppnings-; ~ *night* premiär; ~ *speech* inledningsanförande; ~ *time* (*BE.*, *för pub*) öppnings|tid, -dags **II** *s* **1** öppning; hål, glugg, lucka, springa **2** öppnande; början, inledning; *the ~ of Parliament* parlamentets öppnande; *the ~ of the debate* början (inledningen) av debatten **3** chans, tillfälle **4** *i sht AE.* glänta

openly ['əʊpn̩lɪ] öppet; frimodigt; offentligt

open|-minded [ˌəʊpn̩'maɪndɪd] öppen för nya idéer, fördomsfri **--mouthed** [-'maʊðd] **1** gapande **2** glupsk **3** bullrande **--plan** *a* med öppen planlösning; ~ *office* kontorslandskap **-work** ['əʊpnwɜːk] genombrutet arbete

opera ['ɒp(ə)rə] opera; *go to the ~* gå på operan

operable ['ɒp(ə)rəbl] **1** manövrerbar; praktiskt genomförbar **2** *med.* opererbar

opera glasses ['ɒp(ə)rəˌglɑːsɪz] *pl* teaterkikare **opera hat** [-hæt] chapeau-claque **opera house** [-haʊs] operahus

operate ['ɒpəreɪt] **1** fungera, vara i funktion (gång, drift) **2** göra verkan, verka ([*up*]*on* på); ~ [*up*]*on* (*äv.*) inverka på, påverka **3** *mil.* operera **4** *med.* operera (*on s.b. for s.th.* ngn för ngt); *be ~d on* bli opererad **5** spekulera, operera (*på börs*) **6** få att fungera, sätta i gång; sköta, manövrera; leda, driva (*an enterprise* ett företag)

operatic [ˌɒpə'rætɪk] **1** opera- **2** *bildl.* teatralisk

operating ['ɒpəreɪtɪŋ] **1** *hand., tekn.* drift[s]-, arbets-; ~ *costs* driftskostnader **2** *med.* operations-; ~ *table* operationsbord; ~ *theatre* operationssal

opera|tion [ˌɒpə'reɪʃn] **1** funktion, gång, drift; verksamhet; verkan; inverkan; användning, bruk; *be in ~* vara i gång (funktion, drift); *come into ~ a*) komma i gång, träda i funktion, *b*) träda i kraft, *c*) komma till utförande, utföras **2** drift, skötsel, hantering **3** operation (*äv. mat., med., mil.*); företag; arbete; arbets-, förfarings|sätt; moment; process; *building ~s* byggnadsarbete[n]; *business ~s* affärer; *~s room* (*mil.*) ledningscentral; ~ *for appendicitis* blindtarmsoperation; *have an ~ for* bli opererad för **-tional** [-ʃənl] **1** drifts-, funktions|duglig; operativ; stridsberedd **2** *hand.* drift[s]-; ~ *costs* driftskostnader **-tive** ['ɒp(ə)rətɪv] **I** *a* **1** i gång (funktion, drift); effektiv, verksam; *become ~* träda i kraft, börja gälla **2** *med.* operations- **3** viktig, betydelsefull, avgörande; *the ~ word* det avgörande ordet **II** *s* **1** [industri]arbetare **2** *AE.* hemlig agent; privatdetektiv **-tor** ['ɒpəreɪtə] **1** maskinskötare; [data]operatör; [växel]telefonist; *radio ~* radiotelegrafist **2** företagsledare; driftschef **3** [börs] spekulant **4** *vard.* skojare, fifflare

operetta [ˌɒpə'retə] operett

ophthal|mia [ɒf'θælmɪə] oftalmi, ögoninflammation **-mic** [-mɪk] *a* ögon- **-ologist** [ˌɒfθæl'mɒlədʒɪst] oftalmolog, ögonläkare

opiate ['əʊpɪət] **I** *s* opiat; narkotiskt medel **II** *a* rogivande; innehållande opium

opine [ə(ʊ)'paɪn] mena, anse

opinion [ə'pɪnjən] **1** mening, åsikt, uppfattning (*about, of, on* om); *public ~* allmänna opinionen, den allmänna meningen; *a matter of ~* en fråga om tycke och smak; *in my ~* enligt min mening (åsikt); *be of the ~ that* vara av den åsikten att; *express* (*put forward*) *one's ~* säga sin mening, yttra sig; *have an ~ about* (*on*) *a matter* ha en åsikt i en fråga; *have a high ~ of s.b.* ha höga tankar om ngn **2** utlåtande, yttrande (*on* om, i, över); *medical ~* medicinskt utlåtande **opinionated** [-eɪtɪd] egensinnig; dogmatisk **opinion poll** opinionsundersökning

opium ['əʊpjəm] opium **opium den** opiumhåla **opium poppy** *bot.* opiumvallmo

opossum [ə'pɒsəm] *zool.* opossum

opp. *förk. för opposed; opposite*

opponent [ə'pəʊnənt] **I** *a* motsatt **II** *s* motståndare (*of* till); opponent

oppor|tune ['ɒpətjuːn] lämplig, passande; opportun, läglig **-tunism** [-tjuːnɪz(ə)m] opportunism **-tunist** [-tjuːnɪst] **I** *s* opportunist **II** *a* opportunistisk **-tunistic** [ˌɒpətjuː'nɪstɪk] opportunistisk **-tunity** [ˌɒpə'tjuːnətɪ] tillfälle, möjlighet, chans (*to do s.th., of* (*for*) *doing s.th.* att göra ngt); *opportunities for promotion* avancemangsmöjligheter; *at the first* (*earliest*) ~ vid första bästa tillfälle; *take* (*seize*) *the ~ to do* (*of doing*) *s.th.* ta tillfället i akt (gripa tillfället) att göra ngt; ~ *makes the thief* tillfället gör tjuven

oppose [ə'pəʊz] **1** opponera sig mot, sätta sig emot, vara motståndare till (mot); motarbeta, bekämpa **2** ställa som motsats **opposed** [-d] **1** motsatt; *as ~ to* i motsats till; *be ~ to a*) motsätta sig, vara emot, *b*) stå i motsats till; ~ *to all reason* mot allt förnuft **2** motsatt, motstående **opposing** [-ɪŋ] motståndar-; motsatt

opposite ['ɒpəzɪt] **I** *a* **1** [belägen] mitt emot, motsatt; ~ *leaves* (*bot.*) motsatta blad; *on the ~ page* på motstående (motsatt) sida; ~ *side of a triangle* motsatt sida i en triangel; *on ~ sides of the street* på motsatta sidor av gatan; ~ *to* mitt emot **2** *bildl.* motsatt (*from, to* mot); ~ *number* motsvarighet, kollega; *the ~ sex* det motsatta könet **II** *prep* **1** mitt emot; *she lives ~ me* hon bor mitt emot mig **2** mot; *play ~ s.b.* spela mot ngn, vara ngns motspelare **III** *adv* mitt emot; *they live ~* de bor mitt emot [mig, varandra *etc.*] **IV** *s* motsats; *quite the ~!* tvärtom!; *she's quite the ~ of him* hon är raka motsatsen till honom

opposition [ˌɒpə'zɪʃn] **1** motsättning, motsats, kontrast; opposition (*äv. astr., polit.*), motstånd; *Her Majesty's Loyal O~* (*BE. parl.*) oppositionen; *leader of the O~* oppositionsledare; *act in ~ to* handla i strid mot; *be in ~* (*polit.*) vara i opposition[sställning]; *be in ~ to* stå i motsats till

oppress [ə'pres] **1** förtrycka, underkuva **2** tynga, tynga (trycka) ner; göra beklämd; *~ed by the heat* besvärad (plågad) av hettan **oppression** [ə'preʃn] **1** förtryck, underkuvande **2** betryckthet, beklämdhet **3** tryck, tyngd; press **oppressive** [ə'presɪv] **1** förtryckande, tyrannisk **2** tyngande, betungande, besvärande; tryckande, tung, pressande; ~ *heat* tryckande värme **oppressor** [ə'presə] förtryckare, tyrann

oppro|brious [ə'prəʊbrɪəs] föraktfull, smädlig,

O

skymflig **-brium** [-brɪəm] **1** skam, vanära **2** förebråelse; smädelse

oppugn [ɒ'pju:n] bestrida, ifrågasätta

opt [ɒpt] välja; ~ *for* välja, uttala sig för; ~ *out* hoppa av (*of s.th.* ngt), inte vilja vara med

opt. *förk. för optative; optical; optician; optics; optimum; optional*

optative ['ɒptətɪv] **I** *a* optativ (*äv. språkv.*) **II** *s, språkv.* optativ

optic ['ɒptɪk] **I** *a* optisk, syn-; ~ *nerve* synnerv **II** *s, vard.* öga **optical** [-l] optisk; ~ *illusion* optisk villa, synvilla; ~ *character reader* (*recognition*) (*data.*) optisk läsare (läsning) **optician** [ɒp'tɪʃn] optiker **optics** ['ɒptɪks] (*behandlas som sg*) optik

optimal ['ɒptɪml] optimal

opti|mism ['ɒptɪmɪz(ə)m] optimism **-mist** [-mɪst] optimist **-mistic[al]** [ˌɒptɪ'mɪstɪk(l)] optimistisk

opti|mize (*BE. äv. -mise*) ['ɒptɪmaɪz] **1** optimera; använda optimalt; dra största möjliga fördel av **2** vara optimistisk **-mum** ['ɒptɪməm] **I** *s* (*pl -ma* [-mə] *el. -mums*) optimum **II** *a* optimal

option ['ɒpʃn] **1** val; valfrihet; alternativ; valmöjlighet; *I have no ~ but to go* jag har inget annat val än att gå; *keep* (*leave*) *one's ~s open* inte binda sig (ta ställning) **2** *hand.* option; *have an ~ on* ha option på **optional** ['ɒpʃənl] valfri, frivillig; ~ *subject* valfritt ämne, tillvalsämne

opu|lence ['ɒpjʊləns] rikedom, välstånd; överflöd **-lent** [-lənt] rik, välmående; överflödande

opus ['əʊpəs] (*pl ~es el. opera* ['ɒp(ə)rə]) opus; (*musikaliskt*) verk

OR *förk. för Oregon*

or [ɔ:, *obeton.* ə] eller; ~ [*else*] eller också, annars; *two ~ three minutes* ett par minuter; *you'd better go ~* [*else*] *you'll miss the bus* det är bäst att du går, annars missar du bussen

O.R. *förk. för operational research;* (*mil.*) *other ranks* **o.r.** *förk. för owner's risk*

oracle ['ɒrəkl] **1** orakel; *the Delphic ~* oraklet i Delfi **2** orakelsvar **oracular** [ɒ'rækjʊlə] orakel-; orakelmässig; gåtfull

oral ['ɔ:r(ə)l] **I** *a* **1** muntlig (*agreement* överenskommelse; *examination* tentamen) **2** mun-; oral; ~ *cavity* munhåla; ~ *contraceptive* preventivmedel som tas genom munnen **3** *fonet., psykol.* oral **II** *s* muntlig tentamen **-ly** [-lɪ] *adv* **1** muntligt, muntligen **2** oralt

Orange ['ɒrɪndʒ] *hist.* Oranien; ~ *Free State* Oranjefristaten

orange ['ɒrɪn(d)ʒ] **I** *s* **1** apelsin; apelsinträd **2** orange [färg] **II** *a* orange[färgad], brandgul **orangeade** [ˌɒrɪn(d)ʒ'eɪd] apelsin|läskedryck, -lemonad **orange blossom** ['ɒrɪn(d)ʒˌblɒsəm] orangeblomma (*i bl.a. brudkrona*)

Orangeman ['ɒrɪn(d)ʒmən] orangist, medlem av Orangeorden

orange peel ['ɒrɪn(d)ʒpi:l] apelsinskal **orange-tip** ['ɒrɪn(d)ʒtɪp] *zool.* aurorafjäril

orang|-utan, --outang [ɔ:ˌræŋu:|'tæn, -'tæŋ] *zool.* orangutang

orate [ɔ:'reɪt] **1** hålla tal **2** orera **oration** [ɔ:'reɪʃn] högtidligt tal, oration **orator** ['ɒrətə] [väl]talare, orator **oratoric[al]** [ˌɒrə'tɒrɪk(l)] oratorisk, vältalig

oratorio [ˌɒrə'tɔ:rɪəʊ] *mus.* oratorium

1 oratory ['ɒrət(ə)rɪ] vältalighet, retorik

2 oratory ['ɒrət(ə)rɪ] oratorium, bönsal, kapell

orb [ɔ:b] **I** *s* **1** klot, sfär, glob **2** *poet.* öga **3** riksäpple **4** *poet.* himlakropp **II** *v* göra (bli) klotrund (sfärisk)

orbit ['ɔ:bɪt] **I** *s* **1** *astron.* omloppsbana; kretslopp; *be in* (*go into*) ~ vara i (komma in i) sin [omlopps]bana; *send into ~* skicka upp i en bana **2** intressesfär, krets **3** ögonhåla **II** *v* **1** skicka upp i en bana **2** kretsa (röra sig i en [omlopps]bana) [om]kring **3** kretsa, röra sig i en [omlopps]bana **-al** [-l] omlopps-

orc [ɔ:k] **1** *zool.* späckhuggare **2** vidunder

Orcadian [ɔ:'keɪdjən] **I** *a* från Orkneyöarna **II** *s* invånare på Orkneyöarna

orchard ['ɔ:tʃəd] fruktträdgård

orchestra ['ɔ:kɪstrə] **1** orkester **2** orkesterdike **3** *AE., teat.* främre parkett **orchestral** [ɔ:'kestr(ə)l] orkester-; orkestral **orchestra pit** ['ɔ:kɪstrəpɪt] orkesterdike **orchestrate** ['ɔ:kɪstreɪt] orkestrera, instrumentera **orchestration** [ˌɔ:kes'treɪʃn] orkestrering, instrumentering

orchid ['ɔ:kɪd] orkidé

ord. *förk. för order; ordinal; ordinance; ordinary; ordnance*

ordain [ɔ:'deɪn] **1** prästviga **2** föreskriva, påbjuda

ordeal [ɔ:'di:l] svår prövning; *hist., bildl.* eldprov

order ['ɔ:də] **I** *s* **1** ordning; ordningsföljd; system; ordentlighet, reda; disciplin; skick; ~ *of precedence* rangordning; *word ~* ordföljd; *keep ~* hålla ordning, upprätthålla ordningen; *in ~ a*) i ordning, *b*) på sin plats, *c*) i gott skick, *d*) i sin ordning; *in alphabetical ~* i alfabetisk ordning, i bokstavsordning; *be in good ~ a*) vara i ordning, *b*) fungera bra, *c*) vara i gott skick; *be in the right ~* vara (ligga, stå) i rätt ordning (ordningsföljd); *keep s.b. in ~* hålla ordning på ngn; *put in ~* ställa i ordning, ordna [upp]; *out of ~ a*) i oordning, *b*) i dåligt skick, i olag, trasig, ur funktion; *get out of ~* komma (råka) i oordning, hamna fel **2** [arbets]ordning, reglemente, ordningsstadga, regel, föreskrift[er], stadga[r]; ~ *of the day* dagordning; *it's the ~ of the day* (*vard.*) det hör till ordningen för dagen; *point of ~* procedurfråga; *in ~ a*) reglementsenlig, i enlighet med reglerna (stadgarna), *b*) i sin ordning, okej; *out of ~ a*) mot reglementet (reglerna, stadgarna), *b*) opassande; *call s.b. to ~* kalla ngn till ordningen **3** order, befallning, tillsägelse; beslut, utslag; åläggande; ~ *of the Court* domstolsutslag; ~ *of the day* (*mil.*) dagorder; *doctor's ~s* läkares ordination (föreskrifter); *~s are ~s* [en] order är [en] order; *by ~* enligt order (uppdrag), på befallning; *be under ~s to do s.th.* ha order att göra ngt **4** *hand.* order, beställning, rekvisition (*for* på); uppdrag; *be on ~* vara beställd; *made to ~* tillverkad på beställning; *place an ~ for s.th. with s.b.* placera (lägga) en order på ngt hos ngn **5** *ekon.* [betalnings]uppdrag, [utbetalnings]order, anvisning **6** stånd, klass; *the higher* (*lower*) *~s* de högre (lägre) stånden (klasserna) **7** orden; ordenssällskap; *the Benedictine O~* benediktinerorden; *the Masonic O~* Frimurareorden; *the O~ of the Garter* Strumpebandsorden; ~ *of knighthood* riddarorden **8**

[*holy*] *~s a*) det andliga ståndet, *b*) prästvigning; *be in* [*holy*] *~s* tillhöra det andliga ståndet, vara prästvigd; *take* [*holy*] *~s* låta prästviga sig **9** *arkit., biol.* ordning **10** *mil.* ordning, formering, uppställning **11** *mat.* ordning, grad; *equation of the first ~* förstagradsekvation **12** storleksordning; slag, sort; *s.th. in the ~ of* någonting i storleksordningen; *of quite another ~* av ett helt annat slag **13** *in ~ to* (+ *inf.*) för att, i syfte (avsikt) att; *in ~ that* för (så) att **II** *v* **1** beordra, befalla, ge order om; (*om läkare*) ordinera, föreskriva; *jur.* ålägga; *~ s.b. about* (*around*) kommendera (köra med) ngn; *he was ~ed home* han blev hemsänd; *he was ~ed to be quiet* han blev tillsagd att vara tyst **2** ordna [upp] **3** beställa, rekvirera

order|-book ['ɔ:dəbʊk] *hand.* orderbok **--form** *hand.* order-, beställnings|sedel, -formulär

orderly ['ɔ:dəlɪ] **I** *a* **1** [väl]ordnad; metodisk; ordentlig, ordningssam **2** lugn, fredlig (*demonstration* demonstration) **3** *mil.* order-; *~ book* orderbok **II** *adv* systematiskt; regelmässigt **III** *s* **1** *mil.* ordonnans; *medical ~* sjukvårdare **2** [manligt] sjukvårdsbiträde **orderly officer** [-ˌɒfɪsə] dagofficer **orderly room** [-rʊm] *mil. ung.* [kompani]expedition

order paper ['ɔ:dəˌpeɪpə] *i sht parl.* föredragningslista, dagordning

ordinal ['ɔ:dɪnl] **I** *a* ordnings-; *~ number* (*språkv.*) ordningstal **II** *s, språkv.* ordningstal

ordinance ['ɔ:dɪnəns] förordning, stadga

ordinarily ['ɔ:dn̩rəlɪ] *adv* **1** vanligen, vanligtvis **2** vanligt; ordinärt; *more than ~ stupid* mer än vanligt dum

ordinary ['ɔ:dnrɪ] **I** *a* vanlig, bruklig; alldaglig, vardaglig, ordinär; ordinarie; *my ~ doctor* min vanliga (ordinarie) läkare; *O~ level, se O level*; *in the ~ life* i det dagliga livet, i vardagslivet; *~ seaman* jungman, lättmatros; *~ share* stamaktie; *in the ~ way I would* i normala (vanliga) fall skulle jag; *~ use* normal användning **II** *s* **1** *the ~* det vanliga; *nothing out of the ~* ingenting speciellt (utöver det vanliga) **2** *physician in ~ to the queen* drottningens livmedikus **3** *kyrkl., O~ a*) ordinarius (*biskop m. viss jurisdiktion*), *b*) *rom.-kat.* gudstjänstordning, *c*) *rom.-kat.* mässhandbok

ordination [ˌɔ:dɪ'neɪʃn] **1** anordning, inrättning, arrangemang **2** prästvigning

ordnance ['ɔ:dnəns] **1** artilleri **2** krigsmateriel; *the ~* intendenturkåren **ordnance datum** [-ˌdeɪtəm] medelvattenstånd **ordnance map** [-mæp] generalstabskarta **Ordnance Survey** [-səˌveɪ] *s, the ~* (*ung.*) Rikets allmänna kartverk (*i Storbritannien o. Irland*)

ordure ['ɔ:ˌdjʊə] dynga, träck; *bildl.* smuts

ore [ɔ:] malm; mineral

Ore[g]. *förk. för Oregon*

oregano [ˌɒrɪ'gɑ:nəʊ] *bot.* oregano, kungsmynta

Oregon ['ɒrɪgən]

organ ['ɔ:gən] **1** orgel; *electric ~* elorgel **2** *biol.* organ; manslem **3** *bildl.* organ (*verktyg, röst, tidskrift etc.*)

organ|die *BE.*, **-dy** *AE.* ['ɔ:gəndɪ] organdi

organ-grinder ['ɔ:gənˌgraɪndə] positiv|spelare, -halare

organic [ɔ:'gænɪk] **1** organisk (*chemistry* kemi; *disease* sjukdom) **2** fundamental; strukturell **3** organiserad **4** biodynamisk

organ|ism ['ɔ:gənɪz(ə)m] organism **-ist** [-ɪst] organist

organ|ization (*BE. äv. -isation*) [ˌɔ:gənaɪ'zeɪʃn] organisation; organisering **-ize** (*BE. äv. -ise*) ['ɔ:gənaɪz] **1** organisera; [an]ordna, arrangera; *~d crime* organiserad brottslighet; *~d labour* organiserad arbetskraft **2** organisera sig, gå in i en fackförening **3** *vard.* rycka upp sig, skärpa sig **-izer** (*BE. äv. -iser*) ['ɔ:gənaɪzə] organisatör; arrangör

organ loft ['ɔ:gənlɒft] orgelläktare **organ pipe** orgelpipa **organ stop** orgel|register, -stämma

organza [ɔ:'gænzə] organza

orgasm ['ɔ:gæz(ə)m] orgasm, sexuell utlösning

orgiastic [ˌɔ:dʒɪ'æstɪk] orgiastisk **orgy** ['ɔ:dʒɪ] orgie; *an ~ of colours* en orgie i färger

oriel ['ɔ:rɪəl] burspråk

orient ['ɔ:rɪənt] **I** *s* **1** *poet.* öster; *the O~ a*) Orienten, Östern, Österlandet, *b*) östra halvklotet **2** pärlas lyster **II** *a, poet.* östlig **III** *v, se orientate*

Oriental [ˌɔ:rɪ'entl] **I** *a* **1** orientalisk, österländsk **2** *o~* östlig **II** *s* oriental, österlänning **Orientalist** [ˌɔ:rɪ'entəlɪst] orientalist

orien|tate ['ɔ:rɪenteɪt] **1** anpassa, avpassa (*to* efter); orientera **2** orientera sig, anpassa sig (*to* efter) **-tation** [ˌɔ:rɪen'teɪʃn] orientering; anpassning; inriktning **-teering** [ˌɔ:rɪən'tɪərɪŋ] *sport.* orientering

orifice ['ɒrɪfɪs] *i sht tekn.* öppning, mynning

orig. *förk. för origin; original*[*ly*]

origin ['ɒrɪdʒɪn] ursprung, uppkomst, tillkomst, [första] början, upprinnelse, källa; härkomst; *the ~ of species* arternas uppkomst; *country of ~* ursprungsland; *have its ~ in a*) ha sitt ursprung i, härstamma från, *b*) (*om flod*) ha sin källa i, rinna upp i

original [ə'rɪdʒənl] **I** *a* **1** ursprunglig, original-, första; *~ edition* originalutgåva; *~ sin* (*teol.*) arvsynd **2** originell, nyskapande **II** *s* **1** original; förebild; förlaga **2** nyskapare, föregångsman **3** original, särling **-ity** [əˌrɪdʒə'nælətɪ] originalitet **-ly** [ə'rɪdʒənəlɪ] *adv* **1** ursprungligen **2** originellt

origi|nate [ə'rɪdʒəneɪt] **1** härröra, [här]stamma från **2** ge (vara) upphov till, frambringa, få till stånd **3** uppstå, uppkomma; [här]stamma, härröra (*from, in* från) **4** *AE.* (*om buss e.d.*) starta, utgå (*in* från) **-nator** [-neɪtə] upphovsman, skapare; initiativtagare

oriole ['ɔ:rɪə(ʊ)l] *zool.* gylling

Orion [ə'raɪən] *astr.* Orion

orison ['ɒrɪz(ə)n] *litt.* bön

Orkney ['ɔ:knɪ] *s, the ~s* Orkneyöarna **Orkney Islands** [-ˌaɪləndz] *pl, the ~* Orkneyöarna

Orlon ['ɔ:lɒn] (*varumärke*) orlon

ormer ['ɔ:mə] *zool.* haliotis, havsöra

ormolu ['ɔ:mə(ʊ)lu:] guldbrons; musivguld

orna|ment I *s* ['ɔ:nəmənt] **1** ornament (*äv. mus.*); prydnad, utsmyckning, utsirning, dekoration; prydnadsföremål **2** *koll.* utsmyckning, ornament; *the castle was rich in ~* slottet var rikt utsmyckat (rikt på ornament) **II** *v* ['ɔ:nəment] ornamentera; dekorera, pryda, [ut]smycka **-mental** [ˌɔ:nə'mentl] ornamental; dekorativ; *~ painter* dekorationsmålare; *~ plants* prydnadsväxter

O

-mentation [ˌɔ:nəmen'teɪʃn] **1** ornamentering; dekorering, utsmyckning **2** ornament; dekor, utsmyckning

ornate [ɔ:'neɪt] **1** dekorerad, utsmyckad, utsirad **2** överdekorerad, överlastad

ornithol|ogist [ˌɔ:nɪ'θɒlədʒɪst] ornitolog, fågelkännare **-ogy** [-ədʒɪ] ornitologi, läran om fåglarna

orotund ['ɒrə(ʊ)tʌnd] **1** (*om röst*) fyllig **2** bombastisk, pompös

orphan ['ɔ:fn] **I** *s* föräldralöst barn, föräldralös **II** *a* föräldralös **III** *v* göra föräldralös **-age** ['ɔ:fənɪdʒ] hem för föräldralösa barn

Orpheus ['ɔ:fju:s] Orfeus

orpin ['ɔ:pɪn], **orpine** ['ɔ:paɪn] *bot.* kärleksört, fetblad

orris ['ɒrɪs] *bot.* (*slags*) iris **-root** *bot.* violrot

ortho|dox ['ɔ:θədɒks] **1** ortodox, renlärig **2** (*rörande ortodoxa kyrkan*) *O~* ortodox; *the O~ Church* grekisk-ortodoxa (grekisk-katolska) kyrkan **-doxy** [-ɪ] ortodoxi, rättrogenhet

orthographic [ˌɔ:θə(ʊ)'græfɪk] ortografisk, rättstavnings- **orthography** [ɔ:'θɒgrəfɪ] ortografi, rätt|skrivning, -stavning

ortho|p[a]ed|ic [ˌɔ:θə(ʊ)'pi:dɪk] *med.* ortopedisk **-p[a]edics** [-ɪks] (*behandlas som sg*) *med.* ortopedi

ortolan [bunting] ['ɔ:tələn(ˌbʌntɪŋ)] *zool.* ortolansparv

O.S. *förk. för Old Saxon; Old School; Old Style* (*enl. julianska kalendern*); *Ordinary Seaman; Ordnance Survey; outsize* **o.s.** *förk. för old series; only son; out of stock* **O.S.A.** *förk. för Order of Saint Augustine* **O.S.B.** *förk. för Order of Saint Benedict*

Oscar ['ɒskə]

oscil|late ['ɒsɪleɪt] **1** oscillera, pendla, svänga **2** *bildl.* pendla, svänga; vackla **-lation** [ˌɒsɪ'leɪʃn] **1** oscillation, pendling, svängning; pendelrörelse **2** *bildl.* pendling, svängning, vacklande **-lator** ['ɒsɪleɪtə] *fys.* oscillator **-lograph** [ə'sɪlə(ʊ)grɑ:f] *fys.* oscillograf **-loscope** [ə'sɪlə(ʊ)skəʊp] *fys.* oscilloskop

O.S.D. *förk. för Order of Saint Dominic* **O.S.F.** *förk. för Order of St. Francis*

osier ['əʊʒə] *bot.* [korg]vide

Oslo ['ɒzləʊ]

osmium ['ɒzmɪəm] *kem.* osmium

osmosis [ɒz'məʊsɪs] osmos

osprey ['ɒsprɪ] **1** *zool.* fiskgjuse **2** espri, ägrett

osseous ['ɒsɪəs] ben-, av ben **ossicle** [-ɪkl] litet ben

ossi|fication [ˌɒsɪfɪ'keɪʃn] förbening, benbildning, ossifikation **-fy** ['ɒsɪfaɪ] **1** ossifieras, omvandlas till ben, förbenas **2** *bildl.* stelna, bli förstockad

O.S.T. *förk. för Office of Science and Technology*

ostensible [ɒ'stensəbl] föregiven, påstådd, skenbar

osten|tation [ˌɒsten'teɪʃn] skryt[samt uppträdande], vräkighet, ostentation **-tatious** [-'teɪʃəs] skrytsam, utmanande, uppseendeväckande, ostentativ

ostler ['ɒslə] *åld.* stalldräng (*vid värdshus*)

ostra|cism ['ɒstrəsɪz(ə)m] **1** *hist.* ostracism, landsförvisning **2** utfrysning, uteslutning **-cize** (*BE. äv. -cise*) [-saɪz] **1** *hist.* straffa med ostracism **2** frysa ut, utesluta

ostrich ['ɒstrɪtʃ] struts

Ostrogoth ['ɒstrə(ʊ)gɒθ] *hist.* östgot

O.T. *förk. för occupational therapy; Old Testament; overtime* **O.T.C.** *förk. för Officers' Training Corps;* (*bank.*) *over the counter*

other ['ʌðə] **I** *pron* (*självst.: pl ~s*) annan, annat, andra; ytterligare; *the ~ two, the two ~s* de båda (två) andra; *some…~s* en del…andra; *the ~ day* häromdagen; *every ~ day* varannan dag; *every ~ man was tired* alla andra var trötta; *among ~s* bland andra; *among ~ things* bland annat; *~ things being equal* under i övrigt lika förhållanden; *I have ~ things to do* jag har annat att göra; *one ~ person* ytterligare en [person], en [person] till; *do you have any ~ questions?* har du några fler (andra) frågor?; *no person ~ than yourself* ingen utom du själv; *no[ne] ~ than the president* ingen mindre än presidenten; *some day or ~* någon dag [förr eller senare]; *somehow or ~* på något (ett eller annat) sätt; *someone or ~* någon **II** *adv, ~ than* annorlunda (annat) än

other|guess ['ʌðəges] *vard.* annan, av annat slag **-wise 1** annorlunda, på annat sätt, annat; *he knew ~* han visste bättre; *you seem to think ~* du tycks vara av en annan mening; *except where ~ stated* utom där annat anges **2** i annat fall, annars, under andra förhållanden; *go, ~ you'll be late* gå nu, annars kommer du för sent **3** i andra avseenden, för (i) övrigt **4** även kallad **-worldly** [-ˌwɜ:ldlɪ] *a* **1** andlig, inte av denna världen **2** verklighets-, världs|främmande

otiose ['əʊʃɪəʊs] ofruktbar, gagnlös, överflödig, onödig

otitis [ə(ʊ)'taɪtɪs] *med.* otit, öroninflammation

otter ['ɒtə] *zool.* utter

Ottoman ['ɒtə(ʊ)mən] **I** *s* **1** (*pl ~s*) ottoman, turk **2** *o~ a*) ottoman, *b*) stoppad fotpall **II** *a* ottomansk, turkisk

O.U. *förk. för the Open University; Oxford University*

ouch [aʊtʃ] *interj* aj!, oj!

ought [ɔ:t] *hjälpv* **1** bör, borde, skall, skulle; *I ~ to do it* jag bör (borde) göra det; *I ~ to know* det måtte väl jag veta; *you ~ to see that film* du borde (skulle) se den filmen **2** (*uttr. sannolikhet*) bör, torde; *she ~ to win the race* hon bör (torde) vinna loppet

ouija[-board] ['wi:dʒɑ:(bɔ:d)] psykograf

1 ounce [aʊns] **1** uns (*1/16 pound = 28,35 gram*) **2** gnutta, uns

2 ounce [aʊns] *zool.* snöleopard, irbis

O.U.P. *förk. för Oxford University Press*

our ['aʊə] *poss. pron, fören.* vår; *O~ Father* Fadervår; *O~ Lady* Vår fru (*jungfru Maria*) **ours** [-z] *poss. pron, självst.* vår; *these books are ~* de här böckerna är våra **ourselves** [ˌaʊə'selvz] oss [själva]; [vi] själva; *we amused ~* vi roade oss; *we have made it ~* vi har gjort den själva

oust [aʊst] fördriva, köra bort, kasta ut, avlägsna

out [aʊt] **I** *adv o. pred. a* **1** ut, bort; fram; *~ with him!, ~ he goes!* ut med honom!; *~ with it!* fram med det!, ut med språket!; *go ~* gå ut; *take ~* ta fram **2** ute, utanför; borta, inte hemma; framme; *~ here* härute; *~ there* därute; *the best car ~* den bästa bilen som finns [ute på marknaden]; *my arm is ~* min arm är ur led; *the book is ~ a*) boken har kommit ut, *b*) boken är utlånad; *the chickens are ~* kycklingarna har kommit ut (kläckts); *the flowers are ~* blommorna har slagit ut; *the results are ~* resultaten har kommit; *the Socialists are ~* socialisterna sitter inte längre vid makten (i regeringen); *the sun is ~* solen är framme; *the tide is ~* det är ebb; *be ~ and about a*) vara uppe (på benen), *b*) vara ute; *be ~ shopping* vara ute och handla; *be ~ for a walk* vara ute och gå (på promenad); *when I was ~ in India* när jag var [borta] i Indien; *be ~ on business* vara bortrest (ute) i affärer **3** omodern, ute **4** av[stängd], släckt; *the fire is ~* brasan har slocknat **5** slut; *the potatoes are ~* potatisen är slut; *school is ~* skolan är slut; *before the day is ~* innan dagen är slut; *hear me ~* låt mig få tala färdigt (till punkt) **6** ledig; *a day ~* en ledig dag **7** i strejk; *the workers are ~* arbetarna strejkar **8** *sport.* ute **9** *bildl.* borta; medvetslös; berusad; *be ~* (*äv.*) ha somnat **10** fel; *not far ~* nästan [riktigt], inte långt därifrån; *you're far ~!* [du har] helt fel!; *my clock is 10 minutes ~* min klocka går 10 minuter fel; *I was £10 ~* jag hade räknat fel på 10 pund; *he was ~ in his calculations* han hade räknat fel **11** högre, högt; *please speak ~!* var snäll och tala högre! **12** *~ and away* utan jämförelse, framför alla andra **13** *be ~ after* vara ute efter; *be ~ for s.th.* vara ute efter (vilja ha) ngt; *be ~ with s.b.* vara osams med ngn **14** *~ of a*) ut från (genom, ur), [borta] från, upp (ute) ur, ur, utanför, utom, *b*) utan, *c*) [ut]av; *~ of curiosity* av nyfikenhet; *~ of doors* utanför dörren, utomhus; *~ of sight* utom synhåll; *in nine cases ~ of ten* i nio fall av tio; *you're well ~ of it* det är bättre för dig; *be ~ of money* vara utan (sakna) pengar; *be ~ of training* vara otränad; *drink ~ of a cup* dricka ur en kopp; *feel ~ of it* (*vard.*) känna sig utanför; *get ~ of here!* ut [härifrån]!; *look ~ of the window* titta ut genom fönstret; *made ~ of gold* gjord av guld **II** *attr. a* yttre; ytter-; ute-; utgående; avsides [belägen]; *an ~ match* en match på bortaplan; *~ size* extra stor [storlek] **III** *prep* ut ur (genom) **IV** *s* **1** *se in II 1* **2** *sport.* boll som är ute **3** *boktr.* lik **4** *AE. vard.* utväg **5** *polit.*, *the ~s* oppositionen **V** *v* **1** *vard.* kasta ut **2** *sl.* knocka **3** komma fram (ut)

out|-and-out [ˌaʊtnd'aʊt] fullständig; tvättäkta, komplett, riktig; total, grundlig **--and-outer** [-ə] *sl.* **1** överdängare **2** ytterst grundlig person

out|back ['aʊtbæk] *Austr.* vildmark, obygd **-balance** [ˌaʊt'bæləns] uppväga; väga mer än **-bid** [ˌaʊt'bɪd] bjuda över; *bildl.* över|bjuda, -träffa **-board** ['aʊtbɔ:d] **I** *a* utombords-; *~ motor* utombordsmotor **II** *adv* utombords **III** *s* **1** utombordsmotor **2** utombordare (*båt*) **-bound** ['aʊtbaʊnd] utgående; på väg ut, på utresa **-brave** [ˌaʊt'breɪv] **1** vara modigare (tapprare) än **2** trotsigt möta **-break** ['aʊtbreɪk] utbrott; *~ of fire* eldsvåda; *an ~ of influenza* en influensaepidemi; *there has been an ~ of strike* strejk har brutit ut **-building** ['aʊtˌbɪldɪŋ] uthus **-burst** ['aʊtbɜ:st] utbrott; anfall

out|cast ['aʊtkɑ:st] **I** *s* utstött varelse; utslagen [människa] **II** *a* utstött; utslagen **-caste** [-kɑ:st] **I** *s* kastlös; paria **II** *a* kastlös **III** *v* utstöta ur kast **-class** [ˌaʊt'klɑ:s] **1** vida överträffa, distansera **2** *sport.* utklassa **-come** ['aʊtkʌm] resultat **-crop** **I** *s* ['aʊtkrɒp] **1** berg, klippa (*i dagen*) **2** yttring, uppträdande **II** *v* [ˌaʊt'krɒp] komma i dagen **-cry** ['aʊtkraɪ] skri[k], rop; oväsen; häftig protest; *raise an ~ against* häftigt protestera mot

out|date [ˌaʊt'deɪt] göra omodern (föråldrad) **-dated** omodern, föråldrad, gammalmodig **-distance** distansera, lämna bakom sig **-do** (*outdid, outdone*) över|träffa, -glänsa **-door** ['aʊtdɔ:] *a* utomhus-; ytter-; *~ activities* utomhusaktiviteter; *~ clothes* ytterkläder; *~ life* friluftsliv **-doors** [ˌaʊt'dɔ:z] *adv* utomhus, ute, i det fria, i fria luften

outer ['aʊtə] yttre, utvändig, ytter-; *~ garments* ytterkläder; *O~ Mongolia* Yttre Mongoliet; *~ space* yttre rymden **-most** ytterst

out|face [ˌaʊt'feɪs] **1** bringa ur fattningen **2** trotsa **-fall** ['aʊtfɔ:l] utlopp, mynning **-field** ['aʊtfi:ld] **1** (*i kricket*) bortersta del av plan **2** (*i baseball*) ytterfält **3** *lantbr.* utäga, utmark **-fit** ['aʊtfɪt] **I** *s* **1** utrustning; utstyrsel, kläder **2** *vard.* företag; [arbets]lag; militär enhet (avdelning, styrka) **II** *v* utrusta **-fitter** ['aʊtfɪtə] *s, i sht BE.* [*gentlemen's*] *~* herrekipering[saffär] **-flank** [ˌaʊt'flæŋk] **1** *mil.* överflygla **2** få övertaget över; överlista **-flow** ['aʊtfləʊ] utflöde; utströmning **-fox** [ˌaʊt'fɒks] överlista

out|go **I** *s* ['aʊtgəʊ] **1** utgifter, kostnader **2** utlopp, mynning **II** *v* [ˌaʊt'gəʊ] (*outwent, outgone*) överträffa **-going** ['aʊtˌgəʊɪŋ] **I** *a* **1** utgående (*mail* post); avgående (*train* tåg) **2** avgående (*chairman* ordförande); avflyttande (*tenant* hyresgäst) **3** sällskaplig, social **II** *s* **1** avgång; utflöde **2** *~s* (*pl*) utgifter, kostnader **-grow** [ˌaʊt'grəʊ] (*outgrew, outgrown*) växa om; växa ur; växa ifrån **-growth** ['aʊtgrəʊθ] **1** utväxt **2** följd, resultat

outhouse ['aʊthaʊs] **1** uthus **2** *AE.* utedass

outing ['aʊtɪŋ] utflykt, tur, tripp

outjockey [ˌaʊt'dʒɒkɪ] överlista, lura

out|lander ['aʊtˌlændə] främling, utlänning **-landish** [aʊt'lændɪʃ] **1** *åld.* utländsk **2** egendomlig, bisarr **-last** [ˌaʊt'lɑ:st] överleva; räcka (vara) längre än **-law** ['aʊtlɔ:] **I** *s* fredlös (fågelfri) [person]; person som står utanför lagen **II** *v* **1** förklara fredlös (fågelfri); ställa utanför lagen **2** kriminalisera **3** bannlysa **-lawry** [-lɔ:rɪ] **1** laglöshet **2** lagtrots **-lay** **I** *s* ['aʊtleɪ] utlägg, utgifter **II** *v* [aʊt'leɪ] (*outlaid, outlaid*) lägga ut **-let** ['aʊtlet] **1** utlopp (*äv. bildl.*); flodmynning; avlopp **2** marknad, avsättning **3** *elektr.* uttag **-line** ['aʊtlaɪn] **I** *s* **1** kontur; kontur-, ytter|linje; konturteckning; *draw in ~* teckna (dra upp) konturerna av **2** utkast, skiss (*for* till); översikt (*of* över); *in broad ~* i grova (stora) drag **3** *~s* (*pl*) huvud-, grund|drag **II** *a* kontur-; *~ map* konturkarta **III** *v* **1** teckna (dra upp) konturerna av, skissera **2** ange huvuddragen av, skissera **-live** [ˌaʊt'lɪv] överleva **-look** ['aʊtlʊk] **1** utsikt ; utblick **2** [framtids]utsikter; *weather ~* väderleksutsikter **3** inställning ([*up*]*on* till), syn ([*up*]*on* på); *narrow ~* inskränkthet; *~ on life* livs|inställning, -åskådning **4** utkik **-lying** ['aʊtˌlaɪɪŋ] avlägsen, avsides liggande

out|maneuver *AE.*, **-manoeuvre** *BE.* [ˌaʊtmə'nu:və] utmanövrera **-match** överträffa

O

-moded omodern, föråldrad **-most** ['aʊtməʊst] ytterst **-number** [ˌaʊt'nʌmbə] vara fler än, överträffa i antal

out-of|-date [ˌaʊtəv'deɪt] föråldrad, gammalmodig, omodern **--door[s]** *se outdoor[s]* **--pocket** **1** kontant; *~ expenses* kontanta (direkta) utlägg **2** utan pengar; *I am £5 ~* jag har 5 pund för litet **--print** (*om bok e.d.*) utgången (slut) på förlaget **--the-way** **1** avlägsen, avsides belägen **2** ovanlig

out|patient ['aʊtˌpeɪʃnt] poliklinikpatient; *~s' clinic* poliklinik **-play** [ˌaʊt'pleɪ] *sport.* spela bättre än; spela ut; *we were ~ed by them* vi blev utspelade av dem **-point** [ˌaʊt'pɔɪnt] besegra på poäng, poängbesegra **-post** ['aʊtpəʊst] utpost **-pouring** ['aʊtˌpɔːrɪŋ] *s* **1** utströmmande **2** *~s* (*pl*) utgjutelser **-put** ['aʊtpʊt] **1** produktion, tillverkning **2** utgående effekt, uteffekt **3** *data.* output, utmatning

out|rage ['aʊtreɪdʒ] **I** *s* **1** kränkning, skymf, hån **2** våldshandling, nidings-, ill|dåd; skandal **II** *v* **1** kränka, skymfa; våldföra sig på **2** uppröra, stöta, chockera **-rageous** [aʊt'reɪdʒəs] **1** kränkande, skymflig; skandalös, upprörande **2** omåttlig, överdriven

out|rank [ˌaʊt'ræŋk] **1** ha högre rang än **2** överträffa **-ride** (*outrode, outridden*) **1** rida om; rida fortare än **2** (*om fartyg*) rida ut (*a storm* en storm) **-rider** ['aʊtˌraɪdə] **1** förridare; spanare **2** [motorcykel]eskort **-rigger** ['aʊtˌrɪgə] *sjö.* utriggare **-right** **I** *a* ['aʊtraɪt] **1** fullständig, total; obegränsad; obetingad; ren (*lie* lögn); *~ sale* försäljning i fast räkning **2** rättfram; öppenhjärtig; direkt **II** *adv* [aʊt'raɪt] **1** rent ut, utan vidare **2** på en gång, på fläcken, ögonblickligen; helt och hållet **-run** [-'rʌn] (*outran, outrun*) **1** springa om (förbi); springa fortare än **2** und|fly, -gå, -komma **3** överskrida, övergå

out|set ['aʊtset] början; *at* (*from*) *the ~* i (från) början **-shine** [ˌaʊt'ʃaɪn] överglänsa, ställa i skuggan

out|side [ˌaʊt'saɪd] **I** *s* **1** ut-, ytter|sida; yttre; yta; *from the ~* utifrån, från utsidan **2** *at the* [*very*] *~* på sin höjd, högst **II** *a* **1** yttre, utvändig; ytter-, ute-; utomhus-; *~ aerial* utomhusantenn; *~ broadcast* (*radio., TV.*) OB-sändning; *~ help* hjälp utifrån; *~ lane* ytter-, omkörnings|fil; *~ left* (*sport.*) vänsterytter; *~ right* (*sport.*) högerytter; *the ~ world* yttervärlden **2** ytterst, högst; *at an ~ estimate* maximalt, högt räknat, i extrema fall **3** *an ~ chance* en minimal (ytterst liten) chans **III** *adv* ut; ute; utanför; utanpå; utvändigt; *go ~* gå ut; *~ of a)* utanför, *b)* [för]utom **IV** *prep* utanför; utanpå; utom **-sider** [-'saɪdə] **1** utomstående, outsider; främling **2** *sport.* outsider, okänd (oprövad) tävlingsdeltagare

out|size ['aʊtsaɪz] **I** *a* extra stor **II** *s* extra stor storlek; extra stort plagg **-skirts** *pl* utkant[er], ytterområde[n] **-smart** [ˌaʊt'smɑːt] *vard.* överlista **-spoken** [ˌaʊt'spəʊk(ə)n] öppenhjärtig, rättfram; frispråkig **-spread** [ˌaʊt'spred] **I** *a* utbredd; utspridd **II** *v* (*outspread, outspread*) breda ut; sprida ut **-standing** **1** [ˌaʊt'stændɪŋ] enastående, utomordentlig; framstående, framträdande **2** [ˌaʊt'stændɪŋ] obetald (*debt* skuld), utestående (*claims* fordringar); olöst (*problem* problem); *~ work* ogjort arbete **3** ['aʊtˌstændɪŋ] utstående, utskjutande **-station** ['aʊtˌsteʃn] utpost **-stay** [ˌaʊt'steɪ] stanna längre än; stanna för länge; *~ one's welcome* stanna kvar för länge **-stretch** [ˌaʊt'stretʃ] sträcka ut; räcka ut **-strip** [ˌaʊt'strɪp] distansera, lämna bakom sig; överträffa

out tray ['aʊttreɪ] korg för utgående post

outvote [ˌaʊt'vəʊt] rösta omkull (ner), besegra i omröstning

out|ward ['aʊtwəd] **I** *a* **1** utåtriktad; utgående; *the ~ flow of traffic* trafikströmmen ut från staden **2** yttre, utvändig, utvärtes; *the ~ man a)* *teol.* kroppen (*i motsats t. själen*), *b)* *skämts.* klädseln **II** *adv* ut[åt]; *~ bound* (*om fartyg*) på utgående, på väg ut, på utresa **-wardly** [-wədlɪ] *adv* **1** till det yttre **2** utvändigt, utanpå; utåt **-wards** [-wədz] ut[åt]

out|wear [ˌaʊt'weə] **1** räcka (vara) längre än **2** nöta (slita) ut, förslita **-weigh** **1** uppväga; få övertag över; vara mer betydelsefull än **2** väga mer än **-wit** överlista

ouzel ['uːzl] *zool.* ringtrast

ova ['əʊvə] *pl av ovum*

oval ['əʊvl] *s o. a* oval

ovary ['əʊvərɪ] **1** *anat.* äggstock **2** *bot.* fruktämne

ovate ['əʊveɪt] äggformad

ovation [ə(ʊ)'veɪʃn] ovation, bifallsstorm, jubel; *get a standing ~* bli föremål för stående ovationer

oven ['ʌvn] ugn **--ready** [-ˌredɪ] klar att sättas i ugnen **-ware** [-weə] [ugns]eldfasta formar

over ['əʊvə] **I** *prep* **1** över; på, ovanpå, utanpå; ovanför; i; vid; *all ~ the world* över (i) hela världen; *hit s.b. ~ the head* slå ngn i huvudet; *he spilt wine ~ it* han spillde vin på den; *they discussed it ~ a beer* de diskuterade det över en öl; *she went asleep ~ her work* hon somnade över sitt arbete **2** över [till andra sidan av]; på andra sidan av; tvärs över; *from ~ the wall* från andra sidan muren; *the house ~ the way* huset tvärs över vägen (mitt emot); *it's ~ the page* det är (står) på nästa sida **3** över, mer än; *~ and above the expenses* förutom (utöver) utgifterna **4** i, på; *~ the radio* i (på) radio[n] **5** över, om, angående; på grund av; *worry ~* vara orolig över (för) **6** runt; *I'll show you ~ the house* jag skall visa dig runt i huset **7** igenom; *he went ~ his notes* han gick igenom sina anteckningar **8** under, i, genom, över; *~ the years* under årens lopp, genom (med) åren; *can't you stay ~ the weekend?* kan du inte stanna över weekenden? **9** *what is 11 ~ 4?* hur mycket blir 11 delat med 4? **II** *adv* **1** över [på (till) andra sidan]; *~ there* där borta, dit bort; *~ to America* [över] till Amerika; *~ to you!* nu är det din tur!; *boil ~* koka över; *come ~ tonight!* kom över till (titta in hos) mig (oss) i kväll! **2** över; *all ~* överallt, helt och hållet, över (i) hela kroppen; *he is wet all ~* han är genomblöt; *that's G. all ~* det är typiskt [för] G.; *famous the world ~* berömd över (i) hela världen; *run ~* köra över **3** över, slut, förbi; *it's all ~ with him* det är ute med honom; *get it ~* [*with*] få det gjort (undanstökat) **4** om, en gång till; *~ and ~* [*again*] om och om igen, gång på gång; *~ again* en gång till, om igen, från början; *five times ~* fem gånger om (efter varandra) **5** alltför, särskilt, över-; *he is not ~ particular* han är inte överdrivet noga **6** över, kvar; mer, till;

children of 9 and ~ barn över 9 år; *5 metres and a little* ~ fem meter och litet till; *6 into 19 goes 3 and 1* ~ 6 i 19 går 3 gånger och 1 över (i rest) **7** igenom, över; *read s.th.* ~ läsa igenom ngt; *search the house* ~ leta igenom [hela] huset; *think* ~ tänka igenom (över) **8** (*vid telekommunikation*) ~*!* kom!; ~ *and out!* klart slut! **III** *s* (*i kricket*) over (*serie om 6 kast*)

over|abundance [ˌəʊv(ə)rəˈbʌndəns] över|flöd, -mått **-abundant** överflödande, [alltför] riklig **-act** [ˌəʊvərˈækt] spela över; överdriva **-age** [ˌəʊvərˈeɪdʒ] överårig **-all I** *s* [ˈəʊvərɔːl] **1** *BE.* [skydds]rock **2** ~*s* (*pl*) överdrags-, skydds|kläder, overall, snickarbyxor, blåställ; *a pair of* ~*s* en overall, ett blåställ **II** *a* [ˈəʊvərɔːl] **1** total; samlad, helhets- **2** allmän, generell **III** *adv* [ˌəʊvərˈɔːl] **1** överallt **2** på det hela taget **-anxious** [ˌəʊvərˈæŋ(k)ʃəs] **1** alltför ängslig **2** alltför ivrig **-arm** [ˈəʊvərɑːm] *a, sport.* överarms-; *an* ~ *throw* ett överarmskast **-awe** [ˌəʊvərˈɔː] imponera på; skrämma

over|balance [ˌəʊvəˈbæləns] **I** *s* över|vikt, -skott **II** *v* **1** tappa balansen, förlora jämvikten **2** få att tappa balansen; välta **-bearing** myndig, högdragen, arrogant; dominerande **-bid I** *v* [ˌəʊvəˈbɪd] bjuda över **II** *s* [ˈəʊvəbɪd] överbud **-bite** [ˈəʊvəbaɪt] *tandläk.* överbett **-blown** [ˌəʊvəˈbləʊn] **1** överdriven **2** bombastisk, svulstig **3** ut-, över|blommad **-board** [ˈəʊvəbɔːd] *adv* överbord; *fall* ~ falla överbord; *go* ~ (*vard.*) vara mycket entusiastisk (*about* över), skjuta över målet; *throw* ~ förkasta, överge **-burden** [ˌəʊvəˈbɜːdn] över[be]lasta; tynga ner

over|call *kortsp.* **I** *v* [ˌəʊvəˈkɔːl] bjuda över **II** *s* [ˈəʊvəkɔːl] överbud **-cast I** *a* [ˈəʊvəkɑːst] molntäckt, mulen (*sky* himmel) **II** *v* [ˌəʊvəˈkɑːst] (*overcast, overcast*) **1** mulna, mörkna **2** förmörka, täcka med moln **-cautious** [ˌəʊvəˈkɔːʃəs] överdrivet försiktig **-charge** [ˌəʊvəˈtʃɑːdʒ] **I** *v* **1** över[be]lasta **2** ta för högt pris (överpris) [av], debitera för mycket; *be* ~*d* få betala för mycket **II** *s* **1** överbelastning **2** för högt pris, överpris **-cloud** [ˌəʊvəˈklaʊd] täcka[s] med moln **-coat** [ˈəʊvəkəʊt] över-, ytter|rock **-come** [ˌəʊvəˈkʌm] (*overcame, overcome*) **1** övervinna, besegra; övermanna; betvinga; *be* ~ (*äv.*) överväldigas **2** segra, vinna **-confident** [ˌəʊvəˈkɒnfɪd(ə)nt] överdrivet självsäker (självmedveten); alltför säker **-cook** [ˌəʊvəˈkʊk] koka för länge **-crop** [-ˈkrɒp] suga ut (*jord*) **-crowd** [-ˈkraʊd] överbefolka[s], fylla[s] med för mycket folk; ~*ed a*) överbefolkad, *b*) överfull

over|develop [ˌəʊvədɪˈveləp] överutveckla[s]; *foto.* överframkalla **-do** (*overdid, overdone*) **1** överdriva; driva för långt, göra för mycket av **2** koka (steka) för länge **3** ~ *it* (*things*) överdriva, överanstränga (förta) sig **-done 1** kokt (stekt) för länge **2** överdriven **-dose I** *s* [ˈəʊvədəʊs] överdos, för stor dos **II** *v* [ˌəʊvəˈdəʊs] överdosera **-draft** [ˈəʊvədrɑːft] *bank.* [konto]överdrag; över|dragning, -trassering **-draw** [ˌəʊvəˈdrɔː] (*overdrew, overdrawn*) **1** *bank.* överskrida, dra över på (*konto*) **2** spänna (*båge e.d.*) för hårt **3** överdriva **-dress** [ˌəʊvəˈdres] klä [sig] för fint (elegant) **-drive I** *v* [ˌəʊvəˈdraɪv] (*overdrove, overdriven*) driva för hårt (långt); överanstränga **II** *s* [ˈəʊvədraɪv] överväxel (*på bil*) **-due** [ˌəʊvəˈdjuː] **1** försenad; *the train is long* ~ tåget är mycket försenat; *this reform is* ~ den här reformen skulle ha införts för länge sedan **2** *hand.* förfallen [till betalning]

over|eat [ˌəʊvərˈiːt] (*overate, overeaten*) äta för mycket **-emphasize** (*BE. äv. -emphasise*) överbetona **-estimate I** *s* [ˌəʊvərˈestɪmət] över|skattning, -värdering **II** *v* [ˌəʊvərˈestɪmeɪt] beräkna för högt; över|skatta, -värdera **-excited** [ˌəʊv(ə)rɪkˈsaɪtɪd] överspänd; överretad; uppskruvad **-expose** [ˌəʊv(ə)rɪkˈspəʊz] **1** exponera (utsätta) för länge (för mycket) **2** *foto.* överexponera **-exposure** [ˌəʊv(ə)rɪksˈpəʊʒə] *foto.* överexponering

overfeed [ˌəʊvəˈfiːd] (*overfed, overfed*) ge för mycket mat, övergöda **overflow I** *v* [ˌəʊvəˈfləʊ] **1** flöda (rinna, svämma) över (*its brims* sina bräddar); översvämma **2** flöda (rinna, svämma) över [sina bräddar]; *bildl.* flöda (svalla) över (*with love* av kärlek) **II** *s* [ˈəʊvəfləʊ] **1** översvämning **2** [brädd]avlopp; över|lopp, -flöde **3** överskott (*of people* av folk); ~ *of population* befolkningsöverskott **overflow pipe** skvallerrör

overfly [ˌəʊvəˈflaɪ] (*overflewn, overflown*) flyga (göra en överflygning) över **overfond** [ˌəʊvəˈfɒnd] överförtjust (*of* i) **overfull** [ˌəʊvəˈfʊl] överfull (*with* av)

over|ground [ˈəʊvəgraʊnd] *a* ovan jord **-grown** [ˌəʊvəˈgrəʊn] **1** över-, igen|vuxen **2** förvuxen, för stor

over|hang [ˌəʊvəˈhæŋ] (*overhung, overhung*) **1** hänga [ut] över, skjuta (sticka) fram (ut) över; *bildl.* hänga (sväva) över, hota **2** skjuta (sticka) fram (ut) **-hanging 1** fram-, ut|skjutande **2** överhängande, hotande **-hasty** förhastad, överilad **-haul I** *v* [ˌəʊvəˈhɔːl] **1** undersöka, gå igenom, se över; reparera, justera; *sjö.* överhala **2** hinna upp; köra om (förbi) **II** *s* [ˈəʊvəhɔːl] undersökning, översyn; reparation; *sjö.* överhalning **-head I** *a* [ˈəʊvəhed] **1** [som befinner sig] över huvudet (uppe i luften, ovanpå); ~ *cable* luftledning; ~ *camshaft* överliggande kamaxel; ~ *projector* arbets-, overhead|projektor; ~ *valve* toppventil **2** *hand.* total-, inklusive-; ~ *costs* (*charges, expenses*), *se overheads*; ~ *price* inklusivepris **II** *adv* [ˌəʊvəˈhed] över huvudet, uppe i luften **-heads** [ˈəʊvəhedz] *pl, hand.* overhead-, sam|-kostnader, allmänna omkostnader **-hear** [ˌəʊvəˈhɪə] (*overheard, overheard*) [råka] få höra (lyssna till) **-heat** [ˌəʊvəˈhiːt] **1** överhetta; värma upp för mycket **2** bli överhettad, gå varm

overin|dulge [ˌəʊv(ə)rɪnˈdʌldʒ] **1** vara för eftergiven (släpphänt) mot **2** lämna fritt spelrum åt **3** hänge sig för mycket (*in* åt), frossa (*in* i) **-dulgent** [-ˈdʌldʒ(ə)nt] alltför eftergiven (släpphänt)

overjoyed [ˌəʊvəˈdʒɔɪd] över|förtjust, -lycklig (*at* över)

overkill [ˈəʊvəkɪl] *mil.* overkill, totalförstöringskapacitet (*m. kärnvapen*)

over|land *a* [ˈəʊvəlænd] *o. adv* [ˌəʊvəˈlænd] på land; till lands, landvägen **-lap I** *v* [ˌəʊvəˈlæp] delvis sammanfalla [med], delvis täcka [varandra], överlappa [varandra]; skjuta ut över [varandra] **II** *s* [ˈəʊvəlæp] överlappning **-lay I** *v* [ˌəʊvəˈleɪ] (*overlaid, overlaid*) täcka över; belägga, över-

O

dra[ga], bekläda **II** *s* ['əʊvəleɪ] **1** överdrag **2** *boktr.* överlägg, lapp, lappning **-leaf** [ˌəʊvə'li:f] *adv* på nästa sida **-load I** *v* [ˌəʊvə'ləʊd] över[be]lasta **II** *s* ['əʊvələʊd] överbelastning, för stor belastning **-look** [ˌəʊvə'lʊk] **I** *v* **1** se (titta) över; se (titta) ut över; *a room ~ing the town* ett rum med utsikt över staden; *the castle ~s the river* från slottet har man utsikt över floden; *our garden is ~ed by the station* från stationen har man insyn i vår trädgård **2** förbise, inte märka (se) **3** se genom fingrarna med, överse med **4** se efter (till) **5** granska **6** förhäxa **II** *s, AE.* utsiktsplats **-lord** ['əʊvəlɔ:d] magnat; *hist.* överherre **-ly** ['əʊvəlɪ] *adv* alltför [mycket]

over|man I *v* [ˌəʊvə'mæn] överbemanna **II** *s* ['əʊvəmæn] **1** övermänniska **2** förman **-master** [ˌəʊvə'mɑ:stə] övermanna **-much** [ˌəʊvə'mʌtʃ] [alltför] mycket

over|nice [ˌəʊvə'naɪs] alltför petig **-night** [ˌəʊvə'naɪt] **I** *adv* **1** under natten; *we drove ~* vi körde under natten **2** över natten; *stop ~* stanna över natten, övernatta **3** över en natt, plötsligt; *the situation changed ~* situationen ändrades över en natt (plötsligt) **II** *a* **1** som varar en natt, natt-; övernattnings-; *~ bag* weekendväska; *~ guests* nattgäster; *~ stop* uppehåll på en natt, övernattning **2** som sker över en natt, plötslig; *~ change* plötslig förändring

over|pass ['əʊvəpɑ:s] viadukt, vägbro **-pay** [ˌəʊvə'peɪ] betala för mycket; överbetala **-play** [ˌəʊvə'pleɪ] **1** överbetona **2** spela över **3** *~ one's hand* spela ett för högt spel **-plus** ['əʊvəplʌs] överskott **-populate** [ˌəʊvə'pɒpjʊleɪt] överbefolka **-population** ['əʊvəˌpɒpjʊ'leɪʃn] överbefolkning **-power** [ˌəʊvə'paʊə] övermanna; överväldiga **-powering** [ˌəʊvə'paʊərɪŋ] överväldigande; oemotståndlig, oövervinnerlig, obetvinglig; genomträngande (*smell* lukt) **-print I** *v* [ˌəʊvə'prɪnt] *boktr.* trycka över (på) **II** *s* ['əʊvəprɪnt] *boktr.* övertryck **-protect** [ˌəʊvəprə'tekt] överbeskydda

over|rate [ˌəʊvə'reɪt] över|skatta, -värdera **-reach 1** sträcka sig [ut] över **2** skjuta över målet **3** lura **4** *~ o.s.* förta sig, åta[ga] sig för mycket **-react** överreagera, reagera för kraftigt **-ride** (*overrode, overridden*) **1** åsidosätta, sätta sig över; överskrida (*one's powers* sina befogenheter) **2** upphäva **3** dominera; överskugga **4** överlappa **5** rida över **-riding** *a* främst, viktigast, huvudsaklig **-ripe** övermogen **-rule 1** av-, tillbaka|visa (*a claim* ett krav); förkasta; upphäva, gå emot (*a decision* ett beslut); *objection ~d!* (*jur.*) protesten ogillas! **2** behärska, dominera; styra över **-run** (*overran, overrun*) **1** invadera; översvämma; sprida sig över; växa över, täcka **2** överskrida (*limits* gränser); *the programme overran its time* programmet drog över tiden **3** köra över (förbi) **4** dra över [på tiden]; *the programme overran by 10 minutes* programmet drog över 10 minuter

over|seas [ˌəʊvə'si:z] **I** *adv* på (från, till) andra sidan havet; utomlands **II** *a* belägen på (som kommer från) andra sidan havet; transocean; utländsk, utlands-, utrikes-; *~ telegramme* [kabel]telegram **-see** övervaka, ha uppsikt över **-seer** ['əʊvəˌsɪə] förman, arbetsledare; verkmästare; upp-, till|syningsman **-sell** [ˌəʊvə'sel] (*oversold, oversold*) **1** sälja mer än vad man kan leverera **2** hårdsälja **-sensitive** [ˌəʊvə'sensɪtɪv] överkänslig **-sexed** [ˌəʊvə'sekst] övererotisk **-shadow** [ˌəʊvə'ʃædəʊ] överskugga (*äv. bildl.*); *bildl. äv.* ställa i skuggan **-shoe** ['əʊvəʃu:] galosch; pampusch **-shoot** [ˌəʊvə'ʃu:t] (*overshot, overshot*) **1** skjuta över, missa (*the target* målet); *~ the mark* skjuta över målet, *bildl. äv.* gå för långt **2** *flyg.* taxa (köra) för långt på, flyga för långt för att kunna landa på (*the runway* landningsbanan) **-sight** ['əʊvəsaɪt] **1** förbiseende, misstag; *by* (*through an*) *~* av misstag, genom ett förbiseende **2** tillsyn, uppsikt **-simplify** [ˌəʊvə'sɪmplɪfaɪ] grovt förenkla **-size[d]** [ˌəʊvə'saɪz(d)] alltför stor, överdimensionerad **-sleep** [ˌəʊvə'sli:p] (*overslept, overslept*) försova sig **-spend** [ˌəʊvə'spend] (*overspent, overspent*) överskrida sina tillgångar **-spill I** *s* ['əʊvəspɪl] **1** spill **2** befolkningsöverskott **II** *v* [ˌəʊvə'spɪl] flöda (svämma) över **-staff** [ˌəʊvə'stɑ:f] anställa för mycket personal, överbemanna **-state** [ˌəʊvə'steɪt] ange för högt; över|driva, -betona **-statement** [ˌəʊvə'steɪtmənt] överdrift **-stay** [ˌəʊvə'steɪ] stanna längre än; *~ one's welcome* stanna för länge **-step** [ˌəʊvə'step] överskrida; *~ the mark* gå för långt **-strain** [ˌəʊvə'streɪn] överanstränga **-strung 1** [ˌəʊvə'strʌŋ] överspänd **2** ['əʊvəstrʌŋ] (*om piano*) korssträngad **-subscribe** [ˌəʊvəsəb'skraɪb] överteckna; *the excursion was ~d* utflykten var övertecknad

overt ['əʊvɜ:t] offentlig; öppen, uppenbar

over|take [ˌəʊvə'teɪk] (*overtook, overtaken*) **1** *i sht BE.* köra (gå, åka) om (förbi) **2** hinna upp (ifatt) **3** över|raska, -rumpla **4** köra om, göra en omkörning **-tax 1** beskatta (taxera) för högt **2** överbelasta; kräva för mycket av; *~ one's strength* förta sig, överanstränga sig **--the-counter 1** *bank.* onoterad; *~ securities* OTC-papper **2** receptfri **-throw I** *v* [ˌəʊvə'θrəʊ] (*overthrew, overthrown*) **1** störta, fälla (*a government* en regering); omstörta **2** kasta omkull, välta; *bildl.* kullkasta (*plans* planer) **II** *s* ['əʊvəθrəʊ] **1** störtande, fällande; omstörtning **2** kullkastande **3** nederlag, fall **-time** ['əʊvətaɪm] **I** *s* övertidsarbete; övertidsersättning; övertid; *do* (*be on*) *~* arbeta [på] övertid, arbeta över **II** *a* övertids-; *~ ban* övertidsblockad; *~ pay* övertidsersättning; *~ work* övertidsarbete **III** *adv* på övertid; *work ~* arbeta [på] övertid, arbeta över **-tone** ['əʊvətəʊn] *mus., bildl.* överton **-top** [ˌəʊvə'tɒp] **1** vara högre än **2** överträffa **-trump** ['əʊvətrʌmp] övertrumfa

overture ['əʊvəˌtjʊə] **1** *mus.* uvertyr **2** *ofta pl, ~s* närmanden, trevare, första förslag; *peace ~s* fredstrevare; *make ~s to s.b.* söka närma sig ngn, göra närmanden till ngn

overturn I *v* [ˌəʊvə'tɜ:n] **1** välta [omkull], stjälpa; *the boat was ~ed* båten slog runt; *bildl.* störta (*a regime* en regim) **2** välta, stjälpa; kantra **II** *s* ['əʊvətɜ:n] **1** stjälpning; kantring **2** omstörtning

over|value [ˌəʊvə'vælju:] övervärdera; överskatta **-view** ['əʊvəvju:] *i sht AE.* översikt

over|weening [ˌəʊvə'wi:nɪŋ] **1** överlägsen, arrogant **2** omåttlig **-weight I** *s* ['əʊvəweɪt] övervikt **II** *a* [ˌəʊvə'weɪt] överviktig; övervikts- **III** *v*

[ˌəʊvəˈweɪt] **1** över[be]lasta **2** överbetona **-whelm** [ˌəʊvəˈwelm] **1** överväldiga; tynga [ner] **2** övermanna; besegra **3** begrava, täcka; översvämma; *bildl.* överösa (*with praise* med beröm); överhopa **-whelming** [ˌəʊvəˈwelmɪŋ] överväldigande **-work I** *s* **1** [ˈəʊvəwɜːk] för mycket (hårt) arbete; överansträngning **II** *v* [ˌəʊvəˈwɜːk] **1** överanstränga **2** överanstränga sig, arbeta för mycket (hårt) **-wrought** [-ˈrɔːt] **1** överspänd, hypernervös **2** över|arbetad, -lastad (*style* stil); utstyrd

Ovid [ˈɒvɪd] Ovidius

ovi|duct [ˈəʊvɪdʌkt] *biol.* äggledare **-form** äggformad

ovine [ˈəʊvaɪn] *a* får-

oviparous [əʊˈvɪpərəs] *biol.* äggläggande

ovoid [ˈəʊvɔɪd] äggformig **ovulation** [ˌɒvjʊˈleɪʃn] *biol.* ägglossning, ovulation **ovule** [ˈəuvjuːl] *biol.* **1** fröämne **2** obefruktat ägg **ovum** [ˈəʊvəm] (*pl ova* [ˈəʊvə]) *biol.* ägg, ovum

ow [aʊ] *interj* aj!

owe [əʊ] vara skyldig (*s.b. money* ngn pengar); ha att tacka för; *we ~ them a great deal a*) vi är skyldiga dem mycket, *b*) vi har dem att tacka för mycket; *I still ~ for the house* jag är fortfarande skyldig på huset; *we ~ it to them that* vi har dem att tacka för att; *you ~ it to yourself to* du är skyldig dig själv att; *~ s.b. a grudge* hysa agg mot ngn **owing** [ˈəʊɪŋ] **I** *a* **1** som skall betalas; *the amount ~ on the house* skuldbeloppet på huset **II** *prep, ~ to* på grund av, till följd av, med anledning av, tack vare; *be ~ to* bero på

owl [aʊl] *zool., bildl.* uggla **-et** [ˈaʊlɪt] liten uggla **-ish** [ˈaʊlɪʃ] ugglelik

own [əʊn] **I** *a* egen; *a house of one's ~* ett eget hus; *my* (*John's*) *~ car* min (Johns) egen bil; *with my ~ eyes* med [mina] egna ögon; *on one's ~ a*) själv, på egen hand, *b*) på eget initiativ, *c*) på eget ansvar, *d*) ensam, för sig själv, *e*) i särklass; *my ~ is bigger* min är större; *my time is my ~* jag disponerar [över] min tid; *those are my ~* de är mina, de tillhör mig; *be one's ~ man* vara sin egen herre, vara oberoende; *do one's ~ cooking* laga sin mat själv; *can I have it for my ~?* får jag ha den alldeles för mig själv?; *it has a value all* (*of*) *its ~* den har ett eget värde (ett värde i sig) **II** *v* **1** äga **2** erkänna, tillstå; *~ o.s. defeated* erkänna sig besegrad **3** *~* [*up*] *to s.th.* erkänna ngt **owner** [ˈəʊnə] ägare **--driver** [-ˌdraɪvə] privatbilist **-less** [-lɪs] herrelös **--occupied** [-ˌɒkjʊpaɪd] *a, ~ house* egnahem, hus som bebos av ägaren **-ship** [-ʃɪp] äganderätt; *under new ~* under ny ledning, i ny regim; *pass into private ~* övergå i privat ägo

ox [ɒks] (*pl ~en* [-(ə)n]) oxe

oxalic [ɒkˈsælɪk] *a, ~ acid* oxalsyra

oxblood [red] [ˈɒksblʌd(ˌred)] *a* oxblodsfärgad

Oxbridge [ˈɒksbrɪdʒ] *gemensam benämning på Oxford o. Cambridge*

oxen [ˈɒks(ə)n] *pl av ox* **oxeye** [-aɪ] **1** oxöga **2** *bot.* gul prästkrage **oxeye daisy** *bot.* prästkrage

Oxf. *förk. för Oxford*

Oxford [ˈɒksfəd] **I** *s* Oxford **II** *a* oxford-; *~ accent* oxfordaccent; *~ blue* mörkblått; *~ English* oxfordengelska; *~ grey* mörkgrått **-shire** [-ʃə]

oxhide [ˈɒkshaɪd] oxhud

oxidant [ˈɒksɪdnt] oxidationsmedel **oxidate** [-eɪt] oxidera **oxidation** [ˌɒksɪˈdeɪʃn] oxidering **oxide** [ˈɒksaɪd] *kem.* oxid **oxi|dization** (*BE. äv. -disation*) [ˌɒksɪdaɪˈzeɪʃn] oxidering **oxi|dize** (*BE. äv. -dise*) [ˈɒksɪdaɪz] oxidera **oxi|dizer** (*BE. äv. -diser*) [ˈɒksɪdaɪzə] oxidationsmedel

oxlip [ˈɒkslɪp] *bot.* lundviva

Oxon. *förk. för Oxoniensis* (*lat.*) *of Oxford* från universitetet i Oxford; *Oxonia* (*lat.*) *Oxfordshire*

Oxonian [ɒkˈsəʊnjən] **I** *a* från [universitetet i] Oxford **II** *s* **1** Oxfordstudent **2** Oxfordbo

oxtail [ˈɒksteɪl] oxsvans **oxtail soup** oxsvanssoppa **oxtongue 1** oxtunga **2** *bot.* bitterfibbla

oxyacetylene [ˌɒksɪəˈsetɪliːn] *a, ~ burner* (*torch*) acetylengasbrännare; *~ welding* acetylensvetsning

oxygen [ˈɒksɪdʒ(ə)n] syre, oxygen **oxygen mask** syrgasmask **oxygen tent** syrgastält **oxygen|ate** [ɒkˈsɪdʒəneɪt], **-ize** (*BE. äv. -ise*) [ɒkˈsɪdʒənaɪz] syrsätta[s]; tillföra syre till **oxygenous** [ɒkˈsɪdʒenəs] syrehaltig

oyes, oyez [əʊˈjes] *interj* tystnad!, lystring!

oyster [ˈɔɪstə] ostron **oyster bank (bed, park)** ostronbank **oystercatcher** [-ˌkætʃə] *zool.* strandskata

oz[.] *förk. för ounce*

ozone [ˈəʊzəʊn] **1** *kem.* ozon **2** *vard.* frisk luft **ozone layer** [-ˌle(ɪ)ə], **ozonosphere** [əʊˈzəʊnəˌsfɪə] ozonskikt

ozs[.] *förk. för ounces*

P

P

P, p [piː] (*bokstav*) P, p; *mind one's ~'s and q's* tänka på vad man säger

P *förk. för parking;* (*schack.*) *pawn* **p** *förk. för penny, pence;* (*mus.*) *piano* **P.** *förk. för Pastor; President; Priest; Prince* **p.** *förk. för page; part; participle; past; per; peseta; peso; pint; pipe; population* **PA** *förk. för Pennsylvania*

pa [pɑː] *vard.* pappa

P.A. *förk. för personal assistant; power of attorney; press agent; Press Association; private account; public-address system; publicity agent; Publishers Association; personal appearance* **Pa.** *förk. för Pennsylvania* **p.a.** *förk. för per annum*

Pac. *förk. för Pacific*

1 pace [peɪs] **I** *s* **1** steg; gång; (*hästs*) gångart; passgång; *put a horse through its ~s* låta en häst gå i alla gångarter; *put s.th. through its ~s* (*bildl.*) ingående testa ngt, se vad ngt duger till (går för) **2** hastighet, tempo, fart, takt; *change of ~* tempoväxling; *at a slow ~* [i] långsamt [tempo]; *keep*

~ *with* hålla jämna steg (takten) med, hänga med; *make* (*set*) *the* ~ bestämma farten (takten), dra; *I can't stand the* ~ *any more* (*vard.*) jag hänger inte med längre **II** *v* **1** ~ [*off, out*] stega (mäta) upp **2** gå fram och tillbaka (av och an) i (på) **3** bestämma farten (vara farthållare) åt **4** [låta] gå i passgång **5** skrida

2 pace ['peɪsɪ] *prep* med all aktning för

pacemaker ['peɪsˌmeɪkə] **1** *sport., bildl.* pacemaker, farthållare **2** *med.*, [*artificial*] ~ pacemaker **pacer** [-ə], **pacesetter** [-setə] *se pacemaker 1*

pachyderm ['pækɪdʒ:m] *zool.* tjockhuding

pacific [pə'sɪfɪk] **I** *a* **1** fredlig; fridfull **2** stillahavs-; *the P~ Ocean* Stilla havet **II** *s, the P~* Stilla havet

pacification [ˌpæsɪfɪ'keɪʃn] pacificering, återställande av fredliga förhållanden **pacifier** ['pæsɪfaɪə] **1** fredsstiftare **2** *AE.* tröstnapp **pacifism** ['pæsɪfɪz(ə)m] pacifism **pacifist** ['pæsɪfɪst] pacifist, fredsvän **pacify** ['pæsɪfaɪ] **1** pacificera, återställa fredliga förhållanden i (på), göra fredlig **2** lugna [ner] (*an angry man* en ilsken man), stilla

pack [pæk] **I** *s* **1** packe; bylte, knyte; bal; last, packning; *Austr.* ryggsäck **2** förpackning; paket, ask; *a ~ of cigarettes* ett paket cigarretter; *a ~ of matches* en ask tändstickor **3** koppel; flock, skock, svärm; grupp, samling; band, gäng, hop; *a ~ of dogs* ett koppel hundar; *a ~ of wolves* en flock vargar; *a ~ of thieves* en tjuvliga; *a ~ of lies* en massa lögner **4** [kort]lek; *a ~ of cards* en kortlek **5** packis **6** *med.* inpackning; tampong **7** [*face*] ~ ansiktsmask **8** (*i rugby*) [forwards]kedja **II** *v* **1** packa; packa in, emballera, förpacka; packa ner; fylla, packa full; packa (tränga) ihop; klämma (pressa) in; ~ *away* packa (plocka, flytta) undan; *he can really ~ it away* (*vard.*) han kan sätta i sig en hel del; ~ *in a*) packa in (ner), *b*) klämma (stuva) in, *c*) *vard.* lägga av [med]; *it's time to ~ it in* (*vard.*) det är dags att lägga av (packa ihop); ~ *off* skicka (köra) i väg; *be ~ed out* vara proppfull; ~ *up a*) packa ihop (in, ner), *b*) *vard.* lägga av [med]; *be ~ed with* vara fullpackad med **2** täta, fylla igen **3** ~ *a* [*heavy*] *punch* (*vard.*) slå jättehårt **4** *AE. vard.* bära, ha (*pistol e.d.*) **5** utse eget folk till (*a jury* en jury), sammansätta partiskt **6** pressa ihop **7** packa; kunna packas; packa (tränga) ihop sig; samla (skocka) sig; packa (ge) sig i väg; *I must start ~ing* jag måste börja packa; *send s.b. ~ing* (*vard.*) köra i väg (kasta ut) ngn; *that won't all ~ into the car* allt det går inte in i bilen; ~ *in a*) pressa in sig, *b*) *vard.* gå sönder, paja, *c*) *vard.* lägga av, sluta; ~ *up a*) packa ihop sina saker, *b*) *vard.* gå sönder, paja, *c*) *vard.* lägga av, sluta

package ['pækɪdʒ] **I** *s* **1** [större] paket (*äv. bildl.*), kolli; packe, bunt, knippe **2** emballage, förpackning **3** förpackande, emballerande, [in]packande **4** *AE.* [mindre] paket; *a ~ of biscuits* ett kexpaket **II** *v* förpacka, emballera, packa [in] **package deal** paketavtal **package holiday (tour)** paketresa **packager** [-ə] packager (*bolag som producerar stora illustrerade böcker*) **package store** *AE.* spritbutik **packaging** [-ɪŋ] förpackning, emballage

pack drill ['pækdrɪl] *mil.* straffexercis med full packning

packer ['pækə] packare; förpackningsmaskin

packet ['pækɪt] **I** *s* **1** paket, ask; *a ~ of biscuits* ett kexpaket **2** paketbåt **3** *sl.* massa stålar; *cost a ~* vara svindyr **4** *BE. sl., catch* (*get*) *a ~* gå på en bakstöt **II** *v* packa in, slå in i paket **packet boat** paketbåt

packhorse ['pækhɔ:s] packhäst **pack ice** packis

packing [-ɪŋ] **1** pack|ning, -ande; förpack|ning, -ande **2** emballage, förpackning **3** *tekn.* packning, tätning

pack|sack ['pæksæk] *AE.* ryggsäck **-saddle** [-ˌsædl] packsadel **-thread** [-θred] segelgarn, [paket]snöre

pact [pækt] pakt, fördrag, avtal

1 pad [pæd] **I** *s* **1** dyna, kudde; stoppning, vaddering, inlägg; *sport.* [ben]skydd; *stamp ~* stämpeldyna **2** [skriv]block; skrivunderlägg **3** *zool.* trampdyna; tass **4** startplatta, avskjutningsramp (*för raket*) **5** *sl.* kvart (*bostad*) **6** *AE. sl.* slaf, kvart **7** *Austr.* stig **II** *v* **1** stoppa, vaddera, madrassera **2** ~ *out* fylla ut, blåsa upp (*a story* en historia)

2 pad [pæd] *v*, ~ *along* traska (lunka) fram

padding ['pædɪŋ] **1** stoppning, vaddering, madrassering **2** *bildl.* utfyllnad, fyllnadsgods

1 paddle ['pædl] **I** *s* **1** paddel; skovel (*på turbin e.d.*) **2** paddeltur, paddling **3** bordtennisracket **II** *v* **1** paddla; ~ *one's own canoe a*) reda sig själv, *b*) sköta sitt (sina egna affärer) **2** simma hundsim

2 paddle ['pædl] plaska; vada [omkring]

paddle steamer ['pædlˌsti:mə] hjulångare **paddle wheel** [-wi:l] skovelhjul **paddling-pool** [-ɪŋpu:l] plaskdamm

paddock ['pædək] **1** *hästsport.* paddock; *motorsport.* bandepå **2** inhägnad, hage

1 paddy ['pædɪ] **1** risfält **2** (*växande*) ris

2 paddy ['pædɪ] **1** *BE. vard.* raseriutbrott **2** *vard., P~* irländare

paddy wagon ['pædɪˌwægən] *AE. sl.* polispiket **paddyw[h]ack** [-wæk] *vard.* **1** *BE.* irländare **2** smäll, klatsch

padlock ['pædlɒk] **I** *s* hänglås **II** *v* sätta hänglås för (på)

padre ['pɑ:drɪ] *vard.* fältpräst; präst, pastor

paean ['pi:ən] lovsång

paedi|atrician [ˌpi:dɪə'trɪʃn] pediatriker, barnläkare **-atric** [-'ætrɪk] pediatrisk **-atrics** [-'ætrɪks] (*behandlas som sg*) pediatri[k]

pagan ['peɪgən] **I** *s* hedning **II** *a* hednisk **-ism** [-ɪz(ə)m] hedendom

1 page [peɪdʒ] **I** *s* sida; *bildl. äv.* blad, period, episod **II** *v* paginera, numrera sidorna (*i bok*)

2 page [peɪdʒ] **I** *s* **1** *hist.* page, hovsven **2** pickolo, hotellpojke **II** *v* **1** kalla på, söka (*i högtalare*) **2** vara page (hovsven) hos

pageant ['pædʒ(ə)nt] praktfullt skådespel, historiespel; festtåg, parad **-ry** [-rɪ] pomp[a], prakt, [tom] ståt

pageboy ['peɪdʒbɔɪ] pagefrisyr

page head ['peɪdʒhed] *boktr.* kolumntitel **page proof** *boktr.* ombrutet korrektur

pagi|nal ['pædʒɪnl] *a* sida-för-sida **-nate** [-neɪt] paginera, numrera sidorna (*i bok*) **-nation** [ˌpædʒɪ'neɪʃn] paginering, sidnumrering

pagoda [pə'gəʊdə] pagod
pah [pɑ:] *interj* bah!, asch!, äsch!
paid [peɪd] *imperf. o. perf. part. av pay*
pail [peɪl] hink, ämbar, spann
paillette [pæl'jet] paljett
pain [peɪn] **I** *s* **1** smärta, värk; pina, plåga; *a look of ~* en plågad blick; *be a ~ in the neck* (*vard.*) vara en plåga; *be in ~* ha värk (ont, smärtor); *it gives me ~* det gör mig ont; *have a ~ in* ha ont i; *put s.b. out of his ~* befria ngn från hans plågor; *scream in ~* skrika av smärta **2** *~s* (*pl*) möda, besvär; *take* (*be at*) *~s to* (*about, over*) göra sig besvär (möda) med att (med) **3** *on* (*under*) *~ of a fine* vid vite **II** *v* smärta, plåga; *vard.* irritera; *look ~ed* se plågad ut **-ful** ['peɪnf(ʊ)l] plågsam, smärtsam; smärtande, värkande, ond (*arm* arm); *vard.* pinsam **-killer** ['peɪnˌkɪlə] smärtstillande medel **-less** ['peɪnlɪs] smärtfri
painstaking ['peɪnzˌteɪkɪŋ] noggrann, omsorgsfull
paint [peɪnt] **I** *s* **1** [målar]färg; *wet ~!* nymålat! **2** smink **II** *v* **1** måla; bestryka; *~ the town red* (*vard.*) vara ute och slå runt (svira); *~ out* måla över **2** sminka **-box** ['peɪntbɒks] färglåda **-brush** ['peɪntbrʌʃ] målarpensel
1 painter ['peɪntə] målare
2 painter ['peɪntə] *sjö.* fånglina
painting ['peɪntɪŋ] **1** målning, tavla **2** måleri, målning; målarkonst **-work** *s, the ~ a*) målningen, strykningen, det målade, *b*) (*på bil*) lackeringen
pair [peə] **I** *s* par; *a ~ of horses* ett par hästar, ett hästspann; *a carriage and ~* en tvåspännare; *a ~ of scissors* (*tongs*) en sax (tång); *a ~ of socks* ett par strumpor; *a ~ of trousers* ett par byxor; *these gloves are not a ~* de här handskarna är omaka; *in ~s* parvis, par om par **II** *v* **1** para ihop (samman) **2** *~* [*off*] ordna parvis **3** gifta sig; para sig; *~* [*off*] ordna sig parvis **-ing** ['peərɪŋ] parning
pair-skating ['peəˌskeɪtɪŋ] *sport.* paråkning
pajamas [pə'dʒɑ:məz] *pl, AE.* pyjamas
Paki|stan [ˌpɑ:kɪ'stɑ:n] Pakistan **-stani** [-ɪ] **I** *a* pakistansk **II** *s* pakistanare
pal [pæl] *vard.* **I** *s* kompis, kamrat, god vän **II** *v, ~ up with* bli god vän (kompis) med
palace ['pælɪs] palats; *royal ~* kungligt slott
palae|ography [ˌpælɪ'ɒgrəfɪ] paleografi **-olithic** [−ə(ʊ)'lɪθɪk] paleolitisk, från äldre stenåldern **-ontology** [-ɒn'tɒlədʒɪ] paleontologi
palatable ['pælətəbl] smaklig, välsmakande; *bildl.* angenäm, tilltalande
palatal ['pælətl] **I** *a, anat.* gom-; *fonet.* palatal **II** *s, fonet.* palatal[t ljud] **palatal|ization** (*BE. äv. -isation*) *fonet.* palatalisering **palate** ['pælət] gom; *the hard* (*soft*) *~* hårda (mjuka) gommen; *have no ~ for* (*bildl.*) inte ha ngt sinne för
palatial [pə'leɪʃl] palatsliknande
1 palatine ['pælətaɪn] *hist.* **I** *s* pfalzgreve **II** *a* pfalzgrevlig
2 palatine ['pælətaɪn] gom-
palaver [pə'lɑ:və] **I** *s* **1** palaver, långvarig överläggning **2** snack, prat; *skämts.* konferens **II** *v* **1** *skämts.* ha konferens **2** snacka, prata
1 pale [peɪl] **I** *a* blek (*äv. bildl.*); *~ complexion* blek hy; *~ stars* bleka stjärnor; *a ~ imitation of* en blek efterapning av **II** *v* blekna, bli blek; *bildl.* [för]blekna; *~ into insignificance* fullständigt förblekna
2 pale [peɪl] **1** staket|stolpe, -spjäla **2** spjälstaket **3** inhägnad **4** område, sfär; *be beyond the ~* ha passerat gränsen [för det anständiga] **II** *v* inhägna
pale|-face ['peɪlfeɪs] *neds.* blekansikte **-faced** [-feɪst] blek[lagd] **-ness** [-nɪs] blekhet
Pales|tine ['pæləstaɪn] Palestina **-tinian** [ˌpælə'stɪnɪən] **I** *a* palestinsk **II** *s* palestinier
palette ['pælət] palett
palfrey ['pɔ:lfrɪ] *åld.* ridhäst (*i sht för damer*)
palimpsest ['pælɪmpsest] palimpsest
palindrome ['pælɪndrəʊm] palindrom
paling ['peɪlɪŋ] spjälstaket; staket|stolpe, -spjäla
palisade [ˌpælɪ'seɪd] **I** *s* **1** palissad, pålverk **2** *AE., ~s* (*pl*) [rad av] höga klippor **II** *v* förse med palissad (pålverk)
palish ['peɪlɪʃ] en smula blek
1 pall [pɔ:l] **I** *s* **1** bårtäcke **2** bår **3** *bildl.* slöja, ridå; *a ~ of smoke* en slöja av rök, en rökridå **4** förstämning **5** *rom.-kat.* pallium
2 pall [pɔ:l] **1** bli tröttsam (tråkig, enformig); *~ on s.b.* tråka ut ngn, få ngn att tappa intresset **2** tröttna
palladium [pə'leɪdjəm] *kem.* palladium
pallbearer ['pɔ:lˌbeərə] kistbärare (*vid begravning*)
1 pallet ['pælɪt] halmmadrass
2 pallet ['pælɪt] [last]pall
3 pallet ['pælət] palett
palliasse ['pælɪæs] halmmadrass
palli|ate ['pælɪeɪt] **1** skyla över; förmildra **2** lindra, mildra **-ative** [-ətɪv] **I** *a* **1** överskylande; förmildrande (*circumstances* omständigheter) **2** lindrande, mildrande **II** *s* palliativ, hjälpmedel
pallid ['pælɪd] blek
Pall Mall [ˌpæl'mæl]
pallor ['pælə] blekhet
pally ['pælɪ] *vard.* bussig, kamratlig, vänlig
1 palm [pɑ:m] **I** *s* handflata; *have s.th. in the ~ of one's hand* ha ngt i sin hand; *grease a p.'s ~* (*vard.*) smörja (muta) ngn **II** *v* **1** dölja i handen **2** stryka (beröra) med handflatan **3** *~ off s.th. on s.b.* pracka (lura) på ngn ngt **4** *~ off* prångla ut
2 palm [pɑ:m] palm; palm|kvist, -blad; *bear* (*carry off*) *the ~* hemföra segern
palmistry ['pɑ:mɪstrɪ] kiromanti, konsten att spå i händer
palmitic [pæl'mɪtɪk] *a, ~ acid* palmitinsyra
Palm Sunday [ˌpɑ:m'sʌndɪ] palmsöndag[en]
palmy ['pɑ:mɪ] **1** palmbevuxen **2** *bildl.* blomstrande, framgångsrik
palomino [pælə'mi:nəʊ] ljusbrun (gulvit) häst
palp [pælp] känselspröt, antenn
pal|pable ['pælpəbl] **1** som man kan känna [på] **2** uppenbar (*lie* lögn), påtaglig **-pate** [-peɪt] *med.* palpera
palpi|tate ['pælpɪteɪt] **1** (*om hjärtat*) klappa, slå häftigt **2** darra, skälva **-tation** [ˌpælpɪ'teɪʃn] **1** hjärtklappning **2** darrning, skälvning
palsy ['pɔ:lzɪ] **I** *s* förlamning **II** *v* förlama
paltry ['pɔ:ltrɪ] usel, futtig; ynklig, torftig
pampas ['pæmpəs] *pl* pampas[slätter]
pamper ['pæmpə] klema (skämma) bort
pamphlet ['pæmflɪt] broschyr; flygblad; stridsskrift **-eer** [ˌpæmflə'tɪə] **I** *s* stridsskrifts-, flyg-

blads|författare **II** *v* skriva (sprida) stridsskrifter (flygblad)
Pan [pæn]
1 pan [pæn] **I** *s* **1** panna; [kok]kärl **2** (*guldletares*) vaskpanna **3** vågskål **4** *BE.* toalettskål **5** grop, bäcken (*i mark*) **6** *sl.* fejs (*ansikte*); *dead ~* pokerfejs **II** *v* **1** ~ [*off, out*] vaska (*gold* guld) **2** *vard.* göra (sabla) ner **3** ~ *out* ge guld **4** *vard.*, ~ *out* utfalla, avlöpa, utveckla sig
2 pan [pæn] *film.* **I** *v* panorera **II** *s* panorering
Pan. *förk. för Panama*
panacea [ˌpænəˈsɪə] universalmedel
panache [pəˈnæʃ] **1** panasch, fjäder-, hjälm|-buske **2** bravur; stil
Pana|ma [ˌpænəˈmɑː] Panama; *the ~ Canal* Panamakanalen; ~ (*p~*) *hat* panamahatt **-manian** [-ˈmeɪnjən] **I** *s* panaman **II** *a* panamansk
Pan-American [ˌpænəˈmerɪkən] panamerikansk
pancake [ˈpænkeɪk] **I** *s* **1** pannkaka **2** buklandning **II** *v, flyg.* buklanda **Pancake Day** fettisdag[en] **pancake ice** tallriksis **pancake landing** [-ˌlændɪŋ] *flyg.* buklandning
panchromatic [ˌpænkrə(ʊ)ˈmætɪk] *foto.* pankromatisk
pancre|as [ˈpæŋkrɪəs] *anat.* bukspottkörtel, pankreas **-atic** [ˌpæŋkrɪˈætɪk] *a, ~ juice* bukspott
panda [ˈpændə] *zool.* **1** [*lesser, red*] ~ panda, röd kattbjörn **2** [*giant*] ~ jättepanda, bambubjörn
panda car *BE.* (*blå o. vit*) polisbil
pandemonium [ˌpændɪˈməʊnjəm] pandemonium; fullständig förvirring, tumult; helvetesˈlarm
pander [ˈpændə] **I** *v* **1** ~ *to* tillfredsställa, underblåsa, ge efter för **2** vara kopplare (*for* åt) **II** *s* kopplare
P. & L. *förk. för profit and loss* **P. & O.** *förk. för Peninsular and Oriental* [*Steamship Company*] **p. & p.** *förk. för postage and packing*
pane [peɪn] [glas]ruta; fält, spegel (*i dörr e.d.*)
panegyr|ic [ˌpænɪˈdʒɪrɪk] panegyrik, (*överdrivet*) lovprisande **-ical** [-ɪkl] panegyrisk, (*överdrivet*) prisande
panel [ˈpænl] **I** *s* **1** fält, spegel (*i dörr e.d.*); panel **2** *konst.* pannå **3** karosseridel; *sömn.* infällning, isättning **4** [instrument]panel, -bräda; kontrollbord **5** [diskussions]panel, expertgrupp; paneldiskussion **6** jury|lista, -förteckning; jury **7** *BE.* (*förr*) förteckning över patienter (läkare) tillhörande försäkringskassan; *be on the ~* (*vard.*) få betalt från försäkringskassan **II** *v* indela i fält; panela **panel beater** [-ˌbiːtə] karosseriarbetare **panelling** [-ɪŋ] *koll.* panel **panel truck** [-trʌk] *AE.* skåp|bil, -vagn
pang [pæŋ] häftig smärta, styng, sting; *feel a ~ of conscience* ha samvetskval; *~s of hunger* hungerns kval
1 panhandle [ˈpænˌhændl] *AE.* **1** smal landremsa, korridor **2** stekpanneskaft
2 panhan|dle [ˈpænˌhændl] *AE. vard.* tigga på gatorna **-dler** [-ə] *AE. vard.* tiggare
pan|ic [ˈpænɪk] **I** *a* panisk **II** *s* panik **III** *v* gripas av panik; *don't ~!* ingen panik!, ta det lugnt! **-icky** [-ɪkɪ] *vard.* panikslagen
panicle [ˈpænɪkl] *bot.* vippa
panic|monger [ˈpænɪkˌmʌŋgə] anstiftare av panik **--stricken** [-ˌstrɪk(ə)n], **-struck** panikslagen
pannier [ˈpænɪə] **1** [klövje]korg **2** cykel-, pack|-väska
pannikin [ˈpænɪkɪn] *i sht BE.* liten bleckmugg
panoply [ˈpænəplɪ] **1** (*krigares*) rustning **2** *bildl.* imponerande uppbåd (samling), ståt
pano|rama [ˌpænəˈrɑːmə] panorama (*äv. bildl.*), vidsträckt utsikt **-ramic** [-ˈræmɪk] panorama-
panpipes [ˈpænpaɪps] *pl* panflöjt
pansy [ˈpænzɪ] **1** *bot.* pensé; *wild ~* styvmorsviol **2** *sl.* bög, homofil
pant [pænt] **I** *v* **1** flämta, flåsa; *~ for breath* kippa efter andan, snappa efter luft **2** längta (*for* efter) **3** flämta fram **II** *s* flämtande, flåsande
pantalet[te]s [ˌpæntəˈlets] *pl* mamelucker
pantaloons [ˌpæntəˈluːnz] *pl* (*förr*) [åtsittande] långbyxor; *vard.* [säckiga] byxor
pantechnicon [pænˈteknɪkən] *BE.* **1** möbelmagasin **2** möbelvagn, flyttbil
panthe|ism [ˈpænθiːɪz(ə)m] panteism **-istic[al]** [ˌpænθiːˈɪstɪk(l)] panteistisk **-on** [ˈpænθɪən] panteon
panther [ˈpænθə] *zool.* panter; *American ~* puma
panties [ˈpæntɪz] *pl* trosor; barnbyxor
pantile [ˈpæntaɪl] takpanna
panto [ˈpæntəʊ] *BE. vard.* = *pantomime* **pantograph** [ˈpæntə(ʊ)grɑːf] **1** pantograf **2** (*på ellok e.d.*) strömavtagare
pantomime [ˈpæntəmaɪm] **1** pantomim **2** (*slags*) jul|spel, -underhållning
pantry [ˈpæntrɪ] **1** skafferi **2** serveringsrum
pants [pænts] *vard.* **1** underbyxor, trosor, kalsonger **2** *AE.* [lång]byxor **3** *vard., caught with one's ~ down* överraskad i en pinsam situation, överrumplad; *scare the ~ off s.b.* skrämma livet ur ngn, göra ngn byxis; *wear the ~* vara den som bestämmer i huset
pantsuit [ˈpæntsuːt] *AE.* byxdress
panty girdle [ˈpæntɪˌgɜːdl] byxgördel **panty-waist** [-weɪst] *AE. vard.* fegis; barnslig man; vekling
pap [pæp] [skorp]välling; *bildl.* dravel, smörja
papa [pəˈpɑː, *AE.* ˈpɑːpə] *åld. vard.* pappa
papacy [ˈpeɪpəsɪ] påvedöme; påvevärdighet **papal** [ˈpeɪpl] påvlig; *the P~ States* Kyrkostaten
papaw [pəˈpɔː] **1** papawbuske; papaw[frukt] **2** papaya
papaya [pəˈpaɪə] papayaträd; papaya[frukt]
paper [ˈpeɪpə] **I** *s* **1** papper; *a sheet of ~* ett pappersark; *can I get it down on ~?* kan jag få skriftligt på det?; *it looks good on ~* det ser bra ut på papperet; *commit s.th. to ~, get* (*put*) *s.th. down on ~* fästa ngt på papper **2** tidning **3** värdepapper; sedlar **4** [examens]skrivning **5** dokument, handling, papper; *~s* (*äv.*) [identitets]papper **6** föredrag; avhandling; uppsats **7** tapet[er] **8** *teat. sl.* fribiljett **II** *a* pappers-; papperstunn; på papperet; skriftlig **III** *v* **1** tapetsera; ~ *over* tapetsera över, *bildl.* skyla över **2** *teat. sl.* fylla en teater genom utdelning av fribiljetter **-back** häftad bok, paperback, pocketbok **-boy** tidningspojke
paper chase [ˈpeɪpətʃeɪs] snitseljakt
paper|clip [ˈpeɪpəklɪp] gem, pappersklämma **--cutter** [-ˌkʌtə] skärmaskin **-hanger** [-ˌhæŋə] person som tapetserar **-hanging** [-ˌhæŋɪŋ]

tapetsering **-knife** [-naɪf] papperskniv **--mill** [-mɪl] pappersbruk **-weight** [-weɪt] brevpress **-work** [-wɜ:k] pappers-, skrivbords|arbete
papier mâché [ˌpæpjeɪ'mæʃeɪ] papjemaché, papier-mâché
papil|la [pə'pɪlə] (*pl -lae* [-i:]) papill, liten vårta
papist ['peɪpɪst] *neds.* papist, katolik
papoose [pe'pu:s] indian|baby, -barn **pappy** ['pæpɪ] *AE. vard.* pappsen
paprika ['pæprɪkə] paprika; paprikapulver
papy|rus [pə'paɪərəs] (*pl -ri* [-raɪ]) **1** *bot.* papyrus **2** papyrus[rulle]
par [pɑ:] **1** medeltal; nivå; *hand.* pari; *nominal ~* nominellt värde; *above (below) ~ a)* över (under) pari, *b)* över (under) det normala (vanliga); *at ~* till pari; *I'm not feeling quite up to ~* jag känner mig inte riktigt i form; *it's not up to ~* det är inte tillfyllest **2** *on a ~ a)* i genomsnitt, *b)* likställd (*with* med) **3** *golf.* par
par. *förk. för paragraph; parallel; parenthesis; parish*
para ['pærə] *vard.* **1** *se parachutist* **2** *se paragraph*
parable ['pærəbl] parabel, liknelse
parabola [pə'ræbələ] *mat.* parabel **parabolic** [ˌpærə'bɒlɪk] parabolisk, parabol-; *~ aerial* parabolantenn
para|chute ['pærəʃu:t] **I** *s* fallskärm **II** *a* fallskärms-; *~ flare* fallskärmsljus; *~ troops* fallskärmstrupper **III** *v* **1** kasta ner (landsätta) med fallskärm **2** hoppa i fallskärm **-chutist** [-ʃu:tɪst] fallskärmshoppare; fallskärmssoldat
parade [pə'reɪd] **I** *s* **1** parad; uppställning; upp-, före|visning; *be on ~* visas upp, visa upp sig **2** *mil.* paradplats; uppställningsplats **3** promenad[plats], strög **II** *v* **1** paradera; tåga **2** flanera, promenera fram och tillbaka **3** låta paradera (marschera förbi) **4** tåga fram och tillbaka på **5** tåga igenom **6** briljera (stoltsera) med **parade ground** uppställningsplats, exercisplats
paradigm ['pærədaɪm] paradigm; *språkv. äv.* böjningsmönster
para|dise ['pærədaɪs] paradis **-disiac** [ˌpærə'dɪsɪæk], **-disiacal** [ˌpærədɪ'saɪəkl], **-disaical** [ˌpærədɪ'seɪkl] paradisisk, paradis-
paradox ['pærədɒks] paradox **-ical** [ˌpærə'dɒksɪkl] paradoxal
paradrop ['pærədrɒp] luftlandsättning
paraffin ['pærəfɪn] **1** *~ [oil]* fotogen **2** *~ [wax]* paraffin; *liquid ~* paraffinolja
paragon ['pærəgən] mönster, förebild; *~ of virtue* dygdemönster
paragraph ['pærəgrɑ:f] **1** [text]avsnitt, -stycke, nytt stycke **2** [tidnings]notis
Paraguay ['pærəgwaɪ] Paraguay **-an** [ˌpærə'gwaɪən] **I** *s* paraguayare **II** *a* paraguaysk
parakeet ['pærəki:t] *zool.* parakit
parallax ['pærəlæks] parallax
parallel ['pærələl] **I** *a* parallell (*to* med); *bildl. äv.* motsvarande; *~ bars (gymn.)* barr **II** *s* **1** parallell; *bildl. äv.* motsvarighet, motstycke; *without [a] ~* utan motstycke **2** *~ [of latitude]* latitud[sparallell], breddgrad **3** *elektr., connected in ~* parallellkopplad **III** *v* **1** jämställa **2** vara en motsvarighet till **3** vara (löpa) parallell(t) med **parallelepiped** [ˌpærəle'lepɪped] *geom.* parallellepiped
parallelogram [ˌpærə'lelə(ʊ)græm] *geom.* parallellogram
paralyse ['pærəlaɪz] paralysera; förlama; lamslå
paraly|sis [pə'rælɪsɪs] (*pl -ses* [-si:z]) förlamning (*äv. bildl.*); *infantile ~* barnförlamning **paralytic** [ˌpærə'lɪtɪk] **I** *a* **1** paralytisk; förlamad **2** *BE. vard.* berusad **II** *s* paralytiker **paralyze** ['pærəlaɪz] *AE., se paralyse*
parameter [pə'ræmɪtə] parameter
paramilitary [ˌpærə'mɪlɪt(ə)rɪ] halvmilitär; militärliknande
paramount ['pærəmaʊnt] högst, störst; viktigast av allt; *of ~ importance* av yttersta vikt; *a ~ concern* ett allt överskuggande intresse
paramour ['pærəˌmʊə] *neds.* älskare, älskarinna; *åld.* älskad person, älskling
para|noia [ˌpærə'nɔɪə] *med.* paranoia **-noiac** [-'nɔɪæk] **I** *s* paranoiker **II** *a* paranoid **-noid** ['pærənɔɪd] paranoid
parapet ['pærəpɪt] **1** bröst-, skytte|värn **2** parapet, räcke, balustrad
paraphernalia [ˌpærəfə'neɪljə] *pl (behandlas ibl. som sg)* **1** grejor, attiraljer, pinaler; tillbehör **2** [omständlig] procedur
paraphrase ['pærəfreɪz] **I** *s* parafras, förtydligande omskrivning **II** *v* parafrasera, skriva om
paraplegia [ˌpærə'pli:dʒə] *med.* paraplegi, dubbelsidig förlamning av underkroppen
parapsychology [ˌpærəsaɪ'kɒlədʒɪ] parapsykologi
para|site ['pærəsaɪt] **1** parasit **2** snyltgäst **-sitic[al]** [ˌpærə'sɪtɪk(l)] parasit-, parasitisk, parasiterande; snyltande, snylt-
parasol ['pærəsɒl] parasoll
para|trooper ['pærətru:pə] fallskärmsjägare; *~s (pl, äv)* fallskärmstrupper **-troops** *pl* fallskärmstrupper
paratyphoid [ˌpærə'taɪfɔɪd] *med.* paratyfus
parboil ['pɑ:bɔɪl] **1** förvälla **2** överhetta
parcel ['pɑ:sl] **I** *s* **1** paket; kolli; packe, bunt **2** [varu]parti **3** *~ [of land]* jord|område, -lott **4** *part and ~* väsentlig del **II** *v* **1** *~ [out]* dela ut **2** *~ [up]* paketera **parcel post** paketpost
parch [pɑ:tʃ] **1** rosta [lätt] **2** torka upp (ut), förtorka; *I'm ~ed* jag är alldeles torr i halsen (håller på att törsta ihjäl)
parchment ['pɑ:tʃmənt] **1** pergament **2** pergamentmanuskript
pardon ['pɑ:dn] **I** *s* **1** förlåtelse; *I beg your ~!, (vard.) ~! a)* förlåt!, ursäkta!, *b)* hur sa? **2** *jur.* benådning; *general ~* amnesti **3** *kyrkl.* avlat **II** *v* **1** förlåta, ursäkta; *~ me! a)* förlåt (ursäkta) [mig]!, *b)* hur sa?; *~ my mentioning it, but* förlåt att jag säger det, men **2** benåda **-able** [-əbl] förlåtlig, ursäktlig **-er** [-ə] avlatskrämare
pare [peə] beskära; klippa, trimma; skala (*frukt*); *bildl.* skära ner [på]
paren. *förk. för parenthesis*
parent ['peər(ə)nt] förälder; målsman; *bildl.* rot, upphov (*of* till) **parentage** [-ɪdʒ] **1** här|komst, -stamning **2** förfäder **parental** [pə'rentl] föräldra-; faderlig, moderlig **parent company** moderbolag
parenthe|sis [pə'renθɪsɪs] (*pl -ses* [-si:z]) parentes (*äv. bildl.*); parentestecken; inskjuten sats; *in ~* inom parentes **-tic[al]** [ˌpær(ə)n'θetɪk(l)] parentetisk, inom parentes

P

parenthood ['peər(ə)nthʊd], **parenting** [-ɪŋ] föräldraskap **parent ship** moderfartyg **parents-in-law** *pl* svärföräldrar
parfait [pɑ:'feɪ] parfait (*slags glass*)
pariah ['pærɪə] paria (*äv. bildl.*), utstött
parietal [pə'raɪɪtl] **1** *anat., biol.* parietal; vägg-; hjäss-; ~ *bones* hjässben **2** *AE.* college-
Paris ['pærɪs]
parish ['pærɪʃ] församling, socken **parish clerk** klockare, församlingstjänsteman **parish council** sockenstämma; kommunalnämnd **parishioner** [pə'rɪʃənə] församlingsbo **parish register** kyrkbok
Parisian [pə'rɪzjən] **I** *s* parisare, parisiska **II** *a* parisisk, paris[er]-
parity ['pærətɪ] paritet; likhet, jämgodhet
park [pɑ:k] **I** *s* **1** park; [*national*] ~ nationalpark, naturskyddsområde **2** *AE.* idrotts|plats, -anläggning **II** *v* parkera; *vard. äv.* placera, sätta; ~ *yourself on the sofa* (*vard.*) slå dig ner i soffan
parka ['pɑ:kə] parkas
parking ['pɑ:kɪŋ] parkering; *no* ~ parkering förbjuden **parking light** parkeringsljus; positionsljus **parking lot** *AE.* parkeringsplats, bilparkering **parking meter** parkeringsautomat **parking place** parkeringsplats **parking ticket** [fel]parkeringslapp
Parkinson's disease ['pɑ:kɪnsns dɪ'zi:z] *med.* Parkinsons sjukdom
parkway ['pɑ:kweɪ] *AE.* boulevard, aveny, allé
parky ['pɑ:kɪ] *BE. vard.* kylig, kall
Parl. *förk. för Parliament* **parl.** *förk. för parliamentary*
parlance ['pɑ:ləns] språkbruk; språk, idiom; *legal* ~ juristspråk; *in common* ~ i dagligt tal
parley ['pɑ:lɪ] **I** *s, i sht mil.* förhandling, underhandling **II** *v* **1** *i sht mil.* förhandla, underhandla **2** tala (*a foreign language* ett främmande språk)
parlia|ment ['pɑ:ləmənt] parlament; riksdag; *the Houses of P~* parlamentshuset (*i London*) **-mentarian** [ˌpɑ:ləmen'teərɪən] parlamentariker **-mentarianism** [ˌpɑ:ləmen'teərɪənɪz(ə)m], **-mentarism** [ˌpɑ:lə'mentərɪz(ə)m] parlamentarism **-mentary** [ˌpɑ:lə'ment(ə)rɪ] parlaments-; ~ *private secretary* parlamentsledamot (riksdagsman) som biträder en minister
parlor ['pɑ:lə] *AE.* **1** vardagsrum **2** (*på värdshus e.d.*) [litet] sällskapsrum **3** salong; *beauty* ~ skönhetssalong **parlor car** *AE.* salongsvagn
parlour ['pɑ:lə] **1** *åld.* vardagsrum **2** (*på värdshus e.d.*) [litet] sällskapsrum **3** (*i kloster e.d.*) samtalsrum **parlour game** sällskapsspel **parlour maid** husa
parlous ['pɑ:ləs] *åld.* **1** farlig **2** förslagen, slug
Parmesan cheese ['pɑ:mɪzænˌtʃi:z] parmesanost
Parnassus [pɑ:'næsəs] **1** Parnassos **2** *bildl.* parnassen
parochial [pə'rəʊkjəl] **1** församlings-, socken- **2** inskränkt, trångsynt **-ism** [-ɪz(ə)m] inskränkthet, trångsynthet
parodic[al] [pə'rɒdɪk(l)] parodisk **parody** ['pærədɪ] **I** *s* parodi **II** *v* parodiera
parole [pə'rəʊl] **I** *s* **1** villkorlig frigivning; *be on* ~ vara villkorligt frigiven **2** *AE. mil.* lösen[ord] **3** *AE.* hedersord **II** *v* villkorligt frige
parotitis [ˌpærə'taɪtɪs] *med.* parotit, påssjuka
paroxysm ['pærəksɪz(ə)m] paroxysm, häftigt anfall
parquet ['pɑ:keɪ] **I** *s* **1** parkett; ~ [*floor*] parkettgolv **2** *AE. teat.* parkett **II** *v* parkettera, lägga in parkettgolv i **parquet circle** *AE.* bortre parkett
parricide ['pærɪsaɪd] **1** fader-, moder|mord **2** fader-, moder|mördare
parrot ['pærət] **I** *s* papegoja (*äv. bildl.*) **II** *v* upprepa mekaniskt
parry ['pærɪ] **I** *v* parera, avvärja **II** *s* parering, avvärjning, parad
parse [pɑ:z] *språkv.* analysera (*ord*), ta ut satsdelarna (ordklasserna) i
parsimo|nious [ˌpɑ:sɪ'məʊnjəs] gnidig, knusslig, njugg **-ny** ['pɑ:sɪmənɪ] gnidighet, knussel, njugghet
parsley ['pɑ:slɪ] persilja
parsnip ['pɑ:snɪp] palsternacka
parson ['pɑ:sn] kyrkoherde; *vard.* präst; *~'s nose* (*kokk.*) fågelgump **-age** [-ɪdʒ] prästgård
part [pɑ:t] **I** *s* **1** del; stycke; avdelning, avsnitt; bråkdel; beståndsdel; ~ *of speech* (*språkv.*) ordklass; *principal ~s of a verb* (*språkv.*) temaformer av ett verb; *spare ~s* reservdelar; *it's three ~s gone* tre fjärdedelar är redan borta; *the most* ~ största delen, det mesta, de flesta, majoriteten; *for the most* ~ till största delen, för det mesta; *in* ~ delvis; *be published in ~s* utkomma häftesvis, utges i delar; *take in bad* (*good*) ~ ta illa (väl) upp **2** kroppsdel, parti; *~s* (*pl*) begåvning, talang; *private ~s* könsdelar **3** [an]del, lott; uppgift, skyldighet, sak; *do one's* ~ göra sitt (sin skyldighet); *have a* ~ *in s.th.* ha del i ngt; *have neither* ~ *nor lot in s.th.* inte ha det minsta att göra med ngt; *take* ~ *in* delta[ga] (medverka) i **4** del; sida, parti, part; håll; kant; *for my* ~ för min del; *on her* ~ från hennes sida; *take a p.'s* ~ ta ngns parti **5** *~s* (*pl*) trakt[er], del[ar]; *from all ~s* från alla håll; *he is not from these* ~ han är inte härifrån [trakten] **6** *teat., bildl.* roll; *mus.* stämma; *play a* ~ *a*) *teat.* spela (göra) en roll, *b*) *bildl.* spela teater **7** *AE.* bena **II** *adv* dels, delvis, till en del **III** *v* **1** dela; skilja [åt]; bena (*håret*); ~ *company* skiljas; ~ *the curtains* dra ifrån gardinerna; *till death do us* ~ tills döden skiljer oss åt **2** dela (öppna) sig **3** skiljas (*from s.b.* från ngn; *with s.th.* från ngt); skiljas åt, gå åt olika håll; *we ~ed friends* vi skildes som vänner; ~ *with s.th.* skiljas (avstå) från ngt, göra sig av med ngt; ~ *with money a*) göra av med pengar, *b*) släppa till (punga ut med) pengar **4** brista, gå av (itu)
part. *förk. för participle; particular*
partake [pɑ:'teɪk] (*partook, partaken*) **1** delta[ga] (*in* i) **2** ~ *of* inta[ga], förtära **3** ~ *of* vara lik, likna
parterre [pɑ:'teə] **1** parterr, blomsterterrass **2** *i sht AE.* bortre parkett, parterr
part exchange ['pɑ:tɪksˌtʃeɪndʒ] dellikvid; *take s.th. in* ~ ta ngt som dellikvid
parthenogenesis [ˌpɑ:θɪnə(ʊ)'dʒenɪsɪs] partenogenes, jungfrufödsel
partial ['pɑ:ʃl] **1** partisk **2** partiell, del-, ofullständig **3** *be* ~ *to* vara svag för, ha en viss förkärlek för **-ity** [ˌpɑ:ʃɪ'ælətɪ] **1** partiskhet **2** svaghet,

förkärlek **-ly** ['pɑ:ʃəlɪ] *adv* delvis, partiellt
partici|pant [pɑ:'tɪsɪpənt] **I** *s* deltagare **II** *a* deltagande **-pate** [-peɪt] delta[ga], ha del i **-pation** [pɑ:ˌtɪsɪ'peɪʃn] **1** deltagande, delaktighet **2** medbestämmanderätt; ~ *in the profits* vinstdelning **-pator** [pɑ:'tɪsɪpeɪtə] deltagare
participle ['pɑ:tɪsɪpl] *språkv.* particip; *the past* ~ *a*) perfekt particip, *b*) supinum; *the present* ~ presens particip
particle ['pɑ:tɪkl] partikel (*äv. språkv.*); ~ *of sand* sandkorn
particoloured ['pɑ:tɪˌkʌləd] mångfärgad, brokig
particular [pə'tɪkjʊlə] **I** *a* **1** särskild, speciell; *for no* ~ *reason* utan ngn särskild (speciell) anledning **2** utförlig, detaljerad; noggrann; omständlig **3** kräsen, nogräknad, noggrann, noga, kinkig (*about* i fråga om, med) **II** *s* **1** detalj; ~*s* (*pl*) *a*) närmare detaljer (omständigheter, upplysningar, uppgifter), *b*) detaljerad beskrivning, *c*) personalier; *go into* ~*s* gå in på detaljer **2** *in* ~ speciellt, särskilt, i synnerhet, framförallt; *nothing in* ~ ingenting särskilt **-ity** [pəˌtɪkjʊ'lærətɪ] **1** egenhet, speciell omständighet **2** noggrannhet **3** kinkighet, kräsenhet **-ize** (*BE. äv. -ise*) [pə'tɪkjʊləraɪz] **1** specificera **2** i detalj ange, beskriva i detalj **-ly** [pə'tɪkjʊləlɪ] i synnerhet, speciellt, särskilt
parting ['pɑ:tɪŋ] **I** *s* **1** avsked, skilsmässa **2** delning; ~ *of the ways* vägskäl, skiljeväg **3** *BE.* bena **II** *a* **1** avskeds-; ~ *present* avskedsgåva; ~ *shot* avskeds-, slut|replik **2** skilje-
partisan [ˌpɑ:tɪ'zæn] **I** *s* **1** partianhängare **2** partisan **II** *a* **1** parti-; ensidig; ~ *politics* partipolitik **2** partisan- **-ship** partianda
partition [pɑ:'tɪʃn] **I** *s* **1** delning; uppdelning **2** del, avdelning **3** skiljevägg, skiljemur **II** *v* dela; ~ *off* avbalka, avdela, avskilja; ~ *a room off with a screen* avdela ett rum med en skärm
partitive ['pɑ:tɪtɪv] *språkv.* **I** *a* partitiv (*genitive* genitiv) **II** *s* partitivattribut
partly ['pɑ:tlɪ] delvis, till en del; dels
partner ['pɑ:tnə] **I** *s* **1** partner; kompanjon, delägare; medbrottsling; *sleeping* ~ passiv delägare **2** partner; medspelare; kavaljer, dam; make, maka **II** *v* vara (bli) partner (kompanjon *etc.*) till **-ship** **1** kompanjonskap; *enter into a* ~ *with* ingå kompanjonskap med; *take s.b. into* ~ göra ngn till kompanjon **2** enkelt bolag
part|-owner ['pɑ:tˌəʊnə] delägare **--payment** [-ˌpeɪmənt] avbetalning
partridge ['pɑ:trɪdʒ] *zool.* rapphöna
part song ['pɑ:tsɒŋ] flerstämmig sång
part|-time ['pɑ:ttaɪm] **I** *a* deltids-, halvtids-; *a* ~ *worker* en deltidsanställd **II** *adv* på deltid, på halvtid; *work* ~ arbeta deltid **--timer** [-ˌtaɪmə] deltids|anställd, -arbetande
parturition [ˌpɑ:tjʊ(ə)'rɪʃn] *med.* barnsbörd, nedkomst
party ['pɑ:tɪ] **1** (*politiskt*) parti; *political* ~ politiskt parti **2** part; kontrahent; delägare; deltagare; inblandad; *be a* ~ *to an agreement* vara med om en överenskommelse; *be a* ~ *to a crime* vara delaktig (inblandad) i ett brott; *I will not be a* ~ *to that* jag vill inte vara med om (ha att göra med) det **3** *vard.* typ, person **4** grupp, lag, sällskap; *mil.* patrull; *a* ~ *of tourists* en turistgrupp; *make one of the* ~ komma (hänga) med **5** fest, skiva, kalas, party, bjudning; *at the* ~ på festen; *give* (*have, throw*) *a* ~ ha (ordna) en fest
party line ['pɑ:tɪlaɪn] **1** gemensam telefonledning **2** *polit.* partilinje **party man** [-mæn] trogen partianhängare **party politics** [-ˌpɒlɪtɪks] partipolitik **party wall** [-wɔ:l] *jur., ung.* brandmur, rågång
parvenu ['pɑ:vənju:] parveny, uppkomling
pascal ['pæskəl] *fys.* pascal
paschal lamb ['pɑ:sk(ə)llæm] *bibl.* påskalamm
pasha ['pɑ:ʃə] pascha
pasqueflower ['pæskˌflaʊə] *bot.* backsippa
pass [pɑ:s] **I** *s* **1** passer|kort, -sedel, legitimation; *mil. a*) permissionssedel, *b*) permission; [*free*] ~ fribiljett **2** *BE.* (*i examen*) godkännande; *get a* ~ få godkänt, bli godkänd; *I need a* ~ *in Latin* jag måste bli godkänd (ta examen) i latin **3** (*trollkarls etc.*) [hand]rörelse, gest; [be]strykning (*m. färg e.d.*) **4** *sport.* passning; (*i fäktning*) utfall, stöt **5** *vard.* närmande; *make a* ~ *at* vara närgången mot **6** [kritisk] situation, [kritiskt] läge; *a pretty* ~ en snygg historia; *things have come to a pretty* ~ *when* det har gått så långt att **7** [bergs]pass; [trång] passage, väg, led, genom|fart, -gång; *hold the* ~ (*bildl.*) hålla ställningarna **8** passerande *etc., jfr pass II;* överflygning **9** *kortsp.* pass[ande] **II** *v* (*jfr äv. III*) **1** passera [förbi, genom], gå (fara, komma, köra, resa, åka) förbi (genom, över); köra om; gå om (*äv. bildl.*); *I* ~*ed him in the street* jag gick förbi honom på gatan; *we* ~*ed the border* vi passerade gränsen; ~ *a p.'s lips* komma över ngns läppar **2** gå igenom, passera; godkännas (bli antagen) av; bli godkänd; klara, ta, avlägga (*one's examination* sin examen) **3** godkänna; anta; släppa igenom, låta gå (komma) igenom, låta passera; *the bill was* ~*ed* lagförslaget antogs; *the censors* ~*ed the film* censorerna godkände (släppte igenom) filmen **4** låta defilera (passera, dra) förbi **5** *kokk.* passera; sila **6** föra, dra, låta gå; ~ *one's hand over s.th.* föra (stryka med) handen över ngt **7** hoppa över; ignorera; nonchalera **8** över|stiga, -träffa, -gå, gå utöver; *it* ~*es belief* det är obegripligt (alldeles otroligt) **9** fördriva (*the time* tiden); tillbringa (*a week in London* en vecka i London) **10** räcka, skicka; skicka (föra) vidare; *sport.* passa; ~ *me the bread, please!* vill du vara snäll och skicka (räcka) mig brödet! **11** släppa (prångla) ut (*forged bank notes* falska sedlar) **12** ~ *water* kasta vatten **13** yttra, uttala; avge, fälla; rikta (*criticism upon* kritik mot); *jur.* avkunna, fälla (*sentence upon s.b.* [en] dom över ngn); ~ *a remark* fälla ett yttrande; ~ *the time of day with* byta några ord med **14** passera [förbi], gå (fara, komma, köra, resa, åka) förbi (igenom, vidare); köra om; *they* ~*ed in the corridor* de gick förbi varandra (möttes) i korridoren; *the street is too narrow for cars to* ~ gatan är för trång för att bilar skall kunna mötas **15** gå igenom, passera; godkännas, bli antagen; [kunna] antas (godtas); bli godkänd, klara sig, klara examen; [få] passera; gälla; gå; *let it* ~*!* (*äv.*) glöm det!; *the bill* ~*ed* lagförslaget gick igenom; ~ *for* anses som, tas för; *he could easily* ~ *for 30* man skulle kunna tro att han [bara] var trettio; ~ *into* komma in på (i) **16**

gå över (bort), försvinna, upphöra; (*om tid*) gå, förflyta, lida; *it'll ~!* det går över! **17** cirkulera; skickas [vidare, runt]; *sport., kortsp.* passa **18** övergå, gå över; *the colours ~ from blue to green* färgerna övergår från blått till grönt **19** yttras; utbytas, utväxlas; *jur. a*) avkunnas, *b*) döma, fälla dom **20** hända, tilldra sig; *bring to ~* (*åld.*) förorsaka, åstadkomma; *come to ~* (*åld.*) hända, inträffa **III** (*med adv o. prep*) *~ along a*) gå (tåga) fram, *b*) skicka vidare; *~ along!* fortsätt!, passera!; *~ away a*) fördriva, tillbringa (*the time* tiden), *b*) gå bort, försvinna, *c*) gå bort, dö, *d*) förflyta, försvinna, gå över, ta slut; *~ by a*) hoppa över, förbi|gå, -se, ignorera, *b*) passera [förbi], gå (fara *e.d.*) förbi, köra om, *c*) förflyta, gå [förbi]; *~ down a*) föra vidare, tradera, *b*) sprida; *~ off a*) gå [över], försvinna, *b*) äga rum, *c*) avlöpa, förlöpa; *~ s.b. off as s.th.* [falskeligen] utge ngn för [att vara] ngt; *he could easily ~ off as a German* han skulle lätt kunna tas för en tysk; *~ on a*) vidarebefordra, föra (låta gå) vidare, sprida, *b*) gå bort, dö, *c*) övergå, byta ägare, *d*) gå över (vidare), fortsätta; *~ out a*) dela ut, *b*) *vard.* svimma, tuppa av, *c*) *mil.* gå ut, gå igenom en kurs; *~ out of sight* försvinna ur sikte; *~ over a*) hoppa över, förbigå (*in silence* med tystnad), överse med, ignorera, *b*) skicka (låta gå) vidare, räcka, *c*) gå (fara *e.d*) över [till andra sidan], *d*) gå över, *e*) gå bort (*dö*), *f*) övergå (*into the hands of s.b.* i ngns ägo, i ngns händer; *to* till); *~ round* skicka runt (omkring); *~ through* gå (passera) igenom, *bildl.* genomgå, passera; *~ up a*) *vard.* tacka nej till, avstå från, *b*) ignorera, inte bry sig om

pass. *förk. för passage; passenger; passive*

passable ['pɑ:səbl] **1** skaplig, hjälplig, passabel **2** framkomlig, farbar **3** (*om mynt*) gångbar

passage ['pæsɪdʒ] **1** passage; passerande; färd, resa, över|fart, -resa (*med båt*); genomresa; *bird of ~* flyttfågel **2** passage; kanal, öppning; genomgång; gång **3** passage (*äv. mus.*); [text]avsnitt, ställe **4** antagande, behandling (*av lagförslag e.d.*) **5** gång; *the ~ of time* tidens gång; *in* (*with*) *the ~ of time* med tiden **6** *~ at arms* vapenskifte **-way** passage, gång, korridor

passbook ['pɑ:sbʊk] **1** bankbok, motbok **2** *hand.* kontrabok, bok över kreditinköp

passé ['pɑ:seɪ] passé, förgången, föråldrad

passenger ['pæsɪn(d)ʒə] **1** passagerare, resenär, resande **2** *i sht BE.* trög lagmedlem, börda **passenger train** persontåg

passe-partout ['pæspɑ:tu:] **1** passepartout **2** huvudnyckel

passer-by [ˌpɑ:sə'baɪ] (*pl passers-by*) förbipasserande

passerine ['pæsəraɪn] *zool.* tätting

passing ['pɑ:sɪŋ] **I** *a* **1** förbipasserande, som går förbi; *the ~ years* åren som går, de förbiilande åren; *a ~ remark* ett yttrande i förbigående **2** övergående; tillfällig; flyktig **II** *s* **1** förbipasserande; förbifart; omkörning; *the ~ of time* tidens gång; *mention in ~* nämna i förbigående **2** antagande, godkännande (*av lag e.d.*) **3** bortgång, död **passing bell** själaringning

passion ['pæʃn] **I** *s* **1** passion, lidelse; begär, åtrå; häftig kärlek; *have a ~ for s.th.* vara lidelsefullt intresserad av ngt **2** häftig vrede; häftigt utbrott; *burst into a ~ of sobs* börja snyfta våldsamt; *fly into a ~* bli rasande, få ett vredesutbrott **3** *the P~* passionshistorien; *the St. Matthew P~* Matteuspassionen

passionate ['pæʃənət] **1** passionerad, lidelsefull **2** häftig, hetlevrad **3** driftig

passionflower ['pæʃnˌflaʊə] *bot.* passions-, kristikors|blomma **passion fruit** [-fru:t] passionsfrukt **passionless** [-lɪs] lidelsefri **Passion Sunday** [ˈˌsʌndɪ] femte söndagen i fastan

passive ['pæsɪv] **I** *a* passiv (*äv. språkv.*); overksam, oföretagsam; *~ obedience* blind lydnad; *~ resistance* passivt motstånd; *the ~ voice* passiv form, passiv[um] **II** *s, språkv., the ~* passiv[um]

passivity [pæ'sɪvətɪ] passivitet, overksamhet

passkey ['pɑ:ski:] **1** portnyckel **2** huvudnyckel; dyrk **pass law** *Sydafr.* passlag

Passover ['pɑ:sˌəʊvə] (*judisk*) påsk[högtid]

pass|port ['pɑ:spɔ:t] **1** [res]pass **2** *bildl.* inkörsport, nyckel **-word** lösen[ord]

past [pɑ:st] **I** *a* **1** förfluten, [för]gången; förbi, över; *~ president* f.d. (tidigare) president; *the ~ two weeks* de två senaste veckorna; *for some time ~* sedan ngn tid tillbaka **2** *språkv., the ~ participle a*) perfekt particip, *b*) supinum; *the ~ perfect* pluskvamperfekt[um]; *the ~ tense* imperfekt[um] **II** *adv* förbi; *walk ~* gå förbi **III** *s* **1** *språkv., the ~* imperfekt[um] **2** *the ~* det förflutna (förgångna); *in the ~* (*äv.*) tidigare; *a woman with a ~* en kvinna med ett förflutet; *be a thing of the ~* tillhöra det förflutna **IV** *prep* **1** förbi; bortom; utanför, utom; *~ belief* otrolig[t]; *~ cure* obotlig; *be ~ s.th.* vara för gammal för ngt; *I'm ~ caring* det bryr jag mig inte om längre; *he is ~ saving* det går inte att rädda honom; *my radio is getting ~ it* (*vard.*) min radio håller på att paja; *I would not put it ~ him* (*vard.*) det kan jag gott tro om honom **2** över, efter; *half ~ three* halv fyra; *a quarter ~ three* en kvart över tre; *it's ~ three* klockan är över tre

pasta ['pæstə] pasta (*spaghetti, nudlar etc.*)

1 paste [peɪst] **I** *s* **1** [kak]deg; massa; *almond ~* mandelmassa **2** pasta; kräm **3** (*smörgåspålägg e.d.*) pastej **4** [foto]klister **5** strass **II** *v* klistra (*s.th. on[to]* ngt på); *~ up* klistra upp

2 paste [peɪst] *sl.* klå upp

pasteboard ['peɪstbɔ:d] papp, kartong

pastel [pæ'stel] **1** pastell|färg, -krita; pastellfärg (*färgton*) **2** pastell[målning]

pastern ['pæstɜ:n] (*på häst*) karled

paste-up ['peɪstʌp] **1** *boktr.* klistring; montering **2** collage

pasteur|ization (*BE. äv. -isation*) [ˌpæstəraɪ'zeɪʃn] pastörisering **-ize** (*BE. äv. -ise*) ['pæstəraɪz] pastörisera

pastiche [pæ'sti:ʃ] **1** pastisch **2** potpurri

pastil[le] ['pæst(ə)l] pastill, tablett

pastime ['pɑ:staɪm] tidsfördriv

pasting ['peɪstɪŋ] *vard.* stryk; *give s.b. a ~* ge ngn stryk, klå upp ngn

past master [ˌpɑ:st'mɑ:stə] *bildl.* mästare (*at, of* i)

pastor ['pɑ:stə] präst, pastor; andlig ledare **pastoral** ['pɑ:st(ə)r(ə)l] **I** *a* **1** pastoral, idyllisk, lantlig; *~ poem* herdedikt **2** präst-, prästerlig **II** *s* **1**

pastoral; herdedikt **2** herdabrev **pastorale** [ˌpæstəˈrɑːlɪ] *mus.* pastoral

pastry [ˈpeɪstrɪ] **1** smördeg **2** bakverk; bakelse[r] **pastrycook** konditor **pastry cream** vaniljkräm (*t. bakverk*)

pasturage [ˈpɑːstjʊrɪdʒ] **1** betesrätt **2** *se pasture I*

pasture [ˈpɑːstʃə] **I** *s* **1** bete **2** betesmark **II** *v* **1** släppa på bete; låta beta **2** beta

1 pasty [ˈpæstɪ] kött[pirog]

2 pasty [ˈpeɪstɪ] **1** degig, degliknande **2** glåmig, blek (*complexion* hy)

Pat [pæt] **1** *kortform av Patricia, Patrick* **2** *vard.* irländare

1 pat [pæt] **I** *s* **1** klapp, lätt slag; *a ~ on the back* (*vard.*) en [uppmuntrande] klapp på axeln **2** klick; *a ~ of butter* en smörklick **3** tassande, trippande, ljud av lätta fotsteg **II** *v* **1** klappa; ge ett lätt slag, slå till lätt (*i sht med handflatan*); *~ s.b. on the back* (*vard.*) ge ngn en [uppmuntrande] klapp på axeln; *he is always ~ting himself on the back* han är alltid nöjd med sig själv **2** tassa, trippa

2 pat [pæt] *a o. adv* **1** [*off*] ~ som ett rinnande vatten, som smort, utan och innan **2** fix och färdig; redo, parat; passande; *have s.th. down ~* kunna ngt som ett rinnande vatten; *he had his answer ~* han hade genast ett svar till hands; *stand ~* (*i sht AE.*) stå fast, vara orubblig

pat. *förk. för patent*[*ed*]

patch [pætʃ] **I** *s* **1** lapp; svart lapp (*för öga*); musch, skönhetsmärke; plåster **2** jord|lapp, -bit, täppa, [trädgårds]land; *cabbage ~* kålland **3** litet ställe, fläck, stycke, bit; *a ~ of cloud* en molntapp; *a ~ of blue sky* en bit blå himmel; *in ~es* fläckvis **4** *he is not a ~ on you* han går inte upp emot dig; *hit* (*strike*) *a bad ~* ha en nedgångsperiod, ha en besvärlig tid **II** *v* lappa, sätta en lapp (lappar) på; foga samman; *~ up a*) lappa ihop (*äv. bildl.*), laga provisoriskt, fuska ihop, *b*) bilägga, ordna upp (*a quarrel* en tvist) **patch pocket** [ˈpætʃˌpɒkɪt] påsydd ficka **patchwork** [ˈpætʃwɜːk] **1** lapptäcksteknik **2** *bildl.* lappverk, fuskverk **patchwork quilt** lapptäcke **patchy** [ˈpætʃɪ] **1** lappad; hoplappad **2** *bildl.* ojämn, växlande; blandad

patd. *förk. för patented*

pate [peɪt] *vard.* skalle

paté [ˈpæteɪ] paté, pastej

patella [pəˈtelə] *anat.* patella, knäskål

paten [ˈpæt(ə)n] paten, oblattallrik

patent [ˈpeɪt(ə)nt] **I** *a* **1** patent-, patenterad; privilegierad; *~ leather* blank-, lack|skinn; *~ medicine* patentmedicin; *P~ Office* patentverk; *~ right* patenträtt[igheter] **2** öppen; *bot.* utbredd **3** uppenbar, klar, tydlig **II** *s* patent (*äv. bildl.*); patentbrev; patenträtt; *~*[*s*] *pending* patentsökt; *take out a ~* ta patent (*on* på) **III** *v* patentera, ta (få) patent på **patentee** [ˌpeɪt(ə)nˈtiː] patentinnehavare

pater [ˈpeɪtə] *BE. skolsl.* pappa **-familias** [ˌpeɪtəfəˈmɪlɪæs] familje|far, -överhuvud

paternal [pəˈtɜːnl] **1** faderlig, faders- **2** på fädernet; *~ aunt* faster; *~ grandmother* farmor **-ism** [-ɪz(ə)m] förmyndarmentalitet, förmynderi

paternity [pəˈtɜːnətɪ] faderskap; *bildl.* ursprung

paternoster 1 [ˌpætəˈnɒstə] *P~* Fader vår **2** [ˈpætəˌnɒstə] paternosterkula; radband **3** [ˈpætəˌnɒstə] ~ [*lift*] paternosterhiss

path [pɑːθ, *pl* pɑːðz] **1** [gång]stig; *garden ~* trädgårdsgång **2** *bildl.* bana; väg; *the ~ of virtue* dygdens väg

pathetic [pəˈθetɪk] **1** patetisk; högtravande; gripande; löjeväckande; *the ~ fallacy* (*litt.*) förmänskligandet av naturen **2** *BE. sl.* värdelös, oduglig

path|finder [ˈpɑːθˌfaɪndə] **1** stigfinnare; vägvisare, föregångare **2** radarsikte **-less** [-lɪs] obanad, stiglös

patholo|gist [pəˈθɒlədʒɪst] patolog **-gy** [-dʒɪ] patologi

pathos [ˈpeɪθɒs] **1** patos **2** medlidande

pathway [ˈpɑːθweɪ] *se path*

patience [ˈpeɪʃns] **1** tålamod; fördragsamhet; uthållighet; *have ~ with* ha tålamod med; *loose* [*one's*] *~ with* förlora (tappa) tålamodet med **2** *BE.* patiens (*kortspel*) **patient** [-t] **I** *a* tålmodig, tålig; fördragsam; uthållig; *be ~ with s.b.* ha tålamod med ngn **II** *s* patient, sjukling

patina [ˈpætɪnə] ärg; patina; lager

patio [ˈpætɪəʊ] **1** patio, kringbyggd gård **2** uteplats (*vid villa e.d.*)

patisserie [pəˈtiːs(ə)rɪ] **1** konditori **2** bakelser

Pat. Off. *förk. för Patent Office* **pat. pend.** *förk. för patent pending*

patri|arch [ˈpeɪtrɪɑːk] patriark **-archal** [ˌpeɪtrɪˈɑːkl] patriarkalisk **-archy** [ˈpeɪtrɪɑːkɪ] patriarkat

patrician [pəˈtrɪʃn] **I** *s* patricier; aristokrat **II** *a* patricisk; aristokratisk

patricide [ˈpætrɪsaɪd] **1** fadermord **2** fadermördare

patrimony [ˈpætrɪmənɪ] **1** fädernearv, arvegods **2** kyrkogods

patriot [ˈpætrɪət] patriot **-ic** [ˌpætrɪˈɒtɪk] patriotisk **-ically** [ˌpætrɪˈɒtɪk(ə)lɪ] *adv* patriotiskt **-ism** [ˈpætrɪətɪz(ə)m] patriotism

patrol [pəˈtrəʊl] **I** *s* **1** patrull **2** patrullering; *be on ~* patrullera **II** *v* patrullera **patrol car** polis-, radio|bil **patrolman** *AE.* patrullerande poliskonstapel **patrol wagon** [-ˌwægən] *AE.* piketbil

patron [ˈpeɪtr(ə)n] **1** beskyddare, gynnare; skyddshelgon **2** stamkund; stamgäst **patronage** [ˈpætrənɪdʒ] **1** beskydd; stöd; beskyddarskap **2** nedlåtande sätt, nedlåtenhet **3** (*kunders*) förtroende, välvilja; kundkrets, kunder; klientel; *we enjoy the ~ of...* bland våra kunder har vi...

patron|ize (*BE- äv. -ise*) [ˈpætrənaɪz] **1** beskydda, gynna; stödja **2** behandla nedlåtande **3** vara kund (stamgäst) hos, gynna; *a well ~d shop* en mycket omtyckt affär **-izing** (*BE. äv. -ising*) [-aɪzɪŋ] *a* nedlåtande (*to*[*wards*] mot)

patron saint [ˈpeɪtr(ə)nseɪnt] skyddshelgon

patronymic [ˌpætrəˈnɪmɪk] patronymikon (*namn bildat på faderns namn*)

patsy [ˈpætsɪ] *AE. sl.* lättlurad person; driftkucku; syndabock

patten [ˈpætn] träsko

1 patter [ˈpætə] **I** *v* **1** tassa, trippa **2** (*om regn e.d.*) smattra, trumma **II** *s* **1** trippande [ljud] **2** smatter, smattrande (trummande) [ljud]

P

2 patter [ˈpætə] **I** *v* **1** pladdra, snacka, snattra **2** rabbla (*bön e.d.*) **II** *s* **1** pladder; prat, snack **2** jargong

pattern [ˈpætən] **I** *s* **1** mönster; modell; mall; schablon; *paper ~* pappers-, sy|mönster; *~ for a skirt* mönster till en kjol; *various ~s of cups* olika modeller av koppar; *make a ~* bilda ett mönster **2** *bildl.* mönster, förebild, exempel; typexempel (*of* på); mall; schema; struktur; *on the ~ of* efter förebild av (från); *set a ~ for* vara förebild för **3** *mil.* träffbild **II** *v* **1** forma, efterbilda (*after, on* efter) **2** mönstra, göra mönster på

patty [ˈpætɪ] **1** liten pastej; krustad **2** färsbiff

P.A.U. *förk. för Pan American Union*

paucity [ˈpɔːsətɪ] **1** brist, knapphet (*of* på) **2** fåtalighet

Paul [pɔːl] Paul, Paulus; *Saint ~, ~ the Apostle* aposteln Paulus

paunch [pɔːn(t)ʃ] buk; [stor] mage; *zool.* våm

pauper [ˈpɔːpə] fattighjon **-ism** [-rɪz(ə)m] fattigdom **-ize** (*BE. äv. -ise*) [-raɪz] utarma

pause [pɔːz] **I** *s* **1** paus; uppehåll, avbrott **2** *give ~* ge anledning till eftertanke **3** *mus.* fermat **II** *v* göra en paus; stanna upp, tveka

pave [peɪv] stenlägga, belägga [med sten]; *~ the way for* (*bildl.*) bana väg för **-ment** [-mənt] **1** [väg-, gatu]beläggning **2** trottoar, gångbana

pavilion [pəˈvɪljən] **1** (*spetsigt*) [prakt]tält **2** paviljong **3** *BE. sport.* omklädningslokaler; klubbhus

paving [ˈpeɪvɪŋ] [väg-, gatu-]beläggning **paving stone** gatsten

paviour [ˈpeɪvjə] **1** stenläggare **2** jungfru (*för stenläggning*) **3** gatsten

paw [pɔː] **I** *s* **1** tass; *vard.* tass, labb (*hand*); *~s off!* (*vard.*) bort med tassarna! **II** *v* **1** beröra med tassen; skrapa med hoven på (i) **2** *vard.* tafsa (kladda, fingra) på **3** röra med tassen (*at* på); skrapa med hoven (*at* på, i) **4** *vard.* tafsa, kladda, fingra

pawl [pɔːl] spärrhake

1 pawn [pɔːn] **1** *schack.* bonde **2** *bildl.* redskap, verktyg; bricka, schackpjäs

2 pawn [pɔːn] **I** *s* **1** pant; *be in ~* vara pantsatt; *put in ~* pantsätta **2** pantsättning **II** *v* pantsätta; *bildl.* sätta i pant **pawnbroker** [ˈpɔːnˌbrəʊkə] pantlånare **pawnshop** [ˈpɔːnʃɒp] pant|lånekontor, -bank **pawn ticket** [ˈpɔːnˌtɪkɪt] pant|sedel, -kvitto

pay [peɪ] **I** *s* betalning; lön, avlöning; *mil.* sold; *sjö.* hyra; *be in a p.'s ~* vara i ngns tjänst (sold), arbeta åt ngn **II** *v* (*paid, paid*) **1** betala [ut]; erlägga; svara (stå) för; [be]löna, återgälda; vedergälla; löna sig för; *when do we get paid?* när får vi betalt?; *it ~s you to be honest* det lönar sig att vara ärlig; *the shares ~ 10%* aktierna ger 10 procent i utdelning; *~ one's way a*) vara lönande (självbärande), löna sig, *b*) betala för sig [själv]; *~ back a*) betala tillbaka (igen), *b*) *bildl.* ge igen; *~ down a*) betala kontant, *b*) betala i handpenning; *~ for a*) betala för, *b*) ge igen för; *~ in* betala (sätta) in; *~ off a*) betala, avlöna, *b*) avskeda, mönstra av, *c*) betala av (färdigt), *d*) *bildl.* ge igen; *~ out a*) betala ut, *b*) ge ut, *c*) *bildl.* ge igen; *~ over* betala ut, överlämna; *~ up* betala [med detsamma, till fullo], slutamortera **2** visa, ägna, betyga, göra; *~ attention to* ägna uppmärksamhet åt, lägga märke till; *~ s.b. a compliment* ge ngn en komplimang; *~ one's respects to s.b.* betyga ngn sin aktning; *~ a visit to* göra ett besök hos **3** betala; *~ on account* betala a conto; *how much did you ~ for that?* vad betalade du för det? **4** *~ [off]* löna sig, vara lönande, bära sig; *crime doesn't ~* brott lönar sig inte **5** *~ for s.th a*) betala [för] ngt, bekosta ngt, *b*) *bildl.* [få] betala (sota) för ngt; *I'll make you ~ for this!* det här ska du få igen (betala)! **6** *~ up* betala

payable [ˈpe(ɪ)əbl] betalbar (*to bearer* till innehavaren); förfallen till betalning **pay-as-you-earn** [ˌpeɪəzjuːˈɜːn] *s o. a, ~ [tax]* källskatt; *~ [tax] system* beskattning vid källan **payday** avlöningsdag **pay-desk** kassa[disk]

P.A.Y.E. *förk. för pay as you earn*

payee [pe(ɪ)ˈiː] betalningsmottagare **paying** [ˈpeɪɪŋ] lönande, lönsam; betalande; *~ guest* betalande gäst **payload** [ˈpeɪləʊd] nyttolast **paymaster** [ˈpeɪˌmɑːstə] kassachef; kassör **payment** [ˈpeɪmənt] betalning; likvid; in-, ut|betalning; *as (in) ~ of our invoice (for goods)* som betalning för vår faktura (för varor); *make a ~* betala; *stop ~s* inställa betalningarna **payoff** [ˈpeɪɒf] **1** slutbetalning; utbetalning; utbetalningsdag **2** vedergällning **3** *vard.* muta **4** *vard.* höjdpunkt, klimax **payroll** [ˈpeɪrəʊl] avlöningslista **pay station** [ˈpeɪˌsteɪʃn] *AE.* telefonautomat

payt. *förk. för payment*

pay television [ˈpeiˌtelɪvɪʒn], **pay-TV** [ˈpeɪtiːˌviː] betal-TV

P.B. *förk. för British Pharmacopoeia; Prayer Book* **P.C.** *förk. för Parish Council[lor]; Police Constable; Post Commander; Prince Consort; Privy Council[lor]* **p.c.** *förk. för per cent; post card* **P/C, p/c** *förk. för petty cash; prices current* **pct.** *förk. för (AE.) per cent* **P.D.** *förk. för (AE.) Police Department* **pd.** *förk. för paid* **P.D.T.** *förk. för (AE.) Pacific Daylight Time* **P.E.** *förk. för physical education; potential energy; Presiding Elder; printer's error; Protestant Episcopal*

pea [piː] ärt[a]; *they are as like as two ~s* de är lika som två bär

peace [piːs] fred; frid, ro, lugn; *~ and quiet* lugn och ro; *~ of mind* sinnes|ro, -frid; *the Queen's (King's) ~* den allmänna ordningen; *breach of the ~* störande av (brott mot) allmänna ordningen; *a man of ~* en fridens man; *be at ~* leva i fred (frid); *get some ~* få litet lugn och ro; *hold one's ~* hålla tyst; *leave in ~* lämna (låta vara) i fred; *make ~ between* stifta fred mellan; *make [one's] ~ with a*) sluta fred med, *b*) försona sig med

peaceable [ˈpiːsəbl] fredlig, fridsam **peaceful** [-f(ʊ)l] fridfull, stilla; fredlig **peace-loving** [-ˌlʌvɪŋ] fredsälskande **peacemaker** [-ˌmeɪkə] fredsstiftare **peace offering** [-ˌɒf(ə)rɪŋ] försoningsgåva **peace pipe** [-paɪp] fredspipa **peacetime** [-taɪm] fredstid

1 peach [piːtʃ] **1** persika **2** persikoträd **3** *vard.* jättefin sak, toppengrej; *a ~ of a girl* en jättesöt tjej

2 peach [piːtʃ] *sl.* skvallra, tjalla (*against s.b.* på ngn)

peacock ['pi:kɒk] påfågelstupp

pea-green ['pi:gri:n] ärt-, gul|grön

peahen [ˌpi:'hen] påfågelshöna

peak [pi:k] **I** *s* **1** topp, spets; bergs|topp, -spets; *bildl.* topp, höjd[punkt] **2** skärm, mösskärm **3** *sjö.* pik **II** *v* nå en topp (höjdpunkt) **peaked** ['pi:kt] *a*, ~ *cap* skärmmössa

peakish ['pi:kɪʃ] avtärd, blek, glåmig

peak load ['pi:kləʊd] toppbelastning (*på elnät*)

peaky ['pi:kɪ] *se peakish*

peal [pi:l] **I** *s* **1** skräll[ande], dån; ~ *of bells* klock|klang, -ringning; ~ *of laughter* rungande skratt, skrattsalva; ~ *of thunder* åsk|dunder, -knall **2** klockringning; klockspel; uppsättning klockor **II** *v* **1** skrälla, dåna; brusa **2** ringa

peanut ['pi:nʌt] **1** jordnöt **2** ~*s* (*pl, sl.*) småpotatis, struntsumma

pear [peə] **1** päron **2** päronträd

pearl [pɜ:l] **I** *s* **1** pärla; *bildl. äv.* juvel; *cast ~s before swine* kasta pärlor för svin **2** pärlemor **II** *a* **1** pärl-; ~ *necklace* pärlhalsband **2** pärlemo[r]-; ~ *button* pärlemo[r]knapp **II** *v* **1** pryda med pärlor **2** fiska pärlor **pearl barley** [ˌpɜ:l'bɑ:lɪ] pärlgryn **pearl-diver** ['pɜ:lˌdaɪvə], **pearler** ['pɜ:lə], **pearl-fisher** ['pɜ:lˌfɪʃə] pärlfiskare **pearl-fishing** ['pɜ:lˌfɪʃɪŋ] pärlfiske **pearl-grey** ['pɜ:lgreɪ] pärlgrå **pearl oyster** ['pɜ:lˌɒɪstə] pärlmussla **pearl-rope** ['pɜ:lrəʊp] pärlband **pearly** ['pɜ:lɪ] **I** *a* **1** pärlskimrande; pärlbesatt; *the P~ Gates* (*vard.*) pärleporten, himlens portar **2** pärlemo[r]skimrande; ~ *king* (*queen*) frukt- och grönsaksmånglare (*jfr pearly II*) **II** *s BE.* **1** frukt- och grönsaksmånglare (*i London, bär dräkt med pärlemorknappar vid högtidliga tillfällen*)

pear-shaped ['peəʃeɪpt] päronform|ad, -ig

peasant ['peznt] **I** *s* **1** [små]bonde; småbrukare **2** *vard.* lantis; bondtölp **II** *a* bond-; ~ *woman* bondkvinna **-ry** [-rɪ] **1** allmoge, bondeklass; bönder **2** bondaktighet

pease pudding ['pi:zˌpʊdɪŋ] *i sht BE.*, *ung.* ärtpuré

pea|shooter ['pi:ˌʃu:tə] ärt|bössa, -rör **-soup** [ˌpi:'su:p] ärtsoppa **-souper** ['pi:ˌsu:pə] *BE. vard.* tät gul londondimma

peat [pi:t] torv **peat bog (moss)** torvmosse

pebble ['pebl] **1** kiselsten, småsten; *she is not the only ~ on the beach* (*vard.*) hon är inte den enda människan i världen **2** bergkristall **pebble dash** *byggn.* väggputs med småsten **pebbly** ['peblɪ] *a* full av kiselstenar (småsten), stenig

pecan [pɪ'kæn] *bot.* **1** pekannöt **2** pekan-, hickory|träd

peccable ['pekəbl] syndfull

peccadillo [ˌpekə'dɪləʊ] (*pl ~[e]s*) liten försyndelse

peccary ['pekərɪ] *zool.* navelsvin, pekari

1 peck [pek] **1** (*mått för torra varor*) 8 quarts, 1/4 bushel **2** mängd, massa

2 peck [pek] **I** *s* pickande, hackande (*med näbb*) **2** hack, märke **3** *vard.* flyktig kyss **II** *v* **1** picka, hacka; ~ *at a*) picka (hacka) i (på), *b*) peta i (*one's food* i maten), *c*) hacka (tjata) på **2** picka (hacka) i (på) **3** picka upp, hacka fram; ~ *out a hole* hacka ett hål **4** *vard.* kyssa flyktigt **-er** ['pekə] **1** *vard.* hackspett **2** *BE. sl.*, *keep one's ~ up* inte tappa modet **3** *AE. vulg.* kuk **peckish** ['pekɪʃ] *i sht BE. vard.* sugen, hungrig

pectin ['pektɪn] *kem.* pektin

pectoral ['pektər(ə)l] bröst-; ~ *fin* bröstfena

peculate ['pekjʊleɪt] förskingra

peculiar [pɪ'kju:ljə] **1** egendomlig, underlig, besynnerlig, ovanlig **2** speciell, särskild **3** karakteristisk, typisk (*to* för) **-ity** [pɪˌkju:lɪ'ærətɪ] egenhet; egendomlighet; säregenhet **-ly** [pɪ'kju:ljəlɪ] *adv* **1** särskilt, speciellt **2** i synnerhet; synnerligen **3** besynnerligt, ovanligt

pecuniary [pɪ'kju:njərɪ] pekuniär-, penning-; ~ *penalty* böter

peda|gogic[al] [ˌpedə'gɒdʒɪk(l)] pedagogisk **-gogics** (*behandlas som sg*) pedagogik **-gogue** ['pedəgɒg] pedagog; skolmästare, pedant **-gogy** ['pedəgɒdʒɪ] pedagogik

pedal ['pedl] **I** *s* pedal; trampa; *loud ~* (*på piano*) [höger]pedal; *soft ~* (*på piano*) dämmare, vänsterpedal **II** *a* pedal-; tramp-; ~ *cycle* trampcykel **III** *v* trampa; använda pedal (pedaler)

pedant ['ped(ə)nt] pedant **pedantic** [pɪ'dæntɪk] pedantisk **pedantry** ['ped(ə)ntrɪ] pedanteri

peddle ['pedl] **1** gå omkring och sälja; idka gårdfarihandel **2** ~ *narcotics* sälja (langa) narkotika **3** ivrigt förespråka **peddler** [-ə] **1** [knark]langare **2** *AE.*, *se pedlar*

pederast ['pedəræst] pederast

pedestal ['pedɪstl] piedestal; sockel

pedestrian [pɪ'destrɪən] **I** *a* **1** som går till fots; fotgängar-; ~ *crossing* övergångsställe, fotgängarövergång; ~ *precinct* gågata, område med gågator **2** prosaisk, vardaglig, trivial **II** *s* fotgängare

pediatrician [ˌpi:dɪə'trɪʃn] *se paediatrician*

pedicab ['pedɪkæb] cykelriksha

pedicure ['pedɪˌkjʊə] pedikyr, fotvård

pedigree ['pedɪgri:] släkttavla, stamtavla; härkomst **pedigree cattle** stambokförd boskap **pedigreed** [-d] stambokförd **pedigree dog** rashund

pedlar ['pedlə] gatuförsäljare; dörrknackare; gårdfarihandlare

pedometer [pɪ'dɒmɪtə] stegräknare

pee [pi:] *sl.* **I** *s* kiss; *have a ~* kissa **II** *v* kissa

peek [pi:k] **I** *v* titta, kika (*at* på) **II** *s* titt, kik (*at* på) **-aboo** [ˌpi:kə'bu:] **I** *s* tittut (*lek*) **II** *interj* tittut!

peel [pi:l] **I** *s* [frukt]skal **II** *v* **1** skala (*frukt, ägg*); barka (*träd*); ~ *off a*) skala av, *b*) *sl.* ta av sig (*kläder*) **2** flagna [av]; fjälla; släppa skalet; släppa färgen **3** *sl.*, ~ *off* ta av sig kläderna **-er** ['pi:lə] skalare **-ings** ['pi:lɪŋz] *pl* (*avskalade*) skal

1 peep [pi:p] **I** *v* pipa **II** *s* pip[ande]

2 peep [pi:p] **I** *v* **1** kika, titta (*at* på); *P~ing Tom* tittare, voyeur **2** kika (titta, skymta) fram **II** *s* **1** titt, förstulen blick **2** första skymt; *at the ~ of day* i den första gryningen

peep|-bo ['pi:pbəʊ] tittut **-er** [-ə] **1** tittare **2** *sl.*, *ofta pl*, ~*s* korpgluggar **-hole** titthål **-show** tittskåp; (*slags*) porrfilmvisning

peep sight ['pi:psaɪt] (*på vapen*) siktskåra

1 peer [pɪə] **1** [jäm]like **2** pär; adelsman; ~ *of the realm* ärftlig pär (*adelsman med säte i överhuset*); *life ~* pär på livstid (*ej ärftlig titel*)

2 peer [pɪə] **1** kika, kisa **2** kika fram, visa sig

peerage ['pɪərɪdʒ] **1** *the ~* pärerna, aristokratin **2** pärsvärdighet, adelskap **3** pärsförteckning,

adelskalender **peeress** [-rıs] **1** pärs maka **2** adelsdam (*med pärsvärdighet*)
peer group ['pıəgrəʊp] kamratgrupp, åldersgrupp **peerless** [-lıs] makalös, oförliknelig
peeve [pi:v] *vard.* **I** *v* irritera, förarga; *~d at* irriterad (förargad) på (över) **II** *s* irritationskälla **peevish** ['pi:vıʃ] retlig, vresig
peewit ['pi:wıt] *zool.* [tofs]vipa
peg [peg] **I** *s* **1** pinne; bult, stift, sprint; plugg, tapp; tältpinne; *mus.* [stäm]skruv; *be a square ~ in a round hole* inte passa in, vara malplacerad; *come down a ~ [or two]* (*bildl.*) stämma ner tonen; *take (bring) s.b. down a ~ [or two]* dämpa ner ngn **2** klädnypa; [kläd]hängare; *bildl.* utgångspunkt, ämne, uppslag; *off the ~* (*i sht BE.*) konfektion[ssydd], färdigsydd **3** *BE.* liten grogg, [grogg]pinne **4** *vard., ~ [leg]* träben **II** *v* **1** fästa [med pinnar *e.d.*]; märka ut [med pinnar], staka ut; *~ down* (*bildl.*) binda; *~ out a*) hänga upp [med klädnypor], *b*) märka ut [med pinnar], staka ut; *~ out one's claim* (*bildl.*) hävda sina anspråk; *~ up* hänga upp [med klädnypor] **2** fastställa, fixera, låsa **3** *vard.* kasta, slänga **4** *~ away (along)* (*vard.*) jobba på (*at* med) **5** *~ out* (*sl.*) kola [av] (*dö*)
Pegasus ['pegəsəs] **1** Pegasus **2** pegas
Peggy ['pegı] *kortform av Margaret*
peg hole ['peghəʊl] pinnhål **peg leg** *vard.* [man med] träben **peg top** snurra, topp (*med metallspets*) **peg-top** *a* (*om byxor, kjol*) vid upptill och avsmalnande nedåt
pejorative ['pi:dʒ(ə)rətıv] *språkv.* **I** *a* pejorativ, nedsättande **II** *s* pejorativt (nedsättande) ord
peke [pi:k] *vard.* pekingeser (*hund*)
Pekinese [ˌpi:kı'ni:z] **I** *a* Peking- **II** *s* pekingeser (*hund*) **Peking** [ˌpi:'kıŋ] Peking, Beijing **Pekingese** [ˌpi:kıŋ'i:z] *se Pekinese*
pelagic [pe'lædʒık] pelagisk, [djup]havs-
pelf [pelf] *neds.* pengar, rikedom
pelican ['pelıkən] *zool.* pelikan **pelican crossing** [-ˌkrɒsıŋ] övergångsställe (*med ljussignaler som regleras av fotgängare*)
pellet ['pelıt] **I** *s* **1** liten kula; piller; [bly]hagel **2** spyboll **II** *v* **1** skjuta med hagel **2** pelletera
pell-mell [ˌpel'mel] **I** *adv* **1** huller om buller **2** huvudstupa, brådstörtat **II** *a* oordnad, tumultartad **III** *s* tumult
pellucid [pe'lju:sıd] genomskinlig; *bildl.* klar, tydlig
pelmet ['pelmıt] gardinkappa; kornisch
1 pelt [pelt] [djur]päls, fäll; (*oberett*) skinn, hud
2 pelt [pelt] **I** *s* **1** slag **2** *at full ~* i full fart **II** *v* **1** kasta (*s.th. at s.b.* ngt på ngn); bombardera (*s.b. with* ngn med); utslunga (*threats at* hotelser mot) **2** *~ [down]* (*om regn*) piska, ösa ner **3** *~ [along]* kuta (rusa) i väg
pelvic ['pelvık] *anat.* bäcken-; *~ arch (girdle)* bäckenben **pel|vis** (*pl -vises el. -ves* [-vi:z]) *anat.* bäcken
Pembrokeshire ['pembrʊkʃə] Pembrokeshire
Pembroke table fäll-, klaff|bord
pemmican ['pemıkən] pemmikan (*slags konserverat kött*)
1 pen [pen] **I** *s* penna; pennspets, udd; *the ~* (*äv.*) författaryrket, skrivandet **II** *v* skriva; författa
2 pen [pen] **I** *s* **1** kätte, fålla, box; [höns]bur **2** ubåtsbunker **II** *v* stänga in
3 pen [pen] *AE. sl.* (*kortform av penitentiary*) *the ~* kåken
4 pen [pen] svanhona
Pen. *förk. för Peninsula* **P.E.N.** *förk. för International Association of Poets, Playwrights, Editors, Essayists, and Novelists*
penal ['pi:nl] straff-; *~ code* strafflag; *~ colony* straffångekoloni; *~ servitude* straffarbete **-ize** (*BE. äv. -ise*) ['pi:nəlaız] **1** belägga med straff; straffa **2** *sport.* straffa, belasta med handikapp
penalty ['penltı] **1** straff; bötesstraff, vite; böter; *on ~ of death* vid dödsstraff; *on ~ of £10* vid vite av 10 pund **2** *sport.* straff[spark]; handicap; (*i ishockey*) utvisning; *kortsp.* straff **penalty area** [-ˌeərıə] *sport.* straffområde
penance ['penəns] botgöring, penitens; *do ~* göra bot
pence [pens] *pl av penny*
penchant ['pɑ̃:(ŋ)ʃɑ̃:(ŋ)] förkärlek, stark böjelse
pencil ['pensl] **I** *s* **1** [blyerts]penna; stift **2** *~ of rays* strålknippe **II** *v* rita (skriva) [med blyerts]; *~led eybrows* målade ögonbryn **pencil box** pennskrin **pencil sharpener** penn|vässare, -formerare
pen|dant ['pendənt] **I** *s* **1** hängsmycke; örhänge; kläpp, prisma (*i kristallkrona*) **2** pendang **II** *a se pendent I* **-dent** [-ənt] **I** *a* hängande, dinglande **II** *s se pendant I*
pending ['pendıŋ] **I** *a* **1** oavgjord; *leave a number of matters ~* lämna efter sig en hel del ouppklarade affärer **2** [nära] förestående, överhängande **II** *prep* under [loppet av]; i avvaktan på (*her arrival* hennes ankomst); *~ the investigation* (*äv.*) medan utredningen pågår
pendu|lous ['pendjʊləs] nedhängande; häng-; pendlande **-lum** [-ləm] pendel; *bildl.* svängningar; *the ~ of public opinion* svängningar i allmänna opinionen
penetra|bility [ˌpenıtrə'bılətı] genomtränglighet **-ble** ['penıtrəbl] genomtränglig
pene|trate ['penıtreıt] **1** tränga igenom (in i); *mil.* bryta igenom **2** penetrera, tränga in i, sätta sig in i **3** tränga igenom, tränga fram (*to* till); slå igenom, vinna gehör **-trating** [-treıtıŋ] **1** genomträngande, vass, skarp **2** inträngande, skarpsinnig **-tration** [ˌpenı'treıʃn] **1** genomträngande, inträngande; penetration; infiltration **2** insikt; skarpsinne **3** *mil.* genombrott
pen friend ['penfrend] brevvän
penguin ['peŋgwın] *zool.* pingvin
penholder ['penhəʊldə] pennskaft
penicillin [ˌpenı'sılın] penicillin
peninsu|la [pə'nınsjʊlə] halvö; *the P~* Pyreneiska halvön **-lar** [-lə] halvöliknande
pe|nis ['pi:nıs] (*pl -nes* [-ni:z] *el. -nises*) penis **penis envy** *psykol.* penisavund
peni|tence ['penıt(ə)ns] botfärdighet, ånger **-tent** [-t(ə)nt] **I** *a* botfärdig, ångerfull **II** *s* botfärdig syndare; botgörare **-tential** [ˌpenı'tenʃl] bot- **-tentiary** [ˌpenı'tenʃərı] **I** *s* **1** *AE.* fängelse, straffanstalt **II** *a, AE.* fängelse-, kriminalvårds-
pen|knife ['pennaıf] pennkniv **-manship** [-mənʃıp] skrivkonst; kalligrafi, skönskrift
Penn[a]. *förk. för Pennsylvania*

pen name ['penneɪm] pseudonym, antaget författarnamn
pennant ['penənt] **1** *sjö.* standert, vimpel **2** *AE. o. Austr. sport.* vimpel (*som mästerskapstecken*)
penniless ['penɪlɪs] utfattig, utan ett öre
Pennine ['penaɪn] *a o. s, the ~s, the ~ Chain* Penninska bergen
pennon ['penən] vimpel
Pennsylvania [ˌpensɪl'veɪnjə]
penny ['penɪ] (*pl pence* [pens] *för värdet, pennies* ['penɪz] *för myntet*) penny (*1/100 pund, före 1971 1/12 shilling*); *AE. vard.* encentsslant; *bildl.* öre; *bildl.* summa, pengar; *a bad ~* (*vard. i sht BE.*) en obehaglig person (grej); *new ~* (*efter 1971*) [ny] penny; *a pretty ~* (*vard.*) en vacker slant, en nätt summa; *not worth a ~* inte värd ett öre; *in for a ~, in for a pound* har man sagt A får man säga B; *a ~ for your thoughts!* vad är det du tänker på?; *I'm not a ~ the wiser* jag är inte ett dugg klokare för det; *the ~ dropped* nu gick det upp ett ljus, nu föll slanten ner; *spend a ~* (*BE. vard.*) gå någonstans, gå på toa
penny|cress *bot.* penningört **--dreadful** [ˌpenɪ'dredfʊl] *BE. vard.* billig sensationsroman **--farthing** [ˌpenɪ'fɑːðɪŋ] *BE.* höghjuling (*med stort framhjul o. litet bakhjul*) **--pinching** ['penɪˌpɪn(t)ʃɪŋ] snål, närig **--wise** ['penɪwaɪz] småsnål; *be ~ and pound-foolish* vara sparsam i smått och slösaktig i stort **-worth** ['penəθ] *s, buy a ~ of...* köpa för en penny...; *not a ~* inte ett dugg (uns)
penology [piː'nɒlədʒɪ] kriminal|politik, -vård
pen pal ['penpæl] brevvän **penpusher** [-ˌpʊʃə] *ung.* kontorsslav
pension I *s* **1** ['penʃn] pension; *old age ~* ålderspension **2** ['pɑ̃ː(ŋ)sɪɔ̃ː(ŋ)] pensionat; helinackordering **II** *v* ['penʃn] pensionera; *~ off* pensionera (*äv. bildl.*), ge pension **-able** ['penʃnəbl] pensionsberättigad; pensions- **-er** ['penʃənə] pensionär
pensive ['pensɪv] grubblande, tankfull
pentagon ['pentəgən] *geom.* femhörning, pentagon; *the P~* Pentagon (*amer. försvarshögkvarterets byggnad i Washington*) **pentagonal** [pen'tægənl] fem|hörnig, -sidig **pentameter** [pen'tæmɪtə] *versl.* pentameter
Pentateuch ['pentətjuːk] *s, the ~* de fem moseböckerna
pentathlon [pen'tæθlɒn] *sport.* femkamp
Pente|cost ['pentɪkɒst] **1** pingst **2** *jud.* vecko|-högtiden, -festen **-costal** [ˌpentɪ'kɒstl] pingst-
penthouse ['penthaʊs] **1** skjul med snedtak; takskjul **2** lyxig takvåning
pent-up ['pentʌp] undertryckt, återhållen
penultimate [pe'nʌltɪmət] **I** *a* näst sista **II** *s* penultima (*näst sista stavelsen*)
penumbra [pɪ'nʌmbrə] *konst.* halvskugga
penurious [pɪ'njʊərɪəs] **1** snål, närig, gnidig **2** torftig, knapp **penury** ['penjʊrɪ] **1** armod, fattigdom **2** torftighet, knapphet
penwiper ['penˌwaɪpə] penntorkare
1 peon ['piːən] peon (*latinamer. daglönare*)
2 peon [pjuːn] (*i Indien*) [kontors]bud; polis; soldat
peony ['pɪənɪ] *bot.* pion
people ['piːpl] **I** *s* **1** *pl* människor[na], personer; folk; menighet; *the ~* (*äv.*) den stora massan, de breda lagren; *~'s democracy* folkdemokrati; *the P~'s Republic of China* Folkrepubliken Kina; *country ~* lantbor[na], folk från landet; *English ~* engelsmän[nen]; *there were few ~ here* det var litet folk här; *a great many ~* många människor, mycket folk; *he of all ~* han av alla människor, just han; *~ who* folk (alla, den, var och en) som; *Tokyo has 8 million ~* Tokyo har 8 miljoner människor; *what do you ~ think?* vad tycker ni [gott folk]?; *the P~ versus Jones* (*AE. jur.*) staten mot Jones **2** folk[slag]; nation; *the Swedish ~* svenska folket; *the Germanic ~s* de germanska folken **3** *pl, vard.* närmaste, anhöriga, familj, släkt, släktingar; **4** *pl* man, folk; *~ say* man (folk) säger, det sägs **II** *v* befolka, bebo
pep [pep] **I** *s* fart, kläm, schwung **II** *v, ~ [up]* pigga (muntra) upp, peppa upp
P.E.P. *förk. för Political and Economic Planning*
pepper ['pepə] **I** *s* **1** peppar **2** paprika **II** *v* **1** peppra; *bildl. äv.* översålla **2** peppra på, bombardera **pepper-and-salt** [ˌpepərən'sɔːlt] *a* (*om tyg*) peppar och salt-; (*om hår*) gråsprängt **peppercorn** ['peppəkɔːn] pepparkorn **pepper mill** ['pepəmɪl] pepparkvarn **peppermint** ['pepəmɪnt] **1** *bot.* pepparmynta **2** peppar|mint, -mynt; pepparmyntskaramell **pepper pot** ['pepəpɒt] pepparströare **peppery** ['pepərɪ] **1** peppar-, pepprad, pepparstark **2** hetsig, hetlevrad **3** bitsk
pep pill ['peppɪl] *vard.* uppiggande tablett
peppy ['pepɪ] *vard.* klämmig, pigg; snärtig
pepsin[e] ['pepsɪn] pepsin
pep talk ['peptɔːk] *vard.* peptalk, uppmuntrande tal
peptic ['peptɪk] peptisk; matsmältnings-; mag-; *~ ulcer* magsår
per [pɜː, *obeton.* pə] **1** per (*person* person); *60 miles ~ hour* 60 miles i timmen **2** *as ~* enligt; *as ~ usual* (*vard.*) som vanligt
per. *förk. för period; person*
peradventure [p(ə)rəd'ventʃə] *adv, åld.* möjligen, kanske
perambu|late [pə'ræmbjʊleɪt] vandra omkring [i] **-lation** [pəˌræmbjʊ'leɪʃn] vandring, strövtåg **-lator** [pə'ræmbjʊleɪtə] barnvagn
per annum [pər'ænəm] per år, om året, årligen
per capita [pə'kæpɪtə] per capita, per person, efter antalet personer
per|ceivable [pə'siːvəbl] förnimbar, urskiljbar, märkbar **-ceive** ['siːv] **1** uppfatta, förnimma, märka **2** inse, fatta, förstå
per cent, percent [pə'sent] procent; *a 5 ~ discount* 5 procents rabatt **percentage** [-ɪdʒ] procent; procenttal; procentsats
per|ceptible [pə'septəbl] förnimbar, märkbar **-ception** [-'sepʃn] **1** förnimmelse **2** iakttagelseförmåga, uppfattning **3** perception, varseblivning **-ceptive** [-'septɪv] insiktsfull, skarpsinnig; observant, uppmärksam; iakttagelse-
1 perch [pɜːtʃ] (*pl lika el. ~es*) abborre
2 perch [pɜːtʃ] **1** [sitt]pinne (*för höns e.d.*); *bildl.* upphöjd plats **2** perch (*längdmått = 5,5 yards = 5,029 m; ytmått = 30,25 squareyards = 25,29 m2*) **II** *v* **1** flyga upp och sätta sig, slå sig ner, sätta sig (*on* på) **2** sätta, placera (*på pinne e.d.*); *the bird*

P

was ~ed on a branch fågeln satt uppflugen på en gren; *the town was ~ed on a hill* staden låg högt uppe på ett berg

perchance [pə'tʃɑ:ns] *åld. el. poet.* måhända; till äventyrs

percipient [pə'sɪpɪənt] insiktsfull

perco|late ['pɜ:kəleɪt] **1** filtrera, sila; brygga (*coffee* kaffe) **2** tränga igenom, sippra genom **3** filtreras, silas; bryggas **4** *AE. vard.* upplivas, bli pigg **-lation** [,pɜ:kə'leɪʃn] filtrering; silande; bryggning **-lator** ['pɜ:kəleɪtə] kaffebryggare

percussion [pə'kʌʃn] **1** slag, stöt **2** *mus.* slaginstrument; *the ~* slag|instrumenten, -verket, batteriet **3** *med.* perkussion **percussion cap** tändhatt, knallhatt **percussion instrument** slaginstrument **percussionist** [-ɪst] slagverkare; batterist **percussive** [-'kʌsɪv] *med.* perkussions-

per diem [,pɜ:'daɪem] per dag, om dagen; dagligen

perdition [pə'dɪʃn] **1** evig fördömelse; helvete **2** *åld.* fördärv

peregrinate ['perɪgrɪneɪt] **1** vandra (resa) omkring **2** vandra (färdas) genom **peregrination** [,perɪgrɪ'neɪʃn] vandring, resa, färd **peregrine falcon** ['perɪgrɪn,fɔ:lkən] *zool.* pilgrimsfalk

peremptory [pə'rem(p)t(ə)rɪ] **1** bestämd; myndig; diktatorisk; dogmatisk **2** *jur.* avgörande, slutlig

perennial [pə'renjəl] **I** *a* **1** ständig, evig **2** *bot.* perenn, flerårig **II** *s* perenn, flerårig växt

perf. *förk. för perfect; perforated; perforation*

per|fect I *a* ['pɜ:fɪkt] **1** perfekt, fullkomlig, fulländad, utmärkt **2** absolut, total, ren; fullständig, fullkomlig; *~ stranger* fullkomlig främling, vilt främmande människa; *he's a ~ bore* han är en äkta tråkmåns; *it's a ~ disgrace* det är stor skam **3** *språkv.*, *~ participle a*) perfekt particip, *b*) supinum; *the ~ tense* perfekt[um] **II** *s* ['pɜ:fɪkt] *språkv.* perfekt[um]; *the past ~* pluskvamperfekt[um] **III** *v* [pə'fekt] fullända, fullkomna; göra perfekt **-fectible** [pə'fektəbl] förbättringsbar, som går att göra perfekt **-fection** [pə'fekʃn] **1** perfektion, fulländning, fullkomlighet; *do s.th. to ~* göra ngt helt perfekt **-fectionist** [pə'fekʃnɪst] perfektionist

per|fidious [pə'fɪdɪəs] trolös, svekfull, förrädisk **-fidy** ['pɜ:fɪdɪ] trolöshet, svek, förräderi

per|forate ['pɜ:fəreɪt] perforera; genomborra; tanda **-foration** [,pɜ:fə'reɪʃn] perforering; (*på frimärke*) tandning; *med.* perforation

perforce [pə'fɔ:s] *adv* nödvändigtvis, oundvikligen

perform [pə'fɔ:m] **1** utföra, uträtta; fullgöra; förrätta (*ceremoni e.d.*) **2** framföra, spela, ge (*a play* en pjäs) **3** uppträda; *~ as Hamlet* spela (uppträda som) Hamlet; *~ in the role of Hamlet* uppträda i rollen som Hamlet **4** prestera; fungera **performable** [-əbl] **1** görlig **2** spelbar **performance** [-əns] **1** utförande; fullgörande **2** uppförande (*av pjäs e.d.*); uppträdande; föreställning **3** prestanda; prestation **4** *vard.* uppträde, scen **performer** [-ə] skådespelare, aktör, artist, uppträdande; spelande **performing** [-ɪŋ] (*om cirkusdjur e.d.*) dresserad, uppträdande; *~ arts* bild- och teaterkonst (*balett, skådespeleri etc.*); *~ rights* uppföranderätt

per|fume I *s* ['pɜ:fju:m] **1** doft, vällukt **2** parfym **II** *v* [pə'fju:m] parfymera **-fumer** [pə'fju:mə] parfymtillverkare; parfymhandlare **-fumery** [pə'fju:m(ə)rɪ] **1** parfymeri **2** parfymtillverkning **3** parfymer

perfunctory [pə'fʌŋ(k)t(ə)rɪ] **1** rutin-, slentrian|mässig, vårdslös **2** slö, likgiltig

perfuse [pə'fju:z] övergjuta, begjuta

pergola ['pɜ:gələ] pergola

perhaps [pə'hæps, præps] kanske; *~ so* kanske det

peri|gee ['perɪdʒi:] *astr.* perigeum **-helion** [,perɪ'hi:ljən] *astr.* perihelium

peril ['per(ə)l] fara; risk; *at one's own ~* på egen risk, på eget ansvar; *be in ~ of one's life* sväva i livsfara **perilous** ['perələs] farlig; riskabel

perimeter [pə'rɪmɪtə] *mat.* perimeter, omkrets

perineum [,perɪ'ni:əm] *anat.* bäckenbotten

period ['pɪərɪəd] **1** period; tid[speriod], epok, tidevarv, tidsskede **2** mens[truation] **3** *astr.* period, omloppstid **4** [fullständig] mening; *i sht AE.* punkt **5** *AE.* slut; paus **6** lektion[stimme]; *double ~* dubbeltimme; *free ~* håltimme **period costume** kostym (dräkt) från tiden **period furniture** stilmöbel, antik möbel **periodic** [,pɪərɪ'ɒdɪk] periodisk; *the ~ system* periodiska systemet **periodical** [,pɪərɪ'ɒdɪkl] **I** *a* periodisk **II** *s* tidskrift, periodisk skrift **periodicity** [,pɪərɪə'dɪsətɪ] periodisk växling, periodicitet

peripatetic [,perɪpə'tetɪk] kringvandrande, ambulerande; som upprätthåller flera tjänster samtidigt

periph|eral [pə'rɪfər(ə)l] perifer[isk], yttre **-ery** [-ərɪ] periferi, omkrets; utkant, ytterområde[n]

periphra|sis [pə'rɪfrəsɪs] (*pl -ses* [-si:z]) perifras, omskrivning **periphrastic** [,perɪ'fræstɪk] perifrastisk, omskrivande

periscope ['perɪskəʊp] periskop

perish ['perɪʃ] **1** omkomma, förgås; *they ~ed with cold* de omkom av köld **2** fördärvas, förstöras **perishable** [-əbl] **I** *a* förgänglig **II** *~s* (*pl*) ömtåliga varor (*i sht mat*) **perished** [-t] *vard.* genom|kall, -frusen **perishing** [-ɪŋ] **1** *vard.* iskall **2** *sl.* förbaskad, jäkla

peritonitis [,perɪtə(ʊ)'naɪtɪs] *med.* peritonit, bukhinneinflammation

periwig ['perɪwɪg] peruk

periwinkle ['perɪ,wɪŋkl] **1** *bot.* vintergröna **2** *zool.* (*slags ätbar*) strandsnäcka

per|jure ['pɜ:dʒə] *v*, *~ o.s.* begå mened **-jurer** [-dʒ(ə)rə] menedare **perjury** [-dʒ(ə)rɪ] mened; *commit ~* begå mened

1 perk [pɜ:k] **1** *~ up* piggna till **2** *~ up a*) pigga upp, *b*) piffa upp **3** *~ up* höja, lyfta; *the dog ~ed up it's ears* hunden spetsade öronen

2 perk [pɜ:k] *vard.* = *percolate*

3 perk [pɜ:k] pigg, rask; livlig

4 perk [pɜ:k] *BE. vard.* = *perquisite*

perky ['pɜ:kɪ] **1** pigg, rask **2** säker, kavat

1 perm [pɜ:m] *vard.* **I** *v* permanenta; *~ one's hair* permanenta sig (håret) **II** *s* (*förk. av permanent wave*) permanent[ning]

2 perm [pɜ:m] *vard.* (*förk. av permutation*) system[tips]

perma|nence ['pɜ:m(ə)nəns] permanens, beständighet **-nency** [-nənsɪ] **1** permanent tillstånd; varaktigt tillstånd **2** *se permanence* **-nent** permanent, beständig, varaktig, stadigvarande; ~ *wave* permanent[ning] **-nently** *adv* [-nəntlɪ] permanent, varaktigt; ständigt

permanganate [pɜ:'mæŋgəneɪt] *kem.* permanganat

perme|ability [ˌpɜ:mjə'bɪlətɪ] genomtränglighet, permeabilitet **-able** ['pɜ:mjəbl] genomtränglig, permeabel **-ate** ['pɜ:mɪeɪt] **1** tränga igenom (in i, ner i) **2** tränga igenom (in) **-ation** [ˌpɜ:mɪ'eɪʃn] genomträng|ning, -ande

per mil[l] [pɜ:'mɪl] promille

per|missible [pə'mɪsəbl] tillåtlig, tillåten **-mission** [-'mɪʃn] lov, tillstånd, tillåtelse; *by ~ of* med tillstånd av; *with your ~* med er tillåtelse, om ni tillåter **-missive** [-'mɪsɪv] tolerant, eftergiven; frigjord; *the ~ society* det normlösa samhället, ”låt gå-samhället”

permit I *v* [pə'mɪt] **1** tillåta, medge; ge tillåtelse (tillstånd) (*to* att); *weather ~ting* om vädret tillåter; *be ~ted to* ha [fått] tillåtelse att **2** ~ *of* tillåta, medge **II** *s* ['pɜ:mɪt] tillstånd, tillåtelse; skriftligt tillstånd; tillstånd[sbevis]; licens

per|mutation [ˌpɜ:mju:'teɪʃn] **1** *mat.* permutation **2** systemtips **-mute** [pə'mju:t] **1** flytta (byta, kasta) om **2** *mat.* permutera

pernicious [pə'nɪʃəs] **1** illvillig, elak, skadlig **2** *med.* perniciös, elakartad

pernickety [pə'nɪkətɪ] *vard.* petnoga; petig

pero|rate ['perəreɪt] **1** orera, hålla tal **2** avsluta ett tal **-ration** [ˌperə'reɪʃn] **1** avslutning (*av ett tal*) **2** längre anförande

peroxide [pə'rɒksaɪd] *kem.* peroxid: [*hydrogen*] ~ väte[su]peroxid

perpendicular [ˌpɜ:pən'dɪkjʊlə] **I** *a* **1** lodrät, vertikal; vinkelrät (*to* mot) **2** *arkit.*, ~ *style* engelsk sengotik, perpendikularstil **II** *s* **1** *geom.* normal, perpendikel **2** sänklod **3** lodrätt plan; *be out of the ~* inte vara lodrät

perpe|trate ['pɜ:pɪtreɪt] föröva, begå **-tration** [ˌpɜ:pɪ'treɪʃn] förövande, begående **-trator** ['pɜ:pɪtreɪtə] förövare; missdådare

perpetu|al [pə'petʃʊəl] evig, ständig, oavbruten; ~ *motion* perpetuum mobile; ~ *motion machine* evighetsmaskin **-ate** [-eɪt] föreviga; bevara för all framtid **-ation** [pəˌpetʃʊ'eɪʃn] förevigande; bevarande för all framtid **-ity** [ˌpɜ:pɪ'tju:ətɪ] beständighet; evighet, evärdlig tid; *in ~* för evärdlig tid, för all framtid

per|plex [pə'pleks] **1** förvirra, förbrylla **2** trassla till, komplicera **-plexed** [-'plekst] perplex, häpen **-plexity** [-'pleksətɪ] **1** förvirring **2** trasslighet

perquisite ['pɜ:kwɪzɪt] extra förmån; biinkomster

perron ['perɒn] yttertrappa (*i sht t. huvudingång*)

perry ['perɪ] päronvin

pers. *förk. för person*[*al*]

per se [ˌpɜ:'seɪ] per se, i och för sig

persecute ['pɜ:sɪkju:t] **1** förfölja **2** ansätta, plåga **persecution** [ˌpɜ:sɪ'kju:ʃn] förföljelse **persecution complex** förföljelsemani **persecutor** ['pɜ:sɪkju:tə] förföljare

per|severance [ˌpɜ:sɪ'vɪər(ə)ns] uthållighet, ihärdighet, ståndaktighet **-severe** [-sɪ'vɪə] framhärda, hålla ut (*in* i, med), hålla fast (*in* vid) **-severing** [-sɪ'vɪərɪŋ] uthållig, ihärdig, ståndaktig

Per|sia ['pɜ:ʃə] Persien, Iran **-sian** [-ʃən] **I** *a* persisk; ~ *blinds* (*utvändiga*) persienner; ~ *cat* perserkatt; ~ *lamb* persian[skinn] **II** *s* **1** perser **2** persiska [språket]

persiennes [ˌpɜ:sɪ'enz] *pl* (*utvändiga*) persienner

persiflage [ˌpɜ:sɪ'flɑ:ʒ] gyckel, drift; persiflage

persimmon [pɜ:'sɪmən] *bot.* persimon[träd]

per|sist [pə'sɪst] **1** framhärda (*in* i), envisas (*in* med); ~ *in* (*äv.*) hålla fast vid **2** fortsätta, hålla 'på **-sistence** [-'sɪst(ə)ns], **-sistency** [-'sɪst(ə)nsɪ] **1** framhärdande, envishet **2** fort|varo, -bestånd; *the ~ of the high fever* den ihållande höga febern **-sistent** [-'sɪst(ə)nt] envis, ihärdig; ihållande, konstant, ständig

person ['pɜ:sn] person; människa; *a young ~* en ung människa (ung dam); *in ~* personligen; *without respect of ~* utan anseende till person; *have a gun on one's ~* ha en pistol på sig **-able** [-əbl] behaglig, trevlig **-age** [-ɪdʒ] [framstående] personlighet; person

personal ['pɜ:snl̩] **I** *a* personlig; privat; ~ *call* personligt besök (samtal); ~ *column* (*i tidning*) personligt; ~ *matter* privatsak, personlig angelägenhet; ~ *name* personnamn; ~ *pronoun* personligt pronomen; ~ *property* (*jur.*) personlig lösegendom; *don't be ~!* gå inte in på personligheter! **II** *s, jur.* personlig lösegendom

personality [ˌpɜ:sə'nælətɪ] **1** personlighet **2** (*ofta pl*) personlig anmärkning; *descend to -ities* gå in på personligheter **personality disorder** personlighetsstörning **personally** ['pɜ:snəlɪ] *adv* **1** personligen; personligt **2** som person (människa) **personalty** ['pɜ:snl̩tɪ] *jur.* personlig lösegendom

personate ['pɜ:səneɪt] **1** [falskeligen] utge sig för att vara **2** spela rollen av, porträttera (*på scen*)

personi|fication [pɜ:ˌsɒnɪfɪ'keɪʃn] personifikation; förkroppsligande **-fy** [pɜ:'sɒnɪfaɪ] personifiera; förkroppsliga; *he was politeness -fied* han var artigheten själv

personnel [ˌpɜ:sə'nel] **I** *s* **1** personal; manskap **2** personalavdelning **II** *a* personal-; ~ *carrier* (*mil.*) transportfordon; ~ *manager* personalchef

perspective [pə'spektɪv] **1** perspektiv; *in ~* perspektiviskt, i perspektiv; *get s.th. out of ~ a*) se ngt ur felaktigt perspektiv, *b*) förvränga perspektivet på ngt **2** perspektivritning; perspektivlära

Perspex ['pɜ:speks] (*varumärke*) plexiglas

per|spicacious [ˌpɜ:spɪ'keɪʃəs] klarsynt; skarpsinnig **-spicacity** [-spɪ'kæsətɪ] klarsynthet; skarpsinne **-spicuity** [-spɪ'kju:ətɪ] klarhet, åskådlighet **-spicuous** [pə'spɪkjʊəs] klar, åskådlig

per|spiration [ˌpɜ:spə'reɪʃn] **1** transpiration, svettning **2** svett **-spire** [pə'spaɪə] transpirera, svettas

per|suade [pə'sweɪd] **1** övertala **2** övertyga **-suader** [-'sweɪdə] övertalare **-suasion** [-'sweɪʒn] **1** övertalning **2** övertalningsförmåga **3** övertygelse **-suasive** [-'sweɪsɪv] övertalande; övertygande **-suasiveness** [-'sweɪsɪvnɪs] övertalningsförmåga

pert [pɜ:t] **1** fräck, näsvis **2** pigg

pert. *förk. för pertain*

P

pertain [pɜː'teɪn] *v*, ~ *to a)* angå, gälla, hänföra sig till, *b)* tillhöra
perti|nacious [ˌpɜːtɪ'neɪʃəs] envis, hårdnackad; obeveklig, orubblig **-nacity** [-'næsətɪ] halsstarrighet; obeveklighet
perti|nence ['pɜːtɪnəns] relevans **-nent** [-nənt] relevant, hörande till saken
per|turb [pə'tɜːb] bringa i oordning; oroa, störa **-turbation** [ˌpɜːtə'beɪʃn] oro, störning; orosmoment
Peru [pə'ruː]
peruke [pe'ruːk] peruk
perusal [pə'ruːzl] [genom]läsning **peruse** [pə'ruːz] läsa igenom [noggrant]
Peruvian [pə'ruːvjən] **I** *a* peruansk **II** *s* peruan
pervade [pə'veɪd] tränga igenom; genomströmma; genomsyra, [upp]fylla **pervasion** [pə'veɪʒn] *s* genomträngande **pervasive** [pə'veɪsɪv] *a* genomträngande
per|verse [pə'vɜːs] **1** avvikande; bakvänd; onaturlig **2** motsträvig, vrång, egensinnig **-version** [-'vɜːʒn] **1** förvrängning, förvanskning **2** perversitet; perversion **-versity** [-'vɜːsətɪ] **1** avvikelse; onaturlighet **2** motsträvighet, egensinne **-vert I** *v* [pə'vɜːt] **1** förvränga, förvanska **2** fördärva, vilseleda **II** *s* ['pɜːvɜːt] pervers person **-verted** [-'vɜːtɪd] **1** förvrängd, förvanskad; feltolkad **2** pervers, abnorm
pervious ['pɜːvjəs] **1** genomtränglig **2** mottaglig (*to* för)
peseta [pə'seɪtə] (*mynt*) peseta **peso** ['peɪsəʊ] (*mynt*) peso
pessary ['pesərɪ] *med.* **1** pessar **2** vagitorium
pessi|mism ['pesɪmɪz(ə)m] pessimism **-mist** [-mɪst] pessimist **-mistic** [ˌpesɪ'mɪstɪk] pessimistisk
pest [pest] **1** plågoris, plågoande, plåga **2** skade|djur, -insekt; skadlig växt **pester** ['pestə] plåga, besvära **pesticide** ['pestɪsaɪd] pesticid **pestiferous** [pe'stɪf(ə)rəs] **1** förpestad **2** skadlig **3** *vard.* irriterande **pestilence** ['pestɪləns] farsot, pest **pestilent** ['pestɪlənt] **1** irriterande **2** fördärvlig; skadlig; dödsbringande, förpestad **pestilential** [ˌpestɪ'lenʃl] **1** pest-, pestartad **2** fördärvlig **3** irriterande
pestle ['pesl] mortelstöt
1 pet [pet] **I** *s* **1** sällskapsdjur **2** kelgris, favorit, älskling **II** *a* **1** ~ *dog* sällskapshund; ~ *shop* djuraffär, zoologisk affär **2** favorit-, älsklings-; ~ *name* smeknamn; *snakes are my ~ hate* ormar är det värsta jag vet **III** *v* **1** pjåska med, skämma bort **2** kela med, smeka; *vard.* hångla med
2 pet [pet] retligt humör, retlighet; *be in a* ~ vara retlig
Pet. *förk. för* (*bibl.*) *Peter*
petal ['petl] *bot.* kronblad
petard [pe'tɑːd] **1** *hoist with one's own* ~ fångad i sin egen fälla **2** svärmare (*slags fyrverkeripjäs*)
Pete [piːt] *kortform av Peter; for ~'s sake* (*vard.*) för Guds skull
Peter ['piːtə] Peter; *bibl.* Petrus; *St.* ~ *a)* aposteln Petrus, *b)* Sankte Per; ~*['s] pence* peterspenning; *rob ~ to pay Paul* låna från en för att betala en annan
1 peter ['piːtə] *v*, ~ *out* (*away*) ebba ut, ta slut, sina
2 peter ['piːtə] *sl.* **1** kassaskåp **2** fängelsecell **3** vittnesbås
peterman ['piːtəmən] *sl.* kassaskåpssprängare
Peter Pan [ˌpiːtə'pæn] **1** Peter Pan **2** ungdomlig (omogen) man
petersham ['piːtəʃ(ə)m] **1** [rock av] tjockt kläde **2** sidenripsband
petit bourgeois [ˌpetɪ'bʊəʒwɑː] (*pl petits bourgeois* [-z]) småborgare
petite [pə'tiːt] (*om kvinna*) liten och nätt
petition [pɪ'tɪʃn] **I** *s* petition, böneskrift; anhållan, bön; ansökan; *jur.* hemställan, inlaga, skriftlig framställning; ~ *for divorce* skilsmässoansökan; ~ *for mercy* nådeansökan **II** *v* **1** inlämna en petition till (*an authority for* en myndighet om) **2** ~ *for* ansöka (anhålla) om **petitioner** [pɪ'tɪʃnə] **1** petitionär **2** kärande i skilsmässoprocess
Petrarch ['petrɑːk] Petrarca
petrel ['petr(ə)l] *zool.* stormfågel
petri|faction [ˌpetrɪ'fækʃn] förstening **-fy** ['petrɪfaɪ] förstena; *bildl. äv.* lamslå
petrochemical [ˌpetrə(ʊ)'kemɪkl] petrokemisk
petrol ['petr(ə)l] *i sht BE.* bensin **petrolatum** [ˌpetrə'leɪtəm] vaselin **petrol can** ['petr(ə)lkæn] bensindunk **petroleum** [pɪ'trəʊljəm] petroleum, berg-, rå|olja **petroleum jelly** vaselin **petrol station** ['petr(ə)lˌsteɪʃn] *BE.* bensinstation **petrol tank** ['petr(ə)ltæŋk] bensintank
petticoat ['petɪkəʊt] under|kjol, -klänning; *vard.* kvinna **petticoat government** [-ˌgʌvnmənt] kjolregemente
pettifog|ger ['petɪfɒgə] **1** lagvrängare, brännvinsadvokat **2** krångelmakare **-gery** [-ərɪ] **1** lagvrängning, advokatyr **2** krångel **-ging** [-ɪŋ] *a* **1** obetydlig, trivial **2** spetsfundig; småaktig
petting ['petɪŋ] *AE. vard.* petting, erotiska smekningar
pettish ['petɪʃ] grinig, retlig, gnällig
pettitoes ['petɪtəʊz] *kokk.* grisfötter
petty ['petɪ] **I** *a* **1** obetydlig, liten, oväsentlig; ~ *cash* hand-, frimärks|kassa; ~ *sessions, se magistrates' court*; ~ *larceny* (*jur.*) snatteri **2** små|sint, -aktig **3** underordnad, av lägre rang; ~ *officer* (*i flottan*) överfurir, *AE. äv.* furir, korpral
petu|lance ['petjʊləns], **-lancy** [-lənsɪ] retlighet, kinkighet, grinighet **-lant** [-lənt] retlig, kinkig, grinig
petunia [pɪ'tjuːnjə] *bot.* petunia
pew [pjuː] kyrkbänk; *take a ~!* (*BE. vard.*) slå dig ner!
pewit ['piːwɪt] *zool.* tofsvipa
pewter ['pjuːtə] **I** *s* **1** tenn[legering] **2** tenn|kärl, -föremål **3** blyerts-, blå|grått **II** *a* **1** tenn- **2** blyerts-, blå|grå **-er** [-rə] tenngjutare
pf. *förk. för perfect; preferred* **P.G.** *förk. för paying guest* **pg.** *förk. för page*
pH [ˌpiː'eɪtʃ] pH; ~ *value* pH-värde
phalanx ['fælæŋks] (*pl -es el. phalanges* [fæ'lændʒiːz]) **1** falang; slaglinje; slutna led, kompakt massa **2** finger-, tå|led
phal|lic ['fælɪk] fallos-, fallisk **-lus** [-əs] fallos
phantasm ['fæntæz(ə)m] fantasma, hjärnspöke, fantasibild **phantasmagoria** [ˌfæntæzmə'gɒrɪə] fantasmagori; bländverk, gyckelspel
phantom ['fæntəm] **1** spöke, vålnad **2** inbillnings-, fantasi|foster, drömbild

Phar. *se Pharm.*
Pharaoh ['feərəʊ] farao
Pharisaic[al] [ˌfærɪ'seɪɪk(l)] fariseisk, självgod, skenhelig **Pharisee** ['færɪsi:] **1** farisé **2** *p~* självgod (skenhelig) person
Pharm. *förk. för pharmaceutical; pharmacist; pharmacopoeia; pharmacy*
pharmaceutic[al] [ˌfɑ:mə'sju:tɪk(l)] farmaceutisk **pharmaceutics** [-s] (*behandlas som sg*) farmaci
pharmacist ['fɑ:məsɪst] farmaceut, apotekare
pharma|cologist [ˌfɑ:mə'kɒlədʒɪst] farmakolog **-cology** [-'kɒlədʒɪ] farmakologi **-copoeia** [-kə'pi:ə] farmakopé
pharmacy ['fɑ:məsɪ] **1** farmaci **2** apotek
pharyn|gal [fə'rɪŋgl], **-geal** [ˌfærɪn'dʒi:əl] faryngal, svalg- **-gitis** [ˌfærɪn'dʒaɪtɪs] *med.* faryngit, halskatarr
pharynx ['færɪŋks] (*pl farynges* [fæ'rɪndʒi:z] *el.* *~es*) *anat.* svalg, farynx
phase [feɪz] **I** *s* fas; stadium; skede; *the ~s of the moon* månens faser; *in ~* (*elektr.*) i fas; *out of ~* (*elektr.*) fasförskjuten; *in* (*out of*) *~ with* (*bildl.*) i (inte i) samklang med **II** *v* **1** planera; *~* [*in*] genomföra (införa) gradvis; *~ out* låta upphöra gradvis, avveckla (dra tillbaka) i etapper **2** synkronisera, fasa; anpassa (*with* till) **--out** ['feɪzaʊt] *i sht AE.* nedskärning (avveckling) i etapper
Ph.D. *förk. för philosophiae doctor* (*lat.*) *Doctor of Philosophy*
pheasant ['feznt] *zool.* fasan
phenix ['fi:nɪks] *AE. myt.* fågel Fenix
phenobarbi|tal, -tone [ˌfi:nə(ʊ)'bɑ:bɪ|təl, -təʊn] *farm.* fenemal
phenol ['fi:nɒl] *kem.* fenol
phenom|enal [fə'nɒmɪnl] **1** fenomenal **2** *filos.* fenomenell, förnimbar **-enon** [-ɪnən] (*pl -ena* [-ɪnə] *el. -enons*) **1** fenomen, underverk **2** företeelse
phew [fju:] *interj* äsch!, ah!, usch!, puh!; åh!
phial ['faɪ(ə)l] liten [medicin]flaska
Phil. *förk. för Philadelphia* **phil.** *förk. för philosophy; philharmonic*
Philadelphia [ˌfɪlə'delfjə]
philander [fɪ'lændə] flörta (*with a woman* med en kvinna) **-er** [-rə] flört[ig man]
philan|thropic[al] [ˌfɪlən'θrɒpɪk(l)] filantropisk; välgörenhets- **-thropist** [fɪ'lænθrəpɪst] filantrop, människovän **-thropy** [fɪ'lænθrəpɪ] filantropi; människokärlek; välgörenhet
philatelic [ˌfɪlə'telɪk] filatelistisk **philatelist** [fɪ'lætəlɪst] filatelist, frimärkssamlare **philately** [fɪ'lætəlɪ] filateli
philharmonic [ˌfɪlɑ:'mɒnɪk] **I** *a* filharmonisk, musikälskande **II** *s, P~* filharmonisk orkester (kör), filharmoniker
Philip ['fɪlɪp] (*som kunganamn*) Filip
Philippians [fɪ'lɪpɪənz] (*behandlas som sg*) Paulus brev till filipperna, Filipperbreven
philippic [fɪ'lɪpɪk] strafftal
Philippines ['fɪlɪpi:nz] *s pl, the ~* Filippinerna
Philistine ['fɪlɪstaɪn] **I** *s* **1** *bibl.* filisté **2** kälkborgare, okultiverad person **II** *a* **1** filisteisk **2** *äv. philistine* kälkborgerlig, som saknar kultur
philologic[al] [ˌfɪlə'lɒdʒɪk(l)] filologisk, språkvetenskaplig **philologist** [fɪ'lɒlədʒɪst] filolog
philology [fɪ'lɒlədʒɪ] filologi, språkvetenskap
philosopher [fɪ'lɒsəfə] filosof; *~s' stone* de vises sten **philosophic[al]** [ˌfɪlə'sɒfɪk(l)] filosofisk
philoso|phize (*BE. äv -phise*) [fɪ'lɒsəfaɪz] filosofera **philosophy** [fɪ'lɒsəfɪ] filosofi
philtre ['fɪltə] kärleksdryck
phlebitis [flɪ'baɪtɪs] *med.* flebit, åderinflammation
phlegm [flem] **1** slem **2** flegma, sävlighet **phlegmatic[al]** [fleg'mætɪk(l)] flegmatisk, sävlig
phlox [flɒks] *bot.* flox
phobia ['fəʊbjə] fobi, skräck
Phoeni|cia [fɪ'nɪʃɪə] Fenicien **-cian I** *a* fenicisk **II** *s* fenicier
phoenix ['fi:nɪks] *myt.* fågel Fenix
phon [fɒn] (*enhet för ljudstyrka*) phon
1 phone [fəʊn] *språkv.* fon
2 phone [fəʊn] *vard. för telephone* **I** *s* telefon **II** *v* ringa [till, upp], telefonera [till] **phone-in** [fəʊn'ɪn] *radio.* telefonväktarprogram, program som lyssnarna kan ringa till
phoneme ['fəʊni:m] *språkv.* fonem **phonemic** [fə(ʊ)'ni:mɪk] *språkv.* fonematisk
pho|netic [fə(ʊ)'netɪk] fonetisk; *~ transcription* fonetisk transkription (skrift) **-netician** [ˌfəʊnɪ'tɪʃn] fonetiker **-netics** [fə(ʊ)'netɪks] (*behandlas som sg*) fonetik, ljudlära
phoney ['fəʊnɪ] *sl.* **I** *a* falsk, oäkta, förfalskad; skum **II** *s* bluff; bluffmakare; förfalskning
phonograph ['fəʊnəgrɑ:f] fonograf; *AE.* grammofon
phonology [fə(ʊ)'nɒlədʒɪ] *språkv.* fonologi
phony ['fəʊnɪ] *se phoney*
phosphate ['fɒsfeɪt] fosfat
phosphores|cence [ˌfɒsfə'resns] fosforescens **-cent** [-snt] fosforescerande
phosphoric [fɒs'fɒrɪk], **phosphorous** ['fɒsf(ə)rəs] fosfor- **phosphorus** ['fɒsf(ə)rəs] fosfor
photo ['fəʊtəʊ] *vard.* foto, kort
photo|cell ['fəʊtə(ʊ)sel] fotocell **-composition** [-kɒmpə'zɪʃn] *AE.* fotosättning **-copy** [-ˌkɒpɪ] **I** *s* fotokopia **II** *v* fotokopiera **-electric** [-ɪ'lektrɪk] *a* fotoelektrisk; *~ cell* fotocell
photo finish ['fəʊtə(ʊ)ˌfɪnɪʃ] målfoto, fotofinish
photogenic [ˌfəʊtə(ʊ)'dʒenɪk] **1** fotogenisk **2** *biol.* ljusgivande
photograph ['fəʊtəgrɑ:f] **I** *s* fotografi; *have one's ~ taken* [låta] fotografera sig **II** *v* fotografera **photographer** [fə'tɒgrəfə] fotograf **photographic** [ˌfəʊtə'græfɪk] fotografisk **photography** [fə'tɒgrəfɪ] fotografering[skonst], fotografi
photogravure [ˌfəʊtəgrə'vjʊə] fotogravyr **photometer** [fəʊ'tɒmɪtə] fotometer, exponeringsmätare
photon ['fəʊtɒn] *fys.* foton
photoplay ['fəʊtə(ʊ)pleɪ] *AE.* filmatiserad pjäs **Photostat** [-stæt] (*varumärke*) **I** *s* **1** fotostat[apparat] **2** fotostatkopia **II** *v* fotostatkopiera **photosynthesis** [ˌfəʊtə(ʊ)'sɪnθəsɪs] *bot.* fotosyntes **phototypesetting** [ˌfəʊtə(ʊ)'taɪpˌsetɪŋ] *AE.* fotosättning
phrasal ['freɪzl] fras-; *~ verb* frasverb (*verb + adv el. prep*) **phrase** [freɪz] **I** *s* **1** fras (*äv. mus.*), uttryck, vändning; *noun ~* nominalfras; *preposi-*

tional ~ prepositionsuttryck; *verb* ~ verbalfras; [*set*] ~ stående (idiomatiskt) uttryck, talesätt **2** uttryckssätt, stil, språk **II** *v* **1** uttrycka, formulera **2** *mus.* frasera **phrase-book** parlör **phrase-maker** [-ˌmeɪkə] frasmakare

phraseology [ˌfreɪzɪˈɒlədʒɪ] fraseologi

phrasing [ˈfreɪzɪŋ] **1** formulering, uttryckssätt **2** *mus.* frasering

phrenol|ogist [frɪˈnɒlədʒɪst] frenolog **-ogy** [-ədʒɪ] frenologi

Phrygi|a [ˈfrɪdʒɪə] Frygien **-an** [-n] **I** *s* frygier **II** *a* frygisk

P.H.S. *förk. för Public Health Service*

phut [fʌt] *vard.* **I** *s* duns **II** *adv, go* ~ gå sönder, paja, spricka

phys. *förk. för physical; physician; physics; physiological; physiology*

physical [ˈfɪzɪkl] **I** *a* **1** fysisk, kroppslig, kropps-; ~ *education* fysisk fostran, kroppsövningar, sport; ~ *examination* läkarundersökning; ~ *exercise* kroppsövning; ~ *jerks* (*sl.*) jympa; ~ *therapy, se physiotherapy;* ~ *training* gymnastik **2** fysisk, materiell; ~ *geography* fysisk geografi; ~ *violence* fysiskt (yttre) våld **3** fysikalisk (*chemistry* kemi); ~ *science* fysik **II** *s* läkarundersökning **physician** [fɪˈzɪʃn] läkare **physicist** [ˈfɪzɪsɪst] fysiker **physics** [ˈfɪzɪks] (*behandlas som sg*) fysik (*läran om materien o. energin*)

physiognomy [ˌfɪzɪˈɒnəmɪ] fysionomi

physiological [ˌfɪzɪəˈlɒdʒɪkl] fysiologisk **physiologist** [ˌfɪzɪˈɒlədʒɪst] fysiolog **physiology** [ˌfɪzɪˈɒlədʒɪ] fysiologi

physiothera|pist [ˌfɪzɪə(ʊ)ˈθerəpɪst] fysioterapeut; sjukgymnast **-py** [-pɪ] fysioterapi; sjukgymnastik

physique [fɪˈziːk] fysik, konstitution, kroppsbyggnad

pi [paɪ] (*grek. bokstav o. mat.*) pi

pianissimo [pjæˈnɪsɪməʊ] *mus.* pianissimo **pianist** [ˈpɪənɪst] pianist **piano I** *s* **1** [pɪˈænəʊ] piano; *grand* ~ flygel; *upright* ~ piano; *play the* ~ spela piano; *who was that at* (*on*) *the* ~? vem var det som spelade piano? **II** *adv* [ˈpjɑːnəʊ] *mus.* piano, svagt, dämpat **piano accordion** [pɪˈænəʊəˌkɔːdjən] pianodragspel **pianoforte** [ˌpjænə(ʊ)ˈfɔːtɪ] piano[forte] **Pianola** [pɪəˈnəʊlə] (*varumärke*) pianola **piano player** [pɪˈænəʊˌple(ɪ)ə] **1** pianist **2** pianola **piano stool** [pɪˈænəʊstuːl] piano|pall, -stol **piano-tuner** [piˈænəʊˌtjuːnə] pianostämmare

piazza [pɪˈætsə] **1** piazza, torg (*i Italien*) **2** arkad, galleri **3** *AE.* veranda

picador [ˈpɪkədɔː] (*i tjurfäktning*) picador

Picardy [ˈpɪkədɪ] Picardie

picaresque [ˌpɪkəˈresk] pikaresk-, skälm-; ~ *novel* skälmroman

picayune [ˌpɪkəˈjuːn] *AE.* **I** *s* [5 cent]mynt **II** *a, vard.* **1** betydelselös, ringa **2** småsint, småaktig

piccalili [ˈpɪkəlɪlɪ] pickels i senapssås

piccaninny [ˈpɪkənɪnɪ] **I** *s* [neger]barn **II** *a* liten

piccolo [ˈpɪkələʊ] pickolaflöjt

1 pick [pɪk] **I** *v* **1** plocka [upp]; picka [upp]; plocka i sig; samla; ~ *flowers* plocka blommor **2** välja [ut], plocka ut; ~ *and choose* välja och vraka, vara kräsen; ~ *a quarrel with* mucka gräl med; ~ *one's time* välja rätt tidpunkt; ~ *one's words* välja sina ord **3** rensa, plocka; ~ *a chicken* plocka en kyckling **4** peta [i, på], pilla [i, på]; gnaga [av]; ~ *one's food* peta i maten; ~ *one's nose* peta [sig i] näsan; ~ *one's teeth* peta tänderna; ~ *a bone* gnaga på (av) ett ben; *have a bone to* ~ *with s.b.* ha en gås oplockad med ngn **5** hacka [upp], hugga [upp]; ~ *holes in s.th. a*) hacka hål i ngt, *b*) kritisera (anmärka) på ngt, hitta fel hos ngt; *he's always ~ing holes* han anmärker alltid på allting **6** dyrka (bryta) upp (*a lock* ett lås) **7** stjäla ur; ~ *pockets* (*av.*) vara ficktjuv **8** plocka sönder, riva [sönder]; ~ *to pieces* kritisera (smula) sönder, göra ner **9** *AE.* knäppa (spela) på **10** ~ *at one's food* peta i maten; ~ *at s.b.* hacka (anmärka) på ngn; ~ *off a*) plocka (ta) bort (av), *b*) skjuta ner [den ene efter den andre]; ~ *on a*) välja [ut], *b*) hacka (anmärka) på; ~ *out a*) välja [ut], plocka ut, *b*) ta bort, *c*) [kunna] urskilja, *d*) peka [ut], *e*) framhäva, *f*) *mus.* ta ut; ~ *over* gå igenom; ~ *up a*) hacka upp, *b*) plocka (ta) upp, lyfta [på], *bildl.* ta upp [igen], fortsätta [med], *c*) hämta, plocka upp, ta (låta åka) med, bärga, *d*) lägga sig till med, skaffa sig, få [tag i], få tag på, hitta, komma över, *e*) lära (tillägna) sig, *f*) snappa (fånga) upp, [upp]fatta, urskilja, *g*) få (ta) in, *h*) haffa, ta fast, *i*) åter|få, -vinna, *j*) krya på sig, hämta sig, komma på fötter, tillfriskna, *k*) öka [farten]; *this will* ~ *you up* det här kommer att pigga upp dig; ~ *up with s.b.* bli bekant med ngn; ~ *up speed* öka farten **II** *s* val; elit; *the* ~ det bästa, eliten; *the* ~ *of the bunch* den bästa av allihop; *take your* ~! välj ut någon (något)!

2 pick [pɪk] korp; hacka

pickaback [ˈpɪkəbæk] *se piggyback*

pick|ax *AE.*, **-axe** *BE.* [ˈpɪkæks] **I** *s* hacka; korp **II** *v* hacka [med hacka, korp]

picked [pɪkt] utvald, handplockad **picker** [ˈpɪkə] **1** plockare, plockerska

picket [ˈpɪkɪt] **I** *s* **1** stake, [spetsig] påle, stolpe **2** *mil.* förpost, postering, vakt, piket **3** strejkvakt[er]; demonstrant[er] **II** *v* **1** inhägna (befästa) med pålar (stolpar) **2** tjudra **3** *mil.* sätta ut postering vid; vakta **4** placera ut strejkvakter vid; gå strejkvakt vid; demonstrera vid **5** gå strejkvakt; demonstrera **picket fence** spjälstaket **picket line** strejkvakt[er]

picking [ˈpɪkɪŋ] **1** plock|ande, -ning **2** *vanl. pl ~s a*) rester, överblivna saker, *b*) (*mer el. mindre hederliga*) extraförtjänster

pickle [ˈpɪkl] **I** *s* **1** [salt]lake, [ättiks]lag (*för inläggning*); inläggning **2** *vanl. pl ~s* pickels **3** *vard.* knipa, klämma; *be in a* ~ vara i knipa **4** *BE. vard.* rackarunge **II** *v* lägga in [i lag], marinera; salta in (ner), rimma **pickled** [-d] **1** inlagd, marinerad; saltad, rimmad; ~ *herring* inlagd sill; ~ *onions* syltlök **2** *AE. sl.* asberusad

pick|lock [ˈpɪklɒk] **1** inbrottstjuv **2** dyrk **--me-up** [-miːʌp] *vard.* uppiggande dryck, styrketår **-pocket** [-ˌpɒkɪt] ficktjuv **--up** [-ʌp] **1** (*på grammofon*) pickup; nålmikrofon; tonarm **2** pickup, liten lastbil **3** *vard.* acceleration, ax **4** *vard.* tillfällig bekantskap, uppraggad person **5** *vard.* upphämtning, upplockning (*av pers. el. varor*) **6** *vard.* uppgång **7** *sl.* lift

picky [ˈpɪkɪ] *vard.* kinkig, kräsen; besvärlig

picnic ['pɪknɪk] **I** *s* **1** picknick; utflykt; *go for a ~* ha (göra) en picknick **2** *vard.* enkel (lätt) sak **II** *v* ha (göra) en picknick, göra en utflykt **picnicker** [-ə] picknickdeltagare

picric ['pɪkrɪk] *a, ~ acid* pikrinsyra

Pict [pɪkt] (*folkslag*) pikt

pictorial [pɪk'tɔ:rɪəl] **I** *a* **1** illustrerad **2** bild-, tavel-; måleri-, målnings- **3** målerisk, målande **II** *s* illustrerad [vecko]tidning, bildtidning

picture ['pɪktʃə] **I** *s* **1** bild; målning, tavla; teckning; illustration; foto, kort; porträtt; *bildl. a*) bild, föreställning, *b*) situation, läge, *c*) avbild; *the child is the ~ of his father* barnet är sin far upp i dagen; *she is a perfect ~* hon är bildskön; *be in the ~* vara insatt [i det hela]; *be out of the ~* (*bildl.*) vara ute ur bilden; *come into the ~* komma in i bilden, bli aktuell; *form a ~ of s.th.* skapa sig en bild av ngt; *I get the ~!* jag förstår (har fattat)!; *he looked* (*was*) *the ~ of health* han såg ut som hälsan själv; *put s.b. in the ~* förklara situationen för ngn, sätta in ngn i saken, informera ngn om läget **2** skildring, beskrivning **3** film; *TV.* bild[skärm]; *the ~s* (*i sht BE.*) bio; *go to the ~s* gå på bio **II** *v* **1** framställa; måla; avbilda; skildra, beskriva **2** föreställa sig; *~ s.th. to o.s.* föreställa sig ngt

picture book ['pɪktʃəbʊk] bilderbok **picture card** [-kɑ:d] *kortsp.* klätt kort, målare **picture gallery** [-ˌgælərɪ] tavelgalleri **picturegoer** [-ˌgəʊə] *BE.* (*föråldrat*) biobesökare **picture hat** [-hæt] schäferhatt, bredbrättad stråhatt **picture palace** [-ˌpælɪs] *BE.* (*föråldrat*) biograf, biopalats **picture postcard** [-ˌpəʊs(t)kɑ:d] vykort

picturesque [ˌpɪktʃə'resk] pittoresk, målerisk; livfull, levande (*description* skildring)

picture tube ['pɪktʃətju:b] *TV.* bildrör **picture window** [-ˌwɪndəʊ] panorama-, perspektiv|-fönster **picture writing** [-ˌraɪtɪŋ] bildskrift

piddle ['pɪdl] **1** *vard.* pinka **2** *~* [*away*] slösa bort (*one's time* tiden) **piddling** [-ɪŋ] *vard.* obetydlig, futtig

pidgin ['pɪdʒɪn] blandspråk **pidgin English** [-ˌɪŋglɪʃ] pidginengelska

pie [paɪ] paj; pastej; *~ in the sky* (*vard.*) fåfängt hopp, falsk optimism; *as easy as ~* (*vard.*) lätt som en plätt, en enkel match; *have a finger in the ~* ha ett finger med i spelet

piebald ['paɪbɔ:ld] (*om häst*) fläckig, skäckig

piece [pi:s] **I** *s* **1** stycke, bit, del; *hand.* [hel] längd, [helt] stycke; *a ~ of advice* ett råd; *a ~ of furniture* en möbel (*enstaka föremål*); *~s of furniture* möbler; *a ~ of information* en upplysning; *a ~ of paper* ett papper, en papperslapp; *a nice ~ of work* ett gott arbete; *a ten-~ band* ett tiomannaband; *a twenty-~ coffee set* en kaffeservis i tjugo delar; *a* (*per, the*) *~* per styck, stycket; *by the ~* styck[e]vis, per styck; *in ~s* i stycken (bitar, delar), isärplockad, trasig; *they are all of a ~ a*) de är gjorda i ett stycke, de är likadana helt igenom, *b*) de är av samma slag; *break to ~s* slå sönder (i bitar); *fall to ~s* falla i bitar (stycken); *give s.b. a ~ of one's mind* säga ngn sitt hjärtas mening; *go to ~s a*) falla i bitar, gå sönder, spricka, *b*) *vard.* bli alldeles förstörd, klappa igenom, bli knäckt; *take to ~s* plocka isär **2** stycke, verk; artikel; *~ of music* musikstycke **3** [artilleri]pjäs; eldhandvapen; gevär **4** mynt; *a 50p ~* ett femtiopencemynt **5** (*i schackspel*) pjäs; (*i brädspel*) bricka **6** ackord; *be paid by the ~* ha ackordslön; *work by the ~* arbeta på ackord **7** *sl.* goding **II** *v* **1** laga, lappa; sy ihop; sätta samman; *~ together* sätta (lägga, foga, skarva, lappa, sy) ihop; *~ up* laga, lappa **2** *~ out* komplettera, utöka

piece goods ['pi:sgʊdz] *pl* metervara **peacemeal** [-mi:l] **I** *adv* **1** styckevis, bit för bit **2** i bitar, i stycken **II** *a* gradvis; ofullständig; osystematisk **piece rate** ackord[ssats] **piecework** ackordsarbete; *do* (*be on*) *~* arbeta på ackord

pie chart ['paɪtʃɑ:t] cirkeldiagram **piecrust** pajskal

pied [paɪd] (*om häst*) fläckig, skäckig; *the P~ Piper of Hamelin* Råttfångaren i Hameln

Piedmont ['pi:dmənt] Piemonte

pier [pɪə] **1** pir, vågbrytare **2** bropelare

pierce [pɪəs] sticka hål i (på), genomborra; tränga in i; tränga igenom; *have one's ears ~d* [låta] göra hål i öronen **piercing** ['pɪəsɪŋ] genomträngande; gäll; bitande

Pie|tism ['paɪətɪz(ə)m] pietism **-tist** [-tɪst] pietist

piety ['paɪətɪ] **1** fromhet; from handling **2** pietet

piezoelectric [paɪˌi:zəʊɪ'lektrɪk] piezoelektrisk

piffle ['pɪfl] *vard.* **I** *s* strunt[prat], smörja **II** *v* prata strunt (smörja)

pig [pɪg] **I** *s* **1** gris, svin; *buy a ~ in a poke* köpa grisen i säcken; *~s might fly* de egendomligaste saker kan hända; *make a ~'s ear of* förfuska **2** *vard.* [lort]gris; matvrak; drummel; *make a ~ of o.s.* vräka i sig [mat], äta så man storknar **3** fläskkött **4** [metall]tacka **5** *sl.* snut (*polis*) **6** *BE. vard.* knepig sak **II** *v* **1** grisa **2** *vard.* leva som en gris; vräka i sig [mat]

pigeon ['pɪdʒɪn] **1** *zool.* duva **2** *BE. vard., that's her ~* det är hennes problem (huvudvärk) **-hearted** [-ˌhɑ:tɪd] feg, lättskrämd **-hole** [-həʊl] **I** *s* **1** öppning till duvslag **2** fack (*i hylla, skrivbord e.d.*) **3** *vard.* kategori, fack **II** *v* **1** *bildl.* lägga på hyllan, skjuta upp **2** placera in i rätt fack; inordna, kategorisera **-toed** [-təʊd] med inåtvända tår; *walk ~* gå inåt med tårna

pig|gery ['pɪgərɪ] **1** svinstia, grishus **2** frosseri **-gish** [-ɪʃ] **1** grisig **2** glupsk **3** *BE. vard.* tjurskallig **4** *BE. vard.* snål

piggy ['pɪgɪ] **I** *s* **1** *barnspr.* nasse, liten gris **2** *barnspr.* tå **II** *a* grisig; glupsk **piggyback I** *adv* på ryggen **II** *s, give a child a ~* låta ett barn rida på ryggen **piggy bank** spargris

pig-headed [ˌpɪg'hedɪd] tjurskallig, envis **pig iron** ['pɪgˌaɪən] tackjärn **piglet** ['pɪglɪt] spädgris

pigment ['pɪgmənt] pigment, färgämne **pigmentation** [ˌpɪgmen'teɪʃn] pigmentering; pigment

Pigmy ['pɪgmɪ] *se Pygmy*

pig|pen ['pɪgpen] svinstia, grishus **-skin 1** svinläder **2** *AE. vard.* fotboll **-sticking** [-ˌstɪkɪŋ] vildsvinsjakt **-sty** [-staɪ] svinstia (*BE. äv. bildl.*), grishus **-tail** [-teɪl] **1** rulltobak **2** råttsvans (*fläta*)

1 pike [paɪk] (*pl ~*[*s*]) *zool.* gädda

2 pike [paɪk] **I** *s* **1** *hist.* (*vapen*) pik, spjut **2** *dial.* bergspets **II** *v* genomborra med pik (spjut)

3 pike [paɪk] *se turnpike 1*

pikeman ['paɪkmən] *hist.* pikenerare

P

pikeperch ['paɪkpɜ:tʃ] *zool.* gös

pikestaff ['paɪkstɑ:f] pikstav, spjutskaft; *as plain as a ~* klart som dagen (korvspad)

pilaf[f] ['pɪlæf], **pilao** [pɪ'laʊ] *kokk.* pilaff

pilaster [pɪ'læstə] pilaster, väggpelare

Pilate ['paɪlət] Pilatus

pilau [pɪ'laʊ], **pilaw** [pɪ'lɔ:] *kokk.* pilaff

pilchard ['pɪltʃəd] *zool.* sardin

1 pile [paɪl] **I** *s* **1** hög, trave, stapel **2** *vard.* massa; *a ~ of work* en massa arbete; *make a* (*one's*) *~* tjäna en massa pengar (en förmögenhet) **3** stor byggnad, byggnadskomplex **4** bål; *funeral ~* likbål **5** reaktor; *atomic ~* kärnreaktor **6** batteri; element; stapel **II** *v* **1** stapla [upp], trava [upp], lägga i hög; samla; lägga på; stapla full, belamra, överlasta; *he's piling work on* (*to*) *them* han överhopar dem med arbete; *~ it on* (*vard.*), *~ on* (*up*) *the agony* (*vard.*) bre på, överdriva; *~ up a*) stapla [upp], trava [upp], lägga i hög, samla, *b*) *vard.* kvadda **2** *~* [*up*] samla (hopa) sig, hopas **3** *~ up* krocka, kollidera **4** välla; *~ in* välla (tränga sig, pressa sig) in

2 pile [paɪl] (*på tyg*) lugg

pile|-driver ['paɪl,draɪvə] **1** pålkran **2** *vard.* kraftigt slag, propp

piles [paɪlz] *pl* hemorrojder

pilfer ['pɪlfə] snatta **-age** [-rɪdʒ] snatteri **-er** [-rə] snattare **-ing** [-rɪŋ] snatteri

pilgrim ['pɪlgrɪm] pilgrim; *the P~ Fathers, the P~s* pilgrimsfäderna **-age** [-ɪdʒ] **I** *s* pilgrimsfärd, vall|fart, -färd **II** *v* vallfärda, göra en pilgrimsfärd

piling ['paɪlɪŋ] pålverk

pill [pɪl] **1** piller; *the ~* (*vard.*) p-piller; *be* (*go*) *on the ~* ta p-piller; *it's a bitter ~ to swallow* (*bildl.*) det är en besk medicin **2** *sl.* kula, boll

pillage ['pɪlɪdʒ] **I** *s* **1** plundring **2** byte **II** *v* plundra

pillar ['pɪlə] pelare; stolpe; *bildl.* stöttepelare; *the P~s of Hercules* Herkules stoder; *a ~ of smoke* en rökpelare; *be driven from ~ to post* jagas från en plats till en annan (hit och dit) **pillar box** *BE.* [pelarformad] brevlåda

pillbox ['pɪlbɒks] **1** piller|ask, dosa; pillerburk (*äv. damhatt*) **2** *mil.* betongvärn

pillion ['pɪljən] **1** *hist.* damsadel (*bakom huvudsadeln*) **2** (*på motorcykel e.d.*) bönpall, baksits

pillory ['pɪlərɪ] **I** *s* skampåle **II** *v* ställa vid skampålen; *bildl.* låta schavottera

pillow ['pɪləʊ] **I** *s* **1** [huvud]kudde **2** dyna **II** *v* **1** lägga (låta vila) på en kudde **2** tjäna som kudde åt **pillowcase** ['pɪlə(ʊ)keɪs] örngott **pillow fight** ['pɪləʊfaɪt] kuddkrig **pillowslip** ['pɪləʊslɪp] örngott

pilot ['paɪlət] **I** *s* **1** lots **2** pilot, flygare **3** ledare, anförare, vägvisare **II** *v* **1** vara pilot på **2** lotsa, [väg]leda (*äv. bildl.*) **pilot beacon** [-,bi:kn] ledfyr **pilot boat** [-bəʊt] lotsbåt **pilot fish** [-fɪʃ] lotsfisk **pilot lamp** [-læmp] kontrollampa **pilot officer** [-,ɒfɪsə] (*i flygvapnet*) fänrik **pilot project** [-,prɒdʒekt] pilotprojekt

pimento [pɪ'mentəʊ] **1** kryddpeppar **2** *se pimiento* **pimiento** [pɪmɪ'entəʊ] paprika; pimiento, spansk peppar

pimp [pɪmp] **I** *s* hallick, sutenör **II** *v* vara hallick (*for* åt)

pimpernel ['pɪmpənəl] *s, bot.,* [*scarlet*] *~* rödmire, skogslysing; *the Scarlet P~* Röda nejlikan

pim|ple ['pɪmpl] finne, blemma **-pled** [-pld], **-ply** [-plɪ] finnig

pin [pɪn] **I** *s* **1** [knapp]nål; märke; brosch; *like a new ~* splitterny, blänkande ren; *neat as a* [*new*] *~* mycket prydlig; *~s and needles* (*vid domning*) stickningar, myrkrypningar; *be* (*sit*) *on ~s and needles* sitta som på nålar; *he doesn't care a ~* (*vard.*) han bryr sig inte ett skvatt om det **2** bult, tapp, sprint, stift, spik, dubb, pinne **3** *sport.* kägla **4** *mus.* [stäm]skruv **5** *vard.* *~s* (*pl*) påkar, ben **II** *v* fästa [med knappnål *etc.*], sätta (nåla) fast (*to* på, vid); klämma fast; pressa, trycka; *~ down a*) fästa [med knappnål *etc.*], *b*) klämma fast, *c*) trycka ner, *d*) *bildl.* binda [fast], låsa, tvinga, *e*) *bildl.* placera, lokalisera, definiera, precisera; *he ~ned me down to my promise* han tvingade mig att stå fast vid mitt löfte; *~ one's faith on s.b.* lita (tro) [blint] på ngn; *~ s.th. on s.b.* (*vard.*) beskylla ngn för ngt; *~ everything on one chance* sätta allt på ett kort; *~ up* sätta upp; *get ~ned* (*AE. vard.*) förlova sig

pinafore ['pɪnəfɔ:] *i sht BE.* [skydds]förkläde (*med bröstlapp*)

pinball ['pɪnbɔ:l] flipper **pinball machine** flipperspel

pince-nez ['pæ̃:(n)sneɪ] pincené

pincer movement ['pɪnsə,mu:vmənt] *mil.* kniptångsmanöver

pincers ['pɪnsəz] *pl* **1** kniptång; *large* (*heavy*) *~* hovtång; *a pair of ~* en kniptång **2** klo (*på kräftdjur*)

pinch [pɪn(t)ʃ] **I** *v* **1** nypa; knipa [ihop]; klämma; *~ off* nypa av; *~ a p.'s bottom* nypa ngn i baken; *~ one's finger* klämma fingret **2** inskränka [på]; *be ~ed* ha det knappt; *be ~ed for room* vara trångbodd; *be ~ed for time* (*money*) ha ont om tid (pengar) **3** hårt ansätta, pina, plåga; *~ed face* magert (tärt) ansikte; *be ~ed with hunger* vara utsvulten **4** *vard.* sno, knycka, stjäla **5** *vard.* haffa, ta fast **6** klämma (*äv. bildl.*); *he knows where the shoe ~es* han vet var skon klämmer **7** snåla; *~ and scrape* vända på slantarna, snåla och spara **II** *s* **1** nyp[ning], knipning, klämning; *give s.b. a ~ on the arm* nypa ngn i armen **2** knipa, klämma, trångmål, nöd[läge], kris; *at a ~* om det kniper, i nödfall **3** nypa; pris; *with a ~ of salt* (*bildl.*) med en nypa salt; *a ~ of snuff* en pris snus **4** *vard.* [polis]razzia; arrestering

pincushion ['pɪn,kʊʃn] nåldyna

Pindar ['pɪndə] Pindaros

1 pine [paɪn] **I** *s* **1** fura, tall; pinje; barrträd **2** furu, furuträ

2 pine [paɪn] **1** tyna bort (av) **2** tråna, trängta (*for s.th.* efter ngt; *to do s.th.* efter att göra ngt)

pineal ['paɪnɪəl] [tall]kottformig; *~ gland* (*body*) tallkottkörtel

pineapple ['paɪn,æpl] **1** ananas **2** *mil. sl.* handgranat

pine cone ['paɪnkəʊn] tallkotte

pinery ['paɪnərɪ] **1** ananasplantering **2** tallskog

pinetree fura, tall, pinje; barrträd

ping [pɪŋ] **I** *s* (*gevärskulas*) klingande, smällande (*mot metall*) **II** *v* (*om kula*) klinga, smälla

ping pong ['pɪŋpɒŋ] pingpong, bordtennis

pinhead ['pɪnhed] **1** knappnålshuvud **2** *sl.* dumskalle

1 pinion ['pɪnjən] **I** *s, poet.* vinge; vingspets **II** *v* **1** vingklippa **2** bakbinda; hålla fast [i armarna] **3** fjättra, binda fast (*to* vid)
2 pinion ['pɪnjən] pinjong, litet kugghjul, drev
1 pink [pɪŋk] **I** *s* **1** rosa, skärt, skär färg **2** nejlika **3** [räv]jägares röda rock; rävjägare **4** *be in the ~ [of health]* vara vid bästa hälsa (i god form) **II** *a* **1** rosa, skär; *see ~ elephants* (*vid berusning*) se vita möss **2** *BE. polit. vard.* vänster- **III** *v* (*om motor*) knacka
2 pink [pɪŋk] perforera, skära ut små hål i (*läder, tyg*)
pinkeye ['pɪŋkaɪ] bindhinneinflammation
pink|ie, -y [-ɪ] *AE. o. Sk., vard.* lillfinger
pin money ['pɪn,mʌnɪ] nålpengar
pinnace ['pɪnɪs] *sjö.* pinass, slup
pinnacle ['pɪnəkl] **1** tornspira, tinne; *bildl.* höjdpunkt, topp **2** spetsig [bergs]topp
pinnate ['pɪnɪt] *bot.* parbladig
pinny ['pɪnɪ] *barnspr.* = *pinafore*
pin|point ['pɪnpɔɪnt] **I** *s* **1** knappnålsspets, nålspets **2** bagatell, struntsak **II** *v* precisera, noga bestämma (definiera) **-prick I** *s* nål|stick, -sting (*äv. bildl.*); *bildl. äv.* lätt irritation **II** *v* sticka med nål; irritera **-stripe I** *s, textil.* kritstrecksrand **II** *a* kritstrecksrandig
pint [paɪnt] pint (= *1/8 gallon, i Storbritannien = 0,57 l, i USA = 0,47 l*); *have a ~* ta en öl
pinto ['pɪntəʊ] *AE.* **I** *a* [vit]fläckig, skäckig **II** *s* skäckig häst
pint-size[d] ['paɪntsaɪz(d)] *vard.* minimal, pytteliten
pin-up ['pɪnʌp] **I** *s, vard.* [bild av] pinuppa **II** *a* **1** pinup- **2** *AE.* vägg-; *~ lamp* vägglampa
piny ['paɪnɪ] tall, furu-
pioneer [,paɪə'nɪə] **I** *s* **1** pionjär; nyodlare; banbrytare, föregångare **2** *mil.* ingenjörssoldat, pionjär **II** *v* **1** vara pionjär, bana väg **2** initiera, sätta i gång, bana väg för
pious ['paɪəs] from, gudfruktig
1 pip [pɪp] (*i apelsin, äpple, päron*) kärna
2 pip [pɪp] **1** (*i tidssignal e.d.*) pip; (*på radarskärm*) blip **2** (*på tärning, spelkort*) prick **3** *vard. mil.* stjärna (*på axelklaff*) **II** *v* pipa; skrika till
3 pip [pɪp] **I** *s* **1** (*hönssjukdom*) pips **2** *BE. vard.* dåligt humör, deppighet; *give s.b. the ~* göra ngn galen **II** *v, BE. vard.* **1** deppa; vara sur **2** göra ngn galen
4 pip [pɪp] *BE. vard.* **1** träffa, döda (*med gevär*) **2** besegra; *~ s.b. at the post* slå ngn på mållinjen
pipe [paɪp] **I** *s* **1** rör[ledning], ledningsrör, ledning **2** [tobaks]pipa; [pip]stopp; *put that in your ~ and smoke it!* (*vard.*) det får du försöka finna dig i! **3** *mus.* [orgel]pipa; *the ~s* (*äv.*) *a*) säckpipa, *b*) andningsorganen **4** (*fågels*) pip[ande] **5** *AE. sl.* (*i sht om collegekurs*) urenkel grej **II** *v* **1** spela på pipa **2** pipa, skrika gällt; *~ down* (*sl.*) stämma ner tonen, hålla käften; *~ up a*) börja spela, spela (stämma) upp **3** leda i rör; lägga in rör i, förse med rör
pipeclay ['paɪpkleɪ] piplera **pipe cleaner** [-,kli:nə] piprensare **pipe dream** [-dri:m] önskedröm **pipeline** [-laɪn] **I** *s* pipeline, rör-, olje-, naturgas|ledning; *bildl.* kanal; *in the ~* i stöpsleven, under utarbetande **II** *v* leda genom pipeline (rörledning) **pipe major** [-,meɪdʒə] förste säckpipblåsare
piper ['paɪpə] pipblåsare; säckpip[s]blåsare; *he who pays the ~ calls the tune* den som betalar kalaset får också bestämma
pipe rack ['paɪpræk] pipställ
pipette [pɪ'pet] pipett
piping ['paɪpɪŋ] **I** *s* **1** pipspel, säckpipsspel **2** pip, pipande, visslande **3** rörledningssystem **II** *a* pipig **III** *adv, ~ hot* rykande varm, kokhet
pipit ['pɪpɪt] *zool.* piplärka
pipsqueak ['pɪpskwi:k] *vard.* liten stackare; struntsak
piquancy ['pi:kənsɪ] **1** pikant (skarp) smak **2** *bildl.* pikanteri; skärpa **piquant** [-kənt] *eg. o. bildl.* pikant; skarp
pique [pi:k] **I** *s* förtrytelse, sårad stolthet **II** *v* **1** såra, kränka; reta **2** *~ o.s. on s.th.* stoltsera (skryta) med
piracy ['paɪərəsɪ] **1** *BE.* sjöröveri; piratdåd **2** pirat|tryck, -utgåva
piranha [pɪ'rɑ:njə] *zool.* piraya
pirate ['paɪərət] **I** *s* **1** pirat, sjörövare **2** sjörövarfartyg **3** piratförläggare; *radio.* piratsändare **II** *a* pirat-; sjörövar- **III** *v* göra en piratutgåva (piratupplaga) av **piratic[al]** [paɪ'rætɪk(l)] pirat-; sjörövar-
pirouette [,pɪrʊ'et] **I** *s* piruett **II** *v* piruettera
piscary ['pɪskərɪ] **1** fiskerätt **2** fiskevatten
Pisces ['pɪsi:z] (*stjärnbild*) Fiskarna
pisciculture ['pɪsɪkʌltʃə] fiskodling
piss [pɪs] *vulg.* **I** *s* piss **II** *v* pissa; *~ off!* (*i sht BE.*) stick!, dra åt helvete!; *~ed* (*BE.*) berusad, full
pistachio [pɪ'stɑ:ʃɪəʊ] **I** *s* **1** pistaschmandelträd **2** pistasch[mandel] **II** *a* pistaschgrön
piste [pi:st] pist; skidbacke; bana för fäkttävling
pistil ['pɪstɪl] *bot.* pistill
pistol ['pɪstl] pistol
piston ['pɪstən] *mek., mus.* pistong **piston ring** kolvring **piston rod** vevstake, kolvstång
1 pit [pɪt] **I** *s* **1** grop, hål; *bildl.* fallgrop; *the ~* (*äv.*) helvetet; *the ~ of the stomach* maggropen **2** [kol]gruva; gruvschakt **3** *teat.* bortre parkett; *[orchestra] ~* orkesterdike **4** (*på bilverkstad*) smörjgrop; (*på racerbana*) [service]depå **5** *BE. sl.* slaf (*säng*) **6** [kopp]ärr **II** *v* **1** hetsa, egga upp (*s.b. against* ngn mot) **2** lägga i grop **3** *~ted* gropig; *~ted with smallpox scars* koppärrig
2 pit [pɪt] *AE.* **I** *s* [plommon-, körsbärs]kärna **II** *v* kärna ur
pitapat [,pɪtə'pæt] **I** *adv, go ~* trippa, (*om hjärta*) klappa, dunka **II** *v* trippa; klappa **III** *s* trippande; klappande; (*regns*) smattrande
1 pitch [pɪtʃ] **I** *s* **1** kast; *queer a p.'s ~* (*BE. vard.*) korsa ngns planer **2** [fotbolls]plan **3** *i sht BE.* torg-, salu|plats **4** *sl.* försäljnings|snack, -taktik **5** *fonet., mus.* ton|höjd, -läge, -fall; *concert ~* konsertstämning; *standard ~* normalton; *have perfect ~* ha absolut gehör **6** lutning; stigning; sluttning; (*propellers*) stigning **7** grad, nivå; höjd[punkt], topp **8** (*fartygs*) stamp|ande, -ning **II** *v* **1** kasta, slänga; *golf.* pitcha; *~ hay* lassa hö **2** sätta (ställa, slå) upp, resa; *~ a camp* slå läger **3** *sl., ~ a yarn* dra en historia **4** stämma (*instrument*); stämma upp (*sång*); ge (*stämton*); sätta (*i viss tonart*); *bildl. a*) anpassa, *b*) anslå; *~ one's hopes too high* ha för högt ställda förväntningar; *that's ~ing it*

P

too high det är en aning överdrivet **5** sten|lägga, -sätta **6** falla, ramla [omkull], störta **7** *~ed battle* fältslag, regelrätt batalj **8** slå läger **9** (*om fartyg*) stampa; (*om flygplan*) kränga, tippa **10** slutta **11** *~ in* (*vard.*) hoppa (hugga) in, vara med, hjälpa till; *~ into* (*vard.*) kasta sig över; *~ on* (*vard.*) plocka (välja) ut

2 pitch [pɪtʃ] **1** beck; *as black as ~* kol-, beck|-svart **2** kåda

pitchblack [ˌpɪtʃ'blæk] kol-, beck|svart **pitch-blende** ['pɪtʃblend] *kem.* pechblände **pitch-dark** [ˌpɪtʃ'dɑ:k] kol-, beck|svart

1 pitcher ['pɪtʃə] handkanna

2 pitcher ['pɪtʃə] (*i baseball*) kastare

pitch|fork ['pɪtʃfɔ:k] **I** *s* högaffel **II** *v* **1** lyfta (lassa) med högaffel **2** *bildl.* kasta in **-man** [-mən] *AE.* gatuförsäljare

pitch pine ['pɪtʃpaɪn] *bot.* pitchpine **pitchy** [-ɪ] beckig; kol-, beck|svart

piteous ['pɪtɪəs] ömklig, ynklig

pitfall ['pɪtfɔ:l] fallgrop; *bildl. äv.* fälla

pith [pɪθ] **1** *biol.* märg; ryggmärg; *the ~ of a grapefruit* det vita på ett grapefruktskal **2** *bildl.* kärna, märg; styrka, kraft, kärnfullhet

pithead ['pɪthed] gruvöppning (*o. tillhörande byggnader*)

pith helmet ['pɪθˌhelmɪt] tropik-, sol|hjälm

pithy ['pɪθɪ] **1** märgfull **2** *bildl.* kärn-, kraft|full

piti|able ['pɪtɪəbl] **1** ömklig, beklagans-, ömkans|värd **2** usel, ynklig **-ful** [-f(ʊ)l] **1** ömklig, beklagansvärd **2** ynklig, föraktlig **-less** [-lɪs] obarmhärtig, skoningslös

piton ['pi:tɔ̃(ŋ)] (*inom bergsbestigning*) ringbult

pit prop ['pɪtprɒp] gruvstötta

pittance ['pɪt(ə)ns] torftig (knapp) lön, svältlön; liten summa [pengar]

pitter-patter [ˌpɪtə'pætə] **I** *s* trippande, tassande; (*regnets*) smattrande **II** *v* trippa, tassa; (*om regn*) smattra **III** *adv, go ~* trippa, tassa; *fall ~* (*om regn*) smattra; *his heart went ~* hans hjärta bultade och slog

pituitary [gland] [pɪ'tju:ɪt(ə)rɪ] *s o. a, anat.* hypofys

pity ['pɪtɪ] **I** *s* **1** medlidande; *for ~'s sake* för Guds skull; *feel ~ for, have* (*take*) *~ on* ha (hysa) medlidande med **2** synd, skada; *what a ~!* så (vad) synd!; *more's the ~!* tyvärr!, så mycket värre!; *it is a thousand pities that* det är ett elände att; *the ~ of it was that* det tråkiga var bara att **II** *v* ha (hysa) medlidande med, tycka synd om, beklaga

pivot ['pɪvət] **I** *s* pivå, svängtapp; *bildl.* mitt-, medel|punkt **II** *v* **1** anbringa på pivå **2** svänga (*on* kring); *bildl.* röra sig (*on* kring) **-al** [-l] *bildl.* central, huvudsaklig, huvud-, nyckel-

pix|ie, -y ['pɪksɪ] tomtenisse, alf

pixil[l]ated ['pɪksɪleɪtɪd] **1** snurrig, vimsig, yr; excentrisk **2** *sl.* full, asberusad

pizza ['pi:tsə] pizza **pizzeria** [ˌpi:tsə'ri:ə] pizzeria

pizzicato [ˌpɪtsɪ'kɑ:təʊ] *mus.* pizzicato

pk. *förk. för pack; park; peak* **pkg.** *förk. för package* **pkt.** *förk. för packet* **pl.** *förk. för place; plate; plural* **P.L.A.** *förk. för Port of London Authority*

placard ['plækɑ:d] **I** *s* plakat, affisch, anslag **II** *v* **1** sätta upp plakat (*etc.*) på **2** göra reklam [genom affischering]

placate [plə'keɪt] försona, blidka **placatory** [-(ə)rɪ] försonande, blidkande

place [pleɪs] **I** *s* **1** plats; ort, trakt; lokal, byggnad; *~ of amusement* nöjes|lokal, -fält, -plats; *~ of birth* födelseort; *of this ~* härifrån; *go ~s* (*vard.*) *a*) gå ut [och roa sig], *b*) resa (se sig) omkring; *he's going ~s* (*vard.*) han kommer att gå långt **2** hus, hem, bostad, ställe; *at Tina's ~* hemma hos Tina; *where's your ~?* var bor du?; *come round to my ~* kom hem till mig **3** ställe, plats, utrymme; *any* (*some*) *~* någonstans; *in ~s* här och var; *in ~ of* i stället för; *in another ~* någon annanstans; *in the first ~* för det första, först och främst, i första rummet; *be in ~ a*) ligga (vara) på sin plats, *b*) vara lämplig (passande); *hold in ~* hålla kvar (fast, på plats); *put yourself in my ~* sätt dig in i min situation; *be out of ~ a*) inte ligga (vara) på sin plats, *b*) vara olämplig (opassande, malplacerad), inte passa [in]; *all over the ~* överallt; *a man with no ~ to go* en man som inte har någonstans att ta vägen; *four ~s were laid* det var dukat för fyra; *lose one's ~* (*i bok*) tappa bort var man är; *take ~* äga rum, hända, inträffa; *take one's ~* inta sin plats, ta plats; *take the ~ of s.b.* [in]ta ngns plats, ersätta ngn, träda i ngns ställe **4** plats, position, rang, ställning; anställning; uppgift; *it's not my ~ to* det är inte min sak att; *keep* (*put*) *s.b. in his ~* sätta ngn på plats; *know one's ~* veta sin plats (vad som tillkommer en); *take a ~ as* ta plats som; *win first ~* komma på första plats **5** *mat., calculated to 5 decimal ~s* beräknad med 5 decimalers noggrannhet **II** *v* **1** placera (*äv. hand.*), sätta, ställa, lägga; *be ~d* (*äv.*) ligga [till]; *how are you ~d for money?* hur ligger du till ekonomiskt?; *~ an order with* placera en order hos **2** placera, komma ihåg, identifiera, lokalisera **3** placera; skaffa plats (arbete) åt; få in; utnämna **4** *sport.* placera; *be ~d a*) bli placerad [bland de tre bästa], *b*) *AE.* bli tvåa; *he was ~d third* han placerade sig som trea

placebo [plə'si:bəʊ] *med.* placebo, blindtablett

place card ['pleɪskɑ:d] placeringskort **place mat** [bords]tablett **placement** [-mənt] placering **place name** ortnamn

placen|ta [plə'sentə] (*pl -tas el. -tae* [-ti:]) *anat.* placenta, moderkaka

place setting ['pleɪsˌsetɪŋ] [bords]kuvert

placid ['plæsɪd] lugn, mild; fridfull **-ity** [plæ'sɪdətɪ] lugn, mildhet; fridfullhet

placket ['plækɪt] sprund

plagia|rism ['pleɪdʒjərɪz(ə)m] **1** plagiering **2** plagiat **-rist** [-rɪst] plagiator **-rize** (*BE. äv. -rise*) [-raɪz] plagiera

plague [pleɪg] **I** *s* **1** farsot; pest; *bubonic ~* böldpest **2** hemsökelse, [lands]plåga; *vard.* pest, plåga, otyg **II** *v* plåga, hemsöka; *vard.* plåga, pina

plagu[e]y ['pleɪgɪ] *vard.* **I** *a* besvärlig, irriterande **II** *adv* besvärligt, irriterande; förfärligt, förbaskat

plaice [pleɪs] (*pl ~[s]*) *zool.* röd|spotta, -spätta

plaid [plæd] **1** [skotskrutig] sjal (*buren t. skotsk dräkt*) **2** skotskrutigt tyg

plain [pleɪn] **I** *a* **1** enkel, vanlig, okonstlad, osmyckad; alldaglig, slätstruken, oansenlig; ful; *~ clothes* civila kläder; *~ cooking* vardagsmat[lagning], husmanskost; *~ sewing* slätsöm; *~ water* vanligt vatten; *she's a real ~ Jane* hon är inte någon skönhet precis; *it was ~ sailing* det var enkelt (lätt, ingen match) **2** enfärgad; omönstrad; *in a ~ colour* enfärgad **3** klar, lättfattlig, enkel, tydlig; uppenbar, ren, riktig; *in ~ language* i klartext, rent ut; *the ~ truth* den enkla (nakna) sanningen; *it's as ~ as the nose on your face* (*vard.*) det är klart som korvspad **4** öppen, ärlig, uppriktig; *~ dealing* rent spel, uppriktighet; *be ~ with s.b.* vara öppen (uppriktig) mot ngn **5** platt, plan, flack, slät, jämn **II** *adv* **1** klart, tydligt **2** rent ut sagt **III** *s* slätt[land]

plain-clothes ['pleɪnkləʊðz] *a, ~ man* civilklädd polis, detektiv

plainness ['pleɪnnɪs] **1** enkelhet; alldaglighet; fulhet **2** klarhet, tydlighet **3** öppenhet, uppriktighet **plainsman** [-zmən] slättbo **plainsong** [-sɒŋ] unison kyrkosång **plain-spoken** [ˌpleɪn'spəʊk(ə)n] öppen, uppriktig

plaintiff ['pleɪntɪf] *jur.* kärande, målsägare

plaintive [-tɪv] klagande; sorglig

plait [plæt] *s o. v* fläta

plan [plæn] **I** *s* plan; [plan]ritning; skiss, utkast (*for* till); *~ of action* aktionsprogram; *~ of campaign* strategi, krigsplan; *according to ~* enligt planerna, planenligt; *make ~s for* planera, göra upp planer för **II** *v* **1** planera, planlägga, göra upp en plan för; rita en plan för; *~ned economy* planhushållning; *~ned parenthood* familjeplanering **2** planera, ha för avsikt

1 plane [pleɪn] *bot.* platan

2 plane [pleɪn] **I** *s* **1** plan, plan yta; *bildl.* plan, nivå **2** [flyg]plan **3** bärplan, vinge **II** *a* plan, slät, jämn; *~ geometry* plangeometri **III** *v* **1** glidflyga, glida **2** (*om båt*) plana

3 plane [pleɪn] **I** *s* hyvel **II** *v* hyvla

planet ['plænɪt] planet **planetar|ium** [ˌplænɪ'teərɪəm] (*pl -iums el. -ia* [-ɪə]) planetarium **planetary** ['plænɪt(ə)rɪ] **1** planetarisk, planet- **2** jordisk **planetoid** ['plænɪtɔɪd] småplanet, planetoid, asteroid

plane tree ['pleɪntri:] *bot.* platan

plangent ['plændʒ(ə)nt] **1** dånande **2** klagande

plank [plæŋk] **I** *s* **1** planka, bräda; *walk the ~* gå över plankan (*tvingas över bord av sjörövare*) **2** *AE.* punkt [på politiskt program] **3** bas; stöd **II** *v* **1** klä med plankor **2** bulta (*kött*)

plankton ['plæŋtən] *biol.* plankton

planner ['plænə] planerare **planning** [-ɪŋ] planering

plant [plɑ:nt] **I** *s* **1** planta; växt; ört **2** anläggning; fabrik; verk; [maskinell] utrustning **3** *vard.* [polis]spion, tjallare **4** *AE.* falska indicier, fälla; komplott **II** *v* **1** plantera, sätta, så; *bildl.* inplant[er]a; *~ out* plantera ut **2** plantera (ställa, sätta) [stadigt], fästa, anbringa **3** grunda, anlägga **4** *sl.* plantera, dela ut (*a blow* ett slag) **5** *sl.* gömma

plantain ['plæntɪn] *bot.* **1** banan[växt], pisang **2** groblad

plantation [plæn'teɪʃn] **1** plantage **2** plantering **3** koloni; kolonisering **planter** ['plɑ:ntə] **1** plantageägare **2** odlare **3** planterings-, sånings|maskin **4** nybyggare **5** ytterkruka **plant kingdom** ['plɑ:ntˌkɪŋdəm] *s, the ~* växtriket **plant louse** ['plɑ:ntlaʊs] bladlus

plaque [plɑ:k] **1** platta, minnestavla **2** *tandläk.*, [*dental*] *~* plack

plashy ['plæʃɪ] **1** våt, sank **2** plaskande, stänkande

plasm ['plæz(ə)m], **plasma** ['plæzmə] *fysiol., fys.* plasma

plaster ['plɑ:stə] **I** *s* **1** murbruk, puts **2** *BE.* plåster **3** *~* [*of Paris*] gips **II** *v* **1** rappa, putsa **2** plåstra om; sätta på plåster **3** gipsa **4** smeta på; klistra full; *~ a wall with posters* klistra en vägg full med affischer; *her hair was ~ed down* hennes hår låg slickat **plasterboard** fiberplatta **plaster cast** **1** gipsförband **2** gipsavgjutning **plastered** [-d] *AE. sl.* full, berusad **plasterer** [-t(ə)rə] stuckatör, gipsarbetare

plastic ['plæstɪk] **I** *a* **1** plast-, av plast; *bildl.* plast-, syntetisk (*food* mat) **2** plastisk, formbar **3** *med.* plastisk; *~ surgery* plastikkirurgi **4** skapande (*force* kraft) **5** plastisk; bildskapande; modellerande; *~ arts* plastik, bildhuggarkonst, modellering **II** *s* plast **Plasticine** [-ɪsi:n] (*varumärke*) plastellina, (*slags*) modellera **plasticity** [plæ'stɪsətɪ] plasticitet, formbarhet, smidighet **plastics** *pl* plast[er]

plat [plæt] *AE.* jordbit, täppa

plate [pleɪt] **I** *s* **1** platta; plåt (*äv. foto.*); skylt; namnplåt; tryckplåt; kliché; avtryck; plansch, illustration; [koppar]stick; pläter; elektrodplatta, anod; [*dental*] *~* (*vard.*) lös|gom, -tänder; *etched ~* radering, etsning; *it is only ~* det är bara pläter (förgyllt) **2** tallrik, fat, assiett; kollekttallrik; *AE.* [bords]kuvert; *koll.* guld-, silver|servis, -bestick, -saker; *a cold ~* (*äv.*) en kall rätt; *have a lot on one's ~* (*vard.*) ha mycket att stå i, ha fullt upp; *have s.th. handed to one on a ~* (*vard. bildl.*) få ngt serverat på en bricka (ett fat) **3** lamell **4** pris, pokal, cup; priskapplöpning **5** (*i baseball*) *home ~* innemål **II** *v* **1** klä med plåt[ar]; bepansra **2** plätera; för|silvra, -gylla

plateau ['plætəʊ] (*pl ~s el. ~x* [-z]) **1** hög|slätt, -platå **2** *prices have reached a ~* priserna har stabiliserat sig

plate glass [ˌpleɪt'glɑ:s] planglas, fönsterglas

platelayer ['pleɪtˌle(ɪ)ə] rälsläggare

platen ['plæt(ə)n] **1** *boktr.* digel **2** skrivmaskinsvals

plate rack ['pleɪtræk] tallrikshylla; diskställ

platform ['plætfɔ:m] **1** plattform, perrong **2** estrad, podium **3** politiskt [parti]program **4** platå **5** platåsula

plating ['pleɪtɪŋ] **1** plätering; för|silvring, -gyllning **2** plåtbeläggning; pansar

platinum ['plætɪnəm] platina **platinum blonde** **I** *a, fem.* platinablond **II** *s* platinablondin

plati|tude ['plætɪtju:d] plattityd, platthet, banalitet **-tudinous** [ˌplætɪ'tju:dɪnəs] platt, banal

Plato ['pleɪtəʊ] Platon **Platonic** [plə'tɒnɪk] platon[i]sk

platoon [plə'tu:n] pluton

platter ['plætə] **1** serverings-, uppläggnings|fat **2** *AE. sl.* platta, [grammofon]skiva

platypus ['plætɪpəs] *zool.* näbbdjur

plaudit ['plɔ:dɪt] *s, vanl. ~s* (*pl*) gillande, beröm; applåd[er], bifallsyttring[ar]

plau|sibility [ˌplɔ:zə'bɪlətɪ] **1** antaglighet, rimlighet **2** övertygande (förtroendeingivande) sätt **-sible** ['plɔ:zəbl] **1** rimlig, antaglig, plausibel **2**

P

övertygande; förtroendeingivande

play [pleɪ] **I** *s* **1** lek; spel; tur, drag; ~ *on words* lek med ord; *in* ~ *a*) på skämt (skoj), *b*) (*om boll*) i spel; *out of* ~ (*om boll*) ur spel, ute; *be at* ~ [hålla på och] leka; *it's your* ~ det är din tur (ditt drag) **2** pjäs, [teater]stycke, skådespel; föreställning; *go to the* ~ gå på teater[n]; *make a* ~ *for s.b.* lägga sig ut för (lägga an på) ngn; *make great* ~ *of s.th.* göra stor affär (stort väsen) av ngt **3** spel, spelande, rörelse, verksamhet, gång; ~ *of colours* färgspel; *be at* ~ vara i gång; *bring* (*call*) *into* ~ sätta in (i gång), uppbåda, mobilisera; *come into* ~ *a*) komma i gång, *b*) göra sig gällande, spela in **4** glapp, spel[rum]; *tekn. äv.* tolerans; *bildl. äv.* utrymme, rörelsefrihet; *allow* (*give*) *full* (*free*) ~ *to* ge fritt spelrum (lopp) åt **II** *v* **1** leka; spela (*äv. bildl.*); framföra; spela mot; *sport.* låta spela, sätta in, ställa upp i; *Austria ~ed Sweden* Österrike spelade mot Sverige; ~ *a joke on s.b.* spela ngn ett spratt; ~ *the market* (*vard.*) spekulera; ~ *a part* spela en roll; ~ *the piano* spela piano; ~ *shop* leka affär; ~ *s.b. at chess* spela schack mot ngn **2** låta svepa, låta spela (*on* över), rikta (*on* mot); ~ *a jet of water on* rikta en vattenstråle mot **3** leka (*äv. bildl.*); spela (*äv. bildl.*); roa sig; musicera (*to* för); uppträda; ~ *safe* gardera sig, ta det säkra för det osäkra; *the pitch ~s well* det går bra att spela på planen; ~ *at mothers and fathers* leka mamma, pappa, barn; *he was ~ing at being angry* han låtsades vara arg; *Faust is now ~ing at...* Faust spelas just nu på...; ~ *for money* spela om pengar; ~ *for time* försöka vinna tid, maska; ~ *into a p.'s hands* spela ngn i händerna; *the music ~ed* [*up*] *on my nerves* musiken gick mig på nerverna; ~ [*up*] *on words* leka med ord; *we don't have much time to* ~ *with* vi har inte mycket tid att vinka på **4** spela, svepa, sväva (*on* över); fladdra, skimra; vara i gång; *the hoses ~ed on the flames* slangarna var riktade mot lågorna; *a smile ~ed on her lips* ett leende lekte på hennes läppar **5** ~ *about* (*around*) *with* (*bildl.*) leka med; ~ *away* spela bort; ~ *back* spela [av, upp], köra (*a tape* ett band); ~ *down* bagatellisera, tona ner; ~ *off* delta i slutspel; ~ *A off against B* spela ut A mot B; ~ *out a*) spela till slut (färdigt), *b*) utnyttja, göra slut på, *c*) släppa på (ut) (*a rope* ett rep); *be ~ed out* (*äv.*) *a*) bli utspelad, *b*) *vard.* vara slut (slutkörd); *~ed out joke* (*vard.*) utslitet skämt; ~ *out* [*the*] *time a*) få tiden att gå, *b*) försöka vinna tid, maska; ~ *up a*) spela högre, *b*) framhäva, *c*) *vard.* göra sitt bästa, ligga i, komma loss, *d*) *BE. vard.* vara irriterad (*against* på), ställa till besvär (*against* för), trassla; ~ *up!* heja!; ~ *s.b. up* (*vard.*) ställa till trassel för ngn; ~ *up to s.b.* (*vard.*) ställa sig in hos ngn, fjäska för ngn

playable ['ple(ɪ)əbl] spelbar; som det går att spela på (med)

play|-act ['pleɪækt] **1** låtsas **2** spela teater (*äv. bildl.*); spela över, vara teatralisk **--actor** [-ˌæktə] komediant, skådespelare (*äv. bildl.*) **-back** [-bæk] playback, eftersynkronisering; av-, upp|spelning **-bill** [-bɪl] teateraffisch **-boy** [-bɔɪ] playboy, goddagspilt

player ['pleɪə] **1** spelare, spelande; proffsspelare **2** musikant; -spelare **3** skådespelare **player piano** [-pɪˌænəʊ] pianola, självspelande piano

play|fellow ['pleɪˌfeləʊ] lekkamrat **-ful** [-f(ʊ)l] lekfull, skämtsam **-goer** [-ˌgəʊə] teaterbesökare **-ground** [-graʊnd] lekplats; rekreationsområde; *bildl.* tummelplats; favoritsysselsättning **-house** [-haʊs] teater

playing card ['pleɪɪŋkɑ:d] [spel]kort **playing field** idrotts|plan, -plats

play|mate ['pleɪmeɪt] lekkamrat **--off** *sport.* **1** extra avgörande match **2** *i sht AE.* slutspel **-pen** [lek]hage **-school** lekskola **-suit** lekdräkt **-thing** leksak (*äv. bildl.*) **-time** lekstund, [lång] rast **-wright** skådespelsförfattare, dramatiker

plaza ['plɑ:zə] **1** torg, öppen plats **2** *i sht AE.* affärs-, shopping|centrum

plea [pli:] **1** *jur.* svaromål; påstående; svar, försvar; ~ *of guilty* erkännande; ~ *of not guilty* nekande; *enter a* ~ *of guilty* erkänna **2** vädjan, bön (*for* om); *make a* ~ *for* vädja om **3** ursäkt; *give the* ~ *of illness* ursäkta sig med att man är sjuk **--bargain** ['pli:ˌbɑ:gɪn] *AE. jur.* köpslå om brottsrubricering

plead [pli:d] (*~ed, ~ed el. Sk. o. AE. pled, pled*) **1** plädera, föra talan inför rätta; ~ *for* plädera (ivrigt tala) för, förorda, be för; ~ *with s.b.* vädja till (bönfalla) ngn; ~ *guilty* erkänna sig skyldig; ~ *not guilty* neka [till anklagelsen] **2** tala (*for* för) **3** ursäkta sig med, skylla på, hänvisa till **4** försvara, företräda (*a p.'s cause* ngn) **-ing** ['pli:dɪŋ] **I** *a* bönfallande, vädjande **II** *s, jur.* **1** plädering; försvar; talan; yrkande **2** *~s* (*pl*) rättegångshandlingar

pleasant ['pleznt] angenäm, behaglig, trevlig; vänlig **-ry** [-rɪ] vänlighet, vänligt yttrande; lustighet, skämt

please [pli:z] **1** tilltala, behaga; tillfredsställa, vara (göra) till lags; glädja, göra glad; ~ *o.s.* göra det man vill, göra som det passar en; ~ *yourself!* [gör] som du vill!; *just to* ~ *you* bara för din skull **2** behaga; vilja; finna lämpligt; ~ *God* om Gud vill; *as you* ~ som du vill (behagar); *if you* ~ *a*) om jag får be, *b*) om du tillåter, *c*) om du vill, var så god, *d*) kan du tänka dig det **3** [*yes,*] *~!* ja tack!, ja varsågod!; ~ *Claire!* snälla Claire!; *come in, ~!* [var så god och] stig (kom) in!; *may I come in, ~?* får jag komma in?; *may I? - ~ do!* får jag? - varsågod!, javisst!, naturligtvis!; *will you* ~ *keep quiet!* var snäll och var tyst!; *pass the sugar, ~!* kan du ge mig sockret[, är du snäll]!, kan jag få sockret[, tack]!; ~ *don't tell them!* tala inte om det för dem [är du snäll]! **pleased** [-d] **1** glad (*about, at* åt, över); nöjd, belåten, tillfreds (*with* med); *I shall be* ~ *to come* jag kommer mycket gärna; *I'm* ~ *to hear that* det gläder mig att höra att; ~ *to meet you* roligt att träffas!, angenämt!

pleasing ['pli:zɪŋ] angenäm, behaglig

pleasurable ['pleʒ(ə)rəbl] angenäm, behaglig; glädjande

pleasure ['pleʒə] **1** nöje, glädje, välbehag; njutning, [väl]lust; *a man of* ~ en njutningsmänniska; [*my*] *~!* ingen orsak!, för all del!; *with* ~ [mycket] gärna, med nöje; *she is a* ~ *to teach* det är ett rent nöje att undervisa henne; *give* ~ *to s.b.* bereda ngn nöje (glädje); *if it gives you* ~ om det roar dig; *I have much* ~ *in informing you* jag har det stora nöjet att meddela er; *may I have the ~?* får jag lov?; *take ~ in* finna nöje i, tycka om [att] **2** behag, gottfinnande, vilja, önskan; *at ~* efter behag; *during His (Her) Majesty's ~* på obestämd tid **pleasure boat** fritids-, nöjes|båt **pleasure ground** nöjesfält **pleasure-loving** [-ˌlʌvɪŋ] nöjeslysten; lättsinnig **pleasure-seeking** [-ˌsi:kɪŋ] nöjeslysten **pleasure trip** nöjesresa, lusttur

pleat [pli:t] **I** *s* veck **II** *v* vecka; plissera

pleb [pleb] **1** *kortform för plebeian* **2** *BE. sl.* underklassare, vulgär typ **plebeian** [plɪ'bi:ən] **I** *a* plebejisk **II** *s* plebej

plebiscite ['plebɪsɪt] folkomröstning

plebs [plebz] (*behandlas som pl*) plebs, folket, massan

plec|trum ['plektrəm] (*pl -trums el. -tra* [-trə]), **plec|tron** (*pl -trons el. -tra* [-trə]) plektrum, plektron

pled [pled] *Sk. o. AE., imperf. o. perf. part. av plead*

pledge [pledʒ] **I** *s* **1** pant, underpant; bevis; *in ~ of a)* som pant (säkerhet) för, *b)* som bevis på; *hold in ~* ha som pant (säkerhet); *put in ~* lämna i pant, pantsätta; *take out of ~* lösa ut (in) **2** [högtidligt, heligt] löfte, utfästelse (*of* om); *under [the] ~ of secrecy* under tysthetslöfte; *sign (take) the ~* avlägga nykterhetslöfte **3** skål; *drink a ~ to s.b.* dricka ngns skål (en skål för ngn) **II** *v* **1** pantsätta, sätta i pant, lämna som säkerhet; *~ one's word* ge sitt hedersord [på] **2** förplikta, förbinda; *he ~d me to secrecy* han avkrävde mig tysthetslöfte **3** [högtidligt] lova, utlova **4** utbringa en skål för, dricka till

Pleiades ['plaɪədi:z] *pl, the ~* Plejaderna

plenary ['pli:nərɪ] fulltalig, fullständig; *~ meeting* plenum, plenarsammanträde; *~ powers* oinskränkt fullmakt

plenipotentiary [ˌplenɪpə(ʊ)'tenʃ(ə)rɪ] **I** *a* befullmäktigad; oinskränkt, absolut **II** *s* befullmäktigat sändebud, plénipotentiaire

plenitude ['plenɪtju:d] **1** fullhet **2** överflöd, ymnighet, rikedom

plen|teous ['plentjəs] riklig, ymnig **-tiful** [-tɪf(ʊ)l] riklig, ymnig; överflödande, givande

plenty ['plentɪ] **I** *s* **1** rikedom, välstånd **2** överflöd, stor mängd; *~ of* massor av (med); *there's ~ of time* det är gott om tid; *food in ~* massor av (gott om) mat; *that's ~, thank you* tack, det räcker mer än väl; *three will be ~* tre är mer än nog **II** *adv, AE. vard.* mycket, väldigt

ple|num ['pli:nəm] (*pl -nums el. -na* [-nə]) **1** plenum, plenarsammanträde **2** gas under övertryck **3** fullhet

pleo|nasm ['plɪə(ʊ)næz(ə)m] *språkv.* pleonasm **-nastic** [plɪə(ʊ)'næstɪk] *språkv.* pleonastisk

plethora ['pleθərə] övermättnad; över|flöd, -mått

pleurisy ['plʊərəsɪ] *med.* lungsäcksinflammation, pleurit

Plexiglass ['pleksɪglɑ:s] (*varumärke*) plexiglas

plexus ['pleksəs] **1** *anat.* kärl-, nerv|nät **2** nätverk

pli|ability [ˌplaɪə'bɪlətɪ] **1** smidighet, böjlighet **2** eftergivenhet **-able** ['plaɪəbl] **1** smidig, böjlig **2** lättpåverkad, eftergiven

pliant ['plaɪənt] **1** böjlig, mjuk, smidig **2** flexibel; eftergiven

pliers ['plaɪəz] *pl* plattång, kniptång, flacktång; *a pair of ~* en plattång *etc.*

1 plight [plaɪt] uselt tillstånd, utsatt belägenhet (läge)

2 plight [plaɪt] ge (*one's word to* sitt [heders]ord på att); högtidligt lova; *~ one's troth a)* ge äktenskapslöfte, *b)* ge sitt hedersord på

plim|sole, -soll ['plɪms(ə)l] gymnastiksko **Plimsoll line** *sjö.* plimsoll-, last|märke

plinth [plɪnθ] sockel, fot, bas; plint

plod [plɒd] **I** *v* lunka, trava; knoga, streta; *~ away at s.th.* knoga på (slita) med ngt **II** *s* lunkande, travande; knog, slit **-der** ['plɒdə] arbets|myra, -träl **-ding** ['plɒdɪŋ] knogande, trägen, strävsam; mödosam, slitsam

1 plonk [plɒŋk] **I** *s* duns[ande], plums[ande] **II** *v* **1** dunsa (plumsa) ner, falla med en duns (ett plums) **2** *~ [down]* låta dunsa ner, släppa med en duns; *~ o.s. down in a chair* dunsa ner i en fåtölj **III** *adv* [med en] duns, [med ett] plums

2 plonk [plɒŋk] *BE. o. Austr. vard.* vinblask, billigt vin

plop [plɒp] **I** *s* plopp, plums **II** *v* ploppa, plumsa **III** *adv* [med ett] plopp (plums)

plosive ['pləʊsɪv] *fonet.* klusil, explosiva

1 plot [plɒt] **I** *s* jordlott, täppa; land; tomt **II** *v* dela upp i jordlotter (tomter)

2 plot [pɒt] **I** *s* **1** sammansvärjning, komplott **2** (*i roman e.d.*) intrig, handling **3** *mil.* lägeskarta **4** *i sht AE.* plankarta **II** *v* **1** planera, anstifta **2** konspirera, sammansvärja sig **3** *sjö.* plotta, göra positionsbestämning **4** kartlägga; göra en plan över; pricka in (*på karta*)

plot|ter ['plɒtə] plottingbord **-ting** [-ɪŋ] plottning

plough [plaʊ] **I** *s* **1** plog; *put one's hand to the ~* (*bildl.*) ta itu med saken, lägga sig i selen **2** plöjt land **3** not-, spont|hyvel **4** *astr., the P~* Karlavagnen, Stora Björn **II** *v* **1** plöja; ploga; *bildl.* fåra; *~ back profits* plöja ner (återinvestera) vinsten; *~ one's way* bana sig väg **2** plöja; *~ through* (*bildl.*) plöja igenom **3** *BE. sl.* köra (*på tenta e.d.*)

plough|boy ['plaʊbɔɪ] **1** plogpojke (*leder djuren som drar plogen*) **2** bondpojke **-man** [-mən] plöjare; lantarbetare; *~'s [lunch]* (*ung.*) lunchtallrik med bröd, ost och pickles **-share** plogbill

plover ['plʌvə] *zool.* brockfågel; *golden ~* ljungpipare; *ringed ~* strandpipare

plow [plaʊ] *AE. s o. v, se plough*

ploy [plɔɪ] **1** list, fint, knep; *i sht BE.* ploj, påhitt **2** intresse, hobby

pluck [plʌk] **I** *s* **1** ryck[ning] **2** mod, kurage **3** hjärtslag (*av slaktdjur*) **II** *v* **1** plocka (*blomma, frukt, fågel, ögonbryn*); *~ up* rycka (dra) upp (*med rötterna*); *~ up courage* repa mod, ta mod till sig **2** dra, rycka [i] **3** knäppa på (*stränginstrument*) **4** *sl.* plocka på pengar, skinna **5** dra, rycka (*at* i) **plucky** ['plʌkɪ] modig, tapper; djärv

plug [plʌg] **I** *s* **1** [trä]plugg, propp, tapp; stift **2** *elektr.* stick|propp, -kontakt, plugg **3** tuggbuss **4** *vard.* reklaminslag, plugg **5** *sl., take a ~ at* puckla på **II** *v* **1** plugga (proppa, stoppa) igen (till), stoppa; *~ in* (*elektr.*) koppla in, ansluta **2** *vard.* göra reklam för, hamra in **3** *sl.* skjuta, sätta en kula i **4** *sl.* puckla på **5** *vard., ~ along (away)*

P

knoga på (*at* med) **--ugly** ['plʌg,ʌglɪ] **I** *a, vard.* ful som stryk **II** *s, AE. sl.* ligist, råskinn
plum [plʌm] **1** plommon; russin (*t. bakning e.d.*) **2** plommonträd **3** plommonfärg, mörklila **4** *bildl.* godbit, läckerhet
plumage ['plu:mɪdʒ] fjäderdräkt, fjädrar **plumate** ['plu:meɪt] fjäder-; fjäderlik
plumb [plʌm] **I** *s* [bly]lod, sänke; *out of* (*off*) ~ ej lodrätt **II** *a* **1** lodrät, vertikal **2** *i sth AE.* komplett, fullständig **III** *adv* **1** lodrätt **2** *i sht AE.* komplett, fullständigt **3** *vard.*, rakt, rätt, precis **IV** *v* **1** loda, pejla djupet av; ~ *a mystery* gå till botten med ett mysterium; ~ *the depths of despair* uppleva den djupaste förtvivlan **2** ~ [*up*] göra lodrät
plumbago [plʌm'beɪgəʊ] **1** blyerts, grafit **2** *bot.* blyblomma
plumb|er ['plʌmə] rör|montör, -mokare **-ery** [-ərɪ] rörfirma; rörmokeri **-ing** [-ɪŋ] **1** rörmokeri **2** rörsystem
plumb line ['plʌmlaɪn] lodlina
plum|-cake ['plʌmkeɪk] russinkaka **--duff** [-dʌf] (*slags*) ångkokt russinpudding
plume [plu:m] **I** *s* plym, stor fjäder; ~ *of smoke* rökmoln; *borrowed* ~ lånta fjädrar **II** *v* **1** pryda med fjädrar **2** (*om fågel*) putsa sig (fjädrarna) **3** *bildl.* fjädra sig (*on* över), stoltsera (*on* med)
plummet ['plʌmɪt] **I** *s* [sänk]lod; sänke **II** *v* dyka [ner]; *bildl.* sjunka, falla
plummy ['plʌmɪ] **1** plommon-; plommonlik **2** *BE. vard.* läcker, toppen[fin]; (*om röst*) sonor, en aning släpig
1 plump [plʌmp] **I** *a* **1** knubbig, fyllig, rund, trind; välgödd (*turkey* kalkon); [över]full **2** generös, riklig **II** *v* **1** ~ [*up, out*] svälla, bli rundare (fyllig) **2** ~ [*up, out*] skaka upp (*a pillow* en kudde)
2 plump [plʌmp] **I** *v* **1** dunsa, dimpa, falla (*down* ner; *into* ner i; *on* ner på) **2** ~ *for* fastna (bestämma) sig för, satsa på, stödja **3** ~ *in* (*out*) rusa in (ut) **4** låta dimpa ner, släppa, kasta, slänga **II** *s* duns **III** *adv* plötsligt; burdust; rakt, rätt **IV** *a* burdus, tvär
plum pudding [,plʌm'pʊdɪŋ] *BE.* plumpudding
plumy ['plu:mɪ] **1** fjäderlik **2** fjäderprydd, täckt av fjädrar
plunder ['plʌndə] **I** *v* plundra, röva, skövla **II** *s* **1** plundring, skövling **2** byte, rov, stöldgods **-er** ['plʌnd(ə)rə] rövare, plundrare
plunge [plʌn(d)ʒ] **I** *v* **1** hoppa, störta sig, dyka (*into* [ner] i); ~ *into* (*bildl.*) ge (kasta) sig in i (på); *a plunging neckline* en mycket djup urringning **2** (*om fartyg*) stampa **3** *vard.* spela högt, spekulera **4** kasta, störta (*o.s. into* sig ner i, sig in i); stöta, sticka (*a knife into* en kniv i); ~ *one's hand into the pocket* stoppa handen [djupt ner] i fickan; ~ *the country into war* störta landet i krig; *the house was ~d into darkness* huset var försänkt i mörker **II** *s* **1** hopp, språng, dykning; störtande; *vard. a*) dopp, simtur, *b*) bad, simbassäng **2** rusning (*for the exit* mot utgången) **3** (*fartygs*) stampande
plunge bath ['plʌn(d)ʒbɑ:θ] djup simbassäng, hoppbassäng **plunger** [-ə] **1** sug|klocka, -anordning (*för rensning av avlopp e.d.*) **2** kolv, pistong **3** *vard.* hasardspelare
plunk [plʌŋk] **I** *v* **1** knäppa (*på stränginstrument*) **2** ~ [*down*] dunsa ner **3** ~ [*down*] släppa ner **II** *s* **1** knäppande (*på stränginstrument*) **2** *vard.* hårt slag, smocka **III** *adv* exakt, precis
pluperfect [,plu:'pɜ:fɪkt] *språkv., the* ~ pluskvamperfekt[um]
plural ['plʊər(ə)l] **I** *a* **1** *språkv.* plural; *in the ~ number* i plural[is] **2** sammansatt, blandad **II** *s, språkv.* plural[is], pluralform; *in the* ~ i plural[is] **-ism** ['plʊərəlɪz(ə)m] **1** pluralism **2** innehav av flera (*i sht kyrkliga*) ämbeten samtidigt **-ity** [,plʊə'rælətɪ] **1** pluralitet, flertal; majoritet **2** stor mängd, mångfald **3** *AE.* relativ majoritet
plus [plʌs] **I** *prep* plus **II** *a, mat., elektr., bildl.* plus-; ~ *quantity* positiv mängd, positivt tal; ~ *sign* plustecken; ~ *terminal* pluspol; *on the ~ side* på plussidan **III** *s* **1** plustecken **2** positiv mängd; *vard.* plus, fördel **plus fours** [,plʌs'fɔ:z] plusfours, golfbyxor
plush [plʌʃ] **I** *s* plysch **II** *a* **1** plysch- **2** *vard.* flott, tjusig, lyxig, dyrbar
Plutarch ['plu:tɑ:k] Plutarchos
plutocracy [plu:'tɒkrəsɪ] plutokrati, penningvälde **plutocrat** ['plu:tə(ʊ)kræt] plutokrat, penningmagnat **plutocratic** [,plu:tə(ʊ)'krætɪk] plutokratisk
plutonium [plu:'təʊnjəm] plutonium
pluvi|al ['plu:vjəl] regn-; regnig **-ometer** [,plu:vɪ'ɒmɪtə] regnmätare **-ous** [-əs] regn-; regnig
1 ply [plaɪ] **I** *s* **1** lager, skikt; tjocklek; *four-~ wool* fyrtrådigt ullgarn; *two-~ wood* tvåskiktat trä **2** *fack.* kardel
2 ply [plaɪ] **1** bedriva, utöva (*a trade* ett yrke) **2** hantera, använda (*a tool* ett verktyg) **3** ~ *with* rikligt förse (traktera) med (*food* mat), överhopa (ansätta) med (*questions* frågor); ~ *s.b. with drink* truga i ngn sprit **4** (*om fartyg*) trafikera **5** arbeta flitigt (träget) **6** (*om fartyg*) gå [i trafik] **-wood** ['plaɪwʊd] plywood, kryssfaner
P.M. *förk. för Past Master; Paymaster; Postmaster; Prime Minister; Provost Marshal* **P.M., p.m.** *förk. för post meridiem* (*lat.*) *in the afternoon; post-mortem* (*lat.*) *after the death* **pm.** *förk. för premium* **P.M.G.** *förk. för Paymaster General; Postmaster General: Provost Marshal General* **P/N, p.n.** *förk. för promissory note*
pneumatic [nju:'mætɪk] **I** *a* **1** pneumatisk, luft-, tryckluft-; ~ *tyre* innerslang (*på cykel e.d.*) **2** *teol.* andlig **II** *s* **1** innerslang (*på cykel e.d.*) **2** *~s* (*behandlas som sg*) pneumatik
pneumonia [nju:'məʊnjə] *med.* lunginflammation
po [pəʊ] *BE. vard.* potta
P.O. *förk. för Personnel Officer; petty officer; Pilot Officer; postal order; Post Office* **p.o.** *förk. för postal order*
1 poach [pəʊtʃ] förlora, pochera (*eggs* ägg)
2 poach [pəʊtʃ] tjuv|jaga, -skjuta, -fiska, bedriva tjuvskytte (tjuvfiske) [på] ; ~ [*for*] *salmon* tjuvfiska lax
poach|er ['pəʊtʃə] tjuv|skytt, -fiskare **-ing** [-ɪŋ] tjuv|skytte, -fiske
pock [pɒk] **1** koppa **2** koppärr
pocket ['pɒkɪt] **I** *s* **1** ficka; fack, fodral; påse, pung; *be 4 dollars in* ~ ha [tjänat, vunnit] 4 dollar; *be 4 dollars out of* ~ ha förlorat (lagt ut) 4

dollar; *have s.b. in one's* ~ ha ngn helt i sin hand; *have s.th. in one's* ~ ha ngt som i en liten ask; *line one's ~s* vara om sig och kring sig, mygla; *put one's hand in one's* ~ *a*) stoppa handen i fickan, *b*) punga ut [med en massa pengar] **2** fördjupning; hål (*äv. i biljard*); *flyg.* luftgrop **3** [begränsat, isolerat] område, ö; *mil.* ficka; ~ *of resistance* motståndsficka **II** *v* **1** stoppa i fickan, stoppa på sig; *bildl.* tjäna, håva in, stoppa i egen ficka **2** *bildl.* finna sig i, svälja, undertrycka, dölja **3** *AE.* stoppa, inlägga sitt veto mot **4** innesluta, inringa

pocket battleship [ˌpɒkɪt'bætlʃɪp] fickslagskepp **pocketbook** ['pɒkɪtbʊk] *AE.* **1** plånbok **2** handväska **3** pocketbok **pocket edition** ['pɒkɪtɪˌdɪʃn] pocket|upplaga, -utgåva **pocketful** ['pɒkɪtfʊl] *s, a* ~ *of a*) en ficka (fickan) full med, *b*) en massa **pocket-handkerchief** [ˌpɒkɪt'hæŋkətʃɪf] näsduk **pocketknife** ['pɒkɪtnaɪf] fick-, penn|kniv **pocket money** ['pɒkɪtˌmʌnɪ] *BE.* fick-, vecko|pengar **pocket-size[d]** ['pɒkɪtsaɪz(d)] i fickformat

pock|mark ['pɒkmɑːk] koppärr **-marked** [-mɑːkt] koppärrig

pod [pɒd] **I** *s* balja, [frö]skida; kapsel **II** *v* sprita, skala

P.O.D. *förk. för pay on delivery*

podgy ['pɒdʒɪ] knubbig, rund

podi|um ['pəʊdɪəm] (*pl -ums el. -a* [-ə]) podium

poem ['pəʊɪm] dikt, poem, vers **poesy** [-zɪ] *åld.* poesi, lyrik

poet ['pəʊɪt] diktare, skald; poet **poetaster** [ˌpəʊɪ'tæstə] rimsmidare, versmakare **poetess** ['pəʊɪtɪs] [kvinnlig] diktare, skald[inna]; [kvinnlig] poet **poetic[al]** [pəʊ'etɪk(l)] poetisk; diktar-, skalde-; versifierad, i versform; *poetic justice* poetisk rättvisa; *poetic licence* poetisk frihet **poetics** [pəʊ'etɪks] (*behandlas som sg*) poetik **poetry** ['pəʊɪtrɪ] poesi; diktning, skaldekonst

pogrom ['pɒgrəm] pogrom, massmord; judeförföljelser

poign|ancy ['pɔɪnənsɪ] **1** bitterhet **2** skärpa, intensitet **-ant** [-ənt] **1** bitter **2** skarp; intensiv; gripande

poinsettia [pɔɪn'setɪə] *bot.* julstjärna

point [pɔɪnt] **I** *s* **1** punkt (*äv. boktr., geom., bildl.*), prick; *bildl. äv.* sak, moment; tecken; komma; grad (*äv. bildl.*); streck (*äv. på kompass*), enhet; ~ *of departure* utgångspunkt; ~ *of view* synpunkt; *decimal* ~ [decimal]komma; *nought* ~ *six* noll komma sex; *at this* ~ här, på den här punkten (det här stället); *be at the* ~ *of death* ligga för döden; *from all ~s* [*of the compass*] från alla väderstreck (håll); *policeman on* ~ trafikpolis; *on many ~s* på (i) många punkter; *up to a* ~ till en viss grad; *reach the* ~ *of no return* komma dithän där det inte finns någon återvändo; *it had come to such a* ~ *that* det hade gått så långt att **2** ställe; [tid]punkt, ögonblick; *at this* ~ nu, i detta ögonblick; *be on the* ~ *of doing s.th.* stå i begrepp att göra ngt; *she was on the* ~ *of telling me* hon skulle just berätta [det] för mig; *when it comes to the* ~ när det kommer till kritan **3** [huvud]sak, [kärn]punkt, poäng, ämne; mål, syfte; nytta, mening; åsikt; ~ *of order* (*på sammanträde*) ordningsfråga; *beside the* ~ ovidkommande; *a case in* ~ ett [typ]exempel; *the case in* ~ föreliggande fall; *in* ~ *of fact* i själva verket, faktiskt; *the* ~ *is that* saken är den att; *my* ~ *was* det jag ville säga (menade) var; *that's not the* ~ det är inte det saken gäller; *there's no* ~ *in doing that* det är ingen mening med (idé) att göra det, det tjänar ingenting till att göra det; *it is off the* ~ det hör inte hit (till saken); *he was very much to the* ~ han uttryckte sig mycket koncist (tydligt); *the letter was brief and to the* ~ brevet var kort och koncist; *carry* (*gain*) *one's* ~ hävda sig, få (driva) sin vilja igenom; *come to the* ~ komma till saken; *get the* ~ fatta galoppen; *you have a* ~ *there* det ligger någonting i det (vad du säger); *make one's* ~ förklara vad man menar; *you've made your ~!* det vet vi redan!, det har du redan sagt!; *make a* ~ *of s.th.* hålla på (fästa stor vikt vid) ngt; *miss the* ~ missa poängen, inte förstå; *I don't see the* ~ jag förstår inte vad det skall tjäna till; *do you see the* ~ *of what I'm saying* förstår du vad jag vill säga (vart jag vill komma); *take a p.'s* ~ förstå vad ngn vill ha sagt (menar) **4** sida, egenskap; *good* (*bad*) *~s* goda (dåliga) sidor; *he has his ~s* han har sina goda sidor **5** poäng; *set* ~ setboll; *~s win* poängseger; *win by five ~s* vinna med fem poäng; *win on ~s* vinna på poäng **6** spets, udd; bergspets; udde, [land]tunga; *tekn.* brytarspets; *the* ~ *of the chin* hakspetsen; *at the* ~ *of a gun a*) under pistolhot, *b*) med pistolen i hand, med dragen pistol; *not to put too fine a* ~ *on it* ärligt talat, rent ut sagt **7** *järnv., vanl. pl ~s* växel **8** *elektr.* vägguttag **II** *v* **1** rikta, sikta med, peka med (*at, to* mot, på); ~ *out* visa, peka på (ut), *bildl. äv.* påpeka, betona, framhålla; ~ [*up*] understryka, betona, framhäva **2** vässa, formera **3** *byggn.* fogstryka **4** peka; vara riktad (vänd); vetta; ~ *to a*) peka på (mot), vara riktad (vänd) mot, vetta mot, *b*) visa på, *c*) peka (tyda) på

point-blank [ˌpɔɪnt'blæŋk] **I** *a* **1** [riktad, avfyrad] rakt mot målet; [avfyrad] på nära håll; ~ *fire* eld på nära håll **2** rättfram, rakt på sak, burdus; ~ *refusal* blankt avslag **II** *adv* **1** rakt, direkt **2** rakt på sak, rent ut, burdust; *refuse* ~ neka blankt **point duty** ['pɔɪntˌdjuːtɪ] tjänstgöring som trafikpolis; *be on* ~ tjänstgöra som trafikpolis **pointe** [pɔɪnt] tåspets; *on ~s* på tåspetsarna **pointed** ['pɔɪntɪd] **1** spetsig **2** *bildl.* bitande, vass, skarp (*criticism* kritik) **3** tydlig, avsiktlig, eftertrycklig; exakt **pointer** ['pɔɪntə] **1** pekpinne **2** visare **3** pointer (*fågelhund*) **4** *vard.* fingervisning, vink, tips **pointillism** ['pwæ̃(n)tiːjɪz(ə)m] *konst.* pointillism **pointing** ['pɔɪntɪŋ] *byggn.* fogstrykning **point lace** [ˌpɔɪnt'leɪs] sydd[a] spets[ar] **pointless** ['pɔɪntlɪs] **1** utan spets (udd), uddlös **2** meningslös **3** *sport.* poänglös, utan poäng **pointsman** ['pɔɪntsmən] *järnv.* växlare **point system** poängsystem

poise [pɔɪz] **I** *v* **1** balansera, bringa (hålla) i jämvikt **2** hålla redo (i beredskap) **3** balansera, hålla jämvikten; sväva **II** *s* **1** jämvikt, balans **2** sätt att föra sig, hållning; lugn, värdighet **3** ovisshet; obeslutsamhet **poised** [-d] **1** *bildl.* balanserad, samlad, lugn, värdig **2** balanserande; beredd, redo

poison ['pɔɪzn] **I** *s* gift (*äv. bildl.*); *slow* ~ långsamt verkande gift; *hate like* ~ avsky som pesten; *what's your ~?* (*vard.*) vad vill du ha att dricka?

P

II *v* förgifta (*äv. bildl.*); ~ *a p.'s mind against s.b.* göra ngn fientligt inställd mot ngn **poisoner** [-ə] gift|blandare, -mördare **poison gas** giftgas **poisoning** [-ɪŋ] förgiftning **poison oak** *bot.* gift|ek, -sumak **poisonous** [-əs] giftig (*äv. bildl.*), gift- **poison-pen** *a*, ~ *letter* hotfullt anonymt brev

1 poke [pəʊk] **I** *v* **1** stöta (knuffa, slå) [till]; peta [på]; sticka; stoppa; ~ *the fire* röra om [i] elden; ~ *fun at s.b.* göra sig lustig över (driva med) ngn; ~ *one's head out of the window* sticka ut huvudet genom fönstret; ~ *one's nose into s.th.* sticka näsan i ngt **2** peta; rota; snoka; ~ [*out*] sticka ut (fram); ~ *about* (*around*) *a*) rota, snoka, *b*) gå (treva) omkring, gå och stöka; ~ *at a*) peta i, rota bland, *b*) peta på, *c*) *vard.* knuffa (slå) till, *d*) kolla **II** *s* stöt, knuff; *vard.* [knytnävs]slag

2 poke [pəʊk] *s*, *buy a pig in a* ~ köpa grisen i säcken

poke bonnet ['pəʊkˌbɒnɪt] bahytt

1 poker ['pəʊkə] **1** eldgaffel **2** glödritningsstift

2 poker ['pəʊkə] *kortsp.* poker

poker face ['pəʊkəfeɪs] *vard.* pokeransikte

poker-work ['pəʊkəwɜːk] glödritning

pok[e]y ['pəʊkɪ] **I** *a* **1** trång, kyffig **2** *vard.* långsam, trög **3** *AE.* sjabbig

pol. *förk. för political; politics*

Poland ['pəʊlənd] Polen

polar ['pəʊlə] pol-, polar, polär; ~ *bear* isbjörn; ~ *circle* polcirkel **-ity** [pə(ʊ)'lærətɪ] polaritet **-ization** (*BE. äv. -isation*) [ˌpəʊləraɪ'zeɪʃn] *fys.*, *bildl.* polarisation, polarisering **-ize** (*BE. äv. -ise*) ['pəʊləraɪz] *fys.*, *bildl.* polarisera

Pole [pəʊl] polack

1 pole [pəʊl] **I** *s* **1** påle, stolpe, stång, stake; mast; vagnsstång; *sport.* stav; *up the* ~ (*BE. o. Austr. vard.*) *a*) stollig, knasig, *b*) på fel spår **II** *v* staka (*båt*)

2 pole [pəʊl] *astr.*, *fys.* pol; *they are ~s apart* de är himmelsvitt skilda

poleaxe ['pəʊlæks] **I** *s* **1** *hist.* stridsyxa **2** slaktyxa **II** *v* hugga (slå) ner med yxa, klubba [ner]

polecat ['pəʊlkæt] *zool.* iller; *AE. äv.* skunk

polem|ic [pə(ʊ)'lemɪk] **I** *s* **1** polemik **2** polemiker **II** *a* polemisk **-ics** [-s] (*behandlas som sg*) polemik **-ical** [-ɪkl] polemisk

polenta [pəʊ'lentə] polenta, majsgröt

pole star ['pəʊlstɑː] **1** *the P~* Polstjärnan, Polaris **2** *bildl.* ledstjärna **pole vault** stavhopp **pole-vault** hoppa stavhopp

police [pə'liːs] **I** *s* (*behandlas som pl*) polis (*myndighet*), poliser; *four* ~ fyra poliser; *the* ~ *have caught the thief* polisen har tagit fast tjuven **II** *v* hålla ordning i, kontrollera, bevaka, övervaka **police car** polisbil **police constable** [-ˌkʌnstəbl] polis[konstapel, -man] **police court** [-kɔːt] polisdomstol **police dog** [-dɒg] polishund **police force** [-fɔːs] polis|kår, -styrka **policeman** [-mən], **police officer** [-ˌɒfɪsə] polis, polisman **police state** [-steɪt] polisstat **police station** [-ˌsteɪʃn] polisstation **-woman** [-ˌwuːmən] kvinnlig polis

1 policy ['pɒləsɪ] **1** politik; policy; förfaringssätt, taktik; *foreign* ~ utrikespolitik; *social* ~ socialpolitik; *a matter of* ~ en policyfråga; *honesty is the best* ~ ärlighet varar längst; *it was good* ~ det var taktiskt klokt **2** *Sk.* [slotts]park

2 policy ['pɒləsɪ] försäkringsbrev

policy statement ['pɒləsɪˌsteɪtmənt] policyförklaring

polio ['pəʊlɪəʊ] *kortform av poliomyelitis* **poliomyelitis** [ˌpəʊlɪə(ʊ)maɪə'laɪtɪs] *med.* polio, poliomyelit

Polish ['pəʊlɪʃ] **I** *a* polsk **II** *s* polska [språket]

polish ['pɒlɪʃ] **I** *v* polera; putsa, borsta (*shoes* skor); bona (*floors* golv); *bildl.* polera, putsa, slipa av, finslipa, förfina; ~ *silver* putsa silver; ~ *off vard. a*) avsluta, klara av, *b*) göra sig av med, ta kål på, *c*) sätta i sig (*food* mat), svepa (*a glass of wine* ett glas vin); ~ *up* polera (putsa) upp; ~ *up* [*on*] bättra på, friska upp (*one's French* sin franska) **II** *s* **1** polityr, glans (*äv. bildl.*); *bildl. äv.* förfining, belevenhet **2** polering; putsning, borstning; boning **3** puts-, poler|medel, polish, polityr; *floor* ~ bonvax, golvpolish **polished** [-t] polerad *etc.*, *jfr polish I*; *bildl.* förfinad, belevad, fulländad, oklanderlig

polit. *förk. för political; politics*

politburo ['pɒlɪtˌbjʊərəʊ] politbyrå

polite [pə'laɪt] **1** artig, hövlig, belevad (*to*[*wards*] mot) **2** förfinad, kultiverad **-ness** [-nɪs] **1** artighet, hövlighet, belevenhet **2** förfining, kultiverat sätt

politic ['pɒlɪtɪk] **1** klok; välbetänkt **2** slug, listig **3** *the body* ~ staten **political** [pə'lɪtɪkl] politisk; stats-; ~ *asylum* politisk asyl; ~ *economy* (*förr*) nationalekonomi; ~ *science* statsvetenskap **politician** [ˌpɒlɪ'tɪʃn] **1** politiker **2** statsman **politi|cize** (*BE. äv. -cise*) [pə'lɪtɪsaɪz] politisera **politicking** [pə'lɪtɪkɪŋ] politisk verksamhet; röstfiske **politico** [pə'lɪtɪkəʊ] *i sht AE. vard.* politiker **politics** ['pɒlɪtɪks] (*behandlas som sg el. pl*) politik; statskonst; politiska åsikter (idéer, angelägenheter), politisk aktivitet; *talk* ~ prata politik **polity** ['pɒlətɪ] **1** stats|form, -skick, styrelseskick **2** statsbildning, stat, samhälle; statsförvaltning

polka ['pɒlkə] **I** *s* polka **II** *v* dansa polka **polka dot** storprickigt mönster

poll [pəʊl] **I** *s* **1** [om]röstning, val[förrättning]; röstsammanräkning; röstsiffror, röstetal, valresultat; röstlängd; vallokal; *poor* ~ dåligt (svagt) valdeltagande; *there was a 70%* ~ valdeltagandet var 70%; *go to the ~s* gå till val[urnorna] **2** undersökning; [*opinion*] ~ opinionsundersökning **3** djurnacke **II** *v* **1** registrera, räkna (*röster*); få (*röster*); avge (*röst*) **2** tillfråga, intervjua; göra en opinionsundersökning bland **3** toppa, kapa; skära av grenar på; klippa, stubba; avhorna **4** rösta, avge sin röst

pollard ['pɒləd] **I** *s* **1** hornlös boskap **2** beskuret träd **II** *v* beskära (*träd*)

pollen ['pɒlən] *bot.* pollen, frömjöl **pollen count** pollenrapport (*i radio e.d.*)

polli|nate ['pɒləneɪt] *bot.* pollinera **-nation** [ˌpɒlɪ'neɪʃn] *bot.* pollinering

polling ['pəʊlɪŋ] röstning, val **polling booth** valbås **polling card** röstkort **polling day** valdag **polling station** [-ˌsteɪʃn] vallokal

pollster ['pəʊlstə] ledare för opinionsundersökning, opinionsundersökare

pollutant [pə'luːt(ə)nt] miljöfarligt ämne **pol-**

lute [pə'lu:t] **1** förorena, smutsa ner **2** *bildl.* besudla, [be]fläcka **pollution** [pə'lu:ʃn] **1** förorening, nedsmutsning, miljöförstöring **2** *bildl.* besudlande
polo ['pəʊləʊ] **1** *sport.* polo[spel] **2** polo[krage]; polo[tröja]
polonaise [ˌpɒlə'neɪz] polonäs
polo neck ['pəʊləʊnek] polokrage; polotröja
polony [pə'ləʊnɪ] *BE.* (*slags*) rökt korv
poltergeist ['pɒltəgaɪst] poltergeist
poltroon [pɒl'tru:n] pultron, kruka
poly ['pɒlɪ] *vard. för polytechnic*
polyandry ['pɒlɪændrɪ] polyandri (*äv. bot.*)
polyanthus [ˌpɒlɪ'ænθəs] *bot.* trädgårdsviva; tazett
poly|chromatic [ˌpɒlɪkrəʊ'mætɪk], **-chrome** ['pɒlɪkrəʊm] polykrom, mångfärgad
polyclinic [ˌpɒlɪ'klɪnɪk] allmänt sjukhus
poly|ester [ˌpɒlɪ'estə] polyester **-ether** [-'i:θə] polyeter
polyga|mist [pə'lɪgəmɪst] polygamist **-mous** [-məs] polygam **-my** [-mɪ] polygami, månggifte
polyglot ['pɒlɪglɒt] **I** *a* polyglott, flerspråkig **II** *s* polyglott, flerspråkig person (bok)
polygon [['pɒlɪgən] *geom.* polygon, månghörning **polygonal** [pɒ'lɪgənl] *geom.* månghörnig
polygyny [pɒ'lɪdʒɪnɪ] polygyni (*äv. bot.*)
polyhedron [ˌpɒlɪ'hedr(ə)n] *geom.* polyeder, mångsiding
poly|histor [ˌpɒlɪ'hɪstə], **-math** ['pɒlɪmæθ] polyhistor, månglärd person
poly|mer ['pɒlɪmə] *s, kem.* polymer **-meric** [ˌpɒlɪ'merɪk] *a* polymer
polymor|phic [ˌpɒlɪ'mɔ:fɪk], **-phous** [-əs] *a* polymorf
Polyne|sia [ˌpɒlɪ'ni:zjə] Polynesien **-sian** [-zjən] **I** *a* polynesisk **II** *s* polynesier
polynomial [ˌpɒlɪ'nəʊmj(ə)l] *mat.* polynom
polyp ['pɒlɪp] *zool., anat.* polyp
poly|phonic [ˌpɒlɪ'fɒnɪk], **-phonous** [pə'lɪfənəs] *mus., språkv.* polyfon; *mus. äv.* flerstämmig **-phony** [pə'lɪfənɪ] *mus., språkv.* polyfoni; *mus. äv.* flerstämmighet
polypus ['pɒlɪpəs] *anat.* polyp
polystyrene [ˌpɒlɪ'staɪri:n] polystyren, styrenplast; *expanded* ~ [styren]cellplast, frigolit
poly|syllabic [ˌpɒlɪsɪ'læbɪk] fler-, mång|stavig **-syllable** ['pɒlɪˌsɪləbl] flerstavigt ord
polytechnic [ˌpɒlɪ'teknɪk] **I** *a* polyteknisk **II** *s, BE.* polyteknisk [hög]skola, teknisk högskola
polytheism ['pɒliθi:ɪz(ə)m] polyteism, mångguderi
polythene ['pɒlɪθi:n] polyeten, etenplast
polyunsaturated [ˌpɒlɪʌn'sætʃureɪtɪd] fleromättad; ~ *fats* fleromättade fettsyror
polyvinyl [ˌpɒlɪ'vaɪnɪl] *a,* ~ *chloride* polyvinylklorid, vinylkloridplast, PVC-plast
pomade [pə'mɑ:d] **I** *s* pomada **II** *v* pomadera
pomegranate ['pɒmɪˌgrænɪt] granatäppelträd; granatäpple
Pomera|nia [ˌpɒmə'reɪnjə] Pommern **-nian** [-njən] **I** *a* pommersk **II** *s* **1** pomrare **2** dvärgspets
pomiculture ['pɒmɪˌkʌltʃə] fruktodling
pommel ['pʌml] **1** sadelknapp **2** svärdsknapp
pommy ['pɒmɪ] *Austr. sl.* engelsman
pomp [pɒmp] prakt, pomp, ståt; ~ *and circumstance* pomp och ståt
Pom|peian [pɒm'pi:ən] pompejansk **-peii** [-'peɪi:] Pompeji
Pompey ['pɒmpɪ] *vard.* Portsmouth
pom-pom ['pɒmpɒm] snabbskjutande luftvärnskanon, automatkanon
pompon ['pɔ̃:(m)pɔ̃:(ŋ)] pompong, garn|boll, -tofs
pomposity [pɒm'pɒsətɪ] uppblåsthet, pösighet, viktighet; (*stils*) svulstighet **pompous** ['pɒmpəs] uppblåst, pösig, viktig, pompös; (*om stil*) svulstig, pompös
ponce [pɒns] *i sht BE. sl.* hallick, sutenör
poncho ['pɒntʃəʊ] poncho
pond [pɒnd] damm, göl, tjärn
ponder ['pɒndə] **1** fundera, grubbla (*on, over* på, över) **2** överväga, tänka över; fundera på, grubbla över
ponderous ['pɒnd(ə)rəs] tung; otymplig, klumpig; *bildl.* trög, tung
pondweed ['pɒndwi:d] *bot.* nate
pone [pəʊn] *AE.,* ~ [*bread*] majsbröd
pong [pɒŋ] **I** *s* stank **II** *v* stinka
poniard ['pɒnjəd] [kort] dolk
pontiff ['pɒntɪf] påve
pontifi|cal [pɒn'tɪfɪkl] **I** *a* **1** påvlig, påve-; biskoplig, biskops- **2** pompös; docerande **II** *s* **1** (*biskops*) ritualbok, pontificale **2** ~*s* (*pl*) biskopsskrud **-cate I** *s* [-kɪt] pontifikat; påvevärdighet; (*påves*) regeringstid **II** *v* [-keɪt] **1** fungera (officiera) som påve **2** docera; uppträda pompöst
1 pontoon [pɒn'tu:n] ponton
2 pontoon [pɒn'tu:n] *kortsp.* tjugoett
pontoon bridge [pɒn'tu:nbrɪdʒ] pontonbro
pony ['pəʊnɪ] **1** ponny **2** *BE. sl.* 25 pund **3** likörglas, litet glas **4** *AE. sl.* lathund, moja **-tail** hästsvans[frisyr]
pooch [pu:tʃ] *AE. sl.* jycke (*hund*)
poodle ['pu:dl] pudel
poof [pu:f] *BE. sl.* bög
pooh [pu:] *interj* bah!, äh!, asch!
pooh-pooh [ˌpu:'pu:] föraktfullt avvisa, rynka på näsan åt, avfärda, förringa
1 pool [pu:l] **I** *s* **1** göl, damm; pöl; pool, simbassäng
2 pool [pu:l] **I** *s* **1** pool (*äv. hand.*); uppsättning, förråd; *car* ~ samåkningsgrupp; *typing* ~ skrivbyrå; ~ *of labour* arbetskraftsreserv **2** *spelt.* pott, insatser **3** *BE.,* [*football*] ~*s* (*ung.*) tipstjänst; *do the* ~*s* tippa; *win on the* ~*s* vinna på tips[et] **4** (*slags*) biljard **II** *v* **1** slå samman (*insatser e.d.*); förena (*one's efforts* sina ansträngningar) **-room** ['pu:lrʊm] *AE.* biljardhall; vadhållningslokal
1 poop [pu:p] *sjö.* poop; poopdäck
2 poop [pu:p] *AE. sl.* **1** trötta (matta) ut; ~*ed* (*äv.*) dödstrött, slut **2** ~ *out* ge upp; ~ *out of a race* bryta ett lopp
3 poop [pu:p] *AE. sl.* fakta, upplysningar
poop deck ['pu:pdek] *sjö.* poopdäck
poor [pʊə] **1** fattig; *the* ~ de fattiga; ~ *Whites* (*neds.*) fattiga vita (*amer. sydstatsbor el. sydafrikaner*); ~ *in natural resources* fattig på naturtillgångar; *be a* ~ *relation of* (*äv. bildl.*) vara en fattig släkting till, vara underlägsen **2** stackars, arm; ~ *you!* stackars dig (du)!; ~ *thing* stackars krake **3** dålig (*health* hälsa), knapp, mager (*salary* lön);

P

usel (*play* pjäs); ringa, klen (*consolation* tröst); *he's ~ in languages* han är dålig i språk; *in my ~ opinion* enligt min enkla mening; *he made a very ~ show* han gjorde en slät figur
poor box ['pʊəbɒks] fattigbössa **poorhouse** (*förr*) fattighus **poorly** [-lɪ] **I** *adv* fattigt, klent *etc., jfr poor;* illa; *be ~ off* ha det dåligt ställt **II** *a, vard.* krasslig, dålig **poorness** [-nɪs] fattigdom, torftighet, brist; magerhet; otillräcklighet, svaghet
1 pop [pɒp] **I** *v* **1** [låta] smälla, smälla (fyra) av, skjuta; *~ corn* göra popcorn, poppa majs **2** stoppa, sticka, lägga; slänga, kasta; [plötsligt] kasta fram (*fråga*); *vard.* ta (*tabletter*); *~ a hat on* slänga på sig en hatt; *~ a letter into the postbox* lägga ett brev på lådan; *~ the question* (*vard.*) fria; *~ down* kasta (skriva) ner **3** *vard.* stampa på (*pantsätta*) **4** smälla, knalla, puffa, poppa; spricka [upp], öppna sig [med en smäll *e.d.*] **5** *vard.* skjuta (*at* på, efter) **6** *~ out* titta fram (ut); *his eyes were ~ping out of his head* ögonen höll på att ramla ur huvudet på honom, hans ögon stod på skaft **7** kila, sticka, rusa, springa; *~ in* titta in; *~ off* (*vard.*) *a*) sticka, kila i väg, *b*) slumra till, *c*) kola [av]; *~ up* dyka upp, komma **II** *interj, adv* pang, paff; vips; *go ~* smälla [av], säga pang **III** *s* **1** knall, smäll, puff **2** *vard.* skott; *have* (*take*) *a ~ at* skjuta på (efter) **3** *vard.* [kolsyrad] läsk[edryck]; skumpa **4** *vard., in ~* i pant, på stampen (*pantsatt*)
2 pop [pɒp] **I** *s* pop[musik] **II** *a* **1** *vard., kortform av popular* populär- **2** pop-; *~ art* popkonst; *~ group* popgrupp; *~ music* popmusik
3 pop [pɒp] *vard.* pappa
pop. *förk. för popular[ly]; population*
popcorn *AE.* popcorn, rostad majs
pope [pəʊp] påve **popedom** ['pəʊpdəm] **1** påvevärdighet **2** påvedöme **popery** ['pəʊpərɪ] *neds.* papism
Popeye ['pɒpaɪ] Karl Alfred (*seriefigur*) **popeyed** [-d] med utstående ögon; *bildl.* storögd, förvånad
popgun ['pɒpgʌn] kork|pistol, -bössa (*leksak*)
popinjay ['pɒpɪndʒeɪ] sprätt; egenkär person; pratkvarn
popish ['pəʊpɪʃ] *neds.* papistisk
poplar ['pɒplə] *bot.* poppel; *trembling ~* asp; *white ~* silverpoppel
poplin ['pɒplɪn] poplin[tyg]
poppa ['pɑ:pə] *AE.* pappa
popper ['pɒpə] *BE. vard.* tryckknapp
poppet ['pɒpɪt] "docka", älskling, sötnos
poppy ['pɒpɪ] *bot.* vallmo **Poppy Day** *vard., se Remembrance Day*
poppycock ['pɒpɪkɒk] *vard.* struntprat, nonsens
popsy ['pɒpsɪ] *BE. åld. sl.* sötnos
populace ['pɒpjʊləs] **1** befolkning, invånare **2** *the ~* den breda massan, populasen, pöbeln
popular ['pɒpjʊlə] **1** populär, folkkär, omtyckt; lättfattlig; *I'm not very ~ with him* jag är inte särskilt populär hos honom **2** folk-; allmän; *~ discontent* allmänt missnöje; *~ etymology* folketymologi; *~ front* folkfront; *~ music* populärmusik **-ity** [ˌpɒpjʊ'lærətɪ] popularitet **-ization** (*BE. äv. -isation*) [ˌpɒpjʊləraɪ'zeɪʃn] popularisering **-ize** (*BE. äv. -ise*) ['pɒpjʊləraɪz] popularisera **-ly** ['pɒpjʊləlɪ] *adv* **1** populärt **2** i allmänhet, allmänt; *he is ~ known as* han är allmänt känd som
popu|late ['pɒpjʊleɪt] befolka, bebo **-lation** [ˌpɒpjʊ'leɪʃn] **1** befolkning; folkmängd; *ekol., stat.* population **2** befolkande, kolonisering
populous ['pɒpjʊləs] tättbefolkad, folkrik
porcelain ['pɔ:s(ə)lɪn] porslin
porch [pɔ:tʃ] **1** överbyggd entré, farstukvist **2** *AE.* veranda
porcupine ['pɔ:kjʊpaɪn] *zool.* piggsvin
1 pore [pɔ:] por
2 pore [pɔ:] **1** *~ over* hänga över (*bok e.d.*), noga studera **2** *~ over* ([*up*]*on*) fundera (grubbla) över
pork [pɔ:k] griskött, fläsk
pork barrel ['pɔ:kˌbær(ə)l] *AE. sl. polit. ung.* valfläsk (*regeringsstöd till enskilda stater el. städer för att öka kongress- el. senatsmedlemmens popularitet*) **pork chop** [-tʃɒp] fläskkotlett **porker** [-ə] gödsvin, spädgris **pork pie** [-paɪ] fläskpastej **porkpie hat** låg, rundkullig herrhatt **porky** [-ɪ] **1** gris-, fläsk- **2** *vard.* fläskig, fet
porn[o] ['pɔ:n(əʊ)] *sl.* porr **pornographic** [ˌpɔ:nə(ʊ)'græfɪk] pornografisk **pornography** [pɔ:'nɒgrəfɪ] pornografi
porosity [pɔ:'rɒsətɪ] porositet **porous** ['pɔ:rəs] porös; porig
porphyry ['pɔ:fɪrɪ] *miner.* porfyr
porpoise ['pɔ:pəs] *zool.* tumlare
porridge ['pɒrɪdʒ] [havre]gröt
porringer ['pɒrɪn(d)ʒə] gröt-, sopp|skål
1 port [pɔ:t] **1** hamn (*äv. bildl.*); hamnstad; *free ~* frihamn; *naval ~* örlogshamn; *any ~ in a storm* i ett nödläge får vad som helst duga; *come into ~* löpa in i hamn
2 port [pɔ:t] *sjö.* **I** *s* babord **II** *v, ~ the helm* lägga rodret babord
3 port [pɔ:t] portvin
portable ['pɔ:təbl] portabel, flyttbar, bärbar
portage ['pɔ:tɪdʒ] **I** *s* **1** transport **2** transportkostnader **3** transport (*av båtar, förråd*) mellan två vattenvägar **II** *v* transportera (*båtar, förråd*) mellan två vattenvägar
portal ['pɔ:tl] **I** *s* portal, port; entré **II** *a, anat., ~ vein* portåder
portative ['pɔ:tətɪv] portativ, flyttbar, bärbar
portcullis [ˌpɔ:t'kʌlɪs] fällgaller
portend [pɔ:'tend] förebåda, varsla om
portent ['pɔ:tent] **1** järtecken, (*illavarslande*) förebud, [dåligt] omen **2** stor betydelse **3** underverk **portentous** [pɔ:'tentəs] **1** olycksbådande, illavarslande **2** vidunderlig; fantastisk **3** pompös, självgod
1 porter ['pɔ:tə] **1** bärare, stadsbud **2** *AE.* sovvagnskonduktör
2 porter ['pɔ:tə] **1** *i sht BE.* port-, dörr|vakt **2** vaktmästare; [hotell]portier
3 porter ['pɔ:tə] *BE.* porter
porterage ['pɔ:tərɪdʒ] bärarlön
porterhouse [steak] ['pɔ:təhaʊsˌsteɪk] (*tjock skiva*) rostbiff
portfolio [ˌpɔ:t'fəʊljəʊ] portfölj; aktieportfölj; *minister without ~* minister utan portfölj, konsultativt statsråd
porthole ['pɔ:thəʊl] **1** *sjö.* [hytt]ventil **2** skottglugg; kanonport
portico ['pɔ:tikəʊ] portik; arkad

portion ['pɔ:ʃn] **I** *s* **1** del, stycke **2** andel; *bildl.* lott, öde; *jur.* arvslott, arvedel; *jur.* hemgift **3** portion **II** *v* **1** ~ *[out]* dela, fördela, dela (portionera) ut **2** *jur.* ge hemgift (arv) åt **3** ~ *off* avskärma

portly ['pɔ:tlɪ] *a* korpulent, bastant

portmanteau [ˌpɔ:t'mæntəʊ] (*pl -s el. -x* [-z]) **I** *s* koffert, stor kappsäck **II** *a*, ~ *word* teleskopord (*t.ex. brunch av breakfast + lunch*)

portrait ['pɔ:trɪt] porträtt (*äv. bildl.*); *bildl. äv.* bild, skildring, avbild **portraitist** [-ɪst] porträttmålare, porträttör **portraiture** [-ʃə] **1** porträttmålning **2** *se portrait*

portray [pɔ:'treɪ] **1** porträttera (*äv. bildl.*), avbilda, måla av; *bildl. äv.* skildra **-al** [-əl] porträttering; framställning, skildring **-er** [-ə] porträttmålare, porträttör

portress ['pɔ:trɪs] portvakt[erska]

Portu|gal ['pɔ:tʃʊgl] Portugal **-guese** [ˌpɔ:tʃʊ'gi:z] **I** *a* portugisisk **II** *s* **1** (*pl lika*) portugis **2** portugisiska [språket]

pos. *förk. för position; positive*

pose [pəʊz] **I** *v* **1** posera; göra sig till; inta en attityd; ~ *as* ge sig ut för [att vara] **2** placera i pose **3** framställa (*a question* en fråga), lägga fram (*a problem*), utgöra (*a threat* ett hot) **II** *s* pose, konstlad ställning; attityd

1 poser ['pəʊzə] person som poserar

2 poser ['pəʊzə] olöslig fråga

poseur [pəʊ'zɜ:] posör, tillgjord person

posh [pɒʃ] **I** *a, i sht BE. vard.* flott, elegant; förnäm, överklass- **II** *adv* förnämt

posit ['pɒzɪt] **1** postulera, förutsätta **2** placera

position [pə'zɪʃn] **I** *s* **1** position; ställning (*äv. mil.*); plats; läge; *bildl.* inställning, ståndpunkt; *sitting* ~ sittande ställning; *in* ~ i läge, på [sin] plats; *be in a* ~ *to* vara i stånd (tillfälle) att, ha möjlighet att **2** position, samhällsställning, social ställning **3** plats, anställning **II** *v* placera [ut]

positive ['pɒzətɪv] **I** *a* **1** positiv; ~ *film* positiv film; ~ *number* positivt tal; ~ *pole* positiv pol, pluspol; ~ *test* positivt prov **2** positiv, jakande; ~ *answer* jakande (positivt) svar; ~ *person* positiv person **3** bestämd, uttrycklig; entydig; odelad, absolut; ~ *proof* uttryckligt (entydigt) bevis **4** *vard.* riktig, verklig, ren; *a* ~ *delight* ett rent nöje; ~ *genius* ett verkligt geni; *a* ~ *nuisance* en riktig plåga **5** säker (*of, about* på), övertygad (*of, about* om), säker på sin sak **6** *språkv., the* ~ *degree* positiv [form] **II** *s* **1** *mat.* positiv storhet, positivt tal **2** *språkv.* positiv **3** *foto.* positiv bild **positively** [-lɪ] *adv* **1** positivt **2** bestämt, avgjort, uttryckligen, definitivt **3** verkligen, faktiskt, i själva verket **4** absolut, otvivelaktigt, [helt] säkert **positivism** ['pɒzɪtɪvɪz(ə)m] *filos.* positivism

positron ['pɒzɪtrɒn] *fys.* positron

posse ['pɒsɪ] *AE.* uppbåd (*under sheriffs befäl*); spaningsstyrka

possess [pə'zes] **1** äga, besitta, [inne]ha; behärska, kunna (*foreign languages* främmande språk) **2** (*om känslor e.d.*) behärska, regera över, fylla; *the rage that ~ed me* den vrede som fyllde mig; *what ~ed him to do that?* vad fick honom att göra det?, vad tog det åt honom? **possessed** [-t] **1** *be* ~ *of* äga, ha, förfoga över; *she is* ~ *of the necessary information* hon sitter inne med de nödvändiga upplysningarna **2** besatt, behärskad, uppfylld (*by an idea* av en idé); *like one ~ed* som en besatt; *be ~ed by* (*with*) *rage* vara fylld av vrede **possession** [pə'zeʃn] **1** besitt|ning, -ande, innehav; *with immediate* ~ med omedelbart tillträde; *be in* ~ *of* vara i besittning av, förfoga över; *get* (*have*) ~ *of the ball* (*sport.*) ha bollen; *take* ~ *of a*) ta i besittning, *mil. äv.* besätta, *b*) bemäktiga sig **2** egendom; *~s* (*pl, äv.*) ägodelar **3** besittning, territorium **4** besatthet

possessive [pə'zesɪv] **I** *a* **1** ägar- **2** hagalen; härsklysten; dominerande **3** *språkv.* possessiv; *the* ~ *case* genitiv; ~ *pronoun* possessivt pronomen **II** *s, språkv., the* ~ genitiv **2** possessivt pronomen **possessiveness** [pə'zesɪvnɪs] habegär; härsklystnad; dominans **possessor** [pə'zesə] ägare, innehavare

possibility [ˌpɒsə'bɪlətɪ] möjlighet (*of* till, av); *a job with great possibilities* ett arbete med stora möjligheter **possible** ['pɒsəbl] **I** *a* möjlig; *the best* ~ bästa möjliga; *as soon as* ~ så snart som möjligt; *by all means* ~ med alla möjliga medel; *if* ~ om möjligt; *it's no* ~ *excuse* det är absolut ingen ursäkt; *it's just* ~ *that she will come* hon kommer eventuellt **II** *s* tänkbar (möjlig) kandidat (deltagare) **possibly** ['pɒsəblɪ] *adv* **1** möjligt; möjligen; eventuellt; *how could you* ~ *do this?* hur i all världen kunde du göra detta?; *not* ~ omöjligt, omöjligen **2** kanske

possum ['pɒsəm] *vard. för opossum* opossum; *play* ~ simulera, låtsas vara sjuk (död *e.d*), förställa sig

1 post [pəʊst] **I** *s* **1** stöd, stolpe, stötta; [dörr]post **2** (*vid kapplöpning*) *starting* ~ start[linje]; *winning* ~ mål[linje] **II** *v* **1** ~ *[up]* anslå, sätta upp; ~ *no bills!* affischering förbjuden! **2** (*genom anslag*) offentliggöra, tillkännage, förkunna **3** stämpla, brännmärka

2 post [pəʊst] **I** *s* **1** post, plats, tjänst, befattning; *take up a* ~ tillträda en befattning (tjänst) **2** *mil.* post[ställe]; postering; garnison; *at one's* ~ på sin post **3** *BE. mil.* tapto **4** handelsstation **II** *v* postera, placera; *i sht BE.* förflytta, omplacera

3 post [pəʊst] **I** *s, i sht BE.* post; post|befordran, -gång; postkontor; postverk; brevlåda; (*förr*) posthåll; *by* ~ med (per) post; *it's in the* ~ det ligger på posten **II** *v* **1** *i sth BE.* posta, skicka med (på) posten **2** *bokför.* bokföra, föra in (*en post*) **3** informera, underrätta; *keep me ~ed* [*up*] håll mig underrättad

postage ['pəʊstɪdʒ] porto, postbefordringsavgift **postage meter** [-ˌmi:tə] *AE.* frankeringsmaskin **postage stamp** [-stæmp] frimärke

postal ['pəʊst(ə)l] post-, postal; ~ *card* (*AE.*) brevkort; ~ *order* postanvisning

post|bag ['pəʊstbæg] *i sht BE.* postsäck; postväska; (*i radio e.d.*) brevlåda **-boy** postiljon **-card** ['pəʊs(t)kɑ:d] brevkort; [*picture*] ~ vykort

post chaise ['pəʊstʃeɪz] *hist.* postdiligens

post|code ['pəʊstkəʊd] *BE.* postnummer **-date** [ˌpəʊst'deɪt] post-, efter|datera

poster ['pəʊstə] **1** affisch, anslag, plakat; poster **2** affischör **poster colour** [-ˌkʌlə] plakatfärg

poste restante [ˌpəʊst'restɑ̃:(n)t] poste restante

posterior [pɒ'stɪərɪə] **I** *a* **1** senare (*to* än); efterföljande **2** bak-, bakre **II** *s* bakdel, ända

posterity [pɒ'sterətɪ] efterkommande, kommande släkten (generationer); eftervärlden

postern ['pəʊstɜ:n] bakdörr

post exchange ['pəʊstɪks,tʃeɪn(d)ʒ] *AE. ung.* butik (*för militär personal*), marketenteri **post-free** [,pəʊst'fri:] *a o. adv* **1** *BE.* med betalt porto **2** portofri; franko

post|glacial [,pəʊs(t)'gleɪsjəl] postglacial **-graduate** [-'grædjʊət] **I** *s* universitetsstuderande som avlagt första examen, doktorand **II** *a,* ~ *studies* doktorandstudier

posthaste [,pəʊst'heɪst] i flygande fart, i ilfart

posthumous ['pɒstjʊməs] postum

postiche [pɒ'sti:ʃ] **I** *s* **1** postisch, löshår **2** imitation, efterapning **II** *a* falsk, oäkta

postil[l]ion [pə'stɪljən] (*i hästspann*) ryttare på vänsterhäst

postlude ['pəʊstlu:d] *mus.* postludium

post|man ['pəʊs(t)mən] brevbärare, postiljon; *~'s knock* (*lek, ung.*) ryska posten **-mark** poststämpel **-marked** post-, av|stämplad **-master** [-,mɑ:stə] post|mästare, -föreståndare; ~ *general* generalpostdirektör

postmeridian [,pəʊs(t)mə'rɪdɪən] eftermiddags- **post meridiem** [-əm] [på] eftermiddagen

postmistress ['pəʊs(t),mɪstrɪs] [kvinnlig] post|mästare, -föreståndare

post|mortem [,pəʊs(t)'mɔ:tem] **I** *a* efter döden; ~ *examination* obduktion, autopsi **II** *s* **1** obduktion **2** *vard.* analys, efterföljande genomgång (*on a game of chess* av ett schackparti) **-natal** [,pəʊst'neɪtl] efter födelsen

post office ['pəʊst,ɒfɪs] post[kontor, -anstalt]; *the Post Office* postverket, posten, poststyrelsen **post office box** [post]box, postfack **post paid** [-peɪd] *a o. adv* med betalt porto; portofri; franko

postpone [,pəʊs(t)'pəʊn] **1** uppskjuta, senarelägga, bordlägga **2** sätta i andra rummet, efterställa, underordna **-ment** [-mənt] uppskjutande, uppskov, senareläggning, bordläggning

post|position [,pəʊstpə'zɪʃn] *språkv.* efterställande; efterställt ord *o.d.* **-prandial** [-'prændɪəl] *skämts.* efter middagen **-script** ['pəʊsskrɪpt] postskriptum, efterskrift

postulate I *s* ['pɒstjʊlət] postulat, självklar sak; [nödvändig] förutsättning **II** *v* ['pɒstjʊleɪt] **1** begära, kräva, göra anspråk på **2** postulera, anta, förutsätta

posture ['pɒstʃə] **I** *s* **1** kroppsställning; hållning **2** inställning, attityd **3** läge, skick; tillstånd **II** *v* inta en onaturlig ställning; posera

postwar [,pəʊst'wɔ:] efterkrigs-

posy ['pəʊzɪ] [liten] blomsterbukett

1 pot [pɒt] **I** *s* **1** gryta, kastrull; kanna; mugg, stop; burk; kruka; potta, nattkärl; *~s and pans* grytor och pannor (kastruller); *big* ~ (*vard.*) pamp, högdjur; *a ~ of* (*vard.*) en [hel] massa; *go to* ~ (*vard.*) gå åt pipan (helvete); *keep the ~ boiling* (*bildl.*) hålla det hela i gång, hålla grytan kokande **2** *sportsl.* buckla (*pokal*) **3** *kortsp.* pott **4** *vard.* isterbuk **5** *se pot shot* **II** *v* **1** sätta (plantera) i kruka (krukor); *~ted plant* krukväxt **2** lägga i kruka (*e.d.*); lägga (koka, salta) in, konservera **3** *vard.* knäppa, skjuta **4** *vard.* lägga vantarna på, komma över, ta **5** *vard.* sätta på pottan **6** *vard.,* ~ *at* skjuta på (efter)

2 pot [pɒt] *sl.* gräs (*marijuana*); brass (*hasch*)

potash ['pɒtæʃ] pottaska, kaliumkarbonat

potassium [pə'tæsjəm] *kem.* kalium **potassium cyanide** [-,saɪənaɪd] cyankalium, kaliumcyanid **potassium hydroxide** [-haɪ,drɒksaɪd] kaliumhydroxid **potassium nitrate** [-,naɪtreɪt] kaliumnitrat, salpeter

potato [pə'teɪtəʊ] (*pl ~es*) potatis; *chipped ~es* pommes frites; *hot* ~ (*sl. bildl.*) het potatis, ömtålig fråga (sak) **potato chips** *AE. pl,* **potato crisps** *BE. pl* chips

pot|bellied ['pɒt,belɪd] tjockmagad, med kalaskula **-belly** kalaskula; isterbuk (*äv. om person*) **-boiler** [-,bɔɪlə] *vard.* (*om litterärt el. konstnärligt verk*) rent kommersiell produkt **-boy** [-bɔɪ], **man** [-mən] *i sht BE.* kypare (*på pub*)

poteen [pɒ'ti:n] *Irl.* hembränd sprit, hembränt

pot|ence ['pəʊt(ə)ns], **-ency** [-(ə)nsɪ] **1** makt; styrka, kraft **2** *fysiol.* potens **-ent** [-(ə)nt] **1** mäktig; stark; kraftigt verkande **2** *fysiol.* potent

potentate ['pəʊt(ə)nteɪt] potentat, mäktig person

potential [pə(ʊ)'tenʃl] **I** *a* potentiell (*äv. elektr.*), möjlig; ~ *difference* potentialskillnad, [elektrisk] spänning **II** *s* **1** potential (*äv. elektr.*); möjlighet[er], resurs[er] **-ity** [pə(ʊ),tenʃɪ'ælətɪ] potentialitet, möjlighet

pot-head ['pɒthed] *sl.* brassrökare

pother ['pɒðə] **1** stickande (kvävande) rök **2** tumult, ståhej, oväsen

pot|herb ['pɒthɜ:b] köksväxt **-hole 1** väggrop **2** *geol.* jättegryta **-holing** [-,həʊlɪŋ] *BE.* grottforskning

potion ['pəʊʃn] (*magisk, läkande, förgiftad*) dryck

potluck [,pɒt'lʌk] *s, take* ~ hålla till godo med vad huset förmår **pot plant** ['pɒtplɑ:nt] krukväxt

potpourri [,pəʊ'pʊrɪ] potpurri

pot roast ['pɒtrəʊst] grytstek **potsherd** [-ʃɜ:d] krukskärva **pot shot 1** krypskytts skott **2** slängskott, skott på måfå

potted ['pɒtɪd] **1** inlagd, konserverad **2** *vard.* förkortad, sammandragen (*version of a novel* version av en roman) **3** ~ *flower* krukväxt **4** *AE. sl.* full

1 potter ['pɒtə] krukmakare, keramiker; *~'s field* (*AE.*) fattigkyrkogård; *~'s wheel* drejskiva

2 potter ['pɒtə] *i sht BE.* **1** ~ [*about, around*] knåpa, pyssla (*at* med) **2** ~ [*along*] strosa [fram]; ~ [*about*] gå och skrota i, strosa runt i **3** ~ [*away*] slösa (plottra) bort, förspilla

pottery ['pɒtərɪ] **1** lergods, keramik **2** krukmakeri, keramikfabrik **3** krukmakeri, keramiktillverkning

potting shed ['pɒtɪŋʃed] trädgårdsskjul

1 potty ['pɒtɪ] **I** *a* **1** *BE. vard.* futtig, pluttig, obetydlig **2** knasig, knäpp

2 potty ['pɒtɪ] *barnspr.* potta, pea

pouch [paʊtʃ] **1** pung, liten påse; *~es under the eyes* påsar under ögonen **2** *biol.* pung; påse, ficka **3** *Sk.* ficka

pouf[e] [pu:f] puff (*sittmöbel*)

poulterer ['pəʊlt(ə)rə] *BE.* fågelhandlare

poultice ['pəʊltɪs] *med.* grötomslag

poultry ['pəʊltrɪ] fjäderfän, höns **-farm** hönsfarm, hönseri **-man** [-mən] **1** höns|uppfödare, -farmare **2** fågelhandlare

pounce [paʊns] **I** *s* **1** rovfågelsklo **2** (*rovfågels*) nedslag; anfall, plötsligt språng; *make a ~ [up]on* (*äv. bildl.*) slå ner på, kasta sig över **II** *v, ~ [up]-on* (*äv. bildl.*) slå ner på, kasta sig över

1 pound [paʊnd] **I** *s* **1** (*vikt*) [skål]pund (= *16 ounces = 454 g*); 'troy' (= *12 ounces = 373 g*); *have one's ~ of flesh* kräva sitt skålpund kött (det som tillkommer en) **2** (*mynt*) pund [sterling] (= *100 pence, före 1971 = 20 shilling*)

2 pound [paʊnd] **1** fålla, inhägnad **2** uppsamlingsplats (*för herrelösa djur*); uppställningsplats (*för bortforslade fordon*)

3 pound [paʊnd] **1** hamra (banka, bulta, dunka, slå) på (mot); bulta (*meat* kött); *~ sense into a p.'s head* (*bildl.*) hamra in förnuft i skallen på ngn **2** stöta (*s.th. in a mortar* ngt i en mortel); pulv[e]risera, krossa **3** gå fram och tillbaka på, nöta (*the pavement* trottoaren) **4** hamra, banka, bulta, dunka, slå (*at, on* på, mot); *his heart was ~ing* hans hjärta bultade (bankade) **5** klampa, stampa, gå tungt

pour [pɔ:] **I** *v* **1** hälla, slå, ösa; gjuta; *bildl.* sända (ösa, spotta, vräka) ut; *~ s.th. for s.b.* hälla (slå) upp (i) ngt åt ngn, servera ngn ngt; *~ money into s.th.* pumpa (ösa) in pengar i ngt; *~ in* (*bildl.*) pumpa in; *~ out a*) hälla (slå) ut, *b*) hälla (slå) upp (i), servera, *c*) ösa (spotta, vräka) ut; *~ out one's heart to s.b.* utgjuta (öppna) sitt hjärta för ngn **2** strömma, flöda, rinna; välla; ös-, häll|-regna; *~ing rain* ös-, häll|regn; *it is ~ing [down, with rain]* det öser ner (ösregnar); *~ in* strömma in; *the sweat ~ed off him* svetten rann om honom **II** *s* ös-, häll|regn

1 pout [paʊt] **I** *v* **1** truta (pluta, puta) med läpparna **2** puta ut, pösa **3** sura, tjura **II** *s* **1** trutande, plutande, putande **2** surande, tjurande

2 pout [paʊt] *zool.* tånglake

poverty ['pɒvətɪ] **1** fattigdom, armod **2** brist (*of* på), avsaknad (*of* av) **--stricken** [-ˌstrɪk(ə)n] utfattig, utarmad

P.O.W. [ˌpi:əʊ'dʌblju:] *förk. för prisoner of war*

powder ['paʊdə] **I** *s* **1** pulver; damm, stoft **2** puder; pudersnö **3** krut **4** *AE. sl., take a ~* dunsta, sticka **II** *v* **1** pulv[e]risera[s], smula[s] sönder; *~ed milk* torrmjölk **2** pudra; bepudra, beströ; *~ one's nose a*) pudra sig, *b*) smita, försvinna **powder blue** duvblå **powder compact** [-ˌkɒmpækt] puderdosa **powder horn** [-hɔ:n] kruthorn **powder keg** [-keg] **1** kruttunna **2** *i sht AE.* krutdurk **powder puff** [-pʌf] pudervippa **powder room** [-rʊm] dam|rum, -toalett

powdery ['paʊdərɪ] **1** pudrad, pudrig **2** pulver-, puder|fin, pulv[e]riserad

power ['paʊə] **I** *s* **1** kraft, styrka; kapacitet, prestanda, effekt; energi; *the ~ of a blow* kraften (styrkan) i ett slag; *under its own ~* för egen kraft; *cut off the ~* stänga av strömmen; *more ~ to your elbow!* hugg i!, jobba på! **2** förmåga; *~s* (*pl*) *a*) förmåga, *b*) talang[er]; *~s of persuasion* övertalningsförmåga; *~[s] of resistance* motståndskraft; *it is beyond* (*not within*) *my ~ to* det står inte i min makt att, jag är inte i stånd att; *he did all in his ~ to help her* han gjorde allt som stod i hans makt för att hjälpa henne **3** [makt]befogenhet; *~ of attorney* fullmakt, bemyndigande **4** makt (*of, over* över); maktfaktor; *naval ~* sjömakt; *the ~s of darkness* mörkrets makter; *the ~s that be* makthavarna, de som har makten; *be in ~* vara (sitta) vid makten, ha makten; *be in a p.'s ~* vara i ngns våld; *come into ~* komma till makten **5** *vard., a ~ of* mycket, väldigt, en massa **6** *mat.* dignitet, potens; *raised to the ~ [of] 2* upphöjt till 2 **II** *v* driva

power-assisted ['paʊərəˌsɪstɪd] servo-; *~ steering* servostyrning **power boat** [-bəʊt] motorbåt **power brake** [-breɪk] servobroms **power cut** [-kʌt] ström-, el|avbrott; avstängning av strömmen **power drill** [-drɪl] elektrisk borrmaskin **power-driven** [-ˌdrɪvn] motor-, el|driven **powerful** [-f(ʊ)l] mäktig; stark, kraftig; kraftigt verkande **powerhouse** [-haʊs] **1** kraft|verk, -station **2** *sl. bildl.* drivande kraft, motor **powerless** [-lɪs] kraftlös; maktlös **powermower** [-ˌməʊə] motorgräsklippare **power plant** [-plɑ:nt] **1** kraft|station, -verk **2** elaggregat **power politics** [-ˌpɒlɪtɪks] *pl* maktpolitik **power sharing** [-ˌʃeərɪŋ] medbestämmande **power station** [-ˌsteɪʃn] kraftstation **power steering** [-ˌstɪərɪŋ] servostyrning

powwow ['paʊwaʊ] **1** (*mellan el. med indianer*) rådslag **2** konferens, möte

Powys ['pəʊɪs, 'paʊɪs]

pox [pɒks] hudutslag; *the ~* (*vard.*) syffe (*syfilis*)

pp. *förk. för pages* **p.p.** *förk. för parcel post; past participle; post paid; prepaid* **ppd.** *förk. för post paid; prepaid* **ppr.** *förk. för present participle* **P.P.S.** *förk. för Parliamentary Private Secretary; post postscriptum* **P.Q.** *förk. för Province of Quebec* **Pr.** *förk. för Priest; Prince* **pr.** *förk. för pair; paper; price; pronoun; power* **P.R.** *förk. för proportional representation; public relations; Puerto Rico*

practi|cability [ˌpræktɪkə'bɪlətɪ] **1** genomförbarhet, görlighet, utförbarhet; möjlighet; användbarhet **2** farbarhet, framkomlighet **-cable** ['præktɪkəbl] **1** genomförbar, görlig, utförbar; möjlig; användbar **2** farbar, framkomlig

practi|cal ['præktɪkl] **1** praktisk (*person* person); ändamålsenlig; praktiskt användbar (genomförbar); *~ application* praktisk tillämpning; *~ joke* practical joke, handgripligt skämt, spratt **2** verklig, faktisk **-cality** [ˌpræktɪ'kælətɪ] **1** praktiskhet, praktisk möjlighet **2** praktisk detalj (fråga) **-cally** *adv* **1** ['præktɪkəlɪ] praktiskt, i praktiken **2** ['præktɪklɪ] praktiskt taget, så gott som, nästan

practice ['præktɪs] **I** *s* **1** praktik; *in ~* i praktiken; *put into ~* omsätta (genomföra) i praktiken, realisera **2** utöv|ning, -ande; (*läkares, advokats*) praktik; *be in ~* praktisera **3** övning, träning; *~ makes perfect* övning ger färdighet; *be in ~* vara vältränad (i form); *be out of ~* sakna övning, ha legat av sig, vara otränad **4** sed, bruk, vana, kutym, praxis; *~[s]* knep, trick[s], [skumma] metoder, manipulationer; *that's common ~* det är praxis (brukligt); *make a ~ of doing s.th.* göra det till en (ta för) vana att göra ngt **II** *v, AE., se practise*

practise ['præktɪs] **1** praktisera, tillämpa [i praktiken], använda; *~ what one preaches* leva som

P

man lär **2** [ut]öva; idka; iaktta[ga], visa; ~ *medicine* (*law*) vara verksam som (vara praktiserande) läkare (jurist) **3** öva [sig i]; ~ *the trumpet* öva [på] trumpet **4** öva, träna; öva sig (*in* i); ~ *on the trumpet* öva [på] trumpet **5** praktisera, ha praktik (*som läkare, advokat*) **6** ~ [*up*]*on* utnyttja

prac|tised ['præktɪst] **1** skicklig, rutinerad, driven, van **2** inövad **-tising** [-tɪsɪŋ] praktiserande, utövande; aktiv (*socialist* socialist)

practitioner [præk'tɪʃnə] praktiker, praktiserande läkare (jurist); *general* ~ allmänpraktiserande läkare; *medical* ~ praktiserande (legitimerad) läkare

prag|matic [præg'mætɪk] pragmatisk **-matist** ['prægmətɪst] pragmatiker

Prague [prɑ:g] Prag

prairie ['preərɪ] prärie **prairie dog** präriehund **prairie schooner** [-ˌsku:nə] *AE.* täckt präriavagn **prairie wolf** [-wʊlf] prärievarg

praise [preɪz] **I** *v* berömma, lovorda; prisa **II** *s* beröm, lovord; pris; *beyond all* ~ över allt beröm; *a poem in* ~ *of* en lovsång till; *speak in* ~ *of* tala berömmande om; *sing a p.'s* ~*s* sjunga ngns lov, lovsjunga ngn **-worthy** [-ˌwɜ:ðɪ] beröm-, lov|-värd

praline ['prɑ:li:n] bränd mandel

pram [præm] *BE.* barnvagn

prance [prɑ:ns] **I** *v* **1** dansa (hoppa, skutta) fram **2** stoltsera, kråma sig **II** *s* dansande, hoppande, skuttande; krumsprång

1 prank [præŋk] upptåg, spratt, tilltag, busstreck

2 prank [præŋk] prunka, pråla

prankster ['præŋkstə] upptågsmakare

prat [præt] fåne, slöfock

prate [preɪt] **I** *v* prata, babbla, pladdra **II** *s* prat, babbel, pladder

pratie ['preɪtɪ] *Irl.* potatis

prattle ['prætl] **I** *v* babbla, pladdra; jollra **II** *s* babbel, pladder; joller **prattler** [-ə] pratmakare; jollrande barn

prawn [prɔ:n] räka

praxis ['præksɪs] **1** praktik **2** praxis

pray [preɪ] **1** be, bönfalla (*for* om); ~ *to God for s.b.* be till Gud för ngn **2** be, bönfalla (*s.b.* ngn); *come back, I* ~ *you* jag ber er, kom tillbaka

prayer [preə] **1** bön; *morning* ~[*s*] morgon|bön, -andakt; *the Lord's P*~ Herrens bön, Fader vår; *the Book of Common P*~*s* Ritualboken (*engelska kyrkans ritualbok*); *say* (*read*) *one's* ~*s, be at* ~*s* be, läsa sina böner **2** *AE., not have a* ~ *of winning* inte ha en chans att vinna **3** ['preɪə] bedjande [person]

prayer book ['preəbʊk] bön-, andakts|bok **prayer mat** bönematta **prayer meeting** [-ˌmi:tɪŋ] bönemöte **prayer rug** [-rʌg] bönematta **prayer wheel** [-wi:l] bönekvarn

preach [pri:tʃ] **1** predika, hålla predikan (*on* om, över; *to* för) **2** predika, förkunna (*the gospel* evangelium); ~ *a sermon* (*äv. bildl.*) predika, hålla [moral]predikan **-er** ['pri:tʃə] predikant, predikare **-ify** ['pri:tʃɪfaɪ] *vard.* predika, hålla moralpredikan

preamble [pri:'æmbl] inledning, företal, förord

preamplifier [ˌpri:'æmplɪfaɪə] *elektr.* förförstärkare

prearrange [ˌpri:ə'reɪn(d)ʒ] ordna (avtala, komma överens om) på förhand

preb|end ['prebənd] *kyrkl.* prebende **-endary** [-(ə)nd(ə)rɪ] prebendeinnehavare

prec. *förk. för preceding*

precarious [prɪ'keərɪəs] prekär; osäker; farlig, riskabel

precaution [prɪ'kɔ:ʃn] **I** *s* **1** försiktighets|åtgärd, -mått; *take* ~*s* vidtaga försiktighetsåtgärder **2** försiktighet, varsamhet **II** *v* vidta försiktighetsmått **-ary** [-'kɔ:ʃn̩ərɪ] försiktighets-; säkerhets, förebyggande

precede [ˌpri:'si:d] **1** föregå; gå framför (före); (*i rang*) stå över **2** låta föregå; inleda (*with* med)

precedence [-(ə)ns] företräde; företrädesrätt (*over* framför); [*order of*] ~ rangordning; *take* (*have*) ~ *of* ha företräde framför, gå före **precedent I** *a* [prɪ'si:d(ə)nt] föregående **II** *s* ['presɪd(ə)nt] precedensfall, föregående likartat [rätts]-fall; *jur. äv.* prejudikat; *without* ~ utan motstycke (motsvarighet); *establish* (*create, set*) *a* ~ skapa prejudikat, vara prejudicerande **preceding** [ˌpri:'si:dɪŋ] föregående; *the* ~ *page* föregående sida

precentor [ˌpri:'sentə] kantor

precept ['pri:sept] föreskrift; regel, rättesnöre; maxim

precinct ['pri:sɪŋ(k)t] **1** inhägnat område; zon; gräns, inhägnad; *pedestrian* ~ gågata, område med gågator; *shopping* ~ affärskvarter **2** *AE.* valdistrikt; polisdistrikt; polisstation **3** ~*s* (*pl*) omgivningar

precious ['preʃəs] **I** *a* **1** värdefull, dyrbar (*äv. bildl.*); kär, älskad; ~ *metal* ädelmetall; ~ *stone* ädelsten **2** pretiös, affekterad, tillgjord **3** *vard. iron.* snygg, skön; *they are a* ~ *lot* de är just några snygga figurer; *he has made a* ~ *mess of it* han har gjort en skön röra av det **II** *adv* väldigt, fasligt **III** *s, my* ~ min älskling (skatt)

precipice ['presɪpɪs] avgrund (*äv. bildl.*), bråddjup; stup, brant

precipi|tance [prɪ'sɪpɪt(ə)ns], **-tancy** [-(ə)nsɪ] **1** brådska **2** överilning **-tant** [-(ə)nt] **I** *a, se precipitate II* **II** *s, kem.* utfällningsmedel **-tate I** *v* [prɪ'sɪpɪteɪt] **1** störta (kasta) ner (*s.th. into* ngt i); *bildl.* (*one's country into war* sitt land i krig) **2** påskynda **3** *kem.* fälla ut; *fys.* kondensera **4** *kem.* fällas ut; *fys.* kondenseras; *meteor.* falla ut (*as snow* som snö) **II 1** *a* [prɪ'sɪpɪtət] brådstörtad; överilad, förhastad, plötslig **III** *s* [prɪ'sɪpɪteɪt] *kem.* [ut]fällning **-tation** [prɪˌsɪpɪ'teɪʃn] **1** nedstörtande, nedfall; *meteor.* nederbörd **2** överilning **3** brådska **4** påskyndande **-tous** [-təs] **1** tvärbrant, brant stupande; bråddjup **2** snabb, plötslig; förhastad

précis, precis ['preɪsi:] **I** *s* (*pl lika* [-z]) samman|-drag, -fattning, resumé **II** *v* sammanfatta, resumera, göra sammandrag av

precise [prɪ'saɪs] **1** exakt, precis; *at that* ~ *moment* just i det ögonblicket **2** överdrivet noggrann, petig, pedantisk **-ly** [-lɪ] *adv* exakt, precis; noggrant; just; ~*!* [just] precis!, alldeles riktigt!; *what* ~ *do you mean?* vad menar du egentligen?; *that's* ~ *why I…* det är just därför som jag…

precision [prɪ'sɪʒn] precision, noggrannhet **precision instrument** [-ˌɪnstrʊmənt] precisions-

instrument
pre|clude [prɪ'klu:d] utesluta; förhindra, förebygga **-clusion** [-'klu:ʒn] uteslutande; förhindrande, förebyggande
pre|cocious [prɪ'kəʊʃəs] brådmogen; lillgammal **-cocity** [-'kɒsətɪ] brådmogenhet
precon|ceive [ˌpri:kən'si:v] föreställa sig (bilda sig en uppfattning om) på förhand; *~d opinion* (*idea*) förutfattad mening **-ception** [-'sepʃn] förutfattad mening; fördom
precondition [ˌpri:kən'dɪʃn] förhandsvillkor
precur|sor [ˌpri:'kɜ:sə] förelöpare, föregångare; företrädare; förebud **-sory** [-sərɪ] förebådande; inledande, preliminär
pred. *förk. för predicate*
predacious [prɪ'deɪʃəs] rov-; rovdjurs-; rovgirig
predate [ˌpri:'deɪt] fördatera, antedatera
preda|tor ['predətə] rovdjur **-tory** [-t(ə)rɪ] **1** plundrings-; rövar- **2** rov-, rovdjurs-; rovgirig; *~ animal* rovdjur
predecessor ['pri:dɪsesə] föregångare, företrädare
predecease [ˌpri:dɪ'si:s] *v, ~ s.b.* dö före ngn
predes|tinate I *v* [ˌpri:'destɪneɪt] förutbestämma, predestinera **II** *a* [ˌpri:'destɪnət] förutbestämd, predestinerad **-tination** [pri:ˌdestɪ'neɪʃn] förutbestämmelse, predestination **-tine** [ˌpri:'destɪn] förutbestämma, predestinera
predeter|mination ['pri:dɪˌtɜ:mɪ'neɪʃn] förutbestämmande **-mine** [ˌpri:dɪ'tɜ:mɪn] förutbestämma; bestämma (fastställa) i förväg; göra partiskt inställd
predicament [prɪ'dɪkəmənt] obehaglig situation, kinkig belägenhet, predikament
predicate I *s* ['predɪkət] *språkv.* predikat **II** *v* ['predɪkeɪt] **1** påstå, säga **2** grunda (*s.th.* [*up*]*on* ngt på) **predicative** [prɪ'dɪkətɪv] *a, språkv.* predikativ, predikats-
predict [prɪ'dɪkt] förutsäga, förespå **predictable** [-əbl] förutsägbar **prediction** [-'dɪkʃn] förutsägelse, profetia
predilection [ˌpri:dɪ'lekʃn] förkärlek
predis|pose [ˌpri:dɪ'spəʊz] predisponera, göra mottaglig (*to*[*wards*] för); *be ~d to* vara benägen att **-position** ['pri:ˌdɪspə'zɪʃn] anlag, mottaglighet, predisposition (*to* för)
predomi|nance [prɪ'dɒmɪnəns] övermakt; övervikt **-nant** [-ənt] förhärskande, dominerande **-nate** [-neɪt] vara förhärskande (rådande); dominera
pre-emi|nence [ˌpri:'emɪnəns] överlägsenhet; mycket stor betydelse **-nent** [-nənt] mycket framstående, enastående; överlägsen **-nently** [-nəntlɪ] *adv* i allra högsta grad
pre|-empt [ˌpri:'em(p)t] förvärva genom förköpsrätt (med ensamrätt); i förväg lägga beslag på **--emption** [-'em(p)ʃn] förköpsrätt **--emptive** [-'em(p)tɪv] **1** *mil.* föregripande, avskräckande (*strike* räd) **2** förköps-, med förköpsrätt **3** (*i bridge*) *~ bid* spärr-, stopp|bud
preen [pri:n] **1** (*om fågel*) putsa (*its feathers* fjädrarna) **2** *~ o.s.* göra sig fin, snygga upp sig **3** *~ o.s. on* yvas över, berömma sig av
preexist [ˌpri:ɪg'zɪst] preexistera, finnas till förut **-ence** [-(ə)ns] preexistens
pref. *förk. för preface; prefatory; preference; preferred; prefix*
prefab ['pri:fæb] **I** *s, se II* **II** *a, ~ house* monteringsfärdigt hus, elementhus
prefabricate [ˌpri:'fæbrɪkeɪt] prefabricera, förtillverka, tillverka i förväg; *~d house, se prefab II*
preface ['prefɪs] **I** *s* förord, inledning **II** *v* förse med förord; inleda
prefa|torial [ˌprefə'tɔ:rɪəl], **-tory** ['prefət(ə)rɪ] inledande
prefect ['pri:fekt] **1** prefekt **2** *BE.* (*i skola*) ordningsman **prefecture** [-ˌtjʊə] prefektur
prefer [prɪ'fɜ:] **1** föredra (*s.th. to* ngt framför), hellre vilja ha (göra); *~red stock* (*AE.*) preferensaktier **2** *jur.* framlägga, framföra; *~ a charge against* komma med en anklagelse mot, yrka ansvar på, göra polisanmälan mot **3** befordra **-able** ['pref(ə)rəbl] som är att föredra (*to* framför) **-ably** ['pref(ə)rəblɪ] *adv* företrädesvis; helst
preference ['pref(ə)r(ə)ns] **1** preferens; förkärlek; företräde; *in ~ to a*) hellre än, *b*) framför; *in ~ to doing* hellre än att göra; *what's your ~?* vad föredrar du?; *give the ~ to* ge företräde åt; *have a ~ for* ha en förkärlek för, föredra; företräde **2** *jur.* förmånsrätt **preference shares** *BE.,pl* preferensaktier
preferential [ˌprefə'renʃl] företrädes-, förmåns-, med förmånsrätt, prioriterad
preferment [prɪ'fɜ:mənt] befordran
prefigure [ˌpri:'fɪgə] **1** föreställa sig på förhand, utmåla för sig **2** förebåda
prefix I *s* ['pri:fɪks] **1** *språkv.* prefix, för|led, -stavelse **2** titel **II** *v* [ˌpri:'fɪks] **1** *språkv.* förse med prefix **2** sätta (ställa) framför
pregnable ['pregnəbl] intagbar
preg|nancy ['pregnənsɪ] **1** graviditet; dräktighet **2** menings-, betydelse|fullhet; pregnans **-nant 1** gravid; dräktig **2** menings-, betydelse|full; pregnant, innehållsdiger **3** fantasifull, uppfinningsrik
preheat [ˌpri:'hi:t] förvärma
prehensile [prɪ'hensaɪl] grip-; *~ tail* gripsvans
pre|historic[al] [ˌpri:(h)ɪ'stɒrɪk(l)] förhistorisk, urtids- **-history** [-'hɪst(ə)rɪ] förhistorisk tid, förhistoria
pre-ignition [ˌpri:ɪg'nɪʃn] *tekn.* förtändning, för tidig tändning
prejudge [ˌpri:'dʒʌdʒ] döma på förhand
preju|dice ['predʒʊdɪs] **I** *s* **1** förutfattad mening, fördom[ar]; fördomsfullhet **2** förfång, men; *in* (*to*) *the ~ of* till men (förfång) för; *without ~* utan förbindelse; *without ~ to* utan men (förfång) för **II** *v* **1** göra partiskt inställd, inge fördomar; påverka **2** skada, inverka menligt på **-diced** [-dɪst] partisk, fördomsfull **-dicial** [ˌpredʒʊ'dɪʃl] menlig, skadlig, till men (skada) (*to* för)
prelate ['prelɪt] prelat
prelim. *förk. för preliminary*
preliminary [prɪ'lɪm(ɪ)nərɪ] **I** *a* preliminär; förberedande, inledande, inlednings-; förhands-; för- **II** *s* **1** förberedande åtgärd[er]; förberedelse; inledning **2** *sport.* försöksomgång, uttagningstävling[ar], kvalmatch[er]
prelims ['pri:limz] *pl* **1** *univ. ung.* förberedande examen **2** *boktr.* titelsidor
prelude ['prelju:d] **I** *s* preludium (*äv. mus.*), förspel, inledning, upptakt (*of, to* till) **II** *v* vara inled-

P

ning till, utgöra förspelet till; *mus.* preludiera

premarital [prɪ'mærɪtl] föräktenskaplig

premature [,premə'tjʊə] **1** för tidig; förtida **2** förhastad **-ly** [-lɪ] *adv* **1** för tidigt, i förtid **2** förhastat

premedi|tate [,pri:'medɪteɪt] tänka ut (beräkna) på förhand **-tated** [-teɪtɪd] överlagd, uppsåtlig, avsiktlig; ~ *murder* överlagt mord **-tation** [pri:-,medɪ'teɪʃn] uppsåt, avsikt; berått mod

premier ['premjə] **I** *a* förnämst, främsta; första, tidigaste **II** *s* premiärminister

première ['premɪeə] premiär

premiership ['premɪəʃɪp] premiärministerpost

premise ['premɪs] **1** premiss; förutsättning, antagande; (*i logiken*) försats, premiss **2** ~*s* (*pl*) fastighet[er], egendom, byggnad[er], område; *on the ~s* inom fastigheten, i lokalen

premiss ['premɪs] *se premise 1*

premium ['pri:mjəm] **1** [försäkrings]premie **2** premie, bonus; lönetillägg; påslag; belöning, premium; *be at a ~ a*) *hand.* stå över pari, *b*) *bildl.* stå högt i kurs; *put a ~ on s.th.* sätta stort värde på (premiera) ngt **premium bonds** *pl* premieobligationer

premoni|tion [,pri:mə'nɪʃn] **1** förvarning **2** föraning **-tory** [prɪ'mɒnɪt(ə)rɪ] varnande

prenatal [,pri:'neɪtl] prenatal, före födelsen; ~ *clinic* mödravårdscentral (*för gravida kvinnor*)

preoccu|pation [pri:,ɒkjʊ'peɪʃn] **1** främsta intresse, huvudintresse, huvudsaklig sysselsättning **2** upptagenhet **-pied** [,pri:'ɒkjʊpaɪd] försjunken i (upptagen av sina) tankar; upptagen; *be ~ with* vara helt upptagen av (koncentrerad på) **-py** [,pri:'ɒkjʊpaɪ] helt uppta[ga] (sysselsätta) (*a p.'s thoughts* ngns tankar)

preordain [,pri:ɔ:'deɪn] bestämma på förhand (i förväg)

prep [prep] *vard.* **1** *förk. för preparation* hemarbete, läxplugg **2** *förk., i sht AE. för preparatory school, se preparatory 1*

prep. *förk. för preparation; preparatory; preposition*

prepacked [,pri:'pækt] färdigförpackad

prepaid [,pri:'peɪd] *se prepay*

preparation [,prepə'reɪʃn] **1** förberedelse; tillredning, tillagning; framställning; iordningställande; *be in ~* vara under utarbetande, framställas; *make ~s for* vidtaga förberedelser för **2** preparat **3** (*vid internatskola*) [tid för] läxläsning

preparatory [prɪ'pærət(ə)rɪ] **1** förberedande; inledande; för-; ~ *school a*) (*i England*) förberedande skola (*för inträde i public school*), *b*) (*i USA*) [privat] sekundärskola (*för inträde på college*) **2** ~ *to* före, innan, som en förberedelse till (inför)

prepare [prɪ'peə] **1** förbereda; tillreda, tillaga; framställa; iordningställa; göra i ordning; preparera (*äv. tekn.*); ~ *o.s. for* bereda sig på, göra sig beredd på; ~ *one's homework* läsa sina läxor **2** göra sig i ordning, förbereda sig (*for* på); bereda sig, göra sig beredd (*for* på; *to do s.th.* på att göra ngt) **prepared** [-d] **1** förberedd *etc., jfr prepare 1* **2** förberedd (*for* på); beredd (*for* på); redo; färdig; villig; *I am not ~ to pay* jag är inte villig (beredd) att betala **preparedness** [-dnɪs] *i sht mil.* beredskap

prepay [,pri:'peɪ] (*prepaid, prepaid*) betala i förskott (förväg); frankera; *reply prepaid* [telegram] svar betalt **-ment** [-mənt] förskottsbetalning

preponder|ance [prɪ'pɒnd(ə)r(ə)ns] övervägande del (antal); övervikt, överlägsenhet **-ant** [-(ə)nt] övervägande; överlägsen **-ate** [-dəreɪt] **1** överväga (*over* över); dominera, vara förhärskande **2** väga mer (*over* än)

preposition [,prepə'zɪʃn] preposition **-al** [-ʃənl] prepositions- **prepossess** [,pri:pə'zes] **1** ~ *s.b. for* (*against*) gör ngn välvilligt (fientligt) inställd mot **2** ~*ed with* upptagen (uppslukad) av **-ing** [-ɪŋ] vinnande, intagande, attraktiv

preposterous [prɪ'pɒst(ə)rəs] orimlig, omöjlig, befängd

prepuce ['pri:pju:s] *anat.* förhud

Pre-Raphaelite [,pri:'ræfəlaɪt] **I** *s* prerafaelit **II** *a* prerafaelitisk

prerecorded [,pri:rɪ'kɔ:dɪd] inspelad i förväg; färdiginspelad

prerequisite [,pri:'rekwɪzɪt] **I** *a* nödvändig **II** *s* nödvändig förutsättning, [grund]förutsättning (*of* för)

prerogative [prɪ'rɒgətɪv] prerogativ, företrädes-, förmåns|rätt, privilegium

Pres. *förk. för President* **pres.** *förk. för present; presumptive*

presage ['presɪdʒ] **I** *s* **1** järtecken, varsel, förebud **2** aning, förkänsla **II** *v* **1** förebåda, varsla om **2** ana, ha en förkänsla av **3** förutsäga, spå

Presbyterian [,prezbɪ'tɪərɪən] **I** *a* presbyteriansk **II** *s* presbyterian

presbytery ['prezbɪt(ə)rɪ] **1** presbyterium **2** kyrko-, församlings|råd **3** *rom. kat.* prästgård

preschool ['pri:sku:l] *AE.* **I** *s* förskola **II** *a* förskole-

presci|ence ['presɪəns] vetskap på förhand, förhandskännedom **-ent** [-nt] som vet på förhand

prescribe [prɪ'skraɪb] **1** föreskriva, fastställa; ålägga **2** *med.* ordinera **3** *jur.* preskribera **4** *jur.* preskriberas; på grund av hävd göra anspråk (*for* på)

prescrip|tion [prɪ'skrɪpʃn] **1** åläggande, föreskrift **2** *med.* recept; ordination; medicin; *make up* (*AE. fill*) *a ~* expediera ett recept **3** *jur.* preskription **-tive** [-tɪv] **1** åläggande, föreskrivande **2** normativ; hävdvunnen

presence ['prezns] **1** närvaro; närhet; ~ *of mind* sinnesnärvaro; *in the ~ of* i närvaro av; *in the ~ of danger* inför faran **2** [ståtlig] hållning, uppträdande **3** imponerande (förnäm, vördnadsbjudande) person (gestalt) **presence chamber** audiensrum

1 present ['preznt] **I** *a* **1** närvarande; *those ~* de närvarande; *be ~ at* vara närvarande vid, delta[ga] i, övervara **2** nuvarande, innevarande, [nu] rådande (gällande, levande, pågående), aktuell; *the ~ day* nutiden; *in the ~ case* i föreliggande (detta) fall, i det aktuella fallet **3** *språkv.* presens-; *the ~ tense* presens **II** *s* **1** *språkv., the ~* presens; *continuous ~* progressiv presensform **2** *the ~* nuet, närvarande tid; *at ~* för närvarande (tillfället, ögonblicket), [just] nu; *for the ~* för närvarande, tills vidare, så länge; *up to the ~* hit[in]tills, tills nu

2 present I *s* ['preznt] present, gåva; *make s.b. a*

~ *of s.th.* ge ngn ngt i present; *I got* (*was given*) *it as a* ~ jag har fått den i present **II** *v* [prɪ'zent] **1** över|lämna, -räcka, räcka fram; skänka; ~ *s.b. with s.th.*, ~ *s.th. to s.b. a*) överlämna ngt till ngn, *b*) skänka ngn ngt, ge ngn ngt i present **2** presentera, komma med, lägga (lämna) fram, lämna in, överlämna; framställa; yttra, framföra; anföra; föreslå **3** presentera, föreställa, introducera (*to* för) **4** erbjuda, förete, uppvisa; *it ~ed us with a problem* det ställde oss inför ett problem; *she ~ed the appearance of normality* hon verkade vara helt normal **5** presentera, uppföra, visa, framföra (*a play* en pjäs) **6** ~ *arms* skyldra gevär; ~ *at* rikta mot **7** *rfl* erbjuda sig, dyka (komma) upp; infinna (inställa) sig; presentera sig **-able** [prɪ'zentəbl] presentabel

presentation [ˌprez(ə)n'teɪʃn] **1** över|lämnande, -räckande **2** presentation, framläggande, överlämnande; framställning, skildring **3** presentation, föreställning (*to* för) **4** företeende, uppvisande (*of identity card* av legitimation); *on* ~ vid anfordran (uppvisande) **5** presentation, fram-, upp|förande (*of a play* av en pjäs) **6** inställelse **presentation copy** friexemplar

present-day ['prezntdeɪ] dagens, nutidens, nutids-

presentiment [prɪ'zentɪmənt] föraning, förkänsla

presently ['prezntlɪ] *adv* **1** inom kort, snart **2** *i sht AE.* för närvarande, nu

preservation [ˌprezə'veɪʃn] **1** bevarande; skydd, skyddande; vård; ~ *of game* viltvård; *be in a good state of* ~ vara i gott skick, vara välbevarad **2** konservering **preservative** [prɪ'zɜːvətɪv] **I** *a* **1** bevarande, skyddande **2** konserverande **II** *s* konserveringsmedel; preservativ, skyddsmedel **preserve** [prɪ'zɜːv] **I** *v* **1** bevara, skydda (*from* från); vårda (*vilt etc.*); upprätthålla; bibehålla; *well ~d* välbevarad **2** konservera, lägga in; sylta **II** *s* **1** *~s* (*pl*) sylt, marmelad, konserverad frukt **2** jaktmark[er]; *bildl.* domän[er], reservat **preserver** [prɪ'zɜːvə] **1** räddare, bevarare, vårdare **2** konserveringsmedel

pre-set [ˌpriː'set] förinställa

preshrunk [ˌpriː'ʃrʌŋk] krympfri

preside [pri'zaɪd] **1** sitta som (vara) ordförande, presidera **2** sitta (*at the piano* vid pianot)

presidency ['prezɪd(ə)nsɪ] **1** ordförandeskap **2** president|skap, -ämbete, -tid; ordförande|skap, -post, -tid **3** *AE.* befattning (tid) som verkställande direktör **4** rektorat

presi|dent ['prezɪd(ə)nt] **1** president **2** ordförande **3** *AE.* verkställande direktör **4** (*vid högre skola*) rektor **-dential** [ˌprezɪ'denʃl] **1** president- **2** ordförande-

presidium [prɪ'sɪdɪəm] presidium

1 press [pres] **I** *v* **1** pressa (*äv. sport.*); trycka [på, ner]; klämma, krama; ~ *the button* trycka på knappen **2** tränga, tränga (pressa) in **3** driva (skynda, jäkta) på, forcera; truga; ansätta, pressa, [försöka] övertala (tvinga); ~ *the point* insistera [på det]; ~ *s.b. for an answer* [envist] kräva ett svar av ngn; *be ~ed for* ha ont om; ~ *s.th.* [*up*]*on s.b.* truga (tvinga) på ngn ngt **4** pressa, trycka; ~ *down on s.b.* vila [tungt] på ngn **5** trängas; tränga sig fram; ~ *forward* (*on*) *a*) tränga sig fram, pressa på, *b*) ihärdigt fortsätta **6** brådska, hasta; *time ~es* det är bråttom, tiden är knapp **7** ~ *for s.th.* yrka (insistera) på ngt, [eftertryckligt] kräva ngt **II** *s* **1** press; pressande, pressning; tryckning; [tryck-, tidnings-, frukt]-press; tryckeri; förlag; *the* ~ pressen, tidningarna; *ready for* [*the*] ~ tryckfärdig; *be in* [*the*] ~ vara under tryckning; *go to* ~ gå i press; *send to* ~ skicka till tryckning; *get a good* (*bad*) ~ få bra (dålig) press; *give s.th. a* ~ *a*) trycka [på] ngt, *b*) pressa (stryka) ngt **2** trängsel, tryck **3** press, jäkt, brådska, tryck **4** [kläd]skåp **5** *sport.* press

2 press [pres] **1** *mil.* tvångs|värva, -rekrytera **2** ~ *into service* ta i bruk, tvinga

press agency ['presˌeɪdʒ(ə)nsɪ] nyhets-, telegram|byrå **press agent** presschef **press box** [-bɒks] pressbås **press clipping** [-ˌklɪpɪŋ] pressklipp **press conference** [-ˌkɒnf(ə)r(ə)ns] presskonferens **press cutting** [-ˌkʌtɪŋ] pressklipp **press gallery** [-ˌgælərɪ] pressläktare

pressing ['presɪŋ] **I** *a* **1** trängande; brådskande, angelägen **2** tryckande **II** *s* upplaga, pressning (*av grammofonskiva*) **pressman** [-mæn] **1** tidningsman **2** tryckare **press photographer** [-fəˌtɒgrəfə] pressfotograf **press release** [-rɪ'liːs] pressrelease (*meddelande för publicering i pressen*) **press stud** [-stʌd] tryckknapp **press-up** [-ʌp] armhävning

pressure ['preʃə] **1** tryck (*äv. bildl.*); tryckande, tryckning; *atmospheric* ~ atmosfäriskt tryck; *parental* ~ föräldratryck; *social* ~ socialt tryck **2** påtryckning[ar], tryck, press; *be under* ~ *to do s.th.* ha tryck på sig att göra ngt; *bring* ~ *to bear* (*put* ~) *on* utöva påtryckningar (sätta press) på **3** jäkt[ande], press, stress; *work under* ~ arbeta under press, jäkta, stressa **pressure cabin** [-ˌkæbɪn] tryckkabin **pressure cooker** [-ˌkʊkə] tryckkokare **pressure gauge** [-geɪdʒ] tryckmätare, manometer **pressure group** påtryckningsgrupp

pressur|ize (*BE. äv. -ise*) ['preʃəraɪz] utöva påtryckningar på, sätta press på, förmå **-ized** (*BE. äv. -ised*) [-d] *a* tryck-; komprimerad; *~d cabin* tryckkabin

prestidigitation ['prestɪˌdɪdʒɪ'teɪʃn] fingerfärdighet

pres|tige [pre'stiːʒ] prestige, anseende, inflytande **-tigious** [pre'stɪdʒəs] prestige|betonad, -fylld, ansedd, inflytelserik

presto ['prestəʊ] **I** *adv* **1** snabbt, plötsligt; *hey ~!* hokuspokus! **2** *mus.* presto **II** *s, mus.* presto

prestressed [ˌpriː'strest] armerad (*concrete* betong)

presum|able [prɪ'zjuːməbl] antaglig, trolig **-ably** [-əblɪ] *adv* antagligen, troligtvis, förmodligen

presume [prɪ'zjuːm] **1** anta, förmoda; förutsätta **2** ta sig friheten (friheter), våga [sig på] **3** förlita sig ([*up*]*on* på)

presump|tion [prɪ'zʌm(p)ʃn] **1** antagande, förmodan; förutsättning **2** övermod, arrogans; självsäkerhet **-tive** [-tɪv] presumtiv, förmodad; sannolik; *heir* ~ presumtiv arvinge **-tuous** [-tjʊəs] övermodig, arrogant; självsäker

presup|pose [ˌpriːsə'pəʊz] förutsätta **-position** [ˌpriːsʌpə'zɪʃn] förutsättning

pret. *förk. för preterite*
pre-tax ['pri:tæks] *a* före skatt, brutto-
pretence [prɪ'tens] **1** förevändning; föregivande, svepskäl, ursäkt, sken; *false ~s* falska förespeglingar; *on the slightest ~* vid minsta förevändning; *on* (*under*) *the ~ of doing s.th.* under förevändning att göra ngt; *it was just ~* det var bara på låtsas; *make a ~ that* ge sken av att **2** anspråk (*to* på); *make no ~ to being* inte göra anspråk på att vara
pretend [prɪ'tend] **1** låtsas, hyckla, föregiva; simulera **2** göra anspråk på **3** *~ to* göra anspråk (pretendera) på **-er** [-ə] **1** [tron]pretendent **2** hycklare; simulant **3** person som gör anspråk på
pretense [prɪ'tens] *AE., se pretence*
preten|sion [prɪ'tenʃn] **1** anspråk, yrkande, krav (*to* på); pretention **2** anspråksfullhet **-tious** [-ʃəs] pretentiös, anspråksfull
preterit[e] ['pret(ə)rɪt] *s o. a, språkv., the ~* [*tense*] preteritum, imperfekt[um]
preternatural [,pri:tə'nætʃrəl] **1** onaturlig **2** övernaturlig
pretext ['pri:tekst] förevändning, förebärande, svepskäl, pretext
pretti|fy ['prɪtɪfaɪ] försköna **-ness** [-nɪs] skönhet; näpenhet; charm
pretty ['prɪtɪ] **I** *a* **1** söt; näpen, nätt; vacker (*music* musik); *a ~ penny* (*vard.*) en nätt summa; *as ~ as a picture* vacker som en tavla **2** *iron.* snygg, skön, fin; *a ~ mess* en skön röra **II** *adv, vard.* ganska, rätt så; *~ much* nästan precis, i stort sett, så gott som; *~ well a*) ganska bra, *b*) i stort sett; *be sitting ~* ha det bra, ha sitt på det torra **III** *v, ~ up* snygga till (upp) **--pretty** [-,prɪtɪ] *vard.* tvål-, snut|fager
pretzel ['pretsl] salt kringla (pinne)
prevail [pri'veɪl] **1** ta överhanden, segra (*over, against* över) **2** råda, vara förhärskande (rådande), vara utbredd **3** *~ [up]on* övertala, förmå; *be ~ed [up]on* låta övertala sig **-ing** [-ɪŋ] rådande, förhärskande
preva|lence ['prevələns] allmänt bruk, allmän förekomst, utbredning **-lent** [-lənt] i allmänt bruk, allmänt förekommande, utbredd, gängse
prevari|cate [prɪ'værɪkeɪt] slingra sig, komma med undanflykter **-cation** [-,værɪ'keɪʃn] undanflykt[er] **-cator** [prɪ'værɪkeɪtə] person som slingrar sig (kommer med undanflykter)
prevent [pri'vent] [för]hindra; förebygga; *~ s.b. from doing s.th.* hindra ngn från att göra ngt **-able** [-əbl] som kan förebyggas (förhindras) **-ative** [-ətɪv] *se preventive*
prevention [prɪ'venʃn] förhindrande; förebyggande; *crime ~* brottsförebyggande åtgärder; *the ~ of cruelty to animals* (*ung.*) djurskydd; *~ is better than cure* bättre förekomma än förekommas
preventive [pri'ventɪv] **I** *a* **1** preventiv, förebyggande; *med.* profylaktisk **2** *BE.* kustbevaknings- **II** *s* preventiv, förebyggande medel, skyddsmedel (*of* mot)
preview ['pri:vju:] **I** *s* förhandsvisning **II** *v* förhandsvisa
previous ['pri:vjəs] **1** föregående, tidigare **2** *vard.* förhastad, överilad **3** *~ to a*) före, *b*) innan (*doing s.th.* man gör ngt) **-ly** [-lɪ] *adv* förut, tidigare; på förhand, i förväg
pre-war [,pri:'wɔ:] förkrigs-
prey [preɪ] **I** *s* byte, rov, villebråd (*äv. bildl.*); *bird of ~* rovfågel; *beast of ~* rovdjur; *be* (*fall*) *~ to* vara ett (falla) offer för **II** *v, ~ [up]on a*) jaga, leva på (*insects* insekter), *b*) tära (fräta) på (*one's mind* sinnet)
price [praɪs] **I** *s* **1** pris, *bildl. äv.* värde, *hand. äv.* kurs; *the ~ of* priset på; *at a ~* om man betalar tillräckligt mycket (vad det kostar); *at a low ~* till ett lågt pris; *at any ~* till varje pris, absolut; *not at any ~* inte för allt i världen, absolut inte; *beyond* (*without*) *~* oskattbar, som inte värderas i pengar; *what is the ~ of that?* vad kostar det?; *every man has his ~* varje människa har sitt pris (kan köpas, kan mutas); *set a ~ on a p.'s head* sätta ett pris på ngns huvud **2** odds; *what ~...?* (*vard.*) hur är (blir) det med...?, hur ser chanserna ut för...? **II** *v* **1** fastställa priset på, prissätta; prismärka **2** värdera, uppskatta **3** *~ o.s. out of the market* slås ut från marknaden genom för hög prissättning
price control ['praɪs,kəntrəʊl] priskontroll **price cutting** prisnedsättning (*i konkurrenssyfte*) **price freeze** [-fri:z] prisstopp **priceless** [-lɪs] **1** oskattbar, ovärderlig **2** *vard.* obetalbar **price list** [-lɪst] prislista **price range** [-reɪn(d)ʒ] prisklass **price ring** [-rɪŋ] priskartell **price war** [-wɔ:] priskrig **pricey** [-ɪ] *vard.* dyr[bar]
prick [prɪk] **I** *s* **1** stick, styng, sting; *~s of conscience* samvetskval **2** *vulg.* kuk; (*om pers.*) arsle, skitstövel **II** *v* **1** sticka; sticka hål på (i); *~ a balloon* sticka hål på en ballong; *~ holes in* sticka hål på; *get ~ed* bli stucken; *be ~ed by conscience* plågas av samvetet; *~ing pain* stickande smärta, sveda **2** *~ up one's ears* (*äv. bildl.*) spetsa öronen **3** pricka (*an outline* en kontur) **4** *~ out* (*off*) omskola (*seedlings* plantor)
prickle ['prɪkl] **I** *s* **1** tagg; törne **2** stickande [känsla], klåda, sveda **II** *v* sticka[s]; klia, svida **prickly** [-ɪ] *a* **1** taggig **2** stickande, kliande, svidande **3** irriterad; knivig, kinkig; *~ heat* värmeutslag, miliaria; *~ pear* fikonkaktus
pricy ['praɪsɪ] *vard.* dyr[bar]
pride [praɪd] **I** *s* **1** stolthet (*in* över); högmod, övermod; *~ goes* (*comes*) *before a fall* högmod går före fall; *have* (*take*) [*a*] *~ in* känna stolthet (glädje) över; *nurse one's ~* försöka återvinna sitt självförtroende (*efter nederlag*) **2** glans, prakt; blomma; *in the ~ of manhood* i blomman av sin ålder, i sin krafts dagar **3** *take ~ of place* inta hedersplatsen (första platsen) **4** flock (*of lions* lejon) **II** *v, ~ o.s. [up]on* vara stolt över, berömma sig av
prie-dieu ['pri:djɜ:] bönepulpet
priest [pri:st] präst **-ess** ['pri:stɪs] prästinna **-hood** ['pri:sthʊd] **1** prästerskap **2** prästerlig värdighet; prästämbete **-ly** ['pri:stlɪ] *a* prästerlig
prig [prɪg] pedant, petimäter; självgod person **-gish** ['prɪgɪʃ] pedantisk, petig; självgod
prim [prɪm] **I** *a* prudentlig, prydlig; pryd, sedesam
prim. *förk. för primary; primitive*
prima ballerina [,pri:məbælə'ri:nə] prima ballerina
primacy ['praɪməsɪ] **1** överlägsenhet, företräde **2** *kyrkl.* primat, överhöghet
prima donna [,pri:mə'dɒnə] primadonna

primaeval *se primeval*

prima facie [ˌpraɪmə'feɪʃi:] vid första påseendet (anblicken)

primal ['praɪml] **1** primär; ursprunglig; grundläggande **2** huvud-, viktigast, förnämst

primarily ['praɪm(ə)rəlɪ, praɪ'merəlɪ] *adv* **1** först och främst, huvudsakligen **2** primärt, först, ursprungligen **primary** ['praɪmərɪ] **I** *a* **1** primär; grundläggande; ursprunglig; ~ *colours* grundfärger; ~ *election* primärval; ~ *school* primärskola, grundskola, låg- och mellanstadieskola (*i England de 6 första klasserna; i USA de 3 el. 4 första klasserna, ibl. äv. förskola*) **2** huvudsaklig, huvud-; förnämst, störst, först; ~ *accent* (*stress*) (*språkv.*) huvud|accent, -tonvikt; *our* ~ *concern is* vårt huvudproblem är; *of* ~ *importance* av största betydelse **II** *s* **1** *AE.* primärval; förberedande valmöte **2** grundfärg

primate 1 ['praɪmət] *kyrkl.* primas, ärkebiskop; *P~ of England* ärkebiskopen av York; *P~ of All England* ärkebiskopen av Canterbury **2** ['praɪmeɪt] *zool.* primat

prime [praɪm] **I** *a* **1** viktigaste, främsta, huvud-; *of* ~ *importance* av största betydelse (vikt) **2** prima, förstklassig, bästa; ~ *rate* prime rate (*bästa ränta*) **3** primär, första, ursprunglig; ~ *meridian* nollmeridian; ~ *costs* (*ekon.*) rörliga kostnader **II** *s* **1** början **2** *bildl., the* ~ blomman, det bästa, de bästa åren (dagarna), den bästa tiden; *in one's* ~, *in the* ~ *of life* i den bästa åldern, i sina bästa år, i sin krafts dagar; *in the* ~ *of youth* i ungdomens vår **3** *kyrkl., mus.* prim **4** *mat.* primtal **III** *v* **1** *tekn.* flöda (*a carburettor* en förgasare); slå vatten i (*a pump* en pump); *mil.* förse med tändhatt, lägga krut i **2** grund[er]a, grundmåla **3** instruera, preparera, förbereda

prime minister ['praɪmˌmɪnɪstə] premiärminister; statsminister **prime mover** drivkraft (*äv. bildl.*); *bildl. äv.* drivande kraft; kraftkälla **prime number** *mat.* primtal

1 primer ['praɪmə] nybörjarbok

2 primer ['praɪmə] **1** primer, grundfärg **2** tänd-, knall|hatt, tändrör

prime time ['praɪmtaɪm] *TV.* bästa sändningstid

primeval [praɪ'mi:vl] urtids-, ur-; *bildl.* primitiv, ursprunglig; ~ *forest* urskog

primitive ['prɪmɪtɪv] **I** *a* **1** primitiv, ursprunglig **2** primitiv, enkel **II** *s* **1** målare före renässansen; primitivist, naivist **2** primitiv person; primitiv sak

primogeniture [ˌpraɪməʊ'dʒenɪtʃə] förstfödslorätt

primordial [praɪ'mɔ:djəl] urtids-, ur-, primitiv, ursprunglig

primp [prɪmp] snygga (fiffa) upp [sig]

primrose ['prɪmrəʊz] *bot.* vild primula, [jord]viva; *the* ~ *path* (*bildl.*) den breda vägen

Primus ['praɪməs] (*varumärke*) ~ [*stove*] primuskök

prince [prɪns] prins; furste; *P~ Charming* sago-, dröm|prins[en]; ~ *consort* prinsgemål; *the P~ of Darkness* mörkrets furste; *the P~ of Wales* prinsen av Wales (*titel för brittiske tronföljaren*); *the* ~ *royal* monarkens äldste son

princedom ['prɪnsdəm] **1** prinsvärdighet **2** furstendöme **princely** [-lɪ] *a* furstlig (*äv. bildl.*), furste- **princess** [prɪn'ses] prinsessa; furstinna; *the* ~ *royal* monarkens äldsta dotter

principal ['prɪnsəpl] **I** *a* huvudsaklig, förnämsta, främsta, första, viktigast, huvud-; ~ *actor* huvudrollsinnehavare; ~ *clause* (*språkv.*) huvudsats; ~ *parts* (*språkv.*) tema[former]; ~ *teacher* rektor; ~ *trumpet* första trumpet[are] **II** *s* **1** huvudperson; solist **2** rektor; föreståndare; chef; principal **3** duellant **4** *hand., jur.* uppdragsgivare, huvudman; *jur.* gärningsman **5** huvudgäldenär **6** kapital

principality [ˌprɪnsɪ'pælətɪ] furstendöme; *the P~* Wales

principally ['prɪnsəplɪ] *adv* huvudsakligen

principle ['prɪnsəpl] **1** princip; grund|sats, -regel; grund; *Archimedes'* ~ Arkimedes princip; *a man of* ~ en man med principer, en principfast man; *a matter of* ~ en principsak; *in* ~ i princip, principiellt; *on* ~ av princip **2** [huvud]beståndsdel **principled** [-d] med principer, principfast

prink [prɪŋk] fiffa (snygga) upp [sig]

print [prɪnt] **I** *v* **1** trycka, låta trycka, ge ut i tryck; publicera; trycka på (in); märka; *foto.* kopiera; *~ed circuits* (*elektr.*) tryckta kretsar; *~ed matter* trycksak[er]; *the ~ed word* det tryckta ordet; ~ *off* trycka, kopiera; ~ *out* (*data.*) printa, skriva ut (*på skrivare*); *it is ~ed on my memory* det är inpräntat i mitt minne **2** texta, skriva med tryckbokstäver **II** *s* **1** avtryck, märke, spår; *take a p.'s ~s* ta ngns fingeravtryck **2** tryck; stil; *small* ~ liten [tryck]stil; *in cold* ~ (*bildl.*) svart på vitt; *out of* ~ slut på förlaget, utsåld; *be in* ~ *a*) föreligga i tryck, *b*) finnas [i bokhandeln]; *get into* ~ gå i tryck **3** *AE.* publikation, tidning **4** [av]tryck, gravyr, stick, litografi, reproduktion; *foto.* kopia **5** tryckt tyg; *cotton* ~ tryckt bomullstyg, kattun **6** stämpel, form

printable ['prɪntəbl] tryckbar

printer ['prɪntə] **1** tryckare; *~'s devil* tryckarlärling, springpojke på tryckeri; *~'s error* tryckfel; *~'s ink* trycksvärta **2** tryckpress; *data.* printer, skrivare

printing ['prɪntɪŋ] **1** tryckning, tryck **2** boktryckarkonst **printing ink** trycksvärta **printing press** tryckpress **printing works** tryckeri

print-out ['prɪntaʊt] *data.* utskrift (*från skrivare*)

print shop tryckeri

prior ['praɪə] **I** *s, kyrkl.* prior **II** *a* **1** tidigare (*to* än); föregående; *be* ~ *to* (*äv.*) föregå **III** *adv*, ~ *to* före, innan **-ess** [-rɪs] priorinna

priority [praɪ'ɒrətɪ] prioritet; förtur[srätt], förmån[srätt], företräde; *give* ~ *to* prioritera, ge företräde (förtur) åt; *take* (*have*) ~ *over* gå före; *get one's priorities right* göra klart för sig vad som är viktigast

priory ['praɪərɪ] priors-, priorinne|kloster

prise [praɪz] **1** ~ [*up, open*] bända upp **2** ~ *a secret out of s.b.* locka (klämma) ur ngn en hemlighet

prism ['prɪz(ə)m] prisma **prismatic** [prɪz'mætɪk] prismatisk

prison ['prɪzn] fängelse; fångvårdsanstalt; *be in* ~ sitta i fängelse; *go to* ~ åka i fängelse **prison camp** fångläger **prisoner** [-ə] fånge; ~ *of war* krigsfånge; *the* ~ *at the bar* den anklagade; *take s.b.* ~ ta ngn till fånga **prison warder** [-ˌwɔ:də] fångvaktare

prissy ['prɪsɪ] *vard.* pryd, sipp; prudentlig

pristine ['prɪstaɪn] **1** forntida, ursprunglig, primitiv **2** ofördärvad, ren

priv. *förk. för private*

privacy ['prɪvəsɪ] avskildhet; privatliv

private ['praɪvɪt] **I** *a* **1** privat, privat-, personlig; enskild; ~ *affair* privatsak, privat angelägenhet; ~ *enterprise a*) privat företagsamhet, *b*) kapitalism; ~ *eye* (*i sht AE. vard.*) privatdetektiv; ~ *hotel* pensionat; ~ *individual* enskild person; ~ *means* privatförmögenhet; ~ *member* [parlaments]ledamot (*som ej är minister*); ~ *secretary* privatsekreterare; ~ *soldier* menig [soldat]; *act in a ~ capacity* agera som privatperson; *sell by ~ contract* sälja under hand; *with ~ entrance* med egen ingång **2** avskild; undangömd; ensam; privat, hemlig, sluten; dold; ~ *parts* könsdelar; *this is for your ~ ear!* det här får stanna oss emellan!; *they wanted to be ~* de ville vara ensamma (för sig själva); *keep s.th. ~* hemlighålla ngt **II** *s* **1** *mil.* menig **2** *~s* (*pl*) könsdelar **privateer** [,praɪvə'tɪə] **1** kapare, kaparfartyg **2** kapare, kaparkapten

privately ['praɪvɪtlɪ] *adv* privat; enskilt; personligt; ~ *owned* privatägd

privation [praɪ'veɪʃn] umbärande[n], försakelse

privet ['prɪvɪt] *bot.* liguster

privilege ['prɪvɪlɪdʒ] **I** *s* **1** privilegium; företrädesrätt; förmån; ensamrätt **2** *parl.* immunitet **II** *v* **1** privilegiera **2** undanta

privy ['prɪvɪ] **I** *a* **1** ~ *to* invigd (delaktig) i **2** *P~ Council* (*ung.*) kungens (drottningens) stora råd, riksrådet; *P~ Councillor* (*ung.*) medlem av kungens (drottningens) stora råd, geheimeråd; ~ *purse* civillista; *Lord P~ Seal* lordsigillbevarare (*minister utan portfölj*) **II** *s* **1** *jur.* intresserad part **2** [ute]dass

1 prize [praɪz] **I** *s* **1** pris; belöning; premium; premie; *no ~s for guessing it* (*vard.*) det är jättelätt att gissa det **2** [lotteri]vinst **3** eftersträvat mål **4** pris, uppbringat fartyg **II** *a* pris-; prisbelönt (*essay* essä); ~ *idiot* jubelidiot; ~ *money* pris|pengar, -summa; ~ *trophy* segertrofé

2 prize [praɪz] värdera högt, uppskatta

3 prize [praɪz] *se prise*

prize-fight ['praɪzfaɪt] proffsboxningsmatch **prize-fighter** [-,faɪtə] proffsboxare **prize-giving** [-,gɪvɪŋ] *skol.* premieutdelning **prize list** [-lɪst] vinstlista **prize ring** [-rɪŋ] proffsboxnings|arena, -ring **prize winner** [-,wɪnə] pristagare

1 pro [prəʊ] **I** *adv o. prep* för, pro **II** *s* **1** *the ~s and cons* skälen för och emot **2** *~s* (*pl*) personer som röstar för

2 pro [prəʊ] *vard.* (*förk. för professional*) proffs

P.R.O. *förk. för Public Record Office; public relations officer*

pro- [prəʊ] pro-; *~-American* pro-amerikansk

prob|ability [,prɒbə'bɪlətɪ] sannolikhet (*äv. mat.*); probabilitet; möjlighet; *the ~ of* sannolikheten för; *in all ~* med all sannolikhet **-able** ['prɒbəbl] **I** *a* sannolik, trolig; probabel **II** *s* sannolik deltagare (kandidat, vinnare *etc.*) **-ably** ['prɒbəblɪ] *adv* sannolikt, troligen, troligtvis, antagligen, förmodligen

probate ['prəʊbeɪt] **I** *s, jur.* **1** testamentsbevakning; styrkt testamente **II** *v, AE.* styrka (*a will* ett testamente)

probation [prə'beɪʃn] **1** *jur.* skyddstillsyn; övervakning; *be out on ~* vara villkorligt frigiven; *be put on ~* bli dömd till skyddstillsyn, få villkorlig dom **2** prov|tid, -tjänstgöring **3** prövning **probationary** [-(ə)rɪ] prov-, prövo- **probationer** [-ə] **1** [sjuksköterske]elev **2** *jur.* villkorligt frigiven [person] **probation officer** *jur.* övervakare

probe [prəʊb] **I** *s* **1** *med., tekn.* sond; *space ~* rymdsond **2** [offentlig] undersökning (*into* av) **II** *v* **1** sondera (*äv. bildl.*); *bildl. äv.* utforska, noga undersöka; tränga in i **2** sondera terrängen, göra undersökningar; ~ *into* forska (gräva) i, tränga in i

probity ['prəʊbətɪ] redlighet, redbarhet, rättskaffenhet

problem ['prɒbləm] problem; *have a weight ~* ha problem med vikten **problematic[al]** [,prɒblə'mætɪk(l)] problematisk, tvivelaktig

proboscis [prə(ʊ)'bɒsɪs] snabel

proc. *förk. för procedure; proceedings; process*

procedural [prə'si:dʒər(ə)l] procedur-, procedurmässig **procedure** [prə'si:dʒə] procedur (*äv. jur.*), förfarande, tillvägagångssätt

proceed [prə'si:d] **1** fortsätta; gå (fara, köra) vidare, gå framåt; ~ *with one's work* fortsätta [med] sitt arbete **2** fortgå, fortskrida, pågå **3** utgå, härröra, komma (*from* från) **4** *jur.*, ~ *against* vidtaga lagliga åtgärder mot **5** förfara, gå till väga **proceeding** [-ɪŋ] **1** förfarande, tillvägagångssätt, handlingssätt; procedur **2** *~s* (*pl*) förhandlingar; [*legal*] *~s* domstols-, rättegångs|förhandlingar; *institute* (*start, take*) *legal ~s against* vidtaga lagliga åtgärder mot **3** *~s* (*pl*) [mötes]protokoll **proceeds** ['prəʊsi:dz] *pl* avkastning, intäkter

process ['prəʊses] **I** *s* **1** process; *tekn. äv.* metod; förlopp, fortgång; procedur; *in the ~* samtidigt, på samma gång; *in ~ of construction* under byggnad; *in ~ of time* med tiden; *be in the ~ of doing s.th.* hålla på att göra ngt **2** *jur.* process, rättegång; stämning **II** *v* **1** *tekn.* bearbeta, förädla; behandla (*äv. data.*); preparera; *~ed cheese* smältost **2** *jur.* stämma, väcka åtal mot **-ing** [-ɪŋ] *tekn., data.* behandling

procession [prə'seʃn] procession, [fest]tåg **-al** [-'seʃənl] processions-

processor ['prəʊsesə] *data.* centralenhet; dator

proclaim [prə'kleɪm] **1** tillkännage, proklamera, kungöra; [låta] utropa **2** avslöja, vittna om **proclamation** [,prɒklə'meɪʃn] tillkännagivande, proklamation, kungörelse

proclivity [prə'klɪvətɪ] benägenhet, böjelse (*for* för)

procrasti|nate [prə(ʊ)'kræstɪneɪt] förhala, fördröja **-nation** [-,kræstɪ'neɪʃn] förhalning **-nator** [-'kræstɪneɪtə] förhalare

procre|ate ['prəʊkrɪeɪt] alstra; avla **-ation** [,prəʊkrɪ'eɪʃn] alster; avlande

proctor ['prɒktə] *univ.* examensvakt; ordningsvakt

procuration [,prɒkjʊ(ə)'reɪʃn] **1** anskaffande **2** *jur.* fullmakt, prokura; *by* (*per*) ~ per prokura **3** koppleri **procurator** ['prɒkjʊ(ə)reɪtə] *hist.* prokurator **procurator fiscal** *Sk.* allmän åklagare

procure [prə'kjʊə] **1** [an]skaffa, skaffa fram,

förvärva **2** bedriva koppleri **procurement** [prəˈkjʊəmənt] an-, fram|skaffande, förvärvande **procurer** [prəˈkjʊərə] **1** anskaffare **2** kopplare
prod [prɒd] **I** *v* **1** sticka [till], stöta (knuffa) till; *bildl.* sporra, driva på **II** *s* **1** stöt, knuff; *bildl.* påstötning **2** spets
prod. *förk. för produce[d]; product*
prodigal [ˈprɒdɪgl] **I** *a* slösaktig (*of* med); frikostig (*of* med); *the ~ son* (*bibl.*) den förlorade sonen **II** *s* slösare **-ity** [ˌprɒdɪˈgælətɪ] slösaktighet; frikostighet
prodi|gious [prəˈdɪdʒəs] **1** ofantlig, oerhörd, enorm; fantastisk, häpnadsväckande **-gy** [ˈprɒdɪdʒɪ] under[verk]; vidunder; [*infant*] ~ underbarn
produce I *s* [ˈprɒdju:s] **1** produkt[er] **2** produktion; avkastning, behållning; resultat **II** *v* [prəˈdju:s] **1** producera, tillverka, framställa; göra, skapa; alstra, frambringa, åstadkomma, framkalla; leda till; ge, avkasta, bära **2** ta (dra, få, lägga, skaffa, trolla) fram, komma med, visa upp (fram) **3** *film.* producera, spela in; *teat.* regissera, sätta upp, uppföra **4** *geom.* förlänga
producer [prəˈdju:sə] **1** producent, tillverkare, fabrikant **2** *teat., BE.* regissör; *AE.* teaterchef; *film., radio., TV.* producent **producer gas** gengas **producer goods** *pl* produktions-, kapital|varor
product [ˈprɒdʌkt] produkt (*äv. mat.*), alster, vara **production** [prəˈdʌkʃn] **1** produktion, tillverkning, framställning, frambringande **2** framställda varor, produkt, alster; (*författares, konstnärs*) produktion, samlade verk **3** *teat., BE.* regi, iscensättning, uppsättning; *film.* inspelning, produktion; *make a ~ of* (*vard.*) göra stort väsen av, ställa till en scen om **4** fram-, upp|visande; framläggande; *on ~ of* mot uppvisande av **productive** [prəˈdʌktɪv] **1** produktiv; fruktbar, givande, lönande; *be ~ of* frambringa, alstra **2** produktions- **productivity** [ˌprɒdʌkˈtɪvətɪ] produktivitet; fruktbarhet; produktionsförmåga
proem [ˈprəʊem] företal, inledning
prof [prɒf] *vard.* profet (*professor*)
Prof. *förk. för Professor*
profanation [ˌprɒfəˈneɪʃn] profanering, profanation, vanhelgande **profane** [prəˈfeɪn] **I** *a* **1** profan, världslig **2** hädisk, vanvördig; *use ~ language* häda, använda svordomar **II** *v* vanhelga, profanera **profanity** [prəˈfænətɪ] **1** hädelse[r]; svordomar **2** världslighet
profess [prəˈfes] **1** förklara; uttrycka; tillkännage; påstå (förklara) sig ha; ge sig ut för (*to be a good driver* att vara en bra bilförare), låtsas, förege; *~ o.s. satisfied* förklara sig nöjd **2** bekänna sig till (*a faith* en tro) **professed** [-t] **1** erkänd, deklarerad **2** föregiven, låtsad, påstådd **3** *be a ~ Christian* bekänna sig till den kristna tron **-edly** [-ɪdlɪ] *adv* **1** enligt uppgift, som det påstås **2** det måste erkännas
profession [prəˈfeʃn] **1** yrke (*i sht inom undervisning, medicin el. juridik*); *the medical ~* läkaryrket; *by ~* till yrket **2** bedyrande, högtidlig försäkring, förklaring; *~ of faith* trosbekännelse; *~ of love* kärleksförklaring **-al** [prəˈfeʃənl] **I** *a* yrkes-, yrkesmässig; yrkesverksam; fackmässig; professionell; högutbildad, välsituerad; *~ job* fackmässigt (professionellt) arbete; *~ life* yrkesliv; *take ~ advice* ta råd från en fackman; *turn* (*go*) *~* bli professionell (proffs) **II** *s* **1** yrkesman, fackman; proffs, professionell **-alism** [prəˈfeʃn̩əlɪz(ə)m] yrkesmässighet; professionalism **-ally** [prəˈfeʃn̩əlɪ] *adv* till yrket; yrkesmässigt; professionellt
professor [prəˈfesə] **1** professor (*of* i); *AE. äv.* [universitets]lärare **2** bekännare **professorial** [ˌprɒfɪˈsɔ:rɪəl] professors- **professorship** [prəˈfesəʃɪp] professur
proffer [ˈprɒfə] **I** *v, litt.* erbjuda, framräcka **II** *s* erbjudande, framräckande
profi|ciency [prəˈfɪʃnsɪ] skicklighet, kunnighet, färdighet (*in, at* i) **-cient** skicklig, kunnig (*in, at* i)
profile [ˈprəʊfaɪl] **I** *s* **1** profil (*äv. bildl.*); kontur, silhuett; *keep a low ~* ligga lågt, hålla en låg profil **2** kort levnadsteckning, porträtt **II** *v* **1** avbilda i profil; profilera **2** porträttera
profit [ˈprɒfɪt] **I** *a* **1** vinst, förtjänst; avkastning, profit; *at a ~* med förtjänst; *~ and loss account* vinst- och förlustkonto; *make a ~ of 10%* göra en vinst (förtjänst) på 10%; *yield a ~* ge vinst (avkastning) **2** fördel, nytta, profit; *derive ~ from* dra fördel (nytta) av **II** *v* **1** *~ from* (*by*) dra (ha) nytta (fördel) av, utnyttja, begagna sig av, profitera på **profitable** [-əbl] **1** lönande, lönsam, vinstgivande **2** nyttig; fruktbar **profiteer** [ˌprɒfɪˈtɪə] **I** *s* profitör, profitjägare **II** *v* skaffa sig oskälig vinst **profiteering** [ˌprɒfɪˈtɪərɪŋ] profiterande; ocker **profit-making** [ˈprɒfɪtˌmeɪkɪŋ] *a o. s* vinstskapande **profit-sharing** [ˈprɒfɪtˌʃeərɪŋ] vinstandelssystem
profli|gacy [ˈprɒflɪgəsɪ] **1** slöseri **2** utsvävande liv, lastbarhet **-gate** [-gət] **I** *a* **1** slösaktig (*of* med), hänsynslös **2** utsvävande, lastbar **II** *s* **1** slösare **2** utsvävande människa
pro|found [prəˈfaʊnd] djup; djupsinnig; djupgående, genomgripande, grundlig **-fundity** [-ˈfʌndətɪ] djup; djup|sinnighet, -sinne; grundlighet
pro|fuse [prəˈfju:s] **1** överflödande, ymnig, riklig **2** översvallande **-fusion** [-ˈfju:ʒn] **1** överflöd, stor mängd, ymnighet, rikedom **2** slöseri
prog. *förk. för programme; progress; progressive*
progenitor [prə(ʊ)ˈdʒenɪtə] stamfader; *bildl.* föregångare **progeny** [ˈprɒdʒənɪ] avkomma; *bildl.* resultat
progno|sis [prɒgˈnəʊsɪs] (*pl -ses* [-si:z]) prognos **prognostic** [-ˈnɒstɪk] prognostisk **prognosticate** [-ˈnɒstɪkeɪt] **1** förutsäga, prognos[tis]era, ställa prognos **2** förebåda **prognostication** [-ˌnɒstɪˈkeɪʃn] **1** förutsägelse, prognos **2** förebud, varsel
program [ˈprəʊgræm] **I** *s* **1** *data.* program **2** *AE., se programme I;* dagordning **II** *v* **1** *data.* programmera **2** *AE., se programme II*
programme [ˈprəʊgræm] **I** *s* **1** program **2** kurs-, studie|plan **II** *v* göra upp ett program för, programmera **programme music** [-ˌmju:zɪk] programmusik **programmer** [-ə] *data.* programmerare **programming language** [-ɪŋˌlæŋgwɪdʒ] *data.* program[merings]språk
progress I *s* [ˈprəʊgres] **1** framsteg, framåtskridande; utveckling; *be in ~* pågå, hålla på, vara i

P

(på) gång, vara under arbete; *make* ~ göra framsteg **2** färd, gång, framfart **II** *v* [prə(ʊ)'gres] **1** röra sig framåt; gå framåt, avancera; göra framsteg **2** gå vidare, övergå (*to* till) **progression** [prə(ʊ)'greʃn] **1** framfart, fortgång, framåtskridande; övergång **2** *an endless* ~ *of* en oändlig rad av **3** *mat.* progression, talföljd **progressive** [prə(ʊ)'gresɪv] **I** *a* **1** progressiv, framstegsvänlig (*policy* politik) **2** progressiv, gradvis stigande (tilltagande), jämnt [till]växande, fortskridande; ~ *tax system* progressivt skattesystem **3** framåt|gående, -skridande **4** *språkv.*, *in the* ~ *form* (*tense*) i progressiv (pågående) form **II** *s* **1** framstegsman, reformivrare **2** *språkv.*, *in the* ~ i progressiv (pågående) form

prohibit [prə'hɪbɪt] **1** förbjuda (*s.b. from doing s.th.* ngn att göra ngt) **2** förhindra; hindra (*s.b. from doing s.th.* ngn [från] att göra ngt) **prohibition** [ˌprəʊɪ'bɪʃn] förbud (*on* mot); *P~* förbudstiden (*i USA*) **prohibitionist** [ˌprəʊɪ'bɪʃn̩ɪst] förbuds|anhängare, -ivrare **prohibi|tive, -tory** [prə'hɪbɪ|tɪv, -t(ə)rɪ] prohibitiv; hindrande; förbuds-; ~ *price* avskräckande (oöverkomligt) pris

project I *v* [prə'dʒekt] **1** planlägga; planera; projektera **2** projicera (*äv. mat.*); rikta (*a beam* en stråle); ~ *a film onto a wall* projicera en film på en vägg; ~ *o.s. into a different time* förflytta sig till en annan tid **3** kasta, slunga; kasta (slunga) ut; skjuta ut, avskjuta **4** låta framträda, framställa **5** beräkna **6** ~ *one's voice* låta rösten bära **7** skjuta (sticka) ut **II** *s* ['prɒdʒekt] **1** plan, förslag, projekt **2** *skol.* arbetsuppgift, specialarbete

projectile [prə(ʊ)'dʒektaɪl; *AE.* prə'dʒektəl] **I** *a* kast-, driv-, framdrivande; ~ *force* drivkraft **II** *s* projektil

projec|tion [prə'dʒekʃn] **1** planläggning; planering; projektering **2** projektion (*äv. mat.*); projicering; filmbild **3** utskjutande, utkastande, utslungande **4** beräkning, uppskattning **5** utsprång, framskjutande (utskjutande) del **-tor** [-tə] **1** [*film, cine*] ~ projektor, projektionsapparat **2** planläggare

prolapse ['prəʊlæps] *med.* framfall

prole [prəʊl] *sl., i sht BE.* proletär

proletarian [ˌprəʊlɪ'teərɪən] **I** *a* proletär[-] **II** *s* proletär **proletariat** [-t] proletariat

pro|liferate [prə(ʊ)'lɪfəreɪt] växa (föröka sig, sprida sig) snabbt **-liferation** [-ˌlɪfə'reɪʃn] förökning; spridning

prolific [prə(ʊ)'lɪfɪk] fruktsam; produktiv

prolix ['prəʊlɪks] lång|tråkig, -dragen, -randig; mångordig **-ity** [prə(ʊ)'lɪksətɪ] lång|tråkighet, -randighet; mångordighet

prolog *AE*, **prologue** *BE.* ['prəʊlɒg] **I** *s* prolog; inledning **II** *v* inleda med prolog

pro|long [prə(ʊ)'lɒŋ] förlänga, prolongera **-longation** [ˌprəʊlɒŋ'geɪʃn] förlängning, prolongation

prom [prɒm] *vard.* **1** *BE.* promenadkoncert **2** *AE.* skol-, student|bal

prom. *förk. för promontory*

promenade [ˌprɒmə'nɑːd] **I** *s* **1** promenad **2** *i sht BE.* promenad|plats, -stråk **3** bal **II** *v* **1** promenera **2** promenera på **promenade concert** [-ˌkɒnsət] promenadkonsert **promenader** [-ə] promenerande [person], flanör

promi|nence ['prɒmɪnəns] **1** bemärkthet; framskjuten ställning (plats); *come into* ~ träda i förgrunden **2** utskjutande del, utsprång **-nent** [-nənt] **1** fram-, ut|skjutande, utstående **2** iögonenfallande, framträdande **3** framstående, prominent; berömd

promiscu|ity [ˌprɒmɪ'skjuːətɪ] **1** promiskuitet **2** röra, blandning **-ous** [prə'mɪskjʊəs] **1** promiskuös **2** oordnad, rörig; blandad **3** planlös

promise ['prɒmɪs] **I** *s* löfte (*of* om), *a man of* ~ en lovande man; *under a* ~ *of* med löfte om; *hold* ~ *of* inge löfte om; *make a* ~ ge ett löfte; *show* ~ se lovande ut, vara lovande **II** *v* **1** lova; utlova; *as* ~*d* som utlovat[s]; ~ *well* se lovande ut; *the P~d Land* (*bibl., bildl.*) det förlovade landet; *be* ~*d s.th.* vara lovad (ha fått löfte om) ngt **2** lova, ge löfte om, förebåda **promising** [-ɪŋ] lovande; löftesrik

promissory ['prɒmɪsərɪ] löftes-; ~ *note* skuld|sedel, -förbindelse, revers

promontory ['prɒməntrɪ] hög udde

pro|mote [prə'məʊt] **1** befordra, upphöja; *skol., sport.* flytta upp **2** främja, gynna, befordra; marknadsföra, göra reklam för **3** vara promotor för **-moter** [-'məʊtə] **1** främjare, gynnare, [under]stödjare **2** promotor **-motion** [-'məʊʃn] **1** befordran, upphöjelse, avancemang; *skol., sport.* uppflyttning **2** främjande, gynnande, befordran; marknadsföring; reklamkampanj **-motional** [-'məʊʃənl] marknadsförings-, reklam-

prompt [prɒm(p)t] **I** *a* **1** omgående, omedelbar, snabb; prompt **2** punktlig **II** *adv* på slaget, precis, exakt **III** *s* **1** betalningstid; betalningspåminnelse **2** sufflering, sufflörviskning **IV** *v* **1** framkalla; föranleda, förmå; väcka **2** sufflera **3** driva på, mana

prompt-box ['prɒm(p)tbɒks] sufflörlucka **prompter** [-ə] **1** sufflör, sufflös **2** anstiftare, tillskyndare **prompting** [-ɪŋ] **1** övertalning, påstötning[ar] **2** sufflering; *the* ~ *of conscience* samvetets röst **promptitude** [-ɪtjuːd] snabbhet, skyndsamhet

promul|gate ['prɒmlgeɪt] **1** kungöra; utfärda; promulgera **2** förkunna; sprida **-gation** [ˌprɒml'geɪʃn] **1** kungörande; utfärdande; promulgation **2** förkunnande; spridande

pron. *förk. för pronoun*

prone [prəʊn] **1** benägen, fallen (*to* för); *be* ~ *to* (*äv.*) ha en benägenhet att (tendens till) **2** framstupa, raklång, utsträckt **3** sluttande, lutande

prong [prɒŋ] **I** *s* (*på gaffel e.d.*) klo, spets; udd, tand; (*på kratta*) pinne **II** *v* spetsa på gaffel

pronominal [prə(ʊ)'nɒmɪnl] pronominell **pronoun** ['prəʊnaʊn] pronomen

pro|nounce [prə'naʊns] **1** uttala **2** [högtidligt] förklara, deklarera; *I now* ~ *you man and wife* härmed förklarar jag er för äkta makar **3** avkunna, fälla (*a verdict* en dom) **4** uttala sig (*on* om) **-nounced** [-'naʊnst] **1** uttalad **2** tydlig, markerad, uttalad **-nouncement** [-'naʊnsmənt] [högtidlig] förklaring, uttalande, deklaration

pronto ['prɒntəʊ] *AE. vard.* på stubinen, på momangen

pronunciation [prəˌnʌnsɪ'eɪʃn] uttal

proof [pruːf] **I** *s* **1** bevis; bevis|medel, -föring; *as* (*in*) ~ *of* som (till) bevis på (för); *this is* ~ *that* detta är beviset på att; *give* (*show*) ~ *of s.th.* bevisa ngt, leda ngt i bevis **2** prov; *put to the* ~ pröva, sätta på prov; *the ~ of the pudding is in the eating* (*ung.*) man kan inte bedöma det förrän man har prövat det **3** *boktr.* korrektur; prov|-tryck, -avdrag **4** (*alkohols*) normalstyrka (*ca 50 volymprocent alkohol*) **II** *a* **1** motståndskraftig; ogenomtränglig; oemottaglig; ~ *against bullets* skottsäker; ~ *against heat* värmebeständig; ~ *against water* vattentät; *be ~ against s.th.* (*bildl.*) vara immun mot (inte låta sig påverkas av) ngt **2** (*om alkohol*) av normalstyrka **III** *v* **1** impregnera **2** göra ett [korrektur]avdrag av, dra korrektur på **3** korrekturläsa

-proof [pru:f] *i sms.* -tät, -beständig, -tålig, -säker

proof|read ['pru:fri:d] korrekturläsa, läsa korrektur [på] **-reader** [-ˌri:də] korrekturläsare

1 prop [prɒp] **I** *s* stöd, stötta (*äv. bildl.*) **II** *v* **1** stötta, stödja (*on* mot, i); luta, stödja (*against* mot); ~ *up a*) palla upp (under), sätta stöttor under, *b*) *bildl.* [under]stödja, stötta

2 prop [prɒp] *vard.* propeller

3 prop [prɒp] *teat.* rekvisita

prop. *förk. för proper*[*ly*]; *property; proposition; proprietor*

propaedeutic [ˌprəʊpi:'dju:tɪk] **I** *a* propedeutisk **II** *s*, ~*s* (*pl*) propedeutik

propagan|da [ˌprɒpə'gændə] propaganda **-dist** [-dɪst] propagandist **-dize** (*BE. äv. -dise*) bedriva propaganda [för], propagera [för]

propa|gate ['prɒpəgeɪt] **1** sprida, propagera [för] **2** föröka (*plants* växter) **3** fortplanta (föröka, sprida) sig **-gation** [ˌprɒpə'geɪʃn] fortplantning, förökning, spridning **-gator** ['prɒpəgeɪtə] propagandist; spridare

propel [prə'pel] framdriva, driva [fram]; ~*ling force* drivkraft; ~*ling pencil* stift-, skruv|penna **propellant** [-ənt] *se propellent II* **propellent** [-ənt] **I** *a* [fram]drivande, driv- **II** *s* drivkraft; drivmedel; drivladdning; (*i aerosol*) drivgas **propeller** [-ə] propeller **propeller shaft** kardanaxel; propelleraxel

propensity [prə'pensətɪ] benägenhet; böjelse

proper ['prɒpə] **1** verklig, riktig; egentlig; ~ *fraction* egentligt bråk; *he is not a ~ teacher* han är ingen riktig lärare; *in the ~ sense of the word* i ordets egentliga betydelse; *the deed* ~ själva dådet; *Stockholm* ~ det egentliga Stockholm **2** rätt, riktig; lämplig, passande; anständig; korrekt (*behaviour* uppträdande); *the ~ thing to do* det rätta (lämpligaste) att göra; *in the ~ way* på rätt sätt, riktigt; *it's not ~ for her to* det passar sig inte för henne att **3** *vard.* riktig (*fool* idiot), ordentlig; *we got a ~ beating* vi fick ordentligt med stryk **4** ~ *to* typisk för **5** *språkv.*, ~ *noun* (*name*) egennamn **-ly** [-lɪ] *adv* **1** egentligen, i egentlig mening **2** rätt, riktigt; lämpligt, passande; anständigt, ordentligt; korrekt; *behave* ~ uppföra sig ordentligt **3** *vard.* verkligen, riktigt, ordentligt (*fed up with* trött på)

propertied ['prɒpətɪd] besutten; *the ~ classes* de besuttna klasserna

proper|ty ['prɒpətɪ] **1** egendom; tillhörigheter, ägodelar; förmögenhet; *personal* ~ lösöre; *real* ~ fast egendom **2** fastighet, egendom **3** egenskap **4** *jur.* ägande[rätt] **5** *teat.*, *-ties* (*pl*) rekvisita **property man** *teat.* rekvisitör **property tax** förmögenhetsskatt **property owner** [-ˌəʊnə] fastighetsägare

proph|ecy ['prɒfɪsɪ] profetia; förutsägelse **-esy** [-ɪsaɪ] profetera; förutsäga

prophet ['prɒfɪt] **1** profet; siare, spåman **2** förkämpe, talesman **-ess** [-ɪs] profetissa; sierska, spåkvinna **-ic** [prə'fetɪk] profetisk

prophy|lactic [ˌprɒfɪ'læktɪk] **I** *a, med.* profylaktisk, förebyggande, skyddande **II** *s* **1** profylaktiskt medel **2** *i sht AE.* kondom **-laxis** [-'læksɪs] profylax

propinquity [prə'pɪŋkwətɪ] **1** närhet **2** nära släktskap

propi|tiate [prə'pɪʃɪeɪt] blidka; försona **-tiation** [-ˌpɪʃɪ'eɪʃn] blidkande; försoning **-tiatory** [-'pɪʃɪət(ə)rɪ] blidkande; försonande

propitious [prə'pɪʃəs] **1** fördelaktig, gynnsam **2** välvillig, nådig

propjet ['prɒpdʒet] turboprop

proponent [prə(ʊ)'pəʊnənt] [under]stödjare (*av förslag*)

propor|tion [prə'pɔ:ʃn] **I** *s* **1** proportion, förhållande; ~*s* (*pl, äv.*) dimensioner, mått; *sense of* ~ känsla för proportioner; *in ~ as* i samma mån som; *in ~ to* (*with*) i proportion (förhållande) till; *be out of* [*all*] ~ inte stå i [rimlig] proportion till **2** [an]del; *the ~ of women who* andelen kvinnor som; *a large ~ of* en stor del av **3** *mat.* reguladetri **II** *v* avpassa, proportionera (*to* efter) **-tional** [-ʃənl] proportionell; ~ *representation* proportionellt valsätt, proportionalism **-tionally** [-ʃn̩lɪ] *adv* proportionellt; förhållandevis; i proportion, i motsvarande grad **-tionate** [-ʃnət] proportionell (*to* mot); proportionerlig, väl avpassad

proposal [prə'pəʊzl] **1** förslag (*for* till, om) **2** ~ [*of marriage*] frieri, giftermålsanbud **propose** [-'pəʊz] **1** föreslå; ~ *a toast to s.b.* föreslå en skål för ngn **2** lägga fram, framställa **3** ämna, avse, tänka **4** fria **5** *man ~s, God disposes* människan spår, men Gud rår **proposer** [-'pəʊzə] förslagsställare **proposition** [ˌprɒpə'zɪʃn] **I** *s* **1** påstående **2** förslag **3** *mat.* sats, proposition; *filos.* sats **4** *vard.* affär, sak, grej; person, typ; *a tough* ~ en besvärlig grej **II** *v* komma med skamliga förslag till

propound [prə'paʊnd] föreslå, lägga fram

propr. *förk. för proprietor*

proprietary [prə'praɪət(ə)rɪ] **I** *a* **1** ägande-, ägar-; privatägd **2** *med.* patentskyddad, patent- **II** *s* **1** patentskyddad medicin **2** ägare **3** äganderätt; egendom **proprietor** [-tə] ägare, innehavare **proprietress** [-trɪs] ägarinna, innehavarinna **propriety** [-tɪ] **1** anständighet, konvenans; skick; *the -eties* (*pl*) anständighet, dekorum; *sense of* ~ anständighetskänsla **2** korrekthet; riktighet, lämplighet

propul|sion [prə'pʌlʃn] framdrivande; drivkraft; *jet* ~ jetdrift **-sive** [-sɪv] framdrivande, driv-

pro rata [ˌprəʊ'rɑ:tə] pro rata, proportionsvis, efter sin del

prorate [prəʊ'reɪt] *AE.* fördela proportionellt

pro|rogation [ˌprəʊrə'geɪʃn] ajournering **-rogue** [prə'rəʊg] ajournera [sig]

prosaic [prə(ʊ)'zeɪɪk] **1** prosaisk, vardaglig **2**

prosaisk, prosa-

proscenium [prə(ʊ)'si:njəm] *teat.* proscenium

pro|scribe [prə(ʊ)'skraɪb] **1** förbjuda; fördöma **2** proskribera, landsförvisa **-scription** [-'skrɪpʃn] **1** förbud; fördömande **2** proskription, landsförvisning

prose [prəʊz] **1** prosa **2** *i sht BE. skol.* översättning (*t. främmande språk*)

prosecute ['prɒsɪkju:t] **1** väcka åtal **2** åtala; *trespassers will be ~d* överträdelse beivras **3** bedriva, utöva; fortsätta med; fullfölja **prosecution** [ˌprɒsɪ'kju:ʃn] **1** åtal; *the ~* åklagarsidan, kärandesidan; *witness for the ~* åklagarvittne **2** bedrivande, utövande; fullföljande **prosecution witness** [-ˌwɪtnɪs] åklagarvittne **prosecutor** ['prɒsɪkju:tə] kärande; åklagare; *public ~* allmän åklagare

proselyte ['prɒsɪlaɪt] proselyt

prosody ['prɒsədɪ] **1** verslära **2** prosodi

prospect I *s* ['prɒspekt] **1** utsikt[er], chans (*of* till), förespegling (*of* om); *~s* (*pl, äv.*) framtidsutsikter, möjligheter **2** utsikt, vy; sceneri **3** eventuell kund (köpare); projekt (förslag) att satsa på **4** prospekteringsställe; [malm]fyndighet **II** *v* [prə'spekt] **1** prospektera **2** *~ for* prospektera (leta) efter (*oil* olja)

prospective [prə'spektɪv] blivande; framtida, kommande; antaglig, sannolik; *~ buyer* spekulant, intresserad (eventuell) köpare **prospector** [prə'spektə] prospekterare, malm-, olje|letare, guldgrävare

prospectus [prə'spektəs] prospekt, broschyr

prosper ['prɒspə] blomstra, gå bra, ha framgång, lyckas **-ity** [prɒ'sperətɪ] framgång, medgång; blomstring; välstånd **-ous** ['prɒsp(ə)rəs] blomstrande; framgångsrik, välmående

prostate [gland] ['prɒsteɪt(glænd)] *anat.* prostata, blåshalskörtel

prosti|tute ['prɒstɪtju:t] **I** *s* prostituerad **II** *v* prostituera (*o.s.* sig) **-tution** [ˌprɒstɪ'tju:ʃn] prostitution

pros|trate I *a* ['prɒstreɪt] **1** framstupa, liggande på magen **2** *bildl.* slagen, nedbruten; slut, utmattad; hjälplös **II** *v* [prɒ'streɪt] **1** slå till marken; *lie ~d* ligga utsträckt (framstupa) **2** *~ o.s.* kasta sig till marken, falla [ner] på knä (*before s.b.* för ngn) **3** göra hjälplös; utmatta; *be ~d* vara utmattad (helt slut, nedbruten) **-tration** [prɒ'streɪʃn] **1** nedfallande [på knä] **2** *bildl.* förnedring, förödmjukande **3** utmattning; nedbrutenhet

prosy ['prəʊzɪ] [lång]tråkig, tröglläst

Prot. *förk. för Protectorate; Protestant*

protagonist [prə(ʊ)'tægənɪst] **1** huvudperson **2** förkämpe

protean [prəʊ'ti:ən] skiftande; mångsidig

pro|tect [prə'tekt] skydda (*against, from* för, mot), beskydda **-tection** [-'tekʃn] **1** skydd (*against, from* för, mot), beskydd; protektion **2** tullskydd; protektionism **3** *vard.*, *~ [money]* beskyddarpengar (*t. gangsterorganisation*) **-tective** [-'tektɪv] **1** skyddande, skydds-; *~ clothing* skyddskläder; *~ coloration* (*biol.*) skyddsfärg **2** beskyddande (*towards* mot), beskyddar- **-tector** [-'tektə] **1** beskyddare **2** *hist.* protektor, riksföreståndare, regent [under kungs minderårighet] **-tectorate** [-'tekt(ə)rət] protektorat **-tectress** [-'tektrɪs] beskyddarinna

proté|gé, *fem.* **-gée** ['prəʊteʒeɪ] skyddsling, protegé

protein ['prəʊti:n] *kem.* protein

pro tem[pore] [ˌprəʊ'tem(pərɪ)] *lat.* **I** *adv* för tillfället, tills vidare **II** *a* tillförordnad

protest I *s* ['prəʊtest] protest; *in ~ at* i protest mot; *make* (*enter, lodge*) *a ~ against* avge (lägga in) [en] protest mot **II** *a* protest-; *~ march* protestmarsch **III** *v* [prə'test] **1** protestera (*about, against* mot) **2** bedyra, försäkra **3** *AE.* protestera mot

Protestant ['prɒtɪst(ə)nt] **I** *s* protestant **II** *a* protestantisk **-ism** [-ɪz(ə)m] protestantism[en]

protestation [ˌprəʊte'steɪʃn] **1** försäkran, bedyrande **2** protest

protocol ['prəʊtəkɒl] protokoll, etikettsregler

proton ['prəʊtɒn] *fys.* proton

protoplasm ['prəʊtə(ʊ)plæz(ə)m] *biol.* protoplasma

prototype ['prəʊtə(ʊ)taɪp] prototyp, urtyp, urbild (*of* för) **protozoan** [ˌprəʊtə(ʊ)'zəʊən] *zool.* protozo, urdjur

protract [prə'trækt] förhala, dra ut på; utsträcka, förlänga **protracted** [-ktɪd] utdragen, förlängd **protraction** [-kʃn] förhalning; utsträckning, förlängning **protractor** [-ktə] gradskiva

pro|trude [prə'tru:d] **1** skjuta (sticka) fram (ut) **2** stå ut, sticka fram **-truding** [-'tru:dɪŋ] ut-, fram|skjutande, utstående **-trusion** [-'tru:ʒn] **1** fram-, ut|skjutande del, utsprång **2** fram|skjutande, -stickande **-trusive** [-'tru:sɪv] *se protruding*

protuber|ance [prə'tju:b(ə)r(ə)ns] utbuktning; bula, knöl, utväxt **-ant** [-(ə)nt] fram-, ut|skjutande, utbuktande, utstående

proud [praʊd] **I** *a* **1** stolt (*of* över); högfärdig, högmodig; *it was a ~ day for him* det var en stor dag för honom **2** ståtlig **3** *~ flesh* död-, svall|kött **II** *adv, do s.b. ~ a*) bjuda ngn storstilat, bulla upp för ngn, *b*) hedra ngn

prov. *förk. för province; provincial; provisional*

prove [pru:v] (*perf. part ~d el. ~n*) **1** bevisa; visa; *he has ~d himself reliable* han har visat sig vara pålitlig; *~ o.s.* visa vad man kan **2** *jur.* bevaka (*a will* ett testamente) **3** *~ [to be]* visa sig vara; *it ~d [to be] true* det visade sig vara sant **proven** [-n] **I** *v* **1** *perf. part. av prove* **2** *Sk. jur., not ~* icke bevisat **II** *a* beprövad (*method* metod); prövad

provenance ['prɒvənəns] ursprung[sort]; fyndplats

provender ['prɒvɪndə] **1** foder (*för husdjur*) **2** mat, foder

provenience [prə'vi:njəns] = *provenance*

proverb ['prɒvɜ:b] **1** ordspråk; [*the Book of*] *P~s* (*bibl.*) Ordspråksboken **2** typexempel; *he is a ~ for ignorance* hans okunnighet är legendarisk **-ial** [prə'vɜ:bjəl] **1** ordspråks|artad, -liknande, ordspråks- **2** legandarisk

provide [prə'vaɪd] **1** förse, utrusta, hålla; leverera [till]; [an]skaffa, ställa till förfogande, förmedla, ordna med, sörja (stå) för; ge, lämna; *~ s.b. with s.th., ~ s.th. for s.b.* förse (utrusta, hålla) ngn med ngt, skaffa (ge) ngn ngt, leverera ngt till ngn; *~ o.s. with* förse sig med, skaffa sig; *they must ~ their own cups* de måste ta med sig

koppar själva **2** föreskriva, stadga **3** ~ *against a*) vidta[ga] åtgärder mot, skydda sig mot, *b*) förhindra, skydda mot, *c*) förbjuda; ~ *for a*) vidta[ga] åtgärder för, förbereda sig på, *b*) sörja (svara) för, försörja, *c*) tillgodose **provided** [-ɪd] *konj*, ~ [*that*] förutsatt att, [om] bara, såvida
provi|dence ['prɒvɪd(ə)ns] försyn **-dent** [-d(ə)nt] **1** förutseende, förtänksam **2** sparsam **3** ~ *fund* understödskassa **-dential** [ˌprɒvɪ'denʃl] lyckosam, turlig, skickad av försynen
providing [prə'vaɪdɪŋ] *konj*, ~ [*that*] förutsatt att, [om] bara, såvida
province ['prɒvɪns] **1** provins; landskap **2** *the ~s* (*pl*) lands|orten, -bygden **3** [verksamhets-, kompetens]område
provincial [prə'vɪnʃl] **I** *a* **1** provins-; provinsiell, landskaps-, landsorts- **2** provinsiell, landsortsmässig, lantlig **II** *s* landsortsbo **-ism** [prə'vɪnʃəlɪz(ə)m] **1** provinsialism **2** lantlighet, småstadsaktighet
provision [prə'vɪʒn] **I** *s* **1** tillhandahållande, anskaffande (*of* av); försörjning **2** förberedelse, [förberedande] åtgärd; *make ~ for* vidtaga åtgärder för **3** *~s* (*pl*) livsmedel[sförråd], livsförnödenheter, proviant **4** villkor; bestämmelse, stadgande **II** *v* proviantera; *we were ~d with food* vi hade proviantera (försett oss med mat)
provisional [prə'vɪʒənl] provisorisk, tillfällig, övergångs-
provi|so [prə'vaɪzəʊ] förbehåll, reservation **-sory** [-z(ə)rɪ] **1** villkorlig **2** provisorisk
provocation [ˌprɒvə'keɪʃn] **1** provokation, utmaning; *at the least ~* vid minsta anledning **2** framkallande, [upp]väckande **provocative** [prə'vɒkətɪv] provokativ, provocerande, utmanande
pro|voke [prə'vəʊk] **1** provocera, utmana, reta **2** framkalla, [upp]väcka **-voking** [-'vəʊkɪŋ] provocerande; förarglig, retsam
provost ['prɒvəst] **1** *BE. univ.* rektor **2** *Sk.* borgmästare **provost marshal** [prəˌvəʊ'mɑːʃl] militärpolischef
prow [praʊ] *sjö.* [för]stäv, för, förskepp
prowess ['praʊɪs] **1** skicklighet **2** tapperhet, mannamod, bravur
prowl [praʊl] **I** *v* stryka omkring, vara ute på rov (*through the forest* i skogen); ~ *about* (*around*) vandra runt i, ströva omkring i **II** *s, be on the ~* vara ute på jakt, stryka omkring (*for* efter) **prowl car** ['praʊlkɑː] *AE.* polis-, radio|bil **prowler** ['praʊlə] kringstrykande man, tittare
prox. *förk. för lat. proximo*
proximity [prɒk'sɪmətɪ] närhet; [*with*]*in close ~* i omedelbar närhet **proximo** ['prɒksɪməʊ] [i] nästkommande (nästa) månad
proxy ['prɒksɪ] ombud, representant, företrädare; ställföreträdare; fullmakt; *by ~* genom ombud (fullmakt)
prs. *förk. för pairs*
prude [pruːd] pryd (sipp) person
pru|dence ['pruːdns] klokhet, välbetänkthet, försiktighet, förtänksamhet **-dent** [-dnt] klok, välbetänkt, försiktig, förtänksam
prud|ery ['pruːdərɪ] pryderi, prydhet **-ish** [-ɪʃ] pryd, sipp **-ishness** [-ɪʃnɪs] pryderi, prydhet
1 prune [pruːn] **1** sviskon; katrinplommon **2** *i sht BE. sl.* tråkmåns; dumskalle
2 prune [pruːn] **1** beskära (*träd e.d.*) **2** *bildl.* skära ner; rensa (*of* från)
pruning ['pruːnɪŋ] beskärning **pruning hook** ['pruːnɪŋhʊk] sekatör, trädgårdssax
pruri|ence ['prʊərɪəns] liderlighet, lystenhet, lystnad **-ent** [-ənt] liderlig, lysten
Prussia ['prʌʃə] Preussen **Prussian** [-n] **I** *a* preussisk; ~ *blue* berlinerblått **II** *s* preussare
prussic ['prʌsɪk] *a*, ~ *acid* blåsyra
1 pry [praɪ] snoka (*into a p.'s affairs* i ngns affärer); ~ *about* snoka omkring (runt)
2 pry [praɪ] **1** bända (*open* upp; *loose* loss) **2** ~ *s.th. out of s.b.* lirka (locka) ur ngn ngt
prying ['praɪɪŋ] snokande, nyfiken
ps. *förk. för pieces* **P.S.** *förk. för Passenger Steamer; Police Sergeant; postscript; private secretary* **Ps.** *förk. för* (*bibl.*) *Psalm*
psalm [sɑːm] **1** psalm (*i Psaltaren*); [*the Book of*] *P~s* Psaltaren **2** hymn, andlig sång
Psalter ['sɔːltə] *s, the ~* Psaltaren **psaltery** [-rɪ] *mus.* psaltare
psephology [(p)se'fɒlədʒɪ] *polit.* [vetenskaplig] valanalys
pseud [(p)sjuːd] *vard.* skrytmåns, snobb, bluff, bluffmakare
pseudo ['(p)sjuːdəʊ] *a, vard.* låtsad, inte äkta **pseudo-** pseudo-, kvasi-, oäkta, falsk, sken-
pseudo-event [ˌ(p)sjuːdəʊɪ'vent] pseudohändelse **pseudonym** ['(p)sjuːdənɪm] pseudonym **pseudonymous** [(p)sjuː'dɒnɪməs] pseudonym[-]; ~ *name* pseudonym
pseudo-scientific [ˌ(p)sjuːdəʊsaɪən'tɪfɪk] pseudo-, kvasi|vetenskaplig
pshaw [pʃɔː] *interj* äsch, ä
psittacosis [ˌpsɪtə'kəʊsɪs] *med.* psittakos, papegojsjuka
psoriasis [(p)sɒ'raɪəsɪs] *med.* psoriasis
P.S.T. *förk. för* (*AE.*) *Pacific Standard Time*
psych [saɪk] *vard.* **1** psykoanalysera **2** ~ *out* psyka **3** ~ *up* peppa upp
psyche ['saɪkɪ] **I** *s* psyke, själ, själsliv **II** *v* **1** *vard., se psych*
psychedelic [ˌsaɪkɪ'delɪk] psykedelisk
psychiatric[al] [ˌsaɪkɪ'ætrɪk(l)] psykiatrisk **psychiatrist** [saɪ'kaɪətrɪst] psykiater **psychiatry** [saɪ'kaɪətrɪ] psykiatri
psychic ['saɪkɪk] **I** *a* **1** psykisk, själslig **2** parapsykisk, övernaturlig; spiritistisk; *be ~* ha ockult förmåga **II** *s* person med ockult förmåga
psycho ['saɪkəʊ] *sl.* **I** *s* psykopat **II** *a* psykopatisk
psycho|analyse [ˌsaɪkəʊ'ænəlaɪz] psykoanalysera **-analysis** [-ə'næləsɪs] psykoanalys **-analyst** [-'ænəlɪst] psykoanalytiker **-analytic[al]** ['saɪkəʊˌænə'lɪtɪk(l)] psykoanalytisk **-analyse** *BE.*, **-analyze** *AE.* [ˌsaɪkəʊ'ænəlaɪz] psykoanalysera
psycholinguistics [ˌsaɪkə(ʊ)lɪŋ'gwɪstɪks] (*behandlas som sg*) psykolingvistik, språkpsykologi
psychological [ˌsaɪkə'lɒdʒɪkl] psykologisk **psychologist** [saɪ'kɒlədʒɪst] psykolog **psychology** [saɪ'kɒlədʒɪ] psykologi; ~ *of perception* perceptions-, varseblivnings|psykologi
psychopath ['saɪkə(ʊ)pæθ] psykopat **psychopathic** [ˌsaɪkə(ʊ)'pæθɪk] psykopatisk
psycho|sis [saɪ'kəʊsɪs] (*pl -ses* [-siːz]) psykos

P

psychosomatic [ˌsaɪkə(ʊ)sə(ʊ)ˈmætɪk] psykosomatisk
psychotic [saɪˈkɒtɪk] psykotisk, mentalt störd
pt. *förk. för part; patient; payment; pint; point; port; preterite* **P.T.** *förk. för physical therapy (training); postal telegraph; (förr) purchase tax* **p.t.** *förk. för past tense; pro tem[pore]* **P.T.A.** *förk. för Parent-Teacher Association*
ptarmigan [ˈtɑːmɪgən] *zool.* [fjäll]ripa
Pte. *förk. för (mil.) private*
pterodactyl [ˌ(p)terə(ʊ)ˈdæktɪl] *zool.* flygödla
ptisan [tɪˈzæn] örtte
P.T.O., p.t.o. *förk. för please turn over* vänd!
ptomaine poisoning [ˌtəʊmeɪnˈpɔɪzn̩ɪŋ] matförgiftning
pub [pʌb] **I** *s* **1** *vard.* pub **2** *Austr.* hotell **II** *v, go ~bing* gå pubrond
pub. *förk. för public; publication; published; publisher; publishing*
pub-crawl [ˈpʌbkrɔːl] *sl., i sht BE.* **I** *s* pubrond **II** *v* göra en (gå) pubrond
puberty [ˈpjuːbətɪ] pubertet
pubes [ˈpjuːbiːz] *(pl lika)* **1** blygd **2** blygdhår
pubescent [pjuːˈbesnt] **1** pubertets-, puberterande **2** fjuntäckt
pubic [ˈpjuːbɪk] **1** blygd- **2** blygdbens- **pu|bis** [-bɪs] *(pl -bes* [-biːz]) blygdben
public [ˈpʌblɪk] **I** *a* **1** offentlig, allmän; statlig, stats-; folk; nationell; *~ address system* högtalaranläggning *(för meddelanden t. en större publik)*; *~ assistance* socialhjälp; *~ bar (på pub)* enklare avdelning; *~ convenience* offentlig toalett, bekvämlighetsinrättning; *~ debt* statsskuld; *~ enemy* samhällsfiende; *~ enterprise* statligt företag; *the ~ eye* i offentlighetens ljus; *~ figure* offentlig person; *~ health* folkhälsa; *~ house a) BE.* pub, värdshus, krog, *b) AE.* värdshus, litet hotell; *be ~ knowledge* vara allmänt bekant; *~ library* [offentligt] bibliotek; *cause a ~ nuisance (jur.)* uppträda störande på allmän plats, störa den allmänna ordningen; *~ opinion* allmänna opinionen; *~ opinion poll* opinionsundersökning; *under ~ ownership* i allmän ägo; *~ places* offentliga platser; *~ relations* public relations, PR; *~ relations officer* PR-man; *~ school* public school *(i England högre privat internatskola, i USA o. Austr. grundskola)*; *the ~ sector* den offentliga sektorn; *~ servant* ämbetsman, [stats]tjänsteman; *~ spirit* samhällsanda; *make ~* tillkännage, offentliggöra, göra allmänt bekant **2** börsnoterad; *~ company* börsnoterat företag; *go ~* introduceras på börsen, bli börsnoterad **II** *s* allmänhet, publik; *the general ~* den stora allmänheten; *in ~* offentligt; *open to the ~* öppen för allmänheten
publican [ˈpʌblɪkən] **1** *hist.* publikan **2** pubägare; värdshus-, krog|värd
publication [-ˈkeɪʃn] **1** offentliggörande; kungörande **2** publicering, utgiv|ning, -ande; *year of ~* utgivningsår, tryckår **3** publikation, skrift
publicist [ˈpʌblɪsɪst] publicist
publicity [pʌbˈlɪsətɪ] **I** *s* publicitet; reklam **II** *a* publicitets-, reklam-; *~ agent* PR-man **publi|cize** *(BE. äv. -cise)* [ˈpʌblɪsaɪz] ge offentlighet åt, offentliggöra; göra reklam för
publicly [ˈpʌblɪklɪ] *adv* offentligt **public-spirited** [ˌpʌblɪkˈspɪrɪtɪd] som har (känner) samhällsansvar
publish [ˈpʌblɪʃ] **1** offentliggöra; kungöra; *~ the banns* kungöra lysning **2** publicera, ge ut [i tryck] **publisher** [-ə] [bok]förläggare; *AE.* [tidnings]-utgivare; *~s (pl, äv.)* bokförlag **publishing** [-ɪŋ] bokutgivning, förlagsverksamhet; förlagsbranschen **publishing company** bokförlag
puce [pjuːs] **I** *s* rödbrunt **II** *a* rödbrun
1 puck [pʌk] tomte[nisse]
2 puck [pʌk] *(i ishockey)* puck
pucker [ˈpʌkə] **I** *v* **1** rynka, vecka; dra (snörpa) ihop **2** rynka (vecka) sig; dra ihop sig **II** *s* veck, rynka; rynkning
puckish [ˈpʌkɪʃ] odygdig, skälmsk
pud [pʊd] *vard., se pudding*
pudding [ˈpʊdɪŋ] pudding; efterrätt; *black ~* blodpudding
puddle [ˈpʌdl] pöl, [vatten]puss
pudenda [pjuːˈdendə] *pl* yttre könsorgan *(i sht kvinnliga)*
pudgy [ˈpʌdʒɪ] *se podgy*
puer|ile [ˈpjʊəraɪl] barnslig **-ility** [pjʊəˈrɪlətɪ] barnslighet
Puerto Rico [ˌpwɜːtəʊˈriːkəʊ]
puff [pʌf] **I** *v* **1** blåsa; pusta (stöta) ut; *~ out a)* blåsa ut, *b)* blåsa upp, *c)* burra upp, *d)* stöta fram (ut), *e)* trycka ut, *f) vard.* göra andfådd; *~ up a)* blåsa upp, *b)* göra uppblåst, *c)* burra upp; *~ed up* uppblåst, svällande; *be (get) ~ed up* brösta sig, vara uppblåst; *~ed sleeve* puffärm **2** bolma på, röka **3** pudra **4** göra [överdriven] reklam för, puffa för; *~ up* driva (blåsa) upp *(pris)* **5** flåsa, flämta, pusta, tuffa, ånga; blåsa [i stötar] **6** bolma; *~ [away] at* bolma på, röka **7** *~ [up]* svälla [upp], svullna **II** *s* **1** pust; puff; drag, bloss; [rök]-moln; andetag; flåsande *(etc., jfr I 5)*; [svag] knall, puff; *~ of wind* vind|pust, -stöt; *vanish in a ~ of smoke* gå upp i rök; *be out of ~ (vard.)* vara andfådd **2** [puder]vippa **3** *(på kläder)* puff **4** [överdriven] reklam **5** *kokk., [cream] ~* petit-chou; *~ pastry* smördeg **6** *sl.* bög
puff adder [ˈpʌfˌædə] *zool.* pufform **puffball** [-bɔːl] *bot.* röksvamp
puffin [ˈpʌfɪn] *zool.* lunnefågel
puff-puff [ˌpʌfˈpʌf] *barnspr.* tuff-tuff-tåg
puffy [ˈpʌfɪ] **1** uppsvälld, svullen, pösig; korpulent; *bildl.* uppblåst, pompös **2** *(om vind)* byig **3** andfådd
pug [pʌg] mops; *sl.* boxer
pugi|lism [ˈpjuːdʒɪlɪz(ə)m] pugilism, boxning **-list** [-lɪst] pugilist, boxare
pugnacious [pʌgˈneɪʃəs] stridslysten **pugnacity** [pʌgˈnæsətɪ] stridslystnad
pug-nosed [ˈpʌgnəʊzd] trubbnäst
puis|sance [ˈpjuːɪsns] *åld., poet.* makt **-sant** [-nt] *åld., poet.* mäktig
puke [pjuːk] *vard.* **I** *v* spy, kräkas **II** *s* **1** kräkning **2** spya
pukka [ˈpʌkə] *(i sht i Indien)* perfekt, förstklassig, prima; *~ sahib* gentleman
pulchritude [ˈpʌlkrɪtjuːd] *litt.* skönhet
pule [pjuːl] gnälla, lipa
pull [pʊl] **I** *v* **1** dra, rycka, slita, dra (rycka, slita) i; hala; *~ a curtain* dra för (ifrån) en gardin; *~ a p.'s ear, ~ s.b. by the ear* dra ngn i örat; *~ faces*

göra grimaser; ~ *a p.'s leg* (*vard.*) driva med ngn; ~ *a muscle* sträcka en muskel; ~ *to pieces a*) rycka sönder, slita i stycken, *b*) *bildl.* göra ner; ~ *the strings* (*wires*) hålla (dra) i trådarna; ~ *the trigger* trycka av **2** dra ut (upp); plocka; ~ *a tooth* dra ut en tand **3** ro **4** tygla; hålla in, pulla (*tävlingshäst*); ~ *one's punches a*) hålla igen [på slagen], *b*) lägga band på sig, hejda sig **5** *vard.* greja, fixa, klara; göra, ordna, ställa till med; ~ *a fast one on s.b.* lura ngn **6** *vard.* haffa, ta; göra razzia i **7** *boktr.* göra avdrag av **8** dra; hala; ~ *at a*) dra (rycka, slita) i, *b*) blossa på, *c*) ta en klunk av; ~ *for* (*AE.*) hålla på; ~ *to the right* dra åt höger **9** köra **10** ro, styra; kunna ros **11** *vard.* dra [kunder] **12** ~ *apart a*) dra isär, plocka (rycka, slita) isär (sönder), *b*) *bildl.* göra ner; ~ *away a*) dra (rycka, ta) bort (undan), *b*) köra i väg; ~ *down a*) dra (rycka, slita) ner, *bildl.* störta, *b*) driva ner, sänka (*prices* priserna), *c*) trycka ner, förödmjuka, *d*) ta hårt på, göra matt, *e*) riva (*a house* ett hus), *f*) *AE. vard.* göra, tjäna, dra in; ~ *in a*) dra in (åt), hålla in (*a horse* en häst)), *bildl.* hejda, *b*) dra (*publik*), *c*) *vard.* kamma in, tjäna, *d*) köra (svänga) in, *e*) stanna, bromsa in; ~ *off a*) dra (riva, ta) bort (av), dra (ta) av sig, *b*) *vard.* göra, greja, fixa, klara, *c*) köra i väg; ~ *on* dra (ta) på [sig]; ~ *out a*) dra ut (upp), ta ur (fram, loss), *b*) dra sig bort (tillbaka), *c*) köra (ge sig) i väg, köra (svänga) ut; ~ *round* komma till medvetande; ~ *through a*) dra igenom, *b*) [lyckas] klara (rädda), *c*) klara sig, gå igenom; ~ *together a*) förena, svetsa ihop, *b*) samarbeta; ~ *o.s. together* ta sig samman (i kragen); ~ *up a*) dra (rycka) upp, *b*) rätta, tillrättavisa, *c*) stoppa, hejda, *d*) dra fram (*a chair* en stol), *e*) stanna, hejda sig, *f*) avancera; ~ *up to* (*with*) *s.b.* hinna ifatt ngn **II** *s* **1** tag; drag, dragning, ryck[ning]; dragningskraft (*äv. bildl.*); sim-, år|tag; rodd[tur]; *long* ~ stor ansträngning (strapats), lång och besvärlig väg; *give s.th. a* ~ dra (rycka, slita) i ngt **2** handtag **3** bloss, drag; klunk **4** *vard.* fördel; inflytande; *have* ~ *with s.th.* ha inflytande över ngt **5** *vard.* förbindelser, försänkningar **6** *boktr.* avdrag

pullback ['pʊlbæk] tillbakadragande

pullet ['pʊlɪt] unghöna, unghöns

pulley ['pʊlɪ] block; talja; remskiva

pull-in ['pʊlɪn] *BE.* [långtradar]kafé, rastställe

Pullman [car] ['pʊlmənkɑ:] *järnv.* pullmanvagn

pull-out ['pʊlaʊt] utvikningsblad; löstagbar bilaga (*i tidskrift*) **pullover** [-ˌəʊvə] pullover

pulmonary ['pʌlmənərɪ] *med.* lung-

pulp [pʌlp] **I** *s* **1** [frukt]kött; märg (*i växt*) **2** mos, gröt; massa; [*wood*] ~ pappersmassa; *beat s.b. to a* ~ (*bildl.*) göra mos av ngn; *squash into a* ~ göra mos av, mosa **3** *anat.* pulpa **4** (*om böcker e.d.*) [billigt] skräp, smörja **II** *a* (*om böcker e.d.*) billig, skräp-, slask- **III** *v* **1** mosa **2** bli till mos

pulpit ['pʊlpɪt] predikstol

pulpwood ['pʌlpwʊd] massaved **pulpy** [-ɪ] lös, mjuk; köttig

pulsar ['pʌlsə] *astr.* pulsar

pul|sate [pʌl'seɪt] pulsera; slå, klappa; vibrera **-sation** [-'seɪʃn] **1** pulserande; (*hjärtas*) klappande **2** pulsslag

1 pulse [pʌls] **I** *s* **1** puls (*äv. elektr., mus., o. bildl.*); pulsslag; *take a p.'s* ~ ta pulsen på ngn; *have* (*keep*) *one's finger on the* ~ veta vad som är på gång **2** vibration[er], dunk[ande] **II** *v* pulsera (*äv. bildl.*); slå; vibrera

2 pulse [pʌls] baljfrukter (*bönor, ärter etc.*)

pulver|ization (*BE. -isation*) [ˌpʌlv(ə)raɪ'zeɪʃn] pulverisering **-ize** (*BE. äv. -ise*) ['pʌlvəraɪz] pulverisera; krossa, smula sönder (*äv. bildl.*)

puma ['pju:mə] *zool.* puma

pumice ['pʌmɪs] **I** *s* pim(p)sten **II** *v* gnida med pim(p)sten **pumice stone** pim(p)sten

pummel ['pʌml] puckla på

1 pump [pʌmp] **I** *s* pump **II** *v* **1** pumpa (*äv. bildl.*); ~ [*up*] *a tyre* pumpa [upp] ett däck; ~ *a p.'s stomach* [*out*] magpumpa ngn; ~ *money into* pumpa in pengar i; ~ *s.b. full of bullets* pumpa ngn full med kulor; *be ~ed out* vara utpumpad (helt slut) **2** fråga ut, pumpa

2 pump [pʌmp] **1** gymnastiksko; balettsko **2** pumps

pumpernickel ['pʊmpənɪkl] pumpernickel

pumpkin ['pʌm(p)kɪn] *bot.* pumpa

pun [pʌn] **I** *s* ordlek, vits **II** *v* göra ordlekar, vitsa

Punch [pʌn(t)ʃ] *teat.* Kasper; ~ *and Judy* [*show*] kasperteater

1 punch [pʌn(t)ʃ] **I** *s* **1** puns, stans, stamp; hålslag; biljettång **2** stämpel **II** *v* **1** stansa (*holes in* hål i); slå hål i; klippa (*tickets* biljetter) **2** *data.* trycka på; ~ [*out*] knappa in

2 punch [pʌn(t)ʃ] **I** *s* **1** knytnävsslag; (*i boxning äv.*) punch; *pull ~es a*) hålla igen på slagen, *b*) lägga band på sig; *not pull ~es* inte lägga fingrarna emellan **2** *vard.* sting, snärt, kraft **II** *v* slå till, puckla på; ~ *s.b. on the nose* klippa till ngn

3 punch [pʌn(t)ʃ] (*slags*) toddy, (*varm*) bål

punch|bag (*i boxning*) sandsäck **-ball** (*i boxning*) boxboll

punchbowl ['pʌn(t)ʃbəʊl] bål (*skål*)

punch card ['pʌn(t)ʃkɑ:d] hålkort

punch-drunk [ˌpʌntʃ'drʌŋk] **1** (*om boxare*) punch-drunk, omtöcknad **2** vimmelkantig

punched card [ˌpʌn(t)ʃt'kɑ:d] hålkort **punched tape** hålremsa

punching bag ['pʌn(t)ʃɪŋbæg] (*i boxning*) sandsäck

punch line ['pʌn(t)ʃlaɪn] slutkläm, poäng

punch-up ['pʌn(t)ʃʌp] *BE. vard.* råkurr, slagsmål **punchy** [-ɪ] *vard.* skarp, klar [och koncis]

punc|tilio [pʌŋ(k)'tɪlɪəʊ] **1** etikettssak **2** formalism, pedanteri **-tilious** [-'tɪlɪəs] etikettsbunden; formalistisk; pedantisk

punctual ['pʌŋ(k)tjʊəl] punktlig **-ity** [ˌpʌŋ(k)tjʊ'ælətɪ] punktlighet

punctuate ['pʌŋ(k)tjʊeɪt] **1** interpunktera, sätta skiljetecken i **2** ideligen avbryta **punctuation** [ˌpʌŋ(k)tjʊ'eɪʃn] interpunktion **punctuation mark** skilje-, interpunktions|tecken

puncture ['pʌŋktʃə] **I** *s* punktering; stick; *med. äv.* punktion **II** *v* **1** punktera, sticka hål i (på) **2** få punktering på **3** *bildl.* knäcka, stuka, punktera; *be ~d* (*äv.*) ha fått sig en knäck **4** få punktering

pundit ['pʌndɪt] *vard.* expert

pun|gency ['pʌndʒ(ə)nsɪ] **1** stickande lukt, skarp smak **2** *bildl.* skärpa **-gent** [-dʒ(ə)nt] **1** (*om lukt, smak*) skarp, stickande **2** skarp, bitande

P

Punic ['pju:nɪk] *a, the ~ Wars* puniska krigen
punish ['pʌnɪʃ] **1** straffa, bestraffa **2** *vard.* gå hårt åt, illa tilltyga **-able** [-əbl] straffbar **-ing** [-ɪŋ] allvarlig, förödande, förlamande, hård **-ment** [-mənt] **1** straff, bestraffning **2** *vard.* stryk; *take a lot of ~* ta stryk, bli illa tilltygad
puni|tive ['pju:nətɪv], **-tory** [-t(ə)rɪ] straff-; *~ expedition* straffexpedition
punk [pʌŋk] **I** *s* **1** strunt, skräp; värdelös person **2** punkare **3** *~ [rock]* punk[rock] **4** smågangster, skurk **II** *a* **1** *vard.* värdelös **2** punk- **punk rocker** ['pʌŋk,rɒkə] punkare
punnet ['pʌnɪt] *i sht BE.* bärkorg; bärkartong
punster ['pʌnstə] vitsmakare
1 punt [pʌnt] **I** *s* punt (*båt som stakas fram*) **II** *v* staka sig fram (*in a punt* i en punt)
2 punt [pʌnt] *kortsp., i sht BE.* **I** *s* spel (*mot banken*); insats **II** *v* spela [hasard]; satsa
punter ['pʌntə] *BE. vard.* **1** [totalisator]spelare, vadhållare (*på hästkapplöpning*) **2** *the ~s* (*ung.*) uppdragsgivarna
puny ['pju:nɪ] liten, ynklig
pup [pʌp] **I** *s* **1** [hund]valp; (*djurs*) unge **2** *i sht BE. vard., young ~* [snor]valp, ung spoling **3** *vard.* dåligt köp; *be sold a ~* göra ett dåligt köp **II** *v* valpa; få ungar
pupa ['pju:pə] (*pl pupae* [-i:]) *zool.* puppa
1 pupil ['pju:pl] elev, lärjunge (*of* i, till)
2 pupil ['pju:pl] *anat.* pupill
puppet ['pʌpɪt] marionett, docka (*äv. bildl.*) **--show** marionetteater-, dockteater|föreställning
puppy ['pʌpɪ] **1** [hund]valp **2** *vard.* [snor]valp, spoling **puppy fat** tonårsfetma **puppy love** tonårsförälskelse
purblind ['pɜ:blaɪnd] **1** halvblind, skumögd **2** trög[tänkt]
purchasable ['pɜ:tʃəsəbl] **1** *be ~* kunna köpas **2** mutbar **purchase** ['pɜ:tʃəs] **I** *s* **1** köp; inköp, uppköp; *jur.* förvärv **2** fäste, tag, grepp; *get* (*gain*) *~ on s.th.* få tag (fäste) i ngt **3** inflytande; makt **II** *v* **1** köpa; köpa in (upp); *jur.* förvärva **2** tillkämpa sig **purchaser** [-ə] köpare; in-, upp|-köpare **purchase tax** *BE.* omsättningsskatt **purchasing power** [-ɪŋ,paʊə] köpkraft
pure [pjʊə] **1** ren; oblandad; äkta; renhjärtad, oskuldsfull; *~ tone* ren ton; *~ silk* helsiden; *~ water* rent vatten **2** teoretisk (*biology* biologi); *~ science* (*ung.*) grundforskning **3** ren, idel, total; *by ~ chance* av en ren tillfällighet; *it's ~ envy* det är rena avundsjukan; *it's a matter of malice, ~ and simple* det är en fråga om illvilja helt enkelt **-bred** ['pjʊəbred] **I** *a* (*om djur*) renrasig **II** *s* renrasigt djur
purée ['pjʊəreɪ] puré
pure|ly ['pjʊəlɪ] *adv* rent, helt och hållet, enbart **-ness** [-nɪs] renhet
purga|tive ['pɜ:gətɪv] *med.* **I** *a* laxerande **II** *s* laxativ, laxermedel **-torial** [,pɜ:gə'tɔ:rɪəl] skärselds- **-tory** ['pɜ:gət(ə)rɪ] skärseld (*äv. bildl.*)
purge [pɜ:dʒ] **I** *v* **1** rena (*of* från) **2** rensa ut (*extremists from a party* extremister ur ett parti) **3** laxera; *~ the bowels* rensa magen, tömma tarmen **4** rentvå (*of* från); sona **II** *s* **1** rening **2** utrensning (*from a party* ur ett parti) **3** laxer-, avförings|medel
puri|fication [,pjʊərɪfɪ'keɪʃn] rening, renande; *the P~ of the Virgin Mary* kyndelsmässa **-fy** ['pjʊərɪfaɪ] **1** rena **2** renas
purist ['pjʊərɪst] purist
puritan ['pjʊərɪt(ə)n] (*relig. P~*) **I** *a* puritansk **II** *s* puritan **-ic[al]** [,pjʊərɪ'tænɪk(l)] puritansk
purity ['pjʊərətɪ] renhet
1 purl [pɜ:l] **I** *s* avig [maska] **II** *v* **1** *knit one, ~ one* sticka en rät och en avig **2** sticka avigt
2 purl [pɜ:l] **I** *v* sorla, porla **II** *s* sorl[ande], porlande
purler ['pɜ:lə] *vard.* kullerbytta; *come a ~* slå en kullerbytta, stå på öronen
purlieus ['pɜ:lju:z] utkanter, yttre delar
purloin [pɜ:'lɔɪn] stjäla, knycka, snatta
purple ['pɜ:pl] **I** *s* **1** purpur[färg] **2** purpur|mantel, -dräkt; *the ~ a*) adeln, *b*) kardinalerna, biskoparna **II** *a* purpur-, purpurfärgad; blod-, ill|röd; *The P~ Heart* (*AE.*) purpurhjärtat (*medalj till dem som sårats i strid*); *~ hearts* (*i sht BE., slags*) amfetamintabletter; *~ passage* (*patch*) (*i bok e.d.*) svulstigt (högtravande) avsnitt; *turn ~ in the face* bli illröd (blodröd) i ansiktet **purplish** ['pɜ:plɪʃ] purpur-, röd|aktig
purport I *s* ['pɜ:pɔ:t] **1** innebörd, [ande]mening, innehåll **2** mening, avsikt **II** *v* [pə'pɔ:t] ge sig ut för, avse (*to be* att vara), påstå sig (*to be* vara)
purpose ['pɜ:pəs] **I** *s* ändamål; syfte, avsikt, mening (*of* med); föresats; mål; målmedvetenhet; *a woman of ~* en målmedveten kvinna; *have a sense of ~* vara målmedveten; *strength of ~* beslutsamhet, viljestyrka; *on ~* med avsikt (flit); *for* (*with*) *the ~ of killing* i avsikt (syfte) att döda, för att döda; *for all practical ~s* i praktiken; *to the ~* hörande till saken, relevant, ändamålsenlig, det rätta; *to no ~* till ingen nytta, förgäves, utan resultat; *to good ~* med gott resultat; *to little ~* till föga nytta; *novel with a ~* tendensroman; *answer* (*serve*) *a p.'s ~* tjäna (passa) ngns syfte[n]; *what was your ~ in doing this?* vad var ditt syfte (ville du) med det här? **II** *v* ha för avsikt, tänka, ämna **--built** specialbyggd **-ful** [-f(ʊ)l] målmedveten **-less** [-lɪs] meningslös **-ly** [-lɪ] *adv* avsiktligt, med avsikt (flit)
purposive ['pɜ:pəsɪv] **1** målmedveten **2** meningsfull, ändamålsenlig
purr [pɜ:] **I** *v* (*om katt, motor e.d.*) spinna; (*om pers. äv.*) mumla **II** *s* (*katts, motors*) spinnande
purse [pɜ:s] **I** *s* **1** portmonnä, börs; [penning]pung; tillgångar, resurser **2** *AE.* handväska **3** prissumma, [penning]pris **II** *v, ~ [up]* snörpa på, pluta med
purser ['pɜ:sə] *sjö., flyg.* purser
purse strings ['pɜ:sstrɪŋz] *pl, hold* (*control*) *the ~* ha hand om kassan; *loosen the ~* lätta på pungen
pursuance [pə'sjʊəns] fullföljande; utövande; *in ~ of a*) under fullföljande (utövande) av, *b*) i enlighet med **pursuant** [-t] *a, i sht jur., ~ to* i enlighet med **pursue** [pə'sju:] **1** fullfölja; ägna sig åt, bedriva, utöva; fortsätta [med] **2** sträva efter, försöka uppnå, eftertrakta **3** förfölja, jaga **4** följa (*a plan* en plan) **5** gå in på (*a subject* ett ämne) **pursuer** [pə'sju:ə] förföljare **pursuit** [pə'sju:t] **1** förföljande, förföljelse (*of* av), jakt (*of* på); strävan (*of* efter); *in ~ of* på jakt efter **2** utö-

vande, bedrivande **3** sysselsättning; verksamhet
pursy ['pɜ:sɪ] **1** andfådd **2** *åld.* tjock, fet
puru|lence ['pjʊərʊləns], **-lency** [-lənsɪ] var **-lent** [-lənt] varig, var-
purvey [pə'veɪ] leverera; framföra, överbringa **-or** [-'ve(ɪ)ə] leverantör; ~ *to Her (His) Majesty the Queen (King)* [kunglig] hovleverantör
purview ['pɜ:vju:] **1** räckvidd; [verknings]område **2** synvidd
pus [pʌs] var
push [pʊʃ] **I** *v* **1** skjuta; knuffa, stöta, knuffa (stöta) till, puffa; driva, fösa, köra, tränga; knuffa (skjuta) på, leda, dra; trycka på (*a button* en knapp); ~ *a pram* dra en barnvagn; ~ *sprouts* skjuta skott; ~ *one's way* tränga (knuffa) sig fram; ~ *s.b. around* (*vard.*) köra med ngn; ~ *aside a*) skjuta (knuffa) bort (undan), *b*) tränga undan, avfärda; ~ *over a*) skjuta över, *b*) knuffa (slå) omkull; ~ *s.b. through an exam* hjälpa ngn genom en examen **2** [försöka] driva (få) igenom; arbeta (kämpa, göra reklam, puffa) för; framhärda i; ~ *s.th. through* driva igenom ngt **3** driva (köra) på, driva, pressa, tvinga; ~ [*on*] driva på, påskynda, forcera; ~ *s.th. on s.b.* tvinga (truga) på ngn ngt; ~ *along* föra framåt, påskynda; *be ~ed for money* vara i penningknipa, ha ont om pengar; *I'm a bit ~ed just now* (*vard.*) jag har lite ont om pengar (tid) just nu; *that's ~ing it a bit!* det är en aning överdrivet! **4** *vard.* närma sig; *he must be ~ing 60* han måste närma sig de (vara närmare) 60 **5** *vard.* langa; prångla ut **6** skjuta (trycka) på; tränga sig [fram]; slå sig fram; knuffas; ~ *along* (*vard.*) sticka, kila i väg; ~ *for* arbeta för, kräva, yrka på; ~ *forward* tränga [sig] fram; ~ *off a*) lägga ut, *b*) *vard.* sticka, kila i väg; ~ *on* fortsätta, köra (gå) vidare; ~ *through* tränga sig fram **II** *s* **1** knuff, stöt, puff; *give s.th. a ~ a*) knuffa (stöta) till ngt, *b*) skjuta på ngt, ge ngt en knuff; *give s.b. the ~* (*vard.*) *a*) ge ngn sparken, *b*) ge ngn på båten **2** ansträngning, krafttag; kampanj **3** *mil.* framstöt, offensiv **4** *vard.* knipa, kris; *at a ~* om det kniper, i nödfall; *matters came to a ~* det blev kritiskt; *when it comes to the ~* när det verkligen gäller **5** *vard.* fart, energi, framåtanda **6** *vard.* försänkningar, kontakter **7** *sl.* gäng
push-bike ['pʊʃbaɪk] *BE. vard.* cykel, hoj **push button** [-ˌbʌtn] *elektr.* tryckknapp **pushcart** [-kɑ:t] *i sht AE.* [hand]kärra **pushchair** [-ˌtʃeə] *BE.* sittvagn, sulky **pusher** [-ə] **1** *vard.* [knark]langare **2** *vard.* streber, gåpåare **3** (*barns*) påpetare **pushing** [-ɪŋ] **1** energisk, företagsam **2** påflugen, påträngande **pushover** [-ˌəʊvə] *vard.* **1** lätt (enkel) sak (match) **2** lätt motståndare **push-up** *AE.* armhävning **pushy** [-ɪ] *se pushing*
pusillanimity [ˌpju:sɪlə'nɪmətɪ] räddhåga, försagdhet **pusillanimous** [ˌpju:sɪ'lænɪməs] rädd, räddhågad, försagd
1 puss [pʊs] **1** *vard.* kisse[katt, -miss]; *P~ in Boots* Mästerkatten i stövlar **2** *vard.* jösse [hare] **3** *sl.* brud
2 puss [pʊs] *sl.* nia, fejs
1 pussy ['pʊsɪ] *vard.* kisse[katt, -miss]; *bot.* [sälg]kisse
2 pussy ['pʊsɪ] *vulg.* mus, fitta
pussycat ['pʊsɪkæt] *vard.* kisse[katt, -miss] **pussyfoot** *vard.* gå som katten kring het gröt
pussy willow [-ˌwɪləʊ] *bot.* sälg
pustule ['pʌstju:l] *med.* varblåsa, blemma
put [pʊt] **I** *v* **1** sätta, ställa, lägga, hänga ([*in*]*to* i; *on* på), fästa (*on* på); placera; stoppa, sticka; kasta, slänga, skjuta; köra, sticka, stöta, jaga; hälla, slå; ta; föra; [över]lämna; ~ *s.b. to do s.th.* låta ngn göra ngt; *where do you want it ~?* var vill du ha den någonstans?; *stay ~* stanna på plats (där man *etc.* är), sitta (ligga *etc.*) [kvar]; ~ *land into* (*under*) beså land med, sätta, plantera; ~ *s.th. in a p.'s hands* lämna ngt i ngns händer; ~ *s.th. on s.b.* lägga skulden för ngt på ngn; ~ *s.b. through s.th.* låta ngn gå igenom ngt; ~ *o.s. to* ägna sig åt, dra på (skaffa) sig; *be hard ~ to it* ha det svårt; ~ *s.th. to a good use* använda ngt väl **2** lägga ner; placera; hålla, satsa, sätta; ~ *money into s.th.* sätta in (placera) pengar i ngt; ~ *money on s.th.* satsa (sätta) pengar på ngt; ~ *a lot of time into s.th.* lägga ner mycket tid på ngt **3** göra; försätta; förorsaka; ~ *s.b. in a good mood* få ngn på gott humör, göra ngn glad; ~ *s.b. into a rage* göra ngn rasande, försätta ngn i raseri; ~ *s.b. to great expense* förorsaka (vålla) ngn stora utgifter **4** skriva; sätta [ut]; rita; ~ *one's signature to* skriva (sätta) sitt namn under, skriva under **5** översätta (*into German* till tyska); ~ *into verse* sätta på vers **6** säga, uttrycka, formulera; [fram]ställa; rikta; ~ *s.th. before* (*to*) *s.b.* lägga fram ngt för ngn; ~ *a question to s.b.* ställa en fråga till ngn; *as he would ~ it* som han skulle säga (uttrycka) det **7** uppskatta; [be]räkna; ~ *a value of...on s.th.* beräkna ngts värde till...; ~ *s.b. amongst s.th.* räkna ngn bland (till) ngt; *I ~ A above B* jag uppskattar A mer än B **8** *sport.* stöta **9** *sjö.* gå, löpa, styra; ~ *to sea* sticka till sjöss **10** mynna, rinna ut **11** ~ *about a*) sprida [ut], *b*) oroa, besvära, reta, *c*) *sjö.* vända [med]; ~ *across a*) sätta (forsla, köra) över, *b*) *vard.* greja, klara [av], *c*) *vard.* få (föra) fram, förmedla, *d*) *vard.* väcka intresse för; ~ *it* (*one*) *across s.b.* (*vard.*) lura ngn; ~ *aside a*) lägga undan (*äv. bildl.*), lägga åt sidan (bort), *b*) slå bort, ge upp, glömma; ~ *away a*) lägga undan (*äv. bildl.*), plocka (städa, skaffa) bort (undan), ställa (lägga) in, *b*) *vard.* sätta i sig, *c*) *vard.* bura (spärra) in, *d*) ge upp, sluta med, *e*) undanröja, avliva, *f*) *vard.* pantsätta; ~ *back a*) lägga (sätta, ställa, vrida, flytta) tillbaka, *b*) hålla tillbaka, *c*) försena, *d*) skjuta upp, *e*) *sjö.* gå tillbaka; ~ *by a*) lägga undan (*äv. bildl.*), *b*) undvika, kringgå, förbigå; ~ *down a*) lägga (ställa) ner (ifrån sig), släppa, *b*) slå (fälla) ihop (ner), stänga, *c*) släppa av, *d*) landa [med], *e*) förödmjuka, få tyst på, sätta stopp för, slå ner, undertrycka, *f*) göra sig av med, förinta, avliva, *g*) skriva (föra, sätta) upp, anteckna, anmäla, framlägga, *h*) lägga upp, lagra, *i*) minska, *j*) anse, betrakta, uppskatta; ~ *down to* skylla på, tillskriva; ~ *forth a*) skjuta [knopp], slå ut, *b*) uppbjuda, *c*) framställa, påstå, *d*) publicera; ~ *forward a*) lägga fram, komma med, presentera, nominera, föreslå, *b*) vrida (ställa, flytta) fram; ~ *in a*) lägga (sätta, ställa, lämna, stoppa, packa, ta) in, *b*) bygga in, installera, *c*) lägga [ner], *d*) avverka, fördriva, tillbringa, hinna med, *e*) lämna [in], ge in, komma [in] med, *f*) skjuta in, tillägga, *g*) *sjö.* gå (löpa) in; ~ *in for* ansöka (lägga in) om, yrka på, söka,

P

anmäla sig till; ~ *inside* (*vard.*) bura (spärra) in; ~ *off a*) lägga bort (av), *b*) ta av [sig], *c*) släppa av, kasta ut, *d*) stänga av, *e*) säga (skicka) återbud till, *f*) skjuta upp, *g*) avfärda, avspisa, *h*) avråda, hindra, *i*) förvirra, distrahera, *j*) stöta, få att tappa lusten, *k*) *sjö.* lägga ut; ~ *on a*) lägga (sätta) på, *b*) ta på [sig], *c*) anta[ga], anlägga, *d*) låtsa[s], spela, hyckla, *e*) ordna, ge, spela, visa, iscensätta, *f*) ställa (vrida) fram, *g*) sätta på (i gång), *h*) lägga på, öka, sätta upp, *i*) sätta in, *j*) dra åt, *k*) driva med; ~ *it on* (*vard.*) göra sig till, spela, överdriva, skryta; ~ *on weight* gå upp i vikt, lägga på hullet; *will you ~ me on to number...* var snäll och koppla mig till (kan jag få) [nummer]...; ~ *s.b. on to s.th.* tipsa ngn om ngt; ~ *out a*) lägga (ställa, sätta, räcka, sträcka, hänga, sticka, sända) ut (fram), sätta upp, *b*) kasta (slänga, tränga, slå) ut, *c*) skjuta (*knopp*), *d*) släppa ut, sprida, tillkännage, *e*) visa, ge, *f*) producera, ge [ut], *g*) släcka, stänga av, *h*) bedöva, knocka, *i*) förvirra, göra konfys, störa, *j*) stöta, förarga, reta, *k*) vara besvärlig för, vålla besvär, *l*) vrida ur led, *m*) förfalska, *n*) ta till, uppbjuda, *o*) placera, investera, *p*) låna ut, *q*) *sjö.* sticka ut (till sjöss); ~ *s.b. out of the way* röja ngn ur vägen; *be ~ out* vara förargad (indignerad, stött); ~ *over a*) *se put across, b*) *AE.* skjuta upp; ~ *through a*) få igenom, genomföra, klara av, *b*) låta gå igenom, *c*) hjälpa igenom, *d*) *tel.* koppla [in]; ~ *together a*) lägga (sätta, ställa, foga) ihop (samman), montera, *b*) samla ihop; ~ *up a*) sätta (ställa, lägga, hänga) upp, *b*) räcka (sträcka) upp, lyfta, skjuta uppåt, *c*) fälla (slå) upp, *d*) hissa, *e*) uppföra, resa, slå (ställa) upp, bygga, *f*) sända (skjuta) upp, *g*) höja, öka, driva upp, *h*) lägga fram, framföra, föreslå, uppställa, nominera, *i*) utbjuda, saluföra, *j*) göra, prestera, bjuda på, *k*) hitta på, planera, koka ihop, *l*) ta emot, inkvartera, inhysa, *m*) skaffa fram, satsa, betala, *n*) lägga (ställa) undan, förvara, *o*) lägga (koka) in, konservera, *p*) slå (packa) in, *q*) jaga (skrämma) upp, *r*) ta in (*at a hotel* på hotell), bo, övernatta (*with s.b.* hos ngn), *s*) ställa upp, kandidera; ~ *s.b. up to s.th. a*) tala om ngt för ngn, sätta ngn in i (lära ngn) ngt, *b*) förleda ngn till ngt; ~ *up with* finna sig i, acceptera, stå ut med; *~'em up!* (*vard.*) upp med händerna!; ~ *upon* utnyttja; *I won't be ~ upon by him* jag låter honom inte sätta sig på (utnyttja, lura) mig **II** *s, sport.* stöt, kast

putative ['pju:tətɪv] förmodad, förment

put|-down ['pʊtdaʊn] *vard.* avsnäsning, avsnoppning **--off** *i sht AE.* förevändning; undanflykt

putre|faction [ˌpju:trɪ'fækʃn] förruttnelse; röta **-fy** ['pju:trɪfaɪ] ruttna

putres|cence [pju:'tresns] förruttnelse **-cent** [-nt] ruttnande; rutten

putrid ['pju:trɪd] **1** rutten (*äv. bildl.*), skämd **2** äcklig, vidrig **3** *vard.* urusel

putsch [pʊtʃ] [stats]kupp

putt [pʌt] *golf.* **I** *v* putta **II** *s* putt

puttee ['pʌtɪ] benlinda

putter ['pʌtə] *golf.* putter **putting green** [-ɪŋgri:n] *golf.* putting green, inslagsplats

putty ['pʌtɪ] **I** *s* kitt; spackel; *he's ~ in her hands* han är som vax i hennes händer **II** *v* kitta; spackla

put-up ['pʊtʌp] *a, it was a ~ job* det var fixat (avgjort) i förväg

puzzle ['pʌzl] **I** *s* **1** gåta; problem, huvudbry **2** förvirring, bryderi, förlägenhet **3** pussel **II** *v* **1** förbrylla; *look ~d* se förbryllad (frågande) ut; ~ *one's head about* bry sin hjärna med **2** ~ *out* fundera (lura) ut **3** grubbla, fundera (*about, over* över, på), bry sin hjärna (*about, over* med) **puzzlement** [-mənt] förvirring, bryderi **puzzling** [-ɪŋ] förbryllande, gåtfull

PVC *förk. för polyvinyl chloride* **Pvt.** *mil. förk. för private* **pw** *förk. för per week* **P.W.D.** *förk. för Public Works Department* **pwt[.]** *förk. för pennyweight* **P.X.** *mil. förk. för Post Exchange*

pygmy ['pɪgmɪ] **1** *P~* (*folk*) pygmé **2** pygmé, dvärg; nolla

pyja|ma [pə'dʒɑ:mə] *a* pyjamas-; ~ *trousers* pyjamasbyxor **-mas** [-məz] *pl* pyjamas; *a pair of ~* en pyjamas

pylon ['paɪlən] **1** [radio]mast, kraftledningsstolpe **2** *arkit.* pylon

pyorrhoea [ˌpaɪə'rɪə] *med.* varflytning

pyramid ['pɪrəmɪd] pyramid **pyramidal** [pɪ'ræmɪdl] pyramid-; pyramidliknande

pyre ['paɪə] [lik]bål

Pyre|nean [ˌpɪrə'ni:ən] pyreneisk **-nees** [-'ni:z] *pl, the ~* Pyrenéerna

pyrite ['paɪraɪt], **pyrites** [paɪ'raɪti:z] *kem.* pyrit, svavelkis

pyroma|nia [ˌpaɪərəʊ'meɪnɪə] pyromani **-niac** [-nɪæk] pyroman

pyrotech|nic[al] [ˌpaɪərə(ʊ)'teknɪk(l)] pyroteknisk; ~ *display* fyrverkeri **-nics** [-nɪks] (*behandlas som sg el. pl*) **1** pyroteknik, fyrverkerikonst **2** fyrverkeri (*äv. bildl.*)

Pyrrhic ['pɪrɪk] pyrrhisk; ~ *victory* pyrrusseger

Pythagoras [paɪ'θægəræs]

python ['paɪθn] *zool.* pytonorm

pyx [pɪks] *kyrkl.* oblatskrin

Q

Q, q [kju:] (*bokstav*) Q, q

Q. *förk. för quartermaster; quarto; Quebec; Queen; question* **q.** *förk. för quart; quarter*[*ly*]*; query; question; quire* **Q.B.** *förk. för Queen's Bench* **Q.C.** *förk. för Queen's Counsel* **q.e.** *förk. för quod est* (*lat.*) *which is* dvs. **Q.E.D.** *förk. för quod erat demonstrandum* (*lat.*) *which was to be shown (proved)* v.s.b., vilket skulle bevisas **Q.F.** *förk. för quick-firing* [*rifle*] **Qld.** *förk. för Queensland* **Q.M.** *förk. för Quartermaster* **Q.M.G.** *förk. för Quartermaster General*

Q.M.S. *förk. för Quartermaster Sergeant* **qr.** *förk. för quarter[ly]; quire* **Q.S.** *förk. för Quarter Sessions* **qt.** *förk. för quart* **q.t.** *vard. förk. för quiet; on the q.t.* i hemlighet **qto.** *förk. för quarto* **qty.** *förk. för quantity* **qu.** *förk. för queen; query; question*

qua [kweɪ] *prep* såsom, i egenskap av

1 quack [kwæk] **I** *s* kvacksalvare; charlatan **II** *v* kvacksalva [med]

2 quack [kwæk] **I** *v* (*om anka o. bildl.*) snattra **II** *s* snatter

quackery ['kwækərɪ] kvacksalveri

quad [kwɒd] *vard. för quadrangle 2; quadruplet*

quad. *förk. för quadrangle; quadrant; quadrilateral*

Quadragesima [ˌkwɒdrə'dʒesɪmə] *s*, ~ [*Sunday*] första söndagen i fastan

quadran|gle ['kwɒdræŋgl] **1** *geom.* fyrhörning; fyrkant **2** fyrkantig [kringbyggd] gård **-gular** [kwɒ'dræŋgjʊlə] fyrkantig

quadrant ['kwɒdr(ə)nt] *geom., sjö.* kvadrant

quadratic [kwɒ'drætɪk] kvadratisk (*equation* ekvation)

quadrilateral [ˌkwɒdrɪ'læt(ə)r(ə)l] **I** *s* fyrkant **II** *a* fyrkantig

quadrille [kwə'drɪl] kadrilj

quadrillion [kwɒ'drɪljən] *mat.* kvadriljon (10^{24}); (*i USA o. Frankrike*) 1 000 biljoner (10^{15})

quadroon [kwɒ'dru:n] kvarteron (*barn till mulatt o. vit*)

quadruped ['kwɒdrʊped] **I** *s* fyrfotadjur, fyrfoting **II** *a* fyrfotad

quadruplet ['kwɒdrʊplɪt] fyrling

quaff [kwɒf] *åld.* klunka i sig, dricka i stora klunkar

quagmire ['kwægmaɪə] gungfly (*äv. bildl.*), moras

1 quail [kweɪl] *zool.* vaktel

2 quail [kweɪl] rygga tillbaka, tappa modet

quaint [kweɪnt] pittoresk, målerisk; [gammaldags] charmig; egendomlig, säregen

quake [kweɪk] **I** *v* skälva, skaka, darra **II** *s* **1** skälvning, skakning, darrning **2** skalv

Quaker ['kweɪkə] kväkare

quaking grass ['kweɪkɪŋgrɑ:s] *bot.* darrgräs

quali|fication [ˌkwɒlɪfɪ'keɪʃn] **1** kvalifikation; kompetens, behörighet, lämplighet; egenskap, nödvändig förutsättning; examen, utbildning **2** förbehåll, inskränkning, modifiering **-fied** ['kwɒlɪfaɪd] **1** kvalificerad; kompetent, behörig, lämplig; utexaminerad, utbildad **2** förbehållsam, reserverad; *in a ~ sense* med reservation **-fier** ['kwɒlɪfaɪə] *språkv.* bestämning **-fy** ['kwɒlɪfaɪ] **1** kvalificera, göra behörig (kvalificerad), berättiga (*for* till) **2** modifiera, inskränka **3** *språkv.* bestämma, vara en bestämning till **4** beteckna, karakterisera, klassificera **5** kvalificera sig (*äv. sport.*); avlägga (ta) examen; *~ for* kvalificera sig för, vara berättigad till; *~ as a doctor* avlägga läkarexamen

qualitative ['kwɒlɪtətɪv] kvalitativ

quality ['kwɒlətɪ] **1** kvalitet; slag, art; beskaffenhet; *improvements in ~* kvalitetsförbättringar; *~ of life* livskvalitet **2** egenskap **3** kvalitets|tidning, -tidskrift **II** *a* kvalitets-; förstklassig

qualm [kwɑ:m] **1** kväljningar, plötsligt illamående **2** betänklighet, skrupel; farhåga

quandary ['kwɒndərɪ] bryderi, dilemma

quanta ['kwɒntə] *pl av quantum*

quantify ['kwɒntɪfaɪ] kvantifiera

quantitative ['kwɒntɪtətɪv] kvantitativ, kvantitets- **quantity** [-ɪ] **1** kvantitet, mängd; kvantum; stor mängd **2** *mat., fys., bildl.* storhet; *an unknown ~ a) mat.* en obekant, *b) bildl.* ett oskrivet blad **3** *fonet., versl.* kvantitet **quantity surveyor** byggnads|ingenjör, -kalkylator

quan|tum ['kwɒntəm] (*pl -ta* [-tə]) **1** kvantum, [liten] mängd **2** *fys.* kvant **quantum theory** [-ˌθi:ərɪ] *fys.* kvantteori

quar. *förk. för quarter[ly]*

quarantine ['kwɒr(ə)nti:n] **I** *s* karantän **II** *v* hålla (förlägga) i karantän

quarrel ['kwɒr(ə)l] **I** *s* **1** gräl, träta; tvist; *pick a ~ with* söka (mucka) gräl med **2** invändning (*with* mot); *have no ~ with s.b.* (*äv.*) inte ha något otalt med ngn **II** *v* **1** gräla, träta; tvista **2** anmärka, klaga (*with* på) **-some** [-səm] grälsjuk

1 quarry ['kwɒrɪ] **I** *s* **1** stenbrott **2** *bildl.* informationskälla, guldgruva **II** *v* **1** bryta (*i stenbrott*) **2** bryta sten **3** *bildl.* forska, gräva

2 quarry ['kwɒrɪ] villebråd

quart [kwɔ:t] quart (*mått för våta varor = 1/4 gallon, i England 1,136 l, i USA 0,946 l*)

quart. *förk. för quarter[ly]*

quarter ['kwɔ:tə] **I** *s* **1** fjärdedel; *a ~ of a...* en fjärdedels (kvarts)...; *~ [of an hour]* kvart[s timme]; *~ [of a year]* kvartal; *a ~ to* (*AE.: of*) *four* [en] kvart i fyra; *a ~ past* (*AE.: after*) *four* en kvart över fyra; *by the ~* kvartalsvis; *not a ~ as good* inte på långt när lika bra; *divide s.th. into ~s* dela ngt i fyra delar **2** quarter (*rymdmått = 8 bushels = 290,95 l; viktmått = 1/4 cwt. = 28 (i USA 25) pounds = 12,7 (i USA 11,3) kg; viktmått = 1/4 pound = 113,4 g*) **3** *AE.* 25 cent **4** väderstreck; sida, håll; del, trakt; *from all ~s* från alla håll; *from a good ~* från säker källa; *in high ~s* på högre ort **5** kvarter, område; *slum ~* slumområde **6** *~s* (*pl*) logi, bostad; *i sht mil.* kvarter, förläggning **7** *sjö.* post; *general ~s!* klart skepp!; *take up one's ~s* ställa sig på sin post **8** *sjö.* akterskepp; *on the port* (*starboard*) *~* på babords (styrbords) låring **9** *mil.* pardon, nåd, förskoning **10** [mån]kvarter **11** *her.* kvarter **II** *v* **1** fyrdela, dela i fyra delar **2** *mil.* inkvartera, förlägga **3** (*om jakthund*) genomleta

quarter|deck ['kwɔ:tədek] *sjö.* akter-, halv|däck **-final** [-ˌfaɪnl] *sport.* kvartsfinal **-ly** [-lɪ] **I** *a* kvartals-; fjärdedels- **II** *adv* kvartalsvis, en gång i kvartalet **III** *s* kvartalstidskrift

quartermaster ['kwɔ:təˌmɑ:stə] **1** *mil.* kvartermästare; intendent **2** *sjö.* [roder]styrman **quartermaster general** *mil.* generalintendent **quartermaster sergeant** *mil.* furir

quarter note ['kwɔ:tənəʊt] *AE., mus.* fjärdedelsnot

quartet[te] [kwɔ:'tet] kvartett

quartile ['kwɔ:taɪl] *stat.* kvartil

quarto ['kwɔ:təʊ] *boktr.* [bok i] kvartsformat

quartz [kwɔ:ts] *miner.* kvarts **quartz watch** kvarts|ur, -klocka

quasar ['kweɪzɑ:] *astr.* kvasar

quash [kwɒʃ] **1** *jur.* ogiltigförklara, upphäva **2**

undertrycka
quasi- ['kweɪzaɪ] kvasi-, sken- **--stellar** [-ˌstelə] *a,* ~ *object* kvasistellärt objekt
quatrain ['kwɒtreɪn] *versl.* fyrradig strof
quaver ['kweɪvə] **I** *v* **1** darra, skälva **2** *mus.* tremulera **II** *s* **1** darrning, skälvning **2** *mus.* tremulering **3** *mus.* åttondelsnot
quay [kiː] kaj **-age** ['kiːɪdʒ] kajavgift **-side** ['kiː-saɪd] kajkant
Que. *förk. för Quebec*
queasy ['kwiːzɪ] **1** illamående; kväljande **2** obehaglig, oroande
Quebec [kwɪ'bek]
queen [kwiːn] **I** *s* **1** drottning (*äv. bildl.*); *schack. äv.* dam; *kortsp.* dam; *beauty* ~ skönhetsdrottning; ~ *of spades* spaderdam; ~*'s English* standardengelska **2** *vard.* bög, homofil **II** *v* **1** *schack.,* ~ *a pawn* förvandla en bonde till drottning **2** *vard.,* ~ *it* spela översittare (*over* mot)
queen bee ['kwiːnbiː] bidrottning, vise **queen consort** kungs gemål **queen dowager** änkedrottning **queenlike** drottninglik **queenly** [-lɪ] *a* **1** drottninglik **2** drottning- **queen mother** drottningmoder
Queensland ['kwiːnzlənd]
queer [kwɪə] **I** *a* **1** underlig, egendomlig, konstig; *vard.* knasig, knäpp, konstig; *in* ~ *street* (*vard.*) i knipa **2** skum, mystisk **3** *vard.* homosexuell **II** *s, vard.* homofil, fikus **III** *v, vard.* fördärva; ~ *a p.'s pitch* korsa ngns planer
quell [kwel] under|kuva, -trycka, slå ner; *bildl.* dämpa, mildra, stilla
quench [kwen(t)ʃ] **1** släcka (*a fire* en eld), stilla (*one's thirst* törsten); *bildl. äv.* dämpa **2** under|-trycka, -kuva, slå ner **3** kyla av **-less** ['kwen(t)ʃlɪs] outsläcklig
quern [kwɜːn] handkvarn
querulous ['kwerʊləs] gnällig, kverulantisk
query ['kwɪərɪ] **I** *s* **1** fråga; förfrågan; *raise a* ~ väcka en fråga **2** frågetecken **II** *v* **1** fråga, ställa en fråga till **2** betvivla, ifrågasätta
quest [kwest] **I** *s* **1** *åld., litt.* sökande (*for* efter); *in* ~ *of* på jakt efter, för att söka efter **2** mål [för sökande] **II** *v,* ~ *for* söka efter
question ['kwestʃ(ə)n] **I** *s* fråga; ämne, sak, angelägenhet; tvistefråga; problem, spörsmål; *parl.* interpellation; ~*!* (*parl.*) till saken (ämnet)!; *the person in* ~ personen i fråga; *beyond* [*all*] ~, *without* ~ utom allt tvivel, obestridligt, utan tvekan; *there is no* ~ *but that* det råder inget tvivel om att; *it is not in* ~ *a*) det är inte aktuellt, *b*) det har inte ifrågasatts; *that's not the* ~ det är inte det frågan (saken) gäller; *that is out of* ~ det kommer inte i fråga (på frågan); *call in*[*to*] ~ ifrågasätta; *come into* ~ komma på tal, bli viktig (aktuell); *pop the* ~ fria **II** *v* **1** fråga [ut]; förhöra **2** betvivla, ifrågasätta; *I* ~ *whether* (*äv.*) jag undrar om
questionable ['kwestʃənəbl] tvivelaktig, diskutabel
questioner ['kwestʃ(ə)nə] frågare, frågeställare; *parl.* interpellant **questioning** [-ɪŋ] förhör, utfrågning **question mark** frågetecken **question master** [-ˌmɑːstə] **1** *BE.* frågeledare, utfrågare (*i radio el. TV*)
questionnaire [ˌkwestɪə'neə] frågeformulär
queue [kjuː] *i sht BE.* **I** *s* kö; *form a* ~ bilda kö; *join the* ~ ställa sig i kön; *stand in a* ~ stå i kö, köa **II** *v,* ~ [*up*] köa, bilda kö
quib|ble ['kwɪbl] **I** *s* spetsfundighet; undanflykt **II** *v* käbbla (*about, over* om) **-bler** [-lə] kverulant, petimäter **-bling** [-lɪŋ] **I** *a* spetsfundig; småaktig **II** *s* spetsfundigheter, hårklyveri; kverulans
quick [kwɪk] **I** *a* **1** snabb, rask, hastig; kort, flyktig; kvick, flink, rapp; pigg, vaken, rörlig; *a one* (*vard.*) ett glas i all hast, en snabbis, en kort fråga; *be* ~*!* skynda dig [på]!; *be* ~ *to do s.th.* vara snar (ha lätt för) att göra ngt; *be* ~ *at figures* vara snabb i räkning **2** skarp; fin; tvär **3** hetsig, häftig, lättretad **4** *åld.* levande; *the* ~ *and the dead* levande och döda **II** *adv, vard.* snabbt, fort, kvickt **III** *s* ömt ställe, öm punkt; *the* ~ (*i sår e.d.*) [det levande, det ömma] köttet; *a Socialist to the* ~ en socialist ända in i märgen; *cut to the* ~ såra djupt (ända in i själen)
quick-change ['kwɪktʃeɪn(d)ʒ] *a,* ~ *artist* förvandlingskonstnär
quicken ['kwɪk(ə)n] **I** *v* **1** påskynda, öka (*one's pace* takten) **2** egga, stimulera, öka (*the interest* intresset) **3** öka, påskyndas **4** eggas, stimuleras, ökas **5** (*om foster*) börja sparka
quick fire ['kwɪkˌfaɪə] snabbeld **quick-firing** *a* snabbskjutande (*gun* kanon) **quick-freeze** [-friːz] snabb-, djup|frysa **quickie** [-ɪ] *vard.* snabbis; snabb fråga; drink i all hast **quicklime** [-laɪm] osläckt kalk, kalciumoxid **quickly** [-lɪ] *adv* snabbt, raskt, hastigt, fort, kvickt **quickness** [-nɪs] snabbhet **quicksand** [-sænd] kvicksand, flygsand **quickset** [-set] *koll.* häckplantor (*i sht hagtorn*) **quicksilver** [-ˌsɪlvə] kvicksilver **quickstep** [-step] (*slags sällskapsdans*) quickstep **quick-tempered** [ˌkwɪk'tempəd] häftig, hetlevrad **quick-witted** [ˌkwɪk'wɪtɪd] kvicktänkt, fyndig
1 quid [kwɪd] tuggbuss
2 quid [kwɪd] (*pl lika*) *BE. sl.* pund[sedel]
quid pro quo [ˌkwɪdprəʊ'kwəʊ] (*pl quid pro quos*) motprestation; vederlag
quiescent [kwaɪ'esnt] rofylld, stilla; overksam, passiv
quiet ['kwaɪət] **I** *a* **1** tyst; lugn, stilla; *be* ~*!* var tyst!; *keep* ~ *about s.th., keep s.th.* ~ hålla tyst med ngt **2** hemlig; enskild; *I'll have a* ~ *word with him* jag skall prata i enrum med honom **3** tystlåten, lågmäld, fridsam, stillsam **4** (*om färg e.d.*) diskret, dämpad, lugn **II** *s* **1** tystnad; lugn, stillhet; *peace and* ~ lugn och ro; *on the* ~ i smyg, i hemlighet **III** *v, AE., se quieten* **quieten** [-n] **1** ~ [*down*] tysta, få tyst på, lugna **2** ~ [*down*] tystna, lugna sig **quietness** [-nɪs], **quietude** ['kwaɪɪtjuːd] tystnad, stillhet; lugn, ro
quietus [kwaɪ'iːtəs] **1** döds-, nåda|stöt **2** död
quiff [kwɪf] *BE.* pannlock
quill [kwɪl] **I** *s* **1** vingpenna **2** gåspenna **3** (*piggsvins*) pigg; (*igelkotts*) tagg **4** *väv.* spole, bobbin **quill pen** ['kwɪlpen] gåspenna
quilt [kwɪlt] **I** *s* [säng]täcke; [säng]överkast **II** *v* kvilta, täck-, vadd|sticka; matelassera **-ing** ['kwɪltɪŋ] kviltning, täck-, vadd|stickning; matelassering
quince [kwɪns] *bot.* kvitten
quinine [kwɪ'niːn, *AE.*'kwaɪnaɪn] *kem.* kinin
Quinquagesima [ˌkwɪŋkwə'dʒesɪmə] *s,* ~ [*Sun-*

day] fastlagssöndagen
quinsy ['kwɪnzɪ] *med.* halsböld
quint [kwɪnt] *mus.* kvint
quintessence [kwɪn'tesns] kvintessens; *the ~* (*äv.*) kärnan, det väsentliga; *she is the ~ of sweetness* hon är älskvärdheten själv
quintet[te] [kwɪn'tet] kvintett
quintu|ple ['kwɪntjʊpl] **I** *v* femfaldiga **II** *a* femfaldig; femdelad **-plet** [-plɪt] femling
quip [kwɪp] **I** *s* **1** kvickhet, vits **2** spydighet **II** *v* **1** säga en kvickhet, vitsa **2** vara spydig
quire ['kwaɪə] *boktr.* bok (*24 ark*)
quirk [kwɜ:k] **1** egendomlighet, excentricitet; nyck; *by a ~ of fate* genom en ödets nyck **2** släng, snirkel (*i skrift*)
quisling ['kwɪzlɪŋ] quisling, landsförrädare
quit [kwɪt] **I** *v* (*~ted, ~ted el. quit, quit*) **1** lämna; flytta från; sluta [på]; sluta [upp med], lägga av [med], ge upp, släppa; *~ one's job* sluta sitt arbete; *~ smoking* sluta röka **2** betala, avbörda sig **3** ge sig i väg; flytta; sluta, lägga av, ge upp; *give s.b. notice to ~* säga upp ngn **II** *a, be ~ of* vara fri (befriad) från, vara kvitt; *we are ~ of her* vi har blivit av med henne
quite [kwaɪt] ganska, rätt; riktigt, helt, alldeles, precis, absolut, mycket; egentligen, faktiskt, verkligen; *~ [so]!* just det (precis)!, alldeles (helt) riktigt!; *~ a few* ganska många; *~ a gentleman* en riktig (verkligen en) gentleman; *~ a good flutist* en ganska (riktigt) bra flöjtist; *~ a little* inte så litet; *~ a problem* ett verkligt (ganska stort) problem; *~ a shock* en ordentlig (ganska stor) chock; *~ another* en helt annan; *~ the best* den (det) allra bästa; *~ the contrary* raka motsatsen; *they were ~ a hundred* de var minst hundra; *I ~ like it* jag tycker ganska bra om det; *that was ~ something!* (*vard.*) det var inte [så] illa!, det var ganska fantastiskt!
quits [kwɪts] *a, vard.* kvitt; *we are ~ now* nu är vi kvitt; *take this and call it ~* tag det här så säger vi att vi är kvitt (så låter vi udda vara jämnt)
quittance ['kwɪt(ə)ns] **1** kvittens, kvitto; kvittering **2** befrielse (*från skuld e.d.*)
quitter ['kwɪtə] smitare, person som ger upp (drar sig ur)
1 quiver ['kwɪvə] **I** *v* darra, skälva (*with* av) **II** *s* darrning, skälvning
2 quiver ['kwɪvə] [pil]koger
qui vive [ˌki:'vi:v] *s, on the ~* på sin vakt
quixotic [kwɪk'sɒtɪk] donquijotisk, överspänd, idealistisk, svärmisk
quiz [kwɪz] **I** *s* **1** fråge|sport, -lek **2** *AE. skol.* förhör, prov **II** *v* **1** fråga ut, förhöra **2** *AE. skol.* förhöra **quizmaster** ['kwɪzˌmɑ:stə] frågesportsledare **quizzical** ['kwɪzɪkl] **1** menande (*glance* blick); retsam
quod [kwɒd] *i sht BE. sl.* kåk (*fängelse*); *be in ~* sitta på kåken
quoin [kɔɪn] **1** *byggn.* hörn; hörnsten **2** kil
quoit [kɔɪt] **1** [kast]ring **2** *~s* (*behandlas som sg*) kastringsspel
quondam ['kwɒndæm] före detta, förutvarande
quorum ['kwɔ:rəm] quorum, beslutsmässigt antal [närvarande]
quot. *förk. för quotation*
quota ['kwəʊtə] kvot; andel; tilldelning
quotable ['kwəʊtəbl] lämplig att citera **quotation** [kwə(ʊ)'teɪʃn] **1** citat; citering **2** *hand.* [pris]notering; kurs; kostnadsförslag, offert, anbud (*for* på)
quotation mark [kwə(ʊ)'teɪʃnmɑ:k] anförings-, citations|tecken
quote [kwəʊt] **I** *v* **1** citera (*äv. sätta citationstecken kring*); *~...unquote* citat...slut på citat **2** åberopa, hänvisa till **3** *hand.* notera; offerera, lämna (*a price* ett pris) **4** lämna kostnadsförslag (anbud) (*for* på) **II** *s, vard.* citat; citationstecken
quoth [kwəʊθ] *åld.* (*endast i 1 o. 3 pers. sg*) sade
quotidian [kwɒ'tɪdɪən] daglig
quotient ['kwəʊʃnt] *mat.* kvot; *intelligence ~* (*I.Q.*) intelligenskvot
q.v. *förk. för quod vide* (*lat.*) *which see* s.d.o., se detta ord **qy.** *förk. för query*

R

R, r [ɑ:] (*bokstav*) R, r; *the three R's = reading, (w)riting, and (a)rithmetic* läsning, skrivning och räkning (*de tre grundläggande skolämnena*)
R. *förk. för rabbi; rector; Regiment; Regina; Republican; Rex; River; Royal* **R., r.** *förk. för radius; railway; registered; right; river; road; rouble* **r.** *förk. för rare; recipe; ruled* **R.A.** *förk. för rear admiral; (AE.) Regular Army; Royal Academician (Academy); Royal Artillery*
rabbi ['ræbaɪ] **1** (*titel*) *R~* Rabbi **2** rabbin
rabbit ['ræbɪt] **I** *s, zool.* kanin; *AE. äv.* hare **II** *v* **1** *go ~ting* jaga kaniner **2** *vard., ~ on* babbla (mala) på **rabbit hutch** kaninbur **rabbit punch** nackslag **rabbitry** [-rɪ], **rabbit warren** [-ˌwɒrən] kaningård; vildkaniners hålor och gångar; vildkaninkoloni
rabble ['ræbl] larmande [folk]hop; slödder, pack **--rouser** [-ˌraʊzə] uppviglare, demagog
rabid ['ræbɪd] rabiat, fanatisk, ursinnig
rabies ['reɪbi:z] *med.* rabies, vattuskräck, hundgalenskap
R.A.C. *förk. för Royal Armoured Corps; Royal Automobile Club*
raccoon [rə'ku:n] *zool.* tvättbjörn, sjubb
1 race [reɪs] **1** ras, släkt **2** släkte; *the human ~* människosläktet; *of noble ~* av ädel börd
2 race [reɪs] **I** *s* **1** kapp|löpning, -körning, -segling *etc.*; lopp, tävling; *the ~s* kapplöpningarna; *100 metres ~* hundrametersloppp; *~ against time* kapplöpning med tiden; *run a ~* springa (löpa) i kapp **2** [stark] ström **3** flodbädd; kanal; kvarnränna **II** *v* **1** springa (löpa, köra, segla *etc.*) i kapp med **2** rusa (*motor*); *he ~d me off to the airport* han körde mig till flygplatsen i rasande fart **3**

tävla med; låta tävla **4** springa (löpa, köra, segla *etc.*) i kapp; kapp|köra, -segla, tävlingslöpa **5** rusa, jaga; springa (löpa, köra *etc.*) [fort] **6** delta[ga] i kapplöpningar

racecard ['reɪskɑ:d] kapplöpningsprogram **racecourse** kapplöpningsbana **racegoer** [-ˌgəʊə] kapplöpnings|habitué, -besökare **racehorse** [-hɔ:s] kapplöpningshäst **race meeting** [-ˌmi:tɪŋ] kapplöpning

racer ['reɪsə] **1** kapplöpningshäst; racer[bil, -cykel, -båt) **2** *zool.* (*slags*) snok

racetrack ['reɪstræk] *i sht AE.* kapplöpningsbana; racerbana

Rachel ['reɪtʃ(ə)l]

racial ['reɪʃl] ras-

racial|ism ['reɪʃəlɪz(ə)m] rasism **-ist** [-ɪst] rasist

raciness ['reɪsɪnɪs] schwung, livfullhet, snabbt tempo; mustighet

racing ['reɪsɪŋ] **I** *s* [häst]kapplöpning; racing **II** *a* kapplöpnings-; racer-

rac|ism ['reɪsɪz(ə)m] rasism **-ist** [-ɪst] rasist

1 rack [ræk] **I** *s* **1** ställ[ning], hylla; [hatt-, kläd]-hängare; bagagehylla **2** foderhäck **3** sträckbänk; *be on the ~* ligga (*bildl.* hållas) på sträckbänken; *put s.b. on the ~* (*bildl.*) hålla ngn på sträckbänken **4** kuggstång **II** *v* tortera, lägga på sträckbänken; *bildl.* pina, plåga; *~ one's brains* bry (rådbråka) sin hjärna; *~ing headache* brinnande huvudvärk

2 rack [ræk] *s, go to ~ and ruin* gå åt skogen, förfalla

rack-and-pinion [ˌrækən'pɪnjən] kugghjulsdrev

1 racket ['rækɪt] **I** *s* **1** oväsen, larm, buller; ståhej; *set up a ~* föra oväsen **2** skumraskaffär; utpressning; bedrägeri, bluff, trick **3** sus och dus, hektiskt liv **4** *skämts.* yrke; sväng; handel

2 racket ['rækɪt] racket

racketeer [ˌrækə'tɪə] skurk, gangster, skojare, bedragare **-ing** [-rɪŋ] bedrägeri, svindleri; utpressning

rack railway ['rækˌreɪlweɪ] kuggbana

rack-rent ['rækrent] **I** *s* oskäligt hög hyra **II** *v* ta ut oskäligt hög hyra för

raconteur [ˌrækɒn'tɜ:] skicklig historieberättare

racoon [rə'ku:n] *se raccoon*

racquet ['rækɪt] *se 2 racket*

racy ['reɪsɪ] **1** livfull, livlig, schwungfull **2** pikant, mustig; vågad

rad [ræd] *fys.* rad

rad. *förk. för radian; radical; radius, radix*

RADA *förk. för Royal Academy of Dramatic Art*

radar ['reɪdɑ:] radar **radar beacon** [-ˌbi:kn] radarfyr **radar trap** [-træp] radarkontroll (*för trafikövervakning*)

raddle ['rædl] **I** *s* röd ockra **II** *v* rödmåla (*sheep* får); [röd]sminka

radial ['reɪdjəl] **I** *a* radiell, radial[-]; *~ tyre* radialdäck **II** *s* radialdäck

radi|ance ['reɪdjəns] strålglans; strålknippe **-ant** [-ənt] **1** utstrålande; *bildl.* strålande **2** strålnings-; *~ heat* strålningsvärme

radiate I *v* ['reɪdɪeɪt] **1** utstråla, radiera; *bildl.* [ut]stråla **2** stråla [ut] (*äv. bildl.*) **II** *a* ['reɪdɪət] utstrålande, strålformig **radiation** [ˌreɪdɪ'eɪʃn] **1** utstrålande, [ut]strålning **2** radioaktiv strålning, radioaktivitet **radiation sickness** strålningssjuka **radiator** ['reɪdɪeɪtə] **1** värmeledningselement, radiator **2** kylare (*på bil*)

radical ['rædɪkl] **I** *a* **1** radikal; genomgripande, grundlig **2** fundamental, grundläggande **3** *mat., språkv.* rot- **4** *bot.* jord- **II** *s* **1** *kem., polit.* radikal **2** *mat., språkv.* rot **-ism** ['rædɪkəlɪz(ə)m] radikalism **-ly** ['rædɪk(ə)lɪ] *adv* radikalt; från grunden

radices ['reɪdɪsi:z] *pl av radix*

radicle ['rædɪkl] *bot.* rotämne; liten rot

radii ['reɪdɪaɪ] *pl av radius*

radio ['reɪdɪəʊ] **I** *s* radio; radioapparat; *on the ~* i radio **II** *v* **1** [ut]sända i radio, radiera; radiotelegrafera till **2** radiotelegrafera

radio|active [ˌreɪdɪəʊ'æktɪv] radioaktiv **-activity** [-æk'tɪvətɪ] radioaktivitet

radio beacon ['reɪdɪə(ʊ)ˌbi:k(ə)n] radiofyr

radiogram ['reɪdɪə(ʊ)græm] **1** radiotelegram **2** röntgenbild **3** *BE.* radiogrammofon

radio|graph ['reɪdɪə(ʊ)grɑ:f] *åld., tekn.* röntgenbild **-grapher** [ˌreɪdɪ'ɒgrəfə] röntgenolog, röntgenläkare **-graphy** [ˌreɪdɪ'ɒgrəfɪ] röntgenologi

radioisotope [ˌreɪdɪəʊ'aɪsə(ʊ)təʊp] radioisotop

radi|ologist [ˌreɪdɪ'ɒlədʒɪst] radiolog **-ology** [-'ɒlədʒɪ] radiologi

radiosonde ['reɪdɪəʊsɒnd] *meteor.* radiosond

radio station ['reɪdɪə(ʊ)ˌsteɪʃn] radiostation

radio|telegram [ˌreɪdɪəʊ'telɪgræm] radiotelegram **-telegraph** radiotelegraf **-telephone** radiotelefon **-therapy** radioterapi

radio wave ['reɪdɪəʊweɪv] radiovåg

radish ['rædɪʃ] rädisa; *black ~* rättika

radium ['reɪdjəm] *fys.* radium

ra|dius ['reɪdjəs] (*pl -dii* [-dɪaɪ]) **1** radie **2** *anat.* strålben, radius

ra|dix ['reɪdɪks] (*pl -dices* [-dɪsi:z]) *mat.* bas

radon ['reɪdɒn] *kem.* radon

R.A.F. *förk. för Royal Air Force*

raffia ['ræfɪə] *bot.* [rafia]bast

raffish ['ræfɪʃ] **1** raffig, elegant **2** vräkig, skrikig, prålig

raffle ['ræfl] **I** *s* tombola **II** *a* tombola-; *~ ticket* tombolalott **III** *v* lotta ut

raft [rɑ:ft] **I** *s* **1** flotte **2** *AE. vard., a ~ of* en massa **II** *v* flotta

rafter ['rɑ:ftə] taksparre

1 rag [ræg] **1** trasa; *vard.* [kläd]trasa, näsduk; *~s* (*pl, äv.*) lump; *glad ~s* (*vard.*) finkläder; *from ~s to riches* (*vard.*) från yttersta fattigdom till största rikedom; *be a red ~ to a bull* vara som ett rött skynke **2** *vard.* [tidnings]blaska **3** *vard.* [student]-karneval

2 rag [ræg] **I** *v* **1** reta, pika **2** *BE.* skämta hårdhänt med, skända **II** *s* upptåg; hårdhänt skämt; skändning

3 rag [ræg] rag[timemelodi]

ragamuffin ['rægəˌmʌfɪn] rännstensunge, trashank

rag-and-bone man [ˌrægən'bəʊnmæn] *BE.* lumphandlare

ragbag ['rægbæg] **1** lumpsäck **2** *vard.* virrvarr

rag doll trasdocka

rage [reɪdʒ] **I** *s* **1** raseri, ursinne, vrede; *be in (fly* *into*) *a* ~ vara (bli) rasande; *have a* ~ *for* vara lidelsefullt intresserad av **2** *vard.* [mode]fluga; *be all the* ~*s* vara sista skriket (på modet, inne) **II** *v* **1** rasa, vara rasande (*about, at* över) **2** (*om väder*) rasa; (*om epidemi*) grassera

ragged ['rægɪd] **1** trasig; lumpig, ovårdad; fransig; *she ran herself* ~ (*vard.*) hon blev alldeles slut **2** ojämn (*äv. bildl.*), skrovlig

raglan ['ræglən] **I** *s* raglan[rock] **II** *a* raglan-

ragman ['rægmən] *BE.* lumphandlare

ragout ['rægu:] ragu

ragpicker ['ræg,pɪkə] lumpsamlare **ragtag** [-tæg] *s, the* ~ *and bobtail* packet och byket, kreti och pleti **ragtime** ragtime[musik] **rag trade** *vard., the* ~ modebranschen

raid [reɪd] **I** *s* räd, plötsligt anfall (*on* mot); [polis]-razzia (*on* mot); kupp (*on* mot) **II** *v* **1** göra en räd (razzia, kupp) mot; göra inbrott i, plundra **2** göra (deltaga i) en räd; plundra **-er** ['reɪdə] **1** deltagare i räd (razzia), angripare; inbrottstjuv, kuppmakare **2** commandosoldat

1 rail [reɪl] **I** *s* **1** ledstång, räcke; (*vågrät*) stång; *sjö.* reling **2** [järnvägs]skena, räl[s]; järnväg; *by* ~ med (på) järnväg; *go off the* ~*s* (*bildl.*) spåra ur **II** *v* förse med räcke; ~ *in* (*off*) inhägna, sätta upp räcke kring

2 rail [reɪl] *v,* ~ *at* (*against*) rasa (vara ovettig) mot, smäda

3 rail [reɪl] *zool.* vattenrall

rail|car ['reɪlkɑ:] *järnv.* motorvagn **-head** ändstation

railing ['reɪlɪŋ] **1** räcke; skrank, staket **2** [järnvägs]räls

raillery ['eɪlərɪ] raljeri, skämt, gyckel

railroad ['reɪlrəʊd] **I** *s, AE., se railway* **II** *v, vard.* [snabbt] driva (trumfa) igenom; jäkta på (*s.b. into doing s.th.* ngn att göra ngt)

railway ['reɪlweɪ] *BE.* **I** *s* järnväg; järnvägsbolag; *by* ~ med (på) järnväg **II** *a* järnvägs-; ~ *engine* lokomotiv; ~ *line* järnvägslinje **-man** järnvägstjänsteman

raiment ['reɪmənt] *åld., poet.* skrud, dräkt

rain [reɪn] **I** *s* regn (*äv. bildl.*); regnväder; *the* ~*s* (*pl, äv.*) regntiden; *come* ~ *or shine* i ur och skur, oavsett vädret; *as right as* ~ (*vard.*) pigg och kry [igen], helt återställd **II** *v* **1** *opers.* regna; *it is* ~*ing cats and dogs* (*vard.*) regnet står som spön i backen; *it never* ~*s but it pours* en olycka kommer sällan ensam **2** *be* ~*ed off* inställas (vara inställd) på grund av regn **3** låta [det] regna, ösa; ~ *abuse on s.b.* överösa ngn med ovett; ~ *blows on s.b.* låta slagen hagla över ngn

rainbow ['reɪnbəʊ] regnbåge; *at the end of the* ~ ouppnåelig **raincheck** *s, i sht AE. vard., take a* ~ fundera (skjuta) på saken **raincoat** regn|-kappa, -rock **raindrop** regndroppe **rainfall 1** regnskur **2** regnmängd, nederbörd **rainforest** [-,fɒrɪst] regnskog **rain gauge** [-geɪdʒ] regnmätare **rainout** [-aʊt] radioaktivt regn **rainproof** [-pru:f] regn-, vatten|tät **rainstorm** [-stɔ:m] hällregn **raintight** [-taɪt] *se rainproof* **rainwater** regnvatten **rainy** [-ɪ] regnig, regn-; *save s.th. for a* ~ *day* spara ngt för sämre tider

raise [reɪz] **I** *v* **1** lyfta [upp], resa [upp], dra (hissa, röra, skjuta, ta) upp, höja [på], lyfta på; ~ *bread* låta bröd jäsa upp; ~ *one's eyebrows* höja på ögonbrynen; ~ *one's glass to s.b.* dricka ngn till, skåla med ngn; ~ *one's hand* räcka upp handen; ~ *one's hat to s.b.* lyfta på hatten för ngn; ~ *the roof a*) få taket att lyfta sig, *b*) bua våldsamt, föra oväsen, *c*) få ett vredesutbrott **2** resa, uppföra, bygga **3** dra (föda) upp; odla; producera; uppfostra (*children* barn) **4** öka, höja, stegra, driva upp; förbättra; ~ *the prices* höja priserna; ~ *one's voice* höja rösten **5** befordra, upphöja; ~ *s.b. to the peerage* upphöja ngn till pär, adla ngn **6** [upp]väcka; frammana; framkalla, [för]orsaka, ställa till [med]; egga upp, uppvigla; ~ *a blister* orsaka en blåsa; ~ *hell* (*vard.*) föra ett helvetes liv, röra upp himmel och jord; ~ *a p.'s hopes* väcka ngns förhoppningar; ~ *a laugh* framkalla skratt; ~ *a p.'s spirits* liva (pigga) upp ngn; ~ *s.b. from the dead* uppväcka ngn från de döda **7** väcka, ta upp, lägga fram, framställa; göra; ~ *objections* resa (komma med) invändningar; ~ *a protest* lägga in en protest, protestera **8** [lyckas] få tag i, [lyckas] skaffa, samla (skrapa) ihop, samla; ställa upp **9** ta (*a loan* ett lån); ta upp (*taxes* skatter) **10** [upp]häva **11** *mat.* upphöja (*to the power of two* i kvadrat) **II** *s, i sht AE.* löne|förhöjning, -lyft

raisin ['reɪzn] russin

raison d'être [,reɪzɔ̃:(n)'deɪtr(ə)] raison d'être, existensberättigande

raj [rɑ:dʒ] (*i Indien*) överhöghet, välde **raja[h]** ['rɑ:dʒə] raja

1 rake [reɪk] **I** *s* kratta, räfsa; raka, skrapa **II** *v* **1** kratta, räfsa; raka, skrapa; leta i (igenom); ~ *in* håva in; ~ *out a*) raka ut, *b*) ta reda på, leta fram; ~ *up* (*together*) *a*) kratta (räfsa) ihop, *b*) skrapa ihop, få tag i, *c*) gräva i, riva upp **2** granska, betrakta **3** *mil.* bestryka **4** gräva, rota, riva, söka

2 rake [reɪk] rumlare, rucklare, vivör

3 rake [reɪk] **I** *s* lutning (*of a mast* på en mast) **II** *v* luta [bakåt]

rake-off ['reɪkɒf] *vard.* vinstandel (provision) under bordet

1 rakish ['reɪkɪʃ] utsvävande, rumlande

2 rakish ['reɪkɪʃ] klämmig, snitsig; *wear one's hat at a* ~ *angle* ha hatten på svaj

Raleigh ['rɔ:lɪ]

1 rally ['rælɪ] **I** *v* **1** [åter] samla, [åter] samla ihop; ~ *one's strength* samla sina krafter **2** [åter] samlas, samla sig; ~*ing point* samlingsplats; ~ *to the support of s.b.* [tillsammans] komma till ngns undsättning, ställa upp för ngn **3** hämta (repa) sig **4** köra rally **5** (*i tennis e.d.*) ha en lång slagväxling **II** *s* **1** [åter]samling; [mass]möte **2** återhämtning, tillfrisknande; uppgång **3** (*i tennis e.d.*) lång slagväxling **4** rally

2 rally ['rælɪ] raljera (skämta) med

Ralph [reɪf, rælf]

ram [ræm] **I** *s* **1** bagge, gumse; *the R*~ (*astr.*) Väduren **2** *tekn.* hejare, fallhammare; pålkran; pistong, kolv; murbräcka **3** *sjö.* ramm **II** *v* **1** ramma **2** slå, hamra, bulta, pressa, trycka, tvinga; ~ *a post into the ground* slå ner en påle i marken; ~ *s.th. home* klargöra ngt, göra ngt helt klart; ~ *s.th. down a p.'s throat* tjata om ngt **3** stoppa, pressa, proppa

R.A.M. *förk. för Royal Academy of Music*

ram|ble ['ræmbl] **I** *v* **1** vandra, ströva omkring;

R

flanera; släntra; (*om tankar*) irra **2** ~ [*on*] pladdra på **3** växa (breda ut sig) åt alla håll **II** *s* strövtåg, vandring **-bler** [-blə] **1** vandrare **2** kläng-, klätter|ros **-bling** [-blɪŋ] **1** kring|irrande, -strövande; (*om tankar etc.*) virrig, osammanhängande **2** (*om växt*) kläng-, klätter- **3** oregelbundet byggd

rambunctious [ræm'bʌŋkʃəs] *vard.* uppsluppen, ostyrig

R.A.M.C. *förk. för Royal Army Medical Corps*

rami|fication [ˌræmɪfɪ'keɪʃn] förgrening (*äv.*. *bildl.*), utlöpare **-fy** ['ræmɪfaɪ] förgrena [sig]

ramjet [engine] ['ræmdʒet(ˌendʒɪn)] (*slags jetmotor*) rammotor

ramp [ræmp] **I** *s* **1** ramp, sluttande uppfart[sväg]; (*motorvägs*) av-, på|fart **2** (*i gata*) farthinder, gupp **3** *BE. sl.* svindel **II** *v* **1** (*om djur*) ~ *around* (*about*) rusa runt (omkring) **2** ~ *and rage* föra ett förfärligt liv, rasa

rampage [ræm'peɪdʒ] **I** *s, be* (*go*) *on the* ~ fara fram som en galning, leva rövare **II** *v* rusa fram (runt), rasa

rampant ['ræmpənt] **1** vild, våldsam, häftig, otyglad; *be* ~ grassera, härja, frodas, gripa omkring sig **2** (*om växt*) vildvuxen **3** *her.* stående på bakbenen

rampart ['ræmpɑ:t] fästningsvall; *bildl.* bålverk, värn

rampion ['ræmpjən] *bot.* rapunkelklocka

ramrod ['ræmrɒd] laddstake; *as stiff* (*straight*) *as a* ~ stel som en pinne

ramshackle ['ræmˌʃækl] fallfärdig, skranglig

ramsons ['ræmzənz] (*behandlas som sg*) *bot.* ramslök

ran [ræn] *imperf av run*

ranch [rɑ:n(t)ʃ] **1** (*nordamer.*) ranch, [större] boskapsfarm **2** farm; *chicken* ~ kycklingfarm; *mink* ~ minkfarm **-er** ['ræntʃə] ranchägare

rancid ['rænsɪd] härsken

ran|corous ['ræŋkərəs] hätsk, hatisk **-cour** [-kə] hätskhet, hat

rand [rænd] (*sydafrikansk myntenhet*) rand

R & B *förk. för Rhythm and Blues* **R & D** *förk. för Research and Development*

random ['rændəm] **I** *s, at* ~ på måfå **II** *a* godtycklig; slump|artad, -mässig; gjord på måfå, slumpvis **random access** [-ˌækses] *data.* direkt ingång

randy ['rændɪ] *vard.* kåt

rang [ræŋ] *imperf av ring*

range [reɪn(d)ʒ] **I** *s* **1** aktionsradie, [verknings]område, räckvidd, utsträckning, omfång; avstånd, distans; skottvidd, skjutavstånd; *at long* (*short*) ~ på långt (nära) håll; *out of* ~ utom räckhåll (synhåll, hörhåll, skotthåll); *within* [*firing*] ~ inom skotthåll (*of* för); ~ *of responsibility* ansvarsområde; ~ *of voice* röstomfång, register; *her ~ of knowledge is very limited* hennes kunskaper är mycket begränsade **2** skjutbana **3** rad, räcka; klass, skala; sortiment, urval; ~ *of mountains* bergskedja; *a wide ~ of* en lång rad, många olika, ett stort (brett) urval (en bred skala) av; *in this price* ~ i den här prisklassen **4** [köks]spis **5** *AE.* [vidsträckt] betesmark, öppet landskap **II** *v* **1** ställa upp [i rad]; placera, [in]ordna, klassificera; ~ *o.s. on a p.'s side* sluta upp på ngns sida **2** genomströva, vandra genom (i), fara längs (omkring på) **3** *AE.* låta beta **4** sträcka sig, gå, ligga; [kunna] placeras ([in]ordnas); variera; ~ *over a*) sträcka sig över, *b*) vara utbredd över, *c*) ha en räckvidd av **5** ströva [omkring], vandra [omkring]

rangefinder ['reɪndʒˌfaɪndə] avståndsmätare **ranger** [-ə] **1** skogvaktare, kronojägare; uppsyningsman **2** vandrare **3** *AE.* ridande polis; ~*s* (*pl, mil.*) jägartrupp

rangy ['reɪndʒɪ] *AE.* långbent, skranglig

1 rank [ræŋk] **I** *s* **1** rad, räcka; *a ~ of taxis* (*äv.*) en taxistation **2** [samhälls]klass, skikt, stånd; rang; *mil. o. bildl.* led; *mil.* grad; *the ~s, the ~ and file a*) de meniga, manskapet, *b*) gemene man, den stora (breda) massan, gräsrötterna; *the ~ and fashion* den förnäma världen, eliten, societeten; *break* ~[*s*] falla ur ledet; *close the ~s* sluta leden; *pull* ~ utnyttja sin ställning; *reduce s.b. to the ~s* degradera ngn till menig; *rise from the ~s* (*bildl.*) arbeta sig upp; *take ~ of* ha högre rang än **II** *v* **1** ställa upp i (på) led; placera, sätta, [in]ordna, inrangera; klassificera; räkna; ranka **2** ha en plats, stå, ligga; ha rang; anses vara; räknas; rankas; ~ *above* (*below*) ha högre (lägre) rang (grad) än

2 rank [ræŋk] **1** frodig, tät; vildvuxen **2** illa|luktande, -smakande, stinkande **3** grov, vulgär **4** fullständig, absolut, total; komplett

ranking ['ræŋkɪŋ] *AE.* framstående; ledande; ~ *officer* högste (högre) officer **ranking list** rankinglista, rangordningslista

rankle ['ræŋkl] *bildl.* [ligga och] gnaga (*with s.b.* i ngn)

ransack ['rænsæk] **1** leta igenom; rannsaka, undersöka grundligt **2** plundra

ransom ['ræns(ə)m] **I** *s* **1** lösesumma, lösen; *hold s.b. to* ~ hålla ngn som gisslan [tills lösesumma betalats]; *king's* ~ furstlig summa **II** *v* **1** betala lösen för, friköpa **2** frige mot lösen

rant [rænt] **I** *v* **1** gorma, tala högljutt; ~ *on*, ~ *and rave* gorma och stå i **2** tala högtravande (bombastiskt) **-ing 1** gormande, högljudd **2** högtravande

ranuncu|lus [rə'nʌŋkjʊləs] (*pl -luses el. -li* [-laɪ]) *bot.* ranunkel

R.A.O.C. *förk. för Royal Army Ordnance Corps*

1 rap [ræp] **I** *s* **1** knackning; lätt slag, rapp; ~ *on* (*over*) *the knuckles* (*bildl.*) tillrättavisning, reprimand; *take the* ~ (*vard.*) få bära hundhuvudet **2** *AE. sl.* snack **3** *AE. sl., beat the* ~ slippa straff, gå fri **II** *v* **1** knacka; slå, smälla; ~ *on* knacka i (på) **2** *AE. vard.* snacka, babbla

2 rap [ræp] *s, I don't care a* ~ jag bryr mig inte ett dugg om det

rapacious [rə'peɪʃəs] **1** girig; rovgirig **2** rov-; ~ *bird* rovfågel **rapacity** [rə'pæsətɪ] girighet; rovgirighet

1 rape [reɪp] **I** *s* **1** våldta **2** förstöra **3** *åld.* bortröva **II** *s* **1** våldtäkt **2** våldförande, förstörelse **3** *åld.* bortrövande

2 rape [reɪp] *bot.* raps

rape[seed] oil ['reɪp(si:d)ɔɪl] rapsolja

Raphael [*ängel, konstnären* 'ræfe(ɪ)əl; *efternamn* 'reɪfl, 'ræfeɪl]

rapid ['ræpɪd] **I** *a* snabb, hastig **II** *s* , ~*s* (*pl*) fors **rapid-fire** snabbskjutande; *bildl.* mycket snabb

rapidity [rə'pɪdətɪ] snabbhet, hastighet
rapier ['reɪpjə] *s* värja
rapine ['ræpaɪn] *litt.* bortrövande, plundring
rapist ['reɪpɪst] våldtäktsman
rapport [ræ'pɔ:] samförstånd, förbindelse, relation
rapprochement [ræ'prɒʃmɑ̃:(ŋ)] närmande, återupptagande av vänskapliga förbindelser
rapscallion [ræp'skæljən] skurk, bedragare; rackare, skälm
rapt [ræpt] **1** hänförd **2** uppslukad; försjunken
rapture ['ræptʃə] hänförelse, begeistring, extas; *go into ~s about* vara hänförd (begeistrad) över **rapturous** ['ræptʃ(ə)rəs] hänförd, begeistrad, extatisk
1 rare [reə] **1** sällsynt, ovanlig; *bot.* rar; *~ gas* ädelgas; *with very ~ exceptions* med mycket få undantag **2** tunn (*air* luft), förtunnad **3** enastående
2 rare [reə] (*om kött*) lätt stekt, blodig
rarebit ['reəbɪt] *se Welsh rabbit*
rare|fied ['reərɪfaɪd] **1** exklusiv, esoterisk **2** tunn (*air* luft) **-fy** [-faɪ] förtunna[s]
rarely ['reəlɪ] *adv* **1** sällan **2** sällsynt, ovanligt **3** enastående
raring ['reərɪŋ] ivrig; *be ~ to go* (*vard.*) knappt kunna vänta
rarity ['reərətɪ] **1** sällsynthet; raritet **2** tunnhet
rascal ['rɑ:sk(ə)l] **1** lymmel, kanalje **2** (*om barn*) rackare, rackarunge **-ity** [rɑ:'skælətɪ] lymmelaktighet **-ly** ['rɑ:skəlɪ] *a* lymmel-, skurk|aktig
1 rash [ræʃ] överilad, förhastad, obetänksam
2 rash [ræʃ] **1** *med.* [hud]utslag **2** *bildl.* ström, serie
rasher ['ræʃə] tunn baconskiva (skinkskiva)
rasp [rɑ:sp] **I** *s* **1** rasp, grov fil **2** raspande **II** *v* **1** raspa, fila **2** *bildl.* raspa, skorra, skära i; *~ing sound* skärande (skorrande, gnisslande) ljud; *~ voice* sträv (skrovlig) röst
raspberry ['rɑ:zb(ə)rɪ] **1** hallon; hallonbuske **2** hånfullt ljud med tungan; *blow a ~* (*ung.*) fnysa föraktfullt, göra en föraktfull gest **raspberry bush** hallonbuske
rat [ræt] **I** *s* **1** råtta; *sl.* avskum, skit[stövel]; *oh ~s!* (*vard.*) jäklar också!; *look like a drowned ~* se ut som en våt katt; *smell a ~* (*vard.*) ana oråd **2** *vard.* överlöpare, förrädare; *AE. sl.* tjallare **3** *vard.* strejkbrytare, svartfot **II** *v* **1** jaga råttor **2** *vard., ~ on s.b.* svika ngn, lämna ngn i sticket; *~ on a deal* bryta ett avtal
ratable ['reɪtəbl] *BE.* taxerbar, beskattningsbar; skattepliktig; *~ value* taxeringsvärde
ratafia [ˌrætə'fɪə] **1** mandellikör **2** mandelessens **3** mandelbiskvi
ratatat[-tat] [ˌrætə'tæt(tæt)] knack knack, knackning
ratchet ['rætʃɪt] spärr|anordning, -hake; *~ wheel* spärrhjul
1 rate [reɪt] **I** *s* **1** hastighet, fart, takt; frekvens, [an]tal; grad; *birth ~* födelsetal; *growth ~* tillväxttakt; *at the* (*a*) *~ of* med en hastighet av; *at a certain ~* i viss grad (mån); *at the ~ you're going* (*bildl.*) som du håller på, om du fortsätter så här; *at any ~* (*bildl.*) i alla (varje) fall, under alla förhållanden; *at that ~* (*bildl.*) om det förhåller sig så, i så fall **2** kurs; sats; taxa, tariff; pris; värde; *~* [*of interest*] ränta, ränte|sats, -fot; *~ of exchange* växelkurs; *at the ~ of* till (för) ett pris av **3** *~s* (*pl*) skatt till kommunal myndighet, kommunala skatter (avgifter) **4** klass, rang **II** *v* **1** uppskatta, beräkna, värdera, taxera (*at* till), bedöma; klassificera; räkna; gilla; *~ s.b. among* räkna ngn bland (till); *how do you ~ these results?* hur bedömer du (vad anser du om) de här resultaten? **2** beskatta (*kommunalt*), taxera **3** förtjäna; vara värd; vara berättigad till **4** räknas, anses, betraktas (*as* som)
2 rate [reɪt] skälla ut
rateable ['reɪtəbl] *se ratable* **ratepayer** [-ˌpe(ɪ)ə] [kommunal]skattebetalare
rather ['rɑ:ðə] **1** ganska, rätt, tämligen; *I'm in ~ a hurry* jag har faktiskt ganska bråttom; *I ~ think that is the case* jag tycker faktiskt att det är så **2** hellre, helst, snarare; *I would ~ not say* jag vill helst inte säga det; *I'd ~ be sailing* jag skulle hellre vilja vara ute och segla; *or ~* eller rättare sagt; *~ you* (*him etc.*) *than me!* jag är glad det inte är jag! **3** (*som svar*) ja (jo) visst, absolut
rati|fication [ˌrætɪfɪ'keɪʃn] ratificering, stadfästelse, bekräftelse **-fy** [-faɪ] ratificera, stadfästa, bekräfta
rating ['reɪtɪŋ] **1** värdering; uppskattning; *~s* (*pl, TV., radio.*) tittar-, lyssnar|siffror **2** [kommunal] taxering; kommunalskatt **3** klassificering; *sjö.* klass **4** [tjänste]grad **5** *sjömil.* menig, matros; *~s* (*pl*) manskap, meniga **6** *tekn.* data; *octane ~* oktantal
ratio ['reɪʃɪəʊ] förhållande, proportion
ratioci|nate [ˌrætɪ'ɒsɪneɪt] tänka (resonera) logiskt **-nation** [ˌrætɪɒsɪ'neɪʃn] logiskt tänkande (resonemang)
ration ['ræʃn] **I** *s* ranson, tilldelning; dos, [an]del; *~s* (*pl, äv.*) mat[ransoner]; *iron ~s* nöd-, reserv|proviant **II** *v* **1** ransonera **2** *i sht mil.*, *~* [*out*] dela ut [ransoner] **3** *~ s.b. to s.th.* ge ngn en ranson av ngt
rational ['ræʃənl] rationell; förståndsmässig; förnuftig, praktiskt ändamålsenlig **rationale** [ˌræʃə'nɑ:l] logisk grund
rational|ism ['ræʃn̩əlɪz(ə)m] rationalism **-ist** [-ɪst] rationalist **-istic** [ˌræʃn̩ə'lɪstɪk] rationalistisk
ration|alization (*BE. äv. -alisation*) [ˌræʃn̩əlaɪ'zeɪʃn] rationalisering **-alize** (*BE. äv. -alise*) ['ræʃn̩əlaɪz] rationalisera
ration book ['ræʃnbʊk] ransonerings|häfte, -kuponger
Ratisbon ['rætɪzbɒn] Regensburg
rat race ['rætreɪs] karriär|jakt, -lopp, hård konkurrens **ratsbane** [-sbeɪn] råttgift
rat-tat ['rætˌtæt] knack knack, knackning
rattle ['rætl] **I** *v* **1** skallra, skramla; rassla; knattra; klirra **2** *~* [*on, along*] pladdra (prata) på **3** skramla (skallra, rassla, klirra) med; skaka **4** *vard.* göra nervös, irritera, störa **5** *~ off* (*out*) *a*) rabbla upp, *b*) spotta fram; *~ through* skynda sig (dra) igenom **II** *s* **1** skallra, skramla; *red ~* (*bot.*) kärrspira **2** skallrande, skrammel; rassel; knatter; klirr **3** pladder **-snake** *zool.* skallerorm
rattling ['rætlɪŋ] **1** skallrande *etc., jfr rattle I* **2** *vard.* hejdundrande; *~* [*good*] finfin, jättebra
rattrap ['rættræp] råttfälla
ratty ['rætɪ] *vard.* **1** *BE.* knarrig, vresig, irriterad

2 (*om hår*) ovårdad, stripig **3** *AE.* sjabbig, vanvårdad
raucous ['rɔ:kəs] hes, skrovlig
ravage ['rævɪdʒ] **I** *v* ödelägga, hemsöka, förhärja, plundra; härja **II** *s* ödeläggelse; härjning; *the ~ of time* tidens härjningar (tand)
R.A.V.C. *förk. för Royal Army Veterinary Corps*
rave [reɪv] **I** *v* **1** rasa, gorma **2** (*om vind, hav*) rasa, dåna **3** *vard., ~ over* tala med hänförelse om, vurma för **4** *vard., ~ it up* slå runt, festa om **II** *s* **1** *vard.* fantastiskt lovord, entusiastiskt beröm **2** *BE. sl.* party **3** *BE. sl.* fluga, vurm; *the latest ~* sista skriket **III** *a* entusiastisk, berömmande
ravel ['rævl] **I** *v* **1** trassla till (ihop) **2** *~ [out]* repa (trassla, riva) upp, *bildl.* reda ut **3** trassla till (ihop) sig **4** *~ [out]* repas (trasslas, rivas) upp **II** *s* oreda, trassel
raven ['reɪvn] **I** *s, zool.* korp **II** *a* korpsvart
ravenous ['rævənəs] **1** rov|girig, -lysten **2** *vard.* utsvulten, hungrig som en varg; glupsk
raver ['reɪvə] *BE. vard.* person som håller i gång, festprisse **rave-up** *BE. vard.* party, hålligång
ravine [rə'vi:n] ravin, klyfta, hålväg
raving ['reɪvɪŋ] **I** *a* **1** yrande; förvirrad **2** *vard.* fantastisk, strålande **II** *adv* fullständigt, komplett; *~ mad* spritt språngande galen
ravioli [ˌrævɪ'əʊlɪ] *kokk.* ravioli
ravish ['rævɪʃ] **1** *litt.* hänföra, hänrycka; *~ed by* (*with*) hänförd av (över) **2** *åld.* våldföra sig på, våldta; röva (föra) bort **-ing** [-ɪŋ] hänförande, förtjusande
raw [rɔ:] **I** *a* **1** rå, okokt **2** rå; obearbetad; oraffinerad; *~ data* obearbetade uppgifter; *~ material a*) råmaterial, *b*) råvara; *~ silk* råsiden **3** öm, hudlös, sårig, svidande **4** oövad, oerfaren, otränad, omogen **5** realistisk, osminkad **6** (*om väder*) rå, ruskig, gråkall **7** *i sht AE.* grov, vulgär, rå, tarvlig **8** *vard., give s.b. a ~ deal* behandla ngn orättvist **II** *s* **1** *BE. vard., touch s.b. on the ~* röra vid ngns ömma punkt **2** *in the ~* (*vard.*) näck, naken; *life in the ~* det osminkade livet **-boned** ['rɔ:bəʊnd] mager, knotig **-hide** ['rɔ:haid] **1** ogarvat läder **2** piska (rep) av ogarvat läder
1 ray [reɪ] stråle; *a ~ of hope* en strimma hopp
2 ray [reɪ] *zool.* rocka
rayon ['reɪɒn] rayon[silke, -ull]
raze [reɪz] *v, ~ [to the ground]* rasera, jämna med marken, utplåna
razor ['reɪzə] rak|kniv, -hyvel, -apparat; *electric ~* elektrisk rakapparat; *~'s edge, se razor-edge* **razorback** *zool.* fenval **razorbill** *zool.* tordmule **razorblade** rakblad **razor-edge** [-redʒ] rakbladsegg; *be on a ~* vara i ett kritiskt läge (svår situation), balansera på en knivsegg **razor-sharp** knivskarp, rakbladsvass
razzle[-dazzle] ['ræzl(ˌdæzl)] *s, vard. be (go) on the ~* vara ute och festa (rumla) [om]
R.C. *förk. för Red Cross; Reserve Corps; Roman Catholic* **r.c.** *förk. för reinforced concrete* **R.C.A.** *förk. för Radio Corporation of America; Royal Canadian Academy; Royal College of Art* **R.C.A.F.** *förk. för Royal Canadian Air Force* **rcd.** *förk. för received* **R.C.M.** *förk. för Royal College of Music* **R.C.M.P.** *förk. för Royal Canadian Mounted Police* **R.C.N.** *förk. för Royal Canadian Navy* **Rd.** *förk. för road* **rd.** *förk. för* (*on cheque*) *refer to drawer; rendered; road; round* **R.D.** *förk. för* (*on cheque*) *refer to drawer*
1 re [ri:] beträffande, rörande
2 re [reɪ] *mus.* re
're [-ə] = *are* (*we're, you're, they're*)
R.E. *förk. för Reformed Episcopal; Religious Education; Right Excellent; Royal Engineers*
reach [ri:tʃ] **I** *v* **1** nå [fram till, upp till], komma åt, komma [fram] till, anlända till, hinna [fram] till; *~ an agreement* nå (komma fram till) en överenskommelse; *~ home* komma hem; *~ s.b. by phone* nå (få tag i) ngn på telefon **2** ge, räcka **3** sträcka; *~ out one's hand for s.th.* sträcka ut (fram) handen efter ngt **4** nå, räcka; *as far as the eye can ~* så långt ögat når **5** sträcka (breda) ut sig **6** *~ [out] for* sträcka sig efter **II** *s* **1** räckande, sträckande; *make a ~ for* sträcka sig (sträcka ut handen) efter **2** räck|håll, -vidd; utsträckning; omfång; [fattnings]förmåga; *this is beyond her ~* det går över hennes horisont; *out of ~* utom räckhåll, oåtkomlig (*of s.b.* för ngn); *within ~* inom räckhåll, åtkomlig (*of s.b.* för ngn); *within easy ~ of the woods* i omedelbar närhet av (på bekvämt avstånd från) skogen **3** sträcka
reachable ['ri:tʃəbl] åtkomlig, tillgänglig; inom räckhåll **reach-me-down** [-mɪdaʊn] *se hand-me-down*
react [rɪ'ækt] **1** reagera (*to* för, på; *against* mot) **2** *~ [up]on* återverka (inverka) på **3** *kem.* reagera (*with* med) **reaction** [rɪ'ækʃn] **1** reaktion (*to* på; *against* mot; *towards* inför, mot) **2** *polit., kem.* reaktion **reactionary** [rɪ'ækʃn̩ərɪ] **I** *a* reaktionär, bakåtsträvande **II** *s* reaktionär, bakåtsträvare
reac|tivate [rɪ'æktɪveɪt] reaktivera **-tivation** [rɪˌæktɪ'veɪʃn] reaktivering **-tive** [rɪ'æktɪv] *fys., kem.* reaktiv **-tor** [rɪ'æktə] reaktor
read I [ri:d] *v* (*read* [red], *read* [red]) **1** läsa, läsa upp, läsa högt (*to s.b.* för ngn); tyda, tolka; studera; *~ law* läsa (studera) juridik; *~ music* läsa noter; *~ a p.'s hand* spå ngn i handen; *for 'sweet' ~ 'sweat'* i stället för 'sweet' skall det stå (läs) 'sweat'; *take s.th. as read* förutsätta att ngt är känt, betrakta ngt som överenskommet (självklart); *~ back* läsa om; *~ s.th. into a text* läsa (lägga) in ngt i en text; *~ out* läsa upp (högt); *~ over* (*through*) läsa igenom; *~ up [on]* läsa 'på, läsa in sig på **2** *~ [off]* läsa av (*mätare*) **3** visa [på], stå på; *the thermometer ~s 38°* termometern visar (står på) 38° **4** läsa (*of, about* om); studera; *~ [aloud]* läsa högt; *~ for the bar* läsa (studera) juridik (till advokat); *~ for an examination* läsa för en tentamen; *~ to s.b. from* läsa [högt] för ngn i (ur) **5** stå [att läsa]; kunna läsas; lyda, låta; *that's how it ~s to me* så fattar jag det **II** [red] *a o. perf. part., be well read* vara beläst **III** [ri:d] *s* läsning, lässtund; *he enjoys a good ~* han tycker om att läsa
read|ability [ˌri:də'bɪlətɪ] läslighet **-able** ['ri:dəbl] **1** läs|lig, -bar **2** läsvärd
reader ['ri:də] **1** läsare; *tekn. äv.* läsapparat **2** uppläsare **3** *BE.* [universitets]lektor, docent **4** [*publisher's*] *~* lektör **5** läsebok **-ship 1** läsekrets **2** *BE.* [universitets]lektorat, docentur
readi|ly ['redɪlɪ] *adv* **1** gärna, [bered]villigt **2** lätt, med lätthet **-ness** [-nɪs] **1** [bered]villighet **2**

snabbhet; lätthet **3** beredskap; *in ~ for* beredd (redo) till
Reading ['redɪŋ]
reading ['ri:dɪŋ] **I** *a* läsande, läs[e]- **II** *s* **1** läsande, läsning; lektyr; *the book is (makes) very interesting ~* boken är mycket intressant [att läsa] **2** uppläsning, recitation **3** tolkning, interpretation, uppfattning **4** beläsenhet; *a woman of wide ~* en mycket beläst kvinna **5** avläsning; mätarställning; *barometer ~* barometerstånd; *the ~ is...* den visar (står på)...; *take a ~* läsa av mätaren (*e.d.*) **6** *parl.* läsning **reading desk** läspulpet **reading lamp** läslampa **reading room** läsesal
readjust [ˌri:əˈdʒʌst] **1** [på nytt] ställa om (ställa in, justera) **2** ~ [*o.s.*] [åter]anpassa sig (*to* till, efter) **-ment** [-mənt] **1** omställning, omjustering **2** [åter]anpassning
read-out ['ri:daʊt] *data.* avläsning
ready ['redɪ] **I** *a* **1** färdig, klar, beredd, redo, i ordning; *~, steady, go!* klara, färdiga, gå!; *he is very ~ at excuses* han har alltid en ursäkt till hands; *~ for action* strids|beredd, -klar; *~ for (to) use* färdig (klar) att använda[s]; *get [o.s.] ~* göra sig klar (i ordning), förbereda sig (*for* för, på) **2** [bered]villig, benägen, snar, ivrig; *be ~ to* (*äv.*) vara nära (på väg, på vippen) att **3** rask, snabb; kvick[tänkt]; *~ wit* slagfärdighet **4** bekväm, lätt, snabb-; *~ reckoner* lathund, räknetabell **5** *~ money* (*vard.*) reda pengar, kontanter; *~ assets* likvida medel **II** *s* **1** *vard., the readies* kontanter [na] **2** *mil., at the ~* skjutklar, i färdigställning
ready|-cooked ['redɪkʊkt] färdiglagad **--made I** *a* färdiggjord; färdigsydd, konfektions-; färdiglagad (*food* mat); *bildl.* färdig[gjord], patent-; *~ solution* patentlösning, färdig lösning **II** *s* färdigsytt (konfektionssytt) plagg
reaffirm [ˌri:əˈfɜ:m] på nytt bekräfta (hävda)
reafforest [ˌri:əˈfɒrɪst] nyplantera med skog
Reagan ['reɪgən]
reagent [ri:ˈeɪdʒ(ə)nt] *kem.* reagens
real [riəl] **I** *a* verklig, riktig, reell, faktisk; äkta; *~ estate (property)* (*jur.*) fast egendom; *~ size* naturlig storlek; *the ~ thing* (*vard.*) den riktiga (genuina) grejen, äkta vara, det enda rätta; *the ~ world* verkligheten, det verkliga livet **II** *adv, AE.* verkligt, riktigt; verkligen **III** *s, vard., for ~* på riktigt
realignment [ˌri:əˈlaɪnmənt] omgruppering, omstrukturering
real|ism ['rɪəlɪz(ə)m] realism **-ist** [-ɪst] realist **-istic** [ˌrɪəˈlɪstɪk] realistisk
reality [rɪˈælətɪ] verklighet, realitet; *in ~ a)* i verkligheten (realiteten), *b)* i själva verket
real|izable (*BE. äv. -isable*) ['rɪəlaɪzəbl] möjlig att förverkliga (realisera); realiserbar **-ization** (*BE. äv. -isation*) [ˌrɪəlaɪˈzeɪʃn] **1** insikt **2** förverkligande, realiserande, genomförande, utförande **3** realiserande, avyttring **-ize** (*BE. äv. -ise*) ['rɪəlaɪz] **1** inse, fatta, förstå **2** förverkliga, realisera, genomföra, utföra; *~ o.s.* förverkliga sig själv; *my worst fears were ~d* mina värsta farhågor besannades **3** realisera, förvandla i reda pengar, avyttra **4** inbringa
really ['rɪəlɪ] *adv* **1** verkligen, faktiskt; i själva verket, egentligen; *~!* nej, vet du (ni) vad! **2** riktigt, verkligt (*bad* dålig)

realm [relm] [kunga]rike; *bildl.* värld
realtor ['rɪəltə] *AE.* fastighetsmäklare **realty** [-ɪ] *jur.* fast egendom
ream [ri:m] **1** ris (*papper*) **2** *vard., ~s of poetry* massor med poesi
reap [ri:p] skära, meja (*corn* säd); skörda (*äv. bildl.*) **-er** ['ri:pə] **1** skörde|arbetare, -man; *the grim ~* liemannen **2** skördemaskin **-ing-hook** ['ri:pɪŋhʊk] skära **-ing-machine** ['ri:pɪŋməˌʃi:n] skördemaskin
reappear [ˌri:əˈpɪə] visa sig igen (på nytt), uppträda på nytt **-ance** [-r(ə)ns] återuppträdande
reappraisal [ˌri:əˈpreɪzl] omprövning
1 rear [rɪə] **I** *s* **1** bakre del; bakdel; baksida; *in (at) the ~ of* bakom, på baksidan av, i slutet av; *bring (take) up the ~* bilda eftertrupp **2** *vard.* bak, ända, rumpa **II** *a* bak-, bakre; *~ wheel* bakhjul
2 rear ['rɪə] **I** *v* **1** uppfostra **2** föda upp; odla **3** resa (*a ladder* en stege; *a building* en byggnad); *the horse ~ed its legs* hästen stegrade sig; *racialism ~ed its ugly head* racismen stack upp sitt otäcka huvud **4** *~ [up]* resa sig, stegra sig
rear admiral [ˌrɪəˈædm(ə)r(ə)l] *sjö.* konteramiral **rearguard** ['rɪəgɑ:d] eftertrupp, arriärgarde **rear light** ['rɪəlaɪt] baklykta
rearm [ˌri:ˈɑ:m] [åter]upprusta **rearmament** [rɪˈɑ:məmənt] [åter]upprustning
rearmost ['rɪəməʊst] bakerst, längst bak; sist
rearrange [ˌri:əˈreɪn(d)ʒ] ordna (arrangera, placera) om; bestämma ny tid för; *~ the furniture* möblera om
rear view ['rɪəvju:] *a, ~ mirror* backspegel
reason ['ri:zn] **I** *s* **1** anledning, grund, orsak, skäl (*for* till, för); *by ~ of* på grund av; *the ~ why (that)* anledningen (orsaken, skälet) till att; *for some ~* av ngn anledning; *for ~s best known to herself she has* av ngn outgrundlig anledning har hon; *all the more ~ to do it* så mycket större anledning att göra det; *I have every ~ to* jag har all anledning att **2** förstånd; förnuft; reson, rimlighet, fog; *with (in all) ~* med all rätt, med rätta; *lose one's ~* förlora förståndet; *listen to ~* ta reson; *that stands to ~* det är [själv]klart; *do anything within ~* göra allt inom rimliga gränser (man kan begära) **II** *v* **1** resonera; *~ out a)* sluta sig till, tänka ut (igenom), *b)* resonera igenom **2** *~ s.b. into doing s.th.* övertala (förmå) ngn [till] att göra ngt **3** resonera (tänka, tala) logiskt (förnuftigt); dra slutsatser; resonera, diskutera; *~ with s.b.* (*äv.*) tala förstånd med ngn
reason|able ['ri:zn̩əbl] **1** förnuftig, förståndig; resonabel **2** skälig, rimlig; tämligen bra (stor *e.d.*), hygglig **-ably** [-əblɪ] *adv* **1** förnuftigt, förståndigt; resonabelt **2** skäligt, rimligt; tämligen, ganska **-ing** [-ɪŋ] resonerande, resonemang; tankegång, argument
reassemble [ˌri:əˈsembl] **1** sätta ihop igen **2** åter samla[s]
reassess [ˌri:əˈses] ompröva; omvärdera
reassurance [ˌri:əˈʃʊər(ə)ns] uppmuntran, tröst; tillförsikt **reassure** [ˌri:əˈʃʊə] uppmuntra, trösta, lugna **reassuring** [ˌri:əˈʃʊərɪŋ] lugnande
rebate ['ri:beɪt] rabatt, avdrag; återbäring; *tax ~* skatteåterbäring
rebel I *s* ['rebl] rebell, upprors|man, -makare **II** *a*

[ˈrebl] rebell-, rebellisk, upprors-, upprorisk; ~ *leader* rebelledare, upprorsledare **III** *v* [rɪˈbel] göra uppror, resa sig, rebellera **rebellion** [rɪˈbeljən] uppror; revolt; *rise in* ~ göra uppror **rebellious** [rɪˈbeljəs] **1** upprorisk, rebellisk **2** motspänstig

rebirth [ˌri:ˈbɜ:θ] pånyttfödelse, förnyelse; återupplivande

reborn [ˌri:ˈbɔ:n] pånyttfödd, förnyad; återupplivad

rebound I *v* [rɪˈbaʊnd] studsa tillbaka; *mil.* rikoschettera, *bildl.* slå slint; ~ *on s.b.* ha återverkningar (falla tillbaka) på ngn **I** *s* [ˈri:baʊnd] återstudsning, studs; *on the* ~ som reaktion, på rekylen; *she married him on the* ~ hon gifte sig med honom innan hon hämtat sig från sitt tidigare misslyckade förhållande

rebuff [rɪˈbʌf] **I** *v* avvisa; snäsa av **II** *s* avvisande; avsnäsning, avslag; bakslag

rebuild [ˌri:ˈbɪld] (*rebuilt, rebuilt*) återuppbygga; bygga om

rebuke [rɪˈbju:k] **I** *v* tillrättavisa, klandra **II** *s* tillrättavisning, klander

rebus [ˈri:bəs] rebus

rebut [rɪˈbʌt] motbevisa, vederlägga **rebuttal** [-l] motbevis, vederläggning

rec [rek] *vard. för recreation*

rec. *förk. för receipt; recipe; record; recorder*

recalci|trance [rɪˈkælsɪtr(ə)ns] motspänstighet, motsträvighet **-trant I** *a* motspänstig, motsträvig **II** *s* motspänstig (motsträvig) person

recall [riˈkɔ:l] **I** *v* **1** återkalla; kalla hem (tillbaka); *mil.* [åter]inkalla **2** erinra sig, minnas, komma ihåg; *I* ~ *seeing her* jag kommer ihåg att jag såg (har sett) henne **II** *s* **1** återkallande; hemkallande; *beyond* ~ oåterkallelig **2** minne, hågkomst

recant [rɪˈkænt] ta tillbaka, återkalla; avsvärja sig **recantation** [ˌri:kænˈteɪʃn] åter|tagande, -kallelse; avsvärjelse

1 recap [ˈri:kæp] *vard. för recapitulation, recapitulate*

2 recap [ˈri:kæp] *AE.* **I** *v* regummera (*tires* däck) **II** *s* regummerat däck

recapitu|late [ˌri:kəˈpɪtjʊleɪt] rekapitulera, i korthet återupprepa **-lation** [ˈri:kəˌpɪtjʊˈleɪʃn] **1** rekapitulering, återupprepande **2** *mus.* repris

recapture [ˌri:ˈkæptʃə] **I** *v* **1** återta, återerövra **2** åter infånga **3** dra sig till minnes, frambesvärja **II** *s* **1** återtagande, återerövring **2** infångande **3** frambesvärjande

recast [ˌri:ˈkɑ:st] (*recast, recast*) **1** stöpa (gjuta) om; *bildl.* ombilda, omarbeta **2** *teat., film.* nybesätta (*part* roll)

recd. *förk. för received*

recede [rɪˈsi:d] **1** gå (dra sig) tillbaka, vika; *receding forehead* sluttande panna; *his hair is receding* han börjar bli tunnhårig i pannan; ~ *from* undandra sig, frångå **2** minska; avlägsna sig

receipt [rɪˈsi:t] **1** kvitto (*for* på) **2** ~*s* (*pl*) intäkter **3** mottagande; *on* ~ *of* vid mottagande av; *acknowledge* ~ *of* bekräfta mottagandet av; *be in* ~ *of* ha mottagit

receive [rɪˈsi:v] **1** ta emot, motta[ga], få, erhålla, uppbära; [*payment*] ~*d* [betalt] kvitteras; ~ *stolen goods* ta emot stöldgods, göra sig skyldig till häleri **2** lida, utstå **3** ta in (upp) [som medlem] (*into* i) **4** anta[ga], erkänna **5** ha mottagning, ta emot **6** *i sht BE.* göra sig skyldig till häleri **received** [-d] *a o. perf. part.* mottagen (*etc., jfr receive*); vedertagen; *R~ Pronunciation* (*språkv.*) vedertaget uttal (*av brittisk engelska*) **receiver** [-ə] **1** mottagare **2** [telefon]lur; [radio-, TV-]-mottagare **3** *jur.* konkursförvaltare, god man **4** hälare

recency [ˈri:snsɪ] nyhet

recension [rɪˈsenʃn] reviderad utgåva

recent [ˈri:snt] ny, färsk; nyligen inträffad; *in* ~ *times* under (på) senare tid **-ly** [-lɪ] *adv* nyligen, på senaste (sista) tiden; *as* ~ *as* så sent som; *it's only quite* ~ *that* det är först på allra senaste tiden som

receptacle [rɪˈseptəkl] förvaringskärl, behållare

reception [rɪˈsepʃn] **1** mottagande; mottagning; (*på hotell e.d.*) reception; *radio.* mottagning, mottagningssförhållanden **2** upptagande **3** *BE. skol.* första förberedande **reception centre** upptagningshem **reception class** *BE. skol.* första förberedande **reception desk** (*på hotell*) reception[sdisk] **receptionist** [rɪˈsepʃənɪst] receptionist; kundmottagare; mottagningssköterska **reception room** [rɪˈsepʃnrʊm] sällskapsrum

recep|tive [rɪˈseptɪv] receptiv, mottaglig (*to* för) **-tivity** [ˌresepˈtɪvətɪ] receptivitet, mottaglighet

recess [rɪˈses] **1** (*parlaments, domstols*) uppehåll, ferier; *AE.* lov, ferier **2** alkov; nisch; inskärning, fördjupning; *bildl.* vrå, skrymsle **recession** [rɪˈseʃn] **1** återgång **2** *ekon.* recession, avmattning, konjunkturnedgång **recessive** [rɪˈsesɪv] *biol.* recessiv, vikande

recharge [ˌri:ˈtʃɑ:dʒ] *elektr.* ladda [om] **-able** [-əbl] *elektr.* uppladdningsbar

recherché [rəˈʃeəʃeɪ] sofistikerad, sökt

recidivist [rɪˈsɪdɪvɪst] återfallsförbrytare

recipe [ˈresɪpɪ] *kokk., bildl.* recept (*for* på)

recipient [rɪˈsɪpɪənt] mottagare

reciprocal [rɪˈsɪprəkl] **1** ömsesidig **2** *språkv.* reciprok **reciprocate** [-keɪt] **1** återgälda, besvara; revanschera sig för **2** *fack.* röra sig fram och tillbaka **3** revanschera sig, samverka **reciprocation** [rɪˌsɪprəˈkeɪʃn] **1** återgäldande, besvarande **2** rörelse fram och tillbaka, växelverkan **reciprocity** [ˌresɪˈprɒsətɪ] ömsesidighet, växelverkan

recital [rɪˈsaɪtl] **1** *mus.* [solist]framträdande **2** recitation, uppläsning **3** detaljerad redogörelse (*of* för) **recitation** [ˌresɪˈteɪʃn] **1** recitation, uppläsning **2** reciterat stycke **recitative** [ˌresɪtəˈti:v] *mus.* recitativ **recite** [rɪˈsaɪt] **1** recitera, läsa upp, deklamera **2** ge en detaljerad redogörelse för **3** räkna upp **reciter** [rɪˈsaɪtə] recitatör, uppläsare

reckless [ˈreklɪs] hänsynslös; vårdslös, oansvarig, lättsinnig; våghalsig

reckon [ˈrek(ə)n] **1** räkna; räkna ut, beräkna, uppskatta, bedöma; ~ *among* (*with*) räkna bland (till); ~ *in* räkna in (med), inkludera; ~ *up a*) räkna ihop (samman), *b*) räkna upp **2** räkna, anse; *she is ~ed a beautiful girl* hon anses vara en vacker flicka **3** *vard.* tycka, anse, tro **4** räkna med, anta[ga], förmoda **5** räkna; ~ [*up*]*on a*)

räkna med, *b*) räkna på; ~ *with a*) räkna med, *b*) göra upp [räkningen] med; ~ *without* inte räkna med, göra upp räkningen utan **6** räkna, uppgå till **7** räknas (*among* bland, till) **reckoner** ['rekṇə] *s, ready* ~ lathund, räknetabell **reckoning** ['rekṇıŋ] **1** räkning, räknande; uträkning, beräkning; räkenskap; *the day of* ~ räkenskapens dag; *dead* ~ (*sjö.*) död räkning; *be out in one's* ~ ha räknat fel **2** räkning, nota
reclaim [rı'kleım] **I** *v* **1** reklamera, fordra (kräva) tillbaka **2** odla upp; *~ed land* uppodlad mark **3** återvinna (*avfall e.d.*) **4** *åld.* reformera, omvända **II** *s* **1** reklamering; *luggage* ~ bagageutlämning **2** *beyond* (*past*) ~ oförbätterlig **reclamation** [ˌreklə'meıʃn] uppodling; återvinning (*av avfall e.d.*)
recline [rı'klaın] **1** luta sig bakåt (tillbaka); vila; kunna fällas bakåt; *reclining* tillbakalutad; *reclining chair* vilstol **2** fälla bakåt **3** vila, luta [tillbaka] **recliner** [-ə] vilstol
recluse [rı'klu:s] enstöring, eremit
recog|nition [ˌrekəg'nıʃn] **1** igenkännande; *beyond* (*out of all*) ~ till oigenkännlighet, oigenkännlig **2** erkännande; erkänsla; *in ~ of* som ett erkännande av **-nizable** (*BE. äv. -nisable*) ['rekəgnaızəbl] igenkännlig **-nizance** (*BE. äv. -nisance*) [rı'kɒgnız(ə)ns] *jur.* **1** förbindelse; ställande av säkerhet, borgen **2** garanti-, borgens|summa **-nize** (*BE. äv. -nise*) ['rekəgnaız] **1** känna igen (*by the voice* på rösten); kännas vid **2** erkänna; inse (*the necessity of* nödvändigheten av); visa sin erkänsla för
recoil I *v* [rı'kɔıl] **1** rygga [tillbaka] (*from* för) **2** rekylera; studsa tillbaka; *bildl.* återfalla, falla tillbaka (*on* på) **II** *s* ['ri:kɔıl] **1** [tillbaka]ryggande **2** rekyl; återstuds **-less** [rı'kɒıllıs] rekylfri
recol|lect [ˌrekə'lekt] erinra sig, komma ihåg, minnas, påminna sig **-lection** [-'lekʃn] erinring, hågkomst, minne; *to the best of my ~s* såvitt jag kan erinra mig (minnas)
recombi|nant [ri:'kɒmbınənt] hybrid- **-nation** [ˌri:kɒmbı'neıʃn] hybridisering
recommence [ˌrikə'mens] börja på nytt
recom|mend [ˌrekə'mend] **1** rekommendera, förorda; *~ed price* rekommenderat pris, cirkapris **2** tillråda, tillstyrka **3** göra attraktiv (uppskattad); *this hotel has much to ~ it* det är mycket som talar för det här hotellet **4** *åld.* anbefalla, anförtro (*to* åt) **-mendable** [-əbl] rekommendabel, värd att förorda, tillrådlig **-mendation** [ˌrekəmen'deıʃn] rekommendation, förordande; *on the ~ of* på rekommendation av
recompense ['rekəmpens] **I** *v* **1** kompensera, ersätta, gottgöra **II** *s* kompensation, ersättning, gottgörelse
recon|cilable ['rekənsaıləbl] **1** försonlig **2** förenlig **-cile** [-saıl] **1** försona, förlika; ~ *o.s. to, be* (*become, grow*) *~d to* försona (förlika) sig med, finna sig i; *I am ~d with him* jag har försonats med honom **2** bilägga (*tvist e.d.*) **3** förena, få att gå ihop **-ciliation** [ˌrekənsılı'eıʃn] **1** försoning, förlikning **2** uppgörelse **3** sammanjämkning
recondite [rı'kɒndaıt] dunkel, svårfattlig
recondition [ˌri:kən'dıʃn] reparera, renovera, rusta upp
reconnaissance [rı'kɒnıs(ə)ns] spaning, rekognoscering, sondering
reconnoitre [ˌrekə'nɔıtə] spana, rekognoscera, sondera
reconsider [ˌri:kən'sıdə] ompröva, överväga på nytt, ta under omprövning **-ation** ['ri:kənˌsıdə'reıʃn] omprövning, förnyat övervägande
recon|struct [ˌri:kən'strʌkt] rekonstruera; återuppbygga; ombilda **-struction** [-'strʌkʃn] rekonstruktion; återuppbyggande; återuppbyggnad; ombildning
record I *v* [rı'kɔ:d] **1** uppteckna, skriva ner, bevara (*skriftligt*); dokumentera; [in]registrera; protokollföra; föra protokoll vid; återge, förtälja; *send a letter ~ed delivery* (*ung.*) skicka ett brev med begäran om mottagningsbevis; *in all ~ed history* under historisk tid **2** spela in, banda, ta upp **3** visa, stå på, registrera **II** *s* ['rekɔ:d] **1** uppteckning; förteckning, register; dokument, urkund; protokoll; redogörelse, vittnesbörd; dokumentation; *~s* (*pl, äv.*) arkiv; *for the* ~ för ordningens skull, för att undvika missförstånd; *off the* ~ *a*) inofficiell, konfidentiell, *b*) utanför protokollet; *on* ~ belagd, bevisad, dokumenterad, känd; *the greatest boxer on* ~ den största boxare som [någonsin] funnits; *you are* (*go*) *on* ~ *as saying that* du har offentligt deklarerat att; *there is no ~ of his having said it* det finns inga bevis (belägg) för (på) att han har sagt det **2** (*persons*) förflutet; meriter, prestationer; förutsättningar; meritlista; vitsord; rykte; *clean* ~ fläckfritt förflutet; *have a* ~ finnas i polisregistret, vara straffad tidigare **3** [grammofon]skiva, platta; inspelning, upptagning **4** rekord; *Olympic* ~ olympiskt rekord; *break the* ~ slå rekord [et] (*for the long jump* i längdhopp); *hold the ~ for* [inne]ha rekordet i **III** *a* ['rekɔ:d] rekord-; ~ *time* rekordtid
record|er [rı'kɔ:də] **1** registrator; inspelnings-, registrerings|apparat; bandspelare **2** blockflöjt **3** (*i England o. Wales*) domare (*i Crown Court*) **-ing** [-ıŋ] **I** *s* registrering; inspelning **II** *a* registrerings-; inspelnings-; ~ *studio* inspelningsstudio
record-player ['rekɔ:dˌple(ı)ə] skivspelare
recount I *v* **1** [rı'kaʊnt] relatera, berätta, skildra **2** [ˌri:'kaʊnt] räkna om **II** *s* ['ri:kaʊnt] omräkning
recoup [rı'ku:p] **1** *jur.* hålla inne **2** ersätta, gottgöra
recourse [rı'kɔ:s] tillflykt; *have ~ to* tillgripa, ta sin tillflykt till; *without ~ to* utan hjälp av (tillgång till)
recover [rı'kʌvə] **I** *v* **1** åter|vinna, -få **2** tillfriskna; [åter]hämta sig; *she has* (*is*) *fully ~ed* hon är helt återställd **3** *jur.* återfå (*genom domstolsutslag*), bli tilldömd
re-cover [ˌri:'kʌvə] **1** åter täcka **2** klä om (*möbler*), sätta nytt överdrag på
recovery [rı'kʌvərı] **1** åter|vinnande, -fående **2** tillfrisknande; återhämtning; *she is beyond* (*past*) ~ hon är obotligt sjuk (står inte att rädda)
recreant ['rekrıənt] *åld.* **I** *a* **1** feg **2** trolös **II** *s* **1** pultron **2** trolös person
re-create [ˌri:krı'eıt] skapa på nytt, återskapa; återuppliva
recreation [ˌrekrı'eıʃn] **1** rekreation, förströelse; aktivitet, tidsfördriv **2** *skol.* rast
re-creation [ˌri:krı'eıʃn] återskapande; återupp-

R

livande
recreation ground [ˌrekrɪ'eɪʃngraʊnd] lek|-plats, -park
recrimi|nation [rɪˌkrɪmɪ'neɪʃn] mot|anklagelse, -beskyllning **-natory** [rɪ'krɪmɪnət(ə)rɪ] motbeskyllnings-, motanklagelse-
recru|desce [ˌri:kru:'des] bryta ut igen **-descence** [-'desns] förnyat utbrott
recruit [rɪ'kru:t] **I** *s* ny medlem; rekryt **II** *v* **1** rekrytera, värva; värva som rekryter (medlemmar) **2** förnya, stärka **-ment** [-mənt] rekrytering, värvning
rect. *förk. för receipt*; *rector*; *rectory*
rectan|gle ['rekˌtæŋgl] rektangel **-gular** [rek'tæŋgjʊlə] rektangulär
rectify ['rektɪfaɪ] rätta [till]
rectiline|al, -ar [ˌrektɪ'lɪnɪ|əl, -ə] rätlin[j]ig
rectitude ['rektɪtju:d] rättskaffenhet
rector ['rektə] **1** kyrkoherde **2** [universitets]rektor; *Sk.* studentrepresentant (*i universitetsstyrelse*) **rectorship** [-ʃɪp] **1** kyrkoherdebefattning **2** rektorat **rectory** ['rekt(ə)rɪ] kyrkoherdeboställe, prästgård
rec|tum ['rektəm] (*pl -tums el. -ta* [-tə]) *anat.* rectum, ändtarm
recumbent [rɪ'kʌmbənt] *litt.* liggande, vilande; *be* ~ ligga
recuper|ate [rɪ'kju:p(ə)reɪt] **1** [åter]hämta sig **2** åter|vinna, -få **-ation** [rɪˌkju:pə'reɪʃn] återhämtning; konvalescens **-ive** [-rətɪv] återställande, stärkande
recur [rɪ'kɜ:] återkomma; upprepas; *a ~ring problem* ett återkommande problem **-rence** [rɪ'kʌr(ə)ns] åter|kommande, -komst; upprep|ande, -ning **-rent** [rɪ'kʌr(ə)nt] återkommande
recycle [ˌri:'saɪkl] åter|använda, -vinna; *~d paper* returpapper
red [red] **I** *a* röd (*äv. polit.*); ~ *ant* rödmyra; *not have a ~ cent* (*AE. vard.*) inte ha ett rött öre; ~ *clover* rödklöver; *the R~ Cross* Röda korset; ~ *currants* röda vinbär; ~ *deer* kronhjort; *the R~ Ensign* brittiska handelsflaggan; ~ *fox* rödräv; ~ *herring a*) rökt sill, *b*) villospår, avledande manöver; *R~ Indian* indian; ~ *lead* [bly]mönja; *see the ~ light* (*bildl.*) märka faran; ~ *pepper* röd-, cayenne|peppar, paprika[pulver]; *the R~ Sea* Röda havet; ~ *tape* (*bildl.*) byråkrati **II** *adv* rött; *see* ~ se rött **III** *s* **1** rött; röd färg; *be in the* ~ (*vard.*) vara skuldsatt; *on* ~ vid rött ljus; *get out of the* ~ (*vard.*) bli skuldfri **2** *polit.* röd
red. *förk. för reduce*[*d*]
red|bait ['redbeɪt] *AE.* beskylla för kommunistsympatier **--blooded** [ˌred'blʌdɪd] *vard.* kraftfull, viril
red|breast ['redbrest] *zool.* rödhake **-brick** *a,* ~ *university* nyare universitet (*t. skillnad från Oxford o. Cambridge*) **-cap 1** *BE. vard.* militärpolis **2** *AE.* bärare, stadsbud **3** *zool.* steglits **-coat** (*förr*) brittisk soldat, rödrock **-den** ['redn] **1** färga röd **2** rodna, bli röd **-dish** [-ɪʃ] rödaktig
redecorate [ˌri:'dekəreɪt] måla om, tapetsera om, reparera
redeem [rɪ'di:m] **1** sona; gottgöra; rädda, lätta upp (*the situation* situationen); *~ing feature* försonande drag; ~ *o.s.* rehabilitera sig **2** lösa ut (in); betala; friköpa **3** *relig.* återlösa, frälsa **-er** [-ə] frälsare, befriare; *the R~* Frälsaren (*Kristus*)
redemp|tion [rɪ'dem(p)ʃn] **1** sonande; gottgörelse **2** ut-, in|lösande, inlösen; betalning; friköpande **3** *relig.* återlösning, frälsning **4** *past* (*beyond*) ~ räddningslöst förlorad, hopplös, oförbätterlig **-tive** [-tɪv] *relig.* försonings-, frälsande
redeploy [ˌri:dɪ'plɔɪ] omgruppera, omplacera
redevelop [ˌri:dɪ'veləp] sanera (*slums* slumområden) **-ment** [-mənt] sanering
red|handed [ˌred'hændɪd] *a, catch s.b.* ~ ta ngn på bar gärning **-head** ['redhed] rödhårig person **-headed** [ˌred'hedɪd] rödhårig **--hot** [ˌred'hɒt] rödglödgad, glödhet; [röd]glödande (*äv. bildl.*); *bildl.* pinfärsk
redinte|grate [re'dɪntɪgreɪt] återställa; förnya **-gration** [reˌdɪntɪ'greɪʃn] återställande; förnyelse
redirect [ˌri:dɪ'rekt] **1** ställa om, ändra **2** dirigera om (*traffic* trafik); eftersända (*mail* post)
redis|tribute [ˌri:'dɪstribju:t] omfördela **-tribution** ['ri:ˌdɪstrɪ'bju:ʃn] omfördelning
red|letter [ˌred'letə] *a,* ~ *day* helgdag; bemärkelse-, högtids|dag **--light** *a,* ~ *district* bordellkvarter **-ness** ['rednis] rodnad, röd färg
redo [ˌri:'du:] göra om; *vard.* reparera, måla om, tapetsera om
redo|lence ['redə(ʊ)l(ə)ns] *litt.* vällukt, doft **-lent** *litt.* **1** välluktande, doftande **2** ~ *of* påminnande (som påminner) om
redouble [ˌri:'dʌbl] **1** fördubbla, öka **2** *kortsp.* redubbla **3** fördubblas, öka[s]
redoubt [rɪ'daʊt] *mil.* redutt; *bildl.* högborg, fäste
redoubtable [rɪ'daʊtəbl] fruktad; respektingivande; fruktansvärd, skräckinjagande
redound [rɪ'daʊnd] **1** ~ *to a p.'s credit* lända ngn till heder; ~ *to a p.'s advantage* vara till fördel för ngn **2** återfalla (*on* på)
redpoll ['redpəʊl] *zool.* gråsiska
redress [rɪ'dres] **I** *v* **1** avhjälpa, rätta till, ställa till rätta; återställa (*the balance* balansen) **2** gottgöra **II** *s* **1** avhjälpande; återställande **2** gottgörelse
red|shank ['redʃæŋk] *zool.* rödbena **-skin** *åld.* rödskinn (*indian*) **-start** *zool.* rödstjärt
reduce [rɪ'dju:s] **1** reducera, [för]minska, inskränka, sätta ner, sänka; flytta ner; *on a ~d scale* i förminskad skala; ~ *one's weight* gå ner [i vikt], banta; ~ *to the ranks* degradera till menig **2** försvaga, utmatta; *~d circumstances* små (knappa) omständigheter **3** [hän]föra, föra in (*to* till, under); förvandla, göra, försätta, bringa; tvinga; ~ *to ashes* lägga i (förvandla till) aska; *be ~d to begging* vara tvungen att gå och tigga; ~ *to despair* driva till förtvivlan, göra förtvivlad; ~ *to practice* omsätta i praktiken; ~ *s.b. to tears* få ngn att gråta **4** lägga under sig, kuva, besegra, erövra **5** *mat.* reducera; förkorta (*a fraction* ett bråk); förenkla (*an equation* en ekvation) **6** reduceras, minskas **7** gå ner [i vikt], banta
reducible [rɪ'dju:səbl] reducerbar
reduction [rɪ'dʌkʃn] **1** reducering, reduktion, inskränkning, minskning; sänkning; nedskärning; förenkling; nedsättning, avdrag, rabatt; *sell at a* ~ sälja med rabatt (till nedsatt pris) **2** försättande (*to* i) **3** *mat.* reduktion; förkortning; förenkling

redundancy [rɪ'dʌndənsɪ] **1** överflöd; överskott **2** avskedande, friställande, entledigande; arbetslöshet **redundancy payment** avgångsvederlag **redundant** [-t] **1** överflödig; övertalig; arbetslös, friställd **2** redundant, övertydlig, ordrik (*style* stil)

redupli|cate [rɪ'dju:plɪkeɪt] fördubbla; upprepa; *språkv.* reduplicera **-cation** [rɪˌdju:plɪ'keɪʃn] fördubbling; upprepning; *språkv.* reduplicering

red|wing ['redwɪŋ] *zool.* rödvingetrast **-wood 1** rödved **2** rödvedsträd

re-echo [ri:'ekəʊ] **1** genljuda, eka, återskalla (*with* av) **2** upprepa [som ett eko] **3** återkasta

reed [ri:d] **1** *bot.* vass; vasstrå, vassrör; *litt.* rö; *~s* (*pl, äv.*) takhalm; *a broken ~* (*bildl.*) ett bräckligt rö **2** *mus.* rörblad, tunga; rörflöjt, vasspipa **3** *väv.* [väv]sked **reed mace** ['ri:dmeɪs] *bot.* [bred]kaveldun **reed pipe** *mus.* rörbladsinstrument

re-educate [ˌri:'edjʊkeɪt] omskola

reed warbler ['ri:dˌwɔ:blə] *zool.* rörsångare

reedy ['ri:dɪ] **1** vass|rik, -bevuxen **2** (*om röst*) vass, gäll, pipig

1 reef [ri:f] *sjö.* **I** *s* rev **II** *v* reva

2 reef [ri:f] rev; *coral ~* korallrev

reefer [jacket] ['ri:fəˌdʒækɪt] (*kort*) sjömansjacka

reef knot ['ri:fnɒt] *sjö.* råbandsknop

reek [ri:k] **I** *s* **1** stank, odör, dålig lukt **2** *dial.* rök, ånga **II** *v* **1** stinka (*äv. bildl.*), lukta illa; *~ of whisky* stinka [av] whisky **2** röka, desinficera [genom rökning] **3** *dial.* ryka, ånga (*with* av) **4** *~ with* vimla (myllra, krylla) av

reel [ri:l] **I** *s* **1** rulle, spole; [film]scener **2** haspel; vinda **3** *Sk.* reel (*dans*) **II** *v* **1** *~* [*up*] rulla (haspla, spola, veva) upp (*på rulle*); *~ in a fish* haspla (veva) in en fisk; *~ off a*) rulla (spola) av, *b*) *bildl.* rabbla upp **2** ragla; vackla; snurra [runt], virvla; *my head ~s* det går runt i huvudet på mig

re-elect [ˌri:ɪ'lekt] välja om, återvälja **re-election** [-'lekʃn] omval, återval

reel-to-reel [ˌri:ltə'ri:l] *a, ~ tape recorder* rullbandspelare

re-en|ter [ˌri:'entə] återinträda; komma (resa) in igen **-try** [ri:'entrɪ] återinträde; åter|komst, -inresa

re-establish [ˌri:ɪ'stæblɪʃ] återupprätta; återinföra; återinsätta **-ment** [-mənt] återupprättande; återinförande; återinsättande

reeve [ri:v] *hist.* fogde

re-examine [ˌri:ɪg'zæmɪn] ompröva, pröva (undersöka) på nytt

ref [ref] *vard för referee*

ref. *förk. för referee; reference; reformed* **Ref. Ch.** *förk. för Reformed Church*

refectory [rɪ'fekt(ə)rɪ] (*i kloster, skola*) refektorium, matsal

refer [rɪ'fɜ:] **1** remittera; hänvisa; hänskjuta; *~ a patient to* remittera en patient till **2** *~ to a*) beröra, tala om, nämna, *b*) åsyfta, syfta på, avse, *c*) hänvisa (referera) till, åberopa, *d*) vända sig till, konsultera, gå [tillbaka] till, *e*) gälla, hänföra sig till; *~ring to your letter* åberopande Ert brev; *he ~red his victory to God* han tillskrev Gud sin seger

referee [ˌrefə'ri:] **I** *s* **1** *sport.* domare **2** referens (*person*) **II** *v* fungera som domare [i]

reference ['refr(ə)ns] **I** *s* **1** hänvisning, hänskjutande; åberopande; avseende; *with ~ to* med hänsyn till, angående, beträffande, med anledning av, åberopande; *without ~ to* utan hänsyn till, utan avseende på; *have ~ to* ha avseende på, avse **2** hänvisning[stecken] **3** omnämnande, [hän]syftning, anspelning; hänvändelse; *make ~ to a*) omnämna, beröra, anspela på, *b*) vända sig till, rådfråga **4** referens; [tjänstgörings]betyg **II** *v* **1** förse med hänvisningar **2** hänvisa till **reference book** uppslags|bok, -verk **reference library** [-ˌlaɪbrərɪ] referensbibliotek

referendum [ˌrefə'rendəm] referendum, folkomröstning

refill I *v* [ˌri:'fɪl] åter fylla, fylla på **II** *s* ['ri:fɪl] **1** påfyllning **2** refill, påfyllningsförpackning; patron (*t. kulpenna*)

refine [rɪ'faɪn] **1** raffinera (*oil* olja), rena **2** *~* [*upon*] förfina, förbättra **refined** [-d] **1** raffinerad, renad **2** *bildl.* raffinerad, förfinad, utsökt **refinement** [-mənt] **1** raffinering, rening **2** förfining, förbättring **3** elegans, raffinemang, finess **refinery** [-ərɪ] raffinaderi

refit [ˌri:'fɪt] **I** *v* reparera[s], rusta[s] upp **II** *s* reparation, upprustning

refl. *förk. för reflection; reflective; reflex*[*ive*]

reflate [ˌri:'fleɪt] *ekon.* åstadkomma reflation av (i) **reflation** [ri:'fleɪʃn] *ekon.* reflation **reflationary** [rɪ'fleɪʃn(ə)rɪ] *ekon.* reflations-

reflect [rɪ'flekt] **1** reflektera, åter|kasta, -spegla (*äv. bildl.*); *bildl. äv.* spegla, återge; *~ credit on s.b.* lända ngn till heder **2** reflektera, fundera ([*up*]*on* på) **3** reflekteras, åter|kastas, -speglas ([*up*]*on* på); *~* [*up*]*on* (*bildl. äv.*) falla tillbaka på; *~ badly on* kasta en skugga över **reflection** [-'flekʃn] **1** reflexion; reflektering, återkastning; återspegling; [spegel]bild; återsken; reflex; *a pale ~ of* en svag återspegling av, en skugga av **2** reflexion, eftertanke, betraktelse, fundering; *on ~* vid närmare eftertanke **3** kritik, anmärkning; *a ~ on his honour* en fläck på hans heder; *this is a ~ on his motives* detta kastar en skugga på (över) hans motiv **reflective** [-'flektɪv] **1** tankfull, fundersam **2** reflekterande, återspeglande; *be ~ of* reflektera, återspegla **reflector** [-'flektə] **1** reflektor; reflex[anordning] **2** spegelteleskop

reflex ['ri:flex] **I** *s* reflex; reflexrörelse **II** *a* **1** reflex-; reflekterad; *~ camera* spegelreflexkamera **2** *mat.* övertrubbig (*angle* vinkel) **-ion** [rɪ'flekʃn] *se reflection* **-ive** [rɪ'fleksɪv] *språkv.* **I** *a* reflexiv **II** *s* reflexivt pronomen (verb)

reforest [ˌri:'fɒrɪst] återplantera skog på **reforestation** [-fɒrɪ'steɪʃn] återplantering av skog

reform [rɪ'fɔ:m] **I** *v* **1** reformera, ombilda, förbättra; omvända, få att bättra sig **2** omvända (bättra) sig **II** *s* reform; [för]bättring

re-form [ri:'fɔ:m] omforma[s], ombilda[s]; nybilda[s]

reformation [ˌrefə'meɪʃn] reformation; reformering; [för]bättring; *the R~* reformationen

reformatory [rɪ'fɔ:mət(ə)rɪ] **I** *s* (*förr*) ungdomsvårdsskola **II** *a* reform- **reformed** [-d] reformerad; omvänd (*sinner* syndare); *R~* reformert (*kalvinistisk*) **reformer** [-ə] reformator, reformvän **reform school** *se reformatory I*

refract [rɪ'frækt] *fys.* **1** bryta (*ljus*) **2** (*om ljus*) brytas **refraction** [-'frækʃn] *fys.* refraktion, [ljus]brytning **refractor** [-'fræktə] *fys.* refraktor **refractory** [-'frækt(ə)rɪ] **1** motspänstig, bångstyrig **2** *med.* okänslig, opåverkbar, refraktär **3** *tekn.* värmebeständig

1 refrain [rɪ'freɪn] avstå, avhålla sig; ~ *from* (*from doing*) *s.th.* (*äv.*) låta bli (låta bli att göra) ngt

2 refrain [rɪ'freɪn] refräng, omkväde

refresh [rɪ'freʃ] **1** friska upp, vederkvicka; pigga upp; ~ *o.s.* friska upp sig, pigga upp sig, förfriska (läska) sig; ~ *one's memory* friska upp minnet **2** bättra på, snygga upp, förnya, fylla på **refresher** [-ə] **1** extra advokatarvode **2** förfriskning **refresher course** fortbildningskurs, repetitionskurs **refreshing** [-ɪŋ] uppfriskande, vederkvickande; uppiggande; läskande **refreshment** [-mənt] **1** uppfriskning, vederkvickelse **2** ~*s* (*pl*) förfriskningar

refrig|erate [rɪ'frɪdʒəreɪt] kyla [av]; svalka; frysa [in] **-eration** [-ˌfrɪdʒə'reɪʃn] [av]kylning; [in]frysning **-erator** [-'frɪdʒəreɪtə] kylskåp; kylrum

refuel [ˌri:'fjʊəl] **1** tanka, fylla [på] bränsle **2** *bildl.* ge nytt bränsle (ny fart) åt

refuge ['refju:dʒ] **1** tillflykt; tillflyktsort; skydd; *seek* ~ söka skydd (sin tillflykt); *take* ~ *in* ta sin tillflykt till **2** refuge

refugee [ˌrefjʊ'dʒi:] flykting

refulgent [rɪ'fʌldʒ(ə)nt] *litt.* glänsande, skinande

refund I *v* [ri:'fʌnd] återbetala, betala tillbaka **II** *s* ['ri:fʌnd] återbetalning

refurbish [ˌri:'fɜ:bɪʃ] renovera, rusta upp

refusal [rɪ'fju:zl] vägran; avslag

refuse I *v* [rɪ'fju:z] **1** vägra, neka; förvägra **2** avböja, avvisa, säga nej till, avslå **II** *s* ['refju:s] avfall, avskräde, sopor, skräp, bråte **III** *a* ['refju:s] avfalls-, avskrädes-, sop-, skräp-; ~ *chute* sopnedkast; ~ *collection* sophämtning; ~ *dump* sop|tipp, -hög

refutable ['refjʊtəbl] som kan vederläggas **refutation** [ˌrefju:'teɪʃn] vederläggning; motbevis[ning] **refute** [rɪ'fju:t] vederlägga; motbevisa

Reg [redʒ] *kortform av Reginald*

Reg. *förk. för Regent, Regina* **reg.** *förk. för regiment; register[ed]; registrar; registry; regular[ly]; regulation; regulator*

regain [rɪ'geɪn] **1** återfå, återvinna; ~ *one's footing* återfå fotfästet, *bildl.* åter komma på benen **2** åter nå

regal ['ri:gl] kunglig, konungslig

regale [rɪ'geɪl] traktera, undfägna, regalera (*äv. bildl.*)

regalia [rɪ'geɪljə] *pl* **1** regalier, [kungliga] insignier, värdighetstecken **2** full stass (ståt)

regard [rɪ'gɑ:d] **I** *v* **1** anse, betrakta (*as* som); ~ *s.b. as s.th.* (*äv.*) anse ngn vara ngt; *highly ~ed* högt aktad, uppskattad **2** beträffa, angå, anbelanga, röra; *as ~s* beträffande, vad...beträffar **3** beakta, ta hänsyn till, bry sig om **4** *litt.* betrakta, iaktta[ga] **II** *s* **1** hänsyn; aktning; *without* ~ *to* utan hänsyn till; *have a great* ~ *for s.b.* hysa (ha) stor aktning för ngn; *have little* ~ *for a*) ta föga hänsyn till, *b*) hysa föga aktning för; *pay* ~ *to* ta hänsyn till **2** avseende, hänseende; *in this* ~ i detta avseende (hänseende); *in* (*with*) ~ *to* beträffande, angående, med avseende på, med hänsyn till **3** ~*s* (*pl*) hälsningar; *give my ~s to your mother* hälsa din mamma från mig **4** *litt.* blick

regard|ful [rɪ'gɑ:df(ʊ)l] **1** uppmärksam (*of* på); aktsam (*of* om) **2** hänsynsfull, respektfull **-ing** [-ɪŋ] angående, beträffande, rörande, vad gäller **-less** [-lɪs] **I** *adv* trots allt **II** *prep*, ~ *of* trots, oavsett, obekymrad om

regatta [rɪ'gætə] regatta, kappsegling

regency ['ri:dʒ(ə)nsɪ] **I** *s* regentskap; regeringstid; interimsregering, förmyndarregering; *the R~ a*) regentskapstiden (*i England 1810-20*), *b*) La Régence (*i Frankrike 1715-23*) **II** *a,* ~ *furniture* möbler i georgiansk stil

regen|erate I *v* [rɪ'dʒenəreɪt] **1** pånyttföda[s] **2** *med.* regenerera[s], återbilda[s] **II** *a* [rɪ'dʒenərət] pånyttfödd **-eration** [rɪˌdʒenə'reɪʃn] **1** pånyttfödelse; nydaning **2** *med.* regeneration, återbildning, nybildning

regent ['ri:dʒ(ə)nt] **1** regent, statsöverhuvud **2** *AE.* styrelsemedlem (*vid vissa delstatsuniversitet*)

reggae ['regeɪ] *mus.* reggae (*västindisk musikform*)

Reggie ['redʒɪ] *kortform av Reginald*

regicide ['redʒɪsaɪd] **1** kungamördare **2** kungamord

regime, régime [reɪ'ʒi:m] **1** regim, regering, förvaltning **2** system, ordning **3** *se regimen 1*

regimen ['redʒ(ɪ)men] **1** *med.* regim, levnadsordning, diet; träningsprogram **2** styrelse, administration

regi|ment I *s* ['redʒ(ɪ)mənt] *mil., bildl.* regemente; *bildl. äv.* kompani **II** *v* ['redʒɪment] **1** organisera i regementen **2** reglementera; disciplinera; likrikta **3** gruppera **-mental** [ˌredʒɪ'mentl] regements- **-mentals** [ˌredʒɪ'mentlz] *pl, mil.* [regements]uniform **-mentation** [ˌredʒɪmen'teɪʃn] **1** reglementering; disciplinering; likriktning **2** gruppering

Regina [rɪ'dʒaɪnə] drottningen, kronan

region ['ri:dʒ(ə)n] region; område; trakt; *the ~s* (*äv.*) landsorten, provinsen; *in the* ~ *of five pounds* i närheten av fem pund **-al** ['ri:dʒənl] regional, lokal-

register ['redʒɪstə] **I** *s* **1** register, förteckning; [namn]lista, längd, liggare; *electoral* ~ röstlängd; *parish* ~ kyrkobok **2** registreringsapparat; räkneverk; mätare; *cash* ~ kassa|apparat, -register **3** spjäll; ventil; regulator **4** *mus.* register; omfång; tonläge **5** *boktr., språkv.* register **II** *v* **1** [in]registrera; föra (skriva) in; anteckna; anmäla; protokollföra; ~ *a protest* lägga in en protest; *~ed childminder* (*ung.*) kommunal dagmamma **2** registrera, lägga märke till, lägga på minnet **3** (*om instrument*) registrera, visa [på] **4** uttrycka, visa **5** *post.* rekommendera; *järnv.* pollettera **6** registrera (skriva in, skriva upp, anmäla) sig; ~ *for* anmäla sig till **7** uppfatta **register ton** registerton

registrar [ˌredʒɪ'strɑ:] **1** registrator; *BE.* tjänsteman vid civilregistreringsbyrå **2** *univ.* förvaltningschef **3** *BE.* sjukhusläkare

registration [ˌredʒɪ'streɪʃn] [in]registrering **registration number** (*bils*) registreringsnummer

registry ['redʒistrı] **1** registreringskontor **2** *sjö.* registrering; *port of ~* hemmahamn; *a ship of Liberian ~* ett fartyg under liberiaflagg **registry office** *BE.* byrå för civilregistrering och borgerlig vigsel

Regius professor ['ri:dʒjəsprə'fesə] *BE.* [av kungen tillsatt] professor, kunglig professor (*i Oxf. o. Cambr.*)

regress I *s* ['ri:gres] tillbaka-, åter|gång, regress **II** *v* [rı'gres] återgå, gå tillbaka, regrediera **regression** [rı'greʃn] tillbaka-, åter|gång; regression (*äv. psykol.*) **regressive** [rı'gresıv] regressiv, vikande

regret [rı'gret] **I** *v* **1** beklaga; ångra; vara ledsen över; *I ~ to inform you* jag måste tyvärr meddela Er (Dig); *I ~ having told them* jag ångrar att jag talade om det för dem; *I ~ that I cannot come* jag beklagar att jag inte kan komma **2** sakna **II** *s* **1** beklagande; ånger (*at* över); ledsnad, sorg (*at* över); *much to my ~* till min stora sorg (ledsnad); *I have no ~* jag ångrar ingenting; *send one's ~s* hälsa att man tyvärr inte kan komma **2** saknad (*for* efter) **-ful** [-f(ʊ)l] beklagande; bedrövad; ångerfull **-table** [-əbl] beklaglig, sorglig

regroup [ˌri:'gru:p] omgruppera [sig]

Regt. *förk. för Regent; Regiment*

regular ['regjʊlə] **I** *a* **1** regelbunden (*äv. mat., språkv.*), regelmässig, reguljär; jämn; fast, stadig; vanlig, normal; ordentlig; ordnad, stadgad; *~ army* reguljär (stående) armé; *~ customer* fast kund, stamkund; *~ soldier* stamanställd soldat; *at ~ intervals* med jämna mellanrum **2** regelrätt, reglements-, stadge|enlig, korrekt **3** *vard.* äkta, riktig, verklig; *~ guy* toppenkille **I** *s* **1** stamanställd soldat; *~s* (*äv.*) reguljära trupper **2** *vard.* fast kund, stamkund; stamgäst; flitig besökare **regularity** [ˌregjʊ'lærətı] regelbundenhet *etc., jfr regular I*

regular|ization (*BE. äv. -isation*) [ˌregjʊlərai'zeıʃn] reglering **-ize** (*BE. äv. -ise*) ['regjʊləraız] reglera; göra regelbunden

regu|late ['regjʊleıt] reglera; justera, ställa in; styra, ordna **-lation** [ˌregjʊ'leıʃn] **I** *s* **1** regler|ing, -ande; justering, inställning; styrande, ordnande **2** föreskrift, regel **II** *a* reglementsenlig, reglementerad, föreskriven; normal, [sed]vanlig, standard- **-lator** ['regjʊleıtə] *tekn.* regulator

regurgitate [rı'gɜ:dʒıteıt] **1** (*om fåglar e.d.*) stöta (spy) upp **2** *bildl.* haspla ur sig, rabbla upp

rehabili|tate [ˌri:ə'bılıteıt] **1** rehabilitera; återanpassa; ge upprättelse, återupprätta **2** restaurera **-tation** ['ri:əˌbılı'teıʃn] **1** rehabilitering; återanpassning; återupprätt|else, -ande **2** restaurering

rehash I *v* [ˌri:'hæʃ] göra ett uppkok på; stuva om **II** *s* ['ri:hæʃ] uppkok; omstuvning

rehearsal [rı'hɜ:sl] **1** repetition; *dress ~* generalrepetition; *be in ~* [hålla på att] repeteras **2** uppräkning, uppläsning **rehearse** [rı'hɜ:s] **1** repetera, öva (studera) in **2** räkna (läsa) upp **3** repetera, öva

rehouse [ˌri:'haʊz] flytta till annan [nyare] bostad

reign [reın] **I** *s* regering, välde; regeringstid; *~ of terror* skräck|regemente, -välde **II** *v* regera, härska, råda (*äv. bildl.*); *~ing beauty* mest firad skönhet

reimburse [ˌri:ım'bɜ:s] återbetala, ersätta **-ment** [-mənt] återbetalning, ersättning

rein [reın] **I** *s* tygel (*äv. bildl.*), töm; *~s* (*pl, äv.*) [barn]sele; *on a long ~* med lösa tyglar; *give [a] free ~ to s.b.* ge ngn fria tyglar; *have the ~s of power* hålla i tyglarna, ha makten; *hold* (*keep*) *a tight ~ on* hålla i strama tyglar **II** *v* tygla; *~ in* hålla tillbaka

reincar|nate I *v* [ri:'ınka:neıt] reinkarnera **II** *a* [ˌri:ın'ka:neıt] reinkarnerad **-nation** [ˌri:ınka:'neıʃn] reinkarnation

reindeer ['reınˌdıə] (*pl lika*) *zool.* ren

reinforce [ˌri:ın'fɔ:s] förstärka; *bildl. äv.* underbygga, stärka; *~d concrete* armerad betong **-ment** [-mənt] **1** förstärkning **2** *tekn.* armering

reinstate [ˌri:ın'steıt] åter insätta (*i ämbete etc.*); återställa **-ment** [-mənt] återinsättande; återställande

rein|surance [ˌri:ın'ʃʊər(ə)ns] återförsäkring **-sure** [-'ʃʊə] återförsäkra

reissue [ˌri:'ıʃu:] **I** *s* nyutgåva, nyutgivning **II** *v* åter ge ut, ge ut på nytt

reiter|ate [ri:'ıtəreıt] upprepa [om och om igen] **-ation** [ri:ıtə'reıʃn] [åter]upprep|ande, -ning

reject I *v* [rı'dʒekt] avslå, förkasta, tillbakavisa; avfärda, avvisa; förskjuta, ta avstånd från; ogilla, rata; *med.* stöta bort **II** *s* ['ri:dʒekt] kasserad (defekt) vara, utskottsvara **rejection** [rı'dʒekʃn] avslag, förkastande *etc., jfr reject I; med.* bortstötning

rejoice [rı'dʒɔıs] **1** glädja **2** glädja sig (*in* åt, över); *~ to see* glädja sig över att se **rejoicing** [-ıŋ] fröjd, gamman, glädje; festligheter

rejoin 1 [rı'dʒɔın] replikera, genmäla; *jur.* avge svaromål **2** [ˌri:'dʒɔın] åter sammanfoga **3** [ˌri:'dʒɔın] åter sluta sig till, återförena sig med, åter gå in i **-der** [-də] replik, genmäle; *jur.* svaromål

rejuve|nate [rı'dʒu:vıneıt] **1** föryngra; vitalisera **2** föryngras **-nation** [rıˌdʒu:vı'neıʃn] föryngring; vitalisering

rekindle [ˌri:'kındl] åter tända, återuppväcka

rel. *förk. för relating; relative[ly]; released; religion; religious*

relapse [rı'læps] **I** *v* **1** återfalla (*into* i); åter försjunka (*into* i) **2** *med.* få återfall **II** *s* **1** återfall **2** *med.* återfall, recidiv

relate [rı'leıt] **1** relatera, återge, skildra **2** relatera (*to* till), sätta i relation (samband) (*to* med) **3** *~ to a*) stå i relation till, hänföra sig till, hänga ihop med, *b*) fungera tillsammans med; *relating to* om, angående **related** [-ıd] besläktad (*to* med); *bildl. äv.* närbesläktad; *closely ~* nära släkt, *bildl.* närbesläktad

relation [rı'leıʃn] **1** relation; förbindelse; förhållande; samband; *~s* (*pl*) *a*) relationer, [inbördes] förhållande, *b*) förbindelse[r]; *in ~ to a*) i relation (förhållande) till, *b*) (*äv. with ~ to*) angående, beträffande, med hänsyn till; *bear no ~ to* inte ha ngt samband med **2** släkting; *a distant ~ of* en avlägsen släkting till **3** berättelse **-ship** [-ʃıp] **1** samband (*to* med); förhållande, relation[er] (*to* till) **2** släktskap

rela|tive ['relətıv] **I** *a* **1** relativ (*äv. språkv.*); respektive; *~ pronoun* relativt pronomen; *the ~ merits of the two applicants* de två sökandes re-

R

spektive meriter **2** ~ *to* jämfört med, i förhållande till **II** *s* **1** släkting **2** *språkv.* relativt pronomen; relativsats **-tively** [-lɪ] *adv* relativt, jämförelsevis, förhållandevis **-tivity** [ˌreləˈtɪvətɪ] relativitet; *the theory of* ~ relativitetsteorin

relax [rɪˈlæks] **1** släppa efter på, lossa [på]; verka avslappnande på **2** mildra, lätta på; släppa efter på; minska **3** koppla (slappna) av **4** slappna, slappas **5** minska[s] **-ation** [ˌriːlækˈseɪʃn] **1** avkoppling **2** avslappning, avspänning **3** lindring; mildrande **-ing** [rɪˈlæksɪŋ] avkopplande; avslappnande; vilsam, vederkvickande

relay I *s* **1** [ˈriːleɪ] skift, [arbets]lag, omgång; friska hästar (*vid skjutshåll*); stafett **2** [ˌriːˈleɪ] relä; *radio., TV.* återutsändning **II** *v* **1** [ˌriːˈleɪ] förse med friska hästar **2** [ˌriːˈleɪ] vidarebefordra **3** [riːˈlei] *radio., TV.* reläa, återutsända **relay race** [ˈriːleɪreɪs] *sport.* stafettlopp **relay station** [ˌriːˈleɪˌsteɪʃn] *tekn.* relästation

release [rɪˈliːs] **I** *v* **1** frige, släppa [lös, fri], befria; lösa, frigöra, frikalla **2** släppa, lossa [på]; utlösa, frigöra; *release a bomb* släppa en bomb **3** släppa ut; offentliggöra, publicera **4** *jur.* avstå från; överlåta; efterskänka **II** *s* **1** frigivning, lös-, fri|släppande, befrielse; lösande, frigörelse, frikallelse **2** släppande, lossande; utlösning, frigörande; ~ *of bombs* bombfällning **3** utlösningsmekanism, utlösare **4** utsläppande; offentliggörande, publicering **5** utgåva; bok; skiva; film **6** *jur.* överlåtelse[brev]

rele|gate [ˈrelɪgeɪt] **1** förvisa, förflytta, degradera; *be ~d* (*i sht BE. sport.*) bli nedflyttad **2** hänskjuta, överlämna; hänföra (*t. viss klass*) **-gation** [ˌrelɪˈgeɪʃn] **1** förvisning, förflyttning, degradering; *i sht BE. sport.* nedflyttning **2** hänskjutande, överlämnande; hänförande (*t. viss klass*)

relent [rɪˈlent] mjukna, ge efter, vekna **-less** [-lɪs] obarmhärtig, obeveklig

rele|vance [ˈreləvəns], **-vancy** [-vənsɪ] relevans **-vant** [-vənt] relevant (*to* för), som hör till saken

reli|ability [rɪˌlaɪəˈbɪlətɪ] pålitlighet, tillförlitlighet, vederhäftighet **-able** [rɪˈlaɪəbl] pålitlig, tillförlitlig, vederhäftig; *from a ~ source* från säker källa

reli|ance [rɪˈlaɪəns] **1** beroende (*on* av) **2** tillit, förtröstan **-ant** [-ənt] **1** beroende (*on* av) **2** tillits-, förtröstans|full

relic [ˈrelɪk] relik; kvarleva, minne, lämning, fragment (*of* från); ~ *of the past* (*äv.*) fornminne **relict** [-t] *ekol., geol.* relikt

relief [rɪˈliːf] **1** lättnad; lindring; *light* (*comic*) ~ (*i pjäs e.d.*) ljuspunkt, lättare parti **2** omväxling **3** hjälp, bistånd, understöd; *AE.* socialhjälp; ~ *of the poor* fattigvård; *be on* ~ (*AE.*) få socialhjälp **4** undsättning; befrielse; avhjälpande; hjälp, avlastning; avlösning, avlösare; vaktombyte **5** relief; *stand out in bold* (*sharp, clear*) ~ *against a*) avteckna sig skarpt mot, *b*) stå i skarp kontrast mot **relief driver** [-ˌdraɪvə] avbytare (*vid körning*) **relief map** [-mæp] reliefkarta **relief train** [-treɪn] extratåg **relief work** [-wɜːk] beredskapsarbete

relieve [rɪˈliːv] **1** lindra, mildra, avhjälpa; lätta, lugna; ~ *one's feelings* ge utlopp åt sina känslor; *she was ~d to learn that* hon kände sig lättad (lugnad) av att få veta att **2** ge omväxling åt, variera, lätta upp **3** hjälpa, bistå, understödja **4** undsätta; befria; avlösa; avlasta; ~ *s.b. of s.th. a*) befria ngn från ngt, *b*) avbörda (avlasta) ngn ngt, *c*) entlediga (frita[ga]) ngn från ngt, *d*) frånta[ga] ngn ngt, ta ngt från ngn **5** ~ *o.s.* uträtta sina naturbehov

reli|gion [rɪˈlidʒ(ə)n] religion; *skol.* religionskunskap **-giosity** [rɪˌlɪdʒɪˈɒsətɪ] religiositet **-gious** [rɪˈlɪdʒəs] **I** *a* **1** religiös; troende, from; religions-; ~ *instruction* religionsundervisning; ~ *war* religionskrig **2** kloster- **3** samvetsgrann **II** *s* **1** medlem av [kloster]orden **2** *the* ~ de religiösa

relinquish [riˈlɪŋkwɪʃ] **1** ge upp, lämna [ifrån sig], avstå ifrån; avträda **2** släppa [taget om]

reliquary [ˈrelɪkwərɪ] relikskrin

relish [ˈrelɪʃ] **I** *s* **1** förtjusning, entusiasm, välbehag; *with* ~ (*äv.*) med nöje **2** *kokk.* smaktillsats; stark sås; *bildl.* pikant drag, touche **3** angenäm smak **II** *v* **1** njuta av, uppskatta; ~ *the idea of* hylla tanken på, se fram emot

reload [ˌriːˈləʊd] **1** ladda om **2** lasta om

relocate [ˌriːləʊˈkeɪt] [för]flytta, omlokalisera

reluc|tance [rɪˈlʌktəns] motvillighet, motsträvighet, motvilja (*to* mot) **-tant** [-tənt] motvillig, motsträvig; ovillig

rely [rɪˈlaɪ] *v*, ~ [*up*]*on a*) lita på, *b*) vara hänvisad till (beroende av)

REM *förk. för rapid eye movement*

remain [rɪˈmeɪn] **1** stanna [kvar] **2** förbli, fortsätta att vara **3** finnas (bli, vara) kvar; återstå; *it ~s to be seen* det återstår att se **remainder** [-də] **I** *s* **1** återstod, rest (*äv. mat.*) **2** restupplaga restexemplar **II** *v* slumpa [bort], realisera, sälja ut (*restupplaga*) **remains** [-z] *pl* **1** återstod, rester, lämningar; fornlämningar **2** kvarlevor, stoft

remake I *s* [ˈriːmeɪk] nyinspelning (*i sht av film*) **II** *v* [ˌriːˈmeɪk] (*remade, remade*) **1** göra om **2** göra en nyinspelning av (*a film* en film)

remand [rɪˈmɑːnd] **I** *v* återsända; *jur. äv.* återförvisa; ~ *in custody* hålla kvar i häkte; ~ *on bail* frige mot borgen **II** *s, jur.* återsändande av fånge till fängelse **remand home (centre)** *BE. ung.* ungdomshäkte

remark [rɪˈmɑːk] **I** *v* **1** anmärka, påpeka, säga **2** iaktta[ga], märka, uppmärksamma, iaktta **2** ~ [*up*]*on* kommentera, yttra sig om **II** *s* anmärkning, påpekande, yttrande, kommentar; *without* ~ obemärkt; *worthy of* ~ anmärkningsvärd, märklig; *make ~s about* kommentera, fälla anmärkningar om, yttra sig om **-able** [-əbl] anmärkningsvärd, märklig, remarkabel **-ably** [-əblɪ] *adv* anmärkningsvärt, märkligt, remarkabelt; synnerligen, ytterst

remarry [ˌriːˈmærɪ] gifta om sig [med]

remediable [rɪˈmiːdjəbl] möjlig att bota; möjlig att avhjälpa **remedial** [-l] hjälp-, stöd-; botande, bote-, kurerande, läkande; ~ *education* stödundervisning; ~ *excercises* sjukgymnastik **remedy** [ˈremɪdɪ] **I** *s* bot[emedel], läkemedel, kur; hjälp[medel]; *beyond* (*past*) ~ ohjälplig[t], obotlig[t] **II** *v* bota; råda bot för (på), avhjälpa

remember [rɪˈmembə] komma ihåg, minnas; påminna (erinra) sig; hedra minnet av; *be ~d for* bli ihågkommen för; ~ *me to your parents* hälsa dina föräldrar från mig; *not that I* ~ inte så vitt jag kommer ihåg; *Reagan, you ~, was an actor* Reagan var, som du vet (kommer ihåg), skådespelare **remembrance** [-br(ə)ns] **1** minne, hågkomst; *garden of ~* minneslund **3** minne[ssak] **Remembrance Day (Sunday)** vapenstilleståndsdagen (*ca 11 nov., t. minne av de stupade i de båda världskrigen*)

remind [rɪ'maɪnd] erinra, påminna (*of, about* om); *that ~s me!* det var så sant! **reminder** [-ə] påminnelse, påstötning; kravbrev

remi|nisce [ˌremɪ'nɪs] minnas; ägna sig åt (prata) gamla minnen, tala om gamla tider; *~ about s.th.* minnas ngt **-niscence** [-'nɪsns] minne, hågkomst; reminiscens **-niscent** [-'nɪsnt] *a, ~ of* påminnande (erinrande) om

remiss [rɪ'mɪs] **1** försumlig, vårdslös **2** senfärdig

remission [rɪ'mɪʃn] **1** förlåtelse; *the ~ of sins* syndernas förlåtelse **2** straffeftergift; efterskänkning **3** minskning, lindring

remit [rɪ'mɪt] **1** remittera, översända (*money* pengar) **2** *jur.* återförvisa **3** efterskänka **4** mildra, lindra **5** uppskjuta **-tance** [-(ə)ns] **1** remissa, penningförsändelse **2** remittering, översändande

remittent [rɪ'mɪt(ə)nt] *med.* remittent, tidvis avtagande

remnant ['remnənt] rest, återstod, kvarleva; stuv, stuvbit

remodel [ˌri:'mɒdl] bygga (arbeta, göra) om, omforma

remon|strance [rɪ'mɒnstr(ə)ns] invändning, protest **-strate** ['remənstreɪt] göra invändningar, protestera (*with* hos)

remorse [rɪ'mɔ:s] ånger, samvetskval **-ful** [-f(ʊ)l] ångerfull **-less** [-lɪs] obarmhärtig, hjärtlös

remote [rɪ'məʊt] avlägsen; avsides liggande; *~ control* fjärr|styrning, -manövrering; *I have not the ~st idea* (*notion*) *about* jag har inte den blekaste aning om **--controlled** [-kənˌtrəʊld] fjärr|styrd, -manövrerad **-ly** [-lɪ] *adv* avlägset; *they are not even ~ similar* de är inte det minsta lika

remould [ˌri:'məʊld] omforma; göra om

remount [ˌri:'maʊnt] **1** åter stiga upp på **2** montera om

removable [rɪ'mu:vəbl] **1** flyttbar **2** avsättbar **removal** [rɪ'mu:vl] **1** flyttning **2** bortskaffande; avlägsnande; urtagning; *stain ~* fläckurtagning **3** avsättning **removal company (firm)** flyttfirma **removal van** flyttbil

remove [rɪ'mu:v] **I** *v* **1** ta bort (av, ur), flytta [bort, undan], förflytta, föra (skaffa) bort (undan), avlägsna, röja undan (ur vägen); *~ the cloth* duka av [bordet]; *~ one's clothes* ta av sig kläderna; *~ s.b. to hospital* föra ngn till sjukhus **2** avskeda, avsätta **3** [av]flytta **4** *skol.* flytta [upp] **II** *s* **1** avstånd, mellanrum; steg; grad; *it is but one ~ from* det är bara ett steg från **2** *skol.* [upp]flyttning; *get one's ~* bli [upp]flyttad

removed [rɪ'mu:vd] avlägsen; *far* (*distantly*) *~ from* (*bildl.*) vara mycket långt från; *first cousin once ~* kusinbarn **remover** [-ə] **1** remover, bort-, ur|tagningsmedel **2** flyttkarl

remuner|ate [rɪ'mju:nəreɪt] ersätta, betala; belöna **-ation** [rɪˌmju:nə'reɪʃn] ersättning, betalning; belöning **-ative** [rɪ'mju:n(ə)rətɪv] lönande, lönsam

renaissance [rə'neɪs(ə)ns] renässans, pånyttfödelse; *the R~* renässansen

renal ['ri:nl] njur-; *~ calculus* njursten; *~ pelvis* njurbäcken

rename [ˌri:'neɪm] döpa om, ge nytt namn åt

renas|cence [rɪ'næsns] *s, se renaissance* **-cent** [-nt] pånyttfödd, nyvaknad, som vaknat till liv igen

rend [rend] (*rent, rent*) *litt., åld.* **1** slita, [sönder], riva [sönder]; (*om ljud*) skära genom

render ['rendə] **1** ge, lämna; visa; erlägga; avge, anföra; överlämna; återgälda; *~ an account of* avlägga räkenskap för, lämna redovisning (redogörelse) för; *~ an account* presentera en räkning; *~ assistance* ge (lämna) hjälp; *~ good for evil* löna ont med gott; *~ thanks* tacka, framföra tack; *to account ~ed* enligt räkning; *~* [*up*] ge upp, [över]lämna, utlämna **2** göra; *~ possible* möjliggöra **3** återge; tolka; föredra, framföra; *~ into German* översätta till tyska **4** *~* [*down*] *a*) smälta, rena, *b*) rappa, revetera **rendering** ['rend(ə)rɪŋ] **1** givande *etc., jfr render* **2** återgivande; tolkning, översättning; framförande

rendezvous ['rɒndɪvu:] (*pl lika* [-z]) **I** *s* **1** rendezvous, avtalat möte **2** mötesplats; träffpunkt **II** *v* mötas, träffas; *~ with* ha ett möte med, sammanträffa med

rendition [ren'dɪʃn] *s, se rendering 2*

renegade ['renɪgeɪd] **I** *s* renegat, avfälling, överlöpare **II** *v* avfalla

reneg[u]e [rɪ'ni:g] **1** *~* [*on*] ta tillbaka, svika (*one's promise* sitt löfte) **2** *AE. kortsp.* inte bekänna färg

renew [rɪ'nju:] **1** förnya (*one's efforts* sina ansträngningar); återupp|liva, -väcka, -ta **2** ersätta, sätta in ny[a] **3** förnya (*a passport* ett pass), förlänga **-al** [-əl] **1** förnyelse; återupp|livande, -väckande, -tagande **2** förnyelse, förlängning

rennet ['renɪt] [kalv]löpe

renounce [rɪ'naʊns] **1** avsäga sig, avstå från **2** ta avstånd ifrån, inte kännas vid; förneka **3** *kortsp.* vara renons

reno|vate ['renə(ʊ)veɪt] renovera, restaurera **-vation** [ˌrenə(ʊ)'veɪʃn] renovering, restaurering **-vator** ['renə(ʊ)veɪtə] person som renoverar

renown [rɪ'naʊn] ryktbarhet, rykte **renowned** [-d] ryktbar

1 rent [rent] **I** *imperf. o. perf. part. av rend* **II** *s* spricka (*äv. bildl.*); klyfta

2 rent [rent] **I** *s* **1** hyra; arrende **II** *v* **1** hyra; arrendera **2** hyra ut; arrendera ut

rent|al ['rentl] **I** *s* **1** hyra, hyresavgift; arrende[avgift] **2** hyresintäkter; arrendeintäkter **II** *a* hyres-, uthyrnings-; arrende- **--collector** [-kəˌlektə] hyresinkasserare **-er** [-ə] **1** hyresvärd; uthyrare **2** hyresgäst; arrendator **3** filmdistributör **--free** hyresfri

renun|ciation [rɪˌnʌnsɪ'eɪʃn] **1** avsägelse, avstående **2** avståndstagande; förnekande

reopen [ˌri:'əʊp(ə)n] åter öppna[s], öppna[s] på nytt; börja på nytt; återuppta[s]

reorganize [ˌri:'ɔgənaɪz] omorganisera

1 rep [rep] rips[tyg]

2 rep [rep] **1** *förk. för* (*teat.*) *repertory* [*com-*

R

pany]; *representative;* (*AE. vard.*) *reputation*
Rep. *förk. för* (*AE.*) *Representative*; (*AE.*) *Republican; Republic* **rep.** *förk. för report*[*ed*]; *reporter; representative; reprint*
1 repair [rɪ'peə] **I** *v* laga, reparera, *bildl. äv.* avhjälpa, rätta till, ersätta, gottgöra **II** *s* **1** lagning, reparation; *beyond* ~ omöjlig att laga (reparera, gottgöra), fallfärdig, *bildl. äv.* irreparabel, oersättlig **2** skick, tillstånd *be in good* (*bad*) ~ vara i gott (dåligt) skick (stånd), vara bra (dåligt) underhållen
2 repair [rɪ'peə] **1** bege sig (*to* till) **2** vända sig (*to* till)
repairable [rɪ'peərəbl] reparerbar, reparabel, möjlig att reparera **repairman** [-mæn] reparatör **repair shop** reparationsverkstad
repa|rable ['rep(ə)rəbl] reparabel; möjlig att avhjälpa; ersättlig **-ration** [ˌrepə'reɪʃn] **1** gottgörelse, ersättning; ~*s* (*pl*) krigsskadestånd **2** reparation
repartee [ˌrepɑ:'ti:] kvick replik, rappt (kvickt) svar; skämtande, raljerande; slagfärdighet
repast [rɪ'pɑ:st] *litt.* måltid
repatri|ate [ri:'pætrɪeɪt] **I** *v* repatriera, återföra till fosterlandet, sända (skicka) hem **II** *s* repatrierad [person] **-ation** [ˌri:pætrɪ'eɪʃn] repatriering, hemsändning
repay [ri:'peɪ] (*repaid, repaid*) betala tillbaka, återbetala; återgälda, besvara; löna, ersätta **-ment** [-mənt] återbetalning; återgäldande, besvarande; lön, ersättning
repeal [rɪ'pi:l] **I** *v* upphäva, avskaffa, återkalla **II** *s* upphävande, avskaffande, återkallande
repeat [rɪ'pi:t] **I** *v* **1** upprepa, repetera; förnya, ta (göra, säga *etc.*) om; läsa upp [utantill], recitera; *radio., TV.* ge i repris; ~ *after me!* säg efter mig! **2** föra (berätta) vidare, tala om **3** *rfl* upprepa sig **4** upprepas, återkomma; förorsaka uppstötningar **II** *s* upprepning, repeterande; *radio., TV* repris; *mus.* repris[tecken]; ~ [*order*] efterbeställning, förnyad beställning **-edly** [rɪ'pi:tɪdlɪ] *adv* gång på gång, upprepade gånger **-er** [-ə] **1** repeterur **2** repetergevär **-ing** [-ɪŋ] *a,* ~ *decimal* (*mat.*) periodiskt decimalbråk; ~ *gun* repetergevär
repel [rɪ'pel] **1** verka frånstötande på **2** slå (driva) tillbaka **3** repellera, stöta bort (tillbaka) **4** tillbakavisa; avfärda **-lent** [-ənt] **I** *a* **1** frånstötande, motbjudande **2** tillbakadrivande **3** repellerande, bortstötande **4** tillbakavisande **II** *s* bortstötande ämne; *insect* ~ insektsmedel
repent [rɪ'pent] ångra [sig] **-ance** [-əns] ånger **-ant** [-ənt] ångerfull
repercussion [ˌri:pə'kʌʃn] **1** återverkan; ~*s* (*pl*) åter-, efter|verkningar **2** återstudsning
repertoire ['repətwɑ:] repertoar
repertory ['repət(ə)rɪ] **1** förrådsrum, skattkammare **2** register **3** repertoar; *be in* ~ stå på repertoaren **repertory company** *teat.* ensemble vid repertoarteater
repeti|tion [ˌrepɪ'tɪʃn] **1** upprepning, repetition **2** replik, kopia **-tious** [ˌrepɪ'tɪʃəs] enformig, ständigt återkommande **-tive** [rɪ'petətɪv] **1** upprepande, repeterande **2** enformig, ständigt återkommande
rephrase [ˌri:'freɪz] formulera om
repine [rɪ'paɪn] knota, klaga (*at, against* över)
replace [rɪ'pleɪs] **1** återställa; återinsätta; sätta (ställa, lägga) tillbaka **2** ersätta, byta ut; efterträda **-able** [-əbl] ersättlig **-ment** [-mənt] **1** återställande; återinsättning **2** ersättare; ersättning, utbyte
replay I *s* ['ri:pleɪ] **1** *sport.* omspel **2** *TV.,* [*action*] ~ repris (*i slow motion av mål e.d.*) **II** *v* [ˌri:'pleɪ] spela om
replenish [rɪ'plenɪʃ] åter fylla, fylla på **-ment** [-mənt] påfyllning
replete [rɪ'pli:t] **1** fylld (*with* med) **2** [för] mätt **repletion** [rɪ'pli:ʃn] **1** överfyllnad **2** övermättnad
repli|ca ['replɪkə] *konst.* replik; kopia, avbild **-cate** [-keɪt] göra en exakt kopia av
reply [rɪ'plaɪ] **I** *v* svara, replikera; ~ *to* svara på, besvara **II** *s* svar, replik; *in* ~ *to* som svar på
report [rɪ'pɔ:t] **I** *s* **1** rapport, redogörelse, utlåtande (*on, about* om, för, över); meddelande; reportage, referat (*on, of* om, av); anmälan; *make a* ~ avlägga rapport **2** betyg **3** rykte; *according to* ~ efter vad ryktet säger; *of good* ~ med gott rykte; *know s.th. only by* ~ bara ha hört talas om ngt; *there is a* ~ *that* det ryktas (sägs) att **4** smäll, knall **II** *v* **1** rapportera, avge rapport om, redogöra för; meddela; berätta; göra reportage (referat) från; anmäla; ~*ed speech* indirekt tal (anföring); ~ *o.s.* anmäla (inställa) sig; ~ *s.b. sick* sjukanmäla ngn; *it is* ~*ed that* det berättas (påstås, ryktas) att **2** rapportera, avlägga rapport ([*up*]*on* om; *to* till, för), redogöra (*on s.th.* för ngt); vara reporter (referent); anmäla sig (*to* för, hos, till); ~ *sick* sjukanmäla sig; ~ *for duty* anmäla (inställa) sig till tjänst[göring]
report|age [ˌrepɔ:'tɑ:ʒ] **1** reportage **2** reportagestil **-er** [rɪ'pɔ:tə] reporter; rapportör, referent
1 repose [rɪ'pəʊz] **I** *v* **1** vila (*äv. bildl.*); ligga **2** vila sig **II** *s* vila; lugn, ro
2 repose [rɪ'pəʊz] *v,* ~ *trust* (*confidence*) *in* sätta sin tillit till
repository [rɪ'pɒzɪt(ə)rɪ] **1** förvaringsplats; upplag[splats]; *bildl.* förråd, källa **2** museum
repr. *förk. för represented; representing; reprint*[*ed*]
repre|hend [ˌreprɪ'hend] klandra, kritisera **-hensible** [-'hensəbl] klandervärd, förkastlig **-hension** [-'henʃn] klander, kritik
repre|sent [ˌreprɪ'zent] **1** representera, företräda; *well* (*strongly*) ~*ed* talrikt representerade **2** symbolisera; representera; stå för, utgöra; vara ett typiskt exempel på; beteckna **3** framställa, skildra, återge **4** (*om bild e.d.*) föreställa **-sentation** [-zen'teɪʃn] **1** representation; representantskap; *proportional* ~ proportionellt valsystem **2** framställning, skildring, återgivande; [teater]föreställning **3** ~*s* (*pl*) föreställningar, kritiska påpekanden **-sentative** [ˌreprɪ'zentətɪv] **I** *a* representativ (*äv. polit.*); ~ *of* representativ (typisk) för **II** *s* **1** representant (*of* för); ombud (*of* för); säljare, handelsresande; *the House of R~s* (*i USA:s Congress*) representanthuset **2** typiskt exempel
repress [rɪ'pres] **1** undertrycka, kväva; *psykol.* förtränga, borttränga; ~*ed* hämmad **2** under-

kuva, trycka ner **repression** [rɪ'preʃn] **1** undertryckande; *psykol.* repression, bortträngning, hämning **2** underkuvande, repression **repressive** [rɪ'presɪv] **1** hämmande, repressiv **2** underkuvande, repressiv

reprieve [rɪ'pri:v] **I** *v* **1** benåda; bevilja uppskov (*i sht med dödsdom*) **2** ge frist (anstånd) **II** *s* **1** benådning; uppskov (*i sht med dödsdom*) **2** frist, anstånd

reprimand ['reprɪmɑ:nd] **I** *s* reprimand, [officiell] tillrättavisning **II** *v* ge en reprimand, [officiellt] tillrättavisa

reprint I *v* [ˌri:'prɪnt] trycka om **II** *s* ['ri:prɪnt] om-, ny|tryck

reprisal [rɪ'praɪzl] vedergällning; *~s* (*pl*) repressalier

reproach [rɪ'prəʊtʃ] **I** *v* förebrå (*for, with* för) **II** *s* förebråelse; *above* (*beyond*) ~ oklanderlig; *a look of* ~ en förebrående blick **-ful** [-f(ʊ)l] förebrående

reprobate ['reprə(ʊ)beɪt] förfallen (misslyckad) individ

reprocess [ˌri:'prəʊses] upparbeta (*kärnavfall*)

repro|duce [ˌri:prə'dju:s] **1** reproducera, återge **2** upprepa, göra om **3** *biol.* fortplanta, reproducera **4** fortplanta sig **-duction** [-'dʌkʃn] **1** återgivande, reproducerande; återgivning; reproduktion (*av konstverk e.d.*) **2** *biol.* fortplantning, reproduktion **3** nyproduktion (*av pjäs e.d.*) **-ductive** [-'dʌktɪv] **1** reproducerande **2** *biol.* fortplantnings-, reproduktiv

reprography [rɪ'prɒgrəfɪ] reprografi

reproof [rɪ'pru:f], **reproval** [rɪ'pru:vl] tillrättavisning, förebråelse **reprove** [rɪ'pru:v] tillrättavisa, förebrå **reproving** [rɪ'pru:vɪŋ] *a* förebrående

rep|tile ['reptaɪl] **I** *s* reptil **II** *a* **1** reptil-, kräl- **2** *bildl.* ormliknande; giftig **-tilian** [rep'tɪlɪən] reptil-, reptilliknande

repub|lic [rɪ'pʌblɪk] republik; *the R~ of Ireland* republiken Irland **-lican** [-ən] **I** *a* republikansk **II** *s* republikan

repudi|ate [rɪ'pju:dɪeɪt] **1** förkasta, tillbakavisa **2** förneka, förskjuta **-ation** [rɪˌpju:dɪ'eɪʃn] **1** förkastande **2** förnekande, förskjutande

repug|nance [rɪ'pʌgnəns] **1** avsky, motvilja **2** motsägelse **-nant** [-ənt] **1** motbjudande, frånstötande; stötande **2** motstridig, motsägande

repulse [rɪ'pʌls] **1** slå (driva) tillbaka, avvärja **2** tillbakavisa, avslå **repulsion** [rɪ'pʌlʃn] **1** motvilja **2** *fys.* repulsion **repulsive** [rɪ'pʌlsɪv] frånstötande, motbjudande

repu|table ['repjʊtəbl] aktad, aktningsvärd, respektabel, hederlig, ansedd **-tation** [ˌrepjʊ'teɪʃn] [gott] rykte, [gott] anseende, renommé; *have a ~ for being* ha rykte om sig (vara känd för) att vara; *earn the ~ of being* få rykte om sig att vara

repute [rɪ'pju:t] **I** *v*, *he is ~d to be* han anses (lär) vara, han har rykte om sig att vara, det sägs att han är; *be well* (*ill*) *~d* ha gott (dåligt) rykte (anseende); *his ~d father* hans förmente far **II** *s* [gott] rykte, [gott] anseende; *be* [*held*] *in good* (*bad*) ~ ha gott (dåligt) rykte (anseende); *know s.b. by* ~ känna ngn ryktesvägen **reputedly** [-ɪdlɪ] *adv* enligt allmänna meningen, förmodligen

request [rɪ'kwest] **I** *v* **1** anhålla (be) om; begära **2** be, uppmana **II** *s* **1** anhållan, begäran, önskemål; anmodan; *record ~s* skivönskningar; *at a p.'s* ~ på ngns begäran; *by* (*on*) ~ på begäran; *make a ~ to s.b. for s.th.* anhålla (be) ngn om ngt **2** efterfrågan; *be in great* ~ vara mycket efterfrågad **request programme** [-ˌprəʊgræm] önskeprogram **request stop** [-stɒp] hållplats där bussen (*etc.*) stannar efter anmodan

requiem ['rekwɪəm] rekviem (*äv. mus.*), själamässa

require [rɪ'kwaɪə] behöva; [er]fordra; begära, kräva; *~d* (*äv.*) erforderlig, nödvändig, önskad; *~d reading* obligatorisk litteratur; *as ~d* efter behov; *if ~d* om det (så) behövs (är nödvändigt), vid behov; *you are ~d to...* du skall (måste)...; *the plant ~s frequent watering* växten behöver (måste) vattnas ofta **-ment** [-mənt] **1** behov **2** krav, fordran, anspråk

requi|site ['rekwɪzɪt] **I** *a* erforderlig, nödvändig **II** *s* behov; nödvändig sak **-sition** [ˌrekwɪ'zɪʃn] **I** *s* **1** rekvisition, beställning (*for* på) **2** *i sht mil.* rekvisition, utskrivning **II** *v*, *mil.* rekvirera, utskriva

requital [rɪ'kwaɪtl] ersättning; gengäld; vedergällning **requite** [rɪ'kwaɪt] **1** gengälda, återgälda, besvara; vedergälla; *~d love* besvarad kärlek

reread [ˌri:'ri:d] (*reread, reread*) läsa om (på nytt)

reredos ['rɪədɒs] altarskåp

rerun [ˌri:'rʌn] **I** *s* [film]repris **II** *v* (*reran, rerun*) ge i repris

res. *förk. för research; reserve; residence; resides; resigned; resolution*

rescind [rɪ'sɪnd] återkalla, upphäva

rescue ['reskju:] **I** *v* rädda, undsätta **II** *s* räddning, undsättning; räddningsaktion; *come* (*go*) *to the* ~ komma till undsättning **rescue party** räddningspatrull

research [rɪ'sɜ:tʃ] **I** *s* forskning, vetenskaplig undersökning; *do ~ on* (*into*) bedriva forskning i **II** *v* forska **-er** [-ə] forskare

reseda ['resɪdə] *bot.* reseda

resell [ˌri:'sell] (*resold, resold*) återförsälja

resem|blance [rɪ'zembləns] likhet (*to* med); *bear a strong* (*faint*) *~ to* påminna starkt (svagt) om **-ble** [-bl] likna

resent [rɪ'zent] känna sig sårad av, bli förnärmad (förbittrad) över, harmas över **-ful** [-f(ʊ)l] förnärmad, förbittrad, harmsen (*at* över) **-ment** [-mənt] förbittring, harm, förtrytelse (*at* över)

reservation [ˌrezə'veɪʃn] **1** reservation, förbehåll; *mental* ~ tyst förbehåll **2** [förhands]beställning, bokning, reservering **3** [indian]reservat **4** mittremsa (*på väg*)

reserve [rɪ'zɜ:v] **I** *v* **1** spara [på], reservera; hålla inne med; förbehålla; *a great career is ~d for her* en lysande karriär väntar henne; *~ the right to do s.th.* förbehålla sig rätten att göra ngt; *~ a seat for s.b.* hålla (reservera) en plats åt ngn; *~ one's strength* spara sina krafter **2** reservera, boka, [förhands]beställa **II** *s* **1** reserv; *have in* ~ ha i reserv **2** förbehåll, reservation; *without* ~ utan förbehåll (reservation), oförbehållsamt, reservationslöst **3** förbehållsamhet, reservation, tillbakadragenhet **4** reservat **5** *mil., sport.* reserv; *mil.* reservare; *~s* (*pl, äv.*) reservtrupper **6** (*på auktion*) lägsta pris, minimipris **reserved** [-d] **1** re-

R

serverad, tillbakadragen, avvaktande **2** reserverad, bokad, [förhands]beställd **reserve price** *BE.* (*vid auktion*) minimipris

reservist [rɪˈzɜːvɪst] *mil.* reservare

reservoir [ˈrezəvwɑː] reservoar, behållare

reset [ˌriːˈset] (*reset, reset*) **1** ställa om (*klocka e.d.*) **2** lägga rätt (*a broken leg* ett brutet ben); nyinfatta (*a gemstone* en ädelsten)

resettle [ˌriːˈsetl] flytta [om] **-ment** [-mənt] omflyttning

reshape [ˌriːˈʃeɪp] omforma, omgestalta

reshuffle [ˌriːˈʃʌfl] **I** *s* **1** *kortsp.* omblandning **2** (*i regering e.d.*) ommöblering, omflyttning **II** *v* **1** *kortsp.* blanda om **2** möblera (flytta) om [i] (*regering e.d.*)

reside [rɪˈzaɪd] **1** bo, vistas, uppehålla sig, residera **2** *bildl.*, ~ *in* tillkomma, ligga (finnas) hos

resi|dence [ˈrezɪd(ə)ns] **1** residens, bostad; *official* ~ tjänste-, ämbets|bostad **2** hemvist, vistelse-, uppehålls|ort **3** vistelse, uppehåll; *place of* ~ hemort; *take up* ~ bosätta sig; *the royal family is in* ~ *at the palace* kungafamiljen vistas på slottet **-dency** [-(ə)nsɪ] **1** residens **2** *AE. med.* specialistutbildning **-dent** [-d(ə)nt] **I** *a* bosatt, bofast, boende; bosatt [på platsen] **II** *s* **1** invånare [på orten], bofast [person] **2** *AE. med.* läkare som genomgår specialistutbildning **-dential** [ˌrezɪˈdenʃl] bostads-; ~ *area* bostadsområde; ~ *job* arbete där man bor på arbetsplatsen

residual [rɪˈzɪdjʊəl] **I** *a* överbliven, kvarvarande, resterande **II** *s* rest **residuary** [-rɪ] **1** återstående, resterande **2** *jur.* berättigad till behållningen i dödsbo; ~ *legatee* huvudarvinge **residue** [ˈrezɪdjuː] **1** återstod, rest **2** *jur.* behållning i dödsbo

1 resign [ˌriːˈsaɪn] underteckna igen

2 resign [rɪˈzaɪn] **1** avstå från (*a right* en rättighet), avsäga sig (*the chairmanship* ordförandeskapet); avgå från **2** ~ *o.s. to* förlika (försona) sig med, finna sig i, resignera inför **3** avgå, ta avsked **resignation** [ˌrezɪɡˈneɪʃn] **1** avsägelse; avsked, avgång; avskedsansökan; *send in* (*tender*) *one's* ~ lämna in sin avskedsansökan, begära avsked **2** resignation (*to* inför), underkastelse, undergivenhet (*to* under) **resigned** [-d] resignerad, undergiven

resili|ence [rɪˈzɪlɪəns] elasticitet, spänst[ighet]; återhämtning[sförmåga] **-ent** [-ənt] elastisk, spänstig; som snabbt återhämtar sig, motståndskraftig

resin [ˈrezɪn] **I** *s* kåda; harts **II** *v* hartsa; gnida med kåda **-ous** [-əs] kådig; hartsartad

resist [rɪˈzɪst] **1** motsätta sig; göra motstånd mot; motstå (*a temptation* en frestelse), stå emot; motarbeta; ~ *rust* stå emot (tåla) rost; *I cannot* (*could not*) ~ *chocolate* jag kan inte motstå choklad **2** stå emot; göra motstånd **-ance** [-(ə)ns] **1** motstånd (*to* mot); *air* ~ luftmotstånd; *take* (*follow*) *the line of least* ~ följa minsta motståndets lag **2** motståndskraft, resistens (*to* mot) **3** *elektr.* resistens **-ant** [-(ə)nt] motståndskraftig (*to* mot); *be* ~ *to* (*äv.*) vara motståndare till **-or** [-ə] *elektr. konkr.* motstånd

resit [ˌriːˈsɪt] **1** göra om (*examen*) **2** tentera 'om

resole [ˌriːˈsəʊl] halvsula

reso|lute [ˈrezəluːt] bestämd, beslutsam, resolut **-lution** [ˌrezəˈluːʃn] **1** bestämdhet, beslutsamhet **2** resolution, mötesbeslut **3** föresats **4** lösning (*av problem etc.*) **5** sönderdelning; upplösning (*äv. fys., mus.*); *fys.* upplösningsförmåga

resolvable [rɪˈzɒlvəbl] upplöslig

resolve [rɪˈzɒlv] **I** *v* **1** skingra (*a doubt* ett tvivel) **2** lösa (*a problem* ett problem) **3** lösa upp, upplösa (*into its components* i sina beståndsdelar); sönderdela; analysera **4** besluta [sig för] **5** besluta sig ([*up*]*on* för) **6** lösas upp, upplösas (*into* i) ; sönderdelas **II** *s* **1** beslut **2** beslutsamhet **resolved** [-d] [fast] besluten (*to do s.th.* att göra ngt), bestämd **resolving** [-ɪŋ] *a, fys.*, ~ *power* upplösningsförmåga

reso|nance [ˈrezənəns] resonans, återklang; klang **-nant** [-nənt] resonansrik; genljudande, ekande; klangfull, ljudlig **-nate** [-neɪt] genljuda, eka; ge resonans

resorb [ˌriːˈsɔːb] resorbera, uppsuga

resort [rɪˈzɔːt] **I** *v* **1** ~ *to* tillgripa, ta sin tillflykt till **2** ~ *to* frekventera, ofta besöka **II** *s* **1** tillhåll; [rekreations]ort; *holiday* ~ semesterort **2** utväg; tillflykt; *as a* (*in the*) *last* ~ som en sista utväg, i sista hand

resound [rɪˈzaʊnd] genljuda, eka; skalla; *litt.* ge genljud (eko)

resource [rɪˈsɔːs] **1** resurs, tillgång; ~*s* (*pl, äv.*) penningmedel; *natural* ~*s* naturtillgångar **2** rådighet, fyndighet, initiativrikedom; *a man of* ~ en rådig (initiativrik) man **3** utväg, resurs; *as a last* ~ som en sista utväg **-ful** [-f(ʊ)l] rådig, fyndig

resp. *förk. för respective*[*ly*]; *respondent*

respect [rɪˈspekt] **I** *s* **1** respekt, aktning; ~*s* (*pl*) [vördsamma] hälsningar, vördnadsbetygelser; *hold s.b. in* ~ respektera (akta) ngn; *pay one's* ~*s to s.b.* betyga ngn sin aktning, uppvakta ngn **2** hänsyn, omtanke; *with* ~ *to* (*äv.*) hänsynsfullt, försiktigt; *without* ~ *to* utan hänsyn till; *pay* ~ *to* ta hänsyn till **3** avseende, hänseende, hänsyn; *in this* ~ i detta avseende (hänseende); *with* ~ *to, in* ~ *of* beträffande, med avseende på, med hänsyn till **II** *v* **1** respektera; akta; ta hänsyn till **2** angå, beträffa **-ability** [rɪˌspektəˈbɪlətɪ] respektabilitet, värdighet, aktningsvärdhet **-able** [rɪˈspektəbl] **1** respektabel, aktningsvärd; anständig; hederlig **2** *vard.* ansenlig, hygglig, skaplig, hyfsad **-er** [rɪˈspektə] *s, be a* ~ *of* vara en person som respekterar; *be no* ~ *of persons* inte ta hänsyn till person **-ful** [rɪˈspektf(ʊ)l] respektfull, vördsam, vördnadsfull **-fully** [rɪˈspektf(ʊ)lɪ] *adv, Yours* ~*ly* (*i brev*) Vördsamt **-ing** [rɪˈspektɪŋ] *prep* beträffande, angående, med hänsyn till

respective [rɪˈspektɪv] respektive; *they returned to their* ~ *homes* de återvände till sina respektive hem; *they each have their* ~ *merits* var och en har sina förtjänster **-ly** [-lɪ] *adv* respektive; *Italy and Sweden lie second and third* ~ Italien och Sverige ligger på andra respektive tredje plats

respir|ation [ˌrespəˈreɪʃn] andning, respiration; *artificial* ~ konstgjord andning **-ator** [ˈrespəreɪtə] respirator **-atory** [rɪˈspaɪərət(ə)rɪ] andnings-, respirations-

respire [rɪˈspaɪə] **1** andas, respirera **2** *litt.* andas ut

respite [ˈrespaɪt] **I** *s* respit, anstånd, uppskov; frist, andrum **II** *v* ge respit, bevilja anstånd (upp-

skov) med
resplend|ence [rɪ'splendəns], **-ency** [-ənsɪ] glans, prakt **-ent** [-ənt] strålande, lysande, praktfull
respond [rɪ'spɒnd] **1** svara (*to* på); ~ *to* (*äv.*) besvara **2** ~ *to* reagera [positivt], svara på (*treatment* behandling) **-ent** [-ənt] **1** *jur.* svarande (*i sht i skilsmässomål*) **2** svarande, person som svarar
response [rɪ'spɒns] **1** svar (*to* på); genmäle; *in* ~ *to* som svar på **2** respons, [gen]svar, reaktion (*to* på) **3** (*i bridge*) svarsbud
respon|sibility [rɪˌspɒnsə'bɪlətɪ] **1** ansvar, ansvarighet (*for* för; *to* inför); *accept* (*assume*) ~ *for* ta på sig ansvaret för **2** förpliktelse **-sible** [-səbl] **1** ansvarig (*for* för; *to* inför); ansvarsfull; ansvarskännande **2** vederhäftig, solid **-sive** [-sɪv] **1** svars-, som svar **2** känslig (*to* för); intresserad, deltagande
1 rest [rest] **I** *v* förbli; ~ *easy* vara lugn; *you may* ~ *assured that* du kan vara säker på att **II** *s, the* ~ resten, återstoden; *for the* ~ *a*) för (i) övrigt, *b*) vad resten (det övriga) beträffar; *and* [*all*] *the* ~ *of it* (*vard.*) och allt sånt där
2 rest [rest] **I** *v* **1** [låta] vila; ~ *o.s.* vila sig; *feel* ~*ed* känna sig utvilad; *God* ~ *his soul!* må han vila i frid! **2** vila, stödja, lägga, luta; *bildl.* stödja, grunda **3** vila [sig], ta igen sig; ta en paus, rasta; få lugn (ro); *let the matter* ~ låta saken bero; *the matter must not* ~ *there* man kan inte låta saken stanna vid detta; *he will not* ~ *until* han ger sig inte (får ingen ro) förrän **4** vila, stödja sig, ligga; *bildl.* stödja (grunda) sig; ~ *with* ligga (vila) hos, bero på **II** *s* **1** vila; paus, rast; lugn, ro, frid; *day of* ~ vilodag; *be at* ~ *a*) vara lugn (stilla, i vila, i viloläge), *b*) ha fått frid, vara död; *come to* ~ stanna; *give it a* ~*!* sluta!; *give one's eyes a* ~ vila ögonen; *have* (*take*) *a* ~ *a*) vila sig, *b*) ta en paus; *lay to* ~ föra till den sista vilan, begrava; *set at* ~ lugna; *you can set* (*put*) *your mind at* ~ du kan vara lugn **2** stöd; klyka **3** hem; viloplats **4** *mus.* paus; *versl.* cesur
restaurant ['rest(ə)rɔ̃:(ŋ)] restaurang **restaurant car** restaurangvagn
restaurateur [ˌrestɒrə'tɜ:] restauratör, restaurangägare
rested ['restɪd] utvilad **restful** ['restf(ʊ)l] rogivande, vilsam; lugn, fridfull
rest|-home ['resthəʊm] ålderdomshem **--house** härbärge (*för vägfarande*); raststuga
resting place ['restɪŋpleɪs] rastställe; fristad; *last* ~ sista vilorum
restitution [ˌrestɪ'tju:ʃn] **1** åter|lämnande, -ställande, -betalning, restitution
restive ['restɪv] **1** bångstyrig, motspänstig **2** otålig, rastlös
restless ['restlɪs] rastlös, orolig, otålig **-ness** [-nɪs] rastlöshet, orolighet, otålighet
restock [ˌri:'stɒk] fylla på [förråden i]
restora|tion [ˌrestə'reɪʃn] **1** återställande; återupprättande; återinförande; återupplivande; återlämnande; *the R*~ restaurationen (*återupprättandet av den eng. monarkin 1660*) **2** restaurering, restauration, renovering **-tive** [rɪ'stɒrətɪv] **I** *a* stärkande, återställande, uppiggande **II** *s* stärkande medel; [uppiggande] drink
restore [rɪ'stɔ:] **1** återlämna, ge (lämna, ställa) tillbaka; återställa; ~*d* [*to health*] återställd; ~ *a p.'s health,* ~ *s.b. to health* återge ngn hälsan; ~ *to life* återkalla till livet **2** återupprätta; återinföra; återinsätta; ~ *to power* återföra till makten; ~ *to the throne* återinsätta på tronen **3** restaurera, renovera; rekonstruera (*a text* en text)
restrain [rɪ'streɪn] **1** hindra, avhålla (*from* från) **2** hålla tillbaka, tygla, lägga band på **3** spärra in
restraint [-t] **1** restriktion, inskränkning, hinder; tvång, band; ~ *of trade* handelshinder; *without* ~ oinskränkt, ohämmat **2** återhållande, tyglande, kontroll; återhållsamhet **3** *under* ~ under arrest
restrict [rɪ'strɪkt] begränsa, inskränka; ~*ed area* skyddsområde; ~*ed document* hemligstämplat dokument; ~*ed zone* (*BE.*) område med hastighetsbegränsning och särskilda parkeringsbestämmelser **restriction** [-kʃn] **1** restriktion, begränsning, inskränkning; *place* ~*s on* utfärda restriktioner om, göra inskränkningar i **2** förbehåll, inskränkning **restrictive** [-ktɪv] restriktiv, inskränkande
rest room ['restrʊm] *AE.* [offentlig] toalett
restructure [ˌri:'strʌktʃə] omstrukturera
result [rɪ'zʌlt] **I** *v* **1** bli (vara) resultatet (följden) (*from* av), härröra (*from* från) **2** ~ *in* resultera i, bli följden av, leda till **II** *s* resultat; *as a* ~ *of* till följd av **-ant** [-(ə)nt] **I** *a* resulterande, [därav] följande **II** *s, fys.* resultant
resume [rɪ'zju:m] **1** återta[ga]; ~ *one's seat* åter inta sin plats **2** återuppta[ga], åter börja **3** återuppta[ga]s, börja igen
résumé ['rezju:meɪ] **1** resumé, samman|fattning, -drag **2** *AE.* levnadsbeskrivning, meritförteckning
resump|tion [rɪ'zʌm(p)ʃn] **1** återtagande **2** återupptagande
resurface [ˌri:'sɜ:fɪs] **1** komma upp till ytan igen; *vard.* dyka upp igen **2** ge ny ytbeläggning
resur|gence [rɪ'sɜ:dʒ(ə)ns] *s* återupp|vaknande, -stående, -blomstrande **-gent** [-dʒ(ə)nt] återupp|vaknande, -stående, -blomstrande
resur|rect [ˌrezə'rekt] **1** återkalla till livet; *bildl.* återupp|väcka, -liva **2** återuppstå, återkallas till livet **-rection** [-'rekʃn] återuppståndelse; *bildl.* återupp|väckande, -livande; *the R*~ Kristi uppståndelse
resusci|tate [rɪ'sʌsɪteɪt] återupp|väcka, -liva (*äv. bildl.*) **-tation** [rɪˌsʌsɪ'teɪʃn] *s* återupp|väckande, -livande
ret [ret] röta (*lin e.d.*)
ret. *förk. för retain; retired; return*[*ed*]
retail I *s* ['ri:teɪl] försäljning i minut, detaljhandel; *sell by* ~ sälja i minut (styckevis) **II** *a* ['ri:teɪl] detalj[handels]-, minut- **III** *adv* ['ri:teɪl] *sell* ~ sälja i minut (styckevis) **IV** *v* [ri:'teɪl] **1** sälja i minut (styckevis) **2** relatera, berätta i detalj **3** säljas i minut (styckevis) **-er** [ri:'teɪlə] detaljhandlare, detaljist, återförsäljare
retain [rɪ'teɪn] **1** hålla kvar, [bi]behålla **2** hålla i minnet **3** betala förskotts|arvode (-honorar, -hyra *etc.*) för; *jur.* betala engagemangsarvode (*t. advokat*); ~*ing fee, se retainer 3* **-er** [-ə] **1** *hist.* vasall **2** trotjänare **3** förskottshyra; engagemangsarvode (*t. advokat*)

R

retake I *s* ['ri:teɪk] *film.* omtagen scen **II** *v* [ˌri:'teɪk] (*retook, retaken*) **1** åter|ta, -erövra **2** *film.* ta om **3** gå upp igen i (*examen*)
retali|ate [rɪ'tælɪeɪt] vedergälla, hämnas, ge igen, slå tillbaka **-ation** [-ˌtæli'eɪʃn] vedergällning, hämnd **-ative, -atory** [rɪ'tælɪ|ətɪv, -ət(ə)rɪ] vedergällnings-
retard [rɪ'tɑ:d] för|sena, -dröja, hämma; *~ed child* utvecklingsstört barn **-ation** [ˌri:tɑ:'deɪʃn], **-ment** [rɪ'tɑ:dmənt] för|sening, -dröjning; retardation; *biol.* retardering
retch [retʃ] **I** *v* vilja kräkas **II** *s* kräkningsreflex
retd. *förk. för retained; retired; returned*
retell [ˌri:'tel] (*retold, retold*) åter|berätta, -ge
reten|tion [rɪ'tenʃn] **1** [bi]behållande, bevarande **2** kvarhållande **3** *med., psykol.* retention **-tive** [-tɪv] mottaglig; ~ *memory* bra minne
rethink [ˌri:'θɪŋk] **I** *v* (*rethought, rethought*) **1** ompröva, överväga på nytt **2** tänka om **II** *s* omprövning, förnyat övervägande
reti|cence ['retɪs(ə)ns] förtegenhet, tystlåtenhet **-cent** [-s(ə)nt] förtegen, tystlåten
reticule ['retɪkju:l] påsväska
retina ['retɪnə] *anat.* retina, näthinna
retinue ['retɪnju:] följe, svit
retire [rɪ'taɪə] **1** dra sig tillbaka (undan); försvinna; *sport.* gå ur; ~ *into o.s.* sluta sig inom sig själv **2** gå till sängs **3** *mil.* retirera **4** gå i pension, avgå **5** [förtids]pensionera, tvinga att avgå **6** dra (lösa) in (*sedlar e.d.*) **7** *mil.* låta retirera, dra tillbaka **retired** [-d] **1** tillbakadragen; reserverad **2** pensionerad; avgången **retirement** [-mənt] **1** avskildhet; tillbakadragenhet **2** pensionering; avgång; pensionsålder **3** *mil.* reträtt, återtåg **retirement pension** ålderspension **retiring** [-rɪŋ] tillbakadragen, reserverad
retort [rɪ'tɔ:t] **I** *v* svara skarpt, genmäla, replikera **II** *s* **1** skarpt svar, replik **2** *kem.* retort
retouch [ˌri:'tʌtʃ] retuschera
retrace [rɪ'treɪs] **1** följa tillbaka; ~ *one's steps* gå samma väg tillbaka
retract [rɪ'trækt] **1** ta tillbaka, återkalla **2** dra in (tillbaka) **3** dra sig tillbaka; dras in (tillbaka) **retractable, retractile** [rɪ'træk|təbl, -taɪl] indragbar, infällbar **retraction** [rɪ'trækʃn] **1** återkallande **2** in-, tillbaka|dragande
retread I *v* [ˌri:'tred] regummera **II** *s* ['ri:tred] regummerat däck
retreat [rɪ'tri:t] **I** *v* **1** flytta tillbaka, retirera med **2** slå till reträtt. retirera; dra sig (vika, gå) tillbaka; vika **II** *s* **1** reträtt, återtåg; *beat a ~* slå till reträtt, ta till reträtten; *sound the ~* blåsa till reträtt **2** tillflykt[sort], fristad
retrench [rɪ'tren(t)ʃ] **1** skära ner, minska [på] **2** *~ o.s.* förskansa sig **-ment** [-mənt] **1** nedskärning, minskning **2** *mil.* förskansning
retrial [ˌri:'traɪ(ə)l] *jur.* förnyad prövning
retribu|tion [ˌretrɪ'bju:ʃn] vedergällning; straff **-tive** [rɪ'trɪbju:tɪv] vedergällnings-; straff-
retrieval [rɪ'tri:vl] **1** åter|vinnande, -fående **2** *beyond ~* ohjälplig[t förlorad] **retrieve** [rɪ'tri:v] **1** hämta (få) tillbaka, åter|få, -vinna; återfinna **2** (*om hund*) apportera **3** rädda **4** komma ihåg **5** gottgöra, reparera **6** *data.* hämta, öppna (*dokument*)
retreiver [-ə] **1** (*hundras*) retriever **2** (*om hund*) apportör
retroactive [ˌretrəʊ'æktɪv] retroaktiv
retro|fire ['retrəʊˌfaɪə] tända bromsraket **-flex** ['retrə(ʊ)fleks] **1** tillbakaböjd **2** *fonet.* retroflex **-grade** ['retrə(ʊ)greɪd] **I** *a* **1** tillbakagående, bakåtriktad; bakåtlutande; retrograd; *~ step* steg tillbaka **2** bakåtsträvande **II** *v* gå bakåt (tillbaka)
retro|gress [ˌretrə(ʊ)'gres] gå tillbaka (bakåt) **-gression** [-'greʃn] tillbakagång; regression **-gressive** [-'gresɪv] tillbakagående; bakåtsträvande, regressiv
retro-rocket ['retrəʊˌrɒkɪt] bromsraket
retro|spect ['retrə(ʊ)spekt] tillbaka-, åter|blick; *in ~* i efterhand, så här efteråt **-spection** [ˌretrə(ʊ)'spekʃn] tillbakablickande, återblick **-spective** [ˌretrə(ʊ)'spektɪv] **1** retrospektiv, tillbakablickande **2** retroaktiv
return [rɪ'tɜ:n] **I** *v* **1** ställa (lägga, sätta, stoppa, ge, lämna, skicka, kasta, slå) tillbaka; lämna igen, återlämna, återställa; returnera; återbetala; *~ a blow* slå tillbaka **2** besvara, återgälda; *~ fire* besvara elden; *~ good for evil* löna ont med gott **3** svara, replikera **4** förklara; rapportera; avkunna; avge; lämna in; *~ s.b. guilty* förklara ngn skyldig **5** avkasta, ge **6** välja [till parlamentsledamot] **7** komma tillbaka (hem), återkomma, återvända; återgå **II** *s* **1** åter-, hem|komst; återvändande; åter|resa, -väg; återgång; *med.* återfall; *by ~ [of post]* omgående, med vändande post; *~ to health* tillfrisknande; *many happy ~s [of the day]*! har den äran [att gratulera]! **2** [tur- och] returbiljett **3** åter|ställande, -lämnande *etc., jfr I 1;* returförsändelse; returboll; återbetalning; *~s* (*pl*) returer, returgods **4** besvarande; vedergällning, lön; *in ~* i gengäld, till tack (svar), som motprestation **5** rapport, berättelse; dom[slut]; *~s* (*pl, äv.*) statistik, [statistiska] uppgifter; [*election*] *~s* (*pl*) valresultat; [*tax*] ~ deklaration; *population ~s* (*pl*) befolkningssiffror **6** avkastning, vinst; *~s* (*pl, äv.*) intäkter, vinster **7** val (*t. parlament*) **returnable** [rɪ'tɜ:nəbl] retur- **returning officer** *parl.* valförrättare **return match** returmatch **return ticket** [tur- och] returbiljett
reunion [ˌri:'ju:njən] **1** återförening **2** sammankomst, samkväm **reunite** [ˌri:ju:'naɪt] återförena[s], åter ena[s]
re-use I *v* [ˌri:'ju:z] använda igen (på nytt) **II** *s* [ˌri:'ju:s] förnyad användning
rev [rev] *vard.* **I** *s* [motor]varv **II** *v* **1** *~ [up] the motor* rusa (varva upp) motorn **2** *~ [up]* (*om motor*) rusa, varva upp
Rev. *förk. för* (*bibl.*) *Revelation; Reverend* **rev.** *förk. för revenue; reverse*[*d*]; *review; revise*[*d*]; *revision; revolution*
revaluation [ˌri:væljʊ'eɪʃn] **1** omvärdering **2** *ekon.* revalvering **revaluate** [ˌri:'væljʊeɪt] *AE.*, **revalue** [ˌri:'vælju:] *BE.* **1** omvärdera **2** *ekon.* revalvera
revamp [ˌri:'væmp] lappa ihop, reparera, ändra (*äv. bildl.*)
Revd. *förk. för Reverend*
reveal [rɪ'vi:l] avslöja, röja, yppa; visa, uppenbara
reveille [rɪ'vælɪ, *AE.* 'revəli:] revelj
revel ['revl] **I** *v* **1** festa [om], svira, rumla [om]; *~ in* (*bildl.*) frossa i, njuta av **II** *s* fest; *~s* (*pl, äv.*)

festligheter
revelation [ˌrevə'leɪʃn] **1** uppenbarande, yppande; avslöjande; *it was a ~ to me* det kom som en överraskning för mig **2** (*gudomlig*) uppenbarelse; *R~[s]*, *the R~ of St. John the Divine* Uppenbarelseboken
revel|ler ['revl̩ə] festprisse, rumlare **-ry** ['revlrɪ] festande, rumlande, svirande
revenge [rɪ'ven(d)ʒ] **I** *v* hämnas; *~ o.s. on s.b.* hämnas på ngn **II** *s* hämnd, vedergällning; revansch; *in ~ of* som hämnd för; *get one's ~* ta hämnd; *take ~ on s.b.* ta hämnd (revansch) på ngn; *~ is sweet* hämnden är ljuv **-ful** [-f(ʊ)l] hämnd|lysten, -girig
revenue ['revənju:] inkomst[er], avkastning; *[public] ~* statsinkomster **revenue cutter** [-ˌkʌtə] tullkryssare **revenue official** [-əˌfɪʃl] tjänsteman på skatteverket
rever|berate [rɪ'vɜ:b(ə)reɪt] **1** återkasta, reflektera (*ljud, ljus e.d.*) **2** (*om ljud, ljus e.d.*) återkastas, reflekteras, eka **-beration** [rɪˌvɜ:bə'reɪʃn] **1** återkastande, reflexion; eko, genljud (*äv. bildl.*); *bildl. äv.* återverkning
revere [rɪ'vɪə] vörda, se upp till
rever|ence ['rev(ə)r(ə)ns] **I** *s* aktning, vördnad; vördnadsbetygelse **II** *v* vörda **-end** [-(ə)nd] **I** *a* **1** *åld.* vördnadsvärd **2** *[the] R~ John Smith* kyrkoherde (pastor) John Smith; *[the] Most R~ John Smith* ärkebiskop John Smith; *[the] Right~ John Smith* biskop John Smith; *[the] Very R~ John Smith* domprost John Smith **II** *s, vard.* präst **-ent** [-(ə)nt], **-ential** [ˌrevə'renʃl] vördnadsfull
reverie ['revərɪ] drömmeri; dagdröm; *lapse into a ~* försjunka i drömmerier
revers [rɪ'vɪə] (*pl revers* [-z]) (*på plagg*) slag
reversal [rɪ'vɜ:sl] **1** omsvängning, omkastning, omslag (*of* i); ombyte (*of* av) **2** *jur.* upphävande (*av dom o.d.*)
reverse [rɪ'vɜ:s] **I** *a* omvänd, motsatt, omkastad, bakvänd; *~ gear* back[växel]; *~ motion* rörelse (gång) bakåt (i motsatt riktning); *~ side* bak-, från-, avig|sida **II** *s* **1** motsats (*of* till, mot); *quite the ~* alldeles tvärtom; *he is the ~ of polite* han är allt annat än artig **2** bakslag, motgång, nederlag; *go into ~* röna motgång, råka ut för ett bakslag, lida nederlag **3** bak-, från-, avig|sida; *the ~ of a coin* reversen (baksidan) av ett mynt; *the ~ of the medal* (*bildl.*) medaljens baksida **4** back[växel]; *put the car into ~* lägga i backen **III** *v* **1** vända [på]; vända (flytta, kasta, slå) om; ändra [om]; *~ one's car* backa bilen; *~ the charges* (*tel.*) låta mottagaren betala samtalet; *~d charge call* (*tel.*) ba-samtal **2** *jur.* upphäva, återkalla **3** vända, slå om **4** backa **reversible** [-əbl] reversibel, omkastbar; vändbar (*skirt* kjol) **reversing light** [-ɪŋlaɪt] backlykta **reversion** [rɪ'vɜ:ʃn] åter-, tillbaka|gång
revert [rɪ'vɜ:t] **1** återgå, gå tillbaka, återvända, återkomma **2** *jur.* hemfalla, återgå
review [rɪ'vju:] **I** *v* **1** se tillbaka på, gå igenom, låta passera revy; överblicka **2** gå igenom (granska, betrakta) på nytt; *jur.* ompröva **3** anmäla, recensera **4** *mil.* inspektera, mönstra **II** *s* **1** återblick (*of* på); över|blick, -sikt (*of* över); *pass in ~* se tillbaka på, gå igenom, låta passera revy **2** genomgång, granskning, [förnyad] undersökning; *jur.* omprövning, revision; *come under (up for) ~* granskas på nytt, tas upp till omprövning (förnyad behandling) **3** anmälan, recension (*of* av) **4** tidskrift **5** *mil.* inspektion, mönstring, revy **review copy** [-ˌkɒpɪ] recensionsexemplar **reviewer** [-ə] recensent, anmälare
revile [rɪ'vaɪl] smäda, skymfa
revise [rɪ'vaɪz] **1** revidera; ändra; granska; omarbeta, bearbeta; *the R~d Version* (*BE.*) den reviderade bibelöversättningen (*1881, 1885*) **2** *skol.* repetera, plugga in
revision [rɪ'vɪʒn] **1** revidering, revision; ändring; granskning; omarbetning, bearbetning; reviderad upplaga **2** *skol.* repetition, pluggande
revision|ism [rɪ'vɪʒ(ə)nɪz(ə)m] revisionism **-ist** [-ɪst] revisionist
revisit [ˌri:'vɪzɪt] besöka igen
revital|ize (*BE. äv. -ise*) [ˌri:'vaɪtəlaɪz] vitalisera, liva upp; återuppliva
revival [rɪ'vaɪvl] **1** återupp|livande, -väckande (*äv. bildl.*); återupptagande; återhämtning; *economic ~* ekonomisk återhämtning; *a ~ of interest in* ett nyvaknat intresse för **2** *teat.* ny uppsättning **3** väckelse; väckelsemöte **-ism** [rɪ'vaɪvəlɪz(ə)m] väckelse[rörelse]
revive [rɪ'vaɪv] **1** återupp|liva, -väcka (*äv. bildl.*); *bildl.* blåsa nytt liv i, återinföra, återuppliva; *~ a p.'s memory* friska upp ngns minne **2** *teat.* göra en nyuppsättning av, ha nypremiär på **3** vakna till liv igen, kvickna till (*äv. bildl.*); *bildl. äv.* leva upp, få nytt liv
revocation [ˌrevə'keɪʃn] återkallande, upphävande, annullering
revoke [rɪ'vəʊk] **1** återkalla, upphäva, annullera **2** *kortsp.* underlåta att bekänna färg
revolt [rɪ'vəʊlt] **I** *v* **1** revoltera, göra revolt (uppror) **2** uppröras, känna avsky **3** göra upprörd, fylla med avsky; *be ~ed by* bli (vara) upprörd över, känna avsky inför (över) **II** *s* revolt, uppror; *rise in ~* göra revolt (uppror) **-ing** [-ɪŋ] **1** revolterande, upprorisk **2** upprörande, motbjudande, kväljande
revolution [ˌrevə'lu:ʃn] **1** revolution; *bildl. äv.* omvälvning; *the French R~* franska revolutionen; *the industrial ~* den industriella revolutionen **2** rotation; varv; *astr.* kretslopp; omlopp **-ary** [-ʃn̩ərɪ] **I** *a* revolutionär, revolutions- **II** *s* revolutionär **-ize** (*BE. äv. -ise*) [-ʃn̩aɪz] revolutionera
revolve [rɪ'vɒlv] **1** rotera, snurra runt, vrida sig; *~ around* (*bildl.*) kretsa kring **2** sätta i rotation, få att rotera
revolver [rɪ'vɒlvə] revolver
rivolving [rɪ'vɒlvɪŋ] roterande; *~ door* svängdörr; *~ stage* vridscen
revue [rɪ'vju:] *teat.* revy
revulsion [rɪ'vʌlʃn] **1** motvilja **2** omsvängning; motreaktion
reward [rɪ'wɔ:d] **I** *s* belöning; hittelön; *as a ~ for* som belöning för **II** *v* belöna; *the picture ~s attention* tavlan förtjänar att uppmärksammas **-ing** [-ɪŋ] lönande, givande, värd mödan
rewind [ˌri:'waɪnd] **I** *v* (*rewound, rewound*) spola tillbaka (*a tape* ett band) **II** *s* återspolning
rewire [ˌri:'waɪə] *elektr.* dra (lägga in) nya ledningar i

R

rework [ˌriːˈwɜːk] omarbeta
rewrite I *v* [ˌriːˈraɪt] (*rewrote, rewritten*) skriva om; omarbeta **II** *s* [ˈriːraɪt] omskrivning; omarbetning
Rex [reks] konung, rex
Reynard the Fox [ˌrenədðəˈfɒks] Mickel Räv
Reynold [ˈrenld]
RF *förk. för radio frequency* **R.G.S.** *förk. för Royal Geographical Society* **Rgt.** *förk. för regiment* **R.H., r.h.** *förk. för right hand* **R.H.A.** *förk. för Royal Horse Artillery*
rhap|sodic [ræpˈsɒdɪk] **1** rapsodisk **2** extatisk, entusiastisk, hänförd **-sodize** (*BE. äv. -sodise*) [ˈræpsədaɪz] *v, ~ about* yttra sig entusiastiskt om **-sody** [ˈræpsədɪ] **1** rapsodi **2** extas, entusiasm
rhea [rɪə] *zool.* nandu, amerikansk struts
Rheims [riːmz] Reims
Rhenish [ˈriːnɪʃ] **I** *a* rhensk **II** *s* rhenvin
rheostat [ˈrɪə(ʊ)stæt] *elektr.* reostat
rhet. *förk. för rhetoric[al]*
rhetoric [ˈretərɪk] retorik, vältalighet **rhetorical** [rɪˈtɒrɪkl] retorisk; *~ question* retorisk fråga **rhetorician** [ˌretəˈrɪʃn] vältalare, retor
rheu|matic [ruːˈmætɪk] **I** *a* reumatisk (*fever* feber) **II** *s* **1** reumatiker **2** *~s* (*pl, vard.*) reumatism **-maticky** [-ˈmætɪkɪ] *vard.* reumatisk **-matism** [ˈruːmətɪz(ə)m] reumatism **-matoid** [ˈruːmətɔɪd] *a, ~ arthritis* reumatoid artrit, kronisk ledgångsreumatism
R.H.G. *förk. för Royal Horse Guards*
Rhine [raɪn] *s, the ~* Rhen **rhinestone** [ˈraɪnstəʊn] strass
1 rhino [ˈraɪnəʊ] *förk. för rhinoceros*
2 rhino [ˈraɪnəʊ] *BE. sl.* pengar; *ready ~* kontanter
rhinoceros [raɪˈnɒs(ə)rəs] *zool.* noshörning
Rhode Island [ˌrəʊdˈaɪlənd]
Rhodes [rəʊdz] Rhodos
Rhodesia [rə(ʊ)ˈdiːzjə] Rhodesia
rhododendron [ˌrəʊdəˈdendr(ə)n] *bot.* r[h]ododendron
rhomb [rɒm] romb **rhombic[al]** [ˈrɒmbɪk(l)] rombisk **rhomboid** [ˈrɒmbɔɪd] **I** *s* romboid **II** *a* romboidisk **rhombus** [ˈrɒmbəs] romb
rhubarb [ˈruːbɑːb] rabarber
rhyme [raɪm] **I** *s* rim; rimord; rimmad vers; *in ~* på rim; *without ~ or reason* utan rim och reson **II** *v* rimma; skriva vers; *rhyming dictionary* rimlexikon; *rhyming slang* rimmad slang (*t.ex. apples and pears för stairs*) **rhymer, rhymester** [ˈraɪm|ə, -stə] rim|smed, -smidare
rhythm [ˈrɪð(ə)m] rytm **rhytmic[al]** [ˈrɪðmɪk(l)] rytmisk
R.I. *förk. för Regina et Imperatrix (lat.) Queen and Empress; Rex et Imperator (lat.) King and Emperor; Rhode Island; Royal Institution*
rib [rɪb] **I** *s* **1** revben; *~s of pork* (*kokk.*) revbensspjäll; *poke s.b. in the ~s* stöta till ngn i sidan **2** (*i blad, berg e.d.*) ådra **3** räffla; (*i tyg*) upphöjd rand; ribb-, resår|stickning **4** *arkit.* [valv]ribba; *sjö.* spant **5** bergutsprång **II** *v* **1** (*jfr äv. ribbed*) räffla, göra ribbor i **2** *vard.* retas med
R.I.B.A. *förk. för Royal Institute of British Architects*
ribald [ˈrɪb(ə)ld] *åld.* plump, oanständig **-ry** [-rɪ] *åld.* plumpheter, oanständigheter
ribbed [rɪbd] ribbad, räfflad; resår-, ribb|stickad; *~ knitting* resår-, ribb|stickning **ribbing** [ˈrɪbɪŋ] resår-, ribb|stickning
ribbon [ˈrɪbən] **1** band (*äv. bildl.*); ordensband; färgband **2** strimla, remsa; *cut (torn, slashed) to ~s* [sliten, riven] i trasor **ribbon development** [-dɪˌveləpmənt] *BE. ung.* radhusbyggande längs en väg (*under mellankrigstiden*) **ribbon worm** [-wɜːm] *zool.* slem-, snör|mask
rib-cage [ˈrɪbkeɪdʒ] bröstkorg
riboflavin [ˌraɪbəʊˈfleɪvɪn] riboflavin
rice [raɪs] **I** *s* ris; risgryn **II** *v, AE.* pressa (*potatis*) **rice bowl 1** risskål **2** risproducerande område **rice paper** [-ˌpeɪpə] rispapper **rice pudding** [-ˌpʊdɪŋ] *ung.* risgrynsgröt
rich [rɪtʃ] **I** *a* **1** rik (*in, with* på); dyrbar **2** stor, rikhaltig **3** fet, bördig (*soil* jord) **4** (*om mat*) fet, kraftig **5** (*om färg*) fyllig, varm; (*om röst, ljud*) fyllig; (*om lukt, smak*) stark, intensiv, fyllig; (*om tyg e.d.*) praktfull **6** *åld.* dråplig **II** *s, the ~* de rika, rika människor
rich|es [ˈrɪtʃɪz] *pl* rikedom[ar] **-ly** [-lɪ] *adv* rikt *etc.*; rikligen, rikligt **-ness** [-nɪs] rikedom, rikhet *etc., jfr rich*
Richter scale [ˈrɪktəskeɪl] Richterskala
1 rick [rɪk] [hö-, halm]stack
2 rick [rɪk] sträcka; vricka, stuka
rickets [ˈrɪkɪts] (*behandlas som sg*) *med.* rakitis, engelska sjukan **rickety** [-ɪ] **1** skranglig, rank; fallfärdig **2** *med.* rakitisk **3** svag, skröplig
rickshaw [ˈrɪkʃɔː] riksha, rickshaw
ricochet [ˈrɪkəʃeɪ] **I** *v* rikoschettera **II** *s* rikoschett
rid [rɪd] (*rid, rid, ibl. ~ded, ~ded*) befria, göra fri (*of* från); *~ o.s. of s.th.* göra sig kvitt, bli fri från; *be ~ of* vara av med (fri från), ha sluppit; *get ~ of* bli av med, bli kvitt, göra sig av med **riddance** [ˈrɪd(ə)ns] befrielse; *good ~ [to bad rubbish]!* skönt att bli av med den (honom *etc.*)!
ridden [ˈrɪdn] **I** *perf. part. av ride* **II** *a* (*i sms.*) ansatt (hemsökt, härjad, plågad) av
1 riddle [ˈrɪdl] gåta (*äv. bildl.*)
2 riddle [ˈrɪdl] **I** *v* genomborra, göra fullt med hål i **2** skada **3** sålla **II** *s* grovt såll
ride [raɪd] **I** *v* (*rode, ridden*) **1** rida [på]; *~ down a)* rida omkull, *b)* rida ifatt; *~ [out] the storm* (*äv. bildl.*) rida ut stormen **2** låta rida, bära **3** köra, åka; *~ a bicycle* åka cykel, cykla **4** plåga; köra med, trakassera, topprida **5** (*om jockey*) väga **6** rida; sitta [grensle], gunga; vila; *~ at anchor* ligga för ankar; *~ for a fall* vara på väg mot en katastrof; *~ in a train* åka tåg; *~ on a surge of popularity* rida på en våg av popularitet; *the bird ~s on the wind* fågeln bärs av vinden; *~ on a motorcycle* åka (köra) motorcykel; *~ out* (*äv.*) göra en ridtur; *~ over hounds* (*jakt.*) rida in bland (förbi) hundarna; *~ to hounds* jaga räv; *the moon is riding high* månen står högt på himlen; *let it ~* låta det vara (bero) **7** köra, åka; gå; *~ up* (*om plagg*) glida (åka) upp **II** *s* **1** ritt; [åk]tur, resa, färd; *give s.b. a ~* skjutsa ngn; *go for (have, take) a ~* rida (åka) ut, ta en [åk]tur (ridtur); *take s.b. for a ~* (*vard.*) *a)* lura ngn, *b)* föra bort ngn [med bil] och mörda honom **2** ridväg
rider [ˈraɪdə] **1** ryttare; *bicycle ~* cyklist **2** tillägg
ridge [rɪdʒ] ås; rygg, kam; *~ of high pressure* högtrycksrygg **-pole** [ˈrɪdʒpəʊl] taknock

ridicule ['rɪdɪkju:l] **I** *v* förlöjliga, göra till ett åtlöje, håna **II** *s* förlöjligande, åtlöje, hån; *hold up to ~* förlöjliga, göra till ett åtlöje **ridiculous** [rɪ'dɪkjʊləs] löjlig, skrattretande
riding ['raɪdɪŋ] **I** *s* ridning **II** *a* ridande; *Little Red R~ Hood* Rödluvan **riding breeches** *pl* ridbyxor **riding habit** (*dams*) ridräkt **riding lamp (light)** *sjö.* ankarljus
rife [raɪf] utbredd, förhärskande, vanlig; *be ~ with* vara full (översvämmad) av
riffle ['rɪfl] bläddra (*through* igenom)
riffraff ['rɪfræf] slödder, pack
1 rifle ['raɪfl] **1** räffla **2** gevär, bössa **3** *~s* (*pl*) infanterister
2 rifle ['raɪfl] **1** rota (*through* igenom) **2** plundra, råna; stjäla
rifleman ['raɪflmən] [gevärs]skytt, infanterist **rifle range** skjutbana
rift [rɪft] spricka (*äv. bildl.*), reva, rämna; *bildl. äv.* klyfta, splittring **rift valley** [-ˌvælɪ] *geol.* sprickdal
rig [rɪg] **I** *s* **1** *sjö.* rigg **2** [olje]rigg **3** utrustning **4** *vard.* rigg, stass **II** *v* **1** *sjö.* rigga, tackla **2** *vard.*, *~ out* klä [ut], rigga upp **3** manipulera med, fixa [till] **4** *~* [*up*] rigga upp (till), montera, sätta upp (ihop) **-ging** [-ɪŋ] *sjö.* rigg[ning]
right [raɪt] **I** *a* rätt, riktig; *~?* eller hur?, inte sant?, det stämmer väl?; *the ~ thing* det rätta; *do the ~ thing by s.b.* handla rätt mot ngn; *be ~ a*) vara rätt (riktig), stämma, *b*) ha rätt (*about* i fråga om); *~ you are!, ~ oh!* bra!, just det!, okej!, då säger vi så!; *that's ~!* det stämmer!, just det!; *is the clock ~?* går klockan rätt?; *be on the ~ side of 40* vara under 40 [år]; *come* (*get*) *~* ordna sig, bli bra; *I don't feel quite ~* jag känner mig inte riktigt bra; *put* (*set*) *~ a*) ställa till rätta, *b*) göra (ställa) i ordning, ordna, *c*) rätta [till], *d*) laga, *e*) göra frisk, bota; *put a clock ~* ställa en klocka **2** rättmätig (*owner* ägare) **3** rät, rak; *at ~ angles* i rät vinkel (*with* mot) **4** höger, höger-; *~ hand a*) höger hand (sida), *b*) *bildl.* högra hand; *~ turn* högersväng; *the ~ wing* högra flygeln, *polit.* högern **II** *adv* **1** rätt, riktigt; bra; *act ~* handla rätt; *nothing goes ~ with me* ingenting lyckas för mig; *turn out ~* sluta bra **2** just, precis; med detsamma, genast, strax; *~ away* (*AE. off*) *a*) med detsamma, genast, strax, *b*) direkt; *~ now a*) just nu, *b*) omedelbart, genast **3** alldeles, fullständigt, helt; ända; *~ on* (*sl.*) fint, schysst **4** (*i titel*) hög-, högt; *the R~ Honourable* högvälborne **5** rätt, rakt, direkt; *~ ahead* (*on*) rakt fram **6** till (åt) höger; *~ and left a*) till höger och vänster, *b*) *bildl.* på (från, åt) alla håll **III** *s* **1** rätt; *~ and wrong* rätt och orätt; *the ~s and wrongs of* de olika sidorna av; *the ~s of the case* det rätta förhållandet; *by ~s* rätteligen, egentligen; *be in the ~* ha rätt[en på sin sida]; *do ~* göra rätt (det rätta); *put* (*set*) *s.th. to ~s* ställa ngt till rätta **2** rättighet, rätt; *~s and duties* rättigheter och skyldigheter; *~ of way a*) förkörsrätt, *b*) rätt att passera över annans mark; *by ~ of* i kraft (på grund) av; *in one's own ~ a*) egen, i sig [själv], *b*) genom egna meriter, *c*) genom börd (arv); *have a ~ to* ha rätt att; *stand on one's ~s* hålla på sin rätt **3** höger sida (hand); *sport.* höger; *the R~* (*polit.*) högern; *on* (*to*) *the ~* till (åt) höger; *on my ~* till höger om mig, på min högra sida **IV** *v* **1** räta upp [sig] **2** rätta [till], korrigera; gottgöra; *the problem will ~ itself* problemet kommer att rätta till sig
right|-about ['raɪtəbaʊt] *a, ~ turn* helomvändning *~ face* (*turn*)! helt höger om! **--angled** [-ˌæŋgld] rätvinklig **--down** [-daʊn] äkta, riktig, ärke-
righteous ['raɪtʃəs] **1** rättrådig, rättskaffens **2** rättmätig **-ness** [-nɪs] **1** rättrådighet **2** rättmätighet
rightful ['raɪtf(ʊ)l] rättmätig
right|-hand ['raɪthænd] höger[-]; *her ~ man* (*bildl.*) hennes högra hand **--handed** [ˌraɪt'hændɪd] högerhänt **--hander** [ˌraɪt'hændə] **1** högerhänt person **2** högerhandsslag
rightho [ˌraɪt'əʊ] *se righto*
rightist ['raɪtɪst] *polit.* **I** *s* högerman **II** *a* höger-
rightly ['raɪtlɪ] *adv* **1** med rätta **2** riktigt, rätt
right-minded [ˌraɪt'maɪndɪd] rättänkande
righto [ˌraɪt'əʊ] *interj, vard.* okay!, o.k.!
right-thinking [ˌraɪt'θɪŋkɪŋ] rättänkande
right|ward ['raɪtwəd] **I** *a* höger[-] **II** *adv, se rightwards* **-wards** [-z] *adv* till (åt) höger
right|-wing ['raɪtwɪŋ] **I** *a* höger-, höger|orienterad, -vriden; på högerkanten **II** *s, polit.* högerflygel **--winger** [ˌraɪt'wɪŋə] **1** politiker på högerflygeln **2** *sport.* högerytter
rigid ['rɪdʒɪd] **1** stel, styv; *it shook me ~* (*vard.*) det gjorde mig stel av fasa **2** sträng, rigorös **-ity** [rɪ'dʒɪdətɪ] **1** stel-, styv|het **2** stränghet
rigmarole ['rɪgm(ə)rəʊl] **1** *vard.* invecklad procedur **2** svammel, nonsens
rigor 1 ['raɪgɔ:] *med.* frossbrytning **2** *~ mortis* [ˌrɪgə'mɔ:tɪs] rigor mortis, likstelhet **3** ['rɪgə] *AE., se rigour* **rigorous** ['rɪg(ə)rəs] **1** sträng, rigorös, [ytterst] noggrann **2** (*om väder*) bister, hård, sträng **rigour** ['rɪgə] hårdhet, stränghet; *~s* (*pl*) strapatser, umbäranden, prövningar; *the ~s of winter* den stränga vintern
rigout ['rɪgaʊt] *vard.* stass, utstyrsel
rile [raɪl] *vard.* irritera, reta [upp]
rill [rɪl] bäck; rännil
rim [rɪm] **I** *s* **1** kant, rand, fals **2** (*på hjul*) fälg **II** *v* kanta, förse med kant
rime [raɪm] **I** *s* rimfrost **II** *v* [be]täcka med rimfrost
rind [raɪnd] skal; kant; svål
rinderpest ['rɪndəpest] boskapspest
1 ring [rɪŋ] **I** *s* **1** ring; cirkel, krets; krans; (*träds*) årsring; *run ~s around s.b.* (*vard.*) utklassa ngn, vara ngn överlägsen **2** grupp, gäng, liga **3** ring; manege, arena, bana; *the ~* (*äv.*) *a*) boxningen, boxningsvärlden, *b*) bookmakers, bookmakers plats **II** *v* **1** *~* [*about, in, round*] ringa in, innesluta, omge **2** ringmärka, ringa
2 ring [rɪŋ] **I** *s* ringning, signal; klang, klingande; ton[fall]; *~ of bells* klockspel; *there was a ~ at the door* (*phone*) det ringde på dörren (i telefonen); *give s.b. a ~* ringa [upp] ngn, slå ngn en signal **II** *v* (*rang, rung*) **1** ringa [på, i, med]; slå; *~* [*up*] ringa upp, ringa [till]; *~ up* (*äv.*) slå in (*i kassan*); *~ up the curtain* (*teat.*) *a*) ringa [till att ridån skall gå upp], *b*) börja föreställningen; *~ the bell for s.b.* ringa på ngn; *that ~s a bell* (*vard.*) det låter bekant; *~ the hours* slå timmarna; *~ in the New Year* ringa in det nya året; **2** ringa; låta, ljuda, klinga, skalla; genljuda; *~ true* klinga äkta, låta

R

sann; ~ *at the door* ringa på dörren; ~ *for s.b.* ringa efter (på) ngn; ~ *off* lägga på [luren], ringa av; ~ *out* ringa [ut], ljuda, klinga, skalla, smälla; *my ears are ~ing* det ringer i öronen på mig

ringdove ['rɪŋdʌv] *zool.* ringduva **ringed** [rɪŋd] **1** ringformig, ring-; ringad **2** ringprydd **3** *zool.*, ~ *plover* större strandpipare

ringer ['rɪŋə] **1** klockare **2** *vard.*, *be a dead ~ for s.b.* vara en exakt kopia av, vara ngns dubbelgångare **ring finger** [-ˌfɪŋgə] ringfinger **ringleader** [-ˌli:də] [upprors]ledare, anstiftare **ringlet** [-lɪt] hårlock **ringmaster** [-ˌmɑ:stə] cirkusdirektör **ring road** [-rəʊd] ringväg **ringside** [-saɪd] ringside (*åskådarplatserna närmast boxningsarena*) **ringworm** [-wɜ:m] *med.* revorm

rink [rɪŋk] rink, ishockey-, bandy-, curling|bana

rinse [rɪns] **I** *v* skölja; spola; skölja (spola) av; ~ [*out*] skölja ren (ur) **II** *s* **1** sköljning; av|sköljning, -spolning **2** toningsvätska

riot ['raɪət] **I** *s* upplopp, uppror; bråk, tumult; *~s* (*pl, äv.*) oroligheter, kravaller; *a ~ of colour* en orgie i färg; *a ~ of emotion* ett [våldsamt] känsloutbrott; *a ~ of flowers* ett hav av blommor; *he's a ~* (*vard.*) han är jätterolig; *run ~ a*) härja, fara våldsamt fram, *b*) frodas, växa ohejdat; *his imagination runs ~* hans fantasi skenar i väg med honom **II** *v* **1** delta i (ställa till med) upplopp *etc.*, *jfr I;* göra uppror; bråka **2** leva om, föra ett utsvävande liv **3** ~ *away one's life* förspilla sitt liv genom utsvävningar **Riot Act** *s, the ~* (*förr*) upploppslagen; *read s.b. the riot act* (*bildl.*) läsa lagen för ngn **rioter** [-ə] upprorsmakare; orosstiftare **riotous** [-əs] **1** upprorisk **2** utsvävande (*living* liv) **3** vild, våldsam; översvallande

rip [rɪp] **I** *v* **1** riva, slita, skära (*off* av, loss, lös; *open, up* upp; *out* ut); riva (slita) sönder; ~ *off* (*vard.*) *a*) skörta upp, lura, *b*) knycka, sno **2** klyvsåga **3** rivas (slitas) isär (sönder); rämna, spricka **4** *vard.* rusa, störta; *let it* (*her*) *~!* full fart!, gasen i botten! **II** *s* reva; skåra

R.I.P. *förk. för requiesca*[*n*]*t in pace* (*lat.*) må han (hon, de) vila i frid

ripcord (*på fallskärm*) utlösningslina

ripe [raɪp] mogen (*äv. bildl.*); (*om lukt*) skarp, påträngande; ~ *old age* framskriden (aktningsvärd) ålder **ripen** ['raɪp(ə)n] **1** mogna **2** få att mogna **ripeness** ['raɪpnɪs] mognad

rip-off ['rɪpɒf] *vard.* stöld; stöldgods; *it was a ~* jag fick betala rena rövarpriset för den

riposte [rɪ'pɒst] **I** *s* ripost **II** *v* ripostera

ripper ['rɪpə] *vard.* uppskärare

ripple ['rɪpl] **I** *s* **1** (*på vattenyta*) krusning **2** vågskvalp; porlande (*äv. bildl.*); *bildl. äv.* våg[rörelse], ilning; *a ~ of laughter a*) en skrattsalva, *b*) ett porlande (pärlande) skratt **II** *v* **1** (*om vattenyta*) krusa sig **2** skvalpa; porla; klucka; *bildl.* sprida sig som vågrörelser, röra sig, spela **3** krusa

rip-roaring ['rɪpˌrɔ:rɪŋ] *vard.* fantastisk, enorm; uppsluppen, bullrande

ripsaw ['rɪpsɔ:] klyvsåg

rise [raɪz] **I** *v* (*rose, risen; jfr äv. rising*) **1** resa sig, gå (stiga, resa sig, ställa sig) upp; dyka upp, visa sig; (*om deg*) jäsa [upp]; ~ [*to the surface*] komma upp [till ytan]; ~ *and shine!* upp och hoppa!, upp med dig (er)!; *the sun rises at 5 o'clock* solen går upp klockan 5; ~ *to the bait* nappa på kroken **2** ~ [*up*] resa sig, göra uppror (*äv. bildl.*); *my stomach ~s against* (*at*) *it* det kväljer (äcklar) mig **3** stiga; öka[s], tillta; höja sig, höjas; avancera; ~ [*in price*] gå upp (stiga) [i pris]; *her colour rose* hon rodnade; *spirits rose* humöret (stämningen) steg; *the wind is rising* vinden tilltar (ökar); ~ *above* höja (sätta) sig över, stå över; ~ *in the world* komma sig upp här i världen, göra karriär; ~ *to the occasion* vara situationen vuxen **4** uppkomma, uppstå (*from* av); ~ *from the dead* uppstå från de döda; *the river ~s in...* floden rinner upp i... **5** avsluta sammanträdet (förhandlingarna, sessionen *e.d.*); avslutas, ajournera sig **II** *s* **1** stigande, stegring, ökning, tilltagande, tillväxt, höjning; löne|förhöjning, -lyft; (*litt el. på börsen*) uppgång; *prices are on the ~* priserna går upp (stiger); *get a ~* få napp; *get a ~ out of s.b.* (*vard.*) retas med ngn, få ngn att reagera våldsamt **2** uppkomst, upphov, upprinnelse; uppståndelse (*from the dead* från de döda); *give ~ to s.th.* förorsaka (föranleda, ge upphov till) ngt; *the river has its ~ in...* floden rinner upp i... **3** upphöjning, höjd, kulle, stigning

risen ['rɪzn] *perf. part. av rise* **riser** ['raɪzə] *s, be an early ~* vara morgonpigg; *be a late ~* ligga länge på morgnarna

ris|ibility [ˌrɪzɪ'bɪlətɪ] **1** skrattlust **2** skratt; munterhet **-ible** ['rɪzɪbl] **1** skrattretande, löjlig **2** skrattlysten

rising ['raɪzɪŋ] **I** *a* stigande, uppåtgående; uppväxande, kommande; ~ *ground* stigning; *she is ~ seventeen* hon är nästan (närmar sig) sjutton [år] **II** *s* **1** uppstig|ande, -ning **2** stigande, tilltagande, ökning, tillväxt **3** uppgång **4** uppståndelse (*från de döda*) **5** resning, uppror **6** (*sammanträdes*) avslutande **7** stigning, upphöjning, höjd, backe

risk [rɪsk] **I** *s* risk, fara; *at the ~ of* med risk (fara) för; *at one's own ~* på egen risk; *be at ~* vara i riskzonen (utsatt); *put at ~* äventyra, utsätta för fara; *run the ~ of* utsätta sig för risken att **II** *v* riskera; våga, sätta på spel, äventyra **risk-taking** ['rɪskˌteɪkɪŋ] risktagande **risky** ['rɪskɪ] riskabel

risotto [rɪ'zɒtəʊ] *kokk.* risotto

risqué ['ri:skeɪ] vågad, ekivok

rissole ['rɪsəʊl] *kokk.* (*slags*) hamburgare

rite [raɪt] rit, ceremoni **ritual** ['rɪtʃʊəl] **I** *a* rituell **II** *s* ritual

rival ['raɪvl] **I** *s* rival, medtävlare, konkurrent **II** *a* rivaliserande, konkurrerande **III** *v* rivalisera (konkurrera, tävla) med **-ry** [-rɪ] rivalitet, konkurrens

rive [raɪv] (*~d, ~d el. ~d, riven*) splittra, klyva; riva (slita) sönder **riven** ['rɪv(ə)n] *perf. part. av rive*

river ['rɪvə] flod; *bildl. äv.* ström; *~s of blood* strömmar av blod; *sell s.b. down the ~* (*vard.*) lura (bedra) ngn **riverbank** flod|strand, -bank **river basin** [-ˌbeɪsn] flodområde **riverbed** [-bed] flodbädd **riverside** [-saɪd] flodstrand

rivet ['rɪvɪt] **I** *s* nit **II** *v* nita; nita fast; *bildl. äv.* fånga, fängsla; *be ~ed on the spot* stå som fastnaglad; *my eyes were ~ed on the gun* jag stirrade oavvänt på pistolen; *be ~ed to the television set* sitta som fastnitad vid TV:n

Riviera [ˌrɪvɪ'eərə] *s, the ~* Rivieran

rivulet ['rɪvjʊlɪt] bäck, liten å
R.L. *förk. för Rugby League* **rly.** *förk. för railway*
R.M. *förk. för Royal Mail; Royal Marines* **rm.** *förk. för ream; room* **R.M.A.** *förk. för Royal Military Academy (Sandhurst)* **R.M.S.** *förk. för Royal Mail Service (Steamer)* **r.m.s.** *förk. för root mean square* **R.N.** *förk. för Royal Navy*
R.N.R. *förk. för Royal Naval Reserve* **R.N.V.R.** *förk. för Royal Naval Volunteer Reserve*
roach [rəʊtʃ] **1** *zool.* mört **2** *vard.* kackerlacka
road [rəʊd] **1** väg (*äv. bildl.*); landsväg; gata; körbana; *on the ~ a)* på landsvägen, på luffen, *b)* (*om teater e.d.*) på turné; *on the ~ to recovery* på bättringsvägen; *one for the ~* (*vard.*) en färdknäpp; *have come to the end of the ~* vara slut, ha misslyckats; *take [to]* (*sl.: hit*) *the ~* ge sig i väg (ut på luffen); *~ up* vägarbete pågår; *any ~* (*dial.*) *se anyhow* **2** *~s* (*pl*) redd
road agent ['rəʊdˌeɪdʒ(ə)nt] *AE.* stråtrövare **roadblock** [-blɒk] vägspärr **road book** [-bʊk] vägatlas **road hog** [-hɒg] *vard.* bil|drulle, -dåre **roadholding** [-ˌhəʊldɪŋ] väghållning[sförmåga] **roadhouse** [-haʊs] landsvägskrog **road map** [-mæp] vägkarta **road metal** [-ˌmetl] makadam **roadroller** [-ˌrəʊlə] vägvält **road sense** [-sens] vägvett **roadside** [-saɪd] **I** *s* vägkant **II** *a* vid vägkanten **road sign** [-saɪn] **1** väg-, trafik|märke **2** vägskylt **roadstead** [-sted] redd **roadster** [-stə] **1** *åld.* roadster (*öppen tvåsitsig bil*) **2** cykel, stålhäst **roadway** [-weɪ] vägbana; körbana **roadwork** [-wɜ:k] löpträning (*längs väg*) **road works** [-wɜ:ks] *pl* vägarbete **roadworthy** [-ˌwɜ:ðɪ] trafikduglig, i körklart skick
roam [rəʊm] **I** *v* **1** ströva omkring på (i), ströva (resa) genom **2** ströva (resa) omkring **II** *s* strövtåg, strövande
roan [rəʊn] **I** *a* (*om häst*) [röd]brun (svart) med vita stänk **II** *s* [röd]brun (svart) häst med vita stänk
roar [rɔ:] **I** *v* **1** ryta, vråla, tjuta; brusa, dåna; *~ with laughter* vråla (tjuta) av skratt, gapskratta **2** *~ o.s. hoarse* skrika sig hes **II** *s* rytande, vrål, vrålande, tjut; brus, dån; *~ of laughter* skrattsalva, gapskratt **-ing** [-rɪŋ] **I** *a* rytande *etc.*, *jfr roar*; *~ fire* sprakande (dånande) eld; *~ success* stormande (hejdundrande) succé; *do a ~ trade in* (*vard.*) göra lysande affärer i (med) **II** *adv, vard.*, *~ drunk* stupfull, höggradigt berusad
roast [rəʊst] **I** *v* **1** [ugn]steka, rosta; *I'm ~ing* (*bildl.*) jag steks (kokar, är för varm) **2** [ugn]stekas, rosta **II** *a* [ugn]stekt, rostad; *~ beef* rostbiff; *~ porc* fläskstek **III** *s* stek **-ing** ['rəʊstɪŋ] *vard.* **I** *s* överhalning, utskällning **II** *a* stek-, kok|het
rob [rɒb] råna, plundra (*s.b. of s.th.* ngn på ngt); beröva (*s.b. of s.th.* ngn ngt) **robber** ['rɒbə] rånare; rövare **robbery** ['rɒbərɪ] rån
robe [rəʊb] **I** *s* **1** ämbetsdräkt; rob; fotsid dräkt; *christening ~* dopklänning **2** morgon-, bad|rock **II** *v* klä[da]; *~ o.s.* klä (skruda) sig; *~d in* iklädd, skrudad i
Robert ['rɒbət] **Roberta** [rə'bɜ:tə]
robin ['rɒbɪn] *s, zool., ~ [redbreast]* rödhakesångare
robot ['rəʊbɒt] robot **robot bomb** robotbomb, V1 **robotic** [rəʊ'bɒtɪk] robot|aktig, -liknande
robust [rə(ʊ)'bʌst] **1** robust; kraftig, stadig, stark; kraftfull **2** hård, krävande (*sport* sport)
R.O.C. *förk. för Royal Observer Corps*
Rochester ['rɒtʃɪstə]
1 rock [rɒk] **I** *v* **1** gunga, vagga, vyssja; *~ to sleep* vagga till sömns **2** skaka (*äv. bildl.*); *~ the boat* (*bildl.*) ställa till trassel, spoliera det hela **3** gunga, vagga; *~ with laughter* skaka av skratt **4** rocka, spela (dansa) rock **II** *s* **1** gungning, vaggande **2** skakning **3** rock[musik], rock-and-roll
2 rock [rɒk] **1** [stor] sten, sten-, klipp|block; klippa (*äv. bildl.*); skär; berg[grund], hälleberg; bergart; *the R~ [of Gibraltar]* Gibraltar[klippan]; *as firm as a ~* bergfast, [fast] som en klippa; *on the ~s* (*vard.*) *a)* pank, *b)* (*om drink*) med is[bitar], *c)* i kras **2** (*slags*) karamellstång **3** *sl.* diamant, ädelsten **4** *sl., ~s* (*pl*) stenar, ballar (*testiklar*)
rock and roll [ˌrɒkn'rəʊl] *mus.* **I** *s* rock and roll, rock-'n'-roll **II** *v* dansa (spela) rock and roll, rocka
rock-bottom [ˌrɒk'bɒtəm] *bildl.* **I** *s* absoluta botten **II** *a* absolut lägsta; *~ price* bottenpris
rock bun (cake) ['rɒk|bʌn, -keɪk] (*slags*) fruktkaka **rock climbing** [-ˌklaɪmɪŋ] bergbestigning; klippklättring **rock crystal** [ˌrɒk'krɪstl] bergkristall
rocker ['rɒkə] **1** med[e] (*på gungstol, vagga*) **2** gungstol **3** *AE.* gunghäst **4** rocksångare **5** skinnknutte **6** *vard., off one's ~* knäpp, knasig **rocker arm** vipparm **rockery** [-rɪ] stenparti
rocket ['rɒkɪt] **I** *s* **1** raket **2** *vard.* skrapa, överhalning, tillrättavisning **II** *v* **1** driva (skjuta i väg) med raket **2** flyga (stiga) som en raket; *vard.* skjuta i höjden; *~ away (off)* rusa i väg med raketfart **rocketeer** [rɒkɪ'tɪə] raketforskare **rocket engine** ['rɒkɪtˌendʒɪn] raketmotor **rocket launcher** ['rɒkɪtˌlɔ:ntʃə] *mil.* raketgevär **rocketry** ['rɒkɪtrɪ] raketteknik
rock garden ['rɒkˌgɑ:dn] [trädgård med] stenparti **rock-hard** [-hɑ:d] stenhård
Rockies ['rɒkɪz] *s pl, the ~* Klippiga bergen
rocking chair ['rɒkɪŋtʃeə] gungstol **rocking horse** gunghäst
rock-'n'-roll *se rock-and-roll*
rock oil ['rɒkɔɪl] petroleum
rock music ['rɒkˌmju:zɪk] rock[musik]
rockrose ['rɒkrəʊz] *bot.* solvända **rock salt** [ˌrɒk'sɔ:lt] bergsalt
1 rocky ['rɒkɪ] **1** klippig; *the R~ Mountains* Klippiga bergen **2** stenhård; *bildl.* orubblig
2 rocky ['rɒkɪ] *vard.* vacklande; ostadig
rococo [rə(ʊ)'kəʊkəʊ] **I** *s, äv. R~* rokoko **II** *a* rokoko-
rod [rɒd] **1** [ämbets]stav; pinne; stång; käpp; *tekn.* vevstake; *~s* (*pl*) stavar (*i ögat*) **2** spö, ris; *make a ~ for one's own back* (*bildl.*) binda ris åt egen rygg **3** [met]spö **4** (*mått*) rod (*= 5,5 yards = 5,0292 m*) **5** *AE. sl.* puffra (*pistol*) **6** *sl.* stake, kuk **7** *AE. sl., hot ~* hotrod (*upptrimmad bil*)
rode [rəʊd] *imperf. av ride*
rodent ['rəʊd(ə)nt] *zool.* **I** *s* gnagare **II** *a* gnagar-
rodeo [rə(ʊ)'deɪəʊ, *AE.* 'rəʊdɪəʊ]] *AE.* **1** insamling av boskap för märkning **2** rodeo (*riduppvisning av cowboys*) **3** inhägnad för hopdriven boskap
rodomontade [ˌrɒdəmɒn'teɪd] **I** *s* skryt, skrävel

R

II *a* skrytsam, skrävlande **III** *v* skryta, skrävla
1 roe [rəʊ] rådjur
2 roe [rəʊ] *s,* [*hard*] ~ [fisk]rom; [*soft*] ~ mjölke
roebuck ['rəʊbʌk] råbock **roe deer** rådjur
roentgen ['rɒntjən] *fys.* **I** *s* röntgen **II** *a* röntgen-; ~ *rays* (*åld.*) röntgenstrålar **-ologist** [ˌrɒntjən'ɒlədʒɪst] röntgenolog
roger ['rɒdʒə] *interj, radio.* uppfattat!
rogue [rəʊg] **I** *s* **1** skurk; skojare; lymmel, kanalje; *~'s gallery* förbrytaralbum **2** *skämts.* rackare, lymmel **3** *åld.* landstrykare **4** vildsint djur (*som stötts ut ur flocken*) **II** *a,* ~ *elephant* vildsint ensam elefant **roguery** ['rəʊgərɪ] **1** skurkaktighet **2** skurkstreck **roguish** ['rəʊgɪʃ] **1** skurkaktig **2** spjuveraktig, skälmsk
roister ['rɔɪstə] **1** rumla, festa **2** skrävla, skryta
role, rôle [rəʊl] roll; uppgift **role-playing** ['rəʊlˌpleɪɪŋ] rollspel
roll [rəʊl] **I** *v* **1** rulla; kavla [ut], valsa [ut]; välta; ~ *back* (*äv.*) slå tillbaka; ~ *o.s. in a blanket* rulla in sig i en filt; ~ *out a*) rulla ut, *b*) kavla (valsa) ut, *c*) deklamera; ~ *up a*) rulla (kavla, vika) upp, *b*) rulla ihop; *~ed gold* gulddubblé; *~ed oats* havregryn; ~ *one's eyes* rulla med ögonen; ~ *one's r's* rulla på r-en; ~ *one's stockings on* dra på sig strumporna **2** *AE. sl.* råna (*berusad pers.*) **3** rulla; rulla (vältra) sig; ~ *along a*) rulla fram, *b*) *vard.* rulla på, *c*) *vard.* dyka upp; ~ *away* (*off*) *a*) rulla bort (i väg), *b*) dra bort; ~ *by* (*on, past*) rulla (dra, gå) förbi (vidare); ~ *in* rulla (strömma) in; ~ *in luxury* vältra sig i lyx; *he's ~ing in it* (*vard.*) han badar i pengar, han har pengar som gräs; *the audience was ~ing in the aisles* (*vard.*) publiken vred sig av skratt i bänkarna; *~ed into one* på en gång; ~ *on* rulla vidare; ~ *on the holidays!* (*vard.*) om det ändå kunde bli lov snart!, vad jag längtar efter lovet!; ~ *over* (*äv.*) välta, ramla omkull; ~ *up a*) rulla ihop sig, *b*) rulla in sig, *c*) *vard.* dyka upp, *d*) växa; ~ *up!* kom (välkomna) hit! **4** vingla; *sjö.* rulla, slingra; *flyg.* rolla **5** mullra, dundra, dåna, rulla **II** *s* **1** rulle; *AE. vard.* sedel|rulle, -bunt; kavel; vals; vält; ~ *of film* filmrulle **2** valk **3** *kokk.* småfranska; rulad **4** rulla, lista, register, förteckning; urkund; *call the* ~ ropa upp namnen, förrätta [namn]upprop; *be struck off the* ~ strykas från listan **5** rull|ande, -ning; *gymn.* kullerbytta; *flyg.* roll; *vulg.* knull; *walk with a* ~ gå med vaggande gång **6** muller, dunder, mullrande; [trum]virvel
roll call ['rəʊl kɔːl] namnupprop; *mil.* appell
rolled-up ['rəʊldʌp] **1** hoprullad **2** upp|rullad, -kavlad
roller ['rəʊlə] **1** cylinder, vals; vält; roller, [målnings]rulle **2** dyning **3** [hår]spole **roller coaster** [-ˌkəʊstə] berg-och-dalbana **roller-skate** [-skeɪt] **I** *s* rullskridsko **II** *v* åka rullskridskor
rollick ['rɒlɪk] leka, vara lekfull (sprallig) **-ing** [-ɪŋ] uppsluppen, lekfull, sprallig
rolling ['rəʊlɪŋ] rullande *etc., jfr roll I*; vaggande (*walk* gång); böljande (*hills* kullar) **rolling mill** valsverk **rolling pin** [bröd]kavel **rolling stock** vagnpark; rullande materiel **rolling stone** rastlös person, orolig ande
roll|mop ['rəʊlmɒp] *kokk.* rollmops **-neck I** *a,* ~ *sweater* polotröja **II** *s* polotröja
roll-on ['rəʊlɒn] **1** resårgördel **2** roll-on[-förpackning] **roll-on/-roll-off** [-'rəʊlɒf] *a,* ~ *ship* roll-on-roll-off-(ro-ro-)fartyg
roll-top [ˌrəʊl'tɒp] rulljalusi **roll-top desk** jalusiskrivbord
roly-poly [ˌrəʊlɪ'pəʊlɪ] **I** *a* knubbig, trind **II** *s* **1** *kokk.* (*slags*) syltrulle **2** tjockis, rulta
Roman ['rəʊmən] **I** *a* **1** romersk; romar-; *the ~ Empire* Romarriket; ~ *alphabet* romerskt alfabete; ~ *numerals* romerska siffror **2** ~ [*Catholic*] romersk-katolsk **II** *s* **1** romare; [*the Epistle to*] *the ~s* (*bibl.*) Romarbrevet **2** ~ [*Catholic*] romersk katolik **3** *r~* [romersk] antikva
romance [rə(ʊ)'mæns] **I** *s* **1** romans (*äv. mus.*), kärleksaffär **2** romantik **3** romantisk berättelse; äventyrsroman; *hist.* riddar|roman, -dikt **4** *R~* romanska språk **II** *a, R~* romansk; *R~ languages* romanska språk **III** *v* fantisera; dikta upp
Roma|nia [ruː'meɪnjə] Rumänien **-nian** [-njən] **I** *a* rumänsk **II** *s* **1** rumän, rumänska **2** rumänska [språket]
roman|tic [rə(ʊ)'mæntɪk] **I** *a* romantisk **II** *s* romantiker **-ticism** [-tɪsɪz(ə)m] romantik **-ticist** [-tɪsɪst] romantiker **-ticize** (*BE. äv. -ticise*) [-tɪsaɪz] **1** romantisera **2** vara romantisk
Romany ['rɒmənɪ] **1** zigenare **2** rom[m]ani, zigenarspråk[et]
Rom. Cath. *förk. för Roman Catholic*
Rome [rəʊm] Rom
Romeo ['rəʊmɪəʊ]
Romish ['rəʊmɪʃ] *neds.* romersk-katolsk, papistisk
romp [rɒmp] **I** *v* **1** (*i sht om barn*) leka, rasa, stoja **2** *vard.,* ~ *through* dra igenom, med lätthet klara av **3** (*i kapplöpning*) ~ *home* (*in*) vinna lätt **II** *s* **1** yrhätta, vildbasare **2** vild lek **3** (*i kapplöpning*) lätt seger **-ers** ['rɒmpəz] *pl* spark-, lek|byxor **-ish** ['rɒmpɪʃ] ostyrig, vild, sprallig
rondo ['rɒndəʊ] *mus.* rondo
röntgen ['rɒntjən] *se roentgen*
rood [ruːd] **1** krucifix (*i kyrka*); Kristi kors **2** rood (*ytmått = 1/4 acre = 10,1 ar*) **rood screen** ['ruːdskriːn] korskrank
roof [ruːf] (*pl ~s* [ruːfs *el.* ruːvz]) **I** *s* tak (*äv. bildl.*); *the ~ of the mouth* hårda gommen; *under my* ~ (*äv.*) i mitt hem, hemma hos mig; *go through the* ~ (*vard., om pris e.d.*) gå igenom taket; *have a ~ over one's head* ha tak över huvudet; *raise* (*lift*) *the* ~ (*bildl.*) få taket att lyfta sig **II** *v* lägga [nytt] tak på
roof garden ['ruːfˌgɑːdn] tak|trädgård, -terrass
roofing [-ɪŋ] **1** taktäckning[smaterial] **2** tak|läggning, -täckning **roofless** [-lɪs] **1** utan tak **2** utan tak över huvudet **roof-rack** [-ræk] (*på bil*) takräcke **rooftop** [-tɒp] hustak
1 rook [rʊk] **I** *s* **1** *zool.* råka **2** *sl.* falskspelare **II** *v, sl.* lura, svindla, ta för mycket betalt av
2 rook [rʊk] *schack.* torn
rookie ['rʊkɪ] *AE. vard.* rekryt; nykomling
room [ruːm] **I** *s* **1** rum; *~s* (*pl, äv.*) lägenhet, bostad, hyresrum; ~ *and board* mat och husrum, kost och logi; *men's* (*ladies'*) ~ herrtoalett (damtoalett) **2** rum, plats, utrymme; *there is plenty of ~* det är gott om plats; *there is no ~ for it* den får inte plats; *there is no ~ for doubt* det råder inget tvivel om det; *there is ~ for improvement in your work* ditt arbete kunde vara mycket bättre; *make*

~ *for* lämna (bereda) plats för **II** *v, AE.* bo, hyra [rum], vara inneboende **-roomed** [-d] med ... rum, -rums; *four-~ flat* fyrarumsvåning **roomette** [ru:'met] *AE.* första klass sovkupé **roommate** ['ru:mmeɪt] rumskamrat **roomy** ['ru:mɪ] rymlig **rooming house** ['ru:mɪŋhaʊs] *AE.* hyreshus med möblerade rum (lägenheter)

Roosevelt [*AE.* 'rəʊzəvelt; *BE.* 'ru:svelt]

roost [ru:st] **I** *s* sittpinne; hönspinne; hönshus; *at ~* till sängs; *rule the ~* (*vard.*) vara herre på täppan **II** *v* **1** (*om fåglar*) slå sig ner för natten; *his actions* (*chickens*) *have come home to ~* hans handlingar har slagit tillbaka på honom själv **-er** ['ru:stə] *i sht AE.* tupp

1 root [ru:t] **I** *s* **1** rot (*äv. bildl.*); grund, orsak, upphov; *~ and branch* helt och hållet, i grunden; *the ~ of the evil* roten till det onda; *get to* (*at*) *the ~[s] of s.th.* gå till botten (grunden) med ngt; *pull up by the ~s* rycka upp med roten (rötterna); *put down ~s* (*bildl.*) slå rot, rota sig; *strike* (*take*) *~* slå rot, rota sig (*äv. bildl.*) **2** planta **3** *~s* (*pl*) rotfrukter **4** *mat., språkv.* rot; *cube ~* kubikrot; *square ~* kvadratrot **II** *v* **1** låta slå rot, rotfästa; nagla fast; *deeply ~ed* djupt rotad, fast förankrad; *stand ~ed to the spot* stå som fastvuxen (fastnaglad) **2** *~ out* utrota; *~ up* rycka upp med rötterna **3** slå rot, rota sig

2 root [ru:t] **1** rota, böka (*for* efter) **2** *~ around* (*about*) rota, leta, söka; *~ through* rota (leta) igenom

3 root [ru:t] *v, vard., ~ for* heja på, stödja

root beer ['ru:tˌbɪə] *AE.* läskedryck av örtextrakt **rootless** [-lɪs] rotlös **rootstock** [-stɒk] *bot.* rotstock

rope [rəʊp] **I** *s* **1** rep, lina, tåg; tross; *AE.* lasso; *~ of climbers* (*vid bergbestigning*) replag; *be on the ~s a*) (*om boxare*) hänga på repen, *b*) *vard.* vara i knipa (hårt trängd); *give s.b. plenty of* (*enough*) *~* ge ngn fritt spelrum (fria tyglar), låta ngn hållas; *know the ~s* (*vard.*) känna till knepen **2** fläta (*of onions* lök); [hals]band, rad; *~ of pearls* pärl[hals]band **II** *v* **1** binda [fast, ihop] med rep; *~ in a*) inhägna med rep, *b*) *vard.* dra (lura, fånga) in, förmå att vara med, ragga [upp]; *~ off* spärra av [med rep] **2** *AE.* fånga [med lasso]

rope dancer ['rəʊpˌdɑ:nsə] lindans|are, -erska **--ladder** repstege **-walk** [-wɔ:k] repslagarbana

ropey ['rəʊpɪ] *vard.* urusel; urdålig **ropy** ['rəʊpɪ] **1** *se ropey* **2** trådig, seg **3** repliknande

rorqual ['rɔ:kwəl] *zool.* sillval

rosary ['rəʊzərɪ] **1** rosenrabatt; rosenträdgård **2** *kat.* rosenkrans, radband

1 rose [rəʊz] *imperf. av rise*

2 rose [rəʊz] **I** *s* **1** ros; *not a bed of ~s, not all ~s* ingen dans på rosor; *under the ~* i förtroende, i hemlighet; *the Wars of the R~s* (*hist.*) Rosornas krig **2** stril **3** rosa [färg], rosenrött **4** rosett **II** *a* **1** ros-, rosen- **2** rosa

rosé ['rəʊzeɪ] rosévin

roseate ['rəʊzɪət] rosenröd, rosa

rose|bay ['rəʊzbeɪ] *bot.* **1** rhododendron **2** oleander **3** mjölke, mjölkört **-bud** rosenknopp **--coloured** [-ˌkʌləd] rosen|färgad, -röd; *see things through ~ spectacles* se saker och ting i rosenrött **-mary** [-m(ə)rɪ] rosmarin

rosette [rə(ʊ)'zet] **1** rosett **2** *arkit.* rosettfönster

rose-water ['rəʊzˌwɔ:tə] rosenvatten **rose window** *arkit.* rosettfönster **rosewood** [-wʊd] rosenträ

Rosicrucian [ˌrəʊzɪ'kru:ʃjən] rosenkreutzare

rosin ['rɒzɪn] **I** *s* [stråk]harts, kolofonium **II** *v* hartsa

ROSPA *förk. för Royal Society for the Prevention of Accidents*

roster ['rəʊstə] [tjänstgörings]lista, förteckning

ros|trum ['rɒstrəm] (*pl -trums el. -tra* [-trə]) talarstol, kateder; podium, estrad

rosy ['rəʊzɪ] **1** rosa, rosen|färgad, -röd; *bildl.* ljus, rosenskimrande **2** rosig, rödblommig **3** rosen-

rot [rɒt] **I** *v* **1** ruttna (*äv. bildl.*), murkna; *~ away* ruttna bort **2** få att ruttna (murkna) **II** *s* **1** röta **2** strunt, smörja

rota ['rəʊtə] tjänstgöringslista

rotate [rə(ʊ)'teɪt] **1** sätta i rotation, få att rotera **2** låta växla [regelbundet]; låta cirkulera; *~ crops* bedriva växelbruk; *~ jobs* rotera mellan arbetsuppgifter **3** rotera, snurra, vrida sig **4** växla [regelbundet], turas om **rotation** [rə(ʊ)'teɪʃn] **1** rotation, vridning, svängning **2** [regelbunden] växling; *in ~* i tur och ordning; *~ of crops, crop ~* växtföljd, växelbruk **rota|tional** [-ʃənl], **-tive** [-tɪv], **-tory** ['rəʊtət(ə)rɪ] rotations-, roterande, växlings-

rote [rəʊt] **I** *a* rutinmässig, mekanisk **II** *s, by ~* mekaniskt, rutinmässigt, av gammal vana

rotgut ['rɒtgʌt] *sl.* rävgift (*dålig sprit*)

Rothschild ['rɒθtʃaɪld]

rotisserie [rəʊ'tɪsərɪ] **1** roterande grillspett **2** rotisseri

rotogravure [ˌrəʊtəgrə(ʊ)'vjʊə] *boktr.* rotogravyr (*djuptryck i rotationspress*)

rotor ['rəʊtə] rotor

rotten ['rɒtn] **1** rutten, murken, skämd; *bildl.* [moraliskt] rutten, genomrutten **2** *vard.* urusel, urdålig; eländig; hemsk, gräslig, avskyvärd; krasslig

rotter ['rɒtə] *vard.* knöl, kräk

rotund [rə(ʊ)'tʌnd] rund, trind, knubbig

rotunda [rə(ʊ)'tʌndə] rotunda

rouble ['ru:bl] rubel

roué ['ru:eɪ] roué, vällusting

rouge [ru:ʒ] **I** *s* rouge, rött smink (puder) **II** *v* lägga på (sminka sig med) rouge

rough [rʌf] **I** *a* **1** ojämn, skrovlig, grov, sträv, kärv; svår[framkomlig], svårforcerad (*country* terräng); *~ coat* lurvig (raggig) päls; *~ path* knagglig stig **2** (*om sjö, väder*) hård, svår, stormig, gropig **3** obearbetad, obehandlad, rå; oslipad; *~ rice* råris **4** enkel, simpel, primitiv, grov **5** rå; ohyfsad, oborstad; ovänlig, barsk; omild, hård[hänt]; våldsam, häftig; *have ~ luck* (*vard.*) ha otur; *~ play* (*sport.*) ruffigt (ojust) spel, ruff; *have a ~ time* (*vard.*) ha det svårt **6** rå, grov; summarisk; ungefärlig; *~ copy* koncept, kladd; *a ~ estimate* en ungefärlig beräkning, en grov uppskattning; *a ~ guess* en grov gissning; *it's ~ justice* det är hårt men rättvist; *in ~ outlines* i grova drag; *~ translation* råöversättning **II** *adv* rått; grovt; hårt, våldsamt; kärvt; *cut up ~* (*vard.*) ilskna till, bli förbannad; *play ~* spela ruffigt (ojust), ruffa; *sleep ~* sova under bar himmel, ligga ute **III** *s* **1** oländig terräng (mark) **2** *bildl.*,

R

over (*through*) ~ *and smooth* i vått och torrt, i med- och motgång; *take the* ~ *with the smooth* ta det onda med det goda **3** [rå]skiss, utkast; *in the* ~ i obearbetat skick (tillstånd) **4** bråkmakare, buse, ligist **5** brodd **IV** *v* **1** ~ [*out*] grovbearbeta **2** ~ *out* (*in*) göra ett utkast till, skissera **3** ~ *up a*) rufsa till, *b*) *sl.* slå [ner], misshandla **4** *vard.*, ~ *it* leva primitivt, slita ont

roughage ['rʌfɪdʒ] [kost]fibrer; kli

rough-and|-ready [ˌrʌf(ə)n'redɪ] ungefärlig, grov; hastigt ihopkommen **--tumble I** *s* slagsmål, råkurr **II** *a* oordnad

roughcast ['rʌfkɑ:st] **I** *s* grov|puts, -rappning, revetering **II** *a* grov|putsad, -rappad, reveterad **III** *v* (*roughcast, roughcast*) **1** grov|putsa, -rappa, revetera **2** *bildl.* utarbeta i stora drag

roughen ['rʌfn] **1** göra grov **2** bli grov

rough|-hewn [ˌrʌf'hju:n] grovhuggen, grovt tillyxad **-house** ['rʌfhaʊs] *vard.* **I** *s* slagsmål, bråk **II** *v* behandla ngn hårdhänt

roughly ['rʌflɪ] *adv* **1** ojämnt *etc., jfr rough I* **2** ungefär, på en höft, i stora drag; ~ *speaking* i stort sett, på det hela taget

rough|neck ['rʌfnek] *sl.* ligist, tuffing, hårding **-shod** [-ʃɒd] (*om häst*) broddad, skarpskodd; *ride* ~ *over* (*bildl.*) behandla hänsynslöst, topprida

rou|lade [ru:'lɑ:d] **1** *kokk.* r[o]ulad **2** *mus.* löpning **-lette** [-'let] roulett

Roumania [ru:'meɪnjə] *se Romania*

round [raʊnd] **I** *a* **1** rund; [av]rundad; trind; ~ *arch* rundbåge; ~ *robin a*) [protest]lista (inlaga) med namnen i cirkel(*för att dölja vem som skrivit på först*), *b*) *AE.* serietävling; ~ *trip a*) rund|resa, -tur, *b*) *AE.* tur- och returresa **2** rund, jämn, avrundad; hel; ungefärlig; *a* ~ *dozen* ett helt dussin; *in* ~ *figures a*) i runda tal (siffror), *b*) ungefär; *at a* ~ *guess* gissningsvis; *a good* ~ *sum* en rundlig (väl tilltagen) summa **3** kraftig, ordentlig, rejäl; rättfram, öppen; *at a* ~ *pace* i rask fart; *in* ~ *terms* klart och tydligt, i klartext **II** *adv* **1** runt, runt|omkring, -om, om[kring]; ~ *about* omkring, runtom; ~ [*about*] *six o'clock* omkring klockan sex, vid sextiden; ~ *here* här i närheten (trakten); *all* ~ *a*) runtom, på alla håll, överallt, *b*) laget runt, överlag; *all* [*the*] *year* ~ hela året [runt, om], året runt (om); *5 metres* ~ 5 meter i omkrets; *a long way* ~ en lång omväg; *for the second time* ~ för andra gången [i rad] **2** här; hit; *ask s.b.* ~ bjuda hem ngn, be ngn komma hem till sig; *I'll be* ~ *at five o'clock* jag är här klockan fem **III** *prep* om[kring], runt[om], [runtom]kring; runt (omkring) i (på); ~ *the clock* (*world*) dygnet (jorden) runt; *if you're* ~ *this way* om du är här [i närheten, i trakterna] **IV** *s* **1** krets, ring; klot; rund; *theatre in the* ~ arenateater; *in all the* ~ *of Nature* i hela naturens rike **2** kretslopp; omgång, varv; serie, rad; runda, rond, tur; *sport.* rond, omgång, runda; ~ *of ammunition* skott, [skott]salva; *a* ~ *of applause* en applåd; *buy* (*pay for*) *a* ~ *of drinks* bjuda på en omgång drinkar (på drinkar laget runt); *a new* ~ *of negotiations* en ny förhandlingsomgång; *a long* ~ *of parties* en enda lång rad fester; *the daily* ~ det dagliga slitet, de dagliga bestyren; *he does a paper* ~ han bär ut tidningar; *do* (*make*) *the* ~*s of* gå runt på (bland, i, till); *have a* ~, *go on one's* ~*s* göra sin runda, (*om läkare*) gå ronden; *go the* ~*s* gå runt, cirkulera, sprida sig, grassera **3** skiva (*of toast* rostat bröd); *slaktar.* lårstycke **4** *mus.* kanon **5** ringdans **V** *v* **1** runda, göra rund; ~*ed* rund[ad]; ~ *down* runda av nedåt; ~ *off a*) runda [av], *b*) avrunda, avsluta; ~ *out* göra rundare (fylligare); ~ *up a*) runda av uppåt, *b*) samla (kalla, driva) ihop **2** runda, gå (fara, segla, svänga) runt **3** bli rund; ~ *out* bli rundare (fylligare) **4** svänga runt, vända sig om; ~ [*up*]*on s.b.* fara ut mot ngn

roundabout ['raʊndəbaʊt] *BE.* **I** *s* **1** karusell **2** [trafik]rondell **II** *a* indirekt, omskrivande, kringgående; *in a* ~ *way* indirekt, inte rent ut

rounders ['raʊndəz] (*behandlas som sg*) *BE.* (*slags*) brännboll

round-eyed ['raʊndaɪd] rund-, stor|ögd

round|ish ['raʊndɪʃ] ganska rund; något rundad **-ly** [-lɪ] *adv* **1** runt *etc., jfr round I* **2** grundligt, ordentligt (*criticized* kritiserad), öppet, oförbehållsamt

round|-shouldered [ˌraʊnd'ʃəʊldəd] kutryggig **--table** *a,* ~ *conference* rundabordskonferens **--the-clock** *a* dygnet runt, hela dygnet; ~ *service* dygnetruntservice

round trip ['raʊndtrɪp] rundtur, turochreturresa **roundup 1** *radio., TV.* sammandrag **2** sammandrivning, hopsamlande (*av boskap e.d.*); [polis]svep, -razzia **roundworm** *zool.* spolmask

rouse [raʊz] **1** väcka [upp]; ~ *o.s.* (*bildl.*) rycka upp sig, ta sig samman **2** *bildl.* egga upp, elda; reta [upp]; [upp]väcka; ~*d* [*to anger*] uppretad, vred **3** vakna [upp] **rousing** ['raʊzɪŋ] eldande (*speech* tal), väckande; kraftfull, livlig

1 rout [raʊt] **I** *v* **1** grundligt besegra, slå; driva på flykten **II** *s* **1** fullständigt nederlag; vild flykt **2** larmande folkmassa

2 rout [raʊt] **1** ~ *out* gräva (leta) fram, jaga upp (*of the bed* ur sängen) **2** rota, böka, gräva

route [ru:t] **I** *s* rutt, [res]väg, färdväg; [far]led; *bildl. o AE.* väg **II** *v* [väg]leda, dirigera **-march** ['ru:tmɑ:tʃ] [övnings]marsch

routine [ru:'ti:n] **I** *s* **1** rutin; fast regel; slentrian **2** (*i show e.d.*) nummer; *vard. bildl.* scen, 'kör', [gråt]vals **II** *a* rutin-, rutinmässig; slentrianmässig; ~ *check* rutinkontroll

rove [rəʊv] *litt.* **1** ~ [*around*] *a*) ströva omkring i, *b*) (*om blick*) svepa (vandra) över **2** ströva [omkring]; flacka, irra **rover** ['rəʊvə] *litt.* **1** vandrare; kringströvande person **2** *R*~ [*Scout*] seniorscout **roving** ['rəʊvɪŋ] *litt.* [kring]strövande; [kring]irrande; flackande; ~ *commission* rörligt uppdrag; *have a* ~ *eye for* spana in

1 row [rəʊ] **1** rad, länga, räcka; *a* ~ *of houses* en husrad (huslänga); *in a* ~ i rad, i följd; *a hard* ~ *to hoe* en svår uppgift (nöt att knäcka) **2** *teat.* bänk[rad] **3** *BE.* [liten] gata (*m. likadana hus*) **4** (*i stickning*) varv

2 row [rəʊ] **I** *v* **1** ro **2** tävla i rodd mot, ro mot **3** gå att ro **II** *s* rodd[tur]

3 row [raʊ] **I** *s* **1** bråk, oväsen, liv; *what a* ~ *they are making!* vilket liv (oväsen) de för! **2** *vard.* gräl, bråk, käbbel; *have a* ~ gräla, bråka **II** *v* **1** gräla, bråka (*with* med)

rowan ['raʊən] rönn **-berry** [-ˌberɪ] rönnbär

rowboat ['rəʊbəʊt] *AE.* roddbåt

rowdy ['raʊdɪ] **I** *a* bråkig, stökig **II** *s* bråk|makare, -stake **-ism** [-ɪz(ə)m] bus|liv, -fasoner
rowel ['raʊəl] sporrtrissa
rower ['rəʊə] roddare
row house ['rəʊhaʊs] *AE.* radhus
rowing ['rəʊɪŋ] rodd **rowing boat** [-bəʊt] roddbåt **rowing machine** [-məˌʃi:n] roddapparat
rowlock ['rɒlək] år|tull, -klyka
royal ['rɔɪ(ə)l] **I** *a* kunglig, kunga-; ~ *blue* kungsblått; *R~ Commission* statlig utredning; *the ~ family* den kungliga familjen; *R~ Highness* kunglig höghet; ~ *road* (*bildl.*) kungsväg; *have a ~ time* roa sig kungligt **II** *s, vard., the ~s* (*pl*) den kungliga familjen **-ism** [-ɪz(ə)m] rojalism **-ist** [-ɪst] rojalist **-istic** [ˌrɔɪə'lɪstɪk] rojalistisk
royal|ty ['rɔɪ(ə)ltɪ] **1** kungamakt; kunglighet; kunglig person; kungahuset, kungafamiljen; kungligheter **2** *äv. -ties* (*pl*) royalty
rozzer ['rɒzə] *sl.* byling
R.P. *förk. för Received Pronunciation; Reformed Presbyterian; Regius Professor* **r.p.m.** *förk. för revolutions per minute* **R.P.S.** *förk. för Royal Photographic Society* **r.p.s.** *förk. för revolutions per second* **rpt.** *förk. för report* **R.R.** *förk. för Right Reverend* **R.S.** *förk. för Royal Society* **R.S.A.** *förk. för Royal Scottish Academy; Royal Society of Arts* **R.S.L.** *förk. för Royal Society of Literature* **R.S.M.** *förk. för Regimental Sergeant Major; Royal School of Mines; Royal Society of Medicine* **RSFSR** *förk. för Russian Soviet Federated Socialist Republic* **R.S.P.C.A.** *förk. för Royal Society for the Prevention of Cruelty to Animals* **R.S.V.** *förk. för Revised Standard Version* (*of the Bible*) **R.S.V.P.** *förk. för fr. répondez, s'il vous plaît* (*please reply*) **R.T.** *förk. för radio telegraphy* (*telephony*) **rt.** *förk. för right* **R.T.C.** *förk. för Road Transport Corporation; Round Table Conference* **Rt. Hon.** *förk. för Right Honourable* **Rt. Rev.** *förk. för Right Reverend* **R.U.** *förk. för Rugby Union*
rub [rʌb] **I** *v* gnida, gnugga; skrapa, skava, nöta; polera, putsa; frottera; ~ *one's eyes* gnugga sig i ögonen; ~ *a p.'s nose in s.th.* [minsann] låta ngn få veta ngt; ~ *shoulders with* umgås med, komma i kontakt med; ~ *s.b. the wrong way* behandla ngn fel, stryka ngn mothårs, irritera ngn; ~ *against* gnida (skrapa, skava) mot; ~ *along* (*vard.*) klara sig, dra (hanka) sig fram; ~ *along together* komma [någorlunda] bra överens; ~ *down a*) gnida (gnugga) av (ren, torr), frottera, *b*) rykta, *c*) putsa (tvätta) av, *d*) slipa av; ~ *in a*) gnida in, *b*) *vard.* pränta in, tjata om; ~ *off a*) gnida (skrapa, nöta, putsa) bort (av), sudda bort (ut, ren), *b*) *bildl.* arbeta bort, sluta med, *c*) nötas bort (av), *d*) gå att gnida (skrapa, nöta, putsa) bort (av); ~ *out a*) gnida (skrapa, nöta, putsa) bort (av), sudda (stryka) bort (ut), *b*) *sl.* ta kål på (*mörda*), *c*) gå att gnida (*etc.*) bort (av); ~ *up a*) putsa [upp], polera [upp], *b*) *bildl.* friska upp; ~ *up against* umgås med, komma i kontakt med; ~ *s.b. up the wrong way* behandla ngn fel, stryka ngn mothårs, irritera ngn **II** *s* **1** gnidning *etc., jfr I; give it a ~!* gnid (gnugga) av den ett tag! **2** svårighet, hake; *there's the ~!* det är det som är knuten!, det är där problemet ligger! **3** obehaglighet, förarglighet

1 rubber ['rʌbə] **I** *s* **1** kautschuk, gummi; *i sht BE.* radergummi, kautschuk; *sl.* gummi, kondom **2** *AE.* galosch **II** *a* gummi-; ~ *band* gummi|band, -snodd; ~ *boots* gummistövlar; ~ *cheque* check som saknar täckning
2 rubber ['rʌbə] *kortsp.* robbert
rubber|neck ['rʌbənək] *sl., i sht AE.* nyfiken typ, turist **--stamp I** *s* gummistämpel **II** *v* [slentrianmässigt, utan vidare] godkänna
rubbery ['rʌbərɪ] **1** gummiliknande, som gummi **2** (*om kött e.d.*) seg [som gummi]
rubbish ['rʌbɪʃ] **I** *s* **1** skräp; avfall, avskräde **2** *bildl.* skräp, smörja; struntprat, nonsens **II** *v, vard.* göra ner, kritisera **rubbish-chute** sopnedkast **rubbish-heap** skräp-, sop|hög **rubbishy** [-ɪ] *vard.* skräp-, urusel; skräpig
rubble ['rʌbl] **1** stenskärv; stenflis, krossad sten **2** ruin-, grus|hög, spillror
rubdown ['rʌbdaʊn] gnidning, frottering; polering (*m. sandpapper*); *cold ~* kall avrivning
Rubens ['ru:bɪnz]
rubicund ['ru:bɪkənd] *litt., åld.* rödbrusig
ruble ['ru:bl] rubel
rubric ['ru:brɪk] överskrift, rubrik
ruby ['ru:bɪ] **I** *s* **1** rubin **2** rubinrött **II** *a* rubinröd
ruche [ru:ʃ] rysch
1 ruck [rʌk] massa, mängd, hop; *the ~ a*) den stora (grå) massan, *b*) *sport.* klungan
2 ruck [rʌk] **I** *s* veck, rynka **II** *v*, ~ [*up*] *a*) vecka, rynka, *b*) vecka (rynka, skrynkla) sig
rucksack ['rʌksæk] ryggsäck
ruction ['rʌkʃn] *vard.* bråk, ståhej
rudd [rʌd] *zool.* sarv (*fisk*)
rudder ['rʌdə] roder; *flyg.* sidroder
ruddy ['rʌdɪ] **1** röd[aktig] **2** rödblommig, rosig **3** *vard.* sabla, jäkla
rude [ru:d] **1** ohövlig, oförskämd, ohyfsad; okultiverad; *a ~ joke* ett rått (oanständigt) skämt; *be ~ to* vara oförskämd (ohövlig) mot **2** *litt.* häftig, våldsam; *a ~ awakening* ett smärtsamt (grymt) uppvaknande **3** *litt.* obearbetad; enkel, primitiv **4** grov, ungefärlig (*estimate* uppskattning) **-ness** ['ru:dnɪs] fräckhet, oförskämdhet
rudiment ['ru:dɪmənt] **1** rudiment, ansats, anlag (*of* till) **2** *~s* (*pl*) elementa, första grunder **-ary** [ˌru:dɪ'ment(ə)rɪ] **1** rudimentär, outvecklad **2** elementär
Rudyard ['rʌdjəd]
1 rue [ru:] *bot.* [vin]ruta
2 rue [ru:] *åld., litt.* ångra **-ful** ['ru:f(ʊ)l] *litt.* **1** bedrövad; ångerfull **2** bedrövlig, sorglig, ynklig
1 ruff [rʌf] **I** *s* **1** krås, pipkrage **2** *zool.* halskrage (*på fågel*) **3** *zool.* brushane **4** *zool.* [snor]gärs
2 ruff [rʌf] *kortsp.* **I** *s* trumfning **II** *v* trumfa [över]
ruffian ['rʌfjən] råskinn, buse, skurk **-ly** [-lɪ] *a* skurkaktig, rå
ruffle ['rʌfl] **I** *v* **1** rufsa till; skrynkla [till] **2** snabbt bläddra igenom **3** (*om fågel*) burra upp (*its feathers* fjädrarna) **4** *litt.* krusa (*the surface of the lake* sjöns yta) **5** förarga, irritera **II** *s* **1** krås, rysch **2** *zool.* halskrage **3** krusning **ruffled** [-d] **1** förvirrad, oroad **2** rufsig, tillrufsad; tillskrynklad, skrynklig **3** med krås (rysch)
rug [rʌg] **1** [res]pläd, -filt **2** liten matta
rugby ['rʌgbɪ] *s*, ~ [*football*] rugby **rugby league** proffsrugby (*m. 13-mannalag*) **rugby**

union amatörrugby (*m. 15-mannalag*)
rugged ['rʌgɪd] *litt.* **1** oländig, klippig, bergig (*country* terräng) **2** skrovlig, ojämn **3** fårad; med skarpskurna (grova) drag **4** kärv, barsk **5** slitstark, tålig, robust **6** hård; svår
rugger ['rʌgə] *vard.* rugby
ruin ['rʊɪn] **I** *s* **1** ruin[er] (*äv. bildl.*); *be in ~s* ligga i ruiner **2** ruin; undergång, ödeläggelse, förstörelse **II** *v* **1** lägga i ruiner **2** ödelägga, förstöra, fördärva (*one's health* sin hälsa) **3** ruinera; ödelägga; störta i fördärvet **ruination** [rʊɪ'neɪʃn] **1** ruinering; ödeläggelse **2** fördärv, ruin **ruined** ['rʊɪnd] **1** i ruiner **2** ödelagd, förstörd, fördärvad **3** ruinerad **ruinous** ['rʊɪnəs] **1** i ruiner **2** ruinerande **3** fördärvlig, ödeläggande, ödesdiger
rule [ru:l] **I** *s* **1** regel, föreskrift, bestämmelse; *~s* (*pl, äv.*) reglemente, stadgar; *the ~s of the game* spelreglerna, spelets regler; *the ~[s] of the road* trafikreglerna; *by ~* enligt regeln (reglerna) **2** regel, vana; rättesnöre, norm; *as a [general] ~* i (som) regel, vanligen, vanligtvis; *be the ~* vara [en] regel, vara det vanliga; *make it a ~ to do s.th.* göra (ha gjort) det till [en] regel (ha för vana) att göra ngt, bruka göra ngt **3** [herra]välde, styre, myndighet, makt; regering[stid] **4** (*domstols*) utslag **5** mått-, tum|stock; linjal; *by ~ of thumb* efter ögonmått, på en höft (ett ungefär) **6** tankstreck **II** *v* **1** härska över, regera [över], leda, styra; *bildl.* behärska; *~ the roost* (*vard.*) vara herre på täppan **2** avgöra, bestämma; fastställa, förordna, stadga; *~ out* utesluta **3** linjera; dra (*linje*); *~d paper* linjerat papper **4** råda (*äv. bildl.*); härska, regera **5** *hand.* notera; (*om pris*) gälla, råda **6** fälla utslag
rul|er ['ru:lə] **1** härskare, styresman (*of* över) **2** linjal **-ing** [-ɪŋ] **I** *a* **1** härskande, regerande, styrande (*etc., jfr rule II*) **2** dominerande, förhärskande (*feeling* känsla) **II** *s, jur.* [domstols]utslag
1 rum [rʌm] (*sprit*) rom
2 rum [rʌm] *vard.* underlig, konstig (*customer* prick)
Rumania [ru:'meɪnjə] *se Roumania*
rumble ['rʌmbl] **I** *v* **1** mullra; dåna, bullra; (*om fordon e.d.*) skramla; (*om mage*) kurra **2** *vard.* genomskåda, gissa, fatta **3** *~ [on]* mala [på], prata på **II** *s* **1** mullrande, muller; dån[ande], bullrande, buller; (*mages*) kurr[ande] **2** mummel **3** *elektron.* rumble, brum[mande] (*störande ljud i högtalare*) **rumble seat** *AE.* (*på äldre bilmodell*) utfällbart säte i baklucka **rumbling** ['rʌmblɪŋ] **1** mullrande **2** *~s* (*pl*) yttringar, tecken; *~s of discontent* missnöjesyttringar
rumbustious [rʌm'bʌstɪəs] bullrande, bullersam, oregerlig, vild
rumi|nant ['ru:mɪnənt] **I** *s* idisslare **II** *a* **1** idisslande **2** grubblande **-nate** [-neɪt] **1** idissla **2** fundera, grubbla (*over, [up]on* över, på) **-nation** [ˌru:mɪ'neɪʃn] **1** idisslande **2** grubbel; *~s* (*pl, äv.*) funderingar, grubblerier **-native** ['ru:mɪnətɪv] tankfull, begrundande, kontemplativ
rummage ['rʌmɪdʒ] **I** *v, ~ [through]* leta (söka, rota) igenom; *~ out* (*up*) leta (rota) fram **II** *s* **1** genom|letande, -sökande, rotande **2** *AE.* krafs, saker som skall lämnas till loppmarknad (*e.d*) **rummage sale** *AE.* loppmarknad (*för välgörenhetsändamål*)
rummy ['rʌmɪ] (*slags kortspel*) rummy
rumour ['ru:mə] **I** *s* rykte (*of* om); *there's a ~* (*~ has it*) *that* det ryktas (sägs) att **II** *v, it is ~ed that* det ryktas (sägs) att
rump [rʌmp] **1** bakdel, rumpa, ända; (*fågels*) gump **2** *slaktar.* fransyska **3** *bildl.* rest, kvarleva; *the R~ [Parliament]* (*hist.*) Rumpparlamentet
rumple ['rʌmpl] *vard.* skrynkla [till]; rufsa till **rumpled** [-d] skrynklig, tillskrynklad; rufsig
rump steak ['rʌmpsteɪk] rumpsteak (*biffstek av fransyskan*)
rumpus ['rʌmpəs] *vard.* bråk, rabalder, uppståndelse; *raise a ~* ställa till bråk
run [rʌn] **I** *v* (*ran, run*) **1** springa, löpa; springa efter (i kapp med); [för]följa, jaga; driva; försätta; fly från (ur); *~ a blockade* bryta en blockad; *let things ~ their course* låta sakerna ha sin gång; *~ errands* (*messages*) springa ärenden (*for* åt); *~ s.b. into a lot of expense* förorsaka ngn stora utgifter; *be ~ off one's feet* (*vard.*) ha fullt upp att göra, springa benen av sig, vara slutkörd; *~ a risk* löpa en risk; *~ s.b. a close second* ligga hack i häl på ngn; *~ the streets* springa omkring på gatorna; *~ a temperature* (*fever*) ha feber; *~ s.b. into trouble* vålla ngn svårigheter **2** låta springa (löpa); ställa upp med; ställa upp (*a candidate* en kandidat) **3** driva på bete **4** driva; förestå, leda, styra; organisera, genomföra, sköta; *~ a course* anordna (ha, leda) en kurs; *he's the one who really ~s everything* det är han som står för ruljangsen; *~ a p.'s house* sköta huset (hushållet) åt ngn; *~ one's own life* leva sitt eget liv **5** dra, installera, lägga **6** köra [med]; föra, transportera, skjutsa; sätta in (i trafik); sätta (hålla) i gång; *~ an advertisement* ta (sätta) in en annons; *I can't afford to ~ a car* jag har inte råd med bil; *this car is cheap to ~* den här bilen är billig i drift; *he ~s a Volvo* han kör (har en) Volvo; *~ a film* köra (visa) en film; *~ s.b. home* skjutsa ngn hem; *~ a tape* spela ett band **7** dra, fara med, köra, sticka, låta glida; *~ one's fingers through one's hair* köra fingrarna genom håret **8** hälla, spola, tappa, låta rinna; föra, leda, innehålla, ge, spruta fram; *~ a bath* tappa i badvatten; *~ water into* tappa i vatten i **9** smuggla **10** springa, löpa; skynda, rusa, störta sig; (*at* mot); (*om växt*) klättra, slingra (sprida) sig; *~ for it* skynda sig, springa allt man orkar; *~ for one's life* springa för livet **11** springa bort, fly, *bildl. äv.* gå; *time ~s* tiden går **12** ställa upp, kandidera; *~ for President* (*the Presidency*) kandidera till presidentposten **13** köra; segla; gå; vara i gång (på); fungera; rulla; [för]löpa; glida; *the buses ~ once an hour* bussarna går en gång i timmen; *the car ~s on diesel* bilen går på diesel; *the meeting is running smoothly* mötet förlöper lugnt **14** droppa, rinna; flyta [ut, omkring, ihop]; smälta; (*om färg*) fälla; (*om sår*) vätska (vara) sig; *bildl.* sprida (breda ut) sig; *my nose is ~ning* min näsa rinner; *the river ~s into the sea* floden rinner ut i havet; *it ~s in the family* det ligger i släkten **15** gå, sträcka sig, löpa **16** gå; pågå; uppgå; gälla, löpa; *the film ran for four months* filmen gick i fyra månader; *the book has ~ into four editions* boken har gått i fyra upplagor; *the expenditure ~s into* utgifterna uppgår till; *the text ~s to 100 words* texten omfattar 100

ord **17** ha råd; räcka; *I can't ~ to a new car* jag har inte råd med en ny bil; *the funds won't ~ to it* pengarna räcker inte till det **18** låta, lyda; gå; *so the story ~s* så förtäljer historien **19** *the stocking has ~* det har gått en maska (maskor) på strumpan **20** bli; vara; ~ *behind* vara försenad; ~ *dry a*) torka [ut], sina [ut], *b*) ta slut; ~ *high a*) gå (stiga) högt, *b*) svalla [över, högt]; ~ *low a*) sjunka, sina, *b*) bli knapp, ta slut; ~ *to fat* lägga på hullet; ~ *to seed* vissna, bli sjaskig; *inflation is ~ning at 15%* inflationen är (ligger på) 15% **21** ~ *about* (*around*) springa omkring; ~ *across a*) gå (löpa) tvärs över, *b*) träffa (råka, stöta) på; ~ *against a*) rusa emot, *b*) träffa (råka, stöta) på, *c*) springa (tävla) mot, *d*) ställa upp (kandidera) mot; ~ *along* löpa, gå; ~ *along!* (*vard.*) kila i väg!; ~ *away a*) springa bort (i väg), rymma, fly, *b*) skena, *c*) rinna ut; ~ *away with a*) vinna lätt, lätt ta hem, *b*) rymma med, stjäla, *c*) rusa i väg med, *d*) låta sig ryckas med av, *e*) sluka; ~ *down a*) springa (köra) omkull, köra över, *b*) ramma, segla i sank, *c*) göra ner, tala illa om, skälla på, *d*) spåra upp [och fånga], fånga in, *e*) minska, reducera, skära ner, göra nedskärningar vid (i), avveckla, *g*) köra slut på, *g*) springa (löpa, rinna) ner (nedför, nedåt), *h*) [hålla på att] stanna, sluta att gå, ta slut, tömmas, *i*) gå tillbaka, minska, *j*) förfalla, försämras; *be ~ down* vara [alldeles] slut; ~ *in a*) köra in (*a new car* en ny bil), *b*) *vard.* haffa, *c*) kila (rusa) in, närma sig; ~ *into a*) försätta i, *b*) råka [in] i, stöta på, *c*) köra (rusa) [in] i (på, emot), kollidera (krocka) med, *d*) träffa (råka, stöta) på, *e*) [upp]nå; ~ *off a*) släppa (tappa, tömma) ut, *b*) kasta ner, skriva ihop, *c*) trycka, dra, köra, *d*) avverka, avgöra, *e*) springa bort (i väg), rymma, fly, skena; ~ *on a*) skriva ihop, *b*) hänga (skrivas) ihop, *c*) springa (köra, löpa) vidare, gå på, fortsätta, *d*) hålla på, prata på, *e*) röra sig kring (om), *f*) drivas med, gå på; ~ *out a*) lägga (sätta, föra) ut, låta löpa ut, *b*) avgöra, avsluta, fullborda, *c*) jaga (köra) bort (ut), *d*) springa (löpa, gå, rinna) ut, *e*) skjuta (löpa, sticka) ut, *f*) [hålla på att] ta slut, [börja] sina, löpa (gå) ut; *we're ~ning out of time* vi har inte mycket tid kvar; ~ *out on* överge, lämna i sticket, gå ifrån; ~ *over a*) köra över, *b*) gå igenom [på nytt], granska, *c*) överskrida (dra över) [tiden], *d*) kila (titta) över, *e*) rinna (flöda) över; ~ *round a*) köra (kila, titta) över, titta in, *b*) löpa runt; ~ *through a*) gå (spela) igenom, repetera, *b*) kasta (slösa) bort, göra slut på, *c*) genomborra, *d*) gå (löpa) igenom; ~ *up a*) hissa, *b*) följa, *c*) sy (snörpa) ihop, *d*) smälla upp, *e*) addera, summera, *f*) springa (löpa) uppför, *g*) växa, rusa i höjden, gå upp, öka; ~ *up a debt* skaffa sig skulder; ~ *up against* stöta (råka) på; ~ *up to* (*om pris e.d.*) uppgå till, ligga på **II** *s* **1** löpning; lopp; språng[marsch]; körning; segling; tur, färd, resa; sträcka; väg, rutt, runda; bana, spår; *at a ~* springande, i språngmarsch, *mil.* med språng; *on the ~ a*) på flykt, *b*) i gång, i farten; *give s.b. a ~* skjutsa ngn; *go for a ~ in the car* ta en biltur; *have a good ~ for one's money* (*vard.*) *a*) få valuta för pengarna (sina pengar), *b*) få en hård match; *take a ~ a*) springa [en runda], ta en språngmarsch, *b*) ta sats **2** tendens, trend; riktning; sträckning; gång, förlopp; *the ordinary ~ of things* tingens vanliga ordning **3** stegrad efterfrågan, rusning **4** tillgång, fritt tillträde; *have the ~ of* (*äv.*) fritt kunna disponera [över] **5** följd, rad, serie, period; *in the long ~* i långa loppet, i längden, på lång sikt; *have a long ~ a*) vara modern länge, *b*) (*om film e.d.*) gå länge, *c*) sitta länge vid makten; *have a ~ of success* ha en rad framgångar **6** sort, typ; *the common ~ of mankind* genomsnittsmänniskan, vanliga människor **7** inhägnad; hönsgård; betesmark **8** [löp]maska **9** upplaga, tryckning **10** *mus.* löpning **11** *vard.*, *the ~s* (*pl*) räntan (*diarré*)

run|about ['rʌnəbaʊt] *vard.* liten bil **-around** *s, vard.*, *give s.b. the ~* skicka ngn vidare (runt), nonchalera ngn **-away I** *a* **1** förrymd; bortsprungen **2** okontrollerbar; ~ *horse* skenande häst; ~ *inflation* galopperande inflation; ~ *success* stormande succé **II** *s* rymmare, rymling; bortsprunget barn **--down I** *a* **1** utbränd, slutkörd; körd i botten **2** fallfärdig, förfallen **II** *s* **1** nedskärning, inskränkning **2** *vard.* kort sammanfattning (sammandrag)

rune [ru:n] runa **-stone** runsten

1 rung [rʌŋ] *perf. part. av ring*

2 rung [rʌŋ] tvärslå; stegpinne; steg; *bildl.* [trapp]steg

runic ['ru:nik] run-; ~ *stone* runsten

run-in ['rʌnɪn] **1** gräl, kontrovers **2** *bildl.* inledning, upptakt, uppvärmning **3** inflygning **4** *boktr.* tilllägg (*i svit*)

runnel ['rʌnl] *litt.* rännil

runner ['rʌnə] **1** *sport. e.d.* löpare **2** bud[bärare], springpojke; (*på auktion*) ombud **3** med[e]; [skridsko]skena **4** *bot.* reva, utlöpare **5** smugglare; smuggelfartyg **6** [bord]löpare; gångmatta **runner bean** *bot.* rosenböna **runner-up** [ˌrʌnər'ʌp] (*pl runners-up*) (*i tävling*) tvåa

running ['rʌnɪŋ] **I** *a* **1** springande, löpande; flytande, rinnande *etc.*, *jfr run I*; *take a ~ jump* hoppa med sats; *go and take a ~ jump!* (*vard.*) dra åt skogen!; ~ *mate* (*AE.*) vicepresidentkandidat; *in ~ order* driftsduglig, klar för drift, körklar; ~ *sore* varigt sår, sår som vätskar sig; ~ *start* flygande start; ~ *time* speltid, drifttid; ~ *water* rinnande vatten **2** [fort]löpande; pågående; ~ *account* löpande räkning; ~ *commentary* fortlöpande kommentar; ~ *costs* driftskostnader; *four days ~* fyra dagar i rad (sträck, följd) **II** *s* **1** springande, löpande; lopp; gång; *be in the ~* vara med i tävlingen (leken); *be out of the ~* vara borta ur leken, inte ha ngn chans att vinna; *make the ~ a*) bestämma farten, dra, leda, *b*) ha initiativet, ta hem segern; *take up the ~* ta ledningen **2** drivande, drift; skötsel; ledning **3** rinnande, flytning; svall **4** smuggling **running board** (*på äldre bil*) fotsteg **running head** *boktr.* levande kolumntitel **running-in** [ˌrʌnɪŋ'ɪn] (*av motor*) inkörning **running light** ['rʌnɪŋlaɪt] *sjö.* gångljus **running mate** ['rʌnɪŋmeɪt] **1** parhäst **2** *AE. polit.* medkandidat (*t. den lägre av två poster*), vicepresidentkandidat

runny ['rʌnɪ] rinnande; blaskig; lös[kokt]

run-of-the-mill [ˌrʌnəvðə'mɪl] alldaglig, ordinär, medelmåttig

runt [rʌnt] **I** *s* **1** (*i djurkull*) minsting **2** *neds.* put-

R

tefnask, strunt
run|-through ['rʌnθru:] repetition; [kort] genomgång **--up 1** *sport.* [an]sats **2** *bildl.* inledning, upptakt **-way** *flyg.* start-, landnings|bana
rupee [ru:'pi:] (*myntenhet*) rupie
rupture ['rʌptʃə] **I** *s* **1** brytande; *bildl.* brytning, avbrytande **2** *med.* bristning; bråck **II** *v* **1** brista **2** spränga, spräcka
rural ['rʊər(ə)l] lant-; lantlig; lantbruks-; *the ~ areas* landsbygden; *~ dean* kontraktsprost; *~ district* landskommun; *~ life* lantliv[et], livet på landet; *~ postmaster* lantbrevbärare **-ize** (*BE. äv. -ise*) ['rʊərəlaɪz] **1** göra lantlig **2** flytta ut på landet
Ruritanian [ˌrʊərɪ'teɪnjən] (*efter Ruritania, uppdiktat land i Fången på Zenda*) full av romantik, äventyr och intriger; operett-, operettaktig
ruse [ru:z] knep, list
1 rush [rʌʃ] **I** *v* **1** föra snabbt (i all hast), rusa (störta) i väg med; störta; driva [på]; jäkta (skynda) på; forcera; *don't ~ me!* jäkta mig inte!; *be ~ed for time* ha ont om tid; *refuse to be ~ed* inte låta sig jäktas; *~ a bill through* forcera behandlingen av ett lagförslag **2** kasta sig över; angripa; storma (*äv. mil.*); forcera **3** *sl.* skörta upp, skinna; *what were you ~ed for it?* hur mycket fick du punga ut med för det? **4** skynda [sig], rusa, storma, störta [sig]; jäkta; *~ at* rusa (storma fram) mot, störta sig över; *~ to conclusions* dra förhastade slutsatser **5** brusa, rusa, välla, forsa, strömma **II** *s* **1** rusning, rush, tillströmning, trängsel; anstormning, anfall; *the Christmas ~* julrushen **2** brådska; jäkt[ande], stress; *be in a ~* ha bråttom, ha det jäktigt **3** ström, flod, *bildl. äv.* massa; *a ~ of tears* en ström (flod) av tårar; *there was a ~ of water* det forsade fram vatten **4** *film.*, *~es* (*pl*) arbetskopia
2 rush [rʌʃ] *bot.* säv
rush hour ['rʌʃˌaʊə] rusningstid
rush light ['rʌʃlaɪt] [talg]dank
rusk [rʌsk] (*bröd*) skorpa
russet ['rʌsɪt] **I** *a* röd-, gul|brun **II** *s* röd-, gul|brunt
Russia ['rʌʃə] Ryssland **Russia leather** [-ˌleðə] ryssläder **Russian I** *a* rysk; *~ salad* legymsallad **II** *s* **1** ryss, ryska **2** ryska [språket] **Russian|ize** (*BE. äv. -ise*) förryska
Russo|- ['rʌsəʊ] (*i sms.*) rysk-; *the Russo-Japanese War* rysk-japanska kriget **-phile** [faɪl] **I** *s* ryssvän **II** *a* ryssvänlig **-phobe** [-fəʊb] **I** *s* rysshatare **II** *a* ryssfientlig
rust [rʌst] **I** *s* rost **II** *v* **1** rosta; *~ away* rosta bort; *~ed* rostig **2** få att rosta, göra rostig
rustic ['rʌstɪk] **I** *a* **1** lantlig; bonde-; rustik; enkel **2** bondsk **II** *s* lantbo, enkel bonde; *neds.* bondtölp **rusticate** [-eɪt] **1** förvisa till landet; *BE. univ.* relegera på viss tid **2** flytta till landet **3** göra (bli) lantlig (bondsk)
rustle ['rʌsl] **I** *v* **1** prassla (rassla) med **2** *AE.* stjäla (*cattle* boskap) **3** *vard.* ligga (stå) i med; *~ up* svänga ihop, fixa till (*a meal* en måltid) **4** röra sig med ett prasslande ljud **5** *vard.* ligga (stå) i **II** *s* prassel, rassel **rustler** [-ə] *AE.* **1** boskapstjuv **2** energisk person
rustproof ['rʌstpru:f] rostfri
rusty ['rʌstɪ] **1** rostig (*äv. bildl.*); *bildl. äv.* stel, ur form **2** rostbrun
1 rut [rʌt] **I** *s* **1** hjulspår (*äv. bildl.*); *bildl. äv.* slentrian; *be in a ~* (*bildl.*) ha fastnat i gamla hjulspår **II** *v*, *~ted surface* vägbana med djupa hjulspår
2 rut [rʌt] **I** *s* brunst[tid] **II** *v* vara brunstig
rutabaga [ru:tə'beɪgə] *AE.* kålrot
ruthless ['ru:θlɪs] hänsynslös, skoningslös, obarmhärtig (*to* mot) **-ness** [-nɪs] hänsynslöshet, skoningslöshet
rutted ['rʌtɪd] med [djupa] hjulspår
ruttish ['rʌtɪʃ] brunstig
R.V. *förk. för Revised Version* (*of the Bible*) **R.W.** *förk. för Right Worshipful* (*Worthy*) **r.w.d.** *förk. för rear-wheel drive* **R[w]y.** *förk. för railway*
rye [raɪ] **1** råg **2** *AE.* whisky (*gjord på rågfl*) **rye bread** ['raɪbred] rågbröd **ryegrass** ['raɪgrɑ:s] *bot.* rajgräs

S

S, s [es] (*bokstav*) S, s
S *förk. för small; South* **S.** *förk. för sabbath; Saint; Saturday; Saxon; school; Sea; senate; September; Signor; Socialist; Society; Sunday* **s.** *förk. för second; section; see; shilling; sign*[*ed*]; *singular; sire; son; substantive; succeeded*
's 1 = *is* (*it's*); *has* (*she's got it*); *does* (*vard.: where's she live?*); *us* (*let's go*) **2** *genitivändelse: my sister's husband* **3** *pluraländelse för bokstäver, siffror* (*a's, s's, in the 1980's*)
S.A. *förk. för Salvation Army; South Africa; South America; South Australia* **s.a.** *förk. för semiannual; sex appeal; sine anno* (*lat.*) *without date*
Sabbath ['sæbəθ] sabbat; *witches' ~* häxsabbat; *break* (*keep*) *the ~* vanhelga (helga) sabbaten **sabbatical** [sə'bætɪkl] **I** *a* sabbats-; *~ year* (*lärares*) sabbatsår **II** *s* (*lärares*) sabbatsår
sable ['seɪbl] **I** *s* **1** *zool.* sobel **2** sobel|skinn, -päls **II** *a* **1** sobel- **2** *her.* svart
sabo|tage ['sæbətɑ:ʒ] **I** *s* sabotage **II** *v* sabotera **-teur** [ˌsæbə'tɜ:] sabotör
sabre ['seɪbə] sabel
sac [sæk] *biol.* säck
saccha|rin ['sækərɪn] sackarin **-rine** [-raɪn] sackarin-, sockerhaltig: *bildl.* sliskig, sirapssöt
sacerdotal [ˌsæsə'dəʊtl] präst-, prästerlig
sachet ['sæʃeɪ] liten påse, portionspåse (*med socker, te e.d.*); [plast]kudde (*med schampo e.d.*); *lavender ~* lavendel-, lukt|påse
1 sack [sæk] **I** *s* **1** säck; *AE. äv.* påse, kasse **2** *vard., get* (*give s.b.*) *the ~* få (ge ngn) sparken (kicken) **3** *vard.* slaf; *hit the ~* gå och kvarta

(slafa) **4** säckklänning **II** *v, vard.* ge sparken (kicken)
2 sack [sæk] **I** *s* plundring **II** *v* plundra
sackcloth ['sækklɒθ] säckväv; *in ~ and ashes* i säck och aska **sacking** [-ɪŋ] säckväv **sack race** säcklöpning
sacra|ment ['sækrəmənt] sakrament; *the S~* nattvarden (*vard.*) **-mental** [ˌsækrə'mentl] sakraments-, sakramental-
sacred ['seɪkrɪd] **1** helig (*to s.b.* för ngn), okränkbar; *~ cow* (*vard.*) helig ko **2** sakral, religiös, andlig, kyrko-, kyrklig **3** helgad, [in]vigd (*to* åt) **-ness** [-nɪs] helgd, helighet
sacri|fice ['sækrɪfaɪs] **I** *s* **1** offrande; offer **2** uppoffring; *be sold at a ~* säljas till underpris (med förlust) **II** *v* **1** offra (*to* åt) **2** [upp]offra **-ficial** [ˌsækrɪ'fɪʃl] offer-
sacri|lege ['sækrɪlɪdʒ] helgerån, vanhelgande (*äv. bildl.*) **-legious** [ˌsækrɪ'lɪdʒəs] vanhelgande
sacrist[an] ['sækrɪst, -(ə)n] *kyrkl.* sakristan **sacristy** ['sækrɪstɪ] sakristia
sacrosanct ['sækrə(ʊ)sæŋ(k)t] sakrosankt, helig, okränkbar
sa|crum ['seɪkrəm] (*pl -cra* [-krə]) *anat.* korsben
sad [sæd] **1** ledsen, sorgsen, bedrövad **2** sorglig; dyster, bedrövlig; *the ~ fact that* det dystra faktum att; *in a ~ state* i ett bedrövligt tillstånd **-den** [-n] **1** göra ledsen (sorgsen, bedrövad), bedröva **2** bli ledsen (sorgsen, bedrövad)
saddle ['sædl] **I** *s* sadel (*äv. kokk.*); *~ of lamb* lammsadel; *swing o.s. into the ~* svinga sig upp i sadeln **II** *v* **1** *~ [up]* sadla **2** [be]lasta, betunga; *be ~d with s.th.* (*äv.*) få ngt på halsen **3** stiga upp i sadeln, sitta upp **saddlebag** sadel|påse, -väska; (*på cykel*) verktygsväska **saddlecloth** sadeltäcke **saddle horse** ridhäst **saddler** [-ə] sadelmakare **saddlery** [-ərɪ] **1** sadelmakeri **2** remtyg
sadism ['seɪdɪz(ə)m] sadism **sadist** [-ɪst] sadist **sadistic** [sə'dɪstɪk] sadistisk
sad|ly ['sædlɪ] *adv* **1** sorgset, bedrövat **2** sorgligt; dystert, bedrövligt **3** sorgligt nog **-ness** [-nɪs] vemod, svårmod; sorg[senhet], bedrövelse
s.a.e. *förk. för stamped addressed envelope*
safari [sə'fɑːrɪ] safari
safe [seɪf] **I** *a* säker; trygg; ofarlig, riskfri; pålitlig; välbehållen, oskadd; i säkerhet, i säkert förvar, i behåll; utom fara; *as ~ as houses* bergsäkert, absolut säkert; *it is ~ to say that* man kan lugnt säga att; *is it ~ to leave it open?* vågar man lämna den öppen?; *to be on the ~ side* för säkerhets skull, för att vara på den säkra sidan **II** *adv* säkert *etc.*, *jfr I; play ~* ta det säkra för det osäkra, inte ta några risker **III** *s* **1** kassaskåp **2** mat-, flug|skåp **3** *AE. sl.* kondom **--conduct** [ˌseɪf'kɒndʌkt] **1** fri lejd **2** lejdebrev **--deposit** ['seɪfdɪˌpɒzɪt] kassavalv; *~ box* kassa-, bank|fack **-guard** ['seɪfgɑːd] **I** *s* garanti, skydd, säkerhet **II** *v* garantera, skydda, säkra **-keeping** [ˌseɪf-'kiːpɪŋ] skydd; säkert förvar; *leave s.th. for ~* lämna ngt i [säkert] förvar
safely ['seɪflɪ] *adv* säkert, tryggt, lugnt; ordentligt; lyckligt och väl
safety ['seɪftɪ] säkerhet; *~ first* säkerheten framför allt **safety belt** säkerhetsbälte **safety catch** (*på vapen*) säkring; (*på fönster e.d.*) säkerhetsspärr **safety curtain** [-ˌkɜːtn] *teat.* järnridå **safety features** [-ˌfiːtʃəz] *pl* säkerhetsanordningar **safety lamp** [-læmp] gruv-, säkerhets|lampa **safety match** [-mætʃ] [säkerhets] tändsticka **safety net** [-net] säkerhetsnät **safety pin** [-pɪn] säkerhetsnål **safety razor** [-ˌreɪzə] rakhyvel **safety valve** [-vælv] säkerhetsventil (*äv. bildl.*)
saffron ['sæfr(ə)n] **I** *s* **1** saffran **2** saffransgult **3** *bot.*, *[common] meadow ~* tidlösa **II** *a* saffransgul
S.Afr. *förk. för South Africa[n]*
sag [sæg] **I** *v* **1** ge efter, svikta, bågna, sätta sig, sjunka [in]; *bildl.* sjunka, minska, [av]mattas, dala **2** hänga [löst, slappt]; vara (bli) påsig; stå snett, luta; slutta **II** *s* **1** sjunkande; fördjupning; insjunkning; sättning **2** avmattning, nedgång, [pris]fall
saga ['sɑːgə] **1** (*nord. medeltida*) saga **2** hjältesaga; släktkrönika **3** *vard.* saga, fantastisk historia
sagacious [sə'geɪʃəs] skarpsinnig, klok **sagacity** [sə'gæsətɪ] skarp|sinne, -sinnighet, klokhet
1 sage [seɪdʒ] **I** *a* vis, klok **II** *s* **1** vis (klok) [gammal] man
2 sage [seɪdʒ] *bot.* salvia
Sagittarius [ˌsædʒɪ'teərɪəs] Skytten (*stjärnbild*)
sago ['seɪgəʊ] sago
Sahara [sə'hɑːrə] *s, the ~* Sahara[öknen]
sahib [sɑːb] (*förr i Indien*) herre; herr
said [sed] **I** *imperf. o. perf. part. av say* **II** *a, jur.* tidigare nämnd, förutnämnd
sail [seɪl] **I** *v* **1** segla (*a ship* ett skepp); befara, segla på **2** segla; av|segla, -gå (*for* till); sväva, glida (*in the air* i luften); *~ into* (*vard.*) *a*) attackera, göra ner, skälla ut, *b*) hugga in på; *~ through s.th.* (*bildl.*) klara av ngt lekande lätt **II** *s* **1** segel; *set ~* sätta (hissa) segel; *set (make) ~ for* avsegla (avgå) till **2** segling, seglats, segeltur **3** (*pl lika*) [segel]fartyg, skepp; segelbåt **4** [kvarn] vinge
sail|able ['seɪləbl] segelbar **-boat** *AE.* segelbåt **-cloth** segelduk
sailer ['seɪlə] segelfartyg, seglare
sailing ['seɪlɪŋ] **I** *s* **1** segling; *it will be plain ~* det blir en enkel match (kommer att gå lekande lätt) **2** segling, seglats, segeltur; avsegling **II** *a* segel- **sailing boat** segelbåt **sailing ship (vessel)** [-ˌvesl] segelfartyg
sailor ['seɪlə] sjöman; matros; *be a good (poor) ~* tåla sjön bra (dåligt) **sailor hat** (*för dam*) matroshatt **sailor suit** (*för barn*) sjömanskostym
sailplane ['seɪlpleɪn] segelflygplan
sainfoin ['sænfɔɪn] *bot.* esparsett
saint [seɪnt, *obeton.* sən(t), sɪn(t), sn(t)] **I** *s* helgon (*äv. bildl.*) **II** *a, S~* Sankt[a], Helige, Heliga; *S~ (St.) Bernard* sanktbernhardshund **III** *v* helgonförklara **sainted** ['seɪntɪd] **1** helgonförklarad **2** *åld. el. skämts.* helgonlik; helig **sainthood** ['seɪnthʊd] **1** helgonskap **2** *koll., the ~* helgonen **saint's day** *kyrkl.* [helgons] namnsdag, helgondag
saith [seθ] *åld.* = *says*
saithe [seɪθ] *zool., BE.* gråsej
sake [seɪk] *s, for the ~ of s.b., for a p.'s ~* för ngns skull; *for Christ's (heaven's, goodness', pete's) ~* för guds skull; *for old ~'s, for old friendship's (times') ~* för gammal vänskaps skull; *for safety's ~* för säkerhets skull

S

salaam [sə'lɑ:m] **I** *s* (*österländsk hälsning*) salam, frid; djup bugning (*med handflatan mot pannan*) **II** *v* hälsa med djup bugning

salability [ˌseɪlə'bɪlətɪ] *AE., se saleability*

salacious [sə'leɪʃəs] oanständig, slipprig

salad ['sæləd] sallad; *chicken* ~ kycklingsallad; *fruit* ~ fruktsallad **salad days** *pl, litt. my* ~ min gröna ungdom **salad dressing** [-ˌdresɪŋ] salladsdressing

salamander ['sæləˌmændə] **1** *zool.* salamander **2** byggtork

salami [sə'lɑ:mɪ] salami[korv]

sal ammoniac [ˌsælə'məʊnɪæk] *kem.* salmiak, ammoniumklorid

salaried ['sælərɪd] [fast] avlönad **salary** [-ɪ] **I** *s* [månads]lön; *ask for an increase in* ~ begära löneförhöjning **II** *v* avlöna

sale [seɪl] **1** försäljning; marknad, avsättning; *ready* (*slow*) ~ snabb (trög) avsättning; *for* (*on*) ~ till salu; *be* [*up*] *for* ~ vara till salu; *put up for* ~ utbjuda till försäljning, saluföra; *on* ~ *or* (*and*) *return* i kommission **2** rea[lisation]; *at the* ~*s* på rea[lisation] **3** auktion; *put up for* ~ utbjuda på auktion

sale|ability [ˌseɪlə'bɪlətɪ] säljbarhet, kurans **-able** ['seɪləbl] säljbar, kurant

salesclerk ['seɪlzklɑ:k] *AE.* [affärs]biträde, expedit **sales department** [-dɪˌpɑ:tmənt] försäljningsavdelning **salesman** [-mən] **1** [affärs]biträde, expedit, försäljare **2** representant, försäljare, resande **salesmanship** [-mənʃɪp] försäljnings|teknik, -skicklighet **sales manager** [-ˌmænɪdʒə] försäljningschef **salesperson** [-ˌpɜ:sn] *se salesman* **sales promotion** [-prəˌməʊʃn] säljfrämjande åtgärder **sales resistance** [-rɪˌzɪst(ə)ns] *i sht AE.* köpmotstånd **sales tax** [-tæks] *i sht AE., ung.* omsättningsskatt **saleswoman** [-ˌwʊmən] **1** [kvinnligt] biträde, [kvinnlig] expedit (försäljerska) **2** [kvinnlig] representant (försäljare, resande)

salicylic [ˌsælɪ'sɪlɪk] *a, kem.,* ~ *acid* salicylsyra

salient ['seɪljənt] **I** *a* **1** framträdande, iögonenfallande **2** ut-, fram|skjutande **3** (*om djur*) skuttande, hoppande **II** *s, mil.* utbuktning (*i frontlinje*)

saline ['seɪlaɪn] salt-; salthaltig **salinity** [sə'lɪnətɪ] sälta, salthalt

Salisbury ['sɔ:lzb(ə)rɪ]

sali|va [sə'laɪvə] saliv, spott **-vary** ['sælɪvərɪ] saliv-, spott-; ~ *glands* spottkörtlar **-vate** ['sælɪveɪt] avsöndra saliv

1 sallow ['sæləʊ] (*i sht om hy*) gulblek

2 sallow ['sæləʊ] *bot.* gråvide

sally ['sælɪ] **I** *s* **1** *mil.* utfall **2** utbrott **3** utflykt, utfärd **4** *litt.* kvickhet **II** *v* **1** *mil.* göra utfall **2** *åld.,* ~ [*forth, out*] bege sig (fara) i väg

salmon ['sæmən] (*pl lika*) lax

salmonella [ˌsælmə'nelə] salmonella

salmon trout ['sæməntraʊt] (*pl lika*) laxöring; regnbågslax, regnbågsforell

salon ['sælɔ̃:(ŋ)] salong

saloon [sə'lu:n] **1** (*passagerarfartygs*) salong **2** sedan, täckt bil **3** *AE.* krog, bar **4** *BE.* (*på pub*) *the* ~ [*bar*] den finare avdelningen **5** salong; *dancing* ~ danssalong

Salop ['sæləp] *namn på Shropshire*

salsify ['sælsɪfaɪ] *bot.* haverrot

SALT *förk. för Strategic Arms Limitation Talks*

salt [sɔ:lt] **I** *s* **1** salt (*äv. kem. o. bildl.*); *bildl. äv.* krydda, sälta, kvickhet; *rub* ~ *into a p.'s wounds* (*bildl.*) strö salt i ngns sår; *take s.th. with a pinch* (*grain*) *of* ~ ta ngt med en nypa salt; *be worth one's* ~ göra skäl för sin lön **2** ~*s* (*pl*) salt; *bath* ~*s* badsalt; *Epsom* ~*s* epsom-, bitter|salt; *smelling* ~*s* luktsalt **3** saltkar **4** [*old*] ~ sjö|björn, -buss **II** *a* salt[-]; saltad; *bildl.* van, insatt **III** *v* salta; salta (strö salt) på (i); [*down, away*] salta in (ner); *bildl.* krydda, sätta piff på

saltcellar ['sɔ:ltˌselə] saltkar

saltire ['sɔ:ltaɪə] *her.* andreaskors

salt lick ['sɔ:ltlɪk] (*vilda djurs*) saltställe; (*husdjurs*) salt-, slick|sten, sleke

saltpetre ['sɔ:ltˌpi:tə] salpeter **saltwater** *a* saltvattens- **saltworks** [-wɜ:ks] (*behandlas som sg*) saltverk **salty** [-ɪ] **1** salt; salt|haltig, -aktig **2** *bildl.* skarp, kvick

salubrious [sə'lu:brɪəs] sund, hälsosam

salutary ['sæljʊt(ə)rɪ] nyttig, hälsosam (*experience* erfarenhet)

salutation [ˌsælju:'teɪʃn] **1** hälsning **2** (*i brev*) hälsningsfras

salute [sə'lu:t] **I** *s* **1** hälsning; *mil. äv.* honnör; *take the* ~ ta emot truppens hälsning **2** *mil.* salut **II** *v* **1** hälsa; *mil. äv.* göra honnör för **2** *mil.* salutera **3** hälsa; *mil. äv.* göra honnör, salutera

salvage ['sælvɪdʒ] **I** *s* **1** (*vid skeppsbrott e.d.*) bärgning, räddning **2** bärgat gods **3** bärgarlön **II** *v* (*vid skeppsbrott e.d.*) bärga, rädda; *bildl.* rädda

salvation [sæl'veɪʃn] räddning; frälsning **Salvation Army** [-ˌɑ:mɪ] *s, the* ~ Frälsningsarmén **Salvationist** [-'veɪʃn̩ɪst] frälsningssoldat

salve [sælv] **I** *s* salva; *bildl.* balsam (*to* för), botemedel (*for* mot) **II** *v* **1** lugna, stilla; lindra, mildra **2** smörja salva på

salver ['sælvə] [silver]bricka

salvia ['sælvɪə] *bot.* salvia

salvo ['sælvəʊ] (*pl* ~[*e*]*s*) **1** *mil.* [skott]salva **2** *bildl.* salva, skur; ~ *of laughter* skrattsalva; ~ *of questions* skur av frågor

sal volatile [ˌsælvə'lætəlɪ] luktsalt; *kem.* ammoniumkarbonat

salvor ['sælvə] bärgare, räddare

SAM *förk. för surface-to-air missile* **S.Am.** *förk. för South America*[*n*]

Samaritan [sə'mærɪt(ə)n] samarit; *the good* ~ den barmhärtige samariten

Sam Browne belt [sæm'braʊnbelt] *mil. sl.* [officers]koppel

same [seɪm] *a, adv, pron, the* ~ samma, den-, det-, de|samma, lika[dan], likadant, på samma sätt, samma sak; [*the*] ~ (*hand., jur.*) *a*) denne, densamme, *b*) dito; [*the*] ~ *as usual* det gamla vanliga, som vanligt; [*the*] ~ *here! a*) samma här!, jag (vi) med!, *b*) tack detsamma!; [*the*] ~ *to you!* tack detsamma!; *all the* ~ *a*) lika[dant], på samma sätt, *b*) ändå, i alla fall; *it's all* (*just*) *the* ~ *to me* det gör mig detsamma; *much the* ~ ungefär [den] samma (likadan); *the* ~ *old story* den gamla vanliga visan; *they are the* ~ *age* de är lika gamla **sameness** ['seɪmnɪs] enformighet

Sammy ['sæmɪ] *vard. för Samuel*

Samoa [sə'məʊə]

samovar [ˌsæməʊ'vɑ:] samovar
Samoyed 1 [ˌsæmɔɪ'ed] samojed (*folk*) **2** [sə'mɔɪed] samojed[hund]
sampan ['sæmpæn] sampan (*liten kinesisk el. japansk båt*)
samphire ['sæmfaɪə] *bot.* glasört
sample ['sɑ:mpl] **I** *s* prov (*of* på); provbit; varuprov; provexemplar; smakprov; urval; *stat.* sampel, stickprov; *bildl.* exempel, prov (*of* på) **II** *v* ta prov (stickprov) av; pröva; smaka av; *stat.* sampla **sampler** [-ə] **1** märkduk **2** provtagare; provsmakare **sampling** [-ɪŋ] stickprovsundersökning
Samson ['sæmsn] *bibl.* Simson
samurai ['sæmʊraɪ] (*pl lika*) samuraj
sanato|rium [ˌsænə'tɔ:rɪəm] (*pl -riums el. -ria* [-rɪə] sanatorium; kuranstalt; vilo-, konvalescent|hem; (*internatskolas*) sjukavdelning
sanctify ['sæŋ(k)tɪfaɪ] helga, förklara helig; *the end -fies the means* ändamålet helgar medlen
sancti|monious [ˌsæŋ(k)tɪ'məʊnjəs] skenhelig **-mony** ['sæŋ(k)tɪmənɪ] skenhelighet
sanction ['sæŋ(k)ʃn] **I** *s* **1** sanktion, godkännande, bifall (*i sht av regering*); stadfästelse, sanktion **2** sanktion, [straff]påföljd; *economic ~s* ekonomiska sanktioner **II** *v* sanktionera; godkänna, bifalla, ge tillstånd till; stadfästa
sanctity ['sæŋ(k)tətɪ] helighet; okränkbarhet; helgd
sanctuary ['sæŋ(k)tjʊərɪ] **1** helgedom; helig plats; tempel; altarrum, altare **2** fristad, asyl; tillflyktsort; [djur]reservat, -skyddsområde; tillflykt; *take ~ in* ta sin tillflykt till, söka sin tillflykt i
sanctum ['sæŋ(k)təm] helgedom, helig plats; heligt rum
sand [sænd] **I** *s* **1** sand; *~s* (*pl*) sandrev, sandbank, dyner, sandstrand; *the ~s are running out* tiden är snart ute **2** *AE. sl.* mod, uthållighet **II** *v* **1** sanda **2** *~* [*down*] sandpappra **3** *~ up* sandas igen
1 sandal ['sændl] sandal
2 sandal ['sændl] sandelträ
sandalled ['sændld] klädd i sandaler
sandalwood ['sændlwʊd] sandelträ
sand|bag ['sæn(d)bæg] **I** *s* sandsäck; sandpåse (*vapen*) **II** *v* **1** barrikadera med sandsäckar **2** slå ner med en sandpåse **sandbank** sandbank **sandbar** sandrev **sandblast** sandblästra **sand-blind** skumögd
sand castle ['sændˌkɑ:sl] sandslott **sand eel** [-i:l] *zool.* tobis[kung]
sanderling ['sændəlɪŋ] *zool.* sandlöpare
sand|fly ['sæn(d)flaɪ] *zool.* fjärilsmygga **-glass** timglas
Sandhurst ['sændhɜ:st] Sandhurst (*med krigsskola*)
sand|man ['sæn(d)mæn] *ung.* John Blund **-paper** [-ˌpeɪpə] **I** *s* sandpapper **II** *v* sandpappra, polera med sandpapper **-piper** [-ˌpaɪpə] *zool.* snäppa **-pit** [-pɪt] **1** sand|tag, -grop **2** (*för barn*) sandlåda **-stone** [-stəʊn] sandsten **-storm** [-stɔ:m] sandstorm
sandwich ['sænwɪdʒ] **I** *s* dubbelsmörgås, dubbel sandwich (*med pålägg emellan*); *open ~* smörgås med pålägg **II** *v* skjuta (klämma) in, sticka emellan med; *~ s.th. together* lägga ihop ngt (*med ett lager emellan*) **sandwich board** dubbla reklamskyltar (*som bärs av sandwichman*) **sandwich course** *univ.* varvad utbildning (*med teori och praktik*) **sandwich man** sandwichman, plakatbärare
sandy ['sændɪ] **1** sandig, sand- **2** sandfärgad; (*om hår*) rödblond
sane [seɪn] **1** [själsligt] sund, klok **2** *bildl.* förnuftig, förståndig, klok
sang [sæŋ] *imperf. av sing*
sang-froid [ˌsɑ̃:(ŋ)'frwɑ:] kallblodighet
San|graal [sæŋ'greɪl], **-greal** ['sæŋgrɪəl] den heliga Graal
san|guinary ['sæŋgwɪnərɪ] **1** blodig **2** blodtörstig **-guine** [-gwɪn] **1** optimistisk; förtröstansfull, sangvinisk **2** (*om hy*) rödblommig **3** blodröd **-guineous** [sæŋ'gwɪnɪəs] blod-
sani|tarium [ˌsænɪ'teərɪəm] *AE., se sanatorium* **-tary** ['sænɪt(ə)rɪ] sanitär, sundhets-, hälsovårds-; hygienisk, ren; *~ towel* (*AE. napkin*) sanitets-, dam|binda **-tation** [ˌsænɪ'teɪʃn] **1** sanitära anläggningar, sanitär utrustning **2** sanitetsväsen **-tize** ['sænɪtaɪz] *i sht AE.* göra ren (hygienisk); städa upp; *bildl.* rensa, snygga till **-ty** ['sænətɪ] **1** mental hälsa, själslig sundhet **2** sunt förnuft, klokhet
sank [sæŋk] *imperf. av sink*
Sanskrit ['sænskrɪt] sanskrit
Santa Claus [ˌsæntə'klɔ:z] jultomten
1 sap [sæp] **I** *s* **1** sav, växtsaft; *bildl.* livskraft, energi **2** *sl.* dumskalle, idiot **II** *v* **1** tappa [sav ur] **2** *bildl.* tära på, försvaga
2 sap [sæp] **I** *s, mil.* löpgrav, tunnel **II** *v, mil. o. bildl.* underminera; *bildl. äv.* försvaga
saphead ['sæphed] *sl.* dumskalle, idiot
sapid ['sæpɪd] välsmakande, smaklig **-ity** [sæ'pɪdətɪ] smaklighet
sapient ['seɪpjənt] *iron.* klok, förnumstig
sapling ['sæplɪŋ] ungt träd; *litt.* ung människa
sapper ['sæpə] ingenjörssoldat, pionjär
sapphire ['sæfaɪə] **I** *s* safir **II** *a* safirblå
Sappho ['sæfəʊ] Sapfo
sap|py ['sæpɪ] **1** saftig, full av sav **2** slö, dum **-wood** splint[ved]
Saracen ['særəsn] **1** *hist.* saracen **2** arab
sar|casm ['sɑ:kæz(ə)m] sarkasm **-castic** [sɑ:'kæstɪk] sarkastisk
sarcopha|gus [sɑ:'kɒfəgəs] (*pl -gi* [-gaɪ] *el. -guses*) sarkofag
sardine [sɑ:'di:n] sardin; *be packed like ~s* stå (sitta, ligga) som packade sillar
Sardinia [sɑ:'dɪnjə] Sardinien
sardonic [sɑ:'dɒnɪk] sardonisk, hånfull
sarge [sɑ:dʒ] *vard.* (*i tilltal*) sergeant
sari ['sɑ:rɪ] sari
sarong [sə'rɒŋ] sarong
sarsaparilla [ˌsɑ:s(ə)pə'rɪlə] *bot.* sarsaparill
sartorial [sɑ:'tɔ:rɪəl] skräddar-, kläd-
Sarum ['seərəm] (*gammalt namn på*) Salisbury
SAS *förk. för Scandinavian Airlines System; Special Air Service*
1 sash [sæʃ] [parad]skärp, [ordens]band
2 sash [sæʃ] fönster|båge, -ram
sashay [sæ'ʃeɪ] *AE. vard.* svassa
sash cord ['sæʃkɔ:d] fönster|lina, -snöre **sash**

S

window [-ˌwɪndəʊ] skjutfönster (*rörligt uppåt o. nedåt*)

Sask. *förk. för Saskatchewan* [səs'kætʃɪwən]

sassafras ['sæsəfræs] *bot.*. sassafras

Sassenach ['sæsənæk] *Sk.* engelsman

sat [sæt] *imperf. o. perf. part. av sit*

Sat. *förk. för Saturday; Saturn*

Satan ['seɪt(ə)n] Satan **satanic[al]** [sə'tænɪk(l)] satanisk, djävulsk

S.A.T.B. *förk. för soprano, alto, tenor, bass*

satchel ['sætʃ(ə)l] skolväska (*med axelrem*)

sate [seɪt] tillfredsställa, mätta

satellite ['sætəlaɪt] **1** satellit; *communications ~* kommunikationssatellit **2** uppvaktande kavaljer **3** underhuggare, lakej **4** satellitstat

sati|ate ['seɪʃɪeɪt] tillfredsställa, mätta; göra övermätt **-ation** [ˌseɪʃɪ'eɪʃn] *s* tillfredsställande, mättande

satiety [sə'taɪətɪ] övermättnad

satin ['sætɪn] satäng, satin

satire ['sætaɪə] satir (*on* över) **satiric[al]** [sə'tɪrɪk(l)] satirisk **satirist** ['sætərɪst] satiriker **sati|rize** (*BE.* *äv.* *-rise*) ['sætəraɪz] satirisera [över]

satisfac|tion [ˌsætɪs'fækʃn] **1** tillfredsställelse, belåtenhet (*at* över); *the ~ of doing s.th.* tillfredsställelsen över att göra ngt; *to everyone's ~* till allas belåtenhet; *give ~* skänka tillfredsställelse, vara till belåtenhet **2** tillfredsställande **3** gottgörelse, ersättning, vederlag; *in ~ of* som gottgörelse för **4** upprättelse; *give s.b. ~* ge ngn upprättelse **-tory** [-t(ə)rɪ] tillfredsställande (*to* för)

satisfied ['sætɪsfaɪd] **1** tillfredsställd, belåten, nöjd (*to hear* med att få höra); mätt **2** övertygad (*about, of* om; *that* om att) **satisfy** [-faɪ] **1** tillfredsställa; gottgöra, ersätta; uppfylla (*a condition* ett villkor); skingra (*doubts* tvivel); mätta; stilla (*one's hunger* sin hunger) **2** övertyga (*about, of* om; *that* om att); *~ o.s.* (*äv.*) förvissa sig **3** *mat.* satisfiera **4** vara tillfredsställande **satisfying** [-faɪɪŋ] tillfredsställande; mättande

satu|rate ['sætʃəreɪt] *v* **1** göra genomblöt, genomdränka; *bildl.* fylla, översålla, genomsyra; *~d with* genomblöt av, *bildl.* fylld (översållad) med **2** *kem.* mätta; *a ~d solution* (*color*) en mättad lösning (färg) **-ration** [ˌsætʃə'reɪʃn] mättnad, mättning

Saturday ['sætədɪ] (*jfr Friday*) lördag

Saturn ['sætən] Saturnus

saturnine ['sætənaɪn] tystlåten, dyster

satyr ['sætə] *myt. o. litt.* satyr

sauce [sɔːs] **1** sås; *white ~* vit sås, béchamelsås; *hunger is the best ~* hungern är den bästa kryddan **2** *vard.* uppkäftighet, fräckhet; *have the ~ to* ha fräckheten att; *none of your ~!* var inte uppkäftig!

sauce|-boat ['sɔːsbəʊt] sås|snipa, -skål **-box** *vard.* uppkäftig (fräck) typ **-pan** kastrull

saucer ['sɔːsə] [te-, kaffe]fat; *flying ~* flygande tefat

saucy ['sɔːsɪ] *vard.* **1** uppkäftig, fräck, näsvis **2** piffig, käck (*hat* hatt)

Saudi Arabia [ˌsaʊdɪə'reɪbɪə] Saudi-Arabien

sauerkraut ['saʊəkraʊt] surkål

sauna ['sɔːnə] sauna, [finsk] bastu

saunter ['sɔːntə] **I** *v* spankulera, spatsera, flanera **II** *s* promenad, spatsertur

sausage ['sɒsɪdʒ] **1** korv; *not a ~* (*vard.*) inte ett dugg **2** *vard.* spärrballong **sausage dog** *vard.* tax **sausage meat** korvmassa **sausage roll** *ung.* korvpirog

sauté ['səʊteɪ] **I** *s* sauté **II** *v* sautera **III** *a* sauterad

savage ['sævɪdʒ] **I** *a* vild; barbarisk, ociviliserad; vildsint, rasande, ilsken (*dog* hund); grym, våldsam, brutal; *~ beasts* vilda djur **II** *s* vilde; barbar; vildsint (rasande, våldsam) person **III** *v* **1** (*om djur*) anfalla, bita **2** kritisera våldsamt **-ry** [-(ə)rɪ] **1** vildhet; barbari **2** omänsklighet, grymhet, råhet

savanna[h] [sə'vænə] savann, grässlätt

save [seɪv] **I** *v* **1** rädda (*äv. sport.*); bevara, skydda; bärga; *relig.* frälsa; *~ o.s.* rädda sig [själv], rädda sitt eget skinn; *God ~ the Queen!* Gud bevare drottningen! **2** spara [ihop, in, på]; lägga undan; bespara [sig]; *~ o.s.* spara [på] sina krafter, spara sig; *it will ~ me a lot of trouble* det kommer att bespara mig en massa besvär; *~ up for* spara (lägga undan) till **3** *~ [up]* spara [pengar] **II** *s, sport.* räddning **III** *konj, prep, litt.*, *~ [for]* utom, så när som på; *~ that* utom att **save as you earn** [ˌseɪvæsjuː'ɜːn] lönsparande

saveloy [ˌsævə'lɔɪ] *kokk.* cervelatkorv

saver ['seɪvə] sparare

saving ['seɪvɪŋ] **I** *a* **1** sparsam; -besparande; *energy-~* energibesparande **2** räddande; förlåtande; försonande (*grace* drag) **3** *jur.*, *~ clause* undantagsklausul, förbehåll **II** *s* **1** sparande; besparing; *~s* (*pl*) besparingar, sparmedel **2** *jur.* undantag, förbehåll **III** *prep* utom, med undantag av; *~ your reverence* med förlov sagt **savings account** [-zəˌkaʊnt] sparkonto **savings bank** [-zbæŋk] sparbank

saviour ['seɪvjə] räddare; frälsare; *the S~* Frälsaren

savoir-faire [ˌsævwɑː'feə] savoir-faire, skicklighet, handlag

savory ['seɪv(ə)rɪ] *bot.* kyndel

savour ['seɪvə] **I** *s* smak; arom, doft; *bildl.* anstrykning, atmosfär, doft **II** *v* **1** smaka (lukta) på; njuta av, avnjuta **2** *bildl.*, *~ of* lukta av, ha en anstrykning av, vara tecken på **savoury** ['seɪv(ə)rɪ] **I** *a* **1** välsmakande; väldoftande **2** kryddad, salt **3** behaglig; respektabel **II** *s, BE.* aptitretare; smårätt

Savoy [sə'vɔɪ] **1** Savojen **2** *s~ [cabbage]* savojkål

savvy ['sævɪ] *sl.* **I** *s* vett; *he hasn't got much ~* han är inte vidare smart **II** *v* haja, fatta; *no ~!* ingen aning! **III** *a, i sht AE.* slug, smart

1 saw [sɔː] *imperf. av see*

2 saw [sɔː] **I** *s* såg **II** *v* (*~ed, perf. part. ~ed el. ~n*) såga; *~ away* fila, spela fiol; *~ the air* vifta [med armarna], fladdra [med vingarna]

3 saw [sɔː] *åld.* ordstäv

saw|bones ['sɔːbəʊnz] *sl.* bensågare (*kirurg*), läkare **-buck** *AE.* **1** sågbock **2** *sl.* tiodollarsedel

sawder ['sɔːdə] *vard.* smicker; *soft ~* komplimanger

saw|dust ['sɔːdʌst] sågspån **-fly** *zool.* bladstekel **-horse** sågbock **-mill** sågverk

sawn [sɔːn] *perf. part. av 2 saw II* **--off** ['sɔːnɒf] avsågad; *~ shotgun* avsågat hagelgevär

saw|tooth ['sɔːtuːθ] sågtand **--wort** *bot.* ängsskära

sawyer ['sɔ:jə] [ved]sågare

sax [sæks] *vard.* sax (*saxofon*)

saxifrage ['sæksɪfrɪdʒ] *bot.* [sten]bräcka, mandelblomma

Saxon ['sæksn] **I** *s* **1** saxare (*i England el. Tyskland*) **2** anglosaxare, engelsman **3** saxiska (*dialekt*) **II** *a* **1** saxisk **2** anglosaxisk, engelsk

Saxony ['sæksn̩ɪ] Sachsen

saxophone ['sæksəfəʊn] *mus.* saxofon **saxophonist** [sæk'sɒfənɪst] saxofonist

say [seɪ] **I** *v* (*said, said; jfr äv. said, saying*) säga, yttra; tala; läsa, be (*grace* bordsbön); ~ *over* läsa upp ur minnet; *to ~ nothing of* för att inte tala om; *not to ~* för att inte säga; *that is to ~* det vill säga; *~ it takes...* anta[g] (skall vi säga, låt oss säga) att det tar...; [*I*] *~! a*) säg!, hör du!, *b*) vet du [vad]!, det må jag säga!; *I should ~ so!* det tror jag det!, det vill jag mena!; *who shall I ~?* vem får jag hälsa ifrån?, hur var namnet?; *if you don't like it, ~ so* om du inte tycker om det, säg det då; *just ~ the word!* säg bara till!; *you can ~ that again!* just det!, det kan du skriva upp!; *you don't ~?* det menar du inte!, säger du det!; *what do you ~?* vad säger (tycker, anser) du?; *what have you got to ~ for yourself?* vad har du att säga till ditt försvar?; *what have you got to ~ to me?* vad har du att säga mig?; *you said it!* så är det!; *well said!* bra talat!; *what would you ~ to a whisky?* vad sägs om en whisky?; *he is said to be* han lär (skall) vara; *it ~s in the paper that* det står i tidningen att; *it is said, they ~* det sägs (påstås), man (de) säger; *they said to wait here* (*vard.*) de sa åt mig (oss) att vänta här; *and so ~ all of us* och det tycker vi alla; *that ~s a lot for him* det säger en hel del om honom; *~s who?* (*vard.*) vem säger det?; *what does your watch ~?* hur mycket är din klocka?; *no sooner said than done* sagt och gjort; *when all is said and done* när allt kommer omkring **II** *s, let him have his ~!* låt honom tala (säga vad han har på hjärtat, säga sin mening)!; *he has no ~* han har inget att säga till om; *have the last* (*final*) *~* få sista ordet, ha det slutgiltiga avgörandet

S.A.Y.E *förk. för save as you earn*

saying ['seɪɪŋ] *s, pres. part.* **1** ord|språk, -stäv; talesätt; *as the ~ goes* som man säger **2** yttrande, uttalande **3** *so ~, ~ that* med dessa ord; *that is ~ too much* det är för mycket sagt; *that is not ~ much* det säger inte mycket; *there is no ~ when* man kan inte veta när, det är inte gott att säga när; *it goes without ~* det säger sig självt, det är självklart

says [sez, *obeton.* səz] *3 pers. sg pres. av say*

say-so ['seɪsəʊ] *vard.* påstående; befallning; beslutanderätt

S.C. *förk. för Signal Corps; South Carolina* **sc.** *förk. för scene; science;* (*lat.*) *scilicet* (*that is to say*); *scruple* (*apoteksvikt*) **s.c.** *förk. för small capitals*

scab [skæb] **1** sårskorpa **2** fårskabb **3** *neds.* svartfot, strejkbrytare

scabbard ['skæbəd] (*t. svärd o. d.*) skida, slida, balja

scabby ['skæbɪ] **1** full med sårskorpor **2** (*om får*) skabbig **3** *vard.* nedrig, gemen

scabies ['skeɪbɪi:z] *med.* skabb

scabrous ['skeɪbrəs] **1** skabrös, oanständig **2** skrovlig, sträv

scads [skædz] *pl. AE. vard.* massor (*of money* med pengar)

Scafell [ˌskɔ:'fel]

scaffold ['skæf(ə)ld] **1** byggnadsställning **2** estrad; schavott **-ing** [-ɪŋ] byggnadsställning

scalawag ['skæləwæg] *se scallywag*

scald [skɔ:ld] **I** *v* **1** skålla **2** koka; hetta upp [till kokpunkten] **II** *s* brännsår (*från skållning*)

1 scale [skeɪl] **I** *s* vågskål; *~s* (*pl*) våg; *a pair of ~s* en våg; *the S~s* (*astr.*) Vågen; *tip the ~s* (*bildl.*) vara tungan på vågen **II** *v* väga

2 scale [skeɪl] **I** *s* skala (*äv. mus.*); gradering, gradindelning; måttstock; *bildl.* grad; *on a large ~* i stor skala; *grand in ~* storskalig; *pay* (*wage*) *~* löneskala; *the social ~* den sociala rangskalan; *a map on the ~ of 1:50,000* en karta i skala 1:50 000; *out of ~* oproportionerlig; *drawn to ~* ritad i skala **II** *v* **1** bestiga, klättra uppför **2** rita i skala; *~ down* (*up*) förminska (förstora) [proportionellt]

3 scale [skeɪl] **I** *s* **1** *biol.* fjäll **2** flaga, [tunn] skiva **3** beläggning; kalkavlagring; pannsten; tandsten **II** *v* **1** fjälla (*fish* fisk) **2** skala [av] **3** ta bort beläggning (pannsten, tandsten) från **4** kasta smörgås **5** fjälla, flagna **scaled** [-d] fjällig **scale leaf** ['skeɪlli:f] *bot.* foderblad

scalene ['skeɪli:n] *a, mat.* oliksidig (*triangle* triangel)

scaling ladder ['skeɪlɪŋˌlædə] *mil.* stormstege

scallawag ['skæləwæg] *se scallywag*

scallion ['skæljən] schalottenlök

scallop ['skɒləp] **I** *s* **1** *zool.* kammussla **2** snäckskal (*i vilket skaldjur e.d. serveras*) **3** *sömn.* uddkant, uddning **II** *v* **1** förse med uddkant **2** servera i snäckskal

scallywag ['skælɪwæg] *vard.* rackare, rackarunge, skojare

scalp [skælp] **I** *s* **1** huvudsvål **2** skalp **II** *v* skalpera

scalpel ['skælp(ə)l] skalpell

scaly ['skeɪlɪ] **1** fjällig **2** som fjällar

scamp [skæmp] rackare, skojare; rackarunge

scamper ['skæmpə] skutta, kila

scampi ['skæmpɪ] *BE. kokk.* scampi

scan [skæn] **1** skumma, [snabbt] ögna igenom **2** granska, [noga] studera; spana ut över **3** *elektron.* scanna, avsöka, avkänna, svepa över **4** [gå att] skandera

scandal ['skændl] **1** skandal **2** skvaller, elakt förtal **3** anstöt **4** skam[fläck] **-ize** (*BE. äv. -ise*) [-aɪz] chockera, göra upprörd; *be ~d at* bli chockerad över **-monger** [-ˌmʌŋgə] skandalspridare, sensationsmakare, skvallerbytta **-ous** ['skændələs] **1** skandalös, chockerande, anstötlig **2** skandal-

Scandina|via [ˌskændɪ'neɪvjə] Skandinavien, Norden **-vian** [-vjən] **I** *a* skandinavisk, nordisk; *~ languages* nordiska språk **II** *s* skandinav; nordbo

scan|ner ['skænə] *elektron.* scanner, [av]sökare **-ning** [-ɪŋ] *elektron.* scanning, avsökning

scansion ['skænʃn] skandering

scant [skænt] **I** *a* knapp; knapphändig; ringa, mycket liten; *~ of breath* and|täppt, -fådd; *pay ~ attention to* ta föga notis om **II** *v* knappa in på, in-

S

skränka [på]
scantily ['skæntılı] *adv* knappt *etc.*, *jfr scanty*
scantling ['skæntlıŋ] **1** mått, dimension **2** smula, aning
scanty [-ı] knapp, otillräcklig; knapphändig; begränsad, sparsam; torftig; mager; ringa; trång; ~ *hair* glest (tunt) hår
Scapa Flow [ˌskæpə'fləʊ]
scape|goat ['skeıpgəʊt] syndabock **-grace** vildbasare; vildhjärna
scapula ['skæpjʊlə] skulderblad
scar [skɑ:] **I** *s* ärr **II** *v* **1** bilda ärr; ärra sig **2** tillfoga (ge) ärr
scarab ['skærəb] skarabé
Scarborough ['skɑ:brə]
scarce [skeəs] **1** sällsynt **2** knapp, otillräcklig; *water is* ~ det är ont om vatten; *make o.s.* ~ (*vard.*) dunsta, sjappa **scarcely** ['skeəslı] *adv* knappast; knappt; ~ *anybody* knappast någon, nästan ingen; ~ *ever* knappast någonsin, nästan aldrig; ~*...when* knappt...förrän **scarcity** ['skeəsətı] **1** sällsynthet **2** brist, knapphet
scare [skeə] **I** *v* **1** skrämma; ~ *away* (*off*) skrämma i väg (bort); *be ~d stiff* (*vard.*) *a*) vara vettskrämd, *b*) vara livrädd (*of* för); ~ *s.b. to death* skrämma livet ur ngn; ~ *the life* (*hell*) *out of s.b.* (*vard.*) skrämma livet (vettet) ur ngn **2** ~ *easily* vara lättskrämd **II** *s* skräck; rädsla; *have* (*get*) *a* ~ bli skrämd, ha en skräckupplevelse; *give s.b. a* ~ skrämma ngn **scarecrow** ['skeəkrəʊ] fågelskrämma **scaremonger** ['skeəˌmʌŋgə] panikspridare **scare story** ['skeəstɔ:rı] skräckhistoria
1 scarf [skɑ:f] (*pl ~s el. scarves*) scarf, halsduk
2 scarf [skɑ:f] **I** *s* lask, skarv **II** *v* laska, skarva ihop
scarlatina [ˌskɑ:lə'ti:nə] *med.* scharlakansfeber
scarlet ['skɑ:lət] **I** *a* scharlakansröd; ~ *fever* (*med.*) scharlakansfeber; ~ *hat* kardinalshatt; *the S~ Pimpernel* Röda Nejlikan; ~ *runner* (*bot.*) rosenböna **II** *s* scharlakansrött
scarp [skɑ:p] brant, stup
scarper ['skɑ:pə] *BE. sl.* sjappa
scarred [skɑ:d] ärrig
scarves [skɑ:vz] *pl av 1 scarf*
scary ['skeərı] *vard.* skrämmande, ruskig
scat [skæt] *interj, vard.* stick!, försvinn!
scathing ['skeıðıŋ] *bildl.* skarp, bitande, svidande; *be ~ about* vara starkt kritisk emot
scatsong ['skætsɒŋ] scatsång (*improviserad jazzsång*)
scatter ['skætə] (*se äv. scattered*) **1** sprida [ut]; strö ut (omkring) **2** skingra **3** beströ **4** sprida [sig], skingras, skingra sig **scatterbrain** virrig (tanklös) person, virrpanna **scatterbrained** [-breınd] virrig, tanklös **scattered** [-d] **1** [ut]spridd; skingrad; ~ *showers* spridda skurar; ~ *trees* enstaka (spridda) träd **2** beströdd **scatty** [-ı] *BE. vard.* virrig, tanklös
scavenge ['skævın(d)ʒ] **1** söka (leta, rota) fram (*bland avfall e.d.*) **2** sopa, rengöra (*streets* gator) **3** ~ *for* leta (rota) efter **scavenger** [-ə] **1** person som letar (rotar) bland sopor; *zool.* asätare **2** renhållningsarbetare, gatsopare **scavenging** [-ıŋ] gaturenhållning, gatsopning
Sc.D. *förk. för Doctor of Science* **S.C.E.** *förk. för Scottish Certificate of Education*
scenario [sı'nɑ:rıəʊ] *film., teat., bildl.* scenario
scene [si:n] **1** scen; skådeplats; skådespel; [scen]bild; anblick, syn; uppträde; ~*s* (*pl, äv.*) kulisser; *the ~ of the crime* brottsplatsen; *change of ~ a*) scenförändring, *b*) *bildl.* miljöombyte; *behind the ~s* bakom kulisserna; *appear* (*come*) *on the* ~ (*bildl.*) uppenbara sig, dyka upp; *make a* ~ ställa till en scen (ett uppträde); *make a beautiful* ~ utgöra en vacker syn; *the ~ is set in New York* handlingen tilldrar sig (romanen *etc.* utspelar sig) i New York **2** *vard.* värld; *drug* ~ knarkarkretsar; *that's not my* ~ det intresserar mig (gillar jag) inte
scenery ['si:nərı] **1** landskap[sbild], sceneri, utsikt, natur **2** *teat.* sceneri, dekorationer, scenbild
scene-shifter [-ˌʃiftə] *teat.* scenarbetare
scenic ['si:nık] **1** naturskön **2** scen-, scenisk, teater-; ~ *railway a*) (*på nöjesfält*) miniatyrjärnväg, *b*) berg-och-dalbana
scent [sent] **I** *v* **1** (*om hund o.d.*) vädra (*äv. bildl.*); *bildl. äv.* ana, misstänka; ~ *foul play* ana oråd **2** parfymera, fylla med väldoft **II** *s* **1** doft, vällukt **2** parfym **3** spår, vittring (*äv. bildl.*); väderkorn; *false* ~ villospår; *be on the ~ of s.th.* (*bildl.*) vara ngt på spåren; *get ~ of a*) få väderkorn på, *b*) få nys om; *pick up a* ~ få upp ett spår; *put* (*throw*) *s.b. off the* ~ vilseleda ngn, leda ngn på villospår **scent bottle** ['sentˌbɒtl] luktflaska; parfymflaska **scented** ['sentıd] doftande; parfymerad
scep|tic ['skeptık] **I** *s* skeptiker **II** *a* = *sceptical* **-tical** [-tıkl] skeptisk **-ticism** [-tısız(ə)m] skepsis, skepticism
sceptre ['septə] spira (*härskarstav*)
sch. *förk. för school*
schedule ['ʃedju:l, *AE.* 'skedʒ(ʊ)l] **I** *v* **1** planera; fastställa tidpunkten för; ~*d flights* reguljära flygturer; *this is not ~d for this week* det ingår inte i planerna (programmet) för den här veckan; *the train is ~d for one o'clock* tåget skall enligt tidtabellen komma in (avgå) klockan ett; *you are ~d to speak for 10 minutes* enligt programmet skall du tala i 10 minuter; *the work is ~d for completion in two weeks* arbetet skall [enligt planen] vara avslutat om två veckor **2** registrera, föra upp på en förteckning (lista) **II** *s* **1** plan, program; [tids]schema, tidtabell; *AE.* [skol]schema; [*according*] *to* ~ enligt planen (programmet), plan-, program|enligt; *ahead of* ~ tidigare än beräknat, före i tidsschemat; *be behind* ~ vara försenad, ligga efter; *on* ~ enligt planen, planmässigt, tidtabellsenligt, punktligt **2** register, förteckning, lista, tabell **3** tariff
sche|ma ['ski:mə] (*pl -mata*) diagram, schematisk framställning, översikt; *filos.* schema **-matic** [skı'mætık] schematisk
scheme [ski:m] **I** *s* **1** plan, projekt **2** system, schema; *the ~ of things* världsordningen, tingens ordning **3** komplott, intrig **4** diagram, översikt **II** *v* **1** planera, göra upp planer på **2** intrigera **schemer** ['ski:mə] intrigmakare **scheming** ['ski:mıŋ] **I** *a* intrigant **II** *s* intrigspel
scherzo ['skeətsəʊ] *mus.* scherzo
schism ['sız(ə)m, 'skız(ə)m] schism, söndring
schist [ʃıst] *miner.* skiffer
schizoid ['skıtsɔıd] *med.* **I** *a* schizoid **II** *s* schizoid

[person]
schizo|phrenia [ˌskɪtsə(ʊ)'fri:njə] *med.* schizofreni **-phrenic** [-'frenɪk] *med.* **I** *a* schizofren **II** *s* schizofren [person]
schlemiel [ʃlə'mi:l] *AE. sl.* trög typ; klantskalle
schlep [ʃlep] *AE. sl.* **1** kånka på **2** släpa sig fram
schmal[t]z [ʃmɔ:lts] *sl.* överdriven sentimentalitet; hypersentimental musik
schmuck [ʃmʌk] *AE. sl.* klantskalle, typ
schnap[p]s [ʃnæps] brännvin, sprit
scholar ['skɒlə] **1** [humanistisk] vetenskapsman, lärd man; forskare; *a Greek ~* en expert på grekiska **2** *skol., univ.* stipendiat **3** *åld.* elev, lärjunge; *a good (poor) ~* en duktig (dålig) elev **-ly** [-lɪ] *a* **1** lärd; vetenskaplig **2** akademisk **-ship 1** *skol., univ.* stipendium **2** [humanistisk] lärdom (vetenskap); vetenskaplig noggrannhet
scholastic [skə'læstɪk] **I** *a* **1** skol-; undervisnings-; elev-; vetenskaplig, akademisk **2** pedantisk, noggrann **3** *S~* skolastisk **II** *s* **1** elev **2** pedant **3** *S~* skolastiker
1 school [sku:l] **I** *s* **1** skola; skolgång; [skol]undervisning; skoltid; kurs; *~ of dancing* dansskola; *~ of dentistry* tandläkarhögskola; *~ of thought* meningsriktning; *the ~ of hard knocks* livets hårda skola; *there is no ~ tomorrow* det är lov (ingen skola) i morgon; *at ~* i skolan; *go to ~* gå till (i) skolan; *leave ~* sluta skolan; *put to ~* sätta i skola **2** *univ.* fakultet; institution **II** *v* skola, träna, öva upp; dressera (*djur*)
2 school [sku:l] [fisk]stim
school board ['sku:lbɔ:d] *AE.* skolstyrelse
school|boy ['sku:lbɔɪ] skolpojke **-child** skolbarn **-days** *pl* skoltid **-friend** skolkamrat **-girl** skolflicka **-house** skolbyggnad **-ing** [-ɪŋ] **1** skolutbildning, skolning **2** skolundervisning **3** dressyr (*i sht av häst*) **--leaver** [-ˌli:və] person som just slutat skolan **-marm** [-mɑ:m] *vard.* skolfröken **-master** [-ˌmɑ:stə] [skol]lärare **-mate** [-meɪt] skolkamrat **-mistress** [-ˌmɪstrɪs] [skol] lärarinna, [kvinnlig] lärare **-room** [-rʊm] klassrum; skolsal
school ship ['sku:lʃɪp] skolfartyg **schoolteacher** [-ˌti:tʃə] [skol]lärare, -lärarinna **schoolwork** [-wɜ:k] skolarbete **school year** [-jɜ:] skolår
schooner ['sku:nə] **1** *sjö.* skonare, skonert **2** *BE.* stort sherryglas
schuss [ʃʊs] **I** *s* störtlopp **II** *v* åka störtlopp
schwa [ʃwɑ:] *fonet.* vokalmummel
sci. *förk. för science; scientific*
sciatic [saɪ'ætɪk] *med.* **1** höft- **2** ischias- **sciatica** [-ə] *med.* ischias
science ['saɪəns] **1** vetenskap; lära, kunskap; [*branch of*] *~* vetenskapsgren; [*natural*] *~* naturvetenskap; *Doctor of S~* filosofie doktor (*vid naturvetenskaplig fakultet*); *man of ~* vetenskapsman; *domestic ~* hushållslära, *skol.* hemkunskap; *social ~* samhällsvetenskap **2** skicklighet, teknik, kunnande; *the ~ of cooking* kokkonsten **science fiction** [-ˌfɪkʃn] science fiction **scientific** [ˌsaɪən'tɪfɪk] vetenskaplig **scientist** ['saɪəntɪst] [natur]vetenskapsman, -vetenskapare
sci-fi [ˌsaɪ'faɪ] *vard.* science fiction, sf
Scilly Islands (Isles) ['sɪlɪ|ˌaɪləndz, -aɪlz] *s, the ~* Scillyöarna
scimitar ['sɪmɪtə] kroksabel
scintil|late ['sɪntɪleɪt] gnistra, tindra, blixtra (*äv. bildl.*); *bildl. äv.* sprudla **-lation** [ˌsɪntɪ'leɪʃn] *s* gnistrande, tindrande, blixtrande (*äv. bildl.*)
scion ['saɪən] **1** ympkvist **2** *litt.* telning, ättling
scissor ['sɪzə] klippa **scissors** [-z] *pl* sax; *a pair of ~* en sax
sclero|sis [ˌsklɪə'rəʊsɪs] (*pl -ses* [-si:z]) *med.* skleros; *multiple ~* multipel skleros
S.C.M. *förk. för State Certified Midwife; Student Christian Movement*
1 scoff [skɒf] hånskratta; *~ at* hånskratta åt, förhåna, förlöjliga
2 scoff [skɒf] *BE. vard.* sluka, glufsa (sätta) i sig
scoffer ['skɒfə] hånare, bespottare
scold [skəʊld] **1** gräla (skälla) på, skälla ut, banna **2** gräla, skälla (*at* på) **-ing** ['skəʊldɪŋ] uppsträckning, utskällning, ovett
sconce [skɒns] lampett; ljushållare
scone [skɒn] *kokk.* scone
scoop [sku:p] **I** *s* **1** skopa; skovel, skyffel; mått; *~ of ice cream* glasskula; *at one ~ a)* med ett enda tag av skopan (skoveln), *b) bildl.* i ett slag **2** *vard.* kap, fångst, vinst **3** *vard.* scoop, pangnyhet **II** *v* **1** skopa, skyffla, ösa; skrapa; gräva; *vard.* kapa åt sig; *~ in* håva in; *~ out* (*äv.*) gröpa (holka) ur, gräva; *~ up* (*äv.*) skrapa ihop, håva in **2** *vard., this paper ~ed the other papers* den här tidningen hann före de andra tidningarna [med nyheten]
scoot [sku:t] *vard.* kila i väg, sticka
scooter ['sku:tə] **1** sparkcykel **2** skoter
scope [skəʊp] **1** omfattning, [räck]vidd, omfång; *within the ~ of* inom ramen (gränserna) för; *it's beyond my ~* det överstiger min förmåga **2** [fritt] spelrum, utrymme (*äv. bildl.*); *full (free) ~* fritt spelrum
scorch [skɔ:tʃ] **I** *v* **1** sveda, bränna; *the ~ed earth policy* den brända jordens taktik **2** *vard.* hårt kritisera; *~ing criticism* svidande kritik **3** svedas, brännas; förtorkas **4** *vard., it is ~ing outside* det är stekhett (brännhett) ute **5** *BE. vard.* vrålköra, accelerera **II** *s* [ytlig] brännskada; svedd (bränd) fläck **-er** [-ə] *vard.* **1** stekhet dag **2** fartdåre **3** *BE.* toppen-, pang|grej
score [skɔ:] **I** *s* **1** skåra, rispa, repa, streck, märke; spricka **2** poäng[tal]; [poäng]ställning; [poäng]räkning; protokoll; resultat; *final ~* slutställning, [slut]resultat; *what's the ~? a)* vad (hur) är ställningen?, *b) vard.* hur är läget?; *there was no ~ at half-time* ställningen var 0-0 i halvlek; *keep the ~* sköta räkningen, räkna [poängen], föra protokoll[et] **3** räkning; skuld; *pay off (settle) old ~s* (*bildl.*) ge betalt för gammal ost **4** tjog; *by ~s* tjog-, mass|vis; *~s of times* femtielva (en massa) gånger; *four ~ and six years* 86 år **5** anledning, orsak; *on the ~ of* på grund av; *on that ~* i det avseendet, på den punkten **6** noter; partitur; musik (*t. film e.d.*) **II** *v* **1** göra skåror (repor, streck, märken) i (på), repa; strecka [för], stryka för; *~ out (off, through)* stryka över; *~ s.b. off* sätta ngn på plats **2** få, ta, göra; vinna; *~ a goal* göra [ett] mål **3** räkna, föra räkning över, föra upp i protokollet; *~ s.th. up to s.b.* föra upp ngt på ngns skuldkonto **4** räknas som, ge **5** *mus.* sätta, skriva; instrumentera, orkestrera **6** få (ta) poäng, göra mål; vinna; *vard.* göra succé; *~ well*

S

få många poäng, göra många mål, nå ett bra resultat **7** sköta räkningen, räkna, föra protokoll[et]

scoreboard ['skɔ:bɔ:d] *sport.* poäng-, resultat|tavla **scorecard 1** (*i golf e.d.*) score-kort, protokoll **2** *sport.* program **scorer** [-rə] *sport.* **1** målgörare; poängplockare **2** protokollförare

scorn [skɔ:n] **I** *s* **1** förakt; hån; *heap* (*pour*) ~ *on* ösa förakt över; *laugh s.b. to* ~ hånskratta åt ngn **2** föremål för förakt (hån); *think* ~ *of* förakta **II** *v* **1** förakta; förhåna; rata, ogilla **2** ~ *to do s.th.* vägra att göra ngt **-ful** [-f(ʊ)l] föraktfull; hånfull; *be* ~ *of* vara föraktfull mot (full av förakt för)

Scorpio ['skɔ:pɪəʊ] Skorpionen (*stjärnbild*)

scorpion ['skɔ:pjən] *zool.* skorpion

Scorpius ['skɔ:pɪəs] *se Scorpio*

Scot [skɒt] skotte; *the* ~*s* skottarna

Scot. *förk. för Scotch; Scotland; Scottish*

Scotch [skɒtʃ] **I** *a* skotsk; ~ *broth* kött- och grönsakssoppa; ~ *egg* (*BE.*) friterad korv m. hårdkokt ägg inuti; ~ *mist* regndis; ~ *woodcock* äggröra och ansjovis på rostat bröd **II** *s* **1** *the* ~ skottarna **2** skotska [språket] **3** skotsk whisky

scotch [skɒtʃ] *v, bildl.* ta död på, avliva (*rumours* rykten); omintetgöra, krossa (*plans* planer)

Scotch|man ['skɒtʃmən] skotte **-woman** [-ˌwʊmən] skotska

scoter ['skəʊtə] *zool.* svärta

scot-free [ˌskɒt'fri:] oskadd; ostraffad; *get away* ~ komma undan oskadd

Scotia ['skəʊʃə]

Scotland ['skɒtlənd] Skottland; [*New*] *Scotland Yard* Scotland Yard (*Londonpolisens högkvarter*)

Scots [skɒts] **I** *a* skotsk **II** *s* **1** skotska [språket] **2** *pl av Scot* **-man** [-mən] skotte **-woman** [-ˌwʊmən] skotska

Scottish ['skɒtɪʃ] **I** *a* skotsk **II** *s* **1** skotska [språket] **2** *the* ~ skottarna

scoundrel ['skaʊndr(ə)l] skurk, bov **-ly** [-drəlɪ] *a* skurkaktig

1 scour ['skaʊə] **1** leta (söka) igenom, leta överallt i (på) **2** ströva genom

2 scour ['skaʊə] **I** *v* **1** skura **2** spola [ren], rensa; ~ *away* spola bort **II** *s* **1** skurning **2** skurmedel **-er** [-rə] skurboll (*av plast el. stålull*)

scourge [skɜ:dʒ] **I** *s* **1** piska **2** gissel, plågoris, hemsökelse (*äv. bildl.*) **II** *v* **1** piska **2** gissla, plåga, hemsöka (*äv. bildl.*)

scouring powder [-rɪŋˌpaʊdə] skurpulver

Scouse [skaus] *BE. vard.* Liverpoolbo; Liverpooldialekt

scout [skaʊt] **I** *s* **1** *mil.* spanare, spejare; spanings|flygplan, -fartyg **2** scout; *boy* ~ pojkscout; *girl* ~ (*AE.*) flickscout; *talent* ~ talangscout **3** spaning **4** vägpatrullman **5** *Oxf.* studentuppassare **6** *vard.* karl, kille **II** *v* **1** spana, speja, rekognoscera **2** ~ [*out, up*] leta ut (upp) **3** ~ *around for* jaga runt efter **-master** [-ˌmɑ:stə] scoutledare

scow [skaʊ] pråm

scowl [skaʊl] **I** *v* se bister ut, rynka ögonbrynen **II** *s* bister uppsyn, rynkad panna

S.C.R. *förk. för* (*BE. univ.*) *Senior Common Room* **scr.** *förk. för scruple* (*apoteksvikt*)

scrabble ['skræbl] **1** krafsa, skrapa; ~ *around for* rota (leta) efter **2** klottra

scrag [skræg] **I** *s* **1** tanig (skranglig, mager) person **2** bakhalsstycke (*av får, kalv*) **3** *vard.* hals **II** *v, vard.* vrida nacken av, strypa **-gly** ['skræglɪ] ovårdad; ojämn **-gy** ['skrægɪ] tanig, benig, skranglig, mager

scram [skræm] *vard.* sticka, försvinna, ge sig i väg

scramble ['skræmbl] **I** *v* **1** blanda [ihop]; *kokk.* göra äggröra på; ~*d eggs* äggröra **2** *elektron.* förvränga (*tal, telesignal*) **3** ~ *up* (*together*) rafsa ihop **4** klättra, kravla **5** rusa (*for* till); trängas; kivas, slåss (*for* om); hafsa; ~ *into one's clothes* slänga på sig (hoppa i) kläderna; ~ *through one's exam* med nöd och näppe klara sig igenom examen; ~ *to one's feet* resa sig snabbt, fara upp **II** *s* **1** kravlande, klättrande; klättring **2** rusning (*for* efter, till); trängsel; kiv, slagsmål, slit (*for* om) **3** *BE.* motocross **scrambler** [-ə] *elektron.* scrambler, tal-, telesignal|förvrängare

1 scrap [skræp] **I** *s* **1** stycke, bit; lapp, trasa; spår; ~ *of paper* papperslapp; *not a* ~ inte ett dugg (en gnutta, ett spår); *not a* ~ *of evidence* inte minsta bevis **2** ~*s* (*pl*) [mat]rester, smulor [tidnings]urklipp **3** [metall]skrot **II** *v* **1** kassera, kasta bort; skrota [ner]

2 scrap [skræp] *vard.* **I** *s* fajt; slagsmål; gräl **II** *v* fajtas; slåss; gräla

scrapbook ['skræpbʊk] urklippsalbum, album för tidningsurklipp

scrape [skreɪp] **I** *v* **1** skrapa [av, bort, ren, i, mot, på), skava av (bort); repa; ~ *one's feet a*) skrapa med fötterna, *b*) torka av sig om fötterna; ~ *a fiddle* (*vard.*) gnida (fila) på en fiol; ~ *one's knee* skrapa (skrubba) knät; ~ *a living* hanka sig fram; ~ [*out*] skrapa upp; ~ *out* skrapa bort (ren, ur), skära bort; ~ *together* (*up*) *a*) kratta ihop, *b*) skrapa ihop **2** skrapa; raspa; trassla (krångla till) sig; ~ *against s.th.* skrapa (skava) emot ngt; ~ *along* (*by*) (*vard.*) hanka sig fram;~ *at a fiddle* (*vard.*) gnida (fila) på en fiol; ~ *through an exam* (*vard.*) trassla sig igenom en examen **3** spara, snåla, gnida **II** *s* **1** skrapande, skrapning **2** skrubb-, skrap|sår; repa, skrapa **3** knipa, klämma, kinkig situation **4** *bread and* ~ smörgås med tunt med (litet) smör på **scraper** ['skreɪpə] skrapa; fotskrapa; vägskrapa

scrap-heap ['skræphi:p] skrothög; *throw on the* ~ (*äv.*) kasta på sophögen, skrota **scrap iron** [-ˌaɪən] järnskrot **scrap merchant** [-ˌmɜ:tʃ(ə)nt] skrothandlare **scrap metal** [-ˌmetl] metallskrot

1 scrappy ['skræpɪ] hoprafsad; osammanhängande; planlös, fragmentarisk

2 scrappy ['skræpɪ] *AE.* stridslysten

scrapyard ['skræpjɑ:d] skrotupplag

scratch [skrætʃ] **I** *v* **1** klia [på], riva [på]; ~ *one's head* klia sig i huvudet; ~ *my back and I'll* ~ *yours* om du gör mig en tjänst så skall jag göra dig en gentjänst **2** krafsa, skrapa; repa, göra repor i, rispa; klösa, riva; rista in; ~ *a living* hanka sig fram; *we* ~*ed our names in the wood* vi ristade våra namn i trädet; ~ *the surface of s.th.* (*bildl.*) inte gå på djupet med ngt, snudda vid ngt; ~ [*out*] krafsa [upp]; ~ *out a*) krafsa (skrapa) bort, *b*) klösa ut; ~ *together* (*up*) skrapa ihop **3** stryka;

ställa in; ~ *one's name* stryka sig, ta tillbaka sin anmälan; ~ *out a*) stryka [över], *b*) stryka ut; ~ *through* stryka över **4** klia (riva) sig **5** krafsa, skrapa; raspa; ~ *about for* krafsa efter; ~ *along* (*vard.*) hanka sig fram **6** bli repig **7** klösas, rivas **8** stryka sig, inte ställa upp, lämna återbud **II** *a* **1** improviserad; tillfälligt hopplockad; brokig, blandad **2** *sport. m.m.* utan handikapp **III** *s* **1** skrap[ande], rasp, raspande; *a ~ of the pen* ett penndrag **2** repa; rispa, skråma **3** *give s.b. a ~* klia (riva, klösa) ngn **4** startlinje; *be* (*come*) *up to ~* fylla kraven, hålla måttet, klara av sin sak (uppgift); *start from ~ a*) starta från scratch (ingenting), börja [om] från början, *b*) *sport.* starta utan handikapp (försprång)

scratch pad ['skrætʃpæd] kladdblock **scratch paper** [-ˌpeɪpə] kladdpapper

scrawl [skrɔːl] **I** *v* klottra [ner], krafsa ner **II** *s* klotter, kråkfötter

scrawny ['skrɔːnɪ] tanig, benig, mager

scream [skriːm] **I** *v* **1** skrika; *~ing shirt* skrikig skjorta; *~ with laughter* (*äv.*) tjuta av skratt; *~ with pain* skrika av smärta **2** (*om vind e.d.*) tjuta, vina **3** skrika ut; *the newspaper placard ~ed the news* löpsedlarna skrek ut nyheten **II** *s* **1** skri[k], tjut; *with a ~ of tyres* med skrikande däck **2** *vard, be a ~* vara vansinnigt rolig

scree [skriː] talus, [sluttning med] nerrasade stenar

screech [skriːtʃ] **I** *v* **1** skrika gällt, tjuta; gnissla **2** skrika ut **II** *s* gällt skrik, tjut; gnissel **screech owl** *zool.* tornuggla; hornuggla

screed [skriːd] harang, tirad; lång uppsats

screen [skriːn] **I** *s* **1** [skydds]skärm; mellan-, skilje|vägg; *kyrkl.* korskrank; *bildl.* fasad, ridå, mur, skydd **2** nät; såll, sikt; filter; *boktr.* raster; ~ [*window*] mygg-, nät|fönster **3** vindruta **4** [bild]-skärm, ruta, [projektions]duk; *the ~* (*äv.*) filmen; [*television*] ~ [TV-]ruta; *focusing ~* (*foto.*) mattskiva; *stars of the ~* filmstjärnor; *on the ~* på film (vita duken) **II** *v* **1** förse med en skärm (skärmar), skärma [av]; sätta myggfönster i; ~ *off* skärma av **2** skydda, dölja, skyla (*from* mot) **3** sikta, sålla; *bildl.* sålla, gallra, sovra **4** granska, undersöka, kontrollera **5** spela in, filma[tisera] **6** visa (*a film* en film)

screening ['skriːnɪŋ] **1** undersökning, kontroll **2** (*av film e.d.*) visning, körning **3** avskärmning **screenplay** filmmanuskript, scenario **screen process** [-ˌprəʊses] screentryck **screen-struck** [-strʌk] filmbiten **screen test** [-test] provfilmning; provfilm **screenwriter** [-ˌraɪtə] filmförfattare

screw [skruː] **I** *s* **1** skruv (*äv. sport.*); (*gängad*) bult; *he's got a ~ loose* (*vard.*) han har en skruv lös; *give s.th. a ~* skruva åt ngt; *put the ~s on s.b.* sätta tumskruvar på (klämma åt) ngn **2** propeller **3** *vard.* pröjs, lön **4** *vard.* plit (*fångvaktare*) **5** *vard.* girigbuk **6** *vulg.* nyp, knull **II** *v* **1** skruva [fast, i, till, åt]; *sport.* skruva (*a ball* en boll); ~ *down* skruva igen (åt); ~ *off* skruva av (loss); *have one's head ~ed on* [*the right way*] (*vard.*) vara förståndig, ha huvudet på skaft; ~ *up a*) skruva igen (till, åt), *b*) skrynkla ihop, *c*) knipa ihop, *d*) *vard.* trassla till, sabba; ~ *up one's courage* samla mod **2** vrida [om]; förvrida; ~ *one's head round* vrida på huvudet; ~ *up one's face* förvrida ansiktet, grina **3** klämma åt; pressa; ~ *money out of s.b.* pressa ngn på pengar; ~ *o.s. up* rycka upp sig **4** *vulg.* knulla **5** skruvas **6** skruva på sig

screw|ball ['skruːbɔːl] *AE. sl.* knasboll; galning **--clamp** skruvtving **-driver** [-ˌdraɪvə] skruvmejsel

screwed-up [skruːd'ʌp] **1** hopknycklad **2** *AE. sl.* virrig, på bristningsgränsen

screw jack ['skruːdʒæk] domkraft **screw propeller** [-prəˌpelə] skruvpropeller **screw-top** [-tɒp] skruvlock **screwy** [-ɪ] *vard.* knasig, knäpp

scribal ['skraɪbl] skriv-; ~ *error* skrivfel

scrib|ble ['skrɪbl] **I** *v* klottra; klottra ner; klottra ihop **II** *s* klotter **-bler** [-lə] **1** medelmåttig skribent **2** klottrare

scribbling ['skrɪblɪŋ] klotter, klottrande **--block, -pad** kladd-, antecknings|block **--paper** [-ˌpeɪpə] kladdpapper

scribbly ['skrɪblɪ] *a* kladdigt skriven, klottrig

scribe [skraɪb] **1** *hist.* skrivare **2** *bibl.* skriftlärd **3** *skämts.* författare **scriber** ['skraɪbə] ritsnål

scrimmage ['skrɪmɪdʒ] **1** tumult, handgemäng **2** *se scrummage*

scrimp [skrɪmp] **I** *v* **1** snåla med (på), knussla med **2** vara snål mot **3** snåla, knussla (*on* med); spara; ~ *and scrape* gnida och spara

scrimshank ['skrɪmʃæŋk] *BE. mil. sl.* smita, hålla sig undan, maska

script [skrɪpt] **I** *s* **1** handstil, [hand]skrift; skrivtecken **2** *film., teat. e.d.* manus, manuskript **3** *jur.* originalhandling **4** skriftligt examensprov, skrivning **II** *v* skriva manus [till]; *~ed* med manus, skriven, med skrivet underlag

Script. *förk. för scriptural; Scripture*[*s*]

scriptgirl ['skrɪptgɜːl] skripta, scripta

scrip|tural ['skrɪptʃ(ə)r(ə)l] bibel-, biblisk **-ture** [-tʃə] **1** helig skrift (bok) **2** *the* [*Holy*] *S~, the S~s* skriften, den heliga skrift **3** bibel|språk, -ställe **4** *skol., S~* kristendom[skunskap]

scriptwriter ['skrɪptˌraɪtə] *film., teat. e.d.* manus-, manuskript|författare

scrofu|la ['skrɒfjʊlə] *med.* skrofler **-lous** [-əs] *med.* skrofulös

scroll [skrəʊl] **1** [skrift]rulle; *the Dead Sea S~s* Dödahavsrullarna **2** slinga, snirkel; *konst.* rullverk, scrollornament, snäcklinje; (*på fiol e.d.*) snäcka

Scrooge [skruːdʒ] girigbuk

scro|tum ['skrəʊtəm] (*pl -ta* [-tə] *el. -tums*) *anat.* scrotum, testikelpung

scrounge [skraʊn(d)ʒ] *vard.* **1** *v* **1** tigga (snylta) till sig **2** ~ *around* sno omkring **II** *s, be on the ~* vara ute på en tiggarrunda **scrounger** ['skraʊn(d)ʒə] *vard.* snyltare, tiggare

1 scrub [skrʌb] **I** *v* **1** skrubba, skura **2** *vard.* spola, skippa **II** *s* skrubbning, skurning; *need a good ~* behöva skrubbas (skuras) ordentligt

2 scrub [skrʌb] **I** *s* **1** busk|skog, -snår **2** förkrympt buske (träd); småväxt person (djur); bastard **3** *AE. sport.* [spelare i] reservlag (andrarangslag) **II** *a* **1** förkrympt, dvärg- **2** *AE. sport.* reserv-, andrarangs-

scrubbing-brush ['skrʌbɪŋbrʌʃ] skurborste

S

scrubby ['skrʌbɪ] **1** buskig, snårig **2** klen, ynklig, förkrympt **3** *BE. vard.* sjaskig, sjabbig
scruff [skrʌf] *s, by the ~ of the neck* i nackskinnet, i kragen **scruffy** ['skrʌfɪ] sjabbig, sjaskig, ovårdad
scrum[mage] ['skrʌm(ɪdʒ)] (*i rugby*) **I** *s* klunga, krabba, scrimmage **II** *v* bilda klunga
scrumptious ['skrʌm(p)ʃəs] *vard.* jättegod, delikat
scrunch [skrʌn(t)ʃ] **I** *v* **1** krossa, krasa sönder **2** skrynkla (knyckla) ihop **3** knastra, krasa **4** skrynklas (knycklas) ihop **5** *AE.* kura ihop sig, kuta **II** *s* krasande, knaster
scru|ple ['skru:pl] **I** *s* **1** ~[*s*] skrupler, samvetsbetänkligheter; *have ~s about* ha samvetsbetänkligheter (skrupler) för **2** (*apoteksvikt*) skrupel (= *20 grains = 1,296 g*) **II** *v* ha skrupler (samvetsbetänkligheter) **-pulous** [-pjʊləs] **1** skrupulös, [överdrivet] noggrann, nogräknad, samvetsgrann; *be ~ about* vara ytterst noga med
scru|tineer [ˌskru:tɪ'nɪə] **1** röstkontrollant **2** granskare **-tinize** (*BE. äv. -tinise*) ['skru:tɪnaɪz] undersöka noggrant, [fin]granska **-tiny** ['skru:-tɪnɪ] **1** noggrann undersökning, [fin]granskning **2** granskande (forskande) blick
scuba ['sku:bə] (*förk. för self-contained underwater breathing apparatus*) luftapparat (*för sportdykning*) **scuba diving** [-ˌdaɪvɪŋ] sportdykning med luftapparat
scud [skʌd] **I** *v* (*i sht om moln*) ila, jaga, skynda; *sjö.* länsa [undan] **II** *s* **1** ilande, rusande **2** vindil; regnby
scuff [skʌf] **I** *v* **1** släpa (*one's feet* fötterna) **2** nöta, skava [av] **3** hasa sig fram, släpa fötterna, gå med släpande steg; *AE.* skrapa med fötterna **II** *s* **1** hasande; hasande ljud **2** nött ställe **3** *AE.* hällös toffel, slipper
scuffle ['skʌfl] **I** *v* **1** knuffas, bråka, slåss **2** hasa, släpa **3** hasa (släpa) sig fram **4** rusa (sjava) omkring **II** *s* **1** slagsmål, handgemäng **2** hasande (släpande) ljud
scull [skʌl] **I** *s* **1** mindre åra; vrickåra **2** liten roddbåt **II** *v* ro; vricka
scullery ['skʌlərɪ] diskrum **scullion** ['skʌljən] *åld.* disk-, köks|pojke
sculpt [skʌlpt] skulptera
sculp|tor ['skʌlptə] skulptör, bildhuggare **-tress** [-trɪs] skulptris **-tural** [-tʃər(ə)l] skulptural, skulptur- **-ture** [-tʃə] **I** *s* **1** skulptur, bildhuggarkonst **2** skulptur, bildhuggarverk **II** *v* skulptera
scum [skʌm] **I** *s* **1** skum; hinna, film **2** *bildl.* avskum **II** *v* skumma [av]
scupper ['skʌpə] **I** *s, sjö.* spygatt **II** *v, BE. vard.* kullkasta, torpedera; *we'll be ~ed if* det är klippt för oss om
scurf [skɜ:f] skorv (*äv. bot.*); mjäll
scurril|ity [skʌ'rɪlətɪ] plumphet, grov[kornig]het, oanständighet **-ous** ['skʌrɪləs] plump, grov[kornig], oanständig
scurry ['skʌrɪ] **I** *v* kila, rusa, skynda, jäkta **II** *s* kilande, rusande, skyndande, jäkt[ande]
scurvy ['skɜ:vɪ] **I** *a* gemen, tarvlig, nedrig **II** *s, med.* skörbjugg
scut [skʌt] kort svans
1 scuttle ['skʌtl] **I** *v* kila, rusa, skynda **II** *v* kilande, rusande, skyndande
2 scuttle ['skʌtl] kol|box, -hink
3 scuttle ['skʌtl] **I** *v* **1** *sjö.* borra i sank **2** ge upp (*plans* planer) **II** *s, sjö.* lucka, ventil
Scylla ['sɪlə] Skylla
scythe [saɪð] **I** *s* lie **II** *v* meja, slå med lie
S.D. *förk. för South Dakota;* (*stat.*) *standard deviation* **S.Dak.** *förk. för South Dakota* **SDRs** *förk. för special drawing rights* **SE** *förk. för southeast[ern]*
sea [si:] **1** hav, sjö; *bildl.* hav, ström; *the North S~* Nordsjön; *the high ~s* öppna havet (*utanför territorialgränserna*); *a ~ of flame* ett eldhav; *at ~* på havet (sjön), till havs (sjöss); *be all at ~* (*vard.*) inte ha ngn aning, inte fatta ett dugg; *by ~* sjö|vägen, -ledes; *by ~ and land* till lands och till sjöss; *on the ~ a*) på havet, *b*) vid kusten (havet); *put to ~ a*) sticka till sjöss, löpa ut, *b*) sjösätta **2** sjö[gång]; våg; *a heavy ~ a*) hög sjö, *b*) en störtsjö
sea anchor ['si:ˌæŋkə] *sjö.* drivankare **sea anemone** *zool.* havsanemon **sea bag** [-bæg] sjösäck **sea bed** [-bed] havsbotten **sea bird** [-bɜ:d] sjöfågel **sea biscuit** [-ˌbɪskɪt] skeppsskorpa **seaboard** [-bɔ:d] *AE.* kust; strandlinje **seaborne** [-bɔ:n] sjöburen **sea breeze** [-bri:z] sjöbris **sea captain** [-ˌkæptɪn] sjökapten **sea chest** [-tʃest] sjömanskista **seacoast** [ˌsi:'kəʊst] kust **sea cow** [-kaʊ] *zool.* sirendjur, sjöko **sea dog** [-dɒg] sjö|buss, -björn **sea eagle** [-ˌi:gl] *zool.* havsörn **seafarer** [-ˌfeərə] sjöfarare **seafaring** [-ˌfeərɪŋ] **I** *a* sjöfarande, sjöfarts-; *~ nation* sjöfartsnation **II** *s* **1** sjömansyrket **2** sjöfärd[er], seglats[er] **seafood** [-fu:d] skaldjur **seafront** [-frʌnt] sjösida (*av ort*); strand **seagoing** [-ˌgəʊɪŋ] *a* sjögående **sea gull** [-gʌl] *zool.* fiskmås **sea holly** [-ˌhɒlɪ] *bot.* martorn **sea horse** [-hɔ:s] *zool.* sjöhäst **sea kale** [-keɪl] *bot.* strandkål **sea king** [-kɪŋ] vikingahövding
1 seal [si:l] **I** *s* **1** *zool.* säl **2** sälskinn **II** *v* jaga säl
2 seal [si:l] **I** *s* **1** sigill; insegel, bekräftelse; försegling, plomb[ering]; lack[sigill]; sigill|stamp, -ring; stämpel, prägel; *the ~ of the confessional* bikthemligheten, biktfaderns tystnadsplikt; *under the ~ of secrecy* under tysthetslöfte; *set one's ~ to s.th. a*) sätta sitt sigill på (under) ngt, *b*) ge sitt samtycke till (godkänna) ngt, *c*) sätta sin prägel (stämpel) på ngt **2** [fri]märke **3** packning, tätning; förslutning; vattenlås **II** *v* **1** sätta sigill på (under); försluta, [hermetiskt] tillsluta; täta, täppa igen (till); innesluta; *~ed* (*äv.*) lufttät, sluten; *~ [down]* försegla, lacka (klistra) igen; *~ off* spärra av; *~ up a*) försegla, lacka (klistra) igen, *b*) täta; *my lips are ~ed* mina läppar är förseglade **2** besegla, bekräfta; avgöra **3** prägla, sätta sin stämpel på
sea-lane ['si:leɪn] farled; sjöväg
sealed-beam ['si:ldbi:m] *a, ~ headlights* sealed beam-strålkastare
sea legs ['si:legs] *pl, vard. bildl.* sjöben; *get (find) one's ~* bli van vid sjön, få sjövana
sealer ['si:lə] säljägare; sälfångstfartyg
sea level ['si:ˌlevl] *s* vattenstånd (*i havet*); *above (below) ~* över (under) havet[s yta]
sealing ['si:lɪŋ] säljakt
sealing wax ['si:lɪŋwæks] sigillack, lack

sea lion ['si:ˌlaɪən] *zool.* sjölejon **Sea Lord** [-lɔ:d] *BE.* sjölord
sealskin ['si:lskɪn] sälskinn
seam [si:m] **I** *s* **1** söm; *med.* sutur; *burst* (*split*) *at the* ~ gå upp (spricka) i sömmen; *be bursting* (*bulging*) *at the* ~*s* (*bildl.*) vara överfull (sprängfärdig); *come* (*fall*) *apart at the* ~*s* (*bildl.*) brista, gå sönder **2** skarv, fog; *sjö.* nåt **3** *miner.* flöts; lager, skikt **II** *v* **1** sy ihop **2** skarva (foga) ihop **3** fåras; *a* ~*ed face* ett fårat ansikte
seaman ['si:mən] sjöman **-like** [-laɪk], **-ly** [-lɪ] *a* sjömansmässig; sjömans- **-ship** sjömanskap
seamark ['si:mɑ:k] sjömärke **sea mew** ['si:mju:] *zool.* fiskmås
seamstress ['semstrɪs] sömmerska
seamy ['si:mɪ] tarvlig, eländig; *the* ~ *side of life* livets skuggsida
Sean [ʃɔ:n]
seance, séance ['seɪɑ̃:(n)s] seans
sea pen ['si:pen] *zool.* sjöpenna **seaplane** sjöflygplan, hydroplan **seaport** hamn-, sjö|stad **sea power** [-ˌpaʊə] sjömakt
sear [sɪə] **1** bränna; sveda **2** bryna
search [sɜ:tʃ] **I** *v* **1** söka (leta) i (igenom), undersöka, rannsaka, visitera; ~ *me!* (*vard.*) vad vet jag?, inte vet jag!; ~ *out a*) leta fram, *b*) leta (spåra, söka) upp, ta reda på **2** söka, leta, spana (*for* efter); ~ *for s.b.* (*äv.*) efterspana ngn; ~ *through* leta (gå) igenom **II** *s* sökande, letande, [efter]spaning, efterforskning[ar]; undersökning; genomsökning; husrannsakan; visitation; *in* ~ *of* (*for*) på jakt efter; *make a* ~ *for* söka (leta, spana) efter
searching ['sɜ:tʃɪŋ] **I** *a* **1** grundlig, ingående, inträngande **2** forskande **II** *s* sökande, letande *etc.*, *jfr search I*
searchlight ['sɜ:tʃlaɪt] **1** strålkastare **2** sökar-, strålkastar|ljus **search party** [-ˌpɑ:tɪ] skallgångskedja, spaningspatrull **search warrant** [-ˌwɒr(ə)nt] husrannsakningsorder
searing ['sɪərɪŋ] *a* brännande (*pain* smärta)
seascape ['si:skeɪp] marin-, havs|målning **seashell** snäck-, mussel|skal **seashore** [havs]strand **seasick** sjösjuk **seasickness** [-ˌsɪknɪs] sjösjuka **seaside I** *s* [havs]kust; *go to the* ~ fara till kusten (en badort) **II** *a* kust-; strand-; ~ *hotel* badhotell; ~ *resort* badort; ~ *town* kuststad
season ['si:zn] **I** *s* **1** årstid; *the rainy* ~ regntiden **2** tid; säsong; helg; *Christmas* ~ jul|tiden, -helgen; *holiday* ~ semester[tid]; ~*'s greetings* jul- och nyårshälsningar; *the close* (*open*) ~ olaga (lovlig) tid (*för jakt e.d.*); *in* ~ *a*) i rätt[an] tid, *b*) *jakt.* lovlig, *c*) brunstig, löpsk; *cherries are in* (*out of*) ~ *now* det är (är inte) säsong för körsbär nu; *in and out of* ~ hela tiden, jämt och ständigt, i tid och otid **II** *v* **1** krydda (*äv. bildl.*); smaksätta **2** vänja, acklimatisera; ~*ed* van, garvad, härdad **3** [låta] mogna; lagra (*cheese* ost); torka
season|able ['si:zn̩əbl] **1** typisk (vanlig) för årstiden **2** lämplig, läglig **-al** ['si:zənl] säsong-, säsongbetonad
seasoning ['si:zn̩ɪŋ] **1** krydda, kryddor **2** kryddning
season ticket ['si:znˌtɪkɪt] säsongbiljett; [period]kort, abonnemangsbiljett
sea swallow ['si:ˌswɒlʊə] *zool.* tärna

seat [si:t] **I** *s* **1** [sitt]plats; säte; stol, bänk; (*på möbel el. ridk.*) sits; *driver's* (*driving*) ~ förarplats; *book a* ~ *for Aida* beställa en biljett till Aida; *have a good* ~ *a*) ha en bra plats, sitta bra, *b*) *ridk.* ha bra sits; *take a* ~ sätta sig, sitta ner, ta plats; *take one's* ~ inta sin plats **2** plats; mandat; *have a* ~ *on the board* sitta med i styrelsen; *resign one's* ~ lägga ner sitt mandat **3** bak[del], stuss, säte; *the* ~ *of the pants* byxbaken; *do s.th. by the* ~ *of one's pants* göra ngt på intuition (av erfarenhet) **4** säte, centrum (*of* för), härd; orsak (*of* till); *the* ~ *of the disease* sjukdomshärden; ~ *of learning* läro-, lärdoms|säte; ~ *of war* krigsskådeplats **5** herresäte, lantgods **II** *v* **1** sätta, låta sätta sig (sitta), placera; ~ *o.s.* sätta sig, ta plats; *be* ~*ed a*) sitta, *b*) ligga, ha sitt säte; *please be* ~*ed!* var så god och sitt (tag plats)! **2** ha [sitt]plats för, rymma; skaffa sittplats åt **3** sätta in; installera; få in **4** (*om plagg*) få ända, bli säckig i baken
sea tangle ['si:ˌtæŋgl] *bot.* [havs]tång
seat belt ['si:tbelt] bil-, säkerhets|bälte **seated** [-ɪd] **1** sittande **2** belägen **3** *two-*~ tvåsitsig **seater** [-ə] *s, two-*~ tvåsitsig bil (soffa *e.d.*) **seating** [-ɪŋ] **I** *s* **1** sättande, placerande *etc.*, *jfr seat II;* [bords]placering **2** sittplatser; säte **II** *a,* ~ *accommodation* sittplatser
S.E.A.T.O. *förk. för Southeast Asian Treaty Organization*
Seattle [sɪ'ætl]
sea urchin ['si:ɜ:tʃɪn] *zool.* sjöborre **seaward** [-wəd] **I** *a* mot havet (sjösidan); (*om vind*) från havet **II** *adv* mot havet **seawards** [-wədz] *adv* mot havet **seaweed** *bot.* alg[er], tång, sjögräs; havsväxt[er] **seaworthy** [-ˌwɜ:ðɪ] sjö|duglig, -värdig
sebor|rhea *AE.*, **-rhoea** *BE.* [ˌsebə'ri:ə] *med.* seborré
sec [sek] (*kortform av second*) *vard.* sekund, ögonblick
sec. *förk. för second; secondary; secretary; section; sector*
secant ['sekənt] *mat.* sekant
secateurs [ˌsekə'tɜ:z] *pl, i sht BE.* sekatör; *a pair of* ~ en sekatör
secede [sɪ'si:d] utträda (*from* ur) **secession** [sɪ'seʃn] utträde (*from* ur), secession, utbrytning
seclude [sɪ'klu:d] avstänga, isolera **secluded** [-ɪd] **1** isolerad, avstängd **2** avskild, avsides belägen **seclusion** [sɪ'klu:ʒn] **1** avstängning, uteslutning; avskildhet, isolering; tillbakadragenhet **2** avskildhet, avskild (enslig) plats
1 second ['sek(ə)nd] **I** *räkn, a, adv* andre, andra, andra-; näst; som tvåa; *hand.* sekunda; *bildl.* sekundär, underordnad, underlägsen; *Elizabeth the S*~ Elisabet den andra; *every* ~ varannan; ~ *best* näst bäst; ~ *cousin* syssling; *a* ~ *cup* en kopp till, ytterligare en kopp, en andra kopp; *the* ~ *floor* två trappor upp, *AE.* en trappa upp; ~ *name* (*AE.*) efternamn; *in the* ~ *place* i andra hand, för det andra; *have* ~ *sight* vara klärvoyant (synsk); *a* ~ *Stalin* en ny Stalin; *on* ~ *thought*[*s*] vid närmare eftertanke; *a* ~ *time* en gång till, ännu en gång, en andra gång; *get a* ~ *wind* komma in i andra andningen; *be* ~ *in command a*) ha näst högsta befälet, *b*) vara andre man; *be* ~ *to none* inte stå ngn efter, vara oöverträffad;

come ~ bli (komma) tvåa, komma på andra plats; *travel* ~ resa [i] andra klass **II** *s* **1** tvåa, andra man **2** tvåan[s växel]; *change into the* ~ lägga i tvåan **3** [närmaste] medhjälpare **4** sekundant; (*i boxning*) sekond **5** *univ.*, *get a* ~ få näst högsta betyget (*i honours*) **6** *mus.* sekund **7** *hand.*, *~s* (*pl*) andrasortering, utskottsvaror, sekunda varor **8** *vard.*, *~s* (*pl*) påfyllning, påbackning; *can I have ~s?* (*äv.*) kan jag få lite till (mera)? **III** *v* **1** [under]stödja, ansluta sig till, instämma i (med), tillstyrka **2** sekundera, vara sekundant (sekond) åt

2 second ['sek(ə)nd] sekund; ögonblick; *just a ~!* ett ögonblick!

3 second [sɪ'kɒnd] låna ut, tillfälligt omplacera (*arbetskraft*)

secondary ['sek(ə)nd(ə)rɪ] **I** *a* **1** sekundär[-], underordnad, andrahands-, bi-; ~ *accent* (*stress*) biaccent; ~ *colours* sekundärfärger; *of* ~ *importance* av underordnad (mindre) betydelse; *be* ~ *to s.th.* [få] komma i andra hand efter ngt, vara mindre viktig än ngt **2** ~ *education* (*ung.*) påbyggnadsundervisning, högre undervisning (*för åldrarna 11-18 år*); ~ *school, se secondary II 3;* ~ *modern* sekundärskola med praktisk inriktning (*för åldrarna 11-18 år*) **II** *s* **1** underordnad, ställföreträdare, vikarie **2** drabant **3** sekundärskola (*för åldrarna 11-18 år*)

second|-best [ˌsek(ə)n(d)'best] *a, adv* näst bäst; *come off* ~ (*vard.*) dra det kortaste strået, bli besegrad **--class I** *a* andraklass-; andra klassens; ~ *mail a*) (*i England ung.*) ekonomibrev (*befordras långsammare*), *b*) (*i USA o. Canada*) trycksaker (*tidskrifter etc.*) **--guess** ['sek(ə)n(d)'ges] *vard., i sht AE.* vara efterklok

second hand ['sek(ə)ndhænd] sekundvisare

second-hand [ˌsek(ə)nd'hænd] **I** *a* begagnad, andrahands-; (*om bok*) antikvarisk; ~ *bookshop* antikvariat; ~ *information* andrahandsupplysningar **II** *adv* i andra hand **III** *s, at* ~ i andra hand

secondly ['sek(ə)ndlɪ] *adv* för det andra

second|-rate [ˌsek(ə)nd'reɪt] medelmåttig, medioker, andra klassens **--rater** [-ə] medelmåtta **--sighted** [-'saɪtɪd] synsk, klärvoajant

secrecy ['si:krəsɪ] **1** hemlighetsfullhet; *in* ~ i hemlighet, i tysthet **2** sekretess; hemlighållande; tystlåtenhet **secret** ['si:krɪt] **I** *a* **1** hemlig; dold; ~ *agent* hemlig agent; ~ *service* hemligt underrättelseväsen, underrättelsetjänst; *keep s.th.* ~ *from s.b.* hemlighålla ngt för ngn **2** tystlåten, förtegen **II** *s* hemlighet; *in* ~ i hemlighet; *keep a* ~ bevara en hemlighet; *keep s.th. a* ~ *from s.b.* hemlighålla ngt för ngn

secre|tarial [ˌsekrə'teərɪəl] sekreterar- **-tariat[e]** [-ˌteərɪət] sekretariat

secretary ['sekrətrɪ] **1** sekreterare; ambassadsekreterare **2** *polit.* minister; *S~ of State a*) (*i England*) minister, departementschef, *b*) (*i USA*) utrikesminister; *S~ of Defence* (*i USA*) försvarsminister; *Foreign S~* (*i England*) utrikesminister; *Social Services S~* (*i England*) socialminister **3** sekretär **--general** [ˌsekrətrɪ'dʒen(ə)r(ə)l] (*pl secretaries-general*) generalsekreterare **-ship** ['sekrətrɪʃɪp] sekreterarbefattning; tid som sekreterare

1 secrete [sɪ'kri:t] *fysiol.* av-, ut|söndra

2 secrete [sɪ'kri:t] gömma

secretion [sɪ'kri:ʃn] *fysiol.* **1** av-, ut|söndring, sekretion **2** sekret

secretive ['si:krətɪv] hemlighetsfull **-ly** [-lɪ] *adv* hemlighetsfullt; i hemlighet

secretly ['si:krɪtlɪ] *adv* hemlig, i hemlighet; innerst inne

secretory [sɪ'kri:t(ə)rɪ] *fysiol.* sekretorisk, avsöndrings-, utsöndrings-; sekret-

sect [sekt] *relig.*, *polit.* sekt

sect. *förk. för section*

sectarian [sek'teərɪən] **I** *a* sekteristisk, sekterisk **II** *s* sekterist **-ism** [-ɪz(ə)m] sekterism

section ['sekʃn] **I** *s* **1** avdelning, del; avsnitt; sektion; paragraf; bit; (*av citrusfrukt*) klyfta; [järnvägs]sträcka, vägsträcka; *the sports* ~ sport|sidorna, -delen **2** genomskärning, [tvär]snitt; *med.* snitt (*för mikroskopering*); *geom.* snitt; *the golden* ~ gyllene snittet **3** grupp; *mil. äv.* tropp **4** område; sektor **5** *mus.* sektion; *the string* ~ stråkinstrumenten **II** *v* indela i avdelningar *etc.*, *jfr section I,* dela upp **sectional** [-ʃənl] avdelnings- *etc.*, *jfr section I;* ~ *interests* gruppintressen **section mark** [mɑ:k] paragraftecken

sector ['sektə] sektor

secular ['sekjʊlə] **1** världslig, profan; icke-kyrklig **2** varaktig **-ism** [-rɪz(ə)m] världslighet, sekularism **-ity** [ˌsekjʊ'lærətɪ] världslighet **-ize** (*BE. äv. -ise*) ['sekjʊləraɪz] sekularisera

secure [sɪ'kjʊə] **I** *a* säker (*against, from* mot, för); skyddad, trygg; säkrad, tryggad; stabil, stadig; i säkerhet, i säkert förvar; *feel* ~ *about one's future* känna sig lugn inför framtiden; *make s.th.* ~ (*äv.*) säkra (sätta fast) ngt **II** *v* **1** säkra, göra (sätta, haka) fast, fästa, binda [fast], låsa; sätta i säkert förvar, spärra in **2** befästa (*äv. bildl.*) **3** säkra, trygga, skydda (*against, from* mot, för) **4** försäkra sig om, [lyckas] skaffa (få), [upp]nå, vinna; sätta sig i besittning av; köpa; ~ *s.b. s.th.* skaffa (ordna) ngt åt ngn **5** *hand.* ställa säkerhet för

security [sɪ'kjʊərətɪ] **1** säkerhet; trygghet; ~ *of employment* anställningstrygghet **2** *ekon.* säkerhet, garanti, borgen; borgensman; *stand* ~ *for s.b.* gå i borgen för ngn **3** värdepapper; *government* ~ statsobligation **security risk** säkerhetsrisk

secy. *fork. för secretary*

sedan [sɪ'dæn] **1** *hist.* bärstol **2** *AE.* sedan **sedan chair** *hist.* bärstol

sedate [sɪ'deɪt] **I** *a* lugn, stillsam; stadgad; maklig **II** *v* ge lugnande medel **sedation** [sɪ'deɪʃn] *s, be under* ~ ha fått lugnande medel **sedative** ['sedətɪv] **I** *a* lugnande **II** *s, med.* lugnande medel, sedativ[um]

sedentary ['sednt(ə)rɪ] **I** *a* stillasittande **II** *s* stillasittande person

Seder ['seɪdə] seder (*jud. påskceremoniel*)

sedge [sedʒ] *bot.* starr[gräs] **sedge warbler** ['sedʒˌwɔ:blə] *zool.* sävsångare

sediment ['sedɪmənt] sediment, avlagring, fällning, bottensats **sedimen|tal, -tary** [ˌsedɪ'men|tl, -t(ə)rɪ] sedimentär **sedimentation** [ˌsedɪmen'teɪʃn] sedimentation, avlagring, fällning **sedimentation rate** *med.* sänkningsreaktion

sedi|tion [sɪ'dɪʃn] upproriskhet **-tious** [-ʃəs] upprorisk, uppviglande

seduce [sɪ'dju:s] förleda; förföra **seducer** [-ə] förförare **seduction** [sɪ'dʌkʃn] förledande; förförande, förförelse **seductive** [sɪ'dʌktɪv] förförisk **seductress** [sɪ'dʌktrɪs] förförerska

sedulous ['sedjʊləs] ihärdig, oförtruten, trägen

1 see [si:] (*saw, seen*) **1** se; se (titta) på; se (titta) i; se (titta) efter, kolla; märka, upptäcka; se till, ordna; *as I ~ it* som jag ser det, enligt min mening; *we'll ~* vi får se, kanske; *~ you don't...!* akta dig så (se till) att du inte...!; *I'll ~ it done* jag skall se till att det blir gjort; *I'll ~ you damned (in hell) first!* (*vard.*) aldrig i livet!; *I've never ~n her swim[ming]* jag har aldrig sett henne simma; *I've never ~n this done before* jag har aldrig sett detta göras förut; *nobody was to be ~n* ingen syntes till; *he was ~ to swim (~n swimming)* han sågs simma; *~ about a*) titta på, ta hand om, sköta om, ordna [med], sörja för, se till, *b*) fundera (tänka) på; *we'll ~ about that!* det får vi allt se!; *I can ~ by your looks that...* jag ser på dig att...; *~ from* se av (i, på); *~ the New Year in* vaka in det nya året; *~ into a*) titta in i, *b*) undersöka, kolla, titta närmare på; *~ out a*) titta ut, *b*) se till slut, *c*) slutföra, *d*) överleva, klara sig igenom; *~ over* titta på; *~ through a*) genomskåda, *b*) få igenom, gå i land med, klara av (sig igenom), slutföra, *c*) hjälpa igenom; *I hope £20 will ~ you through* jag hoppas att du klarar dig på £20; *~ to* ta reda på, ta hand om, se till (efter), sköta [om], ordna; *I'll ~ to it that...* jag skall se till (ordna så) att...; *it must be ~n to that...* man måste se till att... **2** föreställa (tänka) sig; se, inse, fatta, förstå, begripa; *I ~!* ja!, jaha!, jaså!, jag förstår!; *~?* förstår du?; *as far as I can ~* såvitt jag kan se (förstår); *I can't ~ him winning* jag kan inte tänka mig att han vinner **3** se, uppleva, vara med om; *I've never ~n anything like it!* jag har aldrig varit med om (sett) ngt liknande **4** gå (vända sig) till, [be]söka, hälsa på, träffa, tala med; ta emot; *be ~ing you!, ~ you later!* vi ses!, hej så länge!; *can I ~...?* kan jag få tala med...?, träffas...?; *come to ~ s.b.* komma och hälsa på ngn, besöka ngn; *he refused to ~ us* han ville inte ta emot (träffa, se) oss; *~ a doctor* söka läkare (*about* för); *there's a gentleman to ~ you* det är en herre som söker er **5** följa; *~ s.b. off* vinka av ngn; *~ s.b. out (home)* följa ngn ut (hem); *~ s.b. to the door* följa ngn till dörren

2 see [si:] [biskops]stift, biskopssäte; *the Holy S~* påvestolen

seed [si:d] **I** *s* **1** frö (*äv. bildl.*); (*i druva, melon e.d.*) kärna; *~[s]* (*pl, koll.*) frö, utsäde; *a packet of ~* en fröpåse; *go (run) to ~* sätta (gå i) frö; *go to ~* (*vard. om pers.*) förfalla, tappa stinget **2** *bibl.* avkomma, säd **3** *sport.* seedad spelare; *he is the number two ~* han är seedad som tvåa **II** *v* **1** [be]så **2** kärna ur **3** *sport.* seeda **4** gå i (sätta) frö **seedbed** ['si:dbed] drivbänk **seedcake** kumminkaka **seed capsule** [-ˌkæpsju:l] frökapsel **seedcase** [-keɪs] fröhus **seedless** [-lɪs] kärnfri **seedling** [-lɪŋ] [frö-, grodd]planta **seed potatoes** [-pə'teɪtəʊz] *pl* sättpotatis **seedsman** [-mən] fröhandlare

seedy ['si:dɪ] **1** sjabbig, sjaskig **2** *vard.* krasslig **3** *bot.* i frö; kärnig

seeing ['si:ɪŋ] **I** *a* seende; *worth ~* sevärd, värd att se[s] **II** *s* syn[förmåga]; seende **III** *konj, ~ [that]* eftersom, med tanke på att

seek [si:k] (*sought, sought*) **1** söka; sträva efter, eftersträva; söka (bege) sig till, uppsöka; *~ a p.'s advice* be ngn om råd, söka råd hos ngn; *~ a p.'s life* trakta efter ngns liv; *the reason is not far to ~* orsaken ligger nära till hands; *~ to do s.th.* försöka göra ngt; *~ out* ta (leta) reda på, söka efter (upp); *~ through* söka (leta) igenom **2** söka; *~ for* söka [efter], sträva efter

seem [si:m] verka, tyckas, se ut, förefalla; verka (tyckas) vara, se ut (förefalla) att vara; *~ to* verka, tyckas, se ut att, förefalla; *I ~ to remember that* jag vill minnas att; *I ~ to have heard that before* jag tycker mig ha hört det förut; *he ~s to me to be* han förefaller mig [att] vara; *he ~s not to be, he doesn't ~ to be* han verkar inte vara; *it ~s that he is coming* det verkar som om han skulle komma; *he has left, it ~s* han har tydligen gett sig i väg; *it would ~ that* det kunde tyckas att; *so it ~s* det ser så ut, det verkar så; *it ~ed to me that* det tycktes (föreföll) mig som om

seeming ['si:mɪŋ] skenbar, låtsad **-ly** [-lɪ] **1** skenbart, till synes **2** uppenbarligen, tydligen

seemly ['si:mlɪ] passande, lämplig

seen [si:n] *perf. part. av 1 see*

seep [si:p] sippra [in, ut], läcka (*äv. bildl.*)

seer ['si:ə] profet, siare

seersucker ['sɪəˌsʌkə] (*slags kräppat bomullstyg*) seersucker

seesaw ['si:sɔ:] **I** *s* **1** gung|bräde, -bräda **2** gungande på gungbräde **II** *a* upp- och nedåtgående **III** *v* **1** gunga på gungbräde; gunga upp och ner (fram och tillbaka), svänga [fram och tillbaka]

seethe [si:ð] sjuda, koka (*äv. bildl.*); *~ with people* myllra (vimla) av folk

seethrough ['si:θru:] *a* genomskinlig

segment I *s* ['segmənt] segment (*äv. geom.*); del; (*i citrusfrukt*) klyfta **II** *v* [seg'ment] dela upp i segment *etc.* **segmental** [seg'mentl] segmentell **segmentary** ['segmənt(ə)rɪ] segmentär **segmentation** [ˌsegmen'teɪʃn] segmentering, uppdelning i segment

segre|gate ['segrɪgeɪt] hålla i sär, åtskilja, avskilja; segregera; *~ the sexes* hålla könen åtskilda **-gation** [ˌsegrɪ'geɪʃn] avskiljande; segregation; *racial ~* rasåtskillnad **-gationist** [ˌsegrɪ'geɪʃnɪst] segregationist, anhängare av [ras]segregation

seigneur [se'njɜ:] *hist.* länsherre

seine [seɪn] **I** *s, sjö.* not, vad; *purse ~* snörpvad **II** *v* fiska med not (vad)

seis|mic ['saɪzmɪk] seismisk, jordskalvs-, jordbävnings- **-mograph** [-məgrɑ:f] seismograf **-mological** [ˌsaɪzmə'lɒdʒɪkl] seismologisk **-ology** [saɪz'mɒlədʒɪ] seismologi

seize [si:z] **1** gripa, fatta, ta tag i; fånga, ta fast; *~ the opportunity* ta tillfället i akt, gripa tillfället; *~ power* gripa makten; *~ s.b. by the arm* gripa ngn i armen; *be ~d with a desire to* gripas av en önskan att **2** inta[ga], erövra; bemäktiga sig (*the throne* tronen) **3** beslagta[ga], ta i beslag uppbringa, **4** begripa, fatta (*an idea* en idé) **5** *sjö.* surra [fast], sejsa **6** *~ [up]on* gripa tag i, kasta sig över **7** *~ up a*) (*om kroppsdel*) sluta fungera, ge upp, *b*) (*om motor*) skära, *c*) (*om trafik*) stocka sig **seizure** ['si:ʒə] **1** gripande *etc., jfr seize; ~*

of power maktövertagande **2** anfall, attack; *epileptic* ~ epileptiskt anfall **3** besittningstagande **4** beslagtagande

seldom ['seldəm] sällan

select [sɪ'lekt] **I** *a* [ut]vald; exklusiv; ~ *pieces* valda stycken **II** *v* **1** välja [ut] **2** välja, utse (*as* till) **-ed** [-ɪd] *se select I*

selec|tion [sɪ'lekʃn] **1** [ut]väljande, val; *sport.* uttagning **2** urval; *natural* ~ naturligt urval; *a* ~ *of tunes* (*äv.*) melodier i urval **-tive** [-tɪv] **1** selektiv (*äv. elektron.*), utväljande, ~ *service* (*AE.*) värnplikt **2** kräsen, noggrann **-tivity** [ˌsɪlek'tɪvətɪ] selektivitet **-tor** [sɪ'lektə] **1** *BE.* medlem av uttagningskommitté **2** *tel.* selektor, linjeväljare

selenium [sɪ'li:njəm] selen

self [self] **I** *s o. pron* (*pl selves* [selvz]) **1** jag; *my better* ~ mitt bättre jag; *be one's normal* ~ *again* vara sitt normala jag igen; *he only thinks of* ~ han tänker bara på sig själv **2** *hand. el. skämts.* jag (mig) själv; *pay* ~ betala till mig själv; *cheque drawn to* ~ check ställd till egen order; *it's only* ~ *and wife* det är bara jag själv och min fru **II** *a, dress with a* ~ *belt* klänning med skärp i samma tyg

self|-abnegation [ˌselfæbnɪ'geɪʃn] självförnekelse **--absorbed** självupptagen **--abuse** onani **--acting** automatisk, självverkande **--addressed 1** ~ *envelope* adresserat svarskuvert **2** adresserad till en själv **--adhesive** självhäftande **--adjusting** självreglerande **--appointed** självutnämnd **--assertion** självhävdelse **--assertive** *a, be* ~ vilja hävda sig **--assurance** självsäkerhet **--assured** självsäker

self|-catering [ˌself'keɪt(ə)rɪŋ] *a,* ~ *flat* våning för självhushåll **--centred** självupptagen, egocentrisk **--confessed** *a, he is a* ~ *liar* han är enligt egen utsago en lögnare **--confidence** självförtroende **--confident** själv|säker, -medveten **--congratulation** självbelåtenhet **--conscious 1** generad, förlägen, besvärad **2** självmedveten **--contained 1** reserverad, avvaktande **2** måttfull, behärskad **3** självständig; komplett; självförsörjande; ~ *flat* våning med egen ingång **--contradictory** mot|sägande, -stridande **--control** själv|behärskning, -kontroll **--controlled** behärskad, lugn

self|-defeating [ˌselfdɪ'fi:tɪŋ] självförgörande **--defence** självförsvar; *the noble art of* ~ självförsvarets ädla konst (*boxningen*); *say s.th. in* ~ säga ngt till sitt försvar **--denial** själv|försakelse, -uppoffring **--determination** ['selfdɪˌtɜ:mɪ'neɪʃn] självbestämmanderätt; självbestämmande **--discipline** [ˌself'dɪsɪplɪn] självdisciplin **--drive** [ˌself'draɪv] *a,* ~ *car* hyrbil (*som man kör själv*)

self|-educated [ˌself'edjʊkeɪtɪd] själv|lärd, -bildad **--effacing** självutplånande **--employed** *a, be* ~ vara egen företagare **--esteem** självaktning **--evident** självklar **--examination** ['selfɪgˌzæmɪ'neɪʃn] själv|prövning, -rannsakan **--explanatory** [ˌselfɪk'splænət(ə)rɪ] självförklarande, självklar

self-fertilization ['selfˌfɜ:tɪlaɪ'zeɪʃn] *biol.* självbefruktning **--forgetful** [ˌselffə'getf(ʊ)l] osjälvisk

self|-governing [ˌself'gʌvənɪŋ] självstyrande **-government** självstyre[lse]

self|-important [ˌselfɪm'pɔ:t(ə)nt] dryg, viktig **--imposed** självpåtagen **--indulgent** självisk, eftergiven mot sig själv; *be* ~ (*äv.*) inte neka sig någonting **--inflicted** självförvållad **--interest** egennytta

selfish ['selfɪʃ] självisk, egoistisk **-ness** [-nɪs] självviskhet, egoism

selfless ['selflɪs] osjälvisk

self|-made [ˌself'meɪd] *a* selfmade, som själv har arbetat sig upp

self|-opinionated [ˌselfə'pɪnjəneɪtɪd], **--opinioned** självgod, inbilsk; självsäker

self|-pity [ˌself'pɪtɪ] självömkan **--pollination** *bot.* självpollinering **--possessed** [ˌselfpə'zest] lugn, behärskad **--preservation** ['selfˌprezə'veɪʃn] *s, instinct for* ~ självbevarelsedrift **--raising** [ˌself'reɪzɪŋ] *a,* ~ *flour* mjöl med tillsats av torrjäst **--realization** ['selfˌrɪəlaɪ'zeɪʃn] självförverkligande **--reliance** [ˌselfrɪ'laɪəns] själv|förtroende, -tillit; oberoende **--reliant** [ˌselfrɪ'laɪənt] full av självförtroende (självtillit); oberoende **--reproach** [ˌselfrɪ'prəʊtʃ] självförebråelse **--respect** [ˌselfrɪ'spekt] självaktning **--respecting** [ˌselfrɪ'spektɪŋ] med självaktning **--restraint** [ˌselfrɪ'streɪnt] själv|kontroll, -behärskning **--righteous** [ˌself'raɪtʃəs] egenrättfärdig, självgod

self|-sacrifice [ˌself'sækrɪfaɪs] självuppoffring **-same** ['selfseɪm] *a, the* ~ precis (just) samma **--satisfaction** ['selfˌsætɪs'fækʃn] självbelåtenhet **--satisfied** [ˌself'sætɪsfaɪd] självbelåten **--seeking** [ˌself'si:kɪŋ] **I** *a* självisk, egoistisk **II** *s* självviskhet, egoism **--service** [ˌself'sɜ:vɪs] självbetjäning; ~ [*restaurant*] [restaurang med] självservering **--starter** [ˌself'stɑ:tə] självstart **--styled** [ˌself'staɪld] föregiven, så kallad **--sufficient** [ˌselfsə'fɪʃnt], **--sufficing** [ˌselfsə'faɪsɪŋ] **1** oberoende, självständig **2** självförsörjande **--supporting** [ˌselfsə'pɔ:tɪŋ] självförsörjande

self-taught [ˌself'tɔ:t] självlärd

self|-willed [ˌself'wɪld] egensinnig, halsstarrig **--winding** (*om armbandsur*) självuppdragande

sell [sel] **I** *v* (*sold, sold*) **1** sälja (*äv. bildl.*), avyttra; föra, ha; *to be sold* (*äv.*) till salu; ~ *one's life dearly* sälja sitt liv dyrt; *the book sold 2,000 copies* boken såldes i 2 000 exemplar; ~ *off* sälja [av, ut], realisera; ~ *out* sälja ut (slut på); *be sold out* vara slutsåld (utsåld); *we are* (*have*) *sold out of that size* vi har [sålt] slut på den storleken; ~ *up* sälja [på exekutiv auktion] **2** *vard.* sälja, göra tilltalande, skapa intresse för; pracka på; ~ *an idea to s.b.,* ~ *s.b. on an idea* sälja en idé till ngn, få ngn tänd på en idé; *be sold on s.th.* vara tänd (såld) på ngt; ~ *o.s. short* inte göra reklam för sig **3** *bildl.* sälja, förråda; *vard.* lura, bedra; ~ *s.b. down the river* förråda ngn; ~ *out* (*vard.*) förråda **4** sälja[s], gå (*for, at* för, till); ~ *well* sälja[s] (gå) bra; ~ *out a*) säljas ut, *b*) sälja [alltsammans]; ~ *out to* (*vard.*) låta sig köpas (mutas) av; ~ *up* sälja [alltsammans] **II** *s* **1** försäljning[smetod, -steknik] ; *hard* ~ hårdförsäljning **2** *vard.* knep, bedrägeri

seller ['selə] **1** [för]säljare **2** *be a good* (*poor*) ~ sälja bra (dåligt) **seller's market** säljarens

marknad **selling** ['selɪŋ] **I** *a* säljande **II** *s* försäljning **selling point** försäljningsargument; tillgång **selling price** försäljningspris **sell-out** ['selaʊt] **1** succé; *the play was a ~* det var utsålt till pjäsen **2** *vard.* förräderi, svek (*to* mot)
sel|vage, -vedge ['selvɪdʒ] (*på tyg*) stad[kant]
selves [selvz] *pl av self*
Sem. *förk. för Seminary; Semitic* **sem.** *förk. för semester; semicolon*
seman|tic [sɪ'mæntɪk] semantisk **-tics** [-tɪks] (*behandlas som sg*) *språkv.* semantik
semaphore ['seməfɔ:] **I** *s* **1** semafor **2** semaforering **II** *v* semaforera
semblance ['sembləns] skepnad; sken; *without a ~ of* utan tillstymmelse till
semen ['si:men] sädesvätska, säd
semester [sɪ'mestə] *AE. skol., univ.* termin
semi ['semɪ] halv-, semi **-breve** [-bri:v] *mus.* helnot **-circle** [-ˌsɜ:kl] halvcirkel **-circular** [ˌsemɪ'sɜ:kjʊlə] halvcirkelformig **-colon** [ˌsemɪ'kəʊlən] semikolon **-conductor** [ˌsemɪkən'dʌktə] *fys.* halvledare **-detached** [ˌsemɪdɪ'tætʃt] *a, ~ house* par|hus, -villa **-final** [ˌsemɪ'faɪnl] *sport.* semifinal **-finalist** [ˌsemɪ'faɪnəlɪst] *sport.* semifinalist **-literate** [ˌsemɪ'lɪtərət] knappt läskunnig, funktionell analfabet **-manufactures** ['semɪˌmænjʊ'fæktʃəz] *pl* halvfabrikat
seminal ['semɪnl] **1** *biol.* frö-; *~ fluid* sädesvätska **2** inflytelserik, nyskapande; avgörande
semi|nar ['semɪnɑ:] seminarium, seminarieövning[ar] **-nary** [-nərɪ] **1** *kat.* [präst]seminarium **2** *bildl.* plantskola **3** *AE.* privat flickskola
semiotics [ˌsemɪ'ɒtɪks] (*behandlas som sg*) semiotik
semi|precious ['semɪˌpreʃəs] *a, ~ stone* halvädelsten **-quaver** [-ˌkweɪvə] *mus., i sht BE.* sextondelsnot
Semite ['si:maɪt] **I** *a* semitisk **II** *s* semit **Semitic** [sɪ'mɪtɪk] semitisk
semi|tone ['semɪtəʊn] *mus.* halvton **-tropical** [ˌsemɪ'trɒpɪkl] subtropisk **-vowel** ['semɪˌvaʊ(ə)l] halvvokal
semolina [ˌsemə'li:nə] semolinagryn, (*slags*) mannagryn
sempstress ['sem(p)strɪs] *se seamstress*
SEN *förk. för State Enrolled Nurse* **Sen., sen.** *förk. för senate; senator; senior*
senate ['senɪt] senat; *the S~* (*t.ex. i USA, Canada*) senaten, första kammaren; [*the*] *S~* (*univ. ung.*) konsistoriet **senator** ['senətə] senator **-orial** [ˌsenə'tɔ:rɪəl] senats-
send [send] (*sent, sent*) **1** sända, skicka [i väg]; kasta, slänga, skjuta; *~ s.b. one's love* hälsa till ngn; *God ~ that it may not be so!* Gud give att det inte är sant!; *~ to prison* sätta i fängelse; *~ him victorious!* giv honom segern!; *~ word* skicka bud, lämna besked, låta meddela, [låta] höra av sig; *he ~s word that* han låter hälsa (meddela) att; *~ away* skicka i väg (bort), driva (köra) bort; *~ down a*) pressa ner, sänka, *b*) *univ.* relegera, *c*) döma; *~ in* sända (skicka, lämna, sätta) in; *~ off a*) *se ~ away, b*) avsända, *c*) ta farväl av, *d*) *sport.* utvisa; *~ on a*) eftersända, vidarebefordra, sända vidare, *b*) skicka i förväg; *~ out* skicka (sända, släppa) ut, sprida; *~ round to s.b.* skicka över till ngn; *~ up a*) sända (skicka) upp (ut), *b*) driva upp (i höjden), *c*) härma, karikera, förlöjliga, *d*) sätta i fängelse **2** göra; få; *~ s.b. crazy* (*mad*) göra ngn tokig; *the fire sent them running out* elden fick (tvingade) dem att springa ut; *~ s.b. sprawling* vräka omkull ngn **3** *sl., it ~s me* det tänder jag på (gillar jag verkligen) **4** skicka bud; *~ for* skicka efter, [låta] hämta; *he sent to say that* han lät hälsa att
sender ['sendə] avsändare **send-off** [-ɒf] **1** *vard.* avskedsfest **2** [bra] start **send-up** [-ʌp] *vard.* parodi; travesti
Senegal [ˌsenɪ'gɔ:l]
senescent [sɪ'nesnt] *a* åldrande
senile ['si:naɪl] senil, ålderdomssvag **senility** [sɪ'nɪlətɪ] senilitet, ålderdomssvaghet
senior ['si:njə] **I** *a* äldre (*to* än); senior-; *Tom Brown S~* (*i sht AE.*) Tom Brown senior (den äldre); *~ citizen* [ålders]pensionär; *~ common room* (*BE. univ.*) lärarrum; *~ high school* (*AE. ung.*) gymnasieskola; *~ officer* hög officer; *~ team* seniorlag; *she is ~ to me a*) hon är överordnad mig (har högre rang än jag), *b*) hon är äldre i tjänsten än jag; *he is two years ~ to me* han är två år äldre än jag **II** *s* [person som är] äldre; äldre student, *AE.* sistaårsstudent; *my ~s* de som är äldre [i tjänsten] än jag; *he is ten years my ~* han är tio år äldre än jag **-ity** [ˌsi:nɪ'ɒrətɪ] [tjänste]ålder, anciennitet
senna ['senə] *farm.* senna
sensation [sen'seɪʃn] **1** förnimmelse, känsla **2** sensation; *make* (*cause*) *a ~* göra (väcka) sensation, väcka uppseende **sensational** [-'seɪʃənl] **1** sinnes- **2** sensationell, uppseendeväckande **sensationalism** [-'seɪʃn̩əlɪz(ə)m] **1** sensationsmakeri **2** *filos.* sensualism
sense [sens] **I** *s* **1** sinne; *~s* (*pl, äv.*) besinning, sans, vett, förnuft; *the five ~s* de fem sinnena; *the ~ of hearing* hörselsinnet, hörseln; *no man in his ~s* ingen vettig människa; *be out of one's ~s* vara från vettet (sina sinnen, galen); *bring s.b. to his ~s* bringa ngn till besinning, få ngn att ta reson; *come to one's ~s* återfå sansen, sansa sig **2** vett, förnuft, förstånd; [*common*] *~* sunt förnuft; *there is a lot of ~ in that* det är vettigt (inte alls så dumt); *there is no ~ in doing that* det är ingen mening [med] att göra det; *he had the* [*good*] *~ to* han var klok nog (hade vett) att; *make s.b. see ~* få ngn att ta sitt förnuft till fånga **3** känsla, sinne (*of* för, av); *~ of colour* färgsinne; *~ of duty* pliktkänsla; *~ of humour* [sinne för] humor **4** betydelse, mening; *in a* [*certain*] *~* i viss mening, på ett sätt, på sätt och vis; *in every ~* i alla avseenden; *make ~* vara förnuftig (meningsfull, begriplig), låta vettigt; *it does not make ~ a*) det är obegripligt (meningslöst, dumt, oförnuftigt), *b*) jag blir inte klok på det, jag fattar det inte, *c*) det stämmer inte; *make ~ of s.th.* bli klok på (fatta) ngt **5** stämning, opinion; *take the ~ of* pejla (kolla) stämningen bland **II** *v* känna [på sig], märka; [upp]fatta
senseless ['senslɪs] **1** meningslös, orimlig; oförnuftig **2** medvetslös, sanslös **sense organ** [-ˌɔ:gən] sinnesorgan
sensi|bility [ˌsensɪ'bɪlətɪ] känslighet, mottaglighet (*to* för), sensibilitet; ömtålighet; *-bilities* (*pl*) känslor **-ble** ['sensəbl] **1** förnuftig, förståndig,

klok; vettig, praktisk **2** förnimbar; märkbar, kännbar **3** medveten (*of* om; *that* om att)

sensitive ['sensɪtɪv] känslig (*to* för); sensibel, överkänslig, ömtålig; sensitiv; ~ *paper* (*foto.*) ljuskänsligt papper; ~ *plant* (*bot.*) sensitiva; ~ *skin* ömtålig hy; *she is* ~ *about her big feet* hon är känslig för [anspelningar på] sina stora fötter **sensitivity** [ˌsensɪ'tɪvətɪ] känslighet (*to* för); sensibilitet; sensitivitet **sensitivity training** sensi[tivitets]träning **sensi|tize** (*BE. äv. -tise*) ['sensɪtaɪz] **1** göra medveten (*to* om), varna (*to* för) **2** sensibilisera, göra [över]känslig (*to* för) **3** bli [över]känslig (*to* för)

sensor ['sensə] sensor **sensory** [-rɪ] sensorisk, sinnes-; ~ *nerve* sensorisk nerv

sensual ['sensjʊəl] sensuell, sinnlig **-ism** [-ɪz(ə)m] sensualism **-ist** [-ɪst] sensualist **-ity** [ˌsensjʊ'ælətɪ] sensualitet

sensuous ['sensjʊəs] **1** sensuell, sinnlig **2** sinnes-

sent [sent] *imperf. o. perf. part. av send*

sentence ['sentəns] **I** *s* **1** *jur.* dom (*on* över), utslag; *be under* ~ *of death* vara dödsdömd; *pass* ~ *on* avkunna dom över; *serve a life* ~ *for murder* avtjäna livstidsstraff för mord **2** *språkv.* mening; sats **II** *v* döma, avkunna dom över

sententious [sen'tenʃəs] **1** moraliserande; docerande **2** sententiös; kärnfull, koncis; aforistisk

sentient ['senʃnt] förnimmande, kännande; känslo-, sinnes-

sentiment ['sentɪmənt] **1** känsla, känslor **2** ~*s* (*pl*) uppfattning, åsikt[er], stämning **3** känslosamhet, sentimentalitet

sentimental [ˌsentɪ'mentl] sentimental, känslosam; ~ *value* affektionsvärde **-ist** [-'mentəlɪst] känslomänniska **-ity** [-men'tælətɪ] sentimentalitet, känslosamhet **-ize** (*BE. äv. -ise*) [-'mentḷaɪz] **1** sentimentalisera, göra sentimental, romantisera **2** bli (vara) sentimental

sentinel ['sentɪnl] vakt[post]

sentry ['sentrɪ] *mil.* vakt, [vakt]post, skiltvakt; *be on* ~ [*duty*] stå på (hålla) vakt; *keep* ~ hålla vakt **sentry box** vaktkur

Sep. *förk. för September; Septuagint* **sep.** *förk. för separate*

separable ['sep(ə)rəbl] skiljbar; isärtagbar; avtagbar

separate I *a* ['seprət] skild, av-, sär-, åt|skild, separat, enskild; ~ *peace* separatfred; *on two* ~ *occasions* vid två olika (skilda) tillfällen; *under* ~ *cover* (*hand.*) separat; *that is a* ~ *question* det är en annan fråga (en fråga för sig); *everybody has a* ~ *cup* alla har en egen (var sin) kopp; *keep* ~ hålla åtskild (i sär), inte blanda ihop **II** *s* ['seprət] ~*s* (*pl*) udda (separata) plagg (*i motsats t. klänning, kostym*) **III** *v* ['sepəreɪt] **1** skilja [åt], av-, från-, sär|skilja, sära på, separera **2** ~ [*out*] dela [upp] (*into* i) **3** skiljas [åt], skiljas från varandra; separera **4** dela [upp] sig (*into* i)

separately ['seprətlɪ] *adv* separat, särskild, var för sig

separation [ˌsepə'reɪʃn] **1** separation, separering; [av]skiljande, från-, sär|skiljande **2** separation, skilsmässa; *judicial* ~ (*jur.*) hemskillnad **3** mellanrum, avstånd

separa|tism ['sep(ə)rətɪz(ə)m] separatism **-tist** [-tɪst] separatist

separator ['sepəreɪtə] separator

Sephardi [se'fɑ:dɪ] sefardim, sefardisk jude

sepia ['si:pjə] sepia[brunt]

sepsis ['sepsɪs] *med.* blodförgiftning, sepsis

Sept. *förk. för September; Septuagint*

September [sep'tembə] september

septet[te] [sep'tet] *mus.* septett

septic ['septɪk] *med.* septisk; infekterad; ~ *tank* septiktank **-[a]emia** [ˌseptɪ'si:mɪə] *med.* blodförgiftning, septikemi, sepsis

septuagenarian [ˌseptjʊədʒɪ'neərɪən] **I** *s* sjuttioåring (*mellan 70 o. 79*) **II** *a* sjuttioårig (*mellan 70 o. 79*) **Septuagesima** [-'dʒesɪmə] septuagesima (*nionde söndagen före påsk*)

sepul|chral [sɪ'pʌlkr(ə)l] grav-; begravnings-; *bildl.* gravlik, dyster **-chre** ['sep(ə)lkə] *litt.* **I** *s* grift, grav; *the Holy S~* den Heliga Graven **II** *v* begrava

seq. *förk. lat. för sequel; sequens* **seqq.** *förk. för sequentia*

sequel ['si:kw(ə)l] **1** följd, efterspel, fortsättning **2** fortsättning (*to a book* på en bok)

sequence ['si:kwəns] serie, rad, [ordnings]följd, ordning; *film., mus. e.d.* sekvens; *kortsp.* svit; *chronological* ~ kronologisk ordning; ~ *of events* händelseförlopp **sequent** [-t] [efter]följande; därav följande; ~ *to* som följer på (av) **sequential** [sɪ'kwenʃl] följdriktig; därav följande

seques|ter [sɪ'kwestə] **1** avskilja, isolera; ~*ed* (*litt.*) lugn, ostörd, avsides belägen **2** *jur.* beslagta[ga], belägga med kvarstad, sekvestrera **-trate** [-treɪt] *se sequester 2* **-tration** [ˌsi:kwe'streɪʃn] *jur.* [beläggande med] kvarstad, beslagtagande, sekvester

sequin ['si:kwɪn] paljett

sequoia [sɪ'kwɔɪə] *bot.* rödvedsträd; mammutträd

ser. *förk. för serial; series; sermon*

sera ['sɪərə] *pl av serum*

seraglio [se'rɑ:lɪəʊ], **serail** [sə'raɪ] seralj

seraph ['serəf] (*pl* ~*s el.* ~*im* [-ɪm]) seraf **-ic[al]** [se'ræfɪk(l)] serafisk

Serb [sɜ:b] **I** *s* **1** serb[ier] **2** serbiska [språket] **II** *a* serbisk **Serbia** ['sɜ:bjə] Serbien **Serbian** ['sɜ:bjən] *se Serb I o. II* **Serbo|-Croat** [ˌsɜ:bəʊ'krəʊæt], **--Croatian** [ˌsɜ:bəʊkrəʊ'eɪʃn] **I** *s* serbokroatiska [språket] **II** *a* serbokroatisk

sere|nade [ˌserə'neɪd] **I** *s* serenad **II** *v* ge serenad [för] **-nader** [-'neɪdə] serenadsångare

serendipity [ˌserən'dɪpətɪ] förmåga att av en lycklig slump göra en upptäckt

serene [sɪ'ri:n] **1** lugn, fridfull, rofylld, seren **2** *His* (*Her*) *S~ Highness* Hans (Hennes) Höghet

serenity [sɪ'renətɪ] lugn, frid, stillhet, serenhet

serf [sɜ:f] livegen, träl **-dom** ['sɜ:fdəm], **-hood** ['sɜ:fhʊd] livegenskap, träldom

sergeant ['sɑ:dʒ(ə)nt] **1** (*BE., i armén o. flyget*) överfurir; (*AE., i armén*) furir, (*i flyget*) korpral; ~ *first class* (*AE., i armén*) sergeant; *flight* ~ (*BE., i flyget*) sergeant; *master* ~ (*AE., i armén*) fanjunkare, (*i flyget*) sergeant; *senior master* ~ (*AE., i flyget*) fanjunkare; *staff* ~ (*BE., i armén*) sergeant, (*AE., i flyget*) furir; *technical* ~ (*AE., i flyget*) överfurir **2** *BE.* överkonstapel; *AE.* polisassistent **sergeant major** [ˌsɑ:dʒ(ə)nt'meɪdʒə] (*pl sergeant majors*) *ung.* fanjunkare

serial ['sɪərɪəl] **I** *a* **1** serie-, i serie; ~ *number* serienummer **2** som följetong, i följetongsform; ~ *rights* följetongsrättigheter **II** *s* följetong; serie **-ize** (*BE. äv. -ise*) [-aɪz] publicera som följetong; ge som serie
series ['sɪəri:z] (*pl lika*) serie (*äv. mat., elektr.*); följd, räcka; *connect in* ~ seriekoppla
serigraphy [səˈrɪgrəfɪ] serigrafi, silkscreen
serious ['sɪərɪəs] allvarlig; seriös; ~ *illness* allvarlig sjukdom; *to be* ~ allvarligt talat; *are you* ~*?* menar du (är det ditt) allvar? **-ly** [-lɪ] *adv* allvarligt; seriöst; ~*?* menar du (är det ditt) allvar?; *quite* ~ på fullt allvar; *take s.th.* ~ ta ngt på allvar **-ness** [-nɪs] allvar; allvarlighet
sermon ['sɜ:mən] **1** predikan (*on* om, över); *the S~ on the Mount* Bergspredikan **2** straff-, moral|predikan **-ize** (*BE. äv. -ise*) [-aɪz] hålla straffpredikan (predika) [för]
serpent ['sɜ:p(ə)nt] **1** *åld., litt., bildl.* orm **2** *mus.* serpent **serpentine** [-aɪn] *litt.* ormliknande; slingrande
serrated [se'reɪtɪd] sågtandad
serried ['serɪd] *a, in* ~ *ranks* slutna led
se|rum ['sɪərəm] (*pl -rums el. -ra* [-rə]) serum
serv. *förk. för servant; service*
servant ['sɜ:v(ə)nt] tjänare; tjänarinna; *domestic* ~ hembiträde, tjänsteflicka; *civil* ~ stats|tjänsteman, -tjänare, tjänsteman inom civilförvaltningen; *public* ~ [stats]tjänsteman, ämbetsman **servant girl** hembiträde
serve [sɜ:v] **I** *v* **1** tjäna, arbeta för, arbeta (vara tjänare) hos; hjälpa, stå till tjänst **2** servera, sätta fram; expediera; förse, försörja; *dinner is* ~*d* middagen är serverad; *are you being* ~*d? a*) (*i affär*) är det tillsagt?, *b*) (*på restaurang*) har ni beställt?; ~ *one's guests with drinks* servera sina gäster (förse sina gäster med) drinkar; ~ *out* portionera (dela) ut; ~ *up* sätta (duka) fram, servera, lägga upp, *bildl.* servera, komma med, duka upp **3** sköta, betjäna (*äv. mil.*); ~ *Mass* vara officiant vid (förrätta) mässan **4** behandla; [*it*] ~*s you right!* (*vard.*) [det var] rätt åt dig! **5** [full]göra; ~ *one's sentence* avtjäna sitt straff; ~ *time* (*vard.*) sitta inne (i fängelse); ~ *out a*) [full]göra, *b*) avtjäna, sitta av, *c*) avsluta **6** passa [för], duga för (till, åt); hjälpa, vara till nytta; *if my memory* ~*s me right* om jag minns rätt; *that will* ~ *my needs* det är precis vad jag behöver; ~ *a p.'s purpose* tjäna (passa) ngns syfte, täcka ngns behov **7** *jur.*, ~ *a summons on s.b.*, ~ *s.b. with a summons* delge ngn en stämning **8** *sport.* serva **9** (*om djur*) betäcka **10** tjänstgöra, arbeta, tjäna, verka; ~ *as chairman* vara ordförande; ~ [*at Mass*] vara officiant vid (förrätta) mässan; ~ *in an office* bekläda ett ämbete; ~ *on* vara medlem av (i); ~ *on a jury* sitta i en jury **11** passa, duga, fungera, tjäna; vara ägnad; *as occasion* ~*s* vid lämpligt tillfälle **12** servera; expediera; ~ *at table* servera **13** *sport.* serva **II** *s, sport.* serve
server ['sɜ:və] **1** uppläggnings-, serverings|bestick; uppläggningsfat; serveringsbricka **2** *sport.* servare
service ['sɜ:vɪs] **I** *s* **1** tjänst; hjälp; nytta; ~*s* (*pl, äv.*) förtjänster; *be of* ~ *to s.b.* vara ngn till hjälp (nytta), hjälpa ngn; *can I be of* ~ *to you?* kan jag hjälpa dig med ngt?; *do s.b. a* ~ göra ngn en tjänst **2** tjänst[göring] (*äv. mil.*); *military* ~ militärtjänst[göring]; *on active* ~ i aktiv tjänst; *be in a p.'s* ~ vara i (ha) tjänst hos ngn; *when I was in the* ~*s* när jag var i det militära; *do* (*render*) ~ tjänstgöra, göra tjänst; *take* ~ *with* ta tjänst hos; *take into one's* ~ anställa, ta i sin tjänst **3** gudstjänst, mässa **4** ~[*s*] *a*) tjänst, service, vård, *b*) distributionsnät; *health* ~ hälsovård; *medical* ~ sjukvård; *the postal* ~ postväsendet; *social* ~*s* socialvård[en]; *all the* ~*s have been cut off* el, vatten och gas har stängts av **5** service, översyn; *my car has had a* ~ jag har haft bilen på service **6** service; betjäning; servering[savgift] **7** servis; *dinner* ~ matservis **8** bruk; drift; trafik; förbindelse, linje, turer; *postal* ~ postgång; *the number 48* ~ linje 48, 48:an; *put into* ~ ta i bruk (drift), sätta i trafik; *out of* ~ ur drift (funktion, trafik); *there's no* ~ *to Drageryd on Sundays* det går ingen buss (*e.d.*) till Drageryd på söndagar **9** *jur.* delgivning **10** *sport.* serve **II** *v* **1** serva, ha på service; *send a car to be* ~*d* lämna in en bil på service **2** (*om djur*) betäcka
service|ability [ˌsɜ:vɪsəˈbɪlətɪ] **1** användbarhet, brukbarhet **2** hållbarhet, slitstyrka **-able** ['sɜ:vɪsəbl] **1** användbar, brukbar **2** hållbar, slitstark
service area ['sɜ:vɪsˌeərɪə] täckningsområde **service charge** [-tʃɑ:dʒ] serverings-, betjänings|avgift **service dress** [-dres] *mil.* daglig dräkt **service flat** servicelägenhet, lägenhet i servicehus **service line** *sport.* servelinje **serviceman** [-mən] militär **service revolver** [-rɪˈvɒlvə] tjänsterevolver **service station** [-ˌsteɪʃn] bensinstation; servicestation
serviette [ˌsɜ:vɪ'et] servett
ser|vile ['sɜ:vaɪl] **1** servil, krypande, fjäskande **2** slavisk (*obedience* lydnad) **-vility** [sɜ:ˈvɪlətɪ] **1** servilitet, kryperi, fjäsk **2** slaviskhet
servitude ['sɜ:vɪtju:d] **1** träldom, slaveri **2** [*penal*] ~ straffarbete
servo ['sɜ:vəʊ] **I** *a* servo- **II** *s, vard.* servomekanism **--assisted** [-əˌsɪstɪd] *a*, ~ *brakes* servobromsar **-mechanism** [-ˌmekənɪz(ə)m] servomekanism **-motor** [-ˌməʊtə] servomotor
sesame ['sesəmɪ] **1** *bot.* sesam **2** *open* ~ sesam, öppna dig **sesame seeds** *pl* sesamfrön
session ['seʃn] **1** session, sammanträde, sittning; *petty* ~*s, se magistrates' court; quarter* ~*s* (*förr*) domstol för smärre förseelser (*hölls varje kvartal*); *be in* ~ sammanträda, vara samlad **2** sessionstid **3** sammankomst; *drinking* ~ dryckeslag; *recording* ~ inspelning[stillfälle] **4** *AE., Sk. univ.* läsår; termin **-al** [-ʃənl] sessions-
sestet [ses'tet] **1** *versl.* sexradig strof **2** *mus.* sextett
set [set] **I** *s* **1** sats, uppsättning, omgång, set, sätt; servis; garnityr; saker; spel; *chess* ~ schackspel; *painting* ~ målarskrin, färglåda **2** serie, rad; [fullständig] utgåva (*av skrifter*), verk; *a* ~ *of questions* en rad frågor **3** [umgänges]krets; grupp; kotteri, klick; liga, band; *the literary* ~ de litterära kretsarna, den litterära världen; *a nice* ~ *of people* trevliga människor **4** hållning; placering, läge; riktning; *bildl.* inriktning, tendens **5** [pass]form, fall **6** läggning (*av håret*), ondulering **7** apparat; ~ *of headphones* hörlurar; *TV* ~ TV-appa-

S

rat **8** *jakt.* stånd; *bildl.* anfall; *make a dead ~ at (for) s.b.* (*bildl.*) *a*) störta sig över ngn, *b*) lägga an på ngn **9** *film., teat.* scen[bild], dekor[ation] **10** *mat.* mängd **11** *sport.* set **II** *a o. perf. part.* **1** stel, orörlig; stirrande **2** klar, färdig; beredd; fast besluten, mycket angelägen; egensinnig; *all ~* allt klart; *are we all ~?* är vi färdiga?; *be [dead] ~ on doing s.th.* till varje pris vilja (vara fast besluten att) göra ngt; *get ~!* (*sport.*) färdiga! **3** bestämd; fast[ställd]; *~ books* obligatorisk [kurs]litteratur, obligatoriska [kurs]böcker; *~ lunch* dagens rätt; *~ phrase* stående fras (uttryck), talesätt; *in ~ terms* i klara ord (termer); *at a ~ time* vid en fastställd tidpunkt; *be ~ in one's habits* ha mycket bestämda vanor, ha fastnat i sina vanor **4** belägen **III** *v* (*set, set*) **1** sätta, ställa, lägga, placera; få; *~ fire to* sätta (tända) eld på; *~ the glass to one's lips* föra glaset till läpparna; *~ guards* ställa (sätta) ut vakter; *have one's hair ~* lägga håret; *~ in motion* sätta i rörelse; *~ potatoes* sätta potatis; *~ seeds* så frön; *~ the table* duka [bordet]; *~ a watch* ställa en klocka; *be ~ fair a*) (*om barometer*) stå på vackert, *b*) (*om vädret*) vara vackert; *~ free* (*at large*) frige; *~ at* anfalla; *~ at work* sätta i gång (i arbete); *~ s.b. laughing* få ngn att skratta; *~ one's mind on doing s.th.* sätta sig i sinnet att göra ngt; *~ s.b. to do s.th.* sätta ngn att göra ngt; *~ o.s. to do s.th.* ta itu med (besluta sig för) att göra ngt **2** besätta (*with diamonds* med diamanter), infatta (*in gold* i guld) **3** *~ the scene in* förlägga scenen till; *the book is ~ in Vienna* handlingen i boken tilldrar sig i Wien; *the stage is ~ a*) allt är klart på scenen, *b*) spelet kan börja (*äv. bildl.*) **4** fastställa, bestämma (*a time for* tid för); sammanställa **5** ge, förelägga, ålägga, föreskriva; *~ an exam* ställa samman examensuppgifter **6** *~ s.th. to music* tonsätta (sätta musik till) ngt **7** *boktr.* sätta [upp] **8** *med.* vrida i led; återföra i läge **9** få att stelna (hårdna) **10** stelna [till], hårdna; stadga sig **11** (*om himlakropp o. bildl.*) gå ner; *his star is ~ting* hans stjärna dalar (är i sjunkande) **12** *jakt.* göra stånd **13** *~ about a*) börja [på], ta itu med, sätta i gång med, *b*) störta sig över, gå lös på; *~ against a*) sätta upp mot, *b*) ställa (väga) mot; *~ o.s. against* sätta sig emot; *~ against tax the cost of* (*vid deklaration*) yrka avdrag för kostnader för; *~ apart a*) skilja, *b*) lägga undan, sätta av; *~ aside a*) lägga undan, sätta av, *b*) bortse från, glömma, *c*) avvisa, förkasta, *d*) *jur.* upphäva, ogiltigförklara; *~ back a*) fördröja, stoppa, *b*) ställa (vrida) tillbaka, *c*) *vard.* kosta; *~ down a*) sätta ner, släppa av, *b*) skriva (sätta, föra, ställa) upp, skriva ner, *c*) skylla på, tillskriva, *d*) betrakta (*as* som); *~ forth a*) lägga fram, *b*) ge sig i väg; *~ in* sätta in, inträda, falla på, bryta ut, börja; *~ off a*) avfyra, *b*) starta, sätta i gång, utlösa, framkalla, *c*) balansera, uppväga, *d*) framhäva, *e*) ge sig (sätta) i väg, [av]resa, starta; *~ s.b. off doing s.th.* få ngn att göra ngt; *~ on a*) driva, egga, *b*) an-, över|falla; *~ out a*) ställa upp, *b*) lägga (ställa) fram, framställa, skildra, visa fram, ställa ut, *c*) börja, *d*) ge sig i väg, [av]resa, starta; *~ to a*) sätta i gång, hugga i, *b*) kasta sig över (hugga in på) maten; *~ to work* sätta i gång; *~ up a*) sätta (ställa, resa, bygga, rigga, slå) upp, resa, uppföra, *b*) upp-, in|rätta, grunda, anlägga, *c*) anordna, *d*) tillsätta, *e*) införa, *f*) förbereda, planera, arrangera, avtala, *g*) framkalla, vålla, *h*) utstöta, *i*) göra frisk igen, få på benen, *j*) *vard.* fixa, göra upp på förhand, *k*) *boktr.* sätta [upp], *l*) etablera sig; *~ up for o.s.*, *~ up shop* öppna (starta) eget; *~ up home* (*house*) skaffa sig egen bostad, flytta hemifrån; *~ o.s. up as s.th.* låtsas vara (utge sig för) ngt, *~ up a record* sätta rekord, *~ up a protest* protestera högljutt; *~ upon* an-, över|falla

set|back ['setbæk] motgång, bakslag **--in** [ˌset'ɪn] *a* isatt (*sleeve* ärm) **--off** ['setɒf] **1** motvikt **2** kontrast **3** mot|anspråk, -fordran

set piece [ˌset'pi:s] **1** *teat.* sättstycke **2** standardverk **3** fyrverkeri **set square** ['setskweə] vinkelhake

settee [se'ti:] soffa

setter ['setə] (*hundras*) setter

set theory ['setˌθɪərɪ] *mat.* mängdlära

setting ['setɪŋ] **1** sättande, sättning *etc.*, *jfr set III* **2** infattning (*för ädelstenar e.d.*) **2** omgivning; miljö **3** *mus.* tonsättning **4** *teat.* iscensättning, uppsättning; *bildl.* inramning; miljö, omgivning **5** (*maskins e.d.*) läge **6** [bords]kuvert **7** (*himlakropps*) nedgång; *the ~ of the sun* solens nedgång **setting lotion** [-ˌləʊʃn] läggningsvätska

1 settle ['setl] **1** sätta [till rätta], lägga [till rätta]; *~ o.s. a*) slå sig ner (till ro), *b*) bestämma sig (*to* [för] att), sätta i gång (*to* [med] att) **2** hjälpa till rätta (att etablera sig); *~ s.b. into a house* hjälpa ngn att komma i ordning i ett hus; *~ s.b. into a job* hjälpa ngn att komma in i ett arbete **3** slå sig ner i; kolonisera; placera, låta bosätta sig; *~ o.s.* bosätta sig **4** komma överens om, avtala, bestämma, fastställa **5** göra (klara) upp, ordna, lösa, klara [av]; avgöra; göra slut på; *that ~s it! a*) därmed är saken klar!, det avgör saken!, *b*) nu räcker det!, och därmed jämnt!; *that's ~d then!* då säger vi så!, så får det bli! **6** göra upp, betala; utjämna (*an account* ett konto) **7** låta sätta sig (sjunka), få att lägga sig; lugna; *~ down* lugna; *~ o.s.* lugna sig **8** *~ [down] a*) sätta sig [till rätta], slå sig ner, *b*) bosätta sig, slå sig ner, *c*) etablera (inrätta) sig, *d*) lägga (lugna, stabilisera, stadga) sig; *~ down in a job* komma in i ett arbete; *~ down to work* börja arbeta; *marry and ~ down* gifta sig och slå sig till ro; *~ in* komma i ordning, komma in, acklimatisera sig **9** (*om byggnad e.d.*) sätta sig **10** lägga (lägra, utbreda) sig (*on* på, över) **11** sätta sig, klarna; sjunka [till botten] **12** besluta (bestämma) sig (*on* för) **13** *~ [up]* göra upp, betala **14** *~ for* vara nöjd (nöja sig) med

2 settle ['setl] högryggad träsoffa (*med låda under*)

settled ['setld] **1** bestämd, avgjord **2** stadig, fast, oföränderlig; *~ weather* lugnt och vackert väder **3** [fast] bofast; bebyggd, bebodd; *not feel entirely ~* inte riktigt ha acklimatiserat sig (funnit sig till rätta) **settlement** [-mənt] **1** uppgörelse; förlikning; lösning (*av konflikt*); biläggande (*av tvist*); *reach a ~* komma till en uppgörelse, träffa förlikning **2** betalning, likvid; *in ~ of* som betalning (likvid) för **3** bosättning, bebyggelse; koloni; kolonisering, fastställelse **4** (*i byggnad e.d.*) sättning **5** settlement (*social institution*), hemgård

settler [-ə] kolonist, nybyggare **settlings** [-ɪŋz] *pl* bottensats, fällning
set|-to [ˌset'tu:] *vard.* slagsmål; gräl **-up** ['setʌp] *s* **1** *vard.* system; organisation; struktur, [upp]byggnad **2** uppsättning, anordningar, utrustning **3** *AE. sl.* uppgjord match **--up** [set'ʌp] *a* väl|-växt, -byggd
seven ['sevn] (*jfr eight o. sms.*) **I** *räkn* sju; *the ~ seas* de sju [världs]haven **II** *s* sjua **-fold I** *a* sju|fal-dig, -dubbel **II** *adv* sju|faldigt, -dubbelt **--league** *a, ~ boots* sjumilastövlar
seventeen [ˌsevn'ti:n] (*jfr eighteen o. sms.*) **I** *räkn* sjutton **II** *s* sjutton; sjuttontal **seven-teenth** [-θ] *räkn o. s* sjuttonde; sjutton[de]del **seventh** ['sevnθ] (*jfr eighth*) **I** *räkn* sjunde **II** *s* sjunde; sjundedel **seventieth** ['sevntɪɪeθ] *räkn o. s* sjuttionde; sjuttion[de]del **seventy** ['sevntɪ] (*jfr eighty o. sms.*) **I** *räkn* sjutti[o] **II** *s* sjutti[o]; sjutti[o]tal **seven-year itch** [ˌsevnjɜ:'ɪtʃ] *s, vard.*, **1** skabb **2** *the ~* otrohet (*efter sju års äkten-skap*)
sever ['sevə] **1** [av]skilja; hugga (skära, klippa, slita) av, kapa; [av]bryta (*one's connections with* sina förbindelser med) **2** skiljas [åt]; delas, gå isär
several ['sevr(ə)l] **1** åtskilliga, flera **2** olika; enskild, särskild; respektive; *the members with their ~ interests* medlemmarna med sina olika intressen; *five ~ times* fem olika gånger; *each went his ~ way* var och en gick sin väg; *joint and ~* (*jur.*) solidarisk **-ly** [-rəlɪ] *adv, åld. el. litt.* särskilt, var för sig
severance ['sevər(ə)ns] [av]skiljande, avhuggande *etc.*, *jfr sever* **severance pay** avgångsvederlag
severe [sɪ'vɪə] **1** svår, allvarlig (*damage* skada), hård; *a ~ cold* en svår förkylning; *be under ~ pressure* ha ett hårt tryck på sig **2** sträng, hård, svår, skarp; bister; (*om stil e.d.*) strikt, stram, sträng; *a ~ reprimand* en skarp tillrättavisning **severely** [-lɪ] *adv* svårt, allvarligt *etc.*, *jfr severe; ~ punished* hårt straffad; *~ wounded* svårt sårad **severity** [sɪ'verətɪ] stränghet, hårdhet, skärpa *etc.*, *jfr severe*
Seville [sə'vɪl] Sevilla **Seville orange** [-ˌɒrɪn(d)ʒ] pomerans
sew [səʊ] (*imperf sewed, perf. part. sewn el. sewed*) sy; sy i (fast) (*a button onto the coat* en knapp i kappan); *~ on* sy i (fast); *~ up* sy ihop (till); *~ up a deal* (*vard.*) sy ihop ett avtal, föra en affär i hamn; *~ together* sy ihop
sewage ['sju:ɪdʒ] avlopps-, kloak|vatten **sewage farm** rötslamanläggning
1 sewer ['sjʊə] avlopps-, kloak|ledning, avlopp, kloak
2 sewer ['səʊə] skräddare, sömmerska
sewerage ['sjʊərɪdʒ] avloppsnät, kloaksystem
sewing ['səʊɪŋ] sömnad[sarbete] **sewing machine** [-məˌʃi:n] symaskin
sewn [səʊn] *perf. part. av sew*
sex [seks] **1** kön; *the fair ~* det täcka könet; *the opposite ~* det motsatta könet **2** sex; *vard.* samlag; *have ~* ha samlag (sex), ligga med varandra
sexagenarian [ˌseksədʒɪ'neərɪən] **I** *s* sextioåring (*mellan 60 o. 70*) **II** *a* sextioårig (*mellan 60 o. 70*)
sex appeal [ˌseksə'pi:l] sex appeal, erotisk dragningskraft **sex education** ['seksedjʊˌkeɪʃn] sexualundervisning
sex|ism ['seksɪz(ə)m] sexism, könsdiskriminering **-ist** [-ɪst] **I** *a* sexistisk, könsdiskriminerande **II** *s* sexist; manschauvinist
sexless ['sekslɪs] könlös
sex object ['seksˌɒbdʒɪkt] sexobjekt
sexploitation [ˌsekspləɪ'teɪʃn] kommersiell könsexploatering **sexpot** ['sekspɒt] *sl.* sexig tjej
sex roles ['seksrəʊlz] *pl* könsroller
sextant ['sekst(ə)nt] sextant
sextet[te] [seks'tet] sextett
sexton ['sekst(ə)n] kyrkvaktmästare **--beetle** [-ˌbi:tl] *zool.* dödgrävare, dödgrävarbagge
sexual ['seksjʊəl] sexuell, köns-; *~ attraction* erotisk dragningskraft; *~ behaviour* sexuellt beteende; *~ intercourse* samlag, sexuellt umgänge; *~ organs* könsorgan, könsdelar; *~ reproduction* könlig fortplantning **sexuality** [ˌseksjʊ'ælətɪ] sexualitet **sexy** ['seksɪ] *vard.* sexig
Seymour ['si:mɔ:]
sez [sez] *vard.* = *says*; *~ you!* säger du ja!
SF *förk. för Science Fiction* **SG** *förk. för singular* **S.G.** *förk. för solicitor general* **s.g.** *förk. för specific gravity* **sgd.** *förk. för signed* **Sgt.** *förk. för Sergeant* **Sgt. Maj.** *förk. för Sergeant Major*
sh [ʃ] *interj* sch!, hysch!
sh. *förk. för share* (aktie); *sheep;* (*boktr.*) *sheet*
shabby ['ʃæbɪ] **1** sjabbig, sjaskig; luggsliten **2** tarvlig, lumpen
shack [ʃæk] **I** *s* timmerkoja, hydda **II** *v, vard.* **1** *~ up with s.b.* slå sina påsar ihop med ngn **2** *~ up* slå sina påsar ihop
shackle ['ʃækl] **I** *s* **1** boja; *~s* (*pl, äv.*) fjättrar **2** *sjö.* schackel **II** *v* belägga med bojor, fjättra, binda
shaddock ['ʃædək] *bot.* pompelmus
shade [ʃeɪd] **I** *s* **1** skugga; *light and ~* (*konst.*) skuggor och dagrar; *it's cool in the ~* det är svalt i skuggan; *put* (*cast*) *in the ~* (*bildl.*) ställa i skuggan **2** [lamp]skärm; *AE.* rullgardin, jalusi; *~s* (*pl, vard.*) solglasögon **3** nyans, schattering, skiftning (*äv. bildl.*); *~s of blue* blå nyanser (färgtoner); *a phrase with many ~s of meaning* en mening med många betydelseskiftningar (nyanser) **4** aning, smula; *a ~ large* en aning [för] stor **5** *litt.* skugga, [avlidens] ande; *in the realm of ~s* i skuggornas rike **II** *v* **1** skugga (*äv. konst.*); *~ one's eyes with one's hand* skugga ögonen med handen **2** skärma av **3** övergå (*into* i, till); *red that ~s into pink* rött som övergår i skärt
shading ['ʃeɪdɪŋ] **1** skuggning **2** nyans
shadow ['ʃædəʊ] **I** *s* **1** skugga; *in the ~ of a tree* i skuggan av ett träd **2** skugga, [ständig] följeslagare; *put a ~ on s.b.* låta skugga ngn **3** skymt, aning; *without a ~ of doubt* utan skuggan av ett tvivel; *I never had a ~ of a doubt that* jag har aldrig hyst minsta tvivel om att; *a ~ of hope* en strimma hopp **4** skuggbild, skugga; *he is a ~ of his former self* han är en skugga av sitt forna jag **II** *v* **1** skugga **2** skugga, följa efter
shadowy ['ʃædəʊɪ] **1** skuggig **2** skugglik; mystisk
shady ['ʃeɪdɪ] **1** skuggig; skuggande **2** *vard.* tvivelaktig, skum
SHAEF [ʃeɪf] *förk. för Supreme Headquarters Allied Expeditionary Forces*

S

shaft [ʃɑ:ft] **1** skaft (*på pil, verktyg, golfklubba m.m.*) **2** *tekn.* axel; *propeller* ~ propelleraxel **3** (*t. gruva, hiss e.d.*) schakt; trumma **4** skakel, skalm **5** [ljus]stråle, -strimma **6** *bildl.* pil

shag [ʃæg] **1** ragg, lurvig päls **2** shag[tobak] **-gy** [ˈʃægɪ] lurvig, raggig; tovig; ~ *dog story* lång skämthistoria med fånigt slut

shagreen [ʃæˈgri:n] chagräng

shah [ʃɑ:] s[c]hah

shake [ʃeɪk] **I** *v* (*shook, shaken*) **1** skaka, ruska; komma att skaka (darra, skälva); skaka ner (ur, på); *bildl.* [upp]skaka, uppröra; *bildl.* försvaga, rubba; ~ *o.s.* skaka på sig; ~ *one's fist at s.b.* hytta [med näven] åt ngn; ~ *hands* skaka hand, ta varandra i hand (*on* på); ~ *one's head* skaka på huvudet; ~ *a leg* (*vard.*) skynda sig [på], sno sig; ~ *pepper on* strö peppar på (över) **2** skaka, darra, skälva, bäva (*with* av); *vard.* skaka hand **3** ~ *down a*) skaka (ruska) ner, *b*) *AE. sl.* muddra, [kropps]visitera, *c*) *AE. sl.* pressa pengar av, *d*) komma in, finna sig till rätta, *e*) ordna sig, *f*) *vard.* sova över, kinesa; ~ *off* skaka av [sig], göra sig (bli) av med; ~ *out a*) skaka ur, *b*) skaka upp, *c*) *mil.* sprida sig; ~ *up a*) skaka upp (om), *b*) rycka (ruska) upp **II** *s* **1** skakning, ruskning; darrning, skälvning; *with a* ~ *in his voice* med darrande röst; *he's got the* ~*s* (*vard.*) händerna darrar på honom, han är darrig, han har frossan **2** (*dans*) shake **3** *vard.* ögonblick; *in two* (*a couple of*) ~*s* på nolltid, i rödaste rappet, på ett kick **4** *vard., be no great* ~*s as* inte vara mycket till (att skryta med som) **5** *mus.* drill **6** *se milkshake*

shakedown [ˈʃeɪkdaʊn] **1** provisorisk bädd **2** *AE. sl.* utpressning; mutning; kroppsvisitation; genomsökning **3** *vard., i sht AE.* provtur **shaken** [-n] *perf. part. av shake* **shaker** [-ə] shaker, drinkblandare

Shake|speare [ˈʃeɪkˌspɪə] Shakespeare **-spearian** [ʃeɪkˈspɪərɪən] Shakespeare-

shake-up [ˈʃeɪkʌp] *vard.* omorganisation, ommöblering; uppryckning

shaking [ˈʃeɪkɪŋ] **I** *s* skakning, ruskning; *give s.th. a good* ~ skaka (ruska) om ngt ordentligt **II** *a* skakande; ~ *palsy* Parkinsons sjukdom

shako [ˈʃækəʊ] schakå

shaky [ˈʃeɪkɪ] **1** skakande, skakig, skälvande, darrande; ostadig, rank **2** osäker; vacklande; svag, gammal, skranglig

shale [ʃeɪl] [ler]skiffer **shale oil** skifferolja

shall [ʃæl, *obeton.* ʃəl, ʃl] (*imperf should*) *hjälpv, pres.* skall, kommer att; *we* ~ *do it tomorrow* vi skall göra (vi gör) det i morgon; *you* ~ *pay for this!* du kommer att få sota för det här!

shallot [ʃəˈlɒt] schalottenlök

shallow [ˈʃæləʊ] **I** *a* **1** grund; flat (*plate* tallrik); *bildl.* ytlig, ihålig **2** lätt, svag (*breathing* andning) **II** *s, vanl.* ~*s* (*pl*) grunt ställe, grund

shalt [ʃælt] *åld., 2 pers. sg pres. av shall; thou* ~ *not steal* du skall icke stjäla

sham [ʃæm] **I** *v* **1** simulera, hyckla; ~ *headache* låtsas ha huvudvärk; ~ *illness* spela (låtsas vara) sjuk, simulera **2** simulera, låtsas [vara], spela; ~ *ill* spela (låtsas vara) sjuk **II** *s* **1** hyckleri, förställning, skoj, bluff, humbug **2** hycklare, skojare, bluffmakare **3** imitation **III** *a* hycklad, fingerad, låtsad, låtsas-, sken-; imiterad, oäkta, falsk

shamble [ˈʃæmbl] **I** *v* lufsa, hasa, släpa benen efter sig **II** *s* lufsande, släpande gång

shambles [ˈʃæmblz] (*behandlas som sg el. pl*) **1** röra, oreda, kaos; förödelse **2** slakthus

shame [ʃeɪm] **I** *s* skam; blygsel, skamsenhet; vanära; ~ *on you!* fy skäms (skam) [på dig]!; *what a* ~*!* så synd (tråkigt)!; *be without* ~ inte ha ngn skam i kroppen; *it's a* ~ *you couldn't come* det var synd (tråkigt) att du inte kunde komma; *bring* ~ *upon s.b.* dra skam (vanära) över ngn; *feel* ~ *at* (*for*) *s.th.* skämmas över (för) ngt; *put s.b. to* ~ *a*) skämma ut (dra skam över) ngn, *b*) ställa ngn i skuggan **II** *v* skämma ut, dra skam (vanära) över; göra skamsen, få att skämmas

shame|faced [ˌʃeɪmˈfeɪst] **1** skamsen **2** försagd, blyg **-ful** [ˈʃeɪmf(ʊ)l] skamlig, neslig **-less** [ˈʃeɪmlɪs] skamlös

shammy [ˈʃæmɪ] *s,* ~ [*leather*] sämskskinn

shampoo [ʃæmˈpu:] **I** *s* **1** schamponering **2** schampo[neringsmedel] **II** *v* schamponera

shamrock [ˈʃæmrɒk] [tre]klöver (*Irlands nationalemblem*)

shamus [ˈʃæməs] *AE. sl.* snut; deckare

shandy [ˈʃændɪ] *BE.*, **-gaff** [-gæf] *AE.* shandy (*blandning av öl o. lemonad*)

shanghai [ˌʃæŋˈhaɪ] shanghaja

shank [ʃæŋk] **1** skenben, skank; skänkel; *kokk.* lägg; ~*s's pony* (*AE. mare*) apostlahästarna **2** (*på verktyg, sked e.d.*) skaft

shan't [ʃɑ:nt] = *shall not*

shantung [ˌʃænˈtʌŋ] shantung[siden]

1 shanty [ˈʃæntɪ] **1** skjul, kåk, hydda

2 shanty [ˈʃæntɪ] shanty (*arbetssång bland sjömän*)

shantytown [ˈʃæntɪtaʊn] kåkstad, slum

SHAPE [ʃeɪp] *förk. för Supreme Headquarters Allied Powers Europe*

shape [ʃeɪp] **I** *s* **1** form, gestalt, utformning; fason; hyfs, ordning; *in the* ~ *of* i form av; *in rectangular* ~ rektangulär [till formen]; *in any* ~ *or form* i ngn form, av ngt slag; *get* (*put*) *s.th. into* ~ få fason (ordning) på ngt; *get out of* (*lose it's*) ~ förlora formen (fasonen); *we do not know the* ~ *of things to come* vi vet inte hur framtiden kommer att gestalta sig; *take* ~ ta form (gestalt) **2** figur, gestalt, skepnad; *in human* ~ i människogestalt **3** skick, tillstånd; *in good* ~ i god form, i bra kondition, i gott skick, bra; *out of* ~ i dåligt skick, i dålig kondition, dålig **4** [hatt]form; stock: provdocka, modell **II** *v* **1** forma; utforma, gestalta, skapa; lämpa, avpassa **2** forma (gestalta, utveckla) sig; formas, bildas; ~ *up* skärpa sig; ~ *up well* utveckla (arta) sig bra, se lovande ut

shape|less [ˈʃeɪplɪs] formlös, oformlig **-liness** [-lɪnɪs] vackert utseende, vacker form **-ly** [-lɪ] *a* välskapad, välformad

shard [ʃɑ:d] **1** skärva **2** *zool.* täckvinge

1 share [ʃeə] **I** *s* **1** [an]del (*of* av, i); lott; *do one's* ~ göra sitt, dra sitt strå till stacken; *go* ~*s* dela kostnaderna (lika); *have a* ~ *in a*) få del av, *b*) vara delaktig i; *I had no* ~ *in that* jag hade inte ngt att göra med (ingen del i) det; *he's had his* ~ *of disasters* han har drabbats av många olyckor **2** aktie; andel **II** *v* **1** dela; vara delaktig i, ha del i; ~ [*out*] fördela, dela ut; *we* ~ *the same name* vi har samma namn; *we* ~ *a room* vi delar rum [med varandra]; *I do not ~ that view* jag delar inte den uppfattningen **2** dela; *~ and ~ alike* dela lika; *~ in a*) dela, *b*) vara delaktig i, delta i, ha del i

2 share [ʃeə] plogbill

share certificate [ˈʃeəsəˌtɪfɪkət] aktiebrev **sharecropper** *AE.* arrendator (*som betalar en del av skörden i arrende*) **shareholder** aktieägare **share index** aktieindex **share-out** [-aut] fördelning, utdelning

1 shark [ʃɑ:k] *zool.* haj

2 shark [ʃɑ:k] lurendrejare, skojare, bondfångare

sharp [ʃɑ:p] **I** *a* **1** skarp; vass; spetsig; tvär; brant, stark **2** skarp[skuren], klar, tydlig, markant **3** känslig; lyhörd; skarp[sinnig]; vaken, pigg, intelligent; slug, smart, slipad, listig; *~ ears* skarpa öron; *~ practice[s]* (*vard.*) skumma affärer, fula tricks **4** skarp, bitande (*äv. bildl.*); genomträngande; stickande; våldsam, häftig, svår; *a ~ tongue* en skarp (vass) tunga; *have a ~ temper* ha ett häftigt humör **5** stark, syrlig, sur **6** *vard.* skarp, stilig **7** *mus.* höjd ett halvt tonsteg; med korsförtecken; (*om ton*) för hög, falsk **8** *be ~ [about it]*! (*vard.*) skynda (raska) på! **II** *adv* **1** skarpt; tvärt; fort; *look ~!* skynda (raska) på! **2** prick, på slaget **3** *mus.* för högt, falskt **III** *s, mus.* kors[förtecken]; *play G natural instead of a ~* spela G i stället för Giss **IV** *v, AE. mus.* höja en halvton

sharpen [ˈʃɑ:p(ə)n] **1** vässa, göra skarp[are] (vass[are]); skärpa (*äv. bildl.*); bryna, slipa **2** *mus.* höja en halvton **3** bli skarp[are] (vass[are]); skärpas (*äv. bildl.*); brynas, slipas **sharpener** [ˈʃɑ:pnə] [penn]vässare **sharper** [ˈʃɑ:pə] falskspelare, bedragare, svindlare **sharp-eyed** [ˈʃɑ:paɪd] skarpögd **sharpish** [ˈʃɑ:pɪʃ] *vard.* genast, på stört **sharpness** [ˈʃɑ:pnɪs] skärpa **sharp-set** [ˌʃɑ:pˈset] **1** hungrig **2** (*om såg*) skarptandad **sharpshooter** [ˈʃɑ:pˌʃu:tə] skarp-, prick|skytt **sharp-sighted** [ˌʃɑ:pˈsaɪtɪd] skarpsynt **sharp-witted** [ˌʃɑ:pˈwɪtɪd] skarpsinnig

shatter [ˈʃætə] splittra, bryta (slå) sönder, krossa; *bildl. äv.* omintetgöra, förstöra, rubba **2** splittras, brytas (slås, gå) sönder, krossas; *bildl. äv.* gå om intet (i kras), förstöras, rubbas **shattering** [-rɪŋ] **1** skakande; omtumlande; mycket tröttande **shatterproof** okrossbar, splitterfri

shave [ʃeɪv] **I** *v* (*imperf. ~d, perf. part. ~d el. ~n*) **1** raka; *be* (*get*) *~d* bli rakad, [låta] raka sig **2** skrapa, skava, hyvla; *his profit was ~d by 5%* hans vinst naggades i kanten med 5% **3** nudda (snudda) vid **4** raka sig **II** *s* **1** rakning; *have a ~* [låta] raka sig; *have a close* (*narrow*) *~* (*bildl.*) klara sig (hinna undan) nätt och jämnt; *that was a close* (*narrow*) *~* (*bildl.*) det var nära [ögat]

shaven [ˈʃeɪvn] **I** *perf. part. av shave* **II** *a* rakad

shaver [-ə] **1** rakapparat **2** *vard.* pojkvasker, ung grabb

shaving [ˈʃeɪvɪŋ] **I** *a* rak-; *~ brush* rakborste; *~ cream* rakkräm; *~ stick* raktvål **II** *s, ~s* (*pl*) [hyvel]spån

Shaw [ʃɔ:]

shawl [ʃɔ:l] sjal, schal

shawm [ʃɔ:m] *mus.* skalmeja

she [ʃi:] **I** *pron* hon; (*om fartyg, bilar, länder äv.*) den, det **II** *s* kvinna, flicka; hona **III** *a* hon-, av honkön, -hona

sheaf [ʃi:f] **I** *s* (*pl sheaves* [ʃi:vz]) **1** bunt (*of papers* papper) **2** [sädes]kärve **3** [pil]knippe **II** *v* **1** bunta **2** binda i kärvar

shear [ʃɪə] **I** *v* (*imperf. ~ed, perf. part. shorn el. ~ed*) **1** klippa (*sheep* får); klippa av **2** *~ s.b. of his power* beröva ngn hans makt **3** *tekn., ~ off* brista (*på grund av skjuvning*) **shears** [-z] *pl* stor sax (*häck-, tyg-, ull|sax e.d.*); *a pair of ~* en stor sax

sheatfish [ˈʃi:tfɪʃ] *zool.* mal (*fisk*)

sheath [ʃi:θ, *pl ~s* [ʃi:ðz]) **1** slida, skida, balja; fodral (*äv. om snäv klänning*); *wing ~* (*zool.*) täckvinge **2** kondom **sheathe** [ʃi:ð] **1** sticka i slidan *etc., jfr sheath* **2** [be]klä, täcka; *~ed in ice* täckt av is **sheath knife** [ˈʃi:θnaɪf] slidkniv

sheaves [ʃi:vz] *pl av sheaf I*

Sheba [ˈʃi:bə] Saba

shebang [ʃɪˈbæŋ] *s, AE. sl., the whole ~* rubbet, hela rasket

she|-bear [ˈʃi:beə] björnhona **--cat** honkatt, katta

1 shed [ʃed] skjul; bod; *bicycle ~* cykelstall

2 shed [ʃed] (*shed, shed*) **1** utgjuta (*blood* blod), gjuta; *~ tears* fälla (gjuta) tårar **2** fälla, tappa (*leaves* blad); *the lorry has ~ its load* lastbilen har tappat lasten; *~ water* vara vattenavvisande **3** ta av sig (*one's clothes* sina kläder) **4** sprida (*light on* ljus över)

she'd [ʃi:d] = *she had* (*would*)

sheen [ʃi:n] lyster, glans

sheeny [ˈʃi:nɪ] *sl., neds.* jude

sheep [ʃi:p] (*pl lika*) får; *make ~'s eyes at* kasta förälskade blickar på; *separate the ~ from the goats* (*bildl.*) skilja fåren från getterna

sheep|-dip [ˈʃi:pdɪp] **1** desinfektionsvätska för får **2** tråg för fårtvättning **-dog** fårhund **--farmer** [-ˌfɑ:mə] får|farmare, -uppfödare **-fold** [-fəʊld] fårfålla **-ish** [-ɪʃ] förlägen; fåraktig

sheeprun [ˈʃi:prʌn] *Austr.* fårfarm **sheepshank** *sjö.* trumpetstek **sheepskin** fårskinn **sheep station** [-ˌsteɪʃn] *Austr.* fårfarm **sheepwalk** [-wɔ:k] *BE.* fårbete[smark]

1 sheer [ʃɪə] **I** *a* **1** ren, idel; *~ folly* rena [rama] galenskapen; *by ~ coincidence* av en ren tillfällighet **2** skir, genomskinlig, tunn **3** tvärbrant, brant stupande, lodrät (*cliff* klippa); *a ~ fall* ett lodrätt fall **II** *adv* **1** tvärbrant, lodrätt **2** fullständigt, totalt

2 sheer [ʃɪə] gira; *~ off* gira, svänga (vika) av (undan); *~ off* (*away*) *from* undvika

1 sheet [ʃi:t] **I** *s* **1** lakan; *between the ~s* (*vard.*) mellan lakan, i sängen, till sängs **2** blad; ark; tidning; *a blank ~* ett oskrivet blad; *a clean ~* ett fläckfritt förflutet **3** skiva, platta; plåt; *~ of glass* glasskiva **4** lager, täcke; stor yta; sjok; *~ of flame* eldhav; *~s of mist* sjok av dimma; *~ of water* stor vattenyta; *the rain is coming down in ~s* det störtregnar **II** *v* **1** svepa in [i lakan] **2** *the rain was ~ing down* det öste ner

2 sheet [ʃi:t] *sjö.* **I** *s* skot **II** *v* skota (*home* hem)

sheet anchor [ˈʃi:tˌæŋkə] *sjö.* pliktankare; *bildl.* räddningsplanka, sista utväg **sheeting** [-ɪŋ] lakansväv **sheet lightning** [-ˌlaɪtnɪŋ] ytblixt **sheet metal** plåt **sheet music** notblad, noter

S

sheik[h] [ʃeɪk] s[c]hejk **-dom** ['ʃeɪkdəm] s[c]hejkdöme
Sheila ['ʃi:lə]
shekel ['ʃekl] *bibl.* sikel; *~s* (*pl, vard.*) stålar
Shelagh ['ʃi:lə]
shel|drake ['ʃeldreɪk] *zool.* gravand **-duck** [-dʌk] *zool.* gravand; gravandshona
shelf [ʃelf] (*pl shelves* [ʃelvz]) **1** hylla; *be left on the ~* (*bildl.*) *a*) vara lagd på hyllan, *b*) ha hamnat på glasberget **2** [klipp]avsats; *the continental ~* shelfen, kontinentalsockeln
shell [ʃel] **I** *s* **1** (*hårt*) skal; snäcka, snäckskal; (*tom*) [ärt]skida, -balja; *come* (*crawl*) *out of one's ~* (*bildl.*) krypa ur sitt skal; *retire* (*crawl*) *into one's ~* (*bildl.*) dra (sluta) sig inom sitt skal **2** kaross[eri] **3** *mil.* granat; patron; patronhylsa **4** lätt kapproddbåt **II** *v* **1** skala, rensa; sprita (*peas* ärter) **2** *mil.* beskjuta [med granater], bombardera **3** *vard.*, *~ out* punga ut med, betala
she'll [ʃi:l] = *she will* (*shall*)
shellac [ʃə'læk] **I** *s* schellack **II** *v* **1** behandla med schellack **2** *AE. sl.* spöa
shellback ['ʃelbæk] *vard.* sjöman som korsat ekvatorn
Shelley ['ʃelɪ]
shellfish ['ʃelfɪʃ] skaldjur **shell shock** granatchock
shelter ['ʃeltə] **I** *s* **1** skydd (*from* för, mot); tillflykt[sort]; [regn-, vind]skydd, väntkur; skyddsrum; tak över huvudet, husrum, logi **II** *v* **1** skydda, ge skydd (*from* för, mot); inkvartera, ge logi; gömma **2** söka (finna, ta) skydd (*from* för, mot) **sheltered** [-d] skyddad, lugn; *~ work* (*för handikappad*) skyddat arbete
shelve [ʃelv] **1** förse med hyllor **2** lägga på hyllan, bord-, skrin|lägga **3** luta, slutta **shelves** [-z] *pl av shelf*
shepherd ['ʃepəd] **I** *s* herde (*äv. bildl.*), fåraherde; *~'s pie* köttfärs täckt med potatismos **II** *v* **1** valla, vakta **2** ledsaga, följa **shepherd dog** vall-, får|hund **shepherdess** [-ɪs] herdinna **shepherd's-purse** *bot.* lomme
sherbet ['ʃɜ:bət] **1** tomtebrus **2** *AE.* sorbet
sheriff ['ʃerɪf] sheriff (*i USA polischef inom ett område; i England ämbetsman i grevskap; i Skottland äldste domare i grevskap el. distrikt*)
Sherlock ['ʃɜ:lɒk]
sherry ['ʃerɪ] sherry
she's [ʃi:z] = *she is* (*has*)
Shetland ['ʃetlənd] *s*, *~, the ~ Islands* Shetlandsöarna **Shetland pony** [-ˌpəʊnɪ] shetlandsponny **Shetland wool** [-wʊl] shetlandsull
shew [ʃəʊ] (*shewed, shewn*) *åld.* = *show* **shewbread** ['ʃəʊbred] *bibl.* skådebröd **shewn** [ʃəʊn] *perf. part. av shew*
she-wolf [ʃi:wʊlf] varginna, varghona
shibboleth ['ʃɪbəleθ] **1** schibbolet; språkdrag, särdrag **2** förlegad idé, förlegat bruk
shield [ʃi:ld] **I** *s* **1** sköld; skydd, värn (*äv. bildl.*); skyddsplåt, skärm **2** *herald.* [vapen]sköld **3** *AE.* polisbricka **II** *v* skydda (*from* för, mot), värna (*from* mot)
shift [ʃɪft] **I** *v* **1** flytta [på, om, över]; byta [om], skifta; *~ gears* växla; *~ one's ground* ändra ståndpunkt; *~ the blame* [*on*]*to s.b. else* skjuta över skulden på ngn annan; *~ s.b. from an opinion* få ngn att ändra uppfattning; *~ stains* ta ur (bort) fläckar **2** flytta [på] sig; förskjuta sig; ändra ställning; skifta, växla, ändra sig; *~ing sand* flygsand; *~ into third gear* lägga in trean[s växel]; *if the stain doesn't ~* om fläcken inte går ur (bort); *the wind ~ed to the west* vinden gick över på väst **3** klara sig; *~ for o.s.* klara sig själv (på egen hand) **4** ta till (använda) knep **5** *sl.* snabba på **II** *s* **1** [för]ändring, skifte, [om]-byte, växling, [om]-svängning; *red ~* (*astr.*) rödförskjutning; *~ of scene* scen|förändring, -växling; *by ~s* skiftes-, växel|vis **2** skift; *work in ~s* arbeta i skift **3** knep, list, tricks; utväg; *make ~ with s.th.* [försöka] klara sig med ngt [så gott det går] **4** rak [under]-klänning
shifting ['ʃɪftɪŋ] *a* skiftande, varierande **shift key** (*på skrivmaskin*) omskiftare **shiftless** [-lɪs] håglös, initiativlös **shifty** [-ɪ] listig, förslagen, slug, lömsk
shill [ʃɪl] *AE. sl.* bondfångares medhjälpare; lockfågel
shilling ['ʃɪlɪŋ] shilling (*före 1971 eng. mynt = 1/20 pund = 5 p.*)
shilly-shally ['ʃɪlɪˌʃælɪ] *vard.* **I** *v* vela, vackla, tveka **II** *a* velig, vacklande, tvekande **III** *s* velande, vacklan[de], tvekan
shimmer ['ʃɪmə] **I** *v* skimra, glimma **II** *s* skimmer, glimmande
shimmy ['ʃɪmɪ] **I** *s* **1** *AE.* (*dans*) shimmy **2** *vard.* skjorta **II** *v* dansa shimmy
shin [ʃɪn] **I** *s* skenben; *~ of beef* oxlägg **II** *v* **1** *~ up* klättra uppför **2** sparka på skenbenet **-bone** ['ʃɪnbəʊn] skenben
shindig ['ʃɪndɪg], **shindy** [-ɪ] *vard.* **1** brakfest **2** bråk, oväsen
shine [ʃaɪn] **I** *v* (*shone, shone, i bet. 1 ~d, ~d*) **1** *~* [*up*] putsa, polera **2** lysa med **3** blänka; skina, stråla, lysa, glänsa (*äv. bildl.*); vara lysande; *a shining example* ett lysande exempel; *he doesn't ~ at his work* han är inte speciellt duktig (lysande) i sitt arbete **II** *s* sken; glans; blankhet; *come rain or ~* i ur och skur; *give one's shoes a ~* putsa sina skor; *take a ~ to s.b.* (*vard.*) fatta tycke för ngn
shiner ['ʃaɪnə] *vard.* blåtira
1 shingle ['ʃɪŋgl] **I** *s* **1** takspån; takplatta **2** (*frisyr*) shingel **3** *AE.* (*läkares*) skylt **II** *v* **1** täcka med takspån (takplattor) **2** shingla (*hår*)
2 shingle ['ʃɪŋgl] klappersten
shingles [ʃɪŋglz] (*behandlas som sg el. pl*) *med.* bältros
shin|guard ['ʃɪngɑ:d], **-pad** [-pæd] *sport.* benskydd
shiny ['ʃaɪnɪ] **1** glänsande, skinande [blank]; blank; *be ~ with* glänsa (blänka) av **2** blanksliten
ship [ʃɪp] **I** *s* skepp, fartyg; *~'s biscuit* skeppsskorpa; *~'s boy* skeppspojke; *~ of the line* (*hist.*) linjeskepp; *when my ~ comes home* (*in*) när jag blir rik (berömd) **II** *v* **1** ta (föra) ombord, skeppa in; *~ a sea* (*water*) ta in vatten; *~ the oars* ta in årorna; **2** skeppa, sända med fartyg; transportera, sända; *~ off* (*vard.*) skicka i väg (*vanl. för att bli av med*); *~ out* skeppa i väg **3** arbeta (*aboard in a liner* ombord på ett linjefartyg) **4** *~ out* avsegla
shipboard ['ʃɪpbɔ:d] *s*, *on ~* ombord

shipbuilder [ˈʃɪpˌbɪldə] skeppsbyggare **shipbuilding** skeppsbyggeri **shipbuilding industry** varvsindustri **shipbuilding yard** varv

ship chandler [ˈʃɪpˌtʃɑːndlə] skeppshandlare **shipload** [-ləʊd] skepps-, fartygs|last **ship|man** [-mən], **-master** [-ˌmɑːstə] sjö-, fartygs|kapten **shipmate** [-meɪt] skeppskamrat **shipment** [-mənt] **1** skeppning; transport, sändning **2** [skepps]last, [skeppat] parti **shipowner** [-ˌəʊnə] [skepps]redare **shipper** [-ə] befraktare; speditör

shipping [ˈʃɪpɪŋ] **1** shipping, rederiverksamhet; sjöfart **2** skeppning; transport **3** *koll.* fartyg **4** tonnage **shipping agent** [-ˌeɪdʒ(ə)nt] skeppsklarerare **shipping company** [-ˌkʌmp(ə)nɪ] rederi **shipping office** [-ˌɒfɪs] **1** skeppsklarerarkontor **2** sjömanshus **shipping route** [-ruːt] trad, trade, handelsled

shipshape [ˈʃɪpʃeɪp] *a o. adv* snygg[t] och prydlig[t], tipptopp, i mönstergill ordning

ship|wreck [ˈʃɪprek] **I** *s* **1** skeppsbrott, förlisning, haveri **2** skeppsvrak **-wrecked** [-rekt] skeppsbruten, förlist; *be ~* lida skeppsbrott, förlisa **-wright** skeppsbyggare **-yard** skeppsvarv

shire [ˈʃaɪə] **1** *åld.* grevskap; *the S~s, the ~ counties* grevskapen i mellersta England **2** *~ [horse]* kraftig arbetshäst

shirk [ʃɜːk] smita [från] [försöka] dra sig undan [från], **-er** [ˈʃɜːkə] skolkare

shirt [ʃɜːt] skjorta; *keep your ~ on!* (*vard.*) ta det lugnt!; *put one's ~ on* (*vard.*) satsa sitt sista öre på

shirt|front [ˈʃɜːtfrʌnt] skjortbröst **-ing** [-ɪŋ] skjorttyg **-sleeve** skjortärm; *in [one's] ~s* i skjortärmarna **-waist** skjortblus; skjortklänning

shirty [ˈʃɜːtɪ] *vard.* sur, ilsken, förargad, uppretad

shit [ʃɪt] *vulg.* **I** *s* **1** skit; *the ~s* (*pl*) diarré; *I don't give a ~ about it!* det skiter jag fullständigt i!; *when the ~ hits the fan* när det blir kris **2** skitprat **3** kitt (*hasch*) **II** *v* (*~ted, ~ted el. shit, shit el. shat, shat*) skita **III** *interj* skit!, jävlar!, fan [också]!

1 shiver [ˈʃɪvə] **I** *v* **1** darra, skälva, huttra, rysa (*with cold* av köld) **II** *s* darrning, skälvning, rysning; *cold ~s* kalla kårar; *it gives me the ~s* (*vard.*) det får mig att rysa (ger mig stora skälvan)

2 shiver [ˈʃɪvə] **I** *v* **1** splittra **2** splittras, gå i flisor (bitar) **II** *s* flisa, skärva, splitter

shivery [ˈʃɪvərɪ] darrig, huttrande

1 shoal [ʃəʊl] **1** [fisk]stim **2** massa, mängd; *in ~s* i massor, i mängder

2 shoal [ʃəʊl] grund, [sand]rev

1 shock [ʃɒk] **I** *s* **1** stöt, slag **2** chock; *the ~ of his death* chocken över hans död; *it was a ~ to me* det kom som en chock för mig **3** *vard.* [elektrisk] stöt **II** *v* uppröra, chockera; chocka

2 shock [ʃɒk] *s, a ~ of hair* en stor kalufs, ett tjockt hår

shock absorber [ˈʃɒkəbˌsɔːbə] stötdämpare

shocker [-ə] *vard.* rysare, sensationsroman, otäck film (pjäs), sensationell nyhet

shockheaded [ˈʃɒkˌhedɪd] med stor kalufs, rufsig

shocking [ˈʃɒkɪŋ] *vard.* upprörande, chockerande; förskräcklig, förfärlig, skandalös; *~ pink* chockrosa **shockproof** stötsäker **shock therapy (treatment)** [-ˌθerəpɪ, -ˌtriːtmənt] *med.* chockbehandling **shock troops** [-truːps] *pl* stöttrupper **shock wave** [-weɪv] tryck-, stöt|våg

shod [ʃɒd] *imperf. o. perf. part. av shoe*

shoddy [ˈʃɒdɪ] **I** *s* **1** lumpull, s[c]hoddy **2** smörja, skräp **II** *a* **1** lumpulls-, s[c]hoddy- **2** oäkta, imiterad **3** usel, skräp-; slarvig

shoe [ʃuː] **I** *s* **1** sko; hästsko; *be in a p.'s ~s* (*bildl.*) vara i ngns skor (kläder); *put yourself in my ~s!* tänk dig in i min situation!; *fill (step into) a p.'s ~s* ersätta ngn, träda i ngns ställe **2** skoning, beslag **II** *v* (*shod, shod*) sko (*a horse* en häst)

shoe|black [ˈʃuːblæk] skoputsare **-horn** skohorn **-lace** sko|snöre, -rem **-maker** [-ˌmeɪkə] skomakare **-shine** [-ʃaɪn] skoputsning **-string** [-strɪŋ] **I** *s* **1** *AE.* sko|snöre, -rem **2** *vard.* struntsumma; *on a ~* med små medel **II** *a, make a film on a ~ budget* göra en lågbudgetfilm

shone [ʃɒn, *AE.* ʃəʊn] *imperf. o. perf. part. av shine I*

shoo [ʃuː] **I** *interj* schas! **II** *v, ~ [away]* schasa bort (i väg)

shook [ʃʊk] *imperf. av shake I*

shoot [ʃuːt] **I** *v* (*shot, shot*) **1** skjuta [av, ihjäl], fyra av; arkebusera; jaga; *~ a gun at s.b.* skjuta (fyra) av ett gevär mot ngn; *~ down* skjuta ner, *bildl. vard.* göra ner, krossa; *~ it out* göra upp med skjutvapen; *~ up* skjuta på (omkring i), beskjuta; *~ a line* (*vard.*) skryta, göra sig viktig; *you'll get shot if* (*bildl.*) du kommer att råka illa ut om **2** kasta; *~ a glance at s.b.* kasta en blick på ngn **3** *~ a bolt* skjuta för (dra ifrån) en regel; *~ out* skjuta ut; *~ out buds* skjuta knopp[ar] **4** stjälpa av **5** fotografera, ta, filma, spela in, skjuta **6** *~ the lights* köra mot rött ljus; *~ one's mouth off* (*vard.*) pladdra, skvallra; *~ the rapids* fara utför forsarna **7** *sport.* skjuta; *AE.* spela; *AE.* få (ta) poäng **8** *sl.*, *~ [up]* injicera, sila, skjuta (*i sht heroin*) **9** skjuta (*äv. sport.*) jaga; *~ at* skjuta på (efter, mot); *be out ~ing* vara ute på jakt **10** rusa, störta, susa, vina, flyga; *~ ahead* rusa (kasta sig) fram; *~ up a*) skjuta upp, *b*) skjuta (ränna) i höjden **11** skjuta skott; *~ out* skjuta ut (fram) **12** fotografera, filma **13** *vard., ~!* sätt i gång!, ut med språket! **II** *s* **1** *bot.* skott **2** jakt; jakt|sällskap, -mark, -tur **3** [flottnings]ränna, rutschbana **4** fors **5** *vard., the whole ~* rubbet, hela klabbet

shooter [ˈʃuːtə] skjutvapen

shooting [ˈʃuːtɪŋ] **1** skjutande, skjutning **2** *BE.* jakt **3** (*av film*) inspelning, skjutning **shooting box** jaktstuga **shooting brake** *BE.* stationsvagn **shooting gallery** [-ˌgælərɪ] (*täckt*) skjutbana **shooting iron** [-ˌaɪən] *AE. sl.* skjutjärn, revolver **shooting star** [-stɑː] *vard.* stjärn|skott, -fall **shooting season** [-ˌsiːzn] jakt|tid, -säsong **shooting stick** [-stɪk] sittkäpp

shoot-out [ˈʃuːtaʊt] [avgörande] eldstrid

shop [ʃɒp] **I** *s* **1** affär, butik, shop; *all over the ~* (*vard.*) *a*) överallt, åt alla håll, *b*) huller om buller; *come to the wrong ~* (*bildl.*) vända sig (komma) till fel person (ställe); *set up ~* öppna eget (affär); *shut up ~* slå igen (stänga) butiken; *talk ~* prata jobb (fack) **2** verkstad **II** *v* **1** handla, shoppa; *~ around* titta runt, se sig omkring (*in-*

S

nan man handlar); ~ *for s.th.* [gå och] handla ngt; *go ~ping* gå ut och handla (shoppa) **2** *sl. i sht BE.*, ~ *on s.b.* tjalla på ngn

shop assistant [ˈʃɒpəˌsɪstənt] expedit, affärsbiträde **shop-breaking** butiksinbrott **shop floor** [-flɔ:] verkstadsgolv; *the* ~ (*äv.*) verkstadsarbetarna **shop front** [-frʌnt] butiksfasad; skyltfönster **shopkeeper** [-ˌki:pə] butiks-, affärs|innehavare, handlande **shoplifter** [-ˌlɪftə] snattare, butiksråtta **shoplifting** [-ˌlɪftɪŋ] [butiks]snatteri **shopper** [-ə] shoppande människa, kund

shopping [ˈʃɒpɪŋ] inköp (*äv. konkr.*), shoppande, shopping; *do a bit of* ~ göra några inköp, handla (shoppa) litet; *do the* ~ göra inköpen, handla; *go* ~ gå [ut] och handla (shoppa) **shopping bag** shopping|bag, -väska **shopping centre** shopping|center, -centrum, affärs-, butiks-, köp|centrum **shopping list** [-lɪst] inköpslista

shopsoiled [ˌʃɒpˈsɔɪld] *BE.* butiksskadad **shop steward** fackföreningsombud **shopwalker** *BE. ung.* varuhusvärd[inna], personalchef **shop-window** skylt-, butiks|fönster **shop-worn** *AE.* butiksskadad

1 shore [ʃɔ:] strand; kust; *be on* ~ vara (ha gått) i land

2 shore [ʃɔ:] **I** *s* stötta **II** *v*, ~ [*up*] stötta (*äv. bildl.*), stötta upp

shore leave [ˈʃɔ:li:v] *sjö.* landpermission **shoreline** strand-, kust|linje

short [ʃɔ:t] **I** *a* **1** kort; kort|varig, -fattad; kort-; liten; för kort (liten); knapp, bristande, otillräcklig; ~ *circuit* kortslutning; ~ *cut* genväg; *only one* ~ *hour* bara en knapp timme; *a* ~ *memory* dåligt minne; *in* ~ *order* (*AE. vard.*) genast; *at* ~ *range* på nära håll; ~ *sight a*) närsynthet, *b*) *bildl.* kortsynthet; ~ *story* novell; ~ *of a*) knappt försedd med, *b*) med undantag av, utom, så när som på; ~ *of breath* andfådd; *little* ~ *of* inte långt ifrån, nästan, närapå; *little* (*nothing*) ~ *of marvellous* helt enkelt (i det närmaste) underbar; *not far* (*much*) ~ *of £2,000* nästan (inte långt ifrån) £2 000; *nothing* ~ *of* ingenting mindre än, bara; *we are £4* ~, *we are* ~ *of £4* vi har £4 för litet, det fattas £4 för oss; *...is* ~ *for ...*är en förkortning för; *give s.b.* ~ *change* ge ngn för lite växel tillbaka; *oil is in* ~ *supply* det är brist (dålig tillgång) på olja; *be on* (*work*) ~ *time* ha korttidsarbete; *be* ~ *in the leg a*) ha korta ben, *b*) (*om byxor*) vara för korta; *be* ~ *of* ha ont om, sakna, lida brist på; *I'm a bit* ~ [*of cash*] jag har lite ont om pengar; *be* ~ *of experience* ha liten (sakna) erfarenhet; ~ *of lying I'll see what I can do for you* utan att gå så långt som att ljuga skall jag se vad jag kan göra för dig **2** kort, tvär, brysk, barsk (*with* mot); ~ *temper* häftigt humör **3** lös; mör; skör; ~ *pastry* mördeg **4** *språkv.* kort; obetonad **5** *vard.* (*om sprit*) outspädd, stark **II** *adv* tvärt, plötsligt; otillräckligt; *be caught* ~ (*vard.*) *a*) överraskas, *b*) plötsligt bli nödig; *come* (*fall*) ~ *of a*) inte nå upp till, understiga, *b*) inte gå upp mot; *go* ~ *a*) ha för litet, *b*) komma till korta, *c*) bli utan (*of s.th.* ngt); *pull up* ~ hejda sig tvärt, tvärstanna; *run* ~ [börja] lida brist (*of* på), [börja] ta slut; *stop* ~ tvärstanna; *stop* ~ *of a*) rygga tillbaka för, hejda sig inför, *b*) inte riktigt nå upp till **III** *s* **1** *vard.* kortslutning **2** *vard.* kortfilm **3** *vard.* short drink **4** *språkv.* kort vokal (stavelse) **5** *for* ~ för korthetens skull, kort och gott; *in* ~ kort sagt, kort och gott **6** ~*s* (*pl*) shorts, kortbyxor

short|age [ˈʃɔ:tɪdʒ] brist, knapphet (*of* på); *there is* ~ *of oil* det är brist på olja **-bread, -cake** mördegskaka **--change** [ˌʃɔ:tˈtʃeɪn(d)ʒ] **1** ge för lite [växelpengar] tillbaka **2** *vard.* lura **--circuit** [ˌʃɔ:tˈsɜ:kɪt] **I** *s* kortslutning **II** *v* **1** kortsluta, orsaka kortslutning i **2** förenkla, förkorta **3** hindra, sätta stopp för **-coming** [ˌʃɔ:tˈkʌmɪŋ] brist, fel

shorten [ˈʃɔ:tn] **1** förkorta, göra kortare, korta av; *sömn.* lägga upp, göra kortare, ta av **2** förkortas, bli kortare **-ing** [-ɪŋ] **1** förkortning; *sömn.* uppläggning **2** (*t. bakning*) matfett

short|fall [ˈʃɔ:tfɔ:l] underskott, brist (*of* på) **-hand** stenografi; *take notes in* ~ stenografera **--handed** [ˌʃɔ:tˈhændɪd] underbemannad, med brist på arbetskraft **-hand typist** [ˈʃɔ:thændˌtaɪpɪst] *BE.* stenograf och maskinskriverska

shortie [ˈʃɔ:tɪ] *vard.* kortis; puttefnask **shortish** [-ɪʃ] ganska kort **short list** [-lɪst] [urvals]lista **short-lived** [ˌʃɔ:tˈlɪvd] kort|livad, -varig **shortly** [ˈʃɔ:tlɪ] *adv* **1** inom kort; kort, strax (*after* efter) **2** tvärt, kort, bryskt

short|-range [ˌʃɔ:tˈreɪndʒ] kortdistans-; kortsiktig **--sighted 1** närsynt **2** kortsynt **--staffed** underbemannad **--tempered** irriterad, lättretad, obehärskad **--term** [ˈʃɔ:ttɜ:m] *a* **1** korttids-; kortfristig; *in* ~ *future* inom den närmaste framtiden **2** kortsiktig

short wave [ˈʃɔ:tweɪv] *s, radio.* kortvåg **short-wave** [ˈʃɔ:tweɪv] *a* kortvågs-; ~ *sender* kortvågssändare **short-weight** [ˈʃɔ:tweɪt] väga för knappt åt (*the customers* kunderna) **short-winded** [ˌʃɔ:tˈwɪndɪd] andfådd **shorty** [ˈʃɔ:tɪ] *se shortie*

1 shot [ʃɒt] **I** *imperf. o. perf. part. av shoot* **II** *a* **1** (*om tyg e.d.*) vattrad; strimmig; övergjuten; ~ *through with* (*bildl.*) genomsyrad av **2** *vard., get* ~ *of* bli kvitt

2 shot [ʃɒt] **1** skott; *bildl.* försök, gissning; *bildl.* pik; *like a* ~ *a*) som ett skott (en pil), *b*) på fläcken; *a* ~ *in the dark* en vild gissning; *it's a long* ~ det är en vild gissning (ett skott i det blå); *not by a long* ~ inte på långa vägar; *at the first* ~ (*bildl.*) vid första försöket, med detsamma; *in* (*out of*) ~ inom (utom) skotthåll; *fire* (*have, take*) *a* ~ *at* skjuta [ett skott] på (efter, mot); *have* (*take, make*) *a* ~ [*at it*]! (*bildl.*) *a*) försök!, *b*) gissa! **2** (*pl lika*) kula **3** skytt; *big* ~ (*sl.*) bas, stor pamp **4** kort, foto; tagning **5** *vard.* dos; spruta; sup, styrketår; *sl.* sil; *a* ~ *of rum* en skvätt (ett glas) rom; *give s.th. a* ~ *in the arm* sätta fart på (stimulera) ngt, ge ngt en vitamininjektion **6** *sport.* skott, boll; stöt, slag; kula; *put the* ~ stöta kula; *putting the* ~ kulstötning

shotgun [ˈʃɒtgʌn] hagel|gevär, -bössa **shot put** [-pʊt] kulstötning **shot-putter** [-ˌpʊtə] kulstötare

should [ʃʊd] skulle, skall, borde, bör, torde, skulle kunna; *I* ~ *like to know* jag skulle gärna vilja veta; ~ *I open the door?* skall jag öppna dörren?; *how* ~ *I know?* hur skulle (skall) jag kunna veta det?; *he ~ be there by now* han borde (bör, torde) vara där nu, han är nog där nu; *you ~ have told me earlier* du borde (skulle) ha talat om det för mig tidigare; *it's odd that she ~ be so angry* det är konstigt att hon är (skall vara) så arg; *who ~ I see but Joe!* och vem får jag se om inte Joe!; *thanks, I ~ like to!* tack, gärna!; *was it a good film? - I ~ think it was!* var filmen bra? - om!

shoulder ['ʃəʊldə] **I** *s* **1** skuldra, axel; *~ to ~* (*äv. bildl.*) skuldra vid skuldra, sida vid sida; [*straight*] *from the ~* rent ut, öppet, utan omsvep; *give s.b. the cold ~* behandla ngn ovänligt (kyligt), inte ta notis om ngn; *have broad ~s* vara bredaxlad, ha breda skuldror, *bildl.* [kunna] stå pall för mycket; *put one's ~ to the wheel* (*bildl.*) lägga manken till; *shrug one's ~s* rycka på axlarna **2** bog[stycke, -parti]; *~ of mutton* fårbog **3** utsprång; utbuktning **4** väg|kant, -ren, bankett **II** *v* **1** lägga på (över) axeln, ta på sina skuldror, axla; *bildl.* ta på sig; *~ arms!* (*mil.*) på axel gevär! **2** knuffa, tränga; *~ one's way* knuffa sig fram

shoulder-bag ['ʃʊldəbæg] axel[rems]väska **shoulder-belt** axelgehäng **shoulder blade** skulderblad **shoulder pad** axelvadd **shoulder strap** axelband; axelrem

shouldn't ['ʃʊdnt] = *should not* **shouldst** [ʃʊdst] *åld., 2 pers. sg av should; thou ~* du skulle

shout [ʃaʊt] **I** *v* skrika, ropa (*at* åt); *~ an order* skrika ut en order; *~ s.b. down* överrösta ngn; *~ out a*) skrika (ropa) till, *b*) skrika (ropa) ut **II** *s* **1** skrik, rop **2** *BE. o. Austr. vard., it's my ~* det är min tur att bjuda på en omgång **-ing** ['ʃaʊtɪŋ] *s* skrika[nde]; *it's all over bar the ~* saken är så gott som klar

shove [ʃʌv] **I** *v* **1** knuffa, skjuta; stoppa (*clothes into a bag* kläder i en väska) **2** knuffas **3** *~ off* stöta (skjuta) ut [från land]; *~ off!* (*vard.*) stick!, försvinn! **II** *s* knuff, puff, stöt **--halfpenny** [ˌʃʌv'heɪpnɪ] (*slags spel*) 'knuffa mynt'

shovel ['ʃʌvl] **I** *s* skyffel, skovel **II** *v* skyffla, skotta, skovla **-er** [-ə] *zool.* skedand **-ful** *s, a ~ of snow* en skovel snö

show [ʃəʊ] **I** *v* (*~ed, ~n, ibl. ~ed*) **1** visa [fram, upp]; förete; lägga i dagen; ställa ut; *~ one's face* visa sig; *~ o.s. a*) visa sig, *b*) visa sig vara; *~ off* visa [upp], [vilja] skryta med; *the dress ~s her off to advantage* klänningen gör sig mycket bra på henne; *~ up a*) visa upp, *b*) göra synlig, bringa i dagen, avslöja, *c*) skämma ut, göra förlägen; *I'll ~ him!* jag skall nog visa honom!; *that ~ed him!* honom satte jag minsann på plats!, där fick han!; *what time does your watch ~?* hur mycket är din klocka?; *the film is ~n at the Ritz* filmen visas (går) på Ritz; *he had nothing to ~ for his efforts* hans ansträngningar lönade sig inte (ledde inte till ngt resultat) **2** visa [vägen], följa; *~ s.b. in* visa (föra) ngn in, be ngn att komma in; *~ s.b. to a room* visa ngn till ett rum; *~ s.b. the door* visa ngn på dörren **3** bevisa, påvisa; *that ~s him to be a thief* det [be]visar att han är en tjuv; *it just ~s* (*goes to ~*) det [be]visar bara **4** låta synas; *that blouse ~s your bra* din behå syns under den där blusen **5** visa sig, framträda, synas, vara (bli) synlig; visas; *~ off* [vilja] glänsa, göra sig till, skryta; *~ up a*) synas, *b*) *vard.* visa sig, dyka upp; *~ up well* ta sig bra ut; *it doesn't ~* det syns (märks) inte; *your slip is ~ing* din underkjol syns; *the film is ~ing at the Ritz* filmen visas (går) på Ritz **II** *s* **1** föreställning, show; [före]visning; uppvisning; utställning; *vard.* tillställning, historia, affär; *~ of force* styrkedemonstration; *~ of hands* handuppräckning; *good ~!* fint!, bra gjort!, bravo!; *be on ~* vara utställd, finnas att se; *give the* [*whole*] *~ away* (*vard.*) avslöja allt; *put up a good* (*poor*) *~* göra bra (dåligt) ifrån sig; *run the ~* (*vard.*) sköta ruljangsen, leda det hela **2** anblick, syn; prakt, ståt; sken; skymt; *for ~* för att briljera (imponera), för syns skull; *no ~ of* inget tecken på; *with some ~ of reason* med viss rätt; *make a ~ of a*) [vilja] briljera (skryta) med, *b*) ge sig sken av; *make a ~ of rage* låtsas vara rasande; *make a fine ~* erbjuda en vacker anblick, ta sig bra ut, göra sig utmärkt; *make a poor ~* göra en slät figur

show bill ['ʃəʊbɪl] teater-, revy|affisch **showbiz** [-bɪz] *vard.* = *show business* **showboat** teaterbåt **show business** [-ˌbɪznɪs] showbusiness, nöjes|branschen, -industrin **showcase** [-keɪs] [utställnings]monter **showdown** [-daʊn] uppgörelse; kraftmätning

shower ['ʃaʊə] **I** *s* **1** skur; *bildl. äv.* regn; *a ~ of sparks* ett gnistregn **2** dusch; *have a ~* duscha, ta en dusch **3** *AE.* uppvaktning (*med presenter*); lysningsmottagning **II** *v* **1** strömma ner, falla i skurar; *bildl. äv.* hagla (*upon* över) **2** överhopa, överösa (*s.b. with s.th., s.th. on s.b.* ngn med ngt) **shower bath** dusch **shower curtain** [-ˌkɜ:tn] duschdraperi **showerproof** [-pru:f] regn-, vatten|tät **showery** [-rɪ] regn-, regnig

show|girl ['ʃəʊgɜ:l] balettflicka **-ing** [-ɪŋ] **1** [före]visning **2** framträdande **-jumping** [-ˌdʒʌmpɪŋ] *ridk.* hoppning **-man** [-mən] teater-, revy|direktör, showman **-manship** underhållningstalang; effektsökeri

shown [ʃəʊn] *perf. part. av show*

show|-off ['ʃəʊɒf] *vard.* skrytmåns, skrävlare **-piece 1** utställningsföremål **2** paradnummer; praktexempel **-place** sevärdhet, [turist]attraktion **-room** utställningslokal

showy ['ʃəʊɪ] grann, prålig

shpt. *förk. för shipment* **shr.** *förk. för share* (aktie)

shrank [ʃræŋk] *imperf. av shrink*

shrapnel ['ʃræpnl̩] *mil.* **1** granatsplitter **2** granatkartesch

shred [ʃred] **I** *s* remsa, strimla; lapp, trasa; *in ~s* i trasor; *without a ~ of clothing* utan en tråd på kroppen; *not a ~ of evidence* inte tillstymmelse till bevis **II** *v* klippa (riva, skära) i remsor (i strimlor, sönder), strimla **-der** ['ʃredə] dokumentförstörare

shrew [ʃru:] **1** argbigga, ragata **2** *zool.* näbbmus

shrewd [ʃru:d] klipsk, skarpsinnig, klok; smart, slug; *I have a ~ suspicion* jag har en bestämd misstanke; *that was a ~ guess* det var en bra gissning

shrewish ['ʃru:ɪʃ] argsint, grälsjuk

Shrewsbury ['ʃrəʊzb(ə)rɪ]

shriek [ʃri:k] **I** *v* [gall]skrika; tjuta (*with laughter* av skratt) **II** *s* [gällt] skrik

shrift [ʃrɪft] *s, give short ~ to, make short ~ of* göra processen kort med

shrill [ʃrɪl] **I** *a* gäll, genomträngande **II** *v* **1** skrälla

S

2 skrika [gällt]

shrimp [ʃrɪmp] **1** [liten] räka **2** liten mager stackare **-ing** ['ʃrɪmpɪŋ] räkfiske

shrine [ʃraɪn] **1** relikskrin; helig plats; helgongrav **2** helgedom

shrink [ʃrɪŋk] **I** *v* (*shrank, shrunk*) **1** krympa, dra ihop sig; minska, bli mindre **2** ~ *from* dra sig för (*s.th.* ngt; *doing s.th.* att göra ngt); ~ [*away, back*] *from* rygga tillbaka för; ~*ing violet* (*vard. om pers.*) blyg viol **3** få att krympa **II** *s* **1** krympning **2** *vard.* hjärnskrynklare (*psykiater*) **-age** ['ʃrɪŋkɪdʒ] krympning, minskning; *allow 4 % for* ~ beräkna 4 % krympmån **-wrap** ['ʃrɪŋkræp] förpacka i krympplast

shrivel ['ʃrɪvl] **1** ~ [*up*] skrumpna, skrynkla ihop sig **2** ~ [*up*] komma att skrumpna (skrynkla ihop sig) **shrivelled** [-d] skrumpen, skrynklig

shroud [ʃraʊd] **I** *s* **1** [lik]svepning **2** *bildl.* slöja, hölje **3** *sjö.* vant **II** *v* **1** svepa (*lik*) **2** dölja, hölja

Shrovetide ['ʃrəʊvtaɪd] fastlag[en] **Shrove Tuesday** [-ˌtju:zdɪ] fettisdag[en]

shrub [ʃrʌb] buske **-bery** ['ʃrʌbərɪ] buskage, busksnår **-by** ['ʃrʌbɪ] buskig

shrug [ʃrʌg] **I** *v*, ~ [*one's shoulders*] rycka på axlarna (*at* åt); ~ *off* skaka av sig, avfärda med en axelryckning **II** *s*, ~ [*of the shoulders*] axelryckning

shrunk [ʃrʌŋk] *perf. part. av shrink* **-en** ['ʃrʌŋk(ə)n] skrumpen, insjunken, hopfallen

shtick [ʃtɪk] *AE. sl.* **1** trick **2** finess **3** [banalt] underhållningsnummer

shuck [ʃʌk] **I** *s* **1** (*hårt*) skal **2** *AE. sl.* bluff **II** *v* **1** skala **2** *AE.* ta (slita) av sig (*one's clothes* kläderna) **shucks** [-s] *interj, AE.* äsch!

shudder ['ʃʌdə] **I** *v* rysa; skälva, huttra; skaka [till]; ~ *to think of* rysa vid tanken på **II** *s* rysning; skälvning; *it gives me the* ~*s* (*vard.*) det får mig att rysa

shuffle ['ʃʌfl] **I** *v* **1** hasa med, släpa [med]; ~ *one's feet* släpa [med] fötterna **2** blanda (*cards* kort) **3** *bildl.* ombilda, möblera om bland (i), flytta om **4** skyffla, skjuta; ~ *off a*) kränga (kasta) av sig, *b*) göra sig kvitt, *c*) skjuta ifrån sig; ~ *on* kasta på sig **5** hasa, sjava, lunka, gå (dansa) släpigt **6** blanda [korten] **7** ~ *out of* krångla sig ur (ifrån), skjuta ifrån sig **II** *s* **1** hasande; *walk with a* ~ hasa **2** *give the cards a* ~ blanda korten **3** *billd.* ombildning, ommöblering, omflyttning **-board** [-bɔ:d] shuffleboard (*slags däcksspel*)

shun [ʃʌn] undvika, hålla sig undan för

shunt [ʃʌnt] **I** *v* **1** [för]flytta; *järnv.* växla, rangera **2** lägga åt sidan, skjuta undan **3** *elektr.* shunta **II** *s* **1** växling, rangering **2** *elektr.* shunt **-er** ['ʃʌntə] växellok

shush [ʃʌʃ] tysta [ner], hyssja [åt]

shut [ʃʌt] **I** *v* (*shut, shut*) **1** stänga [av]; stänga in; slå (fälla) ihop (igen); fälla ner; ~ *away* stänga in, isolera; ~ *down* stänga, slå igen, *bildl. äv.* lägga ner; ~ *in a*) stänga in[ne], *b*) omge, innesluta; ~ *off a*) stänga av, *b*) *bildl.* skärma av, isolera, stänga ute (*from* från), utesluta (*from* ur); ~ *out a*) stänga ute, *b*) utesluta (*from* ur); ~ *to* stänga till; ~ *up a*) stänga [till, igen], slå igen, fälla ihop (igen), *b*) sluta med, *c*) spärra (låsa) in, *d*) tysta ner; ~ *your mouth* (*face*)! (*sl.*) håll käften!; ~ *one's ears to s.th.* (*bildl.*) sluta till sina öron för ngt; ~ *one's eyes* blunda; ~ *one's eyes to* (*bildl.*) blunda för **2** få i kläm, klämma **3** stänga[s], gå igen, slutas till; ~ *down* stänga[s], slå igen, sluta; ~ *off* stängas av; ~ *up a*) stänga[s], stängas igen (till), *b*) *vard.* tystna, tiga, hålla klaffen; *it* ~*s easily* den går lätt att stänga **II** *a o. perf. part.* stängd; sluten; instängd, inspärrad, isolerad; *we're* ~ vi har stängt; *keep one's eyes* ~ blunda; *the door swung* ~ dörren slog igen

shutdown ['ʃʌtdaʊn] stängning; nedläggning (*av företag*) **shuteye** *s, vard., get some* ~ ta sig en tupplur **shutter** [-ə] **I** *s* **1** [fönster]lucka; *rolling* ~ rulljalusi; *put up the* ~*s* stänga fönsterluckorna, stänga för dagen **2** *foto.* slutare **3** [dörr]stängare **II** *v* **1** stänga med fönsterluckor **2** förse med fönsterluckor

shuttle ['ʃʌtl] **I** *s* **1** skyttel, skottspole **2** pendel[tåg, -flyg, -buss] **3** badmintonboll **II** *v* **1** skyttla; skicka fram och tillbaka **2** gå i skytteltrafik; åka fram och tillbaka **shuttlecock** badmintonboll; fjäderboll; *bildl.* lekboll **shuttle service** [-ˌsɜ:vɪs] skytteltrafik

1 shy [ʃaɪ] **I** *a* blyg (*of* för); skygg; *fight* ~ *of* hålla sig undan från, försöka undvika, dra sig för **II** *v* skygga (*at* för); ~ *away from* dra sig undan

2 shy [ʃaɪ] **I** *v* kasta, slänga (*s.th. at s.b.* ngt på ngn) **II** *s* **1** kast **2** *vard.* gliring, pik **3** *vard.* försök; *have a* ~ *at doing s.th.* försöka göra ngt

shy|ly ['ʃaɪlɪ] *adv* blygt; skyggt **-ness** [-nɪs] blyghet; skygghet

shyster ['ʃaɪstə] *AE. sl.* brännvinsadvokat

si [si:] *mus.* si

Siamese [ˌsaɪə'mi:z] **I** *a* siamesisk; ~ *cat* siameskatt; ~ *twins* siamesiska tvillingar **II** *s* siameskatt

sib[b] [sɪb] **I** *s* **1** blodsfrände **2** *koll.* släktingar **II** *a* befryndad

Sibe|ria [saɪ'bɪərɪə] Sibirien **-rian** [-rɪən] **I** *a* sibirisk **II** *s* sibirier

sibilant ['sɪbɪlənt] *fonet.* **I** *a* väsande **II** *s* väsljud

sibling ['sɪblɪŋ] syskon

sic [sɪk] *adv* sic (*så står det, rätt återgivet*)

Sicilian [sɪ'sɪljən] **I** *a* siciliansk; *the* ~ *Vespers* (*hist.*) sicilianska aftonsången **II** *s* sicilianare **Sicily** ['sɪsɪlɪ] Sicilien

sick [sɪk] **I** *a* **1** sjuk; ~ *with envy* sjuk av avund; *be* ~ *at heart* vara bedrövad (betryckt); *fall* (*take, be taken*) ~ bli sjuk; *go* ~ (*mil.*) sjukanmäla sig; *be worried* ~ (*vard.*) vara sjuk av oro **2** illamående; *be* ~ *a*) må illa, vara (bli) illamående, *b*) kräkas, spy; *be* ~ *at s.th. a*) vara äcklad av ngt, *b*) vara upprörd (förargad, missbelåten) över ngt; *be* ~ *of doing s.th.* vara trött (led) på att göra ngt; *be* ~ *and tired of* vara utled på; *feel* ~ må illa, känna sig illamående; *feel* ~ *about* (*bildl.*) må illa av; *that food makes me* ~ den maten äcklar mig, jag mår illa av den maten **3** sjuk[lig], makaber, pervers; ~ *humour* sjuk humor **II** *s, the* ~ de sjuka **III** *v, vard.* spy

sickbay ['sɪkbeɪ] *sjö.* sjuk|hytt, -avdelning **sickbed** sjukbädd **sicken** [-(ə)n] **1** göra illamående, kvälja **2** [in]sjukna (*for* i) **3** äcklas, känna äckel (*at* vid) **sickening** ['sɪknɪŋ] **1** kväljande, äcklig, vämjelig **2** *vard.* [fruktansvärt] irriterande **sick headache** [-ˌhedeɪk] huvudvärk med kväljningar, migrän

sickle ['sɪkl] *s* skära

sick leave ['sɪkli:v] sjukledighet; sjukpermission; *be on ~* ha sjukledigt (sjukpermission), vara sjukledig **sickly** [-lɪ] **I** *a* **1** sjuklig; blek **2** äcklig, kväljande **II** *adv* **1** sjukligt **2** äckligt, kväljande **sickness** [-nɪs] **1** sjukdom **2** kräkningar; illamående, kväljningar **sickness benefit** ['ʃɪknɪsˌbenɪfɪt] sjukpenning **sick-out** [-aʊt] strejk genom sjukanmälan **sick pay** [-peɪ] sjuklön **sickroom** [-rʊm] sjukrum

side [saɪd] **I** *s* **1** sida, *bildl. äv.* part, aspekt; håll, kant; *sport.* sida, lag; *the ~s of the mountain* (*river*) bergets sluttningar (flodens stränder); *this ~ up!* denna sida upp!; *the north ~ of* (*äv.*) norra delen av; *the right* (*wrong*) *~ a*) rätt (fel) sida, *b*) rätsidan (avigsidan); *on the right* (*wrong*) *~ of 50* (*äv.*) under (över) 50 år; *change ~s a*) byta sida (parti), *b*) ändra uppfattning; *let's hear your ~ of the story!* låt oss höra din version av saken!; *shake one's ~s with laughter* skaka av skratt; *take ~s a*) ta parti, ta ställning (*with s.b.* för ngn), *b*) vara partisk; *at* (*by*) *the ~ of* vid sidan av (om), bredvid; *at a p.'s ~* (*äv. bildl.*) vid ngns sida; *~ by ~* (*äv. bildl.*) sida vid sida; *from all ~s* från alla sidor (håll [och kanter]); *on one's father's ~* på fädernet (faderns sida); *on all ~s* på (från) alla sidor (håll [och kanter]), överallt; *on one ~ a*) på en sida (ena sidan), *b*) åt sidan, avsides, *c*) på sned, snett; *with one's head on one ~* med huvudet på sned; *be on a p.'s ~* vara (stå) på ngns sida; *there's no ~ about* (*to*) *him* (*vard.*) han är inte alls mallig; *be on the small ~* vara ganska liten (i minsta laget); *make a bit on the ~* (*vard.*) tjäna litet vid sidan om; *put on ~* (*vard.*) brösta (malla) sig; *put on one ~ a*) lägga åt sidan (undan), *b*) lämna därhän, skjuta upp; *to one ~* åt sidan; *to one ~ of* bredvid; *leaving to one ~* bortsett från **2** *skol.* linje **II** *v*, *~ with* (*against*) ta parti (ställning) för (mot)

sideboard ['saɪdbɔ:d] **1** sideboard, serveringsbord, byffé, skänk **2** *BE.*, *~s* (*pl*) polisonger **sideburns** [-bɜ:nz] *pl*, *AE.* polisonger **sidecar** sidvagn (*t. motorcykel*) **side dish** mellanrätt **side door** sidodörr **side effect** [-ɪˌfekt] biverkan; sidoeffekt **side issue** [-ˌɪʃu:] bisak **sidekick** [-kɪk] *vard.* kompis; assistent **sidelight** [-laɪt] **1** (*på bil*) sidoljus; *sjö.* sidolanterna **2** ny belysning (*av ett ämne*) **sideline** [-laɪn] **1** *sport.* sidlinje; *stand on the ~s* (*bildl.*) vara åskådare, hålla sig i utkanterna; *wait on the ~s* vänta på reservbänken (i kulisserna) **2** bisyssla **sidelong** [-lɒŋ] **I** *a* sido-; från sidan, sned **II** *adv* från (på) sidan, snett

sidereal [saɪ'dɪərɪəl] stjärn-, siderisk

side|-saddle ['saɪdˌsædl] **I** *s* damsadel **II** *adv* i damsadel **-show** [-ʃəʊ] **1** (*på nöjesfält e.d.*) stånd, bod **2** biattraktion **--splitting** [-ˌsplɪtɪŋ] *vard.* hejdlöst rolig; hejdlös **-step** [-step] **I** *v* undvika genom att gå på sidan om; (*i boxning*) sidsteppa för; *bildl.* undvika, väja för, kringgå **II** *s* steg åt sidan **-swipe** [-swaɪp] *s*, *take a ~ at a*) tuscha, *b*) *bildl.* ge en gliring **-track** [-træk] **I** *s* **1** *AE. järnv.* växel-, sido|spår **2** *bildl.* sidospår, avvikelse **II** *v* **1** *AE. järnv.* växla in på ett sidospår **2** *bildl.* leda[s] in på ett sidospår (stickspår) **-walk** [-wɔ:k] *AE.* trottoar, gångbana **-ward** [-wəd] *a* åt sidan **-wards** [-wədz] *adv* åt sidan **-ways** [-weɪz] **I** *a* sido-, åt sidan **II** *adv* åt (från) [ena] sidan, i sidled; på snedden (tvären); på sidan; *the news knocked me ~* (*vard.*) nyheten gjorde mig alldeles omtumlad **-whiskers** [-wɪskəz] *pl* polisonger

siding ['saɪdɪŋ] **1** *järnv.* växel-, sido|spår; stickspår **2** *AE.* ytter|panel, -beklädnad

sidle ['saɪdl] **1** smyga sig; *~ up to s.b.* smyga sig fram till ngn **2** röra sig (gå) sidledes (i sidled)

Sidney ['sɪdnɪ]

siege [si:dʒ] **1** belägring; *lay ~ to* belägra **2** lång besvärlig period

siemens ['si:mənz] *elektr.* siemens

siesta [sɪ'estə] siesta; *take a ~* ta siesta

sieve [sɪv] **I** *s* **1** såll; *have a memory like a ~* ha ett hönsminne **2** *vard.* lösmynt person **II** *v* sålla, sikta

sift [sɪft] **1** sålla, sikta; strö **2** *~* [*through*] noga undersöka (gå igenom), fingranska **3** (*om ljus e.d.*) sila **-er** ['sɪftə] sikt, såll; ströare

Sig., sig. *förk. för signature; signor; signore*

sigh [saɪ] **I** *v* **1** sucka; susa **2** *~ for* längta (tråna, sukta) efter **II** *s* suck

sight [saɪt] **I** *s* **1** syn[förmåga]; *have long* (*short*) *~* vara långsynt (närsynt); *lose one's ~* (*äv.*) bli blind **2** anblick, [å]syn; skådespel; *at* (*on*) *~* omedelbart, med detsamma; *at the ~ of* vid åsynen av; *at first ~* vid första påseendet (anblicken), från (i) början, med detsamma; *love at first ~* kärlek vid första ögonkastet; *payable at* (*on*) *~* (*hand.*) betalbar vid sikt (a vista); *play at* (*by*) *~* spela a vista (från bladet); *at the ~ of the bull she ran away* när hon fick syn på tjuren sprang hon i väg; *know s.b. by ~* känna ngn till utseendet; *in my ~* (*bildl.*) i mina ögon; *be* (*look*) *a ~* (*vard.*) se hemsk ut; *what a ~ you are!* (*vard.*) så du ser ut!; *be a ~ to see* vara en härlig syn; *it was a ~ for sore eyes* det var en fröjd för ögat; *I can't bear the ~ of her* jag tål inte se henne; *buy s.th. ~ unseen* köpa ngt obesett; *catch* (*get*) *~ of* få syn på, få se; *lose ~ of s.th.* förlora ngt ur sikte; *don't lose ~ of the fact that* glöm inte bort att **3** sevärdhet **4** sikte; synhåll; *land in ~!* land i sikte!; *be* [*with*]*in ~* vara i sikte (inom synhåll, inom räckhåll), kunna ses (skönjas); *be* [*with*]*in ~ of s.th.* ha ngt i sikte (inom synhåll, inom räckhåll), kunna se ngt; *come in*[*to*] *~ of s.th.* få ngt i sikte (inom synhåll); *keep in ~* behålla i sikte, hålla ögonen på; *out of ~, out of mind* ur syn, ur sinn; *be out of ~* vara ur sikte (utom synhåll) (*of s.b.* för ngn), inte [längre] kunna ses (*of s.b.* av ngn); *keep out of ~* hålla sig gömd, inte visa sig; *keep out of my ~!* jag vill inte se dig mer!; *don't let the child out of your ~* släpp inte barnet ur sikte **5** sikte; siktning; observation; *raise one's ~s* (*bildl.*) sikta högre; *set one's ~ on s.th.* (*bildl.*) sikta in sig på ngt; *set one's ~s too high* (*bildl.*) sikta för högt; *take ~ at* sikta (ta sikte) på **6** *vard.* massa; *a ~ cheaper* mycket billigare; *out of ~* toppen; *not by a long ~* inte på långa vägar (långt när), långtifrån **II** *v* **1** sikta, få i sikte, få syn på **2** förse med sikte **3** rikta in; *~ing shot* riktskott

sight|ed ['saɪtɪd] **1** seende **2** -synt; *short-~* närsynt **-ings** [-ɪŋz] *pl* observationer, iakttagelser **-less** [-lɪs] utan syn, blind **-ly** [-lɪ] *a* behaglig att se på, vacker **--read** spela (sjunga) från [not]bla-

S

det (a vista) **-seeing** [-ˌsi:ɪŋ] **I** *s* sightseeing, rundtur **II** *v, go ~* sightseea, gå (åka) på sightseeing **-seer** [-ˌsi:ə] person som går (åker) på sightseeing, turist

sign [saɪn] **I** *s* **1** tecken (*of* för, på); symbol; märke, spår; *the ~ of the cross* korstecknet; *~ of life* livstecken, spår av liv; *that is a ~ of the times* det är ett tidens tecken; *all the ~s are that* allt tyder på att; *make no ~* inte ge ngt tecken ifrån sig, inte röra sig; *make a ~ to s.b.* göra [ett] tecken till ngn; *he shows no ~ of doing it* ingenting tyder på att han skall göra det **2** skylt; märke; *at the ~ of the Eagle* på värdshuset Örnen **II** *v* **1** skriva under (på), underteckna, skriva, signera [med]; skriva in sig i; värva, engagera, anställa; *~ed, sealed and delivered* (*bildl.*) fix och färdig, klappad och klar **2** ge tecken åt; visa med ett tecken **3** ge tecken, vinka **4** skriva under (sitt namn); *~ for* kvittera ut **5** *~ away* [skriftligen] avstå från; *~ off a*) *radio., TV.* sluta sändningen, *b*) *vard.* [av]sluta; *~ on a*) värva, anställa, engagera, *b*) ta värvning (anställning, engagemang), *c*) *sjö.* mönstra på, *d*) skriva in [sig], anmäla [sig], *e*) [gå och] stämpla; *~ out* låta skriva ut sig, checka ut; *~ over* [skriftligen] överlåta, skriva över; *~ one's name to s.th.* skriva [sitt namn] under ngt; *~ up* skriva in sig, anmäla sig

signal ['sɪgnl] **I** *s* signal (*for s.th.* till ngt; *of* om); tecken (*of* på); *warning ~* varningssignal; *~ of distress* nödsignal **II** *a* betydande, framstående; påtaglig **III** *v* signalera; *~ to s.b.* signalera till (ge tecken åt) ngn **signal box** *järnv.* ställverk **signal|ize** (*BE. äv. -ise*) ['sɪgnəlaɪz] utmärka, göra känd, framhäva; *~ o.s.* utmärka sig **signaller** ['sɪgnələ] signalist **signalman** [-mən] **1** signalist **2** *järnv.* ställverksskötare **signatory** ['sɪgnət(ə)rɪ] **I** *s* undertecknare **II** *a, ~ power* signatärmakt

signature ['sɪgnətʃə] **1** signatur; namnteckning; underskrift; *put one's ~ to* sätta sin signatur på (under) **2** *mus.* förtecken **signature tune** signaturmelodi

signboard ['saɪnbɔ:d] skylt; anslagstavla

signet ['sɪgnɪt] signet, sigill **signet ring** signetring

signifi|cance [sɪg'nɪfɪkəns] **1** betydelse, mening, innebörd **2** vikt, betydelse **3** uttrycksfullhet **-cant** [-kənt] **1** menande (*look* blick); betecknande, signifikant (*of* för) **2** viktig, betydelsefull, betydande

signifi|cation [ˌsɪgnɪfɪ'keɪʃn] betydelse, innebörd, mening **-cative** [sɪg'nɪfɪkətɪv] betecknande, signifikativ (*of* för), betydelsefull

signify ['sɪgnɪfaɪ] **1** betyda **2** uttrycka, tillkännage, visa **3** beteckna, antyda **4** *vard.* vara av vikt (betydelse)

signing ['saɪnɪŋ] *s* undertecknande *etc., jfr sign II*

sign language ['saɪnˌlæŋgwɪdʒ] teckenspråk

signpost ['saɪnpəʊst] **I** *s* vägvisare (*äv. bildl.*), vägskylt **II** *v* skylta, utmärka; *~ a way into* (*bildl.*) visa vägen till; *it is well ~ed* det är väl skyltat

Sikh [si:k] **I** *s* sikh **II** *a* sikhisk

silage ['saɪlɪdʒ] *lantbr.* pressfoder, ensilage

silence ['saɪləns] **I** *s* tystnad, tysthet; *~!* tyst!, tystnad!; *~ gives consent* den som tiger samtycker; *reduce to ~* tysta [ner] **II** *v* tysta [ner], få (komma) att tystna **silencer** [-ə] ljuddämpare

silent [-t] **I** *s* tyst; stilla; tystlåten; stillatigande; stum (*consonant* konsonant); *~ assent* tyst medgivande; *~ film* stumfilm; *~ partner* (*i sht AE.*) passiv delägare; *be ~* (*äv.*) tiga; *become ~* (*äv.*) tystna; *fall ~* tystna; *keep ~ about* hålla tyst om (med), tiga med **II** *s* stumfilm **silently** [-tlɪ] *adv* tyst; stilla; i tysthet, under tystnad

Silesia [saɪ'li:zjə] Schlesien

silhouette [ˌsɪlu:'et] **I** *s* sil[h]uett, skugg-, kontur|bild **II** *v* **1** avbilda i silhuett **2** *be ~ed against* avteckna sig [i silhuett] mot

sili|ca ['sɪlɪkə] *kem.* kiselsyra **-cate** [-kɪt] *kem.* silikat **-con** [-kən] kisel **-cone** [-kəʊn] *kem.* silikon **-cosis** [ˌsɪlɪ'kəʊsɪs] *med.* silikos

silk [sɪlk] **I** *s* **1** silke, siden[tyg]; *~s* (*pl*) siden|kläder, -plagg; *artificial ~* konstsiden; *pure ~* helsiden **II** *a* siden-, silkes-; *~ hat* hög hatt, cylinder; *~ scarf* sidenhalsduk **silken** ['sɪlk(ə)n] siden-, silkes-; silkes|len, -mjuk; *~ ribbon* sidenband **silkscreen printing** ['sɪlkskri:nˌprɪntɪŋ] silkscreen[tryck] **silkworm** ['sɪlkwɜ:m] silkesmask **silky** ['sɪlkɪ] **1** silkig, silkes|len, -mjuk; *bildl.* [silkes]len **2** siden-, silkes-

sill [sɪl] **1** fönsterbräde **2** tröskel (*i bil*)

silly ['sɪlɪ] **I** *a* dum, enfaldig; *laugh o.s. ~* (*vard.*) skratta sig fördärvad **II** *s, vard.* dumbom

silo ['saɪləʊ] *lantbr.* silo

silt [sɪlt] **I** *s* [botten]slam **II** *v, ~* [*up*] slamma igen

silver ['sɪlvə] **I** *s* silver **II** *a* silver-; *~ birch* vårtbjörk; *~ fir* silvergran; *~ fox* silverräv; *~ jubilee* 25-årsjubileum; *~ paper* stanniolpapper; *~ plate a*) bordssilver, *b*) [silver]pläter; *the ~ screen* (*vard.*) vita duken, filmindustrin; *~ wedding* silverbröllop **III** *v* försilvra **--plated** [-ˌpleɪtɪd] försilvrad, pläterad **-smith** [-smɪθ] silversmed **-ware** [-ˌwɑe] silverkärl; bordssilver **-weed** [-wi:d] *bot.* gåsört

silvery ['sɪlv(ə)rɪ] silver-, silver|liknande, -glänsande; *bildl.* silver|ren, -klar

silviculture ['sɪlvɪˌkʌltʃə] skogsbruk

simian ['sɪmɪən] **I** *a* apliknande, ap- **II** *s* apa

similar ['sɪmɪlə] **I** *a* liknande, likartad, lika (*to s.b.* ngn, *to s.th.* ngt); *geom.* likformig **II** *s* ngt likadant **-ity** [ˌsɪmɪ'lærətɪ] likhet (*between* mellan; *to, with* med); *points of ~* likheter **-ly** ['sɪmɪləlɪ] *adv* på liknande sätt; likaledes

simile ['sɪmɪlɪ] liknelse

similitude [sɪ'mɪlɪtju:d] likhet

simmer ['sɪmə] **I** *v* **1** [låta] sjuda (småkoka) **2** småkoka; sjuda (*äv. bildl.*); *~ down a*) koka ihop, *b*) *vard.* lugna ner sig **II** *s* sjudande, småkokande

Simon ['saɪmən]

simp [sɪmp] *AE. sl., se simpleton*

simper ['sɪmpə] **I** *v* le tillgjort (fånigt) **II** *s* tillgjort (fånigt) leende

simple ['sɪmpl] **1** enkel, lätt; tydlig, lätt att förstå; [själv]klar; *it's as ~ as ABC* det är hur lätt som helst **2** enkel, okonstlad, anspråkslös, simpel; ärlig, rättfram **3** enkel, osammansatt; *~ equation* förstagradsekvation; *~ fraction* allmänt bråk; *~ interest* enkel ränta; *~ tense* (*språkv.*) enkelt tempus **4** godtrogen, enfaldig, naiv; *S~ Simon* dummerjöns, dumbom **5** ren; *it's ~ madness*

det är rena vansinnet
simple-minded [ˌsɪmplˈmaɪndɪd] godtrogen, enfaldig
simpleton [ˈsɪmplt(ə)n] *åld.* dummerjöns, dumbom
simplicity [sɪmˈplɪsətɪ] **1** enkelhet; enkel beskaffenhet; enkel byggnad **2** enkelhet, konstlöshet, anspråkslöshet
simpli|fication [ˌsɪmplɪfɪˈkeɪʃn] förenkling **-fy** [ˈsɪmplɪfaɪ] förenkla
simply [ˈsɪmplɪ] *adv* **1** enkelt *etc., jfr simple* **2** helt enkelt; bara; *quite ~* helt enkelt
simulacrum [ˌsɪmjʊˈleɪkrəm] **1** avbild **2** skenbild
simul|ate [ˈsɪmjʊleɪt] **1** simulera, låtsa; *~ illness* låtsas vara sjuk **2** efterlikna, imitera; simulera **-ation** [ˌsɪmjʊˈleɪʃn] simulation; simulering **-ator** [-eɪtə] **1** simulant **2** simulator
simulcast [ˈsɪm(ə)lkɑ:st] **I** *v* samsända (*i radio o. TV*) **II** *s* samsändning (*mellan radio o. TV*)
simul|taneity [ˌsɪm(ə)ltəˈnɪətɪ] samtidighet **-taneous** [-ˈteɪnjəs] samtidig; simultan; *~ broadcast* samsändning (*mellan radio o. TV*)
sin [sɪn] **I** *s* synd; försyndelse; *live in ~* (*åld. el. skämts.*) leva i synd; *~ of omission* underlåtenhetssynd; *~ of origin, original ~* arvsynd; *the seven deadly ~s* de sju dödssynderna; *ugly as ~* ful som stryk; *it's a ~ to* (*vard.*) det är synd att **II** *v* synda; försynda sig
since [sɪns] **I** *adv* sedan [dess]; för...sedan; *ever ~* [allt]sedan dess; *long ~* [för] länge sedan, sedan länge; *a short time ~* för en kort tid sedan, nyligen **II** *prep* [allt]sedan, ända från, [allt]ifrån **III** *konj* **1** sedan; *ever ~* alltsedan, ända sedan **2** eftersom, då [ju]
sincere [sɪnˈsɪə] ärlig, uppriktig **-ly** [-lɪ] *adv* ärligt, uppriktigt; *Yours ~ly* (*i brev*) Er (Din) tillgivne
sincerity [sɪnˈserətɪ] ärlighet, uppriktighet
sine [saɪn] *mat.* sinus
sinecure [ˈsaɪnɪˌkjʊə] sinekur
sine qua non [ˌsaɪnɪkweɪˈnɒn] *lat.* ofrånkomligt villkor
sinew [ˈsɪnju:] sena; *bildl.* styrka, kraft; *litt.* muskel **sinewy** [-ɪ] **1** senig **2** *bildl.* kraftig, stark
sinful [ˈsɪnf(ʊ)l] syndfull, syndig
sing [sɪŋ] (*sang, sung*) **1** sjunga (*a song* en sång); *~ s.b. a song* sjunga en sång för ngn; *~ a p.'s praises* sjunga ngns lov **2** sjunga; *~ of* (*åld. el. litt.*) sjunga (dikta) om, besjunga; *~ up* sjunga ut (högre) **3** (*om vind e.d.*) susa, vina; (*om kaffepanna e.d.*) vissla; *my ears are ~ing* det ringer (susar) i öronen på mig **4** *AE. sl.* tjalla, ”sjunga”
sing. *förk. för singular*
Singapore [ˌsɪŋəˈpɔ:]
singe [sɪn(d)ʒ] **I** *v* **1** sveda, bränna [på ytan] **2** svedas, brännas **II** *s* [ytlig] brännskada
singer [ˈsɪŋə] sångare, sångerska
Singhalese [ˌsɪŋhəˈli:z] *se Sinhalese*
singing [ˈsɪŋɪŋ] **I** *s* sjungande, sång **II** *a* sjungande; sång-; *~ lessons* sånglektioner; *~ voice* sångröst
single [ˈsɪŋgl] **I** *a* **1** enda, enstaka; *every ~* varenda; *not a ~ thing* inte en enda sak **2** enkel; odelad; *~ bed* enkel-, enmans|säng; *~ cream* tunn grädde; *in ~ file* i gåsmarsch, en och en efter varandra; *~ room* enkelrum; *~ ticket* enkel biljett **3** ensam[stående]; ogift **II** *s* **1** enkel [biljett] **2** singel[skiva] **3** enkelrum **4** enpunds-, endollar|-sedel **5** ogift [person], singel **6** *sport.*, *~s* (*behandlas som sg*) singel[match]; *men's ~s* herrsingel **III** *v*, *~ out* välja (ta, skilja) ut
single|-breasted [ˌsɪŋglˈbrestɪd] enkelknäppt (*coat* rock) **--decker** [-ˌdekə] **I** *s* endäckare, envåningsbuss **II** *a*, *~ bus* endäckare, envåningsbuss **--handed** [-ˈhændɪd] ensam, på egen hand **--minded** [-ˈmaɪndɪd] målmedveten; hängiven **--seater** [-ˈsi:tə] ensitsig sportbil, ensitsigt flygplan
singlet [ˈsɪŋglɪt] *BE.* (*ärmlös*) sporttröja; undertröja
single-topic [ˌsɪŋglˈtɒpɪk] *a*, *~ issue* temanummer
singly [ˈsɪŋglɪ] *adv* **1** en åt gången, en och en, var för sig **2** ensam, på egen hand
singsong [ˈsɪŋsɒŋ] **I** *s* **1** allsång **2** enformigt stigande och sjunkande tonfall **II** *a* enformigt stigande och fallande (*voice* röst)
singular [ˈsɪŋgjʊlə] **I** *a* **1** enastående, sällsynt, märklig; unik **2** egendomlig, besynnerlig **3** *språkv.* singular, i ental[sform]; *~ form* singularform **II** *s, språkv.* singular[is], singularform; *in the ~* i singularis **-ity** [ˌsɪŋgjʊˈlærətɪ] **1** sällsynthet, egendomlighet, säregenhet; *the ~ of her taste* hennes mycket speciella smak **2** egenhet
Sinhalese [ˌsɪŋhəˈli:z] **I** *a* singalesisk **II** *s* **1** (*pl lika*) singales **2** singalesiska [språket]
sinister [ˈsɪnɪstə] **1** ondskefull, illvillig, lömsk **2** olycksbådande; dyster **3** *her.* vänster
sink [sɪŋk] **I** *v* (*sank, sunk*) **1** sänka; få att (låta) sjunka; *bildl.* omintetgöra, förstöra; *be sunk in a book* sitta (vara) försjunken i en bok; *be sunk in depression* vara djupt deprimerad; *~ one's worries in drink* dränka sina sorger; *now we're sunk!* (*vard.*) nu är det ute med oss! **2** gräva [ner], lägga ner; borra; *bildl.* bilägga, glömma; *~ money into s.th.* lägga (plöja) ner pengar i ngt; *~ one's teeth into s.th.* sätta tänderna i ngt **3** sänka, minska; amortera [på] **4** sjunka; gå ner, sänka (sätta) sig; *~ or swim* det må bära eller brista; *leave s.b. to ~ or swim* lämna ngn vind för våg; *with ~ing heart* modlöst, nedslaget; *my heart* (*spirits*) *sank* mitt mod sjönk; *he is ~ing fast* han blir hastigt sämre, det är snart slut med honom; *can't you get this to ~ in?* (*vard.*) kan du inte få in det i ditt huvud?; *~ into a chair* sjunka ner i en stol; *~ into decay* förfalla; *~ into a deep sleep* falla i djup sömn **5** sjunka, falla, minska[s], avta **6** slutta **II** *s* **1** diskbänk **2** avlopps|brunn, -rör
sinking [ˈsɪŋkɪŋ] **I** *s* sugande känsla i magen **II** *a* sänkande, sjunkande *etc., jfr sink I; that ~ feeling* den där sugande obehagskänslan i maggropen
sinking fund amorteringsfond
sinner [ˈsɪnə] syndare
Sino- [ˈsaɪnəʊ] kinesisk, sino- **Sinology** [sɪˈnɒlədʒɪ] sinologi
sinuous [ˈsɪnjʊəs] slingrande; buktig, kurvig
sinus [ˈsaɪnəs] *anat.* kroppshåla, hålighet **sinusitis** [ˌsaɪnəˈsaɪtɪs] *med.* sinuit
Sioux [su:] **I** *s* (*pl lika* [su:z]) sioux[indian] **II** *a* sioux-; *a ~ Indian* en sioux[indian]
sip [sɪp] **I** *v* **1** smutta (läppja) på **2** smutta, läppja

(*at* på) **II** *s* smutt, liten klunk
siphon ['saɪfn] **I** *s* **1** hävert **2** *vard.*, [*soda*] ~ sifon **II** *v*, ~ *off* suga upp [med hävert]
sir [sɜ:, *obeton.* sə] **I** *s* **1** (*tilltalsord, ofta oöversatt*) ~, *S~ a*) sir, herrn, min herre, *b*) *skol.* magistern, *c*) *mil.* ja, kapten (överste *etc. t. överordnad*), *d*) *iron.* min bäste herre; [*Dear*] *S~*[*s*] (*tilltal i brev, oöversatt i svenskan*); *yes, ~!* ja [visst]!, jodå!, jajamen!; *down ~!* (*t. hund*) plats! **2** (*titel före dopnamnet för baronet el. knight*) *S~* Sir, sir **II** *v* tilltala med 'sir'
sire ['saɪə] **I** *s* **1** *S~* Ers Majestät **2** *åld.* fader **3** (*om husdjur o. rashästar*) far **II** *v, åld.* avla, vara far till
siren ['saɪərən] **1** (*signalapparat*) siren **2** *myt. o. bildl.* siren
sirloin ['sɜ:lɔɪn] *kokk.* ländstycke; ~ *of beef* dubbelbiff
sirocco [sɪ'rɒkəʊ] s[c]irocko (*het sydvind i Italien bl.a.*)
sirrah ['sɪrə] *åld.* min gode man
sirree [sə'ri:] *AE. vard., yes ~!* javisst!; *no ~!* nej minsann!
sis [sɪs] *vard.* syrra[n]
sisal ['saɪsl] *bot.* sisal[hampa]
siskin ['sɪskɪn] *zool.* grönsiska
sissified ['sɪsɪfied] omanlig, förvekligad **sissy** ['sɪsɪ] *vard.* **1** omanlig (feminin) man (pojke); vekling; fegis, mes, mähä; blyg (försagd) typ **2** *AE.* syrra[n]
sister ['sɪstə] **1** syster; *big ~* storasyster; *little ~* lillasyster; *my brother*[*s*] *and ~*[*s*] (*äv.*) mina syskon; *the three ~s* de tre nornorna; *the Seven S~s* de stora oljebolagen **2** syster (*sjuksköterska; nunna*); avdelningssköterska **-hood 1** systerskap **2** systerförbund **--in-law** ['sɪst(ə)rɪnlɔ:] (*pl sisters-in-law* ['sɪstəzɪnlɔ:] svägerska **-ly** ['sɪstəlɪ] *a* systerlig
Sistine ['sɪsti:n] *a, the ~ Chapel* Sixtinska kapellet
sit [sɪt] **I** *v* (*sat, sat*) **1** sitta; sätta sig; *bildl.* ligga; *be ~ting pretty* (*vard.*) *a*) ha stora chanser, *b*) ha det bra; *~ tight* (*vard.*) avvakta, ha tålamod; *~ at table* sitta till bords; *~ back a*) luta sig tillbaka [i stolen], *b*) vila sig, *c*) inte göra någonting, ta det lugnt; *~ by* (*with*) *me!* sätt dig hos (bredvid) mig!; *~ down* sätta sig, sätta (slå) sig ner; *take s.th. ~ting down* finna sig i (svälja) ngt; *~ for an examination* gå upp i en examen; *~ for a painter* sitta för en målare; *he ~s for* han representerar, han är parlamentsledamot för; *~ in a*) sitta inne (hemma), *b*) vara (sitta) med, deltaga (*on* vid, i), *c*) sittstrejka; *the car sat in the garage* bilen blev stående i garaget; *~ on s.b.* (*vard.*) *a*) trycka ner (sätta sig på) ngn, *b*) snäsa av ngn; *~* [*heavy*] *on s.b.* vila tungt på ngn; *~ on s.th.* (*vard.*) *a*) ligga på (fördröja) ngt, *b*) undertrycka (tysta ner) ngt; *~ on the bench* sitta som domare; *~ on a committee* sitta i (tillhöra) en kommitté; *~ on eggs* ruva, ligga på ägg; *the food sat heavily on his stomach* han kände sig tung i magen av maten; *~ through* sitta (vara) kvar [till slutet]; *~ up a*) sitta rak (upprätt), *b*) (*om hund*) sitta vackert, *c*) sitta (vara) uppe, vaka, *d*) sätta sig upp; *make s.b. ~ up* [*and take notice*] (*vard.*) få ngn att vakna (reagera, spärra upp ögonen) **2** sammanträda, ha sammanträde **3** (*om plagg*) sitta, passa **4** *vard.*, ~ [*in*] sitta barnvakt **5** placera; *~ s.b. down* sätta ner ngn, få ngn att sätta sig ner; *~ s.b. up* resa upp ngn, hjälpa ngn att sätta sig upp **6** *~ a horse* sitta på en häst **7** *BE.*, *~ an examination* gå upp i en examen **8** *~ out a*) hoppa (sitta) över, *b*) sitta (vara) kvar till slutet av, *c*) vänta ut; *we'd better ~ it out* det är nog bäst att vi stannar kvar till slutet **II** *s, have a ~* sitta
sitcom ['sɪtkɒm] komediserie (*i TV*)
sit-down ['sɪtdaʊn] **I** *s* **1** *vard., have a ~* sitta ner och vila ett tag **2** sittstrejk **II** *a* **1** sittande (*dinner* middag) **2** *~ strike* sittstrejk
site [saɪt] **I** *s* **1** tomt **2** plats; *caravan ~* campingplats för husvagnar; *the ~ of the murder* mordplatsen **2** läge, belägenhet **II** *v* placera, stationera
sit-in ['sɪtɪn] sittstrejk
sitter ['sɪtə] **1** modell (*för porträtt*) **2** barnvakt **3** ruvande fågel
sitting ['sɪtɪŋ] **I** *s* **1** sittning; sittande; *the first ~ for dinner is at 7* första middagen serveras klockan 7 **2** session, sittning, sammanträde **3** *at one* (*a single*) *~* i ett sträck (svep), på en gång **4** ligg-, ruvnings|tid **II** *a* **1** sittande; *in a ~ position* i sittande ställning; *~ duck* (*bildl.*) lätt byte (offer) **2** ruvande **sitting room** vardagsrum
situate ['sɪtjʊeɪt] placera, anbringa, sätta, ställa, lägga; *~d* (*äv.*) belägen
situation [ˌsɪtjʊ'eɪʃn] **1** belägenhet, läge **2** situation, tillstånd, förhållande, läge; *cope with the ~* klara av situationen; *the economic ~* det ekonomiska läget **3** *åld.* anställning, plats; *S~s Vacant* (*som tidningsrubrik*) Lediga platser **situation comedy** komediserie (*i TV*)
sitz bath ['sɪtsbɑ:θ] sittbad
six [sɪks] (*jfr eight o. sms.*) **I** *räkn* sex; *~ months* (*äv.*) ett halvår; *it's ~ of one and half a dozen of the other* det är hugget som stucket **II** *s* **1** sexa; *at ~es and sevens* (*vard.*) *a*) uppochner[vänd], i en enda röra, huller om buller, *b*) villrådig, förvirrad **2** (*i kricket*) sexa (*sex 'run' på ett slag*); *knock s.b. for ~* (*vard.*) göra ngn paff, ta knäcken på ngn
six|-eight [time] [ˌsɪks'eɪttaɪm] *mus.* sexåttondelstakt **-fold** ['sɪksfəʊld] **I** *a* sex|faldig, -dubbel **II** *adv* sex|faldigt, -dubbelt **-footer** [ˌsɪks'fʊtə] sex fot lång person **-pence** ['sɪkspəns] (*före 1971*) sexpence[mynt] **-penny** ['sɪkspənɪ] **1** (*förr*) värd sex pence; *~ bit* (*piece*) sexpencemynt **2** *~ nail* tvåtumsspik **--shooter** [ˌsɪks'ʃu:tə] *AE. vard.* sexskjutare, sexpipig revolver
six|teen [ˌsɪks'ti:n] (*jfr eighteen o. sms.*) **I** *räkn* sexton **II** *s* sexton; sextontal **-teenth** [-θ] *räkn o. s* sextonde; sexton[de]del; *~ note* (*AE. mus.*) sextondelsnot
sixth [sɪksθ] (*jfr eighth*) **I** *räkn* sjätte; *a ~ sense* ett sjätte sinne **II** *s* **1** sjättedel **2** *mus.* sext **-ly** ['sɪksθlɪ] *adv* för det sjätte
sixtieth ['sɪkstɪɪθ] *räkn o. s* sextionde; sextion[de]del
sixty ['sɪkstɪ] (*jfr eighty o. sms.*) **I** *räkn* sexti[o] **II** *s* sexti[o]; sexti[o]tal
sizable ['saɪzəbl] *se sizeable*
1 size [saɪz] **I** *s* storlek; nummer; mått, format; *all of a ~* lika stora; *it's the ~ of an apple* den är [lika] stor som ett äpple; *that's about the ~ of it* (*vard.*)

[ungefär] så är det (ligger det till); *what ~ is it?* hur stor är den?, vilken storlek (vilket nummer) är det?; *cut s.b. down to ~* sätta ngn på plats **II** *v* **1** ordna efter storlek **2** *vard.*, *~ up* värdera, bedöma

2 size [saɪz] **I** *s* (*för grundering*) lim[lösning] **II** *v* limma; grundera

sizeable ['saɪzəbl] ganska stor **sized** [-d] *a* -stor, av (i)...-format (storlek); *medium-~* mellanstor

siz|zle ['sɪzl] **I** *v* **1** (*om mat i stekpanna*) fräsa **2** *vard.* vara kokhet; vara ilsken **II** *s* fräsande **-zling** [-lɪŋ] *a* **1** fräsande **2** ~ [*hot*] stek-, kok|het

S.J. *förk. för Society of Jesus* **S.J.C.** *förk. för* (*i USA*) *Supreme Judicial Court* **S.J.D.** *förk. för Doctor of Juridical Science*

1 skate [skeɪt] **I** *s* skridsko; rullskridsko **II** *v* åka skridsko[r]; åka rullskridsko[r]; *get one's ~s on* (*vard.*) skynda (sno) på; ~ [*a*]*round* (*over*) (*bildl.*) undvika, kringgå (*a problem* ett problem)

2 skate [skeɪt] *zool.* rocka

skateboard ['skeɪtbɔ:d] rullbräda, skateboard **skater** [-ə] skridskoåkare; rullskridskoåkare **skating** [-ɪŋ] skridskoåkning; rullskridskoåkning **skating-rink** [-ɪŋrɪŋk] skridskobana; rullskridskobana

Skaw [skɔ:] *s, the ~* Skagen

skedaddle [skɪ'dædl] *vard.* **I** *v* kuta (springa) i väg **II** *s* snabb reträtt

skeet [ski:t] (*slags lerduveskytte*) skeetskytte

skein [skeɪn] **1** härva, docka (*of yarn* garn) **2** *~ of geese* vildgässträck

skeletal ['skelɪtl] **1** skelett- **2** mager som ett skelett (benrangel) **3** bas-, grund; *~ structure* stomme

skeleton ['skelɪtn] **1** skelett; benstomme; benrangel; *~ at the feast* glädjedödare; *~ in the cupboard* (*AE. closet*) hemlig familjeskandal, obehaglig hemlighet **2** *bildl.* skelett, stomme; utkast, plan **skeleton key** huvudnyckel, dyrk **skeleton staff** minimi|styrka, -besättning

skep [skep] [halm]bikupa

skeptic ['skeptɪk] *AE., se sceptic*

skerry ['skerɪ] *i sht Sk.* skär

sketch [sketʃ] **I** *s* **1** skiss (*of* över); utkast (*of* till) **2** [revy]sketch **II** *v* **1** skiss[er]a, göra [ett] utkast till; ~ [*out*] (*bildl.*) skissera [upp], ange huvuddragen i, kort beskriva; *~ in* (*bildl.*) lägga in, kort beskriva **2** göra en skiss (skisser) **sketchbook** ['sketʃbʊk] skissbok **sketchmap** ['sketʃmæp] kartskiss **sketchpad** ['sketʃpæd] skissblock **sketchy** ['sketʃɪ] skissartad; ofullständig; oklar

skew [skju:] **I** *a* skev, sned **II** *s, on the ~* på sneden **III** *v* **1** gira, svänga **2** förvränga; *~ed conception* förutfattad mening

skewbald ['skju:bɔ:ld] (*om häst*) ljusfläckig, skäckig

skewer [skjʊə] **I** *s* steknål, stek-, grill|spett **II** *v* sticka en steknål igenom, trä upp på spett, genomborra

skewwhiff [skju:'wɪf] *BE. vard.* på sned

ski [ski:] **I** *s* skida **II** *v* åka skidor **ski boot** ['ski:bu:t] [skid]pjäxa

skid [skɪd] **I** *s* **1** slirning; sladd[ning]; *the car went into a ~* bilen fick sladd; *on the ~s* (*AE. sl.*) på glid (fallrepet) **2** broms|kloss, -back, -sko **II** *v* slira, sladda

skiddoo [skɪ'du:] *interj, AE. sl.* stick!, försvinn!

skier ['ski:ə] skid|åkare, -löpare

skiff [skɪf] jolle

skiffle ['skɪfl] *mus.* skiffle

skiing ['ski:ɪŋ] skid|åkning, -sport **ski jump 1** hoppbacke **2** backhoppning **ski jumper** [-ˌdʒʌmpə] backhoppare

skilful ['skɪlf(ʊ)l] skicklig (*at, in* i)

ski lift ['ski:lɪft] skidlift

skill [skɪl] skicklighet (*at, in* i), duglighet; färdighet **skilled** [-d] **1** skicklig (*at, in* i) **2** yrkesskicklig; *~ labour* yrkesskicklig (utbildad) arbetskraft; *~ work* arbete som kräver yrkesutbildning

skillet ['skɪlɪt] **1** *i sht BE.* kastrull **2** *i sht AE.* stekpanna

skillful ['skɪlf(ʊ)l] *AE., se skilful*

skim [skɪm] **I** *v* **1** skumma; ~ [*off*] skumma av; *~med milk* skummjölk **2** skumma, ögna (titta) igenom **3** singla, kasta; *~ stones out into the water* kasta smörgås **4** glida (stryka, fara) fram över **5** glida (stryka, fara) fram **6** *~ through* skumma, ögna (titta) igenom **II** *a* skum-; skummjölks-; *~ milk* skummjölk

skimmer ['skɪmə] hålslev

skimp [skɪmp] **1** snåla (*on* med) **2** snåla, vara mycket snål **skimpy** ['skɪmpɪ] **1** knapp[t tilltagen], torftig; [för] trång **2** snål, knusslig

skin [skɪn] **I** *s* **1** hud; skinn; hinna; skal; *banana ~* bananskal; *sausage ~* korvskinn; *be nothing but ~ and bone*[*s*] vara bara skinn och ben; *it's no ~ off my nose* (*vard.*) det rör mig inte i ryggen; *change one's ~* ömsa skinn; *get off with* (*keep*) *a whole ~* komma helskinnad undan; *by the ~ of one's teeth* (*vard.*) med nöd och näppe, med knapp nöd; *save one's* (*protect one's own*) *~* rädda sitt eget skinn; *soaked to the ~* våt inpå bara skinnet; *under the ~* (*bildl.*) i grund och botten; *get under a p.'s ~* (*vard.*) gå ngn på nerverna, irritera ngn **2** skinnlägel **II** *v* **1** dra av skinnet (huden) på; flå; skala; skrapa (*one's knee* knät); *~ alive* flå levande (*äv. bildl.*) **2** *vard.* skinna, skörta upp, klå **3** *~ over* täckas av hud (skinn), läkas

skin-deep [ˌskɪn'di:p] ytlig (*äv. bildl.*)

skin disease ['skɪndɪˌzi:z] hudsjukdom **skin-diver** sportdykare **skin-diving** [-ˌdaɪvɪŋ] sportdykning (*med snorkel, cyklop och simfötter*) **skin flick** [-flɪk] porrfilm **skinflint** [-flɪnt] snåljåp **skin food** [-fʊd] närande hudkräm **skinful** [-f(ʊ)l] *s, sl., have a ~* dricka sig full **skin graft** [-grɑ:ft] hudtransplantat **skinhead** [-hed] *BE.* skinhead **skinned** [-d] **1** *keep one's eyes ~* hålla ögonen öppna **2** *fair-~* ljushyad

skinny ['skɪnɪ] mager, benig, tanig **--dip** bada naken

skint [skɪnt] *vard.* pank

skintight ['skɪntaɪt] [tätt] åtsittande

skip [skɪp] **I** *v* **1** skutta; hoppa (*äv. bildl.*); *~ thrugh a book* (*vard.*) ögna igenom (skumma) en bok **2** hoppa [hopp]rep **3** *bildl.* hoppa över, strunta i; *~ it!* (*vard.*) strunt i det!, det gör inget! **4** *~ stones over the surface of the water* kasta smörgås **5** *vard.*, *~ school* skolka [från skolan] **6** *vard., i sht AE.* hastigt lämna, sticka från **II** *s* skutt; hopp

skipper ['skɪpə] *vard.* **1** skeppare, kapten **2**

S

sport. [lag]kapten, lagledare

skipping-rope ['skɪpɪŋrəʊp] *BE.* hopprep

skirl [skɜ:l] **I** *s* säckpip[s]ljud **II** *v* spela [på] säckpipa

skirmish ['skɜ:mɪʃ] **I** *v* drabba samman, slåss; gräla **II** *s* skärmytsling (*äv. bildl.*)

skirt [skɜ:t] **I** *s* **1** kjol; *sl.* brud, tjej; *divided* ~ byxkjol **2** skydds|kåpa, -skärm **3** *vanl.* ~*s* (*pl*) utkant[er]; [skogs]bryn **II** *v* **1** gå (sträcka sig) längs utefter, kanta **2** ~ [*round*] *a*) gå runt, *b*) *bildl.* kringgå **skirting [board]** ['skɜ:tɪŋ(bɔ:d)] *BE.* golvlist

ski run ['ski:rʌn] skidbacke; skidspår **ski stick** skidstav

skit [skɪt] parodi, satir; sketch

skit|ter ['skɪtə] ila fram, rusa omkring **-tish** [-ɪʃ] **1** yster, lekfull; livlig; nyckfull **2** lättskrämd, skygg

skittle ['skɪtl] **1** kägla **2** ~*s* (*behandlas som sg*) kägelspel; *it isn't all beer and ~s* det är inte bara en dans på rosor **--alley** [-ˌælɪ] kägelbana

skivvy ['skɪvɪ] *neds.* piga

ski wax ['ski:wæks] [skid]valla

skua ['skju:ə] *zool.* labb

skulduggery [skʌl'dʌgərɪ] *åld.* skurkstreck

skulk [skʌlk] **1** hålla sig undan, gömma sig **2** smyga

skull [skʌl] skalle, kranium, huvudskål; ~ *and crossbones* dödskalle med två korslagda benknotor; *have a dense* (*thick*) ~ vara tjockskallig **-cap** ['skʌlkæp] **1** kalott **2** *bot.* frossört **-duggery** [skʌl'dʌgərɪ] *AE., se skulduggery*

skunk [skʌŋk] **1** *zool.* skunk **2** *vard.* kräk

sky [skaɪ] **1** ~ *el. skies* (*pl*) himmel; *poet.* sky; *the moon is high in the* ~ månen står högt på himlen; *the ~'s the limit* (*vard.*) det finns ingen gräns; *praise s.b. to the skies* höja ngn till skyarna **2** *skies* (*pl*) klimat, luftstreck

sky blue ['skaɪblu:] himmelsblå **sky-cap** *AE.* bärare (*på flygplats*) **skydiving** [-ˌdaɪvɪŋ] fallskärmshoppning med fritt fall **sky-high** [ˌskaɪ'haɪ] *a o. adv* skyhög[t] **skyjack** ['skaɪdʒæk] kapa flygplan **skyjacker** ['skaɪˌdʒækə] flygplanskapare **skylark** ['skaɪlɑ:k] **I** *s, zool.* sånglärka **II** *v, vard.* rasa, stoja **skylight** ['skaɪlaɪt] takfönster **skyline** ['skaɪlaɪn] **1** horisont **2** silhuett, kontur **skyrocket** ['skaɪˌrɒkɪt] **I** *s* [fyrverkeri]raket **II** *v, vard.* skjuta i höjden **skyscape** ['skaɪskeɪp] (*tavla, foto e.d.*) molnstudie **skyscraper** ['skaɪˌskreɪpə] skyskrapa **skywards** ['skaɪwədz] *adv* mot himlen **skywriting** ['skaɪˌraɪtɪŋ] rökskrift (*från flygplan*)

S.L. *förk. för Solicitor at Law*

slab [slæb] platta; häll; tjock skiva

1 slack [slæk] **I** *a* **1** slak; slapp; *sjö.* slack **2** slö, loj **3** stilla; trög; ~ *season* låg-, död|säsong **4** ~ *lime* släckt kalk **II** *s* **1** löst hängande (slak) del; slakhet; *sjö.* slack; *take up the ~ in a*) spänna, *sjö.* hämta in slacken på, *b*) *bildl.* strama åt **2** ~*s* (*pl*) slacks, långbyxor (*för fritidsbruk*) **III** *v* slöa, maska (*at your work* i arbetet); ~ [*off*] lossa (släppa) på

2 slack [slæk] kolstybb

slacken ['slæk(ə)n] **1** ~ [*off*] minska, avta, sakta av **2** ~ [*off*] slappna, slöa till **3** slakna, bli slak (slakare) **4** minska, sakta (*the speed* farten) **5** släppa (lossa) på; spänna (slappna) av (*a muscle* en muskel)

slacker ['slækə] *vard.* slöfock, latmask

slag [slæg] **I** *s* **1** slagg **2** *neds.* slampa **II** *v* **1** bilda slagg **2** *vard.*, ~ *off* prata skit om **slag heap** slagghög

slain [sleɪn] *perf. part. av slay*

slake [sleɪk] släcka (*one's thirst* törsten); ~*d lime* släckt kalk

slalom ['slɑ:ləm] *sport.* slalom; *giant* ~ storslalom

slam [slæm] **I** *v* **1** slå, slänga, smälla; ~ [*to, down*] slå (slänga, smälla) igen; ~ *s.th.* [*down*] *on the table* slänga ngt på (smälla ngt i) bordet; ~ *the door shut* smälla igen dörren; ~ *the door on s.th.* förkasta ngt; ~ *on the brakes* tvärbromsa **2** *vard.* göra ner; köra över **3** ~ [*to*] slå[s] (smälla[s]) igen **II** *s* **1** smäll **2** *kortsp.* slam

slammer ['slæmə] *vard., the* ~ kåken (*fängelset*)

slander ['slɑ:ndə] **I** *s* förtal, skvaller **II** *v* förtala, baktala **-er** [-rə] bak|talare, -dantare **-ous** ['slɑ:nd(ə)rəs] [ära]kränkande, ärerörig; baktalande

slang [slæŋ] **I** *s* slang[språk] **II** *v* skälla ut, skälla på **slanging match** ['slæŋɪŋmætʃ] *BE.* [prakt]gräl **slang word** ['slæŋwɜ:d] slangord **slangy** ['slæŋɪ] slang[språks]artad, full av slang

slant [slɑ:nt] **I** *v* **1** slutta, luta **2** göra lutande (sned) **3** vinkla (*news* nyheter) **II** *s* **1** sluttning, lutning; *at a* ~ med lutning; *on a* ~ på sned (sneden) **2** vinkling; syn på saken **--eyed** ['slɑ:ntaɪd] snedögd **-ing** ['slɑ:ntɪŋ] lutande, sluttande **-ways** ['slɑ:ntweɪz], **-wise** ['slɑ:ntwaɪz] på sned, på snedden

slap [slæp] **I** *v* **1** daska [till], smälla [till], slå [till] ; ~ *down* (*vard.*) sätta på plats, tillrättavisa; ~ *s.b. on the back* dunka ngn i ryggen; ~ *a p.'s face*, ~ *s.b. on the face* örfila ngn, slå ngn i ansiktet **2** *vard.* slänga (smeta, kleta) på **II** *adv, vard.* bums; rakt, direkt, tvärt **III** *s* dask, smäll, slag; *a ~ in the face* ett slag i ansiktet (*äv. bildl.*), en örfil; ~ *and tickle* handgriplig kurtis; *a ~ on the back* en dunk i ryggen; *a ~ on the wrist* en näsknäpp

slap|-bang [ˌslæp'bæŋ] *adv. i sht BE.* pang, rakt, pladask, handlöst; just, exakt **-dash** ['slæpdæʃ] **I** *a* hafsig, slarvig **II** *adv* hafsigt, slarvigt **-happy** ['slæpˌhæpɪ] *vard.* **1** sprallig, uppåt **2** groggy **-jack** ['slæpdʒæk] *AE.* (*slags*) pannkaka **-stick** ['slæpstɪk] slapstick, fars **--up** ['slæpʌp] *vard.* flott, extravagant (*dinner* middag)

slash [slæʃ] **I** *v* **1** skära sönder, rispa upp; göra skåror i **2** drastiskt skära ner (minska) (*taxes* skatter) **3** piska, slå **4** ~ *at* rikta ett hugg (slag) mot, drämma till, gå lös på **II** *s* **1** skåra, jack, rispa **2** hugg, slag **3** strimma, fläck; *a ~ of soot* en sotfläck **4** *vard.* snedstreck (/) **5** *vard., go for a* ~ gå och slå en drill **-ing** ['slæʃɪŋ] **1** skarp, våldsam, svidande (*criticism* kritik) **2** drastisk (*tax reduction* skattesänkning)

slat [slæt] spjäla, lamell (*i persienn e.d.*); latta

slate [sleɪt] **I** *s* **1** *geol.* skiffer **2** skifferplatta; griffeltavla; *put it on the ~!* (*BE.*) skriv upp det på mitt konto!, jag tar det på krita!; *start with a clean* ~ starta på nytt, låta det förflutna vara glömt; *wipe the ~ clean* dra ett sträck över det förflutna **3** *AE.* kandidatlista; **II** *v* **1** täcka med skiffer[plattor] **2** *AE.* sätta upp på kandidatlista **3** *AE.* ämna, destinera **4** *vard., i sht BE.* göra (sabla) ner **slating** ['sleɪtɪŋ] **1** skiffertak **2** *vard., i sht BE.* nedsabling, nedgörande kritik **slattern** ['slætən] *åld.* slarva; slampa

slaughter ['slɔ:tə] **I** *s* slakt[ande]; massaker **II** *v* slakta; döda hänsynslöst; massakrera **-er** [-rə] slaktare; [mass]mördare **-house** slakthus, slakteri

Slav [slɑ:v] **I** *s* slav (*folkslag*) **II** *a* slavisk

slave [sleɪv] **I** *s* slav, träl, slavinna **II** *v* slava, träla **slave-driver** ['sleɪv,draɪvə] slavdrivare **slave labour** ['sleɪv,leɪbə] slavarbete

1 slaver ['sleɪvə] **1** slavhandlare **2** slavskepp

2 slaver ['slævə] **I** *s* dregel, drägel **II** *v* dregla, drägla

slavery ['sleɪvərɪ] slaveri, träldom (*äv. bildl.*) **slave ship** slavskepp **Slave State** *amer. hist.* sydstat **slave trade** slavhandel

Slavic ['slɑ:vɪk] *se Slavonic*

slavish ['sleɪvɪʃ] slavisk (*äv. bildl.*)

Slavo|nia [slə'vəʊnɪə] Slovenien **-nian** [-n] **I** *a* slovensk **II** *s* sloven

Slavonic [slə'vɒnɪk] **I** *a* slavisk **II** *s* slaviska språk

slay [sleɪ] (*slew, slain*) *åld. el. litt.* **1** dräpa, slå ihjäl **2** *vard.* roa enormt

S.L.B.M. *förk. för submarine-launched ballistic missile* **sld.** *förk. för sailed; sealed*

sleazy ['sli:zɪ] **1** tunn, sladdrig **2** sjaskig, sjabbig

sled [sled] *AE., se sledge*

sledge [sledʒ] **I** *s* släde; kälke **II** *v* **1** åka släde (kälke) **2** dra i släde (på kälke)

sledgehammer ['sledʒ,hæmə] slägga

sleek [sli:k] **I** *a* (*om hår e.d.*) slät, blank; slätkammad; *bildl.* inställsam, sliskig **2** välmående **3** elegant (*limousine* limousin) **II** *v* göra slät *etc.*, glätta

sleep [sli:p] **I** *v* (*slept, slept*) **1** sova; ~ *away* (*off*) sova bort; ~ *the sleep of the just* sova den rättfärdiges sömn **2** ge nattlogi åt, logera; *the house ~s 20* huset har 20 sängplatser, 20 personer kan sova i huset **3** sova; ligga över; ~ *around* (*vard.*) ligga med vem som helst; ~ *in a*) *BE.* sova länge, *b*) bo i huset (i familjen, på arbetsplatsen *etc.*); ~ *on it* (*on the problem*) sova på saken; ~ *out a*) sova ute, *b*) inte bo i huset (familjen *etc.*), ha egen bostad; ~ *through the alarm* sova över väckarklockan; ~ *with* (*vard.*) ligga med **II** *s* sömn; *the last ~* (*bildl.*) den sista vilan; *go* (*get*) *to ~* somna; *my arm has gone to ~* min arm har somnat (domnat); *have a good night's ~* sova gott, sova ut ordentligt; *have a short ~* sova en liten stund; *don't lose ~ over it* ligg inte sömnlös för det; *put to ~ a*) få att somna, *b*) söva; *walk* (*talk*) *in one's ~* gå (tala) i sömnen

sleeper ['sli:pə] **1** sovande människa; *be a light* (*good, sound, heavy*) ~ sova lätt (gott, tungt) **2** sovvagn **3** *järnv.* sliper, syll

sleeping ['sli:pɪŋ] **I** *a* sovande, sov-, sömn-; *the S~ Beauty* Törnrosa; ~ *policeman* betonglimpa, farthinder (*i gata*); *let ~ dogs lie* väck inte den björn som sover **II** *s* sömn **sleeping accommodation** [-əkɒmə'deɪʃn] nattlogi, sov-, säng|plats[er] **sleeping bag** [-bæg] sovsäck **sleeping car** [-kɑ:] sovvagn **sleeping draught** sömndryck, sömnmedel **sleeping partner** [-,pɑ:tnə] *hand.* passiv delägare **sleeping pill** [-pɪl] sömntablett **sleeping sickness** [-,sɪknɪs] sömnsjuka

sleep|less ['sli:plɪs] sömnlös **-walk** gå i sömnen **-walker** [-,wɔ:kə] sömngångare

sleepy ['sli:pɪ] sömnig; sövande **-head** sömntuta

sleet [sli:t] **I** *s* snöblandat regn, blötsnö; *AE.* isbark **II** *v, it is ~ing* det snöslaskar (faller snöblandat regn)

sleeve [sli:v] **1** ärm; *have s.th. up one's ~* ha ngt i bakfickan; *laugh up one's ~* skratta i mjugg; *wear one's heart on one's ~* öppet visa sina känslor **2** *tekn.* muff **3** skiv|omslag, -fodral

sleeve board ['sli:vbɔ:d] ärm|bräda, -stock **sleeved** [-d] med ärmar; *long-~* långärmad **-less** [-lɪs] ärmlös

sleigh [sleɪ] *se sledge*

sleight of hand [,slaɪtəv'hænd] fingerfärdighet; trolleri[konst], trick

slender ['slendə] **1** smärt, slank, smal, smäcker **2** *bildl.* klen, skral; knapp, mager **-ize** [-raɪz] *i sht AE.* **1** bli smärt (smal) **2** göra smärt (smal)

slept [slept] *imperf. o. perf. part. av sleep*

sleuth [slu:θ] *vard.* deckare **-hound** ['slu:θhaʊnd] **1** spårhund **2** *vard.* deckare

1 slew [slu:] *imperf. av slay*

2 slew [slu:] svänga, vrida [om]; slira

slice [slaɪs] **I** *s* **1** skiva (*of bread* bröd); bit (*of pie* paj); ~ *of bread and butter* smörgås **2** [an]del **3** stek-, pannkaks|spade **4** (*i tennis, golf*) slice **II** *v* **1** ~ [*up*] skiva, skära [i skivor]; *the best thing since ~d bread* (*vard.*) det bästa som finns **2** (*i tennis, golf*) slajsa, skruva, skära (*a ball* en boll) **slicer** ['slaɪsə] skärmaskin

slick [slɪk] **I** *a* **1** smidig; talför, smart (*salesman* försäljare) **2** flott, skickligt gjord; glättad, driven **3** *AE. vard.* slipad, smart **4** *i sht AE.* slät, blank, glansig, hal **II** *v* **1** ~ [*up*] polera, blanka, släta till **2** göra glatt (hal) **3** ~ *down* vattenkamma (*one's hair* håret) **III** *s* blank (slät, hal) yta; [*oil*] ~ oljefläck **-er** ['slɪkə] *AE.* **1** smart individ **2** blank regnrock

slid [slɪd] *imperf. o. perf. part. av slide*

slide [slaɪd] **I** *v* (*slid, slid*) **1** låta glida, skjuta; sticka, stoppa **2** glida; rutscha, kana; åka kana; halka; slinka; ~ *into* (*bildl.*) glida in i, hemfalla åt, förfalla till; ~ *into the room* slinka in i rummet; *let things ~* låta det gå, inte längre bry sig om hur det går **II** *s* **1** glidande, glidning; *bildl.* fall **2** [glid]bana; rutsch|bana, -kana; [is]kana **3** *BE.* hårspänne **4** (*trombons*) drag **5** objektglas **6** dia, dia|positiv, -bild **7** [jord-, snö]skred, ras **8** *tekn.* släde; slid; löpare

slide rule ['slaɪdru:l] räknesticka **sliding** ['slaɪdɪŋ] *a* glidande, skjutbar, skjut-; ~ *door* skjutdörr; ~ *scale* rörlig (glidande) skala

slight [slaɪt] **I** *a* **1** lätt; lindrig; ringa, obetydlig; *not in the ~est* inte på minsta vis, inte ett dugg; *I haven't the ~est idea* jag har inte ringaste aning **2** klen; smärt, spenslig, späd **II** *v* ringakta, ignorera, nonchalera; förringa **III** *s* **1** ringaktning (*on* av), likgiltighet (*on* för) **-ing** ['slaɪtɪŋ] *a* ringaktande, nedlåtande **-ly** ['slaɪtlɪ] *adv* lätt, lindrigt, obetydligt, något

slim [slɪm] **I** *a* **1** smal, smärt, slank, spenslig **2** tunn, smal (*book* bok); liten, minimal (*chance* chans) **II** *v* **1** banta, gå ner i vikt **2** göra smal

S

slime [slaɪm] **1** slam, dy, gyttja **2** slem; slemmig massa

slim|mer ['slɪmə] bantare **-ming** [-ɪŋ] bantning

slimy ['slaɪmɪ] **1** slammig, dyig, gyttjig **2** slemmig; *bildl. äv.* motbjudande **3** inställsam

sling [slɪŋ] **I** *s* **1** [rep]slinga; gevärsrem; *sjö.* sling **2** *med.* bindel; *have one's arm in a ~* ha armen i band **3** (*för baby*) bärsele **4** slunga; *~s and arrows* (*litt.*) hemsökelser, prövningar **5** slung|ning, -ande **II** *v* (*slung, slung*) **1** slunga, slänga, kasta **2** hänga (*s.th. over the shoulder* ngt över axeln); hänga upp (*rep e.d.*) **-back** ['slɪŋbæk] sko med hälrem **-shot** ['slɪŋʃɒt] *AE.* slangbåge

slink [slɪŋk] (*slunk, slunk*) smyga [sig], slinka (*away* i väg)

slinky ['slɪŋkɪ] *vard.* åtsmitande, åtsittande

slip [slɪp] **I** *v* **1** låta glida, sätta, sticka [till, åt], stoppa; smyga; *~ the clutch* [*in*] slira på kopplingen; *~ a stitch* lyfta en maska; *~ one's clothes off* (*on*) dra av (på) sig kläderna; *~ one over on s.b.* (*vard.*) lura ngn **2** glida ur, slita sig lös från; undkomma; undgå; *it has ~ped my memory* (*mind*) det har fallit mig ur minnet; *it has ~ped my notice* det har undgått mig **3** släppa [lös, i väg]; *~ anchor* låta ankaret gå **4** *med.*, *~ a disc* få diskbråck; *~ped disc* diskbråck **5** glida; slinta; halka [omkull]; (*om koppling*) slira; slinka, smyga [sig]; *bildl.* halka efter, försämras; *let ~ a*) låta undslippa sig, fälla, *b*) släppa, *c*) missa; *~ along* (*round, over*) *to* (*vard.*) sticka i väg (över) till; *~ away a*) smyga [sig] bort (i väg), slinka i väg, *b*) [för]gå, försvinna; *~ down a*) halka [omkull], *b*) halka ner; *it ~ped from his hand* den gled (slant) ur handen på honom; *it has ~ped from my memory* (*mind*) det har fallit mig ur minnet; *an error has ~ped in* ett fel har smugit sig in; *~ into a coma* försjunka i koma; *~ into a dress* dra på sig en klänning; *~ off a*) smyga [sig] bort (i väg), slinka ut, *b*) glida av; *the secret ~ped out* hemligheten läckte ut; *~ up* halka **6** göra ett misstag (fel); *~ up* (*vard.*) göra en tabbe **II** *s* **1** glidning; slintning; halkning; *give s.b. the ~* [lyckas] smita från ngn **2** tabbe, miss[tag], fel[steg]; *Freudian ~* freudiansk felsägning; *~ of the pen* skrivfel; *~ of the tongue* felsägning **3** stycke, bit, remsa; *~ of paper* pappers|lapp, -remsa **4** underklänning **5** örngott, kuddvar **6** *bot.* stickling, ymp[kvist]; *a ~ of a girl* en flicksnärta, en liten stumpa **7** (*slags*) hundkoppel **8** *sjö.* slip, stapelbädd

slip|cover ['slɪpˌkʌvə] *AE.* [möbel]skynke, -överdrag **-knot** [-nɒt] löpknut **--on** [-ɒn] (*om plagg utan knappar el. skor utan snören*) som bara är att dra (ta) på sig **-over** [-ˌəʊvə] slipover

slipper ['slɪpə] **I** *s* **1** toffel; slipper **2** aftonsandalett **slippered** [-d] klädd i tofflor

slippery ['slɪpərɪ] hal, glatt; halkig; *bildl.* hal, opålitlig; *be on the ~ slope* (*bildl.*) befinna sig på det sluttande planet

slippy ['slɪpɪ] *vard.* **1** *se slippery* **2** *BE.* rask, kvick

slip road ['slɪprəʊd] *BE.* (*vid motorväg*) påfart, avfart

slip|shod ['slɪpʃɒd] vårdslös, hafsig, slarvig **-stream** luftström (*efter flygplan, bil*) **--up** *vard.* litet misstag (fel) **-way** [fartygs]slip

slit [slɪt] **I** *v* (*slit, slit*) **1** skära (sprätta) upp (av, isär, sönder); göra en reva i **2** *~ one's eyes* titta med ögon smala som springor (*at* på) **II** *s* **1** reva, skåra **2** springa, sprund

slither ['slɪðə] hasa, glida, halka **slithery** [-ð(ə)rɪ] hal; slipprig

sliver ['slɪvə] **I** *s* flisa, sticka; skärva; strimla **II** *v* **1** spjälka; skära i strimlor; klyva **2** spjälkas, flisa sig, klyvas

slob [slɒb] *sl.* klåpare, klantskalle

slobber ['slɒbə] **I** *v* **1** dregla, drägla; *~ over s.b.* svärma omkring ngn **2** dregla ner (på) **II** *s* **1** dregel, drägel **2** sentimentalt larv **slobbery** [-rɪ] **1** dreglande **2** larvig

sloe [sləʊ] *bot.* slånbär; slån[buske] **sloe-eyed** ['sləʊaɪd] **1** mörkögd **2** sned-, mandel|ögd

slog [slɒg] *vard.* **I** *v* **1** mödosamt vandra (traska) **2** *~ away at* knoga [på] med; *~ through* kämpa sig igenom **3** puckla (damma) på; *they ~ged it out* de pucklade (dammade) på varandra **II** *s* **1** hårt slag **2** mödosam vandring **3** slit, knog

slogan ['sləʊgən] slogan, slagord, paroll

sloop [slu:p] *sjö.* [segel]slup

1 slop [slɒp] **I** *v* **1** spilla [ut], skvimpa ut; spilla (slaska) ner **2** spillas ut, skvimpa (skvalpa) över; *~ over a*) skvimpa (skvalpa) över, *b*) *vard., i sht AE.* utgjuta sig **3** plaska; *~ about a*) plaska omkring, *b*) slafsa omkring **II** *s* **1** pöl; *~s* (*pl*) *a*) disk-, slask-, smuts|vatten, *b*) bottensats, *c*) [halv]flytande föda, välling, soppa, *d*) (*vard., om dryck e.d.*) blask, diskvatten, *e*) svinmat **2** *vard.* sentimentalt snack, sentimental smörja

2 slop [slɒp] **1** arbetsrock; overall **2** *~s* (*pl*) sjömanskläder **3** *~s* (*pl*) billiga konfektionskläder **3** *~s* (*pl, hist.*) pluderhosor

slope [sləʊp] **I** *s* **1** sluttning, backe; lutning **2** *mil., with the rifle at the ~* med geväret på axeln **II** *v* **1** slutta, luta **2** *vard., ~ off* droppa av, smita i väg **3** *mil., ~ arms!* på axel gevär! **sloping** ['sləʊpɪŋ] sluttande, lutande

sloppy ['slɒpɪ] **1** slaskig; (*om mat*) vattnig, blaskig **2** *vard.* slarvig, hafsig **3** *vard.* sentimental, sliskig **4** (*om plagg*) säckig; *~ joe* (*vard.*) lång säckig tröja

slosh [slɒʃ] **I** *s* **1** *se slush 1* **2** *BE. sl.* snyting **3** skvalp, plask **II** *v* **1** *vard.* skvätta, stänka, skvalpa **2** plaska, klafsa (*around, about* omkring, runt) **3** *BE. sl.* klippa till **sloshed** [-t] *vard.* på örat, berusad

slot [slɒt] **I** *s* **1** springa, öppning **2** spår, ränna **3** (*på schema, i program e.d.*) lucka **II** *v* göra en springa (ett spår) i

sloth [sləʊθ] **1** lättja, slöhet **2** *zool.* sengångare **-ful** ['sləʊθf(ʊ)l] lättjefull, slö, trög

slot machine ['slɒtməˌʃi:n] varuautomat; spelautomat

slouch [slaʊtʃ] **I** *s* **1** hopsjunken (dålig) hållning, hopsjunken gång **2** slöfock; *be no ~ at s.th.* (*vard.*) inte vara så tokig på ngt **II** *v* gå (sitta, stå) hopsjunken; *~ about* stå och hänga, slafsa omkring **sloch hat** [ˌslaʊtʃ'hæt] slokhatt

1 slough [slaʊ] kärr, träsk[mark]; *bildl. åld.* träsk

2 slough [slʌf] **I** *s* [urkrupet] ormskinn; [ömsat] skal **2** sårskorpa **II** *v* ömsa skinn **2** *~ off its skin* ömsa skinn **3** *bildl., ~ off* lägga bort (av), överge, avbryta

Slovak ['sləʊvæk] **I** *a* slovakisk **II** *s* **1** slovak **2** slovakiska [språket] **Slovakia** [sləʊ'vækɪə] Slovakien
sloven ['slʌvn] **1** ovårdad person, smutsgris **2** slarver
Slovene ['sləʊviːn] sloven **Slovenia** [sləʊ'viːnjə] Slovenien
slovenly ['slʌvnlɪ] *a* **1** ovårdad, sjabbig, sjaskig **2** slarvig, hafsig
slow [sləʊ] **I** *a* **1** långsam, sakta; trög; *be ~ off the mark* (*on the uptake*) fatta långsamt; *~ and sure* sakta men säker; *~ poison* långsamt verkande gift; *business is ~* affärerna går trögt **2** (*om klocka*) som går för sakta; *the clock is three minutes ~* klockan går tre minuter efter (för sakta) **II** *adv* långsamt, sakta; *go ~ a*) gå (köra) sakta (långsamt), *b*) ta det lugnt, *c*) (*vid arbetskonflikt*) maska, *d*) (*om klocka*) gå efter (för sakta) **III** *v* **1** sakta (*one's speed* farten) **2** *~ down* (*up*) sakta in (*the car* bilen); fördröja, försena **3** *~ down* (*up*) sakta farten (ner); *~ down* (*äv.*) ta det lugnare
slow|coach ['sləʊkəʊtʃ] *BE. vard.* slöfock; trög typ **-down 1** *AE.* (*vid arbetskonflikt*) maskning **2** nedgång[speriod] **-ly** [-lɪ] *adv* långsamt, sakta **--motion** [ˌsləʊ'məʊʃn] **I** *s, film., TV.* slow motion **II** *a, ~ film* film i slow motion **-poke** ['sləʊpəʊk] *AE.* slöfock; trög typ **--witted** [ˌsləʊ'wɪtɪd] trög[tänkt], obegåvad **-worm** *zool.* kopparödla, ormslå
SLR *förk. för single lens reflex*
sludge [slʌdʒ] **1** dy, gyttja **2** slam; bottensats; rötslam **3** snö|modd, -sörja
1 slug [slʌg] *zool.* (*skallös*) snigel
2 slug [slʌg] **1** metallklump **2** *AE. vard.* [gevärs]kula **3** *i sht AE.* [spel]pollett **4** *vard.* stor klunk, slurk **5** *boktr.* reglett
3 slug [slʌg] **I** *v* **1** slå till [med knytnäven] **2** *~ it out* puckla på varandra **3** pulsa (*i snö*) **II** *s* hårt slag; knytnävsslag
slugabed ['slʌgəbed] sjusovare
sluggard ['slʌgəd] latmask, slöfock
slugger ['slʌgə] (*i boxning*) slugger
sluggish ['slʌgɪʃ] **1** trög, slö, långsam **2** trögflytande
sluice [sluːs] **I** *s* **1** sluss; sluss|port, -lucka; slussvatten **2** [flottnings]ränna **3** slussvatten; dammlucka **4** *vard.* avtvättning (*i rinnande vatten*) **II** *v* **1** avleda [genom en sluss] **2** spola [vatten över], skölja; *~ down* skölja ner (*the food with wine* maten med vin) **3** flotta (*i flottningsränna*) **4** förse med sluss[ar] **5** (*om vatten*) *~ out* (*away*) rinna (strömma) ut [genom sluss] **-gate** ['sluːsgeɪt] sluss|port, -lucka
slum [slʌm] **I** *s* slum[kvarter] **II** *v* **1** *vard., be ~ming* [*it*] besöka (ta en titt på) slumkvarteren
slumber ['slʌmbə] *litt.* **I** *v* slumra **II** *s, ~*[*s*] slummer (*äv. bildl.*) **-ous** [-b(ə)rəs] *litt.* **1** sömnig **2** sövande
slummy ['slʌmɪ] slum-, förslummad
slump [slʌmp] **I** *s* plötslig nedgång; tillbakagång; plötsligt prisfall; lågkonjunktur, depression **II** *v* **1** *bildl.* plötsligt falla (sjunka, rasa) **2** sjunka ihop (ner)
slung [slʌŋ] *imperf. o. perf. part. av sling*
slunk [slʌŋk] *imperf. o. perf. part. av slink*
slur [slɜː] **I** *v* **1** skriva (uttala, artikulera) suddigt (otydligt), dra ihop **2** *~ over* beröra flyktigt (som hastigast), halka över **3** *mus.* spela (sjunga) legato **4** svärta ner, förtala **5** skriva (tala) suddigt (otydligt) **II** *s* **1** suddigt (otydligt) uttal; luddig stil **2** *mus.* legato[båge] **3** [skam]fläck; förolämpning; *cast a ~ on s.b.* kasta en skugga på (svärta ner, förtala) ngn
slurp [slɜːp] *vard.* **I** *v* **1** sörpla i sig **2** sörpla; smacka **II** *s* sörpling; smackande
slush [slʌʃ] **1** snö|modd, -sörja **2** *vard.* sentimental smörja, sentimentalt dravel **slushy** ['slʌʃɪ] **1** moddig, sörjig, slaskig **2** *vard.* sentimental
slut [slʌt] slarva; slampa **-tish** ['slʌtɪʃ] slarvig; slampig
sly [slaɪ] **I** *a* (*~er, ~est el. slier, sliest*) **1** slug, listig; *~ dog* lurifax **2** menande; förstulen **3** skälmsk, spjuveraktig **II** *s, on the ~* i smyg
S.M. *förk. för Sergeant Major*
1 smack [smæk] **I** *v* **1** daska (smälla, slå) [till]; klatscha med; *~ one's thighs* slå sig på låren **2** *~ one's lips a*) smacka med läpparna, *b*) slicka sig om munnen, gotta sig **II** *adv* bums; rakt, direkt, tvärt **III** *s* **1** dask, smäll, slag; klatsch; *a ~ in the eye* (*bildl.*) ett slag i ansiktet; *have a ~ at s.th.* (*vard.*) försöka sig på ngt **2** smackning **3** smällkyss
2 smack [smæk] fiske|smack, -båt
3 smack [smæk] **I** *s* **1** anstrykning (*äv. bildl.*), bismak **2** smakbit, munsbit; aning **3** *BE. vard.* heroin **II** *v* **1** *~ of* lukta, smaka, ha en anstrykning av
smacker ['smækə] *sl.* **1** smällkyss **2** dollarsedel; pundsedel
smacking ['smækɪŋ] **1** frisk (*breeze* bris) **2** *vard., at a ~ speed* i rasande fart
small [smɔːl] **I** *a* **1** liten; *pl* små, ringa; *~ ads* småannonser; *~ arms* handeldvapen; *~ beer* (*vard., i sht BE.*) *a*) obetydliga människor, *b*) obetydliga saker; *~ change* småpengar, växel[pengar]; *~ comfort* klen tröst; *~ farmer* småbrukare; *~ fry a*) obetydligt folk, *b*) småbarn, *c*) småfisk; *~ goods* (*Austr.*) delikatesser; *the ~ hours* småtimmarna; *~ matter* småsak, bagatell; *the ~est possible number of cars* (*äv.*) så få bilar som möjligt; *~ potatoes* (*AE. vard. bildl.*) småpotatis; *the ~ screen* TV[-rutan]; *~ talk* småprat; [*it is*] *~ wonder* det är inte så underligt (att undra på); *~ in number*[*s*] ringa (få) till antalet; *in a ~ way a*) i smått, i liten skala, *b*) anspråkslöst, enkelt; *be a ~ eater* vara liten i maten; *feel ~* känna sig liten **2** svag, tunn; *~ beer a*) *åld.* svagt öl, svagdricka, *b*) *vard.* små-, strunt|prat, strunt[saker]; *he's very ~ beer* (*vard.*) han är en riktig nolla; *~ voice* svag röst **3** små|aktig, -sint **II** *adv* smått, i små bitar **III** *s* **1** *the ~* den smala delen; *the ~ of the back* korsryggen; *the ~ of the leg* smalbenet **2** *~s* (*pl*) underkläder **3** *in ~* i liten skala
smallhold|er ['smɔːlˌhəʊldə] småbrukare **-ing** [-ɪŋ] småbruk
smallish ['smɔːlɪʃ] ganska liten
small-minded [ˌsmɔːl'maɪndɪd] små|sint, -aktig
small|ness ['smɔːlnɪs] litenhet **-pox** [smitt]koppor **--scale** *a* i liten skala, småskalig **-sword** värja **--time** *vard.* obetydlig, små-, andra klassens
smarmy ['smɑːmɪ] *vard.* sliskig, inställsam

S

smart [smɑ:t] **I** *a* **1** flott, stilig, snygg, elegant; prydlig, vårdad; välklädd; fin; modern; *the ~ set* den fina världen, fint folk **2** snabb, rask; *look ~ [about it]*! skynda (raska) på! **3** pigg, vaken; kvick, fyndig, påhittig, slagfärdig; skärpt, duktig; skicklig; smart; durkdriven, slipad; *~ aleck* (*vard.*) viktigpetter **4** skarp, bitande, svidande, stickande; häftig; hård **II** *s* [stickande] smärta, sveda **III** *v* svida, göra ont; ha ont; *~ for s.th.* [få] sota (plikta) för ngt; *~ under s.th.* lida (plågas) av ngt

smarten ['smɑ:tn] **1** *~ [up]* snygga upp **2** öka (*the pace* farten) **3** pigga upp

smarty-pants ['smɑ:tɪpænts] *AE. vard.* viktigpetter

smash [smæʃ] **I** *v* **1** slå (ha) sönder, krossa; krascha; spränga; *bildl. a*) krossa, slå ner, *b*) ruinera; *~ a p.'s face in* (*vard.*) slå ngn sönder och samman; *~ up a*) slå sönder, krossa, *b*) kvadda (*bil*) **2** slå [till]; drämma [till med] **3** *sport.* smasha **4** gå sönder (i bitar); krascha; *~ [up]* (*bildl.*) krascha, göra konkurs **5** smälla; *~ into* smälla ihop (krocka) med **II** *adv* med en smäll; rakt, rätt **III** *s* **1** smäll, slag; *sport.* smash **2** brak, skräll **3** krock, kollision, krasch **4** konkurs, krasch; sammanbrott; katastrof **5** *vard.* jättesuccé

smash-and-grab [ˌsmæʃn'græb] *a, vard., ~ robbery* stöld genom krossat skyltfönster

smashed ['smæʃt] *vard.* stupfull; knarkad **smasher** [-ə] *vard., i sht BE.* toppen|kille, -tjej; toppen-, pang|grej **smashing** [-ɪŋ] *vard.* fantastisk, toppen-, pang- **smash-up** [-ʌp] *vard.* bil|-krock, -krasch

smattering ['smæt(ə)rɪŋ] ytlig kännedom, hum, aning (*of* om), ytliga kunskaper (*of* i)

smear [smɪə] **I** *v* smeta [ner], smutsa [ner], fläcka [ner] **2** smörja (*a baking tin* en kakform), smörja in; smeta (kladda) ner (omkring); breda (*bread with butter* smör på en smörgås) **3** *bildl.* smutskasta, svärta ner **II** *s* **1** [smuts]fläck **2** smutskastning, förtal **3** *med., se smear test* **smear campaign** [-kæmˌpeɪn] förtalskampanj **smear test** [-test] *med.* smeartest, utstryk[sprov]

smell [smel] **I** *v* (*smelt, smelt el. ~ed, ~ed*) **1** lukta på; känna lukten av; vädra, *bildl. äv.* misstänka, ana; *~ a rat* (*vard.*) ana oråd; *~ out a*) vädra (spåra) upp, *b*) nosa (snoka) reda på, upptäcka, avslöja **2** lukta (*at* på); *~ about* (*round*) (*bildl.*) snoka omkring **3** lukta; dofta; stinka; *~ of a*) lukta, *b*) *bildl.* tyda på; *his breath ~s* han har dålig andedräkt; *it ~s to high heaven* det stinker lång väg **II** *s* **1** lukt; doft; stank; *there is a ~ of tobacco* det luktar tobak; *have* (*take*) *a ~ at s.th.* lukta på ngt; *have a good* (*bad*) *~* lukta gott (illa) **2** luktsinne

smelling salts ['smelɪŋsɔ:lts] *pl* luktsalt **smelly** [-ɪ] illaluktande; stinkande

1 smelt [smelt] *imperf. o. perf. part. av smell*

2 smelt [smelt] smälta (*malm*)

3 smelt [smelt] *zool.* nors

smel|ter ['smeltə] smältugn **-tery** [-tərɪ] smältverk

smile [smaɪl] **I** *v* **1** le, småle (*at* åt; [*up*]*on* mot) **2** uttrycka med ett leende; *~ one's approval* (*äv.*) le gillande **II** *s* leende; *be all ~s* vara idel leende; *give s.b. a ~* ge ngn ett leende **smiling** ['smaɪlɪŋ] *a* leende (*äv. bildl.*); *come up ~* (*bildl.*) ta det med ett leende; *keep ~!* upp med humöret!

smirch [smɜ:tʃ] **I** *v* smutsa [ner]; fläcka [ner]; *bildl.* fläcka **II** *s* **1** [smuts]fläck; *bildl.* fläck **2** nedsmutsning

smirk [smɜ:k] **I** *v* flina, hånle (*at* åt) **II** *s* flin, hånleende

smite [smaɪt] *åld.* (*smote, smitten; se äv. smitten*) **1** slå; träffa **2** drabba, hemsöka **3** *~ on* träffa, slå

smith [smɪθ] smed

smithereens [ˌsmɪðə'ri:nz] *pl* småbitar; *smash to ~* slå i kras (bitar)

smithy ['smɪðɪ] smedja

smitten ['smɪtn] *perf. part. av smite o. a* slagen; träffad; drabbad (*with* av); *~ with* (*by*) (*äv.*) betagen i, bedårad av, fängslad (tjusad) av

smock [smɒk] **I** *s* **1** lång vid blus **2** arbets-, skydds-, artist|rock **II** *v* sy smock på **-ing** ['smɒkɪŋ] *sömn.* smock

smog [smɒg] smog (*dimma med luftföroreningar*)

smoke [sməʊk] **I** *v* **1** röka; *~d fish* rökt fisk; *~d glass* rökfärgat glas; *~ out a*) röka ut, *b*) tvinga fram, snoka reda på **2** röka; ryka, osa; ånga **II** *s* **1** rök; *the S~* (*BE. sl.*) London; *there's no ~ without fire* ingen rök utan eld; *go up* (*end*) *in ~* gå upp i rök (*äv. bildl.*) **2** *vard.* röka, cigarr[ett] **3** *vard.* bloss; *have* (*take*) *a ~* ta sig ett bloss

smoke bomb ['sməʊkbɒm] rökbomb **smoke-dried** (*om fisk o.d.*) rökt **smokeless** [-lɪs] rökfri **smoker** [-ə] **1** rökare; *pipe ~* piprökare; *be a heavy ~* vara storrökare **2** rökkupé **smoke room** rökrum **smoke screen** rökridå (*äv. bildl.*); *bildl. äv.* täckmantel **smokestack** fabriksskorsten; fartygsskorsten

Smokey ['sməʊkɪ] *AE. sl.* motorvägspolis

smoking ['sməʊkɪŋ] **I** *a* rökande; rykande **II** *s* rökning, rökande; rykande; *no ~* rökning förbjuden; *give up ~* sluta röka **smoking compartment** [-kəmˌpɑ:tmənt] rökkupé **smoking jacket** [-ˌdʒækɪt] rökrock **smoking room** [-rʊm] rökrum **smoking section** [-ˌsekʃn] avdelning för rökare **smoko** [-əʊ] *Austr. vard.* rökpaus **smoky** [-ɪ] **1** rökig; rökfylld **2** rykande (*chimney* skorsten) **3** rök-; rökfärgad; *~ taste* rökt smak, röksmak **4** nerrökt, svart av rök

smolder ['sməʊldə] *AE., se smoulder*

smooch [smu:tʃ] *vard.* **I** *v* kramas och pussas, småhångla; dansa omslingrade om varandra **II** *s* **1** pussande, småhångel **2** tryckarlåt

smooth [smu:ð] **I** *a* **1** jämn, slät; *~ muscles* glatt muskulatur; *make things ~ for s.b.* (*bildl.*) jämna vägen för ngn **2** slät, len, mjuk, fin; (*om röst, smak e.d.*) mild, mjuk; *as ~ as silk* silkeslen **3** jämn, lugn, stilla; smidig, friktionsfri; flytande, ledig **4** lugn, vänlig, artig; smidig; hal, inställsam, lismande, insmickrande; silkeslen **5** släthårig; hår-, skägg|lös **6** blank; blanksliten **II** *adv* jämnt; smidigt **III** *s* **1** jämn yta (del, bit) **2** tillslätande, strykning; *give s.th. a ~* släta till ngt **IV** *v* jämna, göra jämn (slät); släta till; jämna ut; *~ the way for s.b.* (*bildl.*) jämna vägen för ngn; *~ down a*) släta till, *b*) jämna ut; *~ out a*) jämna (släta) ut, *b*) släta över; *~ over* släta över; *~ things over* (*vard.*) ordna upp det hela

smoothie ['smu:ðɪ] *vard. neds.* charmör, pigtjusare **smoothing iron** [-ɪŋaɪən] strykjärn **smooth-talking** [-ˌtɔːkɪŋ] len i mun, inställsam

smorgasbord ['smɔːgəsbɔːd] smörgåsbord

smote [sməʊt] *imperf. av smite*

smother ['smʌðə] **1** kväva (*äv. bildl.*); *bildl. äv.* undertrycka, dämpa; ~ *the fire* kväva elden; ~ *a yawn* kväva en gäspning; *~ed mate* (*i schack*) kvävmatt **2** [över]hölja; dränka; överösa; *~ed in smoke* höljd i rök **3** hålla på att kvävas

smoulder ['sməʊldə] pyra (*äv. bildl.*), ligga och ryka

smudge [smʌdʒ] **I** *v* kladda [ner, till], kleta [ner] ; *bildl.* fläcka **II** *s* [smuts]fläck, kladdigt märke; suddig fläck **smudgy** ['smʌdʒɪ] kladdig, kletig; suddig

smug [smʌg] **1** *åld.* prudentlig **2** självbelåten

smug|gle ['smʌgl] smuggla **-gler** [-lə] smugglare **-gling** [-lɪŋ] smuggling

smut [smʌt] **1** sotflaga; sotfläck **2** *bot.* [svart]rost **3** snusk, oanständighet[er] **-ty** ['smʌtɪ] **1** sotig, ned|sotad, -smutsad **2** snuskig, oanständig

snack [snæk] matbit; lätt måltid, mellanmål; *~s* (*pl*) snacks, tilltugg (*t. drink*) **snack bar** ['snækbɑː] snackbar, bar[servering]

snaffle ['snæfl] **I** *s* träns[betsel] **II** *v, BE. vard.* knycka, sno

snafu [snæ'fuː] *AE. mil. sl.* (*förk. för situation normal: all fucked* (*fouled*) *up*) **I** *s* kaos (förvirring) [som vanligt] **II** *a* kaotisk (förvirrad) [som vanligt]

snag [snæg] **I** *s* **1** grenstump; [träd]stubbe; *AE.* uppstickande trädstam (*i flod e.d.*) **2** ögla, litet hål (*i tyg*) **3** hake, krux, stötesten **II** *v* **1** hindra **2** riva hål i (på); riva upp en tråd (*i tyg*)

snail [sneɪl] snigel (*med skal*); (*om pers.*) snigel, sölkorv; *at a ~'s pace* med snigelfart

snake [sneɪk] **I** *s* orm (*äv. bildl.*); ~ *in the grass* opålitlig person, orm **II** *v* **1** slingra sig **2** *AE.* släpa, dra (*med rep*)

snakebite ['sneɪkbaɪt] ormbett **snake charmer** [-ˌtʃɑːmə] ormtjusare **snakes and ladders** [ˌsneɪksən'lædəz] (*slags tärningsspel*) ormar och stegar **snake's head** ['sneɪkshed] *bot.* kungsängslilja **snaky** ['sneɪkɪ] **1** ormliknande; slingrande; *bildl.* [bak]slug, listig **2** full av ormar

snap [snæp] **I** *v* **1** knäppa (smälla) med; fyra av; ~ *one's fingers at* (*vard.*) strunta i **2** knäppa (smälla, slå) igen; ~ *shut* (*down*) smälla (slå) igen **3** bryta (slita) av (itu) **4** knäppa, plåta, fotografera **5** ~ *up a*) gripa, snappa (nafsa, rycka) åt sig, *b*) avbryta tvärt **6** knäppa [till]; ~ *shut* (*down, to*) smälla (slå) igen **7** gå (brytas) av (itu), knäckas, brista; *my patience ~ped* mitt tålamod brast **8** kollapsa, klappa ihop **9** fara ut, fräsa (*at* mot, åt) **10** snappa, nafsa, hugga (*at* efter); ~ *at the opportunity* ta tillfället i akt **11** *vard.*, ~ *out of it* hämta sig, komma över det, rycka upp sig **II** *adv* med en knäpp (smäll); tvärt **III** *a* plötslig, spontan, snabb[-]; förhastad **IV** *s* **1** knäpp[ande]; smäll **2** nafsande; *make a ~ at s.th.* nafsa efter ngt **3** tryckknapp; [tryck]knäppe, lås **4** kort period; *cold ~* köldknäpp **5** (*slags*) småkaka **6** *vard.* fart, kläm, energi **7** *se snapshot* **8** *vard.* lätt sak, baggis

snapdragon ['snæpˌdrægən] *bot.* lejongap **snap fastener** [-ˌfɑːsnə] tryckknapp **snappish** [-ɪʃ] bitsk; *bildl.* snäsig, retlig **snappy** [-ɪ] **1** bitsk; *bildl.* snäsig, retlig **2** knastrande, sprakande (*fire* brasa); knäppande **3** piffig, fashionabel, elegant **4** livlig, energisk; kvick; *make it ~!* (*vard.*) lägg på en rem!, raska på! **5** frisk, kylig **snapshot** [-ʃɒt] snapshot, [ögonblicks]bild, kort

snare [sneə] **I** *s* snara; *bildl. äv.* försåt **II** *v* [fånga i] snara, snärja (*äv. bildl.*) **snare drum** ['sneədrʌm] liten trumma, militärtrumma

1 snarl [snɑːl] **I** *v* morra (*at* åt) **II** *s* morrande

2 snarl [snɑːl] **I** *s* trassel; tova; härva; tilltrasslad situation, problem; *in a ~* tilltrasslad, i en enda härva **II** *v*, **1** ~ *up* trassla till (ihop), blockera **2** trassla till (ihop) sig, blockeras **--up** ['snɑːlʌp] trassel, kaos

snatch [snætʃ] **I** *v* **1** nafsa (rafsa) åt sig, rycka till sig; ~ *one's hand away* dra till sig (rycka undan) handen; ~ *up* rycka åt sig, hugga tag i **2** stjäla [sig till] (*one hour's sleep* en timmes sömn); sno åt sig (*the victory* segern) **3** ~ *at* gripa efter **II** *s* **1** hugg, grepp **2** kort stund; [brott]stycke; *~es of conversation* brottstycken av ett samtal; *a ~ of sleep* en tupplur; *a ~ of a song* en visstump; *by* (*in*) *~es* ryckvis **3** (*i tyngdlyftning*) ryck **4** *AE. sl.* kidnapp[n]ing **5** *BE. sl.* rån, stöld **snatchy** ['snætʃɪ] oregelbunden, ryckig

snazzy ['snæzɪ] *vard.* tjusig, flott, snofsig

sneak [sniːk] **I** *v* **1** smyga [sig] (*away* i väg); *BE. vard.* smita **2** skvallra (*on s.b.* på ngn; *to s.b.* för ngn) **3** *vard.* knycka, sno **4** smyga, smussla (*s.b. s.th.* åt ngn ngt); smuggla; ~ *a look at* kasta en förstulen blick på **II** *s* **1** lurifax **2** orm, skvallerbytta **III** *a* smyg-, i smyg; ~ *attack* smyganfall; ~ *preview* (*av film*) förhandsvisning

sneakers ['sniːkəz] *pl* gymnastik-, tennis|skor **sneaking** [-ɪŋ] **1** hemlig, dold **2** smygande; undertryckt, tjuv- **sneaky** [-kɪ] **1** smyg-, i smyg; ~ *glimpse* smygtitt **2** lömsk

sneer [snɪə] **I** *v* **1** hånle (*at* åt) **2** ~ *at* pika, [för]håna **II** *s* **1** hånleende **2** pik, gliring

sneeze [sniːz] **I** *v* nysa; *not to be ~d at* (*vard.*) inte att förakta **II** *s* nysning **-wort** ['sniːzwɜːt] *bot.* nysört

snell [snel] *AE.* (*på metrev*) tafs

snick [snɪk] **I** *s* liten skåra, litet jack **II** *v* göra en liten skåra (litet jack) i

snicker ['snɪkə] **I** *v* **1** gnägga **2** *AE.* fnittra, fnissa (*at* åt) **II** *s, AE.* fnitter, fniss

snide [snaɪd] spydig, hånfull

sniff [snɪf] **I** *v* **1** andas in; sniffa [på]; lukta (nosa) på; sniffa (*glue* lim); ~ *out* (*vard.*) nosa reda på **2** vädra, lukta, nosa, sniffa (*at* på) **3** snörvla **4** fnysa, rynka på näsan (*at* åt); *not to be ~ed at* (*BE. vard.*) inte att förakta **II** *s* **1** inandning, vädring **2** snörvling **3** fnysning **4** svag doft; sniff; *not get a ~ of* (*vard.*) aldrig lyckas komma i närheten av

sniffer dog ['snɪfədɒg] narkotikahund; spårhund

sniffle ['snɪfl] **I** *v* snörvla **II** *s* snörvlande, snörvling; *the ~s* (*vard.*) snuva

sniffy ['snɪfɪ] *vard.* nedlåtande, föraktfull

snifter ['snɪftə] **1** *vard.* hutt, liten drink **2** *AE.* aromglas

snigger ['snɪgə] **I** *v* fnittra, fnissa (*at* åt) **II** *s* fnitter, fniss

snip [snɪp] **I** *v* **1** klippa [av], knipsa [av]; snoppa

S

(*a cigar* en cigarr); ~ *off* knipsa av **2** klippa (*at* på) **II** *s* **1** klipp; klippande **2** avklippt bit **3** *BE. vard.* fynd, kap, klipp

snipe [snaɪp] **I** *s* (*pl lika*) *zool.* snäppa; beckasin; *common* ~ enkelbeckasin, horsgök; *great* ~ dubbelbeckasin **II** *v* idka prickskytte (krypskytte) (*at* på, mot); skjuta ur bakhåll (*at* på) **sniper** ['snaɪpə] prickskytt; krypskytt

snippet ['snɪpɪt] fragment, liten bit, stump

snitch [snɪtʃ] *vard.* **1** sno, knycka **2** ~ [*on*] skvallra (tjalla) på **-er** ['snɪtʃə] *vard.* skvallerbytta, tjallare

snivel ['snɪvl] **I** *v* **1** snörvla **2** lipa, snyfta, gnälla **II** *s* **1** snörvlande, snörvling **2** lipande, snyftande, gnäll **-ler** [-ə] lipsill, grinolle **-ling** ['snɪvlɪŋ] **I** *a* **1** snörvlande; snorig **2** lipande, snyftande, gnällig **II** *s* **1** snörvlande, snorande **2** lipande, snyftande, gnäll

snob [snɒb] snobb **-bery** ['snɒbərɪ] snobberi **-bish** ['snɒbɪʃ] snobbig **-bism** ['snɒbɪz(ə)m] snobbism **-by** ['snɒbɪ] snobbig

snog [snɒg] hångla

snood [snu:d] hårnät, chinjong

snook [snu:k] *s, cock a ~ at* räcka lång näsa åt

snooker ['snu:kə] **I** *s* (*slags biljard*) snooker **II** *v, vard.* göra det svårt för

snoop [snu:p] *vard.*, ~ [*around*] [gå och] snoka **-er** ['snu:pə] *vard.* snokande person, snokare

snoot [snu:t] *sl.* kran, snyte (*näsa*) **snooty** ['snu:tɪ] *vard.* snorkig, mallig; snobbig

snooze [snu:z] **I** *v* ta sig en [tupp]lur **II** *s* [tupp]lur

snore [snɔ:] **I** *v* snarka **II** *s* snarkning

snorkel ['snɔ:kl] snorkel

snort [snɔ:t] **I** *v* frusta; fnysa **II** *s* **1** frustande; fnysning **2** *vard.* liten hutt **-er** ['snɔ:tə] *BE. sl.* **1** toppengrej **2** urlöjlig grej (typ)

snot [snɒt] *sl.* snor **-ty** ['snɒtɪ] **1** *sl.* snorig **2** *vard.* snorkig **3** *vard.* otrevlig, förbaskad

snout [snaʊt] **1** nos, tryne (*vard. äv. om människas näsa*) **2** pip, munstycke; [gevärs]mynning **3** *BE. sl.* cigg; tobak

snow [snəʊ] **I** *s* **1** snö; *~s* (*pl*) [ihållande] snöfall **2** *sl.* kokain **II** *v* **1** snöa (*äv. bildl.*): *be ~ed in* (*up*) bli (vara) insnöad; *be ~ed under by* (*bildl.*) överhopas av, hålla på att drunkna i **2** *AE.* smickra

snow|ball ['snəʊbɔ:l] **I** *s* snöboll **II** *v* kasta snöboll [på] **-balling** *a,* ~ *effect* snöbollseffekt **-blind** snöblind **-bound** insnöad **-capped** snö|klädd, -täckt **-drift** snödriva **-drop** *bot.* snödroppe **-fall** **1** snöfall **2** nederbörd i form av snö, snömängd **-field** område med evig snö **-flake** **1** snöflinga **2** *bot.* snöklocka

snow line ['snəʊlaɪn] snögräns **snowman** [-man] snögubbe **snowmobile** [-ˌməʊbaɪl] snöskoter **snowplough** [-plaʊ] snöplog **snowshoe** [-ʃu:] snösko **snowstorm** [-stɔ:m] snöstorm **snow tyre** [-ˌtaɪə] vinterdäck **snow-white** [-waɪt] snövit

snowy ['snəʊɪ] snöig; snö-; snövit

Snr., snr. *förk. för senior*

snub [snʌb] **I** *v* **1** nonchalera; förolämpa; snäsa av, sätta på plats **2** *sjö.* ta törn **II** *s* förolämpning; [av]snäsning **III** *a,* ~ *nose* trubbnäsa **--nosed** ['snʌbnəʊzd] **1** trubbnäst **2** (*om pistol e.d.*) kortpipig

1 snuff [snʌf] **I** *v* **1** snusa, vädra **2** snusa **II** *s* snus; *up to* ~ (*vard.*) *a*) pigg och kry, *b*) inte född i går; *take* ~ använda snus, snusa

2 snuff [snʌf] snoppa (*a candle* ett ljus); ~ *out* släcka (*med ljussläckare e.d.*), *bildl.* kväva, göra slut på; ~ *it* (*BE. vard.*) kola [vippen]

snuffbox ['snʌfbɒks] snusdosa

snuffer ['snʌfə] ljussläckare; *~s* (*pl*) ljussax

snuffle ['snʌfl] **I** *v* snörvla; tala i näsan **II** *s* snörvling; nasal ton, näston; *have the ~s* vara täppt i näsan

snuffy ['snʌfɪ] **1** retlig **2** överlägsen **3** snusbrun, snus- **4** snusig

snug [snʌg] **1** ombonad, varm och skön; [hem]trevlig, trivsam; lugn, trygg; *be as ~ as a bug in a rug* ha det riktigt mysigt **2** åtsittande; tät **II** *s, BE.* (*på pub e.d.*) ostört bås

snuggle ['snʌgl] krypa ihop, smyga (trycka) sig (*close to* tätt intill); ~ *down* krypa ner

1 so [səʊ] **I** *konj* **1** så, så (och) därför, varför; så [att]; ~ *that a*) så att, *b*) för att; ~ *as to a*) så att, *b*) för att **2** (*i frågor o. utrop*) så, jaså, alltså; ~ *there!* så var det med det!, så det så!; ~ *what?* än sen [då]? **II** *adv* **1** så[lunda], på så (detta) sätt; så till den grad, mycket; ~ ~ (*vard.*) så där, si och så; [*is that*] *~?* jaså?, verkligen?, säger du det?; *that's ~!* just precis!, det stämmer!; ~ *high a price* ett så[dant] högt pris; ~ *to say* (*speak*) så att säga; *and ~ on* (*forth*) och så vidare; *if* ~ om så är, i så fall; *not ~...as* inte så (lika)...som; *a week or* ~ en vecka eller så, ungefär en vecka; *I love her* ~ [*much*] jag älskar henne så [mycket]; *I ~ wanted to do it* jag ville så gärna göra det; *that's ~ kind of you!* det var verkligen snällt av dig!; *would you be ~ kind as to open the window?* vill du vara [så] snäll och öppna fönstret?; *he is ill, and ~ cannot come* han är sjuk och därför kan han inte komma; *he was ~ stupid as to do it* han var dum nog att göra det **2** det; ~ *am* (*did*) *I* det är (gjorde) 'jag också (med); ~ *I am* (*did*) det 'är ('gjorde) jag också; *I'm afraid* ~ jag är rädd för det; *it was nice! - ~ it was!* det var trevligt! - ja, det var det!; *I believe* (*hope, expect, think*) ~ jag antar (hoppas, förmodar, tror, tycker) det; *I told you ~!* det var ju det jag sa [till dig]!

2 so [səʊ] *mus.* so[l]

So. *förk. för south*[*ern*] **S.O.** *förk. för Stationery Office* **s.o.** *förk. för seller's option; shipping order*

soak [səʊk] **I** *v* **1** lägga (låta ligga) i blöt, blötlägga; ~ *o.s. in s.th.* (*bildl.*) fördjupa sig i ngt; ~ *off* blöta loss; ~ *out* blöta ur **2** göra genomvåt, genomdränka; *be ~ed to the skin* (*through*) vara blöt inpå bara kroppen (genomvåt) **3** ~ *in* suga i (åt) sig; ~ *up* suga upp (åt sig); ~ *up sunshine* lapa sol, ligga och sola sig **4** *vard.* supa [full]; *~ed* full **5** *vard.* köra (skörta) upp **6** ligga i blöt, blötas **7** ~ [*in*] sugas (tränga) in; ~ *into* sugas (trängas) in i; *rain has ~ed through the ceiling* regnet har trängt igenom taket **8** *vard.* supa **II** *s* **1** blötläggning; [genom]blötning; blötläggningsvatten; *be in* ~ ligga i blöt; *give s.th. a* ~ lägga ngt i blöt **2** *BE. vard.* ösregn **3** *sl.* suput **4** *Austr.* vattenhål

soaking ['səʊkɪŋ] **I** *s* uppblötning; indränkning; blötläggning **II** *a,* ~ [*wet*] genom|våt, -blöt

so-and-so ['səʊənsəʊ] **1** så och så, den och den **2** *neds.* [jäkla] typ (människa)

soap [səʊp] **I** *s* **1** tvål; såpa; *vard.* tvålopera; *soft ~ a) AE.* såpa, *b) vard.* smicker **2** *AE. sl.* [mut]pengar **II** *v* tvåla [in]; såpa [in]
soapbox ['səʊpbɒks] **1** tvålask **2** tvållåda; provisorisk talarstol **3** (*barns*) lådbil **soap bubble** [-ˌbʌbl] såpbubbla **soapdish** [-dɪʃ] tvål|fat, -kopp **soapflakes** [-fleɪks] *pl* tvålflingor **soap opera** [-ˌɒp(ə)rə] tvål-, såp|opera **soapstone** [-stəʊn] täljsten **soapsuds** [-sʌdz] *pl* tvål-, såp|-lödder; tvål-, såp|vatten **soapwort** [-wɜːt] *bot.* såpnejlika **soapy** [-ɪ] **1** tvål-, tvålig, såpig; tvålliknande **2** inställsam, sliskig
soar [sɔː] **1** stiga, skjuta i höjden (*äv. bildl.*); *flames were ~ing into the sky* flammor slog upp **2** sväva, glidflyga **-ing** ['sɔːrɪŋ] stigande; skyhög; *bildl.* högtflygande
sob [sɒb] **I** *v* **1** snyfta **2** snyfta fram **II** *s* snyft|ning, -ande
s.o.b. *AE. sl. förk. för son of a bitch*
sober ['səʊbə] **I** *a* **1** sober, diskret, dämpad **2** nykter, saklig; allvarsam; sansad, måttfull; måttlig **3** nykter; *as ~ as a judge* (*vard.*) spik nykter **II** *v* **1** ~ [*up*] *a*) göra (få) nykter, *b*) *bildl.* få att nyktra till **2** ~ [*up*] nyktra till (*äv. bildl.*), bli nykter **--minded** [ˌsəʊbə'maɪndɪd] [lugn och] sansad, nykter
sobriety [sə(ʊ)'braɪətɪ] **1** nykterhet **2** måttfullhet; lugn; allvar
sobriquet ['səʊbrɪkeɪ] öknamn, smeknamn; antaget namn
sob sister ['sɒbˌsɪstə] [kvinnlig] snyftjournalist; redaktör för hjärtespalt **sob story** snyfthistoria
Soc., soc. *förk. för socialist; society*
so-called [ˌsəʊ'kɔːld] så kallad
soccer ['sɒkə] *vard.* (*förk. för Association Football*) fotboll
socia|bility [ˌsəʊʃə'bɪlətɪ] sällskaplighet **-ble** ['səʊʃəbl] **I** *a* sällskaplig; trevlig **II** *s, AE.* sammankomst, samkväm
social ['səʊʃl] **I** *a* **1** samhällelig, samhälls-; social[-]; (*om djur*) som lever tillsammans (i samhällen); *~ class* samhällsklass; *~ climber* streber, uppkomling; *~ democrat* socialdemokrat; *~ disease a*) folksjukdom, *b*) könssjukdom; *~ science* samhällsvetenskap; *~ security* social|försäkring, -hjälp, -bidrag; *be on ~ security* få socialbidrag; *~ services* social|tjänst, -vård; *~ services secretary* socialsekreterare; *~ work* socialt arbete; *~ worker* socialarbetare **2** sällskaplig; sällskaps-, umgänges- **II** *s* tillställning, bjudning, samkväm
social|ism ['səʊʃəlɪz(ə)m] socialism **-ist** [-ɪst] **I** *s* (*äv. S~*) socialist; socialdemokrat **II** *a* (*äv. S~*) socialistisk, socialist-; socialdemokratisk **-istic** [ˌsəʊʃə'lɪstɪk] socialistisk **-ite** [-aɪt] societetslejon, kändis **-ity** [ˌsəʊʃɪ'ælətɪ] **1** gemenskapskänsla **2** sällskaplighet
social|ization (*BE. äv. -isation*) [ˌsəʊʃəlaɪ'zeɪʃn] socialisering, förstatligande **-ize** (*BE. äv. -ise*) ['səʊʃəlaɪz] socialisera, förstatliga
society [sə'saɪətɪ] **1** samhälle[t] **2** sällskap; *avoid a p.'s ~* undvika ngns sällskap; *I enjoy his ~* (*äv.*) jag tycker om att vara tillsammans (umgås) med honom **3** vän-, umgänges|krets; krets[ar]; [*high*] *~* societet[en], sällskapslivet; *in polite ~* i bildade kretsar; *go into ~* delta[ga] i sällskapslivet **4** förening, sällskap, samfund; *charitable ~* välgörenhetsförening; *the S~ of Friends* Vännernas samfund (*kväkarna*); *the S~ of Jesus* jesuitorden; *the Royal S~* [brittiska] vetenskapsakademin
sociolinguistics [ˌsəʊʃəʊlɪŋ'gwɪstɪks] (*behandlas som sg*) sociolingvistik
sociological [ˌsəʊsjə'lɒdʒɪkl] sociologisk **sociologist** [ˌsəʊsɪ'ɒlədʒɪst] sociolog **sociology** [ˌsəʊsɪ'ɒlədʒɪ] sociologi, samhällsvetenskap
1 sock [sɒk] **1** socka, [kort]strumpa; *pull one's ~s up* (*BE. vard.*) skärpa sig; *put a ~ in it!* (*BE. sl.*) håll käften! **2** inläggssula
2 sock [sɒk] *sl.* **I** *s* smäll, slag; *a ~ on the jaw* ett slag på käften, en snyting **II** *v* slå (klippa, dänga) till; *~ it to s.b.* ge ngn på käften (nöten)
sockdolager [sɒk'dɒlədʒə] *AE. sl.* **1** avgörande slag, nådastöt **2** toppengrej
socket ['sɒkɪt] **1** [elektriskt] uttag, hållare, sockel; hylsa, kapsel **2** *anat.* hålighet, håla; *eye ~* ögonhåla; *hip ~* höftledsskål **socket wrench** hylsnyckel
socle [sɒkl] *arkit.* sockel
Socrates ['sɒkrətiːz] Sokrates
1 sod [sɒd] *litt.* grästorva; gräsmark
2 sod [sɒd] *sl., i sht BE.* **I** *s* (*förk. för sodomite*) jävel, jäkel, sate; knöl, äckel; *poor ~!* stackars jävel! **II** *v* **1** *~ it!* jävlar!, det skiter jag i! **2** *~ off!* dra åt helvete!
soda ['səʊdə] **1** soda; *caustic ~* kaustik soda, teknisk natriumhydroxid **2** soda[vatten] **3** *AE.* ice-cream soda **soda fountain** [-ˌfaʊntɪn] *AE.* **1** sifon **2** [glass]bar **soda jerk** [-dʒɜːk] *AE.* biträde i glassbar, barbiträde **soda siphon (syphon)** [-ˌsaɪfn] sifon **soda water** [-ˌwɔːtə] sodavatten
sodden ['sɒdn] **1** genomblöt **2** berusad **3** (*om bröd*) degig, kladdig
sodding ['sɒdɪŋ] *a, sl.* jävla, jäkla
sodium ['səʊdjəm] natrium **sodium bicarbonate** [-baɪˌkɑːbənɪt] [natrium]bikarbonat **sodium carbonate** [-ˌkɑːbənɪt] natriumkarbonat, soda **sodium chloride** [-ˌklɔːraɪd] natriumklorid, koksalt
sodo|mite ['sɒdəmaɪt] sodomit **-my** [-mɪ] sodomi
sofa ['səʊfə] soffa **sofa bed** bäddsoffa
soft [sɒft] **1** mjuk; *~ cheese* mjukost; *~ drink* alkoholfri dryck, läskedryck; *~ drugs* lätt narkotika (*t.ex. hasch*); *~ furnishings* hemtextilier; *~ landing* mjuklandning; *the ~ palate* mjuka gommen; *~ porn* mjukporr; *~ sell* (*i sht AE.*) mjuksäljning; *~ soap* såpa, *bildl.* smicker; *as ~ as silk* silkes|len, -mjuk; *have a ~ spot for* vara svag för **2** svag, tyst, lätt, dämpad, mjuk; *~ footsteps* tysta (lätta) steg; *~ music* dämpad musik; *~ pedal* (*mus.*) vänster-, dämmar|pedal, *bildl.* sordin; *~ rain* lätt regn **3** mild, blid; god, godmodig, överseende; pjoskig; svag, slapp; vek; *~ breeze* mild (svag) bris; *~ weather* mild-, blid|väder; *be ~ on* (*about*) *s.b.* behandla ngn milt, vara eftergiven (släpphänt) mot ngn; *make s.b. ~* förvekliga ngn **4** lätt, lindrig, bekväm; *~ touch* (*vard.*) lättlurad person; *choose a ~ option* (*vard.*) välja den enklaste vägen; *he has a ~ time* har har det bra (skönt) **5** *vard.* tokig; *be ~ in the head* (*vard.*) vara knäpp (blöt i skallen); *be ~ on* (*about*) *s.b.* vara svag (svärma) för ngn; *you must be ~!* är du inte riktigt klok?

S

soft|ball ['sɒftbɔ:l] (*slags baseball med mjukare boll*) softball **-boiled** [-bɔɪld] löskokt (*egg* ägg)

soften ['sɒfn] **1** mjuka upp, göra mjuk; göra len; ~ *s.b. up* (*bildl.*) få ngn att mjukna (vekna), göra ngn mör **2** mildra, dämpa **3** mjukna; vekna **4** mildras **-er** [-ə] mjuk-, skölj|medel **-ing** [-ɪŋ] uppmjukning; ~ *of the brain* (*med.*) hjärnuppmjukning

soft|-headed ['sɒftˌhedɪd] *vard.* enfaldig, fånig **-hearted** [ˌsɒft'hɑ:tɪd] ömsint, godhjärtad **--pedal** [ˌsɒft'pedl] **1** *mus.* spela…med vänsterpedal (dämmarpedal) **2** *bildl.*, ~ *on* tona ner, dämpa **--soap** ['sɒftsəʊp] *vard.* smickra **--spoken** ['sɒftˌspəʊk(ə)n] *a* med mild röst; vänlig; *be* ~ tala med mild röst **-ware** ['sɒftweə] *data.* mjukvara **-wood** ['sɒftwʊd] mjukt träslag

softy ['sɒftɪ] **1** mes, ynkrygg **2** lättrörd (sentimental) person

soggy ['sɒgɪ] **1** [genom]blöt **2** (*om bröd*) degig, kladdig **3** *vard.* trög, slö

soh [səʊ] *mus.* sol

Soho ['səʊhəʊ]

1 soil [sɔɪl] **1** mark; *native* ~ fosterjord **2** jord, jordmån, mylla, mull; *bildl.* jordmån, grogrund

2 soil [sɔɪl] **1** smutsa [ner], solka, fläcka (*äv. bildl.*) **2** bli smutsig; smutsas [ner], solkas (*äv. bildl.*) **soiled** [-d] smutsig, solkig; ~ *linen* smutskläder

soil pipe ['sɔɪlpaɪp] avloppsrör

sojourn ['sɒdʒɜ:n] *litt.* **I** *s* sejour, vistelse, uppehåll **II** *v* vistas, uppehålla sig **-er** [-ə] *litt.* besökare

sol [sɒl] *mus.* sol

sol. *förk. för soluble; solution*

solace ['sɒləs] **I** *s* tröst, lindring **II** *v* trösta, lindra

solar ['səʊlə] sol-; solar-; ~ *cell* solcell; *the* ~ *constant* solarkonstanten; ~ *flare* soleruption; ~ *system* solsystem

solar|ium [sə(ʊ)'leərɪəm] (*pl -ia* [-ɪə] *el. -iums*) solarium

solar plexus [ˌsəʊlə'pleksəs] solarplexus

sold [səʊld] *imperf. o. perf. part. av sell*

solder ['sɒldə, *AE.* 'sɒdə] **I** *s* lödmetall **II** *v* löda **soldering** [-(ə)rɪŋ] lödning **soldering iron** [-(ə)rɪŋˌaɪən] lödkolv

soldier ['səʊldʒə] **I** *s* soldat; militär, krigare; *bildl.* stridsman, kämpe; *common* ~ menig; ~ *of fortune* legosoldat, lycksökare, äventyrare **II** *v* vara (tjäna som) soldat; ~ *on* kämpa vidare (på) **--ant** stridsmyra **-like, -ly** [-laɪk, -lɪ] krigar-; militärisk, soldatmässig **-ship** **1** soldatskap **2** soldatyrket

soldiery ['səʊldʒərɪ] **1** soldaterna **2** soldathop **3** soldatyrket

1 sole [səʊl] **I** *s* **1** fotsula; [sko]sula **2** (*pl lika*) *zool.* sjötunga **II** *v* [halv]sula

2 sole [səʊl] enda; ensam[-]; ~ *heir* universalarvinge; ~ *rights on* ensamrätten till; *with the* ~ *purpose of making* uteslutande för att göra

solecism ['sɒlɪsɪz(ə)m] språkfel, grammatiskt fel

solely ['səʊllɪ] *adv* **1** endast, uteslutande; *simply and* ~ blott och bart **2** ensam

solemn ['sɒləm] högtidlig **solemnity** [sə'lemnətɪ] högtidlighet **solem|nization** (*BE. äv. -nisation*) [ˌsɒləmnaɪ'zeɪʃn] högtidlighållande, firande; ~ *of marriage* vigselakt **solem|-nize** (*BE. äv. -nise*) ['sɒləmnaɪz] **1** högtidlighålla, fira; ~ *a marriage* förrätta en vigsel **2** ge en högtidlig prägel åt

sol-fa [ˌsɒl'fɑ:] *mus.* **1** solmisation **2** [*tonic*] ~ tonika-do[metod]

solicit [sə'lɪsɪt] **1** [enträget] be [om]; hemställa hos (om); anropa, bönfalla; utbe sig, kräva; ~ *attention* påkalla uppmärksamhet **2** värva; (*om prostituerad*) bjuda ut sig åt; ~ *a p.'s custom* [försöka] värva ngn som kund; ~ *votes* [försöka] värva röster **3** [enträget] be **4** (*om prostituerad*) bjuda ut sig **solicitation** [səˌlɪsə'teɪʃn] **1** enträgen bön (anhållan, begäran) **2** värvning

solicitor [sə'lɪsɪtə] **1** (*i England*) advokat, juridiskt ombud (*med rätt att uppträda endast i lägre instans*); (*i USA*) stadsjurist; *S~ General* (*i England*) kronjurist (*ung. motsv. vice justitiekansler*), (*i USA ung.*) biträdande justitieminister, (*i vissa amer. delstater*) statsåklagare **2** *AE.* ackvisitör; värvare

solici|tous [sə'lɪsɪtəs] **1** ivrig, angelägen **2** orolig, ängslig, bekymrad **-tude** [-tju:d] **1** omsorg **2** oro, ängslan

solid ['sɒlɪd] **I** *a* **1** fast; kompakt, tät; kraftig, stark; (*om mat*) stadig, mäktig; *a man of* ~ *build* en kraftigt byggd man; ~ *food* fast föda; ~ *fuel* fast bränsle; ~ *ground* stadig (fast) grund; *be frozen* ~ vara hårdfrusen; *be stuck* ~ sitta fast **2** massiv, gedigen, ren, solid **3** hel[dragen]; sammanhängande, obruten; *for three* ~ *days* (*days* ~) tre dagar i sträck; *a* ~ *week's work* en hel veckas arbete **4** solid, säker, stabil; rejäl, tillförlitlig, pålitlig; fullgod, som håller; grundlig **5** enhällig, enig; ~ *majority* kompakt majoritet; *be* ~ *on s.th.* enhälligt anta[ga] (förkasta) ngt; *be* ~ *for* vara enhällig[t] för, enhälligt stödja **6** rymd-; kubik-; ~ *content*[*s*] kubikinnehåll; ~ *geometry* rymdgeometri; ~ *measure* rymdmått **II** *s* **1** *fys.* fast kropp; *geom.* tredimensionell figur **2** ~*s* (*pl*) *a*) fasta ämnen, *b*) fast föda

solidarity [ˌsɒlɪ'dærətɪ] solidaritet, samhörighetskänsla

solid|ify [sə'lɪdɪfaɪ] **1** överföra till fast form (tillstånd); göra fast (solid) **2** övergå till fast form (tillstånd); stelna, bli fast (solid) **-ity** [-ətɪ] fasthet; soliditet *etc.*, *jfr solid I* **--state** ['sɒlɪdsteit] *a, fys.* **1** halvledar- **2** ~ *physics* fasta tillståndets fysik

solilo|quize (*BE. äv. -quise*) [sə'lɪləkwaɪz] hålla en monolog; tala för sig själv **-quy** [-kwɪ] monolog

soli|taire [ˌsɒlɪ'teə] **1** (*spel*) solitär; *AE.* patiens **2** (*diamant e.d.*) solitär **-tary** ['sɒlɪt(ə)rɪ] **I** *a* **1** ensam; enslig; ~ *confinement* [placering i] isoleringscell (ensamcell) **2** enda **II** *s* **1** ensling; eremit **2** *vard.* [placering i] isoleringscell (ensamcell) **-tude** ['sɒlɪtju:d] **1** ensamhet, avskildhet **2** enslighet; ödemark

solo ['səʊləʊ] **I** *s* **1** (*pl ~s el. soli* [-li:]) *mus.* solo **2** *kortsp.* solo **3** soloflygning **4** solo|nummer, -uppträdande **II** *a* solo-, ensam- **III** *adv* solo, ensam **-ist** [-ɪst] solist

Solomon ['sɒləmən] Salomo **Solomonic** [ˌsɒlə'mɒnɪk] salomonisk **Solomon Islands** ['sɒləmənˌaɪləndz] *s, the* ~ Salomonöarna

solstice ['sɒlstɪs] solstånd; *the summer* ~ sommarsolståndet

solu|bility [ˌsɒljʊ'bɪlətɪ] upplösbarhet, upplöslighet **-ble** ['sɒljʊbl] **1** upplösbar, löslig; ~ *glass* (*kem.*) vattenglas **2** lösbar
solution [sə'lu:ʃn] **1** lösande (*of* av), lösning (*to* på) **2** *kem.* lösning **3** upplösning (*äv.bildl.*)
solvable ['sɒlvəbl] lösbar; *be* ~ (*äv.*) kunna lösas
solve [sɒlv] lösa (*a problem* ett problem; *an equation* en ekvation)
sol|vency ['sɒlv(ə)nsɪ] *hand.* solvens, betalningsförmåga **-vent** [-(ə)nt] **I** *a* **1** *kem.* lösnings-, [upp]lösande **2** *hand.* solvent **II** *s, kem.* lösningsmedel
Som. *förk. för Somerset* ['sɒməset]
Somali [sə(ʊ)'mɑ:lɪ] **I** *s* (*pl* ~[*s*]) somalier **II** *a* somalisk **Somalia** [-ə]
somatic [sə(ʊ)'mætɪk] somatisk, kroppslig
sombre ['sɒmbə] mörk, dyster (*äv. bildl.*)
sombrero [sɒm'breərəʊ] sombrero
some [sʌm, *obeton.* səm, sm] **I** *pron* **1** någon, något, några; somlig, en del; [en] viss; litet; ~ [*people*] en del, somliga; ~ *day* en [vacker] dag, någon gång; ~ *other day* en (någon) annan dag; ~ *chap or other* en eller annan kille; *for* ~ *reason or other* av en eller annan (någon) orsak; *would you like* ~ *more?* vill du ha litet till? **2** en hel del, åtskillig; ~ *hours ago* för åtskilliga timmar sedan; *for* ~ *time yet* ännu på ett tag; *you'll need* ~ *courage* du kommer att behöva en hel del mod; *and then* ~ (*AE. sl.*) och en jävla massa till **3** *vard.*, ~ *people!* vilka [hopplösa] människor!; *that was* ~ *meal!* (*AE. vard.*) vilken härlig måltid! **II** *adv* **1** ungefär, omkring, cirka (*thirty miles* trettio miles); ~ *dozen people* ett dussintal personer **2** *vard.* ganska, rätt [så]; *it amused me* ~ jag var ganska road
some|body ['sʌmbədɪ] **I** *pron* någon **II** *s* någon [att räkna med], betydande (framstående) person **-how** *adv*, ~ [*or other*] på något (ett eller annat) sätt; av någon (en eller annan) anledning **-one** *pron, se somebody* **-place** *AE. vard.* någonstans
somersault ['sʌməsɔ:lt] **I** *s* kullerbytta, saltomortal, volt (*äv. bildl.*); *bildl. äv.* helomvändning; *turn a* ~, *se II* **II** *v* slå en kullerbytta (saltomortal, volt)
something ['sʌmθɪŋ] **I** *pron, s* något, någonting; *a certain* ~ något visst; *a little* ~ en liten present (sak); *that's really* ~! (*vard.*) det är (var) grejer det!, toppen!; *there were forty* ~ där fanns drygt fyrtio; *you've got* ~ *there!* där sa du något!; *tell me* ~ *a*) berätta något för mig, *b*) säg mig en sak; *there's* ~ *about this place* det är något visst med den här platsen; *there's* ~ *in what you say* det ligger något i det du säger; ~ *of the kind* (*sort*) något sådant (liknande), någonting åt det hållet; *it's* ~ *of a problem* det är något av ett problem; *let's see* ~ *of you soon*! kom snart igen!; ~ *or other* någonting, ett eller annat; *or* ~ (*vard.*) eller något sådant (liknande, i den stilen) **II** *adv* lite[t], något; *vard.* något, rent; ~ *over sixty* litet över (drygt) sextio; *he swore* ~ *awful* han svor något alldeles förskräckligt; *the weather was* ~ *shocking* vädret var helt enkelt (rent [av]) förfärligt
some|time ['sʌmtaɪm] **I** *adv* **1** någon gång; ~ *or other* någon gång [i framtiden] **II** *a* tidigare, förre **-times** [-taɪmz] *adv* ibland, då och då **-what** *adv* något, en smula, ganska, tämligen **-where** *adv* någonstans; ~ *else* någon annanstans; ~ *around 1200* någon gång omkring år 1200; ~ *around midsummer* vid midsommartiden; ~ *between 150 and 200 people* ungefär mellan 150 och 200 personer; *get* ~ (*bildl.*) komma någonvart, göra framsteg
somnambu|lism [sɒm'næmbjʊlɪz(ə)m] somnambulism, sömngång **-list** [-lɪst] somnambul, sömngångare
somno|lence ['sɒmnələns] sömnighet, dåsighet **-lent** [-lənt] sömnig, dåsig
son [sʌn] son; ~! unge man (vän)!; ~ *of a bitch* (*AE. sl.*) jävel, jävla knöl; ~ *of God a*) ängel, *b*) kristen; ~ *of a gun* (*sl., i sht AE.*) skojare, skämtare; *the S~ of Man* Människosonen
sonar ['səʊnɑ:] (*förk. för sound navigation and ranging*) sonar, asdic, ekolod
sona|ta [sə'nɑ:tə] *mus.* sonat **-tina** [ˌsɒnə'ti:nə] *mus.* sonatin
sonde [sɒnd] [rymd]sond
song [sɒŋ] sång; visa; *the S~ of S~s* (*Solomon*) Höga visan; *burst into* ~ [plötsligt] börja sjunga, brista ut i sång; *buy s.th. for a* ~ (*vard.*) köpa ngt för [nästan] ingenting (en spottstyver); *make a* ~ *and dance about a*) *BE. vard.* ställa till rabalder om, göra stort väsen av, *b*) *AE. sl.* komma med långa undanflykter om
songbird ['sɒŋbɜ:d] sångfågel **songful** [-f(ʊ)l] **1** melodiös **2** sjungande **songster** [-stə] **1** sångare **2** sångfågel **song thrush** *zool.* tal-, sång|trast
sonic ['sɒnɪk] *a* sonisk, ljud-; ~ *barrier* ljudvall; ~ *boom* [ljud]bang
son-in-law ['sʌnɪnlɔ:] (*pl sons-in-law* ['sʌnzɪnlɔ:]) svärson, måg
sonnet ['sɒnɪt] sonett **-eer** [ˌsɒnɪ'tɪə] sonettdiktare
sonny ['sʌnɪ] *vard.* (*i tilltal*) min lille gosse
sonority [sə'nɒrətɪ] sonoritet, klangfullhet **sonorous** [sə'nɔ:rəs] **1** ljudande **2** sonor, klangfull, välljudande
soon [su:n] **1** snart, strax; tidigt; ~ *after a*) strax efter, *b*) kort därefter, *c*) kort efter att; *as* (*so*) ~ *as* så fort (snart) [som]; *how* ~ (*äv.*) när; *too* ~ för tidigt; *none too* ~ inte en minut (alls) för tidigt, på tiden **2** [*just*] *as* ~ lika gärna; *I would as* ~ *not go* jag skulle helst inte vilja (vilja slippa) gå **sooner** ['su:nə] **1** förr, tidigare; ~ *or later* förr eller senare; *the* ~ *the better* ju förr desto (dess) bättre; *no* ~...*than* knappt...förrän; *no* ~ *said than done* sagt och gjort **2** snarare, hellre
soot [sʊt] **I** *s* sot **II** *v* sota [ner]
sooth [su:θ] *s, åld. el. poet., in* ~ i sanning, sannerligen
soothe [su:ð] **1** lugna **2** lindra, mildra **soothing** ['su:ðɪŋ] **1** lugnande **2** lindrande
soothsayer ['su:θˌse(ɪ)ə] siare, sierska
sooty ['sʊtɪ] sotig; sot-
sop [sɒp] **I** *s* **1** doppad brödbit **2** tröst, muta (*för att lugna ngn*) **3** *vard.* mes, mähä **II** *v* **1** doppa, blöta upp **2** ~ *up* suga (torka) upp
sophism ['sɒfɪz(ə)m] sofism, spetsfundighet **sophist** [-ɪst] sofist **sophistic|[al]** [sə'fɪstɪk(l)] sofistisk, spetsfundig
sophisti|cate [sə'fɪstɪkeɪt] **1** förvränga genom spetsfundigheter **2** göra sofistikerad (förfinad) **-cated** [-keɪtɪd] **1** sofistikerad, förfinad, raffine-

S

rad; [över]kultiverad; medveten; avancerad, sinnrik (*machine* maskin) **2** spetsfundig **-cation** [səˌfɪstɪ'keɪʃn] **1** raffinemang, förfining; finesser; sinnrikhet **2** sofistik, spetsfundigheter

sophistry ['sɒfɪstrɪ] sofisteri[er]; spetsfundighet[er]

Sophocles ['sɒfəkli:z] Sofokles

sophomore ['sɒfəmɔ:] *i sht AE.* andraårsstuderande

soporific [ˌsɒpə'rɪfɪk] **I** *a* sömngivande, sövande **II** *s* sömnmedel

sopping ['sɒpɪŋ] *vard.,* ~ [*wet*] genomblöt

soppy [-ɪ] **1** blöt, sur **2** *BE. vard.* hjärtnupen, sentimental

sopra|no [sə'prɑ:nəʊ] *mus.* **I** *s* (*pl -nos el. -ni* [-ni:]) sopran **II** *a* sopran-

sorbet ['sɔ:bət] sorbet

sor|cerer ['sɔ:s(ə)rə] trollkarl, häxmästare **-ceress** [-s(ə)rɪs] trollkvinna, häxa **-cery** [-s(ə)rɪ] trolldom, svartkonst

sordid ['sɔ:dɪd] **1** simpel, tarvlig, låg, lumpen **2** smutsig, eländig **3** självisk, girig

sordi|no [sɔ:'di:nəʊ] (*pl -ni* [-ni:]) *mus.* sordin; dämmare

sore [sɔ:] **I** *a* **1** öm, ond; sårig, inflammerad; *bildl.* öm[tålig], känslig; *a ~ spot a*) ett ömt (ont) ställe, *b*) *bildl.* en öm (känslig) punkt; *where are you ~?* var har du ont någonstans?; *have a ~ throat* ha ont i halsen; *be ~ at heart* (*litt.*) vara djupt bedrövad **2** *i sht AE.* irriterad, förargad, sur (*about* på) **3** *litt.* svår; *be in ~ need of s.th.* vara i trängande behov av ngt **II** *s* ömt (ont) ställe; sår, varböld (*äv. bildl.*); *old ~s* (*bildl.*) *a*) gamla sår, *b*) gammalt groll

sore|head ['sɔ:hed] *AE. sl.* ilsken typ; surpuppa **-ly** [-lɪ] *adv* **1** svårt, allvarligt **2** högt, högeligen

sorghum ['sɔ:gəm] *bot.* durra

sorority [sə'rɒrətɪ] *i sht AE.* (*vid college, univ.*) kvinnoförening

1 sorrel ['sɒr(ə)l] *bot.* [ängs]syra

2 sorrel ['sɒr(ə)l] **I** *s* rödbrunt **II** *a* rödbrun

sorrow ['sɒrəʊ] **I** *s* sorg (*at, about, for, over* över), bedrövelse; ledsnad, beklagande **II** *v* sörja (*at, about, for, over* över) **-ful** ['sɒrə(ʊ)f(ʊ)l] **1** sorgsen, bedrövad **2** sorglig, bedrövlig

sorry ['sɒrɪ] **1** ledsen; *~?* förlåt?, hur sa?; *I'm* [*so*] *~!,* [*so*] *~!* förlåt!, ursäkta [mig!; *can you lend me £10? - ~!* kan du låna mig 10 pund? - [nej,] tyvärr!; *~, but I can't do it* jag är ledsen (beklagar) men jag kan inte göra det, tyvärr kan jag inte göra det; *be* (*feel*) *~ for s.b.* tycka synd om ngn; *you'll be ~ for this!* det här kommer du att få ångra!; *I'm ~ to hear it* det var tråkigt att höra; *I'm ~ to say* jag beklagar, jag är rädd, tyvärr; *say ~ to s.b. for s.th.* be ngn om ursäkt för ngt **2** sorglig; dålig, eländig, bedrövlig, ynklig (*sight* syn)

sort [sɔ:t] **I** *s* sort, slag, typ; *~ of* (*vard.*) på sätt och vis, på något vis; *a ~ of* någon sorts, något slags; *a good ~* (*vard.*) en hygglig (snäll) människa; *an odd ~ of person* en underlig [sorts] människa; *after a ~* på sätt och vis; *all ~s of things* allt möjligt, alla möjliga saker; *it takes all ~s* folk är olika [funtade]; *of a ~, of ~s* någon sorts, ett slags, eller något i den stilen; *nothing of the ~ a*) ingenting sådant, inte alls så, *b*) inte alls, visst inte; *something of the ~* något sådant (i den stilen); *out of ~s* inte riktigt i form, krasslig, nere; *he is not the ~ to do that* han är inte den som gör (skulle göra) det; *he's not my ~* han är inte min typ; *this* (*these*) *~ of* den sortens, detta slags, sådana; *what ~ of* vad för slags (sorts), hurdan; *your ~* sådana (en sådan) som du **II** *v* **1** sortera, ordna; *~ out a*) sortera [upp], ordna [upp], *b*) sortera (gallra) bort (ut), *c*) ordna (reda, klara) upp, *d*) *vard.* läxa (klå) upp **2** *åld. el. dial., ~ well* (*ill*) *with* passa bra (dåligt) till, stämma väl (dåligt) överens med

sorter ['sɔ:tə] sorterare

sortie ['sɔ:ti:] **1** *mil.* utfall **2** *flyg.* [anfalls]uppdrag **3** kort utflykt

sorting office ['sɔ:tɪŋˌɒfɪs] *post.* sortering[savdelning] **sort-out** [-aʊt] *vard., have a ~* städa [upp], plocka i ordning

SOS ['esəʊes] SOS[-signal]

so-so ['səʊsəʊ] *vard.* si och så, inget vidare, skaplig[t]

sot [sɒt] *åld.* fyllbult

Sotheby ['sʌðəbɪ]

sotto voce [ˌsɒtəʊ'vəʊtʃɪ] *adv, litt.* knappt hörbart, med dämpad röst, sotto voce

soubrette [su:'bret] *teat.* subrett

souffle, soufflé ['su:fleɪ] *kokk.* sufflé

sough [saʊ] **I** *v* susa **II** *s* sus

sought [sɔ:t] *imperf. o. perf. part. av seek*

soul [səʊl] **I** *s* **1** själ; *poor ~* stackare, stackars människa; *upon my ~!* min själ!, minsann!; *not a ~* inte en själ (människa, levande varelse); *she is the ~ of honour* hon är hederligheten själv (personifierad); *he was the life and ~ of* han var själen (medelpunkten) i; *bare one's ~* blotta sin själ (sitt innersta) **2** soul[musik] **II** *a* **1** *AE. sl.* svart, neger-; *S~ City* Harlem; *~ sister* svart syster **2** *~ kiss* djup kyss; *~ mate* själsfrände, tvillingsjäl **3** *~ music* [soul]musik

soul|-destroying ['səʊldɪˌstrɔɪɪŋ] själsdödande (*job* arbete) **-ful** [-fʊl] själfull **-less** [-lɪs] andefattig, själlös **--searching** [-ˌsɜ:tʃɪŋ] självrannsakan

1 sound [saʊnd] **I** *a* **1** sund, frisk; oskadad, felfri; *of ~ mind* vid sina sinnen[s fulla bruk]; *as ~ as a bell* frisk som en nötkärna, kärnfrisk **2** sund, riktig, förnuftig, klok; duktig, pålitlig, säker; *be ~ on s.th.* ha goda kunskaper i (om) ngt **3** säker, solid; stabil; sund **4** grundlig, ordentlig, rejäl; *I'm a ~ sleeper* jag har god sömn **5** *jur.* laglig, giltig **II** *adv* sunt; *sleep ~* sova gott (djupt)

2 sound [saʊnd] **I** *s* ljud; klang, ton; *the speed of ~* ljudets hastighet; *within* (*out of*) *~* inom (utom) hörhåll (*of* för); *I don't like the ~ of it* det låter inte alls bra; *from the ~ of it she had a good time* det låter som om hon har haft det bra **II** *v* **1** slå an, spela (*a note* en ton); blåsa [i] (*a trumpet* trumpet); ringa på (med, i) (*a bell* en klocka); [låta] ljuda; uttala (*one's aitches* h); *~ the alarm* slå larm, utlösa larmet; *~ a note of warning* höja en varnande röst; *~ a p.'s praises* (*bildl.*) lovorda ngn; *~ the retreat* (*mil.*) blåsa till reträtt **2** undersöka (*genom knackning*); *med.* auskultera, lyssna på **3** ljuda, klinga, tona; höras; låta; uttalas; *he ~s German* han låter [som en] tysk; *that ~s very odd* det låter mycket underligt; *how does it ~ to you?* vad tycker du om det? **4** *~ off* (*vard.*) *a*)

breda ut sig, *b*) säga ifrån, *c*) skryta
3 sound [saʊnd] **I** *v* **1** *sjö.* loda, pejla; *med., bildl.* sondera; ~ [*out*] (*bildl.*) *a*) fråga ut, känna på pulsen, sondera, *b*) [försöka] ta reda på (utröna) **2** *sjö.* loda; *bildl.* göra sonderingar **II** *s, med.* sond
4 sound [saʊnd] *s* sund
sound barrier [ˈsaʊn(d)dˌbærɪə] ljudvall; *break the* ~ gå igenom (spränga) ljudvallen **soundbox** [-bɒks] (*på stränginstrument*) resonanslåda
sound effect [ˈsaʊndɪˌfekt] ljudeffekt **sound-film** [-fɪlm] ljudfilm
1 sounding [ˈsaʊndɪŋ] *a* **1** ljudande, klingande **2** högtravande, svulstig
2 sounding [ˈsaʊndɪŋ] lodning, pejling; sondering (*äv. bildl.*)
sounding board [ˈsaʊndɪŋbɔːd] **1** resonansbotten **2** *bildl.* test|grupp, -person
soundless [ˈsaʊndlɪs] ljudlös **soundproof I** *a* ljudisolerad **II** *v* ljudisolera **sound ranging** [ˈsaʊn(d)ˌreɪn(d)ʒɪŋ] ljudpejling **sound shift** [-ʃɪft] *språkv.* ljudskridning **soundtrack** [-træk] ljudspår (*t. film*) **sound wave** [-weɪv] ljudvåg
soup [suːp] **I** *s* **1** soppa; *be in the* ~ (*vard.*) sitta i klistret **2** *vard.* framkallningsvätska **3** *vard.* tät dimma **4** *sl.* nitroglycerin **II** *v, vard.,* ~ *up* trimma (*motor*) **soup-and-fish** [ˌsuːpənˈfɪʃ] *AE. sl.* frack, smoking, festkläder **souped-up** [ˈsuːptʌp] *vard.* trimmad (*mini* minibil) **soup kitchen** [ˈsuːpˌkɪtʃɪn] soppkök **soup plate** djup tallrik, sopptallrik
sour [ˈsaʊə] **I** *a* sur; *bildl.* sur, vresig; ~ *cream* gräddfil; ~ *grapes* (*ung.*) surt, sa räven [om rönnbären]; *go* (*turn*) ~ *a*) bli sur, surna, *b*) *bildl.* gå snett **II** *s, AE.* drink med citron **III** *v* **1** komma att surna, göra sur **2** *bildl.* göra kylig (frostig), förbittra **3** bli sur, surna (*äv. bildl.*) **4** *bildl.* bli kylig (frostig)
source [sɔːs] källa; *bildl. äv.* upprinnelse, ursprung, upphov; ~ *of information* [informations]-källa; *at* ~ (*bildl.*) vid källan; *from a reliable* ~ från säker källa **source material** [ˈsɔːsməˌtɪərɪəl] källmaterial
sour|dough [ˈsaʊədəʊ] *AE.* **I** *a,* ~ *bread* surdegsbröd **II** *s* **1** surdeg **2** (*i Alaska o. Canada*) gammal guldgrävare, pionjär **-ish** [-rɪʃ] syrlig **-puss** [-pʊs] *vard.* surpuppa
souse [saʊs] **I** *s* **1** ättikslag, saltlake; marinad **2** inläggning **3** blötning, doppning **4** *sl.* fyllo **II** *v* **1** lägga i ättikslag (saltlake), marinera **2** blöta, doppa **3** *sl.* bli full (packad) **soused** [-t] *sl.* full, packad
soutane [suːˈtɑːn] sutan, (*fotsid*) prästrock
south [saʊθ] **I** *a* sydlig, syd-, södra, söder-; *S~ Africa* Sydafrika; *S~ America* Sydamerika; *the S~ Pole* sydpolen; *the S~ Seas* Söderhavet; ~ *wind* sydlig vind **II** *adv* mot (åt) söder, söderut; ~ *of* söder om; ~ *by east* syd till öst **III** *s* söder, syd; *the* ~ (*S~*) *a*) södra delen, *b*) sydliga länder (områden), södern; *the S~* (*i USA*) sydstaterna, Södern; *the Deep S~* den djupa Södern (*sydstaterna längs Mexikanska golfen*); *from the* ~ från söder, söderifrån; *the wind is in the* ~ vinden är sydlig; *in the* ~ *of* i södra [delen av]; *to*[*wards*] *the* ~ mot (åt) söder, söderut; *to the* ~ *of* söder om
Southampton [saʊθˈæm(p)tən]
southbound [ˈsaʊθbaʊnd] sydgående
southeast [ˌsaʊθˈiːst, *sjö.* saʊˈiːst] **I** *a* syd|östlig, -ostlig, -östra **II** *adv* i (mot) sydöst (sydost); ~ *of* sydöst (sydost) om **III** *s* syd|öst, -ost **-er** [-ə] sydost[lig vind] **-erly** [-əlɪ], **-ern** [-ən] *se southeast I*
southerly [ˈsʌðəlɪ] **I** *a o. adv* sydlig; från (i, mot) söder **II** *s* sydlig vind
southern [ˈsʌðən] **1** sydlig, syd-, södra **2** sydländsk **Southerner** [-ə] *äv. s~* sydlänning; person från de södra delarna av landet **-most** sydligast
southpaw [ˈsaʊθpɔː] *vard.* vänsterhandsboxare; vänsterhänt person
south|ward [ˈsaʊθwəd] **I** *a* sydlig, södra **II** *adv* mot (åt) söder, söderut; *sjö.* sydvart **-wards** [-wədz] *adv, se southward II*
southwest [ˌsaʊθˈwest, *sjö.* saʊˈwest] **I** *a* syd|-västlig, -västra **II** *adv* i (mot) sydväst; ~ *of* sydväst om **III** *s* sydväst **-er** [-ə] sydväst[lig vind] **-erly** [-əlɪ], **-ern** [-ən] *se southwest I*
souvenir [ˌsuːv(ə)ˈnɪə] souvenir, minne[ssak]
sou'wester [saʊˈwestə] sydväst (*regnhatt*)
sovereign [ˈsɒvrɪn] **I** *a* **1** högst, högsta **2** suverän, enväldig, oberoende **3** enastående, oöverträffad, effektiv **II** *s* **1** monark, regent, suverän, härskare **2** sovereign (*äldre eng. guldmynt = 20 shilling*) **-ty** [ˈsɒvr(ə)ntɪ] suveränitet, självständighet; högsta makt; överhöghet
Soviet [ˈsəʊvɪət] **I** *s* **1** sovjetmedborgare **2** *s~* sovjet (*rådsförsamling*); *the Supreme* ~ högsta sovjet **II** *a* sovjetisk, sovjet-, Sovjet; *the* ~ *Union, the Union of* ~ *Socialist Republics* Sovjet[unionen]
1 sow [səʊ] (*imperf. sowed, perf. part. sown el. sowed*) **1** så (*wheat* vete); *bildl.* utså; ~ *doubts* utså tvivel; ~ *the seeds of* (*bildl.*) utså ett frö till; ~ *the wind and reap the whirlwind* så vind och skörda storm; ~ *one's wild oats, se oats* **2** beså; ~ *a field with wheat* (*äv.*) så vete på ett fält
2 sow [saʊ] so, sugga
sower [ˈsəʊə] såningsman **sowing** [-ɪŋ] sådd **sowing-machine** [-ɪŋməˌʃiːn] såningsmaskin **sown** [-n] *perf. part. av 1 sow*
soya bean [ˈsɔɪəbiːn] sojaböna **soya sauce** soja[sås] **soy bean** [ˈsɔɪbiːn] *AE.* sojaböna **soy sauce** soja[sås]
sozzled [ˈsɒzld] *vard.* asberusad, stupfull
sp. *förk. för special; species; specific; specimen; spelling*
spa [spɑː] **1** hälsobrunn **2** kur-, brunns|ort
space [speɪs] **I** *s* **1** rymd[en]; *time and* ~ tid och rum; *outer* ~ yttre rymden; *look* (*stare*) *into* ~ stirra ut i tomma luften **2** tid[rymd], period; *for a* ~ [under] en tid; *for* (*in*) *the* ~ *of a week* [under] en vecka[s tid] **3** plats, utrymme; vidd; avstånd, mellanrum; *boktr.* mellanslag, spatie; [*blank*] ~ tomrum, lucka; *rising* ~ (*boktr.*) spis; *the wide open* ~*s* de fria (stora) vidderna; *make* ~ *for* göra plats för; *take up a lot of* ~ ta mycket (stor) plats **II** *v,* ~ [*out*] *a*) placera (sätta, ställa) med avstånd emellan, fördela, sprida (placera) ut, *b*) göra mellanrum mellan, *c*) *boktr.* göra mellanslag mellan, spärra; ~*d payments* betalning i poster
space age [ˈspeɪseɪdʒ] *s, the* ~ rymdåldern **space-bar** (*på skrivmaskin*) mellanslagstangent

S

space capsule [-ˌkæpsjuːl] rymdkapsel **spacecraft** [-krɑːft] rymd|farkost, -skepp **spaceman** [-mən] rymdfarare **space opera** [-ˌɒp-(ə)rə] science fiction-film **space probe** [-prəʊb] rymdsond **spacer** [-ə] *se space-bar* **spaceship** [-ʃɪp] rymdskepp **space shuttle** [-ˌʃʌtl] rymdfärja **space station** [-ˌsteɪʃn] rymdstation **spacesuit** [-suːt] rymddräkt **spacewalk** [-wɔːk] rymdpromenad **spacing** [-ɪŋ] **1** mellanrum; spridning **2** *boktr.* radavstånd; mellanslag; spärrning **spacious** [ˈspeɪʃəs] rymlig; spatiös

1 spade [speɪd] **I** *s* **1** spade; *call a ~ a ~* nämna saker och ting vid deras rätta namn **II** *v* gräva [upp]

2 spade [speɪd] **1** *kortsp.* spader[kort]; *~s* (*pl*) spader; *ace of ~s* spaderäss **2** *neds.* nigger **3** *AE. vard., in ~s* i högsta grad

spadework [ˈspeɪdwɜːk] förberedelsearbete, förarbete

spaghetti [spəˈgetɪ] spagetti

spae [speɪ] *Sk.* spå

Spain [speɪn] Spanien

spake [speɪk] *åld. el. skämts. imperf. av speak*

spall [spɔːl] stenflisa

1 span [spæn] **I** *s* **1** spann (*9 tum = 23 cm*); utspänd hand **2** [bro]spann, valv **3** spänn-, räck|vidd; vingbredd; omfång **4** tid[rymd], period; levnadslopp; *for a brief ~* [under] en kort tid; *within his ~* under hans livstid (levnad) **II** *v* **1** mäta med utspänd hand; nå (räcka) om (över) **2** slå (bygga) en bro över; ta sig över **3** spänna (leda) över; *bildl.* sträcka sig (spänna) över, omfatta, omspänna

2 span [spæn] spann, par (*av hästar e.d.*)

spangle [ˈspæŋgl] **I** *s* paljett **II** *v* **1** *be ~d with* vara beströdd med **2** glittra **3** pryda med paljetter

Spaniard [ˈspænjəd] spanjor, spanjorska

spaniel [ˈspænjəl] (*hundras*) spaniel

Spanish [ˈspænɪʃ] **I** *a* spansk; *the ~ Armada* den [stora] spanska armadan; *~ chestnut* äkta (ätlig) kastanj **II** *s* **1** spanska [språket] **2** *the ~* spanjorerna

spank [spæŋk] **I** *v* smälla (daska) till; ge smäll (smisk) **II** *s* smäll, smisk, dask

spanker [ˈspæŋkə] *sjö.* mesan; mesanmast

1 spanking [ˈspæŋkɪŋ] smäll, smisk, dask

2 spanking [ˈspæŋkɪŋ] *vard.* **1** flott, tjusig; prima **2** snabb, hastig, rask **3** (*om vind*) kraftig, frisk

spanner [ˈspænə] skruvnyckel; *adjustable ~* skiftnyckel; *throw a ~ in the works* (*BE. bildl.*) sätta en käpp i hjulet

span roof [ˈspænruːf] sadeltak

1 spar [spɑː] mast; bom; gaffel; spira

2 spar [spɑː] *miner.* spat

3 spar [spɑː] **I** *v* **1** (*i boxning*) [tränings]boxas; sparra **2** munhuggas, käbbla **II** *s* **1** [tränings]boxning; sparring **2** munhuggning, käbbel

spare [speə] **I** *a* **1** extra[-], reserv-, till övers; ledig; *~ bed* extrasäng; *~ part* reservdel; *~ room* gästrum; *~ time* fritid; *~ tyre* reservdäck, *skämts.* bilring (*kring midjan*); *~ wheel* reservhjul; *it's all the ~ cash I have* det är alla kontanter jag har kvar (i reserv); *are there any ~ seats?* finns det några lediga platser?; *when you have a few ~ minutes* (*a few minutes ~*) när du har några minuter över **2** mager (*man* man); knapp, torftig; klen **3** *vard., drive s.b. ~* göra ngn galen (tokig) **II** *s* reservdel; *I've got some ~s* (*äv.*) jag har några extra (i reserv) **III** *v* **1** hushålla med, spara på; bespara; [för]skona; *~ o.s.* spara sina krafter (sig); *~ o.s. the trouble* bespara sig besväret; *~ s.b. s.th.* förskona ngn från ngt; *~ me the details* låt mig få slippa detaljerna; *~ no effort* inte sky någon möda; *~ a p.'s life* skona ngns liv; *if we're ~d* om vi fortfarande lever då **2** av-, und|vara; *I can't ~ it* (*äv.*) jag klarar mig inte utan den; *can you ~ me a few minutes?* har du några minuter över?; *I can't ~ the time for that* jag får ingen tid över till det; *I got to the station with five minutes to ~* jag kom till stationen med fem minuters marginal; *there's enough and to ~* det finns så att det räcker och blir över

sparerib [ˈspeərɪb] revbensspjäll

sparing [ˈspeərɪŋ] sparsam, måttlig

1 spark [spɑːk] **I** *s* **1** gnista (*äv. bildl.*); *~s fly* det slår gnistor; *they strike ~s off each other* de stimulerar varandra **2** *vard., ~s* (*behandlas som sg*) *a*) *sjö.* gnist (*radiotelegrafist*), *b*) elektriker **II** *v* **1** gnistra; slå gnistor **2** (*om tändstift e.d.*) ge gnista **3** *~* [*off*] vara den tändande gnistan till, utlösa, sätta i gång

2 spark [spɑːk] *s, iron., bright ~* ljushuvud

spark gap [ˈspɑːkgæp] (*på tändstift*) gnistgap **sparking plug** [-ɪŋplʌg] tändstift

sparkle [ˈspɑːkl] **I** *v* **1** gnistra, tindra, spraka, glittra; *bildl.* sprudla, spritta **2** (*om vin*) mousera, pärla; *sparkling wine* mousserande (pärlande) vin **II** *s* gnistrande, tindrande, sprakande, glittrande; *bildl.* gnista **2** mousserande, pärlande **sparkler** [-ə] **1** tomtebloss **2** *vard.* glitter (*juveler*)

spark plug [ˈspɑːkplʌg] tändstift

sparling [ˈspɑːlɪŋ] *zool.* nors

sparring match [ˈspɑːrɪŋmætʃ] **1** sparringmatch **2** munhuggning, käbbel **sparring partner** [-ˌpɑːtnə] sparringpartner; (*bildl. äv.*) trätobroder

sparrow [ˈspærəʊ] *zool.* sparv; *tree ~* pilfink **sparrowgrass** *dial., vard.* sparris **sparrow hawk** *zool.* sparvhök

sparse [spɑːs] gles; tunnsådd, [ut]spridd; knapp **sparsely** [ˈspɑːslɪ] *adv* glest; sparsamt (*furnished* möblerad) **sparseness** [ˈspɑːsnɪs], **sparsity** [ˈspɑːsətɪ] gleshet; tunnsåddhet; knapphet

Spartan [ˈspɑːt(ə)n] **I** *a* spartansk; *s~* (*bildl.*) spartansk **II** *s* spartan

spasm [ˈspæz(ə)m] **1** spasm, kramp[ryckning], ryckning **2** anfall, plötsligt utbrott (*of anger* av vrede) **spasmodic** [spæzˈmɒdɪk] **1** spasmodisk, krampaktig **2** ryckvis, oregelbunden **spasmodically** [spæzˈmɒdɪk(ə)lɪ] *adv* **1** spasmodiskt, krampaktigt **2** ryckvis, oregelbundet

spastic [ˈspæstɪk] **I** *a* spastisk **II** *s* spastiker

1 spat [spæt] *imperf. o. perf. part. av spit*

2 spat [spæt] damask

spate [speɪt] **1** *bildl.* ström, flöde; *a ~ of protest* en proteststorm **2** *i sht BE.* högt vatten[stånd], högvatten; *the river is in ~* det är högt vatten i floden

spatial ['speɪʃl] rumslig, rums-; rymd-
spatted ['spætɪd] iförd damasker
spatter ['spætə] **I** *v* **1** stänka; stänka ner; *bildl.* smutskasta **2** *bildl.* regna **II** *s* **1** stänkande; stänk **2** *bildl.* skur
spatula ['spætjʊlə] spatel; stek-, pannkaks|spade
spav|in ['spævɪn] *veter.* spatt **-ined** [-ɪnd] *veter.* spattig
spawn [spɔ:n] **I** *v* **1** leka, lägga rom **2** *litt.* ge upphov till, frambringa **II** *s* **1** *zool.* rom **2** *bot.* svamptrådar, mycelium **3** *neds.* avkomma, yngel
spay [speɪ] sterilisera (*djurhona*)
S.P.C.A. *förk. för Society for the Prevention of Cruelty to Animals* **S.P.C.C.** *förk. för Society for the Prevention of Cruelty to Children* **S.P.C.K.** *förk. för Society for Promoting Christian Knowledge*
speak [spi:k] (*spoke, spoken; åld. el. dial. imperf. spake*) **1** tala (*English* engelska) **2** säga, yttra, uttrycka, uttala; *~ one's mind* säga sin [uppriktiga) mening **3** tala (*to, with* med; *about, of* om); yttra (uttala) sig; hålla tal (*on* om, över); (*om instrument e.d.*) ljuda; *did you ~?* sa du något?; *so to ~* så att säga; *~ for* tala för, föra (*ngns*) talan, tala å (*ngns*) vägnar; *be spoken for* vara upptagen (reserverad); *that ~s well for him* det talar till hans fördel; *~ of a*) tala om, *b*) vittna om; *~ing of* på tal om, apropå; *not to ~ of* för att inte tala om; *nothing to ~ of* ingenting att tala om, nästan ingenting; *~ out* (*up*) *a*) tala ut (högre, tydligare), *b*) tala ut, säga sin [uppriktiga] mening; *~ to a*) tala med (till), tilltala, *b*) säga till (åt), tala till rätta; *~ to the subject* hålla sig till ämnet; *~ up for* försvara, gå i bräschen för; *~ing!* (*i telefon*) [ja] det är jag!; *Greg ~ing!* (*i telefon*) det här är Greg!; *generally ~ing* i allmänhet; *personally ~ing, ~ing for myself* vad mig beträffar, för min egen del, personligen; *relatively ~ing* relativt sett; *roughly ~ing* på ett ungefär, i stora drag, i stort sett; *strictly ~ing* strängt taget, noga räknat
speak-easy ['spi:kˌi:zɪ] *AE.* lönnkrog
speaker ['spi:kə] **1** talare; *the ~* (*äv.*) den talande; *English ~s of German* engelsmän som kan tala tyska **2** *parl., S~* talman **3** högtalare
speaking ['spi:kɪŋ] **I** *a* talande; tal-; *~ as a mother* i min egenskap av mor skulle jag vilja säga; *we are not on ~ terms* vi talar inte med varandra, vi är osams; *have a ~ knowledge of English* kunna tala engelska **II** *s* tal[ande] **speaking clock** Fröken Ur **speaking trumpet** [-ˌtrʌmpɪt] hörlur; *sjö.* ropare **speaking tube** [-tju:b] talrör
spear [spɪə] **I** *s* **1** spjut; pik; ljuster **2** pikenerare **II** *v* genomborra [med spjut *etc.*]; spetsa; ljustra **spearhead** ['spɪəhed] **I** *s* **1** spjutspets (*äv. mil.*) **2** förtrupp, ledare **II** *v* gå i spetsen för, leda **spearmint** ['spɪəmɪnt] *bot.* grönmynta **spear side** ['spɪəsaɪd] (*familjs*) svärdssida **spearwort** ['spɪəwɜ:t] *bot.* ranunkel
spec [spek] *s, vard., on ~* på spekulation, på vinst och förlust; *I went there on ~* (*äv.*) jag chansade och gick dit; *they just turned up on ~* de dök upp precis som väntat
spec. *förk. för special; specification; speculation*
special ['speʃl] **I** *a* speciell, särskild; bestämd; special-, extra[-]; *~ constable, se II 1; ~ correspondent* specialkorrespondent, utsänd medarbetare; *~ delivery* express[befordran]; *~ licence* (*BE.*) särskild äktenskapslicens (*med dispens från lysning m.m.*); *~ offer* specialerbjudande; *~ pleading a*) framläggande av nytt (extra) bevismaterial, *b*) *bildl.* spetsfundig argumentering, advokatyr; *~ school* sär-, special|skola; *what's so ~ about that?* vad är det [för speciellt] med det? **II** *s* **1** extrapolis (*inkallad vid särskilda tillfällen*) **2** extratåg **3** *radio., TV.* extrasändning **4** extra|nummer, -upplaga **5** extraerbjudande; *today's ~* dagens rätt
special|ism ['speʃəlɪz(ə)m] specialisering; specialitet **-ist** [-ɪst] specialist **-ity** [ˌspeʃɪ'ælətɪ] **1** specialitet **2** utmärkande egenskap **-ization** (*BE. äv. -isation*) [ˌspeʃəlaɪ'zeɪʃn] specialisering **-ize** (*BE. äv. -ise*) ['speʃəlaɪz] **1** specialisera sig (*in* på) **2** specialisera; anpassa **-ly** ['speʃəlɪ] *adv* speciellt; särskilt **-ty** ['speʃltɪ] **1** *AE., se speciality* **2** *jur.* förseglat kontrakt
species ['spi:ʃi:z] (*pl lika*) **1** *biol.* art; *the origin of ~* arternas uppkomst **2** slag, sort
specific [spɪ'sɪfɪk] **I** *a* **1** speciell, specifik **2** bestämd, uttrycklig, noggrann, precis, specificerad **3** *fys.* specifik; *~ gravity* densitet **II** *s, ~s* (*pl*) närmare detaljer (omständigheter); *get down to ~s* komma in på de närmare detaljerna **-ally** [-(ə)lɪ] *adv* **1** speciellt, särskilt; i synnerhet **2** bestämt, uttryckligen **speci|fication** [ˌspesɪfɪ'keɪʃn] **1** specifikation; detaljerad beskrivning; konstruktionsplan **2** specificering **3** specificerad post **-fy** ['spesɪfaɪ] specificera; närmare (detaljerat, klart) ange
specimen ['spesɪmən] **1** prov, provbit (*of* på, av); exemplar; *urine ~* urinprov; *~s of a rare flower* exemplar av en sällsynt blomma **2** *vard.* exemplar, typ; *an odd ~* en konstig typ **specimen copy** [-'kɒpɪ] provnummer; (*av bok*) provexemplar **specimen page** [-peɪdʒ] provsida
specious ['spi:ʃəs] **1** skenbar, vilseledande; bestickande **2** skenfager
speck [spek] **I** *s* **1** [liten] fläck, prick, stänk; *~s of blood* blodstänk; *~ of dust* dammkorn **2** *bildl.* stänk, korn, gnutta, uns **II** *v* fläcka [ner] **-le** ['spekl] fläcka [ner] **-led** ['spekld] fläckig, spräcklig, prickig
specs [speks] *pl, vard.* **1** *förk. för spectacles* brillor **2** *förk. för specifications*
spectacle ['spektəkl] **1** *bildl.* skådespel **2** syn, anblick; *he is a sad ~* han företer en sorglig anblick **3** spektakel, åtlöje; *make a ~ of o.s.* göra sig till ett åtlöje (spektakel) **4** *~s* (*pl*) glasögon; *a pair of ~* ett par glasögon **spectacle case** glasögonfodral **spectacled** [-d] glasögonprydd
spectacular [spek'tækjʊlə] **I** *a* imponerande, effektfull, sensationell; spektakulär **II** *s* utstyrsel|show, -pjäs; fantastisk föreställning
spectator [spek'teɪtə] åskådare
spectra ['spektrə] *pl av spectrum*
spectral ['spektr(ə)l] **1** *fys.* spektral- **2** *litt.* spöklik, spök-
spectre ['spektə] *litt., bildl.* spöke
spectroscope ['spektrəskə(ʊ)p] spektroskop
spec|trum ['spektrəm] (*pl -tra* [-trə] *el. -trums*) *fys., bildl.* spektrum
specu|late ['spekjʊleɪt] **1** spekulera (*about, on*

S

över) **2** *hand.* spekulera **-lation** [ˌspekjʊ'leɪʃn] spekulation (*äv. hand.*); begrundan **-lative** ['spekjʊlətɪv] **1** spekulativ; begrundande **2** *hand.* spekulations-, på spekulation **-lator** ['spekjʊleɪtə] spekulant

sped [sped] *imperf. o. perf. part. av speed*

speech [spi:tʃ] **1** tal; anförande; yttrande; *teat.* replik; *the ~ from the throne, the Queen's (King's) ~* trontalet; *make (deliver, give) a ~* hålla [ett] tal, hålla ett anförande (*on, about* om, över) **2** tal; talförmåga; sätt att tala; språk, mål; *freedom of ~* yttrandefrihet; *the right of free ~* yttranderätt; *~ is silver, silence is golden* tala är silver, tiga är guld; *lose one's powers of ~* mista talförmågan; *be slow of ~* tala sakta **3** *språkv., direct (indirect, reported) ~* direkt (indirekt) tal (anföring)

speech day ['spi:tʃdeɪ] *BE. skol.* avslutning, avslutningsdag (*m. tal o. premieutdelning*) **speechify** [-ɪfaɪ] **1** hålla tal **2** orera **speechless** [-lɪs] stum, mållös **speech therapy** talterapi

speed [spi:d] **I** *s* **1** fart, hastighet, tempo, takt; snabbhet; *at ~* i hög fart; *at full (top) ~* i full fart, med högsta hastighet; *full ~ ahead! (sjö.)* full fart framåt!; *gather ~* få upp farten **2** *tekn.* växel; utväxling **3** *foto.* (*films*) känslighet; *shutter ~* slutartid **4** *sl.* uppåttjack, speed (*amfetamin e.d.*) **II** *v* **1** (*~ed, ~ed*) *~ [up] a)* accelerera, öka hastigheten på, *b)* driva (skynda, sätta fart) på **2** *åld.* (*sped, sped*) *God ~ you!* Gud vare med dig!; *~ the parting guest* önska den avresande gästen lycka till (lycklig resa) **3** (*sped, sped*) rusa [i väg], jaga, skynda, fara snabbt **4** (*~ed, ~ed*) köra för fort; *~ up* öka farten (takten), accelerera

speedball ['spi:dbɔ:l] *sl.* blandning av kokain och morfin **speedboat** snabb motorbåt, racerbåt **speeding** [-ɪŋ] fortkörning **speed limit** [-ˌlɪmɪt] fartgräns, maximihastighet; hastighetsbegränsning **speedometer** [spɪ'dɒmɪtə] hastighetsmätare **speed trap** ['spi:dtræp] fartkontroll **speedway** ['spi:dweɪ] **1** speedway **2** *AE.* motorcykelbana **3** *AE.* expressväg **speedwell** ['spi:dwel] *bot.* ärenpris; teveronika **speedy** ['spi:dɪ] skyndsam, snabb

speleology [ˌspelɪ'ɒlədʒɪ] speleologi, grottforskning

1 spell [spel] (*spelt, spelt el. ~ed, ~ed*) **1** stava [till]; bokstavera; *o-n-e ~s one* o-n-e blir (säger) one; *~ out a)* stava sig igenom, stava till, *b)* [i detalj] förklara **2** betyda, innebära; *the drought ~s disaster* torkan innebär (betyder) katastrof **3** stava [rätt]

2 spell [spel] **1** trollformel **2** förtrollning; *under a ~* förtrollad; *under a p.'s ~* förtrollad av ngn; *cast a ~ on* för|trolla, -häxa

3 spell [spel] **1** [kort] period; *cold ~* köldperiod **2** skift, omgång, tur

spellbind ['spelbaɪnd] för|trolla, -häxa, trollbinda **spellbinder** [-ˌbaɪndə] fängslande talare; fängslande bok (film *e.d.*) **spellbound** [-baʊnd] för|trollad, - häxad; trollbunden

speller ['spelə] **1** *be a good (bad) ~* stava bra (dåligt) **2** rättstavningslära **spelling** [-ɪŋ] **1** stavning; bokstavering **2** rätt|stavning, -skrivning **spelling bee** rättstavningstävlan

spelt [spelt] *imperf. o. perf. part. av spell*

spend [spend] (*spent, spent*) **1** ge (lägga) ut, spendera, göra av med, lägga ner (*money on* pengar på); slösa bort, göra slut på **2** använda, lägga ner (*all one's energy on* all sin energi på); förbruka; *~ o.s. a)* ta ut sig, *b)* (*om oväder*) lägga sig, rasa ut **3** tillbringa (*a week in Bath* en vecka i Bath), fördriva (*one's time in reading* tiden med att läsa) **4** ge ut (göra av med) pengar

spender ['spendə] slösare **spending** [-ɪŋ] [stora] utgifter **spending money** [-ɪŋˌmʌnɪ] fickpengar **spendthrift** ['spen(d)θrɪft] **I** *s* slösare **II** *a* slösaktig

spent [spent] **I** *imperf. o. perf. part. av spend* **II** *a* **1** använd, förbrukad, slut; tom; *~ matches* avbrända (använda) tändstickor **2** *litt.* utmattad

sperm [spɜ:m] **1** spermie, sädescell **2** sperma, sädesvätska **spermaceti** [ˌspɜ:mə'setɪ] valrav **spermatic** [spɜ:'mætɪk] sperma-; *~ cord* sädesledare; *~ fluid* sädesvätska **spermato|zoon** [ˌspɜ:mətə(ʊ)'zəʊɒn] (*pl -zoa* [-zəʊə]) spermatozo, spermie **sperm whale** ['spɜ:mweɪl] *zool.* spermacetival, kaskelot

spew [spju:] **1** *~ [out]* spy ut **2** *~ [up]* spy, kräkas

sp.gr. *förk. för specific gravity*

sphere [sfɪə] **1** sfär, klot; glob; himlakropp **2** *bildl.* sfär, område, fält; *~ of interest* intressesfär **3** [umgänges]krets, klass **spheric[al]** ['sferɪk(l)] sfärisk, klotformig

sphinx [sfɪŋks] sfinx (*äv. bildl.*)

spice [spaɪs] **I** *s* krydda (*äv. bildl.*); *koll.* kryddor; *variety is the ~ of life* omväxling förnöjer (ger krydda åt livet) **II** *v* krydda; *~ [up] (bildl.)* ge krydda åt, sätta piff på **spicery** ['spaɪsərɪ] kryddor

spick-and-span ['spɪkənˌspæn] *vard.* **1** prydlig, välstädad **2** splitter ny

spicy ['spaɪsɪ] **1** kryddad, aromatisk **2** *vard.* pikant

spider ['spaɪdə] *zool.* spindel **spidery** [-rɪ] spindelliknande; (*om handstil*) spretig

spiel [spi:l] *vard.* svada, [försäljar]snack

spif[f]licate ['spɪflɪkeɪt] *BE. skolsl.* ta kål på, göra mos av

spigot ['spɪgət] **1** propp; tapp **2** lufthål **3** *AE.* [vatten]kran

spike [spaɪk] **I** *s* **1** [metall]spets, pigg; (*på sko*) spik; *~s (äv.)* spikskor **2** lång spik; rälsspik **3** *bot.* ax **4** stilettklack **II** *v* **1** förse med spets[ar] (pigg, piggar *etc.*); *~d helmet* pickelhuva; *~d shoes* spikskor **2** spika [fast]; spetsa, genomborra **3** *~ a p.'s guns* omintetgöra (korsa) ngns planer **spike heel** ['spaɪkhi:l] stilettklack **spiky** ['spaɪkɪ] **1** spetsig, taggig **2** *BE. vard.* snarstucken

1 spill [spɪl] **I** *v* (*~ed, ~ed el. spilt, spilt*) **1** spilla [ut]; välta [ut], stjälpa [ut]; *~ the beans* prata bredvid mun[nen], skvallra; *~ a p.'s blood* spilla (utgjuta) ngns blod; *no use crying over spilt milk* gjort är gjort, man skall inte gråta över spilld mjölk **2** spillas [ut]; rinna över **3** *~ out* avslöja[s], yppas **4** *~ out of* strömma ut från (ur) **II** *s* **1** spill; spillande **2** fall (*från häst, cykel e.d.*)

2 spill [spɪl] sticka, hoprullat papper (*att tända eld med*)

spillage ['spɪlɪdʒ] oljeutsläpp (*från fartyg*)

spillikins ['spɪlɪkɪnz] (*behandlas som sg*) *BE.*

skrapnos, plockepinn

spilt [spɪlt] *imperf. o. perf. part. av spill*

spin [spɪn] **I** *v* (*spun, spun; åld. imperf. span*) **1** spinna; ~ *a yarn* (*story*) dra (berätta) en historia; ~ *out a*) dryga ut, få att räcka [längre], *b*) dra ut [på] **2** snurra [runt]; sätta snurr (rotation) på; skruva (*boll*); centrifugera (*tvätt e.d.*); ~ *a coin* singla slant **3** fiska med drag **4** spinna **5** snurra [runt]; råka i spinn; *my head is ~ning* allting snurrar runt för mig; *send s.b. ~ning* få ngn att snurra runt (falla) **6** ~ [*along*] glida (rusa, susa) [fram] **II** *s* **1** snurrande; centrifugering; skruv (*på boll*); *flyg.* spinn; *get* (*go*) *into a* ~ (*flyg.*) råka i spinn; *get into a flat* ~ (*vard.*) bli alldeles ifrån sig (konfys), få fnatt (snurren); *give a* ~ *a*) snurra [runt], *b*) centrifugera, *c*) skruva (*boll*) **2** *vard.* liten tur (utflykt), sväng; *go for a* ~ ta en liten tur, göra en sväng

spinach ['spɪnɪdʒ] spenat

spinal ['spaɪnl] ryggrads-; ~ *column* ryggrad; ~ *cord* ryggmärg

spindle ['spɪndl] **1** *textil.* slända; spole; (*i spinnmaskin*) spindel; *the ~ side* spinnsidan **2** *tekn.* axel; spindel **spindle-legged** [-legd] med långa skrangliga ben **spindle tree** *bot.* benved **spindly** [-ɪ] skranglig

spin-drier [ˌspɪn'draɪə] centrifug (*för tvätt*)

spindrift ['spɪndrɪft] yrande vågskum

spin|-dry [ˌspɪn'draɪ] centrifugera (*tvätt*) **--dryer** [-ə] *se spin-drier*

spine [spaɪn] **1** ryggrad **2** tagg; pigg; törne **3** [bok]rygg **-less** ['spaɪnlɪs] ryggradslös; *bildl. äv.* utan ryggrad

spinet [spɪ'net] *mus.* spinett

spinnaker ['spɪnəkə] *sjö.* spinnaker

spinner ['spɪnə] **1** spinnare, spinnerska **2** (*fiskedrag*) spinnare

spinney ['spɪnɪ] *i sht BE.* skogs|dunge, -snår

spinning ['spɪnɪŋ] spinning **spinning wheel** spinnrock

spin-off ['spɪnɒf] **1** biprodukt **2** spin-off-effekt, bi-, sido|effekt

spinster ['spɪnstə] ungmö, fröken; *jur.* ogift kvinna

spiny ['spaɪnɪ] **1** taggig **2** kinkig

spiral ['spaɪər(ə)l] **I** *a* spiral-, spiralformig; ~ *staircase* spiral-, vindel|trappa **II** *s* spiral **III** *v* löpa (gå) i spiral; gå upp [i en spiral]; ~ *downwards* röra sig nedåt [i en spiral]

spirant ['spaɪər(ə)nt] *språkv.* spirant, frikativa

spire ['spaɪə] [torn]spira

spirit ['spɪrɪt] **I** *s* **1** ande; själ; personlighet; *the Holy S~* den Helige Ande; *in ~ a*) i anden, i andanom, *b*) i sitt inre; *the ~ is willing but the flesh is weak* anden är villig, men köttet är svagt **2** ande[väsen], spöke **3** anda, andemening; *the ~ of the law* lagens anda; *enter into the ~ of* leva sig in i; *take s.th. in the wrong ~* uppfatta ngt på fel sätt **4** anda, stämning; *fighting ~* kamp-, strids|anda, -lust; *pioneering ~* pionjäranda; *the ~ of the age* (*times*) tidsandan; *that's the ~!* så där ja!, så ska det låta!; *when the ~ moves him* när andan faller på [honom] **5** ~[*s*] *a*) [sinnes]stämning, humör, *b*) mod, *c*) liv, kraft, energi; *a man of ~* en modig man (människa); *good ~s* gott humör; *high ~s* gott humör, hög stämning; *in* [*high*] *~s* på gott humör; *in low ~s, out of ~s* på dåligt (ur) humör, nedslagen, nere; *keep up one's ~s* hålla humöret (modet) uppe; *recover one's ~*[*s*] känna sig bättre till mods, repa mod **6** *kem.* alkohol; ~[*s*] sprit; ~[*s*] *of salt* saltsyra; ~[*s*] *of turpentine* terpentinolja **6** ~*s* (*pl*) sprit[drycker] **II** *v* **1** ~ *away* (*off*) trolla bort, smussla undan **2** ~ [*up*] uppmuntra

spirited ['spɪrɪtɪd] livlig, livfull; kraftfull

spiritism ['spɪrɪtɪz(ə)m] spiritism

spirit level ['spɪrɪtˌlevl] vattenpass **spirit-rapping** ['spɪrɪtˌræpɪŋ] andeknackning **spirit--stove** [-stəʊv] spritkök

spiritual ['spɪrɪtjʊəl] **I** *a* **1** andlig; själslig, själs-; *Lords S~* andliga lorder (*ärkebiskopar o. biskopar i överhuset*) **II** *s,* [*negro*] ~ [negro] spiritual (*andlig negersång*) **-ism** [-ɪz(ə)m] **1** spiritism **2** spiritualism **-ist** [-ɪst] **1** spiritist **2** spiritualist

spirituous ['spɪrɪtjʊəs] spirituös, sprithaltig

spirt [spɜːt] *se spurt*

1 spit [spɪt] **I** *v* (*spat, spat*) **1** ~ [*out*] spotta ut, *bildl. äv.* vräka ur sig; ~ *it out!* (*vard.*) ut med språket!, kläm fram med det! **2** sprätta; spruta (*fire* eld); *the engine was ~ting* motorn spottade och fräste **3** *be the ~ting image of one's father* (*vard.*) vara sin pappa upp i dagen **4** spotta; ~ *at* ([*up*]*on*) spotta på (åt); *within ~ting distance* (*vard.*) [på] mycket nära [håll] **5** fräsa; ~ *with rage* skumma av vrede **6** sprätta **7** *vard.* småregna **II** *s* **1** spottning; spott; *have a ~* spotta [ut]; *give s.th. a bit of ~ and polish* [blank]polera (putsa) ngt **2** [regn]stänk **3** *vard., she is the ~ and image* (*the dead ~*) *of her mother* hon är sin mamma upp i dagen

2 spit [spɪt] **I** *s* [stek]spett **II** *v* sätta (trä upp) på spett

spite [spaɪt] **I** *s* **1** elakhet, illvilja, ondska **2** *in ~ of* trots; *in ~ of o.s.* mot sin [egen] vilja; *from* (*out of*) ~ av elakhet (illvilja) **II** *v* komma åt, trakassera, ställa till förtret för, reta; *cut off one's nose to ~ one's face* (*ung.*) falla i den grop man grävt åt andra **-ful** ['spaɪtf(ʊ)l] elak, illvillig, ondskefull

spitfire ['spɪtˌfaɪə] hetlevrad (ilsken) kvinna (flicka), argbigga

spittle ['spɪtl] spott, saliv

spittoon [spɪ'tuːn] spottkopp

spitz [spɪts] spets[hund]

spiv [spɪv] *BE. sl.* fifflare, småbedragare

splash [splæʃ] **I** *v* **1** stänka [ner], slaska [ner], skvätta [ut]; plaska med; ~ *one's money about* (*vard.*) strö pengar omkring sig; ~ *one's way through* plaska genom **2** *vard.* slå upp (*a story* en historia) **3** stänka, skvätta; droppa; spruta; plaska, plumsa; skvalpa; ~ *out* (*vard.*) inte knussla, slå på stort **II** *s* **1** stänk; skvätt; fläck; ~ [*of soda*] en skvätt sodavatten **2** plask[ande], skvalp[ande] **3** *make a ~* (*vard.*) väcka uppseende, göra sensation **III** *adv, interj* plask!; pladask

splash|back ['splæʃbæk] stänkskydd (*ovanför diskbänk e.d.*), vattentålig väggbeklädnad **-board** stänkskydd (*på fordon*) **-down** (*rymdfarkosts*) landning i havet

splatter ['splætə] stänka [ner]; *~ed with mud* nerstänkt av lera

splay [spleɪ] **I** *v,* ~ [*out*] *a*) breda ut, *b*) spreta med

S

II *s* avsneddning, avfasning **III** *a* **1** utbredd; bred och platt **2** utåtvänd **-footed** [-ˌfʊtɪd] plattfotad; *be ~* gå utåt med fötterna
spleen [spli:n] **1** *anat.* mjälte **2** vrede, ilska; *vent one's ~ on* låta sitt dåliga humör gå ut över **3** *åld.* spleen, svårmod
splendid ['splendɪd] **1** praktfull, storartad, lysande, imponerande **2** fantastisk, utmärkt; *~!* utmärkt!, fantastiskt!, mycket bra! **3** *in ~ isolation* i förnäm avskildhet (tillbakadragenhet) **splendiferous** [splen'dɪfərəs] *skämts.* sjangdobel **splendour** ['splendə] glans, prakt, ståt; ~[*s*] storslagenhet
splenetic [splɪ'netɪk] *högt.* irritabel, lynnig
splice [splaɪs] **I** *v* **1** splitsa (*rep*); foga ihop; skarva [ihop] (*film e.d.*); *~ the mainbrace* (*sjö.*) *a*) dela ut spritranson, *b*) ta sig en styrketår **2** *skämts. get ~d* gänga (gifta) sig **II** *s* splits; skarv
splint [splɪnt] **I** *s* (*för bruten arm e.d.*) spjäla, skena; *put a ~ on* spjäla **II** *v* spjäla
splinter ['splɪntə] **I** *s* flisa, sticka; skärva; splitter; *~ party* fraktionsgrupp **II** *v* splittra[s] **splinter group** utbrytar-, fraktions|grupp **splinterproof** splitterfri **splintery** [-rɪ] (*om virke*) ohyvlad
split [splɪt] **I** *v* (*split, split*) **1** [sönder]dela, klyva, spräcka, spränga [sönder]; splittra (*äv. bildl.*); dela [på], dela upp; *~ the difference a*) dela på resten, *b*) gå halva vägen var; *~ hairs* klyva ord, hänge sig åt hårklyverier; *~ one's sides* [*laughing*] (*vard.*) skratta sig fördärvad; *~ one's vote* (*the ticket*) *AE.* [samtidigt] rösta på olika partiers kandidater; *~ open* bryta (slå) upp, spräcka; *~ up a*) sönderdela, klyva, *b*) dela [på, upp], *c*) skilja på, skingra, *d*) splittra **2** klyvas, rämna, brista, spricka [upp], gå (springa) sönder, sprängas, splittras; *bildl. äv.* dela [upp] sig; dela (*equal* lika); *my head is ~ting* mitt huvud sprängvärker; *~ off* avskiljas, *bildl.* bryta sig loss; *~ open* gå upp, brista, spricka [upp]; *~ up a*) dela [upp] sig, klyva sig, *b*) separera, skiljas **3** *vard.*, *~ on s.b.* tjalla på ngn **4** *vard.* sticka, dra **II** *a, perf. part.* delad, kluven, splittrad *etc.*, *jfr split I; ~ infinitive* (*språkv.*) infinitiv skild från infinitivmärket (*genom inskjutet ord*); *~ peas* [delade] torkade ärter; *~ personality* kluven personlighet, personlighetsklyvning; *a ~ second* en halv (mindre än en) sekund **III** *s* **1** klyvning, splittring *etc.*, *jfr split I; bildl.* spricka, splittring, brytning **2** rämna, reva, spricka **3** *do the ~s* gå ner i spagat **4** *vard.* liten flaska, halvflaska; halvt glas **5** split (*kluven frukt med glass o. vispgrädde*)
split-level ['splɪtˌlevl] *a* i två plan; *~ house* sluttnings-, souterräng|hus **splitting** [-ɪŋ] *a, ~ headache* blixtrande (brinnande) huvudvärk
splodge [splɒdʒ] fläck, stänk
splotch [splɒtʃ] *AE.* fläck, stänk
splurge [splɜ:dʒ] **I** *s* pomp och ståt; *have a ~* (*vard.*) slå på stort **II** *v* slå på stort, ge ut mycket pengar
splutter ['splʌtə] **I** *v* **1** spotta och fräsa; spotta (*när man talar*); sprätta, stänka **2** sluddra **II** *s* **1** spottande och fräsande; sprättande, stänkande **2** sluddrande, sludder
spoil [spɔɪl] **I** *s* **1** ~[*s* (*pl*)] rov, byte (*äv. bildl.*); *~s of war* krigsbyte **2** schaktmassor **3** *i sht AE.*, *~s* (*pl*) partibelöning **II** *v* (*spoilt, spoilt el. ~ed, ~ed*) **1** för|störa, -därva **2** skämma bort **3** bli förstörd (dålig, skämd) **4** *be ~ing for a fight* söka strid (*about* om)
spoiler ['spɔɪlə] (*på bil el. flygplan*) spoiler **spoilsport** [-spɔ:t] glädjedödare **spoils system** [-ˌsɪstəm] *AE.* spoilssystem (*system enligt vilket ämbeten fördelas mellan anhängare t. det i ett val segrande partiet*) **spoilt** [spɔɪlt] *imperf. o. perf. part. av spoil*
1 spoke [spəʊk] *imperf. av speak*
2 spoke [spəʊk] **I** *s* **1** [hjul]eker **2** stegpinne **3** *bildl., put a ~ in a p.'s wheel* sätta en käpp i hjulet för ngn **II** *v* **1** förse med ekrar
spoken ['spəʊk(ə)n] **I** *v, perf. part. av speak* **II** *a* talad, tal-; muntlig (*command* order); *~ English* engelskt talspråk
spokes|man ['spəʊksmən], **-person** [-ˌpɜ:sn], **-woman** [-ˌwʊmən] talesman; förespråkare
spondee ['spɒndi:] *versl.* spondé
spondu|licks, -lix ['spɒndjʊlɪks] *pl, sl.* stålar, kosing
sponge [spʌn(d)ʒ] **I** *s* **1** [tvätt]svamp; *give s.th. a ~* torka [av, upp] (tvätta) ngt [med en svamp]; *throw in* (*up*) *the ~* (*vard.*) kasta yxan i sjön (in handduken) **2** *kokk.* jäst deg; lätt sockerkaka **3** *vard.* snyltare, parasit **4** *vard.* svamp, fyllgubbe **II** *v* **1** *~* [*down*] torka [av, upp] (tvätta) [med en svamp]; *~ off* (*out*) torka (tvätta) bort [med en svamp]; *~ up* torka (suga) upp [med en svamp] **2** *vard.* snylta sig till **3** *vard.* snylta, parasitera (*on, off* på)
sponge bag ['spʌn(d)ʒbæg] *BE.* necessär, toalettväska **sponge cake** lätt sockerkaka **sponge-down** avtorkning, avtvättning (*med svamp*) **sponger** [-ə] *vard.* snyltare, snyltgäst, parasit **spongy** [-ɪ] svampig; svampaktig
sponsor ['spɒnsə] **I** *s* **1** sponsor, finansiär (*äv. av radio- el. TV-program i syfte att få reklam*) **2** fadder **3** *parl. e.d.* förslagsställare; upphovsman **II** *v* **1** sponsra, vara sponsor för, finansiera **2** stå för; ivra för **3** stå fadder åt **-ship 1** sponsorskap **2** fadderskap
sponta|neity [ˌspɒntə'neɪətɪ] spontan[e]itet **-neous** [spɒn'teɪnjəs] **1** spontan, av egen drift, frivillig; *~ combustion* självantändning; *~ generation* spontan uppkomst av liv **2** *biol.* spontan, inhemsk
spoof [spu:f] *vard.* **I** *s* **1** spratt; humbug **2** parodi (*on* på)), drift (*on* med) **II** *v* skoja [med], skämta [med]
spook [spu:k] *vard.* **I** *s* **1** spöke **2** underlig kurre, kuf **3** *AE.* spion, hemlig agent **II** *v, AE.* **1** skrämma **2** spöka i (på, hos) **spooky** ['spu:kɪ] *vard.* **1** spöklik, kuslig **2** hemsökt av spöken
spool [spu:l] **I** *s* spole; [film]rulle; *~ of thread* (*AE.*) trådrulle **II** *v, ~* [*up*] spola [upp]
spoon [spu:n] **I** *s* **1** sked; *wooden ~* (*bildl.*) jumbopris; *be born with a silver ~ in one's mouth* vara född med silversked i munnen (av rika föräldrar) **2** *golf.* spoon (*träklubba nr 3*) **3** (*för fiske*) skeddrag **II** *v* ösa [med sked], skeda **2** *vard.* svärma **-bill** ['spu:nbɪl] *zool.* skedstork
spoonerism ['spu:nərɪz(ə)m] omkastning av bokstäver (*t.ex. 'queer dean' i stället för 'dear queen'*)

spoon|-feed ['spu:nfi:d] (*spoon-fed, spoon-fed*) mata med sked; *bildl.* servera på fat, göra det enkelt för **-ful** [-f(ʊ)l] (*pl ~s el. spoonsful*) sked (*som mått*); *a ~ of milk* en sked mjölk
spoor [spʊə] **I** *s* spår (*av villebråd*) **II** *v* spåra (*villebråd*)
sporadic [spə'rædɪk] sporadisk, enstaka, spridd **-ally** [-(ə)lɪ] *adv* sporadiskt
spore [spɔ:] *bot.* spor
sporran ['spɒr(ə)n] *Sk.* skinnpung (*buren t. kilt*)
sport [spɔ:t] **I** *s* **1** sport; idrott; idrottsgren; *~s* (*pl, äv.*) *a*) *koll.* sport, idrott, *b*) idrotts|evenemang, -tävlingar **2** lek; tidsfördriv; nöje; skämt, skoj; åtlöje; *for* (*in*) *~* på lek (skämt, skoj), för nöjes (skojs, ro) skull; *it is a ~ to* (*bildl.*) det är en lek för; *make ~ of* skämta (skoja) med **3** *bildl.* lek|boll, - sak **4** *vard.* bra karl (kille); god förlorare; *be a* [*good*] *~* vara en bra kille (käck flicka, trevlig kamrat); *old ~!* gamle gosse! **II** *v* **1** *vard.* ståta (skylta, briljera) med **2** leka, roa sig **3** *~ away* slösa bort
sporting ['spɔ:tɪŋ] **1** sportig; sport-, idrotts-; sportslig; jakt- **2** *bildl.* sportslig, renhårig, hygglig; *a ~ chance* en sportslig (ärlig) chans **sportive** [-ɪv] lekfull; uppsluppen
sports car ['spɔ:tskɑ:] sportbil **sportscast** *AE. radio., TV.* sport[nytt, - nyheter] **sports day** idrottsdag **sports jacket** [-ˌdʒækɪt] [tweed]kavaj, blazer **sportsman** [-mən] sportsman (*äv. bildl.*), idrottsman **sportsmanlike** [-mənlaɪk] sportsmannamässig, sportslig **sportsmanship** [-mənʃɪp] sportsmannaanda, sportslighet **sportswoman** [-ˌwʊmən] idrotts-, sport|kvinna **sporty** [-ɪ] **1** sportig **2** prålig **3** (*om kvinna*) lättsinnig
spot [spɒt] **I** *s* **1** fläck (*äv. bildl.*); prick, punkt **2** punkt; plats, ställe; *bright ~* (*bildl.*) ljuspunkt; *high ~* (*bildl.*) höjdpunkt; *tender ~* öm punkt; *have a soft ~ for* vara svag för; *weak ~* svag sida (punkt), svaghet; *in ~s* här och där, punktvis, då och då; *on the ~ a*) på platsen, *b*) på fläcken, genast; *knock ~s off s.b.* (*vard.*) ställa ngn i skuggan, vara ngn överlägsen **3** *vard., be in a* (*on the*) *~* vara i klämma (knipa), ligga illa till **4** stänk, droppe; *vard.* skvätt; *a ~ of* (*äv.*) litet, en aning (smula); *a ~ of whisky* (*rye*) en whiskypinne; *we had a ~ of rain* det kom några droppar regn hos oss **5** finne, kvissla, blemma; *come out in ~s* få finnar **6** nummer, programpunkt; *radio., TV.* reklam|snutt, - inslag **7** *se spotlight* **II** *v* **1** fläcka [ner]; sätta prick på; *bildl.* fläcka **2** känna igen; upptäcka, få syn på, se, hitta, komma på; *~ the winner* tippa vem som vinner, tippa rätt **3** småregna **4** bli fläckig
spot cash ['spɒtkæʃ] [omedelbar] kontant betalning vid leveransen **spot-check I** *s* stickprov, stickprovskontroll **II** *v* göra stickprovskontroll av, ta stickprov på **spotless** [-lɪs] fläckfri; ren **spotlight I** *s* spotlight; strålkastare; strålkastarljus (*äv. bildl.*); (*på bil*) sökarljus; *be in the ~* (*bildl.*) stå i rampljuset **II** *v* belysa med spotlight (strålkastare); *bildl.* rikta uppmärksamheten på, ställa i strålkastarljuset (rampljuset) **spot market** [-ˌmɑ:kɪt] *hand.* spotmarknad **spot-on** [spɒt'ɒn] *BE. vard.* på pricken, exakt, precis
spotted ['spɒtɪd] **1** prickig **2** fläckig, fläckad (*with* av); *~ fever* fläck|tyfus, -feber **spotter** [-ə] **1** observatör, iakttagare, spanare **2** *mil.* eldobservatör; luftbevakare **spotty** [-ɪ] **1** fläckig, prickig; finnig **2** ojämn [till kvaliteten]
spot-weld ['spɒtweld] punktsvetsa
spouse [spaʊz] make, maka
spout [spaʊt] **I** *s* **1** pip; [vatten]utkastare **2** [häftig] stråle **3** *vard., be up the ~ a*) vara åt pipan (helt fel), *b*) vara i knipa (ruinerad); *it has gone up the ~* det har gått åt pipan (upp i rök) **II** *v* **1** spruta [ut], spy ut **2** *~* [*out*] haspla ur sig, spotta fram
sprain [spreɪn] **I** *v* stuka, vricka **II** *s* stukning, vrickning
sprang [spræŋ] *imperf. av spring*
sprat [spræt] *zool.* skarpsill, vassbuk
sprawl [sprɔ:l] **I** *v* **1** *~* [*out*] ligga (sitta) och vräka sig, sträcka (breda) ut sig **2** sprida (breda) ut sig; (*om handstil e.d.*) spreta åt alla håll **II** *s* **1** vildvuxen utbredning (*av stad e.d.*) **2** vräkig ställning; spretande **sprawled** [-d] utsträckt; *be ~ on* sitta (ligga) och vräka sig i (på)
1 spray [spreɪ] **I** *s* **1** stänk, [yrande] skum; *bildl.* skur (*of bullets* av kulor) **2** sprej, spray; *hair ~* hårsprej **3** sprej-, spray|flaska; spruta, spridare; *garden ~* vattenspridare (*för trädgården*) **II** *v* **1** spruta, spreja, spraya, stänka (*s.b. with s.th.* ngt på ngn); bespruta, spruta ner, stänka på **2** *~* [*out*] spruta [ut]
2 spray [spreɪ] kvist; liten bukett
spray can ['spreɪkæn] sprej-, spray|burk **sprayer** [-ə] **1** spruta **2** sprutare **spray gun** sprutpistol
spread [spred] **I** *v* (*spread, spread*) **1** *~* [*out*] breda [ut], sprida [ut], lägga (veckla, spänna, sträcka) ut; *~ o.s.* breda ut sig (*äv. bildl.*); *~ out one's fingers* spreta med fingrarna; *~ the table* duka [bordet]; *~ a cloth on the table, ~ the table with a cloth* lägga en duk på bordet **2** breda, stryka; *~ butter on bread, ~ bread with butter* breda smör på bröd **3** fördela; sprida [ut]; föra vidare **4** breda ut sig; sträcka sig; sprida sig; *~ out a*) breda ut sig, *b*) dela upp (sprida) sig **5** kunna bredas (strykas) **II** *s* **1** utbredning; spridning; fördelning **2** utsträckning; spännvidd; omfång, bredd, vidd; *flyg. vard.* vingbredd **3** [bredbart] pålägg, bredbar pastej; *cheese ~* mjukost **4** överkast; duk **5** (*i bok, i tidning*) [*double*] *~* uppslag **6** *vard.* kalas, skrovmål **7** *vard., get a middle-age ~* [komma till åren och] lägga på hullet
spreadeagle[d] [ˌspred'i:gl(d)] *a* med utsträckta armar och ben
spree [spri:] **I** *s, shopping ~* inköpsrunda, köprond; *go on a drinking ~* ta en krogrond, gå ut och festa **II** *v* festa om
sprig [sprɪg] **1** [liten] kvist; skott **2** blad-, blomster|ornament
sprightly ['spraɪtlɪ] *a* pigg, livlig
spring [sprɪŋ] **I** *v* (*sprang el. ibl. sprung, sprung*) **1** utlösa, spränga (*a mine* en mina); få att [plötsligt] öppna sig (slå igen); spräcka; *~ a leak* (*sjö.*) springa läck **2** [plötsligt] komma med (kasta fram); *~ s.th. on s.b.* överraska ([plötsligt] konfrontera) ngn med ngt **3** hoppa över **4** *vard.* befria, få ut (*from prison* ur fängelse) **5** utlösas, explodera; smälla (slå) igen; *~ open* flyga upp,

S

[plötsligt] öppna sig **6** hoppa, flyga, rusa, kasta (störta) sig; ~ *at s.b.* flyga på ngn; ~ *into fame* plötsligt bli berömd; ~ *into life* få (vakna till) liv, uppstå; ~ *up* (*to one's feet*) rusa (fara, flyga) upp **7** rinna, spruta; upp|komma, -stå; ~ *from* (*äv.*) komma (härröra, härstamma) från; ~ [*up*] *a*) rinna fram (upp), *b*) komma (skjuta) fram (upp), spira, *c*) växa (dyka) upp; *tears sprang* [*in*]*to her eyes* hon fick plötsligt tårar i ögonen **II** *s* **1** hopp, språng **2** källa (*äv. bildl.*); ursprung **3** [stål]fjäder; resår; ~s (*pl, äv.*) fjädring **4** *bildl.* drivfjäder **5** fjädring, elasticitet, svikt, spänst; *with a ~ in one's step* med fjädrande gång **6** (*för exempel jfr autumn*) vår (*äv. bildl.*)

spring balance [ˌsprɪŋ'bæləns] fjädervåg

springboard ['sprɪŋbɔ:d] **1** trampolin, svikt **2** språngbräda (*äv. bildl.*) **spring|bok, -buck** ['sprɪŋbɒk] *zool.* springbock **spring chicken** ['sprɪŋˌtʃɪkɪn] **1** *i sht AE.* gödkyckling **2** *vard., he's no ~* han är ingen gröngöling; *she's no ~* hon är ingen duvunge **spring-clean** ['sprɪŋkli:n] vår-, stor|städa **spring-cleaning** ['sprɪŋˌkli:nɪŋ] vår-, stor|städning

springe [sprɪn(d)ʒ] *s o. v* snara

spring fever [ˌsprɪŋ'fi:və] **1** vårkänslor **2** vårtrötthet **spring tide** ['sprɪŋtaɪd] springflod

springtime ['sprɪŋtaɪm] vår; *in ~* på våren

springy ['sprɪŋɪ] fjädrande, elastisk; spänstig

sprin|kle ['sprɪŋkl] **I** *v* **1** strö [ut], stänka, strila; bestänka, beströ, bespruta; ~ *clothes* stänka kläder; *be ~d over* (*bildl.*) vara utspridd (utströdd) över **2** dugga, duggregna, stänka **II** *s* **1** stänk **2** *a ~* en smula, [ngt] lite[t]; ~ *of snow* lätt snöfall **-kler** [-klə] **1** sprinkler; vattenspridare; stril **-kling** [-klɪŋ] **1** bestänkande, utströende, besprutande **2** *bildl.* stänk, gnutta; inslag, fåtal

sprint [sprɪnt] **I** *v* sprinta, spurta; rusa **II** *s* **1** sprinterlopp **2** [slut]spurt **3** rusning **-er** ['sprɪntə] sprinter[löpare], kortdistanslöpare **--race** ['sprɪntreɪs] sprinter-, kortdistans|lopp

sprit [sprɪt] *sjö.* spri[stång]

sprite [spraɪt] fe; älva; tomte

spritsail ['sprɪtsl] *sjö.* sprisegel

sprocket ['sprɒkɪt] **1** (*på kedjekrans*) tand, kugge **2** kedjekrans, tandat hjul **--wheel** *se sprocket 2*

sprout [spraʊt] **I** *v* **1** gro, spira [fram, upp], skjuta upp, skjuta skott, börja växa **2** *bildl.*, ~ [*up*] växa upp (fram) **3** få, lägga sig till med **II** *s* skott, grodd; [*Brussels*] *~s* brysselkål

1 spruce [spru:s] (*pl lika*) *bot.* gran

2 spruce [spru:s] **I** *a* prydlig, nätt **II** *v*, ~ *up* fiffa upp

sprung [sprʌŋ] **I** *v, perf.part. o. ibl. imperf. av spring* **II** *a* fjäder-, resår-; ~ *mattress* resårmadrass

spry [spraɪ] rask, pigg

spt. *förk. för seaport*

spud [spʌd] *vard..* plugg (*potatis*)

spume [spju:m] [våg]skum

spun [spʌn] **I** *v. imperf. o. perf. part. av spin* **II** *a* spunnen; ~ *glass* glas|fiber, -ull; ~ *sugar* (*AE.*) spunnet socker, sockervadd

spunk [spʌŋk] **1** *vard.* energi, fart; mod **2** *vulg.* sädesvätska **3** fnöske **spunky** ['spʌŋkɪ] *vard.* klämmig; modig

spur [spɜ:] **I** *s* **1** sporre; *bildl. äv.* drivfjäder, eggelse; *on the ~ of the moment* av en ingivelse, utan närmare eftertanke; *win one's ~s* (*bildl.*) vinna sina sporrar **2** [klipp]utsprång **II** *v* **1** ~ [*on*] sporra, *bildl. äv.* egga, driva på

spurge [spɜ:dʒ] *bot.* törel

spurious ['spjʊərɪəs] falsk; förfalskad, oäkta

spurn [spɜ:n] [föraktfullt] avvisa, försmå

spurt [spɜ:t] **I** *v* **1** spurta; rusa **2** ~ [*out*] spruta [fram, ut] **II** *s* **1** [slut]spurt; kraftansträngning **2** [ut-, fram|sprutande] stråle

sputter ['spʌtə] **I** *v* **1** spotta [och fräsa]; spraka; sprätta **2** sluddra **II** *s* **1** spottande [och fräsande] ; sprakande; sprättande **2** sludder

spy [spaɪ] **I** *s* spion; spejare **II** *v* **1** spionera (*on* på); ~ *into* snoka i **2** få syn på, upptäcka **3** ~ *out* utspionera; ~ *out the land* ta reda på hur landet ligger **-glass** ['spaɪglɑ:s] liten kikare, litet teleskop **--hole** ['spaɪhəʊl] titt-, kik|hål

Sq. *förk. för Squadron; Square* **sq.** *förk. för sequence; square; sequens* (*lat.*) *the following one* **sq. ft.** *förk. för square foot* (*feet*) **sq. in.** *förk. för square inch*[*es*] **Sq. Ldr.** *förk. för Squadron Leader* **sq. m.** *förk. för square metre*[*s*]; *square mile*[*s*]

squab [skwɒb] **I** *a* kort och tjock **II** *s* **1** rulta, liten tjockis **2** fågelunge, duvunge **3** (*mjuk, tjock*) dyna, kudde

squabble ['skwɒbl] **I** *v* käbbla, kivas **II** *s* käbbel, kiv

squad [skwɒd] **1** grupp (*äv. mil.*); trupp (*äv. fotbollstrupp*), skara; [polis]patrull; *flying ~* rörlig spaningsavdelning **squad car** ['skwɒdkɑ:] polisbil

squadron ['skwɒdr(ə)n] **1** *mil.* (*i flyget*) division; (*i kavalleriet*) skvadron; (*i flottan*) eskader **2** grupp, skara **squadron leader** *BE.* (*i flyget*) major

squalid ['skwɒlɪd] smutsig, snuskig, eländig **-ity** [skwɒ'lɪdətɪ], **-ness** ['skwɒlɪdnɪs] snusk[ighet], elände

squall [skwɔ:l] **I** *v* skrika, gapa, gasta **II** *s* **1** skrik, skrän, vrål **2** kast-, storm|by

squalor ['skwɒlə] elände; snusk[ighet]

squander ['skwɒndə] slösa [bort], förslösa

square [skweə] **I** *s* **1** fyrkant; ruta; *geom.* kvadrat; *be back to ~ one* vara tillbaka där man (*etc.*) började (vid utgångspunkten); *start* [*again*] *from ~ one* börja om från början igen **2** kvarter; [öppen] plats, torg **3** vinkel[hake,-mått, - linjal]; *on the ~ a*) vinkelrät[t], *b*) ärlig[t], öppen, öppet, just **4** *vard.* gammalmodig (insnöad, mossig) person **5** *mat.* kvadrat[tal]; *the ~ of 2 is 4* 2 i kvadrat (upphöjt till 2) är fyra **II** *a* **1** fyrkantig; kvadratisk; kvadrat-; ~ *bracket* rak parentes, hakparentes; ~ *dance* kontradans (*med fyra par*); ~ *measure* ytmått; ~ *number* kvadrat[tal]; ~ *root* kvadratrot; ~ *sail* (*sjö.*) råsegel; *three metres ~* tre meter i kvadrat; *a ~ peg in a round hole* (*vard.*) en som har kommit på fel plats, en som inte alls passar in **2** vinkelrät, rätvinklig (*to, with* mot) **3** fyrkantig, undersätsig, satt; kraftig[t byggd] **4** ordentlig, rejäl, kraftig, stadig; *a ~ meal* ett rejält mål mat **5** klar, otvetydig; ärlig, öppen, renhårig; rättvis, just; ~ *refusal* tvärt avslag; *be ~ with s.b.* vara öppen (ärlig) mot ngn;

give s.b. a ~ deal behandla ngn rättvist (just) **6** reglerad, uppgjord, i ordning; kvitt, jämn; *we are [all] ~ a)* nu ligger vi lika (har vi samma poäng), *b)* nu är vi kvitt; *get ~ with s.b.* göra upp med ngn (*äv. bildl.*); *get things ~* ordna upp saken **7** *vard.* gammalmodig, insnöad, mossig **III** *adv* **1** vinkelrätt, i rät vinkel (*to* mot) **2** direkt, rakt, rätt **3** *vard.* ärligt, renhårigt, just **IV** *v* **1** göra fyrkantig (kvadratisk, rätvinklig); dela upp i fyrkanter (kvadrater), ruta; *~d paper* rutpapper; *~ a block of stone* fyrhugga ett stenblock; *~ one's shoulders* sträcka på axlarna; *he ~d the papers on his desk* han rättade till papperen på sitt skrivbord **2** reglera, göra upp [med], betala; utjämna **3** få att stämma överens, avpassa, rätta (*with, to* med, efter) **4** *mat.* kvadrera, upphöja i kvadrat; *2 ~d is 4* 2 i kvadrat (upphöjt till 2) är 4 **5** *vard.* mygla med, fixa **6** bilda [en] rät vinkel **7** stämma [överens], passa ihop **8** *~ up a)* göra sig redo att slåss (*to* med), höja garden (*to* mot), *b) vard.* göra upp **9** *~ away a) sjö.* länsa, *b) AE.* städa (snygga) upp

squarely ['skweəlɪ] *adv* **1** rakt, rätt **2** rättframt, rakt på sak; renhårigt, ärligt **3** vinkelrätt, i rät vinkel

1 squash [skwɒʃ] **I** *v* **1** klämma [in], pressa [in]; klämma (krama, mosa, pressa) sönder; platta till, *bildl. äv.* snäsa av; *bildl.* krossa, slå ner **2** klämmas (kramas, pressas) sönder, mosas, mosa sig **3** trängas; *~ into* tränga (pressa) sig in i **II** *s* **1** (*dryck av pressad fruktsaft*) squash **2** mos; mosande **3** [folk]trängsel **4** *sport.* squash

2 squash [skwɒʃ] *i sht AE., bot.* squash

squash rackets [ˌskwɒʃ'rækɪts] (*behandlas som sg*) *sport.* squash

squashy ['skwɒʃɪ] mjuk, kladdig, mosig

squat [skwɒt] **I** *v* **1** *~ [down]* sitta på huk **2** huka sig [ner] **3** [olagligt] ockupera, slå sig ner i **II** *a* kort och tjock; satt, undersätsig **-ter** ['skwɒtə] **1** *BE.* husockupant **2** nybyggare (*som utan laglig rätt tar mark i besittning*) **3** *Austr.* arrendator (*på statens mark*); stor boskapsägare (fårägare)

squaw [skwɔ:] squaw (*nordamerikansk indiankvinna*)

squawk [skwɔ:k] **I** *v* **1** (*om fågel*) skria, skrika [gällt] **2** *vard.* klaga (protestera) högljutt **II** *s* **1** (*fågels*) skri[ande], [gällt] skrik **2** *vard.* högljudd klagan (protest)

squeak [skwi:k] **I** *v* **1** pipa; skrika; gnissla, gnälla; knarra **2** *vard.* tjalla **3** *AE.* med nöd och näppe klara sig **II** *s* **1** pip; skrik; gnisslande, gnissel, gnäll; knarr[ande] **2** *vard., it was a narrow (near) ~* det var på håret (nära ögat) **skweaker** ['skwi:kə] *vard.* tjallare **skweaky** ['skwi:kɪ] pipig, gäll; gnisslande, gnällig; knarrande

squeal [skwi:l] **I** *v* **1** skrika (*utdraget o. gällt*); skria **2** *sl.* tjalla (*on s.b. to s.b.* på ngn för ngn) **3** *vard., i sht BE.* klaga, protestera **II** *s* skri[k] **squealer** ['skwi:lə] *sl.* tjallare

squeamish ['skwi:mɪʃ] **1** överkänslig (*about* för); lättskrämd; som lätt blir illamående; pryd **2** kinkig, kräsen

squeegee [ˌskwi:'dʒi:] **1** [gummi]skrapa, -raka **2** *foto.* gummivals

squeeze [skwi:z] **I** *v* **1** trycka, klämma, krama, pressa; klämma (pressa) in (ner); omfamna, krama; *bildl.* pressa, ansätta; *~ one's finger* klämma sig i fingret; *~ the trigger* trycka av; *~ [out] a)* krama (pressa) ur (ut), *b)* klämma (pressa) fram; *~ s.th. from (out of) s.b.* pressa av (ur) ngn ngt, pressa ngn på ngt; *~ o.s. into* tränga (pressa) sig in i; *~ to death* klämma ihjäl **2** tränga (pressa) sig (*into* in i; *through* igenom) **II** *s* **1** tryck[ning], hopklämning, [ur]kramning; press; omfamning, kram; *bildl.* påtryckning, utpressning, press; *in a tight ~ (vard.)* i klämma, i knipa; *give s.th. a ~ (äv.)* trycka (krama [ur]) ngt; *it was a narrow (tight) ~ (vard.)* det var nära ögat; *put the ~ on s.b. a)* ansätta (sätta press på) ngn, *b)* bedriva utpressning mot ngn **2** trängsel; *it was a tight (terrible) ~* det var förfärligt trångt **3** skvätt, droppe; *a ~ of (äv.)* litet **4** *ekon.* åtstramning

squeezer ['skwi:zə] [frukt]press

squelch [skwel(t)ʃ] **I** *v* **1** klafsa, plaska (*i vatten e.d.*) **2** kväsa, krossa **3** *vard.* tysta ner, ge ett dräpande svar **II** *s* **1** klafs[ande], plask[ande] **2** *vard.* dräpande svar

squib [skwɪb] **1** (*fyrverkeripjäs*) svärmare **2** gliring; smädesskrift; *damp ~* platt fall, fiasko

squid [skwɪd] *zool.* tioarmad bläckfisk

squiffy ['skwɪfɪ] *BE. vard.* lätt berusad, påstruken

squiggle ['skwɪgl] **I** *v* **1** slingra (snirkla) sig **2** rita krumelurer (snirklar); klottra **II** *s* krumelur, snirkel; klotter

squilgee [ˌskwɪl'dʒi:] *se squeegee*

squill [skwɪl] *bot.* scilla

squint [skwɪnt] **I** *v* **1** skela, vinda; kisa (*at* mot) **2** snegla (*at* på) **II** *s* **1** skelning, vindögdhet; *have a ~* vara vindögd (skelögd) **2** *vard., have (take) a ~ at* ta en titt på **III** *a* vindögd, skelande **-er** ['skwɪntə] vindögd person **--eyed** ['skwɪntaɪd], **-ing** ['skwɪntɪŋ] vindögd, skelögd

squire ['skwaɪə] **1** godsägare **2** *hist.* väpnare **3** *BE.* (*i tilltal*) min [bäste] herre

squirm [skwɜ:m] **I** *v* skruva [på] sig, vrida sig; *bildl.* våndas **II** *s* skruvande; *bildl.* vånda

squirrel ['skwɪr(ə)l] ekorre

squirt [skwɜ:t] **I** *v* **1** spruta [på] **2** spruta ut **II** *s* **1** stråle **2** sprutande; spruta **3** *vard.* nolla, klåpare; puttefnask

squish [skwɪʃ] klafs[ande], smask[ande]

squit [skwɪt] **1** nolla, klåpare **2** strunt[prat]

sq. yd. *förk. för square yard* **SR[.]** *förk. för senior; Sir; Sister* (nunna) **S.R.N.** *förk. för State Registered Nurse* **S.R.O.** *förk. för standing room only; (BE.) Statutory Rules and Orders* **SS** *förk. för Saints* **ss.** *förk. för sections* **S.S.** *förk. för Steamship; Sunday School* **SSE** *förk. för south-southeast* **SSM** *förk. för surface-to-surface missile* **SSN** *förk. för severely subnormal* **SSR** *förk. för Soviet Socialist Republic* **SSW** *förk. för south-southwest* **St[.]** *förk. för Saint; statute; Strait; Street* **s.t.** *förk. för short ton* **sta.** *förk. för station; stationary*

stab [stæb] **I** *v* **1** sticka [ner], genomborra; sticka, stöta, köra; *~ a knife into s.b. (s.b. with a knife)* sticka kniven i ngn; *~ s.b in the back (bildl. vard.)* falla ngn i ryggen, lömskt attackera ngn **2** *~ [at] (med fingrarna e.d.)* trumma på; *~ the air with* hugga i luften med **II** *s* **1** stick, stöt, sting; *a ~ in the back (bildl.)* en dolkstöt i ryggen **2** *bildl.* hugg, sting, stick; *a ~ of alarm* en plötslig oro; *a*

S

~ *of pain* ett sting av smärta **3** *vard.*, försök (*at* till); *have a ~ at* försöka sig på; *a ~ in the dark* ett skott i det blå **-bing** ['stæbɪŋ] **I** *s* knivskärning **II** *a* stickande (*pain* smärta)
stability [stə'bɪlətɪ] stabilitet, stadga
stabil|ization (*BE. äv. -isation*) [ˌsteɪbəlaɪ'zeɪʃn] stabilisering **-ize** (*BE. äv. -ise*) ['steɪbəlaɪz] stabilisera **-izer** (*BE. äv. -iser*) ['steɪbəlaɪzə] stabilisator
1 stable ['steɪbl] stabil, stadig, säker
2 stable ['steɪbl] **I** *s*, [ɹ] stall (*äv. bildl.*), stallbyggnad **II** *v* stalla, ställa in i stall[et] **stableboy** stall|dräng, -pojke **stable companion** [-kəmˌpænjən] stallbroder **stable door** [-dɔ:] stalldörr **stableman** [-mən] *se stableboy*
stableness ['steɪblnɪs] stabilitet, stadga
staccato [stə'kɑ:təʊ] *mus.* staccato
stack [stæk] **I** *s* **1** stapel, trave, hög; *vard.* massa, hel hög **2** [hö]stack **3** skorsten[sgrupp] **II** *v*, ~ [*up*] stapla [upp], trava [upp]; *be ~ed with* vara fullproppad med; *the odds* (*cards*) *are ~ed against* oddsen är emot **2** stacka
stadi|um ['steɪdjəm] (*pl -ums el. -a* [-ə]) **1** stadion **2** [sjukdoms]stadium
staff [stɑ:f] **I** *s* **1** personal; stab (*äv. mil.*); *editorial* ~ redaktion[spersonal]; *General S~* (*mil.*) generalstab; [*teaching*] ~ lärarkår; *be on the* ~ höra till personalen (staben, kollegiet), vara medarbetare ([fast] anställd); *are you ~?* (*vard.*) är du anställd (arbetar du) här?; *he has left our* ~ han har slutat här **2** stav; [flagg]stång; skaft; *bildl.* stöd; *the ~ of life* det viktigaste födoämnet, brödet **3** (*pl staves*) *mus.* not|linjer, -plan, -system **II** *v* hitta (skaffa, anställa) personal till; bemanna; *be well ~ed* ha tillräckligt med personal
staff college ['stɑ:fˌkɒlɪdʒ] krigshögskola **staff nurse** [-nɜ:s] biträdande sjuksköterska **staff officer** [-ˌɒfɪsə] [general]stabsofficer
Staffs. [stæfs] *förk. för Staffordshire* ['stæfədʃə]
stag [stæg] **1** *zool.* [kron]hjorthanne **2** ensam man [utan damsällskap] **stag beetle** [-ˌbi:tl] *zool.* ekoxe
stage [steɪdʒ] **I** *s* **1** scen (*äv. bildl.*); teater; estrad; podium; *on* [*the*] ~ på scenen; *go on ~ a*) träda in på scenen, *b*) börja [spela]; *go on the* ~ gå in vid teatern, bli skådespelare; *hold the* ~ dominera scenen (*äv. bildl.*); *put on the* ~ sätta upp, uppföra; *the ~ is set a*) allt är klart på scenen, *b*) *bildl.* allt är klart **2** plattform, podium **3** (*på mikroskop*) objektglas **4** fas, stadium, skede; *the child has reached the talking* ~ barnet har börjat tala **5** avsnitt, etapp; zon[gräns]; *in* (*by*) [*easy*] *~s a*) etappvis, i etapper, *b*) *bildl.* steg för steg, litet i taget **6** skjuts|station, -håll; hållplats **7** [raket]steg **II** *v* sätta upp, iscensätta; uppföra; *bildl.* iscensätta, arrangera, organisera; ~ *a recovery* hämta sig, tillfriskna; *the play is ~d in the 18th century* pjäsen utspelas på 1700-talet
stagecoach ['steɪdʒkəʊtʃ] [post]diligens **stage direction** [-dɪˌrekʃn] scenanvisning **stage door** [-dɔ:] sceningång **stage fright** [-fraɪt] rampfeber **stagehand** [-hænd] scenarbetare **stage-manage** [-ˌmænɪdʒ] iscensätta, arrangera **stage manager** [-ˌmænɪdʒə] inspicient, regiassistent **stager** [-ə] *s, old* ~ [gammal] veteran **stage-struck** [-strʌk] teaterbiten **stage whisper** [-ˌwɪspə] teaterviskning
stagflation [stæg'fleɪʃn] *ekon.* stagflation
stagger ['stægə] **I** *v* **1** vackla, ragla, stappla **2** få att vackla; *bildl. äv.* slå med häpnad, chocka, skaka **2** sprida (*holidays* semestrar[na]) **II** *s* **1** vacklande, raglande, stapplande **-ing** [-rɪŋ] **1** vacklande, raglande, stapplande, ostadig **2** häpnadsväckande, chockerande; ~ *blow* dråpslag (*äv. bildl.*)
staging ['steɪdʒɪŋ] **1** iscensättning, uppsättning **2** (*på byggnadsställning*) plattform
stag|nant ['stægnənt] stillastående; *bildl. äv.* stagnerande **-nate** [stæg'neɪt] stå stilla; stagnera (*äv. bildl.*) **-nation** [stæg'neɪʃn] stagnation; stillastående; stockning
stag party ['stægˌpɑ:tɪ] svensexa
stagy ['steɪdʒɪ] teatralisk
staid [steɪd] stadgad; sober
stain [steɪn] **I** *v* **1** fläcka [ner]; missfärga; *litt.* fläcka, vanhedra **2** färga; måla; betsa; *~ed glass* målat glas **3** få fläckar; missfärgas **4** färga av sig **II** *s* **1** fläck (*äv. bildl.*) **2** färgämne; bets **stained-glass** ['steɪndglɑ:s] *a*, ~ *window* fönster med glasmålning **stainless** ['steɪnlɪs] **1** fläckfri, obefläckad **2** rostfri; ~ *steel* rostfritt stål
stair [steə] **1** trappsteg; *åld. el. litt.* trappa **2** våningsplan **3** *~s* (*pl*) trappa (*inomhus*), trappuppgång; *a flight of ~s* en trappa; *below ~s* (*BE.*) bland tjänstefolket; *on the* ~ i trappan
stair|case ['steəkeɪs] trappa; trappuppgång **-head** översta trappavsats **-way** trappa **-well** trapphus
stake [steɪk] **I** *s* **1** stake, stör, påle, stolpe; pinne, käpp; *be burnt at the* ~ brännas på bål; *pull up ~s* bryta upp, flytta sina bopålar **2** [an]del; intresse; ~[*s*] insats; *be at* ~ stå på spel; *that's precisely the issue at* ~ det är precis det det handlar om; *have a ~ in s.th.* ha [an]del i ngt; *place one's ~ on* satsa på; *play for high ~s* spela högt; *put at* ~ sätta på spel **3** *~s* (*pl*) *a*) (*vid hästkapplöpning*) pris, prispengar, [pris]lopp, *b*) kapplöpning (*äv. bildl.*) **II** *v* **1** fästa vid en stake (*e.d.*, *jfr I*); stödja med en stake (*e.d.*), stötta, staga; stödja, binda upp (*växt*); inhägna med pålar (*e.d.*); ~ [*off, out*] *a*) staka ut, *b*) definiera, specificera; ~ *out* (*AE.*) polisbevaka; ~ *out a claim* resa anspråk **2** satsa, riskera, sätta på spel **3** stödja (backa upp) [ekonomiskt]
stakeout ['steɪkaʊt] *AE.* [polis]övervakning
stal|actite ['stæləktaɪt] stalaktit, (*hängande*) droppsten **-agmite** [-əgmaɪt] stalagmit, (*stående*) droppsten
1 stale [steɪl] **I** *a* **1** gammal; unken, instängd; avslagen; ~ *bread* gammalt bröd **2** tröttkörd, slut, [ut]sliten; gammal, förlegad; ~ *clichés* slitna (nötta) klichéer **II** *v* göra (bli) gammal (unken *etc.*, *se I*)
2 stale [steɪl] (*hästars el. boskaps*) urin
stalemate ['steɪlmeɪt] **I** *s* **1** *schack.* patt[ställning] **2** dödläge **II** *v* **1** *schack.* göra patt **2** få att stanna (gå i baklås, köra fast)
1 stalk [stɔ:k] **1** stjälk, skaft, stängel **2** skaft; (*på glas*) fot; stöd
2 stalk [stɔ:k] **1** smyga [sig] efter, smyga sig på (*game* villebråd) **2** [hotfullt] sprida sig genom **3** skrida [fram], gå med stolta steg (högburet

huvud) **4** gå på jakt

stalker ['stɔ:kə] smygande jägare **stalking-horse** [-ɪŋhɔ:s] **1** *åld.* skjuthäst, hästattrapp **2** täckmantel, förevändning

1 stall [stɔ:l] **I** *s* **1** [salu]stånd, disk, bord; kiosk **2** spilta; bås; avbalkning **3** *teat.* parkettplats; *in the ~s* på parkett **4** *kyrkl.* korstol **5** fingertuta **6** motor-, tjuv|stopp **7** *AE.* parkeringsruta **II** *v* **1** ställa (hålla) i (spilta); stalla **2** orsaka tjuvstopp i **3** få motorstopp; tjuvstanna

2 stall [stɔ:l] **I** *v* **1** uppehålla, försinka; avleda (*ngns uppmärksamhet*) **2** komma med undanflykter **II** *s* avledande manöver, uppehållande taktik, undanflykt, svepskäl

stallion ['stæljən] hingst

stalwart ['stɔ:lwət] **I** *a* **1** stor och stark, robust **2** trofast, trogen; ståndaktig; gedigen **II** *s, i sht polit.* trogen (ståndaktig) anhängare

stamen ['steɪmen] *bot.* ståndare

stamina ['stæmɪnə] uthållighet; styrka

stammer ['stæmə] **I** *v* stamma; *~ out* stamma fram **II** *s* stamning, stammande

stamp [stæmp] **I** *v* **1** stampa med (på, i); trampa på; *~ [down]* trampa ner; *~ out a)* trampa ut, *b)* göra slut på, *c)* utrota, *d)* slå ner, krossa **2** frankera, sätta frimärke på **3** stämpla (*äv. bildl.*); stämpla på; trycka; prägla, *bildl. äv.* inprägla; *~ [out]* stansa (stampa) ut; *~ed paper* stämpelpapper; *~ one's personality on s.th.* sätta sin personliga prägel på ngt **4** stampa; trampa, klampa **II** *s* **1** stamp, stamp|ande, -ning **2** frimärke; märke **3** stämpling; stämpel[järn]; stans, stamp; stämpel, prägel (*äv. bildl.*), *bildl. äv.* kännemärke; *bear the ~ of* präglas av; *bear the ~ of expert* ha en expertstämpel på sig **4** slag, sort

stampalbum ['stæmpˌælbəm] frimärksalbum **stampcollector** frimärkssamlare **stamp duty** stämpelavgift

stampede [stæm'pi:d] **I** *s* **1** vild (panikartad) flykt (*av boskapshjord e.d.*) **2** rusning, rush; *gold ~* guldrush **II** *v* **1** (*om boskap*) råka i vild (panikartad) flykt, fly i panik **2** rusa, störta **3** driva på flykten, försätta i panik **4** hetsa, driva (*s.b. into doing s.th.* ngn att göra ngt)

stamping ground ['stæmpɪŋgraʊnd] favorit|tillhåll, -ställe

stamp machine ['stæmpməˌʃi:n] frimärksautomat **stamp mill** [-mɪl] [sten]kross **stamp pad** [-pæd] stämpeldyna

stance [stæns] **1** ställning; *bildl.* hållning, inställning, attityd (*on* till) **2** *sport.* slagställning

stanch [stɑ:n(t)ʃ] hämma, stilla, stoppa, hejda (*the bleeding* blodflödet)

stanchion ['stɑ:nʃn] stötta; stolpe

stand [stænd] **I** *v* (*stood, stood*) **1** ställa [upp], resa [upp]; *~ s.b. up* (*vard.*) låta ngn vänta [förgäves] **2** stå ut med, tåla, uthärda, stå emot, hålla stånd mot; bestå, klara [av]; *he can ~ a good deal* han tål en [hel] del **3** bjuda på **4** *~ trial for* stå åtalad för **5** *~ off a)* hålla på avstånd, *b)* permittera, friställa **6** stå; stå kvar (fast); hålla stånd; stå sig, hålla; [fortfarande] gälla; *~ fast* stå fast; *~ good* stå fast, vara giltig, [fortfarande] gälla; *~ in need of help* vara i behov av hjälp; *~ in the way of* stå i vägen för; *~ ready* stå (vara) redo; *~ talking* stå och prata; *~ to lose* kunna (riskera att) förlora; *~ to win* kunna (ha chans att) vinna; *the barometer ~s at...* barometern står på (visar)... **7** stå, ligga till, förhålla sig; *~ well with* ligga bra till hos, stå på god fot med; *as it now ~s* som det nu är (ligger till); *where (how) do you ~ on this question?* var står du i den här frågan? **8** stå (stiga) upp, resa sig [upp], ställa sig [upp] **9** ligga, vara belägen **10** mäta, vara[...lång *e.d.*] **11** stanna, stå stilla; *~ at ease!* (*mil.*) manöver!; *~ easy!* (*mil.*) lediga! **12** *~ about* stå och hänga; *~ apart a)* stå en bit bort, *b)* hålla sig på avstånd, hålla sig (stå) utanför; *~ aside a)* stiga åt sidan, *b)* stå bredvid, förhålla sig passiv, *c)* dra sig (träda) tillbaka; *~ at* uppgå till, vara; *~ back a)* stiga (dra sig) bakåt (tillbaka), *b)* stå bredvid, förhålla sig passiv, *c)* ta avstånd, *d)* stå (ligga) en bit [in]; *~ by a)* stå bredvid, förhålla sig passiv, *b)* hålla sig i närheten, hålla sig (stå, vara) redo (beredd), *c)* hjälpa, stödja, *d)* hålla fast vid, stå [fast] vid; *~ by for further news* avvakta vidare nyheter; *~ down a)* dra sig (träda) tillbaka, *b)* lämna (träda ner från) vittnesbåset; *~ for a)* stå för, betyda, *b)* finna sig i, acceptera, *c)* stödja, hålla på, kämpa för, *d)* vara sökande till, ställa upp som kandidat till, kandidera till; *~ in* hoppa (rycka) in, vikariera; *~ on a) sjö.* hålla kursen, *b)* hålla på (*ceremony* etiketten); *~ out a)* stiga fram, *b)* stå ut, skjuta (sticka) fram (ut), *c)* sticka av, framträda, *d)* framstå, *e)* utmärka sig (*from* framför), vara framstående; *~ out against* motsätta sig, stå emot; *~ out for a)* stå fast vid, hålla på, *b)* insistera (yrka) på, kräva; *~ over a)* kontrollera, stå över, *b)* uppskjuta[s]; *~ to* hålla [på, fast vid], stå [fast] vid; *it ~s to reason* det är självklart (naturligt); *~ up a)* stå (stiga, ställa sig, resa sig) upp, *b)* stå [rak, upprätt], stå på benen, *c)* stå sig, hålla; *~ up against* sätta sig emot; *~ up for* hålla på, ta parti för, försvara; *~ up for o.s.* stå på sig; *~ up to a)* hålla stånd (stå pall) för, stå emot, tåla, klara [av], *b)* sätta sig upp mot, trotsa; *~ well with* ligga bra till hos **II** *s* **1** [stilla]stående; halt, stopp; *bring to a ~* stanna, stoppa; *come to a ~* stanna **2** plats (*där man står*), position, ställning, *bildl. äv.* ståndpunkt, inställning; *take a ~* ta ställning, inta en ståndpunkt (*on a question* i en fråga); *take one's ~ a)* ställa sig, *b)* ta ställning **3** ställ[ning]; fot; stativ; hängare **4** [salu]stånd; kiosk; disk **5** station, hållplats **6** läktare, tribun, estrad, podium; *AE.* vittnesbås; *take the ~* (*AE.*) avlägga vittnesmål **7** motstånd; försvar; *make a ~* hålla stånd, sätta sig emot (till motvärn), göra motstånd, kämpa **8** uppehåll (*under turné*) för gästspel (konsert *e.d.*)

standard ['stændəd] **I** *a* **1** standard-, norm-, normal[-], vanlig, bruklig; fullvärdig; allmänt erkänd; *S~ English* engelskt riksspråk; *~ gauge* (*järnv.*) normal spårvidd; *~ money* myntfot; *~ pitch* (*mus.*) normalton; *~ time* normaltid; *~ work* standardverk **2** *~ lamp* golvlampa; *~ rose* stamros **II** *s* **1** standard, nivå, kvalitet; norm, mått[stock], mönster; *~ of culture* kulturell nivå; *~ of hygiene* hygienisk standard; *~ of living* levnadsstandard; *above (below) [the] ~* över (under) det normala; *be up to ~* hålla måttet, uppfylla kraven; *set o.s. high ~s* ha stora krav på sig själv **2** standard; standardmått, likare **3** lödighet, halt

S

4 myntfot; *gold ~* guldmyntfot; *monetary ~*, *~ of currency* myntfot **5** standar, fana **6** stolpe; [hög] fot

standard-bearer ['stændəd,beərə] fanbärare; banerförare (*äv. bildl.*)

standard|ization (*BE. äv. -isation*) [,stændədaɪ'zeɪʃn] standardisering, likriktning; normering **-ize** (*BE. äv. -ise*) ['stændədaiz] standardisera, likrikta; normera

stand-by ['stæn(d)baɪ] **I** *s* **1** stöd, tröst, hjälp i nöden; favorit **2** reserv; beredskap; *be on ~* stå i beredskap (beredd) **II** *a* reserv-; *~ ticket* (*flyg.*) standbybiljett (*som man får i mån av ledig plats*) **standee** [stæn'di:] stående [person] **stand-in** ['stændɪn] stand-in, ersättare, reserv

standing ['stændɪŋ] **I** *a* stående (*äv. bildl.*); upprättstående; stillastående; *bildl.* ständig[t återkommande], permanent, fast; *~ army* stående armé; *~ jump* hopp utan ansats, stående hopp; *~ order* löpande order; *~ orders a*) reglemente, *b*) *parl* ordningsstadga; *~ room* ståplats[er] **II** *s* **1** ställning, position, rang, status; anseende, rykte **2** varaktighet; *of long ~* gammal, långvarig, som varat länge

standoffish [,stænd'ɒfɪʃ] *vard.* högdragen, reserverad

stand|pipe ['stæn(d)paɪp] vattentorn; vattenpost **-point** ståndpunkt; synpunkt **-still** stillastående, stopp; *be at a ~* stå stilla; *bring to a ~* [få att] stanna; *come to a ~* [av]stanna **--up** ['stændʌp] **1** [upp]stående; *~ collar* ståkrage **2** på stående fot; *~ comedian* stand-up-, monolog|artist; *~ meal* måltid som intas stående **3** regelrätt (*fight* slagsmål), rejäl, ordentlig

stank [stæŋk] *imperf. av stink*

stan|nary ['stænərɪ] tenngruva; tenngruvedistrikt **-nic** [-ɪk] tenn-

stanza ['stænzə] *versl.* strof

staphylococ|cus [,stæfɪlə(ʊ)'kɒkəs] (*pl -ci* [-k[s]aɪ]) *med.* stafylokock

1 staple ['steɪpl] **I** *s* **1** häftklammer **2** krampa, märla **II** *v* **1** häfta ihop **2** fästa med krampa (märla)

2 staple ['steɪpl] **I** *s* **1** stapelvara; basvara **2** råvara, stapelvara; huvudprodukt **3** huvudbeståndsdel, stomme **II** *a* **1** stapel-, huvud-, bas- **2** huvudsaklig

staple gun ['steɪplgʌn] häftpistol **stapler** [-ə] häftapparat

star [stɑ:] **I** *s* **1** stjärna (*äv. bildl.*); *the S~s and Stripes* stjärnbaneret (*USA:s flagga*); *see ~s* (*bildl.*) se [solar och] stjärnor; *you can thank your lucky ~s that* du kan tacka din lyckliga stjärna att **2** stjärna, asterisk **3** [ordens]stjärna, stjärnorden **II** *v* **1** presentera i huvudrollen; *a film ~ring Marilyn Monroe* en film med Marilyn Monroe i huvudrollen **2** förse (märka, pryda) med stjärna (stjärnor, asterisk[er]) **3** spela (ha) huvudrollen, uppträda som stjärna (gästartist)

starboard ['stɑ:bəd] *sjö.* styrbord; *on the ~ bow* (*quarter*) på styrbords bog (låring)

starch [stɑ:tʃ] **I** *s* **1** stärkelse **2** *bildl.* stelhet, stelt sätt **II** *v* stärka (*med stärkelse*) **starched** [-t] stärkt (*med stärkelse*) **starchy** ['stɑ:tʃɪ] **1** stärkelsehaltig **2** stärkt (*med stärkelse*) **3** *bildl.* stel, formell

star|dom ['stɑ:dəm] **1** berömmelse; *his rise to ~* hans upphöjelse till stjärna **2** stjärnvärlden **-dust 1** stjärnstoff, kosmiskt stoft **2** romantiskt skimmer

stare [steə] **I** *v* **1** stirra, glo (*at* på); *that will make him ~* det kommer att göra honom häpen **2** stirra (glo) på; *~ s.b. in the face* stirra ngn rätt i ansiktet; *it ~s you in the face* (*vard.*) det är solklart; *~ s.b. out* stirra ngn rakt in i ögonen (*tills han vänder bort blicken*) **II** *s* blick; stirrande [blick]

star|fish ['stɑ:fɪʃ] *zool.* sjöstjärna **-gazer** [-,geɪzə] **1** stjärnskådare **2** [dag]drömmare

stark [stɑ:k] **I** *a* **1** kal, naken, bar **2** naken, ohöljd, rak, ren; *~ facts* nakna fakta **3** total, fullkomlig; bjärt (*contrast* kontrast) **II** *adv* fullständigt; *~ staring* (*raving*) *mad* spritt språngande galen; *~ naked* spritt naken **starkers** ['stɑ:kəz] *vard.* [spritt] naken

star|let ['stɑ:lɪt] **1** liten stjärna **2** ung [film]-stjärna **-light** stjärnljus

starling ['stɑ:lɪŋ] *zool.* stare

starlit ['stɑ:lɪt] stjärn|belyst, -ljus, -klar **star reporter** [-rɪ,pɔ:tə] stjärnreporter

starry ['stɑ:rɪ] **1** stjärn|beströdd, -prydd, -klar; *~ sky* stjärnhimmel **2** stjärnlik, tindrande **--eyed** [,stɑ:rɪ'aɪd] blåögd, naiv

star shell ['stɑ:ʃel] lysgranat **star sign** stjärntecken **star-spangled** [-,spæŋgld] stjärnbeströdd; *the Star-Spangled Banner* stjärnbaneret (*USA:s nationalsång o. flagga*) **star-studded** [-,stʌdɪd] stjärnspäckad

start [stɑ:t] **I** *v* **1** [på]börja; starta; sätta i gång [med]; komma [fram] med; låta börja (starta); hjälpa [att komma] i gång, hjälpa [på traven]; *~ a business* starta en affär; *~ a fire* tända en eld; *~ another hare* ta upp ett nytt ämne; *~ s.b. doing s.th.* få ngn att [börja] göra ngt; *~ work*[*ing*] börja arbeta; *I don't want to ~ anything* jag vill inte [börja] bråka; *get ~ed a*) börja, sätta (komma) i gång, *b*) bryta upp; *~ s.b. on a career* hjälpa ngn att göra karriär; *~ up* starta, sätta i gång [med] **2** börja; starta; sätta i gång; bryta upp, ge sig i väg, [av]gå, [av]resa (*for* till); *~ing March 1* med början den 1 mars; *~ to work* börja arbeta; *~ back* bege sig tillbaka; *~ for home* bege sig hem; *~ in* (*vard.*) börja [med], sätta i gång [med]; *~ off* (*out*) *a*) börja (starta, sätta i gång [med]), *b*) bryta upp, ge sig i väg; *he ~ed* [*off*] *by saying* han började med att säga; *~ on s.th.* börja (sätta i gång) med ngt; *~ on a journey* ge sig ut på en resa; *~ over* (*AE.*) börja om från början; *~ up a*) börja, starta, sätta i gång, *b*) plötsligt dyka upp (uppstå); *~* [*up*] *in business* börja som affärsman; *to ~ with* för det första, först, till att börja med **3** *~* [*up*] *a*) rycka (spritta) till (*at* vid), *b*) fara (flyga, rusa) upp (*at* vid); *~ back* rygga tillbaka (*at* för, vid) **4** tränga, välla; *water ~ed from a hole* vatten vällde ut (fram) ur ett hål **II** *s* **1** början; start; startplats; avfärd, avresa; *at the ~* i början; *for a ~* för det första, först; *from ~ to finish a*) från början till slut, *b*) från start till mål; *make an early ~* ge sig av (starta) tidigt; *make a fresh* (*new*) *~* börja om från början; *make a ~ for home* bege sig hem; *make a ~ on s.th.* börja (sätta i gång) med ngt **2** försprång; *get* (*have*) *the ~ of a*) komma i väg före, *b*) få ett försprång framför **3**

ryck[ning], sprittning; *by fits and ~s* ryck-, stöt|-vis, oregelbundet; *give a ~* rycka (spritta) till
starter ['stɑ:tə] **1** *sport.* starter; startande, tävlingsdeltagare **2** start[anordning], självstart **3** *i sht BE.* förrätt, entrérätt; *as a ~* som förrätt (entrérätt); *for ~s* (*vard.*) till att börja med
starting ['stɑ:tɪŋ] **I** *s* start[ande] **II** *a* startande; begynnelse-, start- **starting gate** (*vid hästkapplöpning*) startmaskin **starting handle** [-ˌhændl] startvev **starting point** [-pɔɪnt] utgångspunkt **starting price** [-praɪs] (*vid hästkapplöpning*) odds strax före starten
startle ['stɑ:tl] **1** skrämma, komma att rycka (haja) till; få att häpna, överraska; *be ~d* bli förskräckt (överraskad, häpen) (*by* över) **2** skrämma upp (*birds* fåglar) **3** fara upp, haja (rycka) till **startling** [-ɪŋ] uppseendeväckande, sensationell; förfärande, alarmerande
star turn ['stɑ:tɜ:n] huvud|nummer, -attraktion
starvation [stɑ:'veɪʃn] svält; utsvultet tillstånd
starve [stɑ:v] **1** svälta, hungra; *~d* utsvulten; *I'm starving* (*vard.*) jag är jättehungrig (håller på att svälta ihjäl); *~ for* (*bildl.*) hungra efter (*love* kärlek); *be ~d of* (*bildl.*) vara svältfödd på, ha fått för litet av **2** låta svälta; *~ out* svälta ut; *~ a p. into submission* tvinga ngn till underkastelse genom att svälta ut honom **starveling** ['stɑ:vlɪŋ] *åld.* **I** *s* utsvulten stackare; utsvultet djur **II** *a* uthungrad, undernärd **starving** ['stɑ:vɪŋ] svältande, hungrande, utsvulten
stash [stæʃ] *vard.* **I** *s, i sht AE.* gömma, gömställe **II** *v, ~ [away]* gömma (stoppa) undan
stat. *förk. för stationary; statue; statutary; statute*
state [steɪt] **I** *s* **1** tillstånd, skick; situation, läge; nivå, stadium; *the ~ of affairs* (*things*) förhållandena, läget, sakernas tillstånd; *the present ~ of the economy* det nuvarande ekonomiska läget; *general ~ of health* allmänt hälsotillstånd; *~ of mind* sinnes|tillstånd, -stämning; *in the present ~ of things* under nuvarande förhållanden; *~ of war* krigstillstånd; *be in a fit ~ to do s.th.* vara kapabel (i stånd) att göra ngt; *be in* (*get into*) *a ~* vara (bli) upprörd (alldeles ifrån sig) **2** ställning, stånd, rang; *married* (*single*) *~* gift (ogift) stånd **3** prakt, ståt, stass, gala; *in* [*great*] *~ a*) med pomp och ståt, *b*) i full gala, i all sin glans; *lie in ~* ligga på lit de parade; *live in great ~* leva furstligt **4** stat; delstat; *the S~s* Staterna (*USA*); *federal ~* förbundsstat **II** *a* statlig; [del]stats-; statsägd; *~ coach* galavagn; *the S~ Department* (*i USA*) utrikesdepartementet; *~ visit* statsbesök **III** *v* fram|-föra, -lägga, -ställa; redogöra för; upplysa om; ange; uppge; förklara, berätta; påstå; konstatera
state-aided ['steɪteɪdɪd] statsunderstödd **state attorney** [-əˌtɜ:nɪ] *AE.* statsåklagare **statecraft** [-krɑ:ft] statskonst; statsmannaskap
stated ['steɪtɪd] **1** fastställd, bestämd **2** uppgiven, uttalad, påstådd **3** konstaterad
State House ['steɪthaʊs] *AE.* delstatsparlament
stateless ['steɪtlɪs] statslös
stately ['steɪtlɪ] *a* ståtlig, imponerande; *~ home* (*BE.*) residens, herresäte (*som är öppet för allmänheten*)
statement ['steɪtmənt] **1** påstående, uppgift; framställning; [officiellt] uttalande, deklaration, förklaring; *make a ~* göra ett uttalande **2** redogörelse; redovisning, rapport; kontoutdrag; *~ of affairs* redovisning av räkenskaper **3** uttryck, yttring
stateroom ['steɪtrʊm] **1** privat hytt; ensam kupé **2** *i sht BE.* praktgemak
statesman ['steɪtsmən] statsman **-like** [-laɪk], **-ly** [-lɪ] *a* statsmanna- **-ship** [-ʃɪp] statsmanna|-skap, -egenskaper; statskonst
static ['stætɪk] **I** *a* statisk (*äv. fys.*); stillastående; oförändrad; *~ electricity* statisk elektricitet **II** *s* **1** *fys.*, *~s* (*behandlas som sg*) statik **2** statisk elektricitet **3** *radio.*, *TV.* [atmosfäriska] störningar
station ['steɪʃn] **I** *s* **1** station; *mil.* bas; [*naval*] *~* flottbas, örlogsstation; *railway ~* järnvägsstation; *~s of the Cross* (*relig.*) korsvägsstationer **2** [bestämd] plats, post; *take up one's ~* inta sin plats, fatta posto **3** *åld.*rang, ställning; klass, stånd **4** *Austr.* [får]farm **II** *v* placera ut, postera; *mil.* förlägga, stationera; *~ o.s.* placera (ställa) sig
stationary ['steɪʃnərɪ] stationär; stillastående, orörlig; fast
stationer ['steɪʃnə] pappershandlare; *the ~['s]* pappershandeln **stationery** ['steɪʃn̩ərɪ] kontors-, skriv|materiel; brevpapper; pappersvaror
station house ['steɪʃnhaʊs] *i sht AE.* polisstation; brandstation **stationmaster** [-ˌmɑ:stə] stations|föreståndare, -inspektor, stins **station wagon** [-ˌwægən] *AE.* herrgårds-, stations|vagn
statis|tic[al] [stə'tɪstɪk(l)] statistisk **-tician** [ˌstætɪ'stɪʃn] statistiker **-tics** [stə'tɪstɪks] **1** (*behandlas som pl*) statistik (*siffermässig sammanställning*) **2** (*behandlas som sg*) statiktik[en] (*vetenskap*)
statuary ['stætjʊərɪ] **1** *koll.* statyer, skulpturer **2** bildhuggarkonst, skulptur
statue ['stætʃu:] staty **statuesque** [ˌstætjʊ'esk] statylik, ståtlig **statuette** [ˌstætjʊ'et] statyett
stature ['stætʃə] **1** kroppsstorlek, växt, längd; *small in ~* liten till växten **2** *bildl.* format, betydelse; *a man of ~* en man av format
status ['steɪtəs] ställning; status; tillstånd, läge **status quo** [ˌsteɪtəs'kwəʊ] status quo **status symbol** ['steɪtəsˌsɪmbl] statussymbol
statute ['stætju:t] **1** skriven lag **2** statut, stadga, reglemente **statute book** lagbok; författningssamling **statute law** skriven lag
statutory ['stætjʊt(ə)rɪ] **1** lagstadgad; författningsenlig; *~ rape* (*AE.*) otukt med minderårig **2** stadgeenlig, reglementerad
1 staunch [stɔ:n(t)ʃ] **1** pålitlig, [tro]fast **2** stabil, solid
2 staunch [stɔ:n(t)ʃ] *v, se stanch*
stave [steɪv] **I** *s* **1** (*i laggkärl*) stav; (*i båt*) bord; stegpinne **2** *mus.* not|system, -linjer **3** *versl.* strof **II** *v* **1** *~ in* slå hål på **2** *~ off* avvärja, förhala
1 stay [steɪ] **I** *v* **1** hindra, hejda, stoppa; *jur.* uppskjuta, inställa; *~ one's appetite* stilla sin hunger; *~ one's hand* hejda sig, vänta **2** *~ the course a*) orka genomföra loppet, *b*) *bildl.* hålla ut, inte ge upp **3** stanna [kvar] över (*the night* natten) **4** stanna [kvar]; [stanna och] vänta; (*tillfälligt*) bo, vistas; övernatta; *where are you ~ing?* var bor du?; *have come to ~* ha kommit för att stanna; *~ put* stanna [kvar]; *~ at a hotel* bo på [ett] hotell; *~ away* stanna borta, hålla sig borta (undan), utebli (*from* från); *~ for* (*to*) *dinner* stanna [kvar] till

S

middagen; ~ *in a*) stanna hemma (inne), *b*) *skol.* sitta kvar; ~ *on* stanna (bli) kvar; ~ *out a*) stanna ute, *b*) hålla sig borta (undan), utebli (*of* från), *c*) fortsätta att strejka; ~ *up* stanna (vara, sitta) uppe; ~ *with a friend* bo hos en vän; ~ *with me a moment* (*äv.*) lyssna på mig ett ögonblick **5** fortsätta att vara, hålla sig, förbli; ~ *awake* hålla sig vaken **6** hålla ut; ~ *with it!* ge inte upp!, håll ut! **II** *s* **1** vistelse; uppehåll **2** *jur.* uppskjutande, uppskov, inställande; ~ *of execution* (*jur.*) uppskov med verkställigheten

2 stay [steɪ] **1** stöd (*äv. bildl.*), stötta **2** ~*s* (*pl*) korsett, snörliv

3 stay [steɪ] *sjö.* **I** *s* stag **II** *v* staga **2** gå över stag (stagvända) med

stay|-at-home ['ste(ɪ)əthəʊm] stugsittare **--in** *a, AE.*, ~ *strike* sittstrejk

staying power ['steɪɪŋˌpaʊə] uthållighet

stay-sail ['steɪseɪl, *sjö.* 'steɪsl] *sjö.* stagsegel

S.T.C. *förk. för State Trading Corporation* **STD** *förk. för subscriber trunk dialling* **S.T.D.** *förk. för Sacrae Theologiae Doctor* (*lat.*) *Doctor of Sacred Theology*

stead [sted] **1** ställe; *in my* ~ i mitt ställe **2** *stand s.b. in good* ~ komma [ngn] väl till pass **-fast** ['stedfəst] stadig; orubblig, fast; ihärdig, ståndaktig

steady ['stedɪ] **I** *a* **1** stadig, fast, stabil; säker; tillförlitlig; lugn, stadgad; *have a* ~ *hand* vara stadig (säker) på handen **2** stadig, jämn; oavbruten, ihållande, ständig; ~ *work* fast arbete; *a* ~ *boy-friend* (*girl-friend*) stadigt sällskap **II** *adv, interj* stadigt; ~ [*on*]! ta det lugnt!; *go* ~ *with s.b.* ha stadigt sällskap med ngn; *ready,* ~*, go!* klara, färdiga, gå! **III** *v* **1** göra stadig; ge stadga åt; *bildl.* stabilisera, lugna **2** bli stadig (stadgad); *bildl.* stabiliseras, lugna sig **IV** *s, vard.* pojk-, flick|vän, stadigt sällskap

steak [steɪk] biff[stek]; (*stekt*) köttskiva (fiskskiva) **-house** ['steɪkhaʊs] stekhus (*restaurang*)

steal [sti:l] **I** *v* (*stole, stolen*) **1** stjäla; *bildl. äv.* lura till sig; ~ *a glance at* kasta en förstulen blick på; ~ *a march on* (*bildl.*) skaffa sig ett försprång framför (ett övertag över); ~ *the show* stjäla föreställningen **2** smussla, smuggla **3** stjäla **4** smyga [sig]; ~ *upon s.b.* smyga sig på ngn **II** *s* **1** *vard.* stöld **2** *AE. vard.* fynd; *it's a* ~*!* (*äv.*) det är ju nästan gratis! **-er** ['sti:lə] tjuv **-ing** ['sti:lɪŋ] stöld; tjuvnad

stealth [stelθ] *s* smygande; *by* ~ i smyg **stealthy** ['stelθɪ] förstulen, oförmärkt, [som sker] i smyg, smyg-; smygande

steam [sti:m] **I** *s* ånga; imma; *full* ~ *ahead!* full fart framåt!; *under one's own* ~ (*vard.*) för egen maskin, utan hjälp, ensam; *get* (*pick*) *up* ~ få upp ångan; *let* (*blow*) *off* ~ *a*) släppa ut ånga, *b*) *vard.* avreagera sig, vädra sina känslor; *he ran out of* ~ han blev andfådd (tappade orken), luften gick ur honom; *the windows are covered with* ~ fönstren är täckta av imma (immiga) **II** *v* **1** ånga; ångkoka; ~ *open an envelope* ånga upp ett kuvert; *be* ~*ed up* (*vard.*) vara upphetsad (uppretad), hetsa upp sig (*about* över); ~ *up the window* göra fönstret immigt **2** ånga; ~*ing hot* rykande het; ~ *ahead* ånga i väg; ~ *up* bli immig, imma igen

steam|boat ['sti:mbəʊt] ång|båt, -fartyg **--boiler** [-ˌbɔɪlə] ångpanna **--engine** [-ˌen(d)ʒɪn] **1** ångmaskin **2** ånglok

steamer ['sti:mə] **1** ångare, ångfartyg **2** ångkokare

steam iron ['sti:mˌaɪən] ångstrykjärn **steamroller I** *s* ångvält (*äv. bildl.*) **II** *v, bildl.* krossa, gå fram som en ångvält över **steamship** [-ʃɪp] ångfartyg **steam turbine** [-ˌtɜ:baɪn] ångturbin **steam whistle** [-ˌwɪsl] ångvissla **steamy** [-ɪ] **1** ångande; immig **2** *vard.* erotisk

stearic [stɪ'ærɪk] stearin- **stearin** ['stɪərɪn] stearin

steed [sti:d] *litt.* springare, fåle

steel [sti:l] **I** *s* **1** stål (*äv. bildl.*); *cold* ~ kallt stål, blanka vapen **2** brynstål **3** ~*s* (*pl*) stålaktier **II** *a* av stål, stål- **III** *v* stålsätta, härda

steel-plated ['sti:lˌpleɪtɪd] bepansrad **steel wool** [-wʊl] stålull **steelworks** [-wɜ:ks] (*behandlas som sg*) stålverk **steely** [-ɪ] stål-, av stål; *bildl.* [järn]hård, hård som flinta **steelyard** [-jɑ:d] besman

1 steep [sti:p] **1** brant; *bildl. äv.* våldsam, kraftig (*increase* ökning) **2** *vard.* (*om pris e.d.*) onormal[t hög], orimlig; *that's a bit* ~ det var litet väl häftigt

2 steep [sti:p] **1** doppa, blöta, lägga i blöt, genomdränka; *kokk.* lägga in, marinera **2** *bildl.* genomsyra, dränka; ~*ed in debts* skuldsatt upp över öronen; ~*ed in thought* försjunken i tankar

steepen ['sti:p(ə)n] göra (bli) brant[are] *etc., jfr 1 steep*

steeple ['sti:pl] spetsigt [kyrk]torn; tornspira

steeple|chase ['sti:pltʃeɪs] **1** steeplechase **2** hinderlöpning **-chaser** [-ˌtʃeɪsə] **1** deltagare i steeplechase **2** hinderlöpare **-jack** [-dʒæk] person som reparerar kyrktorn (höga skorstenar)

1 steer [stɪə] **1** styra, manövrera; *bildl. äv.* lotsa; ~ *a course* följa en kurs **2** styra (*for* mot, på); gå att styra; *the ship* ~*s well* fartyget är lättmanövrerat; ~ *clear of* (*bildl.*) hålla undan för, undvika

2 steer [stɪə] ungtjur, stut

steerage ['stɪərɪdʒ] *sjö.* **1** styrning **2** tredje klass, turistklass **-way** [-weɪ] *sjö.* styrfart

steering [gear] ['stɪərɪŋ(ˌgɪə)] styrning, styrinrättning **steering wheel** [-wi:l] ratt **steersman** ['stɪəzmən] *sjö.* rorsman

stein [staɪn] ölkrus

Steinbeck ['staɪnbek]

steinbock ['staɪnbɒk] *zool.* stenbock

stellar ['stelə] stellar-, stjärn-

1 stem [stem] **I** *s* **1** stam (*äv. språkv.*); stjälk, stängel **2** (*på pipa*) skaft; (*på glas, vas*) fot **3** *sjö.* [för]stäv, för; *from* ~ *to stern* från för till akter **II** *v* **1** ~ *from* stamma (härröra) från **2** ta bort stjälken (*etc.*) på

2 stem [stem] stämma, hejda, stoppa; dämma upp

stench [sten(t)ʃ] stank **stench trap** ['sten(t)ʃtræp] (*i avloppsrör*) vattenlås

stencil ['stensl] **I** *s* **1** stencil **2** schablon **II** *v* **1** stencilera **2** schablonera

Sten gun ['stengʌn] (*slags*) automatgevär

stenograph ['stenəgrɑ:f] **I** *s* **1** stenografitecken **2** stenograf[erings]maskin **II** *v* stenografera [ner]

stenographer [stə'nɒgrəfə] *AE.* stenograf och maskinskriverska

[ˌstenə(ʊ)ˈgræfɪk(l)] stenografisk **stenography** [stəˈnɒgrəfɪ] stenografi; stenografering
stentorian [stenˈtɔ:rɪən] *a*, ~ *voice* stentorsstämma
step [step] **I** *s* **1** steg (*äv. bildl.*); fot-, dans|steg; fotspår; gång; *bildl.* åtgärd, mått och steg; *false* ~ felsteg, *bildl. äv.* missgrepp; *a* ~ *forward* ett steg framåt (*äv. bildl.*); ~ *by* ~ steg för steg; *in* (*out of*) ~ i takt (otakt); *it's only a* ~ det är bara en liten bit; *it's a good* ~ det är en bra bit; *break* ~ komma i otakt; *fall into* ~ falla in i takten; *follow in a p.'s* ~*s* (*bildl.*) gå (följa) i ngns fotspår; *keep* ~ gå i takt, hålla takten; *keep* [*in*] ~ *with* gå i takt (hålla jämna steg) med; *recognize s.b. from his* ~ känna igen ngn på gången; *take* ~*s* vidtaga åtgärder; *watch one's* ~ se sig [noga] för, gå försiktigt, vara försiktig **2** trappa; trappsteg; fotsteg; stegpinne; ~*s* (*pl*) *a*) [ytter]trappa, *b*) trappstege; *a flight of* ~*s* en [ytter]trappa; *a pair of* ~*s* en trappstege **3** steg, grad **4** *mus.* [ton]steg **II** *v* **1** ~ *off* (*out*) stega upp **2** ~ *down* minska, sänka; ~ *up* öka, höja, förstärka, intensifiera **3** gå, ta (*five paces* fem steg); dansa (*the samba* samba) **4** gå, träda, stiga, kliva; trampa; ~ *this way, please!* var så god, den här vägen!; ~ *aside* gå (stiga, träda) åt sidan (*äv. bildl.*), gå ur vägen, lämna plats; ~ *back a*) stiga tillbaka, *b*) träda tillbaka (*äv. bildl.*); ~ *down a*) stiga ner, *b*) *bildl.* dra sig (träda) tillbaka; ~ *forward* gå (stiga, träda) fram; ~ *in a*) gå (stiga, träda) in, *b*) gripa in; ~ *inside* gå (stiga, träda) in; ~ *into a car* stiga (kliva) in i en bil; ~ *into a situation* med lätthet anpassa sig till en situation; ~ *off* stiga (kliva) ur (av, ner från); ~ *on* trampa på (*äv. bildl.*); ~ *on it!* (*vard.*) *a*) skynda (snabba) på!, *b*) gasa på!, gasen i botten!; ~ *out a*) gå (träda, stiga) ut, *b*) ta ut stegen, gå fort[are], *c*) *AE.* dra sig ur, *d*) *AE. vard.* gå ut och roa sig; ~ *up a*) gå (träda, stiga) fram, *b*) öka[s]
step|brother [ˈstepˌbrʌðə] styvbror **-child** [-tʃaɪld] styvbarn **-daughter** [-ˌdɔ:tə] styvdotter
step-down [ˈstepdaʊn] *vard.* minskning
stepfather [ˈstepˌfɑ:ðə] styvfar
Stephen [ˈsti:vn] Stephen; Stefan
stepladder [ˈstepˌlædə] trappstege
step|mother [ˈstepˌmʌðə] styvmor **-parent** styv|förälder, -far, -mor
steppe [step] stäpp
stepped-up [ˈsteptʌp] intensifierad, ökad, hetsigare
stepping stone [ˈstepɪŋstəʊn] **1** (*i bäck e.d.*) sten att kliva på **2** *bildl.* språngbräda; första steg
step|sister [ˈstepˌsɪstə] styvsyster **-son** [-sʌn] styvson
step-up [ˈstepʌp] *vard.* ökning
ster. *förk. för sterling*
stereo [ˈsterɪəʊ] **I** *s* stereo; *vard.* stereoanläggning **II** *a* stereo-; stereofonisk; ~ *equipment* stereoanläggning **-phonic** [ˌsterɪə(ʊ)ˈfɒnɪk] stereofonisk, stereo- **-scope** [ˈsterɪəʊskəʊp] stereoskop **-scopic** [ˌsterɪəˈskɒpɪk] stereoskopisk **-type** [ˈstɪerɪətaɪp] **I** *s* **1** *boktr.* stereotyp[platta] **2** *bildl.* stereotyp **II** *v* stereotypera; ~*d* (*bildl.*) stereotyp
sterile [ˈsteraɪl, *AE.* ˈster(ə)l] steril; ofruktsam, ofruktbar **sterility** [steˈrɪlətɪ] sterilitet; ofruktsamhet, ofruktbarhet
steri|lization (*BE. äv. -lisation*) [ˌsterəlaɪˈzeɪʃn] sterilisering **-lize** (*BE. äv. -lise*) [ˈsterəlaɪz] sterilisera
sterling [ˈstɜ:lɪŋ] **I** *s* **1** (*eng. myntenhet o. myntvärde*) sterling; *pound* ~ pund sterling, engelska pund; *in* ~ i pund sterling, i engelska pund **2** sterlingsilver **II** *a* **1** sterling-; *the* ~ *area* sterlingområdet; ~ *silver* sterlingsilver **2** *bildl.* förstklassig, prima, äkta, gedigen
1 stern [stɜ:n] sträng; barsk, bister; hård; *he is made of* ~*er stuff* han är gjord av hårdare virke
2 stern [stɜ:n] **1** *sjö.* akter; akterskepp; akterspegel **2** bakre del, bakdel
sternmost [ˈstɜ:nməʊst] *sjö.* akterst, längst akterut
steroid [ˈstɪərɔɪd] *fysiol.* steroid
stertorous [ˈstɜ:tərəs] *a*, *AE.* snörvlande
stethoscope [ˈsteθəskəʊp] *med.* stetoskop
Stetson [ˈstetsn] Stetson[hatt], cowboyhatt
stevedore [ˈsti:vədɔ:] *sjö.* stuvare, stuveriarbetare
stew [stju:] **I** *s* **1** [kött-, fisk-, grönsaks]gryta; ragu, stuvning; *Irish* ~ irländsk fårgryta (fårstuvning) **2** *vard.*, *be in a* ~ vara utom sig **II** *v* **1** låta småkoka (sjuda); ~*ed fruit* fruktkompott **2** småkoka, sjuda **3** *vard.* vara utom sig **4** *vard.* försmäkta; våndas; *let them* ~ *in their own juice* (*bildl.*) låt dem svettas ett tag
steward [stjʊəd] **1** *sjö.*, *flyg. etc.* steward; uppassare **2** [gods]förvaltare **3** förtroendeman **4** hovmästare; klubbmästare **5** funktionär **-ess** [ˈstjʊədɪs] [kvinnlig] steward (*etc.*); stewardess; flyg-, buss-, tåg|värdinna
stewed [stju:d] **1** (*om te som dragit för länge*) besk **2** *sl.* packad, asberusad
stewing steak [ˈstju:ɪŋsteɪk] *kokk.* grytbitar
St.Ex. *förk. för Stock Exchange* **stg.** *förk. för sterling* **stge.** *förk. för storage* **Sth.** *förk. för South*
1 stick [stɪk] **I** *s* **1** pinne, kvist, sticka; stör; käpp, stav; skaft; klubba; *mus.* takt-, trum|pinne; *hockey* ~ hockeyklubba; *walking* ~ promenadkäpp; *a few* ~*s of furniture* några [enkla] möbler; *in a cleft* ~ i knipa, i ett dilemma, i valet och kvalet; *get* [*hold of*] *the wrong end of the* ~ (*vard.*) få det hela om bakfoten; *get* (*take*) ~ (*vard.*) få kritik, bli tråkad; *give s.b.* ~ (*vard.*) göra ner (tråka) ngn **2** bit, stycke; stång; stift; *a* ~ *of chalk* en krita; ~ *of rhubarb* rabarberstjälk; ~ *of sealing-wax* lackstång **3** *vard.*, *dry old* ~ riktig torrboll (tråkmåns); *he's not a bad old* ~ han är inte så tokig **4** *vard.*, *in the* ~*s* i en avkrok, på [bond]vischan **5** *vard.* [växel]spak **6** *mil.* bombsalva **7** *sl.* joint (*marijuanacigarrett*) **II** *v* stötta, störa (*växt*)
2 stick [stɪk] (*stuck, stuck*) **1** fästa; sätta (limma) fast, klistra [fast]; sätta (klistra) upp; ~ *down* (*up*) klistra igen (till); ~ *on* klistra på; ~ *together* klistra (limma) ihop **2** *vard.* göra ställd; ~ *s.b. with s.th.* (*sl.*) lura (pracka, tvinga) på ngn ngt; *be stuck by s.th.* inte klara av ngt; *be stuck for s.th.* vara utan (sakna) ngt; *be stuck for an answer* vara svarslös; *be stuck on s.b.* vara tänd på ngn; *get stuck* köra fast, fastna, bli ställd **3** sticka; stöta, köra; spetsa; ~ *a pig* sticka (slakta) en gris **4** *vard.* sticka, stoppa; ställa, lägga, sätta; skriva

S

[upp], sätta [upp]; *you can ~ it!* (*sl.*) [du kan] dra åt helvete med det!; *~ down a*) ställa (lägga, sätta, stoppa) ner, *b*) *vard.* skriva [ner]; *~ in* sätta (stoppa, skjuta) in; *~ one's hat on* sätta på sig hatten; *~ out* sticka (räcka) ut, skjuta (sticka) ut (fram); *~ up a*) sätta upp, *b*) räcka upp, *c*) *sl., i sht AE.* råna; *~ 'em up!* upp med händerna! **5** *vard.* stå ut med, tåla; *~ it out* hålla ut, stå ut [med det] **6** fastna; sitta (hänga, klibba) fast; häfta [fast]; kärva; bli sittande; *vard.* komma av sig; *vard.* stanna [kvar]; *the nickname stuck* han fick behålla öknamnet; *~ around* (*vard.*) hålla sig i närheten, stanna [kvar]; *~ at a*) fastna på, fästa sig vid, *b*) hålla fast vid, hålla på med; *~ at home* (*vard.*) hålla sig (stanna) hemma; *~ at nothing* inte dra sig för någonting; *~ by* hålla sig till, förbli trogen, vara lojal mot, hålla fast vid; *~ in a p.'s mind* fastna (stanna) i ngns minne; *~ to* hålla sig till, hålla fast vid, vara (förbli) trogen, fortsätta med; *~ to one's guns* inte ändra sig; *~ to one's promise* hålla sitt löfte; *~ together a*) klibba (sitta) ihop, *b*) *vard.* hålla ihop; *~ with* hålla fast vid, hålla ihop med **7** vara instucken **8** *~ out a*) sticka (skjuta, stå) ut (fram), *b*) falla i ögonen, vara tydlig, *c*) hålla (härda) ut; *~ out for* yrka på, lägga sig ut (kämpa) för; *~ out like a sore thumb* (*vard.*) synas på långt håll, vara omöjlig att dölja; *~ up* sticka (skjuta) upp, stå [rakt] ut; *~ up for* gå i bräschen för, försvara, stödja

sticker ['stɪkə] **1** (*självhäftande, som klistras på*) märke, lapp, etikett, dekal **2** ihärdig (flitig, uthållig) person

sticking plaster ['stɪkɪŋˌplɑ:stə] [häft]plåster

stick insect ['stɪkˌɪnsekt] *zool.* vandrande pinne

stick-in-the-mud ['stɪkɪnðəmʌd] *vard.* **I** *a* trög, fantasilös **II** *s* trögmåns, stofil **stickleback** ['stɪklbæk] *zool.* spigg

stickler ['stɪklə] **1** pedant; *be a ~ for a*) hålla benhårt på, *b*) vara kinkig med **2** problem

stick-on ['stɪkɒn] självhäftande, klister-, gummerad **stick pin** *AE.* kravattnål **stick-up** *vard.* rån, rån|kupp, -överfall

sticky ['stɪkɪ] **1** klibbig; kladdig; fuktig; (*om väder*) varm och fuktig, kvav, tryckande; *~ tape* tejp; *I'm all hot and ~* jag är genomsvettig; *be on a ~ wicket* vara i knipa (illa ute); *he's got ~ fingers* (*bildl. vard.*) han är långfingrad **2** orörlig, trög, kärv, stel **3** *vard.* kinkig; knepig, besvärlig; nogräknad; omedgörlig **4** *vard.* obehaglig, motbjudande, pinsam; *come to a ~ end* sluta illa

stiff [stɪf] **I** *a* **1** styv, stel; fast, hård; oböjlig; stram; trög; *bildl.* stel, formell, kylig; *~ brush* hård borste; *have a ~ neck* vara stel i nacken; *keep a ~ upper lip* vara fullständigt oberörd, inte röra en min **2** kraftig; styv; hård; stark; skarp; *vard.* styv, dryg, jobbig, svår; *~ breeze* styv bris; *~ denial* blankt avslag (förnekande); *~ price* högt (saftigt) pris; *a ~ whisky* en stor (rejäl) whisky **3** *sl.* full (*berusad*) **II** *adv, vard., be bored ~* vara fullständigt uttråkad; *be scared ~* vara livrädd (vettskrämd) **III** *s, sl.* **1** lik **2** (*i kapplöpning*) chanslös häst

stiff|en ['stɪfn] **1** stelna [till], styvna; *bildl. äv.* hårdna, skärpas **2** göra stel (styv) **3** skärpa; stärka **-ener** [-nə] styvnad **--necked** [ˌstɪf'nekt] hårdnackad; styvsint

stifle ['staɪfl] **I** *v* **1** kväva; *bildl. äv.* undertrycka **2** kvävas **stifling** [-ɪŋ] kvävande

stigma ['stɪgmə] (*pl ~s el. ~ta* [-tə]) **1** stigma; *bildl. äv.* brännmärke, skamfläck **2** *bot.* märke (*på pistill*) **-tize** (*BE. äv. -ise*) [-taɪz] stigmatisera; *bildl. äv.* brännmärka

stile [staɪl] **1** [kliv]stätta **2** vändkors

stiletto [stɪ'letəʊ] **1** stilett **2** syl, pryl **3** sko med stilettklack **stiletto heel** stilettklack **stiletto shoe** sko med stilettklack

1 still [stɪl] **I** *a* **1** stilla; tyst; orörlig; sakta; *keep ~* hålla sig stilla; *~ waters run deep* i de lugnaste vattnen går de största fiskarna **2** inte kolsyrad (mousserande) **II** *adv* **1** [tyst och] stilla **2** fortfarande, ännu; *~ another* ännu en; *~ better, better ~* ännu bättre **III** *konj* ändå, trots allt, dock, likväl **IV** *v* stilla; tysta, lugna **V** *s* **1** stillhet **2** stillbild; reklambild (*ur film*)

2 still [stɪl] **1** destillationsapparat **2** bränneri

still|birth ['stɪlbɜ:θ] **1** dödfödsel **2** dödfött barn **-born** dödfödd (*äv. bildl.*)

still life ['stɪllaɪf] (*pl still lifes*) *konst.* stilleben

stilt [stɪlt] stylta **-ed** ['stɪltɪd] *bildl.* uppstyltad, högtravande, svulstig

Stilton ['stɪlt(ə)n] stilton[ost]

stimu|lant ['stɪmjʊlənt] stimulerande (uppiggande) medel; stimulans **-late** [-leɪt] stimulera; pigga upp; egga, sporra **-lation** [ˌstɪmjʊ'leɪʃn] stimulering, stimulation **-lus** ['stɪmjʊləs] (*pl -li* [-laɪ]) **1** stimulans, drivfjäder, eggelse **2** stimulus **3** *med.* stimulans

sting [stɪŋ] **I** *s* **1** gadd; (*nässlas*) brännhår **2** stick, sting, styng, [insekts]bett; stickande, svidande smärta, sveda; *bildl.* sting, skärpa; *~s of remorse* samvetskval; *take the ~ out of s.th.* (*bildl.*) bryta udden av ngt **II** *v* (*stung, stung*) **1** sticka, stinga; (*om nässla*) bränna; *bildl.* såra, plåga, reta; *bildl.* driva, sporra; *~ into action* driva till handling; *be stung by the nettles* bränna sig på nässlorna; *be stung by remorse* få (ha) samvetskval **2** *vard.* klå, skinna (*for 10 pounds* på 10 pund) **3** stickas; brännas; svida, göra ont; *my eyes are ~ing* det svider i ögonen på mig

stinging nettle ['stɪŋɪŋˌnetl] brännässla **stingray** [-reɪ] *zool.* stingrocka

stingy ['stɪn(d)ʒɪ] snål, knusslig

stink [stɪŋk] **I** *v* (*imperf. stank el. stunk, perf. part. stunk*) **1** *~ out* (*up*) (*vard.*) stinka ner, förpesta; *~ out* (*äv.*) röka ut **2** stinka, lukta illa; *~ of* lukta, stinka av (*äv. bildl.*); *~ to high heaven* stinka lång väg **3** *vard.* ha urdåligt rykte, vara ökänd; vara urdålig (botten) **4** *sl., ~ of* (*with*) *money* bada i (vara nedlusad med) pengar **II** *s* **1** stank, dålig lukt **2** *vard.* uppståndelse, ramaskri, rabalder, bråk; *make* (*create, raise*) *a ~ about* ställa till rabalder (uppståndelse) om

stink bomb ['stɪŋkbɒm] stinkbomb **stinker** [-ə] *sl.* **1** äckel, as, skitstövel **2** skitdålig (skitsvår) grej **stinking** [-ɪŋ] **I** *a* **1** stinkande; *cry ~ fish* nedvärdera sig själv (sitt eget) **2** *vard.* avskyvärd; förbaskad; rutten, nedrig **3** *sl.* asfull **II** *adv, vard.* förbaskat, väldigt; *~ rich* nerlusad med pengar **-pot** *se stinker* **stink trap** (*i avlopp*) vattenlås

stint [stɪnt] **I** *v* **1** snåla (knussla) med **2** vara snål (knusslig) mot **II** *s* **1** inskränkning, begränsning **2** förelagd uppgift, arbetsuppgift, pensum

stipe [staɪp] stjälk, skaft; (*hos svamp*) fot
stipend ['staɪpend] fast lön (arvode) (*i sht t. präst*) **stipendiary** [staɪ'pendjərɪ] **I** *a* [fast] avlönad; ~ *magistrate* polisdomare (*i större stad*) **II** *s* [fast] avlönad tjänsteman (*i sht präst el. polisdomare*)
stipple ['stɪpl] **I** *v* punktera, pricka, fläcka; stöppla **II** *s* punktering; stöppling
stipu|late ['stɪpjʊleɪt] **1** stipulera, bestämma, fastställa, föreskriva **2** ~ *for* yrka på, kräva, förbehålla sig **-lation** [ˌstɪpjʊ'leɪʃn] stipulering, stipulation, bestämmelse, villkor
1 stir [stɜ:] **I** *v* **1** röra [i, ner, om i], vispa; ~ *in* röra ner (*flour into* mjöl i) **2** röra [på], sätta i rörelse; *bildl. äv.* väcka, egga; krusa (*vatten*); ~ *the blood* sätta blodet i svallning; *not ~ a finger* inte röra ett finger (*to* för att); ~ *the imagination* sätta fantasin i rörelse; ~ *o.s.* röra på sig, skynda sig, sätta i gång, rycka upp sig; ~ *one's stumps* (*vard., ngt åld.*) röra på påkarna; ~ *s.b. into s.th.* driva (egga) ngn till ngt; ~ *s.b. to pity* väcka ngns medlidande; ~ *up a*) röra (virvla) upp, *b*) väcka, sätta i rörelse, tända, egga (hetsa) upp, uppvigla, *c*) framkalla, sätta i gång, ställa till, anstifta, *d*) ruska om (upp) **3** röra sig; röra på sig; vakna; *bildl. äv.* spira, växa fram; *be ~ring a*) vara på benen (uppe), *b*) vara i rörelse (farten), *c*) *vard.* vilja ställa till bråk (mucka gräl) **II** *s* **1** omrör[n]ing; *give s.th. a* ~ röra om i ngt **2** rörelse; [*life and*] ~ liv och rörelse **3** uppseende, uppståndelse, väsen; *create a* ~ väcka uppståndelse (uppseende)
2 stir [stɜ:] *sl.* kåk (*fängelse*); *in* ~ på kåken
stirrer ['stɜ:rə] orosmakare **stirring** [-ɪŋ] **I** *a* **1** medryckande, eldande, upphetsande; rörande, gripande **2** livlig; energisk, aktiv **II** *s* ansats, framväxt
stirrup ['stɪrəp] stigbygel **stirrup bone** *anat.* stigbygel **stirrup iron** [-ˌaɪən] stigbygel **stirrup pump** [-pʌmp] (*handdriven*) brandspruta
stitch [stɪtʃ] **I** *v* sy (*äv. med.*); brodera; *bokb.* [tråd]häfta, klamra; ~ [*together*] sy ihop; ~ *on* sy på (fast); ~ *up* sy [ihop], laga **II** *s* **1** stygn (*äv. med.*); söm; *chain* ~ kedjesöm; *a ~ in time saves nine* (*ung.*) det är bättre att stämma i bäcken än i ån **2** maska; *drop a* ~ tappa en maska; *moss* ~ mossstickning **3** *vard., not have a ~ to wear* inte ha någonting att sätta på sig; *not have a ~ on* inte ha en tråd på kroppen **4** håll [i sidan]; *have a* (*the*) ~ ha håll; *be in ~es* (*vard.*) skratta hejdlöst (sig fördärvad); *she had us all in ~es* hon fick oss alla att vrida oss av skratt **-ing** ['stɪtʃɪŋ] *sömn.* [stick] söm, stickning
stiver ['staɪvə] [spott]styver
stoat [stəʊt] *zool.* vessla, lekatt; hermelin
stock [stɒk] **I** *s* **1** stock, stubbe; *~s* (*pl, hist.*) stock; *~s and stones* livlösa ting **2** block, kloss, stock; gevärsstock; handtag, skaft **3** härstamning, härkomst, familj, släkt; ras; avel; *språkv.* språk|grupp, -familj **4** *bot.* stam; grundstam, underlag (*för ympning*), moder|planta, -växt; lövkoja **5** *kokk.* spad, buljong **6** förråd, lager (*äv. bildl.*); *be out of* ~ vara slut[såld]; *have* (*keep*) *in* ~ ha på (i) lager, ha inne; *take ~ a*) inventera [lagret], göra en inventering, *b*) *bildl.* granska läget; *take ~ of* bedöma, skaffa sig en uppfattning om, tänka över, värdera **7** boskap, [kreaturs- ladugårds]besättning; bestånd; inventarier; materiel; *dead* ~ döda inventarier; *fat* ~ gödboskap, slaktdjur; *live* ~ kreatursbesättning, boskap, levande inventarier; *rolling* ~ rullande materiel **8** *ekon.* aktiekapital; grund|kapital, -fond; aktier, värdepapper; statsobligation[er]; statslån; *bildl.* aktier, ställning; *~s* [*and shares*] (*äv.*) börs-, fond|papper; *put* (*take*) ~ *in s.th.* (*bildl.*) tillmäta ngt betydelse, intressera sig för ngt, uppskatta ngt **9** *skeppsb., on the ~s a*) på stapelbädden, under byggnad, *b*) *bildl.* under utarbetande **10** *teat.* repertoar; *play in summer* ~ uppträda i sommarens föreställningar **11** *kortsp.* talong **II** *a* **1** lager-; som [alltid] lagerförs; standard-, serie-; *bildl.* standard-, stående, ständigt återkommande, stereotyp; ~ *example* standard-, typ|exempel; ~ *phrase* stående uttryck; ~ *room* lager [lokal]; ~ *size* standardstorlek **2** boskaps-; avels-; ~ *farmer* kreaturs-, avelsdjurs|uppfödare **3** *ekon.* aktie-, fond-; ~ *certificate* (*AE.*) aktiebrev; ~ *company* (*AE.*) aktiebolag; ~ *prices* börskurser **4** *AE. teat.*, ~ *company* fast ensemble; ~ *play* repertoarstycke **5** ~ *cube* buljongtärning **III** *v* **1** fylla, förse; utrusta; ~ *a farm* skaffa kreatursbesättning till en gård; ~ *a river* plantera in fisk i en flod **2** ha på lager, [lager]föra; lagra; ~ *up* fylla på [lagret av] **3** ~ *up a*) lägga upp ett förråd (lager) (*with, on* av), *b*) fylla på lagret
stockade [stɒ'keɪd] **I** *s* palissad, pålverk **II** *v* omge med palissad (pålverk)
stock|breeder ['stɒkˌbri:də] kreaturs-, avelsdjurs|uppfödare **-breeding** kreaturs|uppfödning, -avel **-broker** börs-, fond|mäklare **-broking** börs-, fond|mäkleri
stock car ['stɔkkɑ:] **1** stock-car (*modifierad standardbil använd i skrotbilstävling*) **2** *AE.* boskapsvagn **stock dove** *zool.* skogsduva **stock exchange** [-ɪksˌtʃeɪndʒ] **1** [fond-, aktie]börs **2** aktiemarknad **stock farm** [-fɑ:m] boskapsfarm, avelsgård **stockfish** [-fɪʃ] stockfisk **stockholder** [-ˌhəʊldə] *i sht AE.* aktieägare
Stockholm ['stɒkhəʊm]
stockinet [ˌstɒkɪ'net] trikå
stocking ['stɒkɪŋ] [lång] strumpa; *in* [*one's*] ~ *feet* i strumplästen **stockinged** [-d] strumpklädd; *in one's ~ feet* i strumplästen **stocking stitch** slätstickning
stock in trade [ˌstɒkɪn'treɪd] **1** [varu]lager **2** vanligt beteende; vanlig [arbets]rutin
stockist ['stɒkɪst] återförsäljare, leverantör
stock|jobber ['stɒkˌdʒɒbə] börsspekulant **-jobbery, -jobbing** börsspekulationer
stock market ['stɒkˌmɑ:kɪt] *AE.* **1** aktiemarknad **2** [fond-, aktie]börs **3** börskurser
stock|pile ['stɒkpaɪl] **I** *s* förråd, lager, upplag; lagerhållning **II** *v* lagra, lägga upp förråd av; lagerhålla **-pot** *i sht BE.* buljongkittel **-room** förrådsrum, lager **--still** [ˌstɒk'stɪl] *adv* absolut stilla, blickstilla **-taking** ['stɒkˌteɪkɪŋ] **1** [lager]inventering **2** *bildl.* granskning, översyn
stock whip ['stɒkwɪp] boskapspiska
stocky ['stɒkɪ] satt, undersätsig
stockyard ['stɒkjɑ:d] kreatursinhägnad
stodge [stɒdʒ] **I** *s* **1** tung (mäktig, kraftig) mat **2** tråkig person; trögmåns **II** *v* vräka (proppa) i sig

S

mat **stodgy** ['stɒdʒɪ] **1** (*om mat*) tung, mäktig, kraftig **2** [lång]tråkig, trist
sto|gie, -gy ['stəʊgɪ] *AE.* billig långsmal cigarr
stoic ['stəʊɪk] **I** *s* stoiker **II** *a* stoisk **stoical** [-l] stoisk **stoicism** [-sɪz(ə)m] stoicism
stoke [stəʊk] **1** elda i, sköta elden i; ~ *up* fylla på bränsle i (på); ~ [*up*] (*bildl.*) hålla liv i, underblåsa; ~ *the fire* sköta elden, röra om i brasan **2** ~ *up* proppa i sig mat **stoke|hold, -hole** ['stəʊk|həʊld, -həʊl] pannrum **stoker** ['stəʊkə] eldare
STOL [stəʊl] *förk. för Short Take-Off and Landing* (*flyg.*) STOL-plan
1 stole [stəʊl] stola
2 stole [stəʊl] *imperf. av steal* **stolen** [-ən] *perf. part. av steal*
stolid ['stɒlɪd] sävlig, flegmatisk **-ity** [stɒ'lɪdətɪ] sävlighet, flegma
stomach ['stʌmək] **I** *s* **1** magsäck; mage, buk; *on an empty* ~ på fastande mage; *it turns my* ~ (*makes my* ~ *turn*) det kväljer mig, det får det att vända sig i magen på mig **2** matlust; *bildl.* håg, lust; *have no* ~ *for* inte ha lust med (för) **II** *v* tåla, [kunna] smälta (*äv. bildl.*) **stomachache** magvärk, ont i magen; *have a* ~ ha ont i magen **stomachic** [stə(ʊ)'mækɪk] **I** *a* hörande till magen, mag-; magstärkande **II** *s* magmedicin **stomach pump** ['stʌməkpʌmp] magpump
stomp [stɒmp] **I** *v* **1** *vard.* stampa; trampa **2** *AE.*, ~ *one's foot* stampa med foten **3** dansa stomp **II** *s* stomp (*jazzmusik med kraftigt markerad rytm*)
stone [stəʊn] **I** *s* **1** sten (*äv. med.*); [*precious*] ~ ädelsten; *the S~ Age* stenåldern; *operation for* ~ gall-, njur|stensoperation; *a* ~*'s throw from, within a* ~*'s throw of* ett stenkast från; *leave no* ~ *unturned* inte lämna ngt ogjort (ngn möda ospard), pröva alla möjligheter **2** (*i stenfrukt*) kärna **3** (*pl vanl. lika*) stone (*viktenhet = 14 pounds = 6,35 kg*) **II** *v* **1** kasta sten på; stena; ~ *the crows!* (*BE. vard.*) det var som bara tusan! **2** kärna ur (*stenfrukt*) **3** klä med sten[ar]
stone|breaker ['stəʊn,breɪkə] stenkross **--cold** [-kəʊld] **I** *a* iskall **II** *adv*, ~ *sober* spik nykter **-crop** [-krɒp] *bot.* fetknopp **-cutter** [-,kʌtə] stenhuggare
stoned [stəʊnd] **1** urkärnad, kärnfri **2** *sl.* packad (*berusad*); påtänd, hög
stone-dead [,stəʊn'ded] stendöd **stone-deaf** stendöv **stone fruit** ['stəʊnfru:t] stenfrukt **stoneground** ['stəʊngraʊnd] stenmalen
Stonehenge [,stəʊn'hen(d)ʒ]
stone|mason ['stəʊn,meɪsn] stenhuggare **-wall** [,stəʊn'wɔ:l] **1** (*i kricket*) spela defensivt **2** *parl.* obstruera **-walling** [,stəʊn'wɔ:lɪŋ] **1** (*i kricket*) defensivt spel **2** *parl.* obstruktions-, förhalnings|-politik **-ware** ['stəʊnweə] stengods **-work** ['stəʊnwɜ:k] sten[huggeri]arbete
stony ['stəʊnɪ] **1** stenig **2** sten-; *bildl.* [sten]hård, känslolös, kall, isande **--broke** *BE. vard.* utfattig, luspank **--hearted** [-,hɑ:tɪd] hårdhjärtad
stood [stʊd] *imperf. o. perf. part. av stand*
stooge [stu:dʒ] **I** *s* **1** *vard.* underhuggare, hejduk, marionett **2** (*komikers*) skottavla, medhjälpare **II** *v* **1** *vard.* vara underhuggare *etc.*, *jfr I* **2** vara (*komikers*) skottavla (medhjälpare) **3** *AE. sl.*, ~ *around* låtsas arbeta
stook [stʊk] [sädes]skyl
stool [stu:l] **1** stol (*utan ryggstöd*), pall, taburett; *fall between two* ~*s* (*bildl.*) sätta sig mellan två stolar **2** avföring **3** toalettstol **stool pigeon 1** lockfågel **2** [polis]tjallare **3** *AE. sl. bildl.* lock|fågel, -bete
1 stoop [stu:p] **I** *v* **1** ~ [*down*] böja sig [ner] **2** gå (stå, sitta) framåtlutad **3** *bildl.* sänka (nedlåta) sig (*to doing s.th.* att göra ngt; *to s.th.* till ngt) **4** (*om rovfågel e.d.*) slå ner **5** luta, böja, sänka (*one's head* huvudet) **II** *s* **1** [framåt]lutning, -böjning; kutryggighet **2** (*rovfågels e.d.*) nedslag
2 stoop [stu:p] *AE.* liten yttertrappa; förstukvist
stop [stɒp] **I** *v* **1** stoppa, stanna; hejda; hindra; uppehålla; avbryta; stänga av; ~ *a blow* parera ett slag; ~ *a bullet* (*sl.*) träffas av en kula; ~ *thief!* ta fast tjuven!; ~ *s.b.* [*from*] *doing s.th.* hindra ngn från att göra ngt **2** sluta [med]; inställa; dra in; hålla inne; ~ *a cheque* spärra en check; ~ *it!* låt bli [det där]!, sluta!; ~ *a newspaper* avbeställa en tidning; ~ *a p.'s salary* hålla inne ngns lön; ~ *smoking* sluta röka **3** ~ [*up*] stoppa (fylla, täppa, proppa) igen, täppa till; ~ *one's ears a*) hålla för öronen, *b*) *bildl.* slå dövörat till; ~ *a gap* fylla en lucka; ~ *a p.'s mouth* täppa till munnen på ngn, tysta ngn; *his nose is* ~*ped up* han är täppt i näsan; ~ *a tooth* fylla (plombera) en tand; ~*ped trumpet* sordinerad trumpet; ~ *the way* spärra vägen, stå i vägen (*äv. bildl.*) **4** *BE.* interpunktera **5** *mus.* stänga (*lufthål*); trycka ner (*sträng*) **6** stoppa, stanna; *vard.* stanna [kvar], bo; ~*!* stopp!, halt!; ~ *dead* (*short, in one's tracks*) tvärstanna; ~ *at nothing* inte sky några medel; ~ *by at a p.'s house* titta in hos ngn; ~ *for dinner* (*vard.*) stanna [kvar] till middagen; ~ *off* stanna [till]; ~ *out* (*BE. vard.*) stanna borta (ute); ~ *over* stanna [till, över]; ~ *up* (*vard.*) stanna uppe **7** sluta, upphöra, avstanna **8** ~ *up* täppas igen, bli igentäppt **9** *foto.*, ~ *down* blända ner **II** *s* **1** stopp, halt; paus; avbrott; uppehåll; *without a* ~ utan avbrott (uppehåll); *be at a* ~ stå stilla, ha [av]stannat; *bring to a* ~ stoppa, hejda; *come to a* ~ [av]stanna, upphöra; *we had* (*made*) *four* ~*s* vi stannade fyra gånger; *put a* ~ *to* sätta stopp för, göra slut på **2** hållplats **3** stopp[klack], spärr **4** skiljetecken; *full* ~ punkt **5** *mus.* grepp; tvärband; [luft]hål, klaff; ventil; register (*äv. bildl.*); register|andrag, -tangent; *with all the* ~*s out a*) *mus.* för fullt verk, *b*) *vard.* för fulla muggar; *pull all the* ~*s out* (*vard.*) sätta till alla klutar, göra allt, spela ut hela sitt register **6** *foto.* bländare, bländarsteg **7** *fonet.* klusil
stop|cock ['stɒpkɒk] [avstängnings]kran **-gap I** *s* tillfällig ersättning (ersättare, utfyllnad), surrogat; mellanspel **II** *a* tillfällig, övergångs-, ersättnings- **-light 1** stoppljus, rött ljus **2** bromsljus **-over** [-,əʊvə] reseuppehåll
stoppage ['stɒpɪdʒ] **1** tilltäpp|ande, -ning; avbrytande, stoppande, blockering; stopp, avbrott, stockning; ~ [*of game*] (*sport.*) avblåsning **2** arbetsnedläggelse, driftstörning **3** avdrag (*på lön för skatt e.d.*) **stopper** [-ə] **I** *s* propp; plugg **II** *v* sätta propp i **stopping** [-ɪŋ] **I** *s, BE. vard.* fyllning, plomb **II** *a*, ~ *train* persontåg **stopple** [-l] *se stopper* **stop press** *BE.* presstopp-nyheter, pressläggningsnytt **stopwatch** stopp-, tid-

tagar|ur
storage ['stɔ:rɪdʒ] **1** lagring, magasinering **2** lager-, magasins|utrymme **3** lagringskostnader **4** *data.* minne **storage battery** [-ˌbætərɪ] *i sht AE.* ackumulator **storage capacity** [-kəˌpæsətɪ] *data.* minneskapacitet, lagringsutrymme **storage space** [-speɪs] lagerutrymme
store [stɔ:] **I** *s* **1** lager, förråd (*äv. bildl.*); lager, lagerbyggnad, förrådshus, magasin; *data.* minne; *~s* (*pl*) förråd, förnödenheter, proviant; *a ~ of* (*bildl.*) en [stor] mängd, ett stort förråd av; *~ of knowledge* fond av vetande; *cold ~* kyl-, frys|hus; *be in ~ for s.b.* förestå (vänta) ngn; *have* (*keep*) *in ~* ha ett förråd av, lagra, ha på lager (i reserv, i beredskap); *have a surprise in ~* ha en överraskning i bakfickan (på lager); *set great ~ by* (*on*) sätta stort värde på, lägga stor vikt vid **2** *i sht AE.* butik, affär **3** *~s* (*pl*), *department ~*[*s*] varuhus **II** *v* **1** lagra (*äv. data.*), lägga upp lager av; samla [på lager]; förvara, magasinera; *elektr.* ackumulera; *~ away a*) lagra, lägga upp lager av, *b*) förvara; *~ up* spara, lägga på lager **2** ha utrymme för, [kunna] rymma **3** utrusta [med förnödenheter, med proviant], förse
store|front ['stɔ:frʌnt] *AE.* skyltfönster **-house** **1** magasin, lager[byggnad] **2** *bildl.* förråd, källa, guldgruva **-keeper** [-ˌki:pə] *i sht AE.* affärs-, butiks|innehavare **-room** [-rʊm] **1** förrådsrum **2** förrådsutrymme
storey ['stɔ:rɪ] våning[splan], etage; *a single ~ building* ett envåningshus; *on the second ~* (*BE.*) två trappor upp **storeyed** [-d] *a* -vånings, med...våningar; *three-~ house* trevåningshus
1 storied ['stɔ:rɪd] *se storeyed*
2 storied ['stɔ:rɪd] **1** sägenomspunnen, omtalad i historien **2** prydd med bilder ur historien
stork [stɔ:k] *zool.* stork
storm [stɔ:m] **I** *s* **1** oväder, storm (*äv. bildl.*); [stört]skur (*äv. bildl.*); *a ~ in a teacup* (*BE.*) en storm i ett vattenglas; *a ~ of applause* stormande applåder; *a ~ of protest* en proteststorm; *~ and stress* Sturm und Drang **2** *mil.* stormning; *take by ~* ta med storm (*äv. bildl.*) **II** *v* **1** storma (*a fort* en fästning); gå till storms mot, ta med storm (*äv. bildl.*) **2** storma (*into* in i); rusa, störta (*into* in i; *out of* ut ur); *bildl.* rasa, vara ursinnig, skälla **3** *opers., it ~ed* det stormade och regnade (åskade, haglade, snöade), det var oväder
stormbound ['stɔ:mbaʊnd] hindrad av oväder (storm) **storm centre** [-ˌsentə] stormcentrum; *bildl. äv.* oroshärd **storm cloud** [-klaʊd] ovädersmoln (*äv. bildl.*) **storm-cock** [-kɒk] *zool.* dubbeltrast **storm petrel** [-ˌpetr(ə)l] *zool.* stormsvala **stormproof** [-pru:f] stormsäker **storm sail** [-seɪl] stormsegel **storm-trooper** [-ˌtru:pə] **1** medlem av stormtrupp **2** (*under nazisttiden*) SA-man **stormy** [-ɪ] stormig (*äv. bildl.*), oväders-
1 story ['stɔ:rɪ] **1** historia; berättelse; anekdot; saga; version; bakgrund; *vard.* påhitt, osanning; *it's the same* (*old*) *old ~* det är samma gamla visa; *that's another ~* det är en helt annan historia; *his ~ is that* han säger (uppger, påstår) att; *to cut* (*make*) *a long ~ short* kort sagt; *so the ~ goes* sägs (berättas, ryktas) det; *tell stories* (*vard.*) tala osanning **2** (*i roman e.d.*) handling, story **3** nyhetsstoff, artikel[material), story **4** [*short*] *~* novell
2 story ['stɔ:ri:] *AE., se storey; on the second ~* en trappa upp
story|book ['stɔ:rɪbʊk] **I** *s* sagobok **II** *a* sago-, som i sagorna **-teller** [-ˌtelə] **1** sagoberättare; historieberättare **2** *vard.* lögnhals
stoup [stu:p] **1** stop, dryckeskärl **2** vigvatten[s]-skål
stout [staʊt] **I** *a* **1** (*om pers.*) korpulent, tjock **2** kraftig, bastant, stadig, stark **3** tapper; hårdnackad; beslutsam; *a ~ heart* mod, beslutsamhet **II** *s* (*starkt*) mörkt öl, porter **-hearted** [ˌstaʊt'hɑ:tɪd] *litt.* tapper; ståndaktig; beslutsam
stove [stəʊv] spis; kamin; [bak]ugn **-pipe** ['stəʊvpaɪp] **1** kaminrör **2** *AE.* hög hatt
stow [stəʊ] **1** stuva [in]; packa [ner]; *~ away* stuva (lägga) undan **2** *sjö.* lasta, stuva **3** *BE. sl., ~ it!* håll käften!, lägg av! **4** rymma, ha plats för **5** *~ away* resa som fripassagerare, gömma sig ombord **-age** ['stəʊɪdʒ] **1** stuvning **2** stuvningsutrymme **3** lastningsavgift **-away** ['stəʊəweɪ] fripassagerare
str. *förk. för steamer; straight;* (*mus.*) *string*[*ed*]; *strait; street; stroke oar*
straddle ['strædl] **1** sitta (sätta sig) grensle över; stå (ställa sig) grensle (bredbent) över (på), grensla **2** skreva med, spärra ut (*one's legs* benen) **3** [sträcka sig över och] förbinda **4** *AE.* vara för båda sidor i (*an issue* en fråga) **5** sitta (gå, stå) bredbent; skreva [med benen], sitta grensle
strafe [strɑ:f] **1** bomba, beskjuta [från luften] **2** *sl.* klå upp
straggle ['strægl] **1** gå i oordning; sacka [efter]; falla ur ledet **2** breda ut (sprida) sig oregelbundet, ligga utspridd; grena ut sig; spreta **straggler** [-ə] eftersläntrare **straggling** [-ɪŋ] **1** [ut]-spridd; oregelbundet byuggd **2** stripig; spretig; *~ hair* stripigt hår **straggly** [-ɪ] *se straggling 2*
1 straight [streɪt] **I** *a* **1** rak, rät; *~ hair* rakt hår; *a ~ left* (*right*) (*i boxning*) en rak vänster (höger); *~ thinking* logiskt tänkande; *as ~ as die a*) rak som en pinne, spikrak, *b*) *bildl.* genomhederlig; *the picture isn't ~* tavlan hänger snett; *keep one's face ~* inte röra en min, hålla masken; *put ~* rätta till, lägga (hänga) rakt **2** öppen[hjärtig], rättfram, uppriktig, ärlig; hederlig, rättskaffens; *vard.* pålitlig; *~ answer* ärligt (uppriktigt) svar; *~ fight* tvekamp, ärlig strid; *~ man* (*komikers*) medhjälpare, måltavla; *~ tip* stalltips; *keep ~* sköta sig, föra ett hederligt liv; *keep s.b. ~* se till att ngn sköter sig (inte kommer på sned) **3** i ordning; *get* (*put*) *~* få ordning på, ordna (reda, klara) upp, ordna, ställa i ordning; *and get this ~!* och det ska du ha klart för dig!; *get the record ~* reda ut begreppen; *put* (*set*) *s.b. ~ about s.th.* göra ngt klart för ngn **4** rak, i följd; *five ~ wins* fem raka segrar **5** ren, oblandad (*whisky* whisky); *AE.* genomgående; *~ choice* enkelt val, val mellan två; *~ ticket* (*AE.*) röstsedel med kandidater för endast ett parti **6** vanlig, konventionell; *teat. äv.* realistisk; *~ play* talpjäs; *~ razor* (*AE.*) rakkniv **7** *sl.* brackig; hetero[sexuell]; nykter, drogfri **II** *adv* **1** rakt, rätt, mitt; rak[t], upprätt; raka vägen, direkt; genast; *~ across* mitt (tvärs) över; *~ ahead* (*on*) rakt (rätt) fram; *~*

S

away genast, med detsamma, direkt; ~ *off* genast, direkt, på rak arm, utan vidare; *come ~ to the point* gå rakt på sak; *the bus came ~ at me* bussen kom rakt emot mig; *work for five days ~* arbeta fem dagar i rad **2** ~ [*out*] direkt, rent ut, rakt på sak **3** rätt, riktigt; *bildl.* hederligt; *go ~* sköta sig, föra ett hederligt liv; *shoot ~* träffa rätt; *think ~* tänka logiskt **III** *s* **1** rak (rät) linje; raksträcka; *BE.* [*final*] ~ upplopp[ssida]; *out of the ~* krokig[t] **2** *the ~ and narrow* den smala (dygdens) väg; *be on the ~* [*and narrow*] sköta sig, föra ett hederligt liv **3** *kortsp., sport.* [rak] serie; svit

straightaway [ˌstreɪtəˈweɪ] *adv* genast

straighten [ˈstreɪtn] **1** räta [ut]; räta på; släta ut; rätta till; städa; *tekn.* rikta; ~ *out a*) räta [ut, upp], *b*) ordna (reda, klara) upp; ~ *o.s. out* sträcka ut sig; *the problem will ~ itself out* problemet kommer att lösa sig självt; ~ *up a*) räta [ut], *b*) rätta till, få ordning på, *c*) städa [upp]; ~ *o.s. up* räta på (upp) sig **2** räta ut (upp) sig, bli rak, rakna; släta ut sig; ~ *out* ordna upp sig; ~ *up* räta upp sig

straight|faced [ˈstreɪtfeɪst] *a* med orörligt ansikte, utan att röra en min **-forward** [ˌstreɪtˈfɔːwəd] **1** rättfram, uppriktig, ärlig **2** enkel, okomplicerad **--out** [streɪtˈaʊt] *AE.* **1** rättfram, uppriktig, ärlig **2** renodlad **-way** [ˈstreɪtweɪ] *åld.* genast

1 strain [streɪn] **I** *v* (*jfr äv. strained*) **1** spänna, sträcka; tänja [ut]; *bildl.* hårdraga, pressa (*yttrande e.d.*), överskrida (*befogenhet e.d.*); ~ *the law* vränga (tänja på) lagen; ~ *a point* göra ett undantag (en eftergift) **2** fresta (slita) på, [över]anstränga, [över]belasta; *bildl.* fresta, pröva; ~ *o.s.* [över]anstränga sig; ~ *one's ears* lyssna spänt, spetsa öronen; ~ *every nerve* spänna sig (spänna sina krafter, anstränga sig) till det yttersta; *it ~s my nerves* det sliter på mina nerver **3** *med.* sträcka (*a muscle* en muskel) **4** sila, filtrera; passera; ~ [*off*] sila av (bort); ~ *off water* hälla bort vatten; ~ *the potatoes* hälla av vattnet från potatisen **5** hålla hårt, trycka **6** anstränga (spänna) sig; (*vid avföring*) krysta; sträva; slita, streta, dra; ~ *after* eftersträva, vara ute efter; ~ *at a*) slita (streta) med, *b*) slita (dra) i **7** filtreras; sila[s]; sippra; ~ *at a gnat and swallow a camel* sila mygg och svälja kameler; ~ *through* sippra igenom **II** *s* **1** spänning, töjning; tryck; påfrestning, belastning, *bildl. äv.* [över]ansträngning, press, stress; *mental ~* psykisk påfrestning; *nervous ~* nervpress, stress; *be a ~ on* vara ansträngande för, anstränga, fresta (slita, ta) på; *put a great ~ on* hårt anstränga, ta hårt på; *suffer from nervous ~* vara [psykiskt] överansträngd, vara stressad **2** *med.* sträckning **3** ton; stil **4** ~*s* (*pl*) toner, musik

2 strain [streɪn] **1** ätt, släkt **2** *biol.* sort; stam, ras **3** [släkt]drag, inslag

strained [streɪnd] *bildl.* spänd; ansträngd, onaturlig; ~ *relations* spänt förhållande

strainer [ˈstreɪnə] sil, durkslag; filter

strait [streɪt] **1** ~[*s* (*behandlas som sg*)] sund; *the S~s of Dover* Pas de Calais; *the S~s of Gibraltar* Gibraltarsund **2** ~[*s* (*pl*)] trångmål, knipa; *be in a ~* (*in great ~s*) vara i [svårt] trångmål (i verklig knipa) **-en** [-n] försätta i trångmål; *in ~ed circumstances* i (under) knappa omständigheter

-jacket [ˈstreɪtˌdʒækɪt] tvångströja (*äv. bildl.*) **--laced** [ˌstreɪtˈleɪst] puritansk, sträng, pryd

1 strand [strænd] **1** [rep]sträng, kardel; tråd; fiber **2** rep, tåg; pärl[hals]band **3** [hår]slinga, -test **4** *bildl.* inslag, element

2 strand [strænd] **I** *s* **1** *litt.* strand **II** *v* **1** stranda (*äv. bildl.*) **2** driva upp på stranden, [få att] stranda; *be ~ed* stranda; *be* [*left*] *~ed* (*bildl.*) vara strandsatt, sitta fast, vara övergiven

strange [streɪn(d)ʒ] **I** *a* egendomlig, konstig, underlig, sällsam; ~ *to say* egendomligt nog; *feel a bit ~* känna sig litet konstig; *truth is ~r than fiction* verkligheten överträffar dikten **2** främmande, okänd (*to* för); *be ~ to* vara främmande för, inte känna till **stranger** [ˈstreɪn(d)ʒə] främling; ~*s* (*pl, äv.*) främmande människor; *they are ~s* (*äv.*) de känner inte varandra; *be a ~ to s.th.* vara främmande för ngt, inte veta vad ngt vill säga, inte känna till ngt; *I spy ~s* (*i underhuset*) jag yrkar att åhörarläktarna utryms

strangle [ˈstræŋgl] **1** strypa **2** *bildl.* kväva, undertrycka; strypa **-hold** strup|grepp, -tag; *bildl. äv.* järngrepp

strangu|late [ˈstræŋgjʊleɪt] **1** *med.* snöra av (åt); *~d hernia* inklämt bråck **2** strypa **-lation** [ˌstræŋgjʊˈleɪʃn] **1** *med.* av-, åt|snörning **2** strypning

strap [stræp] **I** *s* **1** rem; band; tamp; (*i buss, tåg e.d.*) stropp; (*på sko*) slejf; (*på byxben*) hälla; ~*s* (*pl*) remtyg; *get the ~* få stryk, få prygel (*med rem*) **2** strigel **3** axelband; axelrem **II** *v* **1** fästa (spänna fast) med rem[mar]; ~ *on* spänna (sätta) på sig **2** prygla (*med rem*) **3** strigla

straphanger [ˈstræpˌhæŋə] *vard.* stående passagerare (*som håller fast i stropp*) **strapless** [-lɪs] axelbandslös, utan axelband **strapping** [-ɪŋ] kraftig[t byggd], stor och kraftig

strata [ˈstrɑːtə] *pl av stratum*

stratagem [ˈstrætədʒəm] knep, list

strategic[al] [strəˈtiːdʒɪk(l)] strategisk **strategics** [-s] (*behandlas som sg*) *i sht mil.* strategi **strategist** [ˈstrætɪdʒɪst] strateg **strategy** [ˈstrætɪdʒɪ] strategi; taktik

strati|fication [ˌstrætɪfɪˈkeɪʃn] stratifi|kation, -ering, skiktning **-fy** [ˈstrætɪfaɪ] stratifiera; skikta; indela i skikt

strato|sphere [ˈstrætə(ʊ)ˌsfɪə] stratosfär **-spheric[al]** [ˌstrætə(ʊ)ˈsferɪk(l)] stratosfärisk

stra|tum [ˈstrɑːtəm] (*pl -ta* [-tə]) *geol., sociol.* stratum, skikt, lager

straw [strɔː] **I** *s* **1** strå; halmstrå; halm; ~ *in the wind* (*bildl.*) indikation, antydan; *man of ~ a*) galjonsfigur, marionett, bulvan, *b*) skenmotståndare, skenargument; *not a ~* (*two ~s*) (*vard.*) inte ett dugg; *that was the last ~* [*that broke the camel's back*] det var droppen som kom bägaren att rinna över; *clutch* (*grasp*) *at ~s* (*bildl.*) gripa efter ett halmstrå; *draw* (*get*) *the short ~* dra det kortaste strået **2** sugrör **II** *a* **1** halm-; ~ *hat* halmhatt **2** halm|färgad, -gul **3** *i sht AE.* betydelselös; värdelös; ~ *man a*) halmdocka, *b*) *se straw I 1* (*man of ~*) **4** *i sht AE.*, ~ *poll* (*vote*) *a*) provomröstning, *b*) opinionsmätning

strawberry [ˈstrɔːb(ə)rɪ] jordgubbe; *wild ~* smultron **strawberry blonde** *a* (*om hår*) rödlätt **strawberry mark** rött födelsemärke

straw-coloured ['strɔːˌkʌləd] (*i sht om hår*) halmgul
stray [streɪ] **I** *v* ströva (irra) [omkring, hit och dit] ; gå vilse, förirra sig; avvika, avlägsna sig, komma bort; *bildl. äv.* begå ett felsteg **II** *a* **1** kringdrivande, bortsprungen, vilsekommen, herrelös **2** enstaka, sporadisk, spridd, tillfällig, strö-; *a ~ bullet* en förlupen kula; *a ~ car or two* en och annan bil **III** *s* kringdrivande (vilsekommet, herrelöst) djur; hemlöst (övergivet) barn, hemlös individ
streak [striːk] **I** *s* **1** strimma, rand; streck; ådring; *~ of light* ljusstrimma; *~ of lightning* blixt; *like a ~ [of lightning]* (*bildl.*) som en oljad blixt **2** inslag, drag; anstrykning; *he has a ~ of humour* han har [ett visst] sinne för humor **3** rad, period; *a lucky ~* en tids (period av) tur; *a winning ~* en segerrik period, period av segrar **II** *v* **1** göra strimmig, randa; ådra; *hair ~ed with grey* gråsprängt hår; *~ed with red* rödstrimmig, med röda strimmor **2** bli strimmig (randig) **3** rusa, susa, svepa; *vard.* 'strika' (*springa naken för att provocera e.d.*) **streaky** ['striːkɪ] **1** strimmig, randig **2** ojämn (*i kvalitet*)
stream [striːm] **I** *s* **1** bäck, å, vattendrag; ström, strömning, *bildl. äv.* riktning, förlopp; flöde; stråle; *~ of consciousness* medvetandeström; *~ of tears* flod av tårar, tåreflod; *~ of words* ordflöde, ström av ord; *down [the] ~* nedströms; *up [the] ~* uppströms; *arrive in a steady ~* anlända i en jämn ström; *go with (against) the ~* (*bildl.*) följa med (gå emot) strömmen **2** *skol.* [parallell]-klass; [nivå]grupp **II** *v* **1** spruta; *his eyes ~ed tears* tårarna strömmade ur ögonen på honom; *his face ~ed blood* blodet sprutade ner över ansiktet på honom **2** *skol.* dela in i [parallell]klasser ([nivå]-grupper) **3** strömma (*äv. bildl.*); flöda, rinna; *~ with* rinna (drypa) av; *his eyes ~ed with tears* tårarna strömmade ur ögonen på honom; *the rain is ~ing down* det störtregnar **4** vaja, fladdra (*in the wind* i (för) vinden)
stream|er ['striːmə] **1** vimpel **2** serpentin **3** tidningsrubrik över hel sida **-line I** *s* strömlinje; strömlinjeform **II** *v* **1** strömlinjeforma, göra strömlinjeformad **2** effektivisera, rationalisera; reducera
street [striːt] gata; *in (AE.: on) the ~* på gatan; *the man in the ~* mannen på gatan, gemene man; *be (go) on the ~s* (*vard.*) gå på gatan (sporten); *be ~s ahead of s.b.* (*vard.*) ligga långt före ngn, vara ngn skyhögt överlägsen; *they are ~s apart* (*vard.*) de är himmelsvitt skilda; *not in the same ~ as* (*vard.*) inte alls jämförbar med; *that's [right] up my ~* (*vard.*) det är verkligen någonting för mig (som jag är bra på); *walk the ~s* vara husvill, gå brandvakt; *walk down the ~* gå (promenera) gatan fram
street Arab ['striːtˌærəb] hemlöst barn; gatunge **streetcar** ['striːtkɑː] *AE.* spårvagn **street cries** *pl* gatuförsäljares rop **street door** port, ytterdörr (*åt gatan*) **street|lamp, -light** gatlykta **streetwalker** [-ˌwɔːkə] gatflicka
strength [streŋθ] **1** styrka (*äv. bildl.*); kraft[er]; *~ of character* karaktärsstyrka; *~ of mind* andlig styrka; *position of ~* styrkeposition; *on the ~ of* på grund av, i kraft av; *his chief ~ is* hans starkaste sida är; *be beyond a p.'s ~* överstiga ngns krafter (förmåga); *gain (recover) ~* hämta sig, få nya (samla) krafter; *go from ~ to ~* gå från klarhet till klarhet **2** styrka, hållbarhet, [håll]fasthet, stabilitet **3** styrka, styrkegrad; koncentration; intensitet **4** styrka, antal, numerär; *in [great] ~* i stort antal; *be at (up to) full ~* vara fulltalig; *be below (under) ~* inte vara fulltalig, vara underbemannad
strengthen ['streŋθn] **1** stärka, styrka; förstärka; *~ a p.'s hands* styrka ngn, inge ngn mod **2** bli starkare; stärkas, styrkas; förstärkas; öka i styrka
strenuous ['strenjʊəs] **1** ansträngande, påfrestande **2** ivrig, ihärdig, energisk
strepto|coccus [ˌstreptə(ʊ)'kɒkəs] (*pl -cocci* [-'kɒk[s]aɪ]) *med.* streptokock **-mycin** [-'maɪsɪn] *med.* streptomycin
stress [stres] **I** *s* **1** spänning; påfrestning, belastning, tryck; *bildl. äv.* stress; *the ~es and strains of modern life* det moderna livets påfrestningar (jäkt och stress); *be under ~* vara utsatt för stora påfrestningar, vara hårt belastad, vara stressad; *put s.b. under ~* stressa ngn **2** *bildl.* vikt; *lay (put) ~ on a)* betona, poängtera, framhålla, *b)* sätta värde på, lägga vikt vid **3** *språkv.* betoning, ton,tonvikt, accent, tryck; betonad stavelse; *primary ~* huvud|accent, - ton; *secondary ~* bi|accent, -ton **II** *v* **1** belasta, utsätta för tryck (påfrestning) **2** stressa **3** betona, poängtera, framhålla **4** *språkv.* betona **stressful** ['stresfʊl] stressig
stretch [stretʃ] **I** *v* **1** spänna, sträcka; sträcka ut; tänja (töja) ut; *med.* sträcka (*a tendon* en sena); *~ o.s.* sträcka på sig; *~ one's legs* sträcka (röra) på benen; *~ one's neck* sträcka på halsen; *~ forth* sträcka fram; *~ s.b. on the ground* slå ngn till marken; *~ out* sträcka ut, räcka fram; *~ o.s. out* sträcka ut sig **2** dryga ut, få att räcka [länge] **3** kräva mycket av; anstränga; utnyttja till fullo; *~ o.s.* anstränga sig **4** utvidga, pressa (*yttrande e.d.*); tänja (tumma) på (*princip e.d.*); överskrida; missbruka; *~ a point a)* göra ett undantag, frångå reglerna, *b)* överdriva; *that's ~ing it too far* det är att gå för långt **5** kunna sträckas (spännas, töjas [ut]); tänja (töja [ut]) sig **6** sträcka [på] sig; sträcka på benen; *~ for s.th.* sträcka sig efter ngt; *~ out* sträcka ut sig **7** *~ [out]* sträcka (breda ut) sig **8** räcka till **II** *s* **1** spänning, sträckning; tänjning, töjning; töjbarhet, elasticitet; *bildl.* ansträngning; *bildl.* överskridande, missbruk; *at a ~* (*i sht BE.*) *a)* med viss ansträngning, *b)* i nödfall; *by a ~ of language* med en lätt överdrift; *by no ~ of the imagination* inte ens i sin vildaste fantasi (med bästa vilja i världen); *be at full ~* (*bildl.*) arbeta (gå) för fullt (för högtryck); *give [o.s.] a ~* sträcka [på] sig **2** avsnitt, stycke; del; [rak]sträcka; område, trakt; tid[rymd], period; *a ~ of years* en rad av år; *at a ~* i [ett] sträck; *for a long ~ of time* [under] lång tid; *do a ~* (*vard.*) sitta inne (på kåken) **III** *a* stretch-, elastisk **-able** ['stretʃəbl] tänj-, töj|bar
stretcher ['stretʃə] **1** bår **2** *konst.* spännram **--bearer** [-ˌbeərə] bårbärare
stretchy ['stretʃɪ] elastisk, töj-, tänj|bar
strew [struː] (*imperf. ~ed, perf. part. ~ed el. ~n*) **1** strö [ut] **2** beströ; översålla **strewn** [-n] *perf.*

S

part. av strew

strewth [stru:θ] *interj. vard.* (= *God's truth*) *vard.* jösses!, kors!

stricken ['strɪk(ə)n] *a* slagen, drabbad; *by fear* skräckslagen; ~ *in years* ålderssvag, ålderstigen; ~ *with illness* drabbad av sjukdom

strict [strɪkt] sträng, rigorös (*with* mot); strikt, noggrann; exakt; *in the ~ sense of the word* i ordets egentliga bemärkelse (mening) **-ly** ['strɪktlɪ] *adv* strängt, rigoröst; strikt, noggrant; i egentlig mening; ~ *speaking* strängt taget, i själva verket

stricture ['strɪktʃə] **1** ~[*s*] kritik, ogillande; *pass ~s on* rikta kritik mot **2** *med.* förträngning

stridden ['strɪdn] *perf. part. av stride*

stride [straɪd] **I** *s* [långt] steg, kliv; gång; *bildl.* framsteg; *get into one's ~* komma i gång (farten, tagen); *make great ~s* (*bildl.*) göra stora framsteg; *put s.b. off his ~* få ngn att tappa koncepterna, bringa ngn ur fattningen; *take s.th. in one's ~* [lätt] klara av ngt **II** *v* (*strode, stridden*) **1** stega upp **2** gå med långa steg, stega, skrida, kliva; ~ *over* (*across*) kliva (ta ett kliv) över

stri|dence ['straɪdns], **-dency** [-dnsɪ] gällhet, skrikighet **-dent** [-dnt] gäll, skrikig

strife [straɪf] strid[ighet], konflikt, missämja

strike [straɪk] **I** *v* (*struck, struck*); *se äv. struck* **1** slå [till]; slå mot (på); ~ *dead* slå ihjäl; ~ *me dead* (*handsome, ugly e.d.*) *if…* (*vard.*) [nej] så ta mig tusan om…; ~ *a blow for* (*bildl.*) slå ett slag för **2** stöta, sticka; (*om orm*) hugga **3** slå (stöta, köra) emot; krocka med; *sjö.* gå (ränna, stöta) på; ~ *one's head against s.th.* slå huvudet i ngt **4** träffa; *bildl.* drabba; ~ *blind* slå med blindhet, göra blind; ~ *home* träffa rätt (prick); *be struck by lightning* träffas av blixten; *be struck with polio* drabbas av polio **5** slå, fylla, inge, injaga; ~ *fear into s.b.* injaga fruktan hos ngn **6** stöta (träffa) på; komma fram till, nå; finna, hitta, upptäcka; ~ *obstacles* stöta på hinder; ~ *oil a*) hitta olja, *b*) *vard.* ha tur (framgång), göra ett fynd; ~ *it lucky* ha tur; ~ *it rich* [plötsligt, oväntat] få mycket pengar **7** falla på, nå; slå; falla in, komma för; frappera; förefalla, tyckas; göra intryck på; fånga, tilltala; ~ *s.b. as unlikely* förefalla ngn osannolikt; ~ *the imagination* tilltala fantasin; *it ~s me that* det slår mig (jag kommer att tänka på) att; *that ~s me as a good idea* det tycks mig (verkar) vara en bra idé; *has it ever struck you that* har du någonsin tänkt på (det någonsin fallit dig in) att; *it ~s the eye* det faller en i ögonen; *a terrible sight struck my eyes* plötsligt fick jag se någonting förskräckligt; *how does it ~ you?* hur tycker du att det verkar?; *how did the film ~ you?* vad tyckte du om filmen? **8** *mus.* slå an; ~ *a chord* (*bildl.*) slå an en sträng; ~ *a false note* (*bildl.*) klinga falskt; ~ *a familiar note* förefalla bekant **9** avlägsna, ta bort (ner); ~ *camp* (*tents*) bryta lägret, bryta upp; ~ *one's flag* (*sjö., bildl.*) stryka flagg; ~ *sail* stryka segel (*äv. bildl.*); ~ *through* stryka [över] **10** ~ *an attitude* inta en pose **11** komma fram till (överens om), göra upp, träffa, [av]sluta; ~ *a balance a*) göra upp balansen, *b*) *bildl.* gå en medelväg; ~ *a bargain* göra upp en affär, träffa avtal **12** slå, prägla (*mynt e.d.*) **13** ~ *a light* (*match*) stryka eld på (tända) en tändsticka **14** ~ *cuttings* sätta sticklingar; ~ *root* slå rot **15** ~ *work* lägga ner arbetet, strejka **16** slå; stöta; (*om orm*) hugga; (*om fisk*) nappa, hugga; *mil.* anfalla, gå till anfall (angrepp); ~ *against s.th.* slå emot ngt; ~ *at a*) slå efter, *b*) hugga efter, *c*) *bildl.* hota, angripa; ~ *at the root*[*s*] *of a*) angripa roten till, *b*) hota att undergräva; ~ *at a p.'s weakest point* träffa ngn på hans svagaste punkt; ~ *for s.th.* (*bildl.*) slå ett slag för ngt; *when the clock ~s* när klockan slår; *the killer has struck again* mördaren har slagit till igen; *his hour has struck* hans timme har slagit, hans sista stund är kommen; *the lightning struck* blixten slog ner **17** strejka **18** bryta ut, sätta in, slå till **19** gå, bege sig, ta vägen; ge sig i väg; svänga av; ~ *into* (*bildl. äv.*) komma in på **20** tränga [in]; *bildl.* göra intryck, frappera; ~ *up*[*on*] *a*) falla på, *b*) nå, *c*) komma på; ~ *on a new idea* ha (få) en ny idé; *the chill struck through to his very bones* kylan trängde genom märg och ben på honom; *the sun struck through the mist* solen bröt fram genom dimman **21** ~ *lucky* ha tur **22** tända, ta eld **23** slå rot **24** *sjö.* gå på, gå på grund **25** ~ *back* slå tillbaka (igen); ~ *down a*) slå ner (till marken), fälla, *b*) *bildl.* knäcka; *be struck down by illness* drabbas av sjukdom; *he was struck down in his prime* döden ryckte bort honom i hans bästa ålder; ~ *off a*) slå (hugga) av, *b*) stryka [ut], *c*) *boktr.* trycka; ~ *out a*) slå [fram], *b*) stryka [ut, över], *c*) bryta (*new paths* nya vägar), *d*) ge sig (sätta, simma) i väg, e) slå omkring sig; ~ *out at s.b.* angripa (attackera) ngn; ~ *out in new directions* slå in på nya vägar; ~ *out on one's own* gå sin egen väg; ~ *up a*) slå upp, *b*) inleda, *c*) stämma (spela) upp; ~ *up the band!* musik!, spela upp!; ~ *up a conversation with* börja prata (inleda samtal) med; ~ *up a friendship* knyta vänskapsband **II** *s* **1** slag; hugg; (*vid mete*) napp; *mil.* [flyg]anfall, räd **2** strejk; *unofficial ~* vild strejk; *be* [*out*] *on ~* vara i strejk, strejka; *call a ~* utlysa strejk; *come out on ~, go* [*out*] *on ~* gå i strejk, [börja] strejka **3** [olje-, malm]fynd **4** (*klockas*) slagverk **5** (*i bowling*) strike (*alla käglor slås ner i första slaget*)

strikebound ['straɪkbaʊnd] lamslagen av strejk, strejkdrabbad **strikebreaker** [-ˌbreɪkə] strejkbrytare **strike fund** [-fʌnd] strejkkassa **strike pay** [-peɪ] strejkunderstöd, ersättning från strejkkassa

striker ['straɪkə] **1** strejkande [person] **2** *fotb.* anfallsspelare

striking ['straɪkɪŋ] **1** slående, påfallande, frapperande, markant; imponerande, uppseendeväckande **2** *within ~ distance* inom skotthåll, *bildl.* inom räckhåll (*of* för), i närheten (*of* av); ~ *power* (*mil.*) slagkraft **3** strejkande **-ly** [-lɪ] *adv* slående, påfallande *etc.*

Strine [straɪn] australiensisk engelska

string [strɪŋ] **I** *s* **1** snöre; snodd, band; tråd; *a piece of ~* ett snöre; ~ *of onions* lökfläta; ~ *of pearls* pärl[hals]band; *with no* (*without*) *~s attached* utan några förbehåll (krav, villkor); *have got s.b. on a ~* (*bildl.*) hålla ngn i ledband; *pull ~s* (*bildl.*) utnyttja sina förbindelser, använda sitt inflytande; *pull the ~s* (*bildl.*) hålla i trådarna **2** kedja, [lång] rad, följd, serie **3** sträng; sena (*of a racket* i en racket); *~s* (*pl*) stråkar, stråkinstrument; *second ~* annan möjlighet (alternativ) att ta till (falla tillbaka på); *harp on the same ~* (*vard.*) tjata om samma sak; *have two ~s* (*more than one ~*) *to one's bow* (*bildl.*) ha två (flera) möjligheter (alternativ) att ta till **4** fiber, tråd, tåga **II** *v* (*strung, strung*) **1** hänga (trä) upp [på snöre *etc.*]; spänna [upp]; snöra [ihop]; *~ up a*) hänga upp [på snöre *etc.*], *b*) *vard.* hänga (*avliva*), *c*) slå ett snöre om, *d*) *bildl.* göra nervös (spänd) **2** behänga (*with festoons* med girlander) **3** rada upp, placera i en [lång] rad; *~ out* sprida ut **4** *~ together* knyta samman, sätta (lägga, länka) ihop, rada upp **5** sätta sträng[ar] på, stränga **6** spänna (*a bow* en båge); stämma (*an instrument* ett instrument) **7** ta bort trådar ur, rensa, snoppa (*beans* bönor) **8** tråda sig, bli trådig (seg) **9** *~ out* sprida ut sig [i en lång rad] **10** *vard.*, *~ along with* hänga med, hålla ihop med, ansluta sig till, hålla med

string band ['strɪŋbænd] strängmusikkår; stråkorkester **string bass** *mus.* kontrabas **string bean** *AE.* böna

stringed [strɪŋd] strängad, sträng-, stråk-; *~ instrument* sträng-, stråk|instrument

strin|gency ['strɪn(d)ʒ(ə)nsɪ] **1** stränghet, skärpa, stringens **2** [penning]knapphet **-gent** [-(d)ʒ(ə)nt] **1** sträng, stringent, strikt **2** [ekonomiskt] stram

string orchestra ['strɪŋˌɔ:kɪstrə] stråkorkester

stringy ['strɪŋɪ] trådig, senig

1 strip [strɪp] **1** remsa, [smalt] stycke; band; list; *a ~ of a boy* en pojkvasker; *tear a ~ off s.b.*, *tear s.b. off a ~* skälla ut ngn, ge ngn en avhyvling **2** *flyg.* start- och landningsbana **3** serie; *~ [cartoon]* tecknad serie; *comic ~* skämtserie, tecknad serie; **4** *sport.* [lag-, fotbolls]dräkt

2 strip [strɪp] **I** *s* striptease; *do a ~* strippa **II** *v* **1** dra (riva, skrapa, skala) av (bort); plocka (skrapa) ren; ta bort (ner); tömma; klä av; *sjö.* rigga av; *~ away* ta bort, skala av, avlägsna; *~ of a*) klä av, *b*) skrapa ren från (på), *c*) tömma på, *d*) beröva, fránta[ga]; *~ a tree of its bark*, *~ the bark from a tree* barka ett träd; *~ o.s. of old habits* lägga av gamla vanor; *~ off a*) dra (ta) av [sig] , *b*) ta bort, avlägsna; *~ s.b. naked* (*to the skin*) klä av ngn inpå bara kroppen; *~ a bed* ta bort sängkläderna från en säng; *~ a screw* förstöra (slita ner) gängorna på en skruv **2** *~ [down]* plocka isär **3** klä av sig; strippa

stripe [straɪp] **I** *s* **1** rand **2** randigt tyg **3** *mil.* streck (*i gradbeteckning*); galon **4** *AE.* sort, slag **II** *v* randa, göra randig **striped** [-t] randig

strip lighting ['strɪpˌlaɪtɪŋ] lysrörsbelysning

stripling ['strɪplɪŋ] ung spoling

strip mining ['strɪpˌmaɪnɪŋ] *gruv.* brytning i dagbrott

stripper ['strɪpə] stripteaseartist, strippa

strip poker ['strɪpˌpəʊkə] klädpoker

striptease ['strɪpti:z] **I** *s* striptease **II** *v* strippa, dansa striptease

stripy ['straɪpɪ] randig

strive [straɪv] (*strove, striven*) sträva (*for, after* efter; *to do* efter att göra); kämpa; bemöda sig (*for, after* om; *to do* om att göra) **striven** ['strɪvn] *perf. part. av strive*

strobe [strəʊb] **1** (*på diskotek e.d.*) elektronblixt **2** stroboskop **strobe lighting** ['strəʊbˌlaɪtɪŋ] *se strobe 1* **stroboscope** ['strəʊbəskəʊp] stroboskop

strode [strəʊd] *imperf. av stride*

1 stroke [strəʊk] **I** *s* **1** slag; stöt; hugg; *~ of lightning* blixt[nedslag] **2** *med.* stroke, hjärnblödning, slag[anfall] **3** [klock]slag; *on the ~ of three* på slaget tre **4** [sim-, år]tag; sim-, rodd|sätt; *mus.* stråk[drag]; *do the butterfly ~* simma fjärilsim; *put s.b. off his ~* få ngn att tappa koncepterna, distrahera ngn; *set the ~* bestämma takten **5** *sport.* akterroddare, stroke **6** [sned]streck; drag; (*på skrivmaskin*) nedslag; *at a single* (*in one*) *~* i ett enda drag; *with one ~ of the pen* med ett penndrag **7** *bildl.* [schack]drag, steg, infall, åtgärd; *a good ~ of business* en bra affär; *~ of genius* genial idé, snilledrag; *~ of luck* lyckträff, tur; *he doesn't do a ~ [of work]* han gör inte ett handtag (ett enda dugg) **8** *tekn.* [kolv]slag; slaglängd; takt **II** *v* **1** slå [an, till] **2** vara akterroddare i

2 stroke [strəʊk] **I** *v* stryka [med handen över]; smeka; släta [till, ut] **II** *s* strykning; smekning

stroll [strəʊl] **I** *v* strosa, ströva, flanera, spatsera, promenera; strosa (*etc.*) omkring **II** *s* [stilla] promenad; kringströvande; *take a ~* ta en promenad **-er** ['strəʊlə] *i sht AE.* sittvagn

strong [strɒŋ] **I** *a* **1** stark (*äv. språkv.*); stor; mäktig; kraftig; kraftfull, energisk; bestämd; orubblig, fast; stadig; stabil, solid; *~ chance* stor chans; *~ gale* halv storm; *German is not my ~ point* tyska är inte min starka sida; *be ~ in s.th.* vara stark (duktig) i ngt; *be ~ [up]on s.th.* (*vard.*) hålla styvt på ngt; *come on ~* (*vard.*) gå för långt, vara för sträng (dominerande) **2** stark, skarp, frän (*taste* smak); *~ breath* dålig andedräkt; *be ~ meat* (*bildl.*) vara [mag]stark **3** [frisk och] stark, frisk; *~ eyes* starka (bra) ögon; *when you're ~ again* när du är frisk igen (återställd) **4** ivrig, övertygad, inbiten **5** [numerärt] stark; *an 8-~ band* en åttamannaorkester; *a group 30 ~* en 30 man stark grupp **II** *adv* starkt, kraftigt; *come* (*go*) *it ~* (*vard.*) överdriva, gå för långt; *be still going ~* (*vard.*) fortfarande vara pigg och kry (i sin fulla kraft), vara i full gång

strong|-arm ['strɒŋɑ:m] **I** *a* vålds-, brutal **II** *v* bruka våld mot, vara brutal mot **-box** kassa|-skåp, -skrin **-hold** **1** *åld.* fäste, fort; bålverk **2** *bildl.* fäste, högborg **-ly** [-lɪ] *adv* **1** starkt *etc.*, *jfr strong* **2** på det bestämdaste **--minded** [ˌstrɒŋ'maɪndɪd] bestämd, beslutsam; självständig **-room** ['strɒŋrʊm] kassavalv **--willed** [ˌstrɒŋ'wɪld] viljestark

strontium ['strɒntɪəm] *kem.* strontium

strop [strɒp] **I** *s* strigel **II** *v* strigla

strophe ['strəʊfɪ] strof

strove [strəʊv] *imperf. av strive*

struck [strʌk] **I** *imperf. o. perf. part. av strike* **II** *a* **1** imponerad (*with* av), förtjust (*with* i); *~ on s.b.* förtjust (nere, tokig) i ngn **2** *AE.* strejkdrabbad, stängd på grund av strejk

structural ['strʌktʃ(ə)r(ə)l] strukturell; struktur-; byggnads-, konstruktions-, byggnadsteknisk; morfologisk; *~ linguistics* strukturalism, strukturell lingvistik **-ism** [-ɪz(ə)m] strukturalism (*äv. språkv.*)

structure ['strʌktʃə] **I** *s* **1** struktur, [upp]byggnad; konstruktion **2** byggnad[sverk] **II** *v* struktu-

S

rera

struggle ['strʌgl] **I** *s* kamp, strid, *bildl. äv.* ansträngning, besvär; *the ~ for existence* kampen för tillvaron; *power ~* maktkamp; *I had a ~ to persuade her* jag fick kämpa (anstränga mig) för att övertyga henne; *put up a ~* göra motstånd, försvara sig **II** *v* **1** kämpa, strida, brottas, *bildl. äv.* anstränga sig **2** arbeta (kämpa) sig; streta; knoga; vrida sig; *~ along* hanka (dra) sig fram; *~ into one's coat* kränga på sig rocken; *~ on* kämpa på (vidare); *~ to one's feet* resa sig mödosamt, kravla sig upp

strum [strʌm] slå (knäppa) på (*the guitar* gitarren)

strumpet ['strʌmpɪt] *åld.* hora, sköka

strung [strʌŋ] *imperf. o. perf. part. av string*

strut [strʌt] **I** *v* **1** [gå och] stoltsera, svassa **2** stötta, staga **II** *s* **1** stoltserande gång, svassande **2** stötta, stag; balk, bjälke; sträva

strychnine ['strɪkni:n] stryknin

stub [stʌb] **I** *s* **1** stump; fimp **2** (*på biljett*) kontramärke; (*på checkhäfte e.d.*) talong, stam **3** stubbe **II** *v* **1** *~ one's toe* stöta tån **2** *~ out* fimpa, släcka (*a cigarette* en cigarett) **3** röja från stubbar

stub|ble ['stʌbl] **1** stubb **2** skäggstubb **-bly** [-lɪ] *a* stubbig; (*om hår*) borstig, sträv

stubborn ['stʌbən] envis (*äv. bildl.*), halsstarrig, hårdnackad

stubby ['stʌbɪ] **1** stubbig; *~ field* stubbåker **2** kort och tjock; knubbig

stucco ['stʌkəʊ] **I** *s* **1** stuck, putsbruk av gips **2** stuckarbete, stuckatur **II** *v* klä med stuck, stuckatera

stuck [stʌk] *imperf. o. perf. part. av 2 stick*

stuck-up [ˌstʌk'ʌp] inbilsk, mallig, viktig

1 stud [stʌd] **I** *s* **1** (*lös*) krag-, skjort|knapp **2** prydnadsknapp, dekorstift **3** (*på fotbollsskor, e.d.*) dubb **II** *v* **1** sätta prydnadsknappar (dekorstift) på (i) **2** översålla (*with flowers* med blommor); besätta (*with jewels* med juveler); späcka

2 stud [stʌd] **1** stuteri; stall (*av avelshingstar*); *put to ~* använda som avelshingst **2** avelshingst **3** *vard.* (*om sexig man*) hingst, tjur

student ['stju:dnt] **1** (*vid univ. e.d.*) studerande, student; *AE. äv.* [skol]elev; *medical ~* medicine studerande; *be a ~ of a subject* vara studerande i (studera) ett ämne; *students' union* studentkår **student nurse** sjuksköterskeelev **studentship 1** student|tillvaro, -tid **2** [universitets]stipendium

stud farm ['stʌdfɑ:m] stuteri **studhorse** avelshingst

studied ['stʌdɪd] [ut]studerad, medveten, avsiktlig, överlagd

studio ['stju:dɪəʊ] **1** ateljé; studio; *recording ~* inspelningsstudio **2** *~ [flat, apartment]* liten enrumslägenhet **studio couch** bäddsoffa

studious ['stju:djəs] **1** studieinriktad; flitigt studerande; bokälskande **2** noggrann, omsorgsfull

study ['stʌdɪ] **I** *s* **1** läsande, studerande, studier; studium, undersökning, utforskning, granskning; *teat.* memorering; *in a brown ~* försjunken i dagdrömmar (drömmerier); *be a quick ~* (*teat.*) ha lätt för att läsa in roller; *make a ~ of s.th. a*) studera (undersöka) ngt, *b*) bemöda sig om ngt **2** ämne; studieobjekt **3** *mus.* etyd **4** studie; *a ~ in blue* en studie i blått **5** arbets-, läs|rum; studerkammare **II** *v* **1** läsa, studera, lära sig; lära (studera) in; studera, granska, undersöka, utforska, [försöka] sätta sig in i; *~ biology* läsa (studera) biologi **2** tänka igenom; tänka på, vara mån om; ta hänsyn till **3** läsa, studera; *~ for the medical profession* läsa medicin, studera till läkare; *~ to be a teacher* utbilda sig till lärare **stuff** [stʌf] **I** *s* **1** material; ämne; stoff, *bildl. äv.* virke; *bildl.* innehåll; gods; produkt[er], *vard.* sak[er], grej[er]; *vard.* sätt; *vard.* skräp, strunt, smörja; *green ~* grönsaker; *rough ~* hårda tag; *~ and nonsense* struntprat; *the same old ~* det gamla vanliga; *...and [all that] ~, ...and ~ like that* (*vard.*) ...och sånt; *it's poor ~* det är dåligt (ingenting att ha); *that's the ~!* så ska det vara (låta, gå till)!; *that's the ~ to give them!* det är rätt åt dem!; *do your ~!* visa vad du kan!, gör din grej!; *show her what kind of ~ you're made of* visa henne vad du går för; *know one's ~* kunna sin[a] sak[er], veta vad man (*etc.*) talar om; *take some of this ~* ta litet av det här **2** [ylle]tyg **3** *vulg., she's a bit of ~* hon är ett bra ligg **4** *sl.* stålar **5** *sl.* knark **II** *v* **1** stoppa; packa; proppa (pressa) in; stoppa (packa, proppa) full; fylla, *kokk. äv.* färsera; stoppa upp (*animals* djur); *~ s.th. away* stoppa undan ngt; *~ s.b. in a game* (*vard.*) klå ngn i ett spel; *~ [up]* stoppa (täppa) till; *~ s.b. [up]* (*vard.*) inbilla (slå i) ngn ngt; *be ~ed up [with a cold]* vara täppt i näsan (snuvig); *my nose is ~ed up* jag är täppt i näsan; *~ o.s. with food* proppa i sig mat **2** *sl., ~ him!* han kan dra åt helvete!; *you can ~ that!* du kan dra åt helvete med det!; *get ~ed!* dra åt helvete! **3** *vulg.* knulla **4** proppa i sig mat

stuffed [stʌft] **1** *kokk.* fylld, färserad **2** uppstoppad (*bird* fågel) **3** *vard., ~ shirt* gammal stofil, förstockad typ **4** *vulg., get ~!* dra åt helvete! **stuffed-up** [ˌstʌft'ʌp] täppt i näsan

stuffing ['stʌfɪŋ] **1** *kokk.* fyllning, inkråm **2** stoppning **3** uppstoppning **4** *vard., knock the ~ out of* ta knäcken på, suga musten ur **stuffy** [-ɪ] **1** kvav, instängd, kvalmig **2** [till]täppt **3** stel och tråkig, konventionell

stultify ['stʌltɪfaɪ] **1** förslöa; ta död på **2** *jur.* förklara otillräknelig

stumble ['stʌmbl] **I** *v* **1** snava, snubbla; stappla; *~ across* ([*up*]*on*) stöta (råka) på **2** staka sig, stamma, tveka **II** *s* **1** snavande, snubblande **2** felsteg, blunder **stumbling block** [-ɪŋblɒk] stötesten, hinder (*to* för)

stump [stʌmp] **I** *s* **1** stump; stubbe; rot; [kal] stam (stjälk) **2** *vard., ~s* (*pl*) påkar (*ben*); *stir one's ~s* röra på påkarna, skynda på **3** (*i kricket*) grindpinne **4** talarstol **5** *AE.* valagitation; *go on* (*take*) *the ~* tala vid (hålla) valmöten, fara på valturné **6** klampande, stampande **II** *v* **1** *vard.* förbrylla, göra svarslös, sätta på det hala; *be ~ed for an answer* inte veta vad man (*etc.*) ska svara, vara (bli) svarslös **2** *AE.* hålla valtal (agitera) i, göra valturné genom **3** *BE. vard., ~ up* punga ut med, hosta upp (*the money* pengarna) **4** (*i kricket*) *~ [out]* slå ut (*slagman*) **5** klampa,stampa

stumpy ['stʌmpɪ] kort och tjock, knubbig

stun [stʌn] **1** bedöva (*with a blow* med ett slag), göra omtöcknad **2** överväldiga,slå med häpnad, förbluffa

stung [stʌŋ] *imperf. o. perf. part. av sting*
stunk [stʌŋk] *imperf. o. perf. part. av stink*
stun|ner ['stʌnə] *vard.* panggrej; toppentjusig tjej, snygging **-ning** [-ɪŋ] **1** *vard.* fantastisk, överväldigande, jättetjusig, toppen-
1 stunt [stʌnt] konststycke, trick; jippo; *pull a ~* göra ngt dumt (riskabelt)
2 stunt [stʌnt] hämma [i växten]
stunted ['stʌntɪd] förkrympt, hämmad i växten, dvärglik
stunt man ['stʌntmən] *film.* stuntman (*skådespelares ersättare i farliga scener*)
stupe|faction [ˌstju:pɪ'fækʃn] **1** omtöcknat tillstånd, bedövning **2** häpnad, bestörtning **-fy** ['stju:pifaɪ] **1** göra omtöcknad, bedöva **2** göra häpen (bestört), förbluffa
stupendous [stju:'pendəs] förbluffande, häpnadsväckande; enorm, kolossal
stupid ['stju:pɪd] **I** *a* **1** dum; enfaldig, obegåvad; avskyvärd **2** omtöcknad (*with tiredness* av trötthet) **II** *s, vard.* dumbom **-ity** [stju:'pɪdətɪ] dumhet, enfald
stupor ['stju:pə] dvala; omtöcknat tillstånd; *in a drunken ~* redlöst berusad
sturdy ['stɜ:dɪ] **1** kraftig[t byggd], robust, stadig, stabil, bastant **2** fast, orubblig, ståndaktig; pålitlig (*friend* vän)
sturgeon ['stɜ:dʒ(ə)n] *zool.* stör
stutter ['stʌtə] **I** *v* **1** stamma **2** stamma fram **II** *s* stamning **-er** [-rə] stammare
St. Vitus's dance [sn(t)ˌvaɪtəsɪz'dɑ:ns] *med.* danssjuka
sty [staɪ] [svin]stia (*äv. bildl.*)
sty[e] [staɪ] *med.* vagel
style [staɪl] **I** *s* **1** stil; uttryckssätt, stilart, maner, teknik; sätt; mode; sort, typ, modell, utförande; *in ~* elegant, modernt, i stor stil; *in the latest ~* efter senaste modet; *something in that ~* någonting i den stilen (åt det hållet); *do things in ~* slå på stort; *live in [great] ~* leva flott (på stor fot); *cramp a p.'s ~* hämma ngn; *he has ~* (*äv.*) det är stil på honom **2** stil, tideräkning; *the Old* (*New*) *S~* gamla (nya) stilen **3** *i sht BE.* titel; *hand.* firma[namn] **4** *bot.* stift **5** (*solurs*) visare **II** *v* **1** beteckna som, kalla; titulera **2** [ut]forma, formge, rita, kreera, designa; *~ a p.'s hair* lägga frisyr på ngn; *you've had your hair ~d* du har [fått] ny frisyr
stylish ['staɪlɪʃ] elegant, stilig, moderiktig; modern
stylist ['staɪlɪst] **1** stilist **2** modeskapare; formgivare **3** [hår]frisör **stylistic** [staɪ'lɪstɪk] stilistisk **stylistics** [staɪ'lɪstɪks] (*behandlas som sg*) stilistik
styl|ize (*BE. äv. -ise*) ['staɪlaɪz] stilisera
sty|lus ['staɪləs] (*pl -luses el. -li* [-laɪ]) **1** (*i pickup*) nål, stift **2** [rit]stift; gravyrnål **3** *hist.* stylus, griffel
stymie ['staɪmɪ] **I** *a* **1** *vard.* hindra, lamslå **2** *golf.* hindra, försätta i trängt läge **II** *s* **1** *vard.* hinder, trängt läge **2** *golf.* stymie, trängt läge
styptic ['stɪptɪk] *med.* **I** *a* adstringerande; blodstillande **II** *s* adstringerande (blodstillande) medel
suave [swɑ:v] förbindlig, älskvärd, behaglig; belevad **suavity** ['swɑ:vətɪ] förbindlighet, älskvärdhet; belevenhet
sub [sʌb] *vard.* **I** *s* **1** ersättare, vikarie; *sport.* avbytare **2** ubåt **3** medlemsavgift **4** *BE.* förskott [på lön] **II** *v* **1** vara ersättare, vikariera; *sport.* vara avbytare **2** *BE.* bevilja (ta ut) förskott [på lön]
sub. *förk. för subeditor; subscription; substitute; suburb[an]; subway*
sub- [sʌb] under-, sub-; underordnad; i underkant, otillräcklig
subacid [ˌsʌb'æsɪd] syrlig
subaltern ['sʌblt(ə)n; *AE.* sʌb'ɔ:ltərn] **I** *s* underordnad [tjänsteman]; subaltern[officer] **II** *a* underordnad
subcommittee ['sʌbkəˌmɪtɪ] underutskott; sub-, under|kommitté
subconscious [sʌb'kɒnʃəs] **I** *a* undermedveten; *my ~ mind* mitt undermedvetna **II** *s* undermedvetande; *the ~* (*äv.*) det undermedvetna
subcontinent [sʌb'kɒntɪnənt] subkontinent
subcon|tract I *s* [sʌb'kɒntrækt] underleverantörskontrakt **II** *v* [ˌsʌbkən'trækt] **1** lägga ut [på underleverantör] **2** ingå ett underleverantörsavtal med **-tractor** [ˌsʌbkən'træktə] underleverantör
subculture ['sʌbˌkʌltʃə] subkultur
subcutaneous [sʌbkju:'teɪnjəs] *med.* subkutan; underhuds-
sub|divide [ˌsʌbdɪ'vaɪd] **1** dela in i underavdelningar (i mindre delar) **2** *AE.* stycka upp till tomter **-division** ['sʌbdɪˌvɪʒn] **1** indelning i underavdelningar; underavdelning **2** *AE.* tomtområde
subdominant [ˌsʌb'dɒmɪnənt] *mus.* subdominant
sub|due [səb'dju:] **1** undertrycka, [under]kuva, betvinga **2** dämpa, mildra **-dued** [-'dju:d] **1** undertryckt, [under]kuvad **2** dämpad, lågmäld; nedslagen; behärskad, återhållsam
sub|edit [ˌsʌb'edɪt] redigera; granska manus **-editor** [-ə] *BE.* [tidnings]redaktör, textredigerare
subfusc ['sʌbfʌsk] murrig, dyster, mörk
subheading ['sʌbˌhedɪŋ] underrubrik
subhuman [sʌb'hju:mən] **1** lägre stående [än människan] **2** omänsklig, djurisk
subj. *förk. för subject; subjective[ly]; subjunctive*
subject I *s* ['sʌbdʒɪkt] **1** medborgare; undersåte **2** *filos., språkv.* subjekt **3** försöks|djur, -person, -objekt; *med.* patient; lik (*för dissektion*) **4** *~ of* (*for*) föremål för; *be the ~ of* vara föremål för **5** ämne (*äv. skol.*); *on the ~* i ämnet, i saken; *on the ~ of* angående, om; *while we're on the ~ of* på tal om; *change the ~* byta [samtals]ämne **6** *konst., litt., mus.* ämne, motiv, tema (*of* i, till) **II** *a* ['sʌbdʒɪkt] **1** under|kuvad, -lydande, lyd- **2** *~ to a*) som lyder (lydande) under, *b*) underkastad, utsatt för, *c*) beroende (avhängig) av, *d*) med anlag för; *be ~ to* (*äv.*) *a*) lyda under, *b*) råka ut för, drabbas av, *c*) bero på (av), *d*) lida av; *be ~ to tax* vara skattepliktig **3** ämnes-; *~ index* sak-, ämnes|register **III** *adv* ['sʌbdʒɪkt] *~ to a*) under förutsättning av, *b*) med reservation (förbehåll) för; *~ to the consent of s.b.* under förutsättning av ngns samtycke; *~ to correction* med reservation för ändringar (eventuella felaktigheter) **IV** *v* [səb'dʒekt] **1** underkuva, lägga under sig, be-

S

tvinga, tvinga till underkastelse; ~ *o.s.* underkasta sig (*to s.th.* ngt) **2** utsätta; ~ *to* utsätta för, göra till föremål för, låta undergå, underkasta; *be ~ed to* (*äv.*) drabbas av, vara föremål för; ~ *s.b. to criticism* (*äv.*) kritisera ngn

subjec|tion [səb'dʒekʃn] **1** underkuvande, betvingande **2** underkastelse (*to* under); beroende (*to* av) **-tive** [-tɪv] subjektiv **-tivity** [ˌsʌbdʒek'tɪvətɪ] subjektivitet

subject matter ['sʌbdʒɪktˌmætə] ämne; innehåll

sub judice [ˌsʌb'dʒu:dɪsɪ] *jur.*, *be ~* vara uppe till behandling i rätten

sub|jugate ['sʌbdʒʊgeɪt] **1** [under]kuva, lägga under sig **2** underordna **-jugation** [ˌsʌbdʒʊ'geɪʃn] **1** [under]kuvande, betvingande **2** underordnande

subjunctive [səb'dʒʌŋ(k)tɪv] *språkv.* **I** *s* **1** *the ~* konjunktiv[en] **2** konjunktivform **II** *a* konjunktivisk; *the ~ mood* konjunktiv[en]

sub|lease [ˌsʌb'li:s] **I** *s* uthyrning (utarrendering) i andra hand **II** *v* hyra (arrendera) ut i andra hand **-let** [-'let] hyra (arrendera) ut i andra hand

sublieutenant [ˌsʌblef'tenənt] (*i flottan*) löjtnant

subli|mate ['sʌblɪmeɪt] *psykol.* sublimera[s], förädla[s] **-mation** [ˌsʌblɪ'meɪʃn] *kem., psykol.* sublimering, förädling

sublime [sə'blaɪm] **I** *a* sublim, upphöjd, storslagen, högstämd **II** *s* sublimitet, upphöjdhet, storslagenhet, högstämdhet **III** *v, kem.* sublimera[s], rena[s], förädla[s]

subliminal [ˌsʌb'lɪmɪnl] *psykol.* subliminal, undermedveten

sub-machine-gun [ˌsʌbmə'ʃi:ngʌn] kulsprutepistol

submarine [ˌsʌbmə'ri:n] **I** *s* ubåt, undervattensbåt **II** *a* undervattens-, submarin-

sub|merge [səb'mɜ:dʒ] **1** sätta under vatten, översvämma; dränka **2** sänka (doppa) ner [i vatten] **3** *bildl.*, ~ *o.s. in* fördjupa sig i **4** dyka [ner] ; (*om ubåt äv.*) inta undervattensläge **-merged** [-mɜ:dʒd] undervattens-; *~d rock* undervattensklippa; *remain ~* (*om ubåt e.d.*) stanna i undervattensläge **-mergence** [-'mɜ:dʒ(ə)ns], **-mersion** [-'mɜ:ʃn] nedsänkning [i vatten]; översvämning

submis|sion [səb'mɪʃn] **1** underkastelse (*to* under); undergivenhet **2** föreläggande; framläggande (*to* för) **3** framlagt förslag, presentation **4** *jur.* hänskjutande [till skiljedom] **-sive** [-'mɪsɪv] undergiven; eftergiven

submit [səb'mɪt] **1** lämna in, inkomma med, avge, förelägga, föredra, framlägga, presentera; framställa, väcka **2** överlämna, hän|visa, -skjuta **3** göra gällande, påstå, hävda **4** ~ *to* utsätta för, låta undergå, underkasta; ~ *o.s. to s.th.* underkasta sig ngt **5** ge efter (vika); kapitulera; ~ *to* (*äv.*) underkasta sig, finna sig i

subnormal [ˌsʌb'nɔ:ml] subnormal, under det normala

subordi|nate **I** *a* [sə'bɔ:dn̩ət] underordnad (*äv. språkv.*); underlydande, lägre; ~ *clause* underordnad sats, bisats; *be ~ to s.b.* vara underordnad ngn, stå (lyda) under ngn; *be ~ to s.th.* vara underordnad [under] ngt; *be ~ [in importance] to* vara mindre viktig än **II** *s* [sə'bɔ:dn̩ət] under|ordnad, -lydande **III** *v* [sə'bɔ:dɪneɪt] underordna (*s.th. to s.th.* ngt [under] ngt); låta stå tillbaka, sätta i andra hand; *-nating conjunction* (*språkv.*) underordnande konjunktion **-nation** [səˌbɔ:dɪ'neɪʃn] underordnande (*to* under)

suborn [sʌ'bɔ:n] **1** tubba, egga (*t. kriminell handling*) **2** *jur.* tubba till mened

subplot ['sʌbplɒt] (*i roman e.d.*) sido|intrig, -handling

subpoena [səb'pi:nə] *jur.* **I** *s* stämning; *serve a ~ on s.b.* delge ngn en stämning **II** *v* kalla inför rätta, instämma

subscribe [səb'skraɪb] **1** teckna [sig för]; skänka, bidra[ga] med (*money to* pengar till); betala [i avgift]; ~ *shares* teckna aktier **2** skriva på (under), underteckna; ~ *one's name to s.th.* skriva [sitt namn] under ngt **3** ge bidrag; ~ *for* teckna sig för **4** ~ *to a*) skriva på (under), *b*) skriva under på, ansluta sig till, dela, instämma i, godta[ga] **5** prenumerera, abonnera (*to* på) **subscriber** [səb'skraɪbə] **1** prenumerant (*to* på); abonnent **2** bidragsgivare; [aktie]tecknare **subscriber trunk dialling** *tel.* automatkoppling

subscript ['sʌbskrɪpt] *boktr.* index

subscription [səb'skrɪpʃn] **1** insamling; bidrag, gåva; insamlat belopp **2** teckning (*for shares* av aktier) **3** undertecknande; underskrift; *bildl.* godkännande **4** prenumeration, abonnemang (*to* på); subskription (*for* på); *take out a ~ to s.th. for a year* ta en prenumeration (ett abonnemang) på ngt för ett år **5** prenumerations-, abonnemangs|-avgift; [medlems]avgift **subscription dinner** subskriberad middag

subsection [səb'sekʃn] underavdelning; moment, stycke

subsequent ['sʌbsɪkwənt] [efter]följande, senare; ~ *to* [följande] efter **-ly** [-lɪ] *adv* efteråt, sedan, senare, därefter

subser|vience [səb'sɜ:vjəns] underkastelse (*to* under); undergivenhet, servilitet **-vient** [-vjənt] **1** underordnad (*to s.b.* ngn) **2** undergiven, servil, underdånig

subside [səb'saɪd] **1** sjunka [undan] **2** (*om mark*) sätta sig, sjunka **3** sjunka till botten **4** *bildl.* sjunka [undan]; minska, avta

subsidiary [səb'sɪdjərɪ] **I** *a* **1** hjälp-, understöds-, biträdande, stöd-; bi-, sido-; ~ *company* dotter|-företag, -bolag; ~ *road* biväg; ~ *subject* (*skol.*) fyllnadsämne **2** underordnad (*to s.th.* ngt) **II** *s* **1** dotter|företag, -bolag **2** hjälpmedel; medhjälpare

sub|sidize (*BE. äv. -sidise*) ['sʌbsɪdaɪz] subventionera; understödja **-sidy** [-sɪdɪ] subvention; understöd, bidrag; subsidier

subsist [səb'sɪst] **1** livnära sig, uppehålla livet; existera **2** leva vidare (kvar) **subsistence** [-(ə)ns] försörjning; uppehälle; existens **subsistence allowance** *i sht BE.* **1** förskott [på lön] **2** traktamente **subsistence level** *s, at ~ level* på existensminimum

subsoil ['sʌbsɔɪl] alv

subsonic [səb'sɒnɪk] subsonisk, med lägre hastighet än ljudets

subst. *förk. för substantive; substitute*

substance ['sʌbst(ə)ns] **1** ämne; materia, stoff;

substans **2** substans; [verkligt] innehåll; huvudinnehåll, kärnpunkt; innebörd; vikt, betydelse; verklighetsunderlag; *in ~* i huvudsak, i själva verket; *there is some ~ in her argument* det ligger ngt [väsentligt] i hennes resonemang **3** substans, stadga **4** förmögenhet; *a woman of ~* en förmögen (välsituerad) kvinna
substandard [səb'stændəd] **1** undermålig **2** *språkv.* ovårdad, ej riksspråklig
substantial [səb'stænʃl] **1** verklig, konkret, reell, påtaglig **2** stark, kraftig, fast, stadig, bastant, rejäl, gedigen, stabil, solid **3** solid; förmögen **4** ansenlig, avsevärd, betydande, väsentlig, omfattande, stor **5** saklig, vederhäftig, fullgod, som håller, vägande, grundad **6** *be in ~ agreement* vara överens i huvudsak (stort sett) **-ly** [-ɪ] *adv* väsentligt, avsevärt; i huvudsak, i stort sett; huvudsakligen
substanti|ate [səb'stænʃɪeɪt] **1** bevisa, [be]styrka; bekräfta **2** förkroppsliga **-ation** [səbˌstænʃɪ'eɪʃn] **1** bevis, [be]styrkande; bekräftelse **2** förkroppsligande
substan|tival [ˌsʌbst(ə)n'taɪvl] substantivisk **-tive** ['sʌbst(ə)ntɪv] **I** *s* substantiv **II** *a* **1** verklig, faktisk **2** självständig
substitute ['sʌbstɪtju:t] **I** *s* **1** ersättning[smedel], surrogat, substitut **2** ersättare, ställföreträdare, vikarie; suppleant; *sport.* reserv, avbytare **II** *v* **1** sätta i stället; ersätta; *~ A for B* ersätta B med A, byta ut B mot A **2** vara ersättare (*etc., jfr I 2*), vikariera, hoppa in
substitution [ˌsʌbstɪ'tju:ʃn] utbyte, ersättande; ersättning
substrate ['sʌbstreɪt] substrat **substra|tum** [ˌsʌb'strɑ:təm] (*pl -ta* [-tə]) **1** underliggande (undre) skikt (lager) **2** underlag, substrat
substructure ['sʌbˌstrʌktʃə] underbyggnad; grund[val] (*äv. bildl.*)
subsume [səb'sju:m] inordna, innefatta
subtenant [ˌsʌb'tenənt] hyresgäst (arrendator) i andra hand; inneboende
subterfuge ['sʌbtəfju:dʒ] undanflykt[er], förevändning[ar]
subterranean [ˌsʌbtə'reɪnjən] underjordisk (*äv. bildl.*)
subtitle ['sʌbˌtaɪtl] **I** *s* **1** undertitel **2** *film.*, *~s* (*pl*) text; *an Italian film with Swedish ~s* en italiensk film med svensk text **II** *v* **1** förse med undertitel **2** *film.* texta
subtle ['sʌtl] **1** subtil, [hår]fin; obestämbar; obetydlig, ringa; *~ difference* hårfin skillnad **2** raffinerad, utstuderad; skarp[sinnig]; förslagen, listig **3** svag, diskret (*perfume* doft) **subtlety** [-tɪ] **1** subtilitet *etc., jfr subtle* **2** raffinemang; skärpa, skarpsinne; spetsfundighet, hårklyveri **3** hårfin skillnad; finess **subtly** [-ɪ] *adv* subtilt, [hår]fint *etc., jfr subtle*
subtopia [sʌb'təʊpɪə] *i sht BE.* trist förort
subtract [səb'trækt] subtrahera, dra ifrån (av) **subtraction** [-kʃn] subtraktion; frångragning
subtrahend ['sʌbtrəhend] *mat.* subtrahend
subtropical [ˌsʌb'trɒpɪkl] subtropisk
sub|urb ['sʌbɜ:b] för|ort, -stad **-urban** [sə'bɜ:b(ə)n] **I** *a* **1** för|orts-, -stads- **2** trist, tråkig, alldaglig **II** *s* förorts-, förstads|bo **-urbanite** [sə'bɜ:bənaɪt] förorts-, förstads|bo **-urbia** [sə'bɜ:bɪə] **1** förorterna **2** förorts|miljö, -liv
subvention [səb'venʃn] subvention, statsbidrag
sub|version [səb'vɜ:ʃn] omstörtning **-versive** [-'vɜ:sɪv] omstörtande (*activity* verksamhet) **-vert** [sʌb'vɜ:t] [om]störta; kullkasta; bryta ner
subway ['sʌbweɪ] **1** [gång]tunnel, undergång; underjordisk ledning **2** *AE.* tunnelbana
subzero [sʌb'zɪərəʊ] *a* under noll[punkten]
succeed [sək'si:d] **1** efterträda, komma efter; följa på **2** följa; *~ to a*) följa på (efter), *b*) överta[ga], ärva **3** lyckas, ha framgång; *I ~ed in doing it* jag lyckades göra det; *nothing ~s like success* framgång föder framgång
success [sək'ses] framgång; lycka; succé; *be a ~* vara en framgång, göra succé, vara lyckad; *make a ~ of* lyckas med **-ful** [-f(ʊ)l] framgångsrik, lyckosam; lyckad; succé-; *be ~* (*äv.*) ha framgång, lyckas (*in doing s.th.* med att göra ngt), gå bra
succession [sək'seʃn] **1** följd, serie, rad; *in ~* i följd, efter (på) varandra **2** succession; tron-, arv|följd; rätt att efterträda; *in ~ to* som efterträdare till, efter
successive [sək'sesɪv] på varandra följande; successiv **-ly** [-lɪ] *adv* **1** efter varandra, i följd **2** successivt, efter hand, så småningom
successor [sək'sesə] efter|trädare, -följare
succinct [sək'sɪŋkt] kortfattad, koncis
succory ['sʌkərɪ] *bot.* cikoria
succour ['sʌkə] **I** *v* bistå, undsätta, bispringa **II** *s* bistånd, undsättning
succu|lence ['sʌkjʊləns] saftighet **-lent** [-lənt] saftig
succumb [sə'kʌm] duka under (*to* för); ge efter, falla (*to the temptation* för frestelsen); dö (*to* av)
such [sʌtʃ; *obeton.* sətʃ] **1** sådan, dylik; den sortens, av det slaget; liknande; så; så stor; *~ another* en sådan till; *~ a night!* vilken kväll!; *~ a high price* ett så[dant] högt pris; *~ a thing* en sådan sak, något sådant (liknande); *no ~ thing* ingenting (inget, inte något) sådant (åt det hållet); *no ~ thing!* visst inte!; *some ~ thing* något sådant (liknande); *or some ~ place* eller någon liknande plats; *at ~ and ~ a place* på det och det stället; at *~ and ~ a time* vid den och den tiden; *and ~* och sådant (sådana, liknande); *as ~ a*) i sig, som sådan, *b*) i den egenskapen; *if ~ is the case* om så är fallet; *~ was not my intention* det var inte min avsikt; *he is ~ a liar* (*äv.*) han ljuger så förfärligt; *the surprise was ~ that* överraskningen var så stor att; *I had ~ fun* jag hade jättetrevligt (verkligen trevligt) **2** *~ as a*) sådan som, de som, såsom, som [t.ex.], *b*) [allt] vad; *~ as?* som (vad då) till exempel?; *flowers, ~ as roses and carnations* blommor, såsom (som t.ex.) rosor och nejlikor; *~ men as these, men ~ as these* sådana [här] män, män som de här (av det här slaget); *~ as it is* sådan den nu är; *~ people as attended* de [som var] närvarande; *~ people as are...* sådana (de) som är...; *he is not ~ a fool as you think* han är inte så dum som du tror; *I'm not ~ a fool as to believe that* så dum är jag inte att jag tror på det; *there's no ~ thing as a unicorn* det finns inga enhörningar; *his music was ~ as to send the audience into raptures* hans musik var sådan att den försatte publiken i extas; *I'll give you ~ as I have* jag ger dig vad (allt, det lilla) jag har

suchlike ['sʌtʃlaɪk] dylik, sådan, liknande, av det slaget; *and ~* och dylikt, o.d.

suck [sʌk] **I** *v* **1** suga [i sig], suga upp; suga ur; suga på; dia; suga in; insupa (*knowledge* kunskaper); *be ~ed into a situation* dras in i en situation; *~ down* suga (dra) ner; *~ dry* suga ur [till sista droppen] (*äv. bildl.*); *~ in a*) suga (dra) in, *b*) *sl.* blåsa (*lura*) **2** suga (*at, on* på) **3** *vard., ~ up to s.b.* fjäska (krypa) för ngn **4** *~ in* dra efter andan **II** *s* **1** sugning, sug; slurk, klunk; *take a ~ at* suga på, ta en klunk av **2** *give ~ to* amma, ge di åt

sucker ['sʌkə] **1** sug, sug|anordning, -fot; *biol.* sug|fot, -organ, -skål **2** *vard.* lättlurad (enfaldig) person, gröngöling; *be a ~ for* vara svag för **3** sugfisk **4** *AE.* slickepinne **suck[er]fish** *zool.* sugfisk **sucking** [-ɪŋ] **1** sugande; diande; *~ pig* spädgris **2** grön, oerfaren

suck|le ['sʌkl] amma, ge di [åt] **-ling** [-lɪŋ] dibarn; diande unge

suction ['sʌkʃn] [in]sugning; sug **suction pump** sugpump

Sudan [su:'dɑ:n] *s, the ~* Sudan **Sudanese** [ˌsu:də'ni:z] **I** *a* sudan[esi]sk **II** *s* sudanes

sudden ['sʌdn] **I** *a* plötslig, oväntad; häftig; *~ death* (*sport.*) sudden death (*vid oavgjord ställning avgör första målet i förlängningen*) **II** *s, all of a ~* [helt] plötsligt **-ly** [-lɪ] *adv* plötsligt, med ens

sudorific [ˌsju:də'rɪfɪk] svettdrivande

suds [sʌdz] *pl* **1** [tvål-, såp]lödder **2** tvål-, såp|vatten **sudsy** ['sʌdsɪ] löddrig

Sue [su:] *kortform av Susan*

sue [sju:] **1** *jur.* stämma, åtala, lagsöka **2** bönfalla, enträget bedja (*for* om) **3** väcka åtal

suede [sweɪd] mocka[skinn]

suet ['sjʊɪt] [njur]talg

suf. *förk. för suffix*

suffer ['sʌfə] **1** [genom]lida, [få] utstå, få tåla; drabbas av; genomgå, undergå; *~ damage* lida (ta) skada; *~ death* lida döden **2** tåla; finna sig i; tillåta, låta; *he doesn't ~ fools gladly* han avskyr (kan inte med) dumma människor; *~ the little children to come unto me* (*bibl.*) låten barnen komma till mig **3** lida, ha ont, plågas (*from* av); bli lidande (*by* på), fara illa, ta skada (*from* av); *~ badly* (*äv.*) skadas svårt, lida svåra förluster; *~ for a*) lida för, *b*) få plikta (sota) för, få umgälla; *you'll ~ for this!* det [här] ska du få sota för!

suffer|ance ['sʌf(ə)r(ə)ns] tyst medgivande (samtycke); *on ~* på nåder **-er** [-ə] lidande [person]; *slipped disk ~s* personer (de) som lider av diskbråck **-ing** [-ɪŋ] **I** *s ~[s, pl]* lidande, kval, elände **II** *a* lidande

suf|fice [sə'faɪs] **1** räcka [till], vara tillräcklig (nog) **2** räcka till för, vara tillräcklig (nog) för; tillfredsställa; *~ it to say* det torde räcka [med] att säga **-ficiency** [-'fɪʃnsɪ] tillräcklig mängd; *a ~ of* (*äv.*) tillräckligt med **-ficient** [-'fɪʃnt] tillräcklig

suffix ['sʌfɪks] *språkv.* **I** *s* suffix, [böjnings]ändelse **II** *v* tillfoga [suffix]

suffo|cate ['sʌfəkeɪt] kväva[s]; *I'm -cating* jag håller på att kvävas **-cating** [-keɪtɪŋ] kvävande, kvav **-cation** [ˌsʌfə'keɪʃn] kvävning

Suffolk ['sʌfək]

suffragan ['sʌfrəgən] **I** *a* biträdande **II** *s* biträdande biskop

suffrage ['sʌfrɪdʒ] **1** rösträtt; *universal ~* allmän rösträtt **2** röstning; *by ~* genom omröstning, i val

suffragette [ˌsʌfrə'dʒet] *hist.* suffragett, kvinnlig rösträttskämpe

suffuse [sə'fju:z] övergjuta, fylla; *the room was ~d with light* rummet var helt upplyst; *eyes ~d with tears* tårfyllda ögon; *the sky was ~d with red* himlen var alldeles röd

sugar ['ʃʊgə] **I** *s* **1** socker; *brown ~* farin[socker] **2** älskling, sötnos **3** *vard., oh, ~!* jäklar (förbaskat) också! **II** *v* **1** sockra [på, i], ha socker på (i), *~ the pill* (*bildl.*) sockra anrättningen (det beska pillret) **sugar basin** [-ˌbeɪsn] sockerskål **sugar beet** [-bi:t] sockerbeta **sugar candy** [-ˌkændɪ] kandisocker **sugar cane** [-keɪn] sockerrör **sugar-coated** [-ˌkəʊtɪd] dragerad; *bildl.* insmickrande, bedräglig; *~ pill* dragé **sugar daddy** [-ˌdædɪ] *vard.* rik äldre beundrare (*t. ung flicka*) **sugar loaf** [-ləʊf] sockertopp **sugar lump** [-lʌmp] sockerbit **sugar maple** [-ˌmeɪpl] *bot.* sockerlönn **sugar tongs** [-tɒŋz] *pl* sockertång **sugary** [-rɪ] sockrad, söt; sockrig; sockerhaltig; *bildl.* sockersöt

suggest [sə'dʒest; *AE.* səg'dʒest] **1** föreslå; *I ~ going* jag föreslår att vi (*e.d.*) går; *~ s.b. for s.th.* föreslå ngn till ngt; *~ s.th. to s.b.* föreslå ngn ngt, framkasta ngt för ngn **2** antyda; insinuera; påstå; *what are you trying to ~?* vad är det du vill antyda?, vad vill du ha sagt med det?, vart vill du komma?; *are you ~ing I should tell a lie?* vill du påstå att jag ljuger? **3** antyda; tyda på, vittna om; påminna om, föra tanken till; väcka [tanken på]; inspirera; *does the name ~ anything to you?* säger dig namnet ngt? *~ itself* dyka upp, tränga sig på; *a plan ~ed itself to me* jag kom på en plan **4** suggerera

suggestible [sə'dʒestəbl; *AE.* səg'dʒestəbl] **1** lättpåverkad **2** tänkbar, möjlig

suggestion [sə'dʒestʃ(ə)n; *AE.* səg'dʒestʃn] **1** förslag (*about* om; *for* till); *at* (*on*) *the ~ of* på förslag av **2** antydan, tillstymmelse (*of* till); spår, anstrykning; *a ~ of* en antydan till, ett spår av **3** impuls; tanke, idé **4** suggestion

suggestive [sə'dʒestɪv; *AE.* səg'dʒestɪv] **1** tankeväckande; suggestiv; *be ~ of a*) väcka tanken på, påminna om, *b*) vittna om, tyda på **2** tvetydig, ekivåk

suicidal [sjʊɪ'saɪdl] självmords-; *bildl.* vansinnes-, vansinnig; *~ people* självmordskandidater

suicide ['sjʊɪsaɪd] **1** självmord; *commit ~* begå självmord **2** självmördare

suit [su:t] **I** *s* **1** kostym; dräkt; [*man's*] *~* [herr]kostym; [*woman's*] *~* [dam]dräkt; *bathing ~* baddräkt; *~ of armour* rustning **2** uppsättning, omgång **3** *jur.* rättegång, process, mål; *file* (*bring*) *a ~ against* börja rättegång (öppna process) mot **4** *högt.* begäran, anhållan, bön (*for* om); *åld.* frieri **5** *kortsp.* färg; *follow ~ a*) bekänna (följa) färg, *b*) *bildl.* göra samma sak (likadant), följa exemplet; *his long* (*strong[est]*) *~* (*bildl.*) hans starka sida **II** *v* (*se äv. suited*) **1** passa; klä; passa (lämpa sig, vara lämplig, vara passande) för; passa ihop med (in i); tillfredsställa; *~ yourself!* gör som du vill!; *black ~s her* hon klär i svart, svart klär henne; *you ~ a beard* du passar bra i skägg; *that would ~ me nicely* det skulle passa mig utmärkt; *would Saturday ~ you?*

skulle det passa dig på lördag?; *you can't ~ everybody* man kan inte vara alla till lags (tillfredsställa alla) **2** an-, av|passa (*to* efter); ~ *the action to the word* omsätta ord i handling **3** passa, stämma överens

suit|ability [ˌsu:tə'bɪlətɪ] lämplighet **-able** [-əbl] lämplig, passande; *be ~* (*äv.*) passa **-ably** [-əblɪ] *adv* lämpligt, passande

suitcase ['su:tkeɪs] [res]väska

suite [swi:t] **1** svit, följe, uppvaktning **2** (*på hotell*) svit **3** uppsättning; serie, rad; [soff]grupp; (*av kort*) svit; *a ~ [of furniture]* ett möblemang, en möbel **4** *mus.* svit

suited ['su:tɪd] **1** passande, lämplig, lämpad (*for, to* för); an-, av|passad (*to* efter); *be ~ to* (*for*) (*äv.*) passa (lämpa sig) för; *he is not ~ to be* (*for*) *a doctor* han passar inte till läkare; *they are well ~ [to each other]* de passar bra ihop **2** (*i sms.*) -klädd

suiting ['sju:tɪŋ] dräkt-, kostym|tyg

suitor ['su:tə] **1** *jur.* kärande, målsägare **2** *åld.* friare

sulfa ['sʌlfə] *AE., se sulpha* **sulfur** ['sʌlfə] *AE., se sulphur*

sulk [sʌlk] **I** *v* tjura, vara sur **II** *s, be in* (*have*) *the ~s* tjura, vara sur **sulky** ['sʌlkɪ] **I** *a* sur, tjurig, trumpen **II** *s, sport.* sulky

sullen ['sʌlən] trumpen, dyster, sur[mulen]

sully ['sʌlɪ] smutsa; *bildl.* fläcka

sulpha drug ['sʌlfədrʌg] *med.* sulfa[preparat]

sul|phate ['sʌlfeɪt] *kem.* sulfat **-phide** [-faɪd] *kem.* sulfid **-phite** [-faɪt] *kem.* sulfit

sulphonamide [sʌl'fɒnəmaɪd] sulfonamid, sulfapreparat

sul|phur ['sʌlfə] *kem.* svavel **-phureous** [sʌl'fjʊərɪəs] *kem.* svavelaktig; svavelhaltig **-phuretted** ['sʌlfjʊretɪd] *a, kem., ~ hydrogen* svavelväte **-phuric** [sʌl'fjʊərɪk] *kem.* svavel-; ~ *acid* svavelsyra **-phurous** ['sʌlfərəs] **1** *kem.* svavel-; svavelhaltig **2** *bildl.* svavelosande; djävulsk; häftig

sultan ['sʌlt(ə)n] sultan **sultana 1** [s(ə)l'tɑ:nə] sultanrussin **2** [sʌl'tɑ:nə] sultaninna **3** [sʌl'tɑ:nə] mätress; konkubin **sultanat** ['sʌltənət] sultanat

sultry ['sʌltrɪ] **1** kvav, kvalmig, tryckande **2** *bildl.* het, sensuell

sum [sʌm] **I** *s* **1** summa (*äv. bildl.*); belopp; *the ~ [and substance] of* kärnan (det väsentliga) i; *total ~* total-, slut|summa; *in ~* med ett ord, kort sagt **2** räkneexempel, [matematik]uppgift; *~s* (*pl, förr*) räkning; *do ~s* räkna [ut tal], lösa räkneuppgifter; *be good at ~s* vara bra (duktig) i räkning (matematik) **II** *v* **1** summera, addera; ~ *up a*) summera (addera) ihop, *b*) göra en sammanfattning av, sammanfatta, *c*) bilda sig ett omdöme (en uppfattning) om, bedöma **2** ~ *up* göra en sammanfattning; *to ~ up* sammanfattningsvis

sumac *AE.*, **sumach** *BE.* ['ʃu:mæk] *bot.* sumak

summarily ['sʌmərəlɪ] *adv* **1** i korthet, i sammandrag **2** summariskt, utan vidare

summa|rize (*BE. äv. -rise*) ['sʌməraɪz] **1** sammanfatta, gör en sammanfattning av **2** vara en sammanfattning av

summary ['sʌmərɪ] **I** *s* samman|fattning, -drag, [kortfattad] översikt, resumé, referat; *in ~* sammanfattningsvis **II** *a* summarisk; snabb[t verkställd]; enkel; sammanfattande, kort[fattad]; *jur.* summarisk, utan dom och rannsakan; ~ *dismissal* avsked med omedelbar verkan; ~ *trial* summarisk rättegång

summation [sʌ'meɪʃn] summering (*äv. bildl.*)

summer ['sʌmə] **I** *s* sommar; *a ~'s day* en sommardag; *last ~* förra sommaren, i somras; *this ~* den här sommaren, [nu] i sommar; *in [the] ~* på (om) sommaren (somrarna); *in [the] late ~* på sensommaren, sent på sommaren; *in the ~ of 1988* sommaren 1988; *a girl of sixteen ~s* (*poet.*) en flicka på sexton vårar **II** *v* tillbringa sommaren **summerhouse** [-haʊs] lusthus **summer lightning** [-ˌlaɪtnɪŋ] kornblixt[ar] **summer school** [-sku:l] sommarkurs[er], ferieskola **summertime** [-taɪm] sommar; sommartid **summery** [-rɪ] sommarlik

summing-up [ˌsʌmɪŋ'ʌp] (*pl summings-up* [ˌsʌmɪŋz'ʌp]) sammanfattning, *jur. äv.* rekapitulation

summit ['sʌmɪt] **I** *s* **1** topp, spets; *bildl.* höjd, höjdpunkt **2** topp|konferens, -möte **II** *a* topp-; ~ *meeting* toppmöte; ~ *talks* samtal på högsta nivå

summon ['sʌmən] **1** kalla [på, hit], tillkalla; kalla in (samman), sammankalla; *jur.* kalla [in], [in]stämma [inför rätta]; ~ *a meeting* sammankalla (kalla till) ett möte **2** upp|mana, -fordra **3** ~ *[up] a*) samla, uppbjuda, uppbåda, *b*) fram|-kalla, -mana, väcka

summons ['sʌmənz] **I** *s* kallelse; [upp]maning; *jur.* stämning **II** *v, jur.* [in]stämma

sump [sʌmp] **1** (*i motor*) oljetråg **2** avloppsbrunn, kloak

sumptuous ['sʌm(p)tjʊəs] praktfull, överdådig, storslagen, lyx-, luxuös

sum total [ˌsʌm'təʊtl] total-, slut|summa; *the ~ of* (*äv.*) det samlade, hela

Sun. *förk. för Sunday*

sun [sʌn] **I** *s* sol; solsken; *a touch of the ~* ett lätt solsting; *everything under the ~* allt mellan himmel och jord; *nothing under the ~* ingenting i hela världen; *catch the ~ a*) bli solbränd, *b*) (*om plats*) vara solig **II** *v* **1** sola (*o.s.* sig) **2** sola sig

sunbaked ['sʌnbeɪkt] soltorkad, sprucken; förbränd, förtorkad **sun bath** solbad **sunbathe** solbada **sunbeam** solstråle **sun blind** *i sht BE.* markis, jalusi **sunbonnet** [-ˌbɒnɪt] solhatt **sunburn** [-bɜ:n] solbränna **sun|burned, -burnt** [-bɜ:nd, -bɜ:nt] solbränd

sundae ['sʌnd[e]ɪ] *AE.* glasscoupe (*med frukt etc.*)

Sunday ['sʌndɪ] (*jfr Friday*) **I** *s* söndag **II** *a* söndags-; ~ *best* finkläder; ~ *painter* hobbymålare; ~ *school* söndagsskola

sun deck ['sʌndek] **1** soldäck **2** solaltan, soltak

sunder ['sʌndə] *åld. el. litt.* [upp]dela; avskilja

sundew ['sʌndju:] *bot.* sileshår **sundial** sol|ur, -visare **sun disc** solskiva **sundown** solnedgång; *at ~* i (vid) solnedgången **sun-drenched** soldränkt **sun-dried** soltorkad

sundries ['sʌndrɪz] *pl* diverse [saker, utgifter *etc.*], varje-, alle|handa **sundry** [-ɪ] åtskilliga, flera; diverse, olika, varjehanda; *all and ~* alla och envar

sunfish ['sʌnfɪʃ] *zool.* klumpfisk **sunflower** [-ˌflaʊə] *bot.* solros **sunflower seed oil** solros-

S

olja
sung [sʌŋ] *perf. part. av sing*
sun|glass ['sʌnglɑ:s] brännglas **-glasses** *pl* solglasögon **-hat** solhatt
sunk [sʌŋk] **I** *perf. part. av sink* **II** *a, vard., we're ~, if* det är ute med oss (vi är sålda) om **sunken** ['sʌŋkən] **1** sjunken **2** nedsänkt **3** in|fallen, -sjunken; djupt liggande (*eyes* ögon)
sun lamp ['sʌnlæmp] sol[ljus]lampa **sunless** utan sol, solfattig; dyster, mörk **sunlight** solljus **sunlit** solbelyst; solig **sun lounge** rum med glasväggar; glasveranda **sunny** [-ɪ] solig (*äv. bildl.*), sol-; solbelyst; *look on the ~ side* [*of things*] se saker och ting från den ljusa sidan; *be on the ~ side of forty* (*vard.*) inte ha fyllt fyrtio ännu **sunny-side** *s, ~ up* (*om ägg*) stekt bara på ena sidan **sun parlor** [-ˌpɑ:lə] *AE., se sun lounge* **sunray** [-reɪ] solstråle **sunrise** [-raɪz] soluppgång; *at ~* i (vid) soluppgången **sunroof** [-ru:f] (*på bil*) soltak **sunset** [-set] solnedgång; *at ~* i (vid) solnedgången **sunshade** [-ʃeɪd] **1** parasoll **2** markis **sunshine** [-ʃaɪn] solsken **sunshine roof** *se sunroof* **sunshiny** [-ˌʃaɪnɪ] solig, solskens- **sunspot** [-spɒt] *astr.* solfläck **sunstroke** [-strəʊk] solsting **suntan** [-tæn] solbränna **sun-tanned** [-tænd] solbränd, brun **suntrap** [-træp] solig, skyddad plats **sun-up** [-ʌp] *i sht AE.* soluppgång
1 sup [sʌp] **I** *v* smutta på **II** *s* [liten] klunk, smutt
2 sup [sʌp] *åld.* äta kvällsmat
sup. *förk. för supra* (*lat.*) *above; superior; superlative; supine; supplement*[*ary*]; *supply*
super ['su:pə] *vard.* fantastisk, jättebra, toppen, super
super. *förk. för superintendent; superfine; superior; supernumerary; supervisor*
super- ['su:pə] super-, över-; extra-; av högre kvalitet
superable ['su:p(ə)rəbl] över|vinnelig, -komlig
super|abundance [ˌsu:p(ə)rə'bʌndəns] överflöd (*of* av, på) **-abundant** [-ə'bʌndənt] överflödande, ymnig, riklig
superadd [ˌsu:pər'æd] ytterligare tillägga (öka)
superannu|ated [su:pə'rænjʊeɪtɪd] **1** pensionerad **2** utrangerad **-ation** ['su:pəˌrænjʊ'eɪʃn] **1** pensionsavgift **2** pension **3** pensionering
superb [sju:'pɜ:b] fantastisk, enastående, förträfflig, utmärkt, storartad, strålande, superb
super|charge ['su:pətʃɑ:dʒ] **1** *tekn.* förkomprimera; överladda **2** *bildl.* göra laddad, ladda **-charger** [-ˌtʃɑ:dʒə] *tekn.* [laddnings]kompressor
supercilious [ˌsu:pə'sɪlɪəs] högdragen, överlägsen, dryg
superconductor [ˌsu:pəkən'dʌktə] supraledare
supercool [ˌsu:pə'ku:l] underkyla
super-duper ['su:pə'du:pə] *AE. sl.* super, toppen, enorm
superego [ˌsu:pə'i:gəʊ] (*pl ~s*) *psykol.* överjag, superego
supererogation ['su:pərˌerə'geɪʃn] *s,* [*work of*] *~* överloppsgärning
superficial [ˌsu:pə'fɪʃl] ytlig (*äv. bildl.*); yt- **-ity** ['su:pəˌfɪʃɪ'ælətɪ] ytlighet (*äv. bildl.*)
super|fluity [ˌsu:pə'flu:ətɪ] över|flöd, -mått **-fluous** [su:'pɜ:flʊəs] överflödig; onödig
superhighway [ˌsu:pə'haɪweɪ] *AE.* motorväg
superhuman [ˌsu:pə'hju:mən] övermänsklig
superimpose [ˌsu:p(ə)rɪm'pəʊz] lägga ovanpå (över)
super|intend [ˌsu:p(ə)rɪn'tend] **1** övervaka, ha uppsikt (kontroll) över, kontrollera **2** hålla uppsikt **-intendence** [-ɪn'tendəns] överinseende, tillsyn, uppsikt, kontroll **-intendent** [-ɪn'tendənt] **1** inspektör; uppsyningsman; [över]intendent; direktör **2** poliskommissarie; polis|mästare, -intendent
superior [su:'pɪərɪə] **I** *a* **1** (*i rang e.d.*) högre (*to* än); övre; överlägsen (*to s.th.* ngt); bättre, större (*to* än); utmärkt, utomordentlig, förstklassig, förträfflig; *be ~ to* (*äv.*) *a*) överträffa, *b*) stå (vara höjd) över, vara oemottaglig för; *~ court* högre domstol, överdomstol; *~ force* övermakt; *Lake S~* Övre sjön; *have ~ numbers to s.b.* vara ngn numerärt överlägsen; *~ persons* bättre folk; *~ planet* huvudplanet **2** överlägsen, arrogant, högdragen **II** *s* **1** överordnad; *bildl.* överman; *be a p.'s ~* (*äv.*) *a*) stå över ngn, *b*) vara ngn överlägsen **2** abbot; *father ~* abbot; *mother ~* abbedissa **-ity** [su:ˌpɪərɪ'ɒrətɪ] överlägsenhet; förträfflighet
superl. *förk. för superlative*
superlative [su:'pɜ:lətɪv] **I** *a* **1** ypperlig, förträfflig; strålande; enastående **2** *språkv.* superlativ; *the ~ degree* superlativ[en] **II** *s, språkv.* superlativ
superman ['su:pəmæn] **1** övermänniska **2** *S~* (*seriefigur*) Stålmannen
supermarket ['su:pəˌmɑ:kɪt] stormarknad; stort snabbköp
supernatural [ˌsu:pə'nætʃr(ə)l] **I** *a* övernaturlig **II** *s, the ~* det övernaturliga, övernaturliga makter (krafter)
supernumerary [ˌsu:pə 'nju:m(ə)rərɪ] **I** *a* övertalig, extra; reserv- **II** *s* **1** övertalig (extra) person (sak); extra[ordinarie]; reserv **2** *teat.* statist
superpower ['su:pəˌpaʊə] supermakt
super|script ['su:pəskrɪpt] *boktr.* exponent, upphöjd siffra (bokstav) **-scription** [ˌsu:pə'skrɪpʃn] överskrift; påskrift, utanskrift
supersede [ˌsu:pə'si:d] **1** ersätta, komma i stället för, tränga undan **2** efterträda
supersensitive [ˌsu:pə'sensɪtɪv] överkänslig
supersonic [ˌsu:pə'sɒnɪk] överljuds-, supersonisk
superstar ['su:pəstɑ:] (*om artist*) superstar, världsstjärna
supersti|tion [ˌsu:pə'stɪʃn] vidskep|else, -lighet, skrock **-tious** [-ʃəs] vidskeplig, skrockfull
superstructure ['su:pəˌstrʌktʃə] överbyggnad
supertanker ['su:pəˌtæŋkə] supertanker
super|vene [ˌsu:pə'vi:n] upp|stå, -komma; till|-stöta, -komma **-vention** [-'venʃn] uppkomst; tillstötande
super|vise ['su:pəvaɪz] övervaka, ha uppsikt (tillsyn) över **-vision** [ˌsu:pə'vɪʒn] övervakning, uppsikt, tillsyn; bevakning **-visor** ['su:pəvaɪzə] övervakare; tillsyningsman; uppsyningsman; kontrollör, kontrollant, inspektör; arbetsledare; föreståndare **2** *skol.* handledare; studievägledare **-visory** ['su:pəvaɪz(ə)rɪ] övervaknings-, övervakande, tillsyns-; kontroll-
supine **I** *a* [sju:'paɪn] **1** *litt.* liggande (utsträckt) på rygg **2** slö, slapp **II** *s* ['sju:paɪn] *språkv.* supi-

num

supp. *förk. för supplement[ary]*

supper ['sʌpə] kvälls|mat, -måltid, supé; *the Last S~* Jesu sista måltid med lärjungarna; *the Lord's S~* Herrens nattvard, nattvarden; *have ~* äta kvällsmat, supera

suppl. *förk. för supplement[ary]*

supplant [sə'plɑ:nt] ersätta, komma i stället för; tränga undan, utmanövrera

supple ['sʌpl] smidig, mjuk, böjlig, vig; *bildl.* flexibel, medgörlig, foglig

supple|ment I *s* ['sʌplɪmənt] tillägg; supplement; (*t. tidning e.d.*) bilaga **II** *v* ['sʌplɪment] öka [ut], fylla ut, supplera; fylla på (*one's stock* sitt lager) **-mentary** [ˌsʌplɪ'ment(ə)rɪ] tillagd; supplement-; supplementär, tilläggs-, fyllnads-; *~ angle* supplementvinkel; *~ benefit* (*i England*) statligt understöd (*t. låginkomsttagare*) **-mentation** [ˌsʌplɪmen'teɪʃn] utökning, utfyllnad, supplering

suppliant ['sʌplɪənt] *se supplicant*

suppli|cant ['sʌplɪk(ə)nt] **I** *a* [ödmjukt] bedjande, bönfallande **II** *s* supplikant **-cate** [-keɪt] [ödmjukt] be, bönfalla (*for* om) **-cation** [ˌsʌplɪ'keɪʃn] [ödmjuk] bön (*for* om) **-catory** ['sʌplɪkət(ə)rɪ] böne-, bönfallande

supplier [sə'plaɪə] leverantör

1 supply ['sʌplɪ] *adv* smidigt, mjukt *etc.*, *jfr supple*

2 supply [sə'plaɪ] **I** *s* **1** anskaffning, tillförsel, försörjning, leverans; fyllande (*av behov*); förråd, lager; tillgång (*of* på); *supplies* (*pl, mil. äv.*) proviant, underhåll; *~ and demand* tillgång och efterfrågan; *electricity ~* elförsörjning; *office supplies* (*pl*) kontors|materiel, -varor; *oil is in short ~* det är dålig tillgång (brist) på olja **2** *parl., supplies* (*pl*) anslag **3** vikarie (*i sht för präst*) **II** *v* **1** [an]skaffa; leverera; tillhandahålla; lämna, ge, erbjuda; *~ s.b. with s.th.*, *~ s.th. to s.b.* skaffa ngn ngt, leverera ngt till ngn, förse (utrusta, hålla) ngn med ngt; *this supplied me with the chance* det gav mig chansen **2** fylla [ut, i]; täcka, avhjälpa, ersätta; *~ the demand* fylla (tillgodose, tillfredsställa) behovet; *~ a want* täcka en brist **3** vikariera för **supply teacher** [-ˌti:tʃə] [lärar]vikarie

support [sə'pɔ:t] **I** *s* **1** stöd, stötta, underlag; *arch ~* hålfotsinlägg; *point of ~* stödjepunkt **2** [under]stöd, hjälp, medverkan; *~* (*pl, mil.*) stödtrupp[er]; *financial ~* ekonomiskt stöd; *in ~ of* som (till) stöd för, till förmån för; *speak in ~ of a candidate* tala för (stödja) en kandidat **3** underhåll, försörjning, utkomst, uppehälle **II** *v* **1** stödja, stötta, bära; *~ o.s.* stödja sig **2** [under]stödja, hjälpa; assistera; gynna, hålla på, backa upp; underbygga, bestyrka; tillstyrka, biträda; *which team do you ~?* vilket lag håller (hejar) du på? **3** underhålla, försörja; uppehålla; bestrida, bekosta; *~ o.s.* försörja sig **4** stå ut med, tåla **5** *film, teat.* bära upp (*roll*), spela; *Taylor and Burton, ~ed by X and Y* Taylor och Burton med X och Y i birollerna

supporter [sə'pɔ:tə] **1** supporter, understödjare, gynnare, anhängare **2** försörjare **3** stöd; stödförband

suppose [sə'pəʊz] anta[ga], ponera; tro, förmoda, föreställa (tänka, inbilla) sig; förutsätta; *~ he knew* tänk om han visste; *~ we go* (*went*) *for a walk?* ska vi inte (tänk om vi skulle) ta en promenad?, hur skulle det vara om vi tog en promenad?; *~ you meet me at nine o'clock* jag föreslår att du möter mig klockan nio; *I ~ so* jag antar (förmodar) det, antagligen; *I don't ~ so, I ~ not* jag tror inte det, antagligen inte; *I ~ I'd better do that* det är nog bäst att jag gör det; *I don't ~ you could lend me a pound?* du kan händelsevis (väl) inte låna mig ett pund?; *I ~ he'll come* jag antar (förmodar) att han kommer, han kommer nog (antagligen); *you don't ~ he is ill?* du tror väl inte att han är sjuk?; *I was ~d to go last year* det var meningen att jag skulle ha åkt förra året; *he is ~d to be stingy* han anses (lär, skall) vara snål; *and he's ~d to be an expert!* och han ska vara expert!; *isn't he ~d to be at home?* skulle han inte vara hemma egentligen?; *you're ~d to be in bed* du borde ligga i sängen; *you are ~ to do that* [det är meningen att] du skall göra det; *you're not ~d to do that* du får inte göra det

supposed [sə'pəʊzd] förment, förmodad, påstådd; inbillad; tvivelaktig **-ly** [sə'pəʊzɪdlɪ] *adv* förment; antagligen, förmodligen

supposing [sə'pəʊzɪŋ] antag att, om [nu]; *~ that we miss the train* antag att vi (om vi [nu]) missar tåget

supposition [ˌsʌpə'zɪʃn] antagande, förmodan; förutsättning **suppositious** [ˌsʌpə'zɪʃəs], **suppositious** [səˌpɒzɪ'tɪʃəs] **1** tänkt, antagen, hypotetisk **2** falsk, oäkta **suppository** [sə'pɒzɪt(ə)rɪ] *med.* stolpiller

suppress [sə'pres] **1** undertrycka, kväva, kuva, hålla tillbaka; dämpa (*one's anger* sin vrede); tysta [ner] (*criticism* kritiken) **2** förbjuda; dra in (*a book* en bok) **3** förtiga; *psykol.* förtränga, tränga bort **suppression** [sə'preʃn] **1** undertryckande *etc. jfr suppress* **2** förbjudande; indragning (*av bok e.d.*) **3** förtigande; *psykol.* förträngning, bortträngning **suppressor** [sə'presə] undertryckare; förtryckare

suppu|rate ['sʌpjʊ(ə)reɪt] *med.* vara [sig] **-ration** [ˌsʌpjʊ(ə)'reɪʃn] *med.* varbildning

supra|national [ˌsu:prə'næʃənl] över|nationell, -statlig **-renal** *a*, *~ gland* binjure

supremacy [sʊ'preməsɪ] **1** överhöghet, supremati **2** överlägsenhet

supreme [sʊ'pri:m] **1** högst; ytterst, störst, avgörande; över-; suverän; *the S~ Being* det högsta väsendet (*Gud*); *~ commander* överbefälhavare; *the S~ Court a*) högsta domstolen, *b*) (*i USA*) högsta domstolen (*på federal nivå*); *the S~ Court of Judicature* (*i England*) högsta domstolen; *the S~ Soviet* högsta sovjet; *be* (*reign, rule*) *~* vara suverän (allenarådande); *make the ~ sacrifice* offra livet **2** enorm, oerhörd (*skill* skicklighet); ypperlig, ojämförlig, enastående (*artist* artist) **-ly** [-lɪ] *adv* i högsta grad, ytterst

supremo [sʊ'pri:məʊ] (*pl ~s*) *BE. vard.* högste chef, överkucku

Supt. *förk. för Superintendent*

surcharge I *s* ['sɜ:tʃɑ:dʒ] **1** tilläggs-, extra|avgift; *post.* lösen **2** extra börda; överbelastning **3** *post.* överstämpling **II** *v* [sɜ:'tʃɑ:dʒ] **1** kräva tilläggsavgift av, debitera extra **2** överbelasta **3**

post. överstämplga

surd [sɜːd] **I** *a* **1** *mat.* irrationell **2** *språkv.* tonlös **II** *s* **1** *mat.* irrationellt tal **2** *språkv.* tonlöst ljud

sure [ʃʊə] **I** *a* **1** *attr.* säker, pålitlig, tillförlitlig; *~ thing!* (*AE. vard.*) [ja] visst!, så klart!, naturligtvis! **2** *pred.* säker (*of, about* på, om); övertygad, förvissad (*of, about* om); *for ~* säkert, bestämt, med säkerhet; *to be ~ a*) naturligtvis, mycket riktigt, *b*) visserligen, nog, utan tvivel; *well, to be ~!, well, I'm ~!* kors!, det var som sjutton!; *be ~ of o.s.* vara säker på sin sak, vara självsäker, *be ~ to, be ~ you* se till att du, tänk på att; *be ~ to turn the gas off* (*äv.*) glöm inte att stänga av gasen; *he is ~ of winning* han är säker på att vinna; *he is ~ to win* han kommer säkert att vinna; *I'm ~ I don't know, I don't ~, I'm ~* jag har ingen aning, det vet jag faktiskt inte; *I'm ~ I didn't mean to* det var verkligen inte min mening (avsikt) [att]; *make ~* förvissa (försäkra, övertyga) sig, kontrollera, tänka på, inte glömma, se till; *to make ~* för säkerhets skull **II** *adv* **1** säkert; *~ enough a*) mycket riktigt, *b*) alldeles (absolut) säkert, bergsäkert; *~ as ~* så säkert som aldrig det; *as ~ as* så säkert som; *as ~ as I am standing here* (*vard.*) så sant som jag står här, absolut säkert, bergis **2** *AE. vard.* verkligen, minsann; *~!* [ja] visst!, så klart!, naturligtvis!, säkert!

sure|-fire [ʃʊə'faɪə] *vard.* berg-, bomb|säker **--footed 1** säker på foten, stadig **2** *bildl.* säker, pålitlig

surely ['ʃʊəlɪ] *adv* **1** [helt] säkert, säkerligen; *slowly but ~* sakta men säkert **2** minsann, verkligen **3** väl, nog **4** *AE. vard., ~!* ja (jo) visst!

surety ['ʃʊərətɪ] **1** säkerhet, borgen; *stand ~* gå i borgen, ställa säkerhet **2** borgensman

surf [sɜːf] **I** *s* **1** bränning **2** vågskum (*på strand*) **II** *v* surfa

surface ['sɜːfɪs] **I** *s* yta (*äv. geom., bildl.*); utsida, [ytter]sida; ytskikt, ytbeläggning; *control ~* (*flyg.*) roder[yta]; *road ~* vägbeläggning; *striking ~* [tändsticks]plån; *~ of water* vattenyta; *on the ~ a*) på ytan, *bildl. äv.* ytligt sett, *b*) *gruv.* i dagen; *below* (*beneath*) *the ~* (*bildl.*) under ytan; *come* (*rise*) *to the ~* (*bildl.*) komma i dagen (fram i ljuset) **II** *a* yttre; ytlig; yt-; *gruv.* dag-; *~ mail* ytpost; *~ noise* (*grammofonskivas*) [nål]rasp, skrap; *~ structure* (*språkv.*) ytstruktur; *~ tension* (*fys.*) ytspänning; *~ treatment* ytbehandling; *~ vessel* övervattensfartyg (*i motsats t. ubåt*) **III** *v* **1** ytbehandla; [yt]polera **2** belägga, täcka, bekläda **3** (*om ubåt*) låta gå upp i övervattensläge **4** gå (dyka, stiga) upp [till ytan]; *bildl.* dyka upp, komma fram; *vard.* gå (stiga) upp (*ur sängen*) **--active** [-ˌæktɪv] ytaktiv **--to-air missile** [ˌsɜːfɪstə'eəˌmɪsaɪl] luftvärnsrobot

surfboard ['sɜːfbɔːd] surfingbräda

surfeit ['sɜːfɪt] **I** *s* övermått (*of* av); omåttlighet **II** *v* överlasta, övermätta

surf|er ['sɜːfə] surfare **-ing** [-ɪŋ] surfing, surfning **--rider** [-ˌraɪdə] surfare

surg. *förk. för surgeon; surgery; surgical*

surge [sɜːdʒ] **I** *s* **1** svallvåg, [brott]sjö; [våg]svall, bränningar; *bildl.* svall, våg; *bildl.* tillströmning; *a ~ of people* en böljande människomassa; *he felt a ~ of rage* han kände hur vreden vällde upp inom honom **2** *elektr.* [plötslig] spänningsökning, strömrusning **II** *v* **1** svalla [högt], rulla, bölja; tränga [fram], välla [fram], strömma, forsa; *~ [up]* välla fram (upp), stiga; *blood ~d into her face* blodet steg upp i ansiktet på henne; *hope ~d in her* hoppet steg hos henne; *rage ~d within him* vreden svallade inom honom **2** *elektr.* plötsligt öka

surgeon ['sɜːdʒ(ə)n] **1** kirurg **2** marinläkare

surgeon general [-ˌdʒen(ə)r(ə)l] (*pl surgeons general*) **1** arméöverläkare; marinöverläkare **2** *AE.* chef för hälsovården

surgery [-(ə)rɪ] **1** kirurgi **2** *BE.* [läkar-, tandläkar]mottagning; mottagningsrum **3** operation **4** *AE.* operationssal

surgical [-ɪkl] kirurgisk; *~ boots* (*shoes*) ortopediska skor; *~ spirit* desinfektionsvätska

surly ['sɜːlɪ] *a* butter, vresig

surmise I *v* [sɜː'maɪz] förmoda, anta, gissa **II** *s* ['sɜːmaɪz] förmodan, antagande, gissning

surmount [sɜː'maʊnt] **1** övervinna (*difficulties* svårigheter) **2** ta sig över **3** kröna, ligga på toppen av (ovanpå); *~ed by* krönt av, med...på toppen (ovanpå) **-able** [-əbl] över|stiglig, -komlig, -vinn[e]lig

surname ['sɜːneɪm] efternamn

surpass [sə'pɑːs] över|träffa, -stiga; *~ all description* trotsa all beskrivning; *~ all expectations* överträffa alla förväntningar **-ing** [-ɪŋ] makalös, enastående

surplice ['sɜːplɪs] vid mässkjorta

surplus ['sɜːpləs] **I** *s* överskott; överskotts|varor, -kläder **II** *a* överskotts-; *~ population* befolkningsöverskott; *~ stock* rest-, överskotts|lager; *~ value* mervärde; *be ~ to requirements* inte behövas längre, vara överflödig

surprise [sə'praɪz] **I** *s* förvåning (*at* över); över|raskning, -rumpling; *in ~* förvåna|d, -t; *much to my ~, to my great ~* till min stora förvåning; *take by ~* över|raska, -rumpla **II** *a* över|raskande, -rasknings-; *~ visit* (*äv.*) oväntat besök **III** *v* **1** förvåna; över|raska, -rumpla; ertappa; *be ~d at* vara (bli) förvånad över, förvåna sig över; *I wouldn't be ~d if* det skulle inte förvåna mig om **2** genom överrumpling förmå (*sb. into doing s.th.* ngn att göra ngt)

surprising [sə'praɪzɪŋ] förvånansvärd, överraskande **-ly** [-lɪ] *adv* förvånansvärt, överraskande

surreal [sə'rɪəl] surrealistisk, egendomlig **-ism** [-ɪz(ə)m] surrealism **-ist** [-ɪst] surrealist **-istic** [səˌrɪə'lɪstɪk] surrealistisk

surrender [sə'rendə] **I** *v* **1** överlämna, ge upp, avträda, avstå [från], utlämna, lämna ifrån sig; *~ o.s.* överlämna (ge) sig, kapitulera, *bildl. äv.* hänge sig **2** överlämna (ge) sig (*to* åt), kapitulera (*to* [in]för), *bildl. äv.* hänge sig **II** *s* överlämnande (*etc., jfr I*), kapitulation **surrender value** [-ˌvæljuː] *försäkr.* återköpsvärde

surreptitious [ˌsʌrəp'tɪʃəs] hemlig, förstulen, i smyg **-ly** [-lɪ] *adv* i hemlighet, i smyg, förstulet

Surrey ['sʌrɪ]

surrogate ['sʌrəgɪt] **I** *s* surrogat, ersättning **II** *a* surrogat-, ersättnings-; *~ mother* surrogatmamma

surround [sə'raʊnd] **I** *v* omge, innesluta; omgärda; omringa **II** *s* golvkant, golvlist **-ing** [-ɪŋ] *a* omgivande, kringliggande **-ings** [-ɪŋz] *s pl* omgivning[ar]; miljö

surtax ['sɜ:tæks] **I** *s* extra-, tilläggs|skatt **II** *v* belägga med extraskatt (tilläggsskatt)
surv. *förk. för surveying; surveyor*
surveillance [sɜ:'veɪləns] övervakning, bevakning, uppsikt
survey I *v* [sə'veɪ] **1** överblicka; titta på, besiktiga, inspektera, syna, granska; undersöka **2** ge en översikt över **3** kartlägga, mäta [upp, ut] **II** *s* ['sɜ:veɪ] **1** över|blick, -sikt (*of* över, av) **2** besiktning, inspektion, avsyning, granskning; undersökning; enkät **3** besiktningsprotokoll; utlåtande **4** kartläggning, [lant]mätning **surveyor** [sə've(ɪ)ə] **1** besiktningsman, inspektör; *quantity* ~ byggnadsingenjör (*med uppgift att beräkna kostnader o. arbetsåtgång*) **2** lantmätare
survival [sə'vaɪvl] **1** överlevnad, överlevande; fortlevande; ~ *of the fittest* de starkastes överlevnad, naturligt urval **2** kvarleva **survival kit** överlevnads-, nöd|utrustning **survive** [sə'vaɪv] **1** överleva (*s.b.* ngn) **2** överleva, leva vidare, fortleva; leva (finnas) kvar **surviving** [-ɪŋ] **1** överlevande; efterlevande **2** kvarlevande; kvarvarande **survivor** [-ə] **1** överlevande [person] **2** efterlevande
suscep|tibility [səˌseptə'bɪlətɪ] **1** mottaglighet, känslighet, ömtålighet (*to* för) **2** *-tibilities* (*pl*) känslor, känsliga punkter **-tible** [sə'septəbl] mottaglig, känslig, ömtålig (*to* för); lättpåverkad; ~ *to control* möjlig (lätt) att kontrollera; *be* ~ *to* vara mottaglig (disponerad) för, vara känslig för, vara påverkbar av
suspect I *v* [sə'spekt] **1** misstänka (*of* för); misstro; ana; *a ~ed case of measles* ett misstänkt fall av mässling; *I ~ed as much* jag misstänkte (anade) det **2** hysa misstankar **II** *s* ['sʌspekt] misstänkt [person], suspekt [individ] **III** *a* ['sʌspekt] misstänkt, suspekt
suspend [sə'spend] (*se äv. suspended*) **1** hänga [upp] (*by* i, på; *from* från, i); *be ~ed* vara upphängd, hänga, sväva; ~ *a rope between two trees* hänga (spänna) upp ett rep mellan två träd **2** suspendera, avstänga (utesluta, avskaffa, upphäva, ställa in, dra in) [temporärt, tills vidare]; skjuta upp, vänta med; ~ *payment* inställa betalningarna **suspended** [-ɪd] **1** upphängd, hängande, svävande **2** suspenderad (*etc.*, *jfr suspend 2*); ~ *animation* temporär livlöshet, skendöd; ~ *sentence* villkorlig dom
suspender [sə'spendə] **1** strumpeband **2** *AE.*, *~s* (*pl*) hängslen **suspender belt** strumpebandshållare
suspense [sə'spens] spänning, ovisshet; *keep s.b. in* ~ hålla ngn i spänning (ovisshet) **suspense account** [-əˌkaʊnt] *hand.* interimskonto
suspension [sə'spenʃn] **1** [hjul]upphängning; fjädring **2** suspension, suspendering, [temporär, tillfällig] avstängning (uteslutning, indragning); [temporärt, tillfälligt] avskaffande (upphävande, inställande); uppskov; ~ *of hostilities* inställande av fientligheterna; ~ *of payment* betalningsinställelse **3** *kem.* suspension **4** *mus.* förhållning **suspension bridge** hängbro
suspensory [sə'spens(ə)rɪ] *med.* suspensoar
suspicion [sə'spɪʃn] **1** misstanke (*of, about* om, mot); misstänksamhet, misstro (*of* mot); aning (*of, about* om); *arouse* ~ väcka misstankar; *I have a* ~ *that* (*äv.*) jag misstänker att; *be above* (*beyond*) ~ vara höjd över alla misstankar; *arrest s.b. on* ~ arrestera ngn som misstänkt (*of murder* för mord); *be under* ~ vara misstänkt (*of* för); *view s.b. with* ~ titta misstänksamt på ngn **2** aning, antydan, tillstymmelse; *a* ~ *of cinnamon* en aning (gnutta) kanel; *without the slightest* ~ *of nervousness* utan minsta tillstymmelse till nervositet **suspicious** [-ʃəs] **1** misstänksam, misstrogen (*of* mot) **2** misstänkt, tvivelaktig, suspekt
Sussex ['sʌsɪks]
sustain [sə'steɪn] **1** klara av (tåla) [belastningen av]; *bildl.* tåla, stå ut med, uthärda **2** bära [upp], hålla upp; *bildl.* [under]stödja, stötta; *bildl.* bestyrka; *jur.* god|känna, -ta[ga] **3** upprätthålla; uppehålla; hålla uppe (vid gott mod); hålla i gång (vid liv); försörja, underhålla **4** lida, utstå, drabbas av, ådra[ga] sig **5** *mus.* hålla ut **sustained** [-d] *a* oavbruten, ihållande
sustenance ['sʌstɪnəns] **1** föda, näring **2** uppehälle, levebröd
sutler ['sʌtlə] (*förr*) marketentare
suture ['su:tʃə] *anat., med.* sutur
suzerain ['su:zəreɪn] *hist.* länsherre **-ty** [-tɪ] *hist.* länshöghet
s.v. *förk. för sailing vessel; side valve; sub voce* (*lat.*) *under the word*
svelte [svelt] slank, smärt
SW *förk. för short wave; southwest*[*ern*] **S.W.** *förk. för short wave*
swab [swɒb] **I** *s* **1** *med.* bomullssudd, tampong; [sekret]prov (*som tas med tampong*) **2** svabb, golvmopp **3** *sl.* drummel **II** *v* svabba; ~ *up* svabba (torka) upp
swaddle ['swɒdl] **1** linda in (om) **2** *åld.* linda (*a baby* ett spädbarn) **swaddling clothes** [-ɪŋkləʊðz] *åld., pl* (*spädbarns*) linda, lindor
swag [swæg] **1** *sl.* stöldgods **2** *Austr. vard.* bylte, knyte
swagger ['swægə] **I** *v* **1** [gå omkring och] stoltsera **2** ~ *about* skrävla, skryta **II** *s* **1** stoltserande [gång] **2** skryt, skrävel **swagger cane** officerskäpp **swaggering** [-rɪŋ] **1** stoltserande **2** skrytsam, skrävlande **swagger stick** officerskäpp
swagman ['swægmæn] *Austr. vard.* luffare
swain [sweɪn] *åld. el. poet.* **1** bondpojke **2** beundrare, tillbedjare
1 swallow ['swɒləʊ] *zool.* svala; ladusvala
2 swallow ['swɒləʊ] **I** *v* **1** svälja, sluka (*äv. bildl.*); *bildl.* tro på, godta[ga]; *bildl.* hålla tillbaka; ~ [*up*] *a*) svälja, sluka, äta upp, *bildl. äv.* ta upp, *b*) uppsluka; ~ *the bait* nappa [på kroken] (*äv. bildl.*); ~ *a book* sluka en bok; ~ *an insult* svälja en förolämpning; ~ *one's words* ta tillbaka [vad man (*etc.*) har sagt] **2** svälja; *she ~ed and closed her eyes* hon svalde och blundade **II** *s* sväljning; klunk
swallow dive ['swɒləʊdaɪv] *sport.* svanhopp **swallowtail 1** svalstjärt **2** makaonfjäril **3** frack **swallow-tailed** [-teɪld] **1** med kluven stjärt **2** ~ *coat* frack
swam [swæm] *imperf. av swim*
swamp [swɒmp] **I** *s* kärr, myr, träsk, sumpmark **II** *v* **1** översvämma, dränka, sätta under vatten; fylla med vatten, sänka **2** *bildl.* översvämma, dränka, överhopa **swampy** ['swɒmpɪ] sank,

S

träskartad, sumpig
swan [swɒn] **I** *s* svan; *the S~ of Avon* Shakespeare **II** *v*, *vard.*, ~ *[about, around]* vandra (segla) omkring **swan dive** *AE. sport.* svanhopp
swank [swæŋk] *vard.* **I** *v* göra sig viktig, vara överlägsen (mallig) **II** *s* **1** *BE.* snobb, viktigpetter **2** skryt, skrävel **3** *i sht AE.* snobberi **swankpot** ['swæŋkpɒt] snobb, viktigpetter **swanky** ['swæŋkɪ] **1** mallig **2** flott, snobbig, vräkig
swan neck ['swɒnnek] svanhals **swannery** [-ərɪ] svandamm **swan's-down** [-zdaʊn] svandun **swan song** svanesång
swap [swɒp] *vard.* **I** *v* byta [ut] (*s.th. for* ngt mot); utbyta (*opinions* åsikter); ~ *two things over* (*round*) byta plats på två saker; ~ *places* byta plats; ~ *amusing stories* berätta roliga historier för varandra **II** *s* [ut]byte (*for* mot); bytesaffär
1 swarm [swɔ:m] **I** *s* svärm; *bildl. äv.* hop, myller, vimmel; ~ *of bees* bisvärm **II** *v* svärma; *bildl. äv.* strömma, välla; ~ *with people* myllra (vimla) av folk
2 swarm [swɔ:m] *v*, ~ *[up]* klättra uppför (upp i)
swarthy ['swɔ:ðɪ] mörk[hyad]; svartmuskig
swashbuck|ler ['swɒʃˌbʌklə] skrävlare, skrodör; bråkmakare **-ling** [-lɪŋ] **1** skrävlande, skroderande **2** (*om sjörövare e.d. på film*) våghalsig, äventyrlig
swastika ['swɒstɪkə] svastika, hakkors
swat [swɒt] **I** *v* smälla [till] (*a fly* en fluga) **II** *s* **1** smäll, slag **2** flugsmälla
swath [swɔ:θ] **1** lie|tag, -slag **2** slåttersträng; slagen (mejad) rad **3** sträng, stråk; ~ *of land* landremsa **4** remsa, band
1 swathe [sweɪð] *se swath*
2 swathe [sweɪð] **1** linda (binda) om **2** linda [in], svepa [in]
sway [sweɪ] **I** *v* **1** [få att] svänga (gunga), komma att svaja (vaja); *bildl.* få att svänga (vackla), påverka, influera **2** bestämma; behärska, styra, ha makt över; *be ~ed by* låta sig behärskas (ledas) av **3** svänga, gunga, vagga, vackla, svaja, vaja; ragla; *bildl.* svänga, vackla **4** härska, styra, ha makten **II** *s* **1** svängning, gungning **2** inflytande; [herra]välde, makt; *hold* ~ ha makten, vara förhärskande
swear [sweə] **I** *v* (*swore, sworn; se äv. sworn II*) **1** avlägga (*the oath* ed[en]); svära [på] (*to do s.th.* att göra ngt); gå ed på; bedyra **2** ~ *[in]* låta avlägga ed; ~ *in the president* låta presidenten avlägga ämbetseden; ~ *s.b. to secrecy* låta ngn avlägga tysthetslöfte **3** svära, avlägga ed; ~ *by a*) svära vid, *b*) sätta sin tillit till, hålla på; ~ *to a*) svära på, *b*) bedyra **4** svära (*at* åt, över), använda svordomar **II** *s* svärande; svordomar **-word** ['sweəwɜ:d] svärord, svordom
sweat [swet] **I** *s* **1** svett; svettning; svettbad, svettningskur; *bildl.* [svett och] möda, slit[göra]; *a cold* ~ kallsvett[en]; *be in a [cold]* ~ kallsvettas; *no ~!* (*vard.*) inga problem!, det är en enkel sak!; *all of* (*in*) *a* ~ *a*) badande i svett, *b*) *bildl.* [mycket] ängslig (nervös), kallsvettig; *by the ~ of ones brow* i sitt anletes svett **2** *tekn.* fukt, kondens; svettning **II** *v* **1** svettas [ut]; utsöndra; ~ *out a*) svettas ut, *b*) utsöndra; ~ *it out* (*vard.*) kämpa sig igenom [det], härda ut; ~ *blood a*) svettas av ängslan (nervositet), *b*) slita [hårt] **2** få att (låta) svettas; *bildl.* suga ut, exploatera; *sl.* ta i strängt förhör; *~ed goods* varor tillverkade av arbetare med svältlöner; ~ *information out of s.b.* pressa fram upplysningar ur ngn **3** svettas (*äv. bildl.*); *bildl.* slita (arbeta) [hårt]; *bildl.* oroa sig, vara ängslig (nervös) **4** *tekn.* fukta, anlöpa, svettas
sweatband ['swetbænd] **1** (*i hatt*) svettrem **2** (*för sport*) pann-, svett|band **sweated** [-ɪd] **1** (*om arbetare*) utsugen; underbetald **2** (*om produkt*) gjord av underbetalda arbetare **sweater** [-ə] **1** sweater, tjockare [sport]tröja **2** utsugare, slavdrivare **sweat gland** svettkörtel **sweat shirt** sweatshirt (*träningströja av bomull*) **sweatshop** dålig arbetsplats (*med dålig miljö o. låga löner*) **sweat suit** *AE.* träningsoverall **sweaty** [-ɪ] svettig
Swede [swi:d] svensk **swede** kålrot **Sweden** [-n] Sverige **Swedish** ['swi:dɪʃ] **I** *a* svensk; ~ *turnip* kålrot **II** *s* svenska [språket]
sweep [swi:p] **I** *v* (*swept, swept*) **1** sopa; feja; sota; *bildl.* sopa ren, rensa; ~ *away the glass* sopa bort glaset; ~ *down* sopa [ner]; ~ *out* sopa [ut, rent i]; ~ *up a*) sopa [upp], *b*) rafsa (skrapa) ihop; ~ *s.th. under the rug* (*carpet*) sopa ngt under mattan (*äv. bildl.*) **2** sopa [med sig, undan]; dra, rycka, fösa; ~ *along* rycka med sig; ~ *away* (*off*) *a*) sopa (rycka, slita, spola) bort (undan), dra bort, rycka (ta) med sig, driva [bort, undan], *b*) röja undan, göra sig kvitt, avskaffa; *be swept off one's feet a*) kastas omkull, *b*) *bildl.* hänföras, tas med storm (*by* av), falla pladask (*by* för) **3** svepa (glida) [fram] över, dra (stryka, gå) fram över (genom); (*om sjukdom e.d.*) sprida sig i, härja [i] ; *bildl.* finkamma; *sjö.* dragga [upp], svepa; *her eyes swept the horizon* hennes blickar svepte över horisonten; ~ *s.th. with one's eyes* låta sina blickar svepa över ngt; ~ *one's hand over s.th.* stryka [med] handen över ngt; ~ *the keys* (*strings*) fara över (smeka) tangenterna (strängarna); ~ *an area for mines* minsvepa ett område **4** ha stora framgångar i; vinna, ta hem; ~ *the board* ta hem hela potten (vinsten); ~ *the country* vinna en förkrossande [val]seger i hela landet **5** *mil.* bestryka **6** sopa; feja; *a new broom ~s clean* nya kvastar sopar bäst **7** svepa, dra, glida, flyga, fara, jaga, susa, rusa; komma farande *etc.*; skrida (komma) [fram]; ~ *along* svepa (*etc.*) fram [över]; ~ *by* (*past*) svepa (*etc.*) förbi; ~ *down on s.th.* störta sig över (slå ner på) ngt; *she came ~ing in* hon kom insvepande; ~ *out of the room a*) rusa ut ur rummet, *b*) skrida [värdigt] ut ur rummet; ~ *over* svepa (*etc.*) [fram] över; ~ *through* svepa (*etc.*) fram igenom **8** (*om väg. kust e.d.*) sträcka sig; svänga (böja) av **9** *sjö.* dragga (*for* efter); ~ *for mines* svepa minor **II** *s* **1** sopning; bortsopande; sotning; *clean* ~ stor framgång, förkrossande seger; *make a clean ~ of* (*bildl.*) göra rent hus med; *give the floor a* ~ sopa [av] golvet **2** sotare **3** [fram]svepande; [svepande] rörelse; sväng[ning] ; svep, tag, drag; hugg, snitt; *at* (*in*) *one* ~ i ett svep (drag) **4** sväng, båge, krök, kurva **5** [lång] sträcka; [vidsträckt] område; vidd; omfång; räck|håll, -vidd; spännvidd; *mil.* skottvidd **6** svep, finkamning; *sjö.* draggning; *make a* ~ *for*

mines svepa minor **7** *se sweepstake*
sweepback ['swi:pbæk] (*flygplansvinges*) pilform **sweeper** [-ə] **1** [gat]sopare **2** mattsopare **sweep hand** (*på ur*) sekund-, centrum|visare **sweeping** [-ɪŋ] **I** *a* **1** svepande, vid, bred (*curve* kurva) **2** *bildl.* svepande, allmänt hållen; kolossal, enorm (*effect* inverkan); överväldigande, förkrossande (*victory* seger); [vitt]omfattande, vittgående (*reforms* reformer); ~ *statements* svepande formuleringar, generaliseringar **2** [fram]-svepande (*attack* attack) **3** svepande (*glance* blick; *lines* linjer) **II** *s* **1** sop|ning, -ande; sotning **2** ~*s* (*pl*) sopor, skräp **sweepstake[s]** (*vid hästkapplöpning*) sweepstake (*lotteri med tippning*)
sweet [swi:t] **I** *a* **1** söt; *bildl. äv.* rar, älskvärd; *bildl.* älskad, kär, ljuv; ~ *almond* sötmandel; ~ *corn* sockermajs; ~ *oil* olivolja; ~ *pea* luktärt; ~ *potato* sötpotatis; ~ *talk* (*AE. vard.*) honungslena ord; ~ *william* (*bot.*) borstnejlika; *my* ~ *one* min älskling; *have a* ~ *tooth* tycka om snask, vara en gottgris; *go one's own* ~ *way* göra som man själv vill (behagar); *that's very* ~ *of you!* det var väldigt snällt av dig!; *be* ~ *on s.b.* (*vard.*) vara förtjust (kär) i ngn; *keep s.b.* ~ hålla ngn på gott humör **2** söt; färsk; frisk; ren; fräsch, fin, snygg; ~ *water* söt-, färsk|vatten; ~ *and clean* ren och snygg; *keep* ~ hålla sig färsk **3** väl|doftande, -ljudande; behaglig, vacker, härlig, ljuv[lig]; *be* ~ *with* dofta [av] **II** *s* **1** *BE.* söt-, god|sak, karamell; ~*s* (*pl, äv.*) godis, snask **2** *BE.* [söt] efterrätt, dessert **3** älskling **4** ~*s* (*pl*) behag, nöjen, sötma
sweet-and-sour [ˌswi:tən'saʊə] *kokk.* sötsur
sweetbread ['swi:tbred] [kalv-, lamm]bräss **sweetbrier** *bot.* äppelros **sweeten** [-n] **1** söta, sockra; *do you like it* ~*ed?* vill du ha socker i (på)? **2** göra attraktivare (mera tilltalande), försköna **3** ~ [*up*] blidka, göra vänligt stämd **sweetener** [-nə] **1** sötningsmedel **2** *vard. bildl.* morot, belöning **sweetening** [-nɪŋ] **1** sötningsmedel **2** söt|ande, -ning **sweetheart 1** älskling, raring, sötnos **2** flickvän; pojkvän **sweetie** [-ɪ] **1** *vard.* raring, sötnos **2** ~*s* (*pl*) godis, snask **sweetish** [-ɪʃ] sötaktig **sweetly** [-lɪ] *adv* **1** sött *etc, jfr sweet* **2** behagligt; vänligt, rart, milt **3** *the engine is running* ~ motorn går jämnt och fint **4** *hit the ball* ~ träffa bollen mitt på **sweetmeat** *åld.* sötsak **sweetness** [-nɪs] **1** sötma; älsklighet, älskvärdhet; behag; charm **2** mildhet, ljuvlighet **sweetshop** *i sht BE.* gottaffär **sweet-talk** *AE. vard.* tala rart med; smickra
swell [swel] **I** *v* (~*ed, perf. part. swollen el.* ~*ed; se äv. swollen*) **1** få (komma) att svälla (svullna, pösa) [upp]; blåsa upp; fylla; utvidga; *bildl.* få att svälla, göra uppblåst; *bildl.* öka, stegra; *mus.* låta svälla; *it will* ~ *his head* det kommer att stiga honom åt huvudet **2** svälla [upp]; svullna [upp]; fyllas; pösa fram (upp), puta ut; stiga; *bildl.* svälla, öka, växa, stiga, stegras; ~ *up* svälla [upp], svullna [upp]; ~ *with pride* svälla (pösa) av stolthet; ~ *with rage* koka av vrede; *the tide* ~*ed in over the shore* tidvattnet rullade in över stranden **II** *s* **1** svällande; an-, upp|svällning; uppsvälldhet; *bildl.* ökning, stegring **2** utbuktning **3** dyning, svallvåg, [våg]svall **4** *mus.* crescendo [och därpå följande diminuendo] **5** *mus.* svällare **6** *vard.* snobb **7** *vard.* pamp, höjdare **III** *a, vard.* fin, flott, stilig; *AE. vard.* jättebra, toppen
swelling ['swelɪŋ] **I** *s* **1** svällande; svullnande **2** svullnad; bula **II** *a* svällande
swelter ['sweltə] **I** *v* förgås (försmäkta) [av värme] **II** *s* tryckande (olidlig) hetta **-ing** ['swelt(ə)rɪŋ] tryckande, kvävande; stekhet, olidligt het
swept [swept] *imperf. o. perf. part. av sweep*
swerve [swɜ:v] **I** *v* **1** vika (böja) av, svänga [åt sidan]; avvika **2** komma att vika (böja) av, svänga åt sidan **II** *s* avvikelse, sväng [åt sidan]
swift [swɪft] **I** *a* snabb, hastig; rask; strid, strömmande (*river* flod); ~ *to anger* snar till vrede; ~ *to take offence* snarstucken **II** *s, zool.* torn|seglare, -svala
swig [swɪg] *vard.* **I** *v* halsa, stjälpa i sig, svepa **II** *s* rejäl klunk (slurk)
swill [swɪl] **I** *s* **1** *i sht BE.*, ~ [*out*] spola (skölja) av (ur) **2** *vard.* svepa, stjälpa i sig **II** *s* **1** spolning, sköljning **2** svinmat, skulor
swim [swɪm] **I** *v* (*swam, swum*) **1** simma [över]; låta simma; ~ *200 metres* simma två hundra meter **2** simma (*ashore* i land); ~ *against* (*with*) *the tide* (*bildl.*) gå mot (följa med) strömmen; *go* ~*ming* ta [sig] en simtur (ett bad, ett dopp), gå och bada **3** flyta; driva; glida, sväva **4** översvämmas, svämma över, fyllas; ~ *in* (*bildl.*) bada i; *his eyes were* ~*ming with tears* hans ögon var fyllda av tårar **5** gå runt, snurra; *my head is* ~*ming* det går runt i huvudet på mig; *everything swam before my eyes* allt blev suddigt (gick runt) för mig **II** *s* **1** simning; simtur, bad **2** *bildl., be in the* ~ hänga med [i svängarna], vara med [i svängen]
swim bladder ['swɪmˌblædə] simblåsa **swimmer** [-ə] **1** simmare, simmerska **2** simfågel **swimming** ['swɪmɪŋ] simning **swimming bath** *BE.*, ~[*s, pl*] sim|bassäng-, -hall **swimming costume** [-ˌkɒstju:m] bad-, sim|dräkt **swimmingly** [-lɪ] *adv* lekande lätt, som smort; *everything goes* ~ allt går lekande lätt (som smort) **swimming pool** [-pu:l] simbassäng, swimmingpool
swimsuit [-su:t] [hel] baddräkt
swindle ['swɪndl] **I** *s* svindel, bedrägeri **II** *v* **1** bedra[ga], svindla; ~ *s.b. out of his money* lura ngn på pengar **2** lura [till sig]; ~ *money out of s.b.* lura till sig pengar av ngn **3** svindla **swindler** [-ə] svindlare, bedragare **swindle sheet** *sl.* representationskonto
swine [swaɪn] **1** (*pl lika*) svin **2** (*pl* ~*s*) *bildl.* svin **swineherd** svinaherde **swinepox** svinkoppor
swing [swɪŋ] **I** *v* (*swung, swung*) **1** svänga [med]; svänga om (runt); sätta i svängning, få att svänga; svinga; gunga; *vard.* påverka, styra; *mus.* spela med swing; ~ *o.s.* svinga (kasta) sig; ~ *s.b. round to s.th.* (*bildl.*) få ngn att svänga [om] till ngt; ~ *a blow at* rikta ett slag mot, slå efter; ~ *a door shut* smälla igen en dörr; ~ *one's hips* vagga med höfterna; ~ *the lead* (*vard.*) maska, smita [undan], simulera; *sit* ~*ing one's legs* sitta och dingla med benen; ~ *a tune* få det att svänga om en låt; ~ *it so that* (*vard.*) greja det så att **2** svänga; vagga, vippa; gunga; pendla; vaja, svaja; svinga (kasta) sig, hoppa; ~ [*at anchor*] (*sjö.*) ligga på svaj; ~ *at* rikta ett slag mot, slå efter; *the door swung open* (*shut, to*) dörren slog[s] (gick) upp (igen); ~

S

round svänga om (runt); *the music ~s* det svänger om musiken; *the party is beginning to ~* (*vard.*) det börjar bli fart på festen **4** hänga; dingla (*from* i); *vard.* bli hängd **5** *mus.* spela (dansa) swing **II** *s* **1** sväng[ande, -ning]; gungning; svängande (vaggande) gång; *bildl.* omsvängning, övergång; (*i boxning*) sving; *the ~ of the pendulum* (*bildl.*) opinionens svängningar; *take a ~ at s.b.* slå efter ngn **2** fart, schvung; rytm; *be in full ~* vara i full fart (gång); *get into the ~ of s.th.* (*vard.*) komma [riktigt] i gång med ngt; *get into the ~ of things* (*vard.*) komma in i det hela; *it's going with a ~ a*) det går med full fart, *b*) det går som smort (en dans) **3** gunga; *it is a ~s and roundabouts situation* (*vard.*) det är hugget som stucket, vad man än gör så...; *what you lose on the ~s you gain on the roundabouts* (*bildl.*) man tar igen på gungorna vad man förlorar på karusellen **4** *AE. vard.* fritt lopp, svängrum, [rörelse]frihet; *be given full ~* få (ha) fria händer **5** *mus.* swing

swing bridge ['swɪŋbrɪdʒ] svängbro **swing door** svängdörr

swingeing ['swɪn(d)ʒɪŋ] *i sht BE.* våldsam, väldig

swinger ['swɪŋə] *vard.* hålligångare

swinging ['swɪŋɪŋ] **1** svängande *etc.*, *jfr swing I* **2** *vard.* fashionabel; som det svänger om; trendig; dynamisk

swingle ['swɪŋgl] **I** *s* (*för linberedning*) skäkta **II** *v* skäkta (*lin*)

swinish ['swaɪnɪʃ] svinaktig

swipe [swaɪp] **I** *v* **1** *~ at* slå efter (*a fly* en fluga) **2** *vard.* sno, knycka **II** *s, vard.* hårt slag **swipes** [-s] *pl, BE. sl.* dåligt öl, ölblask

swirl [swɜ:l] **I** *v* virvla runt (omkring) **II** *s* virvlande; virvel

swish [swɪʃ] **I** *v* **1** susa, vina, svischa; (*om tyg*) frasa, prassla **2** vifta (piska) med; *the horses ~ed their tails* hästarna viftade med svansarna **3** *~ off* hugga av **II** *s* sus, vinande, svischande; (*tygs*) frasande **III** *a, vard., i sht BE.* snofsig, asflott

Swiss [swɪs] **I** *a* schweizisk, schweizer-; *~ cheese* schweizerost; *~ guard a*) schweizergarde, *b*) medlem av schweizergarde; *~ roll* rulltårta **II** *s* schweizare, schweiziska

switch [swɪtʃ] **I** *s* **1** ändring; omsvängning; omställning; övergång; [om]byte **2** strömbrytare, kontakt; omkopplare **3** *AE. järnv.* växelspår **4** (*för bestraffning*) spö, käpp, ris; [käpp]rapp **5** lösfläta **II** *v* **1** ändra; föra (leda) över; ställa [om], flytta [om]; byta; *~ over* ställa om; *~ round* flytta om[kring]; *~ schools* byta skola **2** koppla; *~ off a*) koppla av (ifrån, ur), bryta, släcka, stänga (slå, knäppa) av, slå ifrån, *b*) *vard.* göra sömning, tråka ut; *~ on a*) koppla på (in), släppa på, tända, sätta (slå, knäppa) på, *b*) *vard.* göra modern; *~ed on* (*sl.*) påtänd, hög (*narkotikapåverkad*); *~ the radio to another programme* sätta på ett annat [radio]program **3** *i sht AE. järnv.* växla, rangera **4** slå (vifta, svänga) med; slå till, piska [till, upp] **5** rycka, vrida; *~ s.th. out of a p.'s hand* rycka ngt ur handen på ngn **6** *~ [over]* gå över, byta, kasta om; *~ from one language to another* gå över från ett språk till ett annat **7** *~ off a*) stänga (koppla) av [strömmen *e.d.*], släcka [ljuset], *b*) stängas av; *~ on a*) slå (sätta) på [strömmen *e.d.*], tända [ljuset], *b*) sättas på, *c*) *sl.* tända på, bli hög (*av narkotika*)

switchback ['swɪtʃbæk] **1** serpentinväg; *järnv.* sicksackbana **2** berg-o. dalbana **switchblade [knife]** [-bleɪd,naɪf] stilett[kniv] **switchboard** [-bɔ:d] **1** *tele.* växel[bord]; *elektr.* kopplings-, instrument|bord **switch yard** *AE.* rangerbangård

Switzerland ['swɪts(ə)lənd] Schweiz

swivel ['swɪvl] **I** *s, tekn., sjö.* svivel; [sväng]tapp **II** *v, ~ [round]* svänga [runt], snurra [på] (*som på en tapp*) **swivel chair** snurrstol; svängbar [kontors]stol

swizz [swɪz] *BE. vard.* bluff, båg, humbug

swizzle ['swɪzl] **1** *AE.* [rom]drink **2** *se swizz* **swizzle stick** cocktailvisp

swollen ['swəʊlən] **I** *perf. part. av swell* **II** *a* **1** svullen, uppsvälld **2** svulstig, bombastisk **--headed** [-ˌhedɪd] inbilsk, uppblåst

swoon [swu:n] **I** *v* **1** *litt.* svimma **2** *bildl.* nästan svimma (*av lycka e.d.*) **II** *s* svimning[sanfall]

swoop [swu:p] **I** *v, ~ [down]* (*om fågel e.d.*) slå (singla) ner (*on* på); *~ down [up]on* (*äv.*) anfalla, gå till attack mot; *~ up* (*away*) rycka till sig **II** *s* **1** anfall, attack; (*fågels*) nedslag; *in one [fell] ~* i ett svep, på en gång

swoosh [swu:ʃ] **I** *v* susa, svischa; brusa **II** *s* sus, svischande; brus

swop [swɒp] *se swap*

sword [sɔ:d] svärd; värja; *the ~ a*) den militära makten, *b*) döden; *cross ~s with a*) slåss (kämpa) med, *b*) växla skarpa ord med; *put to the ~* hugga (sticka) ner

sword bayonet ['sɔ:dˌbeɪənet] sabelbajonett **sword belt** [-belt] [värj]gehäng, [sabel]koppel **swordfish** [-fɪʃ] svärdfish **sword lily** [-ˌlɪlɪ] *bot.* sabellilja, gladiolus **swordplay** [-pleɪ] svärdslek; fäktning; *bildl.* skarp ordväxling **swordsmanship** [-zmənʃɪp] fäkt|konst, -skicklighet **swordstick** [-stɪk] värjkäpp **sword-swallower** [-ˌswɒləʊə] svärdslukare

swore [swɔ:] *imperf. av swear* **sworn** [-n] **I** *perf. part. av swear* **II** *a* svuren (*enemy* fiende); edsvuren; beedigad, edlig

swot [swɒt] *vard.* **I** *v* plugga; *~ up [on] a subject* plugga in ett ämne **II** *s* **1** plugghäst **2** plugg

swum [swʌm] *perf. part. av swim*

swung [swʌŋ] *imperf. o. perf. part. av swing*

sybarite ['sɪbəraɪt] **I** *s* sybarit **II** *a* sybaritisk

sycamore ['sɪkəmɔ:] *bot.* **1** tysk lönn **2** *AE.* platan **3** mullbärsfikonträd, sykomor

syco|phant ['sɪkəfænt] smickrare, lismare **-phantic** [ˌsɪkə(ʊ)'fæntɪk] smickrande, lismande

syllabic [sɪ'læbɪk] stavelsebildande (*sound* ljud); stavelse-; syllabisk **syllabi|cate** [-keɪt], **-fy** [-faɪ] uppdela i stavelser, avstava **syllable** [-bl] stavelse; *not a ~* (*äv.*) inte ett knyst!; *in words of one ~* i klarspråk, rent ut **sylla|bus** [-əs] (*pl -buses el. -bi* [-baɪ]) kursplan; studieplan; ämnesförteckning; ämnen (*i viss kurs*)

syllogism ['sɪlədʒɪz(ə)m] syllogism, slutledning

sylph [sɪlf] sylf; sylfid **-like** ['sɪlflaɪk] sylfidisk

sylvan ['sɪlvən] skog|ig, -klädd; skogs-

symbio|sis [ˌsɪmbɪ'əʊsɪs] (*pl -ses* [-si:z]) *biol.* symbios **symbiotic** [-'ɒtɪk] symbiotisk

symbol ['sɪmbl] symbol (*of* för), tecken (*of* för

på) **-ic[al]** [sɪm'bɒlɪk(l)] symbolisk; *be ~ of* vara en symbol för **-ism** ['sɪmbəlɪz(ə)m] **1** symbolisk framställning, symbolik **2** symbolism **-ize** (*BE. äv. -ise*) ['sɪmbəlaɪz] symbolisera
sym|metric[al] [sɪ'metrɪk(l)] symmetrisk **-metry** ['sɪmɪtrɪ] symmetri
sympathetic [ˌsɪmpə'θetɪk] **1** full av medkänsla (förståelse) (*to* med, för); förstående, medkännande, deltagande; ~ *strike* sympatistrejk; *be ~ to* vara välvilligt (sympatiskt) inställd till **2** sympatisk, tilltalande (*to* för) **3** ~ *ink* sympatetiskt (osynligt) bläck **4** *anat.*, *the ~ nervous system* sympatiska nervsystemet
sympa|thize (*BE. äv. -thise*) ['sɪmpəθaɪz] sympatisera, ha (hysa) medkänsla (förståelse) (*with* med, för); vara välvilligt (sympatiskt) inställd (*with* till) **-thizer** (*BE. äv. -thiser*) [-θaɪzə] sympatisör; anhängare
sympathy ['sɪmpəθɪ] **1** sympati, medkänsla; förståelse; *feel* (*show*) ~ *for* ha (visa) medkänsla med; *have* (*be in*) ~ *with* sympatisera med, vara välvilligt (sympatiskt) inställd till **2** harmoni; samhörighet, gemenskap **sympathy strike** sympatistrejk
symphonic [sɪm'fɒnɪk] symfonisk **symphony** ['sɪmfənɪ] **1** symfoni **2** symfoniorkester **symphony orchestra** [-ˌɔ:kɪstrə] symfoniorkester
sympo|sium [sɪm'pəʊzjəm] (*pl -sia* [-sjə] *el. -siums*) **1** symposium; vetenskaplig konferens **2** symposium, samling uppsatser (*i visst ämne*)
symp|tom ['sɪm(p)təm] sym[p]tom, tecken (*of* på) **-tomatic[al]** [ˌsɪm(p)tə'mætɪk(l)] sym[p]tomatisk, kännetecknande (*of* för)
syn. *förk. för synonym[ous]*
synagogue ['sɪnəgɒg] synagoga
sync [sɪŋk] *s, vard., be out of ~* inte vara synkroniserade
synchro|flash ['sɪŋkrə(ʊ)flæʃ] *foto.* synkronblixt **-mesh** [-meʃ] synkroniserad växellåda
synchro|nization (*BE. äv. -nisation*) [ˌsɪŋkrənaɪ'zeɪʃn] synkronisering **-nize** (*BE. äv. -nise*) ['sɪŋkrənaɪz] **1** synkronisera, samordna **2** inträffa samtidigt (*with* som), sammanfalla (*with* med) **-nous** ['sɪŋkrənəs] synkron, samtidig
synco|pate ['sɪŋkəpeɪt] *mus.* synkopera **-pation** [ˌsɪŋkə'peɪʃn] *mus.* synkopering
syncope ['sɪŋkəpɪ] **1** *med.* svimning **2** *språkv.* synkope **3** *mus.* synkop
syndical|ism ['sɪndɪkəlɪz(ə)m] syndikalism **-ist** [-ɪst] syndikalist
syndicate I *s* ['sɪndɪkət] **1** syndikat; konsortium; *the S~* (*AE.*) syndikatet, maffian **2** *ung.* presstjänst (*som säljer pressmaterial t. olika tidningar*) **II** *v* ['sɪndikeɪt] **1** distribuera (*nyhetsmaterial etc.*) för samtidig publicering i olika tidningar **2** bilda ett syndikat av
syndrome ['sɪndrəʊm] syndrom
syne [saɪn] *Sk.* = *since*
syner|gism ['sɪnədʒɪz(ə)m] *med. o. bildl.* synergi, samverkan **-gistic** [ˌsɪnə'dʒɪstɪk] synergi-, samverkande
synod ['sɪnəd] synod, kyrkomöte
synonym ['sɪnənɪm] *s* synonym **-ous** [sɪ'nɒnɪməs] *a* synonym, liktydig
synop|sis [sɪ'nɒpsɪs] (*pl -ses* [-si:z]) synops[is], översikt, sammanfattning
syntactic[al] [sɪn'tæktɪk(l)] *språkv.* syntaktisk
syntax ['sɪntæks] *språkv.* syntax, satslära
synthe|sis ['sɪnθəsɪs] (*pl -ses* [-si:z]) syntes (*äv. kem.*), sammanställning **-size** [-saɪz] (*BE. äv. -sise*) syntetisera; framställa på syntetisk väg **-sizer** ['sɪnθɪsaɪzə] synthesizer **-tize** (*BE. äv. -tise*) *se synthesize*
synthetic [sɪn'θetɪk] **I** *a* syntetisk; ~ *fibre* syntet-, konst|fiber
syphi|lis ['sɪfɪlɪs] *med.* syfilis **-litic** [ˌsɪfɪ'lɪtɪk] *med.* **I** *a* syfilitisk **II** *s* syfilitiker
syphon ['saɪfn] *se siphon*
syren ['saɪərən] *se siren*
Syria ['sɪrɪə] Syrien **Syrian** [-n] **I** *a* syrisk **II** *s* syrier
syringa [sɪ'rɪŋgə] *bot.* **1** syren **2** [doft]schersmin
syringe ['sɪrɪn(d)ʒ] **I** *s* injektionsspruta; spruta **II** *v* spruta in; spruta ren
syrup ['sɪrəp] **1** sockerlag; saft (*kokad med socker*) **2** sirap (*äv. medicin*)
syst. *förk. för system*
system ['sɪstəm] **1** system; *the ~* (*äv.*) *a*) [samhälls]systemet, *b*) organismen, kroppen; *the binary ~* det binära systemet; *the digestive ~* matsmältningsapparaten; *the nervous ~* nervsystemet; *a stereo ~* en stereoanläggning; *get s.th. out ouf one's ~* (*vard.*) få ur sig ngt, komma över ngt **2** metod, system; ordning **systematic** [ˌsɪstɪ'mætɪk] systematisk, planmässig, metodisk
systema|tization (*BE. äv. -tisation*) [ˌsɪstɪmətaɪ'zeɪʃn] systematisering **systema|tize** (*BE. äv. -tise*) ['sɪstɪmətaɪz] systematisera

T

T, t [ti:] (*bokstav*) T, t; *to a T* (*vard.*) utmärkt, på pricken
T. *förk. för tablespoon[ful]; territory; time; Tuesday* **t.** *förk. för teaspoon[ful]; temperature;* (*mus.*) *tempo; tempore* (*lat.*) *in the time of; tenor;* (*språkv.*) *tense; transitive*
ta [tɑ:] *interj, BE. vard.* tack!
tab [tæb] **1** lapp, flik; etikett **2** *mil.* gradbeteckning (*på krage*) **3** *keep ~s on* (*vard.*) hålla koll på **4** *pick up the ~* (*vard.*) betala notan (kalaset)
tabby ['tæbɪ] **I** *s* **1** spräcklig (randig) katt **2** moaré **II** *a* **1** spräcklig, randig **2** vattrad
tabernacle ['tæbənækl] tabernakel
table ['teɪbl] **I** *s* **1** bord; taffel; *at ~* vid bordet, till bords; *clear the ~* duka av [bordet]; *lay the ~* duka [bordet]; *put on the ~ a*) framlägga [för diskussion], *b*) *AE.* bordlägga; *turn the ~s a*) vända på steken (situationen), *b*) få övertaget igen (*on s.b.* över ngn); *the ~s are turned* bladet har vänt

T

sig, rollerna är ombytta; *sit down to* (*at*) ~ sätta sig till bords; *be under the* ~ (*vard.*) vara packad (berusad); *drink s.b. under the* ~ (*vard.*) dricka ngn under bordet **2** bordssällskap, bord **3** [sten-, trä-, minnes]tavla; skiva, platta **4** [hög]platå **5** tabell; förteckning, register; ~ *of contents* innehållsförteckning; *learn one's ~s* lära sig multiplikationstabellen **6** översida; (*på ädelsten e.d.*) plan yta **II** *v* **1** framlägga [för diskussion]; *AE.* bordlägga **2** sammanställa (ställa upp) i tabellform, tabellera

tableau ['tæbləʊ] (*pl ~x* [-z] *el. ~s*) tablå

tablecloth ['teɪblklɒθ] bordduk

table d'hôte [ˌtɑːbl'dəʊt] table d'hôte, dagens meny

table lamp ['teɪbllæmp] bordslampa **tableland** [hög]platå **table licence** [-ˌlaɪs(ə)ns] tillstånd att servera alkohol till mat **table manners** [-ˌmænəz] *pl* bordsskick **Table Mountains** [-ˌmaʊntɪnz] *pl, the* ~ Taffelberget **table mat** [-mæt] [bords]tablett **tablespoon** [-spuːn] **1** uppläggningssked **2** matsked (*äv. mått*) **tablespoonful** [-spuːn'fʊll] (*pl ~s el. tablespoonsful*) (*mått*) matsked

tablet ['tæblɪt] **1** tablett; kaka, bit; *a ~ of chocolate* en chokladkaka; *a ~ of soap* en tvål **2** [skriv]tavla; [minnes]tavla **3** [antecknings-, skriv]block

table tennis ['teɪblˌtenɪs] bordtennis **tabletop** [-tɒp] bordsskiva **tableware** [-weə] mat-, bords|servis **table wine** [-waɪn] bordsvin

tabloid ['tæblɔɪd] tabloid, tidning i litet format (kvällstidningsformat)

taboo [tə'buː] **I** *a* tabu, tabubelagd **II** *s* tabu; *be under a* ~ vara tabu[belagd] **III** *v* tabubelägga

tabor ['teɪbə] *mus.* (*slags trumma*) tabor

tabu *se taboo*

tabular ['tæbjʊlə] tabellarisk; *in ~ form* i tabellform

tabu|late ['tæbjʊleɪt] tabulera, ställa upp i tabellform **-lation** [ˌtæbjʊ'leɪʃn] tabulering, uppställning i tabellform **-lator** ['tæbjuleɪtə] tabulator

tacho|graph ['tækə(ʊ)grɑːf] färdskrivare **-meter** [tæ'kɒmɪtə] varvräknare

tacit ['tæsɪt] tyst (*agreement* överenskommelse), underförstådd, stillatigande **taciturn** ['tæsɪtɜːn] tystlåten, fåordig

1 tack [tæk] **I** *s* **1** nubb, [liten] spik, [häft]stift **2** *BE.* tråckelstygn; tråckling **3** *sjö.* hals; (*under kryss*) slag; *bildl.* riktning, kurs, tillvägagångssätt; *be on the port* (*starboard*) ~ ligga för babords (styrbords) halsar; *be on the right* (*wrong*) ~ (*bildl.*) vara inne på rätt (fel) spår; *try another* ~ (*bildl.*) pröva ett annat [tillvägagångs]sätt **II** *v* **1** nubba [fast], spika [fast], fästa [med stift]; sätta fast; *BE.* tråckla [fast], nästa [fast]; ~ *on* (*bildl.*) till-, bi|foga, tillägga **2** *sjö.* stagvända, gå över stag, slå; kryssa

2 tack [tæk] *vard.* [dåligt] käk

tackle ['tækl] **I** *s* **1** *sjö.* talja, tackel; tackling **2** redskap, don, grejor; *fishing* ~ fiskeredskap **3** *sport.* tackling **II** *v* **1** gripa sig an med, ta itu med, tackla, ge sig i kast med; angripa **2** *sport.* tackla

tacky ['tækɪ] **1** klibbig **2** *vard.* usel, dåligt gjord, ful

tact [tækt] takt[fullhet], finkänslighet **-ful** ['tækt-f(ʊ)l] taktfull, finkänslig

tactic ['tæktɪk] taktiskt grepp, knep **tactical** [-l] taktisk **tactician** [tæk'tɪʃn] taktiker **tactics** ['tæktɪks] **1** (*behandlas som sg*) *mil.* taktik (*konsten att i strid leda de enskilda förbanden*) **2** (*behandlas som pl*) taktik (*förfaringssätt*)

tactile ['tæktaɪl] taktil, känsel-, berörings-; *the ~ sense* känseln, känselsinnet

tactless ['tæktlɪs] taktlös

tadpole ['tædpəʊl] grodyngel

taffeta ['tæfɪtə] taft

Taffy ['tæfɪ] *sl.* walesare

1 tag [tæg] **I** *s* **1** etikett, märke, [adress-, pris]-lapp, [liten] skylt; (*på bokstav*) släng; *AE. sl.* nummerplåt **2** flik, remsa, stump, tamp; stropp **3** (*på skosnöre*) spets, pigg **4** svanstipp **5** tillägg; bihang; epitet; refräng; *språkv.* påhängsfråga **6** citat; *AE.* klyscha, kliché **II** *v* **1** etikettera, märka, förse med etikett (*etc., jfr I*), sätta lapp (*etc.*) på; *AE.* sätta parkeringslapp (böteslapp) på; *AE.* anklaga (*for murder* för mord) **2** ~ *s.th.* [*on*] *to s.th. a*) fästa ngt i (vid) ngt, *b*) lägga till ngt till ngt; ~ *together* fästa (sätta, slå) ihop **3** beteckna som; benämna **4** *vard.* följa efter **5** *vard.* följa med; ~ *after* (*behind*) *s.b.* följa efter ngn, följa ngn i hälarna; *why don't you ~ along?* varför hänger (följer) du inte med?

2 tag [tæg] (*lek*) tafatt, kull

1 tail [teɪl] **I** *s* **1** svans; stjärt; ända, bakre del; sista del, slut, kö; följe; *vard.* bak[del]; *the ~ of the class* de sämsta i klassen; *the ~ of the eye* yttre ögonvrån; *with one's ~ between one's legs* med svansen mellan benen; *be on a p.'s* ~ vara i hälarna på ngn; *keep your ~ up!* upp med huvudet!, gaska upp dig!; *turn ~ a*) smita [i väg], ta till flykten, *b*) vända sig bort **2** [frack]skört; *~s* (*pl, vard.*) frack **3** [hår]fläta **4** (*mynts*) baksida; *heads or ~s?* krona eller klave? **5** *vard.* skugga, spårhund, deckare; *put a ~ on s.b.* låta skugga ngn **II** *v* **1** förse med svans (*etc., jfr I*); kupera, stubba svans på **2** ta bort stjälken (nederdelen, roten) på; snoppa (*bär*) **3** följa efter, hänga i hälarna på; skugga **4** fästa [baktill] **5** komma sist i, avsluta **6** följa efter; ~ *after s.b.* följa efter ngn, följa ngn i hälarna **7** ~ *away* (*off*) bli svagare, avta, minska, dö bort, försämras

2 tail [teɪl] *jur., heir in* ~ fideikommissarie

tailback ['teɪlbæk] bilkö **tailboard** (*på lastflak*) bakbräda **tail coat** frack; jackett **tail covert** (*fågels*) täckfjäder

-tailed [teɪld] -svansad; *white-~* vitsvansad

tail end ['teɪlend] slut[tamp] **tail gate 1** nedre slussport **2** baklucka (femte dörr) på kombibil **tail|lamp, -light** *AE.* bak|lykta, -ljus **tail-off** minskning, nedgång

tailor ['teɪlə] **I** *s* skräddare **II** *v* **1** [skräddar]sy; *bildl.* skräddarsy, anpassa (*to* efter) **2** vara skräddare **-ing** [-rɪŋ] skrädderi[verksamhet]; skräddaryrket **--made** skräddarsydd

tail|piece ['teɪlpiːs] **1** slutstycke; avslutning **2** *boktr.* slutvinjett **3** *mus.* stränghållare **-plane** *flyg.* stabilisator **-spin 1** *flyg.* spinn **2** *vard.* panik **-wind** medvind

taint [teɪnt] **I** *s* **1** [skam]fläck; spår; *hereditary* ~ ärftlig belastning; *without a ~ of* utan spår av **2** smitta; fördärv, besmittelse **II** *v* **1** fläcka; förorena; förpesta; göra skämd, skämma **2** *bildl.* fläcka; besmitta; vanära; skämma

take [teɪk] **I** *v* (*took, taken*) **1** ta[ga]; ta tag i; fatta, gripa; ta emot; anta[ga]; acceptera; tåla; ta med sig; bära, forsla, flytta; lägga beslag på; stjäla; ~ *a p.'s arm* ta'ngn under armen; ~ *a bet* anta ett vad; ~ *a p.'s hand* ta ngn i handen; ~ *members* ta in medlemmar; ~ *one's place* inta sin (ta) plats; ~ *private pupils* ge privatlektioner, ha privatelever; ~ *it ill* ta illa upp; ~ *it or leave it!* ta det eller strunta i det!, vill du inte ha så får det vara!; *I can ~ it* (*bildl.*) jag kan klara av (tål) det; *I can't ~ it any more* jag står inte ut med det längre; *I won't ~ it* jag finner mig inte i det; *she can't ~ a joke* hon tål inte skämt; ~ *four from eight* ta (dra) fyra från åtta; *know how to ~ people* veta hur man skall ta folk; *this seat is ~n* den här platsen är upptagen **2** ta; komma på, ertappa; gripa, fånga, fängsla (*äv. bildl.*); inta[ga], erövra; *be ~n by* (*with*) bli fängslad av (förtjust i); *he was ~n prisoner* han togs till fånga (blev tillfångatagen); *the actor ~s his audience with him* skådespelaren får med sig publiken; *how does that ~ you?* (*vard.*) vad tycker du om det? **3** ta [i anspråk]; dra[ga]; kräva[s]; behövas, fordras; *it ~s a woman to see this* det krävs en (man måste vara) kvinna för att förstå detta; *it ~s two to make a quarrel* det är inte ens fel att två träter; *that ~s little doing* det är en enkel sak [att göra]; *she has* [*got*] *what it ~s* (*vard.*) hon har förutsättningarna, hon kan klara av det **4** ta; söka, inta[ga], ta [sin tillflykt] till; vidta[ga]; göra; genomföra; hålla; ~ *cover* ta betäckning (skydd); ~ *a flight* ta till flykten; ~ *the measures* vidta åtgärder; ~ *the oath* avlägga eden; ~ *a vote* anordna omröstning **5** ta på sig, åta[ga] sig, överta[ga]; ~ *the honour* ta åt sig äran; ~ *it upon o.s. to a*) åtaga sig att, *b*) tillåta sig att **6** ta [sig]; göra sig; ~ *a bath* ta [sig] ett bad; ~ *a cup of tea* ta (göra sig) en kopp te; ~ *a holiday* ta semester (ledigt); ~ *a shower* ta en dusch, duscha; ~ *the sun* sola [sig]; ~ *the trouble to* göra sig besväret (mödan) att **7** ta [in], rymma, ha plats för **8** [in]ta[ga]; äta, dricka; använda; ha; *not to be ~n!* [endast] för utvärtes bruk!, får ej förtäras!; ~ *two onions* (*i matrecept*) man tar två lökar; *do you ~ sugar?* använder du socker?: *will you ~ wine or beer?* vill du ha vin eller öl? **9** ta; åka med; slå in på; gå, fara, åka, resa, köra; ~ *the plane* ta flyget, flyga; ~ *a taxi* ta en taxi; ~ *the road to the left* svänga (ta av) åt vänster **10** ta med sig; följa; köra, skjutsa; leda; föra; visa; ~ *s.b. to the cinema* (*äv.*) bjuda ngn på bio; ~ *s.b. to the door* följa ngn till dörren; *this bus will ~ you to* med den här bussen kommer man till, den här bussen går till; *if it won't ~ you out of your way* om det inte är omväg för dig **11** ta, [in]hämta; skaffa [sig]; beställa; hyra; köpa; prenumerera på **12** samla in, ta upp; ta in, tjäna; ta [hem]; vinna; få **13** få; ådra[ga] sig; anta[ga] (*betydelse*); ta åt sig (*lukt e.d.*); ~ *cold* bli förkyld; *be ~n sick* (*ill*) bli sjuk; *be ~n with* få, drabbas av **14** fatta, finna, känna, hysa, ha, få **15** [upp]fatta, förstå; *do you ~ my meaning?* fattar du vad jag menar? **16** ta, lyda, följa **17** anse; tro; ta; *I ~ it that* jag antar (utgår från) att; ~ *it from me!* lita på (tro) mig!, det kan du vara säker på!; *how old do you ~ her to be?* hur gammal tror du att hon är?; *we ~ you at your word* vi tar dig på orden; ~ *for* ta (hålla) för; *who* (*what*) *do you ~ me for?* vem tar du mig för? **18** skriva upp, anteckna; spela in; ta [upp]; fotografera; ~ *notes* föra (göra) anteckningar, anteckna **19** ta, mäta [upp]; ~ *a p.'s temperature* ta temperaturen på ngn **20** undervisa [i] **21** läsa, lära sig; gå igenom (*kurs e.d.*); gå upp i, avlägga, ta (*examen*) **22** ta, spela, sjunga, dansa *etc.* **23** *språkv.* styra, stå (konstrueras, skrivas) med; få, ha **24** fastna **25** slå rot, växa [fast], ta sig **26** ta eld, ta sig **27** (*om fisk*) nappa **28** slå [an], ha framgång **29** ta, göra verkan **30** ge sig i väg; gå, köra; fly; ~ *to the left* ta [av] till vänster **31** ~ *aback* förbluffa, göra häpen; ~ *about* föra (visa) omkring; ~ *after* bräs på, likna; ~ *along* ta med [sig]; ~ *apart a*) ta (plocka) isär, *b*) skälla ut, göra ner; ~ *around* ta med sig, föra (visa) omkring; ~ *away a*) dra ifrån, *b*) ta bort (undan), avlägsna, *c*) *vard.* föra bort (*t. fängelse el. mentalsjukhus*); ~ *s.th. away* [*with one*] ta ngt med sig; *pizza to ~ away* pizza för avhämtning; ~ [*away*] *from* sätta ner, minska, förringa; ~ *back a*) ta tillbaka, *b*) föra tillbaka; ~ *down a*) ta ner, *b*) ta isär, demontera, riva [ner], *c*) skriva ner (upp), an-, upp|-teckna, *d*) kväsa, platta till, ta ner på jorden; ~ *from, se ~ away from;* ~ *in a*) ta in, *b*) ta emot, *c*) ta (skaffa) hem (in), *d*) prenumerera på, *e*) få in, tjäna, *f*) föra in, *g*) lämna in, *h*) lasta, tanka, *i*) inkludera, omfatta, *j*) fatta, förstå, *k*) sy (ta) in, *l*) lura, *m*) *vard.* gå på, besöka, *n*) *vard.* gå på, tro på; ~ *in lodgers* hyra ut rum; ~ *in sail* reva (stryka) segel; ~ *in sewing* åtaga sig sömnadsarbeten; *be ~n in* låta lura sig; ~ *off a*) ta bort (loss), avlägsna, ta av [sig], *b*) lägga ner, dra in, *c*) stryka (avföra) från, *d*) avskaffa, *e*) ta med sig, köra i väg med, föra [bort], *f*) hämta (ta) [upp, ner] från, rädda från, *g*) dra av [på], pruta [på], *h*) kopiera, imitera, härma, parodiera, *i*) ge sig i väg, *j*) *flyg.* starta, lyfta, lätta, *k*) bli populär, komma i ropet; ~ *o.s. off* ge sig i väg; ~ *a day off* ta ledigt en dag; ~ *the receiver off* lyfta på luren; ~ *on a*) ta på sig, åtaga sig, *b*) ta in (upp, ombord), *c*) fylla på, tanka, lasta, *d*) ta in, anställa, *e*) antaga, få, *f*) ställa upp mot, utmana, *g*) bli populär, slå igenom, *h*) *vard.* bli upprörd; *I took it* [*up*]*on myself to* jag tog mig friheten (tillät mig) att; ~ *out a*) ta ut (fram, upp) (*of, from* ur), *b*) ta bort (ur), dra ut, *c*) föra ut, ta [med] ut, gå ut med, bjuda ut, *d*) ta [ut], skaffa sig, teckna, *e*) ta kål på; ~ *s.b. out of himself* få ngn på andra tankar; ~ *s.th. out on s.b.* låta ngt gå ut över ngn, avreagera ngt på ngn; ~ *it out of s.b.* (*vard.*) ta knäcken på (suga musten ur) ngn; ~ *over a*) ta över, överta[ga], ta makten (ledningen) över, *b*) tillträda, *c*) föra (köra) över, *d*) ta över, [över]ta makten (ledningen); *can you ~ over?* kan du ta över (hoppa in, avlösa mig)?; ~ *round* föra (visa) omkring; *I'll ~ it round* [*to you*] jag kommer över med den [till dig]; ~ *to a*) [börja] gilla (tycka om, fatta tycke för, ty sig till), *b*) [börja] ägna sig åt, sätta sig in i, börja [använda], lägga sig till med [vanan att], hemfalla åt, *c*) ta [vägen] till, bege sig (fly) till; ~ *to one's bed* gå och lägga sig; ~ *to drink* (*drinking*) börja dricka; ~ *to one's heels* ta till benen, lägga benen på ryggen; ~ *to doing s.th.*

T

lägga sig till med att (börja) göra ngt; ~ *up a*) ta upp (fram), lyfta [på, upp], *b*) föra (bära) upp, *c*) *sömn.* lägga upp, *d*) riva upp (*gata e.d.*), *e*) ta med (*passagerare*), *f*) suga upp (åt sig), ta åt sig, *g*) ta [upp], fylla [upp], uppta[ga], ta [i anspråk], *h*) ta upp, föra på tal, anknyta till, fortsätta, instämma i, *i*) ta sig an, hjälpa fram, kämpa för, *j*) gå med på, anta[ga], *k*) inta[ga] (*plats, hållning e.d.*), *l*) [börja] ägna sig åt, börja lära sig (läsa), *m*) överta[ga], tillträda, *n*) avbryta, tillrättavisa, *o*) [slut]betala, *p*) ta [upp] (*lån*), *r*) ta vid, fortsätta; ~ *up one's residence* bosätta sig; ~ *s.b. up on s.th.* be ngn närmare förklara ngt; ~ *s.b. up on his offer* antaga ngns erbjudande; ~ *up with* börja umgås med, ge sig i lag med; *be ~n up with* vara helt upptagen (sysselsatt) med **II** *s* **1** tagande **2** fångst, byte **3** *film.* tagning; inspelning **4** *vard., i sht AE.* intäkter

take|away ['teɪkəweɪ] **I** *s* **1** restaurang (butik) som säljer mat till avhämtning; gatukök **2** mat för avhämtning **II** *a* för avhämtning; ~ *pizza* pizza för avhämtning **--home** *a,* ~ *pay* nettolön, lön efter skatt **--in** *vard.* bluff, bedrägeri

taken ['teɪk(ə)n] *perf. part. av take*

take|off ['teɪkɒf] **1** *flyg.* start **2** *bildl.* [ekonomiskt] lyft, skjuts **3** imitation, parodi **-over** [-ˌəʊvə] **1** övertagande [av makt]; [student]ockupation **2** [företags]köp

taker ['teɪkə] **1** tagare *etc., jfr take I* **2** (*vid hästkapplöpning*) vadhållare

taking ['teɪkɪŋ] **I** *s* **1** *~s* (*pl*) intäkt[er], inkomst, inkomster, förtjänst **2** tagande *etc., jfr take I* **II** *a* intagande, tilldragande

talc [tælk] **I** *s, miner.* talk; *vard.* talk[puder] **II** *v, miner.* talka **talcum powder** ['tælkəmˌpaʊdə] talk[puder]

tale [teɪl] **1** berättelse, historia; saga; *that tells a* ~ det säger en hel del (är ganska avslöjande); *tell its own* ~ vara självklar (uppenbar), tala för sig själv; *live to tell the* ~ överleva **2** [påhittad] historia, lögn; *tell ~s a*) berätta lögnaktiga historier, ljuga, *b*) skvallra, springa med skvaller **-bearer** ['teɪlˌbeərə] skvallerbytta

talent ['tælənt] **1** talang, begåvning (*äv. pers.*); *have a ~ for music* vara musikbegåvad **2** *vard.* tjejer, brudar **talented** [-ɪd] talangfull, begåvad **talent scout** talangscout

talisman ['tælɪzmən] talisman, amulett, maskot

talk [tɔ:k] **I** *v* **1** tala, prata; diskutera; *vard.* snacka; ~ *business* tala affärer; ~ *French* tala (prata) franska; ~ *nonsens* prata strunt; ~ *politics* tala (prata) politik; ~ *shop* prata jobb (fack); ~ *o.s. hoarse* tala sig hes **2** tala, prata; samtala; hålla föredrag; skvallra; *vard.* snacka; *it's easy for you to* ~ det är lätt för dig att säga; *you can ~!* det ska du säga!; *now you're ~ing!* det låter bättre (vettigt)!, så ska det låta!; ~ *big* (*vard.*) vara stor i mun, skryta, skrävla; *make s.b.* ~ få ngn att tala **3** ~ *about* tala (prata) om; ~ *away a*) prata bort, *b*) prata på; ~ *back to s.b.* säga emot ngn, svara ngn fräckt; ~ *down* prata omkull; ~ *down to s.b.* tala nedlåtande till ngn; ~ *s.b. into doing s.th.* övertala ngn att göra ngt; ~ *of* tala (prata) om; *~ing of* på tal om, apropå; ~ *on a*) tala (hålla föredrag) om (över), *b*) prata på; ~ *out* diskutera igenom; ~ *s.b. out of doing s.th.* övertala ngn att inte göra ngt; ~ *over a*) tala om (över), behandla, tala (prata) igenom, diskutera, *b*) övertala, få att ändra sig; ~ *round a*) övertala, få att ändra sig, *b*) prata runt (omkring), inte komma till saken; ~ *to a*) tala (prata) med, tala till, *b*) tala [allvar] med, tillrättavisa **II** *s* **1** pratstund; samtal; *~s* (*pl, äv.*) överläggningar, förhandlingar; *have a* ~ ha ett samtal, [sam]tala, prata **2** prat; tal; rykten; *vard.* snack; *the ~ of the town* det allmänna samtalsämnet; *he's all* ~ han bara pratar, det är bara tomt prat (snack) från hans sida; *there is [some] ~ of* det pratas om; *there can be no ~ of* det kan inte bli tal om **3** föredrag (*on* över) **4** språk

talkative ['tɔ:kətɪv] pratsam, talför **talker** [-ə] talare; pratmakare **talkie** [-ɪ] *åld.* talfilm **talking** ['tɔ:kɪŋ] **I** *s* prat; *do the* ~ föra ordet, prata, hålla låda **II** *a* talande **talking book** talbok **talking point** diskussionsämne **talking-to** *vard.* åthutning, utskällning **talk show** *radio., TV., ung.* kändisintervju, intervjuprogram

tall [tɔ:l] **1** lång, reslig; hög (*mast* mast); *walk* ~ gå med högburet huvud **2** *vard., it's a ~ order* det blir kämpigt, det är mycket begärt **3** *vard.* otrolig, fantastisk (*story* historia)

tallboy ['tɔ:lbɔɪ] hög byrå (*i två sektioner*) **tallish** [-ɪʃ] *vard.* ganska lång

tallow ['tæləʊ] talg

tally ['tælɪ] **I** *s* **1** [kontroll]räkning; poängräkning; *sjö.* lasträkning **2** etikett, [kontroll]märke **II** *v* **1** stämma överens **2** förteckna, registrera **3** [kontroll]räkna; räkna poäng

tally-ho [ˌtælɪ'həʊ] *interj* (*t. jakthund*) buss på!

tallyman ['tælɪmən] kontrollräknare; poängräknare; *sjö.* lasträknare

Talmud ['tælməd] *s, the* ~ Talmud (*judiskt verk med levnadsregler m.m.*)

talon ['tælən] [rovfågels]klo

talus ['teɪləs] *anat.* språngben

tamable ['teɪməbl] tämjbar

tama|rind ['tæmərɪnd] *bot.* tamarind **-risk** [-rɪsk] *bot.* tamarisk

tambourine [ˌtæmbə'ri:n] *mus.* tamburin

tame [teɪm] **I** *a* tam; *bildl. äv.* färglös, lam **II** *v* tämja **tamer** ['teɪmə] [djur]tämjare **taming** ['teɪmɪŋ] tämjande; *the T~ of the Shrew* Så tuktas en argbigga (*Shakespeare*)

tammy ['tæmɪ], **tam-o'-shanter** [ˌtæmə'ʃæntə] skotsk basker med tofs

tamp [tæmp] *v,* ~ *[down]* trycka (packa) till

tamper ['tæmpə] *v,* ~ *with a*) mixtra (fiffla) med, fingra på, manipulera, *b*) tubba, försöka påverka

tampon ['tæmpən] tampong

tan [tæn] **I** *s* **1** solbränna **2** gulbrunt **3** garvarbark **II** *v* **1** bli solbränd (brun) **2** garva; ~ *a p.'s hide* (*åld.*) ge ngn på huden **3** göra solbränd (brun)

tandem ['tændəm] **I** *s* tandem[cykel, -spann]; *in ~ a*) samtidigt, *b*) tillsammans **II** *adv* i tandem, i rad, efter varandra

tang [tæŋ] **1** stark (skarp) lukt (doft, smak) **2** anstrykning; aning

tangent ['tæn(d)ʒ(ə)nt] *geom.* tangent; *go off at a* ~ (*bildl.*) plötsligt avvika från ämnet **tangential** [tæn'dʒenʃl] **1** *geom.* tangentiell **2** *bildl.* ovidkommande, perifer

tangerine [ˌtæn(d)ʒə'ri:n] *bot.* tangerin

tangi|bility [ˌtæn(d)ʒə'bɪlətɪ] påtaglighet *etc.*, *jfr tangible* **-ble** ['tæn(d)ʒəbl] **1** påtaglig; gripbar, verklig, reell; konkret **2** *jur.*, ~ *property* fast (materiell) egendom
tangle ['tæŋgl] **I** *v* **1** ~ [*up*] trassla till (ihop) **2** trassla [till] sig; trassla (snärja) in sig; *be ~d* [*up*] *in* vara intrasslad (insnärjd) i **3** ~ *with s.b.* tampas (kämpa) med ngn **II** *s* **1** trassel, oreda, röra; tilltrasslad situation **2** gräl, skärmytsling **tangled** [-d] tilltrasslad, trasslig (*äv. bildl.*); tovig
tango ['tæŋgəʊ] **I** *s* tango **II** *v* dansa tango
tangy ['tæŋɪ] (*om smak, lukt*) skarp, syrlig; *a ~ sea breeze* en frisk (salt) havsvind
tank [tæŋk] **I** *s* **1** tank, behållare, cistern; reservoar **2** *mil.* tank, stridsvagn **3** *AE. sl.* kåk; cell **II** *v*, ~ *up* (*i sht BE.*) *a*) tanka fullt, *b*) *sl.* supa [sig] full
tankard ['tæŋkəd] sejdel, krus, kanna
tanker ['tæŋkə] tanker, tankfartyg
tank top ['tæŋktɒp] ärmlös tröja
tannage ['tænɪdʒ] garvning
1 tanner ['tænə] garvare
2 tanner ['tænə] *BE. vard.* (*förr*) sixpenceslant
tannery ['tænərɪ] garveri **tannic** [-ɪk] *a*, garv-; ~ *acid* garvsyra
tannin ['tænɪn] *kem.* tannin, garvsyra
tanning ['tænɪŋ] garvning
Tannoy ['tænɔɪ] (*varumärke*) högtalaranläggning; *over the ~* i högtalaren
tansy ['tænsɪ] *bot.* renfana
tanta|lize (*BE. äv. -lise*) reta, gäcka, fresta, locka **-lizing** (*BE. äv. -lising*) retsam, gäckande, frestande, lockande
tantamount ['tæntəmaʊnt] *a*, ~ *to* likvärdig (liktydig) med, densamma som
tantrum ['tæntrəm] [raseri]utbrott, raserianfall
Tanzania [ˌtænzə'nɪə]
1 tap [tæp] **I** *s* **1** [avstängnings]kran; tapp, plugg; *on ~* (*om öl e.d.*) på fat, klar för tappning, *bildl.* redo, [ständigt] till hands, tillgänglig **2** tappning **3** *tekn.* gängtapp **4** *BE., se taproom* **II** *v* **1** tappa [av, ur]; slå upp (hål på), öppna **2** öppna, göra tillgänglig; hämta; leda [ström från, vatten från]; exploatera; ~ *telephone wires* avlyssna telefoner; ~ *s.b. for information* pumpa ngn på upplysningar; ~ *s.b. for money* (*vard.*) tigga (vigga) pengar av ngn **3** förse med kran (tapp) **4** *tekn.* gänga upp
2 tap [tæp] **I** *s* **1** knackning; [lätt] slag, klapp **2** stepp; steppjärn **3** *mil.*, *~s* (*behandlas som sg el. pl*) (*slags*) signal, tapto **II** *v* **1** knacka (slå) med; knacka på (i); slå (klappa) lätt; ~ *out a*) knacka (*meddelande*), *b*) knacka ner [på maskin], *c*) knacka ur (*pipa*) **2** knacka; slå lätt; ~ *at* (*on*) *the door* knacka på dörren **3** klappra
tap dance ['tæpdɑ:ns] stepp[dans] **tap-dance** steppa **tap-dancing** [-ɪŋ] stepp[dans], steppning
tape [teɪp] **I** *s* **1** [ljud-, isolerings-, mått]band, [klister-, hål-, telegraf]remsa; [*sticky*] ~ tejp; *magnetic* ~ magnet-, inspelnings|band; *name* ~ namnetikett; *punched* ~ hålremsa; *record on* ~ spela in [på band], banda **2** *vard.*, *red* ~ byråkrati **3** *sport.* målsnöre; *break* (*breast*) *the* ~ spränga målsnöret **II** *v* **1** förse (linda) med band (tejp *e.d.*), binda (knyta) om med band, binda (knyta) fast (ihop); ~ [*up*] tejpa ihop; ~ *down* tejpa (sätta) fast **2** spela in [på band], banda **3** mäta [med måttband]; *I've got him ~d* (*vard.*) jag vet hur han ska tas (vad han går för)
tape deck ['teɪpdek] bandspelardäck **tape measure** [-ˌmeʒə] måttband
taper ['teɪpə] **I** *s* **1** smalt ljus; ljuständare; svag ljuskälla **2** avsmalning **II** *v* **1** smalna [av] **2** ~ *off* avta, gradvis minska, förklinga **3** göra avsmalnande (smalare)
tape|-record ['teɪprɪˌkɔ:d] banda, spela in (ta upp) på band **--recorder** [-ə] bandspelare **--recording** [-ɪŋ] band|inspelning, -upptagning
tapered ['teɪpəd], **tapering** [-rɪŋ] avsmalnande
tapestry ['tæpɪstrɪ] **1** gobeläng[er]; [vävd] tapet, bildvävnad **2** tapisseri
tapeworm ['teɪpwɜ:m] *zool.* binnike-, band|-mask
tapioca [ˌtæpɪ'əʊkə] tapioka
tapir ['teɪpə] *zool.* tapir
tappet ['tæpɪt] *tekn.* lyftarm, lyftare
taproom ['tæprʊm] (*på pub, hotell e.d.*) bar **taproot** *bot.* pålrot **tap water** [-'wɔ:tə] vattenledningsvatten
1 tar [tɑ:] **I** *s* tjära **II** *v* tjära; asfaltera; ~ *and feather* (*som bestraffning*) tjära och fjädra; *they are ~red with the same brush* de är av samma skrot och korn
2 tar [tɑ:] *vard.* sjöman
tarantella [ˌtær(ə)n'telə] (*dans*) tarantella
tarantula [tə'ræntjʊlə] *zool.* tarantel
tarboosh [tɑ:'bu:ʃ] fez
tar|diness ['tɑ:dɪnɪs] senfärdighet, långsamhet, tröghet; dröjsmål **-dy** [-dɪ] *a* **1** försenad **2** sen, senfärdig, långsam, trög
1 tare [teə] *hand.* **I** *s* tara **II** *v* tarera
2 tare [teə] *bot.* vicker; *hairy* ~ duvvicker
target ['tɑ:gɪt] **I** *s* **1** mål; måltavla; *bildl. äv.* skottavla, föremål (*for, of* för) **2** målsättning; [produktions]mål **II** *v* sikta (*on* på) **target area** [-ˌeərɪə] *mil.* målområde **target language** [-ˌlæŋgwɪdʒ] målspråk **target practice** [-ˌpræktɪs] *mil.* målskjutning; skjutövning
tariff ['tærɪf] **I** *s* **1** tull[tariff, -taxa, -sats] **2** tariff, taxa; prislista; [hotell]pris **II** *v* **1** belägga med tull **2** prissätta
tarmac ['tɑ:mæk] makadam, asfalt[beläggning]; asfalterad väg, asfalterat område; *flyg.* platta
tarn [tɑ:n] tjärn; fjällsjö
tarnish ['tɑ:nɪʃ] **I** *v* **1** göra matt (glanslös); missfärga **2** *bildl.* fläcka, skamfila **3** bli matt (glanslös); missfärgas **II** *s* matthet, glanslöshet; missfärgning
tarpaulin [tɑ:'pɔ:lɪn] presenning
tarradiddle ['tærədɪdl] **1** smålögn **2** nonsens
tarragon ['tærəgən] *bot.* dragon
1 tarry ['tærɪ] *åld.* **1** dröja [kvar], stanna [kvar] **2** vänta (*for* på)
2 tarry ['tɑ:rɪ] tjärig, nedtjärad; tjärliknande
1 tart [tɑ:t] **I** *s* **1** *i sht BE.* mördegs|tårta, -bakelse; *i sht AE.* [frukt]paj **2** *vard.* fnask (*prostituerad*) **II** *v*, *BE. vard.*, ~ *up* snofsa (piffa, fiffa) upp
2 tart [tɑ:t] syrlig, besk (*äv. bildl.*)
tartan ['tɑ:tən] tartan, skotskrutigt tyg (mönster)
Tartar ['tɑ:tə] **I** *s* **1** tatar **2** *t~* ragata, tyrann **II** *a*,

t~ tatar-, tatarisk; *~ sauce* tatarsås

tartar ['tɑ:tə] **1** *kem.* vinsten **2** tandsten

Tarzan ['tɑ:zæn]

task [tɑ:sk] **I** *s* [arbets]uppgift; svår (obehaglig) uppgift; *take s.b. to ~* läxa upp ngn, ta ngn i upptuktelse **II** *v* **1** ge i uppgift **2** pressa, sätta på hårt prov

task force ['tɑ:skfɔ:s] **1** *mil.* specialstyrka **2** arbetsgrupp **taskmaster** [-ˌmɑ:stə] [krävande] uppdragsgivare; *bildl.* tuktomästare **taskwork** [-wɜ:k] hårt (krävande) arbete

Tasmania [tæz'meɪnjə] Tasmanien

tassel ['tæsl] tofs **tasselled** [-d] tofsprydd

taste [teɪst] **I** *s* **1** smak[sinne]; bismak; *sense of ~* smaksinne; *have a bad ~ in the mouth* lämna en dålig eftersmak (*äv. bildl.*); *be sweet to the ~* vara söt i smaken, smaka sött **2** försmak; smak|bit, -prov; klunk; *give s.b. a ~ of the whip* låta ngn få smaka piskan; *have a ~ of s.th.* smaka på ngt **3** *bildl.* smak; smakriktning; *~s* (*pl, äv.*) [tycke och] smak, intressen; *in bad ~ a*) smaklös[t], *b*) omdömes-, takt|lös[t]; *in good ~ a*) smakfull[t], *b*) taktfull[t]; *~s differ* smaken är olika; *add salt to ~* tillsätt salt efter smak; *it is a matter of ~* det är en smaksak; *be to a p.'s ~* vara i ngns smak; *have expensive ~s* ha dyr smak (dyra intressen); *have a ~ for* ha smak för, hysa förkärlek för, tycka om; *have a ~ of* [få] smaka på **II** *v* **1** känna smaken av; smaka [av]; [få] smaka (pröva) [på]; erfara, uppleva; få smak på; *he had not ~d food for days* han hade inte ätit ngt på flera dagar **2** smaka; *~ good* (*nice*) smaka bra; *~ of garlic* smaka vitlök

taste bud ['teɪstbʌd] *anat.* smaklök **tasteful** [-f(ʊ)l] smakfull **tasteless** [-lɪs] smaklös **taster** [-ə] av-, prov|smakare, provare, bedömare

tasty [-ɪ] **1** smaklig, välsmakande **2** smakfull, tilltalande

tat [tæt] *vard.* skräp, krimskrams

ta-ta [tæ'tɑ:] *BE. vard.* hej då (så länge)!

tattered ['tætəd] trasig, [sönder]sliten; skrynklig; sjaskig (*äv. bildl.*) **tatters** [-z] *pl* trasor, paltor; *in ~* i trasor, *bildl.* i spillror, krossad

tattle ['tætl] **I** *v* **1** skvallra, sladdra **2** skvallra om, avslöja **II** *s* skvaller, sladder **tattler** [-ə] skvallerbytta **tattletale** *i sht AE.* skvallerbytta

1 tattoo [tə'tu:] **I** *s* **1** *mil.* tapto; *beat* (*sound*) *the ~* blåsa tapto **2** trummande, hamrande; *beat a ~* trumma **3** [militär]parad, -uppvisning

2 tattoo [tə'tu:] **I** *s* tatuering **II** *v* tatuera **-ist** [-ɪst] tatuerare

tatty ['tætɪ] sjabbig, ovårdad

taught [tɔ:t] *imperf. o. perf. part. av teach*

taunt [tɔ:nt] **I** *v* håna, pika, reta (*with* för) **II** *s* pik, gliring, glåpord

Taurus ['tɔ:rəs] (*stjärnbild*) Oxen

taut [tɔ:t] **1** spänd, stram (*äv. bildl.*) **2** *i sht sjö.* välvårdad **tauten** ['tɔ:tn] spänna[s], sträcka[s]

tautologic[al] [ˌtɔ:tə'lɒdʒɪk(l)] tauto-, tavto|logisk **tautology** [tɔ:'tɒlədʒɪ] tauto-, tavto|logi, [onödig] upprepning

tavern ['tævən] *åld.* **1** pub **2** *AE.* krog, värdshus

tawdriness ['tɔ:drɪnɪs] grannlåt, prål; smaklöshet **tawdry** [-ɪ] **I** *a* grann, prålig; smaklös

tawny ['tɔ:nɪ] gul-, ljus|brun

tax [tæks] **I** *s* **1** skatt; pålaga **2** *bildl.* belastning, påfrestning, börda **II** *v* **1** beskatta; taxera (*at* till); uppskatta (*kostnader*); betala skatt för (*a car* en bil) **2** fresta på, anstränga, betunga, sätta på hårt prov **3** anklaga, beskylla (*s.b. with* ngn för)

taxable ['tæksəbl] beskattningsbar **tax arrears** [-əˌrɪəz] *pl* kvarskatt **taxation** [tæk'seɪʃn] **1** beskattning; taxering **2** skatter; skattesats; skatteinkomster **tax avoidance** ['tæksəˌvɔɪd(ə)ns] skatteplanering **tax collector** ['tækskəˌlektə] uppbördsman, skattmas **tax-deductible** ['tæksdɪˌdʌktəbl] avdragsgill **tax disc** ['tæksdɪsk] [bil]skattemärke **tax evasion** ['tæksɪˌveɪʒn] skatte|fusk, -flykt **tax-free** [ˌtæks'fri:] skattefri **tax haven** ['tæksˌheɪvn] skatteparadis

taxi ['tæksɪ] **I** *s* taxi[bil] **II** *v* **1** åka (ta en) taxi **2** *flyg.* taxa, köra på marken (*före start e.d.*) **-cab** taxi[bil]

taxider|mist ['tæksɪdɜ:mɪst] [djur]konservator, uppstoppare **-my** [-mɪ] taxidermi, preparering och uppstoppning av djur

taxi|-driver ['tæksɪˌdraɪvə] taxichaufför **-meter** taxameter

taxing ['tæksɪŋ] krävande, svår

taxi-plane ['tæksɪpleɪn] taxi|flyg, -plan **taxi rank** *BE.*, **taxi stand** *AE.* taxistation

taxpayer ['tæksˌpeɪə] skattebetalare **tax rate** skattesats **tax refund** skatteåterbäring **tax relief** skatte|lättnad, -sänkning **tax return** deklaration

T.B. *förk. för torpedo-boat; tuberculosis* **tbs[p].** *förk. för tablespoon[ful]* **TC** *förk. för twin carburettors* **TD, td** *förk. för touch down*

tea [ti:] **1** te; te|blad, -buske; tebjudning; [*afternoon*] *~* (*i sht BE.*) eftermiddagste; *early morning ~* morgonte; *high ~* (*BE., Austr.*) kvällsmåltid med te; *have ~* dricka te, äta kvällsmåltid; *make ~* göra (koka, brygga) te; *we'll have two ~s please* kan vi få två te?; *it is not my cup of ~* det är ingenting för mig (inte min likör); *he is not my cup of ~* han är inte min typ; *not for all the ~ in China* (*ung.*) inte för allt smör i Småland **2** *AE. sl.* gräs (*marijuana*)

tea bag ['ti:bæg] tepåse **tea ball** *i sht AE.* tekula **tea caddy** [-ˌkædɪ] teburk **teacart** [-kɑ:t] *AE.* tevagn

teach [ti:tʃ] (*taught, taught*) **1** lära, undervisa [i], ge undervisning (lektioner) i; *~ s.b. a lesson* (*bildl.*) ge ngn en läxa; *~ school* (*AE.*) vara lärare, undervisa; *~ s.b.* [*how*] *to whistle* lära ngn [att] vissla; *I'll ~ you to steal!* jag ska minsann lära dig att stjäla!; *that'll ~ you* låt det bli en läxa för dig **2** vara lärare, undervisa

teachable ['ti:tʃəbl] **1** läraktig **2** möjlig (lätt) att lära ut **teacher** [-ə] lärare, lärarinna

tea chest ['ti:tʃest] telåda (*av trä*)

teach-in ['ti:tʃɪn] teach-in (*informell debatt med expertanföranden o. frågemöjligheter, oftast vid univ.*)

teaching ['ti:tʃɪŋ] **I** *s* **1** undervisning **2** *~*[*s*] lära, läror; *the ~s of the Catholic Church* den katolska kyrkans lära **II** *a* undervisnings-; lärar-; *~ aid* hjälpmedel i undervisningen; *~ hospital* undervisningssjukhus; *~ practice* lärarpraktik, provår; *the ~ profession* läraryrket

tea cloth ['ti:klɒθ] disk-, tork|handduk **tea cosy** [-ˌkəʊzɪ] tehuv, tevärmare **teacup** [-kʌp]

tekopp; *a storm in a ~* en storm i ett vattenglas
teak [ti:k] teak[trä]
tea-kettle ['ti:ˌketl] tekittel
teal [ti:l] *zool.* kricka
tea leaf ['ti:li:f] teblad
team [ti:m] **I** *s* **1** [tävlings-, arbets]lag, team; trupp **2** par, spann (*av dragdjur*) **II** *v* **1** ~ *up* slå sig ihop, samarbeta, bilda ett team (lag) **2** spänna ihop (*dragdjur*) **3** *AE.* köra långtradare
team-mate ['ti:mmeɪt] lagkamrat **team spirit** [-ˌspɪrɪt] laganda **teamster** [-stə] **1** kusk **2** *AE.* lastbils-, långtradar|chaufför **teamwork** [-wɜ:k] teamwork, lag-, grupp|arbete
tea-party ['ti:ˌpɑ:tɪ] tebjudning **tea-plant** [-plɑ:nt] tebuske **teapot** [-pɒt] tekanna
1 tear [tɪə] tår; *all in ~s* upplöst i tårar; *bored to ~s* (*vard.*) uttråkad; *burst into ~s* brista i gråt; *shed ~s* fälla tårar
2 tear [teə] **I** *v* (*tore, torn*) **1** slita (riva, rycka) [sönder]; riva upp; *bildl.* plåga, splittra, slita sönder; ~ *one's hair* (*vard.*) slita sitt hår; ~ *one's hand on s.th.* riva sig i handen på ngt; *that's ~ it!* (*vard.*) nu är det klippt (kört)!; ~ *a muscle* sträcka en muskel; ~ *open* slita (riva) upp; ~ *to pieces a*) slita (riva) i bitar (sönder), *b*) *bildl.* göra ner; ~ *apart a*) slita sönder (*äv. bildl.*), *b*) skilja åt; ~ *away* slita (riva, rycka) bort; ~ *o.s. away* slita sig [lös]; ~ *down* riva [ner]; ~ *off a*) slita (riva, rycka) bort, riva av (loss), *b*) *vard.* kasta ner; ~ *s.b. off a strip* (*vard.*) skälla ut ngn ordentligt (efter noter); ~ *out* slita (riva, rycka) ut; ~ *up a*) slita (riva) sönder, *b*) rycka upp, *c*) riva upp (*äv. bildl.*) **2** slita, riva (rycka) [och slita] (*at* i); ~ *at* (*äv.*) kasta sig över; ~ *into a*) kasta sig över, *b*) skälla ut, göra ner, kritisera **3** slitas (rivas, gå) sönder **4** rusa, rasa; ~ *about* rusa omkring; ~ *along* rusa fram [längs]; ~ *away* rusa i väg; ~ *down* rusa nedför; ~ *into* rusa in i; ~ *off* rusa i väg (bort); ~ *out* rusa ut; ~ *up* rusa uppför **II** *s* **1** reva, hål **2** fläng, fart, rush
tearaway ['teərəweɪ] *BE.* bråkstake, vild sälle
teardrop ['tɪədrɒp] [stor] tår **tear duct** tårkanal **tearful** [-f(ʊ)l] **1** tårfylld **2** gråtmild **tear gas** tårgas
tearing ['teərɪŋ] våldsam, rasande, fruktansvärd; *be in a ~ hurry* (*rush*) ha fruktansvärt bråttom
tear-jerker ['tɪəˌdʒɜ:kə] *vard.* tårdrypande historia (film *e.d.*)
tearoom ['ti:rum] *BE.* teservering, konditori
tear-stained ['tɪəˌsteɪnd] tårdränkt (*pillow* kudde); ~ *face* förgråtet ansikte
tease [ti:z] **I** *v* **1** reta, retas med **2** kamma; karda; ~ *out* kamma (reda) ut **3** rugga [upp] (*tyg*) **4** tupera (*hår*) **5** retas **II** *s* retsticka
teasel ['ti:zl] **1** *bot.* kardvädd **2** karda
teaser ['ti:zə] **1** retsticka **2** *vard.* svår fråga, hård nöt [att knäcka]
tea service (set) ['ti:ˌsɜ:vɪs (set)] teservis **tea-shop** [-ʃɒp] *se tearoom* **teaspoon** [-spu:n] tesked (*äv. mått*) **teaspoonful** [-spu:nˌfʊl] (*pl ~s el. teaspoonsful*) (*mått*) tesked **tea strainer** [-ˌstreɪnə] tesil
teat [ti:t] **1** spene **2** napp (*på flaska*)
teatime ['ti:taɪm] tedags **tea towel** [-ˌtaʊ(ə)l] disk-, tork|handduk **tea tray** [-treɪ] tebricka **tea trolley** [-ˌtrɒlɪ] *BE.* **tea wagon** [-ˌwægən] *AE.* tevagn, rullbord
teazel, teazle *se teasel*
tech [tek] *vard. för technical college* **tech.** *förk. för technical; technology*
techni|cal ['teknɪk(ə)l] **I** *a* **1** teknisk; fack-; yrkes-; ~ *college* (*ung.*) teknisk fackskola, tekniskt institut; ~ *jargon* fackspråk; ~ *knockout* (*i boxning*) teknisk knockout; ~ *term* fackuttryck **2** regelrätt; formell, saklig **-cality** [ˌteknɪ'kælətɪ] **1** teknik, teknisk sida, tekniska detaljer **2** formalitet, teknisk detalj; *a legal ~* en juridisk formalitet **3** teknisk term, fackuttryck
technician [tek'nɪʃn] tekniker; teknisk expert
Technicolor ['teknɪˌkʌlə] (*varumärke*) **I** *s* technicolor **II** *a, vard.* färg|grann, - sprakande
technics ['teknɪks] (*behandlas som sg el. pl*) teknik, teknologi **technique** [tek'ni:k] teknik; teknisk metod; teknisk skicklighet
tech|nocracy [tek'nɒkrəsɪ] teknokrati, teknikervälde **-nocrat** ['teknə(ʊ)kræt] teknokrat
tech|nological [ˌteknə'lɒdʒɪkl] teknologisk **-nologist** [tek'nɒlədʒɪst] teknolog **-nology** [tek'nɒlədʒɪ] teknologi, teknik
Ted [ted], **Teddy** ['tedɪ] *kortform av Edward, Theodore*
teddy bear ['tedɪbeə] teddybjörn, nalle **Teddy (teddy) boy** teddy boy (*50- talsyngling som klädde sig i sekelskiftesstil*); ung ligist
tedious ['ti:djəs] [lång]tråkig, ledsam **tedium** [-əm] [lång]tråkighet, leda
tee [ti:] *golf.* **I** *s* **1** tee, utslagsplats **2** peg (*pinne för att hålla bollen upplyft vid utslag*) **II** *v, ~ off* spela ut [från tee]; ~ *up the ball* lägga bollen på utslagsplatsen
1 teem [ti:m] vimla, myllra, krylla (*with* av)
2 teem [ti:m] *v,* ~ [*down, with rain*] ösa [ner], ösregna; *~ing rain* ösregn
teen|age ['ti:neɪdʒ] *a* tonårs- **-ager** [-eɪdʒə] tonåring
teens [ti:nz] *pl* tonår; *be in one's ~* vara i tonåren
teeny ['ti:nɪ] *vard.* mycket liten, pytteliten **-bopper** [-ˌbɒpə] *vard.* mode- och popintresserad tonårstjej
teeter ['ti:tə] **I** *v* vackla (*äv. bildl.*), vingla **II** *s* gungbräda
teeth [ti:θ] *pl av tooth*
teethe [ti:ð] få tänder
teething ['ti:ðɪŋ] tandsprickning **teething ring** bitring **teething troubles** [-ˌtrʌblz]] *pl* **1** tandsprickningsbesvär **2** *bildl.* barnsjukdomar, begynnelsesvårigheter
teetotal [ti:'təʊtl] **1** helnykter; nykterhets- **2** *vard.* absolut, fullständig **-ler** [-ə] [hel]nykterist, absolutist
TEFL ['tefl] (*förk. för teaching English as a foreign language*) *ung.* engelskundervisning för invandrare
te-hee [ti:'hi:] *interj* haha!, hihi!
tel. *förk. för telegram; telegraphic*[*al*]; *telephone*
tele|cast ['telɪkɑ:st] **I** *s* TV-[ut]sändning **II** *v* (*-cast, -cast el. -casted, -casted*) sända i TV, televisera **-communications** [-kəˌmju:nɪ'keɪʃnz] (*behandlas som sg*) teleteknik; telekommunikation
telegram ['telɪgræm] telegram
telegraph ['telɪgrɑ:f] **I** *s* **1** telegraf **2** telegram **II**

T

v telegrafera [till] (*for* efter) **telegraphese** [ˌtelɪgrɑːˈfiːz] telegram|språk, -stil **telegraphic** [ˌtelɪˈgræfɪk] telegrafisk, telegraf-; ~ *address* telegramadress **telegraphist** [tɪˈlegrəfɪst] telegrafist **telegraph pole** [ˈtelɪgrɑːfpəʊl] telegrafstolpe **telegraph wire** [ˈtelɪgrɑːfˌwaɪə] telefon|kabel, -tråd **telegraphy** [tɪˈlegrəfɪ] **1** telegrafi **2** telegrafering

telepathic [ˌtelɪˈpæθɪk] telepatisk **telepathy** [tɪˈlepəθɪ] telepati

telephone [ˈtelɪfəʊn] **I** *s* telefon, *by* (*over*) *the* ~ per telefon, telefonledes; *be on the* ~ *a*) tala (sitta) i telefon, *b*) ha telefon; *speak to s.b. on the* ~ tala i telefon med ngn; *you're wanted on the* ~ det är telefon till dig **II** *v* telefonera (ringa) till, ringa upp **telephone book** telefonkatalog **telephone booth (box)** telefon|hytt, -kiosk **telephone directory** [-dɪˌrekt(ə)rɪ] telefonkatalog; *classified* ~ yrkesregister, 'gula sidor' **telephone exchange** [-ɪksˌtʃeɪn(d)ʒ] telefonväxel; telefonstation

telephonic [ˌtelɪˈfɒnɪk]] telefon- **telephonist** [tɪˈlefənɪst] telefonist **telephony** [tɪˈlefənɪ] *BE.* telefoni

tele|photo [ˌtelɪˈfəʊtəʊ] telefoto-; ~ *lens* teleobjektiv **-photography** [-fəˈtɒgrəfɪ] fotografering med teleobjektiv

teleplay [ˈtelɪpleɪ] TV-pjäs

teleprinter [ˈtelɪˌprɪntə] teleprinter

tele|scope [ˈtelɪskəʊp] **I** *s* teleskop **II** *v* **1** skjuta ihop (in), skjuta in i varandra; fälla (dra) ut **2** *bildl.* förkorta; pressa samman **3** skjutas ihop; fällas (dra) ut **-scopic** [ˌtelɪˈskɒpɪk] **1** teleskopisk; teleskop-; ~ *lens* teleobjektiv; ~ *sight* kikarsikte **2** teleskopisk, hopskjutbar, utdragbar; ~ *aerial* teleskopantenn; ~ *umbrella* hopfällbart paraply

tele|viewer [ˈtelɪvjuːə] TV-tittare **-vise** [ut]sända (visa) i TV, televisera

television [ˈtelɪˌvɪʒn] television, TV; *cable* ~ kabel|-teve, --TV; *closed circuit* ~ intern|-teve, --TV ; *on* ~ i (på) TV **television camera** [-ˌkæm(ə)rə] TV- kamera **television screen** [-skriːn] TV-ruta, bildskärm **television set** [-set] TV- apparat **television viewers** [-ˌvjuːəz] *pl* TV-tittare

telex [ˈteleks] telex

tell [tel] (*told, told*) **1** tala om, berätta, säga, säga till (åt), uppmana, be; ~ *s.b. s.th.*, ~ *s.th. to s.b.* tala om (berätta) ngn för ngn, säga ngn ngt, säga ngt till (åt) ngn; ~ *s.b. about s.th.* berätta om ngt för ngn; ~ *s.b. off* (*vard.*) skälla ut ngn, läxa upp ngn; ~ *s.b. his fortune* spå ngn; ~ *lies* (*a lie*) ljuga; ~ *me another!* (*vard.*) det kan du inbilla andra!, hitta på ngt bättre!; *I* [*can*] ~ *you* (*vard.*) förstår (ser) du, minnsann, verkligen; [*I'll*] ~ *you what* (*vard.*) vet du vad, hördu; *can you* ~ *me the time?* kan du tala om för mig vad klockan är?; *you're ~ing me!* (*vard.*) det vet jag väl!, det kan du skriva upp!; *I told you so!* vad var det jag sa?; *who told you* [*that*]? vem har sagt (berättat) det [för dig]?; *I am* (*have been*) *told* jag har hört sägas, det har sagts mig; *he told us to wait* han sa åt oss att [vi skulle] vänta; *do as you are told* gör som du blir tillsagd (jag *etc.* säger) **2** känna igen (*by* på); skilja (*from* från); urskilja; veta, vara säker; avgöra; ~ *the difference between* se (känna) skillnad på, märka skillnaden (skilja) mellan (på); *who can ~?* vem vet?; *you can* ~ *that he's a foreigner* det märks (syns *etc.*) att han är utländning; *can you* ~ *them apart?* kan du skilja dem åt [till utseendet]?; *it is difficult to* ~ *if* det är svårt att säga (avgöra) om; *you never can* ~ man kan aldrig [så noga] veta; *he cannot* ~ *the time yet* han kan inte klockan än; *time will* ~ tiden får utvisa **3** räkna [ihop] (*votes* röster); ~ *off* avdela, ta (välja) ut; ~ *one's beads* läsa sina böner (*efter radband*); *all told* inalles, allt som allt, sammanlagt, tillsammans **4** tala, berätta, vittna (*of* om); skvallra (*on* på); *that ~s against you* det talar emot dig **5** göra verkan, ta; *every blow ~s* varje slag tar (träffar); ~ *on* ta (slita) på; *it did not* ~ *in the least with him* det gjorde inte det minsta intryck på honom

teller [ˈtelə] **1** berättare **2** rösträknare **3** (*i bank*) kassör **telling** [-ɪŋ] **I** *s* berättande *etc.*, *jfr tell; there's no* ~ (*vard.*) det är omöjligt att säga, man vet aldrig **II** *a* **1** talande, avslöjande **2** kraftfull; dräpande **telling-off** [ˌtelɪŋˈɒf] utskällning **telltale** [ˈtelteɪl] **I** *s* skvallerbytta **II** *a* **1** avslöjande, skvallrande **2** varnings-

telly [ˈtelɪ] *vard.* TV[-apparat]

telpher [ˈtelfə] telfer (*elektrisk lyftanordning i hängbana*)

temerity [tɪˈmerətɪ] dumdristighet; *have the* ~ *to do s.th.* vara dumdristig (oklok) nog att

temp [temp] *vard.* **I** *s* [kontors]vikarie **II** *v* arbeta som [kontors]vikarie

temp. *förk. för temperate; temperature; temporary; tempore*

temper [ˈtempə] **I** *s* **1** humör, lynne; läggning, kynne, temperament; stämning; dåligt humör (lynne); *be in a* ~ vara på dåligt humör, vara arg (ond); *be in a good* (*bad*) ~ vara på gott (dåligt) humör; *fly* (*get*) *into* ~ fatta humör, bli arg (ond); *have a* ~ ha humör (temperament) **2** fattning; *out of* ~ på dåligt humör; *keep one's* ~ behålla fattningen, bibehålla sitt lugn; *lose one's* ~ tappa behärskningen (besinningen, humöret) **3** hårdhetsgrad, härdning[sgrad] **II** *v* **1** dämpa, mildra; temperera (*äv. mus.*) **2** blanda [till]; bereda; arbeta **3** härda; aducera

tempera|ment [ˈtemp(ə)rəmənt] **1** temperament, läggning **2** *mus.* temperering **-mental** [ˌtemp(ə)rəˈmentl] temperamentsfull; *vard.* nyckfull **-mentally** [ˌtemp(ə)rəˈmentəlɪ] *adv* till temperamentet, av naturen

temperance [ˈtemp(ə)r(ə)ns] **1** måttlighet, måtta **2** helnykterhet **temperate** [-rət] **1** (*om klimat*) tempererad **2** mått|lig, -full **3** helnykter

temperature [ˈtemprətʃə] **1** temperatur **2** feber; *run* (*have got*) *a* ~ ha feber; *take a p.'s* ~ ta febern på ngn

tempest [ˈtempɪst] *litt.* storm (*äv. bildl.*), oväder **tempestuous** [temˈpestjʊəs] stormig

tempi [ˈtempiː] *pl av tempo*

Templar [ˈtemplə] tempel|herre, -riddare

template [ˈtemplɪt] *tekn.* schablon, mall, mönster

1 temple [ˈtempl] tempel; helgedom; *AE. vard.* synagoga

2 temple [ˈtempl] tinning

3 temple ['templ] *väv.* vävspännare
tem|po ['tempəʊ] (*pl -pos el. -pi* [-pi:]) tempo (*äv. mus.*), hastighet, fart
1 temporal ['temp(ə)r(ə)l] **1** världslig; *lords ~* överhusets världsliga ledamöter **2** tidsbestämd, tids- **3** *språkv.* temporal, tids-
2 temporal ['temp(ə)r(ə)l] *a* tinning-
temporary ['temp(ə)rərɪ] **I** *a* **1** temporär, tillfällig, övergående **2** tillförordnad, extra[ordinarie] **II** *s* [kontors]vikarie, extraanställd
tempo|rize (*BE. äv. -rise*) ['tempəraɪz] **1** söka vinna tid **2** vända kappan efter vinden
tempt [tem(p)t] fresta, locka, förleda; *~ fate* (*providence*) utmana ödet **temptation** [tem(p)'teɪʃn] frestelse, lockelse; *lead us not into ~* inled oss icke i frestelse; *yield* (*give way*) *to ~* falla för frestelsen **tempter** ['tem(p)tə] frestare **tempting** ['tem(p)tɪŋ] frestande, lockande **temptress** ['tem(p)trɪs] fresterska
ten [ten] (*jfr eight o. sms.*) **I** *räkn* tio; *the upper ~* [*thousand*] överklassen **II** *s* tia; tiotal
ten|ability [ˌtenə'bɪlətɪ] **1** hållbarhet, försvarbarhet **2** period (*som tjänst e.d. kan innehas*) **-able** ['tenəbl] **1** hållbar, försvarbar **2** (*om tjänst e.d.*) som kan innehas
tenacious [tɪ'neɪʃəs] **1** envis, orubblig, hårdnackad; ihärdig; djupt rotad **2** fast (*grip* grepp); hård; *~ memory* gott minne **tenacity** [tɪ'næsətɪ] **1** envishet, orubblighet; ihärdighet **2** fasthet; hårdhet
tenancy ['tenənsɪ] **1** arrende; hyrande **2** arrendetid; hyrestid **3** innehavande **4** arrendegård; hyrd fastighet **tenant** [-t] **I** *s* **1** hyresgäst; arrendator **2** innehavare **II** *v* hyra; arrendera **tenant farmer** arrendator
tench [ten(t)ʃ] (*pl lika*) *zool.* sutare
1 tend [tend] **1** sköta [om], vårda; passa, se till **2** *~ to* (*on*) se till, ta hand om, passa upp på
2 tend [tend] tendera; *~ to*[*wards*] tendera till (mot), luta åt, peka mot; *I ~ to know* jag råkar veta
tenden|cy ['tendənsɪ] tendens; benägenhet **-tious** [ten'denʃəs] tendentiös
1 tender ['tendə] **1** öm (*äv. bildl.*); mjuk; mör; *bildl.* ömsint **2** späd, spröd; *~ age* späd ålder
2 tender ['tendə] **I** *s* **1** anbud, offert; *invite ~s for* infordra anbud på; *make a ~ for* lämna in ett anbud på; *the work will be put up for ~* arbetet kommer att utlämnas på entreprenad **2** *legal ~* lagligt betalningsmedel **II** *v* **1** lämna in (*one's resignation* sin avskedsansökan); lägga fram (*a suggestion* ett förslag); framföra (*an apology* en ursäkt); erbjuda **2** lämna anbud på, offerera **3** *~ for* lämna anbud (offert) på
3 tender ['tendə] **1** skötare **2** *järnv.* tender **3** *sjö.* tender, följebåt, jolle
tender|foot ['tendəfʊt] (*pl -foots el. -feet*) nykomling, gröngöling **-hearted** [ˌtendə'hɑ:tɪd] ömhjärtad, ömsint **-ize** (*BE. äv. -ise*) ['tendəraɪz] möra (*meat* kött) **-izer** (*BE. äv. -iser*) ['tendəraɪzə] mörningsmedel **-loin** ['tendəlɔɪn] *kokk., BE.* fläskkarré; *AE.* filé **-ness** ['tendənɪs] ömhet *etc., jfr 1 tender*
tendon ['tendən] *anat.* sena
tendril ['tendrɪl] **1** *bot.* klänge **2** hårslinga, lock
tenement ['tenɪmənt] **1** hyreskasern (*i sht i slumområde*) **2** *i sht BE.* lägenhet **tenement building** [-'bɪldɪŋ] *se tenement 1*
tenet ['ti:net] grundsats; dogm
tenfold ['tenfəʊld] **I** *a* tio|dubbel, -faldig **II** *adv* tio|dubbelt, -faldigt, -falt
ten-gallon hat ['tenˌgælən'hæt] stor cowboyhatt
Tenn. *förk. för Tennessee*
tenner ['tenə] *vard.* tiopunds-, tiodollars|sedel; *a ~* (*äv.*) tio pund (dollar)
Tennessee [ˌtenə'si:]
tennis ['tenɪs] tennis **tennis court** tennisbana **tennis elbow** [-ˌelbəʊ] tennisarm
tenon ['tenən] *snick.* tapp
tenor ['tenə] **1** *mus.* tenor; tenorstämma **2** [ande]mening, innebörd, innehåll
tenpin ['tenpɪn] kägla **tenpin bowling** [-ˌbəʊlɪŋ] *BE.* kägelspel (*med tio käglor*) **tenpins** [-z] (*behandlas som sg*) *AE.* kägelspel (*med tio käglor*)
1 tense [tens] *språkv.* tempus
2 tense [tens] **I** *a* spänd, stram, sträckt; *bildl.* spänd, nervös **II** *v*, *~* [*up*] spänna[s], strama[s] till; *~d up* spänd, nervös
tensile ['tensaɪl, *AE. äv.* 'tensl] **1** spänn-, sträck- **2** sträck-, tänj|bar; *~ strength* draghållfasthet
tension ['tenʃn] *fys., bildl.* spänning; spändhet; sträckning; anspänning
tent [*tent*] **I** *s* tält; *pitch one's ~* slå upp sitt tält **II** *v* tälta
tentacle ['tentəkl] *zool., bildl.* tentakel, känselspröt; fångstarm
tentative ['tentətɪv] **1** försöks-; preliminär, provisorisk **2** trevande, försiktig
tenterhook ['tentəhʊk] spännhake; *be on ~s* sitta som på nålar
tenth [tenθ] (*jfr eighth*) **I** *räkn* tionde **II** *s* tionde; tion[de]del
tent peg ['tentpeg] tältpinne
tenu|ity [te'nju:ətɪ] tunnhet, finhet **-ous** ['tenjʊəs] tunn, fin; smal; *bildl.* svag, obetydlig, [hår]fin
tenure ['teˌnju:ə] **1** besittningsrätt; innehav **2** ämbete, tjänst; ämbetstid **3** arrende; arrendetid **4** *AE.* anställningstrygghet
tepee ['ti:pi:] indiantält
tepid ['tepɪd] ljum[men] **-ity** [te'pɪdətɪ] ljumhet
tequila [tɪ'ki:lə] tequila (*mexikansk spritdryck av agavesaft*)
ter. *förk. för terrace; territory*
tercentenary [ˌtɜ:sen'ti:nərɪ] trehundraårsdag
Terence ['ter(ə)ns] (*rom. förf.*) Terentius
term [tɜ:m] **I** *s* **1** tid[rymd], period; termin, fastställd dag; frist; betalnings|termin, -tid, förfallodag; löptid; (*domstols*) session[stid]; *skol.* termin; *~ of office* ämbets-, mandat|tid; *for a ~ of years* under ett antal år; *in the long* (*short*) *~* på lång (kort) sikt **2** *~s* (*pl*) villkor; bestämmelse[r]; överenskommelse; betalningsvillkor, pris[er]; *~s of delivery* leveransvillkor; *~s of reference* direktiv, givna ramar; *on easy ~s* på förmånliga villkor, på avbetalning; *on equal* (*the same*) *~s* på lika villkor; *not on any ~s* på inga (inte på några) villkor; *come to ~s* träffa [en] uppgörelse, komma överens; *come to ~s with s.th.* finna sig i ngt **3** *~s* (*pl*) förhållande, relation[er]; *be on good ~s with s.b.* stå på god fot med ngn; *they are*

T

not on speaking ~s de talar inte med varandra **4** uttryck; term, *mat. äv.* led; *~s* (*pl, äv.*) ord[alag], vändningar; *technical ~* fackuttryck; *in economic ~s* i ekonomiska termer; *in no uncertain ~s, in plain ~s* klart och tydligt, rent ut; *in ~s of a*) i termer av, *b*) i form av, *c*) vad beträffar, beträffande, *d*) med utgångspunkt från; *he only thinks in ~s of money* han tänker bara på pengar **II** *v* kalla, benämna

term. *förk. för terminal; termination*

terminal ['tɜ:mɪnl] **I** *a* **1** avslutande, sist, terminal, slut-, änd-; gräns-; *~ station* änd-, slut|station; *~ voltage* (*elektr.*) polspänning; *~ patient* obotligt sjuk (döende) patient; *~ ward* terminalvårdsavdelning **2** termins- **3** *med.* dödlig, med dödlig utgång; *~ cancer* obotlig cancer **II** *s* **1** änd-, slut|station; terminal; änd-, slut|punkt **2** *data.* terminal **3** *elektr.* pol

termi|nate ['tɜ:mɪneɪt] **1** avsluta; göra slut på; säga upp (*an agreement* ett kontrakt); *med.* avbryta (*a pregnancy* en graviditet) **2** sluta; (*om tåg e.d.*) ha slutstation **-nation** [ˌtɜ:mɪ'neɪʃn] slut; avslutning; upphörande; uppsägning; *med.* avbrytande (*of a pregnancy* av en graviditet)

termini ['tɜ:mɪnaɪ] *pl av terminus*

terminology [ˌtɜ:mɪ'nɒlədʒɪ] terminologi

termi|nus ['tɜ:mɪnəs] (*pl -ni* [-naɪ] *el. -nuses*) änd-, slut|station, terminal

termite ['tɜ:maɪt] termit

tern [tɜ:n] *zool.* tärna

terr. *förk. för terrace; territory*

terrace ['terəs] **I** *s* **1** terrass **2** (*sammanbyggd*) husrad **3** (*på fotbollsstadion*) ståplatsläktare **II** *v* terrassera **terraced** [-t] **1** terrasserad, i terrasser **2** *BE.*, *~ house* radhus

terracotta [ˌterə'kɒtə] terrakotta

terra firma [ˌterə'fɜ:mə] terra firma, fast mark

terrain [te'reɪn] terräng

terrapin ['terəpɪn] *zool.* sumpsköldpadda

terrari|um [te'reərɪəm] (*pl -ums el. -a* [-ə]) terrarium

terrestrial [tɪ'restrɪəl] **I** *a* **1** jord-, jordisk **2** *zool.* land-, som lever på land **3** *bildl.* världslig, jordisk **II** *s* jordinvånare

terrible ['terəbl] förskräcklig, förfärlig

terrier ['terɪə] terrier

terrific [tə'rɪfɪk] **1** fruktansvärd, hemsk, förskräcklig; enorm, oerhörd **2** *vard.* fantastisk

terrify ['terɪfaɪ] skrämma, göra skräckslagen; förskräcka, förfära; *terrified* skräckslagen, livrädd (*of* över, för) **-ing** [-ɪŋ] fasaväckande, fasansfull

terrine ['teri:n] **1** lergryta (*för paté e.d.*) **2** terrin

territorial [ˌterɪ'tɔ:rɪəl] territorial-, territoriell; mark-, land-; lokal, regional; *~ waters* territorialvatten

territory ['terɪt(ə)rɪ] **1** territorium, område (*äv. bildl.*); mark, land **2** *zool.* revir **3** besittning **4** (*försäljares*) distrikt **5** *sport.* planhalva

terror ['terə] **1** skräck, fasa; *live* (*go*) *in ~ of* leva i skräck för; *go* (*be*) *in ~ of one's life* frukta för sitt liv; *that holds no ~s for me* jag är inte alls rädd för det; *strike ~ into a p.'s heart* sätta skräck i ngn **2** terror, skräckvälde; *reign of ~* skräck-, terror|välde **3** *vard.* (*om barn*) odåga, satunge, plåga **-ism** [-rɪz(ə)m] terrorism; skräckvälde **-ist** [-rɪst] terrorist **-ize** (*BE. äv. -ise*) [-raɪz] terrorisera, injaga skräck hos **--stricken** [-ˌstrɪk(ə)n], **--struck** [-strʌk] skräckslagen

terry ['terɪ] frotté **terry towel** [ˌtaʊəl] frottéhandduk

terse [tɜ:s] [kort och] koncis, kärnfull; brysk

tertiary ['tɜ:ʃərɪ] **I** *a* **1** tertiär, som kommer i tredje hand **2** *geol.*, *T~* tertiär **II** *s, geol., the T~* tertiärtiden

terylene ['terəli:n] (*varumärke*) terylen[e]

terza rima [ˌteətsə'ri:mə] *versl.* terzin

terzetto [tɜ:'tsetəʊ] *mus.* terzett, [sång]trio

TESL (*förk. för Teaching English as a Second Language*) *ung.* engelskundervisning för invandrare

tessellated ['tesɪleɪtɪd] mosaik-; *~ paving* mosaikgolv

test [test] **I** *s* **1** test; kontroll, undersökning; försök; förhör; prov[ning], prövning; *bildl.* kriterium, probersten; *driving ~* körkortsprov; *means ~* behovsprövning; *nuclear ~* kärnvapenprov; *written ~* skriftligt prov, [prov]skrivning; *put to the ~* sätta på prov, pröva; *stand the ~* bestå provet; *stand the ~ of time* stå sig genom tiderna, stå emot tidens tand **2** *kem.* reagens **3** *BE., se test match* **II** *v* testa; kontrollera, undersöka; förhöra; prova, pröva; sätta på prov; *~ [out]* prova ut, utprova

testament ['testəmənt] **1** *jur.* [*last will and*] *~* testamente **2** *bibl.*, *the Old* (*New*) *T~* Gamla (Nya) testamentet **3** *litt.* vittnesbörd (*to* om) **testamentary** [ˌtestə'ment(ə)rɪ] **1** testamentarisk; testaments- **2** testamenterad

testa|tor [te'steɪtə], **-trix** [-trɪks] *fem.* testator

test ban ['testbæn] provstopp **test ban treaty** provstoppsavtal **test card** *TV.* testbild **test case** *jur.* prejudikat[sfall]

tester ['testə] testare, provare

testicle ['testɪkl] *anat.* testikel

testify ['testɪfaɪ] **1** vittna, bära vittnesbörd (*to* om; *against* mot); avlägga vittnesmål **2** vittna om; intyga, betyga

testimonial [ˌtestɪ'məʊnjəl] **1** [tjänstgörings]betyg; rekommendationsbrev **2** intyg, bevis **3** heders|bevisning, -gåva

testimony ['testɪmənɪ] **1** vittnes|mål, -börd (*to, of* om); bevis (*to, of* på); *bear ~ to* vittna (bära vittnesbörd) om, intyga, betyga **2** *bibl., the tables of ~* lagens tavlor

testing ['testɪŋ] kinkig, knepig, svår, påfrestande (*situation* situation)

tes|tis ['testɪs] (*pl -tes* [-ti:z]) *anat.* testikel

test match ['testmætʃ] testmatch, [kricket-, rugby]landskamp **test paper** [-ˌpeɪpə] **1** *BE.* [prov]skrivning **2** *kem.* reagenspapper **test pattern** [-ˌpætən] *TV.* testbild **test pilot** [-ˌpaɪlət] provflygare, testpilot **test tube** [-tju:b] provrör **test-tube baby** provrörsbarn

testy ['testɪ] [lätt]retlig, snarstucken; vresig

tetanus ['tetənəs] *med.* stelkramp, tetanus

tetchy ['tetʃɪ] [lätt]retlig, snarstucken

tête-à-tête [ˌteɪtɑ:'teɪt] **I** *a o. adv* på tu man hand, mellan fyra ögon **II** *s* tête-à-tête, möte (samtal) på tu man hand

tether ['teðə] **I** *s* tjuder; *be at the end of one's ~* (*bildl.*) inte orka längre (mer) **II** *v* tjudra (*to* vid)

tetra|hedron [ˌtetrə'hedr(ə)n] tetraeder **-sylla-**

bic [-sɪ'læbɪk] fyrstavig
Teutonic [tju:'tɒnɪk] **1** germansk; tysk **2** *hist.* teutonsk
Tex. *förk. för Texan; Texas*
Texan ['teks(ə)n] **I** *a* Texas-, från (i) Texas **II** *s* Texasbo **Texas** ['teksəs]
text [tekst] text; ordalydelse; (*av tal e.d.*) utskrift, skriftlig version **-book** ['teks(t)bʊk] **I** *s* läro-, skol|bok; handbok **II** *a* mönstergill, exemplarisk, enligt reglerna; ~ *example* skolexempel
textile ['tekstaɪl] **I** *s* vävnad, tyg, textil; ~*s* (*pl, äv.*) *a*) textilier, textilvaror, *b*) textilfabriker **II** *a* textil[-], vävnads-; vävd
textual ['tekstjʊəl] text-; texttrogen; ~ *criticism* textkritik
texture ['tekstʃə] **1** textur, struktur; vävnad; konsistens **2** *bildl.* struktur, [upp]byggnad, [speciell] karaktär
TG *förk. för transformational grammar*
T.G.W.U. *förk. för Transport and General Workers' Union*
Thackeray ['θækərɪ]
Thai [taɪ] **I** *a* thailändsk **II** *s* **1** thailändare **2** thailändska [språket]
Thalidomide [θə'lɪdəmaɪd] (*varumärke*) neurosedyn
Thames [temz] *s, the* ~ Themsen; *he will never set the ~ on fire* han var inte med när krutet fanns upp
than [ðæn, *obeton.* ðən, ðn] **1** än; än [vad] som; *more ~ was necessary* mera än vad som behövdes; *and more ~ that* och inte bara det, och vad mera är; *easier said ~ done* lättare sagt än gjort; *he is older ~ me* (*I, I am*) han är äldre än jag; *she plays better ~ him* (*he, he does*) hon spelar bättre än han; *it was no other ~* det var ingen annan (mindre) än **2** förrän; *no sooner...~* knappt ...förrän
thank [θæŋk] **I** *v* tacka (*s.b. for s.th.* ngn för ngt); ~ *you!* tack!, ja (jo) tack!; ~ *'you!* tack själv!; ~ *you very much!* tack så mycket!; *no, ~ you!* nej tack!; ~ *you for nothing!* (*iron.*) tack så mycket!, jag betackar mig!; ~ *goodness* (*God*)! gudskelov!; ~ *heavens!* tack och lov!; *I'll ~ you to mind your own business* jag vore tacksam om du skötte ditt (inte lade dig i det här) **II** *s* **1** ~*s* (*pl*) tack; [*many*] ~*s!* tack [så mycket]!; ~*s a lot!* (*vard.*) tack så hemskt mycket!; *no, ~s!* nej tack!; *with ~s* tacksamt, med tack; *give ~s* tacka Gud **2** ~*s to* tack vare
thank|ful ['θæŋkfʊl] tacksam (*for* för, över; *to* mot) **-fully** [-ɪ] *adv* **1** tacksamt **2** lyckligtvis, tack och lov **-less** [-lɪs] otacksam
thanksgiving ['θæŋks,gɪvɪŋ] tacksägelse **Thanksgiving [Day]** (*i USA o. Canada*) Tacksägelsedagen (*helgdag, 4:e torsdagen i november i USA, 2:a måndagen i oktober i Canada*)
thankyou ['θæŋkjʊ] *s* tack
that [ðæt, *obeton.* ðət, ðt]] **I** *demonstr. pron* (*pl those*) den (det, de) där, denne, denna, detta; den, det; så; *those a*) de [där], dessa, *b*) det [där], detta; *and ~'s ~!* och därmed basta!, så var det med den saken!, så det så!; *as for ~* vad det beträffar; *at ~ a*) dessutom, till på köpet, *b*) *vard.* just, precis; *at ~ time* på den tiden, då för tiden; *this one...~ one* den här...den där; *what of ~?* än sen då?; *with luck like ~* med en sådan tur; ~ *is* [*to say*] det vill säga, alltså; ~*'s it!* ja!, just det!, det var det!; det är (var) rätt!; *if he's as unhappy as* [*all*] ~ om han är så olycklig; *hurry up, ~'s a good boy* (*girl*) (*vard.*) skynda på, är du snäll; ~ *are my friends* det (de) [där] är mina vänner; *have things come to ~?* har det kommit därhän?; *they all say ~* det (så) säger alla **II** *determ. pron* (*pl those*) **1** den, det; *those* de, dem; *those who* den (var och en, de, alla) som; *her greatest merit is ~ of being kind* hennes största förtjänst är [den] att hon är vänlig; *there was ~ in her manner* det var ngt speciellt (visst) i hennes sätt; *my house and ~ of my sister*[*'s*] mitt hus och min systers; *this beer is stronger than ~* [*which*] *I got yesterday* det här ölet är starkare än det jag fick i går; *the sound of the trumpet is clearer than ~ of the cornet* trumpetens ljud är klarare än kornettens **2** så stor, så mycket; *he has ~ trust in you* han litar så på dig **III** *rel. pron* (*pl that*) **1** som, vilken, vilket, vilka; då; *vard.* som...med (*el. annan prep*); *all* [~] allt [som, vad, det]; *the house* [*that*] *I'm talking about* huset jag talar om; *Mrs. White, Miss Black ~ was* fru White, född Black (som hette Black som ogift) **2** vad, såvitt; *not ~ I know of* inte vad (såvitt) jag vet **IV** *adv, vard.* så [pass]; *it isn't ~ good* så bra är den [då] inte **V** *konj* **1** att; så att; för att; eftersom; (*i utrop*) att, om; *in order ~, so ~* för (så) att; *not ~ I fear him* inte för att jag är rädd för honom; ~ *things should come to this!* att det skulle gå så långt!; *oh ~ I could only see you again!* ack, om jag bara fick se dig igen!; *come nearer ~ I may see you* kom närmare så att jag kan se dig **2** om; *make sure ~* förvissa sig om att **3** som; då, när; *it was in London* [*that*] *I...*det var i London som jag...; [*now*] *that I think of it, I believe...* när (då) jag tänker på det, tror jag...
thatch [θætʃ] **I** *s* **1** (*t. taktäckning*) halm, vass **2** halm-, vass|tak **3** [tjock] kalufs **II** *v* halmtäcka, täcka med halm (vass); ~*ed cottage* stuga med halmtak **-er** ['θætʃə] taktäckare
thaw [θɔ:] **I** *s* tö, töväder; upptinande; *bildl.* töväder **II** *v* **1** töa; tina [upp] (*äv. bildl.*) **2** ~ [*out*] tina [upp] (*frozen food* djupfryst mat), frosta av, *bildl.* få att tina [upp]
the [ði:, *obeton. framför vokal* ðɪ, *obeton. framför konsonant* ðə, ð] **I** *best. art.* **1** (*motsv. best. slutartikel el. fristående best. art. i svenskan*) ~ *apple* (*apples*) äpplet (äpplena); ~ *car* (*cars*) bilen (bilarna); *the house* (*houses*) huset (husen); *the new car* (*cars*) den nya bilen (de nya bilarna); ~ *new house* (*houses*) det nya huset (de nya husen); *the deceased* den avlidn|e, -a; ~ *Good* det goda; ~ *poor* de fattiga; *Henry ~ Eighth* Henrik den åttonde **3** (*utan motsvarighet i svenskan*); ~ *Antarctic* Antarktis; ~ *Balkans* Balkan; ~ *Browns* Browns, familjen Brown; ~ *Caucasus* Kaukasus; ~ *Daily Mirror* (*tidningen*) Daily Mirror; [~] *Emperor X* kejsare X; *T~ Hague* Haag; ~ *Kremlin* Kreml; ~ *Mayflower* (*fartyget*) Mayflower; ~ *Odeon* (*biografen*) Odeon; ~ *Rhine* Rhen; [~] *Sudan* Sudan; ~ *UN* FN; ~ *Paris of today* dagens Paris; ~ *following three examples* följande tre exempel; ~ *same book* samma bok; *in ~ opposite direction* i motsatt riktning; *on ~ right hand* på höger sida; *to ~ right* åt (till) höger; *be*

T

of ~ best quality vara av bästa kvalitet; *the verb is in ~ past tense* verbet står i imperfekt; *he was ~ son of a lawyer* han var son till en advokat; *how's ~ wife?* hur mår din fru?; *go to ~ cinema* gå på bio; *listen to ~ radio* lyssna på radio; *play ~ guitar* spela gitarr; *the sun rises in ~ east* solen går upp i öster; *tell ~ truth* tala sanning **4** en, ett; *at ~ price of* till ett pris av **5** per; *~ piece* per styck; *wine at 20 shillings ~ bottle* vin för 20 shilling flaskan **6** *beton., he is ~ painter of the century* han är seklets ledande målare; *is she ~ Greta Eriksson?* är hon den kända (berömda) Greta Eriksson?; *he is ~ man for it* han är rätte mannen för det **II** *pron* **1** *demonstr.* den, det, de; *~ scoundrel!* den skurken!; *~ stupidity!* vilken idioti! **2** *determ.* den, det, de; *~ boy* (*boys*) *who* den pojke (de pojkar) som **III** *adv, ~...~* ju...desto (dess); *~ sooner ~ better* ju förr desto bättre; *all ~ better* så mycket (desto) bättre; *~ more so as* (*because*) så mycket (desto) mera som

theater ['θɪətə] *AE., se theatre*

theatre ['θɪətə] **1** teater; teater-, scen|konst; *the ~* (*äv.*) scenen; *go to the ~* gå på teatern **2** [föreläsnings-, hör]sal; *operating ~* operationssal **3** *bildl.* skådeplats, scen (*of* för) **-goer** [-ˌgəʊə] teaterbesökare **--in-the-round** [ˌθɪətərɪnðə'raʊnd] (*pl theatres-in-the-round*) arenateater

theatrical [θɪ'ætrɪkl] **I** *a* **1** teater- **2** teatralisk **II** *s, ~s* (*pl*) *amateur ~s* amatörteater[föreställningar]

Thebes [θi:bz] Tebe

thee [ði:] *pron, åld., bibl., poet.* (*objektsform av thou*) dig

theft [θeft] stöld

their [ðeə] *poss. pron, fören.* deras; sin, sitt, sina **theirs** [-z] *poss. pron, självst.* deras; sin, sitt, sina; *a friend of ~* en vän till dem; *~ is not to judge* det är inte deras sak att [be]döma

the|ism ['θi:ɪz(ə)m] teism **-ist** [-ɪst] teist

them [ðem, *obeton.* ðəm, ðm] **I** *pers. pron* (*objektsform av they*) **1** dem **2** de; *it was ~* det var de **3** sig; *they took it with ~* de tog den med sig **II** *demonstr. pron, fören., vard.* de där; *five of ~ apples* fem av de där äpplena

thematic [θɪ'mætɪk] tematisk **theme** [θi:m] **1** tema, ämne; motiv **2** *mus.* tema, ledmotiv; signaturmelodi **3** [skol]uppsats **4** *språkv.* stam, rot **theme song (tune)** signaturmelodi; [musikaliskt] ledmotiv

themselves [ð(ə)m'selvz] *pers. o. rfl. pron* sig själva, själva; sig

then [ðen] **I** *adv* **1** då; den gången, på den tiden; sedan, därpå, så; *~ and there, there and ~* genast, på fläcken; *before ~* dessförinnan, innan dess, förut; *by ~* då, vid det laget, till (innan) dess; *from ~ on*[*wards*] från och med då; *since ~* sedan dess; *until ~* till dess **2** då, i så fall, alltså; *now ~, what's the matter?* nå, vad är det?; *so it's true ~* då är det alltså sant **3** dessutom, sedan, så; *but ~* men å andra sidan, men [så]...också (ju) **II** *a* dåvarande

thence [ðens] *åld.* **1** därifrån **2** därefter; från den tiden **3** därför, följaktligen **-forth** ['ðensfɔ:θ] *litt.*, **-forward** ['ðensfɔ:wəd] *litt., se thence 2*

theocracy [θɪ'ɒkrəsɪ] teokrati

theodolite [θɪ'ɒdəlaɪt] teodolit

Theodore ['θɪədɔ:]

theol. *förk. för theologian; theological; theology*

theologian [θɪə'ləʊdʒən] teolog **theological** [θɪə'lɒdʒɪkl] teologisk **theology** [θɪ'ɒlədʒɪ] teologi

theorem ['θɪərəm] teorem; sats

theo|retic[al] [ˌθɪə'retɪk(l)] teoretisk **-retician** [ˌθɪərə'tɪʃn], **-rist** ['θɪərɪst] teoretiker **-rize** (*BE. äv. -rise*) ['θɪəraɪz] teoretisera

theory ['θɪərɪ] teori

theosophy [θɪ'ɒsəfɪ] teosofi

therapeutic [ˌθerə'pju:tɪk] terapeutisk **therapeutics** [-s] (*behandlas som sg*) läran om sjukdomsbehandling **therapist** ['θerəpɪst] terapeut **therapy** ['θerəpɪ] terapi (*behandling*)

there [ðeə; *obeton.* ðə, *obeton. framför vokal äv.* ðr] **1** där; dit; fram[me]; *~ and back* fram (dit) och tillbaka (åter); *~ and then* genast, på fläcken; *here and ~* här och där, hit och dit; *hello* (*hi*) *~!* hej!; *from ~* därifrån; *in* (*out etc.*) *~ a*) där|inne (-ute *etc.*), *b*) in (ut *etc.*) dit, dit in (ut *etc.*); *you ~!* hallå där!, du där!; *~ you are! a*) där är du [ju, äntligen]!, *b*) varsågod!, *c*) där ser du!, vad var det jag sa!, *d*) så är det i alla fall!; *and ~ you are* och sedan är det färdigt; *~ it is a*) där är den, *b*) [men] så ligger det till; *he is not all* (*quite*) *~* (*vard.*) han är inte riktigt klok; *~ you go again!* samma gamla visa igen!; *but ~ again* men å andra sidan; *bring me that book, ~'s a dear* (*vard.*) ge mig den där boken är du så snäll **2** där [i], på den punkten; *~ you are wrong* där har du fel (misstar du dig); *you've got me ~* nu blev jag svarslös (ställd) **3** (*formellt subjekt*) det; *~ is* (*are*) det är (blir, finns, ligger, står, råder, pågår, äger rum *etc.*); *~ is no need for you to do it* du behöver inte göra det; *~ is no trusting them* man kan inte lita på dem **II** *interj* så där [ja]!; *~, ~!* så ja!, seså!; *~ now! a*) så där ja!, *b*) där ser du!, vad var det jag sa?

there|about[s] ['ðeərəbaʊt(s)] däromkring, [där] i närheten **-after** [ˌðeər'ɑ:ftə] *högt.* därefter **-by** [ˌðeə'baɪ] *högt.* där|vid, -igenom **-fore** ['ðeəfɔ:] därför, följaktligen **-in** [ˌðeər'ɪn] *åld., litt.* däri; i det avseendet **-inafter** [ˌðeərɪn'ɑ:ftə] *högt., jur.* i det följande, därefter **-of** [ˌðeər'ɒv] *högt.* därom *etc., jfr of* **-on** [ˌðeər'ɒn] *åld., se thereupon*

there's [ðeəz, *obeton.* ðəz] = *there is, there has*

there|to [ˌðeə'tu:] *högt., jur.* till detta (denna, dessa), därtill **-under** *högt., jur.* i det följande, därefter; därunder **-upon 1** *högt.* där|på, -efter **2** *högt., jur.* därom **-with** *högt., jur.* där|till, -jämte

therm [θɜ:m] *BE.* therm (*värmeenhet = 100 000 British thermal units, se under thermal*) **thermal** ['θɜ:ml] **I** *a* värme-, termisk; *British ~ unit* engelsk värmeenhet (= *1 055,06 joule*); *~ efficiency* termisk verkningsgrad; *~ springs* varma källor; *~ underwear* värmeunderkläder **II** *s* termisk uppvind

thermistor [θɜ:'mɪstə] *elektr.* termistor

thermodynamics [ˌθɜ:mə(ʊ)daɪ'næmɪks] (*behandlas som sg*) termodynamik **thermometer** [θə'mɒmɪtə] termometer **thermonuclear** [ˌθɜ:mə(ʊ)'nju:klɪə] termonukleär; *~ bomb* vätebomb **thermoplastic** [ˌθɜ:mə(ʊ)'plæstɪk] termoplast

Thermos ['θɜ:mɒs] (*varumärke*) ~ *flask* (*AE. bottle*) termos[flaska]
thermostat ['θɜ:mə(ʊ)stæt] termostat
thesau|rus [θɪ'sɔ:rəs] (*pl -ruses el. -ri* [-raɪ]) synonymordbok; ordbok, uppslagsbok; tesaurus
these [ði:z] *pl av this*
the|sis ['θi:sɪs] (*pl -ses* [-si:z]) **1** tes, [läro]sats; teori **2** [doktors]avhandling
thespian ['θespɪən] **I** *a* teater-; dramatisk **II** *s, åld. el. skämts.* skådespelare
thews [θju:z] *pl* muskler, senor **thewy** ['θju:ɪ] muskulös; senig
they [ðeɪ] *pron* de; den, det; man; ~ *say that* man säger (det sägs) att; *I called a friend, but ~ were not at home* jag ringde till en vän men han (hon) var inte hemma **they'd** [-d] = *they had* (*would*) **they'll** [-l] = *they will* (*shall*) **they're** [ðeə, ðeɪə] = *they are* **they've** [ðeɪv] = *they have*
thick [θɪk] **I** *a* **1** tjock; grov; yvig; tät; (*om vätska*) tjock[flytande], grumlig; (*om röst*) tjock, grötig, sluddrig; *vard.* korkad, dum; ~ *fog* tät (tjock) dimma; ~ *with bushes* full med (av) buskar; *the shelves are ~ with dust* det ligger ett tjockt lager damm på hyllorna; *that's* (*it's*) *a bit ~!* (*vard.*) det var lite väl mycket (väl magstarkt); *he's a bit ~* (*vard.*) han är ganska korkad; *they are as ~ as two short planks* (*vard.*) de är helt blåsta (begriper ingenting); *they are ~ on the ground* (*vard.*) det myllrar av dem; *give s.b. a ~ ear* (*vard.*) klappa till ngn; *have a ~ head a*) inte kunna tänka klart, *b*) vara tung i huvudet, ha huvudvärk **2** *vard., they are* [*as*] ~ *as thieves, they are very ~* de hänger ihop som ler och långhalm, de är såta vänner **II** *adv* tjockt; tätt; ymnigt; ~ [*and fast*] tätt [efter varandra], slag i slag; *lay it on ~* (*vard.*) bre på [för tjockt], överdriva **III** *s* **1** *the ~ of s.th.* den tjocka[ste] delen av ngt; *in the ~ of the crowd* mitt i människomassan (trängseln); *in the ~ of the fight* mitt i striden **2** *stick to s.b. through ~ and thin* hålla ihop med ngn i vått och torrt, följa ngn i alla väder
thicken ['θɪk(ə)n] **1** tätna, bli tätare (tjockare), tjockna; grumlas; *the plot ~s* situationen blir alltmer invecklad, mystiken tätnar **2** göra tät[are] (tjock[are]), grumla; *kokk.* reda [av] (*a sauce* en sås) **thickener** [-ə] förtjockningsmedel; *kokk.* redning **thickening** ['θɪkn̩ɪŋ] **1** förtjockning **2** *kokk.* redning **thicket** ['θɪkɪt] buskage, busksnår **thickhead** tjock-, dum|skalle **thickness** [-nɪs] **1** tjocklek, grovlek *etc., jfr thick I* **2** lager **thickset** **1** satt, undersätsig; kraftig[t byggd] **2** tät; tätt bevuxen **thick-skinned** tjockhudad (*äv. bildl.*)
thief [θi:f] (*pl thieves* [θi:vz]) tjuv **thieve** [θi:v] stjäla **thievery** ['θi:vərɪ] stöld **thieves** [θi:vz] *pl av thief* **thieving** ['θi:vɪŋ] **I** *s, åld.* tjuvnad **II** *a* tjuvaktig, stjälande **thievish** ['θi:vɪʃ] tjuvaktig
thigh [θaɪ] *anat.* lår **-bone** ['θaɪbəʊn] lårben
thimble ['θɪmbl] **1** fingerborg **2** *sjö.* kaus, kås **-ful** [-fʊl] (*mått*) fingerborg
thin [θɪn] **I** *a* tunn; mager; smal; tunn[sådd], gles; spröd, svag; *bildl. äv.* dålig, klen; *bildl.* genomskinlig; ~ *excuse* klen ursäkt; ~ *fog* lätt dimma; ~ *house* glest besatt salong (sal), liten (fåtalig) publik; ~ *smile* svagt leende; *vanish into ~ air* (*bildl.*) gå upp i rök; *they are ~ on the ground* (*vard.*) det är glest mellan (tunnsått med) dem; *be as ~ as a rake* vara smal som en sticka; *he had a ~ time* [*of it*] han hade det svårt (eländigt) **II** *adv* tunt; *be wearing ~* börja bli utnött (*äv. bildl.*) **III** *v* **1** ~ [*down*] förtunna, göra tunn[are], tunna [ut], späda [ut]; ~ [*out*] glesa [ut], gallra, decimera **2** ~ [*out*] förtunnas, bli tunn[are], bli smal[are] (gles[are]), tunna[s] ut, glesna; *the fog ~s* dimman lättar **IV** *s, se thick III 2*
thine [ðaɪn] *pron, åld., poet., relig.* din, ditt, dina
thing [θɪŋ] **1** sak; ting; föremål; *vard.* grej, pryl; *~s* (*pl, äv.*) *a*) saker och ting, *b*) saker, grejor, kläder, tillhörigheter, bagage, redskap, *c*) saken, läget, förhållandena, det; *~s English* allt som rör England, engelska förhållanden (realia); *sweet ~s* sötsaker; *swimming ~s* bad|saker, -grejor; *tea ~s* teservis; [*the*] *first ~* allra först, genast, med detsamma; *the good ~s of life* livets goda; [*the*] *last ~* allra sist; *the last* (*latest*) *~ in shoes* det senaste i skoväg; *little ~s* småsaker; [*quite*] *the ~ a*) det rätta (passande), *b*) på modet, inne; *neither one ~ nor the other* varken det ena eller det andra; *too much of a good ~* för mycket av det goda; *for one ~* för det första; *in all ~s* i alla lägen, alltid; *in many ~s* i många avseenden; *with one ~ and another* och det ena med det andra; *as ~s are* som det nu är (ligger till); *the ~ is* saken är den; *the ~ is to find a substitute* det gäller (problemet är) att hitta en ersättare; *the ~ is to know when* man måste (det gäller att) veta när; *the great ~ is to* det viktigaste är att; *that is how ~s are* så ligger det till; *that's just the ~* (*the very ~*) det är precis det rätta (vad som behövs); *that's not the ~ to do* så gör man inte; *be all ~s to all men* vara alla till lags; *it's a good ~ that* det är bra (en bra sak) att; *it was a near ~* det var nära ögat; *it's just one of those ~s, these ~s happen* sådant händer; *it was quite the done ~* det var helt korrekt (accepterat, comme-il-faut); *there is another ~ I want to ask you* det är en sak till jag skulle vilja fråga dig; *the best* (*strange*) *~ about it is* det bästa (egendomliga) med det är; *it is the usual ~ to apologize* man brukar be om ursäkt; *how are ~s at home?* hur står det till (är läget) hemma?; *~s aren't what they used to be* ingenting är (det är inte) som förr i tiden; *do one's own ~* (*vard.*) *a*) göra det man [själv] vill (gillar), *b*) göra sin grej, köra sitt; *the first ~ we did* det första vi gjorde; *the only ~ we can do* det enda vi kan göra; *what a silly ~ to do!* [hur kan man göra ngt] så dumt!; *I'm not feeling quite the ~* jag känner mig inte riktigt i form; *he's got this ~ about her* (*vard.*) *a*) han är galen i henne, *b*) han kan inte med (står inte ut med) henne; *I have other ~s to do* jag har annat att göra; *I don't have a ~ to wear* jag har ingenting att sätta på mig; *he knows a ~ or two* han är minsann inte bakom, han kan (vet) en hel del; *make a ~ of* göra affär av; *all the ~s I meant to say* allt jag ville säga; *he is seeing ~s* han inbillar sig saker [och ting], han har syner; *taking one ~ with another* allt som allt, när allt kommer omkring; *not understand a ~* inte förstå ett dugg **2** *vard.* varelse; *poor ~!* stackars krake!; *poor little ~!* stackars liten!; *you poor ~!* din stackare!, stackars dig!; *hello, old ~!* hej gamle gosse (vän)!; *that ~ John* den där [typen] John

T

thinga|mabob, -majig, thingu|mabob, -majig ['θɪŋ(ə)|mɪbɒb, -mɪdʒɪg], **thingummy** ['θɪŋəmɪ] *vard.* grej, manick, grunka; den där vad den (han, hon) nu heter

think [θɪŋk] **I** *v* (*thought, thought*) **1** tänka; tänka (fundera) på; betänka; tänka efter, tänka sig för; *~ again!* tänk efter en gång till!; *I wasn't ~ing* jag tänkte mig inte för; *it makes you ~* det får en att tänka efter (ger en ngt att tänka på) **2** tänka (föreställa) sig; ana; förstå, fatta; tro; anse, tycka; *~ it advisable* anse det vara tillrådligt; *to ~ that he is nine!* tänk (om man tänker på) att han är nio år!; *just ~ if* tänk dig bara om; *you can't ~ how pleased I am* du kan inte föreställa dig (ana) vad glad jag är; *I don't* (*shouldn't*) *~ so, I ~ not* jag tror (tycker) inte det, det tror (tycker) jag inte (inte 'jag); *it's a good idea, don't you ~?* det är en bra idé, eller hur (tycker du inte)?; *who do you ~ you are?* vem tror du att du är egentligen?; *I should ~ so!* ja, jag menar det!, jo, det vill jag lova!; *one* (*you*) *would ~ that* man skulle [kunna] tro att; *he ~s he is* (*he ~s himself*) *clever* han tror sig vara (att han är) smart; *he was thought to be rich* han troddes (ansågs) vara rik; *it was thought that* man trodde (det antogs) att **3** *~ about* fundera (tänka) på, ha i tankarna; *what are you ~ing about?* vad tänker du (är det du tänker) på?; *what do you ~ about...?* vad tycker (anser) du om...?; *~ ahead* tänka framåt; *~ of a*) tänka (fundera) på, *b*) komma (hitta) på, komma ihåg, *c*) tänka (föreställa) sig; *what do you ~ of...?* vad tycker (anser) du om...?; *I couldn't ~ of doing such a thing* jag skulle inte drömma om att göra en sådan sak; *I can't ~ of his name* jag kan inte komma på (kommer inte ihåg) hans namn; *who thought of that idea?* vem har kommit (kom) på den idén?; [*just*] *~ of her in a bikini* tänk (kan du tänka) dig henne i bikini?; *he ~s of nobody but himself* han tänker bara på sig själv; *~ better of it* komma på bättre (andra) tankar; *~ highly* (*well*) *of* ha höga tankar om; *I don't ~ much of it* jag har inga högre tankar om det, jag tycker inte det är ngt vidare (inte om det); *~ little* (*nothing*) *of a*) ha låga tankar om, sätta föga värde på, *b*) anse det vara en småsak (*doing s.th.* att göra ngt); *~ nothing of it!* det var väl ingenting!, tänk inte på det!, *~ out* tänka igenom (ut), fundera ut; *~ over* tänka över (igenom); *~ to a*) tänka [på att], *b*) vänta [sig] att; *~ to o.s.* tänka för sig själv; *~ up* komma (hitta) på, tänka ut **II** *s* funderare, tanke; *vard., have a ~ about it* ta sig en funderare på det, [ta och] fundera på saken; *you've got another ~ coming* där (då) misstar du dig grundligt, där (nu) får du tänka om

thinkable ['θɪŋkəbl] tänkbar **thinker** [-ə] tänkare

thinking ['θɪŋkɪŋ] **I** *a* tänkande **II** *s* tänkande; tänkesätt; tankegång; tankearbete; *way of ~* sätt att tänka, tankegång; *to my* [*way of*] *~* enligt min uppfattning (åsikt); *do some hard ~* tänka skarpt, tänka efter ordentligt **thinking cap** *s, put on one's ~* ta sig en funderare

think-tank ['θɪŋktæŋk] *vard.* hjärntrust, expertgrupp

thinner ['θɪnə] *kem.* thinner, förtunning

thin-skinned [,θɪn'skɪnd] *bildl.* tunnhudad, [över]känslig

third [θɜ:d] (*jfr eighth*) **I** *räkn* tredje; *the ~ century* 200-talet; *the ~ degree* tredje graden (*förhörsmetod*); *the ~ floor* tre (*AE.* två) trappor upp; *~ part* tredjedel; *~ party* tredje man; *~ rail* (*järnv.*) strömskena; *~ time lucky!* tredje gången gillt!; *the T~ World* tredje världen **II** *adv* **1** tredje; *the ~ largest country* det tredje landet i storlek; *~ best* näst näst bäst **2** som trea; *come ~* komma trea (på tredje plats) **3** *travel ~* åka [i] tredje klass **4** för det tredje **III** *s* **1** tredjedel **2** trean[s växel] **3** *sport.* trea; tredjeplacering **4** *mus.* ters **5** *univ. get a ~* få lägsta betyget (*i honours*)

third|ly ['θɜ:dlɪ] *adv* för det tredje **--party** [-,pɑ:tɪ] *a* tredje mans-; *~ insurance* ansvarighetsförsäkring **--rate** [-reɪt] tredje klassens, undermålig

thirst [θɜ:st] **I** *s* törst; *bildl. äv.* längtan (*for* efter); *quench one's ~* släcka törsten **II** *v* törsta (*for* efter) **thirsty** ['θɜ:stɪ] **1** törstig; *be ~ for* längta (törsta) efter **2** som man blir törstig av, som ger törst

thir|teen [,θɜ:'ti:n] (*jfr eighteen o. sms.*) **I** *räkn* tretton **II** *s* tretton; trettontal **-teenth** [-'ti:nθ] *räkn o. s* trettonde; tretton[de]del

thirtieth ['θɜ:tɪɪθ] trettionde; trettion[de]del

thirty ['θɜ:tɪ] (*jfr eighty o. sms.*) **I** *räkn* tretti[o] **II** *s* tretti[o]; tretti[o]tal **thirty-second note** [,θɜ:tɪ'sek(ə)ndnəʊt] *AE. mus.* trettiotvåondelsnot

this [ðɪs] **I** *pron* (*pl these*) **1** den (det) här, denn|e, -a, detta; det; *these* (*pl*) de här, dessa, det här, detta; *~ afternoon* i eftermiddag[s], i dag på eftermiddagen; *~ day week* i dag om en vecka; *~ day last year* i dag för ett år sedan; *these days* nuförtiden; *one of these days* endera dagen, en vacker dag; *on a day like ~* en sådan [här] dag; *~* [*coming*] *March* nu i mars; *~ way and that* hit och dit, åt alla håll; *~ one...that one* den här...den där; *before ~* [redan] förut; *by ~* vid det här laget; *what's all ~?* vad är meningen med det här?, vad ska det här betyda?; *who is ~?* vem är det?; *~ is the first of May* i dag är det första maj; *~ is it a*) just precis, *b*) så får det bli, så förhåller det sig; *~ is where I live* det är här jag bor, här bor jag; *~ is to certify that* härmed intygas att; *these are my friends* det här är mina vänner; *it was like ~* det var så [här]; *we were talking about ~ and that* (*this, that, and the other*) vi talade om ditt och datt **2** (*i vard. framställning*) en; *after an hour ~ pretty girl came along* efter en timme kom en vacker flicka **II** *adv, vard.* så [här]; *~ high* så [här] hög[t]; *~ much* så [pass] mycket

thistle ['θɪsl] *bot.* tistel **-down** tistelfjun

thither ['ðɪðə] *åld.* dit **-to** [,ðɪðə'tu:] dit[in]tills

tho['] [ðəʊ] *se though*

Thomas ['tɒməs]

thong [θɒŋ] läderrem; pisksnärt

Thor [θɔ:] Tor

thorax ['θɔ:ræks] (*pl ~es el. thoraces* ['θɔ:rəsi:z])**1** *med.* thorax, bröstkorg **2** (*hos insekter*) mellankropp

thorn [θɔ:n] **1** tagg, törne, torn; *be a ~ in a p.'s flesh* (*side*) vara en nagel i ögat på ngn, vara ett ständigt problem för ngn **2** hagtorn; törnbuske **thorn apple** ['θɔ:n,æpl] *bot.* spikklubba

thorny ['θɔ:nɪ] **1** full av törnen, taggig **2** *bildl.* kinkig, kvistig, ömtålig

thorough ['θʌrə] ingående, grundlig, omfattande, noggrann; riktig, fullständig; fulländad; fullfjädrad; ~ *bass* (*mus.*) generalbas, basso continuo **-bred I** *a* fullblods-; rasren **II** *s* fullblod; fullblods-, ras|häst **-fare 1** genomfart; *no* ~ genomfart förbjuden **2** genomfartsled, huvud|gata, -väg **-going** [-ˌgəʊɪŋ] **1** grundlig, genomgripande **2** äkta, fulländad **-ly** [-lɪ] *adv* ingående *etc.*, *jfr thorough*; helt, alldeles, väldigt

Thos. *förk. för Thomas*

those [ðəʊz] *pl av that I o. II*

thou [ðaʊ] *pers. pron, åld., poet., relig.* du

though [ðəʊ] **I** *konj* **1** fast[än], trots att; [*even*] ~ även om, om också (än); *important* ~ *it may be* hur viktigt det än må vara; ~ *rich he i stingy* fastän han är rik är han snål; ~ *I say it* (*so*) *myself* om jag får säga det själv **2** *as* ~ som [om] **II** *adv* i alla fall, ändå; verkligen, faktiskt; *cold, isn't it? - isn't it* ~*!* (*vard.*) kallt, eller hur? - ja visst!, verkligen!

thought [θɔ:t] **I** *s* **1** tanke (*of* på); idé, ingivelse, infall; åsikt, uppfattning (*on, about* om); *deep* (*lost*) *in* ~ försjunken i tankar; *the mere* (*very*) ~ *of* blotta tanken på; *at the* ~ *that* vid tanken på att; *with no* ~ *of reward* utan tanke på belöning; *it's the* ~ *that counts* det är avsikten som räknas; *I can't bear the* ~ *of leaving him* jag står inte ut med tanken på att lämna honom; *not give it another* ~ inte tänka mer på det; *I never gave it a* ~ jag tänkte aldrig på det **2** tänkande; tankar; tankegång, tänkesätt; *logical* ~ logiskt tänkande; *modern* ~ moderna tankegångar, modernt tänkande **3** eftertanke; övervägande; *after much* ~ efter moget övervägande; *on second* ~*s* vid närmare eftertanke **4** omtanke (*for* om); hänsyn (*for* till) **5** aning; *a* ~ *more interested* en aning (aningen) mera intresserad **II** *imperf. o. perf. part. av think*

thought|ful ['θɔ:tf(ʊ)l] **1** tankfull, eftertänksam **2** omtänksam **-less** [-lɪs] **1** tanklös, obetänksam, oöverlagd **2** utan tankar **--out** uttänkt, genomtänkt **--provoking** [-prəˌvəʊkɪŋ] tankeväckande **--reader** [-ˌri:də] tankeläsare

thousand ['θaʊznd] *räkn o. s* tusen; tusental, tusende; *a* ~ *and one a*) ett tusen ett, *b*) *vard.* tusentals (*times* gånger); *a* ~ *to one* tusen mot ett; *one in a* ~ en på tusen; ~*s of times* tusentals gånger; *in* ~*s* i tusental, i tusenden; *people arrived in their* ~*s* (*by the* ~) människor kom i tusental; *the T*~ *and One Nights* Tusen och en natt **thousandfold** ['θaʊzn(d)fəʊld] *a o. adv* tusen|faldig[t], -falt **thousandth** ['θaʊzn(t)θ] **I** *räkn* tusende **II** *s* tusen[de]del

thraldom ['θrɔ:ldəm] träldom, slaveri

thrall [θrɔ:l] **1** *eg. o. bildl.* träl, slav (*of, to* under) **2** träldom, slaveri (*äv. bildl.*); *be in* ~ *to s.b.* (*åld. bildl.*) vara ngns slav (i ngns våld)

thrash [θræʃ] **1** prygla, ge stryk, slå **2** (*i tävling e.d.*) slå, utklassa, besegra **3** ~ *out* diskutera igenom (*a problem* ett problem) **4** ~ [*around*] [häftigt] kasta sig av och an, slå vilt omkring sig **-ing** ['θræʃɪŋ] [kok] stryk, smörj

thread [θred] **I** *s* **1** tråd (*äv. bildl.*); garn; *the main* ~ den röda tråden; *hang by a* ~ (*bildl.*) hänga på en [skör] tråd; *she had not a dry* ~ *on her* hon hade inte en torr tråd på kroppen; *lose the* ~ (*bildl.*) tappa tråden; *pick up the* ~[*s*] (*bildl.*) ta upp tråden igen; *worn to a* ~ helt utsliten **2** strimma **3** [skruv]gänga, gängning **II** *v* **1** trä[da]; trä på (upp); ~ *a needle* trä på en nål; ~ *beads onto a string* trä [upp] pärlor på ett snöre **2** ~ [*one's way*] *through* slingra sig fram (bana sig väg) genom **3** gänga

threadbare ['θredbeə] **1** [lugg]sliten **2** *bildl.* uttjatad, [ut]sliten; torftig

threat [θret] hot, hotelse (*to* mot); överhängande fara (*to* för); *be under* ~ *of* hotas av **threaten** ['θretn] hota; hota med; ~ *s.b. with a weapon* hota ngn med ett vapen; ~ *to resign* hota [med] att avgå; *the rain* ~*ed to spoil the harvest* regnet hotade att förstöra skörden

three [θri:] (*jfr eight o. sms.*) **I** *räkn* tre **II** *s* trea

three|cornered [ˌθri:'kɒ:nəd] trekantig, triangelformad **--D, --dimensional** tredimensionell **-fold** ['θri:fəʊld] **I** *a* tre|dubbel, -faldig **II** *adv* tre|-dubbelt, -faldigt, -falt **--four** [ˌθri:'fɔ:] *a, mus.,* ~ *time* trefjärdedels takt **-pence** ['θrep(ə)ns] (*förr*) tre pence; trepenceslant **-penny bit** ['θrepənɪbɪt] (*förr*) trepenceslant **--piece** ['θri:pi:s] tredelad, i tre delar; ~ *suit* dräkt (kostym) som består av tre delar (*kjol el. byxor, väst, kavaj*) **--ply** ['θri:plaɪ] treträdig; tredubbel, i tre lager **--quarter** [ˌθri:'kwɔ:tə] trefjärdedels-, trekvarts- **-some** ['θri:səm] **1** grupp av tre personer **2** spel för tre personer **3** *golf.* threesome, tremansgolf **--wheeler** [ˌθri:'wi:lə] trehjuling

thresh [θreʃ] **I** *v* tröska **II** *s* tröskning **thresher** ['θreʃə] **1** tröskare **2** tröskverk **threshing-machine** ['θreʃɪŋməˌʃɪn] tröskverk

threshold ['θreʃ(h)əʊld] tröskel (*äv. bildl.*)

threw [θru:] *imperf. av throw*

thrice [θraɪs] *litt.* tre gånger

thrift [θrɪft] **1** sparsamhet **2** *bot.* trift **thriftiness** ['θrɪftɪnɪs] sparsamhet **thrifty** ['θrɪftɪ] sparsam, ekonomisk

thrill [θrɪl] **I** *v* **1** komma att rysa (darra) av spänning; ~ *to s.b.* hänföra ngn, göra ngn förtjust **2** hänföra, göra förtjust; *they are* ~*ed to bits* de är överförtjusta **3** rysa **II** *s* **1** rysning, ilning, skälvning **2** spänning, tjusning **thriller** ['θrɪlə] thriller, rysare **thrilling** ['θrɪlɪŋ] spännande, rafflande

thrive [θraɪv] (~*d*, ~*d*, *mera sällan throve, thriven*) **1** trivas; [växa och] frodas **2** lyckas, ha framgång **thriven** ['θrɪvn] *perf. part. av thrive* **thriving** ['θraɪvɪŋ] **1** frodig, som frodas **2** framgångsrik, blomstrande

throat [θrəʊt] **1** hals, strupe, svalg; *clear one's* ~ harkla sig, klara strupen; *cut a p.'s* ~ skära halsen av ngn; *cut one's own* ~ (*bildl.*) förstöra för (skada) sig själv; *grab s.b. by the* ~ ta struptag på ngn; *have s.th.* (*s.b*) *by the* ~ ha fullständig kontroll över ngt (ngn); *have a sore* ~ ha ont i halsen; *jump down a p.'s* ~ (*vard.*) fara ut mot ngn; *ram* (*force*) *s.th. down a p.'s* ~ tvinga (pracka) på ngn ngt; *it stuck in my* ~ det fastnade i halsen på mig **2** [smal] öppning (passage) **throaty** ['θrəʊtɪ] guttural, strup-; hes, skrovlig

throb [θrɒb] **I** *v* dunka, bulta, banka, slå; pulsera, vibrera; ~*bing streets* gator som sjuder av liv **II** *s* dunk[ande], bultande, bankande

throes [θrəʊz] **1** häftiga smärtor, plågor; vånda; *death ~* dödskamp **2** *in the ~s of* mitt uppe i

thrombo|sis [θrɒm'bəʊsɪz] (*pl -ses* [-si:z]) *med.* trombos, blodproppsbildning; *coronary ~* koronartrombos

throne [θrəʊn] tron; *be on the ~* sitta på tronen; *come to the ~* komma på tronen

throng [θrɒŋ] *högt., litt.* **I** *s* massa, mängd; *~s of people* folk|trängsel, -massor **II** *v* **1** strömma [till]; trängas, skockas **2** trängas på (i, kring)

thronged [-d] myllrande, fullpackad, vimlande (*with* av)

throstle ['θrɒsl] **1** *poet.* taltrast **2** spinnmaskin

throttle ['θrɒtl] **I** *s* gaspedal; spjäll; strypventil **II** *v* **1** strypa, kväva **2** strypa, reglera (*tillförsel av ngt*); *~ back* (*down*) minska (släppa) på gasen

through [θru:] **I** *prep* **1** [i]genom; in (ut) genom; *drive ~ the red lights* köra mot rött [ljus]; *shot ~ the head* skjuten genom (i) huvudet; *talk ~ one's nose* tala i näsan; *it can turn its head ~ a complete circle* den kan vrida huvudet hela varvet runt **2** *all ~ his life* [under] hela sitt liv; [*all*] *~ the night* hela natten [igenom]; *he won't live ~ the night* han kommer inte att överleva natten; *Monday ~ Friday* (*AE.*) måndag till och med fredag **3** genom, [på grund] av, tack vare; *~ fear* av rädsla; *it's all ~ them* det är helt och hållet deras förtjänst (fel) **4** *~ the post* med posten, per post **II** *adv* **1** igenom; till slut[et]; *all ~* hela tiden; *wet ~* genomvåt; *he is a gentleman ~ and ~* han är gentleman alltigenom; *the train goes ~ to London* tåget går direkt till London; *the apple was rotten right ~* äpplet var ruttet helt igenom (genomruttet); *did you stay right ~?* stannade du ända till slutet? **2** *vard., be ~ a*) vara färdig (klar), *b*) vara slut, *c*) ha fått nog; *we are ~ a*) vi är färdiga, *b*) det är slut mellan oss; *I'm ~ with you* jag har fått nog av (är färdig med) dig **3** *tel., be ~* ha kommit fram; *get ~* komma fram; *put ~* koppla **III** *a* genomgående, direkt; *~ coach* direktvagn; *~ traffic* genomfartstrafik

through|out [θru:'aʊt] **I** *prep* **1** överallt i, genom (över) hela **2** *~ the day* [under] hela dagen **II** *adv* alltigenom, genom-; överallt **-put** ['θru:pʊt] produktion; kapacitet

throve [θrəʊv] *imperf. av thrive*

throw [θrəʊ] **I** *v* (*threw, thrown*) **1** kasta, slänga, slunga; kasta [av, in, omkull, till, upp, ut]; slänga (slunga, skjuta, spruta) ut; sätta, ställa, lägga; slå; *~ the dice* kasta tärning; *~ a six* slå en sexa; *~ a somersault* slå en kullerbytta; *~ suspicion on* kasta misstankar på; *~ open* kasta (slå) upp, öppna; *~ a bridge across a river* slå (bygga) en bro över en flod; *~ an angry look at* kasta en ilsken blick på; *~ o.s. at s.b. a*) kasta sig i armarna på ngn, *b*) kasta (störta) sig över ngn; *~ into prison* kasta i fängelse; *~ into the shade* (*bildl.*) ställa i skuggan; *~ a ball in the air* kasta upp en boll i luften; *~ o.s. into s.th.* störta (kasta) sig in i ngt; *~ s.b. off the scent* leda ngn på villospår; *~ the blame on s.b.* kasta (lägga) skulden på ngn; *~ o.s. o.s. on s.b.* kasta sig över ngn; *~ s.th. to the floor* kasta [ner] ngt på golvet **2** försätta, försänka (*into* i); *vard.* bringa ur fattningen, göra paff; *~ s.b. into a rage* göra ngn rasande **3** ömsa (*skinn*); fälla (*hår e.d.*) **4** (*om djur*) föda, få **5** förlora med flit; ge upp; skänka bort **6** koppla in, koppla (slå) till; *~ the switch of* vrida på knappen till **7** *vard.* ha, ställa till [med]; *~ a fit of hysterics* få ett hysteriskt anfall; *~ a party for s.b.* ha (ställa till med) fest för ngn **8** svarva; dreja; tvinna **9** kasta; kasta tärning **10** *~ about* kasta (slänga) omkring; *~ one's arms about* fäkta med armarna; *~ one's money about* strö pengar omkring sig; *~ away* kasta bort (*äv. bildl.*); *~ o.s. away on s.b.* kasta bort sitt liv på ngn; *~ back* kasta tillbaka, återkasta; *~ back to* gå tillbaka till, uppvisa drag från; *be ~n back on one's own powers* vara hänvisad till sina egna krafter; *~ down* kasta ner (omkull); *~ in a*) kasta in, *b*) skjuta in, inflika; *lunch with beer ~n in* lunch där öl ingår i priset; *~ off a*) kasta av [sig], kasta bort, *b*) göra sig (bli) av med, bli kvitt, skaka av sig, *c*) kasta fram, slänga ur sig, skaka fram, *d*) bringa ur fattningen; *~ on* kasta på sig; *~ out a*) kasta (slänga) ut (bort), köra ut (bort), *b*) avge, ge ifrån sig, utstråla, sända ut, *c*) kasta fram, komma med, *d*) förkasta, *e*) bringa ur fattningen, distrahera; *~ one's chest out* skjuta fram bröstet; *~ over a*) överge, ge upp, avvisa, *b*) överge, göra slut med; *~ together a*) rafsa ihop, *b*) smälla (sätta) ihop, *c*) föra tillsammans; *~ up a*) kasta (slänga) upp, *b*) kasta (kräkas) upp, *c*) smälla upp (*a building* en byggnad), *d*) producera, få fram, *e*) ge upp, sluta (*one's job* sitt jobb), *f*) kräkas; *~ up dust* röra upp damm; *~ up one's eyes* (*head*) höja blicken (huvudet) **II** *s* kast; *vard.* försök, chans; *~* [*of the dice*] tärningskast; *a stone's ~ from* ett stenkast från

throwaway ['θrəʊəweɪ] **I** *a* **1** engångs-; slit-och-släng- **2** som man slänger ur sig; retorisk; tillfällig **II** *s* engångsartikel **throwback** *biol.* atavism; *bildl.* återgång **throw-in** (*i fotboll*) inkast

thrown [-n] *perf. part. av throw*

thru [θru:] *AE. vard., se through*

thrum [θrʌm] **I** *v* **1** trumma [på, mot] **2** (*om motor e.d.*) brumma **II** *s* **1** trummande **2** brummande

1 thrush [θrʌʃ] *zool.* trast

2 thrush [θrʌʃ] *med.* torsk

thrust [θrʌst] **I** *v* (*thrust, thrust*) **1** stoppa, sticka, köra, stöta; skjuta, knuffa; *~ aside a*) skjuta (knuffa) åt sidan (undan), *b*) åsidosätta, tillbakavisa; *~ one's hands into one's pockets* stoppa händerna i fickorna; *~ one's nose into other people's business* lägga sig i andras angelägenheter; *~ out* (*up*) sticka ut (upp, fram); *~ through* genomborra **2** tränga; tvinga; *~ one's way through* tränga sig fram genom; *~ o.s. upon s.b.* tränga (tvinga, kasta) sig på ngn; *~ s.th. upon s.b.* tvinga (pracka) på ngn ngt **3** stöta, sticka (*at* efter); göra ett utfall, gå till anfall (*at* mot) **4** tränga (tvinga) sig **II** *s* **1** stöt; knuff; stick, hugg **2** framstöt; utfall, anfall **3** huvuddel, viktigaste del; drivkraft **4** *tekn.* tryck[kraft]; drivkraft; stöt

Thu. *förk. för Thursday*

thud [θʌd] **I** *s* duns **II** *v* **1** dunsa **2** bulta, dunka

thug [θʌg] våldsman, bandit, gangster **-gery** ['θʌgərɪ] gangsterfasoner

thumb [θʌm] **I** *s* tumme; *be all ~s* vara fumlig (tafatt); *~s up* (*down*) tummen upp (ner); *turn ~s down on* visa tummen ner för, förkasta; *be under* *a p.'s* ~ vara strängt hållen av ngn; *have s.b. under one's* ~ ha tummen på ögat på ngn, hålla ngn i ledband **II** *v* **1** tumma [på], använda ofta; ~ [*through*] bläddra igenom **2** ~ *one's nose at a*) räcka lång näsa åt, *b*) strunta i **3** *vard.*, ~ *a ride* (*lift*) [försöka] få lift (lifta)

thumb index ['θʌmˌɪndeks] tumindex **thumbnail** [-neɪl] **I** *s* tumnagel **II** *a*, ~ *account* kort (koncentrerad) redogörelse; ~ *sketch* snabbskiss **thumbnut** [-nʌt] vingmutter **thumbprint** [-prɪnt] tumavtryck **thumbscrew** [-skru:] tumskruv **thumbs-down** [-zdaʊn] *s, vard., receive a* ~ få tummen ner **thumbs-up** [-zʌp] *s, vard., receive a* ~ få tummen upp **thumbtack** [-tæk] *AE.* häftstift

thump [θʌmp] **I** *v* **1** dunka (banka, bulta, slå) [på]; slänga, smälla (*s.th. onto* ngt på); ~ *out a tune on the piano* hamra fram en melodi på pianot **2** dunsa (*into the ground* i marken); dunka, bulta, slå (*at, on* på) **II** *s* duns, smäll, dunk, [tungt] slag **-ing** ['θʌmpɪŋ] *vard.* enorm, väldig, kolossal, hejdundrande

thunder ['θʌndə] **I** *s* åska; dån, dunder; *clap* (*peal*) *of* ~ åsk|knall, -skräll; ~*s of applause* applådåskor; *his face was like* (*as black as*) ~ han såg ut som ett åskmoln; *steal a p.'s* ~ (*bildl.*) stjäla föreställningen för ngn, förekomma ngn **II** *v* **1** åska; dåna **2** *bildl.* dundra [fram]; dåna **-bolt** blixt, åsknedslag **-clap** åsk|knall, -skräll **-cloud** åskmoln **-ing** [-rɪŋ] **I** *a* **1** dundrande; dånande **2** *vard.* väldig, fantastisk, kolossal **II** *adv, vard.* väldigt, fantastiskt, kolossalt **-ous** [-rəs] **1** åskliknande; dånande **2** *bildl.* dånande, rungande (*applause* applåd[er]) **-shower** [-ʃaʊə] åskregn **-storm** [-stɔ:m] åskväder, åska **-stricken** [-ˌstrɪk(ə)n], **-struck** [-strʌk] [som] träffad av blixten, förstenad, förstummad

thundery ['θʌndərɪ] åsk-, åskig; *the weather is* ~ det är åska i luften

Thuringia [θjʊ(ə)'rɪndʒɪə] Thüringen

Thurs. *förk. för Thursday*

Thursday ['θɜ:zdɪ] (*jfr Friday*) torsdag

thus [ðʌs] **1** alltså, således **2** sålunda, så här **3** ~ *far* så långt, hittills

thwack [θwæk] **I** *v* slå [till], smälla [till] **II** *s* slag, smäll, rapp

thwart [θwɔ:t] **I** *v* korsa, omintetgöra, gäcka (*a p.'s plans* ngns planer); hindra, motarbeta (*s.b.* ngn) **II** *s, sjö.* toft, sittbräda

thy [ðaɪ] *poss. pron, åld., poet., relig.* din

thyme [taɪm] *bot.* timjan

thy|mus ['θaɪməs] (*pl -muses el. -mi* [-maɪ]) *anat.* thymus, bräss

thyroid ['θaɪrɔɪd] *anat.* **I** *a*, ~ *gland* sköldkörtel **II** *s* sköldkörtel

thyself [ðaɪ'self] *rfl o. pers. pron, åld., poet., relig.* dig [själv]; [du] själv

ti [ti:] *mus.* si

tiara [tɪ'ɑ:rə] tiara; diadem

Tiber ['taɪbə] *s, the* ~ Tibern

Tibet [tɪ'bet] Tibet **-an** [-(ə)n] **I** *a* tibetansk **II** *s* **1** tibetan **2** tibetanska [språket]

tibia ['tɪbɪə] *anat.* skenben

tic [tɪk] *med.* tick, [ofrivillig] ryckning

1 tick [tɪk] **I** *s* **1** tickande; *BE. vard.* ögonblick **2** bock, kråka (*vid avprickning*) **II** *v* **1** ticka; *what makes him* (*how does he*) ~? (*vard.*) hur är han funtad?, vad är det som driver honom? **2** *BE.*, ~ *over* gå på tomgång (*äv. bildl.*); *I'm just* ~*ing over* det knallar och går **3** *litt.*, ~ *by* (*away*) ticka fram **4** ~ *off* pricka (bocka) av **5** *vard.*, ~ *s.b. off* skälla ut, huta åt, läxa upp

2 tick [tɪk] *zool.* fästing

3 tick [tɪk] *BE. vard.* krita, kredit; *on* ~ på krita (kredit)

4 tick [tɪk] **1** madrass-, kudd|var **2** *se ticking*

ticker ['tɪkə] **1** [börs]telegraf **2** *vard.* klocka **3** *vard.* pump (*hjärta*) **ticker tape** *AE.* telegraf-, teleprinter|remsa (*med börskurser*) **ticker tape reception** *s, get a* ~ få ett kungligt (storslaget) mottagande

ticket ['tɪkɪt] **I** *s* **1** biljett **2** sedel; [medlems]kort; etikett, märke; kupong; [parkerings]kvitto; [felparkerings]lapp; *vard.* [flyg]certifikat, skepparbrev; *library* ~ låne-, biblioteks|kort; *lottery* ~ lott, lottsedel **3** *vard.* frisedel **4** *vard.*, *that's* [*just*] *the* ~*!* det är det [enda] rätta (riktiga)!, det är toppen (som det skall vara)! **5** *AE.* kandidatlista; [parti]-program **II** *v* etikettera; öronmärka **ticket collector** [-kəˌlektə] [tåg]konduktör; spärrvakt **ticket office** [-ˌɒfɪs] biljett|kontor, -lucka

ticket of leave [ˌtɪkɪtəv'li:v] *jur.* frisedel **ticket-of-leave** *a, a* ~ *man* en försöksutskriven (villkorligt frigiven) fånge

ticking ['tɪkɪŋ] tyg till madrassvar (kuddvar)

ticking off [ˌtɪkɪŋ'ɒf] utskällning, åthutning, skrapa, uppsträckning

tickle ['tɪkl] **I** *v* kittla; *bildl. äv.* smickra; *bildl.* glädja, roa; *be* ~*d pink* (*to death*) *vard.* vara (bli) väldigt förtjust (glad) (*at, by* över); ~ *a p.'s vanity* kittla ngns fåfänga **2** kittla[s]; klia; *my ear is tickling* det kittlar (kliar) i örat [på mig] **II** *s* kittling; *give s.b. a* ~ kittla ngn

ticklish ['tɪklɪʃ] **1** kittlig **2** kinkig, knepig (*question* fråga) **3** irriterad (*about* över)

tick|-over ['tɪkəʊvə] *BE.* tomgång **--tack-toe** [ˌtɪktæck'təʊ] *AE.* luffarschack **-tock** ['tɪkˌtɒk] ticktack, tickande

tidal ['taɪdl] tidvattens-; med tidvatten; ~ *wave a*) tidvattensvåg, *b*) *bildl.* våg

tidbit ['tɪdbɪt] *AE., se titbit*

tiddler ['tɪdlə] *BE. vard.* liten fisk

tiddly ['tɪdlɪ] *BE. vard.* **1** pytteliten **2** packad (*berusad*) **-winks** [-wɪŋks] (*behandlas som sg*) loppspel

tide [taɪd] **I** *s* **1** tidvatten, ebb och flod; *high* (*full*) ~ högvatten, flod; *low* ~ lågvatten, ebb; *the* ~ *is in* (*high, full*) det är högvatten (flod); *the* ~ *is out* (*low*) det är lågvatten (ebb); *the* ~ *is coming in* floden sätter in (kommer, stiger); *the* ~ *is going out* floden avtar (faller) **2** *bildl.* strömning, tendens, trend; ström, flod; *the* ~ *of events* händelsernas gång; *the* ~ *of public opinion* den allmänna opinionens svängningar; *go* (*swim*) *with* (*against*) *the* ~ följa med (gå emot) strömmen; *the* ~ *has turned* bladet har vänt sig, det har skett en omsvängning **3** *högt.* tid **II** *v*, ~ *s.b. over* hjälpa ngn [att komma] över (igenom); *that will* ~ *me over until Sunday* med det kommer jag att klara mig till på söndag

tide|land ['taɪdlænd] *AE.* land som täcks och

torrläggs av tidvatten **-line** tidvattenlinje **-mark 1** tidvattenlinje; vattenståndsmärke **2** (*i badkar e.d.*) [tvål]rand **--rip** tidvattensvåg, brottsjö **-water** [-ˌwɔːtə] **1** tidvatten[sflod] **2** *AE.* tidvattensområde; kust[område]

tidings [ˈtaɪdɪŋz] *pl, åld.* nyheter, tidender

tidy [ˈtaɪdɪ] **I** *a* **1** snygg, prydlig, välvårdad, städad, ordentlig **2** *vard.* ansenlig, nätt (*amount of money* summa pengar) **II** *s* **1** [förvarings]ask, -korg; *sink* ~ avfallslåda (*för vask*) **2** *i sht AE.* [stols]överdrag, -skydd **III** *v* städa; ~ *away* städa bort; ~ *out* städa ur; ~ *up* städa [upp], snygga upp

tie [taɪ] **I** *s* **1** band, snöre; knut **2** slips; kravatt, rosett, fluga **3** *bildl.* band, relation, förbindelse; hämsko, black om foten; *business ~s* affärsförbindelser; *~s of blood* blodsband; *~s of friendship* vänskapsband; *I don't want any ~s* jag vill inte känna mig (vara) bunden **4** *polit.* lika röstetal **5** *sport.* lika poängtal; oavgjord match, oavgjort resultat, dött lopp; *BE.* cupmatch; *the match ended in a ~* matchen slutade oavgjort **6** *mus.* [binde]båge **7** *AE. järnv.* sliper **II** *v* **1** binda [fast], knyta [fast]; fästa; *bildl.* binda (*to* vid), hålla bunden; *mus.* binda ihop [med båge]; *med.* underbinda; ~ *s.th.* [*on*]*to* binda (knyta) fast ngt vid; ~ *s.th.* [*in*]*to* sammankoppla (hoplänka) ngt med (*äv. bildl.*); ~ *a knot* knyta (göra, slå) en knut; *my hands are ~d* (*bildl.*) mina händer är bundna; ~ *down* binda (*äv. bildl.*), binda fast (*to* vid); *be ~d down by* vara bunden av; ~ *o.s. down to doing s.th.* förbinda sig att göra ngt; ~ *in* (*bildl.*) förbinda, samordna (*with* med); ~ *on* binda på (fast), knyta fast; ~ *up a*) binda [fast, ihop, om, upp], knyta [igen, ihop, till], förtöja, *b*) *med.* underbinda, *c*) *bildl.* binda, låsa, sammanlänka, förbinda, *d*) *bildl.* utreda, avhandla, *e*) stoppa; *~d up* upptagen **2** knytas [fast, ihop, till]; fästas **3** ~ *in* (*up*) *with* passa till, stämma (hänga ihop, ha samband) med **4** *sport.* ha (komma på) samma poäng, ligga lika, ha (få) samma placering (*with* som); spela oavgjort; *they ~d for first place* de kom på delad förstaplats

tie|break [ˈtaɪbreɪk] (*i tennis*) tiebreak **-breaker** [-ˌbreɪkə] **1** (*i tennis*) tiebreak **2** utslagsfråga

tie clasp (clip) [ˈtaɪklɑːsp, -klɪp] slipshållare **tie-dyeing** [-ˌdaɪɪŋ] knytbatik **tie-in** [-ɪn] samband **tiepin** [-pɪn] kravatt-, krås|nål

tier [tɪə] **1** rad **2** varv, lager, skikt **3** (*i organisation e.d.*) nivå

Tierra del Fuego [tɪˈerədelˈfweɪgəʊ] Eldslandet

tie-up [ˈtaɪʌp] **1** samband, förbindelse, länk **2** *i sht AE.* stopp; stagnation; [trafik]stockning

tiff [tɪf] **I** *s* **1** gnabb, dispyt **2** anfall av misshumör **II** *v* **1** gnabbas, smågräla **2** vara på dåligt humör

tiger [ˈtaɪgə] tiger; *paper ~* papperstiger **tiger-eye** [ˈtaɪgəraɪ] *miner.* tigeröga **tigerish** [ˈtaɪgərɪʃ] tiger|aktig, -liknande **tiger lily** [ˈtaɪgəˌlɪlɪ] *bot.* tigerlilja **tiger's-eye** [ˈtaɪgəzaɪ] *miner.* tigeröga

tight [taɪt] **I** *a* **1** tät **2** fast, hård; ~ *discipline* sträng disciplin; *a ~ hold* ett fast (hårt) grepp; *a ~ match* en hård (jämn) match; *the drawer is a bit ~* lådan kärvar; *the screw is ~* skruven sitter hårt; ~ *turn* snäv kurva **3** trång, snäv, [tätt] åtsittande, tajt; spänd, stram; *be a ~ fit* sitta (smita) åt, vara [för] trång; *keep a ~ rein on s.b.* hålla ngn i strama tyglar (kort); *my stomach feels ~* min mage känns spänd **4** knapp, knappt tilltagen, pressad; besvärlig, kritisk; ~ *budget* knapp (snäv) budget; *in a ~ corner* (*spot*) i knipa **5** knapp; stram; koncis; *money is ~* (*vard.*) det är knappt med pengar **6** *vard.* packad (*berusad*) **7** *vard.* snål (*with* på, med) **II** *adv* tätt, fast, hårt; *hold s.th. ~* hålla ngt hårt; *sleep ~!* sov gott!

tighten [ˈtaɪtn] **1** spänna; ~ [*up*] dra åt, *bildl.* skärpa, strama åt; ~ *one's belt* (*bildl.*) dra åt svångremmen **2** spännas; ~ [*up*] dras åt, *bildl.* skärpas, stramas åt

tight|fisted [ˌtaɪtˈfɪstɪd] snål **--lipped 1** med hopknipna läppar **2** tystlåten, förtegen, fåordig

tightrope [ˈtaɪtrəʊp] [spänd] lina; *walk on the ~* gå på lina; *be on* (*walk*) *a ~* (*bildl.*) gå balansgång **tightrope walker** [-ˌwɔːkə] lindansare

tights [taɪts] *pl* strumpbyxor; (*dansares*) trikåer

tightwad [ˈtaɪtwɒd] *AE. sl.* snåljåp

tigress [ˈtaɪgrɪs] tigerhona, tigrinna **tigrish** [-ɪʃ] tiger|aktig, -liknande

tike [taɪk] *se tyke*

tilde [tɪld] tilde, muljeringstecken (~)

tile [taɪl] **I** *s* **1** tegelpanna; kakelplatta; platta; tegel; kakel; *ceiling ~* takplatta **2** (*för dikning e.d.*) rör **3** *vard., be on the ~s* vara ute och svira **II** *v* lägga tegel på; sätta kakel på (i); lägga plattor på (i)

1 till [tɪl] *konj, prep* [ända] till[s]; till dess att; ~ *now* [ända] tills nu, hit[in]tills; ~ *then* till dess, dittills; *goodbye ~ Thursday!* vi ses på torsdag!; *not ~* inte förrän, först [när]

2 till [tɪl] kassa|låda, -skrin; kassaapparat

3 till [tɪl] **1** odla, bruka (*the soil* jorden) **2** plöja

tillage [ˈtɪlɪdʒ] **1** odling **2** plöjning **3** odlad jord (mark)

1 tiller [ˈtɪlə] ror|kult, -pinne

2 tiller [ˈtɪlə] *bot.* rotskott

1 tilt [tɪlt] **I** *v* **1** luta [på], vippa på; välta; vrida på (*one's head* huvudet); ~ *one's nose in the air* sätta näsan i vädret **2** *bildl.* vända, påverka (*the opinion* opinionen) **3** luta, vippa; välta **4** ~ *at* gå till angrepp mot **II** *s* **1** lutning; lutande, vippande **2** *bildl.* dust, dispyt **3** [*at*] *full ~* i full fart

2 tilt [tɪlt] tältduk; presenning

tilt hammer [ˈtɪltˌhæmə] stångjärnshammare

TIM [tɪm] (*i England*) Fröken Ur

timber [ˈtɪmbə] **1** timmer, trä, virke **2** timmerstock; bjälke; *sjö.* spant **3** *AE.* timmerskog **timbered** [-d] **1** av timmer, timmer-; timrad **2** skogbevuxen **timberland** *AE.* timmerskog **timber line** trädgräns **timberwork** trä|konstruktion, -stomme **timberyard** brädgård

timbre [ˈtæ̃(m)br(ə)] timbre, klangfärg

Timbuktu [ˌtɪmbʌkˈtuː] Timbuktu; *bildl.* Otaheiti, världens ände

time [taɪm] **I** *s* **1** tid[en]; tidpunkt; *~s* (*pl*) tid[er], tidpunkter; *~!* tiden är ute!, slut!, stängningsdags!; *it is a long ~ since* det är (var) länge sedan; *it's ~ for tea* det är tedags; *it is ~ we went* ([*for us*] *to go*) det är dags [för oss] att gå; *it's your ~ now* nu har du chansen (tillfälle); *there is a ~* [*and place*] *for everything* allt[ing] har sin tid; *there is no ~ to lose* (*to be lost*) det är ingen tid att förlora; *there are ~s when* det finns ögonblick (stunder, tillfällen) då, ibland; *what ~ is it?, what's the ~?*

hur mycket (vad) är klockan?; *what a long ~ you've been!* så länge du har dröjt (varit borta)!, vilken tid det tog!; *what ~ did you get back?* när kom du tillbaka?; *when my ~ is drawing near* (*is approaching, is up*) när min tid är ute (jag skall dö); *my ~ is my own* jag disponerar min tid själv; *Sunday is double ~* söndagar får man dubbelt så mycket betalt; *the ~ has come to* det är dags (hög tid) att; *when your ~ comes to* när det är din tur att; *do ~* (*vard.*) sitta inne (*i fängelse*); *find* (*get*) *~ to* få tid (hinna med) att; *have* [*the*] *~* ha tid, hinna; *have a hard ~* ha det svårt; *have a nice ~!* ha det så trevligt!; *have ~ on one's hands* ha gott om tid; *have no ~ for* (*bildl. äv.*) inte ha ngt till övers för; *keep ~ a*) hålla tiden (tider[na]), vara punktlig, *b*) ta tid; *my watch keeps* [*good*] (*bad*) *~* min klocka går rätt (fel); *he knows the ~ of day* (*bildl.*) han vet vad klockan är slagen; *make ~ to do s.th.* ta sig tid [med] att göra ngt; *pass the ~ of day with s.b.* byta några ord med ngn; *take ~* ta tid; *take one's ~ about* (*over*) *s.th.* ta [god] tid på sig för (med, till) ngt; *tell the ~ a*) kunna klockan, *b*) visa tiden; *can you tell me the ~?* kan du säga mig vad klockan är? **2** (*med adv, prep, pron*) *about ~* på tiden, dags; *about ~ too* det (är) var [verkligen] på tiden; *against ~* mot tiden, [i kapp] med tiden; *a long ~ ago* för länge sedan; *ahead of ~* i god tid, för tidig[t]; *ahead of one's ~* före sin tid; *all* [*of*] *the ~* hela tiden; *any ~ a*) när som helst, *b*) *vard.* utan tvekan, gärna; *at all ~s* alltid; *at any ~* när som helst; *at any one ~* på en gång, samtidigt; *at the best of ~s* under alla förhållanden, i alla lägen, i den bästa av världar; *at no ~* inte någon gång, aldrig; *at one ~ a*) en gång [i tiden], förr, *b*) på en gång, samtidigt; *at the* (*that*) *~* på den tiden, vid det tillfället, just då; *at the same ~ a*) samtidigt, vid samma tid, *b*) samtidigt, å andra sidan; *at ~s* emellanåt, då och då, ibland; *at my ~ of life* vid min ålder; *at this ~ of day a*) vid den här tiden på dagen, så här dags [på dagen], så här sent, *b*) nuförtiden; *before* [*one's*] *~* för tidigt, i förtid; *not before ~* det är (var) [verkligen] på tiden; *behind ~* försenad, för sent; *behind the ~s* efter sin tid; *between ~* dessemellan, emellanåt, då och då; *by the ~* vid den tid[en] då, då, när; *by that ~* vid det laget, då, till dess; *by this ~* vid det här laget, nu; *by this ~ next year* vid den här tiden nästa år; *every ~!* (*vard.*) så klart!, absolut!, alla gånger!; *for all ~* för alltid (evigt); *for the ~ being* för tillfället (närvarande), tills vidare; *for a long ~* på länge, [sedan] länge; *for a long ~ past* sedan länge; *for some ~* någon (för en) tid; *for some ~ yet* ännu på ett [bra] tag; *from ~ to ~* då och då, emellanåt; *in ~ a*) i [rätt] tid, *b*) med tiden, i sinom tid; *in advance of one's ~* före sin tid; *all in good ~* i lugn och ro; *in a month's ~* om (på) en månad; *in* [*next to*] *no ~* på ingen tid, på nolltid, utan dröjsmål; *in our ~s* i vår tid; *in the company's ~* på arbetstid; *in one's own ~* på fritiden; *in recent ~s* på senare tid; *~ off* fritid; *on ~* i [rätt] tid, punktlig[t]; *out of ~ a*) för sent, *b*) olägligt; *once upon a ~ there was* det var en gång **3** gång; *~ and* [*~*] *again, ~ after ~* gång på gång, om och om igen; *one at a ~* en åt gången (i sänder, i taget); *many a ~, many ~s* många gånger, ofta; [*the*] *next ~* nästa gång; *two or three ~s* ett par [tre] gånger; *ten ~s as big as* (*the size of*) tio gånger så stor som; *two ~s three is six* två gånger tre är sex **4** takt[art]; tempo; *in ~* i takt; *out of ~* i otakt, ur takt; *keep* (*beat*) *~* hålla (slå) takt[en] **II** *v* **1** välja [rätt] tidpunkt för, bestämma (beräkna) tiden (tidpunkten) för, avpassa, tajma **2** ta tid på (vid), klocka **3** ställa, justera

time and motion study [ˌtaımən'məʊʃnˌstʌdı] tidsstudie

time bomb ['taımbɒm] tidsinställd bomb, tidsbomb **time clock** stämpelur **time-consuming** [-kənˌsju:mıŋ] tids|ödande, -krävande **time deposit** [-dıˌpɒzıt] *bank.* konto med uppsägningstid **time-honoured** [-ˌɒnəd] [gammal och] ärevördig; hävdvunnen **timekeeper** [-ˌki:pə] tidkontrollant; tidtagare; tidtagarur, tidmätare; *be a good ~* vara bra på att hålla tiden **timekeeping** [-ˌki:pıŋ] tidtagning; tidkontroll **time-lag** [-læg] fördröjning; tid (*mellan två händelser*), intervall **timeless** [-lıs] tidlös **time limit** [-ˌlımıt] tidsgräns **timely** [-lı] *a* läglig, lämplig; [gjord] i rätt[an] tid **time machine** [-məˌʃi:n] tidsmaskin **time-out** [-aʊt] *i sht AE.* **1** *sport.* spelavbrott **2** paus, avbrott; *take ~* ta en paus, göra ett avbrott **timepiece** [-pi:s] *åld.* tidmätare, ur **timer** [-ə] **1** timer, tidur **2** tidtagare **timesaving** [-ˌseıvıŋ] tidsbesparande **timeserver** [-ˌsɜ:və] **1** opportunist **2** person som inte överanstränger sig i sitt arbete (*utan bara väntar på pensionen*) **timeserving** [-ˌsɜ:vıŋ] opportunistisk **time sharing** [-ˌʃeərıŋ] **1** (*för fritidslägenheter e.d.*) andelssystem **2** *data.* time-sharing, tiddelning **time sheet** [-ʃi:t] tidkort **time signal** [-ˌsıgnl] tidssignal **time switch** [-swıtʃ] tidströmbrytare **timetable** [-teıbl] tidtabell; tidsschema; schema, timplan **timeworn** [-wɔ:n] [ut]nött, sliten, märkt av tidens tand

timid ['tımıd] blyg[sam], försynt, timid; skygg **-ity** [tı'mıdətı] blygsamhet, försynthet, blyghet, timiditet; skygghet

timing ['taımıŋ] timing, [tids]anpassning, samordning

timorous ['tımərəs] räddhågad, ängslig, försagd, lättskrämd

Timothy ['tıməθı] *bibl.* Timoteus

timothy [grass] ['tıməθı(grɑ:s)] *bot.* timotej

timpa|ni ['tımpənı] *mus.* pukor **-nist** [-nıst] *mus.* pukslagare

tin [tın] **I** *s* **1** tenn **2** plåt; bleck **3** *i sht BE.* [konserv]burk; plåtburk; bleckdosa **4** bak-, kak|form **5** *sl.* stålar, kosing **II** *v* **1** förtenna **2** konservera

tin can ['tınkæn] (*i sht tom*) plåtburk, konservburk

tincture ['tıŋ(k)tʃə] *åld. med.* tinktur; *~ of iodine* jodsprit

tinder ['tındə] fnöske **-box** elddon

tine [taın] (*på gaffel, horn e.d.*) tand, spets, udd, tagg

tinfoil ['tınfɔıl] stanniol[papper]; tennfolie

ting [tıŋ] **I** *s* pinglande **II** *v* pingla [i] **ting-a-ling** ['tıŋəlıŋ] plingeling

tinge [tın(d)ʒ] **I** *v* färga [lätt]; *bildl. äv.* ge en lätt anstrykning; *the sun ~d the clouds pink* solen färgade molnen skära; *be ~d with green* skifta i grönt, *bildl.* ha en ton (anstrykning) av **II** *s* skiftning, nyans, ton; *bildl. äv.* anstrykning

tingle ['tɪŋgl] **I** *v* **1** sticka, svida; pirra, krypa; darra, skälva (*with excitement* av upphetsning); *his eyes ~d* det stack (sved) i ögonen på honom **2** ringa, susa; *her ears ~d* det susade i öronen på henne **II** *s* **1** stickande, svidande känsla, stickning, sveda **2** ringning, susning (*i öronen*)

tin god ['tɪngɒd] översittare, viktigpetter **tin hat** *vard.* hjälm **tinhorn** *AE. sl.* nolla, skit

tinker ['tɪŋkə] **I** *s* **1** kittelflickare; *not give a ~'s damn* (*cuss*) (*vard.*) strunta fullständigt i **2** *vard.* rackarunge **3** klåpare **4** knåp[ande]; *have a ~ with* knåpa (pyssla) med **II** *v* knåpa, pyssla (*with* med); fingra (*with* på), mixtra (*with* med)

tinkle ['tɪŋkl] **I** *v* **1** klinga, plinga, pingla; klirra **2** *BE. vard.* kissa **3** klinga (plinga, pingla) med; klirra med **II** *s* klingande, pling[ande], pinglande; klirr[ande]; *I'll give you a ~* (*BE. vard.*) jag ringer dig

tin lizzie ['tɪn,lɪzɪ] *vard.* fordloppa, gammal skraltig bil **tin loaf** [-ləʊf] formbröd

tinned [tɪnd] **1** för|tennad, -tent **2** konserverad, burk-, på burk; *~ food* burkmat; *~ peas* konserverade ärter **tinny** ['tɪnɪ] **1** tenn-, av tenn; tennhaltig; plåt-, bleck- **2** plåtig, skramlig, skraltig (*car* bil) **3** (*om ljud*) metallisk, skrällig

tin-opener ['tɪn,əʊpn̩ə] konserv-, burk|öppnare

Tin Pan Alley [,tɪnpæn'ælɪ] *vard.* **1** (*i stad*) centrum för populärmusik **2** populärmusikbranschen

tin plate ['tɪnpleɪt] tennplåt; bleck, [bleck]plåt

tin-plate ['tɪnpleɪt] förtenna **tinpot** ['tɪnpɒt] *BE. vard.* ynklig, pytteliten, lilleputt-, värdelös

tinsel ['tɪnsl] **1** glitter; *bildl. äv.* grannlåt **2** glittertråd

tint [tɪnt] **I** *s* **1** [färg]ton, nyans; *bildl. äv.* anstrykning **2** toningsvätska **3** *boktr.* rasterton **II** *v* färga (*äv. bildl.*); tona **tinter** ['tɪntə] **1** färgare **2** färgämne

tintinnabulation ['tɪntɪ,næbjʊ'leɪʃn] klockringning

tiny ['taɪnɪ] [mycket] liten; *~ little* pytteliten; *a ~ bit frightened* en liten smula rädd

1 tip [tɪp] **I** *s* **1** spets, topp, tipp; snibb; ända; *~ of the ear* örsnibb; *~ of the nose* nästipp; *~ of the tongue* tungspets; *the ~ of the iceberg* toppen på isberget; *from ~ to toe* från topp till tå; *it is on the ~ of my tongue* (*bildl.*) jag har det på tungan; *have s.th. at the ~ of one's fingers* ha (kunna) ngt på sina fem fingrar; *walk on the ~s of one's toes* gå på tå **2** spets; skoning; [cigarrett]munstycke; *filter-~* filter[munstycke]; *the metal ~ of a cane* metallspetsen på en käpp **II** *v* förse med spets (*etc., jfr I*), sätta en spets (*etc.*) på; *~ped cigarette* cigarrett med munstycke, filtercigarrett

2 tip [tɪp] **I** *s* **1** dricks[pengar] **2** vink; tips **II** *v* **1** ge dricks[pengar] till; *~ s.b. s.th.* ge ngn ngt i dricks **2** tippa **3** *~* [*off*] tipsa, ge en vink **4** ge dricks[pengar]

3 tip [tɪp] **I** *s* **1** *BE.* [sop]tipp, avstjälpningsplats; *vard. bildl.* soptipp, svinstia **2** lutning, tippning **II** *v* **1** tippa [på], luta [på]; *~* [*out*] tippa [ut], hälla [ut], lasta (stjälpa) av (ur); *~* [*over, up*] tippa (stjälpa, välta) [omkull]; *~ up* (*äv.*) fälla upp; *~ the scales* (*the balance*) förändra ställningen, vara tungan på vågen; *he ~s the scales at 60 kg* (*vard.*) han väger 60 kg; *~ one's hat to* lyfta på hatten för **2** *~* [*over*] vippa [över], vicka omkull, tippa (stjälpa, välta) [omkull]; *~ out* falla (ramla, glida) av, rinna ur; *~ up* vara uppfällbar

tip-and-run [,tɪpən(d)'rʌn] *a, ~ raid* blixtattack, plötsligt anfall

tip-off ['tɪpɒf] tips, förvarning

tipped [tɪpt] **1** med spets (*with* av) **2** filter-; *~ cigarette* filtercigarrett

tippet ['tɪpɪt] pälskrage

tipple ['tɪpl] *vard.* **I** *v* småsupa **II** *s* [favorit]drink **tippler** [-ə] småsupare

tipster ['tɪpstə] [professionell] tipsare

tipsy ['tɪpsɪ] lätt berusad, småfull; *~ cake* (*slags*) vinsavarin

tip|toe ['tɪptəʊ] **I** *v* gå på tå; smyga, tassa **II** *s, on ~ a*) på tå[spetsarna], *b*) i spänning, i spänd förväntan, *c*) tyst, i smyg **III** *adv* på tå[spetsarna] **-top** [,tɪp'tɒp] tiptop, finfin, perfekt

tip-up ['tɪpʌp] uppfällbar (*seat* stol)

tirade [taɪ'reɪd] tirad, (lång) harang

1 tire ['taɪə] **1** trötta; *~ out* trötta ut, göra utmattad **2** bli trött; tröttna; *~ of* bli trött (ledsna) på

2 tire ['taɪə] *AE., se tyre*

tired ['taɪəd] **1** trött (*of* på; *with* av); *~ out* utmattad, utpumpad **2** trist; uttjatad

tire|less ['taɪəlɪs] outtröttlig **-some** [-səm] tröttsam; irriterande

tiring ['taɪərɪŋ] tröttande, tröttsam

tiro ['taɪərəʊ] nybörjare, gröngöling, novis

'tis [tɪz] *poet., dial., it is*

tissue ['tɪʃu:] **1** vävnad (*äv. anat., biol.*); väv; flor **2** *se tissue paper* **3** *bildl.* väv, nät, härva (*of lies* av lögner) **tissue paper** [-,peɪpə] silkespapper, mjukt papper; ansiktsservett

1 tit [tɪt] *zool.* mes; *blue ~* blåmes; *coal ~* svartmes; *crested ~* tofsmes; *great ~* talgoxe; *marsh ~* entita; *willow ~* talltita

2 tit [tɪt] **1** bröstvårta **2** *sl., ~s* (*pl*) pattar (*bröst*)

3 tit [tɪt] *s, ~ for tat* lika mot lika, tand för tand; *be repaid ~ for tat* få betalt för gammal ost

titan ['taɪt(ə)n] titan, jätte **-ic** [taɪ'tænɪk] titanisk, jättelik

titbit ['tɪtbɪt] godbit, läckerbit

titchy ['tɪtʃɪ] *vard.* pytteliten

tithe [taɪð] **1** tionde, [kyrko]skatt **2** tion[de]del; liten del, bråkdel

titil|late ['tɪtɪleɪt] kittla, reta **-lation** [,tɪtɪ'leɪʃn] kittling, retning

titivate ['tɪtɪveɪt] **1** piffa upp, snygga till **2** snofsa upp sig

titlark ['tɪtlɑ:k] *zool.* piplärka

title ['taɪtl] **I** *s* **1** titel **2** *jur.* (*i sht t. fast egendom*) äganderätt; rätt; äganderättshandling **II** *v* betitla; förläna titel **titled** [-d] betitlad, med [hög] titel **title deed** åtkomst-, äganderätts|handling **titleholder** [-,həʊldə] *sport.* titel|innehavare, -försvarare **title page** [-peɪdʒ] *boktr.* titelsida **title role** [-rəʊl] titelroll

tit|mouse ['tɪtmaʊs] (*pl -mice* [-maɪs]) *zool.* mes

titrate ['taɪtreɪt] titrera **titration** [taɪ'treɪʃn] titrering

titter ['tɪtə] **I** *v* fnissa, fnittra **II** *s* fniss, fnitter

tittle ['tɪtl] *s, not one jot or ~* inte ett dugg **--tattle** [-,tætl] **I** *s* tissel och tassel, skvaller **II** *v* tissla och tassla, skvallra

titular ['tɪtjʊlə] titulär-, till namnet; titel-

tizzy ['tɪzɪ] *s, vard., get in*[*to*] *a ~* bli nervös, hetsa

upp sig
T-junction ['ti:ˌdʒʌŋ(k)ʃn] T-, trevägs|korsning **T.K.O.** *förk. för technical knockout* **TLC** *vard. förk. för tender loving care* **TN** *förk. för Tennessee* **T.N.T.** *förk. för trinitrotoluene*
to [*beton.* tu:, *framför vokal* tʊ; *obeton.* tʊ, *framför konsonant* tə, t] **I** *prep* **1** för; till; åt; *a danger ~* en fara för; *it was new ~ me* det var nytt för mig; *drink ~ s.b.* dricka ngn till, skåla för ngn; *give s.th. ~ s.b.* ge ngt till (åt) ngn; *they had the room ~ themselves* de hade rummet för sig själva **2** till; åt; [e]mot; på; i; vid; hos; med; för; *a year ~ the day* på dagen ett år; *~ this day* till den dag som i dag är; *~ the minute* på minuten; *~ the right* till (åt) höger; *ambassador ~ Sweden* ambassadör i Sverige; *a quarter ~ four* [en] kvart i fyra; *secretary ~* sekreterare till (hos, vid); *shoulder ~ shouler* skuldra vid skuldra; *2 ~ the 4th* 2 upphöjt till 4; *much ~ my surprise* till min stora förvåning; *accustomed ~* van vid; *attached ~* fäst vid; *I have never been ~ Paris* jag har aldrig varit i Paris; *x is ~ y as A is ~ B* x förhåller sig till y som A till B; *the house faces ~ the north* huset vetter åt (mot) norr; *go ~ the cinema* gå på bio; *go ~ pieces* gå i [tusen] bitar; *go ~ school a*) gå till skolan, *b*) gå i skola[n]; *hold it ~ the light!* håll upp den mot ljuset!; *killed ~ a man* dödade till sista man; *kind ~* vänlig mot; *pay a visit ~* göra ett besök hos; *pay a visit ~ a town* göra ett besök i en stad; *put ~ flight* slå på flykten; *run parallel ~* gå parallellt med; *talk ~* tala med (till); *talk ~ o.s.* tala för sig själv **3** med; *married ~* gift med **4** mot, jämfört (i jämförelse) med; *it's nothing ~* det är ingenting mot **5** på; pro, per; i; mot; *thirteen ~ a dozen* tretton på dussinet; *~ the minute* i minuten, per minut; *one person ~ a room* en person per rum; *the score was five ~ three* ställningen var 5 mot 3, det stod 5-3 **6** efter; enligt; i; *~ all appearance* efter allt att döma; *drawn ~ scale* ritad efter skala; *it is not ~ my taste* det är inte i min smak **7** om; *what do you say ~ that idea?* vad säger du om den idén? **8** (*annan prep el. annan konstruktion i svenskan*) *superior ~* högre än, överlägsen; *here's ~ you!* skål!; *there were 30 ~ 50 people* det var mellan 30 och 50 personer där; *be of help ~ s.b.* vara ngn till hjälp; *what is that ~ you?* vad angår det dig?; *he is equal ~ the occasion* han är situationen vuxen; *it was hot ~ suffocation* det var kvävande hett (så hett att man kunde kvävas); *it belongs ~ him* den tillhör honom; *freeze ~ death* frysa ihjäl; *I prefer wine ~ beer* jag föredrar vin framför öl, jag tycker bättre om vin än öl; *welcome ~ you all!* välkomna allihopa!; *would ~ God that* Gud give att **II** *adv* **1** till, igen; *the door is ~* dörren är stängd **2** *~ and fro* fram och tillbaka, av och an **III** (*infinitivmärke*) **1** att; för (om *m. fl.*) att; *anxious ~* angelägen om att; *in order ~* för att; *not ~ speak of* för att inte tala om; *~ get to the point* för att komma till saken; *begin ~ do s.th.* börja [att] göra ngt; *I did it ~ help you* jag gjorde det för att hjälpa dig; *I want ~ do it* jag vill göra det **2** (*med utelämnad infinitivsats*) *buy it, it would be silly not ~* köp den, det vore dumt att inte [göra det]; *are you coming tomorrow? - yes, I'd like ~!* kommer du i morgon? - ja, det vill jag gärna!; *I didn't want to work, but I had ~* jag ville inte arbeta men jag måste (var [så illa] tvungen) **3** (*satsförkortning el. annan översättning*) *in days ~ come* under kommande dagar; *~ look at him one would never imagine that* när man ser på honom skulle man aldrig kunna föreställa sig att; *I arrived ~ find he had gone* jag kom fram för att finna att han hade gett sig i väg; *what am I ~ tell her?* vad skall jag säga till henne?; *he was the first ~ arrive* han var den förste som kom; *he is not the sort ~ complain* han är inte den som klagar; *it disappeared, never ~ be found again* den försvann och kunde (skulle) aldrig återfinnas; *the company grew ~ be the biggest in* företaget blev så småningom det största i; *I don't know what ~ do* jag vet inte vad jag skall göra; *he lived ~ be hundred* han blev hundra år [gammal]; *I took it ~ be a lie* jag tog det för en lögn; *I waited for him ~ begin* jag väntade på att han skulle börja; *he wants me ~ do it* han vill att jag gör (skall göra) det; *he doesn't want you ~ know he has* han vill inte att du skall veta att han har; *I weep ~ think of it* jag gråter när jag tänker på det
toad [təʊd] padda
toadflax ['təʊdflæks] *bot.* gulsporre **toad-in--the-hole** [ˌtəʊdɪnðə'həʊl] *BE.* (*slags*) ugnspannkaka med korv **toadstool** ['təʊdstu:l] giftig svamp **toady** ['təʊdɪ] **I** *s* inställsam person, smilfink, smickrare **II** *v* **1** smickra; krypa för
toast [təʊst] **I** *s* **1** [skiva] rostat bröd; *as warm as ~* varm och skön **2** skål; *drink a ~ to s.b.* skåla för ngn; *propose a ~ to s.b.* föreslå (utbringa) en skål för ngn **3** person som firas (det skålas för), festföremål; *she's the ~ of the town* hon är stadens mest firade (uppburna) person **II** *v* **1** rosta (*bread* bröd); värma (*o.s. by the fire* sig vid brasan) **2** utbringa (dricka) en skål för; skåla med
toaster ['təʊstə] brödrost **toasting-fork** [-ɪŋfɔ:k] grillgaffel **toastmaster** [-ˌmɑ:stə] toastmaster, ceremonimästare
tobacco [tə'bækəʊ] (*pl ~[e]s*) tobak; tobakssort **tobacconist** [-nɪst] *i sht BE.* tobakshandlare, tobakist; *~'s* tobaksaffär **tobacco pouch** tobakspung
Tobago [tə(ʊ)'beɪgəʊ]
Tobias [tə'baɪəs]
-to-be [tə'bi:] *a* blivande; framtida; *mothers~* blivande mödrar
toboggan [tə'bɒg(ə)n] **I** *s* kälke; toboggan **II** *v* åka kälke (toboggan)
toby jug ['təʊbɪdʒʌg] ölkrus (*i form av gubbe med trekantig hatt*)
toccata [tə:'kɑ:tə] *mus.* toccata
tocsin ['tɒksɪn] **1** alarm, varningssignal **2** larmklocka
tod [tɒd] *s, BE. vard., on one's ~* på egen hand, alldeles ensam
today [tə'deɪ] **I** *adv* **1** i dag; *~ month, a month ~* i dag om en månad **2** i dag, nu för tiden **II** *s, children of ~* dagens barn; *~'s paper* dagens tidning
toddle ['tɒdl] **1** tulta [omkring] **2** *skämts., ~ off* pallra sig (knalla) i väg; *~ round (over)* knalla över (*to see a friend* och hälsa på en vän) **toddler** [-ə] [liten] parvel (tulta)
toddy ['tɒdɪ] **1** toddy **2** palmvin
to-do [tə'du:] ståhej, väsen, uppståndelse (*about* om, kring)

T

toe [təʊ] **I** *s* tå; *keep s.b. on his ~s* hålla ngn på alerten, få ngn att vara på sin vakt; *tread on a p.'s ~s* trampa ngn på tårna (*äv. bildl.*) **II** *v* **1** sparka (peta) [till] med tån **2** *~ inwards* gå inåt med tårna; *~ the line* (*mark*) *a*) stå med tårna på startlinjen, *b*) *bildl.* hålla sig på mattan, följa reglerna **toecap** ['təʊkæp] tåhätta **toed** [-d] med tår; *three-~* tre|tåad, -tåig **toehold** fotfäste (*äv. bildl.*); *gain a ~ in* (*bildl.*) få in en fot i **toe-in** toe-in, inåtriktning (*av bilhjul*) **toenail** tånagel **toe-out** toe-out, utåtriktning (*av bilhjul*)
toff [tɒf] *BE. vard.* snobb, sprätt
toffee ['tɒfɪ] kola; knäck; *she can't sing for ~* (*vard.*) hon kan inte sjunga för fem öre **--apple** [-ˌæpl] äppelklubba med knäcköverdrag **--nosed** [-nəʊzd] *BE. vard.* snorkig; inbilsk
tog [tɒg] **I** *v, ~ [up, out]* klä upp sig; *~ged up* (*out*) klädd, utrustad **II** *s, vard., ~s* (*pl*) kläder
toga ['təʊgə] (*fornromersk*) toga
together [tə'geðə] **I** *adv* **1** tillsammans; ihop; gemensamt; intill varandra; *~ with* tillsammans med, jämte **2** samtidigt **3** i sträck, i rad, efter varandra; *for days ~* flera dagar i sträck; *for hours ~* timmar i sträck, i timtal **II** *a, vard.* balanserad, samlad **-ness** [nɪs] samhörighet[skänsla]
toggle ['tɒgl] pinne (*att knäppa duffel e.d. med*) **toggle switch** vippströmbrytare
1 toil [tɔɪl] **I** *v* **1** slita, arbeta [hårt]; *~ away* slita ont; *~ and moil* slita och släpa **2** släpa sig (*up a slope* uppför en backe) **II** *s* **1** slit, hårt arbete
2 toil [tɔɪl] *bildl., ~s* (*pl*) nät, garn
toilet ['tɔɪlɪt] **1** toalett; toalettrum; *go to the ~* gå på toaletten **2** (*påklädning, klädsel*) toalett **toilet bag** necessär, toalettväska **toilet paper** [-ˌpeɪpə] toalettpapper **toiletries** [-rɪz] *pl* toalettsaker **toilet roll** [-rəʊl] toalettpappersrulle **toilet soap** [-səʊp] toalettvål **toilet-training** [-ˌtreɪnɪŋ] potträning **toilet water** [-ˌwɔ:tə] eau de toilette
token ['təʊk(ə)n] **I** *s* **1** tecken, bevis (*of* på); symbol (*of* för); kännetecken (*of* på); *in ~ of* som bevis på **2** pollett; jetong **3** minne, minnesgåva **4** presentkort **5** *by the same ~ a*) av samma anledning, *b*) på liknande sätt **II** *a* symbolisk; nominell; *~ money* nödmynt
Tokyo ['təʊkjəʊ]
tolbooth ['tɒlbu:θ] *i sht Sk.* rådhus
told [təʊld] *imperf. o. perf. part. av tell*
toler|able ['tɒlərəbl] **1** uthärdlig, dräglig, tolerabel **2** skaplig, ganska bra, tolerabel **-ably** [-əblɪ] *adv* tämligen, ganska, någorlunda **-ance** [-(ə)ns] tolerans (*äv. med., tekn.*), fördragsamhet **-ant** [-(ə)nt] tolerant (*of, towards, with* mot), fördragsam **-ate** [-eɪt] tolerera, uthärda, finna sig i, stå ut med, tåla, tillåta **-ation** [ˌtɒlə'reɪʃn]] tolerans, fördragsamhet
1 toll [təʊl] **1** [väg]avgift; vägtull (*äv. konkr.*) **2** andel; tribut; *the death ~* antalet dödsfall; *the ~ of the roads* vägtrafikens offer; *take a* (*its*) *~* (*bildl.*) utkräva sin tribut; *take a heavy ~* kräva många offer (*of* bland)
2 toll [təʊl] **I** *s* klockringning, klämtning **II** *v* **1** klämta, ringa **2** klämta (ringa) i
toll call ['təʊlkɔ:l] *AE.* rikssamtal
Tom [tɒm] Tom; *~, Dick, and* (*or*) *Harry* kreti o. pleti; *~ Thumb a*) Tummeliten, *b*) dvärg
tom [tɒm] hankatt; hane
tomahawk ['tɒməhɔ:k] tomahåk, indiansk stridsyxa
tomato [tə'mɑ:təʊ; *AE.* tə'meɪtəʊ] (*pl ~es*) tomat
tomb [tu:m] grav; gravvård; gravvalv
tombola [tɒm'bəʊlə] *BE.* tombola
tomboy ['tɒmbɔɪ] pojkflicka, yrhätta
tombstone ['tu:mstəʊn] grav|sten, -vård
tomcat ['tɒmkæt] hankatt
tome [təʊm] *högt.* volym, stor bok, lunta
tomfool [ˌtɒm'fu:l] galning, tok **tomfoolery** [ˌtɒm'fu:lərɪ] tokigheter, tokerier, skoj
Tommy ['tɒmɪ] **1** *kortform av Thomas* **2** *BE. vard., ~ [Atkins]* Tommy (*menig soldat i brittiska armén*) **tommy** ['tɒmɪ] *BE. vard., se Tommy 2* **Tommy gun** kulsprutepistol, kpist **tommyrot** [ˌtɒmɪ'rɒt] *åld.* vansinnigheter, stolligheter
tomorrow [tə'mɒrəʊ] **I** *adv* i morgon; *~ morning* i morgon bitti[da]; *~ week* i morgon om en vecka, en vecka i morgon **II** *s* morgondag[en]; *~'s paper* morgondagens tidning; *the day after ~* i övermorgon; *~ is another day* i morgon är också en dag
tomtit ['tɒmtɪt] *BE. zool.* [blå]mes
tom-tom ['tɒmtɒm] tamtam[trumma]
ton [tʌn] **1** [*long*] *~* (*BE.*) ton (= *2 240 pounds = 1 016 kg*); [*short*] *~* (*AE.*) ton (= *2 000 pounds = 907,2 kg*); *metric ~* ton (= *1 000 kg*); *~s of* (*BE. vard.*) tonvis (massvis) med; *come down on s.b. like a ~ of bricks* ösa ovett över ngn **2** *sjö.,* [*register*] *~* registerton (= *100 cubic feet = 2,83 m3*) **3** *vard., do a ~* köra i 160 knutar
tone [təʊn] **I** *s* **1** ton; klang; tonfall, röst; [färg]ton, nyans; *bildl. äv.* anda, stämning, karaktär, stil, prägel; *mus. äv.* helton; *lower one's* (*set the*) *~* (*bildl.*) stämma ner (ange) tonen **2** *fonet.* ton, tonfall; intonation **3** [god] kondition (form), spänst **II** *v* **1** tona; ge rätt ton åt; stämma; *~ down* tona (stämma) ner, dämpa, moderera; *~ [up] one's muscles* stärka sina muskler; *~ up* tona (stämma) upp **2** *~ in* harmoniera, gå ton i ton
tonal ['təʊnl] tonal; ton- **-ity** [tə(ʊ)'nælətɪ] **1** tonalitet **2** *konst.* färgskala; färgton
tone arm ['təʊnɑ:m] tonarm, pickup **tone-deaf** tondöv **tone language** [-ˌlæŋgwɪdʒ] tonspråk **toneless** [-lɪs] **1** tonlös **2** färglös
tongs [tɒŋz] *pl* tång; *a pair of ~* en tång
tongue [tʌŋ] **I** *s* **1** tunga (*äv. på våg, i orgel e.d.*); mål[före]; *~ of flames* eldtunga; *~ of land* landtunga; *find one's ~* få mål i mun; *I can't get my ~ round that word* jag vrickar tungan på det ordet; *give ~ a*) ge hals, ge skall, *b*) tala ut; *have a ready* (*sharp*) *~* ha en rapp (skarp) tunga; *have a ~ in one's cheek* vara ironisk, skämta; [*with*] *~ in cheek* ironiskt, på skämt; *hold* (*keep*) *one's ~* hålla mun; *has the cat got your ~?* har du tappat talförmågan (målföret)?; *have lost one's ~* ha tappat talförmågan (målföret); *put* (*stick*) *one's ~ out at s.b.* räcka ut tungan åt ngn **2** tungomål; språk; sätt att tala **3** [land]tunga **4** [klock]kläpp **5** (*på sko*) plös **6** (*på bräda*) spont **7** (*på vagn*) tistelstång **II** *v, mus.* stöta med tungan, spela tungstöt
tongue-in-cheek [ˌtʌŋɪn'tʃi:k] lättvindig **tongue-tied** ['tʌŋtaɪd] *a, be ~* vara mållös (stum), ha tunghäfta **tongue twister** ['tʌŋ-

sen, skåla; ~ *one's hat* ta åt hatten (*som hälsning*), hälsa; *he never ~es liquor* han smakar aldrig sprit; ~ *wood!* ta i trä!; *the police can't ~ me* polisen kan inte göra mig något; *I wouldn't ~ those affairs* jag skulle aldrig befatta mig med de där affärerna; *this detergent won't ~ ink-blots* det här tvättmedlet tar (biter) inte på bläckfläckar **2** nå [fram till]; tangera (*äv. mat.*); mäta sig med; stöta intill, gränsa till; *once I ~ed 100 k.p.h.* en gång kom jag upp till (i) 100 kilometer i timmen; *the temperature ~ed 40°* temperaturen steg (sjönk) till 40°; *it* (*she*) *can't be ~ed* den (hon) är ouppnåelig (oförliknelig); *there's nothing to ~ coffee* ingenting går upp mot kaffe **3** skada [lätt], angripa [lätt] **4** färga lätt, tona; blanda, lätta upp; ~ *up a*) bättra på, fräscha (snygga) upp, *b*) retuschera, *c*) tona, *d*) fin|slipa, -putsa **5** *sjö.* angöra, anlöpa **6** *sl.*, ~ *s.b. for s.th.* [försöka få] låna ngt av ngn **7** röra; röra (snudda) vid varandra; beröra (tangera, gränsa till) varandra; stöta ihop; *don't ~!* får ej vidröras!; ~ *at* (*sjö.*) angöra, anlöpa; ~ *down* (*flyg.*) ta mark, landa, gå ner **II** *s* **1** känsel[sinne]; *be cold to the* (*have a cold*) ~ kännas kall **2** beröring, vidröring, snudd[ande]; lätt rörelse (tryckning, stöt); *mus. m.m.* anslag, touche, grepp; *I felt a ~ on my arm* jag kände att någon (något) rörde vid min arm; *that was a near ~* det var nära ögat; *it was ~ and go whether* det var mycket osäkert om; *it collapses at the ~* den faller ihop vid beröring **3** antydan, aning, spår, glimt; *a ~ of flu* (*fever*) en släng av influensa (feber); *a ~ of melancholy* ett stänk av vemod; *a ~ of pepper* en aning (gnutta) peppar **4** anstrykning, [karakteristiskt] drag, prägel; stil; *it was a nice ~ inviting her* det var en trevlig gest (idé) att bjuda henne; *it has the ~ of genius* det är något genialt över det **5** [penn-, pensel]drag; detalj; touche **6** grepp; hand; handlag; känsla; *the ~ of a master* en mästares hand; *have the right ~ with s.th.* kunna handskas med ngt [på rätt sätt]; *have a sure ~* ha ett säkert handlag; *the house lacks a woman's ~* det saknas en kvinna i huset **7** kontakt; *mil.* känning; [*with*]*in ~ of* inom räckhåll för; *be* (*keep*) *in ~ with* vara i (hålla, stå i) kontakt med; *I will be in ~* jag kommer att [låta] höra av mig; *get in*[*to*] ~ *with* komma i (få) kontakt med, kontakta, sätta sig i förbindelse med; *you can get in ~ with me at this number* (*äv.*) du kan nå mig på det här numret; *keep in ~!* hör av dig (er)!; *keep* (*lose*) ~ *with* hålla (tappa) kontakten med **8** *sport.* område utanför sidlinjen; *be in ~* vara utanför sidlinjen, vara ute (död) **9** *sl.*, *he is an easy* (*a soft*) ~ det är lätt att låna pengar av honom; *make a ~* försöka låna (tigga) pengar

touch|-and-go [ˌtʌtʃən'gəʊ] riskabel, osäker; kritisk **-down** ['tʌtʃdaʊn] **1** *flyg.* landning **2** *sport.* marksättning; poäng för marksättning

touché ['tu:ʃeɪ] *interj* **1** *fäktn.* touché! **2** *bildl.* där fick du in en poäng!

touched [tʌtʃt] **1** rörd, gripen **2** *vard.* knasig, tokig **touching** ['tʌtʃɪŋ] **I** *a* rörande, gripande **II** *prep* rörande, angående **touch-line** ['tʌtʃlaɪn] *sport.* sidlinje **touchmark** ['tʌtʃmɑ:k] (*på tenn*) hallmärke **touch-me-not** [ˌtʌtʃmɪ'nɒt] *bot.* vildbalsamin, springkorn **touchstone** ['tʌtʃstəʊn] probersten; *bildl. äv.* prövosten, kriterium **touch-type** ['tʌtʃtaɪp] skriva maskin enligt touchmetoden **touch-up** ['tʌtʃʌp] retusch, retuschering **touchwood** ['tʌtʃwʊd] fnöske **touchy** ['tʌtʃɪ] **1** lätt|stött, -retlig, snarstucken **2** känslig

tough [tʌf] **I** *a* **1** seg **2** seg[sliten]; besvärlig, jobbig, kämpig, hård, svår; ~ [*luck*]! (*vard.*) otur! **3** oöm, motståndskraftig, härdig, härdad, stark **4** hård, envis, seg **5** hård[hudad], benhård, tuff, rå, kallhamrad; ~ *guy* (*vard.*) tuffing, hårding; *he's as ~ as old boots* han är urtuff; *get ~ with* ta i med hårdhandskarna med (mot) **II** *s* tuffing, hårding, råskinn, buse, slagskämpe

toughen ['tʌfn] **1** bli segare (starkare, hårdare) **2** göra segare (starkare, hårdare); stärka, styrka

toupee ['tu:peɪ] tupé

tour [tʊə] **I** *s* **1** [rund]tur, [rund]resa, färd, rundvandring; runda; *teat. e.d.* turné; ~ [*of inspection*] inspektions|runda, -resa; *conducted* (*guided*) ~ guidad [rund]tur ([rund]resa), sällskapsresa, visning; *make a ~ of Austria* resa runt i Österrike **2** *mil.* tjänstgöring[speriod] **II** *v* **1** göra en [rund]tur (*etc.*, *jfr I 1*) genom (i), resa [runt] i; gå runt i; besöka, titta på; *teat.* turnera i **2** göra en [rund]tur (*etc.*, *jfr I 1*), resa [runt]; *teat.* turnera

tour de force [ˌtʊədə'fɔ:s] (*pl tours de force*) lysande prestation, konststycke

tourism ['tʊərɪz(ə)m] turism, turistväsen **tourist** [-ɪst] turist **tourist class** turistklass **touristy** [-ɪstɪ] *vard.* turistaktig, turist-, full av turister

tourmaline ['tʊəməli:n] *miner.* turmalin

tournament ['tʊənəmənt] **1** *sport.* turnering **2** *hist.* tornering, tornerspel **tourney** [-nɪ] *se tournament 2*

tourniquet ['tʊənɪkeɪ] *med.* tryckförband

tousle ['taʊzl] rufsa till; tufsa till **tousled** [-d] rufsig; tilltufsad

tout [taʊt] **I** *v* **1** *vard.* försöka pracka på folk; försöka prångla ut; göra reklam för; tipsa om; sälja stalltips om; spionera på (*kapplöpningshäst*); ~ *tickets* sälja biljetter på svarta börsen **2** skaffa stalltips; sälja stalltips **3** försöka pracka på folk sina tjänster; ~ *for business* (*custom*) försöka värva kunder **II** *s* **1** person som spionerar på kapplöpningshästar; person som säljer stalltips **2** [kund]värvare **3** person som säljer biljetter svart

1 tow [təʊ] **I** *v* bogsera; släpa; bärga (*bil*) **II** *s* bogsering; bärgning; *in ~* (*vard.*) i släptåg; *on ~* på släp; *give s.b. a ~* bogsera ngn

2 tow [taʊ] blånor, drev

towards [tə'wɔ:dz] **1** mot; i riktning mot; till **2** gentemot, mot; för; till; *her feelings ~ him* hennes känslor för (gentemot) honom; *work ~ a solution* arbeta för en lösning **3** (*om tid*) fram-, in|-emot, mot (*the night* natten)

towboat ['təʊbəʊt] bogserbåt

Towcester ['təʊstə]

towel ['taʊəl] **I** *s* handduk; *throw* (*chuck*) *in the ~* (*vard.*) kasta yxan i sjön, ge upp **II** *v*, ~ [*down*] torka [sig] med en handduk **towelling** [-ɪŋ] handduksväv; frotté **towel rail** handduksstång

tower ['taʊə] **I** *s* **1** torn; ~ *of strength* (*bildl.*) stöttepelare **2** fästning[storn] **II** *v* resa (höja) sig, torna upp sig, sticka upp (*over, above* över) **tower block** höghus **towered** [-d] tornprydd,

T

med torn **towering** [-rɪŋ] **1** jättehög, gigantisk; reslig; *bildl.* imponerande, enastående **2** mäktig, våldsam; ~ *rage* våldsamt raseri
towing ['təʊɪŋ] bogsering; bärgning **towline** bogserlina
town [taʊn] stad; staden, stan; *AE.* kommun; *the ~ of Brighton* [staden] Brighton; ~ *and gown* borgare och akademiker; *the talk of the ~* det allmänna samtalsämnet; *it's all over ~* det är ute (känt) i hela stan; *go down ~* (*AE.*) åka (köra) [in] till stan; *go into ~* gå ut på stan; *go [out] on the ~* slå runt på stan; *go [up] to ~* åka (köra) [in] till stan; *go to ~* ta i, slå på stort (*on* med); *travel up to ~* (*i England*) åka till London
town centre ['taʊn,sentə] *s, the ~* [stadens] centrum, innerstaden, city **town council** stads-, kommun|fullmäktige **town crier** (*förr*) offentlig utropare **town gas** [-gæs] stadsgas **town hall** [-hɔ:l] stads-, råd|hus **town house** [fashionabelt] hus i staden; *AE. äv.* radhus **townie** [-ɪ] *vard.* stadsbo, asfaltblomma **town planning** [-,plænɪŋ] stadsplanering **townscape** [-skeɪp] stadsbild **township** [-ʃɪp] **1** *Sydafr.* negerstadsdel, lokation **2** (*i USA o. Canada*) kommun **townspeople** [-,pi:pl] stadsbor
tow|path ['təʊpɑ:θ] (*vid kanal e.d.*) pråmdragarväg, dragväg **-rope** bogserlina
toxaemia, *BE.*, **toxemia** *AE.* [tɒk'si:mɪə] *med.* toxemi, toxikemi, blodförgiftning
toxic ['tɒksɪk] *med.* toxisk, giftig; förgiftnings- **toxicology** [,tɒksɪ'kɒlədʒɪ] toxikologi, läran om gifterna **toxin** ['tɒksɪn] toxin
toy [tɔɪ] **I** *s* leksak (*äv. bildl.*) **II** *v* leka (*äv. bildl.*) **toy car** ['tɔɪkɑ:] leksaksbil **toyshop** ['tɔɪʃɒp] leksaksaffär
Tpr. *förk. för Trooper* **tr.** *förk. för transitive; translated; translator; treasurer;* (*mus.*) *trill; trustee*
1 trace [treɪs] **I** *s* **1** spår; tecken; aning, gnutta; *vanish without ~* försvinna spårlöst; *without the slightest ~ of fear* utan minsta spår av fruktan **2** linje, kurva (*som ritas av skrivare e.d.*) **II** *v* **1** spåra [upp]; följa [spåren av]; finna, hitta, upptäcka; ~ *[back] to a)* spåra (följa, leda, föra) tillbaka till, *b)* hänföra till **2** rita [upp], teckna; kalkera; markera; skissera, göra ett utkast till; ~ *out a)* rita [upp], teckna, *b)* skissera, göra ett utkast till **3** ~ *[back] to a)* gå tillbaka till, kunna spåras (följas, ledas, föras) tillbaka till, *b)* kunna hänföras till
2 trace [treɪs] **1** (*på vagn*) draglina; *kick over the ~s* (*bildl.*) hoppa över skaklarna
trace element ['treɪs,elɪmənt] spårelement
tracer bullet ['treɪsə,bʊlɪt] spårljusprojektil
trache|a [trə'ki:ə] (*pl -ae* [-ɪ] *el. -as*) *anat.* trakea, luftstrupe
tracing ['treɪsɪŋ] **1** kalkering; kalkerad kopia **tracing paper** [-,peɪpə] kalkerpapper
track [træk] **I** *s* **1** spår (*äv. bildl.*); stig, väg, kurs (*äv. bildl.*); (*satellits e.d.*) bana; *in one's ~s* (*vard.*) på fläcken, genast; *off the beaten ~* bortom allfarvägen (all ära och redlighet); *on one's ~* efter sig, i hälarna [på sig]; *be (get) on a p.'s ~, be (get) on the ~ of s.b.* vara (komma) ngn på spåren; *be on the right ~* vara [inne] på rätt spår (väg); *cover (hide) one's ~s* sopa igen spåren efter sig; *keep ~ of* (*bildl.*) följa (hänga) med, hålla reda på, hålla kontakten med; *lose ~ of* (*bildl.*) inte följa (hänga) med, tappa bort, tappa räkningen på, tappa kontakten med; *make ~s* (*vard.*) ge sig i väg, sticka (*for* till); *stop dead in one's ~s* tvärstanna, hejda sig tvärt **2** [järnvägs]spår, bana; [*width of*] ~ spårvidd; *double ~ line* dubbelspårig bansträcka; *get off (leave) the ~[s]* spåra ur **3** [racer-, tävlings-, löpar]bana; ~ *and field* (*AE.*) friidrott **4** [driv]band, krypkedja **5** (*på band*) spår; (*på bandspelare*) kanal; (*på skiva*) låt, stycke, spår **II** *v* **1** följa [spåren av]; spåra (*äv. bildl.*); ~ *down* [försöka] spåra [upp], hitta, få tag i **2** hålla (följa) spåret, spåra **3** (*om kamera*) åka
tracker ['traekə] förföljare; spårhund, målföljare **track events** [-ɪ,vents] *pl* tävlingar i löpning på bana **tracking station** [-ɪŋ,steɪʃn] spårstation **tracklaying** [-,leɪɪŋ] [försedd] med traktorband **track record** [-,rekəd] *vard.* meritförteckning **track shoe** [-ʃu:] spiksko **tracksuit** [-su:t] träningsoverall
1 tract [trækt] **1** [land-, skogs]område **2** *anat.* organ, system; *the digestive ~* matsmältningsapparaten
2 tract [trækt] pamflett, broschyr, skrift
tracta|bility [,træktə'bɪlətɪ] medgörlighet, foglighet **-ble** ['træktəbl] medgörlig, foglig
traction ['trækʃn] **1** dragning; dragkraft **2** *med.* sträck; *be in ~* ligga i sträck **traction engine** [-,endʒɪn] lokomobil, hjulburen ångmaskin
tractor ['træktə] **1** traktor **2** flygplan med dragande propeller
trad [træd] *vard.* tradjazz, traditionell jazz
trade [treɪd] **I** *s* **1** handel; [handels]utbyte; affärer; kommers; bransch, affärsgren; fack; yrke, hantverk; hantering; *the ~* (*äv.*) *a)* branschfolket, [folk i] branschen, facket, skrået, *b)* återförsäljarna; *as we call it in the ~* som vi i branschen kallar det; *domestic ~* inrikeshandel[n]; *foreign ~* utrikeshandel[n]; ~ *in s.th.* handel (*etc.*) med ngt; *how's ~?* hur går affärerna?; *what's your ~?* vilket yrke har du?; *what ~ are you in?* vilken bransch är du i?; *he is in ~* han är affärsman; *he's a shoemaker by ~* han är skomakare till yrket; *do (carry on) ~ with* driva (idka) handel med **2** *~s* (*pl*) passadvindar **II** *v* **1** handla med (*s.th.* ngt); ~ *[off]* byta [ut] (*for* mot); ~ *in s.th. for s.th.* ta (lämna) ngt i inbyte mot ngt **2** handla, driva (idka) handel (*in s.th.* med ngt; *with s.b.* med ngn); ~ *at* (*AE.*) handla hos **3** schackra (*in s.th.* med ngt); spekulera (*in s.th.* i ngt); ~ *on* utnyttja, dra fördel av
trade cycle ['treɪd,saɪkl] konjunktur[cykel] **trade discount** handels-, varu|rabatt **trade fair** [-feə] varumässa **trade-in** [-ɪn] **I** *s* inbyte **II** *a* inbytes-; ~ *car* inbytesbil; ~ *value* inbytesvärde **trademark** [-mɑ:k] varu-, fabriks-, firma|märke; *bildl.* kännemärke **trade name** [-neɪm] handelsnamn **trader** [-ə] **1** handels-, köp|man **2** handelsfartyg **trade route** [-ru:t] handelsväg **trade secret** [-,si:krɪt] yrkes-, affärs-, fabrikations|hemlighet **tradesman** [-zmən] handlare, handelsman; *tradesmen's entrance* köksingång **tradespeople** [-,pi:pl] handels-, köp|män
trade[s] union [,treɪd(z)'ju:njən] **I** *s* fackföre-

ning; *the Trades Union Congress* (*T.U.C.*) Brittiska landsorganisationen **II** *a* fackförenings-, facklig; *the trade union movement* fackföreningsrörelsen **trade unionism** [-ɪz(ə)m] fackföreningsrörelsen **trade unionist** [-ɪst] fackföreningsmedlem; fackföreningsman
trade wind ['treɪdwɪnd] passadvind
trading ['treɪdɪŋ] handel; byteshandel **trading estate** [-ɪˌsteɪt] industriområde **trading stamp** [-stæmp] rabatt|kupong, -märke
tradition [trə'dɪʃn] tradition
traditional [trə'dɪʃənl] traditionell, traditionsenlig **-ism** [-'dɪʃn̩əlɪz(ə)m] traditionalism **-ist** [-'dɪʃn̩əlɪst] **I** *s* traditionalist **II** *a* traditionalistisk
traduce [trə'dju:s] förtala, baktala, tala illa om **traducer** [-ə] baktalare
Trafalgar [trə'fælgə]
traffic ['træfɪk] **I** *s* **1** trafik **2** handel; *neds.* trafik; *illegal ~ in* illegal handel med **II** *v* **1** handla, bedriva handel (*in s.th.* med ngt; *with s.b.* med ngn) **2** bedriva olaglig handel (*in* med) **trafficator** [-eɪtə] *BE.* körriktningsvisare, pil **traffic circle** [-ˌsɜ:kl] *AE.* rondell **traffic island** [-ˌaɪlənd] refuge; trafikdelare **traffic jam** [-dʒæm] trafikstockning **trafficker** [-ə] handlande; *drug ~* narkotikalangare **traffic light (signal)** [-laɪt, -ˌsɪgnl̩] trafik|ljus, -signal **traffic warden** [-ˌwɔ:dn] trafikvakt
tragedian [trə'dʒi:djən] **1** tragediförfattare **2** skådespelare i tragiska roller **tragedienne** [trəˌdʒi:dɪ'en] tragedienn, skådespelerska i tragiska roller **tragedy** ['trædʒədɪ] tragedi
tragic[al] ['trædʒɪk(l)] tragisk **tragicomic[al]** [ˌtrædʒɪ'kɒmɪk(l)] tragikomisk
trail [treɪl] **I** *s* **1** spår (*äv. bildl.*); slinga, strimma; (*på komet e.d.*) svans; *~ of blood* blodspår; *~ of dust* dammoln; *~ of smoke* rök|slinga, -moln; *hot on the ~ of* tätt i hälarna på; *get on (off) the ~* få upp (tappa) spåret; *leave in one's ~* föra med sig, ha i släptåg **2** stig, väg **II** *v* **1** följa [efter], skugga; spåra [upp] **2** släpa [efter sig, på marken], dra [efter sig]; *~ o.s.* släpa sig [fram] **3** släpa [i marken]; utbreda sig (driva) [långsamt]; *~ [along]* släpa sig [fram], dra benen efter sig; *~ [behind]* (*vard.*) komma (släpa) efter, komma på efterkälken; *~ away (off) a)* förlora sig, *b)* försvinna, dö bort; *~ by 20 points* (*sport.*) ligga under med 20 poäng **4** slingra sig, klänga, klättra, krypa
trailer ['treɪlə] **1** släp[vagn], trailer; *AE.* husvagn **2** *film.* trailer
train [treɪn] **I** *v* **1** utbilda, skola; [upp]fostra; dressera; öva [in, upp]; träna [upp]; exercera [med] **2** rikta [in] (*kikare, vapen e.d.*) **3** (*i trädgårdsskötsel*) dra upp, låta växa (*i viss riktning*), tukta **4** utbilda sig; träna, exercera; *he ~ed as a teacher* han utbildade sig till lärare, han är utbildad lärare **II** *s* **1** tåg (*for, to* till); *fast ~* snälltåg; *local (suburban) ~* lokaltåg; *special ~* extratåg; *on the ~* på tåget; *catch a ~ to Coventry* ta ett tåg till Coventry; *change ~s* byta tåg; *go by ~* åka tåg, ta tåget **2** tåg, procession, karavan; följe; svans; följd, rad, serie; *~ of events* rad (serie) [av] händelser; *~ of thought* tankegång; *bring in one's ~* ha i sitt följe (i släptåg), föra med sig **3** *be (put) in ~* vara (sätta) i gång **4** [klännings]släp; *the peacock's ~* påfågelns [långa släpande] stjärt **5** *tekn.* hjulverk
trained [treɪnd] tränad; skolad, utbildad; [ut]examinerad (*nurse* sjuksköterska); dresserad
trainee [treɪ'ni:] praktikant, aspirant, elev, lärling; trainee **trainer** ['treɪnə] **1** dressör **2** tränare; instruktör
training ['treɪnɪŋ] utbildning; träning, övning; dressyr; *be in ~ a)* ligga i träning, *b)* ha god kondition, vara vältränad; *be out of ~* ha dålig kondition **training camp** tränings-, utbildnings|läger **training school** yrkes-, fack|skola **training shoe** träningssko
train spotter ['treɪnˌspɒtə] lokomotiventusiast (*som samlar loknummer*)
traipse [treɪps] *vard.* traska ([*a*]*round* runt i)
trait [treɪ] [karakteristiskt] drag, karaktärsdrag, egenskap
traitor ['treɪtə] förrädare (*to* mot) **traitorous** ['treɪt(ə)rəs] förrädisk; trolös **traitress** [-rɪs] förräderska
Trajan ['treɪdʒən] Trajanus
trajectory ['trædʒɪkt(ə)rɪ] (*projektils, bolls*) bana, kurs; [levnads]bana
tram [træm] **1** spårvagn **2** gruvvagn **-car** ['træmkɑ:] spårvagn **-line** ['træmlaɪn] **1** spårvägsskena; spårvägslinje **2** (*i tennis, badminton*) korridor
trammel ['træml] **I** *v* hindra, hämma **II** *s* hinder, band, inskränkning, begränsning
tramp [træmp] **I** *v* **1** trampa; klampa **2** traska, lunka; luffa runt; stryka omkring **3** vandra (ströva) runt (omkring) i **II** *s* **1** tramp[ande] **2** [fot]vandring, strövtåg; *go for a ~* göra en vandring **3** luffare, landstrykare **4** *vard., i sht AE.* slampa, fnask **5** tramp[fartyg]
trample ['træmpl] **1** trampa [ner], trampa på **2** trampa (*on* på); *~ on* (*bildl.*) förtrampa, trampa under fötterna
trampoline ['træmpəlɪn] trampolin
tramp steamer ['træmpˌsti:mə] tramp[fartyg]
tramway ['træmweɪ] **1** spårvägsspår **2** spårväg
trance [trɑ:ns] trans, trance; *go into a ~* falla i trans
trannie ['trænɪ] *BE. vard.* transistor[radio]
tranquil ['træŋkwɪl] lugn, stilla, fridfull **-lity** [træŋ'kwɪlətɪ] lugn, ro, stillhet, fridfullhet **-lize** (*BE. äv. -lise*) ['træŋkwɪlaɪz] lugna, stilla; *have a tranquillizing effect on* ha en lugnande inverkan på **-lizer** (*BE. äv. -liser*) ['træŋkwɪlaɪzə] lugnande medel
trans. *förk. för transaction; transferred; transitive; translated; translator; transport*[*ation*]; *transparent; transpose; transverse*
trans|act [træn'zækt] genomföra, göra, slutföra, avsluta (*business* affärer); föra, bedriva **-action** [træn'zækʃn] **1** transaktion, uppgörelse, avtal, affär **2** genomförande *etc., jfr transact* **3** *~s* (*pl*) förhandlingsprotokoll, handlingar, skrifter (*utgivna av förening, samfund e.d.*)
trans|alpine [ˌtræns'ælpaɪn] transalpin, norr om Alperna **-atlantic** [-æt'læntɪk] transatlantisk
transceiver [træn'si:və] transceiver (*kombinerad radiomottagare o. -sändare*)
transcend [træn'send] **1** över|stiga, -skrida, gå utöver **2** över|träffa, -glänsa **-ence** [-əns], **-ency** [-ənsɪ] **1** överskridande **2** överlägsenhet **-ent**

[-ənt] **1** transcendent **2** överlägsen, enastående **-ental** [ˌtrænsen'dentl] **1** *filos.* transcendental; transcendent; översinnlig **2** abstrakt; dunkel
transcontinental ['trænzˌkɒntɪ'nentl] transkontinental
tran|scribe [træn'skraɪb] **1** skriva ut **2** transkribera (*äv. mus.*) **-script** ['trænskrɪpt] **1** utskrift **2** avskrift, kopia **-scription** [træn'skrɪpʃn] **1** utskrivning **2** avskrivning; avskrift, kopia **3** transkription (*äv. mus.*)
transept ['trænsept] (*i kyrka*) tvärskepp, transept
transf. *förk. för transferred*
transfer I *v* [træns'fɜ:] **1** över|föra, -flytta, föra (flytta) över, [för]flytta (*to* på, till); kalkera; placera om; transportera; överlåta; girera; *ekon. äv.* transferera (*into an account* till ett konto); *sport.* sälja, transferera; *in a ~red sense* i överförd betydelse (bemärkelse) **2** flytta; [för]flyttas **3** byta; gå över **II** *s* ['trænsfɜ:] **1** över|föring, -flyttning; [för]flyttning; omplacering; transfer (*äv. sport. o. ekon.*); transport; överlåtelse[handling]; girering; *ekon. äv.* transferering **2** överförings-, gnugg|bild, dekal, dekalkomani; kopia; [av]tryck **3** byte; övergång; övergångsbiljett
transferable [træns'fɜ:rəbl] möjlig att överföra; överförbar, överflyttbar; överlåtbar; transferabel; *not ~* får ej överlåtas **transference** ['trænsf(ə)r(ə)ns] överflyttning, förflyttning, överföring, överlåtelse (*to* på) **transfer fee** ['trænsfɜ:ˌfi:] *sport.* transfer-, övergångs|summa
trans|figuration [ˌtrænsfɪgjʊ'reɪʃn] omgestaltning; *the T~* Kristi förklaring **-figure** [træns'fɪgə] *litt.* förvandla, omgestalta; förhärliga
transfix [træns'fɪks] **1** *stand ~* stå som förhäxad (förstenad, fastnaglad) **2** genomborra
trans|form [træns'fɔ:m] förvandla, förändra, omskapa, omforma, ombilda, omvandla; transformera (*äv. språkv. o. mat.*) **-formation** [ˌtrænsfə'meɪʃn] **1** förvandling, förändring, ombildning, omvandling; transformation (*äv. språkv. o. mat.*) **-formational** [ˌtrænsfə'meɪʃənl] *a, ~ grammar* transformationsgrammatik **-former** [træns'fɔ:mə] **1** omskapare **2** *elektr.* transformator
trans|fuse [træns'fju:z] **1** överföra (*blood* blod) **2** sprida sig över **-fusion** [-'fju:ʒn] **1** [blod]-transfusion, blodöverföring **2** *bildl.* överföring
trans|gress [træns'gres] **1** bryta mot, överträda (*a rule* en regel) **2** överträda en förordning; fela, synda **-gression** [-'greʃn] överträdelse; synd **-gressor** [-'gresə] [lag]överträdare, lagbrytare
tran|sience ['trænzɪəns], **-siency** [-zɪənsɪ] kortvarighet, förgänglighet; flyktighet **-sient** [-zɪənt] **I** *a* flyktig, övergående, förgänglig; tillfällig **II** *s* tillfällig besökare (gäst)
transilluminate [ˌtrænzɪ'lu:mɪneɪt] *med.* genomlysa
transistor [træn'sɪstə] **1** transistor **2** transistorradio **transistor|ize** (*BE. äv. -ise*) [-raɪz] transistorisera **transistor radio** [-ˌreɪdɪəʊ] transistorradio
transit ['trænsɪt] **I** *s* **1** genom-, över|resa; transit; *in ~* på genomresa **2** transport; transitering; *in ~* under transporten **II** *v* **1** resa genom (över) **2** transitera **transit camp** genomgångsläger
transition [træn'sɪʒn] övergång; övergångs|period, -tid **-al** [-'sɪʒənl] *a* övergångs-
transitive ['trænsɪtɪv] *språkv.* transitiv
transitory ['trænsɪt(ə)rɪ] övergående, kortvarig, tillfällig; förgänglig
transl. *förk. för translated; translator*
trans|late [træns'leɪt] **1** översätta (*into* till; *from the English* från engelska); tolka; överföra **2** omvandla, förvandla (*into* till); *~ into action* omsätta i handling **3** vara översättare, översätta **4** kunna översättas **-lation** [-'leɪʃn] **1** översättning (*into* till); tolkning; överföring **2** omvandling, förvandling; omsättande (*into action* i handling) **-lator** [-'leɪtə] **1** översättare, translator
trans|literate [trænz'lɪtəreɪt] translitterera, transkribera **-literation** [ˌtrænzlɪtə'reɪʃn] translitterering, transkription
trans|lucence [trænz'lu:sns], **-lucency** [-'lu:snsɪ] [halv]genomskinlighet **-lucent** [-'lu:snt] [halv]genomskinlig
transmigration [ˌtrænzmaɪ'greɪʃn] **1** [över]flyttning, utvandring **2** *teol., ~ of souls* själavandring
transmission [trænz'mɪʃn] **1** överför|ing, -ande; översändande; överlåtelse; vidarebefordran; fortplantning **2** *radio., TV.* sändning **3** *tekn.* transmission; [kraft]överföring
transmit [trænz'mɪt] **1** överföra; översända; överlåta; vidarebefordra; fortplanta **2** lämna i arv, fortplanta **3** *radio., TV.* [ut]sända **4** *tekn.* överföra, transmittera **-ter** [-ə] **1** översändare *etc., jfr transmit* **2** transmitter (*automatisk sändare för telegrafi*)
transmogrify [trænz'mɒgrɪfaɪ] *skämts.* totalt förändra, förvandla
trans|mutation [ˌtrænzmju:'teɪʃn] *biol., kem.* transmutation; omvandling; förvandling, överflyttning **-mute** [trænz'mju:t] *biol., kem.* transmutera; omvandla; förvandla, överflytta
transoceanic ['trænzˌəʊʃɪ'ænɪk] transocean[sk]
trans|parency [træns'pær(ə)nsɪ] **1** genomskinlighet (*äv. bildl.*), genomsynlighet **2** transparang; dia|positiv, -bild **-parent 1** genomskinlig (*äv. bildl.*), genomsynlig, transparent **2** uppenbar (*lie* lögn), tydlig, klar
tran|spiration [ˌtrænspɪ'reɪʃn] transpiration, utdunstning **-spire** [træn'spaɪə] **1** *bildl.* komma fram, sippra (läcka) ut, utdunsta; avsöndra[s]; transpirera **2** *vard.* hända, inträffa **3** av-, ut|-dunsta, transpirera; avsöndras, avgå **4** avsöndra, avge
trans|plant I *s, kir.* ['trænsplɑ:nt] **1** transplantation **2** transplantat **II** *v* [træns'plɑ:nt] **1** plantera om; *bildl. äv.* förflytta, flytta över **2** *kir.* transplantera **3** gå att plantera om; *bildl. äv.* gå att förflytta (flytta över) **-plantation** [ˌtrænsplɑ:n'teɪʃn] **1** omplantering; *bildl. äv.* förflyttning, överflyttning **2** *kir.* transplantation
transport I *v* [træns'pɔ:t] **1** transportera, forsla, förflytta, befordra **2** *hist.* deportera (*straffånge*) **3** *be ~ed* hänföras, bli (vara) hänförd (hänryckt); *~ed with joy* utom sig (vild) av glädje **II** *s* ['trænspɔ:t] **1** transport, forsling, förflyttning, befordran **2** transportmedel; transport|fordon, -[flyg]plan, -fartyg; transportväsen[det]; [*means of*] *~* transportmedel; *public ~* allmänna kommunikationer, kollektivtrafik **3** hänförelse; [häf-

tigt] utbrott; *in ~s of joy* utom sig (vild) av glädje **transportation** [ˌtrænspɔːˈteɪʃn] **1** transport, transportering **2** transportmedel **3** transportväsen, kommunikationer **4** *AE.* transportkostnader **transport café** [ˈtrænspɔːtˌkæfeɪ] *BE.* långtradarkafé **transporter** [trænˈspɔːtə] stor långtradare, transportfordon

trans|pose [trænsˈpəʊz] **1** omplacera, förflytta **2** omvandla, förvandla (*into* till) **3** *mus.* transponera (*into* till) **-position** [ˌtrænspəˈzɪʃn] **1** omplacering, förflyttning **2** omvandling, förvandling **3** *mus.* transponering

transship [trænsˈʃɪp] **1** lasta om **2** byta (*båt e.d.*)

transubstantiation [ˈtrænsəbˌstænʃɪˈeɪʃn] **1** *rom.-kat.* transsubstantiation **2** omvandling, genomgripande förändring

transude [trænˈsjuːd] *med.* sippra igenom

trans|versal [trænzˈvɜːsl] *geom.* transversal **-verse** [ˈtrænzvɜːs] tvärgående, tvärställd, transversell **-versely** [ˌtrænzˈvɜːslɪ] *adv* på tvären, tvärs över

trans|vestism [trænzˈvestɪz(ə)m] transves[ti]-tism **-vestite** [-ˈvestaɪt] transvestit

trap [træp] **I** *s* **1** fälla, snara (*äv. bildl.*); *fall* (*walk*) *into the ~* gå i fällan; *lay* (*set*) *a ~ for* gillra (lägga ut, sätta ut) en fälla för **2** fallucka, lucka **3** vattenlås **4** (*tvåhjulig*) kärra, vagn **5** *sl.* käft; *shut your ~!, keep your ~ shut!* håll käften! **II** *v* **1** sätta ut fällor på (i) **2** locka [i fällan], fånga [i en fälla], snara, snärja; sätta fast; *~ s.b. into doing s.th.* få (lura) ngn att göra ngt; *be ~ped* vara instängd (inklämd), sitta fast, ha fastnat; *~ one's finger in the door* klämma fingret i dörren **3** *sport.* dämpa (*boll*) **4** sätta ut fällor

trap door [ˌtræpˈdɔː] fallucka; lucka; taklucka

tra|peze [trəˈpiːz] trapets **-pezium** [-ˈpiːzjəm] (*pl -peziums el. -pezia* [-ˈpiːzjə]) *geom.* **1** *BE.* parallelltrapets **2** *AE.* trapetsoid **-pezoid** [ˈtræpɪzɔɪd] *geom.* **1** *BE.* trapetsoid **2** *AE.* parallelltrapets

trapper [ˈtræpə] pälsjägare, trapper

trappings [ˈtræpɪŋz] *pl* **1** grannlåt, utstyrsel; [status]symboler **2** [häst]mundering

traps [træps] *pl, vard.* grejor, pinaler

trapshooting [ˈtræpˌʃuːtɪŋ] lerduveskytte

trash [træʃ] **I** *s* **1** skräp, smörja **2** *AE.* avfall, sopor, skräp **3** *vard.* slödder, pack; *poor White ~* den vita underklassen, de fattiga vita (*i Sydstaterna i USA*) **II** *v, AE.* **1** kasta bort, slänga **2** *sl.* vandalisera; krossa **trashcan** [ˈtræʃkæn] *AE.* soptunna **trashy** [ˈtræʃɪ] *vard.* [ur]usel, skräp-

trauma [ˈtrɔːmə] (*pl ~s el. ~ta* [-tə]) *med., psykol.* trauma; [nerv]chock **traumatic** [trɔːˈmætɪk] *med., psykol.* traumatisk; chockartad

travel [ˈtrævl] **I** *v* **1** resa [omkring] i, resa igenom (över) **2** tillryggalägga **3** resa, åka, fara, färdas; *~ light* resa utan mycket bagage; *he ~s to work by car* (*äv.*) han tar bilen till jobbet; *this wine doesn't ~ well* det här vinet tål inte transport [så bra] **4** röra sig, fortplanta sig, gå; löpa; glida; fara; *his eye ~led over* hans blick vandrade över; *light ~s at* ljuset går (rör sig) med en hastighet av **5** *vard.* köra (*etc.*) fort (i full fart), susa fram; *that car really ~s* den bilen går verkligen fort **6** resa, vara handelsresande **II** *s* **1** resande, resor; *~s* (*pl*) resor; *be fond of ~* tycka om att resa **2** rörelse, gång, bana; slag[längd]

travel agency (bureau) [ˈtrævlˌeɪdʒ(ə)nsɪ] rese-, turist|byrå **travelled** [-d] berest **traveller** [-ə] **1** resande, resenär; passagerare; *~'s cheque* resecheck **2** [*commercial*] ~ handelsresande **3** zigenare **travelling** [-ɪŋ] **I** *a* resande, kringresande; *~ companion* res|kamrat, -sällskap; *~ expenses* (*BE.*) resekostnader, resekostnadsersättning; *~ salesman* handelsresande **II** *s* resande; resor **travelogue** [ˈtrævəlɒg] rese|berättelse, -skildring

traverse [ˈtrævəs] **I** *v* **1** fara (färdas) genom (över); genomkorsa; korsa, skära **2** *bildl.* gå emot, hindra; korsa **3** *jur.* bestrida **II** *s* **1** travers, tvär|stycke, -balk, -slå **2** *mil.* travers **3** *geom.* transversal **4** *jur.* bestridande **III** *a* tvärgående, tvär-

travesty [ˈtrævɪstɪ] **I** *s* travesti, parodi, karikatyr **II** *v* travestera, parodiera, karikera

trawl [trɔːl] **I** *v* **1** tråla, fiska med trål **2** *~ s.th. for* noga söka igenom ngt efter **II** *s* **1** trål **2** långrev **3** trålning **4** sökande **trawler** [ˈtrɔːlə] trålare **trawl line** [ˈtrɔːllaɪn] långrev

tray [treɪ] bricka; fat; låda; brevkorg

treacherous [ˈtretʃ(ə)rəs] förrädisk, trolös, svekfull; opålitlig **treachery** [-ɪ] förräderi, trolöshet, svek

treacle [ˈtriːkl] sirap; melass **treacly** [-ɪ] *a* **1** sirapsliknande; klibbig **2** *bildl.* siraps|len, -söt; slis-kig

tread [tred] **I** *s* **1** tramp[ande]; steg; gång; *walk with a heavy ~* gå tungt (med tunga steg), ha en tung gång **2** trapp-, fot|steg; [steg]pinne **3** trampyta; slit|yta, -bana; [däck]mönster **II** *v* (*trod, trodden*) **1** trampa, trampa [på, till, upp, sönder]; gå, vandra på (genom, i); *bildl. äv.* beträda; *~ the same path as* slå in på (gå) samma väg som; *~ water* trampa vatten; *~ down a*) trampa ner (till), *b*) trampa på, förtrampa; *~ under foot* (*bildl.*) trampa under fötterna, förtrampa **2** trampa; gå; träda, stiga; *~ lightly* (*carefully*) *a*) gå med lätta steg (försiktigt), *b*) gå försiktigt fram (tillväga); *~ in a p.'s footsteps* (*bildl.*) gå i ngns fotspår; *~ on air* vara i sjunde himlen; *~ on the brake* trampa på bromsen; *~ on a p.'s toes* trampa ngn på tårna (*äv. bildl.*)

treadle [ˈtredl] **I** *s* (*på symaskin, spinnrock*) trampa **II** *v* trampa [på]

treadmill [ˈtredmɪl] trampkvarn

treas. *förk. för treasurer; treasury*

treason [ˈtriːzn] lands-, hög|förräderi; förräderi; *an act of ~* ett förräderi **-able** [-əbl], **-ous** [-əs] lands-, hög|förrädisk; förrädisk

treasure [ˈtreʒə] **I** *s* skatt[er], klenod[er] (*äv. bildl.*); *she's a real ~* hon är en riktig pärla **II** *v* **1** skatta högt, uppskatta, värdera, värdesätta **2** bevara [som en skatt]; samla [på] **treasure house** skattkammare (*äv. bildl.*) **treasure hunt** skatt|jakt, -sökning **treasurer** [-rə] skattmästare; kommunalkamrer; (*i förening e.d.*) kassör **treasure-trove** *jur.* skatt|gömma, -fynd

treasury [-rɪ] **1** *the T~* finansdepartementet; *the T~ Bench* regeringsbänken (*i underhuset*); *T~ bill* (*AE.*) skattkammarväxel **2** skattkammare (*äv. bildl.*) **3** kassa

treat [triːt] **I** *v* **1** behandla (*a patient for an illness*

T

en patient för en sjukdom) **2** betrakta, anse, ta (*s.th. as a joke* ngt som ett skämt) **3** bjuda (*to* på); traktera (*to* med); ~ *o.s. to s.th.* kosta på (unna) sig ngt **4** ~ *of* behandla, avhandla, handla om **5** för-, under|handla (*with s.b. for s.th.* med ngn om ngt) **II** *s* **1** [sann] njutning, nöje, upplevelse; överraskning; *look a* ~ (*vard.*) se jättebra ut; *work a* ~ (*vard.*) gå som smort **2** traktering; bjudning, kalas, fest; utflykt; *this is my* ~ det är jag som bjuder; *stand* ~ bjuda på (betala) kalaset, bjuda

treatise ['tri:tɪz] avhandling (*on* om)

treatment ['tri:tmənt] behandling (*äv. med.*)

treaty ['tri:tɪ] fördrag, traktat; pakt

treble ['trebl] **I** *a* tre|dubbel, -faldig; ~ *chance* poängtips; *it is* ~ *the size of* den är tre gånger så stor som **2** *mus.* sopran-, diskant-; ~ *clef* diskantklav **II** *s* sopran; diskant **III** *v* tredubbla[s] **trebly** [-ɪ] *adv* tre|dubbelt, -faldigt

tree [tri:] träd; *Christmas* ~ julgran; *the* ~ *of knowledge of good and evil* kunskapens träd på gott och ont; *be at the top of the* ~ (*bildl.*) ha nått toppen; *be up a* ~ (*AE. vard.*) sitta i klistret, vara i knipa

tree creeper ['tri:ˌkri:pə] *zool.* trädkrypare **tree frog** [-frɒg] *zool.* lövgroda **tree line** [-laɪn] trädgräns **tree sparrow** [-ˌspærəʊ] *zool.* pilfink **treetop** [-tɒp] trädtopp

trefoil ['tri:fɔɪl] **1** *bot.* klöver **2** *arkit.* klöverblad

trek [trek] **I** *v* [fot]vandra **II** *s* lång och mödosam [fot]vandring

trellis ['trelɪs] **I** *s* spaljé; galler[verk] **II** *v* **1** spaljera **-work** spaljé; galler[verk]

tremble ['trembl] **I** *v* **1** darra, skaka, skälva; *trembling poplar* (*bot.*) asp **2** *bildl.* darra, bäva, ängslas (*about, for* för) **II** *s* darrning, skakning, skälvning; *be all of a* ~ (*vard.*) darra (skaka) i hela kroppen

tremendous [trɪ'mendəs] **1** enorm, kolossal, väldig; *vard.* fantastisk, jättelik **2** *åld.* fruktansvärd

tremolo ['tremələʊ] *mus.* tremolo

tremor ['tremə] **1** darrning, skälvning, skakning; rysning **2** [*earth*] ~ jordskalv

tremulous ['tremjʊləs] *litt.* **1** darrande, skälvande **2** ängslig

trench [tren(t)ʃ] **I** *s* **1** dike; fåra; ränna **2** *mil.* skyttegrav **II** *v* **1** dika; gräva diken *etc.*, *jfr I* **2** inkräkta ([*up*]*on* på)

trenchant ['tren(t)ʃ(ə)nt] skarp, bitande (*criticism* kritik); kraftfull

trench coat ['tren(t)ʃkəʊt] trenchcoat

trencher ['tren(t)ʃə] (*förr*) trätallrik; skärbräde **-man** [-mən] matglad person

trend [trend] **I** *s* trend, tendens, [in]riktning; *set the* ~ vara trendskapande, skapa en trend **II** *v* tendera, gå, röra sig (*i viss riktning*) **trend-setter** ['trendˌsetə] modeskapare, trend|skapare, -makare **trendy** ['trendɪ] **I** *a* trendig, toppmodern, inne-, moderiktig **II** *s, vard.* trendnisse

trepan [trɪ'pæn], **trephine** [trɪ'fi:n] *med.* **I** *s* trepan **II** *v* trepanera **trephination** [trefɪ'neɪʃn] *med.* trepan|ering, -ation

trepidation [ˌtrepɪ'deɪʃn] oro, bävan; bestörtning

trespass ['trespəs] **I** *v* **1** göra intrång, inkräkta; *no* ~*ing!* tillträde förbjudet!; *you're* ~*ing!* du får inte gå (vara) här!; ~ [*up*]*on a*) [dagligen] beträda, göra intrång på, inkräkta på, *b*) *bildl.* göra intrång i, inkräkta på, kräva (ta) för mycket av, ta alltför mycket i anspråk av; *you* ~ [*up*]*on his hospitality* du missbrukar hans gästfrihet **2** *bibl.* synda; *them that* ~ *against us* dem oss skyldiga äro **II** *s* **1** intrång; [lag]överträdelse **2** *bibl.* synd; skuld

trespasser [-ə] inkräktare; ~*s will be prosecuted* tillträde vid vite förbjudet, överträdelse beivras

tress [tres] *åld., litt.* hårlock; fläta

trestle ['tresl] (*stöd*) [trä]bock **trestle table** bord som står på bockar

T.R.H. *förk. för Their Royal Highnesses*

triable ['traɪəbl] som kan prövas rättsligt; underkastad rättslig prövning

triad ['traɪəd] tretal, grupp av tre; *mus.* treklang

trial ['traɪ(ə)l] **1** *jur.* rannsakning; rättslig prövning; rättegång, process; mål; *be on* ~ vara åtalad, stå inför rätta; *bring s.b. to* (*put s.b. on*) ~ ställa (dra) ngn inför rätta; *stand* ~ stå inför rätta **2** prövning; påfrestning; vedermöda; *be a* ~ *to s.b.* vara en påfrestning (prövning) för ngn, vålla ngn mycket bekymmer (problem) **3** prov[ning], försök, test, experiment; *sport.* försök, trial; ~ *of strength* kraftprov; *on* ~ *a*) på prov, *b*) efter en prövotid; *the new secretary is on* ~ den nya sekreteraren är anställd på prov; *do s.th. by* ~ *and error* göra ngt med hjälp av trial-and-error-metoden (genom att pröva sig fram); *give s.b. a* ~ *a*) sätta ngn på prov, låta ngn [få] försöka, *b*) anställa ngn på prov; *give s.th. a* ~ pröva ngt; *put to the* ~ sätta på prov, testa **trial balloon** [-bəˌlu:n] *AE. bildl.* försöksballong **trial flight** prov-, test|flygning **trial heat** [-hi:t] *sport.* försöksheat **trial run** [-rʌn] prov-, test|körning, provtur

tri|angle ['traɪæŋgl] triangel **-angular** [traɪ'æŋgjʊlə] triangulär, triangelformig, triangel-

tribal ['traɪbl] stam-, släkt- **-ism** [-ɪz(ə)m] **1** stamsystem **2** stamlojalitet

tribe [traɪb] **1** stam; släkt; **2** *biol.* underfamilj, grupp **3** *vard.* klunga, skara, samling, grupp **4** *skämts.* släkt, familj **tribesman** ['traɪbzmən] medlem av stam; stamfrände

tribulation [ˌtrɪbjʊ'leɪʃn] vedermöda, prövning

tribunal [traɪ'bju:nl] domstol, tribunal

1 tribune ['trɪbju:n] *rom. hist.* tribun

2 tribune ['trɪbju:n] (*i basilika*) [biskops]tron

tributary ['trɪbjʊt(ə)rɪ] **I** *s* **1** biflod, tillflöde **2** tributskyldig stat (person); lydstat **II** *a* **1** bi-, sido- **2** tributskyldig; underlydande

tribute ['trɪbju:t] **1** tribut, skatt **2** tribut, hyllning, gärd; *floral* ~ blomster|hyllning, -gärd; *a* ~ *to* (*äv.*) ett bevis på; *pay* ~ *to s.b.* bringa ngn sin hyllning

trice [traɪs] *s, in a* ~ i en handvändning

trecentenary [ˌtraɪsen'ti:nərɪ] trehundraårsdag

triceps ['traɪseps] *anat.* triceps

trichina [trɪ'kaɪnə] (*pl -nae* [-ni:]) *zool.* trikin

trichloroethylene [traɪˌklɔ:rəʊ'eθɪli:n] *kem.* trikloretylen

trick [trɪk] **I** *s* **1** trick[s]; konst[grepp]; knep; påhitt; list, fälla; streck, spratt; ~*s of the trade* yrkes|knep, -hemligheter, specialknep; *it's only a* ~

of the light det är bara ett ljusfenomen; *a dirty ~* ett fult spratt; *how's ~s?* (*vard.*) hur är läget?; *he's up to his ~s as soon as my back is turned* han gör rackartyg så fort jag vänder ryggen till; *that will do the ~* (*vard.*) det kommer att göra susen (bli jättebra); *he knows a ~ or two* (*vard.*) han kan (vet) en hel del, han är minsann inte bakom; *I know a ~ worth two of that* (*vard.*) jag känner till (vet) ett ännu bättre knep (sätt); *he never seems to miss a ~* (*vard.*) ingenting tycks undgå honom; *play a ~* (*play ~s*) *on s.b.* spela ngn ett spratt **2** egenhet, [o]vana **3** *kortsp.* trick, stick, spel **II** *v* **1** lura; *~ s.b. into doing s.th.* lura ngn att göra ngt; *~ s.b. into marriage* lura ngn till giftermål; *~ s.b. out of s.th.* lura av ngn ngt **2** *~* [*out, up*] styra ut, snygga upp

trickery ['trɪkərɪ] knep, skoj, bedrägeri **trickiness** [-ɪnɪs] **1** knepighet, krånglighet, kinkighet

trickle ['trɪkl] **I** *v* sippra, droppa, rinna sakta; drypa; *the tears ~d down her cheeks* tårarna trillade nerför hennes kinder; *people began to ~ back to the bus* folk började sakta dra sig tillbaka till bussen; *the news ~d out* nyheten sipprade ut **II** *s* sipprande, droppande; droppe

trickster ['trɪkstə] skojare, bluffmakare **tricky** [-ɪ] **1** knepig, krånglig, kinkig **2** opålitlig, listig

tricolour ['trɪkələ] trikolor

tricot ['tri:kəʊ] trikå

tricycle ['traɪsɪkl] trehjuling

trident ['traɪdnt] treudd

tried [traɪd] [be]prövad

triennial [traɪ'enjəl] **1** treårig, treårs- **2** återkommande (inträffande) vart tredje år

trier ['traɪə] person som försöker (gör sitt bästa)

trifle ['traɪfl] **I** *s* **1** småsak, bagatell, petitess; strunt[sak]; struntsumma **2** *a ~* en aning, litet [grand] **3** (*slags*) frukttårta **II** *v* **1** *~ away* slösa (plottra) bort, förslösa, [för]spilla **2** leka (*äv. bildl.*); peta; *~ with a*) leka med, *b*) peta i; *he is not* [*a person*] *to be ~d with* han är inte att leka med

trifler ['traɪflə] slarver, lätting **trifling** [-ɪŋ] **1** obetydlig, bagatellartad, strunt- **2** lättsinnig; lättjefull

trig. *förk. för trigonometrical; trigonometry*

trigger ['trɪgə] (*på skjutvapen*) avtryckare; *pull* (*squeeze*) *the ~* trycka av; *be quick on the ~* skjuta snabbt **-happy** [-ˌhæpɪ] *vard.* skjutglad

trigonometry [ˌtrɪgə'nɒmɪtrɪ] trigonometri

trike [traɪk] *vard.* **1** trehjuling **2** tri[kloretylen]

trilateral [ˌtraɪ'læt(ə)r(ə)l] tresidig, trilateral

trilby [hat] ['trɪlbɪ(hæt)] trilbyhatt (*mjuk filthatt*)

trill [trɪl] **I** *v* drilla (*äv. mus.*); *~ laughter* pärlande skratt **II** *s* drill (*äv. mus.*)

trillion ['trɪljən] **1** triljon **2** *AE.* biljon

trim [trɪm] **I** *a* snygg; proper, nätt, prydlig, vårdad; väl|skött, -ordnad **II** *s* **1** skick, tillstånd, ordning, form, trim; *be in* [*good*] *~ a*) vara i ordning, *b*) vara i form (trim) **2** trimning, putsning, klippning; *give s.th. a ~* klippa (putsa, trimma, tukta, beskära) ngt **3** utsmyckning, dekoration; kantband; lister; utstyrsel, dräkt, stass; (*bils*) inredning; *AE.* skyltmaterial **4** *sjö., flyg.* trim; *sjö. äv.* trimning **5** bortskuret ([bort]klippt) material **III** *v* **1** trimma, putsa, klippa; tukta, beskära; jämna [av, till]; *bildl.* skära ner, banta; *~ off* (*away*) skära (putsa) bort **2** smycka [ut], pynta, dekorera, garnera, klä, kanta **3** *vard.* klå [upp]; slå; besegra **4** *sjö., flyg.* trimma; *bildl.* anpassa (*to* efter); *~ one's sails to every wind* (*bildl.*) vända kappan efter vinden **5** vända kappan efter vinden, kompromissa

trimaran ['traɪməræn] trimaran

trimester [traɪ'mestə] kvartal

trim|mer ['trɪmə] **1** trimnings-, klippnings|verktyg, -maskin, trimsax **2** opportunist **-ming** [-ɪŋ] **1** trimning, putsning, avklippning **2** dekoration, garnering, utsmyckning, pynt **3** *~s* (*pl*) [extra] tillbehör **4** *~s* (*pl*) bortskurna bitar **5** *vard.* stryk; bannor **6** *sjö.* trimning

trinitrotoluene [traɪˌnaɪtrə(ʊ)'tɒljʊi:n] *kem.* trinitrotoluen, trotyl

trinity ['trɪnɪtɪ] trefald; treenighet; *the* [*Holy*] *T~* (*teol.*) treenigheten **Trinity Sunday** Heliga Trefaldighets dag, trefaldighetssöndagen

trinket ['trɪŋkɪt] liten prydnadssak; billigt smycke; *~s* (*pl, äv.*) nipper, grannlåt

trio ['tri:əʊ] trio

trip [trɪp] **I** *s* **1** tur, resa, tripp, utflykt **2** trippande [gång] **3** snavande, snubblande **4** krokben **5** fel, felsteg, blunder, tabbe **6** *tekn.* utlösning; utlösare **7** *vard.* tripp (*LSD-rus*); spännande upplevelse **II** *v* **1** *tekn.* utlösa **2** *~* [*up*] få att snava (snubbla), fälla, sätta krokben för, *bildl. äv.* sätta på det hala, göra förvirrad, avslöja, ertappa **3** *~* [*up*] *a*) snava, snubbla (*äv. bildl.*), *b*) begå ett fel [steg], göra en tabbe; *~* [*up*] *over* snava (snubbla) på **4** trippa

tripartite [ˌtraɪ'pɑ:taɪt] **1** tredelad **2** treparts-, tresidig

tripe [traɪp] **1** *kokk.* ox-, ko-, svin|mage **2** *vard.* strunt, smörja

trip-hammer ['trɪpˌhæmə] stångjärnshammare

triple ['trɪpl] **I** *a* tre|faldig, -dubbel, -delad; trippel-; tre-; *the T~ Alliance* trippelalliansen; *~ jump* (*sport.*) tresteg[shopp]; *~ time* (*mus.*) tretakt **II** *v* tredubbla[s]

triplet ['trɪplɪt] **1** trilling **2** *mus.* triol

triplicate **I** *a* ['trɪplɪkət] tre|dubbel, -faldig **II** *s* ['trɪplɪkət] triplett, tredje exemplar (kopia); *in ~* i tre exemplar **II** *v* ['trɪplɪkeɪt] tre|dubbla, -faldiga

tripod ['traɪpɒd] **1** trefot, tripod **2** stativ [med tre ben]

tripos ['traɪpɒs] *Cambr.* tripos (*slutexamen med honours degree i alla ämnen*)

tripper ['trɪpə] **1** *åld.* person på (deltagare i) utflykt; turist **2** *tekn.* utlösare

tripping ['trɪpiŋ] (*i ishockey*) tripping (*fällning av motspelare*)

triptych ['trɪptɪk] triptyk (*tredelad* [*altar*]*tavla*)

tripwire ['trɪpˌwaɪə] *mil.* snubbeltråd

trireme ['traɪri:m] *hist.* trirem (*galär med tre rader roddarbänkar*)

trisect [traɪ'sekt] tredela (*i sht i lika delar*)

tri|syllabic [ˌtraɪsɪ'læbɪk] trestavig **-syllable** [-'sɪləbl] trestavigt ord

trite [traɪt] sliten, nött, banal

triumph ['traɪəmf] **I** *s* triumf; seger **II** *v* triumfera; segra **triumphal** [traɪ'ʌmfl] triumfartad, triumf-; *~ arch* triumfbåge; *~ procession* triumftåg **triumphant** [traɪ'ʌmfənt] triumferande; triumfartad

T

triumvirate [traɪ'ʌmvɪrət] triumvirat
trivet ['trɪvɪt] **1** trefot (*i sht för kokkärl*); karottunderlägg; *as right as a* ~ i fin form
trivia ['trɪvɪə] *pl* trivialiteter, oväsentligheter
trivial ['trɪviəl] **1** obetydlig, oviktig **2** trivial, banal, alldaglig **-ity** [ˌtrɪvɪ'æləti] **1** obetydlighet, bagatell **2** trivialitet, banalitet **-ize** (*BE. äv. -ise*) ['trɪvɪəlaɪz] bagatellisera
trochaic [trəʊ'keɪɪk] *versl.* **I** *a* trokeisk, trokaisk (*verse* vers) **II** *s* **1** trokeisk vers **2** troké **trochee** ['trəʊki:] troké
trod [trɒd] *imperf. av tread* **-den** [-n] *perf. part. av tread*
troglodyte ['trɒglədaɪt] grottmänniska, troglodyt; *vard.* enstöring
troika ['trɔɪkə] trojka (*trespann o. grupp av tre pers.*)
Trojan ['trəʊdʒ(ə)n] **I** *a* trojansk; *the* ~ *Horse* den trojanska hästen; *the* ~ *War* trojanska kriget **II** *s* **1** trojan **2** *work like a* ~ arbeta som en slav (häst)
troll [trəʊl] troll
trolley ['trɒlɪ] **1** [drag]kärra **2** tralla; dressin **3** tevagn, rullbord; serveringsvagn **4** *tekn.* kontakttrissa, löpkontakt **5** *BE.* trådbuss **6** *AE.* spårvagn **trolley bus** trådbuss **trolley car** *AE.* spårvagn
trollop ['trɒləp] *åld.* slampa, [gat]slinka
trom|bone [trɒm'bəʊn] *mus.* trombon, [drag]basun **-bonist** [-ɪst] trombonist
troop [tru:p] **I** *s* **1** skara, skock, grupp **2** *mil.* trupp; tropp; [kavalleri]förband (*av kompanis storlek*); [scout]avdelning **II** *v* **1** gå (komma, samlas) i skaror; tåga; *vard.* troppa (*off* av) **2** ~ *the colour* göra parad för (troppa) fanan **troop carrier** ['tru:pˌkærɪə] *mil.* trupptransport|fordon, -fartyg, -plan **trooper** ['tru:pə] **1** kavallerist; *swear like a* ~ svära som en borstbindare **2** kavallerihäst **3** *vard., i sht BE.* trupptransportfartyg **4** *AE.* [ridande] polis **troopship** ['tru:pʃɪp] trupptransportfartyg
trope [trəʊp] trop, bildligt uttryck, poetisk bild
trophy ['trəʊfɪ] trofé, segertecken
tropic ['trɒpɪk] **I** *s* **1** vändkrets, tropik; *the T~ of Cancer* (*Capricorn*) Kräftans (Stenbockens) vändkrets **2** *the ~s* (*pl*) tropikerna **II** *a* tropisk **tropical** [-l] tropisk
troposphere ['trɒpəsfɪə] *meteor.* troposfär
trot [trɒt] **I** *v* **1** trava, gå i trav; rida i trav **2** kila, trava, traska; ~ *along* kila (traska) på (i väg) **3** låta trava **4** *vard.* komma dragandes med (*the same ideas* samma gamla idéer), dra fram, briljera med **II** *s* **1** trav **2** travande; rask gång; *the ~s* (*vard.*) diarré; *on the* ~ (*vard.*) *a*) i farten, *b*) på raken, i rad **3** [litet] pyre **4** *AE. vard.* moja
troth [trəʊθ] *litt.* tro [och loven]; *they plighted their* ~ de lovade varandra evig trohet
trotter ['trɒtə] **1** travhäst, travare **2** *kokk.* grisfot **trotting** [-ɪŋ] trav[sport]
trotyl ['trəʊtɪl] *kem.* trotyl
troubadour ['tru:bəˌdʊə] trubadur
trouble ['trʌbl] **I** *s* **1** svårighet[er]; möda, besvär; besvärlighet[er], obehag[ligheter], tråkighet[er], problem; krångel, trassel; bråk; knipa; bekymmer, oro; sorg; *no* ~ [*at all*]! ingen orsak!; *ask for* ~ *a*) ställa till trassel för sig, *b*) ställa till bråk, tigga stryk; *that's the* ~ det är det som är problemet; *what's the* ~? vad står på?, vad är det?, hur är det [fatt]?; *the* ~ *is that* svårigheten (problemet, felet) är att; *it's no* ~ det är (var) inget besvär; *the boy is a great* ~ *to his parents* pojken är ett stort bekymmer för sina föräldrar; *it is more* ~ *than it is worth* det är inte värt besväret (mödan värt); *be in* ~ vara i knipa, ha problem (svårigheter); *get into* ~ få svårigheter (problem, tråkigheter), råka i knipa (illa ut); *get s.b. into* ~ *a*) vålla ngn svårigheter, sätta ngn i knipa, *b*) *vard.* göra ngn med barn; *go to the* ~ *of doing* (*take the* ~ *to do*) *s.th.* göra sig besväret (mödan) att göra ngt; *have* ~ *doing s.th.* ha svårigheter (problem) med att göra ngt; *make* ~ göra svårigheter, ställa till besvär (bråk); *take the* ~ *to* göra sig besvär[et] att; *take* ~ *over* göra sig besvär med **2** besvär, åkomma, ont, sjukdom; *heart* ~ hjärtbesvär **3** krångel, störning, fel, skada; *engine* ~ motorkrångel **4** oro; *~s* (*pl*) oroligheter, konflikter **II** *v* **1** bekymra, oroa; plåga; besvära; störa; ~ *o.s. a*) bekymra (oroa) sig, *b*) besvära sig, göra sig besvär; *I'll* ~ *you to remember that!* var snäll och kom ihåg det!; *sorry to* ~ *you!* förlåt att jag besvärar (stör) [dig]!; *may I* ~ *you for...?* får jag be (besvära) [dig] om...?, kan du ge mig...?; *will it* ~ *you if I smoke?* besvärar det dig om jag röker?; *be ~d with* plågas (besväras, lida) av, ha bekymmer (problem) med **2** besvära (anstränga) sig (*about s.th.* med ngt; *to do s.th.* med att göra ngt); *don't* ~ *to...!* (*äv.*) du behöver inte...!, försök inte att...! **3** bekymra (oroa) sig (*about, over* för, över)
troubled ['trʌbld] **1** orolig; *pour oil on* ~ *waters* (*bildl.*) gjuta olja på vågorna **2** orolig, oroad, bekymrad (*about* för, över) **trouble-free** oproblematisk, bekymmersfri **troublemaker** [-'meɪkə] orosstiftare, uppviglare, bråkmakare **troubleshooter** [-ˌʃu:tə] **1** *AE.* felsökare **2** medlare, medlingsexpert **troublesome** [-səm] besvärlig, besvärande; svår, påfrestande **trouble spot** [-spɒt] oroscentrum; oroligt hörn
trough [trʌf] **1** ho, tråg, kar **2** ränna, dike **3** vågdal (*äv. bildl.*); dalsänka **4** *meteor.* lågtrycks|område, -bälte
trounce [traʊns] ge stryk, klå [upp], slå **trouncing** ['traʊnsɪŋ] smörj, [kok] stryk
troupe [tru:p] [teater]trupp, sällskap, grupp **trouper** ['tru:pə] **1** medlem av [teater]trupp *etc. jfr troupe* **2** pålitlig medarbetare; arbetskamrat
trouser clip ['traʊzəklɪp] cykelklämma
trousers ['traʊzəz] *pl* [lång]byxor; *a pair of* ~ ett par byxor; *wear the* ~ (*BE. vard.*) vara den som bestämmer i familjen **trouser suit** byxdress
trousseau ['tru:səʊ] (*pl ~s el. ~x* [-z]) [brud]utstyrsel
trout [traʊt] **1** (*pl lika*) forell **2** *BE. vard., old* ~ gammal kärring
trove [trəʊv] *se treasure-trove*
trowel ['traʊ(ə)l] **1** murslev **2** planterings-, trädgårds|spade
Troy [trɔɪ] Troja
troy [weight] ['trɔɪ(weɪt)] troy[vikt] (*viktsystem för ädelmetaller o. ädelstenar; 1* ~ *pound = 12 ounces = 373,48 g*)
tru|ancy ['tru:ənsɪ] skolk **-ant** [-ənt] skolkare, elev som skolkar; *play* ~ skolka

truce [tru:s] vapenvila, [vapen]stillestånd; andrum; *flag of ~* parlamentärflagg

1 truck [trʌk] **I** *s* **1** *BE.* öppen godsvagn; boggi **2** *AE.* lastbil; långtradare **3** truck; flak-, transport|vagn; [last]kärra; bagagekärra **4** *sjö.* masttopp **II** *v, i sht AE.* **1** transportera med lastbil **2** köra lastbil

2 truck [trʌk] **I** *v* **1** handelsvaror **2** affärer; byteshandel; *they will have no ~ with him* de vill inte ha med honom att göra **3** *vard.* skräp, strunt **4** *AE.* grönsaker **II** *v* **1** driva byteshandel **2** schackra

truck driver ['trʌk,draɪvə] truckförare **trucker** [-ə] *AE.* lastbils|chaufför, -förare **trucking** [-ɪŋ] *AE.* körande av lastbil (långtradare); långtradartillvaro **truckle** ['trʌkl] falla undan, ge vika, krypa (*to* för) **truckle bed** undersäng (*på hjul*), utdragssäng

trucu|lence ['trʌkjʊləns], **-lency** [-lənsɪ] stridslystnad, aggressivitet **-lent** [-lənt] stridslysten, aggressiv

trudge [trʌdʒ] **I** *v* släpa sig fram, gå med tunga steg **II** *s* mödosam (tung) vandring

true [tru:] **I** *a* **1** sann; sanningsenlig, sannfärdig; exakt; rätt; riktig; verklig; äkta; trogen; lojal; *~ owner* rättmätig ägare; *~ to facts* i överensstämmelse med fakta; *~ to form* (*type*) *a*) normal (karakteristisk, typisk), *b*) som väntat; *~ to life* verklighetstrogen; *~ to nature* naturtrogen; *in ~ life* i verkliga livet; *be* (*hold*) *~* gälla, äga giltighet, vara giltig; *be ~ to s.b.* vara ngn trogen; *be ~ to one's word* stå vid sitt ord; *come* (*prove*) *~* slå in, bli verklighet, gå i uppfyllelse, besannas; [*it's*] *~, but* visserligen (det är sant, det stämmer) men; *that's ~!* det är sant!, [det] stämmer!, precis! **2** *mus.* ren, rätt[stämd] **3** *tekn.* rät; rätt avpassad (inpassad, inställd) **4** (*om kompass*) rättvisande (*north* nord) **II** *adv* sant; exakt; rätt; rent; *ring ~* klinga äkta, låta sant; *speak ~* tala sant (sanning) **III** *s, out of ~* ur läge, sned, skev, vind **IV** *v* räta, rikta, av-, in|passa, ställa in, justera

true-blue [,tru:'blu:] **I** *a* trogen, lojal; äkta; mörkblå (*conservative* konservativ) **II** *s, i sht BE.* trogen rojalist; mörkblå konservativ **true-born** [tvätt]äkta, verklig **truelove** ['tru:lʌv] **1** älskling, älskad[e] **2** *bot.* ormbär

truffle ['trʌfl] tryffel

trug [trʌg] låg, oval trädgårdskorg

truism ['tru:ɪz(ə)m] truism, självklart påstående

truly ['tru:lɪ] *adv* **1** sant; uppriktigt; verkligt; verkligen; i själva verket; uppriktigt sagt **2** riktigt, fullständigt, helt och fullt; med rätta **3** troget, lojalt **4** *Yours ~* (*i brev*) högaktningsfullt; *yours ~* (*skämts.*) undertecknad, jag, mig

1 trump [trʌmp] **I** *s* **1** *kortsp., bildl.* trumf, trumfkort; *no ~s* sang; *hearts are ~s* hjärter är trumf; *turn* (*come*) *up ~s* (*vard.*) *a*) ställa upp, *b*) slå väl ut **2** *vard.* bra karl (grabb) **II** *v* **1** *kortsp.* trumfa, ta med trumf; *bildl.* övertrumfa **2** *bildl., ~ up* duka upp, koka ihop

2 trump [trʌmp] *åld., litt.* trumpet; trumpetstöt; *the last ~* domsbasunen

trump card [,trʌmp'kɑ:d] trumfkort

trumped-up [,trʌmpt'ʌp] falsk (*charge* anklagelse), uppdiktad

trumpery ['trʌmpərɪ] **I** *s* **1** grannlåt, krimskrams, krafs **2** strunt[prat] **II** *a* värdelös

trumpet ['trʌmpɪt] **I** *s* **1** trumpet; *blow one's own ~* skryta med sig själv **2** trumpetare **3** trumpet|stöt, -signal **4** (*elefants e.d.*) trumpetande **II** *v* trumpeta [ut]; *bildl.* basunera ut **trumpeter** [-ə] trumpetare

truncate [trʌŋ'keɪt] stympa; skära av (bort)

truncheon ['trʌn(t)ʃ(ə)n] **1** *i sht BE.* batong **2** (*marskalks*) stav

trundle ['trʌndl] **I** *v* **1** rulla; köra sakta **2** knalla i väg (*somewhere* någonstans) **II** *s* **1** litet hjul, trissa **2** liten vagn (kärra)

trunk [trʌŋk] **1** [träd]stam **2** bål, torso **3** snabel **4** koffert, trunk; *AE. äv.* bagage|lucka, -utrymme (*i bil*) **5** huvud|linje, -gren; stam **6** *~s* (*pl*) sim-, bad|byxor; gymnastik-, idrotts|byxor; *BE.* kalsonger (*med ben t. halva låret*) **trunk call** ['trʌŋkkɔ:l] *tel.* rikssamtal **trunk line** ['trʌŋklaɪn] **1** *tel.* huvudledning **2** *järnv.* stambana **trunk road** ['trʌŋkrəʊd] *BE.* riks-, huvud|väg

truss [trʌs] **I** *v* **1** *~* [*up*] *a*) binda [ihop], *b*) *kokk.* binda upp **2** *byggn.* stötta, staga, förstärka **II** *s* **1** *byggn.* stötta, förstärkning; takstol; fackverk **2** bunt, packe; *i sht BE.* knippa (*of hay* hö) **3** *med.* bråckband

trust [trʌst] **I** *s* **1** förtroende (*in* för), tillit, tilltro (*in* till); förtröstan (*in* på); [gott] hopp; [fast] förhoppning; *hand.* kredit; *commission of ~* förtroendeuppdrag; *position of ~* ansvarsfull ställning; *on ~ a*) i god tro, *b*) *hand.* på kredit; *take s.th. on ~* helt enkelt (utan vidare) godta[ga] ngt, lita på att ngt är riktigt; *place* (*put*) *one's ~ in* sätta sin tillit till, lita på **2** förtroendeuppdrag, tjänst **3** plikt **4** ansvar; vård, omvårdnad; *hand., jur. a*) förvaltning, förvaltarskap, *b*) deposition, anförtrott gods, *c*) fideikommiss; *breach of ~* trolöshet mot huvudman; *commit s.th. to a p.'s ~* anförtro ngt i ngns vård, deponera ngt hos ngn; *hold s.th. in ~ for s.b.* förvalta ngt åt ngn; *in my ~* i min vård **5** trust; organisation, sammanslutning; stiftelse; *the National T~* (*ung.*) riksantikvarieämbetet **II** *v* **1** ha förtroende för, lita på; tro på, sätta tro till; hysa en fast förhoppning [om], [verkligen] hoppas; vara säker på, tro; *hand.* ge (lämna) kredit; *~ s.b. to do s.th.* lita på att ngn gör ngt; *~ s.b. for s.th.* (*hand.*) ge (lämna) ngn kredit på ngt; *~ me to do that!* du kan vara säker (lita) på att jag gör det!; *~ him to break it!* (*iron.*) typiskt för honom att ha sönder den!; *can she be ~ed not to lose it?* kan man lita på att hon inte tappar bort den? **2** *~ s.b. to do s.th.* anförtro (överlämna) åt ngn att göra ngt; *~ s.b. with s.th., ~ s.th. to s.b.* anförtro (överlämna) ngt åt ngn (i ngns vård), anförtro ngn ngt; *can we ~ her to go out alone?* vågar vi låta henne gå ut ensam? **3** sätta sin tillit (*in, to* till), lita, tro (*in, to* på), hoppas (*to* på); *~ in God* förtrösta på (sätta sin tillit till) Gud; *~ to luck* lita på turen

trustee [,trʌs'ti:] *jur.* förtroendeman; förvaltare; förmyndare **-ship** [-ʃɪp] **1** förvaltarskap; förmynderskap; förtroendemannaskap **2** förvaltarskapsområde

trustful ['trʌstf(ʊ)l] tillitsfull **trust fund** bundet kapital, bundna tillgångar **trusting** [-ɪŋ] tillitsfull **trust territory** [-,terɪt(ə)rɪ] förvaltarskapsområde **trustworthy** [-,wɜ:ðɪ] pålitlig, tillförlit-

T

lig **trusty** [-ɪ] trofast, trogen, pålitlig
truth [tru:θ] **1** sanning; sannings|enlighet, -halt, sannfärdighet; verklighet, faktum; *home ~s* obehagliga (beska, bittra) sanningar; *the ~ of the matter is that* sanningen är [den] att; *tell* (*speak*) *the ~* tala sanning, säga sanningen; *to tell* [*you*] *the ~*, *~ to tell, in* [*all*] *~* sanningen att säga, ärligt talat, uppriktigt sagt; *~ will out* sanningen kommer alltid fram **2** [verklighets]trohet, realism **3** precision, exakthet (*of an instrument* hos ett instrument) **-ful** ['tru:θf(ʊ)l] sann; sannfärdig; sanningsenlig; verklighetstrogen
try [traɪ] **I** *v* **1** försöka (*to do s.th.* att göra ngt); försöka med (*doing s.th.* att göra ngt); pröva [på]; prova; testa; smaka [på]; anstränga, ta på, fresta [på]; sätta på prov; *~ one's best* (*hardest*) göra sitt bästa (yttersta); *~ the door* känna på (försöka öppna) dörren; *~ one's hand at s.th.* försöka sig på ngt; *~ one's luck* (*fortunes*) pröva lyckan; *~ me!* (*vard.*) ska vi slå vad?; *it tries my patience* det sätter mitt tålamod på prov, det frestar (prövar) mitt tålamod; *~ one's strength at* pröva sina krafter på; *it's ~ing to rain* (*vard.*) det ser ut att bli regn; *~ on* prova (*a dress* en klänning); *don't ~ it on with me!* (*vard.*) försök inte med mig!; *~ out* [grundligt] pröva (prova [ut]), testa **2** *jur.* behandla, handlägga; rannsaka; döma i; ställa inför rätta, anklaga, åtala **3** försöka (*at* med), försöka sig (*at* på); *~ and do s.th.* (*vard.*) försöka och göra ngt; *~ for* eftersträva, försöka nå (få), söka, ansöka om; *~ as he might* hur mycket han än försökte **II** *s* försök; (*i rugby äv.*) try (*3 el. 4 poäng*); *have a ~* göra ett försök, försöka (*at s.th.* med ngt), pröva (*at s.th.* ngt)
trying ['traɪɪŋ] ansträngande, påfrestande, besvärlig (*to* för)
try-on ['traɪɒn] **1** *BE. vard.* fräckt försök, bluff **2** provning (*av kläder*) **try-out** **1** test, prov, utprovning; försök **2** *i sth AE. sport.* försök
tryst [trɪst] *litt.* [hemligt] möte; mötesplats
tsar [zɑ:] tsar **tsarevitch** ['zɑ:rəvɪtʃ] tsarevitj **tsarina** [zɑ:'ri:nə] tsarinna
tsetse [fly] ['tsetsɪ(flaɪ)] *zool.* tsetsefluga
T-shirt ['ti:ʃɜ:t] T-shirt, T-tröja
tsp. *förk. för teaspoon*
T-square ['ti:skweə] vinkellinjal
TT, T.T. *förk. för teetotal*[*ler*]; *Tourist Trophy; tuberculin tested* **TTL** *förk. för through-the-lens* **TU, T.U.** *förk. för trade union* **Tu.** *förk. för Tuesday*
tub [tʌb] **I** *s* **1** balja; bytta; fat, tunna; kar, tråg **2** *vard.* skorv (*gammal båt*) **3** *AE.* badkar **II** *v, BE. vard.* bada
tuba ['tju:bə] *mus.* tuba
tubby ['tʌbɪ] rund[lagd], knubbig
tube [tju:b] **1** rör (*äv. anat.*); slang; *elektron.* [katodstråle]rör; *inner ~* innerslang **2** tub (*of toothpaste* tandkräm) **3** (*i sht Londons*) tunnelbana **4** *AE. sl.* dumburk, TV **-less** ['tju:blɪs] slanglös; *~ tyres* slanglösa däck
tuber ['tju:bə] *bot.* tuber, [rot]knöl
tuber|cle ['tju:bəkl] liten knöl, utväxt; *med.* tuberkel **-cular** [tju:'bɜ:kjʊlə] *med.* tuberkulös **-culin** [tju:'bɜ:kjʊlɪn] *med.* tuberkulin; *~ tested* tuberkulinundersökt **-culosis** [tju:ˌbɜ:kjʊ'ləʊsɪs] *med.* tuberkulos **-culous** [tju:'bɜ:kjʊləs] *med.* tuberkulös
tubing ['tju:bɪŋ] rör[ledning]; slang
tub-thumper ['tʌbˌθʌmpə] högljudd (skränig) talare
tubular ['tju:bjʊlə] rör-, tub|formig, cylindrisk; *~ steel furniture* stålrörsmöbler
T.U.C. *förk. för Trades Union Congress; the ~* Brittiska LO
tuck [tʌk] **I** *s* **1** *sömn.* veck; insyning **2** *BE. skolsl.* käk; godis, snask **II** *v* **1** *sömn.* vecka; sy in; *~ up* lägga upp **2** *~* [*up*] dra (fästa, vika, kavla) upp **3** stoppa [ner, in], sticka; *~ away a*) stoppa (gömma) undan, *b*) *vard.* stoppa (sätta) i sig; *~ in a*) stoppa in (ner), vika in, *b*) *vard., se ~ away c*); *~ s.b. in* (*up*) stoppa om ngn **4** *vard., ~ in* ta (hugga) för sig; *~ into* hugga in på
tucker ['tʌkə] *Austr. vard.* käk **tuck-in** ['tʌkɪn] *BE. vard.* skrovmål, kalas **tuck shop** *i sht BE.* gottaffär, kiosk, kondis (*i el. nära skola*)
Tucson [tu:'sɒn]
Tudor ['tju:də]
Tues. *förk. för Tuesday*
Tuesday ['tju:zdɪ] (*jfr Friday*) tisdag
tufa ['tju:fə], **tuff** [tʌf] *geol.* tuff
tuft [tʌft] **I** *s* **1** tuva; *~ of grass* grästuva **2** tofs, tott, test; *~ of hair* hår|tofs, -test; *~ of wool* ulltott **II** *v* förse (pryda) med tofs[ar] **tufted** ['tʌftɪd] tofsprydd
tug [tʌg] **I** *v* **1** rycka i, slita i **2** släpa [på], dra; bogsera **3** rycka, slita (*at* i) **4** slita [o. släpa], knoga **II** *s* **1** ryck[ning], dragning, tag **2** bogserbåt, bogserare **tugboat** ['tʌgbəʊt] bogserbåt **tug-of--war** [ˌtʌgə(v)'wɔ:] dragkamp (*äv. bildl.*)
tuition [tju:'ɪʃn] **1** undervisning; *private ~* privatundervisning **2** [skol]avgift
tulip ['tju:lɪp] tulpan
tulle [tju:l] tyll
tumble ['tʌmbl] **I** *v* **1** kasta [omkull], vräka [omkull] **2** slänga [huller om buller]; stöka till i, vända upp och ner på; knyckla (skrynkla, rufsa) till **3** tumla; falla (*äv. bildl.*), ramla, trilla; störta; kasta sig; rasa (*äv. bildl.*); virvla; *~ about a*) tumla omkring, *b*) trilla huller om buller, *c*) snurra (virvla) runt; *~ down a*) ramla [ner, nerför], störta [ner, nerför], *b*) rasa, störta samman; *~ into bed* stupa i säng; *I ~d on him* jag stötte händelsevis ihop med honom; *~ over s.th.* snubbla på (över) ngt; *~ to s.th.* (*vard.*) fatta (komma underfund med) ngt **4** slå kullerbyttor, göra volter **II** *s* **1** fall (*äv. bildl.*), stört|ande, -ning; ras (*äv. bildl.*); *take a ~ a*) ramla [omkull] , *b*) *bildl.* falla **2** villervalla, röra **3** kullerbytta, volt
tumbled ['tʌmbld] stökig, rörig **tumble-down** fallfärdig, förfallen **tumble drier (dryer)** [-ˌdraɪə] torktumlare **tumbler** [-ə] **1** tumlare, bägare **2** akrobat **3** [tork]tumlare **4** (*i lås*) tillhållare **5** stådocka (*m. blyklump i botten*) **tumbler drier (dryer)** [-əˌdraɪə] torktumlare
tum|brel ['tʌmbr(ə)l], **-bril** [-brɪl] **1** [tipp]kärra **2** *hist.* bödelskärra
tumes|cence [tju:'mesns] svullnande; svullnad **-cent** [-snt] svullen; svullnande
tumid ['tju:mɪd] **1** svullen, uppsvälld **2** svulstig
tummy ['tʌmɪ] *vard., barnspr.* mage
tumour ['tju:mə] tumör, svulst

tumult ['tju:mʌlt] tumult; bråk, upplopp; förvirring **tumultuous** [tju:'mʌltjʊəs] tumultartad; larmande, bullrande, stormig

tumu|lus ['tju:mjʊləs] (*pl -li* [-laɪ]) grav|hög, -kummel, -kulle

tun [tʌn] **1** tunna, fat **2** fat (*rymdmått för vin = 252 gallons = 1 146 l*)

tuna [fish] ['tu:nə(fɪʃ)] *zool.* tonfisk, tuna

tundra ['tʌndrə] tundra

tune [tju:n] **I** *s* **1** melodi; låt; *call the ~* (*bildl.*) ange tonen; *change one's* (*sing a different*) *~* (*bildl.*) ändra ton (uppfattning), lägga om stil; *dance to someone else's ~* (*bildl.*) dansa efter ngn annans pipa **2** [riktig] stämning; *bildl.* samklang, harmoni; *be in ~ a*) vara stämd, stämma, *b*) *bildl.* stå i samklang, harmoniera, passa ihop (*with* med), vara på samma våglängd (*with* som); *the trumpet and the strings are not in ~* trumpeten och stråkarna är inte samstämda; *be out of ~ a*) vara ostämd, vara för hög (låg), *b*) *bildl.* inte stå i samklang (harmoniera, passa ihop, vara på samma våglängd); *sing in* (*out of*) *~* sjunga rent (falskt) **3** *to the ~ of* till ett belopp av **II** *v* **1** stämma (*instrument*); *radio., TV.* ställa in (*the radio to another station* radion på en annan station); *bildl.* anpassa (*to* efter), få att överensstämma (*to* med); *~ o.s. to* ställa om sig till **2** *~ in to a station* (*radio., TV.*) ställa (ta) in en station; *you are ~d in to Radio Sweden* du (ni) lyssnar på Sveriges Radio, detta är Sveriges Radio; *be ~d in to* (*bildl.*) vara medveten om (inställd på) **3** *tekn.*, *~* [*up*] trimma, justera **4** *~ up* stämma [instrument|et, -en] **5** *bildl.* vara (stå) i samklang, harmoniera

tuneful ['tju:nf(ʊ)l] melodiös, melodisk **tuneless** [-lɪs] omelodisk; disharmonisk **tuner** [-ə] **1** stämmare; *piano ~* pianostämmare **2** *radio., TV.* tuner, kanalväljare; avstämningsenhet

tungsten ['tʌŋstən] *kem.* volfram

tunic ['tju:nɪk] **1** tunika, tunik **2** uniforms|kavaj, -jacka, -rock **2** *anat., biol.* hinna, membran; hölje

tuning ['tju:nɪŋ] **1** *mus.* stämmande, stämning; intonation **2** *radio., TV.* inställning; avstämning **tuning fork** *mus.* stämgaffel **tuning key** *mus.* stämnyckel **tuning knob** *radio., TV.* inställningsknapp

Tunis ['tju:nɪs] Tunis **Tunisia** [tju:'nɪzɪə] Tunisien **Tunisian** [tju:'nɪzɪən] **I** *a* tunisisk **II** *s* tunisier

tunnel ['tʌnl] **I** *s* tunnel, underjordisk gång **II** *v* gräva en tunnel

tunny ['tʌnɪ] *zool.* tonfisk

tuppence ['tʌpəns] *vard.* = *twopence; not care ~* [*about*] inte bry sig ett dugg om **tuppenny** [-pn̩ɪ] *vard.* = *twopenny*

turban ['tɜ:bən] turban

turbid ['tɜ:bɪd] *litt.* grumlig, oklar

turbine ['tɜ:baɪn] turbin

turbo ['tɜ:bəʊ] turbo **-charged** [-ˌtʃɑ:dʒd] turboladdad **--electric** [ˌtɜ:bəʊɪ'lektrɪk] turboelektrisk **-jet** [ˌtɜ:bəʊ'dʒet] **I** *s* **1** turbomotor **2** turbojetplan **II** *a* turbojet-; *~ engine* turbojetmotor **-prop** [ˌtɜ:bəʊ'prɒp] **1** turbopropmotor **2** turbopropplan

turbot ['tɜ:bət] *zool.* piggvar

turbu|lence ['tɜbjʊləns] turbulens; *bildl. äv.* oro, förvirring, upprördhet **-lent** [-lənt] turbulent; *bildl. äv.* orolig, våldsam, stormig

turd [tɜ:d] *vulg.* skit[hög] (*äv. om pers.*)

tureen [tə'ri:n] [sopp]terrin, soppskål

turf [tɜ:f] **I** *s* (*pl ~s el. turves*) **1** tät gräsmatta, gräs, grästorv; grästorva **2** *the ~ a*) kapplöpningsbanan, *b*) hästsporten **3** *Irl.* torv **II** *v* **1** grästäcka **2** *BE. vard., ~ s.b. out* sparka (slänga) ut ngn **turf accountant** ['tɜ:fəˌkaʊntənt] bookmaker

turgid ['tɜ:dʒɪd] **1** svullen, uppsvälld **2** svulstig, bombastisk **-idity** [tɜ:'dʒɪdətɪ] **1** svullnad, uppsvälldhet **2** svulstighet, bombasm

Turk [tɜ:k] turk **Turkey** ['tɜ:kɪ] Turkiet

turkey ['tɜ:kɪ] **1** kalkon **2** *AE. vard.* dumskalle, idiot **3** *i sht AE. vard., talk ~* tala allvar, tala öppet (klarspråk) **4** *AE. vard., cold ~* snabb avvänjning **turkey cock 1** kalkontupp **2** viktigpetter

Turkish ['tɜ:kɪʃ] **I** *a* turkisk; *~ bath* turkiskt bad, turk; *~ delight* marmeladkonfekt med pudersocker (choklad); *~ towel* frottéhandduk **II** *s* turkiska [språket]

turmeric ['tɜ:mərɪk] gurkmeja

turmoil ['tɜ:mɔɪl] kaos, tumult, oordning, förvirring

turn [tɜ:n] **I** *v* **1** vända; vrida; vända (vrida) på (om); svänga [runt, om], svänga på; vika om; snurra [på], skruva [på]; veva, sno; [in]rikta; *~ one's ankle* vricka foten; *~ one's attention to* rikta sin uppmärksamhet mot; *~ one's back* [*up*]*on s.b.* (*bildl.*) vända ngn ryggen; *as soon as his back is ~ed* så snart han vänder ryggen till; *~ the cape* segla runt (runda) udden; *~ the corner* vika om (svänga runt) hörnet; *~ a film* spela in en film; *~ a gun on s.b.* rikta ett gevär mot ngn; *without ~ing a hair* utan att ändra en min (blinka); *~ one's hand to s.th.* försöka sig på (ägna sig åt) ngt; *~ a p.'s head* (*bildl.*) stiga ngn åt huvudet, förvrida huvudet på ngn; *~ a somersault* slå en kullerbytta; *it ~ed his stomach* det fick det att vända sig i magen på honom; *what ~s the wheel?* hur drivs hjulet?, vad får hjulet att snurra?; *~ low* skruva ner **2** svarva [till]; dreja; *bildl.* formulera, turnera (*a compliment* en komplimang) **3** *he is* (*has*) *~ed forty* han har fyllt fyrtio; *it is* (*has*) *~ed four* [*o'clock*] klockan är över fyra **4** göra; *~ colour* skifta färg; *~ into a*) göra [om] till, förvandla till, *b*) överflytta (översätta) till; *the play was ~ed into a film* pjäsen har filmatiserats; *the hot weather has ~ed the milk* [*sour*] hettan har fått mjölken att surna **5** köra bort; skicka [bort]; *~ loose* släppa [lös, ut]; *~ s.b. adrift* lämna ngn vind för våg; *~ the dog on s.b.* bussa hunden på ngn **6** avvärja; avleda; *~ s.b. from* (*äv.*) få ngn att avstå från **7** vända [om]; vända sig [om]; vrida [sig]; svänga (snurra, gå) [runt]; rotera; vika (böja, ta) av; *left* (*right*) *~!* vänster (höger) om!; *~* [*to the*] *left* (*right*) vika (ta) av till (svänga åt) vänster (höger); *~ to the left* (*right*) göra vänster (höger) om; *~ to s.b. for help* vända sig till ngn för att få hjälp; *my head is ~ing* det går (snurrar) runt i huvudet på mig; *I don't know which way* (*where*) *to ~* jag vet inte vart (hur) jag skall vända mig; *my stomach ~ed at this sight* det vände sig i magen på mig vid åsynen av detta; *the tap won't ~* det går inte

T

att vrida på kranen **8** svarva; dreja **9** bli; (*om mjölk*) bli sur, surna; (*om löv*) skifta färg; (*om väder*) slå om; ~ *red a*) bli röd, rodna, *b*) (*om trafikljus*) slå om till rött; ~ [*in*]*to* bli (förvandlas, utvecklas) till, övergå till (i); ~ *from one thing to another* övergå från en sak till en annan **10** ~ *about a*) vända [med], *b*) vända på, *c*) vända sig om; ~ *against* vända sig mot; ~ *around, se ~ round;* ~ *away a*) vända (vrida) bort, *b*) skicka (köra) bort, *c*) avvisa, *d*) vända sig bort, *e*) gå sin väg; ~ *back a*) vika tillbaka (undan), *b*) skicka tillbaka, *c*) driva (slå) tillbaka, *d*) avvisa, *e*) ställa (vrida) tillbaka, *f*) vända [om, tillbaka], återvända; *there is no ~ing back* det finns ingen återvändo; ~ *down a*) vika (fälla, slå) ner, *b*) skruva (sätta) ner, minska, *c*) avvisa, avslå, förkasta, *d*) vika (svänga) in på; ~ *in a*) lämna (skicka) in (tillbaka), *b*) byta in, *c*) åstadkomma, *d*) *vard.* tjalla på, ange, anmäla, *e*) vända (vika, böja) [sig] in [åt], *f*) vara vänd (böjd) inåt, vara invikt, *g*) bege sig (gå, köra) in, *h*) *vard.* gå och lägga sig, *i*) *vard.* sluta [med], lägga av; ~ *it in!* (*vard.*) sluta [någon gång]!, lägg av!; ~ *in on o.s.* sluta sig inom sig själv; ~ *into a*) *se turn I 4 o. 9, b*) vika (svänga, ta, slå) in på; ~ *off a*) skruva (vrida) av, stänga [av, till], *b*) *vard.* [få att] tappa lusten, vara motbjudande för, beröra illa, *c*) vika (svänga, ta) av; ~ *on a*) skruva (vrida, sätta, slå) på, *b*) handla (röra sig) om, *c*) hänga (bero) på, *d*) vända [sig] mot, ge sig på, gå lös på, gå till angrepp mot, *e*) *vard.* tända på; ~ *on the charm* (*vard.*) koppla på sin charm; *it doesn't ~ me on* (*vard.*) jag tänder inte på det; ~ *out a*) stänga [av], släcka, *b*) släppa ut, *c*) få fram, producera, tillverka, *d*) framställa, producera, *e*) köra bort (ut), kasta ut, *f*) tömma, röja ur, *g*) ekipera, klä, styra ut, *h*) *kokk.* stjälpa upp, *i*) vända (vika, böja) [sig] ut[åt], *j*) vara vänd (*etc.*) utåt, *k*) bege sig (gå, köra, rycka) ut, *l*) dyka upp, komma, samlas, *m*) ställa upp, *n*) visa sig [vara], *o*) arta sig till, bli, *p*) avlöpa, utfalla, sluta; *well ~ed out* välklädd; *he ~s his toes out, his toes ~ out* han går utåt med tårna; *he ~ed out to be the thief himself* det visade sig att han själv var tjuven; ~ *over a*) vända [på], vända [på] sig, vända upp och ner på, *b*) kasta omkull, stjälpa (välta) [omkull], kantra, *c*) över|lämna, -låta, *d*) *hand.* omsätta[s], *e*) låta gå över, *f*) starta, veva i gång (*motor*), (*om motor*) starta, vara i gång; ~ *s.th. over* [*in one's mind*] tänka över (fundera på, vrida och vända på) ngt; *please ~ over!* [var god] vänd!; ~ *over the page* vända på bladet; *he ~ed the car over* han slog runt med bilen; ~ *round a*) vända [med, på], vända på sig (sig om), vrida på, *b*) vrida [sig] runt, svänga (snurra) runt, *c*) ändra sig (uppfattning); ~ *round the corner* svänga runt hörnet; ~ *to a*) *se I 7 o. 9, b*) vända sig till (mot), anlita, gå till, rådfråga, *c*) komma in på, övergå till, *d*) ägna sig åt, *e*) sätta i gång [med]; ~ *to page 9* slå upp sidan 9; ~ *up a*) tända, skruva upp, *b*) slå upp, *c*) vika (fälla, slå, kavla) upp, fålla upp, *d*) vända (vika, böja) [sig] upp[åt], *e*) vara vänd (*etc.*) uppåt, *f*) dyka upp, komma [fram, till rätta], visa (yppa) sig, uppstå; ~ *up one's nose at s.th.* rynka på näsan åt ngt; *her nose ~s up* hon har uppnäsa **II** *s* **1** vändning, vridning; sväng, svängning; krök[ning]; kurva; omgång, varv, slag; *bildl. äv.* förändring, omsvängning, vändning; *bildl.* [sjukdoms]attack, anfall; *the ~ of the century* sekelskiftet; ~ *of the tide a*) tidvattensväxling, *b*) [allmän] förändring, omsvängning; *at every ~* vart man vänder sig, överallt, vid varje steg (tillfälle), ständigt; *be on the ~ a*) [hålla på att] vända, vara vid en vändpunkt, *b*) börja (hålla på att) bli dålig (surna); *to a ~* precis, perfekt; *the meat was done to a ~* köttet var precis lagom [stekt, kokt]; *make a ~ to the left* vika (ta) av till (svänga åt) vänster; *take a tragic ~* ta en tragisk vändning; *take a ~ at* hjälpa till (ge ett handtag) med (vid); *take a ~ for the worse* ta en vändning till det sämre, försämras **2** [artist]nummer **3** tjänst; *a good ~* en stor tjänst; *do s.b. a bad ~* göra ngn en otjänst (björntjänst) **4** ändamål, syfte; *serve a p.'s ~* tjäna (passa) ngns syfte **5** *åld.* [liten] tur, promenad **6** tur; ~ *and ~ about* omväxlande, växelvis; *by ~s* i tur och ordning, tur-, växel|vis, omväxlande, i omgångar, om vartannat; *in ~ a*) i tur och ordning, tur-, växel|vis, *b*) i sin tur, åter; *out of ~ a*) när det inte är ens tur, på fel ställe, *b*) taktlöst; *speak out of ~* yttra sig taktlöst (opassande); *it's your ~* det är din tur; *take ~s in doing* (*to do*) *s.th., take it in ~s to do s.th.* turas om att göra ngt; *wait* (*take*) *your ~!* vänta tills det är din tur! **7** ~ *of speed* snabbhet; *the boat has a good ~ of speed* båten kan gå mycket fort **8** läggning, fallenhet; ~ *of mind* sinnelag, läggning, tänkesätt **9** *vard.* chock; *give s.b. a ~* skrämma (chocka) ngn **10** form, välvning; *the ~ of her ankle* formen på hennes vrist **11** formulering, [ord]vändning; ~ *of expression* uttryckssätt

turn|about ['tɜ:nəbaʊt] helomvändning (*äv. bildl.*) **-around 1** [tid för] lossning och lastning **2** *bildl.* helomvändning, svängning; vändpunkt **-coat** avhoppare, överlöpare; person som vänder kappan efter vinden **-down** nedvikbar, dubbelvikt (*collar* krage)

turner ['tɜ:nə] **1** svarvare **2** *AE.* medlem i gymnastikförening, gymnast

turning ['tɜ:nɪŋ] **1** vändning *etc., jfr turn II* **2** avtagsväg, tvärgata; vägkorsning, gathörn; krök, kurva **3** svarvat föremål **turning circle** [-ˌsɜ:kl] vändradie **turning lathe** [-leɪð] svarv[stol] **turning point** [-pɔɪnt] vändpunkt

turnip ['tɜ:nɪp] rova; kålrot

turnkey ['tɜ:nki:] fångvaktare

turn|-off ['tɜ:nɒf] **1** avtagsväg; avfart **2** *vard., be a ~* vara motbjudande **-out 1** anslutning, deltagande; uppbåd **2** produktion[smängd], utfall **3** klädsel, utstyrsel; utrustning **4** ekipage **5** röjning, utrensning, tömning **6** *AE.* (*på väg*) mötesplats **-over** [-ˌəʊvə] **I** *s* **1** omsättning; *hand. äv.* omsättningshastighet **2** omkastning, omsvängning **3** (*slags bakverk*) [sylt]snibb **II** *a* nedvikbar **-pike** [-paɪk] **1** (*förr*) väg-, tull|bom **2** *AE.* [avgiftsbelagd] motorväg **-round** [-raʊnd] *se turnaround 2* **-spit** [-spɪt] **1** stekvändare **2** stekspett **-stile** [-staɪl] vändkors **-table** [-ˌteɪbl] **1** *järnv.* vändskiva **2** (*på skivspelare*) skivtallrik **--up** [-ʌp] **1** *BE.* (*på byxor*) [upp]slag **2** *vard., ~* [*for the book* (*books*)] överraskning

turpentine ['tɜ:p(ə)ntaɪn] terpentin

turpitude ['tɜ;pɪtju:d] nedrighet, skändlighet; moraliskt förfall

turps [tɜ:ps] *BE. vard.* terpentin
turquoise ['tɜ:kwɔɪz] *a o. s* turkos
turret ['tʌrɪt] **1** [litet] torn **2** *mil.* kanontorn; manövertorn **-ed** [-ɪd] **1** försedd med [små] torn, tornprydd **2** tornliknande
1 turtle ['tɜ:tl] [havs]sköldpadda; *AE. äv.* landsköldpadda; *turn ~* kapsejsa
2 turtle ['tɜ:tl] *åld.* turturduva
turtledove ['tɜ:tldʌv] turturduva
turtleneck ['tɜ:tlnek] turtleneck, halvpolo, halvpolokrage; *AE.* polo[krage]
turtle soup ['tɜ:tlsu:p] sköldpaddssoppa
turves [tɜ:vz] *pl av turf*
Tuscany ['tʌskənɪ] Toscana
tusk [tʌsk] bete; huggtand; (*på redskap e.d.*) tand
Tussaud's [tə'sɔ:dz]
tussle ['tʌsl] **I** *s* strid, kamp **II** *v* strida, kämpa
tussock ['tʌsək] [gräs]tuva
tut [tʌt] *interj* äsch!, asch!, fy!, usch!
tutelage ['tju:tɪlɪdʒ] **1** förmyndarskap; *be under the ~ of* stå under ngns förmyndarskap (överhöghet) **2** undervisning, [hand]ledning
tutor ['tju:tə] **I** *s* **1** [*private*] ~ privatlärare, informator (*to* åt, för) **2** *univ.* [studie]handledare; *AE.* biträdande lärare **3** *AE. jur.* förmyndare **II** *v* ge privatlektioner; handleda **tutorial** [tju:'tɔ:rɪəl] **I** *a* privatlärar-, informators-; [studie]handledar- **II** *s* [studie]handledning
tutti-frutti [ˌtʊtɪ'frʊtɪ] tuttifrutti, blandad frukt; tuttifruttiglass
tut-tut [tʌt'tʌt] **I** *interj, se tut* **II** *v* beskärma sig (*about* över)
tutu ['tu:tu:] (*dansös*) tyllkjol
tu-whit [tʊ'wɪt], **tu-whoo** [tu'wu:] *interj* (*ugglans läte*) uhu!, klävitt!
tuxedo [tʌk'si:dəʊ] *i sht AE.* smoking
TV [ˌti:'vi:] TV, tv, teve
twaddle ['twɒdl] *vard.* **I** *v* prata strunt, snacka, svamla **II** *s* struntprat, snack, svammel
twain [tweɪn] *åld.* två; *and never the ~ shall meet* och aldrig mötas de två
twang [twæŋ] **I** *s* **1** [dallrande] ton, klang **2** [*nasal*] ~ nasal ton, näston; *have a nasal ~* tala i näsan **II** *v* **1** knäppa på (*a guitar* en gitarr) **2** knäppa (*on a guitar* på en gitarr) **3** (*om sträng*) dallra, vibrera **4** tala i näsan
'twas [twɒz, *obeton.* twəz] *poet., dial. = it was*
twat [twɒt] *vulg.* fitta
tweak [twi:k] **I** *v* vrida [om]; nypa [i]; rycka i; *~ a p.'s ear* nypa ngn i örat **II** *s* [om]vridning; nyp; ryck
twee [twi:] *BE. vard.* drypande sentimental, sliskig; pimpinett
tweed [twi:d] tweed; *~s* (*pl, äv.*) tweedkläder
Tweedledum and Tweedledee [ˌtwi:dl'dʌmənˌtwi:dl'di:] två likadana; *be as like as ~* vara lika som två bär
tweedy ['twi:dɪ] **1** tweedklädd **2** sportig[t klädd]
'tween [twi:n] *poet., dial. = between*
tweet [twi:t] **I** *s* kvitter, pip **II** *v* kvittra, pipa
tweeter ['twi:tə] diskanthögtalare
tweezers ['twi:zəz] *pl* pincett; *a pair of ~s* en pincett
twelfth [twelfθ] (*jfr eighth*) **I** *räkn* tolfte; *T~ Night* trettondagsafton **II** *s* tolftedel
twelve [twelv] (*jfr eight o. sms.*) **I** *räkn* tolv **II** *s* tolva, tolv **-month** ['twelvmʌnθ] *BE. åld., dial.* år
twentieth ['twentɪɪθ] (*jfr eighth*) **I** *räkn* tjugonde **II** *s* tjugon[de]del **twenty** ['twentɪ] (*jfr eight o. sms.*) **I** *räkn* tjugo **II** *s* tjugo; tjugotal
'twere [twɜ:; *obeton.* twə] *poet., dial. = it were*
twerp [twɜ:p] *vard.* dumskalle, idiot
twice [twaɪs] två gånger; *~ a year* två gånger om året; *~ as much* dubbelt så mycket; *think ~ before* tänka sig noga för innan; *she is ~ the woman she was* hon är avsevärt mycket bättre nu; *he is ~ the man you are* han är dubbelt så bra som du **--told** ['twaɪstəʊld] *a, ~ tale* gammal [välkänd] historia
twiddle ['twɪdl] **I** *v* **1** fingra (pilla) på, snurra [på], leka med **2** *~ one's thumbs* rulla tummarna **3** fingra, pilla (*with* på, med) **4** *~ round* snurra runt **II** *s* **1** fingrande, pillande, snurrande **2** (*i skrift e.d.*) släng, krumelur, snirkel
1 twig [twɪg] kvist, liten gren
2 twig [twɪg] *BE. vard.* fatta [galoppen], begripa
twilight ['twaɪlaɪt] **I** *s* skymning; gryning; halv|-dager, -mörker; *litt. a*) slut[fas], *b*) gränsområde; *the T~ of the Gods* ragnarök **II** *a* skymnings-; dunkel; *~ zone a*) slumområde, *b*) ingenmansland, *bildl.* gränsland **twilit** ['twaɪlɪt] skymnings-; skugg-
twill [twɪl] **1** kypert **2** twills
'twill [twɪl] *poet., dial. = it will*
twin [twɪn] **I** *s* **1** tvilling **2** pendang, make, motstycke (*of* till) **II** *a* **1** tvilling-; *~ brother* tvillingbror **2** dubbel[-]; exakt likadan; *~ town* vänort **III** *v, Manchester is ~ned with Leningrad* Manchester och Leningrad är vänorter
twin bed ['twɪnbed] enkelsäng (*en av två likadana*)
twine [twaɪn] **I** *v* **1** tvinna [ihop], fläta [samman] **2** vira, sno, linda **3** sno (linda) sig (*around* runt) **II** *s* **1** segelgarn, snöre; [tvinnad] tråd **2** slinga, vindling **3** härva, trassel
twin-engined ['twɪnˌen(d)ʒɪnd] tvåmotorig
twinflower ['twɪnˌflaʊə] *bot.* linnea
twinge [twɪn(d)ʒ] **I** *s* [stingande] smärta, hugg, sting, stick; *~ of conscience* samvetsagg **II** *v* göra ont, sticka
twin|kle ['twɪŋkl] **I** *v* tindra, blinka; gnistra; (*om ögon*) glittra (*av odygd e.d.*); *~ ~ little star* blinka lilla stjärna där; *he ~d at her* han blinkade åt henne **II** *s* **1** tindrande, blink[ande]; glimt [i ögat] **2** ögonblick; *in a ~* på ett ögonblick **-kling** [-klɪŋ] ögonblick; *in the ~ of an eye* på ett ögonblick (litet kick)
twin|-screw ['twɪnskru:] med två propellrar **--set** *BE.* jumperset
twirl [twɜ:rl] **I** *v* **1** snurra [på], snurra runt, tvinna **2** snurra, rotera; virvla runt **II** *s* **1** snurr[ande], sväng; virvlande **2** (*på bokstav*) släng, snirkel
twist [twɪst] **I** *s* **1** vrida; vrida till (ur); vrida ur led, vricka; förvrida; böja [till]; sno (tvinna, fläta) [ihop]; linda, vira; *~ off* vrida (skruva) av; *~ and turn* vrida och vända på; *~ one's ankle* vricka foten; *~ a p.'s arm a*) vrida om armen på ngn, *b*) *bildl. vard.* pressa (övertala) ngn; *~ s.b. round one's little finger* kunna linda ngn kring sitt lillfinger; *~ed with pain* förvriden av smärta **2**

T

sport. skruva (*boll*) **3** [för]vränga, förvanska, vantolka **4** vrida (sno, slingra, ringla) sig **5** twista, dansa twist **II** *s* **1** vridning; vrickning; tvinning, flätning; *give s.th. a ~* vrida (*etc., jfr I*) ngt; *give one's ankle a ~* vricka foten; *give a p.'s arm a ~* vrida om armen på ngn **2** krök, sväng; *bildl.* vändning, svängning, (*på historia e.d.*) oväntad upplösning, knorr; *~s and turns* krökar och svängar; *round the ~* (*BE. vard.*) knäpp, knasig **3** [tvinnad] tråd, snöre, snodd; knut, trassel; [bröd]fläta, kringla; tobaksfläta; rulltobak; strut **4** *sport.* skruv; *give a ~ to the ball* skruva bollen **5** förvrängning, förvanskning **6** twist; *do the ~* dansa twist

twist drill ['twɪstdrɪl] spiralborr **twisted** [-ɪd] **1** snodd, tvinnad, vriden **2** *bildl.* snedvriden **twister** [-ə] **1** *BE.* fifflare, bedragare, skojare **2** *AE. vard.* tornado, cyklon **3** skruvad boll **4** *AE. vard.* svårt problem, hård nöt att knäcka

1 twit [twɪt] reta[s med], pika

2 twit [twit] *i sht BE. vard.* dumskalle, idiot

twitch [twɪtʃ] **I** *v* **1** rycka [i], dra [i] **2** ha ryckningar i; piska med (*one's tail* svansen); klippa med (*one's ears* öronen) **3** rycka till; *my eyelids ~* det rycker i ögonlocken på mig **II** *s* **1** [muskel]ryckning; *give a ~* rycka till **2** ryck[ning] **twitchy** ['twɪtʃɪ] *vard.* nervös, skakis

twitter ['twɪtə] **I** *v* **1** kvittra **2** snattra, pladdra **3** fnittra **II** *s* **1** kvitter **2** snatter, pladder **3** *be in a ~* vara pirrig (darrig, nervös)

'twixt [twɪkst] *poet., dial. = betwixt*

two [tu:] (*jfr eight o. sms.*) **I** *räkn* två; båda, bägge; *the ~ boys* de två (båda) pojkarna; *the first ~ days* de två (båda) första dagarna; *~ or three days* ett par tre dagar; *a day or ~* ett par dagar; *a thing or ~* en hel del; *~ by (and) ~* två och två, två i taget; *break in ~* bryta [mitt] itu (av, i två delar, sönder); *that makes ~ of us* det gäller mig också, jag med, det är samma sak med mig; *put ~ and ~ together* (*bildl.*) lägga ihop två och två **II** *s* tvåa; *the ~ of us* vi två (båda); *by (in) ~s* två och två, två i taget

two|-bit ['tu:bɪt] *AE. sl.* **1** tjugofemcents- **2** billig, värdelös **--by-four** [tu:baɪ'fɔ:] **1** som är två gånger fyra tum **2** *AE. vard.* kyffig; snålt tilltagen **--cycle** ['tu:saɪkl] *AE.* tvåtakts-; *~ engine* tvåtaktsmotor **--dimensional** [ˌtu:dɪ'menʃənl] tvådimensionell; *bildl.* ytlig, enkel **--edged** [ˌtu:'edʒd] tveeggad; *bildl. äv.* dubbelbottnad **--faced** [ˌtu:'feɪst] **1** med två ansikten **2** *bildl.* hycklande, falsk **-fer** ['tu:fə] *AE. vard.* **1** två (*biljetter e.d.*) till priset av en **2** rabatterbjudande **-fold** ['tu:fəʊld] **I** *a* tvåfaldig; dubbel **II** *adv* tvåfaldigt; dubbelt **--handed** [ˌtu:'hændɪd] **1** tvåhands- **2** lika skicklig med båda händerna **3** tvåmans- **--legged** [ˌtu:'leg(ɪ)d] tvåbent **-pence** ['tʌp(ə)ns] **1** två pence; *~ halfpenny* (*förr*) två och en halv pence; *not care ~* inte bry sig ett dugg om **-penny** ['tʌpn̩ɪ] *a* **1** tvåpence- **2** *bildl.* värdelös, billig, strunt-; *not care a ~ damn if* inte bry sig ett jäkla dugg om ifall **-penny-halfpenny** [ˌtʌpn̩ɪ'heɪpn̩ɪ] *a* **1** (*förr*) två och en halvpennys- **2** *se twopenny 2* **--phase** [ˌtu:'feɪz] tvåfas- **-piece** ['tu:pi:s] **I** *a* tvådelad (*bathing-suit* baddräkt); *~ suit a*) [dam]dräkt, *b*) kostym (*kavaj o. byxor*) **II** *s* tvådelad baddräkt; [dam]dräkt; kostym (*kavaj o. byxor*) **--ply** ['tu:plaɪ] dubbel; tvåtrådig; med två lager **--seater** [ˌtu:'si:tə] tvåsitsig bil; tvåsitsigt flygplan **--sided** [ˌtu:'saɪdɪd] tvåsidig; *bildl.* som har två sidor **-some** ['tu:səm] **I** *a* tvåmans-, för två; par- **II** *s* **1** två personer, par; två saker **2** spel för två; *golf.* twosome, singel **--spot** ['tu:spɒt] **1** *kortsp.* tvåa **2** *AE. sl.* tvådollarsedel **--step** ['tu:step] (*dans i 2/4-takt*) twostep **--stroke** ['tu:strəʊk] tvåtakts-; *~ engine* tvåtaktsmotor **--time** ['tu:taɪm] *vard.* **1** bedra, vara otrogen mot **2** vara otrogen, vänsterprassla

'twould [twʊd] *poet., dial. = it would*

two-way ['tu:weɪ] **1** dubbelriktad (*traffic* trafik); *bildl.* ömsesidig **2** tvåvägs-; *~ cock* tvåvägskran; *~ radio* kombinerad sändare och mottagare

tycoon [taɪ'ku:n] *AE.* pamp, magnat

tyke [taɪk] **1** *vard.* rackarunge **2** *dial.* byracka, bondhund; knöl, tölp

tympani ['tɪmpənɪ] *mus.* pukor

tympanic [tɪm'pænɪk] *a, anat., ~ membrane* trumhinna

tympanist ['tɪmpənɪst] *mus.* pukslagare

tympa|num ['tɪmpənəm] (*pl -nums el. -na*) **1** *anat.* trumhinna; mellanöra **2** *arkit.* tympanon

type [taɪp] **I** *s* **1** typ; sort, slag, art; modell; [typiskt] exempel, [ur]typ, [typisk] representant; symbol (*of* för); *vard.* typ, individ **2** *boktr.* typ, typer; stil[sort]; sats; tryck; *bold ~* halvfet stil; *in ~ a*) [upp]satt, *b*) maskinskriven; *set* [*up*] *~* sätta; *set* [*up*] *in ~* sätta [upp] **II** *v* **1** typ-, art|bestämma **2** symbolisera; vara ett [typiskt] exempel på **3** skriva [på maskin, på ordbehandlare]; *~ away* skriva (knattra) på; *~ up* skriva ner); *~ a letter into a word processor* skriva (knappa) in ett brev på en ordbehandlare **4** skriva maskin (på ordbehandlare)

type|cast ['taɪpkɑ:st] *v, teat.* fastna i sitt rollfack **-face** *boktr.* typsnitt, stilsort **-script** maskinskrivet manuskript **-setter** [-ˌsetə] *boktr.* **1** sättare **2** sättmaskin **-setting** [-ˌsetɪŋ] *boktr.* **I** *s* sättning **II** *a, ~ company* sätteri; *~ machine* sättmaskin **-write** [-raɪt] skriva [på] maskin **-writer** [-ˌraɪtə] skrivmaskin **-written** [-ˌrɪtn] maskinskriven

typhoid ['taɪfɔɪd] *med.* **I** *s* tyfus, tyfoidfeber **II** *a* tyfus-, tyfoid-

typhoon [taɪ'fu:n] tyfon

typhus [fever] ['taɪfəs(ˌfi:və)] *med.* fläckfeber

typical ['tɪpɪkl] typisk, karakteristisk (*of* för) **-ly** [-lɪ] *adv* **1** typiskt **2** typiskt nog **3** normalt, i normala fall

typify ['tɪpɪfaɪ] vara ett typiskt exempel på, exemplifiera

typing ['taɪpɪŋ] maskinskrivning **typist** [-ɪst] maskin|skriverska, -skrivare

typo ['taɪpəʊ] *AE. vard.* skrivfel

typographer [taɪ'pɒgrəfə] typograf **typographic[al]** [ˌtaɪpə'græfɪk(l)] typografisk; tryck- **typography** [taɪ'pɒgrəfɪ] typografi

tyran|nic[al] [tɪ'rænɪk(l)] tyrannisk **-nicide** [-ɪsaɪd] **1** mord på tyrann **2** tyrannmördare **-nize** (*BE. äv. -nise*) ['tɪrənaɪz] **1** tyrannisera **2** *~ over* tyrannisera **-nous** ['tɪrənəs] tyrannisk

tyranny ['tɪrənɪ] tyranni

tyrant ['taɪər(ə)nt] tyrann

tyre ['taɪə] **I** *s* (*t. bil e.d.*) däck, ring **II** *v* förse med

däck
tyro ['taɪərəʊ] *se tiro*
Tyrol ['tɪr(ə)l] Tyrolen **Tyro|lean** [tɪ'rəʊlɪən], **-lese** [ˌtɪrə'li:z] **I** *s* tyrolare **II** *a* tyrolsk, tyroler-
tzar [zɑ:] *se tsar*
Tzigane [tsɪ'gɑ:n] **I** *s* [ungersk] zigenare **II** *a* zigenar-

U

U, u [ju:] (*bokstav*) U, u
U 1 *BE. vard. för upper class* utmärkande för [den engelska] överklassens språkbruk (seder) **2** *förk. för universal* (*om film*) barntillåten
U. *förk. för* (*mat.*) *union; unit; united; university; upper*
ubiqui|tous [ju:'bɪkwɪtəs] allestädes närvarande, överallt förekommande **-ty** [ju:'bɪkwətɪ] allestädesnärvaro
U-boat ['ju:bəʊt] tysk ubåt
U.C. *förk. för University College* **u.c.** *förk. för upper case* (*boktr.*) gemena [bokstäver] **U.C.L.A.** *förk. för University of California at Los Angeles* **U.D.C.** *förk. för Urban District Council*
udder ['ʌdə] juver
UDI *förk. för Unilateral Declaration of Independence*
UFO, ufo ['ju:fəʊ] *förk. för unidentified flying object* oidentifierat flygande föremål, 'flygande tefat'
Uganda [ju:'gændə]
ugh [ʌx, ʊh, ɜ:h] *interj* usch!, hu!, fy!
ugliness ['ʌglɪnɪs] fulhet, gräslighet *etc., jfr ugly* **ugly** [-ɪ] **1** ful, gräslig, otäck **2** *bildl.* ful; otäck, motbjudande, otrevlig **3** ilsken, elak; *in an ~ mood* på ilsket humör
UHF *förk. för ultrahigh frequency*
uh-huh [ə'hə] *vard.* (*i stället för 'yes'*) mm!, jaha!
U.K. *förk. för United Kingdom*
ukelele [ˌju:kə'leɪlɪ] ukulele
Ukraine [ju:'kreɪn] *s, the ~* Ukraina **Ukrainian** [-jən] **I** *s* ukrainare **II** *a* ukrainsk
ukulele [ˌju:kə'leɪlɪ] ukulele
ulcer ['ʌlsə] **1** *med.* [varigt] sår, ulcus; *stomach ~* magsår **2** *bildl.* varhärd, kräftsvulst **ulcerate** [-reɪt] bli sårig, få sår **ulceration** [ˌʌlsə'reɪʃn] sårbildning **ulcerous** ['ʌls(ə)rəs] ulcerös, sårig, full av sår, sår-; varig, var-
ul|na ['ʌlnə] (*pl -nae* [-ni:] *el. -nas*) *anat.* armbågsben
Ulster ['ʌlstə] **1** Ulster **2** *vard.* Nordirland
ulster ['ʌlstə] ulster
ult. *förk. för ultimate*[*ly*]; *ultimo*
ulterior [ʌl'tɪərɪə] **1** [för]dold, underliggande (*motives* motiv) **2** senare, framtida **3** bortre, avlägsnare
ultimate ['ʌltɪmət] **I** *a* **1** slutlig, slut-, sista; yttersta **2** grundläggande, grund-; yttersta **3** slutgiltig, definitiv **II** *s, the ~ in* höjden av (*luxury* lyx), det allra yppersta inom **-ly** [-lɪ] till sist (slut), slutligen, i sista hand, ytterst
ultima|tum [ˌʌltɪ'meɪtəm] (*pl -tums el. -ta* [-tə]) ultimatum
ultimo ['ʌltɪməʊ] sistlidna [månad], i förra månaden
ultra ['ʌltrə] **I** *a* ytterligt gående **II** *s* ytterlighetsman
ultra- ['ʌltrə] ultra-, ytterlighets-, stock-; hyper-, topp-; över-
ultra|marine [ˌʌltrəmə'ri:n] **I** *a* **1** ultramarin, ultramarinblå **2** transmarin **II** *s* ultramarin **-sonic** ultraljud[s]- **-sound** ultraljud **-violet** ultraviolett (*radiation* strålning)
ulu|late ['ju:ljʊleɪt] tjuta, yla **-lation** [ˌju:ljʊ'leɪʃn] tjut, ylande
Ulysses [ju:'lɪsi:z] Odysseus
um [əm] *interj* hum!
umber ['ʌmbə] **I** *s* umbra **II** *a* umbrafärgad
umbili|cal [ʌm'bɪlɪkl] *a, med.* navel-; *~ cord* navelsträng (*äv. mellan rymdfarare o. rymdskepp*) **-cus** [-kəs] (*pl -ci* [-saɪ]) *med.* navel
um|bra ['ʌmbrə] (*pl -brae* [-bri:] *el. -bras*) *astr.* umbra; kärnskugga; mörkare del av solfläck
umbrage ['ʌmbrɪdʒ] **1** anstöt; *give ~* väcka anstöt; *take ~ at* ta anstöt av **2** skuggande lövverk
umbrella [ʌm'brelə] paraply **umbrella organisation** paraplyorganisation **umbrella stand** paraplyställ
umlaut ['ʊmlaʊt] omljud
umpire ['ʌmpaɪə] **I** *s* **1** *sport.* domare **2** [skilje]domare **II** *v* **1** döma, vara domare (*in* i) **2** döma, vara domare i (*a match* en match)
ump|teen ['ʌm(p)ti:n] *vard.* en massa, femtielva **-teenth** [-tɪnθ] *vard.* femtielfte
UN, U.N. *förk. för United Nations*
'un [ən] *vard. = one*
unabashed [ˌʌnə'bæʃt] oförskräckt; ogenerad; oblyg
unabated [ˌʌnə'beɪtɪd] **I** *adv* med oförminskad styrka **II** *a* oförminskad
unable [ˌʌn'eɪbl] oförmögen, ur stånd; *be ~ to do s.th.* (*äv.*) inte kunna göra ngt
unabridged [ˌʌnə'brɪdʒd] oavkortad, oförkortad
unacceptable [ˌʌnək'septəbl] oacceptabel, oantaglig
unaccommodating [ˌʌnə'kɒmədeɪtɪŋ] omedgörlig
unaccompanied [ˌʌnə'kʌmp(ə)nɪd] **1** utan sällskap (följeslagare) **2** *mus.* oackompanjerad, utan ackompanjemang
unaccountable [ˌʌnə'kaʊntəbl] **1** oförklarlig, gåtfull; egendomlig **2** oansvarig **unaccounted-for** [-ɪdfɔ:] icke redovisad; oförklarad
unaccustomed [ˌʌnə'kʌstəmd] **1** ovan (*to* vid) **2** obekant, främmande
unacknowledged [ˌʌnə'knɒlɪdʒd] inte erkänd
unacquainted [ˌʌnə'kweɪntɪd] obekant; *be ~ with* (*äv.*) inte känna till, inte vara insatt i, vara

okunnig om
unadaptable [ˌʌnəˈdæptəbl] oanpassbar
unadopted [ˌʌnəˈdɒptɪd] *a, BE.*, ~ *road* enskild väg
unadorned [ˌʌnəˈdɔːnd] enkel, osmyckad
unadulterated [ˌʌnəˈdʌltəreɪtɪd] **1** ren, oförfalskad **2** idel
unadvised [ˌʌnədˈvaɪzd] **1** obetänksam; oklok; förhastad **2** inte underrättad (*of* om)
unaesthetic [ˌʌniːsˈθetɪk] oestetisk
1 unaffected [ˌʌnəˈfektɪd] opåverkad, oberörd
2 unaffected [ˌʌnəˈfektɪd] okonstlad, naturlig
unafraid [ˌʌnəˈfreɪd] inte rädd (*of* för); orädd
unaided [ˌʌnˈeɪdɪd] utan hjälp; *the* ~ *eye* blotta ögat
unalloyed [ˌʌnəˈlɔɪd] oblandad, ren (*äv. bildl.*)
unaltered [ˌʌnˈɔːltəd] oförändrad
unambiguous [ˌʌnæmˈbɪgjuəs] entydig, otvetydig
unambitious [ˌʌnæmˈbɪʃəs] utan äregirighet; anspråkslös
un-American [ˌʌnəˈmerɪkən] oamerikansk (*activity* verksamhet)
unanimity [ˌjuːnəˈnɪmətɪ] enhällighet, enstämmighet, enighet **unanimous** [juːˈnænɪməs] enhällig, enstämmig, enig
unannounced [ˌʌnəˈnaʊnst] oanmäld
unanswerable [ˌʌnˈɑːns(ə)rəbl] **1** omöjlig att besvara **2** ovedersäglig; obestridlig **3** oansvarig
unanswered [-d] obesvarad
unappealing [ˌʌnəˈpiːlɪŋ] motbjudande, föga tilltalande
unappe|tizing (*BE. äv. -tising*) [ˌʌnˈæpɪtaɪzɪŋ] oaptitlig
unapproachable [ˌʌnəˈprəʊtʃəbl] **1** otillgänglig, oåtkomlig **2** ouppnåelig
unappropriated [ˌʌnəˈprəʊprɪeɪtɪd] inte tagen i anspråk; odisponerad
unapt [ˌʌnˈæpt] **1** olämplig **2** trög, slö **3** obenägen
unarguable [ˌʌnˈɑːgjʊəbl] obestridlig
unarmed [ˌʌnˈɑːmd] obeväpnad; ~ *combat* handgemäng
unashamed [ˌʌnəˈʃeɪmd] oblyg, utan skamkänsla; ogenerad
unasked [ˌʌnˈɑːskt] **1** outtalad (*question* fråga) **2** oombedd **3** objuden
unassailable [ˌʌnəˈseɪləbl] oangripbar; *bildl. äv.* oantastlig, ovedersäglig, obestridlig
unassisted [ˌʌnəˈsɪstɪd] utan hjälp
unassuming [ˌʌnəˈsjuːmɪŋ] försynt, anspråkslös, blygsam
unattached [ˌʌnəˈtætʃt] **1** *be* ~ *to* inte vara förenad med **2** fri, obunden, oberoende
unattainable [ˌʌnəˈteɪnəbl] ouppnåelig
unattended [ˌʌnəˈtendɪd] **1** utan uppvaktning (sällskap), ensam **2** utan tillsyn (uppsikt), obevakad; ~ [*to*] försummad **3** obeaktad **4** obesökt
unattractive [ˌʌnəˈtræktɪv] föga tilldragande (tilltalande), oattraktiv
unauthorized [ˌʌnˈɔːθəraɪzd] inte auktoriserad; obehörig
unavail|able [ˌʌnəˈveɪləbl] **1** inte tillgänglig; *be* ~ (*äv.*) inte finnas att få **2** oanträffbar, inte anträffbar **-ing** [-ɪŋ] fåfäng, gagnlös, fruktlös, utan resultat
unavoidable [ˌʌnəˈvɔɪdəbl] oundviklig
unaware [ˌʌnəˈweə] omedveten, ovetande, okunnig (*of* om; *that* om att) **unawares** [-z] *adv* **1** oför|modat, -happandes, överraskande; *catch* (*take*) *s.b.* ~ överrumpla (överraska) ngn **2** utan att märka något; obemärkt
unbalance [ˌʌnˈbæləns] bringa ur balans (jämvikt), rubba **unbalanced** [-t] **1** *bildl.* obalanserad, ur balans, överspänd; sinnesförvirrad **2** *bildl.* obalanserad, ensidig (*report* rapport) **3** *bokför.* inte balanserad
unbearable [ˌʌnˈbeərəbl] outhärdlig
unbeatable [ˌʌnˈbiːtəbl] oöverträffbar, oslagbar, enastående **unbeaten** [-ˈbiːtn] **1** obesegrad, oslagen; oöverträffad **2** obanad (*path* stig) **3** ovispad
unbecoming [ˌʌnbɪˈkʌmɪŋ] misskiädsam
unbeknown[st] [ˌʌnbɪˈnəʊn(st)] *åld.*, ~ *to s.b.* ngn ovetande, utan ngns vetskap
unbelief [ˌʌnbɪˈliːf] misstro; otro **unbelievable** [-ˈliːvəbl] otrolig **unbelieving** [-ˈliːvɪŋ] klentrogen, tvivlande
unbend [ˌʌnˈbend] (*unbent, unbent*) **1** lätta upp, göra mindre rigorös **2** räta (böja) ut **3** lättas upp, bli mindre rigorös **4** *vard.* slappna av; tina upp **5** rätas (böjas) ut **-ing** [-ɪŋ] oböjlig; *bildl. äv.* obeveklig, sträng, omedgörlig
unbias[s]ed [ˌʌnˈbaɪəst] opartisk, neutral; fördomsfri; förutsättningslös
unbidden [ˌʌnˈbɪdn] **1** obedd, objuden **2** oombedd
unbind [ˌʌnˈbaɪnd] (*unbound, unbound*) lösa [upp], lossa, befria
unbleached [ˌʌnˈbliːtʃt] oblekt
unblemished [ˌʌnˈblemɪʃt] fläckfri (*äv. bildl.*)
unblinking [ˌʌnˈblɪŋkɪŋ] utan att blinka; orubblig, fast
unbolt [ˌʌnˈbəʊlt] regla upp (*a door* en dörr)
unborn [ˌʌnˈbɔːn] ofödd; framtida, kommande
unbosom [ˌʌnˈbʊzəm] *v*, ~ [*o.s.*] *to* anförtro sig åt, lätta sitt hjärta för
unbound [ˌʌnˈbaʊnd] **1** (*om bok*) oinbunden, häftad **2** obunden, fri; ~ *hair* utslaget hår
unbounded [ˌʌnˈbaʊndɪd] gränslös, utan gränser
unbowed [ˌʌnˈbaʊd] oböjd; *bildl.* okuvad, obesegrad
unbreakable [ˌʌnˈbreɪkəbl] obrytbar; okrossbar, oförstörbar
unbridled [ˌʌnˈbraɪdld] *bildl.* otyglad, ohämmad
unbroken [ˌʌnˈbrəʊk(ə)n] **1** obruten (*äv. bildl.*); hel **2** oavbruten, utan avbrott **3** (*om häst*) otämjd, oinriden **4** (*om rekord*) oöverträffad, inte slagen
unbuckle [ˌʌnˈbʌkl] spänna (knäppa) upp; spänna av sig
unburden [ˌʌnˈbɜːdn] **1** avbörda, avlasta; lätta (*one's conscience* sitt samvete); ~ *o.s.* (*one's mind*) lätta sitt hjärta **2** avbörda sig, lasta av sig
unbutton [ˌʌnˈbʌtn] knäppa upp; *vard.* släppa loss
uncalled-for [ˌʌnˈkɔːldfɔː] opåkallad, onödig, omotiverad, obefogad
uncanny [ˌʌnˈkænɪ] **1** kuslig, spöklik, hemsk **2** häpnadsväckande, otrolig
uncap [ˌʌnˈkæp] korka upp, öppna
uncared-for [ˌʌnˈkeədfɔː] försummad, utan

[om]vård[nad] **uncaring** [-rɪŋ] hjärtlös, känslolös
unceasing [ˌʌn'si:sɪŋ] oupphörlig, oavbruten
unceremonious ['ʌnˌserɪ'məʊnjəs] **1** informell, otvungen, utan ceremonier **2** brysk, abrupt
uncertain [ˌʌn'sɜ:tn] **1** osäker, oviss (*about, of* om, på) **2** ostadig, obeständig, nyckfull **3** obestämd **4** *in no ~ terms* med all önskvärd tydlighet **-ty** [-tɪ] **1** osäkerhet, ovisshet **2** ostadighet, obeständighet, nyckfullhet **3** obestämdhet
unchain [ˌʌn'tʃeɪn] lösa [från kedjor]; släppa lös
unchallenged [ˌʌn'tʃælən(d)ʒd] oomtvistlig, obestridd; obehindrad
unchangeable [ˌʌn'tʃeɪn(d)ʒəbl] oföränderlig **unchanged** [-d] oförändrad **unchanging** [-ɪŋ] oföränderlig, konstant
uncharitable [ˌʌn'tʃærɪtəbl] obarmhärtig, kärlekslös (*to* mot)
uncharted [ˌʌn'tʃɑ:tɪd] inte kartlagd; *bildl.* outforskad
unchecked [ˌʌn'tʃekt] **I** *a* okontrollerad, ohämmad **II** *adv* okontrollerat, ohämmat
uncivil [ˌʌn'sɪvl] ohövlig, ohyfsad **uncivi|lized** (*BE. äv. -lised*) [ˌʌn'sɪvɪlaɪzd] **1** ociviliserad, barbarisk, primitiv **2** okultiverad
unclasp [ˌʌn'klɑ:sp] **1** spänna upp, lossa; knäppa upp (*one's hands* händerna); fälla upp (*a knife* en kniv) **2** släppa greppet (taget) om
unclassified [ˌʌn'klæsɪfaɪd] **1** oklassificerad **2** inte [längre] hemligstämplad
uncle ['ʌŋkl] **1** farbror; morbror; onkel; *U~ Sam* Onkel Sam (*personifikation av USA*); *U~ Tom* (*AE. neds.*) onkeltommare (*neger som är inställsam mot vita*) **2** *sl.* farbror (*pantlånare*)
unclean [ˌʌn'kli:n] oren, smutsig (*äv. bildl.*) **-ly I** *a* [ˌʌn'klenlɪ] osnygg, orenlig [av sig]; smutsig (*äv. bildl.*) **II** *adv* [ˌʌn'kli:nlɪ] orent (*äv. bildl.*)
unclear [ˌʌn'klɪə] oklar; *be ~ about* vara oklar över
unclose [ˌʌn'kləʊz] **1** öppna[s] **2** avslöja[s], yppa[s]
unclothed [ˌʌn'kləʊðd] oklädd, naken
unclouded [ˌʌn'klaʊdɪd] **1** molnfri **2** ogrumlad (*happiness* lycka)
uncoil [ˌʌn'kɔɪl] **1** rulla av; rulla upp (ut) **2** rulla upp (ut) sig
uncoloured [ˌʌn'kʌləd] ofärgad; osminkad (*äv. bildl.*)
uncombed [ˌʌn'kəʊmd] okammad
uncomfortable [ʌn'kʌmf(ə)təbl] **1** obekväm; otrivsam **2** illa till mods; obehaglig; olustig
uncommitted [ˌʌnkə'mɪtɪd] neutral; oengagerad; opartisk
uncommon [ˌʌn'kɒmən] ovanlig
uncommunicative [ˌʌnkə'mju:nɪkətɪv] föga meddelsam, tillknäppt, reserverad
uncomplaining [ˌʌnkəm'pleɪnɪŋ] som inte klagar, tålig
uncomplicated [ˌʌn'kɒmplɪkeɪtɪd] okomplicerad, enkel
uncomprehending [ˌʌnkɒmprɪ'hendɪŋ] oförstående
uncompromising [ˌʌn'kɒmprəmaɪzɪŋ] kompromisslös; principfast, orubblig, obeveklig
unconcealed [ˌʌnkən'si:ld] öppen, ohöljd
unconcern [ˌʌnkən'sɜ:n] likgiltighet, ointresse; oberördhet **-ed** [-d] **1** ointresserad (*with* av), likgiltig (*with* för); obekymrad (*about* om), oberörd (*about* av) **2** inte inblandad (*in* i)
uncondi|tional [ˌʌnkən'dɪʃənl] ovillkorlig, villkorslös; total; förbehållslös **-tioned** [-ʃnd] *psykol.* obetingad
unconfirmed [ˌʌnkən'fɜ:md] obekräftad
uncongenial [ˌʌnkən'dʒi:njəl] ogästvänlig; osympatisk, otrevlig
unconnected [ˌʌnkə'nektɪd] utan samband (förbindelse)
unconquerable [ˌʌn'kɒŋk(ə)rəbl] oövervinn[e]lig, obetvinglig
unconscionable [ˌʌn'kɒnʃn̩əbl] *litt.* **1** orimlig, omåttlig; orimligt lång **2** samvetslös, skrupelfri
unconscious [ˌʌn'kɒnʃəs] **I** *a* **1** omedveten (*of* om) **2** medvetslös **3** *psykol.* undermedveten **II** *s, the ~* det undermedvetna
unconsidered [ˌʌnkən'sɪdəd] oöverlagd, ogenomtänkt
unconstitutional ['ʌnˌkɒnstɪ'tju:ʃənl] grundlags-, författnings|stridig
unconstrained [ˌʌnkən'streɪnd] **1** otvungen **2** oinskränkt
uncontested [ˌʌnkən'testɪd] obestridd
uncon|trollable [ˌʌnkən'trəʊləbl] **1** okontrollerbar; omöjlig att kontrollera (styra, behärska); obetvinglig **2** oregerlig **-trolled** [-'trəʊld] ohämmad; oinskränkt; okontrollerad; otyglad
unconventional [ˌʌnkən'venʃənl] okonventionell; originell
uncon|vinced [ˌʌnkən'vɪnst] inte övertygad, tvivlande **-vincing** [-'vɪnsɪŋ] föga övertygande
uncooked [ˌʌn'kʊkt] okokt, rå, inte tillagad
uncooperative [ˌʌnkəʊ'ɒp(ə)rətɪv] samarbetsovillig, ohjälpsam
uncork [ˌʌn'kɔ:k] korka upp (*a bottle* en flaska)
uncount [ˌʌn'kaʊnt] *a, språkv.* inte pluralbildande (*noun* substantiv)
uncountable [ˌʌn'kaʊntəbl], **uncounted** [ˌʌn'kaʊntɪd] **1** oräknelig, otalig **2** oräknad
uncouple [ˌʌn'kʌpl] koppla ifrån (loss)
uncouth [ˌʌn'ku:θ] ohyfsad, obildad, okultiverad, ofin
uncover [ˌʌn'kʌvə] **1** blotta (*one's head* sitt huvud); avtäcka; blottlägga; ta av locket (höljet *e.d.*) på (från) **2** *bildl.* avslöja **uncovered** [-d] **1** inte övertäckt, utan tak (skydd) **2** *hand.* inte täckt (*by insurance* av försäkring)
uncritical [ˌʌn'krɪtɪkl] okritisk
uncrowned [ˌʌn'kraʊnd] okrönt (*äv. bildl.*)
UNCTAD ['ʌŋktæd] *förk. för United Nations Commission for Trade and Development*
unction ['ʌŋ(k)ʃn] **1** *relig.* smörjelse; *the extreme ~* sista smörjelsen **2** salvelse[fullhet] **3** salva **unctuous** ['ʌŋ(k)tjʊəs] **1** flottig, oljig, smetig **2** salvelsefull; inställsam
uncul|tivated [ˌʌn'kʌltɪveɪtɪd] **1** ouppodlad **2** okultiverad, obildad **-tured** [-tʃəd] okultiverad, obildad
uncut [ˌʌn'kʌt] oklippt; o[be]skuren; (*om bok*) ouppskuren; (*om ädelsten*) oslipad; (*om text e.d.*) oavkortad
undamaged [ˌʌn'dæmɪdʒd] oskadad, oskadd
undated [ˌʌn'deɪtɪd] odaterad
undaunted [ˌʌn'dɔ:ntɪd] oförskräckt, oförfärad,

djärv
undeceive [ˌʌndɪ'si:v] *v, ~ s.b.* ta ngn ur en villfarelse, öppna ögonen på ngn
undecided [ˌʌndɪ'saɪdɪd] **1** obeslutsam, tveksam **2** oavgjord, obestämd
undefiled [ˌʌndɪ'faɪld] obefläckad, fläckfri
undemanding [ˌʌndɪ'mɑ:ndɪŋ] föga krävande, lättsam
undemocratic ['ʌnˌdemə'krætɪk] odemokratisk
undemonstrative [ˌʌndɪ'mɒnstrətɪv] reserverad, behärskad, återhållsam
undeni|able [ˌʌndɪ'naɪəbl] **1** obestridlig, utan tvivel, oneklig **2** oklanderlig **-ably** [-əblɪ] *adv* onekligen, obestridligen
undenominational ['ʌndɪˌnɒmɪ'neɪʃənl] konfessionslös
under ['ʌndə] **I** *prep* **1** under (*äv. bildl.*); nedanför (*the hill* backen); *~ the circumstances* under dessa (sådana) omständigheter; *~ Charles II* under Karl II; *~ surveillance* under övervakning; *he has 40 men ~ him* han har 40 män under sig **2** mindre än, under; *it took ~ an hour* (*äv.*) det tog knappt (inte ens) en timme **3** i enlighet med, enligt; *~ English law* enligt engelsk lag **4** (*annan prep el. övers.*) *~ barley* [besådd] med korn; *~ a p.'s nose* mitt [fram]för näsan på ngn; *~ sentence of death* dödsdömd; *which doctor are you ~?* vilken läkare går du hos (har du)?; *the matter ~ discussion was* frågan som diskuterades var; *be ~ the impression that* ha ett intryck av att; *be ~ a misapprehension* missta[ga] sig; *be ~ [the] threat of* hotas av; *be born ~ Virgo* vara född i Jungfruns tecken; *study ~ s.b.* studera för ngn **II** *a* **1** under-; lägre; underordnad **2** för liten **III** *adv* **1** nere; [in] under; nedanför; nedan; därunder **2** *vard.* ner|-drogad, -sövd
under|act [ˌʌndər'ækt] *teat.* inte spela ut, spela återhållsamt **--age** omyndig, minderårig; underårig **-arm** ['ʌndərɑ:m] **I** *a* **1** armslång **2** *sport.* underhands- **3** armhåls- **II** *adv, sport.* underifrån
under|belly ['ʌndəˌbelɪ] **1** (*djurs*) buksida **2** *bildl.* sårbar del, öm punkt **-bid** [ˌʌndə'bɪd] (*underbid, underbid*) **1** bjuda under; lägga ett extremt lågt bud på **2** *kortsp.* bjuda för lågt **-brush** ['ʌndəbrʌʃ] *AE.* undervegetation; småskog
under|carriage ['ʌndəˌkærɪdʒ] **1** *flyg.* landningsställ **2** (*fordons*) underrede **-charge** [ˌʌndə'tʃɑ:dʒ] ta för litet betalt av (för) **-clothes** ['ʌndəkləʊðz] *pl,* **-clothing** ['ʌndəˌkləʊðɪŋ] underkläder **-coat** ['ʌndəkəʊt] undre lager **--cover** [ˌʌndə'kʌvə] hemlig (*agent* agent) **-current** ['ʌndəˌkʌr(ə)nt] underström (*äv. bildl.*) **-cut I** *v* [ˌʌndə'kʌt] **1** underbjuda, sälja (utbjuda) till lägre pris än, gå under **2** *bildl.* under|gräva, -minera **3** *sport.* skära (*a ball* en boll) **II** *s* ['ʌndəkʌt] **1** [ox]filé **2** *sport.* underskruv
under|developed [ˌʌndədɪ'veləpt] underutvecklad **-dog** ['ʌndədɒg] människa i underläge, svagare part, förlorare **-done** [ˌʌndə'dʌn] för litet kokt (stekt); lättstekt **-dressed** [ˌʌndə'drest] för enkelt klädd (*för visst tillfälle*)
under|employed [ˌʌndərɪm'plɔɪd] undersysselsatt **-estimate I** *s* [ˌʌndər'estɪmət] under|skattning, -värdering **II** *v* [ˌʌndər'estɪmeɪt] under|-skatta, -värdera **-exposed** [ˌʌnd(ə)rɪks'pəʊzd] *foto.* underexponerad **-exposure** [ˌʌnd(ə)rɪks'pəʊʒə] *foto.* underexponering
under|fed [ˌʌndə'fed] undernärd **-feed** (*underfed, underfed*) ge för litet mat **-financed** underfinansierad **-flow** ['ʌndəfləʊ] underström **-foot** [ˌʌndə'fʊt] under fötterna; på marken
under|garment ['ʌndəˌgɑ:mənt] underplagg **-go** [ˌʌndə'gəʊ] (*underwent, undergone*) undergå, genomgå **-grad[uate]** [ˌʌndə'grædjʊət] *univ.* student, studerande
underground I *a* ['ʌndəgraʊnd] **1** underjordisk, underjords-; tunnelbane-; *bildl.* underjordisk, hemlig, underground-; *~ cable* (*äv.*) jordkabel; *~ railway* (*railroad*) tunnelbana **II** *adv* [ˌʌndə'graʊnd] under jorden (*äv. bildl.*) **III** *s* ['ʌndəgraʊnd] **1** underjordisk grupp (rörelse) **2** underground[kultur, -musik *e.d.*] **3** tunnelbana
undergrowth ['ʌndəgrəʊθ] undervegetation; småskog
underhand [ˌʌndə'hænd] **I** *a* **1** hemlig, smyg-; lömsk, dolsk; bedräglig **2** *sport.* [kastad, slagen] underifrån, underhands- **II** *adv* **1** i hemlighet, i smyg; lömskt dolskt; bedrägligt **2** *sport.* underifrån **underhanded** [-ɪd] *se underhand I*
1 underlay I *v* [ˌʌndə'leɪ] (*underlaid, underlaid*) lägga under; stötta [underifrån] **II** *s* ['ʌndəleɪ] underlag; underlägg
2 underlay [ˌʌndə'leɪ] *imperf. av underlie*
under|lie [ˌʌndə'laɪ] (*underlay, underlain*) **1** ligga under **2** *bildl.* ligga bakom (under), ligga i botten på, ligga till grund för **-line 1** stryka under **2** *bildl.* understryka, betona **-ling** ['ʌndəlɪŋ] under|lydande, -huggare; hantlangare, lakej **-lip** ['ʌndəlɪp] underläpp **-lying** [ˌʌndə'laɪɪŋ] **1** *bildl.* bakomliggande, som ligger bakom; grundläggande **2** underliggande
under|manned [ˌʌndə'mænd] underbemannad, med för liten personal **-mentioned** nedan nämnd **-mine** underminera; *bildl. äv.* undergräva, försvaga **-most** ['ʌndəməʊst] underst, nederst
under|neath [ˌʌndə'ni:θ] **I** *prep* [in]under; nedanför **II** *adv* [in]under; under-, ned|till; på undersidan; *bildl.* under ytan **III** *a* undre, under-, nedre, neder- **IV** *s* undersida; underdel; underrede **-nourished** undernärd **-nourishment** undernäring
under|paid [ˌʌndə'peɪd] underbetald **-pants** ['ʌndəpænts] *pl* [lång]kalsonger **-pass** ['ʌndəpɑ:s] underfart; [under]gång, underjordisk passage **-pay** [ˌʌndə'peɪ] (*underpaid, underpaid*) underbetala **-pin** [ˌʌndə'pɪn] stötta (*äv. bildl.*) **-play** [ˌʌndə'pleɪ] underbetona, bagatellisera **-populated** [ˌʌndə'pɒpjʊleɪtɪd] underbefolkad **-privileged** [ˌʌndə'prɪvɪlɪdʒd] underprivilegierad, tillbakasatt, missgynnad, sämst ställd (lottad)
underrate [ˌʌndə'reɪt] under|skatta, -värdera
under|score [ˌʌndə'skɔ:] *se underline* **-sea** ['ʌndəsi:] **I** *a* undervattens- **II** *adv* under vattnet **-seal** ['ʌndəsi:l] **I** *s* underreds|massa, -behandling **II** *v* underredsbehandla **-secretary** [ˌʌndə'sekrət(ə)rɪ] andre sekreterare; *U~ [of State]* statssekreterare; *Assistant U~* departementsråd **-sell** [ˌʌndə'sel] (*undersold, undersold*) **1** sälja till lägre pris än **2** sälja till underpris

-shirt ['ʌndəʃɜ:t] *AE.* undertröja **-side** ['ʌndəsaɪd] undersida **-signed** [ˌʌndə'saɪnd] **I** *a* undertecknad **II** *s, the* ~ undertecknad **-size[d]** [ˌʌndə'saɪz(d)] under medellängd, småväxt; mindre än normalt **-skirt** ['ʌndəskɜ:t] underkjol **-staffed** [ˌʌndə'stɑ:ft] underbemannad, med för liten personal

understand [ˌʌndə'stænd] (*understood, understood; jfr äv. understood II*) **1** förstå, begripa, fatta, inse; uppfatta; förstå (begripa) sig på, kunna, känna till, veta; ~ *by* förstå (mena) med; ~ *from* förstå (fatta) av (på); *I understood that* (*äv.*) jag utgick från (fick för mig, trodde) att; *am I to ~ that?* skall det betyda (skall jag fatta det så) att?; *he is, I* ~, *not here* såvitt jag har förstått (hört) är han inte här; *from what you say I ~ that* av vad du säger drar jag den slutsatsen att; *give s.b. to ~ that* låta ngn förstå att **2** underförstå **3** förstå, begripa, fatta; *I quite* ~ jag förstår så (mycket) väl **-able** [-əbl] förståelig, begriplig **-ing** [-ɪŋ] **I** *a* **1** förstående **2** förståndig **II** *s* **1** fattningsförmåga; uppfattning (*of* av); kännedom, kunskap (*of* om), insikt (*of* i), förståelse (*of* av); [gott] förstånd, [gott] omdöme, klokhet; *it was my ~ that* (*äv.*) jag utgick från (antog, trodde) att **2** förståelse **3** samförstånd; uppgörelse, överenskommelse, avtal **4** *on the ~ that* under förutsättning att, på det villkoret att

understate [ˌʌndə'steɪt] uppge för lågt, uppta till för lågt värde; säga för litet om **-ment** [-mənt] **1** understatement, underdrift **2** underskattning

understood [ˌʌndə'stʊd] **I** *imperf. av understand* **II** *a o. perf. part. av understand* **1** förstådd; ~? förstått?, uppfattat?; *make o.s.* ~ göra sig förstådd **2** överenskommen; självklar; *it is ~ that a*) det är överenskommet att, *b*) man räknar med (antar) att, det påstås att; *that is* ~ det säger sig självt; *he let it be ~ that* han lät förstå att; *it must be ~ that* det måste stå klart att **3** underförstådd

understudy ['ʌndəˌstʌdɪ] **I** *s* **1** *teat.* ersättare, inhoppare (*i roll*) **2** vikarie, ställföreträdare **II** *v* **1** *teat.* vara ersättare (inhoppare) för **2** studera in en roll för att kunna vara ersättare (inhoppare) för

under|take [ˌʌndə'teɪk] (*undertook, undertaken*) **1** åtaga sig; ta på sig (*responsibility* ansvar) **2** företa; sätta i gång med, påbörja **3** lova, garantera **-taker** ['ʌndəˌteɪkə] begravningsentreprenör **-taking 1** [ˌʌndə'teɪkɪŋ] företag, uppgift, arbete **2** [ˌʌndə'teɪkɪŋ] åtagande, förbindelse; löfte, garanti **3** ['ʌndəˌteɪkɪŋ] begravningsentreprenörsbranschen

under-the|-counter, --table [ˌʌndəðə'kaʊntə, -'teɪbl] *a, bildl.* under bordet, svart

under|things ['ʌndəθɪŋz] *pl, vard.* underkläder **-tone 1** *speak in an* ~ tala dämpat (med låg röst) **2** *bildl.* underton **3** svag (dämpad) färgton **-tow** underström

under|value [ˌʌndə'vælju:] undervärdera, *bildl. äv.* underskatta **-vest** ['ʌndəvest] undertröja

underwater [ˌʌndə'wɔ:tə] **I** *a* undervattens- **II** *adv* under vattnet

under way [ˌʌndə'weɪ] i gång, på väg

underwear ['ʌndəweə] underkläder **-weight** [ˌʌndə'weɪt] underviktig, under normalvikt **-world** ['ʌndəwɜ:ld] **1** *the* ~ underjorden, dödsriket **2** *the* ~ undre världen **-write** ['ʌndəraɪt] (*underwrote, underwritten*) **1** *hand.* garantera; svara för kostnaderna för, åtaga sig att betala **2** *försäkr.* försäkra; teckna [sjö]försäkring för; teckna **3** skriva under; *bildl.* skriva under på **-writer** ['ʌndəˌraɪtə] *försäkr.* assuradör, [sjö]försäkringsgivare

unde|served [ˌʌndɪ'zɜ:vd] oförtjänt **-serving** [-'zɜ:vɪŋ] ovärdig, oförtjänt; *be ~ of s.th.* inte vara värd (förtjäna) ngt

unde|sirable [ˌʌndɪ'zaɪərəbl] icke önskvärd, ovälkommen, oönskad **-sired** [-'zaɪəd] icke önskad, oönskad

undetected [ˌʌndɪ'tektɪd] oupptäckt

undetermined [ˌʌndɪ'tɜ:mɪnd] inte beslutad (bestämd, fastställd), obestämd

undeveloped [ˌʌndɪ'veləpt] outvecklad

undies ['ʌndɪz] *pl, vard.* [dam]underkläder

undignified [ˌʌn'dɪgnɪfaɪd] ovärdig, inte värdig

undiluted [ˌʌndaɪ'lju:tɪd] **1** outspädd **2** *bildl.* oförfalskad, ren, oblandad

undiminished [ˌʌndɪ'mɪnɪʃt] oförminskad

undiscern|ible [ˌʌndɪ'sɜ:nəbl] omärklig **-ing** [-ɪŋ] omdömeslös

undisciplined [ˌʌn'dɪsɪplɪnd] odisciplinerad

undiscovered [ˌʌndɪ'skʌvəd] oupptäckt; utan att bli upptäckt

undisguised [ˌʌndɪs'gaɪzd] ohöljd, öppen

undismayed [ˌʌndɪs'meɪd] opåverkad, orubbligt lugn

undisputed [ˌʌndɪ'spju:tɪd] obestridd, obestridlig; oomtvistad

undistinguished [ˌʌndɪ'stɪŋgwɪʃt] slätstruken, medelmåttig

undisturbed [ˌʌndɪ'stɜ:bd] **1** ostörd, lugn **2** orörd

undivided [ˌʌndɪ'vaɪdɪd] odelad, hel, full

undo [ˌʌn'du:] (*undid, undone; jfr äv. undone*) **1** öppna, lossa, lösa, dra (få, knyta, knäppa, lösa, packa, sprätta, ta *etc.*) upp, ta av; *come undone* gå upp, lossna **2** göra ogjord; upphäva; omintetgöra, ruinera, förstöra; fördärva; störta i olycka

undoing [ˌʌn'du:ɪŋ] undergång, fall, fördärv

undone [ˌʌn'dʌn] **1** ogjord **2** upplöst; uppknuten, oknuten; uppknäppt, oknäppt **3** *litt., be* ~ vara förlorad

undoubted [ˌʌn'daʊtɪd] obestridlig, otvivelaktig; klar, avgjord **-ly** [-lɪ] *adv* otvivelaktigt, utan tvivel

undraw [ˌʌn'drɔ:] (*undrew, undrawn*) dra undan (isär, åt sidan)

undreamed, -dreamt [ˌʌn'dremt] *a*, ~ [*of*] som man inte kunnat (kan) drömma om, oanad

undress I *v* [ˌʌn'dres] klä av [sig] **II** *s* [ˌʌn'dres] **1** vardagsklädsel; vardagsuniform **2** *in a state of* ~ oklädd **III** *a* ['ʌndres] vardags-, informell **undressed** [ˌʌn'drest] **1** oklädd; avklädd; lätt klädd; *get* ~ klä av sig **2** (*om djurhud*) obehandlad **3** (*om sallad*) utan dressing

undue [ˌʌn'dju:] **1** otillbörlig; orättmätig **2** överdriven, obefogad, onödig **3** *hand.* ej förfallen [till betalning]

undu|late ['ʌndjʊleɪt] bölja, gå i vågor; undulera **-lation** [ˌʌndjʊ'leɪʃn] **1** vågrörelse, böljande **2** vågformighet, vågighet

unduly [ˌʌn'dju:lɪ] *adv* **1** överdrivet, obefogat,

U

onödigt **2** otillbörligt; orättmätigt
undying [ʌn'daɪɪŋ] *litt.* odödlig; evig, oändlig
unearned [ˌʌn'ɜ:nd] **1** ~ *income* inkomst av kapital **2** oförtjänt
unearth [ˌʌn'ɜ:θ] gräva upp (fram); *bildl. äv.* bringa i dagen, avslöja **-ly** [-lɪ] *a* **1** över|jordisk, -naturlig; kuslig; otäck **2** *vard., at an ~ hour* okristligt tidigt
unease [ʌn'i:z] **1** oro, ängslan **2** spänning; *state of ~* spänt läge **uneasiness** [-ɪnɪs] **1** oro, ängslan **2** obehagskänsla **uneasy** [-ɪ] **1** orolig, ängslig (*about* för, över) **2** obehaglig [till mods], olustig
uneatable [ˌʌn'i:təbl] oätlig, oätbar
uneconomic ['ʌnˌi:kə'nɒmɪk] olönsam,oekonomisk **-al** [-l] oekonomisk; slösaktig
uneducated [ˌʌn'edjʊkeɪtɪd] obildad; okultiverad
unemotional [ˌʌnɪ'məʊʃənl] känslo|lös, -kall; oberörd
unemployable [ˌʌnɪm'plɔɪəbl] omöjlig att anställa, oanvändbar **unemployed** [-d] **1** arbetslös **2** obegagnad, outnyttjad **unemployment** [-plɔɪmənt] arbetslöshet **unemployment benefit** *BE.*, **unemployment compensation** *AE.* arbetslöshetsunderstöd
unencumbered [ˌʌnɪn'kʌmbəd] **1** obesvärad; inte belastad **2** *jur.* utan inteckning, ograverad
unending [ˌʌn'endɪŋ] ändlös, oändlig, evig
unendurable [ˌʌnɪn'djʊərəbl] outhärdlig
un-English [ˌʌn'ɪŋglɪʃ] oengelsk
unenviable [ˌʌn'envɪəbl] föga avundsvärd
unequal [ˌʌn'i:kw(ə)l] **1** olika, olika stor (lång, stark *etc.*) **2** ojämlik, inte likvärdig (jämställd) **3** otillräcklig, bristfällig; *be ~ to the task* inte vara vuxen uppgiften; *feel ~ to doing s.th.* inte känna sig kapabel (i stånd) att göra ngt **4** ojämn (*äv bildl.*) **5** udda; oregelbunden **unequalled** [-d] makalös, enastående, oöverträffad
unequivocal [ˌʌnɪ'kwɪvəkl] otvetydig
unerring [ˌʌn'ɜ:rɪŋ] ofelbar, osviklig, säker
UNESCO [jʊ'neskəʊ] *förk. för United Nations Educational, Scientific, and Cultural Organization*
unescorted [ˌʌnes'kɔ:tɪd] utan eskort (sällskap)
unessential [ˌʌnɪ'senʃl] oväsentlighet
unethical [ˌʌn'eθɪkl] oetisk, omoralisk
uneven [ˌʌn'i:vn] **1** ojämn (*äv. bildl.*) **2** udda (*number* tal) **3** olika [lång]
uneventful [ˌʌnɪ'ventfʊl] händelse|fattig, -lös
unexampled [ˌʌnɪg'zɑ:mpld] exempellös, makalös, enastående
unexception|able [ˌʌnɪk'sepʃnəbl] oklanderlig; oantastlig; förträfflig **-al** [-ʃənl] **1** vanlig, normal **2** undantagslös
unexpected [ˌʌnɪk'spektɪd] oväntad **-ly** [-lɪ] *adv* oväntat
unexperienced [ˌʌnɪk'spɪərɪənst] **1** oprövad **2** oerfaren
unexplained [ˌʌnɪk'spleɪnd] oförklarad; oförklarlig
unexpressed [ˌʌnɪk'sprest] outtalad; som inte kommer till uttryck
unfailing [ˌʌn'feɪlɪŋ] **1** osviklig; trofast **2** outtröttlig; outsinlig
unfair [ˌʌn'feə] orättvis, ojust (*to* mot); ohederlig; *on ~ terms* på olika villkor
unfaithful [ˌʌn'feɪθf(ʊ)l] **1** trolös, otrogen (*to* mot) **2** otillförlitlig, inte korrekt, inte trogen (*translation* översättning)
unfaltering [ˌʌn'fɔ:lt(ə)rɪŋ] orubblig, fast, stadig
unfamiliar [ˌʌnfə'mɪljə] **1** okänd, obekant, främmande (*to* för) **2** obekant, inte förtrogen (*with* med) **unfamiliarity** ['ʌnfəˌmɪlɪ'ærətɪ] obekantskap, bristande förtrogenhet (*with* med), bristande kännedom (*with* om)
unfashionable [ˌʌn'fæʃnəbl] omodern
unfasten [ˌʌn'fɑ:sn] lossa[s], lösgöra[s]
unfathered [ˌʌn'fɑ:ðəd] **1** med okänd far **2** obekräftad, obestyrkt
unfathomable [ˌʌn'fæð(ə)məbl] ofattbar, outgrundlig
unfavourable [ˌʌn'feɪv(ə)rəbl] ogynnsam, ofördelaktig
unfeeling [ʌn'fi:lɪŋ] okänslig (*to* för); känslolös; hjärtlös
unfettered [ˌʌn'fetəd] fri [från bojor]; obunden; ohämmad
unfinished [ˌʌn'fɪnɪʃt] oavslutad, ofullbordad
unfit [ˌʌn'fɪt] **I** *a* **1** olämplig, oduglig, oförmögen (*for* till; *to* [till] att) **2** i dålig kondition, ur form **II** *v* göra oduglig *etc., jfr I* **-ted** [-ɪd] olämplig, oduglig **-ting** [-tɪŋ] olämplig, opassande
unflagging [ˌʌn'flægɪŋ] aldrig sviktande, outtröttlig
unflappable [ˌʌn'flæpəbl] *vard.* orubbligt lugn
unflattering [ˌʌn'flæt(ə)rɪŋ] föga smickrande
unflinching [ˌʌn'flɪn(t)ʃɪŋ] orubblig, ståndaktig
unfold [ˌʌn'fəʊld] **1** veckla (vika) ut (upp), breda ut; slå (fälla) upp; öppna; *~ itself* veckla (*etc.*) ut sig **2** utveckla, lägga fram, uppenbara, avslöja **3** veckla (breda) ut sig; öppna sig **4** utveckla sig, utvecklas, uppenbaras, avslöjas
unforeseen [ˌʌnfɔ:'si:n] oförutsedd
unforgettable [ˌʌnfə'getəbl] oförglömlig
unforgiv|able [ˌʌnfə'gɪvəbl] oförlåtlig **-ing** [-ɪŋ] oförsonlig
unformed [ˌʌn'fɔ:md] ännu inte utformad
unfortunate [ʌn'fɔ:tʃnət] **1** olycklig; olycksdrabbad, otursförföljd **2** olycklig, olycksalig **-ly** [-lɪ] *adv* **1** olyckligtvis, tyvärr **2** olyckligt
unfounded [ˌʌn'faʊndɪd] ogrundad, grundlös
unfrequented [ˌʌn'fri:kwentɪd] litet (sällan) besökt
unfriendly [ˌʌn'frendlɪ] *a* ovänlig (*to* mot)
unfrock [ˌʌn'frɒk] avsätta (*a priest* en präst)
unfruitful [ˌʌn'fru:tf(ʊ)l] ofruktbar, fruktlös
unfulfilled [ˌʌnfʊl'fɪld] ouppfylld
unfurl [ˌʌn'fɜ:l] veckla (breda, rulla, spänna) ut [sig]
unfurnished [ˌʌn'fɜ:nɪʃt] omöblerad
ungainly [ˌʌn'geɪnlɪ] *a* klumpig, otymplig
ungenerous [ˌʌn'dʒen(ə)rəs] snål, knusslig; ogenerös
ungodly [ˌʌn'gɒdlɪ] *a* ogudaktig, gudlös; *at an ~ hour* (*vard.*) okristligt tidigt
ungovernable [ˌʌn'gʌv(ə)nəbl] omöjlig att styra; oregerlig, obändig
ungracious [ˌʌn'greɪʃəs] ovänlig, ohövlig
ungrateful [ˌʌn'greɪtf(ʊ)l] otacksam (*to* mot)
ungratified [ˌʌn'grætɪfaɪd] ouppfylld, otill-

fredsställd
ungrudging [ˌʌnˈgrʌdʒɪŋ] helhjärtad; generös; oförbehållsam, oreserverad
unguarded [ˌʌnˈgɑːdɪd] **1** obevakad; oskyddad **2** oreserverad, helhjärtad **3** tanklös, oförsiktig
unhallowed [ˌʌnˈhæləʊd] **1** ohelgad, ovigd **2** gudlös, profan
unhampered [ˌʌnˈhæmpəd] obunden, obehindrad
unhappily [ˌʌnˈhæpɪlɪ] *adv* **1** olyckligt **2** olyckligtvis **unhappiness** [-nɪs] olycka, bedrövelse, sorgsenhet **unhappy** [-ɪ] **1** olycklig; olycksalig; *be ~ about* vara olycklig över, inte vara nöjd med **2** olycklig, mindre lyckad, olämplig (*remark* anmärkning)
unharmed [ˌʌnˈhɑːmd] oskadd, oskadad
unhealthy [ˌʌnˈhelθɪ] **1** ohälsosam, osund **2** sjuklig
unheard [ˌʌnˈhɜːd] **1** ohörd; *go ~* (*bildl.*) förklinga ohörd **2** *~ of* förut okänd **-of** [-ɒv] **1** förut okänd **2** oerhörd, utan motstycke, exempellös
unheeded [ˌʌnˈhiːdɪd] obeaktad, obemärkt
unhelpful [ˌʌnˈhelpf(ʊ)l] **1** ohjälpsam **2** *~ information* onyttig (onödig) upplysning
unhesitating [ˌʌnˈhesɪteɪtɪŋ] tveklös, oförbehållsam; beslutsam
unhinge [ˌʌnˈhɪn(d)ʒ] **1** lyfta (haka) av (*från gångjärn*) **2** *bildl.* bringa ur gängorna (fattningen); göra sinnesrubbad; *~d* sinnesrubbad
unholy [ˌʌnˈhəʊlɪ] **1** ohelig **2** ondskefull, syndig **3** *vard.* okristlig; förskräcklig; *at an ~ hour* okristligt tidigt; *an ~ alliance* en ohelig allians
unhook [ˌʌnˈhʊk] **1** haka (lyfta) av **2** knäppa upp
unhorse [ˌʌnˈhɔːs] kasta ur sadeln (av)
unhurried [ˌʌnˈhʌrɪd] maklig, lugn
unhurt [ˌʌnˈhɜːt] oskadd, oskadad
unhygenic [ˌʌnhaɪˈdʒiːnɪk] ohygienisk
uni-[ˈjuːnɪ] en-
UNICEF [ˈjuːnɪsef] *förk. för United Nations Children's Fund* (*förr United Nations International Children's Emergency Fund*)
unicellular [ˌjuːnɪˈseljʊlə] encellig
unicorn [ˈjuːnɪkɔːn] enhörning
unidenti|fiable [ˈʌnaɪˌdentɪˈfaɪəbl] oidentifierbar **-fied** [ˌʌnaɪˈdentɪfaɪd] oidentifierad, inte identifierad; *~ flying object* flygande tefat
unification [ˌjuːnɪfɪˈkeɪʃn] enande; förening; sammanslagning
uni|form [ˈjuːnɪfɔːm] **I** *a* **1** likformig, enhetlig; identisk **2** konstant, jämn (*speed* hastighet) **II** *s* uniform **-formed** [-d] uniformerad **-formity** [ˌjuːnɪˈfɔːmətɪ] **1** likformighet, enhetlighet, uniformitet **2** enformighet
unify [ˈjuːnɪfaɪ] **1** ena; förena; slå samman **2** göra enhetlig
unilateral [ˌjuːnɪˈlæt(ə)rəl] ensidig, unilateral
unimagi|nable [ˌʌnɪˈmædʒ(ɪ)nəbl] otänkbar; ofattbar **-native** [-nətɪv] fantasilös
unimpaired [ˌʌnɪmˈpeəd] oförminskad, obruten
unimpeachable [ˌʌnɪmˈpiːtʃəbl] oförvitlig, hederlig; vederhäftig; obestridlig
unimpeded [ˌʌnɪmˈpiːdɪd] obehindrad; oavbruten; oantastad
unimportant [ˌʌnɪmˈpɔːt(ə)nt] obetydlig, betydelselös, oviktig, oväsentlig
unim|pressed [ˌʌnɪmˈprest] oberörd, opåverkad; föga imponerad **-pressive** [-ˈpresɪv] föga imponerande, oansenlig
uninformed [ˌʌnɪnˈfɔːmd] inte informerad, oinformerad, oupplyst, okunnig
uninhabit|able [ˌʌnɪnˈhæbɪtəbl] obeboelig **-ed** [-ɪd] obebodd; obebyggd
uninhibited [ˌʌnɪnˈhɪbɪtɪd] ohämmad, hämningslös, utan hämningar
uninitiated [ˌʌnɪˈnɪʃɪeɪtɪd] oinvigd, oinitierad
uninspired [ˌʌnɪnˈspaɪəd] oinspirerad
unintelligent [ˌʌnɪnˈtelɪdʒ(ə)nt] ointelligent
unintelligible [ˌʌnɪnˈtelɪdʒəbl] obegriplig, oförståelig
unin|tended [ˌʌnɪnˈtendɪd], **-tentional** [-ˈtenʃənl] oavsiktlig, ofrivillig
uninteresting [ˌʌnˈɪntrɪstɪŋ] ointressant
uninterrupted [ˈʌnˌɪntəˈrʌptɪd] oavbruten; ostörd
uninviting [ˌʌnɪnˈvaɪtɪŋ] föga inbjudande
union [ˈjuːnjən] **1** sammanförande, [för]enande; förening; förbund; union; *the U~ a*) Förenta staterna, *hist.* nordstaterna, *b*) *hist.* unionen (*mellan England o. Skottland; mellan Storbritannien o. Irland; mellan Storbritannien o. Nordirland*); *the Soviet U~* Sovjetunionen; *students' ~* studentkår **2** [*trade*] *~* fackförening **3** enighet, endräkt, harmoni **4** förening, äktenskap **5** *tekn.* koppling[sanordning], anslutning **union dues** *pl* fackföreningsavgifter **Union Jack** *s, the ~* Union Jack (*Storbritanniens flagga*) **union suit** *AE.* combination (*undertröja och kalsonger i ett*)
union|ism [ˈjuːnjənɪz(ə)m] **1** fackföreningsrörelsen **2** unionspolitik **-ist** [-ɪst] **1** fackföreningsmedlem **2** unionsvän **-ize** (*BE. äv. -ise*) bilda fackförening; gå med i fackförening
unique [juːˈniːk] unik; enastående
unisex [ˈjuːnɪseks] passande (gemensam för) båda könen, unisex-
unison [ˈjuːnɪzn] *mus., bildl.* samklang, harmoni; *in ~ a*) unisont, *b*) *bildl.* i samklang, i enighet, i samförstånd
unit [ˈjuːnɪt] **1** enhet **2** avdelning, enhet; *mil. äv.* förband **3** enhet; aggregat, apparat; *cooling ~* kylaggregat **4** enhet; *~ of currency* valutaenhet; *~ of measurement* måttsenhet **5** *mat.* ental, entalssiffra; enhet
unite [juːˈnaɪt] **1** förena; föra samman; ena **2** förenas; förena sig, gå samman, samverka **united** [juːˈnaɪtɪd] samlad, gemensam; [för]enad; enig; *the U~ Kingdom* Förenade Kungariket (*Storbritannien o. Nordirland*); *the U~ Nations* Förenta nationerna; *the U~ States* [*of America*] Förenta staterna, Amerikas förenta stater ; *~ we stand, divided we fall* enade vi stå, söndrade vi falla
unit trust [ˈjuːnɪttrʌst] investeringsbolag
unity [ˈjuːnətɪ] **1** enighet, endräkt, sammanhållning **2** enhet **3** *mat.* [talet] ett
Univ. *förk. för University* **univ.** *förk. för universal*[*ly*]; *university*
universal [ˌjuːnɪˈvɜːsl] **I** *a* **1** allmän; universell; allomfattande; världs-; *~ joint* (*coupling*) (*tekn.*) universallänk, kardanknut; *~ language* världsspråk; *~ motor* (*tekn.*) allströmsmotor; *~ truth* absolut sanning **2** mångsidig, universal-; *~ genius* universalgeni **3** *film.* barntillåten **II** *s* allmänt begrepp **-ly** [-ɪ] *adv* allmänt, universellt

U

universe ['ju:nɪvɜ:s] universum; *the* ~ universum, världsalltet
university [ˌju:nɪ'vɜ:sətɪ] universitet, högskola; *go to* ~ studera vid universitet
unjust [ˌʌn'dʒʌst] orättvis, orättfärdig; ojust
unjusti|fiable [ʌn'dʒʌstɪfaɪəbl] oförsvarlig, oursäktlig, oacceptabel **-ified** [-faɪd] oberättigad, obefogad; oförsvarlig
unjustly [ˌʌn'dʒʌstlɪ] *adv* orättvist, orättfärdigt, med orätt, orättmätigt; ojust
unkempt [ˌʌn'kem(p)t] **1** okammad **2** ovårdad
unkind [ʌn'kaɪnd] ovänlig, elak; hård, omild **-ly** [-lɪ] *adv* ovänligt *etc., jfr unkind; don't take it ~ if* ta inte illa upp om
unknowing [ˌʌn'nəʊɪŋ] ovetande, okunnig (*of* om) **unknown** [-n] **I** *a* okänd, obekant (*to* för, bland); ~ *quantity* (*bildl.*) oskrivet blad **II** *adv,* ~ *to me* mig ovetandes, utan min vetskap **III** *s* **1** *the* ~ det okända, den okände **2** *mat.* obekant
unlace [ˌʌn'leɪs] snöra upp
unlawful [ˌʌn'lɔ:f(ʊ)l] olaglig, illegal; olovlig, orättmätig
unlearn [ˌʌn'lɜ:n] försöka glömma bort (*ngt man lärt sig*)
unleash [ˌʌn'li:ʃ] koppla (släppa) lös (loss)
unleavened [ˌʌn'levnd] (*om bröd*) osyrad
unless [ən'les] om (såvida) inte; med mindre än att
unlike [ˌʌn'laɪk] **I** *a* olik **II** *prep* i motsats till, till skillnad från, olikt **-ly** [-lɪ] *a* osannolik, otrolig; *they are ~ to come* de kommer troligen inte
unlimited [ˌʌn'lɪmɪtɪd] **1** obegränsad, oinskränkt **2** gränslös
unlisted [ˌʌn'lɪstɪd] inte uppförd på listan (i förteckningen); ~ *number* hemligt telefonnummer; ~ *securities* värdepapper (aktier) på fria listan
unload [ˌʌn'ləʊd] **1** lasta av (ur), lossa **2** *bildl.* lasta över (*s.th. onto s.b.* ngt på ngn), ge utlopp åt **3** ta ut patronen ur **4** lastas av (ur), lossas
unlock [ˌʌn'lɒk] **1** låsa upp **2** låsas upp **unlocked** [-t] upplåst; olåst
unlooked-for [ʌn'lʊktfɔ:] oväntad
unloose [ˌʌn'lu:s], **unloosen** [-n] **1** släppa lös (fri) **2** lossa; knyta upp
unloved [ˌʌn'lʌvd] oälskad
unlovely [ˌʌn'lʌvlɪ] *a* oskön, ful
unluckily [ʌn'lʌkɪlɪ] *adv* **1** olyckligtvis **2** olyckligt **unlucky** [-ɪ] olycklig; olycksalig; olycks-; med otur; *be* ~ (*äv.*) ha otur (*at* i)
unmade [ˌʌn'meɪd] obäddad
unman [ˌʌn'mæn] *litt.* överväldiga
unmanageable [ʌn'mænɪdʒəbl] svårhanterlig, ohanterlig; oregerlig, ostyrig
unmanly [ˌʌn'mænlɪ] *a* omanlig
unmanned [ˌʌn'mænd] obemannad (*spacecraft* rymdfarkost)
unmannerly [ʌn'mænəlɪ] ohyfsad, obelevad, oartig
unmarked [ˌʌn'mɑ:kt] **1** omärkt **2** utan märken
unmarried [ˌʌn'mærɪd] ogift
unmask [ˌʌn'mɑ:sk] **1** demaskera; avslöja **2** demaskera sig; avslöja sig
unmatched [ˌʌn'mætʃt] makalös, ojämförlig, oöverträffad
unmentionable [ʌn'menʃn̩əbl] **I** *a* onämnbar, som inte går att tala om, opassande **II** *s, skämts.,* ~*s* (*pl*) onämnbara (*underbyxor*)
unmerciful [ʌn'mɜ:sɪf(ʊ)l] obarmhärtig
unmindful [ʌn'maɪn(d)f(ʊ)l] glömsk; obekymrad (*of* om); ~ *of* (*äv.*) utan att tänka på
unmistak[e]able [ˌʌnmɪ'steɪkəbl] omisskännlig, otvetydig
unmitigated [ʌn'mɪtɪgeɪtɪd] **1** total, fullständig, renodlad **2** oförminskad
unmolested [ˌʌnmə(ʊ)'lestɪd] obehindrad, ostörd
unmoved [ˌʌn'mu:vd] **1** oberörd **2** orörd
unmusical [ˌʌn'mju:zɪkl] omusikalisk
unnamed [ˌʌn'neɪmd] **1** inte namngiven **2** namnlös
unnatural [ʌn'nætʃr(ə)l] onaturlig **-ly** [-lɪ] *adv* **1** *not* ~ helt naturligt **2** onaturligt
unneces|sarily [ʌn'nesəs(ə)rəlɪ] *adv* **1** onödigt **2** onödigtvis, i onödan **-sary** [-(ə)rɪ] onödig
unnerve [ˌʌn'nɜ:v] enervera, göra nervös
unnoticeable ˌʌn'nəʊtɪsəbl] omärklig **unnoticed** [-t] obemärkt, osedd
unnumbered [ˌʌn'nʌmbəd] **1** oräknelig, otalig **2** onumrerad
U.N.O. *förk. för United Nations Organization*
unobserved [ˌʌnəb'zɜ:vd] obemärkt, osedd, oupptäckt
unobtainable [ˌʌnəb'teɪnəbl] oöverkomlig; *be* ~ inte gå att få [tag i]
unobtrusive [ˌʌnəb'tru:sɪv] inte påträngande, diskret, försynt, tillbakadragen
unoccupied [ˌʌn'ɒkjʊpaɪd] **1** obebodd **2** ledig, inte upptagen **3** sysslolös **4** inte upptagen, ledig
unofficial [ˌʌnə'fɪʃl] inofficiell, inte officiell
unopened [ˌʌn'əʊp(ə)nd] oöppnad
unorthodox [ˌʌn'ɔ:θədɒks] oortodox, inte renlärig; okonventionell
unpack [ˌʌn'pæk] packa upp (ur)
unpaid [ˌʌn'peɪd] obetald; oavlönad; med utestående lön
unpalatable [ˌʌn'pælətəbl] oaptitlig; *bildl.* motbjudande, obehaglig
unparalleled [ʌn'pærəleld] makalös, utan motstycke, enastående
unpardonable [ʌn'pɑ:dn̩əbl] oförlåtlig
unperson ['ʌnˌpɜ:sn] person som behandlas som obefintlig
unpick [ˌʌn'pɪk] sprätta [upp] (*a seam* en söm); repa upp
unplayable [ˌʌn'pleɪəbl] **1** (*om boll*) otagbar, omöjlig **2** ospelbar
unpleasant [ʌn'pleznt] otrevlig; obehaglig, oangenäm **-ness** [-nɪs] obehag; otrevlighet[er]; bråk
unplug [ˌʌn'plʌg] **1** dra ur [sladden till] **2** dra ur proppen ur
unplumbed [ˌʌn'plʌmd] inte lodad (pejlad); *bildl.* outgrundlig
unpolished [ˌʌn'pɒlɪʃt] opolerad; oborstad; *bildl. äv.* ohyfsad
unpolluted [ˌʌnpə'lu:tɪd] ren, inte förorenad (nedsmutsad)
unpopular [ˌʌn'pɒpjʊlə] impopulär, illa omtyckt **-ity** ['ʌnˌpɒpjʊ'lærətɪ] impopularitet
unprac|ticed *AE.,* **-tised** *BE.* [ʌn'præktɪst] **1** oerfaren, orutinerad **2** oprövad
unprecedented [ʌn'presɪd(ə)ntɪd] enastående,

utan motstycke, som aldrig tidigare förekommit
unpredictable [ˌʌnprɪˈdɪktəbl] **1** oförutsägbar **2** oberäknelig, nyckfull
unprejudiced [ˌʌnˈpredʒʊdɪst] opartisk, utan förutfattad mening, opartisk
unprepared [ˌʌnprɪˈpeəd] oförberedd, inte förberedd (*for* på)
unprepossessing [ˈʌnˌpri:pəˈzesɪŋ] inattraktiv, föga tilltalande
unpretentious [ˌʌnprɪˈtenʃəs] blygsam, anspråkslös, opretentiös
unprincipled [ʌnˈprɪnsəpld] principlös; skrupelfri, samvetslös
unprintable [ˌʌnˈprɪntəbl] otryckbar
unproductive [ˌʌnprəˈdʌktɪv] improduktiv, ofruktbar
unprofessional [ˌʌnprəˈfeʃənl] **1** inte yrkesmässig (professionell) **2** inte fackmannamässig, oprofessionell
unprofitable [ˌʌnˈprɒfɪtəbl] **1** olönsam, inte vinstgivande **2** ofruktbar, föga givande
unpromising [ˌʌnˈprɒmɪsɪŋ] föga lovande
unpronounceable [ˌʌnprəˈnaʊnsəbl] omöjlig att uttala
unprotected [ˌʌnprəˈtektɪd] oskyddad
unprovided [ˌʌnprəˈvaɪdɪd] **1** inte försedd (utrustad); *be ~ with* inte vara försedd (utrustad) med, sakna **2** oförberedd (*for* på) **3** *~ for* oförsörjd
unprovoked [ˌʌnprəˈvəʊkt] oprovocerad; opåkallad
unpublished [ˌʌnˈpʌblɪʃt] opublicerad
unpunished [ˌʌnˈpʌnɪʃt] ostraffad
unqualified 1 [ˌʌnˈkwɒlɪfaɪd] okvalificerad, inkompetent, oduglig (*for* för, till); utan kompetens, obehörig **2** [ʌnˈkwɒlɪfaɪd] obetingad, absolut; oreserverad; fullständig, total, absolut
unques|tionable [ʌnˈkwestʃənəbl] obestridlig, odiskutabel **-tioned** [-tʃənd] **1** inte ifrågasatt, obestridd **2** obestridlig, odiskutabel **-tioning** [-tʃənɪŋ] obetingad, absolut, blind (*obedience* lydnad)
unquote [ˌʌnˈkwəʊt] *v, quote...~* citat...slut på citat
unravel [ʌnˈrævl] **1** reda (trassla) ut; repa upp; *bildl.* reda upp (ut), klara upp **2** reda (trassla) ut sig; repas upp; *bildl.* redas upp (ut), klaras upp
unread [ˌʌnˈred] **1** oläst **2** föga beläst, olärd **-able** [ˌʌnˈri:dəbl] **1** oläslig, oläsbar (*label* etikett) **2** oläsbar (*book* bok)
unreal [ˌʌnˈrɪəl] **1** overklig **2** konstgjord
unrealistic [ˌʌnrɪəˈlɪstɪk] orealistisk
unreason|able [ʌnˈri:znəbl] **1** oförnuftig, omdömeslös **2** oresonlig **3** oskälig, orimlig **-ing** [-ɪŋ] oförnuftig, irrationell
unrecog|nizable (*BE. äv. -nisable*) [ˌʌnˈrekəgnaɪzəbl] oigenkännlig **-nized** (*BE. äv. -nised*) **1** utan att vara igenkänd **2** inte erkänd **3** okänd
unrehearsed [ˌʌnrɪˈhɜ:st] **1** orepeterad **2** oplanerad, oförberedd
unrelated [ˌʌnrɪˈleɪtɪd] obesläktad (*to* med); *bildl. äv.* orelaterad (*to* till), utan samband (*to* med)
unrelenting [ˌʌnrɪˈlentɪŋ] **1** obeveklig, hänsynslös **2** oförminskad; envis
unreliable [ˌʌnrɪˈlaɪəbl] opålitlig, otillförlitlig
unrelieved [ˌʌnrɪˈli:vd] oavbruten; utan lindring
unremarked [ˌʌnrɪˈmɑ:kt] obemärkt
unremitting [ˌʌnrɪˈmɪtɪŋ] outtröttlig, oförtruten; oavlåtlig
unremunerative [ˌʌnrɪˈmju:n(ə)rətɪv] föga lönande (givande)
unrepentant [ˌʌnrɪˈpentənt] obotfärdig
unrequited [ˌʌnrɪˈkwaɪtɪd] *litt.* obesvarad
unreserved [ˌʌnrɪˈzɜ:vd] oreserverad, helhjärtad
unresolved [ˌʌnrɪˈzɒlvd] olöst (*problem* problem)
unresponsive [ˌʌnrɪˈspɒnsɪv] okänslig, oemottaglig (*to* för)
unrest [ˌʌnˈrest] oro[ligheter], jäsning
unrestrained [ˌʌnrɪˈstreɪnd] **1** ohämmad, otyglad, okontrollerad **2** otvungen, fri
unrestricted [ˌʌnrɪˈstrɪktɪd] obegränsad, oinskränkt
unrewarding [ˌʌnrɪˈwɔ:dɪŋ] otacksam (*task* uppgift); föga givande
unrighteous [ʌnˈraɪtʃəs] orättfärdig; syndig
unripe [ˌʌnˈraɪp] omogen
unrivalled [ʌnˈraɪvld] makalös, ojämförlig, utan like
unroll [ˌʌnˈrəʊl] **1** rulla (veckla) upp (ut) **2** rulla (veckla) upp (ut) sig
unruffled [ˌʌnˈrʌfld] **1** oberörd, lugn **2** utan en krusning, stilla; jämn, slät
unruly [ʌnˈru:lɪ] **1** oregerlig, bångstyrig, besvärlig **2** ostyrig
UNRWA *förk. för United Nations Relief and Works Agency*
unsaddle [ˌʌnˈsædl] **1** sadla av **2** kasta ur sadeln
unsafe [ˌʌnˈseɪf] osäker
unsaid [ˌʌnˈsed] osagd; outtalad
unsaleable [ˌʌnˈseɪləbl] osäljbar
unsanitary [ˌʌnˈsænɪt(ə)rɪ] ohälsosam; ohygienisk
unsatis|factory [ˈʌnˌsætɪsˈfækt(ə)rɪ] otillfredsställande; otillräcklig **-fied** [ˌʌnˈsætɪsfaɪd] otillfredsställd **-fying** [ˌʌnˈsætɪsfaɪɪŋ] otillfredsställande
unsavoury [ˌʌnˈseɪv(ə)rɪ] **1** motbjudande, avskyvärd; vämjelig, osmaklig
unscathed [ˌʌnˈskeɪðd] oskadd, oskadad; helskinnad
unscrew [ˌʌnˈskru:] **1** skruva av (bort, loss, upp) **2** skruvas av (bort, loss, upp), lossna
unscrupulous [ʌnˈskru:pjʊləs] skrupelfri, samvetslös, hänsynslös
unseal [ˌʌnˈsi:l] bryta sigillet (förseglingen) på
unseasonable [ʌnˈsi:znəbl] **1** ovanlig för årstiden **2** olämplig, oläglig
unseat [ˌʌnˈsi:t] **1** kasta av (ur sadeln) **2** avsätta
unseeded [ˌʌnˈsi:dɪd] *sport.* oseedad
unseemly [ʌnˈsi:mlɪ] **1** opassande, otillbörlig **2** *åld.* anskrämlig
unseen [ˌʌnˈsi:n] **I** *v* **1** osedd; osynlig **2** inte tidigare läst, okänd **II** *s, i sht BE.* okänd text
unselfish [ˌʌnˈselfɪʃ] osjälvisk
unsettle [ˌʌnˈsetl] **1** bringa ur balans **2** oroa, förvirra, få ur balans **unsettled** [-d] **1** inte avgjord, oavgjord, ouppklarad, olöst; inte uppordnad; ouppgjord; obetald **2** vacklande, tveksam; osäker, obeständig, ostadig, instabil, orolig; ur ba-

U

lans **4** kringflackande; inte bofast, hemlös **5** obebyggd, öde
unshaded [ʌnˈʃeɪdɪd] oskuggad; ~ *bulb* naken glödlampa
unshak|[e]able [ʌnˈʃeɪkəbl] orubblig **-en** [-n] orubblig, fast; orubbad
unshaven [ˌʌnˈʃeɪvn] orakad
unsheathe [ˌʌnˈʃi:ð] dra ur skidan; ~ *one's sword* dra sitt svärd [ur skidan]
unship [ˌʌnˈʃɪp] **1** lossa, lasta av; sätta i land (*passengers* passagerare) **2** ta in (ner) (*åror, mast e.d.*)
unshrinkable [ˌʌnˈʃrɪŋkəbl] krympfri
unsight|ed [ˌʌnˈsaɪtɪd] **1** osynlig; skymd **2** (*om vapen*) utan sikte **-ly** [ʌnˈsaɪtlɪ] *a* anskrämlig, ful, gräslig
unsigned [ˌʌnˈsaɪnd] utan underskrift, inte undertecknad; osignerad
unskilled [ˌʌnˈskɪld] oerfaren, okunnig (*at, in* i); outbildad, inte yrkesutbildad; ~ *labour* grovarbete; ~ *work* (*job*) arbete som inte kräver yrkesutbildning; ~ *worker* outbildad arbetskraft
unsociable [ʌnˈsəʊʃəbl] osällskaplig
unsold [ˌʌnˈsəʊld] osåld
unsolicited [ˌʌnsəˈlɪsɪtɪd] oombedd
unsolved [ˌʌnˈsɒlvd] olöst, ouppklarad
unsophisticated [ˌʌnsəˈfɪstɪkeɪtɪd] okonstlad, ofördärvad, naturlig, naiv
unsound [ˌʌnˈsaʊnd] **1** sjuk[lig]; dålig; [*of*] ~ [*mind*] sinnesförvirrad **2** svag, ohållbar, bräcklig (*äv. bildl.*); *bildl. äv.* osund, falsk **3** murken, skämd
unsparing [ʌnˈspeərɪŋ] **1** skoningslös **2** frikostig, generös, slösande
unspeakable [ʌnˈspi:kəbl] **1** outsäglig; obeskrivlig **2** avskyvärd
unspecified [ˌʌnˈspesɪfaɪd] ospecificerad, inte närmare specificerad
unspoiled, unspoilt [ˌʌnˈspɔɪlt] **1** ofördärvad, oförstörd **2** inte bortskämd
unspoken [ˌʌnˈspəʊk(ə)n] outtalad; osagd; ~ *agreement* tyst överenskommelse
unsporting [ˌʌnˈspɔ:tɪŋ], **unsportsmanlike** [-smənlaɪk] osportslig, inte sportsmannamässig
unstable [ˌʌnˈsteɪbl] instabil, ostadig, vacklande; obalanserad, labil
unsteady [ˌʌnˈstedɪ] **I** *a* **1** ostadig, vacklande, osäker; *bildl.* oberäknelig, vankelmodig **2** oregelbunden, ojämn **II** *v* göra ostadig *etc.*, *jfr I*
unstick [ˌʌnˈstɪk] (*unstuck, unstuck; jfr äv. unstuck*) **1** lossa [på], komma att lossna **2** lossna
unstint|ed, -ing [ʌnˈstɪnt|ɪd, -ɪŋ] generös, frikostig; oförbehållsam
unstoppable [ˌʌnˈstɒpəbl] omöjlig (som inte går) att stoppa (hejda)
unstrap [ˌʌnˈstræp] spänna av [sig], lossa på [remmen, bältet *etc.*]
unstressed [ˌʌnˈstrest] obetonad; svagtonig
unstructured [ˌʌnˈstrʌktʃəd] ostrukturerad
unstrung [ˌʌnˈstrʌŋ] **1** *bildl.* nervös, uppriven, ur balans **2** *mus.* med lossade strängar
unstuck [ˌʌnˈstʌk] loss; *come* ~ *a*) lossna, *b*) *vard.* slå fel, gå i stöpet, *c*) *vard.* misslyckas, råka illa ut
unsubstantiated [ˌʌnsəbˈstænʃɪeɪtɪd] obekräftad
unsuccessful [ˌʌnsəkˈsesf(ʊ)l] misslyckad, fruktlös; *be* ~ (*äv.*) misslyckas
unsuit|able [ˌʌnˈsu:təbl] olämplig **-ed** [-ɪd] olämplig, inte passande (lämpad) (*to* för); *they are* ~ *to each other* de passar inte för varandra
unsullied [ˌʌnˈsʌlɪd] obefläckad, fläckfri, ren
unsung [ˌʌnˈsʌŋ] obesjungen
unsupported [ˌʌnsəˈpɔ:tɪd] **1** utan stöd, inte understödd; ensamstående (*mother* mor) **2** ogrundad
unsure [ˌʌnˈʃɔ:] osäker (*about, of* på, om)
unsurmountable [ˌʌnsəˈmaʊntəbl] oöverstiglig, oövervinnlig, oöverkomlig
unsurpassed [ˌʌnsəˈpɑ:st] oöverträffad
unsuspect|ed [ˌʌnsəˈspektɪd] **1** oväntad, oförutsedd, oanad **2** inte misstänkt **-ing** [-ɪŋ] omisstänksam, intet ont anande
unsweetened [ˌʌnˈswi:tnd] osötad
unswerving [ʌnˈswɜ:vɪŋ] orubblig; rätlinjig, utan avvikelser
unsympathetic [ˈʌnˌsɪmpəˈθetɪk] **1** oförstående, föga medlidsam, likgiltig **2** osympatisk **3** ~ *to* negativt inställd (avvisande) mot
untamed [ˌʌnˈteɪmd] otämd; vild; okuvad
untangle [ˌʌnˈtæŋgl] reda ut (upp) (*äv. bildl.*), lösa [upp]
untapped [ˌʌnˈtæpt] outnyttjad
untenable [ˌʌnˈtenəbl] *bildl.* ohållbar
untested [ˌʌnˈtestɪd] oprövad
unthink|able [ʌnˈθɪŋkəbl] otänkbar, osannolik **-ing** [-ɪŋ] tanklös, obetänksam; *in an* ~ *moment* i ett ögonblick av obetänksamhet
unthought-of [ʌnˈθɔ:tɒv] oanad; otänkbar, ofattbar
untidy [ʌnˈtaɪdɪ] ostädad; ovårdad
untie [ˌʌnˈtaɪ] knyta (få) upp (loss); lossa, släppa loss (lös) **untied** [-d] uppknuten; oknuten
until [ʌnˈtɪl, ˈʌnt(ɪ)l] **I** *prep*, [*up*] ~ till[s], ända till[s]; *not* ~ inte förrän **II** *konj* till[s], ända till[s]; *not* ~ inte förrän
untimely [ʌnˈtaɪmlɪ] *a* **1** förtidig[t inträffande] **2** olämplig, oläglig
untiring [ʌnˈtaɪərɪŋ] outtröttlig; oförtruten
unto [ˈʌntʊ] *litt.* = *to I*
untold [ˌʌnˈtəʊld] **1** omätlig, oändlig, oräknelig **2** oberättad; osagd
untouchable [ʌnˈtʌtʃəbl] **I** *a* **1** kastlös, oberörbar **2** oåtkomlig **II** *s* kastlös (oberörbar) [person] **untouched** [-t] **1** orörd; *bildl.* oberörd **2** oskadad, oskadd
untoward [ˌʌntəˈwɔ:d] motig, olycklig, ogynnsam
untrained [ˌʌnˈtreɪnd] outbildad, okvalificerad; otränad; odresserad
untrammelled [ʌnˈtræm(ə)ld] *litt.* obehindrad, ohämmad
untried [ˌʌnˈtraɪd] **1** oprövad **2** [ännu] inte rannsakad
untroubled [ˌʌnˈtrʌbld] ostörd; lugn
untrue [ˌʌnˈtru:] **1** osann, falsk **2** trolös, falsk (*to* mot)
untrustworthy [ˌʌnˈtrʌstˌwɜ:ðɪ] opålitlig, overderhäftig
untruth [ˌʌnˈtru:θ] osanning, lögn **-ful** [-f(ʊ)l] lögnaktig, inte sanningsenlig; osann
untutored [ˌʌnˈtju:təd] **1** okunnig, olärd; outbil-

dad; otränad; *to the ~ eye* för ett otränat öga
unusable [ˌʌn'ju:zəbl] oanvändbar, obrukbar
unused 1 [ˌʌn'ju:zd] obegagnad, oanvänd **2** [ˌʌn'ju:st] ovan (*to* vid)
unusual [ʌn'ju:ʒʊəl] ovanlig; sällsynt **-ly** [-lɪ] *adv* ovanligt; ovanligt nog
unutterable [ʌn'ʌt(ə)rəbl] *litt.* outsäglig, obeskrivlig
unvarnished 1 [ˌʌn'vɑ:nɪʃt] ofernissad **2** [ʌn'vɑ:nɪʃt] *bildl.* osminkad, enkel
unveil [ˌʌn'veɪl] **1** avtäcka (*a statue* en staty); låta täckelset falla från **2** ta bort slöjan från **3** *bildl.* avslöja
unversed [ˌʌn'vɜ:st] obevandrad, oerfaren
unvoiced [ˌʌn'vɔɪst] **1** *fonet.* tonlös **2** outtalad
unwaged [ˌʌn'weɪdʒd] oavlönad
unwanted [ˌʌn'wɒntɪd] oönskad, inte önskad, ovälkommen
unwarranted [ʌn'wɒr(ə)ntɪd] oberättigad, obefogad; otillbörlig
unwary [ʌn'weərɪ] oförsiktig, ovarsam; ouppmärksam, inte vaksam
unwavering [ʌn'weɪv(ə)rɪŋ] orubblig, ståndaktig, fast
unwelcome [ʌn'welkʌm] ovälkommen
unwell [ˌʌn'wel] dålig, krasslig, opasslig
unwholesome [ˌʌn'həʊlsəm] ohälsosam, osund, skadlig
unwieldy [ʌn'wi:ldɪ] ohanterlig, otymplig, klumpig (*äv. bildl.*)
unwilling [ˌʌn'wɪlɪŋ] ovillig, motvillig **-ly** [-lɪ] *adv* ovilligt, motvilligt, ogärna, mot sin vilja
unwind [ˌʌn'waɪnd] (*unwound, unwound*) **1** nysta (linda, rulla, veckla) av (upp) **2** nystas (lindas, rullas, vecklas) upp **3** koppla av
unwise [ˌʌn'waɪz] oklok, oförståndig
unwitting [ʌn'wɪtɪŋ] **1** ovetande, omedveten **2** oavsiktlig **-ly** [-lɪ] *adv* **1** ovetande[s], omedvetet **2** oavsiktligt
unwonted [ʌn'wəʊntɪd] *högt.* sällsynt, ovanlig
unworkable [ˌʌn'wɜ:kəbl] outförbar, ogenomförbar
unworldly [ˌʌn'wɜ:ldlɪ] *a* världs|främmande, -frånvänd
unworthy [ʌn'wɜ:ðɪ] ovärdig; *it is ~ of you* det är under din (er) värdighet
unwrap [ˌʌn'ræp] veckla upp; öppna, packa upp (*a parcel* ett paket)
unwritten [ˌʌn'rɪtn] oskriven; *an ~ law* en oskriven lag
unyielding [ʌn'ji:ldɪŋ] oböjlig; *bildl.* obeveklig, orubblig
unzip [ˌʌn'zɪp] **1** öppna [blixtlåset på]; *can you ~ me?* kan du hjälpa mig att öppna blixtlåset? **2** öppnas med blixtlås
up [ʌp] **I** *pred. a, adv* **1** upp, uppåt; fram; uppe; *~ and down a*) fram och tillbaka, av och an, *b*) upp[ifrån] och ner, *c*) överallt; *~ north* uppe i (uppåt) norr, norr|ut, -över; *~ there a*) där uppe, *b*) dit upp; *~ the Tottenham!* heja Tottenham!; *~ in town* [uppe, nere, inne] i stan; *~ to* [ända] upp till (fram till, tills); *~ to now* [ända] tills nu, hit[in]tills; *~ to town* [upp, ner, in] till stan; *did he act ~ to his principles?* handlade han i enlighet med sina principer?; *it does not come ~ to what I expected* det motsvarar inte mina förväntningar; *I don't feel ~ to it a*) jag känner mig inte i form [för det], *b*) jag känner inte för det; *~ with the anarchists!* leve anarkisterna!; *from the age of 12 ~* från 12 år och uppåt; *from my birth ~* alltsedan (ända från) födelsen **2** *be ~ a*) vara uppe, ha gått upp, *b*) vara över (slut, ute, förbi), *c*) (*om väg e.d.*) vara uppgrävd, *d*) vara uppfälld (uppdragen), *e*) vara [upp]rest (uppförd), stå, *f*) hänga, *g*) ha stigit (gått) upp, *h*) vara glad (uppåt), *i*) vara tänd (på[slagen]); *what's ~? (vard.)* vad står på (vad har hänt)?; *be ~ and about (around)* vara uppe (på benen); *they are ~ and doing* de är i farten (i full gång); *his blood is ~* han är ursinnig; *be 4 goals ~* leda med 4 mål; *the hunt is ~* jakten har börjat; *the score was 4 ~* (*AE.*) det stod 4 lika; *there is something ~* det är ngt på gång (som inte stämmer); *the tide is ~* det är flod; *time's ~!* tiden är ute!; *the wind is ~* vinden är hård; *be ~ against a*) stå (luta) mot, *b*) stå inför, ha att göra med, råka ut för, kämpa med (mot); *he was ~ at Oxford in 1980* han läste (låg) i Oxford 1980; *be ~ before a*) vara uppe [till behandling], *b*) vara inkallad till; *he is ~ before the Court* han står inför rätta; *be ~ for a*) vara uppe till, *b*) ställa upp (kandidera) till, *c*) vara åtalad för; *be ~ for sale* vara till salu; *be ~ for trial* stå inför rätta; *I was ~ for X* jag skulle (var på väg) till X; *be well ~ in* (*on*) vara insatt (duktig) i; *be ~ to a*) kunna jämföras (vara i klass) med, *b*) vara insatt i, vara kapabel (duga) till, kunna, klara av, *c*) ha för sig, *d*) ankomma på; *be ~ to s.th.* ha ngt [fuffens] för sig, hålla på med ngt; *what is he ~ to?* vad har han för sig?, vad gör han?, vad hittar han på?; *be ~ to s.b.* ankomma på ngn, vara ngns sak; *it's ~ to you* (*äv.*) det är upp till dig, det får du avgöra själv; *it isn't ~ to much* det är inte mycket bevänt med det; *it's all ~ with us* det är ute med oss, vi är förlorade **II** *prep* uppe på (i); uppför; uppåt; [upp] längs [med]; *~ and down a*) fram och tillbaka på, *b*) runt[om] i, *c*) överallt i; *~ the street a*) uppför (uppåt) gatan, *b*) längre upp på gatan, *c*) gatan fram; *be ~ the pub* (*vard.*) vara på puben; *~ yours!* (*vulg.*) dra åt helvete! **III** *a* **1** upp[åt]gående **2** *~ train* tåg till stan (*London el. annan storstad*) **IV** *s*, *~s and downs a*) höjningar och sänkningar, *b*) svängningar, växlingar, *c*) goda och dåliga tider, med- och motgång[ar]; *be on the ~ and ~* (*vard.*) *a*) gå framåt, *b*) vara just (ärlig) **V** *v* **1** *vard.* sätta upp; höja **2** *vard.* hoppa (flyga) upp; rusa i väg
up-and-coming [ˌʌpən'kʌmɪŋ] lovande, uppåtgående **up-and-down 1** upp-och- nedåtgående **2** *i sht AE.* lodrät, vertikal
upbeat ['ʌpbi:t] **I** *s, mus.* upptakt **II** *a, vard.* optimistisk, uppåt
upbraid [ʌp'breɪd] förebrå; klandra
upbringing ['ʌpˌbrɪŋɪŋ] uppfostran
upcountry I *a* [ˌʌp'kʌntrɪ] inne i landet, inlands-, i norra delarna av landet, norröver **II** *adv* [ʌp'kʌntrɪ] inåt (uppåt) landet
update I *v* [ʌp'deɪt] uppdatera; modernisera **II** *s* ['ʌpdeɪt] uppdatering; modernisering
upend [ʌp'end] **1** vända upp och ner på (*äv. bildl.*) **2** vändas upp och ner
up-front [ʌp'frʌnt] *vard.* öppen, uppriktig
upgrade I *v* [ʌp'greɪd] **1** uppvärdera **2** befordra

U

II *s* ['ʌpgreɪd] **1** *AE.* stigning, uppförsbacke **2** *bildl., on the ~* på uppåtgående
upheaval [ʌp'hi:vl] **1** omvälvning; omstörtning **2** *geol.* höjdförskjutning
uphill [ˌʌp'hɪl] **I** *adv* uppför [backen], uppåt **II** *a* **1** stigande, brant; uppförs- **2** besvärlig, mödosam; *~ work* styvt arbete **III** *s* stigning, uppförsbacke
uphold [ʌp'həʊld] *(upheld, upheld)* **1** upprätthålla, vidmakthålla; stödja **2** *jur.* fastställa *(a verdict* ett utslag) **3** lyfta upp **-er** [-ə] upprätthållare
uphol|ster [ʌp'həʊlstə] stoppa, klä *(möbler)* **-sterer** [-st(ə)rə] tapetserare **-stery** [-st(ə)rɪ] **1** *(möbels)* stoppning, klädsel **2** tapetserararbete; tapetseraryrke
U.P.I. *förk. för United Press International*
upkeep ['ʌpki:p] **1** underhåll **2** underhållskostnader
upland ['ʌplənd] **I** *a* höglands-; högländt **II** *s* högland, högländt område
uplift I *v* [ʌp'lɪft] lyfta [upp], höja; *bildl. äv.* förbättra villkoren för, verka upplyftande på, upplyfta **II** *s* ['ʌplɪft] **1** lyftande, höjande; *bildl. äv.* förbättring, uppbyggelse, uppmuntran **3** *geol.* höjdförskjutning
upon [ə'pɒn] *prep* på *etc., se on I; once ~ a time there was* det var en gång; *hundreds ~ hundreds* hundratals och åter hundratals; *Christmas is ~ us again* julen är här (över oss) igen
upper ['ʌpə] **I** *a* övre, överst, högre; över-; *the ~ class[es]* överklassen; *the ~ crust (vard.)* överklassen; *have the ~ hand* ha övertaget; *the U~ House (BE.)* överhuset; *~ lip* överläpp; *her front ~ teeth* framtänderna i hennes överkäke **II** *s* **1** ovanläder **2** *on one's ~s* utblottad, barskrapad **3** *vard.* tand i överkäken **4** *sl.* stimulantia, uppåttjack **--case** *a, boktr., ~ letter* versal, stor bokstav **--class** överklass- **-cut** *(i boxning)* uppercut, krokslag uppåt **-most I** *a* överst; högst; främst; mest framträdande; *this is ~ in my mind* det är vad jag närmast tänker på **II** *adv* överst; högst; främst
uppish ['ʌpɪʃ] *BE. vard.,* **uppity** [-tɪ] *AE. vard.* snorkig, mallig
upraised [ʌp'reɪzd] [upp]lyft
upright ['ʌpraɪt] **I** *a* **1** upprätt, upprättstående, stående, lodrät, rak; *sit bolt ~* sitta rak som en pinne; *stand ~* stå rak (upprätt); *~ chair* stol *(utan armstöd)*; *~ freezer* frysskåp; *~ piano* piano **2** hederlig, rättskaffens, ärlig **II** *s* **1** stolpe, påle, stötta, pelare **2** piano **III** *adv* upprätt, rätt (rakt) upp, lodrätt
uprising ['ʌpˌraɪzɪŋ] resning, uppror
uproar ['ʌprɔ:] tumult, bråk, oväsen; rabalder **uproarious** [ʌp'rɔ:rɪəs] **1** tumultartad, bråkig, larmande, bullrande **2** festlig, jätterolig, dråplig
uproot [ʌp'ru:t] rycka (dra) upp med rötterna, *bildl. äv.* göra rotlös
upsadaisy ['ʌpsəˌdeɪzɪ] *interj* hoppsan!, hoppla!
upset [ʌp'set] **I** *v (upset, upset)* **1** stjälpa [ut, omkull], välta [ut, omkull], kasta (slå) omkull; få att kantra **2** bringa oordning i, röra till **3** rubba, kullkasta, omintetgöra **4** bringa i olag; bringa ur fattningen, förvirra, skaka, göra bestört (upprörd, uppbragt), uppröra, reta, såra; *the food ~ his stomach* han tålde inte (mådde illa av) maten; *onions ~ me* min mage (jag) tål inte lök **5** stjälpa [omkull], välta [omkull], kantra **II** *perf. part., a* **1** [kull]stjälpt *(etc., jfr I)* **2** i oordning; i olag **3** kullkastad **4** förvirrad, bestört, skakad, uppbragt, upprörd, sårad, ledsen *(about* över; *by* av); *my stomach is ~* min mage krånglar **III** *s* **1** [ut-, kull]stjälpning; kullkastande; kantring **2** oordning **3** rubbning, störning; *have a stomach ~* ha krångel med magen **4** bestörtning, chock; *sport.* skräll, sensation **5** bråk
upsetting [ʌp'setɪŋ] upprörande, oroande; ledsam, förarglig
upshot ['ʌpʃɒt] resultat, följd, utgång; slut
upside down [ˌʌpsaɪ(d)'daʊn] **I** *a* uppochnedvänd; *bildl. äv.* bakvänd **II** *adv* upp och ner; huller om buller; *turn a room ~* vända upp och ner på ett rum
upstage [ˌʌp'steɪdʒ] **I** *adv* **1** längst bort på scenen, i (mot) fonden, i bakgrunden **II** *a* **1** fond-, bakgrunds- **2** *vard.* mallig, överlägsen **III** *v* **1** *vard.* stjäla föreställningen från, dra uppmärksamheten från **2** *vard.* vara överlägsen mot
upstairs [ˌʌp'steəz] **I** *adv* **1** en trappa upp; där uppe; uppför trappan; *kick s.b. ~ (vard.)* sparka ngn snett uppåt **2** *vard.* i skallen, där uppe; *weak ~* knasig **II** *s* **1** övervåning **2** herrskap **III** *a* belägen en trappa upp
upstanding [ʌp'stændɪŋ] **1** oförvitlig **2** välväxt
upstart ['ʌpstɑ:t] **I** *s* uppkomling **II** *a* uppkomlings-
upstate ['ʌpsteɪt] *AE.* **I** *a* mot (i, från) inre (norra) delen av staten **II** *s* inre (norra) delen av staten
upstream [ˌʌp'stri:m] *a o. adv* uppströms; uppåt floden
upsurge ['ʌpsɜ:dʒ] våg, ansvällning; uppgång, uppsving
upswing ['ʌpswɪŋ] uppgång, uppsving
upsydaisy ['ʌpsəˌdeɪzɪ] *se upsadaisy*
uptake ['ʌpteɪk] **1** *be quick (slow) on the ~* ha lätt (svårt) för att fatta **2** upptagningsförmåga; *oxygen ~* syreupptagningsförmåga
uptight ['ʌptaɪt] *vard.* spänd, nervös, skärrad *(about* för, över)
up-to|-date [ˌʌptə'deɪt] [topp]modern, tidsenlig; *keep ~* hålla sig à jour (informerad) **--the-minute** [-ðə'mɪnɪt] allra senaste (färskaste, nyaste)
uptown [ˌʌp'taʊn] *a o. adv, AE.* i (mot, från) stadens utkanter
upturn I *s* ['ʌptɜ:n] upp|gång, -sving, ökning **II** *v* [ʌp'tɜ:n] vända [på]; vända upp och ner på *(äv. bildl.)*; vända upp[åt] **upturned** [ˌʌp'tɜ:nd] **1** uppåtvänd; *~ nose* uppnäsa **2** uppochnedvänd
U.P.U. *förk. för Universal Postal Union*
upward ['ʌpwəd] **I** *a* uppåt|riktad, -vänd; uppåtgående, stigande **II** *adv, se upwards* **upwards** [-z] *adv* upp[åt]; uppför; *~ of 100 persons* mer än 100 personer
upwind ['ʌpwɪnd] **I** *s* motvind; uppvind **II** *adv* mot vinden[s riktning]
uraemia [ˌjʊə'ri:mjə] *med.* uremi, urinförgiftning
Ural ['jʊər(ə)l] **I** *s, the ~* Ural[floden]; *the ~s* Uralbergen **II** *a, the ~ Mountains* Uralbergen
uranium [jʊ'reɪnjəm] uran
Uranus ['jʊərənəs] **1** *grek. myt.* Uranos **2** *astr.* Uranus

urban ['ɜ:bən] stads-, storstadsmässig, urban; ~ *district* (*förr, ung.*) stadskommun; ~ *guerilla* stadsgerilla **urbane** [ɜ:'beɪn] belevad, världsvan, urban **urbanity** [ɜ:'bænətɪ] belevenhet, världsvana, urbanitet **urban|ization** (*BE. äv. -isation*) [,ɜ:bənaɪ'zeɪʃn] urbanisering **urban|ize** (*BE. äv. -ise*) ['ɜ:bənaɪz] urbanisera, ge stadskaraktär åt, göra stadslik

urchin ['ɜ:tʃɪn] gat|pojke, -unge; rackarunge

ureter [,jʊə'ri:tə] *anat.* urinledare **urethra** [-θrə] *anat.* urinrör

urge [ɜ:dʒ] **I** *v* **1** enträget uppmana (be, anmoda) **2** yrka [på], kräva, ivra för **3** fram|häva, -hålla, betona **4** ~ [*on*] driva (skynda, mana) på, påskynda **II** *s* stark längtan (*for* efter), drift

urgency ['ɜ:dʒ(ə)nsɪ] **1** brådskande karaktär, vikt, angelägenhet[sgrad]; *as a matter of* ~ mycket brådskande **2** enträgenhet, iver, ihärdighet **urgent** [-t] **1** brådskande, viktig, angelägen, trängande; *the matter is* ~ saken är brådskande (brådskar); *be in* ~ *need of* vara i trängande (starkt) behov av **2** enträgen, ivrig **urgently** [-tlɪ] *adv* **1** *they are* ~ *needed* det är ett trängande (starkt) behov av dem **2** enträget, ivrigt

uric ['jʊərɪk] *a* urin-; ~ *acid* urinsyra

urinal ['jʊərɪnl] **1** urinoar; nattkärl, potta **2** pissoar **urinary** [-nərɪ] **I** *a* urin- ; ~ *bladder* urinblåsa **II** *s, se urinal* **urinate** [-neɪt] urinera, kissa **urine** [-ɪn] urin

urn [ɜ:n] **1** gravurna; urna **2** tekök; kaffeapparat

urology [jʊ'rɒlədʒɪ] urologi **urologic[al]** [,jʊərə'lɒdʒɪk(l)] urologisk

Ursa ['ɜ:sə] *s, astr.*, ~ *Major* (*Minor*) Stora (Lilla) Björn[en]

Uruguay ['jʊərʊgwaɪ]

US, U.S. *förk. för United States*

us [ʌs, *obeton.* əs, s] *pers. pron* **1** oss **2** *vard.* mig; *give* ~ *a kiss!* ge mig (får jag) en puss!

USA, U.S.A. *förk. för United States of America; United States Army*

usable ['ju:zəbl] användbar

U.S.A.F. *förk. för United States Air Force*

usage ['ju:zɪdʒ] **1** [språk]bruk; sed[vänja] **2** användning; hantering

U.S.C.G. *förk. för United States Coast Guard*

use I *v* [ju:z] **1** använda, begagna, bruka, nyttja (*as* som; *for* till, [i stället] för, som); ~ *discretion* visa diskretion; ~ *force* bruka våld; ~ *a lot of time on* lägga ner mycket tid på; *you can* ~ *it to make...* du kan använda den till (för) att göra...; *I could* ~ *a drink* det skulle vara (smaka) gott med en drink **2** utnyttja **3** ~ [*up*] förbruka, dra, göra slut på **4** behandla (*s.b. well* ngn väl) **5** [ju:st] (*endast i imperf.*) ~*d to* brukade; *he* ~*d to play the piano* han brukade spela (förr spelade han) piano; *as he* ~*d to* som han brukade; *things aren't what they* ~*d to be* ingenting är längre som förr [i världen]; ~*d he to?, did he* ~[*d*] *to?* brukade han?; *he didn't* ~[*d*] *to?, he* ~*d not* (~[*d*]*n't*) *to* han brukade inte **II** *s* [ju:s] **1** användning; begagnande, bruk; funktion; nytta; fördel, gagn; *directions for* ~ bruksanvisning; *for external* ~ för utvärtes bruk; *ready for* ~ färdig (klar) för användning (att använda[s]); *this car park is for the* ~ *of customers only* parkering [avsedd] endast för kunder; *be in* ~ vara i bruk (användning), användas; *be of* ~ vara (komma) till nytta (användning), kunna användas; *be* [*of*] *no* ~ vara till ingen nytta, inte kunna användas; *he is no* ~ han är oduglig (duger ingenting till); *can I be of any* ~*?* kan jag vara till ngn nytta (hjälpa till med ngt)?; *it's* (*there's*) *no* ~ *asking* det är ingen idé (meningslöst) att fråga; *what's the* ~ *of* (*what* ~ *is there in*) *going there?* vad tjänar det (skall det tjäna) till att gå dit?; *be out of* ~ vara ur bruk, inte användas; *it has many* ~*s* den kan användas till mycket; *parents have their* ~*s* föräldrar kan vara användbara ibland; *have no* ~ *for* inte ha ngn användning för (nytta av); *make* ~ *of a*) använda, begagna sig (göra bruk) av, utnyttja, *b*) ta vara på; *lose the* ~ *of one's arm* inte längre kunna använda (röra) sin arm; *lose the* ~ *of one's left eye* bli blind på vänster öga **2** nyttjanderätt; *room with* ~ *of bathroom* rum med tillgång till (del i) badrum; *I've got the* ~ *of the car tonight* jag får ha bilen (har tillgång till bil) i kväll; *give s.b. the* ~ *of s.th.* låta ngn använda (disponera) ngt, ge ngn tillgång till ngt **3** bruk, sed[vänja], praxis

used 1 [ju:st] ~ *to* van vid (*s.th.* ngt; *doing s.th.* att göra ngt); *get* ~ *to* bli van (vänja sig) vid **2** [ju:zd] använd, begagnad; *hardly* ~ (*äv.*) nästan ny **3** *imperf av use, se use I 5*

useful ['ju:sf(ʊ)l] **1** nyttig, till nytta (*to s.b.* för ngn; *for s.th.* till ngt); användbar, praktisk, lämplig, bra (*to s.b.* för ngn; *for s.th.* till ngt); *the* ~ *life of an engine* en motors livslängd; ~ *load* nyttolast; *that's a* ~ *thing to know* det är bra att veta det; *come in* ~ komma till nytta (användning), komma väl till pass; *make o.s.* ~ hjälpa till, göra [någon] nytta **2** *vard.* skaplig, [ganska] duktig **-ness** [-nɪs] nytta, gagn; användbarhet, lämplighet

useless ['ju:slɪs] **1** oduglig; onyttig; oanvändbar; värdelös **2** lönlös, fruktlös, fåfäng **3** *vard.* värdelös, urdålig (*at maths* i matte)

usen't ['ju:sn(t)] *used not, se use I 5*

user ['ju:zə] **1** användare; förbrukare; *right of* ~ (*jur.*) nyttjanderätt; *road* ~ vägtrafikant **2** *vard.* knarkare

usher ['ʌʃə] **I** *s* (*på teater e.d.*) platsanvisare, [dörr]vaktmästare;(*i rättssal*) rättstjänare; ceremonimästare **II** *v* **1** föra, visa, ledsaga **2** ~ *in* inleda, förebåda, utgöra inledningen till **-ette** [,ʌʃə'ret] (*på bio, teater e.d.*) platsanviserska, [dörr]vaktmästare

USIA *förk. för United States Information Agency* **U.S.M.** *förk. för United States Mail; United States Marines* **USMC, U.S.M.C.** *förk. för United States Marine Corps* **USN, U.S.N.** *förk. för United States Navy* **USNA, U.S.N.A.** *förk. för United States Naval Academy* **U.S.S.** *förk. för United States Senate; United States Ship* **U.S.S.R.** *förk. för Union of Soviet Socialist Republics; the* ~ Sovjetunionen **usu.** *förk. för usually*

usual ['ju:ʒʊəl] **I** *a* vanlig, bruklig; *as* ~ som vanligt; *as is* ~ som vanligt (brukligt) är **II** *s* **1** *out of the* ~ utöver det vanliga **2** *vard., the* ~ den vanliga [drinken] **-ly** [-ɪ] *adv* vanligen, vanligtvis; *more than* ~ *slow* långsammare än vanligt

usurer ['ju:ʒ(ə)rə] ockrare

usurp [ju:'zɜ:p] tillskansa (tillvälla, bemäktiga)

sig, usurpera **-er** [-ə] usurpator, [tron]inkräktare
usury ['ju:ʒʊrɪ] ocker
UT, Ut. *förk. för Utah* ['ju:tɑ:, *AE. äv.* 'ju:tɔ:]
utensil [ju:'tensl] redskap, verktyg; *~s* (*pl, äv.*) utensilier; *cooking ~s* kokkärl; *household ~s* husgeråd, köksredskap
uterine ['ju:tərain] *anat.* livmoder-, uterin **u-ter|us** [-əs] (*pl -i* [-aɪ] *el. -uses*) *anat.* livmoder, uterus
utilitarian [ˌju:tɪlɪ'teərɪən] **I** *a* **1** nytto-; funktionell, ändamålsenlig, praktisk **2** utilitaristisk **II** *s* utili[tari]st **-ism** [-ɪz(ə)m] **1** util[itar]ism[en] **2** nyttomoral; nyttoprincip[er]
utility [ju:'tɪlətɪ] **I** *s* **1** användbarhet, [praktisk] nytta; nyttighet **2** [*public*] ~ samhällsservice; *public ~ company* allmännyttigt företag **II** *a* nytto-, bruks-; funktionell, ändamålsenlig, praktisk **utility man** *i sht AE.* **1** birollsskådespelare **2** allt i allo; diversearbetare **utility room** (*i enfamiljshus e.d.*) förråd, ekonomiutrymme
uti|lization (*BE. äv. -lisation*) [ˌju:tɪlaɪ'zeɪʃn] användande, tillvaratagande, utnyttjande **-lize** (*BE. äv. -lise*) ['ju:tɪlaɪz] använda, ta tillvara, utnyttja
utmost ['ʌtməʊst] **I** *a* yttersta, största **II** *s, the ~* det yttersta (mesta); det allra bästa; *do one's ~* göra sitt yttersta
Utopia [ju:'təʊpjə] Utopia, idealstat **utopia** [ju:'təʊpjə] utopi, önskedröm **Utopian, utopian** [-n] utopisk, verklighetsfrämmande
Utrecht ['ju:trekt]
1 utter ['ʌtə] ytterlig, yttersta; fullständig, fullkomlig, total, absolut; *an ~ fool* en komplett (fullständig) idiot
2 utter ['ʌtə] **1** yttra, säga, uttala; uttrycka **2** utstöta, ge ifrån sig, ge till **3** yttra sig **4** prångla ut (*forged banknotes* falska sedlar) **-ance** ['ʌt-(ə)rəns] yttrande, uttalande; uttryck[ande]; *give ~ to* ge uttryck åt
utterly ['ʌtəlɪ] *adv* ytterst, ytterligt; fullständigt, fullkomligt, totalt, absolut **uttermost** *se utmost*
U-turn ['ju:tɜ:n] **1** U-sväng **2** helomvändning
uvu|la ['ju:vjʊlə] (*pl -las el. -lae* [-li:]) *anat.* gom-, tung|spene, uvula **-lar** [-lə] *fonet.* tungrots-
uxorious [ʌk'sɔ:rɪəs] ytterligt svag för (beroende av) sin hustru

V

V, v [vi:] (*bokstav*) V, v
V *förk. för volt* **V.** *förk. för Venerable; Vice; Viscount* **v.** *förk. för ventral; verb; verse; version; verso; versus; very; vide* (*lat.*) *see; violin; voice; volume; von* **V.A.** *förk. för Veterans' Administration; Vicar Apostolic; Vice Admiral;* [*Order of*] *Victoria and Albert* **VA, Va.** *förk. för Virginia*
va *förk. för volt-ampere*
vac [*væk*] *BE. vard., kortform för vacation; vacuum cleaner*
vacancy ['veɪk(ə)nsɪ] **1** vakans; ledig tjänst **2** (*på hotell e.d.*) ledigt rum **3** tomrum **vacant** [-t] **1** ledig, tom; vakant; ~ *chair* ledig stol; ~ *job* ledig plats; ~ *time* ledig tid **2** tom; uttryckslös; andefattig, innehållslös
vacate [və'keɪt, *AE. äv.* 'veɪkeɪt] **1** lämna, utrymma, tömma; flytta från **2** frånträda, lämna (*a position* en tjänst)
vacation [və'keɪʃn] **I** *s* **1** ferier, lov; *i sht AE.* semester; *be on ~ a*) ha ferier (lov), *b*) *i sht AE.* ha semester **2** utrymning, tömning, utflyttning **II** *v, AE.* ha (ta) semester, semestra **-land** *AE.* semesterparadis
vacci|nate ['væksɪneɪt] vaccinera, skyddsympa **-nation** [ˌvæksɪ'neɪʃn] vaccin|ering, -ation, skyddsympning
vaccine ['væksi:n] vaccin
vacil|late ['væsɪleɪt] vackla; tveka; svänga, kastas **-lation** [ˌvæsɪ'leɪʃn] vacklan[de]; tvekan; svängning, kast
vacu|ity [væ'kju:ətɪ] **1** tomhet; tomrum; vakuum **2** tomhet; uttryckslöshet; andefattighet, innehållslöshet **-ous** ['vækjʊəs] tom; uttryckslös; andefattig, innehållslös
vacu|um ['vækjʊəm] **I** *s* (*pl -ums el. -a* [-ə]) **I** *s* **1** vakuum, lufttomt rum; tomrum **2** dammsugare **II** *v* dammsuga **vacuum cleaner** [-ˌkli:nə] dammsugare **vacuum flask** [-flɑ:sk] termosflaska **vacuum-packed** [-pækt] vakuumförpackad
V.A.D. *förk. för Voluntary Aid Detachment*
vagabond ['vægəbɒnd] **I** *a* vagabond-, kringflackande, vagabonderande **II** *s* vagabond, luffare, lösdrivare
vagary ['veɪgərɪ] nyck, infall
vagi|na [və'dʒaɪnə] (*pl -nas el. -nae* [-ni:]) **1** *anat.* slida, vagina **2** *biol.* [blad]slida **-nal** [-l] vaginal
vagrancy ['veɪgr(ə)nsɪ] kringflackande liv; lösdriveri **vagrant** [-t] **I** *a* kring|flackande, -strövande, -vandrande **II** *s* landstrykare, luffare, lösdrivare
vague [veɪg] vag, obestämd, svävande, oklar; osäker; *a ~ rumour* ett löst rykte **-ly** [-lɪ] *adv* vagt *etc., jfr vague; ~ amused* måttligt road
vain [veɪn] **I** *a* **1** fåfäng, gagnlös **2** fåfäng; inbilsk **II** *s* **1** *in ~* förgäves **2** *take a p.'s name in ~ a*) missbruka ngns namn, *b*) tala nedsättande om ngn **-glorious** [ˌveɪn'glɔ:rɪəs] *litt.* inbilsk, högfärdig, skrytsam **-glory** [ˌveɪn'glɔ:rɪ] inbilskhet, högfärd, skrytsamhet **-ness** ['veɪnnɪs] **1** fåfänglighet, gagnlöshet, fruktlöshet; *the ~ of* det fruktlösa i **2** fåfänga; inbilskhet
valance ['væləns] [gardin]kappa
vale [veɪl] *litt.* dal
valedic|tion [ˌvælɪ'dɪkʃn] avsked; avskeds|tal, -ord **-tory** [-tərɪ] **I** *a* avskeds- **II** *s* avskedstal
valence ['veɪləns] *kem.* **1** valens **2** *AE.* atomvärde **valency** [-ɪ] *i sht BE., kem.* atomvärde
valentine ['væləntaɪn] **1** valentin, älskling (*som man ger present på Valentindagen, 14 febr.*) **2** valentin|kort, -present
valerian [və'lɪərɪən] *bot.* vänderot

valet ['vælɪt] kammartjänare, betjänt
valetudi|narian [ˌvælɪtju:dɪ'neərɪən], **-nary** [-'tju:dɪnərɪ] **I** *a* **1** sjuklig, klen **2** hypokondrisk, klemig **II** *s* **1** sjukling, klen person **2** hypokonder, klemig person
valiant ['væljənt] tapper, modig
valid ['vælɪd] **1** giltig; [tungt] vägande, [väl]grundad; meningsfull **2** [rättsligt] giltig, gällande, lagenlig **validate** [-eɪt] **1** förklara giltig; lagstadga **2** bekräfta, [be]styrka **validity** [və'lɪdətɪ] **1** giltighet; vikt, betydenhet; meningsfullhet **2** validitet, rättsgiltighet
valise [və'li:z] *åld.* liten resväska
Valium ['vælɪəm] (*varumärke*) valium
Valkyrie [væl'kɪərɪ] valkyria
valley ['vælɪ] dal[gång]
valor ['vælə] *AE., se valour* **valorous** [-rəs] *litt.* tapper, modig **valour** ['vælə] *litt.* tapperhet, mod, dristighet; *discretion is the better part of ~* (*ung.*) bättre fly än illa fäkta
valuable ['væljʊəbl] **I** *a* värdefull, dyrbar; värde-; [högt] värderad (uppskattad) **II** *s, vanl. pl ~s* värde|saker, -föremål, dyrbarheter
valua|tion [ˌvæljʊ'eɪʃn] **1** värdering, uppskattning **2** värderingsbelopp, värde **-tor** ['væljʊeɪtə] värderingsman
value ['vælju:] **I** *s* **1** värde; valör; valuta; *be of great ~* vara av stort värde (mycket värdefull); *of no ~* värdelös, utan värde, till ingen nytta; *of (to) the ~ of* till ett värde (belopp) av; *increase in ~* värdeökning; *loss of ~* värdeminskning; *be good ~, be ~ for money* vara förmånlig (prisvärd, ett bra köp); *get ~ for money* få valuta för pengarna; *take s.th. at its face ~* (*bildl.*) ta ngt för vad det är **2** *~s* (*pl*) värderingar, normer **3** (*färgs, ords*) valör; *mat.* värde; *mus.* [not-, tids]värde **II** *v* värdera, taxera, [upp]skatta (*at* till); *bildl. äv.* sätta värde på, värdesätta; *~ highly* sätta stort värde på, skatta högt; *if you ~ your life* om livet är dig kärt **value-added** ['væljʊˌædɪd] *a, ~ tax* mervärdesskatt, moms **value judgement** värdeomdöme **valueless** [-lɪs] värdelös **valuer** [-ə] värderingsman
valve [vælv] **1** ventil, klaff; hjärtklaff **2** [radio]rör; elektronrör **3** *zool.* halva av musselskal
vamoose [və'mu:s] *AE. sl.* sticka [iväg], smita
1 vamp [væmp] **I** *s* vamp **II** *v* vampa
2 vamp [væmp] **I** *s* **1** lappverk **2** *vard.* uppsnyggning **3** *mus.* improvisation, improviserat ackompanjemang **4** ovanläder **II** *v* **1** *vard., a)* snygga upp, *b)* lappa ihop **2** *mus.* improvisera (*an accompaniment* ett ackompanjemang)
vampire ['væmpaɪə] vampyr, blodsugare (*äv. bildl.*) **vampire bat** *zool.* stor blodsugare
1 van [væn] skåp|bil, -vagn, transportbil; *BE. järnv.* gods-, resgods-, post|vagn
2 van [væn] (*i tennis*) fördel; *~ in* fördel in (servaren); *~ out* fördel ut (mottagaren)
3 van [væn] *se vanguard*
Vandal ['vændl] **I** *s* **1** *hist.* vandal **2** *bildl., v~* vandal **II** *a* **1** *hist.* vandalisk **2** *bildl., v~* vandalisk **vandalism** ['vændəlɪz(ə)m] vandalism **van-dal|ize** (*BE. äv. -ise*) ['vændəlaɪz] vandalisera
vane [veɪn] vindflöjel; [kvarn]vinge; [propeller]-blad; [turbin]skovel; (*på projektil*) styrvinge
vanguard ['vængɑ:d] *mil., bildl.* förtrupp, tät, avantgarde; *be in the ~ of* gå i spetsen (täten) för
vanilla [və'nɪlə] vanilj
vanish ['vænɪʃ] försvinna; *~ from sight* försvinna utom synhåll; *~ into smoke* gå upp i rök **-ing** [-ɪŋ] *a* försvinnande; *~ cream* dagkräm, puderunderlag; *~ point* (*i perspektiv*) gräns[punkt]
vanity ['vænətɪ] **1** fåfänga **2** fåfänglighet, tomhet, meningslöshet **vanity box (case)** sminkväska; aftonväska **Vanity Fair** *litt.* Fåfängans Marknad
vanquish ['væŋkwɪʃ] *litt.* övervinna, besegra, betvinga
vantage ['vɑ:ntɪdʒ] (*i tennis*) fördel **vantage ground** överläge, fördelaktig position **vantage point** fördelaktig ställning; utkiksplats
vapid ['væpɪd] smaklös, fadd; avslagen; *bildl.* andefattig, intetsägande, innehållslös, tråkig **-ity** [væ'pɪdətɪ] smaklöshet, faddhet; *bildl.* innehållslöshet
vapor ['veɪpə] *AE., se vapour* **-ization** (*BE. äv. -isation*) [ˌveɪpəraɪ'zeɪʃn] förångning, vaporisation, ångbildning, avdunstning **-ize** (*BE. äv. -ise*) ['veɪpəraɪz] **1** förånga, vaporisera **2** förångas, avdunsta **-izer** (*BE. äv. -iser*) ['veɪpəraɪzə] avdunstningsapparat, evaporator; spridare **-ous** ['veɪpərəs] *litt.* vaporös, töcknig, disig; ångliknande
vapour ['veɪpə] **1** ånga; imma; dimma; utdunstning **2** *åld., the ~s* mjältsjuka, melankoli **vapour trail** kondensstråk (*efter flygplan*)
var. *förk. för variable; variant; variation; variety; various*
varec ['værek] *bot.* tång, brunalg
vari|ability [ˌveərɪə'bɪlətɪ] föränderlighet, ombytlighet, ostadighet, variabilitet **-able** ['veərɪəbl] **I** *a* föränderlig, ombytlig, växlande, variabel, varierande, skiftande, ostadig **II** *s* **1** variabel **2** *~s* (*pl*) växlande vindar
vari|ance ['veərɪəns] *s* **1** variation, växling **2** motsättning; *be at ~ a)* vara oense, *b)* (*om fakta*) gå isär, inte stämma överens; *at ~ with* (*äv.*) i strid med **-ant** [-ənt] **I** *a* **1** avvikande; olika, variant- **2** varierande, växlande **II** *s* variant **-ation** [ˌveərɪ'eɪʃn] **1** variation (*äv. mus.*), [om]växling, förändring; *~s on a theme* variationer på ett tema **2** variant, annan art (form)
varicella [ˌværɪ'selə] *med.* vattkoppor
varicose ['værɪkəʊs] *a, ~ veins* åderbråck
varied ['veərɪd] varierande, [om]växlande, skiftande
varie|gate ['veərɪgeɪt] göra [färg]skiftande (brokig); variera; nyansera **-gated** [-geɪtɪd] brokig; [färg]skiftande; omväxlande **-gation** [ˌveərɪ'geɪʃn] brokighet; [färg]skiftning; omväxling
variety [və'raɪətɪ] **1** varietet; sort, slag; art, typ **2** variation, omväxling, ombyte; *~ is the spice of life* ombyte förnöjer **3** mångfald, mängd, rikedom; *for a ~ of reasons* av en mängd olika skäl **4** varieté; revy **variety show** varieté
variola [və'raɪələ] *med.* smittkoppor
various ['veərɪəs] **1** olika, av olika (varierande) slag; omväxlande, skiftande **2** flera, olika, diverse **-ly** [-lɪ] *adv* omväxlande; på olika sätt
var|ix ['veərɪks] (*pl -ices* [-ɪsi:z]) *med.* åderbråck
varmint ['vɑ:mɪnt] *vard.* odåga, rackare
varnish ['vɑ:nɪʃ] **I** *s* fernissa; lack; *nail ~* nagellack; *bildl.* polityr **II** *v* fernissa; lackera, lacka
varsity ['vɑ:sətɪ] *BE. vard. för university*

V

vary ['veərɪ] **1** variera, vara olika, ändras, [om]växla, skifta **2** variera, göra olika, ge omväxling åt, ändra, skifta
vascu|lar ['væskjʊlə] *a, biol., anat.* kärl-, åder- **-lum** [-ləm] portör
vase [vɑ:z, *AE.* veɪs] vas
vasectomy [væ'sektəmɪ] *med.* vasektomi (*sterilisering genom avskärning av sädesledarna*)
Vaseline ['væsɪli:n] (*varumärke*) vaselin
vaso|constrictor [ˌveɪzəʊkən'strɪktə] *med.* kärlsammandragande medel **-dilator** [-daɪ'leɪtə] *med.* kärlvidgande medel
vassal ['væsl] *hist.* **I** *s* vasall **II** *a* vasall-
vast [vɑ:st] omfattande, enorm, väldig, vidsträckt, oerhörd; *the ~ majority of people* det stora flertalet människor **-ly** ['vɑ:stlɪ] *adv* enormt, väldigt, oerhört **-ness** ['vɑ:stnɪs] väldighet, vidsträckthet, vidd, [stort] omfång, [stor] omfattning
VAT [ˌvi:eɪ'ti:, væt] *förk. för value-added tax*
vat [væt] **I** *s* fat, kar **II** *v* hälla på fat
Vatican ['vætɪkən] *s, the ~* Vatikanen
vatman ['vætmən] *BE. vard.* (*statens*) momsenhet
vaudeville ['vəʊdəvɪl] *BE.* vådevill, sångspel; *AE.* varieté
Vaughan [vɔ:n]
1 vault [vɔ:lt] **I** *s* **1** valv; kassavalv; källarvalv, källare; grav[valv] **2** *anat.* hålighet **II** *v* **1** bygga ett valv över; *~ed* välvd **2** välva sig
2 vault [vɔ:lt] **I** *s* hopp, språng; *pole ~* stavhopp **II** *v, ~ [over]* hoppa över (*med stöd av hand el. stav*); *~ onto* hoppa upp på **vaulting** ['vɔ:ltɪŋ] **1** högtflygande; överdriven **2** hopp-; *~ horse* (*gymn.*) [bygel]häst; *~ pole* stav (*för stavhopp*)
vaunt [vɔ:nt] **I** *v* skryta [med], berömma sig [över] **II** *s* skryt
vb. *förk. för verb* **V.C.** *förk. för Vice-Chairman; Vice Chancellor; Vice Consul; Victoria Cross; Vietcong* **VCR** *förk. för video cassette recorder* **VD** *förk. för* venereal disease **V-Day** *förk. för Victory Day* V-dagen **V.D.C.** *förk. för Volunteer Defence Corps* **VDU** *förk. för visual display unit* bildskärmsterminal
've [-v] = *have* (*I've, you've etc.* jag har, du har *etc.*)
veal [vi:l] kalv[kött] **veal calf** ['vi:lkɑ:f] gödkalv
vector ['vektə] **1** *mat., flyg.* vektor **2** bacillbärare
V-E Day *förk. för Victory in Europe Day* (*8.5.1945*)
veep [vi:p] *AE. sl.* vicepresident
veer [vɪə] **I** *v* **1** svänga, vända, ändra riktning; *sjö.* gira, ändra kurs; *bildl.* ändra åsikt, svänga, ändra sig; (*om vind*) vända, ändra riktning (*medurs på norra halvklotet, moturs på södra*) **2** *sjö., ~ [round]* gira med, vända (*fartyg*) **II** *s* sväng, vändning, riktningsändring; gir, kursändring
veg [vedʒ] *vard. för vegetable*
vegetable ['vedʒtəbl] **I** *s* **1** grönsak; köksväxt; växt; *~s* (*pl, äv.*) vegetabilier **2** *vard.* hjärnskadad person, kolli, paket **3** slöfock **II** *a* vegetabilisk, växt-; grönsaks-; *~ fat* vegetabiliskt fett; *~ fibres* växtfibrer; *~ garden* köksträdgård; *~ kingdom* växtrike; *~ marrow* pumpa, kurbits
vegetal ['vedʒɪtl] **1** vegetativ **2** växt-
vegetarian [ˌvedʒɪ'teərɪən] **I** *s* vegetarian **II** *a* vegetarisk **-ism** [-ɪz(ə)m] vegetarianism
vegetate ['vedʒɪteɪt] **1** (*om växt*) växa; *~d* (*äv.*) beväxt **2** vegetera, slöa, vara overksam **vegetation** [ˌvedʒɪ'teɪʃn] **1** växtlighet, växtliv, vegetation **2** *med.* vegetation, utväxt **3** *bildl.* vegeterande tillvaro **vegetative** ['vedʒɪtətɪv] **1** vegetativ; växt- **2** vegeterande, overksam
vehe|mence ['vi:ɪməns] häftighet, våldsamhet **-ment** [-mənt] häftig, våldsam
vehicle ['vi:ɪkl] **1** fordon; farkost; åkdon **2** *bildl.* [uttrycks]medel, språkrör **2** bindemedel, lösningsvätska **vehicular** [vɪ'hɪkjʊlə] fordons-; trafik-
veil [veɪl] **I** *s* **1** slöja (*äv. bildl.*); flor; [nunne]dok; *take the ~* bli nunna; *draw a ~ over* (*bildl.*) dra en slöja över **2** *bildl.* täckmantel **II** *v* beslöja; skyla [över], dölja
vein [veɪn] **1** *anat.* ven, [blod]åder **2** nerv (*på blad, insektsvinge*) **3** (*i sten, trä e.d.*) åder, ådra, strimma; [vatten]åder **4** *bildl.* humör, stämning, anda; drag, inslag; stil, genre **veined** [-d] ådrad, ådrig, strimmig **veining** ['veɪnɪŋ] ådring
veld[t] [velt] *Sydafr.* veldt, grässlätt
vellum ['veləm] veläng (*slags pergament; slags skrivpapper*)
velocity [vɪ'lɒsətɪ] hastighet
velour[s] [və'lʊə] (*slags sammet*) velours
ve|lum ['vi:ləm] (*pl -la* [-lə]) *anat.* gomsegel; *anat., biol.* hinna
velvet ['velvɪt] **I** *s* sammet; *be on ~* (*AE. sl.*) ha sitt på det torra, vara på grön kvist **II** *a* sammets-; *an iron hand in a ~ glove* en järnhand under silkesvanten **velveteen** [ˌvelvɪ'ti:n] velvetin, bomullssammet **velvety** ['velvɪtɪ] sammetslen
Ven. *förk. för Venerable*
venal ['vi:nl] korrumperad, mutbar, besticklig **-ity** [vi:'nælətɪ] korruption, mutbarhet, bestickligher
venation [vi:'neɪʃn] ådring
vend [vend] *jur.* [för]sälja; saluföra, utbjuda till försäljning **-er** ['vendə] *se vendor*
vendetta [ven'detə] vendetta, blodshämnd
vending machine ['vendɪŋməˌʃi:n] [varu]automat **vendor** [-ə] **1** [gatu]försäljare **2** *jur.* säljare **3** [varu]automat
veneer [və'nɪə] **I** *s* faner; *bildl.* fasad, yta, mask, sken **II** *v* fanera **-ing** [-ɪŋ] fanering
venerable ['ven(ə)rəbl] vördnads|värd, -bjudande, ärevördig; *V~* (*om ärkediakon*) Högvördig **venerate** ['venəreɪt] vörda, högakta, ära **veneration** [ˌvenə'reɪʃn] vördnad, veneration (*of* för); vördande
venereal [və'nɪərɪəl] venerisk; *~ disease* venerisk sjukdom, könssjukdom
Venetian [və'ni:ʃn] **I** *a* venetiansk; *~ blind* persienn; *~ glass* venetianskt glas **II** *s* **1** venetianare **2** persienn
Venezuela [ˌvene'zweɪlə]
vengeance ['ven(d)ʒ(ə)ns] **1** hämnd; *take ~ on* ta hämnd på **2** *with a ~* i överkant, våldsamt, så det förslår (förslog) **vengeful** [-f(ʊ)l] hämnd|lysten, -girig
venial ['vi:njəl] *relig., högt.* förlåtlig, ursäktlig
Venice ['venɪs] Venedig
venison ['venzn] hjort-, rådjurs|kött
venom ['venəm] gift; *bildl.* hat, giftighet **-ous**

[-əs] giftig (*äv. bildl.*)
venous ['vi:nəs] venös; ven-, åder-
vent [vent] **I** *s* **1** [luft]hål, [ventilations]springa, öppning; [rök]gång **2** (*på plagg*) slits **3** *bildl.* utlopp, fritt lopp; *give ~ to a*) ge utlopp åt, *b*) utstöta, låta höra (*a sound* ett ljud) **II** *v* **1** förse med lufthål (ventilation), ventilera **2** *bildl.* ge luft (utlopp) åt, ventilera; utstöta; *~ one's anger on* ösa sin vrede över **-age** ['ventɪdʒ] lufthål; (*på flöjt*) tonhål
venti|late ['ventɪleɪt] ventilera, vädra, lufta (*äv. bildl.*) **-lating** [-leɪtɪŋ] ventilations- **-lation** [ˌventɪ'leɪʃn] ventilation, ventilering, luftväxling; *bildl.* ventilering **-lator** ['ventɪleɪtə] [rums]ventil; fläkt, ventilator, ventilationsanordning
ventricle ['ventrɪkl] *anat.* ventrikel; magsäck; vätskefyllt rum i hjärnan
ventrilo|quism [ven'trɪləkwɪz(ə)m] buktaleri **-quist** [-kwɪst] buktalare **-quy** [-kwɪ] buktaleri
venture ['ventʃə] **I** *s* **1** våg|stycke, -spel, [riskabelt] företag, risk, äventyr; försök (*at* till); satsning, projekt **2** *hand.* spekulation; insats; *joint ~* joint venture, kompanjonskap (*mellan företag*) **II** *v* **1** våga, sätta på spel, riskera, satsa, offra **2** våga [sig på], försöka [sig på], våga sig **3** *~ to* våga, drista (tillåta) sig att **4** våga sig; våga, försöka; *~ at* försöka [sig på], försöka med; *~ into* våga sig in i, våga sig på; *~ on a*) våga [sig på], *b*) våga sig in i (ut på); *~ out* våga sig ut **venturesome** [-səm], **venturous** [-rəs] **1** våghalsig **2** riskabel, äventyrlig
venue ['venju:] **1** mötesplats, träffpunkt **2** *sport.* spel-, tävlings|plats **3** *jur.* jurisdiktionsort
Venus ['vi:nəs] Venus
ver. *förk. för verse; version*
veracious [və'reɪʃəs] **1** sanningsenlig, sann, sannfärdig **2** exakt, precis **veracity** [və'ræsətɪ] **1** sanningsenlighet, sannfärdighet; sanning **2** exakthet, precision
veranda[h] [və'rændə] veranda
verb [vɜ:b] verb
verbal ['vɜ:bl] **1** verbal, ord-; språklig; *~ criticism* textkritik **2** muntlig, verbal **3** ordagrann, verbal **4** verb-, verbal; *~ noun* verbalsubstantiv **-ly** [-lɪ] *adv* **1** muntligt, verbalt **2** ordagrant, verbalt **-ize** (*BE. äv. -ise*) [-aɪz] **1** verbalisera, uttrycka i ord **2** vara mångordig
verbatim [vɜ:'beɪtɪm] **I** *adv* ordagrant, ord för ord **II** *a* ordagrann
verbena [vɜ:'bi:nə] *bot.* järnört; verbena
verbiage ['vɜ:bɪɪdʒ] svada, ord|flöde, -svall
verbose [vɜ:'bəʊs] mångordig, ordrik, pratig **verbosity** [vɜ:'bɒsətɪ] mångordighet, ordrikedom, pratighet
verdant ['vɜ:d(ə)nt] **1** grön, grönskande **2** grön, omogen
verdict ['vɜ:dɪkt] **1** [domstols]utslag; *~ of guilty* (*not guilty*) fällande (friande) dom; *bring in* (*return*) *a ~* fälla utslag (dom) **2** *bildl.* dom, omdöme, utlåtande; *give one's ~ about* (*on*) ge sitt omdöme (säga sin mening) om
verdigris ['vɜ:dɪgrɪs] ärg
verdure ['vɜ:dʒə] *litt.* grönska; *bildl.* friskhet
1 verge [vɜ:dʒ] **I** *s* **1** kant, rand; gräns; [skogs]bryn; väg|kant, -ren **2** *bildl.* gräns, rand, brant; *on the ~ of ruin* på ruinens brant; *be on the ~ of doing s.th.* vara på gränsen (vippen) att göra ngt, vara nära att göra ngt **II** *v* **1** *bildl.*, *~ [up]on* gränsa (stå på gränsen) till, luta åt **2** avgränsa
2 verge [vɜ:dʒ] luta, slutta
verger ['vɜ:dʒə] kyrkvaktmästare
Vergil ['vɜ:dʒɪl] Vergilius
veri|fiable ['verɪfaɪəbl] möjlig att verifiera; kontrollerbar; bevislig **-fication** [ˌverɪfɪ'keɪʃn] **1** verifikation, bestyrkande, intygande, bekräftelse **2** kontroll[erande] **-fy** ['verɪfaɪ] **1** verifiera, bestyrka, intyga, bekräfta **2** kontrollera
verily ['verəlɪ] *adv, åld.* i sanning, sannerligen
verisimilitude [ˌverɪsɪ'mɪlɪtju:d] sannolikhet; autenticitet, äkthet
veritable ['verɪtəbl] veritabel, sannskyldig, äkta, verklig
verity ['verətɪ] sanning
vermicelli [ˌvɜ:mɪ'selɪ] (*smala spaghetti*) vermiceller
vermiform ['vɜ:mɪfɔ:m] maskformig; *~ appendix* (*process*) maskformigt bihang
vermilion [və'mɪljən] **I** *s* cinnober[färg], vermillon **II** *a* cinnoberröd, högröd
vermin ['vɜ:mɪn] (*behandlas som pl*) skadedjur; skadeinsekter, ohyra; *bildl.* pack, avskum **verminous** [-əs] full av ohyra, nedlusad
Vermont [vɜ:'mɒnt]
vermouth ['vɜ:məθ] vermut, vermouth
vernacular [və'nækjʊlə] **I** *s* **1** modersmål; lokalt språk, dialekt; lokalt (dialektalt) ord (uttryck) **2** fackspråk, [yrkes]jargong **II** *a* inhemsk; lokal[-]; dialektal; folklig, vardaglig
vernal ['vɜ:nl] **1** vårlig, vår-; *~ equinox* vårdagjämning **2** *poet.* ungdomlig, fräsch
vernier ['vɜ:njə] nonie[skala]
verru|ca [və'ru:kə] (*pl -cas el. -cae* [-si:]) [fot]vårta
versa|tile ['vɜ:sə|taɪl, *AE.* -tl] **1** mång-, all|sidig; (*om intellekt*) rörlig **2** [allsidigt] användbar **-tility** [ˌvɜ:sə'tɪlətɪ] **1** mång-, all|sidighet; (*intellekts*) rörlighet **2** [allsidig] användbarhet
verse [vɜ:s] **1** vers, poesi **2** strof, vers; versrad
versed [vɜ:st] *a, ~ in* bevandrad i
versicolour ['vɜ:sɪˌkʌlə] mångfärgad, brokig
versi|fication [ˌvɜ:sɪfɪ'keɪʃn] **1** versifikation, versbyggnad **2** versmått **3** versifiering **-fier** ['vɜ:sɪfaɪə] poet; versmakare **-fy** ['vɜ:sɪfaɪ] versifiera, avfatta på vers
version ['vɜ:ʃn] **1** version, framställning, avfattning; tolkning **2** version, variant **3** bibelöversättning; *the Authorized V~* den auktoriserade bibelöversättningen (*1611*)
verso ['vɜ:səʊ] **1** *boktr.* vänstersida, verso **2** (*mynts*) frånsida, revers
versus ['vɜ:səs] **1** *jur.* versus, kontra, mot **2** mot, kontra
verte|bra ['vɜ:tɪbrə] (*pl -brae* [-bri:] *el. -bras*) ryggkota **-bral** [-brəl] vertebral, ryggkots-, ryggrads-; *~ column* ryggrad **-brate** [-brət] **I** *a* ryggrads- **II** *s* vertebrat, ryggradsdjur
ver|tex ['vɜ:teks] (*pl -tices* [-tɪsi:z] *el. -texes*) **1** topp, spets, högsta punkt **2** *mat., anat., astr.* vertex
vertical ['vɜ:tɪkl] **I** *a* vertikal (*äv. ekon.*), lodrät; *~ angles* (*mat.*) motstående vinklar **II** *s* **1** lodlinje, vertikal, lodrät linje **2** vertikalplan

V

vertices ['vɜ:tɪsi:z] *pl av vertex*
vertiginous [vɜ:'tɪdʒɪnəs] **1** yr [i huvudet] **2** svindlande **3** ombytlig; oberäknelig **vertigo** ['vɜ:tɪgəʊ] *med.* svindel, yrsel, vertigo
vervain ['vɜ:veɪn] *bot.* järnört; verbena
verve [vɜ:v] livfullhet, fart, schvung, verv
very ['verɪ] **I** *adv* **1** mycket; *not* ~ inte särskilt (speciellt, vidare, så); ~ [*much*] *afraid* mycket rädd; ~ *disappointed* (*tired*) mycket besviken (trött); *V*~ *Important Person* VIP, betydande (inflytelserik) person **2** *the* ~ *same day a*) redan samma dag, *b*) precis (exakt) samma dag; *for my* ~ *own* helt för mig själv; *it is my* ~ *own* den är helt min egen **3** (*framför superl.*) allra; absolut; *tomorrow at the* ~ *latest* allra senast i morgon; *at the* ~ *least* allra minst **II** *attr. a* själv; precis, exakt; ren; ytterst; allra; *catch s.b. in the* ~ *act* ta ngn på bar gärning; *from the* ~ *beginning* från allra första (ända från) början; *in the* ~ *centre* precis i mitten, i själva centrum; *this* ~ *day* redan i dag (samma dag), redan (just) denna dag; *in* ~ *deed* i själva verket; *before our* ~ *eyes* mitt för ögonen på oss; *the* ~ *idea of it* blotta tanken på det; *the* ~ *man I need* precis den [man] jag behöver; *it's the* ~ *minimum you can do* det är det allra minsta du kan göra; *this* ~ *minute* på minuten; *at that* ~ *moment* just i det ögonblicket; *the* ~ *opposite* raka motsatsen; *he is a* ~ *rascal* har är en riktig skurk; *in this* ~ *room* just i det här rummet; *the* ~ *thing* [precis] det rätta; *the* ~ *truth* rena rama sanningen
Very light ['vɪərɪlaɪt] *mil.* signalljus **Very pistol** [-ˌpɪstl] *mil.* signal-, lys|pistol
vesicle ['vesɪkl] *anat., med.* [liten] blåsa, vesikel, vesicula
Vespasian [ve'speɪʒjən] Vespasianus
Vesper ['vespə] aftonstjärnan (*planeten Venus*)
vespers ['vespəz] *pl, i sht rom.-kat.* vesper, afton|sång, -gudstjänst
vespiary ['vespɪərɪ] getingbo
vessel ['vesl] **1** fartyg, skepp **2** kärl (*äv. anat., bot.*)
vest [vest] **I** *s* **1** *BE.* undertröja **2** *AE.* väst **II** *v* (*se äv.* ~*ed*) **1** förse, bekläda (*with* med); ~ *with* (*äv.*) förläna **2** överlåta (*s.th. in s.b.* ngt på ngn); *be* ~*ed in* (*om makt*) ligga hos, tillkomma, utövas av
vestal ['vestl] vestalisk; jungfrulig; ~ *virgin* (*i antikens Rom*) vestal
vested ['vestɪd] **1** *jur.* lagstadgad; hävdvunnen; oförgriplig **2** ~ *interest* starkt personligt intresse
vestibule ['vestɪbju:l] **1** vestibul, [för]hall **2** *AE.* (*på tåg*) plattform
vestige ['vestɪdʒ] **1** spår (*of* av, efter) **2** *biol.* rudiment **vestigial** [ve'stɪdʒɪəl] *biol.* rudimentär
vestment ['ves(t)mənt] [ämbets]skrud; mässhake
vest-pocket ['vestˌpɒkɪt] *a, i sht AE.* i västficksformat, i fickformat, fick-
vestry ['vestrɪ] **1** sakristia **2** kyrk-, församlings|-sal **3** kyrko-, socken|stämma
vesture ['vestʃə] *åld.* dräkt, skrud **2** *jur.* växtlighet (*utom träd*)
1 vet [vet] *BE.* **I** *s, vard.* veterinär **II** *v* **1** undersöka, granska **2** undersöka, behandla (*an animal* ett djur)
2 vet [vet] *AE.* veteran
vet. *förk. för veteran; veterinarian; veterinary*
vetch [vetʃ] *bot.* vicker
veteran ['vet(ə)r(ə)n] **I** *s, mil., bildl.* veteran; *V*~*s Day* (*AE.*) Vapenstilleståndsdagen (*11 nov.*) **II** *a* [gammal och] erfaren; veteran-; ~ *car* veteranbil
veteri|narian [ˌvet(ə)rɪ'neərɪən] *AE.* veterinär **-nary** ['vet(ə)rɪn(ə)rɪ] **I** *a* veterinär-; ~ *surgeon* veterinär **II** *s* veterinär
veto ['vi:təʊ] **I** *s* (*pl* ~*es*) veto, förbud; *power of* ~ vetorätt; *put* (*place*) *a* (*one's*) ~ *on* inlägga [sitt] veto mot **II** *v* inlägga [sitt] veto mot
vex [veks] reta, förarga, irritera, plåga **vexation** [vek'seɪʃn] förargelse, irritation, förtret; förtretlighet **vexatious** [vek'seɪʃəs] retsam, förarglig, irriterande, plågsam **vexed** [vekst] **1** förargad, irriterad (*at* på, över; *with på*) **2** omtvistad, omstridd **vexedly** ['veksɪdlɪ] *adv* förargat *etc., jfr vexed* **vexing** ['veksɪŋ] *se vexatious*
v.g. *förk. för very good* **VHF** *förk. för very high frequency* **V.I.** *förk. för Vancouver Island; Virgin Islands*
via ['vaɪə] via, över, genom
viability [ˌvaɪə'bɪlətɪ] **1** livs|kraft, -duglighet **2** genomförbarhet, användbarhet **viable** ['vaɪəbl] **1** livs|kraftig, -duglig, viabel **2** [praktiskt] genomförbar
viaduct ['vaɪədʌkt] viadukt
vial ['vaɪəl] liten flaska (*för medicin, parfym e.d.*)
viands ['vaɪəndz] *pl, åld.* livsmedel, matvaror
1 vibes [vaɪbz] *pl, vard.* vibrationer; anda, stämning
2 vibes [vaɪbz] (*behandlas som sg; kortform för vibraphone*) vibrafon
vibrant ['vaɪbr(ə)nt] **1** vibrerande, dallrande, pulserande, skälvande (*with* av) **2** livfull; lysande **3** klangfull, resonansrik
vibraphone ['vaɪbrəfəʊn] vibrafon
vibrate [vaɪ'breɪt] **1** vibrera, dallra, pulsera, skälva, skaka **2** *fys.* pendla, svänga, oscillera **3** försätta i vibration (svängning) **vibration** [-'breɪʃn] **1** vibration, vibrering, dallring, pulsering, skälvning, skakning **2** *fys.* pendling, svängning, oscillering **vibrato** [vɪ'brɑ:təʊ] *mus.* vibrato **vibrator** [vaɪ'breɪtə] **1** *tekn.* vibrator **2** massageapparat, vibrator
Vic [vɪk] *kortform av Victor, Victoria*
vicar ['vɪkə] **1** kyrkoherde **2** ställföreträdare; *the V*~ *of Christ* Kristi ställföreträdare, påven **-age** [-rɪdʒ] **1** prästgård **2** pastorat
vicarious [vɪ'keərɪəs] **1** ställföreträdande **2** delegerad
1 vice [vaɪs] synd; last; lastbarhet; olat; fel, brist
2 vice [vaɪs] skruvstäd
vice[-] [ˌvaɪs] vice[-]
vice admiral [ˌvaɪs'ædm(ə)r(ə)l] viceamiral **vice-chairman** vice ordförande **vice chancellor** *BE. univ.* rektor **vice-consul** vicekonsul **vice president** vicepresident **viceroy** ['vaɪsrɔɪ] vicekung
vice squad ['vaɪsskwɒd] sedlighetspolis
vice versa [ˌvaɪsɪ'vɜ:sə] vice versa, omvänt
vicinity [vɪ'sɪnətɪ] grannskap, omgivning[ar], trakt; *in the* ~ *of* i närheten (trakten) av
vicious ['vɪʃəs] **1** grym, brutal; ilsken, argsint;

bångstyrig **2** våldsam, häftig **3** elak, illasinnad, illvillig **4** *vard.* otäck, hård **5** lastbar, moraliskt fördärvad **6** ~ *circle a*) ond cirkel, *b*) cirkelbevis **7** felaktig, ohållbar (*inference* slutsats)

vicissitude [vɪ'sɪsɪtju:d] växling; *~s* (*pl, äv.*) skiftande öden; *the ~s of life* livets skiften

victim ['vɪktɪm] **1** offer; *be a* (*the*) ~ *of* vara (falla) offer för, utsättas för; *fall ~ to* falla offer för **2** offerdjur, slaktoffer **-ization** (*BE. äv. -isation*) [ˌvɪktɪmaɪ'zeɪʃn] **1** diskriminering, trakassering, mobbning, förföljning **2** offrande **-ize** (*BE. äv. -ise*) ['vɪktɪmaɪz] **1** diskriminera, trakassera, mobba, förfölja **2** göra till ett offer; offra

victor ['vɪktə] segrare, segerherre **victoria** [vɪk'tɔ:rɪə] **1** (*slags fyrhjulig vagn*) viktoria **2** viktoriaplommon **Victorian** [vɪk'tɔ:rɪən] **I** *a* (*utmärkande för drottning Viktorias tid*) viktoriansk **II** *s* viktorian **victorious** [vɪk'tɔ:rɪəs] segrande, segerrik; seger-; *be ~* segra; *be ~ over* besegra, segra över **victory** ['vɪkt(ə)rɪ] seger; *win a ~ over* (*äv.*) besegra, segra över

victualler ['vɪtl̩ə] **1** livsmedels|leverantör, -handlare **2** [*licensed*] ~ krog-, värdshus|värd **3** proviantfartyg **victuals** ['vɪtlz] *pl, åld.* livsmedel, viktualier; proviant

vide ['vaɪdi:] *lat.* se **videlicet** [vɪ'di:lɪset] *lat.* nämligen, det vill säga

video ['vɪdɪəʊ] **I** *s* video **II** *a* video- **III** *v* spela in på video, göra en videoinspelning av **video cassette** [ˌvɪdɪəʊkə'set] videokassett **videophone** ['vɪdɪəʊfəʊn] bildtelefon **video recorder** ['vɪdɪəʊrɪˌkɔ:də] video[bandspelare] **video tape** ['vɪdɪəʊteɪp] **I** *s* videoband **II** *v* spela in på video, göra en videoinspelning av

vie [vaɪ] tävla, kämpa (*for* om)

Vienna [vɪ'enə] **I** *s* Wien **II** *a* wien[er]- **Viennese** [ˌvɪə'ni:z] **I** *a* wiensk, wien[er]-; ~ *waltz* wienervals **II** *s* (*pl lika*) wienare

Vietnam [ˌvjet'næm] Vietnam **-ese** [-nə'mi:z] **I** *a* vietnamesisk **II** *s* **1** (*pl lika*) vietnames **2** vietnamesiska [språket]

view [vju:] **I** *s* **1** syn, anblick, åsyn; sikt; sikte; synhåll; *bildl.* [syn]punkt (*on, of* på), uppfattning, åsikt (*on, of* om); *point of ~* syn|punkt, -vinkel, ståndpunkt; *at first ~* vid första anblicken (ögonkastet); *in ~* i sikte, inom synhåll; *in my ~ a*) i min åsyn, *b*) enligt min uppfattning (åsikt); *in ~ of a*) inom synhåll för, *b*) i betraktande av, med hänsyn till, på grund av; *in full ~ of* fullt synlig för, mitt framför [ögonen på]; *have s.th. in ~* ha ngt i sikte (kikaren, tankarna), avse ngt; *come into ~* komma i sikte (inom synhåll), synas; *on a long ~* på lång (längre) sikt; *on a* (*the*) *short ~* på kort[are] sikt; *be on ~* kunna [be]ses, visas, vara utställd; *out of ~* ur sikte, utom synhåll; *with a ~ to s.th.* med sikte (tanke) på ngt, med ngt för ögonen (i sikte); *with a ~ to doing s.th.* i avsikt (för) att göra ngt; *what are his ~s on this problem?* vad anser han om det här problemet?; *take the ~ that* vara av den åsikten att; *take a ~ of s.th.* betrakta (granska) ngt [noga]; *take a dim* (*poor*) *~ of* ogilla; *take the long ~* planera långsiktigt, vara förutseende **2** utsikt (*äv. bildl.*), vy (*of* över); överblick, översikt (*of* över, av); *a room with a ~* ett rum med [fin] utsikt; *it has little ~ of success* den har små utsikter att lyckas **3** kort, foto, bild; *take a ~ of* ta ett kort av **4** *jur.* syn **II** *v* **1** betrakta, se (titta) på, [be]se; *bildl. äv.* anse, uppfatta; ~ *TV* titta på TV **2** besiktiga, syna, granska

viewer ['vju:ə] [TV-]tittare; åskådare, betraktare **viewfinder** [-ˌfaɪndə] *foto.* sökare **viewing** [-ɪŋ] **1** TV-tittande; betraktande **2** *koll.* TV-program **viewpoint** [-pɔɪnt] **1** synpunkt; ståndpunkt **2** utsiktspunkt

vigil ['vɪdʒɪl] vaka; *keep a ~* vaka (*over a sick person* hos en sjuk människa) **vigilance** [-əns] vaksamhet **vigilance committee** *i sht AE.* medborgargarde **vigilant** [-ənt] vaksam **vigilante** [ˌvɪdʒɪ'læntɪ] *i sht AE.* medlem av medborgargarde

vignette [vɪ'njet] **1** vinjett **2** [kort] karaktärs|-teckning, -skildring **3** *foto.* vinjetteringsbild

vigor ['vɪgə] *AE., se vigour* **vigorous** ['vɪg(ə)rəs] kraftig, kraftfull; energisk, häftig **vigour** ['vɪgə] kraft, kraftfullhet, styrka; vigör; energi

Viking ['vaɪkɪŋ] **I** *s* viking **II** *a* vikinga-

vile [vaɪl] usel, eländig, gräslig, avskyvärd, vidrig

vili|fication [ˌvɪlɪfɪ'keɪʃn] [elakt] förtal, bakdanteri, nedsvärtning **-fy** ['vɪlɪfaɪ] förtala, baktala, svärta ner

villa ['vɪlə] villa; sommarvilla

village ['vɪlɪdʒ] by **villager** [-ə] by|bo, -invånare

villain ['vɪlən] bov, skurk; *skämts.* rackare, lymmel; *the ~ of the piece* (*åld. el. skämts.*) boven i dramat **villanous** [-əs] **1** bov-, skurk|aktig **2** urusel, avskyvärd **villany** [-ɪ] **1** skurkaktighet, ondska **2** skurkstreck, illdåd

villein ['vɪlɪn] livegen, träl

vim [vɪm] *vard.* schvung, fart, kläm

vinaigrette [ˌvɪneɪ'gret] **1** luktflaska **2** ~ [*sauce*] vinägrett[sås]

vindi|cate ['vɪndɪkeɪt] **1** rättfärdiga; försvara; rehabilitera, ge upprättelse **2** förfäkta, hävda **3** fria, fritaga (*of, from* från) **-cation** [ˌvɪndɪ'keɪʃn] **1** rättfärdigande; försvar; rehabilitering **2** förfäktande, hävdande **3** friande, fritagande **-catory** ['vɪndɪkeɪt(ə)rɪ] **1** rättfärdigande; försvars- **2** hämnande

vindictive [vɪn'dɪktɪv] hämndlysten **-ness** [-nɪs] hämndlystnad

vine [vaɪn] **1** vin[ranka, -stock] **2** ranka; slinger-, kläng-, klätter|växt **-dresser** ['vaɪnˌdresə] vinodlare; vingårdsarbetare

vinegar ['vɪnɪgə] ättika; *wine ~* vinäger, vinättika **vinegary** [-rɪ] ättiks-; *bildl.* sur [som ättika], vresig

vineyard ['vɪnjəd] vingård

viniculture ['vɪnɪkʌltʃə] vinodling

vinosity [vɪ'nɒsətɪ] (*vins*) karaktär, egenskaper **vinous** ['vaɪnəs] **1** vin- **2** vinälskande

vintage ['vɪntɪdʒ] **I** *s* **1** vin-, druv|skörd **2** (*av vin o. bildl.*) årgång; *bildl. äv.* ursprung **3** årgångsvin **II** *a* **1** årgångs-, av gammal fin årgång; ~ *car* veteranbil (*1919-30*) **2** klassisk, ärevördig; typisk

vintner ['vɪntnə] vinhandlare

vinyl ['vaɪnɪl] vinyl

1 viola [vɪ'əʊlə] *mus.* altfiol

2 viola ['vaɪələ] *bot.* [trädgårds]viol

viola da gamba [vɪˌəʊlədə'gæmbə] *mus.* viola da gamba

vio|late ['vaɪəleɪt] **1** kränka, överträda, bryta

V

[mot] **2** inkräkta på (*a p's privacy* ngns privatliv) **3** våldtaga, skända; vanhelga, skymfa **-lation** [ˌvaɪə'leɪʃn] **1** kränkning; överträdelse **2** inkräktande, intrång (*of a p.'s privacy* på (i) ngns privatliv) **3** våldtäkt, skändande; vanhelgande, skymf

vio|lence ['vaɪələns] **1** våld; våldsamheter; *acts of* ~ våldshandlingar; *robbery with* ~ rånöverfall; *do* ~ *to a*) bruka våld mot, våldföra sig på, *b*) för|vrida, -vränga; *use* ~ använda våld **2** våldsamhet, häftighet, våldsam kraft (styrka) **-lent** [-lənt] våldsam, häftig, stark, kraftig

violet ['vaɪələt] **I** *s* **1** viol; *sweet* (*garden*) ~ luktviol; *she's no shrinking* ~ (*vard.*) hon är ingen liten blyg viol **2** violett, violblått **II** *a* violett, violblå

violin [ˌvaɪə'lɪn] fiol, violin **-ist** ['vaɪəlɪnɪst] violinist

violist [vɪ'əʊlɪst] altviolinist

violon|cellist [ˌvaɪələn'tʃelɪst] [violon]cellist **-cello** [-'tʃeləʊ] violoncell

V.I.P. [ˌvi:aɪ'pi:] *förk. för very important person* VIP, mycket betydelsefull person

viper ['vaɪpə] huggorm; *bildl.* orm, skurk **-ous** [-rəs] huggormsliknande, ormlik; *bildl.* giftig

virago [vɪ'rɑ:gəʊ] *åld.* ragata

Virg. *förk. för Virginia*

Virgil ['vɜ:dʒɪl] Vergilius

virgin ['vɜ:dʒɪn] **I** *s* oskuld, jungfru; *the V~ [Mary]*, *the Blessed V~* Jungfru Maria; *the V~* Jungfrun (*stjärnbild*) **II** *a* jungfrulig; obefläckad, ren; jungfru-; orörd; outforskad; ~ *birth* jungfrufödsel; ~ *forest* urskog; *the V~ Islands* Jungfruöarna; *the V~ Mother* jungfrumodern; *the V~ Queen* jungfrudrottningen (*Elisabet I*); ~ *wool* ny ull **-al** [-l] **I** *a* jungfrulig; jungfru- **II** *s, mus.* virginal (*mindre cembalo*)

Virginia [və'dʒɪnjə] Virginia **Virginia creeper** [-ˌkri:pə] *bot.* vildvin

virginity [və'dʒɪnətɪ] jungfrulighet; oskuld; renhet; orördhet

Virgo ['vɜ:gəʊ] Jungfrun (*stjärnbild*)

virgule ['vɜ:gju:l] *boktr.* snedstreck

virile ['vɪraɪl, *AE.* 'vɪrəl] manlig, viril; kraftfull **virility** [vɪ'rɪlətɪ] manlighet, virilitet; kraftfullhet

virtu [vɜ:'tu:] *s, articles* (*objects*) *of* ~ konstföremål

virtual ['vɜ:tʃʊəl] **1** faktisk, verklig, egentlig, reell **2** *fys.* virtuell **-ly** [-ɪ] *adv* så gott som; i realiteten

virtue ['vɜ:tju:] **1** dygd; *a woman of easy* ~ en lättfärdig kvinna; *make a* ~ *of necessity* göra en dygd av nödvändigheten **2** fördel, förtjänst **3** *by* (*in*) ~ *of* i kraft av, på grund av, genom; *by* ~ *of being* genom att vara

virtuosity [ˌvɜ:tjʊ'ɒsətɪ] virtuositet **virtuo|so** [-'əʊzəʊ] (*pl -sos el. -si* [-si:]) *s* virtuos

virtuous ['vɜ:tʃʊəs] dygdig

viru|lence ['vɪrʊləns] **1** virulens, verkningsgrad; giftighet **2** häftighet, styrka, kraft (*äv. bildl.*) **-lent** [-lənt] **1** virulent, sjukdomsalstrande; giftig; (*om sjukdom*) elakartad **2** häftig, stark, kraftig

virus ['vaɪərəs] *med.* virus; *bildl.* smitta, gift

Vis. *förk. för Viscount*[*ess*]

visa ['vi:zə] **I** *s* visum **II** *v* visera

visage ['vɪzɪdʒ] *åld.* ansikte

vis-à-vis ['vi:zɑ:vi:] **I** *prep* **1** visavi, gentemot **2** i förhållande till **3** visavi, mitt emot **II** *adv* visavi, mitt emot [varandra]

Visc. *förk. för Viscount*[*ess*]

viscera ['vɪsərə] *pl, anat.* inre organ, inälvor **visceral** [-r(ə)l] **1** *anat.* invärtes, inälvs- **2** *litt.* intuitiv, instinktiv, känslomässig

viscosity [vɪ'skɒsətɪ] viskositet

viscount ['vaɪkaʊnt] (*brittisk adelstitel i rang mellan baron o. earl*) viscount **-ess** [-ɪs] viscountess

viscous ['vɪskəs] viskös, trögflytande

vise [vaɪs] *AE.* skruvstäd

vis|ibility [ˌvɪzɪ'bɪlətɪ] **1** sikt; *poor* (*good*) ~ dålig (god) sikt; ~ *is only 10 metres* sikten är bara 10 meter **2** synlighet **-ible** ['vɪzəbl] **1** synlig, synbar, märkbar (*to s.b.* för ngn) **2** tydlig

Visigoth ['vɪzɪgɒθ] *hist.* västgot **-ic** [ˌvɪzɪ'gɒθɪk] *hist.* västgotisk

vision ['vɪʒn] **1** syn; synförmåga; synhåll; *within the range of* ~ inom synhåll **2** vision, [dröm]syn; uppenbarelse (*äv. om pers.*) **3** klarsyn, klarsynthet **4** *TV., temporary loss of* ~ tillfälligt avbrott [i sändningen] **-ary** ['vɪʒn̩ərɪ] **I** *a* **1** visionär; klarsynt; drömlik **2** orealistisk, ogenomförbar; fantastisk **II** *s* visionär; drömmare

visit ['vɪzɪt] **I** *s* **1** besök, visit (*to* hos, i); (*läkares*) [hem]besök; vistelse; *be on a* ~ *to* vara på besök hos (i); *pay s.b. a* ~ (*a* ~ *to s.b.*) göra (avlägga) [ett] besök hos ngn, besöka ngn **2** inspektion, undersökning, kontroll, visitation **3** *AE. vard.* pratstund **II** *v* **1** göra (avlägga) besök (visit) hos; besöka, hälsa på; (*om läkare*) göra [hem]besök hos; gå på (*krog e.d.*); vara på besök hos (i, på); komma (resa) till **2** *bildl.* hemsöka; ~ *s.th.* [*up*] *on s.b.* låta ngt gå ut över ngn **3** inspektera, undersöka, kontrollera, visitera **4** vara på besök **5** *AE. vard.,* ~ *with* [sitta och] prata med

visitation [ˌvɪzɪ'teɪʃn] **1** visitation, besök [för granskning]; undersökning **2** hemsökelse, straff **3** [gudomligt] budskap

visiting ['vɪzɪtɪŋ] besökande, gästande, gäst-; visit-, besöks-; ~ *card* (*BE.*) visitkort; ~ *hours* (*pl*) besökstid; ~ *nurse* distriktssköterska; ~ *professor* gästande professor, gästprofessor

visitor ['vɪzɪtə] besökare, besökande (*to* hos, i, på, till); gäst

visor ['vaɪzə] **1** mösskärm **2** [hjälm]visir **3** (*i bil*) solskydd

vista ['vɪstə] **1** *litt.* utsikt, vy, panorama, perspektiv **2** *bildl.* [framtids]perspektiv

Vistula ['vɪstjʊlə] Wisla, Weichsel

visual ['vɪzjʊəl] **1** syn-; visuell; ~ *aids* visuella hjälpmedel; ~ *arts* bildkonsten; ~ *impression* synintryck; ~ *power* synförmåga **2** synlig **-ization** (*BE. äv. -isation*) [ˌvɪzjʊəlaɪ'zeɪʃn] åskådliggörande, visualisering **-ize** (*BE. äv. -ise*) ['vɪzjʊəlaɪz] åskådliggöra, visualisera; [tydligt] föreställa sig, se framför sig

vital ['vaɪtl] **I** *a* **1** vital; livs-; livs|viktig, -nödvändig; livskraftig; livlig; (*om stil e.d.*) levande; ~ *force* livskraft; ~ *statistics a*) befolkningsstatistik, *b*) *skämts.* (*kvinnas*) mått (*byst, midja, höfter*), former **2** vital, [absolut] nödvändig, väsentlig, [mycket] viktig, trängande, tvingande **3** avgörande, kritisk; ödesdiger; livsfarlig, dödlig **II** *s,* ~*s* (*pl*) livsviktiga organ, vitala delar; *skämts.* ädlare (vitala) delar (*mannens könsorgan*) **vitality** [vaɪ'tælətɪ] vitalitet, livskraft, livlighet, spänst **vital|ize** (*BE. äv. -ise*) ['vaɪtəlaɪz] vitalisera, göra livlig[are], ge liv åt

vitamin ['vɪtəmɪn, *AE.* 'vaɪtəmɪn] vitamin; ~ *C* C-vitamin **vitamin deficiency** [-dɪˌfɪʃnsɪ] vitaminbrist

vitiate ['vɪʃɪeɪt] fördärva; förvanska; förvränga; göra ogiltig

viticulture ['vɪtɪkʌltʃə] vinodling

vitreous ['vɪtrɪəs] glas|aktig, -artad, vitrös

vitriol ['vɪtrɪəl] **1** *kem.* vitriol **2** *bildl.* bitterhet, hat, galla, giftighet **-ic** [ˌvɪtrɪ'ɒlɪk] **1** *kem.* vitriol- **2** *bildl.* bitter, giftig, skarp

vitu|perate [vɪ'tju:pəreɪt] smäda, skymfa; vara ovettig (rasa) mot **-peration** [vɪˌtju:pə'reɪʃn] smädande, skymfande, smädelse; ovett **-perative** [vɪ'tju:p(ə)rətɪv] smädande, skymfande

1 viva ['vi:və] *interj* viva!, leve!

2 viva ['vaɪvə] *BE. univ.* muntlig tentamen, munta

vivacious [vɪ'veɪʃəs] livlig, livfull, pigg **vivacity** [vɪ'væsətɪ] livlighet, livfullhet

vivid ['vɪvɪd] livlig, levande; (*om färg, ljus*) livlig, skarp, bländande, intensiv

viviparous [vɪ'vɪpərəs] *zool.* som föder levande ungar, vivipar

vivi|sect [ˌvɪvɪ'sekt] företa vivisektion på **-section** [-'sekʃn] vivisektion

vixen ['vɪksn] **1** rävhona **2** ragata

viz. [vɪ'di:lɪset] (*förk. för videlicet*) nämligen, det vill säga, dvs

vizier [vɪ'zɪə] (*österländsk ämbetsman*) visir, vesir

V.M.D. *förk. för Doctor of Veterinary Medicine*

V-neck ['vi:nek] V-ringning **V-necked** [-t] V-ringad

V.O. *förk. för very old* (*om vin e.d.*)

vocable ['vəʊkəbl] ord, glosa, vokabel **vocabulary** [v(ə)ʊ'kæbjʊlərɪ] **1** ord|lista, -förteckning, vokabulär, vokabelsamling **2** vokabulär, ordförråd

vocal ['vəʊkl] **1** stäm-, röst-; *mus.* vokal[-], sång-; ~ *c[h]ords* (*folds*) stämband; ~ *music* vokalmusik; ~ *organ* tal-, röst|organ **2** muntlig, uttalad; vältalig, meningsfull **3** högröstad, högljudd **4** *fonet.* tonande (*vowel* vokal) **-ist** ['vəʊkəlɪst] vokalist, refräng|sångare, -erska **-ize** (*BE. äv. -ise*) ['vəʊkəlaɪz] **1** uttala, artikulera; sjunga; skräna **2** *fonet.* vokalisera, göra tonande

vocation [və(ʊ)'keɪʃn] **1** kallelse; fallenhet **2** kall; yrke **-al** [-'keɪʃənl] yrkes-, yrkesmässig; ~ *guidance* yrkesvägledning

vocative ['vɒkətɪv] *s o. a, språkv., the ~ [case]* vokativ

vocifer|ate [və(ʊ)'sɪfəreɪt] skrika, ropa [högljutt] **-ous** [-əs] skrikande, högljudd

vodka ['vɒdkə] vodka

vogue [vəʊg] mod[e]; modevåg, trend; *be in ~, be the ~, have a ~* vara på modet; *become the ~* komma på modet

voice [vɔɪs] **I** *s* **1** röst, stämma; sångröst; ljud; *a piece for ~ and piano* ett stycke för sång och piano; *with one ~* enstämmigt, enhälligt; *be out of ~* vara indisponerad (*för sång*); *his ~ is beginning to break* han håller på att komma i målbrottet; *find one's ~* återfå rösten (talförmågan); *give ~ to* ge uttryck åt; *keep your ~ down!* sänk rösten lite!, tala lite tystare!; *raise one's ~* höja rösten **2** talan, [med]bestämmanderätt; *have a ~ in* ha ngt att säga till om i (när det gäller); *have a ~ in the matter* ha (få) ett ord med i laget; **3** *språkv., in the active* (*passive*) ~ i aktiv (passiv) form **4** *fonet.* tonalitet **II** *v* **1** uttrycka, ge uttryck åt; uttala **2** *fonet.* uttala tonande **3** *mus.* stämma (*blåsinstrument*)

voiced [vɔɪst] **1** *fonet.* tonande **2** *loud-~* högröstad **voiceless** ['vɔɪslɪs] **1** stum; outtalad; tyst **2** *fonet.* tonlös **voice part** ['vɔɪspɑ:t] *mus.* sångstämma

void [vɔɪd] **I** *a* **1** *litt.* tom; ~ *of* tom på, blottad på, utan **2** *i sht jur.* [*null and*] ~ ogiltig, av noll och intet värde **3** ledig, vakant **4** gagnlös **II** *s* **1** tomhet; tomrum; *disappear into the ~* försvinna i tomma intet **2** *kortsp., have a ~ in hearts* vara renons i hjärter

voile [vɔɪl] voall, voile

vol. *förk. för volcano; volume; volunteer*

vola|tile ['vɒlətaɪl, *AE.* 'vɒlətl] **1** *kem.* flyktig **2** *bildl.* flyktig, instabil, labil; ombytlig; livlig **-tility** [ˌvɒlə'tɪlətɪ] **1** *kem.* flyktighet **2** *bildl.* flyktighet, instabilitet, labilitet; ombytlighet; livlighet

volcanic [vɒl'kænɪk] vulkanisk; *bildl.* häftig, plötslig, våldsam **volcano** [-'keɪnəʊ] (*pl ~[e]s*) vulkan

vole [vəʊl] *zool.* [åker]sork

volition [və(ʊ)'lɪʃn] vilja; viljekraft; *of one's own ~* av egen fri vilja

volley ['vɒlɪ] **I** *s* **1** *mil., bildl.* salva, skur **2** *sport.* volley **II** *v* **1** *mil., bildl.* avfyra en salva (skur) [av]; utslunga **2** *sport.* ta (returnera) på volley **3** *mil., bildl.* avfyras i en salva (skur) **4** *sport.* spela volley **-ball** *sport.* volleyboll

volplane ['vɒlpleɪn] **I** *s* glidflykt **II** *v* gå i glidflykt

1 volt [vəʊlt] *elektr.* volt

2 volt [vɒlt] **1** *ridk.* volt **2** (*i fäktning*) sidosprång

voltage ['vəʊltɪdʒ] *elektr.* spänning **voltaic** [vɒl'teɪɪk] *elektr.* galvanisk; volta-; *the ~ pile* Voltas stapel

volte-face [ˌvɒlt'fɑ:s] helomvändning (*äv. bildl.*)

voltmeter ['vəʊltˌmi:tə] *elektr.* voltmeter

vol|ubility [ˌvɒljʊ'bɪlətɪ] svada, talförhet, mångordighet **-uble** ['vɒljʊbl] talför, mångordig

volume ['vɒlju:m] **1** volym, band, del; *that speaks ~s* det säger en hel del (mer än ord); *it speaks ~s for him* det talar starkt till hans förmån **2** volym; [kubik]innehåll; omfång; mängd; *a large ~ of business* en stor omsättning; *~ of traffic* trafik[volym]; *~s of* massor av, kolossalt mycket **3** volym, ljudstyrka; *turn the ~ down* skruva ner (sänka) volymen **volume control** [-kənˌtrəʊl] *radio.* volymkontroll

voluminous [və'lju:mɪnəs] voluminös, omfångsrik; omfattande, diger; (*om plagg e.d.*) alltför stor, vid

voluntary ['vɒlənt(ə)rɪ] **I** *a* **1** frivillig; spontan **2** viljekontrollerad **3** som drivs med frivilliga medel, inte statsunderstödd, privat[finansierad] **II** *s* **1** *mus.* [orgel]fantasi, -improvisation (*som spelas i början el. slutet av gudstjänst*) **2** frivilligt arbete

volunteer [ˌvɒlən'tɪə] **I** *s* frivillig; volontär **II** *a* frivillig; volontär- **III** *v* **1** anmäla sig frivilligt (*for* till); frivilligt erbjuda sig (*to do s.th.* att göra ngt); ~ *information* (*explanation*) frivilligt lämna upplysningar (förklaring)

voluptu|ary [və'lʌptjʊərɪ] **I** *a* vällustig **II** *s* vällusting **-ous** [və'lʌptʃʊəs] **1** sinnlig, sensuell; vällustig; skön, behaglig **2** yppig (*woman* kvinna); fyllig

vomit ['vɒmɪt] **I** *v* **1** kräkas, spy **2** kräkas upp; spy ut (*smoke* rök) **II** *s* **1** uppkastning, spya **2** kräkning **3** kräkmedel

voodoo ['vu:du:], **-ism** [-iz(ə)m] voodoo

voracious [və'reɪʃəs] glupsk; glupande (*appetite* aptit); omättlig, omåttlig **voracity** [vɒ'ræsətɪ] glupskhet; omättlighet, omåttlighet

vor|tex ['vɔ:teks] (*pl -texes el. -tices* [-tɪsi:z]) *litt.* [ström]virvel, virvelström

Vosges [vəʊʒ] *pl, the* ~ Vogeserna

votary ['vəʊtərɪ] **1** *relig.* trogen tjänare, Guds tjänare **2** *bildl.* trogen anhängare; entusiastisk utövare

vote [vəʊt] **I** *s* **1** röst (*vid omröstning e.d.*); *cast* (*give*) *one's* ~ avge sin röst, rösta; *give one's* ~ *to* ge sin röst åt, rösta på; *win by 10 ~s* vinna med 10 rösters marginal (övervikt) **2** *koll.* röster; väljare **3** [om]röstning, votering; votum; ~ *of confidence* förtroendevotum; ~ *of no confidence* misstroendevotum (*on* mot); *put s.th. to the* ~ rösta (votera) om ngt, låta ngt gå till votering; *take a* ~ *on s.th.* göra en omröstning (rösta) om ngt **4** röstetal, röstsiffra **5** rösträtt; *have the* ~ ha rösträtt **6** ~ *of thanks* [officiellt] tacktal **7** röstsedel **II** *v* **1** rösta på; välja [till]; rösta (votera) för; besluta; bevilja, anslå; *vard.* föreslå, rösta för (*we go home* att vi går hem); *vard.* anse som; ~ *Labour* rösta på Labour; ~ *down* rösta ner; *he was ~d chairman* han valdes till ordförande; *the party was ~d a failure* (*vard.*) alla tyckte att festen hade varit misslyckad **2** rösta, votera; ~ *for* rösta för (på); ~ *on* rösta (votera) om; ~ *with* rösta med (på)

voter ['vəʊtə] röstande; röstberättigad; väljare

voting ['vəʊtɪŋ] [om]röstning, votering, val **--paper** [-ˌpeɪpə] röst-, val|sedel **--station** [-ˌsteɪʃn] vallokal

votive ['vəʊtɪv] votiv-, löftes-; ~ *offering* votiv-, offer|gåva

vouch [vaʊtʃ] *v*, ~ *for* ansvara för, gå i god för, garantera **voucher** ['vaʊtʃə] **1** *BE.* voucher, [kontroll]kupong [på erlagd betalning]; rabattkupong; *gift* ~ presentkort; *luncheon* ~ lunchkupong **2** kvitto, verifikation **vouchsafe** [vaʊtʃ'seɪf] **1** bevärdiga med; värdigas ge; värdigas (*to do s.th.* göra ngt); förunna **2** garantera, säkerställa

vow [vaʊ] **I** *s* [högtidligt] löfte; *marriage ~s* äktenskapslöfte; *make a* ~ avlägga ett löfte; *take ~s* avlägga klosterlöfte[t] **II** *v* [högtidligt] lova, svära [på]

vowel ['vaʊ(ə)l] *s* vokal **vowel gradation** [-grəˌdeɪʃn] *språkv.* avljud **vowel mutation** [-mju:ˌteɪʃn] *språkv.* omljud

voyage ['vɔɪɪdʒ] **I** *s* [sjö]resa; [rymd]färd **II** *v* resa (*t. sjöss*); färdas (*i rymden*) **voyager** [-ə] sjöfarare; resande (*t. sjöss*)

voyeur [vwɑ:'jɜ:] voyeur, 'tittare'

V.P. *förk. för Vice President* **V.R.** *förk. för Victoria Regina* (*lat.*) *Queen Victoria* **V. Rev.** *förk. för Very Reverend* **vs.** *förk. för versus* **V.S.** *förk. för Veterinary Surgeon* **v.s.** *förk. för vide supra* (*lat.*) *see above*

V-sign ['vi:saɪn] (*förk. för victory-sign*) V-tecken

V.S.O. *förk. för Voluntary Service Overseas* (*brittisk biståndsorganisation*) **V.S.O.P.** *förk. för very superior old pale* (*om konjak e.d.*) **VT, Vt.** *förk. för Vermont* **VTOL** *förk. för vertical take-off and landing* VTOL, vertikal start och landning

Vulcan ['vʌlkən] Vulcanus

vulcan|ite ['vʌlkənaɪt] ebonit **-ization** (*BE. äv. -isation*) [ˌvʌlkənaɪ'zeɪʃn] vulkanisering **-ize** (*BE. äv. -ise*) ['vʌlkənaɪz] vulka[nisera]

Vulg. *förk. för Vulgate* **vulg.** *förk. för vulgar*[*ly*]

vulgar ['vʌlgə] **1** vulgär; simpel, grov, ohyfsad, tarvlig; oanständig **2** *V~ Latin* vulgärlatin **3** *mat.*, ~ *fraction* allmänt bråk **-ian** [vʌl'geərɪən] vulgär typ **-ity** [vʌl'gærətɪ] vulgaritet **-ize** (*BE. äv. -ise*) ['vʌlgəraɪz] **1** popularisera **2** vulgarisera

Vulgate ['vʌlgeɪt] *s, the* ~ Versio Vulgata (*latinsk bibelöversättning*)

vulner|ability [ˌvʌln(ə)rə'bɪlətɪ] sårbarhet **-able** ['vʌln(ə)rəbl] **1** sårbar, ömtålig, känslig; ~ *position* utsatt läge (position) **2** (*i bridge*) i riskzonen

vulpine ['vʌlpaɪn] räv-, rävliknande; *bildl.* rävaktig, listig

vulture ['vʌltʃə] *zool.* gam

vulva ['vʌlvə] *anat.* vulva, (*kvinnas*) yttre könsorgan

v.v. *förk. för vice versa*

vying ['vaɪɪŋ] *pres. part. av vie*

W

W,w ['dʌblju:] (*bokstav*) W, w

W *förk. för watt; West* **W.** *förk. för Wales; Warden; Welsh* **w.** *förk. för week; weight; width; wife; with* **WA** *förk. för Washington* **W.A.** *förk. för Western Australia*

WAAC [wæk] **1** *förk. för Women's Army Auxiliary Corps* **2** *äv. Waac* armélotta **WAAF** [wæf] **1** *förk. för Women's Auxiliary Air Force* **2** *äv. Waaf* flyglotta

wabble ['wɒbl] *se wobble*

wacky ['wækɪ] *sl.* knäpp, knasig

wad [wɒd] **I** *s* **1** tuss, sudd; ~ *of tobacco* tobaksbuss **2** bunt, packe **3** *AE. vard.* massa, mängd; tjock sedelrulle; mycket pengar **4** *mil.* förladdning **II** *v* **1** stoppa, vaddera; göra en tuss av **2** *mil.* stoppa en förladdning i

wadding ['wɒdɪŋ] **1** stoppning, vaddering **2**

vadd

waddle ['wɒdl] **I** *v* [gå och] vagga, stulta **II** *s* vaggande [gång]

wade [weɪd] **I** *v* vada (*across* över; *through* genom); ~ *in*[*to*] (*bildl.*) ta itu med, hugga i med, ge sig i kast med; ~ *through* (*bildl.*) plöja igenom **II** *s* vadning **wader** ['weɪdə] **1** *zool.* vadare, vadarfågel **2** ~*s* (*pl*) långskaftade sjöstövlar **wading bird** ['weɪdɪŋbɜ:d] *zool.* vadare, vadarfågel

wafer ['weɪfə] **1** rån; wafer **2** oblat **3** papperssigill **--thin** lövtunn

1 waffle ['wɒfl] våffla

2 waffle ['wɒfl] *i sht BE. vard.* babbla, dilla

waft [wɑ:ft] **I** *v* **1** (*om doft, ljud*) föras, bäras, driva **2** föra, bära; *delicious odours were* ~*ed towards us* ljuvliga dofter kom emot oss **II** *s* **1** [vind]pust, fläkt **2** doft

wag [wæg] **I** *v* **1** vifta (vicka, vippa) på (med), vagga med, ruska (skaka) på; ~ *one's finger at* höta med fingret åt **2** vifta, vicka, vippa, vagga; *set tongues* ~*ging* sätta fart på pratet (skvallret); *her tongue never stops* ~*ging* (*vard.*) hon pladdrar i ett **II** *s* **1** viftning, vickning, vippande, vaggande, ruskning, skakning (*of* på) **2** *åld.* skämtare, lustigkurre

wage [weɪdʒ] **I** *s* lön, avlöning; ~*s* (*pl, vanl.*) veckolön (*för arbetare*) **II** *v* utkämpa, inlåta sig i; ~ *war* föra krig

wage drift ['weɪdʒdrɪft] löneglidning **wage earner** [-ˌɜ:nə] **1** löntagare **2** familjeförsörjare **wage freeze** [-fri:z] lönestopp **wage packet** [-ˌpækɪt] lönekuvert

wager ['weɪdʒə] **I** *s* vad; *lay* (*make*) *a* ~ slå (hålla) vad (*on* om; *that* om att) **II** *v* slå (hålla) vad om; satsa, sätta

wage scale ['weɪdʒskeɪl] löneskala **wage talks** *pl* löneförhandlingar **wage worker** [-ˌwɜ:kə] *AE., se wage earner*

waggish ['wægɪʃ] *åld.* skälmsk, skälmaktig

waggle ['wægl] **I** *v* **1** röra upp och ner; vifta med (på), vicka med (på) **2** röra sig upp och ner; vifta, vicka **II** *s* viftning, vickande

waggon ['wægən] *se wagon*

Wagner [*ty. kompositör* 'vɑ:gnə; *eng. namn* 'wægnə] **Wagnerian** [vɑ:g'nɪərɪən] **I** *a* wagnersk, Wagner- **II** *s* Wagnerbeundrare

wagon ['wægən] [last]vagn; skrinda; *BE. järnv.* [öppen] godsvagn; *AE.* polispiket; *the W~* Karlavagnen; *covered* ~ *a*) täckt godsvagn, *b*) prärievagn; *be on the* ~ (*vard.*) hålla sig nykter; *go on the* ~ (*vard.*) vara nykterist **-er** [-ə] kusk; åkare **-ette** [ˌwægə'net] charabang

wagon-lit [ˌvægɔ̃:(n)'li:] (*pl wagons-lits* [ˌvægɔ̃:(n)'li:]) wagon-lit, sovvagn; sovkupé

wagon-load ['wægənləʊd] vagnslast

wagtail ['wægteɪl] *zool.* [sädes]ärla, vippstjärt

waif [weɪf] **1** hemlöst (föräldralöst) barn **2** hittegods

wail [weɪl] **I** *v* jämra sig, kvida, klaga [högljutt]; (*om vind*) tjuta, vina **II** *s* jämmer, [högljudd] klagan **-ing** ['weɪlɪŋ] **I** *a* kvidande, klagande; tjutande, vinande; *the W~ Wall* (*i Jerusalem*) klagomuren **II** *s* kvidande, [högljudd] klagan

wainscot ['weɪnskət] **I** *s* [trä]panel **II** *v* panela **-[t]ing** [-ɪŋ] [trä]panel

wainwright ['weɪnraɪt] vagnmakare

waist [weist] **1** midja **2** (*på plagg*) midja, [kjol]linning **3** *AE.* klänningsliv; blus; (*barns*) livstycke

waistband ['weɪs(t)bænd] [kjol-, byx]linning; midjeband **waist-coat** ['weiskəʊt] väst **waist-deep** [ˌweɪst'di:p] ända (upp) till midjan; *he stood* ~ *in water* han stod i vatten upp till midjan **waisted** ['weɪstɪd] *a* med midja; (*om plagg*) insydd i midjan **waist-high** [ˌweɪst'haɪ] *a, se waist-deep* **waistline** ['weɪs(t)laɪn] midja; midjelinje; midjesöm

wait [weɪt] **I** *v* **1** vänta på; invänta; ~ *one's opportunity* vänta på (avvakta) ett lämpligt tillfälle; ~ *your turn!* vänta tills det blir din tur! **2** vänta med; ~ *dinner for s.b.* vänta på ngn med middagen **3** *AE.*, ~ *table* passa upp vid bordet, servera **4** vänta; stanna; ~ *and see* vänta och se, avvakta; [*just*] *you* ~*!* vänta [du] bara!; *that can* ~ (*äv.*) det brådskar inte; *keep s.b.* ~*ing* låta ngn vänta; ~ *behind* stanna kvar; ~ *for* vänta på, avvakta; ~ *in* stanna (vara) hemma (inne) [och vänta]; ~ *on* avvakta; ~ *to a*) vänta på att, *b*) vänta för att; ~ *up for s.b.* stanna (sitta) uppe och vänta på ngn **5** passa upp, servera; ~ *at* (*AE.: on*) *table* passa upp vid bordet, servera; ~ *on a*) passa upp [på], servera, betjäna, *b*) uppvakta **II** *s* **1** väntan (*for* på); väntetid; paus; *did you have a long* ~*?* fick du vänta länge? **2** *lie in* ~ *for* lura på, ligga i bakhåll för

waiter ['weɪtə] **1** kypare, uppassare, servitör; ~*!* vaktmästarn! **2** bricka **3** väntande [person]

waiting ['weɪtɪŋ] *s* **1** väntan[de] **2** *those in* ~ *at the court* de som tjänstgör vid hovet **waiting game** *s* förhalningstaktik; *play a* ~ använda sig av förhalningstaktik, inta en avvaktande hållning **waiting list** väntelista **waiting room** vänt|-rum, -sal

waitress ['weɪtrɪs] servitris, uppasserska; ~*!* fröken!

waive [weɪv] **1** avstå från (*one's right* sin rätt), ge upp; inte kräva; inte driva igenom **2** avfärda

1 wake [weɪk] **I** *v* (*imperf. woke el. waked; perf. part. woken el. waked*) **1** ~ [*up*] väcka [upp] (*äv. bildl.*) **2** ~ [*up*] vakna [upp] (*äv. bildl.*); ~ *up to s.th.* komma till insikt (medvetande) om **II** *s, i sht Irl.* [lik]vaka

2 wake [weɪk] kölvatten (*äv. bildl.*); *follow in the* ~ *of s.b.* (*in a p.'s* ~) följa i ngns kölvatten

wakeful ['weɪkf(ʊ)l] **1** sömnlös, vaken **2** vaksam, vaken **waken** [-n] *litt.* **1** vakna **2** väcka **waking** [-ɪŋ] *a, my* ~ *hours* all min vakna tid

Wales [weɪlz] Wales; *the Prince of* ~ prinsen av Wales (*titel för eng. kronprinsen*); *New South* ~ Nya Syd-Wales

walk [wɔ:k] **I** *v* **1** gå (promenera, flanera, vandra) på (i), gå (*etc.*) fram och tillbaka (av och an) på (i), gå (*etc.*) igenom (över); gå; beträda; ~ *three steps forward* gå tre steg framåt; ~ *it* gå till fots, promenera; ~ *the streets a*) gå (*etc.*) på gatorna, *b*) (*om prostituerad*) gå på gatan **2** gå med, följa (*s.b. home* ngn hem) **3** gå ut och gå med, motionera (*the dog* hunden), leda, föra; ~ *s.b. off his feet* gå så fort att ngn inte orkar (hinner) med **4** gå, promenera, flanera, vandra; ~ *on* (*äv.*) beträda; ~ *on air* sväva som på små moln **5** gå igen, spöka **6** ~ *about* gå (*etc.*) omkring [på, i];

W

~ *away* gå [sin väg]; ~ *away from* lämna i sticket, överge; ~ *away with a*) med lätthet ta hem (vinna), *b*) gå i väg med; ~ *in* gå (stiga, träda, kliva) in; ~ *in!* (*äv.*) kom in!, stig på!; ~ *in on s.b.* gå in oanmäld till ngn, rusa in och överraska ngn; ~ *into a*) gå (*etc.*) [in] i, *b*) komma (råka) i; ~ *into a job* med lätthet lyckas få ett arbete; ~ *off a*) gå [sin väg], *b*) gå av sig (*one's headache* sin huvudvärk); ~ *off with a*) *vard.* sno, knycka, *b*) med lätthet ta hem, vinna; ~ *on a*) gå på (vidare), fortsätta, *b*) *teat.* statera, uppträda som (vara) statist; ~ *out a*) gå [sin väg], *b*) gå i strejk, *c*) gå ut [och gå]; ~ *out on* gå ifrån, lämna [i sticket], överge; ~ *over a*) *sport.* vinna på walk-over [över], vinna en promenadseger [över], *b*) *vard.* utnyttja, dra fördel av; ~ [*all*] *over s.b.* (*vard.*) sätta sig på (topprida, hunsa) ngn; ~ *up a*) gå upp (uppför), *b*) gå (stiga) fram (*to* till) **II** *s* **1** promenad, vandring; *go* [*out*] *for* (*take*) *a* ~ gå ut och gå, ta [sig] en promenad; *take* [*out*] *the dog for a* ~ gå ut med hunden; *it's only five minutes'* ~ det tar bara fem minuter att gå **2** gång, sätt att gå; *recognise s.b. by his* ~ känna igen ngn på gången **3** *sport.* gång, gångtävling **4** promenadtakt; skritt; *at a* ~ *a*) gående, *b*) i skritt; *he went at a quick* ~ han gick fort; *he slowed to a* ~ han saktade in och började gå **5** [promenad]väg, gångväg; allé **6** (*brevbärares e.d.*) runda, tur **7** *bildl.* område; ~ [*of life*] yrke, samhälls|ställning, -klass

walkabout ['wɔ:kəbaʊt] **1** *go* ~ göra en fotvandring **2** (*offentlig persons*) promenad (*bland allmänheten*) **walker** [-ə] **1** [fot]vandrare **2** gåstol

walkie-talkie [ˌwɔ:kɪ'tɔ:kɪ] walkie-talkie, bärbar radiostation

walking ['wɔ:kɪŋ] **I** *a* vandrande; gående, gång-; *a* ~ *encyclopedia* en levande uppslagsbok; *within* ~ *distance* på gångavstånd **II** *s* **1** gående; [fot]vandring[ar] **2** *sport.* gång **walking delegate** [-ˌdelɪgət] *AE.* [facklig] ombudsman **walking papers** [-ˌpeɪpəz] *pl, i sht AE. vard.* uppsägning, avsked på grått papper **walking shoe** [-ʃu:] vandrarsko; promenadsko **walking stick** [-stɪk] promenadkäpp

walk-on ['wɔ:kɒn] **I** *s* statistroll **II** *a* statist- **walkout** [-aʊt] **1** strejk **2** uttåg (*i protest*) **walkover** [-ˌəʊvə] *sport.* walk-over, promenadseger; *bildl.* enkel (lätt) match **walk-up** [-ʌp] *AE.* hus utan hiss; våning i hus utan hiss **walkway** *AE.* gång; gångväg

wall [wɔ:l] **I** *s* vägg; mur (*äv. bildl.*); [fästnings-, skydds]vall; *the Great W~ of China* kinesiska muren; *bang one's head against a brick* ~ (*bildl.*) köra huvudet i väggen, inte komma ngn vart; *come up against a brick* ~ (*bildl.*) köra fast, stöta på motstånd; *come up against a* ~ *of silence* möta en mur av tystnad; *drive* (*push*) *s.b. to the* ~ (*bildl.*) ansätta ngn hårt; *drive* (*send*) *s.b. up the* ~ (*vard.*) gå ngn på nerverna, driva ngn till vansinne; *go to the* ~ duka under, göra konkurs; *go up the* ~ (*vard.*) vara [alldeles] ifrån sig, klättra på väggarna; *have one's back to the* ~ (*vard. bildl.*) vara ställd mot väggen; *put* (*stand*) *s.b. up against a* ~ (*bildl.*) ställa ngn mot väggen **II** *v* **1** ~ [*about, in, round*] förse (omge) med en mur (murar *etc., jfr I*), kringmura **2** ~ [*up*] *a*) mura igen, *b*) mura (stänga) in

wallaby ['wɒləbɪ] **1** *zool.* (*känguruart*) vallaby **2** *Austr. sl., on the* ~ [*track*] på luffen

walla[h] ['wɒlə] *vard.* kille

wall bars ['wɔ:lbɑ:z] *pl, gymn.* ribbstol

wallet ['wɒlɪt] plånbok

walleyed ['wɔ:laɪd] skelögd; *be* ~ (*äv.*) skela

wallflower ['wɔ:lˌflaʊə] **1** *bot.* lackviol **2** *vard.* panelhöna

Walloon [wɒ'lu:n] **I** *s* vallon **II** *a* vallonsk

wallop ['wɒləp] **I** *v, vard.* **1** slå (klippa) till **2** klå [upp], ge stryk, spöa **II** *s* **1** *vard.* hårt slag, hård smäll, smocka **2** *vard., pack a* ~ imponera, vara en panggrej **3** *BE. sl.* öl **-ing** [-ɪŋ] *vard.* **I** *s* stryk, smörj; *get a* ~ få stryk (smörj) **II** *a* väldig, enorm

wallow ['wɒləʊ] **1** vältra (rulla) sig; ~ *in* (*bildl.*) vältra sig (bada) i (*money* pengar), frossa i **2** (*om fartyg*) rulla kraftigt

wall-painting ['wɔ:lˌpeɪntɪŋ] väggmålning **wallpaper I** *s* tapet **II** *v* tapetsera **wall pepper** *bot.* gul fetknopp **wall rocket** *bot.* mursenap **wall-to-wall** [ˌwɔ:ltʊ'wɔ:l] *a,* ~ *carpet* heltäckningsmatta

wally ['wɒlɪ] *BE. vard.* dumskalle

walnut ['wɔ:lnʌt] **I** *s* valnöt; valnötsträd; valnötsträ **II** *a* valnöts-

Walpurgis Night [væl'pʊəgɪsnaɪt] valborgsmässoafton

walrus ['wɔ:lrʌs] *zool.* valross

waltz [wɔ:ls, *AE.* wɔ:lts] **I** *s* vals **II** *v* **1** dansa vals, valsa **2** *vard.,* ~ *into a room* komma in[svepande] i ett rum

wan [wɒn] *litt.* blek, glåmig; sjuklig

wand [wɒnd] troll|spö, -stav; *vard.* taktpinne

wander ['wɒndə] **I** *v* **1** vandra (ströva, gå, irra) genom (omkring i, omkring på) **2** vandra (ströva, gå, irra) [omkring]; slingra sig [fram]; (*om blick e.d.*) fara, glida, gå; *bildl.* tala osammanhängande, fantisera; ~ *about* vandra (*etc.*) omkring [i, på]; ~ [*away, off*] avlägsna sig, avvika, gå vilse; ~ *from* (*off*) *the subject* (*point*) komma bort (avvika) från ämnet; *let one's mind* (*thoughts*) ~ låta tankarna gå, fantisera **II** *s* vandring, promenad

wander|er ['wɒndərə] vandrare, vandringsman **-ing** [-ɪŋ] **I** *a* [kring]vandrande, [kring]irrande, [kring]resande; kringflackande; *the W~ Jew* den vandrande juden **II** *s* [kring]vandrande, [kring]irrande, [kring]resande; vandring; *~s* (*pl, äv.*) kringflackande liv **-lust** [-lʌst] vandrings-, res|-lust

wane [weɪn] **I** *v* avta, minska, försvagas; (*om månen*) avta, vara i avtagande **II** *s* avtagande, minskning; *be on the* ~ *a*) avta, minska, vara i avtagande, vara på tillbakagång, *b*) (*om månen*) vara i nedan (avtagande)

wangle ['wæŋgl] *vard.* **I** *v* **1** mygla [till sig] **2** fiffla med **II** *s* mygel, fiffel

want [wɒnt] **I** *v* **1** vilja; önska [sig], vilja ha, begära; söka; vilja tala med (träffa, få tag i); *I* ~ *it done at once* jag vill få det gjort (uträttat) genast; *I* ~ *you to come here* jag vill att du kommer hit; *how much do you* ~ *for it?* vad skall du ha [betalt] för den?; *what do you* ~ *of* (*from*) *me?* vad vill du ha av mig?, vad vill du mig?; *what did he* ~ *with you?* vad ville han dig?; *I don't* ~ *dogs coming in* jag vill inte att hundar skall komma in [hit]; *I don't* ~ *it said that* jag vill inte att man kommer och säger att; *~ed a*) (*i annons*) sökes, önskas hyra (köpa), köpes, *b*) efterlyst; *much ~ed* mycket efterfrågad (eftersökt); *feel ~ed* känna att man behövs; *you're ~ed on the phone* det är telefon till dig; *you're ~ed in the kitchen* de vill att du kommer ut i köket **2** behöva; *vard.* böra; *if ~ed* om så behövs; *you ~ to be more careful* du bör nog vara försiktigare; *it ~s doing* (*to be done*) det behöver (måste, bör) göras **3** sakna; *he ~s talent* (*äv.*) han har ingen talang **4** *it ~s little* det fattas litet; *it ~s five minutes to three* klockan fattas fem minuter i tre **5** vilja; *do as you ~!* gör som du vill!; *I don't ~ to!* jag vill inte!; *you can borrow it if you ~* [*to*] du kan låna den om du vill; *~ in* (*out*) (*vard.*) vilja [komma] in (ut); *~ out* (*äv.*) vilja dra sig ur (*a project* ett projekt) **6** lida nöd; *he doesn't ~ for friends* han har gott om vänner; *they ~ for nothing* (*litt.*) de saknar ingenting, de har allt de behöver **7** saknas, fattas **II** *s* **1** brist, avsaknad; *~ of judgement* brist på (bristande) omdöme, omdömeslöshet; *for ~ of* i brist på; *be in ~ of* lida brist på, sakna **2** behov, önskan; *~s* (*pl*) behov, önskningar; *be in ~ of* vara i behov av, behöva **3** nöd; *be in ~* lida nöd

want ad ['wɒntæd] *vard.* rubricerad annons

wanting [-ɪŋ] **I** *a* **1** *be ~* saknas, fattas **2** bristfällig, otillräcklig; *find s.th. ~* finna att ngt är bristfälligt (otillräckligt); *prove* (*be found*) *~* visa sig vara bristfällig (otillräcklig) **II** *prep* utan

wanton ['wɒntən] **I** *a* **1** hänsynslös, illvillig, ondskefull; meningslös **2** *litt.* lekfull, yster **3** *åld.* omoralisk; liderlig; lätt|sinnig, -färdig (*woman* kvinna) **II** *s* lättfärdig kvinna **III** *v* leka, tumla om

war [wɔ:] **I** *s* krig; *bildl. äv.* strid, kamp; *~ of nerves* nervkrig; *~ of words* ordstrid; *the cold ~* det kalla kriget; *nuclear ~* kärnvapenkrig; *outbreak of ~* krigsutbrott; *trade ~* handelskrig; *~ to the knife* strid på kniven; *be at ~* vara i krig (*with* med); *he looks as though he has been in the ~s* (*vard.*) han ser verkligen illa tilltygad ut; *declare ~* förklara krig (*against, on* mot); *go to ~* börja krig (*against, with* mot, med); *make* (*wage*) *~* föra krig (*against, on* mot) **II** *v* kriga, föra krig (*äv. bildl.*)

War. *förk. för Warwickshire*

warble ['wɔ:bl] **I** *v* sjunga, drilla, kvittra **II** *s* sång, drill, kvitter **warbler** ['wɔ:blə] *zool.* sångfågel

war correspondent ['wɔ:kɒrɪˌspɒndənt] krigskorrespondent **war crime** [-kraɪm] krigsförbrytelse **war criminal** [-ˌkrɪmɪnl] krigsförbrytare **war cry** [-kraɪ] **1** stridsrop **2** *bildl.* paroll, slagord

ward [wɔ:d] **I** *s* **1** (*på sjukhus*) avdelning; sal, rum; *maternity ~* BB-avdelning; *private ~* enskilt rum **2** *BE.* [stads]distrikt; administrativt område; valdistrikt **3** *jur.* förmynderskap; *~* [*of court*] myndling, omyndig [person] **II** *v*, *~ off a*) avvärja, parera, *b*) skydda sig mot, hålla på avstånd

war dance ['wɔ:dɑ:ns] krigsdans

warden ['wɔ:dn] **1** vaktare; vakt; uppsyningsman; *game ~* jakt-, vilt|vårdare; *traffic ~* trafikvakt **2** föreståndare; *BE.* rektor (*vid vissa colleges*); *i sht AE.* fängelsedirektör

warder ['wɔ:də] **1** *i sht BE.* fångvaktare **2** vakt **wardress** [-rɪs] *i sht BE.* [kvinnlig] fångvaktare

ward|robe ['wɔ:drəʊb] **1** garderob **2** *teat.* kostymateljé **-room** *sjö.* officersmäss, gunrum

ware [weə] *s*, *~*[*s, pl*] varor, artiklar, gods, saker; *glass ~* glasvaror; *kitchen ~* husgeråd, hushållsartiklar **-house I** *s* ['weəhaʊs] magasin, upplag, upplagsplats, lager[lokal], nederlag; packhus **II** *v* ['weəhaʊz] magasinera, lagra

warfare ['wɔ:feə] **1** krig, krigföring; *nuclear ~* kärnvapenkrig **2** krig, krigstillstånd; strid **warhead** stridsspets; stridsladdning **warhorse 1** stridshäst **2** *vard.* veteran, kämpe

wari|ly ['weərəlɪ] *adv* varsamt, försiktigt **-ness** ['weərɪnɪs] varsamhet, försiktighet

warlike ['wɔ:laɪk] **1** krigs-; *~ preparations* krigsförberedelser **2** krigisk, stridslysten

warlock ['wɔ:lɒk] trollkarl

warlord ['wɔ:lɔ:d] fältherre

warm [wɔ:m] **I** *a* varm, värmande; *bildl. a*) varm, varmhjärtad, hjärtlig, *b*) ivrig, entusiastisk, *c*) häftig, het, hetsig, *d*) besvärlig, obehaglig, otrevlig; *~ corner* (*bildl.*) ställe där det går hett till; *a ~ reception* ett hjärtligt (varmt, hett) mottagande; *it's ~ work* (*vard.*) det är jobbigt (ett svettigt jobb); *come to the fire and get ~!* kom fram till brasan och värm dig!; *you're getting ~!* (*i lek*) det bränns!; *make things ~ for s.b.* göra det hett om öronen för ngn **II** *s* värme; uppvärmning; *get* (*have*) *a ~* värma sig; *give s.th. a ~* värma ngt **III** *v* **1** värma (*äv. bildl.*); värma upp; *~ up a*) värma upp (*äv. sport.*), *b*) varmköra (*motor*), *c*) sätta fart på, tända **2** värmas [upp]; bli varm[are]; värma sig; *~ to* komma in i, börja tycka om, tycka bättre och bättre om, gå upp i; *~ up a*) värmas upp, bli varm (uppvärmd), *b*) komma i gång (i tagen), bli varm i kläderna, komma loss, *c*) *sport.* värma upp [sig]

warm-blooded [ˌwɔ:m'blʌdɪd] varmblodig (*äv. bildl.*) **warm front** ['wɔ:mfrʌnt] *meteor.* varmfront **warm-hearted** [ˌwɔ:m'hɑ:tɪd] varmhjärtad **warming pan** ['wɔ:mɪŋpæn] sängvärmare

warmonger ['wɔ:ˌmʌŋgə] krigshetsare

warmth [wɔ:mθ] **1** värme **2** *bildl.* värme, hjärtlighet; hetta, iver

warm-up ['wɔ:mʌp] *sport., bildl.* uppvärmning

warn [wɔ:n] **1** varna (*s.b. about, against, of* ngn för); *~ s.b. not to do s.th.*, *~ s.b. against doing s.th.* varna ngn för (avråda ngn från) att göra ngt; *be ~ed by* låta varna sig av, ta (få en) varning av **2** göra uppmärksam på, påminna om (*of s.th.* ngt; *that* att); *his expression ~ed me that* jag märkte på hans ansiktsuttryck att **3** uppmana (*to* att) **4** [i förväg] underrätta, förvarna, varsko (*of* om; *that* [om] att); *I forgot to ~ them that* (*äv.*) jag glömde att tala om för dem att **5** *~ s.b. off* (*away from*) *s.th.* avvisa (köra bort) ngn från ngt, uppmana ngn att hålla sig borta från **6** *~ of* (*about, against*) varna för

warning ['wɔ:nɪŋ] **I** *s* **1** varning; varnande exempel (*to* för) **2** varsel, förvarning (*of* om); *advance ~* förvarning **II** *a* varnande; varnings-

warp [wɔ:p] **I** *v* **1** bli skev (vind), slå sig **2** göra skev (vind), komma att slå sig **3** *bildl.* förvrida, snedvrida, förvanska **II** *s* **1** skevhet; defekt, skavank, brist **2** *väv.* varp

war|paint ['wɔ:peɪnt] krigsmålning (*äv. skämts. om make-up*) **-path** *s*, *be on the ~* vara på krigs-

W

stigen (stridshumör) **-plane** krigsflygplan
warrant ['wɒr(ə)nt] **I** *s* **1** bemyndigande, befogenhet, fullmakt; order; ~ [*of arrest*] häktningsorder; *a* ~ *is issued for his arrest* han är efterlyst [av polisen]; ~ *of attorney* fullmakt (*dokument*) **2** berättigande; rätt, grund **3** garanti, säkerhet (*of* för); bevis (*of* på) **II** *v* **1** befullmäktiga, bemyndiga **2** berättiga, rättfärdiga, försvara **3** garantera; ansvara (stå) för; försäkra; *I'll* ~! (*åld.*) det försäkrar jag! **warrant officer** [-ˌɒfɪsə] *mil.* fanjunkare **warranty** [-ɪ] garanti (*för vara*)
warren ['wɒr(ə)n] **1** kaningård; kaninkoloni **2** tätbebyggt bostadsområde
warrior ['wɒrɪə] **I** *s* krigare, krigsman **II** *a* krigar-, krigisk
Warsaw ['wɔ:sɔ:] Warszawa
warship ['wɔ:ʃɪp] krigs-, örlogs|fartyg
wart [wɔ:t] vårta; *describe s.b. ~s and all* beskriva ngn utan försköning **wart hog** ['wɔ:thɒg] *zool.* vårtsvin
wartime ['wɔ:taɪm] krigstid
Warwickshire ['wɒrɪkʃə]
war widow ['wɔ:ˌwɪdəʊ] krigsänka
wary ['weərɪ] varsam, försiktig; vaksam; på sin vakt (*of* mot); *be* ~ *of* (*äv.*) akta sig för
was [wɒz, *obeton.* wəz, wz] *imperf.* (*1 o. 3 pers.*) *av be*
wash [wɒʃ] **I** *v* **1** tvätta; skölja, spola; diska; ~ *o.s.* tvätta sig; ~ *one's face* tvätta [sig i] ansiktet; ~ *one's hands a*) tvätta [sig om] händerna, *b*) (*omskrivning för*) gå på toaletten; ~ *one's hands of* (*bildl.*) ta sin hand ifrån, inte [längre] vilja ha ngt att göra med; *I* ~ *my hands of it* (*bildl.*) jag tvår mina händer; ~ *one's dirty linen in public* (*bildl.*) tvätta sin smutsiga byk (sitt smutsiga linne) offentligt **2** (*om vågor e.d.*) *a*) spola, skölja, *b*) plaska mot, slå upp (spola) över; (*om flod e.d.*) gräva [ur], urholka **3** bestryka; lägga på ett tunt lager färg (metall *etc.*) på **4** vaska (*guld*) **5** tvätta sig **6** tvätta; skölja, spola; kunna tvättas, tåla tvätt; *it won't* ~ (*vard.*) det håller inte, det går ingen på **7** (*om vatten e.d.*) skölja, strömma **8** ~ *ashore* spola[s] i land; ~ *away a*) tvätta (skölja, spola) bort, *b*) urholka, *c*) utplåna (*guilt* skuld); ~ *down a*) tvätta [av], spola [av], *b*) skölja ner (*the food with water* maten med vatten); ~ *off a*) tvätta bort (av), *b*) gå bort i tvätten, *c*) sköljas bort; ~ *out a*) tvätta (skölja) ur (upp), *b*) spola bort, *c*) inställa [på grund av regn], *d*) *vard.* bortse från, stryka [ett streck över], avstå från, ge upp, spola, *e*) gå bort i tvätten; *~ed out a*) urtvättad, urblekt, *b*) *vard.* urlakad; ~ *over* skölja (spola) över; *all that criticism seems to* ~ *over him* all kritik tycks rinna av honom; ~ *up a*) diska [av, upp], *b*) (*om vågor*) skölja (spola, kasta) upp, *c*) *AE.* tvätta sig; *~ed up* (*vard.*) slut, färdig **II** *s* **1** tvättning; *give s.th. a* [*good*] ~ tvätta (spola) [av] ngt [ordentligt]; *have a* ~ tvätta [av] sig **2** tvätt, tvättning, byk[ning]; tvättkläder; tvättinrättning; *weekly* ~ veckotvätt; *it will come out in the* ~ *a*) det går bort (ur) i tvätten, *b*) *vard.* det kommer nog fram till slut **3** plaskande, skvalp; svall[våg]; kölvatten **4** lotion; (*i sms.*) -vatten **5** skulor, svinmat **6** tunt lager (*av färg e.d.*); lavering
Wash. *förk. för Washington*
wash|able ['wɒʃəbl] tvätt|bar, -äkta **--and-wear** [ˌwɒʃən(d)'weə] som bara är att tvätta och ta på **-basin** ['wɒʃˌbeɪsn] tvätt-, hand|fat, tvättställ **-board** ['wɒʃbɔ:d] tvättbräde **-bowl** ['wɒʃbəʊl] *i sht AE., se washbasin* **-cloth** ['wɒʃklɒθ] *AE.* tvättlapp
washed|-out ['wɒʃtaʊt] **1** blek, färglös **2** utsliten, utmattad **--up** *i sht AE. vard. bildl.* slut, utbränd
washer ['wɒʃə] **1** [kran]packning; [tätnings]bricka **2** *vard.* tvättmaskin **-man** [-mən] tvättare **-woman** [-ˌwʊmən] tvätterska, tvättgumma
washing ['wɒʃɪŋ] **1** tvättning **2** tvätt[kläder] **washing machine** [-məˌʃi:n] tvättmaskin **washing powder** [-ˌpaʊdə] tvättmedel **washing soda** [-ˌsəʊdə] tvättsoda
Washington ['wɒʃɪŋtən]
washing-up [ˌwɒʃɪŋ'ʌp] disk; diskning; *do the* ~ diska **washing-up liquid** [-ˌlɪkwɪd] diskmedel
washout ['wɒʃaʊt] **1** bortspolning; erosion (*genom regn*) **2** *vard.* fiasko, misslyckande, flop; misslyckad individ
wash|proof ['wɒʃpru:f] tvättäkta **-room** *AE.* tvätt-, toalett|rum **-stand** tvättställ; kommod **-tub** tvättbalja
washy ['wɒʃɪ] vattnig, blaskig; *bildl. äv.* urvattnad
wasn't ['wɒznt] = *was not*
wasp [wɒsp] geting **waspish** ['wɒspɪʃ] **1** getinglik **2** stingslig, retlig, argsint; giftig **wasp waist** ['wɒspweɪst] getingmidja
wast [wɒst, *obeton.* wəst] *åld, imperf.* (*2 pers. sg*) *av be; thou* ~ du var
wastage ['weɪstɪdʒ] **1** slöseri (*of* med) **2** minskning, svinn, förlust
waste [weɪst] **I** *v* **1** slösa; slösa med; slösa bort, förslösa, [för]spilla, ödsla (kasta) bort; *be ~d* (*äv.*) *a*) vara förgäves (till ingen nytta, bortkastad), *b*) gå till spillo; ~ *a p.'s time* uppta ngns tid; ~ *one's breath* (*vard.*) tala för döva öron, spilla ord **2** försitta, förspilla; ~ *no time in doing s.th.* in försitta ngn tid på att göra ngt **3** försvaga, utmatta, tära [på]; *look ~ed* se slut (utmattad, utmärglad) ut **4** ödelägga, föröda, [för]härja, skövla; vanvårda **5** slösa; ~ *not, want not* (*ung.*) den som spar han har **6** förslösas, gå till spillo; förfaras, förstöras; krympa, minska, avta; försvagas; ~ *away* tyna av, magra **II** *a* **1** outnyttjad; ouppodlad; öde[lagd]; ödslig; *lay* ~ [*to*] (*litt.*) ödelägga; *lie* ~ ligga öde **2** förlorad, förspilld, spill-, avfalls-; ~ *heat* spillvärme; ~ *material* spill, avfall; ~ *product* avfallsprodukt **III** *s* **1** slösande, slöseri (*of* med); *a* ~ *of time* slöseri med tid, tid[s]spillan, bortkastad tid; *go* (*run*) *to* ~ förslösas, gå till spillo, förfaras, förstöras **2** avfall; skräp, sopor; spill, svinn; [*cotton*] ~ trassel; *radioactive* ~ radioaktivt avfall **3** öde-, vild|mark, [öde] vidd
wastebasket ['weɪstˌbæskɪt] *AE.* papperskorg **wasted** ['weɪstɪd] **1** bortkastad, onödig **2** utmärglad, slut **waste-disposal** ['weɪs(t)dɪsˌpəʊzl] avfallshantering **wasteful** ['weɪstf(ʊ)l] slösaktig **wasteland** ['weɪstlænd] ödemark; öken (*äv. bildl.*) **wastepaper** ['weɪs(t)ˌpeɪpə] pappersavfall **wastepaper basket (bin)** papperskorg **waste pipe** ['weɪs(t)paɪp] avloppsrör **waster** ['weɪstə] **1** slösare **2** *vard.*

odåga, latmask **wasting** ['weɪstɪŋ] **I** *s* **1** slöseri (*of* med) **2** avtynande **II** *a* tärande (*disease* sjukdom) **wastrel** ['weɪstr(ə)l] **1** slösare **2** odåga, latmask

watch [wɒtʃ] **I** *s* **1** klocka, [armbands-, fick]ur; *set one's ~ by* ställa sin klocka efter; *what time is it by your ~?* hur mycket är din klocka? **2** vakt, utkik (*äv. pers.*); vakthållning; bevakning, uppsikt; *be on* (*keep*) *~* hålla vakt; *be on the ~ a*) se upp, vara på sin vakt, *b*) hålla utkik; *be under ~* stå under bevakning; *keep* [*a*] *~ for* hålla utkik efter; *keep* [*a*] *~ on* (*over*) hålla vakt (uppsikt) över, vakta, hålla ett öga på **3** *sjö.* vakt[hållning, -manskap], törn **4** vaka, vakande **II** *v* **1** se (titta) på, betrakta, iaktta, hålla ögonen på, ge akt på; se upp (vara noga) med; *~ it* se upp, vara försiktig, akta sig; *~ your manners!* uppför dig ordentligt!; *~ one's opportunity* avvakta ett lägligt tillfälle, passa på tillfället; *~ your step!* se upp! (*äv. bildl.*); *~ television* titta (se) på TV **2** bevaka; hålla ett öga på, vaka över, passa, se till, vakta, valla **3** titta, se (titta) 'på; se upp; *..., you ~!* ..., vänta [du] bara!, ..., ska du få se!; *~ for a*) titta (hålla utkik) efter, *b*) vänta på, *c*) avvakta, passa [på]; *~ out* se upp; *~ out for a*) hålla utkik efter, *b*) ge akt på, *c*) se upp för; *~ over* vakta [över], ha uppsikt över, bevaka, vaka över **4** vakta, gå på (hålla, stå på) vakt **5** vaka; *~ by* (*with*) *s.b.* vaka hos ngn

watchband ['wɒtʃbænd] *AE.* klockarmband **watchcase** boett **watch chain** klockkedja **Watch Committee** [-kəˌmɪtɪ] *BE. hist.* övervakningsnämnd (*för polis m.m.*) **watchdog** [-dɒg] **1** vakthund **2** väktare, övervakare **watcher** [-ə] iakttagare; bevakare, observatör **watchful** [-f(ʊ)l] vaksam, på sin vakt (*against, of* mot), uppmärksam (*for* på); *under the ~ eye of s.b.* under ngns vakande öga **watchmaker** [-ˌmeɪkə] urmakare **watchman** [-mən] väktare; nattvakt **watch night** [-naɪt] *kyrkl.* nyårs|bön, -vaka **watchspring** [-sprɪŋ] urfjäder **watchstrap** [-stræp] klockarmband **watchtower** [-ˌtaʊə] vakttorn **watchword** [-wɜ:d] **1** paroll, valspråk **2** lösen[ord]

water ['wɔ:tə] **I** *s* vatten; *~s* (*pl*) *a*) vatten[massor], *b*) [far]vatten; *by ~* sjö|vägen, -ledes; *in deep ~*[*s*] (*bildl.*) ute på djupt vatten, i svårigheter; *of the first ~* av renaste vatten (högsta kvalitet), första klassens; *on this side* [*of*] *the ~* på den här sidan sjön (havet); *~ on the brain* (*med.*) vattenskalle; *~ on the knee* (*med.*) vatten i knät; *that event is ~ under the bridge* den saken är utagerad (är ett faktum och kan inte ändras); *drink* (*take*) *the ~s* dricka brunn; *get into hot ~* (*bildl.*) få det hett om öronen, få problem; *hold ~ a*) vara [vatten]tät, *b*) *bildl.* hålla; *keep one's head above ~* (*bildl.*) hålla sig flytande (huvudet över vattnet); *make ~ a*) läcka, ta in vatten, *b*) kasta vatten, kissa; *pass ~* kasta vatten, kissa; *pour cold ~ on* (*bildl.*) *a*) vara kallsinnig till, *b*) dämpa, grusa; *pour oil on troubled ~* (*bildl.*) gjuta olja på vågorna; *spend money like ~* strö pengar omkring sig; *take* [*in*] *~* ta in vatten, läcka; *test the ~*[*s*] (*bildl.*) sondera terrängen, kolla in läget **II** *v* **1** vattna (*äv. djur*); bevattna **2** *~* [*down*] spä[da], spä[da] ut [med vatten]; *~ down* (*bildl.*) urvattna **3** fylla på med vatten **4** vattnas, vattna sig; *make a p.'s mouth ~* få det att vattnas i munnen på ngn; *my mouth ~ed* det vattnades i munnen på mig **5** tåras, rinna; *the smoke made my eyes ~* röken fick mina ögon att tåras (börja rinna)

waterage ['wɔ:tərɪdʒ] sjötransport

water-bath ['wɔ:təbɑ:θ] vattenbad **water bed** vattensäng **water bird** vatten-, sjö|fågel **water biscuit** [-ˌbɪskɪt] osötat smörgåskex (*bakat på vatten o. mjöl*) **water blister** [-ˌblɪstə] vattenblåsa **waterborne** [-bɔ:n] **1** vattenburen, som transporteras sjövägen **2** (*om smitta*) som överförs med vatten **water bottle** [-ˌbɒtl] **1** vatten-, fält|flaska **2** varmvattenflaska, sängvärmare **water brash** [-bræʃ] *med.* halsbränna **water buffalo** [-ˌbʌfələʊ] *zool.* vattenbuffel **water butt** [-bʌt] regnvattenstunna

water cannon ['wɔ:təˌkænən] vattenkanon **Water Carrier** *s, astr., the ~* Vattumannen **water closet** vattenklosett, wc **watercolour** **1** vatten-, akvarell|färg **2** akvarell[målning] **water-cooled** [-ku:ld] vattenkyld **water cooler** [-ˌku:lə] dricksvattenfontän med kylning **watercourse** [-kɔ:s] **1** vattendrag **2** flodbädd, strömfåra **watercress** [-kres] *bot.* källfräne, vattenkrasse

water diviner ['wɔ:tədɪˌvaɪnə] slagruteman

waterfall ['wɔ:təfɔ:l] vattenfall, fors **waterfowl** (*pl lika*) vatten-, sim|fågel **waterfront** strand; (*i stad*) sjösida, strandparti

water gate ['wɔ:təgeɪt] dammlucka; slussport **water gauge** vattenmätare **water glass** *kem.* vattenglas

water heater ['wɔ:təˌhi:tə] varmvattenberedare **water hole** [-həʊl] vattenhål

water ice ['wɔ:təraɪs] is-, vatten|glass; sorbet

watering ['wɔ:t(ə)rɪŋ] [be]vattning **watering can** vattenkanna **watering hole** *bildl. skämts.* vattenhål **watering place** **1** vattningsställe **2** brunns-, kur|ort **watering pot** *AE.* vattenkanna

water jump *sport.* vattengrav

water level ['wɔ:təˌlevl] **1** vatten|nivå, -stånd **2** (*fartygs*) vattenlinje **water lily** *bot.* näckros **water line** [-laɪn] vattenlinje **waterlogged** [-lɒgd] **1** vattensjuk; vattendränkt **2** vattenfylld

Waterloo [ˌwɔ.tə'lu:]

water main ['wɔ:təmeɪn] huvud[vatten]ledning **watermark** **I** *s* **1** vattenstämpel **2** vattenlinje; vattenståndsmärke **II** *v* vattenstämpla **water meadow** [-ˌmedəʊ] våtäng **watermelon** [-ˌmelən] vattenmelon **water mill** [-mɪl] vattenkvarn

water pipe ['wɔ:təpaɪp] **1** vattenledningsrör **2** vattenpipa **water pistol** [-ˌpɪstl] vattenpistol **water polo** [-ˌpəʊləʊ] vattenpolo **water power** [-ˌpaʊə] vattenkraft **waterproof** [-pru:f] **I** *a* vattentät; impregnerad **II** *s, i sht BE.* regn|rock, -kappa, -jacka **III** *v* göra vattentät; impregnera

water rat ['wɔ:təræt] *zool.* vatten|sork, -råtta **water rate** vatten|avgift, -taxa **water-resistant** [-rɪˌzɪst(ə)nt] vattenbeständig; vattenskyddad

watershed ['wɔ:təʃed] **1** vattendelare (*äv. bildl.*) **2** flod-, avrinnings|område **waterside** **I** *s* strand[kant] **II** *a* strand-, vid stranden **water ski**

I *s* vattenskida **II** *v* åka vattenskidor **water snake** vattenorm **water softener** [-ˌsɒfnə] vattenavhärdare **water-soluble** [-ˌsɒljʊbl] vattenlöslig **waterspout** [-spaʊt] **1** *meteor.* skydrag, tromb **2** stuprör **water strider** [-ˌstraɪdə] *zool.* vattenlöpare, skräddare **water supply** [-səˌplaɪ] **1** vattenförsörjning **2** vattenförråd **water table** ['wɔ:təˌteɪbl] grundvattennivå **watertight** [-taɪt] vattentät; *bildl. äv.* hållbar **water tower** [-ˌtaʊə] vattentorn

water vole ['wɔ:təvəʊl] *se water rat*

waterway ['wɔ:təweɪ] vatten|väg, -led **water wheel** vatten-, skovel|hjul **water wings** *pl* (*slags*) simdyna (*kring armarna*) **waterworks 1** (*sg, pl lika*) vatten[lednings]verk **2** (*behandlas som pl*) vattenkonst; *vard., turn on the ~* ta till lipen, börja tjuta (lipa) **3** *BE. vard.* (*behandlas som pl*) kisseri

watery ['wɔ:tərɪ] **1** vatten-; vattnig, blöt; vatten|haltig, -aktig **2** vätskande (*wound* sår) **3** *bildl.* blek, urblekt, urvattnad

watt [wɒt] *elektr.* watt **-age** ['wɒtɪdʒ] *elektr.* **1** wattal **2** wattförbrukning

wattle ['wɒtl] **I** *s* **1** flätverk; *~ and daub* (*slags byggnadsmaterial*) flätverk och lera **2** (*på kalkon e.d.*) slör, halsflik

waul [wɔ:l] jama

wave [weɪv] **I** *s* **1** våg (*äv. fys., bildl.*); bölja; *the ~s* (*poet. äv.*) havet, haven; *crime ~* våg av brottslighet; *heat ~* värmebölja; *long ~* (*fys.*) långvåg; *~ of strikes* strejkvåg **2** våg; ondulering; permanent[ning] **3** vågformighet; våglinje **4** vinkning; vink; viftning; *~ of the hand* (*äv.*) handrörelse, gest med handen; *give s.b. a ~* vinka åt ngn **II** *v* **1** vinka (vifta, svänga) [med]; *~ aside a*) vinka bort (åt sidan, avsides), *b*) *bildl.* vifta (slå) bort, avvisa, tillbakavisa, avfärda; *~ away* vifta bort; *~ down* stoppa (*genom vinkning e.d.*); *~ s.b. off* vinka av ngn **2** göra vågig; våga, ondulera **3** vinka (*at, to* åt, till) **4** våga sig, falla i vågor **5** vaja, vagga; gå i vågor, bölja; fladdra

wave|band ['weɪvbænd] *radio.* våglängdsområde **-length** *fys.* våglängd; *on the same ~* (*bildl.*) på samma våglängd

waver ['weɪvə] **1** *bildl.* vackla; svikta, ge vika; tveka, vara obeslutsam **2** fladdra, flämta; skälva, darra; vackla; växla; svänga av och an **-ing** [-rɪŋ] **I** *s* **1** vacklan, vankelmod, tvekan **2** fladdrande *etc., jfr waver 2* **II** *a* **1** vacklande, vankelmodig, tveksam **2** fladdrande *etc., jfr waver 2*

WAVES, Waves [weɪvz] *förk. för Women Accepted for Volunteer Emergency Service* (*U.S. Naval Reserve*)

wavy ['weɪvɪ] vågig; vågformig

1 wax [wæks] **I** *s* **1** vax (*äv. bildl.*); bivax; öronvax; *be ~ in the hands of s.b.* (*bildl.*) vara som vax i ngns händer **2** skomakarbeck **II** *a* vax- **III** *v* **1** vaxa; bona, polera

2 wax [wæks] **1** *litt.* (*om månen*) växa, tillta **2** *bildl., ~ and wane* tillta och avta **3** bli (*romantic* romantisk)

wax bean ['wæksbi:n] *bot.* vaxböna **waxen** [-(ə)n] **1** vax-, av vax **2** vax|liknande, -artad; vax-, lik|blek **waxpaper** [-ˌpeɪpə] vaxat papper **waxplant** [-plɑ:nt] *bot.* porslins-, vax|blomma **waxwork** [-wɜ:k] vaxfigur; vaxarbete **waxworks** [-wɜ:ks] (*sg, pl lika*) vaxkabinett **waxy** [-ɪ] vax|artad, -liknande

way [weɪ] **I** *s* **1** väg; stig; gång; [väg]sträcka, bit; håll, riktning; *bildl. a*) väg, utväg, möjlighet, *b*) sätt, vis (*to do s.th., of doing s.th.* att göra ngt), *c*) avseende, *d*) egenhet, vana; *~s* (*pl, äv.*) seder [och bruk]; *~s and means a*) medel, resurser, *b*) medel och metoder, möjligheter, utvägar, *c*) anskaffning av [stats]inkomster; *~ about* omväg; *~ back* tillbaka-, åter-, hem|väg; *a long ~ back* [för] länge sedan; *~ in* väg in, ingång, infart, inväg; *a long ~ off a*) långt bort[a] (härifrån, därifrån), *b*) långt ifrån; *~ out a*) väg ut, utgång, utfart, *b*) utväg (*äv. bildl.*); *~ round* omväg; *~ of life* livs|stil, -föring; *across the ~* på andra sidan [vägen, gatan], mitt emot; *all the ~ from* (*to*) hela vägen från (till), ända från (till); *any ~ a*) vilken väg (åt vilket håll) som helst, *b*) på ngt sätt, på vilket sätt (hur) som helst, *c*) i alla fall, ändå; *any ~ you please* precis som du vill; *by ~ of a*) över, via, *b*) som, till, *c*) genom, *d*) för att; *by ~ of clothes* i klädväg; *by ~ of example* exempelvis; *better by a long ~* långt (mycket) bättre; *not by a long ~* inte på långa vägar (långt när); *by the ~ a*) vid (intill, nära) vägen, *b*) i förbi|gående, -farten, för övrigt, förresten; *down our ~* (*vard.*) nere (hemma) hos oss; *each ~ a*) varje väg, i vardera riktningen, *b*) på varje led; *either ~* hur man (*etc.*) än gör (gjorde), i alla fall; *in a ~* på ett sätt, på sätt och vis; *in a friendly ~* vänligt; *in a general ~* i största allmänhet; *in a small ~ a*) i smått, i liten skala, *b*) enkelt; *in the ~ of a*) i vägen för, *b*) vad beträffar (anbelangar), i fråga om, *c*) i form av; *in the ~ of clothes* i klädväg; *in the ~ of that* i den vägen (stilen); *in any ~* på ngt sätt, på vilket sätt (hur) som helst; *in its ~* på sitt sätt, så att säga; *in no ~* på intet sätt (vis), inte alls; *in the ordinary ~* (*äv.*) *a*) som vanligt, *b*) vanligtvis; *no ~!* aldrig i livet!; *on the* (*one's*) *~ to* på väg[en] till; *out of the ~ a*) ur vägen, borta, undan, *b*) avlägsen, *c*) ovidkommande, *d*) ovanlig, originell; *out* (*somewhere*) *London ~* någonstans i närheten av London (i Londontrakten); *over the ~, se across the way; to my ~ of thinking* enligt min uppfattning, enligt mitt sätt att tänka; *up our ~* (*vard.*) uppe (hemma) hos oss; *the Jones ~* som Jones gör (brukar göra) [det]; *the ~ he does it* så som han gör det; *the ~ he dresses!* så han klär sig!; *the other ~ round* [precis] tvärtom; *one ~ or another* (*the other*) på ett eller annat sätt; *this ~ a*) den här vägen, åt det här hållet, hit[åt], *b*) på det här sättet, så [här]; *this ~ and that* hit och dit, åt alla håll; *which ~?* vilken väg?, åt (från) vilket håll?; *ask the* (*one's*) *~* fråga efter vägen; *it is not his ~ to* det är inte likt honom att, han brukar inte; *that's the ~* så skall det vara (gå till); *that is always the ~* så är det alltid; *there are no two ~s about it* det råder inget tvivel om det, den saken är klar; *that is our ~ with* så gör vi med; *which is the ~ to?* (*äv.*) hur kommer man till?; *all this is by the ~* allt det här är oväsentligt; *be by ~ of being* anses vara; *he's by ~ of being a painter* han är ngn sorts (en sån där) målare; *he's by ~ of being engaged* han är visst förlovad; *he is in a bad* (*poor*) *~* det står illa till med honom; *things are in a bad ~* det är illa ställt [med saker och ting]; *it is not in my ~*

det är ingenting för mig; *he is in a ~ about it* han är alldeles ifrån sig för det; *be in the ~ of* vara i vägen för; *be in the ~ of doing s.th.* vara på väg att göra ngt; *he is in a fair ~ to succeed* han är på god väg att lyckas; *be on the ~* vara på väg; *be well on one's ~ a)* ha kommit en god bit på väg, *b)* vara på god väg; *prices are on the ~ up* (*äv.*) priserna stiger; *be under ~ a) sjö.* ha [god] fart, *b)* vara (ha kommit) i gång, gå framåt; *clear the ~ a)* gå ur vägen, *b)* bana väg; *she has come a long ~* hon har kommit långt; *do it your own ~!* gör som du [själv] vill!; *feel one's ~* känna sig fram, *bildl.* känna sig för; *find a ~* (*bildl.*) hitta en utväg; *can you find your ~ out?* hittar du ut?; *gather ~* (*sjö.*) få upp farten; *get one's own ~, se have one's own way; get s.th. the right ~* uppfatta ngt riktigt, fatta ngt rätt; *get into the ~ of* vänja sig vid; *get out of a p.'s ~* gå ur vägen för ngn; *get s.b. out of the ~* göra sig (bli) av med ngn, röja ngn ur vägen; *get under ~ a) sjö.* avgå, lätta, *b)* komma i gång; *give ~ a)* ge plats, lämna plats (företräde), vika [undan], dra sig tillbaka, *b)* ge efter, ge vika (*äv. bildl.*), *c)* hänge sig; *go all the ~ a)* gå hela vägen (*äv. bildl.*), ta steget fullt ut, löpa linan ut, *b)* vara (gå) med helt och hållet; *go a long ~ a)* gå långt (*äv. bildl.*), *b)* räcka långt, *c)* hjälpa [mycket]; *go one's ~* gå sin väg, ge sig i väg; *go one's own ~* (*bildl.*) gå sin egen väg; *are you going my ~?* ska du åt mitt håll?; *go out of one's ~ a)* ta (göra) en omväg, *b)* göra sig extra besvär, anstränga sig mycket; *have one's own ~* få sin vilja fram, [få] göra som man [själv] vill; *if I had my ~* om jag fick bestämma; *they had it all their own ~* allt gick vägen (lyckades) för dem; *you can't have it both ~s* man kan inte få (göra) båda sakerna samtidigt; *he has his little ~s* han har sina små egenheter; *have a ~ with s.b.* veta hur ngn skall behandlas (tas), ha god hand med ngn; *he has a ~ with him* han har sitt eget (ett vinnande) sätt; *to judge by the ~ he behaves* att döma av hans uppträdande; *know the* (*one's*) ~ känna [till] vägen, hitta; *know one's ~ about a)* vara hemmastadd, *b)* känna till saker och ting; *lead the ~ a)* gå före [och visa vägen], *b) bildl.* visa vägen; *look the other ~* titta åt andra hållet (bort); *lose ~* (*sjö.*) tappa fart, sakta farten; *lose the* (*one's*) ~ gå (köra *etc.*) vilse; *make ~ a)* lämna (ge) plats (*for* åt, för), lämna vägen öppen, gå ur vägen (undan), flytta [på] sig (*for* för), *b)* röra sig framåt, *sjö.* få upp farten; *make one's ~ a)* ta sig (gå) fram, bege sig, bana sig väg, *b)* slå sig fram, arbeta sig upp; *I cannot make any ~* jag kommer ingenvart; *pay one's* [*own*] *~ a)* betala för sig [själv], *b)* bära sig, vara lönande (självbärande), *c)* klara sig själv; *put s.b. into the ~ of s.th.* hjälpa ngn till ngt, skaffa ngn ngt; *put s.b. out of the ~* röja ngn ur vägen; *put o.s. out of the ~* göra sig extra besvär; *do you remember the ~ it was?* kommer du ihåg hur det var?; *see one's ~ a)* se vägen (var man går), *b)* se en möjlighet (lösning); *could you see your ~ to lending me a dollar?* har du möjlighet att låna mig en dollar?; *stand in a p.'s ~* stå i vägen för ngn (*äv. bildl.*); *take the* (*one's*) ~ ta vägen, bege sig **2** *~s* (*pl*) stapelbädd **3** bransch **II** *adv, vard.* långt, högt; *~ back when* för länge sedan när; *~ back in the twenties* redan på 20-talet; *you are ~ out if you think* du misstar dig kolossalt om du tror; *~ up* långt (högt) upp[e]

way|bill ['weɪbɪl] fraktsedel **-farer** [-ˌfeərə] *s* vägfarande **-faring** [-ˌfeərɪŋ] *a* vägfarande **-lay** [ˌweɪ'leɪ] (*waylaid, waylaid*) **1** lurpassa på, lägga sig i försåt för **2** hejda, stoppa **--out** [ˌweɪ'aʊt] *vard.* okonventionell; extrem; excentrisk **-side** ['weɪsaɪd] **I** *s* vägkant; *fall by the ~* bli utslagen, slås ut, falla ifrån; *go by the ~* bli lagd (läggas) åt sidan **II** *a* [belägen] vid vägen **-ward** ['weɪwəd] **1** egensinnig, trilsk **2** nyckfull, oberäknelig

W.C., WC *förk. för water closet;* (*i postadress i London*) *West Central* **w.c.** *förk. för water closet; without charge* **W.C.C.** *förk. för World Council of Churches* **W.D.** *förk. för War Department; Works Department* **wd** *förk. för ward; wood; word*

we [wi:, *obeton.* wɪ] *pers. pron* vi

W.E.A. *förk. för Workers' Educational Association*

weak [wi:k] svag; klen, vek; matt; dålig, ineffektiv; ömtålig, bräcklig; *the ~er sex* det svaga könet **weaken** ['wi:k(ə)n] försvaga[s], göra (bli) svagare; matta[s] **weak-kneed** [ˌwi:k'ni:d] *vard.* eftergiven, svag, vek **weakling** ['wi:klɪŋ] vekling, [klen] stackare **weakly** ['wi:klɪ] **I** *a* svag, klen; klent byggd, spenslig **II** *adv* svagt *etc., jfr weak* **weakness** ['wi:knɪs] svaghet (*of, in* i) *etc., jfr weak; in a moment of ~* i ett svagt ögonblick; *have a ~ for* vara svag för, ha en svaghet för **weak-willed** [ˌwi:k'wɪld] vilje|svag, -lös

1 weal [wi:l] *åld.* väl, välfärd; *the public* (*common*) ~ det allmänna bästa, samhällets väl

2 weal [wi:l] märke, strimma (*på huden efter slag*)

wealth [welθ] **1** rikedom[ar], förmögenhet, tillgångar; välstånd **2** *a ~ of* en stor mängd [av], en rikedom på; *~ of colour* färgrikedom **wealthiness** ['welθɪnɪs] rikedom; välstånd **wealthy** ['welθɪ] rik, förmögen; *~ in* rik på

wean [wi:n] **I** *v* **1** avvänja (*a baby* en baby) **2** *~ a p. from* vänja ngn av med, avvänja ngn från **-ling** ['wi:nlɪŋ] avvant barn; avvand kalv; avvant lamm

weapon ['wepən] vapen **-ry** [-rɪ] *koll.* vapen

wear [weə] **I** *v* (*wore, worn; jfr äv. worn*) **1** ha [på sig], klä sig (vara klädd, gå) i, gå med, använda, bära; *what whall I ~?* vad ska jag sätta (ha) på mig?; *~ a beard* ha skägg; *~ one's hair long* ha långt hår; *~ spectacles* ha (använda) glasögon; *~ a troubled look* se bekymrad ut, uppvisa en bekymrad min; *he always ~s a smile* han ler alltid; *she wore a big smile* hon strålade över hela ansiktet **2** nöta [på], slita [på], *bildl. äv.* trötta [ut], tära på; nöta (trampa, köra) upp; (*om vatten e.d.*) gräva [sig]; *~ holes* (*a hole*) *in* nöta (slita) hål på (i) **3** *vard.* svälja, gå på, gå med på, finna sig i **4** nötas, slitas, bli nött (sliten); *~ thin* bli tunnsliten; *that excuse is ~ing thin* den där ursäkten börjar bli ganska genomskinlig; *my patience is ~ing thin* mitt tålamod börjar ta slut **5** hålla [att slita på]; stå sig; *~ well a)* hålla bra, vara slitstark, *b)* vara väl bibehållen; *it will ~ for ever* den håller i evighet; *the theory won't ~* teorin håller inte **6** *~ away a)* nöta[s] bort (ut), *b)* tära på, *c)* försvinna; *~ down a)* nöta[s] ner (ut), slita[s] ner (ut), *b)* trötta ut, bryta ner, göra mör, *c)* bli uttröttad, brytas ner, bli mör; ~ *off a*) nöta[s] av (bort), *b*) gå över, släppa, avta, minska; ~ *on* (*om tid*) släpa sig fram, framskrida, lida; ~ *out a*) nöta[s] (slita[s]) ut, urholka[s], göra slut på, ta slut, ha (gå) sönder, *b*) matta (trötta) ut; *be worn out* (*äv.*) vara [alldeles] slut (utarbetad) **II** *s* **1** användning, bruk; *I haven't had much ~ out of this shirt* jag har inte använt den här skjortan många gånger; *there is still a lot of ~ left in this carpet* den här mattan håller (kan användas) ett bra tag till **2** nötning, [för]slitning, slitage; ~ [*and tear*] *a*) förslitning, slitage, *b*) *bildl.* påfrestning[ar]; *fair ~ and tear* normalt slitage; *be the worse for ~* vara [ner]sliten (illa medfaren, medtagen); *show signs of ~* [börja] se sliten (gammal, medfaren) ut **3** kläder; (*i sms.*) -beklädnad; *men's ~* herr|kläder, -konfektion

wearable ['weərəbl] (*om plagg e.d.*) användbar

weariless ['wɪərɪlɪs] outtröttlig **weariness** [-nɪs] trötthet; *bildl. äv.* leda (*of* vid)

wearing ['weərɪŋ] **1** påfrestande, tröttsam **2** nötande, slitande **3** utsatt för nötning (förslitning)

wearisome ['wɪərɪs(ə)m] [lång]tråkig, tröttsam, påfrestande

weary ['wɪərɪ] **I** *a* **1** uttröttad, trött (*with* av); led, trött (*of* på, vid) **2** tröttsam, påfrestande **II** *v* **1** trötta [ut], göra utmattad; besvära **2** tröttna (*of* på); ~ *of* (*äv.*) bli trött på

weasel ['wi:zl] **1** *zool.* vessla **2** *i sht AE.* [snö]-vessla (*motorfordon*)

weather ['weðə] **I** *s* **1** väder[lek]; *wet ~* fuktigt väder, regnväder; *lovely ~ for ducks!* (*ung.*) härligt väder om man tycker om regn!; *in all ~s* i alla väder, i ur och skur; *under the ~* (*vard.*) *a*) krasslig, vissen, *b*) *AE.* [bak]full; *make heavy ~ of* (*bildl.*) göra mycket väsen (för mycket) av **2** *sjö.* lovart **II** *v* **1** utsätta för väder och vind; få att vittra [sönder]; *~ed* nött (skadad, förstörd) av väder och vind, [sönder-, ner]vittrad, förvittrad **2** [luft]torka (*trä*) **3** *sjö., bildl.* rida ut; *bildl. äv.* klara [sig igenom], överleva; ~ [*out*] *the storm* rida ut stormen **4** nötas (skadas, förstöras) av väder och vind; förvittra[s], vittra [sönder] **5** tåla väder och vind; stå sig

weather-beaten ['weðəˌbi:tn] väderbiten; medfaren av väder och vind

weather|board ['weðəbɔ:d] **1** *sjö.* (*fartygs*) lovartssida **2** fjällpanelbräda **-boarding** [-ˌbɔ:dɪŋ] fjällpanel, liggande panel

weatherbound ['weðəbaʊnd] hindrad av vädret **weather bureau** [-ˌbjʊərəʊ] väderlekstjänst **weathercock** [-kɒk] vindflöjel (*i form av en tupp*); *bildl.* vindböjtel **weather eye** [-raɪ] *s*, *keep one's ~ open* hålla ögonen öppna, ha ögonen med sig **weather forecast** [-ˌfɔ:kɑ:st] väder[leks]|prognos, -rapport, -utsikter **weather glass** [-glɑ:s] barometer **weatherman** [-mən] *vard.* väderspåman (*meteorolog*) **weather map** [-mæp] väder[leks]karta **weatherproof** [-pru:f] **I** *a* väderbeständig; impregnerad, vind-, vatten|tät **II** *v* göra väderbeständig; impregnera, göra vindtät (vattentät) **weather station** [-ˌsteɪʃn] väderleksstation, meteorologisk station **weather strip** [-strɪp] tätningslist **weather vane** [-veɪn] vindflöjel

weave [wi:v] **I** *v* (*wove, woven; jfr äv. woven*) **1** väva (*a shawl* en sjal); fläta (*a basket* en korg); binda (*a garland of flowers* en blomsterkrans); fläta samman (*into* till); väva in (*into* i) **2** *bildl.* fläta in (*into* i) **3** (*äv. ~d, ~d*) *bildl.* väva (fläta) ihop (*a story* en historia) **4** slingra sig, gå i sicksack, kryssa **5** *vard., get weaving* sätta fart, sno på **II** väv[mönster], vävning; bindning, vävnadssätt **weaver** ['wi:və] **1** vävare, väverska **2** *zool.* vävarfågel **weaverbird** ['wi:vəbɜ:d] *zool.* vävarfågel **weaving** ['wi:vɪŋ] vävning

web [web] **I** *s* **1** väv (*äv. bildl.*); [*spider's*] ~ spindel|väv, -nät **2** *zool.* simhud **webbed** [-d] *zool.* [försedd] med simhud; ~ *feet* simfötter **webbing** ['webɪŋ] **1** sadelgjord **2** *zool.* simhud **web-footed** ['webˌfʊtɪd], **web-toed** ['webtəʊd] [försedd] med simfötter, [försedd] med simhud mellan tårna

Wed. *förk. för Wednesday*

wed [wed] (*wedded, wedded el. wed, wed*) *åld.* **1** äkta, gifta sig med **2** gifta bort **3** gifta sig

we'd [wi:d] = *we had* (*would*)

wedded ['wedɪd] **1** gift (*to* med), vigd (*to* vid); *~ded couple* äkta par; *his lawful ~ wife* hans äkta maka **2** äktenskaplig **3** *bildl.* intimt förknippad (förenad) (*to* med)

wedding ['wedɪŋ] vigsel[akt]; bröllop; *silver ~* silverbröllop **wedding cake** bröllopstårta **wedding day** bröllopsdag **wedding ring** vigselring

wedge [wedʒ] **I** *s* **1** kil (*äv. bildl.*); *the thin end of the ~* (*bildl.*) bara en [första, blygsam] början, första steget [till ngt värre]; *drive a ~ between* (*bildl.*) driva in en kil mellan **2** trekant; [trekantig] bit (*of a cake* av en kaka) **II** *v* **1** kila; ~ [*in*] kila (klämma) in; ~ [*up*] kila fast; ~ *together* klämma (tränga) ihop; ~ *o.s.* kila (tränga) sig [fram]; *be ~d* [*in*] vara (sitta) inkilad (inklämd) **2** klyva [med kil] **wedge heel** ['wedʒhi:l] kilklack **wedge-shaped** ['wedʒʃeɪpt] kilformig

wedlock ['wedlɒk] *åld.* äktenskap; äkta stånd; *born in* (*out of*) ~ född inom (utom) äktenskapet

Wednesday ['wenzdɪ] (*jfr Friday*) onsdag

Weds. *förk. för Wednesday*

1 wee [wi:] *i sht Sk.* mycket liten; *a ~ bit* lite grand, en liten aning, en smula

2 wee [wi:] *vard., i sht BE.* **I** *s* **1** kissning **2** kiss **II** *v* kissa

weed [wi:d] **I** *s* **1** ogräs[planta]; sjögräs **2** *vard.* tobak; marijuana[cigarett] **2** *vard.* stackare, krake **II** *v* **1** rensa ogräs **2** rensa [i]; ~ *the garden* rensa i trädgården; ~ *the carrots* rensa morötterna **3** ~ *out* rensa bort, rensa ogräs i, *bildl.* rensa ut, gallra bort (ut) **-killer** ['wi:dˌkɪlə] ogräsmedel

weeds [wi:dz] *pl,* [*widow's*] ~ änkedräkt, [änkas] sorgdräkt

weedy ['wi:dɪ] **1** full av ogräs **2** *vard.* spinkig, eländig

week [wi:k] vecka; *this ~* [i] den här veckan, [nu] i veckan; *last ~* [i] förra veckan; *next ~* [i] nästa vecka; *by the ~* per vecka, veckovis; *for ~s* i [flera] veckor; *twice a ~* två gånger i veckan; *a ~ today, today* (*this day*) [*next*] ~ i dag om en vecka ([om] åtta dagar); *a ~ ago today, this day last ~* i dag för en vecka sedan; *yesterday ~* i går för en vecka sedan; *tomorrow ~, a ~ tomorrow* i morgon om en vecka; [*this*] *Tuesday ~, a ~ on Tuesday* på tisdag om en vecka; *last Tuesday ~* i tisdags för en vecka sedan; *knock s.b. into the middle of next ~* (*vard.*) slå ngn gul och blå (fördärvad)

week|day ['wi:kdeɪ] vardag, veckodag; *ordinary working ~* vanlig arbetsdag **-end** [ˌwi:k'end] **I** *s* veckoslut, [vecko]helg, weekend **II** *v, vard.* tillbringa veckoslutet (helgen, weekenden) **-ender** [ˌwi:k'endə] **1** helg-, veckosluts-, weekend|firare **2** *Austr.* weekendställe, fritidshus

weekly ['wi:klɪ] **I** *a* vecko-; [som sker] varje vecka; *~ magazine* veckotidning; *what are her ~ earnings?* vad tjänar hon i veckan? **II** *adv* varje vecka; en gång i veckan; per vecka, i veckan **III** *s* veckotidning

weeknight ['wi:knaɪt] vardagskväll; natt till vardag

weeny ['wi:nɪ] *vard.* mycket liten, pytteliten **--bopper** [-ˌbɒpə] *vard.* poppig liten tjej (*ca 8-12 år*)

weep [wi:p] **I** *v* (*wept, wept*) **1** gråta; *~ for s.b. a*) gråta (sörja) över ngn, *b*) gråta av medlidande med ngn; *~ out* gråta ut; *~ with joy* gråta av glädje **2** droppa, drypa; avsöndra vätska; (*om sår*) vätska sig **3** gråta, fälla (*tears* tårar); *~ o.s. to sleep* gråta sig till sömns

weeper ['wi:pə] gråterska, gråtare **weeping** [-ɪŋ] **I** *s* **1** gråt[ande] **2** droppande, drypande; vätskeavsöndring **II** *a* **1** gråtande **2** droppande, drypande; vätskande **3** *bot.* häng-; *~ birch* hängbjörk; *~ willow* tårpil **weepy** [-ɪ] *vard.* **I** *a* som lätt tar till lipen, gråtmild **II** *s* snyftfilm, tårdrypande pjäs (film *e.d.*)

weevil ['wi:vɪl] *zool.* vivel

wee-wee ['wi:wi:] *se wee*

weft [weft] *väv.* inslag, väft

weigh [weɪ] **1** väga (*äv. bildl.*), *bildl. äv.* av-, över|väga; *~ against* (*with*) (*äv.*) jämföra med; *~ down* tynga (trycka) ner (*äv. bildl.*), böja ner, få att digna; *~ed down with* [ned]tyngd av; *~ in* [låta] väga, väga in; *~ out* väga [upp]; *~ up* avväga, beräkna, bedöma, skaffa sig (få) en uppfattning om; *~ one's words* väga sina ord **2** *sjö.* dra (lyfta) upp; *~ anchor* lätta ankar **3** väga; tynga; vara av vikt (viktig), väga tungt, spela en roll (*with* för); *~ heavy* väga mycket, vara tung, tynga; *~ heavily on* (*bildl.*) trycka, tynga, vila tungt på; *~ against a*) mot-, upp|väga, *b*) vara till nackdel för, tala mot; *~ in a*) *sport.* väga[s] in, *b*) *vard.* lägga sig i, ingripa, hoppa in, ställa upp; *~ on* (*bildl.*) trycka, tynga, plåga; *he ~ed in at 80 kilos* han vägde 80 kilo **4** *sjö.* lägga ankar

weighbridge ['weɪbrɪdʒ] fordonsvåg **weigh-in** ['weɪɪn] *sport.* invägning **weighing machine** [-ɪŋməˌʃi:n] större våg; myntvåg

weight [weɪt] **1** vikt; tyngd, börda (*äv. bildl.*); tryck; belastning; *~s and measures* mått och vikt; *the ~ of the evidence* tyngden i bevisföringen; *loss of ~* viktförlust; *unit of ~* viktenhet; *numerical ~* numerär överlägsenhet; *a pike 4 kilos in ~* en gädda på 4 kilo; *50 g of sugar and the same ~ of butter* 50 g socker och lika mycket smör; *it is 4 kilos in ~* den har en vikt på 4 kilo; *that was a ~ off my mind* en sten föll från mitt bröst, det var en lättnad för mig; *it is a ~ on* (*bildl.*) det vilar tungt (tynger) på; *give short* (*good*) *~* väga knappt (väl); *lift heavy ~s* lyfta tungt; *lose ~* gå ner [i vikt]; *pull one's ~* (*vard.*) ta sin del av ansvaret, dra sitt strå till stacken; *put on* (*gain*) *~* gå upp [i vikt]; *take the ~ off one's feet* (*vard.*) sitta ner, sätta sig ner **2** vikt, betydelse; inflytande; *of* [*great*] *~* (*äv.*) [tungt] vägande; *men of ~* betydande (inflytelserika) män; *carry* (*have*) *great ~* ha stor vikt (betydelse), väga tungt, ha stor inverkan, betyda mycket; *carry* (*have*) *great ~ with* ha stort inflytande (stor inverkan) på; *carry* (*have*) *no ~* inte ha ngn inverkan, vara utan betydelse; *give ~ to, lay* (*put*) *~ on a*) fästa (lägga) vikt vid, *b*) ge eftertryck (tyngd) åt; *throw one's ~ about* (*vard.*) spela översittare, trakassera folk; *throw one's ~ behind s.b.* (*vard.*) stötta (backa upp) ngn **3** brevpress **4** *sport.* vikt[klass] **5** *sport.* kula; *put the ~* stöta kula; *putting the ~* kulstötning **II** *v* **1** förse med tyngd[er], göra tyngre; tynga [ner] (*äv. bildl.*); [be]lasta; *~ down a*) överlasta, *b*) tynga [ner] **2** inverka på, påverka, styra, vinkla, tillrättalägga

weighted ['weɪtɪd] *a, be ~ in favour of s.b.* väga över till ngns fördel, gynna ngn **weighting** [-ɪŋ] *ung.* lönepåslag för ökade levnadskostnader

weightless ['weɪtlɪs] viktlös **weightlifter** [-ˌlɪftə] *sport.* tyngdlyftare **weightlifting** [-ˌlɪftɪŋ] *sport.* tyngdlyftning **weight watcher** [-ˌwɒtʃə] viktväktare **weighty** [-ɪ] **1** [för] tung **2** *bildl.* tungt vägande, viktig, betydelsefull; allvarlig

weir [wɪə] **1** damm, fördämning **2** (*slags mjärde*) katse, sprötgård

weird [wɪəd] **1** kuslig, hemsk; övernaturlig; *~ sisters* ödesgudinnor **2** *vard.* konstig, egendomlig, underlig **weirdo** ['wɪədəʊ] *vard.* konstig typ

welcome ['welkəm] **I** *s* välkomnande, mottagande; *give s.b. a hearty* (*warm*) *~* önska ngn hjärtligt (varmt) välkommen, ge ngn ett hjärtligt (varmt) mottagande; *wear out one's ~* tära på gästfriheten **II** *a* **1** välkommen; uppskattad; glädjande; *it is very ~ just now* (*äv.*) det kommer mycket lägligt just nu; *you're ~!* (*i sht AE.*) ingenting att tacka för!, ingen orsak!, för all del!; *you're ~* [*to it*]! (*äv. iron.*) håll till godo!, var så god!, gärna för mig!; *you're ~ to use my room* du får gärna använda mitt rum; *bid s.b. ~* hälsa ngn välkommen; *make s.b. ~* få ngn att känna sig välkommen **2** välkomst-; *~ party* välkomstfest **III** *interj* välkommen! **IV** *v* (*~d, ~d*) välkomna, hälsa välkommen; hälsa [med glädje], [gärna] ta emot **welcoming** [-ɪŋ] välkomnande; välkomst-

weld [weld] **I** *v* svetsa; svetsa ihop, svetsa samman (*äv. bildl.*); svetsa fast **II** *s* svets[ning]; svets|fog, -ställe **welder** ['weldə] **1** svetsare **2** svetsmaskin **welding** ['weldɪŋ] svetsning; *bildl.* sammansvetsning **welding torch** svetsbrännare **welding unit** svetsaggregat

welfare ['welfeə] **1** välfärd, väl[gång]; *the public ~* den allmänna välfärden **2** omsorg, vård, omvårdnad; [*social*] *~* social|vård, -hjälp; *the ~* (*i sht BE. vard.*) det sociala, socialen; *industrial ~* arbetarskydd; *live off* (*on*) *~* (*AE.*) leva på socialhjälp (understöd) **welfare state** välfärdsstat **welfare work** socialt arbete, social verksam-

W

het, socialvård

1 well [wel] **I** *s* **1** brunn; källa (*äv. bildl.*) **2** (*för vätska*) fördjupning, hål, behållare **3** trapphus; hisstrumma, hisschakt **II** *v, litt.*, ~ [*up*] välla (strömma) fram (*from* ur, från); *tears ~ed up in his eyes* hans ögon fylldes med tårar

2 well [wel] **I** *adv* (*better, best*) **1** bra, gott, väl; noga, noggrant, ordentligt; med rätta, mycket väl; ~ *and truly* ordentligt, verkligen; ~ *and good* så mycket bättre, då är allt gott och väl; *not very* ~ inte så bra; *be* ~ *off a*) vara välförsedd (*for* med), *b*) ha det bra [ställt]; *I can't very* ~ *refuse* jag kan inte gärna vägra; ~ *done!* bra [gjort]!, bravo!; *the patient is doing* ~ patienten mår bra (är på bättringsvägen); *the shop is doing* ~ affären går bra; *he's doing* ~ *at school* det går bra för honom i skolan; *she did* ~ *in the exam* hon klarade sig bra i examen; *do o.s.* ~ (*vard.*) ha det skönt (bra), leva gott; *things are going* ~ allt går bra; ~ *known* [väl] känd, välkänd; *know s.b.* ~ *enough* känna ngn ganska väl; *marry* ~ göra ett bra (gott) parti; *it may* ~ *be that* det kan mycket väl hända att; *speak* ~ *of* tala väl om; *think* ~ *of* ha höga tankar om, tänka väl om **2** betydligt, långt, en bra bit, ett gott stycke; *he is* ~ *away* (*vard.*) han är i gasen; ~ *on in life* (*years*) till åren [kommen]; *he's* ~ *over fifty* han är en bra bit över femtio; ~ *past midnight* långt efter midnatt **3** *as* ~ *a*) också, dessutom, likaså, *b*) [lika] gärna, lika väl; *as* ~ *as a*) såväl...som, både...och, *b*) lika (så) bra som; *as* ~ *as I can* så bra jag kan; *I may* (*might*) *as* ~ *tell you* jag kan likaväl (lika gärna) tala om det för dig; *as* ~ *it might* (*may*) och det med rätta **II** *interj* nå[ja]!, nåväl!; [se]så!; så där [ja]!; ja [visst]!, jo[då]!; nja!; hm!; alltså!; ~, ~! *a*) nå[väl]!, *b*) ja ja!, jo jo!, *c*) vad nu då!, *d*) nej verkligen!, ser man på!; ~ *I never!* har man hört (sett) på maken!, det var som sjutton!; ~ *really!* jag säger då det!, det må jag säga!; ~ *then!* nå!, alltså!; ~ [*then*]? nå?, än sen då?, och vad är det med det då?; *very* ~ *then!* nåväl!, kör till då!, som du vill!; ~, *it was like this* alltså, så här var det **III** *a* (*better, best*) **1** bra, frisk, kry; *he's not a* ~ *man* han är inte [alls] frisk; *I don't feel at all* ~ jag känner mig (mår) inte alls bra **2** bra, väl; klokt, lämpligt; *all's* ~ *that ends* ~ slutet gott, allting gott; *all is not* ~ *with* allt (det) står inte bra till med; *it's all very* ~ *for you* [*to say*] det är lätt för dig att säga; *that's all very* ~ för all del; *that's all very* ~, *but* det är gott och väl (kan så vara), men; *perhaps it's just as* ~ det kanske är lika så gott (bra); *it was* ~ *for him that nobody listened* det var tur för honom att ingen lyssnade; *it would be* [*as*] ~ *to* det vore [nog] bättre (klokast) att; *be* ~ *in with* ligga bra till hos; *be* ~ *out of s.th.* [lyckligt och väl] ha kommit igenom (över) ngt **IV** *s* **1** väl; *leave* (*let*) ~ *alone!* det är bra (låt det vara) som det är!; *wish s.b.* ~ *a*) vilja ngn väl, *b*) lyckönska ngn, önska ngn lycka till **2** *the sick and the* ~ de sjuka och de friska

we'll [wi:l] = *we will* (*shall*)

well|-advised [ˌweləd'vaɪzd] klok, välbetänkt; *she would be* ~ *to* hon skulle göra klokt i att **--appointed** väl|utrustad, -försedd, -inredd

well|-balanced [ˌwel'bælənst] välbalanserad; väl avvägd **--behaved** väl|uppfostrad, -artad **--being** välbefinnande; väl[färd] **--born** av god familj, av hög börd **--bred 1** väluppfostrad **2** *se well-born* **--brought-up** väluppfostrad **--built** välbyggd

well|-chosen [ˌwel'tʃəʊzn] väl vald **--connected** med inflytelserika släktingar (vänner) **--cooked** väl|lagad, -stekt, -kokt

well|-defined [ˌweldɪ'faɪnd] väldefinierad; markant; markerad **--deserved** välförtjänt **--disposed** välvilligt inställd (*to* mot, till) **--done 1** genom|stekt, -kokt **2** välgjord **--dressed** välklädd

well|-earned [ˌwel'ɜ:nd] välförtjänt **--established** väletablerad, väl inarbetad; gammal (*tradition* tradition)

well|-favoured [ˌwel'feɪvəd] med fördelaktigt utseende **--fed** välgödd **--founded** välgrundad, berättigad

well|-groomed [ˌwel'gru:md] välvårdad, prydlig, välskött **--grounded 1** med goda kunskaper (grunder) **2** välgrundad, berättigad

well|-heeled [ˌwel'hi:ld] *vard.* tät, rik **--hung** (*om kött*) välhängd

well-informed [ˌwelɪn'fɔ:md] **1** [allmän]bildad **2** väl|informerad, -underrättad

wellington [boot] ['welɪŋtən(bu:t)] [gummi]-stövel; kragstövel

well|-intentioned [ˌwelɪn'tenʃnd] **1** välmenande **2** välment

well|-kept [ˌwel'kept] väl|hållen, -skött **--knit** kraftig[t byggd], robust, välbyggd **--known** väl|känd, -bekant

well|-made [ˌwel'meɪd] **1** välgjord **2** välskapad **--mannered** väluppfostrad, belevad **--meaning 1** välmenande **2** välment **--meant** välment

well|-nigh ['welnaɪ] nära nog

well|-off [ˌwel'ɒf] **1** väl|bärgad, -situerad, -beställd **2** *be* ~ *for* vara välförsedd med **--oiled 1** väloljad **2** *sl.* påstruken, på örat

well|-paid [ˌwel'peɪd] väl|avlönad, -betald **--preserved** väl bevarad; väl bibehållen

well|-read [ˌwel'red] beläst; lärd, bildad **--rounded 1** välformad (*figure* figur); fyllig **2** tillfredsställande (*life* liv) **3** väl avvägd (sammansatt)

well|-spoken [ˌwel'spəʊk(ə)n] vältalig; med vårdat uttal **--stacked** *BE. sl.* (*om kvinna*) välpumpad

well-thought|-of [ˌwel'θɔ:tɒv] väl ansedd, välrenommerad **--out** [-θɔ:t'aʊt] väl genomtänkt

well|-thumbed [ˌwel'θʌmd] tummad, väl läst (*book* bok) **--timed** läglig, lämplig, [gjord] i rätta ögonblicket, väl vald **--to-do** [-tə'du:] välbärgad, förmögen **--tried** väl beprövad **--turned 1** välformulerad **2** väl|formad, -svarvad

well-upholstered [ˌwelʌp'həʊlstəd] *vard.* mullig

well-versed [ˌwel'vɜ:st] väl bevandrad

well|-wisher [ˌwel'wɪʃə] vän, gynnare; välgångsönskande [person] **--worn** [ut]nött, [ut]sliten (*äv. bildl.*)

welly ['welɪ] *vard.* [gummi]stövel

Welsh [welʃ] **I** *a* walesisk; ~ *rarebit* (*rabbit*) varm ostsmörgås **II** *s* **1** *the* ~ walesarna **2** walesiska [språket]

welsh [welʃ] *sl.* **1** smita (*on* från); (*om bookmaker*) sticka [med pengarna] **2** (*om bookmaker*) snuva [på pengar]
Welsh|man ['welʃmən] walesare **-woman** [-ˌwʊmən] walesiska
welt [welt] **I** *s* **1** rand[läder] **2** bård, kantband **3** strimma, märke (*efter slag*) **II** *v* prygla, klå upp
welter ['weltə] **I** *v* **1** vältra sig; rulla [sig]; *~ in blood* bada i blod **2** (*om vågor*) rulla **II** *s* **1** (*vågornas*) rullande, svall **2** kaos, förvirring, röra **3** *a ~ of* en mängd **-weight** *sport.* weltervikt; welterviktare
Wembley ['wemblɪ]
wen [wen] *med.* fettsvulst, utväxt
wench [wen(t)ʃ] **1** *åld.* piga; hora **2** *neds.* jänta
wend [wend] *v, litt., ~ one's way* styra sina steg (kosan)
wendy house ['wendɪhaʊs] lekstuga
went [went] *imperf. av go*
wept [wept] *imperf. o. perf. part. av weep*
were [wɜ:, *obeton.* wə] **1** *imperf. indikativ* (*2 pers. sg o. hela pl*) *o. imperf. konjunktiv av be; ~ you there?* var du (ni) där?; *if I ~ you I should do it* om jag vore du skulle jag göra det
we're [wɪə] = *we are*
weren't [wɜ:nt] = *were not*
werewolf ['wɪəwʊlf] varulv
wert [wɜ:t] *åld., imperf. indikativ* (*2 pers. sg*) *o. imperf. konjunktiv av be; thou ~* du var
west [west] **I** *a* **1** västlig, väst-, västra; *the ~ side* västra sidan, västsidan; *~ wind* västlig vind, västan[vind]; *W~ Berlin* Västberlin; *the W~ Country* sydvästra England; *W~ Germany* Västtyskland; *W~ Indian a*) västindisk, *b*) västindier; *the W~ Indies* (*pl*) Västindien **II** *adv* mot (åt, från) väster, västerut; *~ of* väster om; *~ by south* väst till syd; *go ~* (*vard.*) *a*) gå åt helvete, *b*) kola av **III** *s* **1** väst[er]; *East and W~* öst och väst; *the W~ a*) väst[världen], *b* (*i USA*) Västern, västsstaterna, *c*) västra delen, västliga länder (områden), *d*) Västerlandet; *the Middle W~* (*i USA*) Mellanvästern; *from the ~* från väster, västerifrån; *from the ~ of Sweden* från västra [delen av] Sverige; *to* (*towards*) *the ~* mot (åt) väster, västerut; *to the ~ of* väster om; *the wind is in the ~* vinden är västlig
westbound ['westbaʊnd] västgående **westerly** [-əlɪ] **I** *a o. adv* västlig; från (i, mot) väster **II** *s* västlig vind **western** [-ən] *äv. W~* **I** *a* **1** västlig, västra, väst-; *the W~* [*Roman*] *Empire* Västromerska riket **2** västerländsk **II** *s* västern, vildavästern|film, -bok **westerner** [-ənə] **1** västerlänning **2** person från de västra delarna av landet **western|ize** (*BE. äv. -ise*) [-ənaɪz] göra mer västerländsk **westernmost** [-ənməʊst] västligast
Westminster [wes(t)mɪnstə] **1** [*City of*] *~* Westminster (*stadsdel i London*) **2** [brittiska] parlamentsbyggnaden
Westmorland ['wes(t)mələnd]
west|ward ['westwəd] **I** *a* västlig, västra **II** *adv* mot (åt) väster; västerut; *sjö.* västvart **-wards** [-wədz] *adv, se westward II*
Westm. *förk. för Westminster*
wet [wet] **I** *a* **1** våt, blöt, fuktig, sur (*with* av); regnig; *~ blanket, se blanket I; ~ dock* våtdocka; *~ dream* erotisk dröm med pollution; *~ paint!* nymålat!; *the ~ season* regntiden; *~ suit* våtdräkt; *~ summer* regnig sommar; *be ~ through* vara genomvåt (dyblöt); *be ~ behind the ears* (*vard.*) inte vara torr bakom öronen; *his eyes were ~ with tears* han hade tårar i ögonen **2** (*om fisk*) färsk **3** *i sht AE. vard.* med (för) fri alkoholförsäljning, utan (mot) alkoholförbud, icke torrlagd **4** *vard.* slapp; mesig, larvig; knasig, tokig **II** *s* **1** väta; blöta; fukt[ighet]; regn[väder], nederbörd; *the ~* (*Austr.*) regntiden **2** *i sht AE.* förbudsmotståndare **3** *vard.* mes; knasboll, idiot **III** *v* (*wet, wet el. ~ted, ~ted*) **1** väta, blöta [ner], fukta; *~ one's whistle* (*vard.*) fukta strupen, ta sig ett glas **2** kissa i (på); *~ o.s.* kissa på sig
wetback ['wetbæk] *AE. vard.* illegalt invandrad mexikanare
wether ['weðə] [kastrerad] bagge
wet-nurse ['wetnɜ:s] **I** *s* amma **II** *v* **1** amma **2** *vard.* dalta med
we've [wi:v] = *we have*
W.F.T.U. *förk. för World Federation of Trade Unions* **W.G., w.g.** *förk. för water gauge; wire gauge* **wh[.]** *förk. för white*
whack [wæk] **I** *s* **1** smäll, slag **2** *vard.* [an]del, portion; *have* (*get*) *one's ~* få sin [an]del **3** *vard.* försök; *have a ~ at* försöka sig på, ge sig i kast med **II** *v* smälla (slå) till **whacked** [-t] *vard.* utpumpad, slut[körd] **whacking** ['wækɪŋ] **I** *s, åld.* stryk, smörj **II** *a* kolossal, väldig **III** *adv* kolossalt, väldigt, jätte- **whacky** ['wækɪ] *se wacky*
whale [weɪl] **I** *s* **1** *zool.* val, valfisk; *killer ~* späckhuggare; *toothed ~* tandval **2** *have ~ of a time* ha jätteroligt **II** *v* fånga val, bedriva valfångst
whalebone ['weɪlbəʊn] **1** [val]bard, valfiskben **2** planschett [av valben] **whale catcher** [-ˌkætʃə] *se whaler 2* **whaler** [-ə] **1** valfångare **2** valfångstfartyg, valfångare **whaling** ['weɪlɪŋ] **I** *s* val|fångst, -jakt **II** *adv, vard.* kolossalt, väldigt, jätte-
wham [wæm] **I** *s* slag; smäll **II** *interj* smack!, pang!
whang [wæŋ] **I** *v* slå, drämma [till] **II** *s* slag; smäll, duns
wharf [wɔ:f] (*pl wharves* [wɔ:vz] *el. wharfs*) last|kaj, -brygga; kaj-, hamn|plats] **wharves** [wɔ:vz] *pl av wharf*
what [wɒt] **I** *interr. pron* vad; vilken, vilket, vilka; vilken (vilket, vilka, vad) som; vad för [en, någon, något, några, slags]; hur [mycket, många, stor]; *~ about? a*) vad sägs om?, hur skulle det vara med?, *b*) hur är (blir) det med?; *~ for? a*) varför, *b*) vad då till?; *~ if?* vad händer om?, tänk om?, [ja] men om?; *so ~?, ~ of it?* än sen då?; *~ age is he?* hur gammal är han?; *~ a day!* en sådan (vilken) dag!; *~ day is it today?* vad är det för dag i dag?; *~ pretty girls!* vilka (sådana) vackra flickor!; *~ name shall I say, please!* vem får jag hälsa ifrån?; *where's ~'s her name?* var är hon vad hon nu heter?; *~'s the news?* [har det hänt] något nytt?, vad nytt?; *~ a pity!* så (vad) synd!; *do you remember John Mill? - what of* (*about*) *him?* kommer du ihåg John Mill? - ja, vad är det med honom?; *~ time is it?* hur mycket är klockan?; *~'s the weather like?* hur är vädret?; *~'s yours?* vad vill (ska) du ha (ta)?; *~'s it all about?* vad är det frågan om?; *~'s that to you?* vad angår (rör) det dig?; *cars, elephants, trumpets and ~ have you* (*and ~ not*) bilar, elefanter, trumpeter

W

och gud vet allt (och allt möjligt); ~ *to do?* vad ska vi (*etc.*) göra?; ~ *do 6 and 9 make?* hur mycket blir 6 plus 9?; ~ *did you do that for?* vad gjorde du det för?, varför gjorde du det?; *you need* [*a*] ~? du behöver [en] vadå för något? **II** *rel. pron* vad (den, det, de, allt, alla) [som]; något som, vilket; som; ~ *with* till följd av, på grund av; ~ *with...,* ~ *with...* dels på grund av och dels på grund av...; ~ *with one thing and another* av en eller annan orsak, och hur det nu blir (blev); *and* ~ *is more* och vad mer är, och dessutom; *tell them* ~*'s* ~ (*vard.*) tala om för dem hur det förhåller sig; *I tell you* (*know*) ~, *let's go to London* vet du vad, vi åker till London; *buy* ~ *food you like* köp vilken mat du vill; *come* ~ *may* hända vad som hända vill; *give me* ~ *tools you have* ge mig alla verktyg du har; ~ *little he knew* det lilla han visste; *not a day but* ~ *it rains* det går inte en dag utan att det regnar; *this is the man* ~ *I saw* (*ovårdat*) detta är mannen jag såg **III** *adv* vad, i vad mån; ~ *do I care?* vad bryr jag mig om det?

what-d'you-call-it ['wɒtdjʊˌkɔ:lɪt] *se whatnot 1*

whatever [wɒt'evə] **1** vad [som]...än; allt [som, vad]; vilken (vilka, hurdan)...än; ~ *you like* (*say*) som du vill; *for* ~ *reasons* av vilka skäl [det vara månde]; *no doubt* ~ inget som helst tvivel, inget tvivel alls; *nothing* ~ ingenting alls; *or* ~ (*vard.*) eller något i den stilen, eller vad som helst **2** vad [i all världen]; ~ *gave you that impression?* vad i all världen har du fått det ifrån?

whatnot ['wɒtnɒt] *s, vard.* **1** vad han (den *etc.*) nu heter **2** *vard.* allt möjligt

what's [wɒts] = *what is* (*has*) **-hername** ['wɒtsəneɪm], **-hisname** ['wɔtsɪzneɪm], **-itsname** ['wɒtsɪtsneɪm] *vard.* vad hon (han, den, det) nu heter

whatso|e'er, -ever [ˌwɒtsəʊ'e(v)ə] alls; *none* ~ ingen alls

wheat [wi:t] vete **-ear** ['wi:tˌɪə] *zool.* stenskvätta **-en** [wi:tn] vete-, av vete

wheedle ['wi:dl] locka (*money out of s.b.* pengar av ngn); lirka med; ~ *s.b. into doing s.th.* lirka med ngn för att förmå honom (med lock och pock förmå ngn) att göra ngt **wheedling** [-ɪŋ] inställsam

wheel [wi:l] **I** *s* **1** hjul (*äv. bildl.*); ~*s* (*pl*) *a*) maskineri, apparat (*äv. bildl.*), *b*) *vard.* bil; *the* ~ *has come full circle* (*bildl.*) cirkeln är sluten; *there are* ~*s within* ~*s* det är en komplicerad situation; *oil the* ~*s* smörja maskineriet (*äv. bildl.*) **2** ratt; *at the* ~ *a*) vid ratten, *b*) *bildl.* vid rodret; *take* (*grab*) *the* ~ ta över ratten **3** [drej]skiva, trissa **4** sväng[ning], rotation; *mil.* riktningsändring **5** *AE. sl.* betydelsefull (inflytelserik) person, pamp **II** *v* **1** rulla, köra, leda, dra, skjuta **2** svänga [runt], vrida [runt], snurra [på], få att (låta) rotera **3** *mil.*, ~ [*round*] [låta] göra en riktningsändring **4** ~ [*round*] *a*) svänga [runt], snurra [runt], rotera, *b*) [hastigt] vända sig om, *c*) kretsa; ~ [*about*] ändra uppfattning (åsikt) **5** rulla, köra; *vard.* cykla **6** *vard., i sht AE.* ~ *and deal* agera smart [och hänsynslöst], mygla

wheel and axle [ˌwi:lənd'æksl] vinsch **wheelbarrow** ['wi:lˌbærəʊ] skottkärra **wheelbase** ['wi:lbeɪs] hjulbas, axelavstånd **wheelchair** ['wi:ltʃeə] rullstol **wheeled** [wi:ld] hjulförsedd, på hjul; hjul-; *two-*~ tvåhjulig **wheeler** ['wi:lə] *s, two-*~ tvåhjuling **wheeler-dealer** [ˌwi:lə'di:lə] myglare **wheelhouse** ['wi:lhaʊs] *sjö.* styrhytt **weeling and dealing** [ˌwi:lɪŋən'di:lɪŋ] **I** *s* mygel **II** *v, be* ~ mygla **wheelwright** ['wi:lraɪt] hjulmakare

wheeze [wi:z] **I** *v* väsa, pipa, rossla **II** *s* **1** väsande, pipande, rosslande **2** *BE. vard.* trick, knep; skämt **wheezy** ['wi:zɪ] väsande, pipande, rosslig; flåsig

whelk [welk] *zool.* valthornssnäcka

whelp [welp] **I** *s* **1** [hund]valp; [varg]unge **2** valp, spoling **II** *v* valpa; få ungar

when [wen] **I** *adv* **1** när, hur dags; *since* ~ *have you been here?* hur länge har du varit här?; *he came last week, since* ~ *he has been here* han kom förra veckan, och sedan dess har han varit här; ~ *did you arrive?* när kom du?; ~ *ever,se whenever; say* ~*!* (*vid påfyllning*) säg stopp! **2** då, när; som; *on the day* ~ den dag då; *during the time* ~ under den tid som (då); *in 1980, up till* ~ *she...* 1980, fram till vilken tidpunkt hon...; *be careful* ~ *crossing the road* var försiktig när du går över gatan; *that's* ~ det är (var) då [som]; *scarcely* (*hardly*) ~ knappt förrän; *it was only* ~... det var först sedan... **II** *konj* när, då; *I can't remember* ~ *I last saw him* jag kommer inte ihåg när jag såg honom sist; *I did it* ~ *young* jag gjorde det när jag var ung **III** *s* tid[punkt]; *the* ~ *and the where* tid och plats

whence [wens] *åld.* varifrån; varav; varför

when|e'er [wen'eə] *poet.*, **-ever** [-'evə] **I** *konj* när...än, när[helst], så ofta [som], varje gång [som]; ~ *you like* när du vill **II** *adv, vard.* när det nu var som; *or* ~ eller när det nu var (blir); ~ *did he arrive?* när i all världen kom han?

where [weə] **1** var; på vilket sätt, i vilken mån, hur; vart; ~ *ever?* (*vard.*) var (vart) i all världen?; ~ *from?* varifrån?, var...ifrån?; ~...*to?* vart?; ~ *to go?* vart ska vi (man *etc.*) gå?; ~ *would we be, if?* hur skulle det gå med oss (var skulle vi stå) om? **2** där; dit; var; vart; då; *that's* ~ *we differ* det är här (på den punkten) våra uppfattningar går isär; *that's* (*this is*) ~ *he lives* det är där (här) han bor

whereabouts **I** *s* ['weərəbaʊts] (*behandlas som sg*) tillhåll, vistelse-, uppehålls|ort; [ungefärligt] läge; *her present* ~ *is unknown* det är inte känt var hon håller till för närvarande **II** *adv* [ˌweərə'baʊts] var någonstans (ungefär)

where|as [weər'æz] **1** medan, under det att, då däremot **2** *jur.* enär, alldenstund **-at** *åld.* **1** där **2** var|på, -efter **-by** var|igenom, -med

where'er [weər'eə] *poet., se wherever*

where|fore ['weəfɔ:] **I** *s, vanl.* ~*s* (*pl*) skäl, orsak; *the whys and* ~*s* alla orsaker **II** *adv, åld.* varför **-from** [weə'frɒm] *åld.* varifrån **-in** [weər'ɪn] *åld.* vari **-of** [weər'ɒv] *åld.* varav **-on** [weər'ɒn] *åld.* varpå **-to** [weə'tu:] *åld.* vart; vartill **-upon** [weərə'pɒn] varpå

wherever [weər'evə] **1** varhelst, var ... än; varthelst, vart ... än; överallt där (dit) **2** *vard., se under where 1*

where|with [weə'wɪð] *åld.* varmed **-withal** ['weəwɪðɔ:l] *s, the* ~ medel, resurser, möjligheter

wherry ['werɪ] **1** pråm **2** liten roddbåt, jolle

whet [wet] slipa, bryna, vässa; *bildl.* skärpa, stimulera; ~ *one's appetite* reta aptiten
whether ['weðə] **1** om, huruvida **2** ~...*or* antingen (vare sig)...eller; ~...*or no a*) om, huruvida, *b*) under alla omständigheter
whetstone ['wetstəʊn] bryne, brynsten
whew [hju:] *interj* puh!; oj!; usch!
whey [weɪ] vassla
whf. *förk. för wharf*
which [wɪtʃ] *pron* **1** *interr.* vilken, vilket, vilka, vem; vilken (vilket, vilka, vem) som; vilkendera; ~ *one?* vilken[dera]?, vem?; ~ *ever?* (*vard.*) vem (vilken) i all världen?; ~ *is* ~*?* vilken är vilken?, vem är vem? **2** *rel.* (*gen. whose, se whose II*) som; vilken, vilka; vilket, något som; *about* ~ om vilken (*etc.*), varom, som...om; *among* ~ bland vilka, varibland; *on* ~ på vilken (*etc.*), varpå, som...på; *the car, the doors of* ~ bilen, vars dörrar; *the cat* ~ *I saw* katten [som] jag såg; *on the day before* ~ *he met her* dagen innan han mötte henne **-ever** [-'evə] **1** vilken[dera]...än; vilken...som än; den [som]; *take* ~ *you like most* ta den du tycker bäst om **2** *vard., se under which 1*
whiff [wɪf] **I** *s* **1** fläkt, pust; puff; *a* ~ *of fresh air* en nypa frisk luft; *a* ~ *of smoke* en rökpuff, ett rökmoln; *a* ~ *of wind* en vindpust **2** inandning; bloss **3** lukt; doft **4** *bildl.* spår, aning **II** *v* **1** andas in; bolma (blossa) på **2** lukta på; känna [lukten av] **3** pusta, fläkta **4** bolma, blossa (*at* på) **5** *BE. vard.* lukta [illa] **whiffy** ['wɪfɪ] illaluktande; unken, instängd
Whig [wɪg] *hist.* whig, liberal
while [waɪl] **I** *s* **1** stund; tid; *a long* ~ *ago* för länge sedan; *it will be a long* ~ *before* det kommer att dröja länge innan; *for a* ~ [för, på] en stund (tid), ett slag (tag); *in a little* ~ om en liten stund, snart, inom kort; *once in a* ~ någon [enstaka] gång, då och då; *quite a* ~ ett bra tag, en god stund, ganska länge; *the* ~ under tiden, så länge; *all the* ~, *the whole* ~ [under] hela tiden **2** *be worth* [*one's*] ~ vara mödan värt, vara värt besväret, löna sig **II** *konj* **1** medan, under det att, så länge [som] **2** medan [däremot], då däremot **3** samtidigt som; även om; trots att **III** *v,* ~ *away the time* fördriva tiden
whilst [waɪlst] *konj, i sht BE., se while II*
whim [wɪm] nyck, infall
whimper ['wɪmpə] **I** *v* gnälla, gny, pipa **II** *s* gnäll, gnällande, gny[ende], pip[ande]
whimsey ['wɪmzɪ] *se whimsy*
whimsi|cal ['wɪmzɪkl] **1** nyckfull **2** egendomlig, originell; fantastisk **-cality** [ˌwɪmzɪ'kælətɪ] **1** nyckfullhet **2** egendomlighet, originalitet **3** nyck, infall
whimsy ['wɪmzɪ] **1** stollighet[er], konstiga idéer, bisarreri[er] **2** nyck, konstigt infall
whin [wɪn] *bot.* ärttörne **-chat** ['wɪntʃæt] *zool.* buskskvätta
whine [waɪn] **I** *v* kvida, gnälla, yla; vina; ~ *about* gnälla (jämra sig) över **II** *s* kvidande, gnäll[ande], ylande; vinande **whining** ['waɪnɪŋ] *a* kvidande, gnällande, ylande; vinande
whinny ['wɪnɪ] **I** *v* gnägga **II** *s* gnägg|ning, -ande
whip [wɪp] **I** *s* **1** piska; spö; *get a fair crack of the* ~ (*vard.*) få en chans **2** [pisk]rapp **3** *kokk. ung.* mousse **4** *parl.* inpiskare; kallelse (upprop) [till votering, debatt] **II** *v* **1** piska [på], prygla, ge stryk, spöa [upp]; piska (slå) mot; *vard.* slå [ut], utklassa, göra ner; *bildl.* piska upp, egga, sporra; ~ [*up*] *enthusiasm* väcka entusiasm **2** vispa; ~*ped cream* vispgrädde **3** linda [om], vira om; *sömn.* kasta **4** *vard.* sno, knycka **5** piska, slå; *the flag was* ~*ping in the wind* flaggan slog i vinden **6** ~ *back* rusa (störta, flänga, susa) tillbaka; ~ *in* (*parl.*) vara inpiskare; ~ *into a*) stoppa (köra, slänga, kasta) in i, *b*) rusa (störta, flänga, susa) in i, *c*) hoppa i, kasta på sig; ~ *into line* (*shape*) få hyfs (fason) på; ~ *off a*) dra i väg med, föra (köra) bort, *b*) rycka bort (av, undan), slita av [sig], *c*) rusa (sticka) i väg (bort); ~ *on a*) piska (driva) på, *b*) kasta (slänga) på [sig]; ~ *out a*) [snabbt] dra (rycka, slita, ta) fram (upp), *b*) rusa (störta) ut (fram); ~ *round a*) rusa (sticka) runt, *b*) kila över (*to a p.'s place* till ngn), *c*) [snabbt] vända sig om, *d*) göra en insamling; ~ *up a*) piska upp (*äv. bildl.*), *b*) vispa upp, *c*) *vard.* fixa till, *d*) [snabbt] dra (rycka, slita, ta) upp (fram), *e*) rafsa åt sig, *f*) [snabbt] samla [ihop], *g*) rusa (flänga, störta) upp[för]
whipcord ['wɪpkɔ:d] **1** *konkr.* pisksnärt **2** *textil.* whipcord **whip hand** *s, have the* ~ *over s.b.* ha övertaget över ngn **whiplash** pisksnärt, snärtande med piskan **whippersnapper** [-ˌsnæpə] [pojk]spoling, snorvalp; flicksnärta
whippet ['wɪpɪt] (*hundras*) whippet
whipping ['wɪpɪŋ] **1** pisk|ande, -ning; *get a* ~ få stryk **2** visp|ande, -ning **whipping boy** syndabock, strykpojke **whipping cream** vispgrädde
whippoorwill ['wɪpˌpʊəˌwɪl] *zool.* skrännattskärra
whippy ['wɪpɪ] böjlig, smidig
whip|-round [ˌwɪp'raʊnd] *i sht BE. vard.* insamling **-ster** ['wɪpstə] *se whippersnapper* **-stitch** ['wɪpstɪtʃ] *sömn.* kaststygn
whir [wɜ:] **I** *v* surra; (*om motor*) spinna **II** *s* **1** surr; (*motors*) spinnande **2** jäkt[ande]
whirl [wɜ:l] **I** *v* **1** virvla upp; svänga; ~ *round* svänga runt med **2** [snabbt] föra i väg (bort); *the train* ~*ed us off* tåget susade i väg med oss **3** virvla; svänga runt; snurra; *my head is* ~*ing* det går (snurrar) runt i huvudet på mig **4** rusa, susa, virvla (*into a room* in i ett rum) **II** *s* virvlande; snurrande; rotation; virvel (*äv. bildl.*); *bildl. äv.* förvirring; *a* ~ *of dust* ett [virvlande] dammoln; *give s.th. a* ~ *a*) svänga runt med ngt, *b*) *vard.* prova (testa) ngt; *I am* (*my mind is*) *in a* ~ det går (snurrar) runt i huvudet på mig
whirligig ['wɜ:lɪgɪg] **1** snurra **2** karusell; *bildl. äv.* virvel
whirl|pool ['wɜ:lpu:l] [ström]virvel (*äv. bildl.*) **-wind I** *s* virvelvind; *bildl.* virvel **II** *a* blixtsnabb, hastig
whirlybird ['wɜ:lɪbɜ:d] *vard.* helikopter
whirr [wɜ:] *se whir*
whisk [wɪsk] **I** *s* **1** dammvippa; borste, kvast, viska; [*fly*] ~ flugsmälla **2** visp; vispning; *give the eggs a good* ~ vispa äggen ordentligt **3** svep[ande rörelse], viftning, snabb rörelse **II** *v* **1** vifta; borsta (sopa, vispa, ta) [bort] **2** vispa (*eggs* ägg) **3** vifta (svänga) med **4** [snabbt] föra (köra) **5** rusa, sticka, flänga, susa (*away* i iväg)
whisker ['wɪskə] **1** ~*s* (*pl*) polisonger **2** morrhår

W

3 *vard., by a ~* mycket knappt, på håret **whiskered** [-d] **1** polisongprydd, med polisonger **2** med morrhår

whiskey ['wɪskɪ] amerikansk (irländsk) whisky **whisky** ['wɪskɪ] whisky

whisper ['wɪspə] **I** *v* viska **II** *s* viskning; *vard.* viskningar, rykte; *in a ~* viskande; *speak in a ~* viska **whispering** [-rɪŋ] **I** *s* viskande **II** *a* viskande; *~ campaign* viskningskampanj; *~ gallery* viskgalleri, ekovalv

whist [wɪst] *kortsp.* whist, vist **whist drive** ['wɪstdraɪv] whist-, vist|turnering

whistle ['wɪsl] **I** *v* **1** vissla [på] (*a tune* en melodi) **2** vissla (*for* på, efter; *to* på); vina, pipa, susa; blåsa; drilla; *the referee ~d for play to stop* domaren blåste av matchen; *he can ~ for it* (*vard.*) det kan han titta i månen efter **II** *s* **1** vissling; vinande, pip[ande], sus[ande], susning; drill, drillande; vissel[signal]; *give a ~* vissla [till] **2** vissla; [vissel]pipa; *blow the ~ on* (*vard.*) ange, tjalla på; *wet one's ~* (*vard.*) fukta strupen, ta sig ett glas (en drink)

whistler ['wɪslə] **1** visslare **2** *radio.* brus

whistle stop ['wɪslstɒp] **1** *AE.* liten järnvägsstation (*där tågen stannar på anmodan*); liten håla **2** kort uppehåll (*av politiker under valturné*) **whistle-stop I** *v* vara ute på valturné **II** *a, ~ tour* valturné med många korta uppehåll

whistling ['wɪslɪŋ] **I** *s* visslande **II** *a* visslande; *~ swan* sångsvan

Whit [wɪt] *vard. för Whitsun*[*tide*]

whit [wɪt] *s, no* (*not a*) *~* inte ett dugg (dyft, uns)

white [waɪt] **I** *a* vit; [vit]blek; *bildl. äv.* ren, obefläckad; *~ ant* termit; *~ bear* isbjörn; *~ book* (*polit.*) vitbok; *~ coffee* kaffe med mjölk (grädde); *~ elephant* dyrbar men fullständigt onödig sak; *~ flag* vit flagg[a], parlamentärflagg[a]; *~ gold* vitt guld, vitguld; *~ goods* vita varor, hushållsmaskiner; *at a ~ heat* vitglödgad; *his anger was at a ~ heat* han var vit (kokade) av vrede; *work at a ~ heat* arbeta febrilt (för högtryck); *~ hope* (*vard., om pers.*) stort (enda) hopp; *~ horses* (*på sjön*) vita gäss; *the W~ House* (*i Washington*) Vita huset; *~ lead* blyvitt; *~ lie* vit lögn, nödlögn; *~ man* vit [man]; *~ meat* ljust kött; *~ paper* (*polit.*) vitbok; *W~ Russia* Vitryssland; *~ sale* rea[lisation] på vitvaror; *~ slavery* (*slave trade*) vit slavhandel; *~ tie a*) vit fluga (rosett), *b*) frack; *~ wine* vitt vin, vitvin; *as ~ as a sheet* vit som ett lakan; *go* (*turn*) *~* bli vit (blek), vitna, blekna, bli vithårig **II** *s* **1** vit färg, vitt; vithet **2** vita; *~ of egg* äggvita; *the ~ of the eye* ögonvitan, vitögat **3** *~s* (*pl*) *a*) vittvätt, *b*) (*för sport*) vit dräkt, vita byxor (kläder) **4** vit; *the ~s* (*pl*) de vita

white|bait ['waɪtbeɪt] små-, skarp|sill **-beam** *bot.* vitoxel **-caps** *pl* (*på vågor*) vita gäss **--collar** [-,kɒlə] *a, ~ worker* manschettarbetare **-fish** [-fɪʃ] (*pl ~*[*es*]) *zool.* sik; fisk med vitt kött (*t.ex. kolja, torsk, vitling*) **--haired** [-,heəd] vithårig

Whitehall [,waɪt'hɔ:l] **1** Whitehall (*Londongata*) **2** brittiska regeringen

white|-hot [,waɪt'hɒt] **1** vitglödgad **2** *vard.* glödande, upptänd **--livered** ['waɪt,lɪvəd] **1** feg **2** sjukligt blek

whiten ['waɪtn] **1** göra vit; bleka **2** vitna; blekna; blekas **whitener** [-ə] blekmedel

whiteness ['waɪtnɪs] vithet; blekhet

whitening ['waɪtnɪŋ] **1** vitfärgning; blekning **2** vit färg; kritpulver

white|out ['waɪtaʊt] *s, there is a ~* det är alldeles vitt ute (*av snö*) **--slaver** [-,sleɪvə] vit slavhandlare **-smith** [-smɪθ] bleckslagare **-thorn** [-θɔ:n] *bot.* hagtorn **-throat** [-θrəʊt] *zool.* törnsångare **-tie** [-taɪ] *a* frack-, gala-; *~ occasion* fracktillställning

whitewash ['waɪtwɒʃ] **1** kalk-, lim|färg, kalkslam **2** *vard.* skönmålning, förskönande; bortförklaring **II** *v* **1** vit|kalka, -limma, -mena **2** *vard.* skönmåla, försköna; bortförklara

whitey ['waɪtɪ] *i sht AE. neds.* viting, vit man

whither ['wɪðə] *åld., poet.* dit; vart[hän]; vart än

whit|ing ['waɪtɪŋ] **1** *se whitening* **2** (*pl lika*) *zool.* vitling **-ish** [-ɪʃ] vitaktig

Whit Monday [,wɪt'mʌndɪ] annandag pingst **Whitsun** ['wɪtsn] **I** *s* pingst[en], pingsthelg[en] **II** *a* pingst- **Whit Sunday** [,wɪt'sʌndɪ] pingstdag[en] **Whitsuntide** ['wɪtsntaɪd] pingst[en], pingsthelg[en]

whittle ['wɪtl] tälja [till]; tälja på; vässa; *~ away* [*at*] (*bildl.*) inskränka på, gradvis minska; *~ down* skära ner, reducera

whity ['waɪtɪ] *se whitey*

whiz [wɪz] **I** *v* surra, brumma; *vard.* svischa, vissla, susa, vina (*past* förbi) **II** *s* **1** surr[ande], brummande; *vard.* svischande, visslande, sus, susande, vinande **2** *vard.* expert, baddare; *be a ~ at* (*äv.*) vara jättebra på **whizkid** ['wɪzkɪd] *vard.* underbarn, fenomen **whizz** *se whiz*

who [hu:; *obeton.* hʊ] *pron* (*gen. whose, se detta ord; objektsform who, formellt whom*) **1** *interr.* vem, vilka; vem (vilka) som; *~ ever?* (*vard.*) vem i all världen?; *~ but he* vem om inte han; *know ~'s ~* veta vem som är vem; *W~'s W~?* Vem är det?; *he can't remember ~ did it* han kan inte komma ihåg vem det var som gjorde det; *~ did you stay with?* vem bodde du hos?; *~*[*m*] *did you give the information to?, to ~m did you give the information?* vem gav du upplysningen till? **2** *rel.* som; vilken, vilka; den [som]; vem [än]; *he ~ wishes to go* den som vill gå; *deny it ~ may* förneka det den som vill; *bring ~*[*m*] *you want* ta med dig vem du vill

W.H.O. *förk. för World Health Organization*

whoa [wəʊ] *interj* ptro!; *vard.* stopp [ett tag]!

who'd [hu:d] = *who would* (*had*)

whodun[n]it [,hu:'dʌnɪt] *vard.* deckare (*detektivhistoria*)

whoever [hu:'evə] *pron* **1** *interr.* vem i all världen **2** *rel.* vem som än, vem (vilka)...än; vem (vilka) som helst som, var och en (den, de, alla) som; vem; *give it to ~ you like* ge den till vem du vill; *give it to Joe, or John, or ~* (*vard.*) ge den till Joe, eller till John eller vem som helst

whole [həʊl] **I** *a* **1** hel[-]; *with one's ~ heart* av hela sitt hjärta; *~ milk* helmjölk, oskummad mjölk; *~ note* (*AE. mus.*) helnot; *~ number* heltal; *~ sister* helsyster; *the ~ thing* hela saken, det hela, alltihop; *~ tone* (*mus.*) helton; *a pig roasted ~* en helstekt gris; *a ~ lot older* (*vard.*) bra mycket äldre **2** välbehållen, oskad[a]d; frisk **II** *s* helhet; *a ~* en hel, ett helt, en helhet, det hela; *as a ~* som helhet [betraktad], i sin helhet; *the ~* det

hela, alltihop; *the ~ of* hela, alla; *on the ~* på det hela taget, allt som allt
whole|food ['həʊlfʊd] naturlig mat **-hearted** [ˌhəʊl'hɑ:tɪd] helhjärtad; total **-meal** ['həʊlmi:l] *a, BE.* fullkorns-; grahams-; sammalen **-ness** ['həʊlnɪs] *litt.* helhet, fullständighet
whole|sale ['həʊlseɪl] **I** *s* partihandel; *by* (*AE.: at*) ~ i parti, en gros **II** *a* **1** grossist-, parti[handels]-, grosshandels- **2** *bildl.* mass-, i stor skala; utan urskillning; ~ *dealer* grossist, grosshandlare **III** *adv* **1** i parti, en gros **2** *bildl.* i stor skala; i massor, en masse **-saler** [-seɪlə] grossist, grosshandlare
whole|some ['həʊlsəm] hälsosam; sund; nyttig **-wheat** *a, AE., se wholemeal*
who'll [hu:l] = *who will* (*shall*)
wholly ['həʊllɪ] *adv* helt [och hållet], fullständigt
whom [hu:m] *pron, objektsform av who*
whoop [hu:p] **I** *v* **1** skrika, tjuta (*with delight* av förtjusning) **2** *med.* kikna **3** *vard.*, ~ *it up a*) festa om, slå runt, *b*) väcka entusiasm **II** *s* **1** skrik, tjut **2** *vard., not worth a ~* inte värd ett skvatt **whoopee** ['wʊpi:] *vard.* **I** *interj* hurra! **I** *s, make ~ a*) festa om, slå runt, *b*) älska, ligga med varandra **whooper [swan]** ['hu:pə(swɒn)] *zool.* sångsvan **whooping-cough** ['hu:pɪŋkɒf] kikhosta **whoops** [hu:ps] *interj* hoppsan!
whoosh [wʊʃ] *vard.* **I** *interj* svisch! **II** *v* svischa **III** *s* svischande
whop [wɒp] *vard.* klå [upp], ge stryk (*äv. besegra*) **-per** ['wɒpə] *vard.* **1** jättelögn **2** bjässe, baddare **-ping** ['wɒpɪŋ] *vard.* **I** *a* jätte|stor, -lik **II** *adv* jätte-
whore [hɔ:] **I** *s* hora **II** *v* hora; bedriva hor (otukt) **-house** ['hɔ:haʊs] bordell, horhus **-monger** ['hɔ:ˌmʌŋgə] hor|karl, -bock
whorl [wɜ:l] **1** virvel (*äv. i fingeravtryck*); vindling; spiral **2** *bot.* [blad]krans
whortelberry ['wɜ:tlˌberɪ] blåbär; *bog ~* odon
who's [hu:z] = *who is* (*has*)
whose [hu:z] *pron* (*gen. av who o. which*) **1** *interr.* vems; vilkens, vilkas; *~ fault is it?* vems är felet? **2** *rel.* vars, vilkens, vilkas; *my friend, ~ name is Robert* min vän, vars namn är Robert
whosoever [ˌhu:səʊ'evə] *åld. för whoever*
why [waɪ] **I** *adv* **1** *interr.* varför; *~ ever?* varför i all världen?; *~ not ask her?* varför frågar du (vi *etc.*) henne inte?; *~ is that?* hur kommer det sig? **2** *rel.* varför; därför [som]; *the reason ~* skälet (orsaken) till att; *that's ~* [det är] därför **II** *interj* **1** ja[a]; jo; ja då; *~, no!* nej då!, visst inte!, o nej!; *~, yes!* ja (jo) visst!, o ja!; *~, yes, I think so* ja[a], jag tror det; *if she works so hard, ~ it's no wonder she* om hon arbetar så hårt, ja då är det inte konstigt om hon **2** [ja, nej] men, men...ju; nå; *~ that's easy* [men] det är ju enkelt; *~, there he is!* ja (nej) men där är han ju **II** *s* (*vanl. pl*) skäl, orsak; *know the ~s and the wherefores* känna till alla orsaker (allt som ligger bakom)
W.I. *förk. för West Indian; West Indies; Women's Institute*
wick [wɪk] **1** veke **2** *vard., it gets on my ~* det går mig på nerverna
wicked ['wɪkɪd] **1** ond, syndig; elak, stygg, gemen; *that was a ~ thing to do* det var elakt gjort **2** otäck, elak; *a ~ wound* ett otäckt sår **3** retsam, skälmsk, fräck; *a ~ grin* ett retsamt (skälmskt) leende **4** *vard.* hemsk, förskräcklig; *it's a ~ shame* det är hemskt synd **-ness** [-nɪs] **1** ondska, synd, syndfullhet; elakhet, stygghet, gemenhet **2** otäck (elakartad) beskaffenhet **3** retsamhet, skälmskhet, fräckhet
wicker ['wɪkə] **I** *s* **1** vidja **2** *se wickerwork* **II** *a* korg-; vide-; flätad; ~ *chair* korgstol **-work I** *s* korgarbete, flätverk **II** *a* korg-
wicket ['wɪkɪt] **1** liten dörr, halvdörr; [biljett]lucka; grind **2** (*i kricket*) grind; plan [mellan grindarna]; *keep ~* vara grindvakt; *take a ~* slå ut en slagman **3** [krocket]båge **4** *vard., on a good* (*sticky*) ~ i bra (dåligt) läge **-keeper** [-ˌki:pə] (*i kricket*) grindvakt
wide [waɪd] **I** *a* **1** vid; bred; rymlig; stor; vidsträckt, [vitt]omfattande; rik; ~ *eyes* vidöppna (uppspärrade) ögon; *two metres ~* två meter bred; *a man of ~ reading* en mycket beläst man; *a ~ selection* ett brett (stort) urval; *the big ~ world* [den] stora vida världen **2** felriktad; långt från [målet]; *~ shot* felriktat skott, miss, bom; *~ of the mark* (*bildl.*) orimlig, alldeles fel (uppåt väggarna); *~ of the truth* långt från sanningen **II** *adv* vida, vitt; vida omkring; långt (*of* från); långt från (bredvid) målet, långt bredvid; *~ apart* långt ifrån varandra, vitt skilda; *with arms ~ apart* med utbredda armar; *~ awake* klarvaken, *jfr äv. wide-awake; ~ open a*) vidöppen, på vid gavel, *b*) uppspärrad; *he left himself ~ open to attack* han garderade sig inte alls mot attacker; *the law is ~ open to abuse* det finns många möjligheter att missbruka lagen; *go ~* [*of the mark*] *a*) gå fel (långt bredvid [målet]), missa [grovt], *b*) vara ett slag i luften; *travel far and ~* resa vida omkring; *yawn ~* gäspa stort **II** *s* (*i kricket*) sned boll (*som slagmannen inte når*)
wide|-angle ['waɪdˌæŋgl] *a, ~ lens* vidvinkelobjektiv **--awake** [ˌwaɪdə'weɪk] klarvaken; observant, på alerten **--eyed** ['waɪdaɪd] storögd; troskyldig
widely ['waɪdlɪ] *adv* vitt, vida; vitt och brett; vida omkring; allmänt (*known* känd); *~ read a*) mycket beläst, *b*) mycket läst; *~ travelled* vittberest, mycket berest
widen ['waɪdn] **1** [ut]vidga, bredda (*äv. bildl.*) **2** [ut]vidgas, breddas; *bildl. äv.* öka[s], bli större; bli bredare, utvidga sig
wide|-open [ˌwaɪd'əʊp(ə)n] *se under wide II* **--screen** ['waɪdskri:n] *a, ~ film* vidfilm **-spread** ['waɪdspred] [vitt] utbredd, allmänt spridd, allmän; omfattande; vidsträckt
widgeon ['wɪdʒən] *se wigeon*
widow ['wɪdəʊ] **1** änka (*of* efter); *~'s benefit* (*ung.*) änkepension; *the ~'s mite* (*bibl.*) änkans skärv; *~'s peak* V-format hårfäste; *golf ~* golfänka; *be left a ~* bli änka **2** *boktr.* horunge **widowed** [-d] *a* som är änka, änke-; *be ~* vara änka **widower** [-ə] änkling, änkeman **widowhood** [-hʊd] änkestånd
width [wɪdθ] **1** bredd; vidd **2** *~ of cloth* tygvåd
wield [wi:ld] **1** hantera, sköta, använda; svinga (*a weapon* ett vapen) **2** utöva (*power* makt) **wieldy** ['wi:ldɪ] lätt|hanterlig, -skött, händig
wiener ['wi:nər] *AE.* wienerkorv **Wiener schnitzel** ['vi:nərˌʃnɪtsəl] wienerschnitzel

W

wienerwurst ['wi:nərwɜ:st] *AE.* wienerkorv
wife [waɪf] (*pl wives* [waɪvz]) hustru, fru, maka; *old wives' tale* käringprat; *take s.b. to ~* ta ngn till hustru **wifely** ['waɪflɪ] *a* hustrulig, som anstår en hustru; hustru- **wife swapping** ['waɪf,swɒpɪŋ] hustrubyte
wig [wɪg] peruk
wigeon ['wɪdʒən] *zool.* bläsand
wigged [wɪgd] perukförsedd
wigging ['wɪgɪŋ] *BE. vard.* avbasning, utskällning
wiggle ['wɪgl] **I** *v* **1** vicka med (på); vifta på (*one's ears* öronen) **2** vrida (slingra) sig **II** *s* vickning; viftning; vridning, slingring
wigwag ['wɪgwæg] **I** *v* **1** vifta med **2** signalera (*med flagga e.d.*) **II** *s* signalering (*med flagga*)
wigwam ['wɪgwæm] (*indianhydda*) wigwam
wild [waɪld] **I** *a* **1** vild; förvildad; öde (*stretch of land* trakt); *~ flowers* vilda blommor; *~ tribes* vilda stammar **2** vild, oordnad; *~ disorder* vild oordning; *~ hair* ostyrigt hår **3** vild; uppsluppen; hejdlös; oregerlig; utsvävande **4** vild; vettlös, vanvettig; *vard. a*) tokig, galen (*about* i), *b*) vild, utom sig (*with* av), *c*) fantastisk, underbar; *in my ~est dreams* i mina vildaste drömmar; *I'm not ~ about* (*vard.*) jag är inte överdrivet förtjust i **5** rasande, ursinnig (*at, with* på), vild; (*om väder, hav*) stormig, häftig; *drive* (*make*) *s.b. ~* göra ngn rasande (ursinnig) **6** vild, olaglig (*strike* strejk) **II** *adv* vilt; ohejdat; planlöst; på måfå; *run ~ a*) växa (leva) vilt, leva i vilt tillstånd, förvildas, *b*) springa omkring fritt (vind för våg), *c*) bli utom sig, tappa besinningen, *d*) löpa amok; *let one's imagination run ~* låta fantasin få fritt spelrum **III** *s* **1** *animals in the ~* djur i vilt tillstånd **2** *~s* (*pl*) vild-, öde|mark[er], obygd[er]
wild boar ['waɪldbɔ:] *zool.* vildsvin **wildcat I** *s* **1** vildkatt; lodjur; *bildl.* vildkatt[a] **II** *a* vild; vanvettig; svindel-; *~ schemes* vilda (vanvettiga) planer; *~ strike* vild strejk
wildebeest ['wɪldɪbi:st] (*pl lika*) *Sydafr.* gnu
wilderness ['wɪldənɪs] **1** vild-, öde|mark; *a voice [crying] in the ~* (*bildl.*) en röst [som ropar] i öknen **2** röra; virrvarr, gytter
wild|-eyed ['waɪldaɪd] **1** vilt stirrande **2** omöjlig, fantastisk **-fire** [-,faɪə] *s, spread like ~* sprida sig som en löpeld **-fowl** [-faʊl] *koll.* vildfågel (*i sht vildgäss, änder, fasaner*) **--goose** [-gu:s] *a, ~ chase* hopplöst företag; *be on a ~ chase* vara på villospår **-life** [-laɪf] djur- och växtliv, vilda djur och växter **-ly** [-lɪ] *adv, vard.* enormt, fantastiskt **-ness** [-nɪs] vildhet; häftighet, ursinne; *jfr wild*
wiles [waɪlz] *pl* lister, knep
wilful ['wɪlf(ʊ)l] **1** egensinnig, envis **2** avsiktlig, uppsåtlig, överlagd; *~ murder* överlagt mord
will I *hjälpv* [wɪl, *obeton.* l, wəl, əl] (*imperf. would, se detta ord; i pres. ofta 'll, nekande ofta won't*) **1** vill; *~ you be quiet?* vill du vara tyst!, var tyst!; *~ you pass the salt, please?* vill du vara snäll och skicka saltet?; *~ you help me? - ~ I!* vill du hjälpa mig? - ja visst!, mycket gärna!; *the door won't open* dörren går inte att öppna; *shut the window, ~ you?* stäng fönstret, är du snäll!; *won't you sit down?* var så god och sitt!; *the car won't start* bilen vill inte starta (startar inte) **2** skall; kommer att; ämnar; tänker; *I'll be right there!* [jag] kommer strax!; *that ~ be the best for all of us* det blir det bästa för oss alla; *you ~ come to see us, won't you?* du kommer väl och hälsar på oss?; *what ~ I do?* vad skall jag göra?; *I wonder what he ~ do next* jag undrar vad han skall (kommer att, ämnar, tänker) göra härnäst; *I ~ have my way* jag skall ha min vilja fram; *you ~ not talk to me like that!* tala inte till mig på det sättet! **3** torde; *that ~ do* det räcker (duger, är bra); *that'll be the postman* det är nog brevbäraren; *ask him - he'll know* fråga honom - han vet säkert **4** *boys ~ be boys* pojkar är [nu en gång] pojkar; *accidents ~ happen* en olycka händer så lätt; *these things ~ happen* sådant händer **5** brukar, kan; *he ~ sit like that for hours* han brukar (kan) sitta så där i timmar **6** kan; *the cinema ~ seat 500 people* biografen rymmer 500 personer (har 500 sittplatser) **II** *v* [wɪl] (*~ed, ~ed*) **1** vilja; *God ~ing* om Gud vill **2** påverka, förmå, få; *he ~ed himself to stay awake* han tvingade sig att hålla sig vaken **3** testamentera **III** *s* [wɪl] **1** vilja; *good ~* god vilja, välvilja; *ill ~* illvilja; *an effort of ~* en viljeansträngning; *~ to live* livsvilja, vilja att leva; *at ~* efter behag (eget gottfinnande), som du (han *etc.*) vill, fritt; *of one's own free ~* av [egen] fri vilja; *with a ~* med liv och lust, ivrigt; *thy ~ be done* (*bibl.*) ske din vilja; *where there is a ~ there is a way* man kan vad (bara) man vill; *have one's ~* få sin vilja fram **2** testamente; *my last ~ and testament* min sista (yttersta) vilja, mitt testamente
willed [wɪld] med...vilja
willful ['wɪlf(ʊ)l] *AE., se wilful*
William ['wɪljəm] (*som kunganamn*) Vilhelm
willies ['wɪlɪz] *pl, se willy*
willing ['wɪlɪŋ] **1** villig; tjänst-, bered|villig; ivrig; *be ~ to do s.th.* (*äv.*) gärna göra ngt **2** frivillig **-ly** [-lɪ] *adv* **1** villigt, gärna; tjänst-, bered|villigt **2** frivilligt **-ness** [-nɪs] villighet; tjänst-, bered|villighet; iver
will-o'-the wisp [,wɪləðə'wɪsp] **1** irrbloss; *bildl.* bländverk **2** spelevink
willow ['wɪləʊ] *bot.* pil[träd]; vide, sälg; *weeping ~* tårpil **willow pattern** [-,pætən] (*på porslin*) pilträdsmönster **willow tit** [-tɪt] *zool.* talltita **willow warbler** [-,wɔ:blə] *zool.* lövsångare **willowy** [-ɪ] slank, smärt
will-power ['wɪl,pauə] vilje|styrka, -kraft
willy ['wɪlɪ] *vard.* **1** *i sht barnspr.* snopp (*penis*) **2** *it gives me the willies* det ger mig stora skälvan
willy-nilly [,wɪlɪ'nɪlɪ] antingen man vill eller inte, med eller mot sin vilja
1 wilt [wɪlt] **1** sloka; vissna; mjukna **2** tappa modet; svikta; tröttna **3** komma att sloka (vissna, mjukna) **4** komma att tappa modet (svikta, tröttna)
2 wilt [wɪlt] *åld. el. dial., 2 pers. pres. sg av will; thou ~* du vill
Wilton ['wɪlt(ə)n] wilton[matta]
Wilts. *förk. för Wiltshire* **Wiltshire** ['wɪltʃə]
wily ['waɪlɪ] listig, slug, förslagen
Wimbledon ['wɪmbld(ə)n]
wimp [wɪmp] *vard.* försagd typ, ynkedom **-ish** ['wɪmpɪʃ] *vard.* försagd, menlös
wimple ['wɪmpl] **I** *s* **1** [nunne]dok; slöja **2** *Sk.* flodkrök

win [wɪn] **I** *v* (*won, won*) **1** vinna, vinna i (vid); tillkämpa sig, erövra, ta [hem]; skaffa sig, förvärva; få; [upp]nå; ~ *s.b. to do s.th.* få ([lyckas] övertala) ngn att göra ngt; ~ *s.b. over* (*round*) vinna ngn för sin sak, få över ngn på sin sida, få ngn med sig, [lyckas] övertala ngn; ~ *s.b. over to an idea* vinna ngn för en idé; *it won her the first price* det gjorde att hon vann (gav henne) första pris[et]; *you can't* ~ (*vard.*) du har inte en chans **2** utvinna (*from* ur) **3** vinna, segra (*by 5-1* med 5-1); [lyckas] komma; ~ *free* [lyckas] göra sig fri (kämpa sig loss); ~ *hands down* vinna med händerna på ryggen (lätt); ~ *out a*) [lyckas] komma ut, *b*) lyckas [hävda sig, klara sig], vinna (segra) [till slut]; ~ *through* [lyckas] komma (kämpa sig) igenom, *bildl. äv.* lyckas, klara sig **II** *s* **1** *vard.* seger, framgång; *sport.* seger **2** vinst, förtjänst

wince [wɪns] **I** *v* rycka till (*at a sound* vid ett ljud); förvrida ansiktet (*with pain* av smärta); rygga [tillbaka] (*at* inför) **II** *s* ryckning

winch [wɪn(t)ʃ] **I** *s* vinsch; vev **II** *v* vinscha; veva; ~ *up* vinscha (veva) upp

1 wind [wɪnd; *poet. ibl.* waɪnd] **I** *s* **1** vind (*äv. bildl.*); blåst, fläkt, luft[drag]; *the ~ of change* förändringens vind[ar]; *change of ~* vindkantring; *gust of ~* vindstöt; *from the four ~s* från alla fyra väderstrecken, från alla håll; *in the teeth* (*eye*) *of the ~* (*sjö.*) i vindögat; *into the ~* (*sjö.*) upp i vind, mot vinden; *like the ~* (*bildl.*) snabbt som vinden, med vindens hastighet; *be in the ~* (*bildl.*) ligga i luften, vara under uppsegling; *find out which way the ~ is blowing* (*bildl.*) ta reda på varifrån (vart) vinden blåser; *raise the ~* (*BE. vard.*) skaffa pengar; *sail close to the ~ a*) *sjö.* gå högt upp i vind, *b*) *bildl.* gå så långt man vågar, tangera gränsen för det tillåtna; *take the ~ out of a p.'s sails* (*bildl.*) ta loven av ngn; *throw caution to the ~* kasta all försiktighet överbord **2** väderkorn; *get ~ of* få väderkorn (vittring) på, vädra, *bildl. äv.* få nys om; *get ~ that* få nys om (reda på) att; *have in the ~* ha fått vittring (väderkorn) på **3** andning; anda; *be short of ~* vara andfådd; *get one's second ~* (*sport., bildl.*) komma in i andra andningen; *lose one's ~* tappa andan; *regain one's ~* hämta andan; *sound in ~ and limb* kärnfrisk, i utmärkt kondition **4** gaser [i magen], väderspänning[ar]; *break ~* släppa sig (väder); *bring up ~* rapa; *get* (*have*) *the ~ up* (*vard.*) bli (vara) skraj; *put the ~ up s.b.* (*vard.*) göra ngn skraj **5** [tomt] prat, munväder; *he's full of ~* (*bildl.*) han är en riktig pratmakare; **6** *mus., the ~* blåsarna, blåsinstrumenten **II** *v* **1** göra andfådd (utmattad) **2** vädra, få väderkorn (vittring) på **3** lufta, lufttorka

2 wind [waɪnd] (*~ed, ~ed el. wound, wound*) *poet.* blåsa (*a signal* en signal); blåsa [i] (*a horn* ett horn)

3 wind [waɪnd] **I** *v* (*wound, wound*) **1** linda, vira, veckla, sno, slå; ~ *one's arm around* slå armarna om; ~ *a shawl around* svepa en sjal om **2** nysta; spola; veva [på], vrida [på]; vinda (veva, dra, vrida) upp; ~ *back* spola (veva) tillbaka; ~ *down a*) veva ner, *b*) *bildl.* dra (trappa) ner, minska; ~ *on* spola (veva) fram; ~ *up a*) nysta upp, *b*) vinda (veva) upp, *c*) dra (vrida) upp, *d*) *bildl.* driva (skruva) upp, *e*) [av]sluta, *f*) upplösa, avveckla, *g*) *vard.* reta upp, *h*) *vard.* lura, skoja med; *to ~ up the party* som avslutning på festen; *wound up* spänd, nervös **3** ~ *one's way* slingra sig [fram] **4** slingra [sig]; ringla sig **5** linda (sno) sig **6** dras (vridas) upp **7** ~ *down* (*bildl.*) varva ner; ~ *up a*) [till slut] hamna, *b*) sluta; *to ~ up* avslutningsvis; *we wound up at a nightclub* efteråt (som avslutning) gick vi på en nattklubb; *he will ~ up as director* han kommer att sluta som direktör **II** *s* **1** vridning; varv; *give the clock a ~* dra (vrida) upp klockan; *give the clock one more ~* vrida upp klockan ett varv till **2** slingring, krök[ning], bukt

wind|bag ['wɪndbæg] **1** *vard.* prat|makare, -kvarn **2** (*säckpipas*) vindsäck **-break** vindskydd **-breaker** [-ˌbreɪkə] *AE.*, **-cheater** [-ˌtʃi:tə] *BE.* vindtygsjacka

winded ['wɪndɪd] andfådd; som har tappat luften

winder ['waɪndə] **1** [ur]nyckel **2** haspel; spole **3** slinger-, käng|växt

windfall ['wɪndfɔ:l] **1** fallfrukt **2** skänk från ovan, glad överraskning **windflower** [-ˌflaʊə] sippa; vitsippa **wind gauge** [-geɪdʒ] vindmätare

winding ['waɪndɪŋ] **I** *a* slingrande, krokig **II** *s* **1** slingring; krök[ning]; vindling **2** uppdragning (*of a watch* av en klocka) **3** *tekn.* lindning **4** *bildl.*, *~s* (*pl*) krokvägar, omsvep **winding sheet** [lik]svepning **winding staircase** [-ˌsteəkeɪs] vindel-, spiral|trappa

wind instrument ['wɪndˌɪnstrʊmənt] blåsinstrument **windjammer 1** *sjö.* windjammer (*segelfartyg*) **2** vindtygsjacka **windlass** [-ləs] vinsch, vindspel **windmill** [-mɪl] **1** väderkvarn; *tilt at* (*fight*) *~s* (*bildl.*) slåss mot väderkvarnar **2** [leksaks]snurra **3** *vard.* helikopter; propeller

window ['wɪndəʊ] **1** fönster; skyltfönster **2** lucka; *ticket ~* biljettlucka **window box** blom[ster]låda (*utanför fönster*) **window cleaner** [-ˌkli:nə] fönsterputsare **window-dressing** [-ˌdresɪŋ] **1** fönsterskyltning **2** *bildl.* [tom] fasad, bländverk; propaganda **window envelope** [-ˌenvələʊp] fönsterkuvert **window frame** [-freɪm] fönster|karm, -ram **windowpane** [-peɪn] fönsterruta **window sash** [-sæʃ] fönsterbåge **window seat 1** fönsterbänk **2** (*i buss e.d.*) fönsterplats **window-shop** [-ʃɒp] fönstershoppa, titta i skyltfönster **windowsill** [-sɪl] fönsterbräde; fönsterbleck

windpipe ['wɪn(d)paɪp] luftstrupe **wind rose** vind-, kompass|ros

windscreen ['wɪn(d)skri:n] *BE.* (*på bil*) vindruta **windscreen washer** [-ˌwɒʃə] *BE.* vindrutespolare **windscreen wiper** [-ˌwaɪpə] *BE.* vindrutetorkare

windshield ['wɪn(d)ʃi:ld] **1** *AE., se windscreen* **2** vindskydd

Windsor ['wɪnzə]

wind|surfer ['wɪn(d)ˌsɜ:fə] **1** surfingbräda **2** vindsurfare **-surfing** [-ˌsɜ:fɪŋ] vindsurfning; *go ~* vindsurfa **-swept** [-swept] vindpinad

wind tunnel ['wɪn(d)ˌtʌnl] vindtunnel

wind-up ['waɪndʌp] **I** *s, i sht AE.* avslutande; avslutning, slut **II** *a* uppdragbar; vev-

windward ['wɪndwəd] *sjö.* **I** *a* lovarts-, vind-; *W~ Islands* Öarna över vinden **II** *adv* i lovart, på vindsidan **III** *s* lovart[s]sida; *get to ~ of* komma i lovart

W

om

windy ['wɪndɪ] **1** blåsig **2** *vard.* svulstig, mångordig, svamlig **3** *vard.* uppblåst, bubblig i magen **4** *sl.* skraj, byxis

wine [waɪn] **I** *s* **1** vin; *new ~ in old bottles* nytt vin i gamla läglar **2** vinrött **II** *v* **1** dricka vin; *go out wining and dining* gå ut och äta och dricka gott **2** bjuda på vin; *~ and dine s.b.* bjuda ut ngn på [en flott] restaurang

winebibber ['waɪnˌbɪbə] vindrinkare **wine cellar** vinkällare **wine cooler** vinkylare **wineglass** [-glɑ:s] vinglas **wine-grower** [-ˌgrəʊə] vinodlare **wine merchant** [-mɜ:tʃ(ə)nt] vinhandlare **winepress** [-pres] vinpress **winery** [-ərɪ] *i sht AE.* vintillverkare

wing [wɪŋ] **I** *s* **1** vinge; *on the ~ a)* flygande, i flykten, *b)* i farten, på resande fot, i luften, *c)* resklar; *clip a p.'s ~s* (*bildl.*) vingklippa ngn; *spread* (*stretch*) *one's ~s* (*bildl.*) pröva sina vingar; *take ~ a) litt.* lyfta, flyga upp, *b) bildl.* ge sig av i hast, flyga sin kos; *take s.b. under one's ~* (*bildl.*) ta ngn under sina vingars skugga **2** *byggn., mil., polit.* flygel; *byggn. äv.* flygel-, sido|byggnad **3** *BE.* (*på bil*) flygel, stänkskärm **4** *sport.* ytter; ytterkant **5** *teat., ~s* (*pl*) kulisser; *in* (*on*) *the ~s* i kulisserna **6** *flyg.* [flyg]flottilj; *AE.* [flyg]eskader **II** *v* **1** förse med vingar; ge vingar [åt] **2** vingskjuta

wing chair ['wɪŋtʃeə] öronlappsfåtölj **wing commander** [-kəˌmɑ:ndə] (*i flygvapnet*) överstelöjtnant **winged** [-d] **1** bevingad (*äv. bildl.*), vingförsedd **2** vingskjuten **winger** [-ə] *sport.* ytter **wing nut** [-nʌt] vingmutter **wing sheath** [-ʃi:θ] *zool.* täckvinge **wing|span** [-spæn], **-spread** [spred] *zool., flyg.* vingbredd **wing tip** [-tɪp] vingspets

wink [wɪŋk] **I** *v* **1** blinka med; *bildl.* blunda för **2** blinka; *~ at a)* blinka åt, *b)* blunda för; *as easy as ~[ing]* lekande lätt **II** *s* **1** blink[ning]; *bildl.* vink; *in a ~* i ett huj; *give s.b. a ~* blinka åt ngn; *tip s.b. the ~* (*vard.*) ge ngn en vink, tipsa ngn; *a nod is as good as a ~* du (man) behöver inte säga mer **2** blund; *have forty ~s* ta sig en [liten] [tupp]lur; *I didn't sleep a ~* (*get a ~ of sleep*) jag fick inte en blund i ögonen

winkle ['wɪŋkl] **I** *s* (*ätlig*) strandsnäcka **II** *v, i sht BE. vard., ~ out* pilla fram (ut) (*of* ur), locka fram (*of* ur); *~ s.th. out of s.b.* locka ur ngn ngt

winner ['wɪnə] **1** vinnare, segrare **2** *vard.* succé, framgång, fullträff

Winnie the Pooh [ˌwɪnɪðə'pu:] Nalle Puh

winning ['wɪnɪŋ] **I** *a* vinnande, segrande; vinnar-; vinst-; *bildl.* vinnande (*smile* leende), intagande, förtjusande **II** *s, ~s* (*pl*) vinst[er] **winning post** mål|stolpe, -linje

winnow ['wɪnəʊ] **1** *lantbr.* vanna, rensa (*grain* säd) **2** sålla [fram] **-er** [-ə] [sädes]vanna

wino ['waɪnəʊ] *AE. sl.* vin|alkis, -fyllo

winsome ['wɪnsəm] *litt.* charmerande, vinnande, älskvärd

winter ['wɪntə] **I** *s* (*jfr autumn*) vinter **II** *v* övervintra, tillbringa vintern **III** *a* vinter-; *W~ Olympic Games* (*Olympics*) olympiska vinterspel **winter cherry** [-ˌtʃerɪ] *bot.* judekörs **wintergreen** [-gri:n] *bot.* vintergröna **winterize** [-raɪz] anpassa för vinterförhållanden; vinterbona **winterly** [-lɪ] *se wintry* **winter solstice** [-ˌsɒlstɪs] vintersolstånd **wintry** ['wɪntrɪ] vintrig, vinterlik, vinter-; *bildl.* kylig, frostig

wipe [waɪp] **I** *v* **1** torka; torka av (bort); sudda (stryka) ut; gnida; torka med (*a cloth over s.th.* med en trasa på ngt); *~ one's eyes* torka tårarna; *~ one's face* torka sig i ansiktet; *~ one's nose* snyta sig, torka sig om näsan; *~ one's feet* torka [sig om] fötterna; *~ the floor with s.b.* (*vard.*) sopa golvet med ngn, slå ut ngn fullständigt; *~ away* torka bort; *~ down* torka av (ren); *~ off a)* torka av (bort), sudda (stryka) ut, *b) se wipe out b)*; *~ the smile off a p.'s face* (*vard.*) få ngn att sluta flina; *~ s.th. off the map* (*face of the earth*) radera ut (utplåna) ngt; *~ out a)* torka (gnida) ur (bort), sudda (stryka) ut, *b)* göra sig kvitt, rentvå sig från, utplåna, *c)* utradera, utplåna, förinta, tillintetgöra; *~ up* torka [upp] **2** torka; gnida; *~ at one's face* torka sig i ansiktet; *~ off* kunna torkas bort (av) **II** *s* [av]torkning; *give s.th. a ~* torka [av] ngt

wiper ['waɪpə] **1** [tork]trasa **2** [vindrute]torkare

wire [waɪə] **I** *s* **1** [metall-, stål]tråd; vajer, wire; ledning[stråd], kabel; lina; *i sht AE.* telegram, telegraf; *on the ~* (*vard.*) på tråden, i telefon; *under the ~* (*AE. vard.*) i sista sekund, nätt och jämnt, med nöd och näppe; *pull ~s* (*vard.*) använda sitt inflytande, utnyttja sina kontakter (förbindelser); *pull the ~s* (*bildl.*) hålla (dra) i trådarna **2** *mus.* [metall]sträng **II** *v* **1** dra in ledningar i, förse med ledningar; ansluta [till elnätet]; *~ [up] a house [for electricity]* dra in elektricitet i ett hus, ansluta ett hus till elnätet **2** fästa (linda om) med [stål]tråd **3** trä upp på [metall]tråd **4** *vard.* telegrafera [till], skicka [ett] telegram [till] **5** *vard.* telegrafera (*for* efter), skicka [ett] telegram

wire brush ['waɪəbrʌʃ] stålborste **wired** [-d] **1** larmad (*med tjuvlarm*) **2** avlyssnad (*med dolda mikrofoner*) **wire entanglement** [-ɪnˌtæŋglmənt] *mil.* taggtrådshinder **wire gauze** [-gɔ:z] metalltråds|duk, -väv **wire-haired** [-heəd] (*om djur*) strävhårig

wireless ['waɪəlɪs] *åld.* **I** *a* **1** trådlös (*telegraphy* telegrafi) **2** radio-; *~ operator* [radio]telegrafist; *~ set* radioapparat **II** *s* radio[apparat]

wire netting ['waɪəˌnetɪŋ] metall-, stål|trådsnät **wire-puller** person som håller i trådarna, intrigmakare **wire-pulling** intrigspel, spel bakom kulisserna **wire-tap** [-tæp] *i sht AE.* avlyssna (*telefon*) **wire-tapping** [-ˌtæpɪŋ] telefonavlyssning **wire wool** [-wu:l] stålull **wireworm** [-wɜ:m] *zool.* knäpparlarv

wiring ['waɪərɪŋ] **1** elektriska ledningar, ledningsnät **2** ledningsdragning **wiry** [-ɪ] **1** senig; seg **2** ståltrådsliknande; stripig

Wis. *förk. för Wisconsin*

Wisconsin [wɪs'kɒnsɪn]

wisdom ['wɪzdəm] visdom, vishet, klokhet; *the ~ of s.th.* (*äv.*) det kloka i ngt; *have the ~ to* ha förstånd att **wisdom tooth** visdomstand; *cut one's wisdom teeth* nå mogen ålder

1 wise [waɪz] **I** *a* **1** vis, klok, förståndig; förnuftig, välbetänkt; förutseende; *you'd be ~ to* det vore klokt av dig att; *be ~ after the event* vara efterklok; *be none the ~r [for it]* inte bli ett dugg klokare [för det]; *nobody will be [any] the ~r* ingen kommer att märka (fatta) ngt; *be ~ in the* *ways of the world* ha livserfarenhet; *get ~ to s.th.* (*AE. vard.*) komma underfund (bli på det klara) med ngt, få nys om ngt; *put s.b. ~ to s.th.* (*vard.*) upplysa ngn om ngt, göra ngt klart för ngn **2** förnumstig; *~ guy* (*AE. vard.*) förståsigpåare, viktigpetter **II** *v, vard.* **1** *~ s.b. up to s.th.* [försöka] få ngn att fatta (inse) ngt, informera ngn om ngt **2** *AE. vard., ~ up to s.th.* fatta (inse) ngt; *~ up!* försök att fatta!

2 wise [waɪz] *åld., any ~* på något vis; *in no ~* på intet vis

wise|acre ['waɪzˌeɪkə] besservisser; snusförnuftig (mästrande) person **-crack** [-kræk] **I** *s* kvickhet; spydighet **II** *v* säga kvickheter, vara kvick; vara spydig **-cracker** [-ˌkrækə] lustigkurre

wisely ['waɪzlɪ] *adv* **1** vist, klokt *etc., se wise* **2** klokt nog

wish [wɪʃ] **I** *v* **1** önska; [skulle] vilja; vilja ha; *what do you ~ me to do?* vad vill du att jag ska göra?, vad ska jag göra?; *I ~ I could* (*äv.*) om jag bara kunde; *I ~ him to come* jag önskar (vill) att han ska komma; *I ~ to say* jag skulle vilja säga; *I ~ he were here* jag önskar [att] han (om han ändå) vore här; *I would not ~ it on my worst enemy* det skulle jag inte vilja önska min värsta ovän **2** [till]önska; *~ s.b. joy* lyckönska ngn; *I ~ you well!* lycka till!; *he ~es her well* han vill henne väl **3** önska [sig ngt]; *as you ~* som du vill (önskar); *~ for* önska [sig], längta efter; *~ upon a star* önska sig ngt när en stjärna faller **II** *s* önskan, önskemål (*for* om); vilja, lust (*for* till), längtan (*for* efter, till); *~es* (*pl, äv.*) *a*) [lyck]önskningar, *b*) hälsningar; *your ~ is my command* din önskan är min lag; *I have no ~ to* jag har ingen önskan (lust) att, jag önskar (vill) inte; *get one's ~* få sin önskan uppfylld, få som man vill; *make a ~* önska [sig ngt]

wishbone ['wɪʃbəʊn] (*på fågel*) gaffelben; önskeben **wishful** [-f(ʊ)l] längtansfull, längtande; *~ thinking* önsketänkande

wish-wash ['wɪʃwɒʃ] *vard.* **1** blask, lank **2** svammel; pladder **wishy-washy** [-ˌɪˌwɒʃɪ] *vard.* **1** blaskig, lankig, vattnig, tunn **2** halvhjärtad; matt, färglös

wisp [wɪsp] **1** [hö]tapp, bunt, knippa; tofs, tott; *~ of grass* grästuva; *~ of hair* hår|test, -tofs, -tott; *~ of smoke* rök|slinga, -strimma **2** liten bit, litet stycke; *~ of a girl* liten flickunge **3** antydan **wispy** ['wɪspɪ] **1** tovig **2** tunn, spenslig, spinkig

wisteria [wɪ'stɪərɪə] *bot.* blåregn

wistful ['wɪstf(ʊ)l] längtansfull, trånande, trängtande, trånsjuk

wit [wɪt] **I** *s* **1** kvickhet; espri[t], spiritualitet; *~[s]* förstånd, vett, klokhet, intellekt; *I was at my ~s' end* jag visste varken ut eller in; *be out of one's ~s* vara ifrån sig (från vettet); *collect* (*gather*) *one's ~s* ta sig samman, samla sig; *have a ready ~* vara kvicktänkt (slagfärdig); *have the ~ to* ha vett (förstånd) att; *have* (*keep*) *one's ~s about one* vara på alerten (uppmärksam), ha tankarna med sig; *live by one's ~s* mygla sig fram; *scare* (*terrify*) *s.b. out of his ~s, frighten the ~s out of s.b.* skrämma livet ur ngn (ngn från vettet); *sharpen one's ~s* skärpa uppmärksamheten **2** kvickhuvud, kvick (spirituell) människa **II** *adv, åld., to ~* nämligen, det vill säga

witch [wɪtʃ] **1** häxa, troll|kvinna, -packa **2** förtrollande kvinna, förtrollerska

witchcraft ['wɪtʃkrɑ:ft] häxeri, trolldom, [svart] magi; trollkonster **witch doctor** [-ˌdɒktə] medicinman, trollkarl **witchery** [-ərɪ] *se witchcraft* **witch hazel** [-heɪzl] *bot.* trollhassel **witch hunt** [-hʌnt] häxjakt; *bildl. äv.* klappjakt **witching** [-ɪŋ] **I** *a* häx-, troll-, förhäxande; *the ~ hour* spöktimmen **II** *s, se witchcraft*

with [wɪð, *framför tonlös konsonant äv.* wɪθ] **1** med; med hjälp av; tillsammans med; hos; bland; till; i; för; i proportion till, i takt med; *~ no hat on* utan hatt [på sig]; *how are things ~ you?* hur står det till [med dig]?; *I'll be ~ you in a moment* jag kommer [till dig] alldeles strax; *the problem is still ~ us* vi har fortfarande samma problem; *are you ~ me?* (*vard.*) *a*) hänger (är) du med?, fattar du?, *b*) håller du med?, går du med på det?; *I'm quite ~ you* jag håller fullständigt med dig; *is she ~ us or against us?* är hon med (för) oss eller emot oss?; *bring a book ~ you!* ta med dig en bok!; *blue does not go ~ green* blått passar inte till grönt; *have a job with* ha arbete hos (på, vid); *I haven't got the money ~ me* jag har inte pengarna på mig; *wine improves ~ age* vin blir bara bättre med åren; *put it ~ the rest* lägg den till (bland) de andra; *stay ~ a friend* bo hos en vän; *walk ~ a stick* gå med käpp **2** med; mot; på; *angry ~ s.b.* arg på ngn; *friendly ~ s.b.* vänlig mot ngn; *fight ~* kämpa med (mot) **3** [i och] med; i betraktande av, med hänsyn till; när det gäller, hos, med, för; *it's OK ~ me!* (*vard.*) gärna för mig!; *the trouble ~ him is that* problemet med honom är att; *you can't leave ~ your father so ill* du kan inte ge dig i väg när din far är så sjuk **4** trots, med; *~ all his faults* trots alla sina fel; *~ the best will in the world* med bästa vilja i världen **5** av; i; *be down ~ the flu* ligga [sjuk] i influensa; *die ~ cancer* dö i cancer; *shiver ~ cold* darra av köld **6** *vard., be ~ it* vara modern (fashionabel); *get ~ it* hänga med

withal [wɪ'ðɔ:l] *litt.* **1** därtill, tillika **2** icke desto mindre

withdraw [wɪð'drɔ:] (*withdrew, withdrawn*) **1** dra tillbaka (bort, undan); ta bort (ut), avlägsna; dra in; ta tillbaka, återkalla, upphäva; *~ money from the bank* ta ut pengar från banken; *the workers withdrew their labour* arbetarna lade ner arbetet **2** dra sig tillbaka (undan, ur); gå avsides (ut), avlägsna sig; träda tillbaka; utträda **withdrawal** [-(ə)l] **1** tillbakadragande, borttagande, avlägsnande *etc., jfr withdraw 1* **2** utträde, utträdande (*from* ur); tillbakaträdande; *mil.* reträtt, återtåg **3** uttag (*från bank*) **withdrawal symptoms** abstinensbesvär **withdrawn** [-n] **I** *perf. part av withdraw* **II** *a, bildl.* tillbakadragen, reserverad; inåtvänd

withe [wɪθ] vidja; vidjeband

wither ['wɪðə] **1** *~ [away]* vissna, förtorka, förtvina, *bildl.* tyna bort, försvinna **2** komma att vissna, göra vissen **3** förinta, tillintetgöra; *~ s.b. with a look* ge ngn en förintande blick **-ing** [-rɪŋ] *a* **1** vissnande *etc., jfr wither 1* **2** *bildl.* förintande, tillintetgörande

withers ['wɪðəz] *pl* (*hästs*) manke

withershins ['wɪðəʃɪnz] *i sht Sk.* moturs

W

withhold [wɪð'həʊld] (*withheld, withheld*) **1** hålla inne; vägra att ge; ~ *s.th. from s.b.* undanhålla ngn ngt **2** ~ *from* avstå från, avhålla sig från
within [wɪ'ðɪn] **I** *prep* inom; [inne] i, inuti; innanför; inom loppet av; ~ *o.s. a*) utan att ta ut (överanstränga) sig, *b*) i sitt inre, inom sig; ~ *an ace of* en hårsmån från, ytterst nära; *from ~ the church* inifrån kyrkan; *be ~ doors* vara inne (inomhus); *live ~ one's income* inte leva över sina tillgångar; ~ *a kilometre* på mindre än en kilometers avstånd; ~ *the law* inom lagen[s råmärken]; ~ *a month of her arrival* en månad före (efter) hennes ankomst; ~ *sight* inom synhåll, i sikte; *well ~ a year* på (inom) avsevärt mindre än ett år **II** *adv* [där]inne; inuti, innanför, på insidan, invändigt; inomhus; *bildl.* i sitt inre, inom sig; *from ~* inifrån
without [wɪ'ðaʊt] **I** *prep* **1** utan; ~ *my noticing it* utan att jag märker (märkte) det; *times ~ number* otaliga gånger **2** *åld. el. högt.* utanför; *be ~ doors* vara ute (utomhus); *from ~ the room* [från någonstans] utanför rummet; *from ~ the street* utifrån gatan **II** *adv* **1** *åld. el. högt.* [där]ute; utanpå, utanför, på utsidan, utvändigt; utomhus; *bildl.* på ytan, till det yttre; *from ~* utifrån **2** *do ~* klara sig utan; *go ~* bli utan, [få] vara utan **III** *konj, vard.* om inte; utan att
withstand [wɪð'stænd] (*withstood, withstood*) motstå, [kunna] stå emot, uthärda, tåla
witless ['wɪtlɪs] vettlös, enfaldig; *it scares me ~* det skrämmer mig från vettet
witness ['wɪtnɪs] **I** *s* **1** vittne; ~ *of a signature* person som bevittnar en namnteckning; *before ~es* inför vittnen, i vittnens närvaro; *be [a] ~ of (to)* vara vittne till, bevittna **2** vittnes|börd, -mål; bevis, tecken; *in ~ whereof* till bestyrkande varav; *bear ~ to a*) bära vittnesbörd (vittna) om, [be]visa, *b*) intyga, styrka; *give ~* vittna **II** *v* **1** vara vittne till, bevittna, se, vara med om [att uppleva], uppleva; närvara vid [som vittne] **2** bära vittnesbörd (vittna) om, [be]visa; intyga, vittna; bevittna (*namnteckning e.d.*) **3** [*as*] ~ om det (härom, därom) vittnar; ~ *the case of G.* ta bara fallet G. som exempel, tänk (se) bara på fallet G. **4** vara vittne, vittna; ~ *to* bevittna, vittna om, intyga
witness box ['wɪtnɪsbɒks] *BE.*, **witness stand** *AE.* vittnesbås
witter ['wɪtə] *vard.* pladdra, mala (*about* om)
witticism ['wɪtɪsɪz(ə)m] kvickhet, lustighet, vits
wittingly ['wɪtɪŋlɪ] *adv* avsiktligt, med avsikt (vett och vilja)
witty ['wɪtɪ] kvick, spirituell, vitsig
wives [waɪvz] *pl av wife*
wizard ['wɪzəd] **I** *s* **1** trollkarl **2** mästare, expert, geni, [riktig] trollkarl **II** *a, i sht BE. vard.* fantastisk, enastående **-ry** [-rɪ] trolleri
wizened ['wɪznd] förtorkad, skrumpen, rynkig
wk. *förk. för week; weak; work* **wkly.** *förk. för weekly* **WLM** *förk. för Women's Liberation Movement* **WNW** *förk. för west-northwest* **W.O.** *förk. för War Office; Warrant Officer; wireless operator* **w/o** *förk. för without; written off*
woad [wəʊd] *bot.* vejde
wobble ['wɒbl] **I** *v* **1** vackla, vingla [till]; vagga, gunga, vicka; *bildl.* vackla, vara osäker **2** darra, skaka **3** få att vackla (vingla *etc., jfr 1*); vagga (gunga, vicka) på **II** *s* vacklande, vinglande; vaggning, gungning; *bildl.* vacklan **wobbly** [-ɪ] vacklande, vinglig, osäker, ostadig
woe [wəʊ] *litt.* **I** *s* olycka, ve, sorg, bedrövelse; *~s* olyckor, sorger, lidanden; *tale of ~* sorglig (lidandes) historia; ~ *betide (to) you* ve dig, akta dig **II** *interj, åld.*, ~ [*is me*]! ve [mig]! **-begone** ['wəʊbɪˌgɒn] *högt. el. skämts.* [djupt] olycklig, bedrövad, förtvivlad **-ful** ['wəʊf(ʊ)l] *högt.* **1** bedrövad, olycklig **2** sorglig, eländig; bedrövlig
wog [wɒg] *BE. sl. neds.* svartskalle
woke [wəʊk] *imperf. av 1 wake* **woken** ['wəʊk(ə)n] *perf. part. av 1 wake*
wolf [wʊlf] **I** *s* (*pl wolves*) **1** varg, ulv **2** *bildl.*, *a lone ~* en ensamvarg; *a ~ in sheep's clothing* en ulv i fårakläder; *cry ~* ropa vargen kommer, ge falskt alarm; *have a ~ in one's stomach* vara hungrig som en varg; *keep the ~ from the door* hålla nöden (svälten) från dörren; *throw to the wolves* kasta för vargarna; *who is afraid of the big bad ~?* ingen rädder för vargen här! **3** *vard.* Don Juan, kvinnojägare, förförare **II** *v*, ~ [*down*] glufsa i sig, sluka
wolf|bane ['wʊlfbeɪn] *bot.* stormhatt **-hound** ['wʊlfhaʊnd] varghund
wolfram ['wʊlfrəm] *kem.* volfram
wolfsbane ['wʊlfsbeɪn] *se wolfbane*
wolf whistle ['wʊlfˌwɪsl] **I** *s* uppskattande vissling **II** *v* vissla uppskattande (*at* efter)
Wolverhampton ['wʊlvəˌhæm(p)tən]
wolverine ['wʊlvəri:n] *zool.* järv
wolves [wʊlvz] *pl av wolf*
woman ['wʊmən] (*pl women* ['wɪmɪn]) kvinna; kvinnan, kvinnor; dam; fruntimmer; käring; *vard.* tjej, brud, fru, älskarinna; *cleaning ~* städerska; *the little ~* (*vard.*) frugan; *my (the) old ~* (*vard.*) min gumma, gumman; ~ *of the streets* gatflicka, prostituerad; *how like a ~!* typiskt kvinnor (fruntimmer)!; *be one's own ~* vara oberoende; *the believe to a ~* (*om kvinnor*) de tror alla
woman|hood ['wʊmənhʊd] **1** kvinnosläktet, kvinnor[na] **2** kvinnlighet; *you should be proud of your ~* du skall vara stolt över att vara kvinna **3** (*om kvinna*) vuxen ålder **-ish** [-ɪʃ] *neds.* (*om man*) fruntimmersaktig **-izer** (*BE. äv. -iser*) [-aɪzə] donjuan, kvinnojägare **-kind** [ˌwʊmən'kaɪnd] kvinnosläktet, kvinnfolk, kvinnor[na] **-like** ['wʊmənlaɪk] kvinnlig; fruntimmersaktig **-ly** ['wʊmənlɪ] *a* kvinnlig
woman teacher ['wʊmənˌti:tʃə] kvinnlig lärare, lärarinna
womb [wu:m] *anat.* livmoder; moderliv, sköte
wombat ['wɒmbət] *zool.* (*slags pungdjur*) vombat
women ['wɪmɪn] *pl av woman* **women drivers** [-ˌdraɪvəz] *pl* kvinnliga bilförare **womenfolk** [-fəʊk] (*behandlas som pl*) kvinnfolk, kvinnor
Women's Lib [ˌwɪmɪnz'lɪb] *vard.* kvinnosaken **Women's Libber** [-'lɪbə] *vard.* kvinnosaks|-kvinna, -anhängare, feminist **Women's Liberation** [-lɪbə'reɪʃn] kvinnans frigörelse **women's rights** [-'raits] *pl* kvinnans rättigheter (likaberättigande) **women's suffrage** [-'sʌfrɪdʒ] kvinnlig rösträtt

won [wʌn] *imperf. o. perf part av win*
wonder ['wʌndə] **I** *s* **1** under[verk]; *the seven ~s of the world* världens sju underverk; *~s will never cease* (*vard.*) undrens tid är inte förbi; *a nine days' ~* (*bildl.*) en dagslända, en modefluga; *for a ~* märkvärdigt nog, för en gångs skull; *do* (*work*) *~s* göra under[verk]; *the ~ is that* det märkliga (konstiga) är att; *is it any ~ that?* är det underligt (konstigt, att undra på) att?; [*it is*] *no* (*little, small*) *~* det är inte underligt (konstigt, att undra på) **2** [för]undran (*at* över; *that* över att) **II** *v* **1** undra, fråga sig, skulle [gärna] vilja veta; *I ~!* det undrar jag!; *I ~ if I could...?* jag skulle vilja...!, skulle jag kunna få...?; *I was ~ing if you'd like to...?* skulle du [inte] vilja...?, vill du [inte]...? **2** förundra (förvåna) sig, förvånas (*at* över); *I ~* [*that*] *she didn't tell me* det förvånar mig att hon inte sa något till mig; *it is not to be ~ed at* det är inte att undra på; *he'll be drunk, I shouldn't ~* det skulle inte förvåna mig om han var full
wonder drug ['wʌndədrʌg] undergörande medel, undermedicin **wonderful** [-f(ʊ)l] underbar, fantastisk; märklig **wonderland** sagoland[et] **wonderment** [-mənt] förundran
wondrous ['wʌndrəs] *litt.* förunderlig, underbar
wonky ['wɒŋkɪ] *BE. vard.* ostadig, vinglig, ranglig, rank
wont [wəʊnt] *åld.* **I** *a* van; *he was ~ to say* han brukade säga **II** *s* vana; *as is my ~* som jag har för vana
won't [wəʊnt] = *will not*
wonted ['wəʊntɪd] *åld.* **1** sedvanlig, bruklig **2** van
woo [wu:] **1** *åld.* uppvakta; fria till **2** söka vinna, eftersträva **3** locka, värva
wood [wʊd] **1** trä; ved; träslag; virke **2** ~[*s*] skog; *they can't see the ~ for the trees* de ser inte skogen för bara träd; *he is not out of the ~s yet* (*vard.*) han har inte klarat krisen (är inte ur knipan) ännu; *touch ~* ta i trä **3** (*i golf*) träklubba **4** *mus.* träblåsare **5** [vin-, öl]fat; *wine in ~* vin på fat; *beer from the ~* fatöl
wood alcohol ['wʊd,ælkəhɒl] träsprit **wood anemone** *bot.* [vit]sippa
woodbine ['wʊdbaɪn] *bot.* **1** vildkaprifol[ium] **2** *AE.* vildvin
wood|carver ['wʊd,kɑ:və] träsnidare **-carving** [-,kɑ:vɪŋ] **1** träsnideri **2** träskulptur, träsnideriarbete **-chuck** [-tʃʌk] *zool.* murmeldjur **-cock** [-kɒk] *zool.* morkulla **-craft** [-krɑ:ft] *i sht AE.* **1** skogsvana; skogskännedom **2** träsnideri **-cut** [-kʌt] träsnitt **-cutter** [-,kʌtə] **1** skogs-, timmer|-huggare; vedhuggare **2** träsnidare
wooded ['wʊdɪd] skogig, skogrik **wooden** [-n] **1** trä-, av trä; *~ spoon a*) träsked, *b*) jumbopris (*i form av träsked*) **2** *bildl.* träaktig, träig, stel, torr; klumpig; andefattig **wood engraver** [-ɪn,greɪvə] träsnidare **wood engraving** [-ɪn,greɪvɪŋ] **1** träsnideri **2** träsnitt **woodenhead** [-nhed] *vard.* träskalle
woodgrouse ['wʊdgraʊs] *zool.* tjäder
wood|land ['wʊdlənd] **I** *s* skogs|mark, -område, -bygd **II** *a* skogs- **-lark** *zool.* trädlärka **-louse** *zool.* gråsugga
woodman ['wʊdmən] **1** skogvaktare **2** skogs|arbetare, -huggare, timmerhuggare
wood nymph ['wʊdnɪmf] *myt.* skogsnymf
woodpecker ['wʊd,pekə] *zool.* hackspett **wood pigeon** *zool.* ringduva **woodpile** [-paɪl] vedtrave **wood pulp** [-pʌlp] trä-, pappers|massa **woodruff** [-rʌf] *zool.* myskmadra
woodscrew ['wʊdskru:] träskruv **woodshed** ved|skjul, -bod
woodsman ['wʊdzmən] **1** skogsbo **2** *se woodman 2*
wood spirit ['wʊd,spɪrɪt] *kem.* träsprit
wood tar ['wʊdtɑ:] trätjära
wood warbler ['wʊd,wɔ:blə] *zool.* grönsångare **woodwind** [-wɪnd] *mus.* **I** *s* träblåsinstrument; *the ~* (*behandlas som pl*) träblåsarna **II** *a, ~ instrument* träblåsinstrument **woodwork** [-wɜ:k] **1** snickerier (*trälister, dörrar etc.*); *crawl out of the ~* (*bildl.*) sticka upp huvudet igen **2** snickeri; träsnideri; *skol.* träslöjd **woodworm** [-wɜ:m] **1** *zool.* trämask **2** trämaskskada
woody ['wʊdɪ] **1** skogig, skogrik **2** skogs- **3** vedartad (*plant* växt) **4** träaktig, träig
1 woof [wu:f] *väv.* inslag, väft; väv[nad]
2 woof [wʊf] *vard.* **I** *s* (*hunds*) vov, skall **II** *v* vovva, skälla
woofer ['wu:fə] bashögtalare
wool [wʊl] **I** *s* **1** ull; ullgarn; *ball of ~* ullgarnsnystan; *dyed in the ~* (*bildl.*) tvättäkta, helgjuten, fullfjädrad; *lose one's ~* (*BE. vard.*) tappa humöret; *pull the ~ over a p.'s eyes* slå blå dunster i ögonen på ngn **2** ylle[tyg, -kläder]; *all ~* helylle **II** *a* **1** ull- **2** ylle-
woolen ['wʊlən] *AE., se woollen*
wool fat ['wʊlfæt] ullfett, lanolin **woolgathering** [-,gæð(ə)rɪŋ] dagdrömmerier, självfrånvaro **woolgrower** [-,grəʊə] ullproducent
woollen ['wʊlən] **I** *a* **1** ull-, av ull **2** ylle-, av ylle **II** *s, ~s* (*pl*) ylleplagg; ylle|tyger, -varor
woolly ['wʊlɪ] **I** *a* **1** ullig; ull- **2** ylle- **3** *bildl.* luddig, oklar, vag **II** *s, vard.* ylletröja; *woollies* ylleplagg **woolly bear** *zool.* björnspinnarlarv **woolly minded** [-,maɪndɪd] förvirrad, virrig
wool|pack ['wʊlpæk] ullbal **-sack** **1** ullsäck **2** *the ~* 'ullsäcken' (*lordkanslerns sittplats i överhuset*)
Woolworth ['wʊlwəθ]
woozy ['wu:zɪ] *vard.* **1** förvirrad, virrig **2** yr i huvudet, på snusen
wop [wɒp] *sl. neds.* (*i sht om italienare*) dago, spaghettigubbe
Worcester ['wʊstə] Worcester **Worcester sauce** worcestersauce **Worcestershire** ['wʊstəʃə]
Worcs. *förk. för Worcestershire*
word [wɜ:d] **I** *s* **1** ord; *bildl. äv.* hedersord, löfte; *mil.* befallning, order, kommando (*for* om); *~s* (*pl, äv.*) orda|lag, -lydelse, formulering, uttalande, yttrande; *a ~ of advice* ett råd; *~ of command* kommando[ord]; *~ of honour* hedersord; *at a* (*one*) *~* genast; *take s.b. at his ~ a*) ta ngn på orden, *b*) lita på ngn (ngns ord); *beyond ~s* obeskrivligt; *by* (*through*) *~ of mouth* muntligen; *~ for ~* ord för ord, orda|grann, -grant; *too funny for ~s* vansinnigt (otroligt) rolig; *in a* (*one*) *~* med ett ord, kort sagt; *in one's own ~s* med egna ord; *in other ~s* med andra ord; *in so many ~s*

uttryckligen, klart och tydligt, rent ut; *put into ~s* uttrycka [i ord]; *a man of few ~s* en fåordig (tystlåten) man; *a man of his ~* en man som står vid sitt ord; *on the ~* genast, strax [därpå]; *go back on one's ~* ta tillbaka vad man sagt, inte hålla sitt ord, bryta sitt löfte; [*up*]*on one's ~* på sitt ord, på [sitt] hedersord; [*upon*] *my ~!* (*åld.*) på min ära!, sannerligen!; *without a ~ of thanks* utan ett ord till tack; *be the last ~ in* vara det allra senaste [modet] i fråga om; *be as good as one's ~* stå vid sitt ord; *exchange* (*have*) *a few ~s with* växla (byta) några ord med; *~s fail me!* jag saknar ord!; *I give you my ~ I won't tell her* jag ger dig mitt ord på att jag inte ska säga det till henne; *give the ~ to do s.th.* ge order om att göra ngt; *have a ~ with s.b. a*) växla ett par ord (tala [lite]) med ngn, *b*) tala allvar med ngn; *have ~s* gräla (*with* med, på); *he hasn't a good ~ to say for* han har inget gott att säga om; *have the last ~* ha (få) sista ordet; *keep one's ~* hålla sitt löfte; *honesty? she doesn't know the meaning of the ~!* hederlighet? det vet inte hon vad det är!; *mark my ~s!* sanna mina ord!; *put in a ~* få ett ord med i laget; *put in* (*say*) *a* [*good*] *~ for* lägga ett gott ord för; *just say the ~!* säg bara till!; *take the ~s out of a p.'s mouth* ta ordet ur munnen på ngn; *take my ~ for it!* det kan du lita på!, tro mig! **2** lösen[ord]; motto, paroll; *mum's the ~!* säg inte ett ord om det!, håll [bara] tyst!; *sharp's the ~!* raska (sno) på!; *give the ~* uppge lösen[ordet] **3** *~s* (*pl*) ord, [sång]text **4** bud, meddelande, underrättelse, besked; *is there any ~ from G.?* (*äv.*) har du hört någonting från G.?; *~ came that* det kom bud [om] att; *the ~ went round* (*was*) *that* det ryktades att; *get ~* få meddelande (*that* [om] att), få veta (*that* att); *send ~* låta meddela (hälsa) **II** *v* uttrycka [i ord], formulera, avfatta; *~ed as follows* med följande ordalydelse

word-blind ['wɜ:dblaɪnd] ordblind **word-blindness** [-ˌblaɪndnɪs] ordblindhet **word-book** [-bʊk] **1** ordbok **2** libretto **word class** [-klɑ:s] *språkv.* ordklass **wording** [-ɪŋ] [orda]lydelse; formulering **wordless** [-lɪs] tyst, mållös **word order** [-ˌɔ:də] *språkv.* ordföljd **word-perfect** [ˌwɜ:d'pɜ:fɪkt] *a, be ~ in s.th.* kunna ngt ordagrant (utantill, perfekt), vara absolut säker på ngt **wordplay** ['wɜ:dpleɪ] ordlek **word processing** ['wɜ:dˌprəʊsesɪŋ] *data.* ordbehandling **word processor** ['wɜ:dˌprəʊsesə] *data.* ordbehandlare **wordy** ['wɜ:dɪ] mångordig, ordrik; långrandig

wore [wɔ:] *imperf av wear*

work [wɜ:k] **I** *v* **1** arbeta, vara verksam, verka; *vard.* jobba **2** göra verkan, verka; fungera, lyckas; *vard.* klaffa, funka; *it won't ~* det fungerar (går) inte **3** fungera, arbeta, gå; vara i funktion (gång, drift); drivas; *~ by electricity* vara eldriven, drivas elektriskt **4** (*om vätskor*) jäsa **5** röra sig [häftigt, nervöst]; rycka till; förvridas; arbeta, mala; *his face ~ed* det ryckte i ansiktet på honom **6** arbeta (*in wood* i trä; *with steel* med stål) **7** *~ free* slita sig loss, lossna; *~ loose* lossna, släppa, gå upp **8** låta arbeta, sätta i arbete, driva [på], köra med; *~ o.s. to death* arbeta (slita) ihjäl sig; *~ o.s. too hard* överanstränga sig **9** manövrera, hantera, sköta; använda; driva; *be ~ed by electricity* vara eldriven, drivas elektriskt **10** åstadkomma, vålla, orsaka; göra; *vard.* greja, ordna, fixa; *~ one's way* arbeta sig [fram, upp]; *~ one's will* driva sin vilja igenom; *~ o.s. warm* arbeta sig varm; *~ loose* lösgöra, lossa [på], få loss (lös); *~ great mischief* göra mycken skada, ställa till mycken förtret **11** skjuta, flytta [på]; *he ~ed the stone into place* han lade mödosamt stenen på plats **12** böja [på], leda, röra [på] (*the arm* armen) **13** arbeta av; *~ one's passage* betala [över]resan med sitt arbete, arbeta sig över **14** bearbeta (*äv. bildl.*); behandla, bereda; förädla; arbeta, knåda (*deg*); [ut]forma; driva (*gård e.d.*), bruka (*jord*); bryta (*kol*); exploatera; *~ a sum* (*AE.*) räkna ut (lösa) ett tal; *~ s.b. to do s.th.* [försöka] få ngn att göra ngt **15** vara verksam i, arbeta i, bearbeta **16** sy, brodera; sticka **17** *~ against* arbeta emot, motarbeta, motsätta sig; *~ at a*) arbeta på (med), *b*) bearbeta, gå lös på, *c*) läsa, plugga; *~ away* arbeta vidare (på, undan); *~ down a*) arbeta sig (tränga) ner, *b*) (*om strumpa e.d.*) glida (hasa) ner; *~ for* arbeta för (åt); *~ in a*) arbeta (föra, stoppa, foga, passa, skjuta) in, *b*) gnida in, *c*) arbeta sig (tränga) in, *d*) passa; *~ in with* passa in i (ihop med), stämma med; *~ into a*) arbeta (föra, stoppa, foga, skjuta) in i, *b*) arbeta sig (tränga) in i; *~ o.s. into a rage* hetsa upp sig till ursinne; *~ off a*) arbeta av (bort, undan), göra sig (bli) av med, göra (få) undan, *b*) lossna, glida av; *~ on a*) arbeta på (med), *b*) sätta (kränga) på [sig], *c*) utgå från, *d*) spela på, bearbeta, *e*) [försöka] påverka, *f*) *se work away; ~ out a*) utarbeta, arbeta fram, utveckla, tänka ut, *b*) lista ut, bli klok på, förstå, *c*) lösa, tyda, knäcka, *d*) räkna ut (fram), beräkna, *e*) arbeta av, *f*) avtjäna, sitta av (*straff*), *g*) genomföra, uppnå, *h*) bryta, exploatera, [ut]tömma, *i*) ta bort (ur), avlägsna, *j*) utfalla, utveckla sig, utvecklas, gå, avlöpa, fungera, lyckas, *k*) kunna lösas, *l*) *sport.* träna, *m*) tränga (glida) ut; *I had it all ~ed out* jag hade allt klart för mig; *that is ~ing itself out* det ordnar (löser) sig självt; *~ out at* (*to*) uppgå till, gå på, bli; *~ over a*) gå igenom, bearbeta, överarbeta, *b*) *vard.* bearbeta, ge en omgång; *~ through a*) föra (gräva) igenom, *b*) tränga igenom, *c*) arbeta sig igenom; *~ to* arbeta efter (enligt), följa, hålla sig till; *~ towards* arbeta för; *~ up a*) utarbeta, *b*) arbeta (göra) om, förvandla, *c*) bearbeta, förädla, *d*) arbeta (bygga, driva) upp, *bildl. äv.* uppbringa, skaffa sig, utveckla, skapa, väcka, *e*) höja, stegra, *f*) driva, sporra, egga [upp], hetsa [upp], *g*) arbeta sig upp (*äv. bildl.*), tränga fram (upp), *h*) tillta, stegras; *~ o.s. up* hetsa upp sig; *~ one's way up* arbeta sig upp; *~ed up* upphetsad, upprörd; *I know what you're ~ing up to* jag vet vart du vill komma **II** *s* **1** arbete, sysselsättning, verksamhet, gärning, insats[er], verk; uppgift; *vard.* jobb; *road ~s* vägarbete[n]; *good* (*nice*) *~!* bra [gjort]!, fint!; *quick ~!* det var snabbt gjort!; *a piece of ~ a*) ett arbete, en prestation, *b*) *vard.* en riktig typ; *at ~ a*) på arbetet (jobbet), *b*) i verksamhet, i arbete, i drift, i gång; *be at ~ at* (*on*) arbeta på, arbeta (hålla på) med; *there are forces at ~ which* det är krafter i rörelse som; *be in ~* ha arbete; *get back into ~* gå tillbaka till arbetet; *be out of ~* vara utan arbete (arbetslös); *go* (*set, get*) *to ~ at* (*on*) ta itu med [arbetet med], sätta i gång med, gå till verket med, börja arbeta med; *put* (*be thrown*) *out of* ~ göra (bli) arbetslös; *set s.b. to* ~ sätta ngn i arbete; *what is your* ~? vad arbetar du med?, vad gör du för något?; *it was hard* ~ *for* (*äv.*) det var jobbigt för; *do one's* ~ *a*) göra sitt arbete, arbeta, *b*) göra verkan (nytta); *the* ~ *done* det utförda arbetet; *gum* (*bung*) *up the* ~*s* (*vard.*) sabba alltihop; *have one's* ~ *cut out* [*for one*] ha fullt sjå (*to* med att); *make* ~ *for s.b.* ställa till arbete (besvär) för ngn; *make short* (*light*) ~ *of* snabbt göra undan (klara av) **2** arbete, verk, alster; handarbete; *a* ~ *of art* ett konstverk **3** ~*s* (*pl*) anläggningar, installationer; *defensive* ~*s* befästningsverk, försvarsanläggningar; *public* ~*s* offentliga arbeten **4** ~*s* (*pl*) mekanism, [ur]verk **5** ~*s* (*behandlas vanl. som sg*) fabrik[er], verk, bruk; *printing* ~*s* tryckeri; ~*s outing* firmautflykt **6** *vard.*, *the* ~*s* hela rasket, alltihop, rubbet; *give s.b. the* ~*s* ge ngn en rejäl omgång, misshandla ngn

workable ['wɜ:kəbl] **1** genomförbar, användbar **2** formbar; brukbar **workaday** [-ədeɪ] **1** alldaglig **2** vardags-, arbets- **workaholic** [ˌwɜ:kə'hɒlɪk] *vard.* arbetsnarkoman **work basket** ['wɜ:kˌbɑ:skɪt] sykorg **workbench** ['wɜ:kbentʃ] arbetsbänk **workbox** ['wɜ:kbɒks] syskrin **workday** ['wɜ:kdeɪ] *i sht AE.* arbetsdag; vardag

worker ['wɜ:kə] **I** *s* **1** arbetare; arbetstagare; *be a hard* ~ arbeta hårt **2** *zool.* arbetare, arbets|bi, -myra **II** *a* arbets-; ~ *be* (*ant*) arbetsbi (arbetsmyra)

work force ['wɜ:kfɔ:s] arbetsstyrka **workhorse** arbetshäst **workhouse 1** (*förr*) fattighus **2** *AE.* rehabiliteringsanstalt (*för småförbrytare*) **work-in** ockupation av arbetsplats (*där arbetarna driver verksamheten i protest mot nedläggning*)

working ['wɜ:kɪŋ] **I** *a* **1** arbetande; arbetar-; arbets-; drifts-; ~ *capital* drifts-, rörelse|kapital; ~ *class*[*es*] arbetarklass; ~ *day a*) arbetsdag, *b*) vardag; ~ *drawing* arbetsritning; ~ *group, se* ~ *party;* ~ *hours* arbetstid; ~ *lunch* arbetslunch; ~ *man* [kropps]arbetare; ~ *party* arbets|grupp, -utskott; ~ *week* arbetsvecka; ~ *wives* yrkesarbetande gifta kvinnor **2** arbets-, funktions|duglig, fungerande, användbar; praktisk; preliminär; *a* ~ *knowledge* elementära kunskaper, baskunskaper; *a* ~ *majority* en arbetsduglig (regeringsduglig) majoritet; *in* ~ *order* funktionsduglig, i användbart skick **II** *s* **1** arbete; verksamhet; arbetssätt, funktion[ssätt]; gång; ~*s* (*pl*) verk; ~*s of the mind* tanke|gångar, -verksamhet; *understand the* ~[*s*] *of this system* förstå hur det här systemet fungerar **2** manövrering, skötsel **3** bearbetning; exploatering; drift; skötsel **4** gruvgång, schakt; brott **5** lösning (*of a mathematical problem* av ett matematiskt problem) **6** ryckning[ar]

working class, working capital *etc., se under working I*

workload ['wɜ:kləʊd] arbets|mängd, -pensum

workman ['wɜ:kmən] **1** arbetare **2** fackman; yrkesman **-like** [-laɪk], **-ly** [-lɪ] *a* fackmannamässig, yrkes|skicklig, -kunnig **-ship** [-ʃɪp] **1** yrkes|skicklighet, -kunskap **2** utförande; *of good* ~ skickligt gjord

workmate ['wɜ:kmeɪt] *vard.* arbetskamrat

work-out work-out, träningspass; genomkörare **workroom** arbetsrum

works [wɜ:ks] *se work II 5*

work sheet ['wɜ:kʃi:t] **1** arbetssedel **2** arbets|skiss, -utkast **workshop** verkstad **workshy** arbets|ovillig, -skygg **worktable** [-ˌteɪbl] arbetsbord **work-to-rule** [ˌwɜ:ktə'ru:l] maskningsaktion enligt alla regler **workweek** ['wɜ:kwi:k] *i sht AE.* arbetsvecka

world [wɜ:ld] värld; jord; *the* ~ (*äv.*) folk; *the New* (*Old, Third*) ~ Nya (Gamla, tredje) världen; *a* ~ *of* en [hel] mängd (massa); *a* ~ *of difference, all the difference in the* ~ en himmelsvid skillnad; *the* ~ *of letters, the literary* ~ den litterära världen; ~ *without end* i evigheters evighet; *the adult* ~ vuxenvärlden; *the animal* ~ djur|riket, -världen, djurens värld; *the outside* ~ yttervärlden; *citizen of the* ~ världsmedborgare; *woman of the* ~ dam av värld, världsdam; *the Adams of this* ~ *would always win* sådana som Adam vinner alltid; *all over the* ~ i (över) hela världen, världen över (runt); *all the time in the* ~ all världens tid (tid i världen); *not for* [*all*] *the* ~ inte för allt (något) i världen; *for all the* ~ *as if* precis som om; *what* (*who*) *in the* ~? vad (vem) i all världen?; *out of this* ~ (*vard.*) inte av denna världen, fantastisk; *she is* (*means*) *all the* ~ *to him* hon betyder allt för honom; *it's not the end of the* ~ det är inte hela världen, världen går inte under för det; *that's the way of the* ~ så går det till här i världen; *he is not long for this* ~ han kommer inte att leva länge till; *it's a small* ~! vad världen är liten!; *they're* ~*s apart* det är en enorm skillnad mellan dem, de är totalt olika; *be dead to the* ~ (*bildl.*) vara död för omvärlden; *bring a child into the* ~ (*litt.*) sätta ett barn till världen; *the* ~ *to come, the next* ~ livet efter detta; *it has done her a* ~ *of good* det har gjort henne fantastiskt gott; *feel on top of the* ~ (*vard.*) känna sig i toppform; *how goes the* ~ [*with you*]? hur står det till (lever världen) med dig?; *he has gone* (*come*) *down in the* ~ det har gått utför med honom; *go* (*come*) *up in the* ~ komma sig upp [här i världen]; *all the* ~ *knows* (*äv.*) varenda människa vet; *live in a* ~ *of one's own* leva i sin egen lilla värld; *sail round the* ~ segla jorden runt; *set the* ~ *on fire* (*vard.*) vara framgångsrik, lyckas; *think the* ~ *of* vara mycket förtjust i; *tired to the* ~ (*vard.*) dödstrött; *want the best of two* ~*s* vilja förena det bästa av två olika livsstilar (filosofier)

World Bank ['wɜ:ldbæŋk] *s, the* ~ Världsbanken **world-beater** [-ˌbi:tə] *s, be a* ~ vara i världsklass **world-class** [-klɑ:s] *a* i världsklass **World Cup** [-kʌp] *s, the* ~ Världscupen **world-famous** [ˌwɜ:ld'feɪməs] världsberömd **World Health Organization** ['wɜ:ldhelθˌɔ:gənaɪ'zeɪʃn] *s, the* ~ Världshälsoorganisationen **world language** ['wɜ:ldˌlæŋgwɪdʒ] **1** världsspråk **2** konstgjort världsspråk (*t.ex. esperanto*)

worldliness ['wɜ:ldlɪnɪs] världslighet

worldly ['wɜ:ldlɪ] *a* världslig (*thing* sak), jordisk; världsligt sinnad; ~ *goods* (*litt.*) världsliga ägodelar **--minded** [ˌwɜ:ldlɪ'maɪndɪd] världsligt sinnad **--wise** [ˌwɜ:ldlɪ'waɪz] världsklok

world war ['wɜ:ldwɔ:] världskrig; *World War I, the First World War* första världskriget; *World War II, the Second World War* andra världskriget
world|-weary ['wɜ:ld,wɪərɪ] levnadstrött, trött på livet; trött på världsliga ting **-wide** [-waɪd] **I** *a* världsom|fattande, -spännande **II** *adv* över hela världen
worm [wɜ:m] **I** *s* **1** mask; kryp; *bildl.* stackare, kryp; ~ *of conscience* (*litt.*) samvetskval; *have ~s* (*med.*) ha mask; *the ~ will turn* (*ung.*) ingen kan tåla vad som helst **2** *tekn.* gänga; snäcka; spiralrör, rörslinga **II** *v* **1** ~ *o.s.* (*one's way*) *into* (*through*) orma (slingra, smyga) sig in i (genom); ~ *one's way into a p.'s confidence* nästla sig in hos ngn **2** ~ *s.th. out of s.b.* locka (lirka) ur ngn ngt **3** *med.* avmaska
wormcast ['wɜ:mkɑ:st] maskhög (*av jord*) **worm-eaten** [-,i:tn] mask|äten, -stungen **worm gear** [-gɪə] *tekn.* snäckväxel **wormwood** [-wʊd] *bot., bildl.* malört **wormy** [-ɪ] **1** mask|äten, -stungen; full av mask **2** maskliknande
worn [wɔ:n] *perf part av wear o. a* sliten, nött; *bildl.* sliten, tärd, medtagen **--out** ['wɔ:naʊt] utsliten, utnött; uttröttad, utmattad, utarbetad, slut[körd]
worried ['wʌrɪd] orolig, oroad, ängslig, bekymrad (*about* för, över); *I'm not ~* (*vard.*) det gör mig detsamma; *you had me ~* (*vard.*) du gjorde mig riktigt orolig **worrier** [-ə] *s, she is a ~* hon oroar sig alltid **worriment** [-mənt] *i sht AE.* oro, bekymmer **worrisome** [-səm] oroande, irriterande, besvärlig
worry ['wʌrɪ] **I** *v* **1** oroa, bekymra, göra orolig (bekymrad, nervös, ängslig); plåga; tjata på, ansätta, ofreda, trakassera; störa; ~ *o.s.* oroa (bekymra) sig, vara orolig (bekymrad, nervös, ängslig) (*about* för, över); ~ *the life out of s.b.* plåga livet ur ngn **2** (*om djur*) jaga, förfölja, sätta tänderna i [och bolla med], leka med (*byte*), bita i strupen **3** oroa (bekymra) sig, vara orolig (bekymrad, nervös, ängslig), ängslas (*about* för, över); grubbla (*about* över, på); ~ *about* (*äv.*) bry sig om; *don't ~!* oroa dig inte!, bry dig inte om det!; *not to ~!* var inte orolig!, det är inget att bry sig om! **4** ~ *at a*) (*om djur*) riva och slita i, bita i, leka med, *b*) (*om pers.*) försöka lösa, grubbla på (*a problem* ett problem) **II** *s* oro, bekymmer, ängslan; plåga; besvär; *that's his ~* det är hans problem (ansvar)
worry beads ['wʌrɪbi:dz] *pl* stresskulor **worrying** [-ɪŋ] oroande, irriterande, besvärlig
worse [wɜ:s] **I** *a o. adv* (*komp. av bad, badly, ill*) värre, sämre; *so much the ~ for him* desto värre för honom; *be ~ off* vara sämre [däran], ha det sämre [ställt]; *be the ~ for drink* vara berusad; *he is none the ~ for it* det gjorde honom inte så mycket (ingen större skada), han har inte farit illa av det; *you'll be none the ~ for some work* lite arbete kommer inte att skada dig; *you might do ~ than* det skulle inte skada om du; *get* (*become, grow*) ~ bli värre (sämre), förvärras, försämras; ~ *things happen* värre saker kan hända; *it hurts ~* det gör mera ont; *I like him none the ~ for it* jag tycker inte sämre om honom för det; *make ~* göra värre (sämre), förvärra, försämra; *to make matters ~* till råga på eländet (olyckan) **II** *s* något [ännu] värre (sämre), värre saker; *for the ~* till det sämre; *from bad to ~* ur askan i elden
worsen ['wɜ:sn] förvärra[s]; försämra[s]
worship ['wɜ:ʃɪp] **I** *s* **1** dyrkan, tillbedjan; *freedom of ~* fri religionsutövning; *place of ~* gudstjänstlokal **2** *BE.* (*i tilltal*) *Your W~* Ers nåd, Herr domare, Herr borgmästare **II** *v* dyrka, tillbedja; *bildl. äv.* avguda **-er** [-ə] *AE., se worshipper* **-ful** [-f(ʊ)l] **1** vördnadsfull, andäktig, respektfull **2** *i sht BE.* vördig; *Right W~* Högvördig **-per** [-ə] **1** dyrkare, tillbedjare **2** gudstjänstdeltagare, kyrkobesökare
worst [wɜ:st] **I** *a o. adv* (*superl. av bad, badly, ill*) värst, sämst; svårast; *be ~ off* vara sämst [däran], ha det sämst [ställt] **II** *s, the ~* den (det, de) värsta (sämsta); *the ~* [*of it*] *is* det värsta (sämsta) [av allt, med det] är; *the ~ of him* det värsta med honom; *at* [*the*] ~ i värsta (sämsta) fall; *when the storm was at its ~* när stormen var som värst; *you've never seen him at his ~* du har aldrig sett honom från hans sämsta sida; *if the ~ comes to the ~* i [allra] värsta (sämsta) fall, om det värsta skulle inträffa; *do one's ~* göra det värsta man kan; *get* (*have*) *the ~ of it a*) dra det kortaste strået, *b*) råka värst (mest illa) ut; *make the ~ of one's troubles* förstora upp sina bekymmer **III** *v, åld.* besegra, övervinna
worsted ['wʊstɪd] **I** *s* kamgarn; kamgarnstyg **II** *a* kamgarns-; ~ *suit* kamgarnskostym
wort [wɜ:t] **1** vört **2** ört
worth [wɜ:θ] **I** *a* värd (*two pounds* två pund); ~ *reading* (*seeing*) värd att läsa[s] (ses), läsvärd (sevärd); *be ~ the trouble* (*it*) vara värd besväret (mödan), löna sig; *he is ~ a million* han är god för (äger, tjänar) en miljon; *it is ~ mentioning* det förtjänar att nämnas; *for all one is ~* allt (så mycket) man kan (orkar), av alla krafter, för allt vad man är värd; *for all* (*what*) *it is ~* vad det nu kan vara värt; *that's my opinion for all* (*what*) *it's ~* det är min ringa mening; *take it for what it is ~* ta det för vad det [verkligen] är; *show what one is ~* visa vad man går för (duger till); *it is as much as his life is ~* det kan kosta honom livet; *it was as much as his place was ~* [*not*] *to* han skulle mista sin plats om han [inte] **II** *s* värde; *a week's ~ of work* en veckas arbete; *2 pounds' ~ of stamps* frimärken för 2 pund; *get* (*have*) *one's money's ~* få valuta för pengarna
worthily ['wɜ:ðɪlɪ] *adv* värdigt **worthiness** [-nɪs] värdighet; [inre] värde, förträfflighet
worth|less ['wɜ:θlɪs] värdelös **-while** värd besväret, värd att göra (kosta på); lönande, givande; värdefull
worthy ['wɜ:ðɪ] **I** *a* **1** värdig (*opponent* motståndare); aktnings-, heder|värd; [högt] ärad, förträfflig **2** värd (*to get the prize* att få priset); ~ *of* värd, förtjänt av; ~ *of praise* lov-, beröm|värd; ~ *of respect* aktningsvärd; *be ~ of* vara värd (förtjänt av), förtjäna; *he is not ~ of her* han är henne inte värdig **II** *s, ofta skämts.* pamp, storhet
wot [wɒt] *vard.* = *what*
would [wʊd, *obeton.* wəd, əd, d] **1** skulle; *that ~ be* det skulle vara, det vore; *that ~ have been* det skulle ha varit, det hade varit; *I ~ be grateful if* jag skulle vara tacksam om; *he is angry - he ~ be!*

han är arg - det är klart att han är!; *you ~ be the one to forget* typiskt dig att glömma det; *~ you believe it!* kan man tänka sig!; *we decided we ~ buy a car* vi beslöt att köpa en bil; *he ~ have to come right now!* och just nu måste han komma!, att han skulle komma just nu!; *how ~ I know?* hur skulle jag kunna veta det?; *I ~n't know* jag har ingen aning, inte vet jag; *one ~ think that* man skulle [kunna] tro att **2** skulle vilja; ville; *~n't I just!* [mycket] gärna!, om!; *he ~n't do it* han ville inte (vägrade att) göra det; *I warned him, but he ~ do it* jag varnade honom men han ville absolut (envisades med att) göra det; *I ~ he were gone* jag önskar (skulle önska) att han vore borta; *what ~ you have me do?* vad ska jag göra?; *~ you help me?* skulle du vilja (vill du) hjälpa mig?; *shut the door, ~ you?* stäng dörren är du snäll!; *the car ~ not start* bilen ville inte starta; *I ~ sooner stay* jag stannar hellre; *if only he ~ tell the truth!* om han bara ville tala sanning!; *try as he ~* hur mycket han än försökte; *turn where he ~* vart han än vände sig **3** torde; *it ~ be about six o'clock* klockan var väl ungefär sex; *~ this be your hat?* är det här [kanske] din hatt?; *he ~ be (have been) at least a hundred when he died* han var säkert (nog) minst hundra år när han dog; *you ~n't have a cigarette, ~ you?* du har möjligtvis inte en cigarrett?; *it ~ seem that* det kan (kunde) tyckas att **4** brukade, kunde; *he ~ sit by the fire* han brukade (kunde) sitta framför brasan

would-be ['wʊdbi:] **1** förment, föregiven, så kallad, påstådd **2** blivande, tilltänkt, framtida **wouldn't** [wʊdnt] = *would not* **wouldst** [wʊdst] *åld., dial. imperf. (2 pers. sg) av would; thou ~* du skulle (ville) **would've** ['wʊdəv] = *would have*

1 wound [waʊnd] *imperf. o. perf. part. av 2 wind o. 3 wind I*

2 wound [wu:nd] **I** *s* sår (*äv. bildl.*); *lick one's ~s* (*äv. bildl.*) slicka sina sår; *that opens old ~s* (*bildl.*) det river upp gamla sår **II** *v* såra (*äv. bildl.*)

wove [wəʊv] *imperf. o. perf. part. av weave* **woven** ['wəʊv(ə)n] *perf. part. av weave; ~ fabric* vävt tyg, väv[nad]

1 wow [waʊ] *vard.* **I** *interj* oj, oj!, oj då!, nej men! **II** *s, isht AE.* braksuccé

2 wow [waʊ] (*vid ljudåtergivning*) svaj

W.P. *förk. för weather permitting* **W.P.B., w.p.b.** *förk. för waste paper basket* **W.P.C.** *förk. för woman police constable* **w.p.m.** *förk. för words per minute* **W.R.A.C.** *förk. för Women's Royal Army Corps*

1 wrack [ræk] sjögräs, tång (*som spolats upp på stranden*)

2 wrack [ræk] *se 2 rack*

W.R.A.F. *förk. för Women's Royal Air Force*

wraith [reɪθ] *litt.* vålnad, andeväsen

wrangle ['ræŋgl] **I** *v* käbbla, kivas, käfta, gräla, tvista **II** *s* käbbel, kiv, käftande, gräl, tvist **wrangler** [-ə] **1** grälmakare **2** *BE.* Cambridgestudent som fått högsta betyget i matematik (*i honours degree*) **3** *AE. vard.* cowboy, boskapsskötare

wrap [ræp] **I** *v* **1** *~ [up]* *a*) svepa (linda, hölja) [in], svepa (stoppa) om, veckla (slå, packa) in, *b*) *bildl.* svepa (linda) in, hölja, kamouflera, dölja; *~ped [up] in mystery* höljd i dunkel; *~ up* (*vard.*) göra slut på, *b*) avsluta, föra i hamn, fixa; *~ o.s. up [well]* klä på sig ordentligt, klä sig varmt; *~ped up in* (*bildl.*) *a*) helt upptagen (uppslukad) av, fördjupad (djupt engagerad, försjunken) i, *b*) inblandad i; *~ s.th. [a]round (about)* svepa (linda, slå) ngt runt (kring, om); *~ one's arms round s.b.* sluta ngn i sina armar, slå armarna om ngn **2** *~ up [well]* klä på sig ordentligt, klä sig varmt **3** *vard., ~ up* hålla käften **II** *s* **1** [res]filt; sjal; stola; cape **2** [bad]kappa, rock **3** *bildl., keep s.th. under ~s* hålla ngt hemligt; *take the ~s off s.th.* avslöja ngt, ta bort hemligstämpeln från ngt

wrap-around ['ræpəraʊnd] *a, ~ skirt* omlottkjol

wrapper ['ræpə] **1** omslag[spapper]; (*på cigarr*) täckblad **2** negligé, morgonrock **wrapping** [-ɪŋ] *s, ~[s]* omslag, emballage, förpackning **wrapping paper** [-ɪŋ,peɪpə] omslagspapper

wrath [rɒθ, *AE.* ræθ, rɑ:θ] *högt. el. åld.* vrede **-ful** ['rɒθf(ʊ)l] *högt. el. åld.* vred, vredgad

wreak [ri:k] **1** förorsaka, anställa, tillfoga (*damage* skada); *~ havoc* anställa förödelse **2** utkräva, ta (*revenge, vengeance on* hämnd på) **3** utgjuta (*one's rage upon* sin vrede över)

wreath [ri:θ, *pl ~s* [ri:ðz] **1** [blomster]krans, -girland **2** ring, snirkel, spiral; [rök]slinga **wreathe** [ri:ð] *litt.* **1** bekransa; omge; omslingra, innesluta; *~d in* bekransad (omgiven, omslingrad) av, innesluten i; *he was ~d in smiles* han var ett enda stort leende **2** fläta (vira) samman, binda ihop (*into* till) **3** ringla, slingra sig

wreck [rek] **I** *s* **1** förlisning, skeppsbrott, strandning; haveri **2** förstöring, ödeläggelse; kullkastande, omintetgörande; undergrävande, fördärvande; fördärv, undergång, fall **3** vrak (*äv. bildl.*), ruin (*äv. bildl.*); *bildl. äv.* spill|ra, - ror, rest[er]; *~s (pl)* vrakspillror; *a nervous ~* (*vard.*) ett nervvrak **II** *v* **1** orsaka skeppsbrott för, komma att stranda (förlisa, haverera); [total]kvadda, -förstöra; *be ~ed* lida skeppsbrott, stranda, haverera (*äv. bildl.*), förlisa, bli [total]kvaddad ([total]förstörd) **2** förstöra, ödelägga; kullkasta, omintetgöra, grusa; undergräva, fördärva, ruinera **3** *AE.* montera ner, riva

wreckage ['rekɪdʒ] **1** vrak|gods, -spillror; *bildl.* spillror, återstod **2** haveri; förlisning, skeppsbrott; *bildl.* ödeläggelse, undergång **wrecked** [rekt] havererad; förlist, skeppsbruten **wrecker** ['rekə] **1** förstörare, skadegörare **2** vrakplundrare **3** *AE.* bärgningsbil **4** *i sht AE.* rivningsarbetare **wrecking** ['rekɪŋ] *AE.* bärgnings-; *~ car* bärgningsbil

Wren [ren] *BE. vard.* (*förk. för Women's Royal Naval Service*) marinlotta

wren [ren] *zool.* gärdsmyg

wrench [ren(t)ʃ] **I** *v* **1** vrida, bända; rycka [loss], slita [loss]; *~ s.th. from s.b.* vrida (rycka, slita) ngt ur handen på ngn; *~ o.s. from* vrida (slita) sig ur; *if you could ~ yourself away from the TV* om du kan slita dig från TV:n; *~ a p.'s arm out of its socket* vrida armen ur led på ngn **2** vricka, stuka, sträcka **3** för|vränga, -vanska **II** *s* **1** vridning, ryck, bändning **2** vrickning, stukning, sträckning **3** *bildl.* svår påfrestning, hårt slag; smärta; *the ~ of parting* avskedets smärta; *be a ~* (*äv.*) göra ont

4 skiftnyckel; skruvnyckel
wrest [rest] rycka, slita (*s.th. from s.b.* ngt från ngn); tillskansa (tillvälla) sig; ~ *s.th. from s.b.* (*äv.*) avtvinga ngn ngt, pressa fram ngt ur ngn
wrestle ['resl] **I** *v* **1** brottas, kämpa (*äv. bildl.*) **2** brottas (kämpa) med (*äv. bildl.*); ~ *s.b. to the ground* fälla ngn till marken **II** *s* brottning; brottningsmatch; *bildl.* kamp **wrestler** [-ə] brottare **wrestling** [-ɪŋ] brottning **wrestling match** brottningsmatch
wretch [retʃ] **1** stackare; *poor* ~ stackars krake **2** usling **wretched** ['retʃɪd] **1** stackars, eländig; [djupt] olycklig, förtvivlad **2** usel, undermålig **3** usel, avskyvärd **4** *vard.* förbaskad **wretchedness** ['retʃɪdnɪs] **1** elände, misär; olycka, förtvivlan **2** uselhet, undermålighet
wriggle ['rɪgl] **I** *v* **1** vrida (slingra, åla) sig, skruva på sig; ~ *out of* (*bildl.*) slingra sig ifrån (ur) **2** vrida på, vicka på (*one's toes* tårna) **3** ~ [*one's way*] *somewhere* slingra sig i väg någonstans; ~ *one's way* (*along*) slingra sig fram **II** *s* **1** vridning, slingring, slingrande rörelse **2** vickning
wright [raɪt] *i sms.* -tillverkare, -makare, -byggare
wring [rɪŋ] **I** *v* (*wrung, wrung*) **1** vrida; krama, trycka; pressa; ~ [*out*] vrida (krama) ur; ~ *s.th. from* (*out of*) *s.b.* pressa av (ur) ngn ngt, tvinga av ngn ngt; ~ *one's hands* (*äv. bildl.*) vrida sina händer; ~ *a p.'s hand* trycka ngns hand; ~ *a p.'s neck* (*bildl.*) vrida halsen (nacken) av ngn **2** plåga; *it ~s my heart* det gör mig ont ända in i själen, det är hjärtskärande **3** för|vrida, - vränga, -vanska **II** *s* [ur]vridning, [ur]kramning; tryckning; *give the clothes a* ~ vrida (krama) ur kläderna; *give a p.'s hand a* ~ trycka ngns hand
wringer ['rɪŋə] **1** vridmaskin, mangel; *he is put through the* ~ (*vard.*) han sätts på hårda prov **wringing** [-ɪŋ] *a*, ~ *wet* genom-, dy|blöt, så blöt att man kan vrida ur den (det *etc.*)
1 wrinkle ['rɪŋkl] **I** *s* rynka; veck, skrynkla **II** *v* **1** skrynkla [till, ner], vecka; rynka [på] (*one's nose* näsan) **2** rynka (vecka) sig, bli rynkig (skrynklig)
2 wrinkle ['rɪŋkl] *vard.* tips, vink; knep
wrinkled ['rɪŋkld, **wrinkly** ['rɪŋklɪ] *a* rynkig, skrynklig, veckig
wrist [rɪst] handled; handlov[e] **-band** ['rɪstbænd] **1** [klock]armband **2** [ärm]linning, manschett **-let** ['rɪstlɪt] **1** armband **2** mudd **-watch** ['rɪstwɒtʃ] armbands|ur, -klocka
1 writ [rɪt] (*officiell*) skrivelse, handling; förordning; kallelse; stämning; *Holy W~* den heliga skrift; ~ *of execution* utmätningsorder; *serve a ~ on s.b.* delge ngn stämning
2 writ [rɪt] *v, åld., perf. part. av write;* ~ *large a*) tydligt, *b*) i stor skala
write [raɪt] (*wrote, written; se äv. written*) **1** skriva; författa; skriva ner (ut); skriva full, fylla [i]; ~ *a cheque for £10* skriva ut en check på 10 pund; *he wrote me a letter* han skrev ett brev till mig; *I wrote her yesterday* (*AE.*) jag skrev till henne i går; *it is written on* (*all over*) *his face* det kan [tydligt] utläsas av hans ansiktsuttryck; *he has "lord" written all over him* det syns på långt håll att han är lord **2** skriva; författa; ~ *to s.b.* skriva till ngn; *he always wanted to* ~ han har alltid velat bli författare; *this pen won't* ~ det går inte att skriva med den här pennan **3** ~ *away to s.b.* skriva till ngn [och be om upplysningar *e.d.*]; ~ *back* skriva tillbaka, svara [per brev]; ~ *down a*) skriva ner (upp), ned-, an|teckna, *b*) *ekon.* skriva ner, *c*) skriva nedsättande om, göra ner; ~ *down to s.b.* sänka sig till ngns nivå; ~ *for a*) skriva för (i, åt), *b*) skriva efter, [skriva och] beställa, rekvirera; ~ *in a*) skriva in (till), tillägga, *b*) skriva [in] (*to a firm* till en firma); ~ *in for, se write for b*); ~ *off a*) avskriva (*äv. bildl.*), avfärda, *b*) [total]förstöra, kvadda; ~ *off to, se write away to;* ~ *on a*) skriva om (över), *b*) skriva på; ~ *out* skriva ut [fullständigt]; ~ *out* [*fair*] skriva rent; ~ *up a*) *hand.* skriva upp, *b*) skriva ihop (ner), utarbeta, redigera, föra (hålla) à jour, *c*) skriva [berömmande] om, lovorda, ge en fin recension, *d*) slå upp stort
write|-down ['raɪtdaʊn] *ekon.* nedskrivning **--in** *AE.* röstsedel med tillagt namn **--off 1** *ekon.* avskrivning [som förlust] **2** *vard., the car was a ~ after the accident* bilen var bara en skrothög efter olyckan
writer ['raɪtə] **1** författare; skribent, skriftställare; skrivare; kompositör; *~'s cramp* skrivkramp **2** skrivbiträde, kontorist **3** *Sk.* advokat
write-up ['raɪtʌp] **1** fin recension, beröm[mande omnämnande] **2** *AE. ekon.* uppskrivning
writhe [raɪð] vrida sig (*with pain* av smärta; *in agony* i plågor); förvrida sig; *bildl.* våndas, plågas
writing ['raɪtɪŋ] **I** *s* **1** skrivande, skrivning; skrivkonst; skrift; författarverksamhet; skriveri; *at the time of* ~ när detta skrivs (skrevs); *she earns a bit from her* ~ hon tjänar litet på sitt skrivande; *in* ~ i skrift, skriftlig[en], skriftligt; *permission in* ~ skriftligt tillstånd; *put in* ~ avfatta skriftligt, skriva ner; *commit to* ~ uppteckna, skriva ner **2** skrift, verk, arbete; *her collected ~s* hennes samlade verk **3** [in]skrift, inskription; *the ~ on the wall* (*bildl.*) skriften på väggen, ett varningstecken, ett dåligt tecken **4** [hand]stil **5** stil; språk **II** *a* skriv-; ~ *desk* (*table*) skrivbord; ~ *materials* skrivmateriel; ~ *pad a*) skrivunderlägg, *b*) anteckningsblock; ~ *paper* skriv-, brev|papper
written ['rɪtn] *perf. part. av write o. a* skriven; skriftlig; ~ *language* skriftspråk; *the ~ word* det skrivna ordet; *joy was ~ on* (*all over*) *his face* hela hans ansikte strålade av glädje
W.R.N.S. *förk. för Women's Royal Naval Service*
wrnt. *förk. för warrant*
wrong [rɒŋ] **I** *a* fel, felaktig, oriktig, falsk, orätt; orätt[färdig], orättvis; *the ~ key* fel nyckel; *the ~ side a*) fel sida, *b*) avigsidan; *the ~ way round a*) bakvänd, *b*) bak|vänt, -fram; *be ~ a*) vara fel, inte stämma, *b*) (*om klocka*) gå fel, *c*) (*om pers.*) ha (ta) fel, missta sig, ta miste; *nothing is ~, there is nothing ~* det är inget fel, allt (det) är bra (som det ska); *something is ~, there is something ~* det är ngt fel (på tok), det står inte rätt till; *what's ~?* vad är det för (som är) fel?; *it is ~ to lie* det är orätt att ljuga; *be ~ in the head* (*vard.*) inte vara riktigt klok; *he was ~ in asking her* det var fel (orätt) av honom att fråga henne; *he is on the ~ side of forty* han är över fyrtio; *have* (*get*) *the ~ number* ha ringt fel, ha fått fel nummer; *make the ~ decision* fatta ett felaktigt beslut; *say the ~ thing* säga ngt dumt (tokigt) **II** *adv* fel; oriktigt;

orätt; *do* ~ göra (handla) fel (orätt); *get it* ~ ta (ha, fatta) fel; *get one's sums* ~ räkna fel; *don't get me* ~*!* missförstå mig inte!; *you've got him* ~ du har missuppfattat honom; *go* ~ *a*) gå (köra, komma) fel (vilse), *b*) komma på villovägar, *c*) göra (ta) fel, *d*) gå på tok (snett, galet), misslyckas, *e*) gå sönder **III** *s* orätt; orätt|färdighet, -visa; oförrätt; missförhållande; *be in the* ~ *a*) ha orätt (fel), *b*) vara skyldig; *do* ~ göra (begå en) orätt; *he can do no* ~ han gör [förstås] aldrig fel, han är ofelbar; *put s.b. in the* ~ ge ngn skulden, framställa ngn i orätt dager **IV** *v* **1** göra orätt, vara orättvis mot **2** förfördela, förorätta, kränka

wrong|doer [ˌrɒŋ'dʊə] **1** syndare **2** ogärningsman, lagbrytare, missdådare, brottsling **-doing** miss-, o|gärning; förseelse; synd

wrong|-foot ['rɒŋfʊt] *sport.* finta bort; *bildl.* få ur balans **-ful** [-f(ʊ)l] **1** orätt|vis, -färdig **2** olaglig **-headed** [ˌrɒŋ'hedɪd] **1** omdömeslös **2** envis, tjurskallig

wrongly ['rɒŋlɪ] *adv* **1** orättvist, med orätt **2** fel, felaktigt, fel-; ~ *spelt* felstavad

wrote [rəʊt] *imperf. av write*

wrought [rɔ:t] **I** *v, åld. imperf. o. perf. part. av work I* **II** *a* **1** [be]arbetad; formad; ~ *iron* smidesjärn; ~ *silver* arbetat (hamrat) silver **2** dekorerad, utsirad **--up** [ˌrɔ:t'ʌp] upp|hetsad, -jagad, -rörd

wrung [rʌŋ] *imperf. o. perf. part. av wring*

wry [raɪ] sned, skev, förvriden (*äv. bildl.*); *make a* ~ *face* göra en ful grimas; ~ *humour* torr humor; ~ *smile* snett (sardoniskt) leende **wryly** ['raɪlɪ] *adv* snett *etc., se wry* **wryneck** ['raɪnek] *zool.* göktyta

WSW *förk, för west-southwest* **wt.** *förk. för weight*

wuthering ['wʌðərɪŋ] stormig

WY, Wyo. *förk. för Wyoming* [waɪ'əʊmɪŋ]

wyvern ['waɪvən] *her.* bevingad drake

X

X, x [eks] **1** (*bokstav*) X, x **2** (*beteckning för okänd mat. storhet, okänt namn e.d.*) X, x **3** kryss; (*i brev*) kyss

X [eks] **I** *s* barnförbjuden film **II** *a* barnförbjuden (*film* film)

X-chromosome ['eksˌkrəʊməsəʊm] X-kromosom

xenon ['zenɒn] *kem.* xenon

xeno|phobe ['zenəfəʊb] främlingshatare, xenofob **-phobia** [ˌzenə'fəʊbjə] främlingshat, xenofobi

xerography [ˌzɪə'rɒgrəfɪ] xerografi

Xerox ['zɪərɒks] (*varumärke*) **I** *s* **1** Xeroxapparat, kopiator **2** Xerox-, foto|kopia **II** *v* Xerox-, foto|kopiera

XL *förk. för extra large*

Xmas ['krɪsməs] *kortform av Christmas*

Xn. *kortform av Christian* **Xnty.** *kortform av Christianity*

X-ray, x-ray ['eksreɪ] **I** *s* **1** röntgenstråle **2** röntgen|bild, -fotografi **3** röntgen[undersökning] **II** *a* röntgen- **III** *v* **1** röntga; röntgenfotografera **2** röntgenbehandla

Xt. *kortform av Christ* **Xtian.** *kortform av Christian* **Xty.** *kortform av Christianity*

xylograph ['zaɪləgrɑ:f] träsnitt **xylographer** [zaɪ'lɒgrəfə] träsnidare, xylograf

xylophone ['zaɪləfəʊn] xylofon

Y

Y, y [waɪ] **1** (*bokstav*) Y, y **2** (*beteckning för okänd mat. faktor*) Y, y

y. *förk. för yard; year; yen*

yacht [jɒt] **I** *s* [lust]jakt, yacht, segelbåt; motorbåt **II** *v* segla **yacht-club** ['jɒtklʌb] yachtklubb, segelsällskap **yachting** ['jɒtɪŋ] **I** *s* segling; segel-, båt|sport **II** *a* segel-, båt-, seglar- **yachtsman** ['jɒtsmən] seglare; båtägare

yah [jɑ:] **1** *vard.* ja; jo **2** usch, äsch; fy

Yahveh, Yahweh ['jɑ:veɪ] Jahve, Jehova

yak [jæk] *zool.* jak, grymtoxe

Yale lock ['jeɪllɒk] (*varumärke*) yale-, patent|lås

yam [jæm] *bot.* **1** jams[rot] **2** *AE. dial.* sötpotatis **3** *Sk.* potatis

yammer ['jæmə] *vard.* **I** *v* gnälla [över], jämra sig [över] **I** *s* gnäll, jämmer

Yank [jæŋk] *vard. för Yankee*

yank [jæŋk] **I** v rycka [i], slita [i], dra [i]; hugga tag [i] **II** *s* ryck, knyck

Yankee ['jæŋkɪ] **I** *s* **1** yankee, jänkare; amerikan **2** nordstatsbo; (*i amer. inbördeskriget*) nordstatssoldat **II** *a* **1** yankee-, amerikansk **2** nordstats-

yap [jæp] **I** *v* **1** gläfsa **2** *vard.* bjäbba, tjafsa, snacka **II** *s* **1** gläfs[ande] **2** *sl.* bjäbbande, tjafs, snack **3** *AE. sl.* käft

Yard [jɑ:d] *s, BE. vard., the* ~ Scotland Yard

1 yard [jɑ:d] **1** yard (*= 3 feet = 0,9144 m*) **2** *sjö.* rå

2 yard [jɑ:d] **1** [stensatt, asfalterad] gård, gårdsplan; inhägnad [plats] **2** område; upplagsplats; gård; *railway* ~ bangård; *ship*~ [skepps]varv; *timber*~ brädgård

yard|arm ['jɑ:dɑ:m] *sjö.* rånock **-stick** yardmåttstock, tumstock; *bildl.* måttstock

yarmulke ['jɑ:məlkə] *jud.* kalott
yarn [jɑ:n] **1** garn; tråd **2** *vard.* [skeppar]historia; *spin a ~* dra en [skeppar]historia
yarrow ['jærəʊ] *bot.* rölleka
yashmak ['jæʃmæk] (*muslimsk kvinnas*) ansiktsslöja
yaw [jɔ:] **I** *v* gira **II** *s* gir
yawl [jɔ:l] *sjö.* **1** yawl **2** jolle, julle, liten skeppsbåt
yawn [jɔ:n] **I** *v* **1** gäspa **2** gapa, öppna sig **II** *s* **1** gäspning; *the film was a ~* (*vard.*) filmen var urtråkig **2** gap, svalg, avgrund **yawning** ['jɔ:nɪŋ] **I** *a* **1** gäspande **2** gapande **II** *s* jäspning
yawp [jɔ:p] **I** *v* **1** *BE. dial. o. AE.* skrika, tjuta **2** *AE. sl.* gorma, gapa **II** *s* **1** *BE. dial. o. AE.* skrik, tjut **2** *AE. sl.* gormande, gapande
yaws [jɔ:z] *pl, med.* framboesi, frambösi
y-axis ['waɪˌæksɪs] *mat.* y-axel
Y-chromosome ['waɪˌkrəʊməsəʊm] Y-kromosom
yclept [ɪ'klept] *åld.* kallad, vid namn
yd[.] *förk. för yard*
1 ye [ji:, *obeton.* jɪ] *pron* **1** *åld., poet.* I; Eder **2** *dial.* du; dig
2 ye [ji:] *åld.* = *the*
yea [jeɪ] *åld., dial.* **I** *adv* ja, jo **II** *s* ja; jaröst; *you can answer ~ or no* du kan svara ja eller nej
yeah [jeə] *vard.* ja; *oh ~?* jaså [minsann]?, säger du det?, verkligen?
year [jɜ:] år; årtal; årgång; *~ of birth* födelseår; *last ~* förra året, i fjol; *a ~ last March* i mars för ett år sedan; *this ~* i år; *this day ~* i dag om ett år; *four times a ~* fyra gånger om året; *it costs £100 a ~* det kostar 100 pund om året (per år); *~ after* (*by*) *~* år efter (för) år; *~s* [*and ~s*] *ago* för många [herrans] år sedan; *by the ~* per år; *for* (*in*) *~s* i (på) åratal (många år); *for ~s to come* i (under) kommande år, i åratal framöver; *he looks old for his ~s* han ser gammal ut för sin ålder (äldre ut än han är); *in the ~ 1980* [år] 1980; *in the ~ of grace* i nådens år; *in the ~ one* (*skämts.*) för evigheter sedan, i tidernas begynnelse; *in three ~s* om (på) tre år; *difference in ~s* åldersskillnad; *well on* (*advanced*) *in ~s* till åren [kommen]; *he is bottom in his ~* han är sämst i sin årskull; *over the ~s* med (genom) åren, under årens lopp; *it has put ~s on me* det har gjort mig många år äldre; *take ~s off s.b.* göra ngn flera år yngre
year|book ['jɜ:bʊk] årsbok; kalender **-ling** [-lɪŋ] **I** *s* årsgammal unge; ettåring **II** *a* ettårig, årsgammal **-long** årslång **-ly** [-lɪ] **I** *a* årlig, års- **II** *adv* årligen, en gång om året
yearn [jɜ:n] längta, trängta, tråna (*for, after* efter; *to do* efter att göra) **-ing** ['jɜ:nɪŋ] **I** *a* längtande, längtansfull, trängtande, trånande **II** *s* längtan, trängtan; åtrå
year-round ['jɜ:raʊnd] *a* åretrunt-, som pågår året runt
yeast [ji:st] **1** jäst; *brewer's ~* bryggerijäst **2** (*på öl*) skum **yeasty** ['ji:stɪ] **1** jäst-; jäst|doftande, -smakande **2** jäsande; skummande **3** ytlig; luftig **4** orolig
Yeats [jeɪts]
yell [jel] **I** *v*, *~* [*out*] skrika, vråla, tjuta (*with* av); *~ out* (*äv.*) skrika ut, vråla fram **II** *s* skrik, vrål, tjut
yellow ['jeləʊ] **I** *a* **1** gul; *~ fever* gula febern; *~ jack a*) gula febern, *b*) karantänsflagga; *~ journalism* sensationsjournalistik; *~ metal a*) gulmetall (*60 % koppar, 40 % zink*); *~ pages* (*i telefonkatalog*) yrkesregister, gula sidorna; *the ~ press* gula pressen, sensationspressen; *the Y~ River* Gula floden; *the ~ spot* (*anat.*) gula fläcken **2** *vard.* feg, skraj **II** *s* **1** gult; gul färg **2** äggula **III** *v* **1** gulfärga **2** gulna **--belly** [-ˌbelɪ] *sl.* fegis **--dog** [-dɒg] *a, AE., ~ contract* anställningskontrakt där den anställde förbinder sig att inte gå in i fackförening **-hammer** [-ˌhæmə] *zool.* gulsparv **-ish** [-ɪʃ] gulaktig
Yellowstone ['jeləʊstəʊn]
yellowy ['jeləʊɪ] gulaktig
yelp [jelp] **I** *v* gnälla, yla, tjuta; skrika till **II** *s* gnäll, ylande, tjut; skrik
Yemen ['jemən] Yemen **Yemeni** [-ɪ] **I** *a* yemenitisk **II** *s* yemenit
1 yen [jen] (*pl lika*) (*japanskt mynt*) yen
2 yen [jen] *vard.* **I** *v* längta intensivt **II** *s* intensiv längtan; begär; lust
yeoman ['jəʊmən] **1** *hist.* odalman, självägande bonde, hemmansägare **2** *hist.* betjänt, kammartjänare **3** *BE.* (*i sht i Towern*) *~* [*of the guard*] livgardist, kunglig livvakt **-ry** [-rɪ] *hist.* odalmän, självägande bönder, hemmansägare
yep [jep] *vard.* = *yes*
yes [jes] **I** *adv* ja; jo; *~ please!* ja tack!; *oh ~!* javisst!, jovisst!, o ja!, jadå!, jodå!; *~ and no* (*som svar på fråga*) både ja och nej **II** *s* ja **yes man** ['jesmæn] jasägare
yester|day ['jestədɪ] **I** *adv* i går; *~ morning* i går morse; *the day before ~* i förrgår **II** *s* gårdagen; *~s* (*pl*) förr i tiden; *the fashion of ~* gårdagens mode **-year** *s, litt.* förra året; forna dagar
yet [jet] *adv, konj* **1** än[nu]; [redan] nu; [*as*] *~* hittills, än[nu] så länge, ännu; *this is his best record ~* det här är hans bästa skiva hittills; *they will find him ~* de kommer att hitta honom förr eller senare (till slut, till sist); *do you have to go just ~?* måste du gå redan nu?; *I've ~ to learn how* det återstår för mig att (jag måste först) lära mig hur; *they haven't returned ~* (*~ returned*) de har inte kommit tillbaka än[nu], de har ännu inte kommit tillbaka **2** ännu, ytterligare; *~ again* ännu en gång, återigen; *~ another* ännu (ytterligare) en; *this is ~ more difficult* det här är [t.o.m.] ännu svårare **3** *nor ~* [och] inte heller **4** men, [men] ändå (likväl, dock)
yew [ju:] **1** *bot.* idegran **2** idegransträ
Y.H.A. *förk. för Youth Hostels Association*
yid [jɪd] *sl. neds.* jude **Yiddish** ['jɪdɪʃ] jiddisch
yield [ji:ld] **I** *v* **1** avkasta, ge (lämna) [i avkastning, i vinst]; frambringa, producera **2** lämna ifrån sig, överlämna; överge, ge upp, avstå [från]; ge, skänka, bevilja; *~ up* uppenbara, avslöja, lämna ifrån sig (*a secret* en hemlighet); *~ o.s. up to* ägna (hänge) sig åt; *he ~ed himself up to his fate* han fogade (fann) sig i sitt öde; *~ ground to* ge vika (falla undan) för; *~ justice to s.b.* låta ngn vederfaras rättvisa; *~ the palm to s.b.* erkänna sig besegrad av ngn; *~ right of way to s.b.* (*i trafiken*) lämna företräde åt ngn **3** ge avkastning, ge vinst **4** ge (böja, töja) sig, svikta, ge efter, ge vika (*to* för), *bildl. äv.* falla undan (till

föga), ge med sig, ge upp, kapitulera (*to* för); *I'll have to ~ to you on that point* jag måste ge dig rätt på den punkten; ~ *to nobody* (*äv.*) inte stå ngn efter, inte vara underlägsen ngn (*in* i, i fråga om); ~ *to temptation* falla för frestelsen; *she ~ed to his charm* hon föll för hans charm; *the disease ~ed to treatment* behandlingen hade en gynnsam effekt på sjukdomen **5** (*i trafiken*) lämna företräde (*to* åt) **II** *s* avkastning; vinst; skörd; produktion; utbyte, behållning

yielding ['ji:ldɪŋ] **1** eftergiven, foglig, undfallande **2** mjuk, elastisk; lättarbetad

yippee [jɪ'pi:] *interj* hurra!, jättebra!, heja!

Y.M.C.A. *förk. för Young Men's Christian Association* K.F.U.M. **Y.M.H.A.** *förk. för Young Men's Hebrew Association*

yob [jɒb] *BE. vard.* stökig (bråkig) kille (snubbe)

yodel ['jəʊdl] **I** *v* joddla **II** *s* joddling, joddlande **-ler** [-ə] joddlare

Yoga, yoga ['jəʊgə] yoga

yoghurt ['jɒgət, *AE.* 'jəʊgət] yoghurt

yogi ['jəʊgɪ] (*pl ~s el. ~n*) yogi; yogalärare; yogautövare

yogurt ['jɒgət, *AE.* 'jəʊgət] yoghurt

yo-heave-ho [,jəʊhi:v'həʊ], **yoho** [jə(ʊ)'həʊ] *sjö.* åhej, åhå!, åhi, åhej!

yoicks [jɔɪks] *interj* (*t. hund*) buss på!

yoke [jəʊk] **I** *s* **1** ok (*äv. bildl.*) **2** [ox]spann, par **3** *sömn.* ok, besparing **II** *v* lägga ok[et] på; spänna för (*a wagon*); sammankoppla; ~ *oxen to the plough* spänna oxar för plogen

yokel ['jəʊkl] bondlurk, tölp

yolk [jəʊk] **1** gula, äggula **2** ullfett

Yom Kippur [,jɒm'kɪpə] Jom kippur (*jud. försoningsfest*)

yon [jɒn] *åld., dial.* den (det, de) där **yonder** ['jɒndə] *åld., dial.* **I** *adv* där borta **II** *pron* den (det, de) där

yore [jɔ:] *åld., litt.* **I** *s, of ~* fordom, förr [i världen]; *in days of ~* i forna dagar **II** *adv* fordom, förr [i världen]

York [jɔ:k] York; *the House of ~* huset York (*kungaätt*)

Yorks. *förk. för Yorkshire*

Yorkshire ['jɔ:kʃə] Yorkshire **Yorkshire pudding** [-,pʊdɪŋ] yorkshirepudding (*slags pannkaka som äts t. rostbiff*) **Yorkshireman** [-mən] Yorkshirebo

you [ju:] *pers. pron* **1** du, ni; dig, er; ~ *fool!, fool that ~ are!* din dumbom!; *fools that ~ are!* era dumbommar!; ~ *Swedes* ni svenskar; *poor ~!* stackars dig!, din stackare!; *don't ~ do that!* gör inte det, du!, gör [absolut] inte det!; *I'm telling ~!* (*vard.*) och hör sen!; *that's a wine for ~!* vilket [gott] vin!, det var (är) verkligen ett gott vin! **2** man; en; sig; ~ *never can tell* man kan aldrig så noga veta

you-all [,ju:'ɔ:l] *AE. dial.* (*t. fler än en pers.*) ni

you'd [ju:d] = *you had* (*would*) **you'll** [ju:l] = *you will* (*shall*)

young [jʌŋ] **I** *a* ung; liten; späd; färsk, oerfaren; ungdomlig; *the ~ ones a*) ungdomen, *b*) ungarna; ~ *G.* den unge G., G. junior; *Y~ America* amerikansk ungdom, ungdomen i Amerika; *my ~ brother* min lillebror; ~ *lady!* min fröken!, min unga dam!; *his ~ lady* (*woman*) hans flickvän; *her ~ man* hennes pojkvän; ~ *moon* nymåne; *the night is ~* det är inte sent, kvällen har bara börjat; ~ *people* unga människor, ungdom[ar]; ~ *people's magazine* ungdomstidskrift; *you ~ rascal!* din lilla rackare!; *Y~ Turk* (*polit.*) ung radikal **II** *s* **1** *the ~* de unga, ungdom[en]; *books for the ~* ungdomsböcker; ~ *and old* unga och gamla **2** *pl* ungar; *with ~* dräktig **-er** ['jʌŋgə] (*komp. av young*) yngre *etc.*, *jfr young I; Dumas the ~, the ~ Dumas* Dumas den yngre **-est** ['jʌŋgɪst] (*superl. av young*) yngst *etc.*, *jfr young I* **-ish** ['jʌŋɪʃ] ganska ung, yngre **-ling** ['jʌŋlɪŋ] *litt.* yngling; ung människa (varelse, planta) **-ster** ['jʌŋstə] **1** barn[unge]; ungdom **2** unghäst; ungdjur

your [jɔ:, *obeton.* jə] *fören. poss. pron* **1** din, er; *Y~ Majesty* Ers Majestät **2** ens; sin; *you should always do ~ best* man skall alltid göra sitt bästa; *the climate here is good for ~ health* klimatet här är hälsosamt; *~ feet ache when you climb that ladder* fötterna (ens fötter) värker när man klättrar upp för den där stegen **3** den [där, här], en sådan där; ~ *artist* den där s.k. konstnären [som du talar om]; ~ *typical American* den typiske amerikanen

you're [jʊə] = *you are*

yours [jɔ:z] *självst. poss. pron* **1** din, er; *a friend of ~* en vän till dig (er); *you and ~* du och din familj (de dina), ni och er familj; *this is my hat and that is ~* det här är min hatt och det där är din (er); *the idea was ~* det var din (er) idé; *what's ~?* (*skämts.*) vad vill (skall) du (ni) ha [att dricka]?; *it was ~ to do this* det var din (er) sak att göra detta; *Y~ [faithfully, truly]* (*i brevslut*) Högaktningsfullt; ~ *truly* (*vard.*) undertecknad, jag, mig; *up ~!* (*vulg.*) kyss mig!, dra åt helvete! **2** *hand.* Ert brev, Er skrivelse; ~ *is to hand* vi har mottagit Ert brev

your|self [jɔ:'self] (*pl -selves* [-'selvz]) *rfl o. pers. pron* dig, er, sig, dig (er, sig) själv; en själv; [du, ni, man] själv; *don't strain ~* överansträng dig inte; *help yourselves to a cup of tea* var så goda och ta en kopp te; *did you make them ~?* har du gjort dem själv?; *you're not ~* du är inte dig själv; *how's ~?* (*vard.*) hur är det med dig [själv]?, hur har du det?, hur mås det [själv]?

youth [ju:θ] (*pl ~s* [ju:ðz]) **1** ungdom[en], ungdomstid[en]; *bildl.* begynnelse[stadium], barndom, start; *a friend of one's ~* en ungdomsvän; *in my ~* i min ungdom, när jag var ung **2** ungdom, yngling, ung man; *when he was a ~* (*äv.*) när han var ung **3** ungdomlighet; *she has kept her ~* (*äv.*) hon har hållit sig ung **4** ungdom, ungdomen; *the ~ of today is (are) fantastic* dagens ungdom är fantastisk

youth club ['ju:θklʌb] *ung.* ungdomsgård

youthful [-f(ʊ)l] **1** ung[domlig] **2** ungdoms-

youth hostel [-,hɒstl] vandrarhem

you've [ju:v, *obeton.* jʊv, jəv] = *you have*

yowl [jaʊl] **I** *v* tjuta, yla **II** *s* tjut, ylande

yo-yo ['jəʊjəʊ] **1** jojo **2** *AE. sl.* dumskalle; lättlurad typ

yr. *förk. för year; younger; your* **yrs.** *förk. för years; yours* **Y.T.** *förk. för Yukon Territory*

ytterbium [ɪ'tɜ:bjəm] *kem.* ytterbium

yucca ['jʌkə] *bot.* palmlilja

Yugo|slav [,ju:gə(ʊ)'slɑ:v] **I** *s* jugoslav **II** *a* jugo-

slavisk **-slavia** [-'slɑ:vjə] Jugoslavien
yuk [yək] *interj, vard.* usch!, fy!, blää!
Yukon ['ju:kɒn]
Yule[tide] ['ju:l(taɪd)] *åld.* jul[en], juletid
yummy ['jʌmɪ] *vard.* smaskens, mumsig **yum-yum** [ˌjʌm'jʌm] *interj, vard.* namnam!, mums!, härligt!
yup [jʌp] *vard.* = *yes*
yuppie ['jʌpɪ] (*förk. för young urban person*) *s, vard.* ung storstadsintellektuell
Y.W.C.A. *förk. för Young Women's Christian Association* K.F.U.K. **Y.W.H.A.** *förk. för Young Women's Hebrew Association*

Z

Z, z [zed, *AE.* zi:] (*bokstav*) Z, z
z. *förk. för zero; zone*
Zacha|riah [ˌzækə'raɪə], **-rias** [-'raɪəs], **-ry** ['zækərɪ] Sakarias
zaftig ['zɑ:ftɪk] *AE. sl.* mullig
Zaïre [zɑ:'ɪə]
zany ['zeɪnɪ] **I** *a, vard.* komisk; stollig, tokig **II** *s* **1** pajas, gycklare **2** dumbom
zap [zæp] *sl.* **I** *v* **1** knäppa, skjuta; döda **2** svischa, susa, rusa **II** *s* rulle, fart, kläm **III** *interj* svisch!, pang!
zeal [zi:l] iver, nit; entusiasm
Zealand ['zi:lənd] Själland
zealot ['zelət] nitisk person, ivrare, fanatiker; selot, trosivrare **-ry** [-rɪ] [överdrivet] nit, fanatism
zealous ['zeləs] ivrig, nitisk; hänförd, full av iver
zebra ['zi:brə] **I** *s, zool.* (*pl* ~[*s*]) sebra **II** *a* [sebra]-randig; ~ *crossing* övergångsställe, fotgängarövergång (*med vita ränder*)
zebu ['zi:bu:] *zool.* sebu, puckeloxe
zed [zed] (*bokstav*) z
zee [zi:] *AE.* (*bokstav*) z
zenith ['zenɪθ] zenit; *bildl. äv.* höjdpunkt, topp
zephyr ['zefə] *litt.* sefyr, västanfläkt, bris
zero ['zɪərəʊ] **I** *s* (*pl* ~[*e*]*s*]) **1** noll; nolla; noll|punkt, -läge; fryspunkt; *absolute* ~ absoluta nollpunkten; *20 degress below* ~ (*äv.*) 20 minusgrader; *the needle is at* (*on*) ~ visaren står på noll; *her chances were put at* ~ hennes chanser bedömdes vara lika med noll **II** *a* noll-; ~ *gravity* tyngdlöshet; ~ *hour a*) *mil.* klockan K (*exakt tidpunkt för operations igångsättande*), *b*) kritiskt ögonblick (*i början av ngt*), ödestimme; *he showed* ~ *interest in* (*i sht AE. vard.*) han visade absolut noll intresse för; ~ *plural* (*språkv.*) plural utan ändelse (med nollmorfem); *she's getting absolutely* ~ *satisfaction from it* (*vard.*) hon får inte ut ett dugg av det **III** *v* **1** nollställa **2** ~ *in on* ta sikte på, skjuta in sig på, *bildl. äv.* inrikta (koncentrera) sig på
zest [zest] **I** *s* **1** iver, entusiasm; aptit (*for* på), smak (*for* för); ~ *for life* aptit på livet, livs|glädje, -lust **2** [extra] krydda, piff, pikant smak; *his presence gave* ~ *to the party* hans närvaro gav en extra krydda åt festen **3** (*t. drink e.d.*) citron-, apelsin|skal **II** *v* krydda, sätta piff på, förhöja smaken på **-ful** ['zestf(ʊ)l] kryddad, pikant, med piff
Zetland ['zetlənd] (*t. 1974*) Shetland
Zeus [zju:s]
zibet ['zɪbɪt] *zool.* civett, sibetkatt
zigzag ['zɪgzæg] **I** *s* sicksack; sicksacklinje; *move in a* ~ gå (löpa) i sicksack **II** *a* sicksack-, sicksackformig **III** *v* gå (löpa) i sicksack, sicksacka sig
zilch [zɪltʃ] *AE. sl.* **1** noll, ingenting **2** nolla, obetydlig person
zillion ['zɪljən] *vard.* enorm mängd, miljoner och åter miljoner
Zimbabwe [zɪm'bɑ:bwɪ]
zinc [zɪŋk] zink **zinciferous** [zɪŋ'kɪfərəs] zinkhaltig **zinc ointment** ['zɪŋkˌɔɪntmənt] zinksalva **zinc oxide** ['zɪŋkˌɒksaɪd] zinkoxid **zinc white** ['zɪŋkwaɪt] zinkvitt
zing [zɪŋ] **I** *s* **1** *vard.* sting, piff **2** vinande [ljud], vissling; sjungande [ljud] **II** *v* vina, vissla
zinnia ['zɪnjə] *bot.* zinnia
Zion ['zaɪən] Sion **-ism** [-iz(ə)m] sionism **-ist** [-ɪst] sionist
zip [zɪp] **I** *s* **1** blixtlås **2** vinande, visslande, tjutande **3** *vard.* fart, kläm, schvung, energi **II** *v* **1** ~ [*on, up, shut*] dra igen (stänga) blixtlåset på; ~ [*open*] öppna blixtlåset på; *will you* ~ *me up?* vill du dra upp blixtlåset åt mig? **2** stänga (öppna) blixtlåset **3** ha blixtlås, stängas (öppnas) med blixtlås; *the hood* ~*s onto the jacket* huvan sätts fast på jackan med blixtlås **4** vina, vissla, tjuta; *vard.* skynda [på], rusa, susa
zip code ['zɪpkəʊd] *AE.* postnummer **zip-fastener** [-ˌfɑ:snə] *BE.*, **zipper** [-ə] *AE.* blixtlås **zippy** [-ɪ] *vard.* klämmig
zither ['zɪðə] *mus.* cittra **-ist** [-rɪst] *mus.* cittraspelare
zodiac ['zəʊdɪæk] *astr., the* ~ zodiaken, djurkretsen
zombi[e] ['zɒmbɪ] zombi; *bildl.* sömngångare, levande död; *like a* ~ som en zombi, som i trans
zonal ['zəʊnl], **zonary** [-ərɪ] zon-; zonal
zone [zəʊn] **I** *s* zon; område; bälte; *AE. äv.* [post]distrikt; *AE. äv.* taxezon; ~ *of occupation* ockupationszon; *no-parking* ~ [område *e.d.* med] parkeringsförbud; *nuclear-free* ~ kärnvapenfri zon; *the English-speaking* ~ det engelska språkområdet; *the torrid* ~ den tropiska (heta) zonen, det heta bältet; *the temperate* ~*s* de tempererade zonerna; *the frigid* ~*s* de kalla zonerna (bältena); *time* ~ tidszon **II** *v* indela [i zoner], zon-, områdes|indela; utse som zon (område) (*for* för) **zone time** ['zəʊntaɪm] zon-, normal|tid **zoning** ['zəʊnɪŋ] zon-, områdes|indelning, zonplanering
zonked [zɒŋkt] *vard.* asberusad, utslagen
Zoo [zu:] zoo[logisk trädgård], djurpark
zoolatry [zəʊ'ɒlətrɪ] djurdyrkan, zoolatri
zoological [ˌzəʊə'lɒdʒɪkl] zoologisk, djur-; ~

garden [zuˌlɒdʒikl'gɑ:dn] zoologisk trädgård, djurpark **zoologist** [zəʊ'ɒlədʒɪst] zoolog **zoology** [zəʊ'ɒlədʒɪ] zoologi

zoom [zu:m] **I** *v* **1** *flyg.* snabbt stiga med (*plan*), låta stiga brant **2** låta gå för fullt, rusa (*motor*) **3** *flyg.* stiga snabbt (brant); *bildl. äv.* rusa i höjden **4** brumma, surra; *vard.* rusa, susa, köra [med hög fart]; *he ~ed through his work* (*vard.*) han gjorde jobbet på nolltid **5** *foto., film.* zooma (*in* in; *out* ut); *~ in on s.th.* (*vard.*) direkt komma in på ngt **II** *s* **1** *flyg.* snabb (brant) stigning; *bildl.* snabb (markant) uppgång **2** brummande, surrande **3** *foto.* zoom|lins, -objektiv **zoom lens** ['zu:mlens] *se zoom II 3*

zootomy [zəʊ'ɒtəmɪ] zootomi, djuranatomi

zounds [zaʊndz] (= *God's wounds*) *interj, åld.* Guds död!, för tusan!

ZPG *förk. för Zero Population Growth*

zucchetto [tsu:'ketəʊ] (*kat. prästs*) kalott

zucchini [tsu:'ki:nɪ] (*pl lika*) *bot.* zucchini, squash

Zulu ['zu:lu:] **I** *s* **1** zulu **2** zuluspråket **II** *a* zulu-

Zürich ['zjʊərɪk] Zürich

zwieback ['zwi:bæk] skorpa (*av torkad vetelängd*)

zygote ['zaɪgəʊt] *biol.* zygot

SVENSK-ENGELSKA DELEN

FÖRORD

Denna ordbok är utarbetad inom Bokförlaget Prismas lexikonredaktion av Eva Gomer och Mona Morris-Nygren under medverkan av Erik Durrant, Michael Knight, Hans Nygren, Michael Phillips, Sture Sundell och Gösta Åberg. Lexikografisk rådgivare har varit Bertil Molde. För bearbetningen av fjärde upplagan svarar Sture Sundell, Bengt Ellenberger, Hans Lindquist och Birgit Örsmark. Den innehåller ca 54 000 uppslagsord och ca 15 000 fraser, talesätt och andra språkliga konstruktioner.

Vid urvalet av uppslagsord har framför allt det moderna språket tillgodosetts. Facktermer inom olika ämnesområden, vardagliga ord och slanguttryck är rikligt representerade. Även åtskilliga inregistrerade varumärken förekommer. Fjärde upplagan har utökats med drygt 2 000 nya uppslagsord.

Till tjänst för framför allt utländska läsare har uttals- och accentbeteckningar för de svenska uppslagsorden införts liksom uppgifter om substantivs, verbs och adjektivs böjningsformer enligt de principer som klargörs i anvisningarna.

Den grammatiska apparaten är den enklaste möjliga. Överallt där detta har varit möjligt har självförklarande uttryck använts i stället för grammatisk terminologi.

Vid arbetet har alla viktigare tillgängliga lexikon och uppslagsverk använts. Särskilt kan nämnas *Collins Dictionary of the English Language, Collins Cobuild English Language Dictionary, The Concise Oxford Dictionary, The Advanced Learner's Dictionary of Current English, The American Heritage Dictionary*, Svartvik–Sager *Engelsk universitetsgrammatik, Illustrerad svensk ordbok, Svensk ordbok, Svensk Handordbok* samt *Nyord i svenskan från 40-tal till 80-tal.*

BOKFÖRLAGET PRISMA
Lexikonredaktionen

ANVISNINGAR

Allmänt

De svenska uppslagsorden återges i sträng bokstavsordning, alltså t. ex. **bildäck, bildöverföring, bilersättning**. Facktermer anges med *tekn., mil., sport. etc.* (se förkortningslistan på s. 17). I översättningarna har amerikanska alternativ markerats med *AE*.

Använda tecken

Om ett uppslagsord har flera betydelser anges olika ordklasser med hjälp av romerska siffror. Klart åtskilda betydelser inom varje ordklass anges med arabiska siffror, mindre betydelseskillnader med semikolon.

| | står efter den del av ett uppslagsord som återkommer i ett eller flera följande uppslagsord. Dessutom används det någon gång av tydlighetsskäl för att visa hur ett ord är sammansatt, t. ex. **bil|drulle**

- betecknar, när | är utsatt, avskild del av uppslagsord. I sammansättningar och avledningar betecknar det hela det föregående uppslagsordet, t. ex. **berör|a, -ing** (= **beröra, beröring**), **fasad, -klättrare** (= **fasad, fasadklättrare**).

-- anger att den följande orddelen skall avskiljas med bindestreck. Observera alltså skillnaden i artikeln **svensk/amerikan** med sammansättningar mellan **-amerikansk** (= **svenskamerikansk**) och **--engelsk** (= **svensk-engelsk**).

~ inuti artiklarna betecknar hela uppslagsordet, t. ex. **arm** *gå ~ i ~, med ~arna i kors*.

( ) används dels för kompletterande förklaringar, t. ex. **hösäck** (*tom*) haysack; (*full*) sack of hay, dels för alternativa ord och fraser, t. ex. *ta ett hinder (sport.)* jump (take, clear) a hurdle (fence).

[ ] används dels kring uttalsbeteckningarna, dels för att ange ord eller del av ord som kan utelämnas, t. ex. **fönsterlucka** [window]shutter.

Stavning

Bortsett från rena undantagsfall har brittisk stavning iakttagits i hela ordboken. De viktigaste skillnaderna mellan brittisk och amerikansk praxis framgår av nedanstående uppställning:

Brittisk engelska	*Amerikansk engelska*	
travelling, waggon	traveling, wagon	I amerikansk engelska bibehålls enkelt l och p efter obetonad vokal.
colour, neighbour	color, neighbor	Ändelsen -our motsvaras i amerikansk engelska av -or.
metre, theatre	meter, theater	-re i ordslut motsvaras i amerikansk engelska oftast av -er.
cheque, plough, catalogue, programme	check, plow, catalog, program	Bokstavsföljder som betecknar ett enda ljud förenklas i amerikansk engelska.
defence	defense	-ce i ordslut motsvaras i amerikansk engelska ibland av -se.

Förkortningar *se s. 17.*

Oregelbundna verb

Imperfekt- och supinumformer av oregelbundna svenska verb står upptagna som uppslagsord med hänvisning till infinitivformen.

De svenska ordens uttal

Till tjänst för utländska läsare anges där så behövs de svenska ordens accent och uttal. Accenten anges med punkt under den betonade stavelsens vokal. *I ord vilkas uttal följer den grundregel som säger att två- och flerstaviga ord har betoningen på första stavelsen och grav accent ges dock ingen anvisning om accenten.* I övrigt används en förenklad ljudskrift som i huvudsak ansluter sig till det internationella fonetiska alfabetet. Den intresserade hänvisas till de engelskspråkiga anvisningarna (Notes on the use of the dictionary, s. 10).

Svenska läsare bör observera att i enlighet med det internationella fonetiska systemet accenten i uttalsparenteserna står före den betonade stavelsen.

Böjningsformer

Substantivs, adjektivs och verbs böjning anges med hjälp av en kod som återfinns i de engelska anvisningarna (Notes on the use of the dictionary, s. 14).

NOTES ON THE USE OF THE DICTIONARY

General

The Swedish headwords are arranged in strict alphabetical order, e.g. **bildäck, bildöverföring, bilersättning**. Field labels appear in italics before the English translation, e.g. *tekn., mil., sport.* (see list of abbreviations, p. 17). American alternatives of the English translations are marked *AE*.

Symbols

If a headword has more than one meaning, each different part of speech is indicated by means of a roman numeral. Entirely different meanings within each part of speech are indicated by arabic numerals, smaller differences in meaning are indicated by a semi-colon.

| | stands after the part of a headword that reappears in one or more successive entries. It is also sometimes used for the sake of clarity to show how a word is made up, e.g. **bil|drulle**

\- indicates the part of the entry separated by |, or (in compounds and derivatives) the entire preceding entry, e.g. **berör|a, -ing** (= **beröra, beröring**), **fasad, -klättrare** (= **fasad, fasadklättrare**).

-- indicates that the following word element is preceded by a hyphen. Note the difference, in the article on **svensk/amerikan** and its compounds, between **-amerikansk** (= **svenskamerikansk**) and **--engelsk** (= **svensk-engelsk**).

~ within the article indicates the entire headword, e.g. **arm** *gå ~ i ~, med ~arna i kors.*

( ) is used for complementary explanations, e.g. **hösäck** (*tom*) hay-sack; (*full*) sack of hay, and for alternative words and phrases, e.g. *ta ett hinder* (*sport.*) jump (take, clear) a hurdle (fence).

[ ] is used round the phonetic transcription and round a word or part of a word that can be omitted, e.g. **fönsterlucka** [window]shutter.

Spelling

With a very few exceptions British spelling has been used throughout the dictionary. The most important differences in spelling between British and

American English are listed below.

British usage	*American usage*	
travelling, waggon	traveling, wagon	A double consonant is sometimes written as a single consonant.
colour, neighbour	color, neighbor	The ending -our is written as -or.
metre, theatre	meter, theater	-re at the end of a word is usually written as -er.
cheque, plough, cata-logue, programme	check, plow, catalog, program	Letter combinations de-noting a single sound are sometimes simplified.
defence	defense	-ce at the end of a word is sometimes written as -se.

Abbreviations *see* p. 17.

Irregular verbs

The past participle and the supine of irregular Swedish verbs are given as headwords with a reference to the infinitive.

PRONUNCIATION OF THE SWEDISH WORDS

Tone and stress

There are two kinds of tone in Swedish: the acute accent, or singletone, and the grave accent, or double-tone. The acute accent is a falling tone, as in English beggar, calendar. It occurs in words of one syllable and in a few words of two or more syllables. In this dictionary the acute accent in words of two or more syllables with the stress on the first syllable is always indicated in the phonetic transcription. The grave accent, which is characteristic of the Swedish language, occurs in words of two or more syllables. It is also a falling tone, but the second syllable begins on a higher pitch than the first. The main stress usually lies on the first syllable and there is a strong secondary stress on the second syllable.

Most Swedish words of two or more syllables have the stress on the first syllable and the grave accent.

Words with the following endings have the stress on the last syllable:

-ang, -ant, -at, -ent, -eri, -ess, -ion, -ism, -ist, -log, -nom, -tet, -tris, -ur, -ör, -ös

Words with the following endings have the stress on the penultimate syllable:

-era, -inna, -issa

In words that are not pronounced in accordance with these rules, the stress is marked. When only the stress is indicated, this is done by means of a dot under the vowel of the stressed syllable in the headword. The stress may also be indicated in the phonetic transcription, where one is given (see below).

Pronunciation

The first column contains the Swedish letters and the second column the phonetic symbols used in this dictionary.

Vowels

a [a:] as in father. E.g. *far* [fa:r].
[a] similar to the first element in the English diphthong in time, the French a in la, the German a in kann. E.g. *hatt* [hatt].

e [e:] has no exact English equivalent, is pronounced as in French les, German mehr. E.g. *leta* [ˣle:ta], *se* [se:].
[e] as in let. E.g. *detta* [ˣdetta].

i [i:] as in three. E.g. *lida* [ˣli:da].
[i] similar to the i in fit. E.g. *sitta* [ˣsitta].

o [ɷ:] similar to the vowel in too. E.g. *ropa* [ˣrɷ:pa].
[ɷ] similar to the vowel in put. E.g. *hon* [hɷnn].

u [u:] has no English equivalent. Tongue position as for [e:] above, but lips rounded. E.g. *luta* [ˣlu:ta], *hus* [hu:s].
[u] similar to English [ə] in letter, but lips rounded. E.g. *kulle* [ˣkulle].

y [y:] similar to the French u in rue, the German ü in früh, but lips more protruded and rounded. E.g. *gryta* [ˣgry:ta], *sy* [sy:].
[y] short [y:], compare French lune, German müssen. E.g. *syster* [ˣsysster], *hylla* [ˣhylla].

å [å:] similar to the vowel in saw. E.g. *båt* [bå:t].
[å] as in long. E.g. *lång* [låŋ].

ä [ä:] before r similar to the first element in the diphthong in bear. E.g. *bära* [ˣbä:ra]. In other cases less open as in French chaise. E.g. *träd* [trä:d], *läsa* [ˣlä:sa], *säl* [sä:l].
[ä] before r as in carry. E.g. *värre* [ˣvärre], *ärta* [ˣärrta]. In other cases similar to e in set. E.g. *mätt* [mätt].

ö [ö:] before r similar to the vowel in bird. E.g. *höra* [ˣhö:ra]. In other cases the sound is similar to the vowel in French deux, German Öl.
[ö] before r similar to the vowel in English cup, but lips rounded. E.g. *dörr* [dörr]. In other cases similar to the final vowel in English better. E.g. *höst* [hösst].

Consonants

b [b] as English b.
c [s] as in sea. E.g. *cykel* [´sykkel].
ch [ʃ] as in shall. E.g. *choklad* [ʃɑk´la:d].
ck [k] as English k.
d [d] as English d, but pronounced with the tongue against the back of the upper teeth.
f [f] as English f.
g [g] as English g in great, good, before a, o, u, å or unstressed -e. E.g. *god* [gɑ:d], *gul* [gu:l], *fågel* [´få:gel].
[j] as English y in yes, before e, i, y, ä, ö and after l and r. E.g. *ge* [je:], *gynna* [ˣjynna], *göra* [ˣjö:ra], *arg* [arj].
[k] as English k, before t. E.g. *sagt* [sakt].
gj [j] as English y in yes. E.g. *gjort* [jɑ:rt].
gn [ŋn] E.g. *regn* [reŋn].
h [h] as English h.
j [j] as English y in yes. E.g. *ja* [ja:].
k [k] as English k, before a, o, u, å. E.g. *kall* [kall], *kål* [kå:l].
[ç] similar to the initial sound in child, but without the beginning t-sound, compare German ich. Comes before e, i, y, ä, ö. E.g. *kela* [ˣçe:la], *kyla* [ˣçy:la], *kött* [çött].
l [l] as English *l*.
m [m] as English *m*.
n [n] as English *n*.
ng [ŋ] as in song. E.g. *mangel* [´maŋel]. Note no g-sound should be heard after the ŋ-sound as it is in English.
p [p] as English *p*.
q [k] as English *k*.
r [r] similar to English *r* but rolled.
rd [rd] similar to rd, rt in ford, cart in British pronounciation. In the
rt [rt] phonetic transcription written rd, rt. E.g. *bord* [bɑ:rd], *sort* [sårrt].
rs [rs] pronounced as sh in shall. In the phonetic transcription written rs. E.g. *brorson* [ˣbrɑ:rså:n].
s [s] as English s in see (voiceless).

sch [ʃ] similar to sh in she. E.g. *marsh* [marʃ], *dimension* [dimen´ʃɑ:n],
si(on) *själv* [ʃällv], skjuta [ˣʃu:ta], *stjärna* [ˣʃä:rna]. (Most Swedes use a
sj different sound, which is, however, difficult for foreigners to
skj produce.)
stj
t [t] as English t, but pronounced with the tongue against the back of the upper teeth.
ti(on) [ʃ] see sch etc. above.
tj [ç] similar to the initial sound in child, but without the initial t-sound, compare German ich. E.g. *tjänst* [çänst], *tjuv* [çu:v].
v, w [v] as English v.
x [ks] never pronounced gs, as in example.
z [s] pronounced as English s in see (voiceless).

Other phonetic symbols

In addition to the phonetic symbols given after the Swedish letters above, the following symbols are used:

- ´ indicates acute accent. E.g. *allting* [´alltiŋ].
- ˣ indicates grave accent. E.g. *arton* [ˣa:rtån].
- : indicates long vowel. E.g. *adjö* [a´jö:].
- \- is used when only part of the word is transcribed. E.g. *alligator* [-ˣa:tår].

A consonant following a short, stressed vowel is written twice. E.g. *banjo* [´bann-].

It has not been considered necessary to give the pronounciation of ch, sch, stj where they are pronounced [ʃ], of -sion, -tion where they are pronounced [ʃɑ:n], of ng where it is pronounced [ŋ] or of c where it is pronounced [s].

No pronounciation is given for compounds. The reader is referred to the separate words which make up the compound. Within an article containing several headwords the first word normally gives the stress and pronounciation of the following words, but not the accent. For practical reasons only one pronounciation has often been given for words which have two or more possible pronounciations.

INFLECTION OF NOUNS, ADJECTIVES, AND VERBS

The following codes are used:

Nouns

The forms given are: sg indefinite – sg definite – pl indefinite.

s1 flicka – flicka*n* – flick*or*
toffel – toffel*n* – toffl*or*
ros – ros*en* – ros*or*

s2 pojke – pojk*en* – pojk*ar*
dag – dag*en* – dag*ar*
dager – dager*n* – dagr*ar*
dagg – dagg*en* – no pl
sky – sky*n* – sky*ar*
mun – mun*nen* – munn*ar*
lämmel – lämmel*n* – läml*ar*
kam – kamm*en* – kamm*ar*

s3 rad – rad*en* – rad*er*
doktor – doktor*n* – doktor*er* [-´tɑ:-]
filosofi – filosofi*n* – filosofi*er*
djungel – djungel*n* – djungl*er*

kollega – kolleg*an* – kolleg*er*
pilgrim – pilgrim*en* – pilgrim*er*
konsul – konsul*n* – konsul*er* [-'su:]
parallellogram – parallellogramm*en* – parallellogramm*er*

s4 bryggeri – bryggeri*et* – bryggeri*er*
fängelse – fängels*et* – fängels*er*
studium – studi*et* – studi*er*
drama – dramat – dram*er*

s5 sko – sko*n* – sko*r*
hustru – hustru*n* – hustru*r*

s6 äpple – äpple*t* – äpple*n*
schema – schema*t* – schema*n*

s7 *träd – trädet* – träd
damm – damm*et* – no pl
garage – garage*t* – garage
fönster – fönstr*et* – fönster
kummel – kuml*et* – kummel
kapitel – kapitl*et* – kapitel
gram – gramm*et* – gram

s8 faktum – faktum[et] – fakta or faktum
centrum – centret or centrum[et] – centra or centrum
natrium – natrium[et] or natriet – no pl

s9 studerande – studerand*en* – studerande
hänsyn – hänsyn*en* – hänsyn

The same codes are used for nouns which have no plural form. For nouns with the following common endings no code is given in the entry.

-ang *-en -er*
-ant *-en -er*
-are *-n =*
-at *-en -er*
-else *-n -r*
-ent *-en -er*
-er *-n =*
-eri *-[e]t -er*
-ersk|a *-an -or*
-ess *-en -er*
-het *-en -er*
-ing *-en -ar*
-inn|a [-ˣinna] *-an -or*
-ion *-en -er*
-ism *-en no pl*
-iss|a] [-ˣissa] *-an -or*
-ist *-en -er*
-log [-ˊlå:g] *-en -er*
-ning *-en -ar*
-nom [-ˊnå:m] *-en -er*
-sk|a *-an -or*
-tet *-en no pl*
-tris *-en -er*
-ur *-en -er*
-ör *-en -er*
-ös *-en -er*

Indeclinable nouns are marked *n* (neuter) or *r* (common gender). For irregular nouns which do not fit the above paradigms the inflected forms are given in full, together with the gender if this is not evident from the forms.

Adjectives

The forms given are: positive – neuter positive – comparative – superlative.

a1 stark – stark*t* – stark*are* – stark*ast*
stilig – stilig*t* – stilig*are* – stilig*ast*
lätt – lätt – lätt*are* – lätt*ast*
röd – rött – röd*are* – röd*ast*
fri – fri*tt* – fri*are* – fri*ast*
vit – vi*tt* – vit*are* – vit*ast*
blond – blon*t* – blond*are* – blond*ast*
tunn – tun*t* – tunn*are* – tunn*ast*
följsam – följsam*t* – följsamm*are* – följsamm*ast*
allmän – allmän*t* – allmänn*are* – allmänn*ast*

a2 ädel – ädel*t* – ädl*are* – ädl*ast*
vacker – vacker*t* – vackr*are* – vackr*ast*

a3 rutten – rutte*t* – ruttn*are* – ruttn*ast*
trogen – troge*t* – trogn*are* – trogn*ast*
försigkommen – försigkomme*t* – försigkomn*are* – försigkomn*ast*

a4 gängse – gängse – *mera* gängse – *mest* gängse
defekt – defekt – *mera* defekt – *mest* defekt

a5 begåvad – begåva*t* – *mera* begåvad – *mest* begåvad
komisk – komisk*t* – *mera* komisk – *mest* komisk
prydd – prytt – *mera* prydd – *mest* prydd
svulten – svulte*t* – *mera* svulten – *mest* svulten

The comparison of adjectives which do not fit these paradigms is indicated in full in the entry.

Verbs

Conjugations (infinitive, present tense, past tense, supine, past participle):

v1 kalla – kallar – kallade – kallat – kallad
dagas – dagas – dagades – dagats

v2 böja – böjer – böjt – böjd
breda – breder – bredde – brett – bredd
skilja – skiljer – skilde – skilt – skild
blygas – blyg(e)s – blygdes – blygts
brännas – bränn(e)s – brändes – bränts
klämma – klämmer – klämde – klämt – klämd
tända – tänder – tände – tänt – tänd

v3 köpa – köper – köpte – köpt – köpt
mista – mister – miste – mist – mist
lyfta – lyfter – lyfte – lyft – lyft
skvätta – skvätter – skvätte – skvätt – skvätt
begynna – begynner – begynte – begynt – begynt
hjälpas – hjälp(e)s – hjälptes – hjälpts

v4 tro – tror – trodde – trott – trodd

As a rule verbs belonging to *v1* are not marked. The past tense and the supine of *irregular verbs* are written out.

Förkortningar Abbreviations

a adjektiv adjective
absol. absolut absolute[ly]
abstr. abstrakt abstract
adj. adjektiv[isk], adjective, adjectival
adv adverb adverb
AE. amerikansk engelska American English; [in] U.S.
akad. akademi academy
allm. allmän[t] general[ly]
anat. anatomi anatomy
a p. a person
arkeol. arkeologi archaeology
arkit. arkitektur architecture
astr. astronomi astronomy

bank. bankväsen banking
bergv. bergväsen mining
best. bestämd definite
beton. betonad (-t) stressed
bibl. bibliskt biblical
bildl. bildlig[t] figurative[ly]
biol. biologi biology
bokb. bokbinderi bokkbinding
bokför. bokföring book-keeping
boktr. boktryckeri printing
bot. botanik botany
byggn. byggnadskonst building

data. databehandling data processing
demonstr. demonstrativ[t] demonstrative
dep deponens deponent
determ. determinativ[t] determinative
dial. dialektal[t] dialectal[ly]
dipl. diplomatterm diplomacy

eg. egentlig[en] literal[ly]
ekon. ekonomi economy
elektr. elektrisk, elektroteknisk electrical, electrotechnical
elektron. elektronisk, electronik electronic, electronics

fack. fackspråk technical term
fem. femininum feminine
film. filmterm cinema
filos. filosofi philosophy
fisk fiskeriterm fishing
flyg. flygväsen aviation
fonet. fonetik phonetics
foto. fotografikonst photography
fys. fysik physics
fysiol. fysiologi physiology
fäkt. fäktterm fencing
fören. förenad (-t) adjectival form
förh. förhållande relation[ship]
förk. förkortning abbreviation
försäkr. försäkringsväsen insurance

gen. genitiv genitive
geogr. geografi geography
geol. geologi geology
geom. geometri geometry
gjut. gjuteriterm foundry term

graf. grafisk term printing
gruv. gruvterm mining term
gymn. gymnastik gymnastics

hand. handelsterm commercial term
her. heraldik heraldry
hist. historisk[t] historical[ly]
hopskr. hopskrivs, hopskrivet written as one word
högt. högtidlig[t] formal[ly]

ibl. ibland sometimes
imperf. imperfektum past tense
indef. indefinit indefinite
inf. infinitiv infinitive
interj interjektion interjection
interr. interrogativ[t] interrogative
iron. ironisk[t] ironic[ally]
i sht i synnerhet particularly

jakt. jaktterm hunting
jfr jämför compare
jordbr. jordbruk agriculture
jur. juridik law
järnv. järnvägsväsen railway term

kat. katolsk Catholic
kem. kemi chemistry
kir. kirurgisk term surgery
kokk. kokkonst cookery
koll. kollektiv collective[ly]
komp. komparativ comparative
konj konjunktion conjunction
konkr. konkret concrete
konst. konstterm art
konstr. konstruktion construction
kortsp. kortspel card game
kyrkl. kyrklig term ecclesiastical

lantbr. lantbruk agriculture
lantm. lantmäteri land-surveying
litt. litterär[t], litteratur literary, literature
log. logik logic

mat. matematik mathematics
med. medicin medicine
meteor. meteorologi meteorology
mil. militärterm military term
miner. mineralogi mineralogy
mots. motsats opposite
mus. musik music
myt. mytologi mythology
mål. målarterm painting

n neutrum neuter
neds. nedsättande derogatory
neg. negation negative
ngn någon somebody
ngt något something

o. och and
obest. obestämd indefinite
obeton. obetonad (-t) unstressed

opers. opersonlig impersonal
opt. optik optics
ordspr. ordspråk proverb
o.s. oneself

parl. parlamentarisk term parliamentary term
pass. passiv, passivum passive
perf. part. perfekt particip, past principle
pers. person[lig] person[al]
pl pluralis plural
poet. poetisk[t] poetical[ly]
polit. politik politics
poss. possessiv[t] possessive
post. postterm postal term
predik. predikat, predikativ[t] predicate, predicative[ly]
prep preposition preposition
pres. presens present [tense]
pron pronomen pronoun
psykol. psykologi psychology

r reale common gender
radar. radarteknik radar
radio. radioteknik radio engineering
rel. relativ[t] relative
relig. religion religion
ret. retorisk[t] rhetoric[ally]
rfl reflexiv[t] reflexive
ridk. ridkonst equestrian term
rumsbet. rumsbetydelse spatial sense
räkn räkneord numeral

s substantiv substantive
s.b. somebody
schack. schackterm chess
sg singularis singular
självst. självständig[t] pronoun
sjö. sjöterm nautical term
skeppsb. skeppsbyggeri shipbuilding
skol. skolväsen education
skämts. skämtsam[t] jocular[ly]
sl. slang slang
slaktar. slaktarterm butchering term
sms. sammansättning[ar] compound[s]
snick. snickarterm joinery
s.o. someone
spel. spelterm game
sport. sportterm sporting term
spr. språk language
språkv. språkvetenskap linguistics
ss. såsom as
stat. statistik statistics
s.th. something
subj. subjekt subject
sup. supinum supine
superl. superlativ superlative
särskr. särskrivs, särskrivet written as two words
sömn. sömnad sewing

t. till to
tandläk. tandläkarterm dentistry
teat. teaterterm theatre
tekn. teknologi, teknisk technology, technical
tel. telefon telephone
teol. teologi theology
text. textilterm textiles
tidsbet. tidsbetydelse temporal sense
trädg. trädgårdsskötsel gardening
tullv. tullväsen customs
TV. television television

ung. ungefär approximately
univ. universitetsterm university
uttr. uttryck[ande] expression expressing

v verb verb
vanl. vanlig[en] usual[ly]
vard. vardagligt colloquial[ly]
versl. verslära prosody, metrics term
vetensk. vetenskaplig scientific
veter. veterinärväsen veterinary term
väv. vävnadsteknisk term weaving

zool. zoologi zoology

åld. ålderdomlig[t], föråldrad (-t) archaic

äv. även also

A

1 a [a:] *s6* a; ~ *och o* alpha and omega; *har man sagt ~ får man säga b* in for a penny, in for a pound
2 a *prep, se a conto, a dato, a priori*
à 1 of, containing; *5 påsar ~ 20 gram* 5 bags of 20 grammes [each] **2** *2 biljetter ~ 1 pund* 2 tickets at £1 each **3** or; *3 ~ 4 dagar* 3 or 4 days; *det tar 2 ~ 3 veckor* it takes from 2 to 3 weeks
AB (*förk. för aktiebolag*) Ltd.; *AE.* Inc.
abakus ['abba-] *s2* (*räkneram, arkit.*) abacus
abandon [abaŋ'dåŋ] *s3* abandon
abbé *s3* abbé **abbedissa** abbess
abborr|e [-å-] *s2* perch **-grund** *s7, ung.* perch angling shallow **-pinne** small perch
abbot [-ått] *s2* abbot
abbots|döme *s6*, **-värdighet** abbacy
abc [abe'se:] *s6* ABC **-bok** ABC-book, primer
ABC-stridsmedel ABC weapons
abderitisk [-'ri:-] *a5* Gothamite
abdik|ation abdication **-era** abdicate
abdom|en [-'då:-] *n el. r, best. form -en, pl -en, äv. -ina* abdomen **-inạl** *a5* abdominal
aber ['a:-] *n* but, drawback, catch; snag
aberration aberration; *kromatisk ~* chromatic aberration; *sfärisk ~* spherical aberration
Abessinien [-'si:-] *n* Abyssinia **abessin|ier** [-'si:-] *s9*, **-[i]sk** [-'si:-] *a5* Abyssinian
abiturient matriculation candidate; *numera ung.* General Certificate of Education [A-level] candidate
ablation *fack.* ablation
ablativ *s3* ablative
ablution *kyrkl.* ablution
abnorm [-'nårm] *a1* abnormal **-itet** abnormity, abnormality; malformation, deformity
abolition abolition **-ism** abolitionism **-ist** abolitionist
abonnemang *s7* subscription (*på* to, for)
abonnemangs|avgift subscription [rate (fee, price)]; *tel.* telephone rental **-biljett** season ticket (*på* for) **-föreställning** performance for season-ticket holders
abonn|ent subscriber; (*konsert-, teater- etc.*) season-ticket (seat, box) holder **-era** subscribe (*på* to, for), contract (*på* for); *~d buss* hired (private) bus; *~d föreställning* closed (private) performance
abort [-'årt] *s3* abortion; *spontan ~* miscarriage; *göra ~* terminate pregnancy **-era** abort, miscarry
abortịv abortive **-medel** abortifacient
abort|lag law on abortion **-sökande** applicant for abortion **-ör** abortionist
abradera *geol.* abrade
abrakadabra [-ˣda:bra] *s7* abracadabra
abrasion *geol.* abrasion
abrụpt *a1* abrupt, sudden
abscess [-'sess] *s3* abscess
absịd *s3* apse, apsis
absịnt *s3* absinth[e]
abskissa [-ˣskissa] *s1* abscissa
absolụt I *a1* absolute; *en ~ omöjlighet* an utter impossibility **II** *adv* absolutely, utterly, certainly, definitely; *~ inte* definitely not, by no means, not at all; *den ~ bästa* by far the best; *han vill ~ gå* he insists on going **-belopp** absolute value
absolution absolution
absolut|ism 1 absolutism **2** (*helnykterhet*) teetotalism, total abstinence **-ist 1** absolutist **2** (*helnykterist*) teetotaller, total abstainer
absolvera [-å-] **1** absolve (*från* from) **2** finish, complete; *~ en examen* pass an examination
absorb|ator [-ˣa:tår] *s3* (*i solfångare*) absorber **-era** [-å-] absorb; *~d dos* absorbed dose
absorption [-p'ʃɑ:n] absorption
absorptions|förmåga power of absorption **-kylskåp** absorption[-type] refrigerator **-kärl** absorption drum **-medel** absorbent, absorber
abstinens abstinence **-symtom** withdrawal symptom
abstrahera abstract; *~ från* disregard
abstrạk|t I *a1* abstract **II** *adv* abstractly, in the abstract **-tion** [-k'ʃɑ:n] abstraction
abstraktionsförmåga ability to think in abstract terms
abstrụs *a1* abstruse
absurd [-'urd *el.* -'u:rd] *a1* absurd, preposterous **-itet** *s3* absurdity, absurdness
a cappella [ka'pella] *mus.* a cappella
accelerando [aksele'randå] *adv o. s6* accelerando
acceleration [aks-] acceleration; *~ vid fritt fall* acceleration of free fall, acceleration due to (of) gravity
accelerations|fil [aks-] acceleration lane **-förmåga** acceleration capacity
acceler|ator [akseleˣra:tår] *s3* accelerator **-era** accelerate, speed up **-ometer** [-'me:-] *s2* accelerometer
accent [aks-] accent; (*tonvikt*) stress **-tecken** accent
accentuer|a [aks-] accentuate, stress **-ing** accentuation
accẹpt [aks-] *s3* **1** (*växel*) acceptance, accepted bill; *dokument mot ~* documents against acceptance **2** (*-ering*) acceptance **-abel** [-'a:bel] *a2* acceptable; passable **-ạns** *s3* acceptance **-ant** acceptor **-era** accept; *vard.* buy **-vägran** nonacceptance
accession [akse'ʃɑ:n] acquisition; acquest **accessionskatalog** acquisition catalogue
accessoarer [aksesɑ'a:rer] accessories
accesstid [akˣsess-] *data.* access time
accidẹnstryck [aks-] job-printing, job[bing] work **-eri** jobbing printer
accis [ak'si:s] *s3* excise [tax, duty], inland duty **-fri** exempt from excise [duty] **-pliktig** liable to excise [duty]
acetạt [-s-] *s7, s4* acetate **-silke** acetate [rayon]
aceton [asse'tå:n] *s4* acetone
acetylẹn [-s-] *s3, s4* acetylene, ethyne **-gas** acetylene [gas] **-lampa** acetylene lamp **-svetsning** oxyacetylene welding
acetylsalicylsyra [-s-] acetylsalicylic acid
aciditet [-s-] acidity **acidos** [-'å:s] *s3, med.* aci-

dosis
ack oh [dear]!; *högt.* alas!; ~, *om han vore här!* oh, if only he were here!
ackja *s1* Lapp sledge
acklamation acclamation; unanimous vote; *väljas med* ~ be voted by (with) acclamation
acklimatiser|a acclimatize; ~ *sig* become acclimatized, begin to feel at home **-ing** acclimatization, acclimation
ackommodation accommodation
ackommodations|förmåga accommodation **-växel** *hand.* accommodation bill
ackommodera accommodate
ackompanjatris, ackompanjatör [-å-] accompanist
ackompanj|emang *s7* accompaniment; *till* ~ *av* to the accompaniment of **-era** accompany
ackord [-'å:rd] *s7* **1** *mus.* chord **2** (*arbete*) piecework [contract], piece rate; *arbeta på* ~ work at piece rates (by contract), do piecework **3** *jur.* agreement, composition [with one's creditors] **-era** (*köpslå*) negotiate (*om* about, for), bargain (*om* for)
ackords|arbete piecework **-lön** piece rate **-pris** piece price, piecework price **-sättning** rate fixing
ackrediter|a 1 *dipl.* accredit (*hos, vid* to), furnish with credentials **2** *hand.* open a credit for [a certain amount] (*hos en bank* at a bank); *bank. äv.* authorize **3** *väl* ~*d hos ngn* in a p.'s good books **-ing** accreditation
ackumul|ation accumulation **-ativ** *a5* accumulative **-ator** [-ˣa:tår] *s3* accumulator, [storage] battery **-era** accumulate; ~*d ränta* accrued (accumulated) interest
ackurat *a1* accurate **-ess** accuracy, exactitude, precision; *med all* ~ adroitly, expertly
ackusativ *s3* accusative; *i* ~ in the accusative **-objekt** direct object
ackuschörska [-ˣʃö:r-] *s1* midwife
ackvirera procure
ackvisi|tion 1 (*förvärv*) acquisition **2** *hand.* canvassing **-tör** canvasser; *försäkr.* insurance agent
acne *se akne*
a conto [a 'kåntɔ] on account **--betalning** payment on account
acyklisk [a'syck-] *a5* acyclic
adagio [a'da:dʒå] *s6 o. adv* adagio
Adam och Eva *bot.* elder-flowered orchid
adams|dräkt *i* ~ in one's birthday suit **-äpple** Adam's apple
adap|tation adaptation, adjustment **-tera** adapt, adjust **-tion** [-p'ʃɔ:n] *se adaptation*
a dato [a ˣda:tɔ] from date **--växel** time (term) bill, time draft (note)
ADB (*förk. för automatisk databehandling*) A.D.P. (automatic data processing)
add|end *s3* addend **-era** add up (together), cast [up]; *absol. äv.* do sums **-ering** [-'de:-], **-ition** addition
addi|tionsmaskin adding machine **-tiv** *s7 o. a1* additive
adekvat *a1* adequate, equivalent; apt
adel ['a:-] *s2* **1** (*härkomst*) noble birth **2** (*samhällsklass*) nobility; *i Storbritannien äv.* peerage **3** (*ädelhet*) nobility
adels|brev patent of nobility **-dam** noblewoman, titled lady **-kalender** peerage [book]
adelskap *s7* knighthood; baronetcy; peerage
adels|man nobleman, titled gentleman **-märke** mark of nobility **-privilegium** privilege of the nobility **-stånd** nobility **-titel** title **-välde** aristocracy
adenoid [-ɔ'i:d] *a5, n sg obest. form undviks* adenoid; ~*a vegetationer* adenoids
adept *s3* pupil, beginner, novice
aderton [ˣa:rtån] eighteen **-de** eighteenth **-[de] del** eighteenth [part]
adertonhundra eighteen hundred **-femtio** eighteen [hundred and] fifty **-nittiotalet** *på* ~ in the [eighteen] nineties **-talet** *på* ~ in the nineteenth century
aderton|tiden *vid* ~ about 6 p.m., about six o'clock in the evening **-årig** *a1* eighteen-year-old; ~ *vänskap* a friendship of eighteen years' standing; *en* ~ *pojke* a boy of eighteen **-åring** a boy (girl *etc.*) of eighteen, an eighteen-year-old boy (*etc.*) **-årsåldern** *i* ~ about eighteen [years of age]
adhe|sion [ade-] adhesion **-sionskraft** adhesive power **-siv** *a5 o. s7* adhesive
ad hoc-grupp ad hoc committee
adiantum [-ˣann-] *s3, bot.* maidenhair [fern]
adjektiv *s7* adjective **-isk** *a5* adjectival
adjungera [-juŋg-] call in; co-opt; ~*d ledamot* co-opted member; ~*d professor* visiting professor
adjunkt [-'juŋkt] *s3* assistant master [at a secondary school]; *jfr kyrko-, pastorats-*
adjutant aide[-de-camp] (*hos* to)
adjö [a'jö:] **I** *interj* goodbye; *högt.* farewell; *äv.* good day (morning *etc.*); ~ *så länge* goodbye for now, so long **II** *n* farewell, adieu; *säga* ~ *till ngn* say goodbye to s.b., bid s.b. goodbye
adla [ˣa:d-] **1** (*i Storbritannien*) raise to the peerage; (*om eng. lågadel*) knight, make a baronet, confer a knighthood (*etc.*) on **2** *i sht bildl.* ennoble **adlig** *a1* noble, aristocratic, of noble family; ~ *krona* nobleman's coronet; *upphöja i* ~*t stånd* raise to the nobility
administration administration, management
administrations|apparat administrative machinery **-kostnader** management (administrative, general) costs
administr|ativ *a1* administrative; *på* ~ *väg* by administrative means, departmentally **-atör** administrator **-era** administrate, manage
admittans [-'ans *el.* -'aŋs] *s3, elektr.* admittance
admonition admonition
ad notam [add ˣnɔ:tamm] *ta* ~ pay attention to, obey, heed
adolescens [-'ʃens *el.* -'sens] *s3* adolescence
adonis [-'dɔ:-] *s2* Adonis
adop|tera [-å-] adopt **-tion** [-p'ʃɔ:n] adoption
adoptiv|barn [-ˣti:v-] adopted child **-föräldrar** adoptive parents **-hem** adoptive home, home of adoption
adrenalin *s4* adrenaline **-avsöndring** adrenaline secretion
adress 1 (*bostadsuppgift*) address; *utan* ~ (*om brev etc.*) unaddressed, undirected; *ändra* ~ change one's address; *han sade det med* ~ *till mig*

his remark was meant for me; *paketet har inte kommit fram till sin* ~ the parcel has not reached its destination **2** (*lyckönskningsskrivelse o.d.*) [illuminated] address
adress|at addressee; (*på postanvisning e.d.*) payee; (*på paket e.d.*) consignee **-debatt** *parl.* debate on the address
adresser|a address, send, direct; (*om varor*) consign **-ing 1** (*-ande*) addressing **2** (*adress*) address
adresseringsmaskin addressing machine
adress|förändring change of address **-kalender** [street] directory **-kort** dispatch note, address form **-land** [country of] destination **-lapp** [address] label (tag) **-ort** [place of] destination **-plåt** address plate **-postanstalt** post office of destination, receiving post office **-register** register of addresses **-ändring** *se adressförändring*
Adriatiska havet [-i'a:tis-] the Adriatic [Sea]
adsor|bera [-å-] adsorb **-ption** [-p'ʃɷ:n] adsorption
adstringerande [-ŋ'ge:-] *a4* astringent (*äv.* ~ *medel*)
aducera anneal
aducerings|järn malleable [cast] iron **-verk** malleable iron foundry
A-dur A major
advent *s7* Advent; *första* [*söndagen i*] ~ Advent Sunday **-ist** Adventist
advents|kalender Advent calendar **-tid** [the season of] Advent
adverb *s7* adverb **-ial** *s7* adverbial [modifier] **-iell** *a5* adverbial
adversativ [ˣadd- *el.* -'ti:v] *a5* adversative
advocera plead (*för* for; *mot* against); quibble
advokat lawyer, (*juridiskt ombud*) solicitor, (*sakförare vid domstol*) barrister[-at-law], (*pläderande*) counsel; (*i Skottland*) advocate; *AE.* attorney[-at-law], counselor[-at-law] **-arvode** attorney's (solicitor's) fee (charge) **-byrå** law-service office **-firma** [firm of] solicitors, solicitor's firm, law office **-fiskal** *ung.* prosecuting counsel, prosecutor **-knep** legal quibble **-kontor** *se -byrå*
advokat|orisk [-'tɷ:-] *a5* quibbling, pettifogging **-päron** *se avokado* **-samfund** bar association; *utesluta ur ~et* disbar; *Sveriges A~* [the] Swedish Bar Association
advokat|yr *s3* quibbling, casuistry **-yrke** legal profession; *avstänga från utövande av ~t* disbench; *slå sig på ~t* enter the legal profession
aerob [aä'rå:b] **I** *s3* aerobe, aerobium (*pl* aerobia) **II** *a5* aerobic
aero|biologi [ˣaärå-, ˣaärɷ-] aerobiology **-drom** [-'drå:m] *s3* aerodrome **-dynamik** [*äv.* ˣaä-] aerodynamics (*pl, behandlas som sg*) **-dynamisk** [-'na:-, *äv.* ˣaä-] aerodynamic **-gram** [-'gramm] *s7* aerogram[me], air letter **-logi** *s3* aerology **-logisk** [-'lå:-] *a5* aerologic[al] **-naut** *s3* aeronaut **-nautik** *s2* aeronautics (*pl, behandlas som sg*) **-plan** aeroplane, aircraft; *AE. äv.* airplane **-sol** [-'såll] *s3* aerosol **-stat** *s3* aerostat **-statik** aerostatics (*pl, behandlas som sg*)
afa|si *s3, med.* aphasia **-sisk** [-'fa:-] *a5,* **-tiker** [-'fa:-] *s9,* **-tisk** [-'fa:-] *a5* aphasic
affekt *s3* [state of] emotion **-betonad** *a5* emotional, agitated **-erad** [-'te:-] *a5* affected; mannered, theatrical; *vard.* la-di-da **-fri** unemotional, dispassionate, impassive
affektionsvärde [-kˣʃɷ:ns-] sentimental value
affinitet affinity
affisch [a'fiʃ] *s3* poster, bill, placard; *sätta upp en* ~ post (stick) a bill
affischer|a post (stick) bills, post **-ing** bill-posting; ~ *förbjuden* stick no bills, billposting prohibited
affisch|klistrare *se affischör* **-pelare** poster (advertising) pillar **-tavla** hoarding; *AE.* billboard
affischör bill|poster, -sticker
affär *s3* **1** (*firma*) business, [business] firm, concern, establishment, enterprise **2** (*transaktion*) transaction, deal, operation; *~er* business; *en dålig* ~ a bad bargain; *en fin* ~ a good stroke of business, a bargain; *bortrest i ~er* away on business; *göra ~er i* do business in; *göra stora ~er på Sydamerika* do a lot of business with South America; *ha ~er med* do business with; *inlåta sig på en* ~ enter into a business transaction; *prata ~er* talk business; *slutföra en* ~ close a deal; *hur går ~erna?* how is business? **3** (*butik*) shop; *särsk. AE.* store; *inneha en* ~ keep (own) a shop; *stå i* ~ be a shop assistant; *öppna en* ~ start a business, open a shop (store) **4** (*angelägenhet*) affair, matter, concern; *göra stor* ~ *av ngt* make a great fuss about s.th.; *ordna sina ~er* settle one's affairs; *sköt dina egna ~er* mind your own business **5** (*rättsfall*) case **6** (*spekulation*) venture
affärs|angelägenhet business matter; *i ~er* on business **-anställd** shop employee (assistant, worker); *AE. äv.* store clerk **-bana** *gå ~n* go into business **-bank** commercial bank **-begåvning** gift for business **-besök** business call **-biträde** shop assistant; salesman, *fem.* saleswoman; *AE.* [sales]clerk **-bokföring** financial accounting **-brev** business letter **-byggnad** shop building **-centrum** shopping centre (precinct) **-drivande** *a5, statens ~ verk* government-owned enterprises and public utilities **-folk** businessmen, business people **-förbindelse** business connection; *stå i* ~ *med* have business relations with **-föreståndare** shopkeeper, storekeeper **-företag** business firm (enterprise), company; *AE . äv.* corporation **-gata** shopping street **-handling** business document; *~ar* (*post.*) printed matter (*sg*), commercial papers **-hemlighet** trade secret **-hus 1** (*byggnad*) business (commercial) property **2** (*företag*) business firm (company, house) **-händelse** *bokför.* business transaction **-idkare** businessman, *fem.* businesswoman, tradesman, *fem.* tradeswoman **-innehavare** shopkeeper, storekeeper **-inredning** shop fittings (*pl*) **-jurist** solicitor; company lawyer, legal adviser (advisor) [of a company]; *AE. äv.* attorney **-knep** business trick **-korrespondens** commercial correspondence **-kretsar** business circles **-kutym** *se -sed* **-kvarter** shopping (business) area **-kvinna** businesswoman **-liv** business [life], trade; *inom ~et* in business **-lokal** business premises (*pl*), shop **-läge 1** (*lokalitet*) business site, store location **2** (*konjunktur*) business conditions (*pl*), state of business (the market) **-man**

businessman **-meddelande** business communication **-medhjälpare** *se -biträde* **-metoder** business methods **-moral** business ethics (*pl*) **-mässig** *a1* businesslike **-resa** business trip **-rörelse** business **-sed** commercial (business, trade) practice (custom) **-sinne** business sense, nose (flair) for business **-ställning** business position (standing) **-tid** business hours (*pl*) **-transaktion** business deal (transaction) **-uppgörelse** business transaction, closing of a deal **-vana** business experience **-verk** *se under affärsdrivande* **-verksamhet** business [activity] **-vän** business friend **-värde** good will **-världen** the business (commercial) world, business life
afghan [af'ga:n] *s3*, **-[i]sk** *a5* Afghan[i] **Afghanistan** *n* Afghanistan
aflatoxin aflatoxin
aforis|m aphorism **-tisk** *a5* aphoristic
Afrika ['a:-] *n* Africa
afrikaans [-'ka:ns] *r* Afrikaans
afrik|an *s3* African **-and** *s3* Afrikaner **-ansk** [-'ka:nsk] *a5* African
afro|-amerikansk Afro-American **--asiatisk** Afro-Asian
afrodisiakum [-'si:a-] *s8* aphrodisiac
afrofrisyr Afro
afton [-ån] *-en aftnar* evening; *i* ~ this evening; *i går* ~ yesterday evening; *i fredags* ~ last Friday evening; *om ~en* in the evening; *sent på ~en* late in the evening; *det lider mot* ~ the day is drawing to a close **-andakt** evening prayers (*pl*) **-bön** evening prayers (*pl*); *läsa* ~ (*äv.*) say one's prayers [at bedtime] **-dräkt** evening dress **-gudstjänst** evening service **-klänning** evening gown **-kurs** evening classes (*pl*) **-kvist** *på ~en* in the early evening **-måltid** evening meal, supper **-psalm** evening hymn **-rodnad** sunset glow; afterglow **-skola** evening (night) school **-sol** evening sun **-stjärna** evening star **-stund** *ung.* twilight hour **-sång** evensong; vespers (*pl*) **-tidning** evening paper **-underhållning** evening entertainment **-vind** evening breeze
1 aga *s1* (*turkisk titel*) ag[h]a
2 aga I *s2* flogging, caning **II** *v1* flog, cane; *den man älskar den ~r man* (*ung.*) the ones we love, we chasten
agar[-agar] *s3* agar[-agar]
agat agate
agave [a'ga:ve] *s5* agave; (*hundraårsväxt*) century plant, American aloe
agenda [a^×genda] *s1* **1** (*föredragningslista*) agenda **2** *parl.* order paper
agens ['a:-] *s3, kem.* agent
agent agent (*äv. språkv.*), representative; (*handelsresande*) travelling salesman, [commercial] traveller; *hemlig* ~ secret agent **-provision** [agent's] commission
agentur agency; representation **-affär** agency [business] **-avtal** agency agreement **-firma** agency [firm]
agera act; *de ~nde* the performers, the actors, *koll.* the cast (*sg*)
agg *s7* grudge, rancour; *bära* (*hysa*) ~ *mot ngn* have a grudge against s.b.
agglomera|t *s7* agglomerate **-tion** agglomeration
agglomerer|a agglomerate **-ing** agglomeration, sintering
agglutin|ation agglutination **-era** agglutinate; *~nde språk* agglutinative language
aggregat *s7* unit (set) [of machinery], plant, installation
aggregationstillstånd [-^×ʃɷ:ns-] state of aggregation
aggression [-e'ʃɷ:n] aggression
aggressiv *a1* aggressive **-itet** aggressiveness
agio ['a:giɷ] *s6* agio
agitation agitation, campaign **agitationsmöte** propaganda meeting
agit|ator [-^×a:tår] *s3* agitator, propagandist **-atorisk** [-'tɷ:-] *a5* agitatorial, agitational **-era** agitate (*för* for); (*vid val*) canvass, do canvassing; ~ *upp en opinion* stir up [an] opinion
1 agn [aŋn] *s2* **1** (*blomfjäll*) palea (*pl* paleae) **2** (*på säd*) husk; *~ar* husks, chaff (*sg*); *skilja ~arna från vetet* separate the wheat from the chaff; *som ~ar för vinden* as chaff before the wind
2 agn [aŋn] *s7* (*vid fiske*) bait, gudgeon **agna** [^×aŋna] bait
agnat [ag'na:t] agnate **-isk** *a5* agnatic; ~ *tronföljd* agnatic succession
agnost|icism [agnås-] agnosticism **-iker** [ag'nåss-] *s9*, **-isk** [ag'nåss-] *a5* agnostic
agoni *s3* agony
agorafobi *s3* agoraphobia
agraff *s3* agraffe, clasp, buckle
agrar *s3* agrarian **-förbund** agrarian league **-parti** agrarian party
agremang [-'maŋ] *s7* agrément, approbation **-er** [-'maŋ-] *pl* **1** (*nöjen, behag*) amenities **2** (*bekvämligheter*) material comforts **3** (*prydnader*) ornaments
agrikultur agriculture **-ell** agricultural
agro|nom agronomist **-nomi** *s3* agronomy **-nomisk** [-'nå:-] *a5* agronomic[al]
ah oh **aha** aha, oho
air [ä:r] *s3* air
Aisopos ['aisåpås] Aesop
aiss [ajs] *s7* A sharp
aj [ajj] oh, ow; (*starkare*) ouch
à jour [a'ʃɷ:r] *a4*, *föra* ~ keep up to date; *hålla ngn* ~ *med* keep s.b. informed on (as to), keep s.b. posted on
ajourner|a [aʃɷr-] adjourn; *parl.* prorogue, recess; ~ *på obestämd tid* recess **-ing** adjournment, prorogation
akacia *s1* acacia
akademi *s3* **1** (*konst- etc.*) academy **2** *univ.* university, institution **3** (*vetenskaplig*) society, association **-elev** academy student
akademiker [-'de:-] **1** (*med akademisk examen*) university graduate **2** (*medlem av akademi*) academician
akademi|ledamot, -medlem member (fellow) of an academy (a society), academician
akadem|isk [-'de:-] *a5* academic; ~ *avhandling* doctoral dissertation, thesis; ~ *kvart* (*ung.*) quarter of an hour's allowance; *avlägga* ~ *examen* take a university degree, graduate **-iskt** *adv* academically; ~ *bildad* with a university education
akantus *s2*, *bot.*, *arkit.* acanthus
akilles|häl [a^×kill-] Achilles heel **-sena** Achilles

tendon
akleja [-ˣlejja] *s1* columbine, aquilegia
akne *s5* acne
akribi *s3* accuracy
akrobat acrobat **-ik** *s3* acrobatics (*sg o. pl*) **-isk** [-'ba:-] *a5* acrobatic
akrofobi *s3* acrophobia
akromat achromat, achromatic lens **-isk** [-'ma:-] *a5* achromatic
akronym *s3* acronym
akropol [-'på:l] *s3* acropolis
akrostik|on [a'kråstikån] *-onet, pl -on el. -er* acrostic
akryl *s3* acrylic fabric **-at** *s7, s3* acrylate **-fiber** acrylic fibre **-harts** acrylic resin **-syra** acrylic acid
1 akt *s3* **1** (*handling*) act **2** (*ceremoni*) ceremony, act **3** (*avdelning av skådespel*) act **4** (*handling, dokument m.m.*) document, deed, record, file **5** *konst.* nude
2 akt *oböjligt s, förklara i ~* proscribe, outlaw
3 akt *oböjligt s* (*uppmärksamhet, avsikt*) attention; *i ~ och mening* with intent, on purpose (*att* to); *ge ~ på* pay attention to; *giv ~!* attention!; *stå i giv ~* stand at attention; *ta sig i ~* be on one's guard (*för* against); *ta tillfället i ~* seize the opportunity
akta 1 (*vara aktsam om, vårda*) be careful with, take care of; (*skydda*) guard, protect (*för* from); (*vara aktsam med*) be careful with; (*se upp för*) mind, look out for; *~ huvudet* mind your head; *~s för stötar* fragile, handle with care; *~s för väta* keep dry, to be kept dry **2** *rfl* take care (*för att göra* not to do), be on one's guard (*för* against), look out (*för* for); *~ er!* look out!, take care!; *han ~de sig noga för att komma i närheten av mig* he gave me a wide berth **3** (*ge akt på, lägga märke till*) take notice of **4** (*värdera, skatta*) esteem, respect **5** *han ~r inte för rov att stjäla* he thinks nothing of stealing **aktad** *a5* respected, esteemed
akter ['akt-] **I** *s2* stern; *från för till ~* from stem to stern **II** *adv* aft; *~ ifrån* from the stern; *~ om* abaft; *~ ut* (*över*) astern, aft **-däck** quarterdeck, afterdeck **-kant** aft side **-kastell** stern castle **-lanterna** stern light **-lastad** [down] by the stern, stern-heavy
akterlig *a1* abaft
akter|salong aftersaloon **-segel** aftersail **-seglad** *a5* left behind **-skepp** stern **-snurra** [boat with] outboard motor **-spegel** stern
akterst ['akt-] *adv* furthest astern **aktersta** ['akt-] *a i superl.* the sternmost (aft[er]most)
akter|städerska saloon stewardess **-stäv** sternpost
aktie ['aktsie] *s5* share; *~r* (*koll.*) stock (*sg*); *en ~ på nominellt 100 kronor* a share of a par value of 100 kronor; *bunden ~* restricted share; *ha ~r i ett bolag* hold shares in a company; *teckna ~r* subscribe to (for) shares
aktie|bolag joint-stock (limited) company; *AE.* stock (incorporated) company **-bolagslag** *BE.* Companies Act; *AE.* General Corporation Act **-brev** share (*AE.* stock) certificate **-börs** stock exchange (market) **-delning** stock split **-emission** share (*AE.* stock) issue **-innehav** holding of shares (*AE.* stock), shareholding, *AE.* stockholding **-kapital** joint stock, share capital; *AE.* capital stock **-kupong** [share] coupon **-kurs** price of shares **-majoritet** share majority; (*friare*) controlling interest **-mantel** share (*AE.* stock) certificate **-marknad** share (*AE.* stock) market **-portfölj** shares held, share portfolio **-post** block of shares; shareholding **-sparare** small investor **-sparklubb** investors' club **-stock** share capital **-teckning** subscription for shares; *AE.* capital stock subscription **-utdelning** dividend **-ägare** shareholder; *AE.* stockholder
aktin|id *s3, kem.* actinide; *~er* actinide series **-isk** [-'ti:-] *a5* actinic **-ium** [-'ti:-] *s8* actinium
aktion [ak'ʃo:n] action
aktions|basis basis of action **-grupp** action group **-radie** range (radius) of action; cruising range
aktiv ['akt-] *a1* active, brisk, lively, busy; *~t avfall* hot waste; *~t kol* activated carbon (charcoal), active carbon
aktiva ['akt-] *pl* assets; *~ och passiva* assets and liabilities
aktivator [-ˣa:tår] *s3* sensitizer; activator
aktiver|a activate, make [more] active **-ing** stimulation, activation, boost; *elektron.* sensitization; activation
aktiv|isera *se aktivera* **-ism** activism **-ist** activist **-itet** activity, activeness
aktivum ['akt-] *s4, språkv.* active [voice]
aktning 1 (*respekt*) respect (*för* for) **2** (*uppskattning*) esteem **3** (*hänsyn*) regard (*för* for), deference (*för* to); *av ~ för* out of consideration for, in deference to; *med all ~ för* with all deference to; *hysa ~ för* have respect for; *stiga i ngns ~* rise in a p.'s esteem; *vinna allmän ~* make o.s. generally respected
aktnings|bevis token of esteem **-bjudande** *a4* **1** commanding respect, imposing **2** (*ansenlig*) considerable **-full** respectful **-värd** *a1* entitled to (worthy of) respect; *~a försök* creditable attempts
aktra, aktre *a4* after
aktris actress
aktsam *a1* careful (*med, om* with, of); prudent **-het** care[fulness], prudence
akt|samling file, dossier **-studie** nude **-stycke** [official] document
aktuali|sera 1 (*föra på tal*) bring to the fore; *frågan har ~ts* the question has arisen **2** (*modernisera*) bring up to date **-tet** topicality, topic of interest, news [value]
aktualitetsvärde topicality value
aktuarie [-'a:-] *s5* **1** (*vid ämbetsverk, ung.*) registrar, recording clerk **2** *försäkr.* actuary
aktuell *a1* [of] current [interest], topical, timely; *~ fråga* burning (topical) question; *de ~a varorna* the goods in question; *det är mycket ~t just nu* it's very much in the news these days; *jag har inte siffran ~ just nu* I can't remember the exact figure just now
aktör actor
akupunktur acupuncture
akust|ik *s2* acoustics (*pl, behandlas som sg*) **-iker** [a'kuss-] acoustician
akustikplatta sound-insulating board

akustisk [a'kuss-] *a5* acoustic; ~ *gitarr* acoustic guitar
akut *a1* acute; urgent; ~ *accent* acute accent; ~ *smärta* (*äv.*) sharp pain **-mottagning** casualty department **-sjukvård** emergency treatment
akvamarin *s3* aquamarine
akvarell *s3*, **-färg** watercolour **-ist** watercolourist
akvarie|fisk [-'va:-] aquarium fish **-växt** aquarium (aquatic) plant
akvarium [-'va:-] *s4* aquarium
akvatint *s3*, **-gravyr** aquatint
akvatisk [-'va:-] *a5*, ~ *energi* aquatic energy
akvavit *s3* aquavit; schnap[p]s (*pl* schnap[p]s)
akvedukt *s3* aqueduct
al *s2* alder
alabaster [-'bass-] *s2* alabaster
à la carte [alla'kart] à la carte
aladåb *s3* aspic (*på* of)
A-lag first team (string); *bildl.* topnotchers (*pl*)
alarm *s7* alarm; *falskt* ~ false alarm; *slå* ~ sound (beat) the alarm **-anordning** alarm device **-beredskap** state of emergency
alarmer|a alarm, sound the alarm **-ing** raising the alarm
alarm|klocka alarm bell **-signal** alarm signal; *flyg.* air-raid warning **-system** alarm system
Alaska [a^×laska] *n* Alaska
alba *s1* alb
alban *s3* Albanian **Albanien** [-'ba:-] *n* Albania **albansk** [-'ba:nsk] *a5* Albanian **albanska 1** (*språk*) Albanian **2** (*kvinna*) Albanian woman
albatross [-'tråss, äv. ^×alba-] *s3*, *zool.*, *golf.* albatross
albigens [-g-] *s3* Albigensian; ~*er* (*äv.*) Albigenses
albinism albinism **albino** [-'bi:-] *-n, pl albiner* albino
Albion ['albiån] *n* Albion
album ['all-] *s7* album
albumin *s4, s3* albumin, albumen **-uri** *s3* albuminuria
aldehyd *s3* aldehyde
aldrig 1 never; ~ *i livet!* not for the life of me!, *vard.* not on your life!; ~ *mera* never again, nevermore; ~ *någonsin* never once; *nästan* ~ hardly ever; *bättre sent än* ~ better late than never; *du kan* ~ *tro hur roligt vi har haft* you'll never guess what fun we had; *du är väl* ~ *sjuk?* you're not ill, are you?; *man skall* ~ *säga* ~ never say never **2** (*i koncessiva förbindelser*) *som* ~ *det* like anything; ~ *så litet* the least little bit; *du kan göra* ~ *så många invändningar* no matter how much you object; *om man också är* ~ *så försiktig* however careful you are
alert [a'lärt] **I** *a1* alert, watchful; lively **II** *s2*, *på* ~*en* on the alert
Aleuterna [-'levv-] *pl* the Aleutian Islands
alexandrin *s3* Alexandrine [verse]
alf *s3* elf
alfa *s6* alpha **-aktivitet** alpha rhythm (wave)
alfabet [^×alfa- *el.* -'e:t] *s7* alphabet
alfabetiser|a teach how to read **-ingskampanj** literacy campaign
alfabetisk [-'be:- *el.* ^×alfa-] *a5* alphabetic[al]; ~ *ordning* alphabetical order
alfa|numerisk [-'me:-] alphanumeric, alphameric **-partikel** alpha particle **-strålar** alpha rays **-strålning** alpha ray
alfresko [-'fress-] *adv*, **-målning** fresco
al|fågel old squaw, oldwife **-förrädare** Steller's eider
alg [-j] *s3* alga (*pl* algae)
algebra ['alje-] *s1* algebra **-isk** [-'bra:-] *a5* algebraic[al]
Alger [-'ʃe:r] *n* Algiers **algerier** [-'ʃe:-] Algerian, Algerine **Algeriet** [-ʃe'ri:-] Algeria **algerisk** [-'ʃe:-] *a5* Algerian, Algerine
algo|log algology **-logi** *s3* algological
algoritm *s3* algorithm, algorism
alhidad *s3* alidad[e]
alias ['a:-] alias
alibi ['a:li- *el.* ^×a:li-] *s6* alibi; *bevisa sitt* ~ prove an alibi; *han hade vattentätt* ~ he had a cast-iron alibi
alien|ation alienation **-era** alienate
alifatisk [-'fa:-] *a5* aliphatic
alika ['ali- *el.* ^×ali-] *s1* jackdaw; *full som en* ~ drunk as a fish, dead drunk
alisarin *s4, s3* alizarin
alka *s1* auk
alkali ['all- *el.* -'ka:-] *s4* alkali **-beständig** alkaliproof **-metall** alkali metal
alkal|isera alkalize **-isk** [-'ka:-] *a5* alkaline; ~ *jordartsmetall* alkaline earth [metal]; ~ *reaktion* alkaline reaction **-iskt** [-'ka:-] *adv*, *reagera* ~ have an alkaline reaction
alkaloid [-o'i:d] *s3* alkaloid
alkan *s3* alkane, paraffin
alkekung little auk, dovekie
alkem|i [-çe-] *s3* alchemy **-ist** alchemist
alken [-k-] *s3* alkene, olefine
alkis [^×allkis] *s2* dipso
alkohol [^×all- *el.* -'hå:l] *s3* alcohol; spirit **-begär** craving for drink **-fri** nonalcoholic; ~ *dryck* soft drink **-förgiftning** alcoholic poisoning **-halt** alcoholic strenght **-haltig** *a1* alcoholic; ~*a drycker* alcoholic beverages, *AE.* alcoholic (hard) liquors
alkohol|iserad [-'se:-] alcoholized **-isk** [-'hå:-] *a5* alcoholic **-ism** alcoholism, dipsomania
alkoholist alcoholic, dipsomaniac, habitual drunkard **-anstalt** alcoholism treatment unit **-vård** treatment of alcoholics
alkohol|missbruk abuse of alcohol **-prov** sobriety test **-påverkad** *a5* under the influence of drink **-sjukdom** alcoholic disease **-skadad** *a5* alcoholic **-stark** strong, high-proof **-svag** lowproof **-test** alcohol test; (*vid trafikkontroll*) breath test, breathalyser test
alkotest *se alkoholtest*
alkov [-'kå:v] *s3* alcove; recess [in a wall]
alkyd|harts [-^×ky:d-] alkyd resin **-lack** alkyd varnish
alkyl [-'ky:l] *s3* alkyl
all I *pron* **1** *fören.* all; (*varje*) every; ~*e man på däck* all hands on deck; ~*a tiders* (*vard.*) great, super, swell, smashing; *av* ~*a krafter* with all one's energy, with might and main; *av* ~*t hjärta* with all one's heart; *för* ~ *del!* not at all!, don't mention it!, you're welcome!; *för* ~ *framtid* permanently; *en gång för* ~*a* once and for all; *i* ~ *enkelhet* in all simplicity, quite informally; *i* ~ *evighet* for ever and ever, ad infinitum; *i* ~*a fall* nev-

ertheless, all the same; *i ~ hast* hurriedly, (*i brev*) in haste; *i ~ tysthet* very quietly, in strict secrecy; *med ~ aktning för* with due respect to; *mot ~t förnuft* absurd, absolutely senseless; *på ~a fyra* on all fours; *på ~t sätt* in every way; *till ~ lycka* fortunately enough; *under ~ kritik* beneath [all] criticism, miserable; *utan ~ anledning* for no reason at all, without any reason [whatever]; *utom ~ fara* out of danger, completely safe, past the crisis; *utom ~t tvivel* without any (beyond all) doubt; *gå ~ världens väg* go the way of all flesh; *ha ~ anledning till missnöje* have every reason to be dissatisfied; *~a barn i början* you must learn to creep before you run; *~a goda ting är tre* all good things are three in number; *~ vår början bliver svår* all things are difficult before they are easy; *han har ~a utsikter att lyckas* he has every chance of succeeding; *vad i ~ sin dar* (*i ~ världen*) *säger du?* what on earth are you saying? **2** *självst.* all; *~a* all, (*varenda en*) everybody, everyone; *~as krig mot ~a* (*skämts.*) free for all; *~as vår vän* our mutual friend; *~t eller intet* all or nothing; *~t som ~t* all told, all in all; *trots ~t* after all; *ngns ~t i ~o* a p.'s factotum; *500 kronor i ett för ~t* a lump sum of 500 kronor; *en för ~a och ~a för en* one for all and all for one; *av ~t att döma* as far as can be judged; *sätta ~t på ett kort* stake everything on one card, put all one's eggs in one basket; *det är ej ~om givet* it is not given to everybody; *det är inte guld ~t som glimmar* all is not gold that glitters; *fartyget förliste med man och ~t* the ship went down with all hands; *han var ~t annat än glad* he was anything but happy; *när ~t kommer omkring* after all is said and done; *plikten framför ~t* duty first **II** *a* (*slut*) over; *hennes saga var ~* that was the end of her

alla *se all*

allaktivitetshus multi-activity centre

allaredan [-ˣre:-] already

all|bekant wellknown **-daglig** everyday; commonplace, ordinary

alldeles quite; altogether; absolutely, entirely, completely, all; exactly; *~ häpen* completely taken aback; *~ mörkt* pitch-dark, pitch-black; *~ nyss* just now; *~ omöjligt* utterly impossible; *~ rätt* perfectly right; *~ säkert* absolutely certain; *~ för tidigt* far too early, all too soon; *det gör mig ~ detsamma* it is all the same (all one) to me; *det är ~ i sin ordning* it is quite in order (quite all right); *kjolen är ~ för lång* the skirt is much too long

alldenstund inasmuch as; because, since; *jur.* whereas

allé *s3* avenue; walk

allegat *s7* voucher

allegor|i *s3* allegory **-isera** allegorize **-isk** [-'go:-] *a5* allegoric[al]

allegretto [-'gretto] *s6 o. adv* allegretto

allegro [-'le:gro] *s6 o. adv* allegro

allehanda I *oböjligt a* all sorts of, of all sorts, miscellaneous **II** *oböjligt s* all sorts of things, sundries

allemansrätt *ung.* right of common

allena [-ˣle:- *el.* -'le:-] *oböjligt a o. adv* alone **-rådande** *a4* in sole control; universally prevailing

allenast [-ˣle:- *el.* -'le:-] only; *endast och ~* [only and] solely, exclusively

allergen [-j-] *s7, s4* allergen

allerg|i [-'gi:] *s3* allergy **-iker** [-'lärr-] allergic person **-isk** [-'lärr-] *a5* allergic (*mot* to)

allergitest allergy (scratch) test **allergolog** [-go'lå:g] allergist

allernådigst [-ˣnå:-] Most Gracious

alle|sammans all of them (*etc.*); *adjö ~!* goodbye everybody! **-städes** everywhere; *~ närvarande* omnipresent, ubiquitous

all|farväg highroad; *vid sidan av ~en* off the beaten track **-god** all-bountiful **-helgonadag[en]** [-ˣhell-] All Saints' Day

allians [-'aŋs] *s3* alliance **-fri** nonaligned; *~ politik* policy of non-alignment **-fördrag** treaty of alliance **-ring** eternity ring

alliera *rfl* ally o.s. (*med* to) **allierad** *a5* allied (*med* to); (*friare*) connected (*med* with); *de ~e* the allies

alligator [-ˣa:tår] *s3* alligator

allihop all [of us *etc.*]

allitter|ation alliteration **-era** alliterate

allmakt omnipotence

allmoge *s2* peasantry, country people (folk) **-dräkt** peasant costume **-konst** folk art **-stil** rustic style

allmos|a *s1* alms (*pl*); *-or* alms; *leva av -or* live on charity

allmoseutdel|are almsgiver; (*katolsk präst*) almoner **-ning** almsgiving

allmän *a1* (*vanlig*) common, ordinary; (*gemensam el. tillgänglig för alla*) general; (*som gäller för alla*) universal; (*som står i samband med stat, kommun el. regering*) public; (*gängse*) current, prevalent; *~t bifall* universal approval; *~t bruk* (*sedvänja*) prevalent custom, (*användning*) general use; *~ idrott* athletics (*pl*); *~ landsväg* public highway; *~na meningen* public opinion; *~ rösträtt* universal suffrage; *det ~na* the community, the [general] public; *det ~na bästa* the public (common, general) good (weal); *i ~t bruk* in general use; *i ~na handeln* in general commerce, on the market; *i ~na ordalag* in general terms, (*fritt*) vaguely; *på ~ bekostnad* at public expense; *tallen är ~ i dessa trakter* the pine is common in these parts

allmän|belysning general lighting **-bildad** *ung.* well-informed, well-read **-bildande** *ung.* generally instructive **-bildning** all-round education; general knowledge **-farlig** *~ brottsling* dangerous criminal **-giltig** generally applicable, of universal application **-giltighet** universal applicability **-gods** commonplace things

allmänhet 1 *~en* the public; *den stora ~en* the general public, the man in the street; *i ~ens intresse* in the interest[s] of the public; *~en äger tillträde* open to the public **2** *i ~* in general, as a rule; *i största ~* very generally, in very broad terms

allmän|medicinare *se allmänpraktiker* **-mänsklig** human; universal; broadly humane

allmännelig [ˣall- *el.* -'männe-] *a5* catholic; universal; *en helig ~ kyrka* the Holy Catholic Church

allmänning common [land]

allmän|nytta public good (utility) **-nyttig** for the public good (weal), for the commonweal; *~t företag* public utility company; *för ~t ändamål* for the use of the public, for purposes of public

utility **-orientering** *en ~ i ämnet* a general introduction to the subject **-politisk** *~ debatt* general political debate **-praktik** general practice **-praktiker** general practitioner **-praktiserande** *~ läkare* general practitioner **-preventiv** *~a åtgärder* public-preventive measures
allmänt *adv* commonly, generally, universally; *~ bekant* generally known; *en ~ hållen redogörelse* a general account; *det talas ~ om henne* she is the talk of the town; *det är ~ känt* it is common knowledge
allmäntillstånd *med.* general condition
allo *se all I 2*
allokera allocate **-ing** allocation
allom [-åmm] *se all I 2*
allomfattande all-embracing, comprehensive, general
allonge [a'låŋʃ] *s5* (*på växel*) allonge, rider **-peruk** full-bottomed wig
allo|pat allopath[ist] **-patị** *s3* allopathy
allra of all; very; *~ först* (*sist*) first (last) of all; *~ helst* most of all, above all; *~ högst* at the very most; *~ överst* topmost; *de ~ flesta* the vast majority; *det ~ heligaste* the holy of holies, (*friare*) the sanctuary; *av ~ bästa kvalitet* of the very best quality; *i ~ högsta grad* in (to) the highest possible degree; *med ~ största nöje* with the greatest pleasure; *göra sitt ~ bästa* (*äv.*) do one's level best; *den kostar ~ minst 20 kronor* it costs 20 kronor at the very least; *han är ~ högst 40 år* he is 40 at the very most; *jag kommer med det ~ första* I shall come at the earliest possible opportunity
allra|högst *den ~e* the Most High **-käraste** [-ˣçä:-], **-käresta** *s9* most beloved, dearest of all
all|rengöringsmedel all-purpose cleaner **-riskförsäkring** comprehensive insurance
all round, allround *oböjligt a, se allsidig*
allrum multipurpose room
alls at all; *ingenting ~* nothing whatever (at all); *inget besvär ~* no trouble whatever (at all); *inte ~ trött* not at all (a bit) tired
all|seende *a4* all-seeing **-sidig** *a1* all-round, comprehensive; *skänka en fråga ~ belysning* shed light on all aspects of a question **-sköns** [-ʃ-] *oböjligt a, i ~ ro* completely undisturbed, at peace with the world
allsmäktig [ˣalls- *el.* -'mäktig] almighty, omnipotent; *Gud ~* Almighty God
allström universal current
allströms|motor universal motor **-mottagare** universal receiver
allsång community singing, singsong
allt I *pron, se all* **II** *s7, se världsalltet* **III** *adv, ~ framgent* from now on, from this time forward, henceforth, henceforward[s]; *~ som oftast* fairly often; *i ~ större utsträckning* to an ever increasing extent; *du hade ~ rätt ändå* you were right after all; *hon blir ~ bättre* she is gradually improving, she is getting better and better
allt|efter according to **-eftersom** as **-emellanåt** from time to time, every now and then **-fort** still **-för** too, quite (altogether, all, only, far) too; *~ liten* far too small; *~ mycket av det goda* too much of a good thing; *det är ~ vänligt av er* it is too kind of you; *det gör jag blott ~ gärna* I shall be only too happy to do it
alltiallo [-ˣallɑ] *n el. r* right-hand man; maid-of-all-work; factotum
alltid always, ever; *för ~* for ever (good), forever; *det blir väl ~ någon råd* something is sure to turn up; *du kan ju ~ fråga honom* you can always ask him, why don't you ask him?
allt|ifrån ever since **-igenom** through and through, throughout; thoroughly; *en ~ lyckad fest* a very successful party; *han är ~ ärlig* he is thoroughly honest **-ihop[a]** all [of it], the whole lot
allting ['all-] everything
alltinget [ˣall-] (*på Island*) the Althing
allt|jämt still **-mer[a]** increasingly, more and more **-nog** in short, anyhow **-omfattande** all-embracing **-samman[s]** all [of it (them *etc.*)], the whole lot [of it *etc.*] **-sedan** *~ dess* ever since then **-så** so then; (*följaktligen*) accordingly, consequently, thus **-uppslukande** *bildl.* all-absorbing
allu|dera allude (*på* to) **-sion** allusion
alluv|ịal *a5* alluvial **-ium** [-'lu:-] *s8* alluvium
allvar *s7* earnestness, seriousness; gravity; *på fullt ~* seriously, in real earnest; *på fullaste ~* in all seriousness; *göra ~ av ett löfte* fulfill a promise; *ta ngn på ~* take s.b. seriously; *är det ditt ~?* are you serious?, do you really mean that?; *detta är mitt fulla ~* I am quite serious; *jag menar ~* I am serious, I really mean it, *vard.* I mean business; *stundens ~ kräver* the gravity of the situation demands, in this hour of crisis we must; *vintern har kommit på ~* winter has come to stay
allvarlig *a1* serious, grave; earnest; *~a avsikter* serious intentions; *~ fara* grave danger; *~a förmaningar* serious admonitions; *se ~ ut* look serious (grave); *ta en ~ vändning* take a turn for the worse **allvarligt** *adv* seriously; *~ sinnad* serious-minded; *~ talat* (*äv.*) joking apart
allvarsam *a1* serious, grave; *en ~ min* a serious (grave) expression; *hålla sig ~* keep serious, (*för skratt*) keep a straight face
allvars|diger fraught with gravity **-ord** serious word
all|vetande *a4* all-knowing, omniscient **-vetare** person with a vast fund of general knowledge; *iron.* oracle, know-all **-vis** all-wise **-ätare** omnivore
alm *s2* wych-elm, witch-elm
almanacka *s1* almanac, calendar; (*fick-*) diary
aln [a:ln] *s2, ung.* ell (= *45 eng. tum*)
aloe *s5* aloe **-hampa** aloe fibre
alp *s3* alp
alpacka [-ˣpacka] *s1* **1** (*lama*) alpaca **2** (*tyg*) alpaca **3** *miner.* nickel (German) silver
alpbestig|are alpine climber **-ning** alpine climbing
Alperna ['alp-] *pl* the Alps
alp|flora alpine flora **-glöd** alpenglow **-hydda** [alpine] chalet
alpịn *a5* alpine **-ism** alpinism **-ist** alpinist
alp|jägare *mil.* alpine rifleman **-landskap** alpine landscape **-ros** rhododendron **-stav** alpenstock **-viol** cyclamen
alruna [ˣa:l-] *s1* mandrake, mandragora
alsikeklöver alsike [clover]
alster ['als-] *s7* product, production; *koll. äv.* pro-

A

duce, (*böcker*) works (*pl*)
alstr|a produce, manufacture; *elektr.* generate; *bildl.* engender **-ing** production, manufacture; generation; procreation
alstrings|drift generative instinct **-duglig** *biol.* reproductive **-förmåga, -kraft** generative power; productivity **-linje** *se generatris*
alt *s2, mus.* (*manlig*) alto (*pl* altos), countertenor; (*kvinnlig*) alto, contralto
altan *s3* [roof] balcony; terrace
altar|bord communion table, altar **-duk** altar cloth
altare *s6* altar; *~ts sakrament* the Eucharist
altar|kläde antependium **-kärl** sacred vessel **-ljus** altar candle **-ring** altar rails (*pl*) **-skrud** vestment **-skåp** triptych, reredos **-tavla** altarpiece **-tjänst** altar service, liturgy **-uppsats** retable
alteration agitation, anxiety
alter ego ['alter 'e:go] alter ego
altererad [-'re:-] *a5* flurried, excited
altern|ativ I *s7* alternative **II** [*äv.* 'alt-] *a5* alternative **-era** alternate
alt|fiol viola **-horn** althorn
altitud *s3* altitude
alt|klarinett alto clarinet **-klav** alto (viola) clef
alto|cumulus [-'ku:-] *meteor.* altocumulus **-stratus** [-'stra:-] *meteor.* altostratus
altru|ism altruism **-ist** altruist **-istisk** [-'iss-] *a5* altruistic
alt|röst [contr]alto [voice] **-saxofon** alto saxophone **-stämma** [contr]alto voice; [contr]alto part **-violin** viola
aluminera aluminize
aluminium [-'mi:-] *s8* aluminium; *AE.* aluminum **-brons** aluminium bronze **-folie** aluminium foil **-kastrull** aluminium saucepan **-legering** aluminium alloy **-oxid** aluminium oxide, alumina **-plåt** sheet aluminium
alumn *s3* alumnus (*pl* alumni), *fem.* alumna (*pl* alumnae)
alun *s7* [potash] alum **-skiffer** alum shale **-stift** stick of alum; styptic pencil
alv *s2, geol.* subsoil, undersoil
alveol [-'å:l] *s3* alveolus (*pl* alveoli)
amalgam *s7, s4* amalgam **-era** amalgamate **-fyllning** amalgam stopping (filling)
amanuens *s3* assistant university teacher (librarian, archivist *etc.*), assistant, amanuensis; (*vid ämbetsverk*) chief (principal) clerk; (*vid kansli*) third secretary
amaryllis [-'ryll-] *-en amaryller* amaryllis
amason [-'så:n] *s3* Amazon **-drottning** Amazon queen
Amasonfloden the Amazon
amatör amateur (*på* of, at) **-bestämmelser** amateur rules (regulations) **-boxning** amateur boxing **-brottning** amateur wrestling **-foto** amateur snapshot **-fotograf** amateur photographer **-idrott** amateur athletics (*pl*) (sport) **-mässig** *a1* amateurish **-regler** amateur rules **-skap** *s7, hans ~* his amateur status **-skådespelare** amateur actor **-spelare** amateur player **-sändare** amateur transmitter **-teater** amateur theatricals (*pl*) **-tävling** (*fri idrott*) amateur meeting
ambassad *s3* embassy **ambassadris** *s3* ambassadress
ambassad|råd [embassy] counsellor **-sekreterare** *förste* (*andre, tredje*) ~ first (second, third) secretary [of (to, at) an embassy] **-ör** ambassador
ambi|tion ambition **-tiös** [-'ʃö:s] *a1* zealous, aspiring, pushing; (*plikttrogen*) conscientious
ambival|ens *s3* ambivalence **-ent** *a4* ambivalent
ambra *s2* ambergris
ambros|ia [-'bro:-] *s1* ambrosia **-isk** *a5* ambrosial, ambrosian
ambulans [-'ans *el.* -'aŋs] *s3* ambulance **-flygplan** ambulance (hospital) plane, air ambulance **-förare** ambulance driver
ambulatorisk [-'to:-] *a5* ambulatory
ambuler|a *ung.* move (travel) [from place to place] **-ande** *a4* itinerant, travelling
amen [ˣamm- *el.* 'amm-] amen; *säga ja och ~ till allt* (*ung.*) agree to anything; *så säkert som ~ i kyrkan* as sure as fate
americium [-'ri:-] *s8* americium
Amerika [a'me:-] *n* America; *~s förenta stater* the United States of America
amerika|arv *ung.* dollar inheritance **-brev** letter from America **-feber** America fever
amerikan *s3*, **-are** [-ˣka:-] *s9* American **-isera** Americanize **-isering** [-'se:-] Americanization **-ism** *s3* Americanism **-ist** Americanist
amerikan|sk [-'ka:nsk] *a5* American **-ska 1** (*språk*) American **2** (*kvinna*) American woman
amerika|resa trip (journey) to America **-svensk** Swedish-American
ametist amethyst
amfetamin *s3, s4* amphetamine
amfibie [-'fi:-] *s5* amphibian **-artad** [-a:r-] *a5* amphibious **-båt** amphibious craft **-fordon** tracked landing craft **-plan** amphibian [plane] **-stridsvagn** amphibious tank
amfibisk [-'fi:-] *a5* amphibious
amfiteat|er [ˣamfi- *el.* -ˣfi:-] amphitheatre **-ralisk** [-'ra:-] amphitheatric[al]
amfora ['amfåra] *s1* amphora
ami *s3* muffler; comforter
amidplast [aˣmi:d-] polyamide
amin *s3, s4* amine **-harts** aminoplastic [resin]
aminosyra [-ˣmi:-] amino acid
amiral *s3* **1** *mil.* admiral **2** *zool.* red admiral **-itet** *s7* admiralty; *~et* (*Storbritannien*) the Admiralty Board, *AE.* Navy Department
amirals|flagg admiral's flag **-person** flag officer, admiral **-skepp** flagship, admiral's ship
amma I *s1* wet nurse **II** *v1* nurse, suckle, breast-feed; *hon ~r barnet själv* she feeds the baby herself, she breast-feeds the baby
ammoniak [-'mo:-] *s2* ammonia
ammonit *s3* ammonite
ammonium [-'mo:-] *s8* ammonium **-karbonat** ammonium carbonate
ammunition *s3* ammunition; munitions (*pl*); *lös ~* practice ammunition; blank cartridge *skarp ~* live ammunition
ammunitions|depå ammunition dump **-fabrik** munitions factory **-fartyg** ammunition ship **-förråd** ammunition supply (stores) **-gördel** cartridge belt; bandoleer **-väska** ammunition pocket

amnesi *s3* amnesia
amnesti *s3* amnesty; *få ~* obtain [an] amnesty; *bevilja ngn ~* grant s.b. an amnesty **-kungörelse** act of indemnity
amning breast-feeding, nursing, suckling
amok [a'måck] *oböjligt s* amuck, amok; *löpa ~* run amuck
a-moll A minor
amoral|isk [-'ra:-] *a5* amoral **-itet** amorality
amorbåge Cupid's bow
amorf [-'årf] *a1* amorphous
amorin *s3* cupid
amorter|a [-å-] amortize, pay off by instalments; *~ ett lån* pay off a loan **-ing** repayment by instalments, amortization
amorterings|belopp amortization [amount (payment)] **-fri** *~tt lån* straight loan, loan payable in full at maturity **-lån** instalment credit (loan); sinking-fund loan **-plan** amortization schedule **-tid** period of amortization **-villkor** terms of amortization (repayment)
amorös *a5* amorous
1 ampel [ˣamp-] *s2* (*för växter*) hanging flowerpot; (*hänglampa*) hanging lamp
2 ampel ['amp-] *a2, ampla lovord* unstinted praise (*sg*)
amper ['amp-] *a2* pungent, sharp; biting, stinging
ampere [-'pä:r] *s9, s5* ampere **-meter** *s2*, **-mätare** ammeter **-timme** ampere-hour
ampersand *s3* ampersand
amplifiera amplify
amplitud *s3* amplitude **-modulering** amplitude modulation
ampull *s3* ampoule, ampul[e]; *Storbritannien äv.* ampulla
amput|ation amputation **-era** amputate
amsaga [ˣamm-] tall story, old wives' tale
amt *s7, ung.* shire, county
amulett *s3* amulet
amygdalin *s3, s4* amygdalin
amylacetat [-ˣmy:l-] amyl acetate
amöba [-ˣmö:-] *s1* amoeba
1 an [ann] *hand.* to
2 an [ann] *av och ~* up and down, to and fro; *gå av och ~ i rummet* (*äv.*) pace the room
ana have a feeling (presentiment); *~ oråd* suspect mischief; *intet ont ~nde* unsuspecting; *~ sig till ngns tankar* divine a p.'s thoughts; *det lät ~* it hinted at (gave an inkling of); *du kan inte ~ hur glad jag blev* you have no idea how glad (happy) I was; *vem kunde ~ det* who would have suspected that; *det ante mig* I suspected as much
anabapt|ism Anabaptism **-ist** Anabaptist
anabol [-'bå:l] *a1* anabolic; *~ steroid* anabolic steroid **-ism** anabolism
anacka [aˣnacka] *se anagga*
anaerob [anaä'rå:b] **I** *s3* anaerobe, anaerobium (*pl* anaerobia) **II** *a5* anaerobic
anagga [aˣnagga] dash it!, dang it!
anagram [-'gramm] *s7* anagram
anakolut *s3* anacoluthon (*pl* anacolutha)
anakonda [-ˣkånda] *s1* anaconda
anakoret *s3* anchorite
anakronis|m anachronism **-tisk** *a5* anachronistic
analfabet *s3*, **-isk** *a5* illiterate **-ism** illiteracy
analfena anal fin
analgetikum [-'ge:-] *s8* analgesic
analog [-'lå:g] *a1* analogous (*med* to); *~ klocka* analog[ue] watch
analogi *s3* analogy; *i ~ med* on the analogy of **-bevis** analogical evidence **-bildning** analogical formation, analogy **-maskin** analog computer
analogisk [-'lå:-] *a5* analogic[al] **analogislut** analogism
analys *s3* analysis (*pl* analyses) **-era** analyse
analyt|iker [-'ly:-] analyst **-isk** *a5* analytic[al]
analöppning anus
anamm|a [a'namma] **1** receive, accept; *~ nattvarden* partake of the Holy Communion **2** (*tillägna sig*) appropriate, seize **3** *fan ~!* damn [it]!, damn and blast!, hell! **-ande** *s6* acceptance
anamnes *s3* anamnesis (*pl* anamneses)
ananas [ˣa:- *el.* ˣann-] *s9* pineapple
anapest *s3* anap[a]est
anark|i *s3* anarchy **-isk** [a'narr-] *a5* anarchic[al] **-ism** anarchism **-ist** anarchist **-istisk** [-'kiss-] *a5* anarchistic
anarkosyndikalism anarchosyndicalism
anastigmat anastigmat
anatema [-ˣte:- *el.* -'te:-] *s6* anathema
ana|tom [-'tå:m] *s3* anatomist **-tomi** *s3* anatomy **-tomisal** dissecting-room **-tomisk** [-'tå:-] *a5* anatomical
anbefall|a 1 (*ålägga, påbjuda*) enjoin, charge; *~ ngn tystnad* enjoin silence upon a p.; *läkaren -de honom vila* the doctor ordered him to rest **2** (*förorda, rekommendera*) recommend, advocate; *~ på det varmaste* sincerely recommend **3** (*anförtro, överlämna*) entrust command, commend; *~ sin själ i Guds hand* commend one's soul to God
anbelanga *vad mig ~r* as far as I am concerned
anblick sight; appearance, aspect; *en ståtlig ~* an imposing appearance; *vid ~en av* at the sight of; *vid första ~en* at first sight
anbring|a (*sätta, ställa*) place, put; (*sätta på etc.*) mount, affix, fit, apply **-ande** *s6* placing, mounting *etc.*
anbud (*köp-*) bid; (*sälj-*) offer; (*pris*) quotation; *lämna ~ på* send in a tender for; *~ infordras härmed på* tenders are invited for
anbuds|formulär tender form **-givare** tenderer, bidder **-givning** [-'ji:v-] tendering, bidding **-kartell** tendering cartel
anciennitet seniority; *efter ~* by seniority
and *-en änder* wild duck; *jfr gräs-*
anda *s2* **1** (*andedräkt, andhämtning*) breath; *med ~n i halsen* out of breath, (*med spänning*) with bated breath; *ge upp ~n* give up the ghost, expire; *hålla ~n* hold one's breath; *hämta ~n* catch one's breath; *kippa efter ~n* gasp for breath; *tappa ~n* lose one's breath; *allt som liv och ~ har* everything that lives and breathes **2** (*stämning*) spirit; *i en ~ av samförstånd* in a spirit of understanding; *i samma ~* in the same spirit; *samma ~s barn* kindred spirits; *tidens ~* the spirit of the age; *när ~n faller på* when the spirit moves him (*etc.*), *vard.* when he (*etc.*) is in the mood **3** (*mod, disciplin*) morale
andakt *s3* devotion; *med ~* in a devotional spirit; *förrätta sin ~* perform one's devotions

andakts|bok devotional manual **-full** devotional; devout **-stund** devotional hour **-övningar** devotions, devotional exercises

Andalusien [-'lu:-] *n* Andalusia

andanom [-åmm] *se ande 1*

andante [-ˣdann-] *s6 o. adv* andante

andas *dep* breathe, respire; ~ *in* breathe in, inhale; ~ *ut* breathe out, exhale, *bildl.* breathe freely; ~ *djupt* take a deep breath, breathe deeply

ande *s2* **1** (*själ*) spirit; (*intelligens*) mind, intellect; *i ~ns rike* in the spiritual (intellectual) world; *i andanom* in the spirit, in one's mind's eye; *~n är villig, men köttet är svagt* the spirit is willing, but the flesh is weak; *de i ~n fattiga* the poor in spirit **2** (*övernaturligt väsen*) spirit, ghost; *Den helige* ~ the Holy Ghost (Spirit); *ngns onda* ~ a p.'s evil spirit; *tjänande* ~ ministering spirit; *de avlidnas andar* the spirits of the dead **3** (*personlighet, natur*) spirit, mind; *en stor* ~ a spiritual giant; *besläktade andar* kindred spirits **-besvärjare** raiser of spirits, exorcist **-besvärjelse** raising of spirits, exorcism **-drag** se *andetag* **-dräkt** breath; *dålig* ~ bad breath **-fattig** (*om pers.*) dull, vacuous, inane; (*om sak*) uninspired

andel share (*i* of); *ha ~ i ett företag* have an interest in a business

andels|bevis scrip [certificate] **-förening** coop[erative] [society], co-op **-företag** coop[erative] undertaking **-lägenhet** time-share apartment (flat); *AE.* condominium **-mejeri** coop[erative] dairy **-slakteri** coop[erative] slaughterhouse

andemening spirit, inward sense

Anderna ['and-] *pl* the Andes

ande|skådare seer [of visions], visionary **-skådning** [-å:-] preternatural insight, second sight **-tag** breath; *i ett* ~ [all] in one breath; *till sista ~et* to one's last breath; *ta ett djupt* ~ take a deep breath **-viskning** ghostly whisper **-värld** spirit[ual] world **-väsen** spirit[ual being]

and|fådd *a1* out of breath, breathless; *vard.* winded, puffed **-fåddhet** breathlessness, shortness of breath **-hämtning** breathing, respiration **-hämtningspaus** breathing space

andjakt duck shooting

andlig *a1* **1** (*själslig*) spiritual; (*psykisk, förstånds-*) intellectual, mental; *~t liv* intellectual life; *~ odling* cultural life; *~a värden* spiritual values; *barnets ~a utveckling* the child's mental development **2** (*gudfruktig*) spiritual, sacred, religious; (*kyrklig*) ecclesiastical; (*prästerlig*) clerical; ~ *makt* spiritual power; ~ *orden* religious order; *~t stånd* clerical order; *~a sånger* sacred songs; *~t ämbete* ecclesiastical appointment; *inträda i det ~a ståndet* take [holy] orders **andligen** mentally, intellectually, spiritually

andlös breathless; ~ *tystnad* dead silence

andmat *bot.* duckweed

andning breathing, respiration; *konstgjord* ~ artificial respiration; *andra ~en* second wind

andnings|apparat breathing apparatus; respirator **-organ** respiratory organ **-paus** breathing space (spell) **-svårigheter** *se andnöd* **-vägar** respiratory system (*sg*)

andnöd difficulty in breathing, respiratory distress

1 andra [-a:] *se andraga*

2 andr|a [-a] *-e* **I** *pron, se annan* **II** *räkn* second; *A~ Mosebok* Exodus; ~ *våningen* (*i bet. 1 trappa upp*) first (*AE.* second) floor; *ett ~ klassens hotell* (*neds.*) a second-rate hotel; *för det* ~ in the second place, secondly; *-e opponent, se andreopponent*; *-e styrman* second mate; *den ~ maj* the second of May, (*i brev*) 2nd May (May 2); *göra ett ~ försök* make a second attempt, *vard.* have another go; *ha en uppgift ur ~ hand* have information second-hand; *köpa i ~ hand* buy second-hand; *det får komma i ~ hand* it will have to come second (later)

andrag|a state; advance, put forward, mention, set forth; ~ *till sitt försvar* plead in one's defence **-ande** *s6* statement; advancing *etc.*

andragradsekvation equation of the second degree

andrahands|- second-hand **-pris** resale price **-uppgift** second-hand information **-värde** trade-in value

andrakammarval elections to the Second Chamber [of the Swedish Riksdag]

andraklass|are second-form boy (girl) **-biljett** second-class ticket **-kupé** second-class compartment **-vagn** second-class carriage (coach; *AE.* car)

andra|placering *han fick en* ~ he came second **-plansfigur** insignificant person

andre *se 2 andra*

andreaskors [-ˣdre:as-] *konst.* St. Andrew's cross, saltire

andre|maskinist second engineer **-opponent** opponent appointed by candidate for a doctorate **-pilot** copilot, second pilot **-styrman** second mate

androgen [-'je:n] **I** *a5* androgenic **II** *s7, s4* androgen

andrum room to breathe; *bildl.* breathing space

and|truten *a3* out of breath, breathless; winded **-täppa** *s1* shortness of breath **-täppt** *a4* short of breath; *vard.* short-winded

andäktig *a1* devout; attentive **-het** devoutness; attentiveness

andäktigt *adv* devoutly; attentively; *lyssna ~ på ngn* hang on a p.'s words

anekdot [-'då:t] *s3* [humorous] anecdote, amusing story **-isk** *a5* anecdotal, anecdotic

anem|i *s3* anaemia **-isk** [-'ne:-] *a5* anaemic

anemometer [-'me:-] *s2* anemometer; (*vindmätare äv.*) wind gauge

anemon [-'å:n *el.* -'ɔ:n] *s3* anemone

aneroidbarometer [-ɔˣi:d-] aneroid barometer

anestesi *s3* anaesthesia

anestesio|log anaesthetist; *AE.* anesthesiologist **-logi** *s3* anaesthetics (*pl, behandlas som sg*); *AE.* anesthesiology

anestet|ikum [-'te:-] *s8*, **-isk** [-'te:-] *a5* anaesthetic

anfader [ˣa:n-] ancestor

anfall attack; *i sht mil.* assault, charge; (*sjukdoms- etc.*) fit; *ett hysteriskt* ~ a fit of hysteria; *i ett ~ av vrede* in a fit of anger; *gå till* ~ attack, charge; *rikta ett ~ mot* direct an attack against

anfalla attack; assail, assault

anfalls|krig aggressive war **-mål** objective

-plan plan of attack **-robot** offensive missile **-spelare** attacker, forward **-vapen** offensive weapon **-vinkel** angle of attack

anfang [-'faŋ] *s3, boktr.* initial [letter]

an|flygning [ˣann-] approach [path]; homing **-fordran** demand; *att betalas vid ~* payable on demand **-frätning** corrosion; pitting **-frätt** *a4* corroded; *~a tänder* decayed teeth; *~ av rost* rusty

anfäkt|a harass; haunt; assail; *~s av tvivel* be haunted by doubts **-else** tribulation [of spirit], vexation; obsession

anför|a 1 (*leda*) lead, command, be in command of; *~ en orkester* conduct an orchestra **2** (*andraga, framhålla*) state, say; *~ besvär* complain (*över* of); *~ besvär mot ett beslut* appeal against a decision; *~ som bevis* bring (enter) as evidence; *~ som skäl* give as reason; *~ till sitt försvar* plead in one's defence **3** (*citera*) quote, cite; *på det -da stället* in the passage cited **-ande** *s6* **1** lead[ership], command[ing]; *mus.* conductorship **2** (*yttrande*) statement; speech, address; *hålla ett ~* give an address, make a speech **-are** commander, leader; *mus.* conductor **-ing** *direkt ~* direct speech; *indirekt ~* indirect (reported) speech, *AE.* indirect discourse

anförings|sats inserted clause **-tecken** quotation mark, inverted (turned) comma **-verb** leading verb

anförtro *~ ngn ngt* entrust s.th. to s.b., entrust s.b. with s.th.; *~ ngn en hemlighet* confide a secret to s.b.; *hon ~dde mig att* she confided to me the fact that; *~ sig åt* entrust o.s. to, (*ge sitt förtroende*) confide in

anförvant relation, relative, [family] connection

ange 1 (*upplysa om, uppge*) inform, state, mention; *~ noga* specify, detail; *~ skälet till* state the reason for; *det angivna skälet* the reason given; *det på fakturan angivna priset* the invoice[d] price **2** (*anmäla för myndighet*) report, inform against, denounce; *~ ngn för polisen* inform against s.b., report s.b. [to the police]; *~ sig själv* give o.s. up (in charge) **3** *~ takten* (*mus.*) indicate tempo, *bildl.* set the pace; *~ tonen* set the tone

angelsaxare [aŋel-] *se anglosaxare*

angelägen [ˣanje-] *a3* (*om sak*) urgent, pressing, important; (*om pers.*) anxious (*om* for); *~ om att göra* anxious to do, desirous of doing (to do); *~ om att vara till lags* anxious to please; *visa sig mycket ~* (*äv.*) be overanxious **-het 1** (*sak, ärende*) matter, affair, concern; *inre ~er* internal affairs; *sköta sina egna ~er* mind one's own business **2** (*betydelse, vikt*) urgency

angelägenhetsgrad degree of priority (urgency)

angenäm [ˣanje-] *a1* pleasant, agreeable; *det var ~t att träffas* it was a pleasure to meet you

angina [aŋˣgi:-] *s1* angina; *~ pectoris* angina pectoris

angiv|a [ˣanji:-] *se ange* **-are** informer **-else** information, denunciation, accusation; (*tull- etc.*) declaration **-eri** informing

angler ['aŋ(g)-] *s9* Angle

angli|cism [aŋ(g)li-] *s3* Anglicism **-kansk** [-'ka:nsk] *a5* Anglican; *~a kyrkan* Anglican Church, (*statskyrkan i England*) Church of England **-sera** anglicize

anglo|amerikansk ['aŋ(g)lɑ-] Anglo-American **-fil** *s3* Anglophil[e]

anglosax|are [aŋ(g)lɑˣsakks-] *s9*, **-isk** [-'sakks-] *a5*, **-iska** [-'sacks-] (*språk*) Anglo-Saxon

Angola [aŋˣgå:la] *n* Angola

angol|an *s3*, **-ansk** [-'a:nsk] *a5* Angolan

angora|garn [aŋˣgå:ra-] angora [wool] **-get** Angora goat **-kanin** Angora rabbit **-katt** Angora cat **-ull** (*från -get*) mohair; (*från -kanin*) angora [wool]

angostura [aŋgåˣstu:ra] *s2* angostura; (*smakessens vanl.*) angostura bitters (*pl*)

angrepp attack (*mot, på* on)

angrepps|punkt point of attack (application) **-vapen** offensive weapon

angripa attack, assault, assail; (*inverka skadligt på*) affect; (*skada*) injure; (*fräta på*) attack, corrode, rust; *~ ett problem* tackle (approach) a problem

angrip|are assailant, aggressor **-en** *a5*, *~ av röta* damaged by rot; *~ av sjukdom* diseased, struck down by illness; *metallen är ~ av rost* the metal has gone rusty

angränsande *a4* adjacent, adjoining, next

angå concern; (*avse, beträffa*) have reference to; *saken ~r dig inte* it is no concern of yours, *vard.* it's none of your business; *vad mig ~r* as far as I am concerned **-ende** regarding, concerning, as regards, as to, as for

angöra 1 *~ hamn* make port; *~ land* make land **2** (*fastgöra*) make fast

angörings|hamn [-j-] port of call **-plats** lay-by

anhalt *s3* halt; *AE.* way station

anhang *s7* following; (*patrask*) rabble; (*hejdukar*) tools (*pl*), hirelings (*pl*); *vard.* crew, gang; *hans ~* his likes (*pl*)

anhop|a heap (pile) up, amass; *~ sig* accumulate **-ning** piling up; accumulation; *~ av trupper* troop concentration

anhydrid *s3* anhydride

anhåll|a 1 (*fängsla, arrestera*) apprehend, arrest, take into custody **2** (*begära*) ask (*om* for), apply (*om* for), request, demand; *~ hos ngn om ngt* apply to s.b. for s.th.; *~ om en flickas hand* ask for a girl's hand [in marriage]; *~ om snar betalning* request [an] early settlement; *om svar -es* (*o.s.a.*) an answer will oblige (R.S.V.P.) **-an** *r, pl saknas* request, demand (*om* for); *enträgen ~* entreaty, solicitation; *ödmjuk ~* supplication **-ande** *s6* (*arrestering*) arrest; (*häktning*) apprehension

anhängare follower, adherent (*av, till* of); (*av idé*) supporter, advocate

anhängiggöra [ˣanhäŋigjö:ra] *~ vid domstol* bring into court; *~ ett mål vid domstol* bring an action before a court of law; *~ rättegång mot* take legal proceedings against

anhörig *subst. a* relative; *mina ~a* my family; *närmaste ~[a]* next of kin

anilin *s2, s7* aniline **-färg** aniline dye **-förgiftning** aniline poisoning **-penna** indelible pencil, copying pencil

animal *a5*, **-isk** *a5* animal

animer|a animate; *stämningen var mycket ~d* there was a gay atmosphere **-ad** *a5* animate; ~

film animated cartoon
animis|m animism **-tisk** *a5* animistic
animositet animosity
aning *s2* **1** (*förkänsla*) presentiment (*om* of; *om att* that); foreboding; hunch; *ond ~* misgiving **2** (*föreställning*) notion, idea, feeling; *jag hade ingen ~ om* (*äv.*) I never suspected **3** (*smula, något litet*) *en ~* a little, a trace, *vard.* a touch, a tiny (wee) bit, *kokk.* a dash, a sprinkle
anings|full apprehensive; expectant **-lös** unsuspecting
anis *s2* (*växt*) anise; (*krydda*) aniseed **-ẹtt** *s3* anisette
anjon [ˣann-] *s3* anion
anka *s1* **1** [tame] duck **2** (*tidnings-*) hoax, canard
1 ankare *s6, s9* (*laggkärl*) *ung.* anker, firkin
2 ankare *s6* **1** *sjö. o. bildl.* anchor; *kasta ankar* cast (come to, drop) anchor; *lätta ankar* weigh anchor; *ligga för ankar* ride at anchor **2** *elektr.* armature **3** *byggn.* brace, cramp [iron] **4** (*i ur*) lever escapement
ankar|fly *s6* fluke, flue **-fäste** hold[ing-ground] **-klys** hawse[pipe] **-kätting** anchor chain **-plats** anchorage **-spel** anchor gear, capstan **-spole** armature coil **-stock** anchor stock **-tross** mooring (anchor) cable **-ur** lever watch
ank|bonde drake **-damm** duck pond
ankel *s2* ankle[bone] **-led** ankle joint **-lång** ankle-length **-socka** ankle sock; *AE.* anklet
anklaga *~ ngn för ngt* accuse s.b. of s.th., charge s.b. with s.th.; *den ~de* the accused; *med ~nde miner* accusingly; *sitta på de ~des bänk* stand in the dock, *bildl.* stand accused, be under fire
anklagelse accusation, charge (*för* of); *rikta en ~ mot ngn* make an accusation against s.b.; *ömsesidiga ~r* cross accusations **-akt** bill of indictment **-punkt** count **-skrift** [written] indictment
anklang approval; *vinna ~* meet with (win) approval; *väcka ~ hos ngn* appeal to s.b.
anknyt|a attach, join, unite (*till* to); connect, join (link) up (*till* with); *bibanan -er till stambanan vid C.* the branch line connects up with the main line at C.; *berättelsen -er till verkliga händelser* the story is based on real events **-ning** connection, attachment, link; *tel.* extension
anknytningsapparat extension telephone
ankomm|a **1** (*anlända*) arrive (*till* at, in); *~nde post* incoming (inward) mail; *~nde tåg* (*i tidtabell o.d.*) [train] arrivals **2** (*bero*) depend (*på* on); *vad på mig -er* as far as I am concerned; *det -er på henne att se till det* it is up to her to see to that **-en** *a5* **1** (*anländ*) arrived **2** (*ngt skämd*) *-et kött* tainted meat; *~ fisk* (*frukt*) fish (fruit) going bad **3** (*ngt berusad*) tipsy, merry
ankomst [-å-] *s3* arrival; *vid ~en till stationen* on my (*etc.*) arrival at the station **-datum** date of arrival **-hall** arrival hall **-tid** time of arrival
ankr|a anchor **-ing** anchoring, anchorage
ankrings|förbud anchoring prohibition **-plats** anchorage
anlag *s7* **1** *biol.* rudiment, germ, embryo (*till* of) **2** (*medfött*) talent, gift, aptitude (*för* for); *med.* tendency (*för* to), disposition (*för* towards); *~ för fetma* tendency to put on weight; *musikaliska ~* a gift for music; *ärftliga ~* hereditary disposition (*sg*); *ha goda ~* have a gift, be gifted, have good mental powers
anlagd *a5* **1** *se anlägga* **2** *praktiskt ~* of a practical turn; *~ på förtjänst* planned (set up) on a profit basis
anlags|bärare *med.* carrier **-prov** aptitude test **-prövning** aptitude testing **-test** aptitude test
anledning (*skäl*) reason (*till* for, of); (*orsak*) cause, occasion (*till* for, of); *av vilken ~?* for what reason?, on what account?; *med (i) ~ av* on account of, owing to, in view of, because of; *med ~ härav* in view of this fact, for this reason, such being the case; *utan all ~* without any (for no) reason; *vid minsta ~* on the slightest provocation; *ge ~ till* give occasion to, cause; *ha ~ till missnöje* have cause for dissatisfaction; *det fanns ingen ~ till oro* there was no cause for alarm; *han hade all ~ att resa* he had every reason to leave; *på förekommen ~ får vi meddela* we find it necessary to point out
anlete *s6* visage, countenance, face; *i sitt ~s svett* by the sweat of one's brow **anletsdrag** feature, lineament
anl̈igg|a *~ mot* bear on **-ningsyta** contact surface
anlit|a **1** (*vända sig t.*) apply (turn) to (*ngn för* a p. for); *~ advokat* engage (go to) a lawyer; *~ läkare* call in a doctor; *vara mycket ~d* be in great demand, be successful (popular) **2** (*tillgripa*) have recourse to, resort to; *~ lexikon* use (make use of) a dictionary; *~ telefonen* use the telephone; *~ vapenmakt* resort to arms; *en ofta ~d utväg* an expedient often resorted to **-ande** *s6, med ~ av* use being made of, with the aid of
anlopp **1** (*ansats*) run-up **2** (*rusning*) rush **3** (*anfall*) assault, attack (*mot* upon)
anlupen *a3* tarnished, discoloured; *~ av fukt* tarnished by damp
anlägg|a **1** (*bygga*) build, construct, erect; (*grunda*) found, set up; *~ en park* lay out a park **2** (*planera*) plan, design; *~ mordbrand* commit arson **3** (*börja bära, lägga sig t. med*) take to, begin to wear, put on; *~ skägg* grow a beard, let one's beard grow; *~ sorg* put on mourning; *~ kritiska synpunkter på* adopt a critical attitude towards **4** (*anbringa*) *~ förband på ett sår* dress a wound, apply a bandage to a wound; *se äv. anlagd* **-are** builder, constructor; founder; designer **-ning** **1** *abstr.* foundation; erection, construction **2** *konkr.* establishment; (*fabrik*) works (*pl*), plant, factory premises (*pl*); (*byggnad*) building, structure
anläggnings|arbetare construction worker **-kapital** fixed capital **-tillgångar** fixed (capital) assets
anlända arrive (*till* at, in); *~ till* (*äv.*) reach
an|löpa **1** *sjö., ~ en hamn* call at (touch) a port, put into a port **2** *tekn.* temper, anneal **-löpning** *tekn.* tempering, annealing **-löpningshamn** port of call
anman|a demand, request, urge (*ngn att* s.b. to); *~ ngn att betala* demand payment from s.b. **-ing** request; *utan ~* without reminder; *vid ~* on demand
anmarsch advance
anmod|a request, call upon; (*enträget*) urge; instruct; demand **-an** *r* request; *på ~ av mig* at my

request
anmäl|a *v2* **1** (*tillkännage, meddela*) announce, report; ~ *en besökande* announce a visitor; ~ *flyttning* give notice of changed address (residence); ~ *förhinder* send word to say one is prevented from coming; ~ *ngt för polisen* report s.th. to the police; ~ *sig för tjänstgöring* report for duty; ~ *sig som sökande till* put in an application for, apply for; ~ *sig till en examen* enter for an examination; ~ *sitt utträde ur en förening* withdraw one's membership from a club, resign from a club **2** (*recensera*) review **-an** *r* **1** announcement, notification (*om* of); report **2** (*recension*) review **3** (*tull-*) declaration **-are 1** (*angivare*) informer **2** (*recensent*) reviewer
anmälnings|avgift [-ä:-] registration fee; (*t. tävling etc.*) entry fee (money) **-blankett** registration (application) form **-lista** list of applicants (entrants) **-plikt** obligation to report [regularly] to police *etc.* **-tid** period of notification; (*idrott*) entry time
anmärk|a 1 (*påpeka, yttra*) remark, observe **2** (*klandra, ogilla*) find fault (*på* with); ~ *på* criticize; *han hade ingenting att* ~ *på* he found no fault with **-ning 1** (*yttrande, påpekande*) comment, remark, observation **2** (*förklaring*) remark, comment, observation, annotation; (*i bok*) note, footnote **3** (*klander*) objection, criticism, complaint **4** *skol.* bad [conduct] mark; *få* ~ be given a bad mark
anmärknings|bok conduct book; report card **-värd** *a1* **1** (*märklig*) remarkable **2** (*beaktansvärd*) notable, noteworthy; (*märkbar*) noticeable
ann *se annan 1*
annaler [-'na:-] *pl* annals, records
annalkande I *s6* approach[ing]; *vara i* ~ be approaching **II** *a4* approaching; ~ *fara* imminent danger; *ett* ~ *oväder* a gathering storm
anna|n *-t andra* **1** other; (*efter självst. pron*) else; *en* ~ another, (*självst. äv.*) somebody (someone, anybody, anyone) else; *ingen* ~ nobody else; *ingen* ~ *än* no other than; *ingen* ~ *än du* no one [else] but you; *någon* ~ somebody (anybody) else; *en och* ~ *gång* occasionally, once in a while; *gång efter* ~ time and again, time after time; *tid efter* ~ from time to time; *av en eller* ~ *anledning* for some reason or other; *jag är av* ~ *mening* I am of another opinion, I don't agree; *en* ~ *gång är en skälm* tomorrow never comes; *bland annat, se under bland*; *på ett eller -t sätt* somehow or other; *ha -t att göra* (*vard.*) have other fish to fry; *lova är ett och hålla ett -t* it is one thing to make a promise and another thing to keep it; *säga ett och mena ett -t* speak with [one's] tongue in [one's] cheek; *hon är allt -t än vacker* she is anything but beautiful; *vi talade om ett och -t* we talked about one thing and another, we chatted; *inte -t än jag vet* as far as I know; *hon gör inte -t än gråter* she does nothing but cry; *hon kunde inte -t än skratta* she could not help laughing, she could not but laugh; *alla andra* all the others, (*om pers. ofta*) everybody else; *alla de andra* all the others (the rest); *en ann är så god som en ann* one man is as good as another **2** (*ej lik*) different; *det är en* ~ *historia* that's a different (another) story; *något helt -t än* something quite different from (to)
annan|dag ~ *jul* the day after Christmas Day, (*i Storbritannien*) Boxing Day; ~ *pingst* Whit Monday; ~ *påsk* Easter Monday **-stans** elsewhere; *ingen* ~ nowhere else
annars 1 (*i annat fall*) otherwise, or [else], else **2** (*för övrigt*) otherwise, else; *var det* ~ *något?* was there anything else? **3** (*i vanliga fall*) usually; *mera trött än* ~ more tired than usual
annat *se annan*
annekter|a annex **-ing** annexation
annex *s7* annex[e] **-byggnad** annex[e], wing
annex|ion [-k'ʃɷ:n] annexation **-sjukhus** branch hospital
annihil|ationsstrålning annihilation radiation **-era** annihilate
anno [ˣannɷ *el.* 'annɷ] in [the year]; *från* ~ *dazumal* (*ung.*) ancient, *skämts.* antediluvian, as old as the hills
annons [-'åns *el.* -'åŋs] *s3* advertisement, *vard.* ad[vert] (*om* about); (*födelse- etc.*) announcement; *enligt* ~ according to your advertisement, as advertised; *sätta in en* ~ *i en tidning* put an advertisement in a paper, advertise in a paper **-ackvisitör** advertising agent **-bilaga** advertisement supplement (section) **-byrå** advertising agency
annonser|a 1 (*tillkännage, söka etc. genom annons*) advertise (*efter* for; *om ngt* s.th.) **2** (*tillkännage*) announce **-ing** advertising
annons|kampanj advertising campaign **-organ** advertising medium **-pelare** advertising pillar; *AE.* billboard **-plats** advertisement space **-pris** advertising charge **-sida** advertisement page **-spalt** advertisement column **-tavla** advertisement board; *AE.* billboard **-taxa** advertisement rate **-text** copy
annonsör advertiser, space buyer
annor|ledes, -lunda otherwise, differently; *såvida ej* ~ *föreskrivs* unless otherwise prescribed; *han har blivit helt -lunda* he has changed completely, he is quite a different man **-städes** elsewhere, somewhere else
annotation note **annotationsblock** [scribbling] pad; *AE.* memo pad **annotera** note (take) down, make a note of
annuell *a1* annual **annuitet** *s3* **1** (*på lån*) annual instalment **2** (*livränta*) annuity, life interest **annuitetslån** instalment credit; annuity loan
annullation *försäkr.* cancellation
annuller|a cancel, withdraw, annul; (*kontrakt, äv.*) nullify; vitiate **-ing** cancellation, withdrawal, annulment, revocation, nullification
annulleringsklausul cancellation clause
anod *s3* anode **-batteri** anode battery **-spänning** anode voltage
anomal *a1* anomalous **-li** *s3* anomaly **-listisk** [-'liss-] *a5* anomalistic
anomi *s3* anomie, anomy
anonym *a1* anonymous **-itet** anonymity
anor *pl* ancestry (*sg*), ancestors; lineage (*sg*); *bildl.* progenitors, traditions; *ha gamla* ~ be of ancient lineage, *bildl.* have a long history, be a time-honoured tradition (custom); *det har* ~ *från antiken* it dates back to classical times
anorak [-'rack] *s3* anorak; windcheater
anord|na arrange, put in (bring into) order, set

up, organize; ~ *lekar* get up games **-ning** arrangement, preparation, setup; (*apparat*) apparatus, device; (*utrustning*) outfit; *~ar* (*hjälpmedel o.d.*) facilities
anorexi *s3* anorexia
anpart [ˣann-] share, portion
anpass|a adapt, suit, adjust (*efter* to), bring in line with **-bar** *a5* adaptable **-ling** turncoat, yes man; (*medlöpare*) fellow traveller, camp follower **-ning** adap[ta]tion, adjustment, accommodation
anpassnings|förmåga adaptability **-svårigheter** adjustment problems; *han har* ~ he finds it difficult to adapt himself (fit in)
anrik [ˣa:n-] of ancient lineage
anrik|a [ˣann-] concentrate, enrich, dress; *~t kärnbränsle* enriched nuclear fuel **-ning** concentration, enrichment
anrikningsverk dressing plant; (*för stenkol*) washing plant
anrop call; *mil.* challenge; *sjö.* hail **anropa** call [out to]; *mil.* challenge; *sjö.* hail; ~ *Gud om hjälp* invoke God's help
anropssignal call sign (signal)
anryck|a *v2,* **-ning** *s* advance
anrätt|a prepare, cook, dress **-ning 1** (*anrättande*) preparation, cooking **2** (*rätt*) dish; (*måltid*) meal; *göra heder åt ~arna* do justice to the meal, *vard.* tuck in[to], eat with gusto
ans *s2* care, tending; (*av jord*) dressing; (*av häst*) grooming **ansa** tend, see to; cultivate
ansaml|a collect, gather; ~ *sig* (*om t.ex. damm*) settle **-ing** collection; (*av vatten*) pool [of water] ; (*av skräp*) heap [of rubbish]
ansats 1 (*sats*) run-up; *mil.* bound, rush; *höjdhopp utan* ~ standing high jump; *framryckning i ~er* advance by rushes **2** (*början*) start; (*försök*) attempt; (*impuls*) impulse (*till* to); (*tecken*) sign (*till* of); *visa ~er till förbättring* show signs of improvement **3** *mus.* striking of a note **4** *tekn.* shoulder, projection
ansatt *a4* afflicted (*av* with); *hårt* ~ hard pressed, in a tight corner
an|se 1 (*mena*) think, consider, be of the opinion; *man ~r allmänt* it is generally considered; *han ~r sig orättvist behandlad* he considers himself unjustly treated **2** (*betrakta*) consider, regard, look upon; *jag ~r det som min plikt* I consider it my duty; *det ~s sannolikt* it is considered likely; *han ~s som vår största expert* he is regarded as our leading expert **-sedd** *a5* (*aktad*) respected, esteemed, distinguished; (*om firma etc.*) reputable; *väl* ~ of good repute **-seende** *s6* **1** (*gott rykte*) reputation, standing, prestige **2** (*aktning*) esteem, respect **3** *utan ~ till person* without respect of persons; *i ~ till* considering **-senlig** [-e:-] *a1* considerable, large
ansikte *s6* face, countenance; *ett slag i ~t* (*bildl., vard.*) a smack in the eye; *det är ett slag i ~t på alla musikälskare* it is an insult to all music lovers; *han blev lång i ~t* his face fell; *kasta en anklagelse i ~t på ngn* throw an accusation in a p.'s face; *skratta ngn rätt upp i ~t* laugh in a p.'s face; *stå ~ mot ~ med* stand face to face with; *säga ngn ngt rakt i ~t* tell s.b. s.th. [straight] to his face; *tvätta sig i ~t* wash one's face; *vara lång i ~t* have a face as long as a fiddle
ansikts|behandling facial [treatment] **-drag** features (*pl*) **-form** shape of a p.'s face **-färg** colouring, complexion **-kräm** face cream **-lyftning** face-lift (*äv. bildl.*) **-mask** face pack, mask **-servett** face tissue **-skydd** face protection; (*andnings-*) mask **-uttryck** [facial] expression **-vatten** skin tonic (lotion)
ansjovis [-'ʃɷ:-] *s2* anchovy **-burk** tin of anchovies
anskaff|a procure, obtain, buy, acquire; provide **-ning** procurement, acquisition, purchase; provision
anskaffnings|kostnad acquisition (initial) cost; *sälja till* ~ sell at cost price **-pris** initial (purchase) price **-provision** new business commission **-värde** purchase (initial) value
anskri outcry, scream
anskriven *a5, väl* (*illa*) ~ *hos ngn* in (out of) favour with s.b., in a p.'s good (bad) books
anskrämlig [-ä:-] *a1* hideous, ugly, forbidding
anslag 1 (*kungörelse*) notice, placard, bill; *sätta upp ett* ~ stick up a bill **2** (*penningmedel*) provision; grant; subsidy; (*stats-*) appropriation; *bevilja ett* ~ make a grant **3** (*komplott*) design, plot **4** *mus.* touch **5** *filmens ~ är glatt* (*ung.*) the film strikes a happy note **6** (*projektils etc.*) impact
anslags|beviljande *a4,* ~ *myndighet* [appropriation] granting authority **-bevillning** voting of supplies **-kraft** force of impact **-tavla** notice (*AE.* bulletin) board **-äskande** budget estimate
ansluta connect (*till* with); ~ *sig till ett avtal* accede to (enter into) an agreement; ~ *sig till ett parti* join a party; ~ *sig till ngns åsikt* agree with a p.['s opinion]; *nära ~ sig till* be on much the same lines as
anslut|en *a5* connected (*till* with); associated (*till* with), affiliated (*till* to) **-ning 1** (*förbindelse*) connection (*till* with); *tel.* extension **2** (*stöd*) support; (*uppmuntran*) support, patronage; *i ~ till* in connection with; with (in) reference to; *i ~ till vårt brev* further to our letter; *vinna allmän* ~ gain general support
anslutnings|avgift connection charge **-flyg** connecting airline; air connection **-linje** *järnv.* branch line **-trafik** connecting traffic
anslå 1 (*kungöra*) ~ *en kungörelse* put up a notice; ~ *en tjänst ledig* advertise a post as vacant **2** (*anvisa*) assign, set aside, earmark (*till* for); (*pengar*) grant, allocate, allow **3** (*uppskatta*) estimate, rate, value **4** *mus.* strike; *jfr äv. slå an* **-ende** *a4* pleasing, attractive; *en ~ predikan* an impressive sermon
anspann *s7* team
anspel|a allude (*på* to), hint (*på* at) **-ning** allusion (*på* to)
anspråk claim, demand; pretention; *avstå från ~ på* waive a claim; *göra ~ på* lay claim to; *göra ~ på ersättning* claim compensation; *motsvara ngns* ~ satisfy (meet) a p.'s demands; *ta i* ~ claim, demand, make use of; *ta ngns tid i* ~ take up a p.'s time
anspråks|full pretentious, assuming; (*fordrande*) exacting **-fullhet** pretentiousness; exactingness **-lös** unpretentious, unassuming, modest, quiet, moderate **-löshet** unpretentiousness,

modesty; *i all* ~ in all modesty, in a very modest way
anspänn|a 1 (*häst*) harness **2** *bildl.* strain, brace **-ing** *bildl.* exertion, strain, tension
anstalt *s3* **1** (*institution*) institution, establishment, home **2** (*anordning*) arrangement, preparation; step; *vidtaga ~er för* take steps to, make arrangements for
anstalts|behandling institutional treatment **-vård** institutional care
anstift|a cause, provoke; ~ *en sammansvärjning* hatch a plot; ~ *mordbrand* commit arson **-an** *r*, *på* ~ *av* at the instigation of **-are** instigator (*av* of), inciter (*av* to)
anstolt [ˣa:n-] proud of one's descent (pedigree)
anstorm|a, -ning assault
anstryk|a (*grundmåla*) prime; paint **-ning 1** (*målning*) coating, priming **2** (*skiftning*) tinge, shade, colour **3** (*tycke, prägel*) touch, trace, suggestion; *utan minsta* ~ *av förakt* without the slightest trace of contempt
ansträng|a *v2* strain; (*vara påkostande för*) try, tax; ~ *sig* exert o.s., endeavour; ~ *sig till det yttersta* do one's very utmost, make every possible effort; *läsning -er ögonen* reading is a strain on one's eyes; *-d* strained, (*om skratt e.d.*) forced **-ande** *a4* strenuous, trying, taxing; ~ *arbete* hard work **-ning** effort, exertion, strain, endeavour; *med gemensamma ~ar* by united efforts; *utan minsta* ~ without the slightest effort
ansträngt *adv* in a forced manner; *han log* ~ he gave a forced smile
anstucken *a5* infected, tainted (*av* with)
anstå 1 (*passa, vara värdig*) become, befit; be becoming (befitting) for; *det ~r inte mig att* it is not for me to **2** (*uppskjutas*) wait, be deferred (put off, postponed); *låta ngt* ~ let s.th. wait, postpone s.th. **anstånd** *s7* delay, respite, grace; *begära en veckas* ~ *med betalning* request a week's respite for payment
anställ|a 1 (*i tjänst*) employ, engage, hire, appoint; *fast -d* [permanently] employed; on the [permanent] staff; *vara -d* be employed (*hos ngn* by s.b., *vid* at, in) **2** (*anordna*) bring about, cause; ~ *blodbad* start a massacre; ~ *ett gästabud* give a banquet; ~ *skada* cause damage **3** (*företaga*) make; ~ *betraktelser över* contemplate; ~ *efterforskningar* institute inquiries; ~ *examen* hold an examination; ~ *förhör* subject [s.b.] to interrogation
anställ|d *subst. a* employee **-ning** employment, situation, job, position, post; (*tillfällig*) [temporary] engagement
anställnings|betyg testimonial, reference; *mil.* service record **-förmån** fringe benefit; perquisite, *vard.* perk **-intervju** interview **-kontrakt** contract of employment, service contract **-skydd** job security **-tid** period of employment, length of service **-trygghet** job security **-villkor** terms of employment
anständig *a1* respectable, decent, decorous; (*passande*) proper; (*hygglig*) decent **-het** respectability; propriety; decency
anständighetskänsla sense of propriety **anständigtvis** in common decency, for decency's sake
anstöt *s2* offence; *ta* ~ *av* take offence at, be offended at; *väcka* ~ give offence, offend **-lig** *a1* offensive (*för* to); objectionable
ansvar *s7* responsibility; (*ansvarsskyldighet*) liability; *på eget* ~ on one's own responsibility, at one's own risk; *vid laga* ~ under penalty of law; *bära ~et för* be responsible for; *ikläda sig ~et för* take the responsibility for; *ställa ngn till* ~ *för* hold s.b. responsible for; *yrka* ~ *på ngn* prefer a charge (accusation) against s.b., demand a p.'s conviction
ansvara be responsible (*för* for), answer (*för* for); ~ *för en förlust* be liable for a loss; *jag ~r inte för hur det går* I assume no responsibility for the consequences
ansvarig *a5* responsible, answerable, liable; *göras* ~ be made (held) responsible; ~ *utgivare* [legally responsible] publisher **-het** responsibility, liability; *begränsad* ~ limited liability; *bolag med begränsad* ~ limited [liability] company
ansvarighetsförsäkring [third party] liability insurance
ansvars|befrielse discharge [from liability] **-fri** free of responsibility **-frihet** freedom from responsibility; *bevilja* ~ grant discharge; *bevilja styrelse* ~ adopt the report [and accounts] **-full** responsible **-förbindelse** contingent liability **-försäkring** *se ansvarighetsförsäkring* **-kännande** *se -medveten* **-känsla** sense of responsibility **-lös** irresponsible **-löshet** irresponsibility **-medveten** responsible, conscious of one's responsibility **-påföljd** legal penalty **-yrkande** ~ *mot ngn* demand for a p.'s conviction
ansvällning swelling; enlargement
ansätta press, attack, beset, harass; *jfr ansatt*
ansök|a ~ *om* apply for **-an** *r, som pl används pl av ansökning* application (*om* for); *avslå en* ~ refuse (reject, deny) an application; *inlämna en* ~ make an application **-ning** application; petition; *inkomna ~ar* lodged applications
ansöknings|blankett application form **-förfarande** application procedure **-handling** application [paper, document] **-skrivelse** letter of application **-tid** period of application; *~en utgår den* applications must be sent in by the
anta *se antaga*
antabus ['anta-] *r* Antabuse **-kur** Antabuse treatment
antag|a 1 (*mottaga*) take, accept; ~ *en plats* take (accept) a post; ~ *en utmaning* accept a challenge; ~ *som elev* admit as a pupil **2** (*godkänna*) accept, consent to, approve; ~ *en lag* pass a law **3** (*göra t. sin, övergå t.*) adopt, assume, embrace; ~ *fast form* (*bildl.*) take definite shape, *fys.* solidify; ~ *kristendomen* adopt Christianity; ~ *namnet* take the name of; *under -et namn* under an assumed name **4** (*anlägga*) put on, assume; ~ *en dyster min* put on a gloomy expression, *vard.* look miserable **5** (*anställa*) engage, appoint **6** (*förmoda*) assume, suppose, presume; *AE. äv.* guess; *antag att* suppose (supposing) that; *jag antar att vi skall vänta här* I take it [that] we are to wait here
antag|ande *s6* **1** (*jfr antaga 1–5*) acceptance; adoption, assumption; engagement, appointment **2** (*förmodan*) assumption, supposition,

presumption, guess **-bar** *a5* acceptable; reasonable **-lig** *a1* **1** (*rimlig*) reasonable, plausible; (*sannolik*) probable, likely **2** (*antagbar*) acceptable; admissible; eligible **-ligen** probably, very likely, presumably **-ning** admission

antagnings|byrå *Centrala ~n* Central Student Admissions Office; (*i Storbritannien*) Universities Central Council on Admissions **-nämnd** admissions board

antagon|ism antagonism **-ist** antagonist, adversary **-istisk** [-'iss-] *a5* antagonistic

antal *s7* number, amount, quantity; *ett stort ~ böcker* a great number of books; *minsta ~ besökare* the fewest visitors; *i stort ~* in great numbers; *sex till ~et* six in number; *höra till de levandes ~* be numbered among the living

Antarktis [-'ark-] *n* the Antarctic [Zone]

antarktisk [-'ark-] *a5* Antarctic

antast|a 1 (*ofreda*) molest; *~ kvinnor på gatan* accost women in the street **2** (*klandra*) *~ ngns heder* throw doubt on a p.'s honour, discredit s.b. **-lig** *a1* assailable; challengeable

antavla [ˣa:n-] genealogical table; (*friare*) family tree

anteceden|tia, -tier [-'dentsia, -er] antecedents

antecip|ation anticipation, forestalling **-ativ** *a5, jur.* anticipatory **-era** anticipate, forestall

anteckn|a note, make a note of, write down; (*uppteckna*) record; *~ till protokollet* enter in the minutes, record; *~ sig* put one's name down (*för* for, *som* as) **-ing** note, annotation, memorandum

antecknings|block notepad, writing pad **-bok** notebook, memo book

ante|datera antedate **-diluviansk** [-'a:-] *a5* antediluvian

antenn *s3* **1** *radio.* aerial, antenna; *radar.* scanner **2** *zool.* antenna (*pl* antennae); feeler

ante|pendium [-'penn-] *s4* antependium **-penultima** [-'ulti-] *s1* antepenult

anti|biotikum [-'å:-] *s8*, **-biotisk** [-'å:-] *a5* antibiotic **-chambrera** [-ʃam-] *ung.* wait for an audience **-cyklon** anticyclone, high **-foni** *s3* antiphony **-frysvätska** antifreeze [fluid] **-gen** [-'je:n] **I** *s7, s4* antigen **II** *a5* antigenic **-histamin** *s4* antihistamine **-hjälte** antihero

antik I *a1* antique, old[-fashioned] **II** *r, ~en* classical antiquity; *~ens historia* ancient history **-behandling** antique finish, antiquing **-handel** *se antikvitetshandel* **-isera** classicize; imitate classic style

anti|klerikal anticlerical **-klimax** anticlimax **-konceptionell** *a5* contraceptive **-krist** *s3* Antichrist **-kropp** *med.* antibody

antikva [-ˣti:k-] *s1, boktr.* roman [type]

antikv|ariat *s7* second-hand bookshop **-arie** [-'a:rie] *s5* antiquary **-arisk** [-'a:risk] *a5* antiquarian; *~ böcker* second-hand books **-erad** [-'e:rad] *a5* antiquated, outmoded **-itet** antique

antikvitets|handel antique shop; curio shop **-handlare** antique dealer **-samlare** collector of antiques **-värde** antique value

Antillerna [-'till-] *pl* the Antilles

antilogaritm antilogarithm

antilop *s3* antelope

anti|makass *s3* antimacassar **-materia** [ˣanti-] antimatter

antimilitar|ism antimilitarism **-ist** antimilitarist **-istisk** [-'iss-] *a5* antimilitaristic

antimon [-'å:n, *äv.* -'ɒ:n] *s7, s3* antimony

antingen [-ŋ-] **1** (*ettdera*) either; *~ skall han lämna rummet eller också gör jag det* either he leaves the room or I do **2** (*vare sig*) whether; *~ du vill eller inte* whether you like it or not

antipartikel antiparticle

anti|pati *s3* antipathy (*mot* to) **-patisk** [-'pa:-] *a5* antipathetic[al] **-pod** [-'po:d *el.* -'på:d] *s3* **1** (*rak motsats*) antipode **2** *~er* (*folk, plats*) antipodes **-podisk** [-'pɒ:-] *a5* antipodal **-robot** antimissile **-robotvapen** antimissile weapon

antisemit *s3* anti-Semite **-isk** *a5* anti-Semitic **-ism** anti-Semitism

antisept|ik *s3* antisepsis **-ikum** [-'sept-] *s8*, **-isk** [-'sept-] *a5* antiseptic

antision|ism anti-Zionism **-ist** *s3*, **-istisk** [-'iss-] *a5* anti-Zionist

anti|statisk [-'sta:-] *a5* antistatic **-statmedel** [-ˣsta:t-] antistatic agent **-tes** *s3* antithesis (*pl* antitheses) **-tetisk** [-'te:-] *a5* antithetic[al] **-toxin** antitoxin **-ubåtsvapen** antisubmarine weapon

antivivisektion|ism antivivisectionism **-ist** antivivisectionist

antologi *s3* anthology

antonym *s3* antonym

antracit *s3* anthracite, hard coal

antrakos [-'kå:s] *s3, med.* anthracosis

antropo|log anthropologist **-logi** *s3* anthropology **-logisk** [-'lå:-] *a5* anthropological **-morf** [-'mårf] *a5* anthropomorphic **-morfism** [-å-] anthropomorphism **-morfistisk** [-'fiss-] *a5* anthropomorphic **-sof** [-'så:f] *s3* anthroposophist **-sofi** *s3* anthroposophy

anträda set out (set off, embark) [up]on; begin

anträff|a find, meet with **-bar** *a1* in; at home; available

Antwerpen *n* Antwerp

antyd|a 1 (*flyktigt omnämna*) suggest, hint at **2** (*låta förstå*) intimate (*för* to), imply, give [s.b.] to understand; (*ge en vink om*) hint [to s.b.] **3** (*tyda på*) indicate; *av -d art* of the kind indicated; *som titeln -er* as the title implies

antyd|an *r, som pl används pl av antydning* **1** (*vink*) intimation (*om* of), hint **2** (*ansats, första början*) suggestion (*till* of) **-ning** (*i förtäckta ordalag*) insinuation; (*vink*) hint; (*spår*) trace **-ningsvis** roughly, in rough outline

antågande *s6* advancing, advance, approach[ing]; *vara i ~* be approaching, be on the way

antänd|a set fire to, set…fire, ignite, light **-lig** *a1* inflammable **-ning** ignition

anus ['a:-] *s2* anus

anvis|a 1 (*visa, utpeka*) show, indicate, point out; *~ ngn en plats* show s.b. to a seat **2** (*tilldela*) allot, assign; *han ~des ett rum på baksidan [av huset]* he was given a room at the back **3** (*utanordna*) allot, assign **-ning 1** (*upplysning, instruktion*) direction, instruction; *få ~ på* be directed (referred) to; *ge ngn ~ på* direct (refer) s.b. to **2** (*utanordning*) assignment, remittance

anvisningsprovision arranger's fee

använd|a 1 (*begagna, bruka*) use (*till* for), make use of; *~ tid (pengar) på* spend time (money) on (in); ~ *glasögon* wear glasses; ~ *käpp* carry (use) a stick; ~ *socker* take sugar; ~ *väl* make good use of; *färdig att ~s* ready for use **2** (*ägna, nedlägga*) devote; ~ *mycken energi på att* (*äv.*) put a great deal of effort into; *väl -a pengar* well-spent money **3** (*tillämpa*) apply (*om regel*), adopt (*om metod*) **-bar** *a1* fit for use; (*nyttig*) useful (*till* for); serviceable (*om kläder*), practicable (*om metod*); *föga* ~ of little use **-ning** use; (*av regel*) application; (*av pers.*) employment; *jag har ingen ~ för den* it is of no use to me; *komma till* ~ be used, prove useful

användnings|område [field of] application, area of use **-sätt** mode of application; (*tryckt instruktion*) directions for use

aorta [aˣårta] *s1* aorta

apa I *s1* monkey; (*svanslös*) ape; simian; *neds.* cat, cow, bitch **II** *v1*, ~ *efter* ape, mimic

apache [a'paʃ] *s5* apache

apanage [-'na:ʃ] *s7* ap[p]anage

apart [-'a:rt, *äv.* -'art] *a4* striking, remarkable, distinctive

apartheidpolitik [a'pa:rt-] apartheid [policy]

apat|ị *s3* apathy **-isk** [-'pa:-] *a5* apathetic

apatịt *s3* apatite

apbrödsträd baobab, monkey bread tree

apekatt (*upptågsmakare*) monkey, clown; (*efterhärmare*) mimic, parrot

apel ['a:-] *s2* apple [tree] **-kastad** *a5* dapple-grey

apelsịn *s3* orange **-juice** orange juice **-marmelad** [orange] marmalade **-saft** (*pressad o.d.*) orange juice; (*koncentrerad*) orange squash **-skal** orange peel **-träd** [sweet] orange [tree]

Apenninerna [-'ni:-] *pl* the Apennines

aperitif [-'tiff] *s3* apéritif

apertur aperture

apex ['a:-] *s3, astr.* [solar] apex

AP-fonden *se pensionsfond*

aphelium [ap'he:-] *s4* aphelion (*pl* aphelia)

aphus monkey house

aplanat aplanatic lens

aplik simian, simious

aplomb [a'plåmb] *s3* (*säkerhet*) equanimity, self-confidence, self-possession; (*eftertryck*) emphasis, stress

apmänniska apeman

apné *s3* apnoea

apogeum [-'ge:-] *s4* apogee

apo|kalyps *s3* apocalypse **-kalyptisk** [-'lypt-] *a5* apocalyptic **-kromat** apochromat, apochromatic lens **-kryfisk** [-'kry:-] *a5* apocryphal; *de ~a böckerna* the Apocrypha

apollofjäril [aˣpållo-] apollo

apologẹt [-g-] *s3* apologist **-ịk** *s3* apologetics (*pl, behandlas som sg*) **-isk** [-'ge:-] *a5* apologetic

apologi [-'gi] *s3* apologia, apology

apople|ktisk [-'pleck-] *a5* apoplectic **-xị** *s3* apoplexy

apostel [-'påss-] *s2* apostle

a posteriori [-ˣo:ri *el.* -ˣå:ri] a posteriori; empirical

Apostlagärningarna the Acts [of the Apostles]

apost|lahästar *använda ~na* use shanks's pony (*AE.* shanks's mare) **-olisk** [-'o:-] *a5* apostolic [al]; *den ~a trosbekännelsen* the Apostles' Creed

apostrof [-'strå:f] *s3* apostrophe **-era** apostrophize

apotẹk *s7* pharmacy; dispensary; chemist's [shop]; *särsk. AE.* drugstore **-are** [-ˣte:-] pharmacist, *i Storbritannien* [dispensing] chemist; *AE.* druggist

apoteks|biträde dispenser **-vara** pharmaceutical preparation

apoteos [-'å:s] *s3* apotheosis (*pl* apotheoses)

apparat apparatus; *vard.* gadget, contrivance; (*anordning*) device, appliance; *sätta igång en stor ~* (*bildl.*) make extensive preparations

apparatur equipment; apparatus

apparition appearance

appẹll *s3* call; *mil.* roll call, muster; *jur.* appeal **appellation** *jur.* appeal **appellationsdomstol** court of appeal

appellativ *s7, s4* appellative, common noun

appellera appeal

append|icịt *s3* appendicitis **-ix** [-'pend-] *s7* appendix; *anat.* [vermiform] appendix

applicer|a apply (*på* to) **-ing** application

applikation *sömn.* appliqué

applạ̊d *s3* applause; *kraftiga ~er* enthusiastic (loud) applause (*sg*), *AE. o. vard.* a big hand; *hon hälsades med en ~* she was greeted with applause **-era** applaud; cheer, clap **-åska** storm of applause

apport [-'årt] *interj* retrieve; fetch it **-era** fetch; *jakt.* retrieve

apposition apposition

apprecier|a appreciate, revalue **-ing** appreciation, revaluation

appr|etera finish, dress **-etụr, -etỵr** *s3* finishing, dressing

approxim|ation [-rå-] approximation **-atịv** *a5*, **-era** approximate

aprikọs *s3* apricot [tree]

april [-'ill, *äv.* -'i:l] *r* April; *narra ngn ~* make an April fool of s.b.; *~ ~!* April fool! **-skämt** April fools' joke **-väder** April weather

a priori [-ˣo:- *el.* -ˣå:-] a priori

à-pris price per unit, unit price

apropạ̊ I *adv* by the bye (way); *helt ~* incidentally; casually; quite unexpectedly **II** *prep* apropos of, with regard to **III** *s6, s4, som ett ~ till detta* in this connection, as an illustration of this

apter|a adapt (*till* to; *för* for); (*anpassa*) adjust **-ing** adaptation; adjustment

aptịt *s3* appetite; *ha ~ på livet* have an appetite for life; *ha god ~* have a hearty appetite; *~en kommer medan man äter* appetite comes with eating

aptit|lig [-'ti:t-] *a1* appetizing; savoury (*ej om söta rätter*); (*lockande*) inviting; (*smaklig*) tasty; (*läcker*) delicious; (*för ögat*) dainty **-lös** *vard.* off one's feed **-retande** *a4* appetizing, tempting; *vard. äv.* mouthwatering **-retare** apéritif, appetizer

ar *s9, s7* are; *1 ~* (*ung.*) 119.6 square yards

ara *s1, zool.* macaw

arạb *s3* Arab, Arabian **-ẹsk** *s3* arabesque

Arabien [a'ra:-] *n* Arabia

arab|isk [a'ra:-] *a5* Arabian, Arabic; Arab **-iska** *s1* **1** (*språk*) Arabic **2** Arab[ian] woman **-stat** Arab state **-världen** the Arab world

Aragonien [-'go:-] *n* Aragon

aragon|ier [-'gɑ:-] *s9*, **-isk** [-'gɑ:-] *a5* Aragonese
aralia [a'ra:-] *s1*, *bot*. aralia
arame|isk [-'me:-] *a5* Aramaic; Aram[a]ean **-iska** *s1* Aramaic
arbeta work, be at work (*med* with); (*tungt*) labour; (*mödosamt*) toil; (*fungera*) operate, work; ~ *bort* get rid of, eliminate; ~ *ihjäl sig* work o.s. to death; ~ *på att* strive to; ~ *på ngt* work at s.th.; ~ *upp en affär* work up a business; ~ *upp sig* improve [in one's work]; ~ *ut sig* wear o.s. out; ~ *över* be on (work) overtime; ~ *sig trött* tire o.s. out with work; ~ *sig upp* work one's way up, make one's way [in the world]; *tiden ~r för oss* time is on our side; *det ~s för att få honom fri* forces are at work to release him (get him aquitted)
arbetad *a5* manufactured, worked; (*om yta*) finished; (*om metall*) wrought
arbetarbostäder workmen's dwellings
arbetar|e worker; labourer; (*i motsats t. arbetsgivare*) employee; *se äv. diverse-, fabriks-, kropps-, verkstadsarbetare* **-klass** working class **-kommun** labour union **-parti** Labour Party **-regering** Labour Government **-rörelse** labour movement **-skydd** industrial welfare
arbetarskydds|fond *~en* [the Swedish] work environment fund **-lag** labour welfare act; (*i Storbritannien*) Factory Acts (*pl*) **-nämnd** labour welfare council **-styrelse** *~n* [the Swedish] national board of occupational safety and health
arbete *s6* work; *abstr. äv.* labour; (*sysselsättning*) employment, job; (*möda*) toil; *~n i äkta silver* real silver handicraft products; *ett ansträngande ~* hard work; *ett fint ~* fine workmanship; *offentliga ~n* public works; *med sina händers ~* by the labour of one's hands; *ha ~ hos* be employed by; *mista sitt ~* lose one's job; *nedlägga ~t* stop work, go on strike, strike, down tools; *sätta i ~* put to work; *vara under ~* be in preparation, be under construction; *vara utan ~* be out of work (unemployed)
arbeterska working woman, woman worker
arbetsam *a1* industrious, hard-working; (*mödosam*) laborious
arbets|analys work analysis **-avtal** labour contract (agreement) **-bas** *s2* foreman, *fem.* forewoman; *vard.* boss **-beskrivning** working instructions; operational directions **-besparande** *a4* labour-saving **-besparing** saving of labour **-bi** worker [bee] **-bord** worktable; desk **-bänk** [work]bench **-börda** workload, amount of work to be done **-dag** working day, *i sht AE.* workday **-domstol** labour (industrial) court, (*i Storbritannien*) Central Arbitration Committee; *~en* [the Swedish] labour court **-duglig** able to work, fit for work; able-bodied **-fred** industrial peace **-fri** ~ *inkomst* unearned income **-fysiologi** industrial physiology **-fält** sphere (field) of activity **-för** *a5* fit for work, able-bodied; ~ *ålder* working age; *partiellt ~* physically handicapped **-fördelning** *ekon.* division of labour; *~en* the distribution of the work **-förhållanden** working conditions **-förmedling** employment office, job-centre; *~en* (*i Storbritannien*) the Employment Service Agency **-förmåga** capacity for work **-förtjänst** earnings (*pl*), pay
arbetsgivaravgift general payroll tax
arbetsgivar|e employer; master **-förening** employers' association; *Svenska ~en* [the] Swedish Employers' Confederation **-parten** the employers **-uppgift** particulars supplied by employer [regarding salaries *etc.*] **-verk** *Statens ~* [the Swedish] national agency for government employers
arbets|glädje pleasure in one's work **-grupp** [working] team **-handskar** protective gloves **-hygien** industrial (occupational) hygiene **-hypotes** working hypothesis (theory) **-häst** carthorse **-inkomst** wage earnings (*pl*), income from work **-inrättning** workhouse institution **-insats** work done; work effort, performance **-inställelse** stoppage of work, strike; lockout **-intensitet** rate of working **-intensiv** labour-intensive **-kamrat** workmate **-kapacitet** working capacity **-karl** workman **-kläder** working clothes; dungarees (*pl*) **-konflikt** labour dispute (conflict) **-kraft** labour, manpower; *en bra ~* a good worker **-kraftsreserv** manpower reserve **-lag** gang [of workmen], team **-lagstiftning** protective labour legislation, protective legislation for the workers **-ledare** foreman (*fem.* forewoman), supervisor **-ledning** [labour] management **-liv** working life **-livscentrum** centre for working life **-livserfarenhet** [professional] experience **-lokal** workroom; factory premises (*pl*) **-lust** zeal, zest **-läger** work camp **-lön** wages (*pl*), pay
arbetslös unemployed, out of work; *en ~* an unemployed person; *de ~a* the unemployed **-het** unemployment
arbetslöshets|försäkring unemployment insurance **-kassa** unemployment fund **-understöd** unemployment benefit (*AE.* compensation); *vard.* dole
arbetsmarknad labour market
arbetsmarknads|departement ministry of labour; *AE.* department of labor **-konflikt** *se arbetskonflikt* **-minister** minister of labour; *AE.* secretary of labor **-nämnd** *Statens a~* [the Swedish] national board for government employees **-politik** labour market policy **-styrelse** *~n* [the Swedish] national labour market board; (*i Storbritannien*) the Manpower Services Commission **-utbildning** vocational advancement **-utskott** *~et* [the Swedish parliamentary] standing committee on the labour market
arbets|material working material **-medicin** industrial (occupational) medicine **-metod** method of work[ing] **-miljö** work environment **-moment** suboperation, work operation **-myra** working-ant: *bildl.* busy bee **-människa** hard worker **-namn** [tentative] working title **-narkoman** workaholic **-nedläggelse** [work] stoppage, strike **-oduglig** unfit for work **-oförmåga** incapacity for work; disablement **-oförmögen** unable to work, incapacitated; (*varaktigt*) disabled, invalid **-ordning** work[ing] plan; programme **-ovillig** *se -skygg* **-pass** shift, working period **-plats** place of work; *byggn. äv.* [working] site; (*lokal*) [factory] premises (*pl*), office **-plikt** obligation to work **-prestation** output of work, performance **-program** working

programme **-projektor** overhead projector **-psykologi** occupational psychology **-ritning** workshop drawing **-ro** quiet (peace of mind) essential for work; good working atmosphere **-rock** work-coat; smock **-rum** workroom, study **-rätt** *jur.* labour law **-skygg** workshy **-studieingenjör** work-study engineer **-studieman** time and motion study man **-studier** time and motion study (*sg*) **-stycke** workpiece, piece to be machined **-styrka** labour force, number of hands **-sökande** job-seeker **-tag** *vara i ~en* be hard at work **-tagare** employee; (*arbetare*) wage earner (*AE.* worker); (*tjänsteman*) salaried employee **-takt** working pace; (*i motor*) power stroke; *han har en hög ~* he works quickly **-tempo** *se -takt* **-terapeut** occupational therapist **-terapi** occupational therapy **-tid** working hours, hours of work (*pl*); *efter ~ens slut* after hours **-tidsförkortning** reduction in working hours **-tillfälle** vacant job, job opportunity **-tillstånd** work permit **-uppgift** task, assignment **-utskott** working committee (party) **-vecka** working week, *i sht AE.* work week **-villkor** working conditions **-värdering** job evaluation **-växling** job rotation

arbitrage [-'a:ʃ] *s7* **1** *hand.* arbitrage, foreign exchange dealings (*pl*) **2** *jur.* arbitration, arbitral award **-affärer** *pl, se arbitrage 1*

arbiträr *a5* arbitrary

ardennerhäst [-ˣdenner-] Ardennes carthorse

Ardennerna [-'denn-] *pl* the Ardennes

area ['a:-] *s1* area **areal** *s3* area, space; (*jordegendoms*) acreage

arekapalm [aˣre:-] betel palm, areca

arena [aˣre:na] *s1* arena; *bildl.* scene of action **-teater** theatre-in-the-round, arena theatre

areometer [-'me:-] *s2* hydrometer

arg [-j] *a1* (*vred*) angry (*på ngn* with s.b.; *på ngt* at s.th.); *AE. o. vard.* mad; (*illvillig*) malicious, ill-natured; (*ilsken*) savage; *~ fiende* bitter enemy; *en ~ hund* a savage (vicious) dog; *~a konkurrenter* keen competitors, (*starkare*) ruthless rivals; *ana ~an list* suspect mischief, *vard.* smell a rat; *bli ~* get angry (*på ngn* with s.b.); *~a katter får rivet skinn* quarrelsome dogs get dirty coats (come limping home) **-bigga** *s1* shrew, vixen

Argentina [-ˣti:-] *n* Argentina, the Argentine **argent|inare** [-ˣti:-] *s9,* **-insk** [-'ti:-] *a5* Argentine, Argentinean

argon [-'å:n *el.* 'arg-] *s4* argon

argsint [ˣarj-] *a1* ill-tempered, irascible

argument *s7* argument **argumentation** argumentation; arguing **argumentationsanalys** argument analysis

argumenter|a argue **-ing** *se argumentation*

argusögon *med ~* Argus-eyed, vigilant

aria ['a:-] *s1* aria

arier ['a:-] *s9,* **arisk** ['a:-] *a5* Aryan, Arian

aristo|krat aristocrat **-krati** *s3* aristocracy **-kratisk** [-'kra:-] *a5* aristocratic

aritmet|ik *s3* arithmetic **-isk** [-'me:-] *a5* arithmetic[al]; *~t medium* arithmetic mean; *~ serie* arithmetic progression, (*summa*) arithmetic series

1 ark *s2* ark; *förbundets ~* the Ark of Covenant; *Noas ~* Noah's Ark

2 ark *s7* sheet [of paper]; (*del av bok*) sheet, section; *falsade ~* folded sheets

arkad *s3* arcade

Arkadien [-'ka:-] *n* Arcady, Arcadia

arkadisk [-'ka:-] *a5* Arcadian

arka|iserande [-'se:-] *a4* archaizing **-isk** [-'ka:-] *a5* archaic **-ism** *s3* archaism

Arkangelsk [-'kaŋ-] *n* Archangel

arkebuser|a [-k-] shoot **-ing** execution by a firing squad

arkeo|log arch[a]eologist **-logi** *s3* arch[a]eology **-logisk** [-'lå:-] *a5* arch[a]elogical

arkipelag [-k-] *s3* archipelago

arkitekt [-ki- *el.* -çi-] *s3* architect **-kontor** architect's office

arkitektonisk [-ki-, -çi-, -'to:-] *a5* architectural, architectonic **arkitektur** architecture

arkiv [-k-] *s7* archives (*pl*); (*dokumentsamling äv.*) records (*pl*); (*bild- o.d.*) library; (*ämbetsverk*) record office **-alier** [-'va:-] *pl* records; rolls **-arie** [-'va:-] *s5* archivist; keeper of public records; *förste ~* senior archivist

arkiver|a file **-ing** filing

arkiv|exemplar (*lagstadgat*) statutory copy; (*hand.*) voucher copy; (*kontorsterm*) file copy **-forskning** archival research work **-skåp** filing cabinet

Arktis ['ark-] *n* the Arctic [zone]

arktisk ['ark-] *a5* Arctic

arla [ˣa:r-] early [in the morning]

1 arm *a1* (*stackars, fattig*) poor; (*utblottad*) destitute; (*usel*) wretched, miserable

2 arm *s2* arm; (*av flod, ljusstake etc.*) branch; *lagens ~* the arm of the law; *med ~arna i kors* with folded arms; *med öppna ~ar* with open arms; *på rak ~* (*bildl.*) offhand, straight; *bjuda ngn ~en* offer a p. one's arm; *gå ~ i ~* walk arm in arm; *hålla ngn under ~arna* (*bildl.*) back up (support) s.b.; *slå ~arna om halsen på ngn* fling one's arms [a]round a p.'s neck

armada [-ˣma:-] *s1* armada

armatur 1 *elektr.* [electric] fittings (*pl*); (*ljus-*) lighting fitting **2** *tekn.* (*tillbehör*) accessories (*pl*); (*ankare*) armature

arm|band bracelet **-bandsur** wristwatch **-bindel** armlet, armband; *med.* sling **-borst** crossbow **-brott** fractured (broken) arm

arm|båga *~ sig fram* elbow o.s. along **-båge** elbow

armbågs|led elbow joint **-rum** elbowroom **-veck** crook of the arm

armé *s3* army **-attaché** army attaché **-chef** commander in chief of the army **-förband** army troops (*pl*), army unit **-fördelning** [army] division **-förvaltning** army administration **-gevär** service (army) rifle **-kår** army corps **-ledning** army headquarters (*pl*) **-lotta** member of the Women's Royal Army Corps (W.R.A.C.); *AE.* member of the Women's Army Corps (WAC); *vard.* Wrac, *AE.* Wac **-museum** army museum

Armenien [-'me:-] *n* Armenia **armen|ier** [-'me:-] *s9,* **-isk** *a5* Armenian **-iska 1** (*språk*) Armenian **2** (*kvinna*) Armenian woman

armer|a (*beväpna*) arm; (*förstärka*) reinforce; *~d*

betong reinforced concrete **-ing** (*beväpning*) armament; (*förstärkning*) reinforcement
armeringsjärn reinforcing bar (iron)
arméstab army staff
arm|foting *zool.* brachiopod, lamp shell **-gång** travelling along the [horizontal] bar **-håla** armpit **-krok** arm in arm; *gå ~* walk arm in arm
armod *s7* poverty, destitution
armring bangle, bracelet
armslängd *på ~s avstånd* at arm's lenght
arm|styrka strengt of [one's] arm **-stöd** elbow rest; (*på stol*) arm [of a chair] **-svett** underarm perspiration
arom [a'rå:m] *s3* aroma, flavour **-atisk** [-'ma:-] *a5* aromatic; *~ förening* aromatic compound; *~t kolväte* aromatic hydrocarbon **-glas** brandy (balloon) glass
arrak ['arrack] *s2* arrack, arak
arrang|emang [-ŋʃe- *el.* -nʃe-] *s7, s4* arrangement; organization **-era** arrange; organize; (*iscensätta*) stage
arrangör [-ŋ'ʃö:r *el.* -n'ʃö:r] arranger; organizer
arrendator [-ˣa:tår] *s3* tenant [farmer], leaseholder; lessee
arrende [aˣrende *el.* a'rende] *s6* (*-förhållande*) lease, tenancy; (*-tid*) lease; (*-avgift*) rent[al]; *betala* (*få*) *1 000 pund i ~* pay (get, receive) a rent of 1,000 pounds **-avgift** rent[al] **-gård** leasehold [property], tenant holding **-kontrakt** lease, tenancy agreement **-nämnd** regional tenancies tribunal
arrende|ra lease, rent, take on lease; *~ ut* let out on lease, lease out **-tid** lease
arrest *s3* custody, detention; *mil.* arrest; (*lokal*) jail, gaol, *mil.* guardroom; *AE.* brig (*särsk. i fartyg*); *mörk ~* confinement in a dark cell; *sträng ~* close arrest; *sitta i ~* be [kept] in custody; *sätta i ~* place under arrest
arrester|a arrest, take into custody **-ing** arrest[ing] **-ingsorder** warrant [of arrest]
arriärgarde [-ˣä:r-] rearguard
arrog|ans [-'ans *el.* -'aŋs] *s3* arrogance, haughtiness **-ant** [-'ant *el.* -'aŋt] *a1* arrogant, haughty; *vard.* high and mighty
arrowrot ['ärråo-] arrowroot
arsel *s7* arse, bum, backside; *AE.* ass
arsenal *s3* arsenal (*äv. bildl.*), armoury
arsenik *s3* arsenic **-förgiftning** arsenic poisoning **-haltig** *a1* arsenical
arsin *s3* arsine
art [a:rt] *s3* **1** (*sort*) kind, sort **2** (*natur*) nature, character **3** *biol.* species
arta [ˣa:rta] *rfl* shape; *~ sig väl* shape well; *vädret tycks ~ sig* the weather is looking up
artefakt *s3* artefact; *AE.* artifact
arteriell *a1* arterial
arterioskleros [-'å:s] *s3* arteriosclerosis
artesisk [-'te:-] *a5*, *~ brunn* artesian well
artfrämmande foreign to the species; extraneous
artificiell *a1* artificial; (*konstlad*) sham; *~ insemination* artificial insemination; *~ intelligens* artificial intelligence
artig [ˣa:r-] *a1* polite, courteous (*mot* to); (*svagare*) civil (*mot* to); (*uppmärksam*) attentive (*mot* to) **-het** politeness, courtesy; attention; *av ~* out of politeness; *säga ngn en ~* pay s.b. a compliment, flatter s.b.
artighets|betygelse mark of courtesy **-fras** polite phrase **-visit** courtesy call
artikel [-'tick-] *s2* article **-serie** series of articles
artikul|ation articulation **-era** articulate
artilleri artillery, ordnance **-eld** artillery fire, gunfire **-förband** artillery unit **-kår** artillery corps **-pjäs** gun, piece of ordnance **-regemente** artillery regiment; *AE.* artillery group
artillerist artilleryman, gunner
artist (*målare etc.*) artist; (*om skådespelare, musiker e.d.*) artiste **-eri** artistry **-isk** *a5* artistic **-namn** (*skådespelares*) stage name
artnamn specific name
arton [ˣa:r-] *se aderton*
artrik rich in species
artrit *s3* arthritis
artros [-'å:s] *s3* arthrosis
art|skild specifically distinct **-skillnad** specific difference, differentia
artär *s3* artery
arv *s7* inheritance, (*testamenterad egendom*) legacy; *biol.* inheritance; (*andligt*) heritage; *få ett stort ~* come into a fortune; *få i ~* inherit; *gå i ~* be handed down; *lämna ngt i ~ åt ngn* leave s.th. [as a legacy] to s.b.; *skifta ~* divide an inheritance, distribute an estate (the estate of a deceased person); *den är ett ~ efter min mor* my mother left it to me; *rött hår är ett ~ i släkten* red hair runs in the family
arve|del share of an inheritance **-gods** hereditary (family) estate; inheritance
arv|fiende hereditary foe **-furste** hereditary prince **-följd** succession **-gods** *se arvegods*
arving|e *s2* heir, *fem.* heiress; *utan -ar* without issue, heirless
arvlös disinherited; *göra ~* disinherit, cut out of a will
arvod|e *s6* remuneration; (*t. läkare etc.*) fee **-era** pay by fee
arv|prins hereditary prince **-rike** hereditary kingdom
arvs|anlag gene **-anspråk** claim to an inheritance (the succession) **-berättigad** entitled to an inheritance
arvskifte distribution of an estate; division of an inheritance
arvs|lott share (portion, part) of an inheritance **-massa** germ plasm; hereditary factors (*pl*) **-rätt** *jur.* law of succession (inheritance) **-skatt** death (succession) duty, inheritance tax **-tvist** dispute about an inheritance
arv|synd original sin **-tagare** *se arvinge* **-tant** wealthy aunt [who may leave me (*etc.*) money]
1 as *s7* (*djurlik*) carcass, carrion
2 as *s2, myt.* As (*pl* Æsir) **asalära** Æsir cult
asbest ['ass-] *s2* asbestos **-os** [-'å:s] *s3* asbestosis **-platta** asbestos mat (plate)
asch [aʃ] pooh!
asept|ik *s3* asepsis **-isk** [a'sepp-] *a5* aseptic
asfalt [ˣass-, 'ass-] *s3* asphalt, bitumen **-beläggning** asphalt surface; tarmac; (*i motsats t. grusväg ofta*) road metal **-era** asphalt, coat with asphalt
asfalt|kokare tar boiler **-läggare** asphalter

-papp asphalt roofing felt **-tjära** mineral tar
asfull *vard.* tight, canned, smashed, dead drunk
asiat *s3*, **-isk** *a5* Asian **Asien** ['a:-] *n* Asia; *Främre* ~ the Middle East; *Mindre* ~ Asia Minor
asimut [*äv.* 'a:-] *s3* azimuth
1 ask *s2*, *bot.* ash [tree]; *av* ~ (*äv.*) ash[en]
2 ask *s2* box; (*bleck-*) tin [box]; *en ~ cigaretter* a packet of cigarettes
aska I *s2* ashes (*pl*); (*av visst slag*) ash; *ur ~n i elden* out of the frying pan into the fire **II** *v*, ~ [*av*] knock the ash off
A-skatt *ung.* pay-as-you-earn (P.A.Y.E.)
askblond ash blond
ask|es [-k-] *s3* asceticism **-et** *s3* ascetic **-etisk** [-'ke:-] *a5* ascetic[al] **-etism** asceticism
ask|fat ashtray **-grå** ashen, ashgrey **-kopp** *se askfat* **-onsdag** Ash Wednesday
askorbinsyra [-ˣbi:n-] ascorbic acid
askregn shower of ashes
Askungen Cinderella
askurna cinerary urn
asocial *a1* antisocial, asocial **-itet** social maladjustment
1 asp *s2*, *zool.* rapacious carp
2 asp *s2*, *bot.* aspen; *av* ~ (*äv.*) aspen
aspekt *s3* aspect
aspir|ant applicant, candidate (*till* for); trainee; *bildl.* aspirant (*på, till* to); *mil.* cadet **-ation** aspiration **-era 1** *språkv.* aspirate **2** ~ *på* aspire to, aim at
aspirin *s4* aspirin
asp|löv aspen leaf **-virke** aspen [wood]
1 ass *s7*, *se assurera*
2 ass *s7*, *mus.* A flat
Ass-dur A flat major
assegaj *s3* assegai, assagai
assemblage [-'a:ʃ] *s7* assemblage
assembler|are [-ˣble:-] *data.* assembler **-ingsspråk** assembly (assembler) language
assessor [aˣsessår] *s3* assessor; deputy judge
assiett [a'ʃett] *s3* (*tallrik*) small plate; (*maträtt*) hors d'œuvre dish
assimil|ation assimilation **-era** assimilate
assist|ans [-'ans *el.* -'aŋs] *s3* assistance **-ent** assistant; (*tjänstetitel*) clerical officer **-era I** (*hjälpa till*) assist; act as assistant **II** (*hjälpa*) assist, help
associa|tion association **-tionsförmåga** ability to form associations **-tiv** *a5* associative
associer|a associate; ~ *sig med* associate with **-ing** association
assonans [-'aŋs] *s3* assonance
assuradör insurer; (*sjöförsäkr. äv.*) underwriter; (*livförsäkr. äv.*) assurer
assurans [-'ans *el.* -'aŋs] *s3* insurance **-belopp** insured value
assurer|a insure; *~t brev* insured letter **-ing** insurance
Assyrien [a'sy:-] *n* Assyria **assyr|ier** [a'sy:-] *s9*, **-isk** [a'sy:-] *a5* Assyrian **-iska 1** (*språk*) Assyrian **2** (*kvinna*) Assyrian woman
astat astatine
asten|i *s3* asthenia, astheny **-iker** [-'te:-] *s9*, **-isk** [-'te:-] *a5* asthenic
aster ['ass-] *s2*, *bot.* aster
asterisk *s3* asterisk
asteroid [-o'i:d] *s3* asteroid, minor planet

astigmat|iker [-'ma:-] *s9*, **-isk** [-'ma:-] *a5* astigmatic **-ism** astigmatism, astigmia
astma *s1* asthma **-anfall** attack of asthma
astmat|iker [-'ma:-] *s9*, **-isk** [-'ma:-] *a5* asthmatic
astrakan *s3* (*skinn*) astrakhan
astral *a1* astral **-kropp** astral body
astro|biologi astrobiology **-fysik** astrophysics (*pl, behandlas som sg*) **-geologi** astrogeology **-kemi** astrochemistry **-log** astrologer, astrologist **-logi** *s3* astrology **-logisk** [-'lå:-] *a5* astrological **-metri** *s3* astrometry **-naut** *s3* astronaut **-nautik** astronautics (*pl, behandlas som sg*) **-nom** astronomer **-nomi** *s3* astronomy **-nomisk** [-'nå:-] *a5* astronomic[al]; ~ *enhet* astronomical unit; ~ *navigation* celestial navigation, astronavigation
asur *se azur*
asyl *s3* asylum, [place of] refuge; (*fristad*) sanctuary **-rätt** right of asylum
asymmetr|i *s3* asymmetry **-isk** [-'me:-] *a5* asymmetric[al]
asymptot [-'tå:t] *s3* asymptote
asynkron [-'å:n] asynchronous
atavis|m *s3* atavism **-tisk** *a5* atavistic, atavic
ate|ism atheism **-ist** atheist **-istisk** [-'iss-] *a5* atheistic[al]
ateljé *s3* studio; (*sy- etc.*) workroom
Aten *n* Athens
atenare [-ˣte:-] *s9*, **atensk** [-'te:nsk] *a5* Athenian
aterman *a5* athermanous
atlantdeklarationen [-ˣlant-] the Atlantic Charter
Atlanten [-'lann-] *n* the Atlantic [Ocean]
atlant|fartyg [-ˣlant-] transatlantic liner **-pakten** the North Atlantic Treaty **-paktsorganisationen** the North Atlantic Treaty Organization (NATO) **-ångare** *se atlantfartyg*
1 atlas ['att-] *s3* (*tyg*) satin
2 atlas ['att-] *s3* (*kartbok*) atlas (*över* of); (*kota*) atlas
Atlasbergen [ˣatt-] *pl* the Atlas Mountains
atlet *s3* athlete; (*stark man*) strong man, Hercules **-isk** *a5* athletic
atmosfär *s3* atmosphere **-isk** atmospheric[al]; *~a störningar* atmospherics; *radio. äv.* [radio] interference **-tryck** atmospheric pressure
atoll [-å-] *s3* atoll
atom [a'tå:m] *s3* atom **-bomb** atom[ic] bomb, A-bomb, fission bomb **-drift** atomic propulsion (operation) **-driven** nuclear-powered, atomic-powered **-energi** *se kärnenergi* **-forskare** nuclear scientist **-forskning** nuclear research **-fysik** nuclear physics **-klocka** atomic clock **-kraft** *se kärnkraft* **-kärna** [atomic] nucleus **-massa** atomic mass; *relativ* ~ relative atomic mass **-masseenhet** [unified] atomic mass unit, dalton **-mila** nuclear reactor; (*äldre namn*) atomic pile **-nummer** atomic (proton) number **-reaktor** nuclear reactor **-sopor** nuclear waste (*sg*) **-sprängning** nuclear fission **-teori** atomic theory **-ubåt** nuclear[-powered] submarine **-ur** *se -klocka* **-vapen** nuclear (atomic) weapon **-vikt** atomic weight **-värde** valency, *särsk. AE.* valence **-åldern** the atomic age

atomär *a5* atomic
atonal *a5* atonal
ATP [ate'pe:] *r* (*förk. för allmän tilläggspensionering*) *se tilläggspensionering*
atrium ['a:-] *s4* atrium **-hus** atrium house; courtyard house
atrof|i *s3,* **-iera[s]** *v1* atrophy **-isk** *a5* atrophic
atropin *s7, s3* atropin[e]
att I *infinitivmärke* to; ~ *vara eller inte vara* to be or not to be; ~ *åka skidor är roligt* skiing is fun; *genom* ~ *arbeta* by working; *av utseendet* ~ *döma* judging (to judge) by appearances; *envisas med* ~ *göra ngt* persist in doing s.th.; *efter* ~ *ha misslyckats* having failed; *vanan* ~ *röka* the habit of smoking; *skicklig i* ~ *sy* good at sewing; *sanningen* ~ *säga* to tell the truth; *han lämnade landet för* ~ *aldrig återvända* he left the country never to return; *han var rädd* ~ *störa henne* he was afraid of disturbing her; *han är inte* ~ *leka med* he is not [a man] to be trifled with, he is not one to stand any nonsense; *jag kunde inte låta bli* ~ *skratta* I could not help laughing; *vad hindrar honom från* ~ *resa* what prevents him from going **II** *konj* that; *på det* ~, *så* ~ [in order] that, so that; *under det* ~ while; whereas; *vänta på* ~ *ngn skall komma* wait for s.b. to come; *förlåt* ~ *jag stör* excuse my (me) disturbing you; ~ *du inte skäms!* you ought to be ashamed of yourself!; ~ *jag inte tänkte på det!* why didn't I think of that!; *utan* ~ *ngn såg honom* without anyone seeing him; *frånsett* ~ *han inte tycker om musik* apart from the fact that he does not like music; *jag litar på* ~ *du gör det* I rely on your doing it, I am relying on you to do it; *jag trodde* ~ *han skulle komma* I thought [that] he would come; *jag är glad* ~ *det är över* I am glad [that] it is over; *så dumt* ~ *jag inte kom ihåg det* how stupid of me not to remember it; *säg till honom* ~ *han gör det* tell him to do it
attaché [-'ʃe:] *s3* attaché **-väska** attaché case
attack *s3* attack (*mot, på* on); (*sjukdoms-*) attack, fit **-era** attack **-plan** fighter [aircraft] **-robot** air-to-surface missile
attent|at *s7* attempt (*mot ngn* on a p.'s life), attempted assassination; (*friare*) outrage (*mot* on) **-ator** [-ˣa:tår] *s3* would-be assassin; perpetrator of an (the) outrage
attest *s3* attestation (*på* to); certificate, testimonial **-era** attest, certify
attiralj *s3* apparatus; paraphernalia (*pl*)
attisk ['att-] *a5* Attic; ~*t salt* Attic salt (wit)
attityd *s3* attitude; posture, pose
atto- atto-
attrahera attract
attrak|tion [-k'ʃɑ:n] attraction, appeal **-tionsförmåga** [power of] attraction **-tiv** *a1* attractive, appealing **-tivitet** attractiveness, attractivity, attraction
attrapp *s3* dummy
attri|buera *v1,* **-but** *s7* attribute **-butiv** *a1* attributive
att-sats that-clause
aubergine [åbär'ʃinn] *s5* aubergine; *AE.* eggplant
audiens [au-] *s3* audience; *få* ~ *hos* obtain an audience of (with); *mottaga ngn i* ~ receive s.b. [in audience]; *söka* ~ *hos* seek an audience with
audio|gram [audiɑ'gramm] *s7* audiogram **-logi** *s3* audiology **-meter** [-'me:-] *s2* audiometer **-metri** *s3* audiometry **-visuell** *se audivisuell*
audi|tiv [au-] *a5* auditory **-torium** [-'tɑ:-] *s4* (*sal*) auditorium; (*åhörare*) audience **-tör** judicial adviser (advisor) [to a regiment]; (*vid krigsrätt*) judge advocate
audivisuell [au-] *a1* audiovisual; ~*a hjälpmedel* audiovisual aids
augiasstall [ˣaugias-, *äv.* -ˣgi:as-] Augean stables (*pl*)
augur [au-] augur; soothsayer **-leende** *ung.* conspiratorial smile
augusti [au'gusti] *r* August
augustiner [augus'ti:-] *s9* Augustine friar
augustin[er]|munk Augustine friar **-orden** Order of St. Augustine
Augustinus [augus'ti:-] St. Augustine
auktion [auk'ʃɑ:n] [sale by] auction, [public] sale (*på* of); *exekutiv* ~ compulsory auction; *köpa på* ~ buy at an auction; *sälja på* ~ sell by auction **-era** ~ *bort* auction [off], auctioneer, sell by auction **-ist** *se auktions|förrättare, -utropare*
auktions|bridge auction bridge **-bud** bid at an auction **-förrättare** auctioneer **-kammare** auction rooms (*pl*) **-utropare** auctioneer, auctioneer's assistant
auktor ['auktår] *s3* author; (*sagesman*) authority, informant
auktoris|ation [au-] authorization **-era** authorize; ~*d revisor* chartered accountant **-ering** [-'se:-] *se auktorisation*
auktori|tativ [au-] *a1* authoritative; *på* ~*t håll* in authoritative circles **-tet** authority **-tetstro** belief in authority **-tär** *a5* authoritarian
auktorskap *s7* authorship
auktorsrätt copyright
aula ['au-] *s1* assembly hall, lecture hall; *AE.* auditorium
aura ['au-] *s1* aura
aureomycin [au-] *s7* aureomycin
aurikel [au'rikkel] *s3, s2, bot.* auricula
auskult|ant [au-] **1** *skol., ung.* student teacher observing classroom methods **2** *med.* auscultator **-ation 1** *skol.* attending classes as an observer **2** *med.* auscultation, stethoscopy **-era 1** *skol.* attend classes as an observer **2** *med.* auscultate
auspicier [au'spi:-] *pl* auspices; *under ngns* ~ under the auspices of s.b.
Australien [au'stra:-] *n* Australia
austral|iensare [-ˣensa-] *s9,* **-ier** [-'stra:-] *s9,* **-isk** [-'stra:-] *a5* Australian **-neger** Australian aborigene, native Australian
autarki [au-] *s3* autarchy; (*självförsörjning*) autarky, autarchy
autent|icitet [au-] authenticity, genuineness **-isk** [-'tenn-] *a5* authentic
aut|ism [au-] autism **-ist** autistic person **-istisk** [-'tist-] *a5* autistic
autodafé [au-] *s3* auto-da-fé
autodidakt [au-] *s3* autodidact, self-taught person **-isk** *a5* autodidactic, self-taught
auto|gen [autɑ'je:n] *a5* autogenous **-giro** [-'ji:-*el.* -'gi:-] *s5* autogiro, gyroplane
autograf [au-] *s3* autograph **-isk** *a5* autographic[al] **-jägare** autograph hunter

auto|klạv [au-] *s3* autoclave; sterilizer **-krat** autocrat **-kratị** *s3* autocracy **-kratisk** [-'kra:-] *a5* autocratic

automat [au-] automatic machine, automaton; (*varu-*) slot machine; vending machine, automat; (*person*) automaton **-gevär** automatic [rifle]

automa|tịk [au-] *s3* automatism **-tion** automation

automatiser|a [au-] introduce automatic operation; automate; *tel.* automatize **-ing** automation, automatization

automat|isk [auto'ma:-] *a5* automatic; ~ *databehandling* automatic data processing **-kanon** automatic gun **-låda** (*i bil*) *se -växel* **-pistol** automatic [pistol] **-svarv** automatic lathe **-telefon** dial (automatic) telephone **-vapen** automatic weapon **-växel** *tel.* automatic switchboard; (*i bil*) (*-växellåda*) automatic gearbox (transmission), (*-växling*) automatic gear-change

automobịl [au-] *s3* [motor]car, automobile

auto|nom [au-] *a5* autonomous; *~a nervsystemet* autonomic nervous system **-nomị** *s3* autonomy **-pilot** automatic pilot, autopilot

autopsị [au-] *s3* autopsy, postmortem examination

auto|strada [auto×stra:da] *s1, se motorväg* **-typị** *s3* halftone [plate]

av I *prep* **1** *vanl.* of; ~ *god familj* of good family; *född ~ fattiga föräldrar* born of poor parents; *en man ~ folket* a man of the people; *en man ~ heder* a man of honour; *drottningen ~ England* the queen of England; *ett tal ~ Churchill* a speech of Churchill's (*jfr 2*); *turkarnas erövring ~ Wien* the conquest of Vienna by the Turks; *ingen ~ dem* none of them; *ägaren ~ huset* the owner of the house; *hälften ~ boken* half [of] the book; *en klänning ~ siden* a dress of silk, a silk dress; *byggd ~ trä* built of wood; *till ett pris ~* at a (the) price of; *en del ~ tiden* part of the time; *i två fall ~ tre* in two cases out of three; *ett avstånd ~ fem kilometer* a distance of five kilometres; *det var snällt ~ dig* it was kind of you; *vad har det blivit ~ henne?* what has become of her? **2** (*betecknande den handlande, medlet*) by; ~ *en händelse* by chance; ~ *misstag* by mistake; ~ *naturen* by nature; *ett tal ~ Churchill* a speech made by Churchill (*jfr 1*); *författad ~ Byron* written by Byron; *hatad ~ många* hated by many; *leva ~ sitt arbete* live by one's work **3** (*betecknande orsak*) *a*) (*t. ofrivillig handling el. tillstånd*) with, *ibl.* for, *b*) (*t. frivillig handling*) out of, *c*) (*i en del stående uttryck*) for, on; ~ *allt mitt hjärta* with all my heart; ~ *brist på* for want of; ~ *den anledningen* for that reason; ~ *fruktan för* for fear of; ~ *nyfikenhet* out of curiosity; ~ *olika orsaker* for various reasons; ~ *princip* on principle; *darra ~ köld* (*rädsla*) shiver with cold (fear); *gråta ~ glädje* weep for joy; *leva ~ fisk* live on fish; *skrika ~ förtjusning* scream with delight; *utom sig ~ raseri* beside o.s. with rage **4** *göra ngt ~ sig själv* do s.th. by o.s. (of one's own accord); *det faller ~ sig själv* [*t*] it is a matter of course; *det går ~ sig själv*[*t*] it runs by (of) itself **5** (*från*) from; (*bort från*) off; ~ *egen erfarenhet* from [my own] experience; ~ *gammalt* from of old; ~ *gammal vana* from force of habit; *svart ~ sot* black from soot; *en present ~ min mor* a present from my mother; *få* (*köpa, låna, veta*) *ngt ~ ngn* get (buy, borrow, learn) s.th. from s.b.; *gnaga köttet ~ benen* gnaw the meat off the bones; *hoppa ~ cykeln* jump off one's bicycle; *stiga ~ tåget* get off the train; *ta ~* [*sig*] *skorna* take one's shoes off; ~ *jord är du kommen* from dust art thou come; *det kommer sig ~ att jag har* it comes from my having; *vi ser ~ Ert brev* we see from your letter **6** (*oöversatt el. annan konstruktion*) ~ *bara tusan* like hell; *med utelämnande ~* excluding; *rädd ~ sig* timid, timorous; *bryta nacken ~ sig* break one's neck; *njuta ~* enjoy; *vara ~ samma färg* be the same colour **II** *adv* **1** ~ *och an* to and fro, up and down; ~ *och till* now and then, occasionally **2** (*bort*[*a*], *ner, i väg*) off; *ge sig ~* start off; *ramla ~* fall off (*hästen* the horse); *stiga ~ tåget* get off the train; *ta ~ till höger* turn [off to the] right; *torka ~ dammet* wipe off the dust **3** *borsta ~ en kappa* brush a coat, give a coat a brush; *diska ~ tallrikarna* wash up the plates; *klä ~ ngn* undress s.b.; *lasta ~* unload; *rita* (*skriva*) ~ copy; *svimma ~* faint away **4** (*itu*) in two; (*bruten*) broken; *benet är ~* the leg is broken; *åran gick ~* the oar snapped in two

avạl *s3* bank guarantee for a bill

avancemang [-aŋse-] *s7* promotion **avancemangsmöjlighet** promotion prospect[s *pl*], opportunity for promotion **avancera** advance; be promoted, rise; *~d* advanced, progressive, (*djärv*) bold, daring

avannonsera (*t.ex. radioprogram*) sign off

avans [-'aŋs] *s3* profit, gains (*pl*)

avant|garde [a×vaŋt- *el.* a×vant-] van[guard]; *konst. o.d.* avant-garde **-gardism** avant-gardism **-gardist** avant-gardist **-scenloge** stage box

avart variety; (*oart*) degenerate species

avbalk|a partition off **-ning** partitioning off; *konkr.* partition

avbasning [-ba:s-] beating; (*upptuktelse*) scolding

avbeställ|a cancel **-ning** cancellation **-ningsavgift** cancellation fee

avbeta graze; crop

avbetal|a pay off, pay by instalments **-ning** (*belopp*) instalment; (*system*) hire-purchase plan, *AE.* installment buying; *köpa på ~* buy on the hire-purchase plan

avbetalnings|kontrakt hire-purchase contract **-köp** (*entaka*) hire-purchase transaction; *koll.* hire-purchase **-villkor** hire-purchase terms

avbetning [-e:-] grazing; cropping

av|bild representation; copy; *han är sin fars ~* he is the very image of his father **-bilda** reproduce; draw, paint **-bildning** reproduction

avbitartång nippers (*pl*); *en ~* a pair of nippers

avblås|a bring to an end; (*strid*) call off; *se äv. blåsa av* **-ning** *sport.* stoppage of game

avbländ|a shade; *foto.* stop down; *se äv. blända av* **-ning** shading *etc.*

avboka cancel

avbrott 1 (*uppehåll*) interruption, break; (*upphörande*) cessation, stop[page], intermission; (*i radioutsändning*) breakdown [in transmission]; *ett ~ i fientligheterna* a cessation of hostilities; *ett angenämt ~* a pleasant break; *ett kort ~ i regnandet* a short break in the rain; *utan ~* without stopping, continuously, without a break **2** (*motsats*) contrast, change; *utgöra ett ~ mot* make a change in, break the monotony of

avbrottsförsäkring loss of profits insurance

avbruten broken

avbryta break off, interrupt; cut off; *~ ngn* (*vard.*) break (butt) in on s.b.; *~ en resa* break a journey; *~ ett samtal* cut short a conversation; *~ förhandlingar* break off negotiations; *~ sitt arbete* stop work, leave off working; *~ sig* check o.s., stop speaking; *se äv. bryta av*

av|bräck *s7* (*skada*) damage, injury; (*men*) disadvantage; *lida ~* suffer a setback **-bränning** *hand.* deduction [from profits], incidental expenses **-bröstning** *mil.* unlimbering **-bytare** replacement, relief, substitute; (*för chaufför*) driver's mate; (*vid motortävling*) co-driver **-böja** decline, refuse; *~ ett erbjudande* decline an offer; *~nde svar* refusal, answer in the negative **-böjning** *radar.* deflection **-bön** apology; *göra ~* apologize **-börda 1** (*samvete*) unburden **2** *rfl* free o.s. of; *~ sig en skuld* discharge a debt

av|dagataga [-ˣda:-] put to death **-damning** *ge ngt en ~* give s.th. a dust **-dankad** *a5* discharged, discarded

avdel|a (*uppdela*) divide [up] (*i* into), partition [off]; divide off; *mil.* detail, tell off **-ning** (*del*) part; (*avsnitt*) section; (*av skola, domstol*) division; (*av företag*) department, division; (*sjukhus-, fängelse-*) ward; (*i skåp*) compartment; *mil.* detachment, unit; (*av flotta, flyg*) division, squadron

avdelnings|chef (*i departement*) *ung.* undersecretary; (*i ämbetsverk*) head of a department; (*i affär*) departmental manager **-direktör** principal administrative officer **-kontor** branch [office] **-sköterska** ward sister, head-nurse

avdik|a (*mark*) drain; (*vatten*) drain off **-ning** [-i:-] draining, drainage

avdomna *se domna*

avdrag 1 deduction; (*beviljat*) allowance; (*rabatt äv.*) reduction; (*på skatt*) abatement, relief; *~ för inkomstens förvärvande* professional outlay (expenses *pl*); *efter ~ av omkostnaderna* expenses deducted; *med ~ för* after a deduction of; *göra ~ för* deduct; *yrka ~ med 1 000 pund* claim a deduction of 1,000 pounds **2** *boktr.* proof [sheet], pull, impression

avdraga 1 (*draga ifrån*) deduct, take **2** *boktr.* pull

avdragsgill deductible; *~t belopp* allowable deduction

av|dramatisera play down **-drift** *sjö.* drift; leeway; (*projektils*) deviation

avdunst|a evaporate; (*försvinna*) clear off (out) **-ning** evaporation

av|döda *~t vaccin* killed-virus vaccine **-döma** decide, judge

avel [ˈa:-] *s2* breeding, rearing

avels|djur breeder; *koll.* breeding-stock **-hingst** stallion, studhorse **-reaktor** breeder [reactor] **-sto** brood mare **-sugga** *ung.* prize sow **-tjur** breeding bull

avenbok [ˣa:-] *s2* hornbeam, ironwood

aveny *s3* avenue

aversion [-rˈʃo:n] aversion (*mot* to)

av|fall 1 (*avskräde*) waste, refuse; (*köks-*) garbage, rubbish; (*vid slakt*) offal; *radioaktivt ~* radioactive waste[s *pl*] **2** *bildl.* falling away, backsliding; (*från parti*) desertion, defection; (*från religion*) apostasy **-falla** fall away (*från* from); desert (*från* from), turn deserter (apostate), defect **-fallen 1** (*om frukt etc.*) fallen **2** (*mager*) thin, worn; *-fallna kinder* pinched cheeks

avfalls|kvarn [garbage] disposer **-kärl** dustbin; *AE.* garbage (trash) can **-produkt** waste product; *kem.* residual product

av|fart[sväg] slip road, turn-off; exit [road] **-fasa** bevel, slope, cant **-fasning** bevel **-fatta** word, indite; (*avtal*) draw up; (*lagförslag*) draft **-fattning** version; wording, draft **-fetta** defat, degrease **-flytta** move [away] **-flyttning** removal; *de är uppsagda till ~* they have been given notice to quit **-flöde** outflow, effluent

avfolk|a [-å-] depopulate **-ning** depopulation **-ningsbygd** depopulated region, depressed area

av|fordra *~ ngn ngt* demand s.th. from (of) s.b., call upon s.b. for s.th.; *~ ngn räkenskap* call s.b. to account (*över* for) **-frosta** [-å-] defrost **-frostning** [-å-] defrosting **-fuktning** dehumidification

avfyr|a fire [off], discharge **-[n]ing** firing [off], discharge **-[n]ingsramp** launch[ing] pad

av|fälling apostate, renegade, backslider **-färd** [-ä:-] departure, going away, start **-färda** [-ä:-] **1** (*skicka*) dispatch, send off **2** (*bli färdig med*) dismiss (finish with) (*ngn* s.b.); finish (*ngt* s.th.); *jag låter inte ~ mig så lätt* I am not going to be put off that easily **-färga 1** (*beröva färgen*) decolour, bleach, decolorize **2** *se färga* **-färgning** bleaching, discolouration **-föda** offspring, progeny, brood; *I huggormars ~* (*bibl.*) O, generation of vipers

avför|a 1 (*bortföra*) remove, carry off **2** (*utstryka*) cancel, cross out (*från* from); *~ från dagordningen* remove from the agenda; *~ ur ett register* strike off a register **-ing 1** removal, cancelling **2** *med.* evacuation [of the bowels], motion; *konkr.* motions (*pl*), faeces (*pl*) **-ingsmedel** laxative; purgative

avgas exhaust [gas] **-renare** exhaust purifier [device] **-rör** exhaust pipe **-ventil** exhaust valve

avge 1 (*ge ifrån sig, avsöndra*) emit, give off; yield **2** (*lämna, avlägga*) give; *~ ett omdöme om* give (deliver) an opinion on; *~ protest* make (lodge) a protest; *~ sin röst* vote, cast one's vote; *~ vittnesmål* give evidence, testify

avgift [-j-] *s3* charge; (*medlems- etc.*) fee, dues (*pl*); (*tull-*) duty; (*hamn-*) dues (*pl*); (*för färd*) fare; *extra ~* surcharge, additional charge; *för halv ~* at half price (fare, fee); *mot ~* at a fee; *utan ~* free of charge

avgifta [-j-] detoxify; detoxicate

avgifts|belagd *a5* subject to a charge **-belägga** put a charge on **-fri** free [of charge]

av|giva *se avge* **-gjord** decided; (*påtaglig*) distinct; definite; *-gjort!* done!, it's a bargain!; *en ~ förbättring* a marked improvement; *en ~ sak* a settled thing; *en på förhand ~ sak* a foregone conclusion

av|gjuta take a cast of **-gjutning** casting; *konkr.*

cast **-gnaga** gnaw off; ~ *ett ben* pick a bone **-grena** *rfl* branch off **-grening** branch; (*rör*) branch pipe
avgrund *s3* abyss, precipice; (*klyfta*) chasm; (*svalg*) gulf; *bildl.* pit; (*helvete*) hell
avgrunds|ande infernal spirit, fiend **-djup I** *a5* abysmal, unfathomable **II** *s7* [abysmal] depths (*pl*), abyss **-kval** *pl* pains of hell **-lik** *a5* abysmal, hellish
avgräns|a demarcate, delimit; *klart ~d* clearly defined **-ning** demarcation, delimitation
av|gud idol, god **-guda** idolize, adore (*äv. bildl.*)
avguda|bild idol; image of a god **-dyrkan** idol worship, idolatry **-dyrkare** idol worshipper, idolater (*fem.* idolatress)
avguderi idolatry
avgå 1 leave, start, depart; (*om fartyg äv.*) sail (*till* for); *~ende tåg* (*i tidtabell o.d.*) outgoing trains, departures [of trains] **2** (*avsändas*) be sent off (dispatched) (*till* to); *~ende brev* outgoing letters; *~ende gods* outward goods **3** *bildl.* retire, resign; ~ *med döden* decease; ~ *med seger* come off (emerge, be) victorious **4** (*vid räkning*) be deducted; *78 kr ~r för omkostnader* less 78 kronor for expenses **5** (*förflyktigas*) evaporate, vanish
avgång 1 departure, (*fartyg äv.*) sailing (*från* from; *till* to, for) **2** (*persons*) retirement, resignation; *naturlig* ~ natural wastage
avgångs|betyg leaving certificate **-examen** final (leaving) examination **-hall** departure hall **-hamn** port of departure **-signal** starting signal **-station** departure station **-tid** time of departure **-vederlag** severance pay; *vard.* golden handshake
avgäld rent [in kind]
avgäng|a thread off **-ning** threading off
avgör|a decide; (*bedöma*) determine (*huruvida* whether); (*slutgiltigt bestämma*) settle, conclude **-ande I** *a4*, ~ *beslut* final decision; ~ *betydelse* vital importance; ~ *faktor* determining factor; ~ *prov* crucial test; ~ *seger* (*steg*) decisive victory (step); ~ *skäl* conclusive argument; ~ *stöt* decisive blow; ~ *ögonblick* critical (crucial) moment **II** *s6* (*jfr avgöra*); deciding, decision; determination; settlement; conclusion; *i ~ts stund* in the hour of decision; *träffa ett* ~ make a decision
av|handla (*förhandla om*) discuss; (*behandla*) deal with, treat [of] **-handling** (*skrift*) treatise; (*akademisk*) thesis, dissertation; (*friare*) essay, paper (*över* on) **-hjälpa** (*fel*) remedy; (*missförhållande*) redress; (*nöd*) relieve; (*brist*) supply; (*skada*) repair; *skadan är lätt att* ~ the damage is easily repaired (put right) **-hopp** *polit.* defection **-hoppare** *polit.* person seeking political asylum, defector **-hugga** hew (lop) off; chop (cut) off; (*knut o.d.*) sever **-hysa** evict **-hysning** [-y:-] eviction **-hyvla** plane smooth; (*borttaga med hyvel*) plane off (away) **-hyvling** [-y:-] planing down (off, away); *bildl.* dressing down
avhåll|a 1 (*hindra*) keep, restrain, deter, prevent (*från* from) **2** (*möte o.d.*) hold **3** ~ *sig från a*) keep away from, *b*) (*nöjen o.d.*) abstain from, *c*) (*att uttala sin mening*) refrain from, *d*) (*undvika sällskap med*) shun, avoid; ~ *sig från att röka* abstain from smoking **-en** *a5* beloved, dear[ly loved], cherished; (*svagare*) popular **-sam** *a1* temperate, abstemious **-samhet** temperance, abstemiousness; *fullständig* ~ total abstinence
av|hämta fetch, call for, collect **-hämtning** collection; *till* ~ (*om paket*) to be called for **-hända** deprive [s.b.] of; ~ *sig* part with **-hängig** [-häŋig] dependent (*av* on) **-hängighet** [-häŋig-] dependence **-härda** soften, wet **-härdning** softening, wetting **-härdningsmedel** [water] softener **-höra** listen to; (*obemärkt*) overhear; (*förhöra*) examine
avi *s3* advice, notice; ~ *om försändelse* dispatch note
aviat|ik *s3* aviation **-iker** [-'a:ti-] aviator
avig *a1* **1** wrong; inside out; (*i stickning*) purl **2** (*om person*) awkward
avig|a *s1*, **-sida** *s1* wrong side, back, reverse; *det har sina -sidor* it has its drawbacks **-vänd** *a5* turned inside (wrong side) out
1 avisa [a^x^vi:-] *s1* newspaper
2 avisa [^x^a:v-] *v1* de-ice
aviser|a advise, notify, inform **-ing** (*aviserande*) advising; (*avi*) advice
avisoväxel [a^x^vi:-] bill payable at a fixed date after sight, after-sight bill
avista [a^x^vista] at sight, on demand **-växel** sight draft (bill)
av|jonisering deionization **-jämna** level, make even; (*kant*) trim; *bildl. se avrunda* **-kall** *n, ge* (*göra*) ~ *på* renounce, waive, resign **-kapa** cut off
avkast|a 1 throw off; ~ *oket* shake off the yoke **2** *ekon.* yield, bring in; (*om jord äv.*) produce, bear **-ning** proceeds (*pl*), return[s *pl*], yield; (*behållning*) takings (*pl*); (*vinst*) profit; (*gröda etc.*) produce; *årlig* ~ annual yield (returns *pl*); *ge god* ~ yield well
avkastnings|förmåga earning capacity **-grad** rate of return
av|klara clear, clarify; *se äv. klara av* **-klinga** wear off; *fys.* decay, disintegrate **-klingning** [radioactive] decay, disintegration **-klingningsbassäng** decay tank **-kläda** undress; divest (strip) of; *se äv. klä av* **-klädning** [-ä:-] undressing *etc.* **-klädningshytt** dressing cubicle; (*på badstrand*) bathing hut **-kok** decoction (*på* of) **-komling** [-å-] descendant; child **-komma** [-å-] *s1* offspring, progeny; *jur.* issue **-koppla** uncouple; disconnect; *se äv. koppla av* **-koppling** *tekn.* uncoupling, disconnection; (*avspänning*) relaxation **-korta** shorten, curtail; (*text*) abridge, abbreviate; (*minska*) reduce, diminish **-kortning** [-å-] shortening; abbreviation; reduction, diminution **-kriminalisera** decriminalize **-kristna** dechristianize **-kristning** dechristianization **-krok** out-of-the-way spot (corner); *han bor i en* ~ he lives at the back of beyond (*AE. vard.* the sticks) **-kräva** ~ *ngn ngt* demand s.th. from s.b. **-kunna** *v1* pronounce, deliver, pass; (*lysning*) publish; ~ *ett utslag* record a verdict **-kvista** trim [a felled tree] **-kyla** cool, refrigerate; *bildl.* cool down, dampen **-kylning** cooling, refrigeration, chilling **-köna** [-ç-] *en helt ~d varelse* a completely sexless creature
avla [^x^a:v-] beget; (*om djur o. bildl.*) breed, engender; ~ *av sig* multiply
av|lagd *a5*, *~a kläder* discarded (cast-off) clothes

(clothing); *jfr avlägga* **-lagra** deposit in layers; ~ *sig* be deposited in layers **-lagring** deposit, stratum (*pl* strata), layer
avlast|a (*befria från last*) unload; (*varor*) discharge; unship; *bildl.* relieve **-are** shipper, consignor, sender **-ning** unloading; discharge; *fys.* stress-relieving, load-relieving; *bildl.* relief
avlat [ˣa:v-] *s3* indulgence
avlats|brev letter of indulgence **-krämare** seller of indulgences
avled|a carry off; (*vatten*) drain, draw off; (*friare*) turn away (off), divert; (*blixt*) conduct; *språkv.* derive; ~ *misstankarna från* turn away suspicion from; ~ *ngns uppmärksamhet* divert a p.'s attention **-are** conductor; *bildl.* diversion **-ning** conduction; diversion; *språkv.* derivative
avledningsändelse derivative ending (suffix)
avlelse [ˣa:v-] conception; *den obefläckade ~n* the Immaculate Conception
avleverera deliver [up]
av|lida die, expire, pass away (on, over) **-liden** *a5* deceased, dead; *den -lidne* the deceased, *AE.* the decedent; *den -lidne president R.* the late President R.
avling [ˣa:vliŋ] propagation, breeding **avlingsduglig** procreative, reproductive
av|liva put to death, kill; (*sjuka djur*) destroy; *bildl.* confute, scotch **-livning** [-i:v-] putting to death, killing *etc.* **-ljud** ablaut [vowel], gradation **-locka** ~ *ngn en bekännelse* draw a confession from s.b.; ~ *ngn en hemlighet* worm (lure) a secret out of s.b.; ~ *ngn ett löfte* extract a promise from s.b.; ~ *ngn ett skratt* make s.b. laugh; ~ *ngn upplysningar* elicit information from s.b.
avlopp [out]flow, outlet; sewer, drain; (*i badkar o.d.*) drain, plug-hole
avlopps|brunn cesspool, sink, sump; gully **-dike** drainage ditch **-ledning** drainpipe; sewer **-rör** discharge (waste) pipe, drainpipe, sewer; (*för ånga*) exhaust pipe **-trumma** drain, sewer **-vatten** waste water; sewage
av|lossa fire [off], discharge **-lossning** discharge **-lusa** delouse **-lusning** [-u:-] delousing **-lutning** alkali removing **-lyftning** lifting off, removal; relief **-lysa** suspend, cancel, call off **-lysning** suspending *etc.* **-lyssna** listen to; (*ofrivilligt*) overhear; ~ *telefonsamtal* tap [the wires] **-lyssning** (*av telefon*) wire-tapping **-lyssningsapparat** listening (bugging) device **-lång** oblong; oval, elliptical **-låta** (*utfärda*) issue; (*avsända*) dispatch, send off **-lägga 1** (*kläder*) leave off; lay aside (by) (*äv. bildl.*) **2** ~ *en bekännelse* make a confession; ~ *besök hos* pay a visit to, call upon; ~ *ed* take an oath, swear; ~ *examen* pass an examination; ~ *rapport om* report on; ~ *räkenskap för* render an account of, account for **-läggare** *bot.* shoot, layer; *bildl.* offshoot, branch
avlägs|en *a3* distant; remote; *-na släktingar* distant relatives; *i en ~ framtid* in the remote future; *inte ha den -naste aning om* not have the remotest (faintest) idea about **-et** *adv* remotely, distantly; ~ *liggande* (*äv.*) remote, out-of-the-way, far-off
avlägsna remove; (*avskeda*) dismiss; (*göra främmande*) estrange, alienate; ~ *sig* [*från*] go away, leave, retire, withdraw, (*för ögat*) recede
avlämn|a (*varor*) deliver; (*t. förvaring*) leave, give up; (*inlämna*) hand in; (*resande*) drop, set down **-ande** *s6* delivering *etc.*; *mot ~ av* against [the] delivery of **-ing** delivery
avlänka deflect, deviate
avläs|a read [off]; ~ *ngt i ngns ansikte* read s.th. on a p.'s face **-are** meter inspector **-bar** readable **-ning** reading
avlön|a pay, remunerate **-ing** pay, remuneration; (*arbetares*) wages (*pl*); (*tjänstemans*) salary; (*prästs*) stipend
avlönings|dag payday **-kuvert** pay packet **-lista** payroll
av|löpa (*sluta*) end; (*utfalla*) turn out; ~ *lyckligt* turn out well, end happily
avlös|a (*vakt*) relieve; (*följa efter*) succeed; (*ersätta*) replace, displace; *teol.* absolve **-are** relief (*äv. mil.*); successor **-ning** relieving *etc.*; *mil.* relief; *teol.* absolution
avlöva strip of [its] leaves, defoliate; *~d* leafless; *~s* (*äv.*) shed its leaves
avmagnetiser|a demagnetize; (*fartyg mot minor*) degauss **-ing** demagnetization; (*av fartyg*) degaussing
avmagring [-a:-] growing thin; loss of weight
avmagrings|kur reducing (slimming) cure **-medel** slimming (reducing) preparation
avmarsch march[ing] off, departure
1 avmaska (*vid stickning*) cast off
2 avmask|a (*befria från mask*) deworm **-ning** deworming
avmasta dismast
avmatt|a weaken, enfeeble; (*utmatta*) exhaust **-as** grow weak, languish, flag, lose strength **-ning** flagging, weakening, languor, relaxed vigour
avmattningstendens weakening trend
avmobiliser|a demobilize **-ing** demobilization
av|montera dismantle, dismount **-måla** paint; (*beskriva*) depict; *glädjen ~de sig i hans ansikte* joy was depicted in (on) his face **-mäta** measure; (*i lantmäteri*) trace out, measure up; (*straff o.d.*) mete out **-mätning** measuring *etc.*; measurement **-mätt** *a4* measured, deliberate; (*reserverad*) reserved, guarded
avmönstr|a 1 (*avlöna*) pay off, discharge **2** (*avgå från tjänstgöring*) sign off **-ing** paying-off *etc.*
av|navla [-na:v-] cut the umbilical cord **-njuta** enjoy **-nämare** buyer, purchaser, consumer, customer
avnöt|a wear off **-ning** wearing off; *geol.* abrasion, detrition
avog *a1* unkind **avoghet** averseness, aversion (*mot* to) **avogt** *adv* unkindly; ~ *stämd mot ngn* unfavourably disposed towards s.b.
avokado [-'ka:-] *s5* **1** (*träd*) avocado **2** (*frukt*) avocado [pear], alligator pear
avpass|a fit (*efter* to); *bildl. äv.* adapt, adjust (*efter* to); ~ *tiden för* time, choose the right time for **-ning** fitting, adaption, adjustment
avpatruller|a patrol **-ing** patrolling
avplock|a (*frukt*) pick, gather; (*buske o. friare*) strip **-ning** picking *etc.*
avpolitisera make nonpolitical, unpoliticize
avpolletter|a *bildl.* dispose (get rid) of **-ing** dis-

missal
avporträtter|a portray **-ing** portrayal
avpressa ~ *ngn ngt* extort (extract) s.th. from s.b.
avprick|a tick [off] **-ning** checking
avprickningslista check list
avprov|a test, try, give a trial; (*avsmaka*) taste, sample **-ning** testing *etc.*
avprägla stamp; ~ *sig* stamp (imprint) itself (*i, på* on)
avputs|a clean, finish, polish **-ning** cleaning *etc.*
av|raka shave [off] **-reagera** abreact; ~ *sig* work off one's annoyance, *vard.* let off steam **-reda** thicken **-redning** thickening
avregistrer|a strike off a register; (*fordon*) deregister **-ing** deregistration
av|resa I *v3* depart, leave, set out, start (*till* for) **II** *s1* departure, leaving, setting out (*till* for) **-resedag** day of departure
avrevider|a *boktr.* revise **-ing** *boktr.* revising
av|rigga unrig, untackle **-ringning** ring[ing]-off **-rinna** flow (drain) away (off); *låta* ~ drain, stand to strain **-rinning** runoff, outflow **-riva** tear off **-rivning** tearing off; *kall* ~ cold rub-down **-romantisera** deglamorize **-rop** suborder **-ropa** suborder
avrund|a round [off]; ~*d summa* round sum **-ning** rounding [off]
avrust|a demobilize, disarm; *sjö.* lay up **-ning** disarmament; *sjö.* laying up
av|rustningskonferens disarmament conference **-råda** ~ *ngn från ngt* advise (warn) s.b. against s.th., dissuade s.b. from s.th.; ~ *ngn från att komma* advise s.b. against coming (s.b. not to come), dissuade s.b. from coming **-rådan** *r* dissuasion, discouragement **-räkna** deduct, discount; ~ *mot* apply against; *detta* ~*t* making allowance for that **-räkning** deduction, discount; *hand.* settlement [of accounts]; *i* ~ *mot* in settlement of, to be deducted from; *betala i* ~ pay on account **-rätta** execute, put to death (*genom* by); ~ *genom hängning* hang; ~ *med elektricitet* electrocute **-rättning** execution, putting to death; electrocution **-rättningsplats** place of execution **-röja** clear away **-röjning** clearing away, removal **-rösa** demarcate, set landmarks **-rösning** [-ö:-] demarcation **-rösningsjord** uncultivated land
av|sadla unsaddle **-sadling** [-a:-] unsaddling **-saknad** *r* want; *vara i* ~ *av* lack, be without **-salta** desalinate, desalt **-salu** *oböjligt s, till* ~ for sale **-sats** *s3* ledge, shelf; (*trapp-*) landing
avse 1 (*hänsyfta på*) concern, bear upon, have reference to, refer to **2** (*ha i sikte*) have in view, aim at **3** (*ha för avsikt*) mean, intend; ~*dd för* intended (designed, meant) for; ~*ende* concerning, bearing upon, referring to
avseende *s6* (*syftning*) reference; (*beaktande*) consideration; (*hänseende*) respect, regard; *i alla* ~*n* in all respects, in every way; *i rättsligt* ~ from a judicial point of view; *i varje* (*intet, detta*) ~ in every (no, this) respect; *med* (*i*) ~ *på* with regard (reference, respect) to, regarding, concerning; *utan* ~ *på person* without respect of persons; *fästa* ~ *vid* take notice of, pay attention (heed, regard) to; *förtjäna* ~ deserve consideration; *ha* ~ *på* have reference to, refer to; *lämna utan* ~ pay no regard to, take no notice of, disregard
av|segla sail, leave (*till* for) **-segling** sailing, departure **-sela** unharness
avsevärd *a1* considerable, appreciable; ~ *rabatt* substantial discount
avsides aside; ~ *belägen* remote, out-of-the--way; *ligga* ~ lie apart **-replik** aside
avsigkommen [-å-] *a3* broken-down; *se* ~ *ut* look shabby (seedy)
avsikt *s3* (*syfte*) intention; purpose; object, end; (*uppsåt*) design, motive; *jur.* intent; *i* ~ *att* for the purpose of; *i bästa* ~ with the best of intentions; *med* ~ on purpose; *med* ~ *att* with the intention of (+ *ing-form*), *jur.* with intent to; *utan* ~ unintentionally; *utan* ~ *att såra* without intending to hurt; *utan ond* ~ without [an] evil intent; *ha för* ~ *att* have the intention to, intend to; *vad har hon för* ~ *med det?* what is her purpose in doing that?
avsikt|lig *a1* intentional; (*överlagd*) deliberate **-ligt** intentionally, on purpose
av|sjunga sing **-skaffa** abolish, get rid of, do away with; put an end to; (*upphäva*) repeal **-skaffande** *s6* abolishing *etc.*; abolition; repeal
avsked [-ʃ-] **1** (*entledigande*) dismissal, discharge; (*tillbakaträdande*) retirement, resignation; *begära* ~ hand in one's resignation; *få* ~ be dismissed; *få* ~ *med pension* retire on a pension; *få* ~ *på grått papper* be dismissed forthwith, *vard.* be turned off, be sacked; *ta* ~ *från* resign, leave **2** (*farväl*) parting, leave-taking, leave; farewell; *i* ~*ets stund* at the moment of parting; *ta* ~ *av* say farewell to, take leave of **avskeda** dismiss, discharge, give notice to; *vard.* fire, sack
avskeds|ansökan resignation; *inlämna sin* ~ hand in one's resignation **-besök** farewell visit **-föreställning** farewell performance **-hälsning** parting greeting **-kyss** parting kiss **-ord** parting word **-tagande** *se avsked 2* **-tal** valedictory (farewell) speech
avskepp|a ship [off] **-ning** shipping [off]; *klar till* ~ ready for shipment **-ningshamn** port of shipment
avskild secluded; isolated; *leva* ~ *från* live apart from **-het** retirement, seclusion; isolation
avskilj|a separate, detach; (*avhugga*) sever, cut off; (*avdela, t.ex. med skiljevägg*) partition [off] **-are** separator
avskjut|a fire, discharge; (*raket*) launch **-ning** firing, discharge; launching; (*av vilt*) shooting off **-ningsbas** launching base **-ningsramp** launch[ing] pad
av|skrap *s7* scrapings (*pl*), refuse; *bildl.* dregs **-skrapa** scrape [off]
avskrift copy, transcript[ion]; *bevittnad* ~ attested copy; ~*ens riktighet bekräftas* I (we) certify this to be a true copy; *i* ~ in copy
avskriv|a 1 (*kopiera*) copy, transcribe; *rätt -et intygas* true copy certified by **2** *hand.* write off; depreciate **3** *jur.* remove from the cause list **-ning 1** *hand.* writing off; (*summa*) item written off; *vara på* ~ (*bildl.*) fall (go, pass) out of use **2** copying
avskräck|a *v3* frighten (*från att* from + *ing-form*); (*förhindra*) deter; (*svagare*) discourage; *han låter inte* ~ *sig* he is not to be intimidated

-ande *a4* (*om exempel*) warning; (*om straff*) exemplary; (*om verkan*) deterrent; *verka ~* act as a deterrent
av|skräde *s6* refuse; (*efter slakt o.d.*) offal; (*friare*) rubbish **-skrädeshög** refuse (rubbish) heap
av|skum scum; skimmings (*pl*); *bildl. äv.* scum, dregs (*pl*) **-skuren** *a5* cut [off], severed; isolated
avsky [-ʃy] **I** *v4* detest, abhor, loathe **II** *s2* disgust (*för, över* at); abhorrence (*för* of); loathing (*för* for); *känna ~ för* feel a loathing for; *vända sig bort i ~* turn away in disgust **-värd** *a1* abominable, detestable; *-värt brott* heinous crime
av|skära 1 *se skära av* **2** *~ återtåget* intercept the retreat **-skärma** screen off; *radio.* shield **-skärmning** screening; *radio.* shielding **-skärning** cutting off; (*genomskärning*) section
avslag *s7* refusal, declining; (*på förslag*) rejection; *få ~ på* have turned down; *yrka ~* move the rejection of the proposal **avslagen** *a5* rejected *etc., se avslå*; (*om dryck*) stale, flat; dead **avslagsyrkande** motion for the rejection [of a proposal (bill)]
av|slappnad relaxed **-slappning** slackening, relaxation **-slipa** grind, polish [off]; (*om vatten*) wear away (down); (*juvel*) cut; *bildl.* rub off, polish **-slipning** grinding *etc.* **-slockna** die away; go out
avslut *hand.* contract, bargain, deal; (*bokslut*) balancing [of one's books]
avslut|a 1 (*göra färdig*) finish [off], complete; (*ge en avslutning*) conclude, bring to an end; (*göra slut på*) end, close; *~s* be finished off; come to an end; *sammanträdet ~des* the meeting was closed **2** (*göra upp köp o.d.*) conclude; (*räkenskaper*) balance **-ning 1** (*avslutande*) finishing off, completion; conclusion, concluding **2** (*avslutande del*) conclusion, finish; (*slut*) end, termination; *skol.* break-up [ceremony]; speech day; *AE.* commencement
avslutningsvis by way of conclusion, in conclusion
av|slå 1 *se slå av* **2** (*vägra*) refuse, decline, reject **3** (*avvärja*) repulse **-slöja** unveil; *bildl.* expose, unmask, disclose **-slöjande** *s6* unveiling; *bildl.* disclosure, revelation
avsmak dislike, distaste; (*starkare*) aversion (*för* to), disgust (*för* with); *få ~ för* take a dislike to; *känna ~* feel disgusted; *väcka ~* arouse disgust
avsmak|a taste; (*prova*) sample **-ning** tasting
avsmaln|a narrow [off]; (*långsamt*) taper **-ande** *a4* narrowing; tapering
av|sminka remove make-up **-smälta** (*om snö etc.*) melt away; (*om säkring*) fuse
av|snitt sector; (*av bok*) section, part; (*av följetong etc.*) instalment **-snöra** cut off **-snörning** cutting off **-somna** pass away; *de saligen ~de* the [dear] departed **-spark** *sport.* kickoff **-spegla** reflect, mirror; *~ sig* be reflected **-spegling** reflection **-spela** play back **-spelning** playback; (*spelande*) playing back **-spisa** put off; *vard.* fob off **-spänd** relaxed **-spändhet** relaxation **-spänning** relaxation (slackening) [of tension], easing off **-spärra** bar, block; shut (cordon) off (*från* from); *mil.* blockade; (*med rep o.d.*) rope (rail, fence) off; (*avstänga*) close (*för* for) **-spärrning** barring *etc.*; (*område*) rope-off area; (*polis-*) cordon
avstalinisering de-Stalinization
av|stamp take-off **-stanna** stop, come to a standstill, cease; (*om samtal o.d.*) die down **-stava** divide [into syllables] **-stavning** division into syllables, syllabi[fi]cation **-stavningsregel** syllabi[fi]cation rule **-steg** departure, deviation; *~ från den rätta vägen* lapse from the right path **-stickare** (*utflykt*) detour, deviation; (*från ämnet*) digression **-stigning** alighting **-stjälpa** tip, dump **-stjälpning** tipping, dumping **-stjälpningsplats** tip, dumping-ground **-stressad** relaxed **-stressande** relaxing **-stycka** parcel out, divide **-styckning** parcelling out, division **-styra** prevent; avert, ward off **-styrka** discountenance, oppose; recommend the rejection of **-styrkande** *s6* disapproval; rejection
avstå give up, relinquish, cede (*till* to); *~ från* give up, relinquish; (*avsäga sig*) renounce, waive; (*låta bli*) refrain from, pass up; (*undvara*) do without, dispense with **-ende** *s6* giving up *etc.* (*från* of)
avstånd *s7* distance; (*till målet*) range; *på ~* at a distance, (*i fjärran*) in the distance; *på vederbörligt ~* at a discreet distance; *på 6 m ~* (*äv.*) six metres away; *hålla ngn på ~* keep s.b. at a distance (at arm's length); *ta ~ från* dissociate o.s. from, (*avvisa*) repudiate, (*ogilla*) deprecate, take exception to; disclaim
avstånds|bedömning determination of distance[s *pl*] **-bestämning** range-finding **-inställning** *foto.* (*abstr.*) focusing; (*konkr.*) focusing lever **-mätare** rangefinder; *tekn.* telemeter **-tagande** *s6* dissociation, repudiation (*från* of); deprecation (*från* of); disclaiming (*från* of)
avstäm|ma *bokför.* tick (*AE.* check) [off]; *radio.* tune [in] **-ning** *bokför.* tick; *AE.* check; *radio.* tuning **-ningsindikator** tuning indicator, magic eye **-ningskrets** tuning circuit
avstämpl|a stamp; *~ en aktie* have a share stamped **-ing** stamping
av|stämplingsdag *järnv. o.d.* day of issue; *post.* date of postmark **-stänga** shut off; (*inhägna*) fence in (off), enclose; close; (*avspärra*) bar, block; (*vatten o.d.*) turn off; (*elektrisk ström*) cut off; *bildl. äv.* exclude; *gatan avstängd* no thoroughfare **-stängning** shutting off *etc.*; (*område*) enclosure **-stängningsventil** stop valve **-stöta** reject **-stötning** rejection **-stötningsprocess** rejection process **-svalna** cool [down, off], grow cool; *bildl.* wane **-svalning** cooling **-svavla** [-a:v-] desulphurize **-svavling** sulphur removal, desulphurization **-svimmad** *a5* in a faint (swoon); *falla ~ till marken* fall fainting to the ground **-svärja** *~* [*sig*] abjure; forswear **-svärjning** abjuration; foreswearing **-syna** inspect and certify **-synare** inspector **-syning** official inspection **-syningsförrättning** inspection **-såga** saw [off]; *~d* (*vard.*) finished, washed up **-säga** *rfl* resign, give up; (*avböja*) decline; (*frisäga sig från*) disclaim; renounce; *~ sig kronan* abdicate; *~ sig allt ansvar* renounce all responsibility **-sägelse** resignation; renunciation; abdication

avsänd|a send [off], dispatch; ship; post **-are** sender; (*av gods*) consignor, consigner, shipper; (*av postanvisning*) remitter, remittor **-ning** dispatch; shipment **-ningsavi** dispatch note; shipping bill

avsätt|a 1 (*ämbetsman*) remove, dismiss; (*regent*) depose, dethrone **2** (*varor*) sell, find a market for, dispose of **3** (*lägga undan*) set (put) aside, reserve **4** (*bottensats*) deposit **5** (*upprita*) set off; ~ *märken* leave marks (traces) **-bar** *a5* dismissable, removable; (*om vara*) marketable **-ning 1** (*ämbetsmans*) dismissal, removal; (*regents*) deposition, dethronement **2** (*varors*) sale, market; *finna god* ~ meet with a ready market, sell well **3** *bokför.* appropriation

avsättnings|möjligheter *pl* market potential (*sg*) **-område** market [area] **-svårigheter** *pl* marketing problems; ~ *för stål* a poor market for steel

avsök|a scan **-ning** scanning

avsöndr|a (*avskilja*) separate [off], sever, detach; (*utsöndra*) secrete; ~ *sig* isolate o.s.; ~*s* separate off, be secreted **-ing** separation, severance; secretion; isolation **-ingsorgan** secretory organ

avta *se ta av*

av|tacka thank s.b. for his (her) services **-tacklad** *a5* thin and worn, haggard

avtag|a 1 *se ta av* **2** (*försvagas, minska*) decrease, diminish; (*om månen*) wane; (*om storm o.d.*) abate, subside; (*om hälsa, anseende*) decline, fail, fall off **-ande** *s6* decrease, diminution; waning; abatement; decline; *vara i* ~ be on the decrease, grow less, (*om månen*) be on the wane **-bar** *a5* removable, detachable

avtagsväg turn[ing]

avtal *s7* agreement; contract; (*mellan stater*) treaty, agreement, convention; *enligt* ~ as agreed upon; *träffa* ~ *om* come to (make) an agreement about (concerning, for); **avtala 1** (*träffa avtal*) agree (*med* with; *om* about) **2** (*överenskomma om*) agree upon; (*tid*) fix, appoint; *ett* ~*t tecken* a prearranged sign; *på* ~*d plats* at the appointed place; *som* ~*t var* as arranged

avtals|brott breach of [an] agreement ([a] contract) **-brytare** violator of an agreement **-enlig** [-e:n-] *a5* as agreed [upon], as stipulated **-förhandlingar** *pl* wage negotiations, pay talks **-mässig** *a5* contractual **-rätt** law of contract **-rörelse** collective bargaining, wage negotiations (*pl*) **-stridig** contrary to agreement (contract)

av|tappa (*låta rinna ut*) draw [off], tap (*ur* from, out of); (*tömma*) draw **-tappning** drawing *etc.*; (*av valuta*) drain **-teckna** draw, sketch (*efter* from); ~ *sig* stand out, be outlined (*mot* against) **-tjäna** work off; ~ *fängelsestraff* serve a prison sentence **-tona** *konst.* shade off **-torka** wipe [off], wipe down, clean; (*tårar*) dry, wipe away **-torkning** wiping [off] *etc.* **-trappa** de-escalate **-trappning** de-escalation **-trubba** blunt, dull; *tekn.* bevel [down] **-trubbning** blunting

avtryck 1 imprint, impression; (*kopia*) print **2** *boktr.* proof [impression], print; (*omtryck*) reprint; *konst.* reproduction

avtryck|a impress, imprint; *boktr.* print [off], copy [off]; (*omtrycka*) reprint **-are** (*på gevär*) trigger; *foto.* shutter lever

avträd|a give up, leave, surrender; (*landområde*) cede; (*avgå från*) retire, withdraw **-ande** *s6* giving up *etc.*; cession, retirement, withdrawal

avträde *s6* **1** *jur.* compensation **2** (*hemlighus*) privy

av|tvagning [-a:g-] washing [away] **-tvinga** ~ *ngn ngt* extort s.th. from s.b., wring (force) s.th. out of s.b. **-två** wash [off]; *bildl.* wash away; (*beskyllning*) clear o.s. of **-tyna** languish; (*om pers. äv.*) pine away, decline **-tynande I** *s6* [gradual] decline **II** *a4* languishing **-tåg** *s7* departure, marching off; (*friare*) decampment; *fritt* ~ liberty to march off **-tåga** march off, decamp **-täcka** uncover; (*staty*) unveil **-täckning** uncovering *etc.* **-täckningsceremoni** unveiling ceremony **-tärd** worn, emaciated, gaunt

avund *s2* envy; *blek av* ~ pale with envy; *känna* ~ *mot* (*över*) feel envious of; *väcka* ~ arouse envy

avund|as *dep* envy **-sam** *a1* envious **-samhet** enviousness **-sjuk** envious, jealous (*på, över* of) **-sjuka** enviousness, envy

avunds|man *ung.* antagonist, enemy; *han har många -män* there are many who bear him a grudge **-värd** *a1* enviable

avvakta (*svar, ankomst*) await; (*händelsernas utveckling*) wait and see; (*lura på, invänta*) wait (watch) for; ~ *lägligt tillfälle* wait for an opportunity, mark time; ~ *tiden* bide one's time; *förhålla sig* ~*nde* play a waiting game; *intaga en* ~*nde hållning* adopt a wait-and-see policy

avvaktan *r, i* ~ *på* while waiting for, pending, *hand.* awaiting, looking forward to

av|vand [-a:n-] *a5* (*om dibarn*) weaned **-vara** *endast i inf.* spare **-vattna** drain [off], dewater **-vattning** dewatering, drainage **-veckla** (*affär o.d.*) wind up; (*friare*) liquidate, settle **-veckling** winding up; liquidation; settlement **-verka** (*hugga*) fell; *AE.* cut, log; (*slutföra*) accomplish, finish **-verkning** (*huggning*) felling *etc.*

avvik|a 1 (*från regel*) diverge; (*från ämne*) digress; (*från kurs, sanning*) deviate, depart **2** (*vara olik*) differ **3** (*rymma*) abscond **-ande** *a4* divergent; deviating; (*mening*) dissentient **-are** deviant, deviate **-else 1** divergence; digression; deviation, departure **2** (*rymning*) absconding **3** (*kompassens*) deviation; *tekn.* aberration

av|vinna ~ *jorden sin bärgning* get a living from the soil; ~ *ett ämne nya synpunkter* evolve new aspects of a subject

avvis|a send (turn) away; (*ansökan*) dismiss; (*förslag, anbud*) reject; (*beskyllning*) repudiate; (*invändning*) overrule, meet; (*anfall*) repulse, repel; (*leverans*) refuse acceptance of; *bli* ~*d* be refused [entrance], meet with a rebuff; ~ *tanken på* reject the idea of **-ande I** *s6* sending away *etc.*; dismissal; rejection; repudiation, repulse **II** *a4* repudiating, deprecatory; *ställa sig* ~ *till* adopt a negative attitude towards, object to

av|vita *oböjligt a* **1** *jur.* insane **2** (*dåraktig*) preposterous, absurd **-vittra** erode **-vittring** erosion **-väg** (*biväg*) bypath; byroad, bylane; *komma på* ~*ar* go astray

avväg|a (*skäl o.d.*) weigh [in one's mind], balance [against each other]; (*i lantmäteri*) take the

level of, level; *väl -d* well-balanced **-ning** weighing *etc.*
avvägnings|fråga question of priorities **-instrument** levelling instrument
av|vända (*misstanke*) divert; (*olycka*) avert; ~ *uppmärksamheten från* divert attention from **-vänja** (*dibarn*) wean; *jfr vänja av* **-vänjning** weaning **-vänjningskur** cure (*mot* for) **-väpna** disarm **-väpning** disarmament **-värja** ward (fend) off; parry; (*olycka*) avert **-värjning** warding off *etc.* **-yttra** dispose of, sell **-yttring** sale, disposal **-äta** eat; have; ~ *en finare middag* have a grand dinner
ax *s7* **1** *bot.* spike; (*sädes-*) ear; *gå i* ~ form ears, ear **2** (*nyckel-*) bit, web
1 axel ['aks-] *s2* **1** (*geom.; jord-; polit.*) axis (*pl* axes) **2** (*hjul-*) axle[tree]; (*maskin-*) shaft; arbor; spindle
2 axel ['aks-] *s2* (*skuldra*) shoulder; *rycka på axlarna* shrug one's shoulders; *på ~ gevär!* shoulder arms!, slope arms!; *se ngn över ~n* look down on s.b., look down one's nose at s.b.
axel|band shoulder strap; *utan* ~ (*om damkläder*) strapless **-bred** broad-shouldered **-bredd** width across the shoulders
axelbrott axle fracture
axelklaff shoulder strap
axelkoppling shaft coupling
axelled shoulder joint
axelmakterna *pl* the Axis powers
axel|rem carrying (shoulder, satchel) strap **-remsväska** satchel; *AE.* shoulder bag **-ryckning** shrug [of the shoulders]
axeltryck axle load, shaft pressure
axel|vadd shoulder pad **-väska** *se axelremsväska*
axial, axiell *a5* axial
axiom [-'å:m] *s7* axiom **-atisk** [-'ma:-] *a5* axiomatic[al]
axla put on, shoulder; *bildl.* take over
axplock gleanings (*pl*); *några ~ från* a few examples (facts *etc.*) gleaned from
ayatoll|ah *-ahn -or* ayatollah
azalea [asa*le:a] *s1* azalea
azimut *se asimut*
Azorerna [a'så:-] *pl* the Azores
aztek [as'te:k] *s3* Aztec **-isk** *a5* Aztec[an]
azur [*a:sur *el.* 'a:sur, *äv.* -'su:r] *s2* azure **-blå** azure-blue

B

b *s6* b; *mus.* (*ton*) B flat, (*tecken*) flat sign
babbel ['babb-] *s7*, **babbla** *v1* babble
babelstorn [Tower of] Babel
babian *s3* baboon
babord ['ba:-] *s, böjligt endast i genitiv* port; *ligga för ~s halsar* be (stand) on the port tack; *land om* ~ land to port; ~ *med rodret!* helm aport! **babordslanterna** port light
baby ['be(i)bi *el.* -y] *s2, s3* baby **-kläder** baby clothes **-lift** carrycot
Babylonien [-'lo:-] *n* Babylonia
babylon|ier [-'lo:-] Babylonian **-isk** *a5* Babylonian; ~ *förbistring* babel, confusion of tongues; *~a fångenskapen* [the] Babylonian captivity (*äv. påvarnas*)
baby|säng cot **-utstyrsel** layette
bacill *s3* bacillus (*pl* bacilli); germ; *AE. vard.* bug **-bärare** *se smittbärare* **-fri** germ-free **-skräck** *ha* ~ have a horror of contagion
1 back *s2* **1** (*lådfack*) tray; (*öl-*) crate **2** *sjö.* (*kärl*) bowl, kid
2 back *s2* **1** *sjö.* forecastle,fo'c's'le
3 back *s2, tekn.* (*broms-*) shoe; (*gäng-*) die
4 back *s2* **1** *sport.* back, fullback **2** (*-växel*) reverse [gear]; *lägga i ~en* put the car in reverse
5 back *adv* back; *brassa* ~ brace aback; *gå* (*slå*) ~ back, go astern; *sakta ~!* (slow) easy astern!; *slå ~ i maskin* reverse [the engine]
backa back, reverse; (*om fartyg*) go astern; ~ *upp*, *se uppbacka*; ~ *ur* (*bildl.*) back out
backanal *s3* bacchanal **-isk** bacchanalian
backant bacchant, *fem.* bacchante
back|e *s2* **1** (*sluttning*) hill; slope, hillside; ~ *upp och ~ ner* up hill and down dale; *sakta i -arna!* easy does it!; *över berg och -ar* across [the] country, over hill and dale; *streta uppför en* ~ struggle (trudge) up a hill; *åka nerför ~n* go downhill **2** (*mark*) ground; *komma på bar* ~ be left penniless; *regnet står som spön i ~n* it is raining cats and dogs
backfisch ['back-] *s2* teenage girl, teenager
backhammer (*i brottning*) hammerlock
backhand *s2* backhand **backhandsslag** backhander
backhopp|are ski jumper **-ning** ski-jumping
backig *a1* hilly; undulating
backkrön brow [of a hill]
back|ljus, -lykta reversing light **-ning** backing, reversing
backsippa pasqueflower
back|slag *sjö.* reversing gear **-slagstangent** backspace [key]
backsluttning slope [of a hill], hillside
backspegel rear-view mirror
back|stuga hut, cabin **-stugusittare** crofter **-svala** sand martin **-tävling** ski-jumping competition; (*för bil*) hill climb
backväxel reverse gear
1 bad *imperf. av bedja*
2 bad *s7* bath; (*utomhus*) bathe; *ligga i ~et* (*äv.*) soak in the bath; *ta sig ett* ~ have a bath (bathe)
bada 1 (*ta sig ett bad*) take (have) a bath; (*utomhus*) bathe, take a swim; ~ *i svett* be bathed in perspiration; ~ *naken* skinny-dip; *gå* (*åka*) *och* ~ go for a swim **2** (*tvätta*) bath (*ett barn* a child)
bad|balja bathtub **-bassäng** swimming pool; (*inomhus*) swimming bath **-borste** bath brush **-byxor** [swimming] trunks
badda bathe; ~ *en svullnad* sponge (dab) a swelling

baddare bouncer, corker; *en ~ till gädda* a whopper of a pike
baddning bathing; sponging
bad|dräkt swimming (bathing) costume, swimsuit; *AE. äv.* bathing suit **-erska** [female] bath attendant **-flicka** bathing beauty **-förbud** bathing ban; (*på skylt*) Bathing Prohibited! **-gäst** (*vid -ort*) visitor; (*vid -inrättning*) bather **-handduk** bath towel **-hotell** seaside hotel; (*vid kurort*) health-resort hotel **-hus** bathhouse, public baths (*pl*) **-hytt** bathing cubicle (hut) **-inrättning** *se -hus* **-kappa** bathrobe **-kar** bath[tub] **-klåda** swimmer's itch **-kur** course of baths; *genomgå en ~ i* take the baths at **-lakan** large bath towel
badminton ['bädd-, *äv.* 'badd-] *n* badminton **-boll** shuttle[cock] **-plan** badminton court **-racket** badminton racket **-spelare** badminton player
bad|mästare bath attendant **-mössa** bathing cap **-ort** seaside resort; (*hälsobrunn*) health resort, spa **-rock** *se badkappa* **-rum** bathroom **-rumsmatta** bath mat **-rumsvåg** bathroom scales (*pl*) **-saker** bathing gear **-salt** bath salts (*pl*) **-sejour** stay at a spa (health resort) **-sko** bathing shoe **-strand** [bathing] beach **-ställe** bathing place **-svamp** [bath] sponge **-säsong** bathing season **-termometer** bath thermometer **-tvål** bath soap **-vatten** bath water; *kasta ut barnet med -vattnet* throw the baby out with the bath water
bag [bägg *el.* bagg] *s2* bag
bagage [-'ga:ʃ] *s7* luggage; *AE. äv.* baggage **-hylla** luggage rack **-hållare** luggage carrier **-inlämning** left-luggage office, cloakroom; *AE.* checkroom **-kärra** [luggage] trolley **-lucka** (*utrymme*) boot; *AE.* trunk **-utlämning** luggage delivery [office]; (*på skylt*) claim baggage here
bagarbarn *bjuda ~ på bröd* (*ung.*) carry coals to Newcastle
bagar|e baker **-mössa** baker's cap
bagatẹll *s3* trifle; *det är en ren ~* it's a mere trifle **-artad** [-a:r-] *a5* petty, trivial
bagatelliser|a make light of; belittle; (*överskyla*) extenuate, palliate **-ing** making light of *etc.*
bageri bakery **-arbetare** baker
bagge *s2* ram
baguette [ba'gätt] *s5* baguet[te]
baham|ạn *s3,* **-ansk** [-'a:nsk] *a5* Bahamian
Bahamaöarna [-ˣha:-] [the] Bahamas, [the] Bahama Islands
Bahrẹin *n* Bahrain, Bahrein
bahrein|are [-ˣrei-] *s9,* **-sk** [-'rei-] *a5* Bahraini, Bahreini
bahỵtt *s3* bonnet
baisse [bä:s] *s5* decline, fall [in prices], slump; bear market; *spekulera i ~* operate for a fall; *det är ~ på börsen* it is a bear market **-spekulation** bear operation
bajadạ̈r *s3* bayadere
Bajern ['bajj-] *n* Bavaria **bajersk** ['bajj-] *a5* Bavarian
bajonẹtt *s3* bayonet **-fattning** bayonet **-fäktning** bayonet drill **-koppling** bayonet **-stöt** bayonet thrust
bajrare Bavarian
bajs *s7* number two **bajsa** do a number two
1 bak *s2* (*rygg*) back; (*ända*) behind, backside
2 bak I *adv* behind, at the back; *~ i boken* at the end of the book; *~ och fram* the wrong way round, back to front; *kjolen knäpps ~* the skirt buttons at the back **II** *prep* behind
3 bak *s7* (*bakning*) baking; (*bakat bröd*) batch
baka bake; *~ ihop sig* cake; *~ in* (*bildl.*) include; *~ ut en deg* knead and shape dough [into buns (*etc.*)]
bak|axel rear axle **-ben** hind leg **-binda** pinion
bakbord breadboard
bak|danta *se baktala* **-dantare** *se baktalare* **-del** back, hinder (back) part; (*människas*) buttock[s *pl*]; (*kreaturs*) hindquarter[s *pl*] **-däck** rear tyre **-dörr** back door; (*bils*) rear door **-efter** behind
bakelịt *s3* Bakelite (*varumärke*)
bakelse *s5* pastry, [fancy] cake
bakerst ['ba:k-] **I** *adv* furthest back **II** *superl. a* hind[er]most
bakficka hip pocket; (*restaurangs*) restaurant annexe [with cheaper menu]; *ha ngt i ~n* have s.th. up one's sleeve
bakform baking-tin, patty pan
bak|fot hind foot; *få ngt om ~en* get hold of the wrong end of the stick **-fram** back to front, [the] wrong way round (about) **-full** hung over, crapulous, under the weather; *vara ~* have a hangover; *AE. äv.* be hung over **-gata** backstreet **-grund** background, setting; *teat.* backcloth, backdrop; *mot ~[en] av* (*äv.*) in [the] light of
bakgrunds|figur background figure **-strålning** background radiation
bak|gård back yard **-hal** slippery, tending to slide backwards **-hasor** *i ~na* hot on the heels; *sätta sig på ~na* dig one's heels in, jib **-hjul** rear (back) wheel **-hjulsdrift** rear [wheel] drive **-huvud** back of the (one's) head **-håll** ambush; *ligga i ~ för ngn* lie in ambush for s.b., waylay s.b.
bak|i I *adv* at the back, behind **II** *prep* behind in, in the back of **-ifrån** from behind
bak|kappa counter **-kropp** (*hos insekt*) abdomen **-laddare** breechloader **-laddningsmekanism** breech mechanism **-land** *geogr.* hinterland **-lucka** (*i bil*) boot cover; *AE.* trunk cover; (*utrymme*) *se bagagelucka* **-lykta, -lyse** rear light (lamp); *AE.* taillight, tail lamp **-lås** *dörren har gått i ~* the lock [of the door] has jammed; *hela saken har gått i ~* the whole affair has reached a deadlock **-länges** backwards; *falla ~* fall on one's back; *åka ~* (*i tåg*) sit (travel) with one's back to the engine, (*i buss etc.*) sit (travel) with one's back to the front (driver, horses) **-läxa** *få ~* have to do s.th. (homework) [all] over again
bakning [ˣba:k-] baking
bakom [-å-] behind; *AE. äv.* [in] back of; *~ knuten* round the corner; *föra ngn ~ ljuset* hoodwink s.b.; *klia sig ~ örat* scratch one's ear; *känna sig ~* feel dull (stupid); *vara ~ [flötet]* be soft [in the head]; *man förstår vad som ligger ~* one understands what is at the bottom of it [all] **-liggande** *a4* lying behind [it *etc.*], underlying
bak|plåt baking-sheet **-pulver** baking powder

B

bakpå I *adv* behind, at (on) the back **II** *prep* at (on) the back
bakre ['ba:k-] back; hind
bak|rus *gå i* ~ have a hangover **-ruta** rear window **-sida** back; (*på mynt o.d.*) reverse; *på ~n* on the back, overleaf; *medaljens* ~ (*bildl.*) the other side of the coin **-slag** rebound, rebuff; *biol.* atavism; *tekn.* backfire; *bildl.* reverse, setback, recession; *det blev ett* ~ it was a setback **-slug** underhand, sly, crafty **-slughet** slyness **-smälla** hangover **-strävare** reactionary **-sträveri** reaction **-ström** back (backward) current; backwater; (*elström*) reverse current **-stycke** back **-säte** back (rear) seat **-tala** slander, backbite **-talare** slanderer, backbiter **-tanke** secret (ulterior) motive; *utan -tankar* (*äv.*) unreservedly, straightforwardly; *ha en* ~ have an axe to grind **-tass** hind paw
baktericịd *s3* bactericide; germicide
bakterie [-'te:-] *s3* bacterium (*pl* bacteria), germ, microbe **-dödande** germicidal, bactericidal **-fri** germ-free **-härd** colony of bacteria **-krigföring** germ warfare **-kultur** culture [of bacteria] **-stam** strain [of bacteria]
bakterio|log bacteriologist **-logị** *s3* bacteriology **-logisk** [-'lå:-] *a5* bacteriological; *Statens ~a laboratorium* [the Swedish] national bacteriological laboratory **-stạs** *s3* bacteriostasis
baktill behind, at the back
bakträg kneading trough
baktung heavy at the back
bakugn [baker's] oven
bakụt backwards; behind; *slå* (*sparka*) ~ kick [out]; lash out (*äv. bildl.*)
bak|vagn back of a carriage (*etc.*) **-vatten** backwater; (*bakström*) eddy; *råka i* ~ (*bildl.*) get separated from the main stream [of life]
bakverk [piece of] pastry
bak|väg back way; *gå in ~en* go in the back way; *gå ~ar* use clandestine methods **-vänd** *a5* the wrong way round; (*befängd*) absurd, preposterous; (*förvrängd*) perverted; (*tafatt*) awkward **-vänt** *adv* the wrong way; *bära sig* ~ *åt* be clumsy, act clumsily
bakåt backward[s]; (*tillbaka*) back **-böjd** *a5* bent back **-böjning** backward bend **-kammad** *a5* combed back **-lutande** leaning (sloping) backward[s]; ~ *handstil* backhand [(hand)writing] **-riktad** *a5* pointing backward[s] **-strävande** reactionary **-strävare** *se baksträvare*
bakända *se bakdel*
1 bal *s2* (*packe*) bale; package
2 bal *s3* (*danstillställning*) ball; *gå på* ~ go to a ball; *öppna ~en* open the ball; *~ens drottning* belle of the ball
balalajka [-ˣlajka] *s1* balalaika
balans [-'ans *el.* -'aŋs] *s3* **1** (*jämvikt*) balance, equilibrium **2** (*saldo*) balance; (*kassabrist*) deficit; *ingående* ~ balance brought forward; *utgående* ~ balans carried forward **3** *tekn.* beam; (*i ur*) balance [wheel]
balanser|a [-ans- *el.* -aŋs-] **1** (*hålla i jämvikt*) balance, poise **2** *hand.* balance **-ad** *a5* [well-]balanced; poised; self-controlled **-ing** balancing
balans|gång balancing; *gå* ~ balance [o.s.], walk a tightrope **-hjul** flywheel **-konto** balance account **-organ** organ of equilibrium **-rubbning** disequilibrium **-räkning** balance sheet **-sinne** sense of balance, equilibrium sense **-våg** balance, beam scales
balata [-ˣla:-] *s1* balata
baldakịn *s3* canopy
baldersbrå *s5, s6* scentless mayweed
balẹtt *s3* ballet; *dansa* ~ *a*) (*vara -dansör*) be a ballet dancer, *b*) (*ta -lektioner*) go to ballet classes **-dansör, -dansös** ballet dancer **-mästare** ballet master **-sko** blocked shoe
1 balja *s1* (*kärl*) tub; bowl
2 balja *s1* **1** *bot.* pod **2** (*fodral*) sheath, scabbard
balj|frukt podded fruit **-växt** leguminous plant
1 balk *s2, jur.* code, section
2 balk *s2, byggn.* beam; (*järn-*) girder
Balkan|halvön ['ball-] the Balkan Peninsula **-länderna** the Balkans, the Balkan States
balklänning ball dress
balkong [-'kåŋ] *s3* balcony **-dörr** balcony door **-låda** balcony flower box **-räcke** balcony parapet
ballạd *s3* ballad, lay
ballast, ballasta *se barlast, barlasta*
ballerina [-ˣri:-] *s1* ballerina; *prima* ~ prima ballerina
ballist|ịk *s3* ballistics (*pl, behandlas som sg*) **-isk** [-'liss-] *a5* ballistic; ~ *missil* ballistic missile
ballong [-'åŋ] *s3* balloon **-farare** balloonist **-försäljare** balloon seller **-spärr** balloon barrage **-uppstigning** balloon ascent
balloter|a [vote by] ballot **-ing** balloting
balsa *s1* balsa
balsal ballroom
balsam [ˣball-, *pl* -'sa:-] *s3* balsam; *bildl.* balm **-era** embalm **-ering** [-'me:-] embalming **-ịn** *s3* balsam **-isk** [-'sa:-] *a5* balsamic **-poppel** balsam poplar
balsaträ balsa[wood]
balt *s3* Balt; *han är* ~ he is an Estonian (a Latvian, a Lithuanian) **Baltikum** ['ball-] *n* the Baltic States **baltisk** ['ball-] *a5* Baltic
balustrạd *s3* balustrade
bambu ['bamm-] *s2* bamboo **-ridån** *polit.* the bamboo curtain **-rör** bamboo **-skott** *kokk.* bamboo shoots (*pl*)
bana I *s1* path; *astr.* orbit; (*projektils*) trajectory; (*lopp*) course; (*levnads-*) career; (*lärt yrke*) profession; (*järnväg*) line; *sport.* track, ground, rink; *i långa banor* quantities (lots, no end) of; *vid slutet av sin* ~ at the end of one's career; *välja den prästerliga ~n* enter the Church, take holy orders **II** *v1, ~d väg* beaten track; ~ *väg[en] för ngn* (*bildl.*) pave the way for s.b.; ~ *väg genom* make (clear) a path (way) through; ~ *sig väg* make one's way
banạl *a1* banal, commonplace; *~a fraser* hackneyed phrases **-isera** reduce to the commonplace **-itet** *s3* banality
banạn *s3* banana **-fluga** drosophila (*pl äv.* drosophilae), fruit (vinegar) fly **-kontakt** banana plug **-plantage** banana plantation **-skal** banana skin **-stock** banana stem **-träd** banana
banbryt|ande *a4* pioneering, groundbreaking; ~ *arbete* pioneer[ing] work **-are** pioneer (*för* of)
1 band *imperf. av binda*

2 band *s7* **1** (*ngt som binder*) band; (*remsa, i sht som prydnad*) ribbon; (*linne-, bomulls-*) tape; (*som hopsnör*) tie, string[s *pl*]; (*bindel*) sling; *anat.* ligament; (*bok-*) binding, cover; (*volym*) volume; *tekn.* belt; (*inspelnings-*) tape; *halvfranskt* ~ half-binding; *löpande* ~ assembly line; *ha armen i* ~ have one's arm in a sling; *måla tavlor på löpande* ~ produce (turn out) paintings in a steady stream; *spela in på* ~ record on tape, make a tape recording; *bilen har just lämnat ~et* the car has just left the assembly line **2** (*ngt som sammanbinder*) tie, bond; (*boja*) bond; (*för hund*) leash, lead; (*tunn-*) hoop; (*tvång*) restraint; *enande* ~ unifying bond; *kärlekens* ~ the ties of love; *träldomens* ~ the bonds of slavery; *lossa tungans* ~ loosen a p.'s tongue; *lägga* ~ *på ngn* lay restraint upon s.b.; *lägga* ~ *på sig* restrain (control) o.s.; *hunden går i* ~ the dog is on the lead **3** (*följe, anhang*) band, gang **4** (*orkester*) band

banda *radio.* tape[-record], record

bandage [-'da:ʃ] *s7* bandage

banderoll [-'råll] *s3* banderol[e], banner, streamer

band|hund watchdog; *skälla som en* ~ (*bildl.*) swear the devil out of hell **-inspelning** tape recording

bandit *s3* bandit, brigand; *enarmad* ~ (*spelautomat*) one-armed bandit, slot machine **-hövding** brigand chief

band|järn hoop (strip, band) iron **-mask** tapeworm **-rosett** tuft of ribbons; favour **-spelare** tape recorder **-såg** band saw **-traktor** caterpillar [tractor] **-tång** *bot.* eelgrass **-upptagning** tape recording **-vagn** tracked vehicle

bandy ['bandy *el.* -i] *s2* bandy **-klubba** bandy [stick] **-lag** bandy team **-match** bandy match **-spelare** bandy player

1 bane *oböjligt s, bringa å* ~ bring up, set on foot

2 bane *oböjligt s* death; *få sin* ~ meet one's death, perish; *skottet blev hans* ~ the shot proved fatal [to him] **-man** slayer, assassin

baner *s7* banner, standard **-förare** standard-bearer

banesår mortal wound

bang *s2* (*överljudsknall*) sonic boom (bang)

Bangladesh [-'deʃ] *n* Bangladesh

bangladesh|are [-ˣdeʃ-] *s9*, **-isk** [-'deʃ-] *a5* Bangladeshi

bangård [railway, *AE.* railroad] yard

banjo ['bann-] *s5* banjo

1 bank *s2* (*undervattensgrund*) bank, bar; (*vall*) embankment, dyke; (*moln-*) [cloud]bank

2 bank *s3* (*penninginrättning*) bank; banking house; (*blod- etc.*) bank; *pengar på ~en* money in (at) the bank; *spränga ~en* (*spel.*) break the bank; *sätta in på ~en* deposit in the bank, bank; *ta ut från ~en* withdraw from the bank

1 banka *se bulta*

2 banka *flyg.* bank

bank|affärer bank[ing] business (transactions) **-automat** *se bankomat* **-bok** bankbook, passbook **-bud** bank messenger **-direktör** bank executive; bank manager

bankett *s3* banquet

bank|fack safe-deposit box **-filial** branch [of a bank] **-fridag** bank holiday **-förbindelse** bank[ing] connection; (*i brevhuvud*) bank[er] **-garanti** bank[er's] guarantee **-giro** bank giro service (account) **-inspektion** *~en* [the Swedish] bank inspection board

bankir *s3* [private] banker **-firma** banking house, bankers (*pl*)

bank|kamrer *ung.* chief clerk of a bank department, bank accountant; (*vid filial*) branch manager **-kassör** bank cashier; *AE.* teller **-konto** bank account **-kontor** bank (banking, branch) office **-kort** banker's card, bank card **-kredit** bank credit **-lån** bank loan **-man** banker, bank official; bank clerk

bankofullmäktige the board of governors of the Riksbank (Bank of Sweden)

bankomat automatic cash dispensing machine, cash dispenser

bankrutt I *s3* bankruptcy, failure; *göra* ~ become bankrupt **II** *a4* bankrupt, ruined; *vara* (*bli*) ~ be (go) bankrupt **-era** become bankrupt; go bankrupt **-mässig** *a1*, *vara* ~ be insolvent, be on the verge of bankruptcy **-ör** bankrupt

bank|rån bank robbery **-rånare** bank robber **-räkning** bank account **-ränta** bank rate **-tillgodohavande** bank balance **-tjänsteman** bank clerk; *AE.* teller **-valv** strongroom; vault **-väsen** ~[*det*] banking

bann *s7* ban; anathema; *jfr bannlysning* **banna** scold

bann|bulla papal bull of excommunication **-lysa** excommunicate, put under a ban; (*friare*) ban, prohibit **-lysning** excommunication; banishment, ostracism **-or** *pl* scolding (*sg*); *få* ~ be scolded, get a scolding **-stråle** anathema; *utslunga en* ~ *mot* condemn vehemently, fulminate against

banrekord track record

banta slim; ~ *ner* reduce (*utgifterna* expenses)

bantamvikt bantamweight

bantlär *s3* bandoleer, shoulder belt

bantning slimming **bantningskur** [course of] slimming

bantu|neger Bantu **-språk** Bantu **-stan** Bantustan, homeland

ban|vagn *fritt å* ~ free on rail (*förk.* f.o.r.), *AE.* free on truck (*förk.* f.o.t.) **-vakt** lineman **-vaktsstuga** lineman's cottage **-vall** [railway] embankment, roadbed **-övergång** level (*AE.* grade) crossing

bapt|ism Baptist faith **-ist** *s3*, **-istisk** [-'ist-] *a5* Baptist

baptistsamfund Baptist Church

1 bar *s3* (*självservering*) snack bar, cafeteria; (*utskänkningsställe*) bar, cocktail lounge

2 bar *s9* (*måttenhet*) bar

3 bar *a1* bare; naked; (*blottad*) exposed; *inpå ~a kroppen* to the skin; *under* ~ *himmel* under the open sky; *be på sina ~a knän* pray on one's bended knees; *blomma på* ~ *kvist* blossom on a leafless (bare) twig; *ertappa ngn på* ~ *gärning* catch s.b. red-handed (in the act)

4 bar *imperf. av bära*

bara I *adv* only; merely; *i* ~ *skjortan* in one's shirt; *det fattas* ~ *det!* that would be the last straw!; *du skulle* ~ *våga!* just you dare!, do it, if you dare!;

gör ~ som jag säger you just do as I tell you; *hon är ~ barnet* she is a mere (just a) child; *vänta ~!* just you wait! **II** *konj* if only; (*för så vitt*) provided, so (as) long as

barack *s3* barracks (*ibl. äv.* barrack); (*skjul*) shed; (*bostad*) tenement [building]

bar|armad *a5* barearmed **-axlad** *a5* bareshouldered

barb *s3* (*fisk*) barbel

barbacka [×ba:r-] bareback[ed]

barbar *s3* barbarian **barbari** *s4* barbarism, barbarity, barbarousness

barbar|isk [-'ba:-] *a5* barbarian, barbaric, barbarous **-iskhet** barbarity, barbarousness **-ism** barbarism

barbent [×ba:rbe:nt] *a4* barelegged

barberare [-×be:-] barber

barbiturat *s7, s4* barbiturate

1 bard [-a:-] *s3* (*hos val*) whalebone, baleen

2 bard [-a:-] *s3* (*skald*) bard; minstrel

bardisan *s3* partisan

bardisk [×ba:r-] bar [counter]

bardun *s3, sjö.* backstay

bardval whalebone (baleen) whale

barett *s3* peakless cap; (*kantig*) biretta

barfota *adv o. oböjligt a* barefoot[ed] **-läkare** barefoot doctor

bar|huvad *a5* bareheaded **-hänt** *a4* barehanded

barium ['ba:-] *s8* barium **-gröt** barium meal

1 bark *s3, s2* (*skepp*) barque, bark

2 bark *s2, s3* (*på träd*) bark

3 bark *s2, s3, med.* cortex (*pl* cortices)

1 barka (*träd*) bark; (*hudar*) tan; *~de händer* horny hands

2 barka *~ i väg* fly off; *det ~r åt skogen för honom* he's sunk

barkaroll [-'råll] *s3* barcarol[l]e

barkass *s3* launch; longboat

bark|borre *s2* bark beetle **-bröd** bark bread **-båt** bark boat **-ning** barking, removal of the bark

bar|last ballast; *bildl.* dead weight **-lasta** ballast

barm *s2* bosom, breast; *bildl. äv.* heart; *nära en orm vid sin ~* nourish a viper in one's bosom

barmark [×ba:r-] bare (snowless) ground

barmhärtig [-'härt-, *ibl.* ×barm-] *a1* merciful (*mot* to); (*välgörande*) charitable (*mot* to) **-het** mercy; *visa ~ mot* show mercy to

barmhärtighetsverk act of mercy (charity)

barmästare bartender

1 barn [-a:-] *r* el. *n, fys.* barn

2 barn [-a:-] *s7* child (*pl* children); (*späd-*) baby, infant; *ett stundens ~* a creature of impulse; *samma andas ~* birds of a feather; *med ~ och blomma* with the whole family, with kith and kin; *bli ~ på nytt* be in one's second childhood; *vara (bli) med ~* be (become) pregnant; *han är som ~ i huset* he is like one of the family; *hon är bara ~et* she is a mere child; *hon är ett ~ av sin tid* she is a child of her age; *alla ~ i början* everyone is a fumbler at first; *av ~s och spenabarns mun* out of the mouths of babes and sucklings; *bränt ~ skyr elden* once bitten, twice shy; *kärt ~ har många namn* a pet child has many names; *lika ~ leka bäst* birds of a feather flock together

barna|dödlighet infant mortality **-fader** father [of an illegitimate child] **-föderska** woman in confinement

barnalstring procreation (begetting) of children

barna|mord infanticide **-mun** *i ~* in the mouth of a child **-mördare** infanticide

barnarbete child labour

barna|rov kidnapping **-sinne** childlike mind; *det rätta ~t* true childlike piety; *ha sitt ~ kvar* be still young at heart **-skara** *se barnskara* **-tro** childlike faith

barnavdelning children's section; (*på sjukhus*) children's ward

barnavård child welfare (care)

barnavårds|central child welfare clinic; *AE.* well baby clinic **-man** child welfare officer **-nämnd** child welfare committee

barnaår childhood

barn|barn grandchild **-barnsbarn** great grandchild **-beck** *med.* meconium **-begränsning** birth control **-bespisning** meals for [poor] children; *skol.* provision of free meals for school children **-bidrag** [government] child benefit **-biljett** child's ticket **-bok** child's (children's) book **-bördshus** maternity (lying-in) hospital **-daghem** day nursery, crèche

barndom childhood; (*späd*) infancy (*äv. bildl.*)

barndoms|hem home of one's childhood **-minne** memory from one's childhood **-vän** friend of one's childhood

barn|dop christening **-familj** family with children **-film** children's film **-flicka** nurse[ry]maid, nurse **-förbjuden** for adults only; *~ film* adult audience (A) film **-förlamning** polio[myelitis], infantile paralysis **-hage** playpen **-hem, -hus** orphanage **-husbarn** orphanage child **-jungfru** nurse[ry]maid, nurse, nanny **-kalas** children's party **-kammare** nursery **-kammarrim** nursery rhyme **-kläder** children's (baby) clothes **-koloni** [children's] holiday camp **-konfektion** children's wear **-krubba** crèche **-kär** fond of children **-lek** children's game; *bildl.* child's play **-läkare** children's specialist; paediatrician **-lös** childless **-mat** baby food **-misshandel** child abuse **-morska** *s1* midwife **-omsorg** child welfare **-parkering** crèche **-passning** child minding **-piga** *se -jungfru* **-program** children's programme **-psykiater** child psychiatrist **-psykiatri** child psychiatry **-psykolog** child psychologist **-psykologi** child psychology **-puder** baby powder **-radio** radio broadcast for children; children's programme **-rik** *~a familjer* large families **-rumpa** *skämts.* baby, silly fool; *han är en riktig ~* he is a real baby

barns|ben *från ~* from early childhood **-börd** childbirth, confinement

barn|sjukdom children's disease (illness); *~ar (bildl.)* teething troubles **-sjukhus** children's hospital **-skara** family of children **-sko** child's (baby) shoe; *ha trampat ur ~rna* be out of the cradle **-skrik** child's howling **-sköterska** [child's, children's] nurse

barnslig *a1* childlike; (*oförståndig*) childish **-het** childishness

barn|stuga child day-care centre **-säker** childproof **-säng 1** child's bed, cot **2** *med.* childbed, childbirth, confinement; *ligga i ~* be lying-in; *dö* *i* ~ die in childbirth **-sängsfeber** childbed (puerperal) fever **-teater** children's theatre **-tillsyn** child minding **-tillåten** for children also; ~ *film* universal exhibition (U) film **-trädgård** nursery school, kindergarten **-unge** child, kid; (*neds.*) brat **-uppfostran** education (bringing up) of children **-vagn** perambulator, pram; *AE.* baby carriage **-vakt** baby-sitter; *sitta* (*vara*) ~ baby-sit **-visa** children's song **-vänlig** ~*t dörrhandtag* childadapted door handle; ~ *miljö* environment suitable for children

barock [-'råck] **I** *a1* **1** *konst.* baroque **2** (*orimlig*) odd, absurd **II** *s2* baroque **-ornament** baroque ornament **-pärla** baroque (irregularly shaped) pearl **-stil** baroque

barograf *s3* barograph

barometer [-'me:-] *s2* barometer; *vard.* glass **-stånd** barometric pressure

baron *s3* baron; (*brittisk titel*) Lord; (*icke brittisk titel*) Baron **-essa** [-ˣessa] *s1* baroness; (*brittisk titel*) Lady; (*icke brittisk titel*) Baroness

1 barr *s3* (*gymnastikredskap*) (*för herrar*) parallel bars (*pl*), (*för damer*) uneven [parallel] bars (*pl*)

2 barr *s7, bot.* needle **barra** shed its needles

barracuda [-ˣku:-] *s1* barracuda

barrikad *s3*, **-era** *v1* barricade

barriär *s3* barrier

barr|skog coniferous forest (woodland) **-träd, -växt** conifer; fir

barservering snack bar, cafeteria

barsk *a1* gruff, harsh, rough **-het** gruffness *etc.*

barskrap|a scrape bare **-ad** *a5, vard.* stony broke; *han är inte* ~ he is not badly off

bar|skåp cocktail cabinet **-stol** bar stool

bart [-a:-] *blott och* ~ merely, only

bartender *s2* bartender

bartolomeinatten [-ˣme:i-] *hist.* St. Bartholomew's Day Massacre

barvinter snowless winter

baryon [-'å:n] *s3* baryon

barysfär *s3* barysphere

baryt *s3, miner.* barytes

baryton ['barrytån *el.* 'barri-] *s3* baritone

1 bas *s2, mus.* bass; bass voice

2 bas *s2* (*arbetsförman*) foreman, *fem.* forewoman; *vard.* boss

3 bas *s3, mat. o. kem.* base; (*utgångspunkt*) base

4 bas *s3* (*grund*) basis

1 basa (*aga*) whip, smack

2 basa (*ångbehandla*) steam

3 basa *vard.* (*vara ledare*) be the boss (*för* of)

basalt *s3* basalt

basar *s3* baza[a]r **-stånd** *s7* stall

basbelopp basic amount

baseball ['beisbå:l] *s2* baseball **-spelare** baseball player

Basedows sjukdom ['ba:-] Graves' disease

basera base; ~ *sig på* be based upon; base one's statements upon

basfiol double bass; *vard.* bass [fiddle]

bashyra basic rent

basilika [-'si:- *el.* -ˣsi:-] *s1* **1** (*byggnad*) basilica **2** (*kryddväxt*) [sweet] basil

basilisk *s3* basilisk; (*fabeldjur äv.*) cockatrice

basindustri basic industry

basis ['ba:-] *r* basis; *på* ~ *av* on the basis of

basisk ['ba:-] *a5* basic

basist double-bass player; bassist

bask *s3* Basque

basker ['bass-] *s2* beret

basketboll ['ba:sket-] basketball

bask|isk ['bask-] *a5* **-iska** *s1* (*språk*) Basque

bas|klav bass clef, F clef **-linje** baseline **-livsmedel** staple foods

basrelief *s3* bas-relief

basröst bass [voice]

basse *s2, vard.* lubber; *mil. ung.* private, Tommy

bassångare bass [singer]

bassäng *s3* basin; (*bad-*) pool

bast *s7* bast; (*fiber*) bast, bass; (*t. flätning etc.*) raffia

1 basta *och därmed* ~*!* and there's an end of it!, and that's that!

2 basta *vard.* (*bada bastu*) take a sauna

bastant *a1* substantial, solid; (*tjock*) stout

bastard [-'a:rd] *s3* bastard; *naturv.* hybrid

bastfiber bast fibre

Bastiljen [-'tiljen] the Bastille

bastingering [-iŋ'ge:-] *sjö.* topgallant bulwark

bastion [basti'ɔ:n] *s3* bastion

bast|matta bass (bast) mat **-omspunnen** *a5*, ~ *flaska* bast-encased bottle

baston [ˣba:s-] bass note

bastonad *s3* bastinado, thrashing

bastrumma bass drum

bastu *s5* sauna; *bada* ~ take a sauna

bastuba bass tuba

basun *s3* trombone; (*friare*) trumpet; *stöta i* ~ *för sig* blow one's own trumpet **-era** ~ *ut* noise abroad (about) **-ist** trombonist **-stöt** trumpet blast

bas|vara staple commodity **-år** base year

batalj *s3* battle; (*tumult*) turmoil, tussle **-målning** painting of battle scene[s]; battlepiece

bataljon *s3* **1** *mil.* battalion **2** (*i kägelspel*) *slå* ~ make a strike, knock down all the pins

batat sweet potato, batata

batik *s3* bat[t]ik

batist batiste, cambric, lawn

batong [-'tåŋ] *s3* truncheon; *AE. äv.* blackjack

batteri battery; *tekn. o. fys.* storage battery, accumulator; *mus.* rhythm section, drums **-driven** battery operated (powered) **-laddare** [battery] charger **-radio** battery receiver (set)

batterist drummer; timpanist

baty|sfär bathysphere **-skaf** *s3* bathyscaph[e]

baud *r* (*måttenhet*) baud

bautasten [ˣbau-] *ung.* menhir, old Norse memorial stone

bauxit [bau'ksi:t] *s3* bauxite

B-avdrag leave on partial pay

baxa prise; *AE.* pry

baxna be astounded; *han ljuger så man* ~*r* his lies take one's breath away

BB *förk. för barnbördshus*

B-dur B flat major

be *bad bett* **1** (*anhålla*) ask (*ngn om ngt* s.b. for s.th.); (*hövligt*) request (*ngn att göra ngt* s.b. to do s.th.); (*enträget*) beg, implore, entreat, beseech; *får jag* ~ *om brödet?* may I trouble you for the bread?; *jag ber att få beklaga sorgen* may I express my deep sympathy; *jag ber om min hälsning* *till* my kind regards to, please remember me to; *jag ber om ursäkt* I beg your pardon; *litet gladare, om jag får* ~ do cheer up a little; *nu ber du för din sjuka mor* that's one for her (*etc.*) and two for yourself; *se bedjande på ngn* look imploringly at s.b.; *å jag ber!* don't mention it! **2** (*förrätta bön*) pray **3** (*inbjuda*) ask, invite

beakt|a [-'akta] pay attention to; notice, observe; (*fästa avseende vid*) pay regard to, heed; (*ta hänsyn t.*) consider, take into consideration; *att* ~ to be noted **-ande** *s6* consideration; *med* ~ *av* in (with) regard to, considering **-ansvärd** [-ˣakt-] *a1* worth (worthy of) attention, noteworthy; (*ansenlig*) considerable

bearbet|a [ˣbe:-] (*gruva o.d.*) work; (*jord*) cultivate; *kem.* treat, process; *tekn.* machine, (*med verktyg*) tool; (*bok*) revise; (*teaterpjäs*) adapt; (*vetenskapligt material, råmaterial*) work up; *mus.* arrange; (*bulta på*) pound; *bildl.* [try to] influence; (*väljare, kunder*) canvass **-ning** working *etc.*

béarnaisesås Béarnaise [sauce]

bebland|a [-'blanda] *rfl* **1** (*umgås*) associate, mix (*med* with) **2** have sexual intercourse (*med* with) **-else 1** association **2** sexual intercourse

bebo inhabit; (*hus*) occupy, live in **-elig** [-'bo:-] *a5* [in]habitable, fit to live in

bebygg|a [-'bygga] (*område*) build [up]on; (*befolka*) colonize, settle [down] in; *glest -da områden* thinly populated (rural) areas; *tätt -da områden* densely built-up areas **-else 1** *konkr.* buildings (*pl*), houses (*pl*) **2** building up; colonization, settlement

bebåd|a [-'bå:-] (*tillkännage*) announce, proclaim; (*förebåda*) herald, betoken; (*ställa i utsikt*) foreshadow **-else** *bibl.* Annunciation **-elsedag** *Marie* ~ Lady (Annunciation) Day

béchamelsås [-ˣmell-] béchamel sauce

beck *s7* pitch

beckasin *s3* snipe

beckbyxa (*sjöman*) Jack Tar

beck|ig pitchy **-mörk** pitch-dark **-mörker** pitch-darkness **-svart** pitch-black

becquerel [bek'räll] *r* (*måttenhet*) becquerel

be|dagad [-'da:-] *a5* passé; past one's prime **-darra** [-'darra] calm down, lull, abate

bedja [ˣbe:-] *se be*

be|dra[ga] deceive, impose upon; *vard.* dupe, trick; (*på pengar*) swindle, defraud; (*vara otrogen mot*) betray; *om inte mitt minne -drar mig* if [my] memory serves me right; *skenet -drar* appearances are deceptive; *snålheten -drar visheten* penny-wise and pound-foolish; *världen vill ~s* the world likes to be cheated; ~ *sig* be mistaken (*på ngn* in s.b.)

bedrag|are, -erska [-'dra:-] impostor, swindler; *vard.* fraud

be|drift *s3* exploit, achievement, feat **-driva** [-'dri:-] carry on, manage; (*studier*) pursue; (*sysselsättning*) prosecute; ~ *hotellrörelse* run a hotel

bedräg|eri (*brott*) fraud, imposture, swindle; (*bländverk*) illusion; *lögn och* ~ fraud and falsehood **-lig** [-'drä:g-] *a1* (*om pers.*) false, deceitful; (*om sak*) deceptive, delusive, illusory, fraudulent; *~t förfarande* fraudulent proceeding[s *pl*], deceit; *på ~t sätt* fraudulently, by fraud

bedröv|a [-'drö:-] distress, grieve; *det ~r mig djupt* it distresses me deeply **-ad** *a5* distressed, grieved (*över* at, about) **-else** distress, grief, sorrow, affliction; *efter sju sorger och åtta ~r* after countless troubles and tribulations **-lig** *a1* deplorable, lamentable; (*svagare*) regrettable, sad; (*usel*) miserable

beduin *s3* Bed[o]uin

bedyr|a [-'dy:-] protest (*inför* to; *vid* on); asseverate; ~ *sin oskuld* protest one's innocence; *edligen* ~ swear **-ande** *s6* protesting; protestation (*om* of), asseveration

bedår|a [-'då:-] infatuate, fascinate; enchant **-ande** *a4* infatuating *etc.*; charming

bedöm|a [-'dömma] judge, form an opinion of; (*uppskatta*) estimate; (*betygsätta*) mark; (*en bok*) review, criticize **-ande** *s6* judging, judg[e]ment; estimate; mark-setting; review, criticism; *efter eget* ~ at one's own discretion; *det undandrar sig mitt* ~ that is beyond my judgment **-are** judge **-ning** *se -ande* **-ningsfråga** matter of judgment

bedöv|a [-'dö:-] make (render) unconscious; stun, stupefy; *med.* anaesthetize **-ande** *a4* stunning, stupefying; *med.* anaesthetic; narcotic; (*öron-*) deafening **-ning** (*medvetslöshet*) unconsciousness; (*narkos*) anaesthesia **-ningsmedel** anaesthetic [agent]

beediga [-'e:di-] swear to, confirm by oath; *~d* sworn [to]; *~t intyg* sworn certificate

befall|a [-'falla] *v2* **1** (*kommendera*) order; (*högtidligt*) command; (*tillsäga*) tell; (*föreskriva*) prescribe, direct; (*an-*) commit, commend; *inte låta sig ~s av vem som helst* not take orders from just anybody; *som ni -er* as you choose (please); *vad -s?* I beg your pardon? **2** (*föra befälet*) [have, exercise] command; ~ *fram* call for; ~ *fram sina hästar* order one's horses; *ni har blott att* ~ you have only to say the word **-ande** *a4* commanding; imperative; imperious **-ning** order, command; *på ngns* ~ by the order of s.b.; *få* ~ *att* receive orders to, be ordered to; *ge* ~ *om ngt* issue orders about s.th. **-ningshavande** *s9, konungens* ~ (*ung.*) County Administration

1 befara [-'fa:-] *v1* (*frukta*) fear; ~ *det värsta* expect the worst

2 befar|a [-'fa:-] *befor befarit* (*fara på el. över*) travel through, traverse; (*om fartyg*) navigate; ~ *en väg* use (frequent) a road **-en** *a5, sjö.* experienced

befatt|a [-'fatta] *rfl,* ~ *sig med* concern o.s. with, *vard.* go in for; *sådant ~r jag mig inte med* that is no business of mine **-ning 1** (*beröring*) dealing, connection; *ta* ~ *med* take notice of; *vi vill inte ha ngn* ~ *med den saken* we do not want to have anything to do with that **2** (*anställning*) post, appointment, position; office

befattnings|beskrivning job description **-havare** employee; (*ämbetsman*) official; *koll.* staff, *AE.* personnel

befinn|a [-'finna] *rfl* (*vara*) be; (*känna sig*) feel; (*upptäcka sig vara*) find o.s.; *hur -er ni er i dag?* how are you today? **-ande** *s6* [state of] health, condition **-as** prove (turn out) [to be]; *han befanns vara oskyldig* he turned out to be innocent; *vägd och befunnen för lätt* weighed in the balance and found wanting

B

befintlig [-'fint-] *a5* (*förefintlig*) existing; (*tillgänglig*) available; *i ~t skick* in [its] existing condition **-het** existence; presence

be|fjädrad [-'fjä:d-] *a5* feathered **-flita** [-'fli:-] *rfl*, *~ sig om* exert o.s. to maintain, strive after [to attain] **-fläcka** [-'fläcka] stain, defile

befogad [-'fo:-] *a5* (*om pers.*) authorized, entitled (*att* to); (*om sak*) justifiable, justified, legitimate; *det ~e i* the justness (legitimacy) of **befogenhet** [-'fo:-] authority, powers (*pl*), right; *sakna ~* lack competence; *överskrida sina ~er* exceed one's powers

befolk|a [-'fålka] populate, people; *glest* (*tätt*) *~d trakt* sparsely (densely) populated region **-ning** population

befolknings|explosion population explosion **-förhållanden** *pl* demographic (population) situation (*sg*) **-grupp** group of the population **-lager** stratum (*pl* strata) of the population **-lära** demography **-pyramid** population pyramid **-statistik** vital (population) statistics (*pl*) **-tillväxt** population growth **-täthet** population density **-överskott** surplus population

befordr|a [-'fo:rdra] **1** (*sända*) convey, transport, forward, send; (*skeppa*) ship; (*med post*) send by mail **2** (*upphöja*) promote; *~ ngn till kapten* promote s.b. captain **3** (*främja*) promote, further; *arbete ~r hälsa och välstånd* he that labours and thrives spins gold; *~ matsmältningen* aid digestion **-an** *r* **1** conveyance *etc.*; *för vidare ~* to be forwarded **2** promotion, advancement, furtherance **-ande** *a4* promotive (*för* of)

befordrings|avgift [-ˣfo:rd-] forwarding charge[s *pl*], postage, carriage **-gång** system of promotion **-medel** means of conveyance (transport), transportation **-möjligheter** chances of promotion **-sätt** mode of conveyance

befrakt|a [-'frakta] charter, freight **-are** charterer, freighter, shipper **-ning** chartering, freighting **-ningsavtal** freight contract; *sjö.* [time] charter

befri|a [-'fria] set free, liberate; (*från löfte o.d.*) release; (*frälsa*) deliver (*från* from; *ur* out of); (*från börda o.d.*) relieve; (*från bojor*) unchain; (*från ansvar o.d.*) exonerate; (*frikalla*) exempt; (*från examensprov*) excuse; (*undsätta*) relieve; *~d från* free (exempt) from; *~ träd från ohyra* rid trees of blight; *~ från rost* derust, clean of rust; *~ från straff* remit a penalty (punishment); *~ sig från* free o.s. from; *~ sig från ngt obehagligt* shake off s.th. unpleasant **-ande I** *a4* liberating *etc.*; *en ~ suck* a sigh of relief **II** *adv*, *verka ~* have a relieving effect, give relief **-are** liberator; deliverer; rescuer

befrielse [-'fri:-] **1** (*frigörelse*) freeing; liberation; release; *~ns timme* the hour of deliverance **2** (*frikallande*) exemption; *~ från avgift* exemption from duty **3** (*lättnad*) relief **-front** liberation front **-krig** war of liberation **-rörelse** liberation movement

befrukt|a [-'frukta] fertilize, fecundate; *bildl.* stimulate, inspire **-ning** fertilization, fecundation; *konstgjord ~* artificial insemination

befrynd|a [-'frynda] *rfl* ally o.s. (*med ngn* to s.b.) **-ad** *a5* related (*med* to); allied (*med* to, with) (*äv. bildl.*)

befrämj|a [-'främja] promote, further, stimulate; encourage **-ande I** *s6* furthering; promotion, furtherance; encouragement **II** *a4* promoting *etc.* **-are** promoter, supporter

befullmäktig|a [-ˣfull-] authorize, empower; *en ~d* an attorney, a proxy; *~t ombud* authorized representative, proxy **-ande** *s6* authorization

befäl *s7* **1** command; *föra ~ över* be in command of; *inneha högsta ~et* be first in command **2** *pers. koll.* [commissioned and noncommissioned] officers (*pl*) **-havande** *s9*, *~ officer* commanding officer, officer in command **-havare** commander (*över* of); *sjö.* master, captain (*på ett fartyg* of a ship)

befäls|föring the exercise of command **-person** *se befäl 2* **-post** command **-tecken** broad pennant

befängd [-'fäŋd] *a1* preposterous, absurd, ridiculous; (*om pers.*) out of his (*etc.*) senses **-het** madness, absurdity

befäst|a [-'fästa] fortify; *bildl.* consolidate, confirm, strengthen; *~ sin ställning* consolidate one's position **-ning** fortification

befäst|ningskonst [science of] fortification **-ningsverk** fortifications (*pl*), defensive works (*pl*)

begabb|a [-'gabba] scoff [at], mock **-else** scoffing, mockery

begagn|a [-'gaŋna] use, make use of, employ; *~ sig av a*) (*använda*) make use of, employ, *b*) (*dra fördel av*) profit by, avail o.s. of; *~ sig av tillfället* seize the opportunity **-ad** *a5* used; (*om vara*) second-hand **-ande** *s6* use, employment

begapa [-'ga:pa] gape at

be|ge [-'je:] *rfl* go, proceed; *~ sig av* depart (*till* to, for), set out (off) (*till* for), start (*till* for); repair (*till* to); *~ sig på flykt* take to flight; *~ sig till sjöss* go (put out) to sea; *på den tiden det -gav sig* in the good old days; *det -gav sig inte bättre än att han* as ill-luck would have it, he

begeistr|ad [-'gei- *el.* -'gai-] *a5* enthusiastic **-ing** enthusiasm

begiva [-'ji:-] *se bege*

begiven [-'ji:-] *a3* given (*på* to), fond (*på* of), keen (*på* on) **-het** (*böjelse*) fondness (*på* for); (*händelse*) [great] event; (*attraktion*) highlight

begjuta [-'ju:-] pour upon; soak, water

begonia [-'go:-] *s1* begonia

begrav|a [-'gra:-] *v2* bury; *död och -en* dead and buried; *~ i glömska* consign to oblivion; *här ligger en hund -en* I smell a rat **-ning** (*jordfästning*) burial; (*ceremoni*) funeral

begravnings|akt funeral ceremony **-byrå** firm of undertakers (*AE. äv.* morticians) **-entreprenör** undertaker; *AE. äv.* mortician **-hjälp** death grant **-kassa** funeral expenses fund **-marsch** dead march **-plats** (*äldre*) burial ground; (*modern*) cemetery **-procession** funeral procession

begrepp *s7* conception, notion, idea; *filos.* concept, idea; *göra sig* (*ge*) *ett ~ om* form (give) an idea of; *inte ha det ringaste ~ om* not have the slightest idea (notion) of, know nothing whatever about; *stå i ~ att* be on the point of, be about to

begrepps|analys concept analysis **-bestämning** concept definition **-förvirring** confusion of ideas **-vidrig** illogical

begrip|a [-'gri:p-] understand, comprehend; grasp; see; *få ngn att ~* make clear to s.b.; *~ sig på* understand **-lig** *a1* intelligible, comprehensible (*för* to); *av lätt ~a skäl* for obvious reasons; *göra ngt ~t för ngn* make s.th. clear to s.b.

begrundan [-'grund-] *r* meditation, reflection **begrundansvärd** [-ˣgrunn-] *a1* worth considering

begråta [-'grå:-] mourn, weep for, deplore, lament; (*högljutt*) bewail

begräns|a [-'gränsa] bound, border; *bildl.* define; (*inskränka*) limit, restrict, circumscribe; *~ sig* limit (restrict, confine) o.s. (*till* to); *bolag med ~d ansvarighet* limited [liability] company; *ha ~de resurser* have limited resources (means) **-ning** boundary; *bildl.* limitation, restriction, restraint

begynn|a [-'jynna] *v3* begin **-else** beginning, outset

begynnelse|bokstav initial [letter]; *stor ~* capital **-lön** commencing salary **-ord** initial (opening) word **-stadium** initial (first) stage (phase)

begå 1 (*göra sig skyldig t.*) commit; *~ ett fel* make a mistake; *~ självmord* (*ett brott*) commit suicide (a crime) **2** (*fira*) celebrate; *~ nattvarden* go to Communion **-ende** *s6* **1** committing *etc.* **2** celebration

begåv|a [-'gå:-] endow **-ad** *a5* gifted, clever, talented; *klent ~* untalented; *konstnärligt ~* artistic; *han är konstnärligt ~* (*äv.*) he has artistic gifts **-ning 1** (*anlag*) talent[s *pl*], gift[s *pl*] **2** *pers.* talented (gifted) person; *en av våra största ~ar* one of our best (most brilliant) minds

begåvnings|flykt brain drain **-reserv** unexploited talent

begär [-'jä:r] *s7* desire (*efter* for); (*starkare*) craving, longing (*efter* for); (*åtrå*) appetite, lust (*efter* for); *fatta ~ till* conceive a desire for; *hysa ~ efter* (*till*) feel a desire for, covet; *tygla sina ~* restrain one's desires (passions)

begära [-'jä:-] *v2* ask [for], demand; (*anhålla om*) request; (*ansöka om*) apply for; (*fordra*) require; (*trakta efter*) covet; (*vänta sig*) expect; *~ avsked* hand in one's resignation; *~ ordet* ask permission to speak; *är det för mycket begärt?* is it too much to ask?

begär|an [-'jä:r-] *r* (*anhållan*) request (*om* for); (*anmodan*) demand (*om* for); (*ansökan*) application (*om* for); *på ~* on request; *på egen ~* at his (*etc.*) own request; *bifalla en ~* grant a request; *skickas på ~* will be sent on request (application) **-else** desire **-lig** *a5* (*eftersökt*) in demand, sought after; (*tilltalande*) attractive; (*lysten*) covetous **-ligt** *adv* covetously; *~ gripa efter* reach greedily for

behag *s7* **1** (*belåtenhet*) pleasure, delight; (*tillfredsställelse*) satisfaction; (*tycke*) fancy; *fatta ~ till* take a fancy to; *finna ~ i* [take] pleasure in, delight in **2** (*gottfinnande*) pleasure, will; *efter ~* at pleasure, at one's own discretion **3** (*behaglighet*) charm; amenity; *äga nyhetens ~* have the charm of novelty; *det har sitt ~* it has a charm of its own **4** (*behagfullhet*) grace, charm; *åldras med ~* grow old gracefully **5** (*yttre företräden*) charms (*pl*), allurements (*pl*); *kvinnliga ~* feminine charms

behag|a [-'ha:-] **1** (*tilltala*) please, appeal to; (*verka tilldragande*) attract; *gör som det ~r er!* do as you please! **2** (*önska, finna för gott*) like, choose, wish; *ni ~r skämta* you see fit to make jokes; *~s det te?* do you wish to have tea?; *vad ~s?* what would you like?; *som ni ~r* as you please **-full** graceful; charming **-lig** *a1* pleasant; (*tilltalande*) pleasing, attractive; (*starkare*) delightful; *en ~ röst* a pleasant voice; *~t sätt* engaging manners **-sjuk** coquettish **-sjuka** coquettishness, coquetry

behandl|a [-'hand-] treat; (*handskas med, avhandla, handla om*) deal with; (*dryfta*) discuss, consider; (*hantera*) handle, use, manipulate; (*sår*) dress; *tekn.* process, work; *~ illa* ill-treat, treat badly; *~s varsamt* handle with care **-ing** treatment; dealing [with]; discussion; handling, usage; process; *parl.* reading, discussion; *jur.* conduct, hearing **-ingsmetod** method of treatment; procedure

behandskad [-'hand-] *a5* gloved

behaviorism [bihei-] behaviourism

be|hjälplig [-'jälp-] *a5, vara ngn ~ med* help s.b. (*att göra ngt* to do s.th., in doing s.th.) **-hjärtad** [-'järtad] *a5* brave, courageous **-hjärtansvärd** [-ˣjärt-] *a1* worth[y of] earnest consideration; *-hjärtansvärt ändamål* deserving cause **-hornad** [-'ho:r-] *a5* horned

behov *s7* **1** (*brist; krav*) want, need, lack; (*nödvändighet*) necessity; (*förråd*) requirement[s *pl*]; *allt efter ~* as required; *av ~et påkallad* necessary, essential; *för framtida ~* for future needs; *vid ~* when necessary; *fylla ett länge känt ~* supply a long-felt demand; *ha ~ av* need, have need of; *vara i ~ av* be in need of; *tobak är ett ~ för honom* tobacco is a necessity for him **2** (*naturbehov*) *förrätta sina ~* relieve o.s.

behovsprövning means test

behå *s2* brassiere; *vard.* bra

behåll *n, i ~* left intact; *i gott ~* safe and sound; *undkomma med livet i ~* escape alive

behåll|a [-'hålla] keep, retain; (*bi-*) preserve; *~ fattningen* keep one's head; *~ ngt för sig själv* keep s.th. to o.s.; *inte få ~ maten* not be able to keep one's food down; *om jag får ~ hälsan* if I am allowed to keep my health **-are** container; (*vatten-*) tank, cistern; (*större*) reservoir **-en** *a5* remaining; (*om vinst*) clear, net **-ning** (*återstod*) remainder, rest, surplus; (*saldo*) balance; (*vinst*) [net] profit (proceeds [*pl*]), yield; (*i dödsbo*) residue; *bildl.* profit, benefit; *ha ~ av ngt* (*bildl.*) profit (benefit) by s.th.

behår|ad [-'hå:-] *a5* covered with hair **-ing** hair growth

be|häftad [-'häft-] *a5, ~ med* afflicted with; *~ med brister* defective; *~ med fel* marred by errors, defective; *~ med skulder* in debt **-händig** [-'händ-] *a1* (*flink*) deft, dexterous; (*fyndig*) clever; (*lätthanterlig*) handy; (*näpen*) natty; *ett ~t litet barn* a sweet (*AE.* cute) little child **-hänga** [-'häŋa] hang all over

behärsk|a [-'härs-] **1** (*härska över*) rule over, control; (*vara herre över*) be master of; (*dominera*) command; (*vara förhärskande*) dominate; *~ marknaden* (*havet*) control the market (the sea); *~ situationen* be master of the situation **2**

B

(*tygla*) control; ~ *sina känslor* (*sig*) control one's feelings (o.s.) **3** (*vara hemma i*) ~ *franska fullständigt* have a complete mastery of French **-ad** *a5* [self-]controlled, [self-]restrained **-ning** control, [self-]restraint

behörig [-'hö:-] *a5* **1** (*vederbörlig*) proper, fitting, due; *i* ~ *ordning* in due course; *på* ~*t avstånd* at a safe distance **2** (*berättigad*) appropriate, competent, duly qualified; (*om lärare o.d.*) certificated; *icke* ~ unauthorized, incompetent; ~ *domstol* court of competent jurisdiction; ~ *ålder* required age **-en** properly, duly **-het** authority, competence; *domstols* ~ the jurisdiction of a court; *styrka sin* ~ prove one's authority

behöv|a [-'hö:-] *v2* **1** (*ha behov av*) need, be in need of, want, require; *jag -er det inte längre* I have no more use for it; *han -de bara visa sig på gatan för att* he only had to appear in the street to **2** (*vara tvungen*) need, have [got] to; *detta -er inte innebära* this does not necessarily imply (mean); *du hade inte -t komma* you need not have come; *jag har aldrig -t ångra detta* I have never had occasion to regret it **-ande** *a4* needy **-as** *v2, dep* be needed (necessary, wanted); *det -s inte* there's no need [for (of) it]; *om (när) så -s* if (when) necessary; *mer än som -s* more than enough, enough and to spare; *det -des bara att hon sade* all it needed was for her to say **-lig** *a1* necessary

beige [bä:ʃ] *oböjligt s o. a* beige

beivr|a [-'i:v-] denounce, protest against; *lagligen* ~ bring an action against, take legal action (steps) **-an** *r* denunciation

bej *s3* bey

bejak|a [-'ja:-] (*fråga*) answer in the affirmative; (*anhållan*) assent to **-ande I** *s6* answering; affirmative answer; assent (*av* to) **II** *a4* affirmative, assenting

bekajad [-'kajj-] *a5* affected, afflicted (*med* with)

bekạnt I *a1* (*känd*) known; *som* ~ as you know, as is well known; *enligt vad jag har mig* ~ as far as I know, to the best of my knowledge; *det är allmänt* ~ it is generally known **2** (*allmänt känd*) well-known; (*omtalad*) noted (*för* for); (*ökänd*) notorious; ~ *för sin skönhet* famous (celebrated) for its (*etc.*) beauty **3** (*personligen* ~) acquainted; *nära* ~ intimate; *hur blev ni* ~*a?* how did you become acquainted? **4** (*förtrogen med*) familiar with, cognizant of; *han föreföll mig* ~ his face seemed familiar [to me] **II** *subst. a* acquaintance, friend

bekant|a [-'kanta] *rfl* get to know (*med ngn* s.b.), make acquaintance (*med* with) **-göra** [-ˣkant-] announce, proclaim, make known; (*i tidning*) publish, advertise **-skap** *s3* acquaintance; (*kännedom*) knowledge; *vid närmare* ~ on [closer] acquaintance; *göra* ~ *med* become acquainted with; *stifta* ~ *med ngn* make a p.'s acquaintance; *säga upp* ~*en med* cease to be friends with **-skapskrets** [circle of] acquaintances

bekika [-'çi:-] stare (gaze) at

beklag|a [-'kla:-] (*tycka synd om*) be sorry for; (*hysa medlidande med*) pity; (*vara ledsen över*) regret; (*känna ledsnad över*) deplore; (*ta avstånd från*) deprecate; ~ *sorgen* extend one's condolences; ~ *sig* complain (*över* of; *för, hos* to); *jag* ~*r att jag inte kan komma* I regret I cannot come; *jag ber att få* ~ *sorgen* I am grieved to hear about your bereavement, please accept my deep sympathy **-ande I** *s6* [expression of] sorrow (regret); *det är med* ~ *jag måste meddela* I regret to inform you **II** *a4* regretful **-ansvärd** [-ˣkla:-] *a1* (*om sak*) regrettable, deplorable, sad; (*om pers.*) poor, pitiable, to be pitied, wretched **-lig** *a1* regrettable, deplorable, unfortunate; *det är* ~*t* it is to be deplored **-ligtvis** unfortunately, to my (*etc.*) regret, I (*etc.*) regret to say

beklädd|a [-'klä:-] **1** (*påkläda*) clothe **2** (*täcka*) cover, case; (*med bräder*) board [up]; (*med plattor*) tile [over]; (*invändigt*) line; (*utvändigt*) face **3** (*inneha*) fill, hold; ~ *ngn med ett ämbete* invest s.b. with an office **-nad** *s3* **1** (*beklädande*) clothing, covering **2** (*överdrag*) *tekn.* (*invändigt*) lining, (*utvändigt*) covering, *byggn.* (*utvändigt*) facing, revetment; (*trä-*) boarding, panelling **-nadsindustri** clothing industry

beklạm|d *a1* oppressed, depressed **-mande** *a4* depressing, distressing; *det är* ~ *att se* (*äv.*) it is a depressing sight **-ning** oppression, depression

bekomm|a [-'kåmma] **1** (*erhålla*) receive; *valuta -en* value received **2** ~ *ngn väl* (*illa*) agree (disagree) with s.b.; do s.b. good (harm); *väl -e!* (*välönskan*) (*ung.*) it's a pleasure!, *AE.* you're welcome [to it]!, *iron.* serve[s] you right! **3** (*göra intryck på*) concern; *det -er henne ingenting* it has no effect upon her; *utan att låta sig* ~ without taking any notice

bekost|a [-'kåsta] pay for, defray (cover) [the expenses of] **-nad** *r* expense, cost; *på allmän* ~ at the public expense; *på egen* ~ at one's own expense; *på ngns* ~ at a p.'s expense; *på* ~ *av* at the expense of

be|kransa [-'kransa] wreathe; (*friare*) festoon **-kriga** [-'kri:-] wage war [up]on, fight against

bekräft|a [-'kräfta] **1** (*bestyrka*) confirm, corroborate; (*intyga*) certify; (*erkänna*) acknowledge; (*säga ja*) affirm; ~ *en uppgift* confirm a statement, *jur.* corroborate evidence; ~ *riktigheten av* bear [s.b.] out; ~ *med ed* swear [to]; *undantaget som* ~*r regeln* the exception that proves the rule; ~ *mottagandet av* acknowledge receipt of **2** (*stadfästa*) ratify **-else 1** (*bestyrkande*) confirmation, corroboration; (*intygande*) certification; (*erkännande*) acknowledg[e]ment **2** (*stadfästelse*) ratification, sanction

bekvạm *a1* **1** (*angenäm*) comfortable; (*hemtrevlig*) cosy; (*läglig*) convenient, handy; *göra det* ~*t för sig* make o.s. comfortable **2** (*maklig*) easy-going, indolent; *vara* ~ [*av sig*] like to take things easy, be lazy **bekväma** [-'kvä:ma] *rfl,* ~ *sig till* be induced (bring o.s.) to [do s.th.] **bekvämlighet** [-'kvä:m-] **1** (*bekvämhet*) convenience; (*trevnad*) comfort; *till de resandes* ~ for the convenience of the passengers **2** (*maklighet*) love of ease **3** (*komfort*) convenience; *med alla moderna* ~*er* with every modern convenience

bekvämlighets|flagg flag of convenience **-hänsyn** *av* ~ for the sake of convenience **-inrättning** public convenience **-skäl** reasons of convenience

bekymmer [-'çymm-] *s7* (*oro*) anxiety, concern, worry; (*omsorg*) care; (*starkare*) trouble; *ha* ~ *för* be worried about; *ekonomiska* ~ economic

worries
bekymmer|fri [-ˣçymm-] free from care, carefree, untroubled **-sam** *a1* anxious, troubled, full of care, distressing; *det ser ~t ut för oss* things look bad for us **-samt** *adv, ha det ~* be having a worrying time
bekymmerslös [-ˣçymm-] light-hearted; (*slarvig*) careless **-het** light-heartedness; carelessness
bekymr|a [-'çymra] trouble, worry; *det ~r mig föga* that doesn't worry me much; *vad ~r det henne* what does she care; *~ sig om* trouble (worry) o.s. about, *äv.* care about; *~ sig för framtiden* worry about the future **-ad** *a5* distressed, worried, troubled, concerned (*för, över* about)
bekyttad [-'cytt-] *a5* in a quandary
bekämp|a [-'çämpa] fight against, combat; (*i debatt*) oppose **-ande** *s6* combating **-ningsmedel** [-ˣçämp-] means of control; *~ för skadeinsekter* insecticide; *~ för ogräs* weedkiller
bekänn|a [-'çänna] (*erkänna*) confess; (*öppet ~*) avow, profess; *~ [sig skyldig]* confess, *jur. äv.* plead guilty; *~ sig till kristendomen* confess the Christian faith; *~ färg* follow suit, *bildl.* show one's hand **-are** confessor **-else** confession; (*religionssamfund*) confession, creed, religion; *avlägga ~* confess, make a confession; *Augsburgska ~n* the Confession of Augsburg
bel *r* bel
be|lacka [-'lacka] slander, backbite **-lackare** [-'lack-] slanderer, backbiter **-lamra** [-'lamra] encumber, clutter up; (*väg*) block up
belast|a [-'lasta] **1** load, charge, burden; *bildl.* saddle **2** *hand.* charge, debit; *ärftligt ~d* with a hereditary taint **-ning** load[ing], charge, stress, pressure; *med.* affliction; *bildl.* strain, burden; *hand.* charge, debit **-ningsprov** load (tolerance) test
beledsag|a [ˣbe:-, *äv.* -ˣle:d-] accompany; (*följa efter*) follow; (*uppvakta*) attend **-are** companion **-ning** *mus.* accompaniment
belevad [-'le:-] *a5* well-bred, polite, mannerly, well-mannered
belgare ['belg-] Belgian **Belgien** ['belg-] *n* Belgium **belg|ier** ['belg-] *s9,* **-isk** *a5* Belgian
beljuga [-'ju:ga] tell lies (a lie) about
belladonna [-'dånna, -ˣdånna] *s1, bot.* deadly nightshade, belladonna, dwale; *med.* belladonna
bellis ['bell-] *s2* daisy
belopp [-å-] *s7* amount, sum [total]; *till ett ~ av* amounting to, to the value of; *intill ett ~ av* not exceeding; *överskjutande ~* surplus [amount]
belys|a [-'ly:-] light [up], illuminate; *bildl.* shed light on, illuminate, illustrate **-ande** *a4* illuminating; illustrative, characteristic; *ett ~ exempel* an illustrative example **-ning** lighting; illumination; (*dager*) light; *bildl.* light, illustration; *elektrisk ~* electric light; *i historisk ~* in the light of history; *i ~ av dessa omständigheter* in the light of these circumstances
belysnings|anläggning lighting plant **-armatur** *s3, ej pl* light fittings (*pl*)
belån|a [-'lå:-] **1** (*pantsätta*) pledge, pawn; (*upptaga lån på*) raise (borrow) money on; (*om fastighet*) mortgage; *fastigheten är högt ~d* the estate is heavily mortgaged **2** (ge lån på) lend [money] on; *~ en växel* discount a bill **-ing 1** (*upptagande av lån*) raising a loan, borrowing [on] **2** (*beviljande av lån*) lending **-ingsvärde** loan (collateral) value
belåten [-'lå:-] *a3* (*om pers.*) content[ed]; (*om min o.d.*) satisfied, pleased **-het** contentment; satisfaction; *till allmän ~* to everybody's satisfaction; *utfalla till ~* prove satisfactory; *vara till ~* give satisfaction
belägen [-'lä:-] *a5* situated, located; *avsides ~* remote, secluded **-het** situation, position, site, location; *bildl.* situation, state, position; *svår ~* predicament, plight
be|lägg *s7* (*bevis*) proof, evidence (*för* of); (*citat*) quotation **-lägga 1** (*täcka*) cover; (*med färg o.d.*) coat; (*plats*) reserve, secure, occupy **2** (*utfästa straff för*) impose upon; *~ med böter* impose a fine upon, make punishable by a fine; *~ med kvarstad* sequestrate, embargo **3** (*förse med*) put on; *~ med handbojor* handcuff; *~ med stämpel* stamp **4** *~ ett hotell med gäster* accommodate guests at a hotel **5** (*med exempel*) support [by examples]; *formen finns inte -lagd före 1500* there is no instance of the form before 1500 **6** *stopp och -lägg!* belay there! **-läggning** (*täckning*) cover[ing]; (*färg- o.d.*) coat[ing]; (*av plats*) reservation; (*på sjukhus*) number of occupied beds; (*gatu- o.d.*) paving, pavement; (*på tungan*) fur
belägr|a [-'lä:-] besiege **-ing** siege; *häva ~en* raise the siege **-ingstillstånd** state of siege; *proklamera ~* proclaim martial law
be|läsenhet [-'lä:-] wide reading; book-learning **-läst** [-'lä:st] *a4* well-read
beläte [ˣbe:-] *s6* **1** (*avbild*) image, likeness **2** (*avguda-*) idol
belön|a [-'lö:-] reward; (*vedergälla*) recompense; (*med pengar*) remunerate **-ing** reward; recompense; remuneration; (*pris*) award, prize
belöpa [-'lö:-] *rfl, ~ sig till* amount (come) to
bemann|a [-'manna] man; *~ sig* nerve o.s., pull o.s. together; *~ sig med tålamod* summon up patience; *~ sig mot* harden o.s. against **-ing** crew
bemedlad [-'me:d-] *a5, en ~ person* a well-to-do person, a person of means; *mindre ~* of small means
bemyndig|a [-'mynn-] authorize, empower **-ande** *s6* authorization; (*fullmakt*) authority, power; (*av myndighet*) sanction, warrant
be|mäktiga [-'mäkt-] *rfl* take possession of, seize; *vreden ~de sig henne* wrath took possession of her **-mälde** [-'mä:l-] *oböjligt a, ~ man* the said man; *ovan ~ person* the aforesaid [person] **-mänga** [-'mäŋa] *v2, -mängd med* mixed [up] (mingled) with, *bildl. äv.* interlarded with
bemärk|a [-'märka] observe, note **-else** sense; *i ordets egentliga ~* in the strict sense of the word **-elsedag** red-letter (important) day
bemärkt *a4* (*uppmärksammad*) noted, well-known; (*framskjuten*) prominent; *göra sig ~* make one's mark
be|mästra [-'mästra] master; get the better of, overcome
bemöd|a [-'mö:da] *~ sig* endeavour, strive; *absol.* try [hard], exert o.s.; *~ sig om ett gott uppförande* try hard to behave well **-ande** *s6* (*ansträngning*) effort, exertion; (*strävan*) endeavour
bemöt|a [-'mö:ta] **1** (*besvara*) answer; (*tillbaka-*

B

visa) refute **2** (*behandla*) treat; (*mottaga*) receive; *bli väl bemött* be treated politely **-ande** *s6* **1** reply (*av* to); refutation (*av* of) **2** treatment; *vänligt* ~ kind treatment, a kind reception

ben *s7* **1** (*i kroppen*) bone; *bara skinn och* ~ only skin and bone; *få ett* ~ *i halsen* have a bone stick in one's throat; *gå genom märg och* ~ pierce to the marrow; *skinna inpå bara ~en* fleece to the very skin **2** (*lem*) leg; *inte veta på vilket* ~ *man skall stå* be at one's wit's end; *bryta ~et* [*av sig*] break one's leg; *dra ~en efter sig* loiter along, dawdle; *hela staden var på ~en* the whole town was astir; *komma på ~en* get on one's feet; *lägga ~en på ryggen* cut and run, make off; *rör på ~en!* stir your stumps!, get moving!; *sticka svansen mellan ~en* droop away with one's tail between one's legs; *stå på egna* ~ stand on one's own feet; *ta till ~en* take to one's heels; *vara på ~en igen* be up and about again

1 bena I *v1* (*hår*) part **II** *s1* parting

2 bena *v1* (*fisk*) bone; ~ *upp* (*bildl.*) analyze

ben|aska bone ash **-brott** fracture **-byggnad** frame[work], skeleton

benediktin[er]|munk Benedictine [monk] **-orden** the Order of St. Benedict, the Benedictine order

ben|fisk bony fish **-fri** off the bone; boneless

Bengalen [benn'ga:-] *n* Bengal **bengal|ier** [benn'ga:-] *s9*, **-isk** *a5* Bengali, Bengalese; ~ *eld* Bengal light

ben|get *hon är en sån* ~ she's as thin as a rake **-hinna** *med.* periosteum (*pl* periostea) **-hård** [as] hard as bone; *bildl.* rigid, adamant

benig *a1* **1** bony; full of bones **2** (*invecklad*) puzzling

benign [-'niŋn] *a5* benign

ben|kläder trousers; *AE.* pants; (*kalsonger*) pants, undershorts, *AE.* underpants; (*dambyxor*) panties **-knota** *s1* bone **-linda** *s1* puttee, putty **-mjöl** bone meal **-märg** bone marrow **-pipa** *anat.* shaft **-porslin** bone china **-rangel** [-'raŋel] *s7* skeleton **-röta** caries

bensaldehyd *s3* benzaldehyde

bensen *s3, s7* benzene

bensin *s3, kem.* benzine; (*motorbränsle*) petrol, *AE.* gas[oline]; *fylla på* ~ fill up **-bolag** petroleum (*AE.* oil) company **-bomb** petrol bomb; *vard.* Molotov cocktail **-driven** petrol powered **-dunk** petrol can **-mack** *se -station* **-motor** petrol engine **-mätare** fuel (gas tank) gauge **-pump** petrol pump **-snål** petrol-saving **-station** filling (petrol) station; *AE. äv.* gas station **-tank** petrol tank

benskydd *sport.* shin guard, leg pad

bensoe ['bensåe] *s5* benzoin **-syra** benzoic acid

bensol [-'å:l] *s3* (*äldre namn på bensen*) benzol[e]

ben|stomme skeleton **-sår** varicose ulcer **-vit** ivory white **-vävnad** bone tissue

benåd|a [-'nå:da] pardon; (*dödsdömd*) reprieve **-ning** pardon[ing]; (*av dödsdömd*) reprieve

benäg|en [-'nä:-] *a3* **1** (*böjd*) inclined, willing; given; ~ *för att skämta* given (prone) to joking **2** (*välvillig*) kind, [well-]disposed; *med -et tillstånd* by kind permission; *till -et påseende* on approval; *vi emotser Ert -na svar* we await your kind reply **-enhet** inclination (*för* to, for), disposition (*för* to, towards), preference (*för* for), tendency (*för* to, towards), propensity (*för* to, towards, for)

benämn|a [-'nämna] call, name; (*beteckna*) designate; *-da tal* denominate numbers **-ing** name, denomination (*på* for); designation, term

beordra [-'å:r-] order; direct; (*tillsäga äv.*) instruct

beostare hill myna, Indian grackle

be|pansra [-'pans-] armour **-prisa** [-'pri:-] praise, extol **-pryda** [-'pry:-] adorn **-prövad** [-'prö:-] *a5* [well-]tried, tested; (*om botemedel*) approved; *en* ~ *vän* a staunch friend **-pudra** [-'pu:d-] dust **-rama** [-'ra:-] plan, arrange

berber ['bärr-] Berber

berberis ['bärr-] *s2* barberry

bereda [-'re:-] **1** (*tillreda, för-*) prepare; (*bearbeta*) dress, process; (*hudar*) curry; (*tillverka*) make; (*skaffa*) furnish; (*förorsaka*) cause, give; ~ *ngn tillfälle* give s.b. an opportunity; ~ *ngn glädje* (*bekymmer*) cause s.b. joy (trouble); ~ *plats för ngn* make room for s.b. **2** *rfl* prepare o.s. (*på, till* for), get (make) ready (*för* for); (*skaffa sig*) find, furnish (give, cause, provide) o.s.; ~ *sig på avslag* be prepared for a refusal; ~ *sig tillträde till* effect (force) an entry to, gain access to

beredd prepared, ready (*på* for); *vara* ~ *på det värsta* be prepared for the worst

beredning [-'re:d-] (*bearbetning*) dressing; currying; (*tillverkning*) manufacture; (*förberedelse*) preparation **beredningsutskott** working committee

beredskap [-'re:d-] *s3* [military] preparedness; *i* ~ in readiness, ready, prepared; *ha ngt i* ~ have s.th. up one's sleeve; *hålla i* ~ hold in readiness (store)

beredskaps|arbete relief work **-tillstånd** state of emergency **-tjänst** emergency service

beredvillig [-ˣre:d-] ready, willing **-het** readiness, willingness

berest [-'re:st] *a4* travelled; *vara mycket* ~ have travelled a great deal

berg [bärj] *s7* mountain (*äv. bildl.*); (*vid egennamn ofta*) mount; (*klippa*) rock (*äv. geol.*); (*mindre*) hill; *det sitter som* ~ it won't budge

bergamott [bärga'mått] *s3* (*päron*) bergamot

berg|art rock **-bana** mountain railway **-bestigare** mountaineer, [mountain] climber **-bestigning** mountaineering; (*med pl*) [mountain] climb, ascent **-borr** jumper; (*maskin*) rock drill **-fast** [as] firm (solid) as a rock; ~ *tro* steadfast belief **-grund** bedrock **-häll** rock face; flat rock

bergig [ˣbärrjig] *a1* mountainous; rocky; hilly

berg|knalle rocky knoll, hillock **-kristall** [rock] crystal **-landskap** mountainous country; mountain scenery **-massiv** *s7* mountain massif **--och-dalbana** switchback; (*i nöjespark*) roller coaster, big dipper **-olja** rock oil, petroleum

bergs|bo highlander **-bruk** mining **-hantering** mining [industry] **-ingenjör** mining engineer **-kam** mountain crest **-kedja** mountain chain (range) **-knalle** *se bergknalle*

bergskreva crevice

bergslag *s3* mining district

bergsluttning mountain slope (side)

bergs|man occupier of a miner's homestead **-pass** mountain pass **-platå** mountain plateau

-predikan [the] Sermon on the Mount
bergsprängare rock blaster
bergs|rygg ridge **-topp** mountain peak **-trakt** mountainous district **-vetenskap** mining and metallurgy, metallurgy and materials technology
berg|säker dead certain **-tagen** *a5* spirited away [into the mountain] **-troll** mountain sprite **-uv** eagle owl **-verk** mining [industry], mine **-vägg** rock face
beriberi [-'be:ri] *s2* beriberi
berid|are [-'ri:-] horse-breaker; *mil. äv.* riding-master **-en** *a5* mounted
berika [-'ri:-] enrich
beriktig|a [-'rikti-] correct, rectify; adjust **-ande** *s6* correction, rectification; adjustment
berkelium [-'ke:-] *s8* berkelium
berlinare [bär×li:-] **1** inhabitant of Berlin, Berliner **2** (*vagn*) berlin **berlinerblått** Prussian blue
berlock [bär'låck] *s3* charm
bermudarigg [-×mu:-] Bermuda rig
Bermudasöarna [bär×mu:-] the Bermudas, the Bermuda Islands
bero *v4* **1** ~ *på* (*ha sin grund i*) be due (owing) to; (*komma an på*) depend on; *det ~r på* that depends, that's all according; *det ~r på tycke och smak* it is a question of taste; *det ~r på vad man menar med dyrt* it all depends on what you mean by expensive; *det ~dde på ett missförstånd* it was due to a misunderstanding **2** (*stå i beroende*) be dependent (*av* on) **3** *låta det ~ vid* be content with; *låta saken ~* let the matter rest **-ende I** *s6* dependence (*av* on) **II** *a4* dependent (*av* on); *~ på* (*på grund av*) *ett misstag* owing to a mistake; *~ på omständigheterna* depending on circumstances; *vara ~ av andra* be dependent on others
beroende|framkallande *a4* habit-forming **-ställning** dependence
berså [bär'så:] *s3* arbour, bower
berus|a [-'ru:-] intoxicate, inebriate; *~ sig* intoxicate o.s., get drunk (*med* on); *~d* intoxicated, drunk, *vard.* tipsy, tight; *smått ~d* a bit merry **-ande** *a4* intoxicating **-ning** intoxication, inebriation **-ningsmedel** intoxicant
beryktad [-'ryktad] *a5* notorious; *illa ~* of bad repute, disreputable
beryll *s3* beryl **beryllium** [-'ryll-] *s8* beryllium
be|råd *n* **1** (*villrådighet*) hesitation; perplexity **2** *stå i ~ att* intend to **-rått** *oböjligt a, med ~ mod* deliberately, in cold blood
beräkn|a [-'rä:kna] calculate, compute, reckon; (*noggrant*) determine; (*uppskatta*) estimate (*till* at); (*ta med i beräkningen*) take into account, count (reckon) on; (*debitera*) charge; *~ en planets bana* determine the orbit of a planet; *~ ränta* calculate interest; *~d ankomsttid* scheduled time of arrival; *~d kapacitet* rated capacity; *fartyget ~s kosta 5 miljoner kr att bygga* the cost of building the ship is estimated at 5 million kronor **-ande** *a4* calculating, scheming **-ing** calculation, computation, reckoning; estimate, estimation; *med ~* with a shrewd eye [to the effect]; *ta med i ~en* allow for, take into consideration (account)
berätt|a tell, relate, narrate; *absol.* tell stories; *~nde stil* narrative style; *~ till slut* get to the end of one's story; *det ~s att* it is reported that; *jag har hört ~s* I have been told **-are** storyteller
berättar|glädje *han visar stor ~* he takes great pleasure in storytelling **-talang** gift for telling stories, narrative skill; *pers.* born storyteller **-teknik** narrative technique
berättelse [-'rätt-] tale, short story; narrative; (*redogörelse*) report (*om* about, on), account (*om* of)
berättig|a [-'rätt-] entitle, justify; (*kvalificera*) qualify; (*bemyndiga*) empower, authorize **-ad** *a5* entitled, authorized, justified; (*rättmätig*) just, legitimate; well-founded, well-grounded; *~e tvivel* reasonable doubts **-ande** *s6* justification; authorization; *sakna allt ~* be completely unjustified
beröm [-'römm] *s7* praise; (*heder*) credit; *få ~* be praised; *eget ~ luktar illa* self-praise stinks in the nostrils; *med* [*utmärkt*] *~ godkänd* passed with [great] distinction; *icke utan ~ godkänd* passed with credit **berömd** *a1* famous, well-known **berömdhet** [-'römd-] celebrity **berömlig** [-'römm-] *a1* praiseworthy, laudable; (*betyg*) excellent **berömma** [-'römma] *v2* praise, commend; (*starkare*) laud; *~ sig av* boast of; *i ~nde ordalag* in eulogistic terms **berömmelse** [-'römm-] (*ryktbarhet*) fame, renown; (*anseende*) credit; *det länder honom inte till ~* it reflects no credit on him; *vinna ~* gain distinction **berömvärd** [-×römm-] *a1* praiseworthy, commendable
berör|a [-'rö:ra] touch; (*omnämna*) touch upon; (*påverka*) affect; *ytterligheterna berör varandra* extremes meet; *illa* (*angenämt*) *-d* unpleasantly (agreeably) affected; *bagerierna -s inte av strejken* the bakeries are not affected by the strike; *nyss -da förhållanden* circumstances just mentioned **-ing** contact, touch; (*förbindelse*) connection; *komma i ~ med* get into touch with, come into contact with **-ingspunkt** point of contact; *bildl.* interest (point) in common
be|röva [-'rö:-] *~ ngn ngt* deprive (rob) s.b. of s.th.; *~ ngn friheten* deprive s.b. of his liberty; *~ sig livet* take one's own life **-sanna** [-'sanna] verify; *drömmen ~des* the dream came true **-sats** braiding; ornament
besatt *a1* (*behärskad*) possessed, obsessed; (*förryckt*) absurd; *~ av en idé* obsessed by an idea; *~ av en demon* possessed by a demon; *skrika som en ~* cry like one possessed **-het** possession; absurdity
be|se see, look at (over); *~ Paris* see the sights of (*vard.* do) Paris **-segla** [-'se:g-] **1** sail, navigate **2** (*bekräfta*) seal; *hans öde var ~t* his fate was sealed
besegr|a [-'se:g-] beat, conquer, vanquish; (*fullständigt*) defeat; (*svårighet o.d.*) overcome, get the better of; *ve de ~de!* woe to the vanquished! **-are** conqueror, vanquisher
besiffr|a [-'siffra] *mus.* figure **-ing** *mus.* figure
besikt|iga [-'sikt-] inspect, survey, examine **-ning** inspection, survey, examination
besiktnings|instrument (*för motorfordon*) registration certificate (book) **-man** surveyor; (*för motorfordon*) motor vehicle examiner; (*för körkortsprov*) driving examiner
besinn|a [-'sinna] **1** consider, think of, bear in mind **2** *rfl* (*betänka sig*) consider, reflect, stop to

B

think; (*ändra mening*) change one's mind **-ande** *s6* consideration; *vid närmare ~* on second thoughts **-ing 1** *se -ande* **2** (*medvetande*) consciousness; *förlora ~en* lose one's head; *komma till ~* come to one's senses
besinnings|full calm, deliberate; (*klok*) discreet **-lös** rash; (*hejdlös*) reckless
besitt|a [-'sitta] possess, have, own **-ning** possession; *franska ~ar* French possessions; *komma i ~ av* come into possession of; *ta i ~* take possession of, (*med våld*) seize
besittnings|havare possessor, occupant, owner **-rätt** possession, tenure, seisin (*AE.* seizin) **-skydd** security of tenure **-tagare** possessor, occupant, owner
be|sjunga [-'ʃuŋa] sing [of] **-själa** [-'ʃä:la] animate, inspire
besk I *a1* bitter; *~ kritik* caustic criticism **II** *s2* bitters (*pl*)
beskaff|ad [-'skaffad] *a5* conditioned; constituted; *annorlunda ~* of a different nature **-enhet** nature, character; (*varas*) quality
beskatt|a [-'skatta] tax, impose taxes [up]on; *högt ~d* heavily taxed **-ning** taxation, imposition of taxes; (*skatt*) tax[es *pl*]; *progressiv ~* progressive taxation
beskattnings|bar *a1* taxable (*inkomst* income) **-år** fiscal year
besked [-ʃ-] *s7* answer, reply; (*upplysning*) information; (*bud*) message; (*order*) instructions (*pl*), order; *ge ~* give an answer, send word; *ge ngn rent ~* tell s.b. straight out; *veta ~ om* know about; *med ~* well and good, with a will, properly; *det regnar med ~* it is raining in earnest; *det är aldrig ngt ~ med honom* he doesn't know his own mind
beskedlig [-'ʃe:d-] *a1* (*flat*) meek and mild, submissive; (*anspråkslös*) modest; (*snäll*) kind, good[-natured]; *~t våp* milksop **-het** submissiveness; modesty; kindness, good-naturedness
beskhet bitterness
beskickning [-'ʃick-] embassy, legation; diplomatic representation, mission
beskjut|a [-'ʃu:ta] fire at; shell, bombard **-ning** firing; shelling, bombardment
beskriv|a [-'skri:-] describe, depict; *det kan inte ~s* it is indescribable (not to be described); *bollen beskrev en vid båge* the ball described a wide curve **-ande** *a4* descriptive **-ning** description, account (*av, på* of); *ge en ~ av* describe, depict; *trotsa all ~* defy description
beskugga [-'skugga] shade
beskydd [-ʃ-] *s7* protection (*mot* from, against); *under kungligt ~* under royal patronage; *ställa sig under ngns ~* take refuge with s.b.
beskydd|a [-'ʃydda] protect, guard, shield (*för, mot* from, against); patronize **-ande I** *s6* protection **II** *a4* protective; patronizing **-are** protector; patron
beskyddarmin patronizing air
beskyll|a [-'ʃylla] accuse (*för* of), charge (*för* with) **-ning** accusation, charge (*för* of)
beskåd|a [-'skå:-] look at **-ande** *s6* inspection; *utställd till allmänt ~* placed on [public] view
beskäftig [-'ʃäftig] *a1* meddlesome, fussy [self-]important **-het** meddlesomeness, self-importance
beskällare [-'ʃäll-] stallion, studhorse
beskänkt [-ʃ-] *a4* tipsy, the worse for drink
1 beskär|a [-'ʃä:-] *v2* (*ge*) vouchsafe (*ngn ngt* s.b. s.th.), grant (*ngn ngt* s.th. to s.b.); *få sin -da del* receive one's [allotted, due] share
2 beskära [-'ʃä:-] *beskar beskurit,* (*avskära*) *tekn.* trim; (*träd*) prune; (*reducera*) cut [down], reduce
be|skärma [-'ʃärma] *rfl* lament (*över* over), complain (*över* of) **-skärning** [-'ʃä:r-] *tekn.* trimming; (*av träd*) pruning; (*reducering*) cutting
beslag *s7* **1** (*metallskydd, prydnad*) fittings, mountings (*pl*); *koll.* ironwork, furniture; (*på nyckelhål o.d.*) escutcheon **2** (*kvarstad*) seizure, confiscation; *lägga ~ på* requisition, seize, *vard.* bag; *bildl.* secure; *lägga ~ på hela uppmärksamheten* monopolize everybody's attention **-ta[ga]** confiscate, seize, requisition; commandeer
beslut *s7* decision; (*avgörande*) determination; (*av möte*) resolution; (*av myndighet o. jur.*) decision, decree, judgment; *fatta ~* make (come to) a decision, make up one's mind, (*av möte*) pass a resolution; *det är mitt fasta ~* it is my firm resolve; *med ett raskt ~* without [a moment's] hesitation, at once
besluta [-'slu:-] **1** (*bestämma*) decide (*om, över* upon); (*föresätta sig*) resolve, determine **2** *rfl* (*bestämma sig*) decide (*för* upon), make up one's mind; (*föresätta sig*) resolve, determine (*för att* to) **beslutanderätt** [-ˣslu:-] right of decision; competence to pass a resolution **besluten** [-'slu:-] *a5* resolved, determined; *fast ~* firmly resolved **beslutför** [-ˣslu:t-] *se beslutsmässig*
beslutsam [-'slu:t-] *a1* resolute **-het** resolution
besluts|fattare decision-maker **-mässig** *a1, vara ~* form a quorum; *~t antal* quorum **-process** decision-making process
be|slå 1 (*förse med beslag*) fit with metal; mount; (*överdraga*) cover, case; *sjö.* furl **2** (*ertappa*) *~ ngn med lögn* catch s.b. lying **-släktad** [-'släkt-] *a5* related, akin (*med* to); (*om språk o.d.*) cognate; (*om folkslag, anda*) kindred; *andligen ~ med* spiritually allied to **-slöja** [-'slöjja] veil; *bildl.* obscure; *~d blick* veiled glance; *~d röst* husky voice
besman *s7* steelyard
besmitt|a [-'smitta] infect, taint; *bildl. äv.* contaminate **-else** infection, contagion; contamination
bespara [-'spa:ra] (*spara*) save; (*förskona*) spare; *det kunde du ha ~t dig* you might have spared yourself the trouble **besparing 1** saving; *göra ~ar* effect economies **2** *sömn.* yoke **besparingsåtgärd** economy measure
be|speja [-'spejja] spy upon, watch **-spetsa** [-'spetsa] *rfl, ~ sig på* look forward to, set one's heart on
bespis|a [-'spi:-] feed **-ning** *abstr.* feeding, *konkr.* (*skol-*) dining-hall
bespott|a [-'spåtta] mock [at], scoff at, deride **-else** mocking *etc.*
besprut|a [-'spru:-] sprinkle, spray **-ning** sprinkling, spraying **-ningsmedel** spray [disinfectant, insecticide *etc.*]
bessarab Bessarabian **Bessarabien** [-'ra:-] *n*

Bessarabia **bessarabisk** [-'ra:-] *a5* Bessarabian
bessemer|process [ˣbess-] Bessemer process **-ugn** Bessemer converter
besserwisser ['bess-] know-all, wiseacre
best *s2* beast, brute; monster **bestialisk** [-ti'a:-] *a5* bestial, beastly **bestialitet** [-sti-] *s3* bestiality, beastliness
bestick *s7* **1** (*rit- o.d.*) set of instruments; (*mat-*) set of knife, spoon and fork, cutlery **2** *sjö.* [dead] reckoning; *föra ~* work out the [ship's] position
besticka [-'sticka] bribe; corrupt
bestickande [-'stick-] *a4* seductive, insidious; *låta ~* sound attractive enough
bestick|lig [-'stick-] *a1* open to bribes; corruptible **-ning** bribery; corruption
bestickräkning dead reckoning
bestig|a [-'sti:-] (*tron*) ascend; (*berg*) climb; (*häst*; *schavott*; *talarstol*) mount; *bildl.* scale **-ning** climbing; ascent
bestorma [-'stårma] attack, assault; *bildl.* assail, overwhelm
bestraff|a [-'straffa] punish; (*med ord*) rebuke **-ning** punishment; *jur.* penalty; (*i ord*) rebuke
1 bestrida [-'stri:-] (*opponera sig mot*) contest, dispute; (*förneka*) deny; (*tillbakavisa*) repudiate; (*förvägra*) contest, dispute, deny; *det kan inte ~s att* it is incontestable that
2 bestrida [-'stri:-] **1** (*sköta*) fill; be responsible for **2** (*betala*) defray, pay for
1 bestridande *s6* (*t. 1 bestrida*) contesting *etc.*; denial; repudiation
2 bestridande *s6* (*t. 2 bestrida*) **1** filling **2** (*betalning*) payment; *till ~ av* in defrayment of
bestryka [-'stry:-] smear, daub; (*med färg o.d.*) coat; (*beskjuta*) sweep, cover
bestrål|a [-'strå:-] irradiate (*äv. med.*), shine, illumine **-ning** [ir]radiation, exposure to rays
beströ strew, sprinkle, dot; (*med pulver*) powder
bestseller ['best-] *s2, s9* best seller **-författare** author of popular books, best seller
bestyck|a [-'stycka] arm **-ning** armament
bestyr *s7* **1** (*göromål*) work; (*uppdrag*) duty, task; (*skötsel*) management **2** (*besvär*) cares (*pl*), trouble
bestyra [-'sty:-] (*göra*) do; (*ordna*) manage, arrange; (*sköta*) see about, attend to; *ha mycket att ~* have a great deal to do (attend to)
bestyrelse [-'sty:-] [organizing, managing] committee
bestyrka [-'styrka] (*bekräfta*) confirm, corroborate; (*intyga*) attest, certify; (*stödja*) bear out; (*bevisa*) prove; *~ riktigheten av en uppgift* authenticate a statement; *bestyrkt avskrift* attested (certified) copy
bestå **1** (*vara*) last, continue, remain; (*existera*) exist, subsist **2** (*utgöras*) consist (*av* of; *i* in); *däri ~r just svårigheten* that just constitutes the difficulty; *svårigheten bestod i* the difficulty lay in **3** (*genomgå*) go through, stand, endure; *~ provet* stand the test **4** (*bekosta*) pay for, defray; (*bjuda på*) treat [s.b.] to, stand s.b.; (*skänka*) provide, furnish, procure **-ende** *a4* **1** (*varaktig*) lasting, abiding; *av ~ värde* of lasting value; *den ~ ordningen* the established order of things **2** (*existerande*) existing
bestånd **1** (*existens*) existence; persistence; duration; *äga ~* last **2** (*samling*) stock; *bot.* stand, clump; (*antal*) number; *zool.* population; (*av kreatur*) stock **beståndsdel** constituent, component, part; (*i matvaror*) ingredient
beställ|a [-'ställa] **1** (*tinga*) order (*av* off, from); (*plats, biljett*) book, reserve; *~ tid hos* make an appointment with; *får jag ~* please take my order; *komma som -d* come just when it (one *etc.*) is wanted; *-da tyger* textiles on order **2** *det är illa -t med henne* she is in a bad way; *ha mycket att ~* have a great deal to do **-are** (*köpare*) buyer, purchaser, orderer; (*kund*) customer, client **-ning 1** (*rekvisition*) order; *på ~* [made] to order **2** (*befattning*) appointment
beställnings|blankett, -sedel order form **-skrädderi** bespoke tailor's; *AE.* custom tailor
beställsam [-'ställ-] *a1* (*beskäftig*) fussy, officious
bestämbar [-ˣstämm-] *a1* determinable; definable
bestämd *a1* (*besluten*) determined; (*beslutsam*) resolute, determined; (*om tid, ort o.d.*) fixed, appointed, settled; (*viss*) definite; (*tydlig*) clear, distinct; *språkv.* definite; (*avsedd*) meant, intended (*för* for); *på det ~aste* most emphatically **-het** definiteness; determination; *veta med ~* know for certain
bestämma [-'stämma] **1** (*fastställa*) fix, settle, determine; (*tid, plats*) appoint, set; *~ tid* make an appointment, fix a time **2** (*stadga*) decree; provide, lay down **3** (*avgöra*) decide [upon] **4** *~ sig* decide (*för* [up]on), make up one's mind (*för att* to) **5** (*begränsa, fixera*) determine **6** (*ämna, avse*) intend, mean **7** (*fastställa, konstatera*) establish; (*klassificera*) classify, determine, define **8** *språkv.* modify, qualify
bestämmande [-'stämm-] **I** *s6* fixing *etc.*; decision; determination; classification **II** *a4* determining, determinative; (*avgörande*) decisive **-rätt** right to decide, right of determination; authority
bestämmelse [-'stämm-] **1** (*stadga*) provision, regulation; (*i kontrakt*) stipulation, condition **2** (*ändamål*) purpose; (*uppgift*) task, mission **-ort** [place of] destination
bestämning [-'stämm-] **1** (*bestämmande*) determination **2** *språkv.* qualifying word, adjunct (*till* of); (*friare*) attribute, qualification **bestämningsord** qualifier
bestämt *adv* **1** (*med visshet*) definitely; decidedly; resolutely; positively; *veta ~* know for certain **2** (*högst sannolikt*) certainly; *du mår ~ inte bra* you are surely not well; *närmare ~* more exactly; *det blir ~ regn* it's sure to rain
beständig [-'stänn-] *a1* **1** (*stadig*) settled, steady; (*ståndaktig*) constant, steadfast **2** (*oföränderlig*) impervious, resistant **3** (*bestående*) perpetual, continuous
bestänka [-'stänka] [be]sprinkle; (*med smuts, färg o.d.*) splash
bestört *a4* dismayed, perplexed (*över* at) **-ning** dismay, consternation; perplexity
be|sudla [-'su:d-] soil, stain; *bildl. äv.* sully, tarnish **-sutten** [-'sutt-] *a5* propertied, landed, well-to-do
besvara [-'sva:-] **1** (*svara på*) answer, reply to **2** (*återgälda*) return, reciprocate; (*vädjan o.d.*) re-

spond to; ~ *en skål* respond to a toast
besvik|else [-'svi:-] disappointment (*över* at); *vard.* letdown **-en** *a5* disappointed (*på* in; *över* at)
besvär *s7* **1** (*olägenhet*) trouble, inconvenience; (*möda*) [hard] work, labour, pains (*pl*); *göra sig ~et att komma hit* take the trouble (make the effort) to come [here]; *gör dig inget ~!* don't bother!; *ha mycket ~ med ngn* have no end of trouble with s.b., have a hard time with s.b.; *kärt ~* no trouble at all; *kärt ~ förgäves* love's labour's lost; *tack för ~et!* thank you for all the trouble you have taken; *vara [ngn] till ~* be a trouble to [s.b.]; *inte vara rädd för ~* not mind taking trouble; *vålla [ngn] ~* cause s.b. trouble **2** (*klagan*) appeal; *anföra ~* complain [of]; *anföra ~ hos* appeal to
besvära [-'svä:-] **1** (*störa*) trouble, bother; *får jag ~ er att komma den här vägen* may I trouble you to step this way; *får jag ~ om ett kvitto* may I trouble you for a receipt; *förlåt att jag ~r* excuse my troubling you; *värmen ~r mig* I find the heat trying; *hon ~s av allergi* she suffers from an allergy **2** *rfl* (*göra sig omak*) trouble (bother) o.s.; (*klaga*) complain (*över* of), protest (*över* against); *jur.* appeal, lodge a protest
besvär|ad [-'svä:-] *a5* troubled, bothered (*av ngn* by s.b.); *känna sig ~* feel embarrassed **-ande** *a4* troublesome, annoying; embarrassing
besvärj|a [-'svärja] **1** (*frammana*) conjure up **2** (*anropa*) beseech **3** (*gå ed på*) confirm by oath **-else** conjuration, invocation; (*trolldom*) sorcery **-elseformel** spell, charm
besvärlig [-'svä:r-] *a1* troublesome, tiresome; (*svår*) hard, difficult; (*ansträngande*) trying; (*mödosam*) laborious; *ett ~t barn* a difficult child; *en ~ väg* a tiresome road **-het** troublesomeness; (*med pl*) trouble, hardship, difficulty
besvärs|instans board (court) of appeal **-rätt** right of appeal **-skrift** petition [for a new trial], complaint **-tid** term of appeal
besynnerlig [-'synn-] *a1* strange, odd, peculiar; (*underlig*) queer; (*märkvärdig*) curious **-het** strangeness *etc.*; (*med pl*) peculiarity, oddity
besynnerligt [-'synn-] *adv* strangely *etc.*; *~ nog* strangely enough
beså *v4* sow
besätt|a [-'sätta] **1** (*förse*) set; (*med spik*) stud; (*med spetsar*) trim **2** *mil.* occupy **3** (*upptaga, förse med innehavare*) fill; *väl* (*glest*) *besatt* well (sparsely) filled **-ning 1** *sjö.* crew; *mil.* garrison **2** (*kreatursbestånd*) stock, herd [of cows] **3** (*garnering*) trimming[s *pl*], braiding **-ningsman** one (member) of the crew
besök *s7* visit (*hos, i* to); (*vistelse*) stay (*hos* with; *vid* at); (*kortvarigt*) call (*hos* on); *avlägga ~ hos* pay a visit to, call on; *få ~* have a visitor (caller); *komma på ~* come to see, visit; *tack för ~et* thank you for calling (coming); *under ett ~ hos* while staying with; *väl värd ett ~* well worth a visit; *vänta ~* expect visitors
besök|a [-'sö:-] visit, pay a visit to; (*hälsa på*) call on, go to see; (*bevista*) attend; (*regelbundet*) resort to, frequent; *en mycket -t restaurang* a much frequented restaurant **-ande** *s9*, **-are** *s9* visitor, caller (*i, vid* to)
besöks|dag visitors' day **-frekvens** (*på möte etc.*) attendance rate **-tid** visiting hours (*pl*)
besörja [-'sörja] ~ [*om*] attend to, deal with, take care of
1 bet *imperf. av bita*
2 bet *s2* **1** (*straffinsats vid spel*) forfeit, loo; (*mark*) counter **2** *gå* (*bli*) ~ (*spel.*) have to pay the game, *bildl.* be stumped (nonplussed); *han gick ~ på uppgiften* the task was too much for him
1 beta I *s1* (*munsbit*) bite, morsel; *efter den ~n* after that experience **II** *v1* (*bryta i stycken*) break
2 beta *v1* (*om djur*) graze; *absol. äv.* browse; *~ av* graze, crop
3 beta I *v1* (*metaller*) pickle, bate; (*hudar*) soak; (*textilier*) mordant; *biol.* disinfect **II** *s1, tekn.* steep; (*färg*) mordant
4 beta *v1* (*agna*) bait
5 beta *s1, bot.* beet
6 beta *s6* (*bokstav*) beta
7 beta *se betaga*
betacka [-'tacka] *rfl, ~ sig* [*för*] decline; *jag ~r mig!* no, thanks, not for me!
beta[ga] [-'ta:(ga)] **1** (*fråntaga*) *~ ngn ngt* deprive (rob) s.b. of s.th.; *det betog mig lusten att* it robbed me of all desire to **2** (*överväldiga*) overwhelm, overcome **betagande** [-'ta:-] *a4* (*förtjusande*) charming, captivating **betagen** [-'ta:-] *a5* overcome (*av* with); *~ i* charmed by, enamoured of
betal|a [-'ta:-] pay; (*vara, arbete*) pay for; (*skuld äv.*) pay off, settle; *~ av* pay off; *~ fiolerna* foot the bill; *~ för sig* pay for one's keep; *~ kontant* pay [in] cash; *~ sig* pay, be worth while; *~ tillbaka* pay back; *~t kvitteras* received with thanks; *~ ngn med samma mynt* pay s.b. back in his own coin; *få -t* be paid; *få bra -t* get a good price; *det här ska du få -t för!* I'll pay you out for this!; *ge -t för gammal ost* pay [s.b.] out, *AE.* get back at, fix; *svar -t* reply prepaid; *vaktmästarn, får jag ~!* Waiter! May I have the bill, please?
betalare [-'ta:-] payer
betal|bar [-ˣta:l-] *a5* payable **-kort** charge (debit) card **-kurs** buying price
betalning [-'ta:l-] payment; (*lön*) pay; (*avgift*) charge; (*ersättning*) compensation, remuneration; *förfalla till ~* be (become, fall) due; *inställa ~arna* stop (suspend) payment[s]; *mot kontant ~* for ready money, against cash; *som ~* [*för*] in payment [for]; *utan ~* free [of charge]; *verkställa ~ar* make payments; *vid kontant ~* on payment of cash
betalnings|anstånd respite [for payment] **-ansvar** payment liability **-balans** balance of payments **-beredskap** liquidity **-dag** date (day) of payment; due date **-föreläggande** injunction to pay **-förmåga** solvency, ability to pay **-inställelse** suspension of payments **-medel** means of payment; (*ett lands*) currency; *lagligt ~* legal tender, *AE.* lawful money **-påminnelse** collection letter **-skyldig** liable for payment **-svårigheter** *pl* insolvency (*sg*); *ha ~* be insolvent **-termin** day (term) of payment **-villkor** *pl* terms of payment
beta|partikel beta particle **-stråle** beta ray **-strålning** beta radiation
betatron [-'trå:n] *s3* betatron
1 bete *s2* (*huggtand*) tusk

2 bete *s6, lantbr.* pasture; pasturage; *gå på ~* be grazing; *saftigt ~* verdant pasture[s *pl*]
3 bete *s6* (*agn*) bait
4 betę *v4, rfl* behave; (*bära sig åt äv.*) act
beteckna [-'teckna] (*symbolisera*) represent; (*utmärka*) indicate, designate; (*markera*) mark; label; (*betyda*) denote, signify, stand for; imply; (*karakterisera*) characterize, describe; *detta ~r höjdpunkten* this marks the peak (culmination); *x och y ~r obekanta storheter* x and y represent (stand for) unknown quantities
beteckn|ande [-'teck-] *a4* characteristic (*för* of); typical, significant (*för* of) **-ing** (*benämning*) designation; term, denomination; (*symbol*) symbol; (*angivelse*) indication **-ingssätt** method of notation
beteende [-'te:en-] *s6* behaviour **-forskare** behavioural scientist **-forskning** behavioural science **-mönster** pattern of behaviour **-rubbning** behavioural disturbance **-vetare** social scientist **-vetenskap** social science
betel ['be:-] *s2* betel **-blad** betel **-nöt** betel nut **-palm** betel palm **-tuggning** betel chewing
betes|hage enclosed grazing **-mark** pasture, grazing land **-vall** pasture[-land]
betịng *s7* piecework; *på ~* by contract
betinga [-'tiŋa] **1** (*kosta*) command, fetch; involve **2** (*utgöra förutsättning för*) presuppose; (*utgöra villkor för*) condition; *~d av* conditioned by, dependent on; *~d reflex* conditioned response (*särsk. förr* reflex) **3** *~ sig* stipulate (bargain) for
beting|else [-'tiŋ-] condition; stipulation; (*förutsättning, om pers.*) qualification **-ning** conditioning
betitla [-'tittla] *se titulera*; *den ~de adeln* the titled nobility
betjän|a [-'çä:-] serve; (*passa upp*) attend [on]; (*vid bordet*) wait on; *tekn.* operate, work; *~ sig av* make use of, avail o.s. of; *vara -t av* (*med*) have use for
betjäning [-'çä:-] service; attendance; waiting on; *tekn.* operation, working; (*tjänare*) attendants, servants (*pl*), staff **betjäningsavgift** tip, service [charge]
betjänt [-'çä:nt] *s3* man[servant], footman; *neds.* flunk[e]y
betmedel seed disinfectant (dressing)
betning [ˣbe:t-] grazing *etc., se 2, 3 o. 4 beta*; (*av utsäde*) dressing **betningsmedel** seed disinfectant
betodl|are beet-grower **-ing** beet-growing
betona [-'to:-] emphasize, accentuate (*att* the fact that); *fonet.* stress; *kulturellt ~de kretsar* cultural circles
betong [-'tåŋ] *s3* concrete **-beläggning** concrete surface **-blandare** concrete mixer **-gjutning** concreting **-konstruktion** concrete structure **-vägg** concrete wall
betoning [-'to:-] emphasis, stress, accent[uation]
betrakt|a [-'trakta] **1** (*se på*) look at, watch, observe; (*ägna uppmärksamhet åt*) contemplate, consider **2** (*anse*) *~ som* regard (look upon) as, consider **-ande** *s6* watching *etc.*; contemplation; *ta i ~* take into consideration; *i ~ av* considering, in consideration of **-are** observer, onlooker
betraktelse [-'trakt-] reflection, meditation (*över* upon); (*anförande i religiöst ämne*) discourse; (*åskådande*) regarding; *försjunken i ~r* lost in contemplation; *anställa ~r över* meditate upon **-sätt** outlook, way of looking at things
be|trọ *~ ngn med ngt* entrust s.b. with s.th. **-trọdd** *a5* trusted
betrỵck (*trångmål*) embarrassment; (*nöd*) distress **betrỵckt** *a4* oppressed; dejected
betrygg|ad [-'tryggad] *a5* secure, safe **-ande I** *a4* (*trygg*) reassuring; (*tillfredsställande*) satisfactory, adequate; *på ett fullt ~ sätt* in a way that ensures complete safety **II** *s6, till ~ av* for the safeguarding of
beträda [-'trä:-] set foot on; *bildl.* tread, enter upon; *förbjudet att ~ gräset* keep off the grass
beträff|a [-'träffa] *vad mig ~r* as far as I am concerned; *vad det ~r* as to that, for that matter **-ande** regarding, concerning, in (with) regard to; (*i brevrubrik*) re
berä̧ngd *a5* hard pressed, distressed
1 bets [be:-] *imperf. av bitas*
2 bets *s3* (*för trä*) stain; (*för hudar*) lye **betsa** stain
bets|el ['bets-] *s7* bridle **-la** bridle **-ling** bridling
betsning staining; *konkr.* stain
betsocker beet sugar
1 bett *sup. av bedja*
2 bett *s7* **1** (*hugg, insekts-*) bite **2** (*på betsel*) bit **3** (*tandställning*) dentition, bite **4** (*egg*) edge
bettl|a beg **-are** beggar **-eri** begging
betung|a [-'tuŋa] burden; overload; *~s av* be oppressed by **-ande** *a4* burdensome; oppressive
betuttad [-'tuttad] *a5, vara ~ i* be sweet on, be enamoured of
betving|a [-'tviŋa] subdue; (*underkuva*) subjugate; *bildl.* overpower, overcome, repress, control; *~ sig* control (check) o.s. **-are** subjugator; subduer
betvivla [-'tvi:v-] doubt, question, call in question
betyd|a [-'ty:-] **1** (*beteckna*) mean, signify, denote; imply, connote; *vad skall detta ~?* what is the meaning of this? **2** (*vara av vikt*) be of importance, matter, mean; *det -er ingenting* that doesn't matter, it makes no difference **-ande** *a4* (*betydelsefull*) important; (*ansenlig*) considerable, substantial, large; (*framstående*) notable, of mark; *en ~ man* a prominent man
betydelse [-'ty:-] **1** (*innebörd*) meaning, signification; (*ords äv.*) sense; *i bildlig ~* in a figurative sense **2** (*vikt*) importance, significance; *det har ingen ~* it is of no importance, it doesn't matter; *av föga ~* of little consequence **-full** significant; important, momentous **-lära** semantics (*pl, behandlas som sg*) **-lös** meaningless; insignificant, unimportant
betydenhet [-'ty:-] importance, consequence
betydlig [-'ty:d-] *a1* considerable, substantial; *en ~ skillnad* (*äv.*) a great [deal of] difference
betỵg *s7* certificate, testimonial; (*arbets-*) character; (*termins-*) report, *AE.* report card; (*vitsord*) mark, *AE.* credit, grade; *univ.* class; *få fina ~* get high marks, do very well; *sätta ~* allot marks **betyga** [-'ty:-] **1** (*intyga*) certify; testify **2** (*bedyra*)

protest, profess, declare **3** (*uttrycka*) express; ~ *ngn sin vördnad* pay one's respect to s.b.
betygs|avskrift copy of testimonial (certificate) **-hets** examination fever **-poäng** credit total **-skala** scale of marks
betygsätt|a grade, mark; *bildl.* pass judgment on **-ning** grading, marking
betäck|a [-'täcka] cover (*äv. göra dräktig*); *mil. äv.* shelter **-ning** cover[ing]; *mil. äv.* shelter; (*eskort*) convoy, escort; *ta* ~ take cover
betänk|a [-'tänka] consider, think of, bear in mind; *när man -er saken* when you come to think of it; ~ *sig* think it over, (*tveka*) hesitate **-ande** *s6* **1** (*övervägande*) thought, reflection; (*tvekan*) hesitation, scruple[s *pl*]; *ta ngt i* ~ take s.th. into consideration; *utan* ~ without [any] hesitation **2** (*utlåtande*) report
betänketid [-ˣtänke-] time for consideration
betänklig [-'tänk-] *a1* (*misstänkt*) questionable, dubious; (*oroande*) precarious; hazardous, dangerous; (*allvarlig*) serious, grave; (*vågad*) doubtful **-het** misgiving, doubt, apprehension, scruple; *hysa ~er* have (entertain) misgivings, hesitate; *uttala ~er* express doubts
betänksam [-'tänk-] *a1* (*eftertänksam*) deliberate; (*försiktig*) cautious; (*tveksam*) hesitant **-het** wariness
betänkt *a4, vara ~ på att göra* think of doing, contemplate doing
beundr|a [-'und-] admire **-an** *r* admiration **-ansvärd** [-ˣund-] *a1* admirable; (*friare*) wonderful
beundrar|e, -inna admirer **-post** fan mail
bevak|a [-'va:-] (*vakta*) guard; (*misstänksamt*) watch, spy upon; (*tillvarataga*) look after; *~d järnvägsövergång* controlled level (*AE.* grade) crossing; ~ *sina intressen* look after one's interests; ~ *ett testamente* prove a will **-ning** guard; custody; *sträng* ~ close custody; *stå under* ~ be under guard
bevaknings|kedja cordon of patrols **-manskap** guard **-tjänst** guard-duty; *sjö.* patrol-duty
bevandrad [-'vand-] *a5* (*förtrogen*) acquainted, familiar (*i* with); (*skicklig*) versed, skilled (*i* in)
bevar|a [-'va:-] *v1* **1** (*skydda*) protect (*för, mot* from, against); *-e mig väl!* goodness gracious!; *Gud -e konungen* God save the King; *Herren välsigne dig och -e dig* the Lord bless thee and keep thee **2** (*bibehålla*) preserve; maintain; (*hålla fast vid*) retain; (*förvara, gömma*) keep; ~ *fattningen* retain one's self-possession, keep unruffled; ~ *i tacksamt minne* keep in thankful remembrance; ~ *åt eftervärlden* hand down to posterity **-ande** *s6* protection, preserving *etc.*; preservation, maintenance
bevars good heavens!, goodnes [, gracious] me!
bevattn|a [-'vatt-] water; (*med kanaler o.d.*) irrigate **-ning** watering; irrigation **-ningsanläggning, -ningssystem** irrigation system
bevek|a [-'ve:-] *v3* (*förmå*) induce; (*röra*) move; *låta sig ~s* [allow o.s. to] be persuaded **-ande** *a4* moving, persuasive; entreating **-elsegrund** motive, inducement
bevilja [-'vilja] *v1* grant, accord, allow; *parl.* vote
bevill|ning [-'vill-] appropriation, vote of supply, government grant **-ningsutskott** *~et* (*i USA o. Storbritannien*) the Committee of Ways and Means
bevingad [-'viŋad] *a5* winged; *~e ord* familiar quotations
bevis *s7* proof (*på* of); (*skäl*) argument; (*vittnesmål*) evidence (*för* of); (*-föring*) demonstration; (*uttryck för känsla o.d.*) proof, evidence, demonstration (*på* of); (*intyg*) certificate; (*kvitto*) receipt; *bindande* ~ conclusive proof; *framlägga* ~ (*jur.*) introduce evidence, (*friare*) furnish proof of; *leda i* ~ prove, demonstrate; *vilket härmed till ~ meddelas* which is hereby certified; *frikänd i brist på* ~ acquitted in default of proof of guilt; ~ *på högaktning* mark (token) of esteem
bevis|a [-'vi:-] (*utgöra bevis på, ge prov på*) prove, demonstrate; (*ådagalägga*) show; ~ *riktigheten av* bear [s.b.] out; *vilket skulle ~s* which was to be proved **-ande** *a4* demonstrative; conclusive **-bar** *se bevislig*
bevis|börda burden of proof **-föring** argument[ation], demonstration; submission of evidence **-kraft** conclusive power
bevislig [-'vi:s-] *a1* provable, demonstrable **-en** demonstrably
bevis|material evidence **-medel** [means of] evidence
bevisning [-'vi:s-] argumentation, demonstration; *det brister i ~en* there is a flaw in the argument
bevista [-'vista] attend
bevisvärde value as evidence
bevittn|a [-'vitt-] witness; (*intyga äv.*) attest, certify **-ning** witnessing
bevuxen [-'vuxen] *a3* overgrown, covered; ~ *med skog* wooded, woody
bevåg *n, endast i uttr.*: *på eget* ~ on one's own responsibility
bevågen [-'vå:-] *a3, vara ngn ~* be kindly disposed towards s.b., favour s.b. **-het** favour, good will
bevänt *a, n sg, det är inte mycket ~ med honom* he is not up to much
beväpn|a [-'vä:p-] arm: *bildl.* fortify **-ing** arming; (*vapen*) armament, arms (*pl*)
bevärdiga [-'vä:r-] ~ *ngn med ett leende* condescend to smile at s.b.
beväring [-'vä:-] (*beväringsman*) conscript, recruit **beväringsmönstring** enrolment of conscripts
beväxt *a4, se bevuxen*
Bhutan Bhutan **bhutanes** *s3*, **-isk** *a5* Bhutanese
1 bi *adv* **1** *stå* ~ hold out, stand the test **2** *sjö., dreja* ~ heave to; *ligga* (*lägga*) ~ lie (lay) to
2 bi *s6, zool.* bee; *arg som ett* ~ [absolutely] furious, spluttering with rage
1 bi- (*bredvid, intill*) by-
2 bi- (*två-, dubbel-*) bi-
biaccent secondary accent (stress)
biavel beekeeping
bi|avsikt subsidiary purpose; (*baktanke*) ulterior motive **-bana** branch line
bibehåll|a keep; preserve; (*upprätthålla*) maintain, keep up; (*ha i behåll*) retain; ~ *gamla seder och bruk* keep up (preserve) old customs; ~ *sig* (*om kläder*) wear, (*om färg*) stand, (*om seder*) last; ~ *sin värdighet* maintain one's dignity; ~

sina själsförmögenheter retain one's faculties; ~ *sitt anseende som* keep up one's reputation for; *väl -en* well preserved; *en väl -en byggnad* a building in good repair; *han är väl -en* he is well kept **-ande** *s6* keeping *etc.*; preservation; maintenance; retention; *tjänstledighet med ~ av lönen* leave with full pay

bibel ['bi:-] *s2* bible; *~n* the [Holy] Bible **-citat** biblical quotation **-forskning** biblical research **-konkordans** concordance to the Bible **-kritik** biblical criticism **-kunskap** knowledge of the Bible **-ord** quotation from the Scriptures **-papper** bible (India) paper **-språk** *se -ställe* **-sprängd** *a5* versed in the Bible **-ställe** Bible passage **-tolkning** exegesis **-översättning** Bible translation

bibetydelse subordinate sense, secondary meaning

bibliofil *s3* bibliophil[e] **-upplaga** de luxe edition

biblio|graf *s3* bibliographer **-grafi** *s3* bibliography **-grafisk** [-'gra:-] *a5* bibliographical

bibliotek *s7* library **-arie** [-'a:rie] *s5* librarian

biblioteks|band library binding **-väsen** libraries [and library organization]

biblisk ['bi:-] *a5* biblical; *~a historien* biblical narratives, Bible stories (*pl*)

bibringa ~ *ngn ngt* impart (convey) s.th. to s.b., imbue s.b. with s.th.; ~ *ngn en åsikt* impress s.b. with an opinion

biceps ['bi:-] *s3* biceps

bida bide; await, wait for; ~ *sin tid* bide one's time **bidan** *r* [time of] waiting

bidé *s3* bidet

bidevind *a5* close to (by) the wind; *segla* ~ sail close-hauled **-seglare** *zool.* velella; Portuguese man-of-war

bidrag contribution; share; (*penning-*) allowance, benefit; (*stats-*) subsidy; *lämna* ~ make a contribution **bidraga** contribute; (*samverka*) combine; ~ *med* contribute; ~ *till* aid, promote, help; ~ *till att förklara* help to explain, be instrumental in explaining **bidragande** *a4* contributory, contributing

bidrags|förskott advance maintenance payment **-givare** contributor

bidrottning queen bee

biedermeierstil ['bidermaier-] Biedermeier style

biënn *bient, pl ~a* biennial **biennal** *s3* biennial

bifall (*samtycke*) assent, consent; (*godkännande*) sanction; (*medhåll*) approval, approbation; (*applåder*) applause, acclamation; *stormande* ~ thunderous applause; *vinna* ~ meet with approval; *yrka* ~ support **bifalla** approve [of], assent to; (*godkänna*) sanction; (*bevilja*) grant; ~ *en anhållan* grant a request; *begäran biföll*s the request was granted

bifalls|rop shout of approval **-storm** burst (storm) of applause **-yrkande** motion in favour [of the proposal] **-yttring** applause, acclamation

biff *s2* [beef]steak; *saken är* ~ (*vard.*) everything is all right (okay, O.K.); *jag ska ordna ~en* (*vard.*) I'll swing it somehow **-kor** *pl* beef cattle, dual-purpose cattle (*sg*) **-stek** *se biff*

bi|figur subsidiary (minor) character **-flod** tributary, affluent

bifoga attach; (*närsluta*) enclose; (*tillägga vid slutet*) append, subjoin; *betygen skall ~s ansökan* testimonials (*etc.*) should be attached to the application, (*friare*) apply with full particulars; *~d blankett* accompanying form; *härmed ~s* enclosed please find; *med ~nde av* enclosing, appending; *~t översänder vi* we are enclosing; *vara ~d* (*till dokument o.d.*) be attached, (*i brev etc.*) be enclosed

bifokal *a5* bifocal **-glas** bifocals (*pl*)

bifurkation bifurcation

biförtjänst extra (additional) income; incidental earnings (*pl*)

biga crease, bow

bigam|i *s3* bigamy **-ist** bigamist

bigarrå *s3* white heart cherry, bigarreau

bigata side street

bigning [ˣbi:g-] crease, bow

bigott [-'gått] *a1* bigoted **-eri** bigotry

bigård apiary

bi|handling episode **-hang** *s7* appendage; (*i bok*) appendix (*pl* append|ixes *el.* -ices); *maskformiga ~et* the [vermiform] appendix **-hustru** concubine **-håla** *med.* sinus **-håleinflammation** sinusitis **-hänsyn** secondary consideration **-inkomst** *se biförtjänst* **-intresse** sideline

bijouteri|er [biʃɔte'ri:-], **-varor** *pl* jewellery (*sg*), jewellery goods, trinkets

bikarbonat [*äv.* -'a:t] bicarbonate [of soda]

bikini [-'ki:-] *s9, s3* bikini

bi|konkav [*äv.* -'ka:v] biconcave **-konvex** [*äv.* -'vex] biconvex

bikt *s3* confession **bikta** ~ [*sig*] confess

bikt|barn confessant **-fader** confessor **-stol** confessional

bikupa *s1* beehive

bil *s2* [motor]car; *AE.* car, auto[mobile]; *köra* ~ drive a car

1 bila *v1* travel (go) by car, motor; go motoring

2 bila *s1* broad-axe

bilaccis car tax

bilaga *s1* (*i brev*) enclosure; (*i bok, tidning*) appendix, supplement

biland dependency

bilateral *a1* bilateral

bil|besiktning (*ung.*) [annual] motor vehicle inspection **-buren** motorized **-bälte** seat (safety) belt **-chassi** [motorcar] chassis

bild *s3* picture; (*illustration*) illustration; (*avbildning, äv. bildl. o. opt.*) image; (*spegel-*) likeness, reflection; (*på mynt*) effigy; *språkv.* figure [of speech], metaphor; *ge ngn en ~ av situationen* put s.b. in the picture; *tala i ~er* speak figuratively (metaphorically)

bilda 1 (*åstadkomma, grunda, utgöra*) form (*äv. språkv.*), found establish **2** (*uppfostra, förädla*) educate; cultivate **3** *rfl* (*uppstå*) form, be formed; (*skaffa sig bildning*) educate (improve) o.s.; ~ *sig en uppfattning om* form an idea of **bildad** *a5* cultivated; educated; refined, civilized; *akademiskt* ~ with a university education; *bland ~e människor* in cultural (intellectual) circles; *en ~ uppfostran* a liberal education **bildande** *a4* educative, instructive; ~ *konster* imitative arts

bild|arkiv photo archive **-band** film strip

bildbar *a1* **1** (*formbar*) plastic **2** capable of being educated, educable
bild|erbok picture book **-galleri** [picture] gallery **-huggare** sculptor **-huggarkonst** sculpture **-hållning** *TV* frame hold; *AE.* vertical hold **-konst** visual arts
bild|lig *a1* figurative, metaphorical **-material** illustrative material; illustrations (*pl*)
bildning 1 formation; (*form*) form, shape **2** (*odling*) culture; (*skol-*) education; (*själs-*) cultivation; (*levnadsvett*) breeding, refinement; *en man av* ~ a man of culture (refinement)
bildnings|förbund adult education institute **-grad** degree of culture **-törst** thirst for knowledge
bild|ordbok illustrated (pictorial) dictionary **-redaktör** illustrations editor **-rik 1** (*stil, språk*) picturesque, ornate, flowery **2** (*bok*) richly illustrated
bil|drulle road hog
bild|reportage picture story **-ruta** *film.* frame; *TV* [viewing] screen **-rör** *TV* television (picture) tube, [tele]tube **-serie** comic strip, strip cartoon; *särsk. AE.* comics (*pl*) **-sida** pictorial page; (*på mynt*) obverse, face **-skrift** picture writing, pictography; hieroglyphics (*pl, behandlas som sg*) **-skärm** screen **-skärpa** *foto., TV* definition **-skön** pretty as a picture, of statuesque beauty, well-favoured **-språk** imagery; metaphorical language **-stod** statue **-stormare** iconoclast **-telefon** videophone **-telegrafi** phototelegraphy, telephotography **-text** [picture] caption **-tidning** pictorial, picture magazine **-verk** volume of pictures
bildäck 1 [motorcar] tyre; *AE.* [automobile] tire **2** *sjö.* car deck
bildöverföring transmission of visual matter, picture transmission
bil|ersättning mil[e]age [allowance] **-fabrik** motor works, car factory **-firma** car dealer **-fri** ~ *gata* pedestrian street; ~*tt område* pedestrian precinct **-färd** car drive (trip) **-färja** car ferry **-förare** driver **-försäkring** motorcar insurance **-försäljare** car salesman **-handlare** car dealer
bilharzios [-tsi'å:s] *s3, med.* schistosomiasis, bilharziasis, bilharziosis
bil|hjul car wheel **-industri** motor (*AE.* automotive) industry
bil|ism motorism, motoring **-ist** motorist, driver
biljard [-'ja:rd] *s3, ej pl* billiards (*pl*) **-boll** billiard ball **-bord** billiard table **-kö** [billiard] cue **-salong** billiard room **-spelare** billiard player
biljett *s3* ticket; (*brev*) note; *enkel* ~ single (*AE.* one-way) ticket; *lösa* ~ *till* buy (get) a ticket for **-automat** ticket vending machine **-försäljare** booking (ticket) clerk; *AE.* ticket agent **-försäljning** sale of tickets **-häfte** book of coupons **-kontor** ticket office; *järnv.* booking office; *teat. o.d.* box office **-kontrollör** ticket collector (inspector) **-lucka** *järnv.* booking office; *teat. o.d.* box office [window] **-pris** price of admission; (*för resa*) fare
biljon *s3* (*1 miljon miljoner*) billion; *AE.* trillion
biljud intruding sound; *med.* accessory sound, (*vid andning*) rale
bil|karosseri car body **-karta** road map **-krock** car crash **-kö** line of cars **-körning** [car] driving; motoring
bill *s2* (*plog*) [plough]share
billig *a1* **1** cheap (*äv. bildl.*); inexpensive; (*om pris äv.*) low, moderate, reasonable **2** (*rättmätig*) fair, reasonable; *det är inte mer än rätt och* ~*t* it's only fair **-bok** low-price edition **-het 1** (*rättvisa*) justice, fairness **2** (*lågt pris*) cheapness *etc.* **-hetsupplaga** cheap edition
billigt *adv* cheaply; *köpa* (*sälja*) ~ buy (sell) cheap; *komma för* ~ *undan* be let off too cheaply; *mycket* ~ [at] a bargain [price]
billion *s3, se biljon*
bil|lots car pilot **-lån** car theft **-lånare** car thief, joy rider **-mekaniker, -montör** car mechanic (fitter) **-märke** make [of car] **-nyckel** car key **-olycka** motor accident **-park** car fleet **-parkering** car park; *AE.* parking lot **-provning** *AB Svensk B*~ Swedish Motor Vehicle Inspection Co. **-radio** car radio **-register** vehicle register **-reparationsverkstad** motorcar repair shop, garage **-reparatör** motor mechanic **-ring 1** *se bildäck* **2** *vard.* (*fettvalk*) spare tyre **-ruta** car window **-salong** *se bilutställning* **-sjuk** travel-sick **-skatt** [motorcar] licence duty **-skola** driving school **-skollärare** driving instructor **-speditionsfirma** road haulage firm, haulier **-sport** motoring; car racing **-stöld** car theft **-tjuv** car thief
biltog *a5* outlawed; ~ *man* outlaw
bil|trafik motor traffic **-tur** [motor]drive, ride; (*längre*) motor trip, trip by car **-tvätt** (*anläggning*) car wash; (*-tvättning*) car washing **-tävling** car race **-uthyrning** car rental **-utställning** motor show **-verkstad** *se bilreparationsverkstad* **-vrak** car wreck **-väg** motor road; *AE.* motor highway **-ägare** car owner
bi|läger [royal, princely] nuptials (*pl*) **-lägga 1** *se bifoga* **2** (*åstadkomma förlikning*) settle, make up, reconcile **-läggande** *s6* settlement, adjustment
bimetall bimetal
binamn by-name
bind|a I *s1* roller [bandage]; *elastisk* ~ elastic bandage **II** *v, band bundit* **1** bind; (*knyta*) tie; (*fästa*) fasten (*vid* [on] to); (*hålla fästad vid*) confine; (*nät, kvastar o.d.*) make; ~ *fast* tie up (*vid* to); ~ *för ngns ögon* blindfold s.b.; ~ *ihop* tie up, bind together; ~ *in böcker* have books bound, bind books; ~ *om* tie up, (*böcker*) rebind; ~ *upp* tie up, *kokk.* truss; ~ *åt* tie; ~ *ngn till händer och fötter* bind s.b. hand and foot (*äv. bildl.*); ~ *ris åt egen rygg* make a rod for one's own back; *bunden vid sängen* bedridden, confined to bed **2** (*fästa, sammanhålla*) bind, hold; *limmet -er bra* the glue sticks well **3** *rfl* bind (pledge) o.s.; tie o.s. down (*vid, för* to) **-ande** *a4* binding; (*avgörande*) conclusive; ~ *bevis* conclusive proof; ~ *order* firm order
bindehinna *se bindhinna*
bindel *s2* bandage
binde|medel binder, fixing agent; (*lim o.d.*) adhesive **-ord** conjunction **-streck** hyphen
bind|galen stark [staring] mad **-garn** twine, packthread **-hinna** conjunctiva **-hinneinflammation** conjunctivitis

bindning binding; (*av bok*) binding; (*på skida*) [ski] binding; *språkv.* liaison; *mus.* slur[ring]
bindsle [ˣbinnsle] *s6* fastening; (*på skida*) [ski] binding
bind|sula insole **-väv** connective tissue
bingbång ding dong
binge [ˣbiŋe] *s2* bin
bingo ['biŋ(g)ɔ] *s2* bingo
binjure adrenal (suprarenal) gland **-bark** cortex of the adrenal gland
binnikemask tapeworm
binom [-'nå:m] *s7* binomial
binomial|fördelning binomial distribution **-teorem** binomial theorem
binär *a1* binary, twofold; *~a talsystemet* the binary notation (system)
binäring subsidiary (ancillary) industry (occupation)
bio ['bi:ɔ] *s9* cinema, motion-picture theatre; *AE.* movies, movie theater; *gå* (*vara*) *på ~* go to (be at) the cinema (the pictures, *sl.* the flicks, *AE.* the movies) **-besök** cinema visit **-besökare** cinemagoer **-biljett** cinema (*AE.* movie) ticket
biobränsle [ˣbi:ɔ-] biomass fuel, biofuel **biocid** *s3* biocide **biocykel** [ˣbi:ɔ-] biocycle
biodl|are beekeeper **-ing** beekeeping, apiculture
bio|dynamik biodynamics (*pl, behandlas som sg*) **-dynamisk** [-'na:-] biodynamic[al]
bio|ekologi bioecology
bio|fysik biophysics (*pl, behandlas som sg*) **-fysisk** [-'fy:-] biophysical
biogas biogas
bio|gen [-'je:n] *a5* biogenetic[al], biogenous **-genes** [-j-] biogenesis **-genetisk** [-je'ne:-] *se -gen*
biogeografi biogeography
biograf *s3* **1** (*levnadstecknare*) biographer **2** *se bio* **-byrå** *Statens ~* [the Swedish] national board of film censors **-föreställning** cinema performance (show)
bio|grafi *s3* biography **-grafisk** [-'gra:-] *a5* biographical
biograf|publik cinema audience; filmgoers (*pl*); *AE.* moviegoers (*pl*) **-vaktmästare** cinema attendant; (*dörrvaktmästare*) ticket collector
bio|kemi biochemistry **-kemisk** [-'çe:-] biochemical **-kemist** biochemist
bio|log biologist **-logi** *s3* biology **-logisk** [-'lå:-] *a5* biological; *~ klocka* biological clock; *~ krigföring* biological warfare; *~t nedbrytbar* biodegradable
bio|massa biomass **-medicin** biomedicine **-metri** *s3* biometry, biometrics (*pl, behandlas som sg*)
biomständighet minor incident, incidental circumstance
bionik *s3* bionics (*pl, behandlas som sg*)
biopsi *s3* biopsy
biopublik *se biografpublik*
bi|orsak subsidiary reason, incidental cause **-person** *se bifigur*
bio|sfär biosphere **-syntes** biosynthesis **-teknik** biotechnology **-teknisk** biotechnological, biotech
bioteknologi ergonomics (*pl, behandlas som sg*); *AE.* biotechnology
biotisk [bi'å:-] *a5* biotic
biotit *s3* biotite
bio|top [-'å:p] *s3* biotope **-typ** *s3* biotype
bi|plan biplane **-polär** bipolar **-produkt** by-product; (*avfall*) waste product
birfilare [ˣbi:r-] fiddler
bi|roll subordinate part, minor role **-sak** matter of secondary importance; side issue; *huvudsak och ~* essentials and nonessentials (*pl*)
bisam ['bi:-] *s3* musquash (muskrat) fur
bisamhälle colony of bees
bisamråtta muskrat
bisarr *a1* bizarre, odd, fantastic
bisats subordinate clause
Biscayabukten [bisˣkajja-] Bay of Biscay
bisektris *s3* bisector
bisexuell bisexual
bisittare [legal] assessor, member of lower court
biskop [ˣbiskåp] *s2* bishop **-inna** bishop's wife **-lig** *a1* episcopal
biskops|döme *s6* bishopric, episcopate **-mössa** **1** mitre **2** *se fingerborgsblomma* **-stav** pastoral [staff] **-stift** diocese, see **-stol** [bishop's] throne; *bildl.* see **-säte** see **-ämbete** episcopate, see, office of a bishop
biskvi *s3* macaroon, ratafia (ratafee) [biscuit]
bisköldkörtel parathyroid gland
biskötsel beekeeping
bismak [extraneous] flavour; smack; tang; *i sht bildl.* taint
bison ['bi:sån] *r* bison **-oxe** European bison, wisent; *amerikansk ~* American bison, *AE.* buffalo
bisp *s2, se biskop*
bispringa assist, succour; *~ ngn med råd och dåd* support s.b. in word and deed (by word and act)
bisser|a give over again, repeat **-ing** encore
bist|er ['biss-] *a2* grim, fierce, forbidding; (*sträng*) stern; (*om köld o.d.*) severe; *-ra tider* hard times
bisting bee sting
bisträck|a *~ ngn med pengar* advance s.b. money **-ning** pecuniary assistance, financial help
bistå assist, help **bistånd** assistance, help, aid; *med benäget ~ av* kindly assisted by
biståndspakt pact of mutual assistance
bisvärm swarm of bees
bi|syfte *se biavsikt* **-syssla** spare-time occupation, sideline
bisätt|a remove to the mortuary; *~ ngn* remove a p.'s remains to the mortuary **-ning** removal [of a p.'s remains] to the mortuary
bit *s2* piece, bit; (*socker-*) lump [of sugar]; (*fragment*) fragment; (*muns-*) mouthful, morsel; *data.* bit; *följa ngn en ~ på vägen* accompany s.b. part of the way; *inte en ~ bättre* not a bit (scrap) better; *äta en ~* [*mat*] have [a little] s.th. to eat; *gå i ~ar* go to pieces; *gå i tusen ~ar* be smashed to smithereens
bit|a *bet bitit* **1** bite; *~ huvudet av skammen* be past all sense of shame; *~ i det sura äpplet* swallow the bitter pill; *~ i gräset* bite (lick) the dust; *~ på naglarna* bite one's nails; *~ sig fast i* (*vid*) cling tight on to; *~ sig i tungan* bite one's tongue **2** (*vara skarp*) bite; (*om ankare*) hold; (*om kniv*) cut; (*om köld*) nip, be sharp; *~ av* bite off, (*en sup*) sip; *~ ifrån sig* hit back, retort; *~ ihjäl* bite

to death; ~ *ihop tänderna* clench one's teeth; ~ *sönder* bite to pieces; *ingenting -er på honom* nothing has any effect on him **-ande** *a4* biting; (*om vind äv.*) piercing; (*om köld*) intense; (*om svar äv.*) stinging, cutting, sharp; (*om smak, lukt*) pungent; (*om kritik äv.*) caustic
bitanke underlying thought; ulterior motive
bitas *bets bitits, dep* bite **bitit** *sup. av bita*
bi|testikel epididymis (*pl* epididymides) **-ton** *språkv.* secondary accent (stress); *mus.* secondary tone
bitring teething ring
bitryck *se biaccent*
biträd|a 1 (*hjälpa*) assist, help; ~ *ngn vid rättegång* appear (plead) for s.b. at trial **2** (*mening, förslag*) accede to, support, subscribe to; (*parti*) join **-ande** *a4* assistant, auxiliary
biträde *s6* **1** (*medverkan*) assistance, help **2** (*medhjälpare*) assistant, hand; *rättsligt* ~ counsel
bitsk *a1* ill-tempered, savage
bitsocker lump (cube) sugar
bitter ['bitt-] *a2* bitter; (*om smak äv.*) acrid; (*plågsam*) acute, severe, sore; ~ *fiende* (*saknad*) bitter enemy (grief); ~ *nöd* dire want (distress); *~t öde* harsh fate; *till det bittra slutet* to the bitter end **-het** bitterness; (*om smak*) acridity; (*sinnesstämning*) embitterment, bitter feeling **-ligen** bitterly **-ljuv** bittersweet **-mandel** bitter almond **-mandelolja** bitter-almond oil **-salt** Epsom salts (*pl*)
bittersta ['bitt-] *i uttr.*: *inte det* ~ not in the least, not at all
bittert *adv, det känns* ~ *att* it feels hard to
bitti[da] early; *i morgon* ~ [early] tomorrow morning
bitum|en [-'tu:-] *-en el. -inet, pl saknas* bitumen **-inös** *a1* bituminous
bitvarg curmudgeon
bitvis bit by bit, piecemeal; here and there
biuppgift additional (subsidiary) task
bivack *s3*, **bivackera** *v1* bivouac
bivax beeswax
biverk|an, -ning side effect, secondary effect
bivråk honey buzzard
biväg byway, bypath
bjud|a *bjöd bjudit* **1** (*befalla*) bid, order, enjoin; ~ *och befalla* order and command; *anständigheten -er* decency dictates **2** (*säga, hälsa*) bid, say; ~ *farväl* bid farewell **3** (*erbjuda*) offer; (*ge bud på auktion*) [make a] bid; ~ *motstånd* offer resistance; ~ *ngn att sitta ner* ask s.b. to sit down; ~ *ngn spetsen* defy s.b. **4** (*undfägna med*) treat to; ~ *ngn på en god middag* treat s.b. to an excellent dinner; *vad får jag* ~ *dig på?* what may I offer you?; *staden har mycket att* ~ *på* the town has many attractions; *han bjöd alla på drinkar* all drinks were on him, he stood everybody drinks **5** (*inbjuda*) invite; ~ *ngn på lunch* invite s.b. to lunch; ~ *ngn på middag på restaurang* invite s.b. out for dinner, dine s.b. at a restaurant; *det -er mig emot att* it is repugnant to me to; ~ *hem ngn* ask (invite) s.b. home; ~ *igen* invite back; ~ *in* ask in; ~ *omkring* hand round; ~ *till* try; ~ *under* underbid; ~ *upp* ask for a dance; ~ *ut varor* offer goods for sale; ~ *över* outbid
bjud|it *sup. av bjuda* **-ning 1** (*kalas*) party **2** (*inbjudan*) invitation **-ningskort** invitation card
bjäbba (*om hund*) yelp; ~ *emot* answer back
bjäfs *s7* finery; trinkets (*pl*)
bjälk|e *s2* beam; (*stor*) ba[u]lk; (*bärande*) girder; (*stock*) log; *~n i ditt eget öga* (*bibl.*) the beam that is in thine own eye **-lag** *s7* system of joists
bjäll|erklang jingle of sleigh bells **-ko** *se skällko* **-ra** *s1* bell, jingle
bjärt I *a1* gaudy, glaring **II** *adv* glaringly; *sticka av* ~ *mot* be in glaring contrast to
bjässe *s2* colossal man; hefty chap; (*baddare äv.*) whopper
bjöd *imperf. av bjuda*
björk *s2* birch; *av* ~ (*äv.*) birch; *möbel av* ~ birchwood suite [of furniture]
björkna white (silver) bream
björk|ris birch twigs; (*t. aga*) birch[rod] **-skog** birch wood **-trast** fieldfare **-ved** birchwood
björn [-ö:-] *s2* **1** bear; *Stora* (*Lilla*) *Björn*[*en*] [the] Great (Little) Bear; *väck inte den* ~ *som sover* let sleeping dogs lie; *sälj inte skinnet innan ~en är skjuten* don't count your chickens before they are hatched **2** (*fordringsägare*) dun **-bär** blackberry, bramble **-hona** she-bear **-jägare** bear hunter **-kloört** *bot.* bear's-breech **-loka** *s1* cow parsnip, hogweed, keck **-mossa** hairy-cap moss **-ram** bear's paw **-skinn** bearskin **-skinnsmössa** bearskin **-tjänst** *göra ngn en* ~ do s.b. a disservice **-tråd** patent strong yarn **-unge** [bear] cub
bl.a. (*förk. för bland annat, bland andra*) *se under bland*
1 black *s2* fetter, iron; *vara en* ~ *om foten för* be a drag on
2 black I *a1* (*smutsgul*) tawny, drab (*äv. bildl.*); (*grå*) gray, dingy; (*urblekt*) faded **II** *s2* cream-coloured horse, dun
blad *s7* (*löv, bok-*) leaf (*pl* leaves); (*kron-, blom-*) petal; (*ark*) sheet; (*tidning*) paper; (*kniv-, år-, propeller- o.d.*) blade; *oskrivet* ~ clean sheet, *bildl.* unknown quantity; *~et har vänt sig* the tide has turned; *spela från ~et* play at sight; *ta ~et från munnen* speak out (one's mind)
blad|bagge gold beetle, goldbug **-fjäder** plate spring **-formig** leaf-shaped, foliate[d] **-grönt** chlorophyll **-guld** gold leaf, (*tjockare*) gold foil **-horning** [-o:-] *zool.* dung beetle (chafer) **-lus** plant louse, aphid, (*grön äv.*) greenfly **-mage** third stomach, psalterium, omasum, manyplies (*pl, behandlas som sg*) **-mossa** [leaf] moss **-mögel** leaf mould, rust [fungus] **-selleri** *se blekselleri* **-veck** axil
B-lag second team (eleven, *särsk. AE.* string); *bildl.* second-raters (*pl*)
blam|age [-'ma:ʃ] *s5* faux pas **-era** bring discredit on; ~ *sig* bring discredit on o.s., put one's foot in it
blanchera blanch
blancmangé [blaŋmaŋ'ʃe: *el.* blammaŋ'ʃe:] *s5* blancmange
blanco *se blanko*
bland among[st]; ~ *andra* among others; ~ *annat* among other things, for instance, inter alia; *programmet upptar* ~ *annat* the programme includes; ~ *det bästa jag vet* one of the best things I know; *en* ~ *tio* one in ten; *många* ~ *läsarna* many

of the readers; *omtyckt ~ damerna* a favourite with the ladies

blanda mix; (*~ tillsammans*) blend; *bildl.* mingle; *kem.* compound; (*metaller*) alloy; (*kort*) shuffle, mix; *~ vatten i mjölken* mix water with milk, adulterate milk with water; *~ bort* muddle away; *~ bort korten för ngn* confuse s.b., put s.b. out; *~ ihop* mix up; *~ in* (*tillsätta*) admix; *~ in ngn i ngt* get s.b. mixed up in s.th.; *~ till* mix; *~ upp ngt med ngt* mix s.th. with s.th.; *~ ut vin med vatten* dilute wine with water; *~ sig* mix, mingle; *~ sig i* meddle in, interfere with; *~ sig med mängden* mingle in (mix with) the crowd

bland|ad *a5* mixed *etc.*; *~e känslor* mixed feelings; *~ kör* mixed choir; *-at sällskap* mixed company **-are** mixing machine, mixer

bland|ekonomi mixed economy **-ekonomisk** of (associated with) a mixed economy **-folk** mixed people (race)

blandning mixture; (*av olika kvaliteter el. sorter*) blend; (*legering*) alloy; (*korsning*) hybrid; *med en ~ av hopp och fruktan* with mixed hope and fear

bland|ras mixed breed **-skog** mixed forest **-språk** mixed language **-säd** mixed grain; (*växande*) mixed crops (*pl*) **-äktenskap** mixed (interracial) marriage

blank *a1* shiny, bright; *~ sida* blank page; *~ som en spegel* smooth as a mirror; *med ~a vapen* honourably, with clean hands; *mitt på ~a förmiddagen* right in the middle of the morning; *~t game* (*i tennis*) love game; *ett ~t nej* a flat (curt) no

blanka polish; (*skor*) clean; black

blankett *s3* form; blank; *fylla i en ~* fill in (up) a form **-raseri** mania for form-filling

blank|lax [Atlantic] salmon **-nött** shiny

blanko ['blann-] *se in blanko* **-check** blank cheque **-endossement** *se -överlåtelse* **-fullmakt** blank cheque **-växel** blank bill **-överlåtelse** blank endorsement, endorsement in blank

blank|polera polish **-skinn** patent leather **-slipa** polish, finish, smooth **-sliten** shiny **-svärta** blacking

blankt *adv* shinily *etc.*; *dra ~* draw one's sword; *rösta ~* return a blank vote; *säga ~ nej* flatly refuse; *strunta ~ i* not give a damn about

blankvers blank verse

blasé *oböjligt a*, **blaserad** [-'se:-] *a5* blasé

blasfem|i *s3* blasphemy **-isk** [-'fe:-] *a5* blasphemous

blask *s7* wash, dishwater; (*snö-*) slush

1 blaska *v1* splash

2 blaska *s1, neds.* rag

blaskig *a1* (*om potatis*) watery; (*om färg*) washy, washed out

blast *s3, ej pl* tops (*pl*)

blazer ['blä:- *el.* 'blei-] *s2* [sports] jacket; (*skol-, klubb-*) blazer

bleck *s7* **1** *se -plåt* **2** *~et* (*mus.*) the brass **-blåsinstrument** brass instrument **-burk, -dosa** tin, (*särsk. AE.*) can **-plåt** [thin] sheet metal, sheet [iron]; tin plate; *av ~* (*äv.*) tin **-slagare** tinsmith

blek *a1* pale; (*starkare*) pallid; (*svag*) faint; *~ av fasa* pale with terror; *~ av raseri* pallid with rage; *~ om kinden* pale-cheeked; *~ som ett lik* deathly pale; *~a döden* pallid Death; *~a vanvettet* utter madness; *~t ljus* faint light; *göra ett ~t intryck* make a lifeless (tame) impression; *inte ha den ~aste aning om* not have the faintest idea of

bleka *v3* bleach; (*färg*) fade; *~s* become discoloured

blekansikte paleface

bleke *s6* (*stiltje*) calm

blek|fet pasty **-het** paleness, pallor **-lagd** *a5* pale-faced; (*sjukligt*) sallow **-medel** bleach[er]; bleaching agent

blekn|a [ˣble:-] turn pale (*av* with); (*om färger, kinder, minnen o.d.*) fade, grow paler **-ing** bleaching

blek|nos washed-out little thing **-selleri** [blanched] celery **-siktig** *a1* chlorotic **-sot** chlorosis, greensickness

blemm|a *s1* pimple **-ig** *a1* pimpled, pimply

bless|era wound **-yr** *s3* wound

blev *imperf. av bli*

bli (bliva) *blev blivit* **I** *passivbildande hjälpv* be; *vard.* get; (*vid utdragen handling*) become **II** *självst. v* **1** be; *~ överraskad* be surprised; *festen blev lyckad* the party was a success; (*innebärande förändring*) become; *~ fattig* (*soldat*) become poor (a soldier); (*vard., med adjektivisk pred.fylln.*) get, (*långsamt*) grow, (*plötsligt*) fall, turn; *~ arg* (*gift, våt*) get angry (married, wet); *~ blek* (*katolik*) turn pale (Catholic); *~ gammal* grow old; *~ sjuk* (*kär*) fall ill (in love); *~ skämd* (*tokig*) go bad (mad); *vi ~r fyra till bordet* there'll be four of us at table; *det skall ~ mig ett nöje* it'll be a pleasure; *hur mycket ~r notan på?* what does the bill come to? **2** (*förbli*) remain; *~ sittande* remain seated; *det måste ~ oss emellan* this must be between ourselves; *skomakare, ~v vid din läst!* let the cobbler stick to his last **3** *det ~r tio pund* it makes ten pounds, (*vid betalning*) that'll be ten pounds; *han ~r 20 år i morgon* he will be 20 [years old] tomorrow; *det ~r svårt* it will be difficult; *när ~r det?* when will it be?; *när jag ~r stor* when I grow up **4** *låt ~!* don't!; *låt ~ att skrika!* stop shouting!; *jag kunde inte låta ~ att skratta* I could not help laughing; *låt ~ mig!* leave me alone! **5** (*med betonad partikel*) *~ av* take place, come about; *~r det ngt av?* will it come to anything?; *festen ~r inte av* the party is off; *vad har det ~vit av henne?* what has become of her?; *~ av med* (*bli kvitt*) get rid of, (*förlora*) lose, (*få sälja*) dispose of; *~ borta* stay away, (*omkomma*) be lost (missing); *~ efter* drop (lag) behind; *~ ifrån sig* be beside o.s.; *~ kvar* (*stanna kvar*) remain, stay [behind], (*~ över*) be left [over]; *~ till* come into existence; *~ till sig* get excited; *~ utan* get nothing; *~ utan pengar* run out of money; *~ utom sig* be beside o.s. (*av* with); *~ över* be left [over]

blick *s2* **1** look; (*ihärdig*) gaze; (*hastig*) glance; *kasta en ~ på* look (glance) at **2** (*öga*) eye; *sänka* (*lyfta*) *~en* lower (raise) one's eyes; *följa ngn med ~en* gaze after s.b.; *föremål för allas ~ar* focus of attention; *ha ~ för* have an eye for

blick|a look; gaze; glance **-fång** eye-catcher **-punkt** focus; *bildl.* limelight **-stilla** calm; [as] smooth as glass

blid *a1* mild; (*om röst o.d.*) soft; (*vänlig*) gentle, kind; *tre grader blitt* three degrees above freezing point **blidhet** [ˣbli:d-] mildness *etc.* **blidka**

B

[ˣblidd-] appease, conciliate, placate; *låta ~ sig* relent, give in **blidväder** mild weather; thaw
bliga glare, stare (*på* at)
blimp *s2, film.* blimp
blind *a1* blind (*för* to); (*okritisk, obetingad*) implicit; *bli ~* go blind; *~ lydnad* implicit (passive) obedience; *~ på ena ögat* blind in one eye; *~a fläcken* the blind spot; *den ~e* the blind man; *en ~ höna hittar också ett korn* a fool's bolt may sometimes hit the mark; *stirra sig ~ på* (*bildl.*) let o.s. be hypnotized by, get stuck at **-bock** blind man's buff
blindering [-'de:-] blindage
blind|flygning instrument (blind) flying **-fönster** blind window **-gångare** dud, unexploded bomb **-het** blindness **-hund** guide dog **-institut** blind school, school for the blind
blindo *i uttr.*: *i ~* blindly, at random
blind|skola *se blindinstitut* **-skrift** Braille; *trycka i* (*skriva med*) *~* Braille **-skär** sunken rock **-styre** blind buffer **-tarm** caecum **-tarmsinflammation** appendicitis
blini *s3, ~er* blini[s] (*pl*)
blink *s2* **1** (*-ande*) twinkling **2** (*-ning*) wink; *i en ~* in a twinkling, in the twinkling of an eye
blinka (*med ögat*) blink, wink (*mot, åt* at); (*om ljus*) twinkle; *utan att ~* without batting an eyelid, unflinchingly
blink|er *s2* blinker, [flashing direction] indicator **-fyr** *se blänkfyr* **-hinna** nic[ti]tating membrane, third eyelid, haw **-ljus** flashing light **-ning** blinking *etc.*; wink
blint *adv* blindly *etc., se blind*; *gatan slutar ~* it is a blind alley
bliv|a *se bli* **-ande** *a4* (*tillkommande*) future, ...to be; (*tilltänkt*) prospective; *~ mödrar* expectant mothers **-it** *sup. av bliva*
blixt I *s2* lightning; (*konstgjord o. bildl.*) flash; *en ~* a flash of lightning; *~en slog ner i huset* the house was struck by lightning; *som en oljad ~* like a streak of lightning; *som en ~ från klar himmel* like a bolt from the blue; *som träffad av ~en* thunderstruck; *hans ögon sköt ~ar* his eyes flashed **II** *adv, bli ~ kär* fall madly in love **-anfall** lightning attack (raid), (*särsk. om flyg*) blitz **-belysning** *i ~* in a flash **-fotografering** flash photography **-halka** extreme slipperiness **-krig** blitz, lightning warfare **-kub** *foto.* flash bulb; (*med fyra blixtar*) flash cube **-ljus** flashing light; *foto.* flashlight **-ljuslampa** flash bulb, photoflash **-lås** zip [fastener]; *AE.* zipper **-nedslag** stroke of lightning
blixt|ra lighten (*äv. ~ till*); (*friare*) flash, sparkle; *~nde ögon* flashing eyes; *~nde huvudvärk* splitting headache; *~nde kvickhet* sparkling wit **-snabb** [as] swift as a lightning **-visit** flying visit
block [-å-] *s7* block; *geol. äv.* boulder; *polit.* bloc; (*skriv-*) pad; (*hissanordning*) block; (*sko-*) shoetree **blocka** [-å-] *~ ut skor* tree shoes
blockad [-å-] *s3* blockade; *förklara i ~* impose a blockade; *häva* (*bryta*) *en ~* raise (run) a blockade **-brytare** blockade runner
block|bildning formation of blocs **-choklad** cooking chocolate
blocker|a [-å-] blockade; (*friare*) block **-ing** block
block|flöjt recorder **-hus** blockhouse **-ämne** subject block
blod *s7* blood; *levrat ~* clotted blood, gore; *gråta ~* (*ung.*) cry one's eyes out; *med kallt ~* in cold blood; *~ är tjockare än vatten* blood is thicker than water; *~et steg mig åt huvudet* the blood went to my head; *det har gått dem i ~et* it has got into their blood; *det ligger i ~et* it runs in the blood; *prins av ~et* prince of the blood; *väcka ont ~* breed bad blood **bloda** *~ ner* stain with blood; *få ~d tand* (*bildl.*) acquire the taste
blod|apelsin blood orange **-bad** blood bath, massacre; *anställa ~ på* butcher wholesale **-bana** blood vessel **-bank** blood bank **-befläckad** *a5* bloodstained **-bok** copper beech **-brist** anaemia **-cirkulation** circulation of the blood **-drypande** *a4* bloody; *~ historia* bloodcurdling story **-fattig** anaemic **-fläck** bloodstain **-flöde** flow of blood; haemorrhage **-full** full-blooded **-förgiftning** blood poisoning **-förlust** loss of blood **-givarcentral** blood donor centre **-givare** blood donor **-givning** donation of blood **-grupp** blood group (type) **-gruppsbestämning** blood-group determination **-hosta** *ha ~* cough blood **-hund** bloodhound
blodig *a1* bloody; bloodstained, gory, sanguinary; (*friare*) deadly; grievous; *~ biffstek* underdone (*AE.* rare) steak; *det var inte så ~t* (*vard.*) this wasn't too stiff
blod|igel medicinal leech **-korv** black (blood) pudding (*AE.* sausage) **-kropp** blood cell (corpuscle); *röd ~* red blood cell, erythrocyte; *vit ~* white blood cell, leucocyte **-kräfta** leukaemia **-kärl** blood vessel **-lus** apple (American) blight **-lönn** red maple **-omlopp** circulation of the blood **-plasma** blood plasma **-platta, -plätt** platelet, (*särsk. förr*) thrombocyte **-propp** thrombus **-proppsbildning** thrombosis **-prov** blood sample; (*-analys*) blood test **-pudding** black (blood) pudding **-röd** blood red; *bli ~ i ansiktet* turn crimson
blods|band *pl* ties of blood; *besläktad genom ~* related by blood **-drama** bloody drama **-droppe** drop of blood **-dåd** bloody deed
blod|serum blood serum
blods|förvant kinsman **-hämnd** blood feud, vendetta
blod|sjukdom blood disease **-skam** incest **-skuld** blood guilt **-socker** blood sugar **-sprängd** bloodshot **-spår** track of blood; blood mark **-sten** haematite **-stillande** *a4* haemostatic, styptic; *~ medel* styptic **-stockning** congestion, engorgement **-störtning** haemorrhage of the lungs; haematemesis; violent haemoptysis **-sugare** bloodsucker; *bildl. äv.* vampire, extortioner
blodsutgjutelse bloodshed
blod|sänka [blood] sedimentation [rate] **-transfusion** [blood] transfusion **-tryck** blood pressure; *för högt ~* hypertension; *för lågt ~* hypotension **-törst** bloodthirstiness **-törstig** bloodthirsty **-utgjutning** extravasation [of blood] **-vallning** flush **-vite** *s6* blood wound **-värde** blood count **-åder** blood vessel, [blood] vein **-överföring** *se -transfusion*
blom [blomm] *s2* blossom; *koll. äv.* bloom; *slå ut*

i ~ [come out in] blossom; *stå i* ~ be in bloom (flower) **-axel** *bot.* receptacle, thalamus **-blad** petal **-bord** plant (flower) stand, flower box **-botten** *bot., se -axel* **-bukett** bouquet, bunch of flowers **-doft** scent of flowers **-fat** flowerpot saucer **-foder** *bot.* calyx **-fäste** *bot., se -axel* **-hylle** *bot.* floral envelope, perianth **-kalk** *bot.* flower cup **-knopp** [flower] bud **-korg** *se blomsterkorg* **-krona** *bot.* corolla **-kruka** flowerpot **-kål** cauliflower **-kålshuvud** head of cauliflower **-kålsöra** cauliflower ear; boxer's ear **-låda** flower box **-lös** flowerless

blom|ma [ˣblomma] **I** *s1* flower; *i ~n av sin ålder* in one's prime **II** *v1* flower, bloom, blossom; ~ *upp* (*bildl.*) take on a new lease of life; ~ *ut* shed its blossoms **-mig** *a1* flowery, flowered

blommografera [blommo-] send flowers by Interflora

blom|ning [ˣblomm-] flowering, blooming **-ningstid** flowering season

blomster ['blåmm-] *s7* flower **-affär** florist's [shop] **-arrangemang** flower arrangement **-dekoration** floral decoration **-frö** flower seed **-förmedling** *B~en* Interflora Flower Relay **-försäljare** flower seller **-försäljerska** flower girl **-girland** garland of flowers **-handel** *se -affär* **-hyllning** floral tribute **-korg** flower basket **-krans** wreath [of flowers]; lei **-kvast** bunch of flowers **-lök** bulb **-odlare** floriculturist, flower grower **-odling** floriculture, flower growing **-prakt** floral splendour, floweriness **-prydd** *a5* flowered, flowery **-rabatt** flowerbed **-skrud** flower array **-språk** language of flowers; *bildl.* flowery language **-säng** flowerbed **-uppsats** flower arrangement **-utställning** flower show; floricultural exposition **-vän** lover of flowers, flower fancier **-äng** flower field; *poet.* flowery mead

blomstr|a [ˣblåmm-] blossom, bloom; *bildl.* flourish, prosper **-ing** *bildl.* prosperity **-ingstid** *bildl.* era of prosperity; heyday

blom|ställning inflorescence **-vas** flower vase

blond [-ånd *el.* -åŋd] *a1* blond, *fem.* blonde; fair **-era** bleach **-in** *s3* blonde

bloss [-å-] *s7* **1** (*fackla*) torch; (*fastsatt*) flare **2** (*på cigarett o.d.*) puff, pull, whiff; *vard.* drag; *ta sig ett* ~ have (take) a smoke **blossa** blaze, flare; *bildl. äv.* burn, flush [up]; ~ *upp* (*om eld*) flare up; (*om pers.*) flare up, kindle; *~nde kinder* burning cheeks; *~nde röd* crimson

blot *s7* sacrificial feast **blota** *v1* sacrifice

1 blott [-å-] **I** *adv* only, but, merely; ~ *och bart* only; *det vet jag ~ alltför väl* that I know only too well; *icke ~...utan även* not only...but also; *det är ett minne* ~ it is but a memory **II** *konj* if only

2 blott [-å-] *a, mest i best. form* mere; bare; *med ~a ögat* with the naked eye; *~a tanken därpå* the mere thought of it; *slippa undan med ~a förskräckelsen* get off with a fright [only]

blotta [-å-] **I** *s1* gap; *bildl.* opening, weak spot **II** *v1* **1** lay bare, expose; ~ *sitt huvud* uncover [one's head]; *med ~t huvud* bareheaded; *med ~t svärd* with the sword drawn **2** (*röja*) disclose, unveil, expose; ~ *ngns brister* expose a p.'s shortcomings; ~ *sin okunnighet* expose one's ignorance; ~ *sig* uncover, *bildl.* expose (betray) o.s.; *~d på* destitute (void) of **blottare** exhibitionist

blottställ|a expose (*för* to); ~ *sig* expose o.s. (*för* to); *familjen är alldeles -d* the family is absolutely destitute

bluff *s2* bluff **bluffa** bluff; ~ *sig till en plats* bluff one's way to a job; ~ *sig fram* make one's way by bluff **bluffare, bluffmakare** bluffer

blund *s3, inte få en ~ i ögonen* not get a wink of sleep; *ta sig en* ~ take a nap (*vard.* shuteye); *John B~* (*ung.*) the sandman **blunda** shut one's eyes (*för* to) **blunddocka** sleeping doll

blunder ['blunn-] *s2* blunder; *vard.* boob

blus *s2* blouse **-liv** [lady's] blouse

bly *s7* lead; *av* ~ (*äv.*) lead[en] **-ackumulator** lead accumulator **-dagg** plummet, plumb bob

blyerts [ˣbly:- *el.* 'bly:-] *s2* **1** (*ämne*) black lead, graphite; (*i pennor*) lead **2** (*penna*) lead pencil; *skriva med* ~ write in pencil **-penna** *se blyerts 2* **-stift** lead **-teckning** pencil drawing

bly|fri lead-free **-förgiftad** [-j-] *a5* lead poisoned **-förgiftning** lead poisoning

blyg *a1* shy (*för* of), bashful **-as** *v2, dep* be ashamed (*för* of); blush (*över* at)

blygd *s3, ej pl* private parts (*pl*) **-ben** pubic bone, pubis **-läppar** *pl* labia [pudendi]

blyghet [ˣbly:g-] shyness, bashfulness

bly|glans galena, galenite **-glas** lead glass **-glete** *s7, s5* lead monoxide, litharge **-grå** livid; leaden

blyg|sam [ˣbly:g-] *a1* modest, unassuming **-samhet** modesty **-sel** ['blygg-] *s2* shame; *känna ~ över* feel ashamed of; *rodna av* ~ blush with shame

bly|hagel lead shot **-halt** lead content **-haltig** *a1* lead-bearing, plumbiferous **-infattad** *a5, ~e rutor* leaded panes **-infattning** lead mounting **-kula** lead bullet **-malm** lead ore **-mönja** red lead, minium; (*färg*) red-lead paint **-tung** [as] heavy as lead; leaden **-vitt** white lead, lead paint

blå *a1* blue; *ett ~tt öga* a black eye; *slå ngn gul och* ~ beat s.b. black and blue; *i det* ~ up in the clouds **-aktig** *a1* blu[e]ish **-anlupen** blue-tempered **-bandist** blue-ribbonist **-blodig** blue-blooded **-byxor** *pl* blue jeans **-bär** whortleberry, blaeberry; bilberry; *AE.* blueberry **-bärsris** whortleberry wire[s] **-bärssylt** bilberry jam **-dåre** madman **-eld** viper's bugloss; *AE.* blueweed **-else** blue, blu[e]ing **-fisk** bluefish, snapper **-frusen** blue with cold **-grå** bluish grey **-grön** bluish green, sea green; *~a alger* blue-green algae **-gul** blue and yellow **-hake** *zool.* bluethroat **-jacka** (*matros*) bluejacket **-klint** cornflower, bluebottle **-klocka** harebell, (*i Skottland*) bluebell **-klädd** dressed in blue **-kläder** *pl* overalls; dungarees **-kopia** blueprint, cyanotype **-kopiering** blueprinting **-krage** *se -jacka* **-kråka** European roller

Blåkulla *n* the Brocken **-färd** witches' ride

blå|lera blue clay **-lusern** alfalfa, lucerne, purple medic **-mes** bluetit **-mussla** sea (edible) mussel **-märke** bruise

blåna become blue; *~nde berg* (*ung.*) distant blue mountains **blånad** *s3* bruise

blåneka flatly deny

blånor *pl* tow, oakum (*sg*)

blå|penna blue pencil **-räv** blue fox **-röd** purple

1 blås|a *s1, med.* bladder; (*luft-, i glas o.d.*) bubble; (*hud-; i metall*) blister; *full av -or* bubbly; blistery; *med.* vesicular, vesiculate
2 blås|a *v3* blow; *det -er kallt* there is a cold wind blowing; *det -er nordlig vind* the wind is in the north; *~ [nytt] liv i* infuse fresh life into; *~ av* blow (call) off, *sport.* stop play; *~ bort* blow away; *~ in luft i* inflate [with air]; *~ ner* blow down; *~ omkull* blow over; *~ upp en ballong* inflate (blow up) a balloon; *det -er upp* it is blowing up; *fönstret -te upp* the window blew open; *~ upp sig* puff o.s. up; *~ ut* blow out **-are** (*musiker*) player of a wind instrument; *-arna* (*koll. ung.*) the wind[s *pl*]
blåsbildning blistering, bubble formation
blåsbälg bellows (*behandlas som sg el. pl*); *en ~* a pair of bellows
blåshalskörtel prostate [gland]
1 blåsig *a1* (*t 1 blåsa*) blistery
2 blåsig *a1* (*t. 2 blåsa*) windy, breezy
blåsinstrument wind instrument
blåsippa hepatica
blåskatarr cystitis
Blåskägg *riddar ~* Bluebeard
blåslagen *a3* black and blue
blås|lampa blowlamp; *AE.* blowtorch **-ljud** *med.* [heart] murmur **-ning** blowing; *åka på en ~* be taken in **-orkester** (*mässingsorkester*) brass band
blåsprit methylated spirits
blåsrör blowpipe; *AE.* blowgun
1 blåst [-å:-] *s2* wind
2 blåst [-å:-] *oböjligt a, vard.* **1** *se korkad* **2** (*lurad*) bamboozled, taken in
blåstrumpa bluestocking
blåstång bladderwrack
blå|ställ *ung.* [blue] overalls (*pl*) **-svart** blue black
blåsväder windy weather
blåsyra prussic (hydrocyanic) acid
blått *s, best. form: det blåa* blue; *jfr blå*
blå|val blue whale **-vinge** (*scout*) Brownie [Guide] **-vit** bluish white **-ögd** *a5* blue-eyed; (*naiv*) dewy-eyed; *~ optimism* starry-eyed optimism
bläck *s7* ink; *skriva med ~* write in ink
1 bläcka *v1, ~ ner sig* ink one's fingers; get o.s. inky
2 bläcka *v1* (*märka träd*) blaze
3 bläcka *s1, ta sig en ~* get drunk, have a booze, go on a drinking bout
bläck|fisk cuttle[fish]; squid; (*åttaarmad*) octopus **-fläck** inkstain **-horn** inkpot, inkwell **-penna** pen; (*reservoarpenna*) fountain pen **-plump** blot [of ink] **-svamp** ink cap; *fjällig ~* shaggy cap **-säck** ink sac
blädderblock flipover
bläddra turn over the leaves (pages) (*i en bok* of a book); *~ igenom* skim [through], glance through; *~ tillbaka* turn back a few pages
bländ|a blind, dazzle; *bildl. äv.* fascinate; *~ av* (*bilstrålkastare*) dip [the headlights]; *foto.* stop down **-ande** *a4* blinding; dazzling, glaring
bländar|e *foto.* diaphragm, stop **-öppning** *foto.* aperture
blände *s6* blende
bländ|fri non-glare **-skydd** *foto.* lens hood; (*på bil*) sun visor (shield) **-verk** delusion, illusion **-vit** dazzlingly white
blänga *v2* glare, stare (*på* at)
blänk *s7, s2* **1** flash **2** *se blänke* **blänka** *v3* shine, gleam, glitter, glisten; *~ till* flash, flare **blänkare** (*i tidning*) short notice
blänk|e *s6,* (*vid pimpelfiske*) lure, jig **-fyr** long-flashing light **-ljus** long-flashing light
bläs *s2* blaze **-and** wi[d]geon
bläster ['bläss-] *s2* blast, blower **-smide** blast-furnace (osmund) iron **-ugn** blast furnace
blästr|a blast **-ing** blasting
blöda *v2* bleed (*äv. bildl.*)
blödar|e bleeder **-sjuka** haemophilia
blödig *a1* soft, timid, chicken-hearted, chicken-livered **-het** softness *etc.*
blödning [ˣblö:d-] bleeding
blöj|a [ˣblöjja] *s1* nappy, napkin; *AE.* diaper **-byxor** [plastic] baby pants **-snibb** tie-on **-vadd** *se cellstoff*
blöt I *a1* wet; (*vattnig*) watery, soggy; *bli ~* get soaked **II** *oböjligt s, ligga i ~* be in soak; *lägga i ~* [put...to] soak, steep; *lägga sin näsa i ~* poke one's nose into everything; *lägg inte näsan i ~!* mind your own business!
blöt|a *v3* soak, steep, wet; *~ ner sig* get o.s. all wet; *~ upp* soak, sop **-djur** mollusc **-lägga** *se blöt II* **-läggningsmedel** soaking agent **-snö** wet snow; (*sörja*) slush
b-moll B-flat minor
BNP (*förk. för bruttonationalprodukt*) GNP
bo I 1 *s5* (*i sms.*) inhabitant; *moskva~* inhabitant of Moscow, *äv.* Muscovite; *london~* Londoner; *paris~* Parisian; *newyork~* New Yorker **2** *s6* (*fågel-*) nest; (*däggdjurs*) den, lair **3** *s6* (*kvarlåtenskap*) estate; (*bohag*) furniture; *sitta i orubbat ~* retain undivided possession of the estate; *sätta ~* settle, set up house; *hustrun medförde...i ~et* his wife brought...into the home **II** *v4* live; (*vanl. förnämt*) reside; (*tillfälligt*) stay; (*i högre stil*) dwell; *~ billigt* pay a low rent; *~ inackorderad hos* board and lodge with; *~ kvar* stay on; *~ trångt* have limited living space, be overcrowded; *~ åt gatan* have rooms facing the street; *du kan få ~ hos mig* (*äv.*) I can put you up; *här ~r jag* this is where I live; *på Grönland ~r eskimåer* there are Eskimos living in Greenland
boa *s1* boa **-orm** boa constrictor
boaser|a panel, wainscot **-ing** panelling, wainscot, wainscot[t]ing
bobb [-å-] *s2* bobsleigh
1 bobba [-å-] *v1* (*håret*) bob
2 bobba [-å-] *s1* **1** bug; (*kackerlacka*) cockroach **2** (*liten böld*) pimple
bob̦in *s3* bobbin
1 bock [-å-] *s2* **1** (*djur*) he-goat, buck; *sätta ~en till trädgårdsmästare* set a thief to catch a thief **2** (*gymnastikredskap*) buck **3** (*stöd*) trestle **4** *hoppa ~* play [at] leapfrog **5** (*fel*) [grammatical] fault (mistake); howler; (*tecken*) cross, tick; *sätta ~ för* mark as wrong
2 bock [-å-] *s2* (*bugning*) bow
bocka [-å-] **1** *tekn.* bend **2** (*buga*) bow; *~ sig för* bow to **3** *~ för* (*markera*) tick
bockfot *där stack ~en fram!* the (your, his *etc.*)

cloven hoof is showing!

bockning [-å-] **1** *tekn.* bending **2** (*bugning*) bow

bock|skägg goat's beard; (*hakskägg*) goatee **-språng** caper, gambol

bod *s2* **1** (*affär*) shop **2** (*uthus*) shed; storehouse **-betjänt, -biträde** *se affärsbiträde*

bodega [-ˣde:-] *s1* bodega

bodelning (*vid skilsmässa*) partition (division) of joint property [upon separation]; (*av dödsbo*) partition (division) of the estate (inheritance)

Bodensjön [ˣbå:-] the Lake of Constance

bodknodd counter jumper

bodräkt *jur.* fraud on one's next of kin

boende *a4* living; resident; who lives **-form** type of housing **-kostnad** housing costs (*pl*) **-standard** housing (living) conditions (*pl*)

boer ['bo:-] Boer **-kriget** [the] Boer War

boett *s3* watchcase

bofast resident, domiciled, settled

bofink *s2* chaffinch

bog *s2* **1** (*på djur*) shoulder **2** *sjö.* bow; *lägga om på en ny* ~ (*bildl.*) go off on a fresh tack; *slå in på fel* ~ (*bildl.*) take a wrong tack **-ankare** bower **-blad** shoulder blade; *anat.* scapula

boggi ['båggi] *s3* bogie, bogy; truck **-vagn** bogie car[riage]

bogser|a tow, take in tow, tug **-bil** *se bärgningsbil* **-båt** tug[boat], towboat **-ing** towing, towage **-lina, -tross** towrope, towline

bogspröt bowsprit

bohag *s7* household goods (*pl*) (furniture)

bohem *s3* Bohemian **-artad** [-a:r-] *a5* Bohemian **-eri** *se bohemliv* **-isk** *a5* Bohemian **-liv** Bohemia, Bohemianism

1 boj [båjj] *s3* (*tyg*) baize

2 boj [båjj] *s2, sjö.* buoy; *förtöja vid* ~ moor; *lägga ut en* ~ put down a buoy

boj|a [ˣbåjja] *s1* fetter, shackle; *bildl.* bond; *slå ngn i -or* put s.b. in irons

bojar [-å-] *s3* boyar

bojkott [ˣbåjj- *el.* -'kått] *s3*, **bojkotta** [ˣbåjj- *el.* -'kåtta] *v1* boycott

1 bok *s2, bot.* beech[tree]; *av* ~ (*äv.*) beech[en]

2 bok *-en böcker* **1** book; *häftad* ~ paperback; *inbunden* ~ hardback; *avsluta böckerna* close the books; *föra böcker* keep books; *föra* ~ *över* keep a record of; *hänga näsan över* ~*en* bury one's nose in one's book; *tala som en* ~ talk like a book **2** (*24 el. 25 ark papper*) quire

1 boka 1 *hand., se bokföra* **2** (*beställa biljett o.d.*) book, reserve

2 boka (*krossa malm*) stamp, pound

bok|anmälan book review **-anmälare** book reviewer, critic **-auktion** book auction **-band** (*del av bokverk*) volume; (*pärmar etc.*) binding **-bestånd** stock of books **-bindare** bookbinder **-binderi** bookbindery, bookbinder's [workshop] **-buss** mobile library; *AE.* bookmobile **-cirkel** book circle **-flod** season's new books; (*friare*) flood of fiction **-form** *i* ~ in book form, as a book

bokför|a book, enter [in the books]; *-t värde* book value **-are** accountant, book-keeper; clerk

bokför|ing book-keeping, accounts; *dubbel* (*enkel*) ~ book-keeping by double (single) entry **-ingslag** accounting act (law) **-ingsmaskin** accounting (book-keeping) machine **-ingsplikt** obligation (liability) to keep books

bok|förlag publishing company (house), publishers (*pl*) **-förläggare** publisher **-handel** bookshop, bookseller's [shop]; bookstore; *i* ~*handeln* (*abstr.*) in the book trade; *utgången ur -handeln* out of print **-handlare** bookseller **-hylla** bookcase; (*enstaka hylla*) bookshelf **-hållare** accountant, book-keeper; *vanl.* clerk **-klubb** book club

boklig [ˣbo:k-] *a1* literary, bookish; ~ *bildning* book-learning

bok|låda *se bokhandel* **-lärd** well-read; bookish; scholarly **-mal** bookworm **-marknad** book market **-märke** bookmark[er]

bokning [ˣbo:k-] **1** (*bokföring*) posting [of items]; (*av enskild post*) [book] entry **2** (*biljettbeställning o.d.*) booking, reservation

bokollon beechnut; *koll.* beech mast

bok|omslag dust jacket (cover), [book] jacket, wrapper **-pärm** book cover **-rygg** spine, back of a book **-samlare** book collector, bibliophil[e] **-samling** collection of books, library

bokskog beech woods (*pl*)

bok|skåp bookcase **-slut** balancing of the books; *konkr.* final accounts; *göra* ~ close (balance) the books, make up a balance sheet

bokstav *-en bokstäver* letter; character; *grekiska bokstäver* Greek characters; *liten* ~ small letter; *stor* ~ capital [letter]; *efter* ~*en* literally; to the letter **bokstavera** spell **bokstavlig** [-a:-] *a1* literal **bokstavligen** [-a:-] *adv* literally; (*rent av*) positively

bokstavs|följd alphabetical order **-gåta** anagram; logogriph **-lås** combination (letter) lock **-ordning** *se -följd* **-trogen** true to the letter

bok|stöd book end **-synt** [-y:-] *a1* well-read **-synthet** book knowledge **-titel** book title, title of a book **-tryck** book printing; (*högtryck*) letterpress [printing] **-tryckare** printer **-tryckarkonst** [art of] printing, typography **-tryckeri** printing-house, printing-office **-verk** book **-ägarmärke** bookplate, ex-libris **-älskare** booklover, bibliophil[e]

bolag *s7* company; *AE.* corporation; *enkelt* ~ partnership; *ingå i* ~ *med* enter into partnership with

bolags|beskattning company (corporate) taxation **-man** partner **-ordning** articles of association (*pl*), corporate bylaws (*pl*) **-styrelse** board of directors **-stämma** annual meeting of shareholders, annual general meeting

bolero [bå'le:rå] *s5* bolero

bolid *s3* bolide, fireball

bolin *s3, sjö.* bowline; *låta allt gå för lösa* ~*er* let things go as they please, allow things to slide

Bolivia [-'li:-] *n* Bolivia **bolivian** *s3*, **boliviansk** [-'a:-] *a5* Bolivian

boll [-å-] *s2* **1** ball; (*slag i tennis*) stroke; *kasta* ~ play catch; *sparka* ~ play football; *en hård* ~ a hard stroke; ~*en ligger hos dig* the ball is in your court **2** *sl.* (*huvud*) nut, loaf; *AE.* bean; *vara tom i* ~*en* be batty, be off one's nut

boll|a play ball; ~ *med ord* play (juggle) with words, split hairs **-kalle** *s2* ball boy **-kastning** ball-throwing **-sinne** ball-sense **-spel** ball game

-spelare ballplayer **-sport** ball games (*pl*) **-trä** bat
bolma [-å-] (*om sak*) belch out smoke; (*om pers.*) puff; ~ *på en pipa* puff away at a pipe
bolmört [-å-] henbane
bolometer [-'me:-] *s2* bolometer
bolsjev|ik [bålʃe-] *s3* Bolshevik **-ism** Bolshevism **-istisk** [-'viss-] *a5* Bolshevist[ic]
bolster ['båll-] *s2, s7* soft mattress; feather bed **-var** *s7* tick; (*tyg*) ticking
1 bom [bɷmm] *s2* (*stång*) bar, *järnv.* level-crossing (*AE.* grade-crossing) gate; (*väg-*) barrier; (*gymnastikredskap*) [balance] beam; *sjö.* boom; (*last-*) derrick, jib; (*på vävstol*) beam; *inom lås och* ~ under lock and key
2 bom [bɷmm] **I** *s2* (*felskott*) miss, wide **II** *adv, skjuta* ~ miss [the mark] **III** *interj* boom
bomb [-å-] *s3* bomb; *fälla ~er* drop bombs, bomb; *slå ner som en* ~ (*bildl.*) come as a bombshell
bomb|a [-å-] bomb **-anfall** bombing attack
bombard|emang [-'maŋ] *s7* bombardment **-era** bomb, bombard; batter; (*friare*) pelt
bombas|m [-å-] *s3* bombast **-tisk** *a5* bombastic
bomb|attentat bomb outrage (attempt) **-flyg** bombers; bomb command **-flygplan** bomber **-fällning** bomb dropping, release of bombs **-hot** bomb warning **-krater** bomb crater **-last** bombload **-matta** bomb carpet **-nedslag** impact of a bomb; *ett blont* ~ a blonde bombshell **-ning** bombing **-plan** *se -flygplan* **-rum** (*i flygplan*) bomb bay **-räd** bomb raid **-sikte** bombsight **-stopp** bomb[ing] halt **-säker** bombproof
1 bomma (*missa*) miss [the mark]; ~ *på* miss
2 bomma ~ *för* (*igen, till*) bar, lock up
3 bomma *sl.* (*låna*) cadge, scrounge; *AE.* bum, mooch
bomolja [ˣbɷmm-] industrial olive oil
bomsegel [ˣbɷmm-] boomsail
bomskott [ˣbɷmm-] *se 2 bom I*
bomull [ˣbɷmm-] cotton; (*förbands-*) cotton wool, purified (*AE.* absorbent) cotton; *av* ~ (*äv.*) cotton
bomulls|bal bale of cotton **-band** cotton tape **-buske** cotton shrub **-fabrik** cotton mill **-flanell** flannelette **-frö** cottonseed **-garn** cotton yarn **-klänning** cotton dress **-krut** guncotton **-odlare** cotton grower **-odling** cotton growing **-plantage** cotton plantation **-spinneri** cotton mill **-trikå** cotton stockinet **-tråd** cotton thread; *en rulle* ~ a reel of cotton **-tuss** piece of cotton-wool **-tyg** cotton fabric (cloth) **-vadd** cotton wool **-växt** cotton plant
bomärke [owner's] mark; (*på kreatur*) brand [mark]
1 bona (*polera*) wax, polish
2 bona ~ *om* wrap up well; *se äv. ombona*
bonad *s3* hanging [piece of] tapestry
bonapparat floor polisher
bonbonjär [båŋbån'jä:r] *s3* sweetmeat dish, bonbonnière
bond|bröllop peasant wedding **-by** farming village **-böna** broad (horse) bean **-dräng** farm hand; ploughboy
bonde *-n bönder* **1** farmer; (*allmogeman*) peasant, countryman **2** (*schack-*) pawn **-befolkning** farming population; [the] farmers (*pl*) **-här** army of peasants **-kultur** peasant culture **-praktika** *s1, ung.* farmers' almanac **-stånd** peasantry **-uppror** peasants' revolt
bond|flicka country girl **-folk** country people **-fångare** con[fidence] man, trickster **-fångeri** confidence trick (*AE.* game), con trick **-förnuft, -förstånd** common sense **-försök** *ung.* unblushing (cheeky) attempt; *vard.* try-on **-grann** gaudy, showy **-gubbe** old countryman **-gumma** old countrywoman **-gård** farm; (*boningshus*) farmhouse **-hund** mongrel **-jänta** country wench **-komik** burlesque; lowbrow comedy **-komiker** lowbrow comedian; (*dålig amatör*) ham actor **-kvinna** countrywoman **-land** *~et, se bondvischan* **-lurk** *s2* yokel; *AE.* hick **-neka** stubbornly deny **-permission** French leave **-piga** farm maid; *neds.* country ninny **-pojke** country lad (boy)
bondsk *a1* peasantlike, rustic; boorish
bond|slug sly, shrewd **-spelman** village fiddler **-stuga** farmhouse **-tur** *rena ~en* a real fluke **-tölp** country bumpkin **-vatten** Adam's ale (wine), [drinking] water **-vischan** the backwoods (sticks) (*pl*); *AE.* Hicksville; *på* ~ in the sticks **-ånger** [maudlin] self-reproach
bong [båŋ] *s2* voucher; (*på restaurang*) bill, *AE.* check; (*vid totalisator*) tote ticket **bonga** *ung.* register
bongotrumma [ˣbåŋgå-] bongo
1 boning (*t. 1 bona*) polishing
2 boning (*bostad*) dwelling [place], abode
bonings|hus dwelling house **-rum** living room
bonjour [båŋ'ʃɷ:r *el.* -'ʃu:r] *s3* frock coat
bonnett *s3* bonnet
bonus ['bɷ:-] *s2* bonus **-klass** bonus class
bonvax [ˣbɷ:n-] floor wax (polish)
bo|plats habitation, dwelling place; site **-pålar** *pl, slå ner sina* ~ settle down
bor [bå:r] *s2* boron **-at** [bɷ- *el.* bå-] *s4* borate **-ax** ['bɷ:- *el.* 'bå:-] *s2* borax; (*mineral äv.*) tincal
1 bord [-ɷ:-] *s7* table; (*skriv-*) desk; *tekn.* platform; *duka ~et* lay the table; *gående* ~ buffet; *vi var tio till ~et* we were ten at table; *dricka ngn under ~et* drink s.b. under the table; *föra ngn till ~et* take s.b. in to dinner; *lägga korten på ~et* put one's cards on the table; *passa upp vid ~et* wait at (*AE.* on) table; *sitta* (*sätta sig*) *till ~s* sit at (sit down to) table
2 bord [-ɷ:-] *s7, sjö.* board; (*i bordläggning*) plank; *kasta över* ~ jettison; throw overboard; *falla över* ~ fall overboard; *man över ~!* man overboard!; *se äv. ombord* **borda** board
bord|beställning table reservation **-dans** table-turning **-duk** tablecloth
borde [ˣbɷ:r-] *imperf. av böra*
bordeaux [bår'då:] *s3*, **bordeauxvin** [bårˣdå:-] Bordeaux; (*rött*) claret **bourdeauxvätska** [bårˣdå:-] Bordeaux mixture
bordell [-å-] *s3* brothel
1 bordlägga shelve; table; postpone
2 bordlägga *sjö.* plank; (*stålfartyg*) plate
1 bordläggning shelving; tabling; *parl.* first reading
2 bordläggning *sjö.* (*av trä*) [outside] planking; (*av plåt*) shell-plating
bordlöpare [table] runner

bords|bön grace; *läsa ~* say grace **-dam** [lady] partner at table **-dekoration** table decoration; centrepiece **-duk** *se bordduk* **-granne** neighbour (partner) at table **-kavaljer** [gentleman] partner at table **-kniv** table knife **-lampa** table lamp **-låda** [table] drawer **-salt** table salt **-samtal** table talk **-servis** tableware **-silver** table silver **-skick** table manners (*pl*) **-skiva** tabletop **-tändare** tablelighter **-uppsats** centrepiece **-vatten** mineral water **-vin** table wine **-visa** drinking song **-ända** end of the table; *sitta vid övre ~n* sit at the top (head) of the table; *nedre ~n* the bottom (end, foot) of the table

bordtennis table tennis **-racket** bat

bordåvätska *se bordeauxvätska*

Bore Boreas

bor|en [ˣbå:-] *a5* born; *han är den -ne ledaren* he is a born leader

borg [bårj] *s2* castle; stronghold

borga [ˣbårja] buy (sell) on credit; *~ för* guarantee, warrant, vouch for

borgarbracka [ˣbårjar-] *s1* narrow-minded bourgeois, Philistine; *AE.* Babbitt

borgar|e [ˣbårr-] citizen, townsman; commoner; *hist.* burgher; burgess; *-na* (*äv.*) the bourgeoisie (*sg*) **-klass** *~en* the bourgeoisie, the middle classes (*pl*) **-press** Liberal and Conservative press **-råd** city commissioner **-stånd** *~et* the burghers (*pl*); (*i Storbritannien*) the commons (*pl*)

borgen ['bårjen] *r* [personal] guarantee, security, warrant; *gå i ~ för* stand surety for, warrant, (*friare*) vouch for, stand (go) bail for; *ställa ~* give surety; *teckna ~* provide a personal guarantee; *frige mot ~* release on bail; *den som går i ~ går i sorgen* go bail for a borrower and come home a sorrower

borgens|förbindelse personal guarantee, surety bond, security **-lån** loan against a [personal] guarantee **-man** guarantor; surety

borgenär [bårje-] *s3* creditor

borgerlig [ˣbårjer-] *a1* **1** civil; *~ vigsel* civil marriage; *~a rättigheter* civil rights; *~t år* civil (calendar) year **2** (*av medelklass*) middle-class, bourgeois; *~t yrke* ordinary occupation **3** *polit., de ~a partierna* the Liberals and Conservatives **4** *neds.* Philistine, narrow-minded, square **-het** [middle--class] respectability

borgerskap [ˣbårjer-] *s7, ej pl* burghers (*pl*)

borg|fred party truce **-fru** chatelaine **-gård** castle courtyard

borgis ['bårgis *el.* -jis] *s2, boktr.* bourgeois

borgmästar|e (*kommunal-*) mayor, (*i Skottland*) provost, (*i större engelska städer*) lord mayor **-inna** [lord] mayoress

borgruin ruined castle

boricka [ˣbɑ:-] *s1* donkey

bornera [-å-] effervesce; (*om vin*) sparkle

bornerad [-år'ne:-] *a5* narrow-minded; Philistine

bornyr [-å-] *s3* head, froth; (*i vin*) sparkle

borr [-å-] *s2, s7* borer; (*drill-*) drill; (*navare*) auger; *tandläk.* dental drill, bur; (*liten hand-*) gimlet

borr|a (*i material*) bore, drill; (*brunn, gruva*) bore, sink; *~ efter vatten* bore for water; *~ hål i* (*äv.*) hole; *~ igenom* (*äv.*) perforate; *~ i sank* sink; scuttle; *~* [*ner*] *huvudet i kudden* bury one's head in the pillow; *~ upp* bore a hole in, drill; *~ ögonen i ngn* give s.b. a piercing stare **-are** borer **-fluga** fruit fly **-hål** drill hole, bore[hole] **-krona** drill bit **-maskin** drilling (boring) machine **-ning** boring, drilling **-plattform** drilling platform **-stål** drill steel **-sväng** brace; *~ med borr* brace and bit **-torn** derrick, drilling tower

borst [-å-] *s7* bristle; *resa ~* bristle [up]; *försedd med ~* bristled **borsta** brush; (*skor, tänder äv.*) clean

borst|bindare brushmaker; *svära som en ~* swear like a trooper **-binderi** brush factory

borste [-å-] *s2* brush **-ig** *a1* bristly

borst|mask chaetopod **-nejlika** sweet william **-ning** brushing; cleaning

borsyr|a boric (orthoboric) acid **-esalva** boracic ointment

1 bort [-ɑ:-] *sup. av böra*

2 bort [-å-] away; *gå ~ a*) (*på kalas*) go [to a party], go out [to dinner], *b*) (*dö*) pass away; *~ med er!* away with you!; *~ med tassarna!* hands off!; *långt ~* far away; *längst ~* at the far end

borta [-å-] away; (*försvunnen*) gone; (*frånvarande*) absent; (*ej tillfinnandes*) missing, lost; (*ute*) out; *där ~* over there; *~ bra men hemma bäst* East or West, home is best; *~ från skolan* absent from school; *~ med vinden* gone with the wind; *~ på kalas* [out] at a party; *känna sig alldeles ~* feel completely lost (*förvirrad*: muddled)

bortackordera board out

borta|lag *sport.* away team **-match** *sport.* away game

bortanför *se bortom*

bortaplan *sport.* away ground

bort|arbeta eliminate [by hard work] **-arrendera** lease out

bortaseger *sport.* away win

bort|auktionera sell at (by) auction, auction off **-bjuden** *a5* invited out (*på middag* to dinner) **-blåst** *a4, är som ~* has vanished into thin air **-byting** changeling **-bytt** *a4, få sina galoscher ~a* get s.b. else's galoshes [by mistake]; *mina barn var som ~a* they did not seem like my children at all **-döende** *a4* dying away **-efter** along **-emot** (*i riktning mot*) in the direction of; (*nära*) nearly **-erst** ['bårt-] **I** *adv* farthest off **II** *a, superl.* farthest, farthermost **-fall** falling off; (*försvinnande*) disappearance **-falla** drop (fall) off; (*försvinna*) disappear, be dispensed with, be omitted **-forsla** carry away; (*med t.ex. kärra*) cart away; remove **-frakta 1** remove **2** *~ ett fartyg* charter a ship, let a ship by charter party **-fraktare** (*rederi*) shipowner, charterer **-fraktning** removal **-färd 1** outward journey **2** departure **-förklara** explain away **-förklaring** prevarication; trumped-up excuse **-gift** *bli ~* be given away in marriage; *få en dotter ~* marry off a daughter **-glömd** *a5* forgotten **-gång** decease; departure (*ur tiden* from this life) **-gången** *a5* gone away; (*död*) deceased; *den -gångne* the deceased **-ifrån** **I** *prep* from [the direction of] **II** *adv, där ~* from over there; *långt ~* from far off (away) **-igenom** away through **-kastad** *a5* thrown away; wasted; *~ möda* wasted effort **-klemad** *a5* coddled [and spoiled] **-kollrad** [-å-] *a5, bli alldeles ~* have

one's head quite turned **-kommen** [-å-] *a5* lost; (*om pers. äv.*) absent-minded, confused; *känna sig* ~ feel like a fish out of water **-lovad** [-å-] *a5* promised; (*tingad*) bespoken **-manövrera** eliminate by a [clever] manoeuvre **-om I** *prep* beyond; ~ *all ära och redlighet* beyond the pale [of civilization] **II** *adv, där* ~ beyond that **-operera** remove [by surgery]
bortovaro *s2* absence
bort|rationalisera make redundant by efficiency improvement
bortre ['bårt-] *a, komp.* further; *i* ~ *delen av* at the far end of; ~ *parkett* pit stalls
bort|resonera reason away, get over by argument[s *pl*] **-rest** [-e:-] *a4, han är* ~ he is (has gone) away **-ryckt** *a4* pulled out; (*av döden*) snatched away by death **-röva** kidnap, run away with; (*kvinna*) abduct **-se** ~ *från* disregard, leave out of account;; *~tt från* apart from, irrespective of **-skriva** sign away **-skämd** *a1* spoilt (*med* by) **-slarvad** *a5* lost **-slumpa** sell off **-sprungen** *a5* strayed **-stött** *a4* expelled **-trängning** *psykol.* repression **-val** optional exclusion **-väg** *på ~en* on the way there **-vänd** *a5* turned away; *med -vänt ansikte* with averted face **-åt** ['bårt- *el.* -'å:t] **I** *adv* **1** *där* ~ somewhere in that direction; *en tid* ~ for some time **2** (*nästan*) nearly **II** *prep* towards, in the direction of; ~ *gatan* along the street; ~ *kyrkan* near the church; *hon är* ~ *femtio år* she is going on for fifty **-över** [-'ö:- *el.* 'bårt-] **I** *prep* away over **II** *adv, dit* ~ away over there
bosatt *a4* residing; resident; *vara* ~ *i* reside (live) in
bosch [-å-] *s7* bosh
boskap [ˣbo:-] *s2, ej pl* cattle (*behandlas som pl*), livestock (*behandlas som sg el. pl*)
boskaps|avel stockbreeding **-hjord** herd of cattle **-marknad** cattle market **-skötsel** cattlebreeding, cattleraising **-uppfödare** stockbreeder, cattlebreeder **-vagn** cattle truck; *AE.* stock car
bo|skifte *se bodelning* **-skillnad** judicial division of a joint estate
Bosnien ['båss-] *n* Bosnia **bosnier** ['båss-] *s9,* **bosnisk** ['båss-] *a5* Bosnian
boson [-'så:n] *s3* boson
Bosporen [bås'på:-] *n* the Bosporus
1 boss [-å-] *s2, polit.* [party] boss
2 boss [-å-] *s7* (*agnar*) chaff
bossa nova ['båssa 'nå:va] *r* bossa nova
bostad *-en bostäder* dwelling, habitation, housing [accommodation]; (*våning*) flat, *AE.* apartment; (*hyrda rum*) lodgings (*pl*), *vard.* digs (*pl*); (*hem*) home, house; *jur.* domicile; *fast* ~ permanent address (residence, home); *fri* ~ free housing (accommodation); *utan* ~ homeless; *olämplig som* ~ unfit for habitation
bostads|adress home (private) address; *jur.* domicile **-bidrag** housing allowance **-brist** housing shortage **-byggande** housing construction, house building **-departement** ministry of housing and physical planning **-domstol** *~en* [the Swedish] rents and tenancies court of appeal **-fastighet** block of flats, residential property, dwelling house **-förening** *se -rättsförening* **-förmedling** housing agency, local housing authority **-hus** *se -fastighet* **-kvarter** residential quarter **-kö** housing queue **-lån** housing loan **-lägenhet** flat; *AE. äv.* apartment **-lös** homeless **-marknad** housing market **-minister** minister of housing and physical planning **-område** residential area, housing estate (development) **-politik** housing policy **-problem** housing problem **-rättsförening** tenant-owners' society **-standard** housing standard **-styrelse** *~n* [the Swedish] national housing board **-tillägg** housing allowance **-utskott** *~et* [the Swedish parliamentary] standing committee on housing **-yta** dwelling space, floor space of a flat
boston|terrier Boston terrier (bull) **-vals** boston
boställe [official] residence
bosätt|a *rfl* settle [down], take up residence **-ning** (*handlingen att sätta bo*) setting up house, starting a home; (*anskaffande av husgeråd m.m.*) housefurnishing; (*bebyggande*) settlement; establishment
bosättnings|affär household equipment store **-lån** government loan for setting up house
bot *s3* **1** (*botemedel*) remedy; cure; *finna* ~ *för* find a cure for; *råda* ~ *för* (*på*) remedy, set right **2** (*gottgörelse*) penance; *göra* ~ *och bättring* do penance, turn over a new leaf **3** *jur.* penalty
bota 1 (*läka*) cure (*för* of) **2** (*avhjälpa*) remedy, set right
botan|ik *s3* botany **-iker** [-'ta:-] botanist **-isera** botanize **-isk** [-'ta:-] *a5* botanic[al]; ~ *exkursion* botanical excursion; ~ *geografi* botanic geography; ~ *trädgård* botanical garden **-ist** botanist
bot|dag day of penance **-emedel** remedy, cure **-färdig** penitent **-färdighet** penitence **-görare** [-j-] penitent **-göring** [-j-] penance **-predikan** penitential sermon
Botswana [båts'va:na] *n* Botswana
botten ['båtten] **I** *s2* bottom; (*mark*) soil; (*på tapet, tyg*) ground; *dricka i* ~ drain (empty) [one's glass]; ~ *opp!* bottoms up!, down the hatch!, no heeltaps!; *det finns ingen* ~ *i honom* there's no limit to his appetite; *gå till* ~ go to the bottom, sink, founder; *gå till* ~ *med ngt* (*bildl.*) get to the bottom of s.th.; *i grund och* ~ at heart (bottom), (*helt o. hållet*) thoroughly; *på nedre* ~ on the ground (*AE.* first) floor; *på svensk* ~ on Swedish soil **II** *oböjligt a, vard.* lousy, rotten **-beskaffenhet** quality of the bottom **-frysa** freeze solid (to the bottom) **-färg** ground [colour]; (*grundningsfärg*) primer, priming; *sjö.* bottom coat
Bottenhavet [ˣbått-] the southern part of the Gulf of Bothnia
botten|hederlig *se -ärlig* **-inteckning** first mortgage **-kran** *sjö.* seacock **-kurs** bottom price (quotation) **-känning** grounding; *ha* ~ (*sjö.*) touch bottom (ground) **-lån** first mortgage loan **-läge** lowest point **-lös** bottomless; (*friare*) unfathomable, fathomless, immeasurable; *~a vägar* roads deep in (impassable for) mud **-pris** rock-bottom price **-rekord** [the] lowest level ever reached **-reva** *sjö.* close-reef; *~d* close-reeved **-rik** made of (rolling in) money **-sats** sediment; (*i vin, kaffe o.d.*) dregs (*pl*); *bildl. o. kem.* deposit **-skikt** bottom layer; (*geol. o. befolknings-*) lower strata (*pl*); (*drägg*) residuum **-skrap** (*äv.*

bildl.) last scraps (*pl*) **-skrapa I** *s1* trawl, dredge **II** *v1* **1** scrape [a ship's bottom] **2** *bildl.*, ~ *sina tillgångar* exhaust one's funds **-skyla** [-ʃ-] *s1* enough to cover the bottom **-våning** ground (*AE.* first) floor **-ärlig** downright honest, honest to the core

bottin [-å-] *s3* galosh (snow) boot

bottna [-å-] **1** (*nå botten*) reach (touch) the bottom **2** *det ~r i* it originates in, it springs from

Bottniska viken ['bått-] [the] Gulf of Bothnia

botulism botulism

botövning discipline, penance

boudoir *s3 se budoar*

bougie [bɷ'ʃi:] *r* bougie

bouillabaisse [bɷja'bä:s] *s3* bouillabaisse

boulevard [bɷle'va:rd] *s3* boulevard; (*i Storbritannien*) avenue **-kafé** boulevard café

bouppteck|ning estate inventory; *förrätta* ~ [make an estate] inventory **-ningsman** administrator; (*förordnad i testamente*) executor

bouquet [bɷ'ke:] *s3* flavour; (*t.ex. vin-*) bouquet

bourgeoisie [bɷrʃɷa'si:] *s3* bourgeoisie

bourgogne [bɷr'gånj] *s5*, **bourgognevin** [bɷrˣgånj-] Burgundy

boutique [bɷ'tick] *s5* boutique

boutred|ning administration of the estate of a deceased **-ningsman** (*förordnad av domstol*) administrator; (*förordnad i testamente*) executor

bov *s2, eg.* crook; villain (*äv. teat.*); *skämts.* rascal, rogue; *~en i dramat* the villain of the piece **-aktig** *a1* villainous; rascally, roguish **-aktighet** villainy; rascality

bovete buckwheat

bovfysionomi villainous countenance

bowl|a [ˣbåɷ- *el.* ˣbåvv-] bowl **-are** bowler **-ing** ['båɷ- *el.* 'båvv-] [tenpin] bowling; *AE.* tenpins **-bana, -hall** bowling alley **-klot** bowl **-kägla** [ten]pin

bovstreck [piece of] villainy; dirty trick

box [båcks] *s2* box, case; (*kol-*) bunker; (*kätte*) box, stall; (*post-*) [post-office] box

box|a [ˣbɷcksa] ~ *till ngn* give s.b. a punch (blow) **-are** boxer, pugilist **-as** *dep* box

boxer ['båckser] *s2* boxer

boxhandske [ˣbɷcks-] boxing glove

boxkalv [ˣbåcks-] box calf

boxning [ˣbɷcks-] boxing, pugilism

boxnings|match boxing match **-ring** boxing ring **-sporten** boxing, the noble art of self-defence

bra *bättre bäst* **I** *a* **1** good; (*starkare*) excellent; (*som det skall vara*) all right; ~ *karl reder sig själv* self-help is a primary virtue, an honest man does his own odd jobs; *blir det ~ så?* will that do?; *det är ~* (*tillräckligt*) that'll do, that's enough; *det var ~!* that's good!; *det var ~ att du kom*[*mer*] it is a good thing (job) you came, I am glad you came; *allt skall nog bli ~ igen* I am sure everything will turn out for the best; *vad skall det vara ~ för?* what is the good (use) of that? **2** (*frisk*) well; *han är ~ igen* he is all right again; *har du blivit ~ från din förkylning?* have you recovered from your cold? **3** (*ganska lång*) good[ish], long[ish] **II** *adv* **1** well; *lukta* (*smaka*) ~ smell (taste) nice; *tack ~* very well, thank you; *jag mår inte riktigt ~* I am not feeling well, I am feeling a bit under the weather; *ha det ~* be well off, (*trivas*) be happy, like it, feel at home; *se ~ ut* be good-looking; *tycka ~ om* like very much **2** (*mycket, ganska mycket*) very; *vard.* jolly; *få ~ betalt* be well paid, get a good price; *det var ~ synd att* what a pity that; *det dröjde ett ~ tag innan* it took quite a while before; *jag skulle ~ gärna vilja veta* I should very much like to know

bracka *s1*, **brackig** *a1* Philistine **brackighet** Philistinism

brackvatten brackish water

bragd *s3* exploit, feat; achievement

bragelöfte boastful vow

bragt [brackt] *sup. av bringa* **bragte** [ˣbrack-] *imperf. av bringa*

brahman *se braman*

brailleskrift [ˣbrajj-] Braille

brak *s7* crash; (*om kanon*) boom; (*om åska*) peal **braka** crasch, crack; ~ *ihop* (*slåss*) come to blows; ~ *lös* break out, get going; ~ *ner* come crashing down; ~ *samman* collapse

brak|middag *en riktig* ~ quite a banquet **-skit** *vard.* fart; loud one **-succé** smash-hit

brakteat *s3* bracteate

brakved *s2, bot.* alder buckthorn

brallis ['brall-] *s2, sl., se brud 2*

brallor *pl, vard.* bags

bram|an *s3* Brahman **-anism** Brahmanism **-in** *s3* Brahman, Brahmin

bramsegel [ˣbramm-] toppgallant sail

brand *-en bränder* **1** fire; (*större*) conflagration; (*brinnande trästycke*) [fire]brand; *råka i ~* catch fire; *stå i ~* be on fire; *sätta i ~* set fire to, set on fire, (*om känslor*) inflame **2** *med.* gangrene **3** *bot.* blight, mildew

brand|alarm fire alarm **-bil** fire engine **-bomb** firebomb, incendiary [bomb] **-chef** fire [department] chief, head of a fire brigade; *AE.* fire marshal **-damm** fire dam, emergency tank **-fackla** incendiary torch; *bildl.* firebrand **-fara** danger of fire **-fast** fireproof **-försvar** fire fighting, fire prevention; (*brandkår*) fire brigade; *AE.* fire department (company)

brandförsäkr|a insure against fire **-ing** fire insurance **-ingsbolag** fire company

brand|gata firebreak, fire line **-gavel** fireproof gable **-gul** orange, flame-coloured **-kår** fire brigade; *AE.* fire department **-larm** *se -alarm* **-lukt** smell of fire (burning) **-man** fireman **-mur** fire wall **-plats** place of fire **-post** fire hydrant; *AE.* fireplug **-redskap** fire-fighting equipment **-risk** fire hazard **-rök** smoke from a fire **-segel** jumping sheet **-skada** fire damage **-skadad** damaged by fire **-skadeersättning** fire indemnity **-skatta** extort contributions from; overtax; *bildl.* plunder, fleece **-skattning** [extortion of] contributions; *bildl.* plundering **-skydd** fire protection **-skåp** fire-alarm [box] **-slang** firehose **-släckare** fire-extinguisher **-släckning** fire fighting **-soldat** fireman **-spruta** fire-extinguisher **-station** fire station; *AE.* firehouse, station house **-stege** fire escape **-stodsbolag** fire-insurance company **-säker** fireproof, flameproof **-tal** inflammatory speech **-talare** fiery speaker **-vakt** fire watcher; *gå ~* (*bildl.*) be compelled to pace the streets all night **-väsen**

B

fire-fighting services (*pl*) **-övning** fire drill
brann *imperf. av brinna*
bransch *s3* line [of business], branch **-kännedom** knowledge of a (the) trade **-man** expert (specialist) in a line of trade (business) **-organisation** trade association **-vana** experience of a line of business
brant I *s3* precipice; *på ruinens ~* on the verge of ruin **II** *a1* steep, precipitous, sheer; *~ udde (klippa, strandbank)* bluff **III** *adv* steeply *etc.*; *stupa ~ ner* (*äv.*) fall sheer away
brasa *s1* [log-]fire; *lägga in en ~* lay a fire; *sitta vid (framför, kring) ~n* sit at (in front of, round) the fire; *tända en ~* make (light) a fire; *göra en ~ av* make a bonfire of
brasilianare [-ˣa:n-] *s9*, **brasiliansk** [-'a:nsk] *a5* Brazilian **Brasilien** [-'si:-] *n* Brazil
braska (*bli kallt*) be frosty, freeze
braskande *a4* showy, ostentatious; *~ annonser* ostentatious (showy, blazing) advertisements
brasklapp [ˣbrask-] *s2, ung.* mental reservation
bras|kudde hearth cushion **-redskap** fire irons
brass *s2, sjö.* brace
1 brassa *sjö.* brace; *~ fullt (back)* brace full (aback)
2 brassa *~ på (elda)* stoke up [the fire]; (*eldvapen*) fire away
brasserie [brass'ri:] *s4* brasserie
brast *imperf. av brista*
braständare firelighter
Braunschweig ['braɷnʃvajg] *n* Brunswick
bravad *s3* exploit; bravado **bravera** (*utmärka sig*) be brilliant; (*skryta*) boast (*med* of), brag (*med* about)
bravo ['bra:-] bravo!, well done! **-rop** cheer
bravur dash; valour; *mus.* bravura **-nummer** star turn
braxen ['braksen] *best. form =, pl braxnar* bream **-panka** *s1* young bream
bre *se breda*
bred *a1* broad, wide; *på ~ front* on a broad front; *brett uttal* broad accent; *de ~a lagren* the masses; *göra sig ~* assert o.s.; *på ~ bas* on a broad scale
breda *v2* spread; *~ en smörgås* make a sandwich, butter a slice of bread; *~ på (om smörgås)* spread, make, (*överdriva*) pile it on [thick], lay it on; *~ ut* spread out; *~ ut sig* spread, extend
bred|axlad *a5* broad-shouldered **-bar** *a1* easy-spreading, spreadable **-bent** [-be:nt] *a1* straddle-legged; *stå ~* stand with one's legs wide apart **-brättig** *a1* wide-brimmed **-bröstad** *a5* broad-chested
bredd *s3* **1** breadth, width; *gå i ~* walk side by side; *i ~ med* abreast of, (*i jämförelse med*) compared to; *på ~en* in breadth; *största ~* (*sjö.*) overall width, beam **2** *geogr.* latitude
bredd|a broaden, make wider **-grad** [degree of] latitude; *på varmare ~er* in warmer climes **-ning** broadening, widening
bred|flikig *a1* broad-lobed **-näsapa** *zool.* New World monkey **-randig** *a1* broad-striped **-sida** broadside; *avfyra en ~* fire a broadside **-spektrumantibiotikum** broad-spectrum antibiotic **-spårig** *järnv.* broad-gauge
bredvid [bre(d)'vi:d *el.* ˣbre:(d)vid] **I** *prep* beside, at (by) the side of, by; (*intill*) next to; *~ varandra* side by side; *prata ~ munnen* give the game (show) away, blab; *~ sin fru verkar han obetydlig* beside his wife he looks insignificant **II** *adv* close by; (*-liggande, -stående*) adjacent, adjoining; (*extra*) in addition; *där ~* close to it; *här ~* close by here; *rummet (huset) ~* the next (adjacent, adjoining) room (house), *äv.* next door; *hälla ~* miss the cup (glass *etc.*); *han tjänar en del ~* he has some additional sources of income, he makes some extra cash in his spare time
breitschwanz ['braitʃvants] *s2* (*pälsverk*) broadtail
bretagnare [-ˣtanjare] Breton **Bretagne** [-'tanj] *n* Brittany **bretagnisk** [-'tanjisk] *a5* Breton
breton *s3* Breton **bretonsk** [-'to:nsk] *a5* Breton
brett *adv* broadly, widely; *tala vitt och ~* talk at great length
brev *s7* letter; (*bibl. o. friare*) epistle; *vard.* line[s *pl*]; *komma som ett ~ på posten* [seem to] drop straight into one's lap **-befordran** transmission of letters **-bomb** letter bomb **-bärare** postman, *fem.* postwoman; *AE.* mailman **-bäring** mail-delivery service **-censur** postal censorship **-duva** carrier pigeon **-form** *i ~* in the form of a letter **-hemlighet** secrecy of the mails **-huvud** letterhead
breviarium [-vi'a:-] *s4* breviary
brev|kopia carbon copy **-kort** postcard; *~ med betalt svar* reply postcard **-ledes** by letter **-låda** letter box; *AE. äv.* mailbox; (*pelare, i Storbritannien*) pillar box, post; (*i dörr*) *AE.* [mail] drop **-papper** notepaper, writing paper; stationery; (*med tryck*) letterhead **-porto** [letter] postage **-press** letter-weight, paperweight **-pärm** [letter] file **-remissa** mail remittance **-skola** correspondence school **-skrivare** letter writer, correspondent **-skrivning** letter writing, correspondence **-ställare** guide to letter-writing **-telegram** letter telegram **-våg** letter balance **-vän** pen pal (friend) **-växla** correspond **-växling** correspondence **-öppnare** letter opener
brick|a *s1* tray; (*för visitkort etc.*) salver; (*karottunderlägg*) [table]mat; (*plåt-*) plate; (*igenkänningstecken*) badge; (*spel-*) counter, piece; man; (*nummer-*) tab, check; *tekn.* washer; *en ~ i spelet* (*bildl.*) a pawn in the game **-duk** traycloth
bridge [briddʃ] *s2* bridge **-parti** game of bridge **-spelare** bridge player
bridreaktor [ˣbri:d-] breeder [reactor]
brigad *s3* brigade **-general** brigadier; *AE.* brigadier general
brigg *s2* brig
brikett *s3* briquet[te]
briljans [-'ans *el.* -'aŋs] *s3* brilliance
briljant [-'ant *el.* -'aŋt] **I** *s3* brilliant [cut], diamond **II** *a1* brilliant, first-rate **-era** set with brilliants (diamonds), diamond **-in** [-an- *el.* -aŋ-] *s4, s3* brilliantine **-ring** brilliant (diamond) ring **-smycke** set of brilliants, diamond ornament
briljera shine, show off; *~ med* show off
brillor *pl* specs, spectacles
1 bringa *s1* breast; *kokk.* brisket
2 bringa *bragte bragt el. v1* bring; (*föra t. annan plats*) convey, conduct, carry; *~ hjälp* render assistance; *~ i dagen* bring to light; *~ i oordning* put

out of order, make a mess of; ~ *i säkerhet* convey into safety; ~ *klarhet i* throw light upon, make clear; ~ *ngn lycka* bring s.b. happiness; ~ *ngn om livet* put s.b. to death, do s.b. in; ~ *ngn på fall* bring s.b. to ruin, cause a p.'s ruin; ~ *ngn sin hyllning* pay one's respect to s.b.; ~ *ngn till förtvivlan* reduce s.b. to despair; ~ *olycka över* bring disaster to, bring down ruin on; ~ *ordning i* put in order; ~ *på tal* bring up [for discussion], broach [a matter]; ~ *ur världen* dispose of; ~ *det därhän att man är* come (get) to the point of being

brink *s2* hill; (*älv-*) bank

brinn|a *brann brunnit* burn; be on fire; *det -er i spisen* there is a fire in the stove; *det -er i knutarna* the place is getting too hot [for me (*etc.*)]; *huset -er* the house is on fire; ~ *av iver* be full of enthusiasm; ~ *av nyfikenhet* (*otålighet*) be burning with curiosity (impatience); ~ *av* go off, explode; ~ *inne* be burnt to death; ~ *ner* burn down, (*om brasa*) burn low; ~ *upp* be destroyed by fire, be burnt out; ~ *ut* burn itself out, go out **brinnande** *a4* burning; ~ *bön* fervent prayer; ~ *kärlek* (*hängivenhet*) ardent love (affection); ~ *ljus* lighted candle; *springa för* ~ *livet* run for dear life; *mitt under* ~ *krig* while war is (was) raging (at his height)

brio ['brio] *s3* brio, vivacity; *med* ~ with zest (ardour)

bris *s2, s3* breeze; *lätt* ~ light breeze; *god* (*frisk*) ~ gentle (moderate) breeze; *styv* (*hård*) ~ fresh (strong) breeze

bris|ad *s3*, **brisera** *v1* burst

brist *s3* **1** (*otillräcklighet*) lack, want, shortage, scarcity; (*saknad*) want; (*fel*) defect, flaw, shortcoming; *biol.* deficiency; (*nackdel*) disadvantage, drawback; *lida* ~ *på* be short of, be in want of; *i* (*av*) ~ *på* for want of, failing, lacking; *i* ~ *på bättre* for want of s.th. better **2** (*underskott*) deficit, shortage

brist|a *brast brustit* **1** (*sprängas*) burst; (*gå av, gå sönder*) break, snap; (*ge vika*) give way; (*rämna*) split; ~ *i gråt* burst into tears; ~ *i sömmarna* burst at the seams; ~ *ut i skratt* burst out laughing; *brusten blick* shattered glance; *brusten blindtarm* perforated appendix; *brustna illusioner* shattered illusions; *det varken bär eller -er* the ice holds but won't carry; *det var som om hjärtat ville* ~ my heart was ready to break; *hennes tålamod brast* her patience gave way; *det må bära eller* ~ sink or swim **2** (*vara otillräcklig*) fall short, be lacking (wanting) (*i* in); ~ *i lydnad* be wanting in obedience

bristande *a4* (*otillräcklig*) deficient, inadequate, insufficient; (*bristfällig*) defective; ~ *betalning* default, nonpayment; ~ *kunskaper* inadequate knowledge; ~ *lydnad* disobedience; ~ *uppmärksamhet* inattention; *på grund av* ~ *bevis* in default of (for lack of) evidence

bristfällig *a1* defective, imperfect, faulty **-het** defectiveness, imperfection, faultiness

brist|ning burst[ing], break[ing]; *med.* rupture **-ningsgräns** breaking-limit, breaking-point; *fylld till ~en* filled to the limit of its capacity, (*friare*) full to overflowing

brist|situation [state of] shortage **-sjukdom** deficiency disease

britanniametall [-'tannia-] Britannia metal **Britannien** [-'tann-] *n* Britain **britannisk** [-'tann-] *a5* Britannic

brits *s2* bunk

britt *s3* Briton; (*i sht AE.*) Britisher; *~erna* the British **-isk** ['britt-] *a5* British; *B~a öarna* the British Isles

brittsommar Indian summer

bro *s2* bridge; *slå en* ~ *över* bridge, throw a bridge across **-avgift** bridge toll **-byggare** bridge-builder **-byggnad** bridge construction

broccoli ['bråckåli] *s2* broccoli

brock *se bråck*

brockfågel [-å-] plover; (*ljungpipare*) golden plover

1 brodd [-å-] *s2, bot.* sprout, shoot

2 brodd [-å-] *s2*, (*järnpigg*) spike; (*i hästsko*) calk [in] **brodda** calk

broder *-n bröder, se bror*

brodera embroider

broderfolk sister nation

brodergarn [-ˣde:r-] embroidery thread

broderi embroidery

broder|lig *a1* brotherly, fraternal **-mord, -mördare** fratricide **-skap** *s7* brotherhood, fraternity

broderskärlek brotherly love

brod|yr *s3* embroidered edging **-ös** embroiderer

bro|fäste [bridge] abutment **-förbindelse** connecting bridge **-huvud** bridgehead

broiler ['bråi-] *s2, s9* broiler

brokad *s3* brocade

brokig *a1* motley, multicoloured; variegated; (*grann*) gaudy, gay; *bildl. äv.* miscellaneous; ~ *samling* motley crowd **-het** variegation; diversity

brom [-å:-] *s3* bromine **-id** *s3* bromide

1 broms [-å-] *s2, zool.* gadfly

2 broms [-å-] *s2, tekn.* brake; *bildl.* check

broms|a [-å-] brake; *bildl.* [put a] check [on] **-anordning** brake mechanism **-are** *järnv., AE.* brakeman **-back** brake shoe **-band** brake band **-belägg** brake lining **-fallskärm** brake parachute **-kloss** *se -back* **-ledning** brake line **-ljus** brake light, stoplight **-ning** braking **-olja** *se -vätska* **-pedal** brake pedal **-prov** brake test **-raket** retrorocket **-rör** *se -ledning* **-skiva** [brake] disc **-sko** drag, skid **-spår** skid mark **-sträcka** braking distance **-system** brake system **-trumma** brake drum **-vagn** *järnv.* brake van; *AE.* caboose **-vätska** brake fluid

bronker ['bråŋker] *pl* bronchi (*sg* bronchus) **-it** *s3* bronchitis

brons [-åns *el.* -åŋs] *s3* bronze **-era** bronze **-medalj, -märke** bronze medal **-staty** bronze statue **-åldern** the Bronze Age

bropelare pier; pillar; tower; (*för hängbro*) pylon

bror *brodern bröder* brother; (*bibl. o. poet. pl ibl.* brethren); *Bröderna Grimm* the Brothers Grimm; *Bröderna A.* (*firma*) A. Brothers (*förk.* Bros.); *Bäste Bror* (*i brev*) Dear (My dear) (James *etc.*); *vara* [*du och*] ~ *med ngn* (*ung.*) be on familiar terms with s.b.

brors|barn brother's child **-dotter** niece

brorskål *dricka* ~ (*ung.*) drink to the use of Christian names

brorslott lion's share

brorson nephew
broräcke bridge railing (parapet)
brosch [-å:-] *s3* brooch; breastpin
broschyr [-å-] *s3* brochure, booklet, pamphlet, folder
brosk [-å-] *s7, anat.* cartilage; (*särsk. i kött*) gristle **-artad** *a5* cartilaginous; gristly **-fisk** cartilaginous fish
bro|slagning bridging **-spann** span of a bridge
brotsch [bråttʃ] *s2* reamer **-a** ream **-ning** reaming
brott [-å-] *s7* **1** (*brytande*) break, fracture; (*på rör äv.*) burst; leak; (*brutet ställe*) breach, break[age]; (*ben-*) fracture; (*sten-*) quarry; (*yta äv.*) fracture, break **2** (*straffbar gärning*) crime; (*mindre svårt*) offence; (*förseelse*) breach, infringement, violation; *begå ett ~* commit a crime; *ett ~ mot reglerna* a violation of the rules (regulations)
brottanvisning *tekn.* stress raiser
brott|are [-å-] wrestler **-as** *dep* wrestle; grapple
brott|hållfasthet tensile strength **-mål** criminal case **-målsdomstol** criminal court
brottning [-å-] wrestling; (*friare äv.*) struggle
brottningsmatch wrestling match
brotts|balk criminal code (law) **-förebyggande** *a4*, *~ rådet* [the Swedish] national council for crime prevention; *~ åtgärder* crime-prevention measures
brottsjö breaker; heavy sea
brottslig [-å-] *a1* criminal; (*skyldig t. brott*) guilty **-het** crime, criminality; guilt
brottsling [-å-] criminal; (*gärningsman*) culprit
brottsplats scene of [the] crime, venue **-undersökning** scene of crime investigation; on-the--spot crime investigation
brott|stycke fragment **-ställe** fracture **-yta** [area of] fracture
bro|valv bridge-arch **-öppning** (*om klaffbro*) raising of a bridge
brr *interj* brrh!, ugh!
brud *s2* **1** bride; *hemföra ngn som* [*sin*] *~* bring home one's bride; *stå ~* be married **2** *sl.* (*flicka*) bird, chick; *AE.* broad; *en snygg ~* a smasher **-bröd** *bot.* dropwort **-bukett** bridal bouquet **-följe** bridal train **-gum** *s2* bridegroom **-klänning** wedding dress **-krona** bridal crown **-näbb** (*flicka*) bridesmaid; (*pojke*) page **-par** bridal couple, bride and bridegroom; *~et A.* (*i telegram*) Mr. and Mrs. A- **-rov** bride abduction **-slöja** bridal veil **-sporre** *bot.* fragrant gymnadenia **-stol** *gå* (*träda*) *i ~* get married **-säng** marriage bed; *träda i ~* enter into marriage **-tärna** bridesmaid
brugd *s3, zool.* basking shark
bruk *s7* **1** (*användning*) use, employment, usage; *för eget ~* for personal (one's own) use; *ha ~ för* find a use for; *inte ha ~ för* have no use for; *komma i ~* come into use; *komma ur ~* fall into disuse, go out of use; *ta i ~* begin using; *till utvärtes ~* for external application (use) only; *vara i ~* be used; *vid sina sinnens fulla ~* in one's right mind **2** (*sed*) custom, usage, practice; *~et att röka tobak* the habit (practice) of smoking tobacco; *seder och ~* usages and customs **3** (*odling*) cultivation **4** (*fabrik*) factory, mill; works (*sg o. pl*) **5** (*mur-*) mortar; (*puts-*) grout, plaster
bruka 1 (*begagna*) use, make use of, employ; *han ~r sprit* he will take a drink [occasionally]; *~ våld* use force **2** (*odla*) cultivate, till; (*gård*) farm **3** (*ha för vana*) be in the habit of; (*ofta omskrivning med adv såsom*) generally, usually; *jag ~r äta lunch kl. 12* I usually have lunch at twelve o'clock; (*endast i imperf.*) *~de* used to **4** (*kunna, pres. o. imperf.*) will, would; *han ~de sitta i timmar utan att göra någonting* he would sit for hours doing nothing
brukas *dep, det ~ inte* it is not customary (the fashion)
brukbar [-u:-] *a1* useful, fit for use; *i ~t skick* in working order, in serviceable condition; *försätta ur ~t skick* make useless, disable **-het** usefulness, fitness for use, serviceability, serviceableness
bruk|lig [-u:-] *a1* customary, usual **-ning** tillage
bruks|anvisning directions for use (*pl*) **-artikel** utility article **-disponent** managing director, mill (works) manager **-föremål** *se -artikel* **-patron** *se -ägare* **-samhälle** industrial community **-vara** utility product **-värde** utility value **-ägare** foundry proprietor, mill owner
brulépudding *se brylépudding*
brum|björn [ˣbrumm-] *bildl.* growler, grumbler **-ma** growl; (*om insekt*) hum, buzz, drone **-ning** growl[ing], hum[ming], buzz[ing]
brun *a1* brown; (*läderfärgad*) tan; *~ bönor* (*maträtt*) brown beans **-aktig** *a1* brownish, browny **-alger** *pl* brown algae **-and** pochard **-björn** brown bear **-bränd** *a5* singed, scorched; (*av solen*) bronzed, tanned
brunett *s3* brunette
brun|grön brownish green **-hyad** *a5* brown-complexioned **-hyllt** *a4* swarthy; tanned **-kol** lignite, brown coal
brunn *s2* well; (*hälso-*) [mineral] spring, spa
brunnen *a5* burnt; *~ gödsel* decomposed manure; *jfr brinna* **brunnit** *sup. av brinna*
brunns|borrning well boring (drilling) **-gäst** health spa visitor **-kur** water cure **-ort** health resort, spa **-vatten** well-water
brunst *s3* (*honas*) heat; (*hanes*) rut **-ig** *a1* in heat; ruttish **-tid** oestrus; heat
brunt [-u:-] *s, best. form det bruna* brown
brunte *s2* dobbin
brunögd *a5* brown-eyed
brus *s7* roar[ing]; (*vindens*) sough[ing]; (*vattnets äv.*) rush[ing], surge; *mus.* swell[ing]; *tekn.* noise
brus|a roar; sough; swell; *det ~r i mina öron* there's a buzzing in my ears; *det ~nde livet* (*ung.*) the hustle [and excitement] of life; *~ upp* (*bildl.*) flare up, get into a heat; *~ ut* (*bildl.*) fly out **-hane** ruff; (*hona*) reeve **-huvud** hotspur, hothead
brusning [-u:-] *se brus*
brustablett effervescent tablet
brusten *a5, se brista* **brustit** *sup. av brista*
brutal *a1* brutal **-isera** brutalize **-itet** *s3* brutality
brut|en *a5* broken; *en ~ man* a broken man; *-et tak* curb roof; mansard [roof]; *AE.* gambrel [roof]; *jfr bryta* **-it** *sup. av bryta*
brutto *s6* gross; *~ för netto* gross for net **-belopp** gross amount **-inkomst** gross income **-nationalprodukt** gross national product (*förk.* GNP) **-pris** gross price **-prissättning** resale

price maintenance **-registerton, -ton** gross register ton **-vikt** gross weigh **-vinst** gross profit

bry *v4* **1** ~ *sin hjärna* (*sitt huvud*) puzzle one's head (*med* over; *med att* over + *ing-form*), cudgel (rack) one's brains (*med att* to + *inf.*) **2** ~ *ngn för ngn* (*ngt*) tease s.b. about s.b. (s.th.) **3** ~ *sig om* (*bekymra sig*) mind, (*tycka om*) care; ~ *dig inte om det* don't bother about it; *det är ingenting att ~ sig om* that's nothing to worry about; *vad ~r jag mig om det?* what do I care?; *jag ~r mig inte ett dugg om det* I don't care a hang about it; ~ *dig inte om vad han säger* take no notice of what he says; *hon ~r sig inte om honom* she gives him the cold shoulder, she cold-shoulders him

brydd *a1* puzzled (*för* about); embarrassed; confused; abashed

bryd|eri perplexity; embarrassment; *vara i ~ hur man skall göra* be puzzled what to do; *försätta ngn i ~* put s.b. in a quandary; *råka i ~* get embarrassed; *i ~ för pengar* hard up for money **-sam** *a1* awkward; embarrassing; perplexing

brygd *s3, abstr.* brewing; *konkr.* brew

1 brygga *s1* bridge; (*tilläggsplats*) landing stage; (*lastkaj*) wharf; *tandläk.* bridge[work]

2 brygga *v2* brew; (*kaffe*) percolate, make

brygg|are brewer **-arhäst** drayhorse **-eri** brewery **-erijäst** brewer's yeast **-hus** brewing-house; (*tvättstuga*) wash-house **-kaffe** drip-coffee, percolator coffee **-kar** brewer's vat **-mal|en** *-et kaffe* fine-ground coffee

brylépudding caramel custard

brylling third cousin

bryn *s7* edge, verge, fringe

1 bryn|a *v3* (*göra brun*) brown; *kokk.* brown, fry; *-t av solen* tanned

2 bryna *v3* (*vässa*) whet, sharpen

bryne *s6* whetstone

1 bryning browning *etc., jfr 1 bryna*

2 bryning whetting *etc., jfr 2 bryna*

brynja *s1* [coat of] mail, hauberk

brynsten whetstone

bryo|log bryologist **-logi** *s3* bryology

brysk *a1* brusque, curt

Bryssel ['bryssel] *n* Brussels

brysse|kål Brussels sprout **-matta** Brussels carpet **-spets** Brussels lace

bryta *bröt brutit* **1** (*av-, komma att brista*) break; (*elektrisk ström*) break, switch off; (*malm o.d.*) mine, dig for; (*sten*) quarry; (*färg, smak*) modify, vary; (*ljusstråle*) refract; (*brev*) open; (*sigill*) break open; (*servett*) fold; (*telefonsamtal o.d.*) cut off, disconnect, interrupt; (*förlovning*) break [off]; ~ *en blockad* run a blockade; ~ *kön* (*vard.*) jump the queue **2** (*om vågor*) break; (*avtal, lag o.d. äv.*) infringe, violate, offend; (*begå brott*) offend (*mot* against); ~ *med ngn* break with s.b.; ~ *med en vana* give up a habit; ~ *mot lagen* infringe (violate, break) the law; ~ *på tyska* speak with a German accent **3** (*med betonad partikel*) ~ *av* break [off]; ~ *av mot* be in contrast to (with); ~ *fram* break out, (*om tand o.d.*) break through; ~ *in* (*om årstid, natt*) set in; ~ *in i ett land* invade a country; ~ *lös* break loose; *stormen bryter lös[t]* the storm breaks; ~ *samman* break down, collapse; ~ *upp* break up, make a move; *mil.* decamp; ~ *upp en dörr* (*ett lås*) break open (force) a door (lock); ~ *ut* break out **4** *rfl* break; (*om ljuset*) be refracted; (*om meningar*) diverge

bryt|arspets contact-breaker point **-böna** French (dwarf, kidney) bean, haricot

brytning [-y:-] breaking *etc.*; (*av kol etc.*) mining; (*av sten*) quarrying; (*ljusets*) refraction; (*i uttal*) accent; *kokk.* relish; *bildl.* breach, break; (*åsikters*) divergence

brytnings|index refractive index **-tid** [period of] transition **-vinkel** [angle of] refraction **-ålder, -år** time of maturity; (*pubertet*) puberty, pubescense

brytärt pea

bråck *s7, med.* hernia, rupture **-band** truss

bråd *a1* hasty; sudden; (*om tid*) busy; *en ~ tid* a busy time; *ond, ~ död* violent and sudden death **-djup I** *s7* precipice **II** *a5* precipitous; *här är det ~t* it gets deep suddenly here **-mogen** *bildl.* precocious **-rasket** *i ~* all at once; *inte i ~* not at the drop of a hat, none too quickly

brådsk|a [ˣbråsska] **I** *s1* hurry; haste; *det är ingen ~* there is no hurry; *vi har ingen ~* we needn't hurry; *hon gör sig ingen ~* she takes her time, she is in no hurry (*med* about) **II** *v1* (*om pers.*) hurry; (*om sak*) be urgent; *det ~r inte med betalningen* there is no hurry about paying **-ande** *a4* urgent, pressing; hasty; *ett ~ arbete* a rush job

brådstörtad *a5* precipitate; headlong

1 bråk *s7, mat.* fraction; *allmänt ~* simple (common, vulgar) fraction; *egentligt* (*oegentligt*) ~ proper (improper) fraction

2 bråk *s7* **1** (*buller*) noise, disturbance, clamour; (*gräl*) row; (*oro*) fuss **2** (*besvär*) trouble, bother, difficulty; *ställa till ~* stir up trouble, make a [great] fuss (*för, om* about)

1 bråka 1 (*stoja*) be noisy (boisterous); (*ställa t. uppträde*) make a disturbance; (*kritisera*) crab, carp, nag **2** (*krångla*) make difficulties **3** *se bry 1*

2 bråka (*lin*) break, bruise

bråkdel fraction[al part]

bråkig *a1* (*bullersam*) noisy; (*stojande*) boisterous; (*oregerlig*) disorderly; (*om barn*) fidgety, restless; (*besvärlig*) troublesome, fussy; (*grälsjuk*) quarrelsome, cantankerous, contentious **-het** noisiness *etc.*

bråk|makare *s9*, **-stake** *s2* troublemaker; noisy person; (*orostiftare*) disturber of the peace

bråkstreck solidus (*pl* solidi), diagonal, separatrix (*pl* separatrices), shilling mark, stroke

brånad *s3* lust

brås *v4, dep, ~ på* take after

bråte *s2* **1** (*skräp*) rubbish, lumber **2** (*timmer-*) log jam

brått *n av bråd o. adv*, **bråttom** [ˣbråttåmm *el.* 'brått-] *adv, ha ~* be in a hurry (*med* for; *med att* to + *inf*); *det är mycket ~* it is very urgent, there is no time to lose; *det är ~ med leveransen* the delivery is urgent

1 bräcka I *s1* flaw, crack, breach **II** *v3* **1** break, crack; (*övertrumfa*) outdo, surpass, trump; ~ *till* (*av*) snub, flatten **2** (*gry*) break

2 bräcka *v3, kokk.* fry

bräck|age [-'a:ʃ] *s7* breakage **-järn** crowbar

bräckkorv smoked sausage for frying

bräcklig *a1* fragile, brittle; (*om pers.*) frail, puny **-het** fragility, brittleness; frailness, puniness

bräckt *a4,* ~ *vatten* brackish water
bräda I *s1, se bräde* **II** *v1* (*slå ut rival*) cut out, supplant
brädd *s2* edge, brim; brink; *fylla ett glas till ~en* fill a glass to the brim; *floden stiger över sina ~ar* the river overflows [its banks]; *stå på gravens ~* be on the brink of the grave, have one foot in the grave **bräddad** *a5,* **bräddfull** *a5* brimming, brimful
bräd|e *s7, s6* **1** board; *hyvlade ~r* planed boards, floorings; *slå ur ~t* cut out; *sätta allt på ett ~* put all one's eggs in one basket **2** *se -spel* **-fodra** cover with boards, board, wainscot **-fodring** [-o:-] boarding, wainscot[t]ing **-golv** board[ed] floor **-gård** timberyard; *AE.* lumberyard **-skjul** wooden shed **-spel** backgammon **-stapel** pile of boards
bräk|a *v3* bleat, baa; *bildl.* bray **-ande** *a4* bleating *etc.*
bräken ['brä:-] *s2, bot.* bracken **-växt** fern
bräm *s4* **1** border, edging, edge; (*päls-*) fur trimming **2** *bot.* limb
bränna *v2* **1** burn; (*sveda*) scorch, singe; parch; (*rosta*) calcine; (*tegel*) bake; (*keramik*) fire; (*lik, värdepapper*) cremate; (*i bollspel*) hit out; ~ *hål på* burn a hole in (on); ~ *sina skepp* burn one's boats (bridges); ~ *sitt ljus i båda ändar* burn the candle at both ends; *brända mandlar* burnt almonds; *bränd lera* fired clay; *bränt barn skyr elden* a burnt child dreads the fire; ~ *av ett fyrverkeri* let off fireworks; ~ *upp* burn; ~ *vid* burn **2** (*smärta*) burn **3** *rfl* burn (*på vatten, ånga*: scald) o.s.; (*på nässlor*) get stung; ~ *sig på tungan* burn one's tongue; ~ *fingrarna* burn one's fingers (*äv. bildl.*)
brännande *a4* burning; (*om hetta*) scorching; (*om smärta*) lancinating, sharp; (*om törst*) parching, consuming; (*frätande*) caustic; *bildl.* burning, ardent, intense; (*fråga*) crucial, urgent, vital, burning **brännare** burner **brännas** *v2, dep* burn; *det bränns!* (*i lek*) you are getting warm!; *nässlor bränns* nettles sting
bränn|bar *a1* [in]flammable, combustible; *bildl.* risky, controversial, touchy **-blåsa** blister [from a burn] **-boll** *ung.* rounders (*pl*)
bränneri distillery
bränn|glas burning glass **-het** *a1* burning hot, scorching
1 bränning burning; (*av lik*) cremation
2 bränning (*våg*) breaker, surf
bränn|manet giant jellyfish **-märka** brand; *bildl. äv.* stigmatize **-märke** brand; *bildl. äv.* stigma **-nässla** (*hopskr. brännässla*) stinging nettle **-offer** burnt offering **-olja** fuel oil **-punkt** focus; focal point, principal focus **-skada, -sår** burn; ~ *av första (andra, tredje) graden* first-degree (second-degree, third-degree) burn **-tid** combustion time **-ugn** furnace, kiln **-vidd** focal length (distance) **-vin** *ung.* Scandinavian vodka; schnap[p]s
brännvins|advokat pettifogger **-bränneri** distillery **-glas** dram glass; shot
bränsle *s6* fuel; *fasta och flytande ~n* solid and liquid fuels **-behållare** fuel tank **-besparande** *a4* fuel-saving **-cell** fuel cell **-element** (*för kärnreaktor*) fuel element **-flis** fuel chips (*pl*) **-förbrukning** fuel consumption **-insprutning** fuel injection **-mätare** fuel gauge **-påfyllning** fill-up, refuelling **-snål** fuel-saving **-tank** *se -behållare* **-tillförsel** (*i motor*) fuel feed **-tillägg** heating surcharge **-upparbetning** (*i kärnteknik*) fuel reprocessing
bräsch [-ä(:)-] *s3* breach; *gå (ställa sig) i ~en för* take up the cudgels for; *skjuta en ~* breach, batter
bräsera braise
bräss *s2, anat.* thymus; *kokk.* sweetbread
brätte *s6* brim
bröa sprinkle with crumbs
bröd *s7* bread; *franskt ~* (*långt*) French bread, (*litet*) roll; *hårt ~* crispbread; *rostat ~* toast; *förtjäna sitt ~* earn one's living; *den enes ~, den andres död* one man's loss is another man's gain; *ta ~et ur munnen på ngn* take the bread out of a p.'s mouth **-bit** piece of bread; *jfr brödskiva* **-butik** bakery, baker's [shop] **-fat** bread dish (plate) **-frukt** breadfruit **-frukträd** breadfruit [tree] **-föda** bread; *slita för ~n* struggle to make a living **-kaka** round loaf **-kant** crust [of bread] **-kavel** rolling pin **-korg** breadbasket **-lös** *bättre ~ än rådlös* better breadless than witless
brödra|folk [-ö:-] sister nations **-skap** *s7* brotherhood, fraternity, fellowship
bröd|rost *s2* toaster **-skiva** slice of bread **-skrin** breadbin, breadbox **-smula** crumb **-spade** peel **-stil** *boktr.* body (text) type **-säd** cereals (*pl*); (*spannmål*) corn, grain
bröllop [-åpp] *s7* wedding; *boktr.* (*dubbelsättning*) double[t]
bröllops|dag wedding day; (*årsdag*) wedding anniversary **-gåva** wedding present **-marsch** wedding (bridal) march **-middag** wedding feast (dinner, *i Storbritannien vanl.* breakfast) **-natt** wedding night **-resa** wedding trip, honeymoon **-tårta** *ung.* wedding cake **-vittne** marriage witness
bröst *s7* breast; (*-korg*) chest; (*barm*) bosom, bust; *kokk.* breast, (*av fågel*) white meat; *ha klent ~* have a weak chest; *ha ont i ~et* have a pain in one's chest; *förkylningen sitter i ~et* I (*etc.*) have a cold on my chest; *ge ett barn ~et* give a baby the breast; *kom till mitt ~!* come into my arms!; *slå sig för ~et* beat one's breast
brösta ~ *av* (*mil.*) unlimber; ~ *sig över* glory in, boast of (about)
bröst|arvinge direct heir, heir of the body, issue (*sg* o. *pl*) **-barn** breast-fed baby **-ben** breastbone; *anat.* sternum **-bild** half-length [portrait] **-böld** mammary abscess **-cancer** cancer of the breast, mammary cancer **-droppar** *pl* cough mixture (*sg*) **-fena** pectoral fin **-ficka** breast-pocket **-gänges** [-jäŋes] *gå ~ till väga* act high-handedly, go at it full tilt **-håla** cavity of the chest, thoracic cavity **-hållare** brassiere, bra **-höjd** breast height **-karamell** cough drop **-korg** chest, thorax **-körtel** mammary gland **-ning** *byggn.* breast [wall] **-sim** breaststroke **-sjuk** consumptive **-sjukdom** lung disease, chest disease **-socker** sugar (rock) candy **-ton** chest voice (register); *ta till ~erna* beat the drum, speechify, spout **-vidd** chest measurement **-vårta** nipple, teat, mamilla **-värn** breastwork, parapet

1 bröt *s2* log jam
2 bröt *imperf. av bryta*
B-skatt business profit tax **B-språk** *skol.* second foreign language
bu *interj*, **bua** *v1* boo
bubbelkammare bubble chamber
bubbla *s1 o. v1* bubble
buckanjär *s3* buccaneer
buckl|a I *s1* **1** (*upphöjning*) boss, knob **2** (*inbuktning*) dent, dint; (*på bil*) bodywork damage **II** *v1* buckle; ~ *till* dent; batter **-ig** *a1* **1** embossed **2** dented
bud *s7* **1** (*befallning*) command, order; *tio Guds* ~ the Ten Commandments; *hederns* ~ the dictates of honour; *det är hårda* ~ that's a tall order **2** (*an-*) offer; (*på auktion*) bid; *kortsp.* call, bid; *ett* ~ *på 5 pund* an offer of 5 pounds; *vara många om ~et* be many bidders **3** (*underrättelse*) message; *skicka* ~ *efter* send for; *skicka* ~ *att* send word to say that; *få* ~ *om ngt* receive message about s.th. **4** (*-bärare*) messenger **5** *stå till ~s* be available (at hand); *med alla till ~s stående medel* with all available means
bud|a summon, call in, send for **-bärare** messenger
budd|ism Buddhism **-ist** *s3*, **-istisk** [-'diss-] *a5* Buddhist
budget ['buddjet] *s3, s2* budget; *balanserad* ~ balanced budget; *göra upp en* ~ budget, prepare (draw up) a budget **-chef** (*i finansdepartementet*) budget director **-era** budget **-ering** budgeting **-förslag, -proposition** budget [proposals *pl*] **-år** financial (*AE.* fiscal) year
budgivning [-ji:-] *kortsp.* bidding
budkavle *hist.* (*i Skottland*) fiery cross; *~n går!* the fiery cross is out! **-tävling** *sport.* relay race
budning [ˣbu:d-] **1** summoning *etc., se buda* **2** (*om tömning av latrinkärl*) notice to nightmen
budoar [budo'a:r] *s3* boudoir
bud|ord commandment **-skap** *s7* message, announcement; address **-skickning** [-ʃ-] messenger service
buffé *s3, se byffé*
buffel ['buff-] *s2* buffalo; *bildl.* boor, lout, churl **-aktig** *a1, bildl.* boorish, loutish, churlish **-hjord** buffalo herd **-hud** buffalo hide
buffert ['buff-] *s2* buffer **-lager** buffer stock **-stat** buffer state **-zon** buffer zone
bug|a ~ [*sig*] bow (*för* to) **-ning** [-u:-] bow
buk *s2* belly; *neds.* paunch; *anat.* abdomen
Bukarest ['bu:-] *n* Bucharest
bukett *s3* bouquet; (*mindre*) nosegay, posy; bunch (*äv. bildl.*)
buk|fena pelvic (ventral) fin **-fylla, -fyllnad** filling food **-hinna** peritoneum **-hinneinflammation** peritonitis **-håla** abdominal cavity
bukig *a1* bulging, bulged
bukland|a belly land **-ning** belly landing
bukolisk [-'kå:-] *a5* bucolic
bukspott pancreatic juice **-körtel** pancreas
bukt *s3* **1** (*böjning*) bend, winding, turn **2** (*större vik*) bay, gulf; (*mindre*) cove, creek **3** (*slinga på tross e.d.*) bight, fake, coil **4** *få* ~ *med* (*på*) manage, master **bukta** *rfl* bend, curve, wind; ~ *sig utåt* bulge
buktalare ventriloquist
bukt|ig *a1* bending, curving, winding **-ning** bend, curve, turn, winding
bula *s1* bump, lump, swelling
bulb *s3* bulb **-är** *a1* bulbous, bulbaceous
bulevard *se boulevard*
bulgar *s3* Bulgarian **Bulgarien** [-'ga:-] *n* Bulgaria **bulgarisk** [-'ga:-] *a5* Bulgarian
bulimi *s3, med.* bulimia
buljong [-'jåŋ] *s3* bouillon, clear soup, meat broth (stock); (*för sjuka*) beef tea **-tärning** meat extract cube
bulk *s2* bulk **-last** bulk cargo
1 bulla *s1* (*påvlig*) bull
2 bulla *v1*, ~ *upp* make a spread
bull|dogg [-å-] *s2* bulldog **-dozer** *s9* bulldozer
bull|e *s2* bun, roll; *nu ska ni få se på andra -ar* you'll be seeing some changes around here
buller ['bull-] *s7* noise, sound, row, din; racket, clamour; (*dovt*) rumbling; *med* ~ *och bång* with a great hullabaloo **-bekämpning** noise [nuisance] control **-matta** noise strip **-mätning** noise measurement **-nivå** noise level **-sam** *a1* noisy **-skada** injury caused by noise **-skadad** suffering from noise-induced hearing impairment (loss) **-skydd** noise (sound) protection
bulletin *s3* bulletin
bullr|a make a noise; (*mullra*) rumble; (*dåna*) roar, thunder **-ande** *a4* noisy, boisterous **-ig** *a1* noisy
buln|a [ˣbu:l-] fester; gather **-ad** *s3* swelling; (*böld*) boil, furuncle
bult *s2* bolt; (*gängad äv.*) screw
bult|a 1 (*kött*) pound; beat; *med ~nde hjärta* with a pounding (palpitating) heart **2** (*knacka*) knock (*i, på* on, at); (*om puls*) throb; (*dunka*) thump; *det ~de på dörren* there was a knock at the door **-ning** pound, pounding; knock, knocking
bulvan *s3* decoy; *bildl. äv.* dummy; *köp genom* ~ acquisition via ostensible buyer
bumerang boomerang
bums right away, instantly, on the spot
bunden *a5* bound (*äv. om bok*); *bildl.* tied, fettered; (*fästad*) attached (*vid* to); ~ *aktie* restricted share; *bundet lån* fixed-term loan; ~ *stil* poetry; *bundet värme* latent heat **-het** confinement; (*stelhet*) constraint, stiffness
bundit *sup. av binda*
bundsförvant ally; confederate
bunke *s2* bowl; dish; (*av metall*) pan
bunker ['bunn-] *s2* **1** *sjö.* bunker **2** *mil.* concrete dugout, pillbox **3** bunker, (*särsk. AE.*) sand trap **bunkerkol** bunker coal **bunkra** bunker
bunsenbrännare Bunsen burner
bunt *s2* bundle, pack, truss; (*papper, hö*) sheaf; *hela ~en* the whole bunch (lot) **bunta** ~ [*ihop*] make up into bundles (packs)
buntmakare furrier
buntvis in bundles (packs)
bur *s2* cage; (*emballage*) crate; (*för transport av smådjur, höns-*) coop; (*fotbollsmål o.d.*) goal; (*vard. finka*) clink, cooler, jug, nick, stir; *känna sig som en fågel i* ~ feel cooped up (in) **bura** ~ *in* lock up
burdus I *adv* abruptly, slapdash **II** *a1* abrupt; *bildl.* blunt, bluff
burfågel cagebird, cageling

burgen [-j-] *a3* well-to-do, affluent; *han är en ~ man* he is very well-off (well-to-do) **-het** affluence
Burgund *n* Burgundy **burgunder** [-'gunn-] *s9,* **burgundisk** [-'gunn-] *a5* Burgundian
burit *sup. av bära*
burk *s2* pot; (*sylt-*) jar; (*bleck-*) tin, *AE.* can; (*apoteks-*) gallipot; *på ~* tinned, *AE.* canned **-mat** tinned (*AE.* canned) food **-öl** canned beer **-öppnare** tin (*AE.* can) opener
burlesk *a1 o. s3* burlesque, burlesk
Burma *n* Burma **burman** *s3* Burmese **burmansk** [-'ma:nsk] *a5* Burmese, Burman
burmes *s3, se burman* **-isk** *a5, se burmansk*
burnus *s2, s3* burnoose, burnous[e]
1 burr *se brr*
2 burr *s7* (*om hår*) frizz[le]
burra *~ upp* ruffle up; *fågeln ~de upp sig* the bird ruffled up its feathers **burrig** *a1* frizz[l]y, frizzled
burskap [ˣbu:r-] *s7* **1** *hist.* burghership **2** *vinna ~* be adopted (*i* into), become established, (*friare*) gain ground
burspråk [ˣbu:r-] *s7* oriel; (*utbyggt fönster*) bay window
bus *leva ~* make a nuisance of o.s., (*skämts.*) make mischief, be noisy **busa** make trouble; be noisy **busaktig** *a1* rowdy; mischievous, noisy
buschman Bushman
bus|e *s2* **1** *barnspr.* bogeyman, bogyman **2** (*ruskig karl*) ruffian, rowdy **-fasoner** *pl* rowdy behaviour (*sg*) **-frö** ragamuffin **-ig** *a1, se busaktig*
buskablyg bashful, timid
buskage [-'ka:ʃ] *s7* shrubbery; thicket; copse, coppice **buske** *s2* bush; (*liten, risig*) scrub; (*större*) shrub; *sticka huvudet i ~en* bury one's head in the sand **buskig** *a1* bushy; shrubby
buskis ['buss-] *s2, vard.* ham acting
busk|skvätta *s1* whinchat **-snår** thicket **-teater** *ung.* farcical open-air play
busliv rowdyness, rowdyism
1 buss 1 *s2* (*krigs-*) old campaigner; *~ar* warriors bold; *se äv. sjöbuss* **2** *oböjligt s o. a, vara ~ med ngn* be pals with s.b.
2 buss *s2* (*tugg-*) quid
3 buss *s2* (*fordon*) bus; (*turist-*) coach
4 buss *interj o. adv, ~ på honom!* at him!
bussa *~ hunden på ngn* set the dog on s.b.
bussarong [-'råŋ] *s3* [sailor's] jumper
buss|chaufför bus driver **-fil** bus lane **-förbindelse** bus connection **-hållplats** bus stop, (*med regnskydd*) bus shelter
bussig *a1* (*förträfflig*) capital; (*hygglig*) kind, good; *hon är en ~ flicka* she is a good sort
buss|konduktör [bus] conductor **-linje** bus service (line)
bussning *tekn.* bush; (*särsk. AE.*) bushing; sleeve
busstation (*särskr. buss-station*) *se bussterminal*
buss|terminal bus terminal; *AE.* depot **-trafik** bus service
bus|unge *vard.* little blighter (rascal, devil); urchin **-vissling** wolf whistle **-väder** foul (squally) weather
butadien *s3, s4* butadiene
butan *s4* butane
butelj *s3* bottle; *tappa på ~er* draw off into bottles, bottle **-axlar** champagne shoulders **-era** bottle **-grön** bottle green **-importerad** bottle imported
butik *s3* shop; *AE.* store; *slå igen* (*stänga*) *~en* shut [up] (close) the shop, (*upphöra med butiken*) shut up shop; *stå i ~* work (serve) in a shop
butiks|biträde shop assistant; salesman, *fem.* saleswoman; *AE.* [sales]clerk **-centrum** shopping centre (precinct) **-föreståndare** shop manager, shopkeeper **-innehavare** shopkeeper, proprietor **-inredning** shop fittings (*pl*) **-kedja** chain, multiple stores (shops) (*pl*) **-råtta** shoplifter **-snatteri, -stöld** shoplifting
butter ['butt-] *a2* sullen, sulky, morose **-het** sullenness *etc.*
butyl *s3* butyl **-gummi** butyl rubber
buxbom *s2* box; (*träslag*) boxwood
1 by *s2* (*vindstöt*) squall, gust
2 by *s2* (*samhälle*) village; (*mindre*) hamlet
byalag [ˣby:a-] *s7* village community; (*i modern bet. ung.*) concerned citizens committee
byallmänning land owned in common by a village
byffé *s3* **1** (*för förfriskningar*) buffet, refreshment counter **2** (*skänk*) sideboard
by|fåne village idiot **-gata** village street
bygd *s3* (*nejd*) district, countryside; (*odlad*) settled country; *ute i ~erna* out in the country
bygde|gård community centre **-mål** dialect **-spelman** country fiddler; folk musician
bygel *s2 tekn.* loop, yoke; clamp; (*beslag*) mount [ing]; (*på handväska*) [hand]grip; (*på hänglås*) shackle; (*på sabel*) guard **-häst** (*gymnastikredskap*) pommel horse
bygga *v2* build, construct; (*uppföra*) erect; (*grunda*) base, found; *~ och bo* set up house, reside; *ingenting att ~ på* nothing to build [up]on, not to be relied on; *~ om* rebuild; *~ på* (*om hus*) add [a storey] to, (*öka*) add to, increase, enlarge; *~ till* enlarge; *~ upp* build up, erect
bygg|ande *s6* building; construction, erection **-branschen** the building trade
bygg|e *s6* building, construction **-element** building unit **-herre** commissioner of a building project; future owner **-kloss** brick, building block **-kostnader** *pl* building (construction) costs **-lekplats** adventure playground **-låda** box of bricks **-mästare** building contractor, builder
byggnad *s3* **1** *se byggande* **2** (*bildning, konstruktion*) construction, structure **3** (*hus*) building, edifice
byggnads|arbetare building worker **-entreprenör** building contractor **-firma** construction firm **-förbud** building ban **-komplex** block **-konst** structural engineering, architecture **-kreditiv** building credit (loan) **-lov** building permit **-lån** building loan **-material** building (construction) materials (*pl*) **-nämnd** local housing (building) committee **-reglering** building control **-stadga** building bylaws (*pl*) **-stil** architectural style **-styrelse** *~n* [the Swedish] national board of public building **-ställning** scaffold[ing] **-tillstånd** building licence (permit) **-uppvärmning** [domestic] space heating **-verk** structure **-verksamhet** construction (building) [activity]

byggnation construction work
bygg|sats building kit **-stopp** [temporary] prohibition of all building work
byig *a1* squally, gusty; *flyg.* bumpy
byk *s2* wash[ing]; *han har en trasa med i ~en* he has a finger in that pie **byka** *v3* wash
byke *s6* rabble, pack
bykkar [ˣby:k-] washtub
byling *vard.* cop[per]
bylta ~ *ihop* make into a bundle; ~ *på ngn* muffle s.b. up **bylte** *s6* bundle, pack
byracka *s1, vard.* mongrel, cur
byrett *s3* buret[te]
1 byrå [ˣby:- *el.* 'by:-] *s2* (*möbel*) chest of drawers; *AE.* bureau
2 byrå [ˣby:- *el.* 'by:-] *s3* (*ämbetsverk etc.*) office, department, agency, bureau; division
byrå|assistent senior clerical officer **-chef** head of a division **-direktör** senior administrative officer **-ingenjör** technical officer; *förste* ~ higher technical officer **-inspektör** executive officer (inspector, accountant *etc.*); *förste* ~ higher executive officer *etc.*
byråkrat bureaucrat; *vard.* red-tapist, bigwig
byråkrat|i *s3* bureaucracy; *vard.* red tape **-isera** bureaucratize **-isering** [-'se:-] bureaucratization **-isk** [-'kra:-] *a5* bureaucratic; *vard.* red tape **-ism** bureaucratism
byrålåda drawer
byråsekreterare administrative officer; *förste* ~ higher administrative officer
Bysans ['by:-] *n* Byzantium **bysantin** *s3,* **bysantinsk** [-'ti:nsk] *a5* Byzantine
byst *s3* bust **-hållare** brassiere, bra
bysätt|a arrest for debt **-ningshäkte** debtor's prison
byta *v3* change; (*utbyta*) exchange; (*vid byteshandel*) barter; trade; (*utväxla*) interchange; *vard.* swap; ~ *buss* (*spårvagn etc.*) transfer; ~ *ord med ngn* bandy words with s.b.; ~ *plats a*) change places (*med ngn* with s.b.) *b*) (*ändra*) move *c*) (*byta tjänst*) get a new post; ~ *av ngn* relieve s.b.; ~ *bort* exchange (*mot* for); ~ *bort sin rock* take s.b. else's coat; ~ *in* (*t.ex. bil*) trade in; ~ *om* change [one's clothes]; ~ *till sig* get by exchange; ~ *ut* exchange (*mot* for)
byte *s6* **1** change, exchange; *förlora på ~t* lose by the exchange; *göra ett gott* ~ (*vard.*) make a good swap, gain by the exchange **2** (*rov*) booty, spoils (*pl*); (*rovdjurs o. bildl.*) prey; (*jakt-*) game, quarry
bytes|affär barter transaction **-balans** balance of current payments **-handel** barter, exchange, trade **-rätt** right to exchange
byting tot, toddler, urchin
bytta *s1* firkin; (*smör-*) tub
byx|a [ˣbycksa] *s1, se byxor* **-bak** *s2* trouser seat **-ben** trouser leg **-dress** trouser suit **-ficka** trouser pocket **-gördel** panty girdle **-kjol** culottes (*pl*), divided skirt **-linning** trouser waistband
byxor [ˣbycksor] *pl* (*lång-*) trousers; *AE.* pants; (*korta*) shorts; (*golf-*) plus fours; (*knä-*) knickerbockers, knickers; (*lediga lång-*) slacks; (*damunder-*) pants, (*långa*) knickers, [under]drawers, (*korta*) panties, briefs
byxångest *vard.* blue funk

1 båda *v1* (*förebåda*) betoken, foreshadow; (*ngt ont*) [fore]bode, portend, presage; *det ~r inte gott* it is a bad omen, it bodes no good; ~ *upp, se uppbåda*
2 båda *pron* (*betonat*) both (*äv.:* ~ *två*); (*obetonat*) the two; *vi* ~ we two (both), both of us; *mina ~ bröder* my two brothers; *av ~ könen* of either sex; *i ~ fallen* in both cases, in either case; *för ~s vår skull* for both our sakes; *~s föräldrar* the parents of both of them; *en vän till oss* ~ a mutual friend
3 båda *s1, sjö.* shoal
bådadera both
både both; ~ *han och hon* (*äv.*) he as well as she
båg *s7* hoax, confidence trick (*AE.* game), *vard.* con trick; *det är rena ~et* it's all eyewash **båga** bluff, hoax, swindle, hoodwink
båg|e *s2* **1** (*vapen*) bow; *ha flera strängar på sin* ~ have several strings to one's bow; *spänna en* ~ draw a bow; *spänna ~n för högt* aim too high **2** (*linje*) curve; *mat.* arc **3** *mus.* slur; tie **4** *arkit.* arch **5** (*på glasögon*) frame, rim **6** (*sy-*) frame **-fil** hacksaw **-formig** [-å-] *a1* curved; arched **-fris** arched moulding **-fönster** arched window **-gång** *anat.* semicircular canal **-lampa** arc light (lamp) **-linje** curve, curvature **-ljus** arc light **-minut** minute [of arc] **-sekund** second [of arc]
bågna [ˣbåggna *el.* ˣbåŋna] bend; sag, bulge
båg|skytt archer **-skytte** archery **-sträng** bowstring
båk *s2* **1** (*sjömärke*) [tower] beacon **2** (*fyrtorn*) lighthouse
1 bål *s2, anat.* trunk, torso; body
2 bål *s2* (*skål*) bowl; (*dryck*) punch
3 bål *s7* (*ved- o.d.*) bonfire; (*lik-*) [funeral] pyre; *brännas på* ~ be burnt at the stake
båld [-å:-] *a1* dauntless, bold, doughty
bålgeting hornet
bålrullning (*kroppsövning*) trunk gyration
bålverk *s7* bulwark; *bildl. äv.* safeguard
bångstyrig *a1* refractory, rebellious, unruly; (*om häst, åsna*) stubborn
bår *s2* (*lik-*) bier; (*sjuk-*) stretcher; litter; *ligga på* ~ be lying on one's bier **-bärare** (*lik|bår, -kista*) pallbearer; (*sjukbår*) stretcher-bearer
bård [-å:-] *s3* border; (*särsk. på tyg*) edging
bår|hus mortuary, morgue; funeral parlour (*AE.* home) **-täcke** pall
bås *s7* stall, crib, box; (*friare*) compartment, booth
båt *s2* boat; (*fartyg*) ship; (*mindre äv.*) skiff; *sitta i samma* ~ (*bildl.*) be in the same boat; *gå i ~arna* take to the boats; *ge ngt på ~en* give s.th. up as a bad job, fling s.th. to the winds; *ge ngn på ~en* throw s.b. over, jilt s.b., *vard.* chuck s.b. [up (in)]
båta *det ~r föga att* it is no use (+ *ing*-form)
båt|ben *anat.* navicular[e] [bone] **-brygga** landing stage **-byggare** boatbuilder **-däck** (*på fartyg*) boat deck **-förbindelse** boat connection **-hus** boathouse **-last** shipload, cargo **-ledes** by boat **-lägenhet** *med första* ~ by [the] first [available] ship **-motor** marine engine **-mössa** forage cap
båtnad [-å:-] *s3* advantage; *till ~ för* to the advantage of

båts|hake boathook **-man** boatswain, bosun, bo's'n **-mansstol** boatswain's chair
båtsport|kort yachting chart **-led** yachting course
båtvarv boatyard, boatbuilding yard
bä *interj* baa; bah
bäck *s2* brook, rill, rivulet; *AE.* creek; *många ~ar små gör en stor å* many a little makes a mickle; *det är bättre att stämma i ~en än i ån* a stitch in time saves nine
bäckebölja *s1* (*tyg*) cotton crepe
bäcken ['bäck-] *s7* **1** *anat.* pelvis **2** (*fat*) basin; (*säng-*) bedpan **3** *geol.* basin **4** *mus.* cymbal **-ben** pelvic girdle (arch)
bäckröding brook (speckled) trout
bädd *s2* bed; (*fundament*) foundation; (*maskin-*) bedplate
bädda make a (the, one's) bed; *det är ~t för* (*bildl.*) the ground is prepared for; *som man ~r får man ligga* as you make your bed, so you must lie on it; *~ ner* put to bed; *~ upp* make the (one's) bed
bädd|bar convertible into a bed **-jacka** bed jacket **-ning** bed-making **-soffa** sofa bed; day bed; studio couch
bädeker ['bä:-] *s2* Baedeker
bägare cup, mug; *kyrkl.* chalice
bägge *se 2 båda*
bälg [-j] *s2* bellows (*pl*); *en ~* a pair of bellows **bälga** [-j-] *~ i sig* gulp down **bälgkamera** folding camera
Bält *n, Stora* (*Lilla*) *~* Great (Little) Belt
bält|a *s1*, **-djur** armadillo
bältdäck radial [tyre]
bälte *s6* belt; (*gördel*) girdle; *ett slag under ~t* a blow below the belt **-spännare** *ung.* knife-wrestler
bältros shingles
bända *v2* prise; *AE.* pry (*loss* loose; *upp* open)
bändsel ['bänn-] *s2, sjö.* lashing; seizing **bändsla** [ˣbänn-] *sjö.* lash; seize
bängel [ˣbäŋ-] *s2* (*drasut*) great lout; (*slyngel*) rascal
bänk *s2* seat; (*arbets- o. parl.*) bench; (*kyrk-*) pew; (*skol-*) desk; (*lång*) form; bench; *teat.* row; *sport.* bench
bänk|a *rfl* seat o.s. **-kamrat** *vi var ~er* we sat next to one another at school **-rad** row
bänsel *se bändsel*
bär *s7* berry; *plocka ~* pick (gather) berries, berry; *lika som ~* as like as two peas [in a pod]
bära *bar burit* **I 1** (*lyfta o. gå med*) carry; (*friare o. bildl.*) bear; (*kläder*) wear; (*stötta*) support; *~ ansvar för* be responsible for; *~ bud om* bring (take, carry) word (a message) about; *~ frukt* (*vittnesbörd*) bear fruit (witness); *~ hand på ngn* use violence on s.b.; *~ huvudet högt* carry one's head high; *~ sina år med heder* carry one's years well; *~ skulden för* be responsible for, be to blame for; *gå och ~ på ngt* have s.th. on one's mind, be suffering under s.th. **2** (*leda, föra*) lead **3** (*om is*) bear; *det må ~ eller brista* sink or swim **4** (*med betonad partikel*) *~ av* (*sjö.*) bear off; *när bär det av?* when are you going (leaving)?; *det bär* [*mig*] *emot* it goes against the grain [for me]; *bär hit böckerna* bring me the books; *han såg vart det bar hän* he saw what it would lead to; *~ på sig* carry about [with] one, have on one; *han bär upp hela föreställningen* he is the backbone of the whole performance; *han kan ~ upp en frack* he can carry off a dress suit, he looks well in tails; *vägen bär uppför* (*utför*) the road goes uphill (downhill); *bär ut det!* take it out! **II** *rfl* **1** *det bar sig inte bättre än att han* as ill-luck would have it he **2** (*löna sig*) pay **3** *~ sig åt* behave; *~ sig illa åt* misbehave; *hur bar du dig åt för att* how did you manage to; *hur jag än bär mig åt* whatever I do
bär|ande *a4* carrying *etc.*; *den ~ tanken* the fundamental idea; *~ vägg* load-bearing wall **-are** bearer; (*stadsbud*) porter, *AE. äv.* redcap; (*av idé*) exponent **-bar** [-ä:-] *a1* portable
bär|buske berrybush **-fis** *s2* stink bug
bärga [-j-] **I 1** (*rädda*) save; (*bil o.d.*) tow; *sjö.* salvage **2** (*skörda*) harvest, reap **3** (*segel*) take in; furl **II** *rfl* **1** (*reda sig*) get along **2** (*behärska sig*) contain o.s.
bärgad [-j-] *a5* well-to-do, well-off
bärg|arlön salvage [money] **-ning 1** (*av bil etc.*) tow; *sjö.* salvage **2** (*av skörd*) harvest **3** (*av segel*) taking-in; furl **4** (*utkomst*) livelihood
bärgnings|bil breakdown van (truck); *AE.* wrecker, tow truck **-fartyg** salvage ship (vessel, boat)
bärig *a1, se bärkraftig* **-het 1** (*lastförmåga*) carrying capacity; (*flytförmåga*) buoyancy **2** (*räntabilitet*) profitability, earning capacity; *tekn.* ultimate bearing resistance
bäring *sjö.* bearing
bärkasse string bag; carrier bag
bärkorg berrybasket
bärkraft *tekn.* bearing capacity; *ekon.* financial strength; (*fartygs*) buoyancy **bärkraftig** strong; *ekon.* economically sound
bärnsten [-ä:-] amber **bärnstenssyra** succinic acid
bärplan *flyg.* aerofoil, plane, wing; *sjö.* hydrofoil **bärplansbåt** hydrofoil [vessel]
bärplock|are berry picker **-ning** berry-picking, berry-gathering
bär|raket carrier rocket **-rem** strap **-stol** palanquin, palankeen; (*hist.*) sedan [chair]
bärsärk [ˣbä:r-] *s2* berserk[er]; *gå fram som en ~* go berserk, run amuck (amok)
bärvåg *radio.* carrier [wave]
bäst *superl. t. bra, god, väl* **I** *a* best; *de allra ~a vänner* the best of friends; *de här skorna har sett sina ~a dagar* these shoes are past praying for; *efter ~a förmåga* to the best of one's ability; *i ~a fall* at [the] best; *i ~a mening* in the best sense; *det var i ~a välmening* I (he, she *etc.*) only meant well; *i sina ~ år* in the prime of life; *med de ~a avsikter* with the best of intentions; *med ~a vilja i världen* with the best will in the world; *på ~a möjliga sätt* in the best way possible; *vid första ~a tillfälle* at the earliest opportunity; *det är ~ vi går* we had better go; *hon är ~ i engelska* she is best at English; *hoppas på det ~a* hope for the best; *~e bror!, se broder* **II** *adv* best; *vad tyckte du ~ om?* what did you like best?; *jag höll som ~ på med* I was in the middle of; *det vet jag ~ själv* I know best; *du får klara dig ~ du kan* you must manage as best you can; *du gör ~ i att* it would be

best for you to **III** *konj,* ~ [*som*] just as; ~ *som det var* all at once; ~ *som vi pratade* just as we were talking

bäst|a *s* good, benefit, welfare; *det allmänna* ~ the public good; *tänka på sitt eget* ~ think of one's own good; *få ngt till* ~ have some refreshments; *ta sig för mycket till* ~ take a drop too much; *förste -e* the first that comes; *det kan hända den -e* that (it) can happen to the best of us; *göra sitt* [*allra*] ~ do one's [very] best; *göra det* ~ *möjliga av situationen* make the best of a bad job

bästis ['bästis] *s2, vard.* chum, pal; *AE.* buddy

bättra improve [on]; ~ *på* touch (*vard.* brush) up; revamp; ~ *sig* mend, improve

bättre ['bätt-] *komp. t. bra, god, väl* **I** *a* better; *bli* ~ get better; *få* (*ha*) *det* ~ be better off; *han har sett* ~ *dagar* he has seen better days; ~ *mans barn* well-born child[ren]; ~ *kvalitet* superior quality (*än* to); *komma på* ~ *tankar* think better of it; *mot* ~ *vetande* against one's better judgement; *så mycket* ~ *för mig* so much better for me; ~ *upp* one better; *ju förr desto* ~ the sooner the better **II** *adv* better; *han förstår inte* ~ he doesn't know any better; *han borde veta* ~ *än att* he ought to know better than to; *det hände sig inte* ~ *än att han* as ill-luck would have it, he

bättring improvement; (*om hälsa*) recovery; *relig.* repentance **bättringsvägen** *vara på* ~ be on the road to recovery, *vard.* be on the mend

bäva tremble; (*darra*) quiver, shake; (*rysa*) shudder (*för* at) **bävan** *r* dread, fear

bäver ['bä:-] *s2* beaver **-råtta** coypu, nutria

böckling smoked Baltic herring

bödel ['bö:-] *s2* executioner, hangman; *bildl.* tormentor **bödelsyxa** executioner's axe

bög *s2, vard.* gay, queer, fairy

böhmare [ˣbö:mare] Bohemian **Böhmen** ['bö:-men] *n* Bohemia **böhmisk** ['bö:misk] *a5* Bohemian

böja [ˣböjja] *v2* **I 1** bend, curve; (*huvudet*) bow, incline; (*lemmarna äv.*) flex; ~ *knä inför* bend the knee to; *knäna böj!* knees bend!; *det skall ~s i tid som krokigt skall bli* best to bend while it is a twig; ~ *undan* turn aside, deflect **2** *språkv.* inflect, conjugate **II** *rfl* **1** bend (stoop) [down]; ~ *sig undan* turn aside; ~ *sig över* bend (lean) over **2** (*foga sig*) bow; ~ *sig för det oundvikliga* bow to the inevitable **3** (*ge efter*) yield (give in) (*för* to)

böjbar *a1* bendy, bendable

böjd *a1* **1** bent, bowed; (*om hållning*) stooping; (*krökt*) curved; (*bågformig*) arched; ~ *av ålder* bent with age **2** *språkv.* inflected, conjugated **3** (*benägen*) inclined, disposed

böjelse [ˣböjj-] inclination, bent, proneness (*för* for, to[wards]); tendency (*för* to); (*öm känsla*) fancy, liking (*för* for)

böjhållfasthet bending strength

böjlig *a1* flexible; *bildl.* pliable, supple **-het** flexibility; *bildl.* pliability, suppleness

böjning bending; (*krökning*) flexure, curvature; *språkv.* inflection

böjnings|form inflected form **-mönster** paradigm **-ändelse** inflectional ending

bök|a root, grub **-ig** *a1, vard.* tiresome; awkward; messy

böl *s7* bellow **böla** bellow; (*råma*) low, moo

böld *s3* boil; *med.* furuncle; (*svårare*) abscess **-pest** bubonic plague

bölj|a I *s1* billow, wave; *bildl.* surge **II** *v1* undulate; (*om sädesfält*) billow **-ande** *a4* (*om hav*) billowy, rolling, swelling; (*om sädesfält*) billowing; (*om hår*) wavy, waving; (*om människomassa*) surging

bömare, bömisk *se böhmare, böhmisk*

bön *s3* **1** (*anhållan*) petition, request (*om* for); (*enträgen*) solicitation, supplication, plea, entreaty (*om* for) **2** *relig.* prayer; *Herrens* ~ the Lord's Prayer; *be en* ~ say a prayer; *förrätta* ~ offer [up] prayer

1 böna *v1, ung.* beseech, implore; ~ *för ngn* plead for a p., speak in favour of a p.

2 böna *s1* **1** bean **2** *sl.* (*flicka*) bird, chick; *AE.* broad

bön|bok prayer book **-dag** *ung.* intercession day

böne|hus chapel; meeting house **-kvarn** prayer wheel **-man** beadsman; wooer's proxy **-matta** prayer rug (mat) **-möte** prayer meeting **-skrift** petition **-timme** hour of prayer

bönfalla plead (*om* for); implore (beseech, entreat) (*ngn om ngt* s.b. for s.th.)

bönhas [ˣbö:n-] *s2* interloper

bönhör|a ~ *ngn* hear a p.'s prayer; *han blev -d* his prayer was heard, (*friare*) his request was granted **-else** hearing (answering) of prayer

bön|syrsa [praying] mantis **-söndag** *B~en* Rogation Sunday

böra *borde bort* (*pres. o. imperf.*) ought to, should; (*inf. o. sup. översätts genom omskrivning*); *hon bör vara framme nu* she should be there by now; *jag anser mig* ~ *göra det* I think I ought to do it; *det borde vi ha tänkt på* we ought to have thought of that; *det är alldeles som sig bör* it is quite fitting; *man bör aldrig glömma* one should never (ought never to) forget

börd [-ö:-] *s3* birth; (*härkomst äv.*) ancestry, lineage, descent; *till ~en* by birth; *av ringa* ~ of lowly birth

börda [ˣbö:r-] *s1* burden; load; *digna under ~n* be borne down by (droop under) the load; *livet blev honom en* ~ life became a burden to him; *lägga sten på* ~ increase the burden, add insult to injury

1 bördig [ˣbö:r-] *a1* (*härstammande*) *hon är* ~ *från* she was born in, she is a native of

2 bördig [ˣbö:r-] *a1* (*fruktbar*) fertile **-het** fertility

börds|adel hereditary nobility **-stolt** proud of one's birth

börja begin; start; *vard.* kick off; (*mera högt.*) commence; (~ *på med*) set about, enter upon; *det ~r bli mörkt* it is getting dark; *till att* ~ *med* to begin (start) with; *nu ~s det* here we go, now we are in for it; ~ *i fel ända* put the cart before the horse; ~ *om* begin again; ~ *om från början* start afresh, make a fresh start

början *r* beginning; start; (*av brev*) opening; (*ursprung*) origin; *från första* ~ from the very beginning; *från* ~ *till slut* from beginning to end, from first to last; *i* (*från*) ~ at first; *i* ~ *av* at the beginning of; *i* ~ *av åttiotalet* in the early eighties; *till en* ~ to begin (start) with

börs 1 *s2* (*portmonnä*) purse **2** *s3* (*fond-*) exchange; *spela på ~en* speculate on the stock exchange (market) **-affärer** exchange business (dealings) **-hus** stock exchange **-jobbare** stock-jobber **-kupp** stock exchange manoeuvre **-lista** [stock] exchange list; (*för aktier*) share (*AE.* stock) list **-mäklare** [stock]broker **-notera** list on the stock exchange **-noteringar** [stock] exchange quotations **-spekulant** speculator on the [stock] exchange; stockjobber **-spekulation** speculation on the [stock] exchange; stockjobbery, stockjobbing **-transaktion** stock exchange transaction

böss|a *s1* **1** (*gevär*) gun, rifle; (*hagel-*) shotgun **2** (*penningskrin*) moneybox **-håll** *inom* ~ within gunshot **-kolv** butt-end **-mynning** muzzle **-pipa** gun barrel **-skott** (*hopskr. bösskott*) gunshot

böta pay a fine; ~ *för* suffer (pay) for **böter** ['bö:-] *pl* fine (*sg*); *döma ngn till 10 punds* ~ fine s.b. 10 pounds; *belagd med* ~ liable to (punishable by) a fine

bötes|föreläggande order to pay fine[s] **-straff** fine, pecuniary penalty

bötfäll|a fine, mulct; *-d till* fined

bövel *s2* deuce, devil

C

ca *förk. för cirka*

cabotage [kabo'ta:ʃ] *s7* cabotage

cabriolet [kabrio'le: *el.* -'lä:] *s3* drophead coupé; convertible

café-au-lait [ka'fe: å 'lä:] coffee with milk

cafeteria [-'te:-] *s1* cafeteria

caffè espresso [ka'fä es'presså] *se espresso*

californium [-'få:r-] *s8* californium

calmettevaccination [kal'mett-] BCG vaccination

calvados [kalva'då:s] *s3* Calvados

calypso *s5* calypso

camembert [kamåŋ'bä:r] *s3* Camembert

camouflage [kamo'fla:ʃ] *s7* camouflage **-färg** camouflage colour

camouflera [kamo'fle:ra] camouflage

camp|a [ˣkamm-] camp **-are** camper

camping ['kamm-] camping **-plats** camp[ing] site, camping ground

Canada ['kann-] *n* Canada

canasta [kaˣnasta] *s1* canasta; (*bud äv.*) meld

cancan [ˣkaŋkaŋ] *r* cancan

cancer ['kanser] *s2* cancer **-cell** cancer cell **-forskning** cancer research **-framkallande** cancer-inducing, carcinogenic

cancer|ogen [kansero'je:n] *a5* cancer-inducing, carcinogenic **-tumör** malignant tumour, cancer

candela [kan'de:la] *r* candela

cannabis ['kann-] *s3* cannabis, hemp

cape [keip *el.* kä:p] *s5* cape

capita ['ka:-] *per* ~ of (for) each person, per capita

cappuccino [kappo'tçi:no] *s9* cappuccino

carci|nogen [karsino'je:n] **I** *a5* carcinogenic **II** *s4* carcinogen **-nom** [-'nå:m] *s3* carcinoma

cardigan ['karr-] *s3* cardigan

carnet [kar'nä:] *s4* carnet

C-dur C major

ceder ['se:-] *s2* cedar

cedera cede

cederträ cedar [wood]

cedilj *s3* cedilla

cekal *a5, anat.* caecal

celeber [se'le:-] *a2* distinguished, famous **celebrera** celebrate **celebritet** *s3* celebrity

celest *a4* celestial; ~ *mekanik* celestial mechanics (*pl, behandlas som sg*)

celesta [seˣlesta] *s1* celesta, celeste

celiaki [s-] *s3, med.* sprue; (*hos barn*) coeliac disease

celibat *s7* celibacy

cell *s3* cell; *data.* location **-delning** cell division **-forskning** cytological research; cytology **-fånge** prisoner in solitary confinement **-gift** cytotoxin, cytotoxic drug

cellist cellist

cell|kärna nucleus (*pl äv.* nuclei) **-lära** *se cellära*

cello ['sello] *-n celli* cello

cellofan *s3, s4* cellophane

cellskräck claustrophobia

cell|stoff cellulose wadding, cellucotton **-ull** rayon staple

cellulär *a5* cellular

cellulit *s3* cellulitis

celluloid *s3* Celluloid

cellulosa [-ˣlo:sa] *s1* cellulose **-acetat** cellulose acetate **-fabrik** cellulose plant; pulp mill **-lack** cellulose lacquer (enamel) **-nitrat** *se nitrocellulosa* **-vadd** *se cellstoff*

cell|vägg cell wall **-vävnad** cellular tissue

cellära cytology

Celsius ['sell-] *r, fem grader* ~ five degrees Celsius (centigrade) **celsiustermometer** Celsius (centigrade) thermometer

cembalist [çemm-] harpsichordist; cembalist

cembalo ['çemm-] *s5* harpsichord; cembalo

cement *s3, s4* cement **-blandare** cement mixer

cementer|a cement **-ing** cementation

cementfabrik cement works (*pl*)

cendré [saŋ'dre:] *oböjligt a* ash-coloured, ash-blond

censor [-år] *s3* censor; *skol.* [external] examiner

censur (*censurerande*) censoring; censorship; *sträng* ~ strict censorship; *öppnat av ~en* opened by censor **-era** censor **-ering** [-'re:-] censoring

census [ˣsenn-] *r* census

centaur [s-] *s3* centaur

center ['senn-] *s2, s4* centre; *AE.* center **-bord** *sjö.* centreboard; daggerboard **-forward** centre forward **-halv** centre half **-halvback** centre halfback

center|ism centrism **-ist** centrist

centerpart|i centre party **-ist** member of the

centre party
centi- centi- **centi|gram** [-'gramm] centigram [me] **-liter** [-'li:-] centilitre **-long[storlek]** children's size **-meter** [-'me:-] centimetre
centner ['sent-] *s9* centner, short hundredweight
centra (*i bollspel*) centre; *AE.* center
central I *a1* central; (*väsentlig*) essential **II** *s3* centre; *AE.* center; central office; (*huvudstation*) central station; *tel.* [telephone] exchange
Centralamerika *n* Central America
central|antenn communal aerial (antenna) **-bank** central bank **-dirigerad** *a5* centrally controlled **-dirigering** central[ized] control **-dispensär** mass radiography centre **-enhet** *data.* central processing unit **-figur** central figure **-förvaltning** central administration
centraliser|a centralize **-ing** centralization
central|kommitté *polit.* Central Committee **-lyrik** *ung.* lyrical poetry **-makterna** *pl, hist.* Central Powers **-postkontor** General Post Office **-station** central station **-stimulerande** stimulating the central nervous system **-uppvärmning, -värme** central heating
centrer|a centre; *AE.* center **-ing** centring; *AE.* centering
centrifug *s3* centrifuge; (*för tvätt*) spin-dryer
centrifugal *a1* centrifugal **-kraft** centrifugal force
centrifugera centrifuge; (*tvätt*) spin-dry
centripetal *a1* centripetal **-kraft** centripetal force
centrisk ['senn-] *a5* centric[al]
centrum ['senn-] *s8* centre; *AE.* center
cepheid [sefe'i:d] *s3, astr.* Cepheid variable
cerat *s7, s4* cerate
cerebral *a1* cerebral, of the brain; ~ *pares* cerebral palsy
cerebrospinal *a1* cerebrospinal **-vätska** cerebrospinal fluid
ceremoni *s3* ceremony; *AE. äv.* exercises (*pl*); *utan ~er* (*bildl.*) without ceremony **ceremoniel** *s7*, **ceremoniell** *s7 o. a1* ceremonial **ceremonimästare** master of ceremonies; *AE. äv.* emcee (M.C.) **ceremoniös** *a1* ceremonious
cerise [se'ri:s] *a5* cerise
cerium ['se:-] *s8* cerium
cerner|a *mil.* invest **-ing** *mil.* investment
certeparti *s4* charter party
certifikat *s7* certificate
cervelat *kokk.* cervelat
cesium ['se:-] *s8* caesium; *AE.* cesium
cession [se'ʃo:n] *s3* **1** *jur.* cession **2** (*konkurs*) bankruptcy
cesur caesura
cetan *s4, s3* cetane **-värde** cetane number (rating)
c & f *hand.* c & f (cost and freight)
cha-cha-cha cha-cha-cha, cha-cha
chagrin [ʃa'gräŋ] *s3, s4* shagreen
chalet [ʃa'lä:] *s3* chalet
champagne [ʃam'panj] *s5* champagne
champinjon [ʃampin'jo:n] *s3* champignon; (*ängs-*) meadow mushroom; (*snöbolls-*) horse mushroom
changera [ʃaŋ'ʃe:ra *el.* -'se:ra] lose colour, fade; (*om utseende*) deteriorate, go (run) to seed
chans [çaŋs *el.* ʃ-] *s3* chance, opportunity (*till* of); opening (*till* for)
chans|a [ˣçaŋsa *el.* ʃ-] chance, take a chance **-artad** [-a:r-] *a5* hazardous; *vard.* dicey **-lös** *han är ~* he does not stand a chance **-ning** venture
chapeau-claque [ʃapå'klack] *s5* opera hat
charabang [ʃara'baŋ] *s3* charabanc
charad [ʃa'ra:d] *s3* charade; (*lek*) charades (*pl*)
chargé d'affaires [ʃar'ʒe: da'fä:r] *s3* chargé d'affaires
chargera [ʃar'ʃe:ra] exaggerate
charkuteri [ʃ-] *s4*, **charkuteriaffär** butcher; delicatessen [shop] **charkuterist** [ʃ-] butcher
charkuterivaror [ʃ-] cured meats and provisions
charlatan [ʃ-] *s3* charlatan; quack **-eri** charlatanism, charlatanry; quackery
charm [ʃ-] *s3* charm; attractiveness **charma** [ʃ-] *vard.* charm **charmant** [ʃar'maŋt, *äv.* -'mant] *a1* delightful, charming **charmera** [ʃ-] charm; *~d av* charmed with **charmerande** [ʃar'me:-] *a4* charming
charmeuse [ʃar'mö:s] *s5* Charmeuse
charmfull [ʃ-] *a1*, **charmig** [ʃ-] *a1* charming
charmlös [ʃ-] without charm, unattractive; dull
charmör [ʃ-] charmer
charnér [ʃ-] *s7, tekn.* hinge
charter|flyg [*svenskt uttal* 'ça:r-] air charter; charter flight **-resa** charter trip
chartr|a [ˣça:rtra] charter **-ing** chartering; affreightment
chassi [ʃa'si:, *äv.* 'ʃassi] *s4* chassis (*pl* chassis)
chateaubriand [ʃaˣtå:briaŋ *el.* -'aŋ] *s3* Chateaubriand
chaufför [ʃå'fö:r] driver; (*anställd*) chauffeur
chauvin|ism [ʃå-] chauvinism, jingoism **-ist** chauvinist, jingoist **-istisk** [-'istisk] *a5* chauvinistic, jingoistic
check [ç-] *s3, s2* cheque; *AE.* check; *en ~ på 100 pund* a cheque for 100 pounds; *korsad ~* crossed cheque; *betala med ~* pay by cheque; *utställa en ~* draw a cheque; *~ utan täckning* uncovered cheque
checka [ç-] *vard.* check; *~ in* (*på flygplats, hotell o.d.*) check in; *~ ut* (*från hotell, arbete*) check out
check|bedrägeri cheque forgery (fraud) **-blankett** cheque [form] **-häfte** cheque book **-konto** current (*AE.* checking) account
checklista [ç-] check list
check|lön [ç-] salary (wages) paid by cheque **-räkning** *se checkkonto*
chef [ʃe:f] *s3* head, principal, manager (*för* of); *vard.* boss, chief; (*för stab o.d.*) chief, director; (*för förband*) commanding officer **-konstruktör** chief designer, chief design engineer **-redaktör** editor in chief
chefs|befattning position as head, managerial post (position) **-egenskaper** *pl* executive talent (*sg*)
chefskap [ˣʃe:f-] *s7* headship, leadership
chefs|rådman senior judge **-åklagare** chief district prosecutor; *AE.* district attorney
chevaleresk [ʃ-] *a1* chivalrous
cheviot ['ʃe:viått] *s3* Cheviot; *blå ~* (*äv.*) blue serge
chevreau [ʃev'rå:] *s3* kid[skin], chevrette

chianti [ki'anti] *s5* chianti
chic [ʃick] *a1* chic, stylish
chiffer ['ʃiff-] *s7, s3* **1** code, cipher; *forcera ett ~* break a code **2** (*namn-*) monogram **-skrift** code, cipher **-telegram** code (cipher) telegram
chiffong [ʃi'fåŋ] *s3* chiffon
chiffonjé [ʃiffån'je:] *s3* chiffon[n]ier, bureau
chiffr|era [ʃ-] encode, encipher **-ering** [-'re:-] encoding, enciphering **-ör** encoder, encipherer
chikan *s3* **1** (*förolämpning*) affront, insult; (*vanheder*) ignominy **2** (*kortsp.*) chicane **-era** affront; offend, insult; humiliate
Chile [ˣçi:le] *n* Chile **chilen** [ç-] *s3,* **chilenare** [çiˣle:-] *s9,* **chilensk** [çi'le:nsk] *a5* Chilean **-salpeter** Chile saltpetre (nitre), soda nitre
chimär *s3* chim[a]era
chinchilla [çinˣçilla] *s1* chinchilla
chinjong [çin'jåŋ] *s3* chignon
chintz [çints] *s3* chintz
chips [çipps] *s7* **1** *kokk.* crisp; *AE.* chip **2** *data.* chip
chock [ʃåck] *s3* **1** (*anfall*) charge; *göra ~ mot* charge **2** *med.* shock **chocka** [ˣʃåcka] **1** *med.* shock **2** *vard.* (*chockera*) shock
chock|artad [-a:r-] *a5, en ~ upplevelse* a shock **-behandling** shock therapy (treatment)
chocker|a [ʃåck-] (*uppröra*) shock; (*väcka anstöt*) offend **-ande** *a4* (*upprörande*) shocking; (*stötande*) offensive
chock|skadad *a5, bli ~* get a shock **-verkan** shock effect
choka [ˣçå:ka] *v1,* **choke** [çå:k] *s2* choke
choklad [ʃɔ-] *s3* chocolate; (*dryck*) cocoa **-ask** box of chocolates; (*i sht tom*) chocolate box **-bit** piece of chocolate; (*pralin*) chocolate [cream] **-brun** chocolate **-kaka** bar of chocolate **-pralin** chocolate cream **-pudding** chocolate pudding
chosa [ˣʃå:sa] *rfl* show off **choser** [ˣʃå:-] *pl* affectation (*sg*) **chosefri** [ˣʃå:s-] unaffected, natural **chosig** [ˣʃå:-] *a1* affected
chuck [ʃuck *el.* çuck] *s2* chuck
cicero ['si:-] *s9* cicero
ciceron *s3* cicerone, guide
cider ['si:-] *s2* cider; (*alkoholhaltig*) hard cider
cif [siff] *hand.* cif, c.i.f. (cost, insurance, freight) **-pris** cif-price
cigarett *s3* cigarette, *vard.* cig[gy], *sl.* fag, *AE.* butt **-aska** cigarette ash **-etui** cigarette case **-fimp** *vard.* butt; cigarette end **-munstycke** cigarette holder **-märke** brand of cigarettes **-paket** pack[et] of cigarettes **-papper** cigarette paper **-rökning** cigarette smoking **-tändare** (*hopskr. cigarettändare*) [cigarette] lighter
cigarill *s3* cigarillo
cigarr *s3* cigar **-affär** tobacconist **-aska** cigar ash **-cigarett** *se cigarill*
cigarrett *se cigarett*
cigarr|handlare *se -affär* **-låda** cigar box **-snoppare** cigar cutter
cikada [-ˣka:-] *s1* cicada, cicala
cikoria [-'kɔ:-] *s1* chicory, succory
cilie ['si:-] *s5* **1** (*flimmerhår*) cilium (*pl* cilia) **2** (*ögonhår*) cilium, eyelash
cimbrer ['simm-] *s9* Cimbrian
cineast *s3* cineaste
cinerarium [-'ra:-] *s4* cinerarium (*pl* cineraria)
cinnober [-'nå:- *el.* -'nɔ:-] *s9* cinnabar; (*färg äv.*) vermil[l]ion
cirka about, approximately, roughly **-pris** approximate (standard) price
cirkel *s2, geom.* circle (*äv. friare*); *rubba ngns cirklar* (*ung.*) upset a p.'s plans **-bevis** vicious circle; *göra ett ~* reason in a circle **-båge** arc **-definition** vicious circle **-formig** *a1,* **-rund** *a1* circular **-segment** segment [of a circle] **-sektor** sector [of a circle] **-såg** circular saw **-yta** area [of a circle]
cirkla circle **cirklad** *a5* (*tillgjord*) affected; formal
cirkulation circulation
cirkulations|organ circulatory organ **-rubbning** circulatory disturbance
cirkulera circulate, go round; *låta ~* circulate, send round
cirkulär I *s7* circular **II** *a5* circular; *~t resonemang* vicious circle **-skrivelse** circular [letter]
cirkum|flex *s3* circumflex **-polar** *a5, astr.,* **-polär** *a5* circumpolar
cirkus ['sirr-] *s2* circus **-arena** ring **-artist** circus performer **-direktör** circus manager **-föreställning** circus [performance] **-ryttare** circus rider (equestrian); (*kvinnlig äv.*) equestrienne **-tält** circus marquee; *vard.* big top
cirrocumulusmoln [-'ku:-] *meteor.* cirrocumulus (*pl* cirrocumuli)
cirros [-'å:s] *s3* cirrhosis
cirrostratusmoln [-'stra:-] *meteor.* cirrostratus (*pl* cirrostrati)
cirrusmoln ['sirr-] *meteor.* cirrus (*pl* cirri)
cisalpinsk [-'pi:nsk] *a5* cisalpine
cisel|era chase **-ering** [-'le:-] chasing **-ör** chaser
ciss C sharp **Ciss-dur** C-sharp major **ciss-moll** C-sharp minor
cistercien *s3,* **cistercienser** *s9* Cistercian, White Monk **-orden** Cistercian order
cistern [-'ä:rn] *s3* tank; (*särsk. för vatten*) cistern
citadell *s7* citadel
citat *s7* quotation **citationstecken** quotation mark; inverted (turned) comma **citera** quote; (*anföra som exempel*) cite
citrat *s7* citrate
citron *s3* lemon **-fjäril** brimstone **-fromage** lemon mousse **-gul** lemon [yellow] **-press** lemon squeezer **-saft** lemon juice **-skal** lemon peel **-syra** citric acid **-syracykeln** Krebs cycle, citric acid cycle **-träd** lemon [tree]
citrusfrukt [ˣsi:-] citrous (citrus) fruit
cittra *s1* zither
city ['sitti *el.* -y] *s6* city centre, business district; *AE.* downtown
civil *a1* civil[ian]; (*ej i uniform*) in plain clothes; (*motsats t. militär*) civil **-befolkning** civilian population **-befälhavare** director [regional civilian defence area] **-departement** ministry of public administration **-ekonom** graduate from a [Swedish] School of Economics; (*i Storbritannien ung.*) Bachelor of Economic Science; (*i USA ung.*) Master of Business Administration **-flyg** civil aviation **-flygare** civil pilot **-försvar** civil defence **-försvarsstyrelse** *~n* [the Swedish] civil defence administration **-förvaltning** civil service **-ingenjör** graduate (university-

-trained) engineer
civilis|ation civilization **-era** civilize; *~d* civilized
civilist civilian
civil|klädd in civilian clothes; in mufti; (*om polis etc.*) in plain clothes **-kurage** moral courage **-lista** civil list **-minister** minister of public administration **-motstånd** civil defence **-mål** civil case **-person** civilian **-rätt** civil law **-rättslig** [in] civil law **-stånd** civil status
c-klav *s3* C clef
clair|obscur *se klärobskyr* **-voyance** *se klärvoajans*
cleara [ˣkli:ra] clear **clearing** ['kli:-] clearing **clearingavtal** clearing agreement
clementin *se klementin*
clips *se klips*
clitoris *se klitoris*
clou [klo:] *s2* highlight, star turn; showpiece
clown [klaon] *s3* clown **-eri** clownery, clowning
c-moll C minor
cocktail ['kåckteil] *s2* cocktail **-pinne** cocktail stick
coda [ˣkå:-] *s1* coda
colchicin [kålki'si:n] *s4* colchicine
collage [kå'la:ʃ] *s7* collage
collier [kål'je:] *s3* (*smycke*) necklace
Colombia [kå'låm-] *n* Colombia **colombian** *s3*, **colombiansk** [-'a:nsk] *a5* Colombian
columbarium *se kolumbarium*
commando|räd [kå'mandå-] commando raid **-trupp** commando unit, task force; *AE.* ranger [unit]
Comorerna *se Komorerna*
container *s2, s9* container **-fartyg** container ship **-hamn** container port
corps-de-logi [kårdölo'ʃi:] *s4* manor [house (seat)], hall
corps diplomatique [kå:r diplåma'tick] *r* diplomatic corps (body), corps diplomatique
cortes ['kårr-] *r* Cortes
cortison *se kortison*
cosinus [ˣko:- *el.* 'ko:-] *r, best. form =, mat.* cosine
Costa Rica ['kåsta 'ri:ka] *n* Costa Rica **costarican** *s3*, **costaricansk** [-a:-] *a5* Costa Rican
cotangent *se kotangent*
coulomb [ko'låmb] *s9* coulomb
courtage [kor'ta:ʃ] *s4* brokerage
cowboy ['kaobåi] *s3* cowboy **-film** cowboy film; Western
crawl [krå:l] *s3* crawl **-a** [ˣkrå:-] crawl **-are** [ˣkrå:-] crawler
crêpe 1 [krä:p] *-n, pl -s* (*pannkaka*) crepe; *~ Suzette* crêpe suzette **2** *se kräpp*
crescendo [kre'ʃendå] *s6 o. adv* crescendo
croquis [krå'ki:] *s3* sketch
croupier [krop'je:] *s3* croupier
C-språk *skol.* third foreign language
Cuba *n* Cuba **cuban** *s3*, **cubansk** *a5* Cuban
cumulonimbusmoln [-'nimm-] *meteor.* cumulonimbus (*pl äv.* cumulonimbi)
cumulusmoln ['ku:-] *meteor.* cumulus (*pl* cumuli)
cup [*svenskt uttal* kupp] *s3* cup **-final** cup final **-match** cup tie **-tävling** cup competition
curaçao [ˣkyrraså] *s3* Curaçao
curare [kuˣra:-] *s6* curare, curari
curium ['ku:-] *s8* curium
curling ['köliŋ] curling **-bana** curling rink **-sten** curling stone
curry ['kurry] *s2* curry powder
cyan *s3, s4* cyanogen
cyan|id *s3* cyanide **-kalium** potassium cyanide
cyano|s [-'å:s] *s3* cyanosis **-tisk** [-'nå:-] *a5* cyanotic
cyanväte hydrogen cyanide, hydrocyanic acid
cybernet|ik *s3* cybernetics (*pl, behandlas som sg*) **-iker** [-'ne:-] cyberneticist **-isk** [-'ne:-] *a5* cybernetic
cykel ['syck-] **1** *s3, s2* (*serie, följd*) cycle **2** *s2* (*fordon*) bicycle, cycle; *vard.* bike; *åka ~* ride a bicycle, [bi]cycle **-affär** bicycle dealer **-bana** cycle path (track); (*tävlingsbana*) bicycle-racing track, velodrome **-belysning** bicycle lights (*pl*) **-däck** bicycle tyre **-hjul** bicycle wheel **-kedja** bicycle chain **-klocka** bicycle bell **-klämma** bicycle clip **-korg** pannier, bicycle basket **-lopp** *se -tävling* **-lykta** bicycle lamp **-pump** bicycle pump **-ram** bicycle frame **-slang** bicycle [inner] tube **-sport** bicycling **-ställ** (*på cykel*) kickstand; (*för cyklar*) bicycle stand **-tur** bicycling tour; (*kortare*) bicycle ride **-tävling** bicycle race **-väska** carrier bag; (*för verktyg*) tool bag **-åkare** bicyclist, bicycler **-åkning** [-å:k-] bicycling
cykla bicycle; *vard.* ride a bike
cyklamat cyclamate
cyklamen [-'kla:-] *r* cyclamen
cykling *se cykelåkning*
cyklisk ['syck-] *a5* cyclic
cyklist bicyclist, bicycler; cyclist; *AE.* cycler
cykloid I *a* (*i psykiatri*) cycloid **II** *s3, geom.* cycloid
cyklon [-'å:n] *s3, meteor. o. tekn.* cyclone
cyklop [-'å:p] *s3* Cyclops (*pl* Cyclop[s]es) **-öga** (*för sportdykare*) skin-diver's mask
cyklotron [-'trå:n] *s3* cyclotron
cylinder [-'linn-] *s2* cylinder; *se äv. -hatt* **-diameter** bore **-formig** [-å-] *a1* cylindrical **-hatt** top (high) hat; silk hat **-press** flat-bed (cylinder) press **-volym** cylinder capacity
cylindrisk [-'lind-] *a5* cylindrical
cymbal *s3* cymbal
cyn|iker ['sy:-] cynic **-isk** ['sy:-] *a5* cynical; (*oanständig*) indecent; (*rå*) coarse **-ism** *s3* cynicism; indecency; coarseness
Cypern ['sy:-] *n* Cyprus
cypress *s3* cypress **-lund** cypress grove
cyprier ['sy:-] *s9*, **cypriot** *s3*, **cypriotisk** [-'o:-] *a5* Cypriot[e]
cysta *s1* cyst **cystisk** ['syss-] *a5* cystic **cystit** *s3* cystitis
cysto|skop *s7* cystoscope **-skopi** *s3* cystoscopy
cyto|log cytologist **-logi** *s3* cytology **-logisk** [-'lå:-] *a5* cytological

C

D

dabba *rfl* make a blunder
dada|ism Dada, Dadaism **-ist** Dadaist **-istisk** [-'ist-] *a5* Dadaist[ic]
dadda *s1* nanny; (*amma*) [wet] nurse
dadel ['dadd-] *s2* date **-palm** date palm
dag *s2* **1** day; ~ *efter annan* day after day; ~ *för* ~ day by day; ~ *ut och* ~ *in* day in, day out; day after day; ~*en därpå* (*förut*) the following (preceding) day; ~*en efter* the day after, the following day; *vara* ~*en efter* feel like the day after the night before; ~*en före anfallet* the day before (the eve of) the attack; ~*en lång* all day long; ~*ens rätt* today's special; *en* ~ one day (*om förfluten tid*), some day (*om framtid*); *endera* ~*en* one of these days; *god* ~*!, se god* [*dag*]; *samma* ~, *se samma*; *varannan* ~, *se varannan*; *bestämma* ~ name the day; *den* ~ *som i* ~ *är* this very day; *den* ~*en den sorgen* don't meet trouble halfway; *för* ~*en har vi inga bananer* we have no bananas today; *en fråga för* ~*en* a question of the day; *han har gått för* ~*en* he has gone for the day; *leva för* ~*en* live from hand to mouth (from day to day); *göra sig en glad* ~ make a day of it; *hela* ~*en* [*i ända*] all [the] day; *i* ~ today; *i* ~ *om ett år* a year today; *i* ~ [*om*] *åtta* ~*ar* this day week; *i* ~ *på morgonen* this morning; *i* ~ *röd, i morgon död* here today and gone tomorrow; *från och med i* ~ as from today; *vad är det för* ~ *i* ~*?* what day [of the week] is it?; *vad är det för väder i* ~*?* what sort of day is it?; *den skulle vara färdig till i* ~ it was to be ready [by] today; *just i* ~*arna* just recently (*om förfluten tid*), during the next few days (*om kommande tid*); *ännu i denna* ~ to this very day; *i forna* ~*ar* in the old[en] days; *i sin krafts* ~*ar* in the full vigour of life, in his (*etc.*) prime; *i morgon* ~ tomorrow; *i våra* ~*ar* in our days, nowadays; *i yngre* ~*ar* in his (*etc.*) earlier days (early life); *kors i all min dar!* well, I never!; *kommer* ~ *kommer råd* tomorrow is another day; *de närmaste* (*senaste*) ~*arna* the next (last) few days; *om* (*på*) ~*en* (~*arna*) in the daytime; *två gånger om* ~*en* twice a day; *om några* ~*ar* in a few days[' time]; *betala per* ~ pay by the day; *på* ~*en ett år sedan* a year ago to the day; *det var långt lidet på* ~*en* the day was far advanced; *senare på* ~*en* later in the day; *på gamla* ~*ar* in one's old age; *på mången god* ~ for many a [long] day; *sedan ett par* ~*ar* for some days past; *de sista* ~*arnas heliga* the Latter-Day Saints; *ta* ~*en som den kommer* take each day as it comes; *under* ~*ens lopp* during the course of the day; *en vacker* ~ *på sommaren* on a fine summer day; *en vacker* ~ *slår du dig* one fine day you will hurt yourself; *för var* ~ *som går* with every day that passes; *var* ~ *har nog av sin egen plåga* sufficient unto the day is the evil thereof (*bibl.*); *var fjortonde* ~ every fortnight; *våra* ~*ars Paris* present-day Paris **2** (*dagsljus*) daytime; daylight; *full* ~ broad daylight; *vacker som en* ~ a flame of loveliness; *det ligger i öppen* ~ it is obvious to everybody; *bringa* (*lägga*) *i* ~*en* reveal, show; *likna ngn upp i* ~*en* be the very image of s.b.; *mitt på ljusa* ~*en* in broad daylight; *klart som* ~*en* as clear as daylight; *se* ~*ens ljus* see the light [of day]; ~*sens sanning* gospel [truth]
daga *i uttr.*: *ta ngn av* ~ put s.b. to death
dagas *dep* dawn; *det* ~ day is dawning
dag|barn child in day care in private home **-blindhet** day blindness **-bok** diary; *bokför.* daybook, journal, book of account (original entry) **-boksanteckning** entry in a (one's) diary **-brott** opencast **-brytning** opencast (*särsk. AE.* strip) mining **-bräckning** *i* ~*en* at dawn (daybreak)
dagdriv|are idler, loafer **-eri** idleness, loafing
dagdröm daydream **-mare** daydreamer
dager ['da:-] *s2* [day]light; (*ljusning*) ray of light; *full* ~ full light; *framställa ngt i fördelaktig* ~ put s.th. in a favourable light; *framträda i sin rätta* ~ stand out in its right light; *skuggor och dagrar* light and shade
dagerro|typ *s3* daguerreotype **-typi** *s3* daguerreotypy
dagfjäril butterfly
1 dagg *s2* (*straffredskap*) cat-o'-nine-tails
2 dagg *s2* dew **-droppe** dewdrop
daggert ['dagg-] *s2* dagger
dagg|frisk fresh as dew **-ig** *a1* dewy **-kåpa** lady's mantle **-mask** earthworm **-punkt** dew point
dag|gryning dawn, daybreak; *i* ~*en* at dawn **-hem** day nursery, crèche; *AE.* care center **-jämning** equinox **-jämningspunkt** equinoctial point, equinox
daglig [ˣda:g-] *a1* daily; day-to-day; *fack.* diurnal; ~ *tidning* daily [paper]; ~*t tal* everyday (colloquial) speech (conversation) **-dags, -en** every day, daily **-varor** *pl* everyday commodities
dag|lönare day-labourer **-mamma** woman providing day-care for other's child[ren]
dagning [ˣda:g-] dawn, daybreak
dag|officer officer of the day, orderly officer **-order** order of the day **-ordning** (*föredragningslista*) agenda; *parl.* order paper; *stå på* ~*en* be on the agenda; *övergå till* ~*en* proceed to the business of the day, (*bildl.*) get down to business **-ort** gallery, adit **-rum** (*sällskapsrum*) day room
dags [dakks] *i vissa uttr.*: *hur* ~*?* [at] what time?; when?; *det är* ~ *nu* it is [about] time now; *det är så* ~ *nu!* (*iron.*) it is a bit late now!; *så här* ~ *på natten* at this time of [the] night; *till* ~ *dato* to date
dags|aktuell topical; of current interest **-behov** daily requirement **-bot** *-en dagsböter* fine assessed on the basis of one's daily income
dagsedel *vard.* biff, sock
dagsens ['dacks-] *se dag 2*
dags|förtjänst daily earnings (*pl*), daily pay **-kassa** daily takings (*pl*) **-kurs** *hand.* rate of the day, current price **-ljus** daylight; *vid* ~ by daylight **-läge** present-day situation
dagslända mayfly, dayfly
dags|marsch day's march **-meja** [-mejja] *s1* noonday thaw **-nyheter** *pl* (*i radio, TV*) today's news (*pl, behandlas som sg*) **-press** daily press; ~*en* the press **-pris** current price; *till gällande* ~ at the current price **-regn** continuous rain **-resa**

day's run (journey, voyage) **-temperatur** day temperature **-tidning** daily [paper] **-tur** day trip **-verke** *s6* day's work; *göra ~* work by the day

dag|teckna date **-tinga** (*kompromissa*) compromise; (*köpslå*) bargain **-tingan** compromise; bargain **-traktamente** daily allowance [for expenses]; *ha 20 pund i ~* be allowed 20 pounds a day for expenses

dahlia ['da:lia] *s1* dahlia

dajak *s3* Dyak, Dayak

dakapo [-'ka:-] **I** *adv* da capo **II** *s6* (*extranummer*) encore **III** *interj* encore

daktyl *s3* dactyl[ic]

dal *s2* valley; dale

dala decline, sink, go down; (*om snö*) fall gently

dalahäst painted wooden horse from Dalarna (Dalecarlia)

Dalarna *n* Dalarna, Dalecarlia

daler ['da:-] *s9, ung.* rix-dollar, rigsdaler

dalgång *s2* glen, valley

dalj *s7* thrashing, licking

dalkulla [ˣda:l-] Dalecarlian woman (girl)

dallr|a tremble, quiver; (*om ljud*) vibrate **-ing** tremble; vibration

dal|mas man from Dalarna (Dalecarlia), Dalecarlian

dalmatiner [-'ti:-] Dalmatian

dalmål Dalecarlian dialect

dal|ripa willow grouse **-sänka** depression [of the ground]

dalt *s7* coddling **dalta** *~ med ngn* coddle (pamper) s.b., (*kela*) fondle s.b.

daltonplanen *skol.* the Dalton plan (system)

1 dam *s3* **1** lady; (*bords- etc.*) partner; *mina ~er och herrar* ladies and gentlemen; *hon är stora ~en nu* she is quite the young lady now **2** *spel.* queen

2 dam *s3* (*-spel*) draughts (*pl, behandlas som sg*); *AE.* checkers (*pl, behandlas som sg*)

damask *s3* gaiter; (*herr-*) spat

damask|enerstål [-ˣʃe:- *el.* -ˣske:-] Damascus (damask) steel **-era** damascene, damask

damast [ˣdamm- *el.* 'damm-, *äv.* -'mast] *s3* damask

dam|avdelning ladies' department **-badhus** ladies' baths **-bekant** lady friend **-besök** *ha ~* have a lady visitor **-binda** sanitary towel (*AE.* napkin) **-bjudning** ladies' party; *vard.* hen party **-byxor** (*med ben*) knickers, drawers; (*trosor*) panties, briefs **-cykel** lady's bicycle

damejeanne [damme'ʃann *el.* -'ʃa:n] *s5* demijohn; (*för frätande vätskor*) carboy

damfris|ering ladies' hairdresser's **-ör, -örska** [ladies'] hairdresser

damgambit queen's gambit

dam|ig *a1* ladylike **-kappa** lady's coat **-klocka** lady's watch **-kläder** *pl* women's wear (*sg*) **-konfektion** ladies' ready-made clothing **-kör** ladies' choir

1 damm *s2* **1** (*vattensamling*) pond **2** (*fördämning*) dam; dyke (*AE.* dike); weir; barrage

2 damm *s7* (*stoft*) dust

1 damma *s2* **1** (*befria från damm*) dust **2** (*avge damm*) make (raise) a dust; *vägarna ~r* (*äv.*) the roads are dusty; *~ av* dust [down], take the dust off; *~ ner* make dusty, cover with dust

2 damma *vard., ~ på* (*till*) *ngn* hit (clout) s.b.

dammanläggning dam, weir plant

dammborste dust[ing]-brush

dammbyggnad *se dammanläggning*

damm|fri dustless, free from dust **-handduk** *se dammtrasa*

damm|ig *a1* dusty **-korn** grain of dust

dammlucka floodgate, head gate; sluice[gate]

damm|lunga *med.* pneumo[no]coniosis **-moln** (*hopskr. dammoln*) cloud of dust **-påse** dustbag **-suga** vacuum **-sugare** vacuum cleaner **-sugarpåse** dustbag **-sugning** vacuum cleaning **-torka** dust **-trasa** duster; *AE.* dust cloth **-vippa** feather-duster

damning [ˣdamm-] dusting

damoklessvärd [-ˣmåkles-] Sword of Damocles

damp *imperf. av dimpa*

dam|rum ladies' room, ladies (*pl, behandlas som sg*); *AE.* rest room **-sadel** side-saddle

damspel *se 2 dam*

dam|sällskap *i ~* with ladies (a lady) **-tidning** women's magazine **-toalett** ladies' cloakroom; powder room **-underkläder** *pl* ladies' underwear, lingerie **-väska** handbag, bag; *AE.* purse, pocketbook

dana fashion, shape, form (*till* into); (*karaktär*) mould; (*om skola*) educate, turn out; (*utbilda*) train

danaarv escheat

dandy [-y *el.* -i] *s3* dandy, fop

1 dank *s2* (*ljus*) [tallow] candle, dip

2 dank *s, i uttr.*: *slå ~* idle, loaf [about]

Danmark ['dann-] *n* Denmark

dans *s3* dance; (*-ande, -konst*) dancing; *damernas ~* ladies' invitation (excuse-me) [dance]; *gå som en ~* go like clockwork; *en ~ på rosor* a bed of roses; *middag med ~* dinner and dancing; *bli bjuden på ~* be invited to a dance; *bjuda upp ngn till ~* ask (invite) s.b. to dance, ask s.b. for a dance; *börja ~en* open the ball

dansa dance; *~ bra* be a good dancer; *~ efter ngns pipa* dance to a p.'s tune; *~ omkull* go tumbling over; *~ på lina* dance on the tightrope; *~ sig varm* dance o.s. warm; *~ ut a*) (*börja dansa*) dance out, *b*) (*sluta dansa*) stop dancing; *~ ut julen* (*ung.*) wind up Christmas with a children's dance (party); *~ vals* waltz; *gå och ~* go dancing; *det ~des hela natten* the dance lasted all night; *när katten är borta ~r råttorna på bordet* when the cat's away, the mice will play

dans|ande *a4* dancing; *de ~* the dancers **-ant** [-'sant, *äv.* -'saŋt] *a1, inte vara ~* be no dancer **-are** dancer **-bana** open-air dance floor; (*med tak*) dance pavilion **-erska** dancer **-golv** dance floor **-högskola** *~n* [the Swedish] national college of dance

dansk I *a1* Danish; *~ skalle* butt with the head **II** *s2* Dane **danska** *s1* **1** (*språk*) Danish **2** (*kvinna*) Danish woman **dansk-svensk** Dano-Swedish

dans|lek dance game **-lektion** dancing lesson **-lokal** dance hall, dancing rooms (*pl*) **-lysten** keen on dancing **-lärare** dancing instructor (*fem.* instructress) **-melodi** dance tune **-musik** dance music **-orkester** dance orchestra **-restaurang** dance restaurant **-sjuka** St. Vitus's dance **-skola** dancing school **-steg** dance step **-till-**

D

ställning dance **-visa** dancing song **-ör, -ös** dancer
Dardanellerna [-'nell-] *pl* the Dardanelles
darr *s7* tremble; *med ~ på rösten* with a quiver in the voice **darra** tremble; (*huttra*) shiver (*av köld* with cold); (*skälva*) quiver; (*skaka*) shake; (*om röst, ton*) quaver, tremble; *~ i hela kroppen* tremble all over; *hon ~r på handen* her hands shake; *hon ~de på målet* her voice quavered (trembled)
darr|ande *a4* trembling *etc.*; (*om röst, handstil äv.*) tremulous **-gräs** quaking grass
darrhänt *a1, han är så ~* his hands are so shaky **-het** tremor (shaking) of the hands
darr|ig *a1* trembling *etc.*; (*om pers. äv.*) doddering **-ning** trembling; tremulation, tremor; quiver [ing], shiver **-rocka** (*hopskr. darrocka*) electric ray **-ål** electric eel
darwin|ism Darwinism, Darwinian theory **-ist** Darwinist, Darwinite **-istisk** [-'ist-] *a5* Darwinistic
dask 1 *s7* (*stryk*) spanking **2** *s2* (*slag*) slap, spank **daska** spank, slap
dass *s7, vard.* lav, loo, bog
data *pl* (*årtal*) dates; (*fakta*) data (*vanl. sg*), particulars **-bank, -bas** data bank (base) **-behandla** computerize **-behandling** data processing **-bärare** data carrier; storage device **-central** data processing centre **-inspektion** *~en* [the Swedish] data inspection board **-logi** computer science **-maskin** *se dator* **-medium** data medium **-program** [computer] program; software **-styrd** [-y:-] *a5* computer controlled **-sättning** *boktr.* computer (automatic) typesetting **-teknik** computer technology **-terminal** computer terminal **-ålder** computer age
dater|a date; *~ sig från* date from (back to) **-bar** *a5* dat[e]able **-ing** dating
dativ *s3* dative; *i ~* in the dative **-objekt** indirect object
dato *s6* date; *a ~* from date; *till dags ~* to date
dator *s3* computer
datoriser|a computerize **-ing** computerization
dator|språk computer language **-styrd** [-y:-] *a5* computer controlled **-system** computer system **-tomografi** computer tomography
datoväxel time bill (draft)
datt *se 2 ditt*
datum *s8* date; *poststämpelns ~* date of postmark; *av gammalt ~* of ancient date; *av senare ~* of later date **-gräns, -linje** [international] date line **-märka** mark with date **-märkning** sell-by-date marking **-parkering** *ung.* night parking on alternate sides of the street according to even or odd date **-stämpel** date stamp; (*poststämpel*) postmark
davidsstjärna Star of David
D-dagen (*6 juni 1944*) D-day
D-dur D major
de I *best. art. pl* the; *~ flesta människor* most people; *hon är över ~ femtio* she is over fifty; *~ dansande* the dancers; *~ närvarande* those present **II** *pron* **1** *pers.* they; *~ själva* they themselves **2** *demonstr., ~ där* those, *~ här* these **3** *determ.* those, the ones (*som* who); *fören. äv.* the **4** *obest.* they, people; *~ säger på stan* they say, I hear, people are saying
deaktivera deactivate
debacle [-'backel] *s5, s7* debacle
debarker|a disembark **-ing** disembarkation, disembarkment
debatt *s3* debate, discussion; *livlig ~* lively debate; *ställa* (*sätta*) *ngt under ~* bring s.th. up for discussion **-era** debate, discuss **-inlägg** contribution to a debate **-ämne** subject of discussion (debate) **-ör** debater
debet ['de:-] *n* debit; *~ och kredit* debit and credit; *få ~ och kredit att gå ihop* make both ends meet; *införa under ~* enter on the debit side **-konto** debit account **-saldo** debit balance **-sedel** [income tax] demand note; *AE.* tax bill; *~ å slutlig skatt* final tax demand note **-sida** debit side
debil *a1* mentally retarded **-itet** mental retardation
debiter|a debit (*ngn för* s.b. with); charge (*för* for); *kostnaderna skall ~s oss* the costs should be charged to our account **-ing** charge, debit; *för hög ~* overcharge
debitor [ˣde:- *el.* 'de:-] *s3* debtor; *~er* (*bokför.*) (*AE.*) account receivable
debut *s3* debut **-ant** singer *etc.* making his (*etc.*) debut; (*i societetslivet*) debutante **-bok** first book **-era** make one's debut
deceler|ation deceleration **-era** decelerate
december [-'semm-] *r* December
decennium [-'senn-] *s4* decade
decentraliser|a decentralize **-ing** decentralization
decharge [-'ʃarʃ] *s5, ~ beviljades* (*vägrades*) (*polit., ung.*) the vote of censure was defeated (passed) **-debatt** *ung.* vote of censure debate
dechiffrer|a decipher, decode **-ing** deciphering, decoding **-ör** decipherer, decoder
deci- deci-
decibel [-'bell] *r, pl =* decibel
deciderad [-'de:-] *a5* pronounced, decided
deci|gram [-'gramm] decigram[me] **-liter** [-'li:-] decilitre
decimal *s3* decimal **-bråk** decimal [fraction]; *periodiskt ~* recurring (circulating, repeating) decimal **-komma** decimal point **-system** decimal system **-våg** decimal balance
decimer|a decimate; (*friare*) reduce [in number] **-ing** decimating; *~ av personalen* depletion of the staff
decimeter [-'me:-] decimetre
deckar|e (*roman*) detective story, mystery; *vard.* whodun[n]it; (*person*) *vard.* sleuth; *jfr detektiv, detektivroman*
dedi|cera dedicate **-kation** dedication
dedikationsexemplar dedication (inscribed) copy
deducera deduce
deduk|tion [-duk'ʃo:n] deduction **-tiv** *a1* deductive
de facto ['facktо] de facto
defait|ism [-fä-] defeatism **-ist** *s3*, **-istisk** [-'ist-] *a5* defeatist
defekt I *s3* defect; deficiency **II** *a1* defective
defensiv *s3 o. a1* defensive; *hålla sig på ~en* be on the defensive

defibrillator [-ˣa:tår] *s3* defibrillator
deficit ['de:-] *s7* deficit
defiler|a defile; *~ förbi* march past **-ing** defiling; march past
definier|a define **-bar** [-ˣe:r-] *a1* definable
defini|tion definition **-tiv** [*äv.* 'deff-] *a1* definite, definitive, final; *~t beslut* final decision
deflagration deflagration
deflation deflation
deflor|ation defloration **-era** deflower
defoliant defoliant
deform|ation deformation, distortion **-era** deform, distort **-itet** *s3* deformity
defroster [-'fråss-] *s2, s3* defroster
deg *s2* dough; (*mör-, smör-*) paste
degel [ˣde:g-] *s2* crucible, melting pot
degenera|tion [-j-] degeneration **-tiv** *a1* degenerative
degenerer|a [-j-] degenerate; *~d* degenerate **-ing** degeneration
deg|ig [ˣde:g-] *a1* doughy; pasty **-klump** lump of dough
degrader|a degrade **-ing** degradation
degression [-gre'ʃo:n] degression
degsporre pastry wheel
dehumanisera dehumanize
dehydr|ation dehydration **-era** dehydrate
de|ism deism **-ist** deist **-istisk** [-'ist-] *a5* deist, deistic[al]
dejlig *a1* fair, lovely
deka *~ ner sig* (*vard.*) go to the dogs
deka- deca-, deka-
dekad *s3* decade
dekadans [-'dans *el.* -'daŋs] *s3* decadence, decline **-period** [period of] decadence
dekadent *a1* decadent
dekal *s3* decal **dekalkomani** *s3* decalcomania
dekan *s3* dean
dekanter|a decant **-ing** decanting
dekanus [-'ka:-] *se dekan*
dekis ['de:k-] *s, vard. i uttr.*: *vara på ~* be down on one's luck; *komma på ~* go to the dogs **-figur** seedy-looking character
deklam|ation recitation; (*högtravande*) declamation **-atorisk** [-'to:-] *a5* declamatory **-atör** reciter **-era** recite; (*tala högtravande*) declaim
deklar|ant person filing a tax return **-ation** declaration; (*själv-*) tax return
deklarations|blankett tax-return form **-skyldighet** obligation to file a tax return **-uppgift** income-tax statement
deklarera declare; (*förkunna*) proclaim; (*inkomst*) file one's tax return; *han ~r för 100 000* he has a taxable income of 100,000
deklasser|a bring down in the world **-ing** decline
deklin|ation *språkv.* declension; *fys.* declination **-era 1** *språkv.* decline **2** (*förfalla*) go off, deteriorate; (*mista sin skönhet*) fade
dekokt [-'kåkkt] *s3* decoction (*på* of)
dekollet|age [-kåll(e)'ta:ʃ] *s4* décolletage **-erad** [-'te:-] *a5* décolleté, wearing a low-necked dress; (*om plagg*) low-necked
dekompression decompression **dekompressionskammare** decompression chamber
dekor [-'kå:r] *s3* décor, decor; scenery **-ation** decoration; ornament **-ativ** *a1* decorative; ornamental **-atör** decorator; (*för skyltfönster*) window-dresser; *teat.* stage designer **-era** decorate (*äv. med orden*); ornament
dekorum [-ˣkå:- *el.* -ˣko:-] *n* decorum; *iaktta* (*hålla på*) *~* observe the proprieties
dekret *s7* decree **-era** decree; dictate
del *s2* **1** part, portion; (*band*) volume; (*avsnitt*) section; *en ~ av eleverna* some of the pupils; *en ~ av sändningen* part of the consignment; *en hel ~ besvär* (*s utan pl*) a good deal of trouble; *en hel ~ kvinnor* (*s med pl*) a great (good) many women; *en hel ~ fel* quite a lot (a fair number) of mistakes; *större* (*största*) *~en av* most of; *för en ~ år sedan* a few years ago; *i en ~ fall* in some cases; *till ~s* partly; *till stor ~* largely, to a large extent; *till större* (*största*) *~en* mostly, to a large extent **2** (*andel*) share, portion; (*lott*) lot; *~ i kök* part-use of the kitchen; *få ~ av* be notified of; *få sin beskärda ~* receive one's due [share]; *för min* (*egen*) *~* for my [own] part; *ha* (*få*) *~ i* have a share in; *komma ngn till ~* accrue to s.b., fall to a p.'s lot; *ta ~ av* acquaint o.s. with, study **3** (*avseende*) respect; (*punkt*) point; *för den ~en* as far as that goes; *till alla ~ar* in all respects **4** *för all ~!* (*avböjande*) don't mention it!; that's all right!; *ja, för all ~!* yes, to be sure!; *nej, för all ~!* certainly not!; *gör er för all ~ inget besvär* please don't go to any trouble!; *kom för all ~ inte hit!* whatever you do, don't come here!
dela 1 (*i delar*) divide [up], split up; *~ i lika delar* divide into equal parts **2** (*sinsemellan*) share; (*instämma i*) share, participate in; *~ lika* share evenly, divide fair[ly], *vard.* go shares; *~ ngns uppfattning* share a p.'s opinion; *~ rum med ngn* share a room with s.b.; *~ med 52* divide by 52; *~ 52 med 13* divide 52 by 13, divide 13 into 52; *~ av*, *se avdela*; *~ med sig* share with others; share and share alike; *~ ut a*) (*distribuera*) distribute, (*post*) deliver, *b*) (*order*) issue, *c*) (*nattvard*) administer **3** *rfl* divide [up], split up; (*gå isär*) part; *vägen ~r sig* the road forks
delad *a5* divided *etc.*; *~e meningar* divergent opinions; *det rådde ~e meningar om det* opinions were divided about it; *~ glädje är dubbel glädje* a joy that's shared is a joy made double
delaktig *a1* participant (*av, i* in); concerned, involved (*av, i* in); *vara ~ i* participate in, (*förbrytelse o.d.*) be a party (an accessory) to **-het** participation, share; (*i förbrytelse*) complicity
del|bar *a1* divisible **-betalning** part payment **-betänkande** interim report
delcredere [-'kre:-] del credere, guarantor for; *stå ~* work on a del credere basis
deleatur [-e'a:tur] *n* dele
deleg|at delegate **-ation** delegation, mission **-era** [-g-] delegate; *en ~d* a delegate
delfin *s3* dolphin
del|ge (*delgiva*) inform (*ngn ngt* s.b. of s.th.), communicate (*ngn ngt* s.th. to s.b.) **-givning** [-ji:v-] communication; *jur.* service
delikat *a1* delicate; (*välsmakande*) delicious
delikatess delicacy; *~er* (*äv.*) delicatessen **-affär** delicatessen [shop]; *AE., vard.* deli
delinkvent criminal; culprit; delinquent
deliri|um [-'li:-] *s4* delirium; *~ tremens* delirium

D

tremens **-ös** *a1* delirious
delkredere *se delcredere*
del|leverans part delivery **-likvid** part payment
delning [ˣde:l-] (*uppdelning*) division, partition; (*i underavdelningar*) subdivision; (*sinsemellan*) sharing; *biol.* fission
delo *s, i uttr.*: *komma* (*råka*) *i ~ med* fall out with, quarrel with
delpension partial pension
dels [-e:-] *dels...dels...* partly...partly...; (*å ena sidan...å andra sidan*) on [the] one hand...on the other
del|stat federal (constituent) state **-sträcka** section; (*etapp*) stage; *sport.* leg
1 delta [ˣde:lta] *se deltaga*
2 delta [ˣdellta] *s6, geogr. o. bokstav* delta
deltaga **1** (*i handling*) take part, participate (*i* in); *~ i en expedition* be a member of an expedition; *~ i en kurs i franska* attend a course in French; *~ i konversationen* join in the conversation; *~ i lunchen* be present at the luncheon; *han deltog i första världskriget* he served in World War I **2** (*i känsla*) share, participate
deltagande **I** *a4* participant; *de ~* those taking part (*etc.*), (*i tävling o.d.*) the competitors **2** (*medkännande*) sympathizing, sympathetic **II** *s6* **1** participation, taking part; (*bevistande*) attendance (*i* at); (*medverkan*) cooperation **2** (*medkänsla*) sympathy; *känna* (*hysa*) *~ med* (*för*) *ngn* sympathize with s.b., feel sympathy for s.b.; *ert vänliga ~ i min sorg* your kind message of sympathy in my bereavement
deltagare participant, participator, sharer; (*i expedition*) member; (*i möte*) attender; (*i idrott*) participant, entrant, competitor
delta|muskel deltoid **-vinge** delta wing
deltid *arbeta på ~* work part time
deltidsanställ|d part-time employee **-ning** part-time employment
deltids|arbete part-time work (job) **-pension** part-time retirement pension
del|vis [ˣde:l-] **I** *adv* partially, partly, in part **II** *a1* partial **-ägare** partner, joint owner; *passiv ~* sleeping (*AE.* silent) partner
dem [demm, *vard.* dåmm] *pron* (*objektsform av de*) **1** *pers.* them; *~ själva* themselves **2** *demonstr., determ.* those (*som* who, which)
dema|gog [-'gå:g] *s3* demagogue **-gogi** *s3* demagoguery, demagogy **-gogisk** [-'gå:-] *a5* demagogic[al]
demarkationslinje line of demarcation
demarsch *s3* démarche; approach, action
demaskera *~ [sig]* unmask
demens *s3* dementia
dementera deny, contradict **dementi** *s3* denial, contradiction
demilitariser|a demilitarize **-ing** demilitarization
demimond [-'måŋd] *s3* demimonde
demission resignation **-era** resign
demissionsansökan *inlämna sin ~* hand in one's resignation, resign
demobiliser|a demobilize **-ing** demobilization
demodul|ation demodulation **-ator** [-ˣa:tår] *s3* demodulator **-era** demodulate
demo|graf *s3* demographer, demographist **-grafi** *s3* demography **-grafisk** [-'gra:-] *a5* demographic[al]
demokrat democrat
demokrat|i *s3* democracy **-isera** democratize **-isering** [-'se:-] democratization **-isk** [-'kra:-] *a5* democratic
demoler|a demolish, tear down **-ing** demolition
demon [-'må:n] *s3* demon, fiend **-isk** [-'må:-] *a5* demoniac[al], fiendish
demonstra|nt [-å-] demonstrator **-tion** demonstration
demonstrations|möte mass meeting **-tåg** demonstration; protest march
demonstra|tiv [-'ti:v, -'månn-, 'de:-] demonstrative **-tris, -tör** demonstrator
demonstrera **1** (*förevisa*) demonstrate **2** (*tillkännage sin mening*) demonstrate, make a demonstration
demonter|a dismantle, dismount **-ing** dismantling, dismounting
demoraliser|a demoralize **-ande** *a4* demoralizing **-ing** demoralization
den [denn] *jfr det, de* **I** *best. art.* the **II** *pron* **1** *pers.* it; (*om djur äv.*) he, she; (*syftande på kollektiv äv.*) they **2** *demonstr.* that; *~ dåren!* that fool!; *~ där a*) *fören.* that, *b*) *självst.* (*om sak*) that one, (*om pers.*) that man (woman *etc.*); *~ här a*) *fören.* this, *b*) *självst.* (*om sak*) this one, (*om pers.*) this man (woman *etc.*); *hör på ~ då!* just listen to him (her)! **3** *determ. a*) *fören.* the, *b*) *självst.*, *~ som* (*om sak*) the one that, (*om pers.*) the man (woman *etc.*) who, anyone who, whoever; *~ av er som* the one of you that, whichever of you; *han är inte ~ som ger sig* he is not one (the man) to give in; *till ~ det vederbör* to whom it may concern; *~ som ändå vore rik!* would I were rich! **4** *obest.*, *~ eller ~* this or that person; *herr ~ och ~* Mr. So and So; *på ~ och ~ dagen* on such and such a day **5** *opers. det, se det II*
denaturalis|ation denaturalization **-era** denaturalize
denaturera denature; *~d sprit* methylated spirits, metho
dendro|kronologi dendrochronology **-log** dendrologist **-logi** *s3* dendrology **-logisk** [-'lå:-] *a5* dendrologic[al], dendrologous
denier [den'je:] *r* denier
denitrifikation denitrification
denn|e *-a, pron* **1** *fören.* (*nära den talande*) this, (*längre bort*) that; *-a min uppfattning* this view of mine; *-a min kritik* (*tidigare gjord*) that criticism of mine **2** *självst.* (*om pers.*) he, she, this (that) man (woman *etc.*); (*om sak*) it; this [one]; (*den senare*) the latter; *förklaringen är -a* the explanation is this
dennes (*vid datum*) instant (*förk.* inst.)
denot|ation denotation **-era** denote
densamm|e [-'samme] *-a* the same; (*den*) it
densitet density
dental *a1 o. s3* dental
dentist dental technician
denukleariser|a denuclearize **-ing** denuclearization
deodorant deodorant
departement *s7* department (*äv. franskt distrikt*); ministry, office, board

departements|chef head of a department; minister, secretary of state **-råd** assistant under-secretary **-sekreterare** senior administrative officer; principal administrative officer
depensera [-pen'se:- *el.* -paŋ'se:-] disburse
depesch *s3* dispatch **-byrå** news-office
depil|ation depilation **-era** depilate
deplacement *s7* displacement
deponens [-'på:-] *n* deponent
deponer|a deposit (*hos ngn* with s.b.; *i en bank* at a bank) **-ing** deposit; (*av avfall*) deposition, controlled tipping
deport|ation [-å-] deportation **-ationsort** penal colony **-era** deport
deposition deposit, deposition; depositing; (*nedfall av luftföroreningar*) [contaminant] fall-out
depositions|bevis (*värdehandling*) depositary receipt; (*pengar*) deposit receipt; (*kvitto*) deposit slip **-räkning** deposit account
depp|a *vard.* have the blues, be down in the dumps **-ig** *a1* down in the dumps
depravera deprave; *~d* depraved
deprecier|a depreciate **-ing** depreciation
depress|ion [-e'ʃɑ:n] depression; *ekon. äv.* slump **-iv** *a1* depressive
deprimera depress; *~d* depressed
deputation deputation **deputerad** [-'te:-] *-en, pl -e* deputy **deputeradekammare** chamber of deputies
depå *s3* depot **-fartyg** depot ship
derangera [-aŋ'ʃe:-] derange
deras *pron* **1** *poss., fören.* their; *självst.* theirs **2** *determ., ~ åsikt som* the opinion of those who
derby [*svenskt uttal* 'därrby *el.* -i] *s6* Derby; (*lokal-*) local Derby
deriv|at *s7* derivative **-ata** [-ˣva:-] *s1, mat.* derivative **-era** derive
dermatit *s3* dermatitis
dermato|log dermatologist **-logi** *s3* dermatology **-logisk** [-'lå:-] *a5* dermatological
dervisch *s3* dervish; *dansande ~er* whirling dervishes
desamma [-'samma] the same; (*de*) they
desarmer|a disarm **-ing** disarming; disarmament
desavouer|a repudiate, disavow **-ing** repudiation, disavowal
desegregation desegregation
desensibiliser|a desensitize **-ing** desensitization
desert|era desert **-ering** [-'te:-] desertion **-ör** deserter
design [*svenskt uttal* di'sajn] *s3* design **-er** [*svenskt uttal* di'sajner] designer
designera [-iŋ'ne:- *el.* -in'je:-] designate, name; *~d* designate[d]
desillusion disillusion **-erad** [-'e:rad] *a5* disillusioned
desinfek|tera disinfect **-tion** [-k'ʃɑ:n] disinfection **-tionsmedel** disinfectant
desinficer|a [-'se:-] disinfect **-ing** disinfection
desinformation disinformation
desintegrator [-ˣgra:tår] disintegrator
deskalera de-escalate
deskriptiv *a1* descriptive
desmanråtta [ˣdess-] Russian desman
desolat *a1* desolate
des|organisera disorganize **-orientera** disorientate; *~d* disorientated; confused, at a loss
desper|ado [-'ra:-] *s5* desperado **-at** *a1* desperate **-ation** desperation
despot [-'på:t] *s3* despot
despot|i *s3* despotism **-isk** [-'på:-] *a5* despotic[al] **-ism** *se despoti* **-välde** tyrannic rule
1 dess *s7, mus.* D flat
2 dess I *pron* its; *om koll. äv.* their **II** *adv, innan* (*sedan, till*) ~ before (since, till) then; *till ~ att* until, till; *ju förr ~ bättre* the sooner the better; *~ bättre* (*värre*) *vaknade jag* fortunately (unfortunately) I woke up
dessa (*de här*) these; (*de där*) those; (*de*) they; (*dem*) them
Dess-dur D-flat major
dessemellan [-ˣmell- *el.* 'dess-] in between; at intervals, every now and then
dessert [de'sä:r] *s3* dessert, sweet; *vid ~en* at dessert **-kniv** dessertknife **-sked** dessertspoon **-tallrik** dessertplate **-vin** dessertwine
dess|förinnan [-ˣinn- *el.* 'dess-] before then **-förutan** [-ˣu:tan *el.* 'dess-] without it
dessinatör pattern designer
dess|likes [-ˣli:-] likewise, also **-utom** [-ˣu:tåm *el.* 'dess-] besides, as well; (*vidare*) furthermore; (*ytterligare*) moreover, in addition
dessäng *s3* **1** (*avsikt*) plan; scheme **2** (*anvisning*) pointer; hint; wink **3** (*mönster*) design, pattern
destill|at *s7* distillate, distillation **-ation** distillation, distilling **-ationsapparat** still; distilling apparatus **-ator** [-ˣa:tår] *s3* distiller
destiller|a distil **-ing** *se destillation*
destin|ation destination **-ationsort** [place of] destination **-erad** [-'ne:-] *a5, sjö.* bound (*till* for); *~ till hemorten* homeward bound
desto ['dess-] *icke ~ mindre* none the less, nevertheless; *ju förr ~ hellre* the sooner the better; *~ bättre* all (so much) the better
destru|era destruct **-ktion** [-k'ʃɑ:n] destruction **-ktiv** *a1* destructive
det (*jfr den*) **I** *best. art.* the **II** *pers. pron* **1** it; (*om djur, barn äv.*) he, she; *betonat* that; *~ har jag aldrig sagt* I never said that; *~ var ~, ~!* that's that!; *~ var snällt av dig!* that's very kind of you!; *~ vill säga* that is; *är ~ så?* is that so?; *ja, så är ~* yes, that's [how] it [is]; *är ~ där aprikoser? nej, ~ är persikor* are those apricots? no, they are peaches; *känner du den där pojken* (*de där pojkarna*)? *~ är min bror* (*mina bröder*) do you know that boy (those boys)? he is my brother (they are my brothers) **2** (*i opers. uttr.*) *a*) (*som eg. subj.; som formellt subj. då det eg. subj. är en inf., ett pres. part. el. en hel sats*) it; *b*) (*som formellt subj. då det eg. subj. är ett subst. ord*) there; *c*) (*ibl.*) that, this; *~ blir storm* there will be a storm; *~ går tolv månader på ett år* there are twelve months in a year; *~ regnar* (*snöar*) it is raining (snowing); *~ ser ut att bli regn* it looks like rain; *~ skulle dröja många år innan* it was to be many years before; *~ står i tidningen att* it says in the paper that; *~ tjänar ingenting till att försöka* it is no use trying; *~ tjänar ingenting till att försöka göra ~* there is no use in trying to do that; ~

D

var en gång en prins once upon a time there was a prince; ~ *var frost i natt* there was a frost last night; ~ *återstår inget annat att göra* there remains nothing to be done; ~ *är bra många år sedan jag* it is a good many years since I; ~ *är* ~ *jag vill* that is what I want; ~ *är fem grader kallt* it is five degrees below freezing point; ~ *är här jag bor* this is where I live; ~ *är ingen brådska* there is no hurry; ~ *är ingenting kvar* there is nothing left; ~ *är jag* it is I (*vard.* me); ~ *är långt till* it is a long way to; ~ *är lätt att säga* it is easy to say; ~ *är mycket folk här* there are a lof of people here; ~ *är synd att* it is a pity that; *när* ~ *gäller att arbeta* when it is a question of working; *så måste* ~ *ha varit* that must have been it; *vad är* ~ *du talar om?* what is it you are (what are you) talking about?; *vad är* ~ *för dag i dag?* what day is it today?; *vem är* ~ *som kommer?* who is [it (that)] coming?; *är* ~ *mig du söker?* is it me you want?, are you looking for me? **3** (*ibl. som pred.fylln. o. obj.*) so; ~ *tror jag,* ~*!* I should just think so!; *jag antar* (*tror*) ~ I suppose (think; *vard., särsk. AE.* guess) so; *och* ~ *är jag med* and so am I; *var* ~ *inte* ~ *jag sa!* I told you so! **4** (*oöversatt el. annan konstruktion*) ~ *drar här* there is a draught here; ~ *gör ont i fingret* my finger hurts; *och* ~ *gör inte jag heller* nor do I; ~ *knackar* there's a knock; ~ *luktar gott här* there is a nice smell here; ~ *lyckades mig att få* I succeeded in getting, I managed to get; ~ *pratades mycket litet* there was very little talk[ing]; ~ *talas mycket om* there is much talk about; ~ *var mycket varmt i rummet* the room was very hot; ~ *var roligt att höra* I am glad to hear it; ~ *vet jag inte* I don't know; ~ *är inte tillåtet att röka här* smoking is not allowed here; ~ *är mulet* the sky is overcast; *efter middagen dansades* ~ *litet* after dinner we danced a little; *i dag är* ~ *torsdag* today is Thursday; *jag kände* ~ *som om* I felt as if; *jag tror inte jag kan* (*vågar*) ~ I don't think I can (dare); *nej,* ~ *har jag inte* no, I haven't; *som* ~ *nu ser ut* as matters now stand; *som* ~ *sedan visade sig* as appeared later; *varför frågar du* ~*?* why do you ask?; *vore* ~ *inte bättre med...* wouldn't...be better **5** *subst.* it; *hon har* ~ she has it **III** *demonstr. pron* that; ~ *där* (*här*) that (this); ~ *eller* ~ this or that; ~ *har du rätt i* you are right there; ~ *har jag aldrig hört* I never heard that; ~ *är just likt henne* that's just like her; *med* ~ *och* ~ *namnet* with such and such a name; *så var* ~ *med* ~ so much for that **IV** *determ. pron a*) *fören.* the, *betonat* that, *b*) *självst.* the person (man *etc.*), the one; ~ *som* that which, what; *allt* ~ *som* all (everything) that; *vi hade* ~ *gemensamt att* we had this in common that, one thing we had in common was that

detache|ment *s7* detachment **-era** detach

detạlj *s3* detail; particular; (*maskindel*) part, component; *i* ~ in detail, minutely; *i* ~ *gående* minute; *in i minsta* ~ in every detail; *gå in på* ~*er* enter (go) into details; *närmare* ~*er* further details; *sälja i* ~ retail, sell [by] retail **-anmärkning** criticism in (on points of) detail **-arbete** detail work

detalj|erad [-'je:-] *a5* detailed, circumstantial **-granskning** detailed examination **-handel** retail trade; (*butik*) retail shop **-handelspris** retail price **-handlare** retailer

detalj|ist retailer **-rik** full of details, very detailed, circumstantial **-rikedom** wealth of detail

detek|tera detect **-tion** [-k'ʃo:n] detection

detektịv *s3* detective, criminal investigator; ~*a polisen, se kriminalpolis* **-byrå** detective agency **-författare** author of detective stories, crime writer **-roman** detective story, mystery

detektor [-ˣtecktår] *s3* detector

detergent [-g-] detergent

determin|ativ [-'tärr- *el.* -'ti:v] *a1* determinative **-era** determine **-ism** determinism **-ist** determinist

deton|ation detonation **-ator** [-ˣa:tår] *s3* detonator **-era** detonate

detronisera dethrone

detsamma [-'samma] the same [thing]; (*det*) it; *det gör* ~ it doesn't matter; *det gör mig alldeles* ~ it is all the same to me; *i* ~ at that very moment; *med* ~ at once, right away; *tack,* ~*!* thanks, and the same to you!

detta this; ~ *mitt beslut* this decision of mine; ~ *om* ~ so much for that; ~ *är mina systrar* these are my sisters; *före* ~ (*f.d.*) former, late, ex-; *livet efter* ~ the life to come

deuterium [dev'te:-] *s8* deuterium

devalver|a devalue **-ing** devaluation

devi|ation deviation **-era** deviate

devịs *s3* device; motto

devot [-'vå:t] *a1* devout

dextrịn *s4, s3* dextrin[e] **dextros** [-'å:s] *s3* dextrose, grape sugar

di *s2, ge* ~ give suck to, suckle; *få* ~ be put to the breast

1 dia *v1* suck, suckle

2 dia *s1, se diapositiv*

diabạs *s3* diabase

diabet|es [-'be:-] *s3* diabetes; (*sockersjuka*) diabetes [mellitus] **-iker** [-'be:-], **-isk** [-'be:-] *a5* diabetic

diabild slide, transparency

diabolisk [-'bå:-] *a5* diabolic

diadẹm *s7* diadem, tiara

diafragma [-ˣfragma] *s4, s1* diaphragm

diagnos [-'gnå:s] *s3* diagnosis (*pl* diagnoses); *ställa en* ~ diagnose, make a diagnosis **-tịk** *s3* diagnostics (*pl, behandlas som sg*) **-tisera** diagnose **-tisk** [-'gnåss-] *a5* diagnostic

diagonạl I *s3* diagonal; (*tyg*) diagonal [cloth] **II** *a1* diagonal **-däck** cross-ply tyre

diagram [-'gramm] *s7* diagram, chart, graph

diakon [-'kå:n] *s3* deacon; lay worker

diakoniss|a deaconess; lay worker **-anstalt** training school for deaconesses

diakritisk [-'kri:-] *a5* diacritical; ~*t tecken* diacritic, diacritical mark

dialẹkt *s3* dialect **-ạl** *a1* dialectal

dialekt|ịk *s3* dialectics (*pl, behandlas som sg*) **-isk** [-'lekk-] *a5* dialectic[al]; ~ *materialism* dialectical materialism

dialog dialogue **-form** *i* ~ in [the form of a] dialogue

dialy|s *s3* dialysis; *med.* [haemo]dialysis, extracorporeal dialysis **-sera** dialyse **-tisk** [-'ly:-] *a5* dialytical

diamagnetism diamagnetism

diamant diamond **-borr** diamond drill **-borrning** diamond drilling **-bröllop** diamond wedding **-gruva** diamond mine **-ring** diamond ring **-slipare** diamond cutter **-slipning** diamond cutting

diameter [-'me:-] *s2* diameter; *invändig* (*utvändig*) ~ inside (outside) diameter **diametral** *a1* diametrical **diametralt** [-'a:lt] *adv*, ~ *motsatt* diametrically opposed

diapositiv *s7* transparency, slide

diarieföra [di×a:rie-] enter in a journal, record **diarium** [di'a:-] *s4* [official] register; (*dagbok*) diary; *hand.* daybook

diarré *s3* diarrhoea

diatermi *s3* diathermy, diathermia

diatonisk [-'tɑ:-] *a5* diatonic

dibarn unweaned child; suckling

dibbla (*gruppså*) dibble

didakt|ik *s3* didactics (*pl, behandlas som sg*) **-isk** [-'dakk-] *a5* didactic

diesel|motor [×di:sel-] diesel engine (motor) **-olja** diesel oil (fuel)

diet *s3* diet; *hålla* ~ be on a diet, diet **dietetik** *s3* dietetics (*pl, behandlas som sg*) **dietetisk** [-'te:-] *a5* dietetic[al] **dietisk** [-'e:-] *a5, se dietetisk* **dietist** dietitian **dietmat** diet food

differens [-'ens *el.* -'aŋs] *s3* difference

differential [-entsi'a:l] *s3* differential **-kalkyl** differential calculus **-växel** differential gear

differentier|a [-tsi'e:ra] differentiate; diversify **-ing** differentiation; diversification

differera differ

diffraktion [-k'ʃɑ:n] diffraction

diffundera diffuse

diffus *a1* diffuse **diffusera** diffuse **diffusion** diffusion **diffusor** [di×fu:sår] *s3* diffuser

difteri *s3* diphtheria

diftong [-'tåŋ] *s3* diphthong **-era** [-åŋ'ge:ra] diphthongize **-ering** [-'e:-] diphthongization

dig [*vard.* dejj] *pron* (*objektsform av du*) you; *bibl. o. poet.* thee; *rfl* yourself; thyself

digel *s2* platen **-press** platen press

diger ['di:-] *a2* thick, bulky; (*om bok äv.*) voluminous **-döden** the Black Death

digestion [-ge'ʃɑ:n *el.* -je-] digestion

digga *vard.* dig

digital *a1* digital

digitalis [-gi×ta:- *el.* -gi'ta:-] *s2* **1** *bot., se fingerborgsblomma* **2** *med.* digitalis

digital|maskin digital computer **-ur** digital watch (clock)

digivning [-ji:-] suckling, breast-feeding

digna [×diŋna] sink down, succumb; collapse; ~ *under bördan* be borne down by (droop under) the load; *ett ~nde bord* a table loaded with food

digni|tet [diŋni-] *s3* **1** (*värdighet*) dignity **2** *mat.* power **-tär** *s3* dignitary

digression [-e'ʃɑ:n] digression

dika ditch, drain, trench **dike** *s6* ditch, drain, trench; *han körde i ~t* he drove into the ditch

dikes|kant, -ren ditchside, ditchbank

dikning [×di:k-] draining, ditching

1 dikt *a4 o. adv, sjö.* close

2 dikt *s3* **1** (*skaldestycke*) poem; *koll.* poetry **2** (*osanning*) fiction, fabrication; invention

1 dikta *sjö.* caulk

2 dikta 1 (*författa*) write [poetry] **2** (*fabulera*) fabricate, invent

diktafon [-'få:n] *s3* dictaphone (*varumärke*); [tape] recorder

dikta|men *-men -mina, n el. r* dictation

diktan *s, endast i uttr.*: ~ *och traktan* aim and endeavour

diktanalys analysis of poetry

dikt|arbegåvning poetic[al] talent **-are** poet, writer **-arskap** poetic calling **-art** type of composition (poetry)

diktcykel cycle of poems

diktera dictate (*för* to) **dikteringsmaskin** dictating machine, [tape] recorder

diktion [-k'ʃɑ:n] diction

dikt|konst [art of] poetry **-ning** writing; fiction; (*poesi*) poetry; *hans* ~ his literary production **-samling** collection of poems **-verk** poem; poetical work

dilemma [-×lemma] *s6* dilemma, quandary

dilettant dilettante; amateur **-isk** *a5, se -mässig* **-ism** dilettantism **-mässig** *a1* dilettantish; amateurish

diligens [-'aŋs] *s3* stagecoach

dill *s2* dill

dilla babble **dille** *s6* **1** (*delirium*) D.T.'s **2** (*mani*) craze (*på* for); *ha fått ~ på ngt* be crazy (mad, *sl.* nuts) about s.th.

dill|krona head of dill **-kött** boiled mutton (veal) with dill sauce

diluvial *a1* diluvial

dim|bank fog bank **-bildning** smoke screening **-bälte** belt of fog (mist)

dimension [-n'ʃɑ:n] dimension, size; *~er* (*äv.*) proportions **-era** dimension **-ering** [-'ne:-] dimensioning

dim|figur phantom, vague shape **-höljd** *a5* shrouded in mist (fog)

diminuendo [-u'endå] *s6 o. adv* diminuendo

diminutiv *a1 o. s4, s7* diminutive **-form** diminutive form **-ändelse** diminutive affix

dim|kammare [Wilson] cloud chamber **-ljus** foglight

dimm|a *s1* mist; (*tjocka*) fog; (*dis*) haze **-ig** *a1* misty, foggy; *bildl.* hazy

dimpa *damp dumpit* fall, tumble (*i golvet* on to the floor), tumble (*i* in, into)

dimridå smoke screen (*äv. bildl.*)

din [dinn] (*ditt, dina*) *pron* **1** *fören.* your; *bibl. o. poet.* thy; ~ *toker!* you fool! **2** *självst.* yours; *bibl. o. poet.* thine; *de ~a* your people; *du och de ~a* you and yours

dinar *s3* dinar

diné *s3* dinner **dinera** dine

dinge *s2* ding[h]y

dingla dangle, swing; ~ *med benen* dangle one's legs

dinosaurie [-'sau-] *s5* dinosaur

diod [-'å:d] *s3* diode

dionysisk [-'ny:-] *a5* Dionysian

diop|tri *s3* dioptre **-trik** *s3* dioptrics (*pl, behandlas som sg*) **-trisk** [di'åpp-] *a5* dioptric[al]

diorama [-×ra:ma] *s6* diorama

dioxid dioxide

diplom [-'å:m] *s7* diploma, certificate

diplom|at diplomat **-ati** *s3* diplomacy **-atisk**

D

[-'ma:-] *a5* diplomatic[al]; *på ~ väg* through diplomatic channels; *~a kåren* the diplomatic corps (body); *~ immunitet* diplomatic immunity

diplomerad [-'me:-] *a5* holding a diploma; *han är ~ (äv.)* he is a diplomate

dipolantenn [-ˣpɑ:l-] dipole [aerial]

dippa (*doppa i sås*) dip

direkt I *a1* direct; (*omedelbar*) immediate; (*rak*) straight; (*trafikterm*) through, nonstop; *~ anföring* direct speech; *~ skatt* direct tax; *den ~a orsaken* the immediate cause **II** *adv* (*om tid*) directly, immediately, at once; (*om riktning*) direct, straight; (*avgjort*) distinctly; *~ från fabrik* direct from factory; *hon var ~ oförskämd* she was downright rude; *inte ~ utsvulten* not actually starved; *uppgiften är ~ felaktig* the information (statement) is quite wrong (incorrect)

direkt|flyg[ning] nonstop flight **-förbindelse** direct connection **-försäljning** direct sale[s *pl*] (selling) **-insprutning** direct injection

direktion [-k'ʃɑ:n] (*styrelse*) board [of directors], management; (*riktning*) direction

direktions|sammanträde management (managers') meeting **-sekreterare** secretary to management

direktiv *s7* directions, *ibl.* direction; terms of reference, directive; *ge ngn ~ (äv.)* instruct s.b.

direktreferat running commentary

direktris woman manager, manageress; (*mode-*) dress designer, stylist

direkt|sändning live broadcast **-trafik** through traffic

direktör director; (*affärschef*) manager; *AE.* vice president; *verkställande ~* managing director, *AE.* president **direktörsassistent** assistant manager

dirigent [-'gent *el.* -'ʃent] conductor, (*äv., särsk. AE.*) director **-pult** conductor's platform, podium

diriger|a [-'ge:- *el.* -'ʃe:-] direct; *mus.* conduct, (*äv., särsk. AE.*) direct **-ing** control; direction; *mus.* conducting

dis *s7* haze

discipel [-'sipp, *äv.* -'ʃipp-] *s2* pupil

disciplin [dissi'pli:n] *s3* **1** (*läroämne*) branch of learning (instruction), discipline **2** (*lydnad*) discipline; *hålla ~* maintain discipline, keep order **-brott** breach of discipline, [act of] insubordination **-era** discipline **-straff** disciplinary punishment **-är** *a1* disciplinary

disharmoni *s3* disharmony, discord **-era** discord; clash **-isk** [-'mɑ:-] *a5* disharmonious, discordant

disig *a1* hazy

disjunktiv [*el.* 'diss-] *a1* disjunctive

1 disk *s2* **1** (*butiks-*) counter; (*bar-*) bar **2** *anat.* disc

2 disk *s2* **1** *abstr.* washing-up **2** *konkr.* washing-up, dishes (*pl*); *torka ~en* dry the dishes

1 diska (*rengöra*) wash up; *AE.* wash the dishes

2 diska *sport.* disqualify

diskant treble **-klav** treble (G) clef

disk|balja washing-up bowl; *AE.* dishpan **-borste** dishbrush (washing-up) brush

diskbråck slipped disc

diskbänk [kitchen] sink

diskett *s3* flexible diskette, floppy disk

disk-jockey *s3* disc jockey

disk|maskin dishwasher **-medel** washing-up liquid (powder, detergent) **-ning 1** washing-up **2** *sport.* disqualification

diskofil *s3* discophil[e], gramophone-records collector

diskonter|a discount **-ing** (*transaktion*) discounting of a bill; (*rörelse*) discounting, discount[ing] business

diskontinuerlig [-'e:r-] *a1* discontinuous, intermittent

diskontnota [dissˣkånt-] discount note

diskonto [-'kåntɑ] *s6* official discount [rate]; *höja (sänka) ~t* raise (lower) the official discount rate **-höjning** increase in the official discount rate

diskont|ränta discount rate **-ör** discounter

diskomusik disco music **diskotek** *s7* **1** (*grammofonarkiv*) record library **2** (*danslokal*) discotheque, disco

diskplockare table clearer

diskreditera discredit; *~nde för* discreditable to

diskrepans [-'ans *el.* -'aŋs] *s3* discrepancy

diskret *a1* discreet, tactful; (*om färg*) quiet **diskretion** discretion

diskrimination discrimination **diskriminera** discriminate **diskriminering** discrimination

disk|ställ plate rack **-trasa** dishcloth; *ibl.* dishclout

diskurs *s3* discourse

diskus ['diss-] *s2* discus **-kastare** discus thrower **-kastning** throwing the discus; (*idrottsgren*) the discus

diskussion [-u'ʃɑ:n] discussion, debate

diskussions|inlägg contribution to a debate **-ämne** subject of (for) discussion

diskut|abel [-'ta:-] *a2* debatable **-era** discuss; debate; argue; *det skall vi inte ~ om* we won't argue the point; *det kan ju ~s* it is open to discussion

diskvalificera disqualify **diskvalificering, diskvalifikation** disqualification

diskvatten dishwater

disparat *a1* disparate

dispasch *s3, sjö.* average statement **-ör** average adjuster

dispens [-'aŋs] *s3* exemption; *kyrkl.* dispensation; *få ~* be exempted **-era** [-paŋ'se:- *el.* -pen-] exempt **-är** [-aŋ'sä:r] *s3* tuberculosis clinic

dispersion dispersion

disponent [works (factory)] manager

disponera 1 *~ [över]* (*förfoga över*) have at one's disposal (command) **2** (*ordna*) arrange, organize; (*göra mottaglig*) render liable (susceptible) to; *~ en uppsats* plan (organize) an essay

disponerad *a5* disposed, inclined; *~ för infektioner* susceptible to infection; *hon kände sig inte ~ att sjunga* she did not feel like singing

disponibel [-'ni:-] *a2* available, in hand, disposable **disponibilitet** availability; *i ~* unattached; (*mil.*) on the inactive list; on half pay

disposition disposition; disposal; (*utkast*) outline; (*arrangemang*) arrangement; (*anlag o.d.*) tendency, predisposition; *ha ngt till sin ~* have s.th. at one's disposal; *stå till ngns ~* be at a p.'s

disposal (service); *ställa ngt till ngns* ~ place s.th. at a p.'s disposal; *vidtaga ~er* make dispositions
dispositions|fond special reserve fund **-rätt** right of disposal
dispositiv [*el.* 'diss-] *a1* optional
disproportion disproportion
disput|ation disputation; *univ. äv.* oral defence of a [doctor's] thesis **-era** dispute, argue; *univ.* defend one's thesis; *han ~de på* his doctor's thesis was about (on)
dispyt *s3* dispute, controversy, argument; altercation; *råka i* ~ get involved in a dispute
diss *s7, mus.* D sharp
dissekera dissect **dissektion** [-k'ʃɑ:n] dissection
dissenter [-'senn-] dissenter, nonconformist
dissimil|ation dissimilation **-era** dissimilate
diss-moll D-sharp minor
dissoci|ation dissociation **-era** dissociate
dissonans [-'ans *el.* -'aŋs] *s3* dissonance
distans [-'ans *el.* -'aŋs] *s3* distance **-era** outdistance, leave behind; beat **-minut** [international] nautical mile
distingerad [-iŋ'ge:-] *a5* distinguished **distinkt** *a1* distinct **distinktion** [-k'ʃɑ:n] distinction
distorsion [-r'ʃɑ:n] distortion
distrahera ~ *ngn* distract a p.'s attention, disturb s.b.; *utan att låta sig ~s* without becoming confused **distraherad** *a5* distraught **distraktion** [-k'ʃɑ:n] distraction (*äv. förströelse*); (*tankspriddhet*) absent-mindedness
distribuer|a distribute **-ing** distribution
distribution distribution; *i* ~ (*om bok*) published (sold) for the author (*hos* by)
distributions|ekonomi marketing [efficiency] **-företag** distribution firm; distributors (*pl*) **-kostnad** distribution (marketing) cost
distribut|iv [*el.* 'diss-] *a1* distributive **-ör** distributor
distrikt *s7* district, region, area
distrikts|läkare district medical officer **-mästare** district champion **-mästerskap** district championship **-sköterska** district nurse **-åklagare** district prosecutor (*AE.* attorney)
distrå *a1* absent-minded, distrait
disör diseur **disös** diseuse
dit *adv* **1** *demonstr.* there; ~ *bort* (*fram, in, ner, upp, ut, över*) away (up, in, down, up, out, over) there; ~ *hör även* to that category also belong[s]; *det var ~ jag ville komma* that's what I was getting at; *hit och* ~ to and fro; (*högre stil*) hither and thither; *är det långt ~?* (*om plats*) is it a long way there?, (*om tid*) is it a long time ahead? **2** *rel.* where; (*varthelst*) wherever **-hän** *se därhän* **-hörande** *a4* belonging to it; (*t. saken*) relevant; *ej* ~ irrelevant **-intills** ['di:t- *el.* ˣdi:t-] till (up to) then
dito ['di:- *el.* ˣdi:-] **I** *oböjligt a* ditto (*förk.* do.) **II** *adv* likewise
ditresa journey (*etc.*) there
1 ditt *se din, sköt du* ~ mind your own business
2 ditt *i uttr.*: ~ *och datt* one thing and another, this and that; *tala om ~ och datt* talk about all sorts of things
dittills ['di:t-] till then **-varande** *a4, hans ~ arbete* his work till then, his previous work
dit|vägen *på* ~ on the way there **-åt** ['di:t-] in that direction, that way; *någonting* ~ something like that
diva *s1* diva **-later** *ung.* airs and graces
divan *s3* couch, divan
diverg|ens [-g-] *s3* divergence **-era** diverge; *~nde* divergent
diverse [-ˣvärse] **I** *oböjligt a* sundry, various; ~ *utgifter* incidental (sundry) expenses **II** *s pl* sundries, odds and ends; (*rubrik o.d.*) miscellaneous, sundries **-arbetare** odd-jobman, oddjobber; labourer **-handel** general shop (store) **-handlare** general dealer
diversifier|a diversify **-ing** diversification
divid|end *s3* dividend; *minsta gemensamma* ~ lowest (least) common multiple **-era 1** *mat.* divide (*med* by; *i* into) **2** (*resonera*) argue (*om* about)
divis *s3* hyphen
division division; *flyg.* squadron
divisions|chef divisional commander; *flyg.* squadron leader **-tecken** division sign
divisor [-ˣvi:sår] *s3* divisor
djonk [djånk] *s3* junk
djungel ['juŋel] *s3* jungle **-telegraf** bush telegraph; *vard.* grapevine [telegraph]
djup [ju:p] **I** *s7* depth; *bildl. äv.* profundity; *högt. äv.* depths (*pl*); *kaptenen följde fartyget i ~et* the captain went down with his ship; *gå på ~et med ngt* go to the bottom of s.th.; *på ringa* ~ at no great depth; *ur ~et av mitt hjärta* from the depths of my heart **II** *a1* deep; (*högre stil o. bildl.*) profound; (*fullständig*) complete; (*stor*) great; ~ *tystnad* profound silence; *~t ogillande* profound disapproval; *en ~ skog* a thick forest; *de ~a leden* the rank and file; *den ~aste orsaken till* the fundamental cause of; *i ~a tankar* deep in thought; *i ~aste hemlighet* with utmost secrecy; *mitt i ~aste skogen* in the very depths of the forest; *ge sig ut på ~t vatten* (*bildl.*) get out of one's depth
djup|blå deep blue **-borrning** deep-drilling **-dykning** deep-sea diving **-frys** deepfreeze **-frysa** deepfreeze **-frysning** deepfreezing **-fryst** ~ *mat* frozen food **-gående I** *a4* deep; *bildl.* profound, deep; *sjö.* deep-drawing **II** *s6, sjö.* draught **-hav** ocean **-havsfiske** deep-sea fishing **-havsforskning** oceanography
djup|ing [ˣju:-] *vard., en* ~ a deep one **-kurva** *sjö.* depth contour **-loda** strike deep-sea soundings
djup|na [ˣju:p-] get deeper; deepen **-psykologi** depth psychology **-rotad** *a5* deep-rooted, deep-seated **-sinne** profundity, depth; profoundness **-sinnig** *a1* deep; profound; (*svårfattlig*) abstruse **-skärpa** *foto.* depth of field
djupt [ju:pt] *adv* deeply; profoundly; ~ *allvarlig* very serious (grave); ~ *liggande* (*bildl.*) deep-rooted, deep-seated; ~ *rörd* deeply (profoundly) moved; ~ *sårad* intensely hurt; *buga sig* ~ bow low; *sjunka* (*falla, gräva, ligga*) ~ sink (fall, dig, lie) deep; *känna sig ~ kränkt* feel deeply injured; *djupast sett* at bottom
djuptryck photogravure [printing], intaglio
djur [ju:r] *s7* animal; (*större; föraktfullt*) beast; (*boskaps-*) cattle (*behandlas som pl*); *slita som ett* ~ work like a horse; *vilda* ~ (*ej tama*) wild ani-

D

mals, (*farliga för människan*) wild beasts; *de oskäliga ~en* the dumb brutes; *reta inte ~en* do not tease dumb animals **-art** species (*pl* species) [of animal], animal species **-besättning** [animal] stock **-fabel** [beast] fable **-fabrik** factory farm **-fett** animal fat **-försök** animal experimentation
djur|isk ['ju:-] *a5* animal; (*bestialisk*) bestial; (*rå*) brutal; (*sinnlig*) carnal **-kretsen** the zodiac **-park** zoological garden, zoo **-plågare** tormentor of animals **-plågeri** cruelty to animals **-riket** the animal kingdom **-sjukhus** animal (veterinary) hospital **-skydd** protection of animals **-skyddsförening** society for the prevention of cruelty to animals **-skötare** *lantbr.* cattleman; (*-vårdare*) keeper **-tämjare** animal tamer **-uppfödning** [animal] breeding (farming) **-vårdare** keeper **-vän** *vara stor ~* be very fond of animals **-vänlig** kind to animals **-värld** animal world
djäkne [ˣjä:k-] *s2, ung.* upper-school scholar
djärv [järv] *a1* bold; (*oförvägen*) intrepid, audacious; (*dristig*) daring; (*vågad*) venturesome, venturous; *lyckan står den ~e bi* Fortune favours the brave **djärvas** [ˣjärr-] *v2, dep* dare, venture **djärvhet** [ˣjärv-] boldness; daring; intrepidity, audacity
djäv|la [ˣjä:vla] *oböjligt a* bloody; damn[ed]; *AE. äv.* goddam[n]; *din ~ drummel* you bloody fool **-las** *v1, dep* make hell (*med* for); provoke, incite to anger **-lig** *a1, se djävulsk* **-ligt** *adv, jag är ~ trött* I am devilish (desperately) tired; *en ~ bra pianist* a damn good pianist
djävul [ˣjä:-] *-en djävlar* devil; *djävlar, anamma!* damn [it]!; *jag ska djävlar anamma visa honom* I am bloody well going to show him **djävulsdyrkan** [ˣjä:-] devil-worship **djävulsk** ['jä:-] *a5* hellish, devilish; fiendish **djävulskap** [ˣjä:-] *s7* devilry **djävulsrocka** [ˣjä:-] manta [ray], devilfish, devil ray **djävulstyg** *s7* devilry
d-moll D minor
dobbel ['dåbb-] *s7* gambling **dobbla** [ˣdåbb-] gamble
docent reader, senior research fellow; *AE.* associate professor
docentur readership *etc.*
docer|a hold forth, pontificate, pontify **-ande** didactic, magisterial; *neds.* lecturing
dock [-å-] (*likväl*) yet, still; (*emellertid*) however; (*ändå*) for all that
1 docka [-å-] *s1* **1** (*leksak, äv. bildl.*) doll; (*marionett o. bildl.*) puppet **2** (*garn-*) skein
2 dock|a [-å-] **I** *s1, sjö.* dock **II** *v1, sjö. o. rymdfart* dock **-ning** docking
dock|skåp doll's house **-teater** puppet theatre **-vagn** doll's pram
doft [-å-] *s3* scent, odour (*äv. bildl.*); fragrance **dofta** [-å-] **1** smell; *det ~r rosor* there is a scent of roses; *vad det ~r härligt!* what a delicious scent! **2** (*beströ*) dust; *~ socker på en kaka* dust a cake with sugar
dog *imperf. av dö*
doge [då:ʃ *el.* 'då:dʒe] *s5* doge
dogg [-å-] *s2* bulldog; (*större*) mastiff
dogm [-å-] *s3* dogma **dogmatik** *s3* dogmatics (*pl, behandlas som sg*), dogmatic (doctrinal) theology **dogmatiker** [-'ma:-] dogmatist **dogmatisera** dogmatize **dogmatisk** [-'ma:-] *a5* dogmatic[al] **dogmatism** dogmatism
dok *s7* veil
doktor [ˣdåktår] *s3* doctor; (*läkare*) physician; *medicine ~* doctor of medicine
doktorand [-å-] *s3* candidate for the doctorate (doctor's degree) **-stipendium** postgraduate scholarship
doktor|era [-å-] work for a doctor's degree **-inna** *~n A.* Mrs A.
doktors|avhandling doctor's thesis (dissertation) **-disputation** oral defence (public examination) of a [doctor's] thesis **-grad** doctorate, doctor's degree **-hatt** doctor's hat **-promotion** conferring of doctor's degrees **-ring** doctor's ring **-värdighet** doctorate
doktrin [-å-] *s3* doctrine **-är** *a1* doctrinaire
dokument [-å-] *s7* document; *jur. äv.* deed, instrument **-arisk** [-'ta:-] *a5* documentary **-ation** documentation
dokument|era [-å-] document, substantiate, prove; *~ sig som* establish o.s. as **-förstörare** paper shredder **-portfölj** document case, briefcase **-samling** file [of documents] **-skåp** filing cabinet
dokumentär [-å-] *a1* documentary **-film** documentary [film] **-roman** documentary novel
dold [-å:-] *a1* hidden, concealed; *~a reserver* hidden reserves (assets); *illa ~* ill-concealed, ill-disguised **dolde** [-å:-] *imperf. av dölja*
dolk [-å-] *s2* dagger; (*kort*) poniard; *sticka ner ngn med ~* stab s.b. **-styng, -stöt** stab [with a dagger *etc.*], dagger-thrust
dollar ['dåll-] *s9* dollar; *AE. sl.* buck **-kurs** dollar rate [of exchange] **-prinsessa** dollar princess **-sedel** dollar note (*AE.* bill); *AE. sl.* greenback
dolma [ˣdåll-] *s1* (*plagg*) dolman
dolomit *s3* dolomite **Dolomiterna** [-'mi:-] *pl* the Dolomites
dolsk [-å:-] *a1* (*lömsk*) insidious; (*bedräglig*) deceitful; (*lurande*) treacherous
dolt [-å:-] *sup. av dölja*
1 dom [då:m, *i sms.* domm] *s3* (*kyrka*) cathedral
2 dom [domm] *s2* judg[e]ment; (*utslag*) verdict; (*i sht i brottmål*) sentence; *~ens dag* Judgment Day, Day of Judgment; *fällande* (*friande*) *~* sentence (verdict) of guilty (not guilty); *yttersta ~en* the Last Judgment; *fälla ~ över* pass sentence upon; *sitta till ~s över* sit in judgment upon; *sätta sig till ~s över* set o.s. up as a judge of
Domarboken [ˣdommar-] [the Book of] Judges
domarbord [ˣdommar-] judge's (judges') table
domar|e [ˣdommare] judge; magistrate; (*i högre instans*) justice; (*friare o. bildl.*) arbiter; (*i sporttävling*) umpire; (*i fotboll m.m.*) referee **-ed** judicial oath **-kår** judiciary, bench
domdera [dåmm-] bluster
domedag [ˣdomme-] judgment day, doomsday; *till ~[s otta]* until kingdom come
domedags|basun last trump **-predikan** hellfire sermon
domes|ticera domesticate **-tik** *s3* **1** (*fodertyg*) cotton lining, denim; (*underklädestyg*) calico **2** (*tjänare*) servant
domherre [ˣdomm-] bullfinch
domicil *s4* domicil[e]

domin|ans [-'ans *el.* -'aŋs] *s3* domination; dominance **-ant** *s3 o. a1* dominant **-era** dominate; (*vara förhärskande*) be predominant, prevail; (*behärska, ha utsikt över*) dominate, command; (*tyrannisera*) domineer **-erande** [-'ne:-] *a4* dominating *etc.*, predominant; ~ *anlag* dominant

dominikan *s3* Dominican **-[er]orden** [the] Dominican Order

dominikansk [-'a:nsk] *a5* Dominican **Dominikanska republiken** Dominican Republic

domino ['dåmm- *el.* 'då:-] **1** *s5* (*dräkt*) domino **2** *s6* (*spelbricka*) domino; (*spel*) *se -spel*; *spela ~* play dominoes **-bricka** domino **-spel** dominoes (*pl, behandlas som sg*), game of dominoes **-teori** domino theory

domkapitel [ˣdomm-] [cathedral] chapter

domkraft [ˣdomm-] *s3* jack

domkyrka [ˣdomm-] cathedral; (*i Storbritannien äv.*) minster

domn|a [ˣdåmna] go numb (*äv. ~ av, bort*); *foten har ~t* my foot has gone to sleep **-ing** numbness

domprost [ˣdomm-] dean

dompt|era [-å-] tame [animals] **-ör** [animal] tamer

domsaga [ˣdomm-] *s1* judicial district

domsbasun *se domedagsbasun*

domslut judicial decision

domssöndagen the Sunday before Advent

domstol [ˣdomm-] court [of justice (law)]; tribunal (*äv. bildl.*); *vid ~* in the law court; *dra ngn inför ~* bring s.b. before the court; *dra ngt inför ~* go to court (law) about s.th.; *Högsta ~en, ung.* (*i England*) the Supreme Court of Judicature, (*i Skottland*) Court of Justiciary, (*i USA*) the Supreme Court, (*friare*) the supreme court

domstols|förhandlingar court proceedings **-verk** *~et* [the Swedish] national courts administration

domsöndagen *se domssöndagen*

dom|villa miscarriage of justice **-värjo** *r* jurisdiction; *lyda under ngns ~* fall under a p.'s jurisdiction

domän *s3* domain **-styrelse** national board of crown forests and lands **-verk** *~et* [the Swedish] forest service

don *s7* (*verktyg*) tool; implement; (*anordning*) device; (*grejor*) gear, tackle; *~ efter person* to every man his due **dona** *~ med* (*vard.*) busy o.s. with

donation donation, legacy **donationsfond** donation fund **donator** [-ˣna:tår] *s3* donor

Donau ['då:nau] *r* the Danube

donera donate; *den ~e summan* the sum presented

doningar *pl, vard.* tools, gear (*sg*), tackle (*sg*)

donjuan [dånn'ju:-] *best. form =, äv. -en, pl -er* Don Juan

donkeypanna [ˣdåŋki-] *sjö.* donkey boiler

donna [-å-] *s1, sl.* (*särsk. AE.*) dame, broad

dop *s7* baptism; (*barn-, fartygs-*) christening; *bära ngn till ~et* present s.b. at the font

dopa dope

dop|attest certificate of baptism **-funt** baptismal (christening) font **-gåva** baptismal gift

doping *se dopning*

dop|klänning christening robe **-namn** Christian name

dopning [ˣdo:p-] doping

dopp [-å-] *s7* **1** (*-ning*) dip[ping]; *ta sig ett ~* take a swim **2** (*kaffebröd*) buns, cakes (*pl*) **doppa** dip; (*hastigt*) plunge; (*helt o. hållet*) immerse; (*ge ngn ett dopp*) duck; *~ i grytan* (*ung.*) soak bread in ham broth; *~ sig* have a dip (plunge) **doppare-dagen** Christmas Eve

dopping [-å-] *zool.* grebe

dopplereffekt [ˣdåpp-] Doppler effect (shift)

doppning [-å-] dip, plunge; immersion

doppsko [ˣdåpp-] (*beslag*) ferrule

doppvärmare immersion heater

dor[i]er ['do:-] Dorian **dorisk** ['do:-] *a5* Doric, Dorian

dormitorium [dårmi'to:-] *s4* dormitory

dorn [-å:- *el.* -o:-] *s2* mandrel, arbor

dos *s3* dose; *dödlig ~* lethal dose; *för stor ~* overdose

dosa *s1* box; (*för te o.d.*) canister, (*mindre*) caddy

dosekvivalent dose equivalent

1 dosera *med.* dose

2 dosera (*slutta*) slope; *~ en kurva* superelevate (bank, camber) a curve

1 dosering *med.* dosage

2 dosering (*av kurva*) superelevation, bank, camber

dosimeter [-'me:-] *s2* dosimeter, dosemeter

dosis ['do:-] *s3, se dos*; *en rejäl ~* a good measure (share)

dosmätare *se dosimeter*

dosrat (*måttenhet*) dose rate

dossera *se 2 dossera* **dossering** *se 2 dossering*

dossié [dåssi'e:] *s3*, **dossier** [dåssi'e:] *s3* dossier, file

dotter [-å-] *-n döttrar* daughter **-bolag** affiliated company, affiliate; subsidiary [company] **-dotter** granddaughter **-lig** *a1* daughterly **-son** grandson **-svulst** metastasis

douglasgran Douglas fir (spruce, hemlock)

dov [-å:-] *a1* (*om ljud*) dull, hollow, muffled; (*om värk*) aching; (*halvkvävd*) stifled, suppressed

dovhjort fallow deer; (*hane*) buck

doyen [*svenskt uttal* doa'jäŋ] *s3* doyen

dra (*draga*) *drog dragit* **I 1** draw; (*kraftigare*) pull, tug; (*släpa*) drag, haul; *drag!* pull!; *~ en historia* reel off a story; *~ fullt hus* draw full houses; *~ ngn i håret* pull s.b. by the hair, pull a p.'s hair; *~ i* (*ur*) *led* set into (put out of) joint; *~ ngn inför rätta* bring s.b. before the court; *~ kniv* draw a knife (*mot* on); *~ en kopia* run off a copy; *~ ett kort* draw a card; *~ lakan* stretch (pull) sheets; *~ ett tungt lass* pull a heavy load; *~ lott* draw lots; *~ en lättnadens suck* breathe a sigh of relief; *~ olycka över ngn* bring disaster [up]on s.b.; *~ slutsatser om* draw conclusions on, conclude; *~ ett streck över* draw a line across, *bildl.* let bygones be bygones; *~ det kortaste strået* come off worst, get the worst of it; *~ sitt strå till stacken* do one's part (bit); *~ uppmärksamheten till* draw attention to; *komma ~gandes med* come along with; *~s* (*känna sig dragen*) *till ngn* feel drawn to (attracted by) s.b. **2** (*driva*) work (*en maskin* a machine); (*vrida*) turn (*veven* the crank) **3** (*subtrahera*) take [away], subtract; (*erfordra*) take; (*förbruka*) use [up]; *~ kostnader* involve cost (expenses) **4** (*om te o.d.*) draw **5** (*tåga*) march, go; *~ i fält* take the

D

field; ~ *i krig* go to the wars; ~ *sina färde* take one's departure; ~ *åt skogen* go to blazes; *gå och* ~ hang about (around) **6** ~ *efter andan* gasp for breath; ~ *på munnen* smile; *det ~r här* there is a draught here **II** *rfl* **1** (*förflytta sig*) move, pass; (*bege sig*) repair **2** *ligga och* ~ *sig* (*om morgnarna*) lie in; ~ *sig efter* (*om klocka*) lose, be losing; *klockan ~r sig tio minuter* [*efter*] *varje dag* the clock loses ten minutes every day; *klockan har ~git sig fem minuter* [*efter*] the clock is five minutes slow; ~ *sig före* (*om klocka*) gain, be gaining; *klockan ~r sig fem minuter före varje dag* the clock gains five minutes every day; *klockan har ~git sig fem minuter före* the clock is five minutes fast; ~ *sig fram* get on (along); ~ *sig för ngt* (*för att* + *inf.*) be afraid of s.th. (of + *ing-form*); *inte* ~ *sig för ngt* (*för att*) (*äv.*) not mind s.th. (not mind + *ing-form*); ~ *sig tillbaka* draw [o.s.] back, retire, *mil.* retreat; ~ *sig undan* move (draw) aside, withdraw; ~ *sig ur spelet* quit the game, (*friare*) back out, give up, *vard.* chuck [up] **III** (*med betonad partikel*) **1** ~ *av a*) (*klä av*) pull (take) off, *b*) (*dra ifrån*) deduct; ~ *av ringen från fingret* slip the ring from one's finger **2** ~ *bort a*) draw away, (*trupper e.d.*) withdraw, *b*) (*gå bort*) move off, go away, (*om trupper e.d.*) withdraw **3** ~ *fram a*) (*ta fram*) draw (pull) out, (*väg e.d.*) construct, *bildl.* bring up, produce, *b*) (*gå fram*) advance, march; ~ *fram stolen till bordet* draw up the chair to the table; ~ *fram genom* (*äv.*) traverse **4** ~ *för* pull (*gardinerna* the curtains) **5** ~ *förbi* go past, pass by **6** ~ *ifrån a*) draw (pull) back (*gardinerna* the curtains), *b*) (*ta bort*) take away, subtract, *c*) *sport.* draw away (*de andra* from the rest) **7** ~ *igen* (*dörr e.d.*) close, shut **8** ~ *igenom* (*band e.d.*) pull (draw) through; ~ *igenom boken* skim (through) the book **9** ~ *i gång ngt* set s.th. working; ~ *i gång med ngt* get s.th. going **10** ~ *ihop sig* contract, (*sluta sig*) close; *det ~r ihop sig till oväder* a storm is gathering; *det ~r ihop sig till regn* it looks like rain **11** ~ *in* draw in (*äv. bildl.*), (*återtaga, återfordra*) withdraw, (*avskaffa*) abolish, do away with, (*konfiskera*) confiscate; (*underhåll o.d.*) stop, discontinue; (*tidning, körkort*) suspend; ~ *in ett körkort* take away (*på viss tid*: suspend) a driving licence; ~ *in ett flyg* cancel (call off) a flight; ~ *in magen* pull in one's stomach; ~ *in* (*installera*) *vatten* lay on water; ~ *in på* (*inskränka*) cut down **12** ~ *i väg* move off, march away **13** ~ *jämnt* get on (along) (*med ngn* with s.b.) **14** ~ *med* drag along; ~ *med sig a*) *eg.* take about with one, *b*) *bildl.* bring with it (them), (*innebära*) involve; ~ *med sig ngn i fallet* drag s.b. down with one **15** ~ *ner a*) pull down (*rullgardinen* the blind), *b*) (*smutsa ner*) make dirty **16** ~ *omkull* pull down, (*slå omkull*) knock down **17** ~ *på* (*starta*) start [up], (*öka farten*) speed up; ~ *på sig* pull (put) on, (*bildl.*) catch **18** ~ *till* (*hårdare*) pull tighter, tighten; ~ *till bromsen* apply the brake; ~ *till med en svordom* come out with an oath; ~ *till sig a*) *eg.* draw towards one, *b*) (*attrahera*) attract (*äv. bildl.*) **19** ~ *tillbaka* draw back, (*trupper äv.*) withdraw **20** ~ *undan* draw (pull) aside, withdraw, remove **21** ~ *upp* draw (pull) up, (*fisk äv.*) land, (*butelj*) uncork, (*klocka*) wind up; ~ *upp ankaret* weigh anchor; ~ *upp benen under sig* curl up one's legs; ~ *upp med roten* pull up by the roots **22** ~ *ur* draw (pull) out **23** ~ *ut a*) draw (pull) out, (*förlänga*) draw out, prolong, (*tänja ut*) stretch out, *b*) (*tåga ut*) go off (*i krig* to the wars), *c*) (*om rök e.d.*) find its way out; ~ *ut en tand* extract a tooth; *det ~r ut på tiden* (*tar lång tid*) it takes rather a long time, (*blir sent*) it is getting late; *det drog ut på tiden innan* it was a long time (a long time elapsed) before **24** ~ *vidare* move (march) on **25** ~ *åt* draw (pull) tight[er], tighten; ~ *åt svångremmen* (*bildl.*) tighten one's belt; ~ *åt sig* (*bildl.*) attract, (*absorbera*) absorb, suck up (*damm* dust) **26** ~ *över på ett konto* overdraw an account; ~ *över tiden* run over [the] time; ~ *över sig* pull over one

drabant 1 (*livvakt*) bodyguard; (*följeslagare*) henchman **2** *astr. o. bildl.* satellite **-stat** satellite state

drabba 1 (*träffa*) hit, strike; (*hända ngn*) happen to, *åld. o. litt.* befall; (*komma på ngns lott*) fall [up]on; (*beröra*) affect; *förlusten ~r honom ensam* he, alone, bears the loss, the loss falls upon him alone; *~s av en olycka* meet with misfortune; *~s av en svår förlust* suffer a heavy loss; *~s av sjukdom* be stricken with illness **2** ~ *ihop* (*samman*) meet, have an encounter (*om trupper*), come to blows (*om enskilda*), *bildl.* [come into] conflict, clash **drabbning** battle; action; (*friare*) encounter

drack *imperf. av dricka*

drag *s7* **1** (*-ande*) pull, tug; (*med penna, stråke etc.*) stroke; *i några snabba* ~ with a few bold strokes **2** (*spel. o. friare*) move; *ett skickligt* ~ a clever move **3** (*luftström*) draught, *AE.* draft; *sitta i* ~ sit in a draught; *det är dåligt* ~ *i spisen* the stove is drawing badly **4** (*bloss*) puff, whiff; *njuta i fulla* ~ enjoy to the full **5** (*drickande*) draught; *tömma glaset i ett* ~ empty the glass at a gulp (draught) **6** (*anletsdrag*) feature; (*karaktärsdrag*) trait; (*anstrykning*) touch, strain; *ett utmärkande* ~ *för* a characteristic [feature] of **7** (*fiskredskap*) spoon[bait], spinner **8** *vard., i det ~et* at this juncture

draga *se dra*

dragant *s3, s4* tragacanth

dragare (*lastdjur*) draught animal, beast of burden

dragas *se dras*

drag|band drawstring **-basun** slide trombone **-djur** *se dragare*

dragé [-'ʃe:] *s3* dragée

dragen *a5* (*lindrigt berusad*) tipsy

dragg *s2* drag, dragnet; (*litet ankare*) grapnel **dragga** drag (*efter* for); (*om båt*) drag anchor **draggning** dragging

drag|harmonika concertina **-hund** draught dog **-hållfasthet** tensile strength

drag|ig *a1* draughty **-it** *sup. av dra*[*ga*]

drag|kamp tug of war **-kedja** *se blixtlås* **-kraft** traction force; *järnv. etc.* traction power **-kärra** handcart **-nagel** *vard.* dram, tot

dragning [-a:-] **1** draw (*äv. lott- o. bildl.*); dragging; pull **2** (*böjelse*) tendency, inclination (*till* for); (*dragningskraft*) attraction **3** (*skiftning*) tinge (*åt gult* of yellow)

dragnings|kraft attraction; (*tyngdkraft*) gravity

-lista lottery prize list
dragoman *s3* dragoman (*pl äv. dragomen*)
dragon *s3* **1** (*ryttare*) dragoon **2** *bot.* tarragon, estragon
drag|plåster *bildl.* attraction, *vard.* draw; *AE. äv.* drawing card **-skåp** *kem.* fume cupboard **-snöre** *se dragband* **-spel** accordion; (*mindre*) concertina **-spänning** tension, tensile stress **-stift** drawing pen
drakblod dragon's blood (*äv. harts*) **drakblodsträd** dragon tree; (*släkte*) dracaena
drak|e *s2* dragon (*äv. bildl.*); (*leksak o. meteor.*) kite; (*skepp*) Viking [dragon] ship **-flygning** kite flying
drakma ['drack-] *s3* drachma
drakonisk [-'kɑ:-] *a5* Draconian, Draconic
drak|skepp *se drake* **-sådd** *en* ~ a sowing of dragon's teeth
drama *s4* drama
dramat|ik *s3* drama, dramatics (*pl, behandlas vanl. som sg*) **-iker** [-'ma:-] dramatist, playwright **-isera** dramatize **-isering** [-'se:-] dramatization **-isk** [-'ma:-] *a5* dramatic; *D~a institutet* University College of Film, Television, Radio and the Theatre; *Kungliga Dramatiska teatern* the Royal Dramatic Theatre **-urg** [-g] *s3* dramaturge, dramaturgist
drank *s3* slop[s]
drapa *s1* [bardic] ode (*över* on)
drapera drape, hang **draperi** curtain, drapery, hangings (*pl*); *AE. äv.* drapes **drapering** draping, drapery
dras (*dragas*) *drogs dragits, dep,* ~ *med a*) (*sjukdom*) be afflicted with, suffer from, *b*) (*skulder, bekymmer*) be harassed by, *c*) (*utstå*) put up with
drastisk ['drass-] *a5* drastic
drasut *s3* tall ungainly fellow
drav *s2, s4* draff; (*skräp*) rubbishy mess
dravel ['dravv-] *s7* drivel, nonsense
dreg|el ['dre:-, *äv.* 'dregg-] *s7*, **dregla** [ˣdre:-, *äv.* ˣdregg-] drivel, slobber
drej|a [ˣdrejja] **1** *tekn.* turn **2** *sjö.:* ~ *bi* heave (lay) to **-skiva** potter's wheel
dress *s3, s2* dress, attire; togs (*pl*)
dresser|a train (*till* for); (*friare*) drill; (*häst, hund äv.*) break **-ing** training *etc.*
dressin *s3* trolley
dressing ['dress-] [salad] dressing
dressyr *s3* [animal] training; (*häst-*) dressage; *i sht bildl.* drill **-ridning** dressage [riding]
dressör trainer [of animals]
1 drev *s7* (*blånor o.d.*) oakum
2 drev *s7* (*hjul*) [driving] pinion; (*växel*) gear [wheel]
3 drev *s7, jakt.* drive, beat
4 drev *imperf. av driva*
dreva (*t. 1 drev*) caulk
drev|jakt battue **-karl** beater, driver
dribbl|a dribble **-are** dribbler **-ing** dribbling, dribble
dricka I *s7* (*läskedryck*) soft drink, lemonade; (*öl*) beer; *~t* (*= sjön, havet*), *vard.* the drink **II** *drack druckit* drink; (*intaga*) have, take; ~ *brunn* take (drink) the waters; ~ *i botten* drain one's glass; ~ *kaffe* have coffee; ~ *ngns skål* drink a p.'s health, drink the health of a p.; ~ *ngn till* pledge s.b.; ~ *ngn under bordet* drink s.b. under the table; ~ *ur kaffet* finish one's coffee; ~ *ur sitt glas* empty (drain) one's glass; ~ *sig full* get drunk (intoxicated); ~ *sig otörstig* quench one's thirst; *han har börjat* ~ he has taken to drinking
drickbar *a1* drinkable, fit to drink
dricks *s3* tip; *ge* ~ tip; *ge 1 pund i* ~ give a one-pound tip **-fontän** bubbler, drinking fountain **-glas** [drinking] glass; tumbler; *ett* ~... a glass [ful] of... **-pengar** tip (*sg*); gratuity (*sg*); service [charge] (*sg*) **-vatten** drinking water
drift *s3* **1** (*drivande*) drifting; *råka* (*komma i*) ~ get adrift; *ungdom på* ~ youth (young people) adrift **2** (*skötsel*) management, administration; (*gång*) running, operation; *i* (*ur*) ~ in (out of) operation (service); *billig i* ~ economical; *stoppa ~en* stop production; *övergå till elektrisk* ~ change to electric power **3** (*trafik*) traffic **4** (*instinkt, böjelse*) instinct, urge; impulse; *göra ngt av egen* ~ do s.th. of one's own accord **5** (*gyckel*) joking
driftig *a1* energetic, enterprising, pushing **-het** energy, enterprise, push
drift|kapital working capital **-kucku** *s2* laughing stock **-liv** instincts (*pl*)
drifts|budget working budget **-ingenjör** production engineer **-inskränkning** production cutback **-inställelse** stoppage, close-down, shutdown **-kostnad** running costs (*pl*)
drift|stopp *se driftinställelse* **-störning** breakdown, stoppage **-säker** dependable, reliable
1 drill *s2* (*exercis*) drill
2 drill *s2* (*borr*) drill
3 drill *s2, mus.* trill, quaver; (*fåglars*) warble; *slå sina ~ar* warble
1 drilla (*exercera*) drill
2 drilla (*borra*) drill
3 drilla *mus.* trill, quaver; warble
drillande *a4, mus.* trilling *etc.*
drillborr [spiral] drill, wimble
drilling three-barrel gun
drillsnäppa common sandpiper
drink *s2* drink **-are** drunkard
drista ~ *sig* [*till*] *att* be bold enough to, venture to **dristig** *a1* bold, daring **dristighet** boldness, daring
drittel *s2* cask, butter keg
driv|a I *s1* [snow]drift; *snön låg i djupa -or* the snow lay in huge drifts **II** *drev drivit* **1** drive; (*maskin*) work, operate; (*fram-*) propel; (*fabrik o.d.*) run, conduct **2** (*i drivbänk*) force **3** (*täta*) caulk **4** (*metall*) chase **5** (*bedriva*) carry on; (*politik*) pursue **6** (*tvinga*) drive, force **7** (*förmå*) impel, urge, prompt **8** ~ *ngn på flykten* rout s.b., put s.b. to flight; ~ *ngt i höjden* force (screw) s.th. up; ~ *saken för långt* push (carry) things too far **9** (*föras undan*) drive; (*sjö. o. om moln, snö e.d.*) drift; ~ *för ankar* drag anchor **10** *gå och* ~ walk aimlessly about, loaf [about] **11** ~ *med ngn* poke fun at s.b. **12** (*med betonad partikel*) ~ *igenom ett lagförslag* force (push) through a bill; ~ *sin vilja igenom* get one's own way; ~ *in* (*pengar, fordran*) collect, call in, *jur.* recover; ~ *omkring* drift (walk aimlessly) about; *fartyget drev omkring* the ship was adrift; ~ *på* urge on; ~ *samman boskapen* herd the cattle; ~ *tillbaka* drive back, repel; ~ *upp* (*i*

D

höjden) force up; (*damm e.d.*) raise; (*villebråd*) rouse, raise; (*affär*) work up; ~ *ut* drive (push) out, cast out
driv|ande *a4* driving *etc.*; *den ~ kraften* the driving force, (*om pers. äv.*) the prime mover; ~ *karl* pushing man; ~ *vrak* floating wreck **-ankare** sea (drift) anchor **-axel** [driving] shaft **-bänk** hotbed
driv|en *a3* **1** (*skicklig*) clever; (*erfaren*) skilful, skilled, practised; ~ *handstil* (*ung.*) flowing hand **2** (*ciselerad*) chased **-fjäder** mainspring; *bildl. äv.* incentive, motive **-garn** drift net **-hjul** driving wheel (gear) **-hus** greenhouse, hothouse **-huseffekt** greenhouse effect **-husplanta** hothouse plant **-is** drift ice
driv|it *sup. av driva* **-kraft** motive power; (*om pers. äv.*) prime mover; *tekn. äv.* propelling force **-medel** (*för fordon*) [motor] fuel; (*för projektil*) propulsive agent, propellant **-mina** floating (drifting) mine **-ning** [-i:-] driving; (*tätning*) caulking **-raket** booster [rocket], launching vehicle **-rem** driving (transmission) belt **-ved** driftwood
1 drog [-o:-] *imperf. av dra*[*ga*]
2 drog [-å:-] *s3* drug
drog|a [-å:-] drug **-fri** drug free **-handel** drugstore **-handlare** druggist **-växt** medicinal plant
dromedar *s3* dromedary, Arabian camel
dropp [-å-] *s7* drip; *med. äv.* infusion
dropp|a [-å-] **1** (*falla i droppar*) drip, fall in drops **2** (*hälla droppvis*) drop (*i* into) **-avskiljare** droplet separator **-boll** *sport.* drop shot
dropp|e *s2* drop; globule; (*svett-*) bead; *en ~ i havet* a drop in the bucket (the ocean) **-flaska** drop bottle **-fri** nondrop **-infektion** droplet infection **-skål** *kokk.* drip[ping] pan **-sten** dripstone; (*nedhängande*) stalactite; (*upprättstående*) stalagmite **-torka** drip-dry **-vis** drop by drop
drosk|a [-å-] *s1* cab **-bil** cab, [taxi]cab **-chaufför, -förare** cab (taxi) driver, cabman **-kusk** cabman **-station** cab rank **-ägare** taxi owner (proprietor)
drossel ['dråss-] *s2, radio.* choke [coil]
drots [-å-] *s2, hist.* Lord High Steward
drott [-å-] *s2* king, ruler, sovereign, sire
drottning [-å-] queen; (*bi-*) queen [bee]; *balens* ~ belle of the ball; *göra en bonde till* ~ (*schack.*) queen [a pawn]
drucken *a3, predik.* drunk; intoxicated, tipsy
druckit *sup. av dricka*
drulla ~ *omkull* sprawl, fall over; ~ *i vattnet* tumble into the water **drulle** *s2* oaf **drulleförsäkring** liability insurance **drullig** *a1* clumsy **drullighet** clumsiness
drumla *se drulla* **drumlig** *a1* clumsy, awkward; (*fumlig*) bungling **drummel** [ˣdrumm- *el.* 'drumm-] *s2* lout
drunkna be (get) drowned; *bildl.* be (get) swamped (*i* with); *en ~nde* a drowning man (*etc.*) **drunkning** drowning **drunkningsolycka** drowning accident
drupit *sup. av drypa*
druv|a *s1* grape **-blå** grape-purple **-hagel** grapeshot **-klase** bunch (cluster) of grapes **-saft** grape juice **-socker** grape sugar, dextrose
dryad *s3* dryad
dryck *s3* drink; beverage; *mat och* ~ meat and drink; *alkoholfri* ~ nonalcoholic beverage; *starka ~er* strong drinks, liquor (*sg*)
dryckenskap *s3* drunkenness, inebriation
dryckes|broder fellow toper; pot (boon) companion **-horn** drinking horn **-kanna** stoup **-kärl** drinking vessel **-lag** *s7* drinking bout, binge, spree, carousal **-varor** *pl* drinks, beverages **-visa** drinking song
dryckjom [-åmm] *n, r* **1** drinking, carousing **2** *se dryckesvaror*
dryfta discuss, talk over
dryg *a1* **1** (*som räcker länge*) lasting; (*som väl fyller måttet*) liberal, ample, large; (*rågad*) heaped; *en ~ mil* a good mile; *~t mått* full measure; ~ *portion* large helping; ~ *timme* full (good) hour **2** (*mödosam*) hard; (*betungande*) heavy; *~t arbete* hard work; *~a böter* a heavy fine **3** (*högfärdig*) stuck-up, self-important **dryga** ~ *ut vin med vatten* add water to the wine **dryghet** self-importance **drygt** [-y:-] *adv,* ~ *hälften* a good half of it (them); *mäta* ~ give full measure; ~ *mätt* full measure
drypa *dröp drupit* **1** (*hälla droppvis*) drop, pour a few drops of (*på* on to; *i* into) **2** (*ge ifrån sig vätska*) drip; (*rinna ned*) trickle; *han dröp av svett* he was dripping with perspiration
dråp *s7* homicide; *jur.* manslaughter **-are** homicide **-lig** [-å:-] *a1* very funny, killing **-slag** deathblow; *bildl. äv.* staggering blow
dråsa come down in masses; ~ *ner* come tumbling down
drägel, drägla *se dregel, dregla*
drägg *s2, ej pl* dregs (*pl*); (*slödder*) scum
dräglig [-ä:-] *a1* tolerable, endurable; fairly acceptable
dräkt *s3* dress; (*jacka o. kjol*) suit costume; (*national-*) costume; (*friare*) attire, garb
dräktig *a1* pregnant, big with young **-het 1** pregnancy **2** *sjö.* tonnage, capacity
dräll *s3* diaper
dräll|a *v2* **1** spill **2** *gå och* ~ hang about (around); *det -er av karlar* it's lousy with men
drämma *v2,* ~ *näven i bordet* bang one's fist on the table; ~ *till ngn* strike s.b., give s.b. a clout
drän *s3* drain (*äv. med.*) **-age** [-'a:ʃ] *s7, se drän* **-era** drain **-ering** [-'ne:-] draining, drainage **-eringsrör** drainpipe
dräng *s2* farm hand; *själv är bästa* ~ if you want a thing well done, do it yourself; *sådan herre sådan* ~ like master like man **-kammare** farm-hand's room **-stuga** farm-hand's quarters (*pl*)
dränk|a *v3* drown; (*översvämma*) flood; ~ *in med olja* [impregnate with] oil; ~ *sig* drown o.s. **-ning** drowning
dräpa *v3* kill; *åld. o. litt.* slay; *du skall icke* ~ thou shalt not kill; *~nde svar* crushing reply
drätsel|kammare, -nämnd [borough] finance department
dröglapp [-ö:-] *zool.* dewlap
dröj|a [ˣdröjja] *v2* **1** (*låta vänta på sig*) be late (*med att* in + *ing-form*); (*vara sen*) be long (*med ngt* about s.th.; *med att* about + *ing-form*); *du har -t länge* it has taken you a long time; *svaret -de* the answer was a long time in coming **2** (*låta anstå*) postpone, delay, put off; (*tveka*) hesitate; ~ *med*

svaret (*att svara*) hesitate to answer, put off answering; ~ *på stegen* dawdle **3** (*vänta med*) wait **4** (*stanna kvar*) stop, stay; tarry, linger; *var god och dröj* (*tel.*) hold the line, please; ~ *kvar till slutet* stay on (remain) till the end; ~ *vid ngt* dwell [up]on **5** *opers.*, *det -er länge innan* it will be a long time before; *det -de inte länge förrän* it was not long before; *det -de en evighet innan* it was ages before **-ande** *a4*, ~ *steg* dawdling footsteps; ~ *blick* lingering gaze; ~ *svar* hesitating answer

dröjs|mål *s7* delay; *utan* ~ without delay, immediately **-målsränta** penalty interest on arrears

dröm [-ömm] *s2* dream; *bildl. äv.* daydream, reverie, revery; *hon var vacker som en* ~ she looked a dream; *~men slog in* the dream came true; *försjunken i ~mar* lost in a reverie (daydreams *pl*) **-bild** vision **-bok** book of dreams **-jobb** dream job **-lik** dreamlike; dreamy **-lös** dreamless

drömm|a *v2* dream; *bildl. äv.* daydream; muse; ~ *sig tillbaka till* carry o.s. back in imagination to **-ande** *a4* dreamy **-are** dreamer; visionary **-eri** dreaming; *ett* ~ a reverie

dröm|sk *a5* dreamy **-slott** *mitt* ~ the castle of my dreams **-sömn** REM (rapid eye movement) sleep **-tydning** interpretation of dreams (a dream) **-villa** dream house **-värld** dream world

drön|a drowse, idle **-are 1** (*bi*) drone [bee] **2** *pers.* sluggard, snail

dröp *imperf. av drypa*

dröppel ['dröpp-] *s2*, *se gonorré*

drös|a shower (tumble) down **-vis** *vard.* masses [of]

du you; *bibl., poet., dial.* thou; ~ *själv* yourself; *hör ~, kan jag få låna...?* I say, can you lend me...?; *hör ~, det här går inte!* look here, this won't do!; *nej. vet ~ [vad]!* I never heard of such a thing!; *nej, vet ~ vad, nu gör vi ngt annat* look here (listen), let's do something else; *det skall ~ säga!* you've no room to talk!; *vi är ~ med varandra* we call each other by our Christian names; *bli ~ med* drop the formalities of address with **dua** be on Christian name terms with

dual|ism dualism **-ist** dualist **-istisk** [-'liss-] *a5* dualistic

dubb *s2* stud (*äv. på t.ex. fotbollsskor*), knob; (*is-*) [ice] prod; (*däck-*) stud, (*för tävling*) spike

1 dubba ~ *ngn till riddare* dub s.b. a knight

2 dubba (*film e.d.*) dub

3 dubb|a (*däck*) stud **-däck** studded tyre

dubbel ['dubb-] **1** *a2* double; ~ *bokföring* double-entry book-keeping; *ligga ~ av skratt* be doubled up with laughter; *vika* ~ [fold] double; *det dubbla* twice as much; *dubbla beloppet* twice the amount; *dubbla storleken* double the size **2** *s2* (*i tennis m.m.*) doubles (*pl*) **-agent** double agent **-arbetande** *a4* doing two jobs; ~ *kvinnor* housewives with a paid (an outside) job **-arbete** (*samma arbete*) duplication of work; (*två arbeten*) two jobs

dubbel-b *mus.* double flat

dubbel|beckasin great snipe **-beskattning** double taxation **-betydelse** *se -mening* **-bindning** *kem.* double bond **-bottnad** [-å-] *a5* (*om sko*) double-soled; *bildl.* ambiguous, with double meaning **-bröllop** double wedding **-bössa** double-barrelled gun **-däckare** double-decker **-dörr** double door **-exponering** *foto.* double exposure **-fel** (*i tennis*) double fault, double **-fönster** double glazing **-gångare** double **-haka** double chin **-het** doubleness **-knäppt** *a4* double-breasted **-kommando** dual control **-kontakt** *elektr.* two-way plug **-kontroll** double check **-kontrollera** double-check **-kors** *mus.* double sharp **-liv** double life **-match** (*i tennis m.m.*) doubles (*pl*) **-mening** double meaning **-moral** double standard [of morality] **-mord** double murder **-myntfot** bimetallism, gold and silver standard **-namn** double-barrelled (hyphenated) name **-natur** split personality **-nelson** (*i brottning*) full nelson **-parkera** double-park **-pipig** *a1* double-barrelled **-riktad** *a5*, ~ *trafik* two-way traffic **-roll** dual role; *bildl.* double game **-rum** double room **-schack** double check **-seende** *s6* double vision **-seger** double win **-sidig** *a1* double-sided; ~ *lunginflammation* double pneumonia **-spel** *bildl.* double-dealing, double-cross; (*i tennis m.m.*) doubles (*pl*) **-spelare** (*i tennis m.m.*) doubles player **-spion** *se -agent* **-spår** double track **-spårig** *a1* double-track[ed] **-stjärna** double star; (*fysisk*) binary star; (*optisk*) optical double star **-säng** double bed

dubbel|t ['dubb-] *adv* doubly; (*två gånger*) twice (*så* as); ~ *försiktig* doubly careful; ~ *så gammal som jag* twice my age; *bjuda ~ upp* bid as much again; *se* ~ see double **-trampa** (*i bil*) double-declutch; *AE.* double-clutch **-trast** mistle (missel) thrush **-tydig** *a1*, *se tvetydig* **-verkande** *a4* double-acting **-vikt** [-i:-] *a4* doubled; ~ *av skratt* doubled up with laughter; ~ *krage* turndown collar **-yxa** two-edged axe **-örn** double eagle

dubbla double

dubblé *s3* **1** (*guldsmedsarbete*) gold (silver) plated metal **2** *jakt.* double hit **3** *spel.* cushion[ing]

dubbler|a 1 double **2** *sjö.* round **3** *teat.* understudy **-ing** doubling *etc.*

dubblẹtt *s3* **1** (*kopia*) duplicate, copy, double **2** (*tvårumslägenhet*) two-roomed flat **3** (*ord-*) doublet **-exemplar** duplicate copy **-nyckel** duplicate key

1 dubbning (*av riddare*) dubbing, accolade

2 dubbning (*av film*) dubbing

dubi|er ['du:-] *pl*, *ha sina* ~ have one's doubts (*om* about) **-ọ̈s** *a1* dubious

ducka duck

duẹll *s3* duel (*på pistol* with pistols) **-ant** dueller, duellist **-era** duel

duenna [-ˣenna] *s1* duenna

duẹtt *s3* duet[te], duo

duffel ['duff-] *s2* duffel coat **-knapp** toggle

dug|a *v2 el. dög dugt* do; be suitable (*till* for); (*komma t. pass*) serve; (*vara god nog*) be good enough (*åt* for); *det -er* that will do; *det -er inte att* it won't do to; *-er ingenting till* is no use (good); *det var en karl som hette* ~ that is what I call a man; *visa vad man -er till* show what one is worth; *han dög inte till lärare* he was no good as a teacher **-ande** *a4* efficient; competent; *en ~ kraft* a competent person; *se äv. duglig*

dugg *s7* **1** (*regn*) drizzle **2** *inte ett* ~ not a bit (scrap), not the least; *det är inte värt ett* ~ it is not worth a farthing (jot); *inte bry sig ett ~ om* not

D

care a fig for; *hon gör aldrig ett ~* she never does a thing
dugg|a drizzle; *det ~r* it is drizzling; *det ~de [med] ansökningar* applications came pouring in **-regn** drizzle **-regna** *se dugga*
duglig [ˣdu:g-] *a1* able; capable (*till* of; *till att* of + *ing-form*); competent, qualified, efficient **-het** competence; capability; ability; efficiency
duk *s2* cloth; (*bord-*) tablecloth; (*målar- o. sjö.*) canvas; (*film-*) screen; (*flagga*) flag, bunting
1 duka ~ [*bordet*] lay the table; *bordet var ~t för två* the table was laid for two; *ett ~t bord* a table ready laid; *~ av* clear the table; *~ fram* put on the table; *~ upp en historia* cook up a story
2 duka ~ *under* succumb (*för* to)
dukat ducat
dukning [-u:-] laying the (a) table
dukt *s3* strand
duktig *a1* **1** (*dugande*) able, capable, efficient (*i att* at + *ing-form*); (*skicklig*) clever, accomplished (*i ngt* at s.th.; *i att* at + *ing-form*) **2** (*käck*) brave **3** (*kraftig*) vigorous, powerful; (*frisk*) strong **4** *ett ~t mål mat* a substantial meal; *en ~ portion* a good-sized helping **5** *han fick en ~ skrapa* he got a good rating (telling-off); *det var ~t!* well done!
duktigt *adv* (*kraftigt*) powerfully; (*ihärdigt*) sturdily; (*med besked*) soundly, thoroughly; (*strängt*) hard; (*skickligt*) efficiently, cleverly; *han har arbetat ~* he has worked hard; *han tjänar ~ med pengar* he earns plenty of money; *äta ~* eat heartily; *få ~ med stryk* get a sound thrashing
dum [dumm] *a1* stupid; *AE. äv.* dumb; (*obetänksam*) silly, foolish; *han är ingen ~ karl* he is no fool; *han är inte så ~ som han ser ut* he is not such a fool as he looks; *så ~ jag var!* what a fool I was!; *det var bra ~t av mig att* I was a fool to; *det vore inte så ~t att* it would not be a bad idea to **-bom** *s2* fool, ass, blockhead; *din ~!* you silly (stupid) [fool]! **-burk** *vard.* goggle box; *särsk. AE.* boob tube **-dristig** foolhardy, rash **-dryg** vain, pompous
dumdumkula dumdum [bullet]
dum|het stupidity, folly; silliness, foolishness; *~er!* rubbish!, nonsense!; *göra en ~* do a foolish thing, (*svagare*) make a blunder; *prata ~er* talk nonsense; *vad är det här för ~er?* what is all this nonsense? **-huvud** blockhead, dolt
dumma *rfl* make a fool of o.s.
dummerjöns tomfool
dummy [*svenskt uttal* 'dummy] *s5* dummy
dump|a 1 *hand.* dump; undersell **2** (*tippa*) dump **-er** *s2* dumper **-ing** *se dumpning*
dumpit *sup. av dimpa*
dumpning 1 dumping; underselling **2** (*tippning*) dumping
dum|skalle, -snut silly idiot
dumt *adv, bära sig ~ åt* be silly (stupid), act like a fool
dun *s7* down **-bolster** feather bed
dunder ['dunn-] *s7* thunder[ing], rumble; (*kanon-, åsk- äv.*) peal, boom; *väggen föll med ~ och brak* the wall came crashing down **dundra** thunder, rumble, boom; *~ mot* thunder (fulminate) against; *åskan ~de* there was a clap of thunder **dundrande** *a4, en ~ succé* a roaring success; *ett ~ kalas* a terrific party; *sl.* a humdinger of a party
dunge *s2* grove; (*mindre*) clump of trees
dunig *a1* downy, fluffy
1 dunk *s2* (*behållare*) can
2 dunk 1 *s2* (*slag*) thump **2** *s7* (*dunkande*) thud, thudding **3** *leka ~* play hide-and-seek (*AE.* hide-and-go-seek); *~ för mig!* I'm in!
dunka thud; (*bulta*) throb, beat; *~ ngn i ryggen* thump s.b. on the back; *~ på piano* thump on the piano
dunkel ['dunn-] **I** *a2* dusky, dark; (*hemlighetsfull*) mysterious; (*svårbegriplig*) obscure, abstruse; (*obestämd*) vague; *~ belysning* (*uppfattning*) dim light (idea); *~t minne* dim (vague) recollection **II** *s7* dusk, shadow; gloom; dimness; *höljd i ~* wrapped in obscurity; *skingra dunklet* clear up the mystery **-blå** dark (darkish) blue
dunkning thump[ing]; throbbing
dunkudde down cushion (pillow)
duns *s2* bump, thud **dunsa** *~ ner* come down with a thud
dunst *s3* fume, vapour, exhalation; *slå blå ~er i ögonen på ngn* pull the wool over a p.'s eyes **dunsta 1** *~ av* (*bort, ut*) evaporate **2** *vard.* (*ge sig iväg*) make o.s. scarce, clear off (out)
dun|täcke eiderdown **-unge** fledg[e]ling, (*om pers. äv.*) greenhorn
duo ['du:ɷ] *s5* duet[te], duo
duodenit *s3* duodenitis
duol [-'ɷ:l *el.* -'å:l] *s3, mus.* duplet
dupera dupe, bluff; *låta sig ~s* [allow o.s. to] be duped
duplett *s3, se dubblett*
duplicera duplicate **dupliceringsmaskin** duplicator **duplikat** *s7* duplicate **duplikation** duplication **duplikator** [-ˣa:tår] *s3* duplicator **duplo** ['du:plɷ] *in ~* in duplicate
dur *s3* major; *gå i ~* be in the major key
durabel [-'ra:-] *a2* durable; (*präktig*) splendid
durackord major chord
duraluminium duralumin
duration duration
durk *s2, sjö.* floor; (*förvaringsrum*) storeroom; (*ammunitions-, krut-*) magazine
durka bolt, run away
durkdriven (*fullfjädrad*) thoroughpaced, thoroughgoing, cunning, crafty; (*skicklig*) practised
durkslag strainer, colander
duroplast thermosetting plastic
durra *s1, s4* durra, Guinea corn, Indian millet
dur|skala major scale **-tonart** major key
dus *n, se sus 2*
dusch *s2* shower [bath] **duscha** take (have) a shower; (*ge en dusch*) [give a] shower **duschrum** shower room
dusk *s7* drizzle **duska** drizzle **duskig** *a1* drizzly **duskväder** drizzly weather
duskål *dricka ~* (*ung.*) drink to the use of Christian names
dussin *s7* dozen; *ett halvt ~* half a dozen; *två ~ knivar* two dozen knives; *tretton på ~et* thirteen to the dozen **-människa** commonplace person **-roman** *vard.* potboiler, penny-dreadful; *AE.* pulp novel **-tal** *s7* dozen; *i ~* by the dozen **-tals** [-a:-] dozens of **-vara** cheap-line article **-vis** by the dozen

dust *s3* (*strid*) tussle, clash, bout; *bildl. äv.* tilt; *ha en ~ med* have a tussle (bout) with; *det blir en hård ~* it will be a tough fight; *utstå många ~er* have many a tussle, take a lof of knocks
dusör gratuity, fee; (*dricks*) tip
duv|a *s1* pigeon; dove (*äv. bildl. o. poet.*); *-or och hökar* (*polit.*) doves and hawks **-blå** pigeon-blue
duven *a3* (*avslagen*) flat, insipid, vapid; (*dåsig*) drowsy
duv|grå dove-grey **-hök** goshawk **-kulla** *s1, se skogsstjärna*
duvning [-u:-] **1** (*avbasning*) upbraiding, dressing-down; (*handgriplig*) hiding **2** (*inpluggande*) coaching; *ge ngn en ~* coach a p.
duv|slag dovecot[e] **-unge** young pigeon; *hon är ingen ~* she is no chicken
dvala *s1* (*halvslummer*) doze, drowse; (*halv medvetslöshet*) trance, coma; *bildl. äv.* torpor, apathy; *ligga i ~* (*vintertid*) lie dormant, hibernate
dvaldes [-a:-] *imperf. av dväljas*
dvalliknande lethargic; torpid; trance-like
dvalts [-a:-] *sup. av dväljas*
dvs. (*förk. för det vill säga*) i.e.
dväljas *dvaldes dvalts el. v2, dep* dwell, abide, sojourn
dvärg [-j] *s2* dwarf, (*sagofigur äv.*) gnome; pygmy; (*på cirkus*) midget
dvärg|alåt whining **-björk** dwarf birch **-folk** pygmaean people; pygmies (*pl*) **-hund** miniature (toy) dog **-palm** dwarf fan palm, palmetto **-stjärna** dwarf star **-tall** *se martall* **-träd** dwarf tree **-växt 1** (*dvärgform av växt*) dwarf plant **2** (*förkrympt utveckling*) dwarfishness, dwarfism; *vara av ~* be dwarf-sized, be stunted
d.y. (*förk. för den yngre*) *se under yngre*
dy *s3* mud, sludge; *bildl.* mire, slough **-blöt** *se dyvåt*
dyckert ['dyck-] *s2* brad
dyft *endast i uttr.*: *inte ett ~, se dugg 2*
dygd *s3* virtue; (*kyskhet äv.*) chastity; *~ens väg* the path of virtue; *göra en ~ av nödvändigheten* make a virtue of necessity **dygdemönster** paragon of virtue **dygdig** *a1* virtuous
dygn [dyŋn] *s7* day [and night], twenty-four hours; *~et om* throughout the twenty-four hours, twice (all) round the clock; *en gång om ~et* once in twenty-four hours, once a day
dygns|gammal one-day-old **-lång** *en ~ färd* a twenty-four-hour trip **-rytm** daily rhythm
dyig *a1* muddy, sludgy, miry
dyk|a *v3 el. dök dykt* dive; (*hastigt*) duck [under the surface]; (*om flygplan äv.*) nose dive; *~ ner* dive down, plunge (*i* into); *~ upp* emerge (*ur* out of), *bildl.* crop (turn) up, (*om tanke e.d.*) suggest itself **-and** diving (sea) duck
dykardräkt diving suit (dress)
dykar|e 1 diver **2** *zool.* diving beetle **-glasögon** diving (scuba) mask **-hjälm** diver's helmet **-klocka** diving bell **-sjuka** decompression sickness (illness), *vard.* the bends **-utrustning** diving outfit (equipment)
dykdalb *s3* dolphin
dykläge (*om ubåt*) in the awash position; (*om flygplan*) ready for diving
dykning [-y:-] diving; *konkr.* dive, plunge; *flyg.* nose dive; (*ubåts*) submergence, submersion, (*snabb*) crash dive
dylik *a5* of that kind (sort), like that, such, similar; *eller* (*och*) *~t* or (and) the like, et cetera; *ngt ~t* something of the sort
dymedelst by that (those) means
dymling dowel [pin]
dymmel|onsdag Wednesday in Holy Week **-vecka[n]** [the] Holy Week
dyn 1 *s3* (*sand-*) dune **2** *r* (*kraftenhet*) dyne
dyna *s1* cushion; pad (*äv. stämpel-*)
dynam|ik *s3* dynamics (*pl, behandlas som sg*) **-isk** [-'na:-] *a5* dynamic
dynamit *s3* dynamite **-ard** [-'a:rd] *s3* dynamiter **-patron** stick of dynamite, dynamite cartridge
dynamo [ˣdy:- *el.* 'dy:- *el.* -'na:-] *s5* dynamo **-meter** [-'me:-] *s2* dynamometer
dynasti *s3* dynasty
dyng|a dung, muck; (*gödsel*) manure **-bagge** dung beetle (chafer) **-grep[e]** *s2* muckrake **-hög** dunghill
dyning swell; *i sht bildl.* backwash
dynt *s2, s4* bladder worm
dypöl [mud] puddle
dyr *a1* **1** dear; (*kostsam*) expensive, costly; *det blir ~t i längden* it comes expensive in the long run; *det är ~t att leva här* living is expensive here; *det kommer att stå dig ~t* I'll make you pay for that **2** (*älskad*) dear; (*högtidlig*) solemn; *svära en ~ ed* swear a solemn oath **3** *nu var goda råd ~a* here was a dilemma, now we were in a pickle **-bar** *a1* **1** (*kostsam*) costly, expensive, dear **2** (*värdefull*) valuable; (*högt värderad*) precious **-barhet 1** *abstr.* costliness *etc.* **2** *konkr.* expensive article; *~er* valuables **-grip** *s2* treasure
dyrk *s2* skeleton key, passkey, picklock
1 dyrka *~ upp* (*lås*) pick
2 dyrka (*tillbedja*) worship; (*starkt beundra*) adore
dyrkan *r* worship; adoration **dyrkansvärd** *a1* adorable
dyrkfri burglar-proof
dyr|köpt [-çö:pt] *a4* dearly-bought; (*om seger o.d.*) hard-earned **-ort** cost-of-living index locality
dyrorts|grupp cost-of-living index region **-gruppering** regional division according to cost of living **-tillägg** area (local) allowance
dyrt [-y:-] *adv* **1** (*om kostnad*) dearly, expensively; *bo ~* pay a high rent; *köpa* (*sälja*) *~* buy (sell) dear; *han fick ~ betala sitt misstag* he paid heavily (dear) for his mistake; *stå ngn ~* cost s.b. dear; *sälja sitt liv ~* sell one's life dearly **2** (*högt*) dearly **3** (*högtidligt*) solemnly; *lova ~* promise solemnly, vow
dyrtid period of high prices **dyrtidstillägg** cost-of-living allowance
dys *s3,* **dysa** *s1* spray nozzle
dyscha *s1,* **dyschatell** *s3* couch
dysenteri *s3* dysentery
dys|funktion dysfunction **-lexi** *s3* dyslexia **-pepsi** *s3* dyspepsia
dysprosium [-'prɔ:-] *s8* dysprosium
dyster ['dyss-] *a2* gloomy, dreary; (*till sinnes*) melancholy, sad; *~ färg* sombre colour **dysterhet** gloominess, dreariness; melancholy, sadness

D

dystra ~ *till* get down in the dumps
dyvelsträck asafoetida
dyvika *s1, sjö.* plug
dyvåt soaking wet, wet through
då I *adv* **1** *demonstr.* then; at that time, in those days; (*senast vid den tiden*) by then; (*i så fall*) then, in that case; ~ *och då* now and then, once in a while; *det var* ~ *det* things were different then; ~ *för tiden* at that time, in those days; *nå,* ~ *så!* well, then!; *vad nu* ~? what now?; *än sen* ~? what then (next)?, *vard.* so what?; (*har du läst brevet?*) *vilket* ~? which one?; (*sitt inte uppe för länge*) ~ *blir du för trött* or you will be too tired **2** *rel.* (*om tid*) when; (*i vilket fall*) in which case; *den tid kommer* ~ the time will come when; *nu* ~ *vi* now that we **II** *konj* **1** (*temporal*) when; (*med participialkonstruktion*) on; ~ *jag fick se honom tänkte jag* on seeing him I thought; *just* ~ just as **2** (*kausal*) as, since; ~ *så är förhållandet* that being the case; ~ *vädret nu är vackert* since the weather is fine now, the weather being fine now
dåd *s7* deed, act; (*bragd*) feat, exploit; *med råd och* ~ by word and act; *bistå ngn med råd och* ~ give s.b. advice and assistance **-kraftig** energetic, active **-lust** eagerness to achieve great things **-lysten** eager to achieve [great things] **-lös** inactive, inert
dåförtiden *då för tiden* at that time, in those days
dålig *-t sämre sämst* **1** bad; (*otillräcklig, skral*) poor; (*otillfredsställande*) unsatisfactory; (*sämre*) inferior; (*ond*) evil, wicked; (*usel*) mean, base; *en* ~ *affär* a bad bargain; ~ *andedräkt* bad breath; ~*t hjärta* a weak heart; *på* ~*t humör* in a bad temper; ~ *hörsel* bad hearing; ~ *kvalitet* poor (inferior, bad) quality; ~ *luft* bad air; *han är ingen* ~ *människa* there is no harm in him; ~*t rykte* (*samvete*) a bad reputation (conscience); ~ *sikt* poor visibility; ~ *smak* bad taste (*äv. bildl.*); *komma i* ~*t sällskap* get into bad company; ~*a tider* bad (hard) times; ~*a vanor* bad habits; *det var inte* ~*t!* that's not bad! **2** (*sjuk*) ill, not quite well; indisposed; poorly; *AE. äv.* mean; *känna sig* ~ feel out of sorts, feel bad (*AE. äv.* mean)
dålighet *vara ute på* ~*er* (*vard.*) be out on the spree, paint the town red
dåligt *adv* badly; poorly; *affärerna går* ~ business is bad; *höra* ~ hear badly; *ha det* ~ [*ställt*] be badly off; *det gick* ~ *för henne i franska* she did badly in French; *det är* ~ *med respekten* there is a lack of respect; *det blir* ~ *med päron i år* there will not be many pears this year; *se* ~ have poor sight (weak eyes); *äta* ~ have a poor appetite
1 dån *s3, bot.* hemp nettle
2 dån *s7* noise, roar[ing]; thunder; rumble
1 dåna (*dundra*) roar, boom; thunder; rumble
2 dåna (*svimma*) faint [away], swoon [away]
dåndimpen *s i uttr.*: *få* ~ have a fainting-fit
dår|a infatuate, bewitch **-aktig** *a1* foolish; (*starkare*) idiotic, insane, mad **-aktighet** foolishness; idiocy, madness; *en* ~ a [piece of] folly
dår|e *s2* madman (*fem.* madwoman), lunatic: (*friare*) fool **-fink** nut **-hus** lunatic asylum; *AE., vard.* booby-hatch; *ett rent* ~ bedlam **-skap** *s3* [piece of] folly; *rena* ~*en* sheer madness (folly)
dåsa doze, be drowsy **dåsig** *a1* drowsy, half asleep **dåsighet** drowsiness
dåtida *oböjligt a* the...of that time **dåtiden** *enligt* ~*s sed* according to the customs of that time (day)
dåvarande *a4* the...of that time, then; ~ *fröken A.* Miss A., as she was then; *i sakernas* ~ *läge* in the then [existing] state of affairs; *under* ~ *förhållanden* as things were then
d.ä. (*förk. för den äldre*) *se under äldre*
däck *s7* **1** (*fartygs-*) deck; *alle man på* ~*!* all hands on deck!; *under* ~ below deck; under hatches **2** (*bil-*) tyre; *AE.* tire; *slanglöst* ~ tubeless tyre
däcka *sjö.* deck **däckad** *a5* decked
däckel *s2, boktr.* tympan, packing; (*papperstillverkning*) deckle, deckel
däcks|befäl ship's officers (*pl*) **-hus** deckhouse **-last** deck cargo **-personal** deck staff **-stol** deck chair
dädan from there, thence
dägg|a suck[le] **-djur** mammal
däld *s3* dell, glen
dämma *v2* dam, bank up, stem, block; ~ *för* (*igen, till, upp*) dam up **dämmare** *mus.* damper
dämp|a moderate, check; (*starkare*) subdue; (*ljud*) muffle, hush; (*färg äv.*) tone down, soften; (*eld*) damp [down], extinguish; (*instrument*) mute; *bildl. äv.* damp, calm; (*vrede e.d.*) subdue, suppress; (*en boll*) trap; *med* ~*d röst* in a hushed (subdued) voice **-ning** moderation *etc.*
dän away; *gå* ~*!* go away!
däng *s7* walloping **dänga** *v2* **1** (*slå*) wallop; smack **2** ~ *iväg* rush off; ~ *till ngn* strike s.b.
där 1 *demonstr.* there; ~ *borta* (*framme, inne, nere, uppe, etc.*) over (on *el.* up, in, down, up *etc.*) there; ~ *hemma* at home; ~ *har vi det!* there you are!; ~ *sa du ett sant ord* you hit the nail on the head there; ~ *ser du* I told you so; *så* ~ like that, in that way; *vem* ~? who's there?; *det finns ingenting* ~ there is nothing there **2** *rel.* where; *ett hus* ~ *man* a house where (in which) you
där|an *vara illa* ~ be in a bad way; *vara nära* ~ *att* come near + *ing-form* **-av** of (by; from; off, out of; with) it (that, them); ~ *blev ingenting* nothing came of it; ~ *följer att* hence (from that) it follows that; ~ *kommer det sig att* that's [the reason] why; *fem barn,* ~ *tre pojkar* five children, three of them boys; *i anledning* (*till följd*) ~ on that account
där|efter after (for; about; according to; by) that (it, them); (*om tid äv.*) afterwards; (*därnäst*) then; *ett par dagar* ~ a few days later; *först* ~ *känner man sig* not until after that will you feel; *resultatet blev* ~ the result was as might have been expected; *rätta sig* ~ conform to it (that) **-emellan** between them; (*om tid*) in between; (*stundtals*) at times **-emot 1** (*emot det*) against it **2** (*emellertid*) on the other hand; (*tvärtom*) on the contrary; *då* ~ whereas, while **-est** if; (*ifall*) in case; ~ *icke* unless
därför I *adv* for (to; of; before; on; in) it (that, them); *han kunde inte ange ngt skäl* ~ he could give no reason for this; *till stöd* ~ in support of it **II** *konj* therefore; (*i början av sats*) so, consequently, accordingly, for that reason, on that account; ~ *att* because; *det var* ~ *som* that is [the reason] why; *det var just* ~ *som* it was just on that account that

därhän 1 (*så långt*) so far, to that point; to such an extent; *det har gått ~ att* it has gone so far that **2** *lämna det ~* leave it at that
däri in that (it, the matter, the letter *etc.*); (*i detta avseende*) in that respect; (*vari*) in which; *~ ligger skillnaden* that is where the difference is; *~ misslyckades han fullständigt* he failed completely there
där|ibland among them (others; other things); including **-ifrån** from there (it, the place *etc.*); *~ och dit* from there to there; *borta* (*bort*) *~* away, gone; *jag reser ~ i morgon* I shall be leaving [there] tomorrow; *han bor inte långt ~* he lives not so far away [from there]; *långt ~* (*bildl.*) far from it **-igenom 1** (*från det*) through it (them, the room *etc.*) **2** (*med hjälp därav, medelst detta*) thereby; by that [means], by this, in this way; *redan ~ är mycket vunnet* even this is a step in the right direction
därjämte besides, in addition
därmed 1 (*med detta*) by (with) that (it, them, that remark *etc.*); *i enlighet ~* accordingly; *i samband ~* in this connection; *~ gick han sin väg* with that (those words) he departed; *~ var saken avgjord* that settled the matter; *~ är inte sagt att* that is not to say that; *~ är mycket vunnet* that helps a great deal; *~ är vi inne på* that brings us to; *och ~ basta!* and that's that!; *och ~ jämförliga varor* and other similar goods **2** (*medelst detta*) by that (those) means **3** (*följaktligen*) so, consequently
därnäst next, in the next place; *den ~ följande* the one immediately following
därom 1 *rumsbet.* of it; *norr* (*till höger*) *~* to the north (to the right) of it **2** (*angående den saken*) about (concerning, as to) that (it, the matter *etc.*), on (to, in, of) that; *~ tvista de lärde* on that point the scholars disagree; *~ är vi eniga* we agree about that; *vittna ~* bear witness to that
därpå 1 *rumsbet.* [up]on (in; to; at) it (them *etc.*) **2** *tidsbet.* after that; (*sedan äv.*) then, afterwards; (*därnäst*) next; *dagen ~* the following (next) day; *strax ~* immediately afterwards **3** *bildl.* [up]on (of, by, to) it (them *etc.*); *ett bevis ~ är* a proof of it (that) is; *ta miste ~* mistake it
därstädes there
därtill 1 to (for; into; of; at; towards) it (that, them *etc.*); *~ behövs pengar* for that money is required; *~ bidrog också* a contributory factor was; *~ hör också* to that category also belong; *~ kommer* to that must be added, then there is; *anledningen ~ är okänd* the reason for that is unknown; *med ~ hörande* with the…belonging to it (relating thereto); *med allt vad ~ hör* with everything that goes with it; *med hänsyn ~* in consideration of that **2** (*därutöver*) in addition, besides
därunder 1 *rumsbet.* under (beneath, below) it (that *etc.*) **2** (*om tid*) during the time; while it (*etc.*) lasts (lasted); meanwhile; *~ fick han* while doing so he received **3** *barn på sex år och ~* children of six and under; *äpplen till… och ~* apples at…and less
däruppå *se därpå*
därur out of it
därutöver above [that]; *vad ~ är* the rest is; *önskas ngt ~* should you require anything more; *jfr däröver*
därvarande *a4* local; residing (stationed) there
därvid 1 *rumsbet.* at (in; on; along; by; near; close to; beside; of; to; over) it (that, them *etc.*) **2** (*om tid*) at (during) it (the time *etc.*), on that occasion, then; in doing so, when that happens; *~ bör man helst* when that happens it is best to; *~ föll han och* in doing so he fell and; *~ upptäckte man* then (on that being done) it was discovered; *och sade ~* saying in doing so; (*ett sammanträde hölls*) *och ~ beslöts* during which it was decided **3** *~ blev det* it was left at that; *fästa avseende ~* pay attention to that
därvidlag in that respect; on that point (subject); *~ måste man vara försiktig* great care must be taken in this respect
däråt at (to; in; [out] of; over) it (that *etc.*); *den kostade 15 pund eller någonting ~* it cost 15 pounds or something like that
däröver over (above; across; of; at) it (that, them *etc.*); *~ i USA* over there in the USA; *100 pund och ~* 100 pounds and upwards; *jfr därutöver*
däst [-ä:-] *a1* (*tjock o. fet*) obese; (*övermätt*) full up, gorged
däven *a3* damp, moist
dävert ['dä:-] *s2, sjö.* davit
dö *dog dött* die; *~ av skratt* die with laughter; *~ av svält* (*törst, ålderdom*) die of starvation (thirst, old age); *~ bort* die away; *~ en naturlig död* die a natural death; *~ för egen hand* die by one's own hand; *~ för fosterlandet* die for one's country; *~ i lunginflammation* die of pneumonia; *~ ifrån hustru och barn* die leaving wife and children; *~ ut* die out (off), (*om ätt äv.*) become extinct; *så nyfiken så jag kan ~* I am dying of curiosity; *vinden mojnade och dog* the wind died down
döbattang folding door
död I *s2* death; (*frånfälle*) decease, demise; *~en i grytan* (*bibl.*) death in the pot, *vard.* a sure death; *~en inträdde efter några timmar* he (she) died after a few hours; *~en var ögonblicklig* death was instantaneous; *det blir min ~* it will be the death of me; *du är ~ens om* you are a dead man (woman *etc.*) if; *ligga för ~en* be dying, be at death's door; *gå i ~en för* die for; *in i* (*intill*) *~en* unto death; *ta ~ på* kill [off], exterminate; *strid på liv och ~* life and death struggle; *pina ngn till ~s* torture s.b. to death; *vara ~ens lammunge* be done for **II** *a1* dead; *den ~e* (*~a*) the dead man (woman *etc.*), the deceased; *de ~a* the dead; *~a* (*tidningsrubrik*) deaths; *~a, sårade och saknade* killed, wounded and missing; *~ för världen* dead to the world; *~ mans grepp* dead man's handle (pedal); *~ punkt* (*tekn.*) dead centre (point), (*-läge*) deadlock, *bildl.* dull moment; *~ vinkel* dead (blind) angle; *bollen är ~* the ball is out of play; *falla ~ ner* fall down dead; *Döda havet* the Dead Sea; *dött kapital* (*språk*) dead capital (language); *dött lopp* dead heat
döda 1 kill (*äv. bildl.*) **2** (*växel, inteckning, motbok*) cancel; (*konto*) close; (*check äv.*) stop
Dödahavsrullarna the Dead Sea Scrolls
död|ande I *s6* killing *etc.* **II** *a4* killing; fatal; *ett ~ slag* a mortal blow **III** *adv, ~ tråkig* deadly dull **-dagar** *pl, till ~* till death, to one's dying day **-dansare** bore; *vard.* spoilsport, wet blanket **-full** blind [drunk] **-född** *a5* stillborn; (*friare*)

D

abortive; *-fött förslag* abortive project **-förklara** officially declare...dead **-förklaring** official declaration of death **-grävare 1** gravedigger, sexton **2** *zool.* burying beetle, sexton **-gång** *tekn.* backlash, play **-kött** proud flesh; *med.* granulation tissue
dödlig [ˣdö:d-] *a1* deadly; mortal, fatal, lethal; ~ *dos* lethal dose; *sjukdomen fick ~ utgång* the illness was fatal; *en vanlig ~* an ordinary mortal **dödlighet** mortality **dödlighetsprocent** death (*särsk. AE.* mortality) rate
död|ligt [ˣdö:d-] *adv* mortally, fatally; *vara ~ kär* be madly in love **-läge** deadlock, stalemate **-period** slack period
döds|aning premonition of death **-annons** obituary [notice] **-attest, -bevis** death certificate **-blek** deadly pale, livid
dödsbo estate [of a deceased person] **-delägare** party to an estate; (*arvtagare äv.*) heir, inheritor **-förvaltare** estate administrator (executor), trustee
döds|bricka identification (identity) disc **-bringande** *a4* deadly **-bud** news of a p.'s death **-bädd** deathbed; *på ~en* on one's deathbed **-cell** death cell **-dag** *ngns ~* day (anniversary) of a p.'s death **-dans** dance of death; danse macabre **-dom** death sentence **-dömd** *a5* sentenced to death; *bildl.* doomed; (*sjuk*) given up [by the doctors]; *hon är ~* there is no hope for her **-fall** death; (*säljs*) *på grund av ~* owing to decease of owner (*etc.*) **-fara** mortal danger **-fiende** mortal enemy; deadly foe **-fruktan** fear of death **-fälla** deathtrap **-förakt** contempt of death **-föraktande** *a4* intrepid **-förskräckt** *a4* terrified; *vara ~ för ngt* be frightened (scared) to death of s.th. **-hjälp** mercy killing; *med.* euthanasia
dödskalle death's-head, skull **-fjäril** death's-head moth
döds|kamp death struggle, agony **-körning** fatal car accident **-lik** deathlike, deathly **-mask** death mask **-märkt** *a4, vara ~* be marked by death; fey **-mässa** Requiem **-offer** victim, fatal casualty; *olyckan krävde ett ~* the accident claimed one victim **-olycka** fatal accident **-orsak** cause of death **-riket** the kingdom of the dead; Hades, hell **-rossling** death rattle **-runa** obituary [notice] **-ryckningar** *pl* death throes (*äv. bildl.*) **-siffra** death toll **-sjuk** dying, moribund **-skri** dying shriek **-skugga** shadow of death **-stilla** *a4* deathly still **-straff** capital punishment, death penalty; *förbjudet vid ~* forbidden on pain of death **-stråle** death ray **-stöt** deathblow **-synd** mortal (deadly) sin **-trött** *a4* dog-tired, tired to death **-tyst** *a4* silent as the grave **-tystnad** dead silence **-ur** *zool.* deathwatch beetle **-ångest** agony [of death]; *bildl.* mortal (deadly) fear **-år** *ngns ~* the year of a p.'s death **-ängel** angel of death
död|säsong off-season (slack) period **-vatten** (*bildl.*) deadlock; *råka i ~* reach a deadlock **-vikt** deadweight **-viktton** deadweight ton
döende dying, moribund
dög *imperf. av duga*
dök *imperf. av dyka*
dölja *dolde dolt* hide; conceal (*för* from); (*överskyla*) disguise; *bakom signaturen...döljer sig* ...is the pen name of
döma [ˣdömma] *v2* **1** (*be-*) judge (*efter* by); ~ *andra efter sig själv* judge others by o.s.; ~ *ngn för hårt* be too severe in one's judgment of s.b. **2** (*avkunna dom över*) sentence, condemn; ~ *ngn till böter* fine s.b.; ~ *ngn till döden* sentence s.b. to death; ~ *ngn skyldig till stöld* find s.b. guilty of theft; *dömd att misslyckas* doomed to failure **3** (*fälla omdöme*) judge (*om, över* of); *av allt att ~* to all appearances; *av ~ omständigheterna* (*utseendet*) *att ~* judging from circumstances (by appearances); *mänskligt att ~* as far as one can judge; *döm om min förvåning* judge of (imagine) my surprise **4** (*avkunna dom*) pronounce sentence (*över* on); (*friare*) pronounce judgment (*över* on); (*i fotboll, boxning m.m.*) referee; (*i fri idrott*) judge; (*i kricket, baseball, tennis*) umpire
döp|a *v3* baptize; (*barn, fartyg*) christen; *han -tes till John* he was christened (given the name of) John **-are** baptizer, baptist; *Johannes D~n* John the Baptist **-else** baptism
dörj *s2* (*fiskredskap*) handline **dörja** fish by handline
dörr *s2* door; *följa ngn till ~en* see s.b. out; *gå från ~ till ~* go from door to door; *inom lyckta ~ar* behind closed doors, in camera, *parl.* in a secret session; *stå för ~en* (*bildl.*) be imminent ([near] at hand); *visa ngn på ~en* turn s.b. out, show s.b. the door; *öppna ~ens politik* open-door policy **-handtag** [door]knob **-karm** doorframe, doorcase **-klapp** knocker **-klocka** doorbell **-knackare** door-to-door salesman, hawker **-lås** [door] lock **-matta** doormat **-nyckel** latchkey, doorkey **-post** doorjamb, doorpost **-spegel** door panel **-springa** chink of the door **-stopp[are]** doorstop **-stängare** door closer **-tröskel** doorsill; doorstep **-vakt** doorkeeper; (*t.ex. på hotell*) doorman **-vred** *se -handtag* **-öppning** doorway
dös *s2* dolmen
dösnack *s7, vard.* gibberish, chatter, twaddle **dösnacka** talk rubbish (rot), twaddle, chatter
dött *sup. av dö*
döv *a1* deaf (*för* to); ~ *på ena örat* deaf in one ear; *tala för ~a öron* talk to deaf ears
döv|a deafen; alleviate; *bildl.* stun, benumb; ~ *hungern* still one's hunger; ~ *sitt samvete* silence one's conscience; ~ *smärtorna* deaden the pains **-het** deafness **-lärare** teacher of the deaf **-skola** school for the deaf **-stum** deaf-and-dumb, deaf-mute; *en ~* a deaf-mute **-stumhet** deaf-muteness, deaf-mutism **-öra** *mest i uttr.*: *slå ~t till* turn a deaf ear (*för* to)

E

EAN *förk. för European Article Numbering*

eau-de-cologne [ådökå'lånj] *s5* cologne, Cologne water, eau de Cologne

eau-de-vie [ådö'vi:] *s5* brandy

ebb *s3*; ~ *och flod* ebb and flow; *det är* ~ it is low tide; *det är* ~ *i kassan* my (*etc.*) funds are low, I am (*etc.*) short of money **ebba** ~ *ut* ebb [away], peter out

ebenholts [-å-] *s3, s4* ebony **-svart** [as black as] ebony **-trä** ebony

ebonịt *s3* vulcanite, ebonite; hard rubber

echaufferad [eʃå'fe:-] *a5* hot [and bothered]

ecklesiastịk|departement ~*et* the [Swedish] ministry of education and ecclesiastical affairs, (*i Storbritannien, ung.*) the ministry of education **-minister** minister of education and ecclesiastical affairs, (*i Storbritannien, ung.*) minister of education

Ecuador [ekua'då:r] *n* Ecuador **ecuadoriạn** *s3,* **ecuadoriansk** [-'a:nsk] *a5* Ecuador[i]an

e.d. (*förk. för eller dylikt*) *se under dylik*

ed *s3* oath; *avlägga* ~ take an oath, swear; *gå* ~ *på* take one's oath upon, swear to; *gå* ~ *på att* swear that; *låta ngn gå* ~ *på* take a p.'s oath; *under* ~ on (upon, under) oath

edamerost [ˣe:dam-] Edam

EDB (*förk. för elektronisk databehandling*) E.D.P. (electronic data processing)

edda *s1* Edda; *äldre* (*poetiska*) *E~n* Elder (Poetic) Edda; *yngre* (*prosaiska*) *E~n* Younger (Prose) Edda **-diktning** Eddaic poetry **-kväde** Eddaic poem (song)

edelweiss [ˣe:delvais *el.* 'e:del-] *s3* edelweiss

Eden ['e:den] *n* Eden; ~*s lustgård* Garden of Eden

eder ['e:-] *se er*

edera edit

edgång swearing

edịkt *s7* edict

edịl *s3* aedile

edition edition

edlig [ˣe:d-] *a1* sworn; *under* ~ *förpliktelse* under oath

eds|avläggelse taking of an oath **-förbund** confederation

edsvuren *a5* sworn

E-dur E major

EEG (*förk. för elektroencefalogram*) EEG (electroencephalogram)

efedrịn *s3, med.* ephedrin[e]

efemerịd *s3 astr.* ephemeris **-sekund** ephemeris second **-tid** ephemeris time

efemạ̈r *a1* ephemeral

efes[i]er [e'fe:-] Ephesian **-brevet** Ephesians (*pl, behandlas som sg*); *eg.* the Epistle of Paul the Apostle to the Ephesians

effẹkt *s3* **1** (*verkan*) effect; *göra god* (*dålig*) ~ produce (make, have) a good (bad) effect **2** *tekn.* power, efficiency; (*maskins*) output, capacity **3** (*föremål*) ~*er* goods [and chattels], effects; *kvarglömda* ~ lost property; *expedition för tillvaratagna* ~ lost property office; *jfr reseffekter* **-full** striking, effective **-förvaring** left-luggage office, cloakroom; *AE.* checkroom

effektịv *a1* effective, efficient, efficacious, effectual; (*verklig*) actual; ~ *arbetstid* actual working hours; ~ *avkastning* actual yield; ~ *hästkraft* brake horsepower; ~ *ränta* effective (actual) rate [of interest]; ~*t värmevärde* net calorific (*AE.* heating) value **-[is]era** make more effective (efficient), increase the capacity of **-itet** efficiency, effectiveness, capacity **-värde** *elektr.* root mean square value

effektsökeri straining (striving) after effect

effektuera execute, accomplish, fulfil, carry out

effeminerad [-'ne:-] *a5* effeminated

efor [e'få:-r] *s3* ephor

efter ['eff-] **I** *prep* **1** after; (*bakom äv.*) behind; [*omedelbart*] ~ on, immediately after; ~ *att ha sett pjäsen* after seeing (having seen) the play; ~ *avslutat arbete* when work is over; ~ *en timme* (*vanl.*) an hour later; ~ *Kristi födelse* (*e.Kr.*) anno Domini (A.D.); ~ *mottagandet av* on receipt of; *den ena* ~ *den andra* one after the other; *göra rent* ~ *sig* clean up after one; *stå* ~ *ngn i kön* stand behind s.b. in the queue (*AE.* line); *stå* ~ *ngn på listan* be after s.b. on the list; *vara* ~ *de andra* (*äv. bildl.*) be behind the others; *vara* ~ *sin tid* be behind the times; *han lämnade en väska* ~ *sig* he left a bag behind [him]; *hon heter Anna* ~ *sin mamma* she is called Anna after her mother, Anna is named after her mother; *hon är klen* ~ *sjukdomen* she is frail after her illness; *stäng dörren* ~ *dig!* shut the door after (behind) you! **2** (*utmed*) along; (*nedför*) down; (*uppför*) up; ~ *kanten* along the edge; *fukten rann* ~ *väggarna* the walls were glistening with moisture **3** (*betecknande mål el. syfte*) for; *annonsera* (*ringa, skicka, skriva*) ~ advertise (ring, send, write) for; *böja sig* ~ *ngt* stoop to pick up s.th.; *jaga* ~ *popularitet* run after popularity; *sökandet* ~ the search for; *polisen var* ~ *honom* the police were after him **4** (*från*) from; (*efterlämnad av*) of; *arvet* ~ *föräldrarna* the inheritance from one's parents; *märken* ~ *fingrarna* marks of the fingers; *spela* ~ *noter* play from music; *trött* ~ *resan* tired from the journey; *utplåna spåren* ~ obliterate the tracks of; *hon är änka* ~ *en kapten* she is the widow of a captain **5** (*enligt*) according to; (*med ledning av äv.*) by, from, on, to; (*efter förebild el. mönster av äv.*) after; ~ *bästa förmåga* to the best of one's ability; ~ *gällande priser* at present prices; ~ *min uppfattning* in (according to) my opinion; ~ *mått* to measure; ~ *vad de säger* according to them; ~ *vad du har gjort så skall du inte klaga* after what you have done, you shouldn't complain; ~ *vad jag har hört* from what I have heard; ~ *vad jag vet* as far as I know; *inga spår att gå* ~ no clues to go by; *gå* ~ *kompass* walk by the compass; *klädd* ~ *senaste modet* dressed after the latest fashion; *ordna* ~ *storlek* arrange according to size; *rätta sig* ~ conform to; *segla* ~ *stjärnorna* sail by the stars; *spela* ~ *gehör* play by ear; *ställa klockan* ~ *radion* set one's watch by the radio; *sälja ngt* ~

vikt sell s.th. by weight; *teckna ~ modell* draw from a model **6** ([*in*]*om*) in; (*alltsedan*) since; (*räknat från*) of; *~ den dagen har jag varit* since that day I have been; *~ några dagar* in (after) a few days (days' time); *inom ett år ~ giftermålet* within a year of the marriage **7** (*i riktning mot*) at; *slå ~* aim a blow at **8** *~ hand* (*så småningom*) gradually, little by little, by degrees, (*steg för steg*) step by step; *~ hand som* [according] as **II** *adv* **1** (*om tid*) after; *dagen ~* the day after, the following day; *min klocka går ~* my watch is slow (losing); *kort ~* shortly after[wards] **2** (*bakom, kvar*) behind; *vara ~ med* be behind (*om betalning*: in arrears) with **III** *konj* **1** *vard.* (*eftersom*) since **2** *~* [*det att*] after

efter|apa imitate, ape, mimic **-apning** [-a:-] imitation, mimicry (*äv. konkr.*); (*förfalskning*) counterfeit **-behandling** after-treatment, finishing; curing; follow-up **-besiktning** supplementary (final) inspection **-beskattning** additional (supplementary) taxation **-beställning** reorder, repeat (follow-up) order **-bild** after-image, aftersensation **-bilda** imitate, copy **-bildning** imitation, copy **-bliven** *a5* (*outvecklad*) backward; retarded; (*föråldrad*) old-fashioned, out of date **-blivenhet** backwardness **-blomstring** after-flowering **-brännkammare** afterburner **-börd** afterbirth **-börs** [exchange] dealings (*pl*) after trading hours **-dyningar** repercussions, consequences, aftereffects; aftermath (*sg*) **-forska** search for, investigate, inquire into (after) **-forskning** search (*efter* for), inquiry (*efter* about, *i* into), investigation (*i* into) **-fråga** inquire (ask) for; *mycket ~d* in great demand **-frågan** *r* **1** (*förfrågan*) inquiry **2** (*eftersökthet*) demand, request (*på* for); *livlig* (*dålig*) *~* brisk (slack) demand; *ha stor ~* be in great demand; *tillgång och ~* supply and demand **-följande** *a4* following, succeeding, subsequent **-följansvärd** *a5* worth following, worthy of imitation **-följare** **1** (*anhängare*) follower, adherent **2** (*efterträdare*) successor **-följd** *mana till ~* be worth imitating **-gift** *s3* **1** (*medgivande*) concession **2** (*efterskänkande*) remission **-given** [-j-] *a5* compliant, indulgent, yielding (*mot* to) **-givenhet** [-j-] indulgence, compliance, compliancy (*mot* towards, to) **-gjord** *a5* imitated; (*förfalskad*) counterfeit **-granskning** final examination (scrutiny)

1 efterhand *s, komma i ~* take second place; *sitta i ~* be the last player

2 efterhand *adv, se under hand 1*

efter|hängsen *a3* importunate, persistent; *en ~ person* a hanger-on **-härma** imitate, copy; echo **-härmning** imitation, copy; echo **-kalkyl** cost account[ing] **-klang** lingering note, resonance; *bildl.* reminiscence; echo **-klok** *vara ~* be wise after the event **-klokhet** hindsight **-komma** comply with, obey **-kommande I** *a4* succeeding, following **II** *s pl* (*avkomlingar*) [one's] descendants **-kontroll** supervisory control **-krav** cash on delivery (*förk.* C.O.D.); *sända varor mot ~* send goods C.O.D.; *uttaga genom ~* cash (*AE.* collect) on delivery, charge forward **-krigstid** postwar period **-kälke** *komma på ~n* get behindhand, be outdistanced, (*med betalning*) be in arrears **-känning** aftereffect; *ha ~ar av* suffer from the aftereffects of **-leva** (*rätta sig efter*) observe, obey, act up to **-levande I** *a4* surviving **II** *s9* survivor **-leverans** supplementary delivery **-levnad** observance (*av* of), obedience, adherence (*av* to) **-likna** imitate; (*tävla med*) emulate (*i* in) **-lysa 1** (*person*) search for, notify as missing, send out (*i radio* broadcast) a p.'s description; post s.b. as wanted [by the police]; *vara -lyst av polisen* be wanted by the police; *-lysta arvingar* heirs sought for **2** (*sak*) advertise for, advertise as missing, search for **-lysning 1** (*av pers.*) notification of missing person, circulation (*i radio* broadcasting) of a p.'s description **2** (*av sak*) advertisement of the loss of, search for **-låten** *a5* lenient, indulgent (*mot* to, towards) **-lämna** leave [behind]; (*arv*) leave; *~ skrifter* posthumous works, literary remains; *hans ~de förmögenhet* the fortune he left; *A:s ~de maka, fru A.* Mrs. A., widow of the late Mr. A. **-längtad** *a5* [eagerly] longed for, eagerly awaited

efter|middag afternoon; *i ~* this afternoon; *i går* (*i morgon*) *~* yesterday (tomorrow) afternoon; *på ~en* (*~arna*) in the afternoon (afternoons); *på lördag ~* on Saturday afternoon **-middagskaffe** afternoon coffee **-mäle** *s6* posthumous reputation; *han har fått ett gott ~* he has been judged favourably **-namn** surname; *AE. äv.* last name **-natt** later part of the night; *på ~en* late at night **-ord** (*i bok*) epilogue, afterword **-prövning** supplementary examination **-rationalisering** hindsight wisdom **-räkning 1** (*tilläggsräkning*) additional bill **2** (*obehaglig påföljd*) unpleasant consequence **-rätt** sweet, dessert; pudding; *vard.* afters (*sg el. pl*) **-rättelse** observance, example; *lända till ~* serve as an example, be complied with **-satt** *a4* (*försummad*) neglected; *de ~a grupperna i samhället* the underprivileged [social] groups **-siktväxel** *se avisoväxel* **-sinna** think [over], meditate [on] **-sinnande I** *a4* thoughtful, contemplative, reflecting **II** *s6* consideration, reflection; *vid närmare ~* on second houghts **-skalv** aftershock **-skicka** send for; *komma som ~d* arrive at the right moment **-skott** [-å-] *s7, i ~* in arrears; *betala i ~* pay after (on) delivery **-skrift** appendix, supplement; (*t. brev*) postscript **-skänka** (*straff*) remit, pardon; (*skuld*) remit, release **-skänkning** [-ʃ-] remission **-skörd** aftermath (*äv. bildl.*); gleanings (*pl*) **-släckning** final extinction [of a fire]; *bildl.* day-after party **-släng** *en ~ av* another slight bout (attack) of **-släntrare** laggard, straggler; (*sölare*) latecomer, dawdler, lingerer **-släpning** [-ä:-] lag, delay **-smak** aftertaste **-snack** *vard.* postmortem [talk]

eftersom as, seeing [that], since; (*alldenstund*) inasmuch as; (*allteftersom*) [according] as

efter|spana search for; *~d av polisen* wanted by the police **-spaning** search, inquiry; *anställa ~ar* institute a search (*efter* for), make inquiries **-spel 1** *mus.* postlude **2** epilogue; *bildl.* sequel, consequences (*pl*); *saken kommer att få rättsligt ~* the matter will have legal consequences **-sträva** aim at, strive to attain; *det ~de målet* the objective, the target aimed at **-strävansvärd** *a1* worth striving for, desirable **-stygn** backstitch

-synkronisering playback **-sägare** repeater; echo **-sända 1** (*skicka efter*) send for **2** (*skicka vidare*) forward, send on; *-sändes* (*på brev*) please forward, to be forwarded (redirected) **-sätta** (*försumma*) neglect, disregard **-sättsblad** *bokb.* [back] flyleaf (endpaper) **-sökt** *a4* (*begärlig*) in great demand, popular, sought after; *vara mycket ~* be in great demand

efter|tanke reflection, consideration; *utan ~* carelessly, thoughtlessly; *vid närmare ~* on second thoughts, on further consideration; *~ns kranka blekhet* the pale cast of thought **-taxera** assess [for arrears] **-taxering** additional assessment [for arrears] **-trakta** *se eftersträva*; *~d* coveted **-trupp** rearguard **-tryck 1** (*kraft*) energy, vigour; *med ~* energetically **2** (*betoning*) stress, emphasis; *ge ~ åt* lay stress on, emphasize; *med ~* emphatically, with emphasis **3** (*avtryckt upplaga*) reprint; (*olovligt*) piracy; *~ förbjudes* all rights reserved, copyright **-trycklig** *a1* **1** (*om handling*) energetic, vigorous **2** (*om yttrande*) emphatic **-träda** succeed; (*ersätta*) replace **-trädare** successor; *B:s ~ (förk. eftr.)* (*hand.*) Successor[s *pl*] (*förk.* Succ.) to B. **-tänksam** *a1* thoughtful; (*förståndig*) prudent, circumspect **-verkan** aftereffect **-vård** aftercare **-värkar** afterpains **-värld[en]** posterity; *gå till ~en* go (be handed) down to posterity, (*till historien*) go down in history

efteråt 1 (*senare*) afterwards, later **2** (*bakom*) behind, after

EG (*förk. för europeiska gemenskaperna*) EEC (European Economic Community)

egal *a1*, *det är mig ~t* it is all one (all the same) to me **egalisera** make uniform; establish equality

Egeiska havet [e'ge:-] the Aegean Sea

eg|en *a3* **1** (*tillhörande ngn*) own (*föregånget av genitiv el. poss. pron*); *mina -na barn* my own children; *skolans -na elever* the school's own pupils; *bilda sig en ~ uppfattning om* form an opinion about; *ha ~ bil* have a car of one's own; *ha ~ ingång* have a private entrance; *vara sin ~* be one's own master; *öppna -et* (*~ affär*) start a business of one's own; *av ~ erfarenhet* from one's own experience; *av ~ fri vilja* of one's own free will; *för ~ del* for my (*etc.*) own part, personally; *för -et bruk* for private (personal) use; *i ~ hög person* in person; *tala i ~ sak* plead one's own cause; *i [sitt] -et hem* in one's own home; *i sitt -et intresse* in one's own interest; *i -et namn* in one's own name; *med -na ord* in one's own words; *på ~ begäran* on his (her) request; *på ~ bekostnad* at one's own expense; *på ~ hand* by oneself; *på -et initiativ* on one's own initiative; *stå på -na ben* stand on one's own feet **2** (*karakteristisk*) peculiar (*för* to), characteristic (*för* of) **3** (*underlig*) odd, strange

egen|art distinctive character, individuality **-artad** [-a:r-] *a5* (*säregen*) peculiar, odd **-dom** [-dɔmm] *s2* **1** (*utan pl*) property; *enskild ~* private property; *fast ~* real property (estate); *lös ~* personal property, personalty; (*ägodel*[*ar*]) possession[s] **2** (*med pl, jordagods*) estate

egendomlig [-dɔmm-] *a1* **1** (*besynnerlig*) peculiar, strange, odd, queer, singular **2** (*utmärkande*) characteristic (*för* of), peculiar (*för* to) **-het 1** (*besynnerlighet*) peculiarity, strangeness, oddity, queerness, singularity **2** (*utmärkande drag*) characteristic [trait], peculiarity

egendoms|agent estate (house) agent; *AE. äv.* realtor **-brott** crime involving property **-folk** *~et* (*bibl.*) the peculiar people **-gemenskap** (*fleras*) community of property; (*allas*) public (common) ownership **-lös** unpropertied, without property

egen|het peculiarity; *han har sina ~er* he has his own little ways **-händig** in one's own hand[writing], autograph; *~ namnteckning* own (proper) signature, autograph **-händigt** *adv* with one's own hands; (*friare*) in person, oneself; *~ bakade kakor* home-made cakes **-kär** conceited; [self-]-complacent **-kärlek** conceit; [self-]complacency **-mäktig** arbitrary, high-handed; *~t förfarande* unlawful (unauthorized) interference **-namn** proper noun (name) **-nytta** selfishness, self-interest **-nyttig** selfish, self-interested **-rättfärdig** self-righteous **-rättfärdighet** self-righteousness **-sinne** wilfulness, obstinacy **-sinnig** *a1* wilful, obstinate, headstrong

egenskap *s3* **1** (*beskaffenhet*) quality; *besitta en ~* possess a quality; *god* (*dålig*) *~* good (bad) quality **2** (*kännetecken*) attribute; (*kännemärke*) characteristic **3** (*särskild ~*) property; *järnets ~er* the properties of iron **4** (*erforderlig ~*) qualification **5** (*persons ställning, roll*) capacity, quality; *i min ~ av lärare* in my capacity of (as a) teacher

egentlig [e'jent-] *a1* **1** (*huvudsaklig, främst*) real; *det ~a syftet med* the chief (real) purpose of **2** (*verklig, sann*) real, true, intrinsic[al]; *i ordets ~a* (*motsats t. bildliga*) *betydelse* in the literal (strict, proper) sense of the word; *~a England* England proper; *~t bråk* (*mat.*) proper fraction **3** *fys.*, *~* (*specifik*) *vikt* specific gravity (weight)

egentligen [e'jent-] (*i själva verket*) really, in fact; (*med rätta*) by right[s]; *~ borde jag gå och lägga mig* I ought to go to bed, really; *~ är hon ganska snäll* she is really quite nice

egenvärde intrinsic value

egg *s2* edge

egg|a *~ [upp]* egg on, incite; (*stimulera*) stimulate **-ande** *a4* inciting, incentive **-else** incitement, incentive; stimulation

egg|vapen cutting weapon; side arms (*pl*) **-verktyg** sharp-edged tool

egid *s3* aegis

egnahem owner-occupied house **egnahemslån** loan to build one's own home

ego ['e:gɔ] *n* ego, self **-centricitet** egocentricity **-centriker** [-'senn-] egocentric **-centrisk** [-'senn-] *a5* egocentric, self-centred **-ism** egoism **-ist** egoist **-istisk** [-'iss-] *a5* egoistic[al], selfish **-tism** egotism **-tripp** ego trip

Egypten [e'jypp-] *n* Egypt

egypt|[i]er [e'jyppt(s)ier] Egyptian **-isk** *a5* Egyptian **-iska 1** (*språk*) Egyptian **2** (*kvinna*) Egyptian woman **-olog** Egyptologist **-ologi** *s3* Egyptology

eho *åld.* whosoever

ehuru [e×hu:-] [al]though, even if

einsteinium [ain'stain-] *s8* einsteinium

ej [ejj] *se inte*; *~ heller* nor

eja [×ejja] *~ vore vi där!* would we were there!

ejakul|at *s7* ejaculate, semen **-ation** ejaculation **-era** ejaculate
ejder ['ejj-] *s2* eider [duck] **-dun** eiderdown **-hane** eider drake, male eider **-hona** female eider
ejektor [eˣjektår] *s3* ejector, jet
ek *s2* oak; (*virke*) oak [wood]; *av ~* (*äv.*) oak[en]
1 eka *s1* skiff, punt
2 eka *v1* echo; reverberate; resound (*äv. bildl.*)
eker ['e:-] *s2* spoke
EKG (*förk. för elektrokardiogram*) E.C.G. (electrocardiogram)
ekip|age [-'pa:ʃ] *s7* carriage [and horses], turnout; equipage **-era** equip, fit out **-ering** [-'pe:-] equipment, outfit; *se äv. herrekipering*
ekivok [-'vå:k] *a1* indelicate, indecent, suggestive; dubious
eklatant [-'ant *el.* -'aŋt] *a1* striking; brilliant, startling **eklatera** announce, make public
ekl|att I *a* official, public **II** *adv* officially, publicly
eklekt|icism eclecticism **-iker** [e'klekk-] *s9*, **-isk** [e'klekk-] *a5* eclectic
eklip|s *s3* eclipse **-tika** [e'klipp-] *s1* ecliptic
eklog [-'lå:g] *s3* eclogue
eklut [ˣe:k-] assay; *gå igenom ~en* (*bildl.*) go through the mill
eklärera illuminate, light up
eklöv oak leaf
eko ['e:ko] *s6* echo; *ge ~* [make an] echo
ekocid *s3* ecocide
ekollon acorn
ekolod echo sounder, sonar, asdic **-ning** echo sounding
ekolog|i *s3* ecology **-isk** [-'lå:-] *a5* ecological
ekon|om economist **-ometri** *s3* econometrics (*pl, behandlas som sg*)
ekonomi *s3* economy; (*affärsställning*) financial position, finances (*pl*); (*vetenskap*) economics (*pl, behandlas som sg*); *han har god ~* his financial position is good **-avdelning** (*i företag*) economic department; (*på hotell o.d.*) catering department **-byggnad** (*på lantgård*) farm building, annex **-chef** financial manager, accountant **-departement** ministry of economics **-förpackning** economy pack (size) **-klass** economy (tourist) class **-minister** minister of economics (for economic affairs)
ekonomisera economize **ekonomisk** [-'nå:-] *a5* economic; (*penning-*) financial; (*sparsam*) economical; *~ fråga* economic question; *~ förening* incorporated (economic) association; *~ geografi* economic geography; *~ livslängd* economic life; *~ ställning* financial status (position); *~a svårigheter* financial difficulties; *~ utveckling* economic development; *~ i drift* economical in operation; *i ~t avseende* economically, financially **ekonomiskt** [-'nå:-] *adv* economically; *~ oberoende* financially independent; *~ sett* from an economic point of view
ekorr|e [red] squirrel **-hjul** treadwheel, treadmill (*äv. bildl.*)
eko|sfär ecosphere **-system** ecosystem **-typ** ecotype
ekoxe stag beetle
e.Kr. (*förk. för efter Kristus*) A.D. (anno Domini)
eksem *s7* eczema **-artad** [-a:r-] *a5* eczematous
ekstock 1 (*stock*) oak log **2** (*eka*) punt, skiff
ekumen|ik *s3* ecumenicalism, ecumenicism **-isk** [-'me:-] *a5* ecumenic[al]
ekvation equation
ekvations|lära theory of equations **-system** compound equation
ekvator [eˣkva:tår] *s3* equator **-ial** *a5* equatorial
ekvecklare *zool.* green oak tortricid
ekvilibrist equilibrist **-isk** *a5* equilibristic
ekvival|ens *s3* equivalence, (*särsk. kem.*) equivalency **-ent** *s3 o. a1* equivalent
el- *se äv. elektricitets-, elektrisk*
elaffär electrical appliance shop (store)
elak [ˣe:lak] *a1* **1** (*ond, ondskefull*) evil, wicked, bad; (*stygg, bråkig*) naughty, mischievous; (*illvillig, illasinnad*) malicious, spiteful, malevolent, (*starkare*) malignant; (*giftig*) venomous; (*bitande*) cynical, caustic; (*t. karaktären*) ill-disposed (*mot* towards); ill-natured; (*ovänlig*) unkind, mean (*mot* to); (*grym*) cruel (*mot* to) **2** (*obehaglig, motbjudande*) nasty, horrid, bad; *~ lukt* (*smak*) nasty (bad) smell (taste); (*besvärlig*) troublesome; *en ~ hosta* a troublesome (nasty) cough **-artad** [-a:r-] *a5* (*om sjukdom o.d.*) malignant, virulent, pernicious; (*om olyckstillbud e.d.*) serious **-het** evilness *etc.*; malice, spitefulness, malevolence; malignancy; venom; evil disposition; unkindness, meanness; cruelty
elakt *adv* spitefully, ill-naturedly, unkindly *etc.*; *det var ~ gjort av honom* it was nasty (spiteful, horrid) of him to do that
elasticitet elasticity; resilience **elasticitetsmodul** modulus of elasticity, elastic modulus **elastisk** [e'lass-] *a5* elastic; resilient; *~ binda* elastic bandage
el|behandling electroconvulsive (electroshock) therapy **-belysning** electric lighting
eld *s2* **1** fire; *~en är lös!* fire!; *~ upphör!* cease fire!; *fatta* (*ta*) *~* catch (take) fire; *ge ~* fire, begin firing; *göra upp ~* make a fire, light a (the fire); *koka vid sakta ~* boil over a slow fire; *sätta* (*tända*) *~ på* set on fire, set fire to; *vara i ~en* be under fire; *öppna ~ mot* open fire on **2** (*för cigarett o.d.*) light; *stryka ~ på en tändsticka* strike a match; *vill du låna mig lite ~?* may I trouble you for a light? **3** *bildl.* fire, spirit; (*eldighet*) ardour, fervour; (*entusiasm*) enthusiasm; *gå genom ~ och vatten* go through fire and water; *leka med ~en* play with fire; *mellan två ~ar* between two fires; *vara ~ och lågor* be all aflame, be on fire
elda 1 (*göra upp eld*) light a fire; keep a fire burning; *~ med kol* (*ved*) burn coal (wood), use coal (wood) for heating; *~ ordentligt* make a good fire; *~ på* keep up a good fire; *vi måste ~ här* we must light a fire here **2** (*uppvärma*) heat; get hot; (*ångpanna e.d.*) fire; (*egga*) rouse, inspire; *pannan ~s med koks* the furnace is fired by coke; *~ upp a*) (*värma upp*) heat, *b*) (*i maskin e.d.*) get up the fire[s *pl*], *c*) (*förbruka*) burn up, consume; *~ upp sig* get excited
eld|are stoker, fireman **-begängelse** [-jäŋ-] cremation **-dop** baptism of fire; *få sitt ~* (*äv.*) be put to the test for the first time **-fara** danger (risk) of fire, fire risk; *vid ~* in case of fire **-farlig** inflammable **-fast** fireproof; *~ form* ovenware,

casserole; ~ *glas* heat-resistant glass; ~ *lera* fire clay; ~ *tegel* firebrick **-fluga** firefly **-fängd** [-äŋd] *a1* [in]flammable; *bildl. äv.* fiery **-gaffel** poker **-givning** [-ji:v-] firing **-handvapen** firearm **-hastighet** rate of fire **-hav** sea of fire **-hund** firedog, andiron **-härd** seat of the (a) fire **-härjad** *a5* fire ravaged
eldig *a1* fiery, ardent, passionate
eldistribution distribution of electrical energy
eld|kastare flame-thrower **-klot** fireball **-kraft** *mil.* fire power **-kula** fireball; *astr. äv.* bolide **-kvast** puff of flame and smoke **-ledning** *mil.* fire control **-linje** *mil.* firing line
eldning firing, heating; lighting of fires; ~ *med ved* wood firing, (*på ångbåt*) stoking **eldningsolja** [domestic] fuel oil, heating oil; *tjock* ~ (*tjockolja*) heavy fuel oil; *tunn* ~ (*villaolja*) light fuel oil
eldorado [-'ra:-] *s6* eldorado
eld|prov (*gudsdom*) ordeal by fire; *bildl.* ordeal **-röd** red as fire, flaming red **-rör 1** (*på kanon o.d.*) tube, barrel **2** (*i ångpanna*) fire-tube **-salamander** European fire salamander **-själ** dedicated person **-sken** firelight **-skrift** *i* ~ in letters of fire **-skärm** fire screen
Eldslandet Tierra del Fuego
eldsljus *vid* ~ by candlelight (artificial light)
eldslukare fire-eater
eldslåga flame of fire
eldsläck|are fire-extinguisher **-ning** fire fighting
eldsläcknings|apparat *se eldsläckare* **-manskap** fire brigade, firemen (*pl*)
eldsländare Fuegian
eldsmärke *med.* haemangioma
eld|sprutande *a4* fire-spitting; ~ *berg* volcano; ~ *drake* firedrake, firedragon **-stad** *-staden -städer* fireplace, hearth; (*kamin, kakelugn*) stove; (*på lok*) firebox; (*på ångbåt*) furnace **-stod** *bibl.* pillar of fire **-strid** gunfight **-stål** steel
eldsvåda *s1* fire; (*större*) conflagration; *vid* ~ in case of fire
eld|säker fireproof, flameproof **-tång** fire-tongs (*pl*) **-understöd** *mil.* fire support **-vapen** firearm, gun **-vatten** firewater **-verkan** *mil.* fire effect
elefant elephant **-bete** elephant's tusk **-gräs** elephant grass **-hane** bull elephant **-hona** cow elephant
elefantiasis [-ˣti:- *el.* -'ti:-] *r* elephantiasis
elefantunge calf elephant
eleg|ans [-'ans *el.* -'aŋs] *s3* elegance; (*stass*) finery; (*i uppträdande*) refinement, polish; (*smakfullhet*) style; (*prakt*) splendour **-ant** [-'ant *el.* -'aŋt] *a1* (*om stil*) elegant; (*om kläder*) stylish, tasteful, fashionable, smart; (*om uppträdande*) refined
elegi [-'gi: *el.* -'ʃi:] *s3* elegy (*över* on) **elegisk** [-'le:-] *a5* elegiac
elektor [eˣlektår] *s3* elector **elektorskår** electorate
elektrakomplex Electra complex
elektricitet electricity
elektricitets|lära electricity **-mängd** [electric] charge
elektrifi|era electrify **-ering** electrification
elektriker [e'leck-] electrician
elektrisera electrify; *bildl.* enthuse
elektrisk [e'leck-] *a5* electric; (*friare o. bildl.*) electrical; ~ *affär* (*anläggning*) electric appliance shop (plant); ~ *belysning* electric light[ing]; ~ *energi* electrical energy; ~ *industri* electrical industry; ~ *laddning* [electric] charge; ~*a ledningar* electric wiring; ~ *motor* (*spis, uppvärmning*) electric motor (cooker *el.* stove, heating); ~*a stolen* the electric chair, *vard.* the chair; ~ *ström* [electric] current; ~ *urladdning* electric discharge; ~*t värmeelement* electric heater (heating element)
elektrod [-'å:d] *s3* electrode
elektro|dynamik electrodynamics (*pl, behandlas som sg*) **-dynamisk** electrodynamic[al] **-encefalogram** electroencephalogram **-filter** electrofilter; electrostatic filter (precipitator) **-fon** [-'få:n] *s3* electrophone **-for** [-'få:r] *s3* electrophorus **-fores** *s3* electrophoresis **-fysiologi** electrophysiology **-ingenjör** electrical engineer **-kardiogram** electrocardiogram **-kemi** electrochemistry **-kemisk** electrochemical **-kirurgi** electrosurgery
elektro|lys *s3* electrolysis **-lysera** electrolyse **-lyt** *s3* electrolyte **-lytisk** [-'ly:-] *a5* electrolytic[al]
elektro|magnet electromagnet **-magnetisk** electromagnetic; ~ *strålning* electromagnetic radiation **-magnetism** electromagnetism
elektro|mekanik electromechanics (*pl, behandlas som sg*) **-mekanisk** electromechanical **-metallurgi** electrometallurgy **-motorisk** electromotive (*kraft* force)
elektron [-'å:n] *s3* electron **-blixt** electronic flash **-fysik** electron physics **-hjärna** *vard.* electronic brain, computer
elektronik *s3* electronics (*pl, behandlas som sg*)
elektronisk [-'trå:-] *a5* electronic; ~ *databehandling* electronic data processing; ~ *musik* electronic music
elektron|kanon electron gun **-mikroskop** electron microscope **-negativitet** electronegativity **-optik** electron optics **-rör** electron tube; [electronic] valve, tube; *AE.* vacuum tube **-ugn** electron oven **-volt** electronvolt
elektro|skop electroscope **-statik** *s3* electrostatics (*pl, behandlas som sg*) **-statisk** electrostatic **-stål** electric steel
elektro|teknik *s3* electrotechnology, electrical engineering **-tekniker** electrical engineer **-teknisk** electrotechnical **-terapi** (*behandling*) electrotherapy; (*vetenskap*) electrotherapeutics (*pl, behandlas som sg*)
elelement [ˣe:l-] heating element, electric heater
element *s7* **1** element; *de fyra* ~*en* the four elements; ~*ens raseri* the fury of the elements; *vara i sitt rätta* ~ be in one's element; *ljusskygga* ~ shady characters **2** (*första grund*) element, rudiment **3** *tekn.* cell; *galvaniskt* ~ galvanic cell (element); *byggn.* unit; (*värme-*) radiator; (*elektriskt*) heating element, electric heater
elementar|analys [-ˣta:r-] elementary analysis **-bok** primer (*i* of) **-partikel** elementary (fundamental) particle **-skola** secondary school

E

elementborste radiator brush
elementär *a1* elementary, basic; ~ *kunskaper* elementary (fundamental) knowledge; (*enkel, ursprunglig*) simple; rudimentary
elenergi electrical energy
elev *s3* pupil; (*vid högskola, kurs o.d.*) student; (*praktikant*) learner, trainee; (*lärling*) apprentice; (*kontors-, bank-*) junior [clerk]; *en av mina f.d. ~er* one of my former pupils; *skolans f.d. ~er* the old boys (girls *etc.*); *AE.* the alumni (*sg* alumnus), *fem.* alumnae (*sg* alumna)
eleva|tion elevation **-tionsvinkel** angle of elevation
elevator [-ˣa:tår] *s3* elevator; (*för tungt gods*) hoist
elev|hem [college] hostel; *AE.* dormitory **-kår** body of pupils (students) **-organisation** student (pupil) organization **-råd** student (pupil) council **-skola** *teat.* drama[tic] school **-tid** period of training **-tjänstgöring** probationership; apprenticeship
elfenben ivory; *av* ~ (*äv.*) ivory
Elfenbenskusten the Ivory Coast
elfenbens|torn ivory tower **-vit** ivory [white]
elfte eleventh; *Karl XI* Charles XI (the Eleventh); *i ~ timmen* at the eleventh hour **-del** eleventh [part]; *en* ~ one-eleventh
el|förbrukning electricity consumption **-gitarr** electric guitar
Elia[s] [eˣli:-] (*profet*) Elijah; (*i Nya testamentet*) Elias
elidera elide
eliminer|a eliminate **-ing** elimination
elinstallatör electrician; (*firma*) electrical contractor
Elisabet [eˣli:-] Elizabeth **elisabetansk** [-'a:nsk] *a5* Elizabethan
elision elision
elit *s3* elite; pick; flower; choice; *en ~ av* a picked group of; *~en av* the pick (cream) of **-idrott** competitive sports **-ism** elitism **-ist** elitist
elit|kår corps d'élite **-trupp** picked troop **-tänkande** elitism
elixir *s7* elixir
eljes[t] *se annars*
elkraft electrical power **-försörjning** power supply **-station** [electrical] power plant **-verk** [electrical] power station
eller ['ell-] **1** or; ~ *dylikt* or something like that; ~ *hur, se hur 2*; ~ *också* or [else]; *antingen...~* either...or; *en ~ annan person* some person or other; *om en ~ annan timme* in an hour or two (so) **2** (*efter varken*) nor; *varken min bror ~ min syster* neither my brother nor my sister
ellips *s3* **1** *geom.* ellipse **2** *språkv.* ellipsis (*pl* ellipses) **-formig** *a1* elliptic[al], oval
elliptisk [e'lipp-] *a5 geom., språkv.* elliptic[al]
el|lok electric locomotive **-motor** electric motor
elmseld Saint (St.) Elmo's fire, corposant
el|mängd [electric] charge **-mätare** electricity meter **-nät** electric mains (*pl*), electric supply network
eloge [e'lå:ʃ] *s5* commendation, praise, eulogy; *ge ngn en ~* congratulate s.b. (*för* on), pay a tribute to s.b.
elokvens *s3* eloquence
elorgel electric organ; electronic organ
eloxera anodize
el|panna electric boiler **-ransonering** electricity rationing **-reparatör** electrician
elritsa [ˣe:l-, *äv.* ˣell-] *s1* minnow
elräkning electricity bill
Elsass ['ell-] *n* Alsace **elsassare** [-ˣsass-] *s9*, **elsassisk** [-'sass-] *a5* Alsatian
elsevier *se elzevier*
el|spis electric cooker **-ström** [electric] current **-svetsning** arc (electric) welding **-taxa** electricity rate **-transmission** transmission of electrical energy
eludera elude
el|uppvärmning electric heating **-uttag** socket
elva eleven (*för sms. jfr fem-*) **-hundratalet** the twelfth century **-tiden** *vid* ~ round (about) eleven **-tåget** the eleven o'clock train
el|verk electric (electricity) works **-visp** electric whisk **-värme** electric heating
elyseisk [-'se:-] *a5* Elysian; *E~a fälten* Elysian fields, Elysium
elzevier [-se'vi:r] *s3* Elzevir
elände [ˣe:- *el.* e'länn-] *s6* misery; (*nöd*) distress; (*missöde, otur*) misfortune, bad luck; (*obehag*) nuisance; *ett ~ till bil* a scrapheap of a car; *råka i ~* fall on evil days; *störta ngn i ~* reduce s.b. to misery; *vilket ~! a*) what misery!, *b*) what a misfortune!, *c*) what a nuisance! **eländig** [ˣe:- *el.* e'länn-] *a1* miserable, wretched
e.m. (*förk. för eftermiddagen*) p.m., P.M. (post meridiem)
emalj *s3* enamel (*äv. tand-*) **-arbete** [a piece of] enamelwork **-era** enamel; *~de kärl* enamelware (*sg*) **-ering** enamelling **-öga** glass (artificial) eye **-ör** enameller, enamellist
emanation emanation
emancip|ation emancipation **-era** emancipate
emanera emanate
emball|age [emm- *el.* amm-, -'a:ʃ] *s7* packing, wrapping; ~ *återtages* empties (packing) returnable; *exklusive* (*inklusive*) ~ packing excluded (included) **-era** pack, wrap up **-ering** [-'le:-] packing, wrapping
embargo [-'barr-] *s6* embargo; *lägga ~ på ett fartyg* lay (put) an embargo on a ship; *lägga ~ på* (*bildl.*) seize; *upphäva ett* ~ raise (take off) an embargo
embarker|a [emm- *el.* amm-] embark **-ing** embarkation **-ingskort** *flyg.* boarding pass
emblem *s7* emblem; badge
emboli *s3* embolism
embonpoint [*svenskt uttal* aŋ- *el.* ambåŋpo'äŋ] *s3* plumpness, stoutness
embryo ['emm-] *s6* embryo (*pl* embryos) **-log** embryologist **-logi** *s3* embryology **-nal** *a1* embryonic, embryonal
emedan [eˣme:-] (*därför att*) because; (*eftersom*) as, since, seeing [that]; ~ *jag var upptagen kunde jag inte komma* as I was (being) busy I could not come
emellan [eˣmell-] **I** *prep* (*jfr mellan*); (*om två*) between; (*om flera*) among; *man och man ~* as one man to another; *det stannar oss ~* it remains strictly between ourselves; *oss ~ sagt* between ourselves; *vänner ~* between friends **II** *adv* be-

tween; *trädgårdar med staket ~* gardens with fences between; *ngt mitt ~* something in between; *inte lägga fingrarna ~* not spare s.b.; handle the matter without mittens; *ge 100 pund ~* give 100 pounds into the bargain (to square the transaction) **-åt** [e×mell-] occasionally, sometimes, at times; *allt ~* from time to time, every now and then

emellertid however

emerit|us [e'me:-] **I** *-us -i, r* emeritus (*pl* emeriti) **II** *oböjligt a* emeritus; *professor ~* professor emeritus

emfa|s *s3* emphasis **-tisk** *a5* emphatic

emfysem *s7, med.* emphysema

emigr|ant emigrant **-ation** emigration **-era** emigrate

emin|ens *s3, Ers (Hans) ~* Your (His) Eminence (Eminency) **-ent** *a1* eminent

emir *s3* emir **emirat** *s7* emirate

emissarie [-'a:rie] *s5* emissary

emission [emi'ʃɔ:n] (*av värdepapper*) issue

emissions|bank investment bank **-kurs** price (rate) of issue

emittera issue

emk (*förk. för elektromotorisk kraft*) emf, EMF (electromotive force)

emma *s1,* **emmastol** easy chair

emmentalerost [-×ta:-] Emmenthal[er]

e-moll E minor

emot I *prep, se mot*; *mitt ~ ngn* opposite [to] s.b.; *alla var ~ honom* everybody was against him **II** *adv, mitt ~* opposite; *för och ~* for and against; *skäl för och ~* (*äv.*) pros and cons; *det bär mig ~* it goes against the grain; *inte mig ~* I have no objection, it's O.K. by me

emotion emotion **emotionell** *a1* emotional

emotiv *a1* emotive

emot|se [×e:mɔ:t- *äv.* e×mɔ:t-], **-taga** *se motse, mottaga*

empati *s3* empathy

empir [emm- *el.* aŋ-] *s3, se empirstil* **-iker** empiricism **-isk** *a5* empirical **-ism** empiricism

empirstil [-×pi:r-] Empire style

emsersalt Ems salt

emu ['e:-] *s3* emu

emulg|ator [-×ga:tår] *s3* emulsifier **-era** emulsify **-eringsmedel** emulsifier

emul|sion emulsion **-sionsfärg** emulsion paint

1 en [e:n] *s2* (*buske*) [common] juniper; (*trä*) juniper [wood]

2 en [enn] *adv* (*omkring*) about, some; *det var väl ~ fem sex personer* there were some five or six persons; *han gick för ~ tio minuter sedan* he left about ten minutes ago

3 en [enn] (*jfr ett*) **I** *räkn.* one; *~ och ~* one by one; *~ gång* once; *~ och samma* one and the same; *~ till* another; *~ åt gången* (*i taget*) one at a time; *~ för alla och alla för ~* one for all and all for one; *det är inte ~s fel att två träter* it takes two to make a quarrel; *ta ~ kaka till!* help yourself to another biscuit! **II** *obest. art* a, an; *ibl.* one; (*framför vissa, i sht abstr. substantiv*) a piece of; *~ dag* one day; *~ upplysning* (*oförskämdhet*) a piece of information (impudence) **III** *obest. pron* one; (*kasusform av man*) one, you, me; *mitt ~a öga* one of my eyes; *~s egen* one's own; *~ och annan besökare* occasional visitors; *~ av de bästa böcker jag läst* one of the best books I have read; *den ~e av pojkarna* one of the boys; *den ~e...den andre* [the] one...the other; *den ~a efter den andra* one after another; *det ~a med det andra gör att jag* what with one thing and another I; *från det ~a till det andra* from one thing to another; *vad är du för ~?* who are you[, my boy *etc.*]?; *ingen tycker om ~ om man är elak* nobody likes you if you are nasty; *du var just en snygg ~!* you are a nice chap, I must say!

ena [×e:na] (*förena*) unite; (*foga samman*) unify; (*förlika*) conciliate; *~ sig* (*bli enig*) come to an agreement (*om* as to), (*komma överens*) agree (*om* [up]on, about, as to), *AE. äv.* get together

enahanda [×e:na-] **I** *a4* (*alldeles liknande*) identical, same **II** *s7* (*enformighet*) monotony, sameness

enaktare one-act play

enande [×e:n-] **I** *s6* unification, uniting **II** *a4* (*förenande*) uniting, unifying; (*förlikande*) conciliating

enarmad *a5* one-armed; *~ bandit* one-armed bandit, slot machine

enastående [×e:na-] **I** *a4* unique, unparalleled, exceptional; (*friare*) matchless, extraordinary **II** *adv* exceptionally, extremely

enbart [×e:nba:rt] merely; (*uteslutande*) solely, exclusively

enbent *a4* one-legged

enbuske [×e:n-] juniper [shrub]

enbyggare [×e:n-] *bot.* mon[o]ecious plant

enbär ['e:n-] juniper berry **enbärsbrännvin** gin

encefalit *s3* encephalitis

encefalogram [-'gramm] *s7* encephalogram

encellig *a1* unicellular

encykl|ika [-'sykk-] *s1* encyclical **-isk** *a5* encyclic[al]

encykloped|i [aŋ- *el.* enn-] *s3* encyclop[a]edia **-isk** [-'pe:-] *a5* encyclop[a]edic **-ist** encyclop[a]edist

encylindrig *a5* single-cylinder

end|a *pron* only, single, sole, one; *den -e* the only man; *det ~* the only thing; *en ~ gång* just once; *denna ~ vän* this one friend; *ingen ~* not a single one; *inte en ~ blomma* not a single flower; *hon är ~ barnet* she is an only child; *det blev en ~ röra* it turned into one big muddle

endast *adv* only, but; *~ för vuxna* adults only **endaste** *pron* one single

endels in part

endemi *s3*, **endemisk** [-'de:-] *a5* endemic

endera ['enn-] **I** *pron* one [or the other] of the two; *~ dagen* one of these days, some day or other; *i ettdera fallet* in either case **II** *konj, se antingen*

endiv *s3*, **endivsallad** (*grönsallad*) endive; *AE.* chicory crown; (*handelsnamn på sallatcikoria*) chicory, succory

endo|ergisk [-'ärg-] *a5* endoergic **-gen** [-'je:n] *a5* endogenous

endokrin *a5* endocrine; *~ körtel* endocrine (ductless) gland **-ologi** endocrinology **-ologisk** [-'lå:-] *a5* endocrinologic[al]

endo|skop [-'skå:p] *s7* endoscope **-skopi** *s3* endoscopy

endossat [aŋ-, *äv.* enn-] endorsee; transferee

E

endoss|ement [aŋdåsse'maŋ *el.* enn-] *s7* endorsement **-ent** endorser **-era** endorse **-ering** [-'se:-] endorsement

endotęrm[isk] *a5* endothermic, endothermal

endräkt [ˣe:n-] *s3* concord, harmony; (*enstämmighet*) unanimity

energi [-'ʃi:] *s3* energy; *elektrisk* ~ electrical energy **-analys** energy analysis **-användning** energy application **-balans** energy balance **-bärare** energy carrier **-distribution** energy distribution **-förbrukning** energy consumption; (*elförbrukning*) power consumption **-förlust** loss of energy **-försörjning** energy supply (supplies) **-gröda** energy crop **-hushållning** rational use of energy **-knippe** bundle of energy **-kris** energy crisis **-källa** source of energy **-lagring** energy storage **-omvandling** energy conversion (transformation)

energisk [e'närgisk] *a5* (*full av energi*) energetic (*i* in, at); (*kraftfull*) vigorous

energi|skatt energy tax **-skog** energy forest **-snål** power saving **-sparande** energy saving **-system** energy system **-tillgång** energy supply; (*eltillgång*) power supply **-täthet** volume energy, energy density **-utvinning** energy recovery **-verk** *Statens* ~ [the Swedish] national energy administration **-åtgång** energy consumption **-överföring** energy transfer

enerver|a enervate, unnerve **-ande** *a4* enervating, trying

en face [aŋ'fass] (*om porträtt*) fullface

enfald [ˣe:n-] *s3* silliness, foolishness; (*starkare*) stupidity; *heliga* ~ sancta simplicitas **-ig** *a1* silly, foolish; stupid

enfamiljshus [one-family] house

en famille [aŋfa'mij] with one's family; at home; (*utan formaliteter*) informally

en|fasmotor single-phase motor **-filig** *a5* single-file **-formig** [-å-] *a1* monotonous, tedious, dull **-formighet** [-å-] monotony, dullness **-färgad** one-coloured; plain; (*om ljus, målning*) monochromatic **-född** *relig., den ~e sonen, Hans ~e son* the (His) only begotten Son

engag|emang [aŋgaʃe'maŋ] *s7* **1** (*anställning*) engagement, contract **2** *hand.* (*förpliktelse*) engagement, obligation, commitment; (*penningplacering*) investment **-era 1** (*anställa*) engage **2** (*förplikta*) engage, commit; *vara starkt ~d i* be deeply committed (engaged) in **3** *rfl*, ~ *sig i* engage (be engaged) in, concern o.s. with, (*intressera sig för*) interest o.s. in; ~ *sig för* stand up for

en garde [aŋ'gard] on guard

engelsk ['eŋ-] *a5* English; British; *~t horn* cor anglais, English horn; *E~a kanalen* the [English] Channel; *~a kyrkan* (*såsom institution*) the Church of England; ~ *mil* [English] mile; *~a pund* pound sterling; *~t salt* Epsom salts (*pl*); *~a sjukan* [the] rickets, rachitis; *~a språket* the English language, English

engelska ['eŋ-] **1** (*språk*) English; *på* ~ in English; *översätta till* ~ translate into English **2** (*kvinna*) Englishwoman, English lady

engelsk|fientlig anti-English, Anglophobe **-född** English-born, British-born **-språkig** *a5* English-speaking; (*om litteratur o.d.*) in English **--svensk** Anglo-Swedish; ~ *ordbok* English--Swedish dictionary **-talande** *a4* English-speaking, Anglophone **-vänlig** pro-English, pro-British, Anglophili[a]c

engels|man [ˣeŋ-] Englishman; *-männen a)* (*hela nationen*) the English, Englishmen, *b)* (*några engelsmän*) the Englishmen

engifte [ˣe:n-] monogamy; *leva i* ~ be monogamous

England ['eŋ-] *n* England; (*Storbritannien*) [Great] Britain; (*officiellt*) the United Kingdom [of Great Britain and Northern Ireland]

en gros [aŋ'grå:] wholesale

engros|firma [aŋ'grå:-] wholesaler **-handel** wholesale

engångs|belopp non-recurring (non-recurrent) amount **-bägare** (*dricks-*) disposable cup **-företeelse** non-recurrent phenomenon, isolated case **-förpackning** disposable packing (package) **-glas** nonreturnable bottle **-kostnad** non--recurrent charge, once-for-all cost **-lakan** disposable sheet **-servis** disposable tableware

enhet [ˣe:n-] (*enhetlighet*) unity; *mat., mil., sjö. m.m.* unit

enhetlig [ˣe:nhe:t-] *a1* (*om begrepp o.d.*) unitary; (*likartad*) uniform, homogeneous; (*om mode, typ o.d.*) standardized **-het** unity; uniformity, homogeneity; standardization

enhets|front united front **-pris** standard (uniform) price **-rörelse** *italienska ~n* the movement for Italian unity **-strävan** struggle for unity

en|hjärtbladig [ˣe:n-] *a5* monocotyledonous **-hällig** *a1* unanimous **-hänt** *a4* one-handed **-hörning** [-hö:r-] unicorn

enig *a1* (*enad*) united, unanimous; (*ense*) of one opinion, agreed; *bli ~[a]* come to an agreement (*med* with; *om* as to) **-het** unity; unanimity; agreement; concord; ~ *ger styrka* unity is strength

enkammarsystem unicameral (single-chamber) system

enkannerligen [en'kann-] [more] particularly

enkel ['enn-] *a2* **1** (*motsats dubbel el. flerfaldig*) single; ~ *biljett* single (*AE.* one-way) ticket **2** (*motsats sammansatt, tillkrånglad o.d.*) simple; (*flärdlös äv.*) plain; *av ~ konstruktion* of simple construction; *en vanlig ~ människa* just an ordinary person; ~ *uppgift* easy task (job); *av det enkla skälet att* for the simple reason that, simply because; *ju enklare ju simplare* the simpler the easier; *ha enkla vanor* have simple habits; *får jag bjuda på en ~ middag?* may I invite you to a simple dinner?; *känna sig* ~ feel very small

enkel|beckasin common (Wilson's) snipe **-het** (*jfr enkel*) singleness; simplicity **-knäppt** *a4* single-breasted **-rikta** *~d gata* (*trafik*) one-way street (traffic) **-rum** single room **-spårig** *a5* single-track, one-track (*äv. bildl.*); *vara* ~ (*bildl.*) have a one-track mind

enkel|t ['enn-] *adv* simply; *helt* ~ [quite] simply **-verkande** single-acting

enkilosburk [one-]kilo tin

enklạv *s3* enclave; enclosure

enkom [ˣennkåm] purposely, expressly, especially; ~ *för att* for the sole purpose of (+ *ing-form*), solely to (+ *inf.*)

enkrona *en* ~ a one-krona [piece]

enkät [aŋ-, *äv.* enn-] *s3* inquiry, investigation **-undersökning** opinion poll
enkönad [-ç-] *a5* unisexual
enlever|a [aŋle-] run away with; abduct **-ing** abduction
enlighet [ˣe:n-] *i uttr.*: *i ~ med* in accordance (conformity) with, according to
enligt [ˣe:n-] according to; *hand. äv.* as per; *~ faktura* as per invoice; *~ kontrakt* (*lag*) by contract (law); *~ min uppfattning* in my opinion
enmans|hytt single cabin **-kanot** single[-seater] canoe **-teater** one-man show **-valkrets** single-member constituency
enmotorig *a5* single-engined
enorm [-'årm] *a1* enormous, immense
enpartivälde one-party rule
en passant [aŋpa'saŋ] *schack.* in passing
en|plansvilla one-storey house, bungalow **-procentig** *a5* one-percent **-pucklig** *a5* single-humped
enquete *se enkät*
enradig *a5* (*om kavaj*) single-breasted; (*om halsband*) single row
enris [ˣe:n-] *s7* juniper twigs (*pl*) **-rökt** *a4* smoked over a fire of juniper twigs
enroller|a [aŋ-] enrol, enlist **-ing** enrolment, enlistment
en|rum [ˣe:n-] *i ~* in private; *tala med ngn i ~* have a private interview with s.b. **-rummare, -rumslägenhet** one-room[ed] flatlet; bed-sitter
1 ens *oböjligt a, sjö.* in line with each other
2 ens *adv, inte ~* not even; *med ~* all at once; *utan att ~ säga* without even saying; *om ~ så mycket* if that much
ensak [ˣe:n-] *det är min ~* it is my [private] affair (my [own] business)
ensam *a1* **1** (*enda*) sole; *~ innehavare* sole proprietor **2** (*allena*) alone; lonely, lonesome; (*ensamstående*) solitary; *~ i sitt slag* unique of its kind; *känna sig ~* feel lonely; *leva ett ~t liv* live a secluded life; *vara* (*bli*) *~* be (be left) alone; *vara ~ sökande* be the only applicant; *en olycka kommer sällan ~* misfortunes seldom come singly; *vi fick en ~ kupé* we had a compartment to (for) ourselves **-boende** *a4* living alone (on one's own) **-cell** solitary confinement **-försäljare** sole (exclusive) agent
ensamhet (*jfr ensam*) **1** solitariness **2** loneliness; *i ~en* in [one's] solitude; *i min ~* in my loneliness
ensamhetskänsla [feeling of] loneliness
ensam|jungfru maid-of-all-work, general [servant] **-rätt** sole (exclusive) right[s *pl*] **-stående** *a4* solitary, isolated; (*om person*) single, living alone; (*fristående*) detached; *~ förälder* single parent
ensartad *a5* similar, uniform
ense *bli ~ om* agree upon, come to an agreement (understanding) about; *vara ~* be agreed (*om* about), agree (*om att* that); *vi är fullständigt ~ med er* we are one (in complete agreement) with you
ensemble [aŋ'sambel] *s5* ensemble **-spel** ensemble playing
ensfyr *sjö.* range (leading) light
ensidig *a1* one-sided (*äv. bildl.*); (*partisk äv.*) partial, prejudiced, biased; (*om avtal o.d.*) unilateral **-het** one-sidedness *etc.*; prejudice, bias
ensiffrig *a5* one-figure; *~t tal* digit, figure
ensilage [aŋsi'la:ʃ *el.* enn-] *s7, lantbr.* ensilage
ensitsig *a1, ~t jaktplan* single-seater fighter
enskil|d [ˣe:nʃild] *a1* **1** (*privat*) private, personal; *-t rum* (*område*) private room (property, grounds); *inta* (*stå i*) *~ ställning* come to (stand at) attention; *~ väg* private road **2** (*enstaka*) individual; (*särskild*) specific, particular; *i varje -t fall* in each specific case
enskildhet privacy; *gå in på ~er* enter into particulars (details)
ensl|ig [ˣe:ns-] *a1* solitary, lonely; *~t belägen* solitary, isolated **-ing** *se enstöring*
ens|linje [ˣe:ns-] *sjö.* range (leading) line **-märke** *sjö.* range target (marker)
en|språkig *a5* unilingual **-spännare** gig, trap, buggy
enstaka [ˣe:n-] *oböjligt a* (*enskild*) separate, detached; (*sporadisk*) occasional; (*sällsynt*) exceptional; *i ~ fall* in exceptional cases; *någon ~ gång* once in a while; *på ~ ställen* in certain places; *vid ~ tillfällen* very occasionally
en|stavig *a5* monosyllabic; *~t ord* monosyllable **-stämmig** *a5* unanimous; *mus.* unison **-stämmigt** unanimously; *mus.* in unison **-ständigt** persistently; urgently **-störing** solitary, recluse, hermit **-tal 1** *mat.* unit **2** *språkv.* singular
entent[e] [aŋ'taŋt] *s3* [*s5*] entente
enterit *s3* enteritis
entita [ˣe:n-] *s1* marsh tit
entitet entity
entledig|a [-'le:-] dismiss, discharge **-ande** *s6* dismissal, discharge
entomo|log entomologist **-logi** *s3* entomology **-logisk** [-'lå:-] *a5* entomologic[al]
entonig *a5* monotonous; *mus.* monotone **-het** monotony; *mus.* monotone
entré [aŋ'tre:] *s3* **1** entrance; (*intåg*) entry; *göra sin ~* make one's appearance **2** *se -avgift*; *fri ~* admission free **-avgift** admission (entrance) fee; *~er* (*vid tävling m.m.*) gate money **-biljett** ticket [of admission]
entrecote [aŋtre'kå:t] *s5* entrecôte
entrepren|ad [aŋtre- *el.* entre-] *s3* contract [by tender]; *ta på ~* sign a contract for; *utlämna ett arbete på ~* invite tenders for a job **-ör** contractor
entrérätt entrée, first course
entresol[l] [aŋter- *el.* aŋtre'såll] *s3*, **-våning** mezzanine [floor], entresol
entropi *s3* entropy
enträgen [ˣe:n-] *a3* urgent, pressing; earnest; (*efterhängsen*) importunate; (*envis*) insistent; *~ begäran* urgent request; *~ bön* earnest prayer
enträget [ˣe:n-] *adv* urgently *etc.*; *be ngn ~ att* implore (entreat) s.b. to
entusi|asm [aŋ- *el.* enn-] *s3* enthusiasm **-asmera** inspire with enthusiasm, make enthusiastic **-ast** *s3* enthusiast **-astisk** [-'ass-] *a5* enthusiastic (*för* for), keen (*för* on)
en|tydig *a5* (*om ord o.d.*) univocal; (*otvetydig*) unequivocal, unambiguous; (*klar*) clear-cut, distinct **-var** everybody; *alla och ~* each and all **-veten** *a3, se envis* **-vig** [ˣe:nvi:g] *s7* duel, single

combat
environger [aŋvi'råŋer] *pl* environs
envis [ˣe:n-] *a1* stubborn, obstinate; (*ihärdig*) dogged; (*om pers. äv.*) pertinacious, headstrong; (*om sak äv.*) persistent; ~ *hosta* persistent cough; ~ *som synden* as obstinate as sin **envisas** *dep* be obstinate *etc.*; ~ *[med] att* persist in (+ *ing-form*) **envishet** stubbornness, obstinacy *etc.*
envoyé [aŋvɷa'je:] *s3* envoy
en|våldshärskare absolute ruler, dictator **-våningshus** one-storey house **-välde** [ˣe:n-] absolutism; dictatorship; autocracy **-väldig** [ˣe:n-] absolute; autocratic; sovereign **-värd[ig]** *a5* monovalent, univalent
enzym [-'(t)sy:m] *s4, s7* enzyme
enäggstvilling identical twin
enär *se eftersom, emedan*
enögd *a5* one-eyed
e.o. (*förk. för extra ordinarie*) pro tem (pro tempore)
eolsharpa [ˣe:åls-] aeolian (wind) harp
eon [e'å:n] *s3* aeon; *AE.* eon
eosin *s4* eosin[e]
epicentrum [-'senn-] epicentre
epidemi *s3* epidemic **epidemiologi** *s3* epidemiology **epidemisjukhus** isolation hospital, infectious disease unit **epidemisk** [-'de:-] *a5* epidemic
epi|fyt *s3* epiphyte **-gon** [-'gå:n] *s3* poor imitator **-grafik** epigraphy **-gram** [-'gramm] *s7* epigram
epik *s3* epic poetry **epiker** ['e:-] epic poet
epikuré *s3* epicurean; (*goddagspilt*) epicure **epikureisk** [-'re:-] *a5* epicurean
epilation epilation
epilepsi *s3* epilepsy **epileptiker** [-'lepp-] *s9*, **epileptisk** [-'lepp-] *a5* epileptic **epileptoid** [-tɷ'i:d] *a5* epileptoid, epileptiform
epilera epilate
epilog epilogue
episk ['e:-] *a5* epic
episkopal *a5* episcopal **-kyrkan** (*anglikanska kyrkan*) Church of England
episod *s3* episode, incident
epistel [-'piss-] *s2* epistle
epitaf *s7, s4*, **epitafium** [-'ta:-] *s4* memorial tablet; (*inskrift*) epitaph
epitel *s7* epithelium **-cell** epithelial cell
epitet *s7* epithet
epizooti *s3* epizootic
epok [e'på:k] *s3* epoch; *bilda* ~ make [a new] epoch; be a turning point **-görande** [-j-] *a4* epoch-making
eponym *s3* eponym
epos ['e:pås] *s7* epos, epic
epoxi|harts [eˣpåcksi-] epoxy (epoxide) resin **-plast** epoxy plastic
epsilon ['epsilån] *s7* epsilon
epsomsalt [ˣepsåm-] Epsom salts (*pl*)
epålett *s3* epaulet[te]
er *pron* **1** *pers.* you; *rfl* yourself, *pl* yourselves **2** *poss. a) fören.* your *b) självst.* yours; *Ers Majestät* Your Majesty; *~a dumbommar!* you fools!; *Er tillgivne* (*i brevslut*) Yours sincerely
era *s1* era
erbarmlig [-'barm-] *a1* (*ömkansvärd, ynklig*) pitiable; (*eländig*) wretched, woeful
erbium ['err-] *s4* erbium
erbjud|a [ˣe:r-] **1** (*med personsubj.*) offer; (*mera formellt*) proffer, tender; *jag blev -en att* (*äv.*) I was invited to **2** (*med saksubj.*) (*förete*) present; (*ge, lämna*) afford, provide; ~ *en ståtlig anblick* present an imposing sight; ~ *skydd mot* provide shelter from **3** *rfl* (*med personsubj.*) offer; volunteer; (*med saksubj.*) offer [itself]; present itself; occur, arise **erbjudan** *r* offer **erbjudande** *s6* (*anbud*) offer; *AE.* proposition; (*pris-*) quotation, tender
erektion [-k'ʃɷ:n] erection
eremit *s3* hermit **-age** [-'a:ʃ] *s7* hermitage; *E~t* (*i Leningrad*) the Hermitage **-boning** hermitage **-kräfta** hermit crab
erfara [ˣe:r-] **1** (*få veta*) learn (*av* from); learn, get to know **2** (*röna*) experience, feel
erfaren [ˣe:r-] *a3* experienced, practised; (*kunnig*) skilled, versed (*i* in) **-het** experience; *bli en ~ rikare* gain by experience, be taught by an experience; *veta av egen* ~ know from [one's own] experience; *vis av ~en* wise by experience; *ha dåliga ~er av ngt* have negative experience of s.th., find s.th. unsatisfactory **-hetsmässig** *a1* acquired by experience
erforderlig [ˣe:rfɷ:r-] *a1* requisite, necessary **erfordra** require, need, want; demand, call for; *om så ~s* if required (*etc.*), if necessary
erg (*enhet för energi*) erg
ergo|meter [-'me:-] *s2* ergometer **-nom** ergonomist; *AE.* biotechnologist **-nomi** *s3* ergonomics (*pl, behandlas som sg*); *AE.* biotechnology **-nomisk** [-'nå:-] *a5* ergonomic; *AE.* biotechnological
erhåll|a [ˣe:r-] (*få*) receive, get; (*bli tillerkänd äv.*) be awarded (granted); (*skaffa sig*) obtain, acquire, procure, secure; *vi har -it Ert brev* we are in receipt of your letter **-ande** *s6* receiving *etc.*, receipt; obtaining; *omedelbart efter ~t av* [immediately] on receipt of
erigera [-g-] erect
eriksgata [a Swedish] king's tour of the country
erinra **1** (*påminna*) remind (*ngn om ngt* s.b. of s.th.); ~ *sig* remember, recollect, recall; *hon ~r om sin mormor* she resembles her grandmother **2** (*invända*) *jag har ingenting att ~ mot* I have no objection to make to **erinran** *r* **1** (*påminnelse*) reminder (*om* of) **2** (*varning*) admonition (*om* as to) **3** (*invändning*) objection (*mot* to) **erinring** **1** *se erinran* **2** (*hågkomst*) recollection, remembrance
erkänd [ˣe:r-] *a5* acknowledged, recognized, accepted
erkänn|a [ˣe:r-] acknowledge; (*medge äv.*) admit; (*godkänna*) recognize, accept; ~ *mottagandet av ett brev* acknowledge receipt of a letter; ~ *sig besegrad* acknowledge defeat; ~ *sig skyldig* confess o.s. [to be] guilty, *jur. äv.* plead guilty **-ande** *s6* acknowledg[e]ment; admission; recognition **-sam** *a1* appreciative; grateful (*mot* to)
erkänsla [ˣe:r-] gratitude (*mot* to); *mot kontant ~* for a consideration; *som en ~ för* in recognition of
erlägg|a [ˣe:r-] pay; ~ *avgift för* make payment for, pay **-ande** *s6* paying, payment; *mot ~ av* on (against) payment of

ernå [ˣe:r-] attain, achieve **-ende** *s6* attaining, achievement; *för ~ av* in order to attain
erodera erode
erogen [-'je:n] *a5* erogenous; *~a zoner* erogenous zones [of the body]
erosion erosion
erot|ik *s3* eroticism, erotism; sex **-isk** [-'rɑ:- *el.* -'rå:-] *a5* erotic[al]
eroto|man *s3* erotomaniac **-mani** *s3* erotomania
ers [e:rs] *se er*
ersätt|a [ˣe:r-] **1** (*gottgöra*) *~ ngn för ngt* compensate s.b. for s.th., make up to s.b. for s.th.; *~ ngn för hans arbete* pay (recompense) s.b. for his work **2** (*träda i stället för, byta ut*) replace, take the place of; supersede **-are** substitute; proxy; (*efterträdare*) successor **-ning 1** compensation; (*skade-*) indemnity, damages (*pl*); (*betalning*) remuneration; *~ för sveda och värk* damages (*pl*) for pain and suffering; *AE.* smart money **2** (*surrogat*) substitute
ersättnings|anspråk claim for compensation (damages, indemnity) **-belopp** [amount of] compensation (indemnity) **-medel** substitute **-skyldig** liable to pay damages **-skyldighet** liability
ertappa [ˣe:r-] catch; *~ ngn i färd med att* catch s.b. (+ *ing-form*); *~ sig med att sitta och stirra* catch o.s. staring; *~ ngn på bar gärning* catch s.b. red-handed (in the act)
erupt|ion [-p'ʃɑ:n] eruption **-iv** eruptive
erövra [-ö:v-] conquer; *bildl. äv.* vanquish; (*intaga*) capture; (*pris, mästerskap o.d.*) win **erövrare** conqueror **erövrarfolk** nation of conquerors **erövring** conquest; capture; *göra ~ar* (*äv. bildl.*) make conquests
erövrings|krig war of conquest (aggression) **-lust[a]** eagerness (thirst) for conquest **-politik** policy of aggrandizement **-tåg** military expedition
Esaias [e'sai-] Isaiah; (*i Nya testamentet*) Esaias
eskader [-'ka:-] *s2, sjö.* squadron; *flyg.* group **-chef** *sjö.* commodore; *flyg.* group captain
eskal|ation escalation **-era** escalate
eskapad *s3* escapade
eskap|ism escapism **-ist** *s3*, **-istisk** *a5* escapist
eskarp *s3* escarp
eskatolog|i [-lå'gi:] *s3* eschatology **-isk** [-'lå:g-] *a5* eschatological
eskimå *s3* Eskimo **-isk** *a5* Eskimo
eskort [-'årt] *s3*, **eskortera** escort **eskortfartyg** escort vessel
esomoftast [esåmˣåff-] (*då o. då*) every now and then; (*för det mesta*) mostly; (*allt som oftast*) very often
esoterisk [-'te:-] *a5* esoteric
espadrill *s3* espadrille
esparto [es'partå] *s9*, **-gräs** esparto [grass]
esperan|tist Esperantist **-to** [-'rantå] *r* Esperanto
esplanad *s3* esplanade, avenue
espresso [-'presså] *s3* espresso
espri *s3* **1** (*kvickhet*) esprit, wit **2** (*fjäderknippe*) osprey plume, aigret[te]
1 ess *kortsp., se äss*
2 ess *s7, mus.* E flat
essay *se essä*
Ess-dur E flat major
esse *n, vara i sitt ~* be in one's element
essens [-'ens *el.* -'aŋs] *s3* essence
essentiell [-n(t)si'ell] *a5* essential
esskornett cornet
essä *s3* essay **-ist** essayist **-samling** collection of essays
est *s3* Est[h]onian
ester ['ess-] *s2, kem.* ester
estet *s3* aesthete **esteticism** aestheticism **estetik** *s3* aesthetics (*pl, behandlas som sg*) **estetiker** [-'te:-] aesthetician **estetisk** [-'te:-] *a5* aesthetic[al] **estetsnobb** aesthete
estimera esteem; *stat.* estimate
Estland ['est-] *n* Est[h]onia **estländare** *s9*, **estländsk** *a5* Est[h]onian **estländska 1** (*språk*) Est[h]onian **2** (*kvinna*) Est[h]onian woman
estnisk[a] ['est-] *se estländsk[a]*
estrad *s3* platform, dais, rostrum; stand **-debatt** panel [discussion]
e-sträng *mus.* E string
estuarium [-'a:-] *s4* estuary
etabler|a establish; *~ sig* set up [in business] for o.s., (*bosätta sig*) settle down; *~ sig som* set up as a **-ad** established **-ing** establishment
etablissemang *s7* establishment; *~et* (*det bestående samhället*) the Establishment
etage [e'ta:ʃ] *s5* storey, floor **-lägenhet** maison[n]ette; *AE.* duplex [apartment]
etan *s4, s3* ethane **etanol** [-'nå:l] *s3* ethanol, ethyl alcohol
etapp *s3* **1** (*förråds- el. rastställe*) halting-place; (*vägsträcka*) day's march; (*friare*) stage, lap; *rycka fram i ~er* advance by stages (*mil., i ansatser* by bounds; *i omgångar* by echelon); *försiggå i ~er* take place in stages **2** (*förråd*) depot **-linje** *mil.* supply route, communication zone **-vis** by (in) stages, gradually
etcetera [-'settra] et cetera (*förk.* etc., &c.)
eten *s3,s4* ethylene, ethene
eter ['e:-] *s2* ether, [di]ethyl ether, ethoxyethane; *~n* (*rymden*) the ether **-isera** etherize **-isk** [e'te:-] *a5* ethereal; *~a oljor* (*äv.*) essential oils
eternell *s3* immortelle, everlasting [flower]
eter|rus ether intoxication **-våg** ether wave
etik *s3* ethics (*pl, behandlas som sg i betydelsen vetenskap*) **etiker** ['e:-] moral philosopher, ethicist
etikett *s3* **1** (*lapp*) label (*äv. bildl.*); *sätta ~[er] på* label **2** (*umgängesformer, regler*) etiquette **-era** label
etiketts|brott breach of etiquette **-fråga** question of etiquette
etiologi *s3* aetiology
Etiopien [eti'ɑ:-] *n* Ethiopia **etiopier** [eti'ɑ:-] *s9*, **etiopisk** [eti'ɑ:-] *a5* Ethiopian
etisk ['e:-] *a5* ethical, moral
Etna [ˣe:t-] *n* [Mount] Etna
etnisk ['e:t-] *a5* ethnic[al]
etno|centrisk [-'senn-] *a5* ethnocentric **-centrism** ethnocentrism **-graf** *s3* ethnographer **-grafi** *s3* ethnography **-grafisk** [-'gra:-] *a5* ethnographical **-log** ethnologist **-logi** *s3* ethnology **-logisk** [-'lå:-] *a5* ethnological
eto|log ethologist **-logi** *s3* ethology **-logisk** [-'lå:-] *a5* ethological

E

Etrurien [-'tru:-] *n* Etruria
etrusk *s3*, **etrusker** [e'truss-] *s9*, **etruskisk** [e'truss-] *a5* Etruscan, Etrurian
ets|a etch; *~ sig in a)* eat its way (*i* into), *b) bildl.* make an indelible impression, engrave itself (*i* on) **-are** etcher **-medel** etchant **-ning** etching **-nål** etching-needle **-plåt** etched plate
ett (*se 3 en*); *~, tu, tre* all of a sudden; hey presto!; *~ är nödvändigt* one thing is necessary; *vara ~ med* be at one with; *klockan är ~* it is one o'clock; *i ~* continuously; *betalning i ~ för allt* composition (lump sum) payment; *hålla tre mot ~* lay three to one; *det kommer på ~ ut* it is all one, it's as broad as it's long **etta** *s1* **1** one; *komma in som god ~* come in an easy first; *~n[s växel]* [the] first [gear] **2** *se enrumslägenhet* **ettdera** *se endera*
etter ['ett-] **I** *s7* poison, venom; *bildl.* virulence, venom **II** *adv, ~ värre* worse and worse **-myra** fire ant
etthundrafemtio one hundred and fifty
ettiden *vid ~* about one o'clock
ettrig *a1* poisonous; *bildl. äv.* fiery, hot-tempered, irascible
ett|struken *a5, mus.* one-line; *-strukna C* middle C **-tusen** (*hopskr. ettusen*) one (a) thousand **-tåget** (*hopskr. ettåget*) the one o'clock train **-årig** *a5* one year's, one-year; (*årsgammal*) one-year old; (*som gäller för ett år*) annual **-åring** one-year old child (*etc.*), child of one (*etc.*); (*djur äv.*) yearling **-öring** one-öre piece
etui *s4* case; étui
etyd *s3* étude; study
etyl *s3* ethyl **-alkohol** *se etanol*
etylen *se eten* **-glykol** ethanediol, [ethylene] glycol
etymo|log etymologist **-logi** *s3* etymology **-logisk** [-'lå:-] *a5* etymological
eufemis|m *s3* euphemism **-tisk** *a5* euphemistic
eufon|i [evfå'ni:] *s3* euphony **-isk** [-'få:-] *s5* euphonic, euphonious
eufor|i [evfå'ri:] *s3* euphoria **-isk** [-'få:-] *a5* euphoric
eugen|ik [evg- *el.* evj-] *s3* eugenics (*pl, behandlas som sg*) **-isk** [-'ge:- *el.* -'je:-] *a5* eugenic
eukalyptus [evka'lypp-] *s2* eucalypt[us]
Euklides [-'kli:-] Euclid
eunuck [ev-] *s3* eunuch
Eurasien [-'a:-] *n* Eurasia
euro|dollar Eurodollar **-kommunism** Eurocommunism
Europa Europe **-marknaden** the European Economic Community, the Common Market
europa|mästare European champion **-mästerskap** European championship
Europarådet the Council of Europe
europaväg European highway
europé *s3* European
europe|isera Europeanize **-isk** [-'pe:isk *el.* -'pejsk] *a5* European
europium [-'rɔ:-] *s8* europium
Eurovision Eurovision
eutanasi [ev-] *s3* euthanasia, mercy killing
Eva Eve
evad whatever; *~ som* whatsoever
evakostym *i ~* in the nude (the altogether, *vard.* the raw); *vard.* in one's birthday suit
evakuer|a evacuate; *de ~de* the evacuees **-ing** evacuation
evaluera evaluate
evalver|a (*värdera*) estimate, evaluate; (*omräkna*) convert **-ing** estimation, evaluation; conversion
evangel|isation [-j-] evangelization **-isera** evangelize **-isk** [-'je:-] *a5* evangelical **-ist** evangelist **-ium** [-'je:-] *s4* gospel
evar where[so]ever
evenemang *s7* [great] event; function
eventualitet *s3* eventuality, contingency; *för alla ~er* against (for) an emergency
eventuell *a5* [if] any, possible, prospective; *~a förbättringar* emendations (improvements), if any; *~a kostnader* any expenses that may arise; *~a köpare* prospective buyers **eventuellt** *adv* possibly, perhaps; if necessary (required); *jag kommer ~* I may [possibly] come
evertebrat *zool.* invertebrate
evidens *s3, bevisa ngt till full ~* prove conclusively **evident** *a1* evident, obvious
evig *a1* eternal, everlasting; (*oavbruten*) perpetual; *den ~e* the Eternal one; *den ~a staden* (*Rom*) the Eternal City; *det ~a livet* eternal (everlasting) life; *var ~a dag* every single day; *en ~ lögn* a confounded lie; *detta ~a regnande* this perpetual (everlasting) rain; *~ snö* perpetual snow; *det tog en ~ tid* it took ages **evighet** eternity; *i [all] ~* for ever, in perpetuity; *för tid och ~* now and for evermore; *det är ~er sedan vi sågs* it's ages since we met
evighets|blomma *se eternell* **-göra** never-ending job **-låga** (*gas-*) pilot flame; *relig. e.d.* eternal flame **-längtan** yearning for things eternal **-maskin** perpetual motion machine **-tro** belief in eternity
evigt *adv* eternally; *för ~* for ever
evinnerlig [e'vinn-] *a5* eternal, everlasting, endless **-en** eternally; for ever
evolution evolution **-ist** evolutionist
evolutionsteori theory of evolution
evärdlig [e'vä:rd-] *a5* eternal; *för ~a tider* for ever, for all time
exakt *a1* exact; precise **-het** exactness; precision
exalt|ation exaltation **-erad** [-'te:-] *a5* exalted; (*friare*) excited, agitated
exam|en *-en -ina, r* examination; *vard.* exam; *avlägga akademisk ~* take a university degree, graduate; *ta ~* pass one's examination; *gå upp i ~* present o.s. for one's examination
examens|betyg examination certificate **-bok** *ung.* examination record book **-feber** exam nerves (*pl*) **-fordringar** examination requirements **-förrättare** examiner **-läsning** reading [up] for an examination **-nämnd** examining board, board of examiners **-uppgift** examination paper **-ämne** examination subject
examin|and *s3* examinee **-ation** examination **-ator** [-ˣa:tår] *s3* examiner **-era** examine, question; (*växt*) determine **-ering** (*av växt*) determination
excell|ens *s3* excellency; *Ers ~* Your Excellency **-ent** *a1* excellent **-era** excel (*i* in, at)
excenter [ek'senn-] *s2* eccentric **-skiva** eccentric disc (sheave)

excentr|icitet *s3* eccentricity **-isk** [ek'senn-] *a5* eccentric
exceptionell [eksepʃɑ-] exceptional
excerper|a [ekser-] excerpt, make excerpts **-ing** excerpting, excerption
excerpt [ek'särpt] *s7, s3* excerpt
excess [ek'sess] *s3* excess; *~er* (*utsvävningar*) orgies
excitera excite (*äv. fys.*); *~d* excited
exdrottning ex-queen
exe|ges [-g-] *s3* exegesis **-get** [-g-] *s3* exegete, exegetist **-getik** [-g-] *s3* exegetics (*pl, behandlas som sg*) **-getisk** [-'ge:-] *a5* exegetic[al]
exekution 1 (*avrättning*) execution **2** (*utmätning*) distraint, distress
exekutions|betjänt bailiff **-pluton** firing squad
exekutiv *a5 o. s3* executive; *~ auktion* compulsory auction **exekutor** [-ˣku:tår] *s3* executor; executory officer **exekutör** executor
exekvera execute
exempel [eck'semm-] *s7* example; (*inträffat fall*) instance; *belysande* (*avskräckande*) *~* illustrative (warning) example; *belysa med ~* illustrate by examples, exemplify; *föregå med gott ~* set an (a good) example; *statuera ett ~* make an example; *till ~* for instance, say, (*vid uppräkning*) e.g. **-lös** unprecedented, unparalleled; exceptional **-samling** collection of examples **-vis** for instance; by way of example
exemplar *s7* copy; *naturv.* specimen; *i två* (*tre*) *~* in duplicate (triplicate); *i fem ~* in five [identical] copies; *renskrivet ~* fair copy **-isk** *a5* exemplary; *en ~ ung man* a model (an exemplary) young man
exemplifi|era exemplify **-kation** exemplification
exercera drill, train; *~ beväring* do one's military service; *~ med* drill, work **exercis** *s3* drill; military service **exercisfält** drill-ground
exergi [-'gi:] *s3* exergy
exhibition|ism exhibitionism **-ist** exhibitionist **-istisk** *a5* exhibitionistic
exil *s3* exile **-regering** exile government
existens *s3* **1** (*tillvaro*) existence, life; being; (*utkomst*) living, subsistence **2** (*person*) individual **-berättigande** raison d'être, right to exist **-minimum** subsistence level **-möjlighet** means of support, possibility of making a living **-villkor** *pl* conditions of existence
existential|ism [-(t)sia-] existentialism **-ist** *s3*, **-istisk** *a5* existentialist
existera exist; live; subsist; *~r fortfarande* is still in existence, is extant
exklamation exclamation
exklu|dera exclude, reject, expel **-siv** *a1* exclusive **-sive** [-'si:-] excluding, exclusive of; *~ emballage* excluding packing, packing excluded **-sivitet** exclusiveness, exclusivity
exkommuni|cera excommunicate **-kation** excommunication
exkonung ex-king
exkrementer [-'menn-] *pl* excrements, faeces
exkre|t *s7* excreta (*pl*) **-tion** excretion
exkurs *s3* excursus **-ion** [-r'ʃɑ:n] excursion; *göra en ~* go on an excursion
exlibris [-'li:-] *s7* ex-libris, bookplate
exo|biologi exobiology, astrobiology **-ergisk** [-'ärg-] *a5* exoergic
ex officio [å'fi:siå] ex officio, by right of office (position)
exo|gen [-'je:n] *a5* exogenous **-krin** *a5* exocrine; *~ körtel* exocrine gland
exorc|ism exorcism **-ist** exorcist
exosfär *s3* exosphere
exo|terisk [-'te:-] *a5* exoteric **-term[isk]** *a5* exothermic, exothermal
exot|isk [eck'så:-] *a5* exotic **-ism** exoticism
expander [-'pann-] *s2* expander **expandera** expand **expanderbult** expansion bolt
expansion [-n'ʃɑ:n] expansion; *stadd i ~* expanding **-ism** expansionism **-istisk** [-'niss-] *a5* expansionistic
expansions|förmåga capacity of expansion **-kärl** expansion tank
expansiv *a1* expansive
expatrier|a expatriate **-ing** expatriation
expedier|a 1 (*sända*) send, dispatch, forward; (*per post*) post, mail; (*ombesörja*) carry out, dispatch **2** (*betjäna*) attend to **3** (*göra slut på*) settle **-ing** (*av kunder*) attendance, serving; *jfr äv. expedition*
expedit *s3* shop assistant; salesman, *fem.* saleswoman; *AE.* [sales]clerk
expedition 1 (*avsändande*) sending, dispatch, forwarding; (*per post*) posting, mailing; (*ombesörjande*) execution, carrying out **2** (*betjänande*) attendance, serving of customers **3** (*lokal för expediering*) office; department **4** (*forsknings- o. mil.*) expedition
expeditions|avgift service (dispatch) fee **-chef** permanent undersecretary **-ministär** caretaker government **-tid** office (business) hours (*pl*)
expeditör sender, forwarding agent
expenser [-'penn-] *pl* expenses; (*småutgifter*) petty expenditure (*sg*)
experiment *s7* experiment; (*prov*) trial, test; *jfr äv. försök* **-ator** [-ˣa:tår] *s3* experimenter **-djur** *se försöksdjur* **-ell** *a5* experimental **-era** experiment (*på* on) **-stadium** experimental stage
expert *s3* expert (*på* in); specialist (*på* on) **expertis** *s3* expertise, expertness; (*sakkunniga*) experts (*pl*)
expert|kommission commission of experts **-kommitté** committee of experts, advisory committee **-utlåtande** expert opinion, report of experts **-utredning** [findings of a] specialist investigation
explanativ *a5* explanatory, explanative
explicit *a4* explicit
explikation (*tolkning*) explication, explanation
exploat|era (*bearbeta*) exploit; (*gruva äv.*) work; (*uppfinning äv.*) develop; (*utsuga*) make money (capital) out of, tap **-ering** [-'te:-] exploitation: working **-ör** developer
explodera explode, blow up; (*detonera*) detonate; (*om bildäck*) burst
explor|ation exploration **-era** explore
explosion explosion; detonation; burst
explosions|artad [-a:r-] *a5* explosive **-fri** explosion-proof **-motor** internal-combustion engine **-risk** danger of explosion **-ritning** exploded

view
explosiv *a1* explosive; *~a varor* explosives
exponen|t exponent (*för* of); *mat. äv.* power, index **-tiell** [-tsi'ell] exponential
exponer|a (*utställa*) exhibit, show; (*blottställa o. foto.*) expose; *~ sig* expose o.s. **-ing** *foto.* exposure
exponerings|mätare exposure (light) meter **-tid** [time of] exposure
export [-'pårt] *s3* (*utförsel*) export, export trade; exportation; (*varor*) exports (*pl*) **-affär** export business, exportation **-artikel** *se -vara* **-avgift** export duty
export|era export **-firma** export[ing] firm **-förbud** ban on export[s] **-förening** export[ers'] association; *Sveriges allmänna ~* [the] General Export Association of Sweden **-hamn** export port **-handel** export trade **-industri** export[ing] industry **-kreditnämnd** *~en* [the Swedish] export credits guarantee board **-licens** export licence **-marknad** export market **-råd** *Sveriges ~* [the] Swedish Trade Council **-tillstånd** export permit (licence) **-tull** export duty **-underskott** export deficit **-vara** export product; exports, export goods (*pl*); *AE äv.* exportation **-öl** export beer
export|ör exporter **-överskott** export surplus
expos|é *s3* survey; summary **-ition** exhibition
expresident ex-President, former P.
express I *s3, se expressbyrå, expresståg* **II** *adv* express; *sända ~* send by express (special delivery) **-brev** express (special delivery) letter **-bud** express (special) message **-byrå** (*åkeri*) transport firm (agency); (*budcentral*) parcel-delivery agency **-försändelse** (*paket*) express (special delivery) parcel; *se äv. -brev* **-gods** express goods (*pl*); *sända som ~* send by express, express
expression|ism [-preʃo-] expressionism **-ist** expressionist **-istisk** [-'ist-] *a5* expressionistic
expressiv *a1* expressive
expresståg express train
expropri|ation expropriation **-era** expropriate
exspir|ation [eksp-] expiration **-era** expire
exsudat *s7, med.* exudation, exudate
exta|s *s3* ecstasy; *råka i ~* (*bildl.*) go into ecstasies (raptures) **-tisk** *a5* ecstatic
extemporera extemporize
extensiv [*äv.* 'eks-] *a1* extensive
exteriör exterior
extern [-'tä:rn] **I** *s3* (*elev*) day scholar, extern **II** *a1* (*yttre*) external
exterritorialrätt [-ˣa:l-] extraterritorial rights (*pl*)
extra *oböjligt a o. adv* extra, additional; (*ovanlig*) extraordinary, special; (*biträdande äv.*) assistant; (*mycket fin*) superior; *~ avgift* surcharge; *~ billig* exceptionally cheap; *~ kontant* prompt cash; *~ tilldelning* supplementary allowance **-arbete** extra work; additional source of income **-förtjänst** extra income; *~er* extras
extrahera extract
extra|inkomst *se extraförtjänst* **-knäck** job on the side; *vard.* moonlighting; *jag tjänar några pund i veckan på ~* (*vard.*) I'm raking in a few quid every week on extra work **-knäcka** *vard.* moonlight
extrakt *s7, s4* extract; essence **extraktion** [-k'ʃo:n] extraction **extraktor** [-ˣaktår] extractor
extra|lektion extra (private) lesson **-lärare** temporary master **-nummer 1** (*av tidning*) special issue, extra [edition] **2** (*utöver programmet*) extra performance, encore **-ordinarie** [-'na:-] **I** *oböjligt a* temporary-staff, pro tempore, pro tem. **II** *s5* temporary officer (official, clerk); *vara ~* be on the temporary staff **-ordinär** extraordinary **-personal** extras (*pl*), extra staff (personnel) **-polera** *mat.* extrapolate **-polering** *mat.* extrapolation **-pris** special offer **-säng** spare bed **-tur** special trip; extra service **-tåg** relief (special) [train] **-uppdrag** special assignment **-upplaga** special edition **-utgift** additional expense
extravag|ans [-'ans *el.* -'aŋs] *s3* extravagance **-ant** [-'ant *el.* -'aŋt] *a1* extravagant
extrem *a1 o. s7, s3* extreme **-ism** extremism **-ist** extremist **-istisk** *a5* extremist
extremitet *s3* extremity
extrovert [-'värt] *a4* extrovert, extravert

F

fabel ['fa:-] *s3* fable **-aktig** *a1* fabulous **-diktning** writing of fables **-djur** fabulous beast
fabla [ˣfa:-] *~ om* romance about, make up fantastic stories about
fabricera manufacture, make, produce; *bildl.* make up, fabricate
fabrik *s3* factory; works (*pl, behandlas vanl. som sg*); mill, workshop; *AE.* [manufacturing] plant; *fritt ~* ex works, free at mill **fabrikant** (*fabriksägare*) factory owner, manufacturer; (*tillverkare*) maker, manufacturer **fabrikat** *s7* (*vara*) manufacture, product; (*i sht textil-*) fabric; (*tillverkning*) make **fabrikation** manufacture, manufacturing, making, production
fabrikations|fel flaw, defect [in manufacture] **-hemlighet** trade secret
fabriks|anläggning *se fabrik* **-arbetare** factory worker (hand) **-byggnad** factory building **-gjord** *a5* factory-made **-idkare** manufacturer, factory owner **-kontor** factory office **-lokal** *~er* factory premises **-märke** trademark **-mässig** *a1* factory, large-scale **-mässigt** *adv* on an industrial basis **-ny** brandnew **-skorsten** factory chimney **-tillverkad** factory-made **-vara** factory-made article; *-varor* manufactured goods
fabrikör factory owner, manufacturer
fabuler|a fable; *~ om* romance (make up stories) about **-ing** fable-making **-ingsförmåga** *ha ~* have a fertile imagination
fabulös *a1* fabulous
facil *a1* (*om pris*) moderate, reasonable **-itet** *s3*

facility

facit ['fa:-] **1** *n* answer, result; *bildl.* result **2** *best. form* = *el.* -*en*, *r* (*bok*) key

fack *s7* **1** (*förvaringsrum*) partition, box; (*del av hylla e.d.*) compartment, pigeonhole **2** (*gren, bransch*) department, line, branch; (*yrke*) profession, trade; *det hör inte till mitt* ~ it is not in my line **-arbetare** skilled worker **-bok** book of nonfiction; handbook, textbook

fackel|bärare torchbearer (*äv. bildl.*) **-tåg** torchlight procession

fack|förbund federation [of trade unions] **-förening** trade (*AE.* labor) union

fackförenings|medlem trade unionist, trade-union member **-pamp** union boss **-rörelse** trade unionism, trade-union movement

fack|idiot narrow specialist **-kretsar** *pl* professional circles **-kunnig** experienced, skilled **-kunskap** professional knowledge

fackla *s1* torch, flare

facklig *a1* [trade-]union

fack|litteratur nonfiction **-lärare** teacher specializing in one subject (group of subjects) **-man** professional [man]; specialist, expert; *han är inte* ~ *på området* he is not a specialist in the field **-mannahåll** *i uttr.*: *på* ~ among experts; *på* ~ *anser man* experts agree **-mässig** *a1* professional **-ord** *se -term* **-press** specialist (professional, technical) press **-skola** continuation school **-språk** technical language **-studier** vocational studies; *bedriva* ~ *i* specialize in **-term** technical term **-tidskrift** trade (professional, technical, scientific) journal **-utbildning** professional (specialized) training **-uttryck** se *-term*

fack|verk framework **-verksbro** truss (lattice) bridge

factoring ['fäktəriŋ] factoring **-bolag** factoring company

fadd *a1* flat, stale; *bildl.* vapid, insipid

fadder ['fadd-] *s2* godfather, godmother; (*friare*) sponsor; *stå* ~ *för* be (act as) [a] godfather (*etc.*) to, *bildl.* stand sponsor to **-barn** godchild; sponsored (adopted) child **-gåva** *i* ~ as a christening gift

fader *-n fäder* (*jfr far*) father (*till* of); (*alstrare äv.*) procreator; (*-djur*) sire; *Gud F~* God the Father; *F~ vår, som är i himmelen* Our Father, which art in Heaven; *stadens fäder* the city fathers; *han har samlats till sina fäder* he has been gathered to this fathers **-lig** *a1* fatherly, paternal **-lös** fatherless **-mördare** **1** parricide **2** (*slags krage*) high starched collar, choker

fadersarv patrimony

fader|skap *s7* fatherhood; *i sht jur.* paternity **-skapsmål** affiliation proceedings (*pl*); *AE.* paternity suit **-vår** *n* the Lord's Prayer; *läsa ett* ~ say the Lord's Prayer

fading ['fejdiŋ] *radio.* fading

fadäs *s3* foolishness, blunder; faux pas

fager ['fa:-] *a2* fair; (*om löften, ord*) fine; ~ *under ögonen* good-looking, bonny

faggorna *best. form pl, vara i* ~ be imminent (in the offing); *ha ngt i* ~ be in for, (*om sjukdom*) have…coming on

fagocyt *s3* phagocyte

fagott [-'gått] *s3* bassoon **-ist** bassoonist

Fahrenheit ['fa:-] Fahrenheit

faiblesse *s5, se fäbless*

fajans [-'jans *el.* -'jaŋs] *s3* faïence, tin-glazed earthenware

fajt *s3*, **fajtas** *v1* fight

fakir *s3* fakir

faksimil *s7* facsimile **-tryck** facsimile print **-utgåva** facsimile edition

faktaspäckad crammed with (full of) facts, information-packed

faktisk ['fack-] *a5* real, actual, founded on facts; *det ~a förhållandet* the facts (*pl*), the actual situation **faktiskt** ['fack-] *adv* really *etc.*; in fact; (*bekräftande*) honestly

faktor [-år] *s3* **1** factor; *den mänskliga ~n* the human element **2** (*tryckeriföreståndare*) foreman, overseer **-analys** factor analysis

faktori *s4* **1** (*varunederlag*) factory, trading settlement **2** (*fabrik*) [manu]factory

faktotum [-ˣtɑ:-] *n* factotum, right-hand man

fakt|um *s8* fact; ~ *är* the fact is; *konstatera -a* point out facts

faktura [-ˣtu:-] *s1* invoice, bill (*på ett belopp* for an amount); *det på ~n angivna beloppet* the invoice[d] amount; *enligt* ~ as per invoice **-belopp** invoice amount

fakturer|a invoice, bill **-ing** invoicing, billing **-ingsmaskin** billing machine

fakultativ [*äv.* 'fack-] *a1* optional

fakultet *s3* faculty

fal *a1* (*om sak*) for sale; (*om pers.*) mercenary, venal

falang phalanx; wing, group; *F~en* (*i Spanien*) Falange **-ist** Falangist

falk *s2* falcon; *AE.* hawk

falk|a spy out (*efter* for); ~ *efter ngt* (*att bli ngt*) have one's eye on s.th. (on becoming s.th.) **-blick** *ha* ~ be eagle-eyed (hawk-eyed)

falk|enerare [-ˣne:-] falconer **-jakt** hawking; (*som konst*) falconry

Falklandsöarna [ˣfå:k-] the Falkland Islands

falkög|a *ha -on, se falkblick*

fall *s7* **1** (*av falla*) fall; descent; (*lutning*) slope; (*kläders o.d.*) hang; *bildl.* [down]fall, collapse; (*pris- o.d.*) fall, decline; (*vatten-*) falls (*pl*), waterfall; *platt* ~ (*brottn.*) [pin]fall, *bildl.* fiasco, *vard.* flop; *hejda ngn i ~et* prevent s.b. from falling; *bringa ngn på* ~ cause a p.'s downfall; *komma på* ~ come to ruin **2** (*händelse, tillfälle, exempel o.d.*) case, instance, event; *ett typiskt* ~ a typical case; *från* ~ *till* ~ in each specific case; *i alla* ~ *a*) *eg.* in all cases, *b*) (*i alla händelser*) in any case, at all events, anyhow, anyway, at least; *i annat* ~ [or] else, otherwise; *i bästa* ~ at best; *i de* ~ *då* where, when; *i förekommande* ~ where applicable; *i så* ~ in that case; *i varje* ~ in any case; *i vilket* ~ *som helst* in any case, come what may; *i värsta* ~ if the worst comes to the worst **3** *sjö.* halyard

fall|a *föll fallit* **I** (*störta* [*ner*]) fall; (*om kläder o.d.*) hang; (*om regering*) fall, be overthrown; ~ *av hästen* (*i vattnet*) fall off one's horse (into the water); *låta* ~ let fall, (*släppa*) let go; *låta frågan* ~ drop the question; *hur föll hans ord?* what were his actual words?; *det -er av sig självt* that is a matter of course; ~ *för frestelsen* yield to temptation;

F

~ *för ngn* fall for s.b.; ~ *i glömska* be forgotten, fall into oblivion; ~ *i god jord* fall on good ground; ~ *i händerna på ngn* fall into a p.'s hands; ~ *i pris* fall in price; ~ *i sömn* fall asleep; ~ *i ögonen* catch (strike) the eye; ~ *ngn i ryggen* attack s.b. from behind; ~ *ngn i smaken* be to a p.'s taste; ~ *ngn i talet* interrupt s.b.; ~ *ngn om halsen* fling one's arms around a p.'s neck; ~ *till föga* yield, give in; ~ *ur minnet* escape one's memory; ~ *ur rollen* act out of character **II** (*med betonad partikel*) **1** ~ *av* fall off, (*om frukt, löv*) come down, drop off, *bildl.* droop, be in the decline, *sjö.* fall off **2** ~ *ifrån* die, pass away **3** ~ *igen* fall (shut) to **4** ~ *igenom* (*i examen*) fail, *vard.* be ploughed, (*vid val*) be rejected, be defeated **5** ~ *ihop* (*om pers.*) collapse **6** ~ *in* fall in, *mus.* strike in, (*om ljus*) come in **7** ~ *ngn in* occur to s.b., enter a p.'s head; *det föll mig aldrig in* it never occurred to me; *det skulle aldrig* ~ *mig in att* I should never dream of (+ *ing-form*) **8** ~ *in i ledet* (*mil.*) fall in; get into line **9** ~ *isär, se* ~ *sönder* **10** ~ *ner* fall down (*död* dead, *för en trappa* a flight of stairs) **11** ~ *omkull* fall [over], tumble down **12** ~ *på* come on; *när andan -er på* when one is in the mood **13** ~ *sönder* fall to pieces **14** ~ *tillbaka* fall (drop, slip) back (*på* on), (*om beskyllning*) come home (*på* to), (*om sparkapital e.d.*) fall back (*på* on) **15** ~ *undan* fall away, *bildl.* give way (yield) (*för* to) **16** ~ *upp* (*om bok*) open [itself], fall open **17** ~ *ut* (*om flod o.d.*) fall (*i* into) **18** ~ *ut genom fönstret* fall out of the window **III** *rfl* (*hända*) chance, happen, fall out; *det föll sig naturligt att* it came natural to; *det föll sig så att* it so happened that

fallande|sjuk epileptic **-sjuka** falling sickness (evil), epilepsy

fall|bila guillotine

fallen *a5* **1** fallen (*äv. bildl.*); *de fallna* the fallen (slain); *en* ~ *storhet* a fallen star; ~ *efter* (*om husdjur*) [bred] out of; *stå som* ~ *från skyarna* be struck all of a heap **2** ~ *för studier* have a gift for studying **-het** (*för ngt förmånligt*) gift (talent, aptitude) (*för* for); (*för ngt oförmånligt*) predisposition (*för* to, towards)

fallera *vard.* (*fattas*) lack, be short of; (*slå fel*) go wrong, miscarry

fall|frukt *koll.* windfall[s *pl*] **-färdig** tumble-down, ramshackle, dilapidated **-grop** pitfall (*äv. bildl.*) **-höjd** [height of] fall, drop

fallisk ['fall-] *a5* phallic

fallissemang *s7, s4* failure, collapse, crash

fallit *sup. av falla*

fallos ['fallås] *s2* phallus

fall|rep 1 *sjö., se fallrepstrappa* **2** *vara på ~et* be at the end of one's tether, be on the brink of bankruptcy **-repstrappa** *sjö.* gangplan, gangway

fallskärm parachute; *hoppa i* ~ make a parachute jump; *landsätta med* ~ [drop by] parachute

fallskärms|hopp parachute jump (descent) **-hoppare** parachutist **-jägare** paratrooper; *koll.* paratroop[er]s, parachute troops **-trupper** parachute troops, paratroop[er]s

fallstudie case study

fallucka trap door

falna [ˣfa:l-] (*om glöd o.d.*) die down

fals *s2* **1** (*på bleckplåtar o.d.*) lap; (*på gryta o.d.*) rim **2** *bokb.* guard **3** *snick.* (*löpränna*) groove

falsa 1 lap **2** fold **3** groove

falsarium [-'sa:-] *s4* forgery; falsification

falsett *s3, mus.* falsetto; *fonet.* head voice (register); *sjunga i* ~ sing falsetto; *tala i* ~ talk in a fluting voice **-röst** falsetto voice

falsifiera falsify **falsifikat** *s7* counterfeit, forgery **falsifikation** falsification

falsk *a1* false; (*oriktig*) wrong; (*bedräglig*) delusive; (*förfalskad*) forged; (*eftergjord*) fictitious, sham, counterfeit, bogus; (*låtsad*) feigned, pretended; *~t alarm* a false alarm; ~ *blygsamhet* false modesty; *~t pass* forged passport; *~a pengar* counterfeit (bad) money; *~a påståenden* incorrect (false) statements; *~a pärlor* sham (imitation) pearls; *göra sig ~a föreställningar om ngt* fool o.s. about s.th.; *under* ~ *flagg* under false colours; *under ~t namn* under a false name **-deklarant** tax evader (dodger) **-deklaration** tax evasion (dodging)

falsk|eligen falsely *etc., jfr falsk* **-het** falseness; (*hos pers. äv.*) duplicity, deceit; (*oäkthet*) spuriousness, fictitiousness **-myntare** counterfeiter, coiner **-skyltad** *a5* (*om bil*) provided with false [number, *AE.* license] plates **-spel** cheating (swindling) at cards (*etc.*); cardsharping **-spelare** cheat; cardsharp[er]

falskt *adv* falsely; *spela* ~ (*mus.*) play false notes (out of tune)

falukorv *ung.* lightly-smoked bologna (polony) sausage

familj *s3* family; *~en B.* the B. family; *bilda* ~ raise a family, marry and have children; *av god* ~ of good family; *vara av god* ~ come of a good family

familje|angelägenheter *pl* family affairs (matters) **-bibel** family Bible **-bidrag** family allowance; *mil.* separation allowance **-bolag** family business **-daghem** registered child-minding home; pre-school play group **-drama** family tragedy **-far** father of a (the) family; family man **-flicka** girl of good family **-företag** *se -bolag* **-förhållanden** *pl* family circumstances **-förpackning** economy pack (size) **-försörjare** breadwinner, supporter of a (the) family **-grav** family grave (vault) **-hotell** *se kollektivhus* **-krets** family circle **-liv** family life **-medlem** member of a (the) family **-namn** family name, surname **-planering** family planning **-rådgivning** family guidance (counselling) **-rätt** family law **-skäl** *av* ~ for family reasons **-överhuvud** head of [the] family

familjär *a1* familiar; *alltför* ~ (*äv.*) too free [and easy] (*mot* with)

faml|a grope (*efter* for); ~ *i mörkret* grope about in the dark **-ande I** *s6* groping **II** *a4* groping; *bildl.* tentative

famn *s2* **1** (*ngns* a p.'s) arms (*pl*); (*fång*) armful; *ta ngn i* [*sin*] ~ embrace s.b.; *kom i min ~!* come into my arms! **2** (*längdmått*) fathom; (*rymdmått*) cord (*ved* of firewood) **famna** embrace; (*omsluta*) encompass, encircle **famntag** embrace; (*häftigt*) hug

famös *a1, iron.* [so] famous; (*illa beryktad*) notorious

1 fan *s7* (*på fjäder*) web, vane [of a feather]

2 fan *r* the devil, the deuce; ~ *heller!* hell, no!; *fy ~!* hell!, damn it all!; *åh ~!* well, I'll be damned!; *stackars ~!* (*om pers.*) poor devil!; *det vete ~* the devil only knows; *det ger jag ~ i* I don't care a damn; *ta mig ~, om* I'm damned if; *han är full i* (*av*) ~ he is a cunning [old] devil; *har man tagit ~ i båten får man också ro honom i land* in for a penny, in for a pound
3 fan [fänn] *en fan, pl =, äv. -s* (*entusiast*) fan
fan|a *s1* banner, standard, flag (*äv. bildl.*); *mil.* colours (*pl*); *den blågula ~n* the Swedish colours; *med flygande -or och klingande spel* with flags flying and drums beating; *hålla konstens ~ högt* keep the banner of Art flying
fanat|iker [-'na:-] fanatic **-isk** *a5* fanatic[al] **-ism** fanaticism
fan|borg massed standards (*pl*) **-bärare** standard-bearer
fanders ['fann-] *oböjligt s, vard., åt ~ med...!* ...be hanged!; *dra åt ~!* go to the devil!, go to hell!, drop dead!
fanẹr *s7,* **fanera** *v1* veneer
fanerogạm I *s3* phanerogam **II** *a5* phanerogamic, phanerogamous
fanerskiva veneer sheet
fanfạr *s3* fanfare; *blåsa en ~* sound a fanfare
fanflykt desertion [from the colours] **-ing** deserter [from the colours]
fanjunkare (*vid armén, kustartilleriet*) warrant officer class 1 (class 2); (*vid flottan*) fleet chief petty officer; (*vid flygvapnet*) warrant officer; *AE.* (*vid armén, marinkåren*) master sergeant, (*vid flottan*) senior chief petty officer, (*vid flygvapnet*) senior master sergeant
fanken *r, ta mig ~* I'll be damned
fann *imperf. av finna*
fanskap [ˣfa:n-] *s7,* **fanstyg** [ˣfa:ns-] *s7* [piece of] devilry
fantasị *s3* **1** (*inbillningskraft, föreställningsförmåga*) imagination, imaginative power; (*djärvare*) fancy, fantasy; *livlig ~* vivid imagination; *ge ~n fritt spelrum* give free rein to one's imagination, let one's imagination run away with one **2** (*inbillningsprodukt*) fancy; imagination, fantasy; *~ och verklighet* dreams and reality; *fria ~er* pure fantasy (fabrications), wild imaginings; *försjunken i [sina] ~er* absorbed in reveries (daydreams) **3** *mus.* fantasia
fantasi|eggande stimulating to the imagination; *det är ~* it stirs the imagination **-foster** figment of the imagination **-full** imaginative **-lös** unimaginative **-pris** fancy price **-rik** highly imaginative **-rikedom** wealth of imagination **-värld** world of the imagination; (*barns*) make-believe world
fantasma [-'tass-] *s1* phantasm **-gorị** *s3* phantasmagoria
fantạst *s3* fantast, dreamer **-isk** *a5* fantastic[al]; fanciful
fantisera indulge in daydreams (reveries), dream; (*mus. o. friare*) improvise; *~ ihop* concoct, imagine
fantom [-'tå:m] *s7, s3* phantom **-smärta** phantom limb pain
fanvakt colour guard
far *fadern fäder* (*jfr fader*); *smeks.* dad[dy]; *bli ~* become a father; *han är ~ till* he is the father of
1 fara *s1* danger; (*stor*) peril; (*vågspel*) hazard; (*risk*) risk; *~n över!* (*signal*) all clear!; *ingen ~ [på taket]!* don't worry!, no harm done!; *med ~ för eget liv* at the risk of one's life; *med ~ att* at the risk of (+ *ing-form*); *utom all ~* [quite] out of danger; *sväva i ~* be in danger; *utsätta för ~* expose to danger; *det är ~ värt att* there is a risk that; *det är ingen ~ med honom* he's all right (out of danger)
2 fara *for farit* **I** go; (*färdas*) travel; (*i vagn*) drive; (*avresa*) leave (*till* for); *~ i luften* (*explodera*) blow up, (*bli rasande*) *vard.* fly off the handle; *~ illa* fare badly, be badly treated; *hatten far illa av att* it is bad for the hat to; *~ illa med* handle roughly, knock about; *~ med osanning* tell lies; *~ med tåg* go by rail (train); *~ sin väg* go away, depart, leave; *~ till a*) (*en pers.*) go to see, *b*) (*en plats*) go (travel, drive) to; *det är ett annat namn jag far efter* it is another name I am trying to get hold of **II** (*med betonad partikel*) **1** *~ bort* drive away, (*friare*) leave [home], go away [from home] **2** *~ efter ngn* (*hämta*) fetch s.b. **3** *~ fram* (*eg.*) drive up (*till* to); *~ varligt fram med* treat gently, go gently with; *~ fram som ett vilddjur* carry (go) on like a wild thing (a madman); *~ illa fram med* be rough in one's treatment of **4** *~ förbi* go (drive) past (by), pass **5** *~ före ngn* go on ahead of s.b. **6** *~ i; vad har farit i honom?* what has taken possession of him (got into him)? **7** *~ ifrån* go (drive) away from, depart from, leave **8** *~ igenom* travel (pass) through; *en tanke for igenom honom* a thought flashed through his mind; *jfr genomfara* **9** *~ in till staden* go (run) up to town; *~ in från landet* travel in from the country **10** *~ iväg* go off **11** *~ med a*) go too (with the others), *b*) (*ngn*) go (*ibl.* come) with s.b. **12** *~ omkring* travel about (*i* in); *~ omkring som ett torrt skinn* bustle about **13** *~ på* fly (rush) at (*ngn* s.b.) **14** *~ upp a*) (*om pers.*) spring (jump) to one's feet, *b*) (*öppna sig*) fly up, open **15** *~ ut på landet* go into the country; *~ ut mot ngn* let fly at s.b. **16** *~ vilse* lose one's way, go astray **17** *~ över ngt med handen* pass one's hand over (across) s.th.; *~ över med blicken* glance over
farạd *s3, fys.* farad
farao *s3* Pharaoh
farbar [ˣfa:r-] *a1* (*om väg*) passable, open to traffic, *sjö.* navigable
far|broderlig [ˣfarr-] *a1* avuncular; (*välvillig*) benevolent **-bror** [ˣfarr-] uncle; *eg.* father's brother; (*friare*) [kindly old] gentleman
far|far [ˣfarrfar] [paternal] grandfather, *vard.* grandpa[pa] **-farsfar** [-fa:r] great-grandfather **-föräldrar** [ˣfa:r-] [paternal] grandparents
fargalt [ˣfa:r-] *s2* boar
farhåg|a [ˣfa:r-] apprehension, fear, misgiving; *hysa -or* entertain (have) apprehensions (*för* about, as to); *mina -or besannades* my fears came true
farịn *s4, s3,* **farinsocker** demerara (brown) sugar
faris|é *s3* Pharisee **-eisk** [-'se:-] *a5* Pharisaic[al] **-eism** Pharisaism, Phariseeism
farit *sup. av 2 fara*
far|kost [ˣfa:rkåst] *s3* vessel, boat, craft; *poet.*

F

barque **-led** channel, [navigable] course (passage), track, fairway
farlig [ˣfa:r-] *a1* **1** dangerous (*för* for); (*förenad med stor fara*) perilous; (*äventyrlig*) hazardous, risky; (*kritisk*) critical; ~ *för den allmänna säkerheten* a danger to the public; *det är inte så ~t med honom* there is not much wrong with him; *det är inte så ~t som det låter* it is not so bad as it seems **2** (*'förskräcklig'*) awful, dreadful **-het** dangerousness *etc.*
farm *s2, s3* farm
farmaceut [-'sevt] *s3* pharmac[eut]ist, dispenser **-isk** *a5* pharmaceutic[al], pharmacal
farmaci *s3* pharmacy, pharmaceutics (*pl, behandlas som sg*)
farmako|log pharmacologist **-logi** *s3* pharmacology **-logisk** [-'lå:-] *a5* pharmacological
farmakopé *s3* pharmacopoeia
farmare farmer
far|mor [ˣfarrmor] [paternal] grandmother, grandma[ma]; *smeks.* gran[ny] **-morsmor** great grandmother
faro|fylld *a5* fraught with danger **-zon** danger zone
fars *s3* farce
farsa *s1, vard.* dad; pop; *se äv. farsgubben*
farsartad [ˣfarsa:r-] *a5* farcical
fars|arv [ˣfa:rs-] patrimony **-gubben** *vard.* my (*etc.*) [old] dad; the old man, the governor, the guv
farsot [ˣfa:r-] *s3* epidemic; pestilence
farstu *s5, se förstuga*
fart [-a:-] *s3* **1** (*hastighet*) speed; (*i sht vetenskapligt*) velocity; (*takt, tempo*) pace; (*fartygs- o.d.*) headway; *med en ~ av* at a speed of; *i* (*med*) *full ~* at full speed; *i rasande ~* at breakneck speed; *alltid i ~en* always on the go; *komma i ~en* get into stride, get going; *medan man är i ~en* while one is at it; *minska ~en* slow down; *öka ~en* speed up; *sätta full ~* go full speed ahead; *det gick av bara ~en* it went automatically, it happened unintentionally **2** (*ansats*) start, run; *ta ~* get a start **3** (*livlighet, raskhet*) force, energy, activity; push; *komma riktigt i ~en* get into full swing; *sätta ~ på* speed up, get going; *det gick med ~ och fläkt* it went with a bang; *det är ingen ~ i honom* there is no go (*vard.* dash) about him **4** *sjö.* trade; *gå i utrikes ~* be in foreign trade
fart|begränsning speed limit **-blind** speed-blinded **-dåre** scorcher **-gräns** speed limit **-kontroll** speed trap **-vidunder** speedster
fartyg [ˣfa:r-] *s7* ship, vessel; (*mindre o. koll.*) craft; (*linje-*) liner; (*ångare*) steamer
fartygs|befäl ship's officers (*pl*) **-befälhavare** captain, [ship]master, shipman **-register** register of shipping
farvatten [ˣfa:r-] waters (*pl*), sea[s *pl*]; (*farled*) fairway (*se äv. farled*); *i egna ~* in home waters
farväl I *interj* farewell!, goodbye! **II** *s7* farewell; *säga ~ åt, ta ~ av* bid farewell (say goodbye) to
faryngit *s3* pharyngitis
fas *s3* phase; *bildl. äv.* aspect, appearance; (*avsneddad kant*) bevel, cant; chamfer
1 fasa *v1, tekn.* bevel; chamfer
2 fas|a I *s1* horror; (*stark rädsla*) terror; (*bävan*) dread; *blek* (*stel*) *av ~* horrified, terrified; *krigets -or* the horrors of war; *väcka ~ hos* horrify, terrify; *till min ~ fick jag se* to my horror I saw **II** *v1* shudder (*för, över* at); (*rygga tillbaka*) shrink back (*för* at, from); *~ för tanken* shudder at the thought
fasad *s3* face, front; *med ~en åt gatan* facing the street **-beklädnad** facing, cladding **-belysning** floodlighting **-klättrare** cat burglar **-krona** *tandläk.* artificial crown **-tegel** facing brick
fasan *s3* pheasant **-höna** hen pheasant **-jakt** pheasant shooting
fasansfull horrible; terrible; awful; ghastly
fasantupp cock pheasant
fasaväckande *a4* horrifying, appalling
fascin|ation [faʃi- *el.* fassi-] fascination **-era** fascinate **-erande** [-'ne:-] *a4* fascinating
fasc|ism [fa'ʃism] fascism **-ist** fascist **-istisk** [-'iss-] *a5* fascist[ic]
fasett *s3* facet **-era** facet **-erad** [-'te:-] *a5* faceted; (*friare*) many-sided **-ering** [-'te:-] faceting
fasett|slipning facet cut **-öga** compound eye
fasförskjutning phase shift (displacement)
fashionabel [-ʃo'na:-] *a2* fashionable
faskin [fa'ʃi:n] *s3* fascine
faslig [ˣfa:s-] *a1* dreadful, frightful, terrible; (*förskräcklig*) awful; (*avskyvärd*) horrid; *ha ett ~t besvär* have no end of trouble; *ett ~t oväsen* a terrible row
fasning [ˣfa:s-] (*av kant*) bevelling; chamfering; *elektr.* paralleling, phasing
fasomvandling *kem.* phase transformation (change)
fason *s3* **1** (*form*) shape, form; *sätta ~ på* get into shape **2** (*sätt*) way; (*beteende*) manners (*pl*); *är det skick och ~?* do you call that good form?; *vad är det för ~er?* where are your manners?; *låta var och en bli salig på sin ~* live and let live **-era** shape, figure; *~d* ornamented, figured
1 fast *konj* though, although
2 fast *a1* **1** (*motsats lös*) firm, solid, rigid; (*fastgjord, fastsatt*) fixed, attached; (*motsats flyttbar*) stationary, fixed; (*motsats flytande*) solid; (*tät*) compact, massive, dense; *~ knut* tight knot; *~ konduktör* stationary conductor **2** (*säker*) firm; (*jur., motsats t. lös*) real; (*bestämd*) fixed; (*varaktig*) permanent; (*fångad*) caught; *~ beslut* (*grepp, övertygelse*) firm resolve (hold, conviction); *~ bostad* permanent address; *~ egendom* real property (estate); *~ kapital* (*pris*) fixed capital (price); *~a kostnader* fixed costs, overheads; *~ kund* regular customer; *~ ljus* (*sken*) fixed light; *~ utgift* fixed charge; *ta ~ form* assume [a] definite shape; *få ~ fot* get a firm footing; *med ~ hand* with a firm hand; *känna ~ mark under fötterna* be on firm ground (*äv. bildl.*); *köpa* (*sälja*) *ngt i ~ räkning* give (receive) a firm order for s.th. **3** (*i förbindelse med verb*) *bli ~* be (get) caught; *frysa ~* freeze [in]; *göra ~* make fast (firm), fasten; *hålla ~* hold fast, keep [fast (firm) hold of]; *hålla ~ vid* maintain, stick (keep) to; *hänga ~ a*) (*fästa*) fasten (*vid* to), *b*) (*vara upphängd*) remain hanging (*vid* from); *klistra ~* (*på väggen*) paste (stick) up; *köra ~* get stuck, come to a standstill; *sitta ~* (*ha fastnat*) stick, adhere, (*om fordon, pers. o.d.*) be stuck, (*vara inklämd*) be jammed; *slå ~* hammer on (down), *bildl. se*

fastslå; spika ~ nail [up, on]; *stå* ~ *a*) (*om pers.*) stand firm (steadfast), *b*) (*om anbud e.d.*) hold (stand) good; *stå* ~ *vid sitt löfte* abide by (keep) one's promise; *sätta* ~ fix, fasten, attach (*i, vid* to); *sätta* ~ *ngn* (*bildl.*) drive s.b. into a corner; *sätta sig* ~ (*om sak*) stick, (*friare*) establish o.s.; *ta* ~ catch, capture, seize; *ta* ~ *tjuven!* stop thief!
3 fast *adv* firmly; compactly; permanently; *vara* ~ *anställd* have a permanent appointment; *vara* ~ *besluten att* be firmly resolved (determined) to
1 fasta *oböjligt s, ta* ~ *på* bear in mind, seize upon
2 fasta I *s1* **1** (*fastande*) fasting **2** (*fastetid*) fast; ~*n* Lent **II** *v1* fast; *på* ~*nde mage* on an empty stomach
fastedag fast day; fasting day
faster [ˣfass- *el.* 'fass-] *s2* [paternal] aunt
fastetid fast, time of fasting
fast|frusen frozen fast; ~ *kredit* frozen credit **-grodd** *a5, vara* ~ have taken root (*i* in) **-het** firmness *etc.*; solidity; stability; strength
fasthåll|a *se under 2 fast 3* **-ande** *s6* holding *etc.*; persistence (*vid* in); (*vid krav*) insistence on; ~*t vid principer* the adherence to principles
fastighet (*hus*) house [property]; (*jordagods*) landed property (estate); (*fast egendom*) real property (estate)
fastighets|förvaltare property manager **-marknad** property market **-mäklare** estate (house) agent; (*i Skottland*) house factor; *AE.* realtor **-skatt** real-estate tax **-skötare** caretaker; *AE.* janitor **-taxering** real-estate assessment **-ägare** house owner; property owner, estate owner
fast|kedja chain [up] (*vid* to) **-kila** wedge [fast, tight] **-klämd** *a5, sitta* ~ sit jammed in; *vara* ~ be squeezed tight in, be jammed **-knuten** *a5* firmly tied (*vid* to)
fastlagen Lent
fastlags|bulle *se semla* **-ris** twigs with coloured feathers affixed [used as decoration during Lent] **-söndagen** Quinquagesima [Sunday]
fastland *s7* continent; (*i motsats t. öar*) mainland **fastlandsklimat** continental climate
fastmẹr[a] [much] rather
fastna get caught; (*om sak*) catch; (*i ngt klibbigt samt om pers.*) stick, get stuck; (*i kläm*) get jammed; ~ *för* decide on, choose; ~ *i minnet* stick (remain) in the (one's) memory; ~ *på kroken* get hooked; *han* ~*de med handen i* his hand got caught in
fast|nagla nail [firmly] (*vid, på* to); *stå som* ~*d* stand riveted to the spot **-nitad** *a5* firmly riveted (*vid* to) **-rostad** *a5, är* ~ has got rusted in **-rotad** *a5* fixed (fastened) [on] (*vid* to) **-sittande** *a4* fixed, attached (*vid* to) **-skruvad** *a5* screwed tight (firmly) (*i* into; *vid* onto) **-slå** *bildl.* lay down; (*fastställa*) establish; (*bestämma*) settle, fix
fastställ|a (*bestämma*) fix, settle; determine, decide; (*stadfästa*) confirm, ratify, sanction; (*konstatera*) establish, ascertain; *-d i lag* prescribed (laid down) by law; *på de -da villkoren* on the terms approved **-else** fixing; determination; confirmation; establishment
fast|sättning fastening **-tagande** *s6* catching *etc.*; *se 2 fast 3* **-vuxen** firmly rooted (*vid* to)
fastän [ˣfast-, *äv.* -'änn] although, [even] though
fat *s7* **1** (*för matvaror*) dish **2** (*te-, blom-*) saucer **3** (*bunke, tvätt- o.d.*) basin; bowl **4** (*tunna*) cask, barrel; (*kar*) vat; *öl från* ~ draught beer; *vin på* ~ wine from the wood **5** *ligga ngn i* ~*et* stand in a p.'s way
fatabur *se fatbur*
fatạl *a1* (*ödesdiger*) fatal, disastrous; (*olycklig*) unfortunate; (*obehaglig*) awkward, annoying; ~ *situation* awkward situation; *det var* ~*t att låta honom undkomma* it was a bad mistake to let him escape
fatal|ism fatalism **-ist** fatalist **-istisk** [-'liss-] *a5* fatalistic **-itẹt** *s3* stroke of bad luck, misfortune
fatbur [ˣfa:t-] *s2* storeroom; *ur egen* ~ out of one's own head
1 fatt *oböjligt a, hur är det* ~*?* what's the matter?, what's up?
2 fatt *adv, få* (*ta*) ~ *i* (*på*) get (catch) hold of; *hinna* ~ *ngn* catch s.b. up
fatta 1 (*ta tag i*) grasp, seize; take hold of (*äv. fatta tag i*); ~ *pennan* (*glaset*) take up one's pen (glass) **2** ~ *posto* post o.s., take one's stand **3** (*börja hysa*) conceive (*avsky för* a hatred of; *avsmak för* a distaste for), take (*tycke för* a fancy to; *motvilja för* a dislike to), form (*agg mot* a grudge against); ~ *ett beslut* make (come to, arrive at) a decision; ~ *humör* flare up; ~ *kärlek till* fall in love with; ~ *misstankar* get suspicious, be seized with suspicion; ~ *mod* take (pick up) courage; ~ *motvilja mot ngn* take a dislike to s.b. **4** (*begripa*) understand, comprehend, grasp; ~ *galoppen* catch the drift; ~*r du inte vad jag menar?* don't you see (understand) what I mean?; *jag kan inte* ~ *att* it beats me how; *ha lätt* (*svårt*) [*för*] *att* ~ be quick (slow) on the uptake **5** ~ *sig kort* be brief, make a long story short
fattad *a5* (*lugn*) composed
fatta|s *dep* **1** (*föreligga brist på*) be wanting (short); (*saknas*) be missing; (*brista, med personobj.*) want, lack, be short of; *det* ~ *folk* we (they *etc.*) are short of people; *det* ~ *ett pund i kassan* there is one pound missing from the funds, *vard.* the kitty is a pound short; *det -des ingenting av livets nödtorft i det huset* that household was not wanting in the necessities of life; *det* ~ *bara* (*det skulle bara* ~) *att* we are only waiting for **2** (*felas*) *vad* ~ *dig?* what is the matter [with you]?
fattbar *a1* comprehensible (*för* to); conceivable
fattig *a1* **1** (*motsats rik*) poor; (*medellös*) penniless; (*utarmad*) impoverished, poverty-stricken; (*behövande*) needy, indigent; (*om jordmån o.d.*) meagre; ~*t folk*, ~*a* poor people; *de* ~*a* the poor; *de i anden* ~*a* the poor in spirit; *en* ~ *stackare* a poor wretch; ~*a riddare* (*kokk.*) bread fritters **2** (*friare*) poor; (*usel*) miserable; (*obetydlig*) paltry; *efter* ~ *förmåga* to the best of one's poor ability; *en enda* ~ *brödkant kvar* one miserable crust left
fattig|begravning pauper's funeral **-bössa** poor box
fattigdom *s2* poverty (*på* in, of); (*armod*) penury, indigence; (*nödställdhet*) destitution; (*torftighet*) poorness, meagreness (*på* in); (*social företeelse*) pauperism; (*brist*) deficiency (*på* in,

F

of), lack (want) (*på* of) **fattigdomsbevis** *bildl.* confession of failure

fattig|hjon pauper **-hus** poorhouse; workhouse **-kvarter** slum **-lapp** *s2* pauper **-man** *~s barn* a poor man's child (*pl* poor people's children)

fattigt *adv, ha det ~* be badly (poorly) off; *~ klädd* dressed in poor clothes

fattigvård (*förr*) poor[-law] relief; *se äv. socialvård m.m.* **fattigvårdsunderstöd** (*förr*) poor relief

fattning 1 (*grepp*) hold, grip (*om* on, round) **2** (*för glödlampa*) socket **3** (*avfattning*) version **4** (*besinning*) self-possession, self-control; (*lugn*) composure; *bringa ngn ur ~en* discompose s.b.; *förlora ~en* lose one's head; *återvinna ~en* recover one's composure

fattningsförmåga ability to comprehend (understand); intelligence, capacity; *ha god ~* (*vard.*) be quick on the uptake

fatöl draught beer

faun *s3* faun

fauna ['fau-] *s1* fauna

favoriser|a favour, treat with special favour **-ing** favouring *etc.*

favorit *s3* favourite; pet; *hon är allas ~* she is a favourite with everybody **-författare** favourite writer **-system** favouritism

favör favour; (*förmån*) advantage; *till ngns ~* to a p.'s advantage

f.d. (*förk. för före detta*) *se detta*

F-dur F major

fe *s3* fairy; *god ~* fairy godmother

feber ['fe:-] *s2* fever; (*stegrad kroppstemperatur, vard.*) temperature; (*spänning*) excitement; (*nervös brådska*) flurry; *hög ~* a high fever; *ha ~* have a temperature, be feverish; *ligga i 40° (Celsius) ~* be in bed with a temperature of 104° (Fahrenheit) **-aktig** *a1* feverish (*äv. bildl.*); febrile **-anfall** attack of fever **-artad** [-a:r-] *a5*, *se -aktig* **-fantasier** *pl* delirium (*sg*) **-fri** free from fever; *vara ~* have no (a normal) temperature **-glänsande** *a4* bright with fever **-gummiträd** *se feberträd* **-het** *a1* very feverish **-kurva** temperature curve (chart) **-nedsättande** *a4*, antipyretic; *~ medel* antipyretic **-sjukdom** fever **-termometer** clinical thermometer **-träd** blue gum **-yrsel** feverish rambling, delirium

febrig [ˣfe:-] *a1* feverish **febril** *a1* feverish, febrile

februari [-'a:ri] *r* February **-revolutionen** the February Revolution

federal *a5* federal **-ism** federalism **-ist** federalist **-istisk** [-'liss-] *a5* federalistic

feder|ation federation **-ativ** *a5* federative; federal **-erad** [-'re:-] *a5* [con]federate[d]

fedrottning fairy queen **feeri** fairy pageant; enchanting scenery

feg *a1* cowardly; (*räddhågad*) timorous, timid; *vard.* wet; *en ~ stackare* a coward; *visa sig ~* show (prove) o.s. a coward **feghet** cowardice, cowardliness *etc.* **fegis** *s2, vard.* funk, mouse; *AE.* milquetoast **fegt** [-e:-] *adv* in a cowardly fashion, timorously *etc.*

feja [ˣfejja] clean

fejd *s3* feud; (*friare*) strife; *bildl. äv.* quarrel, controversy; *ligga i ~ med* be at feud with; *litterära ~er* literary controversies

fejka *vard.* fake

fejs *s7, vard.* face; *sl.* mug, kisser

fel I *s7* **1** (*mera stadigvarande*) fault; (*kroppsligt*) defect; (*moraliskt*) imperfection; (*brist*) shortcoming, failing; (*avigsida*) demerit, weak point; *avhjälpa ett ~* remedy a defect, put a fault right; *det är ~ på hissen* the lift is out of order; *det är ngt ~ med mitt hjärta* there is s.th. wrong with my heart **2** (*mera tillfälligt*) fault; error; (*misstag*) mistake; (*grovt fel*) blunder; (*förbiseende*) slip; (*försummelse*) omission; (*fabrikations- o.d.*) flaw (*hos, i, på* in); *begå ett ~* make a mistake, be at fault; *ha ~* be [in the] wrong; *hela ~et är att* the real trouble is that **3** (*skuld*) fault; *det är hans ~* he is to blame (*att* for + *ing-form*); *det är inte ens ~ att två träter* it takes two to make a quarrel; *vems är ~et?* whose fault is it? **II** *oböjligt a* wrong; *på ~ sida* on the wrong side **III** *adv, gissa ~* guess wrong; *~ underrättad* wrongly informed; *läsa (räkna, höra) ~* misread (miscalculate, mishear); *klockan går ~* the clock (watch) is wrong; *slå ~ a) eg.* miss [the mark], *b)* (*misslyckas*) go wrong, fail, prove a failure, (*om plan e.d.*) miscarry; *det slår inte ~ att han* he cannot fail to; *ta ~* make a mistake (*på dag* in the day); *ta ~ på vägen* miss the way; *jag tog ~ på honom och hans bror* I mistook him for his brother; *om jag inte tar ~ så* if I am not mistaken

1 fela *v1* (*begå fel*) err; (*brista*) be wanting; (*göra orätt*) do wrong; *det är mänskligt att ~* to err is human

2 fela *s1, vard.* fiddle

feladressera misdirect

felaktig *a1* (*oriktig*) erroneous, wrong, mistaken; (*behäftad med fel*) incorrect, faulty; (*bristfällig*) defective, faulty; (*osann*) false, misleading **-het** (*utan pl*) faultiness, incorrectness, defect[iveness]; (*med pl*) fault, mistake, error

felande *a4* missing; *den ~ länken* the missing link

fel|as *dep, se fattas* **-bedöma** misjudge **-bedömning** misjudgment **-behandling** malpractice **-beräkning** miscalculation **-citera** misquote **-datera** misdate **-debitering** mischarge **-dosering** wrong dosage **-drag** wrong move **-expediering** incorrect dispatch; mistake [made by salesman *etc.*] **-fri** faultless, flawless; perfect, impeccable **-grepp** *mus.* false touch; *bildl.* mistake, blunder **-kalkyl** miscalculation **-konstruerad** wrongly constructed **-källa** source of error[s *pl*] **-läsning** (*i text*) misreading; (*vid uppläsning*) slip (fault) in reading **-manöver** mismanoeuvre **-marginal** margin of error **-orienterad** misorientated **-parkerad** wrongly parked **-parkering** (*förseelse*) parking offence **-placerad** *a5* misplaced **-planerad** *a5* miscalculated, wrongly planned **-procent** percentage of error **-räkning** miscalculation (*på* of); miscount **-skriven** *a5* wrongly written **-skrivning** miswriting; *genom ~* (*äv.*) by an error in writing **-slagen** *~ skörd* a failure of the crops; *-slagna förhoppningar* disappointed hopes **-slut** false (wrong) conclusion **-sortera** misfile **-spekulation** wrong (bad) speculation **-stava** misspell **-stavad** *a5* wrongly spelt, misspelt **-stavning** misspelling **-steg** false step, slip; *bildl. äv.* lapse

-syn erroneous point of view **-sägning** [-ä:-] slip of the tongue **-sökning** [-ö:-] fault localization, fault-detecting **-tolka** misinterpret; misconstrue **-tolkning** misinterpretation; misconstruction **-tryck** faulty print; (*frimärke*) printing error **-tända** *v2,* **-tändning** *s2* misfire **-underrättad** *a5* misinformed **-vänd** *a5* back--to-front, upside down; turned the wrong way **-översättning** mistranslation

fem [femm] five; *ha* (*kunna*) *ngt på sina ~ fingrar* have s.th. at one's fingertips; *en ~ sex stycken* five or six **-dagarsvecka** [a] five-day [working] week **-dubbel** fivefold **-etta** [-ˣetta] bull's-eye **-femma** *ung.* certified mental case; *förklara ngn som ~* certify a p. **-hundratalet** *på ~* in the sixth century **-hörning** [-ö:-] pentagon

feminin ['fe:- *el.* -'ni:n] *a1* feminine **femininum** ['fe:-] *s4* **1** (*feminint ord*) feminine [noun] **2** (*hon-kön*) feminine [gender]

femin|isera feminize **-ism** feminism **-ist** *s3,* **-istisk** [-'niss-] *a5* feminist

fem|kamp pentathlon **-kampare** pentathlete **-krona** *en ~* a five-krona [piece] **-kronesedel** five-kronor note

femling quintuplet, *vard.* quin

femma *s1* (*siffra*) five; (*på tärning, spelkort äv.*) cinque; (*sedel*) fiver; *det var en annan ~* that is quite another story; *jfr äv. femkronesedel*

fem|mastare five-master **-siffrig** *a5* five-figure

femte fifth; *F~ Mosebok* Deuteronomy; *den ~ april* [on] the fifth of April, (*i början av brev o.d.*) April 5 (5th); *för det ~* in the fifth place, fifthly; *vart ~ år* every five years; *~ hjulet under vagnen* the fifth wheel **-del** fifth [part] **-kolonn** fifth column **-kolonnare** fifth columnist

femti[o] fifty **-elfte** [-ˣelfte] *för ~ gången* for the umpteenth time **-elva** [-ˣelva] umpteen **-lapp** fifty-kronor note

femtion|de [-å-] fiftieth **-[de]del** fiftieth [part]

femti[o]|tal [(the) number] fifty; *ett ~* some (about) fifty; *på ~et* in the fifties **-årig** *a5* fifty--year-old **-åring** man (*etc.*) of fifty **-årsdag** fiftieth anniversary (birthday) **-årsjubileum** fiftieth anniversary, jubilee **-årsålder** *i ~n* [aged] about fifty **-öring** *en ~* a fifty-öre [piece]

femto- femto-

femton [-ån] fifteen **-de** fifteenth **-hundratalet** *på ~* in the sixteenth century **-årig** *a5* fifteen--year-old **-åring** boy (*etc.*) of fifteen; *~ar* fifteen--year-olds

femuddig *a5, ~ stjärna* pentacle, pentagram, pentangle

femår|ig *a5* **1** five-year-old **2** (*för fem år*) five--year **-ing** child of five, five-year-old

femårs|dag fifth anniversary (birthday) **-plan** five-year plan **-ålder** *i ~n* [aged] about five

femöring *en ~* a five-öre [piece]; *bildl., inte värd en ~* not worth a penny (cent)

fena *s1* fin; (*AE., på flygplan*) vertical stabilizer; *inte röra en ~* not move a muscle

fender[t] *s2, sjö.* fender

Fenicien [-'ni:-] *n* Phoenicia **fenicier** [-'ni:-] *s9,* **fenicisk** [-'ni:-] *a5* Phoenician

Fenix ['fe:-] [*Fågel*] *~* [the] Phoenix

fenköl fin keel

fenol [-'å:l] *s3* phenol, carbolic acid; *~er* phenols

fenolftalein phenolphthalein

fenolharts phenolic resin

fenologị *s3* phenology

fenomẹn *s7* phenomenon **-ạl** *a1* phenomenal, extraordinary **-ologị** *s3* phenomenology

fenoxisyra [-ˣnåksi-] phenoxy acid

fenotỵp *s3* phenotype

fenval finback

fenỵl *s3* phenyl **-ketonuri** [-ˣtå:n-] *s3* phenylketonuria

feodạl *a5* feudal **-herre** feudal lord **-ism, -väsen** feudalism, feudal system

ferie ['fe:-] *s5, mest i pl* holiday; *AE.* vacation **-arbete** holiday course (task) **-läsning** holiday studies (*pl*) **-skola** summer school

fermạt *s3, s7, mus.* pause, fermata

fermẹnt *s7, s4,* **fermentera** *v1* ferment

fermion [-'å:n] *s3* fermion

fermium ['ferr-] *s8* fermium

ferniss|a [-'nissa] *s1 o. v1* varnish **-ning** varnishing

feromon [-'må:n] *s7, s4* pheromone

ferri|förening [ˣfärri-] ferric compound **-magnetism** ferrimagnetism

ferrịt *s3* ferrite **-antenn** ferrite-rod aerial

ferro|förening [ˣfärro-] ferrous compound **-magnetism** ferromagnetism

fertịl *a1* fertile **-itet** fertility

fes *imperf. av fisa*

fesaga fairy tale

fest *s3* festival; celebration; (*munter fest*) festivity, merrymaking; (*bjudning*) party, celebration; *en ~ för ögat* a feast for the eyes; *gå på ~* go [out] to a party; *ställa till ~* give (throw) a party **festa** feast; have a gay time; *~ på färsk potatis* feast on new potatoes; *~ av* throw a farewell party (*ngn* for s.b.); *~ upp* squander on a gay life **festande** *s6* feasting, merrymaking

fest|arrangör organizer of a festival (party) **-dag** festival day; *allmän ~* public holiday **-dräkt** festive attire; evening dress **-föremål** fêted guest, guest of honour **-föreställning** gala performance **-glädje** festivity

festiv|ạl *s3* festival **-ivitas** [-'ti:-] *r* [air of] festivity

fest|klädd dressed in evening dress, dressed for a party **-kommitté** [festival] committee

festlig *a1* **1** festive, festival; (*storartad*) grand **2** *se lustig, komisk* **-het** festivity

festmåltid banquet, feast

feston[g] [-'åŋ] *s3* festoon

fest|prisse *s2* gay dog **-skrift** festschrift; *en ~ tillägnad* a publication (volume) dedicated to **-spel** dramatic (musical, opera) festival **-stämning** gay atmosphere, festive mood **-talare** *se högtidstalare* **-våning** reception room, banqueting rooms (*pl*); functions room

fet *a1* fat; (*fetlagd*) stout; corpulent; (*fyllig*) plump; (*abnormt fet*) obese; (*om kött o. fläsk*) fatty; (*om mat utom kött o. fläsk*; *om jordmån*) rich; (*flottig*) oily, greasy; *bli ~* fat[ten], (*äv.*) put on weight; *det blir han inte ~ på* he won't get much out of that; *de har det inte ~t* they are none too well off

fetịsch *s3* fetish, fetich **-dyrkan, -ism** fetishism, fetichism **-ist** fetishist, fetichist

fet|knopp *bot.* stonecrop **-lagd** *a5* inclined to stoutness, [somewhat] stout; (*fyllig*) plump; (*om kvinna äv.*) buxom
fetma [ˣfett-] **I** *s1* fatness; (*i sht hos pers.*) stoutness, corpulence **II** *v1, se* [*bli*] *fet*
fets *se fez*
fet|sill fat herring **-stil** extra bold type
fett *s4* fat; (*för håret o.d.*) oil, grease; (*smörj-*) grease, lubricant; (*stek-*) dripping; (*späck*) lard; *kokk.* shortening **-bildande** *a4* fattening **-bildning** *konkr.* accumulation (layer) of fat; *sjuklig* ~ fatty degeneration **-emboli** *med.* fat embolus (embolism) **-fena** adipose fin **-fläck** grease spot **-fågel** oilbird **-halt** fat content **-haltig** *a1* fatty, containing fat **-hjärta** fatty heart
fettisdag [ˣfe:t-] *~en* Shrove Tuesday, Pancake Day **fettisdagsbulle** *se semla*
fett|klump lump of fat **-körtel** sebaceous gland **-lager** layer of fat **-lever** fatty liver **-löslig** fat-soluble **-sot** *med.* adiposity **-svansfår** fat-tailed sheep **-svulst** wen; *med.* lipoma **-syra** fatty acid **-valk** roll of fat **-vävnad** fatty tissue **-ämne** fatty substance
fetvadd unrefined cotton wool
fez [fetz *el.* fäss] *s3* fez; tarboosh
fia [ˣfi:a] *s1* ludo
fiasko [fi'asskɑ] *s6* fiasco, failure; *göra* ~ be a fiasco, (*om tillställning*) fall flat
fiaspel *se fia*
fibbla *bot.* hawkweed
fiber ['fi:-] *s3* fibre **-kost** roughage **-optik** fibre optics **-platta** fibreboard **-rik** rich in fibres; ~ *kost* roughage **-växt** fibre plant
fibrig [ˣfi:-] *a1* fibred
fibrịn *s7, s4* fibrin **fibrinogen** [–'je:n] *s7, s4* fibrinogen **fibrinọ̈s** *a5* fibrinous
fibrọ̈s *a5* fibrous
fick *imperf. av 2 få*
fick|a *s1* pocket; *tekn. äv.* bin, hopper **-almanacka** pocket almanac **-bok** pocket book **-dagbok** pocket diary **-flaska** [hip] flask **-format** pocket size; *i* ~ pocket-sized **-kniv** pocketknife **-lampa** torch; *AE.* flashlight **-lock** pocket flap **-ordbok** pocket dictionary **-parkera** park between two cars **-pengar** pocket money (*sg*) **-plunta** *se -flaska* **-räknare** pocket calculator **-spegel** pocket mirror **-stöld** pocket picking **-tjuv** pickpocket **-ur** pocket watch
fideikommịss *s7* estate in tail, entail **-arie** [-'sa:rie] *s5* tenant in tail (*till* to, of), entailer
Fidji Fiji
fiende *s5* enemy (*till* of); *poet.* foe (*till* of); *skaffa sig ~r* make enemies **-hand** *falla för* ~ die at the hand of the enemy; *falla i* ~ fall into the hands of the enemy **-land** hostile country
fiendskap *s3* enmity; hostility (*mot* towards, to)
fientlig [-'ent-] *a1* hostile, inimical (*mot* to, towards); *attr.* enemy; *stå på ~ fot med* be on bad terms with, be at enmity with **-het** hostility; *inställa ~erna* suspend hostilities
fientligt [-'ent-] *adv* hostilely; *vara ~ stämd mot* be hostile (antagonistic) to (towards)
fiffa ~ *upp* smarten up
fiffel ['fiff-] *s7* crooked dealings (*pl*), tricks (*pl*), manipulations (*pl*)
fiffig *a1* smart; (*slug*) shrewd
fiffla cheat, wangle; ~ *med böckerna* cook the books
figur figure; (*i sht neds.*) individual, character; (*ritad*) diagram, design; *göra en slät* ~ cut a poor figure; *vad är det där för en ~?* who on earth (what sort of a specimen) is that?
figur|ant figurant **-ation** embellishment; ornamentation **-atịv** *a5* figurative **-era** (*förekomma*) figure; (*uppträda*) appear, pose
figurframställning figure painting
figurịn *s3* figurine
figurlig [-'gu:r-] *a1* figurative; *i ~ betydelse* in a figurative sense
figur|målning figure painting **-nära** closely fitting; hugging the figure **-sydd** *a5* close-fitting; waisted
fik *s7, vard.* café
1 fika *vard.* (*dricka kaffe*) have coffee
2 fika hanker (*efter* after, for)
fikon [-ån] *s7* fig **-löv** fig leaf **-träd** fig tree
fiktion [-k'ʃɑ:n] fiction **fiktịv** *a1* fictitious, imaginary
fikus ['fi:-] *s2* **1** *bot.* rubber plant **2** (*homosexuell man*) pansy
1 fil *s3* **1** (*rad*) row; *rummen ligger i* ~ the rooms are in a suite **2** (*trafik-*) lane; (*fordons-*) line **3** *data.* file
2 fil *s2* (*verktyg*) file
3 fil *s3, se filmjölk*
fila file; *bildl. äv.* polish; ~ *på en fiol* scrape a fiddle
filan|trop [-'å:p] *s3* philanthropist, philanthrope **-tropị** *s3* philanthropy **-tropisk** *a5* [-'trå:-] *a5* philanthropic[al]
filatel|ị *s3* philately **-ist** philatelist **-istisk** [-'liss-] *a5* philatelic
filbunke [bowl of] processed sour whole milk; *lugn som en* ~ as cool as a cucumber
filé *s3* **1** *kokk.* fillet **2** (*spetsvävnad*) netting, fillet lace **filea** [-'le:a] *kokk.* fillet
filharmonisk [-'mɑ:-] *a5* philharmonic
filiạl *s3* branch [office]; (*-affär*) multiple store (shop) **-affär** multiple store (shop) **-avdelning** branch department **-kontor** branch [office]
filibuster *s2,* [-'bust-], **filibustra** *v1, AE.* filibuster
filigrạn *s7, s3* filigree **-arbete** [a piece of] filigree work
filipịn *s3, spela ~ med ngn* play philippina (philippine) with s.b.
filipper [-'lipp-] Philippian **-brevet** Philippians (*pl, behandlas som sg*); *eg.* the Epistle of Paul the Apostle to the Philippians
filippịk *s3* philippic
filippinare [-ˣpi:-] Filipino **Filippinerna** [-'pi:-] *pl* the Philippines **filippinsk** [-'pi:nsk] *a5* Philippine, Filipino
filistẹ́ *s3,* **filisteisk** [-'te:-] *a5,* **filister** [-'liss-] *s2,* **filistrọ̈s** *a1* Philistine
filkörning driving in lanes
film *s3* film; (*smal-*) cine (*AE.* movie) film; (*spel-*) film; *AE.* motion (moving) picture, *vard.* movie; *~en* (*-konsten*) the cinema; *gå in vid ~en* go on the films; *spela in en* ~ make a film, film; *sätta in en ~ i en kamera* load a camera
film|a [take (make) a] film, shoot; (*uppträda i*

film) act in a film; (*låtsas, vard.*) feign, simulate **-ateljé** film studio
filmatiser|a adapt for the screen **-ing** adaptation for the screen; (*film*) screen version
film|atisk [-'ma:-] *a5* filmic **-bolag** film company **-branschen** the movie business **-censur** film censorship **-festival** film festival **-fotograf** cameraman **-föreställning** cinema performance (show) **-hjälte** hero of the screen **-idol** movie idol **-industri** film industry; *~n* the screen (cinema) **-inspelning** filming, shooting **-institut** *Svenska F~et* [the] Swedish Film Institute
filmisk ['fill-] *a5* filmic
filmjölk *ung.* processed sour milk
film|kamera film camera, cine (*AE.* movie) camera **-kassett** film cassette **-komiker** screen comedian **-konst** *~en* [the] art of film, the cinema **-kännare** cineaste **-manuskript** [film]-script, screenplay
filmo|grafi *s3* filmography **-tek** *s7* film library
film|premiär first (opening) night [of a film] **-producent** film (*AE.* motion picture) producer **-regissör** film (*AE.* motion picture) director **-roll** [film] role (part) **-rulle** roll of film; (*kassett med film*) reel [of film] **-skådespelare** film actor **-skådespelerska** film actress **-stjärna** film star **-studio** film studio **-upptagning** filming, film shooting
filning [ˣfi:l-] filing; *bildl. äv.* polishing
filo|log philologist, philologer **-logi** *s3* philology **-logisk** [-'lå:-] *a5* philological
filosof [-'så:f] *s3* philosopher **-era** philosophize (*över* [up]on, about)
filosof|i *s3* philosophy; *~e doktor* Doctor of Philosophy; *~e kandidat* (*magister*) Bachelor (Master) of Arts (Science, Education) **-isk** [-'så:-] *a5* philosophic[al]; *~ fakultet* Faculty of Arts and Sciences
filspån filings (*pl*)
filt *s2* **1** (*material*) felt **2** (*säng-*) blanket; (*res-*) rug **filta** felt; *~ ihop sig* get matted **filtduk** felted cloth, felting
filter ['fill-] *s7, s4* filter **-cigarett** filter-tipped cigarette, filter tip
filt|hatt felt hat, trilby, fedora **-penna** felt tip marker (pen)
filtrat *s7* filtrate
filtrer|a filter, filtrate **-apparat** filtering apparatus **-ing** filtration **-papper** filter paper
filt|sula felt (hair) sole **-toffel** felt slipper **-underlägg** felt pad
filur sly dog
fimbulvinter a bitter winter
fimmelstång shaft, thill
fimp *s2, vard.* fag end, butt **fimpa** stub (put) out
fin *a1* **1** (*motsats grov*) fine; (*tunn, smal*) thin; (*spenslig*) slender, thin; (*späd*) tender; (*skör, ömtålig*) delicate; (*mjuk o. len*) soft; (*slät*) smooth; *~t damm* fine dust; *~ stil* small type (handwriting); *~ tråd* finespun thread **2** (*väl renad*) refined; *~t silver* refined silver **3** (*motsats enklare, sämre*) fine; (*prydlig*) neat, clean, tidy; (*elegant*) elegant; (*vacker*) handsome; (*utsökt*) choice, exquisite, select; (*läcker*) delicious; (*förnäm*) aristocratic, distinguished; (*belevad*) polished, well-bred; (*förfinad*) refined; (*värdig*) dignified; (*försynt*) tactful, considerate; (*omdömesgill*) fine, discriminating; (*känslig*) sensitive; (*skarp*) keen; (*förstklassig*) first-rate, first-class, superior, excellent; *iron.* fine, nice; *~ hörsel* acute hearing; *~ och behaglig* well-bred; charming; *en ~ affär* a bargain; *en ~ dam* an aristocratic lady; *en ~ flicka* a girl of good family; *en ~ herre* a gentleman; *en ~ och hygglig karl* a nice gentlemanly fellow; *en ~ vink* a delicate (gentle) hint; *extra ~* superfine; *klä sig ~* dress up [in one's best]; *göra ~t* (*städa*) tidy up, (*pryda*) make things look nice; *det anses inte ~t att* it is not good manners to; *i ~t sällskap* in polite society; *det ~a i* the best part (the point) of **4** *mus.* (*hög, gäll*) high[-pitched]
final *s3, mus.* finale; *sport.* final[s *pl*]; *gå till ~en* enter the finals **-ist** finalist
finans [-'ans *el.* -'aŋs] *s3* finance; *~en* (*finansmännen*) high finance; *~er* finances; *ha dåliga ~er* (*äv.*) be in financial difficulties **-departement** ministry of finance; *~et* (*i Storbritannien*) the Treasury, (*i USA*) department of the treasury **-expert** financial expert **-furste** financial magnate **-geni** financial genius
finansi|ell *a5* financial **-era** finance **-ering** [-i'e:-] financing **-är** *s3* financier
finans|man financier **-minister** minister of finance; (*i Storbritannien*) chancellor of the Exchequer; (*i USA*) secretary of the treasury **-politik** financial policy **-rätt** [public] finance **-tull** revenue duty **-utskott** *~et* [the Swedish parliamentary] standing committee on finance **-världen** the world of finance **-väsen** finance, public finance[s *pl*] **-år** financial (*AE.* fiscal) year
finbageri fancy bakery
finemang *vard.* great
finess finesse; tact; *~er* refinements; niceties; *bilen har många ~er* the car is fitted with a lot of gadgets
finfin splendid, tiptop; exquisite; *vard.* topnotch, crack
finfördel|a grind, pulverize; levigate; (*vätska*) atomize **-ning** grinding, pulverization; levigation; (*av vätska*) atomization
fing|er ['fiŋer] *s7, s2* finger; *ha ett ~ med i spelet* have a finger in the pie; *peka ~ åt* point one's finger at; *inte röra* (*lyfta*) *ett ~* not stir (lift, raise) a finger; *sätta -ret på den ömma punkten* put (lay) one's finger on the weak (sore) spot; *kunna ngt på sina fem -rar* have s.th. at one's fingers ends; *hålla -rarna borta från ngt* (*bildl.*) keep one's hands off s.th.; *det kliar i -rarna på mig att* my fingers are itching to; *inte lägga -rarna emellan* handle the matter without kid gloves; *räkna på -rarna* count on one's fingers; *se genom -rarna med ngt* turn a blind eye to s.th.; *slå ngn på -rarna* (*bildl.*) come down on s.b.
fingera [fiŋ'ge:-] feign, simulate; *~d* fictitious, imaginary; mock, sham; *~t namn* assumed (false) name
finger|avtryck fingerprint **-borg** thimble **-borgsblomma** foxglove
fingerfärdig nimble-fingered; dexterous **-het** dexterity, manual skill; *mus.* execution, technique

finger|hatt *se fingerborgsblomma* **-krok** *i uttr.*: *dra ~ med (ung.)* have a locked-fingers tug of war with **-skiva** [telephone] dial **-spets** fingertip **-språk** *se handalfabet* **-svamp** coral fungi **-sättning** *mus.* fingering **-topp** fingertip **-tuta** fingerstall, cot, fingertip **-vante** [woollen (cotton)] glove **-visning** hint, pointer **-övning** *mus.* five-finger exercise

fingra *~ på* finger

fingransk|a scrutinize **-ning** scrutiny

fin|hacka chop finely **-het** fineness *etc., jfr fin o. finess* **-hyllt** *a4* delicate-complexioned, delicate-hued

fininställ|a calibrate **-ning** precision (fine) adjustment

finit *a4, språkv.* finite

finjustera *(motor)* tune up

fink *s2* finch

finka I *s1* **1** *(polishäkte) sl.* quod, jug; clink, nick **2** *(godsvagn)* covered wagon; [luggage] van; *AE.* boxcar; baggage car **II** *v1, sl.* nick

fin|kalibrig [-li:b-] *a1* small-bore **-kamma** comb with a fine-tooth[ed] comb; *bildl.* comb out, examine thoroughly, go over (through) with a fine-tooth[ed] comb

finkel ['finn-] *s2, se finkelolja; (dåligt brännvin, vard.)* rotgut **-olja** fusel [oil]

fin|klippa cut up fine **-klädd** dressed up; well-dressed **-kornig** fine-grained; *foto.* fine-grain **-kultur** highbrow culture *(ibl. neds.)*

finkänslig delicate; tactful, discreet **-het** delicacy [of feeling]; tactfulness, discretion

Finland ['finn-] *n* Finland **finlandssvensk I** *s2* Swedish Finn **II** *a5* Finno-Swedish

finlemmad *a5* slender-limbed

finländ|are Finn, Finlander **-sk** *a5* Finnish

fin|mala grind fine (small) **-malen** *a5* finely ground **-maskig** *a5* fine-meshed **-mekaniker** precision-tool maker **-mekanisk** *~ verkstad* precision-tool workshop

finn|a *fann funnit* **I 1** find; *(upptäcka)* discover, find out, perceive; *(träffa på)* come upon (across); *(röna)* meet with **2** *(erfara)* find, see, learn **3** *(anse)* think, consider; *~ för gott att* think it best to; *~ lämpligt* think fit; *~ på* find out, invent; *~ på råd* find a way; *den står inte att ~* it is not to be found **II** *rfl* **1** *(finna sig vara)* find o.s.; *(anse sig)* consider (think) o.s. **2** *(känna sig)* feel **3** *(nöja, foga sig)* be content *(i* with); *~ sig i (äv.)* put up with, submit to, stand **4** *(ge rätta svaret e.d.) han -er sig alltid* he is never at a loss; *han fann sig snart* he soon collected his wits

finn|ande *i uttr.*: *vara till ~s* be to be found, exist **-as** *dep (vara)* be; *(stå att finna)* to be found, exist; *det -s gott om* there is plenty of; *han -s ej mer* he is no longer; *det -s inte att få* it is not to be had; *-s det äpplen?* have you [got] any apples?; *~ kvar a) (återstå)* be left, *(i behåll)* be extant, *b) (finnas på samma plats)* be still there; *~ till* exist, be in existence

finnbygd Finnish settlement

1 finne *s2* Finn

2 finne *s2 (blemma)* pimple

finnig *a1* pimpled, pimply

finnmark *(mynt)* Finnish mark, markka

fin|polera high-polish; *~d* highly polished **-putsa** *byggn.* plaster; *(friare)* put final touches to **-rum** *ung.* drawing room

finsk *a1* Finnish; *F~a viken* the Gulf of Finland

finsk|a 1 *(språk)* Finnish **2** *(kvinna)* Finnish woman **-språkig** *a5* Finnish-speaking **--ugrisk** [-u:g-] *a5* Finno-Ugric

fin|skuren *a5* **1** *kokk.* finely cut **2** *(om tobak e.d.)* fine-cut **3** *bildl.* finely chiselled **-slipa** polish smooth; *bildl.* put the finishing touches to; *~d* polished, elegant **-smakare** epicure, gourmet **-smide** whitesmithery **-snickare** cabinet-maker **-stilt** [-i:lt] *a4* in small type; *det ~a (i kontrakt e.d.)* the fine (small) print **-stämd** *a1, bildl.* delicate; moving **-stött** *a4* pounded fine

1 fint *s3* feint *(äv. i boxning, fäktning o.d.)*; *(knep)* trick, dodge, stratagem

2 fint [-i:-] *adv* finely *etc., jfr fin*; *~ bildad* [well] educated, cultured; *~ utarbetad* elaborately worked out

fint|a feint; *(i fotboll ung.)* dribble *(av* past) **-lig** *a1* ingenious, clever

fin|trådig fine-threaded **-tvätt** washing requiring careful handling

finurlig [-'nu:r-] *a1 (om pers.)* shrewd, knowing; *(om sak)* ingenious, clever

fiol *s3* violin; *vard.* fiddle; *spela ~* play the violin; *spela första (andra) ~[en] (eg.)* play [the] first (second) violin, *bildl.* play first (second) fiddle **-byggare** violin maker **-låda** violin case **-spelare** violinist, fiddler **-sträng** violin string **-stämma** violin part

1 fira 1 *(högtidlighålla)* celebrate; *(minne äv.)* commemorate; *(hedra)* fête, honour; *~ gudstjänst* hold divine service; *var tänker du ~ jul?* where are you going to spend Christmas? **2** *(skolka från arbetet)* absent o.s.

2 fira *(släppa efter)* ease [away]; *(skot)* slack, ease off; *~ ner* lower

firma *s1* [business] firm; *~ Jones & Co.* Messrs. Jones & Co.; *teckna ~n* sign for the firm **-bil** company car

firmament *s7, på ~et* in the firmament

firma|märke trademark **-namn** name of a firm, trade name **-tecknare** person authorized to sign for a (the) firm **-teckning** signing for a (the) firm

firn *s3* névé, firn

firning [ˣfi:r-] *vard. (arbetsfrånvaro)* absenteeism

fis *s2,* **fisa** *fes fisit* fart

fischy *s3* fichu

fisit *sup. av fisa*

fisk *s2* fish; *en ful ~ (bildl.)* an ugly customer; *vara som en ~ i vattnet* take like a fish to water, be in one's element; *fånga några ~ar* catch a few fish; *våra vanligaste ~ar* our commonest fishes; *få sina ~ar varma* be ticked off; *i de lugnaste vattnen går de största ~arna* still waters run deep **fiska** fish; *~ efter (bildl.)* fish (angle) for; *~ upp (bildl.)* fish out; *~ i grumligt vatten* fish in troubled water; *vara ute och ~* be out fishing

fiskaffär fishmonger

fiskafänge *s6 (utan pl)* fishing; *(med pl)* catch [of fish]; *Petri ~ (bibl.)* the miraculous draught of fishes

fiskal *s3, ung.* public prosecutor

fiskarbefolkning fishing population
fiskare fisherman
fisk|ben fishbone **-bensmönster** herringbone pattern **-blåsa** sound **-bulle** fishball; fish cake **-damm** fishpond
fiske *s6* fishing; (*näringsgren*) fishery **-bank** fishing bank **-båt** fishing boat **-don** fishing tackle **-fartyg** fishing vessel **-flotta** fishing fleet **-fyr** fishing light **-garn** fishing net **-gräns** fishing-limits (*pl*), limit of the fishing zone **-hamn** fishing port (harbour) **-kort** fishing licence (permit) **-lycka** luck at fishing **-läge** fishing village **-plats** fishing ground, fishery
fiskeri fishery **-intendent** inspector of fisheries **-konsulent** fisheries expert **-näring** fishing industry **-styrelse** *~n* [the Swedish] national board of fisheries
fiske|rätt piscary, fishery, fishing **-vatten** fishing ground, fishery
fisk|filé fillet of fish **-fjäll** fish scale **-färs** minced fish **-gjuse** [-ju:se] *s2* osprey, fish eagle (*AE.* hawk) **-handlare** fishmonger; (*'fiskgumma'*) fishwife **-konserv** tinned (*AE.* canned) fish **-leverolja** cod-liver oil **-lim** fish glue **-lir** *s7*, **-lira** *v1* play for time **-mjöl** fish meal **-mås** common (mew) gull, [sea] mew **-nät** fish[ing] net **-odling** fishfarm **-pinne** fishfinger; *AE.* fish stick **-redskap** fishing tackle **-restaurang** fish restaurant **-rätt** fish course **-soppa** fish soup (*AE.* chowder) **-stim** shoal [of fish] **-stjärt** fishtail **-sump** corf; crawl **-trappa** fish ladder **-tärna** common tern **-yngel** spawn **-öga** fish eye; *foto.* fish-eye lens
fiss *s7* F sharp
fiss|il *a5* fissile, fissionable **fission** [fi'ʃɑ:n] fission
fissur *anat., med.* fissure
fistel *s2, med.* fistula
fitta *s1, vard.* cunt
fix *a5* **1** (*fast*) fixed; *~ idé* fixed idea, (*friare*) rooted idea, craze; *~t pris* fixed price **2** *~ och färdig* all ready **fixa** *vard.* fix up **fixare** *vard.* fixer
fixat|iv *s7* fixative
fixer|a **1** (*fastställa*) fix (*till* at) **2** (*se skarpt på*) stare hard at; *AE.* fixate **3** *foto., konst., med.* fix **-bad** *foto.* fixer **-ing** fixing, fixation; (*med blicken*) stare, staring; *foto.* fixing
fixerings|bild puzzle picture **-vätska** *foto.* fixer, hypo; (*för teckning o.d.*) fixative
fixersalt fixing salt
fix|punkt fixed point **-stjärna** fixed star
fixtur fixture, fixing plate
fjant *s2* busybody, officious blighter; twerp, jerk
fjanta *~ för* fawn [up]on; *~ omkring* fuss around
fjantig *a1* fussy
fjol *i uttr.*: *i ~* last year; *i ~ vinter* last winter; *från i ~* last year's
fjoll|a [-å-] *s1* foolish (silly) woman (girl) **-ig** *a1* foolish, silly **-ighet** foolishness, silliness
fjol|år *~et* last year **-årskalv** last year's calf
fjompig [-å-] *a1* dumb, silly
fjor *se fjol*
fjord [-ɑ:- *el.* -å-] *s2* (*i Norge*) fjord, fiord; (*i Skottland*) firth
fjorton [ˣfjɑ:rtån] fourteen; *~ dagar* [a] fortnight; *i dag ~ dagar* today fortnight; *i dag för ~ dagar sedan* a fortnight ago today; *med ~ dagars mellanrum* at fortnightly intervals **-de** fourteenth; *var ~ dag* once a (every) fortnight, fortnightly **-[de]del** fourteenth [part] **-hundratalet** *på ~* in the fifteenth century **-årig** *etc., se femårig etc.*
fjun *s7* (*dun*) down; (*på växt äv.*) floss; (*på persika*) fur **-ig** *a1* downy; flossy
1 fjäd|er ['fjä:-] *s2* (*på fågel*) feather; *bildl. äv.* plume; *en ~ i hatten* a feather in one's cap; *lysa med lånta -rar* strut in borrowed plumes
2 fjäder ['fjä:-] *s2, tekn.* spring
fjäder|beklädd *a5* feathered, plumy **-boll** shuttle[cock] **-buske** plume, panache **-dräkt** plumage, feathering, feathers
fjäderfä poultry **-avel** poultry breeding **-skötsel** poultry farming (keeping)
fjäder|gräs feather grass **-lätt** [as] light as a feather **-moln** cirrus
fjäderstål spring steel
fjädervikt featherweight
fjädervåg spring balance (*AE.* scale)
fjädr|a [-ä:-] be elastic, spring; *~ sig* show off (*för* to), be cocky (*över* about) **-ande** *a4* elastic; (*om gång*) springy **-ing** spring system; (*fjädringsförmåga*) spring, elasticity
1 fjäll *s7* (*berg*) mountain; (*i Skandinavien äv.*) fjeld
2 fjäll *s7* scale
fjälla **1** (*fisk*) scale [off] **2** (*flagna av*) peel; *~ av* [*sig*] scale (peel) off
fjäll|bestigare mountaineer, alpinist **-bestigning** mountaineering; (*med pl*) [mountain (alpine)] climb **-boskap** mountain cattle
fjäll|ig *a1* scaly, scaled **-ning** scaling; *med.* peeling
fjäll|pipare dott[e]rel **-ripa** ptarmigan **-räddning** mountain rescue [service] **-räv** arctic fox **-sippa** [mountain] avens (*pl, behandlas som sg*) **-sjö** tarn **-skivling** *bot.* parasol mushroom **-topp** summit, peak; mountain top **-vandring** mountain hike (tour) **-vidd** *på ~erna* (*ung.*) on the boundless hills **-vråk** rough-legged buzzard **-växt** alpine plant
fjällämmel (*särskr. fjäll-lämmel*) lemming
fjär *a1* standoffish, distant
fjärd [-ä:-] *s2, ung.* bay
fjärde [-ä:-] fourth; *F~ Mosebok* Numbers **-del** fourth [part], quarter; *tre ~ar* three fourths (quarters) **-delsnot** crotchet; *AE.* quarter note
fjärding [-ä:-] (*kärl o. mått*) *ung.* firkin
fjärdings|man *ung.* country (parish) constable **-väg** *pl =, en ~* a quarter of a [Swedish] mile
fjäril *s2* butterfly; (*natt-*) moth
fjärils|hund papillon **-håv** butterfly net
fjärilsim butterfly [stroke]
fjärilslarv caterpillar
fjärma remove [far off]; *bildl.* estrange, alienate; *~ sig* draw away (*från* from), remove o.s. **fjärmare** *komp. t. fjärran* farther (further) [off]
fjärran **I** *adv* afar, far [away, off]; *från när och ~* from far and near; *komma ~ ifrån* come from far off; *det vare mig ~ att* far be it from me to **II** *a, fjärmare fjärmast* distant, remote, faraway, far[-off]; *F~ östern* the Far East **III** *oböjligt n* distance; *i ~* in the distance, afar off; *i ett avlägset ~* in the

F

[remote] distance
fjärr|kontroll remote control **-manövrera** operate by remote control **-manövrering** remote control **-skrivare** teleprinter **-skådande** **I** *s6* clairvoyance, second sight **II** *a4* **1** *eg.* far--seeing **2** clairvoyant, second-sighted **-skådare** clairvoyant, seer **-styrd** [-y:-] *a5* remote-controlled; ~ *raket* guided missile **-styrning** remote control **-trafik** long-distance traffic
fjärrvärme distant heating **-nät, -system** district heating system **-verk** district heating plant
fjärsing weever
fjärt *s2, vard.* fart
fjäsa ~ *för* make a fuss of; fawn on
fjäsk *s7* **1** (*brådska*) hurry, flurry; bustle **2** (*krus*) fuss (*för* of; *med* about) **fjäska 1** be in a hurry (*etc.*) **2** ~ *för* make a fuss of; fawn on **fjäskig** *a1* fussy, bustling; (*krypande*) fawning
fjät *s7* footstep
fjättra fetter, shackle, bind, chain; ~*d till händer och fötter* bound hand and foot; ~*d vid sängen* (*äv.*) bedridden **fjättrar** *pl, litt.* fetters, shackles
fjöl *s2* closet seat
f-klav bass clef, F clef
f.Kr. (*förk. för före Kristus*) B.C.
flabb 1 *s7* (*skratt*) guffaw; vulgar laugh **2** *s2* (*pratmakare*) driveller **flabba** guffaw **flabbig** *a1* drivelling
flack *a1* **1** (*jämn o. öppen*) flat, level **2** (*ytlig*) superficial
flacka roam about (around)
flacktång flat pliers (*pl*)
fladder ['fladd-] *s7* flutter; *bildl.* levity; (*flärd*) empty show **-mus** bat
fladdr|a flutter; (*om fågel*) flit; (*om flagga*) stream, flap; (*om ljus, låga*) flicker **-ig** *a1* **1** (*löst hängande*) flapping **2** *bildl.* (*ostadig*) volatile, fickle
flaga I *s1* flake **II** *v1* shed flakes (*äv.* ~ *av* [*sig*]); ~ *sig* flake, scale off
flagell|ant Flagellant **-at** *biol.* flagellate
flageolett [-ʃå'lätt] *s3* flageolet **-ton** (*hopskr. flageoletton*) flageolet tone, fluted note
flagg *s2* flag; colours (*pl*); *föra brittisk* ~ fly the British flag; *segla under falsk* (*främmande*) ~ sail under false colours (a foreign flag); *stryka* ~ strike one's colours
flagga I *s1* flag; *hala* ~*n* lower the flag; *hissa* ~*n på halv stång* fly the flag at half-mast **II** *v1* fly flags (the flag, one's flag); *det* ~*s för* the flags are (the flag is) flying for (in honour of)
flagg|adjutant flag lieutenant **-duk 1** (*tyg*) bunting **2** (*flagga*) flag **-lina** flag halyard **-man** flag officer **-ning** *allmän* ~ a general display of flags **-prydd** *a5* decorated with flags **-signalering** signalling with flags **-skepp** flagship **-spel** flagstaff, ensignstaff **-stång** flagpole, flagstaff
flag|ig *a1* flaky, scaly **-na** [-a:g-] flake [off], scale off, peel
flagrant [-'ant *el.* -'aŋt] *a1* flagrant
flak *s7* **1** *se isflak* **2** (*last-*) platform [body]
flakong [-'åŋ] *s3* flacon
flakvagn open-sided waggon
flambera flame
flamenco [-'menn-] *s5* flamenco
flamingo [-'miŋ(g)o] *s5* flamingo
flam|ländare Fleming; *-ländarna* (*koll.*) the Flemish **-ländsk** *a5* Flemish **-ländska 1** (*språk*) Flemish **2** (*kvinna*) Flemish woman
flamma I *s1* **1** flame (*äv. bildl.*); (*häftig äv.*) blaze, flare **2** (*svärmeri*) flame; *vard.* baby **II** *v1* flame, blaze, flash; ~ *för* (*vara entusiastisk*) be enthusiastic for, (*vara förälskad i*) be sweet on; ~ *upp* blaze up, flare up **flammig** *a1* flamelike; (*fläckig*) patchy, blotchy **flamning** blaze, flare
flampunkt flash[ing] point
flams *s7* gabble; giggle; loud chatter **flamsa** fool, monkey about **flamsig** *a1* silly; giggly
flamsk *a5, se flamländsk*
flam|säker flameproof **-ugn** reverberatory furnace
Flandern ['flann-] *n* Flanders **flandrisk** ['flann-] *a5, se flamländsk*
flanell *s3, s4* flannel **-byxor** *pl* flannel trousers, flannels
flanellograf *s3* flannel|board, -graph
flanera stroll
flank *s3* flank **-angrepp** flank attack, attack in the flank **-era** flank
flanör flâneur, idler, loafer, man about town
flarn [-a:-] *s7, driva som ett* ~ *på vattnet* drift along like a straw in the stream
flask|a *s1* bottle; (*fick-*) [hip] flask; (*av metall*) can; *ge ett barn* ~*n* give a baby its bottle; *tappa på -or* put in bottles, bottle; *öl på -or* bottled beer **-barn** bottle-fed baby **-borste** bottlebrush **-hals** bottleneck (*äv. bildl.*) **-post** message sent in a bottle [thrown into the sea] **-propp** stopper
flat *a1* **1** *eg.* flat; ~ *tallrik* [shallow] plate; *med* ~*a handen* with the flat of the (one's) hand **2** (*förlägen*) aghast, dumbfounded, taken aback **3** (*släpphänt*) weak, indulgent (*mot* to)
flat|a *s1, se handflata* **-bottnad** [-å-] *a5* flat-bottomed **-het 1** *eg.* flatness **2** (*förlägenhet*) dumbfoundedness, blank amazement **3** (*släpphänthet*) weakness, indulgence **-lus** crab louse **-skratt** guffaw
flau *oböjligt a* dull, flat, depressed
flax *s2, vard.* [piece of good] luck; *ha* ~ be lucky (in luck)
flaxa flutter; ~ *med vingarna* flap (flutter) its (*etc.*) wings
flegma ['flegg-] *s1* phlegm; indifference **-tiker** [-'ma:-] phlegmatic person **-tisk** [-'ma:-] *a5* phlegmatic[al]; impassive
flekterande [-'te:-] *a4,* ~ *språk* (*pl*) inflectional languages
flektion *se flexion*
flenört common figwort
flera ['fle:-] *komp. t. många* **1** (*med jämförelse*) (*mera* [*än*]) more; (*talrikare*) more numerous; *allt* ~ *och* ~ more and more; *mycket* ~ *människor* many more people; *många* ~ many more; *vi blir inte* ~ there won't be any more of us **2** (*utan jämförelse*) many; (*talrika*) numerous; (*åtskilliga*) several; *med* ~ and others; ~ *gånger, vid* ~ *tillfällen* on several occasions, on more than one occasion; *det blir billigare om vi är* ~ the more we are, the cheaper it will be
fler|barnsfamilj large family **-dubbel** multiple, manifold **-dubbla** multiply **-faldig** *a5,* ~ *vinnare av* several times the winner of; *jfr mång-*

faldig **-faldiga** multiply; (*skrift o.d.*) reproduce **-falt** many times, [ever so] much **-familjshus** block of flats; *AE.* apartment building (house) **-filig** *a5* multiple-lane **-färgad** multicoloured **-färgstryck** multicolour process printing; *konkr.* multicolour print **-omättad** polyunsaturated **-sidig** *a5* polygonal **-siffrig** *a5* of several figures **-språkig** *a5* multilingual, polyglot **-stavig** *a5* polysyllabic **-stegsraket** multistage rocket **-städes** in several places **-stämmig** *a5* polyphonous; ~ *sång* part song **-stämmigt** *adv, sjunga* ~ sing in parts **-tal** *s7* **1** *språkv.* plural **2** (*större delen*) majority; ~*et människor* the [great] majority of people, most people; *i* ~*et fall* in most cases **3** *ett* ~ several, a number of **-värd** *kem.* polyvalent **-årig** *a5* of several years[' duration]; *bot.* perennial

flesta *best. superl. t. många, de* ~ *a) fören.* most, *b) självst.* (*om förut nämnda*) most of them; *de* ~ [*människor*] most people; *de* ~ *pojkarna* most of the boys; *av vilka de allra* ~ by far the greater number of whom (which)

flex|a be on flexitime **-ibel** [-'i:-] *a2* flexible **-ibilitet** flexibility

flexion [-k'ʃɑ:n] inflection

flex|skiva *data.* floppy disk, flexible diskette **-tid** flexitime, flexible working hours

1 flicka *v1* patch, cobble

2 flick|a *s1* girl; *-orna Jones* the Jones girls

flick|aktig *a1* girlish **-aktighet** girlishness **-bekant** girlfriend **-bok** book for girls; *-böcker* (*äv.*) girls' books **-ebarn** [baby] girl, girl-child **-jägare** skirtchaser **-namn** girl's name; (*frus*) maiden name **-pension** girls' boarding school **-scout** [Girl] Guide; *AE.* Girl Scout **-snärta** young thing **-tjusare** charmer **-tycke** *ha* ~ be a favourite with girls **-vän** girlfriend

flik *s2* (*på plagg, kuvert*) flap; (*snibb*) lappet; (*bit*) patch; (*yttersta kant*) edge, end; *bot.* lobe **-ig** *a1, bot.* lobate

flimmer ['flimm-] *s7* flicker **-hår** cilium (*pl* cilia), flagellum (*pl* flagella)

flimra quiver, shimmer, flicker; *det* ~*r för ögonen* my (*etc.*) eyes are dazzled

flin *s7* grin; (*hångrin*) sneer **flina** grin; sneer

flinga *s1* flake

flink *a1* (*kvick* [*av sig*]) quick, nimble (*i* at); (*färm*) prompt; (*driftig*) active; ~ *i fingrarna* nimble-fingered, deft

flint *s3, vard.* **1** (*panna*) *mitt i* ~*en* full in the (one's) face **2** [bald] crown of the head; *början till* ~ first signs of baldness

flint|a *s1* flint **-bössa** *se -låsgevär* **-glas** flint glass, [optical] flint **-kniv** flint knife **-låsgevär** flintlock, firelock **-porslin** flintware **-redskap** flint implement[s *pl*]

flintskall|e bald head; (*person*) baldhead **-ig** *a1* bald[headed]

flint|vapen flint weapon **-verktyg** *se flintredskap* **-yxa** flint axe

flipperspel pinball machine

flirt [flört] *se flört*

flis *s3* wood chips (*pl*)

flisa I *s1* (*skärva, trä-*) splinter; (*tunn bit*) flake **II** *v1,* ~ [*sig*] splinter

flis|are *s9,* **-hugg** *s7* chipper **-stack** chip pile

flit *s3* **1** diligence; (*arbetsiver*) industry; (*trägenhet*) assiduity **2** *med* ~ (*avsiktligt*) on purpose, purposely, deliberately **-ig** *a1* diligent; (*idog*) industrious; (*arbetsam*) hard-working; (*trägen*) assiduous; (*aldrig sysslolös*) busy; (*ofta återkommande, t.ex. om besök*) frequent; *en* ~ *kyrkobesökare* a habitual churchgoer; *F*~*a Lisa* busy Lizzie **-pengar** overtime allowance (*sg*)

1 flock [-å-] *s7* (*avfall av ull o.d.*) flock

2 flock [-å-] *s2* **1** (*av fåglar, får o.d.*) flock; (*av renar*) herd; (*av vargar*) pack; (*av fåglar äv.*) flight; (*av människor*) crowd, party **2** *bot.* umbel

flock|a *rfl* flock [together], cluster **-blommig, -blomstrig** [-å-] *a5* umbelliferous **-instinkt** herd instinct

flod *s3* **1** *eg.* river; *bildl.* flood, torrent **2** (*högvatten*) flood, tide **-arm** branch (arm) of a (the) river **-bank** river bank **-bädd** riverbed **-fåra** river channel **-häst** hippopotamus; *vard.* river horse **-mynning** river mouth; (*stor äv.*) estuary **-spruta** fireboat **-system** river system **-våg** tidal wave **-ångare** river steamer

flopp [-å-] *s2,* **floppa** [-å-] *v1* flop

1 flor *s7* (*tyg*) gauze; (*sorg-*) crape; (*slöja*) veil

2 flor *n, stå* (*vara*) *i* [*sitt fulla*] ~ be in full bloom

flora *s1* flora

Florens ['flå:-] *n* Florence

florentin|are [-ˣti:-] *s9,* **-sk** *a5* Florentine

florer|a flourish, be at its (*etc.*) prime; *neds.* be rife (rampant) **-ande** *a4* widely prevalent

florẹtt *s3* foil **-fäktare** foilsman **-fäktning** foil fencing

florịn *s3* florin; *holländska* ~*er* [Dutch] guilders (*förr äv.* florins)

flors|huva [-ɑ:-] tipsiness **-tunn** thin as gauze; filmy

floskler ['flåsk-] *pl* empty phrases, balderdash (*sg*) **floskulọ̈s** *a1* inflated, bombastic

flossamatta pile rug (carpet)

1 flott [-å-] *oböjligt a, sjö., komma* (*bli*) ~ get afloat

2 flott [-å-] *a1* (*elegant*) stylish, smart; (*frikostig*) generous; (*överdådig*) extravagant; *leva* ~ live in great style, lead a gay life

3 flott [-å-] *s4* grease; (*stek-*) dripping; (*ister-*) lard

1 flotta [-å-] *s1* (*örlogs-, handels-*) navy, fleet; (*fartygssamling*) fleet; *gå in vid* ~*n* join the Navy

2 flotta [-å-] *v1* float, drive, raft

3 flotta [-å-] *v1,* ~ *ner* make all greasy

flottare log-floater, log-driver

flottbas naval base

flottbro pontoon bridge

flotte *s2* raft

flottfläck grease spot

flotthet stylishness; generosity *etc.*

flottig *a1* greasy

flottịlj [-å-] *s3, sjö.* flotilla; *flyg.* wing **-chef** *flyg.* wing commander; *AE.* lieutenant colonel **-enhet** *sjö.* naval unit

flottist [-å-] seaman, sailor

flottled floating channel, floatway

flottmanöver naval manoeuvres (*pl*)

flottning [-å-] floating, log-driving **flottningsränna** log flume (chute)

flottstyrka naval operating force

flottyr [-å-] *s3* frying-fat **-koka** deep-fry; *-kokt potatis* [potato] chips, French fried potatoes, *AE.* French fries **-kokning** deep-frying **-stekt** deep-fried

flottör float

flox [-å-] *s2* phlox

fluffig *a1* fluffy

flug|a *s1* **1** fly; *slå två -or i en smäll* kill two birds with one stone **2** (*halsduk*) bow [tie] **3** (*vurm*) craze **-fiske** fly-fishing (*efter forell* for trout) **-fångare** flypaper; flytrap

flugig *a1* cranky

flugit *sup. av flyga*

flug|nät fly net **-smuts** flyspeck **-smälla** fly swatter **-snappare** flycatcher; *grå* (*svart och vit*) ~ spotted (pied) flycatcher **-svamp** amanita; (*röd*) fly agaric; (*lömsk*) death cap (angel) **-vikt** flyweight **-viktare** flyweight [boxer *etc.*]

fluid *s3* fluid **-isera** fluidize **-isering** [-'se:-] fluidization **-istor** [-ˣistår] *s3* fludistor **-itet** fluidity, fluidness **-um** ['flu:i-] *s4* fluid, liquid

fluktu|ation fluctuation **-era** fluctuate

flum|debatt mixed-up debate **-mig** *a1 vard.* spaced out; mixed-up

flundra *s1* flounder, flatfish

fluor [-'å:r] *s3* fluorin[e] **-era** fluoridate **-ering** [-'re:-] fluoridation

fluoresc|ens [-e'sens *el.* -'ʃens] *s3* fluorescence **-ent** [-'sent *el.* -'ʃent] fluorescent **-era** [-'se:- *el.* -'ʃe:-] fluoresce **-erande** [-'se:- *el.* -'ʃe:-] fluorescent

fluorid *s3* fluoride

fluorider|a, -ing se *fluorera, fluorering*

1 fluss *s3, med., se flytning, inflammation, katarr*

2 fluss *s3, kem.* flux[ing agent]

fluss|glas milk glass **-medel** *se 2 fluss* **-spat** (*hopskr. flusspat*) *s3* fluorspar, fluor; *AE.* fluorite

fluster ['fluss-] *s7* beehive entrance

flutit *sup. av flyta*

flux straight [away], all in a jiffy

1 fly *se ankarfly*

2 fly *se gungfly*

3 fly *s6, zool.* noctuid moth

4 fly *v4* **1** (*ta t. flykten*) fly, flee (*för fienden* before the enemy); (*rymma*) run away; (*undkomma*) escape; (*friare*) vanish, disappear; *~dda tider* bygone days; *livet hade ~tt* he (*etc.*) was dead; *bättre ~ än illa fäkta* discretion is the better part of valour **2** (*undfly*) flee from, escape; (*faran*) shun

5 fly *adv, bli ~ förbannad* fly into a rage, get absolutely furious

flyg *s7* **1** *se flygvapen* **2** (*-konst*) aviation **3** (*-plan*) aeroplane; *AE.* airplane; *med ~* by air

flyga *flög flugit* fly; (*högt, uppåt*) soar (*mot höjden* aloft); (*ila, rusa*) dart, dash, rush; *~ i luften* (*explodera*) blow (go) up; *~ på ngn* fly at s.b.; *vad har det flugit i henne?* what [ever] can have possessed (got into) her?, what's bitten her?; *ordet flög ur honom* the word escaped him

flyg|ande *a4* flying; *~ besiktning* (*av bil etc.*) roadside inspection (safety check); *~ fästning* (*mil.*) flying fortress; *F~ holländaren* the Flying Dutchman; *~ hund* flying fox; *~ mara* flying mare; *~ start* flying start (*äv. bildl.*); *~ tefat* flying saucer; *i ~ fläng* in a terrific hurry, posthaste **-anfall** air raid (attack)

flygar|e flier, flyer, aviator, *mil.* airman; (*förare*) pilot **-sjuka** aeroembolism, decompression sickness (illness)

flyg|aska fly ash, flue dust **-attaché** air attaché **-bas** air base (station) **-bild** *se flygfoto* **-biljett** air ticket **-blad** leaflet, handbill; fly sheet **-bolag** airline [company] **-buren** *a3* airborne **-buss** airbus **-båt** (*flygplan*) flying boat; (*båt*) hydrofoil **-certifikat** pilot's certificate, flying licence **-duglig** airworthy **-däck** (*på hangarfartyg*) flight deck

flygel *s2* **1** wing; (*stänkskärm*) wing, *AE.* fender; *mil., polit., sport.* flank **2** *mus.* grand piano **-byggnad** wing **-karl** *mil.* pivot [man]

flyg|eskader group **-fisk** flying fish **-flottilj** wing **-foto** aerial photograph (view) **-fotografera** photograph from the air **-fotografering** aerial photography **-frakt** air freight **-fyr** aeronautical (air) light; (*radiofyr*) [radio] beacon **-fä** winged insect; *förbaskade ~n!* blasted flies! **-fält** airfield, landing field, (*mindre*) flying field; *jfr flygplats* **-färd** flight **-färdig** (*om flygare*) ready to fly; (*om fågelunge*) fully fledged, full-fledged **-förband** flying unit **-förbindelse** air service; plane connection

flygg *a1, se flygfärdig*

flyg|hamn [marine] airport **-haveri** aircraft crash (accident) **-havre** wild oat **-industri** aircraft industry **-kapten** (*vid trafikflyget*) pilot **-korridor** air corridor, airway **-kropp** fuselage **-larm** air-raid alarm (warning) **-ledare** control officer **-ledartorn** [airport] control tower **-ledning** air-traffic control **-linje** airline, air route **-lotta** *ung.* (*i Storbritannien*) member of the Women's Auxiliary Air Force (W.A.A.F.); *vard.* Waaf **-maskin** *se flygplan* **-medicin** aviation medicine **-mekaniker** aircraft mechanic **-motor** aircraft (aero) engine **-myra** winged ant

flyg|ning [-y:-] flying; aeronautics (*pl, behandlas som sg*); (*-tur*) flight **-officer** air-force officer **-olycka** *se flyghaveri* **-parad** fly-past; *AE.* flyover **-plan** aircraft; aeroplane; *AE.* airplane

flygplans|besättning aircrew **-kapare** [aircraft] hijacker **-kapning** [aircraft] hijack

flyg|plats airport, (*mindre*) air station, aerodrome, *AE.* airdrome; *jfr flygfält* **-porto** airmail postage **-post** airmail **-resa** flight, [air] trip **-rutt** air route (service) **-räd** air raid **-rädd** afraid of flying **-sand** shifting sand **-simulator** flight simulator **-sinnad** *a5* air-minded **-sjuk** airsick **-sjuka** airsickness **-skydd** *mil.* air cover (support) **-spaning** air reconnaissance **-stab** air staff **-stridskrafter** air forces **-styrman** first officer **-säker** airworthy **-säkerhet** safety in flight **-säkerhetstjänst** air security service **-terminal** air terminal **-tidtabell** [air service] timetable (schedule) **-trafik** air traffic (service) **-transport** air transport (transportation) **-tur** flying trip, flight **-uppvisning** air show **-vapen** air force; *-vapnet* (*i Storbritannien*) the Royal Air Force (R.A.F., RAF), (*i USA*) United States Air Force (USAF, U.S.A.F.) **-värdinna** air hostess, stewardess **-ödla** pterosaur

flyhänt *a1* deft; *bildl.* dext[e]rous, quick **-het**

deftness; *bildl.* dexterity, quickness

1 flykt *s3* (*t. flyga*) flight; *fälla en fågel i ~en* shoot a bird on the wing; *gripa tillfället i ~en* seize the opportunity

2 flykt *s3* (*t. fly*) flight; (*rymning*) escape; *vara på ~* be on the run; *~en från landsbygden* the flight from the land; *~en till Egypten* (*bibl.*) the flight into Egypt; *jaga på* (*ta till*) *~en* put (take) to flight

flyktförsök attempted escape

flykthastighet *rymdtekn.* escape velocity

flyktig *a1* **1** (*övergående*) fleeting, passing, fugitive; *en ~ bekantskap* a slight acquaintance; *kasta en ~ blick på ngt* give s.th. a hasty (passing, cursory) glance; *~ genomläsning* cursory perusal **2** *kem. o.d.* volatile **3** (*ostadig*) fickle, flighty

flykting refugee; (*flyende*) fugitive **-hjälp** aid to refugees **-läger** refugee camp **-ström** stream of refugees

flyta *flöt flutit* **1** (*motsats sjunka*) float (*äv. bildl. och om valuta*); *~ i land* be washed ashore **2** (*rinna o.d.*) flow (*äv. bildl.*); (*om tårar, svett o.d.*) run; *~ med strömmen* float down with (be carried along by) the stream (current); *blod kommer att ~* blood will be shed **3** (*ha flytande konsistens*) be fluid; (*om bläck o.d.*) run **4** *~ ihop* (*om floder*) flow into each other, (*om färger*) run into each other; *~ upp* rise to the surface; *han vill gärna ~ ovanpå* he likes to be superior

flyt|ande *a4* **1** (*på vätska*) floating; (*om fartyg*) afloat; *hålla det hela ~* keep things going **2** (*rinnande*) flowing, running; *bildl. äv.* fluent (*franska* French); *tala engelska ~* speak English fluently **3** (*i vätskeform*) fluid, liquid; *~ bränsle* liquid fuel; *~ föda* liquid nourishment (food); *~ kristaller* (*t.ex. i fickräknare*) liquid crystal display; *~ luft* liquid air; *~ naturgas* liquefied natural gas; *~ syre* liquid oxygen; (*som raketbränsle äv.*) lox; *~ tvål* liquid soap; *~ valuta* floating currency **-docka** floating [dry] dock **-glas** float-glass **-kropp** float

flytning [-y:-] **1** floating **2** *med.* discharge, flux

flytta 1 (*ändra plats för*) move; remove (*äv. flytta bort*); (*i spel*) move; *bli ~d* (*skol., uppflyttad*) be moved up (*till* [in]to) **2** (*byta bostad*) move (*äv. flytta på* [*sig*]); (*lämna anställning*) leave (*från en plats* a place); (*från hotell etc.*) check out; (*om fåglar*) migrate; *~ fram klockan* put the clock on (forward); *~ fram resan* (*resa tidigare*) arrange an earlier date for the journey, advance the journey, (*uppskjuta*) postpone the journey; *~ fram trupperna* advance the troops; *~ ihop* move [closer] together; *~ ihop med ngn* go to live with s.b.; *~ om* shift, rearrange; *~ upp* (*i grad*) move up; *~ sig* move, change one's place

flytt|bar *a5* mov[e]able, portable **-block** *geol.* erratic [block] **-buss** removal van **-fågel** migratory bird **-fågelssträck** flight of migratory birds **-kalas** house-warming [party] **-karl** furniture remover **-lass** vanload of furniture

flyttning moving *etc.*, removal, transportation; move; (*fåglars, nomaders*) migration

flyttnings|anmälan notification of change of residence (abode) **-betyg** (*utfärdat på pastorsexpedition*) certificate of change of address

flyttsaker movables

flytväst life jacket; *AE.* life preserver

flå *v4* flay; (*om fisk*) skin

flås *s7, vard.* wind **-a** puff [and blow]; (*pusta o. flämta*) pant; *~nde av* breathless with **-ig** *a1* wheezy **-patos** strained pathos

fläck *s2* **1** stain, mark, spot; (*av färg*) smudge; *bildl.* stain, blot, (*fel*) blemish; *sätta en ~ på duken* stain the tablecloth **2** (*på djurhud*) spot **3** (*ställe*) spot; *på ~en* (*genast*) on the spot, at once; *jag får den inte ur ~en* I cannot move it; *han rörde sig inte ur ~en* he did not move (budge); *vi kommer inte ur ~en* we are not getting anywhere (making any progress)

fläck|a spot, stain (*äv. bildl.*); (*smutsa*) [be]-smear; (*söla ner*) soil; *~ ner sig* get o.s. (one's clothes) all stained (soiled) **-borttagning** spot (stain) removal **-borttagningsmedel** spot (stain) remover **-feber** spotted fever **-fri** stainless, spotless; unsoiled; *bildl. äv.* unspotted, blameless, immaculate

fläck|ig *a1* **1** spotted; (*nedfläckad*) stained, soiled **2** (*om djur*) spotted **-vis** in spots (places)

fläder ['flä:-] *s2* elder[berry] **-buske** elder shrub

flädermus *se fladdermus*

fläder|märg elder pith **-te** elder tea

fläka *v3* slit, split open

fläkt *s2* **1** (*vindpust*) breath [of air]; breeze; puff, blow; (*friare o. bildl.*) breath, waft; *en frisk ~* a breath of fresh air; *inte en ~ rörde sig* not a breath was stirring **2** (*apparat*) fan, ventilator, blower

fläkt|a fan; *~ med solfjädern* fan the air; *det ~r skönt* there is a nice breeze blowing **-rem** fan belt **-ventilation** mechanical ventilation

flämt|a 1 pant, puff **2** (*fladdra*) flicker **-ning 1** pant **2** flicker

fläng *s7* bustling; hurry; *i flygande ~* in a [flying] hurry **flänga** *v2* **1** (*rusa*) fling (*omkring i* round); *~ och fara* rush to and fro; *~ omkring* (*i väg*) dash about (away) **2** (*rycka*) strip (*av* off)

fläns *s2* flange **flänsa 1** *tekn.* flange **2** (*valar*) flense, flench

flärd [-ä:-] *s3* vanity; frivolity **-fri** unaffected, artless, simple; (*blygsam*) modest **-full** vain; frivolous

fläsk *s7* pork; (*sid-*) bacon; (*hull*) flesh; *magert* (*randigt*) *~* lean (streaky) bacon; *rökt* (*stekt*) *~* smoked (fried) bacon; *~ och bruna bönor* pork and beans; *ärter och ~* yellow pea soup and pork **-ben** ham bone **-filé** fillet of pork **-flott** pork dripping **-hare** *kokk.* boneless loin of pork

fläsk|ig *a1* porky **-karré** loin of pork **-korv** pork sausage **-kotlett** pork chop **-lägg** hand (knuckle) of pork **-läpp** swollen lip **-pannkaka** pancake with diced pork **-svål** pork (bacon) rind (skin) **-änger** *s2* larder beetle

flät|a I *s1* plait; tress; (*nack-*) pigtail; (*bröd, tobaks-*) twist **II** *v1* plait; braid; (*krans o.d.*) twine, wreathe; *~ in* (*bildl.*) intertwine, intertwist; *~ in i* (*bildl.*) weave into; *~ sig* entwine itself (*omkring* round) **-ning** [-ä:-] plaiting *etc.* **-verk** plaited work

flöda flow; (*häftigt*) gush, pour, stream; *~ av* overflow with; *~ över* flow (run) over, *bildl.* brim over (*av* with); *champagnen ~de* the champagne flowed **flödande** *a4* flowing *etc.*; *bildl.* fluent; abounding, exuberant **flöde** *s6* flow; torrent, stream; *fys.* flux

F

flödes|diagram, -schema flow chart (sheet)
flög *imperf. av flyga*
flöjel [ˣflöjj-] *s2* vane, weathercock
flöjt *s3* flute **-blåsare, -ist** flute player, flautist; *AE.* flutist **-lik** flutelike, fluty
flört *s3* **1** (*flörtande*) flirtation **2** *pers.* flirt **flörta** flirt **flörtig** *a1* flirtatious, flirty
flöt *imperf. av flyta*
flöte *s6* float; *vara bakom ~t* be dull (stupid)
flöts *s3, geol.* seam
FM (*förk. för frekvensmodulering*) FM
f.m. (*förk. för förmiddagen*) a.m.
f-moll F minor
FN (*förk. för Förenta nationerna*) U.N.
f.n. (*förk. för för närvarande*) *se under närvarande*
fnas *s7* husk, shuck **fnasa** husk **fnasig** *a1* scaly; chapped
fnask *s7* **1** (*obetydlighet*) trifle **2** (*grand*) jot, scrap **3** (*prostituerad*) tart **-er** ['fnass-] *s2* (*pojkvasker*) shrimp [of a lad]
fnatt *få ~, vard.* blow one's top
FN-bataljon United Nations battalion
fnissa *v1*, **fnissning** *s2* titter, giggle
fnitter ['fnitt-] *s7*, **fnittra** *v1, se fnissning, fnissa* **fnittrig** prone to giggle, giggly
FN-|kommission United Nations commission **-observatör** United Nations observer
fnoskig [-å-] *a1* dotty, silly; (*om person*) barmy, *AE.* balmy, loco
FN-stadgan United Nations Charter
fnurra *s1, det har kommit en ~ på tråden mellan dem* they have fallen out
fnysa *v3 el. fnös fnyst*, **fnysning** [-y:-] *s2* snort
fnös *imperf. av fnysa*
fnösk|e *s6* tinder, touchwood; *torr som ~* dry as tinder **-ticka** *s1* tinder fungus
foajé *s3* foyer
fob [fåbb] f.o.b. (free on board)
fobi *s3* phobia
fob-pris f.o.b.-price
fock *s2, sjö.* foresail, forecourse; (*på mindre båt*) jib
focka [-å-] (*avskeda*) turn off, [give...the] sack
fock|mast foremast **-skot** foresheet **-stag** forestay
1 foder ['fɑ:-] *s7* (*kreatursföda*) [cattle]food; forage; (*kraft-*) fodder, feed
2 foder ['fɑ:-] *s7* (*i kläder o.d.*) lining; (*hylsa o.d.*) casing; (*dörr-, fönster- o.d.*) architrave; *bot.* calyx
foderbeta mangel[wurzel], mangold[wurzel]
foderblad *bot.* sepal
foder|kaka oil cake **-säd** fodder grain
foderväv lining material
foderväxt fodder (forage) plant
1 fodra [ˣfɑ:-] (*t. 1 foder*) [give...a (its *etc.*)] feed, fodder
2 fodra [ˣfɑ:-] (*t. 2 foder*) line
fodral *s7* case; (*låda äv.*) box; (*hölje*) casing, cover
1 fodring [ˣfɑ:-] (*t. 1 foder*) feeding *etc.*
2 fodring [ˣfɑ:-] (*t. 2 foder*) lining
1 fog *n* (*skäl*) justice, [good] reason, justification, right; *med* [*allt*] *~* with good reason, reasonably; *utan ringaste ~* without the slightest reason; *ha ~ för sig* be reasonable; *ha* [*fullt*] *~ för* have every reason for
2 fog *s2* (*skarv*) joint; (*söm*) seam; *med.* suture
foga I 1 (*förena*) join (*till, i* to); *bildl.* add [to], attach [to], affix **2** (*avpassa*) suit, fit **3** (*bestämma*) ordain; *ödet har ~t det så* fate has so ordained (determined) **II** *rfl* **1** (*ansluta*) join [itself (*etc.*)] on (*till* to) **2** (*falla sig*) *det har ~t sig så att* things have so turned out that **3** (*ge med sig*) give in; *~ sig efter* accommodate o.s. to; *~ sig i* resign o.s. to
fogde [ˣfɑ:g-] *s2, ung.* sheriff, bailiff; *AE.* marshal
foglig [ˣfɑ:g-] *a1* accommodating, compliant; (*medgörlig*) amenable **-het** compliance, compliancy; amenability
fogning [ˣfɑ:g-] joining *etc., jfr foga*
fogsvans foxtail saw; handsaw
fokal *a5* focal **-distans** focal length (distance) **-infektion** focal infection
fokus ['fɑ:-] *-en el. =, pl -ar* focus **-era** focus **-ering** [-'se:-] focusing
folder ['fåll-] *s2, s9* folder
foliant [book in] folio [volume]
folie ['fɑ:-] *s5* foil; (*plast- äv.*) film, sheet
folier|a 1 *tekn.* foliate, foil **2** *hand.* folio **-ing** *tekn. o. hand.* foliation
folio ['fɑ:-] folio **-band** folio volume **-format** folio size
folk [-å-] *s7* **1** (*folkslag, nation*) people **2** (*underlydande*) servants (*pl*); *mil, sjö.* men **3** (*människor*) people (*pl*); *vard.* folks (*pl*); *F~ets hus* community centre, assembly hall; *göra ~ av ngn* teach s.b. manners; *uppföra sig som ~* behave properly; *som ~ är mest* like the general run of people; *se ut som ~ gör mest* be ordinary looking; *det var mycket ~ på gatan* there were a lot of people in the street; *det är skillnad på ~ och fä* there are people and people; *har du inte sett ~ förr?* what are you standing there gaping for?
folkbildning (*bildningsnivå*) general level of education; (*undervisning*) adult education
folkbildnings|arbete adult educational activities **-förbund** adult education organization
folk|bok popular book **-bokföring** national registration
folk|dans folk dance
folkdemokrat|i people's democracy **-isk** of (belonging to) a people's democracy
folk|djup *ur ~et* from the masses **-domstol** people's court **-dräkt** national costume **folketymologi** folk (popular) etymology
folk|fattig sparsely populated **-fest** national holiday; (*folklig fest*) popular festivity **-front** popular front **-församling** national assembly **-försörjning** national food supply
folkgrupp *polit.* national group; (*minoritet*) minority
folk|hem *ung.* welfare state **-hjälte** national hero **-hop** crowd [of people]; *neds.* mob **-humor** popular (folk) humour **-hushållning** national economy **-hälsa** public health **-högskola** residential college for adult education
folkilsken vicious; savage
folk|kommissarie (*i Sovjetunionen*) People's Commissar **-kär** beloved by the people

folk|lager class [of society] **-ledare** popular leader **-lek** national game
folklig [-å-] *a1* **1** (*tillhörande folket*) popular; democratic **2** (*i umgänge*) affable **-het 1** popularity **2** affability
folkliv 1 street life; crowds (*pl*) **2** (*allmogens liv*) life of the people; *svenskt* ~ the life and manners of the Swedish people
folklivs|forskning folklore research **-skildring** description of the life of the [common] people
folklor|[e] [-'lå:r] *s3* folklore **-ist** folklorist **-istik** *s3* folklore [research] **-istisk** [-'riss-] *a5* folkloristic
folklåt folk song
folk|massa *se folkhop* **-medicin** folk medicine **-minnesforskning** folklore research **-mord** genocide **-mun** *i* ~ in popular speech, colloquially **-musik** folk music **-mål** dialect **-mängd** population **-mängdsstatistik** population statistics (*pl, behandlas som sg*) **-möte** public (mass) meeting
folk|nykterhet national standard of temperance **-näring** *se folkförsörjning* **-nöje** popular entertainment
folk|omröstning popular vote; referendum; plebiscite **-opinion** public opinion
folk|park amusement park **-parti** liberal party
folkpension national old age pension **-ering** [-'ne:-] national old age pensions scheme **-är** old-age pensioner
folk|ras race **-representation** parliament, legislature **-republik** people's republic **-resning** insurrection, popular rising **-rik** populous **-räkning** census **-rätt** international law **-rättslig** of (in) international law **-rörelse** popular (national) movement
folk|saga folk tale (story) **-samling** gathering of people, crowd **-sjukdom** endemic disease **-skara** *se folkhop*
folkskola elementary school; *AE.* grade school
folkskole|seminarium [elementary-school teacher's] training college **-stadga** elementary-education statute
folkskollärar|e, -inna elementary school teacher
folk|skygg shy, retiring; (*om djur*) shy **-slag** nationality **-spillra** remnant of a nation **-stam** tribe **-storm** mass protest, general uproar **-styre** democracy, representative government **-sång 1** (*folkvisa*) folk song **2** (*nationalsång*) national anthem **-sångare** folk singer **-sägen** popular tradition (legend)
folk|talare popular speaker (orator) **-tandvård** national dental service **-tom** (*om gata o.d.*) deserted, empty; (*om land o.d.*) depopulated **-ton** *visa i* ~ song on a folk-song theme **-tribun** tribune **-tro** folklore, popular belief; lay opinion **-trängsel** crowd[s *pl*] [of people] **-tät** densely populated **-täthet** density of population
folk|upplaga popular edition **-upplopp** riot, tumult
folk|vald *a5* popularly elected **-vandring** migration **-vandringstiden** the time of the Great Migration **-vett** [good] manners (*pl*) **-vilja** will of the people **-vimmel** *i -vimlet* in the throng (crowd, crush) [of people] **-visa** folk song **-välde** democracy **-vänlig** democratic (democratically) disposed **-ökning** increase of population, population growth
follik|el [-'likk-] *s2, anat.* follicle **-ulär** follicular, folliculate
fon [få:n] *s3* **1** *språkv.* phone **2** *fys., se phon*
1 fond [fånd *el.* fåŋd] *s3* (*bakgrund*) background; *teat.* back [of the stage] (*på scenen*), centre (*i salongen*); *första radens* ~ the dress-circle centre
2 fond [fånd *el.* fåŋd] *s3* (*kapital*) fund[s *pl*], capital; (*stiftelse o.d.*) foundation; (*förråd*) stock, store **-börs** stock exchange (market)
fonddekoration backcloth, backdrop
fond|emission bonus (scrip) issue; *AE.* stock dividend issue **-era** fund, consolidate **-kommissionär** member of the stock exchange, stockbroker
fondloge *första radens* ~ the dress-circle box
fondmäklare stockbroker
fondvägg *teat.* backscene
fondy [fåŋdy] *s3* fondue
fonem *s7* phoneme
fonet|ik *s3* phonetics (*pl, behandlas som sg*) **-iker** [-'ne:-] phonetician **-isk** [-'ne:-] *a5* phonetic
fonograf *s3* phonograph
font [-å-] *s3* fount, (*särsk. AE.*) font
fontanell [-å-] *s3* fontanel[le]
fontän [-å-] *s3* fountain; jet [of water]
for *imperf. av 2 fara*
fora *s1* (*lass*) [wag(g)on]load; (*vagn*) cart
force majeure [fårs ma'ʒö:r] force majeure
forcer|a [får'se:ra] **1** (*påskynda*) speed up, rush; (*intensifiera*) intensify **2** (*tilltvinga sig tillträde etc.*) force; (*chiffer*) break, cryptanalyse **-ad** *a5* forced, strained; *i -at tempo* at top speed **-ing** speeding up; forcing; (*kryptoanalys*) cryptanalysis
fordom[dags] [ˣfo:r-] formerly; in times past; in bygone days; *från* ~ from former times; *i* ~ *tid* in former times, in olden days
fordon [ˣfo:r-] *s7* vehicle; (*last-*) van, truck, cart
fordons|skatt vehicle licence duty **-våg** weighbridge
fordra [-o:-] **1** (*med personsubj.*) demand (*ngt av ngn* s.th. of s.b.; *betalning* payment); (*bestämt yrka på*) insist upon; (*omilt kräva*) exact; (*göra anspråk på*) require (*att ngn skall veta* s.b. to know; *hövlighet av ngn* civilty of [*el.* from] s.b.); (*som sin rätt*) claim; ~ *räkenskap av ngn* call (bring) s.b. to account; ~ *skadeersättning* demand (claim) damages; *ha 10 pund att* ~ *av ngn* have a claim of 10 pounds on s.b. **2** (*med saksubj.*) *a*) (*erfordra*) require, want, call for, *b*) ([*på*]*bjuda*) prescribe, *c*) (*ta tid i anspråk*) take; *arbetet* ~*r stor noggrannhet* the work demands great care
fordr|an [ˣfo:r-] *r, i pl används fordringar* **1** demand (*på ngn* on s.b.); requirement (*på ngn* in s.b.) **2** (*penning-*) claim (*på ngn* on s.b.; *på 10 pund* of 10 pounds) **-ande** *a4* exacting **-as** *dep* be required (needed)
fordring [ˣfo:r-] *se fordran*; ~*ar a*) demands, (*förväntningar*) expectations, (*anspråk*) claims, *b*) (*tillgodohavanden*) claims, [active] debts;

F

osäkra ~ar doubtful claims, (*friare*) bad debts; *ha stora ~ar på livet* expect a lot of life; *ställa stora ~ar på* demand a great deal of, be exacting in one's demands on; *uppfylla ~arna för godkänd examen* satisfy the examiner[s *pl*] **fordringsägare** creditor

forell *s3* trout

form [-å-] **1** *s3* form; (*fason o.d.*) shape, cut; (*tillstånd*) state; *för ~ens skull* for form's sake, as a matter of form; *i ~ av a*) in [the] form of (*en roman* a novel), *b*) in the shape of (*en cirkel* a circle, *c*) in the state of (*is* ice); *i fast* (*flytande*) ~ in solid (fluid) form; *hålla mycket på ~en* stand on ceremony, be a stickler for etiquette; *i många ~er trivs det sköna* beauty appears in many guises **2** *s3, sport. o. bildl.* form; *inte vara i ~* be out of form **3** *s2* (*gjut-*) mould; *kokk.* dish, tin

forma [-å-] form, mould (*äv. bildl.*); (*friare*) shape, model; ~ *en mening* frame a sentence

formaldehyd [ˣfårm-] *s3* formaldehyde

formalia [får'ma:-] *pl* formalitites

formalin [-å-] *s4, s3* formalin

formaliser|a [-å-] formalize **-ing** formalization

formal|ism [-å-] formalism **-ist** formalist **-istisk** [-'ist-] *a5* formalistic

formalitet [-å-] *s3* formality, matter of form; *utan ~er* without ceremony

formа|t [-å-] *s7* size, format; *bildl.* importance, weight **-tion** formation

formbar [-å-] *a1* formable; mouldable, plastic **-het** mouldability, plasticity, workability

formbröd tin [loaf]

formel ['fårr-] *s3* formula **formell** *a1* formal, conventional

formenlig [-e:-] *a5* correct [in form]

former|a [-å-] **1** *mil.*, ~ [*sig*] form **2** (*vässa*) sharpen **-are** sharpener **-ing** formation; (*vässning*) sharpening

form|fast non-deformable; *~a jerseybyxor* jersey trousers that keep their shape **-fel** error in form **-fulländad** *a5* perfect in form **-fulländning** perfection of form **-förändring** modification of form; *konkr. äv.* deformation

formge design

formgiv|a *se formge* **-are** designer **-ning** [-ji:v-] designing, shaping; *konkr.* [creative] design

formgjut|a die-cast **-ning** die-casting

formidabel [fårmi'da:-] *a2* formidable

formligen [-å-] (*bokstavligen*) literally; (*rentav*) positively; (*helt enkelt*) simply

form|lära *språkv.* accidence **-lös** formless, shapeless; (*obestämd*) vague

form|ning [-å-] shaping, forming **-pressa** die--cast; press, mould **-pressning** die-casting; moulding **-rik** abundant in forms; (*om språk*) highly inflectional **-sak** matter of form, formality **-skön** beautiful in form, beautifully shaped **-sättning** *byggn.* casing, mould

formuler|a [-å-] formulate, word; ~ *frågor* frame questions **-ing** formulation; (*ordalydelse*) wording

formulär [-å-] *s7* form

forn [-o:-] *a5* former, earlier; (*-tida*) ancient **-borg** hillfort **-engelsk** Anglo-Saxon **-engelska** Old English, Anglo-Saxon **-forskare** archaeologist, antiquary **-forskning** archaeology, archaeological research **-fynd** archaeological find **-grekisk, -grekiska** Ancient Greek **-historia** ancient history **-historisk** of ancient history **-högtysk, -högtyska** Old High German **-isländsk, -isländska** Old Icelandic **-kunskap** *se fornforskning* **-lämning** ancient monument; *~ar* ancient remains **-minne** ancient monument, relic of antiquity **-minnesvård** preservation of ancient monuments **-nordisk, -nordiska** Old Norse **-sak** archaelogical relic **-svensk, -svenska** Old Swedish **-tid** prehistoric age (period); *~en* antiquity; *i den grå ~en* in the dim and distant past **-tida** *oböjligt a* ancient

fors [-å-] *s2* **1** rapids (*pl*); cataract **2** (*friare o. bildl.*) stream, cascade, torrent **forsa** rush; (*friare*) gush; *en ~nde bäck* a torrent; *blodet ~de ur såret* the blood gushed from the wound; *regnet ~r ner* it rains cats and dogs **forsfarare** rapids shooter

forsk|a [-å-] search (*efter* for); *absol.* [carry out] research; ~ *i* (*undersöka*) inquire into, investigate **-ande** *a4* inquiring; (*prövande*) searching

forskar|begåvning gift for research; *pers.* gifted researcher **-bragd** triumph of research, scientific feat

forskar|e [-å-] [research] scientist, researcher; investigator (*i* of) **-flykt** brain drain **-grupp** group of researchers (research scientists) **-gärning** scientific achievement **-möda** painstaking research

forskning [-å-] research (*i* upon); (*naturvetenskap*) science; (*undersökning*) investigation (*i* into, on)

forsknings|anslag research grant **-anstalt** research institute **-arbete** research work **-centrum** research centre **-fält** field of research **-institut** *se -anstalt* **-resa** exploration expedition **-resande** explorer **-resultat** research findings (*pl*)

forsl|a [-å-] transport, convey, carry; ~ *bort* carry away, remove **-ing** carriage, transportation, conveyance

forst|mästare [-å-] [certified] forester, forest officer **-väsen** forestry organization

forsythia [får'sy:tia] *s1* forsythia

1 fort [-å-] *s7* (*fästning*) fort

2 fort [-o-] **I** *adv* (*i snabbt tempo*) fast; (*på kort tid, snabbt*) quickly, speedily; (*raskt*) rapidly; (*i* [*all*] *hast*) hastily; *det gick ~ för honom* it didn't take him long, he was quick about it, it was over quickly for him; *det går inte så ~ för mig att* I must take my time about (+ *ing-form*), I am rather slow at (+ *ing-form*); *han tröttnade ~* he soon got tired, he tired easily; *gå lika ~ som ngn* keep pace with s.b.; *klockan går för ~* the (my *etc.*) watch (clock) is fast **II** *interj* quick!, sharp!

forta [ˣforr-] *rfl* (*om klocka*) gain

fortbe|stå continue [to exist] **-stånd** continued existence

fortbild|a train (educate *etc.*) further; ~ *sig* continue one's training (education) **-ning** further training (education) **-ningskurs** extension (continuation) course

forte [ˣfårr-] *adv o. s6* forte **-piano** *adv o. s6* pianoforte

fortfar|a continue, go on (*att sjunga* singing); (*hålla i*) keep on (*med* with); (*fortvara*) last **-ande** still
fortfärdig expeditious; nimble, quick
fortgå go on, proceed; (*fortsätta*) continue **-ende I** *s6* continuance **II** *a4* continued
fortifikation [-å-] fortification
fortifikations|förvaltning *~en* [the Swedish] fortifications administration **-officer** military engineer
fortissimo [får'tiss-] *adv o. s6* fortissimo
fortkörning speeding [offence]
fort|leva live on; survive **-löpande** *a4* continuing, continuous; *~ kommentar* running commentary
fortplant|a *v1* **1** (*om människor, djur, växter*) propagate, reproduce **2** (*friare o. bildl.*) transmit **3** *rfl* propagate [o.s., itself] (*äv. om ljud, ljus*); *eg. äv.* breed; (*om rykte*) spread; (*om sjukdom*) be transmitted, spread **-ning** propagation, breeding; transmission
fortplantnings|drift reproductive (propagative, procreative) instinct **-duglig** reproductive, procreative **-förmåga 1** procreative faculty **2** *fys.* power of transmission **-organ** reproductive organ
fortsatt *a4* continued; (*-löpande*) continuous; (*återupptagen*) resumed; (*ytterligare*) further
fortskaff|a transport, convey **-ningsmedel** means (*sg o. pl*) of conveyance (transport[ation])
fortskrida proceed; (*framskrida äv.*) advance
fortsätt|a 1 (*fortfara med*) continue; go on (proceed) with; (*efter uppehåll*) take up, resume; (*fortsätta o. fullfölja*) carry on **2** (*fortgå*) go on (continue) (*att spela* playing); (*efter uppehåll*) proceed; *fortsätt bara!* go ahead! **-ning** continuation; proceeding; *~ följer* (*forts.*) to be continued; *i ~en* henceforth, from now on **-ningsvis** (*vidare*) further
fortuna [-ˣtu:-] *n*, **-spel** bagatelle
fort|vara continue [to exist] **-varo** *s5* continued existence
forum *s8* forum; quarter; *rätt ~ för* [the] proper authority for, the right place for
forwardskedja [ˣfå:rvards-] forward line
fosfạt [-å-] *s7, s4* phosphate
fosfor [ˣfåssfår] *s2* phosphorus
fosforesc|ens [-'sens *el.* -'ʃens] *s3* phosphorescence **-ent** [-'sent *el.* -'ʃent] phosphorescent **-era** [-'se:- *el.* -'ʃe:-] phosphoresce **-erande** [-'se:- *el.* -'ʃe:-] phosphorescent
fosfor|förgiftning phosphorus poisoning **-syra** [orto]phosphoric acid **-tändsticka** phosphorus match
fosgen [fåss'je:n] *s3* phosgene
fossịl [-å-] **I** *s7* fossil **II** *a5* fossil; *~t bränsle* fossil fuel **-fynd** fossil find **-kraftverk** fossil-fuelled power station
fostbrödralag *s7* sworn brotherhood
foster ['foss-] *s7* fetus, foetus; *bildl.* offspring, product, creation
fosterbarn foster child
fosterfördriv|ande *a4* abortive, abortifacient **-are** abortionist **-ning** [criminal] abortion
foster|föräldrar foster parents **-hem** foster home **-hinna** fetal membrane **-jord** native soil **-land** [native] country
fosterlands|förrädare traitor [to one's country] **-förräderi** high treason **-kärlek** patriotism, love of one's country **-vän** patriot
fosterljud fetal heart sound
fosterländsk *a5* patriotic
foster|rörelse fetal movement **-utveckling** development (growth) of the fetus **-vatten** amniotic fluid
fostra bring up, rear; *bildl.* foster, breed **fostran** *r* bringing up *etc.*; (*upp-*) education; *fysisk ~* physical training **fostrare** fosterer; (*friare*) trainer of the young
fot 1 *-en fötter* foot (*pl* feet); (*på glas*) stem; (*lamp-*) stand; *bildl.* footing, terms (*pl*), standing; *~!* (*t. hund*) heel!; *lätt på ~en* light of foot, *bildl.* of easy virtue; *på resande ~* on the move; *på stående ~* instantly; *få fast ~* get a footing; *försätta på fri ~* set free; *gå till ~s* go on foot, walk; *leva på stor ~* live in grand style, live it up; *stryka på ~en* give in (*för* to); *stå på god ~ med ngn* be on a friendly footing with s.b.; *inte veta på vilken ~ man skall stå* not know which leg to stand on; *han har inte satt sin ~ där* he has not set foot there, *neds.* he has not darkened the roof of that home (house *etc.*); *dra fötterna efter sig* drag one's feet (heels); *kasta sig för ngns fötter* fall down at a p.'s feet; *komma på fötter igen* get on to one's feet again, (*bli frisk*) be up and about again; *trampa under fötterna* trample underfoot; *vara kall om fötterna* have cold feet **2** *s9* (*längdmått*) foot
fota base; *~ sig på* be based on
fotabjälle *s6*, *från hjässan till ~t* from top to toe (head to foot); cap-a-pie
fot|arbete *sport.* footwork **-bad** foot bath **-behandling** pedicure **-beklädnad** (*skor*) footwear, footgear **-boja** fetter, shackle; (*förr*) foot and chain **-boll** football; (*spelet*) [association] football, soccer; *vard.* footer; *AE.* soccer
fotbolls|domare referee **-fantast** football (*AE.* soccer) fan **-lag** football (*AE.* soccer) team **-förbund** football association; *AE.* soccer league **-match** football (*AE.* soccer) match **-plan** football (*AE.* soccer) ground **-spelare** football (*AE.* soccer) player, footballer **-tröja** *vard.* strip
fot|broms (*i bil*) foot (pedal) brake; brake pedal **-fel** foot fault **-folk** infantry **-fäste** foothold; (*insteg*) footing; *få* (*vinna*) *~* get (gain) a foothold (footing); *förlora ~t* lose one's foothold **-gavel** footboard **-gängare** [-jäŋ-] pedestrian **-knöl** ankle **-kurtis** *vard.* footsie **-led** ankle joint **-not** footnote
foto *s6* photo (*pl* photos); *se fotografi* **-affär** camera shop; photograpic dealer's **-album** *se fotografialbum* **-ateljé** photographic studio **-blixt** flashlight, flash **-cell** photocell, photoelectric cell **-elektricịtet** photoelectricity **-elektrisk** [-'lekk-] photoelectric[al]
fotogen [-'ʃe:n] *s3, s4* paraffin[e] [oil]; *AE.* kerosene
fotogenisk [-'je:-] *a5* photogenic
fotogen|kök oil (paraffin, *AE.* kerosene) stove **-lampa** paraffin (*AE.* kerosene) lamp

F

fotograf *s3* photographer **-era** photograph; *absol. äv.* take photographs; ~ *sig* have one's photo (photograph) taken **-ering** [-'fe:-] photography; (*-erande*) photographing
fotografi *s4, s3* photograph, *vard.* photo; (*som konst*) photography **-album** photograph album
fotografisk [-'gra:-] *a5* photographic
fotogrammetri|i *s3* photogrammetry **-isk** [-'me:-] *a5* photogrammetric
fotogravyr photogravure
fotokem|i photochemistry **-isk** [-'çe:-] photochemical
fotokopi|a print; *se äv. fotostat[kopia]* **-era** photocopy **-ering** [-i'e:-] photocopying
fotolampa photoflood
fotoly|s *s3* photolysis **-tisk** *a5* photolytic
foto|meter [-'me:-] *s2* photometer **-metri** *s3* photometry **-metrisk** [-'me:-] *a5* photometric
foto|modell photographer's model **-montage** photomontage
foton [-'tå:n] *s3* photon
fotosfär photosphere
fotostat *s3,* **-kopia** photostat [copy], photocopy
foto|syntes photosynthesis **-sätta** filmset, photoset; *AE.* photocompose **-sättning** filmsetting; *AE.* photocomposition, phototypesetting **-terapi** phototherapy, phototherapeutics (*pl, behandlas som sg*) **-tropism** phototropism **-typi** (*metod*) photoengraving; (*kliché, tryck*) photoengraving, line block
fot|pall footstool, footrest **-riktig** *~a skor* well-fitting shoes **-sack** *s2* foot muff
fotsdjup one foot deep
fot|sid reaching [down] to the (one's) feet **-soldat** foot soldier, infantryman **-spår** footprint, footmark; (*i sht bildl.*) footsteps (*pl*) **-steg** [foot]-step; (*på bil o.d.*) running board **-stöd** (*på t.ex. motorcykel*) footrest **-sula** sole [of a (the, one's) foot **-svamp** athlete's foot **-svett** *ha* ~ have sweaty feet (*pl*) **-valv** arch of the foot **-vandra** walk; hike **-vandring** walking tour; hike **-vård** pedicure **-vårta** verruca **-vänlig** *~a skor* comfortable shoes **-ända** foot of the bed
fox|terrier [ˣfåkks-] fox terrier **-trot[t]** ['fåkks-] *s3* foxtrot
frack *s2* (*kostym*) dress suit; (*rock*) tail (dress) coat, tails (*pl*) **-skjorta** dress shirt **-skört** dress-coat tail
fradga I *s1* froth, foam; *~n står om munnen på honom* he is frothing (foaming) at the mouth; *tugga* ~ foam with rage **II** *v1,* ~ [*sig*] foam, froth
fragil [-'ʃi:l *el.* -'gi:l] *a1* fragile
fragment *s7* fragment **-arisk** [-'ta:-] *a5* fragmentary, fragmental
frakt *s3* freight; (*t. lands*) goods (*pl*); (*skeppslast*) cargo, shipload, *äv.* freight; ~ *betald* freight (carriage) paid; *~[en] betalas vid framkomsten* freight (carriage) forward **frakta** transport, convey; (*t. lands äv.*) carry; *AE. äv.* freight
frakt|avgift freight charge **-brev** *se fraktsedel* **-fart** carrying trade **-fartyg** freighter, cargo vessel **-flyg** cargo plane; air cargo service **-fritt** freight prepaid; *järnv.* carriage paid; ~ *London* freight (carriage) paid to London **-gods** goods (*pl*); *AE.* [regular] freight; (*motsats ilgods m.m.*) goods forwarded by goods train
fraktion [-k'ʃo:n] **1** (*grupp*) faction, group [of a party] **2** *kem.* fraction
fraktioner|a *kem.* fractionate; *~d destillation* fractional distillation **-ing** fractioning **-ingskolonn** fractionating column
frakt|kostnad freight [charge, cost] **-sats** freight rate **-sedel** (*t. lands*) consignment note, waybill; (*t. sjöss*) bill of lading; *flyg.* air waybill (consignment note)
fraktur 1 *med.* fracture **2** *boktr.* Gothic, black letter **-stil** *se fraktur 2*
fram [-amm] *adv* **1** *rumsbet. a*) (*framåt, vidare*) on, along, forward, *b*) (*genom*) through, *c*) (*i dagen*) out, *d*) (*fram t. ngn, ngt*) up [to], *e*) (*t. målet*) there, *f*) (*framme*) further on, *g*) (*motsats bak*) in front; ~ *med det!* out with it!; *längre* ~ further on; *ända* ~ all the way there; *ända* ~ *till* right up to; *få sin vilja* ~ get one's own way; *gå* ~ *och tillbaka* go there and back, (*av o. an*) go to and fro; *gå rakt* ~ go (walk) straight on; *gå vägen* ~ walk on along the road; *hinna* ~ *i tid* get there in time; *om sanningen skall* ~ to tell the truth, to be quite honest; *stig ~!* come out (here)!; *solen tittar* ~ the sun peeps [out] **2** *tidsbet.* on; *litet längre* ~ a little later on; ~ *på dagen* later in the day; *till långt* ~ *på natten* until far into the night; *ända* ~ *till våra dagar* right up to the present day (to our own time); ~ *till 1990* up to 1990
fram|axel front axle **-ben** foreleg, front leg **-besvärja** conjure up **-bringa** bring forth; (*skapa*) create; (*ljud, säd etc.*) produce **-bära** take (*etc.*) [up] (*till* to); (*gåva o.d.*) present, offer; (*vad ngn sagt*) report, pass on; (*hälsning*) deliver, convey; (*lyckönskan, tacksägelse*) tender
fram|del forepart, front [part] **-deles** later on; (*i framtiden*) in the future **-driva** propel; *bildl.* urge on, drive **-drivning** propulsion
fram|emot [on] towards **-fall** *med.* prolapse **-faren** *a5* past; *i -farna dagar* in days gone by **-fart** (*friare*) rampaging[s *pl*], sweep; (*ödeläggelse*) ravaging[s *pl*]; (*körning*) reckless driving **-flytta** move forward; (*uppskjuta*) postpone, put off **-flyttning** postponement **-fot** forefoot; *visa -fötterna* show one's paces **-fusig** *a1* pushing, bumptious, forward **-fusighet** pushingness *etc.* **-föda** bring forth; give birth to
framför I *prep* **1** (*rumsbet., äv. bildl.*) before, in front of; (*framom*) ahead of; *mitt* ~ *näsan på ngn* straight in front of s.b., right under a p.'s nose **2** (*om företräde*) *a*) (*i vikt, värde*) above, ahead of, *b*) (*hellre än*) preferably (in preference) to, rather than; ~ *allt* above all (everything); ~ *alla andra* of all others, above all the rest; ~ *allt gäller detta om* this applies particularly to; *föredra te* ~ *kaffe* prefer tea to coffee **II** *adv* in front; ahead
framför|a 1 *se föra fram* **2** (*uppföra, uppvisa*) present, produce **3** (*överbringa*) convey, deliver, give; (*anföra*) state, put forward **-ande** *s6* **1** (*av motorfordon*) conveyance **2** (*anförande*) delivery; (*av teaterpjäs o.d.*) performance
fram|gaffel (*på cykel*) front fork **-gent** [-je:-] henceforth, for (in) the future; *allt* ~ ever after
fram|gå *bildl.* be clear (evident); *härav ~r att* from this we conclude that, (*friare*) it appears from this that; *av vad han säger ~r* it appears from what he says; *av Ert brev ~r att* we see (un-

derstand) from your letter that; *det -gick tydligt att* it was made very clear that; **-gång** *s2* success; *med ~ (äv.)* successfully; *utan ~ (äv.)* unsuccessfully **-gångsrik** successful

fram|hjul front wheel **-hjulsdrift** front-wheel drive **-hjulsinställning** alignment of front wheels

fram|hålla (*framhäva*) give prominence (call attention) to; (*betona*) [lay] stress [on], emphasize; (*påpeka*) declare, say; *~ nödvändighten av* emphasize the necessity of; *jfr framhäva* **-härda** persist, persevere **-häva** *bildl.* hold up, bring out; *jfr framhålla* **-hävande** *s6* holding up *etc.*; *med ~ av* [in] bringing out

fram|ifrån from the front; *ett hus sett ~* the front view of a house **-ilande** *s6* rushing forwards

framkall|a 1 (*i minnet, för tanken*) recall **2** (*uppkalla t. försvar o.d.*) call up **3** *foto.* develop **4** *bildl.* (*frambringa*) call forth, provoke, evoke; (*förorsaka*) cause; (*åstadkomma*) bring about, give rise to; (*uppväcka*) arouse, raise **-ning** *foto.* developing, development **-ningsvätska** *foto.* developer

fram|kant front edge **-kasta** *bildl.* throw out; (*idé*) put forward, suggest; (*tanke*) bring up; (*omnämna*) mention; *~ beskyllningar* bring forward (*starkare*: hurl) accusations; *ett löst ~t påstående* a haphazard statement

fram|komlig [-å-] *a1* (*om väg*) passable, trafficable; (*om vatten*) navigable; (*friare*) practicable; *bildl.* feasible **-komma 1** *se komma fram* **2** (*friare o. bildl.*) come out, appear; *~ med* bring forward, produce; *det har -kommit önskemål om att* wishes have been expressed that **-komst** [-å-] *s3* **1** (*fortkomst*) advance, progress **2** (*ankomst*) arrival; *att betalas vid ~en* charges forward, cash on delivery

framkörning driving up

fram|laddare muzzle-loader **-leva** live; *~ sina dagar* pass one's days **-liden** *a5* (*avliden*) past; *den -lidne...* the late... **-locka** bring (draw) forth; (*upplysningar, nyheter*) elicit **-lykta** headlight **-lägga** *bildl.* (*framkomma med*) put (bring) forward; (*anföra*) adduce; (*förete*) present; (*förslag*) table; *~ bevis* produce evidence; *~ för* produce before, submit to **-länges** [-läŋ-] forwards; *åka ~ (i tåg)* sit (travel) facing the engine, (*i buss etc.*) sit (travel) facing forward (the front)

fram|mana *bildl.* call forth, evoke; (*frambesvärja*) conjure up **-marsch** advance; *bildl.* advancement, progress; *stadd på ~* advancing, making headway **-matning** feed

framme 1 in front **2** (*vid målet*) at one's destination, there; *när vi var ~* when we got there; *nu är vi ~* here we are **3** (*framlagd o.d.*) out; on view; (*ej undanlagd*) about; *låta ngt ligga ~* leave s.th. about; (*till hands*) ready, at hand; *har pojkarna varit ~?* is it the boys who have done it (been at work)?; *när olyckan är ~* when things go wrong **4** *hålla sig ~* push o.s. forward, keep o.s. to the fore

frammumla mutter, mumble

framom I *adv* ahead, in advance **II** *prep* before, ahead of, in advance of

fram|pressa *bildl.* extract (*ur* out of); (*tårar*) squeeze out; (*ljud*) utter, ejaculate **-provocera** provoke **-på I** *prep* **1** (*om rum*) in front of, in (on) the front part of **2** (*om tid*) a little later; *till långt ~ natten* far into the night **II** *adv* in [the] front

fram|rusande *a4* (*om vatten*) gushing; (*framåtrusande*) onrushing **-ryckning** advance

fram|sida front; (*på check, sedel o.d.*) face; (*på mynt*) obverse **-skjutande** *a4* projecting, protruding; prominent **-skjuten** *a5* advanced; *bildl.* prominent **-skrida** (*om tid, arbete o.d.*) progress, advance **-skriden** *a5* advanced; *tiden är långt ~* it is getting late **-skymta** *se skymta fram*; *låta ~* give an intimation **-släpa** *~ sitt liv* drag on one's existence **-smygande** *komma ~* creep along **-springande** *se framskjutande*; *komma ~* come running up **-stamma** stammer out (forth) **-steg** progress, advance[ment]; *göra ~* make progress (headway)

framstegs|fientlig reactionary, anti-progressive **-man** progressive **-parti** progressive party **-vänlig** progressive

fram|stormande *se framrusande* **-stupa** flat, headlong, prostrate

framstå stand (come) out (*som* as); appear **-ende** prominent; (*högt ansedd*) eminent; (*förträfflig*) distinguished

framställa I 1 (*återge, visa*) represent; show; (*konstnärligt*) depict, represent, draw; (*på scen*) [im]personate **2** (*skildra*) describe; (*beteckna*) represent **3** (*framföra, komma fram med*) bring (put) forward; *~ en fråga* put a question; *~ klagomål* lodge complaints; *~ krav* make demands; (*uttala, ge uttryck åt*) express, state; *~ önskemål* express a wish, state requirements **4** (*tillverka*) produce, make; (*fabriksmässigt*) manufacture; (*utvinna*) extract; *börja ~* put in hand **II** *rfl* represent o.s.; (*uppstå, yppa sig*) arise

framställan *r, se framställning*; *på ~ av* at the instance of

framställning 1 (*i bild*) representation, picture, depiction **2** (*skildring*) description, rendering; (*redogörelse*) account; (*muntlig*) narration **3** (*framställningssätt*) *a)* (*författares*) style *b)* (*talares*) delivery, *c)* (*talares, konstnärs*) presentation, presentment, *d)* *teat.* rendering, interpretation **4** (*förslag*) proposal, proposition; (*hemställan*) petition, request **5** (*tillverkning*) production; (*fabriksmässig*) manufacture; (*utvinning*) extraction

framställnings|förmåga descriptive power, power of [re]presentation **-kostnad** cost of production **-metod, -sätt** method of production, manufacturing process

fram|stöna [utter] groan[ingly] **-stöt** *mil. o. bildl.* drive, thrust; attack, assault **-synt** [-y:-] *a1* **1** (*förutseende*) far-seeing, far-sighted **2** (*klärvoajant*) gifted with second sight **-synthet** [-y:-] **1** foresight **2** [gift of] second sight **-säga 1** (*uttala, yttra*) articulate, pronounce **2** (*deklamera*) recite **-säte** front seat **-tand** front tooth **-tass** forepaw

framtid future; *för all ~* for all time (evermore); *det får ~en utvisa* time will show; *för ~en måste jag* in (for the) future I shall have to; *ha ~en för sig* have the future before you; *saken får ställas på ~en* it must wait until later, the matter must be

F

postponed; *tänka på sin ~* think of one's [future] career **framtida** *oböjligt a* future
framtids|dröm dream of the future **-forskare** futurologist **-forskning** futurology **-man** coming man **-mål** prospective aim, future goal **-plats** position (job) offering good (excellent) prospects **-studier** futurology **-tro** belief in the future **-utsikter** [future] prospects **-vision** vision of the future
framtill in front
framtoning image
framträd|a 1 *se träda fram* **2** (*uppträda*) appear (*inför offentligheten* before the public; *på scenen* upon the stage) **3** *bildl.* make one's appearance, appear; (*ur det fördolda*) come into sight (view); (*om anlag, egenskap o.d.*) assert (display) itself; (*avteckna sig*) stand out; *låta ~* bring out (into relief) **-ande I** *s6* appearance **II** *a4* prominent, outstanding, salient
fram|tränga penetrate, force one's (its *etc.*) way **-tung** heavy forward (in front); *flyg.* nose-heavy **-tvinga** extort; [en]force; (*kräva*) necessitate **-vagn** front part of the chassis **-vagnsupphängning** front suspension **-visa** show [up]
framåt ['framm-] **I** *adv* **1** *rumsbet.* ahead; (*vidare framåt*) on[ward], onwards; forward[s]; *fortsätt ~!* keep straight on!; *gå ~ a*) (*promenera*) walk along (*emot* towards; *till* to), *b*) (*utvecklas*) go ahead, [make] progress; *se rakt ~* look straight ahead **2** *tidsbet.* ahead, to come, into the future; *gå raskt ~* make rapid strides; *komma ~ i världen* get on in the world **II** *prep* **1** (*i rummet*) [on] toward[s]; ([*fram*] *längs*) [on] along **2** (*i tiden*) [on] toward[s] **III** *interj* on!, onward!, forward!; *sjö.* ahead!
framåt|anda go-ahead spirit **-böjd** *a1,* **-lutad** *a5* bent forward[s]; *gå ~* walk with a stoop **-skridande I** *s6* progress, advance **II** *a4* progressive **-strävande** *a4, bildl.* pushing, go-ahead
fram|ända front end **-över I** *prep* out (away) across **II** *adv* forwards; onwards, ahead
franc [fraŋ] *s9* franc
franciskan *s3,* **franciskaner** [-'ka:-] *s9* Franciscan [monk] **-orden** Franciscan Order
francium ['frans-] *s8* francium
1 frank *a1* frank, open, straightforward
2 frank *s3* Frank
Franken ['frann-] *n* Franconia
franker|a (*frimärka*) stamp **-ing** stamping **-ingsmaskin** franking machine
frankisk ['frann-] *a5* Frankish, Franconian
franko ['frann-] post-free, postpaid; *hand.* franco, free of charge (carriage) **-stämpel** postage impression **-tecken** postage stamp
Frankrike ['frank-] *n* France
frans *s2,* **fransa** *v1* fringe; *~ sig* fray **fransad** *a5* fringed **fransig** *a1* (*trasig*) frayed
fransk *a1* French; *~a fönster* French windows (*AE.* doors); *~ lilja* (*her.*) fleur-de-lis, *äv.* lily of France **franska 1** (*språk*) French **2** (*bröd*) French roll; (*lång-*) French loaf
fransk|bröd *se franska 2* **--engelsk** Franco-British; French-English **-klassicism** French classicism **--svensk** Franco-Swedish; French-Swedish **-talande** French-speaking, Francophone **-vänlig** pro-French, Francophil[e]
fransman Frenchman; *-männen a*) (*hela nationen*) the French, *b*) (*några fransmän*) the Frenchmen **fransos** *s3, se fransman* **fransysk** *a5* French; *~ visit* flying visit (call) **fransyska** [-ˣsyska] **1** (*kvinna*) Frenchwoman **2** *kokk.* rump-steak piece **fransäs** [fraŋ- *el.* frann-] *s3* contredanse, contradance
frapp|ant [-'ant *el.* -'aŋt] *a1* striking **-era** strike; surprise **-erande** [-'pe:-] *a4* striking; surprising
1 fras *s3* (*uttryck*) phrase (*äv. mus.*); *stående ~* current phrase; *tomma ~er* empty phrases, mere twaddle, hollow words
2 fras *s7* (*-ande*) rustle, rustling
frasa rustle
fras|eologi *s3* phraseology **-era** phrase **-ering** [-'se:] phrasing **-fri** without circumlocution; straightforward; natural
frasig *a1* crisp
fras|makare chatterbox; windbag **-radikal** high-flown (high-sounding) radical
frasvåffla crisp waffle
fraterniser|a fraternize **-ing** fraternization
fred *s3* peace; *hålla* (*sluta*) *~* keep the (conclude) peace; *leva i ~ med* live at peace with; *lämna ngn i ~* leave s.b. alone; *jag får inte vara i ~ för honom* he never leaves me in peace
freda protect (*mot, för* from, against); *~ sitt samvete* appease one's conscience; *med ~t samvete* with a clear conscience; *~ sig för misstanken att* banish the suspicion from one's mind that
fredag ['fre:-] Friday; *~en den 13 april* on Friday, April 13th, (*i början av brev o.d.*) Friday, April 13th; *om ~arna* on Fridays
fredlig [-e:-] *a1* peaceful; (*fridsam*) gentle, inoffensive; *på ~ väg* in a peaceful way, by peaceful means **-het** peacefulness
fredlös outlawed; *en ~* an outlaw
freds|anbud peace offer **-appell** call (appeal) for peace **-domare** justice of the peace **-duva** dove of peace **-forskare** peace researcher **-forskning** peace research **-fot** *ställa krigsmakten på ~* restore armed forces to peacetime strength **-fördrag** peace treaty **-förhandlingar** peace negotiations **-konferens** peace conference **-kongress** peace congress **-kår** peace corps **-kårist** member of peace corps **-mäklare** peacemaker, mediator **-pipa** peace pipe, calumet **-plikt** peace obligation **-pris** peace prize **-rörelse** peace movement **-slut** conclusion of peace **-strävan[de]** effort to achieve peace **-tid** peacetime, time of peace **-traktat** peace treaty **-trevare** peace feeler **-underhandlingar** peace negotiations **-vilja** willingness to make peace **-villkor** peace terms **-älskande** peaceloving
fregatt *s3* frigate **-fågel** frigate bird, man-of-war bird
frejd *s3* character, reputation **-ad** *a5* renowned, celebrated
frejdig *a1* spirited; (*oförskräckt*) bold, intrepid, plucky
frekvens *s3* frequency; (*av besökande etc.*) patronage **-modulering** frequency modulation **-undersökning** activity (work) sampling
frekvent *a1* frequent, common **-era** patronize, frequent

frene|si *s3* frenzy **-tisk** [-'ne:-] *a5* frantic, frenzied; frenetic
freno|log phrenologist **-logi** *s3* phrenology
freon [-'å:n] *s4* freon
fresia *s1* freesia
fresk *s3* fresco **freskomålning** painting in fresco; *konkr. äv.* fresco
fresnellins [fre'nell-] Fresnel lens
frest|a 1 (*söka förleda*) tempt **2** (*pröva, försöka*) try; ~ *lyckan* try one's luck **3** (*utsätta för ansträngning*) try, strain; *tekn.* strain **-ande** *a4* tempting **-are** tempter **-else** temptation; *falla för ~n* give way (yield) to temptation **-erska** temptress
freudian *s3* Freudian
fri *a1* **1** free; (*oavhängig*) independent; (*öppen, oskymd*) open; (*i frihet*) at large; *på ~ hand* by hand, (*oförberett*) offhand[ed]; ~ *höjd* headroom, headway; ~ *idrott* athletics (*pl o. sg*); ~ *kost* free board; *i ~a luften* (*det fria*) in the open air; *~tt val* option, free choice; *av ~ vilja* of one's own accord (will), voluntarily; *förklara ordet ~tt* declare the meeting open [for discussion]; *försätta på ~ fot* set free; *gå ~ a*) (*vara på fri fot*) be at large, *b*) (*bli frikänd*) be acquitted, *c*) (*undkomma*) escape, *d*) (*från obehag*) get off, dodge [trouble *etc.*]; *gå ~ för misstankar* be cleared of suspicion; *göra sig ~ från* rid o.s. of; *ha ~ tillgång till* have free access to; *lämna ngn ~tt spelrum* allow s.b. (let s.b. have) ample scope; *det står dig ~tt att* you are free (at liberty) to; *svära sig ~ från* swear o.s. out of (free from) **2** (*oupptagen*) vacant, unoccupied
1 fria 1 propose (*till* to) **2** ~ *till ngns gunst* court a p.'s favour, curry favour with
2 fria (*frikänna*) acquit; *~nde dom* verdict of not guilty, acquittal; ~ *sig från misstankar* clear o.s. of suspicion; *hellre ~ än fälla* give s.b. the benefit of the doubt
friarbrev written proposal of marriage
friar|e suitor (*till* for the hand of); *ibl.* admirer **-stråt** *vara på ~* be courting
fri|biljett *järnv.* pass; *teat. o.d.* free ticket, complimentary ticket **-bord** freeboard **-boren** free born **-brev** *försäkr.* paid-up policy **-brottning** freestyle wrestling; catch-as-catch-can **-bytare** freebooter **-bärande** overhung
frid *s3* peace; (*lugn*) tranquillity, serenity; *allting är ~ och fröjd* everything is fine (all serene); *vad i ~ens namn nu då?* whatever's happening now?, what's up now?
fridag free day, day off; (*tjänstefolks*) day out
frid|full peaceful **-lysa** place under the protection of the law, protect by law **-lysning** protection by law **-sam** *a1* peaceable
fridsfurste *F~n* the Prince of Peace
fridstörare disturber of the peace; (*friare*) intruder
frielev nonpaying pupil
frieri proposal [of marriage]
fri|exemplar free (complimentary, presentation) copy **-flykt** *rymdtekn.* free flight
frige liberate, [set] free; release; (*upphäva ransonering*) deration; (*från beslag*) derequisition; (*slav*) emancipate; *frigivna varor* free-listed goods
frigid [-'gi:d] *a1, n undviks* frigid **-itet** frigidity
fri|giva *se frige* **-givning** [-ji:-] liberation, setting free, release; derationing; derequisition; emancipation
frigjord *a1* emancipated **-het** (*i sätt*) free and easy manners (*pl*); emancipation
frigång *tekn., gå på ~* freewheel
frigör|a liberate, set free (*äv. kem.*); free, release; (*göra disponibel*) make available; (*från slaveri*) emancipate; ~ *sig* free (*etc.*) o.s., *kem.* [be] disengage[d] **-else** liberation *etc.*; *kvinnans ~* the emancipation of woman **-elsehastighet** *se flykthastighet*
fri|hamn free port **-handel** free trade **-handelsområde** free trade area **-handsteckning** freehand drawing
friherr|e baron; (*i Storbritannien som titel äv.*) lord **-inna** baroness; (*i Storbritannien som titel äv.*) lady **-lig** *a5* baronial
frihet 1 freedom; (*motsats tvång, fångenskap*) liberty; (*från skyldighet*) exemption; (*oavhängighet*) independence; (*fritt spelrum*) scope, latitude; *~, jämlikhet, broderskap* liberty, equality, fraternity; *poetisk ~* poetic licence; *skänka ngn ~en* give s.b. his freedom; *återfå ~en* regain one's freedom (liberty) **2** (*privilegium*) privilege; (*självsvåld*) liberty; *fri- och rättigheter* rights and privileges; *ta sig ~er mot ngn* take liberties with s.b.; *ta sig ~en att* take the liberty of (+ *ing-form*)
frihets|hjälte champion of liberty **-kamp** struggle for liberty **-krig** war of independence **-kämpe** fighter for freedom, patriot **-kärlek** love of liberty **-rörelse** liberty movement; (*motståndsrörelse*) resistance movement **-straff** imprisonment, detention, confinement **-strävan** effort to attain independence **-tiden** *hist., ung.* the Period of Liberty, the period 1718-1772 **-älskande** freedom-loving, liberty-loving
fri|hjul freewheel **-hult** *s7, s2* fender **-idrott** athletics (*pl o. sg*)
frikadell *s3, kokk.* forcemeat ball, quenelle
frikall|a (*från plikt, ansvar*) exempt (*äv. mil.*); (*från löfte*) release **-else** exemption; release
frikassé *s3* fricassee (*på* of)
frikast *sport.* free throw
frikativa ['fricka-] *s1* fricative
frikoppl|a declutch **-ing** declutching, disengagement of the clutch; *konkr.* slipping clutch
frikostig [-å-] *a1* liberal, generous; (*om gåva äv.*) handsome **-het** liberality, generosity
friktion [-k'ʃo:n] friction
friktions|fri frictionless; *bildl.* smooth **-koefficient** friction coefficient **-koppling** friction clutch **-motstånd** frictional resistance
frikyrk|a Free Church; (*i Storbritannien äv.*) Nonconformist Church **-lig** Free-Church
frikyrko|församling Nonconformist Church **-predikant** Nonconformist (Free-Church) preacher **-präst** Nonconformist (Free-Church) minister
frikänn|a acquit (*från* of); find (pronounce) not quilty **-ande I** *s6* acquittal; *yrka ~* plead not guilty **II** *a4, ~ dom* verdict of not guilty
frilans *s2* freelance[r] **-a** freelance **-are** freelance [r] **-basis** *på ~* on a freelance basis
frilista *s1* free list

F

frilla *s1* paramour
frilufts|bad open-air pool; public beach **-gudstjänst** open-air service **-liv** outdoor life **-människa** sportsman, lover of open-air life **-teater** open-air theatre
frilägga lay bare, uncover
frimodig frank, candid; (*modig*) fearless **-het** frankness *etc.*
fri|murare Freemason **-murarloge** *s3* Masonic lodge **-murarorden** Free and Accepted Masons; Masonic order **-mureri** Freemasonry; *bildl.* freemasonry
frimärk|a stamp **-e 1** *post.* [postage] stamp **2** *sjö.* clearing line
frimärks|album stamp album **-automat** stamp [-vending] machine **-häfte** book of stamps **-samlare** stamp collector **-samling** stamp collection
fri- och rättigheter rights and privileges
fri|passagerare stowaway; (*med fribiljett*) *vard.* deadhead **-plats** (*i skola*) free place; *teat. o.d.* free seat **-religiös** dissenting
1 fris *s3, byggn.* frieze
2 fris *s3* (*folkslag*) Fri[e]sian
frisbee ['frissbi:] *s3* Frisbee
frisedel *mil.* exemption warrant
friser|a *bildl.* doctor [up]; *~ ngn* dress a p.'s hair **-ing** hairdressing **-salong** hairdresser's, hairdressing saloon
fri|sim freestyle swimming **-sinnad** *a5* liberal, broad-minded; *polit.* Liberal
frisisk ['fri:-] *a5* Fri[e]sian; *F~a öarna* Frisian Islands **frisiska** ['fri:-] **1** (*språk*) Fri[e]sian **2** (*kvinna*) Fri[e]sian woman
frisk *a1* **1** (*sund, felfri*) sound; (*ej sjuklig*) healthy; (*som pred.fylln.: ej sjuk*) well; *~ och kry* hale and hearty; *~ och stark* strong and well; *~ som en nötkärna* [as] sound as a bell **2** (*ny, bibehållen*) fresh; (*kall*) cold; (*uppfriskande*) refreshing; (*bitande*) keen; *~a krafter* renewed strength; *hämta ~ luft* get some [fresh] air; *bevara ngt i ~t minne* have a vivid recollection of s.th.; *~t mod!* cheer up!; *med ~t mod* with a will; *vara vid ~t mod* be of good cheer; *~ smak* a refreshing taste; *~t vatten* cold water; *se ~ ut* look well
friska *vinden ~r* [*i*] the wind is freshening; *~ upp minnet av* refresh one's memory of; *~ upp sina kunskaper* brush up (refresh) one's knowledge
friskara *mil.* free company
frisk|förklara *se friskskriva* **-het** freshness *etc.* **-intyg** certificate of health
frisklufts|intag fresh-air intake **-ventil** fresh-air ventilator
frisk|na *~ till* recover **-skriva** declare fit; *vard.* give a clean bill of health **-sportare** [-å-] fitness freak, health nut
friskt *adv* freshly *etc.*; *vard.* (*duktigt*) ever so [much], like anything; *det blåser ~* there is a fresh (strong) breeze blowing
frisk|us ['friss-] *s2, han är en riktig ~* he is always full of beans **-vård** prophylaxis
friskytt charmed-bullet marksman
fri|slag, -spark *sport.* free hit (kick)
frispråkig *a1* outspoken **-het** outspokenness
frist *s3* respite, grace; time limit, deadline
fri|stad [place of] refuge, sanctuary, asylum; resort (*för* of) **-stat** free state **-stund** spare (leisure) time **-stående** *a4* detached, standing alone; *~ gymnastik* freestanding exercises (*pl*), Swedish drill (exercises *pl*, gymnastics *pl*)
friställ|a release; (*permittera*) lay off; *-d arbetskraft* released manpower, redundant labour **-ning** lay-off
frisyr *s3* (*dam-*) hairstyle, coiffure; *vard.* hairdo; (*herr-*) haircut **frisör** barber, hairdresser **frisörska** hairdresser
frita[ga] exempt, release; *~ sig från ansvar* disclaim any responsibility
fritera deep-fry
fritid spare (leisure) time; *på ~en* in leisure hours
fritids|aktivitet leisure-time activity **-båt** pleasure boat **-gård, -hem** youth recreation centre **-hus** leisure house (cottage), holiday cottage **-kläder** casual clothes, sportswear **-pedagog** youth worker **-problem** leisure problem **-sysselsättning** spare-time occupation, hobby
fritt *adv* freely; (*öppet*) openly; *tala ~* speak openly (frankly); (*gratis*) free; *~ banvagn* (*kaj, ombord*) free on rail (alongside [ship], on board); *~ fabrik* ex works; *~ förfoga över* have entirely at one's disposal; *huset ligger ~* the house stands on open ground (commands a free view); *historien är ~ uppfunnen* the story is a pure invention
frityr *s3, se flottyr*
fri|tänkare freethinker **-vakt** *sjö.* off-duty watch; *ha ~* be off duty **-vikt** *flyg.* free luggage allowance
frivillig voluntary, optional; *en ~* (*mil.*) a volunteer **-het** voluntariness; (*fri vilja*) free will **-kår** volunteer corps
frivilligt *adv* voluntarily, of one's own free will; optionally
frivol [-'å:l] *a1* (*lättsinnig*) flippant; (*oanständig*) indecent **-itet** *s3* **1** flippancy; indecency **2** *~er* (*ett slags spets*) tatting (*sg*); *slå ~er* do tatting
frivolt somersault
frivård noninstitutional care
frodas *dep* thrive, flourish; *bildl.* be rife, grow rampant
frodig *a1* (*om växt o. bildl.*) luxuriant; (*om pers. o. djur*) fat, plump **-het** luxuriance *etc.*
from [-ɔmm] *a1* **1** (*gudfruktig*) pious; (*andäktig*) devout, religious; *~ma önskningar* pious hopes, idle wishes **2** (*saktmodig*) quiet, gentle; (*om hund*) good-tempered; *~ som ett lamm* [as] gentle as a lamb
fromage [-'ma:ʒ] *s5* mousse
fromhet 1 piety **2** quietness *etc.*
froml|a be sanctimonious **-eri** sanctimoniousness, hypocrisy
from|ma *oböjligt s, till ~ för* for the benefit of **-sint** *a1* gentle
fronder|a [frånd-] *polit.* oppose authority [of one's party]; rebel **-ing** faction politics; dissention
frondör [frånd-] rebel
front [frånt *el.* frånt] *s3* front; *göra ~ mot* face, *bildl.* stand up against
frontal *a5* frontal **-angrepp** frontal attack **-kollision, -krock** head-on collision
frontespis *s3, byggn.* front gable; frontispiece (*äv. boktr.*)

front|förändring change of front (*bildl.* tactics) **-linje** front [line] **-matad** front-loading **-soldat** combat soldier **-tjänst** active service (*särsk. AE.* duty)

frosch [-å-] *s3* nut, frog (*särsk. AE.*)

1 frossa [-å-] *s1, med.* ague; (*malaria*) malaria; *ha ~* have the shivers

2 frossa [-å-] *v1* **1** *eg.* gormandize; gorge (*på* on) **2** *bildl.* revel (*i* in)

frossare [-å-] glutton (*på* of), gormandizer (*på* on); reveller (*i* in)

frossbrytning fit of shivering (ague)

frosseri [-å-] gluttony; gormandizing *etc.*

frost [-å-] *s3* frost **frosta** *~ av* defrost

frost|bildning frost formation **-biten** *a5* frost-bitten **-fjäril** winter moth **-fri** frostless **-härdig** frost-resistant, frostproof

frost|ig *a1* frosty **-knöl** chilblain **-natt** frosty night **-skada** frost injury **-skadad** *a5* damaged by frost **-skyddsvätska** antifreeze

frotté *s3* towelling, terry cloth **-handduk** Turkish (terry) towel

frotter|a rub, chafe; *~ sig med ngn* hobnob with s.b. **-ing** rubbing, chafing

fru *s2* (*gift kvinna*) married woman; (*hustru*) wife; (*titel*) Mrs.; *~ Fortuna* Dame Fortune; *Vår ~* Our Lady; *~n i huset* the lady of the house; *vad önskar ~n?* what would you like, Madam?, can I help you, Madam?

fruga *s1, ~n* the (my *etc.*) missis (missus), the little woman

frugal *a1* frugal

frukost ['frukkåst] *s2* (*morgonmål*) breakfast; (*lunch*) lunch; *äta* [*ägg till*] *~* have [eggs for] breakfast **-bord** breakfast table **-bricka** breakfast tray **-dags** *adv, det är ~* it is time for breakfast; *vid ~* at breakfast time **-era** have breakfast **-middag** brunch **-rast** *se lunchrast* **-rum** breakfast room

frukt *s3* **1** fruit (*äv. koll.*); (*jordbruksprodukter äv.*) yield; *bära ~* (*äv. bildl.*) [bear] fruit, fructify; *sätta ~* (*äv. bildl.*) form fruit **2** *bildl.* fruit[s *pl*] ; (*resultat*) consequence, result; *njuta ~en av sin möda* enjoy the fruits of one's labour

frukta fear; (*starkare*) dread; (*vara rädd för*) be afraid of; *en ~d motståndare* a dreaded adversary; *~ för* (*hysa fruktan för*) fear, dread, (*dra sig för*) be afraid of, shun; *man ~r för hans liv* they fear for his life

fruktaffär fruit shop, fruiterer's [shop]

fruktan *r* fear (*för* of); (*starkare*) dread (*för* of); (*skrämsel*) fright (*för* of); (*oro*) apprehension, anxiety (*för* about); *av ~ för* for fear of; *hysa ~ för* be in fear of, (*hysa respekt*) stand in awe of; *injaga ~ hos ngn* inspire s.b. with fear

fruktansvärd *a1* terrible, fearful; (*förfärlig*) dreadful; (*svagare*) formidable; (*friare*) terrific

frukt|assiett fruit plate **-bar** *a1* fertile; *bildl. äv.* fruitful; (*om jordmån*) productive, rich **-barhet** fertility; fruitfulness; productivity **-barhetskult** fertility cult **-bärande** fruit-bearing, fructiferous; (*friare*) fruitful, advantageous **-fluga** *se borrfluga* **-handlare** fruiterer

frukt|ig *a1* fruity **-kniv** fruit knife **-konserv** tinned (*AE.* canned) fruit **-kött** pulp **-lös** fruitless; *bildl. äv.* unavailing, futile **-odlare** fruit grower **-odling** **1** *abstr.* fruit growing **2** *konkr.* fruit farm

frukt|os [-'å:s] *s3* fructose, fruit sugar **-saft** fruit juice **-sallad** fruit salad **-salt** fruit salts (*pl*)

fruktsam *a1* fruitful (*äv. bildl.*); (*om kvinna*) fertile; (*alstringsrik*) prolific, fecund **-het** fruitfulness; fertility; fecundity

frukt|skål fruit bowl **-socker** *se fruktos* **-träd** fruit tree, fruiter **-trädgård** [fruit] orchard **-ämne** *bot.* ovary

fruntimmer *s7* woman; *neds.* female

fruntimmers|karl ladies' (lady's) man, ladykiller **-veckan** *ung.* Ladies' Week, the period July 18-24

F

frusa gush forward (out)

frus|en *a3* **1** frozen; (*om växt, gröda o.d.*) blighted by frost, frostbitten; *kokk.* chilled; *-et kött* cold-storaged meat **2** (*kall*) cold; (*genomfrusen äv.*) chilled; *vara ~ av sig* be sensitive to cold, *vard.* be a chilly mortal **-it** *sup. av frysa*

frust|a snort **-ning** snort[ing]

frustr|ation frustration **-era** frustrate **-ering** [-'re:-] frustration

Frygien ['fry:g-] *n* Phrygia **fryg|ier** ['fry:g-] *s9*, **-isk** ['fry:g-] *a5* Phrygian; *-isk mössa* Phrygian cap

fryntlig *a1* genial; jovial

frys *s2, se frysbox, frysfack, frysskåp*

frys|a *frös frusit* (*i bet. frysa matvaror o. frysa till is äv. v3*) freeze; (*känna kyla*) be (feel) cold; (*skadas av frost*) get frostbitten; *~ till is* freeze [to ice]; *~ öronen av sig* get one's ears frostbitten; *jag -er* I am cold; *jag -er om fötterna* my feet are cold (freezing); *det har frusit i natt* there was a frost last night; *~ fast i* get frozen fast in; *~ ihjäl* get frozen to death; *~ inne* be (get) icebound; *~ ner* (*mat*) freeze; *~ sönder* be (get) split by the frost, burst by the frost; *~ till* freeze (get frozen) over; *~ ut* cold-shoulder, send to Coventry

frys|box deepfreeze, freezer **-disk** frozen-food merchandiser (counter) **-eri** freezing plant **-fack** freezing compartment **-hus** cold storage **-ning** freezing; refrigeration **-punkt** freezing point **-skåp** freezer **-torka** freeze-dry **-torkning** freeze-drying

fråg|a I *s1* question; (*förfrågan*) inquiry; (*sak*) question, matter, point; *en ~ om* a matter of; *i ~ om* as to, regarding, in the matter of; *saken i ~* the matter in question (at issue); *dagens -or* current questions (issues); *göra ngn en ~* ask s.b. a question; *komma i ~ som chef* be in the running for manager's post; *sätta i ~* (*betvivla*) question, call in question; *det blir en senare ~* that will be a matter for later consideration; *det kommer aldrig i ~* (*på ~n*) it is quite out of the question; *det är en annan ~* that is another question (matter); *det är inte ~*[*n*] *om det* that is not the point; *det är nog ~*[*n*] *om* you never can tell, *vard.* I wouldn't bank on it; *~n är fri* anybody may ask a question; there is no harm in asking; *vad är det ~n om? a*) (*vad står på*) what is the matter?, *b*) (*vad gäller frågan*) what is it all about?, *c*) (*vad vill ni*) what do you want? **II** *v1* ask (*ngn om ngt* s.b. about s.th.); inquire (*äv. fråga om, efter*); (*förhöra*) question (*ngn om* s.b. about); *absol. äv.* ask questions; *~ efter ngn* ask (inquire) for s.b., (*bry sig om*) ask

after s.b.; ~ *om* (*igen*) ask again, repeat the (one's) question; ~ *ngn om lov att* ask a p.'s permission to; ~ *om* (*efter*) *priset på* ask (inquire) the price of; ~ *sig* ask o.s. [the question] (*om* whether); ~ *sig fram* ask one's way; ~ *sig för* make inquiries (*om* about, as to); ~ *ut ngn* question s.b. (*om* about), interrogate s.b. (*om* as to); *förlåt att jag* ~*r, men* excuse my asking, but
frågande *a4* inquiring; questioning; *se* ~ *ut* look puzzled (bewildered)
fråge|formulär questionnaire **-sats** interrogative clause **-spalt** questions and answers column **-sport** quiz **-stund** question time **-ställning** (*formulering av fråga*) framing of a (the) question; (*problem*) problem, question at issue **-tecken** question mark
frågvis [-å:-] *a1* inquisitive **-het** inquisitiveness
från I *prep* from; (*bort, ner från*) off; (*ända från*) [ever] since; ~ *och med nu* from now on; ~ *och med 1 april* as from April 1st; ~ *vettet* out of one's wits; *herr A.* ~ *N.* mr. A. of N.; *år* ~ *år* from year to year; *berättelser* ~ *hans barndom* stories of his childhood; *doften* ~ *en blomma* the scent of a flower; *för att börja* ~ *början* to begin at the beginning; *undantag* ~ *regeln* exceptions to the rule; *jag känner honom* ~ *Paris*[*tiden*] *a*) I got to know him in Paris, *b*) I have known him ever since we were in Paris together **II** *adv*, (*frånslagen*) off; ~ *och till a*) (*av o. till*) to and fro, *b*) (*då o. då*) off and on; *gå* ~ *och till* (*som hjälp*) come and go; *det gör varken* ~ *eller till* that is neither here nor there
från|döma ~ *ngn ngt* sentence s.b. to forfeit (lose) **-fälle** *s6* death, decease **-gå 1** (*avgå, avräknas*) to be deducted [from] **2** (*ändra, uppge*) relinquish (*ett tidigare beslut* a previous decision); abandon (*sin ståndpunkt* one's point of view) **-hända** *v2*, ~ *ngn ngt* deprive s.b. of s.th.; ~ *sig* part with, dispose of **-känna** ~ *ngn rätten att* deny s.b. the right to; ~ *ngn talang* deny a p.'s [possession of] talent **-landsvind** offshore wind **-lura** ~ *ngn ngt* wheedle s.th. out of s.b. **-rycka** ~ *ngn ngt* snatch s.th. from s.b. (out of a p.'s hands) **-se** disregard, leave out of account; ~*tt detta* (*att*) apart from that (the fact that) **-sida** back; (*på mynt o.d.*) reverse **-skild** (*om makar*) divorced **-skilja** detach, separate **-slagen** switched off **-stötande** repellent; (*starkare*) repulsive; (*om utseende*) unattractive **-säga** *rfl* (*avvisa*) decline, refuse; (*ansvar*) disclaim; (*nöje*) renounce **-ta[ga]** ~ *ngn ngt* deprive s.b. of s.th. **-träda** (*befattning*) retire from, resign; (*egendom*) surrender; (*arrende*) leave **-varande** *a4* absent; *bildl.* absent-minded, preoccupied; *de* ~ those absent, (*vid möte o.d.*) the absentees **-varo** *s9* absence (*av* of; *från* from); (*brist, avsaknad*) lack, want; *lysa med sin* ~ be conspicuous by one's absence
fräck *a1* impudent, insolent; (*oblyg, om pers.*) audacious; (*ogenerad*) cheeky, cool; *vard.* fresh; (*djärv*) daring; (*oanständig*) indecent **-het** impudence, audacity, audaciousness, insolence; *vard.* cheek, gall; *ha* ~*en att* have the impudence to
fräckis *s2, vard.* dirty story
fräken ['frä:-] *s2*, **-växt** *bot.* horsetail
fräkn|e [ˣfrä:-] *s2* freckle **-ig** *a1* freckled, freckly
frälsa *v1 el. v3* save (*från* from); *relig. äv.* redeem; (*befria*) deliver; (*rädda äv.*) rescue; *fräls oss ifrån ondo* deliver us from evil; *han har blivit frälst* he has found salvation
frälsar|e saviour; *F-n, Vår F*~ the (our) Saviour **-krans** life buoy
frälse I *s6* **1** (*befrielse från skatt*) exemption from land dues to the Crown **2** (*adel ung.*) privileged classes (*pl*) **II** *oböjligt a*, ~ *och ofrälse* [*män*] noblemen and commoners **-hemman** farmstead exempt from land dues **-stånd** *se frälse I 2*
frälsning saving *etc.*; *relig. äv.* salvation; (*räddning*) deliverance
frälsnings|armé *F*~*n* the Salvation Army **-soldat** Salvationist
främj|a further; (*ngns intresse e.d.*) promote; (*uppmuntra*) encourage; (*understödja*) support **-ande** *s6* furtherance; promotion; encouragement; support; *till* ~ *av* for the furtherance (*etc.*) of, in order to promote **-are** supporter; promoter
främling stranger (*för* to); (*utlänning*) foreigner
främlingshat hatred of foreigners (strangers), xenophobia
främlingskap *s7* alienation; *bildl.* estrangement
främlings|legion foreign legion; [*franska*] *F*~*n* the Foreign Legion **-pass** alien's passport
främmande I 1 *s9* (*främling*) stranger; (*gäst*) guest; (*besökande*) visitor, caller **2** *s7, koll.* company; guests, visitors (*pl*); *vi skall ha* ~ *till middag* we are having company (guests) to dinner **II** *oböjligt a* (*utländsk*) foreign, alien; (*okänd*) strange, unknown (*för* to), unfamiliar (*för* with); (*ovidkommande*) extraneous; ~ *språk* foreign languages; *en* ~ *herre* an unknown gentleman, a stranger; *en vilt* ~ *människa* a complete stranger; *förhållande*[*t*] *till* ~ *makter* [our] relationship to foreign powers; *de är* ~ *för varandra* they are strangers to one another; *han är helt* ~ *för tanken* the idea is quite alien to him
främmandegöra alienate (*för* from), estrange (*för* from)
främre ['främm-] *a komp.* fore; front; *fack.* anterior; *F*~ *Asien* (*ung.*) southwest Asia; *F*~ *Orienten, se Mellersta Östern*
främst *adv* (*om rang, rum*) foremost; (*om ordning*) first; (*framför allt o.d.*) principally, especially; *först och* ~ first and foremost, first of all; ~ *i boken* at the beginning of the book; ~ *i skaran* in the forefront of the crowd; *ligga* ~ (*i tävling*) be ahead (leading); *sitta* ~ sit right at the front, sit in the front row; *stå* ~ *på listan* stand first on the list
främst|a *a best. superl.* (*om rum, rang*) foremost; (*om ordning*) first; *i* ~ *rummet* in the first place, first of all; *vår -e kund* our biggest (most important) customer; *vår -e leverantör* our principal supplier
frän *a1* rank; (*om smak äv.*) acrid; *bildl.* acrimonious, caustic; (*högdragen*) arrogant; (*cynisk, rå*) coarse
fränd|e *s5* kinsman, *fem.* kinswoman, relative **-skap** *s3* kinship, relationship; *bildl.* affinity
fränhet [-ä:-] rankness; acrimony; arrogance
fränka *s1* kinswoman
1 fräs *s7* **1** hissing; frying; *jfr 1 fräsa* **2** *för full* ~ at top speed

2 fräs *s2, tekn.* milling machine, miller

1 fräsa *v3* **1** (*väsa*) hiss; (*stänka o. fräsa*) sp[l]utter; (*om katt*) spit; (*i stekpanna*) sizzle; *fräs!* (*snyt ut*) blow [your nose]! **2** (*hastigt steka upp*) *kokk.* fry, frizzle **3** ~ *fram* (*förbi*) zoom (rip) along (past)

2 fräsa *v3, tekn.* mill

fräsare milling-machine operator (worker)

fräsch [-ä:-] *a1* fresh[-looking]; (*obegagnad*) [quite] new; (*ny o. frisk*) fresh, clean

fräsch|a ~ *upp* freshen up **-het** *se fräschör* **-ör** freshness; newness

1 fräsning [-ä:-] *se 1 fräs*

2 fräsning [-ä:-] *tekn.* milling

frästorv milled peat

frät|a *v3* **1** (*om syror o.d.*) corrode; eat (*hål på* a hole in); ~ *bort* eat (corrode) away; erode; ~ *sig igenom* eat its way through **2** *bildl.* fret, gnaw (*äv. fräta på*) **-ning** corrosion; erosion **-sår** malignant ulcer; *bildl.* canker

frö *s6, pl hand. äv. -er* seed; *koll.* seed[s *pl*]; *bildl.* germ, embryo; *gå i* ~ go to seed

frö|a ~ *sig* go to seed; ~ [*av sig*] shed its seed **-handel** seed shop **-hus** seed capsule, seedcase, seed vessel, pericarp

fröjd *s3* joy, delight; *bordets ~er* the delights of the table; *i* ~ *och gamman* merrily **fröjda** delight, give joy to; ~ *sig* rejoice (*åt, över* at), delight (*åt, över* in) **fröjdefull** joyful, joyous

frö|kapsel *se fröhus* **-katalog** seed catalogue

frök|en ['frö:-] *-en -nar* unmarried woman, young lady; (*som civilstånd*) spinster; (*som titel*) Miss; (*lärarinna*) teacher; (*servitris*) waitress; *F~ Ur* speaking clock; *F~ Väder* telephone weather forecast

frö|kontroll seed testing **-mjöl** pollen **-odling** *abstr.* seed cultivation; *konkr.* seed-cultivation station

frös *imperf. av frysa*

frö|skal seed coat **-träd** seed tree **-vita** endosperm; perisperm **-växt** seed plant **-ämne** ovule

fuchsia ['fukksia] *s1* fuchsia

fuffens ['fuff-] *n* trick[s *pl*], dodge[s *pl*]; *koll. äv.* mischief; *ha* [*ngt*] ~ *för sig* be up to s.th. (mischief)

fuga *s1* fugue

fukt *s3* damp, moisture **fukta 1** (*väta*) moisten, damp[en]; (*med tårar*) wet **2** (*vara fuktig*) be (get) damp **fuktas** *dep* moisten

fukt|bevarare humectant **-drypande** *a4* wet with damp **-fläck** damp stain **-halt** moisture content

fuktig *a1* damp; (*genom-*) moist; (*om luft*) humid **-het** dampness; moisture; humidity

fukt|ighetsmätare hygrometer **-skada** damage caused by damp **-svabb** damp mop **-torka** damp wipe

ful *a1* ugly; *AE. äv.* homely; (*föga tilltalande*) unattractive; (*obehaglig för örat*) harsh; (*om väder*) bad; ~ *i mun*[*nen*] foul-mouthed; *~a ord* dirty words, bad (foul) language (*sg*); ~ *som stryk* [as] ugly as sin; *en ~ fisk* (*bildl.*) an ugly customer; *ett ~t spratt* a nasty (dirty) trick; *hon är inte* ~ she is not bad-looking **-ing** fright; (*om barn*) scamp, rascal

full *a1* **1** full (*av, med* of); filled (*av, med* with); ~ *av idéer* teeming with ideas; ~ *i* (*av*) *skratt* brimming over with laughter; *för ~a segel* in full sail; *ropa med* ~ *hals* roar; *spela för ~a hus* play to crowded houses; *det är ~t med människor på gatan* the street is crowded with people **2** (*hel, fullständig*) full (*fart* speed; *sysselsättning* employment; *verksamhet* activity); complete, whole; ~ *hand* (*kortsp.*) full house; ~ *sommar* full (the height of) summer; ~ *tid* (*sport.*) full time; ~ *tjänstgöring* full-time duty; *~a tre månader* fully three months, a full three months; *dussinet ~t* a full dozen; *med* ~ *rätt* quite rightly; *till* ~ *belåtenhet* to my (*etc.*) entire satisfaction; *vara i sin ~a rätt* have every right **3** *till ~o* in full, fully **4** (*drucken*) drunk; *vard.* tight

full|belagd *a5, sjuksalen är* ~ the ward is full up **-blod** *s7* thoroughbred, full blood **-blodshäst** thoroughbred [horse], full blood **-bokad** *a5* booked up; fully booked

fullbord|a [-o:-] complete, accomplish, finish; ~ *sin avsikt* fulfil one's intention; *ett ~t faktum* an accomplished fact; *det är ~t* (*bibl.*) it is finished **-an** *r* **1** completion; accomplishment **2** (*uppfyllelse*) fulfilment; *i tidernas* ~ in the fullness of time; *nalkas* (*nå*) *sin* ~ be approaching (reach) its (*etc.*) completion

full|fjädrad [-ä:-] *a5* fully fledged, full-fledged; *bildl.* full-blown **-följa 1** (*slutföra*) complete; (*föresatser, planer*) carry out; (*fortsätta* [*med*]) continue, carry on, proceed; (*följa upp*) follow up **2** *jur.* prosecute; carry on **-gjord** *efter -gjort uppdrag* on the completion of a mission (an assignment) **-god** [perfectly] satisfactory, perfect, adequate; (*om mynt*) standard; ~ *säkerhet* full security **-gången** *a5* fully developed **-göra** (*utföra*) carry out; (*plikt*) perform; (*uppfylla*) fulfil; ~ *sin militärtjänst* do one's military service **-het** fullness *etc., jfr full*

fullkomlig [-å-] *a1* perfect; (*fullständig*) complete, entire; (*absolut*) utter, absolute **-het** perfection

fullkom|ligt *adv* perfectly; completely *etc., se fullkomlig* **-na** [make] perfect; (*fullborda*) accomplish, finish **-ning** perfection

fullkorns|bröd wholemeal bread **-mjöl** wholemeal

full|makt 1 (*bemyndigande*) power[s *pl*]; (*dokument*) power (letter) of attorney, warrant; (*vid röstning*) proxy; *enligt* ~ as per power of attorney, by proxy; *äga* ~ be authorized, to have authority **2** (*ämbetsmans*) letters (*pl*) of appointment; (*officers*) commission; (*riksdagsmans*) proxy **-måne** full moon **-mäktig** *-en -e* authorized representative, proxy, delegate

full|o *s3 full 3* **-proppad** [-å-] *a5* stuffed; crammed **-riggare** full-rigged vessel (*etc.*) **-satt** *a4* (*om lokal o.d.*) full, crowded, filled to capacity; (*översållad*) studded; ~ *till sista plats* full up, not a seat left **-skalig** *a1* full-scale **-skriven** *a5* filled with writing **-stoppad** [-å-] *a5* crammed full (*av, med* of), crammed (*av, med* with)

fullständig *a1* complete, entire; total; (*absolut o.d.*) utter, absolute; ~ *avhållsamhet* total abstinence; *med ~a rättigheter* (*spritservering*) fully licensed

fullständig|a make complete; complete **-ande**

s6 (*utan pl*) completing, completion; (*med pl*) supplement; *till ~ av* to supplement, as a supplement to **-het** completeness
fullständigt *adv* completely; entirely
fullt *adv* fully; (*alldeles*) quite; (*fullständigt*) completely; *inte ~ en timme* not quite an hour; *ha ~ upp med pengar* (*att göra*) have plenty of money (to do); *njuta ~ och helt av ngt* enjoy s.th. to the full; *tro ngt ~ och fast* have absolute faith in s.th., be firmly convinced of s.th.
full|talig *a1* [numerically] complete; full; *är vi ~a?* are we all here? **-teckna** (*lista*) fill with signatures; (*belopp*) subscribe in full; *lånet ~des snabbt* the loan was fully subscribed quickly **-träff** direct hit; *bildl.* [real] hit **-tränad** in peak condition **-vuxen** full-grown, fully grown; *en ~* a grown-up [person], an adult **-värdig** (*om mynt, vikt*) standard; *bildl.* sound
fulländ|a complete (*jfr fullborda*); *~d* perfect, complete; *~d smak* consummate taste; *~ sig* perfect o.s. **-ning** completion; perfection
fullärd (*särskr. full-lärd*) *a5* fully trained (qualified); skilled
fullödig (*särskr. full-lödig*) *a1* standard; (*gedigen*) sterling; *bildl. äv.* thorough, genuine; *~t uttryck* fully adequate expression
fult [-u:-] *adv* in an unsightly (ugly) way; (*för örat*) harshly; (*obehagligt*) disagreeably; (*starkare*) nastily; *det var ~ gjort av dig* it was a nasty thing of you to do
fuml|a fumble (*med* with, at) **-ig** *a1* fumbling **-ighet** fumblingness
fundament *s7* foundation; (*för maskin*) bed, footing; (*sockel*) base **-al** *a1* fundamental, basic
funder|a (*grubbla*) ponder (*på* upon); muse, meditate (*på* upon, about); think; (*undra*) wonder; *~ hit och dit* turn the matter over in one's mind; *~ på att göra ngt* think of (consider) doing s.th.; *~ på saken* think the matter over; *~ ut* think (work) out **-are** *ta sig en ~* have a good think **-ing** *~ar* thoughts, reflections, speculations, (*idéer*) ideas, notions
fundersam [-'de:r-] *a1* (*tankfull*) thoughtful, contemplative, meditative; (*tveksam*) hesitative **-het** thoughtfulness *etc.*; hesitativeness
fungera [-ŋ'ge:-] (*om maskin e.d.*) work, function; (*om pers.*) officiate, serve, act
fungi|cid [-ŋgi-] *s3* fungicide **-stat** *s3* fungistat
funkis ['funnkis] *oböjligt s* functional style **-villa** functionalist (*friare* modern-looking) house
funktion [-ŋk'ʃo:n] function[ing]; (*plikt*) function, duty; *i* (*ur*) *~* in (out of) operation (order), (not) working; *försätta ngt ur ~* throw s.th. out of gear
funktional|ism [-ŋkʃo-] functionalism **-ist** *s3*, **-istisk** [-'liss-] *a5* functionalist
funktion|ell [-ŋkʃo-] *a1* functional **-era** *se fungera*
funktions|duglig serviceable; adequate; *i ~t skick* in working order **-duglighet** serviceability; adequacy **-oduglig** inadequate; out of order **-teori** *mat.* theory of functions
funktionär [-ŋkʃo-] *s3* functionary, official
funnit *sup. av finna*
funt *s2, se dopfunt*
funtad *a5, se beskaffad*
fur *s1* **1** (*träd*) *se fura* **2** (*trä*) *se furu*
fura *s1* pine
furag|e [-'ra:ʃ] *s7*, **-era** *v1, mil.* forage
furie ['fu:-] *s5* fury
furioso [-'å:så] *adv, mus.* furioso
furir *s3* corporal; (*vid flottan*) leading rating; *AE.* sergeant, (*vid flottan*) petty officer 2nd class, (*vid flygvapnet*) staff sergeant
furner|a furnish, supply **-ing** furnishing, supply
furnissör purveyor
furor [-'å:r] *r* furore; *göra ~* create a furore
furste *s2* prince **-hus** *se fursteätt*
furste|ndöme *s6* principality **-ätt** princely (royal) house
furst|inna princess **-lig** *a1* princely **-ligt** *adv* like a prince; *belöna ngn ~* give s.b. a princely reward
furu *oböjligt s* pine [wood] **-bräda** deal, fir board
furunkel [-'runn-] *s2* boil; *fack.* furuncle
furu|planka deal, fir board **-ved** pine firewood
fusion fusion; *hand. äv.* merger, amalgamation; *kärnfys.* [nuclear] fusion **-era** fuse, amalgamate
fusk *s7* **1** (*slarv*) scamping; (*illa gjort arbete*) botch **2** (*svek*) cheating; *skol. äv.* cribbing **fuska** **1** (*med arbete o.d.*) scamp, botch; *~ i fotografyrket* dabble in photography; *~ med ngt* scamp (skimp) s.th. **2** *skol., spel., hand. o.d.* cheat (*i* at); *skol. äv.* crib
fusk|are **1** botcher; dabbler **2** cheat[er], crib[ber] **-bygge** jerry-building **-lapp** crib **-verk** *se fusk 1*
fustanella [-ˣnella] *s1* fustanella
futhark *s3* futhark
futil *a1* futile **-itet** *s3* futility
futtig *a1* paltry; (*småaktig, obetydlig*) petty **-het** **1** (*utan pl*) paltriness **2** (*med pl*) pettiness
futur|al *a5* future **-ism** futurism **-ist** *s3*, **-istisk** [-'riss-] *a5* futurist
futuro|log futurologist **-logi** futurology
futur|um [-ˣtu:-] *s8, pl äv. -er* the future [tense]; *~ exactum* the future perfect
fux *s2* bay [horse]
fy ugh!, oh!, phew!; *~ sjutton!* confound it!; *~ skäms!* shame [on you]!
fylka *hist.* draw up in battle formation; (*friare*) array; *~ sig* (*fylkas*) draw together, (*friare*) flock (*kring* round), *bildl. äv.* rally (*kring ngn* round s.b., to s.b.)
fylke *s6, ung.* shire, county
fylking [-k-] *hist.* wedge-shaped battle formation
fylla I *s1* booze; *i ~n och villan* [when] in a drunken fit; *ta sig en ~* have a booze; *vara på ~n* (*vard.*) be on the booze **II** *v2* **1** fill; (*fullproppa o. kokk.*) stuff; (*utfylla*) fill up; (*behov, brist*) supply; *bildl.* fulfil, serve; *~ en ballong* inflate a balloon; *~ ett länge känt behov* supply a long-felt want; *~ sin uppgift* (*om sak*) fulfil (serve) its purpose; *~ vin i glasen* pour wine into the glasses **2** (*med betonad partikel*) *~ i a*) (*kärl e.d.*) fill up, (*blankett*) fill in (up), *b*) (*ngt som fattas*) fill in, *c*) (*vätska*) pour in; *~ igen* fill up (in); *~ på a*) (*kärl*) fill [up], replenish, *b*) (*vätska*) pour [out]; *~ upp* fill up; *~ ut* (*t.ex. en rad, kläder*) fill out, (*t.ex. program, brist, äv.*) fill up **3** *han fyller 25 år i morgon* he will be 25 tomorrow, tomorrow is his 25th birthday **4** (*berusa*) intoxicate, make drunk
fyllbult *s2* boozer

fylleri drunkenness, intoxication **-förseelse** offence of drunkenness
fyllerist drunkard, drunk
fyllest *till ~* sufficiently; *vara till ~* be sufficient (satisfactory)
fyll|hicka drunken hiccup **-hund** boozer
fyllig *a1* **1** (*om pers.*) plump **2** (*om ljud*) full, full-toned, rich, mellow; (*om vin*) full-bodied; (*om cigarr*) full-flavoured; (*detaljerad*) detailed **-het** fullness *etc.*; fullness of tone (flavour *etc.*)
fyllkaja boozer
fyllna *~ till* get tipsy
fyllnad *s3* filling; (*tillägg*) supplement; (*ut- äv.*) complement
fyllnads|material filling [material] **-prövning** supplementary examination **-sten** *koll.* filling stone **-val** *polit.* (*i Storbritannien*) by-election
fyllning filling [material]; (*i tand*) filling, *vard.* stopping; *kokk.* stuffing
fyll|o ['fyllo] *s6* drunk **-sjuk** *vara ~* be sick (ill) after drinking **-skiva** booze, boozing party **-tratt** boozer
fynd *s7* find; finding; (*upptäckt*) discovery; (*oväntad gåva*) godsend; (*lyckat påhitt*) stroke of genius; *göra ett ~* make a [real] find; find a treasure, (*i affär etc.*) find a [real] bargain; *mannen är ett verkligt ~* the man is a regular find
fynd|a bargain-hunt **-gruva** *bildl.* mine, treasure house **-jägare** bargain-hunter
fyndig *a1* **1** (*uppfinningsrik*) inventive; (*påhittig, förslagen*) resourceful, ingenious; (*rådig*) ready-witted; *ett ~t svar* a quick-witted reply, a repartee **2** *miner.* metalliferous **-het 1** ingenuity **2** *miner.* deposit, mining find
fynd|ort site [of a find]; *biol.* habitat **-pris** bargain price
1 fyr *oböjligt s, ha ngt ~ för sig* be up to s.th. (mischief)
2 fyr *s2* lad; *en glad* (*lustig*) *~* a gay spark; a cheerful chap
3 fyr *s2* **1** *mil.*, [*ge*] *~!* fire! **2** (*eldstad*) stove **3** (*eld i spis e.d.*) fire **4** *~ och flamma* all afire (aflame)
4 fyr *s2, sjö.* light[house]; beacon
1 fyra *v1, ~ av se avfyra; ~ på a*) (*elda*) keep a fire burning, stoke, *b*) (*skjuta*) fire away
2 fyra I *räkn* (*för sms jfr fem-*) four; *~ hundra* four hundred; *mellan ~ ögon* in private; *på alla ~* on all fours **II** *s1* four; *~n*[*s växel*] [the] fourth [gear]; *han går i ~n* he is in the fourth form (class)
fyra|hundratalet the fifth century **-rummare** four-room flat **-tiden** *vid ~* [at] about four o'clock **-årig** *a1* **1** four-year-old **2** (*för fyra år*) four-year **-åring** child of four, four-year-old
fyrbent [-e:-] *a4* (*om djur*) four-footed, quadruped; (*om möbel o.d.*) four-legged
fyr|byggnad lighthouse **-båk** beacon
fyr|cylindrig *a5* four-cylinder **-dela** quarter **-dimensionell** *a5* four-dimensional **-dubbel** fourfold, quadruple **-dubbla** quadruple, multiply by four **-faldig** *a5* fourfold
fyrfat firepan
fyr|fota *a4*, **-fotadjur** quadruped **-färgstryck** four-colour print[ing] **-handsfattning** (*gullstol*) chair grip **-hjulig** *a5* four-wheel[ed] **-hjulsdrift** four-wheel drive **-händig** *a5* four-handed; *~t pianostycke* duet **-hörning** [-ö:-] quadrangle **-kant** square; quadrangle; *fem yards i ~* five yards square **-kantig** square; quadrangular **-klöver** four-leaf clover; *bildl.* quartet[te] **-ling** quadruplet, quad
fyrlista list of lights
fyr|motorig *a5* four-engined **-sidig** *a5* four-sided **-siding** quadrilateral **-siffrig** *a5* four-figure; in the fourfigures **-sitsig** *a5* four-seated; *~ bil* four-seater
fyr|sken lighthouse beam, light **-skepp** lightship
fyr|spann four-in-hand; *köra ~* drive a carriage and four **-språng** *i ~* at a full gallop, (*friare*) at full speed **-stämmig** *a5* four-part **-taktsmotor** four-stroke (*AE.* four-cycle) engine **-tal** [the number] four; (*i poker*) four of a kind
fyrti[o] [ˣförrti] forty
fyrtion|de [ˣförr-] fortieth **-[de]del** fortieth part
fyrti[o]|talist writer (author) of the forties **-årig** *etc., se femtioårig etc.* **-åttatimmarsvecka** forty-eight-hour week
fyr|torn lighthouse **-vaktare** lighthouse keeper
fyrverkeri fireworks (*pl*) **-pjäs** firework
fyr|väppling *se fyrklöver* **-värd** *kem., vara ~* have a valency (*AE.* valence) of four, be tetravalent (quadrivalent)
fyrväsen lighthouse service
fysik *s3* **1** (*vetenskap*) physics (*pl, behandlas som sg*) **2** (*kroppsbeskaffenhet*) physique; constitution **-alisk** [-'ka:-] *a5* physical; *~ behandling* physiotherapeutic treatment; *~ kemi* physical chemistry
fysik|er ['fy:-] physicist **-laboratorium** physics laboratory **-lektion** physics lesson **-lärare** physics teacher
fysikum ['fy:-] *n* physics institution
fysiokrat|i *s3* physiocracy **-isk** [-'kra:-] *a5* physiocratic **-ism** physiocracy
fysio|log physiologist **-logi** *s3* physiology **-logisk** [-'lå:-] *a5* physiological **-nom** physiognomist **-nomi** *s3* physiognomy **-nomisk** [-'nå:-] *a5* physiognomic[al] **-terapeut** [-'pevt] physiotherapist **-terapi** physiotherapy, physical therapy; *AE. äv.* physiatrics (*pl, behandlas som sg*)
fysisk ['fy:-] *a5* physical; (*kroppslig äv.*) bodily; *~ person* natural person; *en ~ omöjlighet* a sheer (downright) impossibility
fytotron [-'å:n] *s3* phytotron
1 få *pron* few; (*några få*) a few; *alltför ~* all too few; *om några ~ dagar* in a few days
2 få *fick fått* **I 1** (*erhålla, mottaga*) receive, get; (*lyckas få, skaffa sig*) get, obtain; (*förvärva*) get, acquire; (*få o. behålla*) keep, have; *~ arbete* get a job; *~ barn* have a baby; *~ betalt* be (get) paid; *~ en fråga* be asked a question; *~ en gåva* receive a present; *~ huvudvärk* get a headache; *~ ett namn* get (*om småbarn* be given) a name; *~ ro* find peace; *~ ett slut* come to an end; *~ snuva* catch [a] cold; *~ sitt straff* be punished; *~ tid* get (find) [the] time; *~ tillträde* be admitted, obtain admission; *~ torra kläder på kroppen* get dry clothes on; *~ ngt att tänka på* get s.th. to think about; *~* [*sig*] *en bit mat* get s.th. to eat; *~ sig ett gott skratt* have a good laugh; *vad ~r vi till middag?* what are we having for dinner?; *vem har du*

F

~tt den av? who gave you that?; *har blommorna ~tt vatten?* have the flowers been watered?; *den ~r inte plats* there is no room for it; *den varan går inte att ~ längre* that article is no longer obtainable; *då skall du ~ med mig att göra!* then you'll catch it from me!; *det skall du ~ för!* I'll pay you out for that!; *där fick du!* serves you right!; *där fick han så han teg!* that shut him up! **2** (*lyckas göra el. bringa el. laga*) get, have; *~ ngt färdigt* get s.th. finished, finish s.th.; *~ kläderna förstörda* get one's clothes spoilt; *~ ett slut på* put an end to; *~ sin önskan uppfylld* get (have) one's wish; *de har ~tt det bra* (*ekonomiskt*) they are well off **3** (*förmå, bringa*) make, get, bring; *~ ngn att göra ngt* (*ngn till ngt*) get s.b. to do (make s.b. do) s.th.; *~ ngt till stånd* bring about s.th. **4** (*ha tillåtelse*) be allowed (permitted) to; *~r* may, can; *fick* (*i indirekt tal*) might, could; *~r (i indirekt tal: fick) inte* must not; *~r ej vidröras!* do not touch!; *jag ~r inte glömma* I must not forget; *jag ~r inte för min mamma* my mummy won't let me; *du ~r inte bli ond* you must not get angry; *~r jag följa med?* may I come too?; *~r jag komma in? Nej, det ~r du inte* may (can) I come in? No, you may not; *~r jag störa dig ett ögonblick?* could you spare me a minute?; *om jag ~r ge dig ett råd* if I might give you a piece of advice; *huset fick inte byggas* they were not allowed to build the house, permission was not given for the house to be built **5** (*i artighetsuttryck*) *be att ~ tala med* ask to speak to; *~r jag tala med* can (could) I speak to; *~r jag fråga* may (might) I ask; *låt mig ~ försöka* let me try; *~r jag be om litet ost?* (*vid bordet*) may I have some cheese?; *~r det vara en cigarett?* would you like a cigarette?; *vad ~r det lov att vara?* what can I do for you[, Sir (Madam)]?; *jag ~r tacka så mycket* [I should like to] thank you very much; *vi ~r härmed meddela att* we wish to inform you that; *det ~r jag verkligen hoppas* I should hope so **6** (*vara tvungen att, nödgas*) have to, *vard.* have got to; *det ~r duga* that will have to do; *jag ~r lov att gå nu* I must go now; *jag ~r väl försöka då* I shall have to try, then; *du ~r ursäkta mig* you must excuse me; *då ~r det vara* we'll leave it at that, then; *jag fick vänta* I had to wait, I was kept waiting **7** (*kunna, ha möjlighet att*) be able to; *~r* can; *~ höra* (*veta etc.*) *se under höra, veta etc.*; *vi ~r tala om det senare* we'll talk about that later; *vi ~r väl se* we'll see [about that]; *har du fått sova i natt?* were you able to sleep last night?; *jag fick göra som jag ville* I could do as I liked **II** (*med betonad partikel*) **1** *~ av* get off **2** *~ bort* remove **3** *~ fingrarna emellan* get one's fingers caught **4** *~ fram* (*ta fram*) get out, (*skaffa*) procure, (*framställa*) produce; *jag fick inte fram ett ord* I could not utter a word **5** *~ för sig* (*inbilla sig*) imagine, (*få ett infall*) get it into one's head **6** *~ i ngt i* get s.th. into; *~ i ngn ngt* get s.b. to take s.th.; *~ i sig* (*svälja*) swallow, (*tvinga i sig*) get down **7** *~ igen a*) (*återfå*) get back, *b*) (*stänga*) close; *det skall du ~ igen!* I'll pay you back for that, you'll see! **8** *~ igenom* get through **9** *~ ihop a*) (*stänga*) close, *b*) (*samla ihop*) get together, (*pengar*) collect **10** *~ in* get in, *radio.* get; *~ in...i* get...into; *~ in pengar* (*samla ihop*) collect money, (*tjäna*) make money **11** *~ med* [*sig*] bring [along]; *inte ~ med* (*lämna kvar*) leave behind, (*utelämna*) omit; *~ med sig* (*få på sin sida*) get over to one's side, (*få att följa med*) get to come along **12** *~ ner* get down **13** *~ på* [*sig*] get on **14** *~ tillbaka på 1 pund* get change for 1 pound **15** *~ undan* get out of the way **16** *~ upp* (*dörr e.d.*) get open, (*lock e.d.*) get off, (*kork e.d.*) get out, (*knut*) undo, untie, (*lyfta*) raise, lift, (*fisk*) land, (*kräkas upp*) bring up; *~ upp farten* pick up speed; *~ upp ögonen för* have one's eyes opened to, (*inse*) realize **17** *~ ur ngn ngt* get s.th. out of s.b. **18** *~ ut* get out, (*arv*) obtain; *~ ut lön* get one's pay, get paid; *jag kunde inte ~ ut ngt av honom* I could not get anything out of him **19** *~ över* (*kvar*) have left (over)

fåfäng *a1* **1** (*inbilsk*) conceited; (*ytlig*) vain **2** (*fruktlös*) vain, useless **3** (*sysslolös*) idle

fåfäng|a *s1* vanity; (*inbilskhet*) conceit[edness] **-lig** [ˣfå:- *el.* -'fäŋ-] *a1* vain **-lighet** vanity

fågel ['få:-] *s2* bird; (*i sht höns-*) fowl, *koll.* poultry; *koll. jakt. o. kokk.* game birds (*pl*); *varken ~ eller fisk* neither fish, flesh, nor fowl; *bättre en ~ i handen än tio i skogen* a bird in the hand is worth two in the bush **-art** bird species **-bad** birdbath **-berg** bird cliff **-bo** bird's nest (*pl* birds' nests) **-bord** bird table **-bur** birdcage **-bär** sweet cherry **-bössa** fowling-piece **-fri** *se fredlös* **-frö** birdseed, canary seed **-fängare** bird catcher; fowler **-holk** birdhouse **-hund** pointer; setter; *AE. äv.* bird dog **-jakt** bird shooting **-kvitter** bird twitter (chirp) **-kännare** birdman, ornithologist **-näbb** beak, bill **-perspektiv** bird's-eye view; *Paris i ~* a bird's-eye view of Paris **-skrämma** *s1* scarecrow **-skytte** game-bird shooting **-skådare** bird-watcher **-skådning** [-å:-] bird-watching **-spindel** bird spider **-station** ornithological station **-sträck** flight of birds **-sång** [the] singing of [the] birds, bird song **-unge** young bird, nestling **-vägen** as the crow flies **-ägg** bird's egg (*pl* birds' eggs)

fåglalåt *se fågelsång*

fåkunnig I *a1* ignorant **II** *s, en ~* an ignoramus **-het** ignorance

fåle *s2* colt; *poet.* steed

fåll *s2* hem

1 fålla *v1, sömn.* hem; *~ upp* hem up

2 fålla *s1* pen, fold

fållbänk *ung.* turn-up bedstead

fåll|ning hemming **-söm** hemstitching

få|mannavälde oligarchy **-mansbolag** close corporation **-mäld** [-ä:-] *a5, se fåordig*

fån *s7, se fåne* **fåna** *rfl* be silly (asinine); (*prata dumheter*) drivel **fåne** *s2* fool; (*starkare*) idiot

fång *s7* **1** armful; *ett ~ ved* an armful [of] wood **2** *jur.* acquisition; *laga ~* acquest

1 fånga *i uttr.*: *ta till ~* take prisoner[s *pl*], capture; *ta sitt förnuft till ~* listen to reason, be sensible

2 fånga *v1* catch; (*ta till fånga*) capture; (*med fälla*) trap

fångdräkt prison (convict's) dress

fånge *s2* prisoner, captive

fången *a5* imprisoned, captive; *ge sig ~* surrender; *hålla ~ a*) keep in prison, hold [a] captive (prisoner), *b*) (*om uppmärksamhet e.d.*) hold; *sitta ~* be kept in prison, be imprisoned **-skap** *s3*

captivity; (*vistelse i fängelse*) imprisonment; *befria ngn ur ~en* release s.b. from captivity
fång|lina *sjö.* painter **-läger** (*för krigsfångar*) prisoner-of-war camp
fångrin [ˣfå:n-] stupid grin
fångst *s3* **1** (*fångande*) catching *etc.*, capture **2** (*byte*) catch (*äv. bildl.*); (*jakt- o. bildl.*) bag; (*fiskares*) draught, haul **-arm** *zool.* tentacle **-fartyg** fishing boat; (*val-*) whale catcher, whaler; (*säl-*) sealer **-redskap** *koll.* trapping tackle (gear); (*fisk- koll.*) fishing tackle (gear)
fång|vaktare warder, *fem.* wardress (*AE.* matron), jailer, gaoler **-vård** correctional treatment [of prisoners], prison welfare
fångvårds|anstalt prison, penal institution **-styrelse** *f~n, se kriminalvårdsstyrelsen*
fånig *a1* idiotic; (*friare*) silly, stupid **-het** silliness, stupidity; *~er* stupidities
fåntratt sap; silly idiot
fåordig [-o:-] *a1* of few words; (*ordkarg*) taciturn, laconic[al], reticent **-het** taciturnity *etc.*
får *s7* sheep (*pl lika*); (*kött*) mutton; *skilja ~en från getterna* separate the sheep from the goats
fåra I *s1* furrow; (*rynka*) line; *bildl. äv.* groove **II** *v1* furrow; line
fåra|herde shepherd, *fem.* shepherdess **-kläder** *pl, en ulv i ~* a wolf in sheep's clothing
får|aktig *a1* (*enfaldig*) sheepish, sheeplike **-avel** sheep breeding **-fiol** leg of mutton **-hjord** flock of sheep **-hund** sheepdog **-klippning** sheep-shearing **-kött** mutton **-lus** sheep ked (tick) **-sax** sheep shears (*pl*) **-skalle** *bildl.* num[b]-skull, goon **-skinn** fleece, sheepskin **-skinnspäls** sheepskin coat **-skock** flock of sheep **-skötsel** sheep farming **-stek** leg of mutton; (*tillagad*) roast mutton **-stuvning** mutton stew **-styng** [sheep] botfly **-ticka** *s1* sheep polyporus **-ull** sheep's wool
fåt *s3* mistake, error, blunder
fåtal *s7, ett ~ personer* a few people; *i ett ~ fall* in a minority of cases **-ig** *a1* few [in number]; *en ~ församling* a small assembly
fått *sup. av 2 få*
fåtölj *s3* armchair, easy chair
fåvitsk ['få:-] *a5* foolish **fåvitsko** *s i uttr.*: *i ~* foolishly, witlessly
fåvälde oligarchy
fä *s6* beast; *koll.* cattle; (*bildl. om pers.*) dolt, blockhead; *både folk och ~* [both] man and beast **-aktig** *a1* caddish, doltish
fäbless weakness, partiality
fäbod *ung.* chalet **-vall** *ung.* mountain pasture (grazing)
fäderne *s7, på ~t* on the (one's) father's (the paternal) side **-arv** patrimony **-bygd** home of one's fathers, native place **-gård** family estate **-jord** *~en* one's native soil
fädernesland native country
fäderneärvd *a5* handed down from father to son, hereditary
fä|fluga horsefly **-fot** *ligga för ~* lie uncultivated; *bildl.* lie waste
fägna [ˣfäŋna] *det ~r mig* I am delighted; *~ sig* rejoice (*över* at) **fägnad** *s3* delight
fägring [-ä:-] beauty
fä|hund *bildl.* cad, blighter, heel, rat, rotter **-hus** cattle shed
fäkta 1 fence (*med florett* with a foil); (*friare*) fight; *bildl.* tilt (*mot* at) **2** *~ med armarna* gesticulate wildly
fäkt|are fencer, swordsman **-mask** fencer's mask **-mästare** fencing master **-ning** fencing (*med, på* with); (*strid*) fight, encounter
fälb *s3* long pile plush
fälg [-j] *s2* rim
fäll *s2* fell; (*djurskinnstäcke*) skin rug
1 fälla *s1* trap; *bildl.* pitfall; *gå i ~n* fall (walk) into the trap, get caught [in the trap]; *sätta ut en ~ för* set a trap for
2 fäll|a *v2* **1** (*nedhugga*) fell, cut [down]; (*slå omkull*) knock down; (*regering*) overthrow **2** (*döda*) kill, slay; *jakt.* bring down **3** (*sänka*) lower; (*låta falla*) drop; (*tårar*) shed; (*bajonett*) level; (*lans*) couch; (*ankare*) cast, drop; *bildl.* lose (*modet* courage) **4** (*tappa*) lose (*håret* one's hair); (*om djur, t.ex. horn*) shed; (*löv, blad*) shed; (*färga av sig*) bleed; *färgen -er* the colour runs **5** *kem.* deposit, precipitate **6** (*uttala, avge*) drop, let fall; *~ ett omdöme* express an opinion **7** (*döma*) condemn, convict, damn, (*avkunna*) pronounce (*dom* a verdict) **8** (*med betonad partikel*) *~ igen* shut [up]; *~ ihop* fold, (*kniv*) shut, clasp; *~ in a*) (*infoga*) let in, inlay, *b*) (*t.ex. landningsställ*) retract; *~ ner* let down, (*lock e.d.*) shut [down], (*krage*) turn down; *~ ut* (*kem.*) precipitate
fällande I *s6* felling *etc.*; conviction, condemnation; pronouncement **II** *a4, ~ dom, se dom*; *~ vittnesmål* incriminating evidence
fäll|bar *a5* collapsible, foldable, folding **-bord** drop-leaf table **-bro** bascule [bridge], draw-bridge **-kniv** clasp knife **-ning 1** *abstr.* felling *etc.* **2** *konkr., kem.* precipitate; (*bottensats*) sediment; *geol.* deposit **-stol** folding chair; (*vilstol*) deck chair; (*på teater o.d.*) tip-up seat **-söm** lap (lapped) seam
fält *s7* field; *bildl. äv.* sphere, scope; (*dörr-*) panel; (*vägg-*) bay, panel; *i ~* (*mil.*) in the field; *dra i ~* take the field; *ha ~et fritt* have a free hand; *ligga i vida ~et* be far from being settled; *rymma ~et* quit the field; *över hela ~et* over the whole expanse **-arbete** field work **-artilleri** field artillery **-befästning** *mil.* fieldwork **-biologi** biology in the field **-flaska** canteen **-flygare** *ung.* sergeant pilot; *AE. ung.* second lieutenant **-grå** field-grey **-gudstjänst** field service **-hare** European hare **-herre** general, military commander **-herrebegåvning** strategic talent **-jägare** *ung.* rifleman **-kikare** field glasses (*pl*) **-kök** field kitchen **-lasarett** field hospital **-läkare** army surgeon **-marskalk** field marshal **-mässig** *a1* active-service; *AE.* active-duty **-mätning** [detail] surveying **-post** army postal service, field post (mail) **-präst** army chaplain **-rop** watchword, password **-skjutning** field shooting [practice] **-skär** *s3, hist., ung.* barber-surgeon **-slag** pitched battle **-spat** *s3* felspar; *AE.* feldspar **-säng** camp bed **-tecken** (*fana*) banner **-tjänst** field (active) service **-tjänstövning** manoeuvres (*pl*) **-tåg** campaign (*mot* against, on) **-tågsplan** plan of campaign **-undersökning** field survey **-uniform** battledress **-väbel** *ung.* sergeant major; *AE.* master sergeant

F

fänad *s3* livestock
fängelse *s4* **1** (*byggnad*) prison, jail, gaol; *AE. äv.* penitentiary; *sitta i ~* be in prison; *sätta ngn i ~* put s.b. in prison, imprison s.b. **2** (*straff*) imprisonment; *livstids ~* imprisonment for life, life sentence; *dömas till två månaders ~* be sentenced to two months' imprisonment, get a two months' sentence **-cell** prison cell **-direktör** prison governor; *AE.* warden **-håla** dungeon **-kund** jailbird, gaolbird, lag; *vard.* con **-präst** prison chaplain **-straff** imprisonment
fäng|hål touchhole **-krut** priming [powder]
fängsl|a 1 (*fjättra*) fetter, shackle **2** (*sätta i fängelse*) imprison, arrest **3** *bildl.* fascinate, captivate; (*dra t. sig*) attract **-ande** *a4* fascinating; attractive **-ig** *i uttr.*: *hålla i ~t förvar* keep in custody
fänkål [ˣfäŋ-, *äv.* ˣfänn-] fennel
fänrik ['fänn-] *s2* (*vid armén, kustartilleriet*) second lieutenant, (*vid flottan*) midshipman, (*vid flygvapnet*) pilot officer; *AE.* second lieutenant, (*vid flottan*) ensign
färd [-ä:-] *s3* **1** journey; (*t. sjöss*) voyage; (*turist-*) trip, tour; (*bil- etc.*) ride; (*flyg-*) flight; (*forsknings-*) expedition; *ställa ~en till* make for **2** *bildl., vara i ~ med att göra ngt* be busy doing s.th.; *ge sig i ~ med ngt* (*att*) set about s.th. (+ *ing-form*) **3** *dra sina ~e* take one's departure; *fara på ~e* danger ahead; *vad är på ~e?* what is up (the matter)?
färd|as [-ä:-] *dep* travel **-bevis** travel document **-biljett** ticket **-broms** foot (pedal) brake
färde [-ä:-] *se färd 3*
färdhandling travel document
färdig [-ä:-] *a5* **1** (*fullbordad*) finished, done; (*avslutad*) complete; (*klar*) ready **2** (*om pers., beredd*) ready (*till* for), prepared; (*slut*) done for, worn-out; *bli ~ med ngt* get through with s.th., get s.th. done; *få ~* get done; *göra ~* get ready, finish; *vara ~* have done; *vara ~ att* be ready to; *vara ~ med* have done [with], have finished (got through); *nu är det ~t!* (*vard.*) now the fat's in the fire! **3** (*nära att*) on the point of **4** (*ej ofärdig*) sound
färdig|förpackad *a5* prepacked; *AE.* prepackaged **-gjord** finished, complete; (*om kläder*) ready-made
färdig|het (*kunnighet*) skill, proficiency (*i* in, at); (*händighet*) dexterity (*i* in, at); (*talang*) accomplishment; *övning ger ~* practice makes perfect **-klädd** *a5* dressed; *jag är inte ~* I have not finished dressing **-kokt** *a4* cooked, boiled; *är äggen ~a?* are the eggs done? **-köpt** [-çö:pt] *a4* bought ready-made **-lagad** *a5* ready-to-eat; *~ mat, äv.* convenience food **-ställa** get ready, finish, complete **-sydd** *a5* ready-made **-utbildad** fully trained
färd|knäpp *s2, vard.* one for the road **-kost** *ung.* eatables (provisions) for the journey **-ledare** leader [of an expedition], guide **-medel** means of conveyance (transport) **-mekaniker** *flyg.* flight engineer **-riktning** direction of travel **-riktningsvisare** (*visare*) trafficator; (*blinker*) blinker, [direction] indicator **-skrivare** (*i bil*) tachograph; *flyg.* flight recorder, *vard.* black box **-sätt** method (means) of travel **-tjänst** taxi service for the disabled **-väg** route
färg [-j] *s3* **1** colour (*äv. bildl.*); (*målar-*) paint; (*-ämne*) dye; (*nyans*) shade, tone; (*hy*) complexion, colour; (*klang-*) timbre; *boktr.* ink; *kortsp.* suit; *röd till ~en* red in colour; *gå i ~ med* match in (for) colour; *i vilken ~ skall den målas?* what colour is it to be painted?
färg|a [-j-] colour (*äv. bildl.*); (*textil o.d.*) dye; (*glas, trä o.d.*) stain; (*måla*) paint; *~ av sig* lose (give off) its colour **-ad** *a5* coloured; *socialistiskt ~* tinged with socialism **-are** dyer
färg|bad dyeing bath **-band** (*för skrivmaskin*) [typewriter] ribbon **-beständig** colourfast **-bild** *se färgfoto* **-blandning** *konkr.* colour blend **-blind** colour-blind **-blindhet** colour blindness **-borttagningsmedel** paint remover **-brytning** colour refraction **-dia[positiv]** colour transparency (slide) **-dyna** stamp pad
färg|eri [-j-] dye works **-film** colour film **-filter** colour filter **-foto** colour photo **-fotografering** colour photography **-fotografi** colour photograph **-glad** gay, gaily coloured **-glädje** gaiety of colour **-grann** *neds.* gaudy; *se äv. -glad* **-handel** paint (colourman's) shop **-klick** daub (splash) of colour (paint) **-kopp** colour well **-krita** (*vax-*) crayon **-känslig** colour-sensitive **-låda** paintbox, colourbox **-lägga** colour **-läggning** colouring **-lös** colourless (*äv. bildl.*) **-löshet** colourlessness; lack of colour
färg|ning [-j-] dyeing **-penna** coloured pencil **-plansch** (*i bok*) colour plate; coloured illustration **-prakt** display of colour **-prov** colour sample **-pyts** paint pot **-rik** profusely (richly) coloured; *bildl. äv.* vivid **-rikedom** richness (variety) of colour **-sinne** sense of colour **-skala** range of colours; *konkr.* colour chart (guide) **-skiftning 1** (*nyans*) hue, tint; tinge; (*om pärlemor*) iridescence **2** (*-förändring*) changing (change) of colour **-stark** highly coloured, colourful (*äv. bildl.*) **-sätta** decide on colours (a colour scheme) **-sättning** colouration, colouring; colour scheme **-television** colour television **-ton** colour shade, hue, tinge **-tryck** colour printing; *konkr.* colour print **-tub** paint tube **--TV** colour-TV set **-verkan** colour effect **-äkta** colourfast **-ämne** colouring agent, colorant; (*lösligt*) dye, dyestuff
färing *se färöbo*
färj|a I *s1* ferry[boat] **II** *v1* ferry (*över* across) **-förbindelse** ferry service **-karl** ferryman **-läge** ferry berth
färla [-ä:-] *s1* ferule
färm *a1* prompt, expeditious **-itet** promptness
färnbock [-ä:-] brazil [wood]
färre ['färre] fewer; less numerous
färs *s3, kokk.* forcemeat, farce[meat] **-era** stuff
färsk *a1* **1** (*nyligen tillagad etc., ej gammal*) new; (*ej skämd, saltad, konserverad*) fresh; (*ej torkad*) green; *~t bröd* fresh bread; *~ frukt* fresh fruit; *~a jordgubbar* fresh strawberries; *~ potatis* new potatoes; *~a ägg* new-laid eggs **2** (*som nyligen gjorts, inträffat etc.*) fresh; *av ~t datum* of recent date; *~a spår* fresh tracks; *de ~aste nyheterna* the latest news
färsk|a *tekn.* refine **-ning** oxidation, refining **-ningsprocess** refining process **-rökt** *~ lax*

smoked salmon **-varor** perishable goods, perishables **-vatten** fresh water

Färöarna *pl* the Fa[e]roes, the Fa[e]roe Islands **färö|bo, -ing** Fa[e]roese (*pl lika*) **färöisk** *a5* Fa[e]roese **färöiska 1** (*språk*) Fa[e]roese **2** (*kvinna*) Fa[e]roese woman

fästa *v3, v1* **1** (*fastgöra*) fasten, fix, pin (*vid* to, on [to]); attach (*vid* to) **2** (*friare o. bildl.*) ~ *blicken på* fix one's eyes upon; ~ *uppmärksamheten på* call attention to; ~ *vikt vid* attach importance to **3** (*anteckna, överföra*) commit (*på papperet* to paper, to writing) **4** (*fastna, häfta*) affix, stick; (*om spik e.d.*) hold **5** *rfl,* ~ *sig vid ngn* become attached to s.b.; ~ *sig vid ngt* notice, pay attention to; *inte* ~ *sig vid småsaker* not bother about trifles; *det är inget att* ~ *sig vid* ignore it, don't take any notice of it, it is nothing to worry about

fäste *s6* **1** (*fast stöd el. grund*) hold; *bildl.* stronghold, foundation; (*rot-*) root; *få* ~ get a hold (grip), take root **2** (*skaft, handtag*) shaft, attachment; (*hållare*) holder; (*svärd-*) hilt **3** *bot.* receptacle **4** (*himlavalv*) firmament **5** (*befästning*) stronghold

fäst|ekvinna *hans* ~ his betrothed **-folk** engaged couple

fästing *zool.* tick

fäst|man fiancé; *hennes* ~ (*äv.*) her young man **-mö** fiancée; *hans* ~ (*äv.*) his young lady

fästning *mil.* fort[ress] **fästningsanläggning** fortification[s *pl*]

fästpunkt [point of] attachment

fäsör hack

föda I *s1* food; (*kost*) diet; (*näring*) nourishment; (*uppehälle*) living; *arbeta för ~n* work for a living (one's bread); *inte göra skäl för ~n* not be worth one's keep **II** *v2* **1** (*bringa t. världen*) give birth to; bear; *absol.* bear children; *~s* be born **2** *bildl.* bring forth; breed **3** (*ge näring åt*) feed (*på* on); nourish; (*underhålla*) maintain, support; ~ *sig* live, earn one's (a) living (*av, på* on; *med* by), (*om djur*) feed **födas** *se föda II 1*

född *a5* born (*av* of); *~a* (*rubrik*) births; *fru Jones,* ~ *Smith* Mrs. Jones, née (formerly) Smith; *han är* ~ *den 1 maj* he was born on the 1st of May; *han är* ~ *engelsman* he is an Englishman by birth; *han är* ~ *till musiker* he is a born musician

födelse birth; *alltifrån ~n* from [one's] birth **-annons** birth announcement **-attest** birth certificate **-dag** birthday; *hjärtliga gratulationer på ~en!* many happy returns [of the day]!

födelsedags|barn person celebrating a birthday **-kalas** birthday party (celebration) **-present** birthday present **-tårta** birthday cake

födelse|datum date of birth **-kontroll** birth control **-märke** birthmark **-nummer** birth registration number **-ort** birthplace; (*i formulär e.d.*) place of birth **-siffra, -tal** birth rate **-underskott** excess of deaths over births **-år** year of birth **-överskott** excess of births over deaths

föd|geni [an] eye to the main chance **-krok** means of livelihood

födo|ämne food[stuff]; *~n* (*äv.*) comestibles, eatables, provisions **-ämneslära** dietetics (*pl, behandlas som sg*)

födsel ['född-] *s2* **1** (*förlossning*) childbirth; delivery **2** (*födelse*) birth

födslo|vånda travail **-värkar** labour pains

1 föga I *n* [very] little **II** *oböjligt a* [very (but)] little **III** *adv* [very (but)] little; (*icke just*) not exactly; (*knappast*) scarcely, hardly; ~ *angenäm* disagreeable; ~ *givande* hardly profitable, rather unprofitable (unfruitful); ~ *uppbygglig* unedifying

2 föga *oböjligt s i uttr.*: *falla till* ~ yield, submit (*för* for), give in

fögderi county administrative division; *hist.* bailiwick; *bildl.* domain

föhnvind föhn, foehn

föl *s7* foal; (*unghäst*) colt; (*sto-*) filly **föla** foal

följ|a *v2* **1** (*följa efter*) follow **2** (*ledsaga*) accompany (*äv. bildl.*); go (come) with; ~ *ngn till graven* (*äv.*) pay one's last honours (respects) to s.b.; ~ *ngn hem* (*äv.*) see s.b. home **3** (*efterträda*) succeed **4** (*förflytta, sträcka sig längs*) follow **5** (*iakttaga, studera, förstå*) follow; (*följa med blicken*) watch; ~ *föreläsningar* attend lectures **6** (*rätta sig efter*) follow (*modet* the fashion; *ngns exempel* a p.'s example); obey; comply with; observe **7** (*inträffa efter ngt annat*) follow; (*om tid äv.*) ensue; *brev -er* letter to follow; *brevet lyder som -er* the letter runs as follows; *fortsättning -er* to be continued; *härav -er* hence it follows **8** (*med betonad partikel*) ~ *efter* follow [on behind]; ~ *med a*) (*gå med*) go (come) with s.b., go (come) too, *b*) (*hålla jämna steg med*) keep pace with, keep abreast of (*sin tid* the times), *c*) (*vara uppmärksam*) follow; ~ *med* [*på utfärden*] join the party; *han har svårt att* ~ *med i engelska* he has difficulty in keeping pace in English; ~ *upp* (*driva vidare*) follow up

följaktligen accordingly, consequently

följande *a4* following, next; successive; (*som konsekvens*) consequent, resulting; ~ *dag* [on] the following (the next) day; *i det* ~ (*nedan*) below, (*senare*) in the sequel; *med därav* ~ consequently entailing; *på* ~ *sätt* in the following way, as follows; *på varandra* ~ successive; *ett brev av* ~ *innehåll* a letter to the following effect

följas *v2, dep,* ~ *åt* go together, *bildl.* run together, occur at the same time

följd *s3* **1** (*verkan, konsekvens*) consequence; result; *ha till* ~ *att* have the result that; *till* ~ *av* in consequence of **2** (*räcka, serie*) succession, line; series (*pl lika*); *en lång* ~ *av år* a long succession of years; *i* ~ running, in succession; *i löpande* ~ consecutively **-företeelse** consequence, sequel **-riktig** logical; (*konsekvent*) consistent **-sats** corollary **-sjukdom** complication **-verkan** resulting effect, aftereffect

följe *s6* **1** (*svit, uppvaktning*) suite, retinue; attendants (*pl*); (*väpnat*) escort; (*pack*) gang, crew **2** (*sällskap*) company; *göra* (*slå*) ~ *med ngn* accompany s.b. **-brev** covering (accompanying) letter **-sedel** delivery note **-slagare** companion; follower

följetong [-åŋ] *s3* serial [story]

följsam *a1* (*med anpassningsförmåga*) adaptable, accommodating; (*smidig*) flexible, pliant

föll *imperf. av falla*

föna blow-dry

fönst|er ['fönn-] *s7* window; *kasta ut genom -ret*

F

throw out of the window; *sova för öppet ~* sleep with one's (the) window open; *stå i -ret a)* (*om pers.*) stand at the window, *b)* (*om sak*) be in the window

fönster|bleck metal [window]sill **-bord** table by the window **-bräde** windowsill, window ledge **-båge** window frame; (*för skjutfönster*) sash **-bänk** window ledge **-glas** window glass **-hake** window catch; *jfr -krok* **-hållare** window stay; *jfr -hake* **-karm** window frame **-krok** window stay; *jfr -hake* **-kuvert** window envelope **-lucka** [window] shutter **-nisch** window bay (recess) **-plats** (*på buss, tåg e.d.*) window seat **-post** mullion **-putsare** window-cleaner **-putsning** window-cleaning **-ruta** windowpane; *jfr isolerruta* **-shoppa** [-ʃåppa] window-shop **-skyltning** window-dressing, window-display **-smyg** *s2* embrasure **-tittare** Peeping Tom

1 för *sjö.* **I** *s2* stem, prow; *från ~ till akter* from stem to stern; *i ~en* at the prow **II** *adv* fore; *~ och akter* fore and aft; *~ om masten* before the mast; *~ ut* (*över*) ahead, (*inombords*) forward

2 för I *prep* **1** (*framför, inför*) before; *gardiner ~ fönstren* curtains before the windows; *~ öppen ridå* with the curtain up, *bildl.* in public; *hålla handen ~ munnen* hold one's hand to one's mouth; *skjuta sig en kula ~ pannan* blow one's brains out; *sova ~ öppet fönster* sleep with one's window open; *stå ~ dörren* (*bildl.*) be at hand, be near **2** (*i tidsuttr.*) *~ alltid* for ever; *~ ett år sedan* one (a) year ago; *~ lång tid framåt* for a long time to come; *~ länge sedan* long ago; *~ de närmaste tio åren* for the next ten years **3** (*i förhållande t., med hänsyn t., i stället för, i utbyte mot, på grund av, t. följd av, t. förmån el. skada för, avsedd för*) for; *en almanacka ~ 1960* an almanac for 1960; *en ~ alla och alla ~ en* one for all and all for one; *en gång ~ alla* once [and] for all; *känd ~* known for; *~ våra förhållanden* by our standards; *öga ~ öga* an eye for an eye; *arbeta ~ ngt* work for s.th.; *göra ngt ~ ngn* do s.th. for s.b.; *ha öga ~* have an eye for; *köpa ~ 100 pund* buy for £100; *tala ~ ngn* speak for (on behalf of) s.b.; *äta ~ tre* eat for three; *~ mig får du* as far as I am concerned you can; *vad tar ni ~...?* what do you charge for...?; *det har du ingenting ~* you won't gain anything by that; *det blir inte bättre ~ det* that won't make it any better; *det är bra ~ dig* it is good for you; *han är stor ~ sin ålder* he is tall for his age; *jag får inte ~ mamma* mother won't let me; *jag vill ~ mitt liv inte göra det* I don't want to do it for the life of me; *vi betalar var och en ~ sig* each of us will pay for himself **4** (*i dativkonstruktion o. liknande*) to; *en fara ~* a danger to; *blind ~ fördelarna* blind to the advantages; *svag ~ ngn* partial to s.b.; *det blev en besvikelse ~ henne* it was a disappointment to her; *det var nytt ~ mig* it was new to me; *tiden blev lång ~ henne* time seemed long to her **5** (*i genitivkonstruktion*) of; *chefen ~ armén* the commander in chief of the army; *dagen ~ avresan* the day of my (*etc.*) departure; *platsen ~ brottet* the scene of the crime; *priset ~* the price of; *tidningen ~ i dag* today's paper; *bli ett offer ~* be a victim of; *vara föremål ~* be the object of **6** (*mot, från, hos*) from; *dölja ngt ~ ngn* conceal s.th. from s.b.; *gå och dansa ~ ngn* take dancing lessons with (from) s.b.; *skydda ngn ~ ngt* protect s.b. from s.th.; *ta lektioner ~ ngn* take lessons with (from) s.b.; *vi har engelska ~ magister A.* we have Mr. A. in English **7** (*i fråga om*) about; *oroa sig ~* be anxious about **8** (*såsom*) as, for; *~ det första* in the first place, firstly; *anse* (*förklara, kalla m.fl.*) *ngn ~ ngt* consider (declare, call) s.b. s.th.; *hålla ngt ~ troligt* regard s.th. as likely **9** (*t. ett pris av*) at; *köpa ngt ~ 2 kronor kilot* buy s.th. at 2 kronor a kilo **10** (*andra prep*) *~ egna pengar* with one's own money; *dag ~ dag* day by day; *rädd ~* afraid of; *steg ~ steg* step by step; *utmärkande ~* characteristic of; *intressera sig ~* take an interest in; *skriva ~ hand* write by hand **11** (*utan prep*) *bli värre ~ varje dag* (*gång*) get worse every day (each time) **12** *bo ~ sig själv* live by oneself; *han går ofta ~ sig själv* he often walks alone (by himself); *le* (*tänka*) *~ sig själv* smile (think) to o.s.; *den kan stå ~ sig själv* it can stand by itself **II** *konj* **1** (*ty*) for **2** *~ att* (*därför att*) because; *nog ~ att det finns orsak att* to be sure (it is true) there is reason to; *inte ~ att jag bryr mig om det* not that I care [about it]; *jag är glad ~ att det är vackert väder* I am happy because the weather is fine **3** *den var för liten ~ att passa* it was too small to fit; *den var för tung ~ att jag skulle kunna bära den* it was too heavy for me to carry **4** *~ att* (*uttr. avsikt*) *a)* (*före bisats*) so (in order) that, *b)* (*före inf.*) [in order] to (+ *inf.*), with the intention of (+ *ing-form*); *liksom ~ att* as if to; *~ att inte tala om* not to mention, let alone; *~ att säga som det är* to tell the truth; *hon har gått ut ~ att handla* she has gone out shopping; *han reste ~ att aldrig mer återvända* he left, never to return; *man måste stödja den ~ att den inte skall falla* one must support it so that it does not fall; *vi kom i tid ~ att se flygplanet lyfta* we arrived in time to see the plane take off **5** *vara misstänkt ~ att ha* be suspected of having; *jag skäms ~ att säga* I am ashamed to say; *han är duktig ~ att vara så liten* he's good for such a little boy **6** *~ såvitt* provided [that]; *~ såvitt inte* unless **III** *adv* **1** (*alltför*) too; *mycket ~ liten* much too small; *hon är ~ näpen!* she's just too sweet! **2** *stå ~* (*dölja*) stand in front; *stå ~ ngn* (*skymma*) stand in a p.'s way; *gardinerna är ~* the curtains are drawn; *regeln är ~* the bolt is to **3** (*motsats emot*) for (*och emot* and against); *vara ~ ett förslag* (*äv.*) be in favour of a proposal

föra *v2* **1** (*förflytta*) convey; transport, remove; *~ ett glas till läpparna* raise a glass to one's lips; *~ handen över* pass one's hand over **2** (*ta med sig*) *a)* (*hit*) bring, *b)* (*dit*) take; (*bära*) carry (*äv. bildl.*); (*leda*) lead (*äv. bildl.*); (*ledsaga*) conduct; (*bil e.d.*) drive; (*fartyg*) navigate, sail; *~ ngn bakom ljuset* hoodwink s.b.; *~ ngn till bordet* take s.b. in to dinner; *~ ngt på tal* broach a matter **3** (*ha t. salu*) stock, carry, run, keep (*en vara* a line of goods) **4** (*hantera, manövrera*) handle **5** *bildl.* (*hän-, räkna*) assign; *~ krig* (*ett samtal*) carry on war (a conversation); *~ oväsen* make a row; *~ ett fritt språk* talk freely, be outspoken **6** (*skriva, uppgöra*) keep (*böcker* books; *räkenskaper* accounts) **7** (*om väg o.d.*) lead; *det skulle ~ alltför långt* it would take us too far **8** (*med betonad partikel*) *~ bort* carry (take) away (off), remove; *~ fram* bring up (forward); *~ fram en kan-*

didat launch a candidate; ~ *ihop* bring (put) together; ~ *in a*) bring (take; *om pers. el. djur* lead) in (into a [*resp.* the] room *etc.*), *b*) (*i protokoll, räkenskaper o.d.*) enter; ~ *med sig a*) carry [along] with one (it *etc.*), *b*) (*ha t. följd*) involve, entail; ~ *ut* bring (take; *om pers. el. djur* lead) out (*på* into; *ur* of); ~ *vidare* (*skvaller o.d.*) pass on; ~ *över* convey (bring, carry *etc.*) across, (*varor äv.*) transport **9** *rfl* carry o.s.; *hon för sig väl* she carries herself well (has poise)

förakt *s7* contempt, scorn (*för* for, of); (*överlägset*) disdain (*för* of, for); (*ringaktning*) disregard (*för* of, for); *hysa* ~ *för* feel contempt for

förakt|a [-'akta] despise; scorn; (*försmå*) disdain **-full** contemptuous; disdainful, scornful **-lig** *a1* contemptible; (*starkare*) despicable, mean

förandliga [-'and-] spiritualize

föraning premonition

förankr|a [-'ank-] anchor, moor; *bildl.* establish firmly; *fast ~d i* deeply rooted in **-ing 1** anchoring; *konkr.* anchorage **2** *byggn.* abutment

föran|leda *v2* give rise to, bring about, lead to, result in; *känna sig -ledd att* feel impelled (led) to **-låta** *se föranleda*; *se sig -låten att* feel called upon to, think fit to

föranstalt|a ~ [*om*] arrange, organize (*ngt* s.th.) **-ande** *s6* arranging; *på* ~ *av* thanks to, by direction of **-ning** arrangement; *vidtaga ~ar för ngt* make preparations (arrangements) for s.th.

för|arbeta prepare, work [up] (*till* into) **-arbete** preparatory (preliminary) work

förare (*vägvisare*) guide; (*av bil etc.*) driver; *flyg.* pilot

förarga [-'arja] annoy, provoke; (*reta äv.*) vex; *bli ~d, ~ sig* be annoyed (get angry, vexed) (*över* at); *det ~r mig mycket* it makes me so annoyed (*etc.*)

förargelse [-'arj-] annoyance; (*förtrytelse*) vexation; (*anstöt*) offence; (*bannor*) scolding **-klippa** stumbling block **-väckande I** *a4* offensive, intolerable; (*starkare*) scandalous; ~ *beteende* disorderly conduct [in a public place]; disturbing the peace **II** *adv*, *uppträda* ~ commit nuisance

förarglig [-'arj-] *a1* **1** (*förtretlig*) provoking, annoying, vexing; (*brydsam*) awkward; *så ~t!* what a nuisance!, how annoying! **2** (*retsam*) irritating, aggravating

förar|hytt [driver's] cab; *flyg.* cockpit, (*större*) flight deck **-säte** driver's seat

förband *s7* **1** *med.* bandage, [surgical] dressing; *första* ~ first-aid bandage; *lägga* ~ apply a bandage (*på* to) **2** *mil.* unit; *flyg.* formation

förbands|artiklar first-aid supplies, dressing materials **-gas** surgical gauze **-låda** first-aid kit (box)

förbann|a [-'banna] curse, damn; *-e mig* I'm (I'll be) damned **-ad** *a5* cursed; (*svordom*) damned; (*svagare*) confounded; *bli* ~ *på ngn* get furious (mad) with s.b.; *det var då* [*alldeles*] *-at!* damn it [all]!; *är du* [*rent*] *~?* are you quite crazy? **-else** curse; *fara ut i ~r mot* curse

förbarm|a [-'barma] *rfl* take pity (*över* on); *Herre,* ~ *dig över...!* Lord, have mercy on...! **-ande** *s6* compassion, pity; *bibl.* mercy

förbask|ad [-'bask-] *a5* confounded, blasted, ruddy; *-at också!* botheration!

förbehåll *s7* reserve, reservation; (*begränsning*) restriction; (*villkor*) condition; (*klausul*) proviso, [saving] clause; *med* ~ with reservations; *med* ~ *att* provided that; *med* ~ *för fel* with reservation for possible errors; *utan* ~ (*äv.*) unconditionally

förbehålla ~ *ngn ngt* (*ngn att*) reserve s.th. for s.b. (s.b. the right to); ~ *sig a*) (*betinga sig*) reserve for (to) o.s., *b*) (*kräva*) demand

förbehållsam *a1* reserved, guarded **-het** reserve, reticence

förbehållslös unconditional; unreserved

förbena [-'be:-] *äv. förbenas,* ~ *sig* ossify

förbered|a 1 prepare (*för, på* for), make preparations for **2** *rfl* prepare [o.s.] (*för, på, till* for); (*göra sig redo*) get [o.s.] ready (*för, till* for); ~ *sig på ett tal* (*för en lektion*) prepare a speech (a lesson) **-ande** *a4* (*om skola*) preparatory; (*om möte, arbete, åtgärder*) preliminary **-else** preparation (*för, på, till* for)

förbi I *prep* past, by **II** *adv* **1** *eg.* past, by **2** (*t. ända*) over; (*borta*) gone; (*avslutad*) done; *min tid är* ~ my time is up (over) **3** (*uttröttad*) done in (up), all in

förbid|a [-'bi:-] wait upon (for) **-an** *i* (*under*) ~ *på* awaiting, while waiting for

förbi|farande [-ˣbi:-] *a4* passing **-fart** ['fö:r-] *i ~en* in (when) passing **-fartsled** bypass

förbi|gå [ˣfö:r-] pass over (*med tystnad* in silence), ignore **-gående I** *s6, i* ~ (*flyktigt*) incidentally, by the way; *i* ~ *sagt* by the way; *med* ~ *av* passing over, omitting **II** *a4* passing; *en* (*de*) ~ a passer-by ([the] passers-by) **-gången** *bli* ~ be passed over; *känna sig* ~ feel left out

förbilliga [-'bill-] cheapen

förbimarsch *mil.* march past

1 förbinda [ˣfö:r-] *se binda för*

2 förbind|a [-'binda] **1** (*sår*) bandage, dress **2** (*förena*) join (*med* to); attach (*med* to); connect, combine (*med* with); (*associera*) associate, connect **3** (*förplikta*) bind over, pledge (*till* to) **4** *rfl* bind (pledge) o.s.; *vi -er oss att* we undertake to

förbindelse [-'bind-] **1** connection; (*mellan personer*) relations (*pl*), relationship; *stå i* ~ *med* be in communication (touch, contact) with; *sätta sig i* ~ *med* get in touch (contact) with, contact **2** (*samfärdsel*) communication (*äv. mil.*); (*trafiklinje*) service, line **3** *~r* (*bekantskaper*) connections **4** (*förpliktelse*) obligation, engagement; (*skuldsedel e.d.*) bond; (*skuld*) liability, debt; *utan* ~ under no obligation, without engagement, (*om pris*) not binding **-gång** tunnel **-led** connecting link **-officer** liaison officer

förbindlig [-'bind-] *a1* courteous, obliging; *~t leende* engaging smile **-het** courtesy

förbipasserande [ˣfö:r- *el.* -'bi:-] *a4* passing-by; *en* (*de*) ~ a passer-by ([the] passers-by)

förbise ['fö:r-] overlook; disregard **-ende** *s6* oversight; *av* [*rent*] ~ through an (a pure) oversight, [quite] inadvertently

förbistring [-'bist-] confusion

förbittr|a [-'bitt-] **1** (*göra bitter*) embitter **2** (*uppreta*) exasperate **-ad** *a5* bitter; (*uppretad*) exasperated (*på ngn* with s.b.; *över* at); (*våldsam*) enraged **-ing** bitterness; exasperation; (*starkare*) rage

förbjud|a [-'bju:-] forbid; ban (*kärnvapen* nu-

F

clear weapons); (*om myndighet o.d.*) prohibit **-en** *a5* forbidden (*frukt* fruit); prohibited; ~ *ingång* (*väg*) no admission (thoroughfare); *-et område* prohibited area, no trespassing; *parkering* ~ no parking; *rökning* ~ no smoking, smoking prohibited; *tillträde -et* no admittance

för|blanda [-'blanda] mix [up]; confuse **-blekna** [-'ble:k-] fade

förblind|a [-'blinda] blind; *bildl. äv.* infatuate; (*blända*) dazzle; *~d* blind[ed] **-else** infatuation

förbli[va] remain; (*stanna kvar*) stay; *är och förblir* is and will remain; *den var och förblev borta* it was gone for good [and all]

förbluff|a [-'bluffa] amaze, astound; *vard.* flabbergast **-ande** amazing

förblöda [-'blö:-] bleed to death

förbomma bar [up], barricade

för|borga [-'bårja] conceal (*för* from); *~d* hidden (*för* from) **-borgerliga** [-'bårj-] turn into bourgeois; *~s* become bourgeois **-brinna** [-'brinna] burn; *bildl.* burn out, be consumed **-broskas** [-'bråsk-] turn into cartilage

förbruk|a [-'bru:ka] consume; use [up]; (*pengar, kraft*) spend **-are** consumer; user **-ning** consumption

förbruknings|artikel consumers' article, consumer goods (*pl*), article of consumption **-material** incidental material[s *pl*], expendable supplies (*pl*) **-ändamål** *för* ~ for consumption purposes, for use

förbruten [-'bru:-] *a5, se förverkad*

förbrylla [-'brylla] confuse, bewilder, perplex; *~d, vard.* foxed

för|bryta [-'bry:-] *vanl. rfl* offend, trespass (*mot* against); *vad har han förbrutit?* what wrong has he done? **-brytarband** gang of criminals **-brytare** criminal; (*svagare*) offender; (*dömd fånge*) prisoner, convict **-brytarslang** lingo of the underworld; argot **-brytelse** crime; (*svagare*) offence

förbränn|a [-'bränna] burn [up]; *bildl.* blast; (*sveda*) scorch **-ing** burn[ing]; *fys.* combustion; *ofullständig* ~ incomplete combustion

förbrännings|kammare combustion chamber **-motor** internal-combustion engine **-produkt** product of combustion; metabolic waste product; slag

förbrödr|a [-'brö:d-] **1** (*förena*) unite in brotherhood **2** *rfl* fraternize **-ing** fraternization

förbud *s7* prohibition (*mot* of), ban, embargo (*mot* on); *häva ett* ~ raise a ban, repeal a prohibition; *införa* ~ *för* lay an embargo on

förbuds|anhängare prohibitionist **-fråga** question of prohibition **-lagstiftning** restrictive legislation **-skylt** (*trafikmärke*) prohibition sign

förbund *s7* **1** (*avtal om samverkan*) compact; *relig.* covenant; (*allians, förbindelse*) alliance, union; *sluta* ~ *med ngn* make an alliance with s.b.; *stå i* ~ *med* enter into an alliance with, be allied with **2** ([*sammanslutning av*] *förening*[*ar*]) federation, association; *polit.* confederation, league; *hemligt* ~ secret society; *Nationernas* ~ the League of Nations

1 förbund|en [ˣfö:r-] *a5, med -na ögon* [with] blindfold[ed eyes]

2 förbund|en [-'bunn-] *a5* **1** (*förenad*) connected (*med* with, to); communicating, in communication (*med* with); (*allierad*) allied (*med* to); *det är -et med stora risker* it involves considerable risks **2** (*förpliktad*) bound (*till* to); *vara ngn mycket* ~ be very much obliged to s.b. **3** *med.* dressed, bandaged

förbunds|dagen (*västty. riksdagen*) the Bundestag, the West German parliament **-kansler** federal chancellor **-kapten** *sport.* coach (trainer) of the national team **-nivå** *på* ~ at the national level **-president** (*i Västtyskland o. Österrike*) federal president **-regering** federal government; *den tyska ~en* the German federal government **-republik** federal republic; *F~n Tyskland* the Federal Republic of Germany, *vard.* West Germany **-råd** national council **-stat** federal state **-styrelse** national executive committee

förbusk|as [-'busk-] *dep, ängarna* ~ the meadows are becoming overgrown with bushes **-ning** *~en av* the invasion of woodland into

förbygga [-'bygga] *rfl* overbuild; build beyond one's means

förbyt|a [-'by:-] **1** *se byta bort* **2** (*förvandla*) change, transform (*i, till* into); *han var som -t* he was changed beyond recognition **-as** *dep* change, be turned (*i, till* into)

förbålt [-'å:lt] deuced, confounded[ly]

förbättr|a [-'bätt-] improve; ameliorate; (*rätta*) amend; (*moraliskt*) change for the better, reform; *det ~r inte saken* that does not mend matters; ~ *sig, ~s* improve **-ing** improvement; betterment, amelioration; (*av hälsan*) recovery

förbön intercession

fördatera predate, antedate

fördel *s2* advantage (*framför* over; *för* to; *med* of); (*fromma*) benefit; (*nytta*) good; (*vinst*) profit; *dra* ~ *av* benefit by, derive advantage from; *förändra sig till sin* ~ change for the better; *tala till ngns* ~ speak (be) in a p.'s favour; *vara till* ~ *för ngn* be to a p.'s advantage; *väga för- och nackdelar* weigh the pros and cons; *det kan med* ~ *göras nu* it may very well be done now

fördela [-'de:-] (*utdela*) distribute (*bland, emellan, på* among[st]); (*genom lottning*) allot; (*uppdela*) divide (*bland, emellan* among[st]; *i* into); (*allmosor*) dispense; (*skingra*) dissipate; ~ *på grupper* distribute on groups; ~ *rollerna* cast (distribute) the parts; ~ *sig* distribute themselves, be distributed

fördelaktig *a1* advantageous (*för* to, for); (*gynnsam*) favourable; (*inbringande*) profitable (*för* to, for); (*tilltalande*) attractive, prepossessing; *ett ~t yttre* a prepossessing appearance

fördelning 1 (*uppdelning*) distribution, division (*bland, emellan, på* among[st]); allotment; ~ *av exporten på varuslag* breakdown of exports by commodity **2** *mil.* division **fördelningspolitik** distribution policy

fördetting [-ˣdett-] has-been; (*gammalmodig*) back number

fördevind *adv, sjö.* before the wind; *vända* ~ veer

fördjup|a [-'ju:-] **1** deepen, make deeper **2** *rfl* (*i ett ämne*) enter deeply (*i* into); (*i studier, sysselsättning*) become (get) absorbed (engrossed) (*i*

in) **-ad** *a5* (*om pers.*) absorbed; (*om studier*) deeper **-ning** depression; (*grop*) cavity; (*i marken äv.*) hollow; (*i vägg o.d.*) recess, niche
fördold [-'då:ld] *a5* hidden; secret
fördom *s2* prejudice; *full av ~ar, se fördomsfull*
fördoms|fri unprejudiced, unbias[s]ed; broad-minded; (*skrupelfri*) unscrupulous **-frihet** freedom from prejudice; broad-mindedness; (*skrupelfrihet*) unscrupulousness **-full** prejudiced **-fullhet** prejudice, bias
fördra *se fördraga*
fördrag *s7* **1** (*överenskommelse*) treaty, pact; agreement; *sluta ~ med* conclude a treaty with **2** (*tålamod*) patience; forbearance
fördrag|a [-'dra:-] bear, stand; (*tåla*) put up with; (*uthärda*) endure **-sam** *a1* tolerant, forbearing (*mot* to, towards) **-samhet** tolerance, forbearance
fördrags|brott breach of a treaty **-enlig** [-e:n-] *a1* according to (in accordance with) a treaty; *~a förpliktelser* treaty obligations
fördragsgardin [ˣfö:r-] curtain
fördragsstridig contrary to the terms of a treaty
fördriv|a [-'dri:-] **1** (*driva bort*) drive away (out); (*driva i landsflykt*) banish **2** *~ tiden* while away the time, kill time **-ning** driving away (out); expulsion
fördröj|a [-'dröjja] delay; retard; (*uppehålla*) detain, keep; stall; *-d utlösning* delayed action; *~ sig* be delayed **-ning** delay; retardation; detention
fördubbl|a [-'dubb-] double; *bildl.* redouble; *~ sig, se fördubblas* **-as** *dep* [re]double
fördum|ma [-'dumma] make stupid; *absol.* blunt the intellect **-ning** dulling of the intellect
fördunkla [-'dunn-] darken; obscure (*äv. bildl.*); (*ställa i skuggan*) overshadow; (*överträffa*) eclipse
fördyr|a [-'dy:-] make dearer (more expensive), raise the price of **-ing** *~ av* rise in the price[s *pl*] of
fördystra [-'dyst-] make gloomy; cast a gloom over; *~ stämningen* spoil the [happy] atmosphere
fördäck foredeck
fördäm|ma [-'dämma] dam [up] **-ning** dam; embankment
för|därv *s7* **1** (*olycka*) ruin; (*undergång*) destruction; *störta ngn i ~et* lead (drive) s.b. to destruction, bring s.b. to ruin **2** (*moraliskt förfall*) corruption, depravation; (*tidens o.d.*) depravity **-därva** **1** (*i grund*) ruin; (*tillintetgöra*) destroy; (*skada*) damage; (*skämma*) spoil **2** (*sedligt*) corrupt, deprave; (*försämra*) blight (*ngns utsikter* a p.'s prospects) **-därvad** *a5* **1** ruined *etc.*; *skratta sig ~* die with laughter, burst one's sides with laughing **2** corrupt *etc.*
fördärv|as [-'därv-] *dep* be ruined; (*skadas*) get damaged **-bringande** *a4* fatal, ruinous, destructive **-lig** *a1* pernicious; (*skadlig*) injurious, deleterious, destructive
för|dölja *se dölja* **-döma** [-'dömma] condemn; (*ogilla*) blame; *relig.* damn
fördöm|d *a5*, *relig.* damned; *~t!* hang it [all]! **-else** *s5*, *relig.* condemnation **-lig** *a1* to be condemned, reprehensible
1 före *s6* (*på snö etc.*) surface [for skiing *etc.*]
2 före I *prep* before; in front of; (*framom*) ahead (in advance) of (*äv. bildl.*); *~ detta, se under detta*; *~ Kristi födelse* (*f.Kr.*) before Christ (B.C.) **II** *adv* before; *min klocka går ~* my watch is fast (gaining); *ärendet skall ~ i morgon* the matter is to come up tomorrow
förebild prototype (*för, till* of); (*mönster*) pattern, model; *ha som ~* have as a pattern **-lig** *a5* exemplary, ideal, model
förebringa produce, bring in
förebrå *v4* reproach; (*högtidligt*) upbraid; (*klandra*) blame; *~ sig* reproach o.s. (*för* with); *han har ingenting att ~ sig* he has nothing to reproach himself with **-else** reproach; *få ~r* be reproached **-ende** *a4* reproaching, reproachful
förebud **1** *poet.* (*föregångare*) harbinger **2** (*varsel*) presage (*till* of); omen, portent (*till* of)
förebygg|a (*förhindra*) prevent; provide against; (*förekomma*) forestall **-ande I** *s6* preventing *etc.*; prevention; *till ~ av* for the prevention of **II** *a4* preventive
förebåda forebode; portend
förebär|a plead, allege **-ande** *s6*, *under ~ av* on the plea of
föredra **1** (*framföra*) deliver; (*utantill*) recite; (*musikstycke*) execute **2** (*redogöra för*) [present a] report **3** (*ge företräde åt*) prefer (*framför* to); *det är att ~* it is preferable
föredrag *s7* **1** discourse; (*kåserande*) talk; (*föreläsning*) lecture; (*tal*) address; *hålla ~* give (deliver) a discourse (lecture), lecture **2** (*framställningssätt*) delivery, diction; *mus.* execution, interpretation
föredrag|a *se föredra* **-ande I** *s9* person reporting on a case **II** *a4, den ~ a*) the reciter (singer *etc.*), *b*) *se I* **-ning** report, submission **-ningslista** agenda
föredragshållare lecturer
föredöm|e *s6* example; (*mönster*) model, pattern **-lig** *a5* (*efterföljansvärd*) worthy of imitation; (*förebildlig*) ideal, model; *~t uppförande* exemplary conduct
före|falla **1** (*inträffa*) occur, pass **2** (*tyckas*) seem, appear (*ngn* to s.b.) **-finnas** *dep* exist; *de -finns hos* they are to be found in (at) **-fintlig** *a5* existing; available
förege *se föregiva*
föregiv|a pretend, allege **-ande** *s6, under ~ av* under (on) the pretext of, pretending **-en** *a5* alleged
föregripa anticipate, forestall
före|gå **1** (*inträffa tidigare*) precede **2** *~ med gott exempel* set an (a good) example **-gående I** *a4* preceding, previous, former **II** *s6* (*tidigare liv*) previous (former) life; antecedents (*pl*) **-gångare** precursor, forerunner; (*företrädare*) predecessor
föregångs|land leading country **-kvinna, -man** pioneer
före|ha[va] have in (on) hand, be doing **-havande** *s6, ngns ~n* a p.'s doings
förehålla point out; *~ ngn ngt* expostulate with s.b. on (for, about) s.th.
förekomm|a **1** (*hinna före*) be in advance of; (*föregripa*) anticipate, forestall; *bättre ~ än ~s* better to forestall than be forestalled **2** (*hindra*)

prevent; (*omintetgöra*) frustrate **3** (*anträffas*) be found (met with) **4** (*hända*) occur; *på -en anledning får vi påpeka* it has been found necessary to point out **-ande** *a4* **1** occurring; *i ~ fall* whenever (wherever) applicable; *ofta* (*sällan*) ~ frequent (rare) **2** (*tillmötesgående*) obliging; (*artig*) courteous

förekomst [-å-] *s3* occurrence; presence (*i* in); (*fyndighet*) deposit

föreligg|a be before us (*etc.*); be to hand; (*finnas*) exist; (*finnas att tillgå*) be available; *inget bevis -er ännu* no evidence is as yet forthcoming; *här -er ett misstag* this is a mistake; *det -er risk för* there is a risk of **-ande** *a4* in question, before us; *i ~ fall* in the present case

förelägg|a 1 ~ *ngn ngt* place (put, lay) s.th. before s.b.; (*underställa*) submit (*ngn ngt* s.th. to s.b.) **2** (*föreskriva*) prescribe; (*ålägga*) enjoin upon; (*pålägga*) impose; (*befalla*) command, order **-ande** *s6* command, order, injunction (*äv. jur.*)

föreläs|a 1 (*uppläsa*) read (*för* to) **2** (*hålla föreläsningar*) lecture (*i, om, över* on; *vid* at) **-are 1** reader **2** lecturer **-ning 1** reading **2** lecture; *bevista* (*hålla*) *~ar* attend (give) lectures (*över* on)

föreläsnings|sal lecture room **-serie** series of lectures

föremål *s7* **1** (*ting*) object; article, thing **2** (*mål för tanke, känsla e.d.*) object; *vara ~ för ngns medlidande* be an object of pity to s.b. **3** (*ämne*) subject (*för* of); *han blev ~ för stark kritik* he was subjected to severe criticism; *den blev ~ för vårt intresse* it attracted our interest

för|ena [-'e:na] **1** unite (*med* to; *till* into); (*förbinda*) join, connect; *i sht bildl.* associate; (*kem. o. friare*) combine; (*sammanföra*) bring together; (*förlika*) reconcile; *F~de Arabemiraten* the United Arab Emirates; *Förenta nationerna* (*staterna*) the United Nations (States [of America]) **2** *rfl* unite (*med* with); associate o.s. (*med* with); (*kem. o. friare*) combine (*med* with); ~ *sig med* (*äv.*) join (*ett parti* a party); *floderna ~r sig längre ner* the rivers join (meet) further down **-enad** *a5* united *etc.*; (*om arméer o.d.*) allied; (*om bolag*) associated; (*om stater*) federated; *med ~e krafter* with combined strength (united forces); *vara ~ med a*) *eg.* be bound up (associated) with, *b*) (*medföra, innebära*) involve, entail

förening 1 (*utan pl*) uniting *etc.* (*till* into); (*av pers., stater*) union, unification; (*friare*) association; *i ~* in combination (*med* with), jointly **2** (*med pl*) (*förbund*) alliance, union, league, federation; (*samfund*) society; (*större*) association; (*mer intim*) club; *kem.* compound

förenings|band bond [of union]; (*friare*) tie **-liv** organizational activities (*pl*) **-medlem** member of a (the) society (an organization) **-rätt** *ung.* freedom (right) of association

förenkl|a [-'enk-] simplify **-ing** simplification

förenlig [-'e:n-] *a1* consistent, compatible; *är inte ~t med* is inconsistent with, does not accord (tally) with **-het** consistency, compatibility

förent [-'e:nt] *a4, se förena*

före|sats purpose, intention; (*beslut*) resolution; *goda ~er* good resolutions; *i den* [*fasta*] *~en att* with the [firm] purpose of (+ *ing-form*) **-skrift** direction, instruction; (*läkares*) prescription, directions (*pl*); (*befallning*) order, command; *meddela ~er angående* issue directions (instructions) as to **-skriva** prescribe (*ngn vad han skall göra* what [s.b. is] to do); direct (*ngn att göra ngt* s.b. to do s.th.); ~ *ngn villkor* dictate terms to (lay down conditions for) s.b. **-slå** propose, suggest (*ngn ngt* s.th. to s.b.); *absol.* make a suggestion; (*rekommendera*) recommend; ~ *ngn som kandidat* nominate s.b. (*till* for)

förespegl|a ~ *ngn ngt* hold out the prospect (promise) of...to s.b.; ~ *sig* promise o.s. in advance **-ing** promise, prospect (*om* of); *falska ~ar* false (dazzling) promises

före|språkare 1 (*böneman*) intercessor, pleader (*för* for; *hos* with) **2** (*som förordar*) advocate (*för* of); spokesman (*för* for) **-spå** prophecy, predict **-stava 1** (*säga före*) dictate (*för* to); ~ *eden* administer the oath (*för ngn* to s.b.) **2** (*orsaka, föranleda*) prompt; induce

förestå 1 (*handha*) be [at the] head of; (*affär e.d.*) manage, supervise, conduct **2** (*stunda*) be at hand, be near, impend **-ende** *a4* approaching; imminent; *vara* [*nära*] ~ be approaching ([close] at hand, impending)

föreståndar|e manager; principal, director, head; (*för institution*) superintendent; (*för skola*) headmaster, principal **-inna** manageress; principal; (*för anstalt*) matron; (*för skola*) headmistress, principal

föreställa I 1 (*framställa*) represent; (*spela ngns roll*) play the part of; *skall detta ~ konst?* is this supposed to be art? **2** (*presentera*) introduce (*för* to) **II** *rfl* **1** (*tänka sig*) imagine; fancy; envisage, visualize **2** (*presentera sig*) introduce o.s. (*för* to)

föreställning 1 (*framförande*) representation; *teat. o.d.* performance, show **2** (*begrepp*) conception, notion, idea (*om* of); *bilda* (*göra*) *sig en ~ om* form a conception (*etc.*) of **3** (*erinring, varning*) remonstrance, protest; *göra ngn ~ar* remonstrate (expostulate) with s.b.

föreställnings|ram conceptual framework **-värld** [personal] philosophy

före|sväva *det ~r mig att jag har* I seem to have a dim recollection of having; *det har aldrig ~t mig* such an idea never crossed my mind **-sätta** *rfl* set one's mind [up]on; ~ *sig en uppgift* set o.s. a task

företa *se företaga*

företag *s7* **1** (*förehavande, verk*) undertaking, enterprise; (*vågsamt*) venture; *mil.* operation; *det är ett helt ~ att* it is quite an undertaking to **2** (*affärs-*) company, [business] firm, business; *AE. äv.* corporation

företag|a 1 (*utföra*) undertake; get about; (*om t.ex. resa, undersökning*) make **2** *rfl* undertake (*att* to); (*göra*) do (*med* with) **-are** businessman; entrepreneur; *egen ~* self-employed person **-sam** *a1* enterprising **-samhet** enterprise, initiative; *fri ~* free enterprise

företags|demokrati industrial democracy **-ekonom** business economist **-ekonomi** business (industrial) economics (*pl, behandlas som sg*) **-ekonomisk** ~ *teori* theory of business economics; *från ~ synpunkt* from the point of view of business economics **-inteckning** floating charge **-jurist** company lawyer **-ledare**

manager; executive **-ledning** [company, business] management **-nedläggelse** close-down, shutdown **-nämnd** works council (committee) **-vinst** [company (*AE.* corporate)] profits (*pl*)

företal preface

förete 1 (*uppvisa*) show [up]; (*framtaga*) produce **2** (*förebringa*) present (*bevis* proof) **3** (*ådagalägga*) exhibit, show; ~ *tecken på utmattning* show signs of fatigue **-else** phenomenon (*pl* phenomena); (*friare*) fact; (*person*) apparition; *en vanlig* ~ a common occurrence **-ende** *s6* showing [up] (*etc.*); production; presentation; *vid* ~ *av* on the production of

företräd|a 1 (*gå före*) precede; ~ *ngn* be a p.'s predecessor **2** (*representera*) represent **-are** (*i ämbete o.d.*) predecessor; (*representant*) representative; (*för idé o.d.*) advocate, leader

företräde *s6* **1** (*audiens*) audience; *begära* ~ *hos ngn* request s.b. for an audience; *få* ~ *hos* obtain an audience of **2** (*förmån framför andra*) preference; (*i rang*) precedence; *ge* ~ *åt* give the preference to; *ha* ~ *framför* take precedence over **3** (*fördel*) advantage, merit (*framför* over); (*överlägsenhet*) superiority (*framför* to)

företrädes|rätt [right of] priority (precedence) **-vis** preferably; especially, particularly

förevarande *a4* present

föreviga [-'e:vi-] perpetuate (*i* in); immortalize

förevis|a show; (*för pengar äv.*) exhibit; *fack.* demonstrate **-ning** exhibition; demonstration; (*föreställning*) performance

förevändning pretext; (*ursäkt*) excuse; (*undanflykt*) evasion; *ta ngt till* ~ take s.th. as an excuse, use s.th. as a pretext

förfader forefather, ancestor

1 förfall (*förhinder*) excuse [for nonattendance], hindrance; *laga* ~ lawful excuse; *utan laga* ~ without due cause

2 förfall (*förstöring*) decay, ruin, decline; (*urartning*) degeneration; (*moraliskt*) decadence, degradation

förfalla [-'falla] **1** (*försämras*) [fall into] decay, deteriorate; (*om byggnad o.d.*) go to ruin, fall into disrepair, dilapidate; (*moraliskt*) go downhill, degenerate; ~ *till dryckenskap* take to drink [ing] **2** (*bli t. intet*) come to nothing; (*om patent, fordran*) lapse, expire; (*om förslag*) be dropped; (*bli ogiltig*) become invalid; ~ *till betalning* fall (be, become) due [for payment], be payable

förfallen [-'fall-] *a5* **1** decayed *etc.*; dilapidated (*äv. om pers.*); (*om byggnad äv.*) in disrepair, tumble-down **2** (*ogiltig*) invalid; (*om skuld*) due, payable, (*om premie*) outstanding; *jur.* forfeited, lapsed

förfallodag [-ˣfallo-] expiry (due) date, maturity

förfalsk|a [-'falska] (*räkenskaper o.d.*) falsify; (*dokument, namnteckning*) forge, counterfeit; (*pengar*) counterfeit; (*varor*) adulterate **-are** forger, counterfeiter **-ning** falsification; forgery; counterfeiting; adulteration; *konkr.* imitation, forgery, counterfeit, fake

förfar|a [-'fa:-] *förfor förfarit* proceed; act **-ande** *s6* procedure, proceeding[s *pl*]; *tekn.* process **-as** *förfors förfarits, dep* be wasted; go bad; *låta* ~ (*äv.*) waste **-en** *a3* experienced, skilled (*i* in)

förfaringssätt procedure, method of proceeding; *tekn.* process

förfasa [-'fa:-] *rfl* be horrified (*över* at)

författa [-'fatta] write; (*avfatta*) pen

författarbegåvning literary talent; *pers.* gifted (brilliant) author

författar|e [-'fatt-] author (*av, till* of); writer **-honorar** author's fee[s *pl*]; (*royalty*) royalty **-inna** authoress **-namn** (*antaget*) pen name **-rätt** copyright, author's rights **-skap** *s7* authorship; (*konkr. produktion*) writings (*pl*)

författning [-'fatt-] **1** (*stats-*) constitution; (*förordning*) statute; ordinance **2** (*tillstånd*) condition, state **3** *gå i* ~ *om* proceed (take steps) to (for + *ing-form*)

författnings|enlig [-e:-] *a1* constitutional; statutory **-reform** constitutional reform **-rätt** constitutional law **-samling** statute book; code **-stridig** unconstitutional

förfel|a [-'fe:-] miss; ~ *sin verkan* fail to produce the desired effect **-ad** *a5* ineffective; *ett -at liv* a misspent life; *vara* ~ prove a failure

förfin|a [-'fi:-] refine; ~*de seder* polished manners; ~*d smak* cultivated taste **-ing** refinement; polish

förfjol *i* ~ [during, in] the year before last

förflack|a [-'flakka] make shallow, vulgarize **-ning** superficial|ity, -ness

för|flugen [-'flu:-] *a3* (*om plan, tanke*) wild, random; (*om ord*) idle; (*om kula*) stray **-fluten** [-'flu:-] *a5* past; (*förra*) last; *det -flutna* the past **-flyktigas** [-'flykt-] *dep* volatilize, vaporize; (*friare äv.*) evaporate **-flyta** [-'fly:-] pass; (*om tid äv.*) go by, elapse

förflytt|a [-'flytta] **1** [re]move, transport, transfer; (*befolkningsgrupp*) relocate; *bildl.* transplant **2** *rfl* move; *i sht bildl.* transport o.s. **-ning** removal, transfer; transplantation

förfoga [-'fo:-] **1** ~ *över* have at one's disposal, have recourse to **2** *rfl* repair (*till* to); ~ *sig bort* remove o.s.

förfogande [-'fo:-] *s6* disposal; *stå* (*ställa ngt*) *till ngns* ~ be (place s.th.) at a p.'s disposal **-rätt** right of disposition

förfrisk|a [-'friska] refresh **-ning** refreshment

förfrusen [-'fru:-] *a5* frostbitten; (*om växt*) blighted with frost

förfrys|a [-'fry:-] get frostbitten; (*om växt*) get blighted with frost; ~ *händerna* get one's hands frostbitten **-ning** frostbite

förfråg|a [-'frå:-] *rfl* inquire (make inquiries) (*hos ngn om ngt* of s.b. about s.th.) **-an** *r, som pl används pl av förfrågning* **-ning** inquiry; *göra -ningar* make inquiries (*om* about; *efter* for)

för|fula [-'fu:-] make ugly **-fuska** [-'fuska] bungle, botch, spoil **-fång** *n* detriment; (*skada*) damage, injury; *till* ~ *för* to the prejudice (detriment) of; *vara ngn till* ~ be a hindrance to s.b. **-fäa** [-'fä:a] brutalize; (*förslöa*) stupefy

förfäder *pl* ancestors, forefathers

förfäkta [-'fäkta] defend, uphold; (*förespråka*) advocate; (*hävda*) maintain, assert; (*rättighet*) vindicate

förfär|a [-'fä:-] terrify (*med* with), appal **-an** *r* terror, horror **-ande** *a4, se förfärlig* **-as** *dep* be horror-struck; be appalled (shocked) (*över* at,

F

by)

förfärdiga [-'fä:r-] make (*av* [out] of); (*industriellt*) manufacture, produce; (*konstruera*) construct

förfärlig [-'fä:r-] *a1* terrible; frightful, dreadful; (*hemsk*) appalling; (*vard. oerhörd*) terrific, awful

förfölj|a [-'följa] pursue, chase; (*plåga*) persecute; *-d av otur* dogged by misfortune; *tanken -er mig* the idea haunts me **-are** pursuer; persecutor

förföljelse [-'följ-] pursuit; *bildl.* persecution (*mot* of) **-mani** persecution complex (mania), *vard.* paranoia

förför|a [-'fö:-] seduce; (*locka*) allure; (*t. ngt orätt*) corrupt, pervert **-are** seducer

förfördela wrong, injure

förförelse [-'fö:-] seduction; (*lockelse*) allurement; (*t. ngt orätt*) corruption **-konst** art of seduction; seductive trick

förförerska [-'fö:-] seductress; (*friare*) temptress

förförisk [-'fö:-] *a5* seductive; (*om kvinna*) bewitching, fascinating **-het** seductiveness; allurement; fascination

förgapa [-'ga:-] *rfl* go crazy (*i* about)

förgas|a [-'ga:-] gasify; *~s* become gas **-are** carburettor **-ning** gasification; carburation

förgift|a [-'jifta] poison; (*förbittra*) infect, taint **-ning** poisoning; *bildl.* infection **-ningssymtom** toxic symptom

för|gjord *a5, det är som -gjort* everything is going wrong **-glömma** [-'glömma] forget

förgren|a [-'gre:-] *rfl*, **-as** *-dep* ramify, branch off; *-ad* ramified; branchy **-ing** ramification; fork

förgrip|a [-'gri:-] *rfl, ~ sig på* (*mot*) outrage, use violence against, violate **-lig** *a1* (*kränkande*) outrageous; (*brottslig*) criminal; (*förolämpande*) injurious

förgrova [-'grɑ:-] coarsen

förgrund *s3* foreground; *träda i ~en* (*bildl.*) come to the fore

förgrunds|figur, -gestalt prominent (outstanding) figure

förgrymm|ad [-'grymm-] *a5* incensed (*på* with; *över* at); (*ursinnig*) enraged (*på* with; *över* at) **-as** *dep* become incensed

för|gråten [-'grå:-] *a3* (*om ögon*) red (swollen) with weeping; *hon var alldeles ~* she had been crying her eyes out **-grämd** [-'grä:md] *a1* grieved; (*om min e.d.*) woeful **-gubbning** [-'gubb-] ageing; (*befolkningens*) increasing proportion of old people

förgud|a [-'gu:-] (*avguda*) idolize; (*dyrka*) adore **-ning** idolization; adoration

förgyll|a [-'jylla] *v2* gild; *bildl. äv.* embellish; *~ upp* (*bildl.*) touch up, embellish; *-d* gilt, gold-plated **-are** gilder **-ning** gilding

för|gå pass [away, by]; (*försvinna*) disappear, vanish; *~ sig* forget o.s. (*mot* and insult) **-gången** [-'gåŋen] *a5* past, bygone

förgår *se förrgår*

förgård forecourt; *helvetets ~* limbo

för|gås *-gicks -gåtts, dep* (*gå förlorad*) be lost; (*försmäkta, dö*) perish, die (*av* with); [*vara nära att*] *~ av nyfikenhet* be dying (consumed) with curiosity

förgäng|else [-'jäŋ-] decay, dissolution; *i sht bibl.* corruption **-lig** *a1* perishable; corruptible; (*dödlig*) mortal; (*kortvarig*) fugitive, transient **-lighet** perishability; (*dödlighet*) mortality; (*kortvarighet*) transience

förgäta [-'jä:-] *förgat* (*åld.*) *förgätit* forget

förgätmigej *s3, s9* forget-me-not, scorpion grass

förgäves [-'jä:-] in vain

förgöra [-'jö:-] destroy, annihilate; (*bringa om livet*) put to death

förhal|a [-'ha:-] **1** *sjö.* warp **2** (*försena*) delay, retard; *~ förhandlingarna* drag out the proceedings; *~ tiden* spin out the time **-ning 1** *sjö.* warping **2** (*försening*) delay, retardation

förhalnings|politik policy of obstruction **-taktik** delaying tactics; *AE. polit.* filibuster[ing]

förhand 1 *kortsp.* elder hand; *ha ~* have the lead **2** *på ~* beforehand, in advance

förhandenvarande [-ˣhann-] *a4, under ~ omständigheter* under [the] present circumstances

förhandl|a [-'hand-] negotiate (*med* with; *om* about); (*överlägga*) deliberate, discuss **-are** negotiator **-ing** (*överläggning*) deliberation; (*vid domstol, möte e.d.*) proceeding; (*underhandling*) negotiation; *avbryta* (*inleda*) *~ar* suspend (start) negotiations

förhandlings|basis basis for (of) negotiations **-bord** negotiation table **-delegation** negotiation delegation **-läge** bargaining position **-part** negotiating party **-partner** counterpart in negotiations **-rätt** right to negotiate **-villig** willing to negotiate

förhands|anmälan advance registration **-avisera** preadvise **-besked** advance notice **-beställning** advance booking **-diskussion** preliminary discussion **-granskning** preliminary examination **-inställning** attitude taken in advance; prejudiced view; *om du redan har en ~ om* if you have already made up your mind about **-löfte** promise in advance **-meddelande** advance notice **-reklam** advance publicity **-rätt** prior right **-visa** preview **-visning** preview, trade show

förhast|a [-'hasta] *rfl* be rash (too hasty) **-ad** *a5* rash; *dra ~e slutsatser* jump to conclusions

förhatlig [-'ha:t-] *a1* hateful, detestable, odious (*för* to)

förhind|er [-'hind-] *få ~* be prevented [from] going (coming); *med ~* with impediments; *i händelse av ~* in case of impediment **-ra** prevent (*ngn från att* s.b. from + *ing-form*); (*stoppa*) stop

förhistor|ia 1 prehistory **2** background **-isk** prehistoric[al]

förhjälpa *~ ngn till ngt* help (assist) s.b. to obtain s.th.

förhoppning [-'håpp-] hope; (*förväntning*) expectation; *~ar* (*utsikter*) prospects; *göra sig ~ar* indulge in expectations; *hysa ~ar om* hope for; *inge ngn ~ar* inspire s.b. with hopes, give s.b. hope; *i ~ om* (*att*) hoping for (to)

förhoppnings|full hopeful; (*lovande*) promising **-vis** hopefully

förhud foreskin

förhyd|a [-'hy:-] *v2, sjö.* sheathe **-ning** *sjö.* sheathing

förhyra [-'hy:-] **1** (*hus o.d.*) rent **2** (*sjöman*) hire

förhåll|a [-'hålla] *rfl* **1** (*om pers.*) *a*) (*uppföra sig*) behave; (*handla*) act, *b*) (*förbli*) keep (*lugn* quiet), remain (*passiv* passive, *likgiltig* indifferent) **2** (*om sak*) *a*) (*kem. o.d.*) behave, *b*) (*mat. o. friare*) be; *hur -er det sig med...?* what is the position as regards...?, how are things with...?; *så -er sig saken* that is how matters stand; *bredden -er sig till längden som 1 till 3* the breadth is to the length as 1 to 3

förhållande [-'håll-] *s6* **1** (*tillstånd*) state of affairs (things), (*pl äv.*) conditions; (*omständigheter*) circumstances; *rätta ~t* the fact [of the matter]; *under alla ~n* in any case; *under inga ~n* under (in) no circumstances, in no case **2** (*inbördes ställning*) relations (*pl*), relationship; (*kärleks-*) intimacy, connection; *spänt ~* strained relations (*pl*), estrangement; *i ~ till* in relation to; *stå i vänskapligt ~ till* be on friendly terms with; *ha ett ~ med ngn* have an affair with s.b. **3** (*proportion*) proportion; *mat.* ratio; *i ~ till hans inkomster* in proportion to his income; *inte stå i ngt rimligt ~ till* be out of all proportion to; *i ~ till sin ålder är han* for his age he is **4** (*uppträdande*) behaviour, conduct **-vis** [-ˣhåll-] proportionately

förhållning [ˣfö:r- *el.* -'håll-] *mus.* suspension

förhållnings|order [-ˣhåll-] *pl* orders, instructions, directions **-regel** direction, rule of conduct

för|håna [-'hå:-] scoff at **-hårdnad** [-'hå:rd-] *s3* induration, callus, callosity

förhänge curtain

förhärd|a [-'hä:r-] harden; *~ sig* harden one's heart **-ad** *a5* hardened, obdurate; (*inbiten*) inveterate; *en ~ skurk* a double-dyed villain **-as** *dep* [become] harden[ed] **-else** obduracy, obdurateness

för|härja [-'härja] ravage, devastate, lay waste **-härliga** [-'hä:r-] *i sht bibl.* glorify; (*prisa*) extol, laud

förhärsk|a [ˣfö:r-, *äv.* -'härr-] predominate, prevail **-ande** *a4* predominant, prevailing; prevalent; *vara ~, se förhärska*

förhäv|a [-'hä:-] *rfl* pride o.s. (*över ngt* on s.th.); (*skryta*) boast (*över ngt* of s.th.) **-else** arrogance; boasting

förhäx|a [-'häxa] bewitch **-ning** bewitchment

förhöj|a [-'höjja] raise; (*friare*) increase; *bildl.* heighten, enhance **-ning** raising; (*mera konkr.*) increase, rise, *AE.* raise

för|hör *s7* examination; (*utfrågning*) interrogation; (*rättsligt*) inquest, hearing; *skol.* test, *AE.* quiz **-höra** [-'hö:-] examine; (*fråga ut*) interrogate; *skol.* question (*på* on), test; *AE.* quiz; *~ sig, se höra [sig för]*

förhörs|ledare interrogator **-protokoll** statement **-teknik** cross-examination technique

förhöst early autumn

förinta [-'inta] annihilate, destroy; *~nde blick* withering glance

förintelse [-'inn-] annihilation, destruction **-strålning** annihilation radiation **-vapen** weapon of extermination

för|irra [-'irra] *rfl* go astray, lose one's way; wander **-ivra** [-'i:v-] *rfl* get [too] excited; lose one's head (self-control) **-jaga** [-'ja:-] chase (drive) away, expel; *i sht bildl.* dispel

förkalk|a[s] [-'kall-] *fysiol.* calcify **-ning** calcification

förkalkyl preliminary calculation (estimate)

förkasta [-'kasta] **1** (*ogilla, avslå*) reject, repudiate; (*förslag äv.*) turn down, refuse **2** (*fördöma*) denounce; *en ~d människa* a rejected person, an outcast

förkastelse [-'kast-] rejection; repudiation **-dom** condemnation; *uttala en ~ över* pass a condemnation upon, denounce

förkast|lig [-'kast-] *a1* (*fördömlig*) to be condemned; (*friare*) unjustifiable; (*avskyvärd*) abominable **-ning** *geol.* fault **-ningsspricka** *geol.* fault fissure

förklara [-'kla:-] **1** explain; (*klargöra*) make clear, elucidate; (*tolka*) interpret; (*utlägga*) expound **2** (*tillkännage*) declare; (*uppge*) state; (*kungöra*) proclaim; *~ krig* declare war; *~ ngn för segrare* proclaim s.b. [the] victor; *~ ngn sin kärlek* declare one's love for s.b.; *han ~des skyldig till* he was found guilty of **3** (*förhärliga*) glorify **4** *rfl* explain o.s.; *~ sig för* (*mot*) declare for (against); *~ sig om* (*över*) *ngt* declare (state) one's opinion of s.th.

förklar|ad [-'kla:-] *a5* **1** (*avgjord*) declared, avowed **2** (*överjordisk*) glorified, transfigured **-ing 1** explanation (*av, på, till, över* of); elucidation; (*tolkning*) interpretation; *till ~* in (by way of) explanation; *utan ett ord till ~* without a word of explanation **2** (*tillkännagivande*) declaration; statement; *avge ~* make a declaration **-lig** *a1* explicable; (*lätt insedd*) comprehensible; *av lätt ~a skäl* for obvious reasons

för|klena [-'kle:-] disparage, depreciate; *i ~nde ordalag* in disparaging terms **-klinga** [-'kliŋa] die away; *~ ohörd* fall on deaf ears

förklä *s6, se förkläde*

förkläd|a [-'klä:-] disguise (*till* as); *-d till brevbärare* disguised as (in the disguise of) a postman

förkläde 1 apron; (*för barn*) pinafore **2** *bildl.* chaperon

för|klädnad [-'klä:d-] *s3* disguise; *skyddande ~* (*biol.*) mimicry **-knippa** [-'knippa] associate

förkol|a *rfl,* **-as** [-'kå:-] *dep* char **-na** char, carbonize; *bildl.* cool [down, off]

förkomm|a [-'kåmma] get lost; (*om försändelse*) miscarry **-en** *a5* missing; (*förfallen*) lost

förkonstl|a [-'kånst-] artificialize; *~d* artificial; sophisticated **-ing** artificiality; sophistication

förkoppra [-'kåpp-] copper

förkort|a [-'kårta] shorten; (*ord e.d.*) abbreviate; (*bok e.d.*) abridge; (*tiden*) while away, beguile; *mat.* reduce, simplify **-ning** shortening; (*av ord e.d.*) abbreviation; (*av bok e.d.*) abridgement; *mat.* reduction

förkovr|a [-'kå:v-] **1** improve; (*öka*) increase **2** *rfl* improve; advance; *~ sig i engelska* improve one's English **-an** *r* improvement; (*framsteg*) advance

för|krigstiden *under ~* in the prewar period, *äv.* before the war **-kristen** pre-Christian

förkroma [-'krå:-] chrome

förkroppslig|a [-'kråpps-] embody, incarnate **-ande** *s6* embodiment, incarnation

förkross|a [-'kråssa] crush; overwhelm **-ad** *a5* brokenhearted; (*ångerfull*) contrite **-ande** *a4*

F

crushing; heartbreaking; ~ *majoritet* overwhelming majority **-else** contrition; brokenheartedness
förkrympt *a4* stunted, dwarfed; *fysiol.* abortive
förkunn|a [-'kunna] *v1* announce (*för* to); (*utropa*) proclaim; (*predika*) preach; (*förebåda*) foretell, herald **-are** announcer, preacher; herald **-else** announcement, proclamation; preaching
förkunskaper *pl* previous knowledge (*sg*) (*i* of); *ha goda* (*dåliga*) ~ be well (poorly) grounded (*i* in)
förkväv|a [-'kvä:-] choke, stifle **-as** *dep* stifle
förkyl|a [-'çy:-] *rfl* catch [a] cold; *bli -d* catch [a] cold; *vara mycket -d* have a bad (severe) cold; *nu är det -t!* (*vard.*) that's torn it! **-ning** cold
för|kämpe champion (*för* of) **-känning, -känsla** presentiment, premonition, forewarning **-kärlek** predilection (*för* for), partiality (*för* for, to)
förkättrad [-'çätt-] *a5* decried, run (cried) down
förköp advance booking; *köpa i* ~ book in advance
förköpa [-'çö:-] *rfl* spend too much money
för|köpspris advance-booking price **-körsrätt** [-çö:rs-] right of way **-laddning** (*i äldre vapen*) wad[ding]; (*i sprängborrhål*) stemming
förlag *s7* (*bok-*) publishing house (company, firm), publishers (*pl*); *utgiven av A:s* ~ published by A; *utgiven på eget* ~ published by the author
förlaga [ˣfö:r-] *s1* (*original*) original; (*förebild*) model, pattern
förlags|beteckning [publisher's] imprint **-bevis** [subordinated] debenture **-man** sleeping partner, advancer of capital **-redaktör** editor [in a publishing house] **-rätt** publishing right[s *pl*], copyright **-verksamhet** publishing
förlam|a [-'la:-] paralyse (*äv. bildl.*); *~d av skräck* paralysed with fright (horror) **-ning** paralysis
förled *språkv.* first element
förled|a [-'le:-] entice; seduce (*till* into) **-ande** *a4* enticing; seductive
förlegad [-'le:-] *a5* antiquated, out-of-date, old-fashioned, outmoded; ~ *kvickhet* stale joke
förlid|a [-'li:-] go by, pass **-en** *a5* past, over, spent; (*förra*) last
förlig [ˣfö:r-] *a1, sjö.* forward; ~ *vind* following (favourable) wind
förlik|a [-'li:-] *v3, v1* reconcile (*med* to); ~ *sig* become reconciled (*med* to, with) **-as** *v3, dep* be [come] reconciled; (*sämjas*) agree, get on **-ning** reconciliation; (*överenskommelse*) agreement, settlement; *avgöras genom* ~ be settled out of court; *träffa* ~ come to terms, settle out of court
förliknings|förslag mediation offer; offer of a compromise **-kommission** conciliation board **-man** [official] conciliator, arbitrator, mediator **-mannaexpedition** *Statens* ~ [the Swedish] national conciliators' office
förlis|a [-'li:-] *v3* be wrecked, sink, founder; (*om pers.*) be shipwrecked **-ning** loss, [ship]wreck
förlit|a [-'li:-] *rfl*, ~ *sig på a*) (*ngn*) trust in s.b., *b*) (*ngt*) trust to (rely on) s.th., *c*) (*att få*) rely on obtaining **-an** *r* confidence (*på* in); *i* ~ *på* trusting to, relying on
förljud|ande [-'ju:-] *s6* report; rumour, hearsay; *enligt* ~ according to what one hears, from hearsay **-as** *förljöds förljudits, dep, det -es att* it is reported that
förljugen [-'ju:-] *a3* mendacious, false **-het** mendacity, inveterate falsity
för|ljuva [-'ju:-] gladden, sweeten **-lopp** [-'låpp] *s7* **1** (*utgång*) lapse; *efter ~et av ett år* after [the lapse of] a year **2** (*utveckling*) course; *~et av händelsen var följande* the course of events was this
förlor|a [-'lo:-] lose; ~ *besinningen* lose one's head; ~ *i styrka* decrease in strength; ~ *i vikt* lose weight; ~ *på affären* lose on the transaction; ~ *på en vara* lose on an article; ~ *sitt hjärta till* lose one's heart to; ~ *sig* lose o.s. (be lost) (*i* in), (*om ljud*) die away **-ad** *a5* lost; (*borta*) missing; (*bortkastad, om möda o.d.*) wasted; *den ~e sonen* the Prodigal Son; ~ *ägg* poached eggs; *gå* ~ be lost (*för* to); *ge ngn* ~ (*ngt -at*) give s.b. (s.th.) up for lost **-are** loser
förloss|a [-'låssa] *relig.* redeem **-are** *relig.* redeemer **-ning 1** *relig.* redemption **2** *med.* delivery; childbirth
förlossnings|avdelning maternity ward **-konst** obstetrics (*pl, behandlas som sg*); midwifery **-kramp** eclampsia **-tång** [obstetric(al)] forceps (*sg o. pl*)
förlov [-'lå:v, *äv.* ˣfö:r-] *i uttr.*: *med* ~ *sagt* with your permission, if I may say so
förlov|a [-'lå:-] *åld.* betroth (*med* to); ~ *sig* become engaged (*med* to) **-ad** *a5* **1** *det ~e landet* the Promised Land; *ett -at land för* a promised land (paradise) for **2** engaged [to be married] (*med* to), *högt.* betrothed (*med* to) ; *de ~e* the engaged couple **-ning** engagement, *högt.* betrothal
förlovnings|annons announcement of an (the) engagement **-ring** engagement ring
förlupen [-'lu:-] *a5* runaway; ~ *kula* stray bullet
förlust *s3* loss (*av* of; *för* for; *på* on); *~er* (*i fältslag*) casualties; *en ren* ~ a dead loss; *gå* (*sälja*) *med* ~ run (sell) at a loss; *göra* (*lida*) *stora ~er* sustain heavy (severe) losses; *företaget går med* ~ it is a losing concern
förlusta [-'lusta] divert (*sig* o.s.)
förlustbringande *a4* involving a loss, with a heavy loss (*för* to, for); *ett* ~ *företag* a company running at a loss; *vara* ~ be attended with losses
förlustelse [-'lust-] amusement, entertainment
förlust|ig [-'lust-] *a5*, *gå* ~ lose, be deprived of, forfeit **-konto** loss account **-lista** *mil.* casualty list **-sida** debit side; *uppföra på ~n* enter as a debit, *bildl.* write off as a loss
förlyfta [-'lyfta] *rfl*, ~ *sig på a*) *eg.* overstrain o.s. by lifting, *b*) *bildl.* fail to accomplish, overreach o.s. in
förlåt [ˣfö:r-] *s3* (*förhänge*) veil; *lyfta på ~en* unveil, uncover, disclose, allow s.b. to catch a glimpse
förlåta [-'lå:-] forgive (*ngn ngt* s.b. for s.th.); pardon; (*ursäkta*) excuse; *förlåt!* (*ursäkt*) [I am] sorry!; *förlåt att jag avbryter* excuse my interrupting; *förlåt, jag hörde inte* I beg your pardon, but I didn't catch what you said; *det tror jag inte, det får du* ~ *mig* I don't believe it, whatever you may say
förlåt|else [-'lå:-] forgiveness (*för* for); *syndernas* ~ remission of [one's] sins; *be* [*ngn*] *om* ~ ask

(beg) a p.'s forgiveness; *få* ~ be pardoned (forgiven) **-lig** *a1* pardonable, excusable, forgivable
förlägen [-'lä:-] *a3* abashed; embarrassed (*över* at); (*blyg*) shy; (*brydd*) perplexed; (*förvirrad*) confused; *göra ngn* ~ embarrass (disconcert) s.b. **-het** embarrassment, confusion; shyness; (*trångmål*) embarrassment, difficulty, trouble; *råka i* ~ *för pengar* get into financial difficulties, be hard up for money
förlägg|a [-'lägga] **1** (*slarva bort*) mislay **2** (*placera*) locate (*till* in); *mil.* station (*i, vid* in, at); (*inkvartera*) accommodate, billet; (*förflytta*) remove, transfer (*till* to); (*t. annan tid*) assign, alter the time for; *handlingen är förlagd till medeltiden* the action (story) takes place in the Middle Ages **3** (*böcker o.d.*) publish **-are** (*bok-*) publisher **-ning** accommodation, location; *mil.* station, camp **-ningsort** *mil.* garrison [town]
förläggsgaffel [ˣfö:r-] serving fork
förläna [-'lä:-] **1** ~ *ngn ngt* grant s.b. s.th., confer s.th. on s.b., (*begåva*) endow s.b. with **2** *hist.*, ~ *ngn ngt* enfeoff s.b. with s.th.
förläng|a [-'läŋa] *v2* lengthen, extend; (*giltighet, i tid*) extend, prolong; ~ *ett bråk* (*mat.*) extend a fraction **-ning** lengthening, extension; (*av giltighet, i tid*) prolongation, extension **-ningssladd** extension flex (*AE.* cord)
för|läning [-'lä:-] (*gods*) fief, fee; (*utdelning av gods*) enfeoffment **-läsa** [-'lä:-] ~ *sig* overwork o.s. by reading; study too much **-läst** [-'lä:st] *a4* overworked (strained) by too much study; (*verklighetsfrämmande*) starry-eyed **-löjliga** [-'löjj-] [turn (hold up) to] ridicule
förlöp|a [-'lö:-] *v3 el. förlöpte förlupit* **1** (*förlida*) pass; (*avlöpa*) pass off; (*gå t. ända*) pass away **2** (*rymma från*) run away from; desert, abandon **3** *rfl* lose one's head **-ning** (*överilning*) indiscretion
förlös|a [-'lö:-] *med.* deliver **-ande** *a4, det* ~ *ordet* the right word at the right time; *ett* ~ *skratt* a laugh that relieves the tension
förmak [ˣfö:r-] *s7* **1** (*sällskapsrum*) drawing room **2** *anat.* auricle
förmal|a [-'ma:-] grind, mill **-ning** grinding, milling
förman foreman, supervisor; (*överordnad*) superior, *vard.* boss; *kvinnlig* ~ forewoman
förman|a [-'ma:-] (*råda o. varna*) warn; (*uppmana t.*) exhort; (*tillrättavisa*) admonish **-ing** warning; exhortation; admonition **-ingstal** admonitory address; (*friare*) mild lecture
för|mast foremast **-match** preliminary (opening) match
förmedelst [-'me:-] *se medelst*
förmedl|a [-'me:d-] mediate, act as [an] intermediary in; (*åstadkomma*) bring about; (*nyheter e.d.*) supply; (*telefonsamtal*) connect, put through; ~ *en affär* act as [an] intermediary in a transaction; ~ *trafiken mellan* ply between **-ande** *a4* intermediary **-are** intermediary, mediator **-ing** mediation; supplying; (*kontor*) agency, office; *genom* ~ *av* through the agency of
förmedlings|länk intermediary link, connection **-provision** agent's commission; brokerage
1 förmena [-'me:-] *v1* (*hindra, neka*) deny (*ngn ngt* s.b. s.th.); (*förbjuda*) forbid
2 förmen|a [-'me:-] *v1 el. -ade -t* (*anse*) think, believe, be of opinion; ~ *sig ha rätt* consider that one is right
för|menande *s6, enligt mitt* ~ in my opinion **-ment** *a4* supposed
förmẹr[a] *oböjligt a* better (*än* than), superior (*än* to)
förmera [-'me:-] *se föröka*
förmiddag forenoon; *vanl.* morning; *kl. 8* ~*en* (*förk. f.m.*) at eight o'clock in the morning (*förk.* at 8 [o'clock] a.m.); *i dag på* ~*en, i* ~*s* this morning; *i morgon* ~ tomorrow morning; *på* (*om*) ~*arna* in the mornings
förmiddags|bröllop morning wedding **-dräkt** morning dress
förmildrande [-'mild-] *a4,* ~ *omständigheter* extenuating circumstances
förminsk|a [-'minska] diminish, lessen, reduce; *foto.* reduce; *i* ~*d skala* on a reduced scale **-as** *dep* diminish, decrease **-ning** reduction, diminution; *foto.* reduction
förmod|a [-'mo:-] suppose, imagine; *AE. äv.* guess; (*ta för givet*) assume; (*med stor säkerhet*) presume **-an** *r* supposition; *efter* ~ as supposed; *mot* [*all*] ~ contrary to [all] expectation **-ligen** presumably
förmultn|a [-'mult-] moulder [away]; decay **-ing** mouldering; decay **-ingsprocess** process of decay (mouldering away)
förmyndar|e [-'mynn-, *äv.* ˣfö:r-] guardian (*för* for, of); *stå under* ~ be under guardianship; *ställa under* ~ place under a guardian **-regering** regency
förmynderskap [-'mynn-, *äv.* ˣfö:r-] *s7* guardianship; *bildl.* authority
förmå *v4* **1** (*kunna, orka*) be able to (+ *inf.*), be capable of (+ *ing-form*); (*i pres.*) can; (*i imperf.*) could; *allt vad jag* ~*r* all that I can; *allt vad huset* ~*r* all I (we) can offer you; *jag* ~*r inte mer* I can do no more, (*orkar äta*) I can't eat any more, I'm quite satisfied, thank you **2** ~ *ngn* [*till*] *att* induce (prevail upon, get) s.b. to, (*övertala*) persuade s.b. to; *jag kan inte* ~ *mig* [*till*] *att* I can't induce (bring) myself to
förmåga [-'må:-] *s1* **1** (*kraft*) power[s *pl*] (*att* to); (*prestations-*) capacity (*att* for); (*medfödd fallenhet*) faculty (*att* for, of + *ing-form*); (*duglighet*) ability (*att* to); (*begåvning*) gift, talent; ~*n att tänka* the power of thought; *efter bästa* ~ to the best of one's ability; *uppbjuda all sin* ~ tax one's power to the utmost; *det går över min* ~ it surpasses (is beyond) my powers (capacity) **2** *pers.* man (woman) of ability (parts); (*talang*) talent, outstanding actor (singer *etc.*)
förmån [ˣfö:r-] *s3* advantage; privilege; (*gagn, nytta*) favour, benefit; *sociala* ~*er* social benefits; *till* ~ *för* to the benefit of, in favour of; *ha* ~*en att* have the privilege of; *detta talar till hans* ~ this weighs in his favour **-lig** [-å:-] *a1* advantageous (*för* to); (*gynnsam*) favourable; (*vinstgivande*) profitable; (*välgörande*) beneficial
förmåns|erbjudande special offer, bargain **-rätt** priority [right]; *med* ~ preferential, privileged **-ställning** preferential (priority) position **-tagare** *försäkr. jur.* beneficiary
1 förmäl|a [-'mä:-] *v2, v3* (*omtala*) state, report,

F

tell; *ryktet -er att* it is rumoured that
2 förmäla [-'mä:-] *v2* (*bortgifta*) marry; ~ *sig med* wed, marry
förmälning [-'mä:l-] marriage
för|mänskliga [-'männ-] give human form to; (*personifiera*) personify **-märka** [-'märka] notice
förmäten [-'mä:-] *a3* presumptuous; (*djärv*) audacious, bold; *vara nog* ~ *att* make so bold as to **-het** presumption; arrogance
förmögen [-'mö:-] *a3* **1** (*i stånd*) capable (*att* of + *ing-form*) **2** (*välbärgad*) wealthy, well-to-do; (*predikativt*) well off; *en* ~ *man* (*äv.*) a man of means (property); *de förmögna klasserna* the propertied classes **-het 1** ~*er* (*andliga o. kroppsliga*) powers **2** (*rikedom*) fortune; (*samlad egendom*) property; (*kapital*) capital
förmögenhets|beskattning taxation of capital (property) **-brott** crime against property **-fördelning** distribution of wealth **-förhållanden** *pl* financial (economic) circumstances **-rätt** law of property **-skatt** capital levy
förmörk|a [-'mörka] darken; (*himlen o. bildl.*) cloud; (*skymma*) dim; *astr.* eclipse **-as** *dep* [be] darken[ed] **-else** *astr.* eclipse
förna [ˣfö:r-] *s1*, *biol.*, *geol.* litter
förnam *imperf. av förnimma*
för|namn Christian (first, given) name; *vad heter hon i ~?* what is her Christian name? **-natt** *på ~en* before midnight
förnedr|a [-'ne:-] **1** (*vanära*) degrade, disgrace, dishonour; *hur kan du ~ dig till sådant?* how can you stoop to that? **2** *bibl.* (*förringa*) abase, humble **-ing** degradation; humiliation **-ingstillstånd** state of humiliation (*etc.*)
förnek|a [-'ne:-] (*neka t.*) deny; (*bestrida*) dispute; (*t.ex. sitt barn*) disown; ~ *sin natur* abnegate (renounce) one's nature; *han ~r sig aldrig* he is always true to type, *iron.* trust him to do such a thing; *hans goda hjärta ~r sig aldrig* his kindness of heart never fails **-else** denial; repudiation; abnegation
förnickl|a [-'nick-] nickel **-ing** nickel plate, nickelling
förnimbar [-'nimm– *el.* -ˣnimm-] *a1* perceptible (*för* to), sensible (*för* to); (*synlig äv.*) perceivable; (*hörbar*) audible
för|nimma [-'nimma] *-nam -nummit* **1** (*uppfatta*) be sensible of; (*höra*) hear; (*se*) perceive; (*andligt*) apprehend **2** (*märka*) notice; (*få veta*) hear [of]
förnimmelse [-'nimm-] **1** (*uppfattning*) perception; apprehension **2** (*känsla*) sense, sensation; (*sinnesintryck o. friare*) impression **-förmåga** power of perception, perceptivity
förning [ˣfö:r-] [guest's] contribution to a (the) meal (party); *ha ~ med sig* bring something to eat and drink
förnuft *s7* reason (*äv. förnuftet*); *sunt* ~ common sense; *ta sitt ~ till fånga* listen to reason; *tala ~ med* talk sense to
förnuftig [-'nuft-] *a1* reasonable; (*förståndig*) sensible **-het** reasonableness; rationality
förnufts|enlig [-e:-] *a1*, **-mässig** *a1* rational **-skäl** rational argument **-stridig**, **-vidrig** *a1* contrary to all reason; irrational; (*friare*) unreasonable
förnummit [-'numm-] *sup. av förnimma*
förnumst|ig [-'nums-] *a1* would-be-wise, sapient **-ighet** sapience **-igt** *adv* as one who knows (knew)
förny|a [-'ny:a] renew; (*upprepa*) repeat; (*återuppliva*) refresh; ~ *sig* renew o.s.; ~ *sitt lager* replenish one's stock **-are** renewer **-bar** *a5* renewable; ~ *energi* renewable energy
förnyelse [-'ny:-] renewal; (*upplivande*) revival, regeneration **-bar** *se förnybar*
förnäm *a1* noble, aristocratic, distinguished; (*högättad*) highborn; (*högdragen*) lofty, haughty, *vard.* high and mighty; (*värdig*) dignified; ~ *av sig* stately, proud; *med* ~ *min* with a stately air; ~*t folk* people of rank; *i ~ avskildhet* in splendid isolation; *det var värst vad hon är ~ av sig* she certainly puts on airs **-het 1** (*börd*) high breeding **2** (*högdragenhet*) superciliousness **-itet** *s3* **1** *se förnämhet* **2** (*förnäm pers.*) distinguished person, celebrity
förnämlig [-'nä:m-] *a1* distinguished; excellent **-ast** *adv* chiefly, principally
förnämst [-ä:-] **I** *a superl.* foremost, first; (*om pers.*) greatest, most distinguished **II** *adv, se främst*
förnär *se 2 när I*
för|närma [-'närma] offend; affront; insult; *känna sig ~d av* take offence at **-nödenheter** [-ˣnö:-] *pl* necessities, requirements; (*livs-*) necessities of life, *jur.* necessaries
förnöj|a [-'nöjja] *v2* (*roa*) gratify, please; *ombyte -er* variety is the spice of life
förnöj|d *a1* **1** (*tillfredsställd*) content, satisfied **2** (*glad*) pleased, delighted (*över* at) **-else** [-'nöjj-] (*förlustelse*) amusement, pleasure; *finna sin ~ i* delight in, find pleasure in
förnöjsam [-'nöjj-] *a1* contented **-het** contentedness
förnöta [-'nö:-] *bildl.* use up; ~ *tiden* waste one's time (*med att* in + *ing-form*)
förolyck|ad *a5* mortally wounded; (*t. sjöss*) wrecked; (*om flygplan*) crashed; *de ~e* the victims [of the accident], the casualties **-as** *dep* meet with an accident; (*t. sjöss*) be wrecked
förolämp|a insult, offend, affront; *känna sig ~d över* (*av*) feel very much offended at (by) **-ning** insult, offence, affront (*mot* to)
för|ord 1 (*företal*) preface, foreword **2** (*rekommendation*) [special] recommendation **-orda** recommend (*hos* to; *till* for); *livligt* ~ highly recommend
förordn|a [-'å:rd-] **1** (*påbjuda*) ordain, decree; (*testamentariskt*) provide (*om* for) **2** (*ordinera*) prescribe, order **3** (*utse*) appoint, nominate; (*bemyndiga*) authorize, commission **-ande** *s6* **1** (*föreskrift*) ordaining, ordination; (*testamentariskt*) provision **2** (*bemyndigande*) authorization, commission; (*tjänste-*) appointment; *hans ~ utgår* his commission (appointment) expires **-ing** ordinance, decree, order
föroren|a contaminate, defile, pollute **-ing** contamination, defilement, pollution; *konkr.* impurity, pollutant
för|orsaka cause, occasion **-ort** suburb
förorts|bo suburban[ite]; commuter **-område** suburban area

förorätta wrong, injure
förpack|a [-'pakka] pack (wrap) [up] **-ning** *abstr.* packing, wrapping up; *konkr.* package, packet; (*ask*) box; (*låda*) case; (*emballage*) packing, wrapping, package; *exklusive* (*inklusive*) ~ packing excluded (included)
förpacknings|dag packing date **-industri** packaging industry **-teknik** packaging technique
för|paktare [-'pakt-] leaseholder; tenant **-panta** [-'panta] pledge, pawn
förpassa [-'passa] (*befordra*) dispatch, send [off] ; ~ *till evigheten* dispatch into eternity; ~ *ur landet* deport; ~ *sig bort* take o.s. off
förpesta [-'pesta] poison, pollute, infect (*äv. bildl.*)
förpik *sjö.* forepeak
förpinad [-'pi:-] *a5* harrowed; tortured
förplikt|a [-'plikta] ~ *ngn att* put (lay) s.b. under an (the) obligation to, bind s.b. to; *rikedom ~r* wealth entails responsibility; *adelskap ~r* (*äv.*) noblesse oblige; ~ *sig* bind (engage) o.s.; *känna sig ~d att* feel [in duty] bound to **-else** (*plikt*) duty, obligation; (*förbindelse*) engagement, commitment, obligation; *ha ~r mot ngn* have obligations towards s.b.; *ikläda sig ~r* assume obligations **-iga** *se förplikta*
förpläg|a [-'plä:-] provide with food and drink, treat (*med* to) **-nad** [-ä:-] *s3* **1** fare, food **2** (*proviantering*) provisioning **-nadstjänst** supply service **-ning** [-ä:-] entertainment; (*utspisning äv.*) feeding
förpost outpost (*mot* against) (*äv. bildl.*) **-fäktning** outpost skirmish
förprick|a tick [off], mark [off], check [off] **-ning** marking (checking) off; tick
förprövning preliminary examination
förpupp|a *rfl,* **-as** [-'pupp-] *dep* change into a chrysalis, pupate **-ning** pupation
förr 1 (*förut*) before; (*fordom*) formerly (*äv. förr i tiden*); ~ *och nu* then and now; ~ *låg det en lada här* there used to be a barn here; ~ *trodde man* people used to think **2** (*tidigare*) sooner, earlier; *ju ~ dess bättre* the sooner the better **3** (*hellre*) rather, sooner
förre *förra, a komp.* **1** (*förutvarande*) the former; ~ *ägaren* the former (late) owner; ([*nyss*] *avgångne*) late; (*motsats senare*) early; *förra hälften av 1800-talet* the first half of the 19th century **2** (*föregående, senaste*) [the] last; *i förra månaden* last month; *mitt förra brev* my last letter; *den förra* the former (*...den senare* the latter)
förresten [-'ress-] *se rest 1*
förr|fjol *se förfjol* **-förra** last but one; ~ *veckan* the week before last **-går** *i* ~ the day before yesterday
förridare outrider
för|ringa [-'riŋa] *v1* minimize, lessen; (*nedvärdera*) depreciate; (*ngns förtjänst o.d.*) belittle **-rinna** [-'rinna] run (flow) away (*i* into); *i sht bibl.* ebb away
förromant|iken pre-Romanticism **-isk** [-'mann-] *a5* preromantic
förrum anteroom
förruttna [-'rutt-] rot, putrefy, decompose; decay
förruttnelse [-'rutt-] putrefaction, corruption; decay **-bakterie** putrefactive bacteria
förrycka [-'rykka] distort; (*friare*) dislocate
förryckt *a4* distracted; mad; *är du* [*alldeles*] ~? are you [quite] mad? **-het** madness
förrymd *a5* runaway; (*om fånge e.d.*) escaped
förrysk|a [-'ryss-] Russianize **-ning** Russianization
förråa [-'rå:a] coarsen, brutalize; *verka ~nde* have a brutalizing effect (*på* on)
förråd *s7, s4* store (*äv. bildl.*); (*lager*) stock; (*tillgång*) supply; (*lokal*) storeroom, storage room; *lägga upp ett ~ av* lay up a store of, store up
förråda [-'rå:-] betray (*åt* to); (*röja*) reveal (*för* to); ~ *sig* betray o.s., give o.s. away
förråds|arbetare store[house]man **-byggnad** storehouse; warehouse **-fartyg** supply ship, store carrier **-förman** storekeeper
förräd|are [-'rä:-] traitor (*mot* to); betrayer (*mot* of) **-eri** treachery (*mot* to); (*lands-*) [an act of] treason (*mot* to); (*friare*) betrayal (*mot* of) **-isk** *a5* treacherous
förrän [ˣförr-, 'förr-, *el.* -'änn, *vard.* förrn] before; *icke ~ a*) (*ej tidigare än*) not before, not earlier than, *b*) (*först*) not until (till); *det dröjde inte länge ~* it was not long before; *knappt hade de kommit ~* no sooner had they come than
förränt|a [-'ränta] (*placera mot ränta*) place at interest, invest; ~ *sig* [*bra*] yield (bring in) [a good] interest **-ning** yield; *dålig ~* low yield (rate of interest)
förrätt *kokk.* first course
förrätt|a [-'rätta] (*utföra*) perform; (*uträtta*) accomplish; *kyrkl.* officiate at, conduct; (*auktion o.d.*) hold; *efter väl ~t värv* having accomplished one's task successfully, one's duties done **-ning 1** (*utan pl*) performing, execution, carrying out **2** (*med pl*) function; duty; ceremony; *vara ute på ~ar* be out on official duties **-ningsman** executor, executive official
försagd *a1* timid, pusillanimous **-het** timidity, pusillanimity
försak|a [-'sa:-] (*vara utan*) go without, give up; (*avsäga sig*) renounce; (*avstå från*) deny o.s., do without **-else** (*umbärande*) privation; (*frivillig*) [act of] self-denial
församl|a [-'samla] **1** assemble, gather **2** *rfl, se församlas* **-as** *dep* assemble; gather together; meet **-ing 1** (*möte*) meeting; (*samling personer*) assembly, convention, body **2** (*kyrka, kyrkosamfund*) church; (*menighet*) congregation; (*administrativ enhet*) parish
församlings|bo parishioner; *~rna* (*koll.*) the parish **-bok** parish register **-hus** parish hall **-kyrka** parish church **-liv** parish (congregational) life **-rätt** right of public assembly **-syster** *ung.* deaconess
försats *språkv.* antecedent clause
för|se furnish, supply, provide; (*med utrustning*) equip; ~ *med strängar* (*underskrift*) string (sign); ~ *sig* furnish (*etc.*) o.s., (*vid bordet*) help o.s. (*med* to) **-sedd** *a5* furnished (*etc.*) (*med* with); ~ *med* (*äv.*) with; *väl* ~ (*om pers.*) well supplied (*etc.*); *vara ~ med* (*äv.*) have
förseelse [-'se:-] offence, fault; *jur.* misdemeanour
försegel headsail, foresail

F

försegl|a [-'se:-] seal [up]; *~de läppar* sealed lips; *med ~de order* under sealed orders **-ing** seal; sealing
försen|a [-'se:-] delay; retard; hold up; *10 minuter ~d* 10 minutes late; *vara ~d* be late (delayed) **-ing** delay **-ingsavgift** extra charge for overdue payment
försiggå take place; (*inträffa*) happen, come about; (*avlöpa*) pass (*vard.* come) off; (*pågå*) be going on; *handlingen ~r på* (*i*) the scene is laid at (in); *vad ~r här?* what is going on here?
försigkommen [-å-] *a3* advanced, forward; precocious; *de mest försigkomna eleverna* the most advanced pupils **-het** maturity; precociousness, precocity
försiktig [-'sikt-] *a1* cautious (*med* with); guarded; (*aktsam*) careful (*med* with, of); *var ~ med vad du säger* be careful of what you say, watch your words **-het** caution; guardedness; (*aktsamhet*) care
försiktighets|mått, -åtgärd precaution, precautionary measure; *vidtaga ~er* take precautions
försiktigtvis [-ˣsikt-] so as to be on the safe side
försilvr|a [-'silv-] silver, -silver-plate **-ing** silver-plating, silvering
för|sinka [-'sinka] *se försena* **-sitta** [-'sitta] *~ chansen* miss the chance; *~ tiden* [be in] default; *~ tillfället* lose the opportunity **-sjunka** [-'ʃunka] sink (*i* into); *bildl. äv.* fall (*i* into); *~ i tankar* be lost in thought; *~ i tystnad* fall silent **-skaffa** [-'skaffa] (*skaffa*) procure, obtain; (*skänka*) afford; *vad ~r mig äran av ert besök?* to what do I owe the honour of your visit?
förskans|a [-'skansa] entrench; *~ sig* entrench o.s., *bildl.* take shelter (*bakom* behind) **-ning** entrenchment
förskepp forebody; bow
förskingr|a [-'ʃiŋra] (*försnilla*) embezzle, defalcate; (*bortslösa*) dissipate, squander **-are** embezzler **-ing 1** (*försnillning*) embezzlement, defalcation **2** *svenskarna i ~en* the Swedes scattered abroad; *judarna i ~en* the [Jewish] Diaspora
förskinn leather apron
1 förskjut|a [ˣfö:r-] *se skjuta* [*för*]; *regeln är -en* the door is bolted
2 förskjut|a [-'ʃu:-] **1** (*stöta ifrån sig*) reject; cast [off]; (*barn*) disown **2** (*försträcka*) advance **3** (*rubba*) displace **4** *rfl, se förskjutas*
förskjut|as [-'ʃu:t-] *dep* get displaced, shift; (*om last*) shift **-ning** (*rubbning*) displacement, shifting; (*av last*) shifting; *geol.* fault; (*friare*) change
förskola nursery school; kindergarten
förskol[e]|barn preschool child **-lärare, -lärarinna** nursery school (kindergarten) teacher **-lärarlinje** nursery school teacher training centre
förskon|a [-'sko:-] *~ ngn för* (*från*) *ngt* spare s.b. s.th., preserve s.b. from s.th. **-ing** forbearance, mercy
förskott *s7* advance [payment], payment in advance; *~ på lön* advance on salary; *betala i ~* pay in advance **-era** [pay in] advance
förskotts|belopp advance amount **-likvid** payment in advance, advance [payment]
förskrift copy; *skriva efter ~* write (make) copies
förskriv|a [-'skri:-] **I 1** (*rekvirera*) order **2** (*överlåta*) convey, assign (*till, åt* to) **II** *rfl* **1** (*härröra*) come, originate, derive [one's (its) origin] **2** *~ sig åt satan* sell one's soul to the devil **-ning 1** (*rekvisition*) order, request **2** (*skuldförbindelse*) certificate of debt, bond
förskräck|a [-'skräkka] *v3* frighten, scare, startle; *bli -t* be (get) frightened (*etc.*) (*för, över* at); *spåren -er* the footprints frighten me (*etc.*) **-as** *v3, dep* be frightened (*etc.*), *jfr förskräcka* **-else** fright, alarm; consternation; *ta en ända med ~* come to a tragic end **-lig** *a1* dreadful, frightful; (*ohygglig*) horrible; *vard.* awful; *se ~ ut* look a fright
för|skrämd *a1* frightened, scared [out of one's wits]; (*skygg*) shy, subdued **-skyllan** [-'ʃyll-] *r, utan egen ~* through no fault of mine (*etc.*); *utan egen ~ och värdighet* no thanks to me **-skämd** [-ʃ-] foul; *bildl. äv.* corrupt
förskärar|e, -kniv carving knife, carver
förskön|a [-'ʃö:-] embellish, beautify; (*med prydnader o. friare*) adorn **-ing** embellishment; adornment
1 förslag [ˣfö:r-] *mus.* grace [note]
2 förslag 1 proposal; *i sht AE.* proposition; (*anbud*) offer (*om, till* for); (*uppslag*) suggestion, recommendation; *parl.* motion, (*lag-*) bill; *på ~ av* at the suggestion of; *antaga* (*förkasta*) *ett ~* accept (reject) a proposal; *framlägga ett ~* submit (make) a proposal; *gå in på ett ~* agree to a proposal; *väcka ~ om* move **2** (*plan*) project, scheme (*till* for); (*utkast*) draft (*till* of); (*kostnads-*) estimate [of cost(s)] **3** (*vid besättande av tjänst*) nomination list
förslagen [-'sla:-] *a3* cunning, artful; (*fyndig*) smart
förslags|rum place on the nomination list; *komma i första ~met* be the leading candidate (frontrunner) **-ställare** proposer [of a motion], mover **-vis** as a suggestion, [let us] say
förslapp|a [-'slappa] weaken; (*t.ex. seder, disciplin*) relax **-as** *dep* be (become) relaxed **-ning** weakening; (*av moralen*) laxity
förslava [-'sla:-] enslave
förslit|a [-'sli:-] wear out **-ning** wear[ing out]; wear and tear
förslum|mas [-'slummas] *dep, området ~* the district is becoming (turning into) a slum **-ning** deterioration into slum
förslut|a [-'slu:-] *förslöt förslutit* close, lock; seal **-ning** *konkr.* locking (closing) device; seal
förslå suffice, be enough; *det ~r inte långt* that won't go far (last long); *dumt så* [*att*] *det ~r* as stupid as can be
förslö|a [-'slö:a] *bildl.* make apathetic, dull **-as** *dep* grow (get) apathetic (dull)
förslösa [-'slö:-] waste, squander (*på* on); (*friare*) dissipate, use up (*på* in)
försmak foretaste; *få en ~ av* have a foretaste of
försmå *v4* disdain; (*förakta*) despise; *~dd friare* rejected lover
försmäd|lig [-'smä:d-] *a1* (*hånfull*) sneering, scoffing; (*förtretlig*) annoying **-ligt** *adv* sneeringly *etc.*; *~ nog* provokingly enough
försmäkta [-'smäkta] (*i fängelse e.d.*) pine [away], languish; grow faint (*av törst* of thirst; *av värme* from heat)

försnill|a [-'snilla] embezzle [money] (*för ngn* off s.b.; *ur* from) **-ning** embezzlement
försockra [-'såkkra] saccharify, saccharize; (*söta*) sugar
försoff|a [-'såffa] *v1* dull, make apathetic; *~d* dulled, apathetic **-ning** apathy; sloth[fulness]
försommar early summer
förson|a [-'so:-] **1** (*blidka*) conciliate, propitiate **2** (*förlika*) reconcile (*med* to) **3** (*sona*) atone for; (*friare*) expiate, make amends for **4** *rfl* reconcile o.s. (*med* to); (*inbördes*) make it up, become reconciled **-as** *dep, se försona 4* **-ing** reconciliation; atonement, expiation (*äv. relig.*); *till ~ för sina synder* in expiation (atonement) of one's sins
försonings|dag *F~en* the Day of Atonement, Yom Kippur **-död** expiatory death **-fest** Feast of Expiation **-offer** propitiatory sacrifice **-politik** policy of reconciliation
försonlig [-'so:n-] *a1* conciliatory, forgiving
för|sorg [-'sårj] *r* **1** *dra ~ om* provide for; take care of **2** *genom ngns ~* through (by) s.b. **-sova** [-'så:-] *rfl* oversleep [o.s.]
för|spann *s7* leading horses (*pl*) **-spel** prelude (*till* to, of); (*till sexuellt umgänge*) foreplay
förspilla [-'spilla] waste; throw away; (*förslösa*) squander; (*förverka*) forfeit
för|språng start, lead; *bildl. äv.* advantage; *få ~ före* get a start over; *ha en timmes ~* have an hour's start **-spänd** *a5* (*om häst*) in the shafts; *vagnen är ~* the carriage is ready **-spänt** *adv, ha det väl ~* have a good start in life, be well off (well-to-do)
först I *konj* when...first **II** *adv* first; (*inte förrän*) not until (till), only; (*i början*) at first; (*för det första*) in the first place; (*vid uppräkning*) first[ly] ; *~ nu* not until now, only now; *~ och främst* first of all; *den ~ anlände* the first arrival, the first to arrive; *lika väl ~ som sist* just as well now as later; *komma ~* be first; *komma ~ fram* get there first; *stå ~ på listan* [be at the] head [of] the list; *det är ~ nyligen som* it is only recently that; *jag hörde det ~ i går* I only heard it yesterday; *den som kommer ~ till kvarnen får ~ mala* first come, first served
första *se förste*
förstad suburb
förstadags|kuvert first-day cover **-stämpel** first day of issue
förstadium preliminary stage
förstads|bo suburban[ite]; commuter **-område** suburban area
förstag *sjö.* forestay
förstagradsekvation equation of the first degree
förstagångs|förbrytare first offender **-väljare** new voter, s.b. voting for the first time
förstahandsuppgift first-hand information
förstaklass|are first-form boy (*etc.*) **-biljett** first-class ticket
förstamaj|blomma [-ˣmajj-] May-Day flower, [artificial] buttonhole flower worn on May Day **-demonstration** May-Day manifestation (demonstration) **-firande** May-Day celebrations (*pl*)
förstaplacering *sport.* first place
förstatlig|a [-'sta:t-] nationalize; (*socialisera*) socialize **-ande** *s6* nationalization; socialization
förstaupplaga first edition
för|stavelse prefix **-steg** precedence
först|e *-a, a superl.* [the] first; (*i tiden*) earliest; (*i rummet*) foremost; (*i betydenhet, värde e.d.*) principal, chief, head; (*ursprunglig*) original, primary; *-a avbetalning* initial payment; *~ bibliotekarie* principal librarian; *-a bästa* the first that comes; *-a hjälpen* first aid; *-a juni* [on] the first of June, (*i brev*) June 1st; *F-a Mosebok* Genesis; *-a raden* (*teat.*) dress circle, *AE.* balcony; *-a öppet vatten* (*hand.*) first open water (*förk.* f.o.w.); *från -a början* from the very beginning; *för det -a, i -a rummet* in the first place; *i -a hand* [at] first hand; *den ~ jag mötte* the first person I met; *det -a jag såg* the first thing I saw
förstelna [-'ste:l-] stiffen, become (get) quite stiff; *bildl.* numb; *fack.* fossilize, petrify
försten|a [-'ste:-] petrify (*äv. bildl.*) **-ing** petrifaction
först|född *a5* first-born; *vår ~e* our first-born (eldest) [child] **-föderska** primipara **-födslorätt** right of primogeniture; birthright; *sälja sin ~* sell one's birthright
förstklassig *a1* first-class, first-rate; crack
först|ling firstling **-lingsverk** first (maiden) work
först|nämnda, -nämnde *a5* the first-mentioned; (*den, det förra*) the former
förstock|ad [-'ståkk-] *a5* hardened, obdurate **-else** hardness of heart; obduracy
förstone *s, endast i uttr.*: *i ~* at first, to begin with
förstopp|a [-'ståppa] constipate **-ning** constipation
förstor|a [-'sto:-] enlarge (*äv. foto.*); *opt. o. bildl.* magnify; *starkt ~d* greatly enlarged, highly magnified **-ing** enlargement; magnification
förstorings|apparat enlarger **-glas** magnifying glass, magnifier
förstrykning mark, tick; (*understrykning*) underline, underscore
försträck|a [-'sträkka] **1** (*sträcka för mycket*) strain; *~ sig* strain o.s. (a limb) **2** (*låna*) advance **-ning 1** (*skada*) strain (*i* of) **2** (*lån*) advance
förströ divert; (*roa*) entertain, amuse; *~ sig* amuse (divert) o.s.
förströdd *a5* preoccupied **-het** preoccupation
förströelse [-'strö:-] diversion; recreation **-litteratur** light reading
förstubro porch step
förstucke|n [-'stukk-] *a5* concealed, hidden; *-t hot* veiled threat
för|studie pilot study **-studium** preparatory study
förstu|ga [entrance] hall; (*mindre*) passage **-kvist** porch
förstulen [-'stu:-] *a5* furtive, surreptitious
förstumm|a [-'stumma] silence **-as** *dep* become (fall) silent; be struck dumb
förstå 1 understand (*av* from, by; *med, på* by); (*begripa*) comprehend, grasp; *vard.* dig; (*inse*) see; (*få klart för sig*) realize; (*veta*) know; *~s* (*naturligtvis*) of course; *det ~s!* that is clear!; *~ mig rätt* don't misunderstand me; *låta ngn ~ att* give s.b. to understand that, (*antyda*) intimate (hint) to s.b. that; *åh, jag ~r!* oh, I see!; *~r du inte*

skämt? can't you see a joke?; *han ~r inte bättre* he doesn't know any better; *jag förstod på honom att han* he gave me to understand that he, I saw that he **2** *rfl, ~ sig på a)* understand, *b)* (*affärer*) be clever at (skilled in), *c)* (*konst, mat e.d.*) be a judge of; *~ sig på att* know (understand) how to; *jag ~r mig inte på den flickan* I can't make that girl out

förstå|elig [-'stå:-] *a5* understandable, comprehensible, intelligible (*för* to) **-else** understanding, comprehension (*för* of); *finna ~ för* meet with understanding for **-ende** *a4* sympathetic

förstånd *s7* understanding, comprehension; (*tankeförmåga*) intellect; (*begåvning*) intelligence; (*sunt förnuft*) [common] sense; (*omdöme*) discretion, judg[e]ment; *vard.* brains; *efter bästa ~* to the best of one's ability; *förlora ~et* lose one's reason; *ha ~ om att göra ngt* have the sense to do s.th.; *tala ~ med* talk sense to; *han talar som han har ~ till* he speaks according to his lights; *mitt ~ står stilla* I am at my wit's end; *det övergår mitt ~* it is beyond me

förståndig [-'stånd-] *a1* intelligent; (*klok*) wise; prudent; (*förnuftig*) sensible

förstånds|gåvor intellectual powers **-handikappad** educationally subnormal **-mässig** *a1* rational

förstås [-'ståss] *se förstå 1*

förståsigpåare [-ˣpå:-] connoisseur, expert; *iron.* would-be authority

förställ|a [-'ställa] disguise (*rösten* one's voice); *~ sig* dissimulate, dissemble; *-d* disguised, (*låtsad*) feigned **-ning** dissimulation

förstäm|d *a5* **1** *bildl.* out of (in low) spirits, disheartened **2** (*om trumma o.d.*) muffled **-ning** gloom; depression

förständiga [-'stänn-] *~ ngn att* [*icke*] enjoin (order) s.b. [not] to

förstärk|a [-'stärka] strengthen; *bildl. äv.* fortify; *mil.* reinforce; *tekn.* reinforce; magnify; *elektron.* amplify **-are** *elektron.* amplifier; *tekn.* magnifier **-arrör** *elektron.* [pre]amplifier valve; *AE.* vacuum tube amplifier **-ning** strengthening; *i sht mil.* reinforcement; *elektron.* amplification

förstäv *sjö.* stem, prow

förstör|a [-'stö:-] *v2* **1** destroy (*äv. bildl.*); (*ödelägga*) lay waste, devastate, *bildl. äv.* wreck, blast; ([*allvarligt*] *skada*) damage, injure; *se -d ut* look a wreck **2** ([*totalt*] *fördärva*) ruin (*äv. bildl.*); (*förslösa*) waste, dissipate, squander **3** (*förta, skämma*) spoil **-as** *v2, dep* be destroyed (*etc.*); decay; (*totalt*) perish

förstörelse [-'stö:-] destruction **-lusta** love of destruction, destructive urge **-vapen** weapon of [mass] destruction **-verk** work of destruction

förstöring [-'stö:-] *se förstörelse*; *Jerusalems ~* the Fall of Jerusalem

försum|bar [-ˣsumm- *el.* -'summ-] *a5* insignificant; trifling **-lig** *a1* negligent; dilatory; (*vårdslös*) neglectful, careless **-lighet** negligence

försumm|a [-'summa] (*underlåta*) neglect; (*utebli från*) miss, let slip; (*vansköta*) neglect, be careless of; *~ att* fail to; *~ tillfället* let the opportunity slip; *känna sig ~d* feel neglected (slighted); *ta igen det ~de* make up for lost ground (time) **-else** neglect, negligence; (*förbiseende*) sight; (*underlåtenhet*) failure, omission

försump|a [-'sumpa] *bildl.* allow to stagnate **-as** *dep* **1** become waterlogged **2** *bildl.* get bogged down **-ning 1** waterlogging **2** *bildl.* stagnation

försupen [-'su:-] *a5* sottish; drunken

försur|a [-'su:-] acidify **-ning** acidification

försutten [-'sutt-] *a5* forfeited, lost

försvag|a [-'sva:-] weaken; enfeeble, debilitate; (*skada*) impair; (*mildra*) soften **-as** *dep* grow (become, get) weak[er], weaken **-ning** weakening; enfeeblement, debilitation

försvann *imperf. av försvinna*

försvar *s7* defence; (*berättigande*) justification (*av, för* of); (*beskydd*) protection (*för* of); *det svenska ~et* the Swedish national defence; *till ~ för* in defence of; *andraga ngt till sitt ~* say s.th. for (in justification of) o.s.; *ta ngn i ~* stand up for s.b.

försvar|a [-'sva:-] defend (*mot* from, against); (*rättfärdiga*) justify; (*i ord äv.*) advocate, stand up for **-are** defender; *offentlig ~* [court-appointed] counsel for the defence, *AE.* public defender **-bar** *a5, se försvarlig 1* **-lig** *a1* **1** (*försvarbar*) defensible; justifiable; (*ursäktlig*) excusable; (*hjälplig*) passable **2** (*ansenlig*) considerable; (*betydande*) respectable, *vard.* jolly big

försvars|advokat counsel for the defence **-allians** defensive alliance **-anläggning, -anordning** *~ar* defences **-attaché** defence attaché **-beredskap** defensive preparedness **-departement** ministry of defence; *AE.* department of defense **-duglig** *sätta i ~t skick* make capable of defence **-fientlig** opposed to national defence **-förbund** defensive alliance **-fördrag** defence treaty **-gren** arm, [fighting] service **-högskola** defence college; *F~n* [the Swedish] national defence college **-krig** defensive war **-linje** line of defence **-lös** defenceless **-löshet** defencelessness **-makt** defence force, national defence **-medel** means of defence **-mekanism** *psykol.* defence mechanism **-minister** minister of defence; *AE.* secretary of defense **-obligation** defence bond **-plan** plan of defence **-politik** defence policy **-skrift** apology **-stab** defence staff **-styrka** defence force (unit) **-ställning** defensive position **-tal** speech for the defence; (*friare*) apology **-talan** *jur.* plea for the defendant **-utgifter** *pl* defence spendings (expenditure [*sg*]) **-utskott** *~et* [the Swedish parliamentary] standing committee on defence **-vapen** defensive weapon **-vilja** will to defend o.s. **-vänlig** in favour of national defence **-åtgärd** defensive measure

försvensk|a [-'svens-] give a Swedish character make Swedish; (*översätta*) turn into Swedish **-as** *dep* become Swedish **-ning** [the] changing (rendering) (*av* of...) into Swedish; [the] Swedish form

försvinn|a [-'svinna] *försvann försvunnit* disappear (*från, ur* from; [*in*] *i* into); (*plötsligt*) vanish [away]; (*förflyta*) pass [away]; (*ur sikte*) be lost (*upphöra att finnas till*) cease to exist; *~ i fjärran* disappear in (vanish into) the distance; *försvinn* be off with you!, get lost!, clear out!, scram **-ande I** *s6* disappearance **II** *adv* exceedingly infinitesimal[ly]

försvunn|en [-'svunn-] *a5* vanished; gone; (*bortkommen*) missing **-it** *sup. av försvinna*
för|svåra [-'svå:-] make (render) [more] difficult; (*förvärra*) aggravate; (*lägga hinder i vägen för*) obstruct; (*trassla till*) complicate **-svär[j]a** [-'svä(:)r-] forswear; ~ *sig* (*med ed binda sig vid*) commit o.s. (*åt, till* to); ~ *sig åt djävulen* sell one's soul to the devil
försyn *s3* **1** *relig.* providence; *~en* Providence; *genom ~ens skickelse* by an act of providence; *låta det gå på Guds ~* trust to luck, let matters take their own course **2** (*hänsyn*) consideration
försynd|a [-'synda] *rfl* sin (*mot* against) **-else** sin, offence (*mot* against); (*friare*) breach (*mot* of)
försynt [-'sy:nt] *a1* considerate, tactful; discreet **-het** considerateness; modesty, discretion
försåt *s7* (*bakhåll*) ambush; (*fälla*) trap; (*svek*) treachery; *ligga i ~* lie in ambush; *lägga ~ för* lay an ambush (set snares) for **-lig** *a1* treacherous; *~a frågor* tricky questions
för|såvida [-'vi:da], **-såvitt** *se såvida, såvitt*
försäga [-'säjja] *rfl* (*förråda ngt*) blab out a secret, let the cat out of the bag
försäkra [-'sä:k-] **I 1** (*betyga*) assure (*ngn om* s.b. of), aver; *jag kan ~ dig* [*om*] *att* I can assure you that, you can take my word for it that; *du kan vara ~d om att* you may rest assured that **2** (*assurera*) insure; (*om sjö- o. flygförsäkring äv.*) underwrite; *den ~de* the insured, the policyholder; *högt ~d* heavily insured; *för högt ~d* overinsured; *lågt ~d* insured for (at) a low figure **II** *rfl* **1** (*förvissa sig*) secure (*om ngt* s.th.), make sure(*om ngt* of s.th.) **2** (*ta en försäkring*) insure one's life (o.s.)
försäkr|an [-'sä:k-] *r, som pl används pl av försäkring* assurance, declaration; assertion; affirmation **-ing 1** *se försäkran* **2** (*brand-, liv-*) insurance; (*liv- äv.*) life assurance (insurance); (*sjö-*) underwriting; *teckna en ~* take out (effect) an insurance
försäkrings|agent insurance agent **-avgift** insurance contribution (fee) **-avtal** insurance contract **-bar** *a5* insurable **-bedrägeri** insurance fraud **-belopp** sum insured **-besked** insurance statement **-bolag** insurance company **-brev** insurance policy **-domstol** *F~en, se Försäkringsöverdomstolen* **-givare** insurer; (*om brittisk livförsäkring*) assurer **-inspektion** *~en* [the Swedish] private insurance supervisory service **-kassa** *allmän ~* [local] social insurance office **-matematik** actuarial mathematics (*pl, behandlas som sg*) **-polis** *se -brev* **-premie** insurance premium **-rätt** (*domstol*) [regional] social insurance court **-summa** *se -belopp* **-tagare** [the] insured, policyholder **-tjänsteman** insurance officer **-villkor** insurance terms (conditions) **-värde** (*som kan försäkras*) insurable value; (*som är försäkrat*) insured value **-överdomstol** *~en* [the Swedish] supreme social insurance court
försälj|a [-'sälja] sell **-are** salesman, seller, *fem.* saleswoman, salesgirl **-ning** selling; sale[s *pl*]; *till ~* for (on) sale; *utbjuda till ~* offer for sale
försäljnings|bolag trading company; (*-ombud*) broker **-chef** sales manager **-distrikt** sales territory **-främjande** *a4*, *~ åtgärder* sales promotion (*sg*) **-kostnad** sales (selling) cost **-omkostnad** selling expense **-organisation** marketing (sales) organization **-pris** sales (selling) price **-provision** commission on sales **-villkor** *pl* terms of sale
försämr|a [-'sämra] deteriorate; (*skada, förvärra*) impair, make worse **-as** *dep* deteriorate; get (grow) worse; (*moraliskt*) degenerate **-ing** deterioration, impairment (*i* in, of); (*moralisk*) degeneration (*i* in); (*av hälsotillstånd*) change for the worse
försändelse [-'sänd-] (*varu-*) consignment; (*kolli*) parcel; (*post-*) [postal] packet (package); *assurerad ~* insured articles
försänk|a [-'sänka] **1** *tekn.* countersink **2** *bildl.* plunge (*i sorg* into grief); put (*i sömn* to sleep); reduce (*i fattigdom* to poverty) **-ning 1** *tekn.* countersink **2** *~ar* (*bildl.*) influential friends; *ha goda ~ar* have good connections
försätta [-'sätta] **1** (*bringa*) set (*i rörelse* in motion; *på fri fot* free); put (*i raseri* in a rage); *~ ngn i konkurs* adjudge (declare) s.b. bankrupt **2** *bibl.* remove (*berg* mountains)
försätts|blad *bokb.* [front] flyleaf (endpaper) **-lins** lens attachment
försök *s7* (*ansats*) attempt (*till* at); (*bemödande*) effort, endeavour (*till* at); (*prov*) trial, test (*med* with, of); (*experiment*) experiment (*med* with; *på* on); *~ till brott* attempted crime; *på ~ a*) by way of [an] experiment, just for a trial, on trial, *b*) (*på måfå*) at random, at a venture; *våga ~et* risk it, take one's chance [with it]; *det är värt ett ~* it is worth trying
försöka [-'sö:-] try; *absol. äv.* have a try; (*bemöda sig*) endeavour, seek; (*pröva på*) attempt; *~ duger* there's no harm in trying; *~ sig på* try one's hand at, (*våga sig på*) venture on, have a go, *vard.* take a crack at; *försök bara! a*) (*uppmuntrande*) just try!, *b*) (*hotande*) just you try it on!; *försök inte!* don't try that on with me!, *AE.* you're kidding!
försöks|anläggning pilot (experimental) plant **-ballong** pilot balloon; *släppa upp en ~* (*bildl.*) send up a kite **-djur** laboratory animal **-fel** error in [carrying out] an experiment **-heat** qualifying heat **-kanin** *bildl.* guinea pig **-ledare** experimenter; (*vid institut*) research officer **-metod** experimental method **-objekt** subject of experiments (an experiment) **-order** trial order **-person** test subject **-stadium** experimental stage; *på -stadiet* at the experimental stage **-utskriva, -utskrivning** discharge on trial [from mental hospital] **-verksamhet** experimental work; research **-vis** experimentally; by way of experiment
försörj|a [-'sörja] (*underhålla*) support, keep; (*dra försorg om*) provide for; *~ sig* earn a living (support o.s.) (*genom, med* by) **-are** supporter, breadwinner **-ning** providing *etc.*; support, maintenance; provision
försörjnings|balans balance of resources **-börda** maintenance burden **-inrättning** charitable institution **-plikt** maintenance liability (obligation); *~ mot* liability for the maintenance of **-skyldig** bound (obliged) to maintain (support)

F

[s.b.]
förta[ga] **1** (*hindra*) take away (*verkan* the effect); (*dämpa*) deaden; (*fördunkla*) obscure **2** (*fråntaga*) deprive (*ngn ngt* s.b. of s.th.) **3** ~ *sig* overwork o.s.; *han förtar sig inte* he doesn't overwork himself
för|tal slander; (*starkare*) calumny (*mot* against, upon); *elakt* ~ foul slander, black calumny **-tala** [-'ta:-] slander; calumniate **-tappad** [-'tapp-] *a5* lost; *en* ~ *varelse* a lost soul
förtecken *mus.* key signature
förteckn|a [-'tekk-] note down; make a list of **-ing** (*lista*) list, catalogue (*över* of)
förtegen [-'te:-] uncommunicative, reticent **-het** reticence
förtenn|a [-'tenna] *v1 el. förtennade förtent* tin, tin-plate **-ing** tinning
förti *se fyrti*[*o*]
förtid *i uttr.*: *i* ~ too early (soon), prematurely; *gammal i* ~ old before one's (its) time
förtidig (*skrivs äv. för tidig*) [ˣfö:r- *el.* -'ti:-] premature
förtidspension early retirement pension; (*invalidpension*) supplementary disability pension **-era** grant early retirement pension, pension off
för|tiga [-'ti:-] keep secret; (*förbigå med tystnad*) say nothing about **-tjockning** [-'çåkk-] thickening; (*utvidgning*) swelling
förtjus|a [-'çu:-] enchant, charm, fascinate **-ande** *a4* charming; delightful **-ning** (*hänryckning*) enchantment (*över* at); (*entusiasm*) enthusiasm (*över* about, at, over); (*glädje*) delight (*över* at, in); *jag kommer med* ~ I shall be delighted to come
förtjust [-'çu:st] *a4* (*intagen*) charmed *etc.* (*i* with); (*betagen, förälskad*) in love (*i* with), enamoured, fond (*i* of); (*mycket glad*) delighted, happy, pleased
förtjäna [-'çä:-] **1** (*förvärva*) earn; (*friare*) make; (*vinna*) gain, [make a] profit (*på en affär* by a bargain, on a transaction; *på en vara* on an article); ~ *en förmögenhet på* make a fortune out of (by); ~ *sitt uppehälle* earn one's living **2** (*vara värd*[*ig*]) deserve; (*med saksubj. äv.*) be worth (*ett besök* a visit); *han* ~*r inte bättre* he deserves no better; *han fick vad han* ~*de* he got what he deserved; *det* ~*r att nämnas att* it is worth mentioning that
förtjänst *s3* **1** (*inkomst*) earnings (*pl*); (*vinst*) profit[s *pl*]; *ren* ~ clear profit; *gå med* ~ be run at a profit **2** (*merit*) merit; *utan egen* ~ without any merit of one's own; *behandla ngn efter* ~ treat s.b. according to his deserts; *det är min* ~ *att* it is thanks (due) to me that **-full** (*om pers.*) deserving; (*om handling*) meritorious **-tecken** badge of merit
förtjänt [-'çä:nt] *a4* (*värd*) deserved, merited; *göra sig* (*vara*) ~ *av* show o.s. (be) deserving of, deserve; *göra sig* ~ *om fosterlandet* deserve well of one's country
förton|a [-'to:-] (*förklinga*) die (fade) away; ~ *sig* stand out (*mot* against) **-ing** *sjö.* view **-ingspunkt** view point
förtork|a [-'tårka] dry [up], parch; (*vissna*) wither [away] **-ning** drying, parching; withering
förtrampa [-'trampa] trample [upon], tread down; ~*d* (*i sht bildl.*) downtrodden
förtret *s3* annoyance, vexation (*över* at); (*trassel*) trouble; (*grämelse*) chagrin; *till sin stora* ~ much to his chagrin; *svälja* ~*en* pocket one's pride; *vara till* ~ *för* be a nuisance to; *vålla ngn* ~ cause s.b. annoyance, give s.b. trouble
förtret|a [-'tre:-] annoy, vex; *med* ~*d min* with a look of annoyance **-lig** *a1* vexatious, annoying **-lighet** (*med pl*) vexation, annoyance
förtro confide (*ngn ngt* s.th. to s.b.); ~ *sig till* (*åt*) place confidence in
förtroende [-'tro:-] *s6* **1** (*tillit*) confidence; faith, trust; reliance; *i* ~ *sagt* confidentially speaking, between ourselves; *med* ~ confidently; *hysa* ~ *för* have confidence in; *inge* ~ inspire confidence; *mista* ~*t för* lose confidence (one's faith) in; *åtnjuta allmänt* ~ enjoy public confidence **2** (*förtroligt meddelande*) confidence; *utbyta* ~*n* exchange confidences **-fråga** *göra ngt till* ~ put s.th. to a vote of confidence **-full** trusting, trustful; confiding **-ingivande** *a4* (*om uppträdande*) reassuring; *vara* ~ inspire confidence **-klyfta** confidence gap **-kris** crisis of confidence **-man** fiduciary; (*ombud*) agent, representative; (*inom fackförening*) appointed representative **-post** position of trust **-uppdrag** commission of trust; *få* ~*et att* be entrusted with the task of (+ *ing-form*) **-vald** *en* ~ an elected representative **-votum** vote of confidence **-väckande** *a4*, *se -ingivande*
förtrogen [-'tro:-] **I** *a3* **1** (*förtrolig*) confidential; (*intim*) intimate, close **2** (*hemmastadd med*) familiar with, cognizant of **II** *s* confidant[e *fem.*]; *göra ngn till sin förtrogne* take s.b. into one's confidence, make s.b. one's confidant[e] **-het** familiarity (*med* with), [intimate] knowledge (*med* of)
förtrolig [-'tro:-] *a1* (*intim*) intimate; close; (*familjär*) familiar; (*konfidentiell*) confidential; *stå på* ~ *fot med* be on an intimate footing (on familiar terms) with **-het** intimacy; familiarity
förtroll|a [-'trålla] enchant; bewitch (*äv. bildl.*) **-ande** *a4* enchanting, bewitching, fascinating **-ning** enchantment; bewitchment; spell; *bryta* ~*en* break the spell
förtrupp *mil.* advance guard; (*friare*) van[guard]
förtryck oppression; tyranny; *lida* ~ be oppressed
förtryck|a [-'trycka] oppress; tyrannize over **-are** oppressor
förtryt|a [-'try:-] provoke, annoy, vex **-else** displeasure, resentment (*över* at); (*starkare*) exasperation, indignation (*över* at) **-sam** *a1* indignant, resentful
förträfflig [-'träff-] *a1* excellent, splendid **-het** excellence; splendid qualities (*pl*)
förträng|a [-'träŋa] (*göra trång*) narrow, constrict, contract; *psykol.* repress **-ning** narrowing, constriction, contraction; *psykol.*, *se bortträngning*
förtröst|a [-'trösta] trust (*på Gud* in God; *på försynen* to Providence) **-an** *r* trust; reliance; confidence (*på* in); *i* ~ *på* in reliance on
förtröttas [-'tröttas] *dep* tire, [grow] weary
förtull|a [-'tulla] (*låta tullbehandla*) clear, declare [in the customs]; (*betala tull för*) pay duty on (for); *har ni något att* ~*?* have you anything to declare? **-ning** (*tullbehandling*) [customs] clear-

ance (examination)
förtullnings|avgift customs clearance fee **-kostnad** customs duty
förtunn|a [-'tunna] thin [down]; (*gas*) rarefy; (*utspäda*) dilute **-as** *dep* get thin[ner] **-ing 1** thinning; rarefaction; dilution **2** (*förtunningsmedel*) thinner
förtur, förtursrätt *ha ~* have priority (right of precedence) (*framför* over)
förtvin|a [-'tvi:-] wither [away] (*av* with); *bildl. äv.* languish [away] **-ing** withering [away]; *med.* atrophy
förtvivl|a [-'tvi:v-] despair (*om ngt* of s.th.; *om ngn* about s.b.) **-ad** *a5* (*om pers.*) in despair (*över* at); (*desperat*) desperate; *ett -at läge* a desperate situation; *vara ~* be in despair (exceedingly sorry) (*över att ha gjort det* at having done it); *det kan göra en ~* it is enough to drive one to despair **-an** *r* despair (*över* at); (*desperation*) desperation (*över* at); *med ~s mod* with the courage of despair
förtvålning [-'två:l-] saponification
förtvätt pre-wash **-medel** pre-washing detergent
för|ty therefore; *icke ~* nevertheless, none the less **-tycka** [-'tykka] *du får inte ~ om* (*att*) *jag* you must not take it amiss if I
förtydlig|a [-'ty:d-] make clear[er]; *bildl. äv.* elucidate **-ande I** *s6* elucidation **II** *a4* elucidative
för|täckt *a4* veiled, covert; *i ~a ordalag* circuitously, in a roundabout way **-tälja** [-'tälja] *v2* tell; relate, narrate **-tänka** [-'tänka] *inte ~ ngn att* (*om*) *han* not blame (think ill of) s.b. for (+ *ing-form*)
förtänksam [ˣfö:r-] *a1* prudent; (*förutseende*) far-sighted **-het** forethought, prudence; foresight
förtär|a [-'tä:-] eat; (*göra slut på*) eat up (*äv. bildl.*); (*friare*) consume; (*starkare*) devour; (*fräta på*) gnaw, wear away; *Farligt att ~!* Poison. Not to be taken!; *aldrig ~ sprit* never touch (take) spirits; *~s av svartsjuka* be consumed by jealousy **-ing** consumption; *konkr.* food [and drink], refreshments (*pl*)
förtät|a [-'tä:-] condense (*till* into); (*friare o. bildl.*) concentrate (*till* into); *~d stämning* tense atmosphere **-ning** condensation; concentration
förtöj|a [-ˣtöjja] moor, make fast (*vid* to) **-ning** mooring
förtöjnings|boj mooring buoy **-lina** mooring rope **-plats** moorage, tie-up wharf; berth **-ring** mooring ring
för|törna [-'tö:r-] provoke, anger; *~d* provoked (angry) (*på* with; *över* at); *~s* (*bli förtörnad*) *över* take offence at **-underlig** [-'under-] wondrous, marvellous; (*underlig*) strange
förundersök|a subject to a preliminary investigation **-ning** preliminary investigation (examination, study); *jur.* preliminary hearing[s *pl*]
förundr|a [-'und-] fill with wonder; astonish; *~d* struck with wonder; *~ sig, se förundras* **-an** *r* wonder (*över* at) **-ansvärd** [-ˣund-] *a1* wondrous, marvellous; astonishing **-as** *dep* wonder, be astonished (*över* at)
förunna [-'unna] *bibl. o.d.* vouchsafe; (*friare*) grant; *det är inte alla ~t att* not everyone gets the chance to
1 förut ['fö:r-] *sjö., se 1 för II*
2 förut [ˣfö:r- *el.* -'u:t] before, in advance; (*om tid äv.*) previously; (*förr*) formerly
förutan [-ˣu:tan] without
förutbeställ|a [ˣfö:r-] order in advance **-ning** advance order
förutbestämm|a [ˣfö:r-] settle beforehand; (*predestinera*) predestine, predestinate **-else** predestination
förutfattad [ˣfö:r-] *a5* preconceived; *~ mening* (*äv.*) prejudice; *ha en ~ mening* be prejudiced
förutom [-ˣu:tom] besides ([*det*] *att han är* his being)
förutsatt [ˣfö:r-] *a i uttr.*: *~ att* provided [that]
förutse [ˣfö:r-] foresee; anticipate; *efter vad man kan ~* as far as one can see **-bar** *a5* foreseeable **-ende I** *s6* foresight; (*framsynthet*) forethought **II** *a4* foreseeing; provident
förut|skicka [ˣfö:r-] premise **-spå** predict
förutsäg|a [ˣfö:r-] predict, foretell; (*förespå*) prophesy; forecast **-else** prediction; forecast; prophecy
förutsätt|a [ˣfö:r-] (*antaga*) assume, presume, suppose; (*ta för givet*) take it for granted; *log.* postulate; (*bygga på förutsättningen* [*att*]) imply, presuppose **-ning** (*antagande*) assumption, presumption, supposition; *log.* postulation; (*villkor*) condition, prerequisite; (*erforderlig egenskap*) qualification; *ekonomiska ~ar* economic prerequisites; *under ~ att* on condition that; *skapa ~ar för* create the necessary conditions for; *han har alla ~ar att lyckas* he has every chance of succeeding **-ningslös** unprejudiced, impartial, unbias[s]ed
förutvarande [ˣfö:r-] *a4* (*förra*) former; (*föregående*) previous
förvalt|a [-'valta] administer; manage; (*ämbete*) discharge, exercise; *~ sitt pund väl* put one's gifts to good use **-are** administrator; (*av lantgods*) steward, bailiff; (*av dödsbo*) trustee; (*konkurs-*) receiver; *mil., ung.* sergeant major, **-arskap** *s7* trusteeship **-ning** administration, management; (*stats-*) public (state) administration, government services (*pl*)
förvaltnings|apparat administrative organization **-berättelse** administration report; (*styrelseberättelse*) annual report **-bolag** holding company **-byggnad** administration building **-domstol** administrative court **-kostnad** administration cost **-område** administrative district (*abstr.* sphere) **-organ** administrative body (agency) **-utskott** executive committee **-år** financial year
förvandl|a [-'vand-] transform, turn, convert (*till, i* into); (*förbyta*) change (*till, i* into); (*till ngt sämre*) reduce (*till* to); *jur.* commute (*till* into); *tekn.* convert; *teol.* transsubstantiate **-as** *dep* be transformed (*etc.*); *äv.* turn, change (*till, i* into) **-ing** transformation; conversion; change; reduction; *teol.* transsubstantiation
förvandlings|konstnär quick-change artist **-nummer** quick-change act
förvansk|a [-'vans-] corrupt, distort; tamper with; misrepresent **-ning** corruption *etc.*
förvar *s7* [safe]keeping, custody; charge; *i säkert ~* in safe custody; *lämna i ~ hos ngn* commit to a

p.'s charge (custody); *ta i* ~ take charge (custody) of; *se äv. under fängslig*
förvar|a [-'va:-] *v1* (*ha i förvar*) keep; (*deponera*) deposit; *~s kallt* (*oåtkomligt för barn*) keep in a cool place (out of the reach of children) **-ing** keeping; charge, custody; ~ *på säkerhetsanstalt* preventive detention in prison; *inlämna till* ~ leave to be called for, *järnv.* put in the cloakroom; *AE. äv.* check; *mottaga till* ~ receive for safekeeping
förvarings|avgift storing (*bank. etc.* safekeeping) fee, *järnv.* cloakroom fee **-box** [storage] locker **-kärl** receptacle **-plats** repository, storeroom, storage space **-pärm** [letter] file **-skåp** filing cabinet **-utrymme** storage space
förvarn|a forewarn, warn in advance **-ing** [advance] notice, forewarning
förveckl|a [-'vekk-] complicate; entangle **-ing** complication; entanglement
förvedas [-'ve:-] *dep* become lignified, lignify
förveklig|a [-'ve:k-] emasculate **-as** *dep* become emasculate
förverka [-'verka] forfeit
förverklig|a [-'verk-] (*t.ex. förhoppningar*) realize; (*t.ex. plan, idé*) carry out **-ande** *s6* realization **-as** *dep* be realized; (*om dröm e.d.*) come true
förveten [-'ve:, ˣfö:r-] *a3* overcurious, nosy
förvild|ad [-'vill-] *a5* (*om djur, växt*) undomesticated, wild; (*vanskött*) that has run wild; *~e seder* demoralized customs **-as** *dep* return to natural state; (*om människor*) become uncivilized; (*om barn*) be turned into young savages; (*om djur, växter*) run wild; (*om odlad mark*) go out of cultivation
förvill|a [-'villa] (*föra vilse*) lead astray (*äv. bildl.*); (*vilseleda*) mislead; (*förleda*) deceive; (*förvirra*) bewilder, confuse; *~nde lik* confusingly like; *~nde likhet* deceptive likeness; ~ *sig* lose one's way, *bildl.* get bewildered **-else** error, aberration; (*sedlig*) delinquency
förvinter early winter
förvirr|a [-'virra] confuse; (*förbrylla*) bewilder, perplex; (*svagare*) puzzle, embarrass; (*bringa ur fattningen*) disconcert; (*bringa i oordning*) derange, disorder; *tala ~t* talk incoherently **-ing** confusion; (*persons äv.*) perplexity, embarrassment, bewilderment; (*om sak äv.*) disorder[ed state]; *i första ~en* in the confusion of the moment
förvis|a [-'vi:-] banish, exile, send away (*ur* from, out of) (*äv. bildl.*); (*deportera*) deport; (*relegera*) expel **-ning** banishment, exile; deportation; expulsion **-ningsort** place of banishment (exile)
förvissa [-'vissa] ~ *ngn om ngt* (*om att*) assure s.b. of s.th. (that); *vara ~d* rest assured, (*övertygad*) be convinced; ~ *sig* make sure (*om* of; [*om*] *att* that)
1 förvissning [-'viss-] assurance; conviction; *i* ~ *om* in the assurance of
2 förvissning [-'viss-] (*förvissnande*) withering [away]
förvisso [-ˣvisso] (*utan tvivel*) for certain; (*visserligen*) certainly
förvittr|a [-'vitt-] (*på ytan*) weather; (*upplösas*) disintegrate; (*sönderfalla*) crumble, moulder **-ing** weathering; erosion, disintegration; crumbling
förvittrings|process weathering process **-produkt** sedimentary material
förvrid|a [-'vri:-] distort, twist; ~ *huvudet på ngn* turn a p.'s head **-en** distorted
förvräng|a [-'vräŋa] distort; (*fakta äv.*) misrepresent **-ning** distortion; misrepresentation
för|vunnen [-'vunn-] (*överbevisad*) convicted (*till* of); (*förklarad skyldig*) found guilty (*till* of) **-vuxen** [-'vuxen] overgrown; (*missbildad*) deformed
förvåll|an [-'våll-] *r, se följande* **-ande** *s6, genom eget* ~ through one's own negligence; *utan eget* ~ by no fault of one's own
förvån|a [-'vå:-] **1** surprise, astonish; *~d* surprised *etc.* (*över* at); *det ~r mig* I am surprised (*etc.*) **2** *rfl* be surprised (*etc.*) (*över* at); *det är ingenting att* ~ *sig över* it is not to be wondered at **-ande** *a4,* **-ansvärd** *a1* surprising, astonishing **-as** *dep, se förvåna 2* **-ing** surprise, astonishment
förvår early spring
förväg *i uttr.*: *i* ~ in advance, ahead, before, beforehand
för|vägen [-'vä:-] *a3* overbold, rash **-vägra** [-'vä:g-] (*vägra*) refuse; (*neka*) deny; *han ~des rätten att träffa sina barn* he was denied the right to see his children
förväll|a [-'välla] parboil **-ning** parboiling
förvạnd *a1* disguised, distorted; (*dålig, syndig*) perverted
förvänd|a [-'vända] (*förvränga*) distort; disguise; ~ *synen på folk* throw dust in people's eyes **-het** perversity
förvänt|a [-'vänta] ~ [*sig*] expect; look forward to **-an** *r, som pl används pl av förväntning* expectation (*på* of); *efter* (*mot*) ~ according (contrary) to expectations; *över* ~ *bra* better than expected, unexpectedly good **-ansfull** expectant **-ning** expectation; *motsvara ngns ~ar* come up to a p.'s expectations
för|vạrkt *a4* crippled with rheumatism **-världsliga** [-'vä:rds-] secularize; *~d* (*om pers. äv.*) worldly
förvärm|a preheat **-are** preheater **-ning** preheating
förvärr|a [-'värra] make worse, aggravate **-as** *dep* grow worse, become aggravated
för|vạrv *s7* **1** (*förvärvande*) acquisition **2** (*ngt förvärvat*) acquisition; (*genom arbete*) earnings (*pl*) **-värva** [-'värva] acquire; (*förtjäna*) earn; (*komma över*) procure; (*vinna*) gain; ~ *vänner* make friends; *surt ~de slantar* hard-earned money
förvärvs|arbeta have gainful employment; (*om kvinna*) go out to work **-arbetande** *a4* wage-earning, gainfully employed; ~ *kvinnor* (*äv.*) women out at work **-arbete** gainful employment; *ha* ~ have a job **-avdrag** tax allowance on earnings **-begär** acquisitiveness **-källa** source of income **-liv** *träda ut i ~et* start working [for one's living] **-syfte** *i* ~ with a view to making money
förvätsk|a[s] [-'vätska(s)] liquefy **-ning** liquefaction
förväxl|a [-'växla] confuse, mix up **-ing** confusion; (*misstag*) mistake, mix-up

förväxt *a4, se förvuxen*
föryngr|a [-'yŋra] rejuvenate, make [look] younger; (*skog*) reafforest, *AE.* reforest **-as** *dep* grow young again **-ing** rejuvenation; (*av skog*) reafforestation, *AE.* reforestation
föryngrings|källa source of rejuvenation (fresh vitality) **-medel** rejuvenation tonic
förytliga [-'y:t-] superficialize
förzink|a [-'sinka] coat with zinc; *särsk. AE.* zinc; (*galvanisera*) galvanize **-ning** zinc-plating; galvanizing
föråldr|ad [-'åld-] antiquated, out of date; *~e ord* obsolete words **-as** *dep* get (grow) old; become antiquated (*etc.*)
förädl|a [-'ä:d-] **1** ennoble **2** *biol.* breed, improve **3** (*bearbeta råvara*) refine, work up; *~d smak* refined taste **-ing 1** ennoblement **2** breeding *etc.* **3** refinement, processing
förädlings|anstalt *lantbr.* breeding-centre **-industri** processing industry **-metod** processing technique
föräktenskaplig *a5* premarital; *~ förbindelse* premarital intimacy
förälder [-'äld-] *s2* parent; *ensamstående ~* single parent
föräldra|auktoritet parental authority **-förening** parents association **-försäkring** parental insurance **-hem** [parental] home **-ledig** on parental leave **-ledighet** parental leave **-lös** orphan; *hem för ~a barn* orphanage **-möte** parent-teacher association (P.T.A.) meeting **-penning** parent's allowance **-skap** *s7* parenthood
förälsk|a [-'älska] *rfl* fall in love (*i* with) **-ad** *a5* in love (*i* with); *~ blick* amorous (loving) glance **-else** love (*i* for); (*kortvarig*) infatuation
föränd|erlig [-'änd-] *a1* variable; (*ombytlig*) changeable; *lyckan är ~* fortune is fickle **-ra 1** (*ändra*) alter; (*byta* [*om*]) change (*till* into); *inte ~ en min* not move a muscle **2** *rfl, se -ras* **-ras** *dep* change, alter; *tiderna ~* times change; *hon har -rats till oigenkännlighet* she has changed beyond recognition **-ring** change; alteration; *sjuklig ~* pathological change
förär|a [-'ä:ra] *~ ngn ngt* make s.b. a present of s.th. **-ing** present
föräta [-'ä:ta] *rfl* overeat [o.s.] (*på* on), eat too much (*på* of)
föröd|ande [-'ö:dan-] *a4* devastating, ravaging **-else** devastation; *~ns styggelse* (*bibl.*) the abomination of desolation; *anställa stor ~* make (play) havoc
förödmjuk|a humiliate (*sig* o.s.) **-else** humiliation
förök|a [-'ö:ka] (*utöka*) increase; (*mångfaldiga, fortplanta*) multiply; *~ sig* increase, multiply **-ning 1** increase **2** (*fortplantning*) multiplication, propagation
föröv|a [-'ö:va] commit **-are** perpetrator; *~n av brottet* the man guilty of the crime
föröver ['fö:r-] *se 1 för II*
förövning preliminary exercise
förövrigt [-ˣö:v-] *se under övrig*
fösa *v3* drive, (*friare*) shove (*fram* along; *ihop* together)

G

gabardin *s3, s4* gaberdine
Gabon *n* Gabon **gabones** *s3*, **gabonsk** [-'bɷ:-] *a5* Gabonese
gadd *s2* sting; *ta ~en ur* (*av*) *ngn* take the sting out of s.b.
gadda *~ ihop sig* gang together (up) (*mot* against); *~ sig samman, se sammangadda sig*
gaddstekel *zool.* aculeate hymenopteran
gadolinium [-'li:-] *s8* gadolinium
gael [ga'e:l *el.* gä:l] *s3* Gael **-isk** *a5* Gaelic **-iska 1** (*språk*) Gaelic **2** (*kvinna*) Gaelic woman
gaff *s2* (*huggkrok*) gaff
gaffel [ˣgaff- *el.* 'gaff-] *s2* **1** fork; *kniv och ~* a knife and fork; *jag har det på ~n* it's in the bag, it's all wrapped up **2** *sjö.* gaff **-antilop, -bock** pronghorn, American antelope **-segel** gaffsail **-truck** fork-lift truck
gaffla babble, jabber
gagat jet
gage [ga:ʃ] *s7, s4* (*sångares o.d.*) fee
gagg *s7 vard.* gag
gagg|a babble **-ig** *a1* gaga
gagn [gaŋn] *s7* (*nytta*) use; (*fördel*) advantage, benefit; *mera till namnet än till ~et* more for show than use; *vara till ~ för* be of advantage to
gagn|a [ˣgaŋna] be of use (advantage) to, benefit; (*ngns intressen*) serve; *det ~r föga* it is of little use (advantage); *vartill ~r det?* what is the use of that? **-elig** *a1* useful **-lös** useless, of no use; fruitless, unavailing **-virke** (*värt att förädlas*) merchantable wood **-växt** utility plant
gaj *s2, sjö.* guy
1 gala *gol galit el. v2* crow; (*om gök*) call
2 gala *s1* gala; *i* [*full*] *~* in gala (full) dress
galaföreställning gala performance
galaktisk [-'lakt-] galactic
galaktometer [-'me:-] *s2* galactometer
galaktos [-'å:s] *s3* galactose
galamiddag gala banquet
galant [-'ant, -aŋt] **I** *a1* (*artig*) gallant **II** *adv, det gick ~* it went off splendidly
galanteri gallantry **-varor** *pl* fancy goods
Galaterbrevet [-'la:-] [The Epistle of Paul the Apostle to the] Galatians
gala|uniform full-dress uniform **-vagn** state coach
galax *s3* galaxy
galeas *s3, ung.* ketch
galej [-'lejj] *s7* party, celebration; spree, fling; *gå på ~* (*vard.*) paint the town red
galeja [-ˣlejja] *s1* galley
galen *a3* **1** mad; *vard.* crazy, (*oregerlig*) wild; (*överförtjust*) passionately fond (*i* of), crazy (*i* about); *skvatt ~* stark mad, as mad as a hatter; *bli ~* go mad (*etc.*); *det är så man kan bli ~* it is enough to drive one mad **2** (*om sak: orätt*) wrong (*ända* end); (*dåraktig*) mad, wild; (*förryckt*) absurd; *hoppa i ~ tunna* make a blunder, get into

the wrong box; *det var inte så galet* [it's] not bad **-panna** madcap **-skap** *s3* **1** (*utan pl*) (*vansinne*) madness; (*dåraktighet*) folly **2** (*med pl*) act of folly; *hitta på ~er* (*tokerier*) play the giddy goat
galet *adv* wrong; *bära sig ~ åt a*) (*bakvänt*) be awkward, *b*) (*oriktigt*) go about in the wrong way; *det gick ~ för henne* things went wrong with her
galgbacke gallows hill
galge [ˣgalje] *s2* gallows (*sg*), gallow[s] tree; (*med en arm*) gibbet; (*klädhängare*) [coat] hanger; *sluta i ~n* come to the gallows
galgenfrist [ˣgalg-, *äv.* ˣgalj-] short respite
galg|fysionomi [-j-] gallows (hangdog) look, sinister face **-fågel** gallows bird **-humor** gallows (grim) humour
galilé *s3* Galilean **Galiléen** [-'le:en] *n* Galilee **galileisk** [-'le:-] *a5* Galilean
galit *sup. av 1 gala*
galjons|bild, -figur [-ˣjo:ns-] figurehead (*äv. bildl.*)
gall *oböjligt a* barren
galla *s1* bile (*äv. bildl.*); *åld.* gall; *utgjuta sin ~ över* vent one's spleen upon
gallbildning gall
gallblåsa gall bladder
1 galler ['gall-] *s9* (*folkslag*) Gaul
2 galler ['gall-] *s7* (*skydds-*) grating, grate, grill [e]; (*fängelse- o.d.*) bars (*pl*), grating; (*spjälverk*) lattice[work], trellis; *radio.* grid; *sätta ~ för* lattice, grate
galler|fönster lattice window; (*med skyddsgaller*) barred window **-grind** wrought-iron gate
galleri gallery
gallerverk latticework
gall|feber *få ~* have (get) one's blood up; *reta ~ på ngn* infuriate s.b. **-gång** bile duct
gallicism *s3* Gallicism
Gallien ['gall-] *n* Gaul **gallier** ['gall-] *se 1 galler*
gallimatias [-ˣti:-] *r* balderdash
gallion- *se galjon-*
gallisk ['gall-] *a5* Gallic
gallium ['gall-] *s8* gallium
gallko barren cow
gallmygga gall midge (gnat)
gallr|a (*plantor*) thin out; (*skog*) thin; *~ bort* (*ut*) (*ngt onyttigt o.d.*) sort (weed) out **-ing** thinning [out] *etc.*; sorting out
gall|skrik, -skrika yell, howl
gallsprängd *a5* with burst gall bladder; *bildl.* splenetic[al], choleric
gallstekel gallfly
gall|sten gallstone, bilestone **-stensanfall** biliary colic
gallupundersökning Gallup poll; public opinion poll
gallussyra gallic acid
gallväg *~ar* bile ducts
galläpple oakapple, gall
galn|as [ˣga:l-] *dep* act (play) the fool **-ing** madman, *fem.* madwoman, lunatic, maniac; *som en ~* (*äv.*) like mad
1 galọn *s4* (*plastväv*) PVC-coated fabric
2 galọn *s3* (*uniformsband*) gold (silver) braid; galloon
galonerad [-'ne:-] *a5* braided, gallooned
galopp [-'åpp] *s3* **1** *ridk.* gallop; *i ~* at a gallop; *i full ~* [at] full gallop (*friare* speed); *kort ~* canter, hand gallop; *falla in i ~* break into a gallop; *fatta ~en* (*bildl.*) catch the drift **2** (*dans*) galop **3** *mus.* galop, gal[l]opade **-bana** racecourse; *särsk. AE.* racetrack **-era** gallop; *~nde lungsot* galloping consumption **-sport** horse racing
galosch [-'låʃ] *s3* galosh, *ibl.* golosh; *~er, AE. äv.* rubbers **-hylla** rack for galoshes
galt *s2* **1** *zool.* boar **2** (*tackjärn*) pig
galvaniser|a galvanize, electroplate **-ing** galvanization, electroplating
galvanisk [-'va:-] *a5* galvanic, voltaic; *~t element* primary cell, galvanic (voltaic) cell
galvano|meter [-'me:-] *s2* galvanometer **-plastịk** *s3* galvanoplastics (*pl, behandlas som sg*) **-skop** [-'skåp] *s7* galvanoscope
galäṛr *s3* galley **-slav** galley slave
gam *s2* vulture (*äv. bildl.*)
Gambia ['gamm-] *n* [the] Gambia
gamb|ier ['gamm-] *s9*, **-isk** *a5* Gambian
gambit ['gamm-] *s2*, *schack.* gambit
gamling old man (woman); *~ar* old folks (people)
gamma ['gamma] *s6* gamma **-globulin** gamma globulin **-kamera** gamma camera
gammal *~t äldre äldst* old; (*forn*[*tida*]) ancient; (*antik*) antique; (*som varat länge*) long-established, of long standing; (*åldrig*) aged; (*ej färsk, om bröd o.d.*) stale; (*begagnad äv.*) second-hand; *~t nummer* (*av tidning o.d.*) back issue; *~ nyhet* stale [piece of] news; *en fem år ~ pojke* a five-year old boy, a boy of (aged) five; *~ som gatan* as old as the hills; *av ~t* of old; *av ~ vana* from [long-accustomed] habit; *den gamle* (*gamla*) the old man (woman); *den gamla goda tiden* the good old days; *på gamla dagar* in one's old age; *känna ngn sedan ~t* know s.b. of old (for many years); *vara ~ och van* be an old campaigner (hand); *~ är äldst* old folks know best; *låta ngt bli vid det gamla* let s.th. remain as it is
gammal|dags *oböjligt a* old-fashioned **-dans** old-time dance; (*dansande*) old-time dancing **-modig** *a1, se gammaldags;* (*omodern äv.*) out of fashion, outmoded; (*uråldrig*) antiquated; *~ hat* old hat **-stavning** old spelling **-testamentlig** *a5* of the Old Testament **-vals** old-time waltz
gamman *oböjligt s, i* (*med*) *fröjd och ~* merrily
gammastrål|ar *pl* gamma rays **-ning** gamma radiation
gamäṇg *s3* gamin
ganglie ['gaŋ-] *s5* ganglion (*pl äv.* ganglia)
gangster ['gaŋ-] *s2* gangster; *AE. sl.* mobster **-band, -liga** gang; *AE. sl.* mob **-metoder** ruthless methods **-välde** gang (*AE. sl.* mob) rule
gans *s3* [fancy] braid
ganska (*mycket*) very; (*oftast i positiv betydelse*) quite (*roligt* fun); (*oftast i negativ betydelse*) rather (*tråkigt* boring); (*inte så litet*) pretty; (*tämligen*) fairly, tolerably; *~ mycket a*) (*som adjektiv*) a great (good) deal of, [rather] a large (quite a) number of (*folk* people), quite a lot of, *b*) (*som adv*) very much, a great (good) deal, quite a lot; *det var ~ mycket folk på teatern* there was quite a good audience at the theatre
gap *s7* mouth; (*djurs o. tekn.*) jaws (*pl*); *bildl.*

gape, jaws; (*öppning*) gap, opening **gapa 1** (*om pers. o. djur*) open one's mouth; hold one's mouth open; (*förvånat*) gape (*av* with); (*stirra*) stare; (*skrika*) bawl, yell; *den som ~r över mycket mister ofta hela stycket* grasp all, lose all **2** (*om avgrund o.d.*) yawn; (*stå öppen*) stand open
gap|ande *a4* gaping (*folkhop* crowd; *sår* wound); wide-open (*mun* mouth) **-hals** *vard.* loudmouth; (*pratmakare*) chatterbox **-skratt** roar of laughter, guffaw; *ge till ett ~* burst out laughing **-skratta** roar with laughter, guffaw
garag|e [-'a:ʃ] *s7* garage **-era** put in a garage
garageinfart garage entrance
garanti *s3* guarantee; (*ansvarighet*) responsibility; (*säkerhet*) security; *ställa ~[er] för ngt* give (furnish) a guarantee for s.th. **-belopp** guarantee amount **-sedel** certificate of guarantee
garçon [-'sån] *s3* waiter; *en glad ~* a merrymaker
gard *s3* **1** *sport.* guard; *ställa sig i ~* take one's guard **2** *kortsp.* guard; *ha ~* be guarded
garde ['garr-] *s6* guards (*pl*); [*det*] *gamla ~t* the old guard
gardenia [-'de:-] *s1* gardenia
garder|a guard, safeguard, cover; (*i tips*) cover, allow [up to] **-ing** guard; *i tips, se hel- resp. halvgardering*
garderob [-'å:b] *s3* **1** (*skåp*) wardrobe; (*klädkammare*) clothes closet; (*i offentlig lokal*) cloakroom; *AE.* checkroom **2** (*kläder*) wardrobe, clothes (*pl*) **garderobié** [-åb'je:] *s3*, **garderobiär** [-åb'jä:r] *s3*, *se garderobsvakt*
garderobs|avgift cloakroom (*AE.* checkroom) fee **-sorg** *ha ~* have only one's Sunday best to wear **-vakt** cloakroom (*AE.* checkroom) attendant
gardin *s3* curtain; (*rull-*) [roller] blind; *dra för* (*ifrån*) *~erna* pull (pull back) the curtains; *dra upp ~en* draw up the blind **-kappa** pelmet, valance **-stång** curtain rod (*av trä*: pole) **-uppsättning** curtain arrangement
gardist guardsman
garfågel [ˣga:r-] great auk, garefowl
garn [-a:-] *s7, s4* yarn; (*bomulls- äv.*) cotton; (*silkes- äv.*) silk; (*ull- äv.*) wool; (*fångst-*) net; *snärja ngn i sina ~* entangle (catch) s.b. in one's toils **-bod** shop selling yarn
garner|a (*kläder*) trim; (*mat*) garnish **-ing** trimming; garnish
garnison *s3* garrison; *ligga i ~* (*äv.*) be garrisoned
garnisons|ort garrison station **-sjukhus** military hospital
garnityr *s7* garniture; (*sats, uppsättning*) set
garn|nystan ball of yarn (*etc.*) **-ända** end of yarn, thrum
garrottering [-'te:-] gar[r]otte
garv *s7, vard.* horse laugh
1 garva *vard.* (*skratta*) laugh; guffaw
2 garva tan (*äv. bildl.*); dress, curry
garvad *bildl.* (*erfaren*) seasoned
garv|are tanner, leather dresser **-eri** tannery **-ning** tanning **-syra** tannin, tannic acid **-ämne** tanning agent
1 gas *s3* (*tyg*) gauze
2 gas *s3* gas; *ge ~* (*t. motor*) step on the gas, accelerate; *minska på ~en* (*t. motor*) slow down; *släcka* (*tända*) *~en* turn out (on) the gas
gas|a gas; *~ på* step on the gas **-betong** porous concrete **-bildning** gas formation
gasbinda gauze bandage
gasbrännare gas burner
gascognare *se gaskonjare* **Gascogne** [-'kånj] *n* Gascony
gasell *s3* gazelle
gas|form *i ~* in the form of gas, in a gaseous state **-formig** [-å-] *a1* gaseous **-förgiftning** gas poisoning
gask *s2, s3* (*fest*) spree, party **gaska** *~ upp sig* cheer up, buck up; (*rycka upp sig*) pull o.s. together
gas|kamin gas fire (stove) **-kammare** gas chamber (oven) **-klocka** gasholder, gasometer
gaskonjare [-ˣkånja-] Gascon
gas|krig gas war[fare] **-kromatografi** gas chromatography **-kök** gas ring **-lampa** gas lamp **-ledning** gas pipe; (*huvudledning*) gas main **-ljus** gaslight **-lykta** *se -lampa* **-låga** gas jet **-mask** gas mask; respirator **-mätare** gas meter **-ning** [-a:-] gassing
gasol [-'å:l] *s3* liquefied petroleum gas (*förk.* LPG, LP gas) **-driven** *a5* operated on liquefied petroleum gas **-kök** liquid-gas stove **-tub** bottle (cylinder) of liquefied petroleum gas
gas|pedal accelerator, throttle **-pollett** gas-meter disc **-reglage** throttle lever
gass *s7* heat, [full] blaze
gass|a be blazing [hot]; *~ sig i solen* bask in the sun **-ande** *s6*, **-ig** *a1* blazing, broiling
gas|spis gas cooker (range, stove) **-svetsning** gas welding; oxyacetylene welding
1 gast *s2* (*matros*) hand
2 gast *s2* (*spöke*) ghost
gasta yell, howl
gastera appear as a visiting company (actor)
gastkram|a hug violently; *~d* ghostridden **-ande** *a4* hair-raising **-ning** iron grip; stranglehold
gastr|ektomi *s3* gastrectomy **-isk** ['gast-] *a5* gastric **-it** *s3* gastritis
gastro|enterit *s3* gastroenteritis **-enterologi** gastroenterology **-nom** gourmet; *äv.* gastronome[r], gastronomist **-nomi** *s3* gastronomy **-nomisk** [-'nå:-] *a5* gastronomic[al] **-skop** [-'skå:p] *s7* gastroscope **-skopi** *s3* gastroscopy **-stomi** *s3* gastrostomy
gas|turbin gas turbine **-tändare** gas lighter **-ugn** gas oven **-utveckling** gas generation, gasification **-verk** gasworks (*sg o. pl*); gas company
gata *s1* street; (*körbana*) roadway; *~ upp och ~ ner* up and down the streets; *på ~n* in the street; *på sin mammas ~* on one's native heath; *gammal som ~n, se gammal*; *rum åt ~n* front room, room facing the street; *gå och driva på gatorna* walk the streets
gat|flicka streetwalker **-hus** part of house facing the street **-hörn** street corner **-lopp** *springa ~* run the gauntlet **-lykta** streetlamp, streetlight **-sopare** scavenger, street sweeper (*AE.* cleaner) **-sten** paving stone (*koll.* paving stones *pl*)
gatt *s7, sjö.* **1** (*hål*) hole **2** (*inlopp*) gut, narrow inlet

gatu|adress [street] address **-belysning** street lighting **-beläggning** street paving (surface) **-försäljare** street vendor, hawker **-korsning** intersection; crossing **-kök** *ung.* snack bar **-liv** street life **-namn** street name **-nät** street system **-plan** street level **-renhållning** street cleansing **-skylt** street sign **-strid** street fighting (*äv.* ~*er*) **-vimmel** *i gatuvimlet* in the throng of the streets
gaucho ['gaotçå] *s5* gaucho
gav *imperf. av ge* (*giva*)
1 gavel ['ga:-] *i uttr.*: *på vid* ~ wide open
2 gavel ['ga:-] *s2* gable; (*på säng o.d.*) end; *ett rum på ~n* a room in the gable
gavelfönster gable window
gavial *s3* gavial, garial
gavott [-'vått] *s3* gavot[te]
g-dräkt *flyg.* G-suit, anti-G suit
G-dur G major
ge (*giva*) *gav givit el. gett* **I 1** (*skänka*) give; (*förära*) present (*ngn ngt* s.b. with s.th.), bestow (*ngn ngt* s.th. on s.b.); (*förläna äv.*) lend (*glans åt* splendour to); (*bevilja äv.*) grant (*tillåtelse* permission; *kredit* credit); (*bispringa med äv.*) render ([*ngn*] *hjälp* help (assistance) [to s.b.]); (*räcka äv.*) hand (*ngn ngt* s.b. s.th.); (*skicka* [*hit, dit*]) pass (*ngn brödet* s.b. the bread); ~ *dricks* tip; ~ *ngn sin hyllning* pay (do) one's homage to s.b.; *jag skall ~ dig!* I'll give it you!; *vad ~r du mig för det?* what do you say to that?; *Gud give att...!* God grant that...! **2** (*uppföra*) play, perform, give; *vad ~r dom i kväll?* what are they giving (what's on) tonight? **3** (*avkasta*) yield; give; ~ *ett gott resultat* yield (give) an excellent result **4** *kortsp.* deal **II** (*med betonad partikel*) **1** ~ *bort* give away **2** ~ *efter* yield, give way (*för* to) **3** ~ *emellan* give into the bargain **4** ~ *hit!* give me!; hand over! **5** ~ *ifrån sig a*) *fys.* emit, give off, *b*) (*ljud, tecken*) give, *c*) (*lämna ifrån sig*) give up, deliver **6** ~ *igen* give back, return, *bildl.* retaliate, pay back **7** ~ *med sig a*) (*ge efter*) yield, (*om pers. äv.*) give in, come [a]round, *b*) (*minska i styrka*) abate, subside, (*om sjukdom äv.*) yield to treatment; *inte ~ med sig* (*äv.*) stand firm, hold one's own **8** ~ *till ett skrik* give a cry, set up a yell **9** ~ *tillbaka a*) *se ge II 6*, *b*) (*vid växling*) give [s.b.] change (*på* for); *jag kan inte ~ tillbaka* I have no change **10** ~ *upp* give up (*äv. absol.*) **11** ~ *ut a*) (*pengar*) spend, *b*) (*publicera*) publish, *c*) (*utfärda*) issue, emit **III** *rfl* **1** give o.s. (take) (*tid* time) **2** (*ägna sig*) devote o.s. (*åt* to) **3** (*erkänna sig besegrad*) yield; *mil.* surrender; (*friare*) give in **4** (*om sak*) yield, give way (*för* to); (*töja sig*) stretch; (*slakna*) slacken **5** (*minska i styrka*) abate, subside **6** *det ~r sig* [*självt*] it goes without saying; *det ~r sig nog med tiden* things will come right in time **7** ~ *sig i kast med* grapple with, tackle; ~ *sig i samspråk med* enter into conversation with; ~ *sig i strid med* join battle with; tackle **8** (*med betonad partikel*) ~ *sig av a*) set out (start) (*på* on), *b*) (*bege sig i väg*) be off, take one's departure; ~ *sig in på* embark upon (*ett företag* an enterprise), enter into (*en diskussion* a discussion); ~ *sig in vid teatern* go on the stage; ~ *sig på a*) (*börja med*) set about, tackle, *b*) (*angripa*) fly at, attack (*ngn* s.b.); ~ *sig till att skjuta* start (set about) shooting; ~ *sig ut a*) go out (*och fiska* fishing), set out (start) (*på en resa* on a journey), *b*) (*våga sig ut*) venture out; ~ *sig ut för att vara* pretend (profess [o.s.]) to be
gebit [g- *el.* j-] *s7* domain, province
gecko ['geckо] *s5, s3*, **-ödla** gecko
gedige|n [je'di:-] *a3* **1** (*metall*) pure; (*massiv*) solid **2** *bildl.* solid, sterling; genuine; ~ *karaktär* sound character; *-t arbete* sterling piece of work, excellent workmanship
gegg|amoja [ˣgeggamåjja] *s1* mess **-ig** *a1* sticky, messy
gehenna [jeˣhenna] *s7* Gehenna
gehör [j-] *s7* **1** *mus. o. språkv.* ear; *absolut* ~ absolute (perfect) pitch; *spela efter* ~ play by ear **2** hearing; (*aktning*) respect; (*uppmärksamhet*) attention; *vinna* ~ meet with sympathy; find a ready listener (audience); *skaffa sig* ~ gain a hearing
geigermätare [ˣgajger-] Geiger (Geiger-Müller) counter
geisha [ˣgejʃa *el.* 'gejʃa] *s1* geisha
geist [gajst *el.* gejst] *s3* liveliness, spark; passion
gejd [g-] *s3, tekn.* guide; slide
gejser ['gejj-] *s2* geyser
gel [j-] *s4, kem.* gel
gelatin [ʃ-] *s4, s3* gelatin[e] **-artad** [-a:-] *a5* gelatinous
gelé *s4, s3* jelly **gelea** [ʃe'le:a] *rfl* jelly, jellify; congeal **geléartad** [-a:-] *a5* gelatinous
gelik|e [je'li:-] *s2* equal; *du och dina -ar* you and your likes; *hennes -ar* (*äv.*) the likes of her
1 gem [jemm *el.* g-] *s3* (*ädelsten*) engraved (inlaid) jewel
2 gem [ge:m] *s7* (*pappersklämma*) paperclip
gemak [j-] *s7* apartment, stateroom
gemen [j-] *a1* **1** (*nedrig*) low, mean; (*lågsinnad*) base; (*friare*: *otäck*) horrid; dirty **2** ~*e man a*) the man in the street, *b*) *mil.* the rank and file; *i* ~ in general **3** (*folklig*) friendly; sociable **4** *boktr.*, ~ *bokstav* lower case, lower-case letter
gemen|het [je'me:n-] (*egenskap*) lowness *etc.*; (*handling o.d.*) [act of] meanness; mean (*vard.* dirty) trick; (*starkare*) infamy **-ligen** commonly, in general
gemensam [je'me:n-] *a5* (*i sht för alla*) common (*för* to); (*i sht för två el. flera*) joint (*beslut* resolution); (*ömsesidig*) mutual (*vän* friend); *ett ~t intresse* an interest in common; *två våningar med ~t kök* two flats with shared kitchen; *med ~ma ansträngningar* by united effort; *göra ~ sak med* make common cause with; *ha ngt ~t* have s.th. in common **-het** community (*i* of)
gemensamhetskänsla sense of community
gemen|samt [je'me:n-] *adv* in common, jointly **-skap** *s3* community; fellowship; (*samfund*) communion; (*samband*) connection; *känna ~ med* have a fellow feeling for
gemmo|log [j- *el.* g-] gem[m]ologist **-logi** gem[m]ology
gems [g- *el.* j-] *s3* chamois
gemyt [j- *el.* g-] *s7* (*sinnelag*) disposition, temperament; (*godlynthet*) good nature **-lig** [-'my:t-] *a1* **1** (*om pers.*) good-natured, good-humoured, genial **2** (*om sak*) [nice and] cosy; comfortable **-lighet 1** good nature (humour), geniality **2** cosiness

gemål [j-] *s3* consort; spouse
1 gen [j-] *s3, biol.* gene
2 gen [j-] *a1* short, near, direct
gena take a short cut
genant [ʃe'naŋt *el.* -'ant] *a1* embarrassing, discomfiting, awkward
genast [ˣje:-] *adv* at once, immediately, straight away; (*om ett ögonblick*) directly; ~ *på morgonen* first thing in the morning
genbank *biol.* gene bank
gendarm [ʃaŋ-] *s3* gendarme **-eri** gendarmerie, gendarmery
gendriva [ˣje:n-] disprove (*ett påstående* a statement); refute (*kritik* criticism)
genea|log [j-] genealogist **-logi** *s3* genealogy **-logisk** [-'lå:-] *a5* genealogic[al]
genera [ʃ-] (*besvära*) bother, trouble, inconvenience; be a nuisance to; (*göra förlägen*) be embarrassing to; *ljuset ~r mig* the light bothers me; *~r det om jag röker?* do you mind if I smoke?; *låt inte mig ~!* don't mind me!; *~ er inte för att säga mig sanningen* don't hesitate to tell me the truth; *det skulle inte ~ honom att* he would never hesitate to; *han ~r sig inte* he is not one to stand on ceremony
generad [ʃe'ne:-] *a5* embarrassed; self-conscious; *jag är ~ för honom* I feel embarrassed in his presence
general [j-] *s3* general, (*vid flygvapnet*) air chief marshal; *AE.* general **-agent** general agent **-agentur** general agency **-bas** *mus.* thorough bass, [basso] continuo **-direktör** director-general **-församling** general assembly **-guvernör** governor general
generaliser|a [ʃ-] generalize, make sweeping statements **-ing** generalization
general|konsul consul general **-löjtnant** (*vid armén, kustartilleriet*) lieutenant general, (*vid flygvapnet*) air marshal; *AE.* lieutenant general **-major** (*vid armén, kustartilleriet*) major general, (*vid flygvapnet*) air vice-marshal; *AE.* major general **-order** general order[s *pl*] **-paus** *mus.* general pause (*förk.* G.P.) **-plan** general plan **-repetition** dress rehearsal **-sekreterare** secretary-general **-stab** general staff
generalstabs|karta ordnance [survey] map **-officer** general-staff officer
general|strejk general strike **-tullstyrelse** *~n* [the Swedish] board of customs
generation [j-] generation
generations|klyfta, -motsättning conflict between generations; generation gap **-växling** *biol.* alternation of generations, metagenesis
generativ [j-] *a5* generative
generator [jeneˣra:tår] *s3* generator **-gas** *se gengas*
generatris [j-] *s3* generatrix (*pl* generatrices)
gener|ell [ʃ-] *a1* general **-ellt** *adv*, ~ *sett* generally speaking, from a general point of view
generera [j-] generate
generisk [je'ne:-] *a5* generic[al]
gener|ositet [ʃ-] generosity **-ös** *a1* generous (*mot* to)
genet|ik [j-] *s3* genetics (*pl, behandlas som sg*) **-iker** [-'ne:-] geneticist **-isk** [-'ne:-] *a5* genet-ic[al]; ~ *kod* genetic code
genett [j-] *s3, se ginstkatt*
Genève [ʃö'nä:v] *n* Geneva
genever [ʃö'nä:-] *s9* hollands (*sg*)
Genèvesjön the Lake of Geneva
gengas [ˣje:n-] producer (air) gas **-aggregat** producer-gas unit
gen|gångare [ˣje:n-] ghost, spectre **-gåva** gift in return **-gäld** *i* ~ in return (*för* for) **-gälda** ~ *ngn ngt* pay s.b. back for s.th.; *jag kan aldrig ~ hans vänlighet* I shall never be able to repay his kindness
geni [ʃ-] *s4, s6* genius (*pl* geniuses)
genial [j-, *äv.* ʃ-] *a1,* **-isk** [-'a:-] *a5* brilliant; (*fyndig*) ingenious **-itet** brilliance; (*ngns äv.*) genius
genie ['je:-] *s5, se genius*
geniknöl bump of genius; *gnugga ~arna* cudgel one's brains
genital [j-] *a5* genital **-ier** *pl*, **-organ** genitals, genitalia
genitiv ['je:-] *s3* genitive; *i* ~ in the genitive
geni|us ['je:-] *-en -er* genius (*pl äv.* genii)
gen|klang [ˣje:n-] echo; *bildl. äv.* sympathy, approbation, response; *vinna* ~ meet with response **-ljud** echo, reverberation; *ge* ~ awake an echo **-ljuda** echo, reverberate (*av* with)
genmanipulation genetic manipulation
gen|mäla [ˣje:n-] *v2, v3* (*svara*) reply; (*starkare*) rejoin; (*invända*) object (*mot, på* to) **-mäle** *s6* reply; (*starkare*) retort; (*i tidning*) rejoinder)
genom ['je:nåm] **1** *rumsbet.* through; *fara hem* ~ go home by way of (via); *kasta ut ~ fönstret* throw out of the window; *komma in ~ dörren* (*fönstret*) come in at the door (window) **2** *tidsbet.* through; ~ *hela*... all through..., throughout... **3** (*angivande mellanhand*) through; (*angivande överbringare*) by; *jag fick veta det ~ henne* I got to know it through her; *skicka ett meddelande ~ ngn* send a message by s.b. **4** (*angivande medel*) by [means of]; ~ *enträgna böner* by means of persistent prayers **5** (*angivande orsak*) by, owing to, thanks to; ~ *drunkning* by drowning; ~ *hans hjälp* by (thanks to) his assistance; ~ *olyckshändelse* through (owing to) an accident **6** *mat.*, *12 ~ 4* 12 divided by 4
genom|andad *a5* penetrated, instinct (*av* with) **-andas** *dep* be penetrated (*etc.*) (*av* with) **-arbeta** deal with thoroughly, work through
genombläddr|a leaf (skim) through **-ing** cursory perusal
genom|blöt soaking wet **-blöta** soak, drench **-borra** (*med svärd o. bildl.*) pierce; (*med dolk*) stab; (*med blicken*) transfix **-brott** breakthrough, breaking through; *mil. o. bildl.* breakthrough, (*bildl. äv.*) triumph **-bruten** broken through; (*nätartad*) latticed, open-work **-bäva** *~s av* be thrilled with, thrill with **-diskutera** thrash out **-driva** force through, get carried, carry; *AE. vard.* railroad **-dränka** soak (*med* in), saturate (*med* with) **-dålig** thoroughly bad **-fara** *se fara* [*igenom*]; *~s av en rysning* experience a sudden thrill, (*av obehag*) shudder **-fart** way through; passage; *ej* ~ no thoroughfare
genomfarts|trafik through traffic **-väg** thoroughfare
genom|forska explore thoroughly **-frusen** chilled through (to the bone)

G

genomför|a carry through (out), realize; (*utföra*) accomplish, effect **-ande** *s6* carrying through, accomplishment, realization **-bar** *a5* feasible, practicable
genom|gjuten [-ju:-] *a5*, ~ *linoleum* inlaid linoleum **-gripande** *a4* thorough, exhaustive; ~ *förändringar* radical (sweeping) changes **-gräddad** *a5* well-baked
genomgå *se gå* [*igenom*]; *bildl.* go (pass) through; (*genomlida*) undergo, suffer; (*erfara*) experience; (*undersöka*) go through, examine **-ende I** *a4* [all-]pervading (*drag i* characteristic of); (*ständigt förekommande*) constant (*fel* error); (*grundlig*) thorough; *järnv.* through; ~ *trafik* through (transit) traffic **II** *adv* all through, throughout
genomgång *s2* going through *etc.*; (*väg o.d.*) passage, thoroughfare; *förbjuden* ~*!* no passage!
genomgångs|rum room giving access to another; in-between room **-trafik** through traffic
genom|hederlig downright (thoroughly) honest **-ila** *se ila* [*igenom*]; *bildl.* pass through; ~*s av skräck* shudder with fear, *vard.* be in a blue funk **-kokt** [-o:-] *a4* thoroughly done; *ej* ~ not done **-korsa** cross [and recross] **-kämpa** fight through **-leta** search through, ransack **-leva** live through; (*uppleva*) experience **-lida** ~ *mycket* go through a great deal [of suffering]; ~ *en föreställning* (*skämts.*) endure a performance to the bitter end
genomlys|a (*med röntgenstrålar*) X-ray, x-ray; *-t av godhet* radiant with goodness **-ande** *a4* translucent **-ning** fluoroscopy
genomlysningsskärm fluorescent screen
genomläs|a read through, peruse **-ning** reading through, perusal
genom|löpa *v3, bildl. äv. -lopp -lupit* **1** (*tillryggalägga*) run through **2** (*genom|gå, -se*) pass through **3** (*genomleva*) live through **-musikalisk** exceedingly musical **-präktig** *en* ~ *flicka* an exceedingly fine girl **-pyrd** [-y:-] *a5* impregnated (*av, med* with); *bildl.* steeped (*av* in), brimming over (*av* with)
genom|resa I *s1* journey through, transit; *vara på* ~ *till* be passing through [the town *etc.*] on one's way to **II** *v3* travel (pass) through, traverse **-resetillstånd** transit permit
genom|rolig exceedingly (awfully) funny **-rutten** rotten all through (to the core)
genomse look through; (*granska*) revise
genomskinlig [-ʃi:-] *a1* transparent; diaphanous; *vard.* seethrough; *bildl. äv.* plain **-het** transparency
genom|skåda see through; (*hemlighet*) penetrate, find out; (*avslöja*) unmask **-skärning 1** (*avskärning*) intersection **2** (*tvärsnitt*) cross section **-slag 1** *se genomslagskopia* **2** (*projektils*) penetration **3** *elektr.* disruptive discharge
genomslags|kopia carbon copy **-kraft** penetration; *mil.* penetrative power
genomsläpplig *a5* pervious, permeable
genomsnitt 1 (*genomskärning*) cross section **2** (*medeltal*) average, mean; *i* ~ on [an] average; *under* ~*et* below average **-lig** *a5* average
genom|snittshastighet average speed **-stekt** well done **-stråla** irradiate
genomström|ma flow through; ~*s av floder* be traversed by rivers **-ning** flowing (running) through
genom|ströva roam through **-svettig** wet through with perspiration **-syn** inspection, perusal **-syra** *bildl.* leaven [all through], permeate **-söka** *se genomleta* **-trevlig** delightful, very pleasing **-tryckt** (*om tyg*) printed right through **-tråkig** insufferably dull, very boring
genomträng|a *se tränga* [*igenom*]; (*genomborra*) pierce (*äv. bildl.*); (*tränga in i*) penetrate (*äv. bildl.*); (*sprida sig i*) permeate (*äv. bildl.*) **-ande** *a4* (*om blåst, blick*) piercing; (*om lukt, röst*) penetrating **-lig** *a5* penetrable (*för* by), pervious (*för* to) **-ning** penetration
genom|trött tired out, *vard.* dog-tired **-tänka** meditate upon, think out; *väl -tänkt* well thought out; *ett väl -tänkt tal* a carefully prepared speech **-vakad** *a5*, ~ *natt* sleepless night **-våt** wet through; (*om kläder*) soaking wet **-vävd** *a5* interwoven; *-vävt tyg* double-faced cloth
genotyp [j-] *s3* genotype
genre [ˈʃaŋer] *s5* genre **-bild** genre picture **-målning** genre painting
genrep [ˣje:n-] *s7* dress rehearsal
gensaga [ˣje:n-] *s1* protest
gensare [ˣgenn-] guernsey
gen|skjuta [ˣje:n-] (*hinna upp*) [take a short cut and] overtake; (*hejda*) intercept **-stridig** *a1*, **-strävig** *a1*, **-störtig** *a1* (*motsträvig*) reluctant, refractory (*mot* to) **-svar** reply; (*genklang, sympati*) response **-sägelse** contradiction; *utan* ~ incontestably, indisputably
genteknologi [ˣje:n-] genetic engineering
gentemot [j-] *prep* (*emot*) against; (*i jämförelse med*) in comparison to (with); (*i förhållande t.*) in relation to
gentiana [g- *el.* j-, -t(s)iˣa:na] *s1* gentian
gentil [ʃaŋ-] *a1* (*fin*) fine, stylish; (*frikostig*) generous, handsome
gentjänst [ˣje:n-] service in return
gentle|man gentleman **-mannamässig** *a1* gentleman-like, gentlemanly
Genua [ˈje:-] *n* Genoa **Genuabukten** the Gulf of Genoa
genuafock *sjö.* genoa [jib], *vard.* genny, jenny
genues [j-] *s3*, **-isk** *a5* Geno[v]ese
genuin [j-] *a1* genuine; (*utpräglad*) out-and-out; *en* ~ *snobb* a real snob
genus [ˈje:-] *n, språkv.* gender
genväg [ˣje:n-] short cut; ~*ar är senvägar* a short cut is often the longest way round
geocentrisk [jeoˈsenn-] *a5* geocentric
geo|desi [j-] *s3* geodesy, geodetics (*pl, behandlas som sg*) **-det** *s3* geodesist **-detisk** [-ˈde:-] *a5* geodetic[al]; ~ *linje* geodesic [line]
geofys|ik [j-] geophysics (*pl, behandlas som sg*) **-iker** [-ˈfy:-] geophycisist **-isk** [-ˈfy:-] *a5* geophysical
geo|graf [j-] *s3* geographer **-grafi** *s3* geography **-grafisk** [-ˈgra:-] *a5* geographic[al]; ~ *bredd* latitude; ~ *längd* longitude
geokem|i [j-] geochemistry **-isk** [-ˈçe:-] *a5* geochemical
geokronologi [j-] geochronology
geo|log [j-] geologist, geologer **-logi** *s3* geology

-logisk [-'lå:-] *a5* geologic[al]
geometr|i [j-] *s3* geometry; *analytisk ~* analytical geometry **-iker** [-'me:-] geometer, geometrician **-isk** [-'me:-] *a5* geometric[al]; *~ serie* geometric progression, (*summa*) geometric series; *~t medium* geometric mean
geo|morfologi [j-] geomorphology **-politik** geopolitics (*sg o. pl*)
georgette [ʃår'ʃett] *s5* georgette [crepe]
Georgien [je'årgien *el.* -ji-] *n* Georgian Soviet Socialist Republic, *vard.* Georgia **georgier** [je'årgier *el.* -ji-] Georgian
geo|statik [j-] geostatics (*pl, behandlas som sg*) **-stationär** *~ satellit* geostationary satellite
geotekn|ik [j-] geotechnics (*pl, behandlas som sg*) **-isk** [-'tekn-] *a5* geotechnical
geoterm|alvatten geothermal (hot) water **-isk** geothermal, geothermic; *~ energi* geothermal energy
geovetenskap [ˣje:o-] geoscience
gepard [je'pa:rd] *s3* cheetah
gepäck [g-, *äv.* j-] *s7* luggage
gerani|um [je'ra:-] *-en -er* geranium
geriatr|i[k] [g-] *s3* geriatrics (*pl, behandlas som sg*) **-iker** [-'a:-] geriatrician, geriatrist **-isk** [-'a:-] *a5* geriatric
gerilla [ge'rilla] *s1* guer[r]illa **-krig** guer[r]illa warfare **-rörelse** guer[r]illa movement
gering [ˣje:-] *fack.* mitre **geringslåda** mitre block (box)
german [j-] *s3* Teuton **-ism** *s3* Germanism **-ist** Germanic philologist
germanium [jer'ma:-] *s8* germanium
germansk [-'a:-] *a5* Germanic; Teutonic
geronto|log [g-] gerontologist **-logi** *s3* gerontology **-logisk** [-'lå:-] *a5* gerontological
gerundium [-'runn-] *s8* gerund
ges *gavs givits el. getts, dep, det ~* (*finns*) there is (are)
geschäft [g- *el.* j-] *s7* business
gesims [j-, *äv.* g-] *s3* cornice, moulding
gess [j-, *äv.* g-] *s7* G flat **Gess-dur** G flat major
gest [ʃ-] *s3* gesture
gestalt [j-] *s3* figure; (*pers.*) character; (*avbildad ~*) image; (*form*) shape, form; *psykol.* gestalt; *ta ~* take on (assume) shape; *i en tiggares ~* in the guise (shape) of a beggar; *en av vår tids största ~er* one of the greatest figures (characters) of our time
gestalta [je'stalta] **1** shape, form, mould; *~ en roll* (*äv.*) create a character **2** *rfl* (*utveckla sig*) turn out; (*arta sig*) shape; *hur framtiden än kommer att ~ sig* no matter what the future holds
gestalt|ning formation; (*form*) form; shape, configuration; (*av roll e.d.*) creation **-ningsförmåga** power of portrayal (creating) characters
gestaltpsykologi Gestalt psychology
gestikuler|a [ʃ-] gesticulate **-ing** gesticulation
gesäll [j-] *s3* journeyman **-brev** journeyman's certificate **-prov** apprentice's examination work
get [j-] *-en -ter* goat **getabock** [ˣje:-] he-goat, billy goat
geting [ˣje:-] wasp **-bo** wasp's nest; *röra om* (*sticka handen*) *i ett ~* stir up a hornet's nest **-midja** wasp waist **-stick** wasp's sting
get|ost goat's-milk cheese **-ragg** goat's wool **-rams** *s3, bot.* [angular] Solomon's seal **-skinn** goatskin, kid; (*getfäll*) goat-fell **-väppling** kidney vetch, ladies' fingers
gett [j-] *sup. av giva* (*ge*)
getto ['getto] *s6* ghetto
getöga goat's eye; *kasta ett ~ på* take a quick look at
gevär [j-] *s7* (*räfflat*) rifle; (*friare*) gun; *för fot ~!* order arms!; *i ~!* to arms!; *på axel ~!* shoulder arms!; *sträcka ~* lay down one's arms
gevärs|eld rifle fire **-exercis** rifle drill **-faktori** arms manufacturers (factory) **-kolv** [rifle] butt **-kula** [rifle] bullet **-mynning** muzzle **-pipa** [rifle] barrel **-skott** rifle shot **-skytt** rifleman **-stock** gunstock
Ghana [ˣga:-] *n* Ghana **ghan|an** *s3,* **-ansk** [-'a:-] *a5* Ghanaian
gibbon [-'å:n] *s3* gibbon
Gibraltar sund [ʃi'brall-] the Straits of Gibraltar
gick [jikk] *imperf. av gå*
gid [gidd] *s3* guide
giffel ['g- *el.* 'j-] *s2* croissant
1 gift [j-] *s4* poison (*äv. bildl.*); (*orm- o.d.*) venom (*äv. bildl.*); *fack.* toxin
2 gift [j-] *a4* married (*med* to)
gifta [ˣjifta] *gifte gift*; *~ bort* marry off; give away in marriage; *~ sig* marry (*äv. ~ sig med*) (*av kärlek* for love), get married; *~ sig för pengar* marry for money; *~ sig rikt* marry money; *~ in sig i en familj* marry into a family; *~ om sig* [*med*] remarry
giftas|lysten keen on getting married **-tankar** *gå i ~* be thinking of getting married **-vuxen** old enough to get married, of marriageable age
gift|blandare, -blanderska poisoner **-blåsa** poison bag, venom sac; *bildl.* venomous person **-bägare** poison cup
gifte [j-] *s6* marriage; *barn i första ~t* children of the first marriage
giftermål [j-] marriage; match
giftermåls|anbud offer (proposal) of marriage **-annons** marriage advertisement **-balk** marriage act
gift|fri nonpoisonous, nontoxic **-gas** poison gas
giftig [j-] *a1* poisonous; venomous; toxic **-het** poisonousness; venomousness; toxicity; *~er* (*bildl.*) venomous remarks
gift|mord murder by poison[ing] **-mördare** poisoner
giftoman [ˣjiftomann] *jur.* guardian
giftorm poisonous snake
gifträtt [j-] *jur.* widow's (widower's) right to property held jointly
gifträttsgods property held jointly by husband and wife, matrimonial property
gift|pil poisoned arrow **-skåp** poison cupboard **-stadga** poisons act **-tand** [poison] fang **-tecken** poison sign **-verkan** toxic effect
giga [j-] *s1* fiddle
gigant [g- *el.* j-] giant **-isk** *a5* gigantic
gigg [j-] *s2* gig (*äv. sjö.*)
gigolo ['ji:- *el.* 'jigg- *el.* 'ʃ-] *s5* gigolo
gikt [j-] *s3* gout **-bruten** gouty, gout-ridden
gilj|a [j-] woo; court **-are** wooer
giljar|färd, -stråt *dra på ~* go wooing
giljotin [j-] *s3,* **-era** *v1* guillotine

G

gill [j-] *a5, gå sin ~a gång* be going on just as usual; *tredje gången ~t!* third time lucky!
gill|a (*godkänna*) approve of; *vard.* (*tycka om*) like, *AE.* dig; *det ~s inte!* (*vid lek*) [that's] not fair!, that doesn't count! **-ande** *s6* approval, approbation; *vinna ngns ~* meet with a p.'s approval
gille [j-] *s6* **1** (*gästabud*) banquet, feast; party **2** (*skrå*) guild; (*samfund*) guild, society
giller ['jill-] *s7* trap, gin; *bildl. äv.* snares (*pl*)
gille[s]stuga *ung.* informal [basement] lounge; *AE. äv.* rumpus room
gillra [j-] set (*en fälla* a trap)
giltig [j-] *a1* valid, effective; current; (*om dokument, överenskommelse*) effectual; (*om biljett äv.*) available; *bli ~* become valid (effective), come into force; *inget ~t skäl* no just cause **-het** validity; availability; *äga ~* be in force
giltighetstid period of validity; *förlängning av ~en* extension of the validity; *~ens utgång* expiry
gimmick ['gimm-] *s2* gimmick
1 gin [ji:n] *se 2 gen*
2 gin [jinn *el.* ji:n] *s3, s4* gin
ginnungagap [ˣjinn-] yawning gulf
ginseng ['ginn-] *s2* ginseng
ginst [g-] *s3, bot.* broom, genista
ginstkatt [g-] genet[te]
ginväg *se genväg*
gip[p] *s2, sjö.* gybe, jibe
1 gipa [j-] *s1, se mungipa*
2 gipa *el. gippa* [j-] *v1, sjö.* gybe, jibe
gips [j-] *s3* **1** (*mineral*) gypsum **2** (*gipsmassa*) plaster of Paris, *vard.* plaster
gips|a (*tak e.d.*) plaster; (*lägga förband [på]*) *äv.* put in plaster [of Paris] **-avgjutning** plaster cast **-figur** plaster figure **-förband** plaster[-of-Paris] cast (bandage) **-katt** plaster cat **-ning** plastering **-platta** plasterboard
gir [j-] *s2,* **gira** [j-] *v1, sjö.* sheer; (*friare*) turn, swerve
giraff [ʃ-] *s3* giraffe
girer|a [j-], **-ing** transfer
girig [j-] *a1* avaricious, miserly; (*lysten*) covetous, greedy (*efter* of); *den ~e* the miser **-buk** miser **-het** avariciousness *etc.*; avarice, greed; (*lystnad*) cupidity (*efter* for); (*vinstbegär*) avidity
girland [g- *el.* j-, -'and *el.* -'aŋ(d)] *s3* garland, festoon
giro ['ji:-] *s6* **1** *se girering* **2** (*jfr äv. postgiro*) *se -konto* **-konto** giro account
giss [j-] *s7* G sharp
gissa [j-] guess; (*förmoda*) conjecture; (*sluta sig t.*) divine; *rätt ~t!* you've got it!, right!; *~ sig till* guess, divine; *det kan man inte ~ sig till* that's impossible to guess
gissel ['jiss-] *s7* scourge; *satirens ~* the sting of the satire **-djur** flagellate **-slag** lash with a scourge
gissla [j-] scourge; *bildl. äv.* lash
gisslan [j-] *r* hostage[s *pl*]; *ta ~* seize hostages (a hostage)
gisslare [j-] scourger
gissning [j-] guess; conjecture, surmise; *bara ~ar* (*äv.*) pure guesswork (*sg*)
gissnings|tävlan guessing competition **-vis** at a guess
gisten [j-] *a3* (*om båt, laggkärl*) leaky, open at the joints; (*om golv*) gaping **gistna** become leaky; open at the joints; begin to gape
gitarr [j-] *s3* guitar; *akustisk ~* acoustic guitar; *elektrisk ~* electric guitar; *knäppa på ~* twang the guitar **-ackompanjemang** guitar accompaniment **-ist** guitarist
gitt|a [j-] *v1 el. gitte gittat* (*idas*) *bäst hon -er* as much as ever she likes, to her heart's content; *jag -er inte svara* I can't be bothered to answer
gitter ['g- *el.* 'j-] *s7* **1** *fys.* grating; *radio.* grid **2** *miner.* lattice
giv [j-] *s2* deal; *nya ~en* (*i USA*) the New Deal
giva [j-] *se ge*
givakt [j-] *n, se 3 akt*; *bildl., ett ~* a [word of] warning
giv|ande [j-] *a4* (*fruktbar*) fertile; *bildl. äv.* fruitful; (*lönande*) profitable, rewarding **-are, -arinna** [j-] giver, donor
givas [j-] *se ges*
giv|en [j-] *a3* given; (*avgjord*) clear, evident; *-na förutsättningar* understood prerequisites; *på ett -et tecken* at an agreed sign (signal); *ta för -et att* take it for granted that; *jag tar för -et att* I assume (take it) that; *det är -et!* of course!; *det är en ~ sak* it is a matter of course
giv|etvis [j-] of course, naturally **-it** *sup. av giva* (*ge*)
givmild [ˣji:v-] generous, open-handed **-het** generosity, open-handedness
1 gjord [jo:rd] *a5* done; made; (*jfr göra*); *historien verkar ~* the story seems to be made-up
2 gjord [jo:rd] *s2* girth
gjorde [ˣjo:r-] *imperf. av göra* **gjort** [jo:rt] *sup. av göra*
gjut|a [j-] *göt gjutit* **1** (*hälla*) pour **2** (*sprida, låta flöda*) shed **3** *tekn.* cast; (*metall o. glas äv.*) found; (*glas äv.*) press; (*friare*) mould; *rocken sitter som -en* the coat fits like a glove
gjut|are [j-] founder **-eri** [iron] foundry **-form** mould **-gods** *s7* castings (*pl*)
gjut|it [j-] *sup. av gjuta* **-järn** cast iron **-ning** casting *etc.* **-stål** cast steel
g-klav treble (G) clef
glacéhandske kid glove
glacial *a5* glacial **-period** glacial period (epoch), ice age
glacio|log glaciologist, glacialist **-logi** *s3* glaciology **-logisk** [-'lå:-] *a5* glaciologic[al]
glaciär *s3* glacier
glad *a1* (*gladlynt*) cheerful; (*upprymd*) merry, jolly, gay; (*lycklig*) happy; (*belåten*) delighted, pleased (*över* at); *~a färger* gay colours; *en ~ lax* (*bildl.*) a jolly chap; *~a nyheter* good news (*sg*); *~ påsk!* [A] Happy Easter!; *G~a änkan* the Merry Widow; *~ och munter* cheerful and gay; *glittrande ~* radiantly happy; *~ som en lärka* [as] happy as a lark; *med glatt hjärta* with a cheerful heart; *göra sig ~a dagar* make a day of it; *vara ~ i* (*t.ex. mat*) be fond of
glada *s1, zool.* [red] kite
gladde *imperf. av glädja*
gladeligen gladly; (*utan svårighet*) easily
gladiator [-ˣa:tår] *s3* gladiator **-spel** gladiatorial games
gladiol|us [-'di:-] *-usen -us, pl äv. -er* gladiolus (*pl äv.* gladioli, gladiolus), sword lily

gladlynt [ˣgla:d-] *a1* cheerful; (*glad t. sitt sinne*) good-humoured **-het** cheerfulness; good humour

glam [glamm] *s7* gaiety, merriment **-ma** talk merrily; (*stimma*) be noisy

glamo[u]r [gla'mo:r, *äv.* 'glämmə] *s3* glamour **-isera** glamorize **-ös** *a5* glamo[u]rous

glans *s3* **1** (*glänsande yta*) lustre; (*tygs o.d. äv.*) gloss; (*guld-*) glitter; (*genom gnidning e.d.*) polish; (*sken*) brilliance, brightness; (*bländande*) glare; (*strål-*) radiance **2** (*härlighet, prakt*) magnificence, splendour; (*ära*) glory; *sprida ~ över* shed lustre over; *visa sig i all sin ~* appear (come out) in all its glory **3** *med ~* (*med bravur*) brilliantly, with flying colours, (*utan svårighet*) with great ease **-dagar** *pl* palmy days; heyday (*sg*) **-full** brilliant

glans|ig *a1* glossy; lustrous; (*om papper*) glazed **-[k]is** glassy ice **-lös** lustreless, lacklustre, dull **-nummer** (*persons*) showpiece; (*aftonens*) star turn **-papper** glazed paper **-period** heyday, golden age **-roll** brilliant (celebrated) role **-tid** *se -period*

glapp I *s7* backlash; play **II** *a1* loose; *vara ~* (*äv.*) gape **glappa** be loose, gape; (*om skor o.d.*) fit loosely

glas *s7* **1** glass; (*mängd av en dryck äv.*) glassful; (*-varor*) glasswork; *ett ~ mjölk* a glass of milk; *ta ett ~ med ngn* have a jar with s.b.; *gärna ta sig ett ~* be fond of a drink; *han har tagit sig ett ~ för mycket* he has had a drop too much, *vard.* he has one over the eight; *sätta inom ~ och ram* frame [and glaze] **2** *sjö.* bell

glas|a glaze **-artad** [-a:r-] *a5* glassy, glasslike; *~ blick* a glassy look **-assiett** glass side plate **-berget** *sitta på ~* be left on the shelf **-bit** piece of glass **-björk** downy birch **-blåsare** glassblower **-bruk** glassworks (*pl, behandlas som sg*) **-burk** glass jar

glaser|a glaze; *kokk.* frost, ice **-ing** glazing; frosting, icing

glasfiber glass fibre **-armerad** *a5* reinforced with glass fibre **-plast** glass-fibre plastic **-ull** glass wool **-väv** fibreglass [fabric]

glas|flaska glass bottle **-hal** slippery as glass **-hus** glasshouse; *man skall inte kasta sten när man sitter i ~* those who live in glasshouses should not throw stones **-klar** as clear as glass **-kropp** *anat.* vitreous body **-kupa** glass cover; bell jar (glass); (*på lampa*) glass shade **-massa** melted glass **-målning** *~ar* (*konkr.*) stained glass (*sg*); *fönster med ~ar* stained-glass window **-mästare** glazier **-mästeri** glaziery **-putsmedel** glass cleaner **-ruta** pane [of glass] **-rör** glass tube

glass *s3* ice cream **-bomb** bombe [glacée]

glas|skiva glass plate (sheet) **-skärva** glass splinter **-slipare** glass grinder (cutter)

glass|pinne ice [cream] **-strut** (*hopskr. glasstrut*) ice-cream cone (cornet) **-stånd** (*hopskr. glasstånd*) ice-cream stall

glas|ull glass wool **-varor** *pl* glasswork, glassware (*sg*) **-veranda** glassed-in veranda, sun lounge

glasyr *s3* glazing; (*på porslin*) glaze; *kokk.* frosting, icing

glasål glass eel

glasögon *pl* glasses, spectacles, *vard.* specs; *särsk. AE.* eyeglasses; (*stora*) goggles **-bågar** *pl* spectacle frame (*sg*) **-fodral** spectacle case **-orm** cobra

1 glatt *adv* gaily *etc.*; *bli ~ överraskad* be pleasantly surprised; *det gick ~ till* we (*etc.*) had a very gay time

2 glatt *a1* smooth; (*glänsande*) glossy, sleek; (*hal*) slippery; *~ muskel* smooth muscle; *springa för ~a livet* run for all one is worth

3 glatt *sup. av glädja*

glattmask oligochaete

glaubersalt Glauber['s]salt

glaukom [-'kå:m] *s4* glaucoma

gled *imperf. av glida*

gles *a1* (*ej tät, tätt bevuxen o.d.*) thin (*hårväxt* growth of hair; *fläck* spot); (*om vävnad o.d.*) loose; *~ befolkning* sparse population; *~ skog* open forest; *~a tänder* teeth with spaces in between **-befolkad** [-å-] *a5* sparsely populated **-bevuxen** sparsely covered **-bygd** thinly populated area

glesna [ˣgle:s-] grow thin (*etc.*); (*om hår äv.*) get thin; become [more] open; *leden ~r* the ranks are thinning

gli *s6* **1** (*fiskyngel*) [small] fry (*pl*) **2** (*barnunge*) brat; *~n* small fry (*pl*)

glid *s7* **1** (*glidning*) glide, slide; *med långa ~* with long strides **2** (*glidförmåga, skidföre*) running **3** *på ~* on the glide, going astray

glida *gled glidit* glide; (*över ngt hårt*) slide; (*halka*) slip; *flyg.* sideslip; (*friare*) pass; *~ ifrån* glide away from; *~ isär* drift apart; *~ undan* slip away, (*slingra sig*) dodge, evade; *låta handen ~ över* pass one's hand over

glid|ande *a4* (*rörelse*) gliding; (*skala*) sliding **-bana** [sliding] chute, slide

glidflyg|are glider pilot **-ning** gliding, glide **-plan** glider

glid|flykt glide; gliding flight; *flyg.* volplane, volplaning; *gå ner i ~* volplane **-form** *byggn.* sliding form

glid|it *sup. av glida* **-lager** plain bearing **-ning** gliding, glide; sliding, slide

glimlampa [ˣglimm-] glow lamp **glimma** gleam; (*glittra*) glitter, glisten; *det är inte guld allt som ~r* all is not gold that glitters **glimmer** ['glimm-] **1** *s7* gleam[ing], glitter[ing] **2** *s2, miner.* mica **glimra** *se glimma*

glimt *s2* gleam (*äv. bildl.*); (*i ögat*) glint, twinkle; (*skymt*) glimpse; *en ~ i ögat* a glint (twinkle) in the eye; *få en ~ av* catch a glimpse of

glimt|a glance, glimpse, glint **-vis** by glimpses (flashes)

glindra *se glittra, glimma*

glipa *s1* [narrow] gap

glíring gibe, jibe, sneer; dig; *få en ~* be gibed (sneered) at

glitter ['glitt-] *s7* **1** glitter, lustre; (*daggens etc.*) glistening; (*julgrans- e.d.*) tinsel; (*grannlåt*) gewgaws, baubles (*pl*) **2** *bildl.* (*tomt* empty) show **glittra** glitter, sparkle, shimmer; *~nde glad, se glad*

glo *v4* stare (*på* at); glare, goggle (*på* at)

glob *s3* globe; (*friare äv.*) ball

global *a5* global; worldwide **-avtal** global agree-

G

ment
globin *s4* globin **globulin** *s4* globulin
glop *s2* whippersnapper, whipster, jackanapes; *vard.* puppy
glopp [-å-] *s7, se snöglopp*
gloria ['glɔ:-] *s1* **1** (*strålkrans*) halo, glory; (*helgons äv.*) aureole, nimbus **2** *bildl.* nimbus
glori|fiera glorify **-fiering** glorifying, glorification **-ös** *a5* glorious
glos|a *s1* **1** word; vocable **2** (*glåpord*) gibe, jibe, sneer **-bok** vocabulary [notebook]; (*tryckt*) glossary, vocabulary
glossarium [glås'sa:-] *s4* glossary
glosögd *a5* popeyed, fisheyed
glottis ['glått-] *best. form* = glottis **-stöt** glottal stop
gloxinia [glå'xi:-] *s1* gloxinia
glufsa ~ *i sig* [*maten*] gobble up (down) [one's food]
glugg *s2* hole, aperture
glukagon [-'gå:n] *s4* glucagon
glukos [-'å:s] *s3* glucose **-id** *s3* glucoside
glunkas *det ~s* there is a rumour (*om* about; *om att* that)
glup|a *se glufsa* **-ande** *a4* ravenous (*aptit* appetite); voracious; ~ *ulvar* ravening wolves
glupsk *a1* greedy; (*omättlig*) voracious, ravenous, gluttonous **-het** greed[iness]; voracity, gluttony
glutamat *s4* glutamate
gluten ['glu:-] *best. form = el. -et* gluten
glutta peep, glance
glycer|id *s3* glyceride **-in** *s3, s4, se glycerol*
glycerol [-'å:l] *s3* glycerol, glycerin[e]
glykol [-'kå:l] *s3* ethanediol, [ethylene] glycol
glykos [-'kå:s] *s3, se glukos* **-id** *s3* glycoside
glytt *s2* lad
glåmig *a1* washed out; *blek och* ~ pale and washed out **-het** washed-out appearance; sallowness
glåpord taunt, scoff, jeer
gläd|ja [-ä:-] *gladde glatt* **1** give pleasure; make happy, please; (*starkare*) delight; ~ *ngn med ett besök* give s.b. pleasure by visiting him (*etc.*); *det -er mig* I am so glad [of that (to hear it)]; *om jag kan ~ dig därmed* if it will be any pleasure to you **2** *rfl* be glad (delighted) (*åt, över* at, about); rejoice (*åt, över* in, at); *kunna ~ sig åt ngt* (*åtnjuta*) enjoy s.th.; *jag -er mig mycket åt att få träffa dig* I am looking forward very much to seeing you
glädj|ande [-ä:-] *a4* joyful, pleasant (*nyheter* news [*sg*]); (*tillfredsställande*) gratifying (*resultat* result); ~ *nog* fortunately enough; *en ~ tilldragelse i familjen* a happy event in the family **-as** *gladdes glatts, dep, se glädja 2*
glädje [-ä:-] *s3* joy (*över* at); (*nöje*) pleasure (*över* in); (*starkare*) delight (*över* at); ([*känsla av*] *lycka*) happiness; (*munterhet*) mirth; (*tillfredsställelse*) satisfaction; *i ~ och sorg* in joy and sorrow; *med ~* (*äv.*) gladly; *till min stora ~* to my great delight; *bereda ngn ~* give s.b. happiness (*etc.*); *finna ~ i, ha ~ av* find (take) pleasure (*etc.*) in (*att göra* doing); *gråta av ~* weep for joy; *känna ~ över* feel joy (rejoice) at; *vara till ~ för* be a joy (*etc.*) to; *vara utom sig av ~* be beside o.s. with joy; *~n stod högt i tak* [the] mirth ran high; *det var en sann ~ att se* it was a real treat to see; *han har haft mycken ~ av sina barn* his children have been a great joy to him
glädje|bud[skap] good tidings (*pl*); *ett ~* (*friare*) wonderful (a wonderful piece of) news **-dödare** kill-joy; *vard.* wet blanket **-fattig** *se -lös* **-flicka** prostitute **-hus** brothel **-källa** source of joy **-lös** joyless; cheerless **-rik** full of joy, joyful **-rop** cry (shout) of joy **-rus** transport of joy, rapture **-spridare** bringer of happiness; (*barn*) ray of sunshine **-språng** leap for joy, caper **-strålande** radiant (beaming) [with joy] **-tjut** shout of joy **-tårar** *pl* tears of joy **-yra** whirl of happiness **-yttring** manifestation of joy **-ämne** subject for (of) rejoicing
gläfs *s7* yelp, yap **gläfsa** *v3* yelp, yap (*på* at)
gläns|a *v3* shine (*av, med* with) (*äv. bildl.*); glitter; (*om tårar, ögon*) glisten; (*om siden e.d.*) be lustrous **-ande** *a4* shining *etc.*, shiny; (*om ögon*) lustrous; (*om siden e.d.*) glossy; *bildl.* brilliant, splendid
glänt *s, i uttr.*: *stå på ~* stand (be) ajar
glänta I *s1* (*skogs-*) glade **II** *v1, ~ på* open slightly
glätta smooth; (*papper*) glaze; (*läder*) sleek; (*polera*) polish
glättig *a1* gay; cheerful, light-hearted **-het** gaiety; cheerfulness *etc.*
glättning smoothing; glazing *etc.*
glöd *s7, s3* **1** (*glödande kol*) live coal; (*koll. ofta*) embers (*pl*) **2** (*glödande sken o. bildl.*) glow; (*hetta*) heat; (*lidelse*) passion; *bildl. äv.* ardour, fervour
glöd|a *v2* glow (*av* with); *i sht bildl.* be [all] aglow (*av* with); (*om järn o.d.*) be red-hot; (*brinna*) burn **-ande** *a4* glowing; (*om järn*) red-hot (*äv. bildl.*); (*häftig*) burning, ardent, fervent; ~ *hat* fiery hatred; *samla ~ kol på ngns huvud* heap coals of fire on a p.'s head
glödg|a [ˣglöddga] make red-hot; (*stål*) anneal; (*vin*) mull; (*göra glödande*) ignite **-ning** (*av järn o.d.*) [the] bringing of...to a red heat; (*av stål*) annealing
glöd|het red-hot, white-hot, glowing **-lampa** [light] bulb; *fack.* incandescent lamp **-steka** grill; fry on the embers **-strumpa** incandescent mantle **-ström** filament current **-tråd** filament **-tändning** ignition by incandescence
glögg *s2, ung.* mulled and spiced wine
glöm|ma *v2* forget; (*försumma*) neglect; (*kvarglömma*) leave [behind], forget; ~ *bort* forget; *man -mer så lätt* one is apt to forget; *jag har -t vad han heter* I forget his name; *jag hade alldeles -t* [*bort*] *det* (*äv.*) it had entirely escaped (slipped) my memory (mind); ~ *sig* (*förgå sig*) forget o.s.; ~ *sig själv* be forgetful of o.s.; ~ *sig kvar* stay on
glöm|sk *a5* forgetful; absent-minded; (*ej aktande på*) unmindful (*av sina plikter* of one's duties); oblivious (*av omgivningen* of one's surroundings); *vara ~* [*av sig*] have a bad memory, be absent-minded **-ska** *s1* **1** forgetfulness; *av ren ~* out of sheer forgetfulness **2** (*förgätenhet*) oblivion; *falla i ~* be forgotten, fall into oblivion
g-moll G minor
gnabb *s7* bickering[s *pl*], wrangling[s *pl*], tiff; *AE.* spat **-as** *dep* bicker, wrangle
gnag|a *v2* gnaw (*på* at); (*knapra*) nibble; ~ *sig*

gnaw its (*etc.*) way (*igenom* through) **-ande** *a4* nagging (*oro* worry); *bildl. äv.* fretting, worrying **-are** *zool.* rodent

gnat *s7* nagging (*på* at; *över* about); cavilling (*på, över* at) **gnata** nag, cavil (*på* at) **gnatig** *a1* nagging; ~ *av sig* fretful, peevish

gned *imperf. av gnida*

gnejs *s3* gneiss

gnet *-en gnetter* (*lusägg*) nit

gnet|a write in a crabbed hand **-ig** *a1* (*om handstil*) crabbed

gnid|a *gned gnidit* rub; (*friare*) scrape (*äv.* ~ *på*); (*för att värma*) chafe; (*snåla*) pinch **-are** miser, skinflint **-ig** *a1* stingy, miserly, mean **-it** *sup. av gnida* **-ning** rubbing *etc.*; *fys.* friction

gnissel ['gniss-] *s7* **1** screech[ing] *etc., se gnissla* **2** *bildl.* (*slitningar*) jars (*pl*); (*knot*) croak[ing] **gnissla** screech; (*om gångjärn e.d.*) creak; (*om hjul e.d.*) squeak; (*knorra*) croak; ~ *[med] tänder [na]* grind (gnash) one's teeth; *det ~r i maskineriet* (*bildl.*) things are not working smoothly

gnist|a *s1* **1** spark (*äv. bildl.*); (*genialitet*) spark of genius; *den tändande ~n* (*bildl.*) the igniting spark; *ha ~n* have the spark of genius; *spruta -or* give off sparks, *bildl.* flash **2** (*uns*) vestige, shade, particle; *en ~ hopp* a ray of hope; *en ~ sunt förnuft* a vestige of common sense **-bildning** formation of sparks, sparking **-galler** fireguard, fire screen **-gap** spark gap

gnist|ra emit sparks; (*blixtra*) sparkle; *i sht bildl.* flash (*av vrede* with rage); *~nde kvickhet* sparkling wit; *få ett slag så det ~r för ögonen* get a blow that makes one see stars **-regn** shower of sparks

gno *v4* **1** (*gnugga*) rub **2** (*arbeta*) toil (work) [away] (*med* at) **3** (*springa*) run (*för brinnande livet* for dear life); ~ *på a*) (*arbeta*) work away, *b*) (*springa*) run hard[er], scurry

gnola hum; ~ *på en melodi* hum a tune

gnom [-å:-] *s3* gnome

gnost|icism [-å-] Gnosticism **-iker** ['gnåss-] *s9,* **-isk** ['gnåss-] *a5* Gnostic

gnu *s3* gnu

gnugg|a rub (*sig i ögonen* one's eyes); (*plugga med*) *vard.* cram **-bild** transfer picture **-bokstav** transfer letter

gnugg|is *s2, se gnuggbild, gnuggbokstav* **-ning** rub[bing]

gnutta *s1* particle, tiny bit

gny I *s6* din; (*vapen-*) clatter; (*brus*) roar; *bildl.* cry-out, disturbance **II** *v4* **1** (*dåna*) roar; (*om vapen*) clatter; (*larma*) clamour **2** (*jämra sig*) whimper

gnägg *s7, vard.* (*skratt*) neigh, whinny **gnägga** neigh; (*lågt*) whinny (*äv. bildl.*) **gnäggning** neigh[ing]

gnäll *s7* **1** (*gnissel*) creak[ing], squeak[ing] **2** (*klagan*) whining, whine, whimper; (*småbarns*) puling; (*knot*) grumbling **gnälla** *v2* **1** (*om dörrar e.d.*) creak, squeak **2** (*klaga*) whine, whimper; (*om småbarn*) pule; (*yttra sitt missnöje med*) grumble (*över* about, at); (*gnata*) nag

gnäll|ig *a1* **1** (*gnisslande*) creaking *etc.*, creaky **2** (*klagande*) whining; (*om röst äv.*) strident, shrill; (*som yttrar sitt missnöje*) grumpy **-måns** *s2* croaker, whiner; (*barn*) crybaby

gnöla *vard.* grumble (*över* at)

gobeläng *s3* Gobelin [tapestry], tapestry

god *gott bättre bäst* (*jfr gott*) good (*mot* to); (*vänlig*) kind (*mot* to); (*välvillig*) kindly; (*utmärkt*) excellent, first-rate, (*i ledigare stil*) capital; (*tillfredsställande*) satisfactory; (*välsmakande o.d. äv.*) nice; ~ *dag!* good morning (afternoon, evening)!, (*vid första mötet med ngn*) how do you do!; ~ *morgon!* good morning!; ~ *natt!* good night!; ~ *man* (*boutredningsman*) executor, (*konkursförvaltare*) trustee, (*förordnad av domstol*) administrator, receiver; *en ~ vän* a good (great) friend; *denna världens ~a* the good things of this world; *av ~ familj* of a good family; *för den ~a sakens skull* for the good of the cause; *för mycket av det ~a* too much of a good thing; *i ~an ro* in peace and quiet; *på mången ~ dag* for many a long day; *på ~a grunder* for good (sound) reasons; *på ~ svenska* in good Swedish; *bli ~ tvåa* come in a good second; *här finns ~ plats* there is plenty of room here; *gå i ~ för* vouch for; *ha ~ lust att* have a good mind to; *hålla* (*anse*) *sig för ~ att* consider it beneath one to; *lägga ett gott ord för* put in a [good] word for; *inte ~ att tas med* not easy to deal with; *var så ~! a*) (*när man ger ngt*) here you are [Madam (Sir)]!, *b*) (*ta för er*) help yourself, please!, *c*) (*ja, naturligtvis*) by all means!; *var så ~ och..., vill ni vara så ~ och...* please..., will you [kindly]...; *vara ~ för 5 000 pund* be good for 5,000 pounds; *vara på ~ väg att* be well on the way to; *vara vid gott mod* be of good courage; *han är inte ~ på dig* he's got it in for you; *det har det ~a med sig att man kan* the advantage of this is that

Godahoppsudden [-ˣhåpps-] the Cape of Good Hope

god|artad [-a:r-] *a5* (*lindrig, ej elakartad*) non-malignant, benign **-bit** titbit (*äv. bildl.*), dainty morsel **-dag** *se god [dag]* **-dagspilt** [ˣgo:d-] bon vivant, easy-going chap **-het** goodness *etc., jfr god; ha ~en att* be kind enough to **-hetsfullt** kindly **-hjärtad** [-j-] *a5* kind-hearted

godis ['go:-] *oböjligt s, se godsaker*

god|känd *a5* approved (*som* as); *bli ~ [i examen]* pass [one's examination] **-känna** approve (*ngn som* s.b. as); (*förslag e.d.*) approve of, sanction; (*i examen*) pass; (*gå med på äv.*) agree to; accept (*en leverans* a delivery; *som bevis* as evidence; *en växel* a bill of exchange) **-kännande** *s6* approval, approbation; sanction; admission; acceptance

god|lynt *a4* good-humoured, good-tempered **-modig** good-natured **-morgon, -natt** *se god [morgon, natt]* **-nattkyss** good-night kiss

godo *i uttr.*: *i ~* amicably, in a friendly spirit; *uppgörelse i ~* amicable settlement, *jur.* settlement out of court; *mig till ~* in my favour; *håll till ~! a*) (*ta för er*) please help yourself!, *b*) (*svar på tack*) you are welcome [to it]!; *hålla till ~ med* [have to] put up with; *komma ngn till ~* be of use to s.b.; *räkna ngn ngt till ~* (*äv. bildl.*) put s.th. down to a p.'s credit; *får jag ha det till ~ till en annan gång?* can I leave it standing over for some future occasion?, *AE.* can I take a raincheck?

gods [gotts, *äv.* godds] *s7* **1** (*egendom*) property; (*ägodelar*) possessions (*pl*); ~ *och guld* money

and possessions **2** (*varor, last*) goods (*pl*); *AE.* freight; *lättare* ~ (*bildl.*) light wares (*pl*) **3** (*material*) material **4** (*jorda-*) estate, manor **5** *sjö., löpande (stående)* ~ running (standing) rigging
godsaker *pl* (*sötsaker*) sweets; *vard.* goodies; *AE.* candy (*sg*)
gods|befordran conveyance of goods, goods traffic **-expedition** goods (*AE.* freight) office **-finka** luggage van; goods waggon; *AE.* boxcar, freight car **-inlämning** goods [forwarding] office; *AE.* freight office **-magasin** goods depot, warehouse **-trafik** goods traffic; *AE.* freight traffic (service) **-tåg** goods (*AE.* freight) train **-vagn** *se godsfinka* **-ägare** estate owner, landed proprietor; *~n* the landlord
god|ta[ga] accept, approve [of] **-tagande** *s6* acceptance, approval **-tagbar** [-a:g-] *a5* acceptable
godtemplar|e [ˣgɑ:d- *el.* -ˣtemm-] Good Templar **-loge** [-lå:ʃ] Good-Templar lodge **-orden** the [Independent] Order of Good Templars
godtrogen credulous, unsuspecting **-het** credulity
godtrosförvärv *jur.* acquisition made in good faith
godtyck|e 1 (*gottfinnande*) discretion, pleasure, will; *efter eget* ~ at one's own discretion **2** (*egenmäktighet*) arbitrariness; *rena ~t* pure arbitrariness **-lig** *a1* **1** (*vilken som helst*) just any, fortuitous **2** (*egenmäktig*) arbitrary; (*nyckfull*) capricious; (*utan grund*) gratuitous **-lighet 1** fortuitousness **2** arbitrariness *etc.*
godvil|lig voluntary **-ligt** *adv* voluntarily, of one's own free will
goffrer|a [-å-] *v1*, **-ing** *s2* goffer, gauffer
goja [ˣgåjja] *s1* **1** *se papegoja* **2** *vard.* rubbish, bosh; *prata* ~ talk through one's hat
gol *imperf. av 1 gala*
1 golf [-å-] *s3* (*havsvik*) gulf
2 golf [-å-] *s3* (*spel*) golf
golf|bana golf course (links *vanl. sg*) **-boll** golf ball **-byxor** *pl* plus fours **-klubb** golf club **-klubba** golf club **-spelare** golfer, golf player
Golfströmmen the Gulf Stream
Golgata ['gållgata] *n* Calvary; Golgotha
golv [-å-] *s7* floor; (*-beläggning*) flooring; *från ~ till tak* from floor to ceiling; *falla i ~et* fall to the floor
golv|a [-å-] *sport.* floor **-beläggning** flooring **-bonare** floor polisher **-borste** [floor] brush **-brunn** draining gutter **-bräda** floorboard **-drag** draught along (through) the floor **-lampa** floor lamp **-list** skirting board; *AE.* baseboard **-läggare** floor-layer, floorer **-mopp** [floor] mop **-raka** *s1* floor squeegee **-ur** grandfather (longcase) clock **-vård** floor care **-vårdsmaskin** floor-care machine **-växel** (*i bil*) floor-[-mounted] gearshift **-yta** floor area (space); surface of a floor
gom [gɑmm] *s2* palate **-segel** soft palate; velum **-spalt** cleft palate
gon [-å:-] *s3* (*nygrad*) grade
gona *rfl* relax to one's heart's content
gonad *s3, biol.* gonad
gondol [gån'då:l] *s3* **1** gondola **2** (*ballongkorg*) car **-jär** *s3* gondolier
gonggong [ˣgåŋgåŋ] *s3, s2* [dinner] gong; *~en har gått* the gong has gone; *räddad av ~en* saved by the bell
gonokock [-'kåkk] *s3* gonococcus (*pl* gonococci)
gonorré *s3* gonorrhoea
gordisk ['gå:r-] *a5*, ~ *knut* Gordian knot
gorgonzola [gårgånˣså:la] *s1* Gorgonzola [cheese]
gorilla [-ˣilla] *s1* gorilla (*äv. bildl., vard.*)
gorm|a [-å-] brawl; kick up a row (*för, om* about) **-ande** *s6* brawl, racket, row
gorån [ˣgɑ:-] *s7* wafer
gosa *v1*, ~ *med* cuddle
gossaktig [-å-] *a1* boyish
gosse [-å-] *s2* boy; lad; *mammas* ~ mother's boy; *gamle ~!* old boy (chap, fellow)! **-barn** boy child; [baby] boy **-lynne** youthful outlook, optimism
gosskör boys' choir
got [gɑ:t, *äv.* gå:t] *s3* Goth **-ik** *s3*, **-isk** ['gɑ:-, *äv.* 'gå:-] *a5*, **-iska** ['gɑ:-, *äv.* 'gå:-] *s2* Gothic
Gotland ['gått-] *n*, Got[h]land **gotländsk** [ˣgått-] *a5* Got[h]land
gott [-å-] (*jfr god*) **I** *s* (*sötsaker*) *se godsaker* **II** *a o. oböjligt s* **1** *varmt och* ~ nice and warm; ~ *och väl en vecka* at least a week; *det var inte ~ att veta* how could I (he *etc.*) know; *det vore lika ~ att* it would be just as well to; *det är ~ och väl, men* it's all very well, but **2** *göra mycket* ~ do a great deal of good; *ha ~ av* [derive] benefit from; *önska ngn allt* ~ wish s.b. every happiness **3** ~ *om a*) (*tillräckligt med*) plenty of, *b*) (*mycket*) a great many (deal of), *vard.* lots of; *på ~ och ont* that cuts both ways **III** *adv* well; (*starkare*) capitally, excellently; (*lätt*) easily, very well; (*medgivande*) very well; *kort och ~ a*) (*i korthet*) briefly, *b*) (*helt enkelt*) simply; *så ~ som* practically, almost, all but; *finna för* ~ think fit (proper); *göra så ~ man kan* do one's best; *komma ~ överens* get on well; *leva* ~ live well (sumptuously); *lukta* (*smaka*) ~ smell (taste) nice; *må så ~!* take care of yourself!; *skratta* ~ laugh heartily; *sova* ~ sleep soundly, (*som vana*) sleep well; *det kan ~ hända* it may very well happen
gott|a [-å-] *rfl* have a good time; ~ *sig åt* thoroughly enjoy **-er** *se godsaker* **-finnande** *s6, efter [eget]* ~ as one thinks best, according to one's own choice
gottgör|a 1 (*ersätta*) make good (*ngn ngt* to s.b. s.th.), make up (*ngn ngt* to s.b. for s.th.), recompense; (*för skada äv.*) indemnify, compensate **2** (*försona*) make good, make up for; (*reparera*) redress, repair; (*kreditera*) credit **3** *rfl* allow o.s. **-else** [-jö:-] (*ersättning*) compensation, indemnification, recompense; (*betalning*) remuneration, payment; (*skadestånd*) indemnity
gottis [-å-] *oböjligt s, se godsaker*
gottköps|affär bargain store, cut-price shop; *AE.* cut-rate store **-pris** *till* ~ at a bargain price **-varor** *pl* cheap-line goods
gottskriv|a credit; ~ *ngn ett belopp* credit s.b. with an amount **-ning** credit[ing]
gottsugen *a5*, *vara* ~ (*just nu*) feel like s.th. sweet to eat, (*alltid*) have a sweet tooth
gouache [go'aʃ] *s5* gouache; (*tekniken äv.*) body colour
gour|mand [gɑr'maŋ(d)] *s3* go[u]rmand **-mé** *s3* gourmet

gouterad [gɔ'te:-] *a5* appreciated, acclaimed
grabb *s2* chap; *AE.* fellow
grabba ~ *tag i* grab [hold of], lay hands on; ~ *åt (för) sig* grab for o.s., appropriate; cop **-tag** *se grabbtag*
grabb|näve [big] fist[ful] **-tag** grab
grace [gra:s] *s5* **1** (*behag*) grace[fulness], charm **2** (*gunst*) favour; *fördela sina ~r* spread one's favours **gracerna** ['gra:s-] *de tre ~* the three Graces
graci|l [-s-] *a1* gracile, slender **-ös** *a1* graceful
1 grad *a, n sg obest. form saknas, tekn.* (*rak*) straight; (*jämn*) even
2 grad *s3, tekn.* burr
3 grad *s3* **1** degree; (*omfattning*) extent; *i hög ~* to a great extent, highly, exceedingly (*intressant* interesting); *i högsta ~* extremely, exceedingly; *till den ~ oförskämd* so terribly insolent **2** (*vinkelmått, temperaturenhet, mat.*) degree; *i 90 ~ers vinkel* at an angle of 90 degrees; *på 90 ~ers nordlig bredd* at 90 degrees North Latitude; *15 ~er kallt* 15 degrees below freezing point (zero) **3** (*rang*) rank, grade; (*doktors-*) [doctor's] degree; *tjänsteman av lägre ~* a minor official, a low-salaried worker; *stiga i ~erna* rise in the ranks
gradbeteckning badge of rank
grader|a *tekn.* graduate; calibrate; (*friare*) grade (*efter* according to) **-ing** *tekn.* graduation; calibration; (*friare*) gradation, grading
gradient *fys., mat.* gradient
grad|indelning division into degrees; graduation **-skillnad** difference of (in) degree **-skiva** protractor **-tal** *mat.* degree; *vid höga ~ (temperaturer)* at high temperature
gradual|avhandling doctor's dissertation **-psalm** gradual
gradvis I *adv* by degrees, gradually **II** *a5* gradual
graf *s3, mat.* graph
grafem *s7, språkv.* grapheme
graffit|o [-'fi:tå] *-on -i* graffito
graf|ik *s3, abstr.* graphic arts (*pl*); *konkr.* prints (*pl*) **-iker** ['gra:-] graphic artist, printmaker **-isk** ['gra:-] *a5* graphic[al]; *~ framställning* graphic representation, (*kurva*) graph, diagram; *~ industri* printing industry
grafit *s3* graphite
grafo|log graphologist **-logi** *s3* graphology **-logisk** [-'lå:-] *a5* graphologic[al]
grahamsmjöl graham flour
gram [-amm] *s7* gram[me] **-atom** gram atom, gramatomic weight **-kalori** [gram] calorie
grammat|ik *s3* grammar **-ikalisk** [-'ka:-] *a5* grammatical[ly correct] **-iker** [-'matt-] grammarian **-isk** [-'matt-] *a5* grammatical **-iskt** [-'matt-] *adv, det är ~ fel* it is bad grammar
grammofon [-'få:n] *s3* gramophone, record-player; *AE.* phonograph **-inspelning** recording; *konkr.* disc **-musik** gramophone music **-skiva** [gramophone] record, disc **-stift** gramophone needle
grammolekyl gram molecule, grammolecular weight
gramse *oböjligt a, vara ~ på ngn* bear s.b. a grudge
1 gran *s7* (*vikt*) grain
2 gran *s2* **1** (*träd*) fir; spruce; *vanlig ~* Norway spruce **2** (*virke*) fir; spruce
1 granat *bot.* pomegranate [shrub, tree]
2 granat (*ädelsten*) garnet
3 granat *mil.* shell; (*hand-*) [hand] grenade
granat|eld shellfire **-gevär** recoilless antitank rifle **-kastare** trench mortar(gun)
granatsmycke set of garnets
granatsplitter shell splinter
granatäpple pomegranate
granbarr fir (spruce) needle
1 grand *s7* **1** *~et och bjälken* the mote and the beam **2** (*aning*) atom, whit; *litet ~* just a little (wee bit); *inte göra ett skapande[s] ~* not do a [single] mortal thing; *vänta litet ~* wait a little (a minute)
2 grand *s3* (*titel*) grandee
grandezza [-ˣdessa] *s1* grandeur, dignity
grandios [-i'å:s] *a1* grandiose
granit *s3* granite **-block** granite block **-klippa** granite rock
gran|kotte fir (spruce) cone **-kvist** fir (spruce) twig
1 grann *se 1 grand 2*
2 grann *a1* **1** (*brokig*) gaudy, gay; (*lysande*) brilliant; (*prålig*) gorgeous, showy **2** (*ståtlig*) fine[-looking]; (*om väder*) magnificent **3** (*högtravande*) high-flown, high-sounding, fine
grann|e *s2* neighbour **-fru** neighbour['s wife] **-gård** neighbouring house (farm *etc.*); *i ~en* at the next house (*etc.*) [to ours]
grannlag|a *oböjligt a* (*finkänslig*) tactful; considerate; (*ömtålig*) delicate **-enhet** tactfulness *etc.*; discretion, delicacy
grannland neighbouring country; *vårt södra ~* our neighbour-country to the south
grannlåt *s3* show, display; *~[er]* gewgaws, (*floskler*) pretty phrases
grann|skap *s7* neighbourhood, vicinity **-sämja** neighbourliness, [good] neighbourship
granntyckt *a1* fastidious, overparticular (*i, på* in)
gran|ris fir (spruce) twigs (*pl*) **-ruska** fir (spruce) branch
gransk|a examine, scrutinize; scan; (*kontrollera*) check; (*recensera*) review; (*rätta*) correct; *~nde blick* scrutinizing (critical) look **-are** examiner **-ning** examining *etc.*; examination, scrutiny; (*kontroll*) checkup **-ningsarvode** inspection (scrutiny) fee
granskog fir (spruce) forest
granul|at *s7* granulated (granular) material **-era** granulate **-ering** [-'e:-] granulation
granvirke fir (spruce) timber; (*sågat*) white deal
grapefrukt [ˣgrejp-] grapefruit
grasser|a (*om sjukdom*) rage, be prevalent (rife); (*om missbruk o.d.*) run (be) rampant **-ande** *a4* rife, prevalent; rampant
gratierna ['gratsi-] *se gracerna*
gratifikation gratuity, bonus
gratin [-'täŋ] *s3, se gratäng* **-era** [-ti'ne:-] bake in a gratin dish; *~d* au gratin
gratis ['gra:- *el.* ˣgra:-] *adv o. oböjligt a* free [of charge], gratuitous; *~ och franko* delivered free, carriage (postage) paid **-aktie** bonus share **-biljett** complimentary ticket, free ticket (pass) **-emission** bonus issue **-erbjudande** free offer

G

-exemplar *se friexemplar* **-föreställning** free performance **-nöje** free entertainment **-prov** free sample, hand-out **-värme** incidental heat gain
grattis ['gratt-] *interj, äv. s, vard.* congratulations! (*pl*)
gratul|ant congratulator **-ation** congratulation; *hjärtliga ~er på födelsedagen* many happy returns [of the day] **-ationskort** greetings card **-era** congratulate (*till* on)
gratäng *s3* gratin; *~ på fisk* baked fish
1 grav *s2* **1** grave; (*murad e.d.*) tomb; *på ~ens brädd* (*bildl.*) on the brink of the grave; *tyst som i ~en* [as] silent as the grave **2** (*dike*) trench (*i sht mil.*), ditch **3** (*grop*) pit, hole
2 grav *a1* (*svår*) serious
3 grav *a1, ~ accent* grave accent
grava *kokk.* pickle raw
gravallvarlig very solemn
gravand *zool.* common shelduck (*hane äv.* sheldrake)
gravation encumbrance, mortgage
gravations|bevis abstract of the register of land charges; (*i Storbritannien äv.*) certificate of search **-fri** unencumbered, unmortgaged
1 gravera *jur.* encumber; *~nde omständigheter* (*friare*) aggravating circumstances
2 gravera (*inrista*) engrave
graver|ing engraving **-nål** engraving needle
grav|fynd grave find **-fält** grave field **-häll** grave slab **-hög** barrow, mound
gravid *a, n sg obest. form undviks* pregnant **-itet** pregnancy **-itetstest** pregnancy test
gravita|tion gravitation, gravity **-tionslagen** the (Newton's) law of gravitation
gravite|ra gravitate (*åt* towards) **-tisk** *a5* grave, solemn; (*friare*) pompous
grav|kammare sepulchral chamber, sepulchre **-kapell** mortuary chapel **-kor** *s7* crypt **-kulle** grave, mound
gravlax *kokk.* raw spiced salmon
grav|lik *a5* sepulchral; *med ~ stämma* in a sepulchral voice; *~ tystnad* deathly quiet **-monument** monument; memorial **-plats** burial ground; [piece of ground for a] grave **-plundrare** grave robber **-plundring** grave robbery
gravrost deep-seated rust
grav|skick burial custom **-skrift 1** (*inskrift*) epitaph **2** (*minnesord*) memorial words (*pl*) **-skändning** grave desecration **-sten** gravestone, tombstone **-sänka** *geol.* rift valley **-sättning** interment **-urna** sepulchral urn **-valv** tomb; crypt **-vård** memorial stone, sepulchral monument; *jfr -sten*
gravyr *s3* engraving
gravöl funeral feast
gravör engraver
gredelin *a5* heliotrope, mauve, lilac
gregoriansk [-a:-] *a5, ~a kalendern* the Gregorian calendar; *~ sång* Gregorian chant, plainsong, plainchant
grej [-ejj] *s3* thing, article; *~or* (*vard.*) paraphernalia, tackle (*sg*), gear (*sg*) **greja** fix, put right; *~ med bilen* work on (tinker with) the car
grek *s3* Greek **-cypriot** Greek Cypriot[e] **-inna** [-ˣinna] Greek woman
grek|isk ['gre:-] *a5* Greek; (*antik äv.*) Grecian **-iska 1** (*språk*) Greek **2** *se grekinna*
grekisk|-katolsk, --ortodox *~a kyrkan* the Eastern Orthodox Church, the Greek [Orthodox] Church; *en ~ trosbekännare* a member of the Eastern Orthodox Church **--romersk** *~ brottning* Greco-Roman wrestling
Grekland ['gre:k-] *n* Greece
gren *s2* **1** branch (*äv. bildl.*); limb, bough; (*av flod e.d.*) arm **2** (*förgrening*) fork; (*skrev*) crotch, crutch **grena** *rfl* branch, fork
Grenada [-ˣna:-] *n* Grenada **grenadier** [-'na:-] *s9* Grenadian
grenadin 1 (*fruktsaft*) grenadine **2** (*råsilke*) grenadine
grenadisk [-'na:-] *a5* Grenadian
grenadjär *s3* grenadier
gren|ig *a1* branched **-klyka** fork of a bough **-ljus** branched candle **-rör** branch pipe; manifold
grensla straddle, bestride **grensle** astride (*över* of); *sitta ~* straddle
grenverk [network of] branches
grep *imperf. av gripa*
grep *s2* pitchfork
1 grepe *s2, se grep*
2 grepe *s2* (*handtag*) handle
grepp *s7* grasp (*i, om* of); (*vid brottning o. bildl.*) grip (*i, om* of); (*tag äv.*) hold; *mus.* touch; *nya ~* new methods, moves; *få ~ på ett ämne* grasp (get the hang of) a subject; *ha ett gott ~* (*bildl.*) have the knack **-bräde** *mus.* fingerboard
greve *s2* count; (*i Storbritannien*) earl; *~n* (*vid tilltal*) Your Lordship, My Lord; *i ~ns tid* in the nick of time **-titel** title of count (earl) **-värdighet** countship, earldom
grev|inna countess; *~n* (*vid tilltal*) Your Ladyship, My Lady **-lig** *a5, ett ~t gods* a count's (*etc.*) estate; *upphöjas i ~t stånd* be created (made) an earl **-skap** *s7* **1** (*område*) county **2** *se grevevärdighet*
griffel *s2* slate pencil **-tavla** slate
grift *s3* tomb, grave
grifte|ro quiet of the tomb **-tal** funeral oration
griljera grill (roast, fry) after coating with egg and breadcrumbs
grill *s2* grill, gridiron, *vard.* grid; (*-rum*) grill [room]; (*på bil*) grill[e]
grill|a grill **-bar** *s3* rotisserie
griller ['grill-] *pl* fads, fancies, whims
grill|korv sausage for grilling **-panna** grill pan **-restaurang** grillroom **-spett** skewer, brochette
grimas *s3* grimace; *göra en ~* pull (make) a [wry] face **-era** pull (make) faces, grimace
grimma *s1* halter
grin *s7* **1** *se grimas* **2** (*flin*) grin; (*hån-*) leer **3** (*gråt*) whine **grina 1** *se grimasera*; *~ illa* pull faces (*åt* at), *bildl.* sneer (*åt* at) **2** (*gapa*) gape; *armodet ~de dem i ansiktet* poverty stared them in the face **3** (*flina*) grin; leer **4** (*gråta*) whine, pule
grind *s2* gate **-slant** gate money **-stolpe** gatepost **-stuga** [gatekeeper's] lodge **-vakt** gatekeeper; (*i kricket*) wicketkeeper
grindval pilot (black) whale, blackfish
grin|ig *a1* **1** (*som gråter*) whining, puling **2** (*missnöjd*) complaining, fault-finding; (*kinkig*) peev-

ish **-olle** *s2* crybaby, whiner
grip *s2* griffin
gripa *grep gripit* **1** (*fatta tag i*) seize (*äv. bildl.*); (*tjuv e.d.*) catch, capture; (*fatta kraftigt tag i*) catch (take) hold of, clasp, clutch; ~ *tag i* get hold of; ~ *tillfället* seize the opportunity; ~ *tyglarna* catch hold of (*bildl.* take) the reins; ~ *ngn på bar gärning* catch s.b. red-handed (in the act); ~ *ngt ur luften* make s.th. up; ~*s av förtvivlan* be seized by despair **2** (*djupt röra*) affect, move **3** ~ *sig an med* set about, (*ett arbete* a job; *att arbeta* working); ~ *efter* catch (grasp) at; ~ *i varandra* (*i mekanism*) interlock, (*om kugghjul*) engage; ~ *in i* interfere with, intervene in; ~ *omkring sig* spread, gain ground
grip|ande *a4* touching, moving; pathetic **-arm 1** *zool.* prehensile arm **2** *tekn.* transferring arm **-bar** *a1* (*fattbar*) comprehensible; (*påtaglig*) palpable, tangible; (*konkret*) concrete
gripen *a3* **1** seized (*av* with) **2** (*rörd*) touched, moved **-het** emotion
grip|it *sup. av gripa* **-klo** *zool.* prehensile claw **-tång** clutching-tongs (*pl*)
gris *s2* **1** pig; (*kött*) pork; *helstekt* ~ sucking pig roasted whole; *köpa ~en i säcken* buy a pig in a poke **2** (*om pers.*) pig
gris|a 1 *eg.* farrow **2** ~ *ner* (*till*) make a mess, muck up; ~ *ner sig* get o.s. in a mess **-aktig** *se grisig* **-eri, -farm** piggery **-fot** pig's foot; *-fötter* (*kokk.*) pig's trotters **-huvud** pig's head
gris|ig *a1* piggish; filthy **-kulting** sucking pig, piglet; *vard.* piggy **-mat** pig feed
grissla *s1* guillemot
grisslybjörn grizzly [bear]
grisöga pig's eye (*äv. bildl.*)
gro *v4* germinate, sprout; (*växa*) grow; *bildl.* rankle; ~ *igen a*) (*om jord*) grass over, *b*) (*om dike e.d.*) get filled up [with grass]; *det* [*ligger och*] ~*r i ngn* it rankles in a p.'s breast; *medan gräset ~r dör kon* while the grass grows the steed starves **-bar** *a5* germinable, germinative **-barhet** germinativeness; fertility
grobiạn *s3* boor, churl; (*starkare*) ruffian
groblad *bot.* [great] plantain
groda *s1* **1** *zool.* frog **2** *bildl.* blunder, howler
grodd *s2* germ, sprout; *koll.* sprouts (*pl*) **-blad** germ layer
grod|djur batrachian **-lår** frog's leg **-man** frogman **-mansutrustning** scuba gear; frogman's equipment; underwater diving kit **-perspektiv** *i* ~ (*bildl.*) from a worm's eye view **-rom** frogspawn **-spott** cuckoo (frog) spit, frog spittle **-yngel** tadpole; *koll.* tadpoles (*pl*)
grogg [-å-] *s2* grog; whisky (brandy) and soda; *AE.* highball
grogg|a [-å-] [drink] grog **-glas** (*hopskr. grogglas*) grog tumbler, whisky glass
grogrund *eg.* fertile soil; *bildl.* hotbed
groll [-å-] *s7* grudge; *gammalt* ~ long-standing grudge; *hysa* ~ *mot ngn* bear s.b. a grudge
groning germination, sprouting
grop *s2* pit; (*större*) hollow, cavity; (*i väg*) hole; (*i hakan, kinden*) dimple; *flyg.* bump, pocket; *den som gräver en ~ åt andra faller själv däri* he who diggeth a pit shall fall therein **-ig** *a1* **1** full of holes; (*om golv o.d.*) worn into holes; (*om väg*) bumpy, uneven **2** (*om hav*) rough; *flyg.* bumpy
1 gross [-å-] *s7* (*tolv dussin*) gross; *i* ~ by the gross
2 gross [-å-] *s i uttr.*: *i* ~ (*i parti*) wholesale
grossess pregnancy; *i* ~ pregnant, big with child
grosshandel wholesale trade
grosshandels|firma wholesale business (firm) **-pris** wholesale price
gross|handlare, -ist wholesale dealer, wholesaler **-istförbund** *Sveriges G~* Federation of Swedish Wholesalers and Importers
grotẹsk I *a1* grotesque **II** *s3, boktr.* sans serif, sanserif, grotesque
grotta [-å-] *s1* cave; (*större*) cavern; (*konstgjord o. måleriskt*) grotto
grottekvarn [-å-] treadmill
grott|forskare cave explorer, speleologist **-forskning** speleology **-målning** cave painting **-människa** *förhist.* caveman, troglodyte
grov *-t grövre grövst* **1** (*motsats fin*) coarse; (*stor*) large; (*storväxt*) big; (*tjock*) thick; (*om röst*) rough, coarse; (*om yta*) rough; ~*t artilleri* heavy artillery; ~*t bröd* (*salt*) coarse bread (salt); ~ *sjö* rough sea **2** *bildl.* rough; (*nedsättande*) coarse, gross, crude; (*allvarlig*) grave; (*ohyfsad*) rude, rough; ~*t brott* heinous crime; ~ *förolämpning* (*okunnighet*) gross insult (ignorance); *i ~a drag* in rough outline (*sg*); *tjäna ~a pengar* make big money; *vara ~ i munnen* use foul language
grov|arbetare labourer, unskilled worker **-arbete** unskilled labour **-göra** heavy (rough) work; *AE. äv.* chore **-hacka** chop coarsely
grov|het [-o:-] coarseness *etc., jfr grov*; ~*er* foul language (*sg*) **-huggare** *se grobian* **-huggen** *a5* **1** (*om utseende*) rugged, coarsely chiselled **2** *se grovkornig 2* **-hyvla** rough-plane **-kalibrig** [-i:b-] *a1* large-bore, large-calibred **-kornig 1** coarse-grained **2** *bildl.* coarse, gross, rude; ~*t skämt* broad joke **-lek** *s2* thickness **-lemmad** *a5* heavy-limbed **-mala** grind coarsely **-maskig** *a1* wide-meshed, coarse-meshed **-rengöringsmedel** heavy duty cleaner **-sortera** do the first sorting **-sortering** first sorting **-sysslor** *pl* rough jobs
grov|t [-o:-] *adv* coarsely *etc.*; *tjäna* ~ *på* make a pile of money on; *gissa* ~ make a rough guess; *ljuga* ~ tell barefaced lies **-tarm** colon
grubbel ['grubb-] *s7* (*funderande*) musing[s *pl*], rumination; *relig. äv.* obsession; (*sjukligt* morbid) brooding
grubbl|a (*ängsligt*) brood; (*fundera*) cogitate, muse, ruminate; puzzle [one's head]; ~ *sig fördärvad över* rack one's brains over **-are** brooder, cogitator; (*friare*) philosopher **-eri** *se grubbel*
gruff *s7* row, wrangle; *råka i ~ med* get at loggerheads with **gruffa** make (*vard.* kick up) a row, squabble (*för, om* about; *med* with)
grumla *eg.* make muddy, soil; (*friare, äv. bildl.*) cloud, dim; (*göra suddig*) blur; (*bildl. smutsa ner*) soil, tarnish; (*fördunkla*) obscure; ~ *själens lugn* disturb the peace of mind **grumlig** *a1* muddy, turbid (*äv. bildl.*); (*virrig*) muddled, confused; (*dunkel*) obscure; (*om röst*) thick; *fiska i ~t vatten* fish in troubled water
grums *s7* grounds (*pl*), dregs (*pl*); (*i vatten*) sediment

grumsa grumble

1 grund *s7* (*grunt ställe*) shallow[s *pl*], shoal; (*sand- o.d.*) bank; (*klipp-*) sunken rock; *gå* (*stöta*) *på ~* run aground; *komma av ~et* get afloat

2 grund *a1* (*föga djup*) shallow

3 grund *s3* **1** (*botten*) ground; (*mark äv.*) soil; *i ~* [*och botten*] (*helt o. hållet*) completely, entirely; *i ~ och botten, i ~en* in reality, (*i själva verket*) at heart, basically, (*på det hela taget*) after all, essentially; *gå från gård och ~* give up one's house [and lands]; *gå till ~en med* go to the bottom of **2** (*underlag*) foundation (*för, till* of); *bildl. äv.* basis; (*hus- äv.*) foundations (*pl*); *kemins ~er* the elements of chemistry; *tillbaka till ~erna* back to basics; *brinna ner till ~en* be burnt to the ground; *ligga till ~ för* be the basis (at the bottom) of; *lägga ~en till* lay the foundation[s *pl*] (*bildl.* basis) of; *lägga ngt till ~ för* make s.th. the basis of, base on s.th. **3** (*orsak*) cause; (*skäl*) reason; (*motiv*) motive, ground[s *pl*]; *på ~ av* on account of, because of, owing to; *på goda ~er* for excellent reasons; *på mycket lösa ~er* on very flimsy grounds; *ha sin ~ i* be due to, originate in; *sakna all ~* be groundless (completely unfounded)

grund|a 1 (*-lägga*) found; establish, set up; start; (*friare*) lay the foundation of **2** (*stödja*) base (*ett påstående på* a statement on); *~ sig på* be based on **3** (*-måla o. konst.*) ground, prime **-are** founder

grund|avgift basic charge (fee, rate) **-begrepp** fundamental principle **-betydelse** basic meaning (sense) **-bok** *bokför.* daybook **-drag 1** (*karakteristiskt drag*) fundamental feature, basic trait **2** (*huvuddrag*) *~en* [*till*] the [main] outlines [of] **-element** essential (basic) element **-enhet** fundamental unit

grund|era *se grunda 3* **-falsk** fundamentally wrong **-fel** fundamental fault (error) **-form** primary form; *gram.* common case **-forskning** basic research **-färg 1** *fys.* primary colour **2** (*huvudsaklig färg*) predominating colour **3** (*bottenfärg*) primer, first coat **-förutsättning** primary (fundamental) condition (prerequisite) **-hyra** basic rent **-kurs** basic course **-lag** fundamental law; (*författning*) constitution[al law]

grundlags|beredning working committee on the constitution (the fundamental laws) **-enlig** [-e:-] *a5* constitutional **-stridig** *a5* unconstitutional **-ändring** constitutional amendment

grundlig *a1* thorough; (*djup*) profound; (*ingående*) close; (*gedigen*) solid, sound; (*fundamental*) fundamental, radical **-het** thoroughness *etc.*

grund|linje base[line]; *~rna till* (*bildl.*) the outlines of **-lurad** *a5* thoroughly (completely) taken in

grundlägg|a found, lay the foundation[s *pl*] (*bildl. äv.* basis) of **-ande** *a4* fundamental, basic **-are** founder **-ning** foundation

grund|lön basic salary (wages *pl*) **-lös** groundless; baseless; unfounded **-murad** *a5, bildl.* solidly established, firmly rooted

grund|ning (*-målning*) priming **-orsak** primary cause **-plåt** nucleus (*till* of); first contribution **-polish** sealer **-princip** fundamental (basic) principle **-regel** fundamental (basic) rule **-ritning** ground plan (*äv. bildl.*) **-sats** principle **-skola** comprehensive (*AE.* elementary, grade) school **-skott** *bildl., ett ~ mot* a death blow to **-slag** (*i tennis*) ground stroke **-sten** foundation stone **-stomme** groundwork (*till* of); *bildl. äv.* nucleus (*till* of) **-stämning** keynote **-stöta** run aground **-stötning** grounding **-syn** basic view **-tal** cardinal number (numeral) **-tanke** fundamental (basic, leading) idea **-tema** main theme **-text** original [text] **-ton 1** *fys.* fundamental tone **2** *mus. o. bildl.* keynote **-tillstånd** *fys.* ground state (level) **-utbildning** basic education (training) **-val** *s2* foundation; *bildl. äv.* basis, groundwork; *på ~ av* on the basis of **-valla** (*för skidor*) tar primer **-vatten** subsoil water **-villkor** fundamental (basic) condition **-ämne** element

grunka *s1, se grej*

grunna cogitate, ponder; *~ på* (*äv.*) turn over in one's mind; *sitta och ~* sit musing, sit and think

grupp *s3* group; (*klunga*) cluster; *polit. o.d. äv.* section; *mil. äv.* squad, section; *flyg.* flight **-arbete** teamwork **-bild** group picture **-bildning** group formation; grouping **-biljett** party ticket **-chef** *mil.* squad commander (leader) **-dynamik** group dynamics (*pl, behandlas som sg*)

grupper|a group **-ing** grouping; *mil.* deployment

grupp|försäkring group [accident, life] insurance **-ledare** (*sport- e.d.*) group leader **-livförsäkring** group insurance **-resa** conducted tour **-samtal** *tel.* conference call **-sex** group sex **-terapi** group therapy **-vis** in (by) groups

grus *s7* gravel (*äv. med.*) **grusa 1** gravel **2** *bildl.* dash [to the ground], spoil; (*gäcka*) frustrate; *~de förhoppningar* dashed hopes

grus|grop gravel pit **-gång** gravel walk **-hög** gravel heap; *bildl.* heap of ruins **-tag** *s7,* **-täkt** *s3* gravel pit

1 gruva *v1, rfl, ~ sig för* (*över*) dread

2 gruva *s1* mine; (*kol- äv.*) pit

gruv|arbetare miner; (*i kolgruva äv.*) collier, pitman **-arbete** mining; colliery **-brytning** *se -drift* **-distrikt** mining district **-drift** mining [operations *pl*] **-fält** mining area, (*kol-*) coalfield **-gas** firedamp **-gång** heading, gallery **-industri** mining industry **-ingenjör** mining engineer; (*i kolgruva*) colliery engineer **-lampa** miner's (safety, Davy) lamp

gruv|lig [-u:-] *a1* dreadful, horrible **-olycka** pit (mining) accident **-ras** *s7* caving-in of a mine, fall **-samhälle** mining community **-schakt** shaft **-stötta** *s1* pit prop **-öppning** mouth of a mine

1 gry *s7, det är gott ~ i honom* he has [got] grit

2 gry *v4* dawn (*äv. bildl.*); break; *dagen ~r* day is breaking

gryende *a4* dawning; *~ anlag* (*äv.*) budding talents

grym [-ymm] *a1* cruel (*mot* to); (*bestialisk*) fierce, ferocious; *ett ~t öde* a cruel (harsh) fate **-het** cruelty (*mot* to); (*begången äv.*) atrocity

1 grymt *adv, bli ~ besviken* be terribly disappointed

2 grymt *s7* grunt

grymta grunt **grymtning** grunt[ing]

gryn *s7, s4* [hulled] grain; (*havre-, vete- äv.*)

groats (*pl*) **-ig** *a1* grainy, granular
gryning dawn (*äv. bildl.*); daybreak; *i ~en* at dawn; *i första ~en* at first light
gryningsljus light of early dawn
grynmat farinaceous food
grynna *s1* sunken rock, reef
grynvälling *bildl.* mess of pottage
gryt *s7* **1** (*lya*) earth, burrow **2** (*stenrös*) pile of stones
gryt|a *s1* pot; (*med lock*) casserole; (*maträtt*) casserole; *små -or har också öron* little pitchers have long ears
grythund burrower
gryt|lapp saucepan (kettle) holder **-lock** casserole (pot) lid **-stek** pot roast; braised beef
grå *a1* grey; *i sht AE.* gray; (*gråsprängd äv.*) grizzled; (*om väder*) overcast; (*dyster*) dull, drab, dreary, gloomy; *~ eminens* grey eminence; *~ marknad* grey market; *i den ~ forntiden* in the hoary past; *tillbaka till den ~ vardagen igen* back into harness again, back to the humdrum of every day **-aktig** *a5* greyish **-al** grey alder **-berg** granite **-blek** ashen grey **-blå** greyish blue **-bo** *bot.* mugwort **-broder** Grey Friar **-brödrakloster** Franciscan monastery **-dask** *s7* greyness **-daskig** *a5* dirty grey **-gam** black vulture **-gosse** elderly messenger **-gås** greylag [goose]; *AE.* graylag **-hårig** grey-haired; (*gråsprängd*) grizzled **-kall** bleak, chill, raw **-kråka** hooded (*i Skottland* hoodie) crow
grålle *s2* grey horse
grå|na turn grey; (*om pers.*) go (get) grey; *~d* (*om hår*) grey, grizzled, (*åldrig*) grey-headed **-papper** (*för växtpressning*) pressing paper **-päron** butter-pear **-sej** [-sejj] *s2* coalfish, saithe, coley **-sparv** house (*AE.* English) sparrow **-sprängd** *a5* grizzled; (*om skägg äv.*) grizzly **-sten** granite **-sugga** woodlouse **-säl** grey seal
gråt *s3* crying, weeping; (*snyftande*) sobbing; *brista i ~* burst into tears; *ha ~en i halsen* be on the verge of tears, have a lump in one's throat; *kämpa med ~en* fight back tears
gråt|a *grät -it* **1** cry (*av glädje* for joy; *av ilska* with rage); weep (*av* for); *~ ut* have a good cry; *~ över spilld mjölk* cry over spilt milk; *det är ingenting att ~ för* (*över*) it is nothing to cry about; *det är så man kan ~* it is enough to make one cry; *hon har lätt för att ~* she cries easily **2** *~ sina ögon röda* cry one's eyes red **3** *rfl* cry o.s. (*till sömns* to sleep) **-attack** fit of crying
gråt|erska [professional] mourner, weeper **-färdig** on the verge of tears, ready to cry
gråt|it *sup. av gråta* **-mild** tearful; (*sentimental*) maudlin
gråtrut herring gull
grått *s, best. form det grå*[*a*] grey
gråverk squirrel fur
gråväders|dag grey (*bildl.* cheerless) day **-stämning** gloom, gloomy atmosphere (mood)
1 grädda *v1* bake; (*uppe på spisen*) fry, make
2 grädda *s1, ~n av* the cream of (*societeten* society)
gräddbakelse cream cake, éclair
grädd|e *s2* cream; *vispad ~* whipped cream **-fil** *s3* sour[ed] cream **-glass** ice cream **-gul** cream-coloured, creamy **-kanna** cream jug; *AE.* creamer **-kola** cream caramel
gräddning baking; frying
grädd|snipa, -snäcka *se gräddkanna* **-tårta** cream-layer cake **-visp** whisk, beater
gräl *s7* (*tvist*) quarrel; (*ordväxling äv.*) squabble, wrangle; *råka i ~* fall out, clash (*med ngn* with s.b.); *söka ~* pick a quarrel (*med ngn* with s.b.)
gräla quarrel; squabble, wrangle; *~ på ngn* scold s.b. (*för att han är* for being)
gräll *a1* loud, glaring; garish
gräl|makare quarreller; squabbler, wrangler **-sjuk** quarrelsome, cantankerous; (*som bannar*) scolding
gräm|a *v2* grieve, vex; *~ sig* grieve (*över* at, for), fret (*över* about); *~ sig till döds* fret one's heart out **-else** grief; worry
gränd *s3* alley, [by-]lane; (*ruskig*) slum
gräns *s3* **1** (*-linje*) *geogr.* boundary; *polit.* frontier, *AE.* border; (*friare*) borderline; *dra ~en* (*polit.*) fix the boundary, *bildl.* draw the line; *stå på ~en till* (*bildl.*) be on the verge of **2** (*slutpunkt*) limit (*för* of); *bildl. äv.* bounds (*pl*); *inom vissa ~er* within certain limits;; *sätta en ~ för a*) (*begränsa*) set bounds (limits) to, *b*) (*stävja*) put an end (a stop) to; *det finns ingen ~ för hans fåfänga* his vanity knows no bounds; *det här går över alla ~er!* [no really,] that's the limit! **3** ([*område utmed*] *gränslinje*) confines (*pl*), border[s *pl*] ; *vid belgiska ~en* on the Belgian border
gräns|a *~ till* border [up]on (*äv. bildl.*); (*om land, område*) be bounded (*till* by); (*om ägor*) adjoin, abut on; *med en till visshet ~nde sannolikhet* with a probability almost amounting to certainty; *det ~r till det otroliga* it borders on the incredible **-befolkning** border (frontier) population **-befästning** frontier fortification **-bevakning** frontier patrol[ling] **-bo** borderer **-bygd** border country **-dragning** delimitation **-fall** borderline case **-intäkt** marginal revenue **-kontroll** border checkpoint **-kostnad** marginal cost **-kränkning** violation of the frontier **-land** border country
gränsle *se grensle*
gräns|linje boundary line; *bildl.* borderline, dividing line **-lös** boundless, limitless; *bildl.* unbounded; (*ofantlig*) tremendous, immense **-märke** boundary mark; landmark **-nytta** marginal utility **-område** border district; *bildl.* borderland, confines (*pl*) **-oroligheter** *pl* border fighting (disturbances) **-postering** frontier outpost **-påle** boundary post **-station** frontier station **-trakt** *se -område* **-värde** limit
gräs *s7* grass; *i ~et a*) (*på gräset*) on the grass, *b*) (*bland gräset*) in the grass; *bita i ~et* lick the dust; *ha pengar som ~* have a mint of money **-and** mallard **-bevuxen** *a5* grass-grown, grassy **-frö** grass seed[s *pl*] **-grön** grass-green **-hoppa** grasshopper; locust **-klippare** lawn mower
gräslig [-ä:-] *a1* atrocious, horrid (*mot* to); terrible, shocking; (*friare*) awful, frightful **-het** atrociousness *etc.*; *~er* atrocities
gräs|lök chive; *kokk.* chives **-matta** lawn; grass; green **-rot** *bildl.* grass roots (*pl*) **-rotsdemokrati** grassroot democracy **-slätt** grassy plain; prairie **-strå** blade [of grass] **-stäpp** *se stäpp o. grässlätt* **-torv** turf **-torva** sod, turf **-tuva** tuft

G

[of grass] **-växt** gramineous plant **-änka** grass widow **-änkling** grass widower **-ätare** graminivorous animal, grass-eater

grät *imperf. av gråta*

grätten *a3* fastidious; squeamish

gräva *v2* dig (*efter* for); (*t.ex. kanal, tunnel*) cut; (*om djur*) grub, burrow; (*friare o. bildl.*) delve (*i en byrålåda* in a drawer); (*rota*) rummage (*i fickorna* in one's pockets); ~ *fram* dig up, unearth; ~ *igen* fill up; ~ *ner* dig down (*i* into), bury (*i* in); ~ *ner sig i* dig (burrow) one's way down into, (*begrava sig*) bury o.s. in; ~ *ut* dig out, excavate

grävling [-ä:-] [Eurasian] badger

grävmaskin excavator, power shovel **-ist** excavator operator

gräv|ning [-ä:-] digging; *fack.* excavation **-skopa** bucket, dipper; *jfr grävmaskin*

gröda *s1* (*växande*) crops (*pl*); (*skörd*) harvest, crop

grön *a1* green (*av* with) (*äv. bildl.*); ~ *våg* (*trafik*) synchronized [green] traffic lights (*pl*); *~a ön* (*Irland*) the Emerald Isle; *i det ~a* in the [green] fields (the country); *i min ~ ungdom* in my callow youth, *vard.* in my salad days; *komma på ~ kvist* be in clover, do well for o.s. **-aktig** *a5* greenish **-alg** green alga (seaweed) **-bete** [grass] pasture; *vara på ~* (*bildl.*) be in the country **-fink** greenfinch **-foder** green forage **-gräset** *i ~* on the grass **-göling** [-j-] **1** *zool.* green woodpecker **2** *bildl.* greenhorn **-kål** kale, borecole

Grönköping *n* Little Puddleton **grönköpingsmässig** *a1* Puddletonian; parochial

Grönland ['grö:n-] *n* Greenland; *på ~* in Greenland

grönlandsval Greenland whale

grönländ|are Greenlander **-sk** *a5* Greenlandic **-ska 1** (*språk*) Greenlandic **2** (*kvinna*) Greenland woman

grön|mögelost blue cheese **-område** green area **-peppar** green pepper **-sak** *s3* vegetable

grönsaks|affär greengrocer's shop, greengrocery **-handlare** greengrocer **-land** vegetable patch **-soppa** vegetable soup

grön|sallad (*växt*) lettuce; (*rätt*) green salad **-siska** *s1* siskin

grönska I *s1* **1** (*vårens*) verdure; *ängarnas ~* the green of the meadows **2** (*trädens etc.*) greenery, green foliage **II** *v1* be (become) green

grönsåpa soft soap

grönt [-ö:-] *s, best. form det gröna* **1** green **2** (*grönfoder, grönsaker*) greenstuff **3** (*prydnad*) greenery

gröpa *v3, ~ ur* hollow out

gröpe *s7* groats (*pl*); (*mindre grovt*) grits (*pl*)

gröt *s2, kokk.* porridge; (*risgryns-*) rice pudding; *tekn.* pulp, pap; (*friare*) mush; *med.* poultice; *gå som katten kring het ~* beat about the bush; *vara het på ~en* be overeager **-ig** *a1* porridge-like; pulpy; mushy; (*om röst*) thick **-myndig** pompous, high and mighty **-rim** doggerel [rhyme]

grövre ['grö:v-] *komp. t. grov* **grövst** [-ö:-] *superl. t. grov*

g-sträng G-string

guano [gu'a:nå] *s2, s7* guano; *bildl.* rubbish, nonsense

Guatemala [-ˣma:-] *n* Guatemala **guatemal|an** *s3,* **-ansk** [-'a:nsk] *a5* Guatemalan

gubbaktig *a1* old-mannish, old man's...; senile

gubbe *s2* **1** old man; *~n A.* old A.; *min ~ lille!* my lad! **2** (*bild*) picture; (*grimas*) face; *~ eller pil* (*på mynt*) heads or tails; *rita gubbar* (*klottra*) doodle **3** (*tabbe*) blunder **4** *den ~n går inte!* that won't wash!, tell that to the marines!; *för hundra gubbar!* by all the saints!

gubb|ig *a1, se gubbaktig* **-strutt** *s2* old buffer, dodderer

gubevars ['gu:-,-'vars] **I** *interj* goodness me! **II** *adv* of course, to be sure

guckusko *s5* lady's-slipper

gud *s2* god; *G~ Fader* God the Father; *G~ bevare oss!* God preserve us!; *G~ nåde dig!* God have mercy upon you!; *G~ vet* Heaven knows; *om G~ vill* God willing; *ta G~ i hågen* take one's courage in both hands; *för G~s skull* for the love of God, (*utrop*) for goodness' (God's, Heaven's) sake!; *inte G~s bästa barn* no angel; *det vete ~arna!* Heaven only knows!

guda|benådad *a5* divinely gifted; *en ~ konstnär* a real artist **-bild** image of a god, idol **-dryck** drink of the gods, nectar **-god** divine **-gåva** godsend, gift of the gods **-lik** godlike **-lära** *se mytologi* **-saga** myth **-skymning** Twilight of the Gods, Ragnarök **-skön** divinely beautiful **-sänd** *a5* god-sent **-väsen** god

gud|barn godchild **-dotter** goddaughter **-fa[de]r** godfather **-fruktig** *a1* god-fearing, devout; *jfr gudlig*

gudi *i uttr.*: *en ~ behaglig gärning* a pious deed; *~ lov* God be praised; *ha ~ nog av* have enough and to spare of

guding eider drake, male eider

gud|inna goddess **-lig** [-u:-] *a1* godly, pious; (*gudsnådelig*) goody-goody **-lös** godless; impious; (*hädisk*) blasphemous; *~t leverne* wicked life; *~t tal* profane language, blasphemy **-mo[de]r** godmother

gudom [ˣgudomm] *s2* divinity; *~en* the Godhead

gudomlig [-'domm-] *a1* divine; (*underbar*) superb, magnificent **-het 1** (*gudomlig natur*) divineness *etc.* **2** (*gud*) divinity; god

guds|begrepp concept of God **-bevis** proof of God's existence **-dom** ordeal **-dyrkan** worship [of God], religion **-fruktan** piety, godliness **-förgäten** *a5* **1** (*om plats*) godforsaken **2** *se gudlös* **-förnekare** atheist **-förnekelse** denial of God; atheism **-förtröstan** trust in God **-gemenskap** communion with God

gudskelov [ˣguʃe-, 'guʃe- *el.* -'lå:v] thank goodness (Heaven)

guds|man man of God **-nåd[e]lig** [ˣgutts-, -ˣnå:- *el.* -'nå:-] *a1* sanctimonious; (*salvelsefull*) unctuous

gudson godson

gudstjänst [divine] service; *bevista ~en* (*äv.*) attend church (chapel); *förrätta ~* officiate [at the service], conduct [the] service; *hålla ~* hold divine service **-förrättare** officiating clergyman **-ordning** order for divine service, liturgy

gudstro faith (belief) [in God]

guida [ˣgaj-] *v1*, **guide** [gajd] *s5* guide

Guinea [giˣne:a] *n* Guinea **Guinea-Bissau** [bi'sau] *n* Guinea-Bissau

guine|an [gine'a:n] *s3*, **-ansk** [-'a:nsk] *a5* Guinean
gul *a1* yellow; *slå ngn ~ och blå* beat s.b. black and blue; *~a febern* yellow fever; *~a pressen* the gutter (yellow) press
gul|a *s1* yolk **-aktig** *a5* yellowish
gulasch *s3* **1** *kokk.* [Hungarian] goulash **2** [war] profiteer; *vard.* spiv **-baron** *se gulasch 2*
gul|blek sallow **-brun** yellowish brown
guld *s7* gold; *trogen som ~* [as] true as steel; *gräva ~* dig for gold; *lova ngn ~ och gröna skogar* promise s.b. the moon; *skära ~ med täljknivar* make a mint of (coin) money **-armband** gold bracelet **-brun** golden brown **-bröllop** golden wedding **-bågad** *a5* (*om glasögon*) gold-rimmed **-dubblé** rolled (filled) gold; gold plate
guld|en ['guld-] *r, pl =*, guilder **-feber** gold fever **-fisk** goldfish **-fyndighet** gold deposit **-färgad** gold-coloured, golden **-förande** *a4* gold--bearing, auriferous **-galon** gold braid **-galonerad** *a5* gold-braided **-glans** gold (*bildl.* golden) lustre **-glänsande** shining like gold **-gruva** gold mine (*äv. bildl.*) **-grävare** gold-digger **-gul** golden **-halt** percentage of gold, gold content **-kalven** the golden calf **-kantad** *a5* gilt--edged; (*om servis e.d.*) gold-rimmed; *~e papper* gilt-edged securities **-klimp** gold nugget **-klocka** gold watch **-korn** grain of gold; *bildl.* pearl **-krog** *vard.* plush (posh) restaurant **-krona** gold[en] crown
Guldkusten (*förutvarande namn på Ghana*) the Gold Coast
guld|lamé *s3* gold lamé **-lock** (*blond pers.*) Goldilocks **-lockig** with golden curls **-makare** alchemist **-medalj** gold medal **-mynt** gold coin (piece) **-myntfot** gold standard **-plomb** gold filling **-ring** gold ring **-rush** *s3* gold rush **-skiva** (*grammofon-*) golden disc **-slagare** gold-beater **-smed** goldsmith; (*som butiksägare vanl.*) jeweller **-smedsaffär** jeweller's [shop]; *AE.* jewelry store **-smide** goldsmith's work **-snitt** (*på bok*) gilt edge[s *pl*] **-stämpel** hallmark **-tacka** gold ingot (bar) **-tand** gold tooth **-vaskning** gold washing, placer-mining **-våg** assay balance; *väga sina ord på ~* weigh one's words carefully **-åder** gold (auriferous) vein **-ålder** golden age
gul|filter yellow filter **-ing** *vard.* **1** (*mongol*) yellowman **2** (*strejkbrytare*) blackleg; *AE.* scab **-kroppen** *anat.* (*lat.*) corpus luteum
gull|gosse [spoilt] darling; blue-eyed (white--headed; *AE.* fair-haired) boy; *en lyckans ~* a lucky beggar (dog) **-höna** *se nyckelpiga*
gull|ig *a1* sweet; *AE.* cute **-regn** *bot.* laburnum **-ris** *bot.* goldenrod **-stol** *bära ngn i ~* chair s.b. **-viva** *s1* cowslip
gul|metall brass, yellow metal **-måra** *s1* lady's bedstraw
gul|na [-u:-] [turn (grow)] yellow **-sot** jaundice **-sparv** yellowhammer
gult [-u:-] *s, best. form det gula* yellow
gumaktig [ˣgumm-] *a1* old womanish, old woman's...; senile
gumma *s1* old woman; *min ~* (*maka*) the wife, my old woman; *min ~ lilla!* my pet!
gummer|a gum, rubberize **-ing** gumming
gummi *s6* **1** (*växtämne*) rubber; gum **2** (*kautschuk*) [India] rubber **3** (*preventivmedel*) French letter, rubber; *AE.* safe **-band** rubber (elastic) band **-boll** rubber ball **-båt** rubber boat **-gutta** [-ˣgutta, -'gutta] *s1* gamboge **-handske** rubber glove **-hjul** rubber-tyred wheel **-lacka** [-ˣlacka, -'lacka] *s1* lac **-lösning** rubber solution **-madrass** rubber mattress **-plantage** rubber plantation **-ring** rubber ring (tyre) **-sko** rubber shoe **-slang** rubber hose (tube, pipe) **-snodd** rubber band **-stövel** rubber boot; *-stövlar* (*äv.*) Wellington boots, gumboots **-sula** rubber sole **-träd** **1** (*Eucalyptus*) gumtree **2** (*Ficus elastica*) rubber plant **-varor** *pl* rubber products (articles) **-verkstad** vulcanizing [work]shop
gump *s2, zool.* uropygium; (*friare*) rump
gumse *s2* ram
gung|a I *s1* swing **II** *v1* swing; (*på -bräde o. friare*) seesaw; (*i vagga, -stol; om vågor*) rock; (*ett barn på foten e.d.*) dandle; *~ på stolen* tilt the chair; *~ på vågorna* float up and down (*om pers.* be tossed) on the waves; *marken ~de under deras fötter* the ground quaked (rocked) beneath their feet **-bräde** seesaw **-fly** *s6* quagmire (*äv. bildl.*) **-häst** rocking horse
gung|ning swinging *etc.*; *sätta ngt i ~* (*bildl.*) set s.th. rocking, rock the boat **-stol** rocking chair; *AE. äv.* rocker
gun[n]rum wardroom, gun room
gunst *s3* favour; *stå [högt] i ~ hos ngn* be in high favour with s.b., be in a p.'s good books **-ig** *a1* **1** (*välvillig*) well-disposed, friendly (*mot* towards, to); (*om lyckan*) propitious; (*gynnsam*) favourable **2** *vard. vanl. oböjt*: *min ~ herre* my fine friend (fellow, Sir); *det passade inte ~ herrn* it didn't suit his lordship **-ling** favourite **-lingssystem** favouritism
gunås alas; worse luck
gupp *s7* **1** bump; (*grop*) hole, pit; (*i skidbacke*) jump **2** (*knyck*) jolt, jog **guppa** jolt, jog; (*om åkdon äv.*) bump; (*om flytande [mindre] föremål*) bob [up and down] **guppig** *a1* bumpy
guppy *s3, zool.* guppy
gurgel ['gurr-] *s7, vard.* row, squabble **-vatten** gargle, gargling fluid
gurgl|a *~ halsen* gargle, gargle one's throat; *~ sig [i halsen]* gargle [one's throat]; *ett ~nde ljud* a gurgling sound **-ing** gargling, gargle; (*om ljud*) gurgling
gurk|a *s1* cucumber; (*inläggnings-*) gherkin **-meja** [-ˣmejja, *äv.* ˣgurk-] *s1* curcuma, turmeric **-säng** cucumber bed
guru ['gu:-] *s3* guru
gustavi|an *s3*, **-ansk** [-'a:nsk] *a5* Gustavian
gut [gutt] *s3, s4* (*till metrev*) gut
gute *s2* inhabitant of Gotland
guterad *se gouterad*
gutt *se gut*
guttaperka [-ˣperr-, -'perr-] *s1* gutta-percha
guttural *a5* guttural
gutår *åld., ung.* cheers!
guvernant [-'ant *el.* -'aŋt] governess (*för* to)
guvern|emęnt *s7* province; colony **-ör** governor
Guyana [gai'änna] *n* Guyana
guyan|an [gaiänn'a:n] *s3*, **-ansk** [-'a:nsk] *a5* Guyanese, Guyanan
gyckel ['jykk-] *s7* (*skoj*) play, sport; (*skämt*) fun;

G

(*upptåg*) joking, jesting, larking, joke[s *pl*]; *bli föremål för* ~ be made a laughing stock of; *driva* ~ *med ngn, se gyckla med ngn* **-makare** joker, jester, wag **-spel** (*-bild*) illusion; (*taskspeleri*) jugglery, hocus-pocus

gyckl|a [ˣjykk-] jest, joke (*med, över* at); ~ *med ngn* make fun of (poke fun at) s.b. **-are** joker, jester, wag; *neds.* buffoon, clown

gylf [j-] *s2* fly [of the trousers]

gyllen|e [ˣjyll-] *oböjligt a* golden; (*av guld*) gold, golden; *G~ Horden* the Golden Horde; ~ *snittet* the golden section (mean); *den* ~ *friheten* glorious liberty; *den* ~ *medelvägen* the golden mean, the happy medium **-blond** golden haired **-läder** gilt leather

gymnasie|elev [jym'na:-] *se gymnasist* **-ingenjör** *ung.* technical college graduate **-lärare** *ung.* upper secondary school teacher; *AE.* senior high school teacher **-skola** *ung.* upper secondary school; *AE.* senior high school

gymnas|ist [j-] *ung.* pupil of upper secondary school; *AE.* senior high school student **-ium** [-'na:-] *s4, ung.* upper secondary school; *AE.* senior high school

gymnast [j-] *s3* gymnast

gymnastik [j-] *s3* gymnastics (*pl, behandlas som sg*); *skol. äv.* physical training, drilling; *vard.* gym; *...är en bra* ~ ...is [an] excellent [form of] exercise **-direktör** certified physical training instructor **-dräkt** gymnasium (*vard.* gym) suit **-högskola** university college of gymnastics, physical training college; *Gymnastik- och idrottshögskolan i Stockholm* [the] Stockholm college of physical education **-lärare** physical training master (mistress) **-redskap** gymnastics apparatus (*koll.* appliances *pl*) **-sal** gymnasium; *vard.* gym **-sko** gym[nasium] shoe; *~r, AE. vard.* sneakers **-uppvisning** gymnastic display

gymnast|isera [j-] do gymnastics **-isk** [-'nass-] *a5* gymnastic; *~a övningar* physical exercises

gyneko|log [j-, *äv.* g-] gynaecologist **-logi** *s3* gynaecology **-logisk** [-'lå:-] *a5* gynaecologic[al]

gynn|a [j-] favour, (*bistå äv.*) support; (*främja äv.*) further, promote **-are 1** favourer *etc.*; patron **2** *skämts.* fellow, chap, customer **-sam** *a1* favourable, advantageous (*för* to); *i ~maste fall* (*äv.*) at best; *ta en* ~ *vändning* take a favourable turn (a turn for the better)

gyro ['gy:- *el.* 'jy:rå] *s6* gyro **-horisont** artificial (gyro) horizon **-kompass** gyrocompass **-skop** [-'skå:p] *s7* gyroscope **-stabilisator** gyrostabilizer

gytter ['jytt-] *s7* conglomeration

gyttja [j-] *s1* mud; slough; (*blöt*) ooze; (*smörja*) mire, slush **gyttjebad** [j-] mud bath **gyttjig** [j-] *a1* muddy; oozy; miry, slushy

gyttr|a [j-] ~ *ihop* [*sig*] cluster together **-ig** *a1* conglomerate[d], clustered together

gå *gick gått* **I** *eg. bet.* **1** (*motsats åka, stå e.d.*) walk; (*om t.ex. hund*) trot; (*om t.ex. anka*) waddle; (*stiga*) step (*åt sidan* to one side); (*med långa steg*) stride; (*gravitetiskt*) stalk; ~ *rak* walk upright **2** (*motsats stanna kvar, stå stilla*) go; (*tyst e.d. äv.*) pass; (*röra sig äv.*) move; (*förfoga sig, komma*) get; (*bege sig av*) go away, leave, *absol.* be off; ~ *hemifrån kl. 8* leave home at 8 o'clock; ~ *ur fläcken* move from the spot; ~ *ur vägen för ngn* get out of a p.'s way; ~ *och sätta sig* (*hämta*) go and sit down (to fetch); *jag måste* ~ *nu* (*äv.*) I must be off now; *vart skall du ~?* where are you going? **3** (*om sak*) go, pass; (*om t.ex. båt, flygplan tåg äv.*) travel; (*regelbundet*) run, ply; (*segla äv.*) sail; ~ *med en hastighet av* (*om bil o.d.*) travel at a speed of; *bussar ~r varje timme* buses run every hour **4** (*avgå, avresa*) start (*till* for), leave (*äv. gå från*) **5** (*röra sig* [*på visst sätt*], *äv. om sjön, vågorna*) run; ~ *på hjul* run on wheels; *lådan ~r lätt* the drawer runs easily; *sjön ~r hög* the sea runs high **6** (*vara i gång*) go; (*om fabrik, maskin*) run, work; ~ *med elektricitet* be worked by electricity; ~ *varm* run hot; *klockan ~r fel* the clock is wrong **II** (*friare o. bildl.*) **1** go; ~ *i kyrkan* go to church; ~ [*omkring*] *i trasor* go about in rags; ~ *på föreläsningar* attend (go to) lectures; ~ *och gifta sig* go and get married; *se vad ngn ~r för* put s.b. through his paces, see what sort of a fellow s.b. is; *får jag komma som jag ~r och står?* may I come as I am?; *jag har ~tt hos tandläkaren* I have been going to the dentist's; *det ~r inte* it won't work (is out of the question) **2** (*avgå, lämna sin tjänst*) retire; (*om regering*) resign **3** (*vara*) be (*i första klassen* in the first form); (*rymmas*) go (*i* into); ~ *arbetslös* be out of work; *dansen ~r* the dancing is on; *påssjukan ~r* there is an outbreak of mumps; *det ~r två liter i flaskan* the bottle holds two liters; *det ~r 100 pence på ett pund* there are 100 pence in a pound **4** (*om tiden*) pass [away], go [by] **5** (*sträcka sig*) go, extend; (*nå*) reach; (*om flod, väg e.d.*) run; (*om väg äv.*) go, lead; (*om dörr, trappa e.d.*) lead **6** (*om varor*) sell, be sold, go **7** (*belöpa sig*) amount (*till* to); *det ~r till stora pengar* it runs into a lot of money **8** (*avlöpa*) turn out, go off; *hur det än ~r* whatever happens; *så ~r det när* that's what happens when; *hur ~r det med...?* what about...?, how is...going?; *hur ~r det för dig?* how are you getting on?; *hur ~r det för barnen om...?* what will happen to the children if...?; *det får* ~ *som det vill* let it ride; *det gick bra för honom* he got on well **III** *rfl,* ~ *sig trött* tire o.s. out [with] walking **IV** (*med betonad partikel*) **1** ~ *an* (*passa sig*) do, be all right; *det ~r inte an* it won't do; *det ~r väl an för dig som* it is all right for you who **2** ~ *av a*) (*stiga av*) get out (off), *b*) (*nötas av*) wear through, break off, (*om färg e.d.*) wear off, (*brista*) break, *c*) (*om skott, vapen*) go off **3** ~ *bort a*) (*gå ut*) go out (*på middag* to dinner), *b*) (*avlägsna sig*) go away, *c*) (*dö*) die, pass away, *d*) (*om fläck o.d.*) disappear, come out **4** ~ *därifrån* leave [there, the place], go away [from there] **5** ~ *efter a*) walk behind, *b*) (*om klocka*) be slow (behind [time]), *c*) (*hämta*) go and fetch, go for **6** ~ *emot a*) (*möta*) go to meet, *b*) (*stöta emot*) go against, walk into, *c*) (*vara motigt*) go against, *d*) (*motsätta sig*) oppose; *allting ~r mig emot* everything goes wrong for me **7** ~ *fram a*) go (walk) forward (on), *b*) *se konfirmeras*; ~ *fram med stor försiktighet* proceed with great care; ~ *fram till* go up to **8** ~ *framför a*) go (walk) in front [of], *b*) (*ha företräde framför*) rank before **9** ~ *före a*) *se gå framför*, *b*) (*om klocka*) be fast **10** ~ *för sig, se gå an* **11** ~ *hem till ngn* go to a p.'s home, call on s.b. at his home **12** ~ *i a*) go in[to], *b*) *se rymmas*; *det* ~ *inte i mig!* that won't go down with me! **13** ~ *ifrån* leave; *båten gick ifrån mig* I missed the boat **14** ~ *igen a*) *dörren* ~*r inte igen* the door doesn't (won't) shut [to], *b*) (*spöka*) haunt, *c*) (*upprepa sig*) reappear, recur **15** ~ *igenom a*) go (walk) through, *b*) (*utstå*) pass (go) through; *jfr genomgå, c*) (*om förslag o.d.*) be passed, (*efter omröstning*) be carried, *d*) (*om begäran*) be granted; ~ *igenom i examen* pass one's examination **16** ~ *ihop* (*mötas*) meet, (*förenas*) join, unite, *bildl.* agree, (*passa ihop*) correspond, match; *få debet och kredit att* ~ *ihop* make both ends meet; *det* ~*r inte ihop med* it doesn't tally (fit in) with **17** ~ *in* go in[side]; ~ *in för* go in for, set one's mind upon; ~ *in i a*) enter, *b*) (*förening e.d.*) join, become a member of; ~ *in på a*) (*ge sig in på*) enter upon, *b*) (*bifalla*) agree to, accept; ~ *in vid teatern* go on the stage **18** ~ *inåt* (*om fönster e.d.*) open inwards; ~ *inåt med tårna* be pigeon-toed, turn one's toes inward **19** ~ *isär* come apart, (*om åsikter e.d.*) diverge **20** ~ *löst på a*) (*anfalla*) go for, *b*) (*uppgå till*) run into (up to) **21** ~ *med a*) *se följa med*; *absol.* go (come) too (as well), *b*) (*vara med*) join in (*i, på* at); ~ *med på ett förslag* agree to a proposal **22** ~ *ner* go down, (*t. nedre våning*) go downstairs, (*om flygare, flygplan äv.*) descend, (*om ridå äv.*) fall, drop, (*om himlakropp äv.*) set; ~ *ner sig på isen* go through the ice **23** ~ *om* (*skolklass*) repeat a year, be kept down; ~ *om ngn* overtake s.b. [in walking], (*vid tävling*) pass s.b., get (go) ahead of s.b.; ~ *om varandra* (*om pers.*) pass each other, (*om brev*) cross in the post **24** ~ *omkring* (*hit o. dit*) walk about, go round; *jfr kringgå* **25** ~ *omkull* (*om företag*) go bankrupt, come to grief **26** ~ *sönder* be (get) broken (smashed), (*om maskin o.d.*) break down, have a breakdown **27** ~ *till a*) (*hända*) happen, come about, *b*) (*om sill e.d.*) come in; ~ *till och från* come in for a few hours; *hur gick det till?* how did it happen?, what happened?; *hur skall det* ~ *till?* how is that to be done?; *det gick livligt till* things were lively **28** ~ *tillbaka a*) go back, return, *b*) (*i tiden*) date back (*till* to), (*t. ursprunget*) originate (*till* in, from), have its origin (*till* in), *c*) (*avtaga*) recede, subside, abate, *d*) (*försämras*) deteriorate, *e*) (*om avtal*) be cancelled, be broken off **29** ~ *undan a*) (*ur vägen*) get out of the way, *b*) (*gå fort*) get on (progress) fast (rapidly) **30** ~ *under* (*om fartyg*) go down, be lost, (*om pers. o. friare*) be ruined **31** ~ *upp a*) go up, (*om pris, temperatur äv.*) rise, ascend, *b*) (*stiga upp*) rise, (*om pers. äv.*) get up, (*ur vattnet*) get (come) out, *c*) (*öppnas*) [come] open, (*om is*) break up, (*om knut*) come undone, (*om plagg i sömmarna*) give [way]; *det gick upp för mig att* it dawned upon me that; ~ *upp mot* come up (be equal) to; *ingenting* ~*r upp mot* there is nothing like (to compare with); ~ *upp i sitt arbete* be absorbed in one's work; ~ *upp i* (*om företag*) be (become) incorporated in; ~ *upp och ner* (*om priser*) fluctuate **32** ~ *ur a*) get out [of], (*klubb e.d.*) leave, (*tävling*) withdraw, *b*) (*om fläck*) come out, disappear, (*om knapp e.d.*) come (fall) out **33** ~ *ut och* ~ go for (take) a walk; ~ *ut och äta* eat out; ~ *ut på* (*avse*) be aimed at, have as its aim, amount to; *låta sin vrede* ~ *ut över* vent one's anger upon **34** *hon* ~*r utanpå dem alla* she is superior to them all **35** ~ *utför* go downwards (downhill); *det* ~*r utför med dem* they are going downhill **36** ~ *utåt* (*om fönster e.d.*) open outwards; ~ *utåt med tårna* turn one's toes outward **37** ~ *vidare* go on; *låta ngt* ~ *vidare* pass s.th. on **38** ~ *åt a*) (*ta slut*) be consumed (used up), (*behövas*) be needed, (*finna åtgång*) sell, *b*) (*förgås*) perish, be dying (*av* with); *vad* ~*r åt dig?* what is the matter with you?; ~ *illa åt, se fara* [*illa med*]; *det* ~ *åt mycket tyg till den här klänningen* this dress takes a lot of material **39** ~ *över a*) go (walk) over, cross [over], *b*) (*se igenom*) look through (over), (*maskin äv.*) overhaul, *c*) *se övergå, d*) (*om smärta*) pass [over], subside

gåborts|kläder [-ˣbårts-] *pl* party clothes **-kostym** best suit

gå|ende *a4 o. s6* walking, going *etc.*; *en* ~ a pedestrian; ~ *bord* buffet, stand-up meal **-gata** pedestrian street

1 gång *s3* **1** (*levande varelsers*) walking; (*sätt att gå*) gait, walk; (*hästs*) pace; *spänstig* ~ springy step (gait); *känna igen ngn på* ~*en* recognize s.b. by his walk (step) **2** (*rörelse*) going, moving; (*motors o.d.*) running, working, motion, action; (*lopp*) run; (*fortgång*) progress; (*förlopp*) course; *i full* ~ well under way, (*om arbete äv.*) in full swing; *under samtalets* ~ in the course of the conversation; *få i* ~ get going (started), start; *hålla i* ~ keep going; *komma i* ~ get started, (*om maskin*) begin running (working); *sätta i* ~ start (set) going (running), start; *vara i* ~ be running (working, going, in operation), (*om förhandlingar e.d.*) be in progress, be proceeding

2 gång *s2* **1** (*väg*) path[way], walk **2** (*korridor*) passage, corridor; (*i kyrka*) aisle; (*i teater, i buss*) gangway, *AE.* aisle; (*under gata*) subway **3** *anat.* duct, canal

3 gång *s3* **1** (*tillfälle*) time; *en* ~ *a*) once (*om dagen* a day), *b*) (*om framtid*) some time, some (one) day, *c*) (*ens*) even; *en* ~ *för alla* once and for all, for good; *en* ~ *är ingen* ~ once is no custom; *en* ~ *till* once more, [over] again; *en halv* ~ *till så mycket* half as much again; *en och annan* ~ once in a while, every now and then, occasionally; *en åt* ~*en* one at a time; *för en* ~*s skull* for once [in a while]; *bara för den här* ~*en* just [for] this once; *förra* ~*en* last time; *inte en* ~ *hans barn* not even his children; *med en* ~ all at once; *ngn* ~ some time, (*ibland äv.*) now and then, from time to time; *ngn enda* ~ very rarely, on some rare occasion; *nästa* ~ next time; ~ *på* ~ time and again, time after time, over and over [again]; *på en* ~ *a*) (*samtidigt*) at the same time, *b*) (*i en omgång*) in one go, *c*) (*plötsligt*) all at once, suddenly; *på en och samma* ~ at one and the same time; *det var en* ~ once upon a time there was; *det är nu en* ~ *så att* the fact is that **2** *två* ~*er två är fyra* twice two is four; *tre* ~*er* three times; *ett par tre* ~*er* two or three times; *rummet är tre* ~*er tre meter* the room is three by three metres (three metres square)

gång|are (*häst*) steed; *sport.* walker **-art** (*hästs*) pace **-avstånd** walking distance **-bana** pavement; *AE.* sidewalk **-bar** *a1* **1** (*om väg*) negoti-

G

able **2** (*gällande, gängse*) current **3** (*kurant*) saleable, marketable **-bro** footbridge

gång|en *a5* gone; (*förfluten*) gone by; *långt* ~ far advanced (*sjukdom* disease); *-na tider* the past, past time; *den -na veckan* the past week **-grift** chambered barrow **-järn** hinge **-kläder** *pl* wearing-apparel (*sg*), clothing (*sg*) **-låt** marching tune **-matta** runner **-sport** [long-distance] walking **-stig** footpath, footway **-trafik** pedestrian traffic **-trafikant** pedestrian **-tunnel** [pedestrian] subway **-väg** footpath

gåpåaraktig [-ˣpå:-] *a5* hustling, go-ahead

gåpåar|e [-ˣpå:-] pusher, go-getter **-fasoner** *pl* go-getting (*sg*)

går *i uttr.*: *i* ~ yesterday; *i* ~ *kväll* yesterday evening, (*senare*) last night; *i* ~ *morse* yesterday morning; *i* ~ *för en vecka sedan* a week [ago] yesterday; *tidningen för i* ~ yesterday's paper

gård [-å:-] *s2* **1** (*kringgärdad plats*) yard; (*bak-*) backyard; (*vid bondgård*) farmyard; (*framför herrgård o.d.*) courtyard; *rum åt ~en* back room; *två trappor upp åt ~en* on the second floor at the back **2** (*bond-*) farm; (*större*) estate; (*man-*) farmstead, homestead

går|dagen yesterday **-dagstidning[en]** yesterday's paper

gårdfarihand|el [-å:-] house-to-house peddling **-lare** [itinerant] pedlar, hawker

gårds|hus back-yard house **-karl** odd-jobman, odd-jobber; caretaker **-musikant** itinerant musician **-plan** courtyard **-sida** *åt ~n* at the back [of the house]

gårdvar [-å:-] *s2* watchdog

gås *-en gäss* goose (*pl* geese); *vitkindad* ~ barnacle goose; *ha en* ~ *oplockad med ngn* have a bone to pick with s.b.; *det är som att hälla vatten på en* ~ it's like [pouring] water on a duck's back; *det går vita gäss på havet* there are white horses on the sea **-hud** goose flesh (bumps *pl*, pimples *pl*, skin); *få* ~ get goose pimples **-karl** gander **-lever** goose liver **-leverpastej** pâté de foie gras; goose-liver paste **-krås** goose giblets (*pl*) **-marsch** *i* ~ in single file **-penna** quill **-ögon** (*citationstecken*) French quotation marks, guillemets **-ört** *bot.* silverweed

gåt|a *s1* riddle; (*friare*) enigma, puzzle, mystery **-full** mysterious, puzzling, enigmatic[al]

gått *sup. av gå*

gåva *s1* gift; present (*till* for, to); (*genom testamente*) bequest; *en man med stora gåvor* (*äv.*) a man of great parts

gåvo|brev deed of gift **-paket** gift parcel **-skatt** capital transfer (gift) tax

gäck [j-] **1** *s7, driva* ~ *med, se gäckas* [*med*] **2** *s2, slå ~en lös* let o.s. go **gäcka** (*svika*) baffle; disappoint; frustrate; *bli ~d i sina förhoppningar* have one's hopes dashed; *bli ~d i kärlek* be crossed in love **gäckande** *a4* roguish, elusive **gäckas** *dep,* ~ *med* mock (scoff) [at], deride; (*gyckla med*) make fun of, poke fun at **gäckeri** mocking, derision (*med* at)

gädd|a [j-] *s1* [northern] pike (*pl äv.* pike) **-drag** (*hopskr. gäddrag*) [trolling] spoon[bait]

gäl [j-] *s2* gill; *djur som andas med ~ar* gill-breathing animals

gälbgjutare [ˣjälb-] brazier

gäld [j-] *s3* debt[s *pl*] **gälda** **1** (*betala*) pay; (*bestrida kostnad*) defray **2** (*försona*) atone for; (*återgälda*) requite

gäld|enär *s3* debtor **-ränta** debt interest **-stuga** debtor's prison

gäll [j-] *a1* shrill; (*genomträngande*) piercing

gäll|a [j-] *v2* **1** (*vara giltig*) be valid; (*om lag e.d.*) be in force, *AE.* be effective; (*om biljett äv.*) be available; (*om mynt*) be current; (*om påstående*) be true (*om* of; *ännu* still); (*äga tillämpning*) apply, be applicable (*för, på* to) **2** (*vara värd*) be worth **3** (*väga* [*tungt*], *betyda*) have (carry) weight **4** (*anses*) pass (*för* for; *som* as); be looked (regarded) upon (*för, som* as) **5** (*avse*) be intended for; (*åsyfta*) have as its object; (*röra*) concern, have reference to; *vad -er saken?* what is it about?; *samma sak -er om* the same thing may be said of **6** *opers., det -er livet* it is a question of life or death; *nu -er det att* now we have got to; *när det verkligen -er* when it really comes to the point (*att* of + *ing-form*); *han sprang som om det -de livet* he ran for dear life **-ande** *a4* **1** (*giltig*) valid (*för* for), in force, *AE.* effective; available; (*tillämplig*) applicable; ~ *priser* current (ruling) prices **2** *göra* ~ (*påstå*) assert, maintain; *göra sina kunskaper* ~ bring one's knowledge to bear; *göra sina anspråk* ~ establish one's claims; *göra sitt inflytande* ~ assert one's influence; *göra sig* ~ (*om pers.*) assert o.s., (*om sak*) manifest itself, make itself felt

gällen [j-] *a5* on the turn

gällock gill cover (lid)

gäms *se gems*

gäng [j-] *s7* ([*arbets*]*lag*) gang; (*klick*) set

gäng|a [j-] **I** *s1* [screw] thread; *gå i de gamla -orna* be in the old groove; *komma ur -orna* get out of the gear; *vara ur -orna* be off colour, be under the weather **II** *v1* **1** thread **2** *sl.* (*ha samlag*) screw **3** *rfl, vard.* get spliced **-kloppa** [-å-] *s1* diestock

gänglig [j-] *a1* lank[y] **-het** lank[i]ness

gängning [j-] [screw] threading

gängse [j-] *oböjligt a* current; (*rådande*) prevalent

gäng|snitt [j-] die **-tapp** tap

gärd [jä:rd] *s3* tribute; token (*av tacksamhet* of gratitude)

gärda [ˣjä:r-] fence

gärde [ˣjä:r-] *s6* (*fält*) field; *~t är upprivet* (*bildl.*) the game is lost

gärds|gård [*vard.* 'järs-] fence **-gårdsstör** hurdle pole

gärdsmyg [ˣjä:rd-] *s2, zool.* wren; *AE.* winter wren

gärna [ˣjä:r-] *hellre helst, adv* **1** (*med nöje*) gladly; (*villigt*) willingly; (*utan hinder*) easily, readily; *ja,* ~ [*för mig*]*!* by all means!; *lika* ~ just as well; *en* ~ *sedd gäst* an ever-welcome guest; *hur* ~ *jag än vill* though nothing can give me more pleasure; *jag erkänner* ~ *att* I am quite prepared (ready) to admit that; *jag kommer mer än* ~ I shall be delighted to come; *jag skulle* ~ *vilja* I should be glad to; *jag skulle* ~ *vilja veta* I should like to know; *du får* ~ *stanna här* you are quite welcome to stay here; *du kan* ~ *läsa högt* you may just as well read aloud; *han talar* ~ *om* he likes (is fond of) talking of; *han kan inte* ~ *hinna fram i*

tid he will hardly get there in time **2** (*ofta*) often; *följden blir ~ den att* the result is liable to be that
gärning [ˣjä:r-] **1** (*handling*) act, deed; *goda ~ar* good deeds, kind actions; *i ord och ~* in word and deed; *tagen på bar ~* caught red-handed (in the act) **2** (*syssla*) work
gärningsman criminal, culprit, pertetrator
gärs [j-] *s2, zool.* ruff[e], pope
gäsp|a [j-] yawn **-ning** yawning; *en ~* a yawn
gässling [j-] gosling
gäst [j-] *s3* guest; (*besökande*) visitor; (*hotell-*) resident; (*restaurang-*) guest, patron
gästa [j-] *~ ngn* be a p.'s guest; *~ ngns hem* be a guest at a p.'s home **-bud** feast; banquet **-buds-sal** banqueting hall
gäst|bok guest book **-dirigent** visiting conductor **-fri** hospitable **-frihet** hospitality **-föreläsare** visiting lecturer
gästgiv|are [ˣjäst-, *vard.* ˣjäʃi-] innkeeper **-ar-gård, -eri** inn, hostelry
gäst|hamn guest harbour **-handduk** guest towel **-rum** spare (guest) room **-spel** special performance **-spela** give a special performance **-vänlig** *se gästfri*
göd|a [j-] *v2* **1** (*djur*) fatten; (*människor äv.*) feed up; *slakta den -da kalven* kill the fatted calf **2** (*jord, växter*) fertilize **3** *rfl* feed (fatten) [o.s.] up **-boskap** beef (fat[tening]) cattle (*pl*) **-kalv** beef (fatted) calf, fatling; *kokk.* prime veal **-kyckling** broiler
gödning [ˣjö:d-] **1** fattening *etc.* **2** fertilizing, fertilization **gödningsmedel** fertilizer, fertilizing substance
gödsel ['jödd-] *s9* manure, dung, muck; (*konst-*) fertilizer[s *pl*] **-grep** muckrake **-spridare** manure spreader **-stack** dunghill
gödsl|a [j-] manure, dung; (*konst-*) fertilize **-ing** manuring; fertilizing
gödsvin [j-] fattening (fatted) pig
gök [j-] *s2* **1** *zool.* [European] cuckoo **2** *bildl. o. skämts.* fellow, chap **3** *vard., se kaffekask* **-blomster** ragged robbin, cuckooflower **-otta** *ung.* dawn picnic to hear first birdsong **-tyta** *s1* wryneck **-unge** young cuckoo **-ur** cuckoo clock **-ärt** bitter vetch
göl [j-] *s2* pool; (*mindre sjö äv.*) mere
gömfröig [ˣjömm-] *a5* angiospermous; *~ växt* angiosperm
göm|ma [j-] **I** *s1* hiding place; place where one keeps things; *gravens tysta ~* the silent harbourage of the grave; *leta i sina -mor* search in one's drawers (cupboards) **II** *v2* **1** (*dölja*) hide [away], conceal (*för* from); (*begrava*) bury (*ansiktet i händerna* one's face in one's hands) **2** (*förvara*) keep (*till, åt* for); save [up]; (*låta ligga*) keep back, put by; *~ undan* put away; *~ sig* hide, conceal o.s.
gömme [j-] *s6* **1** *se gömma I* **2** *bot.* pericarp
göm|sle *s6*, **-ställe** *s6* hiding place, hide-out, hideaway
1 göra [j-] *gjorde gjort* **I 1** (*syssla med, ombesörja*) do (*affärer med* business with; *ett gott arbete* good work; *sin plikt* one's duty; *ngn en tjänst* s.b. a favour); perform (*en uppgift* a task); (*utföra*) carry out, execute; *gör det själv* do it yourself **2** (*åstadkomma, avge o.d.*) make (*ngns bekantskap* a p.'s acquaintance; *intryck på* an impression upon; *ett misstag* a mistake; *slut på* an end of; *en uppfinning* an invention; *en överenskommelse* an agreement); (*åstadkomma*) bring about (*en förändring* a change); *~ underverk* work wonders **3** (*obj. är ett neutralt pron el. a*) do; *~ sitt bästa* do one's best; *sitta och ~ ingenting* sit doing nothing; *vad gör du i kväll?* what are you doing (going to do) this evening?; *vad är att ~?* what is to be done?; *det är inget att ~ åt saken* nothing can be done about it (in the matter), it cannot be helped **4** (*bereda*) give, afford, do (*ngn den glädjen att* s.b. the pleasure of + *ing-form*); (*tillfoga*) do, inflict upon; (*skapa, utgöra*) make; (*betyda*) be of importance, matter; (*företaga resa e.d.*) go; *~ en resa* go on a journey; *~ ngn skada* do s.b. harm; *det gör ingenting a*) (*har ingen betydelse*) it is of no importance, *b*) (*är alldeles detsamma*) it doesn't matter!, never mind!, *c*) (*avböjande ursäkt*) not at all!, don't mention it!; *det gör mig ont att höra* I am sorry to hear; *kläderna gör mannen* clothes make the man **5** (*tillverka*) make; (*konstnärligt äv.*) do; (*göra färdig*) do, finish **6** (*bese*) do; *~ Paris* do Paris **7** (*i vissa förbindelser*) make (*ngn lycklig* s.b. happy; *ngn till kung* s.b. [a] king; *det klart för ngn att* it clear to s.b. that; *saken värre* matters worse); do (*ngn gott, orätt* s.b. good, wrong); *~ ngn tokig* drive s.b. crazy; *~ det möjligt för ngn att* enable s.b. to; *~ det till sin plikt* make it one's duty; *det gjorde att jag bestämde mig för* this made me decide to (+ *inf.*) **8** (*handla*) act; do; *inte veta hur man bör ~* not know how to act; *gör som jag säger* do as I tell you **9** (*uppföra sig*) behave **II** (*i stället för tidigare nämnt verb*) do; be; shall; will; *han läser mer än jag gör* he reads more than I do; *han sprang, och det gjorde jag med* he ran, and so did I; *om du inte tar den gör jag det* if you don't take it I shall; *skiner solen? ja, det gör den* is the sun shining? yes, it is **III** (*med betonad partikel*) **1** *~ av*; *var skall jag ~ av…?* where am I to put…?, what am I to do with…?; *~ av med* (*mörda*) bump off; *AE.* waste; *~ av med pengar* spend (run through) money; *inte veta var man skall ~ av sig* not know what to do with o.s. **2** *~ bort sig* drop a brick **3** *~ efter* imitate, copy **4** *~ ngn emot* cross (thwart) s.b. **5** *~ fast* make fast, fasten **6** *~ färdig* get finished, finish, (*i ordning*) get ready **7** *~ ifrån sig ett arbete* get a piece of work off one's hands; *~ bra ifrån sig* give a good account of o.s. **8** *~ om a*) (*på nytt*) do over again, *b*) (*upprepa*) repeat, *c*) (*ändra*) alter **9** *~ rent efter sig* clean (*AE.* fix) up before leaving **10** *~ till*; *om det kan ~ ngt till* if that can help matters at all; *~ sitt till för att det skall lyckas* do one's part to make it a success; *det gör varken till eller från* it makes no difference **11** *~ undan* get done (off one's hands) **12** *~ upp a*) (*eld, planer o.d.*) make, *b*) (*förslag, program o.d.*) draw up, *c*) (*räkning*) settle, *d*) (*ha en uppgörelse*) agree, settle, come to terms (*med* with; *om* about) **13** *~ ngt åt saken* do s.th. about it (the matter) **IV** *rfl* **1** make o.s. (*omtyckt* popular; *förtrogen med* acquainted with); (*låtsas vara*) make o.s. out (pretend) to be (*bättre än man är* better than one is) **2** (*ta sig ut*) look (come out) (*bra* well) **3** (*tillverka åt sig*) make o.s. (*en klänning* a

G

dress); (*låta göra*) have made; (*förvärva*) make (*en förmögenhet* a fortune); (*bilda sig*) form (*ett begrepp om* a conception of) **4** ~ *sig av med* get rid of; ~ *sig till* be affected, give o.s. airs, (*förställa sig*) dissimulate, sham; ~ *sig till för* make up to
2 göra [j-] *s6* (*arbete*) task, work; (*göromål*) business; (*besvär*) trouble
görande [j-] *s6*, *~n och låtanden* doings
gördel [ˣjö:r-] *s2* girdle **-däck** radial [tyre]
gör|lig [ˣjö:r-] *a1* feasible, practicable; (*möjlig*) possible; *i ~aste mån* as far as possible **-ningen** *best. form i uttr.*: *ngt är i ~* s.th. is brewing
göromål [j-] *s7* (*arbete*) work, business; (*syssla*) occupation; (*åliggande*) duty
1 gös [j-] *s2* (*fisk*) pikeperch
2 gös [j-] *s2, sjö.* jack
gösstake jack staff
1 göt [j-] *s2, s3* (*om forntida svenskar*) Geat
2 göt [j-] *s7, tekn.* casting, billet, bloom, ingot
3 göt [j-] *imperf. av gjuta*
Göteborg [jöte'bårj] *n* Göteborg, Gothenburg
götisk ['jö:-] *a5* Geatish
göt|stål [j-] ingot (cast) steel **-valsverk** cogging (*AE.* blooming) mill

H

h *s6* **1** h; *stumt* ~ silent h; *utelämna* ~ drop one's h's (aitches) **2** *mus.* B [natural]
1 ha *interj* ha[h]!
2 ha (*hava*) *hade haft* **I** *hjälpv* have **II** *huvudv* **1** have; (*mera vard.*) have got; (*äga*) possess; (*få, erhålla*) get; ~ *det bra* be well off; ~ *ledigt* be free; ~ *roligt* have a good time [of it]; ~ *rätt* be right; ~ *stort behov av* be in great need of; ~ *svårt för ngt* find s.th. difficult; *här ~r ni!* here you are!; *här ~r ni mig!* here I am!; *nu ~r jag det!* now I've got it!; *var ~r vi söder?* where is [the] south?; *vad vill ni ~? a*) what do you want?, *b*) (*att förtära*) what would you like?, what will you take?, *c*) (*i betalning*) what do you want (is your charge)?; *allt vad jag äger och ~r* everything I possess; *hur ~r du det nu för tiden?* how are things [with you] nowadays?; *hur mycket pengar ~r du på dig?* how much money have you got [on you]?; *jag vet inte var jag ~r honom* I don't know where he stands **2** (*förmå, låta*) get, have, make; ~ *ngn att lyda* make (have) s.b. (get s.b. to) obey **III** (*med betonad partikel*) **1** ~ *bort a*) (*tappa*) lose, (*förlägga*) mislay, *b*) (*ta bort*) have removed, take away **2** ~ *emot, inte ~ ngt emot* have nothing against **3** ~ *för sig a*) (*ha framför sig*) have before one, *b*) (*vara sysselsatt med*) be doing (up to), *c*) (*förställa sig*) be under the impression, have an idea **4** ~ *ngn hos sig* (*som gäst*) have s.b. staying with one **5** ~ *i* put in **6** ~ *inne* (*varor*) have in stock; ~ *åldern inne* have reached the right age **7** ~ *kvar a*) (*ha över*) have left, *b*) (*ha i behåll*) have still **8** ~ *med sig* have with one **9** ~ *på sig* (*kläder o.d.*) have on; ~ *hela dagen på sig* have the whole day before one; ~ *bara en timme på sig* have only one hour left (to spare) **10** ~ *sönder* break, *vard.* smash **11** ~ *över* (*ha kvar*) have left
Haag [ha:g] *n* the Hague
habegär acquisitiveness
habil *a1* (*skicklig*) clever; (*smidig*) adroit; (*duglig*) able; (*förbindlig*) suave
habit *s3* attire
habitu|é *s3* habitué **-ell** *a5* habitual
habitus ['ha:-] *oböjligt s, r* (*hållning*) bearing
1 hack *i uttr.*: *följa ngn ~ i häl* follow hard on the heels of s.b.
2 hack *s7* **1** (*skåra*) jag[g], notch, hack **2** (*lätt hugg*) peck
1 hacka **1** *kortsp.* small (low) card **2** (*liten summa*) *en ~* a little cash; *en rejäl ~* a tidy sum **3** *han går inte av för hackor* he is not just a nobody, he's a competent chap
2 hacka **I** *s1* pick[axe]; (*bred*) mattock; (*för jordluckring*) hoe **II** *v1* **1** hoe **2** *kokk.* chop; (*fin-*) mince; *det är varken ~t eller malet* it is neither one thing nor the other **3** (*om fåglar*) peck (*på* at) **4** *han ~de tänder* his teeth were chattering **5** (*i bord, mark med t.ex. kniv*) hack, pick **6** (*klanka*) find fault (*på* with); (*gnata*) nag (*på* at) **7** (*tala med avbrott*) stammer, stutter
hackelse chopped (cut) straw, chaff **-maskin** chaff cutter
hackhosta hacking cough
hack|ig *a1* **1** (*full med hack*) jagged **2** (*stammande*) stuttering **-kyckling** *hon är deras ~* they are always picking on her **-mat** *bildl.* mincemeat
hack|ning hoeing *etc., se 2 hacka II* **-spett** *s2* woodpecker
hade *imperf av ha*[*va*]
haffa nab, cop, nick, collar
hafnium ['haff-] *s8* hafnium
hafs *s7* (*slarv*) slovenliness; (*brådska*) scramble
hafs|a do things in a hurry; ~ *ifrån sig* scramble through **-ig** *a1* slapdash, slovenly **-verk** scamped (slovenly) work
haft *sup av ha*[*va*]
hagalen [ˣha:-] avaricious
hage *s2* **1** (*betesmark*) enclosed pasture[-land]; (*lund*) grove **2** (*för småbarn*) [baby's] playpen **3** *hoppa ~* play hopscotch
hagel ['ha:-] *s7* **1** (*iskorn, koll.*) hail (*sg*); *ett ~* a hailstone **2** (*blykula*) [small] shot (*sg o. pl*) **-by** hailstorm **-bössa** shotgun, fowling piece **-korn** hailstone **-patron** shot cartridge **-skott** shot from a shotgun **-skur** hailshower, hailstorm **-svärm** *jakt.* charge [of shot]
hagga *s1* hag
hagla [ˣha:g-] hail; *bildl. äv.* rain, come thick and fast
hagtorn [ˣhakk-] *s2* hawthorn, may [tree]
Haiti [ha'i:ti] *n* Haiti **haiti|an** *s3*, **-ansk** [-'a:nsk] *a5* Haitian, Haytian
haj [hajj] *s2* shark

haja [ˣhajja] (*förstå*) get, dig; ~ *till* give a start; be startled (scared)
hajfena shark's fin
hajk *s2* hike
hak *s7* notch; hack, dent
1 haka *v1* hook (*i, vid* to); ~ *av* unhook; ~ *fast a*) hook [on], fasten, *b*) (*fastna*) get caught (*i* by, on), catch (*i* in); ~ *i, se haka fast b*); ~ *upp a*) (*fästa upp*) loop up, *b*) (*öppna*) unhook, unfasten; ~ *upp sig a*) get caught, *b*) *bildl.* get stuck; ~ *upp sig på småsaker* stick at (worry about) trifles; ~ *sig* get stuck; ~ *sig fast* (*äv. bildl.*) cling (*vid* to)
2 haka *s1* chin; *tappa ~n* be taken aback; *stå i vatten upp till ~n* be in water up to one's chin
hakband string; (*brett*) cheek band
hake *s2* **1** hook; (*fönster-*) catch **2** *det finns en ~* (*bildl.*) there is a snag in it; [*för*] *tusan hakar!* the deuce! **-bössa** [h]arquebus, hackbut, hagbut
hak|formig [-å-] *a5* hooked, hooklike **-kors** swastika
haklapp bib, feeder
hakmask hookworm **-sjuka** hookworm disease
hak|rem chin strap **-spets** point of the chin
hal *a1* slippery; *bildl. äv.* evasive; (*glatt*) oily, sleek; ~ *tunga* smooth tongue; ~ *som en ål* [as] slippery as an eel; *på ~ is* (*bildl.*) on treacherous ground, on thin ice; *sätta ngn på det ~a* drive s.b. into a corner; *det är ~t på vägarna* the roads are slippery
hala 1 *sjö.* haul; pull, tug; ~ *flaggan* lower the flag; *hissa och* ~ hoist and lower; ~ *an* haul (tally) aft; ~ *in* haul in; ~ *fram* haul (*friare* draw, drag) forwards **2** *bildl.,* ~ *ut på tiden* drag out the time **3** *rfl,* ~ *sig ner* lower o.s., let o.s. down
halka I *s1* slipperiness; *svår* ~ very slippery roads (road surface) **II** *v1* slip [and fall], slide, glide; (*slira*) skid; ~ *förbi* (*bildl.*) skim past, skilfully elude; ~ *omkull* slip over (down), slip and fall; *ordet ~de över mina läppar* the word escaped me (my lips)
halk|bana (*för träningskörning*) skidpan **-fri** *se -säker* **-ig** *a1* slippery **-säker** nonskid, nonslip
hall *s2* hall; (*förrum*) lounge; (*pelar-*) colonnade
halleluja [-'ja:, *äv.* -ˣlu:-] hallelujah!
hallick ['hall-] *s2* pimp, ponce
hallon [-ån] *s7* raspberry **-buske** raspberry bush (shrub); *-buskar* (*äv.*) raspberry canes **-saft** raspberry juice (syrup) **-sylt** raspberry jam **-änger** *s2* raspberry fruitworm
hallstämpel hallmark
hallucin|ation hallucination **-atorisk** [-'to:-] *a5* hallucinatory **-era** be subject to hallucinations **-ogen** [-'je:n] *s3* hallucinogen
hallå I *interj* hello, hallo[o], hullo **II** *s6* (*oväsen*) hullabal[l]oo
hallå|a *vard.* **I** [-ˣlå:a] *s1, se -kvinna* **II** [-'lå:a] *v1, radio.* announce **-kvinna** [woman] announcer **-man** announcer
halm *s3* straw; *av* ~ (*äv.*) straw
halma *n* halma; *spela* ~ play halma
halm|arbete article made of straw; *abstr. o. koll.* straw work **-gul** straw[-coloured] **-hatt** straw hat; (*platt*) boater **-kärve** sheaf **-madrass** straw mattress (bed) **-stack** straw stack (rick) **-strå** straw; *gripa efter ett* ~ (*bildl.*) catch at a straw **-tak** thatched roof **-täckt** *a4* straw-covered, thatched
halo ['ha:-] *s5, meteor.* halo
halogen [-'je:n] *s3* halogen **-lampa** halogen lamp **-ljus** halogen light
hals *s2* **1** neck; (*strupe o. tekn.*) throat; ~ *över huvud* head over heels; *med* (*av*) *full* ~ at the top of one's voice; *bryta ~en av sig* break one's neck; *falla ngn om ~en* fall on a p.'s neck; *få ngn på ~en* get saddled with s.b.; *få nya bekymmer på ~en* be saddled with new adversities; *ge* ~ *a*) (*om hund*) give tongue, *b*) (*om pers.*) raise a cry; *ha ont i ~en* have a sore throat; *sitta ända upp till ~en i* be immersed up to the neck in; *sätta ett ben i ~en* have a bone stick in one's throat; *det står mig upp i ~en* it makes me sick, I am fed up with it; *orden fastnade i ~en på mig* the words stuck in my throat; *skjortan är trång i ~en* the shirt is tight round the neck **2** (*på instrument*) neck; (*på nottecken*) stem **3** *sjö.* tack; *ligga för babords ~ar* be (stand) on the port tack
hals|a 1 (*dricka*) take a swig **2** *sjö.* wear, tack **-band** necklace; (*hund-*) collar **-bloss** *dra* ~ inhale [the smoke] **-brytande** *a4* breakneck **-bränna** *s1* heartburn **-böld** quinsy **-duk** scarf, neckerchief; (*tjock*) muffler; (*fischy*) fichu; (*kravatt*) tie, *AE.* necktie; *vit* ~ a white tie **-fluss** *s3* tonsillitis **-grop** *ha hjärtat i ~en* have one's heart in one's mouth (throat) **-hugga** behead, decapitate **-huggning** beheading, decapitation **-järn** iron collar **-katarr** pharyngitis **-kedja** chain [round the neck] **-kota** cervical vertebra **-krås** ruff, frill **-linning** neckband **-mandlar** *pl* [palatine] tonsils **-ont** sore throat **-pulsåder** carotid [artery] **-smycke** necklace **-starrig** *a1* stubborn, obstinate **-tablett** throat lozenge, cough drop
halst|er ['hals-] *s7* gridiron, grill **-ra** grill
1 halt *s3* **1** (*proportion, kvantitet*) content; percentage; (*i guldarbeten o. mynt*) standard **2** *bildl.* substance; worth, value
2 halt I *s3* (*uppehåll*) halt **II** *interj* halt!; (*stanna*) stop!
3 halt *a1* lame (*på ena benet* in one leg)
halta limp (*på ena foten* with one foot); ~ *iväg* limp along; *jämförelsen ~r* the comparison does not hold good; *versen ~r* the [rhythm of the] verse halts
halv *a5* half; ~ *biljett* half fare; ~ *lön* half pay; *~a året* half the year; *ett ~t dussin* half a dozen; *ett ~t löfte* a half-promise; *en* ~ *gång till så stor* half as big again; *en och en* ~ *månad* six weeks; *ett och ett ~t år* eighteen months; *till ~a priset* at half price, half-price; *hissa flaggan på* ~ *stång* fly the flag at half-mast, half-mast; *mötas på ~a vägen* meet halfway; *klockan är* ~ *ett* it is half past twelve
halv|a *s1* **1** half; *en* ~ *öl* half a (a small) bottle of beer; *de tog var sin* ~ they took one half each **2** (*andra sup*) second glass **-annan** [-ˣann-] *n* = *halvtannat* one and a half **-apa** *zool.* prosimian **-automatisk** semiautomatic **-back** *sport.* halfback **-bildad** half-educated **-blod** *s7* **1** (*människa*) half-breed **2** (*häst*) half-blood **-bra** so-so; indifferent; middling **-bror** half-brother **-butelj** half-bottle **-cirkel** semicircle **-cirkelformig** semicircular **-dager** twilight **-dagsplats** part-

H

-time job **-dan[n]** *a5* mediocre, middling **-dunkel I** *s7* dusk, semi-darkness **II** *a5* dusky, dim **-dussin** half-dozen; *ett* ~ (*äv.*) half a dozen **-däck** half-deck; (*på örlogsfartyg*) quarter-deck **-död** half-dead

halver|a halve, divide into halves; *geom.* bisect; *absol. äv.* go halves **-ing** halving *etc.*

halv|eringstid *kärnfys.* half-life **-fabrikat** semi-manufacture, semi-manufactured product **-fet** low-fat (*ost* cheese); *boktr.* bold; ~ *stil* bold face **-figur** *porträtt i* ~ half-length [portrait] **-fransk** ~*t band* half-binding; *i* ~*t band* half-bound **-full** half full; (*om pers.*) tipsy **-färdig** half-finished; *vara* ~ be half ready (finished, done) **-gammal** no longer young **-gardering** (*i tips*) 2-ways [forecast] **-genomskinlig** semitransparent **-gräs** sedges (*pl*) **-gud** demigod; (*friare*) hero

halv|het (*halvmesyr*) half measure; (*ljumhet*) half-heartedness **-hjärtad** [-j-] *a5* half-hearted **-hög** of medium height; *med* ~ *röst* in an undertone, in a loud whisper **-klot** hemisphere **-klädd** *a5* half-dressed **-kokt** half boiled; underdone; *AE.* rare **-kombi** hatchback **-kväden** *i uttr.*: *förstå* ~ *visa* be able to take a hint **-kvävd** [-ä:-] *a5* half-choked **-ledare** *elektron.* semiconductor **-lek** *sport.* half; *under första* ~ during the first half **-ligga** recline **-liter** *en* ~ half a litre **-ljus I** *s7* half-light; (*på bilar*) dipped (*AE.* dimmed) headlights **II** *a5* semitransparent **-mesyr** *s3* half measure **-mil** *en* ~ half a [Swedish] mile; *den första* ~*en* the first half-mile **-måne** half-moon **-månformig** [-år-] *a5* shaped like a half-moon, semilunar **-mätt** half full **-mörker** semidarkness, half-light **-naken** half naked, seminude **-nelson** (*i brottning*) half-nelson **-not** minim; *AE.* half note **-officiell** semiofficial **-part** half share, half **-pension** half board, demi-pension **-professionell** semiprofessional **-profil** *i* ~ in semi-profile **-ras** half-breed **-rund** semicircular **-sanning** half-truth **-sekel** half-century **-sekelgammal** half-a-century (fifty-year) old **-sida** half-page **-skugga** half-shade **-slag** half-hitch; *dubbelt* ~ clove hitch **-slummer** drowse **-sluten** half-closed **-sova** doze, be half asleep **-statlig** partly owned by the state (government) **-stekt** [-e:-] half roasted; (*ej tillräckligt stekt*) underdone; *AE.* rare **-stor** medium-sized **-strumpa** sock **-sula** *s1 o. v1* [half-]sole **-sulning** [-u:-] soling **-syskon** half-brothers and half-sisters **-syster** half-sister **-söt** medium sweet

halv|t *adv* half; ~ *om* ~ *lova* more or less promise **-tid** *sport.* half-time; *arbeta* ~ work half (part) time

halvtids|anställd part-timer, part-time employee **-tjänst** part-time work

halv|timme half-hour; *en* ~ half an hour; *en* ~*s resa* half an hour's (a half-hour's) journey; *om en* ~ in half an hour['s time]; *varje* ~ every half-hour, half-hourly **-timmeslång** *en* ~... a[n] ...of half an hour, a half-hour... **-ton** *mus.* semitone; *AE.* half step **-torr** (*om vin o.d.*) medium dry **-trappa** *en* ~ half a flight [of stairs] **-vaken** half-awake **-vild** (*om folkstam*) semibarbarian; (*om tillstånd*) half-wild **-vokal** semivowel **-vuxen** (*om pers.*) half grown-up, adolescent; (*om djur, växt*) half-grown **-vägs** halfway **-år** six months, half-year; *ett* ~ [a] half-year, six months; *varje* ~ semiannually **-årig** *a5* half-year's, six months'; (*som återkommer varje halvår*) half-yearly, semiannual

halvårs|gammal six months old; of six months **-ränta** half-yearly interest **-vis** semiannually, every six months, half-yearly

halvädelsten semiprecious stone

halv|ö peninsula **-öppen** half-open, (*på glänt*) ajar; *med* ~ *mun* with lips parted

hambo ['hamm-] *s5* Hambo; *dansa* ~ dance the Hambo

hamburg|are hamburger **-erkött** smoked salt horseflesh

ham|it *s3* Hamite **-isk** *a5* Hamitic

hammar|e hammer; mallet; *anat.* malleus; ~*n och skäran* the hammer and sickle **-haj** hammerhead **-skaft** hammer handle **-slag** hammer blow (stroke) **-tå** *med.* hammertoe

hammock ['hammåkk] *s2* hammock settee

1 hamn *s2* **1** (*skepnad*) guise **2** (*vålnad*) ghost, apparition

2 hamn *s2* harbour; (*hamnstad, mål för sjöresa*) port; *bildl. o. poet.* haven; *inre* ~ inner harbour (port); *yttre* ~ outer basin (harbour); *anlöpa en* ~ call at a (make) port; *löpa in i en* ~ enter a port; *söka* ~ seek harbour; *äktenskapets lugna* ~ the haven of matrimony

hamn|a land [up]; ~ *i en soffa* come to rest on (be placed on) a sofa; ~ *i galgen* end up on the gallows; ~*de i vattnet* landed in the water **-anläggning** harbour; docks (*pl*) **-arbetare** docker, stevedore; *AE.* longshoreman **-arbetarstrejk** dock strike **-avgifter** harbour dues, port charges **-bassäng** dock **-fyr** harbour light **-förvaltning** (*myndighet*) port authorities (*pl*) **-inlopp** harbour entrance **-kapten** harbour master **-kontor** port authority; harbour master's office **-kvarter** dock district; dockland **-område** dockyard **-plats** berth, wharf **-stad** port; seaport

1 hampa *v1, det* ~*de sig så* it so turned out

2 hampa *s1* hemp; *ta ngn i* ~*n* (*vard.*) collar s.b., *bildl.* take s.b. to task

hamp|frö hempseed **-rep** hemp rope

hamr|a hammer (*på* at); *tekn. äv.* forge, beat; (*friare o. bildl.*) drum (*på bordet* on the table); pound (*på piano* [on] the piano); (*om hårt föremål*) pound, beat **-ad** *a5* hammered; beaten **-ing** hammering *etc.*

hamster ['hamm-] *s2* hamster

hamstr|a hoard; pile up **-are** hoarder **-ing** hoarding

han [hann] he; (*om djur, sak*) it, *äv.* he, she; ~ *som står där borta är* the man standing over there is

hanblomma [ˣha:n-] male flower

hand *-en händer* **1** hand; ~*en på hjärtat!* cross your heart!; *ngns högra* ~ (*bildl.*) a p.'s right-hand man; *efter* ~ gradually, little by little; *efter* ~ *som* [according] as; *för* ~ by hand; *i första* ~ in the first place, first of all, above all, (*omedelbart*) immediately; *i andra* ~ [at] second-hand, in the second place; *köpare i andra* ~ second-hand buyer; *i sista* ~ in the last resort, in the end, finally; *med varm* ~ readily, gladly, of one's own free will; *på egen* ~ *a*) (*självständigt*) for o.s., *b*) (*utan hjälp*) by o.s.; *på fri* ~ *a*) (*utan hjälpmedel*) by hand, *b*) (*oförberett*) off-hand; *på tu man* ~ by ourselves (*etc.*); *under* ~ privately; *anhålla om ngns* ~ ask for a p.'s hand; *byta om* ~ change hands; *bära* ~ *på ngn* lay hands on s.b.; *bära ngn på sina händer* make life a bed of roses for s.b.; *börja med två tomma händer* start empty-handed; *dö för egen* ~ die by one's own hand; *få ngt ur händerna* get s.th. off one's hands; *ge ngn fria händer* give s.b. a free hand; *ge vid ~en* indicate, show, make it clear; *gå* ~ *i* ~ *med* go (walk) hand in hand with; *gå ur* ~ *i* ~ go from hand to hand; *ha* ~ *om* be in charge of; *ha* [*god*] ~ *med barn* be able to manage (have a way with) children; *ha ngn helt i sin* ~ have s.b. entirely in one's hands (pocket); *ha ngt helt i sin* ~ have complete control over s.th.; *ha ngt för händer* have s.th. on (in) hand; *ha ngt på* ~ have the option of s.th.; *hyra ut i andra* ~ (*äv.*) sublet; *hålla sin* ~ *över* hold a protecting hand over; *komma i orätta händer* get into the wrong hands; *kyssa ngn på ~en* kiss a p.'s hand; *leva ur* ~ *i mun* live from hand to mouth; *låta ngt gå sig ur händerna* let s.th. slip through one's fingers; *inte lyfta en* ~ *för att* not lift a hand to; *lägga sista ~en vid* put the finishing touches to; *räcka ngn ~en* hold out one's hand to s.b.; *räcka ngn en hjälpande* ~ lend s.b. a [helping] hand; *sitta med händerna i kors* sit with folded hands, sit idle; *skaka* ~ *med* shake hands with; *stå på händerna* do a handstand; *sätta händerna i sidan* put one's arms akimbo; *ta* ~ *om* take in hand, take charge of; *ta emot med uppräckta händer* be only too pleased to receive; *ta mig i* ~ *på* [give me] your hand on; *ta ngn i* ~ take a p.'s hand, (*hälsa*) shake hands with s.b., shake a p.'s hand; *ta sin* ~ *ifrån* (*bildl.*) withdraw one's support from, drop, abandon; *två sina händer* wash one's hands of it; *tvätta händerna* wash one's hands; *upp med händerna!* hands up!, stick'em up!; *vara för ~en a*) (*finnas*) exist, *b*) (*vara nära*) be close at hand; *vinka med kalla ~en* turn s.th. down flat, refuse point-blank, blankly refuse; *äta ur ~en på ngn* (*bildl.*) eat out of a p.'s hands; *de kan ta varann i* ~ it's six of one and half a dozen of the other, it's six and two threes; *det var som att vända om en* ~ it was a complete right about face; *hon var som en omvänd* ~ she was quite a different person; *allt gick honom väl i händer* fortune smiled on him, everything he touched succeeded **2** (*sida*) hand, side; *på höger* ~ on the right (righthand) side **3** *till ~a* (*på brev*) to be delivered by hand; *gå ngn till ~a* assist (wait) on s.b.; *komma ngn till ~a* come to hand, reach s.b. **4** *till ~s* at hand; *ligga nära till ~s* be close (near) at hand, be handy; *nära till ~s liggande* (*om förklaring o.d.*) plausible, reasonable

hand|alfabet manual alphabet **-arbete** (*sömnad o.d.*) needlework; (*broderi*) embroidery; (*stickning*) knitting; (*motsats maskinarbete*) handwork; *ett* ~ a piece of needlework **-bagage** hand luggage (*AE.* baggage) **-boja** handcuff, manacle (*båda äv.* = *belägga med handbojor*) **-bok** handbook; (*lärobok äv.*) manual, guide **-boll** handball **-brev** personal (private) letter **-broderad** *a5* hand-embroidered **-broms** handbrake **-diskmedel** manual dishwashing detergent **-duk** towel; (*köks-*) [tea] cloth **-dusch** hand shower

handel ['hann-] *s9* **1** trade; (*i stort, i sht internationell*) commerce; (*handlande*) trading, dealing; (*affärstransaktion*) transaction; (*köp*) bargain; (*bytes-*) barter; (*i sht olaglig*) traffic; (*butik*) shop; ~ *och industri* trade (commerce) and industry; *~n med utlandet* foreign trade; *i* [*allmänna*] *~n* on (in) the [open] market; *driva* (*idka*) ~ carry on trade (business); *driva* (*idka*) ~ *med a*) (*land, pers.*) trade with, carry on trade with, *b*) (*vara*) trade (deal) in **2** ~ *och vandel* dealings (*pl*), conduct

handeldvapen firearm; *pl äv.* small arms; *AE. äv.* handgun

handels|agent commercial (trade) agent **-anställd** commercial employee **-attaché** commercial attaché **-avtal** trade agreement **-balans** (*lands*) balance of trade; (*firmas*) trade balance **-balk** commercial code **-bod** shop; *särsk. AE.* store **-bolag** trading company **-bruk** trade (business) custom **-departement** ministry of commerce; *~et* (*i Storbritannien*) the Department of Trade, (*i USA*) the Department of Commerce **-fartyg** merchant vessel (ship) **-flagga** merchant flag **-flotta** merchant navy (*i sht AE.* marine) **-förbindelser** *pl* trade relations; (*firmor*) business connections **-gymnasium** higher commercial (business) school **-hus** business house (firm) **-högskola** school of economics and business administration **-idkare** tradesman (*pl äv.* tradespeople, tradesfolk) **-institut** business institute, institute of commerce **-järn** commercial iron, ordinary steel **-kammare** chamber of commerce **-kontor** [Swedish] trade office **-korrespondens** commercial (business) correspondence **-lära** commercial science; (*lärobok*) textbook in commerce **-lärare** teacher of commerce **-man** shopkeeper, storekeeper **-minister** minister of commerce; (*i USA*) secretary of commerce **-politik** trade (commercial) policy **-politisk** of trade (commercial) policy **-resande** travelling salesman, commercial traveller (*för* representing; *i* in); *AE.* traveling salesman **-räkning** commercial arithmetic **-rätt** commercial law **-rättighet** trader's licence **-sekreterare** trade commissioner **-skola** business (commercial) school, school of commerce **-stad** commercial (trading) city (town) **-teknik** trading technique **-teknisk** commercial, business, trade **-trädgård** market garden; *AE.* truck farm **-utbildning** commercial (business) training **-utbyte** trade, exchange of commoditites **-vara** commodity; *pl äv.* merchandise (*sg*), goods **-vinst** trading (business) profit **-väg** trade route

hand|fallen nonplussed, taken aback **-fast** sturdy, stalwart **-fat** washbasin, washbowl **-flata** palm, flat of the (one's) hand **-full** *oböjligt s, en* ~ a handful of, (*friare*) a few **-gemäng** [-j-] *s7, mil.* hand-to-hand fighting; (*friare*) scuffle, affray; *råka i* ~ (*mil.*) come to close quarters, (*friare*) come to blows **-gjord** handmade **-granat** hand grenade **-grepp** manipulation, grip; *mil.*

H

motion; *invanda ~* practised manipulation[s *pl*]
handgriplig [-i:p-] *a1* **1** (*som utförs med händerna*) *ett ~t skämt* a practical joke; *~ tillrättavisning* corporal punishment **2** (*påtaglig*) obvious, palpable, tangible; *~t bevis* tangible proof **-en** *adv, gå ~ till väga* use [physical] force **-heter** *pl, gå* (*komma*) *till ~* take (come) to blows
hand|gången *a5, ngns -gångne man* a p.'s henchman **-ha** (*ha vård om*) have (be in) charge of, be responsible for; (*ämbete*) administer; (*hantera*) handle **-havande** *s6* administration, management, handling
handikapp ['hand-] *s7,* **handikappa** *v1* handicap
handikapp|ad *a5* handicapped, disabled **-lägenhet** apartment designed for disabled person **-råd** *Statens ~* [the Swedish] national council for the disabled **-tävling** handicap competition
hand|kammare still room, storeroom, pantry **-kanna** water-jug; (*vattenkanna*) watering-can **-klappning** clapping of hands; *~ar* applause (*sg*) **-klaver** accordion; concertina **-klove** *se handboja* **-kraft** manual power; *drivas med ~* be worked by hand **-kyss** kiss on the (a p.'s) hand **-kärra** handcart
handla 1 (*göra uppköp*) shop, do shopping, make one's purchases; *gå ut och ~* go shopping; *handla ~* buy milk **2** (*göra affärer*) trade, deal, do business (*i, med* in; *med ngn* with s.b.) **3** (*bete sig*) act (*efter sitt samvete* according to one's conscience; *i god tro* in good faith; *mot ngn* towards s.b.); *~ orätt* act wrongly, do wrong **4** (*vara verksam*) act; *tänk först och ~ sen!* think before you act! **5** *~ om a*) (*ha t. innehåll*) deal with, be about, treat of, *b*) (*vara fråga om*) be a question of
handlag *s7, ngns ~ med ngt* a p.'s way of doing (handling) things; *det rätta ~et* the right knack; *ha gott ~ med barn* have a good hand with (be good at managing) children
handl|ande 1 *s6* acting *etc.* **2** *s9* (*handelsman*) shopkeeper, storekeeper; (*köpman*) tradesman (*pl äv.* tradespeople, tradesfolk), dealer **-are** *se handlande 2*
handled *s3* wrist
handled|a *v2* (*i studier*) guide, tutor; (*vid uppfostran e.d.*) have oversight over, superintend; (*undervisa*) instruct **-are** instructor, teacher, tutor, supervisor; guide **-ning** supervision, guidance; (*lärobok*) guide; *ge ngn ~ i* give s.b. guidance in
handling 1 (*gärning*) action; (*bedrift*) act, deed; *en ~ens man* a man of action; *goda ~ar* good deeds; *gå från ord till ~* translate words into deeds **2** (*i roman o.d.*) action, scene; (*intrig*) story, plot **3** (*dokument*) document, deed; *lägga till ~arna* put aside
handlings|frihet freedom of action; *ha full ~* (*äv.*) be a free agent **-kraft** energy, drive **-kraftig** energetic, active **-människa** man (woman) of action **-sätt** conduct, line of action; behaviour
hand|lov[e] *s2* wrist **-lån** temporary loan
handlägg|a deal with, handle; *jur.* hear **-ning** dealing (*av* with), handling; *jur.* hearing; trial; *målets ~* the hearing of the case
hand|löst headlong, precipitately, violently **-målad** *a5* hand-painted **-penning** down payment, deposit **-plocka** (*utvälja*) hand-pick **-påläggning** *relig.* imposition (laying on) of hands **-rengöringsmedel** hand cleaner **-räckning 1** assistance (*äv. jur.*); *ge ngn en ~* give (lend) s.b. a [helping] hand **2** *mil.* fatigue duty **-rörelse** motion (movement) of the (one's) hand
handsbredd handbreadth
handsekreterare private secretary
handskaffär [ˣhansk-] gloveshop, glover's shop
handskakning handshake
handskas [ˣhanskas] *dep, ~ med a*) (*hantera*) handle, *b*) (*behandla*) treat, deal with; *~ varligt med* (*äv.*) be careful about, handle with care
handskbeklädd [ˣhansk-] *a5* gloved
handsk|e [ˣhanske] *s2* glove; (*krag-*) gauntlet; *kasta ~n åt ngn* (*bildl.*) throw down the gauntlet to s.b.; *ta upp* [*den kastade*] *~n* take up the gauntlet, accept the challenge **-fack** (*i bil*) glove compartment **-makare** glover
hand|skrift 1 (*stil*) hand[writing]; (*motsats maskinskrift äv.*) [manu]script **2** (*manuskript*) manuscript (*förk.* MS., *pl* MSS.) **-skriven** *a5* written by hand, handwritten
handskskinn [ˣhansk-] glove-leather
hand|slag handshake **-stickad** *a5* hand-knit[ted] **-stil** [hand]writing **-stöpt** [-ö:-] *a4, ~ ljus* hand-dipped candle **-svett** excessive sweating of the hands; *ha ~* have clammy hands **-sydd** *a5* hand-sewn; handmade **-såg** handsaw **-sättare** *boktr.* hand-compositor **-sättning** *boktr.* hand-composition **-tag 1** (*fäste*) handle (*på, till* of); (*på kniv etc. äv.*) haft; (*runt*) knob **2** (*tag med handen*) grip, grasp, hold; *ge ngn ett ~* give s.b. a [helping] hand **-tryck** block printing, hand-printing; *konkr.* block-print **-tryckning 1** pressure (squeezing) of the hand **2** (*dusör*) tip; *ge ngn en ~* tip s.b., grease a p.'s palm **-uppräckning** show of hands; *rösta genom ~* vote by show of hands **-vapen** hand weapon; *pl* (*eldvapen*) small arms, firearms **-volt** handspring **-vändning** *i en ~* in a twink[ling] (trice), in [next to] no time; *AE. äv.* in short order **-väska** handbag, bag; *AE. äv.* purse, pocketbook **-vävd** hand-woven
1 hane *s2* (*djur*) male; (*fågel- äv.*) cock
2 hane *s2* **1** (*tupp*) cock; *den röda ~n* the fire fiend **2** (*på handeldvapen*) cock, hammer; *spänna ~n på* cock
hanegäll [-j-] *s7, i ~et* at cockcrow
hangar [-ŋ'ga:r] *s3* hangar **-fartyg** aircraft carrier
hanhund [he-]dog
hank *s2, inom stadens ~ och stör* within the bounds (confines) of the town
hanka *gå och ~* be ailing (puling), go about looking poorly; *~ sig fram* manage to get along somehow
hankatt tomcat
hankig *a1* ailing, off-colour
han|kön male sex **-lig** *a5* male
hann *imperf. av hinna*
hanne *se 1 hane*
hanrej [ˣha:n-] *s2, s3* cuckold
hans his; (*om djur*) its
Hansan *s, best. form* the Hanseatic League **hansestad** Hanseatic city (town)

hantel *s2* dumbbell
hanter|a handle; (*sköta*) manage; (*racket, svärd e.d.*) wield; (*använda*) use, make use of; (*behandla*) treat **-ing 1** (*hanterande*) handling *etc.* **2** (*näring*) trade, business; (*sysselsättning*) occupation **-lig** *a1* handy; manageable
hantlangare helper, assistant; (*murar-*) hodman; *neds.* henchman, tool
hantverk *s7* [handi]craft; trade **-are** craftsman, artisan; (*friare*) workman
hantverks|mässig *a1* manual; handicraft; (*schablonmässig*) mechanical **-produkt** handicraft product **-skicklighet** skill of craftsmanship
harakiri [-'ki:-] *s6, s7* harakiri
harang long speech; harangue; *hålla en lång ~ om* produce a long rigmarole about **-era** [-ŋg-] harangue
hare *s2* hare; (*vid hundkapplöpning*) electric hare; *bildl.* coward, *vard.* funk; *ingen vet var ~n har sin gång* (*ung.*) there's no knowing what the upshot will be
harem ['ha:-] *s7* harem **haremsdam** lady of a (the) harem
harhjärtad [-j-] *a5* chicken-hearted, chicken-livered
haricots verts [arrikå'vä:r] *pl* haricots, French beans
harig *a1* timid; *vard.* funky; (*försagd*) pusillanimous
harkl|a hawk; *~ sig* clear one's throat **-ing** hawk [ing]
harklöver *bot.* hare's-foot
harkrank [×ha:r-] *s2* crane fly, daddy-longlegs
harlekin [×ha:r-, *äv.* 'ha:r-] *s3* harlequin
harm *s3* indignation (*mot* against, with; *över* at); (*svagare*) resentment; (*förtret*) annoyance, vexation
harm|a vex, annoy, fill with indignation; *det ~r mig att han* (*äv.*) I am annoyed at his (+ *ing-form*) **-as** *dep* get (be) annoyed (*över* at); feel indignant (*på* with; *över* at) **-lig** *a1* provoking, vexatious, annoying **-lös** (*oförarglig*) inoffensive; innocuous; (*ofarlig*) harmless **-löshet** inoffensiveness; innocence
harmoni *s3* harmony; (*samstämmighet*) concord **-era** harmonize; *~ med* (*äv.*) be in harmony with
harmon|ik *s3, se harmonilära* **-ika** [-'mɔ:-] *s1* harmonica
harmon|ilära theory of harmony; harmonics (*pl o. sg*) **-isera** harmonize **-isk** [-'mɔ:-] *a5* harmonious; *mat. o. mus.* harmonic; *~t medium* harmonic mean **-ium** [-'mɔ:-] *s4* harmonium
harmsen *a3* indignant, angry; vexed, annoyed (*på* with; *över* at)
harmynt [×ha:r-] *a4* harelipped **-het** harelip
harnesk ['ha:r-] *s7* cuirass; armour (*äv. bildl.*); *bringa ngn i ~ mot* rouse s.b. to hostility against, set s.b. up against; *vara i ~ mot* be up in arms against
1 harpa *s1* **1** *mus.* harp **2** *vard.* (*om kvinna*) old hag, witch
2 harpa *s1, lantbr.* sifting machine; (*såll*) riddle
harpest rabbit fever, tularaemia
harpist harper, harpist **harpolekare** harp player, harper
harpun *s3* harpoon
harpuner|a harpoon **-are** [-×ne:-] harpoone[e]r **-ing** harpooning
harpunkanon harpoon gun
harpya [-×py:a *el.* -'py:a] *s1* **1** *zool.* harpy eagle **2** *myt.* Harpy
harr *s2, zool.* grayling
harskla *se harkla*
har|skramla beater's rattles (*pl*), harestop **-spår** hare's track, pricks (*pl*); *ett ~* a prick **-syra** *bot.* [wood] sorrel
hart [-a:-] *adv, ~ när* well-nigh; almost; *~ när omöjligt* well-nigh impossible
hartass hare's foot; *stryka över med ~en* smooth it over, set things straight again
harts *s4* resin; (*renat, hårt*) rosin **hartsa** rosin; (*stråke äv.*) resin; (*flaska o.d. äv.*) seal up [with resin]
harv *s2,* **harva** *v1* harrow **harvning** harrowing
harvärja [×ha:r-] *i uttr.*: *ta till ~n* take to one's heels
has *s1, s2* hock; ham; *dra ~orna efter sig* loiter along; *rör på ~orna!* stir your stumps! **hasa** shuffle, shamble; *~ ner* (*om strumpa e.d.*) slip down; *~ sig fram* shuffle (*etc.*) along; *~ sig nedför* slither (slide) down
hasard [-'a:rd] *s3* (*slump*) chance, luck; *se äv. hasardspel* **-artad** [-a:r-] *a5* accidental, chance **-era** hazard
hasardspel game of chance; (*~ande*) gambling; (*vågspel*) hazard; *ett ~* a gamble **-are** gambler
hasch[isch] ['haʃ(iʃ)] *s2, s7* hashish, hasheesh **-rökning** hashish smoking
hasp *s2,* **haspa** *v1* hasp
haspel *s2* reel; spool; (*härvel*) coiler; *gruv.* [hauling] windlass **-fiske** fishing with spinning rod **-rulle** spinning reel **-spö** spinning rod
haspla reel, coil; *~ ur sig* (*bildl.*) reel off
hassel ['hass-] *s2* hazel, cob; *koll.* hazels, hazel trees (*pl*) **-buske** hazel shrub **-mus** dormouse **-nöt** hazelnut, filbert, cob[nut] **-snok** smooth snake
hassena [×ha:s-] hamstring
hast *r* haste, hurry; *i* [*all*] *~* in a hurry, hastily, (*plötsligt*) all of a sudden; *i största ~* in great haste, in a great hurry **hasta** hasten, hurry; *saken ~r* the matter is very urgent; *tiden ~r* time is short; *det ~r inte med betalningen* there is no hurry about the payment
hastig *a1* (*snabb*) rapid, quick; (*påskyndad*) hurried; (*plötslig*) sudden; (*skyndsam, överilad*) hasty; *i ~t mod* unpremeditatedly, *jur.* without premeditation **-ast** *som ~* in a great hurry; *titta in som ~* look (*vard.* pop) in for a moment **-het 1** (*fart*) speed; rate; *fys.* velocity; *med en ~ av* at a rate (speed) of; *med hög ~* at a high (great) speed; *högsta tillåtna ~* speed limit, maximum [permitted] speed; *minska ~en* (*äv.*) slow down, decelerate; *öka ~en* (*äv.*) speed up, accelerate **2** (*snabbhet*) rapidity; quickness **3** (*brådska*) hurry, haste, hastiness; *i ~en glömde jag* in my hurry (haste) I forgot
hastighets|begränsning speed limit **-kontroll** speed check-up; (*plats*) speed trap **-minskning** deceleration, slowing down **-mätare** speedometer; *flyg. äv.* airspeed indicator **-re-**

H

kord speed record **-åkning** (*på skridskor*) speed-skating **-ökning** acceleration, speeding up
hast|igt *adv* (*snabbt*) rapidly, quickly, fast; (*brådskande*) hastily; ~ *och lustigt* without more ado, straight away; ~ *verkande* of rapid effect; *helt* ~ all of a sudden, (*oväntat*) quite unexpectedly **-verk** *det är bara ett* ~ it's just been thrown together
hat *s7* hatred; *poet.* hate; (*agg*) spite; (*avsky*) detestation; *bära* ~ *mot* (*till*) *ngn* cherish hatred towards s.b., loathe s.b. **hata** hate; (*avsky*) detest, abhor, abominate; ~ *som pesten* hate like poison
hat|full full of hatred (*mot* towards), spiteful (*mot* towards); ~ *blickar* malignant glances **-isk** ['ha:-] *a5, se hatfull o. hätsk* **-kärlek** love-hate relationship **-propaganda** propaganda of hatred
hatt *s2* hat; (*på svamp*) cap, pileus (*pl* pilei); *tekn.* cap, hood, top; *vara i ~en* (*vard.*) have had a drop too much; *vara karl för sin* ~ stand up for o.s., hold one's own
hatt|a dilly-dally, shillyshally **-affär** hat shop, hatter's [shop] **-ask** hatbox; (*kartong*) bandbox **-brätte** hat brim **-hylla** hatrack **-kulle** crown of a hat **-makare** hatter, hat manufacturer **-nummer** size, head-fitting **-nål** hatpin **-skrålla** *s1* wreck of a hat **-stomme** hat shape, felt hood **-svamp** mushroom
haubits ['hau- *el.* -'bitts] *s3, s2* howitzer
hausse [hå:s] *s5* rise, boom; bull market **-artad** [-a:r-] *a5* bullish, boom-like **-spekulant** bull [operator]
hautrelief [å:rel'jeff] *s3* high relief
hav *s7* sea (*äv. bildl.*); (*världs-*) ocean; *till ~s a*) (*riktning*) to sea, *b*) (*befintlighet*) at sea; *vid ~et a*) (*vistas*) at the seaside, by the sea, *b*) (*vara belägen*) on the sea [coast]; *öppna ~et* the open sea, the high seas (*pl*); *höjd över ~et* altitude above sea level; *mitt ute på ~et* right out at sea, in the middle of the ocean; *som en droppe i ~et* like a drop in the ocean
hava *se 2 ha*
havande *a4* pregnant **-skap** *s7* pregnancy
havanna [-ˣvanna] *s1*, **-cigarr** Havana [cigar]
haverera be wrecked; *bildl. äv.* get (be) shipwrecked; (*om el. med flygplan*) crash, have a breakdown
haveri (*förlisning*) shipwreck, loss of ship; *flyg.* crash, breakdown; (*skada*) damage, loss; *jur.* average; *enskilt* ~ particular average; *gemensamt* ~ general average **-kommission** commission of inquiry; *Statens* ~ [the Swedish] board of accident investigation
haveri|st 1 (*fartyg*) disabled (shipwrecked) vessel; *flyg.* wrecked (crashed) aeroplane **2** (*pers.*) shipwrecked man; *flyg.* wrecked airman **-utredning** average statement (adjustment)
havre [ˣha:v-] *s2* (*växten*) oat; (*säd*) oats (*sg o. pl*); *av* ~ (*äv.*) oat **-gryn** *koll.* hulled oats, oatgroats (*pl*); *vanl.* rolled oats (*pl*) **-grynsgröt** oatmeal porridge **-mjöl** oatmeal
havs|anemon [ˣhaffs-] sea anemone **-arm** arm of the sea **-bad 1** [a] sea bathe **2** (*badort*) seaside resort, watering place **-band** *i ~et* on (among) the seaward skerries **-borstmask** polychaete **-botten** sea (ocean) bed; *på -bottnen* at (on) the bottom of the sea **-bris** sea breeze **-djup** depth of the sea **-fisk** marine (sea) fish **-fiske** deep-sea fishing **-forskning** oceanography, marine research **-gud** sea god **-gudinna** sea goddess **-katt** *zool.* wolffish, catfish **-kryssare** cruising yacht, ocean racer **-kräfta** Norway lobster **-kust** seacoast, seashore; *särsk. AE.* seaboard **-orm** sea snake **-sköldpadda** sea turtle **-ström** ocean current **-sula** gannet **-trut** great black-backed gull **-tulpan** acorn barnacle (shell) **-vatten** sea water **-vik** (*bred*) bay; (*långsmal*) gulf; (*i Skottland*) loch, (*i Irland*) lough **-växt** seaweed **-yta** surface of the sea; *under* (*över*) *~n* below (above) sea level **-ål** conger **-öring** sea trout **-örn** European sea eagle, white-tailed eagle
havtorn sea buckthorn
H-dur B major
hebré *s3* Hebrew
Hebreerbrevet [-ˣbre:er-] Hebrews (*pl, behandlas som g*)
hebre|isk [-'bre:-] *a5* Hebrew, Hebraic[al] **-iska** *s1* (*språk*) Hebrew; *det är rena ~n för mig* it's [all] Greek to me
Hebriderna [-'bri:-] *pl* the Hebrides
hed *s2* moor[land]; (*ljung- äv.*) heath; (*särsk. i södra England*) downs (*pl*), downland
heden *a5* heathen; (*från hednisk tid*) pagan **-dom** [-domm] *s2* (*hednatid*) heathendom; (*hednisk tro*) heathenism, heathenry; (*mångguderi o.d.*) paganism **-hös** *oböjligt s, från* ~ from time immemorial
heder ['he:-] *s2* honour; (*berömmelse äv.*) credit; (*oförvitlighet*) honesty; *på ~ och samvete* [up]on my (*etc.*) honour; *göra ~ åt anrättningarna* do justice to the meal, *vard.* eat with gusto; *komma till ~s igen* be restored to its place of honour; *lända ngn till* ~ do s.b. credit; *ta ~ och ära av ngn* calumniate (defame) s.b.; *den pojken har du all ~ av* that boy is a credit to you
hederlig [ˣhe:-] *a1* **1** honourable; (*ärlig*) honest; (*ärbar*) respectable **2** (*anständig*) decent; (*frikostig*) handsome; *få ~t betalt* be paid handsomely **-het** honourableness; honesty; respectability; decency; *han är ~en själv* he is honesty itself
hedersam *a1* honourable; flattering
heders|begrepp concept of honour **-betygelse** mark (token) of honour (respect); *under militära ~r* with full military honours **-bevisning** *se -betygelse* **-doktor** honorary doctor **-gåva** testimonial, token of respect **-gäst** guest of honour **-knyffel** *s2, en riktig* ~ a real brick, a card **-kodex** code of honour **-kompani** guard of honour **-känsla** sense of honour **-ledamot** honorary member **-legionen** the Legion of Honour **-man** *en* ~ an honest man, a man of honour **-omnämnande** honourable mention **-ord** word of honour; *frigiven på* ~ liberated on parole **-pascha** *se -knyffel* **-plats** place of honour; (*sitt-*) seat of honour **-prick** *se -knyffel* **-pris** special prize **-sak** point of honour **-skuld** debt of honour **-tecken** sign (mark) of distinction, badge of honour **-titel** honorary title **-uppdrag** honorary task **-vakt** guard of honour
hedervärd *a1* (*aktningsvärd*) estimable, creditable; (*redbar*) honourable, honest
hedlandskap moorland, heath country

hedna|folk [ˣhe:d-] heathen people **-mission** *~en* foreign missions (*pl*)
hed|ning [ˣhe:d-] heathen; (*från förkristen tid*) pagan; *bibl.* Gentile **-isk** *a5* heathen; pagan
hedr|a [ˣhe:d-] honour; show honour to; (*göra heder åt*) do honour (credit) to; *~ sig* do o.s. honour (credit), (*utmärka sig*) distinguish o.s. **-ande** *a4, se hedersam*; *~ uppförande* honourable conduct
hegemoni *s3* hegemony
hej [hejj] hallo!; (*adjö*) cheerio!; *hej [då]!* bye-bye!, so long; *~ hopp!* heigh-ho!; *man skall inte ropa ~ förrän man är över bäcken* do not halloo until you are out of the wood, don't crow too soon
heja I ['hejja] *interj* hurrah!, *vard.* 'rah!; *sport.* come on! **II** [ˣhejja] *v1, ~ på* cheer [on], (*hålla på*) support, *AE. äv.* root [for]
1 hejare [ˣhejj-] *tekn.* drop forge (hammer); (*pålkran*) pile-driver
2 hejare [ˣhejj-] *se baddare*
heja|rklack claque [of supporters]; cheer section **-rop** cheer
hejarsmide drop forging
hejd *r, utan ~* inordinately, *vard.* no end; *det är ingen ~ på* there are no bounds to
hejd|a stop; (*ngt abstr. äv.*) put a stop to, check; *~ sig* stop (check) o.s., (*om talare e.d.*) break off **-lös** (*ohejdad*) uncontrollable; (*ohämmad*) violent; (*måttlös*) inordinate, excessive
hejduk [ˣhejj- *el.* 'hejj-] *s2* henchman; tool
hej|dundrande [-ˣdunn-] *a4* tremendous **-san** ['hejj-] *interj, se hej*
hekatomb [-'tåmb] *s3* hecatomb
hektar *s7, s9* hectare; *ett ~* (*ung.*) two and a half acres
hektisk ['hekk-] *a5* hectic
hekto ['hekk-] *s7* hectogram[me]; *ett ~* (*ung.*) three and a half ounces **-graf** *s3*, **-grafera** hectograph **-gram** [-'gramm] *se hekto* **-liter** [-'li:-] hectolitre; *en ~* (*ung.*) twenty-two gallons
hel *a1* **1** (*odelad, total*) whole; entire; complete; *~a dagen* all (the whole) day; *~a namnet* (*äv.*) the name in full; *~a Sverige* (*landet*) the whole of Sweden, (*folket*) all Sweden; *~a tal* whole (integral) numbers; *en ~ del* a great deal of; *en ~ förmögenhet* quite a fortune; *tre ~a och en halv* three wholes and a half; *det ~a a) eg.* the whole (total), *b)* (*friare*) the whole matter (affair, thing); *i det stora ~a* on the whole; *i ~a två veckor* for a whole fortnight; *på det ~a taget* on the whole, in general; *som en ~ karl* like a man; *varje ~ timme* every hour on the hour; *över ~a Sverige* throughout Sweden; *det blir aldrig något ~t med* nothing satisfactory ever comes of; *det är inte så ~t med den saken* things are not all they should be in that respect; *jag var vaken ~a natten* I was awake all night **2** (*oskadad*) whole, unbroken; (*om glas o.d. äv.*) uncracked; (*om plagg*) not in holes, not worn through (out); *hålla barnen ~a och rena* keep the children neat and clean
1 hela *s1* (*helbutelj*) whole (large) bottle; (*första sup*) first dram; *~n går!* (*ung.*) now for the first!
2 hela *v1* heal
hel|afton *göra sig en ~* make a night of it **-ark** folio **-automatisk** fully automatic

helbrägda [-j-, *äv.* -g-, *äv.* ˣhell-] *oböjligt a* whole **-görare** [-j-] [faith-]healer **-görelse** [-j-] [faith-]healing; *~ genom tron* saved by faith
hel|butelj whole (large) bottle **-fet 1** full-cream (*ost* cheese) **2** *boktr.* extra bold **-figur** full figure; *porträtt i ~* full-length portrait **-flaska** *se -butelj* **-försäkring** (*för motorfordon*) comprehensive motorcar insurance
helg [-j] *s3* (*kyrklig högtid*) festival; (*friare*) holiday[s *pl*]; *i ~ och söcken* [on] high days and working days alike
helga [-g-] sanctify; (*inviga*) consecrate, dedicate; (*hålla helig*) keep holy, hallow; *~t varde ditt namn!* hallowed be thy name!; *~ vilodagen* (*bibl.*) remember the Sabbath day to keep it holy; *ändamålet ~r medlen* the end justifies the means
helgarder|ad *a5* fully covered **-ing** (*i tips*) 3-ways [forecast]
helgd [-j-] *s3* (*okränkbarhet*) sanctity; (*t.ex. löftes, ställes*) sacredness; *hålla i ~* hold sacred
helgdag holy day; (*ledighetsdag*) holiday; *allmän ~* public (bank) holiday
helgdags|afton [the] day (evening) before a public holiday **-kläder** *pl* holiday (best) clothes
helgedom [ˣhelgedomm] *s2* sanctuary; (*byggnad äv.*) sacred edifice, temple; (*relik*) sacred thing
helgeflundra [ˣhellje-] *se hälleflundra*
helgelse [-g-] (*helgande*) sanctification
helg|erån [-g-, *äv.* -j-] sacrilege **-fri** [-j-] *~ dag* ordinary business (normal working) day
helgjuten [-j-] *a5, bildl.* [as if] cast in one piece, sterling; (*harmonisk*) harmonious
helgmålsringning [the] ringing in of a (the) Sabbath
Helgoland *n* Heligoland
helgon [-gån] *s7* saint **-dyrkan** saint worship **-förklarad** *a5* canonized **-gloria** halo; aureole **-legend** legend of saints (a saint) **-lik** *a5* saintlike, saintly
helhet entirety, whole; completeness, wholeness; totality; *i sin ~ a)* in its entirety, as a whole, *b)* (*helt o. hållet*) entirely
helhets|bild general picture **-intryck** general impression **-syn** comprehensive view **-verkan** total effect
helhjärtad [-j-] *a5* wholehearted
helig *a1* holy; (*-gjord*) sacred; (*högtidlig*) solemn (*försäkran* assurance); *~a alliansen* (*landet*) the Holy Alliance (Land); *~a tre konungar* (*bibl.*) the three Magi; *ett ~t löfte* a sacred (solemn) promise; *Erik den ~e* Saint Eric; *den ~a natten* the Night of the Nativity; *den ~a staden* (*om Jerusalem*) the Holy City; *den ~a stolen* the Holy See; *det allra ~aste* (*bibl.*) the holy of holies, (*friare*) the inner sanctum; *svära vid allt vad ~t är* swear by all that one holds sacred
helig|förklara canonize **-het** holiness; *Hans H~* (*om påven*) His Holiness **-hålla** keep (hold) sacred
helikopter [-'kåpp-] *s2* helicopter; *vard.* chopper **-landningsplats** heliport
helinackordering 1 full board and lodging **2** *pers.* boarder; lodger
helio|centrisk [-'senn-] heliocentric **-graf** *s3* he-

liograph **-stat** *s3* heliostat **-trop** [-'å:p] *s3* heliotrope
helium ['he:-] *s8* helium
helix ['he:-] *s2* helix
hel|konserv fully-sterilized tinned goods **-kväll** *se helafton*
hell [all] hail!; ~ *dig!* hail to thee!
hellen *s3* Hellene, Hellenian **-ism** Hellenism **-ist** Hellenist **-istisk** [-'iss-] *a5* Hellenistic[al]
hellensk [-'e:nsk] *a5* Hellenic
heller ['hell-] (*efter negation*) either; *ej* ~ nor, neither; *och det hade inte jag* ~ nor had I, and I hadn't either, neither had I; *du är väl inte sjuk* ~? you are not ill, are you?
hel|linne pure linen; (*i sms.*) all-linen **-ljus** (*på bil*) *köra med* ~ drive with headlights full on
hellre ['hell-] *adv, komp. t. gärna* rather; sooner; *ju förr dess* ~ the sooner the better; *så mycket* ~ *som* [all] the rather as; ~ *dö än ge sig* rather die than surrender; *jag vill* ~ I would rather; *jag dricker* ~ *kaffe än te* I prefer coffee to tea; *jag önskar ingenting* ~ I wish no better
hel|lång full-length **-not** semibreve; *AE.* whole note **-nykter** teetotal **-nykterist** teetotaller, total abstainer **-omvändning** about-turn; *AE.* about-face; *i sht bildl.* volte-face **-pension 1** *se helinackordering* **2** (*skola*) boarding school **-sida** full (whole) page **-siden** pure silk; (*i sms.*) all-silk **-sidesannons** full-page advertisement
helsike [ˣhell-] *s6* hell; *i* ~ *heller!* hell, no!
hel|skinnad [-ʃ-] *a5*, *komma* ~ *ifrån ngt* get off scot-free, escape unhurt, *vard.* save one's bacon **-skägg** full beard **-spänn** *i uttr.*: *på* ~ *a*) (*om gevär o.d.*) at full cock, *b*) *bildl.* on tenterhooks; *med alla sinnen på* ~ with all one's senses at full stretch (on the qui vive)
helst I *adv, superl. t. gärna* preferably, by preference; *hur som* ~ *a*) (*sak samma hur*) anyhow, no matter how, *b*) (*i varje fall*) anyhow, in any case, *c*) (*som svar*) [just] as you like (please); *när som* ~ [at] any time, whenever you (*etc.*) like; *vad som* ~ anything [whatever]; *vem som* ~ anybody, anyone; *hur liten som* ~ no matter how small; *hur länge som* ~ any length of time, as long as you like; *ingen som* ~ *risk* no risk whatever; *i vilket fall som* ~ anyhow, in any case; *allra* ~ *skulle jag vilja* most (best) of all I should like; *därmed må vara hur som* ~ be that as it may, however that may be; *jag kan betala hur mycket som* ~ I can pay any amount (as much as you like) **II** *konj* especially (all the more) (*som* as; *då* when)
hel|stekt roasted whole; (*om större djur äv.*) barbecued **-svart** all black **-syskon** full brothers and sisters
helt [-e:-] *adv* entirely, wholly; completely, totally; (*alldeles*) altogether, quite; (*ganska*) quite, rather; ~ *enkelt* simply; ~ *igenom* all through; ~ *och fullt* to the full; ~ *och hållet* altogether, completely; ~ *om!* about turn! (*AE.* face!); ~ *säkert* quite sure, no doubt [about it]; *en* ~ *liten* quite a small; *gå* ~ *upp i* be completely engrossed (absorbed) in; *göra* ~ *om a*) *mil.* about-turn, *AE.* about-face, *b*) (*friare o. bildl.*) turn right about
hel|tal integer, whole number **-tid** *adv* full time; *arbeta* ~ work full time
heltids|anställd full-time employee **-arbete** full-time job (work) **-tjänst** *se -arbete*
hel|ton whole tone (*AE.* step) **-täckande** *a4*, ~ *matta* wall-to-wall carpet **-täckningsmatta** (*i metervara*) broadloom carpet **-täckt** *a4*, ~ *bil* closed car **-veckad** *a5*, ~ *kjol* [knife-]pleated skirt
helvete [ˣhell-] *s6* hell; (*dödsrike*[*t*]) Hell; *ett riktigt* ~ sheer hell; *ett* ~*s oväsen* a hell of a row, an infernal row; *av bara* ~ for very hell, like blazes; *i* ~ *heller!* hell, no!; *dra åt* ~! go to hell!, drop dead!
helvetes|hund hellhound **-maskin** infernal (clockwork) machine **-straff** eternal damnation
1 helvetisk [-'ve:-] *a5* (*schweizisk*) Helvetic
2 helvetisk [-'ve:-] *a5* (*helvetes-*) infernal, hellish
hel|ylle pure wool; (*i sms.*) all-wool **-år** whole year
helårs|prenumeration annual subscription **-vis** yearly, annually
helägd *a5* wholly-owned
hem [hemm] **I** *s7* home (*äv. institution*); (*bostad äv.*) house, place; *i* ~*met* in the (one's) home, at home; *vid* ~*mets härd* at the domestic hearth; *lämna* ~*met* leave home **II** *adv* home; *bjuda* ~ *ngn* invite s.b. to one's home; *gå* ~ (*i spel*) get home, (*i bridge*) make the contract; *gå* ~ *och lägg dig!* (*vard.*) make yourself scarce!; *hälsa* ~! remember me (kind regards) to your people!; *låna ngt med sig* ~ borrow s.th. and take it home [with one]; *ta* ~ *ett spel* win a game; *det gick* ~ the point (it) went home
hem|arbetande *a4*, ~ *kvinna* [a] woman working in the home **-arbete** homework; (*hushållsarbete*) housework **-bageri** small-scale bakery **-bakad** *a5* home-made **-besök** home visit (call) **-biträde** [domestic] servant, maid **-bjuda 1** *se hem II* **2** *jur.* offer to those having the right of first refusal **-bränd** *a5* home-distilled; (*olagligt*) illicitly distilled **-bränning** home-distilling; (*olaglig*) illicit distilling **-buren** *a5*, *fritt* ~ delivered free; *få ngt -buret* have s.th. delivered at one's home **-bygd** native place, home district
hembygds|gård folk museum **-kunskap** local geography and history **-museum** *se -gård*
hem|bära *bildl.* (*framföra*) present, offer; (*vinna*) carry off (*ett pris* a prize), win (*segern* the day) **-dragande** *a4*, *komma* ~ *med a*) (*sak*) come home lugging, *b*) *pers.* come home bringing (with) [...in one's train] **-falla 1** (*åter tillfalla*) devolve (*till* upon), revert (*till* to) **2** (*förfalla*) yield, give way (*åt dryckenskap* to drinking); (*hänge sig*) give o.s. up; (*drabbas*) fall a victim (*åt* to) **-fallen** addicted (*åt* to) **-fridsbrott** unlawful entering of a p.'s residence (house) **-färd** homeward journey, journey home **-föra** take (*hit* bring) home; (*gifta sig med*) marry **-förhållanden** home background (*sg*) **-förlova** *mil.* disband, demobilize; *parl.* prorogue; adjourn; (*skolungdom*) dismiss **-försäkring** householder's comprehensive insurance **-försäljare** door-to-door salesman (saleswoman) **-försäljning** door-to-door sales (*pl*) **-gift** [-j-] *s3* dowry **-gjord** home-made **-hjälp** domestic (home) help **-ifrån** from home **-inredning** home furnishing, interior decoration **-inredningsar-**

kitekt interior decorator (designer)
hemisfär hemisphere
hem|kalla summon home; *polit.* recall **-kommen** [-å-] *a5, nyligen ~* just back [home] **-kommun** home municipality, (*friare*) city (town, borough) where s.b. is registered **-komst** [-å-] *s3* return [home], homecoming **-konsulent** domestic science adviser **-kunskap** domestic science **-känsla** homely atmosphere **-kär** home-loving **-körd** delivered **-körning** delivery **-lagad** *a5* home-cooked, home-made **-land** native country, country of birth; (*i Sydafrika*) homeland, Bantustan **-landstoner** *pl, det är verkligen ~* this is quite like home
hemlig *a1* secret (*för* from); (*dold*) hidden, concealed (*för* from); (*motsats offentlig*) private; (*i smyg*) clandestine; *~ agent* secret agent; *~t förbehåll* mental (tacit) reservation; *strängt ~* strictly confidential, top secret **-het 1** (*med pl*) secret; *offentlig ~* open secret **2** (*utan pl*) secrecy, privacy; *i* [*all*] *~* in secret (private), secretly, *vard.* strictly on the q.t.
hemlighets|full mysterious; (*förtegen*) secretive **-makare** mystery maker **-makeri** mystery making, *vard.* hush-hush
hemlig|hus privy **-hålla** keep secret, conceal (*för* from) **-stämpla** stamp as secret, classify as strictly (top) secret; *~d* (*äv.*) classified
hem|lik homelike **-liv** home life; domesticity **-lån** (*om bok*) for home reading **-längtan** homesickness, longing for home; *ha ~* feel homesick **-läxa** homework **-lös** homeless **-löshet** homelessness
hemma at home; *~ från skolan* away from school; *~ hos mig* at my place (home); *höra ~ i* (*om sak*) belong to; *han hör ~ i Stockholm* his home is in Stockholm; *känna sig som ~* feel at ease (home); *vara ~ i* (*kunnig*) be at home in (on, with) **-bruk** *för ~* for domestic use **-dotter** daughter living at home **-front** home front **-fru** housewife **-hörande** *a4, ~ i a*) (*om pers.*) native of, domiciled in, with one's home in, *b*) (*om fartyg*) of, belonging to, hailing from **-kvinna** woman not working outside the home **-kväll** evening at home **-lag** home team **-man** house husband **-marknad** home (domestic) market **-match** *sport.* home game
hemman *s7* homestead; [freehold] farm
hemmansägare yeoman [farmer], freeholder; *vanl.* [small] farmer
hemma|plan home ground; *match på ~* home game **-stadd** *a5* at home; *vara ~ i* be at home in (familiar with, versed in) **-varande** *a4, ~ barn* children [living] at home
hemmiljö home environment (atmosphere)
hemoglobin *s4* haemoglobin
hemorrojder [-'råjd-] *pl* haemorrhoids
hem|ort legal domicile, place of residence; *sjö.* home port, port of registry **-ortskommun** municipality of residence **-ortsrätt 1** *jur.* domiciliary rights **2** *bildl.*, *vinna ~ i* gain recognition in **-permanent** home perm **-permittera** grant home leave; *~d* on home leave **-resa** *s1* journey (voyage, return) home, home[ward] journey; *på ~n* while going (*etc.*) home, on the way home **-samarit** health visitor; home help
hemsk *a1* **1** ghastly; (*skrämmande*) frightful, shocking; (*kuslig*) uncanny, weird, gruesome; (*hisklig*) grisly; (*dyster*) dismal, gloomy; (*olycksbådande*) sinister **2** *vard.* (*väldig*) awful, frightful, tremendous; *det var ~t!* how awful! **-het** ghastliness *etc.*
hemskillnad judicial separation
hemskt *adv* (*väldigt*) awfully, frightfully; *~ mycket folk* an awful lot of people
hem|slöjd hand[i]craft; domestic (home) crafts (industries) (*pl*) **-språksundervisning** immigrant language teaching **-stad** home town; (*födelsestad*) native town **-ställa** (*föreslå*) propose, suggest; *~ om* request (ask) for; *~ till ngns prövning* submit to a p.'s consideration **-ställan** *oböjligt s* request, proposal, suggestion **-syster** trained home help, home aide **-sända** send home; (*varor äv.*) deliver; (*fångar äv.*) repatriate **-söka** (*om högre makter*) visit (*med krig* with war); (*om rövare, pest*) infest; (*om spöke*) haunt; (*om sjukdom*) attack, inflict **-sökelse** visitation; scourge; infliction **-sömmerska** home dressmaker **-tagningskostnader** delivery costs **-tam** domesticated **-trakt** home district; *i min ~* (*äv.*) near my home **-trevlig** nice and comfortable (cosy), homelike **-trevnad** homelike atmosphere, domestic comfort **-vist** *s7, s9* residence, domicile address; *fack.* habitat; *bildl.* abode; *vara ~ för* (*äv.*) be a seat (centre) of **-vårdare** health visitor; home help **-väg** way home; (*-färd*) homeward journey; *bege sig på ~* start for home; *vara på ~* be on the way home, (*om fartyg*) be homeward bound **-värn** home defence; *konkr.* home guard[s *pl*] **-värnsman** home guard **-vävd** handwoven; *-vävt tyg* (*äv.*) homespun **-åt** homewards, towards home
henna *s9* henna
henne *pron* (*objektsform av hon*) (*om pers., fartyg*) her; (*om djur, sak*) it **hennes 1** *fören.* her; (*om djur, sak*) its, *ibl.* her **2** *självst.* hers
henry ['henn-] *r* (*måttenhet*) henry
hepa|rin *s4* heparin **-tit** *s3, med.* hepatitis
herald|ik *s3* heraldry **-iker** [-'rall-] heraldist, herald **-isk** [-'rall-] *a5* heraldic
herbarium [-'ba:-] *s4* herbarium
herbicid [-s-] *s3* herbicide
herdabrev [ˣhe:r-] pastoral letter
herde [ˣhe:r-] *s2* shepherd; *bildl. o. poet. äv.* pastor **-diktning** pastoral poetry **-stund** amorous interlude
herdinna shepherdess
Herkules ['härr-] Hercules
herkul|esarbete [ˣhärr-] Herculean task **-isk** [-'ku:-] *a5* Herculean
hermafrodit *s3* hermaphrodite
hermelin *s3* stoat; (*i vinterdräkt*) ermine
hermelinsmantel ermine cloak
hermet|isk [-'me:-] *a5* hermetic[al] **-iskt** *adv, ~ tillsluten* hermetically sealed
hero [-'rå:] *s3, el. heros, pl heroer* hero
Herodes [-'ro:-] Herod
heroin *s4* heroin **-ist** heroin addict
hero|isk [-'rå:-] *a5* heroic[al] **-ism** heroism
heros ['he:rås] *se hero*
herostratisk [-'stra:-] *a5, ~ ryktbarhet* notoriety
herpes *s2* herpes

H

herr [-ä-] **1** (*framför namn*) Mr. (*pl* Messrs.) (*förk. för* Mister, *pl* Messieurs); (*på brev o.d., efter namnet, i Storbritannien*) Esq. (*förk. för* Esquire); *~arna J. och R. Mason* Messrs. J. and R. Mason, the Messrs. Mason; *unge ~ Tom* (*vanl.*) Master Tom; *er ~ fader* (*ung.*) your respected father **2** (*framför titel*) *~ professor* (*doktor*) *Jones* Professor (Doctor) Jones **3** (*vid tilltal*) *~ domare!* Your Honour!; *ja, ~ general* yes, General (Sir); *~ greve* (*baron*)*!* Count! (Baron!), (*i Storbritannien*) Your Lordship!; *~ ordförande!* Mr. Chairman!, Sir!
herradöme *s6* dominion
Herran *se herre 5*
herr|välde 1 (*makt*) domination (*över* over); (*välde*) dominion, supremacy (*över* over, of); (*styrelse*) rule, sway (*över* over, of) **2** (*kontroll, övertag*) control, mastery, command (*över* of); *förlora ~t över* lose control of; *ha ~t till sjöss* have the mastery of the seas, have supremacy at sea; *vinna ~ över sig själv* gain control of o.s., get o.s. under control **-bekant** gentleman friend **-betjänt** stand for men's clothes **-bjudning** men's (*vard.* stag) party **-cykel** man's bicycle
herr|e *s2* **1** gentleman **2** (*i tilltal*) *a*) (*framför namn, titel*) *se herr*, *b*) (*utan titel, namn*) you; *vad önskar -n?* what do you want, sir?, may I help you, sir?; *förlåt -n, kan ni säga mig* excuse me, sir, can you tell me **3** (*förnäm, adlig*) nobleman; *i Storbritannien* lord; *andliga och världsliga -ar* lords spiritual and temporal **4** (*härskare*) lord, ruler; (*friare o. husbonde*) master; *min ~ och man* my lord and master; *situationens ~* master of the situation; *bli ~ över* gain the mastery of (over), get the better of; *spela ~* lord it; *vara ~ på täppan* rule the roost; *vara sin egen ~* be one's own master **5** *H~n* the Lord; *~ gud!* Good heavens (God)!; *i -ans namn* (*vard.*) for goodness' sake; *för många -ans år sedan* years and years ago, ages ago; *vilket -ans oväder!* what awful weather!
herrefolk master race
herrekipering[saffär] [gentle]men's outfitter's, outfitter
herre|lös without a master; (*om egendom*) ownerless, abandoned; (*om hund äv.*) stray **-man** gentleman; (*godsägare*) country gentleman, squire **-säte** country seat, manor
herr|frisör barber **-gård** manor (country) house, mansion, estate, hall **-gårdsvagn** estate car; *AE.* station wagon **-kläder** *pl* [gentle]men's wear (*sg*) (clothes) **-konfektion** men's [ready-made] clothing **-kostym** [man's] suit **-middag** [gentle]men's dinner party **-mode** *s6, s4* [gentle] men's fashion
herrnhutare *pl* Moravians, Moravian Brethren
herrskap *s7* **1** (*fin familj*) gentleman's family; (*herre o. fru*) master and mistress; *det höga ~et* the august couple (*om fler än två* personages); *det unga ~et* the young couple; *spela ~* play the gentlefolks; *~et är bortrest* the family (Mr. and Mrs. Y.) are (have gone) away **2** (*vid tilltal*) *mitt ~!* ladies and gentlemen!; *hos ~et Jones* at the Jones's; *skall ~et gå redan?* are you leaving already?
herrskaps|aktig *a5* genteel **-folk** gentry; gentlefolk[s]
herr|sko man's shoe **-skräddare** [gentle]men's tailor **-skrädderi** gentlemen's tailor **-sällskap** *i ~* in male company, (*bland herrar*) among gentlemen **-toalett** [gentle]men's lavatory; *AE.* men's room **-tycke** sex appeal
hertig *s2* duke **-döme** *s6* duchy, dukedom **-inna** duchess **-lig** *a5* ducal **-titel** ducal title
hertz *r* hertz (*pl* hertz)
hes *a1* hoarse; (*om röst äv.*) husky **-het** hoarseness; huskiness
het *a1* hot; (*om klimat äv.*) torrid (*zon* zone); *bildl. äv.* ardent, fervent; (*hetsig*) heated, excited; *~a linjen* the hot line; *~ potatis* hot potato; *kvävande ~* suffocatingly (*vard.* stifling) hot; *vara ~ på gröten* be overeager; *var inte så ~ på gröten* hold your horses
het|a *-te -at* **1** (*kallas*) be called (named); *allt vad böcker -er* everything in the way of books; *allt vad karlar -er* anything that goes by the name of man, the whole tribe (race) of men; *jag -er Kate* my name is Kate; *det var en yxa som -te duga* that was a fine axe; *vad -er det på tyska?* what is the German for it (is it in German)?; *vad -er det i pluralis?* what is the plural of it?; *vad -er hon i sig själv?* what was her maiden name?; *vad han nu -er* whatever he's called **2** *opers.*, *som det -er på engelska* as it is called (as one says) in English; *det -er att* it is said (people say) that; *det -er att han* he is said to
hetat *sup av heta*
hetero|dox [-'dåcks] *a5* heterodox **-gen** [-'je:n] *a1* heterogeneous **-nym I** *s3* heteronym **II** *a5* heteronymous
heterosexu|alitet heterosexuality **-ell** heterosexual
het|levrad [-e:v-] *a5* hot-headed, hot-tempered; (*kolerisk*) choleric, irascible **-luft** hot air
hets *s2* **1** (*förföljelse*) baiting, persecution (*mot* of) **2** (*iver*) bustle
hets|a 1 (*förfölja*) bait, worry (*t. döds* to death); (*bussa*) hound (*på* on to); (*uppegga*) incite (*till* to), egg on; *~ upp sig* get excited **-ande** *a4* inflammatory; (*om dryck*) fiery, heady; (*om kryddor*) fiery, hot **-hunger** bulimia
hetsig *a1* hot, fiery; passionate, vehement; heated (*diskussion* discussion) **-het** hotness *etc.*; impetuosity, vehemence
hetsjakt hunt[ing], chasing (*på* of); (*efter nöjen o.d.*) chase (*efter* after), eager pursuit (*efter* of)
hetsporre hotspur
hets|propaganda inflammatory propaganda **-ätande** *s6* compulsive eating
hett *adv* hotly *etc.*, *se het*; *ha det ~ om öronen* be in hot water; *det börjar osa ~* the place is getting too hot to hold me (*etc.*); *det gick ~ till* (*blev slagsmål*) it was a real roughhouse, (*i diskussion etc.*) feelings ran high; *när striden stod som hetast* in the very thick of the struggle (fight)
hetta I *s1* heat; *bildl. äv.* ardour; passion; (*häftighet*) impetuosity; *i stridens ~* in the heat of the struggle (*bildl.* debate) **II** *v1* emit heat; *~ upp* heat, make hot; *det ~r om kinderna* my cheeks are burning
hette *imperf av heta*
hetvatten high-temperature hot water
hetär *s3* hetaera, hetaira; (*friare*) courtesan

heuristik *s3* heuristics (*pl, behandlas som sg*)
hexa|decimalsystem [-ˣma:l-] hexadecimal [notation] **-meter** [-ˣxa:- *el.* -'xa:-] *s2* hexameter
hibiskus [-'biss-] *s2* hibiscus
hick|a I *s1* hiccup, hiccough; *ha ~* have the hiccups **II** *v1* hiccup **-ning** hiccup; (*-ande*) hiccuping
hickory ['hikk-] *s9* hickory
hierark|i *s3* hierarchy **-isk** [-'rarr-] *a5* hierarchic [al]
hieroglyf *s3* hieroglyph[ic] **-isk** *a5* hieroglyphic [al]
hihi he, he!
hillebard [-'a:rd] *s3* halberd, halbert
Himalaya [-'ma:-] *n* the Himalayas (*pl*)
himla I *v1, rfl* turn (roll) up one's eyes [to heaven] **II** *oböjligt a, vard.* awful **-kropp** heavenly (celestial) body; *särsk. poet.* orb **-päll** *se -valv* **-stormare** *se himmelsstormare* **-valv** *~et* the vault (canopy) of heaven, the heavens (*pl*), the sky, *poet.* the welkin
him|mel *-meln, -len el. -melen, pl -lar* **1** sky; firmament; *under bar ~* in the open [air]; *allt mellan ~ och jord* everything under the sun; *röra upp ~ och jord* move heaven and earth, (*friare*) make a tremendous to-do **2** (*Guds boning, paradis*) heaven, Heaven; *o, ~!* good heavens!; *i sjunde -len* in the seventh heaven; *uppstiga till -len* ascend into heaven
himmelrike heaven; *~t* the kingdom of heaven; *ett ~ på jorden* a heaven on earth
himmels|blå sky blue, azure **-ekvator** celestial equator, equinoctial [circle] **-färd** *Kristi ~* the Ascension **-färdsdag** *Kristi ~* Ascension Day
himmelsk ['himm-] *a5* heavenly; celestial (*sällhet* bliss); *bildl. äv.* divine; *~t tålamod* angelic patience; *det ~a riket* (*Kina före republiken*) the Celestial Empire
himmels|pol celestial pole **-sfär** celestial sphere **-skriande** crying, glaring (*orättvisa* injustice); atrocious (*brott* crime) **-stormare** [-å-] heavenstormer, titan **-säng** canopied bed, four-poster [bed] **-vid** huge, immense, enormous; *en ~ skillnad* all the difference in the world
hin [hi:n, *äv.* hinn] the devil; Old Harry; *~ håle* the Evil One; *han är ett hår av ~* he is a devil of a man
hind *s2* hind
hinder ['hinn-] *s7* obstacle (*för, mot* to); impediment (*för* to); (*ngt som fördröjer o.d.*) hindrance; (*avsiktligt utsatt*) obstruction; *sport.* hurdle; fence; (*dike, grav*) ditch, bunker; (*spärr*) bar, barrier (*äv. bildl.*); *lägga ~ i vägen för ngn* place obstacles in a p.'s way, obstruct s.b.; *ta ett ~* (*sport.*) jump (take, clear) a hurdle (fence); *vara till ~s för ngn* be in a p.'s way; *övervinna alla ~* surmount every obstacle, overcome all difficulties; *det möter inga ~ från min sida* there is nothing to prevent it if as far as I am concerned, I have no objection to it **-bana** steeplechase course **-hoppning** *ridk.* hurdle-jumping **-löpning, -ritt** steeplechase **-sam** *a1*, *vara ~* be a hindrance, (*besvärande*) be cumbersome
hindersprövning application for a marriage licence
hindra (*för-*) prevent (*ngn från att göra ngt* s.b. from doing s.th.); (*avhålla äv.*) deter, restrain, keep, withhold; (*hejda*) stop; (*störa*) hinder; (*lägga hinder i vägen för*) impede, hamper, keep back, stand in the way of; (*trafik, utsikt*) obstruct, block; (*fördröja*) delay; *stå ~nde i vägen* be an obstacle (a hindrance), get in the way; *det ~r inte att du försöker* there's nothing to stop you trying; *han låter inte ~ sig* nothing can stop him
hindu *s3*, **-isk** *a5* Hindu **-ism** Hinduism **-stani** [-'sta:-] *r* Hindustani
hingst *s2* stallion
hink *s2* bucket; (*mjölk-, slask-*) pail
1 hinna *s1, biol.* membrane; (*friare*) coat; (*mycket tunn*) film
2 hinna *hann hunnit* **1** (*uppnå*) reach, get as far as; (*upp-*) catch up; (*komma*) get, (*mot den talande*) come; *hur långt har du hunnit?* how far have you got? **2** (*komma i tid*) be in time; (*ha el. få tid*) have (find) time; (*få färdig*) get done; *allt vad jag hinner* as fast as [ever] I can; *jag har inte hunnit hälften* I haven't got half of it done **3** (*med betonad partikel*) *~ fatt* catch up with, (*pers. äv.*) catch up, overtake; *~ fram* arrive (*till* at, in), *absol. äv.* reach one's (its) destination; *~ fram i tid* arrive (get there) in time; *~ förbi* manage to get past; *~ med a*) (*följa med*) keep up (pace) with, *b*) (*tåget etc.*) [manage to] catch, *c*) (*hinna avsluta*) [manage to] finish (get done); *inte ~ med tåget* miss (not catch) the train
1 hipp *interj*, *~, ~, hurra!* hip, hip, hurrah!
2 hipp *det är ~ som happ* it's neither here nor there, it amounts to the same thing
hippa *s1*, *vard.* party
hippodrom [-'å:m] *s3* hippodrome
hird [-i(:)-] *s3* housecarls **-man** housecarl
hirs *s3, bot.* millet
hisklig *a1* horrid, horrible; (*skräckinjagande*) terrifying; (*avskyvärd*) abominable; (*hemsk*) gruesome
hisna *se hissna*
hiss *s2* lift; *AE.* elevator; (*varu-*) hoist, *AE.* freight elevator
hiss|a hoist; (*pers.*) toss; *~ en flagga* hoist (run up) a flag; *~ segel* (*äv.*) set sail; *~ upp* hoist (run) up **-konduktör** liftman, liftboy **-korg** lift cage (car)
hissna feel dizzy (giddy); *~nde avgrund* appalling abyss; *~nde höjd* dizzy height[s]; *en ~nde känsla* a feeling of dizziness (giddiness)
hisstrumma lift shaft (well)
histamin *s4* histamine
histo|gram [-'amm] *s7* histogram **-log** histologist **-logi** *s3* histology **-logisk** [-'lå:-] *a5* histologic[al]
histori|a [-'to:-] *-en* (*i bet. 2 o. 3 vard. äv. -an*) *-er* **1** history; (*lärobok*) history book; *~ med samhällslära* history and civics; *gamla* (*nyare*) *tidens ~* ancient (modern) history; *gå till -en* become (go down in) history **2** (*berättelse*) story **3** (*sak, händelse*) story, thing, business, affair; *en ledsam ~* a sad (unpleasant) business (affair); *en snygg ~* a fine (pretty) business **-citet** historicity
historie|berättare storyteller **-bok** history book **-skrivning** (*som vetenskap*) historiography
histor|ik *s3* history **-iker** [-'to:-] historian **-isk** [-'to:-] *a5* historical; (*historiskt betydande*)

historic; *H~a museet* museum of national antiquities
hit here; ~ *och dit* here and there, hither and thither, to and fro; *ända* ~ as far as this; *fundera ~ och dit* cast about in one's mind; *prata ~ och dit* talk of one thing and another; *det hör inte* ~ that has nothing to do with this (is not relevant) **-hörande** *a4* in (of) this category, pertinent, relevant **-intills** *se hittills*
hitlista [ˣhitt-] hit list
hitom [on] this side [of]
hitta 1 (*finna*) find; (*påträffa*) come (light) [up] on; *det var som ~t* it was a real godsend (bargain) **2** (*hitta vägen*) find the (one's) way; (*känna vägen*) know the (one's) way **3** ~ *på* (*komma på*) hit upon, (*upptäcka*) find [out], discover, (*uppfinna*) invent, (*dikta upp*) make up; *vad skall vi ~ på [att göra]?* what shall we do?
hittebarn foundling
hittegods lost property **-magasin** lost property office
hittelön reward
hittills up to now, hitherto, till now; (*så här långt*) so far **-varande** *a4* hitherto (*etc.*) existing (*etc.*); (*nu avgående*) retiring, outgoing
hit|vägen *på* ~ on the (my *etc.*) way here **-åt** ['hi:t-, *äv.* -'å:t] in this direction, this way
hiva heave
hjon [jɑ:n] *s7* (*tjänare*) servant; (*på inrättning*) inmate **hjonelag** *s7* connubial union
hjord [jɑ:rd] *s2* herd; (*får- o. bildl.*) flock **-instinkt** herd instinct
hjort [jɑ:rt] *s2* deer (*pl äv.* deer); *se äv. dovhjort, kronhjort* **-horn 1** antler **2** (*ämne*) hartshorn **-hornssalt** ammonium carbonate, sal volatile **-kalv** fawn
hjortron [ˣjɑ:rtrån *el.* ˣjɑrr-] *s7* cloudberry **-sylt** cloudberry jam
hjul [ju:l] *s7* wheel; (*utan ekrar*) trundle; (*under möbel o.d.*) caster, castor; (*på -ångare*) paddle wheel **hjula** [ˣju:la] turn cartwheels
hjul|axel axle[tree] **-bas** wheelbase **-bent** [-e:-] *a4* bow-legged, bandy-legged **-nav** hub **-spår** wheel track; (*djupare*) rut **-tryck** wheel pressure **-upphängning** wheel suspension **-ångare** paddle steamer
hjälm [j-] *s2* helmet **-buske** crest
hjälp [j-] *s3* **1** help; (*bistånd*) assistance, aid; (*undsättning*) rescue; (*understöd*) support; *första ~en* first aid; *med ~ av* with the help of; *få ~ av* be helped (assisted) by; *komma ngn till* ~ come to a p.'s assistance; *tack för ~en!* thanks for your [kind] help!; *ta ngt till* ~ make use of (have recourse to) s.th.; *vara ngn till stor* ~ be a great help to s.b. **2** (*biträde*) help, assistant **3** (*botemedel*) remedy (*mot* for) **4** *ridk.*, *~er* aids
hjälp|a [j-] *v3* **1** help; (*bistå*) assist, aid; (*bota*) remedy; (*om läkemedel e.d.*) be effective; relieve, ease; (*rädda*) save, rescue; *Gud -e mig!* Goodness gracious!; *så sant mig Gud -e!* so help me God!; *det -er inte hur mycket jag än* it makes no difference however much I; *det -te inte* it had no effect (was of no avail); *hos honom -te inga böner* he turned a deaf ear to our (*etc.*) pleas; *jag kan inte ~ att* (*äv.*) it is not my fault that; *vad -er det att han* what is the use (good) of his (+ *ing-form*); ~ *sig själv* help o.s., (*reda sig*) manage **2** (*med betonad partikel*) ~ *ngn av med kappan* help s.b. off with his (*etc.*) coat; ~ *fram ngn* help s.b. [to get] on (*etc.*); ~ *till* help (*med att göra ngt* to do s.th.), *absol. äv.* make o.s. useful; ~ *upp a*) (*ngn på fötterna*) help s.b. on to his feet (to get up, to rise), *b*) (*förbättra*) improve
hjälpaktion relief action
hjälp|ande [j-] *a4* helping *etc.*; *träda ~ emellan* come to the rescue **-are** helper *etc.*; supporter **-as** *v3, dep, det kan inte* ~ it can't be helped; ~ *åt* help each other (one another); *om vi -s åt* if we do it together (make a united effort)
hjälp|behövande *a4, de* ~ those requiring (in need of) help, the needy **-klass** class for backward children **-lig** *a1* passable, tolerable, moderate **-lös** helpless; (*tafatt äv.*) shiftless **-medel** aid, help, means (*sg o. pl*) [of assistance]; (*utväg*) expedient, shift; (*-källa*) resource, (*litterär*) work of reference **-motor** auxiliary engine (motor) **-präst** assistant priest; *i Storbritannien ung.* curate **-reda** *s1* **1** (*biträde*) helper, assistant **2** (*bok*) guide
hjälpsam [j-] *a1* helpful, ready (willing) to help **-het** helpfulness
hjälp|sökande I *s9* applicant [for assistance (relief)] **II** *a4* seeking relief **-trupp** auxiliary force; *~er* auxiliary troops, auxiliaries **-verb** auxiliary verb
hjälte [j-] *s2* hero **-dikt** heroic poem **-dåd** heroic achievement (deed) **-död** heroic death; *dö ~en* die the death of a hero **-mod** valour, heroism **-modig** heroic **-tenor** Heldentenor
hjältinna [j-] heroine
hjärn|a [ˣjä:r-] *s1* brain; (*förstånd*) brains (*pl*); *lilla ~n* [the] cerebellum; *stora ~n* [the] cerebrum; *bry sin* ~ rack one's brains **-bark** cerebral cortex **-bihanget** *undre ~, se hypofysen*; *övre ~, se tallkottkörteln* **-blödning** cerebral haemorrhage **-död I** *s2* brain death **II** *a5* brain dead **-feber** *se -inflammation* **-flykt** *vard.* brain drain **-gymnastik** mental gymnastics **-hinna** cerebral membrane **-hinneinflammation** meningitis **-inflammation** inflammation of the brain **-kontor** *skämts.* upper storey **-skada** brain injury **-skakning** concussion [of the brain] **-skål** brainpan **-spöke** *det är bara ~n* they are idle imaginings **-stammen** the brain stem **-trust** brains trust **-tumör** brain tumour **-tvätt** brainwashing **-tvätta** brainwash
hjärta [ˣjärta] *s6* **1** heart; *ett gott* ~ a kind heart; *av allt* (*hela*) *mitt* ~ with all my heart, from [the bottom of] my heart; *i ~t av* in the heart (very centre) of (*staden* the town); *med glatt* (*tungt*) ~ with a light (heavy) heart; *given med gott* ~ given out of the goodness of one's heart, given gladly; *med sorg i ~t* with grief in one's heart; *lätt om ~t* light of heart; *ha ngt på ~t* have s.th. on one's mind; *ha ~t på rätta stället* have one's heart in the right place; *lätta sitt* ~ unburden o.s., get s.th. off one's chest; *rannsaka ~n och njurar* search the hearts and reins; *säga sitt ~s mening* speak one's mind; *tala fritt ur ~t* speak straight from the heart; *trycka ngn till sitt* ~ clasp s.b. to one's bosom; *det ligger mig varmt om ~t* it is very close to my heart; *det skär mig i ~t* it cuts me to the quick;

en sten föll från mitt ~ a weight was lifted off my mind; *hon hade inte ~ [till] att göra det* she hadn't [got] the heart for (to do) it; *jag känner mig varm om ~t* my heart is warmed **2** *~ns gärna a)* with all my (*etc.*) heart, *b)* (*för all del*) by all means; *av ~ns lust* to one's heart's content **3** *kära ~n[d]es!* dear me!, well, I never!

hjärt|anskär sweetheart, truelove **-attack** heart attack **-besvär** heart trouble; cardiac complaint **-blad** *bot.* cotyledon; *vard.* seed leaf **-block** heart block **-död I** *s2* cardiac death **II** *a5* cardiac dead

hjärte|angelägenhet affair of the heart **-god** very kind-hearted **-krossare** [-å-] heartbreaker **-lag** *s7* disposition

hjärter ['järt-] *s9, kortsp., koll.* hearts (*pl*); *en ~* a heart; *~ ess* ace of hearts; *~ fem* five of hearts; *~ knekt* the jack of hearts

hjärte|rot *ända in i ~en* to the very marrow **-sak** *det är en ~ för honom* he has it very much at heart **-sorg** poignant (deep) grief; *dö av ~* die of a broken heart **-vän** bosom (best) friend

hjärt|fel [organic] heart disease **-flimmer** fibrillation **-formig** [-å-] *a5* heart-shaped **-förlamning** heart failure **-förmak** auricle **-förstoring** cardiac enlargement, hypertrophy of the heart **-infarkt** myocardial infarction (*AE.* infarct) **-innerlig** [*mest* -'inn-] most fervent **-kammare** ventricle **-klaff** cardiac valve **-klappning** palpitation [of the heart]

hjärtlig [ˣjärr-] *a1* hearty; (*svagare*) cordial; (*friare*) kind, warm; *~a hälsningar* kind regards; *~a lyckönskningar* sincere congratulations, good wishes; *~t tack* hearty thanks **-het** heartiness, cordiality

hjärt-lungmaskin heart-lung machine

hjärtlös heartless; unsympathetic, unfeeling **-het** heartlessness

hjärt|massage heart massage **-medicin** heart drug; (*stimulerande*) cardiac stimulating agent; (*lugnande*) cardiac depressant (depressive agent) **-mur** *byggn.* main partition-wall **-muskel** heart muscle **-nupen** *a3* sentimental; (*om pers. äv.*) tenderhearted **-punkt** *bildl.* centre, heart; core **-sjukdom** heart disease **-skärande** heart-rending; heartbreaking **-slag 1** (*pulsslag*) heartbeat, heart-throb **2** *se hjärtförlamning* **3** (*innanmäte*) pluck **-slitande** *a4, se -skärande* **-specialist** cardiologist **-stock** *sjö.* rudder|post, -stock **-svikt** heart failure **-säck** heart sac **-trakten** *i ~* in the region of the heart **-transplantation** heart transplant **-verksamhet** action of the heart **-åkomma** heart trouble **-ängslig** nervous and frightened (*över* at)

hjäss|a [ˣjässa] *s1* crown; *kal ~* (*äv.*) bald pate; *från ~n till fotabjället* from top to toe (head to foot); cap-a-pie **-ben** parietal bone

H.K.H. (*förk. för Hans* [*el. Hennes*] *Kunglig Höghet*) H.R.H.

hm hem!, h'm!

h-moll B minor

1 ho *interr. pron, åld.* who

2 ho *s2* trough

hobby ['håbbi *el.* -y] *s3* hobby **-arbete** hobby work **-rum** home workshop, hobby room **-verksamhet** hobby activity

hockey ['håkki *el.* -y] *s2* (*is-*) ice hockey; (*land-*) field hockey **-klubba** hockey stick

hoj [håjj] *s2, vard.* bike

hojta [ˣhåjj-] shout, yell (*till* to, at)

hokuspokus ['ho:-, -'po:-] **I** *n* hocus-pocus **II** *interj* hey presto!

holdingbolag holding company

holis|m holism **-tisk** *a5* holistic

holk [-å-] *s2* **1** (*fågel-*) birdhouse **2** *bot.* epicalyx, calycle **-fjäll** *bot.* bract

Holland ['håll-] *n* Holland

hollandaise [hållan'dä:s] *s5*, **-sås** hollandaise sauce

holländare [ˣhåll-] Dutchman; *-arna* (*koll.*) the Dutch

holländ|sk [ˣhåll-] *a5* Dutch **-ska 1** (*språk*) Dutch **2** (*kvinna*) Dutchwoman

holm|e [ˣhåll-] *s2* islet, holm[e] **-gång** *s2, ung.* single combat

holmium ['håll-] *s8* holmium

holo|grafi *s3* holography **-gram** [-'amm] *s7* hologram **-kaust** ['hållo-] *s3* holocaust

homeo|pat hom[o]eopath[ist] **-pati** *s3* hom[o]eopathy **-patisk** [-'pa:-] *a5* hom[o]eopathic

homerisk [-'me:-] *a5* Homeric, Homerian

Homeros [-'me:-] Homer

hominid *s3* hominid

homofil *s3* homosexual

homogen [-'je:n] *a1* homogen[e]ous **-isera** homogenize **-itet** homogeneity

homonym I *a1* homonymic, homonymous **II** *s3* homonym

homosexu|alitet homosexuality **-ell** homosexual; *en ~* a homosexual

hon [honn] (*om pers.*) she; (*om djur, sak*) it, *ibl.* she; *~ som sitter där borta är* the woman sitting over there is

hon|a *s1* female; *jfr björnhona etc.* **-blomma** female flower **-djur** female animal

hondur|an *s3*, **-ansk** [-'a:nsk] *a5* Honduran

Honduras [-'du:-] *n* Honduras

hon|katt she-cat **-kön** female sex **-lig** *a5* female

honnett *a1, åld.* honest, fair, straightforward

honnör 1 (*hälsning*) salute (*äv. göra honnör* [*för*]); (*hedersbevisning*) honours (*pl*) **2** (*erkännande*) honour **3** *kortsp.* honour

honnörs|bord table of honour **-ord** prestige word

honom [ˣhånnåm, *äv.* ˣho:-] *pron* (*objektsform av han*) (*om pers.*) him; (*om djur*) it, *ibl.* him; (*om sak*) it

honorar *s7* fee, remuneration; (*författares äv.*) royalty

honor|atiores [-atsiˣå:res] *pl, stadens ~* the notabilities of the town **-era** (*betala*) remunerate; (*skuld*) settle, pay off; *~ en växel* take up (honour, pay) a bill **-är** *a1* honorary

honung [ˣhå:-] *s2* honey

honungs|bi honeybee, hive bee **-kaka** honeycomb **-len** honeyed, honied (*röst* voice) **-slungare** honey extractor

1 hop *adv, se ihop*

2 hop *s2* **1** (*hög*) heap (*med* of); (*uppstaplad*) pile (*med* of) **2** (*av människor*) crowd, multitude; *höja sig över ~en* rise above the common herd **3** (*mängd*) lot; heap, multitude

hopa heap (pile) up; (*friare o. bildl.*) accumulate; ~ *sig a*) (*om levande varelser*) crowd together, *b*) (*om saker*) accumulate, (*om snö*) drift

hop|biten *a5*, *med -bitna läppar* with compressed lips **-diktad** *a5* made-up, concocted **-fantisera** compose out of one's own imagination **-foga** join; (*med fog*) joint; *snick. äv.* splice **-fällbar** folding; collapsible, collapsable **-fälld** *a5* shut-up **-gyttra** conglomerate, cluster together **-klibbad** *a5*, stuck together **-klämd** *a5* squeezed together **-knycklad** *a5* crumpled up **-knäppt** *a4* buttoned up; (*om händer*) folded, clasped **-kok** hotchpotch **-kommen** [-å-] *a5*, *bra* ~ (*om bok o.d.*) well put together (composed) **-krupen** *a5*, **-kurad** *a5* hunched up; *sitta* ~ sit crouching (crouched up, huddled up) **-lagd** *a5* folded [up] **-lappad** *a5* pieced together, patched [up]

1 hopp [-å-] *s7* (*förhoppning*) hope (*om* of); *ha* (*hysa*) ~ *om* have (entertain) hopes of (*att kunna* being able to); *ha gott* ~ (*absol.*) be of good hope; *låta ~et fara* abandon hope; *sätta sitt ~ till* pin one's faith on; *uppge ~et* give up hope; *i ~ om att snart få höra från dig* hoping to hear from you soon; *det är föga ~ om hans tillfrisknande* there is little hope of his recovery

2 hopp [-å-] *s7* (*språng*) jump (*äv. bildl.*); (*djärvt*) leap; (*elastiskt*) spring; (*skutt*) bound; (*lekfullt*) skip; (*fågels, bolls etc.*) hop; (*sim-*) dive; (*stav-, gymnastik-*) vault

hoppa [-å-] jump; leap; spring; bound; skip; hop; dive; vault; *se 2 hopp*; ~ *med fallskärm* make a parachute jump (descent), bale (bail) out; ~ *och skutta* hop about, caper; ~ *av* jump off (out [of]), *polit.* seek (ask for) political asylum; defect; ~ *på a*) (*ta sig upp på*) jump on (on to, in, into), *b*) (*inlåta sig på*) seize upon, grasp at; ~ *till* give a start (jump); ~ *över* (*eg.*) jump over, *bildl.* skip (*några rader* a few lines)

hoppas [-å-] *dep* hope (*på* for); ~ *på ngn* be hoping in (pin hopes on) s.b.; *jag* ~ *det* I hope so; *det skall vi väl* ~ let us hope so; *bättre än man hade hoppats* better than expected

hoppbacke ski jump

hoppetossa [ˣhåppetåssa] *s1* flibbertigibbet

hopp|full hopeful; confident **-fullhet** hopefulness **-ingivande** [-j-] *a4* hopeful, promising

hoppjerk|a [-å-] *s1* rolling stone; *-or* (*äv.*) migratory workers

hoppla ['håpp-] houp la!

hopplock [ˣho:p-plåck] *s7* miscellany

hopplös hopeless; (*om pers. äv.*) devoid of hope; (*desperat*) desperate; *ett ~t företag* (*äv.*) a forlorn hope **-het** hopelessness

hopp|ning [-å-] jump[ing] **-rep** skipping-rope; *AE.* jump rope; *hoppa* ~ skip **-rätvinge** orthopteran, orthopteron

hoppsan ['håpp-] upsy-daisy!, upsadaisy!, whoops!

hopp|ställning *sport.* take-off **-torn** *sport.* diving-tower **-tävling** jumping (diving) competition

hop|rafsad *a5* scrambled together **-rullad** *a5* rolled up; (*om rep, orm*) coiled up **-sjunken** *a5* shrunken **-skrynklad** *a5* creased, crumpled

hopslag|en *a5* **1** (*om bord e.d.*) folded-up; (*om bok*) shut-up, closed; (*om paraply*) rolled up **2** (*hopspikad*) nailed (fastened) up together **3** (*sammanhälld*) poured together **4** *bildl.* combined, united; (*om bolag e.d.*) amalgamated **-ning** folding up *etc.*; (*av bolag e.d.*) amalgamation, fusion; (*av skolklasser*) uniting

hop|slingrad *a5* intertwined **-snörd** [-ö:-] *a5* **1** laced up **2** (*friare o. bildl.*) compressed, constricted **-sparad** *a5*, *~e slantar* savings **-sättning** putting together; (*av maskin*) assembly, mounting **-tagning** [-a:-] (*vid stickning*) decreasing, narrowing **-trängd** *a5* crowded (packed, cramped) together; (*om handstil*) cramped **-vikbar** foldable, collapsible, collapsable **-vikt** [-i:-] *a4* folded up

hor *s7* adultery; (*otukt*) fornication; *bedriva* ~ commit adultery

hor|a *s1 o. v1* whore **-bock** *se horkarl*

hord [-å:-] *s3* horde

horhus whorehouse

horisont [-'ånt] *s3* horizon; skyline; *från vår* ~ (*bildl.*) from our viewpoint; *vid ~en* on the horizon; *avteckna sig mot ~en* stand out against the horizon; *det går över min* ~ it is beyond me

horisontal *a5* horizontal **-plan** horizontal plane

horisontell *a5*, *se horisontal*

horkarl [ˣho:rka:r] fornicator; whore|master, -monger

hormon [-'å:n *el.* -'o:n] *s7, s4* hormone **-avsöndring** hormone secretion **-behandling** hormone treatment **-ell** *a5* hormonal

horn [-o:-] *s7* horn (*äv. ämne o. mus.*); (*på hjortdjur*) antler; (*jakt-*) [hunting] horn; (*signal-*) bugle; (*bil-*) car horn, hooter; *blåsa* (*stöta*) *i* ~ sound the bugle; *stånga ~en av sig* (*bildl.*) sow one's wild oats; *ha ett* ~ *i sidan till ngn* bear s.b. a grudge; *ta tjuren vid ~en* (*äv. bildl.*) take the bull by the horns **-artad** [-a:r-] *a5* hornlike, horny **-blåsare** horn|player, -blower; *mil. äv.* bugler **-blände** *s6, miner.* hornblende **-boskap** horned cattle **-bågad** *a5*, *~e glasögon* horn-rimmed spectacles **-hinna** cornea **-musik** horn (brass) music **-orkester** brass band **-stöt** *mus.* bugle blast **-uggla** long-eared owl **-ämne** horny substance, keratin

horoskop [-'å:p] *s7*, *ställa ngns* ~ cast a p.'s horoscope

horribel [-'ri:-] *a2* horrible

horsgök [ˣhårs-] *zool.*, *se enkelbeckasin*

horst [-å-] *s2, geol.* horst

hortensia [-'tensia] *s1* hydrangea

hort|ikultur [-å-] horticulture **-onom** horticulturist

horunge 1 bastard **2** *boktr.* widow

hos 1 (*i ngns hus, hem o.d.*) at; with; ~ *juveleraren* at the jeweller's [shop]; *hemma* ~ *oss* in our home; *inne* ~ *mig* in my room; *bo* ~ *sin syster* live at one's sister's [place *etc.*] (with one's sister); *göra ett besök* ~ pay a visit to, call on **2** (*bredvid, intill*) by, beside, next to; *kom och sätt dig* ~ *mig* come and sit down by (beside) me **3** *adjutant* ~ *kungen* A.D.C. to the king; *anställd* ~ employed by; *arbeta* ~ *ngn* work for s.b.; *göra en beställning* ~ place an order with, order from; *han var* ~ *mig när* he was with me when; *jag har varit* ~ *henne med blommorna* I have been to her with the flowers; *jag har varit* ~ *tandläkaren* I have been to the dentist **4** (*i uttr. som anger egenskap, utseende, känsla o.d.*) in; about; with; *en ovana ~ ngn* a bad habit with s.b.; *ett vackert drag ~ ngn* a fine trait in s.b.; *det finns ngt ~ dem som* there is s.th. about them that; *det finns ~ Shakespeare* it is in Shakespeare; *felet ligger ~ mig* the fault lies with me, the mistake is mine

hosianna [-'anna] *interj o. s6* hosanna

hospital *s7* [lunatic] asylum

host|a I *s1* cough; *ha ~* have a cough **II** *v1* cough; (*om motor*) splutter; *~ blod* cough up blood; *~ till* give a cough (hem) **-attack** attack of coughing

hostia ['håss-] *s1* Host

host|ig *a5* troubled with a cough; (*om motor*) spluttering **-medicin** cough mixture **-ning** cough; (*-ande*) coughing

hot *s7* threat[s *pl*] (*mot* against; *om* of); (*-ande fara*) menace (*mot* to), threatening; [*ett*] *tomt ~* empty threats (*pl*)

hot|a threaten; (*i högre stil*) menace; (*vara överhängande äv.*) be impending, impend; *~ ngn till livet* threaten a p.'s life **-ande** *a4* threatening *etc.*; (*överhängande äv.*) impending, imminent

hotchpotchsoppa ['håttʃpåttʃ-] hotchpotch [soup]

hotell [hå- *el.* hɷ-] *s7* hotel; *H~ Baltic* the Baltic Hotel; *ta in på ~* put up at a hotel **-betjäning** hotel staff (attendants *pl*) **-gäst** resident **-reception** hotel reception desk **-rum** hotel room; *beställa ~* make a reservation (book a room) at a hotel **-räkning** hotel bill **-rörelse** hotel business **-ägare** hotel proprietor, hotelier

hotelse threat (*mot* against); menace (*mot* to); *sätta sin ~ i verket* carry out a (one's) threat; *utslunga ~r mot* utter threats against **-brev** threatening letter

hotfull menacing

hottentott [ˣhått- *el.* -'tått] *s3* Hottentot

1 hov [-ɷ:-] *s2* (*på djur*) hoof; *försedd med ~ar* (*äv.*) hoofed

2 hov [-å:-] *s7* (*regerande furstes*) court; *vid ~et* at court; *vid ~et i* at the court in (of); *hålla ett lysande ~* keep court with great splendour

hovdam lady-in-waiting (*hos* to)

hovdjur [ˣhɷ:v-] *~en* the hoofed animals

hovdräkt [ˣhå:v-] court dress

hovera [-ɷ-] *rfl* swagger, strut about

hov|folk [ˣhå:v-] courtiers (*pl*) **-fotograf** photographer to H.M. the King (*etc.*) **-fröken** maid of honour **-funktionär** court functionary (official) **-kapell** *mus.* royal orchestra; *Kungl. ~et* the Royal Opera House Orchestra **-kapellmästare** *förste ~* master of the king's (*etc.*) music **-lakej** royal footman **-leverantör** purveyor to H.M. the King (*etc.*) **-man** courtier **-marskalk** marshal of the court; *i Storbritannien ung.* Lord Chamberlain [of the Household] **-mästare 1** (*på restaurang*) head waiter **2** (*i privathus*) butler **-narr** court jester **-nigning** reverence, court curts[e]y **-predikant** court chaplain

hovra [ˣhå:v- *el.* -ɷ:-] hover

hovrätt [ˣhå:v-] court of appeal

hovrätts|assessor associate judge of appeal **-fiskal** reporting clerk [to a (the) court of appeal] **-lagman** head of division [to a (the) court of appeal] **-notarie** law clerk [of a (the) court of appeal] **-president** president [of a (the) court of appeal]; *i Storbritannien* Lord Chief Justice **-råd** judge of appeal

hovsam [ˣhɷ:v-] *a1* moderate; *i ~ma ordalag* in measured terms

hovslagare [ˣhɷ:v-] farrier, blacksmith

hov|sorg [ˣhå:v-] court mourning **-stall** *~et* the royal stables (*pl*) **-stallmästare** crown equerry **-stat** *~en* the royal household **-sångare, -sångerska** court singer

hovtång [ˣhɷ:v-] [large (heavy)] pincers (*pl*); *en ~* a pair of [large (heavy)] pincers

hu ugh!, whew!; *~, så du skrämde mig!* oh, what a shock you gave me!

huckle *s6* kerchief

hud *s2* skin; (*av större djur*) hide; *anat.* (*överhud*) cuticle, epidermis; *~ar och skinn* hides and skins; *ge ngn på ~en* give s.b. a good hiding (rating) **-flänga** *v2, äv. bildl.* scourge, horsewhip **-färg 1** (*hudens färg*) colour of the skin; (*hy*) complexion **2** (*köttfärg*) flesh colour **-färgad** *a5* flesh-coloured **-kräm** skin cream; face cream, cold cream **-sjukdom** skin disease **-specialist** dermatologist **-veck** fold of the skin **-transplantat** skin graft **-transplantation** skin grafting; *en ~* a skin graft

hugad *a5, ~e spekulanter* prospective buyers

hugenott [-ge'nått] *s3* Huguenot

hugfäst|a [ˣhu:g-] commemorate; celebrate (*minnet av* the memory of) **-else** *till ~ av* in commemoration of

hugg *s7* **1** (*med vapen el. verktyg*) cut; (*vårdslöst*) slash; (*med spetsen av ngt*) stab (*äv. bildl.*); (*träff*) hit; (*slag*) blow, stroke; (*med tänder e.d.*) bite; *~ och slag* violent blows; *med kniven i högsta ~* with one's knife ready to strike; *ge ~ på sig* lay o.s. open to attack (criticism); *rikta ett ~ mot* aim a blow at **2** (*märke efter*) cut; (*häftig smärta*) spasm; twinge; (*håll*) stitch

hugga *högg huggit* **1** (*med vapen el. verktyg*) cut; (*vårdslöst*) slash; (*med spetsen av ngt*) stab; (*fälla*) cut down, fell; (*skog, sten*) hew; (*ved*) chop; (*om bildhuggare*) carve; *~ i sten* (*bildl.*) go wide of the mark; *det kan vara hugget som stucket* it doesn't make much difference **2** (*om djur*) (*med tänder*) bite, (*med klor e.d.*) grab, clutch, (*om orm*) sting **3** *bildl.* (*gripa*) seize (catch) [hold of] **4** (*med betonad partikel*) *~ för sig* help o.s. (*av* to), grab; *~ i* (*gripa sig an*) set to; *hugg i och dra!* pull away! (*med* at); *~ in på a*) *mil.* charge, *b*) (*mat e.d.*) fall to; *~ tag i a*) (*om pers.*) seize (catch) hold of, *b*) (*om sak*) catch [in]; *~ till a*) (*ge hugg*) strike, deal a blow, *b*) (*svara på måfå*) hazard, make a guess, *c*) (*ta betalt*) ask an exorbitant price

huggare 1 *pers., se skogs-, stenhuggare etc.* **2** (*vapen*) cutlass; *en ~ till karl* (*vard.*) a topper (corker, humdinger)

hugg|it *sup. av hugga* **-järn** chisel **-krok** gaff **-kubb[e]** chopping-block **-orm** adder; viper (*äv. bildl.*) **-sexa** grab-and-scramble meal **-tand** (*bete*) tusk; (*hos orm, rovdjur*) fang **-vapen** cutting-weapon **-värja** rapier

hugn|a [ˣhuŋna] favour; gladden **-ad** *s3, till ~ för* to the comfort of **-esam** *a1* comforting

hug|skott [-u:-] passing fancy; (*nyck*) whim, caprice **-stor** (*om pers.*) magnanimous; (*om sak*) sublime **-svala** *v1* comfort; solace, soothe **-svalelse** comfort; solace; consolation
huj [hujj] *oböjligt s o. interj, i ett* ~ in a flash; ~, *vad det gick!* whew (oh), that was fast!
huk *oböjligt s, sitta på* ~ squat, sit on one's heels
huka *rfl* crouch [down]
huld *a1* (*ljuv*) fair; (*välvillig*) benignant, kindly; (*bevågen*) propitious (*mot* towards, to); (*nådig*) gracious; *om lyckan är mig* ~ if fortune smiles on me
huldra *s1* lady of the woods
hull *s7* flesh; *med* ~ *och hår* completely, bodily, (*svälja ngt* swallow s.th.) whole; *lägga på ~et* put on weight
huller om buller ['hull-, 'bull-] pell-mell, higgledy-piggledy
hulling barb; (*på harpun o.d.*) fluke
hum [humm] *oböjligt s, n el. r, ha litet* ~ *om* have some idea (notion) of
human *a1* (*människovänlig*) humane; (*friare*) kind, fair, considerate; *~a priser* reasonable prices **-biologi** human biology
humaniora [-ˣå:ra] *oböjligt s, pl* [the] humanities, the arts
human|isera humanize **-ism** humanism **-ist** humanist; arts student (*etc.*) **-istisk** [-'ist-] *a5* humanistic; humane; ~ *fakultet* faculty of arts; *~a vetenskaper* [the] humanities, the arts **-itet** humanity **-itär** humanitarian
humbug ['hummbugg] *s2* humbug; fraud (*äv. pers.*)
humla *s1* bumblebee
humle *s9, s7* (*planta*) hop; (*som handelsvara*) hops (*pl*) **-ranka** hopbine, hopbind **-stör** hoppole; *lång som en* ~ lanky as a beanpole
hummer ['humm-] *s2* lobster **-tina** lobster pot (trap)
humor ['hu:-] *s9* humour **-esk** *s3* humorous story (sketch) **-ist** humorist **-istisk** [-'ist-] *a5* humorous **-lös** devoid of humour
humus ['hu:-] *s2* humus **-syra** humic acid
humör *s7* temperament; (*lynne*) temper; (*sinnesstämning*) humour, mood, spirits (*pl*); *på dåligt* ~ in a bad humour (temper, mood), out of spirits; *på gott* ~ in a good temper (humour), in good spirits; *fatta* ~ flare up, take offence (*över* at); *hålla ~et uppe* keep up one's spirits; *tappa ~et* lose one's temper; *visa* ~ show bad temper; *är du på det ~et?* is that the mood you are in?
hund *s2* dog; (*jakt- äv.*) hound; *röda* ~ German measles; *frysa som en* ~ be chilled to the marrow; *leva som* ~ *och katt* lead a cat-and-dog life; *slita* ~ work like a horse, rough it; *inte döma ~en efter håren* not judge the dog by its coat; *här ligger en* ~ *begraven* I smell a rat here; *lära gamla ~ar sitta* teach an old dog new tricks **-aktig** *a1* doglike; canine **-ben** dogbone **-biten** *a5* dog-bitten **-göra** [a piece of] drudgery **-halsband** dog collar **-huvud** *bära ~et för* be made the scapegoat for **-kapplöpning** greyhound racing **-kex** dog biscuit **-koja** kennel; *AE. äv.* doghouse **-koppel** leash, lead **-käx** *s3,* **-käxa** *s1, se -loka* **-liv** *leva ett* ~ lead a dog's life **-loka** *s1, bot.* cow parsley, keck **-lort** dog's dung **-mat** dog food
hundra ['hund-] hundred; *ett* ~ a (*betonat* one) hundred; *många* ~ many hundreds of; ~ *tusen* a (one) hundred thousand
hundracka *s1* cur, mongrel
hundra|de I *s6* hundred; *i ~n* in hundreds **II** (*ordningstal*) hundredth **-[de]del** one hundredth part **-faldig** *a5*, **-falt** *adv* hundredfold **-kronesedel, -kronorssedel** hundred-kronor note **-lapp** *se -kronesedel* **-procentig** *a5* one-hundred per cent
hundras breed of dog
hundra|tal *tiotal och* ~ tens and hundreds; *ett* ~ a hundred or so, about a (some) hundred; *i* ~ in hundreds; *på ~et e.Kr.* in the second century A.D. **-tals** [-a:-] hundreds (*böcker* of books) **-tusentals** hundreds of thousands **-årig** *a5* a (one) hundred years old; one-hundred-year-old **-åring** centenarian
hundraårs|dag centennial day, centenary; hundredth anniversary **-jubileum, -minne** centenary
hundsfott [ˣhundsvått] *avdelat hunds-fott, sjö.* becket **-era** *avdelat hunds-fottera* bully
hund|skall barking of dogs (a dog); *jakt.* cry of hounds; *ett* ~ a dog bark **-skatt** dog licence **-skattemärke** dog-licence plate **-släde** dog sledge **-släktet** the canine genus **-spann** dog team **-utställning** dog show **-vakt** *sjö.* middle watch **-valp** pup[py] **-väder** vile (dirty) weather **-vän** dog lover (fancier) **-år** *pl* years of struggle (of hard life) **-ägare** dog owner **-öra** dog['s]-ear (*äv. bildl.*)
hunger ['huŋ-] *s2* hunger (*efter* for); (*svält*) starvation; *dö av* ~ die of hunger (starvation), starve to death; *lida ~ns kval* suffer from [the pangs of] hunger; *vara nära att dö av* ~ be [on the point of] starving; *~n är den bästa kryddan* hunger is the best sauce
hungersnöd famine
hunger|strejk, -strejka hunger strike
hungr|a [ˣhuŋ-] be hungry (starving); *bildl.* hunger (*efter* for); ~ *ihjäl* starve to death **-ig** *a1* hungry; (*svulten*) starving; ~ *som en varg* (*äv.*) ravenously hungry
hunner ['hunn-] Hun; *~na* the Huns
hunnit *sup. av hinna*
hunsa bully; browbeat
hur 1 (*frågande*) how; what; ~ *sa?* what did you say?, I beg your pardon?; ~ *så?* why?; ~ *blir det med...?* (*äv.*) what about...?; ~ *mår du?* how are you?; ~ *menar du?* what do you mean?; ~ *ser han ut?* what does he look like? **2** *eller* ~? (*inte sant*) isn't that so?, don't you think?, am I not right?; *du tycker inte om det, eller* ~? you don't like it, do you?; *du kan simma, eller* ~? you can swim, can't you? **3** ~*...än* however; ~ *hon än gör* whatever she may do; ~ *mycket jag än arbetade* however [much] I worked, work as I might; ~ *trött han än är* however tired (tired as) he may be; ~ *det nu kom sig* whatever happened; ~ *det nu var* somehow or other; ~ *gärna jag än ville* however much I should like to **4** ~ *som helst, se helst*
hurdan ['hu:r-, -ˣda:n, -'dann] *a5*, ~ *är han som lärare?* what kind (sort) of a teacher is he?; *~t vädret än blir* whatever (no matter what) the weather may be

hurra I [-'ra:] *interj* hurrah! **II** [ˣhurra] *s6, s7 o. v1* hurrah; ~ *för ngn* cheer s.b., give s.b. a cheer; *det är ingenting att* ~ *för* it is nothing to write home about **-rop** [ˣhurra-] cheer
hurr|il *s2*, **-ing** *s2* box [of the ear]
hurt|bulle *vard.* hearty **-frisk** hearty
hurtig *a1* (*livlig*) brisk, keen; (*käck*) dashing; (*frimodig*) frank; (*rapp*) smart; (*spänstig*) alert **-het** briskness *etc.*; dash
hurts *s2* [drawer] pedestal
huru *se hur* **-dan** *se hurdan* **-ledes** how, in what way (manner) **-som** that **-vida** [-ˣvi:da] whether
hus *s7* house; (*byggnad*) building, block; (*familj*) house, family; ~ *och hem* house and home; *en vän i* ~*et* a friend of the family; *frun i* ~*et* the lady of the house; *habsburgska* ~*et* the House of Hapsburg; *föra stort* ~ keep [up] a large establishment; *gå man ur* ~*e* turn out to a man; *göra rent* ~ make a clean sweep; *spela för fullt* ~ play to a full house; *allt vad* ~*et förmår* all I (we) can offer you; *var har ni hållit* ~*?* where have you been?
hus|a *s1* housemaid; (*som passar upp vid bordet*) parlourmaid **-aga** domestic chastisement **-apotek** family medicine chest
husar *s3* hussar **-regemente** hussar regiment
hus|arrest house arrest **-behov** *till* ~ for household use; *kunna ngt till* ~ know s.th. just passably, have a rough knowledge of s.th. **-bil** caravanette, dormobile; *AE.* camper, winnebago, mobile home **-bock** *zool.* old house borer **-bonde** master; ~*ns röst* his master's voice **-bondfolk** master and mistress **-bygge** house under construction **-båt** houseboat **-djur** domestic animal; ~*en* (*på lantgård*) the livestock (*sg*) **-djursavel** livestock breeding
husera (*hålla till*) haunt; (*härja*) ravage, make havoc; (*fara fram*) carry on; (*fara vilt fram*) run riot; ~ *fritt* run riot
hus|esyn *förrätta* ~ *i* carry out the prescribed inspection of; *gå* ~ *i* make a tour of inspection of **-fader** father (head) of a (the) family **-fluga** housefly **-frid** domestic peace **-fru** mistress of a (the) household; (*på hotell*) [head] housekeeper, matron **-föreståndare, -föreståndarinna** housekeeper **-förhör** parish catechetical meeting **-geråd** [-j-] *s7* household utensils (*pl*) **-gud** ~*ar* household gods; *bildl.* idol
hushåll *s7* **1** (*arbetet i ett hem*) housekeeping; *ha eget* ~ do one's own housekeeping; *sköta* ~*et åt ngn* do a p.'s housekeeping for him, keep house for s.b. **2** (*familj*) household, family; *ett fyra personers* ~ a household of four [persons]
hushåll|a *v1* **1** keep house **2** (*vara sparsam*) economize; ~ *med* be economical (careful) with **-erska** housekeeper **-ning 1** housekeeping **2** (*sparsamhet*) economizing; economy **3** (*förvaltning*) economic administration (management) **-ningssällskap** [county] agricultural society
hushålls|arbete housework **-göromål** *pl* household (domestic) duties, housework; (*skolämne*) household management, domestic science **-kassa** *se -pengar* **-lärare** domestic science teacher **-maskin** household appliance (*vanl. pl*) **-pengar** housekeeping [money (allowance)] **-rulle** kitchen roll **-skola** domestic science school
hus|katt domestic cat **-knut** corner of a (the) house **-kors** *skämts.* shrew **-kur** household remedy
huslig [ˣhu:s-] *a1* **1** (*familje-*) domestic, household; ~ *ekonomi* household economy; ~*t arbete* domestic work, housework **2** (*intresserad av hushåll*) domesticated, house-proud **-het** domesticity
hus|läkare family doctor **-länga** (*rad av hus*) row of houses; (*långsträckt hus*) long low house, wing **-man** crofter **-manskost** homely fare, plain food **-moder** housewife; (*matmor*) mistress of a (the) household; (*på institution*) matron **-modersförening** housewives' association; (*i Storbritannien*) Women's Institute **-mor** *se -moder* **-mus** house mouse **-rannsakan** *se husundersökning* **-rum** accomodation, lodging; (*tak över huvudet*) shelter
husse *s2* master
hussit *s3* Hussite
hus|svala house martin **-tomte** brownie
hustru *s5* wife **-byte** wife swapping **-misshandel** wife batting **-plågare** *han är en* ~ he is a torment (devil) to his wife
hus|tyrann family tyrant **-undersökning** domiciliary visit, search [of a house] **-vagn** caravan; *AE.* trailer **-vill** homeless **-värd** landlord **-ägare** house owner
hut I *interj*, ~ *människa!* how dare you! **II** *r*, *lära ngn veta* ~ teach s.b. manners; *vet* ~*!* none of your insolence!; *han har ingen* ~ *i kroppen* he has no sense of shame (no decency) **huta** ~ *åt ngn* tell s.b. to mind his manners, (*läxa upp*) snub s.b., take s.b. down a peg [or two]
hutch *se hurts*
hutlös shameless (*äv. om pris*), impudent
hutt *s2* spot, snort[er]
huttel ['hutt-] *s7* shillyshallying **huttla** [ˣhutt-] (*tveka*) shillyshally; (*vara undfallande*) yield (*med* to); (*driva gäck*) trifle; *jag låter inte* ~ *med mig* I am not to be trifled with
huttra shiver (*av* with)
huv *s2* hood; cap; (*skrivmaskins- etc*) cover; (*motor-*) bonnet, *AE.* hood; (*rök-*) cowl; (*te-*) [tea] cosy; (*på reservoarpenna*) cap, top
huva *s1* hood; (*'kråka' äv.*) bonnet
huvud *s7, pl äv. -en* head; (*förstånd äv.*) brains (*pl*), intellect; *efter mitt* ~ my own way; *med* ~*et före* headfirst; *upp med* ~*et!* (*bildl.*) keep your chin up!; *över* ~ *taget* on the whole, (*alls*) at all; *bli ett* ~ *kortare* (*bildl.*) get one's head blown off; *få ngt i sitt* ~ get s.th. into one's head; *ha* ~*et fullt av* have one's head full of; *ha* ~*et på skaft* have a head on one's shoulders, be all there; *ha gott* ~ be clever (brainy); *hålla* ~*et kallt* keep cool, keep one's head; *köra* ~*et i väggen* (*bildl.*) bang one's head against a brick wall; *slå* ~*et på spiken* hit the nail on the head, strike home; *stiga ngn åt* ~*et* go to a p.'s head; *ställa allting på* ~*et* make everything topsy-turvy; *sätta sitt* ~ *i pant på* stake one's life on; *tappa* ~*et* lose one's head; *vara* ~*et högre än* (*bildl.*) be head and shoulders above; *växa ngn över* ~*et a*) *eg.* outgrow s.b., *b*) *bildl.* get beyond a p.'s control; *om vi slår våra kloka* ~*en ihop* if we put our heads together

H

huvud- (*i sms., bildl.*) (*förnämst*) principal, main, head, chief; (*ledande*) leading; (*i första hand*) primary

huvud|accent primary accent (stress) **-ansvar** main responsibility **-bangård** central (main) station, main terminus **-beståndsdel** principal (main) ingredient **-bok** *hand.* [general] ledger **-bonad** headgear **-bry** *s7, göra sig mycket ~* puzzle a great deal; *vålla ngn ~* be a worry (puzzle) to s.b. **-byggnad** main (central) building **-del** main (greater) part, bulk **-drag** main (principal) feature; *~en av engelska historien* the main outlines of English history **-duk** kerchief, headscarf **-däck** main deck **-figur** *se -person* **-form 1** *anat.* shape of the head **2** (*-art*) principal (main) form **3** *språkv.* voice **-förhandling** *jur.* main session, trial, hearing **-förutsättning** first (principal) prerequisite **-gata** main street, thoroughfare **-gavel** headboard [of a bed] **-gärd** bed's head; (*kudde*) pillow **-ingång** main entrance **-innehåll** principal (main) contents (*pl*); *redogöra för ~et i* give a summary of **-intresse** principal (chief, main) interest **-intryck** principal (main) impression **-jägare** head-hunter **-kontor** head (main, central) office **-kudde** pillow **-led** (*väg*) major road **-ledning** (*för gas, vatten*) main [pipe]; *elektr.* main circuit **-lus** head louse **-lös** (*tanklös*) thoughtless; (*dåraktig*) foolish; (*dumdristig*) foolhardy **-man** (*för familj*) head (*för* of); (*uppdragsgivare*) principal, client; (*i sparbank o.d.*) trustee; (*ledare*) leader, head **-motiv** principal motive, main reason **-mål 1** *se huvudsyfte* **2** (*måltid*) principal meal **-nummer** principal item **-nyckel** master (pass) key **-näring 1** (*föda*) principal nutriment **2** (*yrkesgren*) principal (main, chief) industry **-ord 1** (*nyckelord*) key word **2** *språkv.* headword **-orsak** principal (main, chief) cause **-part** *se -del* **-person** principal (leading) figure; (*i roman o.d.*) principal (leading) character; protagonist **-post** main (general) post office **-princip** main principle **-punkt** main (principal) point; (*i anklagelse*) [principal] count **-redaktör** editor in chief **-regel** principal (chief) rule **-riktning** general direction **-roll** leading (principal) part **-rubrik** main heading **-räkning** mental arithmetic **-rätt** *kokk.* main course **-rörelse** movement of the head

huvudsak *~en* the main (principal) thing; *i ~* in the main, on the whole **-lig** *a1* principal, main, chief, primary; (*väsentlig*) essential **-ligen** principally *etc.*; (*för det mesta*) mostly, for the most part

huvud|sanning primary (cardinal) truth **-sats 1** (*i logiken*) [the] main proposition **2** *språkv.* main clause **-skyddsombud** senior safety delegate **-skål** cranium **-stad** capital; (*stor o. bildl.*) metropolis **-stadsbo** inhabitant of the capital **-stupa** headfirst; (*friare*) headlong; (*brådstörtat*) precipitately **-styrka** *mil.* main body **-svål** scalp **-syfte** main purpose (aim) **-synpunkt** main point of view **-sysselsättning** main (principal) occupation **-säte** centre; headquarters (*behandlas äv. som sg*) **-tanke** main (principal) idea **-tema** main theme **-tes** principal thesis **-titel** (*i riksstat*) *ung.* section (classification) of government estimates (budget); *första ~n* the Royal Household and Establishment, (*i Storbritannien*) the Civil List **-ton 1** *mus.* keynote **2** *språkv., se huvudaccent* **-tonart** principal key **-uppgift** main task (function) **-verb** main verb **-vikt** *lägga ~en vid* lay the main stress upon, attach primary importance to **-villkor** principal (essential) condition **-vittne** chief witness **-väg** trunk road **-värk** headache **-värkstablett** headache tablet **-ämne** chief (principal) subject; *univ.* major subject **-ändamål** main (chief) purpose

hux flux (*med detsamma*) straight away; (*plötsligt*) all of a sudden

hy *s3* complexion; skin

hyacint *s3, bot. o. miner.* hyacinth

hybrid *s3 o. a1* hybrid **-isera** hybridize

hybris ['hy:-] *best. form =, äv. -en* arrogance

hyckl|a (*ställa sig from*) play the hypocrite (*inför* before); (*förställa sig*) dissemble (*inför* to); (*låtsas*) simulate, feign **-ad** *a5* (*låtsad*) mock, sham, pretended, simulated **-ande** *a4* hypocritical **-are** hypocrite **-eri** hypocrisy; (*i tal*) cant[ing]

hydda *s1* hut, cabin

hydra [ˣhy:-] *s1* hydra (*äv. bildl.*)

hydrat *s7, s4*, **-isera** *v1* hydrate

hydraul|ik *s3* fluid mechanics, hydraulics (*pl, behandlas som sg*) **-isk** [-'drau-] *a5* hydraulic

hydrer|a hydrogenate, hydrogenize **-ing** hydrogenation, hydrogenization

hydrid *s3* hydride

hydro|dynamik hydrokinetics, hydrodynamics (*pl, behandlas som sg*) **-dynamisk** [-'na:-] *a5* hydrokinetic[al] **-fon** [-'få:n] *s3* hydrophone **-for** [-'få:r] *s3* pressure tank, air-loaded water storage **-graf** *s3* hydrographer **-grafi** *s3* hydrography **-grafisk** [-'gra:-] *a5* hydrographic[al] **-kinon** [-çi'nå:n] *s3, s7* hydroquinone, hydroquinol **-kopter** [–'kåpp-] *s2* airboat, swamp boat **-log** hydrologist **-logi** *s3* hydrology **-logisk** [-'lå:-] *a5* hydrologic[al]; *~ cykel* water (hydrologic) cycle **-lys** *s3* hydrolysis **-mekanik** hydromechanics (*pl, behandlas som sg*) **-mekanisk** [-'ka:-] *a5* hydromechanical **-meter** [-'me:-] *s2* hydrometer **-metri** *s3* hydrometry **-metrisk** [-'me:-] *a5* hydrometric[al] **-plan** *s7* seaplane **-sfär** hydrosphere **-statik** hydrostatics (*pl, behandlas som sg*) **-statisk** [-'sta:-] *a5* hydrostatic[al] **-teknik** hydrotechnology

hydrox|id *s3* hydroxide **-yl** *s3* hydroxyl

hyena [-ˣe:na] *s1* hy[a]ena (*äv. bildl.*)

hyende [ˣhy:en-] *s6* cushion; *lägga ~ under lasten* (*bildl.*) bolster up vice

hyfs *r, se hyfsning; sätta ~ på, se hyfsa*

hyfs|a 1 (*äv. ~ till*) trim (tidy) up, make tidy; *bildl.* teach manners; *~t uppträdande* proper behaviour; *en ~d ung man* a well-behaved (well-mannered) young man **2** *mat.* simplify, reduce **-ning** trimming up *etc.*; (*belevenhet*) good manners (*pl*)

hygge *s6* cutting (felling) area

hygglig *a1* **1** (*väluppfostrad*) well-behaved; (*vänlig*) kind, good, *vard.* decent; (*tilltalande*) nice; *en ~ karl* a nice (decent) fellow (chap) **2** (*anständig*) respectable **3** (*skälig*) decent; (*moderat*) fair, reasonable, moderate

hygien [-g-] *s3* hygiene; *personlig ~* personal hygiene **-iker** hygienist **-isk** *a5* hygienic; sanitary

hygro|graf *s3* hygrograph **-meter** [-'me:-] *s2* hygrometer **-metrisk** [-'me:-] *a5* hygrometric **-skop** [-'skå:p] *s7* hygroscope **-skopisk** [-'skå:-] *a5* hygroscopic **-stat** *s3* humidistat, hygrostat

1 hylla *s1* **1** shelf (*pl* shelves); (*möbel*) set of shelves; (*bagage-, sko-, tallriks- o.d.*) rack; *lägga ngt på ~n* (*bildl.*) put s.th. on the shelf, shelve s.th. **2** *teat., vard.* (*översta rad*) *~n* the gods (*pl*)

2 hylla *v1* **1** (*svära tro*) swear allegiance to; (*erkänna*) acknowledge **2** (*uppvakta, hedra*) congratulate; pay (do) homage to; honour **3** (*omfatta*) embrace, favour **4** *rfl, ~ sig till ngn* attach o.s. to s.b.

hylle *s6, bot.* involucre, perianth

hyllning congratulations (*pl*); homage; (*ovation*) ovation; *bringa ngn sin ~* pay (do) homage to s.b. **hyllningsdikt** complimentary poem

hyll|papper shelf (lining) paper **-remsa** shelf-edging, shelf-strip **-värmare** *hand., vard.* sticker, drug [on the market]

hyls|a *s1* case, casing; *tekn.* socket, sleeve; *bot.* shell, hull **-nyckel** box spanner

hymen ['hy:-] *r* **1** *myt.* Hymen; *knyta ~s band* tie the nuptial knot **2** *anat.* hymen

hymla *vard.* (*hyckla*) pretend; (*smussla* [*med*]) try to shuffle away

hymn *s3* hymn; (*friare*) anthem **-diktning** hymn writing, hymnody

hynda *s1* bitch

hyperaktiv [ˣhy:-] hyperactive

hyperbel [-'pärr-] *s3* hyperbola **-formig** [-å-] *a5* hyperbolic[al]

hyper|bolisk [-'bå:-] *a5* hyperbolic[al] **-boré** *s3* Hyperborean

hyper|elegant [ˣhy:-] very stylish **-korrekt** meticulously correct **-kritisk** hypercritical **-känslig** hypersensitive **-modern** ultramodern **-nervös** extremely nervous

hyperon [-'å:n] *s3* hyperon

hyper|snabb high-velocity; high-speed **-ventilation** hyperventilation

hypnos [-'å:s] *s3* hypnosis (*pl* hypnoses)

hypnot|isera hypnotize **-isk** [-'nå:-] *a5* hypnotic **-ism** hypnotism **-isör** hypnotist

hypofys *s3* hypophysis (*pl* hypophyses), pituitary gland (body)

hypoidväxel [-poˣi:d-] hypoid gear

hypokond|er [-'kånn-] *s3* hypochondriac **-ri** *s3* hypochondria **-risk** [-'kånn-] *a5* hypochondriac [al]

hypotek *s7* mortgage; encumbrance; (*säkerhet*) security

hypoteks|bank, -inrättning, -kassa mortgage bank (institution); building society; *AE.* building and loan [association] **-lån** mortgage loan

hypotenusa [-ˣnu:-] *s1* hypotenuse

hypote|s *s3* hypothesis (*pl* hypotheses) **-tisk** *a5* hypothetic[al]; (*tvivelaktig*) doubtful

hyra I *s1* **1** rent; (*för bil, båt e.d.*) hire, rental; *betala 50 pund i ~* pay a rent of 50 pounds **2** *sjö.* (*tjänst*) berth; (*lön*) [seaman's] wages (*pl*); *ta ~* ship (*på* on board, aboard) **II** *v2* rent; (*bil, båt e.d.*) hire, take on hire; *att ~!* to let!, *AE.* for rent!, (*om bil etc.*) for hire; *~ av ngn* rent from s.b.; *~ in sig hos ngn* take lodgings in a p.'s house; *~ ut* (*rum*) let, *AE. äv.* rent, (*fastighet äv.*) lease, (*bil etc.*) hire out, let out on hire; *~ ut i andra hand* (*äv.*) sublet

hyrbil hire[d] car

hyres|bidrag rent allowance **-fri** *bo ~tt* live rent-free **-förmedling** housing rental agency **-gäst** tenant; (*för kortare tid*) lodger; *AE. äv.* roomer **-haj** rack-renter **-hus** block of flats; *AE.* apartment house (building) **-kasern** tenement [building] **-kontrakt** lease, tenancy agreement; (*för lösöre*) hire contract **-kontroll** rent control **-marknad** housing market **-nämnd** [regional] rent tribunal **-reglering** rent control **-värd** landlord

hyr|kusk [hackney] coachman **-verk** car-hire service; (*för häst o. vagn*) livery stable

hysa *v3* **1** (*bereda rum åt*) house (*äv. bildl.*), accommodate; (*pers. äv.*) put up, take in; (*inrymma*) contain **2** (*nära, bära*) entertain, have; *~ betänkligheter* have (entertain) misgivings, hesitate; *~ förhoppningar om* entertain (cherish) hopes for, hope for; *~ förtroende för* have confidence in; *~ illvilja mot ngn* bear s.b. ill will, have a grudge against s.b.

hyska *s1* eye; *~ och hake* hook and eye

hyss *s7, ha ngt ~ för sig* be up to [some] mischief

hyssj [hyʃ] hush!,shsh! **hyssja** [ˣhyʃa] cry hush (*på, åt* to); *~* [*på*] hush

hysta *ung.* toss

hysterektomi *s3* hysterectomy

hyster|i *s3, s4* hysteria; *med. äv.* hysterics (*pl*) **-ika** [-'te:-] *s1* hysterical woman **-iker** [-'te:-] hysterical person, hysteric **-isk** [-'te:-] *a5* hysteric[al] ; *bli ~* go into hysterics; *få ett ~t anfall* have a fit of hysterics

hytt *s3, sjö.* berth, cabin; (*telefon- etc.*) booth, box

1 hytta *v3, se höta*

2 hytta *s1, tekn.* smeltery, foundry; (*masugn*) blast furnace

hytt|plats *sjö.* berth **-ventil** porthole

hyvel *s2* plane; (*-maskin*) planer **-bänk** carpenter's bench **-spån** *koll.* shavings (*pl*)

hyvl|a [ˣhy:v-] plane; (*ost e.d.*) slice; *bildl.* polish up; *~t virke* planed boards (*pl*); *~ av* plane smooth, smooth off **-ing** planing; (*friare*) slicing

hå oh!; *~ ~!* oho!; *~ ~, ja ja!* oh, dear, dear!

håg *s3* **1** (*sinne*) mind; thoughts (*pl*); *glad i ~en* gay at heart, carefree; *slå ngt ur ~en* dismiss s.th. from one's mind, give up all idea of s.th.; *ta Gud i ~en* trust to Providence (one's lucky star); *det leker honom i ~en* his mind is set on it (*att göra* on doing) **2** (*lust*) inclination; (*fallenhet*) bent, liking; *hans ~ står till* he has an inclination towards

håg|ad *a5* inclined; disposed; *vara ~ att göra ngt* feel like doing s.th. **-komst** *s3* remembrance, recollection **-lös** listless; (*oföretagsam*) unenterprising; (*loj*) indolent **-löshet** listlessness; indolence

håkäring *s2* Greenland shark

hål *s7* hole; (*öppning äv.*) aperture, mouth; (*lucka*) gap; (*läcka*) leak; (*rivet*) tear; *tandläk.* cavity; *nöta* (*bränna*) *~ på* wear (burn) a hole (holes) in; *ta ~ på* make a hole in, (*sticka hål äv.*)

pierce, perforate, *med.* lance; *hon har ~ på armbågarna* her dress (*etc.*) is out at the elbows; *det har gått ~ på strumpan* there is a hole in the (my *etc.*) stocking

hål|a *s1* cave, cavern; (*vilda djurs o. bildl.*) den; (*rävs, grävlings o.d.*) earth; *anat.* cavity; (*landsorts-*) *vard.* hole **-fot** arch of the foot **-fotsinlägg** arch support

hål|ig *a1* full of holes; (*ihålig, äv. bildl.*) hollow; (*pipig*) honeycombed **-ighet** hollow, cavity **-kort** punch[ed] card **-kortsmaskin** punched-card machine

håll *s7* **1** (*tag*) hold, grip; *få ~ på ngn* get a hold (grip) on s.b. **2** (*avstånd*) distance; *på långt ~* at a long distance, (*skjutning*) at a long range; *släkt på långt ~* distantly related; *på nära ~* close at hand, near by (at hand); *sedd på nära ~* seen at close quarters (range) **3** (*riktning*) direction; (*sida*) quarter, side; *från alla ~* [*och kanter*] from all directions (quarters); *från säkert ~* from a reliable quarter (source); *på annat ~* in another quarter, elsewhere; *på sina ~* in places; *åt andra ~et* the other way; *åt vilket ~?* which way?; *åt mitt ~* my way; *de gick åt var sitt ~* they went their separate ways **4** *jakt.* station; stand; (*skott-*) range, [rifle] shot **5** (*häftig smärta*) stitch

hålla *höll hållit* **I 1** (*ha tag i; fasthålla*) hold (*sin hand över* a protecting hand over; *ngn i handen* a p.'s hand; *andan* one's breath); *~ hårt om* hold tight; *~ ngn kär* hold s.b. dear; *~ stånd* hold out, keep one's ground, stand firm **2** (*bibehålla; hålla sig med*) keep (*dörren öppen* the door open; *maten varm* the dinner [*etc.*] hot; *ngt för sig själv* s.th. to o.s.; *hemligt* secret); (*upprätt-*) maintain; *~ ett löfte* keep a promise; *~ i minnet* keep (bear) in mind; *~ värmen* (*om kamin e.d.*) retain its heat; *~ öppet hus* (*två tjänare*) keep open house (two servants); *den håller vad den lovar* it fulfils its promise **3** (*förrätta*) hold (*auktion* an auction; *möte* a meeting) **4** (*debitera*) charge (*höga priser* high prices) **5** (*slå vad om*) bet, lay, wager, stake (*tio mot ett på att* ten to one that) **6** (*anse; hålla för*) consider, regard, look upon [as]; *~ ngt för troligt* think s.th. likely **7** (*rymma*) hold; (*inne-*) contain; *~ måttet* be full measure, come up [the] standard **II 1** (*ej gå sönder*) hold, not break; (*om kläder*) wear, last (*i evighet* for ever); (*om bro, is*) bear; *allt vad tygen håller* at [the] top [of one's] speed, (*springa*) for dear life **2** (*styra sina steg*) keep (*t. höger* to the right); (*sikta på*) aim, hold (*för högt* too high) **3** *~ på sin värdighet* stand on one's dignity; *~ styvt på sin mening* stick to one's opinion; *~ till godo, se godo*; *hon håller på sig* she stands by her virtue **4** (*stanna*) stop **III** (*med betonad partikel*) **1** *~ av a*) (*tycka om*) be fond of, *b*) (*väja*) turn [aside] **2** *~ efter* (*övervaka*) keep a close check (tight hand) on **3** *~ emot* (*ta spjärn*) put one's weight against, (*hindra att falla*) hold (bear) up, (*motarbeta*) resist, set o.s. against it **4** *~ i a*) hold [*vard.* on to], (*stödja*) hold on to, *b*) (*fortfara*) continue, go on, persist **5** *~ igen* (*bildl.*) act as a check **6** *~ igång* keep swinging, live it up **7** *~ ihop* hold (keep, *vard.* stick) together **8** *~ in a*) (*hålla indragen*) hold in, *b*) (*häst*) pull up, rein in **9** *~ med ngn a*) (*vara av samma mening*) agree with s.b., *b*) (*ställa sig på ngns sida*) support s.b., back s.b. up, side with s.b. **10** *~ om ngn* hold one's arms round s.b. **11** *~ på a*) (*vara sysselsatt*) be busy (at work) (*med ngt* with s.th.), *b*) (*vara nära att*) be on the point of (*kvävas* choking); *vad håller du på med?* what are you doing [now]? **12** *~ till*; *var håller du till?* where are you [to be found]?, *vard.* where do you hang out?; (*om djur*) be found, have its (their) haunts **13** *~ tillbaka* keep back, withhold **14** *~ upp a*) (*hålla upplyft*) hold up, *b*) (*hålla öppen*) hold (keep) open, *c*) *sjö.* (*hålla upp i vinden*) go (sail) close to the wind, *d*) (*göra uppehåll*) [make a] pause (*med* in), stop, cease; *när det håller upp*[*e*] when it stops raining **15** *~ uppe a*) *eg.* hold upright, *b*) (*ovan vattenytan*) keep afloat (above water), *c*) *bildl.* keep up (*modet* one's courage) **16** *~ ut a*) hold out, *b*) (*ton*) sustain; *~ ut med* stand, put up with **IV** *rfl* **1** hold o.s. (*beredd* in readiness; *upprätt* upright); keep [o.s.] (*ren* clean; *vaken* awake); keep (*i sängen* in bed; *borta* away; *ur vägen* out of the way); *~ sig* (*i fråga om naturbehov*) hold o.s.; *~ sig väl med ngn* keep in with s.b.; *~ sig framme* keep to the fore; *~ sig hemma* stay at home; *~ sig kvar* keep (stick) (*i* to); *~ sig uppe* keep [o.s.] up, keep afloat **2** (*om pjäs*) retain its place (*på repertoaren* in the repertory) **3** (*om mat e.d.*) keep; *~ sig för skratt* keep o.s. from laughing; *jag kunde inte ~ mig för skratt* I couldn't help laughing **4** *~ sig för god att* consider o.s. above; *~ sig med bil* keep a car; *~ sig med tidning* take (have) a paper; *~ sig till a*) keep (*vard.* stick) to (*fakta* facts), *b*) (*ngn*) hold (*vard.* stick) to

håll|are holder; clip, cramp, hook, buckle **-as** *dep* **1** (*vistas*) be, spend one's time **2** *låt dem ~!* leave them alone!, let them have their way!

hållbar *a1* **1** (*som kan hållas*) tenable; *mil. äv.* defensible; (*om argument o.d. äv.*) valid **2** (*varaktig*) durable, lasting; (*färg*) fast; (*om tyg o.d.*) that wears well (will wear); (*om födoämnen*) that keeps well (will keep) **-het 1** tenability; validity **2** durability, lastingness; wearing (keeping) qualities (*pl*)

håll|en *a5* (*skött*) kept; (*avfattad*) written; (*målad*) painted; *hel och ~* the whole [of], all over; *strängt ~* strictly brought up **-fasthet** strength, firmness, tenacity, solidity **-fasthetslära** *s1* mechanics (*pl, behandlas som sg*) of materials **-hake** check; hold (*på* on) **-igång** *s7* jamboree

håll|it *sup. av hålla* **-ning 1** (*kropps-*) carriage; (*uppträdande*) deportment; *militärisk ~* military deportment; *ha bra ~* (*äv.*) hold o.s. well **2** (*beteende*) attitude (*mot* towards); *intaga en avvaktande ~* take up a wait-and-see attitude; *intaga en fast ~* make a firm stand (*mot* against) **3** (*stadga*) firmness, backbone

hållningslös vacillating, vacillant; *vard.* wobbly, flabby; (*utan ryggrad*) spineless; unstable, unprincipled **-het** vacillation; spinelessness; instability

håll|plats stop, halt **-punkt** basis; grounds (*pl*)

hål|remsa paper (punch[ed]) tape **-rum** cavity **-slag** punch; perforator **-slagning** perforation **-slev** perforated ladle **-slå** punch; perforate **-stans** punch[ing machine] **-söm** drawn (drawnthread) work; *sy ~* hemstitch **-tegel** air-brick **-timme** *skol.* free period **-ven** vena cava

(*pl* venae cavae) **-väg** gorge, ravine **-ögd** *a5* hollow-eyed
hån *s7* scorn; (*spe*) derision, mockery; (*i ord äv.*) scoffing, taunting, sneering, jeering; *ett ~ mot* an insult to, a mockery of
hån|a (*förlöjliga*) deride, make fun of; (*föraktfullt*) put to scorn; (*i ord äv.*) scoff (sneer, jeer) at, mock, taunt **-flin** *se hångrin* **-full** scornful; scoffing *etc.*, derisive
hång|el ['håŋ-] *s7* petting; necking **-la** pet; neck
hån|grin mocking grin **-grina** grin contemptuously **-le** smile scornfully, sneer, jeer (*åt* at) **-leende** scornful smile **-skratt** derisive (scornful, mocking) laugh[ter] **-skratta** laugh derisively (*etc.*), jeer (*åt* at)
hår *s7* hair; *kortklippt ~* short hair; *inte kröka ett ~ på ngns huvud* not touch (injure) a hair on a p.'s head; *skaffa ngn gråa ~* give s.b. grey hairs; *slita sitt ~ i förtvivlan* tear one's hair in despair; *~et reste sig på mitt huvud* my hair stood on end; *det var på ~et att jag* I was within a hair's-breadth (an ace) of (+ *ing-form*)
hår|a *~ av sig* shed (lose) its hair; *~ ner* cover with hair[s *pl*] **-band** fillet **-beklädnad** hairy coat; *zool.* pelage **-bevuxen** hairy **-borste** hairbrush **-borttagningsmedel** depilatory **-botten** capillary matrix; (*friare*) scalp
hård [-å:-] *a1* hard; (*fast äv.*) firm, solid; (*sträng, svår äv.*) severe (*mot* towards, to, on); (*bister*) stern; (*högljudd*) loud; (*om ljud, barsk*) harsh; (*påfrestande*) tough; *hårt klimat* severe climate; *~ konkurrens* keen (fierce) competition; *~ i magen* constipated; *ett hårt slag* a hard (severe, serious) blow; *~a tider a*) (*arbetsamma*) tough times, *b*) (*nödtider*) hard times, times of hardship; *~a villkor* severe conditions, tough terms; *sätta hårt mot hårt* give as good as one gets; *vara ~ mot ngn* be hard on s.b.; *det vore hårt för dem om* it would be hard on them, if
hård|arbetad *a5* hard to work (shape, mould); *-arbetat material* difficult material **-bränd** *a5* **1** (*svår att bränna*) difficult to burn **2** (*hårt bränd*) hard-burnt, hard-baked **-exploatera** exploit mercilessly **-fjällad** *a5, bildl.* hard-boiled; *en ~ brottsling* a hardened criminal; *en ~ fisk* a difficult fish to scale **-flörtad** *a5* standoffish **-frusen** frozen hard; hard-frozen (*is* ice) **-för** *a1* hardy, tough **-förhet** hardiness, toughness **-gummi** hard rubber; vulcanite, ebonite **-handskarna** *ta i med ~* take drastic action (a hard line) **-het** hardness *etc.*; severity **-hetsgrad** degree of hardness **-hjärtad** [-j-] *a5* hardhearted; (*känslolös*) callous **-hudad** *a5, bildl.* thick-skinned **-hänt I** *a1, bildl.* rough, heavy-handed (*mot* with); (*friare*) severe **II** *adv, gå ~ till väga* be rough (*med* with) **-hänthet** heavy-handedness; severity
hård|ing [-å:-] *s2, han är en riktig ~* he's as hard as nails **-knut** tight knot **-kokt** hard-boiled **-körning** *bildl.* tough programme
hård|na [-å:-] harden; become (get, grow) hard; (*bli okänslig*) get callous (hardened) **-nackad** *a5, bildl.* stubborn (*motstånd* resistance); obstinate (*nekande* denial) **-porr** hard-porn
hårdrag|a [ˣhå:r-] *bildl.* strain **-en** *a5, bildl.* forced, strained, far-fetched
hård|rock metal (hard) rock **-smält** *a1* **1** (*om föda*) difficult (hard) to digest; (*friare*) indigestible **2** (*om metall*) refractory **-träna** train hard **-valuta** hard currency (exchange) **-vara** hardware
hår|fin 1 (*om tråd o.d.*) [as] thin (fine) as a hair **2** *bildl.* exceedingly fine, subtle **-frisör** barber, hairdresser **-frisörska** hairdresser **-färg** colour of the hair; (*färgämne*) hair-dye **-fäste** edge of the scalp; *rodna upp till ~t* blush to the roots of one's hair
hår|ig *a1* hairy **-klippning** haircut[ting] **-klyveri** hairsplitting (*äv. ~er*) **-kors** cross wires (*AE.* hairs) **-lock** lock of hair; (*kvinnas äv.*) tress **-nål** hairpin **-nålskurva** hairpin bend **-nät** hairnet **-olja** hair oil **-piska** pigtail; (*stång-*) queue **-pomada** pomade [for the hair] **-resande** *a4* hair-raising, appalling, bloodcurdling, shocking; *en ~ historia* (*äv.*) a story to make one's hair stand on end **-rör** capillary tube **-rörskärl** capillary vessel **-slinga** strand of hair
hårsmån *r* hair's-breadth; (*friare*) trifle, shade
hår|sprej *s3, s2* hairspray **-spänne** hair slide **-strå** hair **-svall** thick wavy hair **-säck** hair follicle
hårt [-å:-] *adv* hard; (*fast, tätt*) firm[ly], tight[ly]; (*högljutt*) loud; *bildl.* severely; *en ~ prövad man* a severely tried man; *arbeta ~* work hard; *fara ~ fram med* be rough with; *gå ~ åt* handle roughly, be hard on; *ta ngt ~* take s.th. very much to heart; *tala ~ till ngn* speak harshly to s.b.; *det känns ~ att* it feels hard to; *det satt ~ åt* it was a job
hår|test *s2* wisp of hair **-tork[ningsapparat]** hair dryer **-tuss** tuft of hair **-uppsättning** *konkr.* hairstyle, coiffure **-vatten** hair tonic (lotion) **-växt** growth of hair; *missprydande ~* superfluous hair
håv *s2* (*fiskares*) landing net; (*sänk-*) dip-net; (*insekts-*) butterfly net; (*kollekt-*) collection bag; *gå med ~en* (*bildl.*) fish [for compliments] **håva** *~ in* gather (rake) in; *~ upp* land
håvor *pl* gifts, bounties; *jordens ~* the fruits of the earth
1 häck *s2* **1** hedge; *bilda ~* (*om människor*) form a lane **2** *sport.* hurdle; *110 m ~* 110 metres hurdle
2 häck *s2* **1** (*foder-*) hack, rack **2** (*vagns-*) rack **3** (*låda*) crate
3 häck *s2, vard.* bottom, behind, backside
häckl|a I *s1* heckle **II** *v1* **1** (*lin*) hackle, heckle **2** *bildl.* cavil (carp) at, find fault with **3** *polit.* heckle **-ing 1** (*av lin*) hackling, heckling **2** *polit.* heckling
häcklöp|are hurdler **-ning** hurdle-racing, hurdle-race, hurdling
häckning breeding
häcknings|plats breeding ground (place) **-tid** breeding season
häda blaspheme (*äv. ~ Gud*)
hädan hence; *skiljas ~* depart this life; *vik ~!* get thee hence!, begone! **-efter** henceforth, from now on **-färd** passing, departure [from this life] **-gången** *a5, se avliden* **-kalla** (*om Gud*) call unto Himself
häd|are blasphemer **-else** blasphemy; *utslunga ~r* hurl blasphemies, blaspheme **-isk** ['hä:-] *a5* blasphemous; (*friare*) profane, impious; (*grovt*

H

respektlös) irreverent
häfta I *s1, se häftplåster* **II** *v1* **1** *bokb.* sew, stitch; *~d bok* sewn (stitched) book, paperback **2** (*hålla fäst*) fasten, fix (*blicken vid* one's gaze on) **3** (*fastna*) stick, adhere (*vid* to) **4** *misstanken ~r vid honom* suspicion attaches to him **5** *~ i skuld till ngn* be in a p.'s debt
häftapparat stapler, stapling machine
häfte *s6* (*tryckalster*) folder, booklet, brochure, pamphlet; (*del av bok*) part, instalment; (*nummer av tidskrift*) number, issue; (*skrivbok*) exercise book
häftig *a1* **1** (*våldsam*) violent; (*obehärskad*) vehement; (*impulsiv*) impetuous (*människa* individual); (*hetsig*) heated (*diskussion* discussion); (*om smärta*) sharp, acute; *ett ~t regn* a heavy downpour; *~ törst* violent thirst; *ett ~t uppträde* a scene **2** (*temperamentsfull*) impulsive, hasty; (*hetlevrad*) hot-headed, hot-tempered **3** (*förstärkande*) *vard.* hot, groovy
häftighet violence; vehemence; impetuosity; impulsiveness; hot-headedness *etc.*; irascibility; hot temper
häftigt *adv* violently *etc.*; *vard.* groovy; *andas ~* breathe quickly, pant; *gräla ~* quarrel violently; *koka ~* boil fast; *hjärtat slog ~* the (my *etc.*) heart beat excitedly
häft|klammer [paper] staple **-ning 1** *bokb.* sewing, stitching **2** (*-ande*) fastening, fixing; sticking, adherence; attaching **-plåster** [sticking] plaster; *AE.* adhesive tape **-stift** drawing pin; *AE.* thumbtack
häger ['hä:-] *s2* heron
hägg *s2* bird cherry
hägn [häŋn] *s7, i ~ av* under the cover of; *vara i ngns ~* be under a p.'s protection (aegis) **hägna** [ˣhäŋna] protect, guard
hägr|a [ˣhä:g-] loom (*äv. bildl.*) **-ing** mirage; *bildl. äv.* illusion
häkta I *s1* hook **II** *v1* **1** (*fästa*) hook (*fast* [*vid*] on [to]); *~ av* unhook; *~ upp sig* catch, get caught up **2** (*arrestera*) arrest, take into custody; *den ~de* the man (*etc.*) under arrest, the prisoner; *~ ngn i hans frånvaro* issue a warrant for s.b.'s arrest
häkt|e *s6* custody; jail, gaol **-ning** arrest
häktnings|förhandlingar court proceedings for issue of arrest warrant **-order** [arrest] warrant
häl *s2* heel; *följa ngn tätt i ~arna* follow close upon a p.'s heels
hälare receiver [of stolen goods], *vard.* fence
hälben heel bone
häleri receiving [of stolen goods]
hälft *s3* half; *äkta ~* (*vard.*) better half; *~en av månaden* half the month; *~en så mycket* half as much; *~en så stor* half as large (*som* as), half the size (*som* of); *på ~en så kort tid* in half the time; *till ~en dold* half hidden; *göra ngt till ~en* do s.th. by halves
hälftenbruk métayage
hälgångare *zool.* plantigrade
häll *s2* (*klippa*) flat rock; (*sten*) slab [of stone]; (*i öppen spis*) hearthstone
1 hälla *s1* (*under foten*) strap; (*för bälte o.d.*) loop
2 hälla *v2* pour; *~ i* pour in (*el. upp* out); *~ i ett glas vin* pour out a glass of wine; *~ ur* pour out; *~nde regn* pouring rain
hälle|berg [bed]rock, solid rock **-flundra** halibut
hällkista *arkeol.* cist
hällre *se hellre*
häll|regn pouring rain, downpour **-regna** pour [with rain]
hällristning rock-carving, petroglyph
1 hälsa *s1* health; *vid god ~* in good health
2 hälsa *v1* **1** (*välkomna, mottaga*) greet; (*högtidligt*) salute; *~ ngn välkommen* bid s.b. welcome, welcome s.b.; *~ ngn som sin kung* salute s.b. as one's king **2** (*säga goddag e.d.*) say good morning (good afternoon, good evening, *vard.* hello) [to s.b.], (*ta i hand*) shake hands [with s.b.], (*buga*) bow [to s.b.], (*lyfta på hatten*) raise one's hat [to s.b.]; *mil.* salute (*på ngn* s.b.); *~ god morgon på ngn* wish s.b. good morning **3** (*upptaga*) receive (*ett förslag med glädje* a proposition with delight) **4** (*framföra hälsning*) send (*ngn* s.b.) one's regards (compliments, respects, love); *~ hem!* remember me to your people!; *~ på* (*besöka*) go (come) and see; *~ henne så hjärtligt!* give her my best regards (*etc.*)!; *låta ~* send word; *nu kan vi ~ hem!* (*vard.*) now it's all up with us!; *jag kan ~* [*dig*] *från* I can give you news from; *jag skulle ~ från fru A. att hon* Mrs. A. asked me to tell you that she; *vem får jag ~ ifrån?* what (may I have your) name, please?, (*i telefon*) who is speaking [, please]?
hälsena Achilles tendon, heel string
hälsning 1 greeting; (*högtidlig*) salutation **2** (*översänd e.d.*) compliments (*pl*); (*bud*) message, word; *hjärtliga ~ar* kind regards, love (*sg*); *byta en ~* pass the time of day; *får jag be om min ~ till* please remember me to **3** (*bugning*) bow; (*honnör*) salute
hälsnings|anförande address of welcome, opening speech **-ord** *pl* words of welcome (greeting); *se äv. -anförande*
hälso|bringande *a4* healthy, health-giving **-brunn** spa **-farlig** injurious to one's health, unhealthy **-kontroll** [health] checkup **-kost** health food **-kostbutik** health [food] store **-källa** mineral spring **-lära** (*skolämne*) hygiene **-risk** health hazard **-sam** *a1* wholesome; (*om klimat*) salubrious, healthy; *bildl. äv.* salutary; (*välgörande*) beneficial **-skäl** *av ~* for reasons of health **-tecken** healthy sign, sign of wellbeing **-tillstånd** state of health; *mitt ~* [the state of] my health **-undersökning** medical examination **-vådlig** (*ohygienisk*) insanitary; (*om klimat*) unhealthy **-vård** (*enskild*) care of one's health; (*allmän*) public health, health service[s *pl*] **-vårdsinspektör** environmental health officer **-vårdsnämnd** public health committee **-vårdsstadga** public health act[s *pl*]
hälta *s1* [form of] lameness
hämm|a (*hejda*) check, curb, arrest, stop; (*blodflöde äv.*) sta[u]nch; (*hindra*) obstruct, block (*trafiken* the traffic); (*ngns rörelser*) impede, hamper; (*fördröja*) retard; *psykiskt ~d* inhibited; *~ ngt i växten* stunt the growth of s.th. **-ande** *a4* checking *etc.*; *verka ~ på* have a checking (*etc.*)

effect on, act as a check on, curb, depress
hämn|a avenge, revenge; *slöseri ~r sig* waste brings woe **-are** avenger, revenger **-as** *dep* avenge (revenge) o.s., wreak one's vengeance (*på* on), retaliate; ~ *ngn* avenge s.b., take vengeance for s.b.
hämnd *s3* revenge; *högt.* vengeance; retaliation; *~en är ljuv* revenge is sweet **-begär** desire for vengeance
hämnd|eaktion reprisal **-girig** revengeful; vindictive **-girighet** revengefulness; vindictiveness **-lysten** *se -girig* **-lystnad** *se hämndbegär*
hämning 1 checking *etc., se hämma* **2** *psykol.* inhibition
hämningslös uninhibited; unrestrained
hämpling *zool.* linnet
hämsko drag (*äv. bildl.*)
hämta fetch; (*av-, komma o. hämta*) collect, call for; (*ta, skaffa sig e.d.*) take, gather; (*ngt abstr.*) draw, derive; ~ *ngn med bil* fetch s.b. by car; ~ *frisk luft* get fresh air; ~ *mod* (*styrka*) *från* draw (derive) courage (strength) from; ~ *nya krafter* recover (get up) one's strength; *låta* ~ send for; *uppgiften är ~d ur* I have the information from; ~ *sig* recover (*efter, från* from); *jag har inte ~t mig än* (*äv.*) I haven't got over it yet
hämtpris cash-and-carry price
hän away; ~ *mot* towards; *vart skall du ~?* where are you going?
hända *v2* **1** happen; (*förekomma*) occur, take place; ~ *sig* happen, chance, come about (to pass); ~ *vad som ~ vill* happen what may; *det kan ~ att jag går ut i kväll* I may go out this evening; *det kan nog ~* that may be [so]; *det hände sig inte bättre än att jag* as ill luck would have it I; *det må vara hänt* it can't be helped
händelse 1 occurrence; (*betydelsefull*) event, happening; (*episod*) incident **2** (*tillfällighet*) coincidence; (*slump*) chance; *av en ren* ~ quite by chance, by a pure coincidence **3** (*fall*) case; *i ~ av* in case of; *i alla ~r* at all events; *för den ~ att han skulle komma* in case he comes, in the event of his coming **-fattig** uneventful **-förlopp** course of events **-lös** uneventful **-rik** eventful **-utveckling** development of [the] events; trend of affairs **-vis** by chance; accidentally; (*apropå*) casually; *du har ~ inte en penna på dig?* you don't happen to have a pencil [on you], do you?; *jag träffade henne* ~ I just happened to meet her, I ran across her
händig *a1* handy, dext[e]rous (*med* with) **-het** handiness, dexterity
hänföra 1 (*föra...till*) assign, refer, relate (*till* to); (*räkna*) class[ify] (*till* among), range (*till* under) **2** (*tjusa*) carry away, transport; (*gripa äv.*) thrill; *låta sig ~s av* allow o.s. to be carried away by **3** *rfl* have reference (*till* to); (*datera sig*) date back (*från* to)
hänför|ande *a4* ravishing; enchanting **-bar** *a5* assignable (*till* to); classifiable (*till* as) **-else** rapture; exultation; (*entusiasm*) enthusiasm **-lig** *a5*, *se -bar*
hänga *v2* **1** (*uppfästa o.d.*) hang (*äv. avrätta*); (*tvätt*) hang up; (*låta hänga*) droop; (*t.ex. taklampa*) suspend; ~ *läpp* pout, sulk, be bad-tempered; ~ *näsan över boken* pore over (bury one's nose in) the book[s *pl*] **2** (*vara upphängd*) hang; (*hänga fritt*) be suspended; (*om kjol*) hang down (*bak* at the back); (*sväva*) hover; ~ *ngn i kjolarna* cling to a p.'s skirt; ~ *ngn om halsen* cling round a p.'s neck; ~ *och dingla* hang loose, dangle; *stå och* ~ loiter about; *hela företaget hänger i luften* the whole enterprise is hanging in the air; *slagsmålet hänger i luften* there's a fight in the air **3** (*bero*) depend (*på* [up]on); (*komma sig*) be due (owing) (*på* to) **4** (*med betonad partikel*) ~ *efter ngn* run after (hang around) s.b.; ~ *fram* (*kläder*) put out; ~ *för* hang in front; ~ *i* (*vard.*) keep at it; ~ *ihop*; *jag hänger knappt ihop* I can scarcely keep body and soul together; *så hänger det ihop* that's how it is; ~ *med a*) keep up with (*i klassen* the rest of the class), *b*) (*förstå*) follow, catch on, *c*) (*följa med*) go along with; ~ *upp sig på* (*bildl.*) take exception to **5** ~ *sig* hang o.s.; ~ *sig fast vid* hang on firm to; ~ *sig på ngn* hang on (attach o.s.) to s.b.
häng|ande *a4* hanging; (*fritt*) suspended (*i taket* from the ceiling); *bli ~ i* get caught (hooked) on **-are** (*krok*) hook; (*pinne*) peg; (*med flera krokar*) rack; (*i kläder*) hanger, loop; (*galge*) [coat] hanger **-björk** weeping birch **-bro** suspension bridge
1 hänge [ˣhäŋe] *s6, bot.* catkin
2 hänge [ˣhä:nje:] *rfl* surrender o.s., give o.s. up (*åt* to); (*ägna sig*) devote (apply) o.s. (*åt* to); (*hemfalla*) abandon o.s. (give way) (*åt* to); (*försjunka*) fall (*åt* into)
häng|färdig *se ~ ut* (*vard.*) look down in (at) the mouth **-ig** *a1* limp; out of sorts
hängiv|a *se 2 hänge* **-else** [the] surrendering of o.s.
hängiven (*tillgiven*) devoted, affectionate **-het** devotion, attachment (*för* to)
häng|lås padlock; *sätta ~ för* padlock **-mapp** suspended pocket (file) **-matta** hammock **-ning** hanging **-ränna** gutter
hängs|elstropp brace end **-le** *s6* brace; *ett par ~n* a pair of braces (*AE.* suspenders)
häng|smycke pendant **-torr** drip-dry **-växt** hanging plant
hän|rycka ravish, enrapture **-ryckning** rapture [s *pl*]; ecstasy **-ryckt** *a4* rapturous; *vara* ~ be in raptures
hänseende *a6*, *i tekniskt* ~ from a technical point of view; *i vissa ~n* in certain respects; *med ~ till* in consideration of, with respect (regard) to
hän|skjuta refer, submit **-syfta** allude (*på* to); (*mera förtäckt*) hint (*på* at) **-syftning** allusion (*på* to); hint (*på* at)
hänsyn *s9* consideration; regard, respect; *av ~ till* out of consideration for; *med ~ till* with regard (respect) to, as regards, (*i betraktande av*) in view of, considering; *utan ~ till* without [any] consideration (regard) to, regardless of, disregarding; *låta alla ~ fara* throw discretion to the winds; *ta ~ till* take into consideration, pay regard to
hänsynsfull considerate (*mot* to, towards) **-het** considerateness; consideration
hänsynslös regardless of other people[s' feelings]; inconsiderate; (*skoningslös*) ruthless; ~ *framfart* (*bildl.*) reckless impetuosity; ~ *uppriktighet* brutal frankness **-het** inconsiderateness,

H

lack of consideration; ruthlessness
häntyd|a ~ *på a*) (*tyda på*) suggest, indicate, *b*) *se hänsyfta* **-ning** allusion (*på* to), hint (*på* at)
hänvis|a (*visa till*) direct; (*ge anvisning, referera*) refer; (*åberopa*) point; *jur.* assign, allot; *vara ~d till* be obliged to resort to, be reduced to (*att + ing-form*); *vara ~d till sig själv* be thrown upon one's own resources **-ning** reference; direction; (*i ordbok e.d. äv.*) cross-reference **-ningston** *tel.* special information tone
hänvänd|a *rfl* apply (*till* to) **-else** application; (*vädjan*) appeal; *genom ~ till* by applying (making application) to
häpen *a3* amazed (*över* at); (*bestört*) startled (*över* at) **-het** amazement; *i ~en över* in his (*etc.*) amazement at; *i första ~en* in the confusion of the moment
häpn|a [ˣhä:p-] be amazed (*inför, vid, över* at); *hör och ~!* who'd have thought it! **-ad** *s3, se häpenhet*; *slå ngn med ~* strike s.b. with amazement **-adsväckande** *a4* amazing, astounding
1 här *s2* army; *bildl. äv.* host
2 här *adv* here; *~ borta* (*nere, uppe*) over (down, up) here; *~ och där* here and there; *~ och var* in places; *~ i staden* in this town; *så ~ års* at this time of the year; *~ bor jag* this is where I live; *~ har vi det!* here we are!, here it is!; *nu är han ~ igen!* here he is again!
härad *s7, s4, s6, ung.* jurisdictional district; *hist.* hundred
härads|domare *ung.* senior juryman, foreman of a jury **-hövding** *ung.* circuit judge
härav ['hä:r-] from (by, of, out of) this; hence; *~ följer att* [hence] it follows that, (*friare*) this means that
härbre *s6, ung.* wooden storehouse
härbärg|e [-je] *s6* shelter, accommodation, lodging; (*för husvilla*) [common] lodging house; (*Frälsningsarméns o.d.*) [night] refuge **-era** lodge; put up
härd [-ä:-] *s2* **1** (*eldstad*) hearth (*äv. tekn.*); *hemmets ~* the domestic hearth **2** *bildl.* seat, centre, focus (*för* of); (*näste*) nest, hotbed
härd|a [-ä:-] **1** *tekn.* anneal, temper; (*plast*) set, cure **2** (*göra motståndskraftigare*) harden (*mot* against); *bildl. äv.* inure (*mot* to) **3** *rfl* harden o.s.; inure o.s.; (*stålsätta sig*) steel o.s. (*mot* against) **-are** hardener
härdig *a1* hardy; inured to hardship[s *pl*]; (*mot frost äv.*) hardened **-het** hardiness
härd|ning hardening, tempering; (*av plast*) setting, curing **-plast** thermosetting plastic
härdsmälta (*i kärnreaktor*) core meltdown
här|efter (*efter denna händelse, tidpunkt*) after this; (*från denna tid*) from now (this date), hence; (*hädanefter*) from now on, from this time forth **-emot** against this (it)
härflyta spring, emanate (*ur, från, av* from); (*ha sitt ursprung*) originate (*ur, från, av* from)
härfågel hoopoe
härförare army leader, general
härförleden [-'le:-] some time ago; (*nyligen*) recently
här|i in this (that); (*i detta avseende*) in this (that) respect **-ibland** among these (those) **-ifrån** from here; *bildl.* from this **-igenom** through here; *bildl.* owing to this (that), on this (that) account; (*medelst detta*) by this (that, these, those) means, in this (that) way
härj|a **1** ravage (*i ett land* a country); (*ödelägga*) devastate, lay waste; (*om skadedjur*) wreak havoc; *~ svårt* make [great] havoc; *se ~d ut* look worn and haggard **2** (*om sjukdom*) be rife (prevalent); rage **3** (*väsnas*) make a row, run riot **-ning** ravaging, devastation, havoc; *~ar* ravages **-ningståg** ravaging expedition
härjämte in addition [to this]
härkomst [-å-] *s3* extraction, descent; (*ursprung*) origin; *av borgerlig ~* of middle-class extraction (origin)
härled|a *v2* derive (*äv. språkv.*); (*sluta sig t.*) deduce; *~ sig* be derived (*från, ur* from); *-d enhet* derived unit
1 härledning *språkv.* derivation; deduction
2 härledning *mil.* [the] army command; *konkr.* army staff
härlig [ˣhä:r-] *a1* glorious; (*präktig*) magnificent, splendid; (*ljuvlig*) lovely; (*vacker*) fine (*äv. iron.*); *så det står ~a till* like anything **-het** glory; magnificence, splendour; *hela ~en* the whole business
härma imitate; (*naturv.*; *förlöjliga*) mimic; (*efterapa*) copy
härmed with (by, at, to) this; *hand.* herewith, hereby; *i enlighet ~* accordingly; *i samband ~* in connection herewith; *~ vill vi meddela* (*hand.*) we wish to inform you; *vi sänder ~* (*hand.*) we are sending you enclosed, we enclose herewith
härm|fågel mockingbird **-ning** imitation; mimicry **-ningsdrift** mimicry instinct
härnad [ˣhä:r-] *s3, draga i ~ mot* take up arms against **härnadståg** war[like] expedition
härnäst next; (*nästa gång*) next time
härold [-å-] *s3* herald
härom (*norr* north) from here; (*angående denna sak*) about (concerning, as to this) **-dagen** the other day **-kring** all round here, in this neighbourhood **-sistens** a little while ago; (*nyligen*) recently **-året** a year or so (two) ago
härpå *rumsbet.* on this (that); *tidsbet.* after this (that)
härröra *~ från* (*av*) come (arise) from, originate in (from)
härs *~ och tvärs* to and fro, in all directions; hither and thither
härsk|a **1** (*styra*) rule; (*regera*) reign **2** (*om sak*) predominate; (*vara förhärskande*) prevail, be prevalent **-ande** *a4* ruling; (*om parti*) dominating; (*gängse*) prevalent, prevailing
härskara host
härskar|e ruler; monarch, sovereign; (*herre*) master (*över* of) **-inna** ruler *etc.*; (*som behärskar ngn*) mistress **-natur** masterful character, domineering nature; *pers.* man (*etc.*) of despotic nature
härsken *a3* rancid
härsklyst|en with a thirst for power; domineering, imperious **-nad** thirst for power; masterfulness *etc.*
härskna go (become, turn, get) rancid; *bildl.* sour
härskri war cry; (*friare*) outcry

härsmakt armed force, army; *med ~* by force of arms
härstam|ma *~ från* be descended from, (*om pers. o. sak*) derive one's (its) origin from, (*datera sig från*) date from **-ning** descent; (*ursprung*) origin; (*ords*) derivation
härstädes here, in this place
härtapp|ad *a5* bottled in this country (by the importers) **-ning** local bottling (*äv. konkr.*)
här|till to this (that, it); *~ kommer att vi måste* besides (in addition to this) we must **-under** *rumsbet.* under this; *tidsbet.* during the time this was (is) going on (lasted; lasts) **-ur** out of this **-utav** *se härav* **-utinnan** in this (that) respect **-utöver** *bildl.* beyond this, in addition to this
härva *s1* skein; (*virrvarr*) tangle
här|varande *a4, en ~* a[n]...of this place, a local **-vid** at (on, to) this **-vidlag** in this respect; (*i detta fall*) in this case **-åt 1** *rumsbet., se hitåt* **2** (*åt den här saken e.d.*) at this
hässja [ˣhäʃa] **I** *s1* hay fence **II** *v1, ~ hö* pile hay on fences to dry
häst *s2* **1** horse; *sitta till ~* be on horseback; *sätta sig på sina höga ~ar* ride the high horse; *man skall inte skåda given ~ i munnen!* don't look a gift-horse in the mouth! **2** *gymn.* [vaulting] horse, buck, (*bygel-*) pommel horse; *schack.* knight, *vard.* horse **-ansikte** *bildl.* horse-face **-avel** horse-breeding **-djur** *pl* [the] horses **-droska** horse-drawn cab **-fluga** horsefly **-gardist** trooper (*officer* officer) in the Horse Guards **-handlare** horse-dealer **-hov 1** horse's hoof **2** *bot.* coltsfoot **-kapplöpning** horse-racing; *en ~* a horse-race **-kastanj[e]** horse chestnut **-kraft** (*beräknad, effektiv, bromsad* indicated, effective, brake) horsepower; *vard.* horse **-krake** hack, jade **-kur** *bildl.* drastic cure **-kött** (*livsmedel*) horseflesh **-lass** cartload **-lort** horse dung **-längd** *sport.* [horse-]length **-minne** *vard.* phenomenal memory **-polo** polo **-ras** breed [of horses] **-rygg** horse's back; *sitta på ~en* be on horseback **-skjuts** horse-drawn conveyance **-sko** horseshoe **-skojare** horse-swindler, [horse-]coper **-skosöm** horseshoe nail **-skötare** groom **-spillning** horse dung **-sport** equestrian sport; *~en* (*kapplöpningssporten*) horse-racing, the turf **-styng** botfly **-svans** horse's tail; (*frisyr*) ponytail **-tagel** horsehair **-täcke** horse-cloth **-väg** *det var något i ~* that's really something
hätsk *a1* rancorous, spiteful (*mot* towards); (*bitter*) bitter, fierce **-het** spitefulness; rancour
hätta *s1* hood; (*munk-*) cowl; (*barn-*) bonnet
häva *v2* **1** heave; (*kasta*) toss, chuck; *på tå häv!* on your toes!; *~ sig* raise o.s., (*om bröst o.d.*) heave **2** (*undanröja*) remove; raise (*en belägring* a siege); (*bota*) cure; *jur.* cancel; (*bilägga*) settle **3** *~ ur sig* come out with
häv|arm lever **-as** *v2, dep* heave
hävd *s3* **1** *jur.* prescription; (*besittningsrätt*) usage; *urminnes ~* immemorial prescription **2** (*tradition*) tradition, custom **3** (*historia*) [chronicled] history; *~er* (*äv.*) annals of the past; *gå till ~erna* go down in history **4** *lantbr.* (*gott tillstånd o.d.*) cultivation
hävda 1 (*försvara*) vindicate, maintain (*sina rättigheter* one's rights); (*vidmakthålla*) maintain (*sin ställning* one's position), uphold (*sina intressen* one's interests) **2** (*påstå*) maintain, assert, state **3** *rfl* hold one's own, vindicate o.s. **-teckning** *se historieskrivning*
hävdvunnen time-honoured, established; *jur.* prescriptive
hävert ['hä:-] *s2* siphon
häv|ning [ˣhä:v-] heaving *etc., se häva* **-stång** lever
häx|a [ˣhäksa] *s1* witch; (*ondskefull kvinna*) old hag **-brygd** witch-broth **-dans** witches' dance; *bildl.* welter **-eri** witchery, witchcraft; sorcery **-kittel** *bildl.* maelstrom **-mästare** wizzard; *eg. bet. äv.* sorcerer **-process** witch-trial **-ring** *bot.* fairy ring
hö *s4* hay **-bärgning** haymaking
1 höft *s, i uttr.*: *på en ~* (*efter ögonmått*) roughly, approximately, (*på en slump*) at random
2 höft *s3* hip; *~er fäst!* hands to hips!
höft|ben hipbone **-benskam** iliac crest **-hållare** girdle; foundation garment **-kam** *se -benskam* **-led** hip joint **-skynke** loincloth
1 hög *s2* **1** heap (*av, med* of); (*uppstaplad*) pile (*av, med* of); (*trave*) stack (*av, med* of); *samla* (*lägga*) *på ~* pile (heap) up, accumulate; *ta ett exempel ur ~en* take an example at random; *kläderna låg i en ~* the clothes were lying [all] in a heap **2** (*kulle*) hillock; mound (*äv. konstgjord*)
2 hög *-t -re -st* **1** high; (*reslig*) tall; (*högt liggande*) elevated; (*tung, svår*) heavy, severe; (*högt uppsatt*) exalted; (*om furstlig pers.*) august; (*-dragen*) haughty; *~[a] och låg[a]* high and low, the exalted and the lowly; *~a böter* a heavy fine; *~t gräs* long grass; *~ militär* high-ranking officer [in the army *etc.*], *vard.* brass hat; *~ panna* high (lofty) forehead; *H~a Porten* the Sublime Porte; *i egen ~ person* in person; *vid ~ ålder* at an advanced age; *ha ~a tankar om* think highly of; *spela ett ~t spel* (*bildl.*) play a risky game; *det är ~ tid* it is high time; *diskussionens vågor gick ~a* the debate was heated **2** (*-ljudd*) loud; *mus.* high [-pitched]; *med ~ röst* in a loud voice **3** (*om luft*) clear **4** *skrika i ~an sky* scream to high heaven **5** (*upprymd*; *narkotikaberusad*) high
högad|el *~n* the higher nobility, *vard.* the upper crust **-lig** belonging to the higher nobility
högaffel hayfork, pitchfork
högakt|a esteem; (*svagare*) respect; think highly of, value **-ning** esteem; respect; *med utmärkt ~, se högaktningsfullt*
högaktnings|full respectful **-fullt** *adv* (*i brev*) Yours faithfully, *AE.* Very truly yours
hög|aktuell of great current (immediate) interest; topical **-altare** high altar **-avlönad** highly paid **-barmad** *a5* full-bosomed, bosomy **-borg** *bildl.* stronghold **-borgerlig** upper middle class **-bröstad** *a5, se -barmad* **-buren** *a5 med -buret huvud* with one's head held high **-djur 1** *koll.* high game **2** *bildl., sl.* bigwig, big shot, *vard.* V.I.P. (*förk. för* very important person) **-dragen** haughty, lofty, arrogant **-effektiv** (*om pers.*) very efficient; *en ~ maskin* a high-efficiency (high-production, high-capacity) machine
högeligen exceedingly; highly
höger ['hö:-] **I** *a, best. form högra* right; right-

hand; *min högra hand* (*bildl.*) my right-hand man; *på min högra sida* on my right[-hand side] **II** *adv*, *~ om!* right turn!; *göra ~ om* turn by the right **III** *s9* **1** right; *från ~* from the right; *till ~ om* to the right of **2** *polit.*, *~n* the Right, the Conservative Party, the Conservatives (*pl*) **3** *sport.*, *en rak ~* a straight right **-back** *sport.* right [full] back **-extremist** right-wing extremist **-halvback** *sport.* right half[back] **-hand** right hand **-handske** right-hand glove **-hänt** *a4* right-handed; dextral **-inner** *sport.* inside right **-kurva** right-hand curve (bend) **-man** conservative **-parti** *se höger III 2* **-styrd** [-y:-] *a5* (*om bil*) right-hand driven **-sväng** right turn **-trafik** right-hand traffic **-vriden** *polit.* rightist **-vridning** *polit.* rightism **-ytter** *sport.* outside right

hög|fjäll high mountain; *~en* the High Alps **-fjällshotell** mountain hotel **-form** *i ~* in great form **-frekvens** high frequency **-frekvent** high-frequent; *bildl.* occurring often, of high frequency

högfärd [ˣhö:g- *el.* ˣhökk-] pride (*över* in); (*fåfänga*) vanity; (*inbilskhet*) [self-]conceit **-ig** proud (*över* of); cocky (*över* about); (*fåfäng*) vain; (*inbilsk*) [self-]conceited, *vard.* hoity-toity, stuck-up

högfärds|blåsa *vard.* swank[pot] **-galen** bursting with self-importance

högförräderi high treason

högg *imperf. av hugga*

hög|gradig *a5* (*av hög halt*) high-grade; (*ytterlig*) extreme; (*svår*) severe; (*intensiv*) intensive **-halsad** *a5* high-necked **-hastighetståg** high-speed train

höghet [ˣhö:g-] **1** (*upphöjdhet*) loftiness; sublimity; ([*världslig*] *storhet*) greatness **2** (*högdragenhet*) haughtiness, high-and-mightiness **3** (*titel*) highness; *Ers H~* Your Highness

höghus high-rise [building], tower block; multistorey building **-bebyggelse** high-rise development **-område** high-rise area (development)

hög|inkomsttagare high-income earner **-intressant** highly interesting **-kant** *på ~* on end **-klackad** *a5* high-heeled **-klassig** *a1* high-class **-konjunktur** [business, trade] boom; *~en inom* the boom [period] in **-kultur** *lantbr.* high farming **-kvarter** headquarters (*pl*) **-kyrka** High Church **-kyrklig** High-Church **-land** upland; *Skotska -länderna* the Highlands

höglast high load

högljudd [-judd] *a1* loud; (*högröstad*) loud-voiced, vociferous; (*bullersam*) noisy **-het** loudness; vociferousness; noisiness

hög|ländare Highlander **-länt** *a1* upland; *ön är ~* the island is elevated (lies high) **-läsning** reading aloud **-lönegrupp** high-income category (group) **-mod** pride; (*överlägsenhet*) haughtiness, loftiness, airs (*pl*); (*övermod*) arrogance; *~ går före fall* pride goeth before destruction **-modern** absolutely up-to-date **-modig** proud; haughty, lofty; arrogant **-målsbrott** [high] treason, lese-majesty **-mäld** [-ä:-] *a1, se högljudd* **-mält** *adv* in a loud voice **-mässa** morning service; *kat.* high mass **-nivåspråk** *data.* high-level language **-oktanig** *a5* high-octane **-platå** tableland **-prosa** literary prose

högre [ˈhö:g-] *komp. t. 2 hög* higher *etc.*, *se 2 hög*; *de ~ klasserna* the upper classes (*skol.* forms); *en ~ makt* a higher power; *den ~ matematiken* higher (advanced) mathematics (*pl*); *en ~ officer* a high-ranking officer; *den ~ skolan* the upper (*friare* advanced) school, *ridk.* the higher manège; *ett ~ väsen* a superior being; *i allt ~ grad* to an ever-increasing extent; *i den ~ stilen* in the lofty style (*iron.* sublime manners); *på ~ ort* in high quarters; *intet ~ önska än att* desire nothing better than to; *tala ~* speak louder

hög|relief high relief **-renässans** *~en* the Mid-Renaissance **-rest** [-e:-] *a4* tall **-röd** vermil[l]ion, scarlet, bright red **-röstad** *a5, se högljudd* **-sint** *a1* high-minded; (*storsint*) magnanimous **-sjöflotta** ocean-going fleet **-skola** university college; (*friare*) academy; *teknisk ~* institute (college) of technology **-skoleutbildning** university (college) education **-slätt** tableland, plateau **-sommar** *på ~en* at the height of the summer **-spänd** *a5, elektr.* high-tension, high-voltage **-spänn** *i uttr.*: *på ~* (*bildl.*) at high tension, agog **-spänning** high tension (voltage) **-spänningsledning** high-tension (high-voltage) [transmission] line

högst [hökst] **I** *superl. t. 2 hög* highest *etc.*, *se 2 hög*; *~a tillåtna hastighet* speed limit, maximum [permitted] speed; *H~a domstolen* [the] supreme court; *H~a sovjet* Supreme Soviet; *min ~a önskan* my most fervent wish; *i ~a laget* as high (*etc.*) as it ought to be, (*äv.*) a little too high (*etc.*) if anything; *på ~a ort* at top level; *när solen står som ~* when the sun is at its height (highest [point]) **II** *adv* highest *etc.*; most highly; (*mest*) most; (*i ~a grad*) in the highest degree; (*ytterst*) exceedingly, extremely; (*mycket*) very (*avsevärd* considerable); (*på sin höjd*) at most, at the [ut]most; *allra ~* at the utmost (very most)

högstadium advanced (higher, senior) stage; (*i grundskola*) senior level

högstbjudande *a4*, *den ~* the highest bidder

hög|stämd *bildl.* elevated, high-pitched, lofty **-säsong** height of the season, peak **-säte** high settle; (*förnämsta plats*) seat of honour

högt [hökt] *adv* high; highly; (*om ljud*) loud[ly]; (*motsats för sig själv*) aloud; (*högeligen*) highly; *~ belägen* on high ground, (situated) high up; *~ ställda fordringar* great (exacting) demands; *~ uppsatt person* person of high station; *~ älskad* dearly beloved; *lova ~ och dyrt* promise solemnly; *spela ~* (*spel.*) play for high stakes; *stå ~ över* (*bildl.*) be far above, be far removed from

högtalare loudspeaker

högtflygande high-flying, high-soaring; *~ planer* ambitious plans

högtid [ˣhökk-, *äv.* ˣhö:g-] *i sht bibl.* feast; *i sht kyrkl.* festival

högtidlig [ˣhökk-, *äv.* -ˈti:d-, *äv.* ˣhö:g-] *a1* solemn; (*ceremoniell*) ceremonious, ceremonial; *vid ~a tillfällen* on state (formal, ceremonious) occasions; *se ~ ut* look solemn; *ta det inte så ~t!* don't be so solemn about it! **-het 1** solemnity; (*ståt*) state, pomp **2** (*med pl*) ceremony; solemnity **-hålla** celebrate, commemorate **-hållande** *s6* celebrating; celebration

högtids|blåsa *vard.* Sunday best **-dag** festival

(commemoration) day; red-letter day **-dräkt** festival attire; (*frack*) evening dress **-firande I** *a4* festive **II** *s6* celebration, festival **-klädd** *a5* in festival attire; (*i frack*) in full dress **-sal** ceremonial room (hall), stateroom **-stund** time of real enjoyment, precious moment; *en musikalisk* ~ a musical treat **-talare** the speaker at a function (ceremony, festival *etc.*)

hög|trafik heavy (peak) traffic **-travande** *a4* bombastic, high-flown; (*om pers.*) grandiloquent, pompous **-tryck** high pressure; *boktr.* letterpress, relief printing

högtrycks|aggregat high-pressure unit **-område** area of high pressure **-rygg** ridge of high pressure **-tvättning** high-pressure (jet) cleaning

högt|stående *a4, kulturellt* ~ on a high level of culture **-svävande** high-soaring; (*om planer*) ambitious

hög|tyska High German **-vakt 1** (*manskap*) main guard **2** (*vakthållning*) main guard duty **-varv** *s, arbeta på* ~ work full out **-varvig** *a5* high-speed **-vatten** high water; (*tidvatten*) high tide **-vilt** big game **-vinst** top lottery prize

högvis in heaps (piles, stacks); ~ *med* piles of

hög|välboren *Högvälborne Greve A.* The Right Honourable Earl A., *i Storbritannien* The Earl [of] A. **-växande** tall-growing **-växt** *a4* tall **-vördighet** *hans* ~ *biskopen* the Right Reverend the Lord Bishop; *Ers* ~ *torde* you will..., My Lord **-ättad** *a5* of noble lineage, highborn **-önsklig** *mest i uttr.*: *i* ~ *välmåga* in the best of health, *vard.* in the pink

höj|a [ˣhöjja] *v2* raise; make higher, put up; (*för-*) heighten; (*förbättra*) improve; (*öka*) increase; ~ *priset på* raise (put up) the price of, mark up; ~ *ngn till skyarna* praise (exalt) s.b. [up] to the skies; ~ *upp* raise; ~ *sig* (*äv. bildl.*) rise above, raise o.s.; *-d över alla misstankar* above suspicion; *-d över allt tvivel* beyond all doubt; *det -des röster för* voices were raised in favour of **-bar** *a5, höj- och sänkbar* vertically adjustable

höjd *s3* **1** (*kulle o.d.*) height; hill **2** height; (*högsta* ~) top, summit; (*nivå*) level; *fack.* altitude; *geogr.* latitude; *mus.* pitch; *fri* ~ [free] headroom, [overhead] clearance; *största* ~ maximum height; *vishetens* ~*er* the pinnacles of wisdom; ~*en av oförskämdhet* the height of impudence; *i* ~ *med* on a level with; *på sin* ~ at the [ut]most; *driva i* ~*en* intensify, force up, boost; *flyga på en* ~ *av* fly at an altitude (a height) of; *stå på* ~*en av sin bana* be at the height of one's career; *det är väl ändå* ~*en!* that's really the limit!

höjd|are *sl.* bigwig, big shot; *vard.* V.I.P. (*förk. för* very important person); *mil.* brass hat; *-arna* (*vard.*) the higher-ups **-hopp** high jump **-hoppare** high jumper **-led** *i* ~ vertically **-läge** *mus.* upper register **-mätare** altimeter **-punkt** highest point; peak; *bildl.* height, maximum; (*kulmen*) climax; ~*en i hans diktning* the height of his literary production **-roder** *flyg.* elevator **-skillnad** difference in altitude (height) **-vind** upper wind

höjning (*höjande*) raising; (*av pris*) rise, increase; (*av lön*) rise, *AE.* raise; ~ *och sänkning* raising and lowering, (*i pris äv.*) rise and fall, *geol.* elevation and depression

hök *s2* hawk; *duvor och* ~*ar* (*polit.*) doves and hawks; ~ *och duva* (*lek*) tig

hökare *ung.* grocer

hö|lada hay barn **-lass** [cart]load of hay

hölj|a *v2* cover; (*insvepa*) wrap [up], envelop; (*friare*) coat; *-d i dunkel* veiled (wrapped) in obscurity, nebulous; ~ *sig med ära* cover o.s. with glory

hölje *s6* envelope; (*fodral*) case, casing

höll *imperf. av hålla*

hölster ['höll-] *s7* **1** (*pistol-*) holster **2** *bot.* spathe

höna *s1* **1** hen; *kokk.* chicken **2** (*våp*) goose

höns *s7* **1** *pl* [domestic] fowls; (*hönor*) hens; *koll. äv.* poultry (*sg*); *springa omkring som yra* ~ rush around like a hen on a hot griddle; *vara högsta* ~*et* [*i korgen*] be cock of the roost, be top dog **2** *kokk.* chicken **-avel** poultry rearing **-buljong** chicken broth **-bur** hencoop **-bär** *bot.* dwarf cornel

höns|eri poultry (chicken) farm, hennery **-foder** chicken (poultry) feed **-fåglar** *pl* gallinaceous birds **-gård 1** poultry yard, hen (chicken) run **2** *se hönseri* **-hjärna** *bildl.* addle-pate (*äv. pers.*) **-hud** goose flesh (skin) **-hus** poultry house, henhouse **-minne** memory like a sieve **-nät** chicken wire **-skötsel** poultry keeping (farming) **-ägg** hen's egg

1 höra *v2* (*räknas*) belong (*till* to); ~ *hemma* belong (*i* to); ~ *ihop* belong together; ~ *ihop med* be connected with, (*bero på*) be dependent on; *det hör till yrket* it is part of the profession (job); *han hör till familjen* (*äv.*) he is one of the family; *det hör inte hit* it has nothing to do with this; *det hör till att* it is the right and proper thing that (to + *inf.*)

2 höra *v2* **1** (*uppfatta ljud*) hear; *han hör illa* (*äv.*) he is hard of hearing; *det hörs bra härifrån* you can hear well from here; *hör nu!* come now!; *hör du, kan du* I say (look here), can you; *han lät* ~ *en djup suck* he gave a deep sigh **2** (*erfara, få* ~) hear, learn; be told; (*fråga efter*) hear, inquire, ask, find out; *så snart han fick* ~ *om* directly he heard (was told) of; *jag har just fått* ~ *att* I have just heard that; *jag har hört sägas att* I have heard it said that; *jag vill inte* ~ *talas om det* I will not hear of it (such a thing); *gå och hör om han har rest* go and find out if he has gone; *har man hört på maken!* did you ever hear the like?; *låt* ~*!* out with it! **3** (*lyssna*) listen; (*åhöra*) hear (*en predikan* a sermon), attend (*en föreläsning* a lecture); ~ *ngns mening* ask a p.'s opinion; *jag vill* ~ *din mening om* I would like your opinion on (about); *han ville inte* ~ *på det örat* he just wouldn't listen **4** (*för-*) hear; (*vittne äv.*) examine **5** *rfl, det låter* ~ *sig!* that's s.th. like!; ~ *sig för* make inquiries (*om* about); ~ *sig för hos ngn* (*på en plats*) inquire of s.b. (at a place) **6** (*med betonad partikel*) ~ *av* hear from; *låta* ~ *av sig* send word; ~ *efter a*) (*lyssna till*) listen to, *b*) (*fråga efter*) inquire (*hos ngn* of s.b., *om ngt* for s.th., about s.th.), *c*) (*ta reda på*) hear, inquire, find out; ~ *fel* hear amiss, mishear; *hör in i morgon!* look in and inquire tomorrow!; ~ *på* listen; *hör upp ordentligt!* mind you pay proper attention!

hör|apparat hearing aid **-bar** *a5* audible **-central** hearing-aids centre **-fel** (*missuppfattning*)

H

mishearing **-håll** *i uttr.*: *inom* (*utom*) ~ within (out of) earshot **-lur 1** (*för lomhörda*) ear trumpet **2** (*t. telefon*) receiver, earpiece; (*t. radioapparat*) earphone; ~*ar* headphones, *vard.* cans

hörn [-ö:-] *s7* corner; (*vrå äv.*) nook; (*vinkel*) angle; *i* ~*et* at (*om inre hörn* in) the corner; *bo om* ~*et* live round the corner; *vara med på ett* ~ join in; *vika om* ~*et* turn the corner

hörn|a *s1* **1** *vard., se hörn* **2** *sport.* corner **-hus** corner house **-pelare** corner pillar; *bildl.* pillar of strength **-skåp** corner cupboard **-sten** cornerstone (*äv. bildl.*) **-tand** eyetooth, canine [tooth], dogtooth

hör|propp earphone **-sal** lecture hall, auditorium

hörsam [ˣhö:r-] *a1* obedient **-ma** obey; (*kallelse e.d.*) respond to; (*inbjudan*) accept; (*uppmaning*) pay heed to

hörsel ['hörs-] *s2* hearing **-ben** auditory bone (ossicle) **-gång** auditory canal (meatus) **-klinik** hearing clinic **-minne** auditive memory **-nerv** auditory nerve **-organ** organ of hearing **-sinne** [sense of] hearing, auditory sense **-skada** impairment of hearing **-skadad** *a5* with impaired hearing **-skydd** ear protection (guard); (*öronpropp*) earplug

hör|spel radio play **-sägen** (*enligt* from) hearsay **-telefon** [telephone] receiver, earpiece

hö|räfsa hayrake **-skrinda** haycart **-skulle** haymow **-skörd** hayharvest; *konkr. äv.* haycrop **-snuva** hay fever

höst *s2* autumn; *AE.* fall; *i* ~ *a*) (*nu*) this autumn, *b*) (*nästkommande*) next autumn; *i* ~*as* last autumn; *om* ~*en* (~*arna*) in the autumn; *på* ~*en 1966* in the autumn of 1966

höstack haystack, hayrick

höst|dag autumn day, day in the autumn **-dagjämning** autumnal equinox **-kanten** *i uttr.*: *på* ~ around the beginning of the autumn **-lig** *a5* autumnal **-löv** autumn leaf **-mörker** autumn darkness **-storm** autumn[al] gale **-säd** autumn-sown grain **-säsong** autumn season **-termin** autumn term

hösäck (*tom*) haysack; (*full*) sack of hay

höta *v3,* ~ *åt ngn* (*med näven*) shake one's fist at s.b., (*med käpp*) brandish one's stick at s.b.

hö|tapp wisp of hay **-tjuga** [-çu:-] *s1* hayfork, pitchfork **-torgskonst** *ung.* trashy art

hövan *best. form sg i uttr.*: *över* ~ beyond measure, excessively **hövas** *v2, dep* be befitting for

hövding chief[tain]

hövisk ['hö:-] *a5* (*anständig*) decent, seemly; (*ärbar*) modest; (*artig*) courteous; (*belevad*) refined; (*ridderlig*) chivalrous **-het** decency, seemliness; modesty; courteousness, courtesy; refinement; chivalry

hövitsman captain; *bibl. äv.* centurion

hövlig [-ö:-] *a1* civil, polite (*mot* to); (*belevad*) courteous; (*aktningsfull*) respectful (*mot* to) **-het** civility, politeness, courtesy; respect **-hetsvisit** courtesy (polite) call

hövligt [-ö:-] *adv* civilly *etc.*; *bli* ~ *bemött* be treated with civility; *svara* ~ give a polite reply (*på* to)

hövolm [-å-] *s2* haycock

I

1 i *s6* i; *pricken över* ~ the dot over the i, *bildl. äv.* the finishing touch

2 i *prep* **I** *rumsbet. o. bildl.* **1** (*befintl.*) in (*världen* the world; *Sverige* Sweden; *London* London); at (*Cambridge* Cambridge; *skolan* school); (*vid genitivförhållande vanl.*) of; (*på ytan av*) on (*soffan* the sofa); ~ *en bank* in (at) a bank; ~ *brödbutiken* at the baker's; ~ *gräset* on the grass, (*bland grässtråna*) in the grass; ~ *trappan* on the staircase; ~ *ena änden av* at one end of; *freden* ~ *B.* the peace of B.; *högsta berget* ~ the highest mountain in; *professor* ~ *engelska* professor of English; *det roliga* ~ *historien* the amusing part of the story; *uttrycket* ~ *hans ansikte* the expression on his face; *han bor* ~ *Bath* he lives at Bath; *jag bor här* ~ *Bath* I live here in Bath; *pojken satt* ~ *trädet* the boy is standing at the window **2** (*friare*) among (*buskarna* the bushes); over (*högtalaren* the loudspeaker); through (*kikaren* the binoculars); in (*litteraturen* literature); at (*arbete* work); ~ *frihet* udspeaker); through (*kikaren* the binoculars); in (*litteraturen* literature); at (*arbete* work); ~ *frihet* at liberty; ~ *stor skala* on a large scale; *för trång* ~ *halsen* too tight round the neck; *blåsa* ~ *trumpet* blow a trumpet; *göra ett besök* ~ pay a visit to; *sitta* ~ *en styrelse* be on a board; *tala* ~ *näsan* talk through one's nose; *tala* ~ *radio* (*TV*) speak on the radio (on TV); *lampan hänger* ~ *taket* the lamp is hanging from the ceiling; *6 går* ~ *30 fem gånger* 6 goes into 30 five times **3** (*vid rörelse, förändring*) into; in; *dela ngt* ~ *fyra delar* divide s.th. into four parts; *falla* ~ *vattnet* fall into the water; *få ngt* ~ *sitt huvud* (*bildl.*) get s.th. into one's head; *klättra upp* ~ *ett träd* climb up a tree; *placera ngt* ~ place s.th. in; *resultera* ~ result in; *stoppa ngt* ~ *fickan* put s.th. in[to] one's pocket; *störta landet* ~ *krig* plunge the country into war; *titta* ~ *taket* look up at the ceiling **4** (*gjord av*) of, in; (*medelst*) by (*bil* car); (*om hastighet o.d.*) at (*full fart* full speed); (*i o. för*) on; (*i form av*) in; (*såsom*) as; *en kjol* ~ *bomull* a skirt of cotton, a cotton skirt; *gjuten* ~ *brons* cast in bronze; ~ *lag förbjudet* forbidden by law; ~ *regel* as a rule; ~ *stor utsträckning* to a large extent; *bortrest* ~ *affärer* away on business; *inte* ~ *min smak* not to my taste; *dra ngn* ~ *håret* pull s.b. by the hair, pull a p.'s hair; *dö* ~ *cancer* die of cancer; *få* ~ *present* get as a present; *gripa ngn* ~ *kragen* seize s.b. by the collar; *ligga* ~ *influensa* be down with the flu; *ta ngn* ~ *armen* take s.b. by the arm; *vad har du* ~ *lön?* what wages (salary) do you get? **5** *duktig* (*dålig*) ~ good (bad) at; *förtjust* ~ fond of, delighted with; *tokig* ~ crazy about; *ha ont* ~ *magen* have a stomach ache; *jag är trött* ~ *fötterna* my feet are tired **II** *tidsbet.* **1** (*tidpunkt*) in (*maj* May; *medelåldern* the middle age); at (*jul* Christmas; *början av* the beginning of; *solnedgången* sunset); last (*höstas* autumn); next (*vår* spring); (*före*) to; ~ *en ålder av* at the age of; ~ *natt a*) (*som är el. kommer*) tonight, *b*) (*som var*) last night; *förr* ~ *tiden* in earlier times, formerly; *en kvart* ~ *åtta* a quarter to eight **2** (*tidslängd*) for (*åratal* years); ~ *trettio år* (*de senaste trettio åren*) [for] the last thirty years, (*om framtid*) [for] the next thirty years; *vi stannade* ~ *två veckor* we stayed [for] two weeks **3** (*per*) a[n], per; *två gånger* ~ *månaden* twice a month; *60 miles* ~ *timmen* 60 miles per (an) hour **III** (*i adverbiella, prepositionella o. konjunktionella förbindelser*) ~ *och för utredning* for the purpose of investigation; ~ *och för sig* in itself; ~ *och med detta* with this; ~ *och med att han gick var han* in going he was;~ *det att* [just] as; ~ *det att han gick* as he went, in going; *han gjorde rätt* ~ *att komma* he was right in coming

3 i *adv, en skål med choklad* ~ a bowl with chocolate in it; *hoppa* ~ jump in; *hälla* ~ *kaffe åt ngn* pour [out] coffee for s.b.; *hälla* ~ *vatten i en vas* pour water into a vase

iaktta[ga] 1 (*observera*) observe; (*lägga märke t. äv.*) notice; (*uppmärksamt betrakta äv.*) watch **2** *bildl.* observe (*tystnad* silence); exercise (*största försiktighet* the greatest caution); (*fasthålla vid äv.*) adhere to, keep (*reglerna* the rules)

iakttag|ande *s6* observance, observation; *under* ~ *av* observing **-are** observer **-else** observation **-elseförmåga** powers of observation

I-balk I-beam

ibẹr *s3*, **-isk** *a5* Iberian; *I~a halvön* Iberian Peninsula

ibis ['i:-] *s2* ibis

iblạnd I *prep, se bland*; *mitt* ~ amid[st], in the midst of **II** *adv* (*stundom*) sometimes; (*då o. då*) occasionally; (*vid vissa tillfällen äv.*) at times, now and then

icke not; no; none; ~ *desto mindre* nevertheless, nonetheless; *i* ~ *ringa grad* in no small degree

icke|- *i sms.* non- **-angreppspakt** nonaggression pact **-rökare** nonsmoker **-spridningsavtal** nonproliferation treaty **-våld** nonviolence **-våldsmetoder** passive resistance (*sg*)

1 id *s2 zool.* ide

2 id *s2* (*verksamhet*) occupation[s *pl*], pursuit[s *pl*]; (*flit*) industry

idạg *se dag*

idas *iddes itts, dep* have enough energy (energy enough) (*göra ngt* to do s.th.); *han iddes inte ens svara* he couldn't even be bothered to answer

ide *s6* hibernating-den; winter quarters (*pl*), winter lair; *gå i* ~ go into hibernation, *bildl.* shut o.s. away (up in one's den); *ligga i* ~ (*äv.*) hibernate, lie dormant (*äv. bildl.*)

idé *s3* idea (*om* about, as to, of); *få en* ~ get (have) an idea; *det är ingen* ~ *att göra* it is no use (good) doing, there is no point in doing; *hur har du kommit på den ~n?* what put that idea into your head?; *han har sina ~er* he has some odd ideas

ideạl *s7 o. a1* ideal (*av, för* of) **-bild** ideal image **-figur** ideal figure; (*-mått*) ideal measurements (*pl*) **-gestalt** ideal figure

ideal|isk *a5* ideal **-ism** idealism **-ist** idealist **-istisk** [-'ist-] *a5* idealistic **-itet** ideality

ideal|samhälle ideal society; Utopia **-tillstånd** ideal state; ideal existence

idé|association association of ideas **-drama** problem play; ideological drama

ideẹll *a1* idealistic; ~ *förening* non-profit-making association

idé|fattig unimaginative **-givare** inspirer, brain

idegran yew [tree]

idé|historia history of ideas **-historisk** ideohistorical, pertaining to the history of ideas **-innehåll** idea-content (*i* of)

idel ['i:-] *oböjligt a* (*uteslutande*) mere, nothing but; (*ren*) pure, sheer; *vara* ~ *öra* be all ears; ~ *glädje* pure joy; *han var* ~ *solsken* he was all sunshine

idelig *a5* perpetual; continual, incessant **-en** perpetually *etc.*; over and over again; *han frågar* ~ he keeps on asking

idélära (*Platons*) doctrine of ideas

identifi|era identify **-ering** [-'e:-], **-kation** identification

identi|sk [-'denn-] *a5* identical **-tet** *s3* identity; *fastställa ngns* ~ establish a p.'s identity; *styrka sin* ~ prove one's identity

identitets|bricka *mil.* identity disc **-kort** identity card

ideo|log ideologist, ideologue **-logi** *s3* ideology **-logisera** ideologize **-logisk** [-'lå:-] *a5* ideologic[al]

idé|rik full of ideas **-skiss** draft, rough sketch **-utbyte** exchange of ideas **-värld** [personal] philosophy

idiom [-'å:m] *s7* idiom **-atisk** [-'ma:-] *a5* idiomatic[al]

idiosynkra|si *s3* idiosyncrasy; (*motvilja*) aversion **-tisk** [-'kra:-] *a5* idiosyncratic

idiọt *s3* idiot; (*svagare*) imbecile

idiot|i *s3* idiocy; imbecility **-isk** [-'ɔ:t-] *a5* idiotic **-säker** foolproof

idissl|a ruminate, chew the cud; *bildl.* repeat, harp on **-ande** *s6* rumination; repetition **-are** ruminant

idka carry on; (*yrke, idrott äv.*) practise; (*yrke äv.*) follow; ~ *familjeliv* devote o.s. to one's family; ~ *handel* carry on business

ID-kort ID card

idog *a1* industrious; laborious; (*trägen*) assiduous **-het** industriousness *etc.*; industry

idol [-'å:l] *s3* idol **-dyrkan** idol worship

idrott [-å-] *s3* sport; [athletic] sports (*pl*); *skol., univ.* games (*pl*); *allmän* (*fri*) ~ athletics (*pl o. sg*) **idrotta** go in for sport; *skol. o.d. äv.* play games

idrotts|anläggning stadium, sports arena **-dag** sports day **-evenemang** sporting event **-förening** athletic (sports) club **-gren** branch of athletics (sport) **-intresse** sporting interest **-klubb** *se -förening* **-kvinna** woman athlete, sportswoman **-lig** *a5* athletic **-lov** *skol.* time off (holiday) for sports **-man** athlete, sportsman **-märke** athletics (sports) badge **-plats** sports ground (field), athletic ground[s *pl*] **-tävling** sports (athletics) meeting

ids [i:-, *vard.* iss] *se idas*

idỵll *s3* idyll; (*plats*) idyllic spot **-iker** idyllist **-isk** *a5* idyllic

ifạll 1 if, in case; (*förutsatt*) supposing (provided)

[that] **2** (*huruvida*) if, whether
ifatt *gå* (*köra, simma*) ~ *ngn* catch s.b. up
i|fjol *se fjol* **-fred** *se fred*
ifråga|komma [iˣfrå:-] *se fråga I*; ~ *vid en befordran* be considered (a possible choice) for a promotion; *brukar sådant ~?* do such things usually happen? **-sätta 1** (*föreslå*) propose, suggest **2** (*betvivla*) question, call in question **-varande** *a4* in question, at issue
ifrån I *prep, se från I*; *söder* ~ from the south; *vara ~ sig* be beside o.s. **II** *adv, komma* ~ (*bli fri el. ledig*) get off (away); *man kommer inte ~ att* there is no getting away from the fact that
iföra *rfl, se ikläda*
igel *s2* leech
igelkott [-å-] *s2* hedgehog
igen [i'jenn] **1** (*ånyo*) again; *om* ~ over again; (*en gång till*) once more **2** (*tillbaka*) back; *slå* ~ hit back; *ta* ~ (*om tid*) make up for; *jag kommer snart* ~ I shall (will) soon be back **3** (*kvar*) left **4** (*tillsluten*) to; *dörren slog* ~ the door slammed to **5** *fylla* ~ fill in
igen|bommad *a5, huset var -bommat* the house was barred (shut) up; *dörrarna är ~e* the doors have been fastened **-grodd** *a5* choked up, (*om stig e.d.*) overgrown (*av ogräs* with weeds) **-känd** *a5* recognized **-kännande** *s6* recognition **-känningstecken** distinctive (distinguishing) mark **-kännlig** *a5* recognizable (*för* to; *på* by) **-mulen** *a5* overclouded, overcast, clouded over
igenom [i'je:-] *prep o. adv* through; *rakt* ~ right (straight) through; *tvärs* ~ right across; *natten* ~ all through (throughout) the night, all night long; *hela livet* ~ all (throughout) one's life; *han har gått ~ mycket* he has suffered (gone through) a great deal
igen|proppad [-å-] *a5* clogged up **-snöad** *a5* (*om väg*) snowed-up; (*om spår*) obliterated by snow **-stängd** *a5* shut up, closed **-växt** *a4* (*om gångstig*) overgrown; (*om sjö o.d.*) choked-up
iglo[o] ['i:glo] *s5* igloo
ignor|ans [iŋnå'rans *el.* injå- *el.* -'aŋs] *s3* ignorance **-ant** ignorant person **-era** ignore, take no notice of; disregard
igång *se 1 gång 2* **-sättning** starting, start **-sättningstillstånd** building start permit
igår *se går*
ihjäl [i'jä:l] to death; *skjuta ~ ngn* (*äv.*) shoot s.b. dead; *slå* ~ kill; *slå ~ tiden* kill time; *svälta* ~ (*äv.*) die of hunger, starve to death; *arbeta ~ sig* work o.s. to death; *skratta ~ sig* die of laughing; *slå ~ sig* get (be) killed **-frusen** *a5* frozen to death **-skjuten** [-ʃu:-] *a5* shot dead **-skrämd** *a5* frightened (*etc.*) to death **-slagen** *a5* killed **-sparkad** *a5* kicked to death **-trampad** *a5* trampled to death
ihop 1 (*tillsammans*) together; *passa* ~ go well together, (*om pers.*) suit each other **2** *fälla* ~ shut up; *krympa* ~ shrink [up]; *sätta ~ en historia* make up a story
ihåg *komma* ~ remember, (*erinra sig äv.*) recollect, (*lägga på minnet*) bear (keep) in mind; *jag kommer inte* ~ (*äv.*) I forget **-komma** *se ihåg*; *det bör ~s att* it should be borne in mind that
ihålig *a1* hollow (*äv. bildl.*); (*tom*) empty **-het** *konkr.* cavity; hole; hollow; *abstr.* hollowness, emptiness
ihållande *a4* prolonged (*applåder* applause; *kyla* frost); continuous, steady (*regn* rain)
ihärdig *a1* (*om pers.*) persevering; (*trägen*) assiduous, tenacious; (*om sak*) persistent; *~t nekande* persistent denial **-het** perseverance; assiduity, tenacity; persistence
ikapp (*i tävlan*) in competition; *hinna ~ ngn* catch s.b. up; *springa ~ med ngn* run a race with s.b.; *de rider ~ med varandra* they are racing each other on horseback
ikläda dress in; clothe in (*äv. bildl.*); ~ *sig* (*påtaga sig*) take upon o.s., assume, make o.s. responsible for
ikon [i'kå:n] *s3* icon **-ografi** *s3* iconography
ikraftträdande *a4* coming into force; ~ *av lag* passing into law
ikring *se kring, omkring*
iktyo|log ichthyologist **-logi** *s3* ichthyology **-logisk** [-'lå:-] *a5* ichthyologic[al]
ikull *se omkull*
ikväll *se kväll*
1 il *s2* (*vind-*) gust [of wind]; squall
2 il *s7, se -gods, -samtal o.d.*; (*påskrift på telegram o.d.*) urgent
1 ila *det ~r i tänderna på mig* I have a shooting pain in my teeth
2 ila *litt.* speed; fly, dart, dash; (*mera vard.*) hurry; *tiden ~r* time flies [apace]
i-land *se industriland*
ilast|a load **-ning** loading
il|bud urgent message (*efter* for); *pers.* express messenger **-fart** *med* ~ at full (top) speed **-gods** *koll.* express goods, goods sent by express train; *sända som* ~ send by express **-godsförsändelse** express parcel
illa *komp. värre el. sämre, superl. värst el. sämst*; *adv* (*dåligt*) badly; (*låta* sound) bad; (*klent*) poorly; (*på tok*) wrong; (*elakt, skadligt*) ill, evil; (*svårt*) badly, severely; (*mycket*) very (*trött* tired); ~ *behandlad* ill-treated; ~ *berörd* unpleasantly affected; ~ *dold avundsjuka* ill-concealed envy; ~ *kvickt* pretty (damn) quick; ~ *till mods* sick at heart, downhearted; *behandla ngn* ~ treat s.b. badly; *göra ngn* ~ hurt s.b.; *göra sig ~ i foten* hurt one's foot; *må* ~ feel poorly (out of sorts), (*vilja kräkas*) feel sick; *ta ~ upp* take it amiss; *ta ~ vid sig* be very upset (grieved) (*av* about); *tala ~ om ngn* run s.b. down, speak ill of s.b.; *tycka ~ vara* take it amiss, mind; *det går ~ för mig* things are going badly (*på tok* wrong) for me; *den ~ gör han ~ far* who evil does, he evil fares; *man ligger ~ i den här sängen* this bed is uncomfortable; *den luktar* (*smakar*) ~ it has a nasty smell (taste); *hon ser* ~ her sight is bad; *hon ser inte ~ ut* she is not bad-looking; *det var ~!* that's a pity!; *det var inte ~!* that is not bad!, that is pretty good!; *det var inte så ~ menat* no offence was intended (meant); *är det så ~?* is it as bad as all that?
illa|luktande *a4* nasty-smelling, evil-smelling **-mående** *a4* poorly, out of sorts, unwell; indisposed; *känna sig* ~ (*ha kväljningar*) feel sick
illande *a4*, ~ *röd* flaming red
illa|sinnad *a5* ill-disposed; (*om handling*) malicious **-sittande** badly fitting **-smakande** *a4*

with a nasty (disagreeable) taste; (*om mat äv.*) unsavoury **-varslande** *a4* evil-boding, ill-boding; ominous
illdåd wicked (evil) deed; outrage (*mot* on)
illeg|al *a1* illegal **-itim** *a5* illegitimate
iller ['ill-] *s2* polecat
ill|fundig *a1*, *se -listig* **-fänas** *dep* **1** (*väsnas*) pester **2** (*envisas*) bother (*med* with) **-gärning** malicious (evil, wicked) deed; outrage (*mot* on) **-gärningsman** evil-doer; malefactor **-listig** (*hopskr. illistig*) cunning, wily; insidious (*påhitt* device); (*listig äv.*) crafty **-listighet** (*hopskr. illistighet*) malicious cunning (craftiness)
illitterat *a1* illiterate, unlettered
illmarig *a1* sly, knowing; (*slug*) cunning; (*skälmsk*) arch
illojal *a1* disloyal; ~ *konkurrens* unfair competition **-itet** disloyalty
ill|röd glaring red **-tjut** piercing yell; *ge till ett* ~ make a hell of a row **-tjuta** scream
illudera produce an illusion of
illumin|ation illumination **-era** illuminate
illusion illusion; (*falsk föreställning*) delusion; *göra sig ~er om* cherish illusions about; *ta ngn ur hans ~er* disillusion s.b.
illusionist illusionist **-isk** *a5* illusionistic
illusions|fri, -lös free from all illusion[s *pl*]; absolutely disillusioned
illusorisk [-'so:-] *a5* illusory; (*bedräglig*) illusive; (*inbillad*) imaginary
illust|er [-'lust-] *a2* illustrious **-ration** illustration **-rativ** *a5* illustrative; *boktr. äv.* illustrational **-ratör** illustrator **-rera** illustrate
ill|vilja (*ont uppsåt*) spite, ill will (*mot* towards); (*elakhet*) malevolence; (*djupt rotad*) malignity **-villig** spiteful, malicious, malevolent (*mot* towards) **-vrål** *se illtjut*
ilmarsch forced march
ilning [ˣi:l-] thrill (*av glädje* of joy); (*av smärta*) shooting pain
il|paket express parcel **-samtal** *tel.* express call
ilsk|a *s1* [hot] anger, [boiling] rage, [intense] fury (*över ngt* at s.th.); *i ~n* in his (*etc.*) anger, for very rage; *göra ngt i ~n* do s.th. in a fit of anger **-en** *a3* angry; (*ursinnig*) furious; (*om djur*) savage, ferocious; *bli* ~ get angry (*på ngn* with s.b.; *över ngt* at s.th) **-na** ~ *till* fly (*så småningom* work o.s.) into a rage (fury); ~ *till mer och mer* get angrier and angrier
iltelegram express telegram (wire, cable)
imaginär [-ʃi-] *a5* imaginary (*äv. mat.*); unreal, fancied
imam *s3* ima[u]m
imbecill *a5* imbecile **-itet** imbecility
imit|ation imitation **-ativ** *a5* imitative **-atör** imitator; (*varietéartist o.d.*) mimic **-era** imitate; copy; (*människor äv.*) take off, mimic; *~t läder* imitation leather
imma I *s1* (*ånga*) mist, vapour; (*beläggning*) steam, moisture; *det är ~ på fönstret* the window is steamed (misted) over **II** *v1* get misted [over]
imman|ens *s3* immanence, immanency **-ent** *a4* immanent
immateriell *a5* immaterial
immatrikulera matriculate
immersion immersion
immig *a1* misty, steamy
immigr|ant immigrant **-ation** immigration **-era** immigrate (*till* into)
immun *a1* immune (*mot* against, from, to) **-globulin** immunoglobulin **-isera** immunize **-isering** [-'se:-] immunization **-itet** immunity
immuno|log immunologist **-logi** *s3* immunology **-logisk** [-'lå:-] *a5* immunologic[al]
immunserum serum
imorgon *se morgon 2*
impala[antilop] ['imp-] impala
impedans [*äv.* -'aŋs] *s3*, *elektr.* impedance
imperativ I *s3* (*i* in the) imperative **II** *a5* imperative **-isk** *a5* imperative
imperator [-ˣa:tår] *s3* imperator **-isk** [-'to:-] *a5* imperial; (*om gest o.d.*) imperious
imperfekt *s7*, *s4* **-um** *s4* imperfect; *i* ~ in the past tense
imperial|ism imperialism **-ist** imperialist **-istisk** [-'ist-] *a5* imperialist[ic]
imperium [-'pe:-] *s4* empire
impertin|ens *s3* impertinence **-ent** *a1* impertinent
implant|at *s7* implant **-ation** implantation **-era** implant
implic|era implicate **-it** *a4* implicit
implo|dera implode **-sion** implosion
imponer|a make an impression (*på* on); impress; *jag blev mycket ~d* I was very much impressed (*av* by) **-ande** *a4* impressive; imposing; *ett ~ antal* a striking[ly large] number of; *en ~ gestalt* an imposing figure; ~ *siffror* striking figures
impopul|aritet unpopularity **-är** *a1* unpopular (*bland, hos* with)
import [-å-] *s3* (*-erande*) import[ation]; (*varor*) imports (*pl*) **-avgift** import duty
import|era import (*till* [in]to); *~de varor* (*äv.*) imports **-firma** import[ing] firm; importers (*pl*) **-förbud** import prohibition (ban) **-licens** import licence **-restriktioner** import restrictions **-tillstånd** import permit (licence) **-tull** import duty **-underskott** import deficit **-vara** imported article, import[ation]
import|ör importer **-överskott** import surplus
imposant [-'ant *el.* -'aŋt] *a1*, *se imponerande*; (*storslagen*) grand
impot|ens *s3* impotence, impotency **-ent** *a4* impotent
impregner|a [-eŋ'ne:- *el.* -en'je:-] impregnate; (*mot väta*) waterproof; (*trä*) creosote **-ing** impregnation; (*mot vatten*) waterproofing; (*av trä*) creosoting **-ingsmedel** impregnating agent
impressario [-'sa:-] *s3* impresario
impression|ism [-eʃo-] impressionism **-ist** impressionist **-istisk** [-'ist-] *a5* impressionist[ic]
improduktiv *a1* unproductive; (*oräntabel*) unprofitable **-itet** unproductiveness; unprofitability
impromptu [-'åmp-] *s6* impromptu
improvis|ation improvisation **-atör** improviser **-era** improvise; (*om talare äv.*) extemporize
impuls *s3* impulse; (*utifrån kommande äv.*) stimulus, incentive, spur, impetus (*till* to); *elektr.* excitation **-givare** *elektr.* exciter
impulsiv *a1* impulsive **-itet** impulsiveness
impulsköp (*-ande*) impulse buying; *ett* ~ a pur-

I

chase made on [the] impulse; *göra ett ~* buy on [the] impulse
imrör vent
in [inn] in; (*~ i huset o.d.*) inside; *hit (dit) ~* in here (there) *~ i* into; *~ till staden* in (*äv.* up) to town; *till långt ~ på natten* until far [on] into the night
inackorder|a [ˣinn-] board and lodge (*hos* with); *vara ~d* board and lodge, be a boarder; *~ sig* arrange to board and lodge (*hos* with) **-ing 1** *abstr.* board [and lodging], board-and-lodging accommodation **2** *pers.* boarder; *ha ~ar* take in boarders **-ingsrum** rented room
inadekvat *a4* inadequate
inadvertens *s3* inadvertence
inaktiv [*el.* 'inn-] inactive; inert **-itet** inactivity
inaktuell (*förlegad*) out of date; *problemet är ~t* the problem does not arise (is not pertinent)
inalles [-'all-] in all, altogether
inand|as inhale; breathe in **-ning** inhalation
inarbeta 1 work in **2** (*förtjäna tillbaka*) work off (*en förlust* a loss) **3** (*skaffa avsättning för*) push [the sale of], find a market for; *en väl ~d firma* a well-established firm
inatt *se natt*
inaugurera inaugurate
in|avel inbreeding **-begripa** comprise, comprehend; (*innesluta*) include; (*medräkna*) take into account; *...ej -begripen* not including...; *-begripen i samtal* engaged in conversation **-beräkna** include, take into account; *allt ~t* everything included **-berätta** report (*ngt för ngn* s.th. to s.b.) **-bespara** save **-besparing** saving **-betala** pay [in, up]; *~ till en bank* (*på sitt konto*) pay into a bank (one's account); *-betalda avgifter* paid-up fees **-betalning** paying [in, up], payment; *in- och utbetalningar* receipts and disbursements, in- and outgoing payments **-betalningskort** *post.* paying-in form
inbilla *~ ngn ngt* make s.b. (get s.b. to) believe s.th.; *~d* imagined, fancied, imaginary; *vem har ~t dig det?* whoever put that into your head?; *det kan du ~ andra!* tell that to the marines!; *~ sig* imagine, fancy; *~ sig vara* imagine that one is; *~ sig vara ngt* think a great deal of o.s.
inbillning imagination; (*falsk föreställning*) fancy; *det är bara ~[ar]!* that is pure imagination (all fancy)!
inbillnings|foster figment of the imagination **-sjuk** *en ~* an imaginary invalid, a hypochondriac; *vara ~* suffer from an imagined complaint
inbilsk *a1* conceited **-het** conceit
in|binda (*böcker*) bind **-bindning** binding; *lämna till ~* leave to be bound **-biten** *a5* confirmed (*ungkarl* bachelor); inveterate (*rökare* smoker)
inbjud|a invite; *~ till kritik* invite criticism; *~ till teckning av aktier* invite subscription[s] to a share issue; *har äran ~ ... till middag* request the pleasure of the company of...to dinner
inbjud|an *r, pl saknas* invitation **-ande** *a4* inviting; (*lockande*) tempting **-ning** invitation **-ningskort** invitation card
inbland|a *se blanda*; *bli ~d i ngt* become (get) involved (implicated, mixed up) in s.th. **-ning** *bildl.* interference, meddling; (*ingripande*) intervention
in blanko ['blann-] in blank; in blanco
in|blick insight (*i* int); *få en ~ i* (*äv.*) catch a glimpse of **-boka** book **-bokning** booking; reservation **-bringa** yield, bring [in] **-bringande** *a4* profitable; lucrative **-bromsning** braking, application of the brake[s *pl*]
inbrott 1 (*början*) setting in; *vid dagens ~* at the break of day, at daybreak (dawn); *vid nattens ~* at nightfall; *vid mörkrets ~* at the approach of darkness **2** (*under dagen*) housebreaking; (*under natten*) burglary; *göra ~ hos ngn* break into (commit a burglary at) a p.'s house
inbrotts|försäkring burglary insurance **-tjuv** (*under dagen*) housebreaker; (*under natten*) burglar
in|brytning *mil.* break-in (*i* in) **-buktning** inward bend **-bunden** *a3* **1** (*om bok*) bound **2** *bildl.* uncommunicative, reserved **-bundenhet** uncommunicativeness *etc.*; reserve **-burad** *a5* locked up **-byggare** (*bebyggare*) settler; *se äv. invånare* **-byggd** *a5* built in; *en ~ veranda* a closed-in veranda[h] **-byte** trading-in **-bytesbil** trade-in car; *vi använder vår gamla Morris som ~ när vi köper Buicken* we trade in our old Morris for the Buick **-bytesvärde** trade-in value **-bäddad** *a5* embedded
inbördes [-ö:-] **I** *adv* (*ömsesidigt*) mutually; reciprocally; (*med varandra*) with one another; (*inom sig själva*) among[st] themselves **II** *oböjligt a* mutual; reciprocal; *deras ~ avstånd* their relative distance; *sällskap för ~ beundran* mutual admiration society; *~ testamente* mutual ([con]-joint) will **-krig** civil war
incest *s3* incest
incheck|a *se checka in* **-ning** checking-in **-ningsdisk** check-in [counter]
incident *s3* incident
incitament *s7* incentive; incitement
indata *data.* input
indefinit [*äv.* 'inn-] *a4* indefinite
indel|a divide (*i* into); (*uppdela*) divide up (*i* into; *efter* according to); (*i klasser*) classify, group; (*i underavdelningar*) subdivide **-ning** dividing [up] ; division; classification, grouping; subdivision **-ningsgrund** principle (basis) of division (*etc.*)
indelt [-e:-] *a4, mil. ung.* tenement (*soldat* soldier)
index ['inn-] *s7, s9* index (*pl äv.* indices); *mat.* subscript **-reglerad** *a5* index-linked **-tal** index [number (figure)] **-tillägg** index increment
indian *s3* [American] Indian **-bok** Red-Indian storybook **-dräkt** Red-Indian costume **-hövding** [Red-]Indian chief **-krasse** *bot.* nasturtium, Indian cress
indian|sk [-a:-] *a5* [Red-]Indian **-ska** [Red-]Indian woman **-sommar** Indian summer **-stam** Indian tribe **-tjut** Indian war whoop
indicera *se indikera*
indici|ebevis [-ˣdi:-] circumstantial evidence **-um** [-'di:-] *s4* indication (*på* of); *jur.* circumstantial evidence; *bildl.* criterion; *starka -er* weighty evidence; *döma ngn på -er* convict s.b. on circumstantial evidence
indiefarare person (ship) bound for (sailing from) India; (*fartyg äv.*) Indiaman

Indien ['inn-] India; *Bortre* ~ Farther India **indier** ['inn-] Indian

indifferẹns *s3* indifference **-ẹnt** *a4* indifferent

indign|ation [-diŋna-, *äv.* -dinja-] indignation **-erad** [-'e:-] *a5* indignant (*över* of)

indigo ['inn-] *s5* (*växt*) indigo; (*färgämne*) indigo, indigotin **-blå** indigo [blue]

indikation indication

indikativ *s3 o. a1* indicative; *stå i* ~ be in the indicative

indikator [-ˣa:tår] *s3* indicator

indiker|a indicate **-ing** indication, indicating

indirekt ['inn-, *äv.* -'ekt] *a4* indirect; ~ *anföring* indirect (reported) speech, *AE.* indirect discourse; ~ *belysning* indirect (concealed) lighting; ~ *bevis* indirect proof; ~ *skatt* indirect tax; ~ *val* (*ung.*) election by ad hoc appointed electors

indi|sk ['inn-] *a5* Indian **-ska** Indian woman; *I~a oceanen* [the] Indian Ocean

indiskrẹ|t *a1* indiscreet; tactless; (*lösmynt*) talkative **-tion** indiscretion

indis|ponerad [-'ne:-] *a5* indisposed, out of sorts; (*om sångare*) not in good voice **-ponibel** [-'ni:-] unavailable **-position** indisposition

indium ['inn-] *s8* indium

individ *s3* individual; (*om djur äv.*) specimen; (*neds. om pers. äv.*) specimen, character

individual|isera individualize **-ism** individualism **-ist** individualist **-istisk** [-'ist-] *a5* individualistic **-itet** individuality

individuẹll *a5* individual

indoeurop|é *s3*, **-eisk** [-'e:-] *a5* Indo-European

Indokina Indochina, Indo-China, Farther India

indoktriner|a indoctrinate **-ing** indoctrination

indol|ẹns *s3* indolence; idleness **-ẹnt** *a1* indolent; idle, lazy

indo|log Indologist **-logị** *s3* Indology

indonẹs *s3, se indonesier*

Indonesien [-'ne:-] *n* Indonesia

indones|ier [-'ne:-] *s9*, **-isk** *a5* Indonesian

indrag indentation, indent

indrag|a *se dra* [*in*]; (*friare*) draw in; (*inveckla*) involve, implicate (*i* in) **-ning** drawing in; involvement, implication; withdrawal; stoppage, discontinuation; confiscation; suspension

indriv|a (*inkassera*) collect, call in; (*på rättslig väg*) recover **-are** debt collector **-ning** collection; recovery

indräktig *a1* lucrative

indränka soak, saturate

inducera induce

induk|tạns *s3* inductance **-tion** [-k'ʃɑ:n] induction

induktions|spole inductance coil **-ström** induction (induced) current

indunstning [concentration by] evaporation

industrị *s3* industry; ~ *och hantverk* the crafts and industries

industrial|isera industrialize **-isering** [-'se:-] industrialization **-ism** industrialism

industri|arbetare industrial (factory) worker **-departement** ministry (*AE.* department) of industry

industri|ẹll *a5* industrial **-förbund** *Sveriges I~* [the] Federation of Swedish Industries **-företag** industrial enterprise (concern, company) **-gren** [branch of] industry **-idkare** industrialist, manufacturer **-land** industrialized country **-man** industrialist **-minister** minister (*AE.* secretary) of industry **-mässa** industrial fair **-nedläggelse** close-down of a factory **-område** industrial region (area); (*planerat område*) industrial estate (*AE.* park) **-produktion** industrial production **-robot** industrial robot **-semester** general industrial holiday **-spionage** industrial espionage **-stad** industrial town **-varor** *pl* industrial goods (products), manufactured goods **-verk** *Statens I~* [the Swedish] National Industrial Board

ineffektịv *a1* ineffective; (*om pers. äv.*) inefficient **-itet** ineffectiveness; inefficiency

inemot ['inn-] (*om tid*) towards; (*om antal o.d.*) nearly, close on

inẹrt *a1* inert

inexạkt *a1* inexact, inaccurate **-het** inaccuracy; inexactitude

in extenso [-'tenn-] in full

in|fall *s7* **1** (*angrepp*) invasion (*i* of); incursion (*i* into) **2** (*påhitt*) idea, fancy; (*nyck*) whim; *jag fick ett* ~ I had a bright idea (a brain wave) **3** (*kvickhet*) sally **-falla 1** (*om vattendrag o.d.*) fall (*i* into) **2** ~ *i ett land* invade a country **3** (*inskjuta yttrande*) put in **4** (*inträffa*) fall (*på en söndag* on a Sunday) **-fallen** *a5*, *infallna kinder* sunken (hollow) cheeks

infallsvinkel angle of incidence (*bildl.* approach)

infạm *a1* infamous; abominable; *vara ~t påpassad* be under close surveillance **infamị** *s3* infamy

infanteri infantry **-avdelning, -förband** infantry unit **-regemente** infantry regiment

infanterist infantryman

infantịl *a1* infantile **-ism** infantilism

infạrkt *s3, med.* infarct[ion]; *AE.* infarct

infart [-a:-] *s3* approach (*äv. sjö.*); ~ *förbjuden!* No Entry!; *under ~en till* when approaching (entering)

infarts|led arterial road **-parkering** commuter parking **-väg** drive[way], approach

infatt|a (*kanta*) border; (*juveler e.d.*) set, mount; ~ *i ram* frame **-ning** (*kant*) border; edging; (*ram*) frame[work]; (*för juveler o.d.*) setting, mounting; (*t. glasögon e.d.*) rim; (*t. fönster e.d.*) trim

infek|tera infect **-tion** [-k'ʃɑ:n] infection

infektions|härd focus of infection **-sjukdom** infectious disease **-ämne** infectious organism; germ

infektiös [-k'ʃö:s] infectious; contagious

infernalisk [-'na:-] *a5* infernal

inferno [-'fä(:)rnå] *s6* inferno

infiltr|ạt *s7* infiltrate **-ation** infiltration **-atör** infiltrator **-era** infiltrate

infinịt *a4* infinite

infinitiv *s3* (*i* in the) infinitive **-märke** sign of the infinitive, infinitive marker

infinna *rfl* appear, make one's appearance; put in an appearance; turn up; ~ *sig hos ngn* present o.s. (appear) before s.b.; ~ *sig vid en begravning* (*på sammanträdet*) attend a funeral (the meeting)

inflamm|ation inflammation (*i* in, of) **-atorisk** [-'tɑ:-] *a5* inflammatory **-era** inflame

inflation inflation **-istisk** [-'ist-] *a5* inflationary

inflations|drivande inflationary **-fara** risk of inflation **-skydda** inflation-proof **-spiral** inflationary spiral

inflatorisk [-'tɷ:-] *a5* inflationary

infli[c]ka put in, interpose

influẹns *s3* influence

influensa [-ˣenn-] *s1* influenza, *vard.* flu **-epidemi** influenza epidemic **-virus** influenza virus

in|fluera ~ *[på]* influence **-flygning** (*mot flygplats*) approach **-flyta** (*om pengar*) come (be paid) in; (*publiceras*) appear, be inserted

inflyt|ande *s6* (*inverkan*) influence (*på ngn* with s.b.); (*om sak*) impact, effect, power; *göra sitt ~ gällande* make one's influence felt, use one's influence; *röna ~ av* be influenced by; *öva ~ på* exert influence on **-elserik** influential

inflytt|a (*invandra*) immigrate (*i* into) **-ning** moving in, taking possession; (*immigration*) immigration **-ningsklar** ready for occupation

in|fläta *se fläta II* **-flöde** influx, inflow (*i* into)

in|fo (*kortform för information*) *vard.* info **-foga** fit in; insert (*bildl.*) **-fordra** (*anmoda*) demand; *i sht hand.* solicit, request; (*återkräva*) demand back; (*lån*) call in; ~ *anbud* invite tenders (*på* for)

informa|nt [-å-] informant **-tịk** informatics (*pl, behandlas som sg*) **-tion** information; (*underrättelse*) intelligence; *mil.* briefing

informations|behandling data processing **-möte** meeting to give information **-sekreterare** information officer **-teori** data processing theory

informat|ịv *a5* informative **-or** [-ˣa:tår] *s3* [private] tutor **-ör** person who gives information, informant; (*angivare*) informer

inform|ẹll *a5* informal **-era** inform (*om* of); *mil.* brief; *hålla ngn ~d* keep s.b. posted

infra|grill infrared grill **-lampa** infrared lamp **-ljud** infra sound **-röd** infrared; ~ *strålning* infrared radiation **-struktur** infrastructure **-värme** infrared heating

in|fria 1 redeem; (*förbindelse äv.*) meet; (*skuld äv.*) discharge **2** (*uppfylla*) redeem, fulfil (*ett löfte* a promise) **-frusen** frozen in; *bildl.* frozen; ~ *i isen* icebound; *-frusna tillgodohavanden* frozen assets **-frysning** freezing; (*av matvaror äv.*) refrigeration

infusion infusion

infusionsdjur ciliate, infusorian

infånga catch; (*rymling o.d. äv.*) capture

infäll|a *tekn.* let into; *sömn.* insert; *boktr.* inset **-bar** *a5* retractable, retractile **-ning** letting into; *konkr.* inlay; *sömn.* insertion, inset

in|född native; *en ~ stockholmare* a native of Stockholm **-föding** native

inför ['inn-] **1** *rumsbet.* before; (*i närvaro av*) in the presence of; ~ *domstol* in court; *finna nåd ~ ngn* find favour with s.b.; *ställas ~ problem* be brought face to face (confronted) with problems **2** *tidsbet.* (*nära*) on the eve of; (*friare*) at (*underrättelsen om* the news of); ~ *julen* with Christmas [near] at hand

inför|a *se föra [in]*; (*importera*) import; (*friare o. bildl.*) introduce; (*annons*) insert; ~ *förbud för* lay embargo on, prohibit **-ing** introduction; (*i protokoll e.d.*) entry, entering; (*av annons*) insertion

införliv|a incorporate (*med* with, in[to]); ~ *en bok med sina samlingar* add a book to one's collection **-ande** *s6* incorporation

införsel *s2* **1** *se import o. sms.* **2** ~ *i lön* attachment of wages (*etc.*)

inför|skaffa procure (*upplysningar om* particulars about) **-stådd** *a5*, *vara ~ med* agree with, be in agreement with

inga [ˣiŋa] *se ingen* **-lunda** by no means; not at all

inge 1 (*inlämna*) send (hand) in **2** *bildl.* inspire (*ngn respekt* s.b. with respect)

ingefära [ˣiŋe-] *s1* ginger

ingefärs|dricka ginger ale; (*alkoholhaltig*) ginger beer **-päron** *pl* pear ginger (*sg*)

ingen [ˣiŋen] **1** *fören.* no (*lätt sak* easy matter); ~ *människa* (*vanl.*) nobody, (*starkare*) not a soul; *det var ~ dum ide!* that's not a bad idea! **2** *självst.* nobody, no one, none; ~ (*inga*) *av dem* none of them; *inga* none; ~ *alls* nobody (no one) at all, not a single person; ~ *mindre än* no less [a person] than; *nästan ~* hardly any (*etc.*) **-dera** neither [of them (the two)]

ingenium [in'je:-] *s4* understanding; brains (*pl*); (*snille*) genius; wit

ingenjör [inʃen'jö:r] engineer

ingenjörs|firma engineering firm **-kår** *mil.* corps of engineers **-trupper** *pl* engineers, sappers; *~na* (*i Storbritannien*) the Royal Engineers **-vetenskap** [science of] engineering **-vetenskapsakademi** *I~en* [the Swedish] Academy of Engineering Sciences

ingenmansland no-man's-land

ingen|stans, -städes nowhere; *AE. vard.* no place

ingenting nothing; *nästan ~* hardly anything, next to nothing; *det blir ~ av med det!* that's off!, *vard.* there's nothing doing!; *det gör ~* it does not matter; *det säger jag ~ om!* I have nothing to say to that!

ingeny [äŋʃe'ny:] *s3* ingénue

in|gift *a4*, *bli ~ i* marry into **-gifte** intermarriage

ingiv|a *se inge* **-else** inspiration; (*impuls*) idea, impulse; *stundens ~* the spur of the moment

in|gjuta *bildl.* infuse (*nytt mod hos ngn* fresh courage into s.b.) **-gravera** engrave

ingrediẹns [ing-] *s3* ingredient; component

ingrepp 1 *kir.* [surgical] operation **2** *bildl.* interference; (*intrång*) encroachment, infringement **3** *tekn.* engagement; (*av kuggar*) mesh[ing]

ingrẹss *s3* preamble, introduction

ingrip|a *bildl.* intervene; (*hjälpande*) step in, come to the rescue; (*göra intrång*) interfere **-ande I** *s6* intervening *etc.*; intervention; interference **II** *a4* far-reaching; radical, thorough; ~ *förändringar* radical changes

ingrodd *a5* **1** ingrained (*smuts* dirt) **2** (*inrotad*) inveterate (*ovana* bad habit); deep-rooted (*misstro* suspicion)

ingå 1 ~ *i den eviga vilan* enter into the everlasting peace **2** (*om tid*) set in, come, begin; *dagen ingick strålande klar* the day dawned radiantly clear **3** (*inkomma*) arrive; (*om underrättelse*) come to hand; (*om pengar*) come in **4** (*inlåta sig*) enter (*på* into); (*utgöra del*) be (become) [an integral] part (*i* of); (*medräknas*) be included; ~ *i* *allmänna medvetandet* become part of the public consciousness; *det ~r i hans skyldigheter* it is part (one) of his duties **5** (*avtal, förbund e.d.*) enter into; *~ fördrag* conclude (make) a treaty; *~ förlikning* come to terms, arrive at a compromise; *~ ett vad* make a bet (wager); *~ äktenskap* [*med*] marry

ingående I *a4* **1** (*ankommande*) arriving; (*om brev o.d.*) incoming; *~ balans* balance brought forward **2** (*grundlig*) thorough, close (*granskning* scrutiny); *~ kännedom om* intimate knowledge of; *~ redogörelse för* detailed report of **II** *adv* thoroughly *etc.*; *diskutera ~* discuss in detail; *~ redogöra för* give a full and detailed account of **III** *s6* **1** *fartyget är på ~* the vessel is inward bound **2** (*av fred o.d.*) conclusion; (*av äktenskap*) contraction

ingång 1 entrance; (*port äv.*) door, gate; *förbjuden ~!* No Admittance! **2** (*början*) commencement, beginning; (*gryning*) dawn

ingångs|psalm opening hymn **-värde** initial (opening) value

inhal|ation inhalation **-ator** [-ˣa:tår] inhalator **-era** inhale

in|handla buy **-hav** inland sea

inhemsk *a5* **1** (*motsats utländsk*) home, domestic; *äv.* English, Swedish (*etc.*) **2** *biol.* indigenous, native

inhiber|a inhibit; cancel, call off **-ing** inhibition; cancellation

inhopp *bildl.* sudden initiative

inhuman inhuman

in|hysa house; accommodate; *vara -hyst hos ngn* (*om sak*) be stored at a p.'s house **-hyseshjon** dependent tenant **-hägna** [-häŋna] enclose; *~ med plank* (*staket*) board (fence) in **-hägnad** [-häŋnad] *s3* (*område*) enclosure; (*fålla*) fold, pen; (*staket*) fence

inhämta 1 (*skaffa sig*) gather, pick up; procure, secure; (*lära sig*) learn; *~ kunskaper* acquire knowledge; *~ ngns råd* ask a p.'s advice, consult s.b.; *~ upplysningar* obtain information, make inquiries **2** (*nå fatt*) catch up; *~ ett försprång* gain on, reduce a lead

inhöst|a *bildl.* reap; (*poäng*) score **-ande** *s6* reaping; scoring

ini *se inuti, inne i* **-från I** *adv* from within; from [the] inside **II** *prep* from the interior of; from inside (within)

initial [-tsi-] *s3* initial **-kostnad** initial cost **-ord** initialism **-skede** initial phase **-svårigheter** initial difficulties, teething troubles

initiativ [-tsia-] *s7* initiative; *på eget ~* on one's own initiative; *ta ~ till ngt* take the initiative in doing s.th. **-förmåga** power of initiative **-rik** full of initiative, enterprising **-rikedom** abundance of initiative **-tagare** initiator, originator, promoter (*till* of)

initier|a [-tsi-] initiate **-ad** *a5* initiated (*i* into); well-informed (*i* on); *i ~e kretsar* in well-informed circles

injaga *~ respekt hos ngn* command respect in s.b.; *~ skräck hos ngn* strike terror into (intimidate) s.b.

injek|tera inject **-tion** [-kˈʃo:n] injection; *vard.* shot

injektions|nål [hypodermic] needle **-spruta** hypodermic syringe; *vard.* needle

injic[i]era inject

injustering adjustment

inka *-n -s* Inca **-folket** the Incas

inkall|a call in; (*möte e.d.*) summon (*äv. jur.*), convoke, convene; *mil.* call up, *AE.* draft (*t. militärtjänst* for military service); *en ~d* (*mil.*) a conscript, *AE.* a draftee **-ande** *s6* calling in; summoning, convocation, convening

inkallelse summons; *mil.* call-up, *AE.* draft [call] **-order** calling-up papers (order), *AE.* induction papers

in|kapabel [-ˈpa:-] incapable

inkapsl|a enclose, encase **-ing** enclosure; encapsulation

inkariket the Inca Empire

inkarn|ation incarnation **-era** incarnate **-erad** [-ˈe:-] *a5* incarnate

inkasser|a [ˣinn-] collect, recover; *bildl.* receive **-are** collector **-ing** *se inkasso*

inkasso [-ˈkasso] *s6* collection [of debts], collecting, recovery **-avgift** collecting (collection) fee **-byrå** debt-collecting agency (firm) **-uppdrag** collection (encashment) order

in|kast 1 *sport.* throw-in **2** (*invändning*) objection, observation **-kilad** [-çi:-] *a5* wedged (*i* into; *mellan* in between)

inklarer|a [ˣinn-] (*fartyg*) clear (enter) inwards **-ing** clearance (entry) inwards

inklin|ation inclination; (*om magnetnål äv.*) dip **-era** incline; dip

inklu|dera include **-sive** [-ˈsi:-] included; including, inclusive of

inklämd *a5* squeezed (jammed) in; *med.* strangulated

inkognito [-ˈkåŋni-] *adv o. s6* incognito, *fem.* incognita

inkokning preserving; bottling; canning; *jfr koka* [*in*] **inkokt** *a4* preserved *etc.*; (*i socker*) candied; *~ fisk* poached fish

inkomm|a *~ med* (*anbud, redogörelse etc.*) hand in, submit; *~ med klagomål* lodge complaints **-ande** *a4* incoming

inkommendera [ˣinn-] call up

inkommensurab|el [-ˈa:bel] *-la storheter* incommensurable quantities

inkompatib|el [-ˈti:-] incompatible **-ilitet** incompatibility

inkompet|ens incompetence; incapacity; disability **-ent** incompetent; (*om platssökande*) unqualified

inkomplett incomplete

inkomst [-å-] *s3* income; earnings (*pl*) (*av, på* from); (*stats-*) revenue[s *pl*]; (*avkastning*) yield, proceeds (*pl*); *~ av arbete* earned income; *~ av kapital* unearned income; *fast ~* settled income; *~er och utgifter* income and expenditure; *ha goda ~er* have a good income; *hur stora ~er har han?* what is his income?

inkomst|baserad earnings-related **-beskattning** income taxation **-bortfall** loss of income; income shortfall **-bringande** [-briŋ-] *a4* profitable, remunerative, rewarding **-fördelning** distribution of income **-klass** income bracket **-källa** source of income **-läge** income bracket

I

-politik incomes policy **-prövning** means test **-sida** *på ~n* on the income (credit) side **-skatt** income tax **-tagare** wage earner **-år** income year
inkongru|ẹns incongruity **-ẹnt** incongruous; *geom. äv.* incongruent
inkonsekv|ẹns inconsistency **-ẹnt** inconsistent
inkontin|ẹns *s3* incontinence **-ẹnt** *a4* incontinent
inkonvertibel [-'i:bel] *a5* inconvertible
inkoppl|a 1 couple, connect; *elektr.* switch in (on), turn on **2** inform, advice, get in touch with; *polisen är ~d* the police have been called in **-ing** coupling, connection; *elektr.* switching in (on), turning on
inkorporer|a [-'e:ra *el.* ˣinn-] incorporate (*i, med* in[to]) **-ing** incorporation
in|korrẹkt *a1* incorrect **-krupen** *a5, sitta ~ i* sit huddled-up in **-kråm** *s7* **1** (*av bröd*) crumb **2** (*av fågel o.d.*) entrails (*pl*)
inkräkt|a [-ˣkräkk-] encroach, trespass, intrude (*på* [up]on] **-are** trespasser, intruder; (*i ett land*) invader
inkrökt [-ö:-] *a4, bildl.* egotistic[al], egocentric
inkubationstid incubation period
inkunabel [-'na:-] *s3* incunabulum (*pl* incunabula)
inkurạnt *a1* unsaleable, unmarketable
inkvarter|a [ˣinn-] *mil.* billet, quarter (*hos* on); (*friare*) accommodate **-ing 1** billeting; accommodation **2** (*plats*) quarters (*pl*), billet
inkvisi|tion *~en* the Inquisition **-tionsdomstol** court of inquisition; *~en* the Court of the Inquisition **-tor** [-ˣi:tår] *s3* inquisitor **-torisk** [-'to:-] *a5* inquisitorial
inköp purchase; *göra ~* (*i butik*) do shopping, shop; *den kostar...i ~* the cost price is...
inköp|a buy, purchase **-are** buyer, purchaser
inköps|anmälan notification of purchase **-avdelning** buying department **-chef** chief (head) buyer **-lista** shopping list **-pris** cost price
inkör|d [-çö:-] *a5* (*om bil*) run-in; (*om häst*) broken[-in]; *~a fraser* well-drilled phrases **-ning** (*av hö e.d.*) bringing in; (*av motor*) running-in; *bilen är under ~* the car is being run (driven) in
inkörsport entrance [gate]; *bildl.* gateway
in|laga *s1* **1** (*skrift*) petition, address, memorial **2** (*i cigarr e.d.*) filler **3** (*boks inre*) body **-lagd** *a5* **1** (*i ättika*) pickled; (*i olja*) put down; (*i flaska*) bottled; (*i bleckburk*) tinned, canned **2** *-lagt arbete* inlaid work, inlay **-lagring** *geol.* inclusion **-land** interior, inland parts (*pl*); *i in- och utlandet* at home and abroad
inlands|is inland ice **-klimat** inland climate
inlast|a *sjö.* ship; *järnv.* load **-ning** shipping; loading
inleda *v2* **1** (*förbindelser, förhandlingar, möte, samtal*) open, enter into (upon); (*diskussion e.d.*) introduce, begin, start off; (*undersökning e.d.*) initiate, set on foot, institute; usher in, initiate (*en ny epok* a new epoch); *~ en offensiv* launch an offensive **2** (*locka*) lead (*i frestelse* into temptation)
inled|ande *a4* introductory, opening (*anförande* address); (*förberedande*) preparatory, preliminary **-are** opening (first) speaker **-ning** introduction; (*friare*) opening, beginning
inlednings|anförande introductory address, opening speech **-skede** initial stage **-vis** by way of introduction; to start (begin) with
inlemma incorporate
inlevelse feeling insight, vivid realization (*i* of) **-förmåga** ability to enter into
in|leverera [ˣinn-] deliver, hand in (over) **-lopp 1** (*infartsled*) entrance, [sea] approach **2** (*inflöde*) inflow, inlet **3** *tekn.* inlet, intake
inlån borrowing; (*av ord äv.*) adoption **-ing** borrowing; (*i bank*) [bank] deposits (*pl*), receiving on deposit; *affärsbankernas ~* the deposits of the commercial banks **-ingsränta** interest on deposit[s *pl*]; deposit rate
in|låta *rfl, ~ sig i* (*på*) enter into; *~ sig i strid* engage (get involved) in a fight; *~ sig med ngn* have dealings (take up) with s.b. **-lägg** *s7* **1** (*ngt inlagt*) inlay, inset; (*bilaga*) enclosure, insert; (*i sko*) insertion; *sömn.* tuck **2** (*i diskussion*) contribution (*i* to)
inlägg|a 1 *se lägga* [*in*] **2** *bildl.* put in (*ett gott ord för* a word for); (*införa*) insert (*i* in); *jur.* enter, lodge; *~ känsla i* put feeling into **3** *konst. o.d.* inlay **-ning 1** *abstr.* putting in; insertion; (*av grönsaker e.d.*) bottling, preserving, tinning, *AE.* canning; *konst.* inlaying **2** *konkr.* bottled (tinned) fruit (*etc.*); *konst.* inlay
inläggssula insole, inner sole
inläm|na hand (send) in; (*deponera*) leave, deposit; *~ ansökan* make (lodge, hand in) an application **-ning 1** handing (sending) in; (*deponering*) leaving, depositing **2** (*inlämningsställe*) cloakroom **-ningskvitto** *post.* certificate of posting; (*för postanvisning*) certificate of issue; *järnv.* cloakroom receipt (ticket, check)
in|ländsk *a5* internal, domestic, home **-länka** insert
inlär|a learn; (*lära andra*) teach, instruct **-ning** learning; (*utantill*) memorizing; instruction
inlärnings|förmåga learning capacity **-kurva** learning curve **-maskin** teaching machine **-psykologi** psychology of learning **-studio** learning laboratory
inlöpa 1 *sjö.* put in; *~ i hamn* put into (enter) port **2** (*om underrättelse o.d.*) come in (to hand), arrive
inlös|a (*betala*) pay; (*check e.d.*) cash; (*växel*) honour, take up; (*fastighet*) buy [in]; (*pant*) redeem **-en** *oböjligt s,* **-ning** *s2* payment; cashing; honouring, taking up; (*av lån, pant e.d.*) redemption; (*av sedlar*) withdrawal
in|malning mixing [of certain percentage] of home-grown with foreign grain in flour-milling **-marsch** march in, entry
inmat|a *tekn.* feed **-ning** *tekn.* feeding (*i* into); *data.* input
in|montera [ˣinn-] install, set up, put in **-mundiga** consume, eat, partake of
inmur|a (*i vägg e.d.*) wall (bond) in; (*inspärra*) immure (*i* in) **-ning** walling in *etc.*
inmut|a take out a mining concession for, [put in a] claim **-ning** *konkr.* mining concession (claim)
innan I *konj o. prep* before **II** *adv* **1** *utan och ~* inside and out[side]; *känna ngn utan och ~* know s.b. thoroughly (inside out) **2** *tidsbet.* before; *dagen ~* the day before **-döme** *s6* inside, interior;

jordens ~ the bowels (*pl*) of the earth **-fönster** inner window **-för I** *prep* inside, within; (*bakom*) behind **II** *adv, den* ~ *belägna...* the...within (on the inside) **-hav** *se inhav* **-lår** *kokk.* (*av oxe o.d.*) thick flank; (*av kalv*) fillet **-läsning** reading [aloud] **-mäte** *s6* (*av djur*) entrails (*pl*), guts (*pl*), bowels (*pl*); (*av frukt e.d.*) pulp **-till** *läsa* ~ read from the book (*etc.*)

in natura [-ˣtu:-] in kind

inne 1 (*motsats ute*) inside; (*motsats utomhus*) indoors, in the house; (*hemma*) in **2** (*på lager*) in stock, on hand; (*i kassan*) in hand; *sport., kortsp.* in play; (*hemmastadd*) up, at home (*i* in); *vara* ~ (*insatt*) *i* be familiar with, be well versed in **3** *tiden är* ~ *att* the time has come to **4** (*på modet*) trendy, in

inne|bana *se inomhusbana* **-boende 1** *oböjligt s, alla i huset* ~ all the people living in the house; *en* ~ a lodger, *AE. äv.* a roomer; *vara* ~ *hos* lodge (live) with s.b. **2** *a4, bildl.* inherent (*anlag* talent); intrinsic (*värde* value) **-bruk** *för* ~ for indoor use **-bränd** *a5, bli* ~ be burnt to death in a house (*etc.*) **-bära** imply, mean, denote; (*föra med sig*) involve **-börd** signification, meaning; implication; *av* [*den*] *~en att* to the effect that; *av följande* ~ of the following purport **-fatta** (*inbegripa*) include, comprise; (*omfatta*) embrace; (*bestå av*) consist of **-ha** (*äga*) be in possession of, have in one's possession; (*aktier, ämbete, titel*) hold

inne|hav *s7* possession; *konkr.* holding (*av guld* of gold) **-havare** possessor; owner; (*av firma e.d.*) proprietor; (*av värdepapper, ämbete*) holder; (*av prästämbete*) incumbent; ~ *av ett patent* patent owner (holder), patentee **-havarpapper** bearer bond

inne|håll *s7* contents (*pl*); *geom., filos. o.d.* content; (*ordalydelse äv.*) tenor; (*kontrakts o.d. äv.*) terms **-hålla 1** contain; (*rymma äv.*) hold; (*om tidning äv.*) carry **2** (*ej utbetala*) withhold, keep back, retain

innehålls|deklaration declaration of contents **-förteckning** table of contents, index **-lös** empty, inane **-mässigt** as regards contents; *AE.* contents-wise **-rik** containing a great deal; (*omfattande*) comprehensive; *en* ~ *dag* an eventful day; *ett ~t liv* a full life, a life rich in experience

inneliggande *a4* (*på lager*) in hand; (*bifogad*) enclosed; ~ *beställningar* orders on hand; ~ *varulager* (*äv.*) stock in trade

inner ['inn-] *-n inrar, sport.* inside forward **-bana** inside track **-belysning** (*i bil*) courtesy light **-dörr** inner door **-ficka** inside (inner) pocket **-fil** inside lane **-kurva** inside curve

inner|lig *a1* (*djupt känd*) ardent (*kärlek* love), fervent (*önskningar* desires); intimate (*vänskap* friendship); (*hjärtlig*) heartfelt; (*uppriktig*) sincere; *min ~aste önskan* (*äv.*) my dearest wish; *dikten har en* ~ *ton* the poem has a warm sincerity **-ligen, -ligt** ardently *etc.*; (*friare*) heartily, utterly (*trött på* tired of)

inner|sida inner side; (*handens äv.*) palm **-skär** *sport., åka* ~ do the inside edge **-slang** inner tube

inner|st ['inn-] *adv,* ~ [*inne*] farthest (furthest) in; ~ *inne* (*bildl.*) at heart **-sta I** *a, best. form superl.* innermost, inmost (*tankar* thoughts), (*friare*) deepest **II** *n, i sitt* ~ in one's heart [of hearts]

inner|stad city (town) centre; *AE.* downtown **-tak** ceiling

innerv|ation innervation **-era** innerve

inner|vägg interior (inside) wall; (*mellanvägg*) partition [wall] **-öra** internal (inner) ear, labyrinth

innesko indoor shoe

inneslut|a enclose; (*omge*) encompass, encircle, shut in; (*innefatta*) include **-ning** *kärntekn.* containment

inne|stående *a4* (*outtagen*) still due; (*i bank*) deposited, on deposit; ~ *fordringar* claims remaining to be drawn; ~ *lön* salary (wages) due **-ställe** in-place **-varande** *a4* present; ~ *år* this year; *den 6:e* ~ *månad* on the 6th inst. (of this month) **-vånare** *se invånare*

innov|ation innovation **-atör** innovator **-era** innovate

in|nästla *rfl* insinuate (wheedle) o.s. (*hos* into the confidence of) **-nöta** drum in

inofficiẹll unofficial; informal

inokulera inoculate

inom [ˣinnåm] *prep* **1** *rumsbet.* within; (*inuti*) in; ~ *sig* inwardly, in one's heart (mind); *vara* ~ *synhåll* keep within sight; ~ *sitt område är han* in his speciality (field) he is; *styrelsen utser* ~ *sig* the directors elect from among their number **2** (*om rörelse*) within, into; *komma* ~ *hörhåll* get within hearing **3** *tidsbet.* within; (*om*) in (*ett ögonblick* a moment); ~ *kort* shortly, before long; ~ *loppet av* [with]in the course of; ~ *den närmaste tiden* in the immediate future; ~ *mindre än en timme* in less than an hour

inombordare [-ɑ:r-] boat with inboard motor

inombords [-ɑ:r-] *sjö.* (*ombord*) on board, aboard; *bildl.* (*invärtes*) inside; *han har mycket* ~ he has got a lot in him **-motor** inboard motor

inomeuropeisk intra-European

inomhus indoors **-antenn** indoor aerial (antenna) **-bana** *sport.* covered (indoor) court; (*ishockey-*) indoor rink **-sport** indoor sports

inom|skärs [-ʃä:rs] in the skerries, inside the belt of skerries (islands) **-statlig** intrastate **-äktenskaplig** marital, matrimonial

inopportụn *a5* inopportune

in|ordna range, arrange, adapt; ~ *i ett system* arrange according to a system, systematize; ~ *sig under* conform to **-packning 1** packing [up], wrapping **2** *med.* pack **-pass** *s7* interjection, remark; observation **-passa 1** fit in (into), adapt **2** (*inflicka*) put in

inpisk|ad *a5* thoroughpaced, out-and-out; *en* ~ *lögnare* a consummate liar; *en* ~ *skojare* an out-and-out rogue **-are** whip **-ning** whipping up

inplacer|a [ˣinn-] place **-ing** placing

in|planera [ˣinn-] schedule, plan the organization of **-planta** implant

inplanter|a [ˣinn-] **1** (*i krukor*) transplant **2** (*från annat land e.d.*) naturalize **-ing** (*av växter*) transplanting; (*av fiskyngel äv.*) introduction, putting out; (*av skog*) afforestation

inpricka dot, plot

inprägl|a engrave (*ngt i sitt minne* s.th. on one's mind); impress (*i* on) **-ing** engraving *etc.*

in|pränta impress (*hos* on); bring home (*hos* to); *få ngt ~t i sig* have s.th. drummed into one **-pyrd** [-y:-] *a5* reeking, stuffy, choked; *bildl.* impregnated, steeped in
inpå I [ˣinn *el.* 'inn-] *prep* **1** *våt ~ bara kroppen* wet to the [very] skin; *för nära ~ varandra* too close to one another (together) **2** *till långt ~ natten* until far into the night **II** [-'på:] *adv, för nära ~* too close [to it, him *etc.*]
inram|a frame **-ning** framing; *konkr.* frame [work]; (*friare*) setting
in|rangera [ˣinn-] *se inordna* **-rapportera** report; (*friare*) give a report of
inre ['inn-] **I** *a, komp.* **1** inner; interior; internal; (*inom familj, hus, land äv.*) domestic, home; *~ angelägenheter* domestic (home) affairs; *~ diameter* inside (inner, internal) diameter; *~ energi* internal energy; *~ mission* home mission; *~ organ* internal organ; *~ oroligheter* civil (internal) disturbances; *~ säkerhet* public safety **2** *bildl.* intrinsic (*värde* value); essential (*sanning* truth); innate (*egenskap* quality); (*andlig*) inner (*liv* life); *~ öga* inward eye **II** *n* (*saks*) interior; inside; (*ngns*) inner man; *i sitt ~* inwardly, deep down; *det ~ av landet* the inland (upcountry); *hela mitt ~ är upprört över* my whole soul (being) is revolted at
inred|a fit up, equip (*till* as); (*med möbler*) furnish **-ning 1** fitting up *etc.*; equipment **2** *konkr.* fittings (*pl*), appointments (*pl*); interior decoration **-ningsarkitekt** interior decorator (designer)
inregistrer|a [ˣinn-] register; enter; *hand.* file, docket; (*friare*) score (*en framgång* a success) **-ing** registering *etc.*; registration; enrolment
inresa *s1* journey up (*till staden* [in]to town); (*t. annat land*) entry, arrival
inresekretorisk [-'tɷ:-] internal-secretion
inrese|tillstånd entry permit **-visum** entry visa
inrid|en *a5* broken[-in], broken to the saddle **-ning** breaking[-in]; horse-breaking
inrikes I *adv* [with]in the country **II** *oböjligt a* inland (*porto* postage); home (*angelägenheter* affairs); domestic, internal **-departement** ministry of the interior; (*i Storbritannien ung.*) Home Office; *AE. ung.* department of the interior **-flyg** domestic (inland) aviation; domestic airlines **-handel** domestic (home) trade **-minister** minister of the interior; (*i Storbritannien ung.*) Home Secretary; *AE. ung.* secretary of the interior **-nyheter** *pl* home news (*sg*) **-politik** domestic policy; *~[en]* home (internal) politics **-politisk** [of] domestic [policy] **-porto** inland postage
inrikt|a put in position, adjust; (*vapen*) aim (*mot* at); *bildl.* direct (*mot, på* towards, *fientligt* against); *~ sig på* direct one's energies towards, concentrate upon, (*sikta på*) aim at **-ning** putting in position, adjusting; (*av vapen*) aiming; *bildl.* [aim and] direction, concentration
in|rim assonance **-ringa** encircle, surround; *bildl. äv.* close (hedge) in **-ringning** encircling *etc.* **-rista** engrave; carve, cut **-ristning** engraving *etc.* **-rop** (*på auktion*) bid; *konkr.* [auction] purchase **-ropa 1** *teat., bli ~d* be called before the curtain **2** (*på auktion*) buy [at an (the) auction] **-ropning** [-ɷ:-] curtain call **-rotad** *a5, bildl.* deep-rooted, deep-seated, inveterate, ingrained **-rusning** rushing in; inrush **-ruta** chequer [out], divide up into squares **-rutad** *a5, bildl.* regular, dictated by routine **-rutning** [-u:-] chequering *etc.* **-ryckning 1** *mil.* reporting for active service **2** *boktr.* indentation, inden[tion] **-rymma 1** (*rymma*) accommodate; (*innehålla*) contain; (*innefatta*) include **2** (*bevilja*) accord, grant
inrådan *r, på* (*mot*) *min ~* on (contrary to) my advice (recommendation)
inrätt|a 1 (*anlägga*) establish, set up; (*skola e.d.*) found; (*ämbete*) create; (*inreda*) equip **2** (*ordna*) arrange **3** *rfl* settle down (*bekvämt* comfortably); (*rätta sig*) adapt (accommodate) o.s. (*efter* to) **-ning 1** (*anstalt*) establishment; (*allmän, social äv.*) institution **2** (*anordning*) device, appliance, apparatus
insalta salt [down], cure; (*gurkor, sill*) pickle
insaml|a collect, gather **-ing** collection; (*av pengar äv.*) subscription; *starta en ~* start (get up) a subscription (*för* for, in aid of)
insamlings|aktion fundraising (collection) drive **-lista** subscription list
insats 1 *tekn.* lining, inset **2** (*i spel, företag o.d.*) stake[s *pl*]; (*i affär*) deposit; (*i bolag*) investment **3** (*prestation*) achievement, effort; (*bidrag*) contribution (*i* to; *för* towards); (*andel*) share, part; *göra en ~* make a contribution (an effort) **-lägenhet** owner (freehold) flat; *AE.* cooperative apartment
in|satt *a4, ~ i* initiated in, well-informed on, familiar with **-scenera** stage **-se** see, perceive; (*förstå*) realize; (*vara medveten om*) be aware of **-seende** *s6, ha ~ över* supervise, superintend **-segel** seal
insegl|ing *under ~ till* inward bound for; *under ~en till Stockholm* while sailing into Stockholm **-ingsränna** [navigable] channel, waterway
insekt *s3* insect; *AE. äv.* bug
insekticid *s3* insecticide
insekt[s]|art species of insect **-bett** insect bite **-forskare** entomologist **-larv** larva (*pl* larvae) **-medel** insect repellent; insecticide **-samling** entomological collection **-ätare** insect eater, insectivore
insemin|ation insemination **-era** inseminate
insida inside; inner side; (*hands äv.*) palm; (*friare o. bildl.*) interior
insignier [-'siŋni-] *pl* insignia
insikt *s3* **1** (*förståelse*) understanding (*i* of); (*inblick*) insight (*i* into); (*kännedom*) knowledge (*i, om* of); *komma till ~ om* realize, see, become aware of **2** (*kunskap*) *~er* knowledge (*sg*); *~er och färdigheter* knowledge and practical attainments
insiktsfull well-informed; (*sakkunnig*) competent
insinu|ant [-'ant *el.* -'aŋt] *a1* insinuating **-ation** insinuation **-era** insinuate
insistera insist (*på* on)
insjukna [-ʃu:-] fall (be taken) ill (*i* with); *hon har ~t i mässlingen* she has caught the measles
insjung|en [-ʃuŋ-] *a5* (*på grammofon, band*) recorded **-ning** recording

insjö lake **-fisk** freshwater fish
inskepp|a (*varor*) import by ship, ship; (*pers., hästar e.d.*) embark; ~ *sig* go on board, embark (*på* on; *till* for) **-ning** (*av varor*) importing by ship; (*av pers. etc.*) embarkation **-ningshamn** (*för varor*) port of shipment; (*för pers. etc.*) port of embarkation
in|skjuta 1 *se inflicka* **2** (*föra*) insert, interpolate **-skolningsperiod** period of adjustment to school **-skott** insertion
in|skrida intervene, step in (*mot* to prevent; *t. förmån för* on behalf of) **-skridande** *s6* intervention, stepping in **-skrift** inscription; (*på grav*) epitaph; (*på mynt*) legend, inscription **-skription** [-p'ʃɑ:n] inscription; legend
inskriv|a 1 enter; *geom. o. bildl.* inscribe; (*pers.*) enrol (*äv. mil.*); *mil.* enlist; *jur.* register **2** *rfl,* [*låta*] ~ *sig* enter one's name, enrol o.s.; *univ.* register **-ning** entering *etc.*, entry; inscription; enrolment; enlistment; registration
inskrivnings|avgift admission fee **-bok** *mil.* enrolment book **-domare** *ung.* court registrar **-område** registration area
inskränk|a *v3* (*begränsa*) restrict, confine; limit; (*minska*) reduce, cut down, curtail; ~ *sig* restrict o.s., economize, cut down one's expenses; ~ *sig till* confine o.s. to, (*om sak*) be confined (restricted) to, (*ej överstiga*) not exceed **-ning** restriction; limitation; reduction; curtailment; (*förbehåll*) qualification
inskränkt *a1* **1** restricted *etc.*; *i ~ bemärkelse* in a restricted (limited) sense; ~ *monarki* constitutional (limited) monarchy **2** (*trångsynt*) stupid; narrow-minded **-het** (*trångsynthet*) stupidity; narrowness of outlook
inskärning *konkr.* incision; cut, notch; (*i kust o.d. samt bot.*) indentation
inskärp|a inculcate (*hos* in); (*klargöra*) bring home (*hos* to); (*med eftertryck*) enforce, enjoin, impress (*hos* upon) **-ning** inculcating *etc.*, inculcation
inslag 1 (*i väv*) weft, filling, woof **2** *bildl.* element; feature; streak (*av humor* of humour), strain (*av grymhet* of cruelty) **-en** *a5* (*om paket*) wrapped up; (*om fönster*) smashed, broken **-ning** (*av paket*) wrapping up; (*av fönster*) smashing, breaking; (*av spik*) knocking (driving) in
inslagsgarn weft thread (yarn)
insmickr|a *rfl* ingratiate o.s. (*hos* with) **-ande** *a4* ingratiating
in|smord smeared **-smuggla** smuggle [into] **-smyga** *rfl* (*om fel e.d.*) creep (slip) in [unnoticed] **-smörjning** greasing [up], oiling **-snärja** entangle; ~ *sig* get [o.s.] entangled **-snöad** *a5* **1** *bli* ~ get (be) snowed up, (*blockeras*) get (be) held up by snow **2** *bildl., vard.* narrow-minded
insolv|ens insolvency **-ent** insolvent
insomn|a go off to sleep; fall asleep; (*avlida*) pass away, die; *djupt ~d* fast asleep **-ande** *s6* going off to sleep
insorter|a [ˣinn-] sort, assort **-ing** sorting, assortment
inspark *sport.* goal kick
in spe future, to be
inspek|tera inspect **-tion** [-k'ʃɑ:n] inspection **-tionsresa** tour of inspection **-tor** *s3* **1** [-ˣspektår] inspector (*för, över* of); (*för skola o. univ.*) inspector **2** [-'tɑ:r] *lantbr.* steward; bailiff **-tris** inspectress, woman inspector **-tör** inspector; surveyor, superintendent, supervisor
inspel|a (*på band, skiva*) record; (*film*) produce, shoot; *~t program* recorded programme **-ning** recording; (*grammofon- äv.*) record; (*film-*) production; *filmen är under* ~ the film is being shot (is in production)
inspelnings|apparat recorder **-bil, -buss** outside broadcast car (unit)
inspicient *teat.* stage manager; *film.* studio manager
inspi|ration inspiration **-rationskälla** source of inspiration **-ratör** inspirer **-rera** inspire; *~d* inspired; *~nde* inspiring
insprut|a inject (*i* into) **-ning** injection **-ningsmotor** fuel-injection motor
insprängd *a5* **1** blasted (*i berget* into the mountain) **2** (*inblandad*) disseminated; interspersed, intermixed
inspärr|a shut up: *pers. äv.* lock up **-ning** shutting up *etc.*; confinement, imprisonment
instabịl unstable **-itet** instability
installation installation; *univ.* inauguration; (*av präst*) induction; (*av biskop*) enthronement
installations|firma electrical fitters (*pl*); (*för värme o. sanitet*) sanitary engineers (*pl*) **-föreläsning** inaugural (inauguration) lecture
install|atör electrician; installation engineer **-era 1** install: *univ. äv.* inaugurate; (*präst*) induct; (*biskop*) enthrone **2** *tekn.* install, fit [in], set up, mount **3** *rfl* install (establish, settle) o.s.
instans [-'ans *el.* -'aŋs] *s3, jur.* instance; (*myndighet*) authority [in charge]; *högsta* ~ final (highest) court of appeal; *lägsta* ~ court of first instance
insteg *få* (*vinna*) ~ get (obtain, gain) a footing (*i* in; *hos* with); gain ground
instift|a institute (*en orden* an order); *relig. äv.* ordain; (*grunda*) found, establish **-are** founder; institutor **-else** institution; foundation
instinkt [ˣinn-, *äv.* -'inkt] *s3* instinct **-ịv** [*äv.* ˣinn-] *a5* instinctive **-ivt** [-'i:vt, *äv.* ˣinn-] *adv,* instinctively, by instinct **-mässig** *a5* instinctive; intuitive
institụt *s7* institute; institution (*äv. jur.*); (*skola*) school, college
institution institution, institute **-alisera** institutionalize **-ẹll** *a5* institutional
instruera instruct; *mil.* brief
instruk|tion [-k'ʃɑ:n] instruction; (*föreskrift, äv. konkr*) instructions (*pl*); *mil. äv.* briefing **-tionsbok** instruction book, manual **-tịv** [*äv.* 'inn-] *a1* instructive **-tör** instructor
instrumẹnt *s7* instrument
instrumentạl *a5* instrumental **-ist** instrumentalist **-musik** instrumental music
instrument|ation instrumentation, orchestration **-bräda, -bräde** *se instrumentpanel*
instrument|ẹll *a5* instrumental **-era** orchestrate, instrument
instrument|flygning instrument flying **-landning** instrument landing **-makare** instrument maker **-panel** instrument panel (board); (*i bil äv.*) dashboard **-tavla** instrument board (panel);

I

switchboard
in|strödd *a5, bildl.* interspersed **-strömmande** *a4* inpouring
instuder|a [ˣinn-] study; rehearse **-ing** studying *etc.*; rehearsal
instundande *a4* coming, approaching (*måndag* Monday)
inställa 1 (*avpassa*) adjust, set; (*kamera, kikare e.d.*) focus; (*radio, TV*) tune in; (*rikta*) point, direct **2** (*upphöra med*) cancel, call off; (*arbete*) discontinue, cease, stop; (*betalningar*) suspend, stop; ~ *fientligheterna* suspend hostilities, cease fire; ~ *förhandlingarna* discontinue (suspend) negotiations **3** *rfl* (*infinna sig*) appear (*inför rätta* in court); *mil.* report [for duty]; (*vid möte*) put in an appearance, turn up; (*om sak*) make its appearance; (*om känsla*) make itself felt (*hos* in); (*uppenbara sig*) present itself; ~ *sig på* (*bereda sig på*) prepare o.s. for, (*räkna med*) count on
inställ|ande *s6* **1** adjustment *etc.* **2** (*inhibering*) cancellation, discontinuance, suspension **-bar** *a5* adjustable
inställd *a5* adjusted *etc.*; *fientligt* ~ inimically disposed; *vara* ~ *på* be prepared for; *vara* ~ *på att* intend to
inställelse *jur.* appearance (*inför* before) **-order** *mil.* calling-up papers (order)
inställ|ning 1 adjustment; setting; (*tids-*) timesetting, timing; *foto. äv.* focusing; *radio.* tuning in **2** *bildl.* attitude (*till* to, towards); outlook (*till* on) **-sam** *a1* ingratiating, cringing **-samhet** ingratiation
1 instämma *jur.* summon to appear; call (*som vittne* as a witness)
2 instämma *bildl.* agree (*i* with), concur (*i* in); ~ *med ngn* agree with s.b.
instämmande *s6* concurrence, agreement
instängd *a5* shut up; (*inlåst*) locked up; confined; (*unken*) stuffy, close **-het** (*unkenhet*) stuffiness; closeness
insubordina|tion insubordination **-tionsbrott** case of insubordination, breach of discipline
insufficiens *s3* insufficiency
insug|a suck in; (*inandas*) inhale; (*friare, om sak*) suck up, absorb, imbibe; *bildl.* drink in (*beröm* praise); (*tillägna sig*) acquire, pick up **-ning** sucking in *etc.*; absorption, imbibition; *tekn.* intake, suction
insugnings|rör (*i motor*) inlet pipe **-ventil** inlet valve
insulin *s4* insulin **-behandling** insulin treatment **-chock** insulin reaction (shock) **-koma** insulin coma
insulär *a5* insular
insupa (*frisk luft e.d.*) drink in, inhale; (*uppsuga*) absorb; *bildl.* imbibe
insurgent insurgent, rebel
insvepa envelop, enwrap; ~ *sig i* wrap o.s. up (envelop o.s.) in
insväng|d *a5* curved inwards; ~ *i midjan* shaped at the waist **-ning** curving inwards; *en* ~ an inward curve
in|sydd *a5, vard.* placed behind bars, doing time **-syltad** *a5, bildl.* involved, mixed up **-syn 1** observation; view; *skyddad mot* ~ protected from view **2** *bildl.* insight; public control (*i* of)
insändar|e 1 *pers.* sender[-in]; (*t. tidning*) correspondent **2** (*brev t. tidning*) letter to the editor **-spalt** letters-to-the-editor column
insätta put in; (*inbetala*) pay in; (*i bank*) deposit; (*i företag*) invest; (*förordna*) appoint, install; (*ngn i hans rättigheter*) establish; ~ *ngn som sin arvinge* make s.b. one's heir
insätt|are (*i bank*) depositor **-ning** putting in *etc.*; (*av pengar*) deposition, investment; *konkr.* deposit **-ningskvitto** deposit receipt (ticket)
insöndr|ing endocrine secretion **-ingsorgan** endocrine gland
insöva *bildl., se invagga*
inta *se intaga*
intag *tekn.* intake; *elektr.* lead-in; (*friare*) inlet
intaga 1 take in; (*förtära*) take; (*måltid*) eat, have; (*på sjukhus, i skola etc.*) admit; (*i tidning*) insert, publish **2** (*ta i besittning*) take; occupy (*äv. mil.*); (*upptaga*) take up, occupy; ~ *sin plats* take one's seat; ~ *en avvaktande hållning* take up a wait-and-see attitude; ~ *en framskjuten ställning* hold (occupy) a prominent position **3** (*betaga*) captivate
intag|ande *a4* attractive, charming **-ning** taking in *etc.*; taking; admission; insertion; *mil. äv.* capture
intagnings|nämnd admissions board **-poäng** admission credits
intakt *a4* intact, whole
intala 1 (*på band o.d.*) record **2** ~ *ngn ngt* put s.th. into a p.'s head; ~ *ngn att göra ngt* persuade s.b. to do (into doing) s.th.; ~ *ngn mod* inspire s.b. with courage; ~ *sig* persuade o.s.; ~ *sig mod* give o.s. courage
intarsia [-ˈtarsia] *s1* inlaid wood, intarsia
inte not; no; ~ *för* ~ not for nothing; ~ *en enda gång* (*äv.*) never once; ~ *mig emot* I have no objection, *vard.* OK by me; ~ *sant?* don't you think so?, isn't that so?; ~ *senare än* not (no) later than; ~ *för att jag klagar* not that I'm complaining; *jaså,* ~ *det?* oh, you don't (aren't *etc.*)?; *det var* ~ *för tidigt* that was none too early; *det är* ~ *utan att jag tycker* I must say I think
inteckn|a mortgage **-ing** mortgage; encumbrance, security; *ha en* ~ *i* have a mortgage on **-ingslån** mortgage loan
integral *s3* integral **-kalkyl** integral calculus **-tecken** [symbol denoting an] integral
integration integration
integrer|a integrate; ~*d krets* integrated circuit **-ande** *a4* integral, integrant; *utgöra en* ~ *del av* form an integral part of **-ing** integration
integritet integrity
intele|fonera [ˣinn-] dictate over a telephone, send in by telephone **-grafera** send in by telegram (wire, cable)
intellekt *s7* intellect; *ett rörligt* ~ a lively intellect
intellektu|alisera intellectualize **-alism** intellectualism **-ell** *a5* intellectual
intelligens *s3* intelligence **-aristokrati** intellectual aristocracy **-fri** unintelligent, stupid **-kvot** intelligence quotient (*förk.* I.Q.) **-mätning** intelligence measurement **-prov** intelligence test **-snobb** intellectual snob **-test** intelligence test **-ålder** mental age
intelligent *a1* intelligent; (*starkare*) clever

intelligentia [-'gentsia] *s1* intelligentsia
intendent (*föreståndare*) manager, superintendent; (*förvaltare*) steward; (*vid museum*) keeper, curator; (*i ämbetsverk*) comptroller, controller; (*polis-*) superintendent; *mil.* commissary, quartermaster, *AE.* quartermaster supply officer
intendentur *mil.* commissariat [service] **-förband** quartermaster unit **-kår** *~en* (*i Storbritannien*) the Army Supply Corps, (*i USA*) the Quartermaster Corps
intensifier|a intensify **-ing** intensification
intensitet intensity
intensịv [*äv.* 'inn-] *a1* (*motsats extensiv*) intensive; (*stark, kraftig*) intense; (*ivrig*) keen, energetic **-kurs** crash course **-vård** intensive care **-vårdsavdelning** intensive care unit
intention intention
inter|agera [-a'ge:ra] interact **-aktion** [-ak'ʃo:n] interaction **-aktịv** interactive
interdịkt *s7* interdict; injunction
interferẹns *s3* interference **-fenomen** interference phenomenon
interferera interfere
interfolier|a interleave; (*friare*) intersperse **-ing** interleaving *etc.*
inter|galaktisk [-'lakt-] *a5* intergalactic **-glaciạl** interglacial
interimistisk [-'mist-] *a5* provisional, temporary
interims|bevis [ˣinn-] scrip; *AE.* interim certificate **-regering** caretaker government **-styrelse** provisional (interim) board
interiör interior
interjektion [-k'ʃo:n] interjection
interkontinentạl intercontinental **-robot** intercontinental ballistic missile (*förk.* ICBM)
inter|lokutör interlocutor **-ludium** [-'lu:-] *s4* interlude **-messo** [-'messo], **-mezzo** [-'metså] *s6* (*mus. o. friare*) intermezzo; (*uppträde*) interlude **-mittẹnt** *a4* intermittent; *~ ljus* (*i fyr*) occulting light
intern [-'tä:rn] **I** *s3* internee; (*i fängelse*) inmate **II** *a5* internal; domestic (*angelägenhet* matter) **-alisera** internalize
internạt *s7, se internatskola*
internationạl *s3* **1** *polit.* International **2** *I~en* The Internationale **-isera** internationalize **-isering** [-'se:-] internationalization **-ism** internationalism **-ist** internationalist **-istisk** [-'ist-] *a5* international
internationẹll international
internatskola boarding school; (*i Storbritannien*) public school
interner|a shut up, confine; (*krigsfånge e.d.*) intern, detain; *de ~de* the internees (inmates) **-ing** shutting up, confinement; internment, detention **-ingsläger** internment (detention) camp
internist internist
internordisk [-'no:r-] inter-Nordic
intern|rekrytering internal (inside) recruitment **-TV** closed-circuit television (CCTV)
interpella|nt questioner, interpellator **-tion** question, interpellation; (*i Storbritannien vanl.*) question [in debate] **-tionsdebatt** debate on question raised in parliament
interpellera interpellate; (*i Storbritannien vanl.*) ask a question, question
inter|planetarisk [-'ta:-] *a5* interplanetary **-polera** interpolate **-polering** interpolation **-prẹt** *s3* interpreter
interpunk|tera punctuate; point **-tion** [-k'ʃo:n] punctuation **-tionstecken** punctuation mark
inter|regnum [-ˣreŋn- *el.* -'reŋn-] *s7* interregnum **-rogativ** ['inn- *el.* -'i:v] *a5* interrogative
interurbạn *a5* interurban **-samtal** trunk call; *AE.* long-distance call
intervạll *s3, s7* interval
interven|era intervene; (*medla*) mediate **-tion** intervention; mediation
intervjụ *s3* interview
intervju|a [-'vju:a] interview **-are** interviewer
intervju|objekt interviewee, person interviewed **-offer** *skämts.* interviewee **-undersökning** field survey (investigation) **-uttalande** statement made during an interview
intet I *pron, se ingen*; *~ ont anande* unsuspecting, suspecting no mischief **II** *n* **1** nothing; *gå om ~* come to naught (nothing), miscarry; *därav blev ~* nothing came of it, it came to nothing **2** (*intighet*) (*tomma* empty) nothingness **-dera** *se ingendera* **-sägande** *a4* (*tom*) empty; (*obetydlig*) insignificant; (*uttryckslös*) vacant
intig *a5* (*tom*) empty; (*fåfänglig*) vain **-het** emptiness; vanity
intill I [ˣinn-, 'inn- *el.* -'till] *prep* **1** *rumsbet.* up to, to; next to; (*emot*) against; *nära ~* close (near) to; *strax ~* quite close to **2** *tidsbet.* until, up to **II** [-'till] *adv* adjacent, adjoining; *nära ~* close (near) by **-liggande** [-ˣtill-] *a4* (*hopskr. intilliggande*) adjacent, adjoining
intịm *a1* intimate, close **-itet** intimacy
intjäna earn, make; *~d lön* salary earned in advance
intoler|abel [-'a:bel] *a2* intolerable **-ans** [-'ans *el.* -'aŋs] intolerance **-ant** [-'ant *el.* -'aŋt] intolerant
inton|ation intonation **-era** intone
intramuskulạ̈r *a5* intramuscular
intransitiv [ˣinn- *el.* 'inn-] *a5* intransitive
intravenọ̈s *a5* intravenous
intressant [-'ant *el.* -'aŋt] *a1* interesting
intresse [-ˣtresse] *s6* interest; *av ~ för saken* out of interest in the matter; *fatta ~ för, finna ~ i* take an interest in; *tappa ~t för* lose interest in; *tillvarataga sina ~n* protect one's interests; *vara av ~* be of interest (*för* to); *det ligger inte i hans ~* it is not in his interests **-gemenskap** community of interests **-grupp** pressure group **-inriktning** main interest **-konflikt** conflict of interests **-lös** without interest; uninteresting (*äv. om pers.*) **-motsättning** conflict of interests
intressent interested party; participant; (*delägare*) partner
intresseområde *se intressesfär*
intressera interest; *~de parter* interested parties, parties concerned; *musikaliskt ~d* with musical interests; *~d av* (*för*) interested in; *~ ngn för ngt* interest s.b. in s.th.; *~ sig för* take [an] interest in, be interested in; *det ~r mig mycket* it is of great interest to me, I take [a] great interest in it
intresse|sfär sphere of interest **-väckande** *a4* interesting

intrig *s3* intrigue; (*stämpling äv.*) plot (*äv. i drama e.d.*); (*friare*) scheme **-ant** [-'ant *el.* -'aŋt] *a1* intriguing; plotting; scheming **-era** intrigue, plot; scheme **-makare** intriguer; (*ränksmidare*) plotter, schemer **-spel** plotting, scheming; intrigues (*pl*) **-ör** *se -makare*

intrikat *a1* intricate, complicated

intrimma trim, run in

introducera introduce (*hos* to)

introduktion [-k'ʃɷ:n] introduction

introduktions|brev letter of introduction **-erbjudande** introductory offer **-kurs** introductory course

introduktör introducer

introspek|tion [-k'ʃɷ:n] introspection **-tiv** *a5* introspective

introvert *a4* introvert

intrumfa *se trumfa*

intryck 1 (*märke*) impress, mark (*efter* from, of) **2** *bildl.* impression; *mottaglig för ~* susceptible to impressions, impressionable; *göra ~ av att vara* give the impression of being; *göra ~ på* make an impression on; *ta ~ av* be influenced by; *jag har det ~et att* I have the impression that

in|trång *s7* encroachment, trespass (*i, på* on); *göra ~ på* encroach (trespass) on **-träda 1** ~ [*i*] enter **2** *bildl.* (*om pers.*) step in (*i ngns ställe* to a p.'s place); (*om sak*) set in; (*börja*) begin, commence; (*följa*) ensue; (*uppstå*) arise **-träde** *s6* entrance (*i* into); *i sht bildl.* entry (*i* into); admission, admittance; (*början*) commencement, setting in; *vid mitt ~ i rummet* on my entering the room; *göra sitt ~ i* (*vanl.*) enter; *söka ~* apply for admission

inträdes|ansökan application for admission **-avgift** entrance (admission) fee **-biljett** admission (entrance) ticket (*till* for) **-fordringar** entrance requirements, qualifications for admission **-prov** entrance examination **-spärr** (*t. utbildning*) restricted admission **-sökande** *s9* applicant [for admission]

in|träffa 1 (*hända*) happen; occur, come about **2** (*-falla*) occur, fall (*i slutet av maj* at the end of May) **3** (*anlända*) arrive, turn up (*i* at, in) **-träna** drill

inträng|a penetrate; (*med våld*) intrude **-ande I** *s6* penetration; intrusion **II** *a4* penetrating; penetrative (*förstånd* intelligence) **-ling** intruder

intui|tion intuition **-tiv** *a5* intuitive

in|tvåla soap; (*haka äv.*) lather **-tyg** *s7* (*i sht av myndighet*) certificate (*om* of); (*i sht av privatpers.*) testimonial (*om, på, över* respecting, as to); *jur.* affidavit **-tyga** (*skriftligen*) certify; (*bekräfta*) affirm; *härmed ~s att* this is to certify that; *rätt avskrivet ~r* true copy certified by **-tåg** entry (*i* into); march (marching) in; *hålla sitt ~* make one's entry **-tåga** march in; *~ i* march into **-täkt** *s3* **1** *~er* income (*sg*), receipts, (*statens, kommuners*) revenue (*sg*), (*avkastning*) yield (*sg*), (*biljett-*) takings, *vard.* take (*sg*) **2** *ta ngt till ~ för* use s.th. as a justification for **-under** [-'und-] underneath; *i våningen ~* in the flat below **-uti** inside; within **-vadera** invade **-vagga** *~ ngn i säkerhet* lull s.b. into a sense of security, throw s.b. off his guard; *~ sig* lull o.s. (*i* into) **-val** *s7* election (*i* into)

invalid *s3* disabled person (soldier *etc.*); invalid **-bil, -fordon** invalid car

invalidi|sera disable **-tet** disability; *fullständig ~* total disability (disablement)

invalid|itetsersättning disablement benefit **-pension** disability pension, disablement annuity **-vagn** invalid car

invand [-a:-] *a5* habitual; *~a föreställningar* ingrained ideas (notions, opinions)

invandra immigrate (*till* into); (*om djur, växter*) find (make) its way in (into the country)

invandrar|e immigrant **-verk** *Statens ~* [the] Swedish immigration board

invandring immigration

invandrings|förbud ban on immigration **-kvot** immigration quota **-tillstånd** immigration certificate (permit)

invasion invasion **invasionsarmé** army of invasion, invading army

inveckl|a involve; *~ sig* get [o.s.] involved (entangled) (*i* in) **-ad** *a5* involved (*i* in); (*svårlöst*) complicated, intricate

invektiv *s7* invective

inventarie|bok inventory (stock) book **-förteckning** inventory **-konto** fittings and fixtures account

inventar|ium [-'ta:-] *s4* **1** (*förteckning*) inventory **2** (*fast*) fixture; *-ier* effects, movables, (*i hus, på kontor e.d.*) furniture (fittings) and fixtures, (*i fabrik e.d.*) equipment, *hand. o. lantbr.* stock (*sg*) **3** *pers.* fixture

inventer|a make an inventory of, inventory; *hand.* take stock of **-ing** inventory; *hand.* stocktaking

inven|tionssoffa [-n'ʃɷ:ns-] sofa bed **-tiös** [-'ʃö:s] *a1* ingenious; ingeniously planned

inverk|a have an effect (influence) (*på* on); *~ på* (*äv.*) influence, affect **-an** influence, effect; *utsatt för luftens ~* (*äv.*) exposed to the air; *röna ~ av* be influenced (affected) by; *utöva ~ på* influence, affect

inversion inversion

invertebrat invertebrate [animal]

invert|era invert **-socker** [-ˣvärt-] invert sugar

invester|a invest **-are** investor **-ing** investment

investerings|avgift investment tax (duty) **-bolag** investment company **-kostnad** investment cost **-objekt** investment object (project) **-volym** volume of investment

investitur investiture

investmentbolag investment trust company

invid I [ˣinn-, 'inn- *el.* -'vi:d] *prep* by; (*utefter*) alongside; *tätt ~ vägen* close to the road **II** [-'vi:d] *adv* close (near) by (*äv. tätt ~*)

invig|a 1 (*t.ex. kyrka, flagga, biskop*) consecrate; (*t.ex. skolhus, bro*) inaugurate, open; (*präst*) ordain; (*använda första gången*) put on (wear, use) for the first time **2** (*göra förtrogen med*) initiate (*i* into) **3** (*helga*) consecrate, dedicate **-ning 1** consecration; dedication; inauguration, opening; ordination **2** initiation

invignings|fest inaugural (opening) ceremony **-tal** inaugural (dedicatory) address (speech)

invikning [-vi:k-] turning (folding) in; *konkr.* inward fold

invit *s3* (*inbjudan*) invitation; (*påstötning*) inti-

mation; (*vink*) hint **-ation** invitation **-era** invite
invokation invocation
involvera involve
invån|arantal number of inhabitants, [total] population **-are** inhabitant; (*i hus äv.*) inmate; (*i stadsdel o.d.*) resident; *per* ~ (*äv.*) per head (capita)
inväg|a weigh in **-ning** weighing in
invälja elect; return
invänd|a object, raise (make) objections (*mot* to, against); *jag har ingenting att* ~ [*mot det*] I have no objection; *har du ngt att* ~? have you any objection to make (anything to say against)?; *nej, -e hon* no, she protested (demurred) **-ig** *a5* internal, inside **-igt** *adv* internally; (*på insidan*) [on the] inside; (*i det inre*) in the interior **-ning** objection (*mot* to); *göra* ~*ar, se invända* **-vändningsfri** unobjectionable
invänta wait for; (*avvakta*) await
invärtes *oböjligt a* (*om sjukdom o.d.*) internal; inward (*suck* sigh); *för* ~ *bruk* for internal use; ~ *medicin* internal medicine
invävd *a5* woven in[to] (*äv. bildl.*)
inymp|a inoculate; *i sht bildl.* implant (*hos ngn* in s.b.) **-ning** inoculation; engraftment
inåt ['inn-] **I** *prep* towards the interior of; into; ~ *landet* up country **II** *adv* inwards; *gå längre* ~ go (move) further in; *dörren går* ~ the door opens inwards
inåt|buktad *a5*, **-böjd** *a5* bent inwards; in[ward]-bent **-gående I** *s6* (*om fartyg*) *på* ~ inward bound **II** *a4* (*om dörr e.d.*) *vara* ~ open inwards **-riktad** *a5* pointing (that points) inwards; *bildl. se följande* **-vänd** *a5* turned inwards; (*om blick, tanke e.d. äv.*) introverted, introspective; *psykol.* introvert **-vändhet** introspectiveness
inägor *pl* infields
inälvor *pl* bowels, intestines; (*hos djur*) viscera, entrails; *vard.* guts
inälvsparasit intestinal parasite
inöv|a practise; (*repetera*) rehearse; train **-ande** *s6* practising; rehearsal; training
iordning|gjord [i×å:rd-] *a5, är* ~ has been got ready **-ställa** put in order
Irak *n* Iraq **irak|ier** [i'ra:-] *s9*, **-isk** *a5* Iraqi
Iran *n* [Islamic Republic of] Iran **iran|ier** [i'ra:-] *s9*, **-sk** [i'ra:-] *a5* Iranian
irer ['i:-] Irish Celt, Gael
iridium [i'ri:-] *s8* iridium
iris ['i:-] *s2, anat. o. bot.* iris **-bländare** *foto.* iris diaphragm
irisk ['i:-] *a5* Irish **iriska** ['i:-] (*språk*) Irish Gaelic
Irland ['i:r-] *n* (*ön*) Ireland; (*republiken*) [Republic of] Ireland, Irish Republic, Southern Ireland
irländ|are [×i:r-] Irishman; *skämts.* Paddy; *-arna* (*äv.*) the Irish **-sk** *a5* Irish; *I~a fristaten* Irish Free State; *I~a republiken, se Irland* **-ska 1** (*språk*) Irish [Gaelic] **2** (*kvinna*) Irishwoman
iron|i *s3* irony **-iker** [i'rɑ:-] ironic[al] person **-isera** speak ironically (*över* of, about) **-isk** [i'rɑ:-] *a5* ironic[al]
irra ~ [*omkring*] wander (rove) about
irrationell *a1* irrational; ~*a tal* irrational numbers
irrbloss will-o'-the-wisp, friar's lantern, jack-o'-lantern
ir|reell unreal **-reguljär** irregular **-relevant** [-'ant *el.* -'aŋt] irrelevant **-religiös** [-'ʃö:s, -'jö:s, -gi'ö:s] irreligious **-reparabel** [-'a:bel] irreparable **-reversibel** [-'i:bel] irreversible
irr|färd roving (rambling) expedition; ~*er* wanderings [hither and thither] **-gång** maze; labyrinth
irrita|bel [-'a:bel] *a2* irritable **-ment** *s7* excitant; stimulus **-tion** irritation **-tionsmoment** source of irritation
irritera irritate; *bildl. äv.* annoy, harass
irrlära false doctrine, heresy
irrlärig *a5* heretical **-het** heresy
iråkad *a5, hans* ~*e svårigheter* the difficulties he has got into
is *s2* ice; *under* ~*en* (*bildl.*) (*moraliskt*) done for, (*ekonomiskt*) down on one's luck; *bryta* ~*en* (*bildl.*) break the ice; *frysa till* ~ freeze [in]to ice; *gå ner sig på* ~*en* go through the ice [and get drowned]; *ha* ~ *i magen* (*bildl.*) keep one's cool; *lägga på* ~ (*bildl.*) postpone, defer; ~*arna är osäkra* the ice on the lakes is not safe; ~*en har inte lagt sig än* the lake is not frozen yet; ~*en låg till in i april* the lake[s] remained frozen until April; *varning för svag* ~ (*på anslag, ung.*) Notice: Ice unsafe here
isa cover with ice; (*drycker*) ice, put in ice; (*mat*) store on ice
isabellafärgad [-×bella-] Isabella [coloured]
is|ande *a4, bildl.* icy; ~ *kyla a*) *eg.* biting (severe) frost, *b*) *bildl.* icy coldness **-as** *dep, blodet -ades i mina ådror* my blood ran cold
is|bana *sport.* ice track; (*skridskobana*) skating rink **-bark** coating of ice **-belagd** *a5* icy, covered with ice **-berg** iceberg **-bergssallad** iceberg lettuce **-bildning** *abstr.* formation of ice; *konkr.* ice formation **-bill** *s2* ice pick, ice chisel **-bit** piece (lump) of ice **-björn** polar bear **-blomma** (*på fönster*) ice fern; *-blommor* frostwork **-blåsa** ice bag; (*omslag*) ice pack **-brytare** icebreaker **-brytning** icebreaking **-bälte** ice belt
iscensätt|a [i×se:n-] stage, produce; *bildl.* stage, engineer **-ning** staging (*äv. bildl.*), production
ischias ['iʃ-] *s3* sciatica **-nerv** sciatic nerve
is|dubb ice prod **-flak** ice floe **-fri** ice-free; (*om hamn äv.*) open **-gata** ice-coated (ice-glazed) road **-glass** water ice **-hav 1** *geogr., Norra* (*Södra*) *I~et* the Arctic (Antarctic) Ocean **2** *geol.* glacial sea **-hinder** ice obstacle (obstruction) **-hink** ice pail
ishockey ice hockey **-hjälm** ice-hockey helmet **-klubba** ice-hockey stick **-rink** ice-hockey rink **-rör** ice-hockey skate **-spelare** ice-hockey player
is|ig *a5* icy **-jakt** ice yacht **-kall** ice-cold, as cold as ice; (*friare*) icy cold; icy (*blick* gaze; *ton* tone of voice) **-kalott** icecap **-konvalj** [late-flowering] lily of the valley **-kristall** ice crystal **-kyld** ice-cold, iced
i|skänka fill the glasses **-slagen** *en snett* ~ *spik* a nail driven in askew; *kaffet är islaget* coffee has been poured out
islam *r* Islam **-isk** [-'la:-] *a5*, **-itisk** [-'i:t-] *a5* Islamic
Island ['i:s-] *n* Iceland

I

islands|lav Iceland moss **-sill** Iceland herring[s *pl*] **-tröja** Iceland sweater

is|lossning break-up of the ice, clearing of ice **-läggning** freeze-up

isländ|are Icelander **-sk** *a5* Icelandic **-ska 1** (*språk*) Icelandic **2** (*kvinna*) Icelandic woman

isländning *se isländare*

ism *s3* ism

isobạr *s3* isobar

isolạt *s7* isolate

isolation isolation; *tekn.* insulation **-ism** isolationism **-istisk** [-'ist-] *a5* isolationist

isolator [-ˣa:tår] *s3* insulator; (*ämne*) insulant, insulating material

isoler|a isolate; *tekn.* insulate; *bo ~t* live in a house isolated from others; *leva ~t* lead an isolated life, isolate o.s. from others **-band** insulating tape **-ing** isolation; *tekn.* insulation

isolerings|förmåga insulating capacity **-material** insulating (nonconducting) material

iso|mẹr I *s3* isomer **II** *a5* isomeric **-merị** *s3* isomerism

isometrisk [-'me:-] *a5*, *~ träning* isometrics (*pl, behandlas som sg*)

isomorf [-'årf] *a5* isomorphic, isomorphous **isomorfị** [-å-] *s3* isomorphism

isop [ˣisåp *el.* 'isåp] *s2*, *bot.* hyssop

iso|tẹrm *s3* isotherm **-top** [-'tå:p] *s3* isotope

is|period glacial period **-pigg** icicle **-pik** ice stick **-prinsessa** ice princess

Israel [ˣi:s-] *n* Israel

israẹl *s3*, **-ier** *s9*, **-isk** *a5* Israeli

israelịt *s3* Israelite **-isk** *a5* Israelitic, Israelite

is|ranunkel glacier crowfoot **-rapport** ice report **-ränna** channel through the ice **-situation** ice situation **-skorpa** ice crust **-skruvning** [-u:-] [rotatory] ice pressure **-skåp** icebox **-stack** ice store **-sörja** (*på land*) ice slush; (*i vatten*) broken ice

istadig *a1* restive, refractory **-het** restiveness

istapp icicle

ister ['ist-] *s7* lard **-buk** potbelly **-flott** lard

istid glacial period; *~en* (*äv.*) the Great Ice Age

iståndsätt|a put in order; restore **-ning** refitting; restoration

istället *se ställe 2*

is|tärning ice cube **-vatten** icy water; (*kylt med is*) ice[d] water **-vidd** icy expanse

isänder *se sänder*

isạr (*åtskils*) apart; (*från varandra*) away from each other **-tagbar** [-a:g-] *a5* dismountable

isättika glacial acetic acid

isätt|ning 1 (*-ande*) putting in (*etc.*) **2** *konkr.* insertion

italer [i'ta:-] *~na* the Itali **Italien** [i'ta:-] *n* Italy

italien|are [-ˣe:n-] *s9*, **-sk** *a5* Italian **-ska 1** (*språk*) Italian **2** (*kvinna*) Italian woman

iter|ation iteration **-atịv** *a5* iterative **-era** iterate

itụ 1 in two; in half (halves); (*i bitar*) in pieces; *falla ~* fall to pieces; *gå ~* go to pieces **2** *ta ~ med ngn* take s.b. in hand; *ta ~ med ngt* set about (set to work at) s.th.

ituta *jag blev alltid ~d att* they always kept on at me about

itỵ *~ att* inasmuch as, since, as

iver ['i:-] *s2* eagerness; keenness; (*nit*) ardour, zeal; (*brinnande*) fervour, enthusiasm; *i ~n* (*hettan*) in one's ardour (enthusiasm); *med ~* (*äv.*) with great zest, with alacrity

ivra [ˣi:v-] *~ för ngt* be a zealous (keen) supporter (an ardent advocate) of s.th.; *~ för att* be eager (keen) on (*ngt görs* s.th. being done)

ivr|are [ˣi:v-] eager supporter, champion (*för* of) **-ig** *a1* eager; (*nitisk*) zealous; (*brinnande av iver*) ardent, fervent, avid; (*angelägen*) anxious; keen (*efter* on)

iögon[en]fallande [iˣö:gån-] *a4* striking; conspicuous, noticeable; obvious

J

ja I *interj* **1** yes; (*dröjande, betänksamt e.d.*) well; (*vid upprop*) here!; *ack ~!* yes, worse luck!; *just det, ~!* that's just it!; *så ~!* (*lugnande*) there (come) now!, (*uppmuntrande*) so there!; *~ då* oh, yes; *~, det är det* yes, it is; *~, gör det!* yes, do!; *~ ~, jag kommer!* (*lugnande*) all right (*irriterat*: yes, yes) I'm coming!; *~, varför inte?* [yes, (well,)] why not! **2** (*stegrande*) indeed; even, nay; *~ visst!, se visst*; *dagar, ~ veckor* days, even weeks **II** *s7, s6* yes; *få ~ a*) receive a favourable answer, *b*) (*vid frieri*) be accepted; *rösta ~* vote in favour [of the proposition]; *säga ~ till* say yes to, answer in the affirmative, agree to; *frågan är med ~ besvarad* the answer is in the affirmative

jabb *s2* jab

1 jack *s7* (*hack*) gash, cut

2 jack *s2, tel.* jack

jacka *s1* (*dam-*) jacket; (*herr- äv.*) coat

jacketkrona jacket crown

jackẹtt [ʃ-] *s3* (*mansrock*) morning coat

jackpott ['jakkpått] *s3* jackpot

jade [jeid, jä:d, *äv.* ja:d] *s5, miner.* jade

jag I [*vard.* ja] *pron* I; *~ själv* I myself; *det är ~* it is me **II** *s7*, self; *filos.* ego; *ngns bättre ~* a p.'s better self; *visa sitt rätta ~* show one's true colours

jag|a 1 hunt; (*hare, högvilt, fågel äv.*) shoot **2** (*förfölja*) chase, pursue; (*driva, fösa*) drive; *~ ngn på dörren* turn s.b. out; *~ ngn på flykten* put s.b. to flight; *~ livet ur ngn* worry the life out of s.b. **3** (*ila*) drive, chase; (*skynda*) hurry, dash **-are** *sjö.* **1** *mil.* destroyer **2** (*segel*) flying jib

jag|betonad *a5* egocentric **-form** *s3*, *i ~* in the I-form (the first person singular) **-medvetande** awareness of self, self-knowledge

jaguạr *s3* jaguar

jaha well; (*jaså*) oh, I see

jaja well, well; *~ dig!* you just look out!, mind what you are doing!

jak *s2* yak

jak|a say 'yes' (*till* to), answer in the affirmative **-ande** *s6* affirmative; ~ *sats* affirmative clause; *svara* ~ answer in the affirmative

jakaranda [ʃ- *el.* j-, -ˣranda] *s1* (*trä*) jacaranda

jakob|ịn *s3* Jacobin **-ịnsk** [-i:-] *a5* Jacobinic[al]

jakobsstege Jacob's ladder

1 jakt *s3, sjö.* yacht

2 jakt *s3* hunting; (*med gevär*) shooting; (*-tillfälle*) day's shooting; (*förföljande*) pursuit, chase; (*letande*) hunt (*efter* for); *~en efter lyckan* the pursuit of happiness; *gå på ~* go out hunting; *vara på ~ efter* be hunting (on the hunt) for (*äv. bildl.*)

jakt|bombplan fighter-bomber **-byte** (*jägares*) bag; (*djurs*) prey, game; (*dagens äv.*) kill **-falk** *zool.* gyrfalcon, gerfalcon **-fasan** ring-necked pheasant **-flyg** fighter-aircraft; fighters (*pl*) **-flygare** fighter-pilot **-gevär** sporting gun **-horn** hunting horn **-hund** sporting (hunting, gun) dog; *~arna* (*äv.*) the hounds **-kniv** hunting knife **-lag** *s2* game act **-licens** hunting licence **-lycka** the luck of the chase; *har ~n varit god?* have you had a good day's sport? **-mark** hunting (shooting) ground; (*inhägnad*) preserve; (*ej inhägnad*) chase; *de sälla ~erna* the happy hunting grounds **-plan** interceptor, fighter **-robot** *mil.* air-to-air missile; *målsökande ~* homing missile **-rätt** shooting (hunting) rights (*pl*) **-slott** hunting seat **-stig** *ge sig ut på ~en* go out hunting **-stuga** shooting box (lodge), hunting lodge **-sällskap** *koll.* hunting (shooting) party; *~et* (*äv.*) the hunt (field) **-säsong** hunting (shooting) season **-vapen** hunting (sporting) weapon **-vård** game management **-vårdare** gamekeeper; *AE.* game warden **-väska** game bag

jalụ [ʃ-] *oböjligt a* jealous (*på* of)

jalusị [ʃ-] *s3* **1** (*svartsjuka*) jealousy **2** (*fönsterskärm*) jalousie; Venetian blind **3** (*på skrivbord o.d.*) roll-top; (*på skåp o.d.*) roll-front

jama mew, miaow; ~ *med* (*bildl.*) acquiesce [in everything]

Jamaica [-ˣmaika] *n* Jamaica **jamai|cạn, -kạn** *s3*, **-cạnsk** [-a:-], **-kạnsk** [-a:-] *a5* Jamaican

jamande *s6* mew, miaow

jamb *s3* iamb[us] **-isk** ['jamm-] *a5* iambic

jams *s3* yam

jamsa drivel

jamsrot yam

janitsjar [-t'ʃa:r] *s3* janissary, janizary **-musik** Turkish music

januari [-'a:ri] *r* January

janusansikte Janus face

Japan ['ja:-] *n* Japan

japạn *s3* Japanese; *vard.* Jap **-lack** [ˣja:-] japan

japan|sk [-'pa:nsk] *a5* Japanese **-ska** *s1* **1** (*språk*) Japanese **2** (*kvinna*) Japanese woman

jardinjạ̈r [ʃ-] *s3* jardinière; flower stand

jargong [ʃar'gåŋ] *s3* lingo, jargon; slang; (*svada*) jabber; (*rotvälska*) gibberish

jarl [-a:-] *s2* jarl

ja|rop cry of 'yes' **-röst** vote in favour; aye

jasmịn [ʃ-] *s3* jasmine, jessamine

jaspis ['jass-] *s2, miner.* jasper

jass *se jazz*

jaså [ˣjasså, 'jasså] oh!, indeed!, is that so?, really!; ~ *inte det!* no?, not?

jasägare yes man

Java *n* Java

javạn *s3*, **-ẹs** *s3*, **-esisk** [-'ne:-] *a5* Javan[ese]

javanesiska [-'ne:-] (*kvinna*) Javan[ese] woman

javansk [-'va:nsk] *a5* Javan[ese]

javisst *se visst*

jazz [jass] *s3* jazz

jazz|a dance [to jazz music], jazz **-balett** jazz (modern) ballet **-musik** jazz music **-orkester** jazz band

jeans [ji:ns] *s9* jeans

jeep [ji:p] *s2* jeep

jehụ *i uttr.*: *som ett ~* like a hurricane

Jemen ['je:-] *n* Yemen [Arab Republic]

jemen|ịt *s3*, **-isk** [-'ni:-] *a5* Yemeni

Jeremia [-ˣmi:a] Jeremiah

jeremiạd *s3* jeremiad, lamentation

Jeremias *se Jeremia*

Jeriko ['je:-] *n* Jericho

jersey ['jö:rsi] *textil.* jersey

Jesaja [-ˣsajja *el.* -'sajja] Isaiah

jesuịt *s3* Jesuit **-isk** *a5* Jesuitic; *neds.* Jesuitical **-orden** the Society of Jesus

Jesus [ˣje:- *el.* 'je:-] Jesus **-barnet** the Infant Jesus, the Holy Child

1 jet [jett] *s3, miner.* jet

2 jet [jett] *s3, tekn.* jet

jet|aggregat jet propulsion unit **-bränsle** jet fuel **-drift** jet propulsion **-driven** *a5* jet-propelled **-flygplan** *se jetplan* **-motor** jet engine

jetong [ʃe'tåŋ] *s3* (*spelmark*) counter; (*belöning*) medal

jet|plan jet plane (aircraft) **-ström** jet stream **-åldern** the jet age

jiddisch ['jidd-] *s2* Yiddish

jigg *s2* (*dans o. tekn.*) jig

jippo ['jippo] *s6* [publicity] stunt

jiu-jitsu [-'jitsu] *s5* jujitsu, jujutsu

JK [ˣji:kå:] *förk. för justitiekanslern*

JO [ˣji:o:] *förk. för justitieombudsmannen*

jo yes, oh yes, why yes; (*eftertänksamt*) well, why; ~ *då* yes, to be sure; oh yes; ~ *visst vill jag det!* oh yes, certainly I will!, to be sure I will!

jobb [-å-] *s7* **1** work, job; (*knog*) job **2** *se jobberi*

jobb|a [-å-] **1** work, be on the job; (*knoga*) go at it; (*syssla*) dabble (*med* in) **2** (*spekulera*) speculate, do jobbing **-are 1** jobber, worker **2** (*som gör tvetydiga affärer*) profiteer **-eri** speculation; profiteering **-ig** *a1* (*mödosam*) laborious; (*besvärlig*) bothersome; *det är ~t* it's hard work

jobspost [ˣjåbs-] *s3*, *en ~* evil tidings (*pl*), [a piece of] bad news

jock|ej [ʃå'kej] *s3*, **-ey** ['djåcki] *s3* jockey

jod [jådd] *s3* iodine **jodda** [ˣjådda] iodize

joddel ['jådd-] *s7* yodel

joddl|a [ˣjådd-] yodel **-are** yodeller **-ing** yodelling

jod|haltig *a1* iodic **-sprit** tincture of iodine

jogg|a [-å-] jog **-are** jogger **-ning** jogging

Johannes [-'hann-] ~ *evangelium* the Gospel according to St. John, John; ~ *döparen* John the Baptist

johannes|bröd (*träd*) carob; (*frukt*) carob, St. John's bread **-ört** St. John's wort

johannit|orden [-ˣni:t-] Knights Hospitallers, Knights [of the Hospital] of St. John of Jerusalem **-riddare** Hospitaller

John Blund (*ung.*) the Sandman
joho oh yes, to be sure
jojk [-å-] *s2* Lappish song
1 jojo [ˣjɑjjɑ] *interj* why, yes to be sure!
2 jojo [ˣjɑjjɑ] *s5* yo-yo
joker ['jå:-] *s2* joker
jolle [-å-] *s2* ding[h]y, skiff; yawl
joller ['jåll-] *s7* babble; (*småbarns äv.*) crowing, prattle **jollra** [ˣjåll-] babble; crow, prattle
jolmig [ˣjåll-] *a1* mawkish, vapid; *vard.* wishy-washy
jolt [-å-] *s7* silly talk, twaddle
jon *s3* ion **-bytare** ion exchange [resin]
jongl|era ['jåŋ- *el.* 'ʃåŋ-] juggle (*äv. bildl.*) **-ering** [-'e:riŋ] juggling; jugglery **-ör** juggler
jonier ['jɑ:-] Ionian
jonisa|tion ionization **-tionskammare** ionization chamber
joniser|a ionize; *~nde strålning* ionizing radiation **-ing** ionization
jonisk ['jɑ:-] *a5* Ionic; (*om invånare o.d.*) Ionian
jonkammare ionization (ion) chamber
jonosfär ionosphere
jord [-ɑ:-] *s2* **1** earth; (*värld*) world; *Moder J~* Mother Earth; *här på ~en* here on earth; *på hela ~en* in the whole world; *resa ~en runt* travel round the world **2** (*-yta*) ground; soil; earth; *ovan ~* above ground; *på svensk ~* on Swedish soil; *förbinda med ~* (*elektr.*) connect to earth (*särsk. AE.* ground), earth; *gå under ~en* go underground; *komma ner på ~en igen* come back (down) to earth; *sjunka genom ~en* (*bildl.*) sink into the ground **3** (*ämne, -art o.d.*) earth; (*mat-*) soil; (*stoft*) dust; *falla i god ~* fall into good ground **4** (*-område*) land; *odlad ~* cultivated land
jorda [ˣjɑ:r-] **1** (*begrava*) bury **2** *elektr.* earth
jorda|balk *s2* code of land laws, land law **-gods** landed estate (property)
jordande *s2* earth spirit
Jordanien [-'da:-] *n* Jordan **jordan|ier** [-'da:-] *s9*, **-sk** *a5* Jordanian
jord|art 1 *geol.* earth deposit **2** *lantbr.* soil **3** *kem.* earth **-artsmetall** earth metal **-axel** axis of the earth
jordbruk *s7* **1** *abstr.* farming, agriculture; *bedriva ~* do farming, farm, be a farmer **2** *konkr.* farm
jordbruk|arbefolkning agricultural population **-are** farmer, agriculturist
jordbruks|arbetare farm hand (worker) **-arbete** farming, agricultural work **-bygd** agricultural district **-departement** ministry (*AE.* department) of agriculture **-fastighet** farm property **-maskin** agricultural machine **-minister** minister (*AE.* secretary) of agriculture **-nämnd** *Statens ~* [the Swedish] national agricultural market board **-näring** farming [industry], agriculture **-politik** agricultural policy **-produkt** agricultural product **-redskap** agricultural (farming) implement **-utskott** *~et* [the Swedish parliamentary] standing committee on agriculture
jord|bunden *bildl.* earthbound, earthy **-bävning** [-ä:-] earthquake **-egendom** landed property
jordeliv life upon earth; *~et* (*äv.*) this life
jordenrunt|farare [-ˣrunt-] globetrotter **-resa** round-the-world trip
jord|fräs rotary cultivator **-fästa** inter, read the burial service over **-fästning** burial (funeral) service **-förbättring** soil improvement **-geting** ground-dwelling wasp **-glob** globe **-golv** earthen floor **-gubbe** [garden] strawberry **-gubbssylt** strawberry jam **-håla** cave in the earth **-hög** earth mound, mound of earth **-höjd** earth-covered hill
jord|ig [ˣjɑ:r-] *a1* (*-aktig*) earthy; (*nersmutsad*) soiled with earth **-isk** ['jɑ:r-] *a5* earthly; terrestrial; (*världslig*) worldly; mundane; (*timlig*) temporal; *~a kvarlevor* mortal remains; *lämna detta ~a* depart this life
jord|kabel underground cable **-klot** earth; *~et* (*äv.*) the globe **-koka** *s1* clod [of earth] **-kula** den; (*djurs äv.*) cavern **-källare** underground storehouse, mattamore **-lager** earth layer; stratum [of earth] **-lapp** patch (plot) of ground **-ledning 1** *elektr.* earth (*särsk. AE.* ground) connection; *konkr.* earthing wire **2** (*underjordisk ledning*) underground conduit **-loppa** flea beetle **-lott** plot, allotment **-löpare** *zool.* ground beetle **-magnetism** terrestrial magnetism **-mån** *s3* soil (*äv. bildl.*)
jord|ning [ˣjɑ:rd-] *elektr.* earthing; *AE.* grounding **-nära** down-to-earth **-nöt** peanut, groundnut **-reform** land reform **-register** land register **-ränta** ground (land) rent **-satellit** earth satellite **-skalv** earthquake **-skorpa** [earth] crust; *~n* the earth's crust **-skred** landslide (*äv. polit.*); landslip **-skredsseger** landslide [win] **-slå** earth up **-stöt** earthquake [shock] **-svin** aardvark **-värme** ground heat; geothermal energy **-yta** surface of the ground; (*ytområde*) area of ground; *på ~n* on the earth's surface, on the face of the earth **-ägare** landowner **-ärtskocka** [-å-] *s1* Jerusalem artichoke
jos *se juice*
jota 1 *s6* (*grekisk bokstav*) iota **2** *n, inte ett ~* not a jot (an iota)
joule [jɑ:l] *s9, elektr.* joule
jour [ʃɑ:r] *s3* **1** *ha ~[en]* be on call (duty) **2** *hålla ngn à ~ med* keep s.b. informed on (as to); *hålla sig à ~ med* (*äv.*) keep [o.s.] abreast of (up to date on) **-havande** *a4*, *~ läkare* doctor on duty (emergency call); *~ officer* duty (orderly) officer, officer of the day **-läkare** doctor on duty
journal [ʃɑr-] *s3* **1** *bokför.* journal, diary; (*läkar-*) case book; (*sjukhus-*) case record; (*för enskild patient*) case sheet; *föra ~* keep a journal **2** *film.* newsreel **3** (*tidskrift*) journal, magazine **-film** newsreel **-föring** keeping a journal
journalism [ʃɑr-] journalism
journalist [ʃɑr-] journalist; newspaperman, *fem.* newspaperwoman; pressman **-högskola** college of journalism
journalist|ik [ʃɑr-] *s3* journalism **-isk** [-'ist-] *a5* journalistic
jourtjänst on-call duty
jovial *a1*, **-isk** *a5* jovial **-itet** [-'te:t] joviality
jovisst *se under jo*
jox [jɑks] *s7* stuff, rubbish **joxa** [ˣjɑksa] peddle; *~ ihop* (*mat e.d.*) concoct, (*trassla till*) muddle up; *~ med ngt* mess about with s.th.

ju I *adv* why; (*som du vet*) you know (see); (*naturligtvis*) of course; (*visserligen*) it is true; (*som bekant*) as we [all] know; (*det förstås*) to be sure; *du vet ~ att* you know of course that; *där är du ~!* why, there you are!; *jag har ~ sagt det flera gånger* I have said (told you) so several times, haven't I?; *du kan ~ göra det a)* (*om du vill*) there's nothing to prevent you doing so, *b)* (*uppmanande*) you may [just] as well do it **II** *konj* the; *~ förr desto bättre* the sooner the better

jubel ['ju:-] *s7* (*hänförelse*) jubilation, rejoicing, exultation; (*glädjerop*) shout[s] of joy, enthusiastic cheering (cheers *pl*) (*över* at); (*bifall*) shouts of applause (*över* at); *allmänt ~* general rejoicing; *jublet brast löst* a storm of rejoicing broke out **-doktor** person who has held a doctorate for fifty years **-idiot** arch idiot **-rop** shout of joy **-år** [year of] jubilee

jubil|ar *s3* person celebrating an anniversary **-era** celebrate

jubileum [-ˣle:-] *s4* jubilee

jubileums|fest anniversary celebration **-firande** celebration of a jubilee **-skrift** anniversary issue **-utställning** jubilee exhibition

jubl|a [ˣju:b-] shout for joy; (*inom sig*) rejoice, exult **-ande** *a4* shouting for joy; jubilant, exultant

jucka *vard.* bump

Juda Judah **juda|folket** the Jewish people; the Jews (*pl*) **-konung** *~en* the King of the Jews

Judas Judas **judaskyss** Judas (traitor's) kiss

jude *s2* Jew; Hebrew, Israelite; *vandrande ~n a)* (*Ahasverus*) the Wandering Jew, *b) bot.* spiderwort, tradescantia **-fientlig** anti-Jewish, anti-Semitic **-förföljelse** persecution of [the] Jews **-hat** hatred of the Jews; anti-Semitism **-kristen** Jewish Christian **-kvarter** Jewish quarter, ghetto **-körs** [-ç-] *s3* strawberry tomato, Cape gooseberry

juden|dom [-domm] *s2* Judaism **-heten** the Jews, the Jewish people

judetyska Yiddish

judiciell *a5* judicial

jud|inna Jewish woman, Jewess **-isk** ['ju:-] *a5* Jewish

judo ['ju:-] *s5* judo

jugendstil ['jo:gent-] Art-Nouveau style

jugoslav *s3* Jugoslav[ian], Yugoslav[ian] **Jugoslavien** [-'sla:-] *n* Jugoslavia, Yugoslavia **jugoslavisk** [-'sla:-] *a5* Jugoslav[ian], Yugoslav [ian]

juice [jo:s] *s5* juice

jujutsu *se jiujitsu*

jul *s2* Christmas (*förk.* Xmas); (*hednisk jul o. poet.*) Yule[tide]; *god ~!* A Merry Christmas!; *i ~* at (this) Christmas; *i ~as* last Christmas; *fira ~ [en]* keep (spend) [one's] Christmas

jul|a *se [fira] jul* **-afton** Christmas Eve **-bock** Christmas goat **-boksfloden** the Christmas-book inundation **-bord** Christmas smorgasbord (buffet) **-brådska** *i ~n* in the Christmas rush **-bön** Christmas Eve service (evensong) **-dag** Christmas Day **-evangeliet** the Gospel for Christmas Day **-ferier** *pl* Christmas holidays (vacation *sg*) **-fest** Christmas party (celebration) **-firande** *s6* [the] keeping (celebration) of Christmas **-glädje** Christmas cheer **-gran** Christmas tree

julgrans|belysning Christmas-tree illumination **-fot** Christmas-tree stand **-karamell** Christmas-tree decoration filled with sweets **-plundring** party when the Christmas tree is stripped of decorations

jul|gris Christmas pig **-gröt** boiled rice pudding **-gåva** Christmas gift **-handel** Christmas trade **-handla** do one's Christmas shopping **-helg** *under ~en* during Christmas (*ledighet* the Christmas holidays), at Christmas **-hälsning** Christmas greeting

juli ['ju:-] *r* July

juliansk [-'a:nsk] *a5* Julian

jul|kaktus Christmas (crab) cactus **-klapp** Christmas present; *önska sig i ~* want for Christmas **-klappsvers** rhymed inscription written on a Christmas present **-kort** [-o:-] Christmas card **-krubba** [Christmas] crib

julle *s2, se jolle*

jul|lek Christmas game **-lik** *a5* Christmassy **-lov** Christmas holidays (*pl*) (vacation) **-natt** Christmas night **-otta** early service on Christmas Day

julp *s2, se gylf*

jul|prydnader *pl* Christmas decorations **-ros** Christmas (winter) rose, hellebore **-rush** Christmas rush **-skinka** Christmas ham **-stjärna 1** *hist., ~n* the Star of Bethlehem **2** (*i julgran*) Christmas-tree star **3** *bot.* poinsettia **-stämning** Christmas spirit (atmosphere) **-stök** preparations (*pl*) for Christmas **-sång** Christmas carol (song) **-tid** (*äv. ~en*) Christmas time, *poet. äv.* Yuletide **-tomte** Christmas gnome; *~n* Santa Claus, Father Christmas

Julön Christmas Island

jumbo ['jumm-] *s5, sport., komma ~* come last **-jet** *vard.* jumbo [jet] **-pris** booby prize

jumpa jump from one sheet of floating ice to another

jumper ['jump-] *s2* jumper **-set** twin-set

jungfru *s5* **1** (*ungmö*) virgin; maid[en]; *J~ Maria* the Virgin Mary, the Blessed Virgin, Our Lady; *J~n av Orléans* the Maid of Orléans **2** *se hembiträde* **3** (*för gatläggning*) [paving] beetle, punner; *sjö.* deadeye **-bur** maiden's (lady's) bower **-dom** [-domm] *s2* virginity, maidenhood **-födsel** *teol.* Virgin Birth; *biol.* parthenogenesis, virgin birth **-kammare** servant's [bed]room

jungfrulig [ˣjuŋ-, *äv.* -'fru:-] *a1* maidenly, maidenlike, maiden; *bildl.* virgin (*mark* soil) **-het** maidenliness; virginity

jungfru|lin [common] milkwort **-resa** maiden voyage **-tal** maiden speech

jungman [ˣjuŋ- *el.* 'juŋ-] ordinary seaman; deck hand

juni ['ju:-] June

junior ['ju:niår, *sport.* -'å:r] *oböjligt a o. s3* junior; *univ. ung* undergraduate **-lag** junior team

junker ['junk-] *s2* **1** *hist.* (*titel ung.*) squire; (*tysk godsägare*) Junker **2** *gunstig ~* young gentleman

junonisk [-'no:-] *a5* Junoesque; (*friare*) majestic

junta *s1* **1** *polit.* junta **2** (*klubb o.d.*) junta, junto; *AE. äv.* bee

jura *s1*, **-perioden** the Jurassic [period]

jurid|ik *s3* law; (*vetenskap äv.*) jurisprudence;

studera ~ study [the] law **-isk** [-'ri:-] *a5* **1** juridical; (*friare*) legal; *den ~a banan* the legal profession; ~ *fakultet* faculty of law; *~t ombud* legal representative; ~ *person* juridical (juristic) person; ~ *rådgivare* legal adviser; *~a uppdrag* legal (lawyer's, law) work **2** (*rättslig*) judicial; *~t förfarande* judicial procedure **3** (*om rättsvetenskap*) jurisprudential

juris ['ju:-] ~ *doktor* Doctor of Laws (*förk., efter namnet* LL.D.); ~ *kandidat* (*licentiat*) (*ung.*) Bachelor (Master) of Laws (*förk., efter namnet* LL.B., LL.M.) **-diktion** [-k'ʃo:n] jurisdiction **-prudens** *s3* jurisprudence

jurist lawyer; (*ngns äv.*) legal adviser; (*rättslärd*) jurist **-eri** lawyer's quibbling, juridical formalism

jury ['jurry, *äv.* -i] *s3* jury; *sitta i en* ~ be (serve) on a jury **-man, -medlem** juryman, juror

1 just *adv* just; (*precis äv.*) exactly, precisely; (*alldeles*) quite; (*egentligen*) really; ~ *det* [, *ja*]*!* that's exactly it!; ~ *ingenting* nothing in particular; ~ *så* [, *ja*]*!* exactly (precisely, quite)!; *ja,* ~ *han!* yes, the very man!, to be sure, he and no other!; *jag vet ~ inte det!* I am not so sure!; *det var ~ snyggt!* oh, very nice, I must say!; *det var ~ det jag trodde* that was (is) just (exactly) what I thought; *varför välja ~ mig?* why choose me of all people?

2 just [ʃyst] *a1* (*rättvis*) fair; (*oklanderlig*) correct, right; (*som sig bör*) seemly, *åld.* meet; (*noggrann*) exact, accurate; *vara ~ mot* (*äv.*) treat s.b. fairly (justly)

juster|a 1 (*inställa, korrigera*) adjust; (*avhjälpa fel*) correct; (*friare*) put right (to rights); (*instrument*) regulate, set right, rectify; (*mått o. vikt*) verify, inspect; (*granska o. godkänna*) revise; ~ *protokollet* sign the minutes [as correct] **2** *sport.* injure; *vard.* nobble **-are** adjuster; (*av mått o. vikt*) inspector [of weights and measures]; (*av instrument*) regulator **-bar** *a5* adjustable **-ing** adjustment; correction; regulation; inspection; revision

justerings|man person who checks minutes **-skruv** adjusting (adjustment) screw

justitie|departement [-ˣti:tsie-] ministry (*AE.* department) of justice; (*i England och Wales*) Lord Chancellor's Office **-kansler** chancellor of justice; *~n* (*ämbetet*) [the] office of the chancellor of justice **-minister** minister of justice; (*i England och Wales*) Lord Chancellor; (*i USA*) attorney general **-mord** judicial murder; miscarriage of justice **-ombudsman** [the Swedish] parliamentary ombudsman **-råd** justice of the supreme court; (*i Storbritannien*) Lord Justice of Appeal; (*i USA*) associate justice of the supreme court **-utskott** *~et* [the Swedish parliamentry] standing committee on justice

1 jute *s2* Jute; (*jylländning*) Jutlander

2 jute *s2, s7* (*spånadsämne*) jute

juteväv jute cloth; *AE. äv.* gunny

juvel *s3* jewel (*äv. bildl.*); gem; *~er* (*koll.*) jewellery **-armband** jewelled bracelet **-besatt** *a4* jewelled

juvelerar|affär [-ˣle:-] jeweller's [shop] **-arbete** jeweller's work, jewellery

juvelerare [-ˣle:-] jeweller

juvel|prydd *a5* [be]jewelled **-skrin** jewel case **-smycke** jewelled ornament

juvenil *a1* juvenile

juver ['ju:-] *s7* udder

jycke *s2* dog; *neds.* cur; (*"kurre"*) beggar, johnny

Jylland ['jyll-] *n*, **jylländsk** [ˣjyll-] *a5* Jutland

jädrans [ˣjä:d-] *oböjligt a* darned, confounded

jägar|e hunter, shooter; sportsman; *bildl.* huntsman, hunter; (*anställd*) huntsman; *mil.* commando [soldier], light infantryman, *AE.* ranger **-folk** nation of hunters **-hatt** huntsman's hat; (*mjuk mössa med brätte fram o. bak*) deerstalker **-horn** hunter's horn, hunting horn

jägmästare [ˣjä:g-] forester, forest officer (supervisor)

jäkel *s2* devil; *jäklar!* damn! **-skap** *s3, s4 på* ~ just for the hell of it

jäk|la [ˣjä:k-] *oböjligt a o. adv* blasted **-las** *dep,* ~ *med* be nasty to, provoke **-lig** *a1* rotten; damn [ed]

jäkt *s7* (*brådska*) hurry, haste; (*hets*) drive, hustle **jäkta 1** (*driva på* [*ngn*]) hurry on, keep [s.b.] on the drive (run) **2** (*hasta*) be constantly on the go (move), be in a hurry **jäktad** *a5* hurried, worried **jäktig** *a1* bustling, hectic **jäktigt** *adv, ha det* ~ have a hectic time of it

jäm|bredd *i uttr.*: *i ~ med* side by side with **-bördig** *eg.* equal in birth; *bildl.* equal [in merit] (*med* to), of equal merit (*med* with) **-fota** *hoppa* ~ jump with both feet together

jämför|a *v2* compare; ~ *med* compare with, (*likna vid*) compare to; *jämför* compare (*förk.* cp.), confer (*förk.* cf.); *~nde språkvetenskap* comparative philology **-bar** *a1* comparable; *fullt ~ med* (*hand.*) quite up to the standard of

jämförelse comparison; *göra ~r* make comparisons (*mellan* between); *det är ingen ~!* there is no comparison! **-material** comparison material **-vis** comparatively; relatively

jämförlig [-ö:-] *a1* comparable (to be compared) (*med* with, to); (*likvärdig*) equivalent (*med* to)

jämförpris unit price

jäm|gammal of the same age (*med* as) **-god** *se jämngod*

jämk|a (*flytta*) move, shift; *bildl.* adjust, adapt, modify; ~ *på* adjust, (*ändra*) modify, (*pruta på*) give way (in), (*pris*) knock off; ~ *ihop* (*bildl.*) adjust; ~ *ihop sig* move closer together **-ning** [re] adjustment, modification; (*kompromiss*) compromise; (*av skatt*) tax adjustment

jäm|lik *a5* equal (*med* to) **-like** equal **-likhet** equality **-likt** [-i:-] *adv* according to, in accordance with

jämmer ['jämm-] *s9* groaning; (*kvidande*) moaning; (*missnöje*) complaint; (*veklagan*) lamentation; (*elände*) misery **-dal** vale of tears **-lig** [ˣjämm-] *a1* miserable, deplorable; wretched; (*jämrande*) mournful, wailing **-rop** plaintive cry, cry of pain (distress)

jämn *a1* **1** (*om yta*) level, even; (*slät*) smooth **2** (*likformig*) uniform (*värme* heat); even; equable (*klimat* climate; *lynne* temperament); (*oavbruten*) continuous, steady; (*regelbunden*) regular; *med ~a mellanrum* at regular intervals; *hålla ~a steg med* keep in step with, *bildl.* keep pace with **3** (*motsats udda*) even; *~a hundratal kronor* even hundreds of kronor; *~a par* an equal number of men and women; *~a pengar* even money, the exact sum; *en ~ summa* (*äv.*) a round sum

jämna level, make level (even, smooth), even out; (*klippa jämn*) trim; *bildl.* smooth; *~ med marken* level with the ground; *~ ut* level off; *~ väg[en] för ngn* (*bildl.*) pave the way for s.b.; *det ~r ut sig* it evens itself out

jämn|an *i uttr.*: *för ~* for always **-god** *vara ~a* be equal to one another, be equals; *~ med* equal to, as good as **-grå** of an even grayness; overcast **-het** levelness; evenness, smoothness; equality; uniformity **-hög** of [a] uniform height; *två ~a* two equally tall **-höjd** *i uttr.*: *i ~ med* on (at) a level with; *vara i ~ med* be of the same level as **-mod** equanimity, composure **-mulen** entirely overcast **-stor** of [a] uniform size; *vara ~a* be equal in size

jämnt [*vard.* jämt] **1** level; evenly *etc.*; even; (*lika*) equally; (*regelbundet*) regularly, steadily; *dra ~ med ngn* get on with s.b.; *väga ~* (*om t.ex. våg*) [just] balance, *bildl.* be even; *det är ~!* (*kan behållas som dricks*) keep the change!; *och därmed ~* and there's an end of it **2** (*exakt*) exactly; *~ så mycket som* exactly (just) so (as) much as; *inte tro ngn mer än ~* only half believe s.b.; *3 går ~ upp i 9* nine is divisible by three

jämn|tjock of [a] uniform thickness, equally thick **-varm** *~a djur* warm-blooded (*fack.* homoiothermic) animals **-årig** *a1* of the same age (*med* as); (*samtidig*) contemporary; *mina ~a* persons of my [own] age, my contemporaries

jämra *rfl* wail, moan; (*gnälla*) whine; (*klaga*) complain (*över* about); (*högljutt*) lament; (*stöna*) groan

jäms *~ med* at the level of, level with; (*längs*) alongside [of]

jäm|sides side by side (*med* with), abreast (*med* of), (*vid tävling äv.*) neck and neck; alongside [of]; *~ med sina studier* alongside [of] his studies; *fartygen ligger ~* the ships lie alongside each other **-spelt** [-e:-] *a1* evenly matched, even (*med* with) **-ställa** place side by side (on a level) (*med* with), juxtapose (*med* to); place on an equal footing (*med* with); (*jämföra*) draw a parallel between; *-ställd med* on a par (an equality) with **-ställdhet** equality, parity **-ställdhetsombudsman** equal opportunities ombudsman; *~nen* (*ämbetet*) [the] office of the equal opportunities ombudsman

jämt always; (*gång på gång*) constantly; (*oupphörligt*) incessantly, perpetually; *~ och ständigt* (*samt*) always, for ever, everlastingly

jämte together with, in addition to; (*förutom*) besides; (*och även*) and [also]

jämvikt *s3* balance (*äv. bildl.*); *fys.* equilibrium; *i ~* (*bildl.*) [well-]balanced; *förlora ~en* lose one's (its *etc.*) balance; *åstadkomma ~ mellan* establish equilibrium between, equipoise; *återställa ~en* restore equilibrium (the balance)

jämvikts|läge position (state) of equilibrium; balanced position **-organ** organ of balance (equilibrium) **-rubbning** disturbance of equilibrium; disequilibrium

jämväl [ˣjämm-, *äv.* -ˈvä:l] likewise; (*även*) also

jänkare *vard.* Yankee

jänta *s1* lass

järn [-ä:-] *s7* iron; *ge ~et* (*vard.*) go in for s.th., give one's all; *ha många ~ i elden* have several irons in the fire; *smida medan ~et är varmt* strike while the iron is hot; *ta sig ett ~* (*vard.*) take a schnapps **-affär** *se -handel* **-beslag** iron mounting **-beslagen** *a5* iron|sheathed, -bound **-brist** iron deficiency **-bro** iron bridge **-bruk** ironworks (*sg o. pl*); foundry **-ek** *bot.* holly **-fil** iron file **-filspån** iron filings (*pl*) **-fysik** *se -hälsa* **-förande** *a4* iron-bearing, ferriferous **-förening** *kem.* iron compound **-grepp** iron grip **-gruva** iron mine **-halt** iron content **-haltig** *a5* containing iron, ferriferous **-hand** *styra med ~* rule with an iron hand **-handel** *konkr.* ironmonger's [shop], ironmongery; *AE.* hardware store **-handlare** ironmonger; *AE.* hardware dealer **-hantering** iron industry (trade) **-hård** [as] hard as iron, iron-hard; *bildl.* iron[-hard]; *~ disciplin* iron discipline **-hälsa** iron constitution **-industri** iron industry **-kamin** iron stove **-korset** (*orden*) the Order of the Iron Cross **-malm** iron ore **-malmsfält** iron-ore field **-manufaktur** hardware **-medicin** iron tonic **-natt** frosty night **-näve** *bildl.* iron fist **-oxid** (*med tvåvärt järn*) ferrous oxide; (*med trevärt järn*) ferric oxide **-plåt** sheet iron **-ridå** *teat.* safety curtain; *polit.* iron curtain **-skrot** scrap iron **-smide** hammered ironware **-spis** iron range **-stång** iron bar **-säng** iron bedstead **-tråd** [iron] wire **-varor** *pl* iron goods; ironware (*sg*); hardware (*sg*) **-verk** ironworks (*sg o. pl*) **-vilja** iron will **-väg** railway; *AE.* railroad; *Statens ~ar* (*SJ*) Swedish State Railways; *anställd vid ~en* employed on the railway; *fritt å ~* free on rail (*AE.* truck); *resa med ~* go by rail (train); *underjordisk ~* underground, tube, *AE.* subway

järnvägs|arbetare 1 (*-byggare*) navvy **2** (*vid färdig järnväg*) railway worker **-bank** [railway] embankment **-bro** railway bridge **-förbindelse** train service, railway connection **-karta** railway map **-knut** railway junction **-linje** railway line, track **-man** railwayman, railway employee **-nät** railway system (network) **-olycka** railway accident **-resa** railway journey (trip) **-restaurang** railway-station refreshment room, railway restaurant; (*mindre*) buffet **-skena** rail **-spår** railway (*AE.* railroad) track **-station** railway station; (*änd-*) terminus, *AE.* terminal **-trafik** railway traffic (service) **-tunnel** railway tunnel **-tåg** [railway] train **-vagn** railway carriage; *AE.* railroad car; (*godsvagn*) goods waggon, *AE.* freight car **-övergång** railway crossing; (*plankorsning*) level (*AE.* grade) crossing; *bevakad* (*obevakad*) *~* guarded (ungated) level crossing

järnåldern the Iron Age

järpe *s2* hazelhen

järtecken [ˣjä:r-] omen, portent, presage

järv *s2* wolverine

jäs|a *v3* ferment; (*om sylt o.d.*) go fermented; *bildl. a*) (*om missnöje o.d.*) ferment, *b*) (*vara uppblåst*) swell up; *låta degen ~* let the dough rise; *~ upp* (*om deg*) ferment, rise; *~ över* ferment and run over; *han -te av vrede* he boiled with fury; *det -te i sinnena* people's minds were in a ferment **-ning** fermentation; *bildl.* ferment;

J

bringa i ~ bring to fermentation, *bildl.* work up into a ferment
jäsnings|process fermentation (fermentative) process **-ämne** ferment
jäst *s3* yeast **-pulver** baking powder **-svamp** yeast [fungus]
jätte *s2* giant **-arbete** gigantic (herculean) [piece of] work **-bra** super, topnotch; *AE.* great **-fin** first-rate, terrific; *AE.* dandy **-format** gigantic size **-glad** pleased as punch **-gryta** *geol.* giant's kettle, pothole **-kvinna** giantess, female giant; (*storväxt kvinna*) enormous woman, (*på cirkus*) fat woman **-lik** *a5* gigantic; giant-like **-panda** [giant] panda **-planet** giant planet **-skön** very comfy (comfortable) **-steg** giant stride; *gå framåt med* ~ (*bildl.*) make tremendous progress, progress by leaps and bounds **-stjärna** giant star **-stor** gigantic, enormous, huge **-tanker** mammoth tanker, supertanker **-trevlig** awfully nice, delightful, charming **-ödla** great saurian, dinosaur
jättinna *se jättekvinna*
jäv *s7, jur.* challenge (*mot* to); *anmäla* ~ *mot* challenge, make (lodge) a challenge to; *laga* ~ lawful disqualification
jäva 1 *jur.* take exception to; (*testamente e.d.*) challenge the validity of **2** (*bestrida*) belie
jävig *a5* (*om vittne*) challengeable, exceptionable; (*inkompetent, partisk*) disqualified, non-competent **-het** challengeability; non-competence
jäv|la, -las, -lig, -ligt *se djävla, djävlas, djävlig, djävligt*
jökel ['jö:-] *s2* glacier **-älv** glacier stream
jöns *s2* johnny; ninny
jösse *s2, ung.* Jack hare
jösses good heavens!; *vad i jösse namn!* what on earth!

K

kabạl *s3* cabal
kabarẹ *s3* cabaret **-artist** cabaret artiste
kabbal|a ['kabb-] *s1* cab[b]ala **-ist** cab[b]alist **-istisk** [-'ist-] *a5* cab[b]alistic
kabb[e]leka *s1* marsh marigold
kabel ['ka:-] *s2* cable; *sjö. äv.* hawser **-bro** cable suspension bridge **-brott** cable breakdown
kabeljo [ˣkabb-] *s5* dried [cured] cod
kabel|ledning cable **-längd** cable, cable['s] length **-sko** *elektr.* [cable] socket **--TV** cable television, cablevision
kabịn *s3* (*för passagerare*) cabin; (*för pilot äv.*) cockpit **-båt** cabin (family) cruiser
kabinẹtt *s7, s4* cabinet (*äv. polit.*); (*budoar*) boudoir
kabinetts|fråga vote of confidence; *ställa* ~ demand a vote of confidence **-kammarherre** lord--in-waiting **-medlem** cabinet member, member of the cabinet **-sekreterare** undersecretary of state for foreign affairs
kabla [ˣka:-] cable
kabriolẹtt *s3* cabriolet, convertible
kabỵl *s3* Kabyle
kabỵss *s3, sjö.* [cook's] galley, caboose
kackalorum [-ˣlɑ:-] *s7* to-do, hullabaloo
kackel ['kack-] *s7, se kacklande*
kackerlacka *s1* cockroach
kackl|a cackle; (*om höna äv.*) cluck **-ande** *a4 o. s6* cackling; cluck-clucking
kadaver [-'da:-] *s7* carcass; (*lik*) corpse **-disciplin** blind discipline
kadẹns [*el.* -'aŋs] *s3, mus.* (*slutfall*) cadence, fall; (*solo-*) cadenza
kader ['ka:-] *s2, s3, mil.* cadre
kadẹtt *s3* cadet; *sjö.* [naval] cadet **-skola** military academy (school)
kadmium ['kadd-] *s8* cadmium
kadrịlj *s3* (*dans*) quadrille
kafé *s4* café; coffee bar (shop, house); teashop, tearoom; *AE. äv.* cafeteria
kafeteria [-'te:-] *se cafeteria*
kaffe *s7* coffee; *koka* ~ make coffee; ~ *med grädde* (*mjölk*) white coffee; ~ *utan grädde* (*mjölk*) black coffee **-automat** coffee machine **-blandning** blend of coffee **-bricka** coffee tray **-bryggare** percolator, coffee maker (machine) **-bröd** *koll.* buns, cakes **-buske** coffee shrub (bush) **-böna** coffee bean **-dags** coffee time, time for coffee **-grädde** coffee cream **-gök** *se -kask* **-junta** coffee club (party) **-kanna** coffee-pot **-kask** *s2* coffee laced with schnapps **-kokning** coffee-making **-kopp** coffee cup; (*mått*) coffee-cupful **-kvarn** coffe mill (grinder) **-panna** coffeepot **-paus** coffee break **-plantage** coffee plantation
kaffer ['kaff-] *s3, åld. el. neds.* Kaf[f]ir
kafferast coffee break
kafferbuffel African buffalo
kaffe|rep *s7* coffee party **-rosteri** coffee-roasting factory **-servering** *se kafé* **-servis** coffee set **-sked** coffee spoon **-sump** coffee grounds (*pl*) **-surrogat** coffee substitute, ersatz coffee **-träd** coffee tree **-tår** drop of coffee
kaftạn *s3* (*prästrock*) cassock; (*österländsk*) kaftan, caftan
kagge *s2* keg, cask
kainsmärke [ˣka:ins-] mark (brand) of Cain
kaj [kajj] *s3* quay; wharf, dock, (*hamngata*) embankment; (*utskjutande*) jetty; *fritt vid* (*å*) ~ free at (on) quay
kaja [ˣkajja] *s1* jackdaw
kajạk *s3* kayak
kajavgift quayage; wharfage; quay-dues (*pl*)
kajennpeppar [-ˣjenn-] cayenne [pepper]
kajka row around (mess about) in an old boat
kajmạn *s3* cayman
kajplats quay berth
kajuta [-ˣju:-] *s1* cabin; (*liten*) cuddy
kaka *s1* cake, pastry; (*små-*) biscuit, *AE.* cookie;

(*av hårt bröd*) round; ~ *söker maka* birds of a feather flock together
kakadu[a] [-'du:, -ˣdu:a] *s3* [*s1*] cockatoo
kakao *s9* cacao; (*dryck, pulver*) cocoa **-böna** cocoa bean **-fett** cocoa butter **-likör** crème de cacao
kakburk biscuit tin
kakel *s7* [Dutch, glazed] tile **-klädd** *a5* tiled **-platta** *se kakel* **-ugn** tiled stove
kak|fat cake dish **-form** baking tin
kaki ['ka:-] *s9* khaki **-färgad** khaki [coloured]
kak|mix [ready-made] cake mix **-mått** pastry cutter
kakofoni *s3* cacophony
kakskrin biscuit tin
kakt|é *s3* cactaceous plant **-us** ['kakk-] *s2* cactus
kaktång pastry tongs (*pl*)
kal *a1* bare; (*om kust*) naked; (*om gren*) leafless; (*om pers.*) bald
kalabalik *s3* uproar, fracas, tumult
kalamitet (*missöde*) mishap, (*starkare*) calamity; (*olycka*) misfortune
kalas *s7* party; feast; (*friare o. bildl.*) treat; *få betala ~et* have to pay for the whole show; *ställa till med stort ~ för* throw a big party for
kalas|a feast **-kula** paunch, potbelly **-mat** delicious food; a real delicacy
kalcedon [-se'då:n *el.* -'dɔ:n] *s3* chalcedony
kalciner|a calcine **-ing** calcining; calcination **-ingsugn** kiln, calcining furnace
kalcium ['kall-] *s8* calcium **-fosfat** calcium phosphate **-hydroxid** calcium hydroxide **-karbid** [calcium] carbide **-karbonat** calcium carbonate **-klorid** calcium chloride **-oxid** calcium oxide
kaldé *s3* Chaldean **Kaldéen** [-'de:en] *n* Chaldea; *Ur i ~* Ur of the Chaldees **kaldeisk** [-'de:-] *a5* Chaldean
kalebass *s3* calabash
kaledonisk [-'dɔ:-] *a5* Caledonian; *K~a bergskedjan* the Caledonian folding
kalejdoskop [-'å:p] *s7* kaleidoscope **-isk** *a5* kaleidoscopic
kalendarium [-'da:-] *s4* calendar
kalender [-'lenn-] *s2* calendar; almanac; (*årsbok*) annual, yearbook **-bitare** *han är ~* he is a who's-who specialist **-dag** calendar (civil) day **-månad** calendar month **-år** calendar (civil) year
kalesch [-'ä(:)ʃ] *s3* barouche; calash, calèche
kalfaktor [-ˣfakktår] *s3* batman, officer's servant
kalfatra [ˣkall- *el.* -'fa:-] **1** *sjö.* caulk **2** *bildl.* find fault with
kal|fjäll bare mountain **-hugga** deforest **-huggning** deforestation **-hygge** deforestation
kali ['ka:-] *s7* potash
kaliber [-'li:-] *s2, s3* calibre (*äv. bildl.*)
kalibrer|a calibrate **-ing** calibration
kalif *s3* caliph, calif **-at** *s7* caliphate
Kalifornien [-'få:r-] *n* California
kaligödsel potassic fertilizer
kalikå [ˣkall-, 'kall- *el.* -'kå:] *s3* calico
kali|lut lye **-salpeter** potassium nitrate, saltpetre
kalium ['ka:-] *s8* potassium **-cyanid** potassium cyanide **-hydroxid** potassium hydroxide, caustic potash **-karbonat** potassium carbonate, potash **-klorid** potassium chloride

1 kalk *s2* **1** (*bägare*) chalice; *bildl.* cup: *tömma den bittra ~en* drain the bitter cup **2** *bot.* perianth
2 kalk *s3* lime; (*bergart*) limestone; *osläckt ~* quicklime, unslaked lime; *släckt ~* slaked lime
kalk|a whitewash, limewash; (*göda*) lime **-avlagring** lime deposit
kalk|brott limestone quarry **-brist** (*i kost*) calcium deficiency **-bruk 1** (*-bränneri*) lime works (*sg o. pl*) **2** (*murbruk*) lime mortar
kalker|a trace; *bildl.* copy **-ing** tracing **-papper** tracing (carbon) paper
kalk|fattig lime-deficient; (*om kost*) deficient in calcium **-gruva** lime pit **-halt** lime content **-haltig** *a1* calcareous, calciferous; limy **-kväve** calcium cyanamide **-målning** fresco (mural) painting
kalkon *s3* turkey
kalk|salpeter nitrate of lime **-sten** limestone **-stensbrott** limestone quarry **-stryka** limewash **-tablett** calcium tablet
kalkyl *s3* calculation; *hand.* cost estimate; *mat.* calculus **-ator** [-ˣa:târ] *s3* (*person*) cost accountant, calculator; (*maskin*) calculator, calculating machine
kalkyler|a calculate, estimate, work out **-ing** (*-ande*) calculating, estimating; *se äv. kalkyl* **-ingsmaskin** calculating machine; (*elektronisk*) [electronic] computer
1 kall *a1* cold (*äv. bildl.*); (*om t.ex. zon*) frigid; (*kylig*) chilly; (*sval*) cool; *två grader ~t* two degrees below zero; *det ~a kriget* the cold war; *bli ~ om fötterna* get cold feet; *hålla huvudet ~t* keep cool; *han håller huvudet ~t* he has a cool head; *vinka med ~a handen* dismiss s.b. coldly; *jag blev alldeles ~* (*av förskräckelse*) I went cold all over
2 kall *s7* calling, vocation; (*uppgift*) task, mission
1 kalla *s1, bot.* calla, calla (arum) lily
2 kalla call; name, designate; (*ropa* [*på*], *till-*) summon; (*utnämna*) appoint, nominate; *~ på läkare* send for (call in) the doctor; *det kan man ~ tur!* that is what you may call luck!; *~ sig* call o.s., (*antaga namnet*) take the name of
kallad *a5* called *etc.*; *så ~* so-called; *även ~* alias, otherwise called; *känna sig ~ till* feel fitted for (called upon to); *han blev ~ till president* he was called to be president (to the presidency)
kall|bad cold bath; (*ute-*) bathe **-blodig** cold-blooded; *bildl. äv.* cool; *~a djur, se växelvarma djur* **-blodigt** *adv* coolly, in cold blood **-blodighet** cold-bloodedness **-brand** gangrene **-dragen** *a5, tekn.* cold-drawn **-dusch** cold shower (douche) (*äv. bildl.*)
Kalle Anka Donald Duck
kallelse 1 (*t. möte e.d.*) summons, notice; *univ.* call; *kyrkl.* invitation; (*utnämning*) nomination **2** *se 2 kall*
kall|front *meteor.* cold front **-garage** unheated garage **-grin** sneer **-grina** sneer [superciliously] (*åt* at) **-hamra** cold-hammer; *~d* (*bildl.*) hard-boiled
kalli|graf *s3* calligrapher, calligraphist **-grafi** *s3* calligraphy **-grafisk** [-'gra:-] *a5* calligraphic
kall|jord *på ~* in cold soil, outdoors **-lim** (*hopskr. kallim*) cold-water glue **-mangel** mangle
kall|na cool; (*om mat e.d.*) get cold **-prat** small talk **-prata** talk about trivialities **-sinnig** *a1*

cold, cool; (*likgiltig*) indifferent **-sinnighet** coldness *etc.*; indifference **-skuret** *n, best. form: det -skurna, litet* ~ a few cold-buffet dishes **-skänk** *s2* cold buffet **-skänka** [-ʃ-] *s1* cold-buffet manageress **-start** cold start **-sup** involuntary gulp of cold water **-svett** cold sweat (perspiration) **-svettas** *dep* be in a cold sweat **-svettig** *vara* ~ be in a cold sweat

kallt *adv* coldly *etc*; *förvaras* ~ keep in a cool place; ~ *beräknande* coldly calculating; *ta saken* ~ take the matter coolly, keep cool about **-valsning** cold-rolling **-vatten** cold water **-vattenskran** cold-water tap

kalmuck *s3* **1** Kalmuck, Kalmyk **2** (*tyg*) kalmuck

kalops [-'åps] *s3, ung.* spiced beef stew

kalori *s3* calorie **-behov** calorie requirement **-fattig** low calorie

kalorimet|er [-'me:-] *s2* calorimeter **-ri** *s3* calorimetry **-risk** [-'me:-] *a5* calorimetric[al]

kalorivärde calorific (calorie) value

kalott [-'ått] *s3* (*huvudbonad*) calotte, skullcap

kalsonger [-'såŋ-] *pl* (*korta*) underpants, undershorts; (*långa*) long underpants

kalufs *s3* forelock

kaluv *s3* **1** *se kalufs* **2** *på nykter* ~ (*bildl.*) in one's sober senses

kalv *s2* calf (*pl* calves); *kokk.* veal

kalv|a calve **-bräss** sweetbread **-dans** *kokk.* curds (*pl*) **-filé** fillet of veal **-frikassé** fricassee of veal **-färs** minced veal

kalvin|ism Calvinism **-ist** Calvinist **-istisk** [-'ist-] *a5* Calvinistic[al]

kalv|kotlett veal chop (cutlet) **-kätte** calf's crib (pen) **-kött** veal **-lever** calf's liver

kalv|ning calving **-skinn** *hand.* calfskin **-stek** *slaktar.* joint of veal; *kokk.* roast veal

kam [kamm] *s2* comb; (*berg-, tupp-, våg-*) crest; (*excenter-*) cam; *skära alla över en* ~ judge (treat) all alike

kamarilla [-ˣrilla, -'rilla] *s1* camarilla; clique

kamaxel camshaft

Kambodja [-ˣbådja] *n* Cambodia

kambrik ['kamm-] *s3* cambric

kambr|isk ['kamm-] *a5* Cambrian **-ium** *s8* Cambrian **-osilur** *s3* Cambro-Silurian

kamé *s3* cameo

kamel *s3* camel; *enpucklig* ~ dromedary **-drivare** camel driver

kameleont [-'ånt] *s3* chameleon **-isk** *a5* chameleonic

kamel|hår camel's hair, camelhair **-hårskappa** camelhair coat

kamelia [-'me:-] *s1* camellia

kamera ['ka:-] *s1* camera **-jakt** hunt for [sensational] photographs

kameral *a5* fiscal; financial

kameraman cameraman

Kamerun *n* Cameroon

kamfer ['kamm-] *s9* camphor **-liniment** camphor embrocation **-olja** camphorated oil **-sprit** camphorated spirits (*pl*)

kamgarn worsted [yarn]; (*tyg*) worsted [fabric]

kamin *s3* [heating] stove; (*fotogen- e.d.*) heater; *elektrisk* ~ electric fire (heater)

kamkofta dressing jacket, peignoir

kamma comb; ~ *håret* comb (do) one's hair; ~ *noll* (*vard.*) draw a blank

kammar|e -[*e*]*n kamrar, äv. s9* room; *polit., tekn., biol.* chamber; (*hjärt-*) ventricle; (*i Storbritannien, polit.*) house; *första* ~*n* (*förr i riksdagen*) the First Chamber, (*i Storbritannien*) the House of Lords; *andra* ~*n* (*förr i riksdagen*) the Second Chamber, (*i Storbritannien*) the House of Commons

kammar|herre chamberlain (*hos* to) **-jungfru** lady's maid **-kollegiet** [the Swedish] national judicial board for public lands and funds **-lärd** *en* ~ a bookish person **-musik** chamber music **-opera** chamber opera **-orkester** chamber ensemble **-rätt** administrative court of appeal

kammarrätts|assessor associate judge [of the administrative court of appeal] **-fiskal** reporting clerk [of the administrative court of appeal] **-president** president [of the administrative court of appeal]

kammar|spel *teat.* chamber play **-tjänare** valet **-åklagare** district prosecutor

kam|mussla pecten **-ning** combing; (*frisyr*) coiffure, hairstyle

kamomill *s3* wild (German) camomile **-te** camomile tea

kamouflage, kamouflera *se camouflage, camouflera*

1 kamp *s2* (*häst*) jade

2 kamp *s3* (*strid*) struggle (*om* for); fight, combat (*om* for) (*äv. bildl.*); (*drabbning*) battle (*äv. bildl.*); (*brottning*) wrestle, wrestling; ~*en för tillvaron* the struggle for existence; *en* ~ *på liv och död* a life-and-death struggle

kampa *se campa*

kampanda fighting spirit

kampanil *s3* campanile

kampanj *s3* campaign; (*reklam- äv.*) drive

kamp|are *se campare* **-era** be (lie) encamped (in camp); ~ *ihop* (*tillsammans*) share the same tent (room *etc.*), be fellow workers **-ing** ['kamp-] *se camping*

kamp|lust fighting spirit **-sång** camp song **-vilja** will to fight

Kampuchea [-ˣtçe:a] *n* Kampuchea

kamrat comrade, fellow; (*vän*) friend; (*följeslagare*) companion; (*arbets-*) fellow worker; (*skol-*) schoolmate, schoolfellow; (*studie-*) fellow student; (*kollega*) colleague; *en god* ~ a good chap; *mina* ~*er på kontoret* my colleagues at the office; *vi är* ~*er från skoltiden* we are old schoolmates **-anda** comradeship, fellowship **-förening** society of fellow students (schoolmates *etc.*); *mil.* service club **-krets** *i* ~*en* among [one's] friends (*etc.*)

kamratlig [-'ra:t-] *a1* friendly (*mot* towards) **-het** friendliness

kamrat|skap *s7* companionship, comradeship **-äktenskap** companionate marriage

kamrer *s3*, **-are** [-ˣre:-] *s9* accountant (*i, på* at, in)

1 kan [ka:n] *s3* khan

2 kan [kann] *pres av kunna*

kana I *s1* slide; *åka* ~ slide, go sliding **II** *v1* slide, go sliding

Kanaan *n* Canaan

Kanada ['kann-] *n* Canada

kanadagås Canada goose
kanadens|are [-ˣdens-] Canadian (*äv. kanot*) **-isk** [-'dens-] *a5* Canadian **-iska** [-'dens-] Canadian woman
kanal *s3* (*naturlig*) channel (*äv. elektron. o. bildl.*); (*grävd samt anat. o. naturv.*) canal; *tekn.* channel, duct; *Engelska K~en* the [English] Channel **-avgift** canal dues (*pl*)
kanaliser|a canalize, channel (*äv. bildl.*) **-ing** canalization
kanalje [-'nalje] *s5* blackguard, villain; *din lille ~* you little rascal
kanal|system canal system, network of canals **-väljare** channel selector
Kanalöarna *n* the Channel Islands
kanané *s3* Canaanite **kananeisk** [-'ne:-] *a5* Canaanitic
kanapé *s3* **1** (*soffa*) settee, canapé **2** (*bakelse*) pig's ear [of puff pastry]
kanarie|fågel [-ˣna:-] canary **-gul** canary yellow
Kanarieöarna [-ˣna:-] the Canary Islands, the Canaries
kancer, kancerogen *se cancer, cancerogen*
kandelaber [-'la:-] *s2* candelabra
kander|a candy; *~d* candied, preserved in sugar **-ing** candying
kandidat 1 (*sökande*) candidate, applicant (*till* for) **2** *univ.* Bachelor; *filosofie ~* Bachelor of Arts (*förk.* B.A.); *medicine ~* graduate in medicine, medical student **-examen** *ta ~* take one's B.A. degree **-lista** list of candidates; *polit. äv.* nomination list; *AE. äv.* ticket **-nominering** nominations (*pl*) [of candidates]
kandid|atur *s3* candidature **-era** set [o.s.] up as a candidate; *polit.* stand (*AE.* run) for
kandisocker sugar candy
kanel *s3* cinnamon **-stång** bark cinnamon
kanfas ['kann-] *s3* canvas, duck
kanhända [-ˣhänn-] perhaps; *jfr kanske*
kanik *s3* canon
kanin *s3* rabbit **-avel** rabbit breeding **-bur** rabbit hutch **-hanne** buck rabbit **-hona** doe rabbit **-pest** myxomatosis **-skinn** *hand.* rabbit skin **-unge** young rabbit
kanister [-'nist-] *s2* canister, can, tin
kanjon ['kanjån] *s3* canyon
kanna *s1* (*kaffe- etc.*) pot; (*grädd-*) jug
kannel|era flute; *~d* fluted **-ering** [-'le:-] fluting **-yr** *s3* flute
kannibal *s3* cannibal **-isk** *a5* cannibal[istic] **-ism** cannibalism
kannring *tekn.* piston ring
kannstöp|a talk politics without having any real knowledge **-are** armchair politician, political windbag **-eri** [airing of] uninformed political opinions
1 kanon ['ka:nån] *s3, s9* **1** (*rättesnöre o.d.*) canon **2** *mus.* canon, round
2 kanon [ka'no:n] *s3* (*artilleripjäs*) gun; (*äldre*) cannon; *som skjuten ur en ~* like a shot
kanon|ad *s3* cannonade **-båt** gunboat **-dunder** thunder (roaring) of guns **-eld** gunfire **-form** *sport.* great form **-fotograf** street photographer **-gjuteri** cannon foundry
kanon|isation canonization **-isera** canonize **-isk** [-'no:-] *a5* canonical; *~a böcker* canon (*sg*); *~ rätt* canon law
kanon|kula cannonball **-lavett** gun carriage **-lockar** cannon curls **-mat** *bildl.* cannon fodder **-mynning** gun muzzle **-port** gun port[hole] **-skott** gunshot **-torn** gun turret
kanot *s3*, **kanota** [-'no:-] *v1* canoe
kanot|färd canoe trip **-ist** canoeist **-sport** canoeing
kanske [ˣkanʃe] perhaps; (*måhända*) maybe; ~, *~ inte* maybe, maybe not; *han kommer ~* he may (might) come; *du skulle ~ vilja hjälpa mig?* would you mind helping me?; *~ vi skulle gå ut?* what about going out?
kansler [ˣkann-, *äv.* 'kann-] *s3* chancellor
kanslersämbete chancellorship
kansli *s4, s6* (*vid ämbetsverk o.d.*) secretariat, [secretary's] office; (*i Storbritannien äv.*) chancery; *AE. äv.* chancellery; *univ.* registrar's office; *teat.* general manager's office; *Kungl. Maj:ts ~* the Government Offices (*pl*) **-biträde** clerical officer **-chef** (*vid ambassad*) head of chancery; (*vid HD, regeringsrätten*) senior judge referee; (*vid riksdagens utskott*) secretary; (*vid kommun, landsting*) chief executive; (*vid nämnd m.m.*) administrative director **-råd** deputy assistant undersecretary **-sekreterare** administrative officer [second (third) secretary] **-skrivare** clerk **-språk** official (civil service) English (*etc.*); official jargon, officialese; *vard.* gobbledygook
kanslist clerical officer
kansli|stil, -svenska *se kanslispråk*
kant *s3* **1** edge; (*bård o.d.*) border; (*marginal*) margin; (*på kläder e.d.*) edging, selvage; (*på kärl*) rim, brim; (*på huvudbonad*) brim **2** (*bröd-*) crust; (*ost-*) rind **3** *hålla sig på sin ~* keep one's distance, hold aloof; *komma på ~ med ngn* get at cross-purposes with s.b., fall out with s.b.
kanta edge; (*omge*) border, line; (*kantskära*) trim
kantarell *s3* chanterelle
kantat cantata
kantband edging, trimming
kantele [ˣkann-, 'kann-] *s5* kantele
kantig *a1* angular; (*om anletsdrag o. bildl.*) rugged; (*till sättet äv.*) unpolished, abrupt **-het** angularity; ruggedness *etc.*
kantin *s3* canteen
kanton *s3* canton
kantor [ˣkann-, 'kanntår] *s3* cantor, precentor
kantr|a turn over, capsize, [be] upset; (*om vind o. bildl.*) veer [round] **-ing** capsizal, upset; veering [round]
kant|sten kerbstone; *AE.* curbstone **-ställd** placed on edge **-stött** chipped [at edge]; (*om anseende o.d.*) damaged
kantänka [-ˣtänn-] no doubt; of course; (*försmädligt*) if you please
kanyl *s3* cannula (*pl* cannulae)
kaolin *s4, s3* kaolin, china clay (stone)
kao|s ['ka:ås] *s7* chaos **-tisk** [ka'o:-] *a5* chaotic
1 kap *s7* (*udde*) cape
2 kap *s7* (*fångst*) capture; *ett gott ~* a fine haul
1 kapa (*uppbringa*) capture, take; (*flygplan*) hijack; skyjack
2 kapa *sjö.* cut away; (*lina äv.*) cut; (*timmer etc.*) crosscut; *~ av* cut off

K

kapabel [-'pa:-] *a2* capable
kapaci|tans *s3, elektr.* capacitance **-tet** capacity; (*pers. äv.*) able man
kapar|e privateer; (*flygplans-*) hijacker; skyjacker **-fartyg, -kapten** privateer
1 kapell *s7* (*överdrag*) cover, cap, hood
2 kapell *s7* **1** (*kyrkobyggnad*) chapel **2** *mus.* orchestra, band
kapellmästare conductor [of an orchestra]; bandmaster
kaperi privateering; piracy
kapillaritet capillarity
kapillär *s3 o. a5* capillary **-kraft** capillarity **-kärl** capillary **-rör** capillary tube
1 kapital *a1* downright; *~t misstag* capital mistake, flagrant error
2 kapital *s7* capital; (*pengar äv.*) funds, money
kapital|behållning capital [in hand] **-bildning** capital accumulation (formation) **-brist** lack of capital **-budget** capital budget **-flykt** flight of capital **-försäkring** endowment assurance (insurance) **-intensiv** capital-intensive
kapitaliser|a capitalize **-ing** capitalization
kapital|ism capitalism **-ist** capitalist **-istisk** [-'ist-] *a5* capitalist[ic]; *~t samhälle* capitalist society **-konto** capital account **-marknad** capital market **-placering** [capital] investment **-räkning** [long-term] deposit account **-samlingsräkning** [long-term] deposit account, capital accumulation account **-stark** financially strong
kapitalt [-'a:lt] *adv* downright, radically; (*fullständigt*) completely, totally
kapital|varor capital goods **-värde** capital value
kapitel [ka'pittel] *s7* chapter; *ett helt annat ~* (*bildl.*) quite another story; *när man kommer in på kapitlet om* (*bildl.*) when you get on to the topic of **-indelning** division into chapters **-rubrik** chapter heading
kapitul|ation capitulation **-ationsvillkor** terms of surrender **-era** capitulate, surrender
kapitäl **1** *s7, s3, arkit.* capital **2** *s3, boktr.* small capital
kaplan *s3* chaplain
kapning [ˣka:p-] **1** (*uppbringande*) capture; (*av flygplan*) hijacking; skyjacking **2** *sjö.* cutting [away] **3** (*av timmer etc.*) crosscutting
kapock [-'påkk] *s3* kapok
kapp *se ikapp*
kapp|a *s1* **1** coat; cloak; (*akademisk, domares, prästs*) gown; *vända ~n efter vinden* trim one's sails according to the wind, veer with every wind **2** (*gardin-*) pelmet, valance; (*volang*) flounce **-affär** coat shop
kappas *dep* vie (compete) [with one another]
kappe *s2, ung.* half-peck
kappkörning racing; *en ~* a race
kapplöp|ning racing (*efter* for); *en ~* a race **-ningsbana** racetrack; (*häst-*) racecourse, *AE.* racetrack **-ningshäst** racehorse, racer
kapprak bolt upright
kapprodd boat-racing; *en ~* a boat race **-are** member of a boat-race crew; single sculler
Kapprovinsen [ˣka:p-] *r* [the] Cape Province
kapprum cloakroom
kapprustning arms (armaments) race
kappsegl|a compete in sailing-races (yacht-races) **-ing** yacht-racing; *en ~* a sailing-match (sailing-race), a yacht-race **-ingsbåt** racing-boat, racing-yacht, racer
kappsimning competition swimming; *en ~* a swimming-race (swimming-competition)
kappsäck suitcase; portmanteau; (*mjuk*) bag
kapriciös [-si'ö:s] *a1* capricious
kaprifol *s3*, **kaprifoli|um** [-'fɔ:-] *-en -er, best. form äv. -er* honeysuckle
kapriol *s3* capriole
1 kapris *s3* (*nyck*) caprice, whim
2 kapris ['ka:-] *s2* (*krydda*) capers (*pl*)
kapsejs|a [-'sejsa] capsize; (*om bil etc.*) turn over **-ning** capsizal
kaps|el *s2* capsule; *bot.* [seed] capsule, seedcase, pericarp **-la** *tekn.* enclose, encase
kapson *s3* cavesson
Kapstaden *r* Cape Town
kapsyl *s3* [bottle] cap, capsule; (*skruv-*) screw cap **-öppnare** bottle opener
kapsåg crosscut saw
kapten *s3* captain; *sjö. äv.* master, *vard.* skipper; (*vid flottan*) lieutenant; (*vid flyget*) flight lieutenant; *AE.* captain, (*vid flottan*) lieutenant
kapucin *s3* Capuchin
kapucin[er]|apa capuchin [monkey] **-munk** Capuchin [monk]
kapun *s3* capon
kapuschong [-'ʃåŋ] *s3* hood
kaputt *oböjligt a, vard.* done for
Kap Verde ['värr-] *n* (*staten*) Cape Verde; (*ö-gruppen*) Cape Verde Islands
kar *s7* vat; (*bad-*) bathtub, bath
karabinjär *s3* car[a]bineer
karaff *s3* decanter; *hand. äv.* carafe; (*vatten-*) water bottle **karaffin** *s3* carafe
karakteriser|a characterize **-ing** characterizing; characterization
karakteristik *s3* characterization, descriptive account (*över* of)
karakterist|ika [-'riss-] *s1* index, characteristic **-ikon** *best. form -ikon, äv. -ikonet, pl -ikon, äv. -ika* characteristic [feature] **-isk** *a5* characteristic, typical (*för* of)
karaktär *s3* character; (*beskaffenhet, natur äv.*) quality, nature; (*karaktärsfasthet*) strength of character
karaktärs|danande *a4*, **-daning** *s2* character-building **-drag, -egenskap** characteristic [feature, trait]; trait of character **-fast** firm (steadfast) in character; of [a] firm character **-fasthet** firmness (strength) of character **-fel** flaw in character **-lös** lacking in character, unprincipled **-löshet** lack of character (principle) **-roll** character part **-skildring** portraiture of a character (person) **-skådespelare** character actor **-studie** character study (*över* of) **-styrka** strength of character **-svag** weak [in character]; spineless **-svaghet** weakness [of character]; spinelessness **-teckning** character-drawing; characterization
karam|bolage [-'la:ʃ] *s7* (*slags biljardspel*) cannon; *särsk. AE.* carom **-boll** [-'båll] *s3, se karambolage*
karamell *s3* sweet, candy **-fabrik** confectionery, sweet factory **-färg** colouring essence **-påse** bag of sweets (*etc.*)

karantạ̈n *s3* quarantine; *ligga i ~* be in quarantine
karantäns|flagga quarantine flag, yellow jack **-tid** quarantine period
karạt *s9, s7* carat
karate [-ˣra:-] *s2* karate
karavạn *s3* caravan **-seraj** *s3, s4* caravanserai **-väg** caravan route
karavẹl[l] *s3* caravel
karbad bath
karbamịd *s3* urea **-plast** urea-formaldehyde resin
karbạs *s3* cane
karbịd *s3* [calcium] carbide **-lampa** carbide lamp
karbịn *s3* carbine **-hake** snap-hook, spring-hook
karbol [-'å:l] *s3, tidigare namn på fenol* **-kalk** carbolic lime **-syra** *se karbol*
karbon [-'å:n] *s3* carbon **-ạt** *s7, s4* carbonate **-isera** carbonize **-papper** carbon paper
karborundum [-ˣrund-] *s8* carborundum **-skiva** carborundum wheel
karbunkel [-'bunk-] *s2* carbuncle
karburator [-ˣa:tår] *s3* carburettor **-sprit** carburettor spirit
karcinogen, karcinom *se carcinogen, carcinom*
karda [ˣka:r-] **I** *s1* card[ing-brush] **II** *v1* card
kardạn *s3* cardan **-axel** propeller (cardan) shaft **-knut** universal joint (coupling), cardan joint
kardansk [-'da:-] *a5, ~ upphängning, se kardanupphängning*
kardan|upphängning cardanic suspension **-växel** cardan drive
kardborr|e (*växt*) burdock; (*blomhuvud*) bur **-band** velcro closing
kardẹl *s3* strand
kardemumma [-ˣmumma] *s1* cardamom
kardigan *se cardigan*
kardinạl *s3* cardinal
kardinalfel cardinal error
kardinal[s]|kollegium the Sacred College, the College of Cardinals **-rött** cardinal [red]
kardinal|streck cardinal point **-synd** *se dödssynd* **-system** *sjö.* cardinal marking system **-tal** cardinal number (numeral)
kardio|grạf *s3* cardiograph **-grafị** *s3* cardiography **-gram** [-'gramm] *s7* [electro]cardiogram **-log** cardiologist **-logị** *s3* cardiology **-logisk** [-'lå:-] *a5* cardiological
kardning [ˣka:-] carding
kardụs *s3* (*omhölje*) cartridge, cartouche **-papper** cartridge paper
Karelen [-'re:-] *n* Karelia
karens|dag [-ˣrens-] *försäkr.* day of qualifying period for benefit **-tid** qualifying (waiting) period
karess *s3* caress
karẹt *s3* coach; (*gammalmodig vagn*) shandrydan
karg [-j] *a1* **1** (*om pers.*) chary, sparing (*på* of) **2** (*om natur*) barren
Karibiska havet [-'ri:-] *n* the Caribbean [Sea]
karibo ['ka:-] *s5* caribou
karies ['ka:-] *r* [dental] caries
karikatỵr *s3* caricature; *polit. äv.* cartoon **-isk** *a5* caricatural **-tecknare** caricaturist; *polit. äv.* cartoonist

karikera caricature, make a caricature of; (*friare*) overdraw, burlesque
karisma ['ka:-, *äv.* -'risma] *s3* charisma **-tisk** [-'ma:-] *a5* charismatic
Karl [-a:-] Charles; *~ den store* Charlemagne, Charles the Great; *~ XII* Charles XII (the Twelfth)
karl [ka:r] *s2* man; fellow; (*mansperson*) male; *vard.* chap, *AE.* guy; *som en hel ~* like a man; *vara ~ för sin hatt* hold one's own; *han är stora ~en nu* he is quite the man now; *bra ~ reder sig själv* an honest man does his own odd jobs
karlakarl [ˣka:rakar] *en ~* a man of men
karlaktig [ˣka:r-] *a1* manly; (*om kvinna*) mannish **-het** manliness *etc.*
karlatag [ˣka:ra-] *det var ~!* that was man-size effort!
Karlavagnen [ˣka:rla-] the Plough, Charles's Wain; *AE.* the Big Dipper
karl|avulen [ˣka:ra-] *a5* manly **-göra** *det är ~* it is a man's job **-hatare** man-hater
karljohans|stil [-ˣjo:-] Swedish Empire style **-svamp** cep
karlsbadersalt [ˣka:rls-, *äv.* -ˣba:-] Carlsbad salts (*pl*)
karl|tokig [ˣka:r-] man-mad **-tycke** *ha ~* be attractive to men, have sex appeal
karm *s2* (*armstöd*) arm; (*ram*) frame
karma ['karr-] *s1* karma
karmelịt[er] *s3* [*s9*] Carmelite **-munk** Carmelite monk, white friar **-nunna** Carmelite nun **-orden** the Carmelite Order
karmịn *s4, s3* carmine **-röd** carmine[-red]
karmosịn *s4, s3* crimson **-röd** crimson[-red]
karmstol armchair
karnaubavax [-ˣnauba-] carnauba [wax]
karneol [-'o:l *el.* '-å:l] *s3* carnelian
karnevạl *s3* carnival
karnevals|dräkt carnival costume **-upptåg** carnival escapade **-yra** riotous revelry [of the carnival]
karnịs *s3* cornice
karnivor [-'vå:r] *s3* carnivore
karolịn *s3* soldier of Charles XII of Sweden
karolingisk [-'liŋ-] *a5* Carolingian, Carlovingian
kaross [-'råss] *s3* chariot **-eri** [car] body, coachwork
karotẹn *s4* carotene, carotin
1 karott [-'rått] *s3* (*morot*) carrot
2 karott [-'rått] *s3* deep dish, vegetable dish
karottunderlägg table mat
karp *s2* carp
Karpaterna [-'pa:-] *pl* the Carpathian Mountains, the Carpathians
karpdamm carp pond
karré *s3, fläskkarré*
karriạ̈r *s3* **1** *i full ~* at (in) full career **2** (*levnadsbana*) career; *göra ~* make a career for o.s., get on in the world **-ist** careerist, [social] climber
karsk *a1* plucky; bold; cocky
karsk|a *~ upp sig* pluck up [one's] courage **-het** pluck; cocksureness
karstbildning karst formation
kart [-a:-] *s2, s9* green (unripe) fruit
karta [ˣka:r-] *s1* map (*över* of); *komma på överblivna ~n* be on the shelf, become an old maid

K

kartagisk [-'ta:-] *a5* Carthaginian
Kartago [-'ta:-] *n* Carthage
kart|blad map sheet **-bok** atlas
kartell *s3* cartel; (*val- o.d.*) [com]pact **-bildning** cartelization
kartera *se kartlägga*
kartesch [-'e(:)ʃ] *s3* cartouche, case shot
kartfodral map case (cover)
kartig [ˣka:r-] *a1* unripe, green
kartlagd mapped [out]
kartlägg|a map [out], chart, make a map of; delineate **-ning** mapping, survey
kart|läsare (*i bilsport*) codriver **-läsning** map reading **-mätare** cartometric wheel pen
kartnagel [ˣka:rt-] deformed nail
karto|graf *s3* cartographer **-grafi** *s3* cartography **-grafisk** [-'gra:-] *a5* cartographic[al] **-gram** [-'gramm] *s7* cartogram
kartong [-'åŋ] *s3* **1** (*styvt papper*) cardboard **2** (*pappask*) cardboard box, carton **3** *konst.* cartoon
kartonn|age [-'a:ʃ] *s7* (*papparbete*) cardboard article; (*pappband*) [binding in] paper boards **-era** bind in paper boards
kartotek *s7* card index (file); *föra ~ över* keep a file (card index) of
kartotekskort index card
kart|projektion [ˣka:-] map projection **-ritare** cartographer **-tecken** map symbol
kartusian *s3* Carthusian **-kloster** Carthusian monastery
kartverk [ˣka:-] **1** (*ämbetsverk*) map[-issuing] office **2** (*atlas*) atlas
karusell *s3* roundabout, merry-go-round; *AE. äv* car[r]ousel; *åka ~* ride on the roundabout (merry-go-round) **-svarv** vertical boring and turning mill
karva whittle, chip (*på* at); (*skära äv.*) cut (*äv. ~ i*)
karyatid *s3* caryatid
kaschmir ['kaʃ- *el.* -'i:r] *s3, s4* cashmere **-sjal** cashmere shawl **-ull** cashmere wool
kase *s2* beacon fire
kasein *s4* casein **-lim** casein glue
kasematt *s3* casemate
kasern [-'ä:rn] *s3* barracks (*pl*) **-förbud** confinement to barracks **-gård** barrack square (yard) **-liv** barrack life
kasino [-'si:-] *s6* casino
1 kask *se kaffekask*
2 kask *s2* casque, helmet
kaskad *s3* cascade; torrent
kaskelott [-'ått] *s3* cachalot, sperm whale
kaskett *s3* [brimmed] cap
kaskoförsäkring hull insurance; (*fordons-*) insurance against material damage to a motor vehicle
kasper ['kass-] *s9* Punch **-teater** Punch-and--Judy show
Kaspiska havet ['kass-] *n* the Caspian Sea
kass *a1 vard.* (*dålig*) poor, miserable, wretched, (*starkare*) lousy, rotten
kassa *s1* **1** (*penningförråd*) cash, purse; money; (*-låda*) cash box, till; (*intäkt*) takings (*pl*), receipts (*pl*); *per ~* (*hand.*) for cash; *brist i ~n* deficit in the cash [account]; *ha hand om ~n* keep the cash; *vara stadd vid ~* be in funds; *~n stämmer* the cash account balances; *min ~ tillåter inte* my purse will not allow **2** (*fond*) fund **3** (*-avdelning*) cashier's department; (*i butik*) cash (cashier's) desk, checkout; (*i bank*) cashier['s desk], *AE. äv.* teller['s desk]; (*teater-*) box office
kassa|apparat cash register **-behållning** cash balance, cash in hand **-bok** cash-book **-brist** deficit; (*förskingring*) defalcation **-fack** safe-deposit box **-förvaltare** cashier, treasurer **-kista** strongbox **-kladd** rough cash-book **-konto** cash account **-kontor** pay-office, cashier's office **-kvitto** sales slip, cash receipt **-kvot** cash ratio **-låda** cash box (drawer) **-pjäs** box-office play **-rabatt** cash discount; *minus 2 % ~* less 2 % discount [for cash] **-register** cash register **-skrin** cash box **-skåp** safe
kassations|domstol supreme court of appeal **-procent** rejection percentage
kassava [-ˣsa:-] *s9* cassava, manioc
kassavalv strongroom, safe-deposit vault
kasse *s2* string bag; (*pappers-*) paper carrier [bag]
kassera reject; (*förslag äv.*) turn down; (*utdöma*) condemn; (*kasta bort*) discard
kassett *s3*, *foto.* film holder, cartridge, cassette, magazine; (*bok-*) slipcase **-bandspelare** cassette [tape] recorder **-däck** cassette deck
kassler ['kass-] *s9* smoke-cured loin of pork
kassun *s3* caisson **-sjuka** decompression sickness, caisson disease
kassör cashier; (*AE. bank-*) teller; (*förenings-*) treasurer **-ska** [lady] cashier (*etc.*)
1 kast *s3, boktr.* case
2 kast *s3* (*klass*) caste
3 kast *s7* **1** throw; (*slungande*) fling, pitch, toss; (*häftigt*) jerk; (*med metspö e.d.*) cast; *stå sitt ~* put up with the consequences **2** (*hastig rörelse*) toss, jerk (*på huvudet* of the head); *tvära ~ i vinden* sudden [chops and] changes in (of) the wind **3** *ge sig i ~ med* grapple with, tackle
kasta I 1 throw; fling, pitch, toss; jerk; cast **2** *veter.* abort **3** (*sy*) overcast, whip[stitch] **4** (*om vind*) chop about, veer [round] **5** (*~ bort*) throw away; *kortsp.* discard; *~ pengarna i sjön* (*vard.*) throw (chuck) money down the drain **6** *rfl* throw (*etc.*) o.s.; *~ sig av och an i sängen* toss about in bed; *~ sig in i* fling o.s. (plunge) into; *~ sig om halsen på ngn* throw o.s. round s.b.'s neck; *~ sig upp i sadeln* fling o.s. into the saddle; *~ sig upp på cykeln* jump on to one's bicycle; *~ sig över* fling o.s. upon, fall upon **II** (*med betonad partikel*) **1** *~ av* throw off **2** *~ bort* throw away, (*slösa äv.*) waste, squander **3** *~ i sig maten* bolt one's food **4** *~ loss a*) (*lösgöra*) let go, *b*) (*lägga ut*) cast off, *bildl. äv.* cut adrift **5** *~ om a*) (*ändra om*) change [round], rearrange, *b*) (*en gång till*) throw again, *c*) (*om vind*) change [round] (*äv. bildl.*), veer [round] **6** *~ omkull* throw (knock) down (over); *bildl. se kullkasta* **7** *~ på sig* fling on (hurry into) (*kläderna* one's clothes) **8** *~ tillbaka a*) throw back, *mil. äv.* repulse, *b*) (*ljus*) reflect, (*ljud*) re-echo; *~ huvudet tillbaka* toss one's head back
kastanj[e] [-'anj(e)] *s3, s5* chestnut [tree]; *krafsa ~[e]rna ur elden åt ngn* be a p.'s cat's-paw **-brun**

chestnut [brown]
kastanjett *s3* castanet
kastby gust [of wind], squall
kastell *s7* citadel **-an** *s3* caretaker; (*förr*) castellan
kastfiske spinning; *AE.* baitcasting
kastili|an *s3*, **-ansk** [-'a:nsk] *a5* Castilian
Kastilien [-'ti:-] *n* Castile
kastlek throwing-game
kastlös outcaste; *de ~a* (*äv.*) the untouchables
kastmaskin 1 *mil.* catapult **2** *lantbr.* winnowing-machine, winnower
kastmärke caste mark
kastning 1 throwing *etc.* **2** *veter.* abortion
kastor [-'å:r] *s3* beaver
kastrat eunuch **-sångare** castrato
kastrer|a castrate; (*djur äv.*) geld **-ing** castration; gelding
kastrull *s3* saucepan
kast|sjuka *se kastning 2* **-spjut** javelin **-spö** casting rod; (*för flugfiske*) fly rod **-söm** overcasting; (*stygn*) whipstitch **-vapen** missile **-vind** *se kastby*
kastväsen caste system
kasuar *s3, zool.* cassowary
kasus ['ka:-] *n, best. form och pl =*, case **-form** case form **-ändelse** case ending
kata|bolism catabolism **-falk** *s3* catafalque **-komb** [-'åmb] *s3* catacomb
katal|an *s3*, **-ansk** [-'a:nsk] *a5* Catalan **-anska** [-'a:nska] **1** (*språk*) Catalan **2** (*kvinna*) Catalan woman
katalog catalogue
katalogiser|a catalogue **-ing** cataloguing
katalogpris list (catalogue) price
katalys *s3* catalysis (*pl* catalyses) **-ator** [-ˣa:tår] *s3* catalyst **-era** catalyse
katalytisk [-'ly:-] *a5* catalytic
katamaran *s3* catamaran
katapult *s3* catapult **-stol** ejection (ejector) seat
katarakt (*vattenfall o. med.*) cataract
katarr *s3* catarrh **-al** *a5* catarrhal, catarrhous
katastrof [-'å:f] *s3* catastrophe; *ekon. äv.* crash; (*olycka*) disaster **-al** *a5* catastrophic; disastrous **-fall** emergency case **-läge** emergency (catastrophic) situation **-situation** state of disaster
kateder [-'te:-] *s2, skol.* teacher's desk; *univ. o.d.* lecturer's desk, rostrum
katedral *s3* cathedral
kategori *s3* category; class, group; *alla ~er* all types (kinds) (*av* of) **-klyvning** classification by category, grouping
kategoriser|a categorize **-ing** categorization
kategor|isk [-'go:-] *a5* categoric[al]; (*obetingad*) unconditional; *~ vägran* categorical (flat) refusal **-iskt** *adv*, *neka ~ till ngt* flatly deny s.th.
katekes [-'çe:s] *s3* catechism
katek|et [-'ke:t, *äv.* -'çe:t] *s3* catechist **-isation** catechizing
katet *s3* cathetus (*pl* catheti)
katet|er [-'te:t-] *s2* catheter **-risera** catheterize
katgut *se kattgutt*
katjon [ˣkatt-] *s3* cation
katod [-'o:d *el.* -'å:d] *s3* cathode **-rör** cathode tube (valve) **-stråle** cathode ray **-strålerör** cathode-ray tube

katolicism [Roman] Catholicism
katolik *s3* [Roman] Catholic
katolsk [-'o:lsk] *a5* [Roman] Catholic; *~a kyrkan* (*vanl.*) the Roman Catholic Church
katrinplommon [-ˣtri:n-] (*torkat*) prune
katzenjammer [ˣkatt-] *s9* caterwauling
katt *s3* cat; *för ~en!* confound it!; *jag ger ~en i det!* I don't care a fig for that!; *jag kan ge mig ~en på* I'll swear; *arga ~er får rivet skinn* quarrelsome dogs come limping home; *i mörkret är alla ~er grå* all cats are grey in the dark; *när ~en är borta dansar råttorna på bordet* when the cat's away the mice will play
katt|a *s1* female cat, she-cat **-aktig** *a1* catlike, cattish; feline **-djur** feline **-fot** *bot.* cat's-foot **-guld** *miner.* yellow mica; *bildl.* glitter
kattgutt ['katt- *el.* ˣkatt-] *s3* catgut
katt|hane tom[cat] **-ost** *bot.* mallow **-rakande** *s6* hullabaloo **-skinn** catskin **-uggla** tawny owl
kattun [*el.* ˣkatt-] *s4, s3* printed calico
katt|unge kitten **-öga** (*reflexanordning*) cat's-eye (*äv. miner.*), reflector
Kaukasien [-'ka:-] *n* Caucasia
kaukas|ier [-'kas:-] *s9*, **-isk** *a5* Caucasian
Kaukasus ['kau-] *n* the Caucasus
kaurisnäcka ['kauri-] cowry
kaus [-au-] *s3, sjö.* [stay] thimble, eyelet
kausal *a5* causal **-itet** causality **-sammanhang** causal nexus **-sats** causal clause
kausativ [ˣkau-, 'kau-, *äv.* -'i:v] *s7, s4 o. a5* causative
kaustik *a5* caustic
kautschuk ['kau-] *s2* caoutchouc, [India] rubber; (*radergummi*) eraser, rubber
kav *~ lugnt* absolutely (dead) calm
kavaj [-'ajj] *s3* jacket, coat; (*på bjudningskort*) informal dress **-kostym** lounge (*AE.* business) suit **-skutt** informal dance
kavalett *s3* revolving chassis
kavaljer *s3* cavalier; (*bords-, dans- e.d.*) partner; (*ledsagare*) escort
kavalkad *s3* cavalcade
kavalleri cavalry **-anfall** cavalry charge **-regemente** cavalry regiment
kavallerist cavalryman, trooper
kavat *a1* game, spirited; plucky
kavatina [-ˣi:na] *s1* cavatina (*pl* cavatine)
kavel *s2* roller; (*för bakning äv.*) rolling pin **-dun** *bot.* bulrush, reed mace
kavern [-'vä:rn] *s3* cavity
kaviar ['kavv- *el.* ˣkavv-] *s9* caviar[e]
kavi|tation cavitation **-tet** cavity
kavla [ˣka:v-] roll; *~ ner* (*äv.*) unroll; *~ upp* (*äv.*) tuck up (*ärmarna* one's sleeves); *~ ut* roll out (*degen* the dough)
kavle [ˣka:v-] *s2*, *se kavel*
kavring [ˣka:v-] *ung.* black rye bread
kax|e *s2* bigwig, big shot (gun) **-ig** *a1* cocky, high and mighty (*över* about); (*översittaraktig*) overbearing (*mot* to[wards])
kebab [-'babb] *s3* [shish] kebab
kedj|a [ˣçe:-] **I** *s1* chain; *sport.* forward line; *slå ngn i -or* put s.b. into chains, chain s.b. **II** *v1* chain (*vid* to); fasten with chains
kedje|brev chain letter **-bråk** continued fraction **-butik** multiple store (shop), chain store **-byte**

K

(*t.ex. om lägenhet*) multiple exchange **-driven** chain-driven **-hus** link house **-reaktion** chain reaction (*äv. bildl.*) **-röka** chain-smoke **-rökare** chain smoker **-rökning** chain-smoking **-skydd** chain guard **-såg** chain saw **-söm** chain-stitch embroidery

kejsardöme [ˣçejj-] *s6* empire

kejsar|e [ˣçejj-] emperor **-inna** empress **-krona 1** imperial crown **2** *bot.* crown imperial **-pingvin** emperor penguin **-snitt** Caesarean section **-tiden** *under* ~ under (in the time[s] of) the Emperors; *~s romare* the Romans of the Empire **-värdighet** emperorship

kejserlig [ˣçejj-] *a5* imperial; *de ~a* the Imperialists

kel|a [ˣçe:-] pet; ~ *med* (*äv.*) fondle, dandle **-en** *a3, se kelig* **-gris** pet, favourite **-ig** *a1* loving **-sjuk** wanting to be cuddled

kelt [k-] *s3* Celt **-isk** ['kelt-] *a5* Celtic

kelvin ['kelv-] *oböjligt s, fys.* kelvin

kemi [ç-] *s3* chemistry **-graf** *s3* photoengraver **-grafi** *s3* photoengraving

kemikal|ieaffär [-ˣka:-] paint and chemicals shop **-ier** [-'ka:-] *pl* chemicals, chemical preparations

kemiker [çe:-] chemist

kem|isk ['çe:-] *a5* chemical; ~ *förening* chemical compound; ~ *industri* chemical industry; ~ *reaktion* chemical reaction; ~ *tvätt, se kemtvätt* **-iskt** *adv* chemically; *tvätta* ~ dry-clean

kemisk-teknisk chemicotechnical, chemical; ~ *industri* chemical industry

kemist [ç-] chemist

kemoterapi [ç-] chemotherapy

kem|tvätt [ˣçe:-] dry-cleaning; (*lokal*) dry--cleaner's **-tvätta** dry-clean

kennel ['kenn-] *s2* kennel

kentaur [k-] *s3* centaur

Kenya ['ke:-] *n* Kenya

keny|an [k-] *s3*, **-ansk** [-'a:nsk] *a5* Kenyan

keps [k-] *s2* cap

keram|ik [ç-, *äv.* k-] *s3* ceramics (*pl, behandlas som sg*); (*artiklar*) pottery, ceramic ware **-iker** [-'ra:-] ceramist, potter **-isk** [-'ra:-] *a5* ceramic

kerub [ç-] *s3* cherub **-ansikte** cherubic face

kesa [ç-] (*om kreatur*) rush around

keso [k-] curd (cottage) cheese

ketch [k-] *s3* ketch

ketchup ['ketʃupp] *s3* [tomato] ketchup, catchup

keton [ke'tå:n] *s3* ketone

kex [k-, *äv.* ç-] *s7, s6* biscuit; cracker (*äv. AE.*)

KFUK [kååffˣu:kå:] (*förk. för Kristliga Föreningen av Unga Kvinnor*) YWCA, *se under kristlig* **KFUM** [kååffˣu:ämm] (*förk. för Kristliga Föreningen av Unga Män*) YMCA, *se under kristlig*

kibbutz [ki'bɔtts] *s3* kibbutz

1 kick [k-] *oböjligt s i uttr.*: *på ett litet* ~ in a tick

2 kick [k-] *s2* (*spark*) kick; *få ~en* (*vard.*) get the sack

1 kicka [k-] *s1* lassie, girlie

2 kick|a [k-] *v1* kick; ~ *boll* play football

kickstart kick-starter

kid [ç-] *s7* fawn

kidnapp|a [k-] kidnap **-are** kidnapper **-[n]ing** kidnapping

Kielkanalen [ˣki:l-] the Kiel Canal

kika [ç-] peep, peer (*på* at)

kikar|e [ˣçi:-] binoculars (*pl*); field glasses; (*större*) telescope; *ha ngt i ~n* have one's eye on s.th., have s.th. in view; *vad har du nu i ~n?* what are you up to now? **-sikte** telescopic sight

kikhosta [ˣçi:k-] whooping cough

kikkran [ˣçi:k-] [stop]cock, tap

kikna [ˣçi:k-] whoop; ~ *av skratt* choke with laughter

kikärt [ˣçi:k-] chickpea

kil [ç-] *s2* wedge; *sömn.* gusset, gore; (*på strumpa*) slipper heel

1 kila [ç-] (*springa*) scamper; ~ *stadigt* (*vard.*) go steady; *jag ~r nu!* now I'm off!

2 kila [ç-] (*med kil*) wedge

kil|ben sphenoid [bone] **-formig** [-å-] *a5* wedge-shaped, wedgelike

kiliasm [k-, *äv.* ç-] *s3* chiliasm, millenarianism

killa [k-] *se kittla*

kille [k-] *s2* boy; chap; *AE.* guy

killing [ç-] kid

kilo ['çi:- *el.* 'ki:-] *s7* kilo

kilogram [-'gramm] kilogram[me] **-kalori** kilogram calorie, kilocalorie, Calorie **-meter** kilogram metre

kilo|hertz kilohertz **-joule** [-'jɔ:l] kilojoule **-kalori** *se kilogramkalori*

kilometer [-'me:-] kilometre **-lång** a kilometre long

kilo|pond [-'pånd] *s7* kilopond **-pris** price per kilogram **-ton** [-'tånn] kiloton **-watt** kilowatt **-wattimme** *särskr. kilowatt-timme* kilowatt-hour **-vis** by the kilo[gram] **-volt** [-'vålt] kilovolt

kil|rem V-belt **-skrift** cuneiform [writing]

kilt [k-] *s2* kilt

kimbrer ['kimm-] *s9* Cimbrian

kimono ['kimm-] *s5* kimono

kimrök [ˣçimm-] carbon black; lampblack

Kina [ˣçi:-] *n* [People's Republic of] China

kina [ˣçi:-] *s9* quinine **-bark** cinchona bark

kind [ç-] *s3* cheek **-ben** cheekbone

kindergarten [ˣkinn-] *r* kindergarten, nursery school

kind|k[n]ota cheekbone **-påse** cheek pouch **-tand** molar

kinematograf [ç-, *äv.* k-] *s3* cinematograph

kines [ç-] *s3* Chinese; Chinaman; *~erna* the Chinese

kines|a [çi'ne:-] *han ~de hos oss* we put him up for the night **-eri 1** (*pedanteri*) pedantry; red tape **2** *konst.* Chinese ornamentation, chinoiserie **-isk** *a5* Chinese; *K~a muren* Chinese wall **-iska** *s1* **1** (*språk*) Chinese **2** (*kvinna*) Chinese woman **-ögon** *pl* slanting eyes

kinet|ik [ç-] *s3* kinetics (*pl, behandlas som sg*) **-isk** [-'ne:-] *a5* kinetic; ~ *energi* kinetic energy

kinin [ç-] *s4, s3* quinine

1 kink [ç-] *s2* (*ögla*) kink, catch-fake

2 kink [ç-] *s7* (*gnäll*) petulance, fretfulness

kink|a [ç-] fret, whimper **-ig** *a1* petulant, fretful; (*fordrande*) particular, hard to please, exacting; (*om fråga o.d.*) delicate, ticklish, *vard.* tricky

kiosk [ki'åsk, *äv.* çi-, *vard.* çåsk] *s3* kiosk; (*tidnings-*) newsstand, bookstall, newspaper stall

1 kippa [ç-] ~ *efter andan* gasp (pant) for breath

2 kippa [ç-] *skon ~r* the shoe slips up and down
kippskodd [ç-] *a5, gå ~* walk about in shoes without stockings on
kirgis [k-] *s3* Kirg[h]iz **-isk** *a5* Kirg[h]iz[ian]
Kiribati [k-, -'ba:-] *n* Kiribati
kiro|manti [ç-] *s3* palmistry, chiromancy **-praktiker** [-'prakt-] *s9,* **-praktor** [-ˣpraktår] *s3* chiropractor
kirra [k-] *vard.* fix
kirsch[wasser] [k-] *r* Kirsch[wasser]
kirurg [ç-] *s3* surgeon
kirurg|i *s3* surgery **-isk** [-'urg-] *a5* surgical
kis [ç-] *s3, miner.* pyrites (*pl*)
kisa [ç-] screw up one's eyes; *~ mot solen* screw up one's eyes in the sun; *~nde ögon* screwed up eyes
kisel ['çi:-] *s2, s7* silicon **-alg** diatom **-gur** *s3* kieselguhr **-haltig** *a5* siliceous, siliciferous **-sten** pebble
1 kiss [k-] *interj, ~ ~!* puss puss!
2 kiss [k-] *s7* wee, pee
kissa [k-] wee, pee
kisse|katt [k-] *s3,* **-miss** *s2* pussy[cat]
kist|a [ç-] *s1* chest; (*penning-*) coffer; (*lik-*) coffin **-botten** *ha pengar på ~* have money saved up **-lock** coffin lid
kitin [ç-] *s4, s3* chitin
kitslig [ç-] *a1* (*snarstucken*) touchy; (*retsam*) annoying; (*småaktig*) petty; (*om sak*) *jfr besvärlig, kinkig* **-het** touchiness; annoyance; pettiness
kitt [ç-] *s7* cement; (*fönster-*) putty **kitta** cement; putty
kittel [ç-] *s2* boiling-pot; (*stor*) ca[u]ldron (*äv. bildl.*); (*fisk-, te-*) kettle (*äv. bildl.*); (*tvätt-*) copper **-dal** basin **-flickare** tinker
kittl|a [ç-] tickle; *det ~r i fingrarna på mig att* (*bildl.*) my fingers are itching (tingling) to **-as** *dep* tickle; *~ inte!* don't tickle! **-ig** *a1* ticklish **-ing** tickling; tickle
kiv [ç-] *s7* strife, contention; quarrelling **-as** *dep* contend [with each other] (*om* for); (*träta*) quarrel, wrangle (*om* about, as to)
kivi ['ki:-] *s5,* **-fågel** kiwi
kiwi ['ki:-] *s5,* **-frukt** kiwi, Chinese gooseberry
kjol [çɔ:l] *s2* skirt; *hänga ngn i ~arna* be tied to s.b.'s apron strings **-linning** waistband **-längd** skirt length **-regemente** petticoat government **-tyg** *vard.* skirt
kjortel [ˣçɔ:r-] *s2, se kjol*
1 klabb *s2* (*trästycke*) chunk of wood
2 klabb *s7* **1** (*snö-*) sticky snow **2** *hela ~et* the whole lot
klabb|a (*om snö*) cake **-ig** *a1* sticky
1 klack *imperf. av 1 kläcka*
2 klack *s2, jfr hejarklack*
3 klack *s2* (*på sko etc.*) heel; *tekn.* boss; *slå ihop ~arna* click one's heels; *slå ~arna i taket* kick up one's heels; *snurra runt på ~en* turn on one's heel
klack|a heel **-bar** heel bar **-järn** heel iron **-ning** heeling **-ring** signet ring
1 kladd *s2* (*utkast*) rough copy
2 kladd *s7* (*klotter*) scribble
kladd|a mess about, dabble; (*med färg*) daub; *~ ner sig* mess o.s. up, get o.s. mucky (sticky) **-ig** *a1* smeary; (*degig*) doughy; (*klibbig*) sticky
klaff *s2* flap; (*bords-*) drop leaf; (*på blåsinstrument*) key; *anat.* valve; *hålla ~en* shut up
klaffa (*gå ihop*) tally; *allting ~de* everything fitted in
klaff|bord gate-leg[ged] (drop-leaf) table **-bro** drawbridge; (*med rörlig sektion*) bascule [bridge] **-fel** (*hopskr. klaffel*) valvular disorder **-stol** folding chair
klafsa splash, squelch
klaga complain (*för* to; *över* about, of); *absol.* make complaints; (*jämra*) lament, wail; *gudi ~t* worse luck; *uppassningen var inte att ~ på* the service left no room for complaint
klag|an *r* complaint (*äv. jur.*); (*jämmer*) lament[ation], wail[ing] **-ande I** *s9, jur., ~n* the complainant, the lodger of the complaint **II** *a4* complaining, plaintive; (*sorgsen*) mourning
klago|låt wailing, moaning, lamentation **-mur** wailing wall **-mål** complaint; *jur. äv.* protest; (*reklamation*) claim; *anföra ~ mot* complain of; *inge ~ mot* (*hos*) lodge a complaint against (with) **-skri** wail; outcry **-skrift** written complaint (protest); *jur.* bill of protest **-tid** *~en utgår i morgon* the time for appeal expires tomorrow **-visa** lamentation, jeremiad
klammer ['klamm-] *s9, pl äv. klamrar* [square] bracket; *sätta inom ~* put in brackets
klammeri altercation, wrangle; *råka i ~ med* be at cross-purposes with; *råka i ~ med rättvisan* fall foul of the law
1 klamp *s2* (*trästycke*) block of wood
2 klamp *s7* (*-ande*) tramping, tramp
klampa tramp
1 klamra *rfl* cling (*intill* on to); *~ sig fast vid* (*bildl.*) cling firmly to
2 klamra *bokb.* stitch
klan *s3* clan
klander ['klann-] *s7* blame; censure; (*kritik*) criticism (*mot* of); (*bestridande*) contesting, dispute **-fri** blameless, irreproachable, impeccable **-värd** blameworthy, reprehensible, censurable
klandr|a blame; censure, find fault with, criticize; (*bestrida*) contest, dispute **-ande** *a4* fault-finding, censorious
klang *s3* ring; sound, clang; (*av glas*) clink; (*ton*) tone; *hans namn har god ~* he has a good name; *rösten har fyllig ~* it is a resonant voice **-full** sonorous; (*om röst äv.*) full, rich **-färg** timbre, quality **-lös** thin, flat **-tid** *klang- och jubeltid* time of glee and rejoicing
klank *s7,* **klanka** *v1* grumble (*på* at)
klant|a *rfl, vard.* put one's foot in it **-ig** *a1, vard.* clumsy **-skalle** *vard.* clumsy clot
klapp *s2* tap; (*smeksam*) pat
klappa (*ge en klapp*) tap; pat; (*om hjärtat*) beat, (*häftigt*) palpitate, (*hårdare*) throb; *~ [i] händerna* clap [one's hands]; *~ ihop* (*vard.*) go to pieces
klapper ['klapp-] *s7* clattering *etc., se klappra*
klappersten cobblestone
klappjakt battue; *bildl.* witch-hunt; *anställa ~ på* (*friare*) start a hue and cry after
klappmyts *s2, zool.* hooded seal, bladdernose
klappra clatter; rattle; (*om träskor e.d.*) clip-clop
klappträ beater, batlet
klar *a1* clear; (*om färg, solsken*) bright; (*genomskinlig*) transparent; (*om vatten*) limpid; *bildl.*

K

clear, lucid, (*tydlig*) plain, (*bestämd*) definite, (*avgjord*) decided, distinct; (*färdig*) ready; *sjö.* clear, ready; *~t besked* definite orders, [a] plain answer; *~t väder* fair weather; *~t till London!* (*tel.*) [you are] through to London!; *bilda sig en ~ uppfattning om* form a clear conception of; *bli ~ över* realize; *få ~t för sig* get a clear idea of; *göra ~t för ngn att* make it clear to s.b. that; *göra ~t skepp* clear the ship (decks) for action; *ha ~a papper* have one's paper in order; *komma på det ~a med* be clear on (about), see one's way clearly in; *den saken är ~ nu* that is settled now (cleared up)

klara 1 *i sht tekn.* clarify, clear (*äv. bildl.*); (*rösten*) clear; (*reda upp*) settle, clear up, solve; (*gå i land med*) manage, cope with, tackle successfully; *~ begreppen* make things clearer; *~ en examen* pass (get through) an exam[ination] **2** *rfl* get off, escape; (*reda sig*) manage, get on (along); *~ sig undan* get off, escape; *~ sig utan* do without; *han ~r sig alltid* he always falls on his feet; *han ~r sig nog* (*äv.*) he'll do all right **3** (*med betonad partikel*) *~ av* clear off, (*skuld e.d. äv.*) settle [up]; *~ upp* clear up, settle

klar|blå bright blue **-bär** sour cherry

klarer|a *sjö.* clear **-are** (*fartygs-*) shipping agent, shipbroker; *se äv. tågklarerare* **-ing** clearance, clearing

klargöra make clear, bring home (*för* to); (*förklara äv.*) explain

klarhet clearness *etc.*; clarity; *jfr klar*; (*upplysning*) enlightenment, light; *bringa ~ i ngt* throw (shed) light on s.th., elucidate s.th.; *gå från ~ till ~* (*friare*) go from strength to strength; *komma till ~ om* (*i*) *ngt* get a clear idea of (understand) s.th.

klarinett *s3* clarinet **-ist** clarinet player, clarinet [t]ist

klarlägg|a make clear, explain; elucidate **-ande** *s6* elucidation

klarmedel clarifier

klar|na [ˣkla:r-] *tekn.* clarify; (*om kaffe äv.*) settle; (*om himlen*) [become] clear; (*om vädret äv.*) clear up; *bildl.* become clear[er]; (*ljusna*) brighten [up] **-signal** go-ahead signal; *få ~* get the go-ahead **-språk** straight talking; *tala ~* (*AE., vard.*) talk turkey **-syn** clear vision; sharp perception; (*klärvoajans*) clairvoyance **-synt** [-y:-] *a1* clear-sighted; (*skarp-*) perspicacious **-synthet** clear-sightedness, clarity of vision; (*skarp-*) perspicacity **-tecken** road (line) clear sign; *jfr -signal* **-text** text en clair; *bildl.* plain language **-tänkt** *a1* clear-headed, level-headed **-vaken** wide awake **-ögd** *a5* bright-eyed, clear-eyed

klase *s2* bunch (*druvor* of grapes); (*klunga*) cluster; *bot.* raceme

klass *s3* class; *skol. äv.* form, *AE.* grade; *den bildade ~en* the educated classes (*pl*); *tredje ~ens hotell* third-rate hotel; *indela i ~er* arrange in classes, classify; *stå i ~ med* be of the same class as, be classed with; *åka tredje ~* travel third class

klass|a class, classify **-anda** class spirit **-delningstal** class division index, statutory maximum class size **-fest** class party **-föreståndare** form teacher; *AE.* homeroom teacher **-hat** class hatred

klassic|ism classicism **-ist** classicist **-istisk** [-'ist-] *a5* classicistic

klassifi|cera classify **-cering** [-'se:-], **-kation** classification; breakdown

klassiker ['klass-] classic; (*filolog*) classical philologist (scholar)

klassindelning (*klassificering*) classification; *skol.* division into forms (classes); (*social*) class division

klassisk ['klass-] *a5* classical; (*mönstergill*) classic; *~ musik* classical music; *~a språk* classical languages

klass|kamp class struggle **-kamrat** classmate, classfellow; *mina ~er* the fellows (boys *etc.*) in my form; *vi är gamla ~er* we were in the same form at school **-lärare** form master **-lös** classless **-medvetande** class-consciousness **-motsättning** *~ar* differences between classes

klass|ning *sjö.* classification **-rum** classroom **-samhälle** (*hopskr. klassamhälle*) class society **-skillnad** (*hopskr. klasskillnad*) class distinction **-stämpel** (*hopskr. klasstämpel*) *polit.* class mark **-träff** class reunion **-utjämning** levelling out of classes **-vis** by (in) classes

klatsch I *interj* crack! **II** *s2* lash; crack, smack

klatscha 1 (*med piska*) give a crack (flick); (*om piska*) crack; (*klå upp*) smack **2** (*färg*) daub (*på* on to) **3** *~ med ögonen åt* ogle, make eyes at **-ig** *a1* striking; (*schvungfull*) dashing; (*med kraftig färg*) bold

klaustrofobi *s3* claustrophobia

klausul *s3* clause

klav *s3* key; *mus. äv.* clef

klavbinda tie down; shackle

klave *s2, se krona 5*

klavecin *s3* harpsichord, clavecin

klaver *s7, mus.* keyboard instrument; *trampa i ~et* (*bildl.*) drop a brick, put one's foot in it **-tramp** blunder, faux pas

klaviatur keyboard

klema *~ med* pamper, coddle

klematis ['kle:-, *äv.* -'ma:-] *s9* clematis

klementin *s3* clementine

klemig *a1* pampered, coddled; effeminate, soft

klen *a1* (*svag, kraftlös*) feeble; delicate, frail, (*tillfälligt*) poorly, ailing; (*om muskelstyrka*) weak; (*tunn*) thin (*planka* plank); (*motsats dryg*) meagre (*bidrag* contribution); *bildl.* (*dålig*) poor; (*om resultat äv.*) meagre, slender; *en ~ ursäkt* a poor (feeble) excuse; *~ till förståndet* of feeble intellect; *~ till växten* (*om pers.*) of delicate frame

klen|het feebleness *etc.*; (*t. hälsan äv.*) delicacy, frailty **-mod** timidity, pusillanimity **-modig** timid, pusillanimous

klenod *s3* jewel; gem; (*friare*) treasure

klen|smed jobbing blacksmith, *äv.* village blacksmith **-smedja** small smithy

klent [-e:-] *adv* feebly *etc.*; *~ begåvad* poorly gifted; *det är ~ beställt med* it is a poor lookout as regards..., ...leaves much to be desired

klentrogen incredulous, sceptical **-het** incredulity, scepticism; lack of faith

klenät *s3, ung.* cruller

klepto|man [-'a:n] *s3* kleptomaniac **-mani** *s3* kleptomania

klerikal *a5* clerical
klerk *s3* cleric
klet *s7* daub **-a** daub, smear; scribble **-ig** *a1* messy, mucky
klev *imperf. av kliva*
kli *s7* bran
klia (*förorsaka klåda*) itch; (*riva*) scratch; *det ~r i fingrarna på mig att* (*bildl.*) my fingers itch to; *~ sig* scratch o.s.; *~ sig på benet* scratch one's leg
klibb|a (*vara klibbig*) be sticky (adhesive); (*fastna*) stick (*vid* [on] to); *~ ihop* stick together **-al** *bot.* [common] alder **-ig** *a1* sticky (*av* with); adhesive; (*limaktig*) gluey
kliché *s3* cliché (*till* for); *boktr. äv.* block, cut, plate; *bildl.* cliché, stereotyped phrase, tag **-anstalt** process engraving works **-artad** [-a:r-] *a5* stereotype **-avdrag** block pull, engraver's proof
klicher|a stereotype, electrotype **-ing** stereotyping, electrotyping
1 klick *s2* (*sluten krets*) clique, set; *polit.* faction
2 klick *s2* (*klimp*) pat; (*mindre*) dab (*sylt* of jam); (*färg-*) daub, smear; *få en ~ på sig* (*bildl.*) get a blot on one's reputation, *vard.* blot one's copybook
3 klick I *interj* click!; *det sa ~ för oss* we clicked **II** *s2* (*av vapen*) misfire; (*kameras*) click
klicka (*om vapen*) misfire; (*mankera*) go wrong; be at fault
klickvälde clique rule
klient client **-el** *s7, s9* clientele
klimakter|isk [-'te:-] *a5* climacteric **-ium** *s4* menopause, climacteric
klimat *s7* climate **-bälte** climatic region (zone) **-isk** *a5* climatic **-kammare** grow chamber; *tekn.* phytotron
klimatolog|i *s3* climatology **-isk** [-'lå:-] *a5* climatologic[al]
klimat|ombyte change of climate **-område, -zon** *se klimatbälte*
klimax ['kli:-] *s2* climax
klimp *s2* lump; *kokk.* [small] dumpling
klimp|a *rfl* get (go) lumpy **-ig** *a1* lumpy
1 kling|a *s1* blade; *korsa sina -or* cross swords
2 klinga *v1* ring, have a ring; (*ljuda*) sound, resound; (*om mynt o.d.*) jingle, chink; (*om glas*) clink; *~ i glaset* (*för att begära tystnad*) tap one's glass
kling|ande *a4* ringing (*skratt* laughter); *på ~ latin* in high-sounding Latin; *~ mynt* hard cash **-eling** *interj* jingle, jangle!
klin|ik *s3* clinic; [department of a] hospital; (*privat sjukhem*) nursing home **-iker** ['kli:-] clinical instructor; clinician **-isk** ['kli:-] *a5* clinical
klink *s7* (*dåligt spel*) strum[ming]
1 klinka *v1* strum (*på piano* [on] the piano)
2 klinka *s1* (*dörr-*) latch
klinkbyggd *a5* clinker-built
klinker ['klinn-] *s9* (*tegel*) clinker [brick]; (*slagg*) clinkers (*pl*) **-platta** clinker slab
klint *s2* (*höjd*) hill; (*bergskrön*) brow of a (the) hill; (*bergstopp*) peak
klipp *s7* **1** clip, cut; (*tidningsurklipp*) cutting, clipping (*AE.*) (*ur* out of) **2** *göra ett ~* (*en god affär*) make a killing
1 klipp|a *v3* cut; (*gräsmatta o.d.*) mow; (*naglar*) pare; (*får*) shear; (*biljett*) punch; (*häck, skägg*) trim; *~ itu* cut in two (half); *~ kuponger* clip coupons; *~ med ögonen* blink (wink) (*mot ngn* at s.b.); *~ med öronen* twitch one's ears; *~ till* cut out; *~ till ngn* (*vard.*) land s.b. one; *som -t och skuren till* just cut out for; *~ sig* have one's hair cut
2 klipp|a *s1* rock (*äv. bildl.*); (*hög, brant*) cliff
klipp|avsats ledge **-block** [piece of] rock, boulder
klippbok book for cuttings
klippbrant precipice
klippdocka cut-out doll
klippduva rock dove (pigeon)
klipper ['klipp-] *s2*, **-skepp** clipper [ship]
klippfisk split cod (*sg o. pl*)
klippfyr isophase light
klipp|grav rock tomb **-hylla** ledge **-ig** *a1* rocky; *K~a bergen* the Rocky Mountains, the Rockies
klipp|ljus isophase light **-ning** cutting *etc.*; (*hår-*) haircutting, [a] haircut; (*av film*) cutting, editing
klipp|rev ledge **-tempel** rock temple **-ö** rocky island
klips *s7* clip; (*öron-*) ear clip
klipsk *a1* shrewd; quick-witted
klirr *s7* jingling *etc., se klirra* **klirra** jingle; (*om glas, is*) clink; (*om mynt*) chink; (*om porslin*) clatter
klister ['klist-] *s7* **1** paste **2** *råka i klistret* get into a scrape; *sitta i klistret* be in the soup **-burk** paste pot **-remsa** adhesive tape
klistr|a paste, cement, glue, stick (*fast vid* on to); *~ igen* (*till*) stick down; *~ upp* (*på väggen*) paste (stick) up; *~ upp på väv* mount on cloth **-ing** pasting
klitoris ['kli:-] *r* clitoris
klitter ['klitt-] *pl* dunes, sandhills
kliv *s7* stride; *med stora ~* in (with) long strides
kliva *klev klivit* stride, stalk; (*stiga*) step; (*klättra*) climb; *~ fram* step (walk) up (*till* to); *~ ner* step down, descend; *~ upp* climb up (*för trapporna* the stairs); *~ över* (*dike e.d.*) step across, (*gärdesgård e.d.*) climb over
klivit *sup. av kliva*
klo *s5* claw; *friare o. bildl. äv.* clutch; (*kräftdjurs*) pincers (*pl*); (*på gaffel e.d.*) prong; *få ngn i sina ~r* get s.b. into one's clutches; *råka i ~rna på* get into the clutches of; *slå ~rna i* get one's claws into; *visa ~rna* be up in arms (*mot* against)
kloak *s3* **1** (*avloppsledning*) sewer; drain **2** *zool.* cloaca (*pl* cloacae) **-brunn** cesspool, cesspit **-djur** monotreme **-ledning** [main] sewer, conduit **-rör** sewer **-system** sewage system **-vatten** sewage
1 klocka [-å-] *s1* (*kyrk-, ring-*) bell
2 klocka [-å-] *s1* (*vägg- o.d.*) clock; (*fick-*) watch; *hur mycket är ~n?* what time is it?, what is the time?; *~n är fem* it is five o'clock; *~n är halv sex* it is half past five, it is five thirty; *går den här ~n rätt?* is this clock (watch) right?; *~n är bara barnet* (*vard.*) it's early days yet, there's bags of time; *~n är mycket* it is getting late; *~n närmar sig åtta* it is getting near eight o'clock; *förstå vad ~n är slagen* understand the situation, know what to expect
3 klocka [-å-] *v1* (*ge klockform åt kjol*) gore,

K

flare
4 klocka [-å-] *v1, sport.* (*ta tid på*) clock
klockar|e [-å-] parish clerk and organist; (*kyrkomusiker*) precentor **-katt** *kär som en* ~ be madly in love **-kärlek** fondness, affection (*för* for)
klockarmband watchstrap; *AE.* watchband; (*av metall*) [watch] bracelet
klockboj bell buoy
klock|fjäder clock (watch) spring **-fodral** watchcase
klock|formad [-fårm-] *a5* bell-shaped **-gjutare** bell-founder
klockkedja watch chain
klock|kjol flared skirt **-klang** ringing of a bell (of bells) **-ljung** bell heather **-malm, -metall** bell metal
klockradio clock radio
klock|ren [as] clear as a bell-ringing (tolling) **-ringning** bell-ringing
klock|skojare clock-and-watch hawker **-slag** *på ~et* on the stroke [of the clock]; *på bestämt ~* at a definite time
klock|spel chime (peal) of bells, carillon **-stapel** detached bell tower, bell frame **-sträng** bell pull **-torn** bell tower, belfry
klok *a1* **1** (*förståndig*) wise, judicious; (*intelligent*) intelligent, clever; (*förnuftig*) sensible; (*försiktig*) prudent, discreet; (*tillrådlig, lämplig*) advisable; *~ gubbe, se kvacksalvare*; *de slog sina ~a huvuden ihop* they put their heads together; *jag är lika ~ för det* I am none the wiser [for that] ; *jag blir inte ~ på det* I cannot make it out, I can make neither head nor tail of it **2** (*vid sina sinnens fulla bruk*) sane, in one's senses; *inte riktigt ~* not in one's right senses, not all there, *AE.* nuts
klokhet [-o:-] wisdom, judiciousness, prudence, sagacity
klokoppling clutch coupling, jaw clutch
klokskap [-o:-] *s3* overwiseness; (*självklokhet*) self-sufficiency; *jfr äv. klokhet*
klokt [-o:-] *adv* wisely *etc.*; *det var ~ gjort* it was the sensible thing to do; *du gjorde ~ i att* you would be wise to
klon [-o:n] *s3* clone **klona** [ˣklo:-] clone **kloning** [ˣklo:-] cloning
klor [-å:r] *s3* chlorine **-amin** [ˣklå:r-, -'i:n] chloramine **-at** *s7, s4* chlorate **-era** chlorinate **-gas** chlorine [gas] **-haltig** *a5* chlorinous **-id** *s3* chloride **-kalk** chloride of lime, bleaching powder
kloroform [-'fårm] *s3*, **-era** *v1* chloroform
klor|ofyll *s4, s3* chlorophyll **-syra** chloric acid **-väte** hydrogen chloride **-vätesyra** hydrochloric acid
klosett *s3* closet; (*vatten-*) toilet, lavatory **-borste** lavatory brush
kloss [-å-] *s2* block; clump
kloster ['klåss-] *s7* abbey, priory; (*munk-*) monastery; (*nunne-*) convent, nunnery; (*franciskan-, dominikan-*) friary; (*mindre*) community; *gå i ~* enter a monastery **-arbete** *bildl.* [extremely] fine needlework **-broder** monk **-cell** monastery (convent *etc.*) cell **-löfte** *avlägga ~* take [the] vows **-regel** monastic (conventual) rule **-ruin** ruined abbey (*etc.*) **-skola** monastery (convent) school **-väsen** *~det* monasticism, the monastic system

1 klot *s7* (*kula*) ball; *sport. äv.* bowl; (*jord-*) globe; *fack.* sphere
2 klot *s3* (*t. foder*) sateen; (*t. bokband*) cloth, buckram
klotband cloth binding; *i ~* in cloth, clothbound
klot|blixt fireball **-formig** [-år-] *a5* ball-shaped; globular; spherical **-rund** round like a ball; (*om pers. äv.*) rotund, tubby
klots [-å-] *s2* (*rit-*) model
klotter ['klått-] *s7* scrawl, scribble **-plank** [public] scribble board
klottr|a [-å-] scrawl, scribble **-ig** *a5* scrawling
klove *s2, tekn.* vice; *AE.* vise
klubb *s2* club
klubba I *s1* club; *sport. äv.* stick; (*krocket-*) mallet; (*ordförande-*) gavel, hammer; (*slickepinne*) lollipop; *föra ~n* hold the chair; *gå under ~n* go under the hammer **II** *v1* club; knock on the head; *~ ner* (*talare*) call to order; *boken ~des för 100 kronor* (*vid auktion*) the book was knocked down for 100 kronor
klubb|hus clubhouse **-jacka** blazer **-kamrat** fellow club member; *vi är ~er* (*äv.*) we belong to the same club **-lokal** club premises (*pl*) **-medlem** club member **-märke** club badge **-mästare 1** master of ceremonies; *AE. äv.* emcee **2** *sport.* club champion **-rum** clubroom; *univ. ung.* common room
klubbslag stroke with a (the) club; (*vid auktion*) blow of the hammer; *sport.* shot; *bildl.* knockout blow
kluck *s7* cluck
kluck|a cluck; (*skvalpa*) gurgle **-ande** *a4* clucking *etc.*; *ett ~ skratt* a chuckle
kludd *s7*, **-a** *v1* daub **-ig** *a1* dauby
klump *s2* lump; (*jord-; pers.*) clod; *i ~* in the lump, wholesale; *sitta som en ~ i bröstet* lie like a lump on the chest
klumpa *rfl, se klimpa sig*
klump|eduns *s2* clodhopper **-fot** club foot
klumpig *a1* (*otymplig*) lumbering, unwieldy; (*tung*) heavy; (*ovig o. tafatt*) clumsy, awkward; (*ohyfsad*) churlish **-het** clumsiness
klump|summa lump sum **-vis** in clumps
klunga *s1* cluster; bunch; group; (*hop*) crowd
klunk *s2* draught, gulp (*vatten* of water); (*liten*) sip; *ta [sig] en ~* have (take) a swig **klunka** gulp
kluns *s2* lump **-ig** *a1* lumpy
klurig *a1* artful; ingenious
klusil *s3*, *språkv.* plosive
klut *s2* patch; (*trasa*) rag; *sätta till alla ~ar* clap on all sail, (*friare*) do one's level best
kluv|en *a3* split (*i* into); *bot.* cleft; (*om läpp*) slit; (*om stjärt*) forked; *~ gom* cleft palate; *~ personlighet* split personality **-enhet** *bildl.* duality; dualism **-it** *sup av klyva*
klyfta *s1* **1** (*bergs-*) gorge; cleft; (*ravin*) ravine; (*rämna*) fissure, crevice; *bildl.* breach; gap, gulf **2** (*vitlöks-*) clove; (*apelsin-*) segment; (*äppel-, ägg-, tomat-*) wedge, slice
klyftig *a1* shrewd, bright, clever; *inte så värst ~* not overbright **-het** shrewdness *etc.*
klyka *s1* (*träd- o.d.*) fork; (*år-*) rowlock, *AE.* oarlock; (*telefon-*) receiver rest, hook
klys *s7, sjö.* hawse[hole]
klyscha *s1* cliché, hackneyed phrase

klyva *klöv kluvit* split; (*dela*) divide, split up (*i* into); (*ved*) chop, cleave; *fys.* break up, split, disintegrate; ~ *sig* split
klyv|arbom jib boom **-are** *sjö.* jib **-bar** *a5* cleavable; (*del-*) divisible; (*kärnfys.*) fissionable; ~*t material* (*kärnfys.*) fissile material **-frukt** schizocarp **-ning** splitting *etc.*; split; fissure; (*kärn-*) fission; *fack.* division, disintegration **-ningsprodukt** *kärnfys.* fission product
klå *v4* **1** (*ge stryk*) thrash, beat; ~ *upp ngn* give s.b. a [good] thrashing **2** (*pungslå*) fleece, cheat
klåda *s1* itch[ing]
klåfing|er *pers.* person who fingers everything **-rig** *a5, vara* ~ be unable to let things alone **-righet** inability to let things alone
klåpare bungler, botcher, fumbler (*i* at)
klä *v4* **1** (*förse med kläder*) clothe; (*iföra kläder*) dress; (*pryda*) array, deck; *som man är ~dd blir man hädd* a man is measured by the cut of his coat **2** *bildl.* clothe; ~ *sina tankar i ord* clothe one's thoughts in words, put one's thoughts into words **3** (*möbler*) cover; (*julgran*) dress; (*fodra*) line **4** *rfl* dress [o.s.]; put on one's clothes; (*om naturen*) clothe itself; ~ *sig fin* dress up; ~ *sig varmt* put on warm clothes, wrap [o.s.] up well **5** (*med betonad partikel*) ~ *av* [*sig*] undress; ~ *om* (*möbler*) re-cover; ~ *om sig* change (*till middagen* for dinner); ~ *på ngn* help s.b. on with his (*etc.*) clothes; ~ *på sig* dress, put one's clothes on; ~ *ut sig* dress [o.s.] up (*till* as) **6** (*passa*) suit; become; be becoming; *hon ~r i blått* blue suits her, she looks well in blue
1 kläcka *klack, opers. vard.*: *det klack till i mig när jag såg honom* the sight of him gave me quite a start
2 kläcka *v3* (*ägg*) hatch; ~ *fram* (*bildl.*) hatch, hit on; ~ *ur sig en dumhet* come out with a stupid remark
kläckning hatching
kläcknings|maskin [poultry] incubator, brooder **-tid** hatching (incubation) period
kläda *v2, se klä*
kläde *s6* broadcloth **-dräkt** costume, dress
kläder ['klä:-] *pl* clothes; *koll.* clothing, apparel; *bli varm i ~na* (*bildl.*) [begin to] find one's feet; *jag skulle inte vilja vara i dina* ~ I wouldn't be in your shoes
klädes|borste clothes brush **-plagg** article of clothing, garment; *pl äv.* outfit (*sg*)
kläd|hängare coat hanger; (*väggfast*) clothes rail; (*fristående*) hat and coat stand **-kammare** clothes closet **-konto** clothing account **-korg** clothes basket **-loge** dressing room **-lus** body louse **-lyx** extravagance in dress **-mal** clothes moth **-medveten** clothes-conscious **-mod** fashion
kläd|nad [-ä:-] *s3* **1** (*utan pl*) dress **2** (*med pl*) garment[s *pl*], vestment[s *pl*] **-nypa** clothes peg
kläd|sam [-ä:-] *a1* becoming (*för* to) **-sel** ['klädd-] *s2* **1** (*utan pl*) dressing, attiring **2** (*dräkt*) dress, attire **3** (*möbels*) covering, upholstery
kläd|skåp wardrobe **-snobb** dandy **-streck** clothesline **-sömnad** dressmaking **-visning** fashion show **-vård** [the] care of clothes **-väg** *i* ~ in the way of clothes
kläm [klämm] *s2* **1** *komma i ~ a*) *eg.* get jammed, *b*) *bildl.* get into a scrape; *få foten i* ~ get one's foot caught **2** (*fart*) go, dash, push, pep; (*kraft*) force, vigour; *med fart och* ~ with vigour and dash **3** (*sammanfattning*) [summarized] statement (declaration); (*slut-*) summing-up **4** *få ~ på ngt* get the hang of s.th.; *ha ~ på ngt* be well up in s.th. **-dag** working day between holidays
klämma I *s1* **1** (*knipa*) pinch; straits (*pl*); *komma i* ~ get into a scrape (tight corner, fix) **2** (*hår-, pappers- e.d.*) clip; (*fjädrad*) spring-holder **II** *v2* **1** squeeze; (*trycka*) press; (*nypa, äv. om sko*) pinch; (*absol., om sko e.d.*) be tight; ~ *fingret* (*foten*) get one's finger pinched (foot jammed) **2** *rfl* get pinched (squeezed) **3** (*med betonad partikel*) ~ *fast* fasten, squeeze together; ~ *fram* squeeze out; ~ *fram med* come out with; ~ *i* strike up (*med en sång* a song); ~ *ihop* squeeze up, jam; ~ *sönder* squeeze (crush) to pieces; ~ *till* (*slå till*) go at it, give a good one; ~ *ur sig* (*vard.*) bring out, come out with; ~ *åt ngn* clamp down on s.b., badger (pester) s.b.
kläm|mare clip **-mig** *a1* (*om t.ex. melodi*) dashing; (*stilig*) tiptop **-skruv** clampscrew
klämt|a toll (*i klockan* the bell) **-ning** toll, tolling
klänga [ˣkläŋa] *v2,* ~ [*sig*] climb (*uppför* up); ~ *sig fast vid* cling on to
kläng|e [ˣkläŋe] *s6, bot* tendril **-ros** rambler [rose] **-växt** climbing plant, climber; creeper
klänning dress; frock; (*gala- o.d.*) gown
klänningstyg dress material
kläpp *s2* **1** (*klock-*) clapper, tongue **2** (*i ljuskrona*) drop
klärobskyr [-'sky:r] *s3* chiaroscuro
klärvoaj|ans [-'jans *el.* -'jaŋs] *s3* clairvoyance **-ant** [-'jant *el.* -'jaŋt] *a4* clairvoyant
klätter|fot *zool.* scansorial foot **-ställning** climbing frame **-växt** climbing plant, creeper
klättr|a climb (*nedför* down; *uppför, upp* [*i*] up); (*klänga*) scramble **-ing** climbing; *en* ~ a climb
klös|a *v3* scratch; ~ *ut ögonen på ngn* scratch a p.'s eyes out **-as** *v3, dep* scratch
1 klöv *imperf. av klyva*
2 klöv *s2, zool.* hoof (*pl* hooves), cloven hoof (foot)
klöv|bärande *a4* hoofed **-djur** cloven-hoofed (cloven-footed) animal
1 klöver ['klö:-] *s9, kortsp., koll.* clubs (*pl*); *jfr hjärter*
2 klöver ['klö:-] *s9, bot. o. lantbr.* clover; *bot. äv.* trefoil
klöver|blad cloverleaf; *arkit.* trefoil; (*tre pers.*) trio **-vall** field of clover
klövja [ˣklö:v-] transport on packhorses (a packhorse)
klövje|djur pack animal **-sadel** packsaddle
knacka (*bulta*) rap; (*svagare*) tap; (*på dörren*) knock; (*sten*) break; ~ *bort rost från* chip the rust off; ~ *hål på ett ägg* crack an egg; ~ *ner ngt på skrivmaskin* tap s.th. out on the typewriter; ~ *på* knock [at the door]; ~ *sönder* knock to pieces; *det ~r!* there's a knock!
knack|ig *a1, vard.,* ~ *svenska* poor Swedish **-igt** *adv, vard., ha det ~t* have a job to make ends meet **-ning** knock (*äv. i motor*); rap; tap
knagg|la ~ *fram* push on to; ~ *sig fram* (*igenom*) struggle along to (through) **-lig** *a1* rough,

K

bumpy, uneven; (*om stil*) rugged, laboured; ~ *engelska* broken English **-ligt** *adv, det gick ~ för honom a*) (*i tentamen*) he didn't do too well, *b*) (*med studierna*) it was tough going for him
knak|a crack; creak (*i alla fogar* in every joint) **-ande** *a4* cracking *etc.*
knal *a1, det var ~t med maten* food was scarce
knall *s2* report; (*smäll*) crack, bang; (*vid explosion*) detonation; (*åsk-*) peal, clap; (*duns*) bang; ~ *och fall* on the spot, all of a sudden
1 knalla (*gå*) trot; ~ *vidare* (*äv.*) push on; ~ *sig iväg* trot off; *det ~r och går* I am (*etc.*) jogging along
2 knall|a (*explodera*) detonate; (*smälla*) bang, pop; (*om åskan*) crack
knallblå bright blue
knalle *s2* (*bergs-*) hill, hillock
knall|effekt sensational effect **-gas** oxyhydrogen gas **-hatt** percussion cap **-pulver** fulminating powder **-pulverpistol** toy pistol **-röd** scarlet
knalt [-a:-] *adv, ha det ~* be hard up
knap *s2, sjö.* cleat
knapadel petty nobility; (*i Storbritannien ung.*) baronetage
knapert ['kna:-] *adv, ha det ~* be badly off
1 knapp *s2* **1** button; (*lös skjort-*) stud; *försedd med ~ar* buttoned **2** (*på käpp, lock e.d.*) knob; (*prydnads- äv.*) boss; (*på svärd*) pommel
2 knapp *a1* scanty; (*knappt tillmätt äv.*) short; (*röstövervikt, utkomst e.d.*) bare; (*seger äv.*) narrow; (*om omständigheter e.d.*) reduced, straitened; (*ord-*) sparing, chary (*på* of); *~a tre veckor senare* barely three weeks later; *i ~aste laget* hardly sufficient; *på sin ~a lön* on his (*etc.*) meagre salary; *ha det ~t* be poorly off (in straitened circumstances); *ha ~t om* be short of; *rädda sig med ~ nöd* narrowly escape, have a narrow escape; *tillgången på...är ~* ...are in short supply
knapp|a ~ *av* (*in*) *på* reduce, cut down **-ast** scarcely, hardly **-het** scantiness *etc.*; scarcity (*på* of); shortage (*på* of)
knapphål buttonhole
knapphåls|blomma buttonhole; *AE.* boutonniere **-silke** buttonhole silk **-stygn** buttonhole stitch
knapphändig *a1* meagre; (*förklaring, ursäkt e.d. äv.*) curt, scantily worded
knappnål pin
knappnåls|brev sheet of pins **-dyna** pincushion **-huvud** pinhead **-stick** pinprick
knappologi *s3* trifle, pedantry
knapp|rad row of buttons **-slagning** [-a:g-] button-making
knappt *adv* **1** scantily *etc.*; *leva ~* live sparingly; *mäta ~* give short measure **2** *vinna ~* win by a narrow margin **3** (*nätt o. jämnt*) barely; *jfr äv. knappast*; *~...förrän* scarcely...before (when), no sooner...than
knapptelefon push-button telephone
knapr|a [ˣkna:-] nibble (*på* at); ~ *i sig* munch (chew) up; ~ *på en skorpa* crunch (munch) a rusk **-ig** *a1* crisp
knark *s7* dope; *AE. äv.* junk
knark|a use (take) dope **-are** dope [fiend]; (*särsk. marijuana*) pothead; *AE. äv.* junkie
knark|arkvart dope nest, pad **-langare** [dope] peddler (pusher)
knarr 1 *s7* (*-ande*) creak[ing]; (*i dörr etc.*) squeak **2** *s2, s7, ha ~ i skorna* have creaking (squeaky) shoes **3** *s2* (*knarrig människa*) old growler (croaker)
knarr|a (*om trappa, skor e.d.*) creak; (*om dörr, gångjärn e.d.*) squeak; (*om snö*) crunch **-ig** *a1* (*om pers.*) cross, morose; (*grinig*) peevish, grumpy
knasig *a1* (*tokig*) (*vard.*) daft
knast *s2* knot, knag
1 knaster ['knass-] *s9* (*tobak*) canaster
2 knaster ['knass-] *s7* crackling *etc.*; [a] crackle
knast|ertorr as dry as a stick **-ra** crackle; crepitate; (*krasa äv.*) [s]crunch; (*om tobak i pipa*) rustle; *~de mellan tänderna* grated between my (*etc.*) teeth; *gruset ~de under hans fötter* the gravel crunched under his feet
knata *vard.*, ~ *iväg* trot off
knatte *s2* nipper
knatter ['knatt-] *s7*, **knattra** [ˣknatt-] *v1* rattle, clatter
kneg|a toil; *vard.* slog **-are** *vard.* wage-slave
knekt *s2* (*soldat*) soldier; (*i Storbritannien ung.*) redcoat; (*bildl., 'verktyg'*) myrmidon; *kortsp.* jack, knave
1 knep *imperf. av 1 knipa II*
2 knep *s7* trick, device; (*list*) stratagem, ruse; (*fuffens*) dodge; (*konstgrepp*) artifice
knepig *a1* **1** (*listig*) artful, cunning; (*sinnrik*) ingenious, clever **2** (*svår*) hard, ticklish, tricky
knesset *r* Knesset[h]
knip *s7, ~ i magen* stomachache
1 knip|a I *s1, komma i en svår ~* get into a fix; *vara i ~* be in straits (in difficulties, in a tight place) **II** *knep knipit* **1** pinch; ~ *en applåd* elicit a cheer; ~ *ihop* pinch together; ~ *ihop läpparna* compress one's lips; ~ *ihop ögonen* screw up one's eyes **2** *om det -er* (*bildl.*) at a pinch, if need be; *det -er i magen på mig* I have [got] a griping pain in my stomach
2 knipa *s1* (*fågel*) goldeneye
knipit *sup. av 1 knipa II*
knippa *s1* bunch
knippe *s6* cluster, fascicle; bundle; *bot.* cyme
knipsa clip (*av* off)
knip|slug knowing, shrewd; (*listig*) sly **-tång** pincers (*pl*), nippers (*pl*) **-tångsmanöver** pincer movement
knirk *s7* grating (creaking) [sound] **knirka** grate; (*knarra*) creak, [s]crunch
knittelvers doggerel [verse]
kniv *s2* knife (*pl* knives); *med ~en på strupen* with the knife at one's throat; *strid på ~en* war to the knife; *dra ~* draw one's knife; *ränna ~en i* run one's knife into **-blad** knife blade, blade of a knife **-drama** knifing tragedy **-hugg** stab [with a knife] **-hugga** stab [with a knife]; *bli -huggen* be stabbed [with a knife]
kniv|ig *a1* (*om sak*) delicate, tricky; (*om pers.*) shrewd, crafty **-kastning** *bildl.* altercation
knivsegg knife edge
kniv|skaft knife handle **-skarp** [as] sharp as a razor **-skuren** *a5* knifed, gashed with a knife **-skära** knife **-spets** knife-point **-styng** stab

[with (of) a knife]
knivsudd knife-point; *en ~ salt* a pinch of salt
knix *s2* curts[e]y; *göra en ~ för* drop a curts[e]y **knixa** bob, curts[e]y
knock|a [ˣnåcka] knock s.b. out **-out** [nåck'aot] *s3* knockout [blow]; *slå ngn ~* knock s.b. out; *vinna på ~* win by a knockout
knodd [-å-] *s2, vard.* bounder **-aktig** *a1* slick
knog *s7* work, toil; *vard.* fag **knoga** labour (work, plod) (*med* at); *~ på' a*) trudge (plod) along, *b*) *bildl.* peg away
knoge *s2* knuckle
knogig *a1* fagging, strenuous
knogjärn knuckle-duster
knollr|a [-å-] *rfl* curl **-ig** *a1* curly, frizzy
knop *s2* (*som hastighet s9*) *sjö.* knot; *med åtta ~* at [a speed of] eight knots; *göra tolv ~* do twelve knots
knopp [-å-] *s2* **1** *bot.* bud; *skjuta ~* bud **2** (*knapp*) knob **3** (*huvud-*) nob, nut; *klar i ~en* clear-headed; *vara konstig i ~en* be a bit cracked **-as** *dep* bud **-ning** budding
1 knorr [-å-] *s2* (*krökning*) curl; *ha ~ på svansen* have a curly tail
2 knorr *s7, se 2 knot*
knorr|a *se 2 knota* **-hane** *zool.* grey gurnard (gurnet)
1 knot *s2* (*fisk*) *se knorrhane*
2 knot *s7* (*-ande*) murmuring (*mot* against); grumbling (*mot, över* at)
1 knota *s1, anat.* condyle; (*friare*) bone
2 knota *v1* murmur; grumble (*över* at)
knotig *a1* (*om träd*) knotty; (*om trädrot*) twisted; (*om pers.*) bony, (*mager*) scraggy
knott [-å-] *s7, s9* black fly
knottr|a [-å-] **I** *s1* [goose] pimple **II** *v1, rfl* become granulated **-ig** *a1* granular; (*om hud*) rough; (*kinkig*) touchy; *jag blev alldeles ~* I got goose flesh all over
knubb|ig *a1* plump; chubby **-säl** harbour seal
knuff *s2* push, shove; (*med armbågen*) elbowing, nudge; (*i sidan*) poke, dig **knuffa** push, shove, shoulder *etc.*; *~ omkull* push (shove, knock) over, upset; *~ till* push (bump, knock) into; *~ undan* push (*etc.*) out of the way; *~ sig fram* shoulder one's way along **knuffas** *dep, ~ inte!* don't push (shove)!
knull *s7, vard.*, **knulla** *v1, vard.* fuck
knussel ['knuss-] *s7* niggardliness; (*svagare*) parsimony; *utan ~* without stint
knuss|la be niggardly (*etc., se -lig*) (*med* with) **-lig** *a1* niggardly, stingy, sparing; parsimonious, mean
knut *s2* **1** (*hörn*) corner; *bakom ~en* round the corner; *inpå ~arna* at our (*etc.*) very doors **2** knot; (*hår- äv.*) bun; (*ögle-*) tie; *knyta* (*slå*) *en ~* tie (make) a knot (*på* in); *~en har gått upp* the knot has come untied (undone); *det har blivit ~ på tråden* the thread has got into a knot **3** *bildl.* point; *det var just ~en!* that's just the [crucial] point! **4** *fack.* node
knut|a **I** *s1* (*förhårdnad i vävnad*) node **II** *v1, rfl* snarl, become entangled (knotted) **-en** *a5* tied (*äv. bildl.*), knotted; clenched (*näve* fist); *bildl.* bound up (*vid* with); *vara ~ vid* (*till*) *a*) (*verksamhet*) be bound up (associated) with, *b*) (*läroanstalt, tidning*) be on the [permanent] staff of **-ig** *a1* knotty **-it** *sup. av knyta* **-piska** knout **-punkt** junction, intersection; (*friare*) centre **-timra** *~d stuga* cabin built of logs dovetailed at corners
knyck *s2* jerk; twitch
knyck|a *v3* **1** jerk, twitch (*på* at); *~ på nacken* toss one's head, (*friare*) turn up one's nose (*åt* at) **2** (*stjäla*) pinch, bone **-ig** *a1* jerky
knyckla crease; *~ ihop* crumple up
knyppel|dyna lace-pillow **-pinne** lace-bobbin
knyppl|a make lace; *~d spets* pillow (bobbin) lace **-erska** lacemaker **-ing** lacemaking
knyst *n* sound; *inte säga ett ~* not breathe a word (*om* about)
knysta utter a sound; *utan att ~* without uttering a sound, (*utan att mucka*) without murmuring
knyta *knöt knutit* **1** tie (*igen, till* up); (*fästa*) fasten; (*näven*) clench; *bildl.* attach; bind, unite (*vid* to), connect (*till* to); *~ bekantskap med ngn* make a p.'s acquaintance; *~ förbindelser* establish connections; *~ upp* untie, undo, (*öppna*) open, (*fästa upp*) tie up; *~ åt* tie tight **2** *rfl* knot, get knotted; (*om sallad o.d.*) head; (*gå t. sängs*) turn in; *~ sig i växten* become stunted
knyt|e *s6* bundle (*med* of) **-kalas** Dutch treat **-näve** fist **-nävsslag** punch **-nävsstor** as big as a fist **-skärp** sash
knåd|a knead **-ning** kneading
knåp *s7, se knåpgöra*
knä *s6* **1** knee; *tekn. äv.* elbow; *~na böj!* knees bend!; *byxor med* [*stora*] *~n* trousers with [great] baggy knees; *på sina bara ~n* on one's bended knees; *falla på ~ för* kneel [down] to, go down on one's knees to; *ha ett barn i ~t* have a child on one's knee[s] (on [in] one's lap); *ligga på ~ för* kneel to; *tvinga ngn på ~* (*bildl.*) bring s.b. to his knees **2** *bot.* articulation; (*krök*) bend, elbow
knä|a bend one's knees; *~ fram* walk with bended knees **-byxor** *pl* short trousers; breeches **-böja** bend the knee, kneel (*för* to; *inför* before, to); *relig.* genuflect
1 knäck *s2, kokk.* toffee, butterscotch
2 knäck *s2* **1** (*-ning*) crack **2** (*nederlag*) blow; *ta ~en på* do for, ruin
knäck|a *v3* crack; (*bryta av*) break; (*gåta, problem*) scotch, floor; *en hård nöt att ~* a hard nut to crack; *~ till* give a crack; *det -te honom* that broke him
knäckebröd crispbread, hard bread
knäckform toffee cup
knä|fall kneeling, genuflection **-hund** lap dog **-höjd** knee-height **-kort** *~ kjol* knee-length skirt **-led** knee-joint **-liggande** *a4* kneeling
1 knäpp **1** *s2* (*-ning*) click; (*finger-*) flip, flick **2** *s7* (*ljud*) sound
2 knäpp *a1, vard.* (*tokig*) daft, bananas
1 knäpp|a *v3* **1** *det -te i klockan* the clock gave a click; *det -er i väggarna* there's a ticking in the walls **2** (*fotografera*) snap; (*i sht film*) shoot **3** (*med fingrarna*) flip, flick, snap; *~ ngn på näsan* rebuke s.b. **4** *mus.*, *~* [*på*] twang, pluck (*på gitarren* one's guitar) **5** *~ nötter* crack nuts
2 knäppa *v3* **1** button; (*spänne*) buckle, clasp; *~ av* (*upp*) unbutton; *~ igen* button [up]; *~ på* (*elektr.*) switch on **2** *~ händerna* fold (clasp)

K

one's hands
knäppe *s6* clasp, snap
knäppinstrument plucked string instrument
knäpp|känga button boot **-ning** (*till 2 knäppa*) buttoning
knä|skydd kneepad **-skål** kneecap; *anat.* panatella **-strumpa** knee sock **-stående** *a4, sport.* crouching; ~ *ställning* kneeling position **-svag** weak in the knees **-sätta** adopt **-veck** hollow of the knee; *darra i ~en* tremble at the knees; *hänga i ~en* hang by the knees
knävelborr [-å-] *s2* military moustache (*sg*)
knöl *s2* **1** bump; (*upphöjning e.d.*) boss, knob, knot; (*utväxt*) tuber, protuberance; *fack.* node; *bot.* bulb **2** (*drummel*) swine, cad
knöl|a ~ *ihop* crumple up; ~ *till* batter, knock out of shape **-aktig** *a1* loutish; caddish **-begonia** tuberous begonia **-ig** *a1* **1** bumpy (*väg* road); (*om madrass e.d.*) lumpy; (*om träd e.d.*) knotty; (*om finger, frukt*) knobbly; *fack.* nodose, nodular **2** *se -aktig* **-påk** thick knotted stick; (*vapen*) cudgel **-ros** *med.* traumatic erysipelas **-svan** mute swan
knös *s2* swell, nob; *en rik* ~ a [rich] nabob
knöt *imperf. av knyta*
KO *se konsumentombudsman*
ko *s5* cow
koaff|era *se frisera* **-yr** *s3* coiffure **-ör** hairdresser
koagulation coagulation
koaguler|a coagulate, clot **-ing** coagulation
koala [-'a:la] *s1* koala [bear]
koalition coalition
koalitionsregering coalition government
koaxialkabel [-ˣa:l-] coaxial cable
kobbe [-å-] *s2* islet [rock], rock
kobbel ['kåbb-] *s2* cobbler
kobent [-e:-] *a1* knock-kneed
kobolt ['kɷ:bålt *el.* 'kå:-] *s3* cobalt **-blå** cobalt blue **-bomb** cobalt bomb **-glans** cobaltite **-kanon** gammatron
kobra [ˣkå:-] *s1* cobra
1 kock [-å-] *s3* (*bakterie*) coccus (*pl* cocci)
2 kock [-å-] *s2* [male] cook; (*kökschef*) chef; *ju flera ~ar dess sämre soppa* too many cooks spoil the broth
kock|a [-å-] *s1* [female] cook **-mössa** chef's hat
kod [-å:-] *s3*, **koda** [-å:-] *v1* code **kodbeteckning** code notation
kodein *s4, s3* [kå-] codeine
kod|ex ['kɷ:- *el.* 'kå:-] *s2* **1** (*handskrift*) codex (*pl äv.* codices) **2** (*lagsamling*) code **3** (*norm*) code
kodicill *s3* codicil
kodifier|a codify, code **-ing** codification
kod|meddelande code message **-ning** coding
koefficient coefficient
koexistens *s3* coexistence
koff [-å-] *s2, sjö.* koff
koffein [-å-] *s4, s3* caffeine
kofferdikapten [-å-] captain in the merchant navy
kofferdist [-å-] **1** (*sjöman*) merchant seaman **2** (*fartyg*) merchantman, trader, trading vessel
koffert ['kåff-] *s2* trunk; (*på bil*) boot, *AE.* trunk
kofot (*bräckjärn*) crowbar; *vard.* jemmy, *AE.* jimmy
kofta [-å-] *s1* (*stickad*) cardigan
kofångare *se stötfångare*
koger ['kɷ:-] *s7* quiver
kognat [kåg'na:t *el.* kåŋ'na:t] cognate **-isk** *a5* cognate
kognitiv [*äv.* 'kåggn- *el.* 'kåŋn-] *a5* cognitive
kogubbe cowherd
kohandel *polit.* logrolling, party-bargaining, vote-bartering
kohe|rens *s3* coherence **-ent** *a4* coherent **-sion** cohesion
kohort [-'hårrt] *s3, hist.* cohort
koj [kåjj] *s3* (*häng-*) hammock; (*fast*) bunk; *gå* (*krypa*) *till ~s* turn in
1 koja [ˣkåjja] *s1* cabin, hut
2 koja [ˣkåjja] *v1, se under koj*
kojplats *sjö.* bunk, [sleeping] berth
kok *s7* boiling; *ett ~ stryk* a good hiding
1 kok|a *v1, v3* **1** (*bringa i -ning*) boil; (*tillreda mat*) cook; (*t.ex. gröt, kaffe, karameller*) make; ~ *ihop a*) (*koncentrera genom -ning*) boil down, *b*) *bildl.* concoct, make up, fabricate; ~ *in* (*frukt o.d.*) preserve; (*i glasflaska*) bottle; *jfr inkokt*; ~ *upp* bring to the boil **2** (*befinna sig i -ning*) boil, be boiling; ~ *upp* come to the boil; ~ *över* boil over; ~ *av vrede* foam with rage
2 koka *s1* clod
kokain *s4, s3* cocaine **-ist** cocainist
kokard [-'a:rd] *s3* cockade
kokbok cookery book; *i sht AE.* cookbook
kokerska [female] cook
kokett I *a1* coquettish **II** *s3* coquette **-era** coquet (*för, med* with) **-eri** coquetry
kok|fru hired cook **-het** boiling (steaming) hot; *-hett vatten* (*vanl.*) boiling water
kokill *s3* **1** (*gjutform*) chill [mould] **2** (*parerplåt*) coquille
kok|konst cookery, culinary art; (*ngns*) culinary skill **-kärl** cooking-vessel; *pl äv.* pots and pans; (*soldats*) mess kit (gear), billy[can] **-ning** boiling; cooking; making
kokong [-'kåŋ] *s3* cocoon
kokoppor *pl* cowpox
kokos ['kɷ:-] *s2* coconut **-fett** coconut butter (oil) **-fiber** coconut fibre, coir **-flingor** *pl* shredded coconut **-matta** coir mat **-mjölk** coconut milk **-nöt** coconut **-nötsolja** coconut oil **-palm** coconut palm (tree), coco palm
kokott [-'kått] *s3* cocotte; *vard.* demirep
kok|platta hotplate **-punkt** *på ~en* at boiling point (*äv. bildl.*)
koks [-å-] *s3*, **koksa** [-å-] *v1* coke
koksalt (*vanligt* common) salt **-lösning** salt solution
koks|ning [ˣkåks-] coking **-verk** coke-oven plant
kok|t [-ɷ:-] *a4* boiled; *nu är det ~a fläsket stekt!* now the fat's in the fire! **-tid** *ngts* ~ the time required for boiling s.th. **-vagn** *mil.* field kitchen **-vrå** kitchenette
kol [-å:-] *s7, kem.* carbon; (*trä-, rit-*) charcoal; (*bränsle*) coal; *utbrända* ~ cinders; *samla glödande ~ på ngns huvud* heap coals of fire on a p.'s head
1 kola [ˣkå:-] *s1* caramel, toffee
2 kola [ˣkå:-] *v1* **1** (*bränna* [*t.*] *kol*) make charcoal out of, burn to charcoal; *kem.* carbonize **2** (*ta in kol*) coal; *sjö.* bunker

3 kola [ˣkoː-] *v1* (*dö, vard.*) kick the bucket
kolar|e [ˣkå:-] charcoal-burner **-tro** implicit (blind) faith
kol|atom carbon atom **-box** coal box; *sjö.* [coal] bunker
kolchos [kåll'ʃå:s] *s3* kolkhoz, collective [farm]
kol|dammslunga *med.* anthracosis, coal-miner's lung **-dioxid** carbon dioxide **-distrikt** coal-mining district, coalfield **-disulfid** carbon disulphide **-eldad** *a5* coal-fired, coal-heated
kolera ['koː-] *s9* [epidemic] cholera **-epidemi** cholera epidemic
koler|iker [-'le:-] choleric (irascible) person **-isk** *a5* choleric, irascible
kolesterin *s3, s4*, **kolesterol** [-'å:l] *s3* cholesterol, cholesterin
kol|filter charcoal filter **-fyndighet** coal deposit **-fält** coalfield **-förande** *a4* coal-bearing, carboniferous **-förening** *kem.* carbon compound **-gruva** coal mine (pit); (*stor*) colliery **-gruvearbetare** collier, [coal] miner **-gruveindustri** coal mining **-halt** carboncontent **-haltig** *a1* carboniferous, carbonaceous, carbonic **-hydrat** carbohydrate
kolibakterie [ˣkoː-] coli bacillus
kolibri [ˣkåll-, *äv.* 'kåll-] *s3* hummingbird
kolik *s3* [the] colic **-smärtor** *pl* colicky pains
koling *ung.* [out-of-work] longshoreman
kolit *s3* colitis
kolja *s1* haddock
koljé *s3 se collier*
kolka [ˣkåll-] ~ [*i sig*] gulp (swill) down
koll [-å-] *s3, s2, vard.* check **kolla** [-å-] *vard.* (*kontrollera*) check; (*titta* [*på*]) dig [in]
kollabor|atör [kåll-] collaborator **-era** collaborate
kollage *se collage*
kollagen [kålla'je:n] *s3, s4* collagen
kollager *geol.* coal seam (bed)
kollaps *s3*, **-a** *v1* collapse
kollast coal cargo, cargo of coal
kollationera [kå-] collate; (*t.ex. räkenskaper*) check (tick) [off]
kolleg|a [-'le:-, *äv.* -ˣle:-] *s3* colleague; confrère; (*tidning e.d.*) contemporary **-ial** *a1* collegial, collegiate; friendly **-ialitet** friendliness; comradeship
kollegie|block student's note pad **-rum** *skol.* staff committee-room; (*lärarrum*) staff [common] room
kollegium [-'le:-] *s4* **1** (*myndighet*) corporate body, board **2** (*lärar-*) [teaching] staff **3** (*lärarsammanträde*) staff meeting **4** *univ.* course; (*anteckningar*) lecture notes (*pl*)
kollekt *s3* collection **-bössa** collection box **-håv** collection bag
kollektion [-k'ʃoːn] collection
kollektiv ['kåll-, *äv.* -'i:v] **I** *s7, s4* collective **II** *a5* collective **-ansluta** affiliate as a body **-anslutning** affiliation as a body **-avtal** collective [labour] contract, collective wage agreement **-fil** public-transport lane **-förhandlingar** *pl* collective bargaining (*sg*) **-hus** block of service-flats; *AE.* apartment hotel **-isera** collectivize **-isering** [-'se:-] collectivization **-ism** collectivism **-istisk** [-'ist-] *a5* collectivistic **-jordbruk** *abstr.* collective farming; *konkr.* collective farm **-trafik** public transport
kollektor [-ˣlektår] *s3* collector, commutator
koller ['kåll-] *s9* [blind] staggers (*pl*)
kolli ['kålli] *s7, s6* package, parcel; (*fraktgods äv.*) piece [of goods]; (*resgods äv.*) piece [of luggage]
kolli|dera come into collision, collide; ~ *med a*) *eg. äv.* run into, *sjö.* fall foul of, *b*) *bildl.* (*om pers.*) get across, (*om förslag, plikter etc.*) clash (conflict, interfere) with, run counter to **-sion** collision; *bildl. vanl.* clash
kollisionskurs collision course; *ha råkat på* ~ *med* be on [a] collision course with
kollodium [-'loː-] *s4* collodion, collodium
kolloid *s3* colloid, colloidal solution, suspension **-al** *a5* colloid[al]
kollokvium [kå'låkk-] *s4* colloquium
kollr|a [-å-] ~ *bort ngn* turn a p.'s head **-ig** *a1* mad, crazy
kol|lämpare coal trimmer **-mila** charcoal stack
kolmonoxid carbon monoxide
kolmörk pitch-dark **-er** pitch-darkness
kolna [ˣkå:l-] get charred; ~*d* charred; *se äv. förkolna*
kolofon [-'få:n] *s3* colophon
kolofonium [-'foː-] *s4* rosin, colophony
kolon ['ko:lån] *s7* colon
koloni *s3* colony; (*nybygge äv.*) settlement; (*skollovs-*) holiday camp
kolonial *a5* colonial **-ism** colonialism
kolonial|makt colonial power **-minister** (*i Storbritannien*) Colonial Secretary, Secretary of State for the Colonies **-politik** colonial policy **-varor** *pl* imported groceries **-varuhandel** (*affär*) grocer's [shop] **-välde** colonial rule
kolonis|ation colonization **-atör** colonizer **-era** colonize
koloni|st colonialist **-stuga** allotment-garden cottage **-trädgård** allotment [garden]
kolonn [-'lånn] *s3* column; *femte* ~ fifth column **-ad** *s3* colonnade
kolorado[skal]bagge [-ˣra:-] Colorado (potato) beetle
koloratur coloratura **-aria** coloratura aria **-sopran** coloratura soprano
kolorer|a colour; ~*d veckopress* illustrated weekly magazines (*pl*) **-ing** colouring, coloration
kolorimet|er [-'me:-] *s2* colorimeter, tintometer **-ri** *s3* colorimetry
kolor|ist colourist **-istisk** [-'ist-] *a5* colouristic **-it** *s3* (*färgton*) colouring; (*färgbehandling*) colour treatment
kolos [ˣkå:loːs] fumes (*pl*) from burning coal (coke, wood) **-förgiftning** poisoning (asphyxia resulting) from the inhalation of coal (*etc.*) fumes
koloss [-'låss] *s3* colossus; (*friare*) hulk, monster; *en* ~ *på lerfötter* a monster with feet of clay **-al** *a1* colossal; (*friare*) enormous, tremendous, immense, huge **-alt** [-'a:lt] *adv* enormously *etc.*; awfully
Kolosserbrevet [-ˣlåss-] [the Epistle of Paul the Apostle to the] Colossians (*pl, behandlas som sg*)
kolostomi *s3* colostomy
koloxid carbon monoxide **-förgiftning** carbon monoxide poisoning
kolportage [kålpår'ta:ʃ] *s7* colportage, book

K

hawking **-roman** cheap novel
kolportör [kålpår-] book hawker; (*i sht av religiös litteratur*) colporteur; (*predikant*) lay-preacher
kol|stybb coal dust; cinders (*pl*), [charcoal] breeze **-stybbsbana** cinder track **-svart** coal (jet) black **-svavla** *s1, se koldisulfid*
kolsyra carbonic acid; *~d* carbonated **-assimilation** carbonic-acid assimilation, photosynthesis
kolsyre|haltig *a5* aerated; *kem.* containing carbon dioxide **-snö** carbon dioxide snow
kolt [-å-] *s2* frock
kol|tablett charcoal tablet **-teckning** charcoal drawing **-tetraklorid** carbon tetrachloride **-tjära** coal tar **-trast** blackbird
kolugn [ˣkɑ:-] [as] cool as a cucumber
kolumbarium [-'ba:-] *s4* columbarium
kolumn *s3* column **-ist** columnist **-titel** *levande ~* running head (title)
kolupplag coal depot
kolv [-å-] *s2* **1** (*på gevär*) butt **2** *tekn.* piston; (*pump-*) plunger **3** (*glas-*) flask **4** *bot.* spadix (*pl* spadices) **5** (*lås-*) bolt **-motor** piston engine **-ring** piston ring **-slag** piston stroke **-stång** piston rod
kol|väte hydrocarbon **-ångare** [steam] collier
kom [kåmm] *imperf. av 2 komma*
1 koma ['kå:-] *s6* (*medvetslöshet*) coma (*pl* comas)
2 koma ['kå:-] *s6 astr., fys.* coma (*pl* comae)
kombattant [-å-] combatant
kombi ['kåmbi] *s9*, **kombibil** [ˣkåmbi-] estate car; *AE.* station wagon
kombination [kåmb-] combination
kombinations|förmåga power (faculty) of combination **-lås** combination lock **-tång** combination pliers (*pl*)
kombinator|ik [kå-] *s3* combinatorial analysis **-isk** [-'tɑ:-] *a5* combining, combinatory
kombinera [-å-] combine; *~d* combined, in one
komedi *s3* comedy; *spela ~* (*bildl.*) act a part, put on an act **-ant** play-actor **-enn** *s3* comedienne **-författare** comedy (comic) writer
komet *s3* comet **-bana** comet's orbit **-huvud** comet's head (nucleus) **-lik** cometlike; *en ~ karriär* a meteoric career **-svans** comet's tail
komfort [kåm'fårt, *äv.* 'kåmm-] *s3* comfort **-abel** [-'a:bel] comfortable
komihåg [kå-] *s7, skämts.* memory
komik *s3* comic art; (*t.ex. i en sitution*) comedy **-er** ['kɑ:-] comic actor, comedian
Komin|form [kåmin'fårm] [the] Cominform **-tern** [-'tärn] [the] Comintern (Komintern)
komisk ['kɑ:-] *a5* comic[al]; (*lustig*) funny, droll; (*löjlig*) ridiculous
komjölk cow's milk
1 komma [-å-] *s6* comma; (*decimal-*) [decimal] point
2 komm|a [-å-] *kom kommit* **I 1** come; (*ta sig fram, anlända*) arrive (*till* at, in), get; (*infinna sig äv.*) appear, *vard.* turn up; *~ och gå* come and go; *~ gående* come walking along (*på vägen* the road); *~ för sent* be (come, arrive) too late; *-er strax!* coming!; *i veckan som -er* in the coming week; *inte veta vad som ~ skall* not know what is [going] to come (happen); *vart vill du ~?* what are you driving at?; *ta det som det -er* take things as they come; *här -er han* here he comes (is); *här -er Eva* here comes Eva; *-er det många hit?* will there be many people [coming] here?; *vilken väg har du -it?* which way did you come?; *kom och hälsa på oss* come and see us; *påsken -er sent i år* Easter comes (is) late this year; *-er dag -er råd* tomorrow will take care of itself; *planet skulle ~ kl. 6* the plane was due at 6; *~ av* (*bero på*) be due to; *~ efter* (*efterträda*) come after, succeed; *~ från en fin familj* come of a fine family; *~ i* (*ur*) *balans* regain (get out of) balance; *~ i beröring med* come in contact with; *~ i fängelse* be put into (sent to) prison; *~ i olag* get out of order; *~ i ropet* become the fashion, (*om pers.*) become popular; *~ i tid* be in time; *~ i tidningen* get into the paper; *~ i vägen för* get in the way of; *~ med* (*medföra*) bring; *~ med ursäkter* make excuses; *ha ngt att ~ med* have s.th. to say (*visa* show; *bjuda på* offer); *kom inte med några invändningar!* none of your objections!; *~ på benen igen* get on one's legs again; *~ på besök till* call at; *~ på fest* be at a party; *det -er på räkningen* it will be put down on the bill; *jag -er sällan på teatern* I seldom go to the theatre; *~ till ett beslut* come to a decision; *~ till heders* come into favour; *~ till korta, se 2 kort I*; *~ till nytta* be of use, come in useful; *~ till ro* settle down, get some rest; *~ till synes* appear; *~ till tals med ngn a)* (*få träffa*) get a word with s.b., *b)* (*komma överens med*) reach agreement with s.b.; *~ till uttryck i* find expression in, show itself in **2** *~ att a)* *-er att* (*uttr. framtid*) shall (*1:a pers.*), will (*1:a, 2:a o. 3:e pers.*), *b)* (*råka*) happen (come) to, *c)* (*uttr. försynens skickelse*) *han kom aldrig att återse henne* he was never to see her again; *jag kom att nämna* I happened to mention; *jag har -it att tänka på* it has occurred to me **3** (*tillkomma, tillfalla*) *det kom på min lott att* it fell to my lot to; *den gästfrihet som -it mig till del* the hospitality shown to me (I have received); *av utgifterna -er hälften på* half of the expenses refer to **4** (*betecknande tillägg*) *härtill -er att vi måste* in addition to this we must; *till övriga kostnader -er* other costs include **5** (*lända*) *~ ngn till godo* be of use to s.b.; *~ väl till pass* come in handy **6** (*uppgå t.*) *det hela -er på 4 pund* it amounts altogether to £4 **7** *opers., det kom till ett uppträde* there was a scene **II** *rfl* **1** (*bero på*) come from, be due to; (*ske*) happen, come about; *det -er sig av att* it is due to the fact that; *hur -er de't sig?* how is that?, how come?; *hur kom det sig att du...?* how is it (did it come about) that you...? **2** (*tillfriskna*) recover, get better (*efter* from) **III** (*föranleda*) make (*ngn att skratta* s.b. laugh); (*förmå*) induce (*ngn att göra ngt* s.b. to do s.th.); *~ ngn på fall* cause a p.'s downfall (ruin) **IV** (*med betonad partikel*) **1** *~ an på, se bero*; *kom an!* come on! **2** *~ av sig* stop [short], (*tappa tråden*) lose the thread **3** *~ bort* (*avlägsna sig*) get away, (*försvinna*) disappear, (*gå förlorad*) get lost **4** *~ efter* (*bakom*) come (go) behind, (*följa*) follow, (*bli efter*) get behind, (*senare*) come afterwards **5** *fingrarna kom emellan* my (*etc.*) fingers got caught; *det kom ngt emellan* (*bildl.*) s.th. intervened **6** *~ emot* (*t. mötes*)

come (go) towards, (*stöta emot*) bump against (into) **7** ~ *fram a*) (*stiga fram*) come (go) up (along), (*från gömställe*) come out (*ur* of), *b*) (*förbi*) get past (*igenom* through; *vidare* on), (*på telefon*) get through, *c*) (*hinna fram, nå fram*) get there (*hit* here), (*anlända*) arrive, *d*) (*framträda*) come out, appear, *e*) (~ *t. rätta*) turn up; (*vinna framgång*) get on; *kom fram!* come here!; ~ *fram med ett förslag* make a suggestion; ~ *fram med sitt ärende* state one's business; *jag har -it fram till att* I have come to the conclusion that **8** *det kom för mig att* it occurred to me that; ~ *sig för med att* bring o.s. to **9** ~ *förbi* get round (past), *eg.* pass **10** *saken -er före i morgon* the case comes on tomorrow **11** ~ *ifrån* (*absol.*) get away, (*bli ledig*) get off; ~ *ifrån varandra* get separated; *man kan inte* ~ *ifrån att* there is no getting away from the fact that **12** *kom snart igen!* come back soon! **13** ~ *igenom* come (get) through **14** ~ *ihop sig* fall out (*om* about) **15** ~ *in i a*) (*rum etc.*) come (get) into, enter, *b*) (*skola*) be admitted to, *c*) (*tidning*) be inserted in, *d*) (*ämne e.d.*) become familiar (acquainted) with; ~ *in i bilden* come in; ~ *in med a*) (*uppgifter o.d.*) hand in, *b*) (*ansökan*) make, present, *c*) (*klagomål*) lodge; ~ *in på a*) (*sjukhus e.d.*) be admitted to, *b*) (*ämne*) get on to; ~ *in vid posten* be taken on in the Post Office **16** ~ *loss a*) (*om ngt*) come off, *b*) (*om ngn*) get away **17** ~ *med a*) (*följa med*) come along, come with (us, me *etc.*), *b*) (*deltaga*) join in (*i kriget* the war), *c*) (*hinna med*) catch (*tåget* the train), *d*) (*tas med*) be brought along; *han kom inte med på bilden* he didn't get into the picture; *han kom inte med bland vinnarna* he wasn't among the winners **18** ~ *ner på fötterna* alight (*bildl.* fall) on one's feet **19** ~ *vida omkring* travel far and wide; *när allt -er omkring* after all **20** ~ *på a*) (*stiga på*) get (come) on, *b*) (*erinra sig*) think of, recall, remember, *c*) (*upptäcka*) find out, discover, *d*) (*hitta på*) think of, hit on, (*ertappa*) come upon; *det kom hastigt på* it was sudden **21** ~ *till a*) (*anlända till*) come and see (*ngn* see s.b.), *b*) (*uppstå*) come about, arise, (*grundas*) be established, (*skrivas*) be written, (*komponeras*) be composed, *c*) (*födas*) be born, *d*) (~ *som tillägg*) be added, *e*) (*hända*) come about, happen; *frakten -er till* carriage is extra; *ytterligare kostnader har -it till* additional costs (expenses) have been incurred **22** ~ *undan* get away, escape **23** ~ *upp a*) come up, (*stiga upp*) get up, *b*) (*i nästa klass*) be moved up; *frågan kom upp* the question came (was brought) up (*till diskussion* for discussion); ~ *upp i en hastighet av* reach a speed of; ~ *sig upp* make one's way, get on **24** ~ *ut a*) *eg.* come out (*ur* of), (*lyckas* ~ *ut*) get out, (*utomlands*) get (go) abroad, *b*) (*utges*) come out, be published, appear, *c*) (*utspridas*) get about (abroad), *d*) (*förmå betala*) afford to pay; *hans nya bok -er ut i vår* his new book will appear (come out, be published) this spring; *man vet aldrig vad som kan* ~ *ut av det* you never know what can come out of it; *det -er på ett ut* it is all one, it's as broad as it's long **25** *det -er inte mig vid* that is no business of mine **26** ~ *åt a*) (~ *över*) get hold of, secure, (*nå*) reach, *b*) (*ansätta*) get at, *c*) (*stöta emot, röra vid*) touch, come in contact with, *d*) (*få tillfälle t.*) get an opportunity (a chance) **27** ~ *över a*) *eg.* come over, (*lyckas* ~ *över*) get over, *b*) (*få tag i*) get hold of, come by (across), *c*) (*överraska, om oväder e.d.*) overtake, *d*) (*drabba*) come upon, befall, *e*) (~ *förbi*) get past (round), (*övervinna*) get over; *han har -it över från USA* he has come over from the States; *jag -er över i morgon* I'll come round tomorrow

kommande *a4 o. s6* coming; (*t.ex. dagar, generationer*) ...to come; *för* ~ *behov* for future needs; ~ *släkten* (*äv.*) succeeding generations

kommanditbolag [kåmman×di:t-] limited partnership

kommando [kå'mandå] *s6* **1** command; order; *föra* ~ *över* be in command of, command; *rösta på* ~ vote to order; *stå under ngns* ~ be under a p.'s command; *ta* ~[*t*] *över* take command of **2** (*trupp*) body of troops

kommando|brygga [captain's (navigation)] bridge **-ord** [word of] command **-rop** shouted order (command) **-ton** tone of command; *i* ~ in a commanding (an imperious) tone **-trupp** *se commandotrupp*

kommater|a [-å-] punctuate; put the commas in **-ing** punctuation **-ingsregel** punctuation rule

kommend|ant [-å-] commandant **-antur** commandantship

kommender|a [-å-] (*föra befäl*) be in command (*över* of); (*befalla*) command, order; (*beordra*) appoint; ~ *halt* give the order 'Halt' **-ing** (*-ande*) commanding *etc.*; *få en* ~ be given a command (*sjö.* an appointment)

kommendör [-å-] **1** captain; (*i Frälsningsarmén*) commissioner; ~ *av 1. graden* commodore **2** (*ordensriddare*) knight commander **-kapten** commander

kommensurabel [-å-, -'a:bel] *a5* commensurable, commensurate

komment|ar [-å-] *s3* commentary (*till* to; *över* on); ~*er* comment (*sg*); *utan några* ~*er* without [any] comment; *kortfattad* ~ brief notes (annotations) **-ator** [-×a:tår] *s3* commentator **-era** comment [up]on; (*förse med noter*) annotate; ~*d upplaga* annotated edition

kommers [kå'märs] *s3*, *livlig* ~ brisk trade; *sköta* ~*en* run the business (show); *hur går* ~*en?* how's business?

kommerseråd head of division of the [Swedish] national board of trade

kommersial|isera [-å-] commercialize **-isering** [-'se:-] commercialization **-ism** commercialism

kommers|iell [-å-] *a5* commercial **-kollegium** [the] [Swedish] national board of trade

komminister [-å-, -'ister] *s2* (*i Storbritannien ung.*) assistant vicar

kommiss ['kåmm-, *äv.* -'miss] *s3* (*tyg*) uniform cloth

kommissariat [-å-] *s7* commissioner's office

kommissarie [-å-, -'sa:-] *s5* **1** (*ombud*) commissary; (*polis-*) superintendent, inspector **2** (*utställnings-*) commissioner **3** (*i Sovjetunionen*) commissar

kommission [kåmmi'ʃo:n] **1** *hand.* commission; *i* ~ on commission **2** (*utskott*) commission, board, committee; *tillsätta en* ~ appoint

K

(set up) a commission **3** (*uppdrag*) commission
kommissions|arvode commission [fee] **-handel** commission business (trade)
kommissionär [kåmmiʃo'nä:r] *s3* **1** *hand.* commission agent (merchant, dealer) **2** (*vid ämbetsverk e.d.*) *ung.* official agent
kommit [-å-] *sup. av 2 komma*
kommitté [-å-] *s3* committee; *sitta i en ~* be on a committee **-betänkande** report of a committee, committee report **-ledamot** committee member
kommitt|ent [-å-] (*uppdragsgivare*) principal; *~er* (*väljare*) constituents **-erad** [-'e:rad] *s9* committee member
kommod [kå'mo:d] *s3* washstand
kommun [-å-] *s3* (*administrativ enhet*) *ung.* municipality; *AE.* township; (*stads-*) urban district, city; (*lands-*) rural district; (*myndigheterna*) municipality, local authority (*AE.* government)
kommunal [-å-] *a5* municipal, local-government; local (*utskylder* rates); *~a myndigheter* local authorities; *~ självstyrelse* local government **-anställd** municipal employee **-arbetare** municipal worker **-förvaltning** local government, municipal administration **-hus** city (*AE.* town) hall
kommunal|isera [-å-] municipalize **-kontor** municipal office[s] **-lagstiftning** local government legislation **-man** local politician **-nämnd** local-government committee **-politik** local-government politics (*pl*) **-politiker** local politician **-råd** municipal commissioner **-skatt** local taxes (*i Storbritannien äv.* rates) **-tjänsteman** municipal officer **-val** local-government election
kommun|block municipal union **-fullmäktige** *koll.* municipal (city) council **-förbund** *Svenska ~et* [the] Swedish Association of Local Authorities
kommuni|cera [-å-] communicate; *~nde kärl* communicating vessels **-kation** communication
kommunikations|departement ministry (*AE.* department) of transport and communications **-medel** means (*sg o. pl*) of communications (transportation) **-minister** minister (*AE.* secretary) of transport and communications **-radio** radio; (*bärbar*) walkie-talkie **-satellit** communications satellite **-tabell** railway (steamboat and airline) timetable **-väsen** system of communications
kommuniké [-å-] *s3* communiqué, bulletin
kommunindelning division into local-government areas
kommun|ism [-å-] communism (*ofta* Communism) **-ist** communist (*ofta* Communist) **-istisk** [-'ist-] *a5* communist[ic]
kommunist|parti Communist Party **-stat** Communist state
kommun|minister minister of local government **-styrelse** municipal executive board; city executive board
kommut|ator [kåmmu×ta:tår] commutator **-era** commutate
komocka [×ko:måcka] *s1* cowpat
Komorerna [kå'må:-] *pl* Comoro Islands; *eg.* the Federal and Islamic Republic of the Comoros
kompakt [-å-] *a1* compact; solid (*massa* mass); dense (*mörker* darkness)
kompani [-å-] *s4* company **-chef** company commander
kompanjon [-å-] *s3* partner; joint owner; *bli ~er* go into partnership [with each other] **-skap** *s7* partnership
kompar|abel [-å-, -'a:bel] *a5* (*jämförlig*) comparable **-ation** comparison **-ativ** ['kåmp-, *äv.* -'i:v] **1** *a5* comparative **2** *s3* comparative; *i ~* in the comparative [degree] **-era** compare, form the comparative forms of
kompass [-å-] *s3* compass; *segla efter ~* sail by the compass **-hus** compass bowl **-kurs** compass course **-nål** compass needle **-ros** compass card
kompatib|el [-å-, -'ti:-] *a5* compatible **-ilitet** compatibility
kompendium [-å-, -'pend-] *s4* compendium; summary
kompensation [-å-] compensation
kompensationsledig on compensatory leave **-het** compensatory leave
kompensera [-å-] (*gottgöra*) compensate; (*uppväga*) compensate [for], make up for
kompetens [-å-] *s3* competence; competency; qualifications (*pl*) **-bevis** certificate of qualifications (competency)
kompetent [-å-] *a1* competent (*för, till* for; *till att* to); *~ för en plats* [fully] qualified for a post
kompil|at [-å-] *s7*, **-ation** *s3* compilation **-ator** [-×a:tår] *s3* compiler **-era** compile
kompis ['kåmp-] *s2* **1** *göra ngt i ~* do s.th. in partnership **2** (*kamrat*) pal; *AE. äv.* buddy
komplement [-å-] *s7* complement (*till* to, of) **-färg** complementary colour **-vinkel** complementary angle **-är** *a5* complementary
komplett [-å-] **I** *a1* complete; absolute, downright **II** *adv* absolutely
kompletter|a [-å-] **1** complete; supplement; make up; *~ varandra* complement each other; *~nde uppgifter* supplementary details **2** *~ i matematik* sit for a supplementary examination in mathematics **-ing 1** completing; supplementing; (*en ~*) completion; (*utvidgning*) amplification; (*av förråd äv.*) replenishment; *till ~ av vårt brev* to supplement our letter **2** *skol. o.d.* supplementary examination
komplex [-å-] **1** *a5* complex; *~a tal* complex numbers **2** *s7* (*av hus o.d.*) block, group of buildings; *psykol.* complex **-itet** complexity
kompli|cera [-å-] complicate **-kation** complication
kompli|mang [-å-] compliment; *ge ngn en ~ för* compliment s.b. on; *säga ~er* pay compliments **-mentera** compliment (*ngn för* s.b. on)
komplott [kåm'plått] *s3* plot; conspiracy
kompon|ent [kå-] component, constituent **-era** (*sammansätta*) put together; (*skapa*) create; (*balett, tavla*) design; (*maträtt*) concoct; (*tonsätta, författa*) compose **-ist** composer
komposant [kå-] *fys.* component
komposit [kå-] *s3* composite [material]
komposition [kå-] design; creation; concoction; (*tonsättning*) composition
kompositmaterial composite [material]
kompositör [kå-] composer
kompost [kåm'påst] *s3*, **-era** *v1* compost **-ering**

[-'e:riŋ] composting
kompott [kåm'pått] *s3* compote (*på* of); *blandad ~* (*bildl.*) a very mixed dish
kompress [-å-] *s3* compress **-ion** [-pre'ʃɑ:n] compression **-or** [-ˣpressår] *s3* compressor
komprimer|a [-å-] compress; *~d luft* compressed air **-ing** compressing; compression
komprometterа [kå-] compromise; *~ sig* compromise o.s.
kompromiss [kå-] *s3* compromise
kompromiss|a [kå-, -'missa] compromise **-förslag** proposed compromise **-lösning** compromise solution
kon *s3* cone; *stympad ~* frustum of a cone
kona *s1, tekn.* cone, taper; (*på bil*) clutch
koncentrat [-å-] *s7* concentrate; *bildl.* epitome; *i ~* (*bildl.*) in a concentrated form
koncentration [-å-] concentration
koncentrations|förmåga power of concentration **-läger** concentration camp
koncentrera [-å-] concentrate (*på* on); *i sht bildl.* focus, centre (*på* on); *~ sig* concentrate (*på* on); *~ sig på ngt* (*äv.*) focus (centre) one's attention on s.th.
koncentr|icitet [-å-] concentricity **-isk** [-'sent-] *a5* concentric
koncept [-å-] *s7, s4* [rough] draft (*till* of); (*kladd*) first outline, rough copy; *tappa ~erna* (*bildl.*) be disconcerted (put out)
konception [kånsep'ʃɑ:n] conception
konceptpapper scribbling-paper
koncern [kån'sä:rn, *äv.* -'sö:rn] *s3* group [of companies]; concern
konces|sion [kånse'ʃɑ:n] [parliamentary] sanction (*på* for); licence; concession; *bevilja ngn ~* grant s.b. a concession; *söka ~ på en järnväg* apply for powers for constructing a railway **-sionsnämnd** *K~en för miljöskydd* the [Swedish] national franchise board for environment protection
koncessiv ['kånn-, *äv.* -'si:v] *a5* concessive
konciliant [-å-, -'ant, -'aŋt] *a1* conciliatory (*mot* towards)
koncipiera [-å-] **1** (*befruktas*) conceive **2** (*göra utkast t.*) make concepts; (*författa*) compose
koncis [-å-] *a1* concise; succinct
kondens [-å-] *s7, s3*, **-at** *s7* condensate
kondensa|tion [-å-] condensation **-tionsstrimma** vapour (condensation) trail, contrail
kondensator [-å-, -ˣa:tår] *s3, tekn.* condenser; *elektr.* capacitor
kondenser|a [-å-] condense **-ing** condensation; condensing
kondens|or [-å-, -ˣdensår] *s3* [steam] condenser **-vatten** condensation [water]
kondis ['kånn-] *s7 o. s2, vard., se konditori resp. kondition 1*
kondition [-å-] **1** (*tillstånd*) condition, state; *i utmärkt ~* (*sport. äv.*) splendidly fit **2** (*tjänst*) situation **3** *~er* (*hand.*) conditions, terms of account
kondition|al [-å-] *a5* conditional **-alis** [-ˣa:lis, *äv.* -'a:lis] *r* (*i* in the) conditional [mood]
konditioner|a [-å-] condition; *väl* (*illa*) *~d* in [a state of] good (bad) repair, *se äv. beskaffad* **-ing** conditioning
konditions|test fitness test **-träning** fitness training
konditor [kånˣdi:tår] *s3* confectioner, pastry cook
konditori *s4* confectioner's [shop]; (*serveringsställe*) coffee house (bar), café, teashop, tearoom **-varor** *pl* confectionery (*sg*), cakes and pastries
kondoleans [kåndåle'ans, *äv.* -'aŋs] *s3* condolence **-brev** letter of condolence (sympathy)
kondolera [-å-å-] express one's condolence[s] (sympathy) (*ngn med anledning av* with s.b. on)
kondom [kån'då:m] *s3* condom; *vard.* French letter
kondominium [kåndå'mi:-] *s4* condominium
kondor [kån'då:r] *s3, zool.* condor
kondottiär [-å-å-] *s3* condottiere
kondukt|ans [-å-] *s3, elektr.* conductance **-ivitet** conductivity **-or** [-ˣduktår] *s3, fys.* conductor
kondukt|ris [-å-] *se* [*kvinnlig*] *konduktör* **-ör** (*för spårvagn e.d.*) ticket collector, conductor; *järnv.* guard; *kvinnlig ~* conductress, *vard.* clippie
konfeder|ation [kå-] confederation **-erad** [-'e:rad] *a5* confederate[d]
konfekt [-å-] *s3* assorted sweets and chocolates, confectionery; *engelsk ~* liquorice all-sorts; *bli lurad på ~en* be thwarted; *variera ~en* (*bildl.*) ring the changes **-ask** box of assorted sweets and chocolates (confectionery)
konfektion [kånfek'ʃɑ:n] ready-made clothing (clothes *pl*)
konfektionskläder *pl* ready-made (*AE. äv.* ready-to-wear) clothes
konfektskål sweet-dish
konfektyr [-å-] *~er* (*pl*) confectionery (*sg*) **-affär** confectioner's [shop]
konferenc|ié [kånferaŋsi'e:] *s3*, **-ier** [-si'e:] *s3* compere; *AE.* emcee (master of ceremonies)
konfer|ens [kånfe'rens, *äv.* -'raŋs] *s3* conference, meeting; (*större*) congress; (*rådplägning äv.*) consultation, parley **-era** confer, consult (*med ngn om* with s.b. about); discuss
konfession [kånfe'ʃɑ:n] confession, creed **-ell** *a5* confessional
konfessionslös (*om undervisning o.d.*) non-confessional; (*om pers.*) adhering to no particular confession
konfetti [kån'fetti] *s9* confetti
konfidenti|ell [kånfiden(t)si'ell] *a5* confidential **-ellt** *adv* confidentially, in confidence
konfigura|tion [kå-] configuration **-tiv** *a5* configurational, configurative
konfirm|and [-å-] *s3* candidate for confirmation **-ation** confirmation
konfirmations|kostym confirmation suit **-undervisning** preparation for confirmation
konfirmera [-å-] confirm
konfiskation [-å-] confiscation
konfisker|a [-å-] confiscate **-ing** confiscation
konfityrer *se konfektyr*
konflikt [-å-] *s3* conflict; dispute; (*i roman o.d. äv.*) problem; *komma i ~ med* get into conflict with **-situation** [state of] conflict
konformad [ˣkɑ:n-] *a5* conic[al]
konform|ism [kånfår-] conformism **-ist** conformist

K

konfront|ation [kånfrånt- *el.* -fråŋt-] confrontation; *vid ~ med* (*vanl.*) on being confronted with **-era** confront, bring face to face (*med* with)
kon|fundera [-å-] confuse, bewilder **-fys** *a1* confused, bewildered
kongenial [kånje-] *a1* congenial; *en ~ översättning* a translation true to the spirit of the original **-itet** congeniality; inherent affinity
kongenital [kånje-] *a5* congenital
konglomerat [kåŋglå-] *s7* conglomerate; conglomeration
Kongo ['kåŋgo] **1** *r* (*flod*) [the] Congo **2** *n* (*land*) [Republic of the] Congo
kongoles [kåŋgo-] *s3*, **-isk** *a5* Congolese
kongregation [kåŋgre-] congregation
kongress [-å-] *s3* congress; (*mindre*) conference
kongress|a [kån'gressa] [hold a] congress **-deltagare** participant in (member of) a congress **-ledamot** *AE.* Congressman, *fem.* Congresswoman **-val** Congressional election
kongruens [-å-] *s3* congruity, congruence (*äv. mat.*); *språkv.* agreement, concord **-fall** *geom.* case of equality in all respects
kongruent [-å-] *a4* congruous, congruent (*äv. mat., geom.*); *språkv.* agreeing, concordant
kon|icitet conic[al] form **-isk** ['ko:-] *a5* conic[al]; *~ sektion* conic [section]
konjak ['kånn-] *s3* cognac; *vanl.* brandy
konjakskupa brandy glass
konjug|ation [-å-] conjugation **-era** conjugate
konjunktion [kånjuŋ(k)'ʃo:n] conjunction
konjunktiv [ˣkånn-] *s3* (*i* in the) subjunctive [mood] **-isk** *a5* subjunctive **-it** *s3* conjunctivitis
konjunktur [kånn-] business activity, economic situation; trade (business) cycle; *~er* business (market) conditions; *goda ~er* boom (*sg*), prosperity (*sg*); *dåliga ~er* [trade] depression (*sg*), slump (*sg*); *avmattning i ~en* slowdown in business activity; *uppåtgående ~er* business upturn (*sg*), improving markets; *vikande ~er* [trade] recession **-avmattning** slowdown in business activity **-betingad** *a5* cyclical (*arbetslöshet* unemployment) **-institut** *K~et* the [Swedish] national institute of economic research **-läge** economic situation, state of the market **-nedgång** decline in business activity **-politik** economic policy **-politisk** *~a åtgärder* action taken to steer business activity **-svacka** slump **-uppgång** period of economic recovery, business upturn **-utveckling** business (economic) trend (development)
konkarong [kånka'råŋ] *s3*, *hela ~en* the whole lot
konkav [-å-] *a5* concave **-itet** concavity
konklav [-å-] *s3* conclave
konklu|dera [-å-] conclude, infer **-sion** conclusion, inference **-siv** *a5* conclusive
konkord|ans [kånkår'dans *el.* -'daŋs] *s3* (*bibel-*) concordance **-at** *s7* concordat
konkret I *a1* concrete; (*om förslag äv.*) tangible; *~ musik* (*poesi*) concrete music (poetry) **II** *s4*, *språkv.* concrete
konkre|tion [-å-] **1** (*utan pl*) concreteness **2** *miner.* concretion **-tisera** give a concrete form to
konkubin [-å-] *s3* concubine
konkurrens [-å-, *äv.* -'ans, -'aŋs] *s3* competition (*om* for); rivalry (*om* about); *hård* (*illojal*) *~* fierce (unfair) competition; *utan ~* (*äv.*) unchallenged; *stå sig i ~en* hold its (*etc.*) own in competition **-begränsning** restriction of competition; restraint-of-trade practices (*pl*) **-kraft** competitiveness, competitive strength **-kraftig** able to compete; competitive (*priser* prices)
konkurrent [-å-] competitor, rival (*om* for) **-företag** rival (competing) company, competitor
konkurrera [-å-] compete (*om* for; *med* with), enter into competition; *~ ut* outdo, outrival; *~ ut en firma* oust a competitor (competing firm)
konkurs [-å-] *s3* bankruptcy; failure; *begära ngn i ~* file a bankruptcy petition against s.b.; *försätta ngn i ~* declare s.b. bankrupt; *gå i ~* file one's (a) petition; *göra ~* fail, go (become) bankrupt **-ansökan** petition in bankruptcy, bankruptcy petition **-bo** bankrupt's (bankruptcy) estate **-förvaltare** (*utsedd av enskild pers. el. firma*) trustee; (*utsedd av domstol*) [official] receiver **-gäldenär** bankrupt **-lager** bankrupt's stock **-mässig** *a5* insolvent
konnot|ation [kå-] connotation **-ativ** [*äv.* 'kånn-] *a5* connotative, connotive **-era** connote
konnässör [-å-] connoisseur (*av, på* of)
konossement [kånnå-] *s7* bill of lading
konsekutiv ['kånn- *el.* -'i:v] *a5* consecutive
konsekv|ens [-å-] *s3* (*logisk följd*) consequence; (*följdriktighet*) consistency; (*påföljd*) consequence, sequel; *det får allvarliga ~er* it (this) will have serious consequences **-ent I** *a1* consistent **II** *adv* consistently; (*genomgående*) throughout
konselj [-å-] *s3* cabinet meeting **-president** prime minister
konsert [-'sä:r, *äv.* -'särt] *s3* concert **-era** give a concert ([a series of] concerts) **-estrad** concert platform **-flygel** concert grand **-hus** concert hall **-mästare** leader [of an orchestra]; *AE.* concertmaster **-program** *äv.* concert bill **-sal** *se -hus*
konserv [-å-] *s3*, *~er* tinned (canned [*särsk. AE.*]) goods (food *sg*), preserved provisions
konservat|ism [-å-] conservatism **-iv** [*el.* 'kånn-] *a1* conservative
konservator [kå-, -ˣa:tår] *s3* (*djuruppstoppare*) taxidermist; (*av tavlor e.d.*) restorer; (*vid museum*) curator, keeper
konservatorium [kå-, -'to:-] *s4* academy of music, conservatoire, conservatory
konserv|brytare tin-opener, can-opener **-burk** tin, can (*särsk. AE.*); (*av glas*) preserving-jar
konserver|a [-å-] **1** (*bevara*) preserve **2** (*matvaror*) preserve; (*i glasflaska*) bottle; (*i burk*) can; (*i bleckburk*) tin; *~t kött* (*vanl.*) corned (canned) beef **3** (*restaurera*) restore **-ing** preservation, bottling *etc.* **-ingsmedel** preservative
konserv|fabrik cannery, canning (tinned-foods) factory **-öppnare** *se konservbrytare*
konsign|ation [kånsiŋna- *el.* -sinja-] consignment; *i ~* on consignment **-era** consign
konsiliant *se konciliant*
konsilium [kån'si:-] *s4* synod
konsistens [-å-] *s3* consistency; *till ~en* in consistency; *antaga fast ~* (*äv.*) acquire substantial form, materialize **-fett** heavy (lubricating) grease, [cup] grease **-givare** gelling agent

konsistor|iell [kå-] *a5* **1** *kyrkl.* consistorial **2** *univ.* of (pertaining to) a university court **-ium** [-'to:-] *s4* **1** *kyrkl.* consistory **2** *univ.* university council (court)

konsol [-'å:l *el.* -'såll] *s3* bracket, support; *byggn.* console, cantilever **-hylla** bracket-shelf

konsolider|a [kå-] consolidate **-ing** consolidation

konsommé [kånn-, kåŋså'me:] *s3* consommé

konson|ans [kånså'naŋs *el.* -'nans] *s3* consonance **-ant** [-'ant] *s3 o. a4* consonant **-antisk** [-'ant-] *a5* consonantal

konsortium [kån'sårtsium] *s4* syndicate, consortium

konspir|ation [-å-] conspiracy, plot **-atorisk** [-'to:-] *a5* conspiratorial **-atör** conspirator, plotter **-era** conspire, plot

konst [-å-] *s3* art; (*skicklighet*) skill; (*knep*) trick, artifice; *~en* fine art, the arts (*pl*); *de sköna* (*fria*) *~erna* the fine (liberal) arts; *efter alla ~ens regler* according to all the recognized rules; *förstå sig på ~* know about art; *göra ~er* do (perform) tricks; *han kan ~en att* he knows how to (the trick of... -ing); *är det ngn ~?* what's difficult about that?; *det var väl ingen ~!* that's easy enough!; *det är ingen ~ för mig att* it's easy [enough] for me to; *~en är lång, livet är kort* art is long, life is short **-akademi** academy of art ([fine] arts); *K~en* [the] royal [Swedish] academy of fine arts **-alster** work of art

konst|ans [-å-] *s3* constancy **-ant I** *a1* constant; fixed, given (*förhållande* ratio); (*oföränderlig*) invariable; (*beständig*) permanent, perpetual **II** *s3, mat.* constant

konstapel [kån'sta:-] *s2* **1** (*polis*) [police] constable **2** *mil. ung.* bombardier

konstart form of art, art genre

konstater|a [-å-] (*fastställa*) establish (*att* the fact that); (*ådagalägga*) demonstrate, prove; (*betyga*) certify; (*påpeka*) point out, draw attention to (*att* the fact that); (*framställa som faktum*) state, assert; (*iaktta*) notice, observe; (*upptäcka, utröna*) find out, discover, ascertain; *~ faktum* state a fact **-ande** *s6* establishment; certification; ascertainment; (*påstående*) statement, assertion

konst|befruktning artificial insemination **-beridare** circus-rider, equestrian **-bevattning** irrigation

konstellation [-å-] constellation

konstern|ation [-å-] consternation **-erad** [-'e:rad] *a5* nonplussed, dumbfounded, taken aback

konst|fackskola college of arts, crafts and design **-fiber** synthetic (man-made) fibre **-flit** arts and crafts (*pl*) **-flygning** stunt flying; aerobatics (*pl, behandlas som sg*) **-frusen** artificial[ly frozen] (*is* ice) **-full** skilled; (*sinnrik*) ingenious **-färdig** skilfull **-föremål** object of art **-förfaren** skilled; *med -förfarna händer* with the hands of a skilled artist **-galleri** art gallery **-gjord** *a5* artificial; man-made; (*falsk*) imitation; *~ andning* artificial respiration; *~ dimma* smoke screen; *på ~ väg* by artificial means **-gjutning** statue-casting **-grepp 1** (*yrkesgrepp*) trick [of the trade] **2** (*knep*) [crafty] device, artifice **-gödning 1** (*artificiell gödning*) artificial manuring **2** (*-gödsel*) artificial manure, fertilizer **-hall** art gallery **-handel** (*butik*) art dealer's [shop] **-handlare** art dealer **-hantverk** [art] handicraft; (*varor*) art wares, handicraft products (*pl*) **-hantverkare** [arts] craftsman **-harts** artificial (synthetic) resin, plastic **-historia** history of art (*äv. -historien*) **-historiker** art historian **-historisk** of art history, art history **-högskola** college of fine arts

konstig [-å-] *a1* **1** (*besynnerlig*) strange, peculiar, odd, curious, queer; *en ~ kropp* (*vard.*) an odd customer **2** (*svår*) intricate; (*kinkig*) awkward; *~are än så var det inte* that is all there was to it

konst|industri art industry; arts and crafts (*pl*) **-industriell** of applied (industrial) art **-intresserad** *a5* interested in art (*etc.*); *den ~e allmänheten* art lovers, the art-loving public

konstituera [-å-] constitute; *mötet har ~t sig* the meeting has appointed its executive committee; *~nde bolagsstämma* statutory meeting; *~nde församling* constituent assembly

konstitution [-å-] constitution **-ell** *a5* constitutional; *~ monarki* constitutional (limited) monarchy

konstitutionsutskott *~et* [the Swedish parliamentary] standing committee on the constitution

konst|kritiker art critic **-kännare** connoisseur [of the fine arts], art expert

konstlad [-å-] *a5* (*tillgjord*) affected (*sätt* manners *pl*); (*konstgjord*) artificial; (*tvungen*) forced; (*låtsad*) assumed

konst|läder artificial leather, leatherette **-lös** artless; (*okonstlad*) unaffected; (*enkel*) simple **-museum** art museum (gallery), museum of art **-mässig** *a1* **1** (*konstnärlig*) artistic **2** (*konstgjord*) artificial **-njutning** artistic treat (enjoyment)

konstnär [-å-] *s3* artist **-inna** [woman] artist

konstnärlig [ˣkånst-, *äv.* -'nä:r-] *a1* artistic; *det ~a i* the artistry of **-het** artistry

konstnärs|ateljé artist's studio (workshop) **-bana** artistic career, career as an artist **-blick** eye of an artist

konstnärskap [-å-] *s7* (*det att vara konstnärlig*) one's (*etc.*) being an artist; (*konstnärlig begåvning*) artistic ability

konstnärs|koloni colony of artists **-krets** *i ~ar* in artists' circles, among artists **-liv** *~et* the (an) artist's life **-natur** artistic temperament; *pers.* artist; *en sann ~* a true artist

konstpaus pause for [the sake of] effect

konst|ra [-å-] (*krångla*) be awkward; (*om pers. äv.*) make a fuss; (*om häst*) jib **-rik** (*-färdig*) skilful; (*konstnärlig*) artistic **-riktning** tendency (style) in art; school [of art]

konstruer|a [-å-] **1** (*göra ritning t.*) design; (*uppbygga*) construct **2** *språkv.* construe **3** *mat.* draw **-ad** *a5* constructed; (*uppdiktad*) fabricated

konstruktion [kå-, -k'ʃo:n] **1** (*konstruerande*) designing *etc.*; construction (*äv. språkv.*); (*uppfinning*) invention; (*tanke-*) conception **2** *konkr.* construction; design

konstruktions|fel 1 *tekn.* constructional error (fault, defect); *abstr.* error in design **2** *språkv.* construing error **-lära** theory of constructions **-ritning** constructional drawing

K

konstrukt|iv [*äv.* 'kånn-] *a5* constructive **-ör** constructor, designer; (*byggmästare*) constructional builder
konst|salong art gallery **-samlare** art collector **-samling** art collection **-siden, -silke** artificial silk; rayon **-skatt** art treasure **-skicklig** skilled in art (handicraft) **-skojare** art fraud **-smide** art metalwork (forging) **-stoppning** invisible mending **-stycke** (*ngt svårt*) feat, achievement; (*trick*) trick, tour de force **-ull** artificial wool **-uppfattning** conception of art **-utställning** art exhibition **-verk** work of art; (*mästerverk*) masterpiece **-åkare** figure skater **-åkning** figure skating **-älskare** art lover
konsul [ˣkånn- *el.* 'kånn-] *s3* consul; *engelsk ~ i* British consul in (at) **-at** *s7* consulate
konsulent [-å-] consultant, adviser
konsulinna [-å-] consul's wife; *~n X.* Mrs. X.
konsult [-å-] consultant, adviser; *se äv. under konsultativ* **-ation** consultation **-ativ** [*äv.* 'kånn-] *a5* consultative; *~t statsråd* (*ung.*) minister without portfolio
konsult|era consult **-firma** firm of consultants **-uppdrag** commission for a consultant
konsulär [-å-] *a5* consular
konsumbutik [-å-] cooperative shop
konsument [-å-] consumer **-förening** [consumer's] cooperative society **-kooperation** consumer's cooperation **-ombudsman** consumer ombudsman **-prisindex** consumer price index **-upplysning** consumer information **-verk** *~et* [the Swedish] national board for consumer policies
konsum|era [-å-] consume **-tion** consumption
konsumtions|förening *se konsumentförening* **-samhälle** consumption (affluent) society **-skatt** consumption tax, excise **-varor** *pl* consumer goods, non-durable goods; *varaktiga ~* consumer durables
kont [-å-] *s2, s3* basket of birch bark carried on the back, pannier
kontakt [-å-] *s3* **1** *abstr.* contact; *bildl. äv.* touch; *få ~ med* get into touch with; *förlora ~en med* lose (get out of) touch with **2** *konkr., elektr.* contact; (*strömbrytare*) switch; (*vägg-*) socket, *vard.* point, plug, *AE.* outlet
kontakt|a [-å-] contact, get into touch with **-kopia** contact print **-lim** contact (pressure-sensitive) adhesive **-lins** contact lens **-man** contact [man]; (*med allmänheten*) public relations man **-mina** contact mine
kontakt|or [kånˣtaktår] *s3* contactor **-person** *se kontaktman* **-svårigheter** *pl* difficulty (*sg*) in making contacts
kontamin|ation [-å-] contamination **-era** contaminate
1 kontant [-å-] *a4* (*sams*) on good terms
2 kontant [-å-] *a4 o. adv* (*i reda pengar*) cash; *~ betalning* cash payment, payment in cash; *mot ~ betalning* for cash, for ready money; *per* [*extra*] *~* for [prompt] cash; *betala ~* pay [in] cash; *köpa ~* buy for cash
kontan|affär cash transaction (deal) **-belopp** cash amount, amount in cash
kontant|er [-å-] *pl* cash (*sg*), ready money (*sg*) **-insats** down payment, amount [to be paid] in cash, cash amount **-köp** cash purchase **-likvid** cash settlement
kontempla|tion [-å-] contemplation **-tiv** [*äv.* 'kånn-] *a5* contemplative
kontenans [kånte'naŋs *el.* -'nans] *s3*, *behålla ~en* keep one's countenance; *förlora ~en* be disconcerted (put out)
kontenta [kånˣtenta] *s1*, *~n av* the gist of
konteramiral [-å-] rear admiral
konterfej [-å-] *s7* portrait
kontext [-å-] *s3* context **-uell** *a5* contextual
kontinens [-å-] *s3*, *med.* continence
kontinent [-å-] continent; *~en* (*Europas fastland*) the Continent
kontinental [-å-] *a5* continental **-drift** continental drift **-klimat** continental climate **-sockel** continental shelf **-systemet** the Continental System
kontingent [kåntiŋ'gent *el.* -in'jent] *s3* **1** *mil.* contingent; (*grupp*) group **2** (*avgift*) subscription; (*andel*) quota
kontinu|erlig [-å-, -'e:r-] *a5* continuous **-itet** continuity
konto *s6* account; (*löpande räkning*) current account; *avsluta ett ~* close an account; *ha ~ i en affär* have an account at a shop; *insätta på ett ~* pay into an account; *skriva på ngns ~* (*bildl.*) put down to a p.'s account **-kort** credit card **-kurant** *s3* account current; (*-utdrag*) statement of account
kontor [kån'to:r] *s7* office; (*bolags, firmas äv.*) offices (*pl*); *på ~et* at the office; *sitta på ~* be [employed] in an office
kontoriser|a [kå-] turn residential property into offices **-ing** process of turning residential property into offices
kontorist [kå-] clerk, office employee; *kvinnlig ~* lady (girl) clerk
kontors|anställd *se kontorist* **-arbete** office (clerical) work **-artiklar** *pl* office accessories (equipment *sg*) **-chef** office manager, head clerk **-göromål** office duties (*pl*) (work) **-landskap** open-plan office **-maskin** business (office) machine; (*skrivmaskin*) typewriter **-materiel** office supplies (*pl*); (*pappersvaror*) stationery **-personal** office (clerical) staff **-tid** office (business) hours (*pl*)
kontoutdrag statement of account
kontra [-å-] **I** *prep* contra; (*friare*) versus **II** *v1*, *sport.* break away **-alt** contralto **-band** contraband **-bas** double bass **-bok** *se motbok* **-dans** contredance, contradance; (*friare*) square dance **-diktion** contradiction **-diktorisk** [-'to:-] *a5* contradictory
kontrah|ent [-å-] [contracting] party (*i, vid* to) **-era 1** *hand.* make a contract, contract **2** *språkv.* contract
kontraindikation contraindication
kontrakt [-å-] *s7* contract, agreement; (*hyres-*) lease; *enligt ~* as per contract; *enligt detta ~* under this contract; *avsluta ett ~ med ngn om ngt* conclude (make) a contract with s.b. about s.th. **-era** contract; *~de varor* goods contracted for
kontraktion [kåntrak'ʃo:n] contraction
kontrakts|bestämmelse provision (stipulation) of a contract (an agreement) **-bridge**

contract [bridge] **-brott** breach of contract **-enlig** [-e:n-] *a5* contractual, as contracted [for] **-formulär** contract form **-prost** rural dean
kontra|mandera countermand; cancel **-märke** check **-order** counterorder, contrary order
kontrapunkt *mus.* counterpoint **-isk** [-'punkt-] *a5* contrapuntal
kontrarevolution counter-revolution **-ạ̈r** *a5 o. s3* counter-revolutionary
kontrasigner|a countersign **-ing** countersign, countersignature
kontraspion counterspy **-age** counterespionage
kontrạst [-å-] *s3* contrast (*till, mot*); *stå i skarp ~ till* be in sharp contrast to; *utgöra en ~ till* form a contrast to, contrast with **-era** contrast (*med, mot* with)
kontrast|ịv [-å-] contrastive **-medel** contrast medium **-verkan** contrast[ing effect]
kontribu|era [-å-] contribute **-tion** contribution; (*skatt*) tax, levy
kontring [-å-] *sport.* breakaway
kontroll [kån'tråll] *s3* control (*över* over, of); check; (*tillsyn*) supervision, inspection; (*-ställe*) checkpoint, control station; *ha läget under ~* control the situation **-anordning** control[ling device]
kontroll|ant [-å-å-] controller, supervisor **-besiktning** *se bilbesiktning o. veterinärbesiktning* **-bord** observation (control) desk (panel)
kontroller|a [-å-å-] check; verify, control; make sure (*att* that); (*ha tillsyn över*) exercise (have) control over; *~t silver* hallmarked silver **-bar** *a5* controllable
kontroll|grupp control group **-kommission** control commission **-lampa** (*hopskr. kontrollampa*) pilot lamp (light) **-läsa** (*hopskr. kontrolläsa*) read through for the purpose of checking **-märke** check, controlling-mark **-mäta** check the measure (*ngt* of s.th.), remeasure **-nummer** (*-märke*) check; (*kodnummer*) key number **-rum** control room **-räkna** re-count, check [off], verify **-siffra** check digit **-station** checkpoint, control station **-stämpel** control stamp; (*för guld etc.*) hallmark **-torn** *flyg.* control tower **-uppgift** (*löneuppgift*) salary (wage) statement **-åtgärd** control [measure]
kontrollör [-å-å-] controller; comptroller; checker, supervisor, inspector; (*biljett-*) ticket inspector; *post.* assistant superintendent
kontrovers [kåntrɑ'värs] *s3* controversy **-iẹll** *a5* controversial
kontrạ̈r [-å-] *a5* contrary
kontur [-å-] contour [line]; (*friare o. bildl.*) outline **-era** contour **-fast** firmly outlined **-karta** outline map **-lös** vague[ly outlined]; undefined **-teckning** outline drawing
kontusion [-å-] contusion, bruise
konung [-å-] *s2* (*jfr kung*) king; *Gud bevare ~en!* God save the King!; *~arnas ~* the King of Kings; *Till K~en* (*i skrivelse*) To His Majesty the King
Konungaböckerna [the] Kings
konungs|lig [kå'nuŋs-, *äv.* 'kå:-] *a5* kingly (*hållning* deportment); regal (*makt* power) **-man** courtier
konvalescens [kånvale'sens *el.* -'ʃens] *s3* convalescence
konvalescent [kånvale'sent *el.* -'ʃent] convalescent **-hem** convalescent home
konvalje [kån'valje] *s5* lily of the valley
konvektion [kånvek'ʃɑ:n] convection
konvenans [kånve'naŋs, -'nans] *s3* propriety, convention; (*starkare*) decorum; *brott mot ~en* breach of etiquette **-parti** marriage of convenience
konvenera [-å-] suit, be convenient (*ngn* to s.b., for s.b.)
konvẹnt [-å-] convention
konventikel [kånven'tikk-] *s2* conventicle **-plakatet** *ung.* the Conventicle Act
konvention [-å-] convention **-ẹll** *a1* conventional
konverg|ens [-å-, -'gens] *s3* convergence **-ent** [-'gent] *a4* convergent, converging **-era** [-'ge:ra] converge (*mot* towards)
konversa|bel [-å-, -'a:bel] *a2* conversable **-tion** conversation
konversationslexikon encyclop[a]edia
konvers|atör [-å-] conversationalist **-era** converse (*om* about, on)
konversion [-å-] conversion
konverter [kån'värt-] *s2, tekn.* converter
konverter|a [-å-] convert; (*t. annan religion*) become a convert **-ing** conversion **-ingsanläggning** converter plant (equipment)
konver|tibel [-å-, -'ti:-] *a5* convertible **-tịt** *s3* convert
konvẹx [-å-] *a5* convex **-itet** convexity
konvoj [kån'våjj] *s3*, **-era** *v1*, **-ering** [-'e:riŋ] *s2* convoy
konvojfartyg (*som konvojerar*) escort vessel; (*som konvojeras*) convoy vessel
konvolụt [kånvå-] *s7* envelope, wrapper, cover
konvul|sion [-å-] convulsion **-sivisk** [-'si:-] *a5* convulsive
kooper|ation cooperation **-atịv** *a5* cooperative; *K~a förbundet* [the] Swedish cooperative union and wholesale society; *~ förening* cooperative [society], *vard.* coop, co-op **-atör** cooperator, member of a cooperative society **-era** cooperate
koordinat [kɑår-] coordinate **-axel** coordinate axis
koordination [kɑår-] coordination
koordinat|or [kɑårdin'ˣa:tår] coordinator **-system** system of coordinates
koordinera [kɑår-] coordinate
kopẹk *s9* kope[c]k
kopia [-ˣpi:a] *s1* copy; duplicate; (*avskrift*) copy, transcript; *foto.* print; (*av konstverk o. bildl.*) replica; *neds.* imitation; *ta ~ av* copy, make a copy of
kopiator [-ˣa:tår] *s3, se kopieringsmaskin*
kopie|bläck copying ink **-papper** copying paper; (*karbon-*) carbon [paper]; *foto.* printing paper
kopier|a copy; transcribe; *foto.* print **-ing** copying; *foto. o. boktr.* printing
kopierings|anläggning printing (processing) laboratories (*pl*) **-maskin** copying machine, copier
kopist copying clerk; copyist; *foto.* printer; (*av konstverk*) imitator
kopiọ̈s *a5* copious; enormous

kopp [-å-] *s2* cup (*kaffe* of coffee); (*som mått*) cupful [of...]
koppa [-å-] *s1* pock
koppar [-å-] *s9* copper; (*-slantar*) coppers (*pl*) **-bleck** copper plate **-förande** *a4* cupriferous **-förhydning** [-y:d-] copper-sheathing **-glans** *miner.* chalcocite **-gruva** copper mine **-halt** copper content **-haltig** *a5* cupreous **-kis** *miner.* chalcopyrite, copper pyrites **-mynt** copper [coin] **-orm** *se kopparödla* **-oxid** copper oxide; (*med envärd koppar*) cuprous oxide; (*med tvåvärd koppar*) cupric oxide **-plåt** (*för taktäckning e.d.*) [plate of] copper-sheeting; (*enstaka*) copper-sheet; (*för gravyr*) copper plate **-röd** copper-coloured, [as] red as copper; (*om hår*) coppery **-slagare 1** *eg.* coppersmith **2** (*bakrus*) hangover **-stick** (*konstverk*) copperplate, print; (*konstart*) copper engraving, copper-plate engraving **-sulfat** copper (cupric) sulphate **-tryck** copperprint **-ödla** *zool.* slowworm, blindworm
koppel ['kåpp-] *s7* **1** (*hund-*) lead, leash **2** (*jakthundar*) leash **3** *tekn.* coupling **4** *mil.* shoulder belt **5** (*hop, skara*) pack
koppla [-å-] **I 1** (*hund*) put on the lead, leash **2** (*jakt. o. friare*) leash **3** *tekn.* couple up (*till* to); *elektr.* connect (*i serie* in a series); *radio.*, *tel.* connect up (*till* to); *var vänlig ~ mig till* please put me through to **II** (*med betonad partikel*) **1** ~ *av a) järnv.*, *radio.*, *tel.* switch off, *b)* (*vila*) relax, unwind, slack off **2** ~ *ifrån* disconnect, *järnv.* uncouple **3** ~ *ihop* (*elektr.*) connect, join up, *radio.*, *tel.* connect up **4** ~ *in* connect, throw in, *elektr.* switch in **5** ~ *till* (*järnv.*) put on, attach **6** ~ *ur* disengage, disconnect, *elektr.* interrupt, (*motor*) declutch
koppl|are [-å-] procurer **-eri** procuring **-erska** procuress, bawd **-ing 1** (*-ande*) *tekn.* connection **2** *konkr.*, *tekn.* coupling; (*i bil*) clutch; *tel.* switch
kopplings|anordning coupling (connecting) device; *flyg. äv.* release mechanism **-dosa** *elektr.* coupling box **-lamell** clutch disc **-pedal** clutch pedal **-schema** *elektr.* wiring diagram **-ton** *tel.* dialling (*AE.* dial) tone
kopp|or [ˣkåppɷr] *se koppa, smittkoppor o. vattkoppor* **-ärrig** pockmarked
kopra [ˣkå:p-] *s1* copra
kopt|er ['kåpp-] Copt **-isk** *a5* Coptic; *~a kyrkan* Coptic Church **-iska** (*språk*) Coptic
kopul|ation copulation **-ativ** ['kåpp-, 'kɷ:-, -'i:v] *a5*, *språkv.* copulative **-era** copulate
kor *s7* choir; (*hög-*) chancel; (*där altaret står*) sanctuary; *jfr gravkor*
kora [ˣkå:-] choose, select (*till* as)
koral *s3* chorale **-bok** hymn book with tunes
korall *s3* coral **-djur** anthozoan (*pl* anthozoa) **-orm** coral snake **-rev** coral reef **-röd** coral [red] **-ö** coral island; atoll
koran *s3* [the] Koran
kord [-å:-] *s3* cord
korda [ˣkå:r-] *s1*, *mat.* chord
korderoj [kårde'råjj] *s3* corduroy
kordial [-å-] *a1* cordial **-itet** cordiality
kordong [kår'dåŋ] *s3* cord[on]; *bot.* cordon
kordväv cord [fabric]
Korea [-ˣre:a] *n* Korea
korean *s3*, **-sk** *a5*, **-ska** (*språk*) *s1* Korean
koreograf *s3* choreographer
koreograf|i *s3* choreography **-isk** [-'gra:-] *a5* choreographic
korg [kårj] *s2* basket; (*större*) hamper; (*i självbetjäningsbutik*) wire basket; *få ~en* (*bildl.*) be refused, get the brushoff; *ge ngn ~en* (*bildl.*) refuse s.b., give s.b. the brushoff **-arbete** wicker [work], basketwork **-blommig** *bot.* composite **-boll** basketball **-flätning** [-ä:t-] basketry **-makare** basket-maker **-möbel** [set of (*ett föremål* piece of)] wicker[work] furniture
korgosse server, acolyte; (*i kör*) choirboy
korgstol wicker[work] chair
koriander [-'ann-] *s9* coriander
korint *s3* currant
korint[i]er [-'int([s]i)er] Corinthian **-brev** *K~en* [the] Corinthians (*pl, behandlas som sg*); *första K~et* the First of Corinthians (*eg.* the First Epistle of Paul the Apostle to the Corinthians)
korintisk [-'rint-] *a5* Corinthian
korintkaka currant cake
korist chorister; (*opera- äv.*) member of the chorus; (*kyrko- äv.*) choir-member
kork [-å-] *s2* **1** (*ämne*) cork **2** (*propp*) cork, stopper; *dra ~en ur* uncork; *sätta ~en i* cork **3** *styv i ~en* cocky, swollen-headed **korka** cork; ~ *igen* (*till*) cork; ~ *upp* uncork
kork|ad [-å-] *a5* (*dum*) stupid **-bälte** cork [life] belt **-bössa** popgun **-dyna** cork pillow **-ek** cork oak **-matta** linoleum; *hand. äv.* lino **-skruv** corkscrew
korn [-ɷ:-] *s7* **1** (*frö, kornformig smådel*) grain (*äv. bildl.*); *ett ~ av sanning* a grain of truth **2** (*sädesslag*) barley **3** (*riktmedel*) bead; *mil. äv.* front sight; *få ~ på* get sight of, *bildl. äv.* spot, *vard. äv.* get wind of; *ta ~ på* draw a bead on; *ta...på ~et* get (hit off)...to the life **4** *se under skrot*
korn|a [-ɷ:-] ~ [*sig*] granulate **-ax** ear of barley **-blixt** flash of summer lightning **-blå** cornflower blue **-bod** granary
kornell *s3*, *bot.* cornel
kornett [-å-] *s3*, *mus. o. mil.* cornet **-ist** cornetist, cornet player
korn|gryn barley grain; *koll.* hulled barley **-grynsgröt** barley porridge
kornig [-ɷ:-] *a1* granular **-het** granularity; granulation; *foto.* graininess
kornisch [-å-] *s3* cornice
korn|knarr *s2* corncrake **-mjöl** barley meal (flour)
korollarium [kårå'la:-] *s4* corollary
korona [kåˣrå:-] *s1*, *astr.* corona
korp [-å-] *s2* **1** *zool.* raven **2** (*hacka*) pickaxe, mattock
korp|a [-å-] ~ *åt sig* grab [for o.s.] **-gluggar** *pl* (*ögon*) giglamps
korporation [kårpå-] corporate body, body corporate; association **korporationstävling** intercompany (interworks) tournament
korporativ [*äv.* 'kårpå-] *a5* corporative **-ism** corporative system of society
korpral [-å-] *s3* (*vid armén*) lance corporal; private, (*vid flottan*) ordinary rating, (*vid flyget*) leading aircraftman; *AE.* (*vid armén*) corporal, (*vid flottan*) petty officer 3. class, (*vid flyget*) sergeant

korpsvart raven [black]
korpul|ẹns [-å-] *s3* stoutness, corpulence **-ẹnt** *a1* stout, corpulent
korpus ['kårr-] *s2* **1** *boktr.* long primer **2** (*kropp*) body **-kel** [-'puss-] *s3* corpuscle
korr [-å-] *s7, vard., se korrektur*
korrẹk|t [-å-] *a1* correct; (*felfri*) faultless, impeccable **-tion** [-k'ʃo:n] correction **-tịv** *s7* corrective
korrektụr [-å-] *s7* proof [sheet], printer's proof; *första ~* first proof[s], (*spalt-*) galley proof; *ombrutet ~* page proof; *tryckfärdigt ~* clean proof; *läsa ~ på* read the proofs of, proofread **-avdrag** pull[ed proof], proof leaf **-fel** error in a (the) proof **-läsa** read in proof, proofread; *dåligt -läst* badly proofread **-läsare** proofreader **-läsning** proofreading **-tecken** proofreader's mark **-ändring** alteration in [the] proof
korrel|ạt [-å-] *s7 o. a4* antecedent **-ation** correlation **-era** correlate
korrespondens [kårrespån'dens, -'daŋs, -åŋd-] *s3* correspondence **-institut** correspondence school **-kort** correspondence card **-kurs** correspondence course **-undervisning** postal tuition
korrespond|ẹnt [-å-å-] correspondent; correspondence clerk **-era** correspond
korridor [kårri'då:r] *s3* corridor; *AE. äv.* hallway; (*i hus äv.*) passage; *AE. äv.* hall; *polit.* lobby **-politik** lobby politics (*pl*), lobbying
korriger|a [kårri'ʃe:-] correct; (*revidera*) revise **-ing** correction; revision
korro|dera [kårrå-] corrode **-sion** corrosion
korrosions|beständig corrosion-resistant, noncorrodible **-skyddsmedel** corrosion preventing agent
korrugera [kårru'ge:-] corrugate; *~d plåt* corrugated sheet [metal]
korrumpera [-å-] corrupt
korrụp|t [-å-] *a4* corrupt **-tion** [-p'ʃo:n] corruption; *AE. polit. äv.* graft
kors [-å-] **I** *s7* **1** cross; *i ~* crosswise; *Röda K~et* the Red Cross; *krypa till ~et* eat humble pie; *lägga armarna i ~* fold one's arms; *lägga benen i ~* cross one's legs; *sitta med armarna i ~* (*bildl.*) sit idle (doing nothing); *inte lägga två strån i ~* not lift a finger **2** *mus.* sharp **II** *adv, ~ och tvärs* crisscross, in all directions **III** *interj* well, I never!, Oh, my!, bless me!
korsa [-å-] cross; (*~ varandra*) intersect; *bildl.* thwart, (*ngns planer* a p.'s plans); (*om tankar*) traverse, run counter to (*varandra* each other); *~ sig* cross o.s.
korsạr [-å-] *s3* corsair
kors|as [-å-] *dep* cross [each other], intersect; *bildl.* traverse each other, crisscross **-band** *post., skicka som ~* send as printed matter **-befruktning** cross-fertilization **-ben** *anat.* sacrum **-blommig** cruciferous **-drag** through (cross) draught **-eld** crossfire
kor|selẹtt [-å-] *s3* cors[e]let **-sẹtt** *s3* corset; *åld.* stays (*pl*)
kors|farare crusader **-formig** [-å-] *a5* cross--shaped, cruciform **-fästa** crucify **-fästelse** crucifixion **-förhör** cross-examination **-förhöra** cross-examine **-förlamning** *se korslamhet* **-gång** cloister **-hänvisning** cross-reference
Korsika ['kårs-] *n* Corsica
korsikạ|n [-å-] *s3*, **-nsk** *a5* Corsican
kors|kyrka cruciform church **-lagd** *a5* laid crosswise; (*om ben*) crossed; (*om armar*) folded; *~a benknotor* crossbones **-lamhet** paraplegia
korsning [-å-] **1** (*väg- e.d.*) crossing, intersection; *planskild ~* flyover, overpass **2** *biol.* crossing, crossbreeding; *konkr.* cross
korsning|sfri without crossroads **-näbb** crossbill **-ord** crossword [puzzle]; *lösa ett ~* do (solve) a crossword **-riddare** crusader **-rygg** *~en* the small of the back **-spindel** diadem spider **-stygn** cross-stitch **-tecken** *göra -tecknet* cross o.s., make the sign of the Cross
korstol [ˣko:r-] [choir] stall
kors|tåg crusade **-virkeshus** half-timbered (framework) house **-vis** crosswise, traversely **-väg** crossroad; *vid ~en* at the crossroads **-ört** groundsel
1 kort [-o-] *s7* card; *klätt ~* court (picture) card; *ett parti ~* a game of cards; *spela ~* play [at] cards; *blanda bort ~en för ngn* (*bildl.*) confuse s.b., put s.b. out; *lägga ~en på bordet* (*bildl.*) put (lay) all one's cards on the table; *sköta sina ~ väl* play one's cards well (right); *sätta allt på ett ~* stake everything on one card, put all one's eggs in one basket; *titta i ngns ~* peep at a p.'s cards, *bildl.* be up to a p.'s little game
2 kort [-å-] **I** *a1* short; (*tidsbet. äv.*) brief; *bildl.* short; (*avmätt äv.*) abrupt, curt; *~ om huvudet* short-tempered; *~ till växten* short [in stature]; *~a varor* haberdashery (*sg*), small wares, *AE.* notions; *en ~ stund* a little while; *efter en ~ tid* in a short time, shortly afterwards; *inom ~* before long, shortly; *göra ~are* (*äv.*) shorten; *göra processen ~ med* make short work of; *gör pinan ~!* don't prolong the agony!; *komma till ~a* fall short (*med* in), (*i tävling e.d.*) fail; *redogöra för ngt i ~a drag* give a short (brief, concise) account of s.th. **II** *adv* shortly, briefly; (*t.ex. uttala ~, ~ tillmätt*) short; *~ efter* soon after; *~ sagt* (*och gott*) in short, in so many words, (*i själva verket*) in fact, to make a long story short; *andas ~* take short breaths; *hålla ngn ~* keep s.b. on a tight rein
korta [-å-] *v1, ~* [*av*] shorten
kortbrev [-o:-] letter card; *AE.* double postal card
kort|byxor [-å-] *pl* shorts **-distanslöpare** sprinter
kortege [kår'te:ʃ *el.* -'tä:ʃ] *s5* cortege
kort|eligen [-å-] in short **-fattad** *a5* brief; *K~ lärobok i* A Short (Concise) Textbook of **-film** short film; short **-form** *språkv.* abbreviated form **-fristig** *a1* short-term **-het** shortness *etc.*; brevity; *i ~* briefly; *i ~ redogöra för* outline, summarize **-huggen** *a5, bildl.* abrupt
kort|hus [-o-] house of cards **-hög** pile of cards
kortison [kårti'så:n] *s4* cortisone
kortklippt [-å-] *a4* [cut] short; (*om hår äv.*) closely cropped, bobbed
kort|konst [ko-] card trick **-lek** pack [of cards]
kort|kort [-å-å-] *~ kjol* miniskirt, *vard.* mini **-livad** *a5* short-lived
kort|oxe [-o-] inveterate card player **-register** card index (file) (*över* of)
kort|sida [-å-] *n* the short side (end) **-siktig** *a5* short-range, short-term **-skallig** brachycephalic

K

-sluta *-slöt -slutit* short-circuit **-slutning** [-u:-] short circuit
kortspel [-ɑ-] **1** (*-ande*) playing cards, card-playing; *fuska i* ~ cheat at cards **2** (*ett* ~) card game **-are** card player
kortsynt [ˣkårtsy:nt] *a1* short-sighted
kortsystem [-ɑ-] card[-index] system
korttids|anställning [-å-] short-time (temporary) employment **-minne** short-term memory
kort|tänkt [-å-] *a1* short-witted, short-sighted, unthinking **-varig** *a1* [of] short [duration]; short-lived, transitory (*framgång* success); *~t straff* short-term penalty **-varor** *se korta varor under 2 kort I* **-varuhandlare** haberdasher **-våg** short wave
kortvågs|behandling short-wave treatment **-radio** short-wave radio **-sändare** short-wave transmitter
kort|växt [-å-] *a1* short [in stature] **-ända** *se kortsida* **-ärmad** *a5* short-sleeved
korum [ˣkɑ:-] *best. form o. pl* =, *äv. s7* [regimental] prayers (*pl*)
korund *s3* corundum
korus ['kɑ:-] *i uttr.*: *i* ~ in chorus
korv [-å-] *s2* sausage **korva** *rfl* (*om strumpa*) wrinkle
korvett [-å-] *s3* corvette
korvgubbe hot-dog man
korv|ig [-å-] *a1* rucked-up, wrinkly **-kiosk** hot-dog stand **-skinn** sausage-skin **-spad** *klart som* ~ (*bildl.*) as plain as a pikestaff **-stoppning** sausage-making, sausage-filling; *bildl.* cramming **-stånd** hot-dog stand **-öre** *inte ett* ~ not a brass farthing
koryfé *s3* coryphaeus (*pl* coryphaei), (*friare äv.*) leader; *iron.* bigwig
kos *r, springa sin* ~ run away; *har flugit sin* ~ has disappeared (flown)
kosa *s1* course, way; *ställa ~n* steer (direct) one's course (steps) (*mot* to), make for
kosack *s3* Cossack **-dans** Cossack dance
kosing *vard.* dough (*särsk. AE.*)
kosinus *se cosinus*
ko|skälla cowbell **-skötare** cowherd, cowman
kosmet|ik *s3* **1** (*skönhetsvård*) beauty care **2** (*skönhetsmedel*) cosmetic **-iker** [-'me:-] cosmetician **-isk** [-'me:-] *a5* cosmetic; *~t medel* cosmetic [preparation] **-olog** cosmetologist; beautician
kosmisk ['kåss-] *a5* cosmic; ~ *strålning* cosmic rays (radiation)
kosmo|drom [kåsmå'drå:m] *s3* cosmodrome **-goni** *s3* cosmogony **-log** cosmologist **-logi** *s3* cosmology **-logisk** [-'lå:-] *a5* cosmologic[al] **-naut** *s3* cosmonaut **-polit** *s3*, **-politisk** [-'li:-] *a5* cosmopolitan
kosmos ['kåsmås] *r, best. form* =, cosmos
kospillning cow dung
kossa [-ɑ-] *s1* [moo-]cow
kost [-å-] *s3* (*föda*) food, diet; (*förplägning*) fare; *blandad* ~ mixed diet; *mager* ~ poor diet, scanty fare; ~ *och logi* board and lodging, bed and board
1 kosta [-å-] *det ~r på a*) it is a trial, *b*) (*är pinsamt*) it is very painful (trying); *det ~r på krafterna* it saps one's (*etc.*) strength
2 kosta [-å-] cost; (*belöpa sig t.*) amount to; ~ *ngn möda* give s.b. trouble; ~ *mycket pengar* cost a great deal of money; ~ *på* pay for, meet the expenses of; ~ *på ngn en god uppfostran* [find the money to] give s.b. a good education; ~ *på sig* treat o.s. to; *kunna* ~ *på sig* be able to afford; ~ *vad det* ~ *vill* no matter what it costs, cost what it may, at all costs; *vad ~r det?* how much is it?, what is the price [of it]?, what do you want for it?; *vad får det ~?* how much are you prepared to pay for it?; *det ~r mer än det smakar* it is more trouble than it is worth; *han har ~t sina föräldrar mycket pengar* he has been a great expense to his parents
kostbar [-å-] *a1* costly, precious
kost|föraktare *ingen* ~ no despiser of good food **-håll** fare, diet
kostlig [-å-] *a1* **1** (*dyrbar*) precious **2** (*löjlig*) priceless
kostnad [-å-] *s3* cost (*äv. ~er*); (*utgift*) expense; (*utlägg*) outlay, expenditure; (*avgift*) charge; (*arvode*) fee; *utan* ~ free of charge; *diverse ~er* sundry expenses; *fasta ~er* overheads, fixed costs; *rörliga ~er* prime (variable) costs; *stora ~er* heavy expenses; *för en ringa* ~ at a trifling cost; *inklusive alla ~er* all costs included; *medföra ~er* involve expenditure; *stå för ~erna* pay (bear, stand) the expenses (costs); *ådraga sig ~er* incur expenses
kostnads|analys costs analysis **-beräkna** cost **-beräkning** costing, computation of costs **-fri** free [of cost (charge)] **-fråga** question of costs **-förslag** quotation, estimate [of costs], tender **-kalkyl** cost estimate, statement of costs **-krävande** costly, expensive **-skäl** financial reason; *av* ~ costwise **-ökning** increase in costs **-övervältring** transfer of costs
kostpengar *pl* food allowance (*sg*), board wages
kostsam [-å-] *a1* costly, expensive
kostvanor *pl* eating habits
kostym *s3* **1** suit; *mörk* ~ dark lounge suit **2** *teat. o.d.* costume, dress **-bal** fancy-dress ball
kostymer|a dress up **-ing** (*-ande*) dressing up; (*dräkt*) dress
kostym|pjäs *teat.* costume piece **-tyg** suiting
kota *s1* vertebra (*pl äv.* vertebrae)
kotangent [ˣkɑ:-] *s3, mat.* cotangent
kotiljong [-'jåŋ] *s3* cotillion
kotknackare [ˣkɑ:t-] *vard.* chiropractor
kotlett [-å-] *s3* cutlet; (*med ben*) chop **-fisk** catfish, wolffish **-rad** [the] ribs (*pl*)
kotpelare [ˣkɑ:t-] spinal (vertebral) column, spine; *vard. o. bildl.* backbone
kotte [-å-] *s2* cone
kotteri [-å-] coterie, set; (*klandrande*) clique **-väsen** cliquism
kottfjäll cone scale
kotyledon [kåtyle'då:n] *s3* cotyledon
kovall *s3* cow-wheat
kovänd|a veer, wear **-ning** *sjö.* veering, wearing; *en* ~ (*äv.*) a veer, a volte-face
kpist [ˣkå:-] *s2, se kulsprutepistol*
krabat fellow; young beggar, rascal
krabb *a1, sjö.* choppy, short
krabba *s1* crab
krack|a *kem.* crack **-bensin** cracked petrol (*AE.* gasoline)

krackeler|a, -ing crackle
krack|er ['krakk-] cracking plant **-ning** cracking **-ningsanläggning** cracking plant
krafs *s7* (*skräp*) trash
krafs|a scratch **-ning** scratching
kraft *s3* **1** force; (*förmåga, elektr.*) power; (*styrka*) strength; (*energi*) energy; (*livaktighet*) vigour, vitality; (*verkan*) effect; (*intensitet*) intensity; *drivande ~* driving force, prime mover; *fysisk ~* physical power (strength); *av alla ~er* with all one's strength, (*t.ex. ropa*) with all one's force, (*t.ex. springa*) as hard as ever one can; *i sin fulla ~, i sin ~s dagar* in one's prime; *med ~* (*t.ex. uttala sig, uppträda*) with vigour (energy); *ge ~ åt* lend (give) power to, (*ngns ord*) lend (give) force to; *hushålla med sina ~er* conserve one's strength (energy); *pröva sina ~er* try one's strength; *samla ~er* regain (build up) one's strength; *spänna alla sina ~er för att* strain every nerve to; *ägna hela sin ~ åt att* apply the whole of one's energy to (+ *ing*-form); *hans ~er avtog* his strength was failing **2** *konkr.* (*arbetare*) worker, (*medarbetare*) helper, cooperator; *den drivande ~en inom* the leading force in; *duglig ~* capable man (woman); *yngre ~er* younger men; *förvärva nya ~er* get new people **3** *jur.* (*gällande ~*) force; *i ~ av* by (in) virtue of, on the strength of; *träda i ~* come into force, take (come into, go into) effect; *vinna laga ~* gain legal force; *äga ~* hold good, be in force; *till den ~ och verkan det hava kan* for what it is (may be) worth
kraft|ansträngning exertion, effort; *göra en ~* make a real effort, put on a spurt **-besparing** saving of power **-centrum** centre of force **-foder** concentrated feed (fodder) **-full** powerful, forceful; (*fysiskt*) vigorous, strong; (*om t.ex. vilja*) energetic **-fält** field of force; *elektriskt* (*magnetiskt*) *~* electric (magnetic) field **-förbrukning** expenditure of energy; *elektr.* power consumption **-förlust** *med.* loss of strength; *tekn.* power loss **-försörjning** power supply
kraft|ig *a1* **1** powerful; (*livlig o. ~*) vigorous; (*energisk*) energetic; (*verksam*) effective; (*stark*) strong (*äv. bildl.*); (*t. hälsan*) robust; (*eftertrycklig*) emphatic; (*våldsam*) violent; (*intensiv*) intense, acute; *~ protest* strong protest; *~ ökning* sharp (substantial) increase; *ett ~t slag i huvudet* a violent (heavy) blow on the head **2** (*stor*) big, great, considerable; tremendous **3** (*om mat*) nourishing; (*mäktig*) rich; (*bastant*) substantial (*måltid* meal) **-kabel** power cable **-karl** strong man **-källa** source of power (energy); *bildl. äv.* source of strength **-ledning** power [transmission] line **-lös** powerless; weak, feeble; (*orkeslös*) effete **-mätning** *bildl.* trial of strength **-nät** grid **-papper** kraft [paper] **-prestation** *en verklig ~* a really great achievement, a real feat **-prov** trial of strength **-reaktor** power reactor **-station** power station (plant) **-tag** *ett verkligt ~* a really strong pull (*vard.* big tug), *bildl.* a real effort **-uttryck** oath, expletive; *använda ~* use strong language **-utveckling** generation of power **-verk** power station (plant) **-värmeverk** combined power and heating plant **-åtgärd** strong (drastic) measure **-överföring** power transmission

krag|e *s2* collar; *ta ngn i ~n* criticize s.b. sharply; *ta sig i ~n* pull o.s. together **-handske** gauntlet **-knapp** collar stud **-nummer** size in collars **-snibb** collar point **-stövel** top boot **-ödla** frilled lizard
krake *s2* (*häst-*) jade, hack; (*stackare*) weakling; (*kräk*) wretch
krakel *s7* (*gräl*) squabble, row; (*med slagsmål*) brawl
krakmandel [ˣkra:k-] dessert almond
kral *s3* kraal
1 kram *s7* (*varor*) small wares (*pl*)
2 kram *a1* (*om snö*) wet, cloggy
3 kram *s2* (*-ning*) hug
krama 1 (*pressa*) squeeze (*saften ur* the juice out of) **2** (*omfamna*) embrace, hug
kramhandel fancy-goods (small-ware) shop
kramp *s3* cramp; (*konvulsion*) convulsion, spasm; *få ~* get (be seized with) cramp
krampa *s1* clincher, clamp, cramp [iron]
kramp|aktig *a1* spasmodic; (*konvulsivisk*) convulsive (*gråt* crying); *~t försök* desperate effort **-anfall** attack of cramp **-artad** [-a:r-] *a5* cramp-like **-lösande** antispasmodic (*äv. ~ medel*) **-ryckning** spasm, twitch **-stillande** *se -lösande* **-tillstånd** spasmodic condition; spasticity
kramsfågel *koll.* [edible] small birds (*pl*)
kramsnö wet snow
kran *s2* **1** (*tapp-*) tap; *särsk. AE.* faucet; (*ventil-*) stopcock **2** (*lyft-*) crane **-arm** jib **-balk** *sjö.* cathead **-bil** crane lorry
kranium ['kra:-] *s4* cranium
krans *s2* **1** wreath; (*blomster- äv.*) garland **2** *bildl.* ring, circle **3** *kokk.* ring-shaped bunloaf (biscuit)
krans|a *se bekransa* **-artär** coronary artery **-formig** [-å-] *a5* wreath-shaped **-kärl** coronary vessel
kranskötare crane operator
krans|list cornice, ornamental moulding **-nedläggning** laying of wreaths
kranvagn crane truck; *AE.* derrick car
krapp *s3*, **-rot** *bot.* madder **-röd** madder red **-rött** *best. form det -röda* madder [lake]
kras *s7*, *gå i ~* go to (fly into) pieces **krasa** [s]crunch
krasch *s3* crash (*äv. bildl.*), smash; *bildl. äv.* collapse, failure **krascha** go crash; (*om företag, vard.*) go smash
kraschan *s3* grand star
kraschlanda *flyg.* crash-land
krass *a1* crass; (*utpräglad äv.*) gross; (*grovkornig*) coarse
krasse *s2, bot.* cress; *se äv. indian-, kryddkrasse*
krasslig *a1* ailing, seedy, poorly; *vard.* under the weather; *AE. vard.* mean
krater ['kra:-] *s2* crater **-lik** craterous **-sjö** crater lake
krats *s2, tekn.* scraper **kratsa** scrape; scratch
kratta I *s1* **1** (*redskap*) rake **2** (*ynkrygg*) coward, funk **II** *v1* rake [over]; *~ ihop* rake together
krav *s7* **1** demand (*på ngt* for s.th.; *på att* to + *inf.*; *på livet* of life); (*anspråk*) claim (*på* to); requirement; *rättmätigt ~* legitimate claim; *resa ~* bring claims, claim; *ställa höga ~* be exacting; *ställa stora ~ på a)* make great (heavy) demands

K

upon, *b*) (*ngns förmåga*) put to a severe test **2** (*anmodan att betala*) demand (*hövligare*: request) for payment; (*skuldfordran*) monetary claim

kravall *s3, vanl. pl*, *~er* riots; (*gatu-*) street disturbances **-polis** riot police (squad) **-staket** crowd control barrier, crush barrier

kravatt *s3* necktie **-nål** tiepin

kravbrev letter requesting payment; (*påminnelse*) reminder; *AE.* collection letter

kravellbyggd [-ˣvell-] *a5* carvel-built

kravla [-a(:)v-] ~ [*sig*] crawl

krax, krax|a croak **-ande** *s6* croaking

krea|tion (*modeskapelse*) creation **-tiv** [*äv.* 'kre:a-] *a1* creative **-tivitet** creativity

kreatur [ˣkre:a-] *s7* animal; (*fä*) beast; *koll.* cattle (*pl*); *bildl.* creature, tool

kreaturs|avel cattle breeding, stockbreeding **-besättning** stock [of cattle], livestock **-foder** cattle feed (fodder) **-handlare** livestock dealer **-lös** *~t jordbruk* crop farming **-ras** breed of cattle **-skötsel** stockraising

kreatör creator, designer

1 kredit ['kre:-] *n* (*tillgodohavande*) credit; *debet och ~* debits and credits

2 kredit *s3* (*förtroende, betalningsanstånd*) credit; *på ~* on credit; *få* (*ha*) ~ get (have) credit; *köpa på ~* (*vard.*) buy on tick

kredit|avtal credit agreement **-behov** credit requirements (*pl*) **-bevis** *se kreditkort*

krediter|a credit; ~ *ngn för ett belopp* (*äv.*) credit an amount to a p.'s account **-ing** credit, entry on the credit side

kredit|förening credit association (society) **-givning** [-ji:v-] granting of credit[s *pl*], credit facilities (*pl*); lending **-institut** finance company (house)

kreditiv *s7* **1** *bank.* letter of credit **2** (*diplomats*) credentials (*pl*), letters of credence **-brev** *se kreditiv 2*

kredit|kort credit card **-köp** purchase on credit, credit purchase **-marknad** credit market

kreditor [ˣkre:- *el.* 'kre:-] *s3* creditor; *~er* (*bokför.*) (*AE.*) account payable

kredit|post ['kre:-] credit item (entry)

kreditrestriktioner *pl* credit restrictions

kreditsida ['kre:-] credit side

kredit|stopp credit freeze **-stöd** credit aid **-upplysning** credit report **-värdighet** credit rating **-åtstramning** credit squeeze (restraint)

kreera [kre'e:ra] create

krematorium [-'tɔ:-] *s4* crematorium

kremer|a cremate **-ing** cremation

Kreml *n* the Kremlin

kremla *s1, bot.* russula

kreneler|ad [-'le:-] *a5, arkit.* crenellated **-ing** crenellation

kreol [-'å:l] *s3* Creole **kreolsk** [-'å:lsk] *a5* creole

kreosot [-'så:t] *s3, s4* creosote

krepera (*krevera*) burst, explode

Kreta *n* Crete

kretens|are [-ˣtens-] *s9*, **-isk** [-'tens-] *a5* Cretan

kretin *s3* cretin **-ism** cretinism

kreti och pleti ['kre:-, 'ple:-] Tom, Dick and Harry

kretong [-'tåŋ] *s3* cretonne; (*blank*) chintz

krets *s2* circle; ring; *tekn.* circuit; (*område*) district; *i ~en av sin familj* in the bosom of one's family; *i diplomatiska ~ar* in diplomatic circles; *i välunderrättade ~ar* in well-informed circles (quarters)

krets|a circle, fly (go) in circles; (*sväva äv.*) hover; (*om tankar e.d.*) revolve, circulate (*kring* round) **-gång** circle; cyclic motion **-lopp** circulation, rotation; (*jordens*) orbit; (*av nöjen e.d.*) round; (*årstidernas*) cycle

krev|ad *s3* explosion, burst **-era** explode, burst

kria [ˣkri:a] *s1* [written] composition **-bok** composition book **-rättning** correction of compositions

kricka *s1, zool.* common teal

kricket ['krikk-] *s2* cricket **-grind** wicket **-plan** cricket ground **-spelare** cricketer

krig *s7* war; (*-föring*) warfare; *det kalla ~et* the cold war; *för det moderna ~et* for modern warfare; *befinna sig i ~* be at war; *börja ~* start a (go to) war (*mot* against); *föra ~* make (wage) war; *förklara ~ mot* (*friare*) proclaim war against; *förklara ett land* (*ngn*) ~ declare war on a country (against s.b.); *vara med i ~* see active service **kriga** make war

krigar|e soldier; *poet.* warrior **-folk** nation of soldiers **-liv** military life; *~et* (*äv.*) soldiering **-yrke** *~t* the military profession

krigför|ande *a4* belligerent; *icke ~* nonbelligerent **-ing** [form of] warfare; (*-förande*) waging of war

krigisk ['kri:-] *a5* warlike (*anda* spirit; *folk* nation); martial (*utseende* appearance)

krigs|arkiv [ˣkrikks-] military record office **-artiklar** *pl* articles of war **-barn** war baby **-beredskap** preparedness for war; general alert **-brand** war conflagration **-buss** *en gammal ~* an old campaigner **-byte** war trophy; *som ~* as booty **-dans** war dance **-domstol** military tribunal (court) **-fara** danger of war, war risk[s *pl*] **-fartyg** warship, man-of-war **-flotta** navy; battle fleet **-fot** war-footing; *komma på ~ med* (*bildl.*) get at loggerheads with; *stå på ~* be on a war-footing; *sätta på ~* mobilize **-fånge** prisoner of war **-fångeläger** prisoner-of-war camp **-fångenskap** captivity **-förbrytare** war criminal **-förbrytelse** war crime **-förklaring** declaration of war **-förnödenheter** *pl* military supplies, munitions **-handling** act of war **-herre** warlord **-hetsare** warmonger, agitator for war; jingoist **-historia** military history **-händelser** *pl* war incidents **-här** army, military force **-härjad** *a5* war-ravaged **-högskola** military academy **-industri** war (armaments) industry **-invalid** disabled soldier **-ivrare** *se -hetsare* **-konjunkturskatt** excess profits tax **-konst** art of warfare; (*ngns*) strategy **-korrespondent** war correspondent **-list** stratagem (*äv. bildl.*) **-lycka** fortune[s *pl*] of war; *med skiftande ~* with varying success in the field **-makt** military power; *~en* the armed forces; *...vid ~en* military... **-man** member of the armed forces; *pl äv.* armed service personnel **-materiel** war material, munitions **-minister** minister of war; (*i Storbritannien*) minister of defence; *AE.* secretary of defense **-mål** war aim **-målning** war paint **-operation**

military operation **-orsak** cause of war **-placering** war posting **-plan** plan of campaign, military plan **-risk** risk of war; *försäkr.* war risk **-råd** *hålla ~* hold a council of war **-rätt** (*domstol*) court martial; *ställa ngn inför ~* court-martial s.b. **-sjukhus** military hospital **-skada** (*ngns*) injury sustained in war, war injury; (*materiell ~*) war damage (loss) **-skadestånd** war indemnity, reparations [for war damages] **-skola** military academy **-skådeplats** theatre of war, front; *bildl.* scene **-stig** *på ~en* on the warpath **-styrka** war strength **-tid** *i* (*under*) *~*[*er*] in (during) wartime, in times of war **-tillstånd** state of war; *när landet befinner sig i ~* when the country is at war **-tjänst** active service; *göra ~* be on active service **-trött** war weary **-tåg** military expedition **-utbrott** outbreak of war **-vetenskap** military science **-veteran** ex-serviceman; *AE.* veteran **-viktig** [of] military [importance]

krikon [-ån] *s7, bot.* bullace

krill *s2, zool.* krill

Krim [-imm] *n* the Crimea

kriminal *s3 o. a5* criminal **-fall** criminal case **-film** crime film, thriller **-inspektör** detective inspector; (*chef*) detective chief inspector

kriminaliser|a make (declare to be) criminal, outlaw **-ing** criminalization

kriminal|itet criminality **-kommissarie** detective chief inspector; (*chef*) detective superintendent **-konstapel** detective [constable] **-lagstiftning** penal legislation **-polis** *~en* the criminal police; (*i Storbritannien*) the Criminal Investigation Department (*förk.* C.I.D.) **-politik** penal policy **-reportage** crime reporting; article[s] on criminal case[s] **-roman** detective novel **-vård** treatment of offenders **-vårdsnämnden** [the Swedish] national paroles board **-vårdsstyrelsen** [the Swedish] national prisons and probation administration

kriminell *a1* criminal

krimino|log criminologist **-logi** *s3* criminology

krimskrams *s7* (*grannlåt*) knickknacks (*pl*), gewgaws (*pl*)

kring *rumsbet.* round, around; *tidsbet.* [round] about; (*friare, bildl.*) round; (*om, angående*) about, concerning **-boende** *a4, de ~* those (the people) living all around **-byggd** *a5* surrounded by buildings **-farande** *a4* itinerant **-flackande** *a4* roving; travelling about **-fluten** *a5* washed, surrounded (*av* by) **-gå** *bildl.* get round, circumvent, bypass; (*undvika*) evade; *en ~ende rörelse* a flanking movement; *ett ~ende svar* an evasive answer **-gärda** [-jä:r-] fence in (*äv. bildl.*); enclose

kringla *s1, ung.* figure-of-eight biscuit, twist-biscuit

kring|liggande *a4* surrounding, neighbouring **-resande** *a4* travelling; (*om t.ex. predikant*) itinerant; *~ teatersällskap* touring (itinerant) theatre company **-ränna** *mil.* surround, envelop **-ränning** surrounding, envelopment **-segla** sail round **-skuren** *a5* restricted, cut down, curtailed **-skära** circumscribe, curtail, restrict, limit **-spridd** *a5, ligga ~* be scattered about (around) **-strykande** *a4* strolling; (*i smyg*) prowling **-stråla** bathe in light, shine round about **-stående** *a4* the people (*etc.*) standing round, the bystanders **-synt** [-y:-] *a1* broad-minded **-värva** *v2* envelop; *vara -värvd av* be enveloped in

krinolin *s3* crinoline; hoops (*pl*)

1 kris *s2* (*dolk*) kris, creese

2 kris *s3* crisis (*pl* crises)

kris|artad [-a:r-] *a5* critical **-läge, -situation** crisis, critical situation

kristall *s3* crystal **-glas** crystal; cut glass

kristallin *a5*, **-isk** *a5* crystalline

kristall|isation crystallization **-isera** crystallize **-isk** [-'tall-] *a5* crystalline

kristall|klar crystal clear, crystalline **-krona** cut-glass chandelier **-kula** crystal ball **-mottagare** *radio.* crystal set (receiver)

kristall|ografi *s3* crystallography **-olja** white spirit **-socker** granulated sugar **-system** crystal system **-vas** cut-glass vase **-vatten** crystal water

kristen *a5* Christian; *den kristna läran* the Christian doctrine; *den kristna världen* (*äv.*) Christendom; *vara ~* be a Christian **-dom** [-domm] *s3* **1** Christianity **2** *skol.* religion, scripture

kristendoms|fientlig Antichristian **-kunskap** *se kristendom 2* **-lärare** teacher of religious knowledge **-undervisning** religious instruction

kristenhet Christendom (*äv. ~en*)

kristid time of crisis; *ekon.* depression, slump; *~en* (*äv.*) the crisis

kristids|nämnd rationing board **-vara** *s1* wartime product

Kristi himmelsfärdsdag Ascension Day

kristillstånd critical state, [state of] crisis

krist|lig *a1* Christian; (*lik Kristus*) Christlike; (*from*) pious; *ett ~t byte* (*vard.*) a fair exchange (swop); *K~a Föreningen av Unga Kvinnor* (*Män*) Young Women's (Men's) Christian Association (*förk. se KFUK o. KFUM*) **-ligt** *adv* like Christians (a Christian)

krist|na **1** (*omvända*) Christianize **2** (*döpa*) christen **-torn** *se järnek*

Kristus Christ; *efter ~* anno Domini (*förk.* A.D.); *före ~* before Christ (*förk. B.C.*)

kristus|barn *~et* the Christ-child; *Madonnan med ~et* the Madonna with the Infant Christ **-bild** image of Christ **-gestalt** figure of Christ

krit|a I *s1* chalk; (*färg-*) crayon; *ta på ~* (*vard.*) buy on tick; *när det kommer till ~n* when it comes to it **II** *v1* chalk; (*skor e.d.*) whiten, pipeclay **-avlagring** chalk bed (stratum) **-bit** piece of chalk **-brott** chalkpit

kriterium [-'te:-] *s4* criterion (*pl* criteria) (*på* of)

kritig *a1* chalky

kritik *s3* **1** criticism (*över, av* on, of); *under all ~* beneath contempt, miserable; *inbjuda till ~* invite criticism; *läsa med ~* read critically; *möta stark ~* encounter severe criticism **2** (*recension*) review, notice; *~en* (*~erna*) the critics (*pl*); *få god ~* be favourably reviewed

kritiker ['kri:-] critic; (*recensent*) reviewer

kritik|lysten critical; fault-finding **-lös** uncritical; (*utan urskillning*) indiscriminate

krit|isera **1** (*klandra*) criticize; comment adversely on, censure, find fault with; *vard.* run down, slate **2** (*recensera*) review **-isk** ['kri:-] *a5* critical; (*avgörande äv.*) crucial (*punkt* point)

krit|klippa chalk cliff **-perioden** the Cretaceous [period] **-pipa** clay pipe **-streck** chalk line **-strecksrandig** pinstriped **-teckning** chalk (crayon) drawing **-vit** as white as chalk, snow white; ~ *i ansiktet* as white as a sheet

kroat [kro'a:t] *s3* Croat **Kroatien** [-'a:tsien] *n* Croatia **kroatisk** [-'a:tisk] *a5* Croatian

krock [-å-] *s2* (*bil-*) collision, crash, smash [up]; (*i krocketspel*) croquet **krocka** (*om fordon*) collide, crash, smash; *vard.* go smash; (*i krocketspel*) croquet **krockera** (*i krocketspel*) croquet

krocket ['kråck-] *r* croquet **-klot** croquet ball **-klubba** croquet mallet

krog *s2* restaurant; (*värdshus*) inn **-gäst** patron **-rond** pub-crawl **-rörelse** *idka* ~ keep a restaurant (an inn) **-sväng** pub-crawl **-värd** innkeeper

krok *s2* **1** hook; (*fönster- e.d.*) catch; *få på ~en* (*äv. bildl.*) hook; *lägga ut sina ~ar för* spread a net for, try to catch; *nappa på ~en a*) *eg.* bite at the bait, *b*) *bildl.* swallow the bait; *sätta mask på ~en* bait the hook with a worm **2** (*krökning*) bend, curve; *gå en stor ~* go a long way round; *slå sina ~ar kring* prowl round **3** *boxn.* hook **4** (*vrå*) nook, corner; *här i ~arna* in these parts, about here

kroka hook; ~ *av* unhook; ~ *fast* hook on

krokan *s3* ornamented (pagoda-shaped) cake

krokben *sätta ~ för ngn a*) *eg.* trip s.b. up, *b*) *bildl.* upset a p.'s plans

krokett *s3, kokk.* croquette

kroki *s3* sketch

krok|ig *a1* crooked; (*böjd*) bent; (*i båge*) curved; *gå ~* walk with a stoop; *sitta ~* sit hunched up **-linje** curve[d line]

krok|na [-o:-] get bent (*etc.*), bend; (*falla ihop*) collapse **-näsa** hooknose; *vard.* beak **-näst** [-ä:-] *a4* hooknosed

krokodil *s3* crocodile **-skinn** crocodile skin **-tårar** *pl* crocodile tears

krok|ryggig *a1* with a crooked back, stooping, bent **-sabel** scimitar

krokus ['kro:-] *s2* crocus

krokväg roundabout (circuitous) way: *~ar* (*bildl.*) devious paths, underhand methods

krollsplint [-å-] *s2* vegetable fibres (*pl*)

krom [-å:-] *s3, s4* chromium, chrome **kroma** chrome

kromatisk [-'ma:-] *a5, mus. o. fys.* chromatic

krom|dioxid chromium dioxide **-garva** chrome tan **-grönt** *best. form det -gröna* chrome green **-gult** *best. form det -gula* chrome yellow **-haltig** *a5* chromiferous

kromosom [-'så:m] *s3* chromosome

krom|oxid chromium oxide **-stål** chrome (chromium) steel

krona *s1* **1** crown; (*adels-*) coronet; (*påve-*) tiara; *skapelsens ~* the crowning work of creation; *en ~ bland städer* a pearl among cities; *nedlägga ~n* abdicate [the throne]; *sätta ~n på verket* put on the finishing touch, crown the work, *iron.* cap (beat) everything **2** *~n* (*staten*) the State (Crown); *en ~ns karl* (*ung.*) a soldier of the King; *i ~ns tjänst* in the service of the Crown; *på ~ns mark* on Crown (government) land (property); *vara klädd i ~ns kläder* wear the King's uniform **3** (*träd-*) [tree-]top, crown; (*blom-*) corolla; *anat.* crown; (*tand-*) crown; (*ljus-*) chandelier **4** (*mynt*) krona, [Swedish *etc.*] crown **5** ~ *eller klave?* heads or tails?; *spela ~ och klave* toss (*om* for)

kron|belopp kronor (crown) amount, amount in kronor (crowns) **-brud** bride who wears the parish bridal crown at her wedding **-hjort** red deer; (*hane äv.*) stag

kroniker ['kro:-] chronic invalid **-hem** home for chronic invalids

kron|isk ['kro:-] *a5* chronic **-iskt** *adv* chronically; ~ *sjuk, se kroniker*

kron|jurist law officer of the Crown; (*i Storbritannien äv.*) Attorney (Solicitor) General **-juvel** crown jewel **-koloni** crown colony

krono|assistent assistant bailiff **-direktör** director of an enforcement district **-fogde** senior enforcement officer; (*chef*) head of an enforcement district **-fogdemyndighet** enforcement service **-gods** Crown property

kronograf *s3* chronograph

krono|gård Crown farm **-häkte** local prison **-jord** Crown land **-jägare** *ung.* state forester; *AE.* forest ranger

kronolog|i *s3* chronology **-isk** [-'lå:-] *a5* chronologic[al]; *i ~ ordning* in chronological order

kronometer [-'me:-] *s2* chronometer

krono|park *se -skog* **-skatt** state [income] tax; *AE.* federal (national income) tax **-skog** Crown (State) forest

kron|prins crown prince **-prinsessa** [-ˣsessa] crown princess **-vittne 1** (*huvudvittne*) principal witness **2** (*vittne mot medbrottsling*) *bli ~* turn king's (queen's; *AE.* state's) evidence **-vrak** *vard.* army washout, reject **-ärtskocka** [-skåcka] *s1* [globe] artichoke

kropp [-å-] *s2* body; (*bål*) trunk (*och lemmar* and limbs); (*slaktad*) carcass; *flyg.* body, fuselage; *fasta och flytande ~ar* solid and fluid bodies; *främmande ~ar* foreign bodies; *en konstig ~* (*vard.*) a rum chap (customer); *i hela ~en* all over; *till ~ och själ* in mind and body; *våt inpå bara ~en* wet to the skin; *bära ylle närmast ~en* wear wool next to one's skin; *darra i hela ~en* tremble all over; *inte ha en tråd på ~en* be without a stitch of clothing, not have a stitch on; *inte äga kläderna på ~en* not own the clothes on one's back

kroppkaka [-å-] potato dumpling with chopped pork filling

kropps|aga corporal punishment **-ansträngning** physical exertion **-arbetare** labourer, manual worker **-arbete** manual labour (work) **-byggare** body builder **-bygge** body building **-byggnad** bodily (physical) structure; (*fysik*) physique; (*-beskaffenhet*) constitution **-del** part of the body **-hydda** body **-konstitution** physical constitution **-krafter** *pl* physical strength (*sg*)

kropps|lig [-å-] *a5* bodily, physical; (*om t.ex. straff*) corporal **-pulsåder** *stora ~n* aorta **-rörelse** movement of the body; (*motion*) physical exercise **-språk** body language **-storlek** *målning i ~* life-size painting **-straff** corporal punishment **-styrka** physical strength **-temperatur** body temperature **-tyngd, -vikt** weight of the body **-visitation** [personal] search **-visitera** search [from head to foot] **-värme** heat (temperature) of the body **-övning** *~ar* physical

exercises
kross [-å-] *s2, tekn.* crushing mill, crusher
kross|a crush (*äv. bildl.*); (*slå sönder*) smash; shatter, wreck (*äv. bildl.*); (*finfördela*) pound, grind down; ~ *fienden* (*äv.*) rout the enemy; ~ *ngns hjärta* break a p.'s heart; ~ *allt motstånd* crush all resistance **-skada** (*hopskr. krosskada*) bruise, contusion **-sår** (*hopskr. krossår*) [severe] bruise (contusion)
kroton ['krå:tån] *best. form o. pl* = croton
krubb *s7, vard.* grub, feed
1 krubba *v1, vard.* grub, feed
2 krubba *s1* manger, crib
krubbitare (*särskr. krubb-bitare*) crib-biter
krucifix [-'fiks] *s7* crucifix
kruka *s1* **1** pot; (*burk*) jar; (*med handtag*) jug, pitcher **2** (*ynkrygg*) coward, funk
kruk|makare potter **-makeri** pottery **-skärva** potsherd **-växt** pot plant
krull|a ~ [*sig*] curl; ~ *ihop sig* curl itself up **-hårig** curly-haired **-ig** *a1* curly
krum [-umm] **I** *a1* curved, crooked; (*böjd*) bent, (*i båge*) arched **II** *s2, s4, i* ~ arched
krumbukt|a [-'bukta] (*göra -er*) twist and turn; (*slingra sig*) hem (hum) and haw; *buga och* ~ bow and scrape **-er** *pl* **1** (*krökar*) curves, bends; (*bugningar*) obeisances **2** (*omsvep*) circumlocutions; (*undanflykter*) subterfuges, prevarication (*sg*); (*invändningar*) humming and hawing (*sg*)
krumelur 1 (*släng*) flourish, curl; *rita ~er* doodle **2** *pers.* oddity
krum|språng caper; gambol; *göra* ~ cut capers, gambol **-stav** crosier, crozier
krupit *sup. av krypa*
krupp *s3, med.* croup
1 krus *s7* (*dryckeskärl*) jar; (*vatten-*) pitcher
2 krus *s7* **1** (*på sömnad o.d.*) ruff[le]; *koll.* frilling **2** (*-ande*) ceremony; (*fjäsk*) fuss; *utan* ~ without [any] ceremony
krusa 1 (*göra krusig*) crisp, curl; (*rynka*) ruffle; (*vattenyta*) ripple **2** (*fjäska för*) cringe, truckle (*för* to); stand on ceremony (*för* with); *jag ~r ingen!* I go my own way regardless of everybody!
krusbär ['kru:s-] gooseberry
krusbärs|buske gooseberry [shrub] **-kräm** gooseberry cream (fool)
krusiduller [-'dull-] *pl, eg.* curls; *bildl.* frills; (*i skrift*) flourishes
krus|ig *a1* curly; (*om kål e.d. äv.*) crisp; (*vågig*) wavy; (*om t.ex. blad*) wrinkled **-kål** kale, borecole **-lockig** curly-haired **-mynta** [-ˣmynn-, ˣkru:s-] *s1, bot.* mint
krusning [-u:-] (*på vatten*) ripple
krustad *s3* croustade
krut *s7* gunpowder; (*energi*) spunk; *han var inte med när ~et uppfanns* he'll never set the world (the Thames) on fire; *ont ~ förgås inte så lätt* ill weeds grow apace **-durk** powder magazine (*äv. bildl.*) **-gubbe** *vard.* tough old boy **-hus** powder house **-laddning** powder charge
krutong [-'åŋ] *s3* crouton
krut|rök gunpowder smoke **-stänkt** *a4* powder-stained **-torr** bone-dry **-tunna** powder barrel
krux [krukks] *s7* crux
kry *a1* well; hale [and hearty]; *pigg och* ~ fit and well **krya** ~ *på sig* get better, recover, come [a] round
krycka *s1* crutch; (*handtag*) handle, crook
krydd|a I *s1* spice (*äv. bildl.*); *kokk.* seasoning, flavouring **II** *v1* season, flavour, spice (*äv. bildl.*); *starkt* (*svagt*) *~d* highly (slightly) seasoned (*etc.*) **-bod** (*speceriaffär*) grocer's shop **-doft** (*hopskr. kryddoft*) smell of spice[s *pl*] **-grönt** green herbs (*pl*) **-krasse** garden cress **-kvarn** spice mill **-nejlika** clove
krydd|ning seasoning, flavouring **-ost** clove-spiced cheese **-peppar** allspice **-skorpa** spiced rusk **-smak** flavour of spice **-smör** butter mixed with herbs **-stark** highly seasoned, hot **-växt** aromatic plant, herb
Kryddöarna *pl* [the] Spice Islands
krylla *se myllra*
krymp|a *v3* shrink (*i tvätten* in the wash); ~ *ihop* shrink [up] **-behandlad** *a5* antishrink treated **-fri** unshrinkable, preshrunk, nonshrinking; Sanforized (*varumärke*) **-ling** cripple **-mån** shrinkage [allowance] **-ning** shrinkage
kryo|kirurgi [ˣkry:o-] cryosurgery **-lit** *s3* cryolite **-teknik** cryogenics (*pl, behandlas som sg*)
kryp *s7* [small] creeping (crawling) thing (creature); *vard.* creepy-crawly; *ett litet* ~ (*om barn*) a little mite
krypa *kröp krupit* **1** creep (*äv. om växt*); (*kräla*) crawl; ~ *på alla fyra* crawl on all fours; ~ *bakom ngn* (*bildl.*) shield o.s. behind s.b.; *det kryper i mig när jag ser* it gives me the creeps to see; *bilen kröp uppför backen* the car crawled up the hill **2** (*bege sig*) go (*till kojs* to bed; *i fängelse* to prison); ~ *i kläderna* get into one's clothes **3** (*svansa*) cringe, grovel **4** (*med betonad partikel*) *nu kröp sanningen fram* now the truth came out; ~ *ihop a*) (*om en*) huddle up, (*om flera*) huddle together, *b*) (*huka sig*) crouch (cower) down
kryp|ande *a4* (*inställsam*) servile, cringing **-byxor** *pl* crawlers **-eri** cringing, obsequiousness **-fil** crawler lane **-hål** *bildl.* loophole **-in** [-'inn] *s7* nest, hole, retreat; (*vrå*) nook, corner **-skytt** stalker; (*tjuvskytt*) poacher; *mil.* sniper
krypta *s1* crypt
krypt|era write in cipher (code) **-isk** ['krypt-] *a5* cryptic
krypto ['krypto] *s6* cipher, code **-gam I** *s3* cryptogam **II** *a5* cryptogamic **-grafera** cipher, code **-grafi** *s3* cryptography **-gram** [-'gramm] *s7* cipher, code, cryptograph
krypton [-'å:n] *s4, s3* krypton
kryptoteknik cryptography
krysantem|um [-ˣsann-] *s9 el. -en -er* [-'te:-] chrysanthemum
krysolit *s3* chrysolite
kryss 1 *s7* (*kors*) cross **2** *s2, sjö.* beating, cruising; *ligga på* ~ be tacking
kryssa 1 (*korsa*) cross; ~ *för* put a cross against **2** *sjö.* beat (*mot vinden* [up] against the wind), beat to windward, tack; (*segla fram o. tillbaka*) cruise; ~ *över gatan* zigzag across the street
kryss|are 1 *sjö., mil.* cruiser **2** (*jakt*) cruising vessel, yacht; *se äv. havskryssare* **-faner** plywood **-ning** cruise
kryssnings|fartyg cruise liner **-robot** cruise missile
kryss|prick *sjö.* spar buoy **-valv** cross vault[ing]

kryst|a (*vid avföring*) strain [at stool]; (*vid förlossning*) bear down **-ad** *a5* strained, laboured; (*om kvickhet äv.*) forced **-ning** strain **-värkar** *pl* labour [pains]
kråk|a *s1* **1** *zool.* crow; *hoppa ~* hop; *elda för -orna* let all the heat from the fire go up the chimney **2** (*tecken*) tick; (*utmärkande fel*) error mark **3** (*huvudbonad*) bonnet **-bo** crow's-nest **-bär** crowberry **-fötter** *pl, bildl.* pothooks; scrawl (*sg*) **-slott** *skämts.* rookery **-spark** *sömn.* featherstitch **-sång** *det fina i ~en* the beauty of it **-vinkel** *skämts.* one-horse town, hole
kråma *rfl* prance [about]; (*om pers. äv.*) strut (swagger) [about]; (*om häst äv.*) arch its neck
krångel ['krångel] *s7* bother, trouble; (*svårighet*) difficulty; *AE. vard.* bug[s]; *ställa till ~* make a fuss (difficulties) **-makare** troublemaker
krångla [ˣkrångla] **1** make a bother (a fuss, difficulties) (*med betalningen* about the payment); *~ till ngt* get s.th. into a muddle, make a muddle of s.th. **2** (*ej fungera*) be troublesome; (*förorsaka krångel*) give (cause) trouble; *låset ~r* the lock has jammed **3** (*fumla med*) fiddle with **4** (*göra undanflykter*) quibble, beat about the bush; (*bruka knep*) be up to tricks **5** *rfl, ~ sig fram till* muddle one's way through to; *~ sig ifrån* manage to get out of; *~ sig igenom* get through somehow **krånglig** *a1* troublesome, tiresome; (*kinkig*) awkward; (*invecklad*) difficult, complicated
1 krås *s7* giblets (*pl*); *smörja ~et* feast, do o.s. well (*med* on)
2 krås *s7* (*hals- o.d.*) frill, ruffle
kråsnål tiepin
1 kräfta *s1* **1** *zool.* crayfish, crawfish ; *röd som en kokt ~* as red as a boiled lobster **2** *K~n* (*astr.*) Cancer
2 kräfta *s1* (*med.*) cancer
kräft|bur crayfish pot **-djur** crustacean **-fiske** crayfishing **-gång** backward movement **-kalas** crayfish party **-pest** crayfish disease **-skiva** *se -kalas*
kräft|svulst cancerous tumour (growth) **-sår** cancerous ulcer; *bildl.* canker
kräk *s7* **1** *se kryp* **2** *se kreatur* **3** (*neds. om människa*) miserable beggar (wretch); *ett beskedligt ~* (*äv.*) a milksop; *stackars ~* poor thing (wretch)
kräkas *v3, dep* be sick, vomit; *~ upp* vomit, bring up
kräkla [ˣkrä:k-, ˣkräkk-] *s1* crosier, crozier
kräk|medel emetic **-ning** [-ä:-] vomiting; *häftiga ~ar* violent attacks of vomiting **-rot** *bot.* ipecac[uanha]
kräl|a crawl; *~ i stoftet* (*bildl.*) grovel [in the dust] (*för* to) **-djur** reptile
kräm *s3* cream; *jfr hud-, sko-*
krämaraktig *a1* mercenary
krämar|e shopkeeper, tradesman; *neds.* huckster **-folk** *ett ~* a nation of shopkeepers **-själ** *pers.* mercenary soul
krämfärgad cream-coloured
krämp|a *s1* ailment; *-or* aches and pains
kräng|a *v2* **1** (*luta åt ena sidan*) cant, list, heel (heave) [over]; roll; *flyg.* bank **2** (*lägga på sidan*) cant, heave down **3** *se vända* [*ut och in på*]; *~ av sig en skjorta* struggle out of a shirt **-ning** canting, heel[ing]; lurch, roll; *flyg.* banking **-ningshämmare** stabilizer
kränk|a *v3* (*lag e.d.*) violate, infringe; (*överträda*) transgress; (*förorätta*) wrong; (*förolämpa*) insult, offend; (*såra*) hurt, outrage **-ande** *a4* insulting, offensive; *~ tillmälen* abusive treatment **-ning** (*jfr kränka*) violation, infringement; transgression; wrong; insult, offence; outrage; *~ av privatlivets helgd* violation of privacy
kräpp *s3, s4* crepe, crape
kräpp|a, -era crinkle; (*hår e.d.*) wave **-nylon** stretch nylon **-papper** (*hopskr. kräppapper*) crepe paper
kräs|en *a3* fastidious, particular, choosy (*på* about); *vara ~* be hard to please **-lig** [-ä:-] *a1* (*om mat*) choice, delicious; sumptuous **-magad** *a5* fussy; squeamish
1 kräva *s1* crop
2 kräva *v2* **1** (*fordra*) demand, [lay] claim [to] **2** (*erfordra*) call for; (*behöva*) require, need; (*nödvändiggöra*) necessitate; (*ta i anspråk*) take; *~ mycket tid* take up much time **3** *olyckan krävde flera dödsoffer* the accident cost the lives of several people (claimed several victims) **4** (*anmana att betala*) apply to for payment, demand payment of, (*skriftligt*) dun (*på* for); *~ ngn på pengar* press s.b. for money, request s.b. to pay
krävande *a4* exacting; (*prövande*) trying; (*påkostande*) severe; *en ~ uppgift* (*äv.*) an arduous task
krögare innkeeper
krök *s2* bend; (*flod-, väg- e.d.*) curve, wind, winding
krök|a *v3* bend; (*göra krokig*) make crooked; (*armen, fingret*) crook; *~* [*på*] *läpparna* curl one's lips; *~ rygg* (*om djur*) arch its back; *inte ~ ett hår på ngns huvud* not hurt a hair of a p.'s head; *det skall ~s i tid som krokigt skall bli* best to bend while it is a twig **-ning** [-ö:-] (*-ande*) bending *etc.*; (*en ~*) *se krök*
krön *s7* crest; (*allmännare*) top, ridge, crown; (*mur- o.d.*) coping **kröna** *v3* crown (*ngn till kung* s.b. king); *~s med framgång* be crowned with success, be successful
krönika ['krö:-] *s1* chronicle; annals (*pl*), records (*pl*); (*tidnings- e.d.*) review, column
krönike|böcker *K~na* [the] Chronicles **-skrivare** chronicler, annalist **-spel** chronicle play; (*hist. festspel*) pageant [play]
krönikör chronicler, annalist; (*i tidning*) columnist
kröning coronation
kröningsceremoni coronation ceremony
kröp *imperf. av krypa*
krösus ['krö:-] *s2* Croesus
kub *s3* cube; *upphöja i ~* raise to the third power, cube
Kuba *n* Cuba
kub|an *s3*, **-ansk** [-'a:nsk] *a5* Cuban
1 kubb *s2* (*hatt*) bowler [hat]; *AE. äv.* derby [hat]
2 kubb *s2* (*hugg- etc.*) block
kubbe *s2, se 2 kubb*
kubera cube
kubik *s9* cubic **-fot** cubic foot **-innehåll** cubic contents, cubature, cubage **-meter** cubic metre **-mått** cubic measure **-rot** cube root **-tum** cubic inch
kub|isk ['ku:-] *a5* cubic **-ism** Cubism **-ist** Cubist

-istisk [-'iss-] *a5* Cubist[ic]
kuckel ['kukk-] *s7* hanky-panky; hocus-pocus
kuckelikụ I *interj* cock-a-doodle-doo! **II** *s6* cock-a-doodle-doo call
kuckla fiddle
kudd|e *s2* cushion; (*säng-*) pillow **-krig** pillow fight **-var** *s7* pillowcase
kuf *s2* queer (odd, rum) customer **-isk** ['ku:-] *a5, vard.* odd, queer
kugga 1 (*underkänna*) reject, fail, plough; *hon blev ~d* she failed (was ploughed) **2** (*lura*) take in
kugg|bana rack (*särsk. AE.* cog) railway **-drev** gear drive; pinion
kugge *s2* cog (*äv. bildl.*), gear tooth
kuggfråga poser, catch question
kugg|hjul gear[wheel], cogwheel (*äv. bildl.*) **-stång** rack **-växel** gear, gearing
kujọn *s3* coward, funk **-era** domineer, bully
kuk *s2, vard.* cock, prick
kukelikụ *se kuckeliku*
kukụ I *interj* cuckoo! **II** *s6* cuckoo call
kul *oböjligt a* funny, amusing; *ha ~* have fun; *det var ~ att träffas* it was nice meeting you
1 kula *s1* (*håla*) cave, hole; (*lya*) lair, den; (*bostad, vard.*) digs (*pl*)
2 kula *s1* **1** ball; (*gevärs- äv.*) bullet; (*pappers-, bröd- e.d.*) pellet; (*vid omröstning*) ballot; *skjuta sig en ~ för pannan* blow one's brains out; *den ~n visste var den tog* (*bildl.*) that shot went home **2** *sport.* shot; *stöta ~* put the shot **3** (*leksak*) marble; *spela ~* play marbles **4** (*bula*) bump (*i pannan* on the forehead) **5** *börja på ny ~* start afresh
kul|bana (*projektils*) trajectory **-baneprojektil** ballistic missile **-blixt** fireball
kulen *a3* raw [and chilly], bleak
kul|formig [-å-] *a5* ball-shaped, spherical, globular **-gevär** rifle **-hammare** ball-peen hammer **-hål** bullet hole
kuli ['ku:-] *s3* coolie
kulinarisk [-'na:-] *a5* culinary
kuling half-gale; *styv* (*hård*) *~* moderate (fresh) gale **-varning** small craft warning
kulịss *s3* coulisse; wing; *bakom ~erna* (*bildl.*) behind the scenes; *i ~erna* (*vanl.*) in the wings
kulkärve volley of bullets
1 kull *s2* (*av däggdjur*) litter; (*av fåglar*) hatch; covey; brood; (*av grisar*) farrow; (*friare*) batch
2 kull *se omkull*
3 kull I *interj* you're "it" **II** *s7, leka ~* play tag
1 kulla *s1* (*dal-*) Dalecarlian woman (girl)
2 kulla *v1, ~ ngn* tag s.b.
kullager [ˣku:l-] ball bearing
kullbyttera 1 (*tumla överända*) topple over **2** (*om fordon*) turn over (*i diket* into the ditch); (*göra konkurs*) fail, come a cropper
1 kulle *s2* (*hatt-*) crown
2 kulle *s2* (*höjd*) hill; (*liten*) hillock; (*grav-*) mound; *de sju kullarnas stad* City of the Seven Hills
kulled [ˣku:l-] ball-and-socket joint
kullerbytta *s1* somersault; *göra en ~ a*) *eg.* turn a somersault, *b*) (*falla*) tumble, go tumbling over
kullersten cobble[stone]; *koll.* cobbles (*pl*)
kullerstens|gata cobbled street **-ås** cobble esker
kullfallen *a5* that has fallen over (down)
1 kullig *a1* hilly; (*kuperad*) undulating
2 kullig *a5* (*om boskap*) hornless, polled
kull|kasta 1 *bli ~d* be thrown down (off one's legs); *jfr kasta* [*omkull*] **2** *bildl.* upset (*planer* plans), overthrow; (*upphäva*) reverse, set aside **-körning** (*med cykel, på skidor*) fall, tumble **-ridning** fall
kullrig *a1* (*buktig*) bulging, convex; (*rundad*) rounded; (*om stenläggning*) cobbled
kull|slagen *a5, bli ~* be knocked over (down) **-stjälpt** [-ʃ-] *a4, glaset låg ~* the glass had been knocked over
kulmage potbelly
kulmen ['kull-] *r, best. form* =, culmination, climax; (*mera eg.*) summit, highest point, acme; *ekon.* peak, maximum; *nå ~* reach its climax (*etc.*)
kulmin|ation *astr.* culmination **-era** culminate, reach its climax (*etc.*)
kul|penna *se -spetspenna* **-ram** abacus **-regn** rain (hail) of bullets **-sinter** pellets (*pl*) **-sinterverk** pelletizing plant **-spel** marbles (*pl*) **-spetspenna** ballpoint [pen]; (*i Storbritannien äv.*) Biro **-spruta** machine gun
kulsprute|gevär light machine gun **-pistol** submachine-gun **-skytt** machine gunner **-torn** gun turret
kulstöt|are *sport.* shot-putter **-ning** putting the shot
kult *s3* cult **-föremål** appurtenance of a cult **-handling** cult ceremony, rite
kultiv|ator [-ˣa:tår] *s3* cultivator **-era** cultivate **-erad** [-'e:rad] *a5* cultivated, cultured, refined
kultplats cult centre (site)
kultur 1 (*civilisation*) civilization; *västerländsk ~* Western civilization **2** (*bildning*) culture; (*förfining*) refinement; *han saknar ~* he lacks refinement, he is a rough diamond **3** (*odlande*) cultivation **4** (*bakterie-, fisk- o.d.*) culture **-arbetare** cultural worker **-artikel** article on a cultural subject **-arv** cultural heritage **-attaché** cultural attaché **-bygd** *en gammal ~* a district with cultural traditions **-centrum** cultural centre **-chock** culture shock **-debatt** open debate on cultural matters
kultur|ẹll *a1* cultural **-epok** cultural epoch **-fara** threat to culture **-fientlig** hostile to cultural progress **-folk** civilized people **-geografi** social and economic geography, human geography **-gärning** cultural achievement **-historia** social history **-hus** arts (cultural) centre **-insats** contribution to [the spread of] culture **-institut** cultural institution **-knutte** *s2* culture vulture **-land** civilized (culturally progressive) country **-liv** cultural life **-minne, -minnesmärke** (*byggnad o.d.*) historical monument; relic of ancient culture **-nation** civilized nation **-nämnd** arts committee; cultural affairs committee **-personlighet** leading personality in the world of culture; *vard.* lion **-politik** cultural policy **-reservat** reservation **-revolution** cultural revolution **-samhälle** civilized society **-råd** (*institution*) national council for cultural affairs; (*pers.*) counsellor for cultural affairs **-samhälle** civilized society **-sida** arts page **-språk** *de stora*

K

~en the principal languages of the civilized world **-strömning** cultural influence **-tradition** cultural tradition **-utskott** *~et* [the Swedish parliamentary] standing committee on cultural affairs **-växt** cultivated plant

kulvert ['kull-] *s2* culvert; conduit

kulör colour; *bildl. äv.* shade **kulört** [-ö:-] *a1* coloured; *~a lyktor* Chinese lanterns

1 kummel ['kumm-] *s7* **1** (*stenrös, gravrös*) cairn; (*grav- äv.*) barrow **2** (*sjömärke*) heap of stones

2 kummel ['kumm-] *s2, zool.* [European] hake

kummin [ˣkumm-] *s9, s7* caraway; [*spis-*] cum[m]in **-ost** seed-spiced cheese

kumpan *s3* companion, crony; (*medbrottsling*) accomplice

kumul|ativ [*äv.* 'kumm-] *a5* [ac]cumulative **-era** [ac]cumulate

kund *s3* customer; client; (*på krog e.d.*) patron; *fasta ~er* regular customers; *gammal ~* old customer; *vara ~ hos* shop at, patronize; *han är ~ hos oss* (*vanl.*) he is a customer of ours

kunde *imperf. av kunna*

kund|krets [regular] customers, clients, clientele **-vagn** trolley

kung *s2* (*jfr konung*) king; *gå till ~s* appeal to the highest authority

kunga|döme *s6* (*statsform*) monarchy; (*rike*) kingdom **-familj** *~en* the Royal Family **-försäkran** *avge ~* make a declaration, sign a charter **-hus** royal house (family) **-krona** king's crown **-makt** royal power **-mord** regicide **-par** King and Queen, royal couple **-rike** kingdom **-värdighet** dignity of a sovereign, royalty

kunglig *a5* royal; *Hans K~ Höghet* His Royal Highness; *K~ Majestät* (*förk. Kungl. Maj:t*) the Government, the King [in Council]; *de ~a* the royal personages (family *sg el. pl*); *K~a biblioteket* [the Swedish] Royal Library **-het** royalty

kungligt *adv* royally; *roa sig ~* have a right royal time, enjoy o.s. immensely

kungs|blått royal blue **-fiskare** *zool.* kingfisher **-fågel** goldcrest **-gambit** king's gambit **-gård** demesne of the Crown (State) **-ljus** *bot.* (*koll.*) mullein; (*art*) common mullein, Aaron's rod **-tanke** leading (basic) idea **-tiger** Bengal tiger **-vatten** aqua regia **-väg** *bildl.* royal road **-ängslilja** snake's head **-örn** golden eagle

kungör|a [-j-] announce, make known; (*utropa*) proclaim; *~ för allmänheten* (*äv.*) give public notice of; *härmed -es att* notice is hereby given that **-else** announcement, publication; (*högtidlig*) proclamation; (*förordnande e.d.*) public notice

kun|na *kunde kunnat* **I** *huvudv* (*veta, känna t.*) know; *~ engelska* know English; *~ ett hantverk* know a craft (trade); *~ sin läxa* know one's lesson; *~ utantill* know by heart; *han kan ingenting* he knows nothing **II** *hjälpv* **1** *inf. kunna, sup. kunnat* (*vara i stånd att*) be (*resp.* been) able to (capable of), (*förstå sig på att*) know (*resp.* known) how to; *inte ~* (*äv.*) be unable to; *~ läsa och skriva* know how to read and write; *vilja men inte ~* be willing but unable; *skulle ~* (*= kunde*), *vanl.* could, might (*jfr II 2 o. 3*); *skulle ha ~t* (*= kunde ha*), *vanl.* could, might (*jfr II 2 o. 3*); *jag har gjort så gott jag har ~t* I have done as well as I could, I have done my best; *det har inte ~t undvikas* it has been unavoidable **2** (*uttryckande förmåga, tillfälle, uppmaning*) *kan* can, *kunde* could; *visa vad man kan* show what one can do; *jag kan* [*göra det*] *själv* I can do it myself; *han kan sjunga* he can sing; *hon kan åka skridskor* she can (knows how to) skate; *materialet kan köpas från* the material can (is to) be had from; *vi kan ta sextåget* we can take the six o'clock train; *det kan inte beskrivas* it cannot be described; *jag kan inte få upp dörren* I can't open the door; *han kan inte komma* he can't (*är ej i stånd att* is not able to) come; *spring så fort du kan* run as fast as you can; *hur kan du vara så lättlurad?* how can you be so easily taken in?; *kan du säga mig* can you tell me; *kan ni inte vara tysta?* can't you be quiet?; *hur -de du?* how could you?; *vi -de ju försöka* we could try; *om det bara -de sluta regna* if only it could stop raining; *hur kan det komma sig att* how is it that; *vad kan klockan vara?* I wonder what the time is?; *du kan väl komma!* (*bönfallande*) do come, please!; *nu kan det vara nog!* that's enough [from you]!; *man kan vad man vill* where there's a will there's a way **3** (*uttryckande oviss möjlighet, tillåtelse, försäkran*) *kan* may, *ibl.* can, *kunde* might, *ibl.* could; *de kan komma vilket ögonblick som helst* they may come (be here) any moment now; *det kan man lätt missförstå* that may (can) easily be misunderstood; *han kan ha misstagit sig* he may have been mistaken; *det kan så vara* maybe; *du kan gå nu* you may go now; *kan jag få litet mjölk?* may (can, might, could) I have some milk, please?; *som man kan se* as you may (can) see; *kan jag få se?* may (can) I see?; *nej, det kan du inte* no, you can't (may not); *du kan göra det om du vill* you may do it if you want; *jag kan försäkra dig att* I may (can) assure you that; *det kan du ha rätt i* you may be right there; *du kan vara säker på att* you may (can) rest assured that; *du kan lika väl göra det själv* you may as well do it yourself; *hur underligt det än kan låta* strange as it may sound; *man kan lugnt påstå att* it may (can) safely be maintained (said) that; *du -de gärna ha givit mig den* you might have given it to me; *den kan väl kosta omkring 20 kronor* I should think it costs about 20 kronor; *du kan tro att det blev bra* you bet it was good; *det kan väl inte ha hänt någonting* I hope there is nothing wrong, surely nothing has happened; *det kan vara på tiden* it's about time **4** (*brukar, har en benägenhet att*) *kan* will, can, *kunde* would, could; *sådant kan hända* such things happen; *de kan vara svåra att ha att göra med* they can be difficult to deal with; *de -de sitta där i timmar* they would sit there for hours; *på våren -de floden svämma över* in spring the river could overflow its banks **5** (*annan konstruktion*) *man kan bli galen för mindre* it's enough to drive one crazy; *det är så man kan gråta* it's enough to make one cry; *det kan göra detsamma* it doesn't matter, it makes no difference; *man kan inte förneka att* there's no denying that; *det kan man kalla tur!* that's what I call luck!; *man kan aldrig veta om* there's no knowing if; *det kan du säga!* that's easy for you to say! **6** (*med betonad partikel*) *jag kan inte med dem* I can't stand them

kun|nande *s6* skill, ability; (*kunskap*) knowledge; *tekniskt ~* technical know-how (expertise) **-nat** *sup. av kunna* **-nig** *a1* skilful, capable, competent; (*styv*) proficient; (*som har reda på sig*) well-informed **-nighet** *se kunnande*

kunskap *s3* knowledge (*äv. ~er*) (*i* of, on; *om* about, of); (*vetskap äv.*) cognizance (*om* of); (*inhämtad*) information; *~er och färdigheter* knowledge and proficiency; *K~ens träd* [*på gott och ont*] the tree of knowledge [of good and evil]; *ha goda ~er i* have a thorough knowledge of

kunskap|a *mil.* reconnoitre, scout **-are** *mil.* [military] scout

kunskaps|begär craving for knowledge **-källa** *min ~* my source of information **-nivå** educational level **-område** branch (field) of knowledge **-prov** proficiency test **-teori** theory of cognition **-test** knowledge test **-törst** thirst for knowledge

kupa I *s1* (*lamp-*) shade; (*globformig*) globe; (*glas-*) glass cover, bell jar (glass); (*bi-*) hive **II** *v1* **1** cup (*händerna* one's hands) **2** *lantbr.* earth (bank) up

kupé *s3* **1** *järnv.* compartment **2** (*vagn*) coupé

kuper|a 1 (*svans o.d.*) dock, crop **2** *kortsp.* cut **-ad** *a5* (*om landskap o.d.*) hilly; (*vågformig*) undulating

kupévärmare car heater

kupidon [-'å:n *el.* -'ɷ:n] *s3* cupid

kupig *a1* convex[ly rounded]; (*utstående*) bulging (*ögon* eyes)

kuplętt *s3* music-hall (revue) song; comic song **-författare** writer of revue songs

kupol [-'å:l] *s3* cupola, dome **-formig** [-år-] *a5* dome-shaped, domed **-grav** *arkeol.* dome-crowned tomb **-tak** dome, cupola roof

kupong [-'åŋ] *s3* coupon; (*mat- äv.*) voucher; (*på postanvisning e.d.*) counterfoil, (*särsk. AE.*) stub; *klippa ~er* (*skämts.*) be one of the idle rich **-häfte** book of coupons **-skatt** tax on share dividends

kupp *s3* coup; *en djärv ~* a bold stroke, a daring move; *på ~en* (*vard*) as a result [of it], at it **-försök** *polit. o.d.* attempted coup; (*rån-*) attempted robbery **-makare** perpetrator of a (the) coup; (*stats-*) instigator of a coup d'état

1 kur *s2* (*skjul*) shed, hut

2 kur *s3, med.* [course of] treatment (*mot* for); cure (*mot* for) (*äv. bildl.*)

3 kur *s3, göra ngn sin ~* court s.b., pay court to s.b.

kura *sitta och ~* sit huddled up, (*ha tråkigt*) sit around moping

kurage [-'a:ʃ] pluck, nerve; *vard.* guts (*pl*), spunk

kuranstalt spa, hydro[pathic establishment]; *fysikalisk ~* physical therapy clinic

kurạnt *a1* **1** *hand.* marketable, saleable **2** (*gångbar*) current **3** *se frisk*

kurare *se curare*

kuratịv [*äv.* 'ku:r-, 'kurr—] *a5* curative

kurator [-ˣa:tår] *s3* **1** *univ.* curator, president [of a student's club] **2** (*övervakare*) curator, supervisor; (*sjukhus-*) almoner; (*social-*) [social] welfare officer

kurbits *s2, s3, bot.* pumpkin

kurchatovium [-'tå:-] *s8* kurchatovium; *AE. äv.* rutherfordium

kurd *s3,* **kurder** ['kurr-] *s9* Kurd **kurdisk** ['kurr-] *a5* Kurdish

kurera cure (*för* of)

kurfurste [ˣku:r-] elector **kurfurstendöme** *s6* electorate

kuria ['ku:-] *s1* curia

kurialstil [-iˣa:l-] official (departmental) style

kuriosakabinett [-iˣɷ:sa-] curio cupboard

kuriositet curiosity; *konkr. äv.* curio; *~er* (*äv.*) bric-a-brac; *som en ~* as a curious fact (coincidence) **kuriositetsintresse** *bara ha ~* be interesting only as a curiosity

kurios|um [-iˣɷ:-] *-umet -a* curiosity; (*om pers. äv.*) odd specimen

kurịr *s3* courier **-post** courier's bag (pouch); *med ~* by diplomatic (courier's) bag (*etc.*)

kuriọ̈s *a1* curious, strange, odd

Kurland ['ku:r-] *n* Courland, Kurland

kurländsk [ˣku:r-] *a5* Courland

kurort [-ɷ:-] spa, health resort

1 kurra *v1* **1** *det ~r i magen på mig* my stomach is rumbling **2** (*om duvor*) coo

2 kurra *s1* (*finka*) gaol, quod

kurragömma [-ˣjömma] *i uttr.*: *leka ~* play hide--and-seek

kurre *s2* chap, fellow; *en underlig ~* a rum chap, an odd fish

kurry *se curry*

kurs *s3* **1** (*läro- o.d.*) course [of instruction] (*i* in, on); (*skol- o.d.*) curriculum **2** *sjö.* course; (*-linje*) track; *flyg.* heading; *bildl. äv.* [line of] policy, tack; *hålla ~ på a*) (*hamn*) stand in for, (*udde*) stand (make, head) for, *b*) (*flyg. o. friare*) steer (head) for, bear down upon; *komma ur ~en* (*sjö.*) fall away out of course; *ändra ~* veer, (*friare äv.*) change one's course **3** *hand.* (*valuta-*) rate [of exchange] (*på* for); (*på värdepapper*) quotation (*på* of); (*på aktier*) price (*på* of); *efter gällande ~* at the current rate of exchange; *lägsta ~* (*vanl.*) [the] bottom price; *stå högt i ~* be at a premium, *bildl. äv.* be in great favour; *stå lågt i ~* be at a discount

kursa *vard.* sell

kurs|avgift course fee **-bok** textbook **-deltagare** course participant; student **-fall** fall (decline, drop) in prices (rates); *starkt ~* sharp break in prices (rates) **-förändring** change of course (policy)

kursịv I *a5* italic **II** *s3* italics (*pl*); *med ~* in italics **-era** print in italics, italicize; (*bildl., understryka*) underline; *~t av mig* my italics **-läsning** reading at sight **-stil** *se kursiv II*

kursivt [-'i:vt] *adv, läsa ~* read at sight (without preparation)

kurs|kamrat fellow student [in a course] **-lista** [stock] exchange list, list of stock exchange quotations; (*över utländsk valuta*) list of exchanges rates **-litteratur** study literature [for a course] **-plan** curriculum, syllabus **-stegring** rise in prices, upward tendency; (*stark*) boom **-verksamhet** (*vid univ.*) extramural activity **-värde** market value (price, rate); (*valutas*) exchange value **-ändring** change of course; (*valuta-*) change of rate

kurtage [-'a:ʃ] *s7, hand.* brokerage, commission

K

kurtis *s3* flirtation **-an** *s3* courtesan **-era** ~ *ngn* carry on a flirtation with s.b. **-ör** flirt, philanderer
kurva *s1* curve; (*krök*) bend; *i ~n* at the curve; *ta en ~ för snävt* take a curve too sharp, cut a corner
kurv|ig *a1* curving, with many curves **-linje** curving (curved) line **-tagning** cornering, [the] rounding of curves
kuscha 1 (*om hund*) lie down **2** (*kujonera*) browbeat, cow
kusin *s3* [first] cousin **-barn** second cousin; *ett ~ till mig* my first cousin once removed
kusk *s2* coachman; driver
kusk|a ~ *landet runt* tour round the country; ~ *omkring* travel about **-bock** [coachman's] box, driver's seat
kuslig [-u:-] *a1* dismal, gloomy, dreary; (*hemsk*) uncanny, gruesome; *känna sig ~ till mods* feel creepy, have a creepy sensation
kust *s3* coast; (*havsstrand*) shore; *vid ~en* on the coast, (*för semester*) at the seaside; *~en är klar* the coast is clear **-artilleri** coast artillery **-band** *i ~et* on the seaboard (seacoast) **-batteri** shore battery **-befolkning** coastal population **-bevakning 1** *abstr.* coast protection **2** *konkr.*, *~en* the coastguard **-bevakningsstation** coastguard station **-fart** coastal traffic, coasting trade **-flotta** *~n* the Coastal (*i Storbritannien ung.* Home) Fleet **-jägare** *mil.*, *ung.* commando, commando soldier **-klimat** coastal climate **-land** coastal land **-linje** coastline **-radiostation** coastal radio station **-remsa** coastal strip (belt) **-stad** coastal (seaside) town **-sträcka** stretch of coast, littoral **-trakt** coastal region
1 kut *s2*, *zool.* seal pup
2 kut *s2* (*krökt rygg*) stoop
kut|a 1 walk with a stoop **2** *vard.* (*springa*) dart (*iväg* away) **-ig** *a1*, *se krokryggig*
kutrygg hunchback, humpback **-ig** *a1, se krokryggig*
1 kutter ['kutt-] *s7* (*duv-*) cooing (*äv. bildl.*)
2 kutter ['kutt-] *s2* (*båt*) cutter
kuttersmycke belle of the boat
kutterspån cutter shavings (*pl*)
kutting small keg
kuttra coo **-sju** [-'ʃu:] **I** *oböjligt s* flirting, spooning **II** *oböjligt a* intimate, thick as thieves
kutym *s3* custom, usage, practice
kuva subdue; (*under-*) subjugate; (*uppror o.d.*) suppress; (*betvinga*) check, curb; (*kujonera*) cow
Kuwait *n* Kuwait
kuwait|ier [-'vait-] *s9*, **-isk** *a5* Kuwaiti
kuvert [-'ä:r, *äv.* -'ärt] *s7* **1** (*för brev*) envelope **2** (*bords-*) cover **-avgift** cover charge **-bröd** [dinner] roll **-era** put into an envelope (*resp.* envelopes) **-väska** pochette
kuvös incubator
kvacksalv|a quack **-are** quack [doctor], charlatan **-eri** quackery, charlatanry
kvad *imperf. av kväda*
kvadda (*t.ex. bil*) smash
kvader ['kva:-] *s2* ashlar, freestone
kvadrant quadrant
kvadrat square; *~en på* the square of; *fem i ~* five squared (raised to the second power); *två tum i ~* two inches square; *dumheten i ~* stupidity at its height **-fot** square foot
kvadratisk [-'dra:-] *a5* **1** (*geom. o. friare*) square **2** *mat.* quadratic
kvadrat|meter square metre **-rot** *~en ur* the square root of
kvadratur quadrature; *cirkelns ~* (*vanl.*) the squaring of the circle
kvadrera square, raise to the second power
kvadriljon *s3* quadrillion; *AE.* septillion
kval *s7* (*smärta*) pain; (*lidande*) suffering; (*plåga*) torment; (*ångest*) anguish; (*vånda*) agony; *svartsjukans* (*hungerns*) ~ (*pl*) the pangs of jealousy (hunger); *i valet och ~et* in two minds (*om* whether), on the horns of a dilemma **-full** agonizing; torturing; (*om död*) extremely painful; (*om smärtor e.d.*) excruciating
kvalificer|a qualify (*för* for); ~ *sig* qualify o.s. **-ad** *a5* qualified (*till* for); *-at brott* aggravated crime; ~ *majoritet* [a] two-thirds majority **-ing** qualification **-ingsmatch** qualifying match
kvalifikation qualification
kvalitativ [*el.* 'kvall-] *a5* qualitative
kvalité *s3*, **kvalitet** *s3* quality; *hand. äv.* sort, type; grade; (*märke*) brand (line) [of goods]; *vinna* (*förlora*) ~ (*schack.*) win (lose) the exchange
kvalitets|beteckning description [of quality] **-kontroll** quality check (control) **-medveten** quality conscious **-märke** mark of quality; quality brand **-vara** superior (high-class) article; quality product
kvalm *s7* closeness, stuffy atmosphere; heavy scent **-ig** *a1* suffocating, stifling, close
kvalmatch *sport.* qualifying match
kvalster ['kvall-] *s7* mite, acarid
kvantfysik quantum physics (*pl, behandlas som sg*)
kvantifiera quantify
kvantitativ [*el.* 'kvann-] *a5* quantitative
kvantitet quantity; (*mängd äv.*) amount **kvantitetsrabatt** quantity rebate (discount)
kvant|kemi quantum chemistry **-mekanik** quantum mechanics (*pl, behandlas som sg*) **-teori** quantum theory
kvant|um *-umet el. -um, pl -um el. -a* quantum
kvar *adv, se äv. under olika verb*; (*igen, i behåll, -lämnad, -glömd*) left; (*till övers*) left over; (*efter de andra o.d.*) behind; (*bevarad*) preserved; *han stannade ~* he stayed behind; *jag vill bo ~ här* I want to go on living here; *hon kan inte ha långt ~* [*att leva*] she cannot have long left [to live]; *han var ~ när vi gick* he was still there when we left; *under den tid som är ~ till påsk* during the time remaining to Easter
kvar|blivande *a4* remaining, permanent **-bliven** *a5* left over; (*-lämnad*) left behind; *-blivna biljetter* unsold tickets **-dröjande** *s6 o. a4* lingering
kvarg *s3* curd (cottage) cheese
kvarglömd *a5*, *~a effekter* lost property (*sg*)
kvarhåll|a keep; *-en på polisstationen* detained at the police station
kvark *s2*, *fys.* quark
kvarka *s1*, *veter.* the strangles (*pl*)
kvar|leva *s1* remnant; *bildl. äv.* relic, survival;

-levor (*äv.*) remains (*efter* of); *ngns -levor* a p.'s mortal remains **-ligga** remain, stay on; (~ *med*) retain, keep **-låtenskap** *s3, ngns* ~ property left by s.b.; (*litterär*) remains (*pl*) **-lämnad** *a5* left behind

kvarn [-a:-] *s2* mill **-damm** millpond **-hjul** millwheel **-industri** flour-mill (milling) industry **-sten** millstone **-vinge** windmill sail **-ägare** owner of a mill, miller

kvar|sittare pupil who has not been moved up; *bli ~ i ettan* stay down in the first form **-skatt** tax arrears (*pl*), back tax **-stad** *-en -er* sequestration (*på* of); *sjö.* embargo (*på* on); (*på tryckalster*) impoundage, (*tillfällig*) suspension; *belägga med* ~ sequester, sequestrate, *sjö.* embargo, (*tryckalster*) impound **-stå** remain

1 kvart *s2, i bet. 2 s9* **1** (*fjärdedel*) quarter; *med hatten på tre* ~ with one's hat cocked over one eye **2** (*fjärdedels timme*) quarter of an hour; *en ~ i två* a quarter to two; *en ~ över två* a quarter past two **3** (*format*) quarto **4** *mus.* fourth **5** (*i fäktning*) quarte, carte

2 kvart *s2* **1** (*rum*) pad (*äv. tillhåll för narkomaner*)

kvarta *vard.* (*sova över*) doss down

kvartạl *s7* quarter [of a year]

kvartals|avgift quarter's fee **-hyra** quarter's rent **-skifte** beginning of the new quarter **-vis** by the quarter, quarterly

kvartẹr *s7* **1** block; (*distrikt*) quarter, district **2** *mil.* quarters (*pl*); billet **3** (*mån-*) quarter **-mästare** quartermaster

kvarterọn *s3* quadroon

kvarters|butik neighbourhood (local) shop **-polis** local policeman

kvartẹtt *s3* quartet

kvartịl *s3* quartile

kvarting *en* ~ a small bottle

kvarto ['kvarr-] quarto **-format** quarto [size]; *i* ~ in quarto

kvarts *s3, miner.* quartz

kvarts|final *sport.* quarterfinal **-format** *se kvartoformat*

kvarts|glas quartz glass **-lampa** ultraviolet lamp

kvartssekel quarter of a century; *ett* ~ (*äv.*) twenty-five years

kvartsur quartz clock (watch)

kvartạ̈r *a5* Quaternary **-perioden** the Quaternary [period]

kvarvarande *a4* remaining

kvasạr *s3* quasar

kvasi|- quasi-, pseudo-; (*låtsad*) sham- **-elegant** flashy **-filosofi** pseudo-philosophy **-litterär** pseudo-literary **-vetenskap** quasi-science

kvast *s2* broom; *nya ~ar sopar bäst* new brooms sweep clean **-bindare** broommaker **-fening** *zool.* crossopterygian **-prick** *sjö.* broom-head, perch with broom **-skaft** broomstick

kvav I *a1* close; (*instängd*) stuffy; (*tryckande*) oppressive, sultry **II** *s, i uttr. gå i* ~ founder, go down, *bildl.* be wrecked, come to nothing

kved *imperf. av kvida*

kverul|ạns *s3* querulousness, grumbling **-ant** querulous person, grumbler **-antisk** [-'ant-] *a5* querulous **-era** complain, croak, grumble

kvick *a1* **1** (*snabb*) quick; rapid, swift; (*rask*) ready, prompt (*svar* answer) **2** (*snabbtänkt*) clever (*äv. iron.*) **3** (*spirituell*) witty; smart (*replik* retort); *göra sig ~ på andras bekostnad* crack jokes at other people's expense **kvicka** ~ *på* hurry up (*äv.* ~ *sig*)

kvicke *s2* (*i horn*) [horn] core; (*i hov*) [sensitive] frog

kvick|het 1 (*snabbhet*) quickness *etc., se kvick* **2** (*spiritualitet*) wit **3** (*kvickt yttrande*) witticism, joke; *AE. vard.* [wise]crack **-huvud** wit, witty chap **-lunch** quick-lunch

kvick|na ~ *till* revive, (*efter svimning*) come round, rally, *bildl.* chirp up **-rot** *bot.* couch [grass] **-sand** quicksand

kvicksilver mercury, quicksilver **-betning** mercury disinfection **-förening** mercury compound **-förgiftning** mercurialism, mercurial poisoning **-haltig** *a1* mercurial **-termometer** mercury thermometer

kvick|tänkt I *a1* quick-witted, ready-witted, clever **II** *adv* with ready wit, cleverly **-ögd** *a1* quick-sighted; (*om iakttagelseförmåga*) rapid, swift

kvida *kved kvidit* wail; (*klaga*) whine, whimper **kvidan** *r, best. form* =, wail[ing] *etc.* **kvidit** *sup. av kvida*

kvidd *s3* minnon

kvig|a *s1* heifer **-kalv** cow calf

kvillajabark [-ˣlajja-] soapbark, quillai bark

kvinn|a *s1* woman; *~ns frigörelse* the emancipation of women (woman) **-folk 1** *koll.* womankind; (*kvinnor*) women; *vard.* womenfolk **2** (*ett* ~) woman **-folksgöra** a woman's job

kvinnlig *a1* **1** female (*kön* sex; *organ* organ); ~ *arbetskraft* female labour; ~ *idrott* women's athletics; ~ *läkare* woman doctor; ~ *polis* policewoman; *~a präster* women clergymen; ~ *rösträtt* woman suffrage, votes for women; *familjens ~a medlemmar* the feminine members of the family **2** (*som karakteriserar kvinnor*) womanly, feminine; (*om man*) womanish, effeminate; ~ *fägring* feminine beauty; *det evigt ~a* the eternal feminine; ~ *ungdom* young women (*pl*), girls (*pl*) **-het** womanliness, womanhood, femininity; (*veklighet*) effeminacy

kvinno|bröst female breast **-emancipation** emancipation of woman **-fråga[n]** [the] woman question **-fängelse** prison for women, women's prison **-förening** women's club (association, society) **-hatare** woman hater, misogynist **-hjärta** *~t* (*ett* ~) a woman's heart **-ideal** woman ideal, ideal of a woman **-klinik** gynaecological clinic **-kön** *~et* the female sex; (*-släktet*) womankind **-linje** *på ~n* on the distaff side **-läkare** gynaecologist **-rörelse** women's-rights (feminist) movement **-sakskvinna** [-sa:ks-] woman advocate of feminism; (*rösträtts-*) suffragette **-sjukdom** woman's disease **-tjusare** [-çu:-] ladykiller **-tycke** *ha* ~ be a lady's man, have a way with women **-överskott** excess (surplus) of women

kvinnsperson woman, female

kvint *s3* (*intervall*) fifth, quint **-essens** [-'sens *el.* -'saŋs] quintessence **-ẹtt** *s3, mus.* quintet

kvintilera (*på fiol*) scrape; (*på flöjt*) tootle

K

kvissl|a *s1* pimple **-ig** *a1* pimply
kvist *s2* **1** twig, sprig; (*i sht avskuren*) spray; *på bar ~* on a leafless (bare) twig; *komma på grön ~* come into money **2** (*i trä*) knot, knag
1 kvista (*avkapa*) lop the twigs off
2 kvista *vard.*, *~ in till stan* run into town
kvist|fri free from knots, clean **-hål** knothole **-ig** *a1* **1** twiggy, spriggy; (*om trä*) knotty, knaggy **2** (*brydsam*) awkward, puzzling; *en ~ fråga* a tricky question **-ning** pruning **-såg** pruning saw
kvitt *oböjligt a* **1** *bli ~ ngn* get rid of s.b. **2** *~ eller dubbelt* double or nothing (quit[s]); *vara ~* be quits **kvitta 1** offset, set off, countervail; settle **2** *det ~r mig lika* it is all one (makes no difference) to me
kvitten ['kvitt-] *r el. n, bot.* quince
kvittens *s3* receipt **-blankett** receipt form
kvitter ['kvitt-] *s7* chirp[ing], twitter
kvitt|era receipt; (*t.ex. belopp*) acknowledge; (*lämna kvitto på*) give a receipt for; (*återgälda*) repay; *sport.* equalize; *~d räkning* receipted invoice; *betalt ~s* payment received, received with thanks **-ning** offset, setoff; *bokför.* settlement per contra
kvitto *s6* receipt (*på* for); (*spårvägs- e.d.*) ticket
kvittra chirp, twitter, chirrup
kvot *s3* (*vid division*) quotient; (*friare*) quota
kvoter|a allocate quotas **-ing** allocation of quotas
kväda *kvad kvädit* sing; (*dikta*) compose, write **kväde** *s6* lay, poem, song **kvädit** *sup. av kväda*
kväk|a *v3* croak **-ande** *a4* croaking
kväkare Quaker, member of the Society of Friends
kvälj|a *v2, det -er mig a) absol.* I feel sick, *b) (friare)* it makes me sick (to + *inf.*) **-ande** *a4* sickening, nauseating **-ning** *få ~ar a) absol.* be sick, *b)* (*av ngt*) be nauseated (*av* by)
kväll *s2* evening; (*motsats t. morgon*) night; *i ~* this evening, tonight; *i morgon ~* tomorrow evening (night); *på ~en* (*~arna*) in the evening (evenings)
kväll|as *dep, det ~* the evening (night) is drawing (coming) on **-ningen** *i ~* at nightfall, at eventide
kvälls|arbete evening (night) work **-bris** evening breeze **-gymnasium** *ung.* evening secondary school **-kurs** evening class (course), night school **-kvisten** *på ~* towards evening **-mat** supper **-människa** night owl (hawk) **-nyheter** *pl* late news (*sg*) **-sömnig** *vara ~* be sleepy in the evenings **-tidning** evening paper **-vard** [-a:-] *s3* supper, evening meal
kväsa *v3* take down, teach a thing or two; *~ ngns högmod* humble s.b., take the wind out of s.b.'s sails; (*undertrycka*) suppress
kväv|a *v2* choke, stifle, suffocate (*äv. bildl.*); (*undertrycka o.d.*) quell, suppress; *~ elden* smother the fire; *~ i sin linda* (*bildl.*) nip in the bud; *han var nära att ~s* he was almost suffocated (*av* by); *...så att man var nära att ~s* ...to suffocation **-ande** *a4* choking (*känsla* sensation); (*om luft*) suffocating, stifling, *vard.* choky
kväve *s6* nitrogen **-gödsel** nitrogenous fertilizer **-haltig** *a1* nitrogenous **-oxid** nitric oxide
kvävgas nitrogen
kväv|matt *schack.* smothered mate **-ning** [-ä:-] suffocation, choking; smothering; *bildl. äv.* quelling, suppression
kvävnings|anfall choking fit **-död** death by suffocation (asphyxiation)
kybernetik [k-] *s3* cybernetics (*pl, behandlas som sg*)
kyckling [ç-] chicken; (*nykläckt äv.*) chick **-kull** brood of chickens
kyff|e [ç-] *s6* hovel, hole **-ig** *a1* poky
1 kyl [ç-] *s2* (*lårstycke*) knuckle
2 kyl [ç-] *s2, se -rum, -skåp*
kyla [ç-] **I** *s1* cold [weather]; (*kylighet*) chilliness (*äv. bildl.*); *bildl.* coldness, coolness **II** *v2* chill, cool down (*äv. bildl.*); *tekn.* refrigerate; *~ näsan* get one's nose frostbitten
kyl|aggregat refrigerating machine, refrigerator **-anläggning** refrigerating plant
kylar|e [ç-] cooler, chiller; (*på bil*) radiator **-grill** (*på bil*) [radiator] grille **-huv** (*på bil*) bonnet; *AE.* hood **-vätska** [motorcar] antifreeze
kyl|d [çy:-] *a5* (*förfrusen*) frostbitten **-disk** refrigerated display case **-fartyg** cold-storage ship **-hus** cold store **-ig** *a1* chilly, cold (*äv. bildl.*) **-knöl** chilblain
kyller ['kyll-] *s7* buff coat
kyl|medel cooling agent **-ning** cooling, chilling; *tekn.* refrigeration **-rum** cold-storage room **-skada** frostbite; (*kylknöl*) chilblain **-skåp** refrigerator; *vard.* fridge **-slagen** *a5* (*om dryck*) slightly warm, tepid; (*om luft*) chilly **-system** cooling system **-vatten** cooling water **-väska** cool bag (box)
kymig [k-, *äv.* ç-] *a1* nasty, mean
kymr|er ['kymm-] [the] Cymry (Kymry) **-isk** ['kymm-] *a5* Cymric, Kymric
kyndel ['çynn-] *s2, bot.* [summer] savory
kyndels|mässa [ç-] Candlemas **-mässodag** Candlemas [Day]
kyniker *se cyniker*
kynne [ç-] *s6* [natural] disposition; character, temperament
kypare [ˣçy:-] waiter
kypert ['çy:-] *s2* [cotton] twill, twilled cotton
kypra [ˣçy:-] twill
kyrass [k-] *s3* cuirass **-iär** *s3* cuirassier
kyrk|a [ç-] *s1* church; (*fri-*) chapel; *engelska ~n* the Church of England, the Anglican Church; *gå i ~n* go to (attend) church (chapel) **-backe** *på ~n* in the open space round the church **-bok** *se kyrkobok* **-bröllop** church wedding **-båt** church boat **-bänk** pew **-folk** churchgoers (*pl*) **-fönster** church window **-kaffe** after-church coffee **-klocka** church bell; (*tornur*) church clock
kyrklig [ç-] *a1* (*om fråga, konst, ändamål e.d.*) church; (*om t.ex. myndighet*) ecclesiastical; (*om t.ex. intressen*) churchly; (*prästerlig*) clerical; *~ angelägenhet* ecclesiastical affair; *~ begravning* Christian burial; *~t intresserad* with church interests, interested in church affairs
kyrko|adjunkt curate **-besökare** churchgoer **-bok** parish register **-bokförd** *~ i* registered in the parish of **-bokföring** parish registration **-byggnad** church building **-fader** Father of the Church; *-fäder* Fathers of the early Church, Apostolic Fathers **-fullmäktig** *ung.* vestryman, member of a select vestry **-fullmäktige** *ung.*

select vestry **-furste** prince of the Church **-gård** cemetery, burial ground; (*kring kyrka äv.*) churchyard **-handbok** service (prayer) book **-herde** *Engl. ung.* vicar; rector; parson; *kat.* parish priest; ~ *N.* (*titel*) Rev. (the reverend) **-herdeboställe** vicarage; rectory **-historia** church (ecclesiastical) history **-kör** church choir **-lag** canon law **-musik** church music **-möte** synod, council

kyrkorgel church organ

kyrko|råd parish council **-samfund** denomination **-skatt** church rate **-staten** the Papal States (*pl*), the States (*pl*) of the Church **-stämma** common vestry; (*sammanträde äv.*) parochial church meeting **-år** ecclesiastical year

kyrk|port church doorway (porch) **-råtta** church mouse **-sam** *a1* regular in one's attendance at church; *vara* ~ (*äv.*) be a regular churchgoer **-silver** church plate **-socken** church parish **-torn** church tower, steeple **-tupp** church weathercock (vane) **-vaktmästare** sexton, verger **-värd** churchwarden **-ängel** cherub

kysk [ç-] *a1* chaste; (*jungfrulig*) virgin; *leva ~t* lead a chaste life **-het** chastity; virginity

kyskhets|bälte girdle of virginity, virgin knot **-löfte** vow of chastity

kyss [ç-] *s2* kiss **kyssa** *v3* kiss **kyssas** *v3, dep* kiss [each other], exchange kisses

kyss|täck kissable **-äkta** kiss-proof

kåd|a *s1* resin **-ig** *a1* resinous

kåk *s2* ramshackle (tumble-down) house, shack; *skämts.* house; (*fängelse*) clink, jug **-farare** *vard.* jailbird **-stad** shanty-built (shackle) town

kål *s3* **1** *bot.* cabbage **2** *göra ~ på* make mincemeat; *ta ~ på* do for; *värmen kommer att ta ~ på mig* this heat will be the death of me **-dolma** [ˣkå:ldålma] *s5* stuffed cabbage roll **-fjäril** large white **-huvud** head of cabbage **-mask** caterpillar **-rabbi** *s3* kohlrabi, turnip cabbage **-rot** swede, Swedish turnip **-soppa** cabbage soup **-supare** *de är lika goda ~* each is as bad as the other, they are tarred with the same brush

kånka ~ *på* struggle (toil) along with

kåpa *s1* **1** (*plagg*) gown, robe; (*munk-*) cowl; (*narr-*) [jester's] cloak; (*kor-*) cope **2** *tekn.* hood, cap, cover, mantle

kår *s3* (*sammanslutning*) body; (*förening*) union; *mil. o. dipl.* corps **-anda** esprit de corps **-chef** corps commander

kår|e *s2* **1** (*vind-*) breeze **2** *det går kalla -ar efter ryggen på mig* cold shivers go down my back

kårhus students' union building

kås|era discourse (*över* on), chat, talk (*över* about, [up]on); *~nde föredrag* informal lecture **-eri** causerie, informal talk; (*tidnings-*) chatty (topical) article, column **-ör** writer of light (conversational) articles; (*tidnings- äv.*) columnist **-ös** (*soffa*) settee

kåt *a1* randy, horny

kåta *s1* [coneshaped] hut, Laplander's tent

käbbel ['çäbb-] *s7* bickering, squabble; wrangling **-la** [ˣçäbb-] bicker, squabble; wrangle; ~ *emot* answer back

käck [ç-] *a1* dashing (*yngling* young man); (*oförfärad*) bold, intrepid; (*tapper*) brave, gallant, plucky, sporting; (*vågsam*) daring; (*hurtig*) spirited; (*munter*) sprightly; *en ~ melodi* a sprightly tune; *det var ~t gjort av dig* it was a sporting thing of you to do, it was sporting of you; *med mössan ~t på sned* with one's cap cocked on one side **-het** dashingness *etc.*; dash; gallantry, intrepidity; daring spirit, pluck

käft [ç-] *s2* **1** jaws (*pl*); *tekn.* jaw; *dödens ~ar* the jaws of death; *ett slag på ~en* a blow on the chaps; *håll ~en!* shut up!; *vara slängd i ~en* have the gift of the gab, (*slagfärdig*) be quick at repartee; *vara stor i ~en* shoot off one's mouth **2** (*levande själ*) living soul **käfta** (*prata*) jaw; (*gräla*) wrangle; ~ *emot* answer back

kägel ['çä:-] *s2, boktr.* body [size] **-bana** skittle (*särsk. AE.* ninepin) alley **-formig** [-å-] *a1* conical, coneshaped **-spel** (*-spelande*) skittles, *särsk. AE.* ninepins (*pl, behandlas som sg*)

kägl|a [ˣçä:g-, ˣçägg-] *s1* **1** cone **2** (*i kägelspel*) skittle, ninepin; *slå* (*spela*) *-or* play skittles (*särsk. AE.* ninepins)

käk [ç-] *s7, vard.* grub, feed **käka** *vard.* grub, feed

käkben [ç-] jawbone; *fack.* mandible

käk|e [ç-] *s2* jaw; *fack.* mandible **-håla** maxillary sinus (antrum) **-led** maxillary joint

K

kälkbacke toboggan run

kälkborgare [ç-] Philistine

kälkborgerlig [ç-] Philistine **-het** Philistinism, narrow-mindedness

kälk|e [ç-] *s2* sledge; *sport. vanl.* toboggan; *åka ~* sledge, toboggan **-åkning** tobogganing

källa [ç-] *s1* spring; well, (*flods äv.*) source (*äv. bildl.*) (*till* of); *från* (*ur*) *säker ~* from a reliable source, on good authority

källar|e [ç-] **1** cellar; (*-våning*) basement **2** *se krog* **-glugg** cellar air hole **-mästare** restaurant keeper, restaurateur **-trappa** cellar stairs (*etc.*) **-valv** cellar vault **-våning** basement

käll|beskattning taxation at [the] source; pay-as-you-earn system **-flod** river source **-flöde** source-tributary **-forskning** study of original sources (manuscripts) **-förteckning** list of references, bibliography **-hänvisning** reference to sources **-kritik** criticism of the sources **-sjö** springlake; (*som källa t. flod*) source-lake **-skatt** tax at [the] source, pay-as-you-earn (P.A.Y.E.) tax **-skrift** original text, source **-språng** fountain **-vatten** spring water **-åder** vein of water

kält [ç-] *s7* nagging **kälta** nag

kämpa [ç-] (*strida*) contend, struggle (*om* for); (*slåss*) fight (*om* for); ~ *med svårigheter* contend with difficulties; ~ *mot fattigdomen* struggle against poverty; ~ *mot vinden* battle against the wind; ~ *sig fram* fight one's way (struggle) along (*till* to); ~ *sig igenom en sjukdom* (*äv.*) pull through [from] an illness **-hög** giant-size **-lek** tournament-game **-tag** gigantic effort **-visa** ballad of heroes (a hero)

kämpe [ç-] *s2* fighter; (*stridande*) combatant; (*krigare*) warrior; (*för-*) champion (*för* of)

kän|d [ç-] *a* **1** (*bekant*) known; (*väl-*) well-known; (*som man är förtrogen med*) familiar; (*ryktbar*) famous, noted; *ett -t ansikte* a well-known (familiar) face; *en ~ sak* a well-known fact, a fact familiar to all, common knowledge; *det är allmänt -t att* it is generally known (*neds.* notorious, a notorious fact) that; *vara ~ för att vara* be known as being; *~ för prima varor* (*hand.*) noted for first--quality goods; *vara ~ under namnet* go by the name of; *vara illa ~* be of bad (evil) repute, have a bad reputation; *~a och okända* the well-known and the anonymous **2** (*förnummen*) felt; *frambära ett djupt -t tack* proffer one's heartfelt thanks

kändis ['çänn-] *s2, vard.* celebrity; (*manlig*) lion

käng|a [ç-] *s1* boot **-snöre** bootlace

känguru ['çäŋg-, 'k-] *s5* kangaroo

känn [ç-] *s, i uttr.: på ~* by instinct; *ha på ~ att* have a feeling (an inkling) that

1 känna [ç-]*s, i uttr.: ge till ~, se tillkännage; ge sig till ~* make o.s. known (*för* to); (*om ngt*) manifest itself

2 känn|a [ç-] *v2* **I 1** (*förnimma*) feel; (*erfara*) experience [feelings (a feeling) of]; (*märka*) notice (*smak av* a taste of); (*pröva, smaka*) try [and see] ; *~ besvikelse* (*trötthet*) feel disappointed (tired); *~ för ngn* feel for (sympathize with) s.b. **2** (*beröra med handen*) feel **3** (*~ till*) know; *känn dig själv!* know thyself!; *på sig själv -er man andra* one judges others by o.s.; *lära ~ ngn* get to know s.b., get acquainted with s.b.; *lära ~ varandra* (*äv.*) become acquainted [with each other]; *om jag -er dig rätt* if I know you at all **II** (*med betonad partikel*) **1** *~ av* feel; *få ~ av* be made to feel **2** *~ efter* feel; *~ efter om dörren är låst* [try the handle to] see whether the door is locked **3** *~ igen* know (*ngn på rösten* s.b. by his voice), (*ngn el. ngt man sett förr*) recognize; *~ igen sig* know one's way about (where one is) **4** *få ~ på* have to experience, come in for; *~ på sig* have a feeling, feel instinctively (in one's bones) **5** *~ till* know, be acquainted with, (*veta av, äv.*) know of, (*vara hemma i, äv.*) be up in **III** *rfl* feel; *~ sig för* feel one's way [about], (*sondera äv.*) sound

kännande [ç-] *a4* feeling; sentient (*varelse* being)

kännar|e [ç-] connoisseur; (*sakkunnig*) expert, authority (*av, på* on, in) **-min** *med ~* with the air of a connoisseur (*etc.*)

känn|as [ç-] *v2, dep* feel; be felt; *hur -s det?* how do you feel?, what does it feel like (*att* to)?; *det -s lugnande att veta* it is a relief to know; *det -s angenämt att* (*äv.*) it is a pleasant feeling to; *~ vid* (*tillstå*) confess, acknowledge, (*erkänna som sin tillhörighet*) acknowledge; *inte vilja ~ vid* refuse to acknowledge, disown **-bar** *a1* to be felt (*för* by); (*förnimbar*) perceptible, noticeable (*för* to); (*svår*) severe, serious (*för* for); *en ~ förlust* a heavy (severe) loss; *ett ~t straff* a punishment that hurts

kännedom [ç-] *s2* (*vetskap*) knowledge, cognizance (*om* of); (*underrättelse*) information (*om* about, as to); (*kunskap*) knowledge; (*bekantskap*) acquaintance, familiarity (*om* with); *bringa till ngns ~* bring to a p.'s notice (attention); *få ~ om* receive information (be informed) about, get to know; *ha ~ om* be aware (cognizant) of; *för [er] ~* for [your] information; *till allmänhetens ~ meddelas* for the information of the public, notice is given **-märke, -tecken 1** *konkr.* [distinctive] mark, token, sign **2** (*egenskap*) characteristic, distinctive feature, criterion (*på* of) **-teckna** characterize; be a characteristic of; (*särskilja*) distinguish **-tecknande** *a4* characteristic (*för* of); distinguishing, distinctive

känning [ç-] **1** (*förnimmelse*) feeling, sensation; *ha ~ av sin reumatism* be troubled by one's rheumatism **2** (*kontakt*) touch; *få ~ med fienden* get in touch with the enemy; *ha ~ av land* (*sjö.*) be within sight of land

känsel ['çänn-] *s9* feeling; perception of touch **-nerv** sensory nerve **-organ** tactile organ **-sinne** (*för tryck*) sense of touch, tactile sense; (*för smärta, köld, värme*) sense of feeling **-spröt** feeler, palp

känsl|a [ç-] *s1* feeling (*för ngt* for s.th.; *för ngn* towards s.b.); (*kroppslig förnimmelse*) sensation (*av köld* of cold); (*sinne, intryck, uppfattning*) sense (*för* of), sentiment (*av tacksamhet* of gratitude); (*i hjärtat*) emotion; (*med-*) sympathy; *mänskliga -or* human feelings (sentiments); *hysa varma -or för* feel affection for, be fond of; *i ~n av* feeling (*att* that) **-ig** *a1* **1** sensitive (*för* to), (*för drag, smitta, smärta o.d.*) susceptible (*för* to); (*om kroppsdel o. äv. om pers.*) sensible (*för* to) **2** (*-ofull*) feeling; sympathetic; (*rörande*) feeling, moving; (*ömtålig*) delicate; (*lättretlig*) touchy; *~ för kritik* sensitive to (touchy as regards) criticism **-ighet** sensitivity, sensitiveness; susceptibility; sensibility; delicacy; touchiness

känslo|betonad *a5* emotionally tinged (coloured) **-full** full of feeling, emotional; *se äv. känslosam* **-kall** frigid **-kyla** frigidity **-laddad** *~ stämning* explosive atmosphere **-liv** emotional life; *~et* (*äv.*) the sentient life **-läge** affect **-lös** (*kroppsligt*) insensitive, insensible, numb (*för* to); (*själsligt*) unfeeling (*för ngn* towards s.b.), unemotional, callous; (*likgiltig*) indifferent (*för* to); (*apatisk*) apathetic **-löshet** insensitiveness *etc.*; insensibility; indifference **-människa** man (*etc.*) of feeling (sentiment); emotionalist **-mässig** *a1* emotional **-sak** matter of sentiment **-sam** *a1* sentimental; emotional; (*överdrivet*) mawkish **-samhet** sentimentality; (*överdriven*) emotionality **-skäl** sentimental reason **-tänkande** *a4 o. s6* emotional thinking **-utbrott** outburst of feeling

käpp [ç-] *s2* stick; (*rotting*) cane; *få smaka ~en* be given a taste of the stick (cane); *sätta en ~ i hjulet för ngn* (*bildl.*) put a spoke in a p.'s wheel **-häst** hobbyhorse (*äv. bildl.*); cockhorse **-rak** bolt upright **-rapp** blow with a stick (cane)

kär [ç-] *a1* **1** (*förälskad*) in love (*i* with); *bli ~* fall in love; *få ngn ~* become attached to (fond of) s.b.; *hålla ngn ~* hold s.b. dear **2** (*avhållen*) dear (*för* to); (*älskad*) beloved (*för* by); *en ~ gäst* a cherished (welcome) guest; *en ~ plikt* a privilege; *~a barn!* my dear[s]!, my dear child (children)!; *K~e vän!* (*i brev*) Dear (My dear) Bill (*etc.*)!; *mina ~a* my dear ones, those dear to me; *i ~t minne* in fond (cherished) remembrance; *om livet är dig ~t* if you value your life; *~t barn har många namn* we find many names for s.o. we love

kärande [ç-] *s9* plaintiff; suer

käresta [ç-] *s1* sweetheart; (*ngns*) darling, beloved

käring ['çä:-, 'çärr-] old woman; *hon är en riktig ~* she is a real shrew **-aktig** *a1* old womanish **-knut** granny, granny['s] knot **-tand** *bot.* birds-foot-trefoil

kärkommen *a3* welcome
kärl [çä:-] *s7* vessel; (*förvarings-*) receptacle, container; *biol.* vessel, duct
kärlek [ˣçä:r-] *s2* love (*till ngn* for s.b.; *till ngt* for *el.* of s.th.); (*kristlig äv.*) charity; (*tillgivenhet*) affection (*till* for); (*hängivenhet*) devotion (*till* to); (*passion*) passion (*till* for); *av ~ till* out of love for; *den stora ~en* the great passion; *dö av olycklig ~* die of a broken heart; *förklara ngn sin ~* make s.b. a declaration of love; *gammal ~ rostar inte* love does not tarnish with age; *gifta sig av ~* marry for love
kärleks|affär love affair **-brev** love letter **-dikt** love poem **-dryck** love potion **-full** loving, affectionate; (*öm*) tender **-förbindelse** love affair **-förklaring** declaration (confession) of love **-gud** god of love **-gudinna** goddess of love **-historia 1** (*-berättelse*) love story **2** (*-affär*) love affair **-krank** lovesick **-kval** *pl* pangs of love **-liv** love life **-lyrik** love poetry **-lös 1** (*hårdhjärtad*) uncharitable **2** (*fattig på kärlek*) loveless **-löshet** lack of love **-roman** love story, romance **-scen** love scene **-sorg** disappointment in love, a broken heart
kärl|förändring vascular change **-kramp** vascular spasm **-sammandragande** *a4*, *~ medel* vasoconstrictor **-vidgande** *a4, ~ medel* vasodilator
1 kärna [ˣçä:r-] **I** *s1* (*smör-*) churn **II** *v1* churn
2 kärna [ˣçä:r-] **I** *s1*. **1** (*i frukt*) pip; (*i bär, druva, melon o.d.*) seed; (*i stenfrukt*) stone; *AE. äv.* pit; (*i nöt*) kernel **2** (*i säd*) grain **3** (*i låga*) core, body; (*jordens*) kernel; *fys. o. naturv.* nucleus (*pl äv.* nuclei); *tekn.* core; (*i träd*) heartwood **4** *bildl.* kernel, nucleus; (*det viktigaste*) core, heart, essence **II** *v1, ~ ur* seed, stone, core; *AE. äv.* pit
kärn|avfall nuclear waste **-bränsle** nuclear fuel **-energi** nuclear energy **-energianläggning** nuclear power plant **-familj** nuclear family **-forskning** nuclear research **-fri** pipless, seedless, stoneless **-frisk** sound to the core **-frukt** pome **-full** *bildl.* vigorous; (*kraftfull*) racy, pithy **-fysik** *fys.* nuclear physics **-fysiker** nuclear physicist **-hus** core **-ig** *a1* full of pips (*etc.*); stony, seedy **-kemi** nuclear chemistry **-klyvning** nuclear fission **-kraft** nuclear power **-kraftinspektion** *Statens ~* the [Swedish] nuclear-power inspectorate **-kraftverk** nuclear power station **-kraftvärmeverk** nuclear power station for production of heat and electricity **-laddning** nuclear charge **-minne** *data.* core store, memory
kärnmjölk buttermilk
kärn|partikel nuclear particle **-punkt** *~en i* the principal point (the gist) of **-reaktion** nuclear reaction **-reaktor** nucler reactor **-skugga** true shadow; umbra (*pl* umbrae) (*äv. astr.*) **-sönderfall** nuclear disintegration **-trupp** picked troops **-vapen** nuclear weapon **-vapenfri** nuclear-free **-vapenförbud** ban on nuclear weapons, nuclear ban **-vapenkrig** nuclear war[fare] **-vapenprov** nuclear test **-ved, -virke** heartwood **-värmeverk** nuclear power station for production of heat
käromål [ç-] plaintiff's case
kärr [ç-] *s7* marsh; (*sumpmark*) swamp
kärra [ç-] *s1* cart; (*drag-, skott-*) barrow
kärr|hök *brun ~* marsh harrier; *blå ~* hen harrier **-mes** marsh tit
kärv [ç-] *a1* harsh (*i smaken* in (to the) taste; *för känseln* to the feel); (*om ljud äv.*) strident, rasping; (*bitande, äv. bildl.*) acrid, pungent (*humor* humour); (*om natur*) austere; (*om pers. o. språk*) harsh, rugged
1 kärva [ç-] *v1* (*om motor o.d.*) seize, jam; *det ~r till sig* it's getting tougher
2 kärva [ç-] *v1* sheaf, sheave
kärve [ç-] *s2* sheaf (*pl* sheaves)
kärvhet harshness *etc.*; acridity, pungency; austerity
kärvänlig [-'vänn-, *äv.* ˣçä:r-] fond, affectionate
kättar|bål [ç-] heretic's pile, stake **-domstol** court of inquisition
kättare [ç-] heretic
kätte [ç-] *s2* pen, [loose] box
kätteri [ç-] heresy **kättersk** ['çätt-] *a5* heretical
kätting [ç-] chain[-cable]
kättja [ç-] *s1* lust[fulness] **kättjefull** lustful, lecherous
1 käx [k-, ç-] *s7, s9, se kex*
2 käx [ç-] *s7, se tarmkäx*
3 käx [ç-] *s7* persistent asking, nagging
käxa [ç-] nag; *~ sig till ngt* get s.th. by nagging for it
1 kö [k-] *s3* (*biljard-*) cue
2 kö [k-] *s3* queue; *AE.* line-up; (*av bilar o.d. äv.*) line, file, string; *mil. o. sport.* rear; *bilda ~* form a queue; *stå bakom ngn i ~n* stand behind s.b. in the queue; *ställa sig i ~* queue up, take one's place in the queue, *AE.* line up
kö|a queue [up], *AE.* line up **-bildning** queuing-up; *om det blir ~* if there is a queue **-bricka** [queue] ticket
kök [ç-] *s7* kitchen; (*kokkonst*) cuisine; (*kokapparat*) stove; *ett rum och ~* one room and kitchen; *med tillgång till ~* with kitchen facilities **köksa** *s1* cook, kitchen-maid
köks|avfall kitchen-refuse, garbage **-bord** kitchen-table **-dörr** kitchen (back) door **-fläkt** kitchen fan **-handduk** tea towel (cloth), *AE.* dishtowel **-ingång** back door **-inredning** kitchen fittings **-latin** dog Latin **-maskin** kitchen machine **-mästare** chef, chief cook **-personal** kitchen staff **-redskap** kitchen utensils (*pl*) **-regionerna** *pl* the kitchen quarters **-rulle** kitchen roll **-spis** kitchen range; (*elektr. el. gas-*) cooker, stove **-trappa** kitchen stairs (*pl*), backstairs (*pl*) **-trädgård** kitchen (vegetable) garden **-vägen** *gå ~* go through (by way of) the kitchen **-växt** vegetable; potherb
köl [ç-] *s2* **1** keel; *sträcka ~en till ett fartyg* lay [down] the keel of a vessel; *ligga med ~en i vädret* be bottom up; *på rätt ~* (*bildl.*) straight on the right track (tack)
kölapp *se köbricka*
köld [ç-] *s3* **1** cold; cold weather; *sträng ~* a severe (keen) frost; *darra av ~* shiver with cold **2** (*kallsinnighet*) coldness; (*starkare*) frigidity **-blandning** freezing mixture **-grad** degree of frost **-härdig** winter-hardy (*växt* plant) **-knäpp** cold spell **-period** cold period **-rysning** chill
köl|fena fin of a (the) keel **-hala** careen, heave

K

down; (*som straff*) keelhaul **-halning** [-a:-] careening; (*straff*) keelhauling
Köln *n* Cologne
köl|sträckning laying of keel **-svin** keelson, kelson **-vatten** wake (*äv. bildl.*), wash, track
kön [ç-] *s7* sex; *av manligt* ~ of the male sex **-lig** [-ö:-] *a1* sexual **-lös** sexless; asexual (*fortplantning* reproduction)
köns|akt sexual act; coitus **-cell** sex cell, gamete **-delar** *pl* sexual organs, genitals **-diskriminering** discrimination on the basis of sex, sexism **-drift** sex instinct, sexual desire **-hormon** sex hormone **-kromosom** sex chromosome **-kvotering** quota allocation by sex **-körtel** gonad **-liv** sex[ual] life **-mogen** sexually mature **-mognad** sexual maturity **-organ** sexual organ **-roll** sexual role **-rollsdebatt** debate on the role of the sexes **-sjukdom** venereal disease **-umgänge** sexual intercourse, sex
könummer number in queue
köp [ç-] *s7* purchase; (*fördelaktigt*) bargain, deal; *avsluta ett* ~ make a purchase; *ett gott* ~ a bargain; ~ *i fast räkning* outright purchase; *på ~et* into the bargain; *på öppet* ~ on a sale-or-return basis, with the option of returning the goods; *till på ~et* what's more, to boot, in addition, ... at that
köp|a [ç-] *v3* buy, purchase (*av* from); ~ *billigt* buy cheap[ly]; ~ *kontant* buy for cash; ~ *kakor för ett pund* buy a pound's worth of cakes; ~ *in* (*upp*) buy up; ~ *upp sina pengar* spend all one's money [in buying things]; ~ *ut en delägare* buy out a partner **-are** buyer, purchaser **-centrum** shopping centre
köpe|avtal contract of sale (purchase) **-brev** bill of sale; purchase deed **-kontrakt** *se -avtal*
Köpenhamn [ç-] *n* Copenhagen
köpenickiạd [k-] *s3* hoax
köpenskap [ç-] *s3* trade, trading; *idka* ~ do business
köpeskilling [ç-] purchase-price
köping [ç-] urban district, market town; *hist.* borough
köp|kort credit card **-kraft** purchasing power **-kraftig** with great purchasing power, able to buy **-kurs** bid (buying) price; (*för valutor*) buying-rate **-man** merchant, dealer, businessman; (*handlande*) tradesman; (*grosshandlare*) wholesaler **-mannaförbund** merchants' (tradesmen's) association (union) **-motstånd** buyers' (consumers') resistance **-rush** buying rush **-slagan** *r* bargaining **-slå** bargain (*om* for); (*kompromissa*) compromise **-stark** with great purchasing power, with [plenty of] money to spend **-tvång** obligation to buy
1 kör [k-] *s3, pers.* choir; (*sång*) chorus (*äv. bildl.*); *i* ~ in chorus; *en* ~ *av ogillande röster* a chorus of disapproval
2 kör [ç-] *i uttr.: i ett* ~ unceasingly, without stopping, (*tätt på varandra*) in a stream
kör|a [ç-] *v2* **I 1** drive (*bil* a car; *en häst* a horse; *ngn t. stationen* s.b. to the station); (*föra i sin bil e.d.*) take (run) [in one's car *etc.*]; (*åka*) ride, go, (*i bil äv.*) motor; (*motorcykel*) ride; (*transportera*) convey, carry, take; (*skjuta*) push; (*motor e.d.*) run (*med bensin* on petrol); *kör sakta!* slow down!, dead slow!, *AE.* drive slow! **2** (*stöta, sticka*) thrust (*ngt i* s.th. into); run (*fingrarna genom håret* one's fingers through one's hair); (*film*) reel, run **3** ~ *med ngn* worry s.b.; ~ *med ngt* keep on about s.th. **4** *kör för det!* right you are!, yes let's!; *kör till* (*i vind*)*!* agreed!, a bargain!, done! **5** (*kuggas*) fail, be ploughed **II** (*med betonad partikel*) **1** ~ *bort* drive away, (*avskeda*) dismiss, turn out, send packing **2** ~ *emot* (*kollidera med*) run into **3** ~ *fast* get stuck, (*om förhandlingar o.d.*) come to a deadlock **4** ~ *ifatt* catch up **5** ~ *ihjäl ngn* run over s.b. and kill him; ~ *ihjäl sig* be killed in a driving (car *etc.*) accident **6** *det har -t ihop sig för mig* things are getting on top of me **7** ~ *in a*) (*hö e.d.*) cart (bring) in, *b*) (*tid*) save on the schedule, make up for, *c*) (*en ny bil*) run in **8** ~ *om* overtake (*en bil* a car) **9** ~ *omkull* have a driving accident, have a fall [from one's bicycle] **10** ~ *på a*) (*vidare*) drive on, *b*) *se* ~ *emot* **11** ~ *sönder* drive into and smash it, (*vagn e.d.*) have a smash-up, (*väg*) damage badly by driving on it **12** ~ *upp* (*för körkort*) take one's driving test; ~ *upp ngn ur sängen* rout s.b. out of bed **13** ~ *ut ngn* turn s.b. out of the room (*etc.*) **14** ~ *över a*) (*bro e.d.*) cross, drive across
kör|bana roadway, carriageway **-bar** *a1* (*trafikduglig*) roadworthy **-fil** [traffic] lane **-förbud** driving ban
körig [ç-] *a1, vard.* hectic
kör|karl driver **-kort** driving (driver's) licence **-kortsprov** driving test **-kunnig** able to drive
körledare choirmaster
kör|lektion driving lesson **-ning** [ˣçö:r-] driving *etc.*; (*av varor*) haulage; *en* ~ a drive, (*taxi-*) a fare **-riktning** direction of travel; *förbjuden* ~ no thoroughfare **-riktningsvisare** [direction] indicator
körsbär [ç-] cherry
körsbärs|brännvin kirsch[wasser] **-likör** cherry brandy **-träd** cherry
körskola driving school, school of motoring
körsnạr [ç-] *s3* furrier
körsven [ˣçö:r-] driver
körsång choir-singing; (*komposition*) chorus
körteknik [ˣçö:r-] driving technique
körtel [ç-] *s2* gland **-vävnad** glandular tissue
körtid driving (running) time
körvel [ç-] *s2, bot.* sweet cicely
körväg roadway, carriageway; (*i park e.d.*) drive; (*rutt*) route
kösamhälle society with many queues [for housing, services *etc.*]
kött [ç-] *s7* **1** flesh; (*som födoämne*) meat; (*frukt-*) flesh, pulp **2** *mitt eget* ~ *och blod* my own flesh and blood **-affär** butcher's [shop] **-ben** meaty bone **-bulle** [force]meat ball **-extrakt** meat extract, essence of meat **-färs** minced meat, ground beef; *AE.* ground meat; ~ *i ugn* meat loaf **-ig** *a1* fleshy; (*om frukt*) pulpy, pulpous; *~a blad* fleshy leaves **-konserv** tinned (canned) meat **-kvarn** meat-mincer; (*större*) minching-machine **-rätt** meat course (dish) **-saft** meat juice, gravy **-skiva** slice of meat **-sky** gravy meat **-slamsa** scrap of flesh (meat)
köttslig [ç-] *a1* **1** *min ~e bror* my own brother, my brother-german **2** (*sinnlig*) fleshy

kött|soppa meat broth, beef soup **-spad** stock **-stuvning** stew, ragout **-sår** flesh wound **-varor** meat products **-yxa** butcher's axe, meat-chopper **-ätande** *a4 o. s6* flesh-eating, carnivorous **-ätare** *pers. vanl.* meat-eater; (*djur*) flesh-eater, carnivore

L

la [la:] *vard., imperf. av lägga*

1 labb *s2, vard.* paw

2 labb *s2, zool.* skua

3 labb *vard.* lab[oratory]

laber ['la:-] *a2, sjö.* light

labiạl *al o. s3* labial **-isering** [-'se:-] labialization **-pipa** *mus.* flue [pipe]

labịl *al* unstable **-itet** instability

labor|ation laboratory experiment (work) **-atịv** *al* laboratory, experimental **-ator** [-ˣa:tår] *s3, univ.* reader; *Am.* associate professor

laboratorie|assistent laboratory assistant; medical technician **-försök** *se laboration*

labor|atorium [-'to:-] *s4* laboratory **-era 1** do laboratory work **2** (*friare*) ~ *med* work with; ~ *med färg* play about with colours

labyrịnt *s3* labyrinth (*äv. bildl.*); maze **-isk** *a5* labyrinthine

lack *s7, s3* **1** (*sigill-*) sealing wax **2** (*fernissa*) varnish, lacquer; (*färg*) enamel

1 lacka *svetten ~r av honom* he is dripping with sweat

2 lacka (*försegla*) seal [with sealing wax]; ~ *igen* seal up

3 lacka (*framskrida*) approach [slowly]; *det ~r mot jul* Christmas is approaching

lack|arbete lacquer work **-era** lacquer, japan; (*fernissa*) varnish; (*måla*) enamel **-ering** [-'ke:-] lacquering, japanning; varnishing; (*bils etc. äv.*) paint **-färg** enamel [paint]; *syntetisk* ~ synthetic paint (enamel)

lackmus ['lakk-] *s2* litmus **-papper** litmus paper

lacknafta ligroin

lack|röd vermilion **-skinn** patent leather **-sko** patent-leather shoe **-stång** stick of sealing wax **-viol** wallflower, gillyflower

lada *s1* barn

ladd|a load; *elektr. o. bildl.* charge; ~ *om* reload, recharge; ~ *en kamera* load a camera; *vara ~d med energi* (*om pers. äv.*) be a live wire; *en ~d roman* a novel packed with action; ~ *ur* discharge; ~ *ur sig* (*om batteri*) run down, *bildl.* get out of one's system, relieve o.s. **-ning 1** *abstr.* loading, charging **2** *konkr.* load, charge

lade [*vard.* la:] *imperf. av lägga*

ladugård ['la:gård, *äv.* 'lagg-] cowhouse, cowshed; *AE. äv.* barn

ladugårds|förman farm foreman **-karl** cowman **-piga** dairymaid

ladusvala common (barn) swallow

lafs|a slop, shuffle **-ig** *al* slack, sloppy

1 lag *s2* (*avkok*) decoction; (*lösning*) solution; (*spad*) liquor; (*socker-*) syrup

2 lag *s7* **1** (*lager*) layer **2** (*sällskap*) company; (*krets*) set; (*arbets-*) gang, team; *sport.* team; *i glada vänners* ~ in convivial company; *gå ~et runt* go the round; *låta gå ~et runt* pass round; *ge sig i ~ med ngn* begin to associate with s.b.; *ha ett ord med i ~et* have a voice in the matter; *över ~ a*) (*över hela linjen*) all along the line, *b*) (*över huvud taget*) in general; *komma ur* ~ get out of order **3** *göra ngn till ~s* please (suit, satisfy) s.b. **4** *i hetaste ~et* too hot for comfort; *i minsta ~et* a bit on the small side; *i senaste ~et* at the last moment, only just in time; *vid det här ~et* by now, by this time, at this stage

3 lag *s2* law; (*av statsmakterna antagen*) act; *~ar och förordningar* (*ung.*) rules and regulations; ~ *och rätt* law and justice; *likhet inför ~en* equality before the law; *ta ~en i egna händer* take the law into one's own hands; *upphäva en* ~ repeal an act; *läsa ~en för* (*bildl.*) lay down the law to, lecture; *enligt* ~ by (according to) law; *i* ~ *förbjuden* prohibited by law; *i ~ens hägn* under the protection of the law; *i ~ens namn* in the name of the law

1 laga *v1* **1** (*till-*) prepare (*middagen* the dinner); make; *AE. äv.* fix; ~ *mat* cook; ~ *maten* do the cooking; ~ *god mat* be an excellent cook; ~ *sin mat själv* do one's own cooking; *~d mat* cooked food **2** (*reparera*) mend, fix, repair **3** (*ombesörja*) ~ [*så*] *att* arrange (manage) things so that, see to it that; ~ *att du kommer i tid* make sure you are (take care to be) there in time **4** ~ *sig i ordning* get [o.s.] ready (*till* for); ~ *sig i väg* get going (started); ~ *dig härifrån!* be off with you!

2 laga *oböjl. a* legal; ~ *förfall* lawful absence, valid excuse; *vinna* ~ *kraft* gain legal force, become legal; *i* ~ *ordning* according to the regulations prescribed by law; *i* ~ *tid* within the time prescribed [by law]; *vid* ~ *ansvar* under penalty of law

lagakrạftvunnen *a5* having gained (acquired) legal force

lag|anda team spirit **-arbete** teamwork

lag|beredning (*delegation*) law-drafting committee **-bestämmelse** legal provision **-bok** statute book, code of laws **-brott** breach (infringement, violation) of the law, offence **-brytare** lawbreaker, offender **-bunden** *a5* regulated by law; (*som följer vissa -ar*) conformable to law **-bundenhet** conformity to law

lagd *a5, vara* ~ *för språk* have a bent for languages; *romantiskt* ~ romantically inclined

lagenlig [-e:-] *al* by (according to) law, statutory

1 lag|er ['la:-] *s2, bot.* [bay] laurel, bay; *skörda -rar* win laurels; *vila på sina -rar* rest on one's laurels

2 lager ['la:-] *s7* **1** (*förråd*) stock, *AE.* inventory; (*rum*) store (storage) room; (*magasin*) ware-

L

house; *från* ~ ex stock; *förnya sitt* ~ replenish one's stock, restock; *ha på* ~ have in stock, stock, *AE. äv.* carry; *lägga på* ~ lay (put) in stock; *lägga upp ett* ~ lay in (set up) a stock **2** (*varv*) layer; *geol. äv.* stratum (*pl* strata), bed; (*avlagring*) deposit; (*färg-*) coat; *bildl.* stratum; *de breda lagren* the masses, the populace **3** *tekn.* bearing
lager|arbetare storeman **-behållning** stocks [on hand] (*pl*)
lagerblad bay leaf
lager|bokföring stock (inventory) accounting **-byggnad** storehouse, warehouse
lager|bär bay berry **-bärsblad** bay leaf
lager|chef warehouse (stores) manager **-hylla** storage rack, storing shelf **-hållning** stockkeeping **-inventering** stocktaking **-katalog** catalogue of goods stocked; (*för bokhandel*) publisher's list
lager|krans laurel wreath; *vinna ~en* win the laurel wreath **-kransa** crown with laurel (*univ.* the laurel wreath)
lager|lokal storeroom, warehouse **-minskning** stock (inventory) reduction **-utrymme** storage space
lageröl lager beer
lag|fara have legally registered (ratified) **-faren** *a5* (*om pers.*) knowledgeable in legal matters **-fart** entry into the land register, legal confirmation of one's title; *ansöka om* ~ apply for the registration of one's title to a property; *det hindrar inte ~en!* (*vard.*) that needn't stand in the way! **-fartsbevis** certificate of registration of title **-föra** sue, proceed against **-förslag** [proposed] bill; draft [law]; *framlägga ett* ~ present a bill
lagg *s2* (*panna*) [flat] frying pan, griddle; *en* ~ *våfflor* a round of waffles **-kärl** barrel, cask
lag|kapp *s3, sport.* relay **-kapten** *sport.* captain of a (the) team
lagklok versed in the law; *en* ~ (*bibl.*) a lawyer
lagledare *sport.* manager of a team
lag|lig [ˣla:g-] *al* lawful; (*rättmätig*) legitimate, rightful; (*-enlig*) legal; *~t betalningsmedel* legal tender, *AE.* lawful money; ~ *ägare* rightful (legal, lawful) owner; *på* ~ *väg* by legal means **-ligen** legally; lawfully; ~ *beivra* bring an action against, take legal steps against; ~ *skyddad* protected by law **-lighet** lawfulness; legitimacy; legality **-lott** lawful (legitimate) portion (share) **-lydig** law-abiding **-lydnad** obedience to the law **-lös** lawless **-löshet** lawlessness **-man** chief judge (*vid tingsrätt* of a district court, *vid länsrätt* of a county administrative court)
lagning [-a:-] repairing, mending, fixing
lagom [-åm] **I** *adv* just right (enough); (*tillräckligt*) sufficiently; (*med måtta*) moderately, in moderation; *precis* ~ exactly right (enough); ~ *stor* just large enough; *i* ~ *stora bitar* in suitably-sized pieces; *en* ~ *lång promenad* a walk of suitable length; *skryt ~!* stop blowing your own trumpet!; *det var så* ~ *roligt!* it was anything but fun! **II** *oböjl. a* just right; (*nog*) enough; (*tillräcklig*) sufficient, adequate; (*passande*) fitting, appropriate, suitable; *på* ~ *avstånd* at the (an) appropriate distance; *blir det här ~?* will this be enough (about right)?; ~ *är bäst* there is virtue in moderation, gently does it; *det var* ~ *åt dig!* that served you right!
lagparagraf section (paragraph) of a law, enactment
lagr|a [ˣla:g-] **1** *geol.* stratify; dispose in layers (strata) (*äv. bildl.*) **2** (*lägga på lager*) store (*äv. data.*), stock; (*spara*) put by , hoard; (*vin*) lay down **-ad** *a5* (*om ost*) ripe; (*om sprit o.d.*) matured; (*om virke*) seasoned **-ing 1** stratifying *etc.*; stratification **2** storing, storage; (*för kvalitetsförbättring*) seasoning, maturing
lag|rum *se lagparagraf* **-råd** council on legislation **-samling** body of laws, code **-språk** *på* ~ in legal language **-stadgad** *a5* statutory, laid down (prescribed) by law **-stifta** make laws (a law), legislate; *~nde församling* legislative body, legislature; *~nde makt* legislative power **-stiftare** legislator, lawmaker **-stiftning** *konkr.* legislation **-stridig** *al* contrary to (at a variance with) [the] law; (*olaglig*) illegal **-söka** sue, proceed against **-sökning** [legal] action (proceedings *pl*)
lagt [lakkt] *sup. av lägga*
lagtima *oböjligt a* held in the ordinary course; ~ *riksdag* ordinary parliamentary session
lagtävling *sport.* team competition
lagụn *s3* lagoon
lag|utskott *~et* [the Swedish parliamentary] standing committee on civil-law legislation **-vigd** *a5* lawfully wedded; *min ~a* (*vard.*) my better half **-vrängare** perverter of the law; (*neds. om advokat*) pettifogger
lagård [ˈla:-] *se ladugård*
lag|ändring revision (amendment) of the law **-överträdelse** transgression of the law, misdemeanour; offence
laka ~ *ur* soak
lakan *s7* sheet **lakansväv** sheeting
1 lake *s2* (*salt-*) brine, pickle
2 lake *s2, zool.* burbot
lakej [-ˈkejj] *s3* [liveried] footman; lackey (*äv bildl.*); (*föraktligt*) flunk[e]y; (*ngns lydige tjänare*) henchman **-själ** servile soul
lakon|isk [-ˈkɔ:-] *a5* laconic **-ism** laconicism
lakrits [ˈla:-, ˈlakk-, -ri(t)s] *s3* liquorice **-pastill** *BE. ung.* pomfret-cake, Pontefract cake **-rot** *bot.* liquorice root
lakt|ạt *s4, kem.* lactate **-os** [-ˈå:s] *s3, kem.* lactose
laktuk [ˈlakk, -ˈu:k] *s3, bot.* lettuce
lakụn *s3* lacuna (*pl* lacunae); (*friare*) gap, pause
lalla babble; mumble
lam *al* **1** (*förlamad*) paralysed **2** *bildl.* lame, feeble
1 lama *s1, zool.* llama (*äv. tygsort*)
2 lama *s1 el. -n -er* (*munk*) lama
lama|ism lamaism **-kloster** lama monastery
lamẹll *s3, naturv. o. biol.* lamella (*pl* lamellae); *geol. äv.* scale, flake; *tekn.* wafer, lamina (*pl* laminae); (*i koppling*) disc; *elektr.* segment **-artad** [-a:r-] *a5* lamellar, lamellate; scaly, flaky; disc-like **-glas** laminated glass **-koppling** [multiple] disc-clutch **-trä** laminated wood
lamhet [-a:-] **1** (*förlamning*) paralysis (*i* of, in) **2** *bildl.* lameness
laminạt *s7* **laminera** *v1* laminate
lamm *s7* lamb **lamma** *v1* lamb

lamm|bringa *kokk.* breast of lamb **-kotlett** *vanl.* lamb chop **-kött** *kokk.* lamb **-stek** *kokk.* roast lamb **-ull** lamb's wool **-unge** young lamb, lambkin

lamning [ˣlamm-] lambing

lamp|a *s1* lamp; (*glöd-*) bulb **-borste** lamp-brush **-ett** *s3* bracket candlestick, sconce **-fot** lamp foot(stand) **-glas** [lamp] chimney **-hållare** electric light socket **-kupa** [lamp] globe **-skärm** lampshade

lam|slagen *a5* paralysed (*äv. bildl.*); ~ *av fasa* paralysed with terror **-slå** paralyse

land *-et länder* (*i bet. 4 o. 5 s7*) **1** (*rike*) country; *det egna ~et* one's native country; *vårt* ~ (*vanl.*) this country, Sweden (*etc.*); *i hela ~et* in the whole (throughout the) country; *inne i ~et* inland; *Johan utan* ~ John Lackland **2** (*mots. sjö e.d.*) land (*äv. geol. o. bildl.*); ~ *i sikte!* (*sjö.*) land ahoy (in sight)!; *se hur ~et ligger* see how the land lies (wind blows); *gå i* ~ go ashore, land; *gå i* ~ *med* (*bildl.*) accomplish, manage, succeed in; *inåt ~et* landward[s]; *långt inåt ~et* far inland; *på* ~ (*mots. t. sjöss*) on shore, ashore, (*mots. i vattnet*) on land; *till ~s* by land; *Sverige är starkt till ~s* Sweden is powerful on land **3** (*mots. stad*) country; in the country; *livet på ~et* (*äv.*) country life; *resa ut till ~et* go out to (go into) the country **4** (*odlad mark*) land **5** (*trädgårds-*) plot

land|a land; *flyg. äv.* touch down **-amären** *pl, åld., inom våra* ~ within our borders **-avträdelse** cession of territory (land) **-backen** *på* ~ ashore, on shore on dry land **-bris** land breeze **-djur** land animal **-fäste** (*bros*) abutment **-förbindelse** connection with the mainland **-förvärv** acquisition of territory (land) **-gång** gangway; *flyg.* entrance ladder **-hockey** hockey, (*särsk. AE.*) field hockey **-höjning** land elevation **-krabba** *bildl.* landlubber **-känning** *få* ~ have a landfall, sight land **-mina** land mine **-märke** *sjö.* landmark **-ning** landing; *flyg. äv.* alighting

landnings|bana airstrip, landing strip, runway **-förbud** *det är* ~ *på flygplatsen* the airport is closed for landing **-ljus** landing light **-plats** landing place; *flyg. äv.* landing ground **-sträcka** landing run **-ställ** undercarriage; *AE.* landing gear **-tillstånd** permission to land

land|område territory **-permission** *sjö.* shore-leave; liberty **-remsa** strip of land

lands|arkiv county records office **-bygd** country [side]; rural area[s *pl]* **-del** part of the country; province **-fader** beloved monarch **-fiskal** *ung.* district police superintendent [and public prosecutor]; *AE.* district attorney, sheriff **-flykt** exile **-flyktig** exiled **-flykting** exile; refugee **-förrädare** traitor [to one's country] **-förräderi** treason **-förrädisk** treasonable, traitorous **-församling** rural parish **-förvisa** banish [from the country], exile, expatriate **-förvisning** banishment, exile, expatriation **-hövding** county governor **-kamp** international match

landskap *s7* **1** (*landsdel*) [geographical] province, county, shire **2** (*ur natur- o. konstsynpunkt*) landscape; (*sceneri*) scenery

landskaps|arkitekt landscape architect **-gräns** provincial (county) boundary **-målare** landscape-painter, landscapist **-vapen** coat of arms of a province

lands|kommun rural district **-lag 1** *s2, jur.* national law code **2** *s7, sport.* [inter]national team **-lagsspelare** international, member of a country's team **-man** fellow countryman, compatriot; *vad är han för ~?* what nationality is he? **-maninna** fellow countrywoman **-mål** dialect **-omfattande** nationwide **-organisation** *L~en i Sverige* [the] Swedish Trade Union Confederation; *Brittiska ~en* the Trades Union Congress (*förk.* TUC); *Amerikanska ~en* American Federation of Labor and Congress of Industrial Organizations (*förk.* AFL-CIO)

landsort *i ~en* in the provinces (*pl*)

landsorts|bo man (*etc.*) from the provinces, provincial **-stad** provincial town **-tidning** provincial newspaper

lands|plåga national scourge; *vard.* nuisance **-sorg** national mourning

landstig|a land **-ning** landing; *göra en* ~ land, effect a landing

landstigningstrupper *pl* landing forces

lands|ting *ung.* county council **-tingsman** county councillor **-tingsråd** county commissioner

land|storm *ung.* veteran reserve **-stormsman** militiaman **-stridskrafter** *pl* land forces **-strykare** tramp **-ställe** (*sommarställe*) place in the country, country house (cottage)

lands|väg [ˣlan(d)s-, 'lan(d)s-] highway, main road; *allmän* ~ public highway **-vägsbro** road bridge **-vägsriddare** *se luffare* **-ända** part of the country; (*avlägsen*) remote district

land|sänkning subsidence [of the earth's crust] **-sätta** land, put on shore; ~ *med fallskärm* [drop by] parachute **-sättning** landing *etc.* **-tunga** tongue of land, spit **-vind** *sjö.* land wind (breeze) **-vinning** reclamation of land; *bildl.* advance, achievements; *vetenskapens ~ar* achievements in the field of science **-vägen** *fara* ~ go by land

landå [-n-, -ŋ-] *s3* landau

langa 1 pass [from hand to hand]; *vard.* shove over **2** ~ *sprit* carry on an illicit trade in liquor (*etc.*), bootleg **langare** bootlegger; *AE.* moonshiner; (*narkotika-*) dope pedlar, pusher

langett [-ŋg-] *s3* buttonhole stitching; *sy* ~ do buttonhole stitching **-era** buttonhole stitch

langning 1 (*vid brand*) bucket-passing **2** (*sprit-*) bootlegging

langobard [-ŋ(g)-] *s3* Lombard **-isk** *a5* Lombard

langust [-ŋg-] *s3, zool.* spiny lobster

lank *s3* (*tunn dryck*) wish-wash

lanka *s1, kortsp.* small (low) card

lanolin *s3, s4* lanolin[e]

lans *s2* lance; *bryta en* ~ take up the cudgels (*för* for)

lansera launch, bring out, introduce; ~ *ngt på marknaden* put s.th. on the market

lansett *s3* lancet **-fisk** lancelet **-formig** [-å-] *a1* lancet-shaped **-lik** *biol.* lanceolate

lansiär [lan-, laŋ-] *s3, mil.* lancer

lant|adel *~n* the county **-arbetare** farm worker (hand, labourer) **-befolkning** country (rural) population **-brevbärare** country (rural) postman **-bruk** agriculture, farming industry; *jfr*

L

jordbruk **-brukare** *se jordbrukare*; *Lantbrukarnas Riksförbund* Federation of Swedish Farmers
lantbruks|högskola agricultural college **-maskin** agricultural (farm) machine (*pl* machinery) **-nämnd** county agricultural board **-produkt** agricultural (farm) product; *~er* (*äv.*) agricultural (farm) produce (*sg*) **-redskap** agricultural implement, farm tool **-skola** agricultural school **-styrelse** *L~n* [the Swedish] national board of agriculture **-sällskap** agricultural society **-universitet** *Sveriges L~* [the] Swedish university of agricultural sciences **-utställning** agricultural show
lantegendom estate
lantern|a [-ˣtä:r-, ˣlann-] *s1* lantern; light; *flyg.* navigation light **-in** *s3* lantern; skylight [turret], clerestory
lant|gård farm, [agricultural] holding **-handel** country shop, general store **-handlare** country (village) shopkeeper **-hushåll** farm (country) household **-hushållning** husbandry, agronomy **-hushållsskola** rural domestic school **-is** ['lann-] *s2, vard.* country bumpkin; *AE. äv.* hick **-junkare** country squire **-lig** *a1* rural (*behag* charm; *enkelhet* simplicity); country (*liv* life); *neds.* rustic (*sätt* manners *pl*); (*mots. stadsaktig*) provincial **-liv** country (rural) life
lant|lolla *vard.* country wench **-man** farmer **-mannaparti** agrarian (farmer's) party **-mannaskola** agricultural college (school) **-mästare** farm foreman **-mätare** [land] surveyor **-mäteri** [land] surveying **-mäteriverk** *Statens ~* central office of the [Swedish] national land survey **-ras** *jordbr.* native breed **-vin** home-grown wine **-värn** militia
laotier [la'ɑ:t(s)i-, la'å:-] Laotian **laotisk** [-'ɑ:-] *a5* Laotian
lapa lap; lick up; *bildl.* drink in, imbibe
lapidar|isk [-'da:-] *a5* lapidary; (*kortfattad*) brief, laconic **-stil** lapidary style
lapis ['la:-] *s2* lunar caustic, silver nitrate; *~ lazuli* lapis lazuli **-lösning** silver-nitrate solution
1 lapp *s2* (*folk*) Laplander, Lapp
2 lapp *s2* (*tyg-*) piece; (*påsydd*) patch; (*pappers-*) slip, scrap; (*remsa*) strip, slip, label
lappa patch; (*laga äv.*) mend; *~ ihop* patch up
lapp|hund Lapland dog **-kast** *sport.* reverse (kick turn) on skis **-kåta** Laplander's hut
Lappland ['lapp-] *n* Lapland
lapplisa *s1* [woman] traffic warden; *vard.* meter maid
lapp|ländsk *a5* Lappish, Lapland **-mark 1** *L~en* Lapland **2** nomadic Laplander's territory
lappri ['lapp-] *s6, sådant ~* such trifles (*pl*)
lappsjuka melancholia induced by isolated life
lapp|skomakare cobbler **-skräddare** repairing-tailor **-täcke** patchwork quilt **-verk** [*ett*] *~* [a piece of] patchwork
lapsk *a1* Lappish, Lapp; *se lappländsk* **lapska** *s1* **1** (*kvinna*) Laplander (Lapp) woman **2** (*språk*) Lapp, Lappish
lapskojs ['lappskåjs, ˣlapp-] *s3, kokk.* lobscouse
lapsus ['lapp-] *s9, s2* lapse, slip
larm *s7* **1** (*buller*) noise; din, row; (*oväsen*) clamour, uproar **2** (*alarm*) alarm; *slå ~* sound the alarm (*äv. bildl.*)
larm|a 1 (*bullra*) clamour (*över* about), make a noise (*över* at, about) **2** alarm, sound the alarm **-ande** *a4* clamouring, clamorous; noisy **-beredskap** alert **-klocka** alarm-bell **-signal** alert
1 larv *s3* larva (*pl* larvae), caterpillar, grub
2 larv *vard.* nonsense, rubbish
1 larva (*traska*) tramp, trudge, trot
2 larva *rfl* behave flippantly; *~ dig inte!* don't be silly!
larvfötter *pl, tekn.* caterpillars, caterpillar treads
larvig *a1* (*enfaldig*) foolish; (*dum*) silly
larvstadium larval stage
laryng|it [-ŋg-] *s3* laryngitis **-oskọp** [-å:p] *s7* laryngoscope
lasarẹtt *s7* [general] hospital
lasaretts|fartyg hospital ship **-läkare** hospital doctor; resident physician (surgeon)
lasciv [la'ʃi:v] *a1* lascivious
laser ['la:-] *s2, fys.* laser (*förk. för Light Amplification by Stimulated Emission of Radiation*)
laser|a glaze, paint over with transparent colour [s] **-ing** glazing
laserstråle [ˣla:-] laser beam
lask *s2, tekn.* scarf [joint], fish joint; (*på handske, sko*) rib **laska** scarf; rib
lass *s7* [wagon]load; *bildl. äv.* burden; (*friare*) cartload (*med* of); *fullt ~* a full load; *få dra det tyngsta ~et* (*bildl.*) do the lion's share [of the work] **lassa** load; *~ på ngn för mycket* (*bildl.*) overload s.b.; *~ på ngn ngt* load s.b. with s.th.
lasso ['lassɑ] *s3* lasso; *kasta ~* throw a lasso **-kast** *ett ~* a lasso cast
1 last *s3* cargo, freight; (*belastning*) load; (*börda*) burden; *med ~ av* carrying (with) a cargo of; *lossa ~en* unload, discharge one's (its) cargo; *stuva ~en* trim the hold, stow the cargo; *ligga ngn till ~* be a burden to s.b.; *lägga ngn ngt till ~* lay s.th. to a p.'s charge, blame s.b. for s.th.
2 last *s3* (*fördärvlig vana*) vice
1 lasta (*klandra*) blame; (*starkare*) censure
2 lasta load (*på* on to); *sjö. äv.* ship, take in cargo; *djupt ~d* deep-laden; *ett skepp kommer ~t* (*lek*) the mandarins
lastageplats [-ˣta:ʃ-] loading site; *sjö.* wharf
lastbar *a1* vicious, depraved **-het** viciousness, depravity
last|bil lorry, truck; *AE äv.* freight car **-bilschaufför** lorry (truck) driver, trucker (*särsk. AE.*) **-bilstrafik** road transport (haulage) **-brygga** loading ramp (gangway) **-båt** cargo ship, freighter **-djur** beast of burden **-dryghet** dead weight capacity **-fartyg** *se -båt* **-flak** platform [body] **-fordon** goods vehicle, van, truck **-förmåga** carrying (loading) capacity **-gammal** ancient, old as the hills **-kaj** loading dock, wharf **-lucka** cargo hatch; (*öppningen*) [cargo] hatchway **-märke** load (Plimsoll) line **-ning** loading; lading **-pall** *se pall* **-pråm** lighter; (*större*) lump **-rum** hold, cargo space **-ångare** cargo steamer, freighter
lasur 1 *miner.* lapis lazuli, lazurite **2** (*äv. lasyr*) painting in transparent (glazing) colour[s]
lat *a1, n sg obest. form obruklig* lazy; (*maklig*) indolent; (*sysslolös*) idle **lata** *rfl* be lazy (idle); *gå och ~ sig* laze, take it easy

lat|ens *s3* latency **-ent** *a1* latent
later *pl, stora* ~ high-and-mightiness (*sg*), grand airs; *ha* ~ give o.s. airs
latex ['la:-] *s3, s7* latex
lathund 1 (*lätting*) lazybones, slacker **2** (*radpapper*) lined paper; (*moja*) crib, cab; (*för räkning*) ready reckoner
latin *s7* Latin
Latinamerika *n* Latin America **latinamerikansk** Latin American
latinare [-ˣti:-] **1** Latin **2** *skol. ung.* classical student **latiner** [-'ti:-] Latin
latin|isera latinize **-linje** *gå* ~*n* read classics **-segel** lateen sail
latinsk [-'ti:-] *a5* Latin; ~*a bokstäver* Roman letters
latitud *s3* latitude
lat|mansgöra *ett* ~ a soft (an easy) job **-mask** *s2* lazybones
latrin *s3* **1** (*avträde*) latrine, privy **2** (*spillning*) excrement[s *pl*]
latsidan *i uttr.: ligga på* ~ be idle (lazy), take things easy
latta *s1* (*träribba*) lath, slat; (*i segel*) batten
laudatur [-ˣda:-] *n* honours (*pl*)
laura *s1, vard.* jaywalker
lav *s2, bot.* lichen
lava *s1* lava **-ström** stream of lava
lave *s2* **1** (*i bastu*) bench, ledge **2** (*gruv-*) head frame, pitgear head
lavemang *s7* enema (*pl äv.* enemata) **-spruta** rectal (enema) syringe
lavendel [-'venn-] *s9* lavender **-blå** lavender blue
laver|a *konst.* wash; tint **-ing** *konkr.* wash (tinted) drawing
lavett *s3* gun carriage
lavin *s3* avalanche (*äv. bildl.*) **-artad** [-a:r-] *a5* avalanche-like, like wildfire; *en* ~ *utveckling* an explosive development
lavoar [-ɷ'a:r] *s3* washstand
lavyr *s3, se lavering*
lax *s2* salmon; *en glad* ~ a lively spark
laxativ *s7* purgative; laxative, aperient **laxera** take an aperient (*etc.*) **laxermedel** *se -ativ*
lax|fiske salmon fishing **-färgad** salmon coloured (pink) **-stjärt** *snick.* dovetail **-trappa** salmon ladder **-öring** salmon trout
layout [lej'aut] *s3* layout **-man** layout man
le *log lett* smile (*åt* at); *lyckan log mot dem* fortune smiled on them
lealös *vard.* loose-limbed, loose-jointed
lebeman ['le:-] man about town, roué
lecitin *s4, kem.* lecithin
1 led *s3* **1** (*väg o.d.*) way, track; (*riktning*) direction **2** (*far-*) passage, channel; (*rösad*) [mountain] track, trail, footpath
2 led 1 *s3, anat.* joint; (*finger-, tå- äv.*) phalanx; *darra i alla* ~*er* tremble in every limb; *dra en arm i* ~ [*igen*] put an arm back into joint; *gå ur* ~ get dislocated; *känna sig ur* ~ feel out of sorts; *ur* ~ *är tiden* the time is out of joint **2** *s7, s4* (*länk*) link (*äv bildl.*); (*etapp*) stage; (*i ekvation*) term, side; (*beståndsdel*) part, element; (*rad av pers.*) row, line; *mil.* rank; *ingå som ett* ~ *i* be a component (part) of (an element in); *de djupa* ~*en* the rank and file of the people, the masses; *en man i* (*ur*) ~*et* a common soldier; *stå i främsta* ~*et* be in the front rank (*bland* of) **3** *s3, s7* (*släkt-*) generation; degree; line; *språkv.* element; *i rätt nedstigande* ~ in a direct line (*från* from)
3 led *a1* **1** (*trött*) tired (sick, weary) [to death] (*på, vid* of); *vard.* fed up (*på, vid* with) **2** *den* ~*e* the Evil One **3** (*elak*) wicked, evil
4 led *imperf. av 1, 2 lida*
1 leda *s1* (*avsmak*) disgust; (*motvilja*) repugnance; (*vedervilja*) loathing; (*trötthet*) weariness; *känna* ~ *vid* feel disgust at; *få höra ända till* ~ hear till one is sick to death of it
2 leda *v1* (*böja i leden*) bend [at the joint], flex; ~ *mot* be articulated to; ~*d axel* (*tekn.*) articulated shaft
3 leda *v2* **1** (*föra*) lead; (*väg-*) guide; *fys. o. elektr.* conduct **2** (*om dörr, väg o.d.*) lead, go, take one; ~ *till a*) lead to, b) (*medföra*) bring about, c) (*ge upphov t.*) give rise to, bring on **3** (*anföra*) conduct; (*affärsföretag*) manage, direct, be in charge of; (*anfall*) lead; ~ *förhandlingarna* be in the chair, preside **4** ~ *sitt ursprung från* trace one's (its) origin from (back to), originate from **5** (*med betonad partikel*) ~ *bort* lead off, (*vatten, ånga o.d.*) carry off; ~ *in vatten* lay on water; ~ *in samtalet på* turn the conversation on to
ledad *a5, se 2 leda*
ledamot *-en ledamöter* member; (*av lärt sällskap*) fellow; *ständig* ~ life-member
ledande *a4* leading; (*t.ex. princip äv.*) guiding, ruling; *fys.* conductive; *de* ~ *inom* the leaders of, those in a leading position within; *i* ~ *ställning* in a leading (key, prominent) position
ledarbegåvning gift as a leader; *pers.* brilliant leader
ledar|e 1 *pers.* leader; (*väg-*) guide, conductor; (*företags-*) manager, executive, director, head, principal, *AE.* president; (*idrotts-*) manager, organizer **2** *fys.* conductor (*för* of) **3** (*tidningsartikel*) leader, editorial **-egenskaper** *pl* qualities of leadership **-gestalt** *en* ~ a born leader **-hund 1** (*i hundspann*) leader [dog] **2** (*för blinda*) guide dog **-inna** [woman *etc.*] leader **-plats 1** (*ngns*) position as a leader **2** (*i tidning*) *på* ~ in the leader (editorial) column **-skap** *s7* leadership; (*för företag*) managership **-skribent** leader writer **-spalt** leader column **-stick** *ung.* subsidiary leader **-ställning** *vara i* ~ be in a leading position (at the head), hold the lead
ledas *v2, dep* (*känna leda*) be (feel) bored (*åt* by; *ihjäl* to death)
ledband (*koppel*) leading-strings (*pl*); *gå i* ~ be in leading-strings; *gå i ngns* ~ be lead by the nose by s.b.
ledbar [-e:-] *a1* jointed; (*böjlig*) flexible
led|brosk *anat.* articular cartilage **-bruten** stiff in the (one's) joints **-djur** arthropod
ledfyr *sjö.* range (leading) light; beacon (*äv. bildl.*)
ledgångsreumatism rheumatoid arthritis
ledig *a1* **1** (*lätt o.* ~) easy; (*om hållning, rörelse o.d.*) free, effortless, unhampered; (*om sätt att vara*) free and easy; *en* ~ *gång* an agile (easy) gait; *en* ~ *handstil* a flowing hand[writing]; *ett* ~*t uppträdande* an easy manner, free and easy man-

L

ners (*pl*); *känna sig ~ i kläderna* feel at one's ease (feel easy) in one's clothes; *skriven i ~ stil* written in a natural style; *~a!* (*mil.*) [stand] at ease! **2** (*ej upptagen om pers.*) free, at leisure; (*sysslolös*) idle, unoccupied; (*om t.ex. kapital*) idle, uninvested; (*om sittplats o.d.*) unoccupied; (*om tjänst o.d.*) vacant; (*att tillgå*) available; (*om taxi*) disengaged, (*på skylt*) vacant, (*på taxi*) for hire; *bli ~ a*) (*från arbetet*) get, (be let) off [work, duty], *b*) (*få semester*) get one's holiday, *c*) (*om hembiträde*) have her evening out; *~a platser* vacancies; *på ~a stunder* in [one's] leisure (spare) moments (time) **-förklara** declare vacant, announce (advertise) as vacant

ledighet 1 (*i rörelser*) freedom, ease; (*i uppträdande*) easiness, ease of manner **2** (*från arbete*) time off [work, duty]; (*semester*) holiday, *AE.* vacation; (*ledig tid*) free (spare) time, leisure

ledighets|kommitté *tillhöra ~n* (*vard.*) be a member of the leisured classes **-tid** leisure time

ledigt *adv* **1** easily *etc., se ledig; röra sig ~* move with ease; *sitta ~* (*om kläder*) fit comfortably; *tala ~* be a fluent speaker; *du hinner ~* you get there in time easily; *vi får ~ plats i bilen* we'll have an empty (a free) seat in the car **2** *få* (*ge, ha, ta*) *~* get (give, have, take) time off; *ta sig ~ några dagar* take a few days off

ledkapsel *anat.* joint-capsule

ledljus guiding light

ledlös jointless; (*friare*) loose-jointed

led|motiv *mus.* leitmotif, recurrent theme; *bildl.* leading (guiding) principle

ledning [ˣle:d-] **1** (*väg-*) guidance; (*-tråd*) clue, lead (*till* to); (*skötsel*) management, conduct, direction; (*krigs-*) [war] command; *fys.* conduction; *sport.* lead; *ta ~en* (*äv. sport.*) take the lead; *överta ~en av* take charge of; *med ~ av* guided by, with the aid of; *med ~ av dessa upplysningar* on the basis of this information; *till ~ för* for the guidance of; *under ~ av* under the guidance (*etc.*) of **2** *konkr., ~en* the managers (directors) (*pl*), the management, (*för parti*) the leaders (*pl*), *mil.* the commanders (*pl*) **3** *elektr.* wire, line, cable; (*rör-*) pipe, conduit, duct; *dragning av elektriska ~ar* electric wiring

lednings|brott *tel.* line breakdown **-förmåga** conductivity **-motstånd** line (conductor) resistance **-nät** electric supply mains; (*högspännings-*) distribution system **-stolpe** pylon, telegraph pole **-tråd** electric wire

ledsag|a [ˣle:d-] *v1* accompany; (*beskyddande*) escort **-are** *se följeslagare*

ledsam [*vanl.* ˣlessam] *a1* **1** (*tråkig*) boring, tiresome, tedious **2** (*sorglig*) sad; *det var ~t!* how sad!, I am so sorry! **3** (*obehaglig*) disagreeable, unpleasant; (*förtretlig*) annoying; *en ~ historia* a disagreeable (sad) story **-het** boringness *etc.*; boredom; *få ~er för* have trouble on account of; *råka ut för ~er* meet with unpleasantness; *här vilar inga ~er!* not a dull moment here!

ledsen [ˣlessen] *a3* sorry (*för, över* about); (*bedrövad*) grieved (*för, över* at, about); (*olycklig*) unhappy (*för, över* at, about); (*sorgsen*) sad (*över* about); (*förargad*) annoyed, angry (*för, över* at; *på* with); *jag är mycket ~ över* I am very sorry about, I deeply regret; *var inte ~!* don't be sad!, cheer up!; *han är inte ~ av sig* he doesn't let anything get him down

ledskena guide-rail

ledsna [ˣlessna, ˣle:ds-] get (grow) tired (*på* of); *ha ~t på ngn* (*ngt*) have had enough of (be fed up with) s.b. (s.th.)

ledsnad [ˣless-, ˣle:ds-] *s3* (*bedrövelse*) sorrow, distress, grief (*över* at); *med uppriktig ~* with sincere regret

ledstjärna lodestar (*äv. bildl.*), guiding star

ledstyv stiff-jointed

led|stång handrail; banisters (*pl*) **-syn** *med.* locomotor vision; *han har ~* he can only just see his way about **-tråd** clue

ledung *s2, hist.* maritime (predatory) raid

leende I *a4* smiling; (*om natur o.d. äv.*) pleasant; *vänligt ~* with a kindly smile; *lev livet ~!* keep smiling! **II** *s6* smile

1 lega *s1* (*rävs*) lodge; (*hares*) form; (*björns*) cache

2 lega *s1, jur.* hire; (*lejning*) hiring, hire

legạl *a1* legal

legaliser|a legalize **-ing** legalization

legalitet legality

1 legạt *s3* (*sändebud*) legate

2 legạt *s7, jur.* legacy, bequest

3 legat [ˣle:-] *sup. av ligga*

legation legation **legationssekreterare** secretary of (to) [a] legation

legẹnd *s3* legend

legend|arisk [-'da:-] *a5* legendary **-artad** [-a:r-] *a5* like a legend **-bildning** *abstr.* legend-making, legend-creation; *konkr.* legend **-omspunnen** legendary

leger|a *v1*, **-ing** *s2* alloy

legio ['le:-] *oböjl. a pl, de är ~* their number is legion

legion [-gi'ɑ:n] *s3* legion **legionạ̈r** *s3* legionary [soldier]

legitịm *a1* legitimate

legitimation identification; (*för yrkesutövning*) authorization, certification; *mot ~* upon identification, on proof of identity

legitimations|handling, -kort identity card

legitimera legitimate, legitim[at]ize; *~d* legitimated *etc.*, (*om läkare*) registered, fully qualified, authorized, (*om apotekare*) certifi[cat]ed; *~ sig* prove (establish) one's identity, identify o.s. **legitimitet** legitimacy

lego|arbete piecework **-soldat** mercenary [soldier] **-tillverkning** contract manufacture **-trupper** *pl* mercenary troops

leguạn *s3, zool.* iguana

legymer [-'gy:-] *pl* vegetables

leidnerflaska [ˣlejd-] Leyden jar

leja [ˣlejja] *v2* engage, hire; *sjö. äv.* charter

lejd *s3* safe-conduct

lejdare 1 *sjö.* [sea] ladder **2** *gymn.* rope-ladder

lejon [ˣlejjån] *s7* lion; *en men ett ~!* one, but what a one! **-gap** *bot.* snapdragon **-grop** lion's den **-hjärta** *Rikard L~* Richard Coeur de Lion ([the] Lion-Heart) **-inna** lioness **-klo** *visa ~n* (*bildl.*) show one's mettle **-parten** the lion's share **-tämjare** lion-tamer **-unge** lion cub

lek *s2* **1** game; (*-ande*) play (*med dockor* with dolls), playing (*med döden* with death); (*t.ex.*

kattens ~ med råttan) toying, dallying; *~ och idrott* games *(pl)*; *en ~ med ord* playing with words; *den som sig i ~en ger får ~en tåla* once you must take the consequences; *på ~* in play; *vara ur ~en* be out of the game (the running) **2** *(fiskars)* spawning; *(fåglars)* pairing, mating **3** *(kort-)* pack [of cards]

lek|a *v3* **1** play *(en lek* [at] a game); *(friare o. bildl.)* *äv.* toy, dally; *~ med döden (äv.)* treat death lightly; *~ med ngns känslor* trifle with a p.'s feelings; *livet -te för henne* life was a game for her; *inte att ~ med* not to be trifled with; *han är inte att ~ med (äv.)* he won't stand any nonsense; *vara med och ~* join in [the game] **2** *(om fiskar)* spawn; *(om fåglar)* pair, mate

lekam|en [-'ka:-] *r* body **-lig** *a1* bodily; corporeal; *~en* bodily *etc.*, in the body

lek|ande *a4*, *~ lätt* as easy as winking **-boll** *bildl.* plaything, toy **-dräkt 1** *(fisks)* spawning array **2** *(barns)* playsuit; rompers *(pl)* **-full** playful *(äv. bildl.)*, full of fun **-kamrat** playmate, playfellow

lek|man layman; *(ej fackman)* nonprofessional, amateur **-mannamässig** *a1* lay; amateur

lekmogen *(om fisk)* ready to spawn, mature

lekotẹk *s7* toy-lending library

lek|park playground **-plats** playground

leksak toy

leksaks|affär toyshop **-bil** toy (model) car **-djur** toy animal

lek|skola nursery school, kindergarten **-stuga** play house **-terapi** play therapy **-tid** *(fisks, fågels)* spawning *(etc.)* time (season); *jfr leka 2*

lektion [-k'ʃo:n] lesson; *ge ~er i* give lessons in; *ta ~er för ngn* have lessons with (from) s.b.

lektor [ˣlektår, 'lekk-] *s3* *(vid läroverk)* senior master; *univ.* lecturer; *~ i engelska* senior master of English **-ạt** *s7* *(vid läroverk)* post as senior master; *univ.* lectureship

lektris [woman] reader **lektyr** *s3* reading [matter]; things to read *(pl)* **lektör** *(manuskriptläsare)* [publisher's] reader

lekverk *det är ett ~ för mig* it is child's play (a simple matter) for me

lem [lemm] *s2* limb, member **-lästa** maim, mutilate; *(göra ofärdig)* cripple, disable

lemonạd *s3* lemonade

len *a1* **1** *(mjuk)* soft; *(slät)* smooth **2** *(om ljud o.d.)* bland *(röst* voice) **lena** soothe *(i halsen* the throat) **lenhet** softness; smotthness; blandness

leninism Leninism

leopạrd [-a:-] *s3* leopard **-hona** leopardess

lepra [ˣle:p-] leprosy

ler|a *s1* clay; *(sandig)* loam; *(dy)* mud; *bränd ~* fired clay; *eldfast ~* fire clay; *hänga ihop som ler och långhalm* stick together through thick and thin **-botten** *(i sjö)* clayey bottom **-duva** clay pigeon **-duveskytte** clay-pigeon shooting **-fötter** *i uttr.: en koloss på ~* a colossus with feet of clay **-gods** earthenware, pottery **-golv** earth (mud) floor **-gök** toy ocarina

ler|ig *a1* clayey, loamy; *(om t.ex. väg)* muddy **-jord** clay[ey] soil **-koka** *s1* clod [of clay] **-krus** stone (earthenware) jar **-kärl** earthen[ware] vessel; *koll.* earthenware, crockery, pottery **-skiffer** shale **-skärva** *arkeol.* potsherd **-välling** mass (sea) of mud

lesbisk *a5* lesbian

less *a1, vard.* fed up *(på* with)

leta search, hunt, look *(efter* for); *~ efter ord* be at a loss for words; *~ i minnet* cast about in (ransack) one's memory; *~ igenom* search, ransack; *~ reda på* try to find; *~ upp* hunt up; *~ ut* pick out; *~ sig fram* find (make) one's way

letạl *a1* lethal; mortal

letarg|i *s3* lethargy **-isk** [-'tarr-] *a5* lethargic

1 lett *s3* Lett, Latvian

2 lett 1 *sup. av le* **2** *sup. av leda*

lett|isk ['lett-] *a5* Lettish; *geogr.* Latvian **-iska** ['lett-] *s1* **1** *(språk)* Lettish **2** *(kvinna)* Lettish woman

Lettland ['lett-] *n* Latvia

leukemi [levke'mi:] *s3, med.* leukaemia

lev *s3* loaf

lev|a *v2, sup. äv. -at* **1** live; *(existera)* exist, be in existence; *([ännu] vara vid liv)* be alive; *(kvar-)* survive; *(väsnas)* be noisy, make a noise; *~ ett glatt liv* lead a gay life; *så sant jag -er!* as sure as I stand here!; *-e konungen!* long live the King!; *-e friheten!* Liberty for ever!; *den som -er får se* he who lives will see; *ja, må han ~ (ung.)* for he is a jolly good fellow; *om jag får ~ och ha hälsan* if I am spared and keep well; *om han hade fått ~* if he had lived; *~ högt* live sumptuously; *hur -er världen med dig?* how is the world treating you?; *~ som man lär* practise what one preaches; *~ som om var dag var den sista* take thought for the morrow; *låta ngn veta att han -er* give s.b. a hot time [of it]; *~ i den tron att* be under the impression that; *~ kvar* live on, survive, exist still; *~ med a) (i skildring o.d.)* take a great interest in, *b) (i stora världen)* go [out] into society, be a man *(etc.)* of fashion; *~ om a) (sitt liv)* live over again, relive, *b) (svira)* lead a fast life, be a fast liver; *~ på* live [up]on, *(om djur)* feed on; *~ på stor fot* live in great style; *~ upp a) (förmögenhet)* run through, use up, *b) (på nytt)* revive; *~ vidare* go on living **2** *(om segel)* flap, slap, shake **3** *~ sig in i* enter into *(ngns känslor* a p.'s feelings)

levande *a4* **1** living; animate *(väsen* being); *(predik. om pers.)* alive; *(mots. död, uppstoppad, slaktad e.d.)* live; *(livfull)* lively *(hopp* hope); *(livlig)* vivid *(skildring* description); *(om t.ex. porträtt)* lifelike; *en ~ avbild av* the very image of; *~ blommor* real (natural) flowers; *~ djur* living animals; *~ eld* burning fire; *~ ljus* lighted candles; *teckna efter ~ modell* draw from life; *ett ~ exempel på* a living example of; *ett ~ intresse för* a living (live) interest in; *~ kraft (fys.)* kinetic energy; *på ett ~ sätt* in an animated (a vivid) way; *som föder ~ ungar* viviparous; *inte en ~ själ* not a [living] soul **2** *inte veta sig ngn ~[s] råd* be at one's wits ends; *inte få ngn ~[s] ro* get no peace anywhere **-göra** make lifelike (live)

levang [ˣle:-] deck brush

Levanten [-'vann-] *n* [the] Levant

levantịnsk [-i:-] *a5* Levantine

leve *s6* cheer; viva[t]; *utbringa ett fyrfaldigt ~ för* give four *(Storbritannien* three) cheers for

levebröd livelihood, living

lever ['le:-] *s2* liver

leverạns [-ans, -aŋs] *s3* **1** *(tillhandahållande)* furnishing, supplying *(av* of); *(avlämnande)* delivering, delivery **2** *konkr.* delivery; goods delivered (*pl*); (*sändning*) consignment; *vid ~* on delivery **-avtal** delivery agreement **-dag** day (date) of delivery, delivery date **-förmåga** ability to deliver **-klar** ready for delivery **-tid** time (date) of delivery **-villkor** *pl* terms (conditions) of delivery **-vägran** refusal to supply

leverantör [-an-, -aŋ-] supplier, deliverer; contractor; (*livsmedel*) purveyor

levercirrhos [-sirå:s] *s3, med.* cirrhosos of the liver

leverera (*tillhandahålla*) supply, furnish; (*avlämna*) deliver; *fritt ~t* carriage free

lever|fläck mole; birthmark **-korv** liver sausage, liverwurst

leve|rne *s6* **1** (*levnadssätt*) life; *hans liv och ~* his life [and way of living] **2** (*oväsen*) hullabaloo **-rop** cheer

lever|pastej liver paste **-sjukdom** liver (hepatic) disease **-tran** cod-liver oil

levịt *s3* Levite

levnad [-e:-] *s3* life

levnads|bana career **-beskrivning** biography; curriculum vitae **-förhållanden** *pl* conditions of living; circumstances **-glad** [high-]spirited, light-hearted, buoyant **-konstnär** adept in the art of living, s.b. who gets the best out of life **-kostnader** *pl* cost of living (*sg*), living costs **-kostnadsindex** cost-of-living index **-lopp** life span; *ngns ~* [the course of] a p.'s life **-regel** rule of conduct **-standard** standard of living **-sätt** manner (way) of living (life) **-tecknare** biographer **-teckning** biography, life (*över* of) **-trött** weary of life **-vanor** *pl* habits (ways) of life (living) **-villkor** *pl* conditions of life **-år** year of life

levra [-e:-] *rfl* coagulate, clot; *~t blod* clotted blood, blood clot, gore

lexikalisk [-'ka:-] *a5* lexical

lexiko|grạf *s3* lexicographer **-grafị** *s3* lexicography **-grafisk** [-'gra:-] *a5* lexicographical

lexik|on ['leksikån] *s7, pl äv. -a* dictionary; (*för dött språk vanl.*) lexicon

liạn *s3* liana, liane

libanẹs *s3* Lebanese **-isk** *a5* Lebanese

Libanon ['li:-ån] *n* Lebanon

liberạl I *a1* liberal **II** *s3, polit.* Liberal

liberaliser|a liberalize **-ing** liberalization

liberalis|m liberalism **-tisk** *a5* liberalist[ic]

liberalitet liberality

libero ['li:-] *s5*, (*fotboll*) sweeper

librettist librettist **libretto** [-'bretto] *s9, s7* libretto

Libyen ['li:-] *n* Libya

libyer ['li:-] *s9* Libyan **libysk** ['li:-] *a5* Libyan

licẹns *s3* licence; permit **-ansökan** application for a licence **-avgift** licence fee **-era** license **-innehavare** licensee, licence-holder **-tillverkning** manufacture on licence

licentiat [-n(t)si-] licentiate; *filosofie ~* (*ung.*) master of arts, doctor of philosophy; *medicine ~* (*ung.*) bachelor of medicine **-avhandling** licentiat [examination] treatise **-examen** licentiate examination

1 lid|a *led -it*; *tiden -er* time is getting on, time is passing; *det -er mot kvällen* it is getting [on] towards evening, night is drawing on; *det -er mot slutet med honom* his life is ebbing out, his life is drawing towards its close; *vad det -er* sooner or later, (*så småningom*) by and by

2 lid|a *led -it* **1** (*utstå*) suffer; (*uthärda*) endure; (*drabbas av*) sustain, incur; *~ brist på* be short of; *~ skada* (*äv.*) be injured (damaged), take harm, (*om pers.*) be hurt **2** (*pinas*) suffer (*av* from); (*ha plågor*) be in pain **3** (*tåla*) bear, stand, endure

lidande I *s6* suffering **II** *a4* suffering (*av* from); afflicted (*av* by); *bli ~ på* be the loser by (from), lose by

lidelse passion **-fri** dispassionate, passionless **-full** passionate; impassioned (*tal* speech) **-fullhet** passion; (*glöd*) enthusiasm, fervour, vehemence

lider ['li:-] *s7* shed

liderlig *a1* lecherous, lewd **-het** lechery, lewdness

lidit *sup. av 1, 2 lida*

lie [ˣli:e] *s2* scythe **-mannen** the grim reaper, Death

liera *rfl* ally o.s. (*med* to, with) **lierad** *a5* allied, connected

lift *s2* lift **lifta** hitchhike **liftare** hitchhiker

liga *s1* **1** (*förbrytarband*) gang, set **2** *sport.* league **3** *hist.* league, [con]federation **-match** *sport.* league match

ligamẹnt *s7, anat.* ligament

ligatur *boktr.* ligature

ligg|a *låg legat* **I 1** (*om levande varelser*) lie, be lying [down]; (*befinna sig, vara*) be (*på sjukhus* in hospital); *bildl.* be; *~ och läsa* lie reading, read in bed; *~ och sova* be asleep (sleeping); *han -er redan* he is in (has gone) to bed; *~ länge på morgnarna* lie (stay) in bed late of a morning, get up late; *~ i underhandlingar* be engaged in negotiations; *~ med ngn* sleep (go to bed) with s.b.; *~ på ägg* brood, sit on eggs; *~ vid universitet* be at the university; *~ lågt* (*avvakta*) lie low; wait and see; bide one's time **2** (*om sak o. bildl.*) lie, be; (*vara belägen, i sht geogr.*) be [situated]; *kyrkan -er vid vägen* the church stands (is) at the roadside; *var skall huset ~?* where will the house be built?; *åt vilket håll -er skolan?* in which direction is the school?; *-er alldeles härintill* is quite near (close to) here; *häri -er skillnaden* this is where the difference lies; *avgörandet -er hos mig* the decision lies (rests) with me; *det -er i sakens natur* it is in the nature of the case; *det -er i blodet* (*släkten*) it runs in the blood (family); *~ på ngt* keep [possession of] (*vard.* sit tight on) s.th.; *det -er i luften* it is in the air **II** (*med beton. part.*) **1** *~ av sig* get out of practise (form), *vard.* get rusty **2** *~ bi* (*sjö.*) lie to (by) **3** *~ efter a*) (*vara på efterkälken*) be behind (in arrears), *b*) (*ansätta*) press **4** *det -er inte för mig* it is not in my line, it does not come natural to me **5** *~ i a*) *eg.* be in (*vattnet* the water), *b*) *bildl.* stick at it, keep on (*o. arbeta* working) **6** *~ kvar över natten* stay the night **7** *~ nere* be at a standstill **8** *solen -er på här hela eftermiddagen* we get the sun here the whole afternoon; *vinden -er på* the wind is driving at us (*etc.*) **9** *hur -er saken till?* how does the matter stand?; *så -er det till* those are the actual facts, that is how things are; *~ till sig* improve by keeping **10** *~ under* (*bildl.*) be inferior to **11** *~ över a*) (*övernatta*) stay the night (overnight), *b*) (*vara överlägsen*) be [the] superior

liggande *a4* lying; reclining, recumbent (*ställning* position); *en avsides ~ plats* an out-of-the--way spot (*etc.*); *den närmast till hands ~ förklaringen* the explanation nearest to hand; *djupt ~* (*äv.*) deep-lying, (*om ögon*) deep-set; *bli ~* (*bli kvar*) be left [lying]

ligg|are register; *bokför. äv.* ledger **-dags** bedtime

ligge|dagar *pl* lay days **-dagspengar** *pl* demurrage (sg)

ligg|plats berth **-sjuk** *som en ~ höna* like a broody hen **-soffa** *ung.* bed-sofa **-stol** lounge--chair; deck chair **-sår** bedsore **-vagn** (*barnvagn*) perambulator; *vard.* pram

ligist hooligan **-dåd** [act of] hooliganism; (*friare*) wanton destruction, vandalism

lignin [-ŋn-] *s4* lignin

liguster [-'gust-] *s2, bot.* privet **-svärmare** *zool.* privet hawk

1 lik *s7* **1** corpse; [dead] body; *blek som ett ~* deathly pale; *stå ~* lie laid out; *segla med ~ i lasten* (*bildl.*) be doomed to failure; *ett ~ i lasten* (*hand.*) a dead loss, dead weight, a dud line **2** *boktr.* out flag

2 lik *s7, sjö.* leech; (*tross*) boltrope

3 lik *a5* like; (*om två el. flera*) alike; (*liknande*) similar; (*i storlek, värde e.d.*) the same; *identiskt ~a* identical[ly alike]; *vi är alla ~a inför lagen* all men are equal in the eye of the law; *~a barn leka bäst* like draws to like, birds of a feather flock together; *porträttet är mycket ~t* the portrait is a very good likeness; *han är sig inte ~* he is not at all himself; *du är dig då ~!* that's just like you!

lika I *oböjligt a* (*i storlek, värde o.d.*) equal (*med* to); (*likvärdig*) equivalent; (*identiskt ~*) identical; *är ~ med* is equal to (the same as); *två plus tre är ~ med fem* two plus three makes five; *tillsätta ~ delar av* add in equal portions; *~ mot ~* measure for measure; *30 ~* (*tennis.*) thirty all **II** *adv* in the same way (manner) (*som* as); (*jämnt; i samma grad o.d.*) equally; *~ ... som* just as ... as, (*både ... och*) both ... and; *klockorna går inte ~* the clocks don't keep the same time; *~ bra a*) just as good (*förklaring* an explanation), *b*) (*sjunga* sing) as well (*som någonsin* [as ever]); *i ~ [hög] grad* to the same extent, equally; *~ många som vanligt* [just] as many as usual, the usual number; *de är ~ stora* they are the same (are equal in) size, (*om abstr. förhållanden*) they are equivalent (equally great *etc.*)

lika|berättigad *vara ~* have equal rights, be of equal standing (*med* with) **-berättigande** *s6* equality of status (rights) **-dan** [ˣli:ka-, -'dann] *a5* of the same sort (kind); *de är precis ~a* they are exactly alike (just the same, all of a piece) **-dant** [ˣli:ka-, -'dant] *adv* the same **-fullt** nevertheless, all the same **-ledes** likewise, similarly **-lydande** *a4* of identical (the same) wording (tenor); *i två ~ exemplar* in two identical copies **-lönsprincipen** the principle of equal pay

likare standard, gauge

likartad [-a:r-] *a5* similar in character (nature) (*med* to), similar

lika|sinnad *a5* like-minded, of the same way of thinking **-så** also; *jfr likaledes* **-väl** just as well (*som* as)

likbegängelse [-jäŋ-] funeral [ceremony]; obsequies (*pl*)

likbent [-e:-] *a4, geom.* isosceles

lik|besiktning postmortem examination **-bil** motor hearse **-bjudarmin** funereal expression, gloomy mien **-blek** ghastly, deathly pale, livid **-bärare** pallbearer

lik|e *s2* equal; *söka sin ~* be without an equal, be unequalled (unmatched); *en ... utan ~* an unparalleled (unprecedented) ... **-formig** [-å-] *a1* uniform; (*alltigenom ~*) homogeneous; *geom.* similar (*med* to)

lik|färd funeral procession **-förgiftning** cadaverous poisoning

likgiltig 1 indifferent (*äv. om sak*); (*betydelselös*) unimportant, insignificant, trivial; *det är mig fullständigt ~t* it is all the same (makes no difference [whatever]) to me **2** (*ointresserad*) indifferent (*för* to); (*liknöjd*) listless, apathetic; impassive **-het 1** (*saks*) unimportance, insignificance **2** (*brist på intresse*) indifference (*för* to) listlessness, apathy

likhet [-i:-] resemblance, similarity (*med* to); (*porträtt-*) likeness; (*fullständig*) identity (*med* with); *~ inför lagen* equality before the law; *äga en viss ~ med* have (bear) a certain resemblance to; *i ~ med* in conformity with, on the lines of, (*liksom*) like

likhetstecken sign of equality, equal[s] sign

lik|kista coffin; *AE. äv.* casket **-lukt** smell of death

likmätigt [-i:-] *sin plikt ~* pursuant to (in pursuance of) one's duty

likn|a [-i:-] **1** (*vara lik*) resemble, be like; look like **2** (*jämföra*) compare (*vid* to) **-ande** *a4* similar; *eller* (*och*) *~* or (and) the like; *av ~ slag* [of a] similar [kind]; *eller ngt ~ namn* or some name of the sort (some such name); *på ~ sätt* in much the same (a similar) way, similarly **-else** *bibl.* parable; (*bildlig jämförelse*) simile, metaphor; *tala i ~r* speak in metaphors (*bibl.* parables)

lik|nöjd indifferent; *jfr likgiltig* **-rikta** *elektr.* rectify; (*friare*) unify; standardize; *~d opinion* regimented opinion **-riktare** *elektr.* rectifier **-riktning** *elektr.* rectification; (*friare*) regimentation, standardization **-sidig** *a1* equilateral **-som** ['li:k-] **I** *konj* like; (*ävensom*) as well as; (*~ om*) as if **II** *adv* as if; (*så att säga*) as it were, so to say; *jag ~ kände på mig* I somehow (*vard.* sort of) felt

likstelhet *med.* rigor mortis

lik|ström direct current (*förk.* D.C.) **-ställa** place on an equal footing (a level) (*med* with) **-ställd** *a5* equal, of the same standing; *vara ~* rank equal, be on a par **-ställdhet, -ställighet** equality **-stämmighet** agreement

lik|tal funeral sermon (oration) **-torn** [-o:-] *s2* corn **-tornsplåster** corn-plaster

lik|tydig 1 synonymous (*med* with), equivalent in meaning (*med* to) (*friare*) tantamount (*med* to) **-tänkande** *a4* of the same way of thinking

lik|vagn hearse **-vaka** vigil by a corpse before burial, wake

likvid I *s3* payment (*för* of, for); (*insänd ~*) remittance; *full ~* payment in full; *som ~ för Er fak-*

L

tura in settlement of your invoice **II** *a1, n sg obest. form undviks* liquid, available; (*om ställning*) solvent; *~a medel* ready money, cash (*sg*); liquid funds (assets)
likvida ['li:k-] *s1, språkv.* liquid
likvid|ation liquidation; (*bolags äv.*) winding up; *träda i ~* go into liquidation **-era 1** (*avveckla*) liquidate, wind up **2** (*betala*) liquidate, settle, discharge **3** (*upplösa*) eliminate; (*döda*) liquidate **-itet** liquidity; (*firmas äv.*) solvency
likvinklig *a1* equiangular
lik|väl ['li:k-, -'vä:l] nevertheless; all the same **-värdig** *a1* equivalent (*med* to); of equal value (importance) **-värdighet** equivalence
likör liqueur; *är inte min ~* (*vard.*) is not my cup of tea
lila ['li:-, ˣli:-] *s1 o. oböjligt a* lilac, mauve
lilja *s1* lily
lilje|konvalje lily of the valley **-vit** lily-white **-växt** lily
lilla *a, best. form sg* (*jfr liten*) small; little; *barn ~!* my dear child!; *minsta ~ bidrag* the smallest contribution; *det ~ jag äger* what little I possess; *hur mår den ~* (*lille*)? how is the (your) little girl (boy)? **lillan** *s, best. form sg* the little girl in the family **lillasyster** our (*etc.*) little sister **lillebror** *jfr lillasyster* **lillen** the little boy in the family; *L~* Tiny **lilleputt** *s2, s3* Lilliput, Lilliputian; dwarf, pygmy
lill|finger little finger **-gammal** precocious **-hjärnan** [the] cerebellum **-slam** *s2, kortsp.* little slam **-tå** little toe
lim [limm] *s7* glue, (*för papper*) size **-färg** distemper
limit *s3, hand.* limit; (*högsta el. lägsta pris*) maximum (minimum) price **-era** limit
lim|ma glue; (*papper, väv o.d.*) size; (*mur*) lime **-ning** (*-mande*) gluing *etc.*; *gå upp i ~en* (*vard.*) fly off the handle
limno|log limnologist **-logi** *s3* limnology
limousin[e] [-mo'si:n] *s3* limousine
limpa *s1* **1** ryemeal bread, loaf **2** *en ~ cigarretter* a carton of cigarettes
lim|panna gluepot **-ämne** glue-stock; (*för papper o.d.*) sizing agent
lin *s4* flax
lin|a *s1* rope; (*smalare*) cord; (*stål-*) wire; *sjö.* line; *löpa ~n ut* (*bildl.*) keep on to the bitter end, go the whole hog; *visa sig på styva ~n* (*bildl.*) show off **-bana** [aerial] ropeway (cableway); (*för skidåkare*) ski lift
lin|beredning flax-dressing **-blå** flax-blue
lind *s2* lime[-tree]; *AE.* linden, basswood
linda I *s1* swaddling clothes (*pl*); *i sin ~* (*bildl.*) in its infancy, in its initial stage; *kväva i sin ~* (*bildl.*) nip in the bud **II** *v1* **1** wire, tie (*omkring* round); (*slingra*) twine; *hon kan ~ honom runt sitt* [*lill*]*finger* she can twist him round her [little] finger; *~ in* wrap up (*äv. bildl.*), envelop; *~ upp* unwind; *~ upp på* (*t.ex rulle*) wind on to **2** *med.* bind up, bandage **3** (*barn*) wrap in swaddling clothes, swaddle
lindans|are, -erska tightrope walker (dancer)
lind|ebarn baby (infant) in arms **-ning** *tekn.* winding
lindr|a (*mildra*) mitigate, appease; (*lugna*) soothe, mollify; (*nöd o.d.*) alleviate, relieve **-ig** *a1* (*obetydlig*) slight; (*ej svår*) light; (*mild*) mild; (*human*) easy; (*om straff o.d.*) lenient **-igt** *adv* slightly *etc.*; *~t sagt* to put it mildly; *slippa ~t undan* get off lightly **-ing** mitigation, appeasement; (*förbättring*) amelioration; (*av t.ex. straff*) reduction (*i* of); (*lättnad*) relief (*för* to, for)
linearritning [lineˣa:r-] linear drawing **lineär** *a1* linear
linfrö flaxseed; *kem., med.* linseed
linfärja cable ferry
lingarn linen thread
lingon [-ŋån] *s7* cowberry, red whortleberry; *inte värd ett ruttet ~* not worth a straw **-ris** cowberry (*etc.*) twigs (*pl*)
lingul flax-coloured; (*om hår*) flaxen
lingv|ist [-ŋ(g)v-] linguist **-istik** *s3* linguistics (*pl, behandlas som sg*)
linhårig flaxen-haired
liniment *s7* liniment, embrocation
linjal *s3* ruler
linje ['li:n-] *s5* line; (*buss- o.d. äv.*) route, service; *mil. äv.* rank; *skol. o.d.* side, stream; *rät ~* straight line; *den slanka ~n* the slender figure; *~ 4* Nr. 4 buses (trams *etc.*) (*pl*); *uppställa på ~* (*mil.*) draw up in line, line up; *över hela ~n* (*bildl.*) all along the line **-arbetare** line[s]-man **-buss** coach **-domare** *sport.* linesman **-fart** liner traffic **-fartyg** liner **-fel** *tekn.* line disturbance
linje|ra 1 *~* [*upp*] rule; *~t papper* ruled (lined) paper **2** (*stå på linje*) range **-rederi** shipping line, liner company **-regemente** line regiment
linje|ring [-'je:-] ruling **-sjöfart** liner shipping **-skepp** line-of-battle ship **-spel** lines (*pl*); line-pattern **-trafik** intercity (interurban) traffic **-trupper** *pl* line troops **-val** *skol.* choice of line **-väljare** *tel.* series telephone set
linjär *a1* linear
linka limp, hobble
linne *s6* (*tyg*) linen; *koll.* linen; (*plagg*) vest
linnea [-ˣne:a] *s1, bot.* linnaea
linne|skåp linen cupboard (press) **-utstyrsel** (*bruds*) stock of household linen, *vard.* bottom drawer, *AE.* hope chest **-varor** *pl* linen goods, linens
linning band
linodling flax-growing
linoleum [-'no:-] *s7, s9* linoleum; *hand. äv.* lino **-matta** linoleum flooring **-snitt** linoleum block, linocut
linolja linseed oil
1 lins *s3, bot.* lentil
2 lins *s3, fys., anat.* lens
lintott flaxen-haired child (person)
lip *s2, ta till ~en* start crying, *vard.* turn on the waterworks **lipa** cry, sob; blubber **lipsill** cry-baby
1 lir|a *-an -e* (*mynt*) lira (*pl* lire)
2 lira *vard.* play
lirare player
lirka work [it]; *~ med ngt* turn s.th. this way and that; *~ med ngn* coax (wheedle, cajole) s.b.
lisa *s1* relief; (*tröst*) comfort, solace; *en ren ~* a real mercy
lisma fawn, wheedle **lismande** *a4* fawning,

bland; ~ *tal* bland (honeyed) speech **lismare** fawner; (*smickrare*) flatterer; *vard.* bootlicker
lispund ['liss-] lispound; *ett* ~ (*ung.*) a stone
Lissabon ['lissabån] *n* Lisbon
1 list *s3* (*-ighet*) cunning, craft[iness]; (*knep*) artifice, stratagem; *kvinnans ~ övergår mannens förstånd* the female of the species is more deadly than the male
2 list *s3* (*bård*) border, edging; (*remsa*) strip; *byggn.* band, fillet; (*på fotpanel*) ledge
1 lista *s1* list (*på, över* of); *svart* ~ black list; *sätta ngn på svarta ~n* blacklist s.b.; *göra upp en* ~ draw up a list
2 lista *v1, rfl,* ~ *sig in i* steal (sneak) into; ~ *sig till ngt* get s.th. by trickery
listig *a1* cunning, artful, crafty **-het** cunningness *etc.*
listverk moulding[s *pl*]
lisös bed-jacket
lit *r, sätta* [*sin*] ~ *till* put (place) one's confidence in, *vard.* pin one's faith on **lita** ~ *på* have confidence in, trust [in], (*för- sig på*) depend (rely) [up]on, trust to; *det kan du ~ på!* you may depend on that!
litania [-ˣni:a] *s1* litany
Litauen [-'tau-] *n* Lithuania
litau|er [-'tau-] *s9* Lithuanian **-isk** *a5* Lithuanian
lit de parade [li: dö pa'radd] *i uttr.: ligga på* ~ lie in state
lite (*i talspråk o. ledigt skriftspråk*) *se litet*
liten *litet mindre minst* (*jfr äv. litet*) small, little; (*ytterst* ~) minute, tiny; (*obetydlig*) slight, insignificant; ~ *till växten* small, short; *som* ~ as a child; *när jag var* ~ when I was small (a little boy *etc.*); *få en* ~ have a baby; *stackars* ~ poor child; ~ *bokstav* small letter; *boktr.* lower-case [letter] **-het** smallness *etc.*
liter ['li:-] *s9* litre; *AE.* liter **-butelj** litre bottle **-mått** litre measure **-vis** (*t.ex. säljas* ~) by the litre; (~ *efter* ~) litre by litre
litet I *adv* little; (*ngt* [~]) a little, somewhat, a bit; (*obetydligt*) slightly; *han blev inte ~ förvånad* he was not a little astonished; *sova* ~ sleep [for] a little while; *jag är ~ förkyld* I have got a slight cold; *för ~ sedan* a little while ago; ~ *var* (*till mans*) *har vi* pretty well every one of us has; ~ *varstans* here and there, (*nästan överallt*) almost everywhere; ~ *då och då* every now and then **II** *a, n till liten* a little, some; (*föga*) little; *det var ovanligt ~ folk där* there were unusually few people there; *vi behöver ~ blommor* we need a few flowers; *bra ~ intresse* very little interest **III** *oböjligt s* a little; something; a trifle; (*föga*) little; ~ *men gott* little but good; ~ *roar småbarn* anything will amuse a child, little things please little minds; *det vill inte säga ~!* that's saying a good deal!; *om än aldrig så* ~ be it ever so little; ~ *av varje* a little of everything
litium ['li:t(s)-] *s8, kem.* lithium
lito|graf *s3* lithographer **-grafera** lithograph **-grafi** *s3* lithography; *konkr.* lithograph **-grafisk** [-'gra:-] *a5* lithographic
littera ['litt-] *s1* [capital] letter **litterat** *a1 o. s3* literate
litteratur literature **-anmälan** review **-förteckning** bibliography, list of references **-historia** history of literature **-historiker** literary historian **-historisk** of the history of literature **-hänvisning** recommended literature; *L~ar* Further Reading (*sg*) **-kritiker** literary critic **-sökning** literature search, information retrieval, documentary research **-vetenskap** comparative literature
litteratör writer, author **litterär** *a1* literary; (*om pers. äv.*) of a literary turn; ~ *äganderätt* copyright
liturg *s3* officiating priest (clergyman) **liturgi** *s3* liturgy **liturgisk** *a5* liturgical
1 liv *s7* **1** (*kropp*) body; ~ *och lem* life and limb; *veka ~et* the waist; *gå* (*komma*) *ngn inpå ~et* get (come) close to s.b., get to know s.b. intimately; *med ~ och själ* wholeheartedly; *till ~ och själ* to the backbone **2** (*midja*) waist; *smal om ~et* slender-waisted **3** (*klädesplagg*) bodice **4** *få sig ngt till ~s* have s.th. to eat (some food), *bildl.* be treated to s.th.
2 liv *s7* **1** (*levande, levnad, leverne*) life; (*tillvaro*) existence; *börja ett nytt* ~ turn over a new leaf; *musik är mitt* ~ music is what I live for; *sådant är ~et!* such is life!; *få ~ i* get some life into, (*avsvimmad*) bring round; *få nytt* ~ get a new lease of life; *gjuta nytt ~ i* revive, resuscitate; *det gäller ~et* it is a matter of life and death; *hålla ~ i* keep alive (going); *sätta ~et till* lose one's life; *ta ~et av ngn* take a p.'s life, make away with s.b.; *berättelser ur levande ~et* stories from [real] life; *ett helt ~s arbete* the work of a lifetime; *leva ~ets glada dagar* (*vard.*) be having the time of one's life; *för hela ~et* for life; *frukta för sitt* ~ go in fear for one's life; *inte för mitt ~!* not for the life of me!; *i hela mitt* ~ all my life; *han har inte ngn släkting i ~et* he has no living relatives; *det är hopp om ~et* (*skämts.*) where there's life there's hope; *en strid på ~ och död* a life-and-death struggle; *trött på ~et* tired of [one's] life; *väcka till* ~ wake to life, (*friare*) awaken [to life], arouse **2** *bildl.* life, vitality; (*kläm*) spirit, mettle; (*fart*) go; *AE. vard.* pep; *det var ~ och rörelse överallt* there was a bustling throng everywhere; *med ~ och lust* with enthusiasm, very heartily **3** (*oväsen*) commotion, row; *föra ett förfärligt* ~ make (kick up) a terrible row **4** (*levande varelse*) living being; thing; *det lilla ~et!* the little darling!; *inte ett* ~ not a soul
liva 1 animate, enliven; (*muntra upp*) liven (cheer) up **2** (*egga*) stimulate; (*öva pennalism*) rag, bully **livad** *a5* **1** (*munter*) jolly, merry **2** (*hågad*) inclined (*för* for)
liv|aktig *a1* lively; (*-full*) animated **-boj** life buoy **-båt** lifeboat **-båtsövning** boat drill **-bälte** life belt; cork jacket; *AE.* life preserver **-dömd** *a5* sentenced to death **-egen I** *a3* in villeinage (serfdom) **II** *s, pl -egna,* villein, serf **-egenskap** *s3* villeinage, serfdom **-full** full of life (animation), vivid, vivacious
livförsäkr|a insure (*ngn* a p.'s life; *sig* one's life) **-ing** life insurance (*BE. äv.* assurance)
livförsäkrings|agent life insurance agent **-brev** life insurance policy **-premie** life insurance premium
liv|garde life-guards; (*truppförband*) Life Guards (*pl*) **-gardist** Life-Guardsman **-givande** *a4* life-giving; vivifying; animating; *bildl.*

L

äv. heartening **-hanken** *vard. i uttr.: rädda ~* save one's skin
Livius ['li:-] Livy
livklädnad *bibl.* tunic
livlig [ˣli:v-] *a1* lively; (*-full*) animated, spirited; (*rörlig*) active; (*t. temperamentet*) sprightly, vivacious; (*levande*) vivid; *~ debatt* keen debate; *röna ~ efterfrågan* meet with a keen (brisk, lively) demand; *~ fantasi* lively (vivid) imagination; *~ trafik* heavy (busy) traffic; *~t trafikerad gata* busy (crowded) street; *~ verksamhet* lively (intensive) activity **-het** liveliness *etc.*; animation; vivacity; activity
liv|lina lifeline **-lös** lifeless; (*död*) dead; *bildl. äv.* dull; *~a ting* inanimate things **-medikus** *s2, best. form äv. =, pl äv. -medici* physician in ordinary (*hos* to) **-moder** *anat.* uterus (*pl* uteri); womb **-moderhals** cervix **-nära** support, maintain; feed
Livorno [-'vårnå] *n* Leghorn
livré *s4* livery **-klädd** liveried
liv|rem belt **-rustkammare** *L~n* [the] Royal Armoury **-rädd** terrified, frightened to death **-räddare** life-saver, rescuer **-räddning** life-saving **-räddningsbåt** lifeboat **-ränta** [life] annuity **-rätt** favourite dish
livs [lifs] *se 1 liv 4* **-andar** *pl, ngns ~* a p.'s spirits **-avgörande** *a4* vital, of decisive importance **-bejakande** *a4* positive **-bejakelse** positive attitude to life **-cykel** life cycle **-duglig** capable of survival; healthy **-elixir** elixir of life **-erfaren** experienced, with experience of life **-erfarenhet** experience [of life] **-fara** deadly peril, danger (peril) to life [and limb]; *sväva i ~* be in mortal danger (peril) **-farlig** highly dangerous, perilous; (*om sjukdom*) grave; *~ spänning!* (*elektr.*) Danger! High Voltage **-filosofi** philosophy [of life] **-form** form of life **-föring** way of life **-förnödenheter** *pl* necessaries of life **-glädje** joy of living **-gnista** spark of life, vital spark **-hotande** *~ skador* grave injuries **-intresse** chief interest in life **-kraft** vital force (power); vitality **-kraftig** vigorous, robust **-kvalitet** quality of life **-leda** weariness of life **-ledsagare, -ledsagarinna** life companion **-levande** lifelike; in person (the flesh) **-lust** zest for life **-lång** lifelong **-längd** length (term) of life; (*t.ex. lampas*) life **-lögn** lifelong deception
livsmedel *pl* provisions, food[s], foodstuffs
livsmedels|butik food shop, grocer's (grocery) [store]; (*snabbköp*) self-service shop **-försörjning** food supply [system] **-industri** food [manufacturing] industry **-teknologi** food technology **-verk** *Statens ~* [the Swedish] national food administration
livs|mod will to life **-nerv** *bildl.* vital nerve **-oduglig** unfit to live **-rum** *polit.* lebensraum; living-space **-stil** way of life **-tecken** sign of life; *han har inte givit ngt ~ ifrån sig* there is no news from him, he has not written
livstid *i* (*under*) *vår ~* in our lifetime; *på* (*för*) *~* for life; *~s straffarbete* penal servitude for life
livstids|fånge prisoner serving life sentence; *vard.* lifer **-straff** lifelong punishment; imprisonment for life
livstycke (*för barn*) under-bodice
livs|uppgift task (mission) in life **-verk** life's work, life-work **-viktig** vitally important, of vital importance **-vilja** will to life **-villkor** vital condition **-åskådning** view (conception) of life; philosophy
livtag *sport.* waist lock; *ta ~* apply a waist lock, *bildl.* wrestle
livvakt bodyguard
ljud [ju:d] *s7* sound (*äv. ~et*); *inte ge ett ~ ifrån sig a*) not make a (the slightest) sound, *b*) (*tiga*) not say a single word **ljuda** *ljöd -it* (*språkv. v1*) sound; (*klinga*) ring; (*brusa*) peal; *det ljöd röster i trappan* voices were heard on the stairs; *ett skott ljöd* a shot rang out
ljud|arkiv sound archive **-band** recording tape; *film.* sound track **-bang** *s2* sonic bang (boom) **-boj** whistling buoy **-dämpande** *a4* sound-absorbing **-dämpare** [exhaust] silencer, *särsk. AE.* muffler **-effekt** sound effect **-film** sound-film, *AE.* talkie **-härmande** *a4* sound-imitating; onomatopoe[t]ic; *~ ord* (*äv.*) imitative word **-isolera** soundproof **-isolering** sound insulation
ljud|it *sup. av ljuda* **-kuliss** *radio.* background sound effect **-lag** *s2* sound (phonetic) law
ljud|lig [-u:-] *a1* loud[-sounding]; resounding (*kyss* kiss) **-lära** *fys.* acoustics (*sg*); *språkv.* phonetics (*sg*), phonology **-lös** soundless, noiseless **-nivå** sound level **-radio** sound-broadcasting **-signal** sound-signal **-skridning** [-i:d-] *språkv.* sound shift **-skrift** phonetic transcription (notation) **-spår** *film.* soundtrack **-styrka** sound; (*volym*) [sound] volume **-tät** soundproof **-upptagning** sound recording **-vall** sound (sonic) barrier **-våg** sound wave **-återgivning** sound reproduction **-överföring** sound transmission
ljug|a [ˣju:-] *ljög -it* lie (*för* to); tell lies (a lie, falsehood); *~ för ngn* tell s.b. a lie (*etc.*); *~ ngn full* tell s.b. a tissue of lies; *~ som en häst travar* lie like a horse-coper; *~ ihop ngt* trump up (fabricate) s.th. **ljugit** *sup. av ljuga*
ljum [jumm] *a1* tepid, lukewarm (*äv. bildl.*); *bildl. äv.* half-hearted; (*om väder*) warm **ljumma** warm [up], take the chill off
ljumsk|brock [ˣjumsk-] inguinal hernia **ljumske** *s2* groin
ljung [juŋ] *s3* heather, ling
ljung|a [ˣjuŋa] lighten; flash (*äv. bildl.*); *bildl. äv.* fulminate **-ande** *a4* flashing (*ögon* eyes); *bildl.* fulminating; (*om protest o.d.*) vehement **-eld** flash of lightning
ljung|hed [j-] heatherclad moor (heath) **-pipare** *zool.* golden plover
ljus [ju:s] **I** *s7* **1** light (*äv. ~et*); *tända ~et* switch on the light; *stå i ~et för ngn* stand in a p.'s light; *se dagens ~* see the light of the day; *föra ngn bakom ~et* pull the wool over a p.'s eyes, take s.b in; *nu gick det upp ett ~ för mig* now the light has dawned on me **2** (*stearin- etc.*) candle; *bränna sitt ~ i båda ändar* burn the candle at both ends; *söka efter ngt med ~ och lykta* search high and low [for s.th.]; *han är just inte något ~* he is no great light, he is not on the bright side **II** *a1* light; light-coloured; (*lysande*) brilliant (*idé* idea), bright (*färger* colours; *framtid* future); (*om hy, hår*) fair; *det*

är redan ~an dag it is day[light] already; *mitt på ~a dagen* in broad daylight; *stå i ~an låga* be ablaze; *~a ögonblick* lucid moments; *i ~aste minne bevarad* cherished in happy remembrance

ljus|bild slide; *föredrag med ~er* lantern lecture **-blå** light (pale) blue **-brytning** [light] refraction **-båge** electric arc **-dunkel** *konst.* chiaroscuro **-effekt** light (lighting) effect **-flöde** luminous flux **-glimt** gleam of light, *bildl. äv.* ray of hope **-gård 1** *byggn.* well, light-court **2** (*-fenomen*) corona **3** *astr.* halo, *foto. äv.* halo **-huvud** *bildl.* bright boy **-hyllt** *a1* light-complexioned, fair-complexioned **-hårig** fair[-haired] **-kopiering** light printing; (*blåkopiering*) blueprinting **-knippe** light beam **-krona** chandelier; (*kristall-*) lustre **-kägla** cone of light **-källa** source of light **-känslig** sensitive to light; (*elektriskt*) photosensitive; *~t papper* sensitized paper **-lagd** *se -hyllt* **-lockig** with fair curly hair **-låga** candle-flame **-manschett** candle-ring **-mätare** light meter, photometer

ljus|na [-u:-] get (grow) light; (*dagas äv.*) dawn; *bildl.* brighten [up], get (become) brighter **-ning 1** *se gryning* **2** (*glänta*) clearing, glade **3** *bildl.* brightening[-up], change for the better, improvement **-punkt** lighting (luminous) point; *elektr.* focus; *bildl.* bright spot, consolation **-reflex** reflected light, reflection of light **-reklam** illuminated [advertisement] sign, neon sign (light) **-sax** *en ~* a pair of snuffers **-signal** light signal, signal light **-sken** shining (bright) light **-skimmer** shimmer of light **-skygg** *med.* photophobic; *bildl.* shady **-skygghet** *med.* photophobia; *bildl.* shadiness **-skylt** electric sign **-stake** candlestick, candleholder **-stark** (*om stjärna e.d.*) of great brilliance; (*om lampa e.d.*) bright **-strimma** streak of light **-stråle** ray (*kraftigare:* beam) of light **-stump** candle-end **-styrka** intensity of light; (*i normalljus*) candlepower **-stöpning** [-ö:-] candle-making

ljuster ['just-] *s7* [fishing-]spear, [fish]gig **ljustra** spear

ljus|veke candlewick **-våg** light-wave **-år** light year **-äkta** light-proof; *~ färg* fast colour

ljut|a [ˣju:-] *ljöt -it, num. end. i uttr.: ~ döden* meet one's death **ljutit** *sup. av ljuta*

ljuv [ju:v] *a1* sweet; (*om doft, sömn, vila äv.*) delicious; (*behaglig*) delightful (*syn* sight); *dela ~t och lett med ngn* share the fortunes (the ups and downs) of life with s.b. **ljuvhet** sweetness *etc.* **ljuvlig** *a1* sweet *etc., jfr ljuv*

ljöd [jö:d] *imperf. av ljuda*

ljög [jö:g] *imperf. av ljuga*

ljöt [jö:t] *imperf. av ljuta*

LO [ˣällɔ:] *förk. för Landsorganisationen*

lo *s2, zool.* lynx (*pl äv.* lynx)

lob *s3* lobe

lobb [-å-] *s2, sport.* lob **lobba** *v1, sport.* lob

lobotomi *s3* lobotomy

1 lock [låkk] *s2,* (*hår-*) lock [of hair]; (*ringlad*) curl

2 lock [låkk] *s7* (*på kärl o.d.*) lid; (*löst äv.*) cover; *det slog ~ för öronen på mig* I was deafened

3 lock [låkk] *s7* (*-ande*) *med ~ och pock* by hook or [by] crook; *varken med ~ eller pock* neither by fair means nor foul

1 locka [-å-] (*göra lockig*) curl, do up in curls; *~ sig* curl

2 lock|a [-å:-] **1** (*förleda*) entice, allure ([*till*] *att* into + *ing-form*); (*fresta*) tempt, entice ([*till*] *att* into + *ing- form*); (*fängsla*) attract; *~ ngn i fällan* trap s.b.; *~ fram* draw out (*ur* of); *~ fram tårar* draw tears (*ur* from) **2** *jakt. o.d.* call (*äv. ~ på*); (*om höna äv.*) cluck (*på* to)

lock|ande [-å-] *a4* enticing *etc.*; tempting, attractive **-bete** lure (*äv. bildl.*); bait; *bildl. äv.* decoy **-else** enticement, allurement; attraction; temptation **-fågel** decoy bird

lockig [-å-] *a1* curly

lockout [låkk'aut] *s3* lockout; *varsla om ~* give advance notice of a lockout **lockouta** [-'au-] *v1* lock out

lock|pris price to catch customers; special offer **-rop** mating call **-sång** call **-ton** callnote; *~er* (*bildl.*) siren call **-vara** bait, loss leader

locktång curling irons (tongs) (*pl*)

lod *s7* weight; (*sänk-*) plummet; *sjö.* lead

1 loda *sjö.* sound; *bildl.* plumb, fathom

2 loda (*ströva*) stroll [about]; *neds.* mooch [about]

lodenrock loden coat

lodjur *se lo*

lod|lina *sjö.* lead (sounding) line **-linje** vertical line **-ning** sounding (*äv. bildl.*) **-rät** plumb; vertical; perpendicular; *~a ord* (*i korsord*) clues down; *~t 5* 5 down

loft [låft] *s7* loft

log *imperf. av le*

logaritm *s3* logarithm **-isk** *a5* logarithmic **-tabell** table of logarithms

logdans barn dance

1 loge [ˣlɔ:ge] *s2* barn

2 loge [lå:ʃ] *s5* **1** *teat.* box **2** (*ordens-*) lodge

logement [låʃe-, lɔ-] *s7* barrack room

logera [lå'ʃe:-] **1** (*inhysa*) put up, accomodate, lodge **2** (*vara inhyst*) put up (*hos ngn* at a p.'s house *etc.*), lodge (*hos ngn* with s.b.)

logg [lå-] *s2, sjö.* log **logga** log **loggbok** logbook

loggert ['lågg-] *s2, sjö.* lugger

loggia ['låggia, -ja, 'låddja] *s1* loggia

logg|lina log line **-ning** logging

logi [-'ʃi:] *s4, s6* accommodation, lodging; *konkr.* lodging house; *kost och ~* board and lodging, full board

log|ik *s3* logic **-iker** ['lå:-] logician **-isk** ['lå:-] *a5* logical

logistik *s3* logistics (*behandlas som sg el. pl*)

logo|ped *s3* speech therapist (pathologist) **-pedi** *s3* speech pathology **-typ** *s3* logotype

loj [låjj] *a1* (*trög*) inert; (*slö*) slack; (*håglös*) listless; (*indolent*) indolent

lojal *a1* loyal (*mot* to[wards]) **-itet** loyalty

lok *s7, se lokomotiv*

lokal I *s3* place; (*rum*) room; (*sal*) hall; (*kontors-*) premises (*pl*) **II** *a1* local **-avdelning** local branch **-bedöva** give a local anaesthetic (*ngn* to s.b.) **-bedövning** local anaesthesia **-färg** local colour (*äv. bildl.*) **-hyra** rent (of premises *etc.*)

lokaliser|a localize, locate, place; *vara väl ~d* be thoroughly at home in (*äv. bildl.*) **-ing** localization, location

L

lokaliserings|politik industrial location policy **-stöd** industrial location grant
lokal|itet *s3* locality **-kännedom** local knowledge **-patriot** local patriot **-patriotism** local patriotism, regionalism **-plan** *på ~et* on the local level **-samtal** local call **-sinne** *ha ~* have a good sense of direction **-telefon** internal (interoffice) telephone **-trafik** local traffic **-tåg** local (suburban) train **-vård** cleaning **-vårdare** cleaner; (*pl*) cleaning staff
lokatt *se lo*
lokbiträde engine-driver's assistant **lokförare** engine driver; (*på ellok*) motorman; (*på diesellok*) engineer **lokomotiv** *s7* engine; locomotive **lokstall** engine shed
lolla [-å-] *s1* country wench
lom [lɔmm] *s2, zool.* diver, *AE.* loon
loma *se lomma*
lombardlån [låm'ba:rd-, ˣlåmm-] loan against security
lomhörd [ˣlɔmmhö:rd] *a1* hard of hearing, deaf
londonbo [ˣlånndånbɔ] *s5* Londoner; (*infödd, vard. äv.*) cockney
longitud [låŋ(g)i-] *s3* longitude **-inell** *a1* longitudinal
longör [låŋ'gö:r] tedious passage; (*friare*) dull period
lopp [-å-] *s7* **1** *sport.* running; (*ett ~*) run; (*tävling*) race; *dött ~* a dead heat **2** (*rörelse, gång*) course; *flodens övre ~* the upper reaches of the river; *ge fritt ~ åt* (*bildl.*) give vent to; *efter ~et av ett år* after [the lapse of] one year; *i det långa ~et* (*bildl.*) in the long run; *inom ~et av* within [the course of]; *under dagens ~* (äv.) during the day; *under tidernas ~* in the course of time **3** (*gevärs- o.d.*) bore
lopp|a [-å-] *s1* flea; *leva ~n* (*vard.*) have a gay time, go out on the spree **-bett** fleabite **-cirkus** flea circus **-marknad** flea (junk) market; jumble sale
lord [-å:-] *s3* lord; *~ A.* Lord A.; *~en* his Lordship **-kansler** *L~n* the Lord Chancellor
lornjett *s3* lorgnette
lort *s2* (*smuts*) dirt, filth, muck **lorta** *~ ner* get all dirty (*etc.*) **lortgris** little (dirty) pig **lortig** *a1* dirty, filthy, mucky
loss [-å-] *oböjl. a o. adv* loose; off, away; *kasta ~* (*sjö.*) cast off, let go; *skruva ~* (*äv.*) unscrew **lossa 1** (*lösa upp*) loose[n]; (*ngt hårt spänt äv.*) slack[en]; *bildl.* relax; (*knyta upp*) untie, unfasten, undo; (*bryta loss*) detach **2** (*urlasta*) unload, discharge; (*fartyg äv.*) unship, land; *~ lasten* discharge one's (its) cargo **3** (*skott*) discharge, fire [off] **lossna** come loose (off, untied *etc.*); (*om t.ex. tänder*) get loose; (*om färg o.d.*) loosen **lossning** unloading, discharging, discharge; landing **lossningsplats** (*för fartyg*) discharging berth; (*lossningshamn*) place (port) of discharge
lots *s2* pilot **lotsa** pilot (*äv. bildl.*); conduct
lots|avgift pilotage **-båt** pilot-boat **-distrikt** pilotage district **-ning** pilotage, piloting **-station** pilot station **-verket** [the Swedish] pilotage service
lott [-å-] *s3* **1** lot; (*andel äv.*) share, portion; (*öde*) lot, fate, destiny; (*jord-*) lot, plot; *dra ~ om* draw lots for; *falla på ngns ~ att* fall to a p.['s lot] to; *olika falla ödets ~er* fate apportions her favours unevenly **2** (*-sedel*) lot, lottery ticket
1 lotta [-å-] *s1* member of [the Swedish] Women's Voluntary Defence Service
2 lott|a [-å-] *v1, se* [*dra*] *lott*; *~ bort* (*ut*) dispose of by lottery
lott|ad *a5, lyckligt ~* well off (situated) **-dragning** drawing [of lots] (*om* for) **-eri** lottery (*äv. bildl.*); *spela på ~* take part in a lottery; *vinna på ~* win in a lottery **-eridragning** lottery draw **-lös** portionless; *bli ~* be left without any share, be left out **-nummer** lot-number **-sedel** lottery ticket
lotus ['lɔ:-] *s2* lotus
1 lov [lå:v] *s7* **1** (*tillåtelse*) permission, leave; *be* [*ngn*] *om ~* ask [a p.'s] leave; *får jag ~ att hjälpa till* may I ([will you] allow me to) help you (*etc.*); *får jag ~?* shall we dance?; *vad får det ~ att vara?* what can I show (get for) you? **2** *nu får jag ~ att gå* I must leave now **3** (*ferier*) holiday[s *pl*]
2 lov [lɔ:v] *s2* **1** *sjö.* (*göra en* make a) tack **2** *bildl., slå sina ~ar kring* hover (prowl) round; *ta ~en av ngn* get the better of s.b., take the wind out of a p.'s sails
3 lov [lå:v] *s7* (*beröm*) praise; *sjunga ngns ~* sing a p.'s praises; *Gud vare ~!* thank God!, God be praised!
1 lova [ˣlå:-] (*ge löfte* [*om*]) promise; (*högtidligt*) vow; *~ runt och hålla tunt* promise a lot, fulfil ne'er a lot; *~ gott* promise well, be promising; *det ~r gott för framtiden* it promises well for the future; *det vill jag ~!* I should say so!, rather!, *AE. vard.* I'll say!; *jag har redan ~t bort mig till i kväll* (*äv.*) I have got another engagement this evening
2 lova [ˣlɔ:-] *sjö.* luff
3 lova [ˣlå:-] (*prisa*) praise; *~d vare Gud!* blessed be God!
lovande [ˣlå:-] *a4* (*hoppingivande*) promising; (*om sak äv.*) auspicious; *det ser inte vidare ~ ut* (*äv.*) it doesn't look very hopeful
lovart ['lɔ:-] *r, i ~* to windward, on the windward side
lov|dag holiday; *ha en ~* have a day's holiday **-lig** [ˣlå:v-] *a1, den ~a tiden för* (*jakt.*) the open season for; *änderna blir ~a snart* duck-shooting begins soon
lov|ord [word of] praise **-orda** commend, praise **-prisa** eulogize; *~ ngn* (*äv.*) sound a p.'s praises **-sjunga** sing praises unto; (*friare*) sing the praise of **-sång** song of praise; (*jubel-*) paean **-tal** panegyric, eulogy (*över* upon); encomium **-värd** *a1* praiseworthy, commendable; (*om företag, försök o.d.*) laudable
LP-skiva [ˣellpe:-] LP (long-playing) record
lucia|dagen [-ˣsi:a-] Lucia Day (*December 13*) **-firande** [-ˣsi:a-] *s6, ~t* Lucia Day celebrations (*pl*)
lucka *s1* **1** (*ugns- o.d.*) door; (*fönster-*) shutter; (*damm-*) gate; (*källar-*) flap; (*titthålls-*) [spy-hole] hatch; *sjö.* [hatchway] lid **2** (*öppning*) hole, aperture; *sjö.* hatch **3** (*i skrift*) lacuna (*pl äv.* lacunae); *bildl.* gap; (*i minnet*) blank
lucker ['lukk-] *a2* loose; light, mellow **luckra** loosen, break up, mellow; *~ upp* loosen up
ludd *s3, s7* fluff; nap **ludda** *~* [*sig*] cotton, rise

with a nap **luddig** *a1* fluffy, cottony, nappy
luden *a3* hairy; *bot. äv.* downy
luff *s2, vara på ~en* be tramping **luffa** tramp; lumber; (*springa*) run **luffare** tramp, vagabond **luffarschack** *ung.* noughts and crosses (*pl*)
lufsa go lumbering; walk (run) clumsily **lufsig** *a1* clumsy
1 luft *s3, en ~ gardiner* a pair of curtains
2 luft *s3* air; (*friare äv.*) atmosphere; *fria ~en* the open air; *få [litet] frisk ~* get a breath of air; *ge ~ åt* (*bildl.*) give vent to, vent; *behandla ngn som ~* treat s.b. as though he did not exist; *han var som ~ för henne* he was beneath her notice; *det ligger i ~en* it is in the air; *gripen ur ~en* imaginary, made up
luft|a air; *~ på sig* go out for a breath of air; (*däck*) let down **-affär** bogus transaction; fraud **-angrepp** air attack (raid) (*mot* on) **-ballong** [air-]balloon **-bevakning** air defence warning service **-bro** airlift, air bridge **-broms** *flyg.* air brake **-bubbla** air-bubble **-buren** *a5, -burna trupper* airborne (parachute) troops **-buss** (*flygplan*) airbus **-bössa** air gun; (*leksak*) popgun **-cirkulation** air circulation **-drag** air current, draught; *AE.* draft **-fart** (*äv. ~en*) flying, aviation; (*flygtrafik*) air traffic **-fartsmyndighet** civil aviation authority **-fartsverket** *L~* [the Swedish] board of civil aviation **-fartyg** aircraft (*sg o. pl.*) **-flotta** air fleet **-fuktare** humidifier **-fuktighet** humidity of the atmosphere (air) **-färd** air (aerial) trip **-förorening** air pollution; (*ämne*) air pollutant **-försvar** air defence **-gevär** air gun (rifle) **-grop** *flyg.* air pocket **-hål** air (ventilation) hole; (*-utsläpp*) air-escape
luft|ig *a1* airy; (*om t.ex. klänning*) billowy **-intag** air-intake **-konditionerad** *a5* air-conditioned **-konditionering** air conditioning **-kudde** air cushion; (*i bil*) air bag **-kuddefarkost** cushioncraft, hovercraft **-kyld** *a5* air-cooled **-kylning** air-cooling **-lager** air stratum, layer of air **-landsättning** landing of airborne troops **-led** air corridor, airway **-ledning** overhead [power transmission] line **-madrass** air bed **-maska** chain stitch **-massa** air mass **-motstånd** air resistance (friction, drag)
luft|ning airing, ventilation **-ombyte** change of air **-pistol** air gun **-post** air mail **-pump** air pump, pneumatic pump; (*för cykeldäck o.d.*) tyre-inflator **-renare** air filter (cleaner) **-rening** air purification **-rum** airspace; *flyg.* air territory **-räd** air raid **-rör** *anat.* windpipe, *fack.* trachea **-rörskatarr** bronchitis **-skepp** airship; dirigible **-skydd** air raid precautions service **-slott** castle in the air (in Spain) **-språng** (*glädje-*) caper; *göra ~* cut capers **-streck** climate **-strid** aerial combat **-strupe** *se -rör* **-ström** current of air, air current, airflow **-tillförsel** air supply **-tom** airless; *~t rum* vacuum, void **-torka** airdry **-trumma** *tekn.* air shaft **-tryck** atmospheric pressure **-tät** airtight, hermetic **-täthet** air density **-vapen** *se flygvapen* **-ventil** air valve **-vägsinfektion** respiratory infection **-värn** anti-aircraft defence **-värnsartilleri** anti-aircraft artillery **-värnskanon** anti-aircraft gun **-växling** ventilation
1 lugg *s2* (*ludd*) nap, (*på sammet*) pile
2 lugg *s2* **1** (*pann-*) fringe; *titta under ~* look furtively, keep the (one's) eyes lowered **2** (*-ning*) wigging
lugga *~ ngn* pull a p.'s hair
luggsliten threadbare; shabby (*äv. bildl.*)
lugn [luŋn] **I** *s7* calm; (*egenskap äv.*) calmness; (*upphöjt ~*) serenity; (*stillhet*) quiet; (*ro*) tranquillity; (*sinnes-*) equanimity, composure ; *i ~ och ro* in peace and quiet; *återställa ~ och ordning* restore peace and order; *~et före stormen* the calm before the storm **II** *a1* calm; (*jämn*) smooth (*yta* surface); (*fridfull, ej upprörd*) tranquil; (*stilla*) quiet; (*mots. ängslig*) easy (*för* about); (*med bibehållen fattning*) composed; *med ~t samvete* with an easy conscience; *aldrig ha en ~ stund* never have a moment's peace; *hålla sig ~* (*ej bråka*) keep quiet; *var bara ~!* don't you worry!
lugna [ˣluŋna] calm, quiet[en]; (*farhågor, tvivel o.d.*) set at rest; *~ sig* calm o.s. (down); *~ dig!* don't get excited!, take it easy!; *~ dina upprörda känslor!* calm down!; *känna sig ~d* feel reassured **lugnande** *a4* calming *etc.*; (*om nyhet o.d.*) reassuring; *med.* sedative; *~ medel* sedative, tranquillizer **lugnt** *adv* calmly *etc.*; *ta det ~* take it (things) easy
luguber [-'gu:-] *a5* lugubrious, gloomy, dismal
Lukas ['lu:-] Luke; *~ evangelium* the Gospel according to St. Luke, Luke
lukrativ [-'ti:v, 'lukk-] *a1* lucrative, profitable
lukt *s3* smell; odour; (*behaglig äv.*) scent, perfume
lukt|a smell; *~ gott* (*illa*) smell nice (nasty); *det ~r vidbränt här* there's a smell of burning here; *det ~r tobak om honom* he smells of tobacco **-flaska** smelling-bottle **-fri** free from smell; odourless; scentless **-organ** organ of smell **-salt** smelling salts (*pl*), sal volatile **-sinne** sense of smell, olfactory sense; *ha fint ~* (*äv.*) have a keen sense of smell **-vatten** liquid scent **-viol** sweet violet **-ärt** sweet pea
lukullisk [-'kull-] *a5* Lucullan, Lucullian; (*friare*) sumptuous, luxurious
lull *adv, vard., i uttr.: stå ~* stand on its (*etc.*) own, stand without support
lulla *gå och ~* shamble along
lullull *s7, koll.* gewgaws (*pl*), tinsel
lumbal|punktion [-ˣba:l-] lumbar puncture **-vätska** cerebrospinal fluid
lumberjacka windcheater, lumberjacket
lumin|ans *s3* luminance **-iscens** [-'sens, -'ʃens] *s3* luminescence **-ös** *a1* luminous; (*snillrik*) brilliant
lummer ['lumm-] *s9, bot.* club moss
lummig *a1* thickly foliaged; spreading
lump *s1* **1** rags (*pl*) **2** *vard. göra ~en* do one's military service **-bod** rag-and-bone] shop, junk shop
lumpen *a3* paltry; (*småaktig*) petty, mean, shabby
lump|or *pl* rags **-papper** rag-paper **-samlare** rag-and-bone man, ragman
lunch *s3* lunch; luncheon **luncha** have [one's] lunch, lunch (*på* on)
lunch|bar *s3* lunch (snack) bar **-rast** lunch break; *skol.* lunch hour (recess) **-rum** (*i företag*) dining (lunch) room; (*självservering*) canteen

L

lund *s2, s3* grove; copse
lung|a *s1* lung; *blodpropp i ~n* pulmonary embolism **-blåsa** pulmonary vesicle **-blödning** haemorrhage of the lungs, pulmonary haemorrhage **-cancer** lung cancer, cancer of the lung **-fisk** lungfish **- inflammation** pneumonia; *dubbelsidig ~* double (bilateral) pneumonia **-mos** *kokk.* hashed [calf's] lights (*pl*) **-siktig** *a1* consumptive **-sot** *s3* [pulmonary] consumption, phthisis **-säck** pleural sack **-säcksinflammation** pleurisy **-tuberkulos** pulmonary tuberculosis
lunk *s3* trot; *i sakta ~* at a slow jog trot **lunka** jog along
lunnefågel [common] puffin
luns *s2* boor, bumpkin **lunsig** *a1* (*om pers.*) loutish, hulking; (*om plagg*) baggy, ill-fitting
lunta *s1* **1** (*bok*) tome, [big] volume; *nådiga ~n* the Budget Bill **2** (*för antändning*) match
lupin *s3* lupin
lupp *s3* magnifying glass, pocket lens
1 lur *s2* (*instrument*) horn, trumpet
2 lur *s2* (*slummer*) nap, doze; *ta sig en ~* take a nap, have forty winks
3 lur *s, i uttr.: ligga på ~* lie in wait, *bildl.* lurk; *stå på ~* stand in ambush
1 lura (*slumra*) drop off [to sleep], doze off
2 lura 1 (*ligga på lur*) lie in wait (*på* for), *bildl.* lurk **2** (*bedra*) take in; cheat (*på* in, over); (*dupera*) impose upon, dupe; (*övertala*) coax, wheedle, cajole (*ngn att göra* s.b. into doing); (*överlista*) get the better of; *bli ~d* be taken in; *mig ~r du inte!* (*äv.*) you dont catch me!; *~ av ngn ngt* wheedle (coax) s.th. out of s.b.; *~ till sig ngt* secure s.th. [for o.s.]; *låta ~ sig* [allow o.s. to] be taken in (cheated *etc.*)
lurendrej|are fraud, trickster **-eri** cheating; fraud
lurifax ['lu:-, -'aks] *s2* sly dog (fox) **lurpassa 1** *kortsp.* lie low **2** *bildl.* [lie in] wait **lurt** [-u:-] *vard., ngt ~* s.th. suspect
lurvig *a1* rough; (*rufsig*) tousled; (*om hund o.d.*) shaggy
lus *-en löss* louse (*pl* lice)
lusern [-ä:-] *s3* lucerne, purple meddick, alfalfa
lusig *a1* lousy
luska *se snoka*
luspank stony-broke
lussa *v1, vard.* celebrate Lucia Day
lust *s2* **1** (*håg*) inclination, mind; (*benägenhet, håg*) bent, disposition; (*smak*) taste, liking; *få ~ att* (*äv.*) take it into one's head to; *kom när du får ~!* come when you feel inclined [to]!; *ha ~ att a*) feel inclined (have a mind) to, *vard.* feel like (*sjunga* singing), *b*) (*bry sig om*) care to; *tappa ~en för* lose all desire for **2** (*glädje*) delight, pleasure; *i nöd och ~* in weal and woe, (*i vigselformulär*) for better for worse **3** (*åtrå*) desire
lust|a *s5* lust; desire **-barhet** [-a:-] amusement **-betonad** pleasurable; *~e känslor* feelings of pleasure **-eld** bonfire **-gas** laughing gas, *fack.* nitrous oxide **-gård** *Edens ~* the garden of Eden **-hus** summerhouse
lustig *a1* **1** (*roande*) amusing, funny; (*munter*) merry, jolly; *göra sig ~ över* make fun of, poke fun at; *hastigt och ~t* all of a sudden, straight away **2** (*löjlig*) funny, comic[al]; (*underlig*) odd, strange, peculiar **-het** *säga en ~* say s.th. amusing, make an amusing remark, crack a joke **-kurre** joker, wag
lust|jakt [pleasure] yacht **-känsla** sense (*-förnimmelse*: sensation) of pleasure **-mord** sex murder **-resa** pleasure trip (excursion) **-slott** royal out-of-town residence, pleasure palace **-spel** comedy **-spelsförfattare** comedy writer **-vandra** stroll about for pleasure
1 lut *s2* (*tvätt-*) lye
2 lut *s3, s7 stå* (*ligga*) *på ~* be aslant; *ha* [*ngt*] *på ~* have s.th. in reserve (up one's sleeve)
1 luta *s1* lute
2 luta *v1* (*lutlägga*) soak (steep) in lye
3 luta *v1* **1** lean (*äv. ~ sig*); incline; (*slutta*) slope, slant; *~ sig ner* stoop; *~ sig ut* lean out **2** (*tendera*) incline (*åt* towards); *jag ~r åt den åsikten att* I am inclined to think that; *det ~r nog ditåt* that is what it is coming to; *se vartåt det ~r* see which way things are going; *~ mot sitt fall* be on the road to ruin
lutad *a5* leaning (*mot* against); inclined, sloping (*bakåt* backwards); *gå ~* walk with a stoop **lutande** *a4* leaning; inclined (*plan* plane); (*om bokstäver o.d.*) sloped, slanted; (*framåt-*) stooping; *~ tornet i Pisa* the leaning tower of Pisa; *~ stil* [a] sloping hand
luteran, luterdom, lutersk *se lutheran, lutherdom, luthersk*
lutfisk [dried] stockfish
luther|an *s3* Lutheran **lutherdom** [ˣlutt-] *s2, ~* [*en*] Lutheranism **luthersk** ['lutt-] *a5* Lutheran
lutning [-u:-] inclination; (*sluttning*) slope
lutningsvinkel angle of inclination, pitch
lut|spelare lute player, lutenist **-sångare** singer to the lute
lutter ['lutt-] *oböjl. a* sheer, pure; downright
luttra *bildl.* try, purify, chasten; *~d* tried, chastened **luttring** trying *etc.*; purification
luv *s2, ligga i ~en på varandra* be at loggerheads [with each other]; *råka i ~en på varandra* fly at each other, fall foul of each other
luva *s1* [woollen] cap
luxuös *a1* luxurious, sumptuous
lya *s1* lair, hole; den (*äv. bildl.*)
1 lyck|a *v3, inom -ta dörrar* behind closed doors
2 lyck|a *s1* (*levnads-*) happiness; (*sällhet*) bliss; (*tur*) luck, good fortune; (*framgång*) success; (*öde*) fortune; *bättre ~ nästa gång!* better luck next time!; *~ till* good luck!; *du ~ns ost!* you lucky beggar!; *göra stor ~* be a great success; *en stor ~ fyllde honom* he was filled with great joy, he was brimming over with happiness; *göra sin ~* make one's fortune; *ha ~ med sig a*) (*ha framgång*) be successful (fortunate), *b*) (*medföra ~*) bring [good] luck; *ha den ~n att* have the good fortune to, be fortunate enough to; *pröva ~n* try one's fortune; *sin egen ~s smed* the architect of one's own fortunes
lyck|ad *a5* successful; *vara mycket ~* be a great success; *påståendet var mindre -at* the statement was hardly a happy one **lyck|as** *dep* succeed, be successful (*göra* in doing); (*gå bra*) be (turn out) a success; (*om pers.*) manage, contrive (*hitta* to find); *det ~ades inte alls* (*äv.*) it proved to be a complete failure; *allt ~ för honom* everything he

touches prospers, he is successful in everything
lycklig *a1* (*uppfylld av lycka*) happy; (*gynnad av lycka*) fortunate; (*tursam*) lucky; ~ *resa!* a pleasant journey!, bon voyage!; *i ~aste fall* at best; *av* (*genom*) *en ~ slump* by a lucky (happy) chance; *en ~ tilldragelse* a happy event **lyckligen** safely (*anländ* arrived) **lyckliggöra** make happy **lyckligt** *adv* happily *etc.*; ~ *okunnig om* blissfully ignorant of; *komma ~ och väl hem* get home safely; *om allt går ~* if everything goes favourably (well, successfully); *leva ~* live happily **lyckligtvis** fortunately, luckily; happily
lycko|bringande *a4* lucky, bringing fortune (*etc.*) [in its train] **-dag** lucky day **-hjul** wheel of fortune **-kast** lucky throw (hit) **-klöver** four--leaf (four-leaved) clover **-moral** eudaemonism; ethics of happiness **-piller** tranquillizer **-sam** *a1* prosperous; successful **-slant** lucky coin **-stjärna** lucky star **-tal** lucky number
lycksalig supremely happy, blissful **-het** bliss, supreme happiness (felicity)
lycksök|are, -erska fortune hunter, adventurer
lyckt *se 1 lycka*
lyck|träff lucky shot, stroke of luck; *en ren ~* a mere chance **-önska** ~ *ngn* congratulate s.b. (*till ngt* on s.th.) **-önskan** congratulation **-önskningstelegram** greetings telegram
1 lyda *v2, imperf. av löd* (*åt-*) obey; (*råd äv.*) follow, take; (*lyssna t.*) listen to (*förnuftets röst* the voice of reason); *ej ~ order* (*äv.*) disobey orders; ~ *roder* answer [to] the helm; ~ *under a*) (*om land o.d.*) be subject to, *b*) (*om ämbetsverk o.d.*) be under (subordinate to), be under the jurisdiction of, *c*) (*tillhöra*) belong to
2 lyd|a *v2, imperf. av löd* **1** (*ha viss -else*) run, read; *hur -er frågan?* how does the question read?; *..., löd svaret ...*, was the reply; *domen -er på* the sentence is **2** *en räkning ~nde på 200 pund* a bill for £200; *~nde på innehavaren* made out to bearer
lydelse wording, tenor
lydfolk tributary people **lydig** *a1* obedient; (*lag-*) loyal; (*foglig*) docile; (*snäll*) good **lydnad** [-y:-] *s3* obedience (*mot* to); loyalty **lydstat** tributary (vassal) state
lyft *s7* lift, hoist, heave **lyfta** *v3* **1** lift; (*höja*) raise (*på hatten* one's hat); (*häva*) heave; *bildl.* lift, elevate **2** (*uppbära*) draw, collect (*sin lön* one's salary); (*uttaga*) withdraw, take out (*pengar på ett konto* money from an account) **3** (*om fågel*) take wing (flight); *flyg.* take off, lift; (*om dimma o.d.*) lift
lyft|anordning hoist, gin **-kran** [hoisting] crane **-ning** lift; *bildl.* elevation, uplift
lyhörd [-ö:-] *a1* **1** (*om pers.*) with a sensitive (sharp) ear; keenly alive (*för* to) **2** (*om rum o.d.*) insufficiently soundproof **-het 1** sensitiveness of hearing (ear) (*för* for); sensitive ear (*för* to); inadequacy of soundproofing
1 lykta *v1, se sluta*
2 lykta *s1* lantern; (*gat-, bil- o.d.*) lamp
lykt|gubbe *se irrbloss* **-stolpe** lamppost **-tändare** lamplighter
lymf|a *s1* lymph **-kärl** lymphatic [vessel] **-knuta** lymph node (gland) **-körtel** *se -knuta*
lymmel *s2* blackguard; scoundrel, villain **-aktig** *a1* blackguardly; villainous
lynch|a lynch **-ning** lynching
lynne *s6* **1** (*läggning*) temperament; (*sinnelag*) disposition, temper; *ha ett häftigt ~* have a hasty temper **2** (*sinnesstämning*) humour; temper, mood; *vara vid dåligt ~* (*äv.*) be in low spirits **lynneskast** *tvära ~* temperamental ups and downs **lynnesutbrott** outburst of temper **lynnig** *a1* capricious
1 lyr|a *s1* (*kast*) throw; *ta -or* catch balls
2 lyra *s1* (*mus. o friare*) lyre
lyr|formig [-å:-] *a1* lyre-shaped **-fågel** lyrebird
lyrik *s3* lyrics (*pl*); lyric poetry **lyriker** ['ly:-] lyric poet **lyrisk** ['ly:-] *a5* lyric; *bli ~* (*vard.*) grow lyrical
lys|a *v3* **1** (*avge ljus*) shine (*klart* bright[ly]); give (shed) light; (*glänsa*) gleam, glitter; (*glöda*) glow; *det -er i köket* the light is (lights are) on in the kitchen **2** *bildl.* shine (*av* with); *ansiktet -te av lycka* his (*etc.*) face was alight with happiness; *glädjen -te i hans ögon* joy shone in his eyes; ~ *inför andra* show off before other people; ~ *med sina kunskaper* (*äv.*) make a display of one's knowledge; ~ *med sin frånvaro* be conspicuous by one's abscence; ~ *med lånta fjädrar* (*äv.*) strut in borrowed plumes; ~ *upp* light up, (*illuminera*) illuminate, (*friare äv.*) lighten, brighten [up] **3** ~ *ngn* light s.b. (*nedför en trappa* down a staircase) **4** *det -er för dem* the banns are to be published for them
lysande *a4* **1** shining *etc.*; (*klar*) bright; (*själv-*) luminous; (*strålande*) radiant; (*om t.ex. dräkter*) resplendent (*i granna färger* in gay colours) **2** *bildl.* brilliant; (*storartad*) splendid; (*bländande*) dazzling (*framgång* success); (*frejdad*) illustrious; ~ *resultat* (*äv.*) spectacular result; *ett ~ undantag* (*äv.*) an outstanding exception; *gick allt annat än ~* was by no means a brilliant success
lys|boj light buoy **-bomb** flare
lys|e *s6* light[ing] **-färg** luminous paint **-gas** coal (town, city) gas **-kraft** luminosity **-mask** glow-worm
lysning [-y:-] banns (*pl*) **lysningspresent** wedding present
lysol [-'så:l] *s3, kem.* lysol
lys|olja lamp oil **-rör** fluorescent tube **-rörsarmatur** fluorescent tube fittings, neon light fittings (*pl*)
lyssna listen (*efter* for; *på* to) **lyssnarapparat** *mil.* sound detection apparatus, sound locator **lyssnare** listener **lyssnarpost** *mil.* listening post; (*radio. etc.*) listeners' mail
lysten *a3* (*glupsk*) greedy (*efter* for); (*girig*) covetous (*efter* for); (*ivrig*) eager (*på* for)
1 lyster ['lyss-] *s3, s2* lustre
2 lyster ['lyss-] *pres. sg, imperf. lyste, vanl. opers., det ~ mig att* I have a good mind to
lystmäte *s6, få sitt ~* have one's fill (*på* of) **lystnad** *s3* greediness *etc.*; greed
lystr|a pay attention; obey (*äv. ~ till*); (*spetsa öronen*) prick up one's (its) ears; ~ *till ett namn* answer to a name **-ing** response; obedience; *~!* (*mil.*) attention! **-ingsord** word of command, call to attention
lysträd [ˣly:s-] filament
lyte *s6* defect; deformity; *bildl.* fault, vice

1 lytt *a1* maimed, crippled, disabled
2 lytt *a, n, se lyhörd*
lyx *s3* luxury; (*i fråga om mat o. dryck*) sumptuousness; (*överdåd*) extravagance **-artikel** luxury **-bil** luxury car, de luxe model **-hotell** luxury (first-class) hotel
lyx|ig *a1* luxurious **-kryssare** luxury cruiser **-liv** life of luxury **-skatt** luxury tax **-telegram** greetings telegram **-upplaga** de luxe edition
låd|a *s1* **1** box; (*större äv.*) case; (*byrå- o.d.*) drawer; (*maträtt*) dish cooked in a baking-dish **2** *hålla ~* talk the hind leg(s) off a donkey **-kamera** box camera
1 låg *imperf. av ligga*
2 låg *~t lägre lägst* low; *bildl.* low, mean, base; *hysa ~a tankar om* have a poor opinion of
låg|a I *s1* flame (*äv. bildl.*); (*starkare*) blaze; *bli -ornas rov* perish in [the] flames; *stå i ljusan ~* be [all] ablaze; *föremålet för hans ömma ~* the object of his tender passion **II** *v1* blaze; flame (*äv. bildl.*); (*glöda*) glow (*av* with)
lågad|el *~n* the lesser nobility, (*i Storbritannien ung.*) the gentry **-lig** of (belonging to) the lesser nobility (*etc.*)
lågande *a4* blazing; flaming; burning (*hat* hatred); *med ~ kinder* (*äv.*) with cheeks afire
låg|avlönad low-paid **-frekvens** low frequency **-halsad** *a5* low-necked **-halt** *vara ~* have one leg shorter than the other **-het** lowness *etc.* **-hus** low-rise building **-inkomsttagare** low-income earner **-klackad** *a5* low-heeled **-konjunktur** depression, economic (business) recession, slump **-kyrklig** Low-Church **-land** lowland[s *pl*] **-länt** *a1* low-lying **-lönegrupp** low-income category (group) **-mäld** [-ä:-] *a1* low-voiced, low-key (*äv. bildl.*); *bildl.* quiet, unobtrusive **-mäldhet** [-ä:-] *bildl.* quietness *etc.* **-mält** [-ä:-] *adv* in a low voice **-nivåspråk** *data.* low-level language **-sinnad** *a5 se -sint* **-sint** *a1* base, mean **-skor** shoes **-slätt** lowland plain **-spänning** low voltage **-stadielärare** junior level teacher **-stadium** beginning stage, junior stage; *-stadiet* (*skol.*) primary department **-säsong** off season
lågt [-å:-] *lägre lägst, adv* low; *bildl.* basely, meanly; *~ räknat* at a low estimate
låg|tryck 1 *meteor.* depression, low **2** *fys.* low pressure **-trycksområde** low pressure area
lågtstående *a4* (*om kultur o.d.*) primitive
låg|tyska Low German **-vatten** low water; (*vid ebb*) low tide **-vattenmärke** *bildl.* low-water mark **-växt** *a1* short
lån *s7* loan (*mot ränta* at interest; *mot säkerhet* on security); *ordet är ett ~ från engelskan* the word has been borrowed from the English; *ha ngt till ~s* have s.th. on loan, have borrowed s.th.
låna 1 (*ut-*) lend (*åt* to); *AE. äv.* loan; (*förskottera*) advance; *~ ut* lend [out]; *~ sitt namn åt* allow one's name to be used by; *~ sig till* lend o.s. to **2** (*få t. låns*) borrow (*av* from); *~ upp* borrow; *~ pengar på* raise money on
låne|ansökan loan application **-belopp** amount of the loan, loan (credit) amount **-bibliotek** lending library; circulating library **-handling** loan (credit) document **-verksamhet** lending operations (*pl*) **-villkor** *pl* terms of a loan, loan terms
lång *~t längre längst* **1** (*om tid o. rum*) long; (*väl ~, -randig etc.*) lengthy; (*tämligen ~*) longish; (*stor*) great (*avstånd* distance), big (*steg* stride); *lagens arm är ~* the arm of the law is far-reaching; *lika ~* of equal length; *hela ~a dagen* all day long; *inte på ~a vägar så bra* not by a long way (not anything like) so good; *han blev ~ i ansiktet* his face fell; *det tar inte ~ tid att* it won't take long to; *tiden blir ~ när* time seems long when; *på ~ sikt* in the long run, on the long term, long-range ... **2** (*om pers.*) tall
långa *s1, zool.* ling
lång|bent [-e:-] *a1* long-legged **-bord** long table **-byxor** *pl* long trousers, (*fritids-*) slacks **-dans** long-line dance **-distanslöpning** long-distance race **-distansrobot** long-range [guided] missile **-dragen** *a3, bildl.* protracted (*debatt* debate); lengthy; (*tröttsam*) tedious **-film** long (full-length) film **-finger** middle finger **-fingrad** *a5, bildl.* light-fingered **-franska** *s1, s7, ung.* tin loaf **-fredag** Good Friday (*äv. ~en*) **-fristig** *a1* long-term **-färd** long trip (expedition, voyage) **-färdssegling** long-distance sailing **-färdsskridsko** long-distance skate **-grund** (*om strand*) shelving; (*om vatten*) shoaling **-hårig** long-haired
långivare lender; granter of a loan
lång|kalsonger *pl* long underpants, *vard.* long johns **-kok** long, slow cooking **-körare** *pjäsen har blivit en ~* the play has had a very long run **-körning** long- distance run
lång|lig *a1* longish; *på ~a tider* for ever so long, for ages **-livad** *a5* long-lived; *inte bli ~* not last long, (*om pers.*) not be long for this world **-mjölk** processed sour milk **-modig** patient, forbearing, long-suffering
långods borrowed (loaned) property
lång|promenad *ta sig en ~* go for a long walk **-randig** *bildl.* long-winded, tedious[ly long] **-resa** long journey (*sjö.* voyage) **-rev** long line
långsam *a1* slow (*i, med* in, at, over); (*trög, äv. om puls*) sluggish; (*maklig*) leisurely; (*senfärdig*) tardy **långsamt** *adv* slowly; *~ men säkert* slow[ly] but sure[ly]; *ett ~ verkande gift* a slow[-working] poison; *det går ~ för dem att* it is a slow business their (+ *ing-form*), they are so slow in (+ *ing-form*) **långsamhet** slowness *etc.*
lång|sida long side **-sides** alongside **-siktig** *a1* long-range, long-term **-siktsplanering** long-range planning **-sint** *a1* resentful **-sjal** *vard.* one grand (= 1 000 kronor bill) **-skallig** dolichocephalic, dolichocephalous **-skepp 1** *byggn.* nave **2** (*drakskepp*) longship **-skepps** [-ʃ-] *sjö.* fore-and-aft **-skjutande** *a4* long-range **-skäggig** long-bearded **-sluttande** *a4* gradually sloping **-smal** long and narrow **-spelande** *a4* long-playing (*skiva* record) **-strumpa** stocking **-sträckt** *a1* of some length, longish **-synt** [-y:-] *a1* long-sighted **-sökt** [-ö:-] *a4* far-fetched; strained
långt *längre längst, adv* **1** *rumsbet.* far (*härifrån* [away] from here); a long way (*dit* there; *till* to); *gå ~* (*bildl.*) go far, rise high [in life]; *gå för ~* (*bildl.*) go too far; *nu går det för ~!* this is too much of a good thing!; *hon hade inte ~ till tårarna* her tears were not far off; *man kommer inte ~ med fem shilling* you don't get far with five shil-

lings; *så ~* thus (so) far; *så ~ ögat når* as far as the eye can see; *resa ~ bort* go a long journey; *vi har ~ till affären* we have a long way to go to the shop; *det är ~ mellan bra filmer* good films are few and far between; *det är ~ mellan gårdarna* the farms are far apart; *det är ~ mellan blixtarna* the lightning flashes come at long intervals; *~ inne i tunneln* far (well) down the tunnel **2** *tidsbet.* long (*efteråt* afterwards); far (*in på det nya året* into the new year); *~ innan* long (a long while) before; *~ om länge* at long last; *så ~ jag kan minnas tillbaka* as far back as I can remember **3** (*vida*) far (*bättre* better; *överlägsen* superior to); (*mycket äv.*) much, a great deal, a lot; *~ ifrån* (*ingalunda*) by no means **-gående** *a4* far-reaching, extensive, considerable **-ifrån** ['lånt-] *se långt 3*

lång|tidsprognos long-term (long-range) forecast **-tradare** transport (long- distance) lorry; *AE.* freight truck; *vard.* juggernaut **-tråkig** very tedious (*etc.*) **-varig** *a1* long; of long duration; (*utdragen*) lengthy, protracted; (*om t.ex. förbindelse*) long-standing **-varighet** lengthiness, protractedness **-våg** *radio.* long wave **-vård** long-term treatment, long-stay care **-vårdsklinik** long-stay ward **-väga** *oböjligt a o. adv* from a [long] distance; *en ~ gäst* a guest [who has come] from afar; *~ ifrån* from far away **-ärmad** *a5* long-sleeved

lån|ord loan word **-tagare** borrower

1 lår *s2* (*låda*) [large] box; (*pack-*) case, chest

2 lår *s7* thigh

lår|ben thighbone, *fack.* femur **-bensbrott** fractured thigh[bone] **-benshals** neck of the femur

låring *sjö.* quarter

lås *s7* lock; (*häng-*) padlock; (*knäppe*) clasp, catch; *inom ~ och bom* under lock and key; *gå i ~* (*bildl.*) go without a hitch

lås|a *v3* lock; *~ in* lock up; *~ upp* unlock; *~ sig* (*om sak*) get locked, jam, (*fastna*) get stuck; *~ sig ute* lock o.s. out **-anordning** locking device **-bar** *a1* lockable, lock-up **-kolv** spring (latch) bolt **-mekanism** lock device (mechanism) **-smed** locksmith **-vred** door handle

låt *s2* (*melodi*) melody, tune, song; (*ljud*) sound, *bildl.* tune

1 låt|a *lät -it* (*ljuda, lyda*) sound (*som* like); *det -er misstänkt* it sounds suspicious; *maskinen -er illa* the machine makes a row; *det -er oroväckande* the news is alarming; *jo, det -er något det!* (*iron.*) tell me another one!; *det -er som om han tänkte komma* [from what I (*etc.*) hear] it seems as if he would come; *du -er inte vidare glad* you don't sound very cheerful

2 låt|a *lät -it* **I** *hjälpv* **1** let; allow to; permit to; *~ bli ngt* leave (let) s.th. alone; *~ ngt ligga* (*stå*) leave s.th. alone (where it is); *~ nyckeln sitta kvar i låset* leave the key in the lock; *ingen lät märka något* no one let on about it; *~ saken bero* let the matter rest, drop the matter; *~ vara* leave alone; *låt vara att* even though, although; *låt så vara, men* that may be so, but **2** (*laga att*) have (*hämta ngt* s.th. fetched); get (*göra ngt* s.th. done); (*föranstalta att*) cause (*ngn göra ngt* s.b. to do s.th.); (*förmå*) make (*ngn göra ngt* s.b. do s.th.); *~ sömmerskan sy en klänning* get the dressmaker to make a dress; *låt se att* see to it that; *han lät tala om sig* he gave people cause to talk [about him], he got himself talked about; *~ ngn förstå* give s.b. to understand; *~ ngn vänta* keep s.b. waiting, let s.b. wait **3** *det -er göra sig* it is possible, it can be done; *det -er höra sig!* that's s.th. like!; *~ sig väl smaka* tuck in; *det -er säga sig* it can (may) be said; *inte ~ säga sig ngt två gånger* not need to be asked twice; *~ övertala sig* allow o.s. to (let o.s.) be persuaded **4** *~ sitt vatten* pass one's water

låtgåsystem [-ˣgå:-] laissez-faire [system]

låtit *sup. av 1, 2 låta*

låtsad [ˣlå(t)ss-] *a5* pretended *etc.*; (*falsk*) sham, mock, make-believe

låtsa|s [ˣlå(t)ss-] *dep* pretend; feign; make pretence of, simulate (*vara* being); *~ att* (*äv.*) make believe that; *han -des att han inte såg mig* he pretended not to see me; *~ som om det regnar* behave as if nothing were the matter; *~ inte om det!* don't let on about it!; *skall det här ~ vara ...?* is this supposed to be ...?

låtsaslek make believe

lä *n* lee; *i ~* to leeward, on the lee[ward] side; *komma i ~ för land* get under the lee of the land; *i ~ för vinden* sheltered from the wind, in the lee of the wind; *ligga i ~* (*bildl.*) fall short, be behindhand

läck *oböjligt a* leaky; *springa ~* spring a leak; *vara ~* leak, be a leak **läcka I** *s1* leak; *bildl.* leakage **II** *v3* leak (*om fartyg äv.*) make water; *~ ut* leak out (*äv. bildl.*) **läckage** [-ˈka:ʃ] *s7* leakage

läcker [ˈläkk-] *a2* dainty, delicious **-bit** dainty, morcel; titbit **-gom** gourmet **-het** daintiness; delicacy, dainty

läder [ˈlä:-] *s7* leather; *en ... av ~* (*äv.*) a leather ... **-arbete** leather-work **-artad** [-a:r-] *a5* leather-like; leathery **-fåtölj** leather armchair **-hud** *anat.* leather-skin, corium, dermis **-imitation** imitation leather, leatherette **-lapp** *se fladdermus* **-rem** leather strap **-varor** *pl* leather goods **-väska** leather bag

läge *s6* situation; position; (*plats*) place; (*nivå*) level; (*belägenhet*) site, location; (*tillstånd*) state, condition; *i soliga ~n* (*trädg.*) in a sunny location; *hålla ngt i ~* hold s.th. in position; *i nuvarande ~* as things stand at present; *i rätt ~* in place; *saken har kommit i ett nytt ~* the matter has entered a new phase, the situation has changed; *som ~t nu är* as matters now stand

lägel *s2* bottle; (*fat ung.*) puncheon

lägenhet 1 *se våning* **2** *efter råd och ~* according to one's means **3** (*transport- o.d., resetillfälle*) opportunity; means of transport; (*båt- äv.*) sailing, ship; *med första ~* (*sjö.*) by the first ship [sailing]

läg|er [ˈlä:-] *s7* **1** (*tält- o.d.*) camp (*äv. bildl.*); *slå ~* pitch [one's] camp, encamp; *det blev oro i -ret* (*bildl.*) everybody was upset **2** (*parti*) party; *ur olika ~* belonging to various parties **3** (*liggplats*) bed; (*djurs äv.*) lair; *reda sig ett ~* make a bed **-eld** camp fire **-liv** camp life **-plats** camp site, camping ground

lägervall *i uttr.: ligga i ~* be in a state of decay, lie waste

läges|bestämning determination of position **-energi** potential energy

L

1 lägg *s2, anat.* shank
2 lägg *s7* (*pappers-, tidnings-*) file
lägg|a *lade lagt* **I** put; (*i vågrätt ställning äv.*) lay (*äv. bildl.*); (*placera på viss plats, på visst sätt e.d.*) place; (*t. sängs*) put to bed; (*ordna sängplatser för*) put to sleep; (*anbringa*) apply (*på* to); ~ *grundstenen till* lay the foundation stone of; ~ *håret* have one's hair set; ~ *ägg* lay eggs **II** (*med betonad partikel*) **1** ~ *an* (*gevär o.d.*) level, point, aim (*på* at); ~ *an på a*) (*eftersträva*) aim at, *b*) (*söka vinna*) make up to, make a dead set at **2** ~ *bi* (*sjö.*) lay (heave) to **3** ~ *bort* (*upphöra med*) give up, drop, (*ovana äv.*) leave off **4** ~ *fram* put out; *jfr fram-* **5** ~ *för ngn* (*vid måltid*) help s.b. to **6** ~ *ifrån sig* put (lay) down **7** ~ *ihop* put (place) together **8** ~ *in* (*jfr in-*) *a*) (*ngt i*) put into, *b*) *se konservera*; ~ *in ansökan* file (submit) an application; ~ *in en brasa* lay a fire; ~ *in golv* put down a floor, floor; ~ *in hela sin själ i ngt* (*äv.*) do s.th. wholeheartedly **9** ~ *ner a*) *se ned-*, *b*) (*pengar, möda o.d.*) spend, expend (*på* in, on), *c*) (*sin röst vid omröstning*) abstain [*sin röst* from voting], *d*) (*klänning*) let down, *e*) (*teaterpjäs*) withdraw **10** ~ *om a*) (*ändra*) change, alter, *b*) *med.* bandage, bind up, dress; ~ *om rodret* shift the helm **11** ~ *på a*) put on, *b*) (*brev o.d.*) post; ~ *på luren* hang up [the receiver] **12** ~ *till a*) (*tillfoga*) add [on], *b*) *sjö.* put in (*vid* at) **13** ~ *undan* put away, put aside **14** ~ *under sig* (*bildl.*) subdue **15** ~ *upp a*) put up (*på* on), *b*) (*mat*) dish up, *c*) (*klänning*) shorten, put a tuck in, *d*) (*hår*) dress, *AE. äv.* fix up, *e*) (*maskor*) cast on, *f*) (*fartyg, förråd*) lay up, *g*) (*an-*) start, set up, *h*) (*upphöra med*) give up; ~ *upp håret på rullar* set one's hair on rollers **16** ~ *ut a*) lay out (*äv. pengar*), *b*) (*klädesplagg*) let out, *c*) *sjö.* put off (out) (*från* from), *d*) (*bli tjock*) put on weight **III** *rfl a*) (*äv.* ~ *sig ner*) lie down, (*gå t. sängs*) go to bed, (*om sjuk*) take to one's bed, *b*) (*om sak*) settle, (*sänka sig*) descend, (*isbeläggas*) freeze, get frozen over, *c*) *bildl.* abate, subside, (*försvagas*) lie down (away), (*om svullnad*) go down; ~ *sig i* interfere, meddle (*ngt* in s.th.); *lägg dig inte i det!* mind your own business!, (*äv.*) keep clear of that!; ~ *sig till med* (*skägg o.d.*) grow, (*glasögon*) take to, (*titel e.d.*) adopt, (*bil e.d.*) acquire, (*tillägna sig*) appropri ate; ~ *sig ut för ngn* take up a p.'s cause, (*hos ngn*) intercede (put in a good word) for s.b. (*hos* with)
lägg|dags bedtime **-ning 1** *bildl.* disposition, character; (*håg*) bent, turn **2** (*hår-*) setting; *tvättning och* ~ shampoo and set **-spel** jigsaw puzzle
läglig [ˣlä:g-] *a1* opportune, timely; (*passande*) suitable, convenient; *vid första ~a tillfälle* at your earliest convenience
lägra [ˣlä:g-] *rfl* encamp; (*om dimma, damm o.d.*) settle
lägre [ˈlä:g-] *komp. t. låg, lågt* **I** *a* lower; (*i rang, värde o.d.*) inferior (*än* to) **II** *adv* lower **lägst** [-ä:-] *superl. t. låg, lågt* lowest; *~a växeln* (*på bil*) the low gear; *till ~a möjliga pris* at the lowest possible price, at rock-bottom price; *i ~a laget* too low; *som* ~ at its (their) lowest
läk|a *v3* heal (*igen* over, up) (*äv. bildl.*); (*bota*) cure; *tider -er alla sår* time heals all wounds **läkande** *a4* healing; curative
läkar|arvode medical (doctor's) fee **-behandling** medical treatment **-besök** visit to a doctor **-bok** medical book
läkar|e doctor; physician; (*kirurg*) surgeon; *praktiserande* ~ general practitioner; *kvinnlig* ~ woman doctor; *gå till* ~ see (consult) a doctor, seek medical advice; *tillkalla* ~ call in a doctor **-hus** health centre **-intyg** doctor's (medical) certificate **-kår** *~en* the medical profession **-mottagning** surgery; consulting rooms (*pl*) **-recept** [doctor's] prescription **-sekreterare** medical secretary **-undersökning** medical examination (inspection), physical examination **-vetenskap** medical science (*äv. ~en*) **-vård** medical attendance (care)
läkas *v3, dep* heal [up]
läke|dom [-domm] *s3* cure **-konst** [the] art of healing; *utöva ~en* practise medicine **-medel** medicine; pharmaceutical preparation; drug; (*botemedel*) remedy **-medelsindustri** pharmaceutical industry **-medelsmissbruk** drug abuse
läk|kött *ha gott* ~ have flesh that heals quickly **-ning** [-ä:-] healing **-ningsprocess** process of healing
läkt *s3* (*ribba*) lath, batten
1 läktare (*åskådar-*) gallery; (*utomhus*) platform, stand; (*utan tak*) *AE. äv.* bleachers
2 läktare *sjö.* lighter
läm [lämm] *s2* (*lucka*) flap
lämmel *s2* lemming **-tåg** lemming migration
lämn|a 1 leave; (*ge sig av*) quit; (*överge äv.*) give up; (*befattning äv.*) retire from; ~ *mycket övrigt att önska* leave a great deal to be desired; *~r mig ingen ro* gives me no peace; ~ *i arv åt ngn* leave to s.b. **2** (*över-*) hand (*ngn ngt* s.b. s.th., s.th. [over] to s.b.); leave; (*in-*) hand in; *hand äv.* render; (*ge, skänka*) give; (*hjälp äv.*) render; (*bevilja*) grant; (*avkasta*) yield **3** ~ *ifrån sig* hand over; ~ *igen* return, give back; ~ *kvar* leave [behind] **-ing** *se kvarleva*
lämp|a I *s1, -or* gentle means; *gå fram med -or* go gently, use velvet gloves; *bruka -or med ngn* coax s.b.; *ta ngn med -or* coax s.b. into [doing] s.th. **II** *v1* **1** (*anpassa*) adapt, accommodate, suit (*efter* to); (*justera*) adjust (*efter* to); ~ *sig* (*foga sig*) adapt (accommodate, suit) o.s. (*efter* to); ~ *sig för* be adapted (suited) for **2** *sjö.* trim; ~ *över bord* jettison
lämp|ad *a5* adapted (*efter* to); suited (*för* for) **-lig** *a1* suitable, fitting; (*som duger, äv.*) fit; (*om anmärkning, behandling äv.*) appropriate; (*lagom*) adequate; (*tillbörlig*) due, proper; (*rådlig*) advisable, expedient; (*läglig*) opportune, convenient; *vidtaga ~a åtgärder* take appropriate action; *vid ~t tillfälle* at a suitable (convenient) opportunity **-ligen** suitably *etc.*; *det görs* ~ it is best done **-lighet** suitability; fitness
lämpor *se lämpa I*
län *s7, ung.* county, administrative district, province
länd *s3* loin; (*på djur*) hind quarters (*pl*); *omgjorda sina ~er* gird up one's loins
lända *v2,* ~ *ngn till heder* redound to a p.'s honour; ~ *ngn till varning* serve as a warning to s.b.

länga [-ŋ-] *s1* (*rad*) row, range; *jfr huslänga*
längd [-ŋd] *s3* **1** (*i rum*) length; (*människas*) height, tallness, stature; *geogr.* longitude; *tre meter på ~en* three metres in length; *i hela sin ~* full length; *resa sig i hela sin ~* draw o.s. up to one's full height; *på ~en* (*äv.*) lengthways, lengthwise; *största ~* (*sjö.*) length over all **2** (*i tid*) length; *i ~en* in the end, in the long run; *dra ut på ~en* be prolonged **-axel** longitudinal axis **-grad** [degree of] longitude **-hopp** long (*AE.* broad) jump **-hoppare** long-jumper **-löpning** long-distance racing **-mått** linear (long) measure **-riktning** longitudinal direction; *i ~en* lengthwise, longitudinally; *i papperets ~* lengthways of the paper
läng|e [-ŋ-] *-re -st, adv* long; (*i påståendesats*) [for] a long time (while); (*lång stund äv.*) for long; *ganska ~* [for] quite a long time (while); *både ~ och väl* no end of a time; *hur ~ till?* how much longer?; *för ~ sedan* a long time (while) ago, long ago; *på ~* for a long time, for ever so long; *sitt ner så ~!* take a seat while you wait!; *så ~ som* as (*nekande:* so) long as; *så ~ jag kan minnas* ever since I can remember; *än så ~* for the present (the time being)
längesedan long (a long time) ago; *vard.* ages ago
längre ['läŋ-] *komp. t. lång, långt, länge* **I** *a* **1** longer; (*rumsbet. äv.*) farther, further; (*högre*) taller; *göra ~* (*äv.*) lengthen; *för ~ avstånd än* (*äv.*) for distances greater than **2** (*utan jämförelse*) long; (*om t.ex. tal, paus, äv.*) longish, lengthy, of some length; *någon ~ tid kan jag inte stanna* I cannot stay very long; *under en ~ tid* for a considerable time, for quite a long time **II** *adv* (*om rum, tid*) further, farther; (*om tid äv.*) longer; *det går inte ~ att* it is no longer possible to; *det finns inte ~* it does not exist any longer; *~ bort* farther away; *~ fram* further on, (*senare*) later on
längs [-ŋs] *~* [*efter* (*med*)] along; (*~ sidan av*) alongside **-efter** [-'efter, 'läŋs-] along **-gående** *a4* longitudinal **-med** along
längst [-ŋst] *superl. t. lång, långt, länge* **I** *a* longest; (*högst*) tallest; *i ~a laget* too long if anything; *i det ~a* as long as possible, (*t.ex. hoppas att*) to the [very] last **II** *adv* farthest, furthest (*bort away*); *~ bak* rearmost; *~ ner* (*upp*) at the [very] bottom (top) (*i* of); *~ till vänster* (*äv.*) at the extreme left
längta [-ŋ-] long, yearn (*efter* for; *efter att* to); *~ efter att ngn skall komma* (*äv.*) be looking forward to a p.'s coming; *~ bort* long to get away; *~ hem* be homesick, long for home **längtan** *r* longing (*efter* for); *förgås av ~ att ngn skall* be dying [with longing] for s.b. to (+ *inf.*) **längtande** *a4*, **längtansfull** longing, yearning; (*om blick äv.*) wistful
länk [-ŋk] *s2* link (*äv. bildl.*); *felande ~* missing link **länka** chain (*fast vid* on to); (*foga*) join, link on (*till* to) (*äv. bildl.*); *bildl. äv.* guide
1 läns *oböjligt a, pumpa ~* pump dry, drain; *hålla en båt ~* (*äv.*) keep the water out of a boat; *ösa en båt ~* bail out a boat
2 läns *s2, sjö.* following wind
1 länsa 1 *se pumpa läns under 1 läns* **2** (*friare*) empty; *bildl.* drain (*på* of); *vard.* clear out; (*förråd äv.*) make a clean sweep of
2 länsa *sjö.* run [before the wind]
läns|arbetsnämnd county labour (employment) board **-bokstav** (*på bil*) county registration letter **-bostadsnämnd** county housing board **-herre** *hist.* feoffor, feudal lord **-man** ['länns-] *ung.* constable; head of the county constabulary **-polischef** county police commissioner
läns|pump bilge-pump **-pumpa** *se under 1 läns*
läns|råd county director **-rätt** county administrative court **-skolnämnd** county board of education **-styrelse** county administrative board
länstol [ˣlä:n-, ˣlänn-] armchair, easy chair
läns|åklagare county prosecutor **-åklagarmyndighet** county public prosecution authority
läpp *s2* lip; *falla ngn på ~en* be to (suit) a p.'s taste; *hänga ~* (*bildl.*) sulk; *melodin är på allas ~ar* the song is on everybody's lips **läppja** *~ på* sip [at], just taste, *bildl.* have a taste of **läppstift** lipstick
lär *v, end. i pres* **1** (*torde*) *han ~ nog* he is likely to; *jag ~ väl inte få se honom mer* I don't expect to see him again **2** (*påstås*) *han ~ vara* he is said (supposed) to be
lära I *s1* doctrine; (*tro*) faith; (*vetenskap*) science, theory; (*hantverks-*) apprenticeship; *gå i ~ hos* be apprenticed (an apprentice) to **II** *v2* **1** (*~ andra*) teach (*ngn franska* s.b. French); (*undervisa äv.*) instruct (*ngn engelska* s.b. in English); *~ bort till ngn* let s.b. into; *~ ut* teach (*ngt t. ngn* s.th. to s.b.) **2** (*~ sig*) learn; *ha svårt för att ~* be slow at learning **3** *rfl* learn (*att skriva* [how] to write); (*tillägna sig äv.*) acquire, pick up; *~ sig uppskatta* come (grow) to appreciate
läraktig *a1* ready (willing) to learn, docile, quick at learning; apt (*elev* pupil) **-het** readiness to learn, teachability
lärarbana teaching career
lärar|e teacher (*för* of, for; *i franska* of French); instructor; (*t. yrket äv.*) schoolmaster; (*i sht vid högre skola*) master **-fortbildning** teacher in-service training **-högskola** college of education, teacher training college
lärarinna [woman] teacher, [school]mistress; *vard.* schoolmarm **lärarinneaktig** *a1* schoolmarmish
lärar|kandidat student teacher **-kår** teaching staff **-rum** staff room **-tjänst** teaching post **-yrket** the teaching profession
lärd [-ä:-] *a1* learned; (*grundligt*) erudite; (*vetenskaplig*) scholarly; *en ~* [*man*] a learned (*etc.*) man, a man of learning; *gå den ~a vägen* go in for (take up) an academic career
lärdom [ˣlä:rdomm] *s2* **1** (*kunskaper*) learning; erudition; scholarship **2** *dra ~ av* learn from
lärdoms|grad academic degree **-historia** history of learning **-högfärd** pride of learning **-prov** test of scholarship
lärft *s4, s3* linen
lärjung|e [ˣlärr-] pupil; scholar; (*friare*) disciple; *Jesu -ar* the Disciples of Christ
lärk|a *s1* [sky]lark **-falk** hobby
lärkträd larch [tree]
lärkving|e *gå som -ar* (*bildl.*) twinkle, flash
lär|ling [-ä:-] apprentice; trainee **-lingstid** ap-

prenticeship [period]
läro|anstalt educational institution **-bok** textbook; manual; (*nybörjarbok*) primer **-byggnad** (*-system*) doctrinal system **-dikt** didactic poem **-fader** *kyrkl.* father of the Church; (*friare*) master **-medel** *pl* educational (teaching) materials **-mästare** master; *ta ngn till* ~ take s.b. as one's teacher **-plan** curriculum **-rik** instructive; informative; *föga* ~ not very instructive **-sal** *univ.* lecture room, (*större*) lecture theatre **-sats** precept, thesis, doctrine **-spån** *s7, göra sina första* ~ make one's first tentative efforts, serve one's apprenticeship **-stol** [professor's, professorial] chair **-säte** seat of learning, educational centre **-verk** *s7* secondary [grammar] school; *AE. ung.* high school and junior college; *tekniskt* ~ technical college
läroverks|adjunkt assistant master [at a secondary (grammar) school] **-lärare** secondary school master (teacher)
lär|oår apprenticeship year, (*friare*) training year **-pengar** *betala* ~ pay for one's experience **-pojke** boy apprentice
läsa *v3* **1** read (*för ngn* to s.b.; *hos, i* in; *om* about; *ur* from; *på läpparna* from the lips); (*genom-*) peruse; ~ *en bön* say a prayer; ~ *korrektur* proofread; ~ *ut en bok* finish [reading] a book **2** (*studera*) read (*juridik* law; *på en examen* for an examination), study; ~ *in* learn (study up) thoroughly; ~ [*på sina*] *läxor* prepare (do) one's homework **3** (*få undervisning* [*i*]) take (have) lessons (*franska för* in French from); (*för privatlärare äv.*) coach (*för* with); *gå och* ~ (*för prästen*) be prepared for one's confirmation **4** (*ge undervisning i*) teach, give lessons in; ~ *latin med en klass* take Latin with a class; ~ *läxor med ngn* help s.b. with his (*etc.*) homework
läs|are 1 reader **2** *relig.* pietist **-art** reading, version **-bar** *a1* readable **-barhet** readability **-drama** chamber drama
läse|bok reader; (*nybörjar- äv.*) reading-book **-cirkel** reading-circle **-krets** readers (*pl*), public; *stor* ~ wide readership **-sal** reading room
läs|glasögon reading glasses **-hunger** appetite for reading **-hungrig** eager to read; *vara* ~ (*äv.*) be an avid reader **-huvud** *ha gott* ~ have a good head for study (studying)
läsida leeward side; *på* ~*n* leewards
läsk *s2, vard.* soft drink, *AE.* pop
läsk|a 1 (*med -papper*) blot, dry with blotting paper **2** (*släcka törsten*) quench; (*svalka*) cool; (*uppfriska*) refresh (*äv. bildl.*); ~ *sig* refresh o.s.
läskedryck [flavoured] mineral water, lemonade, soft drink
läsklass remedial reading class (form)
läskpapper (*ett* a sheet of) blotting paper
läs|kunnig able to read **-lampa** reading lamp; (*säng-*) bedside lamp
läslig [-ä:-] *a1* legible, readable **-het** legibility, readability
läs|lust inclination for (love of) reading (study) **-ning** [-ä:-] reading; (*lektyr äv.*) reading matter **-- och skrivkunnighet** literacy **-- och skrivsvårigheter** *pl* problems in reading and writing **-ordning** timetable, curriculum
läsp|a lisp **-ning** lisp[ing]
läst *s3* (*sko-*) last **lästa** ~ [*ut*] last
läs|värd worth reading **-år** school year; *univ.* academic year **-ämne** (*motsats övningsämne*) theoretical subject **-övning** reading exercise (practice)
lät *imperf. av 1, 2 låta*
läte *s6* [inarticulate] sound; (*djurs*) call, cry
lätt I *a1* **1** (*motsats tung*) light (*äv. bildl.*); (*om t.ex. cigarr, öl*) mild; *med* ~ *hand* lightly, gently; ~ *om hjärtat* light of heart; *känna sig* ~ *om hjärtat* feel light-hearted; ~ *på foten* light of foot, *bildl.* of easy virtue **2** (*lindrig*) slight (*förkylning* cold); easy (*rullning* roll); gentle (*bris* breeze); (*svag*) faint; *ett* ~ *arbete* (*äv.*) a soft job **3** (*motsats svår*) easy; (*enkel*) simple; *göra det* ~ *för sig* make things easy for o.s.; *han har* ~ *för språk* languages come easy to him, he finds languages easy; *ha* ~ [*för*] *att* find it easy to **II** *adv* **1** (*motsats tungt*) light; (*ytligt, nätt o. jämnt*) lightly, gently; (*mjukt*) softly; *väga* ~ (*äv. bildl.*) weigh light; *sova* ~ sleep lightly; *ta ngt* ~ take s.th. lightly, make light of s.th. **2** (*lindrigt*) slightly; (*ngt litet*) somewhat **3** (*motsats svårt*) easily; readily; *vard.* easy; ~ *fånget,* ~ *förgånget* easy come, easy go; *man glömmer så* ~ *att* one is so apt to forget (one so easily forgets) that
lätt|a 1 (*göra -are, lyfta*) lighten; (*samvete, tryck o.d.*) ease; (*spänning*) relieve, alleviate; ~ *ankar* weigh anchor; ~ *sitt hjärta* unburden one's mind (*för ngn* to s.b.) **2** (*ge -nad*) be (give) a (some) relief; (*bli -are*) become lighter (*etc.*); (*minska i vikt*) go down in weight **3** (*om dimma o.d.*) lift, become less dense; *det börjar* ~ it is beginning to clear up **4** (*bildl., bli mindre svår*) ease; *det har* ~*t litet* things have eased a little **5** (*lyfta*) lift; *flyg. äv.* rise, take off; ~ *på förlåten* lift the smoke screen, abandon secrecy; ~ *på restriktionerna* ease the restrictions; ~ *på pungen* lighten one's purse
lätt|ad *a5, bildl.* eased, relieved **-antändlig** *a1* [highly] inflammable **-are** *komp. t. lätt* **I** *a* lighter *etc., se lätt I*; (*utan jämförelse*) light *etc.* **II** *adv* more lightly *etc., se lätt II*; ~ *sagt än gjort* easier said than done **-bearbetad** *a5* easy to work **-begriplig** easily understood; obvious **-betong** porous concrete **-fattlig** *a1* easily comprehensible, easy to understand; intelligible **-flytande** (*om vätska*) of low viscosity; (*om skrivsätt, tal*) fluent, flowing **-fotad** *a5* **1** light-footed **2** *se lättfärdig* **-framkomlig** (*om skog o.d.*) [easily] penetrable; (*om väg o.d.*) easy to go (walk *etc.*) along (on) **-funnen** *a5* easily found **-fångad** *a5* easily caught (come by) **-färdig** frivolous; (*osedlig*) of lax morals; (*lösaktig*) wanton **-färdighet** frivolousness *etc.* **-förklarlig** *av* ~*a skäl* for obvious reasons **-förståelig** easy to understand **-förtjänt** easily earned (*etc.*) **-hanterlig** easy to handle, easily handled; *bildl.* easily manageable
lätthet 1 lightness *etc.* **2** easiness; simplicity; (*t.ex. att lära sig*) ease; (*t.ex. att uttrycka sig*) facility; *med* ~ (*äv.*) easily
lätting idler, slacker **lättja** *s1* laziness; idleness, indolence **lättjefull** lazy; indolent
lätt|köpt [-çö:-] *a1, bildl.* easily won, cheap **-lagad** *a5* **1** (*om mat*) easy to prepare **2** (*-reparerad*) easy to repair **-ledd** *a1* easily guided (led);

(*om pers. äv.*) tractable **-lurad** *a5* easily taken in (duped *etc.*); *han är ~* he's a sucker (*vard.*) **-läslig** (*om handstil*) legible **-läst** [-lä:st] *a4* **1** *se lättläslig* **2** (*om bok, författare*) easy to read **-löslig** easily dissolvable **-manövrerad** *a5* manageable, handy; *flyg.* manoeuv(e)rable **-matros** ordinary seaman **-metall** light metal **-mjölk** low-fat milk

lättna become (get) lighter; *bildl.* lighten, become brighter; *det börjar ~* (*äv.*) things are looking up **lättnad** *s3, bildl.* relief (*för* for, to), alleviation; (*i restriktioner*) relaxing (*i* of), relaxation (*i* in, of); (*förenkling*) simplification; *det känns som en ~* it is a relief; *dra en ~ens suck* breathe a sigh of relief

lätt|påverkad *a5* easily influenced (affected), impressionable **-retlig** irritable; touchy **-road** *a5* easily amused **-rökt** lightly smoked **-rörd** (*bildl. om pers.*) easily moved (*etc.*); (*om sinne*) excitable; (*om hjärta*) responsive; (*känslosam*) emotional **-rörlig** mobile; *bildl.* very active **-saltad** *a5* slightly salted **-sam** *a1* easy **-sinne** (*obetänksamhet*) thoughtlessness, recklessness; (*slarv*) carelessness; (*-färdighet*) frivolousness, wantonness **-sinnig** *a1* light-hearted, happy-go--lucky, easy-going; (*om handling äv.*) thoughtless; (*-färdig*) wanton, loose **-sjungen** *a3* that sings well **-skrämd** *a5* easily frightened; fearful **-skött** [-ʃött] *a1* easy to handle, easily operated (worked) **-smält** *a1* **1** (*om födoämne*) easily digested, digestible **2** (*om bok o.d.*) *se lättläst* **-stekt** [-e:-] *a1* lightly done, underdone; *AE.* rare **-stött** *bildl.* ready to take offence, touchy **-såld** marketable, readily sold; *en ~ vara* (*äv.*) a product with ready sale **-sövd** *a5, vara ~* be a light sleeper **-tillgänglig** (*hopskr. lättillgänglig*) that can easily be got at; accessible; (*om pers. äv.*) responsive, easy to get on with **-trogen** (*hopskr. lättrogen*) credulous, gullible **-vikt** *sport.* lightweight **-viktare** *sport.* lightweight **-vin** wine **-vindig** *a1* (*ej svår*) easily made, simple; (*bekväm*) handy; (*utan omsorg*) easy-going; (*slarvig*) careless **-vunnen** *a5* easily won **-åtkomlig** easy to get at, easily accessible (*vard.* get-at-able) **-öl** light lager beer

läx|a I *s1* lesson (*till* for); *ge ngn en ~* give (*bildl.* teach) s.b. a lesson; *ha i* (*till*) *~* have as homework **II** *v1, ~ upp ngn* read s. b. a lesson, lecture s.b., *vard.* read the riot act to s.b. **-bok** lesson-book, textbook **-förhör** questioning on homework **-läsning** preparation (learning) of one's homework

löd *imperf av 1, 2 lyda*

löda *v2* solder; (*hård-*) braze

lödder ['lödd-] *s7* lather; (*tvål- äv.*) soapsuds (*pl*); (*fradga äv.*) foam, froth **löddra** lather (*äv. ~ sig*) **löddrig** *a1* lathery; (*om häst vanl.*) foaming

lödig *a1* (*om silver*) standard; *bildl.* sterling **-het** [standard of] fineness; *bildl.* sterling character (quality)

löd|kolv soldering iron **-lampa** blowlamp, soldering lamp **-ning** [-ö:-] soldering **-pasta** solder [paste] **-tenn** soldering [tin], tin solder **-vätska** soldering-fluid

löfte *s6* promise (*om* of; [*om*] *att* to + *inf.*, of + *ing- form*); (*högtidligare*) vow; *avlägga ett ~* make a promise; *bunden av ett ~* (*äv.*) under a vow; *ha fått ~ om* have had a promise of, have been promised; *ta ~ av ngn* exact a promise from s.b.; *hålla sitt ~* keep one's promise; *mot ~ om* on the promise of

löftes|brott breach of one's promise **-brytare** promise-breaker **-rik** promising, full of promise

löga *rfl, åld.* bathe

lögn [löŋn] *s3,*lie; falsehood; (*liten*) fib; (*stor, vard.*) whopper; *fara med ~* tell a lie (lies); *det var ~ att få ngt ur henne* (*vard.*) it was impossible to get anything out of her **-aktig** *a1* lying; (*om historia o.d.*) mendacious; (*om påstående*) untruthful **-aktighet** untruthfulness, mendacity **-are** liar **-detektor** lie detector, polygraph **-hals** liar

löja [ˣlöjja] *s1* bleak

löje [ˣlöjje] *s6* (*leende*) smile; (*åt-*) ridicule **-väckande** *a4* ridiculous; *verka ~* have a ridiculous (comic) effect

löjlig *a1* ridiculous; (*lustig*) funny, comic[al]; (*orimlig*) absurd; *göra en ~ figur* cut a ridiculous (sorry) figure; *göra sig ~ över* make fun of **-het** ridiculousness *etc.*; absurdity

löjrom whitefish roe

löjtnant [ˣlöjj-] *s3* (*vid armén*) lieutenant, *AE.* first lieutenant; (*vid flottan*) sublieutenant, *AE.* lieutenant junior grade; (*vid flyget*) flying officer, *AE.* first lieutenant

löjtnantshjärta *bot.* bleeding heart

lök *s2* **1** (*blom-*) bulb **2** (*som maträtt*) onion **3** *lägga ~ på laxen* (*bildl.*) make matters worse **-formig** [-å-] *a1* onion-shaped, bulbous **-kupol** onion dome **-soppa** onion soup **-växt** bulb[ous plant]

lömsk *a1* insidious; (*bedräglig*) deceitful; (*illistig*) sly, wily; (*bakslug*) underhand; (*försåtlig*) treacherous

lön *s3* **1** (*belöning*) reward; recompense; (*ersättning*) compensation; *få ~ för mödan* be rewarded for one's pains; *få sina gärningars ~* get one's deserts **2** (*arbetares*) wages (*pl*), pay, remuneration; (*tjänstemans o.d.*) salary

lön|a (*be-*) reward; (*vedergälla*) recompense; *jfr äv. avlöna*; *~ ont med gott* return good for evil; *~ mödan* be worth while **2** *rfl* pay; (*om företag*) be profitable (lucrative); *det ~r sig inte* it is no use, it is not worth while (the trouble) **-ande** *a4* (*om företag*) profitable; (*om sysselsättning äv.*) remunerative; *bli ~* (*äv.*) become a paying proposition

löne|anspråk *pl* salary requirements; *svar med ~* replies stating salary expected (required) **-avdrag** deduction from wages (salary), payroll deduction **-avtal** wage contract; *koll.* wages (pay) agreement **-förhandlingar** *pl* wage negotiations, pay talks; *centrala ~* collective bargaining (*sg*) **-förhöjning** increase (rise, *AE.* raise) in salary (wages) **-förmån** emolument; *~er* (*äv.*) payments in kind, fringe benefits **-glidning** wage drift **-grad** salary grade **-klass** subdivision of salary grade **-läge** wage situation **-nivå** wage level **-rörelse** wage negotiations (*pl*), collective bargaining **-skala** (*glidande* moving) wage (*etc.*) scale **-stegring** rise of wages (*etc.*) **-stopp** wage freeze **-sänkning** wage (*etc.*) cut **-sättning** set-

L

ting of wage (*etc.*) rates, wage determination **-tillägg** bonus, increment **-villkor** *pl* salary (wage) terms, terms of remuneration **-ökning** wage (*etc.*) increase

lönlös [ˣlö:n-] (*gagnlös*) useless, futile

1 lönn *s2, bot.* maple [tree]

2 lönn *r, i ~, se* [*i*] *lönndom*

lönn|brännare illicit distiller **-bränning** illicit distilling **-dom** *i uttr.: i ~* secretly, in secret, clandestinely **-dörr** secret door **-gång** secret (underground) passage **-krog** unlicensed gin-shop **-lig** *a1* secret; clandestine; *jfr hemlig* **-mord** assassination **-mörda** assassinate **-mördare** assassin

lönsam [ˣlö:n-] *a1* profitable, remunerative, lucrative **-het** profitability, earning capacity **-hetsberäkning** cost-benefit analysis (calculation)

lönsparande save as you earn

lönt [-ö:-] *oböjligt a, det är inte ~ att du försöker* it is no good (use) your trying

löntagar|e (*arbetare*) wage earner; (*tjänsteman*) salary earner; employee **-organisation** labour organization

löp|a *v3* **1** run (*ett lopp* a race); *jfr 2 springa 1*; *låta ~* let go; *~ fara* be in danger; *~ risk att* run the risk of (+ *ing-form*) **2** (*sträcka sig*) extend, run, go (*längs* along); *en mur -er runt* ... (*äv.*) a wall encircles ... **3** (*om drivrem, kran o.d.*) run, travel, go; (*hastigt äv.*) fly, dart; *nålen -er lätt* the needle goes through easily; *låta fingrarna ~ över* run one's fingers over **4** (*om ränta o.d.*) run; *lånet -er med 5 % ränta* (*äv.*) the loan carries interest at 5 % **5** (*om tik*) be in heat **6** *~ till ända* (*om tidsfrist o.d.*) run out; *~ ut* (*om tid*) expire, run out; *~ ut ur hamnen* leave (put off from) [the] harbour

löpande *a4* running (*äv. hand.*); *i sht hand.* current; *i ~ följd* (*bokför. o.d.*) in consecutive order; *~ konto* open (current) account; *~ order* standing order; *~ rigg* (*sjö.*) running rigging; *i ~ räkning* on current (running) account; *~ utgifter* running (working) expenses; *~ band* assembly line; (*transportband*) conveyor belt; *producera på ~ band* mass-produce

löparbana running track **löpare 1** runner **2** (*bord-*) table-runner **3** (*schackpjäs*) bishop

löpe *s6* rennet

löp|eld 1 (*skogseld*) surface-fire **2** *sprida sig som en ~* spread like wildfire **-grav** *mil.* sap; *~ar* parallels; approaches **-knut** [running] noose

löpmage *zool.* abomasum, fourth stomach

löp|maska ladder, run **-meter** running-metre, linear metre **-ning 1** running; (*en ~*) run; (*kapp-*) race **2** *mus.* run, roulade **-sedel** placard; [news]bill **-snara** loop **-tid** (*växels o.d.*) currency; (*låns o.d.*) life; duration, [period of] validity (maturity)

lördag ['lö:r-] Saturday; *jfr fredag*

lös I *a1* **1** loose; (*rörlig*) movable; (*flyttbar äv.*) portable; (*-tagbar*) detachable; (*ej hårt spänd*) slack; *~a blommor* cut flowers; *~a delar* (*reservdelar*) spare parts; *~ och fast egendom* real and movable estate; *i ~ vikt* (*hand.*) by weight **2** (*ej tät* [*t. konsistensen*]) loose (*snö* snow); (*mjuk*) soft (*blyerts* lead); *vara ~ i magen* have loose bowels **3** (*konstgjord*) false (*tand* tooth); (*mot-sats skarp*) blank (*skott* shot) **4** (*om häst o.d.*) untethered, at large; (*om hund*) unleashed, off the lead; (*om seder*) loose, lax; (*om förbindelse*) irregular; (*om antagande, misstanke*) vague; (*om prat o.d.*) empty, idle; *~t folk* people on the loose, drifters; *gå ~* be at large; *~a påståenden* unfounded statements; *på ~a grunder* on flimsy grounds **5** *bli* (*komma*) *~* get loose; *nu brakar det ~!* (*om oväder o.d.*) now we are in for it!; *slå sig ~* take a day off, (*bland vänner e.d.*) let o.s. go **II** *adv, gå ~ på* (*angripa*) attack, go for (*ngn* s.b.), go at (*ngt* s.th.)

lösa *v3* **1** (*tjudrat djur*) untether, unloose; (*hund*) let off the leash, unleash; (*friare*) release, set free (*från, ur* from) **2** (*lossa på*) loose[n]; (*boja, knut o.d.*) undo, unfasten, untie **3** (*i vätska*) dissolve **4** (*gåta, problem o.d.*) solve **5** (*ut-*) redeem; (*biljett e.d.*) buy, take, pay for; *~ ut ngn ur* (*firma e.d.*) buy s.b. out of **6** *rfl* (*i vätska*) dissolve, be dissolvable; (*om problem o.d.*) solve

lös|aktig *a1* loose, dissolute **-ande** *a4, ~* [*medel*] laxative

lös|as *v3, se lösa 6* **-bar** *a1* [dis]soluble **-bladsystem** loose-leaf system **-bröst** (*skjortbröst*) shirt front **-drivare** vagrant, vagabond **-driveri** vagrancy **-egendom** personal property (estate), movable property; chattels (*pl*)

lösen ['lö:-] *r* **1** (*för stämpel e.d.*) stamp fee (duty) **2** (*för brev e.d.*) surcharge **3** (*igenkänningsord*) password; catchword; *dagens ~* the order of the day **-ord** *se lösen 3*

lösesumma ransom

lös|fläta false plait **-gom** dental plate **-göra 1** (*djur*) set free, release; (*hund*) let off the leash, unleash, unchain **2** (*sak*) detach, unfasten, unfix, disengage; (*ur nät, snara e.d.*) extricate **3** *bildl.* free, liberate; (*kapital*) liberate **4** *rfl* set o.s. free, free (release) o.s. **-hår** false hair **-häst 1** loose horse **2** *bildl.* gentleman without lady; (*friare*) gentleman at large **-kokt** lightly boiled, soft-boiled **-krage** [loose] collar **-lig** [-ö:-] *a1* **1** (*i vätska*) soluble, dissolvable **2** (*om problem*) solvable, soluble **3** (*lös*) loose; (*om t.ex. moral*) lax, slack **-manschett** loose cuff **-mustasch** false moustache **-mynt** *a4* blabbing **-ning** [-ö:-] **1** *konkr.* solution **2** (*förklaring*) solution (*på* of); (*frågas äv.*) settlement; *gåtans ~* (*äv.*) the answer (key) to the riddle **-ningsmedel** [dis]solvent **-nummer** single copy **-nummerpris** single-copy price **-näsa** false nose **-peruk** wig, toupee **-ryckt** *a4* torn loose (*från* off, from); (*om ord, mening o.d.*) disconnected, isolated

löss (*pl av lus*) lice

lössjord loess

lös|skägg false beard **-släppt** *a4,* let loose (*etc*); (*otyglad*) unbridled; (*uppsluppen*) wanton, unrestrained

löst [-ö:-] *adv* loosely *etc.*; (*lätt*) lightly; (*obestämt*) vaguely; *sitta ~* (*om plagg*) fit loosely; *gå ~ på 100 pund* (*vard.*) run into £ 100

lös|tagbar [-a:g-] *a5* detachable **-tand** false tooth **-öre** *se lösegendom*

löv *s7* leaf **löva** adorn with leafy branches **lövas** *dep* leaf, leave, burst into leaf

löv|biff leaf-thin slice[s] of beef **-fällning** [the] fall of the leaves; defoliation (*äv. ~en*) **-groda**

tree frog **-hyddohögtid** *relig.* Feast of Tabernacles, Sukkoth **-jord** leaf mould (soil)
lövkoja *s1, bot.* stock
löv|rik leafy, full of leaves **-ruska** leafy branch **-sal** arbour, bower **-skog** deciduous forest; *AE.* hardwood forest **-sprickning** leafing **-såg** fret saw **-sångare** willow warbler **-trä** hardwood **-träd** deciduous (*AE.* hardwood) tree **-tunn** as thin as a leaf **-verk** foliage **-äng** forest meadow

M

Maas [-a:-] *r* the Meuse
Macedonien [-ke-, -se-, -'dɑ:-] *etc., se Macedonien etc.*
machiavellisk [makia'vell-] *a5* machiavellian
machtal [ˣmakk-] Mach number, Mach
mack *s2 (pump)* petrol pump; (*bensinstation*) filling (*AE.* gas[oline]) station; (*med service*) petrol (service) station
macka *s1, vard.* sandwich
mackab|é *s3* Maccabee **-eisk** [-'be:isk] *a5* Maccabean
mackapär *s3, vard.* gadget
mad *s3* marsh (bog) meadow
Madagaskar *n* (*ön*) Madagascar; (*republiken*) Madagascar (1958-75 Malagasy)
madagaskisk [-'gask-] *a5* Madagascan, Malagasy
madam [-'damm] *s3, åld.* woman
madonna [-ˣdånna, -'dånna] *s1* Madonna **-bild** Madonna, madonna
madrass *s3* mattress **-era** pad; quilt **-var** *s7* [bed] tick
madrigal *s3* madrigal
maffia ['maff-] *s1* Maf[f]ia
magasin *s7* **1** (*förrådshus*) storehouse; *hand.* warehouse; (*förvaringsrum*) depository; (*skjul*) shed **2** (*butik*) shop **3** (*på eldvapen*) magazine **4** (*tidskrift*) magazine **-era** store [up]; *hand.* warehouse; (*möbler äv.*) store **-ering** [-'ne:-] storing; (*möbel- äv.*) [furniture] storage
magasinshyra (*för magasin*) warehouse rent; (*för magasinering*) storage [charges *pl*]
mag|besvär stomach (digestive) trouble; upset stomach **-blödning** [an] attack of bleeding in the stomach; *med.* gastric haemorrhage **-dans** belly dance
mage *s2* stomach; (*buk*) belly; *anat. äv.* abdomen; (*matsmältning*) digestion; *vard.* tummy; *ha dålig ~* suffer from indigestion; *ha ont i ~n* have [a] stomachache (a pain in one's stomach); *vard.* have a belly ache; *vara hård i ~n* be constipated; *vara lös i ~n* have diarrhoea; *få en spark i ~n* (*äv.*) get a kick in the guts; *min ~ tål inte* my stomach won't stand, I can't take; *ligga på ~n* lie on one's face
1 mager ['ma:-] *s9* (*österländsk vis*) magus (*pl magi*)
2 mager ['ma:-] *a2, eg. o. bildl.* lean; (*om pers., kroppsdel äv.*) thin; (*knotig*) bony; (*friare, bildl.*) meagre; (*klen*) slender; (*knapp*) scanty; *~ jord* poor (meagre, barren) soil; *~ kassa* scanty funds (*pl*); *~ ost* low-fat cheese; *~ stil* (*boktr.*) lean face; *sju magra år* seven lean years; *~ som ett skelett* a mere skeleton
mager|het leanness *etc.* **-lagd** *a5* rather thin; on the thin side
mag|grop pit of the stomach **-gördel** *med.* abdominal support; (*på cigarr*) band
magi *s3* magic **-ker** ['ma:-] magician
maginfluensa gastric flu
magisk ['ma:-] *a5* magic[al]
magister [-'jist-] *s2, filosofie ~* (*ung.*) Master of Arts (*förk. M.A.*); (*lärare*) schoolmaster; *ja ~n!* yes, Sir! **-examen** *ung.* Master-of-Arts examination
magistral [-j-] *a1* magistral; (*friare*) authoritative; (*mästerlig*) masterly
magistrat [-j-] civic (city, town) administration; municipal authorities (*pl*)
mag|katarr catarrh of the stomach, gastric catarrh **-knip** pains (*pl*) in the stomach; gripes (*pl*)
magma *s1* magma
magmun orifice of the stomach
magnat [-ŋn-] magnate; *AE. vard.* tycoon
magnesium [-ŋ'ne:-] *s8* magnesium **-blixt** magnesium flash[light]
magnet [-ŋ'ne:t] *s3* magnet (*äv. bildl.*); (*tändapparat*) magneto; *naturlig ~* (*äv.*) loadstone **-band** magnetic tape **-fält** magnetic field **-isera** magnetize **-isering** [-'se:-] magnetization **-isk** *a5* magnetic; *bildl. äv.* magnetical **-ism** magnetism **-it** *s3* magnetite **-kompass** magnetic compass **-mina** magnetic mine **-nål** magnetic needle **-ofon** [-'få:n] *s3* magnetophone, tape recorder **-pol** magnetic pole **-spole** magnetic coil **-tändning** magneto ignition
magnificus [maŋ'ni:fikus] *rector ~* vice-chancellor
magnifik [-ŋni-, -nji-] *a1* magnificent; grand, splendid
magnitud [-ŋn-] *s3* magnitude
magnumbutelj [ˣmaŋn-] magnum
mag|plask belly flop **-plågor** *pl* stomach pains **-pumpa** *~ ngn* empty a p.'s stomach of its contents; *bli ~d* have one's stomach pumped out **-pumpning** pumping-out of the stomach
magra [-a:g-] become (get, grow) thinner, lose weight; *~ tre kilo* lose three kilos [in weight]
mag|saft gastric juice **-sjuk** suffering from a stomach disorder **-sjukdom** disease of the stomach **-stark** *det var väl ~t!* (*vard.*) that's a bit too thick! **-stärkande** *a4* stomachic (*äv. ~ medel*) **-sur** suffering from acidity in the stomach; *bildl.* sour[-tempered], sardonic **-syra** acidity in the stomach; *bildl.* sourness of temper **-sår** gastric ulcer **-säck** stomach
magyar [-'dja:r] *s3* Magyar
magåkomma stomach complaint (trouble)

M

maharadja [-'radja] *s1* maharaja[h]
mahogny [-'håŋni, -y] *s9, s7* mahogany
maj [majj] *r* May; *första ~* May Day, the first of May **-blomma** May-Day flower
majestät *s7, s4* majesty; *Hans M~* His Majesty; *Ers M~* Your Majesty **-isk** *a5* majestic; (*friare*) stately
majestäts|brott lese-majesty **-förbrytare** person guilty of lese-majesty
majolika [-'jo:-] *s1* majolica
majonnäs *s3* mayonnaise
major *s3* major; (*vid flottan*) lieutenant commander; (*vid flyget*) squadron leader; *AE.* major, (*vid flottan*) lieutenant commander
majoritet *s3* majority; *ha ~* have (be in) a majority; *absolut* (*relativ, kvalificerad*) *~* absolute (relative, [a] two-thirds *etc.*) majority
majoritets|beslut majority resolution **-ställning** *vara i ~* be in [a] majority **-val** elections conducted on the majority [voting] system
majorska [-ˣjo:r-] *s1* major's wife (widow)
majs *s3* maize, Indian corn; *AE.* corn **-ena** [-ˣse:-, -'se:-] *s1* cornflour; *AE.* cornstarch **-flingor** *pl* cornflakes **-kolv** ear of maize (corn), corncob **-mjöl** cornflour; *AE.* cornstarch
majsmörblomma goldilocks
majsolja maize oil
majstång maypole
majuskel [-'jusk-] *s3, boktr.* majuscule, capital letter
mak *oböjligt s i uttr.: i sakta ~* at an easy pace, (*t.ex. arbeta*) slow but sure
1 maka *v1* move, shift (*äv. ~ på*); *~ sig* move o.s.; *~ sig till rätta* settle o.s. comfortably; *~ åt sig* make room, give way
2 maka I *s1* wife; *poet. äv.* spouse; *hans äkta ~* his wedded wife **II** *oböjl. a* (*som bildar ett par*) that match, that are fellows (a pair)
makaber [-'ka:-] *a2* macabre
makadam [-'damm] *s3* macadam, road metal
maka|lös matchless, unmatched; incomparable; peerless **-löst** *adv* peerlessly; incomparably; (*ytterst*) exceedingly, exceptionally
makaroner [-'ro:-] *koll.* mac[c]aroni
mak|e *s2* **1** (*äkta ~*) husband; *poet. äv.* spouse; (*om djur*) mate; *-ar* husband and wife; *-arna A.* Mr. and Mrs. A. **2** (*en av ett par*) fellow, pair; *~n till den här handsken* the other glove of this pair **3** (*like*) match; *~n till honom finns inte* his match (the like of him) does not exist, you will not find his peer; *jag har då aldrig hört på ~n!* I never heard the like (such a thing)!, well, I never!
Makedonien [-'do:-] *n* Macedonia
makedon|ier [-'do:-] *s9* Macedonian **-isk** *a5* Macedonian
maklig [-a:-] *a1* easy-going; (*bekväm*) comfortable; (*loj*) indolent; (*sävlig*) leisurely
makramé *s3* macramé
makrill *s2* mackerel **-moln** mackerel sky
makro|biotik macrobiotics (*pl, behandlas som sg*) **-ekonomi** macroeconomics (*pl, behandlas som sg*) **-kosmos** [-'kåsmås] *r* macrocosm **-molekyl** macromolecule **-skopisk** [-'skå:-] *a5* macroscopic
makt *s3* power; might; ([*tvingande*] *kraft*) force; (*herravälde*) dominion, rule; ([*laglig*] *myndighet*) authority; (*kontroll*) control; *~ går före rätt* might goes before right; *vanans ~* the force of habit; *ingen ~ i världen kan* no power on earth can; *sätta ~ bakom orden* back up one's words by force; *få ~ över* obtain power over, make o.s. master of; *ha* (*sitta vid*) *~en* be in (hold) power; *en högre ~* superior force; *genom omständigheternas ~* by force of circumstances; *av* (*med*) *all ~* with all one's might; *med all ~ söka att* do one's utmost to; *ha ordet i sin ~* be eloquent, have the power of expressing o.s., *vard.* have the gift of the gab; *det står inte i min ~ att* it is beyond my power to; *komma till ~en* come into (obtain) power; *vädrets ~er* the weather gods
makt|balans balance of power **-befogenhet** authority; powers (*pl*) **-begär** [the] lust for power **-faktor** factor of power **-fullkomlig** despotic, dictatorial **-fördelning** distribution of power **-förskjutning** shift of power **-havande** *s9*, **-havare** *s9* ruler; *de ~* those in power **-kamp** struggle for power **-koncentration** concentration of power **-lysten** greedy for power **-lystnad** lust for power **-lös** powerless; impotent; (*svag*) weak; (*matt*) faint **-medel** instrument of force; forcible means (*pl*) **-missbruk** abuse of power **-påliggande** *a4* (*viktig*) important, urgent; (*ansvarsfull*) responsible **-sfär** sphere of influence **-spel** gamble for power; *~et* the power game **-språk** language of force **-ställning** position of power, powerful position **-övertagande** *s6* assumption of power
makul|atur wastepaper, spoilage **-era** (*kassera*) destroy, obliterate, reject as waste[paper]; (*göra ogiltig*) cancel; *~s!* cancelled! **-ering** [-'le:-] destruction, obliteration; cancellation
1 mal *s2* (*insekt*) moth
2 mal *s2* (*fisk*) European catfish, sheatfish
mala *v2* **1** grind (*till* into); (*säd äv.*) mill; (*kött äv.*) mince; *~ på ngt* (*bildl.*) keep on repeating s.th.; *~ om samma sak* (*bildl.*) keep harping on the same string **2** (*om tankar*) keep on revolving
Malackahalvön [-ˣlakk-] the Malay Peninsula
malaj [-'lajj] *s3* Malay[an]; *skämts. mil.* C3 (C-3) man **-isk** *a5* Malay[an]
malakit *s3* malachite
malapropå *adv* malapropos
malaria [-'la:-] *s1* malaria **-mygga** mosquito
malaw|ier [-'la:-] *s9* Malawian **-isk** *a5* Malawian
malays|ier [-'laj-] *s9* Malaysian **-isk** *a5* Malaysian
malen *perf. part. av mala* ground; *fin~* finely ground; *grov~* coarsely ground
malhål moth-hole
maliciös *a1* malicious; spiteful
malign [-'liŋn] *a1 med.* malignant
malis *s3, ~en påstår* malicious rumour has it that
mall *s2, tekn.* mould; (*friare äv.*) pattern, model; (*rit-*) [French] curve
malla *v1, ~* [*upp*] *sig, vard.* be cocky (stuck-up)
mallig *a1* cocky, stuck-up **-het** cockiness
Mallorca [maˣjårka] *n* Majorca
malm *s3* **1** *miner.* ore; (*obruten*) rock **2** (*legering*) bronze **3** *ljudande ~* sounding brass; *han har ~ i stämman* his voice has got a ring in it **-berg** metalliferous rock **-brytning** ore-mining
malmedel antimoth preparation, mothproofing

agent
malm|fyndighet ore deposit **-fält** ore deposit (field) **-förande** *a4* ore-bearing, metalliferous **-förekomst** *se -fyndighet* **-gruva** ore mine **-halt** content of ore **-haltig** *a1* containing ore **-klang** metallic ring **-letning** [-e:-] ore prospecting **-åder** metalliferous vein
malning [-a:-] grinding *etc., se mala*
malplacerad [mallpla'se:-] *a5* misplaced, out of place; (*om anmärkning o.d.*) ill-timed
malpåse mothproof bag; *stoppa* (*lägga*) *i ~* put in mothballs
malström [ˣma:l-] maelstrom
malsäker mothproof
malt *s4, s3* malt **-dryck** malt liquor
maltesare [-ˣte:-] Maltese **malteserkors** Maltese cross **malteserriddare** knight of [the Order of] Malta, knight hospitaller **maltesisk** [-'te:-] *a5* Maltese
maltos [-'tå:s] *s3* maltose, malt sugar
malträtera maltreat, ill-treat
malva *s1, bot.* mallow **-färgad** mauve[-coloured]
malvasir *s3* (*vinsort*) malmsey
maläten *a5* moth-eaten, mothy; (*luggsliten*) threadbare; (*om pers.*) haggard
malör mishap; (*starkare*) calamity
malört *bot.* wormwood (*äv. bildl.*); *~ i glädjebägaren* a fly in the ointment
malörts|bägare *bildl.* cup of bitterness **-droppar** *pl* tincture (*sg*) of wormwood
mamelucker [-'lukk-] *pl* pantalet[te]s; knickers
mamma *s1* mother (*till* of); *vard.* ma, mum; *barnspr.* mummy; *~s gosse* mother's boy; *på sin ~s gata* on one's native heath **-klänning** maternity dress
mammalier [-'ma:-] *pl, zool.* mammals
mammig *a1* who clings to his (her) mother's skirts
mammografi *s3* mammography
mammon [-ån] *r* mammon; (*rikedom*) riches (*pl*); *den snöda ~* filthy lucre **mammonsdyrkan** [the] worship of mammon
mammut ['mamm-] *s2, zool.* mammoth
mamsell *s3* Miss
Man [mann] *r* [*ön*] *~* the Isle of Man; *invånare på ~* Manxman
1 man [ma:n] *s2* (*häst- o.d.*) mane
2 man [mann] *-nen män, mil. o.d. pl man* man (*pl* men); (*som motsats t. kvinna äv.*) male; (*arbetskarl, besättnings- e.d. äv.*) hand; (*äkta ~*) husband, man; *en styrka på fyrtio ~* a force of forty men; *sjunka med ~ och allt* go down with all hands; *det skall jag bli ~ för!* I'll make sure that's done!; *tredje ~* third person (party); *~ och ~ emellan* from one to another; *per ~* a head, per man, each; *på tu ~ hand* by ourselves, on our own (*etc.*); *som en ~* to a man, one and all; *litet till ~s har vi* pretty well every one of us has; *var ~* everybody
3 man [mann] *pron* one, you; we; (*vem som helst ibl.*) anyone; (*folk*) people, they, *vard.* folks; *~ trodde förr* people used to think; *~ kan aldrig veta vad som* one (you) can never know what; *det kan ~ aldrig veta!* one never knows!; *när ~ talar till dig* when people speak to you, when you are spoken to; *om ~ delar linjen* if you (we) bisect the line; *~ påstår att han är* they (people) say that he is, he is said to be; *har ~ hört på maken!* did you ever [hear the like]!; *eller, om ~ så vill* or, if you like (prefer [it]); *ser ~ på!* well, well!
mana (*upp-*) exhort; (*befalla*) bid; (*uppfordra*) call upon; (*driva på*) incite, urge, admonish; *exemplet ~r inte till efterföljd* his (*etc.*) example hardly invites imitation; *~ till försiktighet* call for caution; *känna sig ~d att* feel called upon (prompted) to; *~ fram* call forth (out); *~ på ngn* urge on s.b.; *~ gott för ngn* put in a good word for s.b.
manager ['männidjer, 'mann-] (*för idrottsman*) manager; (*för artist*) impresario, publicity agent
manbar [ˣmann-] *a1* pubescent **-het** manhood
manbyggnad [ˣmann-] manor house
manchestersammet [ˣmannçester-, -'çest-] ribbed velvet, corduroy
manchu [-'ʃu:] *s3* Manchu **Manchuriet** [-'riet] *n* Manchuria **manchu[r]isk** [-'ʃu:-] *a5* Manchurian
1 mandarin *s3* (*ämbetsman*) mandarin; (*högkinesiska*) Mandarin
2 mandarin *s3* (*frukt*) mandarin[e]
mandat *s7* **1** *jur.* authorization, authority **2** (*som riksdagsman*) mandate; commission; (*riksdagsmannaplats*) seat; *nedlägga sitt ~* resign one's seat, *britt. parl.* accept [the Stewardship of] the Chiltern Hundreds; *få sitt ~ förnyat* be returned again for one's constituency **3** (*förvaltarskap*) mandate **-fördelning** distribution of seats **-tid** term of office
mandatär *s3* mandatary **-stat** trusteeship nation; (*förr*) mandatory nation (power)
mandel [ˣmann-] *s2* **1** almond; *brända mandlar* burnt almonds **2** *anat.* tonsil **-blomma** white meadow saxifrage **-formad** [-å:-] *a5* almond-shaped **-kvarn** almond grinder **-massa** almond paste, marzipan **-olja** almond oil **-träd** almond [tree]
mandolin *s3* mandolin[e]
man|dom [ˣmanndomm] *s2* (*tapperhet*) bravery, valour; (*-barhet*) manhood; (*mänsklig gestalt*) human form (shape) **-domsprov** (*tapperhetsprov*) test of courage; (*vuxenhetsprov*) trial of manhood; initiation rite
mandråpare [ˣmann-] manslayer
mandsju *se manchu*
manege [-'ne:ʃ, -'nä:ʃ] *s5* manège, manege
1 maner ['ma:-] *pl* (*avlidnas andar*) manes
2 maner *s7* (*sätt*) manner; (*stil*) style; (*förkonstling*) mannerism; (*tillgjordhet*) affectation; *förfalla till ~* become affected
manet *s3* jellyfish
man|fall [ˣmann-] *det blev stort ~* there were a great many [men *etc.*] killed, (*i examen e.d.*) a great many failed (were rejected) **-folk** *ett ~* a man; *koll.* men, menfolk
mangan [-ŋ'ga:n] *s3, s4* manganese **-at** *s7, s4* manganate
mangel ['maŋel] *s2* mangle; *dra ~n* drive (*bords-*: turn) the mangle **-bod** mangle-house **-duk** mangling-sheet
mangl|a mangle; *absol. äv.* do [the] mangling **-ing** mangling; *bildl.* draw-out negotiations (*pl*)

M

-ingsfri noniron
mangofrukt [ˣmaŋgo-] mango [fruit]
mangold [ˈmaŋgåld] *s2, bot.* [Swiss] chard, white-beet
mangoträd [ˣmaŋgo-] mango [tree]
man|grann [ˣmann-] full-muster; in full force **-grant** *adv, samlas ~* assemble to a man (in full force) **-gårdsbyggnad** mansion, manor house; (*på bondgård*) farmhouse **-haftig** *a1* stout-hearted; (*karlaktig*) manly; (*om kvinna*) mannish **-hål** manhole
mani *s3* mania; *vard.* craze (*på att* for + *ing-form*)
manick *s3* gadget
manier|erad [-ˈre:-] *a5* mannered, affected **-ism** mannerism
manifest I *s7* manifesto **II** *a4, med.* manifest **-ation** manifestation **-era** manifest; (*ådagalägga äv.*) display
manikyr *s3* manicure **-era** manicure; *absol. äv.* do manicuring **-ist** manicurist
manillahampa [-ˣnilla-] Manil[l]a hemp
man|ing exhortation; (*vädjan*) appeal; *rikta en ~ till* address an appeal to **-ingsord** word of exhortation; admonitory word, word of warning
maniok [-niˈå:k, -ˈåkk] *s3, bot.* [bitter] cassava, manioc
manipul|ation manipulation **-era** manipulate; handle; *~ med* (*äv.*) tamper with, (*göra fuffens med*) juggle with; (*räkenskaper*) cook
manisk [ˈma:-] *a5* manic
manke *s2* withers (*pl*); *lägga ~n till* (*bildl.*) put one's shoulder to the wheel, *AE. vard.* dig [in]
mank|emang [-ŋ] *s7, s4* (*fel*) fault, hitch, breakdown; *AE. vard.* bug[s] **-era** (*komma för sent t.*) fail [to come, to turn up]; (*fattas*) want, be missing
man|kön [ˣmann-] *~et* the male sex; *koll. äv.* mankind; *av ~* of the male sex **-lig** *a1* **1** (*av mankön*) male; masculine **2** (*som anstår en man*) manly, virile **-lighet** manliness, virility **-ligt** *adv* like a man, manfully **-lucka** manhole [cover]
1 manna *v1, sjö., ~ reling!* man the bulwarks!
2 manna *s1, s7* manna; *som ~ i öknen* like manna in the wilderness
mannagryn semolina
manna|kraft man's (manly) strength; *i sin fulla ~* in the full vigour of his manhood **-minne** (*i* within) living memory **-mod** [manly] courage, prowess **-mån** *r* favouring; *utan ~* (*äv.*) without respect of persons **-ålder** manhood
mannekäng [-ŋ] *s3* [fashion] model, mannequin; (*skyltdocka*) [tailor's] dummy **mannekänga** [-ˈkäŋa] model **mannekänguppvisning** fashion show (parade)
manodepressiv *a1* manic-depressive
manometer [-ˈme:-] *s2* pressure gauge, manometer
mans *se 2 man*
mansardtak [-ˣsa:rd-] mansard (curb) roof
mans|bot wer[e]gild **-chauvinism** male chauvinism **-chauvinist** male chauvinist
manschett *s3* cuff; (*linning äv.*) wristband; *tekn.* sleeve; *fasta* (*lösa*) *~er* attached (detachable) cuffs; *darra på ~en* (*bildl.*) shake in one's shoes **-brott** white-collar crime **-knapp** cuff link **-proletariat** white-collar workers (*pl*) **-yrke** white-collar job
mans|dräkt man's (male) attire **-gris** [*mullig*] *~* male chauvinist pig **-göra** *s7* men's ([a] man's) work **-hög** as tall as a man
manskap *s7, mil.* men (*pl*); (*värvat äv.*) enlisted men (*pl*); (*servis-*) [gun] personnel; *sjö.* crew, hands (*pl*)
mans|kör male (men's) choir **-lem** penis **-linje** *på ~n* on the spear side
manslukerska vamp
mans|namn male (man's) name **-person** man; male person
manspillan [ˣmann-] *r* loss of men; *stor ~* heavy losses (*pl*)
manssamhälle male-dominated society
man|stark strong in number, numerically strong **-starkt** *adv, infinna sig ~* muster strong
mansålder generation
mantal *s7* assessment unit of land
mantals|blankett population census questionnaire **-längd** population register (schedule) **-skriva** register for census purposes; take a census **-skrivning** registration for census purposes **-uppgift** census registration statement
mant|el *s2* **1** (*plagg*) cloak; (*kunga- o.d. o. bildl.*) mantle **2** *tekn.* casing, jacket; *geom. o.d.* mantle; (*aktie-*) [share] certificate **-ilj** *s3* mantilla **-lad** *a5, tekn.* jacketed
manu|al *s3,* (*handbok, mus.*) manual **-ell** *a1* manual
manufaktur|affär [-ˣtu:r-] draper's shop; *AE.* dry-goods store **-varor** *pl* (*textil-*) drapery [goods], *AE.* dry goods; (*järn-*) hardware
manusförfattare scriptwriter
manuskript *s7* manuscript; *boktr. äv.* copy, matter; (*film-, radio-*) script; *maskinskrivet ~* (*äv.*) typescript, typed copy
manöver *s3, mil. o. bildl.* manoeuvre; (*knep äv.*) dodge, trick; (*rörelse*) *mil.* movement, *sjö. mil.* exercise **-bord** console **-duglig** manoeuvrable, in working order; *sjö. äv.* steerable **-fel** *flyg.* pilot's error **-förmåga** manoeuvrability **-oduglig** unmanageable; out of control **-spak** *flyg.* control lever
manövrer|a manoeuvre (*äv. bildl.*); *sjö äv.* steer; (*friare*) handle, manage, operate **-bar** *a1* manoeuvrable **-ing** manoeuvring *etc.*
mapp *s2* file, folder
mara *s1* nightmare; (*plåga*) bugbear; *ridas av ~n* be hag-ridden
marabustork [ˣma:-, -ˣbu:-] marabou
maraton|lopp [-ån-] marathon race **-löpare** marathon runner
mardröm nightmare (*äv. bildl.*)
mareld phosphorescence [of the sea]
margarin *s4* margarine
marginal [-g-, -j-] *s3* margin; *boktr. äv.* border; *börs äv.* difference **-anteckning** marginal note **-kostnad** marginal cost **-skatt** marginal income tax **-väljare** floating voter
marginell [-g-, -j-] marginal
Marie bebådelsedag [-ˣbå:-] Lady (Annunciation) Day
marig *a1* **1** (*förkrympt*) dwarfed, stunted **2** (*besvärlig*) *vard.* tricky, ticklish, knotty
marijuana [-ˣa:na] *s1* marijuana, marihuana

marin I [-ˣri:-] *s3* **1** (*sjömakt*) navy; *~en* the Marine, the Navy **2** (*-målning*) marine, seascape **II** *a1* marine
marina [-ˣri:-] *s1* marina
marinad *s3, kokk.* marinade
marin|attaché navy attaché **-blå** navy blue
marinera marinade
marin|flyg naval air force **-lotta** (*Storbritannien*) [a] member of the Women's Royal Naval Service (*förk.* W.R.N.S.), *vard.* [a] Wren; *AE.* [a] member of the Women Accepted for Volunteer Emergency Service (*förk.* WAVES), *vard.* [a] Wave **-läkare** naval medical officer **-målare** marine painter **-målning** *se marin I 2* **-soldat** marine **-stab** naval staff
marionett *s3* marionette, puppet (*äv. bildl.*) **-regering** puppet government **-teater** (*hopskr. marionetteater*) puppet theatre (*föreställning*: show)
maritim *a1* maritime
1 mark *s3* (*jordyta, jordområde o.d.*) ground (*äv. bildl.*), land; (*åker-*) field; (*jordmån*) soil; *klassisk ~* classical ground; *förlora* (*vinna*) *~* lose (gain) ground; *känna ~en bränna under sina fötter* (*bildl.*) feel the place beginning to get too hot for one; *på svensk ~* on Swedish soil; *ta ~* land (alight) [on the ground]
2 mark *s9* (*mynt*) mark
3 mark *s3* [*pl* 'marr-] (*spel-*) counter, marker, fish
markant [-'kant, -'kaŋt] **I** *a1* striking, marked, conspicuous; (*märklig*) remarkable **2** *adv* strikingly *etc.*
markatta 1 *zool.* guenon **2** (*vard. 'häxa'*) shrew, bitch; *jfr ragata*
markeffektfarkost (*svävare*) hovercraft
marker|a mark; (*vid spel äv.*) score; (*ange*) indicate; (*visa*) show; (*sittplats e.d.*) put s.th. in (on) to mark it; *sport.* mark; (*betona*) accentuate, emphasize **-ad** *a5* marked; (*utpräglad äv.*) pronounced **-ing** marking *etc.*
marketent|are [-ˣtent-] canteen-keeper **-eri** canteen
markförsvar land defence[s]
markgreve margrave
1 markis *s3* (*solskydd*) sun blind, awning
2 markis *s3* (*adelstitel*) *Storbritannien* marquess, marquis
markisinna *Storbritannien* marchioness
markkontroll *flyg., rymd.* ground control
marknad *s3* market; (*i samband med folknöjen*) fair; *introducera en vara på ~en* introduce (launch) an article on the market; *i ~en* on (in) the market
marknads|andel share of the market **-dag** market day **-domstol** *~en* the [Swedish] market court **-ekonomi** market economy **-föra** market, launch, merchandise **-föring** marketing *etc.* **-läge** market situation (position), state of the market **-nöje** sideshow **-plats** (*-område*) marketplace, fairground **-pris** market price **-stånd** market stall, stand **-undersökning** market[ing] research (analysis) **-värde** market (trade) value
mark|personal *flyg.* ground personnel (staff, crew) **-robot** surface-to-surface missile **-sikt** ground visibility **-strid** ground fighting, warfare on land **-stridskrafter** *pl* ground forces

Markus ['marr-] Mark; *~ evangelium* the Gospel according to St. Mark, Mark
mark|värdestegring rise in the value of land **-värdinna** ground stewardess **-ägare** landowner, landlord; ground owner
markör marker, scorer; *data.* cursor; *flyg.* plotter
marmelad *s3* marmelade; (*konfekt ung.*) fruit jellies **-burk** pot of marmelade
marmor *s9* marble; *... av ~* (*äv.*) [a] marble ... **-brott** marble quarry **-era** marble; vein **-ering** [-'re:-] marbling **-kula** marble **-skiva** marble slab; (*på bord*) marble top **-stod** marble monument
marockan *s3* Moroccan **-sk** [-a:-] *a5* Moroccan, of Morocco
Marocko [-'råkko] *n* Morocco
marodör marauder, exploiter
marokäng *s3* (*läder*) morocco; (*tyg*) marocain
mars *r* March
Mars *r, astr.* Mars
marsch [marʃ] **I** *s3* march; *vanlig ~* march in step; *vara på ~* be on the march (*äv. bildl.*) **II** *interj* march!; *framåt* (*helt om*) *~!* forward (right about face) march!; *~ i väg!* (*vard.*) be off with you!; *göra på stället ~* (*gymnastik o.d.*) mark time
marschall [-'ʃall] *s3* cresset
marsch|era [-'ʃe:-] march; (*skrida*) pace (*fram o. tillbaka* to and fro); *det var raskt ~t!* (*bildl.*) [jolly] quick work, that! **-fart, -hastighet** [marching] pace; *flyg.* cruising speed **-kolonn** (*trupp*) march[ing] column; (*formering*) column of route **-känga** marching-boot **-order** marching order; *ha fått ~* be under marching orders **-takt 1** *mil.* marching step; *gå i ~* walk in marching step **2** *mus.* march-time
Marseille [mar'säjj] *n* Marseilles
marseljäsen [-'jä:-] *r, best. form* the Marseillaise
Marshallplanen [the] Marshall Plan, (*officiellt*) European Recovery Programme
marsin[ne]vånare Martian
marsipan *s3* marzipan
1 marsk *s3, geogr.* marshland
2 marsk *s2, hist., rikets ~* (*Engl. ung.*) the Lord High Constable
marskalk [ˣmarrʃalk, -'ʃalk] *s2* **1** *mil.* marshal **2** (*platsvisare*) usher, *AE. äv.* floor manager; *univ. o.d.* steward; (*vid bröllop*) groomsman, (*förste ~*) best man **marskalksstav** marshal's baton
marskland marshland
marsvin *zool.* guinea pig
martall dwarfed (stunted) pine [tree]
mart|er ['ma(:)r-] *pl* torments, tortures **-era** torment, torture
martialisk [-tsi'a:-] *a5* martial
martin|process [-ˣtäŋ-] open-hearth process **-ugn** open-hearth furnace
martorn [ˣma:rto:rn] *s7, s2 bot.* sea holly
martyr *s3* martyr (*för* for, to); (*offer äv.*) victim **-död** *lida ~en* suffer martyrdom (the death of a martyr) **-gloria** martyr's halo **-ium** *s4* [period of] martyrdom; *ett verkligt ~* (*friare*) a veritable affliction **-krona** martyr's crown **-skap** *s7* martyrdom
mar|ulk *s2, zool.* angler [fish] **-vatten** *ligga i ~*

M

be waterlogged **-viol** sea rocket

marxism Marxism **--leninism** Marxism-Leninism

marxist *s3*, **-isk** *a5* Marxist, Marxian

maräng *s3* meringue **-sviss** *s3* cream-filled meringue-shells

masa saunter; ~ [*sig*] *i väg* slope (shuffle) off; ~ *sig upp* [*ur sängen*] drag o.s. out of bed; *gå och* ~ be idling (lazing)

mascara [-ˣka:-] *s1* mascara

maser ['ma:-] *s3* maser (microwave amplification by stimulated emission of radiation) **-stråle** maser beam

1 mask *s2, zool.* worm; (*larv*) grub; (*kål-*) caterpillar; (*i kött, ost*) maggot; *full av -ar* alive with worms (*etc.*); *vrida sig som en* ~ wriggle like a worm

2 mask *s3*, mask (*äv. bildl.*); (*kamouflage*) screen; *bildl. äv.* guise; (*-erad pers.*) masked person; *låta ~en falla* (*bildl.*) throw off one's mask, unmask o.s.; *hålla ~en* (*spela ovetande*) not give the show away, (*hålla sig för skratt*) keep a straight face

3 mask *s3, kortsp.* finessing; (*en* ~ *äv.*) finesse

1 maska *v1* **1** *kortsp.* finesse **2** (*sänka arbetstakten*) go slow, work to rule; (*låtsas arbeta*) pretend to work; *sport.* play for time

2 maska *v1* (*sätta mask på*) bait with worms (a worm); ~ *på* bait the hooks

3 maska I *s1* mesh; (*virkad, stickad*) stitch; (*på strumpa*) ladder; *tappa en* ~ drop a stitch **II** *v1*, ~ *av* cast off; ~ *upp på en strumpa* mend a ladder

maskara *se mascara*

maskbo nest of grubs

maskera mask; (*klä ut*) dress up (*till* for); *teat. äv.* make up; (*friare o. bildl., i sht mil.*) mask, camouflage; (*dölja*) hide; (*t.ex. avsikter*) disguise; ~ *sig* mask o.s., (*friare*) dress o.s. up, make up, disguise o.s.; *~d person* (*äv.*) masquerader; *vara ~d till* (*äv.*) impersonate

maskerad *s3* masquerade; mummery **-bal** fancy-dress ball **-dräkt** fancy dress

maskering [-'ke:-] masking *etc.*; (*mera konkr.*) mask, screen; *i sht mil.* camouflage; (*förklädnad*) disguise; *teat.* make-up

maskerings|konst [the] art of make-up **-tejp** masking tape

mask|formig [-å-] *a1* vermiform (*äv. anat.*); worm-shaped **-gång** worm burrow (track) **-hål** wormhole

maskin [-'ʃi:n] *s3* machine (*för, till* for); (*större*) engine; (*mera allm.*) apparatus, device; (*skriv-*) typewriter; *~er* (*koll.*) machinery; *gjord* (*sydd*) *på* ~ done (sewn, made) on a (by) machine, machine-made; *full* ~ [framåt]*!* (*sjö.*) full speed [ahead]!; *för egen* ~ by its own engines, *bildl.* on one's own; *för full* ~ (*bildl.*) at full tilt (steam); *skriva* [*på*] ~ type **-bokföring** machine accounting (bookkeeping) **-driven** *a5* power-driven

maskinell *a1* mechanical; ~ *utrustning* machinery, mechanical equipment; *~a hjälpmedel* machine aids

maskin|eri machinery (*äv. bildl.*); *~et* (*på fartyg*) the engines (*pl*); (*på fabrik*) the plant **-fabrik** engineering (engine) works **-fel** engine trouble **-gevär** machine gun **-gjord** *a5* machine-made; *-gjort papper* machine paper **-industri** mechanical engineering industry **-ingenjör** mechanical engineer **-ist** engine (machine) man, mechanic; *sjö.* engineer, machinist **-mässig** *a1* mechanical **-park** machinery, machine equipment, plant **-rum** engine room **-satt** *a4, boktr.* machine-composed; linotyped, monotyped **-skada** engine trouble, breakdown **-skrift** typescript **-skrivare, -skriverska** typist **-skrivning** typing, typewriting **-skötare** [machine] operator; machine tender **-språk** *data.* machine (computer) language (code) **-stickning** machine-knitting **-sydd** *a5* machine-sewn; (*om klänning e.d.*) machine-made **-sätta** *boktr.* compose by monotype (linotype) **-sättning** *boktr.* machine composition **-söm** machined seam **-teknik** mechanical engineering **-telegraf** *sjö.* engine-room telegraph **-tvätta** wash by (in a) machine **-vara** *data.* hardware **-verkstad** machine (engineering) shop

maskning go-slow; work-to-rule; *AE.* slowdown

maskopi *s3, s4, vara i* ~ *med* be in collusion with

maskot ['maskått] *s2, s3* mascot

mask|ros dandelion **-stungen** *a5* worm-eaten

masksäker (*om strumpa*) ladder-proof, non-run

maskulin ['mask-, -'li:n] *a1* masculine; male **-um** [ˣmass-] *s4* **1** (*-t ord*) masculine [noun]; *i* ~ (*gram.*) in the masculine [gender] **2** (*karl*) male

maskäten *a5* worm-eaten, wormy

maskör *teat. o.d.* make-up man

masoch|ism masochism **-ist** masochist

masonit *s3* masonite

mass|a *s1* **1** mass, volume; (*stort oformligt stycke*) lump **2** (*grötlik* ~) pulp; *kokk.* paste; (*deg-*) dough; *tekn.* composition; *bli till en fast* ~ become a firm mass, solidify **3** (*mängd*) mass, [large] quantity; heap, pile; lot; *en* ~ *saker* lots (heaps) of things; *prata en* ~ *dumheter* talk a lot of nonsense; *-or med folk* crowds of people; [*den stora*] *~n* the masses (*pl*), the rank and file; (*flertalet*) the great majority; ... *i -or* (*-or med* ...) lots (heaps, quantities) of ...

massafabrik pulp mill

massage [-'sa:ʃ] *s5* massage

massak|er [-'sa:-] *s3* massacre **-rera** massacre; (*lemlästa*) mutilate; *svårt ~d i ansiktet* with his (*etc.*) face terribly mutilated

mass|arbetslöshet mass unemployment **-artikel** mass-produced article

massaved pulpwood

mass|avrättning mass-execution **-beställning** bulk bookings (orders) (*pl*) **-demonstration** mass demonstration **-död** wholesale death

massera massage; treat with massage

mass|fabrikation large-scale manufacture, mass production **-flykt** mass desertion[s *pl*] **-grav** mass (common) grave

massiv I *s7* massif **II** *a1* solid; massive **-itet** solidity; massiveness

mass|kommunikation mass communication **-korsband** bulk posting (mail); *AE.* bulk third class [mail] **-media** *pl* mass media **-mord** mass murder, multicide; massacre **-mördare** mass murderer **-möte** mass meeting; *AE. äv.* rally **-producera** mass-produce **-produktion** mass production **-psykologi** mass psychology **-psy-**

kos mass psychosis **-slakt** (*hopskr. masslakt*) wholesale (mass) slaughter **-tillverkning** *se -produktion* **-uppbåd** *mil.* levy in mass, mass levy; (*friare*) large muster [of people] **-verkan** mass effect **-vis** in large (vast) numbers, in great quantities; *jfr massa 3*
massör masseur **massös** masseuse
mast *s3* mast; (*radio- o.d. äv.*) pylon; (*signal-*) post; (*flagg-*) pole
mastix ['mast-] *s3* mastic
mast|korg top **-kran** derrick (mast) crane
mastodont [-'dånt] *s3* mastodon (*äv. bildl.*)
masttopp masthead
masturb|ation masturbation **-era** masturbate
masugn blast furnace
masur *s9* curly-grained wood
masurka [-ˣsurr-, -'surr-] *s1* maz[o]urka
mat *s9* food; (*-varor äv.*) eatables, provisions (*pl*); *vard.* grub; *en bit ~* s.th. to eat, a bite, a snack; *~ och dryck* food and drink; *~ och husrum* board and lodging; *intages efter ~en* to be taken after meals; *vila efter ~en* rest after dinner (*etc.*); *det är ingen ~* (*eg. näring*) *i* there is no nourishment in; *~en står på bordet!* the (your) dinner (*etc.*) is on the table!; *hålla ~en varm åt ngn* keep a p.'s dinner (*etc.*) hot; *vad får vi för ~ i dag?* what are we going to have for dinner (*etc.*) today?; *dricka öl till ~en* have beer with one's dinner (*etc.*); *ha ngn i ~en* board s.b.; *vara liten i ~en* be a small eater
mata feed (*äv. bildl.*); *~ ngn med kunskaper* stuff s.b. with knowledge; *~d* (*om säd*) full[-eared]
matador [-'då:r] *s3* matador (*äv. bildl.*); *bildl. äv.*, *vard.* big noise, bigwig; *AE.* big shot
matarbuss feeder bus
matar|e *tekn.* feeder **-ledning** feeder [cable]
mat|beredare food processor **-bestick** knife, fork and spoon set; [a set of] eating implements (*pl*); *koll.* table cutlery; *AE.* table set, flatware **-bit** [a] bite of food (s.th. to eat), snack **-bord** dining table **-bröd** [plain] bread
match [matʃ] *s3* match; *en enkel ~* (*bildl.*) child's play; *givna ~er* (*tips.*) bankers **matcha** (*låta tävla*) match **matchboll** match point
matdags *det är ~* it is time for a meal
matelass|é [mattla'se:] *s3* matelassé **-era** quilt
matemat|ik *s3, ej pl* mathematics (*pl, behandlas som sg*); *vard.* maths (*pl*) **-iker** [-'ma:-] mathematician **-ikmaskin** [electronic] computer **-isk** [-'ma:-] *a5* mathematical
materi|a [-'te:-] *s3* matter (*äv. -en*); (*ämne äv.*) substance
materi̱al *s7, pl äv. -alier* material (*till* for); (*i bok o.d. äv.*) matter **-fel** defect (fault) in material[s *pl*] **-förråd** store of materials **-förvaltare** storekeeper **-isation** materialization **-isera** *~ [sig]* materialize **-ism** materialism **-ist** materialist **-istisk** [-'ist-] *a5* materialistic **-kontroll** inventory control **-kostnad** cost of material[s] **-lära** science of engineering and building materials **-provning** materials testing **-samling** collection of material **-återvinning** material recovery, recycling
materi|e [-'te:-] *s3, se materia* **-e̱l** *s9, ej pl* materials (*pl*); *elektr.* equipment; *mil.* munitions (*pl*); *rullande ~* rolling stock **-e̱ll** *a1* material; *~a tillgångar* (*äv.*) tangible assets
mat|fett cooking fat **-friare** sponger **-frisk** with a good appetite **-förgiftad** *a5* poisoned by food **-förgiftning** food poisoning **-gaffel** [table] fork **-gäst** boarder **-hållning** catering [service]
matiné *s3* matinée [performance]
mat|jord topsoil **-kniv** [table] knife **-korg** hamper **-kupong** food (dinner) check **-källare** food cellar **-lag** *s7* sitting; *mil.* mess **-lagning** cooking, cookery, preparation of food **-lust** appetite **-mor** mistress [of a (the) household]; *vard.* missis **-ning** feeding, supply **-nyttig** suitable as food, edible **-olja** cooking oil **-ordning** dietary **-os** smell of cooking (of food being cooked); cooking fumes **-pengar** *pl* housekeeping [money (*sg*)] **-pinne** chopstick **-plats** dining space **-ranson** food ration **-rast** food break; *mil. o.d.* halt for refreshment[s *pl*] **-recept** [cooking] recipe **-rester** *pl* remains [of food]; *vard.* leftovers
matriar|kalisk [-'ka:-] *a5* matriarchal **-ka̱t** *s7* matriarchate, matriarchy
matrikel [-'trikk-] *s2* list (roll) [of members]; (*kår- äv.*) calendar, directory
matri̱s *s3* matrix (*pl* matrices), mould
matro peace at mealtimes
matrona [-ˣtrɔ:-] *s1* matron
matro̱s *s3* able[-bodied] seaman; *vard.* sailor **-jacka** bluejacket, sailor's jacket **-kostym** sailor suit **-krage** sailor-suit collar
mat|rum *se matsal* **-rätt** dish
mats *r, i uttr.: ta sin ~ ur skolan* withdraw altogether, beat a retreat
mat|sal dining room **-salong** *sjö.* dining saloon **-sedel** menu, bill of fare **-servering** (*-ställe*) eating house; dining-rooms (*pl*) **-servis** dinner service **-silver** table silver **-sked** tablespoon **-skribent** cookery writer **-smältning** digestion; *ha dålig ~* suffer from indigestion (a bad digestion)
matsmältnings|apparat digestive system (tract) **-besvär** indigestion, dyspepsia **-organ** digestive organ **-process** process of digestion **-rubbning** indigestion; digestive upset
mat|strejka refuse to eat **-strupe** oesophagus, gullet **-ställe** *se matservering* **-säck** [ˣma:t-, *vard.* ˣmassäkk] [bag of] provisions (*pl*), package of food, packed meal (lunch); *vard.* grub, tommy; *rätta munnen efter ~en* cut one's coat according to one's cloth **-säckskorg** provision basket; (*vid utfärd äv.*) picnic hamper
1 matt *a1* **1** (*kraftlös o.d.*) faint (*av* from, with); (*klen, svag*) weak, feeble; (*slö, slapp*) languid; (*utan kläm*) spiritless, tame; *hand.* dull; (*livlös*) lifeless; *känna sig ~* feel exhausted (washed out) (*efter* after) **2** (*färgsvag*) mat[t], dead; (*glanslös*) dull, lustreless; (*dunkel*) dim; *bli ~* (*äv.*) get tarnished, tarnish
2 matt *oböjl. a o. s3* (*i schack*) mate; *schack och ~!* checkmate!; *göra ngn ~* checkmate s.b.; *förhindra ~en* prevent [the] [check]mating
1 matta *s1* carpet; (*mindre*) rug; (*dörr-, kork- o.d.*) mat; (*grövre*) matting; *heltäckande ~* fitted carpet; *hålla sig på ~n* (*bildl.*) toe the line
2 matta *v1* weaken, enfeeble; (*trötta*) tire; weary
mattaffär rug and carpet dealer
mattas *dep* get (become, grow) weak[er]; (*om*

M

sken) get (*etc.*) dim[mer]; (*om pers.*) get (*etc.*) [more] tired; (*om färg*) fade; *ekon.* weaken
mattblå dull blue
1 matte *s2, vard.* mistress
2 matte *s7* (*paraguayte*) maté, mate
3 matte *vard.* maths, *AE.* math
Matteus [-'te:-] Matthew; ~ *evangelium* the Gospel according to St. Matthew, Matthew
mattförgylla gild with a mat[t] surface
matthandlare *se mattaffär*
matt[ig]het lassitude; faintness, feebleness *etc.*
mattpisk|are carpet-beater **-ning** carpet-beating
mattpolerad *a5* matt-finished
mattram *s3, bot.* feverfew
mattrasor (*särskr. matt-trasor*) *pl* rag-strips for hand-woven rugs
matt|sam *a1* fatiguing; tiresome **-skiva** *foto.* focusing screen, ground glass **-slipad** *a5* ground, frosted
mattsopare carpet sweeper
mattvarp carpet warp
mat|tvång (*på restaurang*) [the] no-drinks-without-food system **-varor** *pl* provisions, eatables, foodstuffs **-varuaffär** provision-dealer's [shop], food shop **-vrak** gormandizer, glutton **-vrå** dining recess; *AE.* dinette **-väg** *i uttr.: ngt i* ~ s.th. in the way of food **-vägran** refusal to eat **-vägrare** person (child) who refuses to eat **-äpple** cooking-apple
Mauretanien [-'ta:-] *n* Mauritania
mauret|anier [-'ta:-] *s9* Mauritanian **-ansk** [-'ta:-] *a5* Mauritanian
mausergevär Mauser [rifle]
mausoleum [-ˣle:-, -'le:-] *s4* mausoleum
maxim *s3* maxim
maxim|al *a1* maximum **-era** (*göra så stor som möjligt*) maximize; (*bestämma högsta gräns för*) put an upper limit on, fix a ceiling for; ~ *räntan till 5 %* set (fix) interest at a maximum of 5 % **-ering** [-'e:-] fixation of the limits; *räntans* ~ *till 5 %* the fixing of the interest at 5 % as a maximum
maximi|belopp maximum [amount] **-gräns** upper limit, ceiling **-hastighet** maximum speed **-pris** maximum price, ceiling price **-termometer** maximum thermometer
maximum ['maks-] *s8* maximum (*pl* maxima)
mayafolk [ˣmajja-] *~en* the Maya peoples, the Mayas
MBL *se medbestämmandelagen*
mecenat patron of the arts (sciences)
1 med *s2* (*kälk- o.d.*) runner; (*gungstols- o.d.*) rocker
2 med [*vard. me:, mä:*] **I** *prep* **1** with; ~ *all aktning för* with all respect to, however much one may respect; ~ *eller utan* with or without; ~ *nöje* with pleasure; ~ *omsorg* with care, carefully; ~ *rätta* rightly, with good reason; ~ *säkerhet* certainly; ~ *öppna armar* with open arms; *diskutera* (*leka*) ~ *ngn* discuss (play) with s.b.; *felet* ~ the trouble with; *fylld* ~ *sand* filled with sand; *färdig* ~ ready with; *jämföra* ~ compare with, (*likna vid*) compare to; *kriget* ~ *Spanien* the war with Spain; *ned* ~ *...!* down with ...!; *nöjd* ~ content with; *skriva* ~ *en penna* write with a pencil; *tillsammans* ~ together with; *tävla* ~ *ngn* compete with s.b.; *vara* ~ *barn* be pregnant (with child); *äta* ~ *sked* eat with a spoon; *en man* ~ *långt skägg* a man with a long beard; ~ *de orden lämnade han mötet* with these words he left the meeting; *ordet stavas* ~ *e* the word is spelt with an e; *vi bor granne* ~ *dem* they are our neighbours, we live next door to them; *han kom* ~ *ett brev* he came with a letter; *han stod där* ~ *hatten i hand* (*händerna i fickorna*) he stood there [with his] hat in [his] hand (with his hands in his pockets); *vad är det* ~ *dig?* what is the matter with you?; *det är samma sak* ~ *mig* it is the same [thing] with me **2** ([*kommunikations*]*medel*) by;~ *tåg* by train; *betala* ~ *check* pay by cheque; *höja priset* ~ *5 öre* raise the price by 5 öre; *skicka* ~ *posten* send by post; *vinna* ~ *10 poäng* win by ten points; *börja* ~ *att förklara* begin by explaining; *vad menar du* ~ *det?* what do you mean by that? **3** (*släktskap, jämförelse*) to; *gift* ~ married to; *lika* ~ equal to; *släkt* ~ related to, a relative of; *bo vägg i vägg* ~ live next door to; *vara god vän* ~ be good friends with (a good friend of) **4** (*innehållande*) containing, of, with; *en ask* ~ *choklad* a box of chocolate [s]; *massor* ~ *folk* lots of people; *tre säckar* ~ *kaffe* three bags of coffee **5** (*trots*) with, in spite of; ~ *alla sina fel är hon dock* with (in spite of) all her faults she is **6** (*och*) and; *biffstek* ~ *lök* steak and onions; *Stockholm* ~ *omnejd* Stockholm and [its] environs; *herr S.* ~ *familj* Mr. S. and family; *det ena* ~ *det andra* one thing and another; ~ *flera* and others; ~ *mera* et cetera, and so on **7** (*inberäknat*) with, including; ~ *rabatt är priset* the price less discount is **8** (*genitivförhållande*) of; with, about; *det bästa* ~ *boken är* the best thing about the book is; *fördelen* (*nackdelen*) ~ the advantage (disadvantage) of; *vad är meningen* ~ *det?* what is the meaning of that?; *det roliga* ~ the funny thing about **9** (*annan prep*) ~ *andra ord* in other words; ~ *avsikt* on purpose; ~ *en gång* at once; ~ *en hastighet av* at a speed of; ~ *full fart* at full speed; ~ *små bokstäver* in small letters; ~ *tre minuters mellanrum* at intervals of three minutes; *noga* ~ particular about; *tala* ~ *ngn* speak to s.b.; *ha tid* ~ have time for; *kapplöpning* ~ *tiden* a race against time; *skrivet* ~ *bläck* written in ink (*jfr 1*); *det är ngt egendomligt* ~ *honom* there is s.th. strange about him; *hur är det* ~ *den saken?* what have you got to say about that?, what's the actual position?; *vad är det för roligt* ~ *det?* what's so funny about that?; *han har tre barn* ~ *henne* he has three children by her; *så var det* ~ *den saken* so much for that; *tillbringa kvällen* ~ *att sy* spend the evening sewing **10** (*annan konstr.*) ~ *början kl. 9* commencing at 9 o'clock; ~ *eller mot min vilja* whether I like it or not; ~ *åren* as the years pass[ed], over the years; *adjö* ~ *dig!* bye bye!; *ajöss* ~ ... there goes ...; *bort* ~ *tassarna!* hands off!; *fara* ~ *osanning* tell lies; *försök* ~ *bensin!* try petrol!; *jämnårig* ~ of the same age as; *springa* ~ *skvaller* gossip, tell tales; *tyst* ~ *dig!* be quiet!; *ut* ~ *dig!* get out!; *betalning sker* ~ *100 kronor i månaden* payment will be made in monthly instalments of 100 kronor; *det är ingen fara* ~ *pojken* the boy is all right; *jag gör det* ~ *glädje* I'll do it gladly; *räcker det* ~ *detta?* will this do (be sufficient)?; *hur står det till* ~ *henne?* how is she?; *tid-*

skriften utkommer ~ 10 nummer om året the journal appears 10 times a year; *~ sin artikel vill han* the purpose of his article is to **II** *adv* **1** (*också*) too; as well; *det tror jag ~* I think so too; *han är gammal han ~* he is old too **2** (*i förening med verb*) *du får inget ~ om du inte* you won't get anything (your share) unless you; *vill du följa ~?* will you come with us (me)?; *det håller jag ~ med dig om* I agree with you there; *ta ~ dig ngt att äta* bring s.th. to eat; *vara ~ a*) (*vara närvarande*) be present, *b*) (*vara medlem e.d.*) be a member; *får jag vara ~ och leka?* can I join in the game?, may I play too?; *han har varit ~ om mycket* he has seen a great deal in his days, he has been through a great deal; *jag är ~ på det* I agree to that

medalj *s3* medal (*för* for; *över* in commemoration of); *prägla en ~* strike (cast) a medal; *tilldela ngn en ~* award a medal to s.b. **-era** award a medal **-ong** [-'jåŋ] *s3* medallion; (*med hårlock e.d.*) locket **-utdelning** presentation of medals **-ör** medallist

medan while; (*just då äv.*) as; *sitt ner ~ du väntar* sit down while [you are] waiting; *~ ... pågår* (*äv.*) during ...

medansvarig jointly responsible (*med* with; *för* for); *vara ~* share the responsibility

medarbeta cooperate, collaborate; (*i tidning*) contribute (*i* to)

medarbetar|e fellow worker, co-worker, colleague; (*litterär o.d.*) collaborator (*i* in); (*i tidning*) staff member, contributor; (*-hjälpare*) assistant; *från vår utsände ~* from our special correspondent; *konstnärlig ~* art[istic] contributor (adviser) **-skap** *s7* collaboration **-stab** staff

medbestämmande|lagen (*MBL*) the act on employee participation in decision-making **-rätt** (*i bolag o.d.*) right of co-determination; *polit.* right of participation in decision-making

medbjuden *a5, var också ~* was also invited

medborgaranda [-årj-] civic spirit

medborgar|e citizen (*i* in, of); (*i sht i monarki*) subject; *utländsk ~* foreign national, (*ej svensk*) non-Swedish subject; *akademisk ~* member of a university **-kunskap** civics (*pl, behandlas som sg*) **-plikt** civic duty, duty as a citizen **-rätt** civil rights (*pl*); *beröva ngn ~en* (*äv.*) deprive s.b. of his franchise, disfranchise s.b. **-skap** *s7* citizenship

med|borgerlig [-årj-] civil (*rättighet* right); civic (*skyldighet* duty; *fest* festival) **-broder** companion; *relig.* brother **-brottslig** *vara ~ i* be implicated in (accessory to) **-brottsling** accomplice; accessory

meddel|a 1 (*omtala*) communicate (*ngn ngt* s.th. to s.b.), tell, let ... know, inform (notify, *i sht hand.* advise) of; *härmed ~s att* notice is hereby given that; *vi ber att få ~ att* we wish to inform you that; *vi ber Er ~ när* please let us know when **2** (*uppge*) state; (*kungöra e.d.*) announce, notify, report; (*bevilja, lämna*) give, grant, furnish; *jur. äv.* pronounce; *det ~s att* it is announced that, information has been received to the effect that **3** *~ undervisning* give tuition (*åt* to) **4** *rfl* communicate (*med* with); *~ sig med varandra* (*brevledes*) correspond [with each other] **meddelande** *s6* communication; (*budskap*) message; (*brev e.d.*) letter, note, notification; (*underrättelse*) information; (*kort skriftligt*) memorandum (*förk.* memo); *hand. äv.* advice; (*uppgift*) statement; (*officiellt*) announcement; (*anslag*) notice; *lämna ett ~* deliver a message, (*offentligt e.d.*) make a statement; *få ~ om* be notified of, receive information about; *anslå ett ~* post a notice **meddelare** informant **meddelelsemedel** means of communication **meddelsam** [-e:l-] *a1* communicative; ready to impart information

mede *s2, se 1 med*

medel ['me:-] *s7* **1** means (*sg o. pl*); (*om sak*) medium; (*utväg*) expedient; (*verktyg äv. bildl.*) instrument; (*bote-*) remedy (*mot* for, against); *lugnande ~* tranquillizer, sedative; *antiseptiskt ~* (*äv.*) antiseptic **2** (*pengar*) means, funds, resources (*pl*); *allmänna ~* public funds; *avsätta ~ till* allocate (set aside) funds for; *egna ~* private means

medel|- [ˣme:-] medium, standard; *i sht vetensk.* mean; (*genomsnittlig*) average, mean **-antal** average (mean) number **-avstånd** mean distance

medelbar *a1* indirect

medel|betyg average mark (grade) **-distans** *sport.* middle-distance **-distansrobot** intermediate-range ballistic missile **-djup** *s7* mean depth **-engelska** Middle English **-god** medium, of medium quality **-hastighet** average speed

Medelhavet *n* the Mediterranean

medel|högtyska Middle High German **-inkomst** middle (average) income **-klass** *~en* the middle classes (*pl*) **-livslängd** average [length of] life **-längd** *av* (*under, över*) *~* of (below, above) medium (average) length (height); *av ~* (*om pers.*) of medium height

medellös without means, impecunious; (*behövande*) indigent **-het** lack of means; indigence

medel|måtta *s1* average; medium; (*om pers.*) mediocrity **-måttig** *a1* medium, average; (*måttlig*) moderate; *neds.* mediocre, middling **-proportional** *mat.* mean proportional **-punkt** (*cirkels etc. o. bildl.*) centre (*av, för, till* of); (*friare äv.*) focus, central point

medelst ['me:-] (*genom*) by; (*genom förmedling av*) through, by means of

medel|stor of medium (average) size, medium-sized **-storlek** medium size; *av ~, se medelstor* **-svensson** *vard.* the average Swede **-svår** of medium (average) difficulty, moderately difficult; (*om artilleri*) of medium calibre **-tal** average (*för* for, of); *mat.* mean; *beräkna ~et* strike an average (*av* of); *i ~* on an average; *i ~ uppgå till* (*kosta etc.*) average **-temperatur** mean temperature; *årlig ~* mean annual temperature

1 medeltid *s3* **1** *astr.* mean [solar] time **2** (*genomsnittstid*) average time

2 medeltid *s3, ~en* the Middle Ages; *Sveriges ~* Sweden's medieval period

medeltida *oböjligt a* medieval; *ibl.* Middle-Age

medel|tidskyrka medieval church **-vattenstånd** mean sea level **-väg** middle course (way) **-värde** mean value **-ålder 1** (*mellan ungdom o. ålderdom*) middle life; *en ~s man* a middle-aged

M

man, a man in middle life; *över ~n* past middle-age **2** (*genomsnitts-*) average (mean) age
med|faren *a5, illa ~ a*) (*sliten*) much the worse for wear, in poor condition, *b*) (*bucklig e.d.*) badly knocked about **-fånge** fellow prisoner **-född** *a5* inborn, innate (*hos* in); *i sht med.* congenital (*hos* in); (*friare*) native (*hos* to); (*livlighet* vivacity); *det tycks vara -fött hos henne* it seems to come natural to her **-följa** *se följa* [*med*]; (*om bilaga*) be enclosed **-följande** *a4* accompanying; (*bifogad*) enclosed **-föra 1** (*-bringa*) take (bring) with one; (*ha med sig*) have (carry) with one; (*ha på sig*) have (carry) on one; (*om tåg, buss e.d.*) bring, take, convey **2** (*friare o. bildl.*) bring [about] (... in its train); (*förorsaka*) cause, occasion; (*ge upphov t.*) give rise to, lead to; (*ha t. följd*) result in, entail, involve; *~ kostnader* involve expenditure; *detta -förde att vi blev* this led to our being **-författare** coauthor
med|giva 1 (*tillåta*) admit, permit, allow; (*bevilja*) grant, (*rättighet äv.*) accord; (*samtycka t.*) consent to; *tiden -ger inte att jag* time does not allow me to; *-ger inget undantag* admits of no exception **2** (*erkänna*) admit, confess (*för ngn* to s.b.); *det -ger jag gärna* I willingly (am quite ready to) admit that; *det måste -ges att* it must be confessed (admitted) that **-givande** *s6* **1** (*tillåtelse*) permission, consent; *tyst ~* tacit consent **2** (*erkännande*) admission; (*eftergift*) concession
med|gång *s2* prosperity, good fortune; (*fram-*) success; *i med- och motgång* for better for worse **-görlig** [-jö:r-] *a1* accommodating, tractable, complaisant (*mot* to; *i* in); amendable, easy to get on with **-görlighet** tractability; complaisance **-havd** *a5, de ~a smörgåsarna* the sandwiches one has brought [with one] **-hjälp** *jur.* complicity (*till* in) **-hjälpare** assistant **-håll** (*gillande*) approval; (*stöd*) support, *vard.* backing-up; (*gynnande*) favour[ing]; *finna ~* meet with approval; *ha ~ hos* be in favour with **-hårs** [-å:-] with the furs; *stryka ngn ~* (*bildl.*) rub s.b. up the right way
media ['me:-] *s1, språkv.* media (*pl* mediae)
mediaforskning media research
medial *a1* medial
median *s3* median **-värde** median value
medicin *s3* **1** (*läkarvetenskap*) medicine; *studera ~* study medicine **2** (*läkemedel*) medicine; (*preparat äv.*) drug
medicinal|styrelse [-ˣna:l-] *se socialstyrelse* **-vikt** apothecaries' weight **-växt** medicinal herb
medicinare [-ˣsi:-] medical student; (*läkare*) physician
medicine [-ˣsi:-] *~ doktor* Doctor of Medicine (*förk. M.D. efter namnet*); *~ kandidat* graduate in medicine; *~ licentiat* Bachelor of Medicine (*förk. M.B. efter namnet*); *~ studerande* medical student
medicin|era take medicine[s *pl*) **-flaska** medicine bottle; (*liten*) phial **-förråd** store of medicines; (*skåp*) medicine cupboard **-låda** medicine chest **-man** medicine man
medicin|sk [-'si:-] *a5* medical; *~ fakultet* faculty of medicine **-skåp** medicine cupboard
medikament *s7, s4* medicament, medicine
med|inflytande *ha ~* have some influence (*över* on), have a voice (say) in **-intressent** copartner **-intresserad** *vara ~ i* have a part-interest in
medio ['me:-] *prep o. oböjligt s* middle, in the middle of; *~ januari* (*äv.*) by (in) mid-January
medioker [-'å:-] *a1* mediocre
medit|ation meditation **-atjv** *a1* meditative, contemplative **-era** meditate, ponder (*över* upon, over)
mediterran *a5* Mediterranean
medi|um ['me:-] *s4* **1** (*mitt*) *se medio* **2** *fys.* medium; *mat.* mean; *beräkna det aritmetiska -et av* calculate the arithmetical mean of **3** (*medel för spridning av ngt*) medium, agent, vehicle **4** *språkv.* middle voice **5** (*spiritistiskt*) medium
med|kandidat fellow candidate **-kämpe** comrade-in-arms; (*friare*) fellow combatant **-kännande** *a4* sympathetic **-känsla** sympathy (*för* for; *med* with)
medl|a [-e:-] mediate; act as [a] mediator; (*vid arbetskonflikt o.d.*) arbitrate, negotiate; (*mellan stridande äv.*) intervene **-are** mediator (*vid arbetskonflikt o.d.*) conciliator, arbitrator; *AE. äv.* troubleshooter
medlem [-e:-] *s2* member; (*av lärt sällskap äv.*) fellow; *icke ~* non-member; *vara ~ av* (*i*) (*kommitté e.d.*) serve (sit, be) on
medlems|antal membership, number of members **-avgift** membership fee (subscription); *AE.* dues (*pl*) **-förteckning** list of members
medlemskap [-e:d-] *s7* membership (*i* of)
medlems|kort membership card; (*i parti*) party card **-stat** member state; (*i federation*) constituent state
medlid|ande *s6* compassion; (*medömkan*) pity; (*deltagande*) sympathy; (*skonsamhet*) mercy; *ha ~ med* (*äv.*) pity, have (take) pity on **-sam** [-i:-] *a1* compassionate; pitying (*leende* smile); *med en ~ blick* with a look full of pity
medling [-e:-] mediation; (*uppgörelse*) settlement, arrangement; (*förlikning*) conciliation; (*i äktenskap*) reconciliation
medlings|förslag proposal for settlement, draft settlement **-försök** attempt at mediation **-kommission** mediation (arbitration) committee
med|ljud consonant **-lut** downhill slope **-löpare** *polit.* fellow traveller; opportunist **-människa** fellow creature (being) **-mänsklighet** human kindness **-passagerare** fellow passenger **-regent** co-regent **-resenär** travelling companion **-ryckande** *a4* exciting, stirring; captivating **-räkna** count in, include; *ej ~d* excluded; *däri -räknat* included, inclusive of **-skyldig** accessory (*i* in) **-sols** [-o:-] clockwise, sunwise, with the sun **-spelare** *teat. o.d.* fellow actor; *kortsp., film.* partner **-ströms** with the current **-syster** sister **-sända** send along [with], enclose **-taga** *se ta* [*med*]; *bör ~s* (*om uppgift e.d.*) should be given (included); *hundar får ej ~s* dogs [are] not admitted **-tagen** *a5* (*utmattad*) tired out, done up (*av* with); *känna sig ~* feel used up (run down) **-trafikant** fellow passenger (road user) **-tävlare** [fellow] competitor (*om, till* for); rival **-urs** [-u:rs] clockwise
medusahuvud [-ˣdu:-] Medusa's (Gorgon's) head
medverka (*samverka*) cooperate (*i, vid* in); (*vid*

fest, konsert o.d.) assist, lend one's services (*vid* at); (*deltaga*) participate, take part (*i, vid* in); (*bidraga*) contribute (*till* towards, in)
medverkan cooperation (*i, vid* in; *till* towards); (*deltagande*) participation (*i, vid* in); (*hjälp*) assistance, support (*vid* in, at); *under ~ av* with the cooperation of, assisted by, (*i samarbete med*) in collaboration with **medverkande** *a4* cooperating *etc.*; (*bidragande*) contributory (*orsak* cause); *de ~* the performers (actors), those taking part
medvetande *s6* consciousness (*om* of, as to); *förlora* (*återfå*) *~t* lose (regain) consciousness; *vara vid fullt ~* be fully conscious; *ingå i det allmänna ~t* be part of the public consciousness; *i ~ om* in the consciousness (aware) of
medveten *a3* conscious (*om* of); *vara ~ om* (*inse*) be aware (sensible) of **-het** consiousness, awareness
medvetet *adv* (*fullt* quite) consciously *etc.*; (*med vett o. vilja*) wittingly, deliberately
medvetslös unconscious **-het** unconsciousness
medvind tailwind, fair (following) wind; *i ~* with a favourable (*etc.*) wind; *segla i ~* sail before the wind, (*om företag*) be prospering
medvurst *s2* German sausage
medömkan commiseration, compassion
mefa *s1*, *se markeffektfarkost*
mefistofelisk [-'fe:-] *a5* Mephistophelean
mega|cykler [-'sykk-] *pl* megacycles **-fon** [-'få:n] *s3* megaphone **-hertz** [-'härts] *r* megacycles per second, megahertz
megalitisk [-'li:-] *a5* megalithic
megalomani *s3* megalomania
megära [-ˣgä:-, -'gä:-] *s1* shrew, termagant, vixen
mej [mejj] *vard., se mig*
meja [ˣmejja] (*gräs*) mow (*äv. bildl.*); (*säd, åker*) cut; *~ ner* mow down (*äv. bildl.*)
mejeri dairy; (*butik*) creamery, dairy [shop] **mejerihantering** dairying, dairy farming **mejeriprodukt** dairy product **mejerist** dairyman
mejka *v1*, *rfl, vard.* make o.s. up, make up one's face
mejning mowing *etc.*
mejram [ˣmejj-, 'mejj-] *s3* [sweet] marjoram
mejsel *s2* chisel **mejsla** chisel (*äv. bildl.*), cut [with a chisel]; *~ ut* (*äv. bildl.*) chisel out; *~d* chiselled; (*om anletsdrag o.d. äv.*) clear-cut
mekanik *s3, ej pl* **1** mechanics (*pl, behandlas som sg*) **2** *se mekanism*
mekaniker [-'ka:-] mechanic, mechanician
mekaniser|a mechanize **-ing** mechanizing, mechanization
mekan|isk [-'ka:-] *a5* mechanical; *~ verkstad* engineering shop **-ism** *s3* mechanism; (*i ur äv.*) works (*pl*)
melanesier [-'ne:-] Melanesian
melankol|i *s3* melancholy; *med. äv.* melancholia **-iker** [-'ko:-] melancholic; melancholy person **-isk** [-'ko:-] *a5* melancholy; *ibl.* melancholic; (*dyster äv.*) gloomy; *vara ~* [*av sig*] (*äv.*) be of melancholy turn (temperament)
melass *s3* molasses
melerad [-'le:-] *a5* mixed; mottled; (*om tyg*) pepper-and-salt
mellan (*vanl. om två*) between; (*om flera*) among; (*mitt ibland*) in the midst of; *ibl.* inter-; *~ sina besök hos* (*äv.*) in between his (*etc.*) visits to; *titta fram ~ träden* peep out from behind (among) the trees; *~ femtio och sextio personer* some fifty or sixty persons; *det inbördes förhållandet ~* the mutual relations of; *~ fyra ögon* in private **-akt** interval [between the acts], intermission **-aktsmusik** entr'acte [music], interlude
Mellanamerika *n* Central America
mellan|blond ashblond **-blå** medium blue **-dagarna** *pl, under ~* during the days between Christmas and New Year **-däck** *sjö.* between--decks (*pl*), *förk.* 'tween-decks (*pl*)
Mellaneuropa *n* Central Europe **mellaneuropeisk** Central European
mellan|foder interlining **-folklig** international **-form** intermediate (intermediary) form **-fot** metatarsus (*pl* metatarsi) **-fotsben** metatarsal [bone] **-gärde** [-j-] *s6* diaphragm **-hand 1** *anat.* metacarpus (*pl* metacarpi) **2** *kortsp.* second (third) hand; *i ~* in between, *bildl.* between two fires **3** *hand.* intermediary, middleman; *gå genom flera -händer* go via several middlemen **-handsställning** in-between position; intermediary position **-havande** *s6* (*affär*) account; (*skuld*) balance, debt; (*tvist*) dispute, difference; *ekonomiska ~n* financial transactions; *göra upp ett ~* settle a matter (an account) **-instans** intermediate authority (court of law) **-klass** *skol.* middle (intermediary) form **-klänning** semi-evening (afternoon) dress **-kommande** *a4* intervening **-komst** [-å-] *s3* intervention **-krigsgeneration** interwar generation **-krigsperiod** interwar period (years *pl*) **-landa** make an intermediate landing, touch down **-landning** intermediate landing; *flygning utan ~* nonstop flight **-led 1** *s3, anat.* intermediate (middle) joint; *bot.* internode **2** *s7* (*förmedlande led*) intermediate link, medium **-liggande** *a4* [situated] in between, interjacent; *den ~ tiden* the time in between, the intervening time **-läge** intermediate (middle) position **-lägg** *s7, tekn.* spacer; (*tunt*) shim, diaphragm; (*av tyg*) interlayer, interlining **-mål** snack [between meals]; *jag äter aldrig ~* I never eat between meals **-rum** *boktr. o. allm.* space; (*friare*) interval, interspace, gap; *med jämna ~* at regular intervals; *med två minuters ~* at intervals of two minutes, at two-minute intervals **-rätt** *kokk.* intermediate course; extra dish **-skikt** intermediate layer (*etc.*) **-skillnad** difference; *betala ~en* pay the extra (difference) **-skola** *ung.* middle (intermediate) school **-slag** *boktr.* space; (*mellan rader*) blank (white) line; (*mellan stycken*) space line, leads (*pl*); (*på skrivmaskin*) spacing; *utan ~* solid **-slagstangent** (*på skrivmaskin*) spacebar, spacer **-sort** *i sht hand.* medium [sort, quality] **-spel** *teat., mus.* interlude; intermezzo; *sällsamt ~* strange interlude **-stadielärare** intermediate level teacher **-stadium** intermediate (middle) stage **-station** intermediate station **-statlig** international; interstate **-stick 1** insertion **2** *se ledarstick* **-stor** medium[-sized] **-storlek** medium size **-ställning** intermediate position **-sula** mid-sole
Mellansverige *n* Central Sweden
mellan|säsong off-season **-tid** interval; *under*

~en in the meantime (meanwhile) **-ting** *ett ~ mellan* something between, a compromise between **-vikt, -viktare** *sport.* middleweight **-våg** *radio.* medium wave **-vägg** partition (division, interior) wall **-öl** medium-strong beer **-öra** middle ear

mellerst ['mell-] *adv* in the middle **mellersta** ['mell-] *a, superl.* middle; *geogr.* central, centre, middle; *M~ Östern* [the] Middle East; *~ Wales* (*äv.*) Mid-Wales; *i ~ England* (*äv.*) in the Midlands

melodi *s3* melody; tune, air **-lära** melodics (*pl, behandlas som sg*)

melodi|sk [-'lo:-] *a5* melodious, melodic **-stämma** melody **-ös** *a1, se melodisk*

melodram *s3* melodrama **-atisk** [-'ma:-] *a5* melodramatic

melon *s3* melon

membran *s3, tekn. äv. s7* membrane, diaphragm

memoar|er [-o'a:-] *pl* memoirs **-författare** writer of memoirs

memor|andum [-ˣrann-] *s8* memorandum (*pl äv.* memoranda; *förk.* memo), note **-era** memorize, commit to memory **-ering** [-'re:-] [the] learning of ... by heart, memorization **-ial** *s7* memorandum

1 men [menn] *konj* but; only; (*~ ändå*) yet, still; *~ så förtjänar han också bra* but then he earns a lot of money [too]; *~ det var inte allt* (*äv.*) nor was that all; *jag vill inte höra några ~!* I'll have no buts!; *efter många om och ~* after a lot of shilly-shallying

2 men [-e:-] *s7* disadvantage, detriment; (*skada*) injury; (*lyte*) disability; *vara till ~ för* be detrimental to; *få ~ för livet* be marked for life

men|a *v1, vard. o. poet. äv. v3* **1** (*tro, anse*) think, be of [the] opinion; *det ~r du väl inte, eller hur?* you don't think that, do you? *vad ~r du om ...?* what is your opinion about ...? **2** (*åsyfta*) mean; (*avse*) intend; *~ väl med ngn* mean well by s.b.; *~ allvar* be in earnest (*med* about); *det var inte så illa -t* (*~t*) no offence was intended; *säga ett och ~ ett annat* say one thing and mean another; *vad ~r han med ...?* what does he mean by ...?; *vad ~s med logik?* what is meant by logic?

menageri [-na:ʃe-] menagerie

menande I *a4* meaning, significant; knowing (*blick* look) **II** *adv* meaningly *etc.*; *blinka ~ åt ngn* give s.b. a knowing wink; *se ~ ut* look knowing

mened perjury; *begå ~* commit perjury, perjure o.s. **-are** perjurer

menig *a1, äv. anv. som s, mil.* private, common soldier; *AE.* enlisted man; (*i flottan*) rating; *~e man* (*allm.*) the common people **-het** the public; (*församling*) congregation

mening 1 (*uppfattning*) opinion (*om* about, of), idea, view (*om* about); *den allmänna ~en* public opinion; *avvikande ~* dissenting opinion; *bilda sig en ~ om* form an opinion about; *inhämta ngns ~ om* get a p.'s opinion (hear a p.'s views) about; *säga sin ~* give one's opinion, speak one's mind **2** (*betydelse, innebörd*) meaning, sense; (*idé, förnuft*) reason, sense; *i lagens ~* within the meaning of the law, in the legal sense; *i viss ~* (*äv.*) in a sense; *det vore ingen ~ i (för mig) att* there would be no point (sense) in (+ *ing-form*) (in my + *ing-form*) **3** (*avsikt*) intention; (*syfte*) purpose; *det var inte min ~ att* I had no intention of (+ *ing-form*); *vad är ~en med det?* what is the sense (point) of that? **4** *språkv.* sentence; (*kort*) clause; (*längre*) period

meningit [-ŋg-] *s3* meningitis

menings|byggnad sentence structure **-byte** debate; dispute **-frände** *mina ~r* those who share my opinion[s] (views); *vi är ~r* we hold the same views **-full, -fylld** meaningful **-lös** meaningless; void of sense; senseless, useless; (*fånig*) nonsensical; *det är ~t att* there is no sense (point) in (+ *ing-form*); *deras ~a prat* (*äv.*) the nonsense they talk **-löshet** meaninglessness *etc.* **-motståndare** opponent; antagonist **-motsättning** conflict of opinion **-skiljaktighet** difference of opinion; disagreement **-utbyte** exchange of opinions **-yttring** expression of opinion

menisk *s3* meniscus

menlig [ˣme:n-] *a1* injurious, prejudicial, detrimental (*för* to) **menligt** *adv* injuriously; *inverka ~ på* have an injurious effect on, prejudice

menlös [ˣme:n-] innocent, harmless; (*klandrande*) puerile; *M~a barns dag* Holy Innocents' Day **-het** innocence, harmlessness

menopaus *s3* menopause

mens *s3, vard.* period; *ha ~* have one's period

menstru|ation menstruation; menses (*pl*) **-ationsbesvär** menstrual pain **-era** menstruate

mental *a1* mental **-hygien** mental hygiene **-hygienisk** of mental hygiene **-itet** *s3* mentality **-patient** mental patient **-sjuk** mentally ill (deranged) **-sjukhus** mental hospital **-[sjuk]vård** mental care; mental health services (*pl*)

mentol [-'tå:l] *s3* menthol

mentor [-år] mentor, adviser

menuett *s3* minuet

meny *s3* menu

mer *komp. t. mycken, mycket* **1** *a* more; *mycket vill ha ~* much will have more; *klockan är ~ än jag trodde* it is later than I thought; *han kommer inte någon ~ gång* he will not come again (any more); *vill du ha ~ te?* would you like some more tea?; *och, vad ~a är* and, what is more; *någon ~ gång* again some time; *med ~a* (*m.m.*) et cetera (etc.), and such like; *inte ~ än a)* (*bara*) no more than, *b)* (*ej över*) not more than **II** *adv* more; *~a känd under namnet* better known as; *~ eller mindre* more or less; *det händer ~a sällan* it happens [quite] rarely; *tycka ~ om* like ... better; *~ än nog* (*äv.*) enough and to spare; *aldrig ~* never again; *han förstår sig inte ~ på ... än* he has no more idea of ... than; *det är inte ~ än rätt att* it is only fair that; *han vet ~ än väl* he knows perfectly well; *det räcker ~ än väl* that'll be more than enough; *så mycket ~ som* especially (all the more) as

merarbete extra work

merceriser|a [-s-] mercerize **-ing** mercerizing; mercerization

merendels [-de:-] mostly; (*vanligtvis*) usually, generally

meridian *s3* meridian

merinkomst additional (extra) income

merinofår [-ˣri:-] merino

merit *s3* merit; (*kvalifikation*) qualification (*för* for) **-era** qualify (*för* for); ~ *sig* qualify o.s. **-förteckning** list of qualifications, personal record **-okrati** *s3* meritocracy **-värdering** assessment of qualifications, merit rating

nerkantil *a1* commercial; mercantile **-ism** mercantilism **-systemet** the mercantile system, mercantilism

nerkostnad additional (extra) cost

Merkurius [-'ku:-] Mercury

ner|part greater part **-smak** *ge* ~ whet the appetite **-värde** added value **-värde[s]skatt** value-added tax

mes *s2, zool.* tit[mouse]

mes *s2* (*ställning för ryggsäck*) rucksack frame

mes *s2* (*ynkrygg*) coward, funk

nesaktig *a1* faint-hearted, timorous

nesallians [-'aŋs] *s3* misalliance; *ingå en* ~ marry beneath one

nesan *s3, sjö.* spanker, mizzen **-mast** mizzen-mast

nesig *a1, se mesaktig*

neskalin *s4* mescalin[e]

neson [-'så:n] meson, *åld.* mesotron

Mesopotamien [-'ta:-] *n* Mesopotamia **mesopotamisk** [-'ta:-] *a5* Mesopotamian; *~a* (*abrakadabra*) double Dutch, gibberish

nesost whey-cheese

nesotron [-'trå:n] *s3, se meson*

nessiansk *s5* Messianic

Messias Messiah

nest *superl. t. mycken, mycket* **I** *a* most, the most; [*den, det, de*] *~a* most, most of; *det ~a* most, most things; *~a delen* most [part] of it; *det allra ~a* by far the greater part, the very most; *göra det ~a möjliga av* make the very most of; *vilken av dem gjorde ~?* which of them did [the] most? **II** *adv* most; (*för det -a o.d.*) for the most part, mostly; (*huvudsakligen*) principally, chiefly, mainly; *de ~ efterfrågade* ... the ... most in (in the greatest) demand; *tycka ~ om* like most (best); *han är som folk är ~* he is quite an ordinary chap, he is not unusual in any way **-adels** [-de:-] mostly; for the most part; (*i de flesta fall*) in most cases; (*vanligen*) generally **-gynnadnationsklausul** most-favoured-nation clause

nestis *s3* mestizo

neta angle, fish (*abborre* [for] perch)

neta|bolism metabolism **-don** [-'då:n] *s4* methadone **-for** [-'få:r] *s3* metaphor **-fysik** *s3* metaphysics (*pl, behandlas som sg*) **-fysisk** [-'fy:-] metaphysical

netaldehyd [ˣme:t-] *s3* metaldehyde

netall *s3* metal; *av* ~ (*äv.*) metal ... **-arbetare** metalworker **-glans** metallic lustre **-haltig** *a1* metalliferous **-industri** metal industry **-isk** *a5* metallic **-klang** metallic ring **-ografi** *s3* metallography **-oid** *s3* metalloid **-skrot** [metal] scrap **-tråd** [metal] wire **-trådsnät** wire netting **-urg** *s3* metallurgist **-urgi** *s3* metallurgy

netamorfos [-mår'få:s] *s3* metamorphosis (*pl* metamorphoses)

netan *s4* methane; marsh gas **-ol** [-'nå:l] *s3* methanol, methyl alcohol, wood alcohol

netare angler; (*med fluga*) [fly-]fisherman

netastas *s3* metastasis

netates *s3* metathesis (*pl* metatheses)

metdon fishing tackle

mete *s6* angling; [fly-]fishing

meteor [-'å:r] *s3* meteor **-it** *s3* meteorite; (*järn-*) siderite; (*sten-*) aerolite **-liknande** meteoric **-olog** meteorologist **-ologi** *s3* meteorology **-ologisk** [-'lå:-] *a5* meteorological **-sten** meteorite

meter ['me:-] *s9, versl. s2* metre; *AE.* meter **-hög** a (one) metre high **-mått** (*redskap*) metre-measure; (*hopfällbart*) folding rule **-system** metric system **-varor** *pl, ung.* yard (piece) goods **-vis** (*per meter*) by the metre; (*meter på meter*) yards and yards, metres and metres

met|krok fish-hook **-mask** angling worm **-ning** [-e:-] *se mete*

metod *s3* method; (*tillvägagångssätt äv.*) procedure; (*tillverknings-*) process; (*sätt*) way, manner **-ik** *s3* methodology; (*friare*) methods (*pl*), system **-isk** *a5* methodical **-iskt** *adv* methodically; *gå ~ till väga* proceed methodically; *gå ~ till väga med ngt* (*äv.*) do s.th. methodically

metod|ism Methodism **-ist** Methodist

metod|lära methodology **-studie** methods study, study of methods **-tidmätning** methods time measurement (*förk.* MTM)

metonymi *s3* metonymy

metrev [fishing] line

metr|ik *s3* prosody **-isk** ['me:-] *a5* prosodic; metrical

metronom metronome

metropol [-'på:l] *s3* metropolis **-it** *s3, kyrkl.* metropolitan

metspö fishing rod; *med* ~ (*äv.*) with rod and line

metyl *s3* methyl **-alkohol** methyl alcohol, methanol **-enblått** [-ˣle:n-] methylene blue

Mexico ['meksiko] *n* Mexico

mexi|kan *s3* Mexican **-kansk** [-a:-] *a5* Mexican

mezzosopran [ˣmetså-, -'pra:n] *s3* mezzo-soprano

m.fl. *förk. för med flera* and others

mjau miaow!

mickel ['mikk-] *s2* fox; *M~ räv* Reynard the Fox

middag ['midda:g, *vard.* 'midda] *s2* **1** (*mitt på dagen*) noon; midday; *god ~!* good afternoon!; *i går* ~ yesterday noon; *framemot ~en* towards midday; *på ~en* (*~arna*) in the middle of the day **2** (*måltid*) dinner; (*bjudning*) dinner party; *äta* ~ have dinner; *äta ~ kl. 7* dine at seven o'clock; *~en är serverad* dinner is served (ready); *bjuda ngn på* ~ invite s.b. to dinner; *vad får vi till ~?* what are we going to have for dinner?; *vara borta på* ~ be out to (for) dinner; *sova* ~ have (take) an after-dinner nap

middags|bjudning dinner party; (*inbjudan*) invitation to a dinner party **-bord** dinner table; *duka ~et* lay the table for dinner **-gäst** dinner guest, guest for dinner **-hetta** midday heat **-höjd** meridian altitude; *bildl.* meridian **-klänning** dinner gown (dress) **-mat** dinner food **-rast** break for dinner **-sällskap** company of dinner guests **-tid** *vid ~[en]* at (about) noon (dinner time)

midfastosöndag [-i:-] mid-Lent Sunday; *Storbritannien* Mothering Sunday

midja [ˣmi:-] *s1* waist; *om ~n* round the waist

midje|kjol waist slip **-mått** waist-measurement

M

midnatt [-i:-] midnight
midnatts|sol midnight sun **-tid** *vid* ~ at midnight
midskepps [ˣmi:dʃepps] amidships
midsommar [ˣmi:d-, *vanl.* ˣmiss-] midsummer **-afton** Midsummer Eve **-blomster** wood cranesbill **-dag** Midsummer Day **-firande** *s6* Midsummer celebration **-stång** *se majstång*
midströms [-i:-] in mid-current
midvinter [-i:-] midwinter
mig [mi:g, *vard.* mejj] *pron* (*objektsform av jag*) me; *rfl* myself; *jag gjorde illa ~ i foten* I hurt my foot; *en vän till ~* a friend of mine; *vad vill du ~?* what do you want me for?; *kom hem till ~* come round to my place; *när det gäller ~ själv* [speaking] for myself, as far as I am concerned; *jag tror ~ veta att* I think I know that
migrän *s3* migraine
mikrob [-'krå:b] *s3* microbe
mikro|biologi microbiology **-dator** microcomputer **-fiche** [ˣmi:kråfiʃ, -'fiʃ, -ɑ-] *s5* microfiche **-film** microfilm **-fon** [-'få:n] *s3* microphone; *vard.* mike **-fotografering** photomicrography, micrography; (*nedfotografering*) microphotography **-fotografi** photomicrograph; microphotograph **-kosmos** [-'kåss-] microcosm[os] **-meter** [-'me:-] *s2* micrometer
mikro|n [-'krå:n] *s9, s3* micron **-organism** microorganism **-skop** [-'skå:p] *s7* microscope **-skopisk** [-'skå:-] *a5* microscopic[al] **-teknik** microtechnology **-våg** microwave **-vågsugn** microwave oven
mil *s9* ten kilometres; *eng. motsv.* about six miles; *engelsk ~* mile; *nautisk ~* nautical mile
mila *s1* (*kol-*) charcoal stack (kiln, pit); (*atom-*) atomic pile, nuclear reactor
mild *a1* mild (*i* (*till*) *smaken* in taste); (*mjuk*) soft (*färg* colour; *svar* answer); (*dämpad*) mellow; (*lugnande*) soothing (*röst* voice); (*ej sträng*) lenient (*dom* sentence; *mot* to[wards]); (*lindrig, saktmodig*) gentle; *~a vindar* gentle winds; *med milt våld* with gentle compulsion; *~a makter!* Holy Moses!; *du ~e!* Good Lord!; *så till den ~a grad* so utterly, so awfully **-het** mildness *etc.*; leniency, lenience; (*barmhärtighet*) mercy **-ra** mitigate; temper; (*lätta* [*på*]) alleviate, relax; (*dom, straff äv.*) reduce **-ras** *dep* grow milder (*etc.*); soften **-väder** *det är ~* a thaw has set in
milis *s3* militia **-soldat** militiaman
militant *a1* militant
militariser|a militarize **-ing** militarization
militar|ism militarism **-ist** militarist **-istisk** [-'riss-] *a5* militaristic
militieombudsman [-'li:tsie-, -ˣlittsie-] *hist.*, *~en* the [Swedish] Parliamentary Commissioner for Military Affairs
militär I *s3* (*krigsman*) military man, soldier; (*krigsmakt*) military force[s *pl*]; *högre ~er* officers of high rank; *~en* the military (*pl*); (*hären*) the army **II** *a1* military **-allians** military alliance **-attaché** military (service) attaché **-befälhavare** general officer commanding [, military command area south *etc.*] **-diktatur** military dictatorship **-domstol** military tribunal, court martial **-flygplan** army plane **-förläggning** garrison, military camp **-högskola** *M~n* [the Swedish] armed forces staff and war college **-isk** *a5* military; army; (*soldatmässig*) soldierly; militant **-junta** military junta **-ledning** *~en* the military council **-läkare** military (army, naval, air force) medical officer **-makt** military power **-marsch** military march **-musikkår** military band **-område** military command [area]; *AE.* military district **-polis** military police **-sjukhus** military hospital **-tjänst** military service **-utbildning** military training **-väsen** military (service) affairs (*pl*) **-yrket** the military profession
miljard [-'ja:rd] *s3* milliard; *AE.* billion; *en ~* (*vanl.*) one thousand million
miljon *s3* million; *fem ~er pund* five million pounds **-affär** transaction involving millions [of pounds (*etc.*)] **-belopp** *pl* millions **-förlust** loss involving millions [of pounds (*etc.*)]; [a] loss of a million **-stad** city (town) with [over] a million inhabitants **-tals** [-a:-] millions of **-te** [-ˣjɑ:n-] (*ordningstal*) millionth **-är** *s3* millionaire
miljö *s3* environment; *ibl.* milieu; (*omgivning*) surroundings (*pl*); background, general setting **-förstöring** pollution [of the environment] **-påverkan** environmental influence **-skadad** *a5* maladjusted **-skildring** description of social milieu **-skydd** environmental protection **-vård** control of the environment **-vådsproblem** environmental problem **-vänlig** non-polluting
milliard *se miljard*
milli|bar *s9* millibar **-gram** [-'gramm] milligramme **-liter** [-'li:-] millilitre **-meter** [-'me:-] millimetre **-meterpapper** graph paper **-meterrättvisa** absolute fairness
millopp *sport.* mile race
milslång *en ~ promenad* a walk of a mile, a mile walk; *~a köer* queues miles and miles long
mil|sten, -stolpe milestone (*äv. bildl.*)
mils|vid stretching (extending) for miles; *-vitt omkring* for miles around
milt *adv t. mild* mildly; *~ uttryckt* to put it mildly
miltals [-a:-] for miles
mim *s3* mime **-ik** *s3* mimicry, miming **-iker** ['mi:-] mimic **-isk** ['mi:-] *a5* mimic
mimosa [-ˣmå:-, -ɑ:-] *s1* mimosa
1 min [mi:n] *s3* air; mien; (*ansiktsuttryck*) [facial] expression; (*utseende*) look; *göra fula ~er* (*en ful ~*) pull an ugly (make a wry) face; *inga sura ~er!* no long faces!; *ge sig ~ av att vara* pretend to be, put on an air of [being]; *hålla god ~* [*i elakt spel*] put a good face on it, make the best of a bad job; *vad gjorde hon för ~?* what was the expression on her face?; *utan att förändra en ~* without moving a muscle
2 min [minn] *mitt, mina, pron, fören.* my; *självst.* mine; *de ~a* my people (*vard.* folks); *denna ~ åsikt* this view of mine; *~ dumbom!* fool that I am!; *nu har jag gjort mitt* I have done my part (bit) now; *skilja mellan mitt och ditt* know the difference between mine and thine
min|a *s1* mine; *gå på en ~* hit a mine; *lägga ut -or* lay mines; *låta -an springa* (*äv. bildl.*) spring the mine
minaret *s3* minaret
minder|värdeskomplex inferiority complex **-värdeskänsla** feeling of inferiority **-värdig** *a5* inferior **-värdighet** inferiority **-årig** *a1* under

age, minor, infant; *~a barn* minors, young children **-årighet** minority, infancy

mindetektor mine detector

mindre ['minn-] *komp. t. liten* **I** *a* **1** (*vid jämförelse*) smaller (*till* in); less[er], minor; (*kortare*) shorter (*till* in); (*~ t. antalet*) fewer; (*lägre*) lower; *bli ~* grow (get) smaller (*etc.*); *ett ~ antal än tidigare* fewer (a smaller number) than before; *så mycket ~ orsak att* all the less reason for (+ *ing-form*); *på ~ än en timme* in less than (in under) an hour; *ingen ~ än kungen själv* no less [a person] than the king himself; *ingenting ~ än* nothing short of **2** (*utan eg. jämförelse*) small [-sized]; (*yngre*) younger; (*obetydlig*) slight, insignificant; (*oviktig*) unimportant; (*smärre*) minor, lesser; *av ~ betydelse* of less importance; *i ~ grad* in (to) a minor degree, on a smaller scale; *man kan bli tokig för ~* (*vard.*) it's more than enough to send one crazy; *inte ~ än* no fewer (less) than **3** *med ~* [*än att*] unless; *det går inte med ~* [*än att*] *du kommer själv* nothing less than your personal attendance will do, you must be there yourself (in person) **II** *adv* less; not very much; *mer eller ~* more or less; *så mycket ~ som* the less so as; *~ välbetänkt* ill-advised

Mindre Asien *n* Asia Minor

minera mine; lay mines; *~t område* mined area

mineral *s7, åld. pl äv. -ier* mineral **-fyndighet** mineral deposit **-haltig** *a1* containing mineral[s *pl*]; mineral **-isk** *a5* mineral

minera|log mineralogist **-logi** *s3* mineralogy **-logisk** [-'lå:-] *a5* mineralogical

mineral|olja mineral oil, petroleum **-riket** the mineral kingdom **-ull** mineral wool **-vatten** mineral water **-ämne** mineral substance

min|ering [-'ne:-] mining **-fara** danger from mines **-fartyg** minelayer **-fält** minefield

miniatyr *s3* miniature **-format** *i ~* in miniature **-golf** *se minigolf* **-isera** miniaturize **-målare** miniaturist **-målning** miniature painting; *konkr.* miniature

mini|buss minibus **-cykel** small-wheel folding bicycle **-dator** minicomputer **-golf** miniature golf **-kjol** miniskirt

minimal *a1* minimal, minimum; diminutive, infinitesimal

minimera (*göra så liten som möjligt*) minimize; (*bestämma lägsta gräns för*) fix the lower limit for

minimi|avgift minimum fee **-belopp** minimum [amount] **-gräns** lower limit, floor **-krav** minimum requirements **-lön** minimum salary (wage [s]) **-pris** minimum price, price floor

minimum ['mi:-] *s8* minimum (*pl äv.* minima)

miniräknare pocket calculator

minister [-'nist-] *s2* minister; *Storbritannien äv.* secretary of state; *svenske ~n i London* the Swedish ambassador in London; *brittiske ~n i Sverige* (*äv.*) Her Britannic Majesty's minister to Sweden **-ium** [-'te:-] *s4* ministry; *Storbritannien äv.* government department **-portfölj** *bildl.* office of minister of state, portfolio **-post** minister's appointment, ministerial duties **-president** *ung.* prime minister, premier **-råd** council of ministers; *Storbritannien* cabinet

ministär *s3* ministry, government, cabinet; *bilda ~* form a government (*etc.*)

mink *s2* mink **-päls** mink coat

min|nas *v2, dep* remember, recollect; *om jag -ns rätt* if I remember rightly, if my memory does not fail me; *jag vill ~ att* I seem to remember that; *så långt tillbaka jag kan ~* as far back as I can remember; *nu -des hon alltsammans* now it all came back to her; *han kunde inte ~ att han gjort det* he couldn't remember having done it; *inte på den dag jag -ns* it's so long ago I can't remember

minne *s6* **1** (*-sförmåga*) memory; mind; *tappa ~t* lose one's memory; *bevara* (*hålla*) *i ~t* keep in mind; *hålla ngt i ~t* bear s.th. in mind; ago *ett upp och ett i ~* one down and one to carry; *återkalla i ~t* recall, recollect; *med detta i färskt ~* with this fresh in my (*etc.*) memory; *lägga på ~t* commit to memory, remember; *dra sig ngt till ~s* remember (recollect) s.th., call s.th. to mind; *det har fallit mig ur ~t* it has escaped my memory (slipped my mind); *återge ur ~t* repeat from memory **2** *med ngns goda ~* with a p.'s approval (consent) **3** (*hågkomst*) memory, remembrance; (*åminnelse äv.*) commemoration; (*minnesbild*) recollection; (*händelse i det förgångna*) memorable event; *ett ~ för livet* an unforgettable experience; *uppliva gamla ~n* revive old memories; *hans ~ skall leva* his memory will never fade; *till ~ av* in memory of; *vid ~t av* at the recollection of **4** (*memoarer o.d.*) recollections, memoirs **5** (*-sgåva, suvenir*) remembrance, souvenir, keepsake **6** *data.* store; *AE.* storage; *yttre ~* external store (storage)

minnes|album remembrance book **-anteckning** memorandum **-beta** *s1, en ~* s.th. not easily forgotten **-bild** picture in one's mind **-dag** memorial day **-förlust** loss of memory **-god** with a good memory **-gudstjänst** memorial service **-gåva** keepsake, souvenir **-högtid** memorial ceremony, commemoration **-lista** check list; list of engagements **-märke** memorial, monument; (*fornlämning*) relic, ancient monument **-ord** *pl* words of remembrance **-regel** mnemonic rule **-rik** rich in memories; (*oförglömlig*) unforgettable **-runa** obituary **-sak 1** (*som beror av minnet*) *en ~* a matter of memory **2** *se suvenir* **-skrift** memorial publication **-sten** monument **-tal** commemoration speech, memorial address **-tavla** commemorative (memorial) tablet **-teckning** biography (*över* of) **-utställning** commemorative exhibition **-värd** *a1* memorable (*för* to), worth remembering

minnesång minnesong **-are** minnesinger

minoisk [-'nå:-] *a5* Minoan

minoritet *s3* minority; *vara i ~* be in the (a) minority

minoritets|problem minority problem **-regering** minority government **-ställning** *vara i ~* be a minority

minröjning mine clearance, removal of land mines

minsann to be sure; I can tell (assure) you; I'm blessed (blowed); *det är ~ inte så lätt* it is not at all that easy; *~ om jag det begriper* I'm blessed if I understand that; *jag skall ~ ge dig!* my word, I'll let you have it!

minska reduce (*med* by; *till* to); diminish, decrease, lessen; (*förkorta*) shorten; (*dämpa*) abate

M

(*ngns iver* a p.'s zeal); (*nedskära*) cut [down] (*utgifterna* the expenses); (*lätta på*) relieve (*spänningen* the tension); ~ *hastigheten* reduce speed, slow down, decelerate; ~ *i betydelse* become less important; ~ *i vikt* go down in (lose) weight; ~ *ngt på sina anspråk* not demand quite so much, reduce one's claims **minskad** *a5* reduced *etc.* (*med* by) **minskas** *dep* grow (become, get) less; diminish, decrease; be reduced (*i* in; *med* by); (*avtaga*) fall off; (*dämpas*) abate; (*sjunka*) fall, go down, sink; (*i värde*) depreciate
minskning reduction, diminution, decrease; (*nedskärning*) curtailment, cut; (*i värde*) depreciation
minspel changes in facial expression; mimicry
min|spränga blow up by mines (a mine); *bli -sprängd* be blown up by mines (a mine) **-sprängning** (*-sprängande*) [the] blowing up (*av* of) by mines; (*med pl*) mine-explosion **-spärr** mine barrage
minst *superl. t. liten* **I** *a* smallest; least; (*yngst*) youngest; (*kortast*) shortest; (*minimalast*) minimum, minutest; *~a motståndets lag* the law of least resistance; *~a gemensamma nämnare* [the] lowest common denominator; *utan ~a tvekan* without the slightest (least) hesitation; *han hade ~ fel* he had [the] fewest mistakes; *med ~a möjliga* with a (the) minimum of; *in i ~a detalj* [down] to the smallest (minutest) detail; *det ~a a)* (*som substantiv*) the least, *b)* (*som adv*) the least [*vard.* little bit]; *inte det ~a trött* not [in] the least tired; *inte bry sig det ~a om* not care twopence about **II** *adv* least; the least, at least; (~ *av allt*) least of all; *inte ~ viktig var frågan om* the question of ... was as important as any; ~ *sagt* to say the least [of it]
minsvep|a sweep for mines **-are** minesweeper **-ning** minesweeping
minsökare mine detector
minus ['mi:-] **I** *s7* minus [sign]; (*friare*) minus quantity, minus; (*brist*) deficit, shortage **II** *adv* minus; ~ *10 grader* 10 degrees [Centigrade] below zero; ~ *3 % kassarabatt* less 3 % discount; *plus ~ noll* plus minus naught **-grad** degree of frost (below zero)
minuskel [-'nusk-] *s3* minuscule
minustecken minus sign
minut *s3* **1** minute; *tio ~ers promenad* ten minutes' walk; *fem ~er över tre* five minutes past three; *en gång i ~en* once a minute; *på ~en* to the minute; *om* (*på*) *några ~er* in a few minutes; *i sista ~en* at the last minute, in the nick of time **2** *hand.* retail; *i* ~ by (*AE.* at) retail; *köpa i* ~ buy retail; *sälja i* ~ retail, sell [by] retail **-handel** retail business **-handelspris** retail price
minutiös [-tsi'ö:s] *a1* meticulous, scrupulous; minute
minutläggare minelayer
minut|pris retail price **-visare** minute hand
minör sapper
mirakel [-'ra:-] *s7, s4* miracle **-spel** miracle play
mirakulös *a1* miraculous
misan|trop [-'trå:p] *s3* misanthrope **-tropi** *s3* misanthropy **-tropisk** [-'trå:-] *a5* misanthropic [al]
mischmasch *s7* mishmash, hotchpotch, hodgepodge
miserabel [-'ra:-] *a2* wretched, miserable; (*ömklig*) pitiable
miss *s2* (*misslyckande*) miss; (*felslag o.d.*) missed shot (hit, stroke) **missa** (*bomma*) miss, fail to hit (strike); (*misslyckas*) miss one's shot (hit, stroke, aim); *bildl. äv.* fail; (*om sak*) miss its mark
miss|akta (*ringakta*) disdain; (*förakta*) despise **-aktning** disrespect, disdain; (*förakt*) contempt **-anpassad** *a5* maladjusted **-belåten** displeased (*med* at, about); dissatisfied (*med* with) **-belåtenhet** displeasure, dissatisfaction **-bildad** *a5* malformed, misshapen **-bildning** malformation; defect; deformity
missbruk (*oriktigt bruk*) misuse; (*skadligt bruk*) abuse **missbruka** (*använda fel*) misuse; (*alkohol, förtroende, makt o.d.*) abuse; *kan lätt ~s* lends itself to abuse[s]; ~ *ngns godhet* take undue advantage of a p.'s kindness; ~ *Guds namn* take the name of God in vain **missbrukare** misuser; abuser
miss|dåd misdeed; evil deed **-dådare** malefactor, evil-doer **-fall** miscarriage; *få* ~ (äv.) miscarry **-firma** *v1* insult; abuse **-firmelse** *s5* insult; abuse **-foster** abortion (*äv. bildl.*); *äv. bildl.* monstrosity **-färga** discolour, stain **-färgning** discoloration **-förhållande** disproportion, disparity (*mellan* between); (*friare*) incongruity, anomaly; *sociala ~n* social evils **-förstå** misunderstand; *som lätt kan ~s* that is liable (likely) to be misunderstood **-förstånd** misunderstanding; (*misstag*) mistake **-grepp** mistake, bad move **-gynna** treat unfairly; *exporten har ~ts av utvecklingen* development has been unfavourable to exports **-gärning** evil deed; (*svagare*) misdeed **-hag** *s7* displeasure (*med ngn* with s.b.; *med ngt* at s.th.); dislike (*med* of) **-haga** displease, be displeasing to; *det ~r mig* (*äv.*) I dislike it **-haglig** [-a:-] *a1* displeasing; (*starkare*) offensive, objectionable; (*förhatlig*) obnoxious; (*impopulär*) unpopular; ~ *person* (*äv.*) undesirable person **-handel** maltreatment (*av* of); *jur.* assault [and battery]; cruelty; *bli utsatt för* ~ be assaulted **-handla** maltreat; *jur.* assault; *bildl.* handle roughly; (*t.ex. språk*) murder **-hugg** *i* ~ by mistake **-humör** *på* ~ in a bad temper **-hushålla** ~ *med* mismanage, be uneconomical with **-hushållning** mismanagement, misuse **-hällighet** discord, dissension; *~er* (*äv.*) quarrels
missil *s3* missile
mission [mi'ʃo:n] **1** (*beskickning*) mission; (*kall äv.*) vocation; *ha en ~ att fylla* have a vocation (call) **2** *relig.* missions (*pl*); *inre* (*yttre*) ~ home (foreign) missions (*pl*) **-era** preach [the Gospel]
missions|förbund *Svenska M~et* the Swedish Mission Covenant Church **-föreståndare** mission superintendent **-hus** mission hall, chapel **-station** mission station, mission **-sällskap** missionary society
missionär [-ʃo-] *s3* missionary
missiv *s7* **1** (*skrivelse*) missive; (*följebrev*) covering letter **2** *kyrkl.* ordination as a temporary curate
miss|klä[da] be unbecoming to, not suit; *ingenting -klär en skönhet* (*ung.*) everything becomes a

beauty **-klädsam** unbecoming; (*ej smickrande*) unflattering; (*-prydande*) disfiguring **-kreditera** discredit **-krediterande** *a4* discreditable (*för* to) **-kund** *r, se förbarmande; utan ~* (*äv.*) without [any] compassion **-kunda** *rfl* have mercy (compassion) (*över* upon) **-kundsam** *a1* merciful; (*medlidsam*) compassionate, pitying **-känd** *a5* misjudged; unappreciated, underrated **-känna** misjudge, underestimate

miss|leda mislead; *jfr vilse-* **-ljud** jarring sound; *mus.* dissonance (*äv. bildl.*)

miss|lyckad (*som -ats*) unsuccessful; (*förfelad, felslagen*) abortive; *~e existenser* failures; *vara ~* be a failure, have gone wrong **-lyckande** *s6* failure; fiasco **-lyckas** *dep* fail (*i, med* in); be (prove, turn out) unsuccessful (a failure)

miss|lynt *a4* ill-humoured; cross; *göra ngn ~* put s.b. out [of humour], upset s.b., make s.b. cross **-lynthet** ill (bad) humour; crossness **-minna** *rfl, om jag inte -minner mig* if I remember rightly **-mod** downheartedness, depression (dejection) [of spirit[s]]; (*nedslagenhet*) discouragement **-modig** downhearted, depressed, despondent

missne *s9, s7, bot.* calla, arum lily

miss|nöjd (*i sht tillfälligt*) dissatisfied; (*i sht varaktigt*) discontented, displeased; *vara ~ med* (*ogilla*) disapprove of **-nöje** dissatisfaction; discontent; displeasure; (*ogillande*) disapproval (*med* of); *allmänt ~ råder bland* discontent is rife among; *väcka ~ mot en dom* give notice of appeal against a verdict **-nöjesyttring** signs (murmurs) (*pl*) of discontent **-pryda** disfigure, spoil the look of **-riktad** *a5* misdirected; (*oklok*) misguided, ill-advised

missroman sentimental novel

miss|räkna *rfl* miscalculate; *bildl.* make a miscalculation **-räkning** (*fel-*) miscalculation; *bildl.* disappointment (*för* for, to; *över* at) **-sköta** (*hopskr. missköta*) mismanage; (*försumma*) neglect; *~ sig a*) (*sin hälsa*) neglect one's health, *b*) (*sitt arbete e.d.*) neglect one's duties (work) **-stämning** (*hopskr. misstämning*) feeling (sense) of discord (discontent, disharmony) **-sämja** (*hopskr. missämja*) dissension, discord

miss|tag mistake; (*fel*) error; (*förbiseende*) oversight, blunder, slip; *det var ett ~ av mig* it was a mistake on my part, it was my mistake; *göra ett svårt ~* make a bad mistake, commit a serious blunder; *av ~* by mistake, inadvertently **-taga** *rfl* make a mistake; be wrong; *~ sig på* (*äv.*) misjudge, get a wrong idea of (about); *man kan ju ~ sig* (*äv.*) one can of course be mistaken; *man kunde inte ~ sig på* there was no mistaking; *om jag inte -tar mig* if I am not mistaken

miss|tanke suspicion; (*förmodan*) supposition; (*ond aning*) misgiving; *hysa -tankar* entertain suspicions (*mot ngn för ngt* about s.b. for s.th.; *om* as to); *fatta -tankar* become suspicious (*mot ngn* of s.b.; *om* about); *väcka -tankar* arouse suspicion (*hos* in; *om* about, as to) **-tolka** misinterpret; (*ngns avsikter äv.*) misconstrue

misstro I *s9* distrust (*mot* of); (*starkare*) disbelief (*till* in) **II** *v4* distrust, mistrust, be suspicious of; (*tvivla på*) doubt

misstroende *s6, se misstro I*; lack of confidence (*mot* in) **-votum** vote of censure (*mot* on)

misstrogen distrustful, mistrustful (*mot* of); (*skeptisk*) incredulous **-het** distrustfulness *etc.*; incredulity

miss|trösta despair (*om* of); give up hope (*om* of) **-tröstan** *r* despair (*om* of)

miss|tycka take it amiss, be offended [at]; *om du inte -tycker* (*äv.*) if you don't mind **-tyda** misinterpret; misconstrue

misstänk|a suspect; *~ ngn för ngt* (*för att ha*) suspect s.b. of s.th. (of having); be suspicious of; (*befara*) apprehend; (*svagare äv.*) fancy, guess **-liggöra** cast (throw) suspicion upon **-sam** *a1* suspicious (*mot* of); full of suspicion (*mot* against) **-samhet** suspiciousness

misstänkt *a1* suspected (*för* [*att*] of [+*ing-form*]); (*tvivelaktig*) doubtful, dubious; (*som inger misstro*) suspicious; *den ~e* the suspect; *som ~ för* (*äv.*) on [a] suspicion of; *vara ~ för* (*för att ha*) be under suspicion for (for having); *göra ngn ~ för* direct suspicion on s.b. for

miss|unna [be]grudge; (*avundas*) envy **-unnsam** *a1* grudging (*mot* towards); (*avundsam*) envious (*mot* of) **-uppfatta** misunderstand, misconceive; (*-tyda*) misread, put a wrong interpretation on, get a wrong idea of **-uppfattning** misunderstanding, misconception **-visande** *a4* misleading **-visning** (*kompassnålens*) deviation, variation; *ostlig ~* easterly magnetic declination **-växt** *s3* failure of the crop[s]; [a] bad harvest **-växtår** year of crop failure **-öde** mishap, misadventure; *råka ut för ett ~* have a slight accident; *genom ett ~* (*äv.*) by mischance; *tekniskt ~* technical hitch

mist *s3* mist; fog

mista *v1, v3* lose; be deprived of

miste *adv* wrong; *gå ~ om* miss, fail to secure; *ta ~ på a*) (*ngn*) mistake for s.b. else, *b*) (*ngt*) make a mistake about, misjudge; *du kan inte ta ~ på vägen* you cannot miss the road; *det är inte att ta ~ på* there is no mistaking

mistel *s2, bot.* mistletoe

mist|lur foghorn **-signal** fog signal **-signalering** fog signalling **-siren** fog siren

misär *s3* destitution; penury; (*kortspel.*) misery

mitella [-ˣtella] *s1* triangular bandage; sling

mitra [ˣmi:-] *s1* mitre

1 mitt *pron, se 2 min*

2 mitt I *s3* middle; *i* (*på*) *~en* in the middle; *i deras ~* in their midst; *från ~en av mars* (*äv.*) from mid-March **II** *adv* **1** *bryta ~ av* break right in two **2** *~ emellan* midway (somewhere) between; *~ emot* right (just, exactly) opposite, opposite; *~ fram* right in front; *~ framför* right (just, straight) in front of; *~ för ögonen på ngn* right in front of a p.'s eyes; *~ för näsan på ngn* under a p.'s very nose; *~ i* in the [very] middle of; *~ i ansiktet* full in the face; *~ ibland* in the midst of, amidst; *~ igenom* through the centre (middle) of, (*rakt igenom äv.*) right (straight) through; *~ inne i* right in the middle (centre) of, (*landet e.d.*) in the interior of; *~ itu* in two equal parts; *dela ~ itu* (*äv.*) halve; *gå ~ itu* break right in two; *~ på* in the middle of; *~ under a*) *rumsbet.* exactly (directly) under, *b*) *tidsbet.* during, just while; *~ upp i* in the [very] middle of; *skratta ngn ~ upp i ansiktet* laugh in a p.'s face; *~ uppe i* up in the

middle of, (*friare*) right in the midst of (*arbetet* one's work); ~ *ut i* out into the [very] middle of, right out into; ~ *ute i* out in the middle of, right out in; ~ *över* exactly above (over); *bo ~ över gatan* live straight across the street
mitt|bena *ha* ~ have one's hair parted in the middle **-emellan** [-ˣmell-], **-emot** *se 2 mitt II 2*
mitten|parti centre party **-politik** centrist policies
mitterst ['mitt-] *adv* in the centre (*i* of) **mittersta** ['mitt-] *superl. a* middle, central
mitt|linje centre (central, median) line; *sport.* halfway line **-parti** central part, centre; *polit.* centre party **-punkt** centre; (*på måltavla*) bull's-eye **-remsa** (*på t.ex. motorväg*) central reserve (reservation); *AE.* median strip **-skepp** (*i kyrka*) nave **-sträng** *se mittremsa* **-söm** middle seam **-uppslag** centre spread **-åt** *mil.* [eyes] front!
mix *s3, s2* cakemix
mixtra ~ *med* potter (meddle) with, (*göra fuffens*) juggle with **mixtur** mixture
mjau *se miau*
mjugg *i uttr.: i ~* covertly; *le i ~* laugh up one's sleeve
mjuk *a1* soft (*till* in); (*om färgton e.d.*) softened, mellow; *bildl.* gentle (*om konturer e.d.*) sweeping, gentle; (*böjlig*) limp; (*smidig*) supple; lithe, limber; (*om rörelse o.d.*) graceful; (*eftergiven, smidig*) pliable, flexible; (*spak*) meek, mild; *~t bröd* soft bread; *ha ~t anslag* (*mus.*) have a light touch; *bli ~, se mjukna*; *göra ~* make soft, soften **-delar** *pl, anat.* soft parts **-glass** soft ice cream **-görare** softener, plasticizer **-het** softness *etc.*; pliancy; flexibility **-landa** softland **-landning** soft landing
mjukna [-u:-] soften, get (become) soft[er]
mjuk|ost cream cheese, cheese spread **-plast** non-rigid plastic **-porr** soft-porn **-valuta** soft currency **-vara** *data.* software
mjäkig *a1* mawkish; sloppy, sentimental
1 mjäll *s7, s9* dandruff, scurf
2 mjäll *a1* **1** (*mör*) tender **2** (*ren, vit*) transparently white
mjältbrand *veter.* anthrax
mjält|e *s2, anat.* spleen **-hugg** stitch [in the (one's) side] **-sjuk** splenetic (*äv. bildl.*); *bildl. äv.* hypochondriac **-sjuka** *bildl.* spleen; *med.* hypochondria
mjärde [ˣmjä:r-] *s2* osier basket; (*ståltråds-*) wire cage
mjöd *s7, s4* mead
mjöl *s7* flour; (*osiktat*) meal; (*pulver*) flour, powder, dust; *sammalet ~* (*äv.*) wholemeal (*AE.* whole-wheat) flour; *inte ha rent ~ i påsen* (*bildl.*) not be on the level
mjöl|a flour, sprinkle over with flour **-bagge** flour-beetle **-dagg** mildew, blight **-dryga** *s1, bot.* ergot **-ig** *a1* floury, mealy
mjölk *s3* milk; *fet* (*mager*) ~ rich (thin) milk
mjölk|a 1 milk **2** (*ge mjölk*) give (yield) milk **3** (*utsuga*) milk, pump dry **-affär** dairy **-bar** *s3* milk bar; *AE.* drugstore **-bil** milk[-collecting] lorry **-bud** milkman **-choklad** milk chocolate
1 mjölke *s2, zool.* milt, soft roe
2 mjölke *s2, bot.* rosebay willowherb, fireweed
mjölk|erska milkmaid **-flaska** (*av glas*) milk-bottle; (*av bleck*) milk-can **-förpackning** milk carton **-ko** milch cow (*äv. bildl.*), milker **-körtel** lactiferous gland **-maskin** milking machine **-ning** milking **-pall** milking stool **-pulver** powdered milk **-socker** milk sugar, lactose **-syra** lactic acid **-syrabakterier** *pl* lactic-acid bacteria **-tand** milk tooth, deciduous tooth **-utkörare** milkman **-vit** milky (milk) white **-ört** *se 2 mjölke*
mjölmat farinaceous food
mjöln|ardräng [-ö:-] miller's man **-are** [-ö:-] miller
mjölon [-ån] *s7, bot.* bearberry
mjölsäck (*tom*) flour (meal) sack; (*fylld*) sack of flour
m.m. (*förk. för med mera*) etc.
mnemotekn|ik *s3* mnemonics (*sg*) **-isk** [-'tekk-] *a5* mnemonic, mnemotechnic
MO [ˣämmo] *förk. för militieombudsmannen*
mo *s2* (*sand*) fine sand; (*mark*) sandy plain, heath
moaré *s3, s4* moiré; watered silk (fabric)
moatjé [-'tçe:] *s3* partner
mobb [-å-] *s2* mob **mobba** mob **mobb[n]ing** mobbing
mobil I *a1* mobile **II** *s3* mobile **-ier** *pl, se lösegendom, bohag*
mobiliser|a mobilize; (*friare äv.*) muster **-ing** [-'se:-] mobilization
mobiltelefon [-ˣbi:l-] carphone
moçambik|ier [-'bi:k-] Mozambican **-isk** *a5* Mozambican
1 mocka [-å-] *v1* clear of dung, clean out; ~ *gräl med* (*vard.*) pick a quarrel with
2 mocka [-å-] *s9* (*kaffesort*) mocha
3 mocka [-å-] *s9* (*skinn*) suede [leather]
mockajacka suede jacket
mockakopp [small] coffee cup, demitasse
mockasin [-å-] *s3* moccasin
mockasked [small] coffee spoon
mockaskor suede shoes
1 mod *s7* **1** (*-ighet*) courage; intrepidity; (*moraliskt äv.*) fortitude; *hans ~ sjönk* (*svek honom*) his courage (heart) sank (failed him); *med förtvivlans ~* with the courage of despair; *hålla ~et uppe* keep up one's courage; *hämta nytt ~* take fresh courage; *ta ~ till sig* pluck up courage; *tappa ~et* lose heart, be discouraged **2** (*sinne, humör*) spirits (*pl*); mood; *vara väl* (*illa*) *till ~s* be at ease (ill at ease); *vara vid gott ~* be in good spirits; *i hastigt ~* without premeditation; *med berått ~* deliberately, wilfully, in cold blood
2 mod *s4* fashion; style; *bestämma ~et* set the fashion; *är högsta ~* is all the fashion (rage); *läkare på ~et* fashionable doctor; *vara* (*komma*) *på ~et* be in the (come into) fashion
modal *a1* modal; *~t hjälpverb* auxiliary of mood
modd [-å-] *s3* slush **moddig** *a1* slushy
moddlare [-å-] flat brush
mode *s6, se 2 mod* **-affär** (*hatt-*) milliner's [shop] **-docka** dressmaker's dummy (*äv. bildl.*); *bildl. äv.* fashion plate **-färg** fashionable colour **-hus** fashion house **-journal** fashion magazine **-kung** king (dictator) of fashion **-lejon** dandy, fop
modell *s3* **1** (*mönster*) model; *tekn. o. bildl. äv.* pattern; *i sht hand.* style; (*hatt-, sko-*) shape **2**

pers. [artist's] model; *sitta* (*stå*) ~ sit (stand) as a model (*för, åt* to); *teckna efter levande* ~ draw from living models **-bygge** *abstr.* construction of models; *konkr.* model **-era** model (*efter* from; *i* in) **-ering** [-'le:-] modelling **-flygplan** model aeroplane **-järnväg** model railway **-klänning** model gown **-lera** (*hopskr. modellera*) modelling clay, plasticine

modem *s7* modem

mode|nyck freak (whim) of fashion **-ord** vogue word

moder *-n mödrar* (*jfr mor*) mother; *bildl.* parent; *blivande mödrar* expectant mothers

moderat *a1* (*måttfull*) moderate; (*skälig*) reasonable, fair; *~a priser* reasonable prices; *M~a samlingspartiet* (*i Sverige*) ~the] moderate party **-ion** moderation; restraint **-or** [-ˣra:tår] *s3, atomfys.* moderator

moderbolag parent company

moderer|a moderate **-ing** moderation

moderfartyg mother ship

mode|riktig in fashion, fashionable, trendy **-riktning** fashion trend

moder|kaka *anat.* placenta **-land** mother country **-lig** *a1* motherly; (*om t.ex. känslor, oro*) maternal **-lighet** motherliness; maternity **-liv** womb **-lös** motherless

modern [-'dä:rn] *a1* (*nutida*) modern, contemporary; (*fullt* ~) [quite] up-to-date; (*nu på modet*) fashionable; *bli* ~ come into fashion; ~ *dans* ballroom dancing **-isera** modernize **-isering** [-'se:-] modernization **-ism** modernism **-ist** *s3* modernist **-istisk** [-'nist-] *a5* modernist **-itet** *s3* modernity; *~er* innovations, *neds.* novelties

moder|näring principal (primary) industry; (*jordbruk*) agriculture **-planta** mother plant

moders|bröst *barnet vid ~et* the child at its mother's breast **-bunden** *vara* ~ have a mother fixation **-famn** *i ~en* in the maternal (one's mother's) embrace **-glädje** maternal (a mother's) joy **-instinkt** maternal (a mother's) instinct

moderskap *s7* motherhood, maternity

moderskaps|försäkring maternity insurance **-penning** maternity allowance

moders|känsla *~n hos henne* the mother in her **-kärlek** maternal (a mother's) love **-mjölk** *med ~en* with one's mother's milk, (*friare*) from earliest infancy **-mål** mother tongue, native language; (*som skolämne*) Swedish, English *etc.* **-målslärare** teacher of (in) Swedish (*etc.*); *vår* ~ (*vanl.*) our Swedish (*etc.*) master

modersugga mother-sow

mode|sak *konkr.* fashionable (fancy) article; *abstr.* [a] matter of fashion **-skapare** fashion designer

modest *a1* modest

mode|tecknare fashion designer, stylist **-teckning** fashion drawing (design) **-tidning** *se modejournal* **-visning** fashion show

modfälld *a5* discouraged, disheartened (*över* at); *bli* ~ (*äv.*) lose courage

modifi|era modify; (*dämpa*) moderate **-kation** modification, moderation

modig *a1* **1** courageous; (*tapper*) brave, plucky; (*djärv*) bold; (*oförvägen*) gallant; (*oförskräckt*) valiant, intrepid **2** *kosta sina ~a slantar* cost a pretty penny; *väga sina ~a 100 kilo* weigh all of 100 kilos

modist milliner, modiste

mod|lös dispirited; spiritless **-löshet** dispiritedness **-stulen** *a5* downhearted

modul *s3* module; *mat. o. fys.* modulus

modul|ation modulation **-era** modulate

modus ['mɑ:-] *n, r, språkv.* mood

mog|en *a3* ripe (*för, till* for; (*om frukt äv.*) mellow; (*friare o. bildl.*) mature; *bildl. äv.* ready; ~ *ålder* maturity, mature age; *efter -et övervägande* after careful consideration; *när tiden är* ~ when the time is ripe (has come)

mogen|het ripeness *etc.*; maturity **-hetsexamen** matriculation

mogn|a [-ɑ:-] ripen (*äv. bildl.*); *eg. äv.* get ripe; (*bildl. o. friare*) mature, come to maturity **-ad** *s3* ripeness (*äv. bildl.*); *i sht bildl.* maturity

mognads|grad degree of ripeness (*etc.*) **-process** process of maturing (growing up)

mogul ['mɑ:-,'må:-, *pl* -'gu:-] *s3* Mogul; *Stora* ~ the [Great] Mogul

mohair [-'hä:r] *s3* mohair

mohammedan *s3, se muhammedan*

mohikan *s3* Mohican; *den siste ~en* the last of the Mohicans

mojna [-å-] *sjö.* slacken, lull; ~ *av* (*äv. bildl.*) fall dead, die down; *när det ~r* when the wind slackens (*etc.*)

mojäng *s3, ~er* gear (*sg*), gadgets

1 mol *s9* (*grundenhet*) mole

2 mol *adv*, ~ *allena* entirely (all) alone, all by o.s.

mol|a ache slightly; (*friare*) chafe; *det ~r i tänderna på mig* my teeth are aching a little **-ande** *a4* aching; (*om värk*) dull; (*ihållande*) persistent

molekyl *s3* molecule **-ar** *a1* molecular **-formel** molecular formula **-massa** *relativ* ~ relative molecular mass, molecular weight **-vikt** *se -massa* **-är** *a1, se -ar*

1 moll [-å-] *r, mus., gå i* ~ be in a minor key

2 moll [-å-] *s3* (*tyg*) mull; light muslin

molla [-å-] *s1, bot.* goosefoot

mollskinn [-å-] moleskin

mollton *mus.* minor note **-art** *mus.* minor key

mollusk *s3, zool.* mollusc, mollusk; (*om pers.*) jellyfish

moln [-å:-] *s7* cloud (*äv. bildl.*); *solen går i* ~ the sun is going behind a cloud; *ett ~ låg över hans panna* his brow was [over]clouded **-bank** *s2* cloudbank **-bildning** cloud formation (*äv. konkr.*) **-bädd** bed of clouds **-fri** cloudless, free from clouds; *bildl. äv.* unclouded **-höjd** height of cloud; *flyg.* ceiling **-höljd** *a5* cloud-enveloped **-ig** *a1* cloudy; clouded, overcast **-ighet** cloudiness; *meteor.* [amount of] cloud **-tapp** wisp of cloud **-täcke** cloud-cover **-täckt** *a4* cloud-covered, overcast **-vägg** cloud-wall

moloken [ˣmɑ:-] *a3* cast down, dejected; down in (at) the mouth

molotovcocktail [ˣmåll-] Molotov cocktail

mol|tiga [ˣmɑ:l-] not utter a sound **-tyst** absolutely silent, [as] quiet as a mouse

Moluckerna [-'lukk-] *pl* [the] Molucca (*förr* Spice) Islands, Moluccas

molvärka [ˣmɑ:l-] *se mola*

M

molybdẹn *s3, s4, miner.* molybdenum
momang instant, moment; *på ~en* instantly, this instant
momẹnt *s7* **1** (*tidpunkt*) moment, instant **2** (*beståndsdel*) moment, element; factor; (*i lagtext*) subsection, clause; (*stycke*) paragraph; (*punkt*) point; *ett störande ~* a disturbing factor **-ạn** *a1* momentary
moms [måms] *s3, se mervärdeskatt*
monạd *s2, filos.* monad
monạrk *s3* monarch **monarkị** *s3* monarchy; *inskränkt ~* constitutional (limited) monarchy **monarkism** monarchism **monarkist** *s3* monarchist **monarkistisk** [-'kist-] *a5* monarchist
mondạ̈n [-å-] *a1* fashionable, sophisticated, elegant; *~a människor* (*äv.*) the fashionable set
monegạsk *s3* Monacan, Monegasque **-isk** *a5* Monacan, Monegasque
monetạ̈r *a1* monetary
mongol [måŋ'gɷ:l] *s3* Mongol[ian]
Mongoliet [måŋgɷ'li:-] *n* Mongolia
mongol|isk [måŋ'gɷ:-] *a5* Mongolian **-[o]ịd** mongoloid **-veck** epicanthus, epicanthic fold
monism [-å-] *filos.* monism
monokel [må'nåkk-] *s2, s3* monocle
mono|kotyledon [månå-, -'då:n] **I** *s3* monocotyledon **II** *a5* monocotyledonous **-krom** [-'krå:m] **I** *s3* monochrome **II** *a5* monochrome **-kromatisk** [-'ma:-] *a5* monochromatic **-kultur** monoculture **-lịt** *s3* monolith **-log** *s3* monologue; soliloquy **-man** [-'ma:n] **I** *s3* monomaniac (*på* as regards) **II** a1 monomaniac[al] **-manị** *s3* monomania **-plạn** *s7, flyg.* monoplane
monopol [-'på:l] *s7* monopoly; exclusive privilege[s *pl*]; *ha ~ på* have the monopoly of, *bildl. äv.* have the sole right to **-isera** monopolize **-isering** [-'se:-] monopolization
monoteis|m monotheism **-tisk** *a5* monotheistic [al]
mono|ton [-'tå:n] *a1* monotonous **-toni** [-'ni:] *s3* monotony
monst|er ['måns-] *s7*, **-rum** *s4* monster (*till far* of a father); monstrosity **-ruọ̈s** *a1* monstrous
monstrạns [-å-] *s3, kyrkl.* monstrance
monsụn [-å-] *s3* monsoon **-regn** monsoon rain
montage [mån'ta:ʃ, måŋ-] *s7, film.* montage
monter ['månn-, 'måŋ-] *s2, s3* showcase; exhibition case
montera [månn-, måŋ-] **1** (*sätta upp*) mount, fit (set) up (*på* on); (*sätta ihop*) assemble, put together; (*installera*) install; (*t.ex. hus, radiomast*) erect; *~ ner* dismantle **2** (*hatt e.d.*) trim
monter|bar [-ˣte:r-] *a1* mountable **-ing** mounting *etc.*; assembly, assemblage; installation; erection
monterings|färdig prefabricated **-hall** assembly shop
montör fitter, mechanic; *elektr.* electrician; *flyg.* rigger
monumẹnt *s7* monument; *resa ett ~ över* erect (put up) a monument to
monumentạl *a1* monumental; (*friare äv.*) grand **-figur** monumental figure **-itet** grandness **-konst** monumental art **-verk** monumental work
mopẹd *s3* moped, *åld.* autocycle **-ist** mopedist, *åld.* autocyclist
mopp [-å-] *s2* mop **moppa** mop, go over with a mop
1 moppe [-å-] *vard. i uttr.: ge ngn (få) på ~* give s.b. (get) a wigging
2 moppe [-å-] *vard.* moped
mops [-å-] *s2* pug[-dog] **mopsa** *rfl* be saucy (*mot* to) **mopsig** *a1, se näsvis*
1 mor [-ɷ:-, -å:-] *s3* (*folk*) Moor
2 mor [-ɷ:-] *modern mödrar* (*jfr moder*) mother; *bli ~* become a mother; *M~s dag* Mother's Day, *Storbritannien äv.* Mothering Sunday; *vara som en ~ för ngn* be like a mother to s.b., mother s.b.
morạl *s3, ej pl* (*ngns*) morals (*pl*); (*trupp- o.d.*) morale; (*-isk uppfattning*) morality; (*sedelära*) moral law, ethics (*pl, behandlas som sg o. pl*); (*sens-*) moral; *predika ~ för* preach morality to **-begrepp** moral concept **-isera** moralize (*över* [up]on) **-isk** *a5* moral; (*etisk*) ethical; *~t stöd* moral support; *M~ Upprustning* Moral Rearmament **-ist** moralist **-itẹt** *s3* morality **-kaka** *se -predikan* **-lära** ethics (*pl, behandlas som sg*) **-predikan** homily, moral lecture; *hålla ~* (*äv.*) sermonize **-predikant** sermonizer, moralizer
morạs *s7* morass, swamp
morator|ium [-'tɷ:-] *s4* moratorium (*pl äv. -ia*)
morbịd *a1* morbid
morbror [ˣmɷrr-, 'mɷrr-] [maternal] uncle, uncle on the (one's) mother's side
mord [-ɷ:-] *s7* murder (*på* of); *jur. äv.* homicide; *begå ~* commit murder **-brand** arson, incendiarism; *anlägga ~* commit arson **-brännare** incendiary, fire raiser **-försök** attempted murder; *~ mot ngn* attempt on a p.'s life **-isk** ['mɷ:r-] *a5* murderous, homicidal **-kommission** murder squad; *AE.* homicide squad **-lysten** bloodthirsty **-lystnad** bloodthirstiness **-plats** scene of a murder **-redskap** murderous implement **-vapen** murder weapon; (*-iskt vapen*) deadly weapon **-ängel** destroying angel
morẹll *s3, bot.* morello [cherry]
mores [ˣmå:-] *i uttr.: lära ngn ~* teach s.b. good manners
mor|far [ˣmɷrr-, 'mɷrr-] [maternal] grandfather **-farsfar** great grandfather [on the mother's side]
morfẹm [-å-] *s7, språkv.* morpheme
morfịn [-å-] *s4, s3* morphine, morphia **-injektion** morphia injection **-ism** morphinism, morphine addiction **-ist** morphinist, morphine (morphia) addict
morfo|logị [-å-å-å-] *s3* morphology **-logisk** [-'lå:-] *a5* morphological
morföräldrar *mina ~* my [maternal] grandparents, my mother's parents
morganatisk [-å-'na:-] *a5* morganatic
morgon [ˣmårgån, *vard.* ˣmårrån] (*vard. morron*) *-en morgnar* (*vard. mornar*) **1** *motsats t. kväll*) morning; *poet.* morn; *tidernas ~* (*äv.*) the beginning of time; *god ~!* good morning!; *på ~en* in the morning; *på ~en den 1 mars* on the morning of the 1st of March; *i dag på ~en* this [very] morning; *tidigt följande ~* early next morning **2** *i ~* tomorrow; *i ~ åtta dagar* tomorrow week; *i ~ bitti*[*da*] tomorrow morning **-bön** morning prayers (*pl*); *skol. äv.* morning assembly **-dag** tomorrow; morrow; *uppskjuta till ~en* put off until

tomorrow **-gymnastik** early-morning exercises (*pl*) **-gåva** morning gift **-humör** [early-]morning temper **-kaffe** early-morning coffee **-kvisten** *vard. i uttr.: på ~* early in the morning **-luft** [*börja*] *vädra ~* begin to see one's chance **-mål** breakfast **-människa** early bird (riser) **-pigg** alert (lively) in the morning **-rock** dressing gown; *AE. äv.* bathrobe **-rodnad** *~en* aurora, the red sky at dawn **-samling** *skol.* morning assembly **-sol** *rum med ~* room that gets the morning sun **-stjärna** morning star **-stund** morning hour; *~ har guld i mun* the early bird catches the worm **-sömnig** drowsy in the morning **-tidig** *vara ~* [*av sig*] be up and about early, be an early bird **-tidning** morning paper **-toalett** morning toilet

morian *s3* blackamoor

moring (*förtöjningsring*) mooring

morisk ['mo:-, 'må:-] *a5* Moorish, Moresque

morkulla [-o:-] *s1* woodcock

mormon *s3* Mormon **mormonsk** [-'mo:nsk] *a5* Mormon

mor|mor [ˣmorr-, 'morr-] maternal grandmother **-morsmor** great grandmother [on the mother's side]

morna [ˣmå:r-] *rfl* get o.s. awake, rouse o.s.; *inte riktigt ~d* not quite awake

morot *-en morötter* carrot

morots|färgad carrot-coloured, carroty **-saft** carrot juice

morr|a [-å-] growl, snarl (*åt* at) **-hår** *koll.* [cat's *etc.*] whiskers (*pl*) **-ning** growl, snarl

mors [-å-] *interj* hello!; *AE.* hi!

1 morsa [-å-] *v1, vard.* say hello

2 morsa [-o-] *s1, vard.* mum

morse [-å-] *i uttr.: i ~* this morning; *i går ~* yesterday morning

morse|alfabet [ˣmårse-] [international] Morse code **-signal[ering]** Morse signal[ling] **-tecken** Morse symbol

morsgris mother's darling

morsk *a1* (*orädd*) bold, daring; (*käck*) dashing; (*karsk*) stuck-up, fierce; (*manhaftig*) stouthearted; *visa sig ~* make the most of o.s. **morska** *~ upp sig* pluck up courage; *~ upp dig!* take heart! **morskhet** boldness *etc.*

mortalitet [-å-] mortality

mortel [ˣmo:r-] *s2* mortar; *stöta i ~* grind (crush) in a mortar **-stöt** pestle

mortifi[c]era cancel

moràn *s3* moraine **-bildning** *abstr. o. konkr.* moraine formation

mos *s4* (*massa*) pulp; *kokk.* paste, mash; *jfr äv. äppel-, potatis-*; *göra ~ av* make mincemeat of **mosa** reduce to pulp, pulp; (*potatis o.d.*) mash

mosajk *s3* mosaic; *lägga ~* mosaic **-arbete** mosaic work; tesselation **-golv** mosaic (tesselated) pavement (floor) **-inläggning** inlaying with mosaic; incrustation, tesselation

mosaisk [-'sa:-] *a5* Mosaic; (*judisk äv.*) Jewish; *en ~ trosbekännare* a Jew

mose|bok *de fem -böckerna* the Pentateuch; *Första* (*Andra, Tredje, Fjärde, Femte*) *~* [the book of] Genesis (Exodus, Leviticus, Numbers, Deuteronomy)

Mosel ['må:-] *r* the Moselle **moselvin** [ˣmå:-] moselle [wine]

1 mos|ig *a1* (*-ad*) pulpy

2 mosig *a1* (*i ansiktet*) red [and bloated]; (*rusig*) fuddled, tipsy

moské *s3* mosque

moskit *s3* mosquito **-nät** mosquito net[ting]

moskovit *s3* Muscovite **-isk** *a5* Muscovite

Moskva *n* Moscow

moss|a [-å-] *s1* moss **-belupen** *a5* moss-covered, mossy **-djur** bryozoan, *vard.* sea mat

moss|e [-å-] *s2* peat moss, bog **-grön** moss green **-ig** *a1* mossy **-täcke** covering of moss

moster [ˣmoss-, 'moss-] *s2* [maternal] aunt

mot I *prep* **1** (*riktning*) towards (*äv. om tid*); to; *gå ~ staden* walk towards the town; *färden gick ~ söder* they (*etc.*) headed south; *hålla upp ngt ~ ljuset* hold s.th. up to the light; *rusa ~ utgången* dash to the exit; *se upp ~ bergen* look up to the hills; *komma springande ~ ngn* come running towards s.b. (in a p.'s direction); *vara vänd ~* (*vanl.*) face; *~ kvällen* towards the evening; *~ slutet av året* towards (near) the end of the year **2** (*beröring*) against; *gränsen ~ Norge* the Norwegian border; *med ryggen ~ väggen* with one's back to the wall; *segla ~ strömmen* sail against the current; *vågorna slog ~ stranden* the waves lapped [on] the shore; *bilen törnade ~ en sten* the car bumped into a stone **3** (*uppträdande, sinnelag*) to, towards; *vänlig ~* kind to; *hysa agg ~* bear a grudge against; *misstänksam ~* suspicious of; *sträng ~* severe on, strict with; *uppriktig ~* honest with; *i sitt uppträdande ~* in his (*etc.*) manner (behaviour) towards **4** (*motsättning, kontrast*) against; (*jämförelse äv.*) compared to (with); *jur. o. sport. äv.* versus; *skydd ~* protection against (from); *strida ~* fight against; *grönt är vackert ~ blått* green is beautiful against blue; *väga ~ varandra* weigh one against the other; *det kom 10 svar ~ 4 förra gången* there were 10 answers compared to (with) 4 last time; *brott ~ en förordning* breach of a regulation; *ett medel ~ snuva* a remedy for colds; *det hjälper ~ allt* it is good for everything; *det är ingenting ~ vad jag kan* that is nothing to what I can do; *hålla 2 ~ 1 på att* bet 2 to 1 that; *förslaget antogs med 20 röster ~ 10* the proposal was adopted with 20 votes to 10 **5** (*i utbyte mot*) for, against; *~ kvitto* against receipt; *~ legitimation* on identification; *~ skälig ersättning* for a reasonable fee (remuneration); *byta ngt ~ ngt* exchange s.th. for s.th.; *göra ngt ~ att ngn gör* do s.th. in exchange for a p.'s doing; *i utbyte ~* in exchange for **II** *adv, se emot*

mota 1 (*hejda*) block (bar) the way for; check; head off; (*avvärja*) ward off; (*förekomma*) forestall; *~ Olle i grind* nip s.th. in the bud, ward off impending trouble **2** (*driva*) drive; *~ bort* drive off (away from); *~ ihop* (*boskap*) drive (herd) together

mot|aktion counteraction, countermeasure **-angrepp** counterattack **-arbeta** (*ngn, ngt*) work against; counteract; (*söka hindra*) check; (*ngns planer*) seek to thwart (traverse); (*bekämpa*) oppose **-argument** counterargument, objection **-bevis** counterproof, counterevidence **-bevisa** refute; belie **-bjudande** *a4* repugnant, repulsive (*för* to); (*otäck*) disgusting **-bok** (*kontra-*)

M

[customer's] passbook; (*sparkasse-*) bankbook; (*för spritinköp*) liquor-ration book **-drag** countermove (*äv. friare*) **-eld** *mil.* counterfire, returnfire

motell *s4* motel

motett *s3, mus.* motet

mot|fordran counterclaim **-fråga** counterquestion **-förslag** counterproposal **-gift** antidote, antitoxin **-gång** *s2* (*med pl*) reverse, setback; (*utan pl*) adversity, misfortune **-hugg** counterblow, counterthrust, counterstroke; *få ~* meet with opposition **-håll** *ha ~* be in disfavour (*för* with) **-hårs** [-å:-] (*stryka en katt* stroke a cat) the wrong way

motig *a1* adverse, contrary; (*besvärlig*) awkward; *det har varit ~t* things have not been easy (*för mig* for me) **-het** reverse, setback, adversity

1 motion [måt'ʃɑ:n] (*kroppsrörelse*) exercise; *få* (*ta*) *~* get (take) exercise

2 motion [måt'ʃɑ:n] (*förslag*) motion (*i* on; *om* for); *väcka ~ om* submit a motion for; *väcka ~ i* introduce a bill in (*riksdagen* the Riksdag)

1 motionera [måtʃɑ-] (*ge motion*) give exercise, exercise; (*skaffa sig motion*) take exercise

2 motionera [måtʃɑ-] (*väcka förslag*) move (*om* for; *om att* that)

motions|cykel exercycle **-gymnastik** physical (gymnastic) exercises (*pl*), callisthenics (*pl o. sg*), keep-fit exercises (*pl*)

motionär [måtʃɑ'nä:r] *s3* mover [of a resolution]; introducer of a bill

motiv *s7* **1** motive (*för, till* for, of); (*anledning, skäl*) reason, cause (*för, till* of); *vad hade du för ~ till att* what was your motive for (+ *ing-form*) **2** *konst., mus. o.d.* motif (*till* for, of); (*t. tavla äv.*) subject; *mus. äv.* theme **motivation** motivation **motivera** (*ange skälen för*) state [the] reasons (grounds) for, account for; (*utgöra tillräckligt skäl för*) be the motive of, motivate; (*berättiga*) warrant; (*rättfärdiga*) justify; *en föga ~d* ... a[n] ... for which there is little justification

motivering [-'ve:-] justification, explanation (*för* of, for); (*bevisföring*) argumentation; *psykol.* motivation; *med den ~en att* on the plea that

motiv|forskning motivation research **-val** choice of subject (*etc.*)

mot|kandidat rival [candidate] **-kultur** counterculture **-ljus** *foto.* direct light **-ljusskydd** *foto.* lens hood (shade) **-lut** upgrade, ascent **-läsa** *boktr.* checkread; *bokför.* call over **-offensiv** counteroffensive **-offert** counteroffer

motor [ˣmɑ:tår] *s3* motor; engine; *stark* (*svag*) *~* high-powered (low-powered) motor **-brännolja** *se dieselolja* **-bränsle** motor fuel **-båt** motorboat; *AE.* äv. powerboat **-cykel** motorcycle; *vard.* motorbike; *~ med sidvagn* [motorcycle] combination **-cyklist** motorcyclist **-drift** motor operation **-driven** *a5* motor-driven **-fartyg** motor ship (vessel) **-fel** engine trouble **-fordon** motor vehicle **-förare** motorist, driver **-gräsklippare** power lawnmower **-haveri** engine breakdown **-hotell** *se motell* **-huv** (*bil-*) bonnet, *AE.* hood; *flyg.* cowl[ing]

motor|ik *s3* mobility **-isera** motorize; *~de trupper* (*biltransporterade*) lorry-borne troops, (*mekaniserade*) mechanized troops **-isk** [-'tɑ:-] *a5* motor[y] **-ism** motorism, motoring **-ist** motorist

motor|krångel engine trouble **-man** motorist; (*-vagnsförare*) motorman **-olja** motor (engine) oil **-sport** motoring, motor sport[s] **-sprit** motor spirit **-stopp** engine (motor) failure, breakdown **-styrka** engine power **-såg** chain (power) saw **-torpedbåt** [motor] torpedoboat **-trafik** motor [ing] traffic **-tävling** motor race **-vagn** rail motorcoach, railcar; (*spårvagn*) motorcar **-vagnståg** multiple-unit train **-verkstad** motor works (*sg o. pl*); (*bil- ofta*) garage **-väg** motorway; *i sht AE.* motor highway, express highway, freeway **-värmare** engine preheater

mot|part opposite party, counterparty, opponent **-pol** antipole (*äv. bildl.*) **-prestation** service in return; (*friare*) something in return **-reformation** counter-reformation **-replik** rejoinder **-revolution** counter-revolution **-sats** contrast (*mot, till* to); opposite, contrary, antithesis (*till* of); (*i logiken*) contradictory; *bevisa ~en* prove the contrary; *raka ~en* the very (exact) opposite (*till* of); *utgöra* (*stå i*) *~ till* be opposed to; *i ~ till* contrary (in contrast) to; *de är varandras ~er* they are absolute opposites **-satsförhållande** contrast[ing relationship]; *stå i ~ till* be at variance with (in opposition to) **-satt** *a4* **1** *allm. o. bildl.* opposite, contrary; opposing, conflicting; (*omvänd*) reverse; *i ~ fall* in the contrary case, (*i annat fall*) otherwise; *i ~ riktning* in the opposite direction; *på ~a sidan a*) on the opposite side (*av* of; *mot* to), *b*) (*i bok o.d.*) on the opposite page; *förhållandet var det rakt ~a* the situation was quite the opposite **2** *bot., med ~a blad* oppositifolious **-se** (*se fram emot*) look forward to; (*vänta*) expect; *vi ~r med intresse Ert svar* (*hand.*) we look forward to your reply **-sida** opposite (other) side (*äv. bildl.*) **-skäl** counterreason; *skäl och ~* arguments for and against, [the] pros and cons **-sols** [-sɑ:-] anticlockwise, *AE.* counterclockwise **-spelare** (*i spel*) opponent, adversary; *vara ~ till ngn* (*teat. o.d.*) play opposite s.b. **-spänstig** refractory; (*olydig*) insubordinate **-stridig** *a1* conflicting, contradictory **-strävig** *a1* (*-spänstig*) refractory; (*-villig*) reluctant; (*om t.ex. hår*) intractable **-ström** counter-current **-ströms** against the current, upstream **-stycke** *bildl.* counterpart; (*like*) parallel, match, equal; *sakna ~* be unparalleled (unique) **-stå** resist, withstand; (*angrepp etc. äv.*) stand up against; *en ... som man inte kan ~* (*äv.*) an irresistible ... **-stående** *a4* opposite; *på ~ sida* on the opposite page

motstånd *s7* **1** resistance (*äv. fys., elektr., mil.*); *flyg. äv.* drag; *göra ~ mot* resist, offer resistance to; *möta ~* meet with resistance (*bildl.* opposition); *väpnat ~* armed resistance **2** *konkr. elektr.* resistor, resistance box **-are** adversary; opponent; antagonist; (*fiende*) enemy; *~ till* adversary (*etc.*) of

motstånds|ficka pocket of resistance **-kraft** [power of] resistance (*mot* to); resisting-power; (*fysisk*) resistance, staying power **-kraftig** resistant (*mot* to, against); strong **-man** member of the resistance **-rörelse** resistance movement

motstöt counterattack; *bildl. äv.* counterthrust

motsvar|a (*ha sin -ighet i, passa ihop med*) correspond (answer) to; (*vara lika mycket värd som*) be equivalent to; (*tillfredsställa*) satisfy, meet; (*uppfylla*) fulfil; *vinsten ~r inte insatsen* the profit is not in proportion to the investment; *~ ngns förväntningar* come up to a p.'s expectations **motsvarande** *a4* corresponding; (*analog*) analogous; (*liknande*) equivalent, similar; *~ värde* the equivalent; *i ~ grad* correspondingly **motsvarighet** (*överensstämmelse*) correspondence; proportionateness; (*full ~*) equivalence; (*analogi*) analogy; (*motstycke*) counterpart, opposite number; *närmaste ~ till* the closest (nearest) equivalent to (of); *sakna ~* have nothing corresponding to it (*etc.*)

motsäg|a contradict; oppose; (*bestrida*) contest; (*strida emot*) be contradictory to, conflict with; *~ sig* contradict o.s. (itself); be [self-]contradictory **-ande** *a5* contradictory; (*mot varandra stridande*) conflicting

motsägelse contradiction; (*brist på överensstämmelse*) incompatibility, discrepancy; (*inkonsekvens*) inconsistency; *inte tåla några ~r* not tolerate contradiction **-full** full of contradictions **-lusta** love of contradictions

motsätt|a *rfl* oppose, stand out against **-ning** opposition; antagonism; (*motsatsförhållande*) contrast, discrepancy, incongruity; *stå i skarp ~ till* be in striking contrast to

mott [-å-] *s9, s7, zool.* moth

mottag|a receive; (*acceptera*) accept; (*besökande*) receive, see; *alla bidrag -es med största tacksamhet* all contributions gratefully received; *vi har -it Ert brev* we have received (are in receipt of) your letter **mottagande** *s6* reception; *i sht hand.* receipt; (*accepterande*) acceptance; *betala vid ~t* pay on receipt (delivery), cash on delivery (*förk. C.O.D.*); *erkänna ~t av ett brev* acknowledge receipt of a letter **mottagarapparat** *radio.* receiving set **mottagare 1** *pers.* receiver; (*av postförsändelse*) addressee; (*av varuförsändelse*) consignee; (*betalnings-*) payee, beneficiary; (*av gåva*) donee; *sport.* striker-out **2** *konkr. radio.* receiver, receiving set **mottaglig** [-a:-] *a1* susceptible (*för* to); (*känslig*) sensitive (*för* to); *~ för förkylning* (*äv.*) liable to catch cold; *~ för skäl* amenable to reason; *~ för nya idéer* receptive (open) to new ideas **mottaglighet** [-a:-] susceptibility; sensitiveness **mottagning** reception; (*läkares*) consultation rooms (*pl*), surgery; (*vid hovet äv.*) audience

mottagnings|bevis advice of receipt (delivery); *post. äv.* post office receipt **-kommitté** reception committee **-rum** reception room; (*läkares*) consulting room **-tid** reception hours (*pl*); (*läkares*) consultation (consulting) hours (*pl*)

motto [×måttɷ] *s6* motto

mot|urs [-u:-] anticlockwise, *AE.* counterclockwise **-vallskäring** cussed (contradictory) person **-veck** *sömn.* box pleat **-verka** (*-arbeta*) work against, run (go) counter to; (*upphäva verkan av*) counteract, offset, neutralize; (*söka hindra*) try to put a stop to, obstruct **-verkan** counteraction **-vikt** counterweight, counterbalance (*mot* to) **-vilja** dislike (*mot* of, to), distaste (*mot* for); (*starkare*) repugnance (*mot* against), antipathy (*mot* for, against, to); *ha* (*hysa*) *~ mot* have a dislike (*etc.*) of, dislike **-villig** reluctant; (*starkare*) averse **-villighet** reluctance; averseness **-vind** headwind, contrary wind; *bildl.* adverse (contrary) wind; *ha ~* have the wind against one; *segla i ~* sail against the wind, *bildl.* be out of luck **-väga** [counter]balance (*äv. ~ varandra*) **-värde** equivalent; (*bank o.d. äv.*) countervalue **-värn** defence, resistance; *sätta sig till ~* offer resistance, fight back **-åtgärd** countermeasure; *vidtaga ~er* take countermeasures

moussera [mɷ'se:-] sparkle, effervesce

mu moo! **mua** moo

1 muck *n* **1** *han sade inte ett ~* he didn't say a word; *jag begriper inte ett ~* I don't understand an iota (a thing) **2** *utan ett ~* without a murmur

2 muck *oböjligt s, vard.* demob[ilization]

1 mucka *vard. mil.* demob

2 mucka (*bråka*) growl, grumble (*över* at, about); *~ gräl* pick a quarrel

mudd *s2* wristlet, loose cuff

mudder ['mudd-] *s7* mud **mudderverk** dredger, dredge **muddra** dredge; *~d farled* (*sjö.*) dredged channel **muddringsarbete** dredging work

muff *s2* **1** (*klädespersedel*) muff **2** *tekn.* sleeve, socket [end]

muffin ['muff-] *s7* muffin

muffkoppling sleeve (box) coupling

mugg *s2* (*liten*) mug; (*större*) jug; (*tenn- o.d.*) pot; *för fulla ~ar* (*vard.*) at top speed

Muhammed [mɷ'hamm-] Mohammed, Mahomet

muhammed|an [mɷ-] *s3* Mohammedan, Moslem, Muslim **-anism** Mohammedanism, Islam **-ansk** [-'da:-] *a5*, Mohammedan, Moslem, Muslim

mula *s1* mule

mulatska [-×latt-] *se mulattkvinna*

mulatt *s3* mulatto (*pl* -os, -oes) **-kvinna** mulatto woman

mule *s2* muzzle; snout

mul|en *a3* overcast; clouded (*äv. bildl.*); *bildl.* gloomy; *det är -et* the sky is overcast

muljer|a *fonet.* palatize **-ing** palatization

mull *s2* earth; mould; (*stoft*) dust (*äv. bildl.*) **-bänk** *vard.* quid (cud) of snuff

mull|bär mulberry **-bärsträd** mulberry tree

muller ['mull-] *s7* rumbling, rumble, rolling

mullig *a1* plump

mullra rumble, roll

mulltoalett [type of] earth closet

mullvad *s2, zool.* mole

mullvads|arbete underground work **-grå** mole-coloured **-gång** mole track (run) **-hög** molehill **-skinn** (*som handelsvara*) moleskin

mulna [×mu:l-] cloud over, become overcast; *bildl.* darken; *det ~r* [*på*] it (the sky) is clouding over

mul- och klövsjuka foot-and-mouth (hoof--and-mout) disease

multen *se murken*

multinationell [-'nell, ×mull-] multinational

multipel [-'tipp-] *s3, s2* multiple; *~ skleros* multiple sclerosis

multiplicera multiply (*med* by) **multiplikand**

s3 multiplicand **multiplikation** multiplication **multiplikations|tabell** multiplication table **-tecken** multiplication sign
multiplikator [-ˣka:tår] *s3* multiplier
multna moulder (rot) [away]
mulåsna mule; hinny
mumi|e ['mu:-] *s5* mummy **-fiera** mummify **-fikation** mummification
mumla (*tala otydligt*) mumble; (*knota*) mutter, murmur; ~ *i skägget* mutter under one's breath **mummel** ['mumm-] *s7* mumble; mutter, murmur
mumrik ['mumrikk] *s2* odd fish, old fogey
mums I *interj* yum-yum! **II** *n, det var* ~ that was delicious (lovely) **mumsa** munch; (*knapra*) nibble
mun [munn] *s2* mouth; (*-full*) [a] mouthful (*vatten* of water); *ur hand i* ~ from hand to mouth; *i var mans* ~ the talk of the town; *med en* ~ with one voice; *med gapande* ~ open-mouthed, with a wide open mouth; *dra på* ~ smile; *gå från* ~ *till* ~ pass from mouth to mouth, be bandied about; *ha många ~nar att mätta* have many mouths to feed; *har du inte mål i ~?* haven't you got a tongue in your head?; *hålla* ~ keep one's mouth shut; *håll ~!* (*äv.*) shut up!; *hålla ngt för ~nen* hold s.th. to one's mouth; *prata bredvid ~[en]* let the cat out of the bag; *ta ordet ur ~nen på ngn* take the words out of a p.'s mouth; *ta ~nen full* (*bildl.*) talk big; *ta bladet från ~nen* speak one's mind; *alla talar i ~[nen] på varandra* all speak at the same time **-art** dialect
mundering [-'de:-] (*soldats*) equipment
mun|full *en* ~ a mouthful (*vatten* of water) **-giga** [-ji:ga] *s1, mus.* jew's-harp **-gipa** [-j-] *s1* corner of the (one's, its) mouth; *dra ner -giporna* draw down the corners of one's mouth
mungo ['muŋgo] *s3, zool.* mongoose (*pl* mongooses)
mun|harmonika mouth organ **-huggas** *-höggs -huggits, dep* wrangle, bicker, bandy words **-håla** oral (mouth) cavity **-häfta** *med.* trismus, *vard.* lockjaw
municipalsamhälle [-ˣpa:l-] *ung.* municipality, urban district
1 munk *s1* monk; (*tiggar-*) friar
2 munk *s2, kokk.* doughnut; (*äppel- o.d.*) fritter
munkavle muzzle, gag; *sätta* ~ *på* muzzle
munk|kloster monastery **-kåpa** monk's frock, cowl **-latin** monk's (mediaeval) Latin **-likör** Benedictine **-löfte** monk's vow **-orden** monastic order
munkorg muzzle; *förse med* ~ (*äv. bildl.*) muzzle
munkväsen ~*det* monachism
mun|läder *ha gott* ~ have a glib tongue (the gift of the gab) **--mot-mun-metoden** the mouth--to-mouth method; *vard.* kiss of life
munsbit morsel; *sluka ngt i en* ~ eat s.th. in one mouthful; *det var bara en* ~ *för honom* (*bildl.*) it was small beer for him
mun|skydd mask **-skänk** *s2* butler; cupbearer **-spel** harmonica, mouth organ **-stycke** mouthpiece; *mus. äv.* embouchure; (*cigarett-*) [cigarette] holder; (*på cigarett*) tip; *tekn.* nozzle, jet; *cigarett med* (*utan*) ~ tipped (untipped, plain) cigarette **-sår** sore on the lips
munta *s1, vard.* oral [exam], viva [voce]
munter ['munn-] *a2* merry, cheerful; (*uppsluppen*) hilarious; *vard.* chirpy; *ett ~t lag* a merry party; *en* ~ *melodi* a lively tune **-gök** jolly fellow **-het** merriness; gaiety; hilarity; *uppsluppen* ~ hilarious mirth (spirits *pl*)
muntlig *a1* (*om översättning, prövning o.d.*) oral; (*om meddelande o.d.*) verbal; ~ *prövning* oral [examination], *univ.* viva voce [examination]; ~ *överläggning* (*vanl.*) personal conference **muntligen** orally; verbally; by word of mouth
muntra ~ *upp* cheer up, exhilarate **-tion** amusement, entertainment; jollification
mun|vatten mouthwash; gargle **-vig** glib [with one's tongue]; (*slagfärdig*) quick-witted **-väder** empty (mere) talk; blether, balderdash **-öppning** orifice of the mouth
mur *s2* wall (*äv. bildl.*); *omge med ~ar* (*äv.*) wall in **mura** brick, build [of brick (masonry)]; ~ *igen* brick (wall) up, *bildl.* bung up (*ngns* ögon a p.'s eyes); ~ *in* build into a wall, immure; ~ *med cement* wall (line) with cement, cement **murad** *a5* walled *etc.*; bricked; *i sht bildl.* built
mur|arbas foreman bricklayer (*etc.*) **-are** bricklayer; (*sten-*) mason **-bruk** mortar **-bräcka** *s1* battering ram (*äv. bildl.*) **-gröna** *s1, bot.* ivy
murken *a3* decayed; (*starkare*) rotten
murkla *s1* morel, moril
murkna decay, get (become) rotten
murkrön coping (top) of a wall
murmeldjur *zool.* marmot; *sova som ett* ~ sleep like a log
murning [-u:-] bricklaying, masonry
murrig *a1* gloomy, dull, sullen
mur|slev trowel **-tegel** [building] brick
murvel *s2, vard.* hack journalist
mur|verk masonry, brickwork, brickwall **-yta** surface [of a wall]
mus *-en möss* mouse (*pl* mice)
mus|a *s3* muse; *de nio -erna* the nine Muses
musch *s3* beauty spot (patch)
museal *a1* museum; *har bara ~t intresse* is only of interest to museums
musei|föremål museum specimen, exhibit; museum piece (*äv. bildl.*) **-intendent** curator; *Storbritannien* keeper of a museum **-man** museum official, museologist **-värde** museum value
musel|man *s3* Muslim, Moslem **-mansk** [-a:-] *a5* Muslim, Moslem
museum [-'se:-] *s4* museum
musicera play (have) [some] music, make music
musik *s9* **1** music; *sätta* ~ (*komponera ~en*) *till* write (compose) the music for; *det är som* ~ *för mig* it is music to my ear; *detta skall hädanefter bli min* ~ that will be my tune in the future **2** (*-kår*) band **-afton** musical evening
musik|al I *a1* musical **II** *s3* musical [comedy] musical **-alisk** [-'ka:-] *a5* musical; (*om pers. äv.*) music-loving; *vara* ~ be musical, have a musical ear; *M~a akademien* the [Royal] academy of music **-alitet** musicality, feeling for music
musik|ant musician; fiddler **-begåvad** with a gift (talent) for music **-begåvning** gift (talent) for music; *pers.* [a] gifted musician **-direktör** graduate of the [Royal] academy of music; *mil.* bandmaster

musik|er ['mu:-] *s9* musician; *bli ~ (vanl.)* go in for music [as a profession] **-estrad** bandstand; (*i konserthus*) concert platform **-film** musical [film] **-förlag** music publishers (*pl*) (publishing firm) **-handel** music shop **-historia** history of music **-historiker** authority on the history of music **-högskola** school (college) of music **-instrument** musical instrument **-kapell** orchestra, band **-konservatorium** conservatory, conservatoire **-kritiker** music critic **-kår** band, orchestra; *medlem av en ~* (*äv.*) bandsman **-liv** musical life **-lära** theory of music **-lärare** music teacher (master) **-program** musical programme **-recensent** music reviewer **-studier** *pl* musical studies; *bedriva ~* study music **-stycke** piece of music **-teori** musical theory **-verk** musical composition, work of music **-vetenskap** musicology **-älskare** lover of music, music lover **-öra** musical ear, ear for music

musivguld [-ˣsi:v-] mosaic gold

musjik [-'ʃi:k] *s3* m[o]ujik, muzhik

muskat|druva [-a:-] muscat [grape] **-ell** *s3* muscatel [wine]

muskedunder [-'dund-] *s7, s2* blunderbuss

musk|el ['musk-] *s3* muscle; *spänna -lerna* tense one's muscles; *utan -ler* muscleless

muskel|ansträngning muscular exertion **-arbete** work done by the muscles **-bristning** rupture of a muscle **-knippe** bundle of muscles **-knutte** *s2, vard.* muscleman **-spel** play of the muscles **-spänning** muscular tension **-stark** muscular, muscularly strong **-sträckning** [the] spraining of a muscle; sprain **-styrka** muscular strength **-stärkare** muscle developer **-svag** weak-muscled, myasthenic **-värk** muscular pain **-vävnad** muscular tissue

musketör musketeer

muskot [-åt] *s2* nutmeg **-blomma** (*krydda*) mace **-nöt** nutmeg

muskulatur musculature; (*ngns*) muscles (*pl*)

muskulös *a1* muscular

musköt *s3* musket

muslim *s3* Muslim, Moslem

muslin *s3, s4* (*tyg*) muslin

mussel|bank *s2* mussel-bank **-djur** lamellibranch, bivalve **-skal** mussel shell

mussera [-ɷ-] *se moussera*

musseron *s3* tricholoma

mussla *s1* **1** (*djur*) [sea-]mussel (*äv. kokk.*), clam; bivalve; (*hjärt-*) cockle **2** (*endast skalet*) [mussel] shell

must *s3* (*dryck*) must; (*i jorden*) sap; *hand., kokk.* concentrated preparation [of ...]; *bildl.* pith; *koka ~en ur köttet* boil the goodness out of the meat; *arbetet tog (sög) ~en ur mig* the work took (sucked) the life out of me; *en tavla med ~ i färgen* a picture strong in colour

mustasch [-'ta:ʃ] *s3* moustache; *ha ~er* wear a moustache **-prydd** moustached

mustig *a1* juicy (*äv. bildl.*); *bildl. äv.* racy (*anekdot* anecdote), salty (*svordom* oath); *en ~ soppa* a tasty (nourishing) soup

mut|a I *s1* bribe; *ta -or* take (receive) bribes (a bribe) (*av* from); *-or* (*vard.*) hush money; palm oil *sg* **II** *v1* bribe (*med* with, by); *polit. äv.* corrupt

mutant *naturv.* mutant **mutation** mutation

mutera mutate

mut|försök attempt to bribe [s.b.] **-kolv** receiver of bribes **-system** system of bribery and corruption

mutter ['mutt-] *s2, tekn.* nut **-bricka** washer

muttra mutter (*för sig själv* to o.s.); *bildl. äv.* grumble (*över* about, at)

mycelium [-'se:-] *s4* mycelium

myck|en *-et mer[a] mest* much, a great deal of; (*stor äv.*) great, big; *det -na arbetet* the great amount of work he (*etc.*) has had [to do]; *det -na regnandet* the heavy rain[s *pl*], the [great] quantity of rain [that has come down]; *det -na talet om* all the talk about

myckenhet *en ~ a*) a multitude of, a large (great) number of (*bilar* cars), *b*) a large (great) quantity of, plenty of (*socker* sugar)

mycket I (*subst. anv.*) much; a great (good) deal of; a great amount (quantity; *vard.* a lot) of; (*gott om*) plenty of; (*många*) a great many, many, a great (large) number of, *vard.* a lot of; (*känslobetonat*) ever so much; *~ nöje!* enjoy yourself!; *för ~ möbler* too much furniture; *~ pengar* a great deal (a lot) of money; *~ vill ha mer* the more you have the more you want; *~ väsen för ingenting* much ado about nothing; *ganska ~* a good deal (*vard.* quite a lot) [of], (*före pl*) a great many; *hur ~?* how much?; *ha ~ att göra* have a great deal (a great many things) to do; *det är inte ~ med honom* he is not up to much; *det är inte för ~ att du säger tack* you might at least say thank you; *det blev för ~ för honom* it became too much for him; *det är väl ~ begärt!* that's expecting a great deal!; *hälften så ~* half as much; *lika ~ som* as much as; *så ~ är säkert att* one thing is certain, that; *så ~* so much as that, that (this) much **II** *mer[a] mest, adv* (*framför a o. adv i positiv*) very (*liten* small; *fort* fast); (*vid komp. o. vid part. som betraktas som rena verbformer*) [very] much (*mindre* smaller; *efterlängtad* longed for); (*framför afraid alike ashamed*) very much; (*djupt*) deeply, greatly (*imponerad* impressed), profoundly; (*högeligen*) exceedingly, highly; (*svårt*) badly; (*synnerligen*) most; *~ hellre* much rather; *~ möjligt* very (quite) likely; *~ riktigt* quite right, very true; *inte ~ till sångare* not much of a singer; *vara ~ för kläder* be a great one for (be very keen on) clothes; *hur ~ jag än tycker om* much as I like; *en gång för ~* once too often; *ta 25 pence för ~ av ngn* charge s.b. 25 pence too much; *det gör inte så ~* it doesn't matter [very] much; *så ~ bättre* so much the (all the) better; *så ~ mer som* all the more as; *så ~* very much, (*med betonat så*) all that much; *så ~ du vet det!* and now you know!; *utan att säga så ~ som* without saying so much as **III** *a, se mycken*

mygel ['my:-] *s7* string-pulling

mygg *s9, koll.* midges, mosquitoes (*pl*); *sila ~ och svälja kameler* strain at a gnat and swallow a camel

mygg|a *s1* midge, gnat; mosquito **-bett** mosquito-bite **-medel** antimosquito preparation **-nät** mosquito net (netting) **-svärm** swarm of gnats (*etc.*)

mygla [-y:-] pull strings **myglare** string-puller

mykensk [-'ke:nsk] *a5* Mycenaean

mykolog mycologist

M

mylla I *s1* mould; (*humus*) humus; (*matjord*) topsoil **II** *v1*, ~ *ner* (*frön*) cover [up] with earth (soil); ~ *igen* fill in with earth
myller ['myll-] *s7* throng, swarm **myllra** *v1* throng, swarm
München ['mynçen] *n* Munich
myndig *a1* **1** *jur.* ... of age; *bli* ~ come of age, attain one's majority; *vara* ~ be of age, be legally competent **2** (*som vittnar om makt*) powerful, commanding; (*befallande*) authoritative, masterful; *i* ~ *ton* in a peremptory tone **-het 1** (*maktbefogenhet*) authority **2** (*-t uppträdande*) powerfulness, authority **3** *jur.* majority, full age **4** (*samhällsorgan*) authority; *kommunala* ~*er* local government (authorities); *statliga* ~*er* central government (authorities)
myndighets|dag coming-of-age day **-förklaring** declaration of majority **-person** person in authority **-ålder** majority, full age
myndling ward
mynn|a (*om flod o.d.*) fall, debouch, discharge [its waters]; (*om väg, korridor etc.*) open out, emerge (*i* into); *bildl.* issue, end (*i* in) **-ing** mouth; (*flod- äv.*) estuary; (*öppning äv.*) opening; (*rör- o.d. äv.*) orifice; (*på vapen*) muzzle
mynnings|arm arm of an estuary **-laddare** muzzle-loader
mynt *s7* **1** coin; piece [of money]; (*valuta*) currency; *slå* (*prägla*) ~ coin money; *betala i klingande* ~ pay in hard cash; *betala ngn med samma* ~ (*bildl.*) pay s.b. back in his own coin; *slå* ~ *av* (*bildl.*) make capital out of **2** (*institution*) mint
1 mynta *s1, bot.* mint
2 mynta *v1* mint, coin (*äv. bildl.*); (*prägla äv.*) stamp
mynt|enhet monetary unit, unit of currency **-fot** [monetary] standard, standard of currency **-inkast** slot **-kunskap** numismatics (*pl, behandlas som sg*) **-ning** coinage, mintage **-samling** collection of coins; *konkr. äv.* numismatic collection **-slag** currency; species of coin **-stämpel** die, coin stamp **-verk** mint; *M~et* the [Swedish] Mint **-väsen** monetary system
myokardit *s3* myocarditis
myom [-'å:m] *s7* myoma
myr *s2* bog; swamp; *geol.* mire
myr|a *s1* ant; *flitig som en* ~ as busy as a bee; *sätta -or i huvudet på ngn* set s.b. puzzling, mystify s.b.
myriad *s3* myriad; ~*er* (*äv.*) countless multitude [of ...]
myr|kott [-å-] *s2, zool.* pangolin **-lejon** *zool.* antlion, *AE.* doodlebug **-lejonslända** *zool.* antlion
myr|malm bog ore **-mark** boggy (*etc.*) ground
myrra *s1* myrrh
myr|slok *s2, zool.* anteater **-stack** ant hill **-syra** formic acid
myrten ['myrr-] *best. f.* =, *pl myrtnar* [common] myrtle **-krona** myrtle crown
mysa *v3* (*belåtet*) smile contentedly (*mot ngn* on s.b.; *åt ngt* at s.th.); (*strålande*) beam (*mot* on) **mysig** [nice and] cosy; (*om pers.*) nice
mysk *s3* musk **-djur, -hjort** musk deer **-oxe** musk ox
myst|eriespel [-'te:-] mystery play **-erium** [-'te:-] *s4* mystery **-eriös** *a1* mysterious
mysticism mysticism **mystifiera** mystify **mystifikation** mystification **mystik** *s3* mysticism **mystiker** ['myss-] mystic **mystisk** ['myss-] *a5* (*som rör mystik e.d.*) mystic; (*hemlighetsfull*) mysterious, mystical **mystär** *s3* mystery
myt *s3* myth (*om* of) **-bildning** creation of myths
myteri mutiny; *göra* ~ raise a mutiny, mutiny **myterist** mutineer
mytisk ['my:-] *a5* mythical; fabled, fabulous
myto|logi [-lå'gi:] *s3* mythology **-logisk** [-'lå:-] *a5* mythological **-man** *s3* compulsive liar
myxödem *s7, med.* myxoedema
1 må *v4* (*känna sig*) feel; get on, thrive; *hur* ~*r du?* how are you?, how are you getting on?; *jag* ~*r mycket bra* I am (feel) very well; *jag* ~*r inte så bra* I am not quite well; *jag* ~*r inte bra av choklad* chocolate doesn't agree with me; *du skulle* ~ *bäst av att* (*äv.*) it would be best for you to; ~ *så gott!* keep well!; ~ *som en prins* be as happy as a king; *nu* ~*r han!* now he is happy (enjoying himself)!
2 må *imperf. måtte* (*jfr måtte*) *hjälpv* may; (*uttryckande uppmaning*) let; (*i samband med negation*) must [not]; *jur.* may; *jag* ~ *då säga att* I must say that; *det* ~ *vara hänt* all right, then; *därom* ~ *andra döma* as to that let others judge; *några exempel* ~ *anföras* a few instances may be cited; *man* ~ *säga vad man vill, men* say what you like, but; *du* ~ *tro att jag var trött* you can imagine how tired I was; *ja, det* ~ *jag säga!* well, I must say!; ~ *så vara att* may be that; *vem det än* ~ *vara* whoever it may be; *av vad slag det vara* ~ of whatever kind it is; *vad som än* ~ *hända* whatever happens (may happen)
måbär ['må:-] alpine currant
måfå *i uttr.*: *på* ~ at random, haphazard
måg *s2* son-in-law
måhända [-ˣhänn-] maybe, perhaps
1 mål *s7* **1** (*talförmåga*) speech, way of speaking; (*röst*) voice; *har du inte* ~ *i mun[nen]?* haven't you got a tongue in your head?; *sväva på* ~*et* falter, hum and haw **2** (*dial.*) dialect; tongue
2 mål *s7, jur. o.d.* case; cause, lawsuit; *fakta i* ~*et* case history (record); *nedlägga* ~*et* withdraw the case; *i oträngt* ~ without due (legal) cause
3 mål *s7* (*-tid*) meal; *ett ordentligt* ~ *mat* a square meal
4 mål *s7* **1** *sport.* goal; (*vid löpning*) winning post; (*i lek*) home; (*vid skjutning*) mark; *mil.* target, objective; *från start till* ~ (*vanl.*) from start to finish; *skjuta i* ~ shoot a goal; *stå i* ~ be in goal; *vinna med två* ~ *mot ett* win [by] two [goals to] one; *kasta till* ~*s* throw at a target; *skjuta till* ~*s* practise target-shooting; *skjuta över* ~*et* (*bildl.*) overshoot the mark **2** (*friare, bildl.*) goal; (*destination*) destination, end; (*syfte*) aim, object, purpose, end; *utan bestämt* ~ with no definite aim (object); aimlessly; *sätta sitt* ~ *högt* (*bildl.*) aim high
måla paint (*efter* from; *i* in; *med* with, in; *på* on); *bildl. äv.* depict; ~ *av* paint a portrait (picture) of; ~ *om* repaint, give a coat of paint; ~ *över* paint out (over); ~ *sig, se sminka sig* **målande** *a4* (*uttrycksfull*) graphic, vivid; (*om gest, ord o.d.*) expressive
målar|e 1 (*hantverkare*) painter [and decorator], house painter; (*konstnär*) painter, artist **2** *kortsp.*

court (*AE.* face) card **-färg** paint; *~er* (*konst.*) artist's colours **-inna** [woman] artist (painter) **-konst** [art of] painting **-lärling** painter's apprentice **-mästare** master [house] painter; house-painter employer **-pensel** paintbrush **-skola** school of painting **-skrin** paintbox **-verkstad** [house-]painter's workshop

målbrott *han är i ~et* his voice is just breaking

mål|bur *sport.* goal **-domare** *sport.* judge; referee

måleri painting **målerisk** [-'le:-, 'må:-] *a5* picturesque

målforskning applied research

målfoto *avgörande genom ~* photo finish

målföre *s6, förlora* (*återfå*) *~et* lose (recover) one's power of speech

mål|grupp target group **-görare** [-j-] *sport.* [goal] scorer **-inriktad** targeted **-kamera** finishing-line camera **-kast** goal throw **-kvot** goal average

målla *s1* orache

mållinje (*vid löpning o.d.*) winning post, finishing line; *fotb. o.d.* goal line

1 mållös (*stum*) speechless (*av* with); *göra ngn ~* strike s.b. dumb, dumbfound s.b.

2 mållös *sport.* goalless; *bildl.* aimless

målmedveten purposeful; (*om pers. äv.*) resolute **-het** purposefulness; (*ngns äv.*) fixity of purpose (aim)

målning [ˣmå:l-] *abstr.* painting; (*färg*) paint; (*tavla*) picture, painting

målrelaterad *a5* (*betygssättning*) criterion-referenced

målro *hålla ~n vid makt* keep the conversation going, keep the ball rolling

mål|siffra *fotb. o.d.* score **-skjutning** target-shooting **-skott** shot at goal

målsman ['må:ls-] **1** *jur.* next friend; (*förmyndare*) guardian; *skol.* person standing in loco parentis; (*förälder*) parent **2** (*talesman*) champion, spokesman, sponsor

mål|snöre tape **-språk** target language **-stolpe** goal post

måls|ägande *s9* [the] person injured **-ägare** plaintiff; injured party

mål|sättning objective, aim, purpose, goal **-sökande** homing **-sökningsrobot** homing missile **-tavla** target [board]

måltid meal; (*högtidligt*) repast

måltids|dryck table drink (beverage) **-kupong** luncheon voucher, *AE.* meal ticket

målvakt goalkeeper

1 mån *r* (*utsträckning*) extent; (*grad*) degree, measure; *i viss ~* to some extent; in some degree; *i görligaste ~* as far as possible; *i ~ av behov* as need arises; *i ~ av tillgång* as far as supplies admit, as long as supplies last

2 mån *a1* (*aktsam*) careful (*om* of); (*noga*) particular (*om sitt yttre* about one's personal appearance); (*ivrig*) eager (*om att* to); (*angelägen*) anxious (*om* about, for)

måna *~ om* take care of; nurse; look after

månad *s3* month; *förra ~en* last month; [*i*] *nästa ~* next month; *innevarande ~* this month; *två gångar i ~en* twice a month

månads|biljett monthly (season) ticket **-hyra** monthly (month's) rent **-lång** lasting for months (a month), [a] month-long **-lön** monthly salary (pay, wages) **-skifte** *vid ~t* at the turn of the month **-smultron** cultivated everbearing wild strawberry **-sten** birthstone **-vis** monthly

månatlig [ˣmå:-, -'na:t-] *a1* monthly

mån|bana lunar orbit, orbit of the moon **-belyst** [-y:-] *a4* moonlit **-berg** lunar mountain

måndag ['månn-] *s2, best. form vard. äv. måndan* Monday; *jfr fredag*

månde *oböjligt v, vad ~ bli av det barnet?* what is to become of that child?; *vem det vara ~* whoever it is (may be)

mån|e *s2* **1** (*himlakropp*) moon; *gubben i ~n* the man in the moon; *ta ner ~n* get hold of the moon, get blood from a stone **2** *se flintskalle* **-farkost** lunar vehicle **-färd** trip to the moon **-förmörkelse** eclipse of the moon, lunar eclipse

många *jfr mången* **1** *fören.* many; (*starkare*) a good (great) many; (*talrika*) numerous, a large number of, *vard.* lots (a lot) of; *ganska ~* quite a number of, not so few; *~ gånger* many times (*om* over), often; *hälften så ~* half as many; *lika ~* (*t.ex. vardera*) the same number of, (*t.ex. som förra gången*) just as many; *så ~ böcker!* what a lot of books! **2** *självst.* many; (*talrika*) numerous; (*~ människor*) many people, a great number (*vard.* lots, a lot) of people; *en bland ~* one among many; *vi var inte ~* there were not many of us; *enligt ~s åsikt är det* many people are of the opinion (many hold the view) that it is

mång|ahanda *oböjligt a* multifarious; many kinds (sorts) of; *av ~ slag* of many various kinds **-byggare** *bot.* polygamous [plant] **-dubbel** multifold; many times greater; *en ~ övermakt* an overwhelming superiority (force); *~ verkan* multiple effect **-dubbelt** *adv* many times over; *en ~ överlägsen fiende* a vastly superior enemy **-dubbla** double many times over; (*friare*) multiply

mången *månget* (*äv. mångt*) *många, komp. fler* (*a*), *superl. flest*(*a*) many a[n]; *på ~ god dag* for many a day; *i mångt och mycket* in many respects, on very many matters **-städes** in many places

mång|fald *s3* **1** multiplicity, great variety **2** *mat.* multiple **-faldig** *a1* manifold, multifold; (*varierande*) diverse; *~a gånger* many times [over], over and over [again]; *vid ~a tillfällen* on numerous (frequent) occasions **-faldiga** duplicate, manifold **-faldigt, -falt** *adv* many times; many times over **-fasetterad** full of nuances; (*om problem*) very complex **-frestare** versatile person **-gifte** polygamy **-gudadyrkan** polytheism **-hundraårig** many centuries old; (*av ~ varaktighet*) for many hundreds of years **-hörning** [-ö:-] polygon **-hövdad** *a5* many-headed **-kunnig** of great and varied learning; versatile

mångl|a sell from a market stall; hawk **-are** coster[monger], hawker **-erska** [woman] coster [monger]

mång|miljonär multimillionaire **-ordig** [-o:-] *a1* verbose, wordy **-ordighet** [-o:-] verbosity; wordiness **-sidig** *a1* many-sided; *bildl. äv.* diversified, varied; (*om pers.*) versatile, all-round; *geom.* polygonal **-sidighet** manysidedness *etc.*; versatility **-skiftande** *a4* diversified; variegated

M

-stavig *a1* many-syllabled; multisyllabic **-stavighet** multisyllabicity **-stämmig** *a1* many-voiced **-sysslare** versatile person; *vard.* s.b. with many irons in the fire; jack of all trades

mångt *se mycken*

mång|talig *a1* numerous **-tusende** many thousand[s of] **-tydig** *a1* of (with) many meanings; (*friare*) ambiguous, equivocal

mångård lunar halo (corona)

mångårig *a1* of many years[' duration (standing)]; *bot.* perennial

mån|landare lunar module **-landning** moon landing **-landskap** lunar landscape **-ljus I** *s7, se månsken* **II** *a1* moonlight, moonlit; *bildl. vard.* brilliant, just fine

månn|e, -tro I wonder; do you think?

mån|raket moon rocket **-sken** moonlight **-skifte** change of the moon **-skott** moon shot **-skugga** shadow of the moon **-skära** *s1* crescent moon; *~n* (*äv.*) the crescent **-sten** moonstone **-stråle** moonbeam **-varv** moon's revolution, lunation **-år** lunar year

måra *s1* bedstraw

mård [-å:-] *s2* marten **-skinn** marten [fur]; (*handelsvara*) marten [pelt]

mårtens|afton [ˣmå:r-, -ˣaff-] Martinmas Eve **-gås** Martinmas dinner (celebration)

mås *s2* [sea] gull

måste *måste måst*; *pres.* must; (*på grund av yttre tvång äv.*) have to; (*i samtalsspråk äv.*) have (has) got to; (*är tvungen*) am (is, are) obliged to; (*kan inte låta bli att*) cannot but; (*innebärande naturnödvändighet*) am (*etc.*) bound to; *imperf.* had to, was obliged to *etc.*; *om det ~ så vara* if it must be so; *han såg så rolig ut att jag ~ skratta* he looked so funny I couldn't help laughing; *vi ~ till staden* we must (*i morgon:* shall have to) go to town; *priserna ~ snart gå upp* prices are bound to rise soon; *allt vad jag har måst gå igenom* all that I have had to go through

måsunge young gull

mått *s7* **1** measure (*för* for; *på* of), gauge (*äv. konkr.*); (*abstr. äv.*) measurement[s *pl*]; (*kak-*) pastry-cutter; *ett ~ grädde* a decilitre (*Storbritannien ung.* a quarter of a pint) of cream; *ta ~ hos en skräddare till* be measured by a tailor for; *hålla ~et* (*om kärl e.d.*) hold the prescribed quantity, (*i längd e.d.*) be full measure (*äv. bildl.*), *bildl. äv.* be (come) up to standard, make the grade **2** (*friare o. bildl.*) measure; (*storlek äv.*) size, dimension, proportion; (*grad*) degree; (*mängd*) amount; (*skala*) scale; (*-stock*) standard; *en diktare av stora ~* a great poet; *av internationella ~* of international standard; *efter ~et av min förmåga* as far as I am able; *efter den tidens ~* according to the standards of that time; *ett visst ~ av respekt* a certain amount (degree) of respect; *i rikt ~* in ample measure; *vidtaga ~ och steg* take measures (steps)

1 mått|a *s1* **1** moderation; mean; *hålla* (*med*) *~* exercise (in) moderation **2** *i dubbel -o* in a double sense (degree); *i så -o* to that extent, in that degree; *i så -o som* in as (so) far as

2 måtta *v1* aim (*mot* at)

måttagning measuring

mått|angivelse [details of] measurements (*pl*) **-band** tape measure, measuring tape **-beställd** *a5* made to measure; *AE.* custom[-made]

måtte *imperf. av må* **1** (*uttryckande önskan*) may; I [do] hope; *det ~ väl inte ha hänt henne något* I [do] hope nothing has happened to her; *du ~ väl förstå ...!* you will understand ..., won't you! **2** (*uttryckande visshet*) must; *jag ~ väl få göra vad jag vill!* surely I can do as I like, can't I!; *det ~ väl du veta!* you of all people must know that!; *han ~ ha gått och lagt sig* he must have gone to bed

måttenhet unit of measurement

mått|full (*återhållsam*) moderate; (*behärskad*) measured, restrained **-fullhet** moderation; moderateness; restraint; sobriety **-lig** *a1* moderate; (*i fråga om mat o. dryck äv.*) temperate; (*blygsam*) modest; *det är inte ~t vad han äter* there's no limit to what he eats **-lighet** moderation; temperance **-lös** measureless, unmeasured

måtto *se 1 måtta 2*

mått|sats set of measures (*tekn.* gauge blocks) **-stock** measure, measuring-rod; *bildl.* gauge, standard, criterion, yardstick (*på* of) **-system** system of measurement **-tagning** (*hopskr. måttagning*) measuring

Mähren ['mä:-] *n* Moravia

mähä *s6, vard.* milksop

mäkla [ˣmä(:)k-] act as a broker; (*medla*) mediate; *~ fred* negotiate (restore) peace **mäklararvode** brokerage, broker's commission **mäklare** broker; (*börs- äv.*) stockbroker; (*medlare*) mediator; *auktoriserad ~* authorized broker **mäklarfirma** brokerage (broker's) firm **mäklarrörelse** brokerage (broker's) business **mäkling** mediation, conciliation

1 mäkta *adv* tremendously, immensely; highly; *vard.* mighty, jolly

2 mäkta *v1* be capable of (*göra ngt* doing s.th.); be able to manage

mäktig *a1* **1** powerful; (*starkare*) potent; (*känslobetonat*) mighty **2** (*väldig*) immense, huge; (*storartad*) majestic, grandiose **3** (*i stånd t.*) capable of **4** (*mättande*) substantial, heavy **-het** powerfulness *etc.*

Mälaren *r* Lake Mälaren

mäld *s3* grist

män *se 2 man*

mänga mix; mingle

mängd *s3* (*stor ~*) large amount (quantity), lot; (*stort antal*) large (great) number, multitude, lot [s *pl*]; (*skara*) crowd, multitude; *en hel ~* a good deal of, a great many; *i riklig ~* in ample (abundant) quantity, in abundance; *höja sig över ~en* stand out from the crowd; *i små ~er* in small qu antities **-lära** set theory, theory of sets **-rabatt** quantity discount

människ|a [-iʃa] *s1* **1** man (*äv. ~n*); (*mänsklig varelse*) human being, mortal; (*individ*) person, individual; (*varelse*) creature; *ingen ~* no one, nobody; *den moderna ~n* modern man; *bli ~ igen* (*vard.*) be o.s. again; *känna sig som en ny ~* feel like a new person; *jag är inte ~ att komma ihåg* I can't for the life of me remember; *jag är inte mer än ~* I am only human **2** *-or* men, (*folk*) people; *AE. vard.* folks; *alla -or* (*vanl.*) everybody, everyone (*sg*); *-or emellan* man to man

människo|ansikte *ett ~* a man's (a human) face **-apa** anthropoid [ape] **-barn** [human] child; (*människa*) human being **-boning** human habitation **-fientlig** hostile to man **-föda** *inte lämplig som ~* not fit for human consumption **-förakt** contempt of man[kind] **-gestalt** *en ~* the figure of a man **-hamn** *i uttr.: ett odjur i ~* a beast in human shape **-hand** *av ~* by human hand **-hatare** manhater, misanthrope **-hjärta** human heart **-jakt** manhunting **-kropp** human body **-kännare** judge of character **-kännedom** knowledge of human nature **-kärlek** love of mankind (humanity); (*välgörenhet*) philanthropy **-lik** *a1* resembling a human being; manlike **-liv** *ett ~* a human life; *förlust av ~* loss of life; *ett helt ~* a whole lifetime **-massa** crowd [of people] **-natur** human nature (*äv. ~en*) **-offer** human sacrifice **-ras** human race **-rov** kidnapping **-skildring** character study **-skygg** shy, timid **-släktet** mankind; the human race (species) **-son** *M~en* the Son of Man **-spillra** wreck **-vän** humanitarian; philanthropist **-vänlig** humane; philanthropic[al] **-värde** human dignity **-värdig** fit for human beings; *~a bostäder* (*äv.*) decent houses (*etc.*); *föra ett ~t liv* lead a worthwhile life **-ätare** man-eater **-öde** human destiny

mänsklig *a1* human; (*rimlig*) reasonable; *förklaringen om de ~a rättigheterna* the Declaration of Human Rights; *allt som står i ~ makt* everything [that is] humanly possible; *det är inte ~t att* (*äv.*) it is inhuman to **-het 1** (*humanitet*) humanity, humaneness **2** *konkr.* (*människorna*) mankind (*äv. ~en*); *hela ~en* all (the whole of) mankind

märg [märj] *s3* marrow (*äv. bildl.*); *vetensk.* medulla (*pl äv.* medullae); *bot., zool. o. bildl.* pith; *förlängda ~en* (*anat.*) the medulla [oblongata]; *det gick* (*skar*) *genom ~ och ben på mig* it pierced the very marrow of my bones; *jag frös ända in i ~en* I was chilled to the marrow **-ben** marrow-bone

märgel [-j-] *s9* marl

märg|full full of marrow; *bildl. äv.* pithy **-lös** marrowless; pithless **-pipa** *se märgben*

märk|a *v3* **1** (*sätta -e på*) mark (*med* with; *med bläck* in ink); (*med bokstäver, namn*) letter, name; *-t av sjukdom* marked by illness; *han är -t för livet* he is marked for life; *~ ngn* (*med slag e.d.*) scotch s.b. **2** (*lägga -e t.*) notice, observe, be (become) aware of; (*känna*) feel, perceive; (*se*) see; *låt ingen ~ att* don't let it be noticed (anyone notice) that; *härvid är att ~ att* in this connection it should be noted that; *märk väl att* [please,] observe that; *väl att ~* observe ..., ... be it noted; *det -tes knappt* it was hardly noticeable; *bland gästerna -tes* among the guests were to be seen **-bar** *a1* noticeable, perceptible, observable; (*synbar*) visible; (*iakttagbar*) appreciable; (*påtaglig*) marked, evident **-bläck** marking ink **-bok** sampler book **-duk** sampler

märke *s6* **1** (*ej avsiktligt*) mark (*efter* of); (*spår*) trace (*efter* of); (*efter tryck*) impression; (*efter slag o.d.*) dent; (*rispa*) scratch (*efter* from); *om inte gamla ~n slår fel* unless all the time-honoured signs play us false **2** *bot.* stigma **3** (*avsiktligt*) mark; (*idrotts-, klubb- e.d.*) badge; *hand.* brand, trademark; (*fabrikat*) make

märkes|dag red-letter day **-man** man of distinction **-vara** branded product; (*patentskyddad*) proprietary article **-år** memorable year

märkgarn marking thread

märklig *a1* notable; (*beaktansvärd*) noteworthy; (*starkare*) signal; (*-värdig*) remarkable, striking; *det ~a* [*med saken*] *är att* the remarkable (striking) thing [about the matter] is that **märkligt** *adv* notably *etc.*; *~ nog* remarkably enough

märkning marking

märkvärdig remarkable; (*besynnerlig*) curious, strange; (*förvånande*) astonishing, surprising; *göra sig ~* be self-important (pompous); *det var ~t!* how extraordinary (odd)!; *~are än så var det inte* it wasn't more remarkable than that, it was that simple **-het** remarkableness *etc.*; wonder; singularity; (*med pl*) marvel, remarkable feature

märla [-ä:-] *s1* staple, clincher

märlspik [-ä:-] marlinespike

märr *s2* mare; *vard.* jade

märs *s2, sjö.* top **-segel** topsail

mäsk *s3* mash

mäss *s2* (*lokal*) messroom; *sjö.* (*befäls-, officers-*) officers' mess; *abstr.* mess

mäss|a I *s1* **1** *kyrkl.* mass; *stilla ~* low mass; *gå i ~n* go to (attend) mass **2** *hand.* fair **II** *v1* say (sing) mass; (*sjunga*) chant; (*läsa entonigt*) drone **-bok** missal **-fall** *det blev ~ i söndags* there was no service held last Sunday **-förrättare** celebrant **-hake** chasuble **-hall** exhibition hall

mässing brass

mässings|beslag brass mountings (*pl*) **-bleck** brass-sheet, plate brass **-instrument** brass (wind) instrument; *~en* (*i orkester*) the brass (*sg*) **-musik** brass-band music **-orkester** brass band **-tråd** brass wire

mässling *s2, ej pl* [the] measles (*pl*); *få ~[en]* get (catch) the measles

mäss|offer [the] Eucharist Sacrifice **-skjorta** (*hopskr. mässkjorta*) alb **-skrud** (*hopskr. mässkrud*) mass vestments

mässuppassare messman

mästarbrev *ung.* mastership diploma (certificate); *Storbritannien äv.* diploma (certificate) of the freedom of a guild

mästar|e 1 (*sport. o. friare*) champion; (*sakkunnig o.d.*) expert, master-hand; *~ på fiol* master of the violin; *~ i tennis* champion at tennis **2** (*hantverkare, upphovsman t. konstverk o.d.*) master (*i* of); *de gamla -na* the Old Masters; *övning gör ~n* practise makes perfect **3** (*om Jesus*) *M~* Master; *svära på ~ns ord* have blind faith in the experts **-hand** *av* (*med*) *~* by (with) a master's hand **-inna** *sport.* champion **-klass** master's (*sport.* champion) class **-prov** *bildl.* masterpiece

mäster ['mäss-] (*titel*) Master **-katten** *M~ i stövlar* Puss in Boots **-kock** master cook **-lig** *a1* masterly; (*skickligt utförd*) brilliant[ly executed]; *vard.* champion **-lots** senior pilot **-man** (*bödel*) headsman **-skap** *s7* mastership, master's skill; (*fulländning*) perfection; *sport.* championship **-skytt** champion marksman, crack shot **-stycke** *se mästerverk o. mästarprov* **-sångare** Meistersinger **-verk** masterpiece (*av, i* of); mas-

M

terstroke
mästra (*anmärka på*) criticize; find fault with
mät *i uttr.: ta i ~* seize, distress
mäta *v3* **1** (*eg. o. bildl.*) measure (*efter, med* by; *på millimetern* to the millimetre); (*med instrument äv.*) gauge; *~ ngn med ögonen* look s.b. up and down, size s.b. up; *~ djupet av* (*bildl.*) fathom; *~ knappt* (*väl*) give short (full) measure; *~ sig* measure o.s. (*med* with, against); *~ sina krafter med ngn* pit one's strength against another's; *kunna ~s med ngn* come up to (match, compare with) s.b.; *~ upp a*) take the measure[ments] (size) of, *b*) (*mjöl e.d.*) measure out (*åt* for, to) **2** (*ha en viss storlek*) measure; *~ två meter i längd* measure two metres in length
mätaravläsning meter reading
mätar|e (*el-, gas- e.d.*) meter; (*automat*) slot meter; (*instrument*) gauge, indicator **-fjäril** geometrid moth **-larv** measuring worm, geometer **-tavla** meter panel
mät|bar [-ä:-] *a1* measurable **-glas** graduated glass **-instrument** measuring instrument, gauge **-metod** method of measurement **-ning** [-ä:-] measuring *etc.*; measurement
mätress mistress; *neds.* paramour
mätsticka measuring stick; (*för vätska*) dipstick; (*med krympmått*) shrinkage rule
mätt *a1* satisfied (*äv. bildl.*) (*av* with); *vard.* full up; *bildl.* full (*av år* of years); *äta sig ~* have enough to eat, satisfy one's hunger; *jag är ~* I have had enough, *vard.* I am full up; *~ på* (*äv. bildl.*) satiated with; *se sig ~ på* gaze one's fill at
mätt|a satisfy; appease; (*förse med mat*) fill; *kem., elektr.* saturate; *ha många munnar att ~* have many mouths to feed; *sådan mat ~r inte* that kind of food is not satisfying (is not filling) **-ande** *a4* satisfying *etc.*
mätteknik measurement
mätthet *se mättnad* **mätthetskänsla** feeling of being satisfied; satisfied feeling **mättnad** *s3* (*-het*) state of being satisfied, satiation; *kem.* saturation **mättning** *kem.* saturation **mättsam** *a1, se mättande*
mätverktyg measuring tool
mö *s5* virgin, maid[en]; *gammal ~* old maid
möbel ['mö:-] *s3* piece of furniture; (*möblemang*) suite of furniture (*sg*); *stoppade möbler* upholstered furniture (*sg*) **-affär** furniture shop, furnisher['s] **-arkitekt** furniture designer **-fabrik** furniture factory **-handlare** furniture dealer **-klädsel** upholstery **-magasin** furniture warehouse **-polityr** furniture polish **-snickare** cabinet-maker **-tyg** furnishing fabric **-vagn** furniture van
möblemang *s7, s4* [suite (set) of] furniture
möbler|a furnish; *AE. äv.* fix up; *~ om* (*flytta om*) rearrange the furniture (*i* in, of) **-ing** furnishing
möd|a *s1* (*tungt arbete*) labour, toil; (*besvär*) trouble, pains (*pl*); (*svårighet*) difficulty; *lärda -or* a scholar's labour; *göra sig mycken ~* take (give o.s.) a great deal of trouble; *det lönar inte ~n* it isn't worth while (the trouble); *inte lämna någon ~ ospard* spare no pains
möderne *s6, på ~t* on the (one's) mother's (the maternal) side **-släkt** mother's family
mödom *s2* virginity, maidenhood **mödomshinna** maidenhead, hymen
mödo|sam *a1* laborious, toilsome; (*om arbete o.d. äv.*) hard; (*svår*) difficult **-samt** *adv* laboriously, with difficulty; *~ förvärvade slantar* hard-earned money
mödra|gymnastik antenatal exercises (*pl*) **-hem** home for mothers **-vård** maternity welfare **-vårdscentral** maternity clinic; (*för havande kvinnor*) prenatal clinic; (*för nyblivna mödrar*) postnatal clinic
mögel ['mö:-, 'mögg-] *s7* mould; (*på papper o.d.*) mildew-spot **mögelsvamp** mould (mildew) fungus **mögla** [ˣmö:g-, ˣmögg-] go (get) mouldy **möglig** [ˣmö:g-, ˣmögg-] *a1* mouldy, mildewy; (*förlegad*) fusty, rusty
möhippa *ung.* hen party for bride-to-be; *AE. äv.* shower
möjlig *a1* possible; (*~ att göra*) feasible, practicable; *allt ~t* all kinds of things; *det är mycket ~t* it is quite possible; *så vitt ~t* provided it is possible; *det är inte ~t annat* it simply must be so; *det är ~t att vi behöver* we may need; *skulle det vara ~t för dig att ...?* would you be able to ...?; *göra det bästa ~a av ngt* make the best (most) of s.th.; *på kortaste ~a tid* as fast as possible; *8 poäng av 10 ~a* (*sport. o.d.*) 8 points out of a possible 10; *med minsta ~a* with a minimum of **möjligast** *i ~e mån* as far as possible **möjligen** possibly; (*kanske*) perhaps; *har du ~ ...?* do you happen to have ...?, have you by any chance [got] ...?; *skulle man ~ kunna få träffa ...?* I wonder if it is possible to see (speak to) ...? **möjliggöra** make possible; (*underlätta*) facilitate; *~ för ngn att* enable s.b. to **möjlighet** possibility; (*utsikt*) prospect, chance; (*eventualitet*) eventuality; (*tillfälle*) opportunity; (*utväg*) means (*pl*); *det finns ingen annan ~* (*äv.*) there is no alternative **möjligtvis** *se möjligen*
mönja I *s1* red lead **II** *v1* redlead
mönster ['möns-] *s7* pattern (*till* for, of) (*äv. bildl.*); *tekn.* design (*till* for, of); (*friare o. bildl.*) model (*av* of); (*urbild*) archetype, prototype; *sy efter ~* sew from a pattern; *efter ~ av* on the pattern of; *ta ngn till ~* take s.b. as one's pattern; *efter amerikanskt ~* on the American model, as in America **-gill** model, ideal; exemplary **-gillt** [-j-] *adv* in a model way; exemplarily **-jordbruk** model farm **-skydd** protection of designs, trade mark protection **-stickning** patterned knitting **-vävd** [-ä:-] *a5* with woven patterns, figured **-vävning** patterned weaving
mönstr|a 1 (*göra mönster*) pattern **2** (*granska*) look over; scrutinize, examine closely **3** *mil.* (*hålla -ing med*) inspect, review; (*inskrivas som värnpliktig*) enlist, conscript **4** *sjö.* (*ta hyra*) sign on; *~ av a*) (*besättningsman*) pay off, *b*) (*avgå*) sign off **-ing 1** (*granskning*) critical examination, scrutiny **2** (*inspektion av trupp*) inspection, muster; (*inskrivning av värnpliktiga*) conscription; (*på-*) signing on
mör *a1* (*om skorpa o.d.*) crisp, crumbly; (*om kött*) tender; *känna sig ~ i hela kroppen* ache all over (in every limb); *då blev han ~ i mun* that changed his tune **möra** tenderize **mörbulta** *bildl.* beat black and blue

mörda [-ö:-] murder; (*lönn-*) assassinate; *om blickar kunde ~* if looks could kill **mördande** *a4* murdering; (*friare*) murderous; *bildl.* killing, crushing; (*om blick*) withering; *~ konkurrens* cut-throat competition; *~ kritik* crushing criticism; *~ tråkig* deadly dull **mördare** murderer; (*lönn-*) assassin **mördarhand** *falla för ~* be murdered
mördeg short crust pastry
mörderska [-ö:-] murderess
mörk *a1* dark (*till färgen* in colour); (*om färg, ton o.d.*) deep; (*något ~*) darkish; (*svagt upplyst*) dim; (*dyster*) sombre, gloomy; *~ choklad* plain chocolate; *~ kostym* dark lounge suit; *det ser ~t ut* things look bad **-blå** dark (deep) blue
mörker ['mörr-] *s7* darkness (*äv. bildl.*); dark; *bildl.* obscurity; *när mörkret faller* when darkness falls; *till mörkrets inbrott* until nightfall; *mörkrets gärningar* dark deeds **-döden** the night-driving toll
mörk|hyad *a5* dark-skinned **-hårig** dark-haired **-lockig** having dark curly hair, with dark curls **-lägga** black out (*äv. bildl.*); (*hemlighålla*) keep secret **-läggning** blackout **-man** obscurant[ist]
mörk|na get (become, grow) dark; darken; (*om blick*) grow darker; *det ~r fort* it gets dark quickly; *utsikterna har ~t* prospects are (have become) less promising **-rostad** *-rostat kaffe* dark-roasted coffee **-rum** *foto.* darkroom **-rädd** afraid of the dark **-rädsla** fear of the dark **-ögd** *a1* dark-eyed
mörsare mortar
mört *s2* roach; dace; *pigg som en ~* [as] fit as a fiddle
möss (*pl av mus*) mice (*sg* mouse)
möss|a *s1* cap; *ta av sig ~n för ngn* raise one's cap to s.b.; *stå med ~n i hand* stand cap in hand **-märke** cap badge **-skärm** (*hopskr. mösskärm*) cap peak
möt|a *v3* **1** meet; (*råka på*) come (run) across; (*röna*) meet with, encounter, come in for; (*svårighet e.d.*) face, confront; *sport.* meet, encounter; *en hemsk syn -te oss* a terrible sight met us (our eyes); *~ stark kritik* encounter severe criticism; *det -er inget hinder* there is no objection **2** (*invänta*) meet s.b.; *jag -er med bil* I'll meet you with the (a) car; *~ upp* assemble, muster up **mötande** *a4* (*om t.ex. pers., fordon*) that one meets; (*som kommer emot en*) oncoming; (*som närmar sig*) approaching, coming the other way; (*som -er varandra*) that pass each other **mötas** *v3, dep* meet; encounter one another; (*gå förbi varandra*) pass one another; *våra blickar -tes* our eyes met
möte *s6* **1** (*sammanträffande*) meeting; (*tåg- etc. äv.*) crossing, passing; (*avtalat*) appointment; (*tillfälligt, fientligt*) encounter; *stämma ~ med* make an appointment (*AE.* a date) with; *gå (komma) ngn till ~s* go to meet s.b., *bildl.* meet s.b. halfway **2** (*sammankomst*) meeting; (*mera tillfälligt*) assembly, gathering; (*konferens*) conference; *~ på högsta nivå* summit meeting **mötes** *se möte 1*
mötes|beslut resolution of (passed at) a meeting **-deltagare** participant in a meeting (conference) **-frihet** freedom of assembly **-förhandlingar** *pl* proceedings at a meeting (conference) **-lokal** assembly (conference) hall **-plats** meeting place; (*för två pers.*) rendezvous; (*på väg*) passing point **-talare** speaker at a meeting (conference) **-tid** time of a meeting

N

nabb *s2* projection, stub; (*på bildäck*) tread block; (*på sko*) stud
nabo *s5* neighbour
nachspi[e]l ['na:ʃspi:l] *s7* follow-up party
nacka chop the head off, behead
nackbena back-parting
nackdel disadvantage, drawback; (*skada*) detriment; *fördelar och ~ar* (*äv.*) pros and cons; *till ~ för framåtskridandet* detrimental to progress
nack|e *s2* back of the head, nape [of the neck]; *bryta ~n av sig* break one's neck; *klia sig i ~n* scratch the back of one's head; *med mössan på ~n* with one's cap at the back of one's head **-grop** nape [of the neck] **-hår** back-hair **-skinn** *ta ngn i ~et* seize s.b. by the scruff of the neck **-skott** shot through the neck **-spegel** hand-mirror **-spärr** wryneck; *med.* torticollis **-styv** *eg.* stiff in the neck; *bildl.* stiff-necked, haughty **-stöd** headrest **-sving** (*i brottning*) headlock
nadir ['na:-] *oböjligt s, astr.* nadir
nafs *s7* **1** snap; (*hugg*) grab **2** *i ett ~* in a flash **nafsa** snap (*efter* at); *~ åt sig* snap up, grab hold of
nafta *s1* naphtha **naftalẹn, naftalịn** *s4, s3* naphthalene
1 nag|el ['na:-] *s2* (*på finger*) nail; *klippa* (*peta*) *-larna* cut (clean) one's nails; *bita på -larna* bite one's nails; *vara en ~ i ögat på* be a thorn in the flesh to
2 nagel ['na:-] *s2* (*nit*) rivet; (*trä-*) treenail, trunnel
nagel|band cuticle **-borste** nailbrush **-bädd** nailbed
nagelfara scrutinize (scan) closely; criticize
nagel|fil nailfile **-lack** nail varnish (polish) **-petare** nail cleaner **-pinne** orange stick **-rot** root of a (the) nail **-sax** nail scissors (*pl*) **-trång** *s7* ingrowing [toe] nail
nagg *s2* (*bröd-*) [bread] pricker **nagga 1** prick **2** *~* [*i kanten*] notch; *porslinet var ~t i kanten* the china was chipped; *~ sparkapitalet i kanten* nibble at one's savings **3** (*oroa*) chafe, fret **4** *se gnata* **naggande** *a4, ~ god* jolly good
nagla [ˣna:g-] nail, rivet (*vid* to)
naịv *a1* naive, naïve; (*enkel*) simple; unsophisticated; (*barnslig*) childish; (*enfaldig*) silly **-ism** *se -itet*; (*konstriktn.*) naïvism **-ist** naï-

vist **-itet** *s3* naivety, naïveté, naiveness; simplicity; childishness
naja *sjö., v1* lash
najad *s3* naiad
naken *a3* naked; *konst.* nude; (*bar*) bare (*äv. bildl.*); *bildl. äv.* hard, plain; *klä av ngn* ~ strip s.b. to the skin; *med* ~ *överkropp* stripped to the waist; *nakna fakta* bare (hard) facts; *den nakna sanningen* the plain (naked) truth **-badare** nude swimmer, *AE. sl.* skinny-dipper **-dans** nude dancing **-dansös** nude dancer **-fröig** *a1, bot.* gymnospermous; ~ *växt* gymnosperm **-het** nakedness; *konst.* nudity; *avslöjad i all sin* ~ (*bildl.*) revealed in all its nakedness **-kultur** nudism **-modell** nude [life] model **-måleri** nude painting
nakterhus *s7, sjö.* binnacle
nalkas *dep* approach, draw near [to]; (*om tid äv.*) come on, be at hand
nalla *vard.* pinch, swipe, bone
nalle *s2* bruin; (*leksak*) teddy [bear]
namib|ier [-'mi:-] *s9* Namibian **-isk** *a5* Namibian
namn *s7* name; *hur var ~et?* what is your name please?; *byta* ~ change one's name; *fingerat* ~ assumed (false) name, pseudonym; *fullständigt* ~ name in full; *ett stort* ~ *inom* a big name in; *ngns goda* ~ *och rykte* a p.'s good name; *hennes* ~ *som gift* (*vanl.*) her married name; *ha* ~ *om sig att vara* have the reputation of being; *skapa sig ett* ~ make a name for o.s.; *göra skäl för sitt* ~ live up to (merit) its name; *i eget* ~ in one's own name; *i lagens* ~ in the name of the law; *i sanningens* ~ to tell the truth; *till ~et* by (in) name; *blott till ~et* in name only; *mera till ~et än till gagnet* only nominally; *under ~et …* by the name of …; *vid* ~ *A.* named A., of the name of A.; *nämna ngn vid* ~ mention s.b. by name; *nämna ngt vid dess rätta* ~ (*äv.*) call a spade a spade
namna name
namnam yum-yum!
namn|byte change of name **-chiffer** monogram
namn|e *s2* namesake (*till mig* of mine) **-ge** name; *en icke -given person* a person unnamed **-insamling** collection of names; petition **-kunnig** renowned, celebrated, famous **-lös** nameless (*äv. bildl.*); (*outsäglig*) unspeakable (*sorg* grief) **-plåt** nameplate **-register** index, list of names
namns|dag name day **-dagsfirande** *s6* name-day celebration
namn|sedel name slip **-skydd** protection of family (company) names **-skylt** *se namnplåt* **-stämpel** [signature] stamp, stamped signature **-teckning, -underskrift** signature **-upprop** roll call
nankin[g] ['naŋkin, -ŋ] *s2, s7* nankeen, nankin
napalm ['na:-, -'palm] *s3* napalm **-bomb** napalm bomb
1 napp *s2* (*di-*) teat, nipple; (*tröst-*) dummy [teat], comforter, *AE.* pacifier
2 napp *s7* (*fiske*) bite; *bildl.* nibble; *få* ~ have a bite (*bildl.* nibble)
1 nappa *s1* (*skinn*) nappa
2 nappa *v1* bite; *bildl.* nibble; ~ *på ett erbjudande* jump at an offer; ~ *åt sig* snatch, snap up
nappa|s *dep* tussle (*med* with; *om* for) **-tag** tussle (*äv. bildl.*); *ta ett* ~ *med* have a tussle (brush) with
nappflaska feeding (nursing) bottle, baby's bottle
naprapat *s3* naprapath
narciss *s3* narcissus
nardus ['narr-, 'na:r-] *s2* [spike]nard
nar[e] *s2* crossbar
nare *s2* (*blåst*) biting wind
narig *a1* (*om hud*) chapped, rough
narkoman *s3* drug addict (fiend); *vard.* dope fiend; *AE. sl.* junkie **narkomani** *s3* drug addiction, narcomania **narkomanvård** care (treatment) of drug addicts
narkos [-'kå:s] *s3* narcosis, anaesthesia; *ge* ~ anaesthetize, administer an anaesthetic **-apparat** anaesthetic apparatus **-läkare** anaesthetist, *AE.* anesthesiologist **-medel** anaesthetic [agent]
narkotika [-'kå:-] *pl* narcotics, drugs; *vard.* dope (*sg*) **-handel** drugs traffic **-langare** drug peddler **-missbruk** abuse of narcotics
narkotisk [-'kå:-] *s5* narcotic
narr *s2* fool; (*hov- äv.*) jester; (*lättlurad pers. äv.*) dupe; *beskedlig* ~ silly fool; *inbilsk* ~ conceited fool, coxcomb; *spela* ~ play the fool; *göra* ~ *av* make fun of, poke fun at **narra** (*bedraga*) deceive, take in; (*lura*) cheat; (*på skoj*) fool; (*locka*) beguile; ~ *ngn att tro* delude s.b. into believing; ~ *ngn att skratta* make s.b. laugh [against his (*etc.*) will]
narraktig *a1* (*löjlig*) ridiculous; (*fjollig*) foolish, silly; (*dåraktig*) vain **-het** ridiculousness *etc.*
narras *dep* tell fibs (a fib) **narri** ['narri] *s6, på* ~ in jest, in (for) fun
narr|kåpa fool's cap [and bells] **-spel** [tom]foolery; buffoonery; *bildl.* farce, folly **-streck** (*spratt*) practical joke, prank
narv *s2* (*på läder*) grain
narval [ˣna:r-] *s2, zool.* narwhal[e], unicorn fish (whale)
narvsida hair side
nasal I *a1* nasal **II** *s3* nasal [sound] **-era** nasalize **-konsonant** nasal consonant **-ton** [nasal] twang **-vokal** nasalized vowel
nasare hawker, dorr-to-door salesman
nasaré *s3* Nazarene **Nasaret** *n* Nazareth
nasse *s2* porker; piggy
nasus ['na:-] *s2, vard.* beak
nate *s2, bot.* pondweed
nation [-t'ʃɑ:n] nation; *univ.* student society (association); *Förenta ~erna* the United Nations; *N~ernas förbund* the League of Nations
national|budget [-tʃɑ-] [national] budget **-dag** national holiday (commemoration day) **-dräkt** national costume **-egendom** national property **-ekonom** economist **-ekonomi** economics (*sg*), political economy **-ekonomisk** economic, of political economy; *av* ~ *betydelse* important to the country's economy **-epos** national epic **-flagga** national flag **-församling** *franska ~en* the French National Assembly **-hjälte** national hero **-inkomst** national income
nationaliser|a [-tʃɑ-] nationalize **-ing** nationalization
national|ism [-tʃɑ-] nationalism **-ist** nationalist
nationalitet [-tʃɑ-] *s3* nationality
nationalitets|adjektiv adjective of nationality **-beteckning** nationality mark (sign)

-principen the principle of national self-determination
nationa̦l|karaktär [-tʃɷ-] national character **-känsla** national feeling **-monument** national monument **-museum** national museum **-park** national park; *i Storbritannien äv.* National Trust property (reserve) **-produkt** national product **-socialism** National Socialism **-socialist** *s3* National Socialist **-socialistisk** *a5* National Socialist ; *ty. äv.* Nazi **-stat** nation-state **-sång** national anthem
natione̦ll [-tʃɷ-] *a1* national
nativitet birth rate
nativitets|ökning increase in the birth rate **-överskott** excess of births over deaths
natrium ['na:-] *s8* sodium **-bikarbonat** sodium bicarbonate, baking soda **-klorid** sodium chloride, salt
natron ['na:trån] *s7* [caustic] soda, sodium hydroxide **-lut** soda lye, caustic soda [solution]
natt *-en nätter* night; *god ~!* good night!; *hela ~en* all night; *varje ~* every night, nightly; *~en till lördagen* Friday night; *i ~ a)* (*som kommer*) tonight,[1] *b)* (*föregående*) last night; *om* (*på*) *~en* at (by) night, in the night; *sent på ~en* late at night; *till ~en a)* (*t.ex. ta medicin*) for the night, *b) se följ.*; *under ~en* during (in) the night; *stanna över ~en hos* (*på*) stay the night at
natt|a *vard.* put [a child] to bed **-arbete** night work **-blind** night blind **-blindhet** night blindness **-djur** nocturnal animal **-dräkt** nightdress, nightgown; *vard.* nightie **-duksbord** bedside table
natt|etid at (by) night **-fack** *bank.* night safe (depository) **-fjäril** *zool.* moth **-flygning** night flying **-frost** night frost **-gammal** *~ is* ice formed overnight **-gäst** guest for the night **-himmel** night sky **-härbärge** lodging [for the night]; *konkr.* hostel
natt|iné *s3* [mid]night performance **-kafé** all-night café **-klubb** nightclub **-kräm** night cream **-kröken** *vard. i uttr. på ~* in the small hours **-kvarter** quarters (*pl*) for the night, night quarters (*pl*) **-kärl** chamber pot **-lampa** night lamp **-lig** *a1* nocturnal; (*under -en*) in the night; (*som sker varje natt*) nightly **-linne** *se nattdräkt* **-logi** *se -kvarter* **-mangling** all-night negotiations (*pl*) **-mara** nightmare **-mörker** night darkness **-mössa** nightcap; *prata i ~n* talk through one's hat, drivel, blether **-parkering** night parking **-pass** night duty **-permission** night leave **-portier** night porter **-ro** night's rest **-rock** dressing gown **-skift** night shift **-skjorta** nightshirt **-skärra** *zool.* nightjar; *AE.* whippoorwill **-sköterska** night nurse **-stånden** *a5* (*om dryck*) flat **-sudd** *s7* night-carousing **-svart** [as] black as night, nightblack (*äv. bildl.*) **-söl** staying up late at nights **-sömn** night's sleep **-taxa** (*hopskr. nattaxa*) night rate **-trafik** (*hopskr. nattrafik*) night traffic **-tåg** (*hopskr. nattåg*) night train **-uggla** night owl (*äv. bildl.*) **-vak** *s7* night-watching; vigils, night vigils (*pl*) (*friare*) late hours (*pl*) **-vakt** night watch; *pers.* night watchman, *mil.* night guard **-vandrare** nocturnal rambler **-vard** [-va:-] *s3* Eucharist, Holy Communion, Blessed Sacrament

nattvards|bröd sacramental bread **-gång** communion **-gäst** communicant **-vin** sacramental wine
nattviol butterfly orchis
natur nature; (*kynne äv.*) character; (*läggning*) disposition, temperament; (*beskaffenhet*) kind; (*landskap*) nature, scenery; *pers.* person[ality], character; *Guds fria ~* the open country, wide-open spaces (*pl*); *vild ~* wild nature (*på en plats:* scenery); *~en tar ut sin rätt* nature takes its toll; *av ~en* by nature, naturally, inherently; *till sin ~ är han ...* he is ... by nature; *det ligger i sakens ~* it is quite natural; *av privat ~* of a private character (nature)
natura [-ˣtu:-] *s, i uttr.: betalning i[n] ~* payment in kind (goods, merchandise) **-förmån** payment in kind, perquisite **-hushållning** primitive (natural, barter) economy
natural|ier [-'ra:-] *pl* natural-history objects **-isation** naturalization **-isera** naturalize **-ism** naturalism **-ist** naturalist **-istisk** [-'ist-] *a5* naturalistic
natur|barn child of nature **-begåvning** natural gifts (*pl*); *pers.* man (*etc.*) with great natural talent **-behov** *förrätta sina ~* relieve o.s. **-dyrkan** nature-worship **-e̦ll I** *s3* nature, disposition **II** *a1* natural **-enlig** [-e:n-] *a1* natural **-fenomen** natural phenomenon **-folk** primitive people **-forskare** [natural] scientist, naturalist **-färg** natural colour **-företeelse** *se -fenomen* **-förhållanden** natural conditions (features); nature (*sg*) **-gas** natural gas **-gudomlighet** nature deity **-gummi** natural rubber **-hinder** natural obstacle **-historia** natural history **-historisk** of natural history; natural-history; *N~a riksmuseet* [the] museum of natural history **-katastrof** natural catastrophe **-kraft** natural force **-kunnighet** knowledge of nature; *skol.* nature study **-lag** law of Nature; physical law
naturlig [-'tu:r-] *a1* natural; (*medfödd*) inherent, innate; (*ursprunglig*) native; (*okonstlad*) unaffected, ingenuous; (*äkta*) genuine; *dö en ~ död* die from natural causes; *~t urval* natural selection; *av ~a skäl* for natural (obvious) reasons; *i ~ storlek* full-size, (*om porträtt o.d. äv.*) life-size; *i ~t tillstånd* in a state of nature; *det är helt ~t att* it is a matter of course that **naturlighet** naturalness; unaffectedness *etc.* **naturligtvis** of course, naturally; to be sure, certainly
natur|lyrik nature poetry **-läkare** nature-healer **-lära** natural science; (*som lärobok*) natural-science textbook **-makt** elemental force **-nödvändighet** physical (natural) necessity; *med ~* with absolute necessity **-park** nature-park; national park **-produkt** natural (primary) product **-reservat** nature reserve; national park; *AE.* wildlife sanctuary **-rike** *~t* the natural kingdom **-rikedom** *~ar* natural resources **-sceneri** natural scenery **-siden** real (natural) silk **-skildring** description of [natural] scenery **-skydd** protection (preservation) of nature **-skyddsområde** *se -reservat* **-skön** of great natural beauty; *en ~ plats* (*äv.*) a beauty spot **-skönhet** beauty of nature, natural beauty; *berömd för sin ~* noted for the beauty of its scenery **-tillgång** natural asset (source of wealth); *~ar* (*äv.*) natural resources

N

-tillstånd natural state; *i ~et* in the state of nature **-trogen** true to life; lifelike **-vetare** scientist **-vetenskap** [natural] science **-vetenskaplig** scientific **-vetenskapsman** scientist **-vidrig** contrary to (against) nature **-vård** nature conservation **-vårdsverk** *statens ~* [the Swedish] national environment protection board **-vän** nature lover **-väsen** elemental being **-älskare** *se -vän*

naur|uer [-'ɷrɷer] Nauruan **-isk** *a5* Nauruan

nautisk ['nau-] *a5* nautical; *~ mil* nautical mile

nav *s7* hub; (*frihjuls-*) freewheel hub; (*propeller-*) boss

navare *s9 el. -n navrar* (*borr*) auger

navel *s2* navel **-binda** umbilical bandage **-sträng** umbilical cord, navel string

navigation navigation; *astronomisk ~* celestial navigation, astronavigation; *terrester ~* terrestrial navigation

navigations|hytt chart-room **-skola** school of navigation; nautical college

navigatör navigator **navigera** navigate (*efter, med* by) **navigering** [-'ge:-] navigation

navkapsel hub cap

naz|ism [-'sism] Nazism **-ist** Nazi **-istisk** [-'ist-] *a5* Nazi

neandertal|are, -människa [-'and-] Neanderthal man

Neapel [-'a:-] *n* Naples **neapolitansk** [-'ta:nsk] *a5* Neapolitan

nebul|osa [-ˣlɷ:-] *s1* nebula (*pl* nebulae) **-ös** *a1* nebulous

necessär *s3* dressing (toilet) case

ned down; (*-åt*) downwards; (*-för trappan*) downstairs; (*vända* turn) upside down; *uppifrån och ~* from top to bottom; *längst ~ på sidan* at the bottom of the page

nedan I *s7, månen är i ~* the moon is on the wane (is waning) **II** *adv* below; *här ~* (*i skrift*) below; *se ~!* see below!; *jämför ~!* compare the following! **-för I** *prep* below **II** *adv* [down] below **-nämnd** *a5* mentioned (stated) below **-stående** *a4* stated (mentioned) below, following

ned|bantad *a5* reduced **-blodad** *a5* bloodstained **-bringa** reduce, lower; bring down **-brunnen** *a5* burnt down **-bruten** *a5, bildl.* broken down **-brytande** *a4* destructive (*krafter* forces); subversive (*idéer* ideas) **-brytning** breaking down; demolition; subversion **-busning** rowdyism **-bädda** put to bed; *ligga ~d* (*inbäddad*) *i* lie tucked up in **-böjd** *a5* bent down, stooping **-dekad** *a5* gone to the dogs **-dragen** *a5* (*om gardin*) drawn [down], lowered

nederbörd [-ö:-] *s3* precipitation; rainfall; snowfall

nederbörds|mätare rain gauge, pluviometer, udometer **-område** (*regn- etc.*) precipitation area; (*avrinningsområde*) catchment area **-rik** with high precipitation (abundant rainfall)

neder|del lower part **-kant** lower edge (side)

1 nederlag *s7* defeat; (*förkrossande*) disaster; *lida ~* suffer defeat, be defeated

2 nederlag *s7* (*magasin*) warehouse, depot, storage

nederländare Netherlander **Nederländerna** *pl* the Netherlands **nederländsk** *a5* Dutch; Netherlands

nederst ['ne:-] *adv* at the bottom (*i, på, vid* of); *allra ~* farthest (*etc.*) down [of all], at the very bottom; *~ på sidan, se under ned*; *~ till höger* bottom right **nedersta** *a, superl. best. form* lowest; bottom; *~ våningen* the ground (*AE. äv.* first) floor

nedervåning ground (*AE. äv.* first) floor

ned|fall *radioaktivt ~* radioactive fallout **-fart** descent; way down **-fläckad** *a5* stained all over **-frysa** freeze **-frysning** freezing; *med.* hypothermia **-fällbar** *a5* that can be let down; folding, collapsible **-färd** journey (way) down **-för** ['ne:d-] **I** *prep* down; *~ trappan* downstairs **II** *adv* downwards **-försbacke** (*en lång* a long) downhill slope; *bildl.* downhill; *vi hade ~* it was downhill [for us] **-gjord** *a5* destroyed; annihilated; (*av kritik e.d.*) picked (torn) to pieces **-gående I** *a4* (*om sol o.d.*) setting; (*om pris o.d.*) declining, falling **II** *s6, vara på ~* be going down, (*om sol o.d.*) be setting **-gång 1** *konkr.* way (road, path, steps (*pl*), stairs (*pl*)) down **2** *abstr.* descent; (*solens*) setting; (*i temperatur o.d.*) fall, drop; (*minskning*) decrease, reduction; *bildl.* decline **-gången** worn, shabby **-gångsperiod** period of decline (*ekon.* depression) **-göra** *mil.* destroy; *bildl.* annihilate; (*genom kritik*) pull (pick) to pieces; *~nde kritik* scathing criticism **-hala** haul down; (*flagga o.d.*) lower **-hopp** *sport.* landing **-hukad** *a5* crouched, crouching **-hängande** *a4* pendant, suspended; hanging down (*från* from) **-ifrån I** *prep* from down (*gatan* in the street) **II** *adv* from below (underneath); *~ och ända upp* from below upwards; *femte raden ~* fifth line from the bottom **-isad** *a5* (*överisad*) covered with ice, iced up; *geol.* glaciated **-isning** [-i:s-] covering with ice; *geol.* glaciation **-kalla** invoke (*över* on), call down (*över* upon) **-kippad** [-ç-] *a5* (*om sko*) down-at-heel **-kladda** smear (daub) all over **-klassa** degrade **-komma** *~ med* give birth to (be delivered of) (*en son* a son) **-komst** [-å-] *s3* delivery **-kyla** chill, refrigerate **-kylning** chilling, refrigeration **-kämpa** fight down, defeat; (*batteri*) silence, reduce **-lagd** *a5* **1** *eg.* laid down; (*om pengar o.d.*) laid out, spent **2** (*om verksamhet*) discontinued, (*om fabrik, gruva o.d.*) closed [down], shut down **-legad** *a5* (*om säng o.d.*) with broken springs, sagging **-lusad** lousy; *vard. bildl., ~ med pengar* lousy (*AE. sl.* dirty) with money **-låta** *rfl* condescend (*till att* to) **-låtande** *a4* condescending **-låtenhet** condescension **-lägga** (*jfr lägga* [*ner*]) **1** let down; place, deposit; (*villebråd, fiende*) kill, shoot; *~ vapnen* lay down one's arms **2** (*upphöra med*) give up, relinquish, discontinue; (*fabrik o.d.*) close [down], shut down; *~ arbetet* stop work; go on strike, strike **3** (*använda*) *~ pengar i ett företag* invest (put) money into a company; *~ sin röst* abstain from voting; *~ stor omsorg på* put a lot of care (work) into **-meja** mow down (*äv. bildl.*) **-montera** dismount, dismantle **-mörk** pitch-dark **-om** below **-omkring I** *prep* round the base (foot) of **II** *adv* round the bottom **-plöja** *bildl.* plough back **-prutning** reduction, lowering

nedre ['ne:d-] *a, superl. nedersta* lower; *i ~ vänstra hörnet* in the left-hand bottom corner; *i ~*

våningen on the ground (*AE. äv.* first) floor
nedrig [ˣne:d-] *a1* (*skändlig*) heinous, mean; (*skamlig*) infamous, shameful; *det var ~t av dig att* it was (is) beastly of you to **nedrighet** *se gemenhet* **nedrigt** *adv, det gjorde ~ ont* it hurt terribly
ned|ringd *bli ~* be showered with telephone calls **-rusta** disarm, cut down armaments **-rustning** disarmament, reduction of armaments **-rustningskonferens** disarmament conference **-räkna** (*addera*) total, add up **-räkning** totalling; (*av raket o.d.*) countdown **-rökt** *a4* smoke-laden **-rösta** vote down **-sablad** [-sa:-] *a5* (*av kritiken*) pulled (picked) to pieces **-sabling** [-a:-] *bildl.* dressing-down, slating **-salta** *kokk.* salt down; pickle in salt **-satt** *a4* (*minskad*) reduced, diminished; (*sänkt*) lowered; *~ arbetsförmåga* reduced working capacity; *till ~ pris* at a reduced (cut) price (*AE. äv.* cut rate); *få ~a betyg* have one's marks reduced (lowered) **-sjunken** *a5, sitta ~ i* be reclining in **-skjutning** shooting down **-skriva** write down; *bokför. äv.* depreciate **-skrivning** writing down; depreciation **-skrotning** [-ɷ:-] scrapping **-skräpning** [-ä:-] littering up **-skuren** *a5* (*minskad*) reduced, curtailed **-skälld** [-ʃ-] *a5* abused **-skärning** (*minskning*) reduction, curtailment, cut **-slag 1** *sport.* landing, alighting; (*vid kast o.d.*) pitch; (*vid simning*) entry, dive-in **2** (*fågels*) descent; (*flygplans*) alighting; *vid ~et* in taking ground **3** (*projektils*) impact, percussion **4** (*på skrivmaskin*) stroke **-slagen** *a5, bildl.* downhearted, low-spirited, dejected **-slagenhet** downheartedness; low spirits (*pl*), dejection **-slaktning** slaughter[ing ... off] **-slående** *a4, bildl.* disheartening, discouraging, depressing; (*beklämmande*) distressing **-släpp** *sport.* face-off **-smittad** *a5, bli ~* become infected **-smutsad** *a5* dirtied, soiled; (*-smetad*) plastered [over] with dirt **-smutsning** pollution; contamination; defilement **-snöad** *a5* covered with snow, snowed over **-stiga** (*se stiga* [*ner*]); *flyg.* alight; descend (*i, till* into) **-stigning** alighting; descent **-ströms** downstream **-stämd** *a1, bildl.* depressed, downhearted, dejected **-stämdhet** depression, downheartedness, dejection **-stänkt** *a4* splashed all over **-summering** adding up, addition **-sutten** *a5* with worn-out (sagging) springs **-svärta** *bildl.* blacken the character of, defame **-sänka** immerse **-sänkning** immersion, submergence **-sätta** (*jfr sätta* [*ner*]) (*sänka*) put down, reduce; lower (*äv. bildl.*); *~ straffet* reduce the sentence; *~ priset* (*äv.*) mark down **-sättande** *a4* (*förklenande*) disparaging, derogatory, depreciatory **-sättning** (*sänkning*) reduction; (*av pris äv.*) lowering; (*av hörsel o.d.*) impairment **-tagning** taking down **-teckna** write down **-till** down in the lower part (half) (*på* of); at the bottom (foot) **-tona** tone down **-toning** toning down; dampening **-trampad** *a5* trampled down **-trappa** de-escalate **-trappning** de-escalation **-tryckt** *a4, bildl.* low-spiited; oppressed **-tyngd** *a5* weighed (*bildl. äv.* borne) down (*av* with) **-tysta** reduce to silence, silence **-vikbar** [-i:-] that can be turned down; (*om krage e.d. äv.*) ... to turn down **-vikt** [-i:-] *a4* turned-down **-vissnad** *a5* faded, withered **-väg** *på ~en* on the way (road, journey) down [south] **-värdera** depreciate; *bildl.* disparage, belittle **-värdering** depreciation; *bildl.* disparagement
nedåt ['ne:d-] **I** *prep* down **II** *adv* downward[s], in a downward direction; *var går gränsen ~?* what is the bottom limit? **-böjd** *a5* that is bent downwards; down-bent **-gående I** *s6, vara i ~* be on the down grade (the downward trend) **II** *a4* downward[-trending]; (*om tendens o.d. äv.*) falling; *~ konjunkturer* declining business (*sg*), falling markets **-riktad** *a5* directed downwards, declining **-vänd** *a5* turned downwards
ned|ärvd *a5* passed on by heredity, hereditary **-över** ['ne:d-] **I** *prep* down over (across) **II** *adv, hela vägen ~* all the way down [south]
nefr̩it *s3* **1** *med.* nephritis **2** *miner.* nephrite
neg *imperf. av niga*
negation negation; (*nekande ord äv.*) negative
negativ ['negg-, -'ti:v] **I** *s7* negative **II** *a1* negative **negativism** negativism **negativist** negativist, negationist **negativistisk** [-'viss-] *a5* negativist[ic] **negativt** [-i:-] *adv* negatively (*äv. elektr.*), in a (the) negative sense
neger ['ne:-] *s3* Negro (*pl* Negroes), black [man]; coloured person; *neds.* darky, nigger
negera (*förneka*) deny; *~d sats* (*vanl.*) clause (*etc.*) containing a negative
neger|barn Negro child **-befolkning** Negro (coloured) population **-by** Negro village, kraal **-folk** Negro people **-hydda** Negro['s] hut **-hövding** Negro chief **-kvarter** Negro quarter **-kvinna** Negress **-slaveri** Negro slavery **-stam** Negro tribe
neglig|é [-i'ʃe:] *s3* negligee, negligé[e], undress, dishabille; *AE.* negligee **-era** neglect; disregard; *~ ngn* ignore s.b.
negociera negotiate
negr|ess Negress **-o̩id** *a1, n sg obest. form undviks* Negroid
nej [nejj] **I** *interj* no; *~, visst inte!* oh no [certainly not]!; *~, nu måste jag gå!* well, I must go now!; *~, men så roligt!* oh, what fun!, oh, how nice!; *~ ~* (*vard. nänä*) *män*! [no], certainly not!; *~, vad säger du?* you don't say so?; *~, det menar du väl inte!* oh no, surely not! **II** *s7* no; *ibl.* nay; (*avslag äv.*) refusal; *svara ~* answer in the negative; *säga ~ till ngt* say no to (decline) s.th.; *rösta ~* vote against [a proposal]; *få ~* be refused; *frågan är med ~ besvarad* (*vid sammanträde*) *o.d.* the noes have it
nejd *s3* (*trakt*) district; (*omgivning*) surroundings (*pl*), neighbourhood
nejlika *s1* carnation, pink; (*krydd-*) clove
nejonöga [-å-] *zool.* lamprey
nej|rop cry (shout) of 'no' **-röst** 'no'-vote, vote against **-sägare** *en ~* one who [always] says no, a negationist
neka 1 (*vägra*) refuse (*ngn ngt* s.b. s.th.; *att* to); *~ ngn hjälp* refuse s.b. help (to help s.b.); *han ~des tillträde* he was refused admission **2** (*förneka*) deny (*till att ha gjort* having done); (*säga nej*) say no; *han ~r bestämt till att ha* he definitely denies having; *jag ~r inte till att* I won't deny that; *~ till en anklagelse* (*jur.*) plead not guilty **3** *rfl* deny o.s.; *han ~r sig ingenting* he never denies himself

N

anything; *jag kunde inte ~ mig nöjet att* I couldn't forgo the pleasure of (+ *ing-form*) **nekande I** *a4* negative (*svar* answer); *ett ~ svar* (*äv.*) a refusal (denial) ; *om svaret är ~* if the answer is in the negative **II** *adv, svara ~* answer in the negative, give a negative answer **III** *s6* denial; (*vägran*) refusal; *döma ngn mot hans ~* condemn s.b. in spite of his denial
nekrolog obituary [notice]
nekros [-å:s] *s3, med.* necrosis
nektar ['nekk-] *s9* nectar (*äv. bildl.*) **-in** *s3* nectarine
nematod [-'tå:d] *s3* nematode
nemesis ['ne:-] *r* nemesis; (*hämndens gudinna*) Nemesis
neo|klassicism [-'ism, ˣne:o-] neoclassicism **-kolonialism** neocolonialism **-litisk** [-'li:-] *a5* Neolithic **-logi** *s3* neologism
neon [-'å:n] *s7* neon **-ljus** neon light **-rör** neon tube **-skylt** neon sign
nepales *s3* Nepalese **-isk** *a5* Nepalese
nepotism nepotism
ner *se ned* **nere 1** down; *längst ~ i* at the very bottom (end) of; *priset är ~ i 2 pund* the price is down to £2; *~ på* down on (at) **2** (*friare o. bildl.*) low; *ligga ~* (*om verksamhet e.d.*) be (have been) stopped, be at a standstill **3** (*kroppsligt o. andligt*) run down; (*deprimerad*) depressed, down in the dumps
neri|um ['ne:-] *-en -er, bot.* oleander
nermörk pitch-dark, pitch-black
nerts [nä-] *s2* mink **-päls** mink coat
nerv [nä:-] *s3* nerve (*äv. bildl.*); *bot. äv.* vein; *han har goda ~er* (*äv.*) he doesn't know what nerves are; *gå ngn på ~erna* get on a p.'s nerves **-bana** *anat.* nerve circuit; *fysiol.* nerve path **-cell** nerve cell, neuron **-centrum** nerve centre **-chock** nervous shock **-feber** *se tyfoidfeber* **-gas** nerve gas
nerv|ig *a1* **1** *se nervös* **2** *bot.* veined, nerved **-impuls** nerve impulse **-klen** *se nervsjuk* **-knippe** *anat.* nerve bundle; *bildl.* bundle of nerves **-knut** ganglion **-krig** war of nerves **-lugnande** *a4* nerve-soothing; *~ medel* tranquillizer, sedative **-läkare** nerve specialist, neurologist
nerv|ositet nervousness; nervous tension **-pirrande** *a4* thrilling, exciting **-press** nervous strain **-påfrestande** *a4* nerve-racking, trying to the nerves **-retning** nervous impulsse; innervation **-ryckning** nervous spasm **-sammanbrott** nervous breakdown **-sjuk** neurotic **-sjukdom** nervous disorder, neurosis **-slitande** *a4* nerve--racking **-spänning** nervous strain **-stillande** *a4, se nervlugnande* **-svag** nervous, neurasthenic **-system** nervous system; *centrala ~et* central nervous system (*förk.* CNS) **-tråd** nerve fibre **-vrak** nervous wreck **-värk** neuralgia
nervös *a1* nervous; (*för tillfället*) agitated, flurried, excited; (*orolig*) uneasy, restless; (*~ av sig*) highly-strung (*AE.* high-strung), *vard.* nervy, jumpy **nervöst** [-ö:-] *adv* nervously *etc.*; *skruva sig ~* fidget uneasily
nes|a *s1* ignominy, shame, dishonour, disgrace **-lig** [ˣne:s-] *a1* (*vanärande*) ignominious; (*skamlig*) shameful, disgraceful; (*nedrig*) infamous
nestor ['nestår] *s3* doyen; *vard.* grand old man

netto I *adv* net [cash]; (*utan emballage*) without packing **II** *s6* [net] profit; *rent ~* net without discount; *förtjäna i rent ~* net, clear; *i ~* [in] net profit **-avkastning, -behållning** net proceeds (*pl*), net yield **-belopp** net amount **-lön** net wages (*pl*) **-pris** net price **-resultat** net result **-vikt** net weight **-vinst** net gain (profit)
neuralg|i [nev-, neu-] *s3* neuralgia **-isk** [-'rall-] *a5* neuralgic
neurasten|i [nev-, neu-] *s3* neurasthenia **-iker** [-'te:-] neurasthenic [patient]
neurit [nev-, neu-] *s3, med.* neuritis
neuro|kirurgi [nev-, neu-] neurosurgery; neurotomy **-log** neurologist **-logi** *s3* neurology **-logisk** [-'lå:-] *a5* neurological
neuron [nev'rå:n, neu-] *s7, s4* neuron **neuros** [-'rå:s] *s3* neurosis (*pl* neuroses)
neurot|isk [nev'rå:-, neu-] *a5* neurotic **-iker** neurotic
neutral *a1* neutral; *språkv.* neuter **-isera** neutralize (*äv. bildl.*); (*motväga*) counteract **-isering** [-'se:-] neutralization **-itet** neutrality **-itetspolitik** policy of neutrality **-läge** neutral position; *elektr.* neutral plane
neutrino [-'tri:-] *s5, pl äv. neutriner* neutrino
neutron [-'trå:n] *s3* neutron **-bestrålning** neutron radiation **-bomb** neutron bomb **-infångning** neutron capture **-strålning** neutron radiation
neutrum ['neut-, 'ne:u-] *s4* (*i* in the) neuter
newfoundlandshund Newfoundland [dog]
nevö *s3* nephew
ni *pron* you; *~ själv* [you] yourself
1 nia *v1, ung.* use the formal mode of address
2 nia *s1* nine
nicaragu|an *s3* Nicaraguan **-ansk** [-'a:nsk] *a5* Nicaraguan
nick *s2* nod **nicka 1** nod (*åt* to); *~ bifall* nod approval; *~ till* (*somna*) drop off [to sleep] **2** *sport.* head **nickedocka** *bildl.* yes man
nickel ['nikk-] *s9, s7* nickel **-gruva** nickel mine **-stål** nickel steel
nickning *en ~ a*) a nod [of the (one's) head], *b*) *sport.* a header
nidbild caricature
niding miscreant, vandal **nidingsdåd** villainy, act of vandalism, outrage
nid|skrift lampoon, libellous pamphlet **-skrivare** lampooner, scurrilous pamphleteer **-visa** rhymed lampoon
niece [ni'ä:s, -'e:s] *s5* niece
nieller|a inlay with niello **-ing** niello work
niga *neg nigit* curts[e]y (*djupt* low; *för* to), drop [s.b.] a curts[e]y
nigerer [-'ge:-] *s9* Nigerien
nigeri|an *s3* Nigerian **-ansk** [-a:-] *a5* Nigerian
nigerisk [-'ge:-] *a5* Nigerien
nig|it *sup. av niga* **-ning** [-i:g-] curts[e]y[ing]
nihil|ism nihilism **-ist** nihilist **-istisk** [-'ist-] *a5* nihilistic
nikotin *s4, s3* nicotine **-förgiftning** nicotine poisoning **-halt** nicotine content **-haltig** *a1* containing nicotine **-ism** nicotinism **-ist** nicotine addict **-missbruk** excessive smoking
nikt *s4, s3* lycopodium powder
Nilen ['ni:-] *r* the Nile

nimbus ['nimm-] *s2* nimbus (*äv. bildl.*)
nio [*vard.* ˣni:e] nine; *en ~ tio stycken* some nine or ten; *jfr fem o. sms.* **niofaldig** *a1* ninefold **nionde** [-å-] ninth **nion[de]del** [-å-] ninth [part] **niosvansad** *a5, den ~e katten* the cat-o'-nine-tails
nipa *s1* steep sandy river bank
nippel ['nipp-] *s2* nipple
nipper ['nipp-] *pl* trinkets; (*dyrbarare*) jewels, jewellery (*sg*) **-skrin** jewellery case
nippertippa *s1* pert miss, saucy girl
nipprig *a1, vard.* nuts, cracked
nisch *s3* niche (*äv. bildl.*)
nisse *s2* **1** *se tomte* **2** *se smörgåsnisse*
1 nit *s7* (*brinnande iver*) zeal, ardour, fervour; (*flit*) diligence, application; *ovisst ~* injudicious zeal; *för ~ och redlighet* for zealous and devoted service
2 nit *s2, s3* (*-lott*) blank [ticket]; *dra en ~* draw a blank
3 nit *s2, tekn.* rivet; *~ med försänkt huvud* flush rivet
nit|a rivet (*vid* [on] to); *~ fast* rivet [firmly]; *~ ihop* rivet together **-are** riveter **-hammare** riveting hammer **-huvud** rivet head
nitisk ['ni:-] *a1* zealous, ardent, fervent; (*flitig*) diligent
nit|nagel rivet **-ning** [-i:-] riveting; *konkr. äv.* riveted joint
nitlott *se 2 nit*
nitrat *s7, s4* nitrate **nitrera** nitrify, nitrate **nitrering** [-'tre:-] nitration **nitrifikation** nitrification **nitrit** *s7, s3* nitrite
nitro|cellulosa cellulose nitrate, nitrocellulose **-glycerin** nitroglycerin[e]
nittio [*vard.* 'nitti] ninety; *jfr femtio o. sms.* **nittionde** [-å-] ninetieth **nittion[de]del** ninetieth [part] **nittiotal** *på ~et* in the nineties **nittioåring** (*äv.*) nonagenarian
nitton [-ån] nineteen **nittonde** nineteenth **nittonhundratal** *på ~et* in the twentieth century
nitvinst consolation prize
nitälska be zealous (eager) (*för* for) **nitälskan** *r* zeal
niveller|a level out, equalize, reduce to one (a uniform) level; (*i lantmäteri*) level **-ing** levelling
nivå *s3* level (*äv. bildl.*); *bildl. äv.* standard; *i ~ med* on a level with; *konferens på högsta ~* (*äv.*) summit (top-level) conference **-karta** contour map **-kurva** contour line **-skillnad** difference in altitude (of level)
nix *interj* not a bit of it!, no!
Nizza [ˣnissa] *n* Nice
njugg *a1* parsimonious, niggardly (*på, med* with, of; *mot* towards, to); (*på ord o.d.*) sparing (*på* of) **-het** parsimoniousness *etc.*
njurbäcken [-u:-] renal pelvis (*pl* pelves)
njur|e *s2* kidney **-formig** [-å-] *a1* kidney-shaped **-sjukdom** kidney disease, disorder of the kidney[s] **-sten** kidney stone, renal calculus **-talg** suet **-transplantation** kidney transplant
njut|a *njöt -it* enjoy (*livet* life); *absol.* enjoy o.s., have a good time; *~ av* enjoy, delight (*starkare:* revel) in **njutbar** *a1* (*ätbar*) eatable, edible; (*smaklig*) palatable; (*om t.ex. musik*) enjoyable **njutit** *sup. av njuta* **njutning** [-u:-] enjoyment; pleasure, delight; feast (*för ögat:* for the eye)
njutnings|full full of enjoyment, highly (very) enjoyable **-lysten** pleasure-seeking, pleasure-loving **-lystnad** craving for (love of) pleasure **-medel** means of enjoyment (*etc.*); (*stimulerande medel*) stimulant **-människa** epicurean; hedonist **-rik** *se -full*
njöt *imperf. av njuta*
N.N. [ˣännänn] (*beteckning för obekant pers.*) so-and-so
nobb [-å-] *s2* brushoff, turndown; *få ~en* be given the brushoff, be turned down **nobba** [-å-] turn down, give the brushoff
nobel ['nå:-] *a2* noble, distinguished; (*storsint*) generous
nobelpris [noˣbell-] Nobel prize **-tagare** Nobel prize winner
nobless [nå-] nobility; *~en* (*vard.*) the upper ten [thousand]
nock [nåkk] *s2* **1** *sjö.* (*gaffel-*) [gaff] end; (*rå-*) [yard]arm **2** *byggn.* ridge **3** *tekn.* cam
nod *s3, astr., bot., fys.* node; *uppstigande ~* ascending node
nog 1 (*tillräckligt*) enough, sufficiently; *jag har fått ~* (*äv. bildl.*) I have had enough (my fill, all I want); *det är ~* that is enough (sufficient); *nära ~* almost, nearly, all but, well-nigh, practically; *mer än ~* (*äv.*) enough and to spare; *hälften kunde ha varit ~* half would have been enough; *vara sig själv ~* be sufficient unto o.s.; *nu kan det vara ~!* that'll do!, enough of that now!; *inte ~ med att han glömmer* he not only forgets; *och inte ~ med det* and that is not all; *hur skall jag ~ kunna tacka dig!* how can I thank you sufficiently!; *den kan inte ~ berömmas* it cannot be too highly praised; *förklarligt ~* as was only natural; *jag var dum ~ att* I was stupid enough to; *märkvärdigt ~* remarkably enough; *nära ~* practically; *underligt ~* strange to say; *det vore ~ så intressant att* it would be exceedingly (*vard.* ever so, jolly) interesting to **2** (*sannolikt*) probably; I expect, I dare say, I suppose; (*säkerligen*) no doubt, doubtless; (*visserligen*) I (you) [must] admit, certainly, to be sure, it is true; *du förstår mig ~* you will understand me[, I am sure (no doubt)]; *du har ~ träffat honom här* you have probably met him here; *~ vet ni att* you must know (you know of course) that; *han kommer ~* he will come all right; *jag skall ~ se till att* I'll see to it that; *det tror jag ~!* I should think so!; *det kan jag ~ tänka mig!* I can (very well) imagine that!; *det är ~ sant, men* that is probably true, but, that is true enough, but; *~ för att du har gjort dig förtjänt av det* not but what you have deserved it **3** (*tämligen*) fairly (*bra* good)
noga I *adv* (*exakt*) exactly, precisely; accurately; (*ingående*) closely, minutely, narrowly; (*omsorgsfullt*) carefully; (*uppmärksamt*) attentively; (*strängt*) strictly (*bevarad hemlighet* guarded secret); *akta dig ~ för att* take great (good) care not to; *hålla ~ reda på* keep an accurate account of; *lägga ~ märke till* note carefully; *det behöver du inte ta så ~!* you needn't be too particular about that!; *~ räknat* strictly speaking **II** *a1* (*noggrann*) careful; (*precis*) exact, precise; (*nogräknad*) scrupulous; (*kinkig*) particular; (*petig*) me-

N

ticulous; (*fordrande*) exacting; *vara ~ med a*) be very exact in (about), *b*) be very particular about (make a point of) (*att passa tiden* being in time); *det är inte så ~ med det!* it doesn't matter very much!, it's not all that important!

nog|grann (*jfr noga II*) (*exakt*) accurate, exact; (*ingående*) close; (*detaljerad*) elaborate, minute; (*sträng*) strict; (*omsorgsfull*) careful, particular **-grannhet** accuracy, exactitude, precision; carefulness *etc.* **-räknad** [-ä:-] *a5* particular, scrupulous; (*granntyckt*) dainty **-samt** (*i högsta grad*) extremely, exceedingly; (*mycket väl*) well enough; *det är ~ känt att* it is a [perfectly] well-known fact that

nojs [nåjs] *s7, se skämt, flört* **nojsa** *se skämta, flörta*

noll [-å-] nought, naught; *vard.* aught (*på termometer etc.*) zero; *sport. äv.* none, nil; (*i tennis*) love; *~ komma åtta* (*0,8*) nought point eight (0.8); *mitt telefonnummer är två ~ nio ~ åtta* my telephone number is two o[h] nine o[h] eight; *~ ~* (*sport.*) nil-nil, *tennis.* love all; *plus minus ~ a*) *mat.* plus minus nought, *b*) (*friare*) absolutely nothing (nil); *av ~ och intet värde* of no value what[so]ever, absolutely worthless

noll|a [-å-] *s1* nought, naught; *vard.* aught; *åld.* cipher; *vetensk.* zero; *en ~* (*om pers.*) a nobody, a nonentity **-gradig** *a1* at freezing temperature, freezing **-korrektur** *boktr.* reader's (first) proof **-läge** (*hopskr. nolläge*) *mätttekn.* mechanical zero; (*friläge*) neutral [position] **-lösning** (*hopskr. nollösning*) zero option **-meridian** prime (datum) meridian **-punkt** zero; freezing point; *absoluta ~en* absolute zero; *stå på ~en* be at zero (*äv. bildl.*) **-ställd 1** set to zero **2** *bildl.* expressionless, blank **-ställning** zero [position] **-taxa** free travel **-tid** *på ~* in no time **-tillväxt** zero growth

nomạd *s3* nomad **-folk** nomadic people **-isera** nomadize; *~nde folk* (*äv.*) migratory people **-isk** *a5* nomad[ic] **-liv** nomadic (*friare:* roving, migratory) life

nomen ['nå:-] *s7, pl äv. nomina, språkv.* noun [and adjective] **-klatur** nomenclature

nominạl|form *språkv.* noun form **-lön** nominal wage[s]

nominativ ['nomm-, 'no:-, 'nåmm-] *s3* (*i* in the) nominative

nomin|ẹll *a1* nominal; *~t värde* (*äv.*) face value; *~t lydande på* at the face (nominal) value of **-era** nominate **-ering** [-'ne:-] nomination

nomo|grafị *s3* nomography **-gram** [-'gramm] *s7* nomogram

nonaggressionspakt nonaggression pact

nonchal|ans [nåŋʃa'laŋs, nån-, -'nans] *s3* nonchalance, carelessness; offhandedness; (*försumlighet*) negligence **-ant** [-'laŋt, '-lant] *a1* nonchalant; careless; negligent; offhand[ed] **-era** pay no attention to, neglect

nonfigurativ [-'i:v, *äv.* 'nånn-, 'nå:n-] *a1* nonfigurative

nonie ['no:-] *s5, mättekn.* vernier

non|intervention [nån-] nonintervention **-kombattant** noncombatant **-konformism** nonconformism

nonsens ['nånn-] *n* nonsense, rubbish

nopp|a [-å-] **I** *s1* burl, knot **II** *v1* **1** *tekn.* burl **2** (*om fågel*) pluck, preen; (*ögonbryn*) pluck; *~ sig* (*om fågel*) preen its feathers **-ig** *a1* burled, knotty

nor *s7* narrow passage, sound

noradrenalin [ˣnå:r-, -'i:n] noradrenalin[e]

nord [-o:-] **I** *s2* north; *N~en* the Nordic (Northern, Scandinavian) countries (*pl*); *i höga N~* in the Far North **II** *adv* north (*om* of); *vinden var ~ till väst* the wind was north by west

Nord|afrika *n* North Africa **-amerika** *n* North America

nordamerikansk North American

nordan [ˣno:r-] **I** *adv, se norr II* **II** *r, se följ.* **-vind** north wind

Nordatlanten *r* the North Atlantic

nordbo northerner, inhabitant of the North

Norden [ˣno:r-] *n el. r* the Nordic countries

Nord|england *n* Northern England, the North [of England] **-europa** *n* Northern Europe

nord|isk ['no:r-] *a5* northern; (*i etnografin*) Nordic; *de ~a länderna* the Nordic (Northern) countries; *N~a ministerrådet* [the] Nordic Council of Ministers; *N~a rådet* [the] Nordic Council; *~a språk* Scandinavian (Nordic) languages **-ism** efforts (*pl*) to promote Nordic unity **-ist** Scandinavian philologist

Nord|kalotten [ˣno:rd-] *r* the Scandinavian (Baltic) Shield (arctic regions of Norway, Sweden, Finland and Kola Peninsula) **-kap** *n* the North Cape

nord|lig [ˣno:rd-] *a1* (*i norr*) northern; (*från norr*) north[erly]; *~ bredd* north latitude; *det blåser ~ vind* the wind is in (is blowing from) the north **-ligare I** *a, komp.* more northerly **II** *adv* further (more to the) north **-ligast I** *a, superl.* northernmost **II** *adv* farthest north **-man** *hist.* Norseman **-nordost** north-northeast (*förk.* NNE) **-nordväst** north-northwest (*förk.* NNW) **-ọst I** *s2* (*~lig vind*) northeast wind; northeaster; (*väderstreck*) northeast (*förk.* NE) **II** *adv* northeast (*om* of) **-ostlig** [-ˣost-] *a1* northeast[ern]; *jfr nordlig* **-ostpassagen** the Northeast Passage **-pol** *~en* the North Pole **-polsexpedition** expedition to the North Pole

Nordsjön *r* the North Sea

nord|sluttning north[ern] slope **-vạ̈st I** *s2* (*~lig vind*) northwest wind; northwester; (*väderstreck*) northwest (*förk.* NW) **II** *adv* northwest (*om* of) **-västlig** [-ˣväst-] *a1* northwest[ern]; *jfr nordlig* **-västra** [-ˣväst-] northwest[ern] **-östra** [-ˣösst-] northeast[ern]

Norge ['nårje] *n* Norway

norgesalpeter Norwegian saltpetre

norm [-å-] *s3* standard (*för* of; *för ngn* for s.b.); (*måttstock äv.*) norm; (*regel*) rule; code; (*mönster*) model, type (*för* for); *gälla som ~* serve as a standard

normạl [-å-] **I** *a1* normal; standard, regular; *under ~a förhållanden* (*äv.*) normally; *han är inte riktigt ~* (*äv.*) he is not quite right in his head **II** *s3* standard; type **-begåvad** *a5* normally gifted; average **-fördelning** *stat.* normal frequency distribution **-isera** normalize; standardize **-ljus** standard candle[power] **-mått** standard[ized measure] **-pris** standard prize **-prosa** ordinary (plain) prose **-skolekompetens** diploma of secondary education for girls **-spårig** *a1* [of] standard gauge **-storlek** standard (normal, regular) size **-studietid** normal length of time needed to complete a study program[me] **-tid** standard (mean) time **-ton** *mus.* concert pitch **-vikt** regular (standard) weight **-år** mean (normal, average) year

normand [når'mand, -'maŋd] *s3* Norman

Normandie [nårman'di:, -maŋ-] *n* Normandy

normandisk [når'mandisk, -'maŋ-] *a5* Norman; *N~a öarna* the Channel Islands

norm|ativ ['nårm-, -'ti:v] *a1* normative **-era** standardize, gauge; (*reglera*) regulate **-ering** [-'me:-] standardization **-givande** *a4* normative, standard-forming; *vara ~ för* (*äv.*) be a rule (a standard) for

norn|a [ˣnɑ:r-] *s1* Norn; *-orna* (*vanl.*) the Weird Sisters, the Fates (Destinies)

norpa [-å-] *v1, vard.* pinch, bone, swipe, snaffle

norr [-å-] **I** *n* the north; *mot ~* to the north; *rätt i ~* due north **II** *adv* [to the] north (*om* of)

norra *best. a* the north (*sidan* side); the northern (*delarna av* parts of); *~ England* Northern England, the North [of England]; *N~ ishavet* the Arctic Ocean

norr|gående *a4* (*om tåg o.d.*) northbound **-ifrån** ['nårr-] from the north

norr|ländsk *a5* [of] Norrland **-ländska** (*språk*) Norrland dialect **-länning** Norrlander **-man** Norwegian **-sida** *bergets ~* the north side of the mountain **-sken** *s7* aurora borealis; *~et* (*äv.*) the northern lights (*pl*) **-ut** ['nårr-], **-över** ['nårr-] northward[s], towards [the] north; (*i norr*) in (to) the north; *längst ~* northernmost

nors [-å-] *s2, zool.* smelt; *jag vill vara skapt som en ~ om* I'll be blowed if

norsk [-å-] *a5* Norwegian; *hand. o.d. äv.* Norway; *hist.* Norse **norska** *s1* **1** (*språk*) Norwegian; *hist.* Norse **2** (*kvinna*) Norwegian woman

nos *s2* nose (*äv. friare*); (*hos hästar, nötkreatur*) muzzle; (*hos fiskar, kräldjur*) snout; *blek om ~en* green about the gills **nosa** smell, scent; *~ på* sniff (smell) at; *~ reda på ngt* ferret s.th. out, find out s.th.

nos|grimma muzzle **-hörning** [-ö:-] rhinoceros

noshörnings|hanne bull rhinoceros **-hona** cow rhinoceros

nos|ig *a1* cheeky, pert (*mot* towards, to) **-kon** nose cone **-ring** nose ring; cattle leader **-spets** tip of the nose

nostalg|i *s3* nostalgia **-isk** [-'tall-] *a5* nostalgic

1 not *s2* (*fisk-*) [haul (drag]) seine; *dra ~* fish with a seine

2 not *s3* **1** (*anmärkning*) note, annotation; (*fot-*) footnote **2** *polit.* [diplomatic] note, memorandum **3** *mus.* note; *~er* (*-häfte*) music (*sg*); *spela efter ~er* play from music; *skriva ~er* write music; *ge ngn stryk efter ~er* give s.b. a good thrashing; *vara med på ~erna* catch on (the drift), fall in with the idea

nota *s1* (*räkning*) bill, account; *AE. äv.* check; (*förteckning*) list (*på* of); *jfr tvättnota*

notab|el [-'ta:-] *a2* of note **-ilitet** *s3* notability

notariatavdelning [-ˣa:t-] trust department

notarie [-ˣta:, -'ta:-] *s5* [recording] clerk, notary; (*vid domsaga äv.*) law clerk, deputy judge

notarius publicus [nɑ'ta:rius 'pubblikus] *r, pl notarii publici* [-si] notary public

notblad sheet of music

noter|a 1 (*anteckna*) note (write) down, make a note of; (*lägga på minnet*) note; (*bokföra äv.*) enter, book **2** (*fastställa pris på, äv. börs.*) quote (*till* at) **-ing 1** noting (*etc.*) down; (*mera konkr.*) note, notation; (*bokföringspost*) entry, item; *enligt våra ~ar* (*hand.*) according to our records **2** *hand. börs.* quotation

notes|block [ˣnɑ:tes-, ˣnå:ts-] [scribbling] pad **-bok** notebook

not|häfte sheets (*pl*) of music; (*större*) music-book **-ifikation** notification

notis *s3* (*underrättelse*) notice; (*tidnings-*) news-item, paragraph; *ta ~ om* take notice of, pay attention to **-byrå** news (press) agency **-jägare** newshawk, newshound

not|linje *boktr.* note rule

notorisk [-'tɑ:-] *a5* notorious

not|papper music paper **-skrivare** music copyist **-skrivning** copying of music **-ställ** music stand (rack) **-system** staff **-tecken 1** *mus.* note **2** *boktr.* reference mark

notvarp *s7* seine sweep; *bildl.* crush

not|vändare person who turns pages of music for a pianist **-växling** *dipl.* exchange of notes

nougat [nɑ'ga:t] *s3* nougat, almond paste

nova [ˣnå:-] *s1, astr.* nova (*pl äv.* novae)

novell *s3* short story **-ist** short-story writer **-istik** *s3* short-story writing **-samling** collection of short stories

november [-'vemm-] *r* November

novis *s3* novice; (*friare*) *se nybörjare*

nu I *adv* now; *AE. äv.* presently; (*vid det här laget*) by now (this time); *från och med ~* from now on[wards]; [*ända*] *tills ~* up till now; *~ då* now that; *den ~ rådande* (*äv.*) the present (existing); *vad ~ då?* what's up (the matter) now?; *för att ~ ta ett exempel* just by way of example; *vad var det han hette ~* [*igen*]*?* whatever was his name? **II** *s7, ~et* the present [time]; *i detta ~* at this moment

nubb *s2* tack **nubba** tack (*vid* on to); *~ fast* tack on, fasten with tacks

nubbe *s2* dram, schnap[p]s

Nubien ['nu:-] *n* Nubia

nubi|er ['nu:-] Nubian **-isk** *a5* Nubian

nuck|a *s1* frump **nuckig** *a1* frumpish

nudda brush; *~ vid* brush against

nudel *s2, kokk.* noodle

nud|ism nudism **-ist** nudist **-istläger** nudist camp

nuförtiden ['nu:-] nowadays; *vard.* these days

nugat *s3, se nougat*

nuklein *s7, s4* nuclein **-syra** nucleic acid

nukleär *a1* nuclear; *~a vapen* nuclear weapons

nu|läge present situation **-mer[a]** ['nu:-] now, nowadays

numerisk [-'me:-] *a5* numeric[al] **numeriskt** *adv, en ~ överlägsen* a numerically superior, a[n] ... superior in numbers **numerus** ['nu:-] *n* number **numerär I** *s3* number; (*armés o.d.*) [numerical] strength **II** *a5, se numerisk*

numismat|ik *s3* numismatics (*pl, behandlas som sg*) **-iker** [-'ma:-] numismatist **-isk** [-'ma:-] *a5* numismatic

N

nummer ['numm-] *s7* number; (*exemplar*) copy; (*tidnings- o.d.*) issue; (*storlek*) size; (*programpunkt e.d.*) item; *gammalt* ~ (*av tidning o.d.*) back issue; *göra ett stort* ~ *av* make a great feature (fuss) of; *behandlas som ett* ~ (*om pers.*) be treated as no more than a number **-byrå** *tel.* directory enquiries [office] **-följd** number sequence; *ordna i* ~ arrange consecutively **-lapp** queue [number] ticket **-ordning** numerical order **-plåt** (*på motorfordon*) numberplate, *AE. äv.* license plate **-skiva** *tel.* dial

numrer|a number; *~de platser* numbered seats; *~d från 1 till 100* numbered 1 to 100 **-ing** numbering, numeration

numro *s, ingen böjning* number (No.)

nuna *s1, vard.* phiz, dial

nunna *s1* nun; *bli* ~ (*äv.*) take the veil

nunne|dok nun's veil **-fjäril** nun moth **-kloster** nunnery, convent **-orden** order of nuns, [religious] sisterhood **-ört** corydalis

nuntie ['nuntsie] *s5* nuncio

nupit *sup. av nypa*

nusvenska present-day Swedish

nutid present times (*pl*); [the] present day; *forntid och* ~ past [times] and present; *~ens människor* present-day people, people of today **nutida** *oböjligt a* present-day; modern

nutids|diktning modern poetry **-historia** contemporary (present-day) history **-människa** modern man **-orientering** knowledge of present-day (contemporary) life and events

nutria ['nu:-] *s1* nutria, coypu

nu|varande *a4* present; (*rådande*) existing; (*om pris*) ruling, current; *i* ~ *läge* as things stand at present, in (under) the present circumstances, as it is; *i* ~ *ögonblick* at the present moment **-värde** present value; *försäkr.* capitalized value

ny I *a1* new (*för* to); (*förnyad*) fresh; (*färsk*) recent (*böcker* books); (~ *o. ovanlig*) novel (*erfarenhet* experience); (*annan*) [an]other; (*ytterligare*) additional, extra (*börda* burden), further (*order* orders); *bli en* ~ *människa a*) (*t. hälsan*) become a new man, *b*) (*i åskådning e.d.*) become a different person; *~tt mod* fresh courage; *~tt stycke* (*boktr.*) new paragraph; *~a tiden* modern times, the modern age; *Gott ~tt år!* a Happy New Year!; *det ~a i* the novelty in (of), what is new in **II** *s6, s7* (*-tändning*) new phase of the moon; *månen är i* ~ the moon is new; *jfr nymåne*

Nya Guinea [ˣny:a giˣne:a] *n* New Guinea

ny|anläggning new plant (establishment) **-anländ** *a5* newly (just) arrived; *de ~a* (*äv.*) the newcomers, the new arrivals

nyans [-'ans, -'aŋs] *s3* shade; nuance, tone; (*anstrykning*) tinge; (*om uttryck*) shade of meaning; *hans röst saknar ~er* his voice lacks modulation (variation) **nyansera** shade off; *mus.* modulate; (*variera*) vary **nyansering** [-'se:-] shading[-off] *etc.*

ny|anskaffning replacement; new acquisition [of equipment] **-anställd** new employee

nyare *a, komp.* newer *etc.*; more modern; *i* ~ *tid* in modern (recent) times (*pl*) **nyast** *a, superl.* newest; most modern (*etc.*); (*senast*) latest

Nya Zeeland [ˣny:a 'se:-] *n* New Zealand

ny|bakad *a5* **1** fresh from the oven, newmade, newbaked **2** *bildl.* newly fledged **-bildad** *a5* newly (recently) formed (founded) **-bildning** new (recent) formation (creation, establishment); *språkv. äv.* neologism, coinage; *med.* new growth, neoplasm **-bliven** *a5* (*om student e.d.*) newly fledged; (*om professor e.d*) newly appointed; *hon är* ~ *mor* she has just become a mother **-byggare** settler, colonist; pioneer **-byggd** *a5* new[built], newly constructed (built) **-bygge** house (ship *etc.*) under construction **-byggnad** new construction (house, building *etc.*) **-börjarbok** primer (*i* of) **-började** beginner; novice, tyro, tiro, new hand **-börjarkurs** beginners' course

nyck *s3* whim; fancy; caprice; *genom en ödets* (*naturens*) ~ by a freak of fate (Nature)

nyckel *s2* key; *bildl.* clue; (*kod*) code, cipher; *vrida om ~n* turn the key; *~n till framgång* the key to success **-ax** key bit **-barn** latchkey child **-ben** *anat.* collarbone, clavicle **-blomster** orchis **-figur** key figure **-harpa** *mus.* keyed fiddle **-hål** keyhole **-industri** key industry **-knippa** bunch of keys **-ord** key word; (*t. korsord*) clue **-person** key person **-piga** ladybird; *AE.* ladybug **-ring** key ring **-roll** key role **-roman** roman à clef **-ställning** key position **-ämne** *tekn.* key blank

nyckfull capricious; (*om pers. äv.*) whimsical; (*om väderlek*) changeable, fickle; (*ostadig*) fitful **-het** capriciousness *etc.*; whimsicality

nydan|a fashion anew; reorganize **-are** refashioner; reorganizer, regenerator; (*pionjär*) pioneer, breaker of new ground **-ing** refashioning; reorganization, regeneration

ny|edition new edition **-emission** issue of new shares, new [share] issue **-etablering** new business starts (*pl*) **-examinerad** *a5* newly qualified **-fallen** *a5* (*om snö*) newly (fresh) fallen **-fascism** neofascism **-fascistisk** neofascist **-fiken** *a3* curious (*på* about, as to); (*alltför* ~) inquisitive, prying **-fikenhet** curiosity; inquisitiveness; *av ren* ~ out of sheer curiosity; *väcka ngns* ~ arouse a p.'s curiosity, make s.b. all agog **-född** newborn; *barnet är alldeles -fött* the baby has just been born **-förlovad** *hon är* ~ she has just got engaged [to be married]; *de ~e* the newly engaged couple **-förvärv** *ett* ~ a new (recent) acquisition **-förvärvad** *a5* newly (recently) acquired **-gift** newly married, newlywed; *de ~a* the newly-married couple **-gjord** newly made **-gotik** neo-Gothic (*äv.* ~*en*) **-grad** centesimal degree **-grekiska** Modern Greek **-grundad** *a5* newly founded **-gräddad** freshly-baked

nyhet (*egenskap att vara ny*) newness; (*ngt nytt*) novelty, s.th. new; (*ny sak*) novelty; (*nymodighet*) novelty, innovation; (*underrättelse*) news (*sg*); *~ens behag* the charm of novelty; *förlora ~ens behag* become stale; *en* ~ (*i tidning e.d.*) a news-item, a piece of news; *en viktig* ~ (*äv.*) a piece of important news; *inga ~er är goda ~er* no news is good news; *det var en* ~ *för mig* this is news to me; *~erna för säsongen* the novelties of the season, (*kläder*) the season's new fashions

nyhets|byrå news (press) agency **-förmedling** news service **-utsändning** *radio.* newscast

ny|inflyttad *a5, vara* ~ have just (recently)

moved in, (*i område o.d.*) be a newcomer [to the district] **-inkommen** *a5* just (recently) arrived **-inredd** *a5* recently refitted (fitted up) **-inrättad** *a5* newly established (created) **-inskriven** *a5* newly enrolled; *mil.* newly enlisted **-instudering** [preparing of a] new production; *hans ~ av Fidelio* his new characterization of Fidelio **-klassicism** neoclassicism **-klippt** *a4* newly cut; *han är ~* he has just had his hair cut **-kläckt** *a4* newly hatched **-kokt** [-ɷ:-] *a4* freshly-boiled **-kolonialism** neocolonialism **-komling** [-å-] newcomer, fresh arrival; (*i skola e.d.*) new boy (girl) **-konstruktion** new construction (design)

nykter ['nykk-] *a2* **1** sober; (*måttlig*) temperate **2** *bildl.* sober[-minded], level-headed **-het** (*äv. bildl.*) sobriety, soberness; temperance

nykterhets|organisation temperance organization **-rörelse** temperance movement **-vård** treatment of alcoholics **-vän** advocate of temperance

nykterist total abstainer, teetotaller

nyktra ~ *till* become sober [again], sober up, *bildl.* sober down

ny|kärnad [-çä:r-] *a5* newly churned; fresh from the dairy **-lagd** *a5* (*om ägg*) new-laid; *håret är -lagt* my (*etc.*) hair has just been set

nyligen recently; lately; (*på sista tiden äv.*) latterly, of late; *helt ~* quite recently

nylon [-'lå:n] *s4, s3* nylon **-skjorta** nylon shirt **-strumpor** *pl* nylon stockings (*herr-:* socks); nylons

nymf *s3* nymph **nymfoman** *s3* nymphomaniac **nymfomani** *s3* nymphomania

ny|modig *a1* new-fashioned, modern; *neds.* newfangled **-modighet** modernity; *en ~* a newfangled thing (idea, notion) **-mornad** [-å:-] *a5* newly awakened; hardly awake **-målad** *a5* freshly painted; *är ~* has just been painted; *-målat!* wet paint! **-måne** new moon **-nazism** neonazism

nynna hum

nynorsk I *a1* Modern Norwegian **II** *s1, språkv.* New Norwegian

ny|odling 1 *abstr.* land reclamation **2** *konkr.* reclaimed land; (*i skog*) clearing **-omvänd** *a5* newly converted; *en ~* a new convert, a neophyte **-ordna** reorganize, reform **-ordning** reorganization, rearrangement; new order **-orientering** reorientation, readjustment

nyp *s7* pinch **nypa I** *s1* **1** (*fingrar*) fingers (*pl*); *vard.* paw **2** (*det man tar i ~n*) pinch [of ...]; *en ~ luft* a breath of air; *med en ~ salt* (*bildl.*) with a pinch (grain) of salt **II** *nöp nupit, äv. v3* pinch, nip; *det nyper i skinnet* there is a nip in the air **nypas** *nöps nupits, äv. v3, dep* pinch; *nyps inte!* don't pinch me!

ny|planterad *a5* newly (recently) planted; replanted **-plantering** new plantation, newly planted flowerbed (*etc.*) **-platonism** Neo-Platonism

nypon [-ån] *s7* rosehip **-blomma** dog-rose [flower] **-buske** dog-rose bush **-soppa** rosehip cream **-te** rosehip tea

ny|premiär (*på film*) rerun, revival **-pressad** *a5* newly pressed, (*om byxor äv.*) newly creased **-produktion** new production; *~ av bostäder* newly constructed dwellings **-påstigen** *a5* who has just entered the bus (train *etc.*) **-rakad** *a5* freshly-shaved **-rekrytera** recruit new man (staff) **-reparerad** *a5* newly repaired **-rik** new-rich; *en ~* a nouveau riche; *de ~a* the new-rich

Nürnberg ['nyrn-] *n* Nuremberg **-processen** the Nuremberg trials (*pl*)

ny|romantik neoromanticism; *~en* (*äv.*) the Romantic Movement **-romantiker** neoromanticist **-rostad** [-å-] *a5* freshly-roasted

nys *s, i uttr.: få ~ om ngt* get wind of s.th.

nysa *v3, imperf. äv. nös* sneeze

ny|silver silver-plated ware; *gafflar av ~* silver-plated forks **-skapa** create anew; *~d* newly created **-skapande** *s6, ~t av* the creating of new **-skapare** innovator, creator of new; *flottans ~* the creator of the new navy **-skapelse** new creation, innovation **-slagen** *a5* (*om hö o.d.*) new-mown

nysning [ˣny:s-] sneezing; *en ~* a sneeze

ny|snö newly-fallen snow **-språklig** *a1, ~ linje* modern language side

nyspulver sneezing powder

nyss just [now], a moment ago; *en ~ inträffad olycka* a recent accident **-nämd** *a5* just mentioned (*etc.*)

nysta wind; *absol äv.* make up into balls (a ball) **nystan** *s7* ball, spool

ny|startad *a5* (*om företag*) newly established (founded *etc.*) **-stavning** new (reformed) spelling **-struken** *a5* newly ironed

nystvinda reel, hasp, spindle

ny|stärkt *a4* freshly-starched **-svenska** Modern Swedish **-teckna** ~ *aktier i* subscribe to new shares in; *~de aktier* newly subscribed shares; *~de försäkringar* new insurance business (*sg*) **-teckning** (*av aktier*) new subscription

nyter ['ny:-] *a2* cheery, bright; *pigg och ~* bright and cheery

ny|tillskott new addition; new influx **-tryck** reprint

nytt *n, någonting ~* something new; *~ och gammalt* new things and old; *på ~* anew, once more; *börja på ~* start (begin) afresh; *försöka på ~* try again, have another try, make a new attempt

nytt|a I *s1* (*användning*) use, good; (*fördel*) advantage, benefit, profit; (*-ighet*) utility, usefulness; *förena ~ med nöje* combine business with pleasure; *~n med det* the use[fulness] (advantage) of it; *dra ~ av* benefit from, profit by, utilize, (*med orätt*) take advantage of; *göra ~* do some good, be of some use; *ha ~ av* find useful (of use); *vara till ~* be of some help, do some good; *till ~ för* of use to, serviceable for; *till ingen ~* of no use **II** *v1, se gagna*; *det ~r inte* it is no use (*att göra det* doing it) **nyttig** *a1* useful (*för* for); of use (service) (*för* to); good (*för* for); (*hälsosam*) wholesome; *det blir ~t för mig* it will do me good **nyttiggöra** utilize, use **nyttighet** (*med pl*) utility; (*utan pl äv.*) usefulness

nyttja use, employ; *jfr använda* **nyttjanderätt** usufruct, right of (to) use; *ha ~ till* hold in usufruct, have the use and enjoyment of

nytto|betonad *a5* utility; utilitarian **-föremål** useful article **-konst** applied art **-moral** utilitarian morality **-synpunkt** *ur ~* from the utility

N

(utilitarian) point of view **-trafik** commercial traffic **-varor** utility products (articles) **-växt** useful plant
ny|tvättad *a5* just washed; newly washed; (*om fönster*) newly cleaned **-tändning** appearance of a new moon **-uppfunnen** *a5* recently invented **-upptäckt** *a4* rediscovered **-utgåva** new edition **-utkommen** *a5* just (recently) published, that has just appeared **-utnämnd** *a5* newly appointed **-utslagen** *a5* (*om blomma*) that has just come out **-val** *s7* new election; *utlysa* ~ appeal to the country, publish notices of a new election **-vald** *a5* newly elected **-vunnen** *a5* newly won **-värdesförsäkring** reinstatement value insurance **-zeeländare** [-ˣse:-] New Zealander **-zeeländsk** [-ˣse:-] *a5* New Zealand **-år** new year; *fira* ~ celebrate New Year
nyårs|afton New Year's Eve **-dag** New Year's Day **-gåva** new-year['s] gift **-löfte** New Year resolution
nyöppnad *a5* newly started (*affär* shop); newly opened (*konto* account)
1 nå *interj* well!; (*ju*) why!; ~ *då så!* oh, in that case!
2 nå *v4* (*komma fram t.*) reach (*äv. bildl.*), get (come) to, arrive at; (*upp-*) attain, achieve (*äv. bildl.*); (*räcka*) reach, attain; ~ *mogen ålder* reach maturity; *enighet har ~tts om* agreement has been reached on; *jag ~ddes av nyheten* the news reached me; *han ~r mig till axeln* he comes up to my shoulder; *jag ~r inte dit* I cannot reach as far as that, it is beyond my reach; ~ *fram till* reach as far as [to]; ~ *ner till* reach down to; ~ *upp till* reach [up to], come up to
nåd *s3* **1** (*misskund*) grace; (*barmhärtighet*) mercy; (*ynnest*) favour; *av Guds ~e* (*om kung*) by divine right, (*om t.ex. skald*) divinely gifted; *i ~ens år 1931* in the year of grace 1931; *av* ~ out of mercy; *ansöka om* ~ apply for a (sue for) pardon; *få* ~ be pardoned; *ge sig på ~ och onåd* surrender unconditionally, make an unconditional surrender; *i ~er* graciously; *leva på ~er hos ngn* live on a p.'s charity; *låta ~ gå före rätt* temper justice with mercy; *synda på ~en* (*eg.*) presume on God's grace, *vard.* take advantage of a p.'s generosity; *finna ~ inför ngns ögon* find favour with s.b.; *ta ngn till ~er igen* take s.b. back into one's favour **2** (*höghet*) Grace; *Ers* ~ Your Grace, (*Storbritannien äv.*) Your Lordship (Ladyship), my Lord (Lady); *lilla ~en* (*skämts.*) her little ladyship; *två gamla ~er* two old (elderly) ladies
nåda|skott *se -stöt* **-stöt** coupe de grâce, deathblow; *ge ~en* finish off, put out of misery **-tid** time of grace, respite
nåde I *s, se nåd 1* **II** *v, i uttr. såsom: Gud ~ dig!* God have mercy upon you!; *Gud ~ om ...!* God help me if ...! **-ansökan** petition for pardon **-gåva** gift of grace; (*friare*) bounty, gratuity **-hjon** [-jɔ:n] *s7* receiver of charity **-medel** means of grace **-rik** abounding in grace; (*friare*) gracious, merciful **-skott, -stöt** *se nådastöt* **-vedermäle** mark of favour
nådig *a1* gracious; merciful; *Gud vare mig ~!* God be merciful to me (have mercy upon me)!; *på ~[a]ste befallning* by His (Her) Majesty's Command; ~ *frun* her (*vid tilltal:* Your) Ladyship; *min ~a* your Ladyship, my Lady, [my dear] Madam
någ|on [-ån] (*jfr något, några*) (*en viss*) some, *subst.* someone, somebody; (*en el. ett par*) a[n] ... or two (so); (~ *alls*, ~ *som helst*) any, *subst.* anyone, anybody; (*en, ett*) a[n]; (*en enda*) one, a single; *har du ~ bror?* have you a brother?; *-ra egna barn har de inte* they have no children of their own; *har du -ra pengar? a*) (*på dig*) have you any money?, *b*) (*att låna mig*) have you got some money?; *om ~ vecka* in a week or two (so); *är det ~ här?* is there anyone here?; *jag har inte berättat det för ~* I haven't told anyone; *kan ~ av er ...?* can one (any [one]) of you ...?; ~ *av dem måtte ha* one of them must have; *inte i ~ större utsträckning* not to any great extent; *utan ~ [som helst] svårighet* without any difficulty [whatsoever]; *inte på -ot vis!* by no means!, not at all!; *på -ot sätt* somehow (in some way) [or other]; *vi var -ra och trettio* we were thirty odd; *hon är -ra och trettio* she is thirty odd (something); ~ *annan* someone else; ~ *annan gång* some other time; *bättre än ~ annan* better than anyone else; ~ *annanstans* somewhere else; *-ot eller -ra år* one year or more; ~ *sådan har jag inte* I have nothing like that (of that kind); *en ... så god som ~* as good a[n] ... as any; *denne ~* this somebody; *du om ~* you if anybody; *tala svenska med ~ brytning* speak Swedish with a slight accent; *kära nån [då]!* goodness me!
någon|dera *fören.* one ... or the other; *självst.* one or other (*av dem* of them) **-sin** [-inn] ever; [at] any time; *aldrig* ~ never **-stans, -städes** (*jfr någon*) somewhere; anywhere; *AE. vard.* some place, any place **-ting** (*jfr något*) something; anything
någorlunda fairly, tolerably, pretty
någ|ot [-ått] **I** *pron* (*jfr någon*) something; anything; (*-on del*) some, any; (~ *litet*) a little; *det är ~ mycket vanligt* that (it) is [a] very common [thing]; *vad för ~?* what?; *vad är det för ~?* what is that?; *det var ~ visst med honom* there was [a certain] something about him; ~ *sådant har aldrig hänt förut* such a thing has never (no such thing has ever) happened before; *han är ~ av en konstnär* he is something of an artist; *vill du mig ~? a*) (~ *särskilt*) is there something you want to see me about?, *b*) (~ *över huvud taget*) is there anything you want to see me about? **II** *adv* somewhat; a little, a bit, rather; ~ *mindre än en timme* a little less than (somewhat under) an hour; *han är ~ till fräck!* he's pretty (a bit) impudent! **någotsånär** *se någorlunda* **några** [ˣnå:g-] (*jfr någon*) some; any; *subst.* some (any) people; (~ *få*) a few [people *etc.*]; *om ~ dagar* in a few (in two or three) days
nåja ['nå:-] oh well!
nål *s2* needle; (*hår-, knapp-*) pin; *sitta som på ~ar* (*bildl.*) be on pins and needles (on tenterhooks)
nål|a ~ [*fast*] pin on (*på* to), fasten on (*på* to) **-brev** packet of needles **-dyna** pincushion **-pengar** *pl* pin money (*sg*) **-påträdare** needle threader **-rasp** *s7* (*på grammofon*) scratching **-spets** needle-point, pinpoint **-stick** pinprick (*äv. bildl.*)

nålsöga eye of a (the) needle
nål|vass [as] sharp as a needle **-ventil** needle valve
nåt *s2, s7, sjö. o. fack.* seam
nåtla [ˣnå:t-] *fack.* close, bind
nåväl well; all right
näbb *s2, s7* bill; (*i sht rovfågels*) beak; *var fågel sjunger efter sin* ~ every bird pipes its own lay; *försvara sig med ~ar och klor* defend o.s. tooth and nail **-djur** *zool.* duckbill [platypus] **-gädda 1** *zool.* garfish **2** *bildl.* pert (saucy) girl
näbb|ig *a1, bildl.* pert, saucy, impudent **-mus** shrew[mouse]; *vanlig* ~ common shrew **-val** *s2* bottle-nosed whale
näck *s2* water-sprite; *N~en* Neck[an], *Skottl.* Kelpie **-ros** water lily
näktergal *s2* [thrush] nightingale
nämligen (*framför uppräkning*) namely, *skriftspr.* viz.; (*det vill säga*) [and] that is, which is; (*emedan*) for, because; (*'ser ni'*) you see; *sak en är ~ den att* the fact is, you see, that, it's like this, you see
nämn|a *v2* (*om-*) mention (*för* to); (*säga*) say; (*omtala*) tell; (*be-*) name, call; ~ *var sak vid dess rätta namn* call a spade a spade; *ingen -d och ingen glömd* all included; *under -da förutsättning* on the given assumption **-are** *mat.* denominator
nämnd *s3* (*jury*) jury, panel; (*utskott*) committee, board **nämndeman** juror, juryman
nämn|värd [-vä:-] *a1* worth mentioning (speaking of); considerable, appreciable; *i ~ grad* materially; *ingen ~ förändring* no change to speak of
nännas *v2, dep* have the heart to
näpen *a3* engaging; sweet (dear) little (*flicka* girl); *i sht AE.* cute
näppe *s i uttr.: med nöd och ~* only just **-ligen** *se knappast*
näpsa *v3* (*tillrättavisa*) rebuke; (*straffa*) chastise, punish **näpst** *s3* rebuke; chastisement
1 när I *konj* **1** when; (*just som*) [just] as; (*medan*) while; (*-helst*) whenever; ~ *han kom in i rummet såg han* on entering the room he saw **2** *se emedan* **II** *adv* when, at what time; ~ *som helst* at any time (moment)
2 när I *adv* near, [near (close)] at hand; *från ~ och fjärran* from far and near; *inte göra en fluga för ~* not hurt a fly; *det gick hans ära för ~* it hurt his pride; *jag hade så ~ sagt* I [very] nearly said, I was on the point of saying; *så ~ som på* except [for], but; *inte på långt ~* not by a long way; not anything like; *det var på ett hår ~* it was within an ace of **II** *prep* (*hos*) with, near
1 nära *närmare närmast o. näst* **I** *oböjl. a* near (*äv. om tid*); close; *bildl.* close, intimate; *på ~ håll* at close quarters; *inom en ~ framtid* in the near future **II** *adv* near; (*i tid äv.*) at hand; close to, nearby; *bildl.* closely, intimately; (*nästan*) almost; ~ *förestående* impending, imminent; *vara ~ att* be on the point of (*falla* falling), *AE. äv.* be near to (+ *inf.*); ~ *skjuter ingen hare* a miss is as good as a mile; ~ *inpå* near at hand; *affären ligger ~ till för oss* the shop is handy for us
2 när|a *v2* nourish, feed (*äv. bildl.*); (*hysa*) cherish, entertain; ~ *en orm vid sin barm* nourish a viper in one's bosom; *ett länge -t hopp* a long-cherished hope; *en länge -d misstanke* a long-boured suspicion
närande *a4* nourishing; nutritious, nutritive
när|apå almost, pretty near[ly]; (*så gott som*) practically **-belägen** (situated *etc.*) near (close) by (at hand); adjacent, neighbouring; *i sht AE.* nearby **-besläktad** closely related (akin) (*med* to) **-bild** close-up [picture] **-butik** neighbourhood shop (*AE.* store) **-demokrati** grassroots democracy **-gränsande** *a4* adjacent, adjoining, neighbouring **-gången** *a3* intrusive; forward; (*taktlös*) indiscreet; (*om fråga o.d.*) inquisitive; *AE. sl.* fresh **-helst** whenever **-het** nearness; (*grannskap*) neighbourhood, vicinity; *i ~en av* (*äv.*) near [to]; *här i ~en* near (round about) here
närig *a1* (*snål*) greedy, stingy; (*'om sig'*) thrifty **-het** greediness *etc.*
näring 1 (*föda*) nourishment (*äv. bildl.*); *eg. äv.* nutriment; *bildl. äv.* fuel (*åt* to); *ge ~ åt* give (afford) nourishment to, *bildl.* add fuel to; *ge ny ~ åt* (*bildl.*) give new life to **2** (*näringsfång*) industry; *handel och ~ar* commerce and industry
närings|behov nutritional requirement **-fattig** of low food value; (*om jord*) poor **-frihet** freedom of (liberty to pursue a) trade **-frihetsombudsman** Competition Ombudsman **-fysiologi** nutritional physiology **-fång** *s7, se yrke* **-gren** [branch of] business (industry) **-idkare** tradesman, industrialist **-kedja** food chain **-liv** economic (industrial) life; trade and industry **-lära** nutrition **-lösning** *fysiol.* nutrient solution; (*för bakterieodling*) culture medium **-medel** food[stuff] **-politik** economic policy **-rik** nutritious, of high food value **-riktig** nourishing; of nutritional value **-ställe** restaurant; refreshment rooms (*pl*), eating house **-tillförsel** nutrient input (supply) **-utskott** *~et* [the Swedish parliamentary] standing committee on industry and commerce **-värde** nutritive (food) value **-ämne** nutritive (nutritious) substance
när|kamp *s3, sport.* infighting **-köp** *se närbutik* **-liggande** *a4, bildl.* close at hand, kindred; *ett ~ problem* a kindred (closely allied) problem; *mera ~* more immediate
närma bring (draw, push) near[er], approach; ~ *sig* approach, draw near[er] [to ...]; ~ *sig sitt färdigställande* near completion; *klockan ~r sig 10* it is getting on towards 10 o'clock; *slutet ~de sig* the end was approaching, it was drawing near the end
närmande *s6* approach, advance; renewal of friendly relations; *polit. etc.* rapprochement; *otillbörliga ~n* [improper] advances
närmare *komp. t. nära* **I** *a* nearer, closer; (*om väg*) shorter; (*ytterligare*) further (*detaljer* particulars) **II** *adv* nearer, closer, more closely; in [greater] detail; *gå ~ in på frågan* go into the question in detail; *bli ~ bekant med ngn* become better acquainted with s.b., get to know s.b. better; *förklara ~* explain in detail, give further particulars; *studera ~* examine in detail; *ta ~ reda på* find out more about; *jag skall tänka ~ på saken* I shall think the matter over more carefully; *eller, ~ bestämt* or, more exactly **III** *prep* nearer [to], closer to; (*nästan*) nearly, close [up]on **närmast** *superl. t. nära* **I** *a* nearest (*äv. bildl.*); (*omedelbar*) immediate; (*om vän e.d.*) closest, most intimate; (*~ i ordningen*) next; *~e anhörig[a]* next of kin,

N

nearest relative[s]; *mina ~e* those nearest and dearest to me, my people, *vard.* my folks; *mina ~e planer* my plans for the immediate future; *de ~e dagarna* the next few days; *inom den ~e framtiden* in the immediate future; *var och en är sig själv ~* every man for himself; *i det ~e* [very] nearly, almost, practically, as good as **II** *adv* nearest (closest) [to]; *bildl.* most closely (intimately); immediately; next; (*främst*) in the first place; (*huvudsakligast*) principally; *de ~ sörjande* the principal (chief) mourners; *~ föregående år* the immediately preceeding year; *~ på grund av* mainly because (owing to); *han ser ~ ut som en...* he looks more like a[n] ... than anything **III** *prep* nearest (next) [to]

närmevärde approximate value

närsalt nutritive salt

när|sluta *-slöt -slutit* enclose, attach **-strid** close combat, hand-to-hand fighting **-stående** *a4* close, near; (*-besläktad*) kindred; *~ företag* associated company, *AE.* affiliated corporation; *i regeringen ~ kretsar* in circles close to the Government **-synt** [-y:-] *a1* short-sighted; *med.* myopic **-synthet** short-sightedness; *med.* myopia **-vara** *-var -varit* be present (*vid* at); *~ vid* (*äv.*) attend **-varande** *a4* present (*vid* at); *de ~* those present; *för ~* for the present (time being), at present, *AE. äv.* presently **-varo** *s9* presence; (*vid möte o.d. äv.*) attendance; *i ~ av* in the presence of, before

näs *s7* (*landremsa*) isthmus, neck of land; (*landtunga*) point, headland; *se äv. udde*

näs|a *s1* nose; *peta* [*sig i*] *~n* pick one's nose; *tala i* (*genom*) *~n* talk through the nose, have a nasal twang; *dra ngn vid ~n* lead s.b. by the nose, take s.b. in; *det gick hans ~ förbi* it passed him by; *ha ~ för* have a flair for; *han låter ingen sätta sig på ~n på sig* he lets no one sit on him; *lägga ~n i vädret* (*dö*) turn up one's toes [to the daisies]; *mitt för ~ på ngn* right in front of a p.'s nose; *räcka lång ~ åt* cock a snook at, thumb one's nose at; *inte se längre än ~n räcker* not see further than the end of one's nose; *ha skinn på ~n* have a will (mind) of one's own; *stå där med lång ~* be left pulling a long face; *stå på ~n* take a header, come a cropper; *sätta ~n i vädret* toss one's head, be stuck-up (cocky) **-ben** nasal bone **-blod** nose-bleeding; *blöda ~* have an attack of nose-bleeding **-borre** [-å-] *s2* nostril **-bränna** *s1* (*tillrättavisning*) rebuke; (*minnesbeta*) lesson **-duk** handkerchief **-håla** nasal cavity **-knäpp** *s2, vard.* rebuke, snub, reprimand **-pärla** *se näbbgädda 2* **-rot** root of the nose **-rygg** bridge of the nose

nässel|djur cnidarian **-feber** nettle rash, hives, *fack.* urticaria **-fjäril** tortoiseshell [butterfly] **-kål** *kokk.* nettle soup (broth) **-utslag** nettle rash

nässla *s1* nettle

nässpets *se nästipp*

näst *superl. t. nära, adv* next (*efter, intill* to); *den ~ bästa* the second (next) best; *den ~ sista* the last but one; *~ äldste sonen* the second son

1 nästa I *s1* neighbour; *kärleken till ~n* love for one's neighbour **II** *a, superl.* next; (*påföljande*) the next, (*påföljande gång*) the next time; *den 1:a ~ månad* (*hand. äv.*) on the first prox.

2 nästa *v1, sömn.* stitch

nästan almost; *AE. äv.* (*i sht om tid*) just on; (*ej långt ifrån*) nearly; (*starkare*) all but; *~ aldrig* (*ingen*) hardly ever (anybody); *jag tror* (*tycker*) *~ att* I rather (almost) think that

näste *s6* nest; *bildl. äv.* den

näst|följande next; the immediate following **-intill I** *prep* next to **II** *adv* nearest (next) to this (it *etc.*)

nästipp tip of the nose

nästkommande *a4* next; (*nästa månad*) proximo (*förk.* prox.); *~ maj* in May next; *under ~ år* (äv.) during the coming year

nästla *~ sig in, se innästla*

näs|täppa *jag har ~* my nose is stopped up **-vinge** wing of the nose (nostril) **-vis** *a1* impertinent, cheeky; pert, saucy **-vishet** impertinence, cheekiness *etc.*

nät *s7* net; (*spindel- äv.*) web; (*-verk*) network (*äv. bildl.*); *tel. o.d. äv.* system **-ansluten** *a5, tel. o.d.* connected to the main system **-boll** *tennis. o.d.* net **-hinna** *anat.* retina **-hinneinflammation** inflammation of the retina **-kasse** string bag **-mage** reticulum (*pl* reticula) **-maska** [net] mesh **-planering** network planning **-spänning** mains voltage

nätt I *a1* **1** pretty; dainty; (*prydlig*) neat; *en ~ summa* a tidy (nice little) sum **2** (*knapp*) scanty, sparing **II** *adv* **1** prettily *etc.* **2** scantily *etc.*; *~ och jämnt* barely, only just **-upp** ['nätt-] just [about]

nät|verk network; netting **-vinge** *zool.* neuropteran

näva *s1* cranesbill

näv|e *s2* fist; (*handfull*) fistful (handful) [of ...]; *slå ~n i bordet* (*bildl.*) put one's foot down; *spotta i -arna* spit on one's hands, buckle down to work

näver ['nä:-] *s2* birch bark

näv|kamp fisticuffs (*pl*) **-rätt** *hist.* fist (club) law; (*våld*) jungle law

nöd *s3* distress; trouble; (*brist*) need, want; (*trångmål*) straits (*pl*); *fartyg i ~* vessel in distress; *lida ~* be in need; *den tysta ~en* uncomplaining poverty; *~en har ingen lag* necessity knows no law; *~en är uppfinningarnas moder* necessity is the mother of invention; *när ~en är störst är hjälpen närmast* it is always darkest before dawn; *i ~en prövas vännen* a friend in need is a friend indeed; *det går ingen ~ på honom* he's well provided for; *vara av ~en* be needed (necessary); *med knapp ~* only just; *till ~s* if need be, at a pinch **-bedd** *a5, vara ~* have to be pressed **-bostad** emergency housing (flat *etc.*) **-broms** emergency brake; *dra i ~en* pull the communication cord

nödd *a5, vara ~ och tvungen* be forced [and compelled]

nöd|dop emergency baptism **-fall** *i ~* in case of need (necessity), in an emergency, (*friare*) if necessary **-fallsåtgärd** emergency measure; makeshift **-flagg** distress signal

nödga constrain; (*tvinga*) force, compel; (*truga*) press, urge **nödgas** *v1, dep* be compelled (forced) to

nöd|hamn port (harbour) of refuge **-hjälpsarbete** relief work

nödig *a1* (*nödvändig*) necessary; (*erforderlig*)

needful, requisite, required
nöd|landa forceland, be forced down **-landning** forced (emergency) landing **-lidande** *a4* necessitous; (*utarmad*) needy, destitute **-läge** distress, critical position; emergency; extremity **-lögn** white lie **-lösning** makeshift (temporary) solution **-mynt** emergency coin **-raket** distress rocket **-rim** halting (makeshift) rhyme **-rop** cry (call) of distress (for help) **-saka** *se nödga*; *bli* (*vara*) *~d att* be obliged (compelled, forced) to; *se sig ~d att* find o.s. compelled to **-signal** distress signal; S.O.S.; *radiotel.* mayday **-slakt** emergency slaughter **-ställd** *a5* distressed; in distress **-tid** *i ~er* in times of dearth (distress, scarcity) **-torft** [-å-] *s3, livets ~* the bare necessities of life **-torftig** scanty, meagre **-tvungen** *a5* enforced; compulsory **-tvång** *av ~* out of necessity **-utgång** emergency exit
nödvändig [ˣnö:d-, -'vänn-] *a1* necessary **-göra** necessitate, make (render) necessary **-het** necessity; *tvingande ~* imperative (urgent) necessity; *med ~* (*-vändigt*) of necessity **-hetsartikel** necessity, necessary [of life] **-tvis** necessarily; of necessity; absolutely; *måste ~ leda till* is (are) bound to lead to; *han ville ~ komma* he would come, he insisted on coming
nöd|värn self-defence **-år** year of famine
nöj|a [ˣnöjja] *v2, rfl* be satisfied (content), content o.s.; *~ sig med att* (*inskränka sig t. att, äv.*) restrict (confine) o.s. to **-aktig** *a1* satisfactory **-aktigt** *adv, ~ besvara* give a satisfactory answer **-aktighet** satisfactoriness
nöjd *a1* satisfied (*äv. mätt*); (*för-*) content[ed]; (*belåten*) pleased; *~ med litet* satisfied with a little, easily satisfied; *vara ~ på ngt* (*ha fått nog av ngt*) have had enough of s.th.
nöje [ˣnöjje] *s6* pleasure; (*starkare*) delight; (*förströelse*) amusement, entertainment; (*tidsfördriv*) diversion, pastime; *ha ~ av, finna ~ i* derive pleasure from, find (take) pleasure in, enjoy; *för sitt höga ~s skull* for one's own sweet pleasure, just for fun; *vi har ~t att meddela* we have the pleasure of informing you; *det skall bli mig ett sant ~ att* I shall be delighted to; *jag skall med ~ göra det* (*äv.*) I shall be glad to do it, I'll do it gladly; *du får det med ~* (*äv.*) you are very welcome to it; *mycket ~!* have a good time!, enjoy yourself!; *offentliga ~n* public amusements
nöjes|branch entertainment industry **-etablissemang** pleasure ground, amusement park **-fält** fair (pleasure) ground; *AE. äv.* carnival **-industri** entertainment industry **-liv** entertainments (*pl*); life of pleasure **-lysten** fond of amusement **-lystnad** fondness for (love of) amusement **-resa** pleasure trip **-skatt** entertainment tax
nöjsam *a1, se rolig*
nöp *imperf. av nypa*
nös *imperf. av nysa*
1 nöt *-en nötter, bot.* nut; *en hård ~ att knäcka* (*bildl.*) a hard nut to crack, a poser
2 nöt *s7* **1** *se nötkreatur* **2** *bildl.* ass, blockhead; *ditt ~!* you silly ass (*etc.*)!
nöta *v3* (*slita*) wear; (*gnida*) rub; *~ hål på* wear through; *~ skolbänken* grind away at one's classroom desk; *tyget tål att ~ på* the material will wear [well] (will stand [hard] wear); *du får ~ på dina gamla kläder* you must wear out your old clothes [first]; *~ ut* wear out; *~s* get worn (rubbed)
nötboskap [neat] cattle (*pl*)
nöt|brun nutbrown, hazel **-frukt** nut [fruit]
nöthår cowhair
nöt|knäckare, -knäppare [[a] pair of] nutcrackers (*pl*)
nötkreatur *pl* cattle; *sju ~* seven head of cattle
nöt|kråka *zool.* nutcracker **-kärna** kernel of a nut
nötkött beef
nötning [ˣnö:t-] wear, use; *bildl.* wear and tear
nöt|skal nutshell (*äv. bildl.*); (*om båt äv.*) cockleshell **-skrika** *s1, zool.* jay
nött *a1* worn (*i* at); (*om kläder äv.*) the worse for wear, threadbare, shiny; *~a fraser* hackneyed phrases
nötväcka *s1, zool.* nuthatch

O

o *interj* oh!; *~ ve!* alas!
oaktat I *prep* notwithstanding; *jfr trots II*; *det*[*ta*] *~* for all that, all the same **II** *konj* [al]though, even though
o|aktsam careless (*med* about) **-aktsamhet** carelessness, negligence **-amerikansk** *~ verksamhet* un-American activities (*pl*) **-anad** *a5* unsuspected; unimagined; *~e möjligheter* undreamed-of (undreamt-of) possibilities **-angenäm** unpleasant, disagreeable **-angripbar** [-i:p-] *a1* **-angriplig** [-i:p-] *a1* unassailable (*äv. bildl.*); (*om vittnesbörd e.d.*) unimpeachable; *~ bevisföring* unexceptionable argumentation **-anmäld** [-ä:-] *a5* unannounced **-anmärkt** *a4* unchallenged; *låta ngt passera ~* let s.th. pass without comment **-ansenlig** [-e:n-] insignificant; (*ringa*) humble; (*om t.ex. lön*) meagre, modest; (*enkel*) plain (*utseende* looks); (*ej iögonenfallande*) inconspicuous **-ansenlighet** insignificance; humbleness *etc.* **-anständig** indecent; (*anstötlig*) shocking; improper; (*slipprig*) obscene; (*otillbörlig*) disgraceful, shameful **-anständighet** indecency; impropriety; obscenity; shockingness *etc.*; (*i ord*) indecent remark, obscenity **-ansvarig** irresponsible **-antagbar** *a5*, **-antaglig** *a5* unacceptable, that cannot be accepted **-antastlig** *a1* unassailable, inviolable; *jur.* unimpeachable **-anträffbar** unavailable; untraceable; not in (at home); engaged **-använd** *a5* unused; (*om plagg äv.*) unworn; unemployed; (*om kapital*) idle **-användbar** unusable, useless,

of no use, unfit for use; *vard.* no good
o|aptitlig unappetizing (*äv. bildl.*); *i sht bildl.* unsavoury; (*otäck*) disgusting **-art** bad habit **-artig** impolite, uncivil, discourteous **-artighet** impoliteness, incivility; *en ~* a discourtesy **-artikulerad** *a5* inarticulate
oas *s3* oasis (*pl* oases)
o|avbruten *a5* uninterrupted; unbroken (*tystnad* silence); continuous (*verksamhet* activity); (*oupphörlig*) incessant **-avgjord** undecided; unsettled; *spel., sport.* drawn; *-avgjort lopp* dead heat; *~ match* draw; *ärendet lämnades -avgjort* the matter was left unsettled (pending) **-avgjort** *adv, sluta ~* end in a draw; *spela ~* draw, tie **-avhängig** independent; (*autonom*) autonomous, self-governing **-avhängighet** independence; autonomy, self-government **-avhängighetsförklaring** declaration of independence **-avkortad** [-årt-] *a5* (*om text*) unabridged, unabbreviated; (*om t.ex. lön*) uncurtailed **-avlåtlig** [-å:-] *a1* incessant, unceasing, continuous; (*ständig*) constant **-avlönad** unpaid, unsalaried; *äv.* honorary **-avsedd** unintended; *-avsett att* irrespective of (apart from) the fact that; *-avsett hur* (*äv.*) no matter how **-avsiktlig** unintentional, unintended **-avslutad** unfinished, uncompleted; (*om räkenskaper*) not closed **-avsättbar** *a5* irremovable **-avvislig** [-i:s-] *a1* not to be rejected (refused), unrejectable; imperative; *ett ~t krav* a claim that cannot be refused, an imperative demand **-avvänt** *adv* unremittingly; *~ betrakta* watch intently
o|balans imbalance, disequilibrium **-balanserad** unbalanced; *äv. bildl.* ill-balanced **-banad** *a5* untrodden; unbeaten; pathless; *~e vägar* unbeaten tracks **-barmhärtig** unmerciful, uncharitable; merciless **-barmhärtighet** mercilessness *etc.*
obduc|ent [åbdu'sent] postmortem examiner **-era** perform (make) a postmortem [examination] (*ngn* on s.b.) **-ering** [-'se:-] *se obduktion*
obduktion [-k'ʃɑ:n] *s3* postmortem [examination], autopsy
o|beaktad *a5* unnoticed; *lämna ~* leave unheeded, disregard, (*genom förbiseende*) overlook **-bearbetad** *a5* (*om råvara*) raw, crude; (*om metall*) unwrought; (*i maskin*) rough, unmachined **-bebodd** *a5* uninhabited; unoccupied; (*om hus*) untenanted; *~a trakter* uninhabited regions
obedd *a5* unasked; uninvited
o|befintlig nonexistent; that does not exist; missing **-befläckad** *a5* immaculate; (*om namn, ära o.d.*) unsullied, stainless, spotless **-befogad** unwarranted, unjustified (*anmärkning* remark) **-befolkad** [-å-] *a5* uninhabited **-befäst** unfortified; (*om stad äv.*) open; *bildl.* unstable **-begagnad** unused, unemployed; (*i reserv*) spare **-begriplig** incomprehensible; (*dunkel*) unintelligible; (*ofattlig*) inconceivable **-begriplighet** incomprehensibility *etc.* **-begränsad** unlimited; boundless (*förtroende* confidence); *jfr gränslös* **-begåvad** untalented; unintelligent **-behag** discomfort, uneasiness; (*otrevlighet*) annoyance; (*'trassel'*) trouble; *få ~ av* have trouble from; *känna [ett visst] ~* feel [slightly] ill at ease **-behaglig** disagreeable, unpleasant (*för* to; *mot* towards, to); *en ~ situation* (*äv.*) an awkward situation **-behandlad** untreated **-behindrat** *adv* smoothly, easily; unimpededly; (*fritt*) freely; *tala engelska ~* speak English fluently **-behärskad** uncontrolled; lacking in self-control **-behörig** (*inkompetent*) incompetent; (*ej behörig, oberättigad*) unauthorized; *~a äga ej tillträde* no admittance [except on business]; (*på enskilt område*) trespassers will be prosecuted, no trespassing **-behövlig** unnecessary; not necessary (required) **-bekant I** *a* (*okänd*) unknown (*för* to); (*med ngn, ngt*) unacquainted (*med* with); (*okunnig [om]*) ignorant (*med* of); *det torde inte vara Er ~ att* you will be aware that **II** *s, pl -bekanta, mat., ekvation med flera ~a* equation with several unknowns **-bekräftad** *a5* unconfirmed; unverified **-bekväm** uncomfortable; (*ej passande*) inconvenient; unsocial (*arbetstid* working hours *pl*); (*besvärlig*) awkward **-bekymrad** unconcerned (*om, för* about, as to); heedless (*om* of) **-belevad** unmannerly, ill-mannered
obelisk *s3* obelisk
o|belyst [-y:-] *a4* unlighted, unlit, not lit up **-belönad** *a5* unrewarded; unremunerated **-bemannad** *a5* unmanned **-bemedlad** without means **-bemärkt I** *a4* unobserved, unnoticed; (*anspråkslös*) humble **II** *adv* in obscurity **-bemärkthet** obscurity; *leva i ~* live in seclusion (obscurity) **-benägen** disinclined (*för* for); unwilling, reluctant **-benägenhet** disinclination; unwillingness, reluctance **-benämnd** *a5* (*om tal*) indenominate **-beprövad** untried **-beroende I** *s6* independence **II** *a4* independent (*av* of) **-beräknelig** [-ä:-] *a1* incalculable; unpredictable; (*nyckfull*) fickle, capricious; (*ofantlig*) immense **-beräknelighet** [-ä:-] incalculability; fickleness *etc.* **-berättigad** unentitled (*till* to); (*orättvis*) unjustified, unwarranted **-berörd** [-ö:-] *a1* untouched; (*opåverkad*) unaffected; (*okänslig*) impassive, unconcerned; (*likgiltig*) indifferent **-berördhet** [-ö:-] unconcern; indifference
o|besatt unoccupied; (*ledig*) vacant **-besedd** *a5* unseen, unexamined; uninspected **-besegrad** [-se:-] *a5* unconquered; *sport.* undefeated, unbeaten **-beskrivlig** [-i:v-] *a1* indescribable, (*outsäglig*) inexpressible **-beskuren** *a5* uncut; *bildl.* unabridged (*upplaga* edition) **-beslutsam** irresolute; undecided (*om* about); *vara ~* (*äv.*) hesitate, waver **-beslutsamhet** irresolution, indecision; hesitation **-beslöjad** [-öjj-] *a5* unveiled; (*ohöljd*) undisguised **-besmittad** *a5* undefiled, uncontaminated, unsullied **-besticklig** incorruptible, unbribable **-bestridd** *a5* uncontested, undisputed; (*om t.ex. välde*) unchallenged **-bestridlig** [-i:d-] *a1* indisputable, incontestable; (*otvivelaktig*) undoubted; (*oneklig*) undeniable **-bestridligen** [-i:d-] indisputably; unquestionably **-bestyrkt** *a4* unverified; (*om avskrift*) unattested **-bestånd** insolvency; *komma på ~* become insolvent **-beställbar** *a*[illegible] undeliverable (*försändelse* item of mail) **-bestämbar** indeterminable; (*om känsla o.d.*) indefinable **-bestämd** undecided; (*om antal, tid o.d.*) indefinite; (*om känsla*) undefined; (*vag*) vague; (*oviss*) uncertain; (*otydlig*) ill-defined; ~

artikeln the indefinite article; *uppskjuta på ~ tid* put off indefinitely **-beständig** inconstant; (*växlande*) changeable; (*ovaraktig*) impermanent, transient; *kem.* unstable **-besudlad** *se obefläckad* **-besvarad** *a5* unanswered; unreturned; (*om kärlek äv.*) unrequited **-besvärad** untroubled, undisturbed; (*otvungen*) unconstrained, [free and] easy

o|betagen *det är honom obetaget att* he is free (welcome, at liberty) to **-betalbar** (*komisk*) priceless, irresistible **-betald** [-a:-] *a5* unpaid; unsettled; (*om växel*) dishonoured **-betingad** *a5* unconditional; (*oinskränkt*) unrestricted, absolute; (*om förtroende, lydnad o.d.*) implicit **-betingat** unconditionally *etc.*; (*utan all fråga*) unquestionably **-betonad** unstressed, unaccented **-betvinglig** *a1* (*okuvlig*) unsubduable; (*oövervinnelig*) invincible, inconquerable; (*oemotståndlig*) irresistible **-betydlig** insignificant; inconsiderable; (*oviktig*) unimportant; (*ringa*) slight **-betydlighet** insignificance; triviality; (*med pl*) insignificant (*etc.*) matter (affair); *en ren ~* a mere trifle (nothing) **-betydligt** *adv* slightly; a little **-betäckt** *a4* uncovered, bare **-betänksam** thoughtless; (*mot andra*) inconsiderate; (*förhastad*) rash; (*oklok*) imprudent, unadvised, ill-advised **-bevakad** unguarded; unattended; *~ järnvägsövergång* ungated [railway] level crossing; *i ett -bevakat ögonblick* in an unguarded moment; *en ~ fordran* an unproved claim **-bevandrad** unfamiliar (*i* with); unversed (*i* in) **-beveklig** [-e:k-] *a1* implacable, inexorable; (*om lag, logik*) inflexible **-bevittnad** *a5* unwitnessed; (*om avskrift e.d.*) unattested **-bevuxen** bare **-beväpnad** unarmed; *med -beväpnat öga* with the naked eye

o|bildad uneducated; (*obelevad*) rude, ill-bred **-bildbar** uneducable **-billig** (*oskälig*) unreasonable; (*orättvis*) unfair

objekt [åb'jekt] *s7* object **objektiv I** [-'ti:v] *s7, fys.* objective; *opt.* lens **II** ['åbb-, -'ti:v] *a1* objective; (*saklig*) factual **objektivism** objectivism **objektivitet** objectivity; detachment **objektsform** objective form

o|bjuden *a5* uninvited; (*obedd*) unasked; *~ gäst* (*neds.*) intruder, gate-crasher **-blandad** unmixed, unmingled; (*ogrumlad*) unalloyed (*lycka* happiness)

oblat [sacramental] wafer **-tallrik** paten

o|blekt [-e:-] *a4* unbleached **-blid** unpropitious, unfavourable; *se med ~a ögon* regard with disapproval; *ett oblitt öde* a harsh (an adverse) fate **-blidkelig** *a1* implacable, inexorable; unappeasable

obligat *a4* obbligato

obliga|tion [å-] bond **-tionslån** bond loan

obligatorisk [-'to:-] *a5* compulsory; (*oumbärlig*) indispensable

o|blodig bloodless (*revolution* revolution); unbloody (*offer* sacrifice) **-blyg** unblushing, unabashed; (*skamlös*) shameless; (*fräck*) barefaced

oboe [ˣå:båe, å'bå:] *s5* oboe **-spelare** oboist

obol [å'bå:l] *s3* obol

o|borstad *a5* unbrushed; (*om sko*) unpolished; (*smutsig*) dirty; (*ohyfsad*) rough, rude, uncouth **-botfärdig** impenitent, unrepentant; *de ~as förhinder* cooked-up excuses **-botlig** [-o:t-] *a1* incurable; (*om skada*) irreparable; (*ohjälplig*) incorrigible (*ungkarl* bachelor) **-botligt** [-o:t-] *adv, en ~ sjuk* an incurable **-brottslig** unswerving (*trohet* loyalty); (*osviklig*) strict (*neutralitet* neutrality) **-brukad** *a5, se oförbrukad*; (*om jord*) uncultivated, untilled **-brukbar** unfit for use, useless **-bruklig** *a1* obsolete **-bruten** unbroken, intact; (*oöppnad*) unopened; *~ mark* (*äv. bildl.*) unbroken (virgin) ground; *-brutna krafter* unimpaired force

obs [åpps] [*förk. för observera*) *s7* [please] note, N.B. (*förk. för* nota bene)

obscen [åb'se:n, -'ʃe:n] *a1* obscene **obscenitet** *s3* obscenity

observandum [åbserˣvann-] *s8* thing to be observed; *ett ~* (*äv.*) a pointer **observans** [-'vans, -'vaŋs] *s3* observance; (*av regler*) [the] keeping (*av* of) **observation** observation

observations|förmåga power of observation **-klass** separate class for pupils with behavioural problems **-punkt** observation spot

observator [-ˣa:tår] *s3* (*iakttagare*) observer; (*vid observatorium*) astronomer **observatorium** [-ˣto:-, -'to:-] *s4* observatory **observatör** observer **observera** observe, notice (*iakttaga äv.*) watch; *det bör ~s att* it should be noted that **observerbar** [-ˣve:r-] observable

obskurant obscurant[ist]

obskyr [å-] *a1* obscure; (*'skum'*) dubious, shady

obsolet [å-å-] *a4* obsolete

obstetr|ik [å-] *s3* obstetrics (*pl, behandlas som sg*) **-iker** [-'te:-] obstetrician

obstinat [å-] *a1* obstinate, stubborn

obstru|ktion [-k'ʃo:n] obstruction (*mot* to); *AE. parl.* filibustering **-era** obstruct

o|bunden *eg.* unchained; (*om bok*) unbound; (*om pers.*) unfettered, unbound, free; *i ~ form* in prose **-bygd** undeveloped (wild) country (district); wilderness **-bäddad** *a5* unmade **-bändig** *a1* (*svårhanterlig*) intractable; (*svår att tygla*) irrepressible; (*våldsam*) unruly **-böjlig** inflexible; *språkv.* indeclinable; (*fast*) rigid; (*orubblig*) uncompromising **-bönhörlig** [-ö:-ö:-] *a1* implacable, inexorable **-bönhörligen** [-ö:-ö:-] implacably *etc.*; (*oåterkalleligen*) irrevocably

occidenten [åksi'denn-] *best. form* the Occident

ocean *s3* ocean; *bildl. vanl.* sea **-fart** ocean trade; transoceanic traffic **-gående** *a4* ocean-going

Oceanien [-'a:-] *n* Oceania

oceano|graf *s3* oceanographer **-grafi** *s3* oceanography

oceanångare ocean liner

ocensurerad *a5* uncensored

och [åkk, *vard.* å] and; *~ dylikt* and the like; *~ så vidare* and so on, etc.; *ligga* (*sitta, stå*) *~ läsa* lie (sit, stand) reading; *klockan tickar ~ tickar* (*äv.*) the clock keeps on ticking; *två ~ två* two by two; *5 pund per vecka ~ person* 5 pounds per week per person; *försök ~ låt bli att* try not to

ociviliserad *a5* uncivilized

ock [åkk] *se också, även*

ocker ['åkk-] *s7* usury; profiteering; *bedriva ~* practise usury **-hyra** exorbitant rent, rack-rent **-pris** exorbitant (extortionate) price **-ränta** ex-

O

tortionate interest
1 ockra [ˣåkk-] *v1* practise usury; ~ *på ngns godhet* trade upon a p.'s goodwill
2 ockra [ˣåkk-] *s1* ochre
ockra|brun ochreous **-gul** ochre yellow
ockrare [ˣåkk-] usurer, moneylender; profiteer
också ['åkk-] also; as well, too; (*till och med*) even; *eller* ~ or else; *om* ~ even though; *och det gjorde* (*betonat*) *jag* ~ and so I did; *och det gjorde jag* (*betonat*) ~ and so did I; *det var* ~ *en fråga!* that's quite a question!, what a question!; *men så är de* ~ *vackra* but then they are beautiful
ockult [å'kult] *a1* occult **-ism** occultism
ockupant [å-] occupier **ockupation** occupation
ockupations|armé army of occupation **-makt** occupying power **-trupper** *pl* occupation troops
ockupera [å-] occupy
o.d. (*förk för och dylikt*) and the like, and suchlike
odalbonde yeoman
odalisk *s3* odalisque
odaterad *a5* undated
odds [å-] *s7* odds (*pl*); *~en stod tio mot ett* the odds were ten to one; *ha ~en emot sig* have the cards stacked against one
ode *s6* ode
o|deciderad undecided, wavering **-definierbar** indefinable, undefinable; (*om t.ex. charm*) subtle **-dekorerad** [-å-] *a5* undecorated; plain **-delad** undivided (*äv. bildl.*); (*hel*) whole, entire; (*enhällig*) universal, unanimous; *-delat nöje* unalloyed pleasure; *väcka* ~ *beundran* arouse universal admiration; ~ *uppmärksamhet* undivided attention **-delbar** indivisible **-demokratisk** undemocratic
Oden ['o:-] *myt.* Woden
o|diplomatisk undiplomatic **-disciplinerad** [-isi-] *a5* undisciplined **-diskutabel** *a2,* **-disputabel** *a2* indisputable
odiös *a1* invidious
odjur monster; beast
odl|a [ˣo:d-] cultivate (*äv. bildl.*); (*blommor, grönsaker*) grow; *AE. äv.* raise; (*jorden äv.*) till; ~ *sin själ* cultivate (improve) one's mind; ~ *en bekantskap* cultivate (foster) an aquaintanceship **-are** cultivator, grower; (*kaffe- o.d.*) planter **-ing** cultivation; culture; (*kaffe- o.d.*) plantation **-ingsbar** *a1* cultivable; (*om jord*) arable
odogmatisk undogmatic[al]
odon [ˣo:dån] *s7* bog whortleberry
odonto|log [ådåntå'lå:g] odontologist **-logi** *s3* odontology; *~e kandidat* Bachelor of Dental Surgery; *~e studerande* dental surgery student **-logisk** [-'lå:-] *a5* odontological
o|dramatisk undramatic **-drickbar** undrinkable **-dryg** uneconomical **-dräglig** unbearable; unsufferable, intolerable; (*tråkig*) boring; *en* ~ *människa* (*äv.*) an awful bore **-duglig** (*om pers.*) incompetent, inefficient, unqualified, unfit (*till* for), incapable (*till* of); (*om sak*) useless, of no use, worthless **-dugling** [-u:-] good-for-nothing, incompetent **-dygd** mischief; naughtiness **-dygdig** naughty; mischievous **-dygdspåse** *en riktig* ~ a real little mischief (imp)
o.dyl. *se o.d.*
odyssé *s3* Odyssey **Odysseus** [o'dyssevs] Ulysses
o|dåga *s1* good-for-nothing, waster **-dödlig** immortal; (*oförgätlig*) imperishable (*ära* glory), deathless **-dödliggöra** immortalize **-dödlighet** immortality **-döpt** [-ö:-] *a4* unchristened
odör [bad, nasty] smell
odört [ˣo:d-] [poison] hemlock
o|eftergivlig [-ji:v-] *a1* irremissable (*krav* demand); indispensable, imperative, absolute (*villkor* condition) **-efterhärmlig** *a1* inimitable **-efterrättlig** *a1* (*oförbätterlig*) incorrigible; (*oresonlig*) unreasonable; (*olidlig*) insufferable
o|egennytta disinterestedness; altruism **-egennyttig** disinterested, altruistic **-egentlig** (*oriktig*) improper; (*bildlig*) figurative (*betydelse* sense); *~t bråk* (*mat.*) improper fraction **-egentlighet** [-je-] impropriety; *~er* (*i bokföring*) irregularities, (*förskingring*) embezzlement (*sg*) **-ekonomisk** uneconomic[al]; (*om pers. äv.*) unthrifty **-elastisk** inelastic **-eldad** *a5* unheated **-emballerad** *a5* unpacked
oemot|sagd *a5* uncontradicted; (*obestridd*) unchallenged **-ståndlig** *a1* irresistible **-säglig** [-ä:-] *a1* irrefutable, incontestable **-taglig** [-a:-] unsusceptible, inaccessible (*för* to); ~ *för* (*äv.*) immune to, (*okänslig*) impervious to **-taglighet** insusceptibility; immunity
oengelsk un-English
o|enhetlig nonuniform; (*oregelbunden äv.*) irregular; (*friare*) heterogeneous **-enig** disunited; *se äv. oense* **-enighet** disagreement; dissension; discord **-ense** *vara* ~ *med* disagree with, be at variance with
o|erfaren inexperienced (*i* in); (*omogen*) callow, green **-erfarenhet** inexperience (*i* in, of) **-erhörd** [-ö:-] *a1* (*exempellös*) unprecedented; (*enorm*) tremendous, enormous **-ersättlig** irreplaceable; irreparable (*skada* damage); irretrievable (*förlust* loss)
o|estetisk unaesthetic **-etisk** unethical
o|fantlig [-'fant-] *a1* enormous, immense; tremendous; huge: (*vidsträckt*) vast **-farbar** untrafficable, impassable; impracticable **-farlig** not dangerous, safe, involving no danger; harmless; (*oskadlig*) innocuous; (*om tumör e.d.*) benign **-fattbar** incomprehensible, unbelievable, inconceivable (*för* to) **-felbar** [-e:-] *a1* infallible; (*osviklig äv.*) unerring **-felbarhet** [-e:l-] infallibility
offensiv I [å-, -'i:v] *s3* offensive; *övergå till ~en* take the offensive **II** ['åff-, -'i:v] *a1* offensive; aggressive **-anda** aggressive spirit
offentlig [å'fent-] *a1* public; (*officiell*) official; *det ~a livet* public life; ~ *hemlighet* open secret; *~a myndigheter* public authorities; ~ *plats* public place; *den ~a sektorn* the public sector; *~t uppträdande* public appearance **-göra** [-ˣfent-] announce; (*i tryck*) publish; (*förordning e.d.*) promulgate **-het** publicity; (*allmänhet*) [general] public; *framträda inför ~en* appear before the public **-hetsprincip** principle of public access to official records
offentligt *adv* publicly, in public
offer ['åff-] *s7* (*slakt- o. bildl.*) sacrifice; (*-gåva*) offering; (*-djur; byte, rov*) victim; (*i krig, olycks-*

händelse) victim, casualty; *falla ~ för* fall a victim to; *inte sky några ~* shun no sacrifice **-altare** sacrificial altar **-djur** victim
offerera [å-] offer; (*lämna prisuppgift*) quote
offer|gåva offering **-källa** holy well **-lamm** sacrificial lamb; *bildl. äv.* innocent victim
offert [å'färt] *s3* offer (*på* of, for); (*pris*) quotation (*på* for); (*anbud*) tender, *AE.* bid (*på* for); *inkomma med ~* submit an offer; *lämna en ~* make an offer
offer|vilja spirit of self-sacrifice **-villig** self-sacrificing
officer [å-] -[*e*]*n -are* officer (*i* in; *vid* of); *vakthavande ~* officer of the guard; *värnpliktig ~* conscript officer
officers|aspirant cadet, probationary officer **-grad** [officer's] rank **-kår** body of officers **-mäss** officers' mess; *sjö.* wardroom
offici|ant [å-] officiating clergyman; officiant **-ell** *a1* official **-era** officiate
officin [å-] *s3* (*tryckeri*) printing-office; (*i apotek*) dispensary
officiös [å-] *a1* semiofficial
offra [å-] (*genom slakt*) sacrifice (*äv. bildl.*); (*bära fram offergåva*) offer [up]; *bildl. äv.* victimize; (*avstå från*) give up; *~ livet för* give one's life for; *~ pengar* (*tid*) *på* spend (waste) money (time) on; *inte ~ en tanke på* not give (pay) a thought to; *~ åt fåfängan* pay tribute to vanity; *~ sig* sacrifice o.s. (*för* for)
offset ['åff-] *s3* offset **-tryck** offset print[ing]
offside [åf'sajd] *s5 o. oböjl. a o. adv, sport.* offside
o|fin (*taktlös*) indelicate; (*ohyfsad*) ill-mannered, ill-bred; (*opassande*) indecorous; (*lumpen*) coarse **-finkänslig** tactless, indelicate **-fodrad** [-ɑ:-] *a5* unlined **-fog** *s7* mischief; *göra ~* do (be up to) mischief **-formlig** [-å-] formless, shapeless **-framkomlig** (*om väg*) impassable; impracticable (*äv. bildl.*) **-frankerad** *a5* unstamped, unpaid **-fred** (*krig*) war; (*osämja*) discord, dissension **-freda** molest **-fredstid** time of war[fare] **-fri** unfree; (*bunden*) fettered; *på ~ grund* on leasehold property **-frihet** lack of freedom **-frivillig** involuntary; (*oavsiktlig*) unintentional
ofrukt|bar infertile, barren; *bildl.* barren; sterile; (*om t.ex. försök, plan*) unfruitful **-barhet** infertility; barrenness *etc.* **-sam** barren, sterile **-samhet** barrenness, sterility
o|frånkomlig [-åm-] *a1* inevitable, unavoidable; inescapable **-frälse I** *oböjligt s* commoner **II** *oböjligt a* untitled; *de ~ stånden* the commoner estates
ofta [å-] *a1* often; (*upprepade gånger*) frequently; *en ~ återkommande* a frequent[ly recurring]; *så ~ jag ser* whenever I see; *~st* in most cases, most often; *allt som ~st* every now and then
oftalmiatri[k] [å-] *s3, se oftalmologi*
oftalmo|log ophthalmologist **-logi** *s3* ophthalmology **-skop** [-'å:p] *s7* ophthalmoscope
o|fullbordad [-ɑ:-] *a5* unfinished, incomplete, uncompleted **-fullgången** abortive; *bildl.* immature **-fullkomlig** imperfect **-fullkomlighet** imperfection; *~er* (*äv.*) shortcomings **-fullständig** incomplete; (*bristfällig*) defective; (*otillräcklig*) insufficient (*adress* address); imperfect (*kunskaper* knowledge) **-fullständighet** incompleteness; incompletion; imperfection
o|fyndig (*om bergart*) nonmetalliferous **-färd** [-ä:-] *s3* calamity; (*olycka*) misfortune; (*fördärv*) ruin; *bringa ~ över* bring down calamity (ruin) upon **-färdig** (*lytt*) crippled, disabled; (*halt*) lame; (*ej färdig*) unfinished **-färdstid** period of calamity; *i ~er* in times of stress and calamity **-färgad** (*om t.ex. glas*) uncoloured; (*om t.ex. tyg*) undyed; natural-coloured **-född** unborn
o|förarglig harmless, inoffensive **-förbehållsam** unreserved, frank; open **-förberedd** unprepared, unready **-förblommerad** unreserved; (*rättfram*) blunt; (*osminkad*) unvarnished **-förbränn[e]lig** *a1, bildl.* inexhaustible; unquenchable **-förbätterlig** *a1* incorrigible (*optimist* optimist); inveterate, confirmed (*ungkarl* bachelor) **-fördelaktig** disadvantageous, unfavourable; unprofitable (*investering* investment); *i en ~ dager* in an unflattering light; *säg inget ~t om honom!* don't run him down! **-fördragsam** intolerant (*mot* towards, to) **-fördragsamhet** intolerance **-fördröjligen** without delay, immediately **-fördärvad** unspoiled; (*om smak, moral o.d.*) undepraved, uncorrupted **-förenlig** incompatible, inconsistent (*med* with); irreconcilable (*åsikter* opinions)
oföretagsam unenterprising **-het** lack of enterprise (initiative)
o|förfalskad *a5* (*äkta*) genuine, pure; unadulterated **-förfärad** *a5* undaunted, fearless **-förglömlig** *a1* unforgettable; never-to-be-forgotten; *en för mig ~ ...* (*äv.*) a[n] ... I shall never forget **-förgriplig** unassailable (*rättighet* right); *säga sin ~a mening* state one's definite opinion **-förgänglig** imperishable, unfading (*ära* glory); (*odödlig*) immortal **-förgätlig** [-jä:-] *a1, se oförglömlig* **-förhappandes** accidentally, by chance; (*oförmodad*) unexpectedly **-förhindrad** *a5* at liberty (*att komma* to come), unprevented (*att komma* from coming) **-förklarlig** inexplicable, unexplainable; *av ~ anledning* for some unaccountable reason **-förkortad** [-å-] *a5, se oavkortad* **-förliknelig** [-i:k-] *a1* incomparable; (*utan like*) matchless, unrivalled; (*enastående*) unique **-förlåtlig** unforgivable, inexcusable, unpardonable **-förmedlad** *a5* abrupt, sudden; unexpected **-förminskad** *a5* undiminished; unabated (*iver* eagerness) **-förmodad** *a5* unexpected; (*-förutsedd*) unforeseen; *det kom så -förmodat* it was so unexpected (sudden) **-förmåga** inability (*att* to); incapability (*att göra* to do); incompetence **-förmånlig** *se ofördelaktig* **-förmärkt I** *a4* unnoticed, unobserved; (*som sker i smyg*) stealthy **II** *adv* (*i smyg*) stealthily; *avlägsna sig ~* depart unnoticed (unobserved), take French leave **-förmögen** incapable (*till* of; *att* of + *ing-form*); unable (*att göra* to do); *~ till arbete* unable to work, unfit for work **-förneklig** [-e:-] *a1* undeniable **-förnuftig** unreasonable, irrational; (*dåraktig*) foolish **-förnöjsam** hard to please (satisfy) **-förnöjsamhet** discontent[edness] **-förrätt** *s3* wrong, injury; *begå en ~ mot* do [an] injury to, wrong **-förrättat** *i uttr.: återvända med ~ ärende* return unsuccessful (*tomhänt:* empty-handed)

O

o|försiktig imprudent; incautious; (*obetänksam*) indiscreet; (*vårdslös*) careless **-försiktighet** imprudence; incautiousness; indiscretion; carelessness **-förskräckt** *a4* undaunted, dauntless, fearless, intrepid **-förskräckthet** undauntedness *etc.*; intrepidity **-förskuren** unblended (*äv. i oförskuret skick*) **-förskylld** [-ʃ-] *a5* undeserved **-förskämd** [-ʃ-] *a1* insolent; impudent; *AE. sl.* fresh; (*fräck*) audacious; (*näsvis*) saucy; *en ~ lymmel* (*äv.*) a shameless rogue **-förskämdhet** [-ʃ-] [a] piece of] insolence (impudence); *en ~* (*äv.*) an impertinence **-försonlig** implacable (*fiende* foe); unforgiving (*sinne* spirit) **-försonlighet** implacability **-förstådd** *a5* misunderstood; (*ej uppskattad*) unappreciated **-förståelig** incomprehensible; unintelligible **-förståelse** lack of understanding (appreciation) (*för* of) **-förstående** unsympathetic, inappreciative; *ställa sig ~ till* take up an unsympathetic attitude towards; *titta ~ på* look blankly at **-förstånd** lack of judgement; imprudence **-förståndig** (*oklok*) imprudent, unwise, foolish; (*omdömeslös*) injudicious **-förställd** *a5* undisguised, unfeigned; unaffected (*glädje* joy); (*uppriktig*) sincere **-förstörbar** indestructible, undestroyable **-försvagad** *a5* unimpaired (*kraft* force); unabated (*intresse* interest) **-försvarlig** indefensible; unwarrantable **-försynt** *se oförskämd* **-försäkrad** [-ä:-] *a5* uninsured **-försökt** [-ö:kt] *a4* untried **-försörjd** *a5* unprovided for **-förtjänt** undeserved, unmerited; *~ värdestegring* unearned increment **-förtruten** *a3*, **-förtröttad** *a5* indefatigable; untiring, unwearied **-förtröttlig** *a1* indefatigable **-förtullad** *a5* duty unpaid, uncleared **-förtäckt** unveiled, undisguised; *i ~a ordalag* in plain words **-förtövad** *a5* prompt, immediate **-förutsebar** *a1* unforeseeable **-förutsedd** *a5* unforeseen; unexpected; *~a utgifter* unforeseen expenses, contingencies **-förvanskad** *a5* unadulterated; uncorrupted (*text* text) **-förvillad** *a5* unconfused, not let astray; unbiassed (*omdöme* judgement) **-förvitlig** [-i:t-] *a1* unimpeachable, irreproachable **-förvållad** *a5* unprovoked **-förvägen** daring; undaunted; bold **-förytterlig** *a1* inalienable; *~ egendom* perpetuity **-föränderlig** unchangeable, unalterable; unvarying, invariable; (*bestående*) constant **-förändrad** *a5* unchanged, unaltered; unvaried; *på i övrigt ~e villkor* (*äv.*) all other terms and conditions remaining unaltered; *i oförändrat skick* in its original form, unchanged, unaltered

o|gemen (*utomordentlig*) extraordinary; (*oerhörd*) immense **-gement** *adv*, *~ rolig* immensely funny **-generad** free [and easy], unconstrained; (*oblyg*) offhand, jaunty; (*fräck*) cool **-generat** *adv* freely *etc.*; *uppträda ~* behave naturally, be at one's ease

ogenom|förbar infeasible; (*om plan äv.*) impracticable, unworkable **-skinlig** not transparent; opaque **-släpplig** *a1* impervious; impermeable **-tränglig** (*om skog, mörker o.d.*) impenetrable (*för* to); *~ för vatten* (*ljus*) impermeable (impervious) to water (light) **-tänkt** that has (*etc.*) not been thoroughly thought out; (*om förslag äv.*) crude

o|gift unmarried, single; *~ kvinna* (*jur.*) spinster; *en ~ moster* a maiden aunt; *en ~ farbror* a bachelor uncle; *som ~* before her (*etc.*) marriage (getting married); *hennes namn som ~* (*äv.*) her maiden name **-gilla** disapprove of; dislike; (*klandra*) find fault with; *jur.* disallow, overrule; *talan ~des* the action was dismissed **-gillande I** *a4* disapproving; deprecating; *med en ~ blick* (*äv.*) with a frown **II** *s6* disapproval, disapprobation **-giltig** invalid, [null and] void; *göra ~* nullify, vitiate **-giltigförklara** declare nugatory (void); nullify; (*upphäva*) cancel, annul, invalidate **-giltigförklaring** nullification *etc.* **-giltighet** invalidity **-gin** [-ji:n] *a1* disobliging, unaccommodating (*mot* towards) **-gjord** undone; *vara ute i -gjort väder* go on a fool's errand **-glättad** *a5* (*om papper*) uncalendered, antique **-graciös** ungraceful **-grannlaga** untactful, indelicate; (*indiskret*) inconsiderate **-graverad** *a5* (*om fastighet e.d.*) unencumbered; (*orörd*) intact, untouched **-gripbar** *bildl.* impalpable, intangible; elusive **-grumlad** *a5* unpolluted (*äv. bildl.*); (*om lycka, glädje*) unclouded **-grundad** unfounded; (*oberättigad*) unjustified **-gräs** weed; *koll.* weeds (*pl*); *rensa ~* (*äv.*) weed **-gräsbekämpning** weed control (killing) **-gräsmedel** weedkiller; herbicide **-gudaktig** *a1* ungodly; impious **-gudaktighet** ungodliness; impiety **-gulden** *a5* unpaid, unsettled; due **-gynnsam** unfavourable (*för* for, to); disadvantageous; unpropitious **-gärna** unwillingly; (*motvilligt*) grudgingly, reluctantly; *det gör jag högst ~* I am very much against doing it; *jag skulle ~ se att du gjorde det* I should be sorry if you did it **-gärning** misdeed **-gärningsman** malefactor, evildoer **-gästvänlig** inhospitable **-gästvänlighet** inhospitality **-görlig** unfeasible; impracticable

o|hanterlig (*om sak*) unwieldy, cumbersome, clumsy; (*om pers.*) unmanageable **-harmonisk** unharmonious **-hederlig** dishonest **-hejdad** *a5* unchecked, unrestrained, uncontrolled; *av ~ vana* by force of habit **-hemul** *a1* unwarranted, unjustified **-herrans** *oböjligt a* awful **-historisk** unhistorical; historically untrue **-hjälplig** hopeless; (*obotlig*) incurable; (*oförbätterlig*) incorrigible; (*om t.ex. förlust*) irretrievable **-hjälpligt** *adv* hopelessly; *~ förlorad* irretrievably lost **-hjälpsam** unhelpful (*mot* to)

ohm [å:m] *s9* ohm

ohoj [å'håjj] *skepp ~!* ship ahoy!

o|hyfsad (*slarvig*) untidy, unkempt; (*plump*) ill-mannered, uncivil, rude, coarse **-hygglig** [ˣo:-, -'hygg-] horrible, gruesome, ghastly; (*om t.ex. brott*) atrocious, hideous; *en ~ syn* (*äv.*) a horrid (appalling, bloodcurdling) sight **-hygienisk** insanitary **-hyra** *s1, koll.* vermin (*pl*; *äv. bildl.*) **-hyvlad** [-y:-] *a5* unplaned; (*om bräda o.d. äv.*) rough **-hågad** disinclined; unwilling **-hållbar** (*om t.ex. tyg*) unserviceable, flimsy; (*om ståndpunkt, åsikt*) untenable; *mil.* indefensible; (*om situation*) precarious **-hägn** (*skada*) damage; (*åverkan*) trespass; *göra ~ på* do damage to, trespass on **-hälsa** ill (bad) health; (*sjukdom*) illness **-hälsosam** (*om föda*) unwholesome; (*om klimat o. bildl.*) unhealthy, bad for one's health **-hämmad** unchecked **-hämmat** *adv* unre-

strainedly, without restraint **-hämnad** *a5* unavenged, unrevenged **-hängd** *a1, vard.* unhanged, cheeky, saucy **-höljd** *a1* (*naken*) naked; (*rättfram*) undisguised, unabashed, frank; (*öppen*) open **-hörbar** inaudible **-hörd** [-ö:-] *a5* unheard; *jur.* untried; *hans rop förklingade ~a* his cries were unheeded **-hörsam** disobedient **-hövlig** impolite, discourteous (*mot* to)
oidipuskomplex [ˣåjd-] Oedipus complex
o|igenkännlig unrecognizable **-igenkännlighet** unrecognizability; *intill ~* beyond recognition **-inbunden** unbound **-inskränkt** unlimited; unrestricted; (*om härskare e.d.*) absolute **-inspirerad** *a5* uninspired **-intaglig** [-a:-] *a1* impregnable, inexpugnable **-intelligent** unintelligent **-intressant** uninteresting; (*tråkig*) dull **-intresse** lack of interest **-intresserad** uninterested (*av* in); *vara ~ av* not be interested in **-invigd** [-i:gd] *a5* uninitiated (*i* in[to]); (*om kyrka o.d.*) unconsecrated; *den ~e* (*äv.*) an outsider **-isolerad** *a5* uninsulated
oj [åjj] [oh], dear me! **oja** *rfl, ~ sig över* moan (complain) about
o|just [ˣɷ:ʃyst] incorrect; unfair; *~ spel* foul play **-jämförlig** incomparable; (*makalös*) unmatched, unparalleled **-jämförligt** [-ö:-] *adv* incomparably, beyond comparison; *den ~ bästa* by far the best; *~ mycket bättre* much better by far **-jämn** uneven (*antal* number; *kvalitet* quality); (*skrovlig*) rough, rugged; (*inte lika*) unequal; (*om klimat, lynne*) inequable; (*oregelbunden*) irregular; (*om väg*) bumpy; *kämpa en ~ strid* fight a losing battle **-jämnhet** unevenness; inequality, irregularity **-jävig** unchallengeable, competent (*vittne* witness); (*opartisk*) unbiased
ok *s7* yoke; (*träldom äv.*) bondage; *kasta av sig ~et* cast off the yoke; *bringa under ~et* put under the yoke, enslave
o|kammad *a5* uncombed **-kamratlig** disloyal
okapi [-'ka:-] *s3, zool.* okapi
okarina [å-ˣri:-] *s1* ocarina
okben *anat.* zygomatic bone
o|klanderlig *a1* irreproachable; (*felfri*) faultless; (*moralisk*) blameless, exemplary **-klar 1** *eg.* obscure, dim; (*om vätska*) turbid, muddy; (*om färg*) indistinct; (*suddig*) blurred; (*molnig*) cloudy **2** *bildl.* unclear, unlucid, vague; (*oredig*) muddled, confused; (*dunkel*) obscure (*föreställning* idea); (*otydlig*) indistinct **3** *sjö.* foul; (*tilltrasslad*) entangled **-klarhet 1** obscurity; turbidity, muddiness *etc.* **2** unclearness *etc.*; confusion; (*osäkerhet*) uncertainty **-klok** unwise, imprudent, injudicious; (*dåraktig*) foolish; (*ej tillrådlig*) inadvisable **-klokhet** unwisdom, imprudence, injudiciousness **-klädd** (*ej färdigklädd*) undressed; (*naken*) naked, without any clothes on; (*om möbel*) unupholstered **-knäppt** *a4* (*om plagg*) unbuttoned; (*om knapp*) undone **-kokt** [-ɷ:-] *a4* unboiled; (*rå*) raw **-kommenterad** [-å-] *a5* (*om upplaga*) unannotated, not furnished with any commentary (notes) **-komplicerad** uncomplicated; (*om pers. äv.*) simple **-koncentrerad** unconcentrated **-konstlad** (*ej tillgjord, naturlig*) unaffected, natural **-kontrollerad** [-å-å-] uncontrolled, unchecked, unverified **-kontrollerbar** [-å-å-] *a1* uncontrollable **-kontroversiell** uncontroversial **-konventionell** unconventional **-krigisk** peace-loving **-kristlig** ungodly **-kristligt** *adv, ~ tidigt* at an ungodly hour, outrageously early **-kritisk** uncritical **-kroppslig** incorporeal, immaterial **-krossbar** [-å-] *a1* (*om glas o.d.*) unbreakable **-kryddad** *a5* unseasoned **-kränkbar** *a1* inviolable **-krönt** [-ö:-] *a4* uncrowned
oktaeder [-'e:der] *s2* octahedron
oktan [åk'ta:n] *s7, s3* octane
oktant [å-] octant
oktan|tal, -värde octane number (rating)
oktav [åk'ta:v] *s3* **1** (*format*) octavo, eightvo (8vo) **2** *mus.* octave
oktett [åk'tett] *s3, mus.* octet[te]
oktober [åk'tɷ:-] *r* October
oktroj [åk'tråjj] *s3* charter; (*friare*) licence; *meddela ~* confer a charter
okula̤r *s7* eyepiece, ocular
okuler|a *trädg.* bud, graft **-ing** budding, grafting
okultiverad uncultivated, uncultured; unrefined
okula̤rbesiktning ocular (visual) inspection
o|kunnig ignorant (*om* of); *absol. äv.* unlearned; *~ om* (*om att*) (*äv.*) unaware of ([of the fact] that); *~ i engelska* with no knowledge (ignorant) of English **-kunnighet** ignorance (*i, om* of); *lämna ngn i ~ om* leave s.b. in the dark as to; *sväva i ~ om* be unaware (ignorant) of **-kurant** unsaleable, unmarketable **-kuvlig** [-u:-] *a1* indomitable; irrepressible **-kvald** [-a:-] *a5, i ~ besittning av* in undisputed possession of **-kvalificerad** unqualified **-kvinnlig** unwomanly **-kväda** abuse **-kvädin[g]sord** abusive word; *~ (pl)* abusive language (*sg*) **-kynne** [-ç-] *s6* naughtiness, mischief; *på (av) [rent] ~* out of [pure] mischief **-kynnig** [-ç-] *a1* naughty, mischievous **-kysk** unchaste **-känd** unknown (*för* to); unfamiliar; (*främmande*) strange; *av ~ anledning* for some unknown reason; *den ~e soldatens grav* the tomb of the unknown warrior; *en för mig ~ erfarenhet* (*äv.*) an experience new to me; *ta språnget ut i det ~a* take a leap into the unknown **-känslig** insensible, insusceptible (*för* to); (*hårdhjärtad*) unfeeling; (*utan känsel*) numb **-laddad** *a5* unloaded, uncharged
olag *i uttr.*: (*råka* get) *i ~* out of order
olag|a *oböjligt a* (*lagstridig*) unlawful; (*illegal*) illegal **-lig** unlawful, illegal; (*smyg-*) illicit; *förfarandet är ~t* the proceeding is contrary to [the] law
olat *s3* vice; *~er* bad habits
oldboy ['å:ldbåj] *s3, pl äv. -s, sport.* veteran, old boy **oldboystävling** old-boy competition
oleander [-'ann-] *s2* oleander, rosebay
oledad *anat.* inarticulate; jointless
olein [åle'i:n] *s4, s3* [tri]olein **-syra** oleic acid
olidlig [-i:d-] *a1* insufferable, unbearable, intolerable
oligarki̤ [å-] *s3* oligarchy **oligofreni̤** *s3* mental retardation **oligopol** [-'på:l] *s7* oligopoly
olik *a5* unlike, different from (to); *vara ~a varandra* be unlike [each other], differ from one another
olika I *oböjligt a* different; (*skiftande*) varying; (*växlande*) various; (*i storlek*) unequal; *av ~ slag* of different (various) kinds; *det är så ~ hur man*

O

är (*äv.*) it all depends [on] how you are; *smaken är* ~ tastes differ **II** *adv* differently; unequally; ~ *långa* of different (unequal, varying) lengths; ~ *stora* unequal in size; ~ *faller ödets lotter* life is a lottery

o|likartad heterogeneous, disparate **-likformig** diversiform, nonuniform; (*heterogen*) heterogenous; (*som växlar form*) varying, unequal; ~*a* differing in shape **-likformighet** irregularity of form **-likfärgad** (*fler-*) variegated, of different colours; (*av annan färg*) differently coloured **-likhet** unlikeness (*med* to), dissimilarity (*i* in; *med* to); (*t.ex. i antal, ålder*) disparity (*i* of); (*skillnad*) difference; (*skiljaktighet*) diversity, divergence (*i smak* in tastes); *i* ~ *med henne* unlike (in contrast to) her **-liksidig** with unequal sides, unequal-sided; *en* ~ *triangel* a scalene triangle; ~*t papper* duplex paper **-liktänkande** *a4, en* ~ a dissident, a person holding a different opinion from one's own

olinjerad *a5* unruled

olịv *s3* olive **-grön** olive-green **-lund** olive grove **-olja** olive oil

olja [å-] **I** *s1* oil; *måla i* ~ paint in oils; *sardiner i* ~ sardines in oil; *byta* ~ change the oil; *gjuta* ~ *på elden* (*bildl.*) add fuel to the fire; *gjuta* ~ *på vågorna* (*bildl.*) pour oil on troubled waters **II** *v1* oil, grease, lubricate

oljeaggregat oil burner

Oljeberget [å-] the Mount of Olives

olje|blandad mixed with oil **-borrning** drilling for oil **-borrtorn** derrick **-byte** change of oil **-duk** oilcloth, oilskin **-eldad** oilfired **-eldning** oil-heating, oil-burning **-fat** oil drum **-fläck** oil slick **-fyndighet** oil deposit **-fält** oilfield **-färg** oil paint (colour) **-förbrukning** oil consumption **-grus** oil gravel **-halt** oil content **-haltig** *a1* containing oil; (*om frö e.d.*) oleaginous **-härdad** [-ä:-] *a5* oil-hardened, oil-tempered **-kaka** oil cake **-kanna** oilcan, oiler **-kopp** oilcup, oiler **-källa** oil well **-lampa** oil lamp **-ledning** oil pipe; (*transportledning*) oil pipeline **-målning** oil painting **-mätare** oil gauge **-palm** oil palm **-plattform** oil rig **-producerande** oil-producing **-prospektering** prospecting for oil **-pump** oil pump **-raffinaderi** oil refinery **-rigg** oil rig **-rock** oilskin coat **-skiffer** oil shale **-sticka** dipstick **-ställ** set of oilskins **-tank** oil tank (cistern) **-tanker** oil tanker, oiler **-tryck 1** *konst.* oil printing, oleography; *konkr.* oleograph **2** *tekn.* oil pressure **-utsläpp** oil slick (discharge) **-växt** oil-yielding plant, oil plant

oljig [ˣåll-] *a1* oily; *bildl. äv.* unctuous

oljud noise, din, racket; *föra* ~ make a noise

olle *s2* (*tröja*) sweater

ollon [ˣållån] *s7* (*ek-*) acorn; (*bok-*) beechnut, (*koll.*) beech mast; *anat.* glans (*pl* glandes) **-borre** cockchafer

o|logisk illogical **-lovandes** [-å:-] without permission (leave) **-lovlig** forbidden; (*olaglig*) unlawful (*jakt* shooting; *ärende* errand); (*som sker i smyg*) illicit; ~ *underrättelseverksamhet* illegal intelligence activities (*pl*) **-lust** (*obehag*) [feeling of] discomfort (uneasiness) (*över* at); (*missnöje*) dissatisfaction; (*obenägenhet*) disinclination, unwillingness, reluctance (*för* for; *för att* to) **-lustbetonad** unpleasant **-lustig** uncomfortable, ill at ease; unpleasant **-lustkänsla** feeling of discomfort (uneasiness)

olvon [ˣålvån] *s7, bot.* guelder-rose

olycka *s1* (*ofärd*) misfortune, ill fortune, bad luck; (*bedrövelse*) unhappiness; (*ont*) adversity; (*katastrof*) disaster, calamity; (*elände*) misery; (*olyckshändelse*) accident; (*missöde*) mishap; *till all* ~ as ill luck would have it; *till råga på* ~*n* to make matters worse; *när* ~*n är framme* when things go wrong; *hon har råkat i* ~ she has got into trouble; *det är ingen* ~ *skedd* there's no harm done; *en* ~ *kommer sällan ensam* it never rains but it pours

o|lycklig 1 (*utsatt för -a*) unfortunate, unlucky; (*misslyckad*) unsuccessful (*försök* attempt) **2** (*om människa, liv, tid, äktenskap e.d.*) unhappy; (*eländig*) miserable, wretched **-lyckligtvis** unfortunately, unhappily **-lycksalig** [most] unhappy; (*friare*) fatal, disastrous, calamitous

olycks|barn *samhällets* ~ (*ung.*) the failures of society, the down and outs **-bringande** *a4* ill-fated; (*ödesdiger*) fatal, disastrous **-broder** brother in misfortune **-bådande** *a4* ill-omened, ominous, sinister **-dag** unlucky day **-fall** accident; casualty; ~ *i arbetet* industrial accident; ~ *i hemmet* accident in the home **-fallsersättning** [industrial] injury benefit, accident compensation **-fallsförsäkring** [personal] accident insurance; *AE.* casualty insurance **-fågel** *bildl., vara en* ~ be born under an unlucky star **-händelse** accident; *råka ut för en* ~ meet with an accident **-korp** *bildl.* croaker, Cassandra, *AE.* calamity-howler **-plats** scene of the accident **-profet** prophet of calamity **-risk** accident hazard, risk of accident **-tillbud** near-accident **-tillfälle** *vid* ~*t* at the [time of the] accident **-öde** unlucky fate

o|lydig disobedient (*mot* to) **-lydnad** disobedience (*mot* to)

olymp|ịad *s3* Olympiad **-ier** [o'lymm-] Olympian **-isk** [o'lymm-] *a5, O~a spelen* the Olympic Games

o|låst [-å:-] *a4* unlocked **-låt** noise, din **-lägenhet** inconvenience, nuisance; (*besvär*) trouble; (*svårighet*) difficulty; (*nackdel*) drawback; *det medför stora* ~*er för mig* it causes me great inconvenience; *sanitär* ~ public nuisance **-läglig** inopportune, inconvenient; (*illa vald*) ill-timed; *om det inte är* ~*t för dig* if it is not inconvenient to you **-läkt** [-ä:-] *a4, ett* ~ *sår* an open wound **-lämplig** unsuitable, unfit[ted], inappropriate; (*oläglig*) inconvenient; (*inkompetent*) unfit; ~ *som bostad* unfit for habitation **-lämplighet** unsuitability; unfitness; inconvenience **-ländig** *a1* rough, rugged **-läraktig** unteachable **-lärd** unlearned; unlettered **-läslig** illegible (*handstil* handwriting) **-lönsam** unprofitable **-löslig** *kem. o. bildl.* insoluble **-löst** [-ö:-] *a4* (*i vätska*) undissolved; (*om problem o.d.*) unsolved

om [åmm] **I** *konj* **1** (*villkorlig*) if; ~ *du går följer jag med* if you go I will come with you; ~ *du bara vore här!* if only you were here!; *du bör* ~ *möjligt komma i väg före åtta* you should, if possible, leave before eight; ~ *vädret tillåter* (*äv.*) weather permitting; ~ *så är* if so, if that is the case; ~ *inget oförutsett inträffar* if nothing (unless something) unexpected happens; ~ *inte* if not, unless; ~ *inte han hade varit hade vi inte klarat det* but for him we should not have managed **2** *som* ~ as if; *även* ~, ~ *också* even though (if); *det skall bli färdigt* ~ *jag så skall göra det själv* it will be ready even if I have to do it myself; *det tycks som* ~ (*äv.*) it seems that; *som* ~ *det skulle vara så bra* as though that's any good **3** (*frågande*) if, whether; *de undrade* ~ *de fick komma* they wondered if they could come; *hade ni trevligt? - Om!* did you have a nice time? - Rather!, You bet! **4** ~ *vi skulle gå på bio?* what about going to the cinema? **II** *s* if; ~ *inte* ~ *hade varit* if ifs and ans were pots and pans; *efter många* ~ *och men* after a lot of shillyshallying **III** *prep* **1** (*omkring*) [a]round; about; *en snara* ~ *halsen* a snare round one's neck; *falla ngn* ~ *halsen* fall on a p.'s neck; *försvinna* ~ *hörnet* disappear round the corner; *hålla ngn* ~ *livet* hold s.b. by the waist **2** (*annan konstr.*) *vara kall* ~ *fötterna* have cold feet; *lätt* ~ *hjärtat* light at (of) heart; *tvätta sig* ~ *händerna* wash one's hands; *torka sig* ~ *munnen* wipe one's mouth; *ha mycket* ~ *sig* have a lot [of work] on one's hands; *låsa* ~ *sig* lock o.s. in; *vara* ~ *sig* look after number one, be a pusher **3** (*om läge*) of; *söder* ~ to the south of; *till vänster* ~ to the left of; *vid sidan* ~ *vägen* at the side of the road **4** *lova halvt* ~ *halvt* give a half-and-half promise; *par* ~ *par* two by two, in couples; *de ramlade* ~ *varandra* they tumbled over one another **5** (*om tid: under, inom*) in; ~ *dagen* (*dagarna*) in the daytime, during the day, by day; *långt* ~ *länge* at long last; ~ *lördagarna* on Saturdays; *vara ledig* ~ *lördagarna* have Saturdays off; ~ *lördag åtta dar* a week on Saturday; *vakna tidigt* ~ *mornarna* wake up early in the morning; ~ *natten* (*nätterna*) at (by) night, in the night; ~ *vintern* (*vintrarna*) in winter[time]; *två gånger* ~ *året* twice a year; *förr* ~ *åren* in former years; *året* ~ all the year round **6** (*angående*) about, of; (*över ett ämne*) on; (*beträffande*) as to; *berättelsen* (*drömmen*) ~ the story (dream) of; *fråga ngn* ~ ask s.b. about; *fråga ngn* ~ *vägen* ask s.b. the way; *förvissa sig* ~ make sure of; *boken handlar* ~ the book is about (deals with); *kännedom* ~ knowledge of; *slaget* ~ the battle of; *uppgift* ~ information about (on, as to); *en bok* (*föreläsning*) ~ a book (lecture) on; *vi var fem* ~ *lotten* five of us shared the lottery ticket; *de sade ingenting* ~ *när de skulle komma* they said nothing as to when they would come **7** (*efter adj.*) *se adjektivet* **8** (*vid begäran, tävlan*) for; *be* ~ *ursäkt* apologize; *begäran* (*önskan*) ~ request (wish) for; *förslaget* ~ the proposal for; *kämpa* ~ *segern* fight for victory; *spela* ~ *pengar* play for money; *tävlan* ~ competition for **9** (*innehållande, uppgående t.*) of; *ett brev* ~ *fyra sidor* a letter of four pages; a four-page letter; *en säck* ~ *50 liter* a bag holding 50 litres; *en truppstyrka* ~ *500 man* a force of 500 men **IV** *adv* **1** (*omkring*) round; *en ask med papper* ~ a box wrapped in paper (with paper round it); *binda ett snöre* ~ *ngt* tie a string round s.th.; *runt* ~ *i landet* all over the country; *röra* ~ *i gröten* stir the porridge **2** (*tillbaka*) back; *se sig* ~ look back; *vända* ~ turn back **3** (*förbi*) past; *gå* (*köra*) ~ *ngn* walk (drive) past s.b., overtake s.b. **4** (*på nytt*) [over] again; ~ *igen* over again, once more; ~ *och* ~ *igen* over and over again, time after time, time and again; *många gånger* ~ many times over; *göra* ~ make (do) again, remake, redo; *läsa* ~ *en bok* reread a book; *måla* ~ repaint; *se* ~ *en film* see a film again

o|magnetisk nonmagnetic **-mak** *s7* trouble, bother **-maka** *oböjligt a* odd; *bildl.* ill-matched; *en* ~ *handske* an odd glove; *skorna är* ~ the shoes are not a pair (do not match) **-manlig** unmanly; effeminate

om|arbeta remodel; rework; (*plan*) revise; alter; (*bok e.d.*) revise, rewrite; (*för film e.d.*) adapt **-arbetning** [-e:-] remodelling; reworking; revision, alteration; rewriting; adaptation **-bedja** *han -bads* (*blev -bedd*) *att* he was requested (asked, called upon) to **-besörja** see (attend) to, effect **-bilda** transform (convert, turn) (*till* into); (*t.ex. ministär*) reconstruct **-bildning** transformation, conversion; reconstruction **-bonad** *a5* warm and cosy, snug

ombord [-'bɑ:rd] on board (*på fartyget* the ship); *fritt* ~ free on board (*förk.* f.o.b.); *gå* ~ (*äv.*) embark; *föra* ~ ship, take on board **-anställd** [person] employed on board a ship **-läggning** collision **-varande** *de* ~ those on board

ombryt|a *boktr.* make up [into pages]; *-brutet korrektur* page proof **-ning** making up, make-up

ombud representative; *hand. äv.* agent; (*enl. fullmakt*) proxy, authorized representative; *juridiskt* ~ solicitor, counsel, attorney, legal adviser

ombudsman representative, commissioner; (*för bank, verk etc.*) solicitor; (*för bolag äv.*) company lawyer; (*för organisation etc.*) secretary; (*med offentligt uppdrag*) ombudsman, parliamentary commissioner

om|bunden *vara* ~ wear a bandage, be tied up **-byggnad** rebuilding; reconstruction; *huset är under* ~ the house is being rebuilt **-byta** *nu är det -bytta roller* now the tables are turned **-byte** change (*underkläder* of underwear); (*omväxling*) variety; ~ *förnöjer!* there's nothing like change! **-bytlig** [-y:-] *a1* changeable, variable; (*nyckfull*) inconstant, fickle; (*ostadig*) unsteady, unstable

omdan|a remodel; transform **-are** remoulder; transformer **-ing** remoulding; transformation

om|debatterad *a5* much discussed (debated); *en* ~ *fråga* a controversial question **-destinera** divert; reroute **-dirigera** redirect, divert **-diskuterad** *a5, se -debatterad* **-disponera** rearrange; redistribute **-disponering** rearrangement; redistribution

omdöme *s6* (*-sförmåga*) judg[e]ment; (*urskillning*) discrimination, discernment; (*åsikt*) opinion; *visa gott* ~ show sound judgment; *bilda sig ett* ~ *om* form an opinion of

omdömes|fråga [a] question of judgment (opinion) **-gill** [-j-] *a1* discerning; judicious **-lös** undiscerning, undiscriminating; injudicious

o|medelbar immediate; (*naturlig*) natural; (*spontan*) spontaneous **-medelbarhet** naturalness; spontaneity **-medelbart** *adv* immediately *etc.*; directly; at once, straight off; ~ *efter mottagandet av* immediately on receipt of **-medgörlig** unaccommodating; (*obeveklig*) unyielding; (*motspänstig*) intractable; (*envis*) unreasonable **-medveten** unconscious (*om* of); (*instink-*

O

tiv) instinctive
omelẹtt *s3* omelette, *särsk. AE.* omelet
omen ['ɑ:-] *s7, pl äv. omina* omen, augury; *det är ett gott ~* (*äv.*) that augurs well
ometodisk unmethodical, unsystematic
om|famna *v1* embrace; *vard.* hug **-famning** embrace; *vard.* hug **-fatta 1** (*gripa om*) clasp, grasp; (*omsluta*) enclose, encircle **2** (*innefatta*) comprise, include; (*täcka*) cover, extend over; (*rymma*) contain; (*ansluta sig t.*) embrace (*en lära* a doctrine); *~ ngn med sympati* extend sympathy to s.b., regard s.b. sympathetically **-fattande** *a4* extensive; comprehensive; (*utbredd*) widespread, far-reaching; (*stor*) big, great, large **-fattning** extent, scope, compass, range; *av betydande ~* (*äv.*) of considerable proportions; *i allt större ~* on an increasing scale, to an increasing extent; *i hela dess ~* to the whole of its extent, (*i stor skala*) on a large scale **-fattningsrörelse** *mil.* envelopment operation **-fluten** *a5, se kringfluten* **-flyttning** transposition; transfer, removal; *mat.* inversion **-forma** transform; *elektr.* convert **-formare** [-å-] *elektr.* converter; *AE.* generator **-formulera** redraft; (*problem e.d.*) restate
omfång *s7* extent; (*storlek*) size, bulk dimensions (*pl*); (*boktr., beräknat ~*) castoff; (*röst-*) range; *till ~et* in size (scope)
omfångs|beräkna cast off (*ett manuskript* a copy) **-rik** extensive; (*voluminös*) voluminous; (*skrymmande*) bulky
om|fördelning redistribution **-ge** *se -giva* **-gestalta** remould; transform (*ngns liv* a p.'s life) **-gift** remarried **-giv** *kortsp.* re-deal **-giva** surround; *~ ngt med en mur* (*ett staket*) (*äv.*) wall (fence) in s.th. **-givning** [-ji:v-] surroundings (*pl*); (*miljö*) environment; *han är en fara för sin ~* he is a source of danger to those around him; *i stadens ~ar* (*äv.*) in the environs of the town **-gjord** remade; reconstructed **-gjorda** [-jɑ:r-] *~ sina länder* gird up one's loins; *~ sig* gird o.s. **-gruppera** regroup **-gruppering** regroupment **-gående I** *a4* immediate, prompt; *~ svar* (*äv.*) reply by return; *per ~* by return [of post] **II** *adv* by return **-gång** *s2* **1** (*varv*) round, turn, spell **2** (*uppsättning*) set (*kläder* of clothes) **-gärda** [-jä:r-] fence round (*bildl. äv.:* about) **-hulda** cherish, foster; (*om pers. äv.*) make much of
omhänder|ha [-ˣhänd-] have charge of, supervise, manage **-taga** take charge of; *bli -tagen* (*av polis*) be taken in charge; *bli väl -tagen* be taken good care of
om|hölja envelop; wrap round **-hölje** envelope, cover, wrapping
omigen ['åmmijen] again, once more
omild ungentle, harsh (*behandling* treatment); (*om klimat o.d.*) ungenial; (*om omdöme äv.*) severe
omintetgöra [åmˣinn-] (*gäcka*) frustrate; (*korsa*) thwart
ominọ̈s *a1* ominous; fatal
omiss|känn[e]lig [-ç-] *a1* unmistakable; (*otvivelaktig*) undoubted; (*påtaglig*) palpable **-tänksam** unsuspicious, unsuspecting
omistlig *a1* inalienable (*rättighet* right); (*oumbärlig*) indispensable; (*oskattbar*) precious; *~a värden* priceless treasures
om|kast *sport.* re-throw **-kastare** *tekn.* [change over] switch (key) **-kastning** sudden change; (*av ordningen*) inversion; (*av bokstäver o.d.*) transposition; (*i vinden*) veer[ing]; *elektr. o. bildl.* reversal; *polit. o.d.* turnabout; (*i stämning*) veering round **-klädning** [-ä:-] changing [of clothes]; (*av möbler*) re-covering **-klädningsrum** changing-room **-komma** die; be killed; *de -komna* those who were killed (lost their lives), the victims **-koppla** *tekn.* switch over; commute **-kopplare** *se -kastare* **-koppling** changing over; reconnection; switching **-kostnad** *~er* costs, expenses, overheads; outlay, expenditure (*sg*) **-kostnadskonto** expense[s] account **-krets** circumference; *i ~* in circumference, round; *inom en ~ av fem kilometer* within a radius of five kilometres
omkring [åm'kriŋ] round; around; (*ungefär*) about (*trettio* thirty), some (*10 shilling* 10 shillings); at about (*klockan 7* seven); *springa ~ på gatorna* run about [in] the streets; *när allt kommer ~* after all, all things considered; *vida* (*vitt*) *~* far and wide **-liggande** *se kringliggande*
omkụll (*falla* fall) down (over)
om|kväde *s6* refrain **-körning** overtaking **-körningsförbud** *ung.* overtaking prohibited, no passing **-laddning** recharge **-lasta** transship, reship; (*på järnväg*) shift, reload **-lastning** transshipment *etc.*; shifting *etc.* **-ljud** mutation, umlaut **-lokalisera** relocate
omlopp *astr.* revolution, circuit; (*rörelse*) circulation; *sätta i ~ a*) (*pengar*) put into circulation, *b*) (*blodet*) set circulating; *ett rykte kom i ~* a rumour started circulating
omlopps|bana *astr.* orbit **-hastighet** orbital velocity **-tid** period of revolution; (*pengars*) circulation period; *data.* major cycle
om|lọtt wrapover **-läggning** (*drift-*) rearrangement, reorganization; (*skatte-*) revision; (*förändring*) change, alteration; (*trafik-*) diversion; *~ till högertrafik* changeover (switch) to right-hand traffic **-möblera** refurnish; rearrange furniture **-möblering** refurnishing; *bildl.* reshuffle (*i regeringen* of the Cabinet) **-nejd** *se omgivning*
omnibus[s] [ˣåmm-] [omni]bus; *jfr buss*
om|nämna mention (*för* to) **-nämnande** *s6* mention
o|modern unmodern; out of date (fashion), outmoded; *bli ~* go out of fashion **-mogen** unripe (*äv. bildl.*); *bildl. äv.* immature; (*grön*) green **-mogenhet** unripeness; immaturity **-moral** (*brist på*) unmorality; (*osedlighet*) immorality **-moralisk** (*sedligt förkastlig*) unmoral; (*osedlig*) immoral
omorganis|ation reorganization **-era** reorganize; *AE. äv.* revamp
o|mornad [-å:-] *a5* drowsy, half awake, sleepy **-motiverad** *a5* unwarranted; (*oberättigad*) unfounded; (*obefogad*) uncalled-for
om|placera put in other positions, rearrange; (*ämbetsman*) transfer; (*pengar*) reinvest **-plantera** replant; transplant (*äv. bildl.*) **-pröva** reconsider; review (*äv. jur.*) **-prövning** reconsideration; review; *ta ngt under ~* reconsider s.th. **-redigera** (*bok o.d.*) revise **-registrera** re-

register **-ringa** *v1* surround; *mil. äv.* encircle
område *s6, eg.* territory; (*trakt*) district, area, region; (*gebit*) domain, sphere, department, province; (*gren*) branch; *han är expert på sitt ~* he is an expert in his field
om|räkna *se räkna* [*om*]; (*valutor*) convert (*t. svenska kronor* into Swedish kronor) **-rörning** [-ö:-] stirring **-röstning** voting, vote; *parl. äv.* division; (*med röstsedlar*) ballot voting; *anställa ~* put to the vote; *skrida till ~* take a vote; *sluten ~* secret ballot, ballot vote
oms [åms] *s3, förk. för omsättningsskatt*
omsedd *få ett sår omsett* have a wound attended to
omsider [åm'si:-] by degrees; (*till sist*) finally, at last; *sent ~* at long last
om|skaka shake up; *~s väl!* shake well before use! **-skakad** *a5* shaken (*äv. bildl.*); *bildl. äv.* shocked **-skapa** transform (*till* into) **-skiftare** [-ʃ-] (*på skrivmaskin*) shift key **-skola** *v1* re-educate, retrain; rehabilitate; (*plantor*) transplant **-skolning** re-education, retraining; rehabilitation; (*av plantor*) transplantation **-skolningskurs** retraining (rehabilitation) course **-skriva 1** *mat.* circumscribe **2** (*återge med andra ord*) paraphrase **-skriven** *a5, mycket ~* often written about, much-discussed **-skrivande** *a4* periphrastic (*verb* verb) **-skrivning 1** *mat.* circumscribing **2** (*återgivande med andra ord*) paraphrase, periphrasis, circumlocution; (*fonetisk* phonetic) transcription; *~ med 'do'* a 'do'-periphrasis **3** (*omarbetning*) rewriting **-skära** circumcise **-skärelse** [-ʃ-] circumcision
omslag *s7* **1** (*emballage*) wrapping, wrapper; (*bok-*) [dust (book)] jacket, cover **2** (*förändring*) change (*i vädret* in the weather), alteration **3** (*förband*) compress
omslags|bild cover picture (drawing, design) **-papper** wrapping (brown) paper **-revers** promissory note [with collateral security]
om|slut *bokför.* second balancing-up **-sluta** (*omge*) surround, encompass; (*innesluta*) enclose **-slutning** [-u:-] *hand.* total assets **-sorg** care (*om* for, of); (*möda*) trouble, pains (*pl*); *lägga ner ~ på* take pains (trouble) with, bestow care upon; *slösa sina ~er på* lavish one's care and attention on **-sorgsfull** careful; (*grundlig*) thorough, painstaking; (*i klädsel*) neat; (*i detalj utarbetad*) elaborate (*utförande* workmanship) **-sorgslag** *o~en* [the Swedish] act on provisions for certain mentally retarded persons **-spel** *sport.* replay; play-off **-spunnen** *a5, ~ ledningstråd* wound (taped) wire **-spänna** *bildl.* cover, extend (stretch, range) over; embrace, span (*stora områden* vast areas) **-stigning** change **-stridd** *a5* contested, disputed, at issue; *en ~ fråga* a vexed (controversial) question **-strukturering** change in the structure; (*av industri*) [structural] reorganization **-strålad** *a5, ~ av ljus* circumfused (bathed in) light; *~ av ära* covered with glory **-styr** *se överstyr* **-stående** *oböjligt a, på ~ sida* overleaf **-ställbar** adjustable, convertible **-ställning** adjustment; (*t. ex. t. fredsförhållanden*) adaptation, changeover **-ständighet** circumstance; (*faktum*) fact; [*allt*] *efter ~erna* according to the circumstances; *de närmare ~erna* further particulars (details), the immediate circumstances; *i knappa ~er* in reduced (straitened) circumstances; *under inga ~er* in (under) no circumstances; *under nuvarande ~er* (*äv.*) as it is, this being the case; *utan vidare ~er* without more ado (any further ceremony); *den ~en att jag har* [the fact of] my having; *befinna sig efter ~erna väl* be well considering [the circumstances] **-ständlig** *a1* circumstantial, detailed; (*långrandig*) long-winded, prolix **-störta** overthrow, upset; subvert (*ett samhälle* a society) **-störtande** *a4* subversive (*verksamhet* activity) **-störtning** overthrow, subversion **-störtningsförsök** attempt to subvert **-susa** *~s av västanfläktar* be fanned by zephyrs; *~d av sägner* wreathed in legend
om|svep *s7* circumlocution[s *pl*], roundabout way[s *pl*]; *utan ~* straight out, candidly; *komma med ~* beat about the bush **-svängning** swing (veer) round; sudden change (alteration) **-svärma** flock (swarm) around; *en ~ flicka* a favourite with the boys **-sänder** [-'sänn-] at a time **-sätta 1** (*växel o.d.*) renew, prolong **2** (*omvandla*) convert, transform (*i* into); *~ sina planer i handling* put one's plans into action; *~ i praktiken* put into practice; *~ ngt i pengar* turn s.th. into cash **3** (*avyttra*) sell, market, turn over; *aktierna -sattes till* the shares changed hands at **-sättning 1** (*av växlar, lån*) renewal, prolongation **2** (*sammanlagt försäljningsvärde*) turnover, sales; (*allm. varuutbyte*) business [volume], trade; (*av arbetskraft*) turnover (*på lärare* of teachers); *börs.* transactions (*pl*), business **3** *boktr.* recomposition
omsättnings|skatt purchase (*AE.* sales) tax **-tillgångar** *pl* current (floating) assets **-växel** renewal (continuation) bill
om|tagning repetition; *mus.* repeat; *foto.* retake **-tala 1** (*-nämna*) mention **2** (*berätta*) tell (*ngt för ngn* s.b. s.th., s.th. to s.b.) **-tanke** (*-tänksamhet*) consideration (*om* for); (*-sorg*) solicitude (*om* for) **-tryck** *boktr.* reprint **-tumlad** *a5* giddy; dizzy **-tvistad** *a5* disputed; *en ~ fråga* a matter of dispute (at issue), a moot question **-tyckt** *a4* popular, liked; *illa ~* disliked, unpopular **-tänksam** *a1* considerate (*om* for, of; *mot* towards), thoughtful (*om, mot* for, of); (*försiktig*) prudent **-tänksamhet** considerateness *etc.* **-töckna** darken; (*genom alkohol o.d.*) daze, muddle, fuddle; *~t tillstånd* state of confusion, daze
o|musikalisk unmusical **-mutlig** [-u:-] *a1* unbribable; incorruptible; (*friare*) inflexible, uncompromising **-mutlighet** [-u:-] incorruptibility; inflexibility
om|val *s7* re-election **-vald** re-elected **-vandla** transform, convert, change (*till* into) **-vandling** transformation, conversion, change **-vittna** give evidence of; (*betyga*) testify **-vittnad** *a5* testified to, vouched for; *ett -vittnat faktum* a certified fact **-vårdnad** care; *ha ~ om* be in (have) charge of **-väg** roundabout (circuitous) way (*äv. bildl.*); *ta en ~* make a detour; *en stor ~* (*äv.*) a long way round; *få veta på ~ar* get to know in a roundabout way (indirectly) **-välja** re-elect **-välvande** *a4* revolutionary **-välvning** revolution, upheaval **-vänd** *a5* **1** reversed, turned round (upside

down, inside out); (*motsatt*) reverse, opposite; *mat.* inverse; ~ *ordning* reverse order; *förhållandet är det rakt ~a* the case is exactly the reverse (opposite); *han var som en ~ hand* he was a changed man **2** *relig.* converted; *en ~* a convert **-vända** *relig.* convert; ~ *sig* be converted **-vändelse** conversion **-vänt** inversely; *och ~* and vice versa **-värdera** revalue, reassess **-värdering** revaluation **-värld** *~en* the world around [one *etc.*] **-värva** *v2* envelop; encompass; *vara -värvd av* be enveloped in (*rök* smoke), be encompassed by (*fiender* enemies) **-växlande I** *a4* alternating; alternate; varying (*lycka* fortune); varied (*program* programme); (*olikartad*) diversified **II** *adv* alternatingly *etc.*; (*turvis*) by turns **-växling** alternation; (*förändring*) change; (*olikhet*) variety; (*motsats enformighet*) variation; *som ~* for a change; *för ~s skull* for the sake of variety

omyndig under (not of) age; *en ~* a minor **-förklara** declare incapable of managing his (*etc.*) own affairs **-het** (*minderårighet*) minority; (*fastslagen av domstol*) legal incapacity **-hetsförklaring** declaration of [legal] incapacity **-hetstid** minority

o|målad *a5* unpainted **-måttlig** immoderate; (*om pris, krav äv.*) exorbitant; (*överdriven*) excessive; (*om fåfänga*) inordinate **-måttlighet** immoderation; excess[iveness]; exorbitance **-mänsklig** inhuman; (*mildare*) inhumane; (*barbarisk*) barbarous **-mänsklighet** inhumanity; barbarity **-märklig** imperceptible; (*osynlig*) indiscernible **-märkt** *a4* unmarked; ~ *av åren* untouched by the passage of time **-mätbar** *a1*, **-mätlig** [ˣɑ:-, -'mä:t-] *a1* immeasurable; (*gränslös*) boundless **-mättad** *kem.* unsaturated **-mättlig** *a1* insatiable **-möblerad** *a5* unfurnished

o|möjlig [ˣɑ:-, -'möjj-] impossible; (*ogörlig*) unfeasible, impracticable; *han är ~ att komma åt* there's no getting at him; *göra sig ~* make o.s. impossible **-möjligen** *se omöjligt* **-möjliggöra** make impossible **-möjlighet** impossibility **-möjligt** *adv, jag kan ~* I cannot possibly

omönstrad unpatterned, plain

onanera masturbate **onani** *s3* masturbation, onanism

o|natur (*tillgjodhet*) affectation **-naturlig** unnatural; (*tillgjord*) affected; (*abnorm*) abnormal

ond *ont värre värst el. a1* (*i bet. 2*) **1** (*illvillig*) evil; (*elak*) wicked; (*dålig*) bad (*dröm* dream; *samvete* conscience); ~ *aning* misgiving; *i ~ avsikt* with evil intent[ion]; ~ *cirkel* vicious circle; *aldrig säga ett ont ord* never say an ill (unkind) word; *väcka ont blod* create ill feeling **2** (*förargad*) angry, vexed, annoyed, cross (*på* with; *över* at; *över att* that); *AE. äv.* mad (*på* at; *över* about); *bli ~* get angry (*etc.*) **3** (*som gör ont*) sore (*ben* leg); ~ *tand* aching tooth **4** *det onda a*) (*t.ex. som ngn gjort*) the evil, *b*) (*sjukdomen*) the malady (complaint), *c*) (*smärtorna*) the pain[s *pl*], the ache; *ta det ~a med det goda* take the good with the bad; *den ~e* the Evil One **5** *vara av ~o* be of evil; *fräls oss från ~o!* deliver us from evil!

ondgöra *rfl* take offence (*över* at); ~ *sig över att* (*äv.*) take it amiss that **ondo** *se ond 5* **ondsint** *a1* (*argsint*) ill-tempered; (*illvillig*) malevolent **ondska** *s1* evil; (*sedefördärv*) wickedness; (*elakhet*) malice, malignity **ondskefull** malignant, malevolent, spiteful

onduler|a [å-] wave **-ing** waving; *en ~* a wave

oneklig [-e:-] *a1* undeniable **onekligen** undeniably, without doubt; (*obestridligen*) indisputably

onjutbar unenjoyable; (*oaptitlig*) unpalatable

onkel ['åŋkel] *s2* uncle

onomatopoetisk [ånɑ-, -ɑ'e:t-] onomatopoe[t]ic

onormal abnormal

onoterad *a5* unquoted; (*om värdepapper*) unlisted

onsdag ['ɑns-] *s2* Wednesday; *jfr fredag*

ont *n* **1** evil; (*skada*) harm; (*smärtor*) pain, ache; *ett nödvändigt ~* a necessary evil; *på gott och ~* that cuts both ways; *intet ~ anande* unsuspecting; *göra ~* (*orsaka smärta*) give pain; *det gör mig ~ att* it grieves me that; *det gör mig ~ om honom* I feel so sorry for him; *det gör ~ när du nyps* it hurts when you pinch; *ha ~ i huvudet* (*magen*) have a headache (stomachache); *ha ~ i sinnet* have evil designs; *jag har ~ i ryggen* I have a pain in my back, my back aches (hurts); *jag har inget ~ gjort* I have done no wrong (*skada*: harm); *vad har jag gjort dig för ~?* what harm have I done you?; *vi hade inget ~ av* we were not disturbed (troubled) by (*oväsendet* the noise); *det ligger ingenting ~ i det* there is nothing wrong (no harm) in that; *löna ~ med gott* return good for evil; *jag ser inget ~ i det* there is no wrong (harm) in that; *slita ~* have a rough time of it; *tro ngn om ~* believe the worst of s.b.; *det är inte ngt ~ i honom* there's no harm in him; *inget ~ som inte har ngt gott med sig* it's an ill wind that blows nobody any good **2** *ha ~ om* be short of; *ha ~ om pengar* be hard up [for money]; *ha ~ om tid* be pressed for time; *det är ~ om kaffe* coffee is scarce, there is a shortage of coffee; *det börjar bli ~ om kaffe* coffee is running short

onumrerad *a5* unnumbered; unreserved

onus ['ɑ:-] *s7, pl äv. onera* encumbrance, burden

o|nyanserad without nuances; (*friare*) undifferentiated; *bildl.* oversimplified, superficial **-nykter** drunk[en], intoxicated **-nykterhet** drunkenness; insobriety **-nyttig** useless, of no use; unprofitable, futile

onyx ['ɑ:-] *s2, miner.* onyx

onåd disgrace; disfavour; (*misshag*) displeasure; *komma i ~ hos ngn* fall out of favour with s.b., get into a p.'s bad books **onådig** ungracious; (*ogynnsam*) unfavourable **onådigt** *adv* ungraciously, with a bad grace; *upptaga ngt ~* take umbrage (offence) at s.th.

o|nämnbar *a1* unmentionable **-nämnd** *a5* unmentioned; (*anonym*) anonymous **-nödan** *i uttr.: i ~* unnecessarily **-nödig** unnecessary; needless **-nödigtvis** unnecessarily; needlessly **-ombedd** [ˣɑ:åm-] *a5* unasked; uninvited **-omkullrunk[e]lig** [ˣɑ:åm-] *a1* irrefutable (*åsikt* opinion); impregnable, invincible (*sanning* truth) **-omtvistlig** [ˣɑ:åm-] *a1* indisputable **-ordentlig** (*om pers.*) careless, (*vårdslös*) slovenly, (*i klädsel*) untidy; (*om sak*) disorderly, (*ostädad*) untidy **-ordnad** disordered; (*om för-*

hållanden o.d.) unsettled **-ordning** [state of] disorder; (*röra*) mess, muddle; (*förvirring*) confusion; *bringa i ~* throw into confusion, get into a mess **-organiserad** [ˣɑ:år-] *a5* unorganized; (*klandrande*) unordered; *~ arbetare* nonunionist **-organisk** inorganic

opạk *a1* opaque

opạl *s3, miner.* opal **opaliserande** [-'se:-] *a4* **-skimrande** [-ˣpa:lʃim-] *a4* opalescent

o|partisk impartial, unbiassed, unprejudiced; *polit.* nonparty **-passande** (*otillbörlig*) unbecoming; (*ej på sin plats*) improper, indecorous; (*anstötlig*) objectionable **-passlig** *a1* indisposed; *vard.* out of sorts, under the weather **-pedagogisk** unpedagogic[al]

opera ['ɑ:-] *s1* opera; (*-hus*) opera house **-balett** opera ballet **-föreställning** opera performance **-musik** opera music **-sångare, sångerska** opera singer

operation operation (*äv. mil.*)

operations|analys operations (operational) research (analysis) **-bas** operation base **-bord** operating table **-kniv** operating knife **-sal** operation theatre **-sköterska** theatre nurse

operatịv *a1* operative **operatris** [woman, girl] operator **operatör 1** (*kirurg*) operating surgeon **2** (*maskin-*) operator **operera 1** *mil. o. allm.* operate **2** *med.* operate (*ngn för magsår* on s.b. for gastric ulcer); carry out an operation; *bli ~d* be operated on; *cancer kan inte alltid ~s* it is not always possible to operate for cancer; *~ bort* remove, have removed by an operation

operẹtt *s3* musical comedy; light opera, operetta

opersonlig impersonal

opiạt *s7, s4* opiate

opiniọn *s3* opinion; *den allmänna ~en* public opinion; *skapa en ~ för* rouse public opinion in favour of

opinions|bildande *a4* that moulds public opinion **-bildare** moulder (creator) of public opinion **-bildning** moulding of public opinion **-mätning** *se -undersökning* **-möte** *ung.* public meeting **-undersökning** public opinion survey, [opinion] poll **-yttring** expression of opinion; manifestation, demonstration

opium ['ɑ:-] *s4* opium **-droppar** *pl* laudanum, tincture of opium (*sg*) **-handel** opium traffic **-håla** opium den **-pipa** opium pipe **-rökare** opium smoker **-vallmo** opium poppy

o|placerad *a5, sport.* unplaced **-plockad** [-å-] *a5, ha en gås ~ med ngn* have a crow to pluck with s.b. **-plogad** *a5* uncleared by the snowplough **-plöjd** *a5* unploughed **-poetisk** unpoetical **-polerad** *a5* unpolished; *bildl. äv.* unrefined, rough **-politisk** unpolitical, nonpolitical; (*oklok*) impolitic

opossum [ɑˣpåss-] *s3, zool.* (*pungråtta*) opossum; (*pungräv*) [brush-tailed] phalanger

opp [åpp] *se upp*

opponent [å-] opponent **opponera** object (*mot* to); oppose; *~ sig* make (raise) objections (*mot* to); *~ sig mot* (*äv.*) object to, oppose

opportụn [å-] *a1* opportune, timely; (*lämplig*) expedient **opportunist** opportunist, timeserver **opportunistisk** [-'niss-] *a5* opportunist **opportunitetsskäl** [-ˣte:ts-] *av ~* for reasons of expediency

opposition [å-] opposition **oppositionẹll** *a1* oppositional (*mot* towards)

oppositions|ledare leader of the opposition **-lust** love of opposition **-lysten** oppositional; dissentious **-parti** opposition party; *~et* (*äv.*) the Opposition

o|praktisk unpractical; *AE.* impractical **-pressad** *a5* unpressed **-pretentiös** unpretentious **-prioriterad** *a5* unsecured, unprivileged; nonessential, nonpriority **-pris** *det är inget ~* it is not too expensive (quite reasonable) **-privilegierad** *a5* unprivileged **-proportionerlig** disproportionate; *vara ~* (*äv.*) be out of [all] proportion **-prövad** untried, inexperienced; (*ej utprovad*) untested **-psykologisk** unpsychological

optịk [å-] *s3* optics (*pl, behandlas som sg*) **optiker** ['åpp-] optician

optimạl [å-] *a1* optimum **optimera** optimize **optimering** [-'me:-] optimization **optimism** optimism; *försiktig ~* guarded optimism **optimist** optimist **optimistisk** [-'miss-] *a5* optimistic **optimistjolle** optimist pram **optimum** ['åpp-] *best. form optimum, äv. optimet* optimum

option [åp'ʃɑ:n] option **optionstid** option period

optisk ['åpp-] *a5* optical; (*om t.ex. axel, vinkel äv.*) optic; *~ villa* optical illusion

opublicerad *a5* unpublished

opus ['ɑ:-] *s7, pl äv. opera* work, production; *mus.* opus, composition

o|putsad *at* unpolished; (*om fönster*) uncleaned **-påkallad** *at* uncalled for **-pålitlig** unreliable; untrustworthy, not to be depended upon; (*farlig*) unsafe **-pålitlighet** unreliability; undependability **-påräknad** [-ä:-] *a5* unexpected **-påtalt** [-a:-] *a4* unnoticed; without remonstrance (a protest) **-påverkad** *a5* unaffected, uninfluenced **-påverkbar** unimpressionable; immovable; unyielding

or *s7, zool.* mite

o|raffinerad unrefined, crude **-rakad** *a5* unshaved, unshaven

orakel [-'ra:-] *s7, s4* oracle **-mässig** *a1* oracular **-svar** oracle

orange [ɑ'ranʃ, -'raŋʃ] **I** *s5* orange **II** *a4* orange **-färgad** orange-coloured

orange|ri [-nʃ-, -ŋʃ-] orangery, hothouse **-röd** orange-red

orangutang [ɑraŋgu'taŋ, ɑraŋu-] orang-utan, orang-outang

oransonerad *a5* unrationed

oration oration **orator** [-ˣa:tår] *s3* orator **oratorisk** [-'tɑ:-] *a5* oratorical **oratorium** [-'tɑ:-] *s4* oratorio

ord [ɑ:rd] *s7* word; *~ för ~* word for word, verbatim; *ett sanningens ~* a home truth; *~et är fritt* (*vid möte e.d.*) the meeting is open for discussion; *det ena ~et gav det andra* one word led to another; *det är ~ och avsked med honom* he is a plain-speaking man; *~ och inga visor* plain speaking, no beating about the bush; *använda fula ~* use bad language; *begära ~et* request permission to speak; *bryta* (*hålla*) *sitt ~* break (keep) one's word; *få ~et* (*äv.*) get the floor; *få ett ~ med i laget* get a voice in the matter; *få sista ~et* have the last word; *ge sitt ~ på att* give one's word that; *ha ~ om sig att vara* have the reputation of being; ... *har ~et* ... is speaking; *ha ~et i sin makt* never be at a loss for words; *i ~ och gärningar* in word and deed; *vara stor i ~en* talk big; *lägga ett gott ~ för ngn* put in a good word for s.b.; *med andra ~* in other words, *med egna ~* in one's own words; *med ett ~ [sagt]* in a word, briefly; *märka ~* catch at words, quibble; *du sa ett ~!* you are right there!; *inte skräda ~en* not mince matters; *stå vid sitt ~* stick to one's word; *ta ngn på ~en* take s.b. at his word; *ta till ~a* begin to speak; *tala några ~ med ngn* have a word with s.b.; *tro ngn på hans ~* believe a p.'s word; *du måste tro mig på mitt ~* you must take my word for it; *vi visste inte ~et av förrän* before we knew where we were; *innan man visste ~et av* before you could say Jack Robinson; *välja sina ~* choose one's words; *överlämna ~et åt* call upon s.b. to speak

orda [ˣo:r-] talk (*om* about) **-grann** literal; word for word **-lag** *pl* words, terms; *i väl valda ~* in appropriate (well-chosen) terms (phrases) **-lydelse** wording, text

ord|behandling word processing **-behandlingsmaskin** word processor **-bildning** word-formation **-blind** word-blind **-bok** dictionary **-boksförfattare** lexicographer, dictionary compiler **-byte** dispute, altercation **-böjning** word inflection

orden ['å:r-] *best. form orden, pl ordnar* order; *få en ~* have an order conferred upon one

ordens|band ribbon of an order **-behängd** *a5* covered with decorations **-brev** diploma of an order **-broder** brother of an order **-förläning** award of an order **-insignier** *pl* insignia of an order **-kapitel** chapter of an order (the Order) **-regn** shower of decorations (honours) **-sällskap** order [fraternity] **-tecken** badge of an order **-utdelning** bestowal of orders **-väsen** [the] system of orders

ordentlig [år'dent-] *a1* (*noggrann*) careful, accurate (*med* about, as to); (*ordningsam*) well-behaved, well-conducted, orderly (*ung man* young man); (*proper, städad*) tidy, neat; (*riktig*) proper, regular, real, decent; (*rejäl*) thorough, downright, sound (*avbasning* thrashing); *ett ~t mål mat* (*äv.*) a square meal **-het** carefulness *etc.*; orderliness *etc.*; regularity *etc.*

ordentligt *adv* in a careful (*etc.*) way; properly; thoroughly; *sova ut ~* sleep one's fill

order ['å:r-] order (*om, på* for) (*äv. hand.*); (*uppdrag*) commission; (*instruktion*) instructions (*pl*); *mil.* order, command; *ge ~ om* (*äv.*) order; *lyda ~* obey orders; *på ~ av* by order of; *i ~* on order; *närmare ~* further instructions; *betala till herr A. eller ~* pay [to] Mr. A. or order **-bekräftelse** *se -erkännande* **-blankett** order form **-bok** order book **-erkännande** acknowledgement of order, confirmation of an order **-givning** [-ji:v-] *mil.* issuing of orders (an order); *flyg.* briefing **-mottagare** incoming orders clerk **-sedel** order sheet (slip) **-stock** *s2* backlog [of orders], [volume of] orders on hand

ord|fattig (*om språk*) with a small vocabulary **-fläta** *se korsord* **-flöde** flow of words **-följd** word order

ordförande *s9* (*i förening o.d.*) president; (*vid möte*) chairman (*vid* at, of); *sitta som ~* act as chairman, be in the chair, preside **-klubba** chairman's gavel **-skap** *s7* presidency; chairmanship; *under ~ av* under the presidency (*etc.*) of **-stol** president's chair; chairman's seat

ord|förklaring explanation of words (a word); *~ar* (*äv.*) explanatory notes, glossary **-förråd** vocabulary **-hållig** *a1* true (loyal) to one's word

ordinand [å-] *s3* candidate for ordination, ordinand

ordinarie [-'na:-] *oböjligt a* ordinary; (*regelmässig*) regular; (*om tjänst*) permanent; (*fast anställd*) on the permanent staff, (*inom förvaltn.*) established; *icke* (*extra*) *~* unestablished; *~ professor* full professor; *~ priser* usual (normal) prices

ordinata [-ˣna:-] *s1, mat.* ordinate

ordination 1 *med.* prescription **2** (*prästvigning*) ordination **ordinera 1** *med.* prescribe **2** (*prästviga*) ordain

ordinär *a1* ordinary; common, average

ord|karg of few words, sparing of words; taciturn **-klass** part of speech **-knapp** *se -karg* **-lek** pun **-lista** list of words, glossary, vocabulary (*över* of)

ordn|a [ˣå:rd-] arrange; *AE. äv.* fix; (*bringa -ing i*) put in order, tidy [up]; adjust (*sin klädsel* one's dress); (*affärer o.d.*) settle; (*reda ut*) get into order; (*reglera*) regulate, order; (*sortera*) sort; *~ efter storlek* arrange according to size; *~ med* arrange [for], provide for, attend to; *~ upp* settle, put to rights; *~ sig* arrange itself; *det ~r sig nog* things will sort themselves out, it will come out all right **ordnad** *a5* arranged *etc.*; settled; *ordnat arbete* regular work; *~e förhållanden* settled conditions

ordning [å:-] **1** order; (*ordentlighet*) orderliness, tidiness; (*metod*) method, plan; (*föreskrift*) regulations (*pl*); *i god ~* in an orderly manner; *för ~ens skull* as a matter of form, just in case; *den allmänna ~en* law and order; *få ~ på ngt* get s.th. straight; *hålla ~ i* keep in good order; *hålla ~ på* keep in order; *i ~* in order, (*färdig*) ready, all set ; *alldeles i sin ~* quite right (in order); *i vederbörlig ~* in due course; *göra i ~* get ready, prepare; *göra sig i ~* get ready (*till* for); *höra till ~en för dagen* be quite in the regular course of things; *kalla till ~en* call to order; *återgå till ~en* return to the normal [state of things] **2** (*följd*) course, order; *alfabetisk ~* alphabetical order; *i tur och ~* in turn; *den tredje i ~en* the third **3** *naturv.* order; *stjärna av första ~en* star of the first magnitude **4** (*typ, figur*) specimen

ordningsam *a1, se ordentlig*

ordnings|betyg order mark **-fråga** point of order **-följd** order, succession, sequence **-makt** police; constabulary **-man** *skol.* monitor; prefect **-människa** man (*etc.*) of method **-nummer** serial number **-polis** uniformed (*i storstad:* metropolitan) police **-regel** rule **-sinne** sense of order (method) **-stadga** regulations (*pl*) **-tal** ordinal [number] **-vakt** watchman, patrol; doorkeeper; *jfr -man*

ordonnans [årdå'nans, -'naŋs] *s3* orderly; (*motorcykel-*) dispatch rider **-officer** orderly officer;

(*adjutant*) aid[e]e-de-camp
ord|rik (*om språk*) with a large vocabulary; (*om pers.*) verbose, wordy **-rytteri** cavilling, quibbling **-slut** word-ending **-språk** proverb **-språksbok** *O~en* [the Book of] Proverbs **-stam** word-stem **-strid** wrangle, verbal dispute **-ström** stream of words **-stäv** *s7* saying **-svall** torrent of words **-val** choice of words **-vändning** phrase **-växling** altercation
o|realiserbar unrealizable, unworkable; (*friare*) utopian **-realistisk** unrealistic **-reda** disorder; (*förvirring*) [state of] confusion; (*röra*) muddle, mess; *bringa ~ i* throw into disorder, get into a muddle (mess); *ställa till ~* cause confusion **-redig** confused; (*om framställning o.d.*) entangled, muddled; (*virrig*) muddleheaded; (*oklar*) vague **-redlig** dishonest **-reflekterad** *a5* unreflecting, rash, hasty
oregano [o're:-, -'ga:-] *s5* oregano, origanum
o|regelbunden irregular; anomalous **-regelbundenhet** irregularity; anomaly **-regerlig** [-je:r-] *a1* unmanageable; *bli ~* (*äv.*) get out of hand **-registrerad** [-j-] *a5* unregistered **-reglerad** *a5* unregulated
oren unclean; (*starkare*) filthy; (*förorenad*) impure (*äv. mus.*); *mus. äv.* false; (*grådaskig*) muddy; (*syndfull*) unchaste **orena** pollute **orenhet** impurity **orenlig** uncleanly **orenlighet** uncleanliness; *konkr.* dirt, filth
o|rensad (*om trädgårdsland*) unweeded; (*om bär o.d.*) unpicked; (*om fisk*) ungutted **-reparerbar** [-e:r-] *a1* irreparable (*äv. bildl.*)
orera speechify
o|reserverad unreserved; unqualified (*beundran* admiration) **-resonlig** unreasonable; (*halsstarrig*) stubborn, obstinate **-retuscherad** *a5* not touched-up, unretouched
orfisk ['årf-] *a5* Orphic, Orphean
organ [å-] *s7* organ (*för* of); (*redskap*) instrument; (*institution e.d.*) institution, body; authority
organdi [å-] *s3* organdie, organdy
organisation [å-] organization; *facklig ~* trade union (organization)
organisations|förmåga organizing ability **-plan** organization chart (plan) **-tvång** [the principle of the] closed shop, the obligation to join a trade union
organis|atorisk [-'to:-] *a5* organizing, organizational **-atör** organizer **-era** organize
organ|isk [-'ga:-] *a5* organic **-ism** *s3* organism
organist [å-] organist, organ player
orgasm [å-] *s3* orgasm
orgel [×årjel] *s2* organ **-harmonium** organ harmonium **-konsert** organ recital **-läktare** organ loft **-musik** organ music **-pipa** organ pipe **-register** organ stop **-spelare** organist, organ player **-trampare** organ blower
orgiastisk [årgi'ast-] *a5* orgiastic **orgie** ['årgie, 'årjie] *s5* orgy; (*dryckes- äv.*) revel, carousal; *~r* (*äv.*) revelry (*sg*), excesses; *en ~ av färger* a riot of colour
orient̤al [å-] **I** *s3* Oriental **II** *a1* Oriental; Eastern **-isk** *a5* oriental; (*om matta äv.*) Turkish, Persian **-ist** Orientalist
Orienten [åri'enn-] *best. form, r* the Orient; *Främre ~* the [Near and] Middle East
orientera [å-] **1** (*inrikta*) orient[ate] **2** (*underrätta*) inform, brief **3** *sport.* orienteer **4** *rfl* (*ta reda på var man är*) orient[ate] o.s., get one's bearings; (*göra sig bekant med*) inform o.s. (*i, om* about), acquaint o.s. (*i* with)
orienterad [-'te:-] *a5* (*inriktad*) oriented (*i norr o. söder* north and south); *polit.* sympathetic (*mot* to); (*informerad*) informed (*i, om* about), familiar (*i* with) **orienterande** *a4* introductory, explanatory (*redogörelse* statement) **orienterare** [-×te:-] *sport.* orienteer **orientering 1** (*inriktning*) orientation (*mot* towards), location; (*tendens*) trend, tendency **2** (*införande*) introduction, information; (*översikt*) survey **3** *sport.* orienteering
orienterings|förmåga sense of locality (direction) **-löpare** *se orienterare* **-punkt** checkpoint **-tavla** (*vägmärke*) advance direction sign **-tävling** orienteering race **-ämne** general subject
original [år[i]gi'na:l, -ji-] *s7* original; *pers.* eccentric [person], character; *boktr.* camera-ready copy, mechanical **-förpackning** original packing; *i ~* as packed by the producer (*etc.*) **-handling** original [document, deed]
originalitet originality; (*ngns äv.*) eccentricity **originalitetsjakt** pursuit of originality
original|manuskript original manuscript **-språk** original language **-tappning** *vin i ~* chateau bottled wine **-upplaga** first (original) edition
originell [år[i]gi'nell, -ji-] *a1* original; (*säregen*) eccentric, odd, peculiar
origo [-'ri:-] *s9, mat.* origin; *i ~* at the origin
o|riktig incorrect, erroneous, wrong **-riktighet** incorrectness, error **-rimlig** preposterous, absurd; (*obillig*) unreasonable; *det ~a i* the absurdity of; *begära det ~a* demand the impossible **-rimlighet** preposterousness; absurdity **-rimmad** *a5* unrhymed; blank
ork [å-] *s3* energy, strength, stamina **orka** [×årr-] have the strength (power) (*ngt* for (to do) s.th.); *jag ~r inte mer a*) I cannot go on any longer, I am exhausted, *b*) (*äta mer*) I cannot eat any more; *jag ~r inte höra på dig längre* I can't listen to you any longer; *allt vad man ~r a*) (*arbeta* work) one's hardest, *b*) (*skrika* shout) as loud as one can, at the top of one's voice, *c*) (*springa* run) as fast as one can, at the top of one's speed
orkad|ier [-'ka:-] (*inv. på Orkneyöarna*) Orcadian **-isk** Orcadian
orkan [å-] *s3* hurricane **-artad** [-a:r-] *a5* hurricane-like
orkeslös [×årr-] infirm; (*kraftlös*) effete, enfeebled; (*svag*) feeble **-het** infirmity; feebleness
orkester [år'kest-] *s2* orchestra; (*dans-*) band **-dike** orchestra [pit] **-dirigent** conductor; (*dans-*) bandmaster, bandleader **-ledare** *se -dirigent* **-musik** orchestral music **-verk** orchestral work
orkestr|al [å-] *a1* orchestral **-era** orchestrate **-ering** [-'e:r-] orchestration
orkide [årki-, -çi-] *s3* orchid
orm *s2* snake; *bibl. o. bildl.* serpent **orma** *rfl* (*ringla*) wind (*fram* along); (*om pers.*) crawl (*fram* along)

O

orm|bett snakebite **-biten** *a5* snakebitten **-bo** snake's (*bildl.* serpent's) nest **-bunke** *s2* fern **-bär** herb Paris **-gift** snake venom **-grop** snake pit **-lik** *a5* snaky, serpentine **-människa** contortionist **-serum** antivenin **-skinn** (*material*) snakeskin; (*urkrupet*) slough **-slå** *s5* slowworm, blindworm **-spott** cuckoo (frog) spit **-tjusare** [-ç-] snake charmer **-vråk** buzzard

ornament *s7* ornament **ornamental** *a1* ornamental **ornamentera** ornament **ornamentering** [-'te:-] ornamentation **ornamentik** *s3* ornamental art, ornamentation

ornat official vestments (*pl*); (*ämbetsmans*) robes (*pl*) of office; *i full ~* in full canonicals (*om biskop:* pontificals) (*pl*)

orne [ˣɑ:r-] *s2* boar

orner|a ornament, decorate **-ing** ornamentation

ornito|log ornithologist **-logi** *s3* ornithology **-logisk** [-'lå:-] *a5* ornithological

oro *s9* **1** [state of] agitation; unrest, restlessness; (*sinnesrörelse*) uneasiness, perturbation; (*farhåga*) anxiety, concern, (*starkare*) alarm; (*nervositet*) nervousness, fidgets (*pl*); *hysa ~ för* feel concern for, be anxious about; *känna ~ i kroppen* feel restless all over, *vard.* have the fidgets **2** (*i ur*) balance wheel **oroa** (*störa*) disturb, trouble, bother; *~ sig* worry (*för, över* about) **oroande** *a4* disturbing, disquieting

orolig *a1* **1** (*rastlös*) restless; (*upprörd o.d.*) agitated, disturbed; troubled (*sömn* sleep); *~a tider* unsettled (troubled) times **2** (*ängslig*) anxious, uneasy, worried, (*starkare*) alarmed; (*bekymrad*) concerned; *vara ~ över* (*äv.*) worry about; *du behöver inte vara ~!* you needn't worry! **-het** *~er* disturbances, troubles, unrest (*sg*)

oromantisk unromantic

oros|ande restless person, rolling stone **-centrum** centre of disturbance **-element** disturbing element **-faktor** element of unrest; disturbing element **-härd** trouble spot **-moln** storm cloud **-stiftare** disturber of the peace, troublemaker; *polit.* agitator

oroväckande *a4* alarming, disquieting

orr|e [ˣårre] *s2, zool.* black grouse; (*orrtupp*) blackcock **-höna** greyhen **-spel** blackcocks' courtship display **-tupp** blackcock

orsak [ˣɑ:r-] *s3* (*grund*) cause (*till* of); (*skäl*) reason (*till* for); *~ och verkan* cause and effect; *av den ~en* for that reason; *ingen ~!* don't mention it!, not at all!, *AE.* you're welcome! **orsaka** cause; occasion

orsaks|förhållande causal relationship, causality **-sammanhang** causal connection

ort [ɑ:rt] *s3* **1** place; (*trakt*) locality, district; *på ~ och ställe* on the spot; *på högre ~* in higher quarters; *på högsta ~* at top level **2** (*gruv.*) gallery, heading **-namn** place name **-namnsforskning** place-name research, toponomy

orto|ceratit [å-] *s3* orthoceratite **-donti** *s3* orthodontia, orthodontics **-dox** [-'dåkks] *a2* orthodox **-doxi** [-dåk'si:] *s3* orthodoxy **-grafi** *s1* orthography **-grafisk** [-'gra:-] *a5* orthographic[al]

ortolan *s3*, **-sparv** ortolan

orto|ped *s3* orthopaedist, orthopaedic surgeon **-pedi** *s3, ej pl* orthopaedics (*pl, behandlas som sg*) **-pedisk** [-'pe:-] *a5* orthopaedic

ortoptist orthoptist **ortoptris** orthoptist

orts|avdrag basic regional tax allowance **-befolkning** *~en* the local population (inhabitants) **-pressen** the local press

o|rubbad *a5, sitta i -rubbat bo* remain in sole possession **-rubblig** *a1* immovable; *bildl.* unshakeable, imperturbable (*lugn* composure); (*fast*) firm, steadfast **-rutinerad** inexperienced; unskilled **-rygglig** *a1* irrevocable (*beslut* decision); unswerving (*trohet* fidelity)

oråd *s7, ana ~* take alarm, *vard.* smell a rat; *utan att ana ~* unsuspectingly; *ta sig det ~et före att* take it into one's head to

o|rädd fearless; (*djärv*) intrepid, daring **-räddhet** fearlessness; intrepidity **-räknelig** [ˣɑ:-, -'rä:k-] *a1* innumerable, countless, numberless **-räntabel** unprofitable, unremunerative

orätt I *s3* wrong, injustice; *med rätt eller ~* rightly or wrongly; *göra ngn ~* wrong s.b., do s.b. an injustice; *ha ~* be in the wrong **II** *a4* wrong; *komma i ~a händer* fall into the wrong hands **-färdig** unjust; unrighteous, iniquitous **-färdighet** injustice; unrighteousness, iniquity **-mätig** unlawful, wrongful, illegitimate **-rådig** unrighteous, iniquitous **-vis** unjust (*mot* to, towards); unfair (*mot* to) **-visa** injustice; (*oförrätt*) wrong; *de -visor som begåtts* the injustices (the wrongs) of the past

o|rörd untouched; intact; (*ej flyttad*) unmoved; *~ natur* unspoiled countryside **-rörlig** immovable; (*stå* stand) motionless; (*om ansikte, trupper*) immobile; (*fast*) fixed, stationary

1 os *s7* mouth, estuary

2 os *s7* smell [of smoke]; fumes (*pl*)

osa smell; *det ~r* there's a smell of smoke; *det ~r bränt* (*äv.*) the fat's in the fire; *~ ihjäl* suffocate by smoke

o.s.a. (*förk. för om svar anhålles*) R.S.V.P., *se under anhålla*

o|sagd unsaid; *det vill jag låta vara -sagt* I will leave that unsaid **-sakkunnig** non-expert, incompetent **-saklig** irrelevant; not objective **-salig** (*fördömd*) unredeemed, damned; *en ~ ande* a lost soul **-saltad** *a5* unsalted; fresh (*smör* butter) **-sammanhängande** disconnected; (*lösryckt*) disjointed; (*förvirrad*) incoherent **-sammansatt** uncompounded; (*okomplicerad*) uncomplicated **-sams** (*jfr oense*) *bli ~* quarrel (*med* with); *bli ~ med ngn* (*äv.*) fall out (get at loggerheads) with s.b. **-sann** untrue **-sannfärdig** untruthful, false **-sanning** untruth, lie; *fara med ~* be untruthful, tell untruths; *tala ~* tell lies (a lie), not speak the truth **-sannolik** improbable, unlikely; *det är ~t att han* he is unlikely to

oscill|ator [åʃiˣla:tår] *s3* oscillator **-era** oscillate

oscillo|graf [åʃilɑ-] *s3* oscillograph **-gram** [-'gramm] *s7* oscillogram **-skop** [-'skå:p] *s7* oscilloscope

o|sed bad practice (*hos en pers.:* habit) **-sedd** *a5* unseen, without being seen; unobserved **-sedlig** immoral; (*stötande*) indecent **-sedlighet** immorality **-sedvanlig** not customary; unusual, uncommon **-sentimental** unsentimental **-signerad** [-iŋn-, -inj-] *a5* unsigned **-sinnlig** immaterial; spiritual; (*okroppslig*) incorporeal

osis ['ɑ:-] *s3, vard.* bad luck

o|självisk unselfish **-själviskhet** unselfishness **-självständig** dependent on others; (*om produkt*) imitative, unoriginal **-självständighet** lack of independence, unoriginality **-skad[a]d** *a5* unhurt, uninjured; (*om sak äv.*) undamaged; (*om pers. äv.*) safe and sound **-skadlig** harmless; innocuous (*botemedel* remedy) **-skadliggöra** render harmless (*etc.*); (*gift e.d.*) neutralize; (*kanon o.d.*) put out of action; (*bomb o.d.*) disarm **-skarp** (*slö*) blunt; (*suddig*) blurred, unsharp **-skattbar** *a1* priceless, inestimable, invaluable **-skick** [ˣɷ:ʃikk] *s7* (*dåligt uppförande*) bad behaviour, misconduct; (*oart*) bad habit; *det är ett ~* it is obnoxious **-skicklig** unskilful; (*fumlig*) awkward, clumsy **-skicklighet** unskilfulness; lack of skill **-skiftad** [ˣɷ:ʃif-] *a5* undivided (*dödsbo* estate [of a deceased person]) **-skiljaktig, -skiljbar** *a1* inseparable **-skolad** *a4* untrained; untutored **-skriven** *a5* unwritten (*lag* law); (*som inget skrivits på*) blank (*äv. bildl.*); *han är ett -skrivet blad* he is an unknown quantity **-skrymtad** *a5* unfeigned, undissembled; sincere, genuine

oskuld *s3* **1** innocence; (*jungfrulighet*) virginity **2** (*orörd flicka*) virgin; innocent; *en ~ från landet* a country cousin **oskuldsfull** innocent; pure

o|skummad *a5, ~ mjölk* whole milk **-skyddad** [ˣɷ:ʃyd-] *a5* unprotected (*mot* against, from); (*om läge o.d.*) unsheltered; (*försvarslös*) open **-skyldig** innocent; not guilty (*till* of); (*ej stötande*) inoffensive, harmless; *förklara ngn ~* (*jur.*) find s.b. not guilty **-skälig 1** (*orimlig*) unreasonable; excessive, exorbitant **2** (*förnuftslös*) dumb; *~t djur* dumb animal, brute **-skära** [ˣɷ:ʃä:-] *v1* (*besudla*) pollute; (*vanhelga*) desecrate, profane **-skön** (*ful*) ugly; (*ej tilltalande*) unlovely; (*om ansikte o.d.*) plain; (*frånstötande*) unsightly **-slagbar** [-a:g-] *a1, sport.* (*om pers.*) undefeatable; (*om rekord*) unbeatable **-slipad** (*om verktyg*) unground; (*om glas äv.*) uncut; (*om kniv*) dull; (*om ädelsten*) rough, uncut; *bildl.* unpolished **-släcklig** *a1* inextinguishable; *bildl. äv.* unquenchable **-släckt** *a4, ~ kalk* quicklime, unslaked lime **-smaklig** unsavoury (*äv. bildl.*); (*obehaglig*) distasteful, disgusting (*äv. bildl.*)

osman [ås'ma:n] *s3* Osmanli, Ottoman **osmạnsk** [-a:-] *a5* Osmanli, Ottoman

o|smidig unsupple; *bildl.* inelastic; clumsy; (*om pers.*) unadaptable, gauche **-sminkad** *a5* unpainted; *bildl.* unvarnished, plain (*sanning* truth) **-smord** [-ɷ:-] *a5* unoiled, ungreased

osmo|s [ås'må:s] *s3* osmosis **-tisk** [-'må:-] *a5* osmotic; *~t tryck* osmotic pressure

o|smyckad *a5* unadorned, plain **-smält** *a4* (*om föda o. bildl.*) undigested **-smältbar** (*om föda*) indigestible; *tekn.* infusible **-snuten** *a3, eg.* snotty; *en ~ lymmel* an unlicked rascal **-snygg** unclean, slovenly, dirty **-sockrad** [ˣɷ:såkk-] *a5* unsweetened **-solidarisk** disloyal **-sorterad** un[as]sorted **-spard** [-a:-] *a5, ha all möda ~* spare no pains **-specificerad** *a5* unspecified **-spelbar** [-e:-] *a1* unperformable; (*om musik äv.*) unplayable; (*om pjäs äv.*) unactable **-sportslig** unsportsmanlike, unsporting

oss [åss] us; *rfl* ourselves; *~ alla* (*andra*) all (the rest) of us; *~ själva* ourselves

1 ost *s2* cheese; *helfet* (*mager*) *~* high-fat (low-fat) cheese; *få betalt för gammal ~* get paid out; *en lyckans ~* a lucky beggar

2 ost I *s2* (*väderstreck*) east, East **II** *adv* east; East; *jfr nord*

ostadig unsteady, unstable; (*om väder o.d.*) unsettled, variable; *börs.* unsettled, fluctuating; *bildl.* unstable, volatile

ostan I *r* [the, an] east wind, easterly [wind] **II** *adv* easterly; *jfr nord*

ostasiatisk Far East[ern], East Asiatic

ost|beredning cheesemaking **-bit** piece of cheese **-bricka** cheeseboard

ostentatịv *a1* ostentatious

osthyvel cheese slicer (cutter)

ostindiefarare East-Indiaman **Ostindien** *n* the East Indies (*pl*) **ostindisk** East Indian; *~t porslin* old Chinese porcelain

ost|kaka curd cake **-kant** [a piece of] cheese rind **-kniv** cheese cutter (knife) **-kupa** cheese--dish cover

ost|kust *~en* the east coast **-lig** *a1* east[erly]; *jfr nordlig*

ostmassa curd[s *pl*]

ostnordost east-northeast

ostracism ostracism

ostraffad *a5* unpunished; *vara ~* have no police--record **ostraffat** *adv* with impunity

ostron [-ån] *s7* oyster **-bank** oyster bed (bank) **-odling** *abstr.* oyster farming; *konkr.* oyster farm

o|struken *a3* **1** (*om kläder*) unironed **2** *mus.*, *-strukna oktaven* the small octave **-strängad** *a5* unstrung

ost|skiva slice of cheese **-smörgås** cheese sandwich

ost|sydost east-southeast **-vart** eastward[s]

ostvassla whey

o|styckad *a5* (*om egendom*) undivided; (*om djurkropp*) unquartered **-styrig** *a1* unruly; (*oregerlig*) unmanageable **-städad** untidy **-stämd** *a1* out of tune

ostämne casein

o|stämplad *a5* unstamped; (*om frimärke*) uncancelled; (*om guld, silver*) not hallmarked **-störd** [-ö:-] *a1* undisturbed, untroubled; *i ~ ro* in unbroken peace **-stört** *adv* undisturbedly; *arbeta ~* work in peace **-sund** unhealthy, insanitary; *bildl. äv.* unwholesome, unsound; *~a affärsmetoder* unfair business methods

osv. (*förk. för och så vidare*) *se under och*

o|sviklig unerring (*precision* accuracy); unfailing (*punktlighet* punctuality); infallible (*botemedel* remedy) **-svuren** *a5, -svuret är bäst* better not swear to it **-symmetrisk** asymmetrical, unsymmetrical **-sympatisk** unattractive, disagreeable; distasteful **-synlig** invisible; *göra sig ~* (*försvinna*) make o.s. scarce **-syrad** *a5* unleavened (*bröd* bread) **-systematisk** unsystematic; (*friare*) unmethodical **-såld** unsold **-sårbar** invulnerable **-säker** uncertain, not sure (*om* about; *på* of); (*ostadig*) unsteady, shaky (*hand* hand), faltering (*röst* voice); (*otrygg*) unsure, insecure; (*vanskling*) precarious, risky (*situation* situation); (*tvivelaktig*) doubtful; *vara ~ på sig själv* be unsure of o.s.; *-säkra fordringar* bad (doubtful) debts **-säkerhet** uncertainty; unsteadiness *etc.*; insecurity **-säkerhetskänsla** feeling of uncertainty (insecurity) **-säkra** (*vapen*) cock **-säljbar** unsaleable, unmarketable **-sällskaplig** unsociable **-sämja** *se oenighet* **-sänkbar** *a1* unsinkable **-sökt** unsought; (*otvungen*) natural, spontaneous **-sötad** unsweetened

o|tack ingratitude; ~ *är världens lön* the world's reward is ingratitude **-tacksam** ungrateful (*mot* to); (*om arbete, uppgift o.d. äv.*) thankless **-tacksamhet** ingratitude **-tadlig** [-a:-] *a1* blameless; (*oklanderlig*) irreproachable **-takt** *i* ~ out of time (step) **-tal** *ett* ~ [*av*] a vast (an immense) number of **-talig** [ˣɑ:-, -'ta:-] *a1* innumerable, countless **-talt** [-a:-] *i uttr.: ha ngt ~ med ngn* have a bone to pick with s.b.

o|tid *i uttr.: i ~* at the wrong moment; *i tid och ~* (*eg.*) in season and out of season; *fråga inte i tid och ~* don't keep asking questions all the time **-tidig** *a1* (*ovettig*) abusive **-tidighet** abusiveness; *~er* abusive remarks, abuse (*sg*) **-tidsenlig** out of fashion (date); unfashionable

otillbörlig undue; (*opassande*) improper

otillfreds|ställande unsatisfactory; unsatisfying **-ställd** unsatisfied; dissatisfied **-ställdhet** unsatisfiedness; dissatisfaction

otill|förlitlig unreliable; undependable **-gänglig** inaccessible, remote; *vard. äv.* unget-at-able; (*reserverad*) reserved; (*okänslig*) insusceptible, unamenable (*för* to) **-låten** (*hopskr. otillåten*) forbidden, not permitted; (*olovlig*) unlawful; *sport.* foul **-låtlig** (*hopskr. otillåtlig*) impermissible, inadmissible **-räcklig** insufficient, inadequate **-räcklighet** insufficiency, inadequacy **-räknelig** not responsible for one's actions **-räknelighet** irresponsibility; insanity **-ständig** *a1* unwarrantable, unjustifiable

oting *s7* nuisance, horror

ot̤it *s3* otitis

otium ['ɑ:tsi-] *s4* leisure; *njuta sitt* ~ enjoy one's well-earned leisure (retirement)

o|tjänlig unserviceable; (*olämplig*) unsuitable, unfit (*till* for) **-tjänst** disservice; *göra ngn en* ~ do s.b. a bad turn **-tjänstvillig** disobliging **-trampad** *a5* untrodden **-trevlig** disagreeable, unpleasant; (*besvärlig*) awkward, uncomfortable **-trevlighet** unpleasantness **-trevnad** discomfort **-trivsam** cheerless; (*om hem o.d.*) unhomely **-trivsel** discomfort

o|tro disbelief, lack of faith; (*klentrogenhet*) incredulity; (*tvivel*) scepticism **-trogen** unfaithful; (*trolös*) faithless; (*falsk*) false; (*icke rättrogen*) unbelieving, disbelieving; ~ *mot* unfaithful (*etc.*) to; *de -gna* the unbelievers **-trohet** unfaithfulness, infidelity (*mot* to) **-trolig** incredible, unbelievable; (*häpnadsväckande*) amazing; *det gränsar till det ~a* it is almost incredible; *~t men sant* strange but true

o|tryckbar *a1* unprintable **-trygg** insecure, unsafe **-trygghet** insecurity, unsafeness **-tränad** *a5* untrained; (*för tillfället*) out of practice (training) **-trängd** *i -trängt mål* without due cause **-tröstlig** *a1* inconsolable (*över* for); disconsolate (*över* at)

otta *s1*, *i ~n* in the early morning; *vara uppe i ~n* get up early; *vänta till domedags* ~ wait till doomsday **ottesång** mat[t]ins (*sg el. pl*)

ottom̤an *s3* **1** (*soffa*) couch, ottoman **2** (*turk*) Ottoman

o|tukt fornication, lewdness; (*med minderårig*) child assault, *AE.* statutory rape **-tuktig** *a1* indecent, obscene **-tur** bad luck; *ha* ~ be unlucky (*i kortspel* at cards); *vilken ~!* what bad luck! **-turlig** [-u:-] *a1*, **-tursam** unlucky **-tursdag** unlucky day **-tursförföljd** dogged by misfortune **-tvetydig** unmistakable; (*om uttalande o.d.*) unambiguous, unequivocal **-tvivelaktig** indubitable, undoubted **-tvivelaktigt** *adv* undoubtedly; no doubt **-tvungen** unconstrained, unrestrained; (*ledig*) free and easy **-tvungenhet** spontaneity, ease **-tvättad** unwashed **-tydbar** undecipherable **-tydlig** indistinct; (*om uttal äv.*) inarticulate; (*svävande*) vague; (*om t.ex. handstil*) illegible **-tyg** *s7* (*trolltyg*) witchcraft; (*elände*) abomination, nuisance **-tyglad** [-y:-] *a5* unbridled, uncurbed (*fantasi* imagination); unrestrained (*vrede* anger); (*hejdlös*) unchecked, uncontrolled **-tymplig** *a1* ungainly, clumsy **-tålig** impatient (*att göra ngt* to do s.th.; *på ngn* with s.b.; *över* at); (*ivrig*) anxious, eager **-tålighet** impatience **-täck** *a1* nasty, horrid; *AE. vard.* mean; (*ful*) ugly; (*avskyvärd*) abominable; (*besvärlig*) awful (*hosta* cough) **-täcking** ruffian; devil **-tämd** *a1* untamed **-tänkbar** inconceivable, unimaginable; *det är ~t att* (*äv.*) it is out of the question to **-tät** not [water-, air- *etc.*] tight; (*om kärl, tak o.d.*) leaky **-täthet** leak **-törstig** *dricka sig* ~ drink one's fill (*på* of)

o|umbärlig indispensable **-undgänglig** [-jä-] *a1* unavoidable; (*nödvändig*) necessary **-undviklig** [-i:k-] *a1* inevitable, unavoidable **-uppfostrad** badly brought up; ill-bred **-uppfylld** *a5* unfulfilled **-uppgjord** *a5* unsettled **-upphörlig** [-ö:-] *a1* incessant; (*idelig*) constant, continual **-upphörligen** [-ö:-] constantly, continually, incessantly **-uppklarad** *a5* unexplained; unsettled; *~e mord* unsolved murder cases **-upplyst** unlit, unilluminated; *bildl.* unenlightened, uninformed, ignorant **-upplöslig** indissoluble, insoluble **-uppmärksam** inattentive, unobservant (*mot* to) **-uppmärksamhet** inattentiveness, inattention; (*förbiseende*) inadvertence; (*förströddhet*) preoccupation **-uppmärksammad** *a5* unnoticed **-uppnåelig** *a1* unattainable **-upptäckt** *a4* undiscovered **-uppvärmd** unheated **-ursäktlig** inexcusable **-utbildad** *a5* (*outvecklad*) undeveloped; (*för yrke e.d.*) untrained **-utforskad** [-å-] *a5* unexplored **-utförbar** impracticable, unfeasible; *AE. äv.* impractical; (*om plan o.d.*) unrealizable, unworkable **-utgrundlig** *a1* unfathomable; (*outrannsaklig*) inscrutable; (*gåtfull*) enigmatic; *ett ~t leende* an inscrutable smile; *av ngn ~ orsak* for some mysterious reason **-uthyrd** [-y:-] *a5* unlet **-uthärdlig** [-ä:-] *a1* unendurable; intolerable, unbearable **-utlöst** [-ö:-] *a4* (*om pant*) unredeemed; (*om postpaket o.d.*) undischarged; *bildl.* unreleased **-utnyttjad** *a5* unused, unemployed; ~ *kapacitet* idle capacity **-utplånlig** [-å:-] *a1* ineffaceable; (*om intryck, fläck, skam*) indelible **-utrannsaklig** [-a:k-] *a1*, *se -utgrundlig* **-utredd** *a5*, *bildl.* not cleared up; unelucidated (*orsaker* reasons); unin-

vestigated **-utrotlig** [-ɷ:-] *a1* ineradicable; (*om ogräs*) inextirpable
outsider [ˣaɷtsajder] *s9, pl äv. -s* outsider
out|sinlig [-i:n-] *a1* inexhaustible, unfailing **-slitlig** [-i:t-] *a1* that will not wear out; hard-wearing; indestructible **-spädd** undiluted **-säglig** [ˣɷ:-, -'sä:g-] *a1* unspeakable **-talad** *a5* unuttered, unexpressed; unspoken (*tanke* thought) **-tröttlig** *a1* indefatigable, inexhaustible; (*friare*) untiring, unremitting (*nit* zeal) **-tömlig** *a1* inexhaustible **-vecklad** *a5* undeveloped; (*om pers.*) immature
ouvertyr [ɷv-] *s3* overture
ovaksam unwatchful
oval I *s3* oval **II** *a1* oval
1 ovan [ˣå:van] *adv o. prep* above; *som ~* as above
2 ovan [ˣɷ:va:n] unaccustomed (*vid* to; (*oerfaren*) inexperienced (*vid* at); (*oövad*) unpractised (*vid* in); (*ovanlig*) unfamiliar (*för* to)
ovana 1 (*bristande erfarenhet*) unfamiliarity; lack of practise **2** (*osed*) bad habit
ovan|del upper part; top **-för I** *prep* above **II** *adv* above, higher up **-ifrån** from above
ovanlig unusual, uncommon; (*sällsynt*) rare; (*exceptionell*) exceptional; *det är ~t att ngn* it is unusual for anyone to; *det ~a i situationen* the unusual feature of the situation **-het** unusualness *etc.*; (*sällsynthet*) rarity; *för ~ens skull* for once, by way of a change; *höra till ~en* be quite unusual, be out of the ordinary
ovanligt *adv* unusually; (*friare*) exceptionally, extraordinarily; *~ nog* for once in a way, extraordinarily enough
ovan|läder (*på sko*) vamp, upper **-nämnd** *a5* above-mentioned **-på I** *prep* on, on [the] top of **II** *adv* on [the] top; *flyta ~* (*bildl.*) be superior **-sida** top, upper side
ovansklig [ˣɷ:-, -'vann-] everlasting; imperishable (*ära* glory)
ovanstående *a4* the above; *av ~ framgår att* (*äv.*) it will be seen from the foregoing that
ovarium [-'va:-] *s4* ovary
ovarsam (*oaktsam*) heedless; (*vårdslös*) careless
ovation ovation, acclamation **ovationsartad** [-a:r-] *a5* ovationary; *~e applåder* enthusiastic applause (*sg*)
oveder|häftig unreliable; untrustworthy **-läggIig** *a1* irrefutable **-säglig** [-ä:-] *a1* incontrovertible, undeniable
overall [åver'å:l] *s3* overalls (*pl*); (*småbarns-*) zip suit; (*dam-*) cat suit
overheadprojektor [åver'hedd-] overhead projector
o|verklig unreal; immaterial; (*diktad*) imaginary, fictitious **-verklighet** unreality **-verksam** inactive; inert, passive; (*sysslolös*) idle; (*utan verkan*) ineffective **-verksamhet** inactivity; inertness, passivity; idleness **-vetande** unknowing (*om* of; *om hur* how); *mig ~*[*s*] without my knowledge **-vetenskaplig** unscientific **-vetskap** *i ~ om ngt* (*om huruvida*) in ignorance of s.th. (as to whether) **-vett** (*bannor*) scolding; *AE. vard.* calling down; (*skäll*) abuse; *ge ngn ~* give s.b. a scolding, scold s.b.; *en skopa ~* a torrent of abuse; *överösa ngn med ~* heap abuse on s.b. **-vettig** scolding; abusive
o|vidkommande [-i:-å-] *a4* irrelevant **-vig** (*i rörelser*) cumbersome; (*klumpig*) heavy, unwieldy, clumsy **-vigd** [-i:-] *a5* unconsecrated (*jord* ground) **-vighet** cumbersomeness *etc.* **-viktig** unimportant, insignificant; *inte helt ~* not altogether immaterial **-vilja** (*motvilja*) aversion (*mot* to), repugnance (*mot* to[wards]); (*avsky*) detestation (*mot* of); (*vrede*) indignation (*mot* with) **-villig** unwilling; (*om pers. äv.*) disinclined, reluctant **-villkorlig** unconditional (*kapitulation* surrender); unqualified, implicit (*lydnad* obedience) **-villkorligen** [-å:-] absolutely, positively; (*obetingat*) unconditionally; *~ vilja veta* absolutely insist on knowing; *han kommer ~ att bli* he is bound to be **-vis** unwise **-viss** uncertain (*om* about, as to); (*villrådig*) doubtful, dubious (*om* about, of); (*obestämd*) indefinite, vague **-visshet** uncertainty; doubtfulness *etc.*; *sväva i ~ om* be in doubt about ; *hålla ngn i ~ om* keep s.b. in suspense as to **-vårdad** neglected; (*om utseende äv.*) untidy; (*om språk*) careless
oväder storm; tempest; *det kommer att bli ~* we are in for a stor
oväders|centrum centre of depression; storm centre **-moln** storm cloud (*äv. bildl.*) **-stämning** stormy atmosphere
o|vädrad [-ä:-] *a5* unaired, unventilated; (*instängd*) close, stuffy **-väld** *s3* impartiality **-väldig** *a1* impartial, unbias[s]ed, unprejudiced **-välkommen** unwelcome; (*ej önskad*) undesired, unwanted **-vän** enemy **-vänlig** unkind (*mot* to); unfriendly; (*fientlig*) hostile (*mot* to) **-vänlighet** unkindness *etc.* **-vänskap** enmity **-väntad** *a5* unexpected; *detta kom*[*mer*] *alldeles -väntat* (*äv.*) this comes quite as a surprise **-värderlig** [-de:r-] *a1* invaluable, inestimable, priceless **-värdig** unworthy (*ngn* of s.b.; *ngt* of s.th.); (*oförtjänt*) undeserving (*ngn* to s.b.); *det är dig ~t* it is beneath you **-världslig** unworldly **-väsen** noise, din; (*bråk*) row **-väsentlig** unessential, unimportant (*för* to); immaterial (*skillnad* difference) **-väsentlighet** *~er* unessential things, unessentials, trifles
oxalsyra [åkˣsa:l-] oxalic acid
ox|bringa brisket of beef **-drivare** ox-driver
oxe *s2* ox (*pl* oxen)
oxel ['ɷksel] *s2, bot.* whitebeam
oxeltand molar [tooth], grinder
oxfilé fillet of beef
oxfordgrupprörelsen [ˣåksfård-] the Oxford Group Movement; Moral Rearmament
oxhud oxhide
oxid [åk'si:d] *s3* oxide **oxidation** oxidation **oxidationsmedel** oxidizer, oxidant **oxidera** oxidize **oxidering** oxidization, oxidation **oxidul** *s3* protoxide, suboxide
ox|kärra ox-cart **-kött** beef **-rulad** beef roll **-stek** joint (sirloin) of beef **-svanssoppa** oxtail soup **-tunga 1** oxtongue **2** *bot.* alkanet **-öga** *teat.* bull's eye
ozelot [ɷse'lått] *s3, zool.* ocelot
ozon [ɷ'så:n, å-] *s3, s4, kem.* ozone **-haltig** *a1* ozonic **-skikt** ozone layer
oår *se missväxtår, nödår*
o|återhållsam incontinent; (*i mat o. dryck*) im-

O

moderate; (*omåttlig*) intemperate **-återkallelig** *a1* irrevocable **-återkalleligen** irrevocably, beyond recall **-åtkomlig** inaccessible (*för* to); *vara ~ för* (*äv.*) be unassailable by, be out of reach of

o|ädel ignoble, base, mean; (*om metall*) base, nonprecious **-äkta** *oböjligt a* false, not genuine; (*imiterad*) imitation, mock, artificial; (*hycklad*) spurious; (*förfalskad*) counterfeit; ~ *barn* illegitimate child; ~ *diamanter* imitation (false) diamonds **-ändlig** [-'änd-, ˣɑ:-] *a1* endless, interminable; (*utan gräns äv.*) boundless; (*mat. o. friare*) infinite; *i det ~a* ad infinitum, for ever and ever, indefinitely **-ändlighet** [-'änd-, ˣɑ:-] endlessness; infinity (*äv. ~en*); *han pratade i all ~* he talked endlessly (for no end of a time) **-ändlighetstecken** infinity sign (symbol) **-ändligt** [-'änd-, ˣɑ:-] *adv* endlessly *etc.*; ~ *liten* (*äv.*) infinitesimal **-ärlig** dishonest **-ärlighet** dishonesty **-ätbar** uneatable **-ätlig** *se -ätbar*; (*om svamp*) inedible **-även** *a3, inte ~* not bad (amiss) (*som* as); *inte så ~* (*vard.*) not half bad

o|öm robust, tough; (*hållbar*) durable (*tyg* cloth) **-önskad** unwanted **-öppnad** *a5* unopened **-övad** unpractised *etc.* (*jfr öva*); (*otränad*) untrained, (*för tillfället*) out of practice; (*om trupper*) undisciplined

oöver|komlig insurmountable, insuperable; (*om pris*) exorbitant, prohibitive **-lagd** unpremeditated; (*-tänkt*) ill-considered; (*obetänksam*) rash, hasty **-satt** *a4* untranslated; *en ännu ~ bok* a book not yet translated (*till* into) **-skådlig** incalculable, unforeseeable (*följder* consequences); (*oredig*) badly arranged (*uppsats* essay); (*enorm*) immense, boundless **-stiglig** [-i:g-] *a1* unsurmountable; *bildl. äv.* insuperable **-sättlig** untranslatable **-träffad** *a5* unsurpassed **-träffbar** *a1* unsurpassable; (*fulländad*) perfect, consummate **-tänkt** *a4, se -lagd* **-vinn[e]lig** *a1* invincible; unconquerable; (*ointaglig*) impregnable; (*om svårighet*) insuperable

P

p [pe:] *s6, s7* p; *sätta ~ för* put a stop to

pacemaker ['pejsmejker] *s2, s9, med., sport.* pacemaker, pacer

pacificer|a pacify **-ing** pacification

pacif|ism pacifism **-ist** pacifist **-istisk** [-'ist-] *a5* pacifist

1 pack *s7* (*slödder*) mob, rabble; *ett riktigt ~* a lot of riffraff, a pack of scoundrels

2 pack *se pick och pack*

packa pack; (*~ full[t]*) cram; *~ ihop a*) pack together, *b*) (*dra sig tillbaka*) shut up shop, close down; *~ ihop sig a*) (*om pers.*) squeeze (crowd) together, *b*) (*om snö o.d.*) pack, get packed; *~ in* pack up (*i en låda* in a box); *~ ner ngt i* pack s.th. into; *~ om* repack; *~ upp* unpack; *rummet var ~t med folk* the room was packed (crammed) with people; *stå som ~de sillar* be packed like sardines; *~ sig* (*om snö*) pack; *~ sig av* (*i väg*) make (pack, bundle) off; *~ dig i väg!* be off with you!, clear out! **packad** packed; (*berusad*) tight, stoned, loaded

packdjur beast of burden, pack animal

pack|e *s2* package; bundle; (*hög*) pile, heap **-hus** warehouse; (*tull-*) custom-house **-huspengar** warehouse charges **-häst** packhorse **-is** pack ice **-lår** packing-case **-ning 1** (*-ande*) packing *etc., se packa* **2** *mil. o.d.* pack, kit; (*bagage*) luggage; *med full ~* (*mil.*) in full marching kit **3** *tekn.* packing; gasket **-sadel** packsaddle **-sedel** packing list, delivery note **-åsna** pack-ass; *bildl.* beast of burden

padda *s1* toad

paddel ['padd-] *s2* paddle **-kanot** canoe **-åra** paddle

paddl|a paddle **-ing** paddling, canoeing

paff I *interj* pop!, bang!, **II** *oböjligt a, bli ~* be dumbfounded

page [pa:ʃ] *s5* page [boy] **-hår** page-boy coiffure

pagin|a ['pa:-] *s1* page **-era** paginate, page **-ering** [-'ne:-] paging, pagination

pagod [-'gå:d, -ɑ:-] *s3* pagoda

pain riche [päŋ'riʃ, pen-] *s9, s7* French loaf

paj [pajj] *s3* pie

paja [ˣpajja] *vard.* break down

pajas ['pajj-] *s3, s2* clown, buffoon, merry-andrew; *spela ~* play the fool **-konster** *pl* clown's tricks; buffoonery (*sg*)

paj|botten piecrust **-form** pie plate **-kastning** throwing pies **-skal** pie shell

pakẹt *s7, s3* parcel, packet; package; *slå in ett ~* wrap (do) up a parcel; *slå in ngt i ~* make a parcel of s.th.; *ett ~ cigarretter* a packet (*AE.* pack) of cigarettes; *skicka som ~* send by parcel-post **-bil** delivery van **-cykel** carrier cycle **-era** pack[et], parcel up **-ering** [-'te:-] packeting, packaging **-gods** *koll.* parcel-goods (*pl*) **-hylla** luggage rack **-hållare** [luggage] carrier **-inlämning** (*post-*) parcel counter; (*för förvaring*) receiving office **-lösning** package solution **-post** parcel-post **-resa** package tour **-utlämning** delivery office

pakist|anare [-ˣta:-] Pakistani **-ạnsk** [-a:-] *a5* Pakistani

pakt *s3* pact, treaty; covenant; *ingå en ~* conclude (make) a pact **paktum** *s8, se pakt;* (*äktenskapsförord*) marriage articles (*pl*)

paladịn *s3* paladin

palankịn *s3* palanquin, palankeen

palatạl I *a1* palatal **II** *s2* palatal **-isera** palatalize

palats *s7* palace **-liknande** palatial **-revolution** palace revolution

palạver *s3* palaver

paleo|grạf [-å-] *s3* palaeographer **-grafị** *s3* palaeography **-litisk** [-'li:-] *a5* palaeolithic

paleonto|log [-åntɑ-] palaeontologist **-logị** *s3* palaeontology **-logisk** [-'lå:-] *a5* palaeontological

Palestina [-ˣsti:-] *n* Palestine
palest|inier [-'ti:-] Palestinian **-insk** [-'ti:-] *a5* Palestinian
palett *s3* palette; pallet **-kniv** palette knife
paletå *s3* overcoat
palimpsest *s3* palimpsest
palindrom [-'drå:m] *s3* palindrome
palissad *s3* palisade; fencing
paljett *s3* spangle, paillette **-era** spangle
pall *s2* stool; (*fot-*) footstool, footrest; (*last-*) pallet; (*gruv-*) stope; *stå* ~ (*vard.*) stand up to, cope
palla ~ *under* wedge up; ~ *upp* trestle, block up
palliativ *s7* palliative
pallra *rfl,* ~ *sig av* (*i väg*) toddle off; ~ *sig upp ur sängen* get o.s. out of bed
palm *s3* palm **-itinsyra** palmitic acid **-liknande** palmaceous **-olja** palm oil **-söndag** Palm Sunday (*äv.* ~*en*) **-vin** palm wine
palpera palpate
palsternacka *s1* parsnip
palta ~ *på ngn* (*sig*) wrap s.b. (o.s.) up well
paltbröd blood bread
paltor *pl* rags
pamflett *s3* libel[lous pamphlet], lampoon **-ist** libeller, lampoonist
pamp *s2* **1** *pers.* bigwig, tycoon, big gun (*AE.* shot) **2** (*huggvärja*) straight sword, broadsword
pampas ['pamm-] *pl* pampas (*pl*)
pampig *a1* grand, magnificent; *vard.* swell
pampusch *s3* overshoe; ~*er* (*äv.*) rubbers, *AE.* galoshes
panafrikansk [-a:-] Pan-African
panamahatt [-ˣma:-, ˣpann-] panama [hat]
Panamakanalen [-ˣma:-, ˣpann-] the Panama Canal
panam|an *s3* Panamanian **-ansk** [-a:-] *a5* Panamanian
panamerikanism Pan-Americanism
panasch [-'naʃ] *s3* crest; panache
panegyr|ik *s3* panegyric **-isk** [-'gy:-] *a5* panegyric[al]
panel *s3* **1** (*vägg- o.d.*) wainscot, panel [work]; (*golvlist*) skirting [board], *AE.* baseboard **2** (*grupp av pers.*) panel
panel|a panel; wainscot **-debatt** panel discussion **-höna** wallflower
panera coat (dress) with egg and bread crumbs
panflöjt [ˣpa:n-] panpipe[s *pl*], syrinx
pang bang!, crack! **panga** *vard.* smash **panggrej** *vard.* smasher **pangsuccé** smash-hit
panik *s3* panic; *gripas av* ~ be seized with panic **-artad** [-a:r-] *a5* panic[ky]; ~ *flykt* (*äv.*) stampede **-känsla** sense (feeling) of panic **-slagen** panic-stricken, panic-struck **-stämning** atmosphere (feeling) of panic **-unge** minor panic
panisk ['pa:-] *a5,* ~ *förskräckelse för* terror of
pank *oböjligt a* broke, penniless
pankreas[körtel] [ˣpaŋk-] *s3* [*s2*] pancreas
pankromatisk [-'ma:-] panchromatic
1 panna *s1* **1** (*kokkärl*) pan **2** (*värme-*) furnace; (*ång-*) boiler
2 panna *s1, anat.* forehead; brow; *rynka* ~*n* knit one's brow[s *pl*]; *med rynkad* ~ (*äv.*) frowning; *skjuta sig en kula för* ~*n* blow out one's brains; *ta sig för* ~*n* strike one's brow in dismay; *stöta ngn för* ~*n* mortally offend s.b.; *ha* ~ (*fräckheten*) *att* have the cheek to
pannben frontal bone
pannbiff *ung.* hamburger
pannbindel frontlet; (*bandage*) forehead bandage
pannkak|a pancake; *grädda -or* fry (make) pancakes; *det blev* ~ *av alltsammans* it all fell flat [as a pancake] **pannkakssmet** pancake batter
pann|lampa head lamp **-lob** frontal lobe **-lugg** fringe, forelock
pannrum boiler room; furnace room; *sjö.* boiler room, stokehold
pannsmycke diadem, frontlet
pannsten [boiler] scale
pannå *s3* panel
panoptikon [-'nåpp-ån] *s7* waxworks (*sg*), waxwork show
panorama [-å'ra:-, -ˣra:-, *äv.* -ɷ-] *s7, s9* panorama
pansar *s7* **1** armour (*äv. bildl.*) **2** (*vissa djurs*) carapace **-bil** armoured car **-fartyg** armoured vessel; *hist.* ironclad **-förband** armoured unit **-hinder** dragon's teeth **-kryssare** armoured cruiser **-plåt** armour plate; *koll.* armour plating **-skepp** *se -fartyg* **-skjorta** shirt (coat) of mail **-trupper** *pl* armoured troops **-vagn** *se -bil*; (*stridsvagn*) tank **-värnskanon** antitank gun
panslavism Pan-Slavism
pansra armour[plate]
pant *s3* pledge; (*säkerhet*) security; (*under-, inteckning*) mortgage; (*i -lek*) forfeit; *lämna* ~ give security; *lämna* (*ta*) *i* ~ give in (take) pledge; *lösa in en* ~ redeem a pledge; *sätta sin heder* (*sitt huvud*) *i* ~ *på* stake one's honour (head) on; *förfallna* ~*er* forfeited pledges; *ställda* ~*er* pledged securities
pantalonger [-'låŋ-] *pl* pantaloons, pants
pantbank pawnshop, pawnbroker's [shop]; ~*en* (*vard. äv.*) uncle's
pante|ism pantheism **-ist** pantheist **-istisk** [-'ist-] *a5* pantheistic[al]
panteon ['panteån] *n* pantheon
panter ['pann-] *s2* panther **-hona** female panther
pant|förskriva mortgage, pledge **-förskrivning** mortgage deed, pledge, hypothecation **-kvitto** pawn ticket **-lek** game of forfeits **-lånare** pawnbroker; ~*n* (*vard. äv.*) uncle **-lånekontor** *se pantbank*
pantomim *s3* pantomime, dumb show **-isk** *a5* pantomimic
pant|rätt lien **-sedel** *se pantkvitto* **-sätta** pledge; give as [a] security, mortgage, hypothecate; (*i -bank*) pawn
papegoj|a [-ˣgåjja, ˣpapp-] *s1* parrot **-sjuka** parrot fever, psittacosis **-tulpan** parrot tulip
papier-maché [pap'je:ma'ʃe:] *s3* papier-mâché
papiljott [-å-] *s3* curler; *lägga upp håret på* ~*er* put one's hair in curlers
papill *s3* papilla (*pl* papillae)
pap|ism papism **-ist** papist **-istisk** [-'ist-] *a5* papistic[al]
papjemaché [papjema'ʃe:] *s3* papier-mâché
papp *s3, s7* [paste]board; (*kartong*) cardboard
pappa *s1* father (*till* of); *vard.* dad[dy], pa[pa], *AE. äv.* pop
pappask cardboard box; carton

P

pappenheimare [-j-] *jag känner mina ~!* I know my customers!
papper *s7* **1** paper; *ett ~* a piece of paper; *sätta på ~et* (*nedteckna*) put down on paper; *det finns endast på ~et* it exists only on paper **2** (*dokument, skriftlig handling*) document; *gamla ~* ancient documents; *kunna visa ~ på att* have papers to show that, be able to show documentary evidence that; *lägga ~en på bordet* put one's cards on the table; *ha klara ~* have the necessary documents [in order] **3** (*värde-*) security; *koll. äv.* stock; (*legitimations-*) [identification] papers (*pl*)
pappers|ark sheet of paper **-avfall** waste paper **-bruk** paper mill **-bägare** paper drinking-cup **-docka** paper doll **-exercis** paperwork, red tape **-fabrik** *se -bruk* **-handduk** paper towel **-handel** stationer's [shop] **-industri** paper industry **-kasse** paper carrier **-klämma** paperclip **-kniv** paperknife **-korg** wastepaper basket (bin); *AE.* wastebasket; (*utomhus*) litter bin **-kvarn** *bildl.* bureaucratic machinery, red tape **-lapp** scrap (slip) of paper **-massa** [papermaking] pulp **-mugg** paper drinking-cup **-näsduk** paper handkerchief **-pengar** *pl* paper money (currency) (*sg*) **-påse** paper bag **-remsa** slip of paper **-rulle** roll (reel) of paper **-servett** paper napkin **-svala** paper dart **-tallrik** paper plate **-tiger** paper tiger **-tillverkning** papermaking, manufacture of paper **-tuss** paper pellet (ball) **-varor** *pl* paper articles (goods); (*som säljs i -handel*) stationery (*sg*)
papp|kartong cardboard box **-skiva** piece of cardboard (*etc.*) **-slöjd** cardboard modelling
paprika ['pa:-, 'papp-] *s1* paprika
papyrus [-'py:-] *best. form -en el. papyren, pl papyrer* papyrus **-rulle** papyrus roll
par *s7* **1** (*två sammanhörande*) pair; (*äkta, älskande ~ e.d.*) couple; *ett ~ skor* (*glasögon, byxor*) a pair of shoes (glasses, trousers); *ett äkta* (*nygift*) *~* a married (newly-married) couple; *ett älskande ~* a pair of lovers; *ett omaka ~ a*) (*om pers.*) an ill-matched couple *b*) (*om saker*) two odd shoes (gloves *etc.*); *2 pund ~et* 2 pounds a (per the) pair, 2 pounds the two of them; *gå ~ om ~* walk in pairs (couples), walk two and two; *gå i ~* go in couples (together) **2** (*några*) *ett ~* a couple of, a few; *ett ~ gånger* once or twice, a couple of times; *ett ~ tre gånger* two or three times; *om ett ~ veckor* in a few (a couple of) weeks, in a week or two; *ett ~ och tjugo* twenty odd
para *biol.* mate, pair; *bildl.* unite, couple; *~ ihop* pair, mate; *avund ~d med beundran* envy coupled with admiration; *~ sig* mate, pair, copulate
parabel [-'ra:-] *s3* **1** *mat.* parabola **2** (*liknelse*) parable
parabol|antenn [-ˣbå:l-] parabolic aerial; *vard.* dish **-isk** [-'bå:-] *a5, mat.* parabolic
parad *s3* **1** (*truppmönstring*) parade; *stå på ~* be on show **2** (*-dräkt*) full dress, full-dress uniform **3** *fäktn.* parry **-era** parade; (*ståta äv.*) show off
paradigm *s7* paradigm
paradis *s7* paradise; *~et* Paradise; *~ets lustgård* the Garden of Eden; *ett ~ på jorden* a heaven on earth **-dräkt** *i ~* in one's birthday suit **-fågel** bird of paradise **-isk** [-'di:-] *a5* paradisiac[al]; heavenly **-äpple** *bot.* crab [apple]
parad|marsch parade march **-nummer** showpiece
paradox [-'dåkks] *s3* paradox **-al** *a1* paradoxical
parad|säng bed of state **-uniform** full-dress uniform
paraffin *s4, s3* solid paraffin, paraffin wax **-era** paraffin **-olja** liquid paraffin; *AE.* paraffin oil
parafras *s3* paraphrase **-era** paraphrase
paragraf *s3* paragraph; (*i lagtext* [*o. numrerad*]) section; (*i traktat o.d.*) article, clause **-ryttare** formalist; red-tapist **-tecken** section mark
paraguay|an *s3* Paraguayan **-are** [-uˣajjare] Paraguayan **-ansk** [-a:-] Paraguayan
parallaktisk [-'lakk-] *a5* parallactic **parallax** *s3* parallax
parallell I *s3* parallel ; *dra en ~ mellan* draw a parallel between **II** *a1* parallel **-epiped** *s3* parallelepiped **-fall** parallel case **-gata** parallel street **-ism** parallelism **-klass** parallel class (form) **-koppling** parallel connection **-ogram** [-'gramm] *s3* parallelogram
parallell|t *adv, gå ~ med* be parallel with (to) **-trapets** trapezium, *AE.* trapezoid
para|lysera paralyze **-lysi** *s3* paralysis **-lytiker** [-'ly:-] *s9* paralytic **-lytisk** [-'ly:-] *a5* paralytic
paramagnetism paramagnetism
parameter [-'me:-] *s2* parametr
paranoia [-ˣnåjja] *s1* paranoia **paranoid** [-å'i:d] *a5, n sg obest. form undviks* paranoiac **paranoiker** [-'nå:i-] paranoiac
parant [-'rant, -'raŋt] *a1* very elegant, striking, smart, stylish
paranöt brazil nut
paraplegiker [-'ple:-] paraplegic
paraply *s7, s3* umbrella; *spänna upp* (*fälla ner*) *~et* put up (close) the umbrella **-fodral** umbrella cover (case) **-organisation** umbrella organization **-ställ** umbrella stand
parapsyko|logi [-'gi:, ˣpa:-] parapsychology **-logisk** [-'lå:-] *a5* parapsychological
parasit *s3* parasite **-era** live as a parasite, sponge (*på* on) **-steklar** [-e:-] *pl* ichneumon flies
parasoll [-å-] *s7, s3* parasol, sunshade
parat *a1* ready, prepared
paratyfus [ˣpa:-, -'ty:-] paratyphoid [fever]
paravan *s3 mil.* paravane
parbladig *a1, bot.* pinnate[d]
parcell *s3* (*jordområde*) site, plot
pardans couple dance; ballroom dancing
pardon *s3* (*i krig e.d.*) quarter; (*misskund*) mercy; *det ges ingen ~* no quarter is given; *utan ~* without mercy
parentation *hålla ~ över* deliver an oration to the memory of
parente|s [-en'te:s, -aŋt-] *s3* parenthesis (*pl* parentheses); (*klammer*) bracket; *sätta ngt inom ~* put s.th. in brackets; *inom ~ sagt* incidentally, by the way **-tisk** *a5* parenthetic[al]
parer|a parry, ward off; (*besvara äv.*) retort **-ing** parrying
pares *s3* paresis
parflikig *bot.* pinnately lobed
parforcejakt [-ˣfårs-] hunt[ing]
parfym *s3* perfume; scent **-era** scent; perfume; *~d tvål* scented soap; *starkt ~d* highly scented; *~ sig* use perfume **-eri** perfumery **-flaska** perfume

(scent) bottle
parhäst pair-horse (*äv. bildl.*); *köra med ~ar* drive in a carriage and pair; *de hänger ihop som ~ar* (*bildl.*) they are inseparable
pari ['pa:-] *s7* par; *i* (*till*) ~ at par; *under* (*över*) ~ below (above) par
paria ['pa:-] *s1* pariah (*äv. bildl.*); *bildl. äv.* outcast
parig *a1, zool. o.d.* paired
parikurs (*för valuta*) par of exchange, par value; (*för aktier*) face (nominal) value
Paris *n* Paris **parisare** [-ˣri:-] Parisian
pariser|hjul [-ˣri:-] giant wheel **-smörgås** *ung.* hamburger sandwich
parisisk [-'ri:-] *a5* Parisian **parisiska** [-'ri:-] Parisian
parismod Paris fashion
paritet parity; *i ~ med* on a par with
park *s3* park; *Folkets ~* communal park; *stadens ~er* the borough parks **-anläggning** *konkr.* park
parkas *s2, s3* parka
parkera park **parkering** parking; *konkr.* car park, *AE.* parking lot; *~ förbjuden* no parking
parkerings|automat parking meter **-avgift** parking fee **-böter** *pl* parking fines **-ficka** narrow parking space **-förbud** *det är ~* parking is prohibited **-hus** multistorey carpark **-lapp** parking ticket **-ljus** parking light **-plats** parking space; (*område*) carpark, *AE.* parking lot **-vakt** carpark attendant
parkett *s3* **1** *teat.* stalls (*pl*); *främre ~* orchestra stalls; *bakre ~* pit; *på ~* in the stalls **2** (*golvbeläggning*) parquet **-golv** parquet floor (flooring) **-läggning** parquet-floor laying **-plats** seat in the stalls, stall **-publik** stalls audience **-stav** parquet block
parksoffa park bench
parkum [ˣparr-, 'parr-] *s3, s7* (*tygsort*) fustian
parkvakt park keeper
parlament *s7* parliament; *bli medlem av ~et* (*äv.*) enter parliament; *sitta i ~et* be a member of parliament (*förk.* be an M.P.) **-ariker** [-'ta:-] parliamentarian **-arisk** [-'ta:-] *a5* parliamentary **-arism** parliamentarism **-era** negotiate, parley **-erande** [-'te:-] *s6* negotiation, parley **-ering** [-'te:-] *se -erande*
parlaments|akt act of parliament **-beslut** decision (resolution) of parliament **-byggnad** parliament building; *Storbritannien* [the] Houses of Parliament **-ledamot, -medlem** member of parliament (*förk. M.P.*) **-session** session of parliament **-val** general election
parlamentär *s3* negotiator, parleyer **-flagg** flag of truce
parlör phrase-book
parmesanost [-ˣsa:n-] Parmesan cheese
parnass *s3, P~en* Mount Parnassus; *bestiga ~en* (*bildl.*) embark on a literary career; *den svenska ~en* the Swedish Helicon
parning [ˣpa:r-] mating, pairing, copulation
parnings|akt act of mating (*etc.*) **-drift** mating instinct **-dräkt** courtship (mating) plumage **-lek** courtship **-läte** mating call **-tid** mating season
parodi *s3* parody (*på* on) **parodiera** parody **parodisk** [-'rɔ:-] *a5* parodic[al]
parodontit *s3* parodontitis
paroll [-å-] *s3* parole, password; (*parti-*) slogan
paroxysm [-å-] *s3* paroxysm
part [-a:-] *s3* **1** *se huvud-, halv-* **2** *jur.* party, side; *alla berörda ~er* all parties concerned; *~erna i målet* the parties litigant **3** *sjö.* (*kardel*) strand
partenogenes [-j-, -g-] *s3* parthenogenesis
parterr [-'tärr] *s3, trädg. o. teat.* parterre **-brottning** ground wrestling
parti *s4* **1** (*del*) part, section; (*av bok o. mus.*) passage **2** *hand.* parcel, lot, consignment; *köpa* (*sälja*) *i ~* buy (sell) wholesale; *i ~ och minut* [by] wholesale and [by] retail; *i stora ~er* in bulk **3** *polit.* party; *gå in i ett ~* join a party **4** *ta ~ för* (*emot*) take sides for (against); *ta sitt ~* make one's decision, make up one's mind **5** *spel.* game; *ett ~ schack* a game of chess **6** (*gifte*) match; *göra ett gott ~* make a good match **-anda** party spirit **-ansluten** enrolled in a party, party member **-beteckning** party label, [party] denomination **-bildning** formation of parties **-biljett** *järnv. ung.* commutation ticket
particip *s7* participle
parti|ell [-tsi'ell] *a1* partial (*solförmörkelse* eclipse [of the sun]) **-ellt** *adv* partially; *~ arbetsför* partially disabled
parti|funktionär party official **-färg** party (political) colour **-grupp** faction, section of a party **-gängare** [-jä-] partisan **-handel** wholesale trade **-kamrat** fellow partisan; *vi är ~er* (*äv.*) we belong to the same party
partikel [-'tikk-] *s2* particle **-accelerator** *kärnfys.* particle accelerator
parti|kongress party congress (*AE.* convention) **-ledare** party leader; *AE. vard.* boss **-ledning** party executive (leaders *pl*) **-lös** nonparty; independent **-medlem** party member **-ordförande** party chairman (*AE.* president) **-politik** party politics (*pl*) **-politisk** of party politics **-pris** *hand.* wholesale price **-program** party program[me] (*AE.* platform)
partisan *s3* partisan **-krig** guerilla war
partisekreterare party secretary, secretary general
partisk ['pa:r-, 'parr-] *a5* partial; bias[s]ed, prejudiced **-het** partiality; bias
parti|strid party strife (*äv. ~er*) **-styrelse** party executive **-tagande** *s6* taking of sides; showing of partiality (*för* for)
partitiv ['parr-] *a1* partitive
partitur *s7* score
parti|vis *adv, hand.* wholesale, in lots, by the lot **-vän** fellow member of a party **-väsen** party system
partner ['pa:rt-] *s9, pl äv. -s* partner
partsinlaga petition
partåig [ˣpa:r-] *a1, zool.* even-toed, artiodactylous
parvel *s2* [little] lad, youngster
parveny *s3* parvenu, upstart
par|vis [ˣpa:r-] **I** *a1, bot.* conjugate **II** *adv* in pairs (couples), two by two **-åkning** *sport.* pair-skating
pascha *s1* pasha
paskill *s3* pasquil, pasquinade
pasma *s1* lea, skein

P

1 pass *s7* (*bergs-*) pass, defile, gorge
2 pass *s7* (*legitimationshandling*) passport; *falskt ~* forged passport; *utställa* (*förlänga*) *ett ~* issue (renew) a passport
3 pass *s7* (*jakt. o. patrulleringsområde*) beat; *stå på ~* be on guard (the lookout); *polisen på sitt ~* the policeman on his beat
4 pass *s7* **1** *kortsp.* pass, no bid **2** *nej ~!* no such thing!, no thank you!
5 pass *i vissa uttr.: komma väl till ~* come in handy, be serviceable; *vara till ~* satisfy, suit; *vid ~ 10* about 10, 10 or thereabouts (so); *hur ~ mycket* about how much; *kostar den så ~ mycket?* does it cost as much as [all] that?; *det fanns så ~ mycket att jag kunde* there was enough for me to be able to
6 pass *interj, ~ för mig!* I'm out of it!; *~ för den!* bags I!
1 passa *kortsp.* pass
2 passa I 1 (*av-*) fit, adjust; adapt, suit (*efter* to) **2** (*stå på pass, vänta på*) wait for; *~ tiden* be punctual (in time) **3** (*sköta*) attend to; mind, watch; look after (*barn* children); *~ telefonen* answer the telephone **4** *sport.* pass (*äv. absol.*) **II 1** (*i storlek o.d.*) fit; (*i färg, utseende o.d.*; *vara lämplig*) suit, be suited (*till, som* as, for); (*duga*) do; *nyckeln ~r* the key fits (*till låset* [in] the lock); *klänningen ~r mig precis* the dress fits me perfectly; *grönt ~r honom* green suits him; *handskarna ~r till kappan* the gloves go well with the coat; *han ~r inte till lärare* he is not cut out to be a teacher; *tisdag skulle ~ mig bäst* Tuesday would suit me best; *kom när det ~r dig* come when it suits you; *de ~r bra för varandra* they are well suited to each other **2** (*anstå*) become, be becoming; *det ~r inte en dam att* it does not become (is not becoming for) a lady to **3** *~ på tillfället* take (avail o.s. of) the opportunity **III** *rfl* **1** (*jfr II 2*); *det ~r sig inte* it is not proper (good form); *komma när det ~r sig* come when [it is] convenient **2** (*akta sig*) take care; look out (*för hunden* for the dog) **IV** (*med betonad partikel*) **1** *~ ihop a*) (*med obj.*) fit together, *b*) (*utan obj.*) fit (go) together, *c*) (*överensstämma*) fit in; *de ~r bra ihop* they are well matched **2** *~ in a*) (*med obj.*) fit in, *b*) (*utan obj.*) fit [in]; *beskrivningen ~r in på honom* the description fits him **3** *~ på* look out, be ready; *~ på när du är i stan* take the opportunity (chance) when you are in town; *pass på!* look out! **4** *~ upp* wait (*på ngn* on s.b.; *vid bordet* at table), attend
passabel *a2* passable, tolerable
passad[vind] *s3* [*s2*] trade wind
passage [-'sa:ʃ] *s5* passage; (*under gata, järnväg e.d.*) subway; *astr.* transit; *hindra ~n* block the way; *lämna ngn fri ~* leave (give) s.b. the right of way; *lämna fri ~* leave the way free (*för fordon* for traffic)
passagerar|avgift [passenger] fare **-befordran** passenger transport
passagerar|e [-ˣʃe:-] passenger **-fartyg** passenger ship **-lista** passenger list **-plan** passenger airliner (plane) **-trafik** passenger traffic
passande *a4* (*lämplig*) suitable, appropriate, fit (*för* for); (*läglig*) convenient; (*anständig*) proper, decent; (*tillbörlig*) becoming; *det ~* (*det anständiga*) decorum, good form, *allm.* the done thing
passar|e *s9* compasses (*pl*); *en ~* a pair of compasses **-spets** *med ~en* with the point of the compass leg
passbyrå passport office
passbåt tender
passepartout [passpar'tɑ:] *s3* passe-partout
passera 1 (*genom-, förbi- el. överfara*) pass (*äv. bildl.*); (*korsa*) cross; *ett ~t stadium* a passed stage; *~ revy* pass in review **2** *kokk.* strain, pass through a sieve **3** (*gå el. komma förbi*) pass; *bussen hade redan ~t* the bus had already passed (gone by) **4** (*hända*) happen, take place; *det får ~ för den här gången* we will overlook it (let it pass) this time **5** (*förflyta*) pass, elapse **passerad** *a5* (*vissen*) faded, withered (*skönhet* beauty)
passersedel pass, permit
passform (*klädesplaggs*) fit
pass|foto passport photograph **-frihet** *inom Skandinavien råder nu ~* no passport is now required for inter-Scandinavian travel
passgång amble **-are** ambler
passion [pa'ʃɑ:n] passion **passionerad** [-'ne:-] *a5* passionate; impassioned
passions|blomma passionflower **-frukt** passion fruit **-historien** the Story of the Passion **-veckan** Holy Week
passiv ['pass-] *a1* passive (*motstånd* resistance; *medlem* member); *~ delägare* (*äv.*) sleeping partner; *förhålla sig ~* remain passive **passiva** ['pass-] *pl, hand.* liabilities, debts; *aktiva och ~* assets and liabilities **passivera** make passive **passivism** passivism **passivitet** passivity **passiv|um** ['pass-, ˣpass-] *-um -er el. s4* (*i* in the) passive [voice]
pass|kontroll *abstr.* passport inspection; *konkr.* passport desk (office) **-myndighet** passport-issuing authority
pass|ning 1 (*tillsyn*) tending, care **2** *tekn.* fit, fit-up; *dålig ~* poor alignment **3** *sport.* pass **-opp** [-'åpp] *s3, s2* attendant
passpoal [-ɑ'all] *s3* piping
passtvång compulsory passport system
passus ['pass-] *s2* passage
pasta *s1* paste
pastej [-'tejj] *s3* pie; (*mindre*) pasty, patty; (*t. soppa*) pastry puff
pastell *s3* pastel **-färg** pastel colour **-krita** pastel crayon **-målare** pastel[l]list **-målning** pastel drawing (painting)
pastill *s3* lozenge, pastille
pastisch *s3* pastiche (*på* of)
pastor [ˣpastår, 'past-] *s3* vicar, parson; (*frikyrklig*) minister, pastor; (*vid institution*) chaplain; (*i brevadress o.d.*) Rev. (*förk. för* [the] reverend)
pastoral I *s3* pastoral **II** *a1* pastoral **pastorat** *s7* (*befattning*) living, benefice; (*församling*) parish
pastors|adjunkt curate **-expedition** parish [registration] office
pastorska [-ˣtɑ:r-] vicar's (*etc.*) wife
pastorsämbete parish office; *meddelanden från ~t* notices issued by the clergy of the parish
pastöriser|a pasteurize **-ing** pasteurization
paten *s3* paten
patent *s7* patent; *bevilja* (*få, söka, ta*) *~ på* grant (obtain, apply for, take out) a patent for **-ansökan** application for a patent **-brev** letters patent

(*sg o. pl*) **-byrå** patent agency
patenter|a patent **-bar** *a1* patentable
patent|innehavare holder of a patent, patentee **-kork** patent stopper **-lås** safety (Yale, snap) lock **-lösning** ready-made solution **-medicin** patent (proprietary) medicine **-rätt 1** *jur.* patent law **2** (*rätt t. patent*) patent rights (*pl*) **-skyddad** *a5* patented, protected by patent **-smörgås** *ung.* ham-and-egg sandwich **-verk** patent office
pater ['pa:-] *s2* father, pater **paternoster** [-'nåss-] *n* (*läsa ett* say a) paternoster **paternosterverk** paternoster lift, multibucket dredger; (*för vatten*) noria
patetisk [-'te:-] *a5* (*högtravande*) high-flown; (*rörande*) pathetic
patiens [passi'aŋs] *s3* [a game of] patience, *AE.* solitaire; *lägga* ~ play [at] patience **-kort** *pl* patience cards
patient [-a(t)si-] patient
patina ['pa:-] *s1* patina (*äv. bildl.*) **patinera** patinate, patine **patinering** [-'ne:-] patination, patining
pato|log pathologist **-logi** *s3* pathology **-logisk** [-'lå:-] *a5* pathological; (*sjuklig*) morbid
patos ['pa:tås] *s7* pathos
patrask *s7* rabble, mob
patriark *s3* patriarch **patriarkalisk** [-'ka:-] *a5* patriarchal **patriarkat** *s7* patriarchate **patriarkkors** patriarchal cross
patric|ier [-'tri:-] patrician **-isk** *a5* patrician
patriot *s3* patriot **-isk** *a5* patriotic **-ism** patriotism
1 patron *s3*, *best. form vard. patron* (*godsägare*) squire; (*husbonde*) master; *vard.* boss; (*skyddshelgon*) patron saint
2 patron *s3* (*gevärs-*) cartridge; (*hagel-*) shot cartridge; (*t. kulspetspenna e.d.*) refill; *lös* (*skarp*) ~ blank (ball) cartridge
patron|bälte cartridge belt **-hylsa** cartridge [case] **-väska** cartridge case (pouch)
patrull *s3* patrol; party; *stöta på* ~ (*bildl.*) meet with opposition **-båt** patrol boat
patruller|a patrol; *~nde polis* policeman on patrol duty, *AE. äv.* patrolman; *~nde polisbil* cruising car **-ing** patrolling
patrulltjänst patrol duty, patrolling
patt *oböjligt a o. r, schack.* stalemate; *ställa sig* ~ be stalemated
paulun *s3* (*säng*) four-poster bed; (*omhänge*) tester
Paulus ['pau-] *aposteln* ~ St. Paul
paus ['pa:-] *s3* pause; lull; *mus. äv.* rest; *teat.* interval, *AE.* intermission; (*i samtal o.d.*) break; *ta sig en* ~ take a rest
pauser|a pause, make a pause **-ing** pausing
paus|signal *radio.* interval (call) signal **-tecken** *mus.* rest
paviljong [-'jåŋ] *s3* pavilion; (*lusthus*) summerhouse
pax [pakks] *se 6 pass*
peang h[a]emostatic forceps
pechblände [ˣpeç-] *s6* pitchblende
pedagog [-'gå:g] *s3* education[al]ist; (*lärare*) teacher, schoolmaster **-ik** *s3* pedagogy, pedagogics (*pl, behandlas som sg*) **-isk** *a5* pedagogic[al]; educational

pedal *s3* pedal **-stämma** *mus.* pedal [point]
pedant pedant **-eri** pedantry **-isk** *a5* pedantic
pedell *s3, univ.* beadle; *vard.* proctor's dog
pediatr|ik *s3* p[a]ediatrics (*pl, behandlas som sg*) **-iker** [-i'a:-] p[a]ediatrician **-isk** [-i'a:-] *a5* p[a]ediatric
pedikyr *s3* pedicure
pegas *s3* Pegasus
pegmatit *s3, miner.* pegmatite
pejl|a 1 (*bestämma riktning*) take a bearing on; *absol.* take bearings; ~ *land* set the land **2** (*loda*) sound (*djupet* the depth) (*äv. bildl.*) **-apparat** direction finder **-ing 1** bearing; *radio.* radio location; *ta en* ~ take a bearing **2** sounding **-signal** directional signal **-skiva** pelorus
pejorativ ['pejj-, -'ti:v] *a1* pejorative
pek|a point (*på, mot* at, to); *kompassnålen ~r på norr* (*äv.*) the compass needle indicates north; ~ *finger åt* point one's finger at; *gå dit näsan ~r* follow one's nose; *han får allt han ~r på* he gets everything he asks for; *allting ~r på att* everything points to the fact that; ~ *ut* point out **-finger** forefinger, index finger
pekin[g]es [-ki'ne:s, -ki'ŋe:s] *s3* (*hund*) Pekin[g]ese [dog]
pekoral *s7* pompous trash, worthless literary production **-ist** writer of pompous trash
pekpinne pointer
pektin *s7, s3* pectin
pekuniär [-i-, -j-] *a1* pecuniary, financial
pelare pillar; column
pelargon[ia] [-'go:n(ia)] *s3* ([*s1, s3*]) geranium, pelargonium
pelar|gång *s2* colonnade; (*kring klostergård*) cloister; (*portik*) portico **-helgon** stylite, pillar saint **-huvud** capital **-rad** row of pillars, colonnade **-sal** pillared hall
pelerin *s3* cape, pelerine
pelikan *s3* pelican
pellejöns *s2* merry-andrew
peloponnesisk [-'ne:-] *a5* Peloponnesian
Peloponnesos [-'ne:såss] *n* the Peloponnese, Peloponnesus
pemmikan ['pemm-] *s3* pem[m]mican
penater [-'na:-] *pl* penates; household gods; *flytta sina* ~ move one's lares and penates, move house
pendang [paŋ'daŋ] companion [piece], counterpart
pendel *s2* pendulum **-rörelse** oscillation **-svängning** swing of a pendulum **-trafik** commuter service **-tåg** commuter train; shuttle service train **-ur** pendulum clock
pendla oscillate, pendulate, swing to and fro; (*åka fram o. tillbaka, t.ex. om förortsbo*) commute **pendlare** (*förortsbo som varje dag åker till o. från arbetet*) commuter **pendling** *se pendelrörelse*
pendyl [pen-, paŋ-] *s3* ornamental clock (timepiece)
penetr|ation penetration **-era** penetrate; ~ *ett problem* (*äv.*) get to the bottom of a problem
peng *s2* coin **pengar** ['peŋ-] *pl* money (*sg*); (*reda* ~ *äv.*) cash, ready money; *sl.* brass, dough; ~ *eller livet!* your money or your life!; *det kan inte fås för* ~ it is not to be had for money; *förlora* ~ *på* lose money over (by, on); *förtjäna stora* ~ make

P

big money (*på* by); *göra ngt för ~ [s skull]* do s.th. for the money; *ha gott om ~* have plenty of money, be well off; *ha ont om ~* be short of money, be hard up [for money]; *det har jag inte ~ till* I haven't got the money (enough money) for that; *ha ~ som gräs* be rolling in money; *i ~ räknat* in terms of money; *jämna ~* even money, the exact amount; *leva på ~* have private means; *låna ~ på* raise money on; *låta ~na rulla* spend money like water

penibel [-'ni:-] *a2* painful, awkward

penicillin *s4* penicillin

penis ['pe:-] *s2* penis (*pl äv.* penes)

penitens *s3* penance

penjoar *s2* peignoir, dressing gown

penna *s1* **1** pen; (*blyerts-*) pencil; (*stål-*) nib; *fatta ~n* put pen to paper; *leva av sin ~* live by one's pen; *en skarp ~* (*bildl.*) a formidable pen **2** *zool.* quill

pennal|ism bullying **-ist** bully

penn|drag stroke of the pen **-fat** pen tray **-fodral** pen[cil] case **-formerare** [-å-] pencil sharpener **-fäktare** scribbler **-förlängare** pencil holder

penning piece of money, coin; *~ar* (*koll.*) money (*sg*); *för en ringa ~* at a small cost **-affär** financial transaction **-angelägenhet** *~er* money matters (affairs) **-aristokrati** plutocracy **-begär** craving for money **-behov** need for money; money requirements (*pl*) **-bekymmer** *pl* money worries **-brist** lack (shortage) of money **-fråga** matter of money **-förlust** loss of money, financial loss **-gräs** *bot.* pennycress **-gåva** money gift **-hushållning** money economy **-inrättning** finance institution **-knipa** *råka i ~* get into money difficulties **-lotteri** lottery with money prizes **-marknad** money market **-medel** *pl* means, funds **-placering** investment of funds (money) **-politik** monetary policy **-pung** purse **-skrin** cash (money) box **-stark** financially strong; *vara ~* (*äv.*) be in a strong financial position **-stinn** made of (rolling in) money **-summa** sum of money **-tillgång** supply of money **-transaktion** *se -affär* **-understöd** pecuniary aid, benefit payment; (*statligt*) subsidy, subvention **-värde** value of money; (*värde i pengar*) money (monetary) value; *~ts fall* the fall in the value of money **-värdesförsämring** depreciation of money **-väsen** monetary system

penn|kniv penknife **-skaft** penholder; (*kvinnlig journalist*) woman journalist, penwoman **-skrin** pen[cil] box (case) **-spets** point of a pen (*etc.*) **-stift** lead **-stump** pencil stump **-teckning** line (pencil) drawing **-torkare** [-å-] pen wiper **-vässare** *se pennformerare*

penny ['penni] *-n pence* [pens] penny (*pl* pence; *-slantar* pennies)

pensé [paŋ'se:] *s3* pansy

penséer [paŋ-] *pl, gå i sina ~* be absorbed in thought, be in a brown study

pensel *s2* [paint]brush; *bot.* egret **-drag** stroke of the brush **-föring** brushwork

pension [paŋ'ʃɔ:n, pen-] **1** (*underhåll*) pension; *avgå med ~* retire on a pension **2** (*skola*) boarding school; *sätta i ~* send to a boarding school **pensionat** *s7* boarding house **pensionera** pension [... off], grant a pension to; *~d* pensioned, retired **pensionering** [-'ne:-] pensioning, superannuation, retirement

pensions|anstalt pensions office **-avdrag, -avgift** pension contribution (charge) **-berättigad** entitled to a pension **-fond** *Allmänna ~en* (*AP-fonden*) the national [Swedish] pension insurance fund **-försäkring** old age pension insurance **-grundande** *~ inkomst* income on which pension is assessed, pensionable income **-kassa** pension (benefit) society **-mässig** *a1* pensionable **-poäng** pension credits (*pl*) **-tagare** pensioner **-ålder** pensionable (retirement) age

pensionär [paŋ-, pen-] *s3* **1** (*pensionstagare*) pensioner **2** (*inackorderingsgäst*) boarder **pensionärshem** pensioners' home

pensl|a paint; pencil; *fint ~de ögonbryn* finely pencilled eyebrows **-ing** painting

pensum *s8* task; *AE.* assignment

penta|gram [-'gramm] *s7* pentagram **-meter** [-ˣta:-] *s2* pentameter

pentry ['pentri, -y] *s6* pantry

penultima [-'nult-] *s1, best. form äv. penultima* penultimate [syllable]

pep *imperf. av 1 pipa*

peppar *s9* pepper; *spansk ~* cayenne [pepper]; *önska ngn* (*dra*) *dit ~n växer* send s.b. (go) to Jericho; *~ ~!* touch wood!; *~ och salt* (*textil.*) pepper-and-salt **-kaka** gingerbread biscuit; (*mjuk*) gingerbread cake **-kakshjärta** *ung.* heart-shaped gingerbread biscuit **-korn** peppercorn **-kvarn** pepper mill **-mynta** *s1* peppermint **-myntspastill** peppermint [lozenge] **-rot** horseradish **-rotskött** boiled beef with horseradish sauce **-ströare** pepper pot

peppra *~* [*på*] pepper (*äv. bildl.*) **pepprad** *a5* peppery; *en ~ räkning* (*vard.*) a stiff bill

pepsin *s4, s3* pepsin

per [pärr] (*~ båt, post e.d.*) by; *bokför.* as on; *~ person* per person, a head, each, a piece; *~ styck* apiece, each, per unit; *~ timme* by the hour; *~ år* a year, yearly, annually, per annum; *~ omgående* by return [of post]; *~ capita* per capita; *~ kontant* [in] cash

perborat [pärbå'ra:t] *s4, kem.* perborate

percep|tion [-sep'ʃɔ:n] perception **-tiv** *a1* perceptive

perenn I *a1* perennial **II** *s3* perennial [plant]

1 perfekt [pär-] *a1* perfect

2 perfekt ['pärf-, 'pä:r-] *s7, s4, språkv.* [the] perfect [tense]; *~ particip* past participle

perfektion [pärfek'ʃɔ:n] perfection **-ism** perfectionism **-ist** perfectionist

perfekt|um ['pärf-, 'pä:r-] *best. form -et el. -um, pl -er, språkv., se 2 perfekt*

perfid *a1, n sg obest. f. undviks* perfidious **-itet** *s3* perfidiousness, perfidy

perforer|a perforate; punch; *med.* pierce **-ing** perforation

pergament *s7, s4* parchment; (*t. bokband äv.*) vellum **-artad** [-a:r-] *a5* parchment-like, parchmenty **-band** parchment (vellum) binding **-handskrift** parchment [manuscript] **-rulle** roll (scroll) of parchment

pergola ['pärgå-] *s1* pergola

perifer *a1* peripheral; *bild.* outlying; *frågan var*

av ~ art the question was of secondary importance **periferị** *s3* periphery; (*cirkels*) circumference; (*stads*) outskirts (*pl*) **periferisk** [-'fe:-] *a5, se perifer* **periferivinkel** circumferential angle

perifrạs *s3* periphrasis (*pl* periphrases) **perigeum** [-ˣge:-] *s4, astr.* perigee **perihelium** [-'he:-] *s4, astr.* perihelion (*pl* perihelia)

periọd *s3* period **periodicitet** periodicity **periodisk** [-'ɑ:d-] *a5* periodic[al]

period|supare dipsomaniac, periodical drinker **-tal** frequency **-vis** periodically

peri|petị *s3* peripet[e]ia **-skop** [-'skå:p] *s7* periscope **-skopisk** [-'skå:-] *a5* periscopic **-staltịk** *s3* peristalsis (*pl* peristalses) **-staltisk** [-'stall-] *a5* peristaltic; *~a rörelser* peristaltic movements **-stỵl** *s3* peristyle **-tonịt** *s3* peritonitis

perkussion [-u'ʃɑ:n] *med.* percussion

perman|ẹns *s3* permanence **-ẹnt I** *a1* permanent **II** *s3, se permanentning*

permanent|a [-'nenta] **1** (*hår*) permanent-wave; *vard.* perm; *AE. äv.* fix up; *~ sig* have a perm **2** (*väg*) lay with a permanent surface (metalling); *~d väg* (*äv.*) tarmac[adam] (metalled) road **-ning** permanent [wave]; *vard.* perm

permeab|el [-e'a:-] *a2* permeable **-ilitet** permeability

permission [-i'ʃɑ:n] leave [of absence]; (*för längre tid äv.*) furlough; *begära* (*få*) *~* ask for (get) leave (*etc.*); *ha ~* be on (have) leave; *på ~* on leave

permissions|ansökan application for leave (*etc.*) **-förbud** suspension of leave; *mil.* confinement to barracks **-sedel** pass

permitt|ent person (soldier) on leave **-era 1** (*ge permission*) grant leave to **2** (*entlediga*) lay off (*arbetare* workers), dismiss temporarily **-ering** [-'te:-] lay-off

permut|ation *mat.* permutation **-era** permute

perniciọ̈s *a1, med.* pernicious (*anemi* anaemia)

perpendik|el [-'dikk-] *s2* perpendicular **-ulạ̈r** *a1* perpendicular

perpetuẹll *a1* perpetual

perpetuum mobile [-'pe:tuum 'må:-] *n* (*maskin*) perpetual motion machine

perplẹx *a1* perplexed, taken aback

perrong [-'råŋ] *s3* platform **-biljett** platform ticket

persed|el [-'se:-] *s2* (*sak*) thing, article; *mil.* item of equipment; *-lar* (*mil.*) accoutrements, equipment (*sg*), kit (*sg*)

persedel|inspektion *mil.* kit inspection **-vård** *mil.* care of kit

perser ['pärr-] Persian

persiạn *s3* Persian lamb, karakul **-päls** Persian lamb coat

Persien ['pärr-] *n* Persia

persiẹnn *s3* Venetian blind

persika *s1* peach **persikohy** peach complexion

persilja [ˣpärr-, -'sill-] *s1* parsley; *prata ~* talk rubbish

persimon [pärsi'må:n] persimmon

persisk ['pärr-] *a5* Persian; *P~a viken* the Persian Gulf **persiska** *s1* **1** (*språk*) Persian **2** (*kvinna*) Persian woman

persọn *s3* person; (*i pl äv.*) people; (*i drama, roman e.d.*) character; (*betydande ~*) personage; *~er* (*teat.*) dramatis personae, the cast (*sg*); *fysisk ~* natural person; *juridisk ~* artificial person; *enskild ~* private person, individual; *offentlig ~* person in public life, public figure; *han kom i egen hög ~* he came in person (himself); *min ringa ~* my humble self; *kunglig ~* royal personage; *i första ~ pluralis* in the first person plural **personage** [-'na:ʃ] *s5* personage

personạl *s3* staff; personnel; employees **-administration** personnel management **-avdelning** staff (personnel) department **-brist** shortage of staff **-chef** staff (personnel) manager

personal|ier [-'na:-] *pl* biographical data; personals **-konferens** staff committee **-politik** staffing policy **-tidning** staff magazine **-union** personal union

person|befordran passenger service (conveyance) **-bevis** birth certificate **-bil** private (passenger) car

person|ẹll *a1, se personlig* **-förteckning** list of persons **-galleri** collection of characters **-historia** personal history

personifiera personify; impersonate; *den ~de blygsamheten* modesty personified (itself) **personifikation** personification; impersonation

person|kort identity card **-kult** personality cult **-kännedom** knowledge of people

personlig [-'sɑ:n-] *a1* personal; *~t* (*på brev*) private; *för min ~a del* for my [own] part; *min ~a åsikt* my private opinion; *~t samtal* personal talk (conversation), *tel.* personal call; *utan ~t ansvar* limited, without personal liability; *P~t* (*spalt i tidning*) the agony column **personligen** personally, in person; *känna ngn ~* know s.b. personally; *inställa sig ~* appear in person

personlighet [-'sɑ:n-] **1** (*människans väsen*) personality **2** (*karaktär*) personality; (*framstående person äv.*) personage, person; *en historisk ~* a historical person; *en framstående ~* an outstanding personality (personage); *gå* (*komma*) *in på ~er* become personal, make personal remarks

personlighets|klyvning *lida av ~* have a dual personality **-typ** type of personality

person|namn personal name **-nummer** civic registration number, personal code number **-skada** personal injury **-sökare** staff locator **-trafik** passenger traffic (service) **-tåg** (*motsats godståg*) passenger train; (*motsats snälltåg*) ordinary (slow) train **-undersökning** enquiry into personal circumstances

perspektịv *s7* perspective; (*utsikt, framtids-*) prospect; *vidga ~et* (*bildl.*) broaden the outlook **-fönster** picture (vista) window **-isk** *a5* perspective **-ritning** perspective drawing

Perụ *n* Peru **peruạn** *s3* Peruvian **peruạnsk** [-a:-] *a5* Peruvian

perụk *s3* wig; (*enl. 1600- o. 1700-talets mod*) periwig, peruke; *vard.* mop **-makare** wig-maker; *teat. äv.* theatrical hairdresser **-stock 1** wig block **2** *bildl.* [old] fogey

pervers [-'värs] *a1* perverted **-itẹt** *s3* sexual perversion

pessạr *s4* diaphragm, pessary, Dutch cap

pessim|ism pessimism **-ist** pessimist **-istisk** [-'mist-] *a5* pessimistic

pest *s3* plague; pestilence; *avsky ngt som ~en*

hate s.th. like sin; *sky ngt som ~en* shun s.th. like the plague **-artad** [-a:r-] *a5* pestilential **-böld** bubo **-härd** source of plague; *bildl.* plague-spot
pest|ilensrot [-ˣlens-] *bot.* butterbur **-smittad** *a5* (*om pers.*) plague-stricken; (*om område*) plague-infested
pet *s7, se petgöra* **peta 1** poke, pick (*på* at); *~ på allt* poke one's finger[s] into everything; *~ hål i* (*på*) poke a hole in; *~ naglarna* clean one's nails; *~ tänderna* pick one's teeth; *sitta och ~ i maten* be pecking at one's food; *~ omkull* push over, upset **2** *vard.* (*tränga undan*) oust; *sport.* drop
Peterskyrkan St. Peter's Basilica
peterspenningen Peter's pence (*pl*)
petgöra finicky job
petig *a1* (*noga*) finical, finicking; (*om pers. äv.*) particular, meticulous **-het** finicalness *etc.*
petimäter [-'mä:-] *s2* cockscomb, coxcomb, fop
petit [-'ti:(t)] *s2, boktr.* brevier
petita [-ˣti:-] *se petitum*
petit-chou [peti'ʃɷ:] *s3* cream puff
petitess *s3* trifle
petition petition (*om* for); *inlämna en ~* hand in a petition **petitionär** *s3* petitioner
petitum [-ˣti:-] *s8* request for a [money] grant; estimate of expenditure
pet|moj [ˣpe:tmåj] *s2, vard.* telephone [dial] **-noga** *vard.* pernickety, fussy
petrifiera petrify **petrifikat** *s7* petrification, fossil
petro|grafi *s3* petrography **-kemi** petrochemistry **-kemisk** [-'çe:-] petrochemical
petroleum [-'trɷ:-] *s3, s7* petroleum, mineral oil
Petrus ['pe:-] *aposteln ~* Peter the Apostle, St. Peter
petunia [-'tu:-] *s1, bot.* petunia
Pfalz [pfalts] *n* the Palatinate
pfalz|greve Count Palatine **-isk** ['pfalts-] *a5* Palatine
p.g.a. (*förk. för på grund av*) *se under 3 grund 3*
phon [få:n] *s3, fys.* phon
pH-värde [ˣpe:hå:-] pH value, index of pH
pi *s6, s7, mat.* pi
piaff *s3* piaffe
pianino [-'ni:-] *s6* pianino, upright piano **pianissimo** [-'niss-] **I** *s6* pianissimo **II** *adv* pianissimo **pianist** pianist, piano player
piano [-'a:nɷ] **I** *s6* piano; *spela ~* play the piano; *ackompanjera ngn på ~* accompany s.b. on the piano **II** *adv* piano; *ta det ~* take it easy **-ackompanjemang** piano accompaniment **-konsert** concert given by a pianist; (*komposition*) piano concerto
piano|la [-ˣnå:-] *s1* pianola, player piano **-lektion** piano lesson **-skola** piano conservatory; piano-playing manual **-spel** piano-playing **-stol** music stool **-stämma** piano part **-stämmare** piano tuner
piassava [-ˣsa:-] *s1* piassava, piassaba **-kvast** besom
piccola *se pickola* **piccolo** *se pickolo*
picka (*om fågel*) peck (*hål i* a hole in; *i, på* at); (*om hjärtat*) go pitapat; *~ i sig* peck up
pickelhuva spiked helmet
pickels ['pikk-] *s2* pickles (*pl*)
picknick ['pikk-] *s2, s3* picnic **picknicka** picnic, go picnicking **picknickkorg** picnic basket
pick och pack belongings (*pl*); *ta sitt ~ och gå* clear out bag and baggage
pickola ['pikkå-] *s1*, **-flöjt** [ˣpikkå-] *s3* piccolo (*pl* piccolos)
pickolo ['pikk-] *s5* page [boy], buttons, footboy; *AE.* bellboy, *vard.* bellhop
pickup[p] [pikk'app] *s3* pick-up
piedestal [pie-, pje-] *s3* pedestal
pietet reverence (*mot* to; *för* for)
pietets|full reverential, reverent **-lös** irreverent **-löshet** lack of reverence, irreverence
piet|ism pietism **-ist** pietist **-istisk** [-'tist-] *a5* pietistic[al]
piff I *interj* bang! **II** *s2, sätta ~ på a) kokk.* give relish to, *b) bildl.* smarten up, put style into
piffa *~ upp* smarten up; *AE.* revamp **piffig** *a1* (*om mat*) piquant, tasty; (*stilig*) chic, smart
piga *s1* maid
1 pigg *s2* (*metall-*) spike; (*tagg*) spine, quill
2 pigg *a1* (*kry*) fit (*som en mört* as a fiddle); (*rask, livlig*) brisk, spry; *AE. sl* peppy; (*'vaken'*) alert, bright, sharp; *~ och kry* bright and breezy; *känna sig ~* feel very fit; *vara ~ för sin ålder* be spry for one's years; *~ på* keen on
pigga *~ upp* cheer up; *AE. sl* pep up **piggelin** *oböjligt a* bright and cheery
pigghaj spiny dogfish
piggna *~ till* come round
pigg|svin porcupine **-svinstagg** quill **-var** *s2* turbot
pigkammare maid's room
pigment *s7* pigment **-erad** [-'te:-] *a5* pigmented **-ering** [-'te:-] pigmentation
pig|syssla servant's job **-tjusare** [-ç-] would-be ladykiller
pik *s2* **1** (*spets*) point; (*stickord*) gibe, dig (*åt* at); *jag förstod ~en* I got the message **2** (*bergstopp*) peak **3** *sjö.* (*akter-, för-*) peak; *~ på en gaffel* peak of a gaff **4** *mil.* pike **5** *sport., hopp med ~* jackknife dive **pika** gibe [at], taunt (*för* with)
pikador [-'då:r] *s3* picador
pikant [-'kant, -'kaŋt] *a1* piquant; spicy, highly seasoned; (*om historia o.d.*) racy, spicy **-eri** piquancy
pikareskroman [-ˣresk-] picaresque novel
1 piké *s3* (*tyg*) piqué
2 piké *s3* (*kortspel*) piquet; *spela ~* play at piquet
pikerad [-'ke:-] *a5* (*förnärmad*) piqued (*över* at)
piket *s3* riot squad, picket **-bil** police van
pikrinsyra [-ˣkri:n-] picric acid
piktur handwriting
1 pil *s2* (*träd*) willow
2 pil *s2* (*vapen*) arrow; (*t. armborst*) bolt; (*att kasta*) dart; *bildl.* arrow, shaft; *kasta ~* throw darts; *snabb som en ~* [as] swift as an arrow; *Amors ~ar* Cupid's darts (shafts)
pila *~ i väg* dash away, rush off
pilaff *s3, kokk.* pilau, pilaw
pilaster [-'lass-] *s2* pilaster
pilbåge bow
pilfink tree sparrow
pilgift poison applied to tips of arrows
pilgrim [-imm] *s3* pilgrim
pilgrims|falk peregrine falcon **-fäderna** *pl* the Pilgrim Fathers **-färd** pilgrimage; *göra en ~* go

on a pilgrimage **-ort** [place of] pilgrimage; *bildl. äv.* Mecca **-stav** pilgrim's staff
pilka dib (*torsk* for codfish)
pil|kastning dart-throwing; (*som spel*) darts (*pl*) **-koger** quiver
pilla pluck, pick (*på* at); ~ *på* (*äv.*) finger; *sitta och ~ med ngt* sit fiddling with s.th.; ~ *bort* pick off
piller ['pill-] *s7* pill; *svälja det beska -ret* (*bildl.*) swallow the bitter pill **-dosa** pillbox **-trillare** *skämts.* pillmaker
pillra *se pilla*
pilot [-'ɑ:t] *s3* pilot
pil|regn, -skur shower (hail) of arrows **-snabb** [as] swift as an arrow
pilsner ['pils-] *s9* Pils[e]ner beer
pilspets arrowhead
pilt *s2* lad[die]
pimpelfiske jigging
pimpinell *s3, bot.* [salad] burnet
1 pimpla (*dricka*) swig; (*supa äv.*) tipple
2 pimpl|a jig (*efter abborre* for perch)
pimpling *se pimpelfiske*
pimpsten pumice [stone]
pin *på ~ kiv* out of sheer devilry; *det var ~ livat* it was hilarious; ~ *kär* desperately in love
pina I *s1* torment, pain, torture; (*kval*) agony; *död och ~!* torments everlasting!; *för själ och ~!* for mercy's sake!; *göra ~n kort* not prolong the agony, make short work of it **II** *v1* torment, torture; ~ *livet ur ngn* (*bildl.*) worry the life out of s.b. (s.b. to death); ~ *i sig maten* force down the food; *han hade ett ~t uttryck i ansiktet* his face had a pained expression; ~ *fiolen* scrape away at the violin; ~ *sig in* (*om blåst, snö o.d.*) worry [its way] through
pinal *s3* thing; *inte en ~* nothing whatever, not an atom; *jfr grejor*
pin|ande *a4* tormenting, torturing; racking (*huvudvärk* headache); searching, piercing (*blåst* wind) **-bänk** rack
pincené [päŋs'ne:, piŋs-]] *s3* pince-nez
pincett tweezers (*pl*); *en ~* pair of tweezers
pinfärsk quite (absolutely) fresh
pingla I *s1* [small] bell **II** *v1* tinkle; jingle; (*telefonera*) give a ring **pinglande** *s6* tinkle, jingle
pingpong [-å-] *s2* ping pong, table tennis
pingst *s2* Whitsun[tide], Pentecost (*äv. ~en*); *annandag ~* Whit Monday **-afton** Whitsun Eve, Whit Saturday (*äv. ~en*) **-dag** Whit Sunday, Whitsunday **-helg** Whitsuntide (*äv. ~en*) **-lilja** narcissus **-rörelse** *~n* the Pentecostal Movement **-veckan** Whit[sun] week **-vän** Pentecostalist
pingvin *s3* penguin
pinje ['pinn-, 'pi:-] *s5* stonepine
pin|lig [ˣpi:n-] *a1, se pinsam*; *~t förhör* examination under torture
pinna ~ *fast* peg (*vid* to) **pinnbult** *tekn.* stud
pinn|e *s2* (*trä-, tält-, hatt-*) peg; (*ved-*) stick; (*steg-*) rung; (*höns-*) perch; *styv som en ~* [as] stiff as a poker; *ben smala som -ar* legs as thin as sticks; *hon är smal som en ~* she is as thin as a rake; *rör på -arna!* stir your stumps!; *livet på en ~* high life; *trilla av pinn* peg out **pinnhål** peghole; *komma ett par ~ högre* (*bildl.*) rise a step or two
pinnmo *s2* till
pinn|soffa rib-backed settee **-stol** Windsor chair **-ved** stick firewood
pino|läger *bildl.* bed of torment **-redskap** instrument of torture
pinsam [ˣpi:n-] *a1* painful; (*besvärande*) awkward, embarrassing (*situation* situation; *tystnad* silence); scrupulous (*noggrannhet* carefulness)
pinuppa [-ˣnuppa] *s1* pin-up [girl]
pion *s3* peony
pionjär *s3* **1** *mil.* sapper, engineer **2** (*föregångsman*) pioneer **-arbete** pioneer work **-trupp** *se ingenjörstrupper*
1 pip *s2* **1** (*på kanna*) spout **2** *bot.* tube
2 pip *interj* peep!
3 pip *s7* (*ljud*) peep; (*fågels*) chirp; (*råttas*) squeak, cheep; (*gnäll*) whine, whimper
1 pip|a *pep -it* (*om fågel*) chirp; (*om barn, mus*) squeak; (*jämra sig*) whine, whimper; (*om vind, ångvissla*) whistle; *det -er i bröstet på mig* my chest is wheezy
2 pip|a *s1* **1** (*rök-*) pipe; *röka ~* smoke a pipe; *knacka ur ~n* knock the ashes out of one's pipe **2** (*att blåsa i*) pipe; (*vissel-*) whistle; *dansa efter ngns ~* dance to a p.'s tune; *skära -or i vassen* know what tune to dance to, jump at an opportunity **3** (*rör*) pipe, tube; (*gevärs-*) barrel; (*skorstens-*) flue **4** *det här går åt ~n* this is all going wrong (is a mess)
pipare *zool.* plover
pipett *s3* pipette
piphuvud [pipe] bowl
1 pipig *a1* (*gäll*) squeaky (*röst* voice); (*gnällig*) whining, whimpering
2 pipig *a1* (*porös*) porous
pipit *sup. av 1 pipa*
pipkrage fluted ruff
piplera pipeclay
piplärka pipit
pip|olja tobacco juice **-orgel** pipe organ
1 pippi *s2* (*fågel*) dickybird
2 pippi *s9, ha ~ på* be crazy about; *det är rena ~n* it is pure folly
pip|rensare pipe cleaner **-rök** pipe smoke **-rökare** pipe smoker
pipsill [ˣpi:p-] *s2* crybaby
pipskaft pipe stem
pipskägg imperial, pointed beard, goatee
piptobak pipe tobacco
pir *s2, s3* pier, groyne, groin; (*mindre*) jetty; (*vågbrytare äv.*) groyne, *AE.* groin; mole
pirat pirate **-sändare** pirate transmitter **-upplaga** piratical edition
piraya [-ˣrajja] *s1* piranha, piraya
pirk *s2* jig
1 pirog [-'rå:g] *s3* (*kanot*) pirogue
2 pirog [-'rå:g] *s3, kokk.* Russian pasty
pirra tingle **pirrande I** *s6* tingling **II** *a4* tingling
piruett *s3* pirouette **-era** pirouette
pirum *oböjligt a* tipsy
piråi hagfish
pisk *s7* whipping **piska I** *s1* whip; (*hår-*) pigtail; *klatscha* (*smälla med*) *~n* crack the (one's) whip; *låta ngn smaka ~n* give s.b. a taste of the whip **II** *v1* whip; flog, lash; (*mattor, kläder o.d.*) beat; *regnet ~de mot rutorna* the rain was beating

P

against the panes; *hunden ~de med svansen* the dog was swishing its tail; *vara ~d att göra ngt* be forced to do s.th.; *~ på* whip [on]; *~ upp* whip up

pisk|balkong balcony for beating [mats *etc.*] **-käpp** carpet beater **-rapp** lash; *bildl.* whiplash **-smäll** crack of the whip **-snärt** whiplash **-ställning** carpet-beating rack

piss *s7, vard.* piss **pissa** *vard.* piss **pissoạr** *s3* urinal

pist *s3, fäktn.* piste; (*cirkus-*) ring fence

pistasch [-'ta:ʃ] *s3* pistachio **-mandel** pistachio [nut]

pistịll *s3* pistil; *~ens märke* the stigma [of the pistil]

pistọl *s3* **1** (*vapen*) pistol **2** (*mynt*) pistole **-hot** *under ~* at gunpoint **-hölster** [pistol] holster **-man** gunman **-mynning** pistol muzzle **-skjutning** pistol shooting **-skott** pistol shot

pistong [-'tåŋ] *s3* piston

pitprops ['pittpråps] *s2, koll.* pitprops (*pl*)

pitt *s2, vard.* cock, prick, dick

pittorẹsk *a1* picturesque

pivạ̊ *s3* pivot

pizz|a ['pittsa] *s1* pizza **-eria** [-ˣri:a] *s1* pizzeria, pizza parlor

pjosk [-å-] *s7* (*klemande*) coddling; (*klemighet*) mawkishness, squeamishness **pjoska** *~ med* coddle **pjosker** ['pjåss-] *s2* milksop, mollycoddle **pjoskig** *a1* mawkish, effeminate

pjåkig *a1, inte så ~* not half bad

pjåsk *etc., se pjosk etc.*

pjäs *s3* **1** *mil.* piece **2** (*möbel, prydnadsföremål e.d.*) piece, article **3** (*schack-*) man; (*motsats t. bonde*) piece **4** *teat.* play **-författare** playwright

pjäxa *s1* ski-boot

placenta [-ˣsenn-] *s1, anat.* placenta

placera place, put; (*skaffa anställning e.d.*) station; (*gruppera*) seat (*sina gäster* one's guests); (*pengar*) invest; (*insätta i sitt sammanhang*) place, locate; *~ en beställning hos en firma* place an order with a firm; *jag känner igen honom men kan inte ~ honom* I know his face but cannot place him; *~ sig a*) (*sätta sig*) seat o.s., *b*) *sport.* get a place; *~ sig som tvåa* come second **placering** [-'se:-] placering; (*vid bord äv.*) seating; (*investering*) investment; (*läge samt sport.*) position, location **placeringskort** place card

pladạsk *falla ~* fall flop down (*i smutsen* into the dirt)

pladder ['pladd-] *s7* babble, chatter **pladdra** babble, chatter **pladdrig** *a1* garrulous

plafond [-'fåŋd] *s3* plafond **-målning** *konkr.* painted ceiling

plage [pla:ʃ] *s5* beach

plagg *s7* garment; article of clothing

plagi|ạt *s7* plagiarism **-ator** [-ˣa:tår] *s3* plagiarist **-era** plagiarize

1 plakạt *s7* (*kungörelse*) proclamation; (*affisch*) placard, poster

2 plakạt *oböjligt a* (*full*) dead drunk

plakẹtt *s3* plaquette, plaque

plan I 1 *s7* (*yta*) plane; (*nivå*) level; *ett lutande ~* an inclined plane; *i* (*på*) *samma ~ som* (*äv.*) on a level with; *på ett högre ~* on a higher level; *roll i andra ~et* second-grade part; *det ligger på ett helt annat ~* it is on quite another plane; *på det sluttande ~et* (*bildl.*) on the down grade **2** *s7* (*flyg-*) plane **3** *s3* (*öppen plats*) open space, area, (*fyrkantig*) square; *sport.* ground; (*jfr äv. gräs-, tennis- etc.*) **4** *s3* (*projekt, förslag*) plan, scheme (*för, på, till* for, of); (*intrig*) plot; *göra upp ~er* make plans, plan; *ha* (*hysa*) *~er på ngt* (*på att*) have plans for s.th. (for ... -ing); *det ingår inte i mina ~er* it is not part of my plans; *det finns inga ~er att hinna dit* there's not the faintest chance of getting there in time **II** *a1* plane, level

plana 1 (*jämna*) level **2** (*in bil, båt*) plane

planekonomi planned economy **planenlig** [-e:-] *a1* according to plan

planer|a 1 (*jämna*) level **2** (*-lägga*) plan, project; (*ha för avsikt*) intend, *AE. äv.* aim to (+ *inf.*) **-ing 1** (*jämnande*) levelling **2** (*-läggning*) planning, projection

planẹt *s3* **1** *astr.* planet **2** *mitt i ~en* slap in the face **planetarisk** [-'ta:-] *a5* planetary **planetarium** [-'ta:-] *s4* planetarium

planet|bana orbit of a planet **-system** planetary system

plan|geometri plane geometry **-hushållare** planner **-hushållning** economic planning, planned economy

plani|metrị *s3* planimetry **-metrisk** [-'me:-] *a5* planimetric[al]

plank 1 *s9, s7, koll.* deals (*pl*), planking **2** *s7* (*stängsel*) wood[en] paling (fence); (*kring bygge e.d.*) hoarding[s *pl*]

1 planka *s1* deal; (*större*) plank

2 planka *v1, vard.* **1** (*smita in*) gate-crash **2** (*kopiera*) crib

plankorsning level (*AE.* grade) crossing

plank|strykare *skämts.* dauber **-stump** plank stump

plankton ['plankton] *s7* plankton

plan|lägga plan, make plans for, project; *-lag mord* premeditated (wilful) murder **-läggning** planning; projection **-lös** planless; unmethodical, indiscriminate; (*utan mål*) aimless, desultory; *irra omkring ~t* wander about aimlessly **-löshet** aimlessness *etc.*, lack of plan **-lösning** *byggn.* plan[ning], design **-mässig** *a1* methodical, systematical; according to plan **-mässighet** method[icalness] **-ritning** *konkr.* [ground] plan (*till* for, of); (*som läroämne*) plan-drawing

plansch *s3* plate, illustration; (*vägg-*) char **-verk** volume of pictures, picture book

planskild *~ korsning* grade-separated intersection

planslip|a grind smooth **-ning** [sur]face grinding

plant|a *s1* plant; (*uppdragen ur frö*) seedling (*träd*) sapling; *sätta -or* set plants **plantage** [-'ta:ʃ] *s5* plantation **plantageägare** planter plantation owner **plantera** plant; (*i rabatt äv.*) bed out; *bildl.* plant, set; *~ om* transplant; *~ u* plant out **plantering** [-'te:-] *konkr.* plantation park; *abstr.* planting **planteringsspade** planting trowel **plantskola** nursery (*för* of, for) (*äv bildl.*)

plask *s7 o. interj* splash **plaska** splash; (*om vå gor, åror*) lap (*mot stranden* on the shore; *mot båtens sidor* against the sides of the boat); (*vada*) paddle; *~ omkring* splash about **plaskdamm** [children's] paddling-pool **plaskvåt** soaking we

plasma *s9, s7, pl plasmer* plasma **-fysik** plasma physics (*pl, behandlas som sg*)
plast *s3* plastic; *härdad ~* thermosetting plastic; *mjuk ~* nonrigid plastic
plast|a, -behandla coat (spray) with plastic **-behandlad** *a5* plastic-coated **-behandling** plastic treatment **-belagd** plastic-coated **-blomma** plastic flower **-båt** plastic boat **-bägare** plastic beaker
plastelljn *s3, s4,* **plastellina** [-ˣli:-] *s1* plasticine (*varumärke*)
plast|fabrik plastics plant **-flaska** plastic bottle **-folie** plastic sheeting (film) **-hink** plastic bucket
plasticitet plasticity
plastjk *s3* **1** (*bildhuggarkonst*) plastic art **2** *med.* plastic surgery **3** (*konsten att föra sig väl*) deportment **-kirurgi** plastic surgery
plastisk ['plass-] *a5* plastic; (*formbar*) ductile; (*behagfull*) graceful; *~t trä* wood cement, plastic wood
plast|laminat *s7* laminated plastic sheet **-material** plastic material **-påse** plastic (polythene) bag
platan *s3* plane [tree]
platina [-ˣti:-, 'pla:-] *s9* platinum **-blond** platinum-blonde
Platon ['pla:tån] Plato
platon|iker [-'to:-] Platonist **-[i]sk** [-'to:-] *a5* Platonic (*kärlek* love)
plats *s3* **1** (*ställe, ort, bestämd ~*) place; (*lokalitet*) locality; (*fläck*) spot; (*öppen ~*) space, area, (*fyrkantig*) square; (*skåde-*) scene (*för* of); *veta sin ~* know one's place; *var sak på sin [rätta] ~* everything in its [right] place; *offentliga (allmänna) ~er* public places; *här på ~en* here, in this town, on the spot; *läkaren på ~en* (*äv.*) the local doctor; *vara den förste på ~en* be the first on the spot (to arrive); *sätta ngn på ~* (*bildl.*) take a p. down [a peg or two]; *det vore inte på sin ~ att* it would be out of place (inappropriate) to **2** (*sitt-, äv. i riksdag o.d.*) seat; (*säng-*) bed; *numrerade ~er* numbered seats; *ta ~* take a (one's) seat; *tag ~!* take your seats!; *fylld till sista ~* packed, filled to capacity **3** (*utrymme*) room; space; (*husrum*) accommodation; *lämna ~ för (åt)* make room for; *ta liten (för stor) ~* take up little (too much) room; *gott om ~* plenty of room; *den får nätt och jämnt ~* there is only just room for it; *ha ~ för 100 personer* have room (*husrum:* accommodation) for 100 persons **4** (*anställning*) place, situation, job; (*befattning*) position, post; (*ställning*) position; *fast ~* permanent situation; *ha ~ hos* be in the employment of; *söka ~* apply for a situation; *utan ~* unemployed, out of work; *lediga ~er* vacancies, (*tidn.rubrik*) appointments and situations vacant; *intaga en framträdande ~* occupy (take up) a prominent position
plats|annons *~er* situations wanted (vacant) advertisements **-ansökan** application for a situation (*etc.*) **-beställning** seat reservation (booking) **-biljett** seat reservation [ticket] **-brist** lack of room; (*på sjukhus*) shortage of beds **-chef** local manager **-förmedling** employment bureau (agency) **-ombud** local agent **-ombyte** change of job **-siffra** *sport.* place number **-sökande** *s9* applicant [for a situation]; (*tidn.rubrik*) appointments and situations wanted
platt I *a1* **1** flat (*tak* roof; *som en pannkaka* as a pancake); *ha ~ bröst* be flat-chested; *~ fall* (*sport. o. bildl.*) flop **2** (*banal*) commonplace (*kvickhet* witticism) **II** *adv* flat; *falla ~ till marken* (*bildl.*) fall flat; *trycka sig ~ mot väggen* press one's body flat against the wall; *~ intet* nothing at all, absolutely nothing
platta I *s1* plate; (*sten-*) slab; (*rund*) disc; (*vägg-*) tile; (*grammofon-*) record, disc **II** *v1* flatten (*till* out); *~ till* (*bildl.*) squash
platt|fisk flatfish **-form** *s2* platform **-formsbiljett** platform ticket **-fot** flatfoot **-fotad** *a5* flatfoot[ed] **-het 1** (*utan pl*) flatness **2** *bildl.* platitude
platt|ityd *s3, se platthet 2* **-järn** flat steel (iron); *koll.* flats (*pl*) **-mask** *zool.* flatworm **-näst** [-ä:-] *a4* flat-nosed
plattsätt|are [floor-]tiler, tile-layer **-ning** tiling, tile-laying
platt|söm satin stitch **-tyska** (*hopskr. plattyska*) Low German **-tång** (*hopskr. plattång*) flat-[-nosed] pliers (*pl*)
platå *s3* plateau, tableland **-sko** platform shoe
plausibel [-'si:-] *a2* plausible; (*rimlig*) reasonable
plebej [-'bejj] *s3* plebeian **plebejisk** [-'bejj-] *a5* plebeian
plebiscit [-'si:t, -'ʃi:t] *s7* plebiscite
plejad *s3* **1** *astr., P~erna* the Pleiades **2** *litt. hist., P~en* the Pleiad[e]
plektr|on ['plektrån] *-et -er,* **plektrum** ['plekk-] *s4* plectrum (*pl* plectra), plectron
plenar|församling [-ˣna:r-], **-möte** plenary meeting
plenum [ˣple:-] *s8* plenary sitting (assembly)
pleonasm *s3* pleonasm **-tisk** *a5* pleonastic[al]
pleti ['ple:-] *se kreti*
pleurit *s3* pleurisy
plexiglas plexiglass
pli *s9, s7* manners (*pl*), bearing; *sätta ~ på ngn* (*vard.*) lick s.b. into shape
pligg *s2* peg **pligga** peg (*fast* down)
1 plikt *s3* (*skyldighet*) duty (*mot* to, towards); (*förpliktelse*) obligation; *~en framför allt* duty first; *göra sin ~* do one's duty; *vi har den smärtsamma ~en att meddela* ours is the painful duty to announce
2 plikt *s3* (*böter*) fine
plikta pay a fine (*för* for); *han fick ~ 2 pund* he was fined 2 pounds; *~ med livet* pay with one's life (*för* for)
plikt|förgäten [-j-] *a3* forgetful of one's duty (obligations); negligent **-förgätenhet** [-j-] dereliction (neglect) of duty **-ig** *a1* [in duty] bound, obliged **-känsla** sense of duty **-kär** devoted to duty **-människa** person with a strong sense of duty **-skyldig** dutiful; obligatory (*leende* smile) **-skyldigast** *superl. adv* dutifully, in duty bound; *skratta ~* laugh dutifully **-trogen** faithful, dutiful **-tro[gen]het** faithfulness, dutifulness **-uppfyllelse** fulfilment of one's duty
plimsollmärke [ˣplimsåll-] *sjö.* Plimsoll mark (line), load line
plint *s2* **1** *gymn.* vaulting box (horse) **2** *byggn.* plinth; *elektr.* test terminal box

pliocen *a1, geol.* Pliocene
plira peer, screw up one's eyes (*mot* at) **plirig** *a1* peering, narrowed (*ögon* eyes)
pliss|é *s3* pleating **-era** pleat, plait **-ering** [-'se:-] pleating
plister ['pliss-] *s2, bot.* dead-nettle
plit *s7* (*knåp*) toil
1 plita (*skriva*) write busily
2 plita *s1* pimple, pustule
plock [-å-] *s7, ej pl* gleanings, odds and ends (*pl*); (*-ande*) picking **plocka 1** pick, gather (*blommor* flowers; *frukt* fruit); lift (*potatis* potatoes); ~ *av* (*bort*) pick off; ~ *fram* bring (take) out; ~ *ihop* gather together, collect; ~ *in* (*t.ex. från trädgården*) gather (pick) and bring in, (*i skåp e.d.*) put away in[to]; ~ *ner* (*t.ex. äpplen*) get (take) down; ~ *sönder* take to pieces; ~ *undan* clear away; ~ *upp* pick up; ~ *ut* take out (*ur* of), (*utvälja*) pick out **2** pluck (*en fågel* a fowl; *ögonbrynen* one's eyebrows) **3** *sitta och* ~ *med* sit and fiddle with; ~ *på lakanet* pluck at the sheet **plockning** picking *etc.*
plog *s2* plough; *gå bakom ~en* follow the plough; *spänna hästen för ~en* put the horse before the plough; *lägga under ~en* put under the plough
plog|a (*väg*) clear from (of) snow; (*med skidor*) stem, snowplough **-ben** *anat.* vomer **-bill** ploughshare-point **-fåra** furrow **-land** (*jordmått*) ploughland **-ning** ploughing
ploj [plåjj] *s2, s3* ploy
plomb [-å-] *s3* **1** (*blysigill*) lead [seal], seal **2** *tandläk.* filling, stopping **-era 1** (*försegla*) seal [up], lead **2** *tandläk.* fill, stop **-ering** [-'be:-] **1** sealing; *konkr.* seal **2** filling, stopping
plommon [-ån] *s7* plum **-kärna** plum stone **-stop** *s7* bowler (*AE.* derby) [hat] **-träd** plum [tree]
plotta [-å-] plot
plotter ['plått-] *s7, ej pl* (*krafs*) trifles (*pl*)
plottingbord plotting table
plottra ~ *bort* fritter (*tid äv.:* trifle) away **plottrig** *a1* jumbled, disjointed
plufsig *a1* flabby
plugg 1 *s2* (*tapp*) plug, stopper; (*i tunna*) tap **2** *s2, vard.* (*potatis*) spud **3** *s7* (*-läsning*) swotting, cramming; (*skola*) school
plugg|a 1 (*slå in plugg i*) plug, stop up; ~ *igen* clog **2** (*läsa*) swot (*latin* Latin); *AE. sl.* dig [in]; ~ *på en examen* cram for an examination; ~ *engelska med ngn* coach s.b. in English **-häst** swot [ter] **-ning 1** plugging *etc.* **2** swotting *etc.*
1 plump *a1* coarse, rude
2 plump *s2* blot
plumpa make blots; blot (*äv.* ~ *ner*); ~ *i protokollet* (*bildl.*) make a blunder
plumphet coarseness, rudeness
plumpudding [ˣplumm-] plum pudding
plums *s2, s7, interj, adv* plop, flop **plumsa** [go] splash, flop (*i vattnet* into the water); *gå och* ~ *i leran* splash about in the mud
plundr|a rob (*ngn på* s.b. of); plunder, pillage, sack (*en stad* a town); strip (*julgranan* the Christmas tree) **-ing** robbing; plundering, pillage, sack **-ingståg** plundering expedition, raid, foray
plunta *s1* pocket flask; *vard.* pocket pistol
plural|bildning formation of the plural **-böjning** plural inflection
pluralis *s3* (*stå i* be in the) plural **pluralism** pluralism **pluralitet** *s3* plurality
pluraländelse plural ending
plurr *s7, ramla i ~et* fall into the water
plus [pluss] **I** *s7* (*-tecken*) plus [sign]; (*tillägg*) addition; (*överskott*) [sur]plus; (*fördel*) advantage; *termometern visar* ~ the temperature is above zero **II** *adv* plus; *2* ~ *2 är 4* two plus two make four; *det är 1 grad* ~ it is one degree above zero; ~ *minus noll* zero, nil, absolutely nothing **-fours** ['plussfårs, -'få:rs] *pl* plus fours **-grad** degree above zero **-kvamperfektum** (*i* in the) past perfect (pluperfect) [tense] **-sida** positive (credit) side
plussig *a1* bloated
plus|tecken plus [sign] **-värde** added value
pluta ~ [*med munnen*] pout
Plutarchos [-'tarkås] Plutarch
pluto|krat plutocrat **-krati** *s3* plutocracy **-kratisk** [-'kra:-] *a5* plutocratic
pluton *s3* platoon **-chef** platoon leader
plym *s3* plume **plymasch** [-'a:ʃ] *s3* bunch of feathers; plumage
plymå *s3* sofa cushion
plysch [-y:-] *s3* plush
plywood ['plajjvʊd] *s3* plywood
plåg|a I *s1* pain; torment; (*-oris*) plague, nuisance; *ha -or* have (be in) pain, be suffering; *vara en* ~ *för sin omgivning* be a plague to those around one **II** *v1* pain; torment; (*oroa*) worry; (*besvära*) bother; *~s av gikt* (*dåligt samvete*) be tormented by gout (a bad conscience); *se ~d ut* look pained
plågo|ande tormentor **-ris** scourge; torment, plague
plågsam *a1* painful
plån *s7* (*skiva*) tablet; (*på tändsticksask*) striking surface; *tända endast mot lådans* ~ strike only on the box **-bok** wallet; *AE. äv.* billfold, pocketbook
plåster ['plåss-] *s7* plaster; *lägga* ~ *på såret* put plaster on a wound, *bildl.* pour balm into the wound **plåsterlapp** piece of plaster **plåstra** plaster; ~ *ihop* patch up; ~ *om ngn* dress a p.'s wounds, (*sköta om*) tend s.b.
plåt *s2* **1** (*metall*) sheet metal; sheet[-iron] **2** (*skiva*) plate (*äv. foto-*); *korrugerad* ~ corrugated sheeting
plåt|a *vard.* photograph **-arbete** platework, sheet-metal work **-beslag** plate covering, plating **-burk** tin, can **-rör** sheet-metal pipe (tube) **-sax** plateshears (*pl*) **-skada** sheet damage **-slagare** sheet-metal worker, plater **-slageri** *abstr* metal-plating; (*-verkstad*) sheet-metal [work]shop, plate works **-tak** tin roof
pläd *s3, s2* [travelling] rug; (*skotsk*) plaid
pläder|a plead **-ing** (*slut-*) summing-up of the defence; *en* ~ (*äv.*) a plea
pläga *se bruka* **plägsed** custom
pläter ['plä:-] *s2* plate **plätera** plate
plätt *s2* **1** (*fläck*) spot **2** *kokk.* small pancake **-lagg** pancake iron, griddle
plöj|a [ˣplöjja] *v2* plough (*äv. bildl.*); ~ *igenom en bok* plough through a book; ~ *ner* plough in (*vinst*) plough back; ~ *upp* (*åker o.d.*) plough up

-ning ploughing
plös *s2* tongue
plötslig *a1* sudden, abrupt; unexpected **plötsligen, plötsligt** *adv* suddenly; all of a sudden
PM, P.M. *s9, s7* (*förk. för promemoria*) memo
pneumatisk [pnev'ma:-] *a5* pneumatic
pneumoni *s3* pneumonia
pochera poach
pock [påkk] *s7, se 3 lock* **pocka** ~ *på* [urgently] insist [up]on; *frågan ~r på sin lösning* the problem craves (demands) a quick solution **pockande** *a4* importunate, pressing, urgent (*behov* need); (*om pers.*) importune
pocketbok [ˣpåkk-] paperback; *AE. äv.* pocketbook
podager [-'da:-] *s2* podagra, gout
podium ['pɑ:-] *s4* podium (*pl äv.* podia); platform
poem *s7* poem **poesi** *s3* poetry **poesialbum** poetry album **poet** *s3* poet **poetik** *s3* poetics (*behandlas vanl. som sg*) **poetisera** poetize **poetisk** [pɑ'e:-] *a5* poetical; poetic (*frihet* licence)
pogrom [-'grå:m] *s3* pogrom
pointer ['påjn-] *s2* pointer
pointillism [pɑäŋ-, *äv.* -ti'jism] pointillism
pojk|aktig [ˣpåjk-] *a1* boyish **-aktighet** boyishness **-bok** book for boys **-byting** little chap, urchin
pojk|e [ˣpåjke, 'påjke] *s2* boy; (*känslobetonat*) lad **-flicka 1** (*-aktig flicka*) tomboy **2** (*omtyckt av -ar*) girl for the boys **-liga** street gang **-namn** boy's name **-scout** boy scout **-spoling** young scamp (rascal), hobbledehoy **-streck** boyish prank **-vasker** *s2, se -spoling* **-år** *under ~en* during [his *etc.*] boyhood; *alltifrån ~en* ever since I (he *etc.*) was a boy
pokal *s3* (*bägare*) goblet; *sport.* cup, trophy
poker ['på:-] *s9* poker **-ansikte** poker (deadpan) face
pokulera drink, tipple, booze
pol *s3* pole
polack *s3* Pole
polardag [-ˣla:r-] polar day
polare *vard.* chum, pal, mate, *AE.* buddy
polar|expedition [-ˣla:r-] polar (arctic, antarctic) expedition **-forskare** polar (arctic, antarctic) explorer **-hav** polar sea **-is** polar ice
polarisation polarization **polarisator** [-ˣsa:-tår] *s3* polarizer **polarisera** polarize **polaritet** polarity
polar|kalott [-ˣla:r-] polar cap **-natt** polar night
polaroid *s3* polaroid (*varumärke*)
polarräv [-ˣla:r-] arctic fox
polcirkel polar circle; *norra* (*södra*) *~n* the Arctic (Antarctic) circle
polemi|k *s3, ej pl* polemics (*pl, behandlas som sg*) **polemiker** [-'le:-] polemic, controversialist **polemisera** polemize **polemisk** [-'le:-] *a5* polemic[al], controversial
Polen ['på:-] *n* Poland
poler|a polish (*äv. bildl.*); (*metall*) burnish; *~t ris* polished rice **-ing** polishing; burnishing **-medel** polish; abrasive **-skiva** polishing wheel (disc)
polhöjd altitude of the pole
policy ['pållisi] *s3* policy
poliklinik *s3* outpatient department
polio ['pɑ:-] *s9* polio[myelitis] **-vaccin** antipolio vaccin **-vaccinering** polio vaccination
1 polis *s3, försäkr.* policy
2 polis *s3* **1** (*ordningsmakt*) police; *koll.* [the] police; *gå in vid ~en* join the police force; *anmäla för ~en* report to the police; *efterspanad av ~en* wanted by the police; *göra motstånd mot ~* resist arrest; *ridande ~* mounted police, *AE. äv.* (*i lantdistrikt*) ranger; *ropa på ~* shout for the police; *~en har gjort chock* the police have charged **2** (*-man*) policeman, [police] officer; constable; *AE.* patrolman; *vard. i Storbritannien* bobby; *sl.* cop[per]; *kvinnlig ~* policewoman
polis|anmäla, -anmälan report to the police **-assistent** *ung.* police sergeant **-bevakning** police surveillance; *huset står under ~* the house is being watched by the police **-bil** police (patrol, squad) car **-bricka** policeman's badge **-chef** police commissioner, chief constable, head of a police force; *AE.* chief of police, marshal **-chock** police charge **-distrikt** police district **-domare** police magistrate **-domstol** police court **-eskort** police escort **-förhör** interrogation by the police; *anställa ~ med ngn* hold a police interrogation with s.b. **-förordning** police regulation **-förvar** *i ~* in custody; *tas i ~* be taken in charge by the police **-hund** police dog **-hus** police headquarters (*pl*), police station **-intendent** assistant chief constable
polis|iär *a1* police **-kammare** administrative police authority; *Storbritannien ung.* police commissioners (*pl*) **-kedja** police cordon **-kommissarie** police superintendent; *AE.* captain; *biträdande ~* chief inspector **-konstapel** *se 2 polis 2* **-kontor** sub-police-station **-kund** old offender; *vard.* jailbird **-kår, -makt** police force **-man** *se 2 polis 2* **-myndigheter** police authorities **-mästare** chief constable, [police] commissioner
polisonger [-'såŋer] *pl* sideboards, side whiskers; *AE. sideburns*
polis|piket riot squad; (*bil*) police van **-pådrag** *det var fullt ~* the police was there in full force **-rapport** police report **-razzia** police raid **-sak** police matter **-spärr** police cordon; (*väg-*) roadblock **-stat** police state **-station** police station **-syster** policewoman **-undersökning** police investigation **-uniform** policeman's (policewoman's) uniform **-utredning** *se -undersökning* **-vakt** police guard **-väsen** police [system, organization; authorities (*pl*)]
politbyrå [-ˣli:t-] Politburo
polit|ik *s3, ej pl* **1** (*statsangelägenheter, statskonst*) politics (*sg o. pl*); *syssla med ~* be engaged in politics; *tala ~* talk politics **2** (*-isk princip, handlingssätt, slughet*) policy; line of action; *den öppna dörrens ~* open-door policy; *föra en fast ~* take a firm line; *avvaktande ~* wait-and-see policy **-iker** [-'li:-] politician **-isera** politicize **-isering** [-'se:-] politicization **-isk** [-'li:-] *a5* political
politruk [-'trukk] *s3* political commissar
polityr *s3* [French] polish; *bildl.* polish
polka [ˣpåll-] *s1* polka **-gris** peppermint rock **-hår** pageboy cut
pollare [ˣpåll-] *sjö.* bollard
pollen ['påll-] *s7* pollen **-analys** pollen analysis,

P

palynology **-korn** pollen grain

pollẹtt *s3* (*av metall*) check, counter, token; (*av papper*) ticket; (*gas-*) disc

polletter|a label, register; *AE.* check; ~ *sitt bagage* have one's luggage labelled (registered); *AE.* check one's baggage **-ing** [luggage] registration **-ingskvitto** luggage ticket; *AE.* baggage check

pollin|ation [på-] pollination **-era** pollinate

pollution pollution

polo ['pɑ:-] *s6* polo **-krage** turtleneck

polonạ̈s *s3* polonaise

polo|spel polo **-tröja** turtleneck sweater

polsk [-å(:)-] *a5* Polish; *~a korridoren* the Polish Corridor; ~ *riksdag* (*bildl.*) bedlam

1 polska [-å(:)-] *s1* (*språk*) Polish **2** (*kvinna*) Polish woman

2 polska [ˣpåll-] *s1* (*dans*) reel

pol|spänning terminal voltage **-stjärna** *P~n* Polaris, the North (Pole) Star

poly|amịd [på-, pɑ-] *s3* polyamide **-andrị** *s3* polyandry **-eder** [-'e:d-] *s2* polyhedron (*pl äv.* polyhedra) **-ester** [-'es-] polyester **-etẹn** polythene, polyethylene **-fonị** [-få-] *s3* polyphony **-gạm** *a1* polygamous **-gamị** *s3* polygamy **-gamist** polygamist **-glott** [-'glått] *s3* polyglot **-gon** [-'gå:n] *s3* polygon **-krom** [-'krå:m] *a1* polychrome **-mẹr I** *s3* polymer **II** *a5* polymeric **-merisation** polymerization **-morf** [-'mårf] *a1* polymorphous

Polynesien [-'ne:-] *n* Polynesia

polynes|ier [-'ne:-] *s9* Polynesian **-isk** *a5* Polynesian

polynom [-'nå:m] *s7, s3* polynomial

polỵp *s3* **1** *zool.* polyp **2** *med.* polyp, polypus (*pl* polypi); *~er bakom näsan* adenoids **-djur** hydrozoan

poly|teism polytheism **-teist** polytheist **-teknisk** [-'tekk-] ~ *skola* polytechnic school **-vinylklorid** [-ˣny:l-] polyvinyl chloride

polạ̈r *a1* polar

pomad|a [-ˣma:-] *s1* pomade **-era** pomade

pomerans [-'ans, -aŋs] *s3* Seville (bitter) orange **-skal** Seville-orange peel

Pommern ['påmm-] *n* Pomerania

pommersk ['påmm-] *a5* Pomeranian

pommes frites [påmm'fritt] *pl* chips, chipped potatoes; *AE.* French fried potatoes, French fries

pomo|log pomologist **-logị** *s3* pomology

pomp [-å-] *s9* pomp (*och ståt* and circumstance)

pompejạnsk [-å-a:-] *a5* Pompeian

Pompeji [påm'pejji] *n* Pompeii

pompọ̈s [-å-] *a1* pompous; (*högtravande*) declamatory

pondus ['pånn-] *s9* authority, impressiveness; (*eftertryck*) emphasis, weight

ponera [pɑ-, på-] suppose

ponny ['pånni] *s3* pony

pontifikạt [-å-] *s7* pontificate

ponton [pån'tɑ:n, -'tå:n] *s3* pontoon **-bro** pontoon (floating) bridge

1 pop [på:p] *s3* (*grek.-kat. präst*) pope

2 pop [påpp] *s3* pop

pop|artist [ˣpåpp-] pop musician (singer) **-band** pop group **-konst** pop art

poplịn [på-] *s3, s4* poplin

pop|musik pop [music] **-orkester** pop orchestra

poppel ['påpp-] *s2* poplar

popsångare pop singer

populariser|a popularize **-ing** popularization

popularitet popularity **popularitetsjakt** popularity hunting **populasen** [-'la:-] *best. form* the populace **populism** populism

populạ̈r *a1* popular (*bland* among, with) **-press** popular press **-vetenskap** popular science

por *s3* pore

porfỵr [-å-] *s3* porphyry

porig *a1* porous

porla [ˣpå:r-] murmur, babble; *~nde skratt* rippling laugh

pormask blackhead

porno|grafị *s3* pornography; *vard.* smut **-grafisk** [-'gra:-] *a5* pornographic

porositet porosity, porousness

porr *s3* porno **-tidning** porno magazine

pors [pårs] *s3, bot.* sweet gale, bog myrtle

porslịn [-å-] *s4* (*ämne*) china; (*äkta*) porcelain; *koll.* china, crockery

porslins|affär china shop **-blomma** wax plant **-fabrik** porcelain (china) factory **-figur** porcelain (china) figure **-krossning** [-åss-] (*tivolinöje*) crockery shy **-lera** china clay, kaolin **-målning** porcelain (china) painting **-servis** set of china **-varor** *pl* chinaware, crockery (*sg*); (*finare*) porcelain ware (*sg*)

port [-ɑ(:)-] *s2* (*-gång*) gateway, doorway; (*ytterdörr*) [street, (front)]door; (*t. park, stad samt bildl.*) gate; *köra ngn på ~en* turn s.b. out [of doors]; *fienden stod framför ~arna* the enemy was at the gates; *stå och prata i ~en* stand talking in the doorway (gateway); *den trånga ~en* (*bildl.*) the strait gate; *Höga P~en* the Sublime Porte

portabel [-å-, -'a:bel] *a2* portable

portạl *s3* portal, porch **-figur** *bildl.* outstanding (prominent) figure (personality)

portativ ['pårr-, -'ti:v] *a1* portable

porter ['på:r-] *s9* stout; (*svagare*) porter

portfọ̈lj [-å-] *s3* briefcase; (*av värdepapper*) portfolio; *minister utan* ~ minister without portfolio

port|förbjuda forbid to enter the house (country); (*utestänga*) exclude, keep out; (*bannlysa*) ban **-gång** *s2* gateway, doorway; *köra fast redan i ~en* (*bildl.*) get stuck at the very start (outset) **-halva** half-door, half-gate

portier [pårt'je:] *s3* hall-porter, receptionist; *AE äv.* [room]clerk **-loge** [-lå:ʃ] *s5* reception desk

portịk [-å-] *s3* portico

portion [pårt'ʃɑ:n] portion; (*mat- äv.*) helping serving; *mil.* rations (*pl*); *i små ~er* in small portions (doses); *en stor ~ kalvstek* a large helping of veal; *en god ~ tur* a great deal of luck; *en viss ~ sunt förnuft* a certain amount of common sense; *små ~er* in small doses **-era** portion (*ut* out)

portiär [pårt'jä:r] *s3* portière, curtain

portklapp knocker

portmonnä [pårtmå'nä:] *s3* purse; *AE. äv.* pocketbook

portnyckel latchkey

porto [ˣpårr-] *s6* postage; (*för postanvisning Storbritannien*) poundage; (*för telegram*) charg

e[s *pl*]; *gå för enkelt* ~ pass at the single[-postage] rate **-fri** free of postage, post-free **-kostnad** postage **-sats** rate of postage, postal rate
porträtt *s7* portrait; *~et är mycket likt* the portrait is a good likeness **-album** family album **-byst** [portrait] bust **-era** portray **-ering** [-'e:r-] portrayal **-galleri** portrait gallery **-lik** like the original, lifelike **-likhet** likeness to the original **-målare** portrait painter **-måleri** portrait painting
porttelefon hall (house) telephone
Portugal ['pårr-] *n* Portugal
portugis [-å-] *s3* Portuguese (*pl* Portuguese) **-isk** *a5* Portuguese **-iska** *s1* **1** (*språk*) Portuguese **2** (*kvinna*) Portuguese woman
portvakt porter (*fem.* portress), doorkeeper, gatekeeper; (*i hyreshus*) caretaker, concierge; *AE.* janitor (*fem.* janitress)
port|vin [ˣpå:rt-] port [wine] **-vinstå** *ha* ~ have a gouty big toe
portör [-å-] botanical tin, vasculum
porös *a1* porous; (*svamplik*) spongy
pose [på:s] *s5* pose, attitude, posture; *intaga en* ~ strike an attitude, adopt a pose **posera** pose (*för* to); strike an attitude; ~ *med ngt* make a show of s.th. **poserande** [-'se:-] *a4* posing, attitudinizing
position position; *bildl. äv.* status, standing; *uppge sin* ~ (*i fråga o.d.*) give up one's ground **positionsljus** *sjö.* running light
1 positiv ['pɔ:s-, 'pɔss-] **I** *a1* positive **II** *s3* (*i* in the) positive
2 positiv *s7* (*musikinstrument*) barrel organ
positivhalare organ-grinder
positiv|ism positivism **-ist** positivist
positivspelare organ-grinder
positron [-'trå:n] *s3* positron, positive electron
possession [-e'ʃɔ:n] [landed] property (estate) **possessionat** estate owner, landed proprietor **possessiv** ['påss-, -'si:v] *a1* possessive (*pronomen* pronoun)
1 post [-å-] *s3* (*bokförings-*) item, entry; (*belopp*) amount, sum; (*varuparti*) lot, parcel; (*värdepapper*) block, parcel; *bokförd* ~ entry; *bokföra en* ~ make an entry, post an item
2 post [-å-] *s3* **1** *se dörr-, fönster-* **2** *se brand-, vatten-*
3 post [-å-] *s3* **1** (*-ering; plats, befattning*) post; *stå på* ~ stand sentry, be on guard; *stupa på sin* ~ be killed at one's post; *bekläda en viktig* ~ hold an important post (position) **2** (*vakt-*) sentry, sentinel
4 post [-å-] *s3* (*brev o.d.*) post, *AE.* mail; (*-anstalt*) post office; *jfr äv. postverk*; *ankommande* (*avgående*) ~ inward (outward) mail; *med dagens* (*morgonens*) ~ by today's (the morning) post; *per* ~ by post; *sortera ~en* sort the mail; *skicka med ~[en]* send by post; *lämna ett brev på ~en* take a letter to the post [office]
post|a post, mail, send by post (mail) **-abonnemang** postal subscription **-adress** postal (mailing) address **-al** *a1* postal
postament [på-] *s7* postament, pedestal
post|anstalt post office **-anvisning** money order (*förk.* M.O.); (*på fastställt belopp*) postal order (*förk.* P.O.); *hämta ut en* ~ cash a money order **-befordran** forwarding (conveyance) by post (mail); *avlämna till* ~ post, mail **-befordringsavgift** postage **-box** post office box (*förk.* P.O.B.) **-båt** mailboat, packet [boat]
postdater|a [-å-] postdate **-ing** postdating
post|diligens mailcoach, stagecoach, *AE.* mailcar **-distrikt** postal region (district)
postera [-å-] **1** (*ställa ut post*) station, post **2** (*gå, stå på post*) stand sentry, be on sentry duty
poste restante [påst re'staŋt, -'stant] poste restante, *AE.* general delivery
postering [-å-'te:-] picket, outpost
post|expedition [branch] post office **-expeditör** post-office clerk **-fack** *se postbox* **-förande** *a4* mail-carrying; ~ *tåg* mail train **-förskott** cash on delivery (*förk.* C.O.D.); *ett* ~ a cash-on-delivery parcel (*etc.*); *sända ngt mot* ~ send s.th. cash on delivery **-försändelse** postal article (matter, item)
postgiro postal giro service **-blankett** postal giro form **-konto** postal giro account **-nummer** postal giro account number
postgymnasial [-å-] ~ *utbildning* post-secondary [college (university)] education
postgång postal service
postiljon [på-] *s3* sorting clerk; (*förr*) mailcoach driver
postilla [-ˣtilla] *s1* collection of sermons (homilies)
postisch [pås'tiʃ] *s3* hairpiece, postiche
post|kontor post office **-kort** postcard, postal card **-kupé** mailcoach, *AE.* mailcar **-lucka** post-office counter (window)
postludium [-å-'lu:-] *s4* postlude
post|låda *se brevlåda* **-mästare** postmaster (*fem.* postmistress) **-nummer** postcode; *AE.* zip code
posto [ˣpåstɔ] *i uttr.: fatta* ~ take one's stand, post o.s.
post|order mail order **-orderfirma** mail-order company **-paket** postal parcel; *skicka som* ~ send by parcel post **-papper** notepaper, letter paper **-remissa** *se postväxel* **-röst** (*vid val*) postal vote **-rösta** vote by post **-röstning** postal voting
postskriptum [påstˣskripp-] *s8* postscript (*förk.* P.S.)
post|sparbank post-office savings bank **-sparbanksbok** post-office bankbook **-station** sub-post-office **-stämpel** postmark; *~ns datum* date as postmark **-säck** mailbag, postbag, mailsack **-taxa** postage rates (*pl*) **-tjänsteman** post-office employee (clerk) **-tåg** mail train
postul|at [-å-] *s7* postulate **-era** postulate
postum [pås'tu:m] *a1* posthumous
post|utdelning postal delivery **-vagn** mailcoach, *AE.* mailcar **-verk** *~et* [the] Post Office **-väsen** postal services (*pl*), postal system **-växel** money order, bank[er's] draft
posör posturer *etc.*, *jfr posera*
potatis [-'ta:-] *s2* potato; *koll.* potatoes (*pl*); *färsk* (*oskalad, kokt, stekt*) ~ new (unpeeled, boiled, fried) potatoes; *skala* ~ peel (skin) potatoes; *sätta* (*ta upp*) ~ plant (lift) potatoes; *han har satt sin sista* ~ (*ung.*) he has cooked his goose **-blast** potato haulm **-bullar** *pl, kokk.* potato cakes **-kräfta** potato wart **-land** *s7* potato plot

P

(patch) **-mjöl** potato flour **-mos** mashed (creamed) potatoes (*pl*) **-näsa** pug nose **-odling** *abstr.* potato-growing; *konkr.* potato field **-plockning** [-å-] potato-picking **-puré** *se -mos* **-sallad** potato salad **-skal** potato peel (skin); (*avskalat*) potato peelings (*pl*) **-åker** potato field

potẹns *s3* (*förmåga*) potency; *med. äv.* sexual power, potence; *mat.* power **potẹnt** *a4* potent **potentat** potentate **potential** [-n(t)si'a:l] *s3* potential **potentialskillnad** potential difference **potentiell** [-n(t)si'ell] *a1* potential **potentiera** [-n(t)si'e:ra] intensify **potentiometer** [-n(t)siɑ'me:-] *s2* potentiometer

potkes, potkäs [påt'çe:s, 'pott-] *s3* cheese creamed with spices and brandy

potpurrị [-å-] *s3* potpourri; *mus. äv.* medley

pott [-å-] *s3, spel.* pool, kitty

pott|a [-å-] *s1* chamber [pot] **-aska** potash, potassium carbonate

poạ̈ng *s3* (*värdeenhet s9*) point; (*skol.*) mark; *få ~* get a point (points); *få två ~* (*äv.*) score two; *vinna* (*förlora*) *på ~* win (lose) on points; *livet har sina ~er* life has its points; *historien saknar ~* the story lacks point (is pointless) **-bedömning** marking **-beräkning** *sport. o. spel.* scoring **-besegra** outpoint **-jakt** *ung.* collecting credits **-plats** points-winning place **-seger** victory (win) on points **-ställning** score **-summa** final (total) score **-sätta** award points to; *skol.* mark, assign marks to **-sättning** [the] awarding of points; *skol. äv.* [the] marking **-tal** [total] points (*pl*), score **-tera** emphasize **-tips** treble chance pool

p-piller [ˣpe:-] contraceptive tablet; *vard.* the pill

PR *förk. för public relations*

pracka *~ på ngn ngt* foist s.th. [up]on s.b.

Prag *n* Prague

pragmat|iker [-'ma:-] pragmatist **-isk** *a5* pragmatic[al]

prakt *s3* magnificence, grandeur; splendour; *visa sig i all sin ~* appear in all one's splendour; *sommaren stod i sin fulla ~* summer was in all its glory **-band** de luxe binding **-exemplar** magnificent (spendid) specimen **-full** magnificent, splendid **-fullhet** *se prakt* **-gemak** state apartment

praktịk *s3* **1** practice; (*övning*) experience; *i ~en* in practice; *omsätta i ~en* put into practice; *skaffa sig ~* get practice ([practical] experience) **2** (*läkarverksamhet etc.*) practice; *öppna egen ~* open one's own practice **praktikant** trainee, probationer, learner **praktikanttjänstgöring** work (*etc.*) as a trainee (*etc.*) **praktiker** ['prakk-] practician; (*om läkare*) practitioner **praktikfall** case study

praktisera 1 (*tillämpa*) put into practice; (*lära sig ett yrke*) get experience **2** (*som läkare etc.*) practise [as a doctor]; *~nde läkare* general practitioner (*förk.* G.P.) **praktisk** ['prakk-] *a5* practical; (*användbar*) useful, serviceable; (*lätthanterlig*) handy; *i det ~a livet* in practical life; *~ erfarenhet* working experience **praktiskt** ['prakk-] *adv* practically, in a practical way; *~ användbar* practical, useful; *~ genomförbar* (*utförbar*) practicable; *~ taget* practically, as good as

prakt|möbel magnificent piece (suite) of furniture **-pjäs** showpiece, museum piece **-verk** magnificent volume (edition), de luxe edition **-älskande** fond of display, splendour-loving

pralịn *s3* chocolate, chocolate cream

prassel ['prass-] *s7* rustle **prassla** rustle (*äv. ~ med, i*)

prat *s7* (*samspråk*) talk, chat; (*strunt-*) nonsense; (*skvaller*) gossip, tittle-tattle; *tomt* (*löst*) *~* idle talk; [*å*] *~!* rubbish!, nonsense!; *vad är det för ~!* what's all this rubbish!; *inte bry sig om ~et* take no notice of gossip

prata talk (*med* to, with; *om* about, of); chat; *~ för sig själv* talk to o.s.; *~ i sömnen* talk in one's sleep; *~ affärer* (*kläder*) talk business (clothes); [*vad*] *du ~r!* nonsense!, rubbish!, fiddlesticks!; *~ strunt* talk nonsense (rubbish); *folk ~r så mycket* people will talk; *~ omkull ngn* talk s.b. down [to a standstill]; *~ på* talk away, go on talking; *~s vid om saken* talk it over

prat|bubbla (*i serie*) balloon **-ig** *a1* (*om pers.*) talkative; (*om stil*) chatty; verbose **-kvarn** chatterbox **-makare** talker, chatterbox **-sam** *a1* talkative, loquacious **-samhet** talkativeness, loquacity **-sjuk** fond of talking; loquacious **-stund** chat; *ta sig en ~* have a chat **-tagen** *best. form pl: vara i ~* be in a talkative mood

praxis ['praks-] *best. f. praxis el. -en* practice, custom, usage; *enligt vedertagen ~* by usage; *bryta mot ~* depart from practice; *det är ~ att* it is the custom to

prebende [-ˣbenn-, -'benn-] *s6* prebendary's benefice

precedensfall [-ˣdenns-] precedent

preceptor [-ˣseptår] *s3, ung.* reader, associate professor

preciosa [-esiˣɑ:-] *pl* valuables; bric-a-brac (*sg*) **preciositet** [-siɑsi-] preciosity, affectation

precịs I *a1* precise, exact; (*om pers. äv.*) particular; (*punktlig*) punctual **II** *adv* precisely; exactly; *inte ~* not exactly; *komma ~ kl 9* arrive at 9 o'clock sharp (on the dot); *komma ~* [*på minuten*] be punctual, come on the dot; *~ som förut* just as before; *just ~!* exactly!

preciser|a specify, define exactly; (*i detalj*) particularize; *~ närmare* state more precisely **-ing** defining, specification

precision precision, exactitude, accuracy

precisions|arbete precision work **-instrument** precision instrument **-våg** precision balance (scales)

preciọ̈s *a1* affected, precious

predestin|ation predestination **-era** predestinate

predika [-'di:-] preach (*för* to; *om, över* on); *~ bra* preach a good sermon

predikamẹnt *s7, s4* predicament

predik|an [-'di:-] *best. form -an, pl predikningar* sermon (*över* on); (*straff-*) lecture; *hålla en ~* deliver a sermon (*för* to) **-ant** preacher; (*frikyrko-*) minister **-are** preacher; *P~n* [the Book of] Ecclesiastes

predikạt *s7* predicate **predikativ** [-'i:v, 'predd-] **I** *s7, se predikatsfyllnad* **II** *a1* predicative **predikatsfyllnad** predicat[iv]e complement

predikning [-'di:k-] *se predikan*

prediko|samling [-ˣdi:-] book of sermons **-text** [sermon] text **-ton** sermonizing tone

predik|stol [ˣpredd-, ˣpre:-] pulpit; *bestiga ~en* go up into the pulpit; *stå i ~en* stand (be) in the pulpit **-stolspsalm** hymn just before the sermon
predispo|nera predispose (*för* to) **-sition** predisposition (*för* to)
pre|dominera predominate **-existens** preexistence **-fabricera** prefabricate **-fabrikation** prefabrication
prefekt *s3* (*fransk ämbetsman*) prefect; *univ.* head **prefektur** (*ämbete, lokal*) prefecture
preferens [-'raŋs, -'rens] *s3* preference **-aktie** preference share
prefix *s7* prefix
pregn|ans [preŋ'nans, preg-, -'aŋs] *s3* pregnancy **-ant** [preg'nant, -'aŋt] *a1* pregnant
1 preja [ˣprejja] (*skinna*) surcharge, fleece
2 preja [ˣprejja] *sjö.* hail
prejning [ˣprejj-] *sjö.* hailing
prejudicerande [-'se:-] *a4* precedential; *~ rättsfall* test case **prejudikat** *s7* precedent; *skapa ett ~* create a precedent; *utan ~* (*äv.*) unprecedented
prekär *a1* precarious (*situation* situation)
prelat prelate
preliminär *a1* preliminary; provisional; *~ skatt* preliminary tax, (*källskatt*) pay-as-you-earn tax; *överskjutande ~ skatt* preliminary tax paid in excess
preludiera prelude **preludium** [-'lu:-] *s4* prelude
premie ['pre:-] *s5* **1** *försäkr. o.d.* premium (*på* on, for) **2** (*belöning*) prize, reward; (*extra utdeln. på lån e.d.*) bonus; (*export- etc.*) bounty, subsidy; *fast ~* uniform premium; *inbetalda ~r* paid-up value (*sg*) **-lån** premium bond (lottery) loan **-obligation** premium bond
premier|a (*belöna*) reward; (*boskap o.d.*) award a prize to; *~d tjur* prize bull **-ing** (*av boskap o.d.*) awarding of prizes
premiss *s3* premise
premi|um ['pre:-] *s4* prize, premium; *dela ut -er* give prizes
premiär *s3* first (opening) night **-biograf** first-run cinema **-dag** *på ~en* on the first night **-dansör** principal dancer **-dansös** leading ballerina **-lejon** *ung.* first-night habitué **-minister** prime minister, premier **-publik** first-night audience
prenumerant subscriber (*på* for) **prenumeration** subscription (*på* for, to) **prenumerationsavgift** subscription [fee] **prenumerera** subscribe (*på* for, to); *~ på en tidning* (*äv.*) take a paper
preparandkurs preparatory course [of study]
preparat *s7* preparation; *mikroskopiskt ~* specimen, slide **preparation** preparation **preparator** [-ˣa:tår] *s3* preparator **preparatris** *ung.* medical technical assistant **preparera** prepare (*äv. skol.*)
preposition preposition **-ell** *a1* prepositional
prepositionsuttryck prepositional phrase
prerafaelit *s3, konst.* Pre-Raphaelite
prerogativ *s7* prerogative
presbyter ['press-] *s3* [*pl* -'e:rer] presbyter; (*lekmannaäldste*) elder **presbyterian** *s3* Presbyterian **presbyteriansk** [-a:-] *a5* Presbyterian
presenning [-'senn-, ˣpress-] tarpaulin

presens ['pre:-] *n* (*i* in the) present [tense]; *~ particip* the present participle
1 present *a4* present
2 present *s3* present, gift; *få ngt i ~* get s.th. as (for) a present
presenta [-'senta] *se skänka*
presentabel [-'ta:-] *a2* presentable
presentartiklar *pl* gifts, souvenirs
presentation 1 (*föreställande*) introduction (*för* to); (*mer formellt*) presentation (*för* to) **2** (*uppvisande*) presentation
presentatör compere
presentbok gift-book
presentera 1 (*föreställa*) introduce (*för* to); (*mer formellt*) present (*vid hovet* at court; *för* to); *får jag ~ ...?* may I introduce ...?, meet ...; *~ sig* introduce o.s. **2** (*framvisa*) present (*äv. växel e.d.*), show
presentkort gift voucher (token)
preserv|ativ *s7* preservative **-era** preserve
preses ['pre:-] *r* president; moderator
president president; (*ordförande äv.*) chairman; (*hovrätts-*) Chief Justice **-kandidat** candidate for the presidency **-skap** *s7* presidency **-tid** (*ngns*) time as president, presidential term
president|ur *se presidentskap* **-val** presidential election
presidera preside (*vid* at, over) **presidium** [-'si:-] *s4* presidency, chairmanship; (*i Sovjet*) presidium; (*styrelse*) presiding (administrative) officers (*pl*)
preskribera *~s* be statute-barred, be barred by the statute of limitations, lapse; *AE. äv.* outlaw; *~d fordran* (*skuld*) statute-barred claim (debt) **preskription** [-p'ʃo:n] [statutory] limitation, negative prescription **preskriptionstid** period of limitation
1 press *s3* (*om tidningarna*) press; *~ens frihet* the freedom of the press; *figurera i ~en* appear in the papers; *få god* (*dålig*) *~* get (have) a good (bad) press
2 press *s2* **1** *konkr., tekn.* press; *jfr brev-, frukt-, tryck- etc.*; *gå i ~* go to press **2** (*tryck, påtryckning*) pressure; *ligga* (*lägga*) *i ~* be pressed; *utöva* [*stark*] *~ på* exert [great] pressure [up]on; *leva under en ständig ~* be living under a constant strain **3** *det är fin ~ på byxorna* these trousers have a good crease
press|a 1 press (*kläder* clothes; *blommor* flowers); (*klämma*) squeeze (*apelsiner* oranges); (*med strykjärn äv.*) iron **2** (*tvinga, föra*) press, force; *~ ngn till* [*att göra*] *ngt* force s.b. to (into doing) s.th. **3** (*med betonad partikel*) *~ fram* press (squeeze; *bildl.* force) out (*ur, av* of); *~ sig fram* press forward, force one's way along; *~ ihop* compress; *~ in* squeeze in; *~ ner* press (force; *vard.* cut) down (*priserna* [the] prices) **-ande** *a4* oppressive (*hetta* heat); trying (*arbetsförhållanden* working conditions)
press|attaché press attaché **-byrå** press agency **-censur** censorship of the press **-debatt** debate in the press **-etik** press ethics **-fotograf** press photographer
press|gjuta die-cast **-gjutning** die-casting **-järn** flat iron **-jäst** compressed yeast
press|kampanj press (newspaper) campaign

P

-klipp press cutting **-kommentar** press comment[s *pl*] **-konferens** press conference **-lägga** send to [the] press **-läggning** going to [the] press **-läggningsögonblicket** *i* ~ at the moment of going to press **-man** pressman, journalist **-meddelande** press release **-mottagning** *hålla* ~ receive (invite) the press

pressning pressing; squeezing; *jfr pressa*

presspolemik newspaper polemics (*pl*)

press|revider press revise (proof) **-stöd** (*hopskr. presstöd*) [state] assistance to newspapers **-uttalande** announcement (statement) in the press

pressveck crease

pressylta (*särskr. press-sylta*) pork brawn

pressöversikt press review

prestanda [-'tann-, -ˣtann-] *pl* (*åligganden*) obligations; *tekn.* performance characteristics, performances **prestation** achievement; performance

prestations|förmåga performance, output [capacity], capacity **-lön** *se ackordslön* **-mätning** performance measurement

prestav *s3* (*stav*) staff at the head of a procession; (*-bärare*) staff bearer

prestera achieve, accomplish; perform

prestige [-'ti:ʃ] *s5* prestige **-fråga** matter of prestige **-förlust** loss of prestige

presumtiv *a1* presumptive; ~ *arvinge* heir presumptive

preten|dent pretender (*till* to) **-dera** [*äv.* -aŋ'de:-] pretend (*på* to) **-tion** [-taŋ'ʃɑ:n] pretension (*på* to) **-tiös** [-taŋ'ʃö:s] *a1* pretentious

preteritum [-'te:-] *s8, s4* (*i* in the) preterite

pretiosa [-(t)siˣɑ:-] *se preciosa* **pretiositet** [-(t)si-] *se preciositet* **pretiös** [-(t)si'ö:s] *se preciös*

preussare [ˣpröjs-, ˣpråjs-] Prussian **Preussen** ['pröjs-, 'pråjs-] *n* Prussia **preusseri** [pröjs-, pråjs-] Prussian drill **preussisk** ['pröjs-, pråjs-] *a5* Prussian

prevalens *s3* prevalence

preventiv I *a1* preventive **II** *s7* preventive **-medel** contraceptive

prick *s2* **1** dot, spot, point; (*på måltavla*) bull's eye; (*vid förprickning*) mark, tick; *till punkt och ~a, på ~en* exactly, to a tee (T); *sätta ~ en över i-t* (*bildl.*) add the finishing touch; *träffa* ~ hit the mark (*äv. bildl.*); ~ *kl. 6* at six sharp **2** *sport.* penalty point **3** *sjö.* [spar] buoy, perch **4** *en trevlig* (*hygglig*) ~ a nice (decent) fellow (chap, *AE. äv.* guy)

prick|a 1 (*förse med -ar*) dot; (*skjuta prick*) hit; (*sticka hål i*) prick; ~ *av* tick [off], check off, tally; ~ *för* check (mark) off; ~ *in* dot in **2** (*brännmärka*) reprove, reprimand **3** *sjö.* buoy (*en farled* a fairway) **-fri** *sport.* without penalty points **-ig** *a1* spotted, dotted **-ning 1** dotting *etc.* **2** (*brännmärkning*) reproof, reprimand **3** *sjö.* buoyage **-skytt** sharpshooter; *mil.* sniper **-säker** *en* ~ *skytt* an expert shot

prim [-i:-] *s3, mus. o. fäkt.* prime **prima** [ˣpri:-, 'pri:-] *oböjligt a* first-rate, first-class, choice, prime; *vard.* A1, *AE.* dandy **primadonna** [-ˣdånna] *s1* prima donna; *teat.* leading lady **primadonnelater** *pl* prima donna airs

primas ['pri:-] *r* primate **primat 1** *s7* primacy **2** *s3, zool.* primate

primfaktor *mat.* aliquot part, prime factor

primitiv [-'ti:v, 'primm-, 'pri:-] *a1* primitive **-itet** primitiveness

primo ['pri:-, ˣpri:-] *pro* ~ firstly, in the first place

primtal prime number

primula ['pri:-] *s1* primula

primus ['pri:-] **I** *r, skol.* top of the class **II** *oböjl. a,* ~ *motor* the prime mover **primuskök** [ˣpri:-] primus (*varumärke*) [stove]

primär *a1* primary; (*grundläggande*) elementary; (*ursprunglig*) primordial **-lån** first mortgage loan **-val** primary [election]

primör early vegetable (fruit); firstling

princip *s3* principle; *av* (*i*) ~ on (in) principle; *det strider mot mina ~er* it is against my principles; *en man utan ~er* an unprincipled man

principal *s3* principal, proprietor, employer **principat** *s7* principate

princip|beslut decision in principle **-fast** strong-principled; *en* ~ *man* (*äv.*) a man of principle **-fråga** question (matter) of principle **-förslag** proposal on guiding principles (guidelines)

principiell *a5* founded (based) on principle; (*grundväsentlig*) fundamental; *av ~a skäl* on grounds of principle; *~a hänsyn* considerations of principle **principiellt** *adv* on (as a matter of) principle

princip|lös unprincipled **-människa** person (*etc.*) of principle **-ryttare** doctrinaire **-rytteri** doctrinairism **-uttalande** declaration of principle

prins *s2* prince; *må som en* ~ feel on top of the world **-essa** [-ˣsessa] *s1* princess **-gemål** prince consort **-korv** chipolata sausage **-regent** prince regent

prior [ˣpri:år] *s3* prior (*i* of) **priorinna** prioress

prioritera give priority to **prioriterad** *a5* priority, preferential; *AE.* preferred **prioritering** *genom* ~ *av* by giving priority to **prioritet** priority **prioritetsrätt** right of priority

1 pris *s3* (*uppbringat fartyg*) prize, capture; *ta ngt som god* ~ take s.th. as lawful prize

2 pris *s2* (*nypa* [*snus*]) pinch [of snuff]

3 pris *s7, s4* (*värde, kostnad*) price (*på* of), (*begärt* ~) charge; *högt* (*lågt*) ~ high (low) price; *nedsatt* ~ reduced price, cut price (*AE.* rate); *gängse* (*gällande*) *~er* ruling (current) prices; *höja* (*sänka*) *~et på* raise (lower) the price of; *höja ~et med 6 pence* raise the price by 6 pence; *~erna stiger* prices are rising; *stiga i* ~ advance (rise) in price, go up; *det i fakturan* (*prislistan*) *angivna ~et* the invoiced (listed) price; *vara värd ~et* be worth the price, be good value; *komma överens om ~et* agree on the price; *sätta stort* ~ *på att få* set great store on getting; *för gott* ~ at a moderate price; *till ett* ~ *av* at the (a) price of; *till halva ~et* at half-price, at half the price; *till varje* ~ (*bildl.*) at any cost, at all costs

4 pris *s7, s4* (*belöning*) prize; *få första* ~ be awarded the first prize; *tar i alla fall ~et* (*bildl.*) takes first prize (the cake); *sätta ett* ~ *på ngns huvud* set a price on a p.'s head

5 pris *s7* (*lov, beröm*) praise; *Gud ske* ~ glory to God; *sjunga ngns* ~ sing a p.'s praises

prisa praise, glorify; ~ *sig lycklig* consider o.s. fortunate, count o.s. lucky
prisbelöna award a prize to; ~*d* (*vanl.*) prize (*roman* novel), prize-winning
pris|bildning fixing (determination) of prices **-billig** cheap, inexpensive
pris|boxare prizefighter **-domare** judge
pris|elasticitet price elasticity **-fall** decline (fall) in prices; (*kraftigt*) slump **-fluktuation** fluctuation in (of) prices **-fråga** matter (question) of price
pris|ge *se -giva* **-giva** give up, abandon, expose (*åt* to); *vara -en åt* (*äv.*) be left at the mercy of **-ning** [-i:v-] abandonment, exposure
prishoppning *ridk.* showjumping
pris|höjning rise (advance) in price[s *pl*] **-index** price index **-klass** price range **-konkurrens** price competition **-kontroll** price control **-kontrollerad** *a5* price-controlled **-krig** price war **-kurant** *s3* price list **-känslig** ~*a varor* goods whose saleability is susceptible to rising prices **-lapp** price label (ticket, tag) **-lista** price list **-läge** price range (level); *i alla* (*olika*) ~*n* at all (different) prices; *i vilket* ~*?* at about what price?
prisma [ˣpriss-] *-t prismer el. s1* prism; (*i ljuskrona*) drop **-kikare** prism binoculars (*pl*) **-tisk** [-'ma:-] *a5* prismatic
pris|medveten price-conscious **-märka** mark with prices, put prices on **-nedsättning** price reduction, markdown **-nivå** price level **-notering** quotation **-politik** prices policy **-reglering** price control (regulation)
prisse *s2* fellow, chap
pris|skillnad difference in price **-stegring** *se prishöjning* **-stopp** price freeze; *införa* ~ freeze prices **-sänkning** price reduction (decrease) **-sätta** price, fix the price[s *pl*] of **-sättning** pricing, fixing of prices
pris|tagare prize winner **-tävlan** prize competition
prisuppgift [price] quotation (*på* for)
prisutdelning distribution of prizes
prisutveckling price trend
1 prisvärd (*värd sitt pris*) worth its price; good value [for money]
2 prisvärd (*lovvärd*) praiseworthy
privat I *a1* private, personal; ~ *område* private grounds (premises) (*pl*); *den* ~*a sektorn* the private sector; *i det* ~*a* in private life; *jag för min* ~*a del* I for my part **II** *adv* privately, in private; *undervisa* ~ (*äv.*) give private lessons **-angelägenhet** personal matter; *mina* ~*er* my private affairs **-anställd** person in private employment **-bil** private car **-bilism** private motoring **-bostad** private residence **-chaufför** private chauffeur **-detektiv** private detective; *AE.* private eye **-finansierad** privately financed **-flyg** private aviation
privatim [-ˣva:-] privately, in private **privatist** external candidate
privat|kapital private capital **-lektion** private lesson **-lärare** private teacher, tutor **-lärd** *en* ~ an independent scholar **-man, -person** private person ; *som* ~ in private life **-praktik** private practice **-rätt** civil law **-sekreterare** private secretary **-ägd** [-ä:-] *a5* privately-owned

privilegi|ebrev [-'le:-] charter **-era** privilege **-um** *s4* privilege; (*monopol*) monopoly (*på* of)
PR-man [ˣpe:ärr-] PR (public relations) officer (*förk.* P.R.O.)
pro pro; ~ *forma* pro forma; ~ *primo* (*secundo*) firstly (secondly)
prob|abel [-'ba:-] *a2* probable **-era** try; (*guld o.d.*) assay; *tekn.* test **-ersten** [-ˣbe:r-] touchstone
problem *s7* problem; *framlägga* (*lösa*) *ett* ~ pose (solve) a problem **problematik** *s3* [set of] problems (*pl*) **problematisk** [-'ma:-] *a5* problematic [al]
problem|barn problem child **-komplex** group of problems **-lösning** solution of problems (a problem) **-ställning** problem, presentation of a problem
proboxning professional boxing
procedur procedure; process
procent *s9* (*hundradel*) per cent, percent; (*-tal*) percentage; *löpa med 5* ~*s ränta* run at 5 per cent interest; *hur många* ~ *är det?* what percentage is that?; *2-*~*ig lösning* a two-per-cent solution; *mot* (*till*) *hög* ~ at a high percentage; *i* ~ *av* as a percentage of; *ökningen i* ~ *räknat* the percentage increase; *vi lämnar 10* ~[*s rabatt*] *vid kontant betalning* 10% cash discount
procent|a [-'senn-] practise usury **-are** [-ˣsenn-] usurer
procent|enhet percentage point **-halt** percentage **-räkning** calculation of percentages **-sats, -tal** percentage **-uell** *a1* expressed as a percentage (in percentages)
process 1 (*rättstvist*) lawsuit, action; legal proceedings (*pl*); *öppna* ~ *med* (*mot*) bring an action against; *ligga i* ~ *med* be involved in a lawsuit with; *förlora* (*vinna*) *en* ~ lose (win) a case; *göra* ~*en kort med* make short work of, put an end to **2** (*förlopp*) process; procedure **processa** [-'sessa] carry on lawsuits (a lawsuit); ~ *om* litigate **processindustri** processing industry
procession [-se'ʃo:n] procession; *gå i* ~ march (walk) in procession, procession
processionsordning processional order
process|kontroll *tekn.* process control **-makare** litigious person **-rätt** law of [legal] procedure **-teknik** processing technique
producent producer; manufacturer; grower **-kooperation** producer's cooperation **-varor** *pl* producer[s'] goods
producera produce; manufacture; ~ *sig* appear [in public]
produkt *s3* product (*äv. mat.*); ~*er* (*koll., jordbruks- e.d., äv.*) produce (*sg*); *inhemska* ~*er* domestic products, home manufacture (*sg*) **produktion** [-k'ʃo:n] production; (*framställda varor*) output; (*författares el. konstnärs*) work[s], output; *öka* ~*en* increase [the] production
produktions|apparat productive apparatus, machinery of production **-faktor** factor of production, productive factor **-främjande** *a4* promoting production **-förmåga** productive power (capacity), productivity **-hämmande** *a4,* ~ *faktorer* factors holding back production **-kostnad** cost of production **-led** stage of production **-medel** means (*sg o. pl*) of production **-metod**

P

method of production **-siffra** production (output) figure **-tid** production time **-utveckling** trend of production **-volym** volume of production **-ökning** increase (rise) in production
produktiv [-'ti:v, 'prådd-, 'prɑ:-, 'prɑdd-] *a1* productive; (*om författare*) prolific **-itet** productivity
produktutveckling product development
profan *a1* profane; (*världslig*) secular **-era** profane **-ering** [-'ne:-] profanation
profession [-e'ʃɑ:n] profession; (*näringsfång*) trade; *till ~en* by profession (trade) **-alism** professionalism **-ell** *a1* professional; *bli ~* turn professional; *~ idrottsman* professional
professor [-ˣfessår] *s3* professor (*i historia* of history); *AE. äv.* full professor; *~ emeritus* professor emeritus **professorsinstallation** ceremonial installation of a professor **professorska** [-ˣsɑ:r-] professor's wife; *~n A.* Mrs. A. **professorskompetens** qualifications (*pl*) for a professorship **professur** professorship (*i historia* in history), chair (*i historia* of history); *inneha en ~* hold a professorship (chair); *inrätta en ~* found (establish) a chair
profet *s3* prophet; *de större* (*mindre*) *~erna* the major (minor) prophets; *ingen är ~ i sitt fädernesland* no one is a prophet in his own country **profetera** prophesy; (*förutsäga*) predict **profetia** [-tˣsi:a] *s1* prophecy **profetisk** [-'fe:t-] *a5* prophetic[al] **profetissa** prophetess
proffs [-å-] *s7, s9, sport.* pro (*pl* pros); *bli ~* turn pro
profil *s3* profile (*äv. tekn.*) **-era** profile **-ering** [-'le:-] profiling **-järn** section[al] (structural) iron
profit *s3* profit, gain; *för ~ens skull* for the sake of profit **-era** profit (*av* by, from) **-haj** profiteer **-hunger** thirst for gain **-ör** profiteer
pro forma [-'fårr-] pro forma **proformafaktura** pro-forma invoice
profylaktisk [-'lakk-] *a5* prophylactic **profylax** *s3* prophylaxis (*pl* prophylaxes)
progesteron [-'rå:n] *s4* progesterone
prognos [-g'nå:s] *s3, med.* prognosis (*pl* prognoses); (*väderleks- m.m.*) forecast; *ställa en ~* make a prognosis (forecast) **-karta** (*väderlek*) weather map **-ticera** prognosticate; forecast
program [-'gramm] *s7* programme; *AE.* program (*parti- äv.*) platform; (*plan, förslag*) plan; *göra upp ett ~* draw up a programme; *det hör till ~met* it is part of the programme; *stå på ~met* be on (in) the programme **-enlig** [-e:n-] *a1* according to [the] programme; scheduled **-enligt** [-e:n-] *adv* in accordance with [the] programme; as arranged **-förklaring** *polit.* [election] manifesto **-ledare** *radio.* (*vid underhållning*) compere; (*i debatt*) chairman **-matisk** *a5* [-'ma:-] programmatic
programmer|a *data.* program; *AE.* program; *~d undervisning* programmed instruction **-are** [-ˣme:-] programmer **-ing** programming
program|musik programme music **-punkt** item [in (on) a programme] **-skrift** manifesto **-vara** *se mjukvara* **-värd** *s2, radio. o.d.* compere
progress|ion [-e'ʃɑ:n] progression **-iv** *a1* progressive (*beskattning* taxation) **-ivitet** progressiveness
prohibitiv *a1* prohibitive
projekt [-ʃ-, -j-] *s7* project; plan, scheme **-era** project; plan; *~d* projected **-ering** [-'te:-] projecting, projection; planning
projektil [-ʃ-, -j-] *s3* projectile, missile **-bana** trajectory [of a projectile]
projek|tion [-k'ʃɑ:n] projection **-tionsapparat** projector; projecting apparatus **-tionsritning** projection drawing **-tiv** *a1* projective
projekt|ledare leader (head) of a project **-makare** projector; schemer
projektor [-ˣjektår] *s3* projector **projicera** project
prokansler vice chancellor
proklam|a [-'kla:-] *s1* [public] notice **-ation** proclamation **-era** proclaim
prokonsul proconsul
prokrustes|bädd, -säng [-ˣkrustes-] Procrustes' bed
prokur|a [-ˣku:-] *s1* procuration, proxy; *teckna per ~* sign per pro (by procuration) **-ator** [-ˣra:tår] *s3* procurator **-ist** holder of procuration; managing clerk
proletariat *s7* proletariat
proletär I *s3* proletarian **II** *a1* proletarian **-författare** proletarian author **-roman** proletarian novel
prolog prologue
prolong|ation [-låŋga-] prolongation, extension **-era** [-låŋ'ge:-] prolong, extend
promemoria [-'mɑ:-] *s1* memorandum (*över* on); memo
promenad *s3* **1** (*spatsertur*) walk; (*flanerande*) stroll; (*åktur*) ride; *ta* [*sig*] *en ~* take a walk; *gå på ~* go for a walk; *ta ngn med ut på en ~* take s.b. out for a walk **2** *se -plats* **-dräkt** suit **-däck** promenade deck **-konsert** promenade concert; *vard.* prom **-käpp** walking stick **-plats** promenade; esplanade **-sko** walking shoe **-väg** promenade; (*stig*) walk
promener|a walk; *gå ut och ~* go [out] for a walk **-ande** *a4, de ~* the promenaders, people out walking
promille [-ˣmille] per mil[l] (thousand) **-halt** *blodet hade en ~ av 0,5* the concentration [of alcohol] in the blood was 50 mg. per cent **-tal** permillage
prominent *a1* prominent
promiskuitet promiscuity **promiskuös** *a1* promiscuous
promotion conferment of doctors' degrees **promotor** [-ˣmɑ:tår] *s3, univ.* person conferring doctors' degrees; *sport.* promoter **promovend** *s3* recipient of a doctors' degree **promovera** confer a doctor's degree on
prompt [-å-] **I** *a4* prompt, immediate **II** *adv* (*genast*) promptly, immediately; (*ovillkorligen*) absolutely
promulg|ation promulgation **-era** promulgate
pronom|en [-'nå:-, -'nɑ:-] *best. form -enet, pl -en el. -ina* pronoun **-inell** *a1* pronominal
prononcerad [-nåŋ'se:-] *a5* (*utpräglad*) decided, strong
propaganda [-ˣgann-] *s1* propaganda; *göra ~ för* make propaganda for **-avdelning** propaganda department (division, section) **-syfte** *i ~* for propaganda purposes (*pl*) **-verksamhet** propa-

ganda activities (*pl*)

propag|andist propagandist **-era** propagate, make propaganda (*för* for)

propạn *s4, s3* propane

propedeut|ịk [-ev-] *s3* propaedeutics (*pl, behandlas som sg*) **-isk** [-'devv-] *a5* propaedeutic, preparatory (*kurs* course)

propeller [-'pell-] *s2* propeller, screw; *flyg. äv.* airscrew **-axel** propeller shaft **-blad** propeller blade **-driven** *a5* propeller-driven **-plan** propeller aircraft **-turbin** turboprop

propẹn *s4, s3* propene, propylene

proper ['prå:-] *a2* tidy, neat, clean

proponera propose, suggest

proportion [-rt'ʃɷ:n] proportion; *stå i ~ till* be in proportion to; *i ~en 2 till 3* in the proportion of 2 to 3; *ha sinne för ~er* have a sense for (of) proportion; *står inte alls i ~ till* is out of all proportion to; *ha vackra ~er* be beautifully proportioned (well-proportioned) **proportionạl** *s3* proportional **proportionẹll** *a1* proportional; *direkt* (*omvänt*) ~ directly (inversely) proportional (*mot* to) **proportionerad** [-'ne:-] *a5* proportioned (*efter* to) **proportionerlig** [-'ne:r-] *a1* (*väl avpassad*) well-proportioned; (*i visst förhållande*) proportionate (*till* to) **proportionsvis** proportionately; comparatively

proposition 1 (*förslag*) proposal, proposition; (*regerings-*) government bill; *framlägga en ~* present a bill to Parliament **2** *mat., log.* proposition

propp [-å-] *s2* stopper, plug; (*kork*) cork; *elektr.* fuse; *det har gått en ~* a fuse has blown

propp|a [-å-] cram, stuff (*med* with); *~ igen* (*till*) plug up; *~ i sig mat* stuff o.s. with food **-full** cram-full (*av, med* of) **-mätt** *vara ~* be full up

proprieborgen [ˣprå:-] personal surety, suretyship

props [-å-] *s9* pitprops

propsa [-å-] *~ på ngt* (*på att få*) insist on s.th. (on getting)

propå [prå'på:] *s3* proposal

prorektor [-ɷ:-, -å:-] prorector, pro-vice-chancellor

prosa *s1* prose; *på ~* in prose **-dikt** prose poem **-författare** prosaist, prose writer **-isk** [-'sa:-] *a5* prosaic; (*opoetisk*) unimaginative (*arbete* work) **-stil** prose style **-tör** *se -författare*

prosektor [-ˣsektår] *s3* associate professor, demonstrator [in anatomy]

proselỵt *s3* proselyte, convert

proseminarium ['prɷ:-, ˣprå-] proseminar

prosit ['prɷ:-] [God] bless you!

proskri|bera proscribe **-ption** [-p'ʃɷ:n] proscription

prosodị *s3* prosody **prosodisk** [-'sɷ:-] *a5* prosodic[al]

prospẹkt *s7* prospectus (*över* of) **-era** prospect (*efter malm* for ore) **-ering** [-'te:-] prospecting

prost *s2* [rural] dean

prostata ['pråss-, -ˣsta:-] *s9* prostate [gland]

prostinna dean's wife; *~n A.* Mrs. A.

prostitu|era prostitute; *en ~d* a prostitute **-tion** prostitution

proteg|é [-ʃe:] *s3* protégé, *fem.* protégée **-era** (*beskydda*) patronize; (*gynna*) favour

proteịn *s4* protein **-halt** protein content

protektion [-k'ʃɷ:n] protection; patronage **-ism** protectionism **-ist** protectionist **-istisk** [-'niss-] *a5* protectionist

protektorạt *s7* protectorate

protẹs *s3* prosthesis (*pl* prostheses); artificial limb (arm, leg); (*löständer*) denture

protẹst *s3* protest; *avge* (*inlägga*) *~ mot* make (enter, lodge) a protest against; *under ~[er]* under protest; *utan ~[er]* without a protest **-aktion** protest action

protestant Protestant **-isk** *a5* Protestant **-ism** Protestantism (*äv. ~en*)

protest|era protest (*mot* against; *en växel* a bill of exchange); *jag ~r* (*äv.*) I object **-möte** protest (indignation) meeting **-skrivelse** letter of protest **-storm** storm of protest **-sång** protest song

protokoll [-'kåll] *s7* minutes (*pl*) (*över* of); *dipl.* protocol; (*domstols- o.d.*) report of the proceedings; (*poäng-*) score, record; *föra ~et* keep (take) the minutes, keep the record; *justera ~et* verify (check) the minutes; *ta till ~et* enter in the minutes; *sätta upp ~ över* draw up a report of; *yttra ngt utom ~et* say s.th. off the record **-chef** chief of protocol **-föra** enter in the minutes, record **-förare** keeper of the minutes; recorder; (*vid domstol*) clerk [of the court]; *sport.* scorer

protokollsutdrag extract from the minutes

proton [-'tå:n] *s3* proton **-stråle** proton beam

protoplasma [-ˣplass-] *s9, s7* protoplasm **prototỵp** *s3* prototype **protozo** [-'så:] *s3* protozoan, protozoon; *~er* protozoa

protuberạns *s3, astr.* prominence

prov 1 *s7* (*försök, experiment*) trial, test, experiment; (*examens-*) examination; (*-skrivning*) [examination] paper; *anställa ~ med* try, test, give a trial; *efter avlagda ~* after passing the examination[s *pl*]; *avlägga godkänt ~ i* pass the test (examination) in; *bestå ~et* stand the test; *på ~* on trial, (*om pers. äv.*) on probation, (*om varor äv.*) on approval; *sätta ngn på ~* put s.b. to the test; *sätta ngns tålamod på hårt ~* try a p.'s patience very severely; *undergå ~* undergo a test; *visa ~ på sinnesnärvaro* give proof of presence of mind **2** *s7, s4* (*varu-*) sample; (*-exemplar, exempel*) specimen; *~ utan värde* sample of no value, trade sample; *ett fint ~ på konsthantverk* a fine specimen of handicraft

prov|a test, try [out]; (*kläder*) try on **-bit** sample, specimen **-borrning** test drilling **-docka** (*skyltdocka*) [tailor's] dummy; (*modelldocka*) lay figure

proveniẹns *s3* provenance; origin

provensalsk [-vaŋ'sa:lsk, -vens-] *a5* Provençal **provensalska** *s1* (*språk*) Provençal

prov|erska fitter **-exemplar** sample, specimen **-filma** have a screen test **-filmning** screen test **-flyga** test [fly] **-flygare** test pilot **-flygning** test flight **-frukost** *med.* test meal **-föreläsning** trial lecture

proviạnt *s9* provisions, supplies, victuals (*pl*); *förse med ~* provision, victual **-era** take in stores, provision **-ering** [-'te:-] provisioning, victualling **-fartyg** supply ship **-förråd** stores (*pl*)

provịns *s3* province **-ialism** *s3* provincialism **-ialläkare** [-ˣa:l-] district medical officer **-iẹll** *a1* provincial

provision commission (*på* on); (*mäklarearvode*) brokerage; *fast* ~ flat (fixed) commission; ~ *på omsättningen* turnover commission
provisor|isk [-'so:-] *a5* provisional; (*tillfällig*) temporary **-ium** *s4* temporary (provisional) arrangement, makeshift
prov|kandidat student teacher **-karta** *hand.* pattern (sample) card; *en* ~ *på* (*bildl.*) a variety of **-kollektion** [collection of] samples **-kropp** test piece **-kök** experimental kitchen **-köra** test **-körning** trial (test) run **-ning** [-o:-] testing, checking; *konkr.* test, trial; (*av kläder*) trying on, fitting **-ningsanstalt** testing (research) station **-nummer** specimen copy
provocera provoke; incite
provoka|tion provocation **-torisk** [-'to:-] *a5* provocative **-tör** [agent] provocateur
prov|predikan probationary sermon **-rum** *tekn.* test room; (*för kläder*) fitting room; (*på hotell o.d.*) showroom **-ryttare** commercial traveller; *vard.* bagman **-räkning** *skol.* arithmetic test (paper) **-rör** test tube **-rörsbarn** test-tube baby **-skjutning** artillery practice **-skrivning** written test; *konkr.* test paper **-smaka** taste **-spela** have an audition (*för ngn* before s.b.); (*pröva instrument*) try out **-stopp** *s7* (*för kärnvapen*) test ban **-stoppsavtal** test-ban treaty **-sändning** (*av varor*) trial consignment; *radio.* trial (test) transmission **-tagning** [-a:g-] sampling; taking of specimens **-tjänstgöring** probationary period (service) **-tryck** *boktr.* proof, pull **-tur** trial trip (run) **-år** year of probation; (*lärares*) student-teacher year **-årskandidat** *se provkandidat*
prudentlig [-'dent-] *a1* prim, finical
prunk|a be resplendent (blazing, dazzling); make a display (*med* of) **-ande** *a4* blazing, dazzling, gaudy, showy
prut *s7, se -ande*; *utan* ~ without demur **pruta** bargain, haggle, beat down the price; ~ *på ngt* try to get s.th. cheaper; *få* ~ *ett pund på ngt* get a pound knocked off s.th.; ~ *av på sina fordringar* temper (moderate) one's demands; *regeringen ~de ner anslaget* the government reduced the subsidy **prutande** *s6* bargaining, haggling
prutgås brent [goose]
prut|mån margin for bargaining (haggling) **-ning** [-u:-] *se prutande*
pryd *a1, n sg obest. form undviks* prim, prudish
pryd|a *v2* adorn; (*försköna*) embellish; (*dekorera*) decorate; *den -er sin plats* it is decorative where it is (stands *etc.*)
pryderi prudishness, prudery
prydlig [-y:-] *a1* neat; (*om pers. äv.*) trim, smart **-het** neatness *etc.*
prydnad [-y:-] *s3* adornment, decoration, embellishment; (*-nadssak*) ornament; *vara en* ~ *för* be an ornament (credit) to (*sitt land* one's country)
prydnads|föremål ornament; *pl äv.* fancy goods, bric-a-brac **-växt** ornamental plant
prydno [-y:-] *i uttr.*: *i sin* ~ (*i sht iron.*) in its (his *etc.*) glory
prygel ['pry:-] *s7* whipping, flogging; *vard.* hiding; *få* ~ get a whipping *etc.* **prygelstraff** flogging, corporal punishment **prygla** [-y:-] whip, flog

pryl *s2* pricker, punch, awl; *~ar* (*vard.*) odds and ends
pryo ['pryo] *skol.* (*förk. för praktisk yrkesorientering*) introduction to working life
prål *s7* ostentation, parade; (*grannlåt*) finery **pråla** (*prunka*) dazzle, blaze; (*ståta*) show off (*med* with), make a show (parade) (*med* of) **prålig** *a1* gaudy, showy; flaunting **prålighet** gaudiness *etc.*
pråm *s2* barge; (*hamn-*) lighter **-dragare** (*båt*) barge (lighter) tug; *pers.* barge tower **-skeppare** bargeman, bargee; lighterman
prång *s7* [narrow] passage (space)
prångla ~ *ut* utter (*falska sedlar* counterfeit banknotes)
prägel [ˣprä:-, 'prä:-] *s2* (*stämpel*) stamp; (*avtryck*) impression, impress; *bildl.* stamp, impress; *bära äkthetens* ~ bear the stamp (impress) of authenticity; *sätta sin* ~ *på ngt* leave one's stamp (mark) on s.th. **prägla** [-ä:-] strike [off] (*en medalj* a medal); (*mynta*) mint, coin (*mynt* money; *ett nytt ord* a new word); emboss; *bildl.* stamp, impress, imprint; (*karakterisera*) characterize; *personligt ~de arbeten* works with the stamp of a p.'s personality **prägling** [-ä:-] stamping; (*av mynt*) coining, coinage; (*av nya ord*) coinage
präktig *a1* (*ståtlig*) splendid, magnificent; (*utmärkt, förträfflig*) excellent, good, fine
pränt *s7, på* ~ in print **pränta** (*texta*) print; write carefully; ~ *i ngn ngt, se inpränta*
prärie ['prä:-] *s5* prairie **-hund** prairie dog **-varg** prairie wolf, coyote
präst *s3* priest; (*i anglikanska kyrkan, prot.*) clergyman; (*frikyrklig, skotsk*) minister; *vard.* parson; *bli* ~ become a clergyman (*etc.*), take holy orders; *läsa för ~en* prepare for confirmation; *kvinnliga ~er* women clergymen; *~en i församlingen* the parish clergyman (*etc.*) **-betyg** extract from the parish register **-dräkt** *i* ~ in canonicals (clerical attire)
präster|lig *a1* clerical (*stånd* order); sacerdotal, priestly (*värdighet* dignity) **-skap** *s7* clergy; priesthood
präst|fru clergyman's (*etc.*) wife **-gård** parsonage, rectory, vicarage; *kat.* presbytery; (*frikyrklig, skotsk*) manse **-inna** priestess **-kappa** clergyman's gown **-krage 1** *eg.* clerical collar; bands (*pl*) **2** *bot.* oxeye daisy, marguerite **-man** *se präst* **-rock** cassock **-seminarium** theological seminary **-viga** ordain **-vigning** [-i:g-] ordination **-ämbete** ministry
pröjsa *vard.* fork out, foot the bill
pröva 1 (*prova, sätta på prov*) try; (*testa*) test; (*undersöka, examinera*) examine; (*överväga*) consider; ~ *lyckan* try one's luck; ~ *ett mål* (*jur.*) try a case; ~ *ett räkneexempel* check a sum; ~ *om den håller* try and see if it holds; ~ *själv!* try for yourself!; *i nöden ~s vännen* a friend in need is a friend indeed; ~ *sig fram* proceed by trial and error; ~ *sina krafter på* try one's strength on; ~ *en ansökan* consider an application; *vi har fått* ~ *på mycket* we have had to put up with a great deal; *~s av ödet* be tried by Fate **2** (*underkasta sig -ning*) be examined (*i* in); ~ *in* sit for an entrance examination (*vid en skola* at a school) **3** *jur.*

(*anse, finna*) deem, judge (*skäligt* reasonable) **prövad** *a5* (*hårt* sorely) tried (afflicted) **prövande** *a4* (*besvärlig*) trying (*för ngn* to s.b.); (*granskande*) searching (*blick* look) **prövning** [-ö:-] **1** (*undersökning, förhör*) examination, test; *förnyad ~* reconsideration, re-examination; *ta upp ett ärende till förnyad ~* reconsider a matter **2** (*motgång, lidande*) trial, affliction **prövningsnämnd** board of examiners; (*för beskattning*) tax appeal board (committee)

prövo|sten touchstone **-tid** (*provtid*) trial (probationary) period; (*svår tid*) difficult time, time of testing

PS *förk. för postskriptum* P.S. (postscript)

psalm [s-] *s3* (*kyrkosång*) hymn; (*i Psaltaren*) psalm; *Davids ~er* [the Book of] Psalms **-bok** hymn book **-diktning** hymn writing **-ist** psalmist

psalm|odikon [sal'mодikån] *s7, ung.* monochord **-sång** hymn singing **-vers** verse of a hymn

psaltare [s-] (*instrument*) psaltery; *P~n* [the Book of] Psalms

pseudo|händelse ['psev-] pseudo-event, pseudo-happening **-nym** *s3* pseudonym, pen name **-vetenskaplig** pseudoscientific

psoriasis [-ˣri:a-] *s3* psoriasis

pst here!

psyke *s6* psyche, mind **psykedelisk** [-'de:-] *a5* psychedelic **psykförsvar** psychological defence **psykiater** [-i'a:t-] *s3* psychiatrist **psykiatri** *s3* psychiatry **psykiatrisk** [-ki'a:t-] *a5* psychiatric **psykisk** ['psy:-] *a5* psychic[al]; *~a störningar* psychical (mental) disturbances **psykiskt** ['psy:-] *adv* psychically; *~ efterbliven* mentally retarded

psyko|analys psychoanalysis **-analysera** psychoanalyse **-analytiker** [-'ly:-] psychoanalyst **-analytisk** [-'ly:-] psychoanalytic[al] **-drama** psychodrama **-farmaka** [-'farr-] *pl* psychopharmacological drugs **-gen** [-'je:n] *a1* psychogenic **-log** psychologist **-logi** [-lå'gi:] *s3* psychology **-logisera** psychologize **-logisk** [-'lå:-] *a5* psychologic[al] **-pat** psychopath **-pati** *s3* psychopathy **-patisk** [-'pa:-] *a5* psychopathic

psyko|s [-'kå:s] *s3* psychosis (*pl* psychoses) **-somatisk** [-'ma:-] *a5* psychosomatic **-teknik** psychotechnology **-teknisk** [-'tekk-] psychotechnical **-terapeut** psychotherapist **-terapi** psychotherapy **-tisk** [-'kå:-] psychotic

ptro whoa!

pub [pubb] *s2* pub

pubertet puberty **pubertetsålder** [age of] puberty

public|era publish **-ering** [-'se:-] publishing, publication **-ist** publicist **-itet** publicity; *få bra ~* get good publicity

publik I *s3* (*åhörare*) audience; (*åskådare*) spectators (*pl*); (*antal närvarande*) attendance; (*teater-*) house; *sport. äv.* fans (*pl*), crowd; (*allmänhet*) public; *den breda ~en* the public at large; *ta ~en med storm* bring down the house **II** *a1* public

publikan *s3, bibl.* publican

publik|anslutning (*stor* large) attendance, crowd **-ation** publication **-dragande** *a4* popular, attractive **-favorit** popular favourite **-framgång** success [with the public]; (*boks*) best seller **-friare** *ung.* showman **-frieri** *ung.* playing to the gallery, showmanship **-rekord** attendance record **-siffra** attendance; *sport.* gate **-um** ['pubb-] *n* the audience **-undersökning** [opinion] poll

puck *s2* (*ishockey-*) puck

1 puckel ['pukk-] *s7, se stryk, smörj*

2 puckel ['pukk-] *s2* hump; (*hos människa äv.*) hunch

puckel|oxe zebu **-rygg** hunchback **-ryggig** *a1* hunchbacked

puckla *~ på ngn* thrash s.b.

pudding pudding

pudel ['pu:-] *s2* poodle; *~ns kärna* the heart of the matter

puder ['pu:-] *s7* powder **-dosa** powder compact **-socker** icing (*AE.* confectioners') sugar **-underlag** foundation [cream] **-vippa** powder puff

pudr|a [ˣpu:d-] powder; *~ sig* powder [o.s.] **-ing** powdering, dusting

puerил *a1* puerile **-itet** *s3* puerility

puff *s2* **1** (*svag knall*) pop **2** (*knuff*) push **3** (*rök-*) puff **4** (*pall*) pouf[fe]; (*soffa*) box ottoman **5** (*på ärm*) puff **6** (*reklam*) puff **puffa 1** (*knalla*) pop **2** (*knuffa*) push; *~ ngn i sidan* dig (poke) s.b. in the ribs **3** (*göra reklam*) *~ för* puff, give a puff **puffärm** puff[ed] sleeve

pugilist pugilist

puh phew!

puk|a *s1* kettledrum; *med -or och trumpeter* (*bildl.*) with drums beating and flags flying **-slag** beat on the kettledrum **-slagare** kettledrummer

pulka *s1* reindeer (Lapland) sleigh

pull *~ ~!* chick chick!

1 pulla *s1* (*höna*) chick, pullet; (*tös*) lass, chickabiddy

2 pulla *s1* (*för spelmarker*) pool

pullover [-'å:-] *s2* pullover

pulpa *s1* pulp

pulpet *s3* desk

puls *s2* pulse; *oregelbunden* (*regelbunden*) *~* irregular (normal) pulse; *ta ~en på ngn* take (feel) a p.'s pulse; *känna ngn på ~en* (*bildl.*) sound s.b., assess a p.'s intentions

pulsa plod, plough (*i snön* through the snow)

pulsar *s3, astr.* pulsar

pulser|a (*eg. o. friare*) pulsate, throb, beat **-ing** pulsation

puls|frekvens, -hastighet pulse rate **-slag** beat of the pulse; *livets ~* the pulse of life **-åder** artery; *stora ~n* the aorta

pultron *s3* poltroon, coward

pulver ['pull-] *s7* powder **-form** *i ~* powdered **-isera** pulverize; *~d* (*äv.*) powdered **-isering** [-'se:-] pulverization **-kaffe** instant coffee

puma *s1* puma

pump *s2* pump

1 pumpa *s1* **1** *bot.* pumpkin **2** (*kaffe-*) coffee-flask

2 pumpa *v1* pump (*äv. utfråga*); *~ läns* pump dry, drain; *~ upp a)* (*vatten*) pump up, *b)* (*cykelring e.d.*) pump up, inflate

pumpkolv pump piston

pumps *pl* court shoes; *AE.* pumps

pump|station pumping-station **-stång** pump handle

pund *s7* **1** (*vikt*) pound (*förk. lb.*) **2** (*myntenhet*)

P

pound (*fork. £*); *engelska ~* pound sterling **3** *bildl.* talent, pound; *gräva ner sitt ~* not use one's talents; *förvalta sitt ~ väl* make the most of one's talents **-huvud** blockhead **-kurs** pound (sterling) rate of exchange **-sedel** pound note

pung *s2* **1** (*börs*) purse; *lossa på ~en* loosen the purse strings **2** (*tobaks- e.d.*) pouch **3** *anat.* scrotum; *zool.* pouch, marsupium

pung|a *~ ut med* fork (shell) out, part with **-björn** koala **-djur** marsupial **-råtta** opossum **-slå** fleece, bleed, skin (*på* of)

punisk ['pu:-] *a5* Punic; *~a krigen* the Punic wars

punkt *s3* point (*äv boktr.*); (*prick äv.*) dot; (*skiljetecken*) [full] stop, *AE.* period; (*i kontrakt, på dagordn. e.d.*) item; *~ och slut!* and there's an end of it!; *den springande ~en* the crux of the matter; *en öm ~* a sore point; *här sätter vi ~* we'll stop here; *sätta ~ för* put a stop to; *tala till ~* have one's say, finish what one is saying; *på alla ~er* at (*bildl.* in) all points **-beskattning** specific taxation

punkter|a 1 (*pricka*) dot ; *konst.* stipple; *~de noter* dotted notes **2** (*sticka hål på*) puncture **-ing 1** dotting; stipple **2** puncture; (*på bilring äv.*) blowout, *AE.* flat tyre; *få ~* have a puncture

punkt|hus point (tower) block **-lig** *a1* punctual, on time, on the dot; *vara ~ med* be punctual in **-lighet** punctuality **-strejk** selective strike, spot strike **-strejka** go on spot strike **-svetsning** spot welding **-öga** *zool.* ocellus (*pl* ocelli)

puns *s2* punch **punsa** punch

punsch *s3* Swedish punch

pupill *s3* **1** (*i ögat*) pupil **2** (*myndling*) pupil, ward

pupp|a *s1* chrysalis (*pl äv.* chrysalides), pupa **-skal** cocoon **-stadium** pupal stage

pur *a1* pure; *bildl. äv.* sheer; *av ~ nyfikenhet* out of sheer (pure) curiosity

puré *s3* purée; soup

purgatorium [-'to:-] *s4* purgatory **purgera** purge **purgermedel** [-ˣge:r-] purgative [medicine]

pur|ism purism **-ist** purist **-istisk** [-'ist-] *a5* puristic

puritan *s3, hist.* Puritan; *bildl.* puritan **puritanism** Puritanism (*äv. ~en*) **puritansk** [-a:-] *a5* Puritan; puritanic[al]

purjolök leek

purken *a3* peevish, sulky (*över* about); huffy (*på ngn* with s.b.)

purpur *s9* purple **-brämad** *a5* edged with purple **-färga** colour (*tekn.* dye) purple **-färgad** purple [-coloured] **-röd** purple **-snäcka** purple shell

purra (*väcka*) call, rouse

purser ['pö:r-] *s2* purser

purung [ˣpu:r-] very young

1 puss *s2* (*pöl*) puddle, pool

2 puss *s2* (*kyss*) kiss

pussa kiss, give a kiss **pussas** *dep* kiss

pussel ['puss-] *s7* puzzle; (*läggspel*) jigsaw puzzle; *lägga ~* do a puzzle, *bildl.* fit the pieces together **-bit** piece of a [jigsaw] puzzle

pussig *a1* bloated, puffy

pussla do a puzzle; *~ ihop ngt* put s.th. together

pust *s2* **1** (*bälg*) [pair of] bellows **2** (*vind-*) puff, breath

1 pusta *s1* (*grässtäpp*) *~n* the Hungarian steppe

2 pusta *v1* **1** (*blåsa*) puff **2** (*flåsa*) puff, wheeze; (*flämta*) pant; *~ och stånka* puff and blow; *~ ut* take a breather; *låta hästarna ~ ut* rest the horses

1 puta *s1* pad; pillow

2 puta *v1, ~ med läpparna* (*munnen*) pout; *skjortan ~de ut* the shirt stuck out

1 puts *s7* (*upptåg*) prank, trick

2 puts *adv, ~ väck* gone completely, vanished

3 puts *s3* **1** (*rappning*) plaster; grout **2** (*-medel*) polish **3** (*prydlighet*) tidiness; (*renlighet*) cleanliness

putsa 1 (*rappa*) plaster **2** (*fönster*) clean; (*skor*) polish, *AE.* shine; (*metall*) polish; (*häck, naglar e.d.*) trim; *~t och fint* neat and tidy **3** *bildl.* (*uppfiffa*) polish; (*förbättra*) improve, better

puts|lustig droll, comic[al] **-makare** [practical] joker

puts|medel polish, cleaning agent **-ning 1** plastering **2** cleaning; polishing; trimming **3** polishing; improvement, betterment **-trasa** polishing rag (cloth)

putt *s2, golf.* putt **putta** shove; *~ till ngn* give s.b. a shove, (*ofrivilligt*) knock into s.b.; *golf.* putt

puttefnask *s2* whippersnapper, brat, shrimp

putten ['putt-] *i uttr.: gå i ~* go smash, (*gå om intet*) come to naught

puttra (*koka*) simmer, bubble [gently]; (*grumsa*) grumble

puzzle ['pussel] *se pussel*

pygmé *s3* pygmy **pygmeisk** [-'me:-] *a5* pygmyish

pyjamas [-'ja:-] *s2, s9* pyjamas (*pl*); *AE.* pajamas (*pl*); *en ~* a pair of pyjamas **-byxor** pyjama trousers (pants) **-jacka** pyjama jacket

pykn|iker ['pykk-] pyknic **-isk** ['pykk-] *a5* pyknic

pynt *s7* (*grannlåt*) finery; (*julgrans- etc.*) decorations, adornments (*pl*) **pynta** (*göra fint*) titivate things up; (*smycka*) decorate; (*klä fin*) smarten up; *~ sig* dress o.s. up, make o.s. smart; *~d och fin* smartened up

pyra *v2* smoulder

pyramid *s3* pyramid; (*biljard-*) pyramids (*pl*); *stympad ~* truncated pyramid **-al** *a1* (*ofantlig*) huge (*succé* success) **-form** pyramidal shape **-formig** [-å-] *a1* pyramidal

pyre *s6, ett litet ~* a tiny mite

Pyrenéerna [-'ne:-] *pl* the Pyrenees **pyreneisk** [-'ne:-] *a5* Pyrenean; *P~a halvön* the Iberian Peninsula

pyrola ['py:-] *s1* wintergreen

pyro|man *s3* pyromaniac; incendiary; fire raiser, *vard.* firebug **-mani** *s3* pyromania **-teknik** pyrotechnics (*sg el. pl*) **-tekniker** [-'tekk-] pyrotechnist **-teknisk** [-'tekk-] pyrotechnic[al]

pyrrusseger Pyrrhic victory

pys *s2* little boy, youngster, brat

pysa *v3* give off steam; (*väsa*) hiss

pyss|el ['pyss-] *s7* pottering **pyssla** busy o.s. (*med* about); *gå och ~ i trädgården* potter about in the garden; *~ om* look after, make comfortable

pyssling 1 pixie, manikin **2** (*femmänning*) *de är ~ar* they are fourth cousins

Pytagoras [-'ta:-] Pythagoras; *~ sats* the theorem of Pythagoras **pytagoreisk** [-'re:isk] *a5* Pythagorean

pyton ['py:tån] **1** *r* python **2** *adv, vard., det luktar ~* there is a ghastly (horrible) smell; *jag mår ~* I feel awful **-orm** python

pyts *s2* bucket **pytsa** swill, drench **pytsspruta** bucket fire-extinguisher

pytt [*jo*] *~!* bah!, pooh!, nothing of the sort!

pyttipanna [-ˣpanna] *s1, ung.* bubble and squeak; *bildl.* hotchpotch

pyttsan ['pytt-] *se pytt*

på I *prep* **A** *rumsbet.* **1** *allm.* on; *~ balkongen* on the balcony; *~ bordet* (*huvudet*) on the table (head); *ärter ~ burk* tinned peas; *~ golvet* on the floor; *han har fått det ~ hjärnan* he has got it on the brain; *~ jorden* on the earth; *~ kartan* on the map; *stå ~ knä* be on one's knees, be kneeling; *~ land* on land; *~ ort och ställe* on the spot; *stå ~ post* be on guard; *ligga ~ rygg* lie on one's back; *klia sig ~ ryggen* scratch one's back; *~ sid. 9* on page 9 (*jfr 3*); *~ andra sidan gatan* on the other side of the street; *inte ha någonting ~ sig* have nothing on; *vad hade hon ~ sig?* what did she wear?; *hade hon några pengar ~ sig?* did she have any money on (about) her?; *~ sjön* on the lake, (*~ havet*) at sea; *~ slagfältet* on the battlefield (*jfr 2*); *göra sig illa ~ en spik* hurt o.s. on a nail; *~ svarta tavlan* on the blackboard (*jfr 2*); *gå ~ tå* walk on one's toes; *~ en liten ö* on a small island; *~ Björkö* on (at) Björkö (*jfr 2*); *behålla hatten ~* keep one's hat on; *en kaka med grädde ~* a cake with cream on [top] **2** (*vid gata, gård, torg, fält, land i motsats t. stad, större ö m.m.*) in; *~ bilden* (*tavlan*) in the picture (*jfr 1*); *utan ett öre ~ fickan* without a penny in one's pocket; *~ fältet* (*åkern*) in the field (*jfr 1*); *~ gatan* in (*AE.* on) the street; *~ High Street* in the High Street (*jfr 3*); *~ gården* in the yard (garden, court); *~ himlen* in the sky; *~ Irland* in Ireland (*jfr 1*); *hon arbetar ~ kontor* she works in (at) an office; *~ landet* in the country; *~ den här platsen* in this place; *~ sitt rum* in one's room; *ligga ~ sjukhus* be in hospital; *ha hål ~ strumpan* have a hole in one's stocking; *kaffe ~ sängen* coffee in bed; *~ torget* in the [market] square (*jfr 3*); *~ vinden* in the attic **3** (*vid hotell, restaurang, teater, möte, tillställning m.m.*) at; *~ banken* at (in) the bank; *~ bio* (*teater, konsert*) at the cinema (theatre, a concert); *~ 200 m djup* (*höjd*) at a depth (height) of 200 metres; *vara ~ fest* (*sammanträde*) be at a party (meeting); *~ High Street 19* at 19 High Street (*jfr 2*); *bo ~ hotell* stay at a hotel; *~ Hötorget* at Hötorget (*jfr 2*); *äta middag ~ restaurang* dine at a restaurant; *nederst* (*överst*) *~ sidan* at the bottom (top) of the page; *slå upp böckerna ~ sid. 9!* open your books at page 9! (*jfr 1*); *~ slottet* at the palace **4** (*vid sysselsättning*) for, on; *vara ~ besök* be on a visit; *vara ute ~ jakt* be out hunting; *vara ute ~ promenad* be out for a walk **5** (*~ en sträcka av*) for; *vi såg inte en människa ~ flera mil* we didn't see a soul (anybody) for several miles **6** (*uttr. riktning, rörelse*) on, on to, onto; into; to; at; *falla ner ~ golvet* fall on to the floor; *gå ~ besök till ngn* visit s.b.; *gå ~ styltor* walk on stilts; *kliva upp ~ en pall* get on a stool; *lägga ngt ~ bordet* put s.th. on the table; *gå upp ~ vinden* go up into the attic; *kasta ngt ~ elden* throw s.th. into the fire; *lägga ett brev ~ lådan* drop a letter into the box; *resa ut ~ landet* go out into the country; *rusa ut ~ gatan* rush out into the street; *stiga upp ~ tåget* get into (on to) the train; *bli bjuden ~ bröllop* be invited to a wedding; *gå ~ banken* (*posten*) go to the bank (post office); *gå ~ bio* (*teater, konsert*) go to the cinema (theatre, a concert); *lyssna ~* listen to; *kasta ngt ~ ngn* throw s.th. at s.b.; *knacka ~ dörren* knock at the door; *ringa ~ klockan* ring the bell; *trycka ~ knappen* press the button **7** (*per*) in; *tretton ~ dussinet* thirteen to the dozen; *de fick en krona ~ man* they had one krona per man; *det går 100 pence ~ ett pund* there are a hundred pence in a pound; *en ~ tusen* one in a thousand **8** (*vid transportmedel*) by; *han kom ~ motorcykel* he came by motorcycle; *skicka ~ posten* send by post **B** *tidsbet.* **1** (*tidpunkt*) at; on; in; *~ samma dag* [on] the same day; *~ utsatt dag* on the appointed day; *~ min födelsedag* on my birthday; *~ samma gång* at the same time; *~ kvällen den 1 maj* on the evening of the 1st of May; *~ lördag* on Saturday; *~ morgonen* (*kvällen, dagen*) in the morning (evening, day[time]); *~ natten* at (in the) night; *~ 1700-talet* in the 18th century; *~ olika tider* at different times; *~ utsatt tid* at the appointed time; *~ våren* (*hösten*) in [the] spring (autumn) **2** (*under*) on, during; *~ sin fritid* in one's leisure time; *hon arbetar ~ jullovet* she is working during her Christmas holiday; *~ vägen hit* on the way here **3** (*inom*) in; *det gör jag ~ en timme* it will take me [no more than] an hour to do it; *jag kommer ~ ögonblicket* I'll be with you in a moment **4** (*~ en tid av*) for; *jag har inte sett dig ~ evigheter* I haven't seen you for ages; *resa bort ~ en månad* go away for a month; *vi hyrde våningen ~ ett år* we rented the flat for a year; *jag har inte varit hemma ~ tio år* I haven't been home for ten years **5** (*efter*) after; *brev ~ brev* letter after (upon) letter; *den ena dagen följde ~ den andra* one day followed the other; *gång ~ gång* time after time, over and over again; *kaffe ~ maten* coffee after dinner **C** (*friare*) **1** (*i prep.attr.*) of; *namnet ~ boken* the name of the book; *kaptenen ~ fartyget* the captain of the ship; *slutet ~ historien* the end of the story; *färgen ~ huset* the colour of the house; *priset ~ mjöl* the price of flour; *en familj ~ fyra personer* a family of four [persons]; *ett bevis ~ uppskattning* a proof of appreciation; *den regnigaste tiden ~ året* the rainiest time of the year; *en pojke ~ tre år* a boy of three **2** (*med subst.*) *~ allvar* in earnest; *förlora ~ bytet* lose by the exchange; *~ engelska* in English; *läsa ~ sin examen* read for one's degree; *~ egen risk* at one's own risk; *rakt ~ sak* straight to the point; *~ skämt* for a joke; *~ sätt och vis* in a way; *komma ~ tal* come (crop) up; *~ vers* (*prosa*) in poetry (prose); *det stämmer ~ öret* it tallies to the öre **II** *adv, ~ med kläderna!* on with your clothes!; *kör ~!* drive on!; *spring ~ bara!* just keep running! **III** *~ det att* [in order] that; *~ det att inte* lest

på|annons *radio.* introductory announcement **-bjuda** order; command (*tystnad* silence); impose (*skatter* taxes; *straff* a penalty) **-brå** *s6* inheritance, stock; *ha gott* (*dåligt*) *~* come of good (bad) stock **-bröd** *få ngt som ~* get s.th. as an extra [treat] (into the bargain) **-bud** decree, edict **-budsmärke** mandatory (compulsory) sign

P

-byggnad superstructure, addition, enlargement **-bättring** touching up, improvement **-börda** [-ö:-] charge (*ngn ngt* s.b with s.th.) **-börja** begin, start, commence; *för varje ~d timme* for each hour or part of hour **-drag** *tekn.* starter; *bildl.* mobilization of effort; *ha fullt ~* (*bildl.*) be working at full speed; *värmen stod på fullt ~* the heating was full on; *polisen har fullt ~* the police are out in full force **-drivare** instigator, prompter **-dyvla** [-y:-] *se -börda* **-fallande** *a4* (*slående*) striking, remarkable **-fartssträcka** acceleration lane, slip road **-flugen** *a3* (*påträngande*) obtrusive; (*framfusig*) forward **-fordra** (*kräva*) demand; (*erfordra*) require; *om så ~s* if required **-frestande** (*mödosam*) arduous, taxing; (*besvärlig*) trying **-frestning** strain, stress **-fund** *s7* invention; (*knep*) device **-fyllning** filling-up, refilling, replenishment; *vill du ha ~?* would you like some more? **-fyllningshål** filler **-fyllningstratt** [feed] hopper

påfågel *s2* peacock

påfågels|blå peacock blue **-höna** peahen **-stjärt** peacock's train **-öga** peacock butterfly

på|följande following, next; *~ dag* [the] next (on the following) day **-följd** consequence; *jur.* sanction, punishment awarded; *vid ~ av* on pain of; *vid laga ~* under penalty of law **-föra** *~ grus på vägarna* spread gravel on the roads; *~ ngn ngt i räkning* debit (charge) s.b. with s.th. **-gå** be going on; (*fortsätta*) continue, be in progress; *~ för fullt* be in full progress; *medan programmet -gick som bäst* right in the middle of the programme **-gående** *a4* in progress; *under ~ förhandlingar* while negotiations are (were) going on; *under [nu] ~ krig* during the present war; *under ~ krig* (*i krigstid*) in time of war; *den ~ högkonjunkturen* the current (present) boom **-hitt** *s7* (*-fund*) idea, invention, device; (*knep*) trick; *AE.* gimmick; (*lögn*) fabrication **-hittad** *a5* invented **-hittig** *a1* ingenious **-hittighet** ingenuity **-hopp** *bildl.* attack **-hälsning** visit, call; *få ~ av tjuvar* be visited by burglars **-häng** *s7, pers.* hanger-on, encumbrance **-hängsvagn** trailer

påk *s2* cudgel; *rör på ~arna!* get moving!; stir your stumps!

på|kalla (*tillkalla*) summon; (*kräva*) demand, call for; attract (*uppmärksamhet* attention); *av behovet ~d* essential, necessary **-klädd** dressed **-kläderska** *teat.* dresser **-klädning** [-ä:-] dressing **-kommande** occurring; *hastigt ~ illamående* a sudden indisposition **-kostad** [-ås-] *a5* expensive, lavish **-kostande** [-ås-] *a4* (*mödosam*) hard; (*prövande*) trying **-känning** stress, strain **-körd** [-çö:-] *a5* run into, knocked down **-körning** (*kollision*) smash[-up] **-körningsramp** slip road

påla pile; *absol.* drive piles

på|laga *s1* tax, duty, imposition **-landsvind** onshore wind **-lastning** loading

pålbro pile bridge **pålbyggnad** lake dwelling, pile dwelling **påle** *s2* pole, stake, post; *byggn.* pile; *en ~ i köttet* a thorn in the flesh

pålitlig [-i:t-] *a1* reliable, trustworthy **-het** reliability, trustworthiness

pålkran pile-driver

pålle *s2* gee-gee

pål|ning [ˣpå:l-] piling, pile-driving **-ningsarbete** piling-work, pilework **-stek** *sjö.* bowline [knot] **-verk** pilework, piling

på|lägg *s7* **1** (*på smörgås*) meat (cheese *etc.*) for sandwiches; (*som kan bredas*) sandwich spread **2** *hand.* extra charge (cost), increase **-läggskalv** **1** *lantbr.* stock calf **2** *bildl.* up-and-coming man

påmin|na *-de -t, v3* remind (*ngn om ngt* s.b. of s.th.); *hon -ner [mig] om sin mor* she reminds me of her mother; *det -ner mig [om] att jag måste* that reminds me, I must; *hungern började göra sig -d* hunger began to make itself felt; *~ sig* remember, recollect **-nelse** reminder (*om* of); (*anmärkning*) remark

på|mönstra (*manskap*) engage, take on; *jfr mönstra [på]* **-mönstring** signing on **-nyttföda** [ˣpå:-, -ˣnytt:-] regenerate; *-nyttfödd* regenerate [d], reborn **-nyttfödelse** regeneration, rebirth **-passad** *a5* watched **-passlig** *a1* (*vaken*) alert, watchful; (*uppmärksam*) attentive **-passlighet** alertness *etc.* **-peka** point out (*för* to); *det bör ~s att* it should be observed that; *jag ber att få ~* I should like to point out **-pekande** *s6* reminder; observation **-pälsad** *a5* (*väl* well) wrapped up **-ringning** call, ring **-räkna** count [up]on; expect

pås|e *s2* bag ([*med*] *skorpor* of rusks); *ha -ar under ögonen* have pouches (bags) under the (one's) eyes; *ha rent mjöl i ~n* have nothing to hide; *det har varit i säck innan det kom i ~* that's cribbed from s.b. else

på|seende *s6* inspection, examination; *vid första ~t* at the first glance, at first sight; *vid närmare ~* on closer inspection; *till ~* for inspection, on approval **-segla** run into, collide with **-segling** collision

påsig *a1* baggy; *~a kinder* drooping cheeks

påsk *s2* Easter (*äv. ~en*); (*judisk ~*) Passover; *annandag ~* Easter Monday; *glad ~!* Happy Easter!; *i ~* at Easter; *i ~as* last Easter; *när infaller ~en i år?* on what date does Easter Sunday come this year? **-afton** Holy Saturday, Easter Eve **-alamm** *~et* the paschal lamb **-dag** Easter Sunday (*äv. ~en*) **-helg** *~en* Easter

påskina *end. i uttr.: låta ~* (*antyda*) intimate, hint, (*låta märka*) pretend

påsk|käring *ung.* Easter witch **-lilja** daffodil, Lent lily **-lov** Easter vacation (holidays *pl*)

påskrift (*underskrift*) signature; (*utanskrift*) address; (*inskrift*) inscription, notation

påskris twigs decorated with coloured feathers

på|skriven *a5* signed; *få -skrivet* get a reprimand (scolding) **-skruvad** *a5* screwed on; (*om kran e.d.*) [turned] on; *med ~e bajonetter* with bayonets fixed

påskveckan (*veckan före påskdagen*) Holy Week

påskynda hasten (*avfärden* the departure); quicken (*sina steg* one's steps); speed up, urge on (*arbetet* the work); hurry on (*studierna* one's studies; expedite (*saken* the matter)

påskägg Easter egg

påslag increase, rise

påslakan quilt cover (bag)

påspädning increase

pås|sjuka [the] mumps (*pl*) **-te** tea made with a

tea bag

på|stigande *a4 o. s6,* ~ [*passagerare*] passenger boarding a train (*etc.*); *tåget stannar endast för* ~ the train stops only to take up passengers **-stridig** *a1* headstrong, stubborn **-struken** *a3* (*rusig*) tipsy, merry **-strykning** application

påstå (*yttra*) declare, say, state; (~ *bestämt*) assert, maintain; (*göra gällande*) allege; *det ~s att* it is said that; ~ *motsatsen* assert the contrary; *jag vågar* ~ *att* I venture to say that; *det kan jag inte* ~ I can't say that; *ni vill väl inte* ~ *att* you don't surely mean to say that; *han ~r sig vara sjuk* he says he is ill; *han påstod sig bestämt ha sett* he insisted that he had seen; *den ~dda förlusten* the alleged loss **-ende** *s6* statement, assertion; (*förklaring*) declaration **-endesats** declarative sentence; *jakande* ~ (*äv.*) affirmative declaration

påstötning [-ö:-] reminder; *trots upprepade ~ar* despite repeated reminders

påta poke [about] (*i jorden* in the soil)

påtag|a ~ *sig* take on (*en uppgift* a task), assume (*ansvaret* the responsibility) **-lig** [-a:-] *a1* obvious, manifest; palpable; tangible **-ligen** [-a:-] obviously

på|tala comment [up]on, criticize **-tryckargrupp** pressure group **-tryckning** pressure; *utöva ~ar på* bring pressure to bear [up]on **-tryckningsmedel** means of exerting pressure **-trädning** [-ä:-] *nålens* ~ the threading of the needle **-träffa** *se träffa på* **-trängande** *a4* (*trängande*) urgent (*behov* need[s *pl*]); (*påflugen*) obtrusive, pushing **-tvinga** ~ *ngn ngt* force s.th. [up]on s.b. **-tår** second cup [of coffee *etc.*] **-tänkt** *a4* contemplated, intended, considered

påve *s2* pope; *tvista om ~ns skägg* argue about trivialities, split hairs **-döme** *s6* papacy **-krona** tiara

påver ['på:-] *a2* poor; (*om resultat o.d. äv.*) meagre

på|verka influence, affect; *låta sig ~s av* be influenced by; *~d av starka drycker* under the influence of strong drink **-verkan** influence, effect; *röna* ~ *av* be influenced by **-verkbar** *a1, lätt* ~ easily influenced, impressionable

påve|stol *~en* the Holy See, the Papal Chair **-val** papal election

påvis|a (*påpeka*) point out, indicate; (*bevisa*) prove, demonstrate **-bar** [-i:-] *a1* (*bevisbar*) demonstrable; (*påtaglig*) palpable, noticeable

påvlig [ˣpå:v-] *a1* papal

på|yrka demand, urge **-öka** increase; *få* [*5 pund*] *-ökt* get a [five pound] rise (*på lönen* in salary) **-ökning** increase

päls *s2* (*på djur*) fur, coat; (*plagg*) fur coat; *få* [*ordentligt*] *på ~en* (*få stryk*) get a [thorough] hiding, (*få ovett*) get a [good] telling-off; *ge ngn på ~en* (*klå upp*) give s.b. a good hiding, (*läxa upp*) give s.b. a good slating

päls|a ~ *på* wrap up **-affär** fur shop, furrier's [shop] **-brämad** *a5* fur-trimmed **-djur** furred animal **-fodrad** [-o:-] *a5* fur-lined **-handlare** furrier **-jacka** fur jacket **-jägare** trapper **-kappa** fur coat **-krage** fur collar **-mössa** fur cap **-varor** *pl* furs; furriery (*sg*) **-verk** *se -varor* **-änger** *s2* carpet beetle (*AE.* bug)

pär *s3* peer; *utnämna ngn till* ~ create s.b. a peer, raise s.b. to the peerage

pärl|a [ˣpä:r-] **I** *s1* pearl; (*glas- etc.*; *svett-*) bead; (*klenod*) treasure, gem; (*sup*) drop; *äkta* (*oäkta, odlade*) *-or* real (artificial, cultured) pearls; *kasta -or för svin* cast pearls before swine; *en* ~ *bland kvinnor* a pearl among women **II** *v1* sparkle, bubble; *svetten ~de på hans panna* perspiration beaded his forehead; *~nde skratt* rippling laughter; *~nde vin* sparkling wine **-band** string of pearls (beads) **-besatt** *a4* studded with pearls **-broderad** *a5* embroidered with beads (pearls) **-broderi** beadwork; (*med äkta -or*) pearl embroidery

pärlemoknapp [ˣpä:r-] pearl button **pärlemor** *s9* mother-of-pearl **pärlemoskimrande** [-ʃ-] *a4* nacreous, iridescent

pärl|fiskare pearl fisher **-garn** pearl cotton **-grå** pearl grey **-halsband** pearl necklace **-hyacint** grape hyacinth **-höna** guinea hen **-höns** guinea fowl **-koljé** *se -halsband* **-mussla** pearl mussle (oyster) **-socker** pearl sugar **-uggla** Tengmalm's owl **-vit** pearl[y] white

pärm *s2* (*bok-*) cover; (*samlings-*) file, folder; *från* ~ *till* ~ from cover to cover

päron [-ån] *s7* pear **-blom** pear-blossom **-formig** [-å-] *a1* pear-shaped **-träd** pear tree

pärs *s3, en svår* ~ a severe test, a trying ordeal

pöbel ['pö:-] *s2* mob, riffraff, rabble **-aktig** *a1* mobbish, vulgar **-hop** *en* ~ a mob **-välde** mob rule, mobocracy

1 pöl *s2* (*vatten-*) pool, puddle

2 pöl *s2* (*kudde*) bolster

pölsa *s1, kokk.* hashed lights (*pl*), tripe

pö om pö (*så småningom*) little by little

pörte *s6* [Finland] log cabin

pös|a *v3* swell; (*om deg*) rise; ~ *över* brim (swell) over; ~ *av stolthet* be puffed up (swell) with pride **-ig** *a1* (*om kudde e.d.*) puffed; *kokk.* spongy; (*om deg*) rising; (*skrytsam*) puffed-up **-munk** *kokk.* puffed fritter, doughnut

Q

q [ku:] *s6, s7, det är* [*allt*] *fina* ~ that's A1

quatre mains [kattrö'mäŋ] *spela à* ~ play duets

quilta *se kvilta*

quisling [ˣkviss-] quisling; traitor

R

rabalder [-'ball-] *s7* fuss, hullaballoo; (*uppståndelse*) commotion, stir; *det blev ett väldigt* ~ there was a tremendous commotion
rabarber [-'barr-] *s9* rhubarb **-paj** rhubarb pie
1 rabatt *s3* (*blomster-*) flowerbed; (*kant-*) [flower] border
2 rabatt *s3, hand.* discount; (*avdrag*) deduction; (*nedsättning*) reduction; *lämna* ~ allow a discount (deduction); *3%* ~ *på priset* 3% discount off (on) the price; *med 3%* ~ *vid kontant betalning* at 3% cash discount; *sälja med* ~ sell at a discount
rabatt|biljett cheap-rate ticket **-era** allow a discount (deduction); reduce **-häfte** book of reduced-rate tickets **-kort** season ticket **-kupong** discount ticket; *AE. äv.* trade stamp **-varuhus** discount house
rabbin *s3* rabbi
rabbla rattle off; ~ *upp* rattle (reel) off
rabiat *a1* (*ursinnig*) raving; (*fanatisk*) fanatical, frenzied
rabies ['ra:-] *r* rabies; hydrophobia
rabulist rabid radical, agitator
racer ['rä:-, 'rejs-] *s2, s9* racer **-bil** racer, racing car **-båt** speedboat, racer **-förare** racing driver
racing ['rejsiŋ] *s2* racing
racka ~ *ner på* (*skälla ut*) fall foul of; (*kritisera*) run down
rackar|e (*skurk*) scoundrel, wretch; (*kanalje*) rascal; (*lurifax*) rogue; *leva* ~ kick up a row **-tyg** mischief; (*starkare*) devilry; *hitta på* ~ be up to some mischief, *på rent* ~ out of pure mischief **-unge** mischievous [young] imp, young rascal
racket ['rakk-] *s2* racket; (*bordtennis-*) bat
1 rad *s3* **1** row; line; file; string (*pärlor* of pearls); series (*missöden* of misfortunes); *fyra i* ~ four in a row; *fyra gånger i* ~ four times running (on end); *under en* ~ *av år* for a number of years **2** *teat. o.d.* circle; *AE.* balcony; *första* (*andra*) *~en* the dress (upper) circle, *AE.* the first (second) balcony; *översta ~en* the gallery, *vard.* the gods **3** (*skriven, tryckt* ~) line; *läsa mellan ~erna* read between the lines; *skriv ett par ~er!* drop me a few lines (a line)!; ~ *för* ~ line by line; *få betalt per* ~ get paid by the line; *ny* ~ (*anvisning*) new paragraph
2 rad (*måttenhet*) rad
rada place in rows (a row); ~ *upp* expose, display; (*uppräkna*) enumerate
radar ['ra:-] *s9* radar **-anläggning** radar unit (installation) **-antenn** radar aerial (scanner, *AE.* antenna) **-fyr** radar beacon, racon **-kontroll** radar control **-navigering** radar navigation **-reflektor** radar reflector (*vard.* dish) **-signalist** radar operator **-skärm** radarscope, radar screen **-station** radar station **-sändare** radar transmitter **-utrustning** radar equipment **-varnare** [-va:r-] interception receiver
rad|avstånd (*i skrift el. tryck*) spacing, line space; *dubbelt* ~ double spacing **-band** rosary; [string of] beads (*pl*)
rader|a 1 (*skrapa bort*) erase, rub (*med kniv:* scratch) out; ~ *i böckerna* cook the books; ~ *ut* (*utplåna*) wipe (blot) out **2** (*konst*) etch **-gummi** eraser, [India] rubber **-ing 1** erasure **2** *konst.* etching **-kniv** erasing knife **-nål** etching needle
radhus terrace (*AE.* row) house
radial *a1* radial **-däck** radial (radial-ply) tyre
radi|an *s3* radian **-ator** [-ˣa:tår] *s3* radiator
radi|e ['ra:-] *s5* radius (*pl* radii, *äv.* radiuses) **-ell** *a1* radial
1 radiera (*utstråla*) radiate, beam
2 radiera (*utsända i radio*) broadcast
radikal I *a1* radical; (*genomgripande äv.*) thoroughgoing, sweeping **II** *s3, polit.* radical; *kem.* radical **-isera** radicalize **-ism** radicalism **-medel** radical (drastic) remedy
radio ['ra:-] *s5, pl vanl. radioapparater* radio, wireless; (*-apparat*) radio (wireless) set (receiver); *i* ~ on the radio (wireless, air); *lyssna på* ~ listen in (to the radio) **-affär** radio shop
radioaktiv [*äv.* 'ra:-] radioactive; *~t avfall* (*nedfall*) radioactive waste (fallout); ~ *strålning* atomic (nuclear) radiation; *~t sönderfall* radioactive decay, disintegration **-itet** radioactivity
radio|amatör radio amateur **-antenn** [radio] aerial (*AE.* antenna) **-apparat** radio (wireless) set (receiver) **-astronomi** radio astronomy **-bil** (*polis-*) radio patrol car; (*på tivoli*) bumper car, Dodgem (*varumärke*) **-biologi** radiobiology **-bolag** broadcasting company (corporation); *Britiska ~et* the British Broadcasting Corporation (*förk.* BBC) **-fyr** radio beacon **-fysik** radio physics (*pl, behandlas som sg*) **-förbindelse** radio contact **-föredrag** radio talk **-grammofon** radiogram[ophone]
radioisotop radioisotope
radio|kompass radio compass, homing device **-konsert** radio concert **-licens** radio (wireless) licence
radio|log radiologist **-logi** *s3* radiology **-logisk** [-'lå:-] *a5* radiological
radio|lur earphone, headphone **-lyssnare** listener **-länk** radio relay station (tower) **-mast** radio pylon (tower) **-mottagare** radio (wireless) receiver (receiving set) **-nämnd** *~en* the [Swedish] broadcasting commission **-orkester** radio orchestra **-pejl** *s3* direction finder **-pejling** direction finding **-pjäs** radio play **-polis** police equipped with radio **-program** radio (broadcasting) program[me] **-reparatör** radio serviceman **-reporter** radio commentator **-rör** radio valve (*AE.* tube) **-signal** radio signal **-sond** radiosonde **-station** radio (broadcasting) station **-stjärna** radio source (star) **-styrd** [-y:-] *a5* radio-controlled, radio-guided **-styrning** radio control (guidance) **-störning** interference; (*avsiktlig*) jamming **-sändare** radio (wireless) transmitter **-sändning** broadcast, radio transmission **-teater** radio theatre **-teknik** radio engineering **-telefoni** radiotelephony **-telegraf** radiotelegraph **-telegrafera** wireless, radio **-telegrafi** wireless telegraphy, radiotelegraphy **-telegrafist** radio operator **-telegram**

radiogram **-teleskop** radio telescope
radioterapi radiotherapy
radio|utrustning radio (wireless) equipment **-utsändning** broadcasting, radio transmission; *en ~* a broadcast **-våg** radio wave
radium ['ra:-] *s8* radium **-behandling** radium treatment **-strålning** radium radiation
radiär *a1* radial
radom [-'då:m] *s3* radome
radon [-'då:n] *s4, s3, kem.* radon
rad|skrivare line printer **-såningsmaskin** seed (*AE.* grain) drill **-vis** in rows
raffel ['raff-] *s7* (*rafflande innehåll*) thrills (*pl*)
raffinad *s3* refined sugar **raffinaderi** refinery **raffinemang** *s7* refinement; elegance, sophistication **raffinera** refine **raffinerad** [-'ne:-] *a5, bildl.* refined; (*utsökt*) exquisite, consummate **raffinering** [-'ne:-] refining
rafflande *a4* thrilling, exciting
rafräschissör scent spray, atomizer
rafs|a *~ ihop* rake (scrape) together, (*brev. o.d.*) scribble off **-ig** *a1* (*slarvig*) slapdash
ragata [-ˣga:-] *s1* vixen, shrew
ragg *s2* goat's hair; (*friare*) shag; *resa ~* bristle [up], get one's back up
ragga pick up casual partners **raggarbil** neckmobile, cruisemobile; (*trimmad*) hot rod **raggare** hot-rod teenager (driver)
ragg|ig *a1* shaggy; (*om hår, skägg äv.*) rough, coarse **-munk** *kokk.* potato pancake **-socka** thick sock, skiing-sock
ragla [ˣra:-, ˣragg-] stagger, reel
raglan ['ragg-] *s3, best. form o. pl äv. raglan* raglan [coat] **-ärm** raglan sleeve
ragnarök [ˣraŋna-] *r el. n* twilight of the gods
ragu *s3* ragout; *~ på* ... (*äv.*) stewed ...
raja [ˣrajja] *s1* raja[h]
rajd *s3* reindeer drive
rajgräs [ˣrajj-] rye-grass
rak *a1* **1** straight (*linje* line; *rygg* back); (*upprätt*) erect, upright; *gå ~ [i ryggen]* walk erect; *gå ~a vägen hem* go straight home; *stå ~* stand straight; *bildl.* straight[forward] **2** *sport., ~a hopp* plain high-diving; *en ~ vänster* a straight left; *ta tre ~a set* win three straight sets **3** *~ ordföljd* normal word order; *~a motsatsen* exactly the reverse; *på ~ arm* at arm's length, *bildl.* offhand, straight off; *det enda ~a* (*vard.*) the only right thing
1 raka I *s1* rake; (*för vatten*) squeegee **II** *v1* rake
2 raka *v1* (*rusa*) dash, dart, rush (*i väg* off); *~ i höjden* shoot up
3 raka *v1* (*barbera*) shave (*äv. ~ sig*); *låta ~ sig* get shaved (a shave); *~s eller klippas?* a shave or a haircut?
rak|apparat safety razor; (*elektrisk*) electric shaver (razor) **-blad** razor blade **-borste** shaving brush **-don** shaving things
raket *s3* rocket; (*robot*) [guided] missile; *han for iväg som en ~* he was off like a shot (lightning) **-bana** trajectory of a rocket **-bas** rocket (missile) base **-drift** rocket (jet) propulsion **-driven** *a5* rocket-propelled, rocket-powered **-flygplan** rocket[-propelled] aircraft **-gevär** rocket launcher, bazooka **-hylsa** rocket cylinder **-motor** rocket engine (motor) **-steg** rocket stage **-vapen** missile [weapon]
rakhyvel safety razor
rakitis [-'ki:-] *s3* rickets, rachitis
rak|kniv razor **-kräm** shaving cream
raklång (*ligga* lie) full length; *falla ~ på marken* fall flat on [to] the ground
rakmaskin *se rakapparat*
rakna [ˣra:k-] straighten, become (get) straight; (*om hår*) go out of (lose its) curl
rakning [ˣra:k-] shaving; *en ~* a shave
rakryggad *a5* straight-backed; *bildl.* upright, uncompromising
rak|salong barber's [shop], barber shop **-spegel** shaving mirror **-strigel** razor strop
raksträcka straight, stretch
rakt [-a:-] *adv* **1** straight, direct; *gå ~ fram* walk straight on; *~ upp och ner* straight up and down; *~ österut* due east; *ljuga ngn ~ i ansiktet* tell s.b. a lie straight to his face; *det bär ~ åt skogen* it is going straight to the dogs; *i ~ nedstigande led* in a direct line; *gå ~ på sak* come straight to the point; *som går ~ på sak* straightforward **2** (*absolut*) absolutely; (*precis*) just; (*riktigt*) downright; *sälja för ~ ingenting* sell for next to nothing; *det gör ~ ingenting* it does not matter in the least; *till ~ ingen nytta* of absolutely no (of no earthly) use
rak|tvål shaving soap **-vatten** shaving water; (*efter -ning*) aftershave lotion
ralj|ans [-'jaŋs, -'jans] raillery, banter **-ant** [-'jaŋt, -'jant] *a1* bantering; (*spefull*) teasing **-era** banter; *~ med ngn* chaff (tease) s.b. **-eri** raillery, banter
rall *s2, zool.* rail
rallare navvy
rally ['ralli, -y] *s6* rally **-förare** rally driver
1 ram *s2* (*tavel-, cykel- etc.*) frame (*äv. boktr.*); *bildl.* framework, setting; (*omfattning*) scope, limits (*pl*); *inom glas och ~* framed; *inom ~en för* within the limits (scope, framework) of; *falla utom ~en för* be outside the scope of
2 ram *s2* (*björntass*) paw; *suga på ~arna* (*bildl.*) live on one's hump
3 ram *superl. -aste, oftast i best. form, på rena ~a allvaret* in dead[ly] earnest; *på rena ~a bondlandet* in the country pure and simple; *rena ~a sanningen* the plain (naked) truth
ram|a *~ in* frame **-antenn** loope(frame) aerial
ramaskri outcry; *höja ett ~* raise an outcry (*mot* against)
ram|avtal general (basic) agreement; *uppgöra ~ för* draw up the general framework for **-berättelse** frame story
ramla (*falla omkull*) fall (tumble) down; *~ av hästen* fall off the horse; *~ nedför trappan* fall down the stairs; *illusionerna ~de* my illusions were shattered
ramm *s2, sjö.* ram **ramma** ram; *bildl. äv.* strike
rammakare [ˣra:m-] frame-maker, carver and gilder
rammelbuljong *få ~* get a thrashing
ramp *s3* **1** *teat.* footlights (*pl*) **2** (*uppfartsväg*) ramp, slope **3** *se avskjutningsramp* **-feber** stage fright **-ljus** footlights (*pl*); *bildl., stå i ~et* be (appear) in the limelight
ramponera damage, batter
rampris bargain [price]; *till* (*för*) *~* at bargain prices

R

rams|a *s1* string; (*osammanhängande*) rigmarole; (*rimmad*) doggerel; *svära långa -or* swear like a trooper

ramsvart raven (jet) black

ram|såg frame saw **-verk** framework, framing

rand *-en ränder* **1** (*kant o.d.*) edge, verge; (*bryn*) fringe; (*brädd*) brim; *bildl.* verge, brink; *vid gravens ~* on the brink of the grave **2** (*på tyg*) stripe; (*strimma*) streak **randa** (*förse med ränder*) stripe, streak **randanmärkning** marginal note; (*friare*) comment; *förse med ~ar* annotate in the margin **randas** *dep* dawn; *när dagen ~* at daybreak; *svåra tider ~* hard times are in the offing **randhav** marginal sea **randig** *a1* striped; (*om fläsk*) streaky, *det har sina ~a skäl* there's a very good reason for it **randning** striping; stripes (*pl*)

randomisera randomize

randstat border state **randsydd** *a5* welt (*sko* shoe)

rang *s3* rank; (*social äv.*) standing, status; *företräde i ~* precedence; *ha högre ~ än* take precedence of; *ha samma ~ som* rank with; *stå över* (*under*) *ngn i ~* rank above (below) s.b.; *ambassadörs ~* ambassadorial rank; *en första ~ens* a first-rate, first-class; *en vetenskapsman av ~* an eminent scientist; *göra ngn ~en stridig* compete with s.b. for precedence, challenge a p.'s position

ranger|a [raŋ'ʃe:ra] **1** range, rank **2** *järnv.* shunt, marshal **-ad** *a5* (*välsituerad*) well-to-do; (*stadgad*) established **-bangård** shunting (marshalling) yard

ranglig *a1* (*gänglig*) lanky; (*ostadig*) rickety, ramshackle

rang|lista ranking list **-ordna** rank **-ordning** order of precedence, ranking order; *i sträng ~* in strict [order of] precedence **-plats** leading place; *inneha en ~* hold an eminent position **-rulla** gradation list **-skala** *se -ordning*; *den sociala ~n äv.* the social ladder **-skillnad** difference in rank

1 rank *a1* (*smärt*) slim; tall and slender

2 rank *a1* (*om båt*) crank[y]

1 ranka *i uttr.: rida ~* ride a cockhorse

2 ranka *s1, bot.* runner, creeper; *bildl.* clinging vine

3 ranka *v1* (*rangordna*) rank

rankig *a1, se 2 rank*; (*skraltig*) rickety (*trilla* surrey)

rankinglista, rankningslista ranking list

rann *imperf. av rinna*

rannsak|a *jur.* try; (*förhöra*) examine, hear; (*pröva*) search, ransack (*sitt minne* one's memory); *~d och dömd* tried and found guilty; *~ hjärtan och njurar* search one's hearts **-ning** [-a:k-] *jur.* trial; (*förhör*) examination, hearing; (*prövning*) searching, ransacking; *utan dom och ~* without either judicial trial or sentence; *hålla ~ med* conduct the trial (hearing) of **-ningsdomare** judge conducting the trial **-ningsfängelse** remand prison

ransọn *s3* ration; *ta ut sin ~* draw one's ration[s *pl*] **-era** ration; (*utportionera*) portion out **-ering** [-'ne:-] rationing; *~[en] av matvaror* (*äv.*) food rationing; *upphäva ~[en]* deration **-eringskort** ration card

ranta run (*i trapporna* up and down the stairs; *omkring* about)

ranunkel [-'nuŋkel] *s2, s3* ranunculus

rapa, rapning [-a:-] belch

1 rapp *s2* (*häst*) black horse

2 rapp *s7* (*slag*) blow; (*med piska o.d.*) lash

3 rapp I *s7, i ~et* in a moment, at once, in the twinkling of an eye **II** *a1* quick, swift, prompt; (*i fingrarna*) nimble; *~ i munnen* ready-tongued

1 rappa *~ till ngn* slap s.b.

2 rappa *~ på, ~ sig* be quick, get a move on

3 rappa (*kalkslå*) plaster, roughcast

rappakalja *s1* rubbish, bunkum

rapp|höna, -höns partridge

rappning plastering; *konkr.* plaster

rappọrt [-å-] *s3* report; account; *avlägga ~ om* report on, give a report on (of) **-era** report, make a report of **-karl** *mil.* orderly **-system** reporting system **-tjänst** *mil.* dispatch service **-ör** reporter; informant; (*angivare*) informer

raps *s3* rape, colza **-kaka** rape cake

rapsod|ị *s3* rhapsody **-isk** [-'so:-] *a5* rhapsodic [al]

rapsolja rapeseed (colza) oil

rar *a1* **1** (*sällsynt*) rare, uncommon **2** (*älskvärd*) nice, kind, sweet **-ing** darling, honey **-itẹt** *s3* rarity; *konkr.* rare specimen; curiosity, curio

1 ras *s3* (*människo-*) race; (*djur-*) breed, stock

2 ras *s7* **1** (*skred*) [earth] slip, slide; (*jord-*) landslide; (*av byggnad*) collapse **2** (*vild lek*) romp, romping, frolic[king]

rasa 1 (*falla ner*) give way; fall down; collapse; (*om tak o.d.*) fall in; (*om jord o.d.*) slide **2** (*stoja*) romp, rampage, frolic; (*om hav, storm o. bildl.*) rage; (*vara ursinnig*) fume, rave; *ungdomen ~r* youth is having (must have) its fling; *stormen har ~t ut* the gale has spent its fury **rasande I** *a4* raging (*storm* gale; *lidelser* passions); (*ursinnig*) furious (*på* with; *över* at); *AE. äv.* mad (*på* at; *över* about); *bli ~* get into a rage (passion); *i* (*med*) *~ fart* at a furious (breakneck) pace, at lightning speed **II** *adv* (*väldigt*) awfully (*stilig* smart); *~ hungrig* ravenously (furiously) hungry

ras|biologi human genetics (*pl, behandlas som sg*), racial biology **-blandning** miscegenation; mixture of races (*om djur:* breeds) **-diskriminering** racial discrimination, colour bar **-djur** (*häst*) thoroughbred; (*katt, hund etc.*) pedigree cat (dog) *etc.*

rasera demolish, dismantle; raze, pull down

raseri rage, fury; frenzy; *gripas av ~* be seized with frenzy; *råka i ~* fly into a rage **-anfall** fit of rage; *få ett ~* fly into a rage

rasering [-'se:-] demolition, dismantling; pulling down

ras|fördom racial prejudice **-förföljelse** racial persecution **-hat** racial hatred **-hygien** *s3, ej pl* eugenics (*pl, behandlas som sg*) **-häst** thoroughbred **-ism** racism **-ist** racist **-istisk** [-'siss-] *a5* racistic

1 rask *s7* refuse, thrash; *hela ~et* the whole lot

2 rask *a1* **1** quick, speedy, rapid, swift; (*flink*) nimble; (*fortfärdig*) prompt, expeditious; (*hurtig*) brisk; (*käck*) brave; *i ~ takt* at a rapid (brisk) pace (rate); *i ~ följd* in rapid succession **2** (*frisk*) well, healthy; *~ och kry* hale and hearty

raska *~ sig, ~ på* hurry up, make haste; *~ på ngn* hurry s.b. on

raskrig racial war
raskt *adv* quickly *etc.*; *det måste gå ~* it must be done quickly; *handla ~* take prompt action
ras|minoritet racial minority **-motsättning** racial antagonism
1 rasp *s2* (*verktyg*) rasp, grater
2 rasp *s7* (*skrap*) rasp[ing sound]; (*pennas*) scratching
raspa rasp, grate; *pennan ~r* the pen scratches
ras|problem racial problem **-ren** purebred; thoroughbred; pedigree
rassel ['rass-] *s7* clatter; (*av vapen*) rattle, clank; (*prassel*) rustle; *med.* rale **rassla** clatter; rattle, clank; (*prassla*) rustle
rast *s3* (*vila*) rest, repose; (*uppehåll*) pause, rest; *mil.* halt; *skol.* break, recess; *utan ~ eller ro* without a pause (breather), nonstop **rasta 1** (*ta rast*) rest, have a break; *mil.* halt **2** (*motionera*) take out for exercise
raster ['rass-] *s7, boktr.* screen; (*TV-*) raster; *förse med ~* screen **-täthet** screen ruling; (*i TV*) scanning density
rast|lös restless; agitated, fidgety **-löshet** restlessness; agitation, fidgetiness **-ning** exercising; airing **-plats** halting place; (*vid bilväg*) lay-by, pull-up
rasåtskillnad *se rasdiskriminering*
rata (*försmå*) despise; (*förkasta*) reject
rate [rejt, rät] *s5* (*fraktsats*) rate; (*delbetalning*) instalment
ratificer|a ratify **-ing** ratification
rationaliser|a [-tʃɑ-] rationalize; improve efficiency **-ing** rationalization; efficiency improvement **-ingsexpert** [business] efficiency expert
rational|ism [-tʃɑ-] rationalism **-ist** rationalist **-istisk** [-'liss-] *a5* rationalist[ic]
ration|ẹll [-tʃɑ-] *a1* rational **-ẹllt** *adv* rationally; *~ utformad* scientifically outlined (designed)
ratt *s2* (*bil-*) [steering] wheel; *tekn.* hand wheel; (*radio-*) knob **ratta** *vard.* drive
ratt|fylleri drunken driving **-fyllerist** drunken driver **-kälke** bobsleigh **-lås** steeringwheel lock **-onykterhet** drunken driving **-stång** steering column **-växel** steering-column gear change **-växelspak** steering-column [gear] lever
ravaillac [ˣravvajak, 'ravv-] *s2* rogue; reveller
ravịn *s3* ravine
rayon [-'jå:n] *s4* (*tyg*) rayon
razzia ['rattsia, 'rassia] *s1* raid; roundup; *göra ~* raid, round up
1 rea *se jet*
2 rea *s1, vard., se realisation 1*
reagẹns *s7, s3* reagent, test (*på* for) **reagenspapper** test (indicator) paper **reagera** react (*för* to; *mot* against; *på* on); *~ alkaliskt* give an alkaline reaction; *hur ~r han inför …?* what is his reaction to …?
reajaktplan jet fighter
reaktạns *s3* reactance
reaktion [-k'ʃɑ:n] reaction; response
reaktions|drift jet propulsion **-driven** *a5* jet-propelled **-förmåga** reactivity **-hastighet** reaction rate (speed) **-motor** jet engine **-tid** reaction time
reaktionạ̈r [-kʃɑ-] **I** *s3* reactionary **I** *a1* reactionary
reaktiver|a reactivate **-ing** reactivation
reaktor [-ˣaktår] *s3* reactor **-anläggning** reactor plant (installation) **-härd** *s3* reactor core
reạl *a1* real, actual; (*saklig*) factual **-examen** *ung.* intermediate school-leaving examination; *BE. motsv.* General Certificate of Education, ordinary level (*förk. G.C.E., O level*) **-genus** common gender **-gymnasium** *ung.* secondary modern school
real|ia [-'a:l-] *pl* facts, realities; (*-vetenskaper*) concrete (exact) sciences **-inkomst** real income
realisation 1 *hand.* sale **2** (*förverkligande*) realization; (*förvandling i reda pengar äv.*) conversion
realisations|vara cut-price article **-vinst** capital gain **-värde** bargain (clearance) value, sale price
realiser|a 1 *hand.* sell off (out), clear stock[s] **2** (*förverkliga*) realize; (*tillgångar äv.*) convert into cash **-bar** *a1* **1** (*utförbar*) practicable, feasible **2** (*säljbar*) salable, realizable
real|ism realism **-ist** realist **-istisk** [-'iss-] *a5* realistic; (*'nykter'*) matter-of-fact **-iter** [re'a:-] in reality (fact), actually **-itẹt** *s3* reality ; *i ~en* in reality, practically speaking
real|kapital real capital **-linje** *skol.* science (modern) side **-lön** real wages (*pl*) **-politik** practical politics (*pl*) **-skola** *ung.* secondary modern school **-tid** *data.* real time **-tillgånger** *pl* tangible assets **-union** legislative union **-värde** real (actual) value; (*mynts*) intrinsic value
rea|motor jet engine **-plan** jet plane
reassur|ans [-'raŋs] *s3* reinsurance **-era** reinsure
rebẹll *s3* rebel, insurgent **-isk** *a5* rebellious, insurgent
rebus ['re:-] *s2* picture puzzle, rebus
recens|ent reviewer, critic **-era** review **-ion** [-n'ʃɑ:n] review **-ionsexemplar** review[er's] (advance) copy
recentior [-ˣsentsiår, -'sent-] *s3* [*pl* -'å:-] *univ.* freshman
recẹpt *s7, med.* [doctor's] prescription (*på* for); *kokk., tekn., bildl.* recipe (*på* for); *expediera ett ~* make up a prescription; *skriva ut ~ på ngt* (*äv.*) prescribe s.th.; *endast mot ~* on doctor's prescription only **receptarie** [-'ta:-] *s5* dispenser
recept|belagd *a5* subject to prescription; *~a läkemedel* drugs sold on prescription only **-fri** sold without a doctor's prescription
reception [-p'ʃɑ:n] reception **-ist** receptionist
receptiv [-'i:v, 'ress-, 're:s-] *a1* receptive **-itet** receptivity
receptur dispensary
recess|ion [-se'ʃɑ:n] recession **-iv** [-se'si:v] *a1* recessive
recẹtt *s3* box-office returns (*pl*) **-föreställning** benefit performance
recidịv *s7* relapse, return, recurrence; *få ~* have a relapse
recipi|ẹnd *s3* (*inom orden*) recipiendary **-ent** *tekn.* container **-era** (*intas i orden*) be initiated (*i* into); (*inta i orden*) conduct the initiation of
reciprocitet reciprocity **reciprọk** [-å:-] *a1* reciprocal
recit|ation recitation; reading **-atịv** *s7* recitative **-atris, -atör** reader **-era** recite
rector ['rekk-] *~ magnificus* vice-chancellor, *AE.*

R

president

red *imperf. av rida*

1 reda *s1* **1** (*ordning*) order; *ordning och ~* order and method; *det är* [*ingen*] *~ med honom* he is [not] to be counted upon; *bringa* (*få*) *~ i* bring (get) into order; *hålla ~* (*ordning*) *på* keep in [good] order (*jfr äv. 2*) **2** *få ~ på* (*få veta*), get to know, find out, (*finna*) find; *göra ~ för* account for; *ha ~ på* know [about], be aware of; *ha väl ~ på sig* be well informed; *hålla ~* (*rätt*) *på* keep count of (*jfr äv. 1*); *ta ~ på* (*skaffa kännedom om*) find out, (*söka rätt på*) find (*åt ngn* for s.b.)

2 reda *oböjligt a, i ~ pengar* in cash, in ready money

3 red|a *v2* **1** (*be-*) make, prepare (*ett bo* a nest; *ett läger* a bed); (*~ ut*) comb (*ull* wool); (*klargöra*) clear up, sort out (*sina intryck* one's impressions) **2** (*av-*) thicken (*en soppa* a soup) **3** *rfl* (*om sak*) *det -er sig nog* things will come out all right; (*om pers.*) get on, manage; *~ sig själv* help o.s.; *han -er sig nog* he will manage all right **4** *~ upp* settle, fix, (*svårighet*) clear up; *~ ut* (*ngt till-trasslat*) unravel, (*klargöra*) explain

redaktion [-k'ʃɑ:n] **1** (*utgivande*) editing; (*utgivarskap*) editorship; (*avfattning*) wording; *under ~ av* edited by **2** (*personal*) editorial staff; (*lokal*) editorial office (department) **-ell** *a1* editorial

redaktions|chef editor-in-chief, managing editor **-kommitté** editorial committee **-sekreterare** *ung.* assistant editor-in-chief

redaktör editor

redan (*som bestämning t. predikatsverbet*) already; (*i övriga fall*) as early as, even, (*just, själva*) very; *är du hemma ~?* are you home already?; *~ på 1600-talet* as early (long ago, far back) as the 17th century; *~ då* even then, as early as that; *~ förut* even before this; *~ efter tre gånger* after only three times; *~ i dag* this very day; *~ samma dag* [on] the very same day; *~ länge* [for] a long time (ever so long); *~ som barn* while still (even as) a child; *~ tanken på* the mere thought of

redare shipowner

redbar [ˣre:d-] *a1* (*rättrådig*) honest, upright; (*samvetsgrann*) conscientious **-het** honesty, uprightness; conscientiousness

1 redd *s3* road[stead]; *ligga på ~en* lie (be) in the roads

2 redd *a5* thick[ened] (*soppa* soup)

rede *s6* nest

rederi shipping company, shipowners (*pl*); carrier **-näring** shipping [business]

redig *a1* **1** (*ej trasslig*) orderly; (*om handstil*) clear, legible; (*lätt begriplig*) intelligible, lucid; (*vid full sans*) in one's right senses; *ett ~t huvud* a clear intellect **2** *en ~ portion* a substantial helping; *en ~ karl* a reliable chap, a good sort; *en ~ förkylning* a severe cold

rediger|a [-'ʃe:-] edit; draft, formulate **-ing** editing

redighet clarity, lucidity

redingot ['reddiŋgåt] *s3* frock coat

rediskonter|a rediscount **-ing** rediscount[ing]

redlig [ˣre:d-] *a1, se redbar* **-en** honestly, loyally; *~ sträva* make honest efforts

redlös 1 *sjö.* disabled **2** (*drucken*) blind (helplessly) drunk

redning [ˣre:d-] *kokk.* thickening (*äv. konkr.*)

redo *oböjl. a* ready, prepared; *var ~!* be prepared! **-bogen** *a3* ready, willing **-göra** *~ för a*) (*redovisa*) account for, report on *b*) (*beskriva*) describe, give an account of; *~ närmare för* give details (a detailed description) of; *i korthet ~ för* outline, give a brief outline (summary) of **-görelse** [-j-] account (*för* of), report (*för* of, on)

redovis|a *bokf.* record; *~ för* account for, give an account of; *bolaget ~r vinst* the company shows (reports) a profit **-ning** account; (*räkenskapsbesked*) statement of accounts; *brista i ~* fail to render an account

redovisningsskyldig accountable, required to render accounts **-het** accountability, obligation to render accounts

redskap [ˣre:d-] *s7, koll. s9* instrument (*äv. bildl.*); (*verktyg*) tool, implement (*äv. bildl.*); (*utrustning*) equipment, tackle; *gymn.* apparatus

redskapsbod tool shed

reducer|a reduce; cut (bring) down **-bar** *a1* reducible **-ing** reduction **-ingsventil** reducing (back pressure) valve

reduktion [-k'ʃɑ:n] reduction **reduktionstabell** conversion table

redund|ans *s3* redundancy **-ant** *a5* redundant

redupli|cera reduplicate **-kation** reduplication

redutt *s3, mil.* redoubt

reell [re'ell] *a1* **1** (*verklig*) real, actual; (*påtaglig*) tangible **2** *se rejäl*

referat *s7* account, report; (*sammandrag*) summary

referendum [-ˣrenn-] *s8* referendum (*pl äv.* referenda)

referens *s3* reference; *lämna ~er* give references; *svar med ~er* reply stating references **-bibliotek** reference library **-grupp** reference group **-ram** frame of reference

referent reporter **referera** (*ge referat av*) report, give an account of; *~ till* refer to; *~nde till Ert brev* with reference to (referring to) your letter

reflekt|ant (*spekulant*) prospective buyer **-era 1** (*återspegla*) reflect, throw back **2** (*tänka*) reflect, cogitate (*över* upon); *~ på* (*anbud, förslag*) consider, entertain, (*en vara*) be open (in the market) for, be buyer of; *~ på en plats* think of applying for a post **-ion** [-k'ʃɑ:n] *se reflexion* **-or** [-ˣflektår] *s3* reflector

reflex *s3* reflex **-band** luminous tape

reflexion [-ek'ʃɑ:n] **1** *fys.* reflection, reflecting; (*av ljud*) reverberation **2** *bildl.* reflection, meditation; (*slutsats*) deduction; (*uttalad*) comment

reflexionsförmåga reflective power

reflexiv ['reff-, 're:-] *a1* reflexive

reflex|rörelse reflex movement (action) **-verkan** reflex effect

reform [-'fårm] *s3* reform; *införa ~er* introduce reforms **-anda** reform spirit **-ation** reformation; *~en* the Reformation **-ator** [-ˣa:tår] *s3* reformer **-atorisk** *a5* [-'tɔ:-] reformatory, reforming

reformera reform **reformert** [-'märt] *a4, den ~a kyrkan* the Reformed Church; *en ~* a member of the Reformed Church, Presbyterian, Calvinist; *de ~a* the Reformed

reform|fiende anti-progressive **-fientlig** anti-progressive **-ism** reformism **-iver** reforming zeal **-strävande** *s9, ~n* reforming efforts, struggle for reform **-vänlig** favourable to reform
refraktion [-k'ʃɑ:n] *fys.* refraction
refräng *s3* refrain, chorus; *falla in i ~en* join in the chorus; *tänka på ~en* (*vard.*) think about leaving
refug *s3* refuge, traffic island
refuser|a refuse, reject **-ing** refusal, rejection
regal *s3, boktr.* composing frame
regalera regale **regalier** [-'ga:-] *pl* regalia **regalskepp** [-ˣga:l-] man-of-war, ship of the line
regatta [-ˣgatta] *s1* regatta
1 regel [ˣre:-] *s2* (*för dörr*) bolt; *skjuta för ~n* bolt the door
2 reg|el ['re:-] *s3* (*norm etc.*) rule, regulation; *-ler och anvisningar* rules and regulations; *ingen ~ utan undantag* no rule without an exception; *uppställa -er för* draw up rules for; *enligt -lerna* according to rule (the rules, the book), by the book; *mot -lerna* against the rules; *i* (*som*) *~* as a rule, usually; *göra det till en ~* make it a rule
regel|bunden *a3* regular; *~ puls* normal pulse **-bundenhet** regularity **-lös** (*utan regler*) lawless; (*oordentlig*) irregular; (*tygellös*) licentious **-mässig** *a1, se -bunden* **-rätt** *a4* regular; (*korrekt*) correct; (*sannskyldig*) regular, proper **-vidrig** contrary to the rule[s]
regemente [-je'mente, -g-] *s6* **1** *mil.* regiment **2** (*regering*) government, rule; *föra ett strängt ~* rule with severity
regements|chef regimental commander **-kamrat** *vara ~er* be in the same regiment **-läkare** army (regimental) doctor **-officer** field officer **-pastor** regimental chaplain, padre
regener|ation [-j-] regeneration **-ativ** *a1* regenerative **-ator** [-ˣa:tår] *s3* regenerator **-era** regenerate
regent [-j-] ruler, sovereign; (*ställföreträdare*) regent **-längd** table of monarchs (rulers) **-skap** [-ˣjent-] *s7* regency
reger|a [-j-] **1** (*styra*) govern; (*härska*) rule; (*vara kung*) reign; *medan han ~de* (*äv.*) during his reign **2** (*behärska*) rule, govern; *~s av sina lidelser* be dominated by one's passions **-ing** (*regeringstid*) rule, reign; (*-ande*) rule, government; (*verkställande myndighet*) government; *AE. vanl.* administration; *tillträda ~en* (*om kung*) accede to the throne, (*om myndighet*) take office; *bilda ~* form a government; *den sittande ~en* the government in power
regerings|beslut government decision **-bildning** formation of a government **-bänken** the government (*Storbritannien* treasury) bench **-chef** head of the (a) government; prime minister **-fientlig** anti-government; oppositional **-form 1** (*statsskick*) form of government **2** (*grundlag*) constitution; *1809 års ~* the 1809 Constitution Act **-förslag** government proposal (proposition) **-kris** cabinet crisis **-ledamot** minister of state, cabinet minister **-organ** government organ **-parti** government party **-råd** justice of the supreme administrative court; *Storbritannien* Lord Justice **-rätt** *~en* the [Swedish] supreme administrative court **-ställning** *vara i ~* be in power (office) **-tid** (*regents*) reign; (*regerings*) period of office **-år** year of reign
regi [-'ʃi:] *s3* management; *teat.* stage management; *film.* direction; (*iscensättning*) production; *i egen ~* under private management; *i statlig ~* under government auspices **-anvisning** *~ar* acting (stage) directions
regim [-'ʃi:m] *s3* management, administration, regime; *ny ~* (*hotell- e.d.*) new management **-förändring** change of management
region *s3* region; district, area **-al** *a1* regional **-alpolitik** regional policy **-plan** regional plan
regissera [reʃi-] produce; (*film*) direct **regissör** producer; (*film., radio. o. AE.*) director
register [-'jiss-] *s7* **1** register, roll, record; (*ord-, sak-*) index **2** (*orgel-*) [organ] stop; (*tonomfång*) range **-kort** index card **-ton** *sjö.* register ton
registrator [-ˣra:tår] *s3* registrar, recorder, registry clerk **registratur** *s7, s9* copies (*pl*) of public documents; registrar's office
registrer|a register, record **-ing** registration
registrerings|avgift registration fee **-bokstav** (*på bil*) index mark **-nummer** registration number **-skylt** (*på bil*) numberplate, *AE.* license plate
regla [ˣre:g-] bolt
reglage [-'la:ʃ] *s7* control, lever
reglementarisk [-'ta:-] *a5* in conformity with regulations
reglement|e [-'mente] *s6* regulations, rules (*pl*); *~t föreskriver* the regulations prescribe **-era** regulate
reglements|enlig [-e:nl-] *a1* according to regulations **-vidrig** contrary to regulations
regler|a regulate; (*justera*) adjust; (*arbetstid, skuld etc.*) settle; *~d befordringsgång* statutory system of promotion **-bar** [-e:r-] *a1* adjustable **-ing 1** regulation; adjustment; settlement **2** *med.* menstruation
reglett *s3, boktr.* lead; reglet
regn [reŋn] *s7* rain; *bildl. äv.* shower, hail; *ett stritt ~* a heavy rain, a downpour; *i ~ och rusk* in chilly wet weather; *efter ~ kommer solsken* (*bildl.*) every cloud has a silver lining; *det ser ut att bli ~* it looks like rain
regn|a [ˣreŋna] rain; *bildl. äv.* shower, hail; *det ~r* it is raining; *det ~r in* it is raining in (*genom fönstret* at (through) the window); *det ~r småsten* it is raining cats and dogs; *låtsas som det ~r* look as if nothing were (was) the matter **-blandad** *~ snö* rain mingled with snow **-by** rain squall **-båge** rainbow **-bågshinna** iris **-dis** rainy mist **-droppe** raindrop **-fattig** with little rain, dry **-ig** *a1* rainy; wet **-kappa** raincoat, mackintosh, waterproof **-moln** rain cloud **-mätare** rain gauge, pluviometer **-område** area with rainfall **-rock** *se -kappa* **-skog** rainforest **-skur** shower [of rain] **-stänk** *pl* spots of rain; *det kom bara några ~* there were only a few spots **-tid** rainy season; *~en* (*äv.*) the rains (*pl*) **-tung** rain-laden **-vatten** rainwater **-väder** rainy weather; *vara ute i -vädret* be out in the rain
regress (*återgång*) retrogradation **-ion** [-e'ʃɑ:n] regression **-iv** *a1* regressive **-rätt** right of recourse
reguladetri *s3* rule of three

R

regul|ator [-ˣa:tår] *s3* regulator **-jä̦r** *a1* regular
regummera retread, *AE.* recap; (*slitbana*) top-cap
rehabiliter|a rehabilitate **-ing** rehabilitation
reine claude [rä:n 'klå:d] *s5, se renklo*
reinkarn|ation [re-in-] reincarnation **-era** reincarnate
rejä̦l *a1* (*pålitlig*) honest, reliable; (*ordentlig, bastant*) proper, jolly good; *ett ~t mål mat* a good square meal
rek *s7* registered post
rekambioräkning [-'kamm-] re-exchange account
rekapituler|a recapitulate **-ing** recapitulation, summing-up
reklạm *s3* advertising; (*publicitet*) publicity; *konkr.* advertisement; *braskande ~* loud (showy) advertising; *göra ~ för* advertise, *vard.* boom, puff; *göra ~ för sig själv* blow one's own trumpet **-affisch** advertising poster (bill) **-anslag** publicity allocation **-artikel** publicity device; advertising gift
reklama|tion (*återfordran*) reclaim; (*klagomål*) complaint, claim; *post.* inquiry [about a missing letter (parcel)] **-tionsnämnd** *allmänna ~en* the [Swedish National] board for consumer complaints
reklam|avdelning publicity (advertising) department **-broschyr** publicity (advertising) leaflet **-byrå** advertising agency **-chef** advertising manager
1 reklamera (*klaga*) complain of; *post.* inquire for (about); *~ en leverans* reject (complain of) a delivery
2 reklamera (*göra reklam för*) advertise, *vard.* boom, puff
reklam|erbjudande bargain (special) offer **-film** advertising film, commercial **-jippo** advertising gimmick, publicity stunt **-kampanj** advertising (publicity) campaign **-konsulent** advertising consultant **-ljus** neon light **-man** publicity (advertising) expert **-material** promotion material **-pris** bargain price **-skylt** advertising sign **-tecknare** commercial artist **-teckning** *konkr.* advertisement designing; *abstr.* commercial art **-text** [advertising] copy **-tryck** advertising matter **-ändamål** *för ~* for advertising purposes
rekognos[c]er|a [-kåŋnå-, -kågnå-] reconnoitre; scout; *~ terrängen* (*bildl.*) see how the land lies **-ing** reconnaissance, reconnoitre **-ingstur** reconnoitring tour
rekommend|ation [-å-] **1** recommendation **2** *post.* registration **-ationsbrev** letter of recommendation (introduction) **-era 1** recommend (*ngn* (*ngt*) *för ngn* s.b. (s.th.) to s.b.); *~ ngn på det varmaste* heartily recommend s.b.; *som kan ~s* recommendable; *~ sig* take one's leave **2** *post.* register; *~s* (*påskrift på brev*) registered (*förk.* reg[d].); *i* (*som*) *~t brev* by registered post
re|konstruera [-å-] reconstruct **-konstruktion** [-k'ʃo:n] reconstruction
rekonvalesc|ens [-'sens, -'ʃens] *s3* convalescence **-ent** [-e'sent] convalescent
rekord [-'kå:rd] *s7* record; *inneha ett ~* hold a record; *slå ~[et]* break the record; *sätta ~* set up a record **-anslutning** *det blev ~* there was a record number of participants **-artad** [-a:r-] *a5* unparalleled, unprecedented; record (*hastighet* speed) **-fart** record speed **-försök** attempt at the record **-hållare** record holder **-jakt** record-chasing **-siffra** record figure **-skörd** bumper harvest (crop) **-tid** *ny ~* new record time; *göra ngt på ~* do s.th. in record time
rekreation recreation; relaxation
rekreations|ort health resort **-resa** recreation trip
rekreera [-e'e:-] refresh; *~ sig* refresh o.s., rest, recuperate
rekrỵt *s3* recruit; *göra ~en* (*vard.*) do first training period as a conscript **-era** recruit, enlist **-ering** [-'te:-] recruiting, recruitment **-tid** first period of compulsory military training **-utbildning** training of recruits
rektang|el [-'taŋ-] *s2* rectangle **-ulä̦r** [-ŋg-] *a1* rectangular
rektascension [-asen'ʃo:n] *astr.* right ascension
rektor [ˣrekktår, 'rekk-] *s3* headmaster, principal; (*kvinnlig*) headmistress; (*vid univ.*) vice chancellor, *AE.* president; (*vid fackhögskola*) principal, rector, warden **rektorạt** *s7* headmastership *etc.*
rektors|befattning headmastership *etc.* **-expedition** *~en* the headmaster's (*etc.*) office
rektorska [-'to:rs-] *s1* headmaster's (*etc.*) wife
rekviem ['re:-, 'rekk-] *s7, best. form äv. rekviem* requiem
rekvirera 1 (*beställa*) order; *kan ~s genom* obtainable through **2** *mil.* requisition
rekvisi|ta [-ˣsi:-] *pl, äv. s9* (*förnödenheter*) requisites; *teat. o.d.* properties **-tion 1** (*beställning*) order **2** *mil.* requisition **-tionsblankett** requisition form **-tör** *teat.* property man, *vard.* propman
rekỵl *s3* recoil, kick **-era** recoil, kick
relatera relate, give an account of
1 relation (*berättelse*) narration; *i hans ~* in his account (version)
2 relation 1 (*förbindelse*) relation, connection; (*förhållande*) relationship; *sätta* (*ställa*) *ngt i ~ till* relate s.th. to; *stå i ~ till* be related to **2** *~er* (*inflytelserika förbindelser*) connections; *skaffa sig fina ~er* get influential connections, climb the social ladder; *sakna ~er* (*äv.*) have no friends at court
relativ ['re:-, 'rell-, -'ti:v] **I** *a1* relative (*äv. språkv.*); comparative (*lugn* quiet); *allting är ~t* everything is relative **II** *s7, s4* relative **-ism** relativism **-istisk** [-'viss-] *a5* relativistic **-itet** relativity **-itetsteori** theory of relativity **-sats** relative clause
releg|ation expulsion **-era** [-'ge:-, -'ʃe:-] expel; *univ. äv.* send down, (*för kortare tid*) rusticate
relev|ans [-'ans, -'aŋs] relevance **-ant** [-'ant, -'aŋt] relevant
reliabilitet reliability
relief [reli'eff, -j-] *s3* relief (*äv. bildl.*); *ge ~ åt* bring out in relief; *i ~* in relief **-karta** relief map **-verkan** relief effect
religion [-li'(j)o:n, -'gio:n] *s3* religion; (*friare*) faith, belief; (*läroämne äv.*) divinity
religions|fientlig antireligious **-filosofi** philosophy of religion **-frihet** religious freedom

-förföljelse religious persecution **-förkunnelse** preaching of a religion **-historia** religious studies (*pl*), comparative religion, history of religion[s] **-krig** religious war **-kunskap** religious education **-stiftare** founder of a religion **-undervisning** religious instruction **-utövning** religious worship (practices); *fri* ~ freedom of worship **-vetenskap** religious science; *se äv.* *-historia*

religi|ositet [-i(j)ɑ-, -ligiɑ-] religiousness, piety **-ös** [-i'ʃö:s, -gi'ö:s] *a1* religious; sacred (*bruk* custom)

relik *s3* relic **-skrin** reliquary, shrine

relikt *s3, s4* relict **-form** survival form

reling gunwale, gunnel, rail; *manna* ~ man the rail; *fritt vid* ~ (*hand.*) ex ship

relä *s4* relay **reläa** relay, pipe **relästation** relay (repeating) station

rem [remm] *s2* strap; (*smal*) thong; (*driv-*) belt; *ligga som ~mar efter marken* go flat out

remarkabel [-'ka:-] *a2* remarkable, notable

remb[o]urs [raŋ'burs] *s3* documentary credit; *AE.* letter of credit, commercial credit

remdrift belt-drive, belt-driving

remi *s3, schack.* draw; *det blev* ~ the game was drawn; *uppnå* ~ achieve a draw

reminiscens [-i'sens, -i'ʃens] *s3* reminiscence

remiss *s3, abstr.* commitment [for consideration]; *konkr.* [committee] report; (*läkar-*) doctor's letter of introduction, (*t. sjukhus*) admission note; *vara* (*utsända*) *på* ~ be circulated (circulate) for comment

remissa [-ˣmissa] *s1* remittance **-brev** remittance letter

remiss|debatt debate on the estimates (*i Storbritannien* Address) **-instans** body to which a proposed [legislative] measure is referred for consideration

remitt|ent I *s3* (*växel-*) payee **II** *a4, med.* remittent **-era 1** *hand.* remit **2** (*hänskjuta*) commit (refer) for a pronouncement **3** *med.* refer, send

1 remmare *sjö.* perch, stick

2 remmare (*glas*) hock-glass, rummer

remont [-'månt-, -'måŋt-] *s3* remount [horse] **-depå** remount depot

remontera [-månt-, -måŋt-] bloom twice in one season

remplacer|a [raŋ-, ram-] replace **-ing** replacement

remsa *s1* strip, tape; (*pappers-*) slip; (*tyg*) shred

remskiva [belt] pulley

remuladsås remoulade [sauce]

1 ren *s2* (*dikes-*) ditch-bank; (*åker-*) headland; (*landsvägs-*) verge

2 ren *s2* (*djur*) reindeer (*pl* reindeer[s])

3 ren *a1* (*ej smutsig*) clean; (*prydlig*) tidy; *bildl.* pure; (*idel*) pure, sheer, mere; (*oblandad, äkta*) pure, unadulterated; (*klar*) clear; *~t samvete* a clear conscience; *göra ~t* clean (*i köket* in the kitchen); *göra ~t hus* (*bildl.*) make a clean sweep [of everything]; *~a galenskapen* sheer madness; *av en ~ händelse* by pure (sheer) accident; *av ~ nyfikenhet* out of sheer curiosity; *~t nonsens* sheer nonsense; ~ *choklad* plain chocolate; *~a sanningen* plain truth; *säga sin mening på ~ svenska* speak one's mind in plain Swedish; *ett ~t hjärta* a pure heart; *~t spel* fair play; ~ *infinitiv* the simple infinitive; *en ~ förlust* a dead (total) loss; ~ *vinst* net (clear) profit, net proceeds; *~t netto* net without discount, no discount

rena 1 clean; purify; (*socker*) refine **2** *bildl.* purify; cleanse, purge **renare** filter

ren|avel reindeer breeding **-bete** reindeer pasture

rendera [ren'de:-, raŋ-] (*inbringa*) bring in, yield; (*ådraga*) bring down upon (*ngn* s.b.)

rendezvous [raŋde'vɑ:] *s4* rendezvous (*sg o. pl*); appointment

renegat renegade; apostate

renfana [ˣre:n-] *bot.* tansy

ren|framställa produce in pure form **-göra** clean **-göring** [-j-] cleaning; (*städning äv.*) house-cleaning, cleanup **-göringskräm** cleansing cream **-göringsmedel** detergent, cleaner, cleaning-agent **-het** [ˣre:n-] cleanness *etc.* (*jfr ren*); purity (*äv. bildl.*); *hög* ~ (*kem.*) high purity **-hetsivrare** puritan

renhjord reindeer herd

renhjärtad [ˣre:njär-] *a5* pure-hearted, pure in heart

ren|hud reindeer skin (hide) **-hudshandske** reindeer glove

ren|hållning cleaning; (*sophämtning*) refuse collection [and disposal]; (*gatu-*) scavenging, street-sweeping, street-cleaning **-hållningsverk** sanitary (scavenging) department **-hårig** *bildl.* honest, fair **-ing** cleaning, cleansing; (*kem. o.d.*) purification **-ingsverk** purifying (sewage-treatment) plant

renklo [reŋ'klɑ:, 'reŋ-, 're:n-] (*plommonsort*) greengage [plum]

renko reindeer doe, doe reindeer

renkultur pure culture

ren|kött reindeer meat **-lav** reindeer moss

ren|levnad chastity, continence **-levnadsman** continent man; ascetic **-lig** [ˣre:n-] *a1* cleanly **-lighet** [ˣre:n-] cleanliness **-lärig** *a1* orthodox **-lärighet** orthodoxy **-odla** isolate, cultivate in isolation **-odlad** [-ɑ:-] *a5, bildl.* absolute, downright (*egoism* egotism)

renommé [-å-] *s4* reputation, repute; *ha gott* ~ have a good name, be well reputed; *par* ~ by repute (hearsay)

renons [-'nåŋs, -'nåns] **I** *s3* void **II** *oböjligt a, vara ~ i spader* be without (have no) spades; *vara fullständigt ~ på* be absolutely devoid of, have no … whatever

renover|a renovate; *AE. äv.* revamp; (*byggnad, tavla o.d.*) restore; (*våning o.d.*) do up, repair **-ing** renovation; restoration; repair

ren|rakad *a5* **1** *se slätrakad* **2** (*barskrapad*) cleaned out, broke **-rasig** *a1* purebred; *se äv. rasren* **-rita** draw fair, make a fair copy of

rens *s7* trimmings (*pl*)

rens|a 1 (*rengöra*) clean; (*bär, grönsaker*) pick over; (*fisk*) clean, gut; (*fågel*) draw; (*ogräs*) weed; (*magen*) purge; (*tömma*) evacuate; ~ *ogräs* weed **2** (*befria*) clear (*havet från ubåtar* the sea of submarines); *åskan* (*samtalet*) *~de luften* the thunderstorm (conversation) cleared the air; ~ *bort* clear away; remove **-brunn** soakaway, sinkhole **-hacka** weeding-hoe

R

renskiljning reindeer separation (roundup)
ren|skrift *konkr.* fair (clean) copy **-skriva** make a fair (clean) copy of, write (*på maskin:* type) out **-skrivning** making a fair (clean) copy, (*på maskin*) copy-typing
renskötsel reindeer breeding (husbandry)
rens|ning cleaning *etc.* (*jfr rensa*) **-ningsaktion** *mil.* mopping-up operation[s *pl*]; *polit.* purge **-nål** cleaning-needle
renstek joint of reindeer; (*maträtt*) roast reindeer
rent [re:-] *adv* **1** *eg.* cleanly *etc.* **2** *sjunga* ~ sing (keep) in tune; *skriva ~ åt ngn* do a p.'s fair-copying [for him *etc.*]; *tala* ~ talk properly **3** ~ *omöjlig* utterly (absolutely) impossible; ~ *praktiska detaljer* purely practical details; ~ *av* simply, absolutely, downright; *jag tror ~ av* I really believe; ~ *ut* plainly, straight [out]; ~ *ut sagt* to put it plainly, not to mince matters; *jag sade honom ~ ut* I told him frankly (in so many words) **-av** ['re:nt-] *se rent 3*
rentier [raŋ'tje:] *s3* [*pl* -'e:er] gentleman of independent means
rentjur bull reindeer
rentré [raŋ-] *s3* re-entry, reappearance
ren|tryck clean proof **-två** *bildl.* clear, exonerate; ~ *sig* clear o.s. (*från misstanke* of suspicion)
rentut ['re:nt-] *se rent 3*
renässans [-'saŋs, -'sans] *s3, ~en* the Renaissance (Renascence); *uppleva en ~* experience renaissance **-furste** Renaissance prince **-stil** Renaissance (*etc.*) style **-tiden** the Age of the Renaissance (*etc.*)
reol [re'å:l] *s3* bookcase; shelves (*pl*)
reorganis|ation [reå-] reorganization **-era** reorganize
reostat rheostat
rep *s7* rope; (*smalt*) cord; *hoppa* ~ skip; *tala inte om ~ i hängd mans hus* name not a rope in the house of him that was hanged, avoid painful topics
1 repa I *s1* scratch, tear **II** *v1* scratch, tear; ~ *eld på en tändsticka* strike a match; ~ *upp* unravel, (*stickning*) undo [one's knitting]; ~ *upp sig* get unravelled
2 repa *v1,* ~ *gräs* pluck handfuls of grass; ~ *vinbär* string currants; ~ *löv* strip leaves
3 repa *v1,* ~ *mod* take heart; ~ *sig* recover, improve, get better
repar|abel [-'ra:-] *a2* (*-erbar*) repairable; (*möjlig att gottgöra*) reparable **-ation** repair[ing]; *vara under ~* be under repair, be being repaired
reparations|arbete repairs (*pl*), repair work **-kostnader** *pl* cost (*sg*) of repairs, repair costs **-utrustning** repair kit **-verkstad** repair shop, (*bil- vanl.*) garage
repar|atör repair man; (*bil-*) mechanic **-era** repair; *AE. äv.* fix; (*kläder o.d.*) mend; *våningen skall ~s* the flat is to be done up; *kan ej ~s* (*äv.*) is past repair
repartisera go shares (*om* for)
repatrier|a repatriate **-ing** repatriation
repe *s6, bot.* darnel
repellera repel
repertoar *s3* repertoire, repertory
repeter|a repeat; *teat., mus.* rehearse; *skol.* revise **-gevär, -ur** repeater
repetition repetition; *teat., mus.* rehearsal; *skol.* revision
repetitions|kurs, -övning refresher course
repetitorium [-'tω:-] *s4* **1** *se repetitionskurs* **2** (*lärobok*) synopsis (*i* of)
rephoppning skipping
repig *a1* scratched, full of scratches
replik *s3* **1** (*genmäle*) rejoinder, retort, repartee; *teat.* line, speech; *vara snabb i ~en* have a quick tongue **2** *konst.* replica **-era** reply, retort **-föring** way of arguing **-skifte** exchange (bandying) of words
replipunkt [-ˣpli:-] *mil.* base; *bildl.* basis
report|age [-år'ta:ʃ] *s7* (*nyhetsanskaffning*) reporting; (*referat o.d.*) report[age] **-er** [-'på:r-] *s2* reporter; (*radio-*) [radio] commentator
representant representative (*för* of); deputy; (*delegat*) delegate; (*handelsresande*) traveller **-huset** the House of Representatives **-skap** *s7* representation; (*representantsamling*) representative assembly
representation representation
representations|kostnader *pl* entertainment (representation[al]) expenses **-middag** official dinner **-skyldighet** *ha ~er* have to entertain **-våning** reception rooms (*pl*)
represent|ativ [-'i:v, 're:p-, 'repp-] *a1* representative (*för* of) **-era 1** (*företräda*) represent, act for **2** (*utöva värdskap*) entertain
repress|alier [-'sa:-] *pl* reprisals; *utöva ~ mot* retaliate (make reprisal) on, take reprisals against **-iv** *a1* repressive
reprimand [-'mand, -'maŋd] *s3* reprimand
repris *s3* **1** *mus.* repeat; *teat.* revival; (*av film e.d.*) rerun, second presentation; *radio., TV.* repeat; (*TV i slowmotion*) action (instant) replay **2** (*omgång*) turn, bout **-era** repeat; revive; rerun **-tecken** *mus.* repeat mark
reproducera reproduce **reproduktion** [-k'ʃω:n] reproduction (*äv. konkr.*)
reproduktions|anstalt process-engraving establishment (laboratory) **-avdrag** reproduction proof (pull)
reproduktiv *a1* reproductive
rep|slagare rope maker **-slageri** (*-slagning*) rope-making; *konkr.* rope yard, rope works **-stege** rope ladder **-stump** rope's end, short piece of rope
reptil *s3* reptile
republik *s3* republic **-an** *s3* republican **-ansk** [-a:-] *a5* republican
repulsion [-l'ʃω:n] repulsion
reput|ation reputation **-erlig** [-'te:r-] *a1* reputable; respectable
repövning military refresher course
1 res|a *v3* (*höja*) raise (*invändningar* objections); erect (*en gravsten* a gravestone); set up (*en stege* a ladder; *krav* claims); ~ *ett tält* pitch a tent; *taket är -t* the rafters are in place; ~ *talan* (*jur.*) lodge a complaint; ~ *sig* rise, (*stiga upp äv.*) get up; ~ *sig på bakbenen* rear [on its (*etc.*) hind legs]; ~ *sig över omgivningen* rise above its environment; *håret -te sig på mitt huvud* my hair stood on end; ~ *sig ur sin förnedring* raise o.s. from degradation

2 resa *s1, jur., första ~n* first offence, *tredje ~n stöld* third conviction for theft

3 res|a I *s1* journey (*äv. bildl.*); (*sjö-*) voyage; (*över-*) crossing, passage; (*kortare*) trip; (*rund-*) tour; (*-ande*) travel; *lycklig ~!* pleasant journey!; *enkel ~* one-way trip (journey); *fri ~* free passage; *vad kostar en enkel ~?* what is the single fare?; *jag har långa -or till arbetet* I have a long journey to work; *vara* [*ute*] *på ~* be [out] travelling; *bege sig ut på ~* start (set out) on a journey; *på ~n hit såg jag* coming (on my way) here I saw **II** *v3* travel, go (*med tåg* by train; *till lands* by land); (*av-*) leave, depart (*till* for); (*om handelsresande*) travel, *vard.* be on the road; *han har -t mycket* he has travelled a great deal; *~ andra klass* travel second class; *~ bort* go away; *han -te från London i går* he left London yesterday; *~ för en firma* (*i affärer*) travel for a firm (on business); *~ hem* go home; *han har -t härifrån* he has left [here] (gone away from here); *~ igenom* pass through; *~ in till staden* go up to town; *~ omkring* travel round (about); *~ ut på landet* go [out] into the country

resande I *a4* travelling; (*kring*) touring, itinerant; *ett ~ teatersällskap* a touring company; *vara på ~ fot* be travelling (on the move) **II** *s9* travelling salesman, [commercial] traveller; (*passagerare*) passenger; *~ i tyger* traveller in fabrics; *rum för ~* lodgings (*pl*) **-bok** hotel register, visitors' book

res|dag day of travel; (*avrese-*) day of departure **-damm** *tvätta ~et av sig* wash off the dust of one's journey

rese *s2* giant

rese|berättelse account of a journey; travel book **-bidrag** travelling allowance **-byrå** travel agency (bureay) **-check** traveller's cheque

reseda [-ˣse:-, -'se:-] *s1* mignonette

reseffekter *pl* luggage (*sg*); *AE.* baggage (*sg*); personal effects

rese|förbud injunction against leaving the jurisdiction; *åläggas ~* be forbidden to travel **-försäkring** travel insurance **-grammofon** portable gramophone **-handbok** guide[book] **-kostnader** *pl* travel[ling] expenses **-kreditiv** traveller's (circular) letter of credit **-ledare** [tour] conductor, guide **-när** *s3* traveller; (*passagerare*) passenger **-radio** portable radio

reserv [-ä-] *s3* reserve; *pers.* extra hand (man); *mil.* reserve; *sport.* reserve, substitute; *i ~* in reserve (store); *dolda ~er* hidden reserves (assets); *överföras till ~en* (*mil.*) be put on the reserved list

reservant dissentient **reservare** [-ˣsärr-] *mil.* reservist **reservat** *s7* reserve; (*natur-*) national park; (*djur-*) game reserve; (*fågel-*) bird sanctuary; (*infödings-*) reservation **reservation** reservation; (*tillbakadragenhet*) reserve; *ta ngt med en viss ~* accept s.th. with some reservation; *med ~ för förändringar* subject to alteration **reservationslös** unreserved; without reservation

reserv|del spare part **-däck** spare tyre

reservera 1 reserve; set (put) aside; (*rum e.d.*) reserve, make reservations for, book [in advance] **2** *~ sig* make a reservation (*mot* to); (*protestera*) protest (*mot* against); *vi ~r oss för förseningar* we make reservation for delays **reserverad** [-'ve:-] *a5* (*beställd*) reserved, booked; (*förbehållsam*) reserved, guarded

reserv|fond reserve fund **-förråd** reserve [supply, stock] **-hjul** spare wheel **-nyckel** spare key

reservoar *s3* reservoir; cistern, tank **-penna** fountain pen

reserv|officer officer of (in) the reserve **-proviant** *s9, ej pl* emergency rations (*pl*) **-tank** reserve tank **-utgång** emergency exit, fire escape

rese|räkning travelling-expenses account **-skildring** travel book; (*föredrag e.d.*) travelogue **-skrivmaskin** portable typewriter **-stipendium** travel[ling] scholarship (grant) **-valuta** travel (tourist) allowance

res|feber (*längtan att resa*) longing to travel; *ha ~* have the jitters before a journey **-filt** travelling rug **-färdig** ready to start (for departure)

resgods luggage; *AE.* baggage **-expedition** luggage [registration] office **-försäkring** luggage insurance **-förvaring, -inlämning** cloakroom, left-luggage office; *AE.* checkroom

residens *s7* residence **-stad** seat of provincial government; *i Storbritannien* county town

residera reside

residuum [-ˣsi:-] *s4* residue

resignation [-iŋn-, -inj-] resignation **resignera** [-ŋ'ne:-, -n'je:-] resign o.s. (*inför* to) **resignerad** *a5* resigned; *med en ~ min* with an air of resignation

resist|ans [-'ans, -'aŋs] *s3, elektr.* resistance **-ens** *s3* resistance **-ent** *a1* resistant

res|kamrat fellow traveller; (*-sällskap*) travelling companion **-kassa** cash for a journey; travelling funds (*pl*) **-klädd** dressed for a journey

reskontra [-'kånn-, ˣress-] *s1* personal ledger; (*kund-*) accounts receivable ledger; (*leverantörs-*) accounts payable ledger

res|kost provisions (*pl*) for a journey **-lektyr** light reading for the journey; *skaffa sig litet ~* get s.th. to read on the journey

reslig [ˣre:s-] *a1* tall

res|lust wanderlust **-lysten** eager to travel

resning [ˣre:s-] **1** (*uppresande*) raising, erection **2** (*höjd, ställning*) build, imposing proportions (*pl*); (*gestalt*) stature; *en man av andlig ~* a man of great moral stature **3** (*uppror*) rising, rebellion, revolt **4** *jur.* review, new trial; *ansöka om ~ i målet* bring a bill of review, lodge a petition for a new hearing

resningsansökan petition for a new trial

resolu|t *a1* resolute; prompt **-tion** resolution; (*beslut äv.*) decision; *antaga en ~* pass (adopt) a resolution; *kunglig ~* royal ordinance, *i Storbritannien* order in council

resolutionsförslag draft resolution

resolvera [-å-] decree, decide

reson *r* reason; *ta ~* be reasonable, listen to reason, come round **resonabel** [-'na:-] *a2* (*om pers.*) amenable; (*om pris, argument etc.*) reasonable

resonans [-'naŋs, -'ans] *s3* resonance **-botten** sounding board, soundboard

resonemang *s7, s4* (*diskussion*) discussion; (*samtal*) talk; (*sätt att resonera*) reasoning **resonemangsparti** marriage of convenience

R

reson|era (*jfr resonemang*) discuss; talk over; reason; ~ *bort* explain (argue) away **-erande** [-'ne:-] *a4* (*om framställning e.d.*) reasoned, discursive, argumentative **-lig** [-'sɑ:n-] *a1* reasonable; sensible

resorbera [-å-] resorb **resorption** [-p'ʃɑ:n] resorption

respass *bildl., få* ~ get sacked, be dismissed; *ge ngn* ~ give s.b. the sack, dismiss s.b.

respẹkt *s3* respect; (*högaktning*) esteem; (*fruktan*) awe; *förlora ~en för* lose one's respect for; *ha ~ med sig* command respect; *sätta sig i ~ hos* make o.s. respected by; *visa ~ för* show consideration (respect) for; *med all ~ för* with all (due) deference to **respektabel** [-'ta:-] *a2* respectable; (*oantastlig*) irreproachable **respektabilitet** respectability

respekt|era respect, have respect for; (*åtlyda äv.*) adhere to **-full** respectful **-ingivande** *a4* that inspires respect **-injagande** *a4* awe-inspiring

respektive [-'ti:-, 'ress-] **I** *oböjligt a* respective **II** *adv* respectively; *de kostar 2 ~ 3 pund* they cost 2 and 3 pounds respectively

respektlös disrespectful **-het** disrespect

respengar *pl* money (*sg*) for a journey

respir|ation respiration **-ator** [-ˣa:tår] *s3* respirator **-atorisk** [-'tɑ:-] *a5* respiratory **-era** respire

respịt *s3* respite; *en månads* ~ a month's grace **-tid** respite, term of grace

res|plan itinerary, travelling plan **-pläd** travelling rug

respondent [-å-] respondent, defendant **respons** [-'åns] *s3* response **responsorium** [-'sɑ:-] *s4* responsory

res|rutt route, itinerary **-sällskap** *abstr.* company on a journey; *konkr.* travelling companions (*pl*), (*turistgrupp*) conducted party; *få ~ med ...* have the company of ... on the (one's) journey

rest *s3* **1** rest, remainder; *AE. äv.* balance; (*kvarleva*) remnant (*äv. tyg-*); *mat.* remainder; *hand.* balance, remainder; *~er* (*kvarlevor*) remains, (*matrester äv.*) leftovers, leavings; *~en* the rest (remainder), what is left, (*de andra*) the others; *för ~en* (*för övrigt*) for the rest, (*dessutom*) besides, moreover, (*i själva verket*) indeed, in fact **2** *vara på ~ med skatterna* be in arrears with taxes; *få ~ på en del av ämnet* (*i tentamen*) have to sit part of an examination again

restantier [-'tantsier] *pl* arrears, outstanding debts

restaurang [-au'raŋ, -tu'raŋ] restaurant; (*hotellmatsal*) dining room **-besök** visit to a restaurant **-branschen** catering trade (business) **-chef** restaurant manager **-nota** bill; *AE.* check **-vagn** dining (restaurant) car, diner

restauration [-au-] **1** (*restaurering*) restoration **2** (*matställe*) refreshment room, dining saloon **restaurator** [-ˣa:tår] *s3* restorer **restauratris** restaurant proprietress **restauratör** restaurant proprietor, restaurateur, caterer

restaurer|a [-au're:-] restore **-ing** restoration

restera remain, be left; (*vara på rest med*) be in arrears (*med hyran* with the rent) **resterande** *a4* remaining, leftover; outstanding (*skulder* debts); ~ *belopp* balance, outstanding amount, remainder; ~ *skatter* arrears of taxes; ~ *skulder* (*äv.*) arrears

restid travelling (running) time

restitu|era 1 (*återbetala*) repay, refund, pay back **2** (*återställa*) restore **-tion 1** (*återbetalning*) refund, repayment; (*tull-*) drawback **2** (*återställande*) restoration

rest|lager surplus (remainder) stock **-likvid** final payment **-längd** tax-arrears schedule; *komma på* ~ get in arrears with one's taxes **-lös** entire, absolute; unquestioning (*hängivenhet* devotion) **-par** odd pair **-parti** remnant, odd lot

restrik|tion [-k'ʃɑ:n] restriction; *införa* (*upphäva*) *~er* introduce (lift) restrictions **-tịv** *a1* restrictive **-tivitet** restrictivity

restrött travel-weary

rest|skatt back tax, tax arrears (*pl*) **-upplaga** remainder [of an edition]; *hela ~n* all the rest of the edition

resultant *fys.* resultant

resultạt *s7* result; (*verkan*) effect; (*följd*) consequence; (*utgång*) issue; (*behållning*) proceeds (*pl*); *ge till* ~ result in; *utan ~, se resultatlös* **-lös** fruitless; *blev* ~ was without result (in vain, of no avail) **-räkning** profit and loss account

resultera result (*i* in); *det ~de i att* the result was that

resum|é *s3* résumé, summary, précis; *jur.* brief **-era** sum up, summarize

resụrs *s3* resource; *~er* (*äv.*) means, assets; *utnyttja sina ~er* make full use of (exploit) one's assets (resources)

res|van used (accustomed) to travelling **-vana** experience in travelling **-väg** route [of travel], travelling distance **-väska** suitcase; (*liten*) *AE. vanl.* grip

resår *s3* (*spiralfjäder*) spring; (*gummiband*) elastic **-band** elastic **-botten** springbase **-gördel** roll on [girdle] **-madrass** spring mattress **-stickning** ribbed knitting, ribbing

reta 1 (*framkalla retning*) irritate (*nerverna* the nerves); (*stimulera*) stimulate, whet (*aptiten* the appetite); (*egga*) excite (*ngns nyfikenhet* a p.'s curiosity); ~ *ngns begär* rouse a p.'s desire (passion) **2** (*förarga*) provoke, annoy, vex; (*~s med*) tease; ~ *upp sig* work o.s. up (*på* at); ~ *sig* get angry (*på, över* at)

retard|ation retardation, deceleration **-era** retard, decelerate

ret|as *dep* tease, chaff (*med ngn* s.b.; *för ngt* about s.th.) **-bar** *a1* (*om organ e.d.*) reactive to stimuli; (*friare*) irritable, excitable

reten|tion retention **-tionsrätt** right of retention

ret|full irritating; (*-sam*) provoking, annoying **-hosta** hacking cough

retina [-ˣti:-, 're:-] *s1* retina

retirera retire, retreat; (*rygga tillbaka*) recoil

ret|lig [ˣre:t-] *a1* (*lättretad*) irritable, fretful; (*snarstucken*) touchy; (*vresig*) irascible **-lighet** irritability; touchiness; irascibility **-medel** irritant; (*stimulerande medel*) stimulant **-ning** irritation; stimulation; (*känsel-, nerv- etc.*) stimulus, impulse **-ningströskel** stimulation (stimulus) threshold

retor [ˣre:-, 're:tår] *s3* rhetor **-ik** [-ɑ'ri:k] *s3* rhet-

oric **-iker** [-'to:-] rhetorician **-isk** [-'to:-] *a5* rhetorical
retọrt [-å-] *s3* retort **-flaska** spherical flask **-kol** retort (gas) carbon
retro|aktiv [-'ti:v, 're:-, 'retro-] *a1* retroactive **-grạd** *a4, n sg obest. form saknas* retrograde **-spektịv** *a1* retrospective
retrặtt *s3* retreat; (*tillflykt*) refuge; *slå till* ~ beat a retreat; *ta till* ~[*en*] retreat; *ha ~en klar* keep a line of retreat open, *bildl.* have a loophole ready; *på* ~ in retreat, retreating **-plats** *bildl.* a job for one's (*etc*) retirement
ret|sam [ˣre:t-] *a1* irritating, annoying, vexatious; (*förarglig*) tiresome **-sticka** (*en riktig* a regular) tease
retur return; *~er* (*-sändningar*) returned goods, returns; *sända varor i* ~ return goods, send goods back; *första klass tur och* ~ *London* first class return London; *vad kostar tur och* ~ *till ...?* what is the return fare to ...?; *vara på* ~ be abating (on the wane) **-biljett** return (*AE.* round-trip) ticket **-fiber** recycled fibre, secondary fibre **-glas** returnable bottle **-gods** returned goods **-match** return match (game) **-nera** return, send back **-papper** waste paper **-porto** return (reply) postage **-rätt** right of (to) return; *med* ~ on sale or return
retụsch *s3* retouch[ing]; *ge ngt en lätt* ~ (*bildl.*) touch s.th. up a little **-era** retouch, touch up **-ering** [-'ʃe:-] retouching, touching up
reumat|iker [reu'ma:-, rev-] rheumatic **-isk** *a5* rheumatic **-ism** rheumatism **-ologi** [-lå'gi:] *s3* rheumatology
1 rev *s2* (*met-*) fishing line
2 rev *s7* (*sand-*) sandbank, spit; (*klipp-*) reef
3 rev *s7, sjö.* reef
4 rev *imperf. av riva*
1 reva *v1, sjö.* reef, shorten; *gå för ~de segel* go under reefed sails
2 reva *s1* (*rispa*) tear, rent, rip; (*skråma*) wound
3 reva *s1, bot.* runner
revalver|a revaluate **-ing** revaluation
revansch [-'vanʃ, -'vaŋʃ] *s3* revenge; *ta* ~ take one's revenge, revenge o.s. **-era** *rfl, se* [*ta*] *revansch* **-lysten** eager for revenge; implacable, vengeful **-tanke** thought of revenge
rev|ben rib **-bensspjäll** *slaktar.* square rib[s *pl*]; *kokk.* ribs (*pl*) of pork
revel *s2, se 2 rev*
revẹlj *s3* reveille; *blåsa* ~ sound (beat) the reveille; *~en går* the reveille is sounding
revenỵ *s3* profit, gain; yield
reverẹns *s3* reverence
revẹrs [-ä-] *s3* **1** (*skuldebrev*) note [of hand], promissory note; IOU (*förk. av* I owe you) **2** (*på mynt*) reverse **-ạl** *s7* (*formulär*) promissory note form; (*från ämbetsverk*) notification of the dispatch of a document (sum of money) **-lån** promissory note loan
reveter|a roughcast, lath-and-plaster **-ing** lath-and-plastering; *konkr.* roughcast coating
revid|ẹr *s7* clean (revised) proof **-era** (*bearbeta*) revise, review; (*räkenskaper*) audit; *~d upplaga* revised edition
revịr *s7* forest district; (*djurs*) territory
revision revision; (*av räkenskaper*) audit **-ism** revisionism **-ist** revisionist
revisions|berättelse auditor's report **-firma** firm of auditors; *auktoriserad* ~ firm of chartered accountants
revisor [-ˣvi:sår] *s3* auditor, accountant; *auktoriserad* ~ authorized public accountant, *i Storbritannien* chartered accountant
revolt [-'vålt] *s3* revolt, insurrection **-era** revolt **-försök** attempted revolt
revolution revolution **-era** revolutionize **-erande** [-'ne:-] revolutionary; (*epokgörande*) epoch-making
revolutionskrig revolutionary war
revolutionặr I *s3* revolutionary **II** *a1* revolutionary
revolver [-'våll-] *s2* revolver **-man** gunman, *AE. sl.* gunslinger **-skott** revolver shot **-svarv** capstan (turret) lathe
revorm *med.* ringworm
revỵ *s3, mil. o. bildl.* review; *teat.* revue, show; *passera* ~ march (file) past **-artist** show artiste
revặr *s3* stripe
Rhen [re:n] *r* the Rhine
rhen|sk [re:nsk] *a5* Rhine, Rhenish **-vin** Rhine wine, hock **-vinsglas** hock glass, rummer
rhesus|apa [ˣre:-] rhesus monkey **-faktor** rhesus (*förk.* Rh) factor
Rh-faktor [ˣärrhå:-] Rh factor
Rhodos ['rå:dås] *n* Rhodes
ribb|a *s1* lath, batten; *sport.* [cross]bar **-ad** *a5* ribbed (*strumpa* stocking) **-stickad** *a5, se ribbad* **-stol** wall bars (*pl*) **-verk** rails (*pl*)
ricinolja [-ˣsi:n-] castor oil
rid|a *red -it* ride (*barbacka* bareback); *han -er bra* (*äv.*) he is a good rider (horseman); ~ *i galopp* (*skritt, trav*) gallop (pace, trot); ~ *på ngns rygg* (*äv.*) be carried piggyback (pickaback); ~ *in en häst* break a horse in; ~ *ut stormen* (*bildl.*) weather the storm; ~ *för ankaret* ride at anchor; ~ *på ord* split hairs, quibble **-ande** *a4* riding; on horseback; ~ *polis* mounted police, *AE. äv.* (*i lantdistrikt*) ranger **-bana** riding ground **-byxor** *pl* [riding] breeches, jodhpurs
riddar|borg feudal castle **-diktning** chivalrous poetry
riddar|e knight; *bli* ~ become (be made) a knight; *vandrande* ~ knight errant; *~n av den sorgliga skepnaden* the knight of the sorrowful countenance; *en damernas* ~ un chevalier des dames; *fattiga* ~ (*kokk.*) bread fritters **-hus** *R~et* the House of the Nobility **-orden** order of knighthood (chivalry), knightly order **-sporre** *bot.* larkspur **-tiden** the age of chivalry **-väsen** chivalry
ridder|lig *a1* chivalrous; *litt.* chivalric; (*chevaleresk*) gallant, courteous **-lighet** chivalry; gallantry **-skap** *s7, abstr.* chivalry, knighthood; *konkr.* Knighthood, (*under medeltiden*) Knights of the Realm; *~t och adeln* the Nobility
ridder|sman (*riddare*) chevalier, knight; (*-lig man*) man of honour
rid|dräkt riding dress; (*dams*) riding habit **-hus** riding school **-häst** saddle horse, saddler **-it** *sup. av rida* **-konst** horsemanship **-lärare** riding master **-ning** riding **-piska** *se -spö* **-skola** riding school **-sport** riding, equestrian sport **-spö**

R

[horse] whip; (*kort*) [riding] crop **-stövel** riding boot **-tur** ride
ridå *s3* curtain **-fall** *vid ~et* at the fall of the curtain **-slutare** curtain shutter
rigg *s2* rig[ging]; *löpande ~* running rigging; *stående ~* standing rigging **rigga** rig [out]; (*t.ex. metspö*) rig up; *~ upp sig* (*vard.*) rig o.s. out
rigid *a1, n. sg obest. form används ej* rigid **rigiditet** rigidity **rigorös** *a1* rigorous
rik *a1* **1** (*förmögen*) rich, wealthy; *de ~a* the rich; *bli ~* get (become) rich; *den ~e mannen* (*bibl.*) Dives **2** (*ymnig*) rich (*på* in); (*fruktbar*) fertile; (*-lig*) abundant, ample, plentiful; *~ på minnen* full of memories; *~t urval* wide range, varied assortment; *ett ~t förråd av* a plentiful (an abundant) store (stock) of; *ett ~t liv* a full (vivid) life; *bli en erfarenhet ~are* learn by experience, be that much wiser; *i ~t mått* amply, abundantly
rike *s6* (*stat*) state, realm; (*kungadöme*) kingdom; (*kejsardöme*) empire; *bildl.* kingdom, realm, sphere; *det tusenåriga ~t* the millennium; *tredje ~t* the Third Reich; *tillkomme ditt ~* (*bibl.*) Thy kingdom come
rikedom *s2* **1** (*förmögenhet*) wealth; riches (*pl*) **2** *bildl.* richness (*på* in); (*-lighet*) wealth, abundance (*på* of) **rikeman** rich man **rikemansbarn** *pl* children of rich parents
rik|haltig *a1* rich, plentiful, abundant **-lig** [ˣri:k-] *a1* abundant (*skörd* crop); ample, plentiful; *få ~ användning för* have plenty of opportunity of using; *det har fallit ~t med snö* snow has fallen in abundance; *i ~ mängd* in abundance, in profusion
rikoschett *s3* ricochet; (*-erande projektil*) ricochetting bullet (*etc.*) **-era** ricochet
riks|angelägenhet [ˣrikks-] national affair **-antikvarie** director-general of the central board of [the Swedish] national antiquities **-arkiv** *~et* [the Swedish] national archives (*pl*); (*i Storbritannien*) Public Record Office **-arkivarie** director-general of the [Swedish] national archives **-bank** central (national) bank; *R~en* (*Sveriges ~*) [the] Bank of Sweden **-banksdirektör** director of the Bank of Sweden **-banksfullmäktige** the board of governors of the Bank of Sweden **-bekant** known all over the country; (*ökänd*) notorious **-bibliotekarie** national librarian **-dag** ['rikks-] *s2, R~en* the Swedish Parliament, the Riksdag; (*i Storbritannien*) Parliament; *lagtima ~* ordinary parliamentary session
riksdags|beslut Riksdag (parliamentary) resolution; Act of Parliament **-debatt** Riksdag (parliamentary) debate **-hus** Riksdag (Parliament) Building; (*i Storbritannien*) Houses of Parliament; *AE.* Capitol **-ledamot, -man** member of parliament (the Riksdag); (*i Storbritannien*) member of parliament (*förk.* M.P.); *AE.* Congressman, *fem.* Congresswoman **-mandat** seat in parliament (the Riksdag), (*i Storbritannien*) seat in Parliament) **-motion** bill **-ordning** Parliament (Riksdag) Act **-parti** Riksdag (parliamentary) party **-sammanträde** sitting of parliament (the Riksdag) **-val** general (parliamentary) election
riks|daler [riks'da:-] *s9, s2* rix-dollar **-drots** [-å-] *s2, ung.* Lord High Chancellor **-förening** national federation (association, union) **-föreståndare** regent **-försäkringsverket** the [Swedish] national social insurance board **-gräns** international boundary, frontier of a country **-gäldskontoret** [-jä-] the [Swedish] national debt office
riksha ['rikkʃa] *s1* rickshaw, jinri[c]k[i]sha
riks|idrottsförbund *Sveriges R~* [the[Swedish Sports Confederation **-kansler** [ˣrikks-] chancellor **-likare** national standard **-marsk** constable of the realm; *i Storbritannien ung.* Lord High Constable **-marskalk** marshal of the realm; *i Storbritannien* Lord High Steward **-marskalksämbetet** office of the marshal of the realm **-museum** national museum (gallery) **-möte** parliamentary session, session of the Riksdag **-olycka** national disaster **-omfattande** nationwide **-plan** *på ~et* at a national level **-polischef** national police commissioner **-polisstyrelsen** the [Swedish] national police board **-regalier** *pl* regalia **-revisionsverket** the [Swedish] national audit bureau **-råd** (*konselj*) council of the realm; *pers.* councillor **-rätt** court of impeachment; (*BE. motsv.*) House of Lords; (*AE. motsv.*) Senate **-rös[e]** frontier cairn **-samtal** trunk call; *AE.* long-distance call **-skatteverket** the [Swedish] national tax board **-språk** standard language **-svenska** (*språk*) standard Swedish **-teater** *ung.* national touring theatre **-telefon** trunk (*AE.* toll) exchange **-vapen** national coat of arms **-viktig** of national importance; (*allmännare*) vitally important, momentous **-väg** national highway **-åklagare** prosecutor-general; *i Storbritannien* director of public prosecutions; *AE.* attorney general **-äpple** orb
rikta 1 (*vända åt visst håll*) direct (*mot* towards); aim (*ett slag mot* a blow at); (*skjutvapen*) aim, level, point (*mot* at); (*framställa*) address (*en anmärkning till* a remark to); *~ en anklagelse mot* bring a charge (make an accusation) against; *~ en fråga till* put a question to; *~ misstankar mot* direct suspicion on; *~ några ord till* say a few words to; *~ uppmärksamheten på* draw attention to; *~ sig till a)* (*om pers.*) address [o.s. to], *b)* (*om bok e.d.*) be intended for; *~ sig mot* (*om tal e.d.*) be directed at **2** (*räta*) straighten; (*bräda, hjul e.d.*) true up
riktig *a1* (*rätt*) right; (*korrekt*) correct; (*verklig*) real; (*äkta*) true; (*regelrätt*) proper, regular; *det ~a* the right (proper) thing; *det var ett ~t nöje att* it was a real pleasure to; *ett ~t kräk* a poor wretch; *en ~ snobb* a regular snob; *han är inte ~* he is not right in his head **riktighet** rightness; correctness; (*noggrannhet*) accuracy; (*tillbörlighet*) propriety; *det äger sin ~ att* it is quite true (a fact) that; *avskriftens ~ intygas* we (I) certify this to be a true copy
riktigt *adv* right[ly]; correctly; (*som sig bör*) properly; (*verkligen*) really; (*ganska*) quite; (*mycket*) very; *mycket ~* quite right, sure enough; *~ bra* really (very, quite) well, really (very) good; *jag mår ~ bra nu* I feel really well now; *pjäsen var ~ bra* the play was very good; *det anses inte ~ fint att* it is considered not quite the

thing to; *jag mår inte ~ bra* I am not feeling quite well; *jag förstår inte ~ vad du säger* I don't quite understand what you say; *jag litar inte ~ på dem* I don't quite trust them; *han blev också ganska ~ förkyld* and sure enough he caught a cold

rikt|linje guideline; policies (*pl*); *uppdraga ~er för* (*bildl.*) lay down the general outline (guiding principles) for; *ge ~* (*äv.*) outline **-märke** target **-ning 1** (*inriktande*) directing, pointing; aiming; (*uträtande*) straightening **2** (*kurs, håll*) direction, course; *bildl.* direction, (*tendens*) tendency, trend, line; (*rörelse*) movement; *i ~ mot* in the direction of; *i vardera ~en* in each (either) direction, each way; *i vilken ~ gick hans uttalande?* what line did he take in his remarks; *ge samtalet en annan ~* (*äv.*) lead the conversation into another track **-nummer** *tel.* exchange code, code number **-pris** standard [retail] price, recommended retail price **-punkt** objective, aim (*för* of); *mil.* aiming point

rim *s7* [rimm] rhyme; *utan ~ och reson* without rhyme or reason **-flätning** [-ä:-] rhyme arrangement

rimfrost [ˣrimm-] hoarfrost, white frost

rimlexikon rhyming dictionary

rimlig *a1* (*skälig*) reasonable; (*sannolik*) likely, probable; (*måttlig*) moderate; *hålla kostnader inom ~a gränser* keep costs within reason (reasonable bounds); *det är inte mer än ~t att* it is only reasonable that **rimlighet** reasonableness *etc.*; *vad i all ~s namn?* what in the name of common sense? **rimligtvis** reasonably

1 rimma rhyme (*på* with; *med* to, with); *absol. äv.* make rhymes; *kan du ~ på tänka?* can you supply a rhyme to think?; *ha lätt för att ~* find rhyming easy; *det ~r illa med* (*bildl.*) it doesn't tally (fit in) with

2 rimma *se rimsalta*

rimsalta salt slightly

rimsmidare rhymer, versifier

ring *s2* **1** ring; (*däck*) tyre, *AE.* tire **2** (*krets*) circle, ring; *meteor.* halo, (*kring solen äv.*) corona; *biol.* collar **3** (*i boxning*) boxing ring; *~ar* (*gymn.*) rings **4** *skol.* form in the upper secondary school

1 ring|a *v2* ring; *det -er i telefonen* the telephone is ringing; *~ av* ring off; *~ på dörren* ring (press) the [door] bell; *~ på betjäningen* ring for room service; *~ till ngn* give s.b. a ring, call s.b. up, phone s.b.; *~ ett samtal* make a phone call; *det -er och susar för mina öron* there is a ringing in my ears

2 ringa *v1* **1** *jakt., lantbr.* ring **2** (*måltavla*) draw rings on; *se äv. inringa* **3** (*klänning e.d.*) *~ ur* cut low [at the neck]

3 ringa I *oböjl. a* **1** small, little; (*obetydlig*) insignificant (*roll* part); slight (*ansträngning* effort); *ett ~ bevis på* small proof (token) of; *~ efterfrågan* little (weak) demand; *~ tröst* poor consolation; *på ~ avstånd* at a short distance; *till ~ del* to a small extent; *ytterst ~* infinitesimal **2** (*låg, enkel*) humble, lowly; *av ~ börd* of humble origin; *min ~ person* my humble self (person) **II** *adv* little

ringakt|a (*ngt*) make light of; (*ngn*) look down upon; (*förakta*) despise **-ande** *a4* despising *etc.*; contemptuous, disdainful **-ning** disregard; (*förakt*) contempt, disdain; *visa ~ för ngt* hold s.th. in contempt

1 ringare *s9* bell-ringer

2 ringare I *a, komp. t. ringa* smaller *etc.*; (*underlägsen*) inferior (*än* to) **II** *adv* less

ringast I *a, superl. t. ringa* least *etc.*; *utan ~e anledning* without the slightest provocation; *inte den ~e aning* not the slightest idea **II** *adv* least; *inte det ~e* not [in] the least, not at all

ring|blomma pot marigold; (*torkad*) calendula **-brynja** ring (chain) mail **-dans** round dance; *dansa ~* dance in a ring **-domare** *sport.* referee **-duva** wood pigeon, ringdove **-finger** ring finger **-formig** [-å-] *a1* ring-shaped, annular **-förlovad** officially engaged, betrothed

ringhet smallness, insignificance; (*låghet, enkelhet*) humbleness, lowliness

ringhörna *sport.* corner of a [boxing] ring

ringklocka bell

ringla curl; coil; (*om väg e.d.*) wind, meander; *~ ihop sig* (*om orm*) coil itself up; *~ sig* coil, wind, (*om lockar*) curl; *kön ~r sig* the queue winds **ringlar** *pl* (*av hår*) curls; (*av orm, rep*) coils

ringledning electric bell installation

ring|lek ring (round) game **-mask** annelid[an], ringed worm **-mur** encircling wall; town wall **-muskel** sphincter **-märka** ring, *AE.* band **-märkning** bird banding

ringning ringing

rink *s2* rink

rinna *rann runnit* run; (*flyta*) flow, stream; (*droppa*) drip, trickle; (*om ljus*) gutter; (*läcka*) leak; *hennes tårar rann* her tears were flowing; *det kom mina ögon att ~* it made my eyes water; *sinnet rann på mig* I lost my temper; *~ av* drain off; *~ till* (*äv. bildl.*) begin to flow; *~ upp* (*om flod*) rise, have its source; *saken rann ut i sanden* it came to nothing; *~ ut* run out; *~ över* flow over; *det kom bägaren att ~ över* that was the last straw **rinnande** *a4* running

ripa *s1* grouse; (*fjäll-*) ptarmigan; (*dal-*) willow grouse

ripọst [-å-] *s3* ripost[e]; *bildl.* repartee, retort **-era** riposte; *bildl.* retort

rips *s3, s4* rep[p]

1 ris *s7* (*papper*) ream

2 ris *s7* (*sädesslag*) rice

3 ris *s7* **1** (*kvistar*) twigs (*pl*); (*buskvegetation*) brushwood **2** (*straffredskap*) rod, birch, birch rod; (*straff äv.*) birching; *få smaka ~et* have a taste of the birch (rod); *ge ngn ~* whip (birch) s.b.; *binda ~ åt egen rygg* make a rod for one's own back

ris|a 1 (*ärter e.d.*) stick **2** (*ge -bastu*) birch; (*klandra*) blame, criticize **-bastu** birching

ris|fält paddy [(rice) field] **-gryn** (*ett ~*) grain of rice; *koll.* rice (*sg*) **-grynsgröt** [boiled] rice pudding

rishög 1 *eg.* heap of twigs **2** *vard.* (*bil*) jalop[p]y

risig *a1* **1** (*om träd*) with dry twigs; (*-bevuxen*) scrubby **2** *vard.* (*om ting*) rotten, of low quality; (*om pers.*) in bad shape

risk *s3* risk (*för* of); *det är ingen ~ att ...* (*att jag ...*) there is no risk in (+ *ing-form*) (of my + *ing-form*); *löpa ~[en] att* run the risk of (+ *ing-form*); *med ~ att bli* at the risk of being; *på egen ~* at

one's own risk; *ta ~er* take risks (chances); *utan ~* safely
riska *s1, bot.* edible agaric
risk|abel [-'a:bel] *a2* risky, dangerous, hazardous **-era** risk, run the risk of; hazard, (*äventyra*) jeopardize **-fri** safe **-fylld** hazardous, perilous, dangerous **-laboratorium** high-security laboratory
ris|knippa bundle of twigs, faggott **-koja** hut of twigs
riskorn grain of rice
riskvast besom
risk|tillägg danger money **-villig** *~t kapital* risk (venture) capital **-zon** danger zone; *i ~en* (*bridge.*) vulnerable
risodling *abstr.* rice cultivation; *konkr.* rice plantation, paddy [(rice) field]
risọll [-å-] *s3, kokk.* rissole **risotto** [-'åttå] *s9, kokk.* risotto
rispa I *s1* scratch; (*i tyg*) rent, rip **II** *v1* scratch; *~ upp* rip up; *~ sig* scratch o.s., (*om tyg*) fray, get frayed
rispapper rice paper
1 rista *v1* (*inskära*) cut, carve (*i* on); *bildl.* engrave, inscribe
2 rist|a *v3* (*skaka*) shake (*på huvudet* one's head); *det -er i armen* [*på mig*] I have shooting pains in my arm
rit *s3* rite
rit|a draw (*efter* from); (*göra -ning t.*) design (*ett hus* a house; *ett mönster* a pattern); *~ av* make a drawing (sketch) of, (*kopiera*) copy **-are** draughtsman, designer **-bestick** set of drawing instruments **-block** sketch block, drawing pad **-bord, -bräde** drawing board **-kontor** drawing office **-ning** [×ri:t-] **1** *abstr.* drawing, sketching **2** *konkr.* drawing, sketch, blueprint; (*t. byggnad e.d. äv.*) design **-papper** drawing paper
rits *s2, s3* scribed line **ritsa** mark [off], scribe
rit|sal [×ri:t-] art [class]room **-stift 1** (*-penna*) drawing pen[cil] **2** (*häftstift*) drawing pin, *AE.* thumbtack
ritt *s3* ride, riding tour
rituạl *s3, s4* ritual **-mord** ritual murder (*på* of)
rituẹll *a1* ritualistic (*dans* dance); ritual (*ändamål* purposes)
riv *s7, bildl.* struggle, demand (*efter* for)
riv|a *rev -it* **1** (*klösa*) scratch; (*ihjäl-*) kill, tear to pieces; *~ hål på* tear a hole in; *~ sönder* tear to pieces, (*klädesplagg*) tear to rags (tatters); *~ ner* (*stöta till*) knock down; *~ upp* (*gata e.d.*) pull (take) up; *~ upp ett sår* tear open a wound; *~ ut* tear out; *~ åt sig* grab; *~ sig* (*klia sig*) scratch o.s., (*rispa sig*) get o.s. scratched **2** *kokk.* grate **3** (*rasera*) pull (*AE.* tear) down, demolish; *AE. äv.* wreck; (*kolmila*) rake out **4** (*rota*) rummage (poke) about (*bland* in) **5** (*svida i halsen*) rasp **6** *sport.*, *~* [*ribban*] knock the bar off
rivạl *s3* rival (*om* for; *till ngn* of s.b.); (*konkurrent*) competitor (*t. en plats* for a situation) **rivalisera** compete (*med ngn* with s.b.; *om* for); *~ med varandra* be rivals (*om att* in + *ing- form*) **rivaliserande** [-'se:-] *a4* rival[ling] **rivalitet** rivalry (*om* for)
rivande *a4, bildl.* tearing (*fart* pace); (*om pers.*) go-ahead, pushing **rivas** *revs rivits, dep* (*om katt e.d.*) scratch **rivebröd** [grated] bread crumbs (*pl*)
Rivieran [-×ä:ran] *r, best. f.* the Riviera
rivig *a1, vard.* go-ahead, pushing **rivit** *sup. av riva*
rivjärn grater; *bildl.* shrew **rivning** [×ri:v-] (*av byggnad e.d.*) demolition, pulling down
rivnings|hus house to be demolished (pulled down) **-kontrakt** short-term lease [in a house which is to be demolished]
riv|start (*av motorfordon*) flying start; *han startade med en ~* he tore off **-styrka** tearing resistance
1 ro *s9* **1** (*frid*) peace; (*ostördhet*) tranquillity; (*stillhet*) quiet[ness]; *få ~* have (be left in) peace; *aldrig få ngn ~ för* get no peace from; *inte få ngn levande ~* have no peace (rest); *han har ingen ~ i kroppen* he is so restless; *i godan ~, i lugn och ~* in peace and quiet; *ta det med ~* take things (it) easy; *det tar jag med ~* that doesn't worry me; *slå sig till ~* (*slå sig ner*) make o.s. comfortable, (*dra sig tillbaka*) retire, (*bosätta sig*) settle down, (*låta sig nöja*) be satisfied (*med* with) **2** *för ~ skull* for fun; *inte för ~ skull* not for nothing
2 ro *v4* row; pull; (*med vrickåra*) scull; *~ ut och fiska* go out fishing [in a rowing boat]; *~ hit med ...!* (*vard.*) hand over ...!, out with ...!; *~ iland med ngt* bring home the bacon, succeed i doing s.th.; *~ upp sig* (*vard.*) better o.s.
roa amuse; (*underhålla*) entertain; *vara ~d av* be interested in (*politik* politics), be fond of, enjoy (*musik* music); *inte vara ~d av* not care about (for); *~ sig* amuse o.s. (*med* with), (*ha roligt*) enjoy o.s., have a good time
rob[e] [rå:b] *s3* [*s5*] robe
robot ['råbbåt] *s2* robot; (*-vapen*) [guided] missile; *målsökande ~* homing missile **-bas** guided-missile base **-vapen** [guided-]missile weapon; *koll.* missilery
robụst *a1* robust
1 rock [-å-] *s2* coat; (*kavaj*) jacket; (*över-*) overcoat; (*skydds-*) overall; *för kort i ~en* be too short, not pass muster
2 rock [-å-] *s2 mus.* rock, rock-and-roll, rock-'n'-roll
1 rocka [-å-] *s1* ray
2 rocka (*dansa*) rock, rock-and-roll, rock-'n'-roll
rock|ạd *s3, schack.* castling **-era** castle
rockhängare coat hanger
rock|musik rock [music] **-ring** hula-hoop (*varumärke*)
rock|skört coat-tail **-uppslag** lapel **-vaktmästare** cloakroom attendant
rodd *s3* rowing **roddararbänk** (*toft*) thwart **roddare** rower, sculler; oarsman; (*t. yrket*) boatsman
rodd|båt rowing boat; *AE.* rowboat; *sport.* crew racing boat **-sport** rowing **-tur** row, pull, boating trip **-tävling** boat race, rowing match
rodel ['rå:-] *s2* toboggan, bobsleigh
roder ['ro:-] *s7* rudder; (*ratt, rorkult*) helm (*äv. bildl.*); *flyg.* control surface; *lyda ~* obey (answer) the helm; *lägga om -ret* shift the helm; *sitta vid -ret* be at the helm **-blad** rudder blade **-skada** damage to the rudder (*etc.*)
rodna [×rå:d-] (*om sak*) turn red, redden; (*om*

pers.) blush (*av* for; *över* at) **rodnad** *s3* (*röd färg*) redness; flush; (*hos pers.*) blush
rododend|ron [rådå'dendrån] *-ronen -ron, pl äv. -rer* rhododendron
roff|a [ˣråffa] rob; ~ *åt sig* grab, lay hands on **-are** robber; grabber **-eri** robbery
ro|fylld peaceful; (*stilla*) serene **-givande** [-j-] *a4* soothing
rojal|ism [rå-] royalism **-ist** *s3* royalist **-istisk** [-'liss-] *a5* royalist[ic]
rokoko [råkå'kå:] *s9* rococo **-möbel** rococo furniture **-tiden** the Rococo Period
rolig *a1* (*roande*) amusing; (*underhållande*) entertaining, interesting; (*trevlig*) nice, jolly; (*lustig*) funny; *~a historier* funny stories; *det var ~t att höra* I am glad (pleased) to hear; *det var ~t att du kunde komma* I'm so glad you could come; *så ~t!* how nice!, what fun! **-het** *säga ~er* make (crack) jokes **-hetsminister** joker, wag
roligt *adv* funnily *etc.*; *ha* ~ have a nice time, have fun, enjoy o.s.; *ha ~ åt* laugh at, (*på ngns bekostnad*) make fun of
1 roll [-å-] *s3* part (*äv. bildl.*); character; (*om sak*) role; *spela Romeos* ~ play the part of Romeo; *spela en viktig* ~ (*bildl.*) play an important part (role); *det spelar ingen* ~ it doesn't matter, it makes no difference; *det spelar mycket liten* ~ it matters very little; *han har spelat ut sin* ~ he is played out, he has had his day; *falla ur ~en* (*bildl.*) let one's mask slip; *leva sig in i ~en* lose o.s. in one's part; *det blev ombytta ~er* the tables were turned
2 roll [-å-] *s2, flyg.* roll
1 rolla [-å-] *flyg.* roll
2 rolla [-å-] (*måla*) roll on
roller ['råll-] *s2* roller
roll|fack character part **-fördelning** [role] casting **-häfte** *mitt* ~ my script **-innehavare** actor playing a (the) part, member of the cast **-lista** (*hopskr. rollista*) cast **-skapelse** creation of a character **-spel** role-playing
rolös restless
Rom [rɔmm] *n* Rome
1 rom [råmm] *s9* (*fisk-*) spawn, [hard] roe; *lägga* ~ spawn; *leka ~men av sig* (*bildl.*) sow one's wild oats
2 rom [råmm] *s9* (*dryck*) rum
roman *s3* novel **-cykel** cycle novel **-diktning** novel writing
romanesk *a5* romantic
roman|författare novelist, novel writer **-hjälte** hero of (in) a novel
romani ['råmm-, 'rɔmm-, 'rå:-] *s9* Rom[m]any
romanist Romanist, Romance philologist
romanlitteratur fiction
romans [-'mans, -'maŋs] *s3* romance (*äv. mus.*)
romansk [-a:-] *a5* (*om språk, kultur*) Romance, Romanic; (*om konst*) Romanesque, *i Storbritannien* Norman; (*om folk*) Latin
romanssångare ballad singer
romant|ik *s3* romance; (*kulturriktning*) Romanticism **-iker** [-'mann-] romantic; Romanticist **-isera** romanticize **-isk** [-'mann-] *a5* romantic
Romarbrevet [ˣrɔmm-] [the Epistle of Paul the Apostle to the] Romans
romar|e Roman **-inna** Roman woman **-riket** the Roman Empire **-tiden** the Roman Period
romb [-å-] *s3* rhomb[us] **-isk** ['råmm-] *a5* rhombic [al] **-oid** *s3* rhomboid
romersk ['rɔmm-] *a5* Roman; ~ *rätt* Roman Law; *~a ringar* (*gymn.*) [hand] rings **--katolsk** Roman Catholic
rom|korn roe corn **-läggning** spawning **-stinn** [hard] roed
rond [rånd, rånd] *s3* round; (*vakts äv.*) beat; *gå ~en* go the rounds, (*om läkare*) do the round **-ell** *s3* (*trafik-*) [traffic] roundabout; *AE.* rotary, traffic circle
rondo ['råndå] *s6, mus.* rondo
rondskål *med.* kidney dish
rondör stoutness; plumpness
rop *s7* **1** call, cry (*av* of; *på* for); (*högt*) shout (*av* of, for; *på* for); (*gällt*) yell; (*-ande*) calling, clamour; *ett förtvivlans* ~ a cry of despair **2** (*vissa djurs*) call, cry **3** (*auktions-*) bid **4** *i ~et* fashionable, in vogue, popular
ropa call (*äv. om djur*); (*högljutt*) call out, cry, shout; *som man ~r i skogen får man svar* as the question so the answer; ~ *på a*) (*ngn*) call, *b*) (*ngt*) call for (*hjälp* help), cry out (*på hämnd* for vengeance), *c*) (*på auktion*) bid on; ~ *in a*) (*skådespelare*) call before the curtain, *b*) (*på auktion*) buy [at an (the) auction]; ~ *upp* call over (out) (*namnen* the names) **ropare** (*megafon*) speaking trumpet, megaphone
ror *s7*, *stå till ~s* be at the helm; *se äv. roder* **rorgängare** [ˣrɔ:rjäŋ-] steersman; helmsman (*äv. bildl.*) **rorkult** *s2* tiller **rorsman** *se rorgängare*
1 ros *s1, bot.* rose; *ingen ~ utan törnen* no rose without a thorn; *ingen dans på ~or* not all beer and skittles; *med ~or på kinderna* with rosy cheeks
2 ros *s3, med.* erysipelas
3 ros *s7* (*lovord*) praise; ~ *och ris* praise and blame
1 rosa [ˣrɔ:-] *v1* praise, sing the praises of; *den ~r inte marknaden precis* it's not exactly a dazzling success
2 rosa [ˣrå:-] **I** *n el. r* rose[-colour] **II** *oböjligt a* rose-coloured, rosy
rosafärgad *se 2 rosa II*
rosen|blad rose leaf **-bröd** *kokk.* roll **-buske** rose bush **-böna** *bot.* scarlet runner [bean] **-doft** scent of roses **-gård** rose garden **-kindad** [-ç-] *a5* rosy-cheeked **-knopp** rosebud **-krans** rose wreath; (*radband*) rosary **-kål** Brussels sprout **-odling** *abstr.* rosegrowing; *konkr.* rose plantation **-olja** oil of roses **-rasande** raging, furious **-röd** rosy, rosy red; *se allt i -rött* see everything through rose-coloured spectacles **-sten** rose diamond **-trä** rosewood **-vatten** rose-water
rosett *s3* bow; rosette; (*fluga*) bow [tie], butterfly **-fönster** rose window
rosévin rosé
rosig *a1* rosy
rosmarin [-'ri:n, ˣrɔ:s-] *s3* rosemary
rossla [ˣråss-] rattle; *det ~r i bröstet på honom* there is a rattle in his chest, he has a wheezy chest **rosslande** *a4* rattling, wheezing **rosslig** *a1* rhonch[i]al, wheezing **rossling** rattle, wheeze
1 rost [-å-] *s3* **1** (*på järn*) rust; *angripen av ~* corroded by rust; *knacka ~* chip the rust off **2** *bot.*

R

rust; mildew, blight
2 rost [-å-] *s2* (*galler*) grate, grid
1 rosta [ˣråss-] (*bli rostig*) rust, get rusty, oxidize; ~ *fast* rust in; *gammal kärlek ~r aldrig* an old love is hard to forget
2 rosta [ˣråss-] **1** *kokk.* roast (*kaffe* coffee); toast (*bröd* bread); *~t bröd med smör* buttered toast; *~t vete* puffed wheat **2** *tekn.* roast
rostbeständig rustproof, rust-resisting
rostbiff roast beef
rost|bildning formation of rust, corrosion **-brun** rusty brown
rosteri roasting house (factory), roastery
rostfläck (*på järn*) spot of rust; (*på tyg*) spot of iron-mould; (*på säd o.d.*) speck of rust **rostfri** stainless (*stål* steel); ~ *diskbänk* stainless steel sink **rostig** *a1* rusty, corroded
1 rostning [-å-] (*järns*) rusting
2 rostning [-å-] *kokk.* roasting; toasting
rost|röd rust-red **-skydd** rust proofing **-skyddsmedel** anticorrosive agent **-svamp** rust fungus
rosväxter *pl* rosaceous plants
rot *-en rötter* root (*på, till* of); *språkv. äv.* base, radix; (*liten*) rootlet, radicle; *~en till allt ont* the root of all evil; *dra ~en ur* (*mat.*) extract the square root of; *~en och upphovet till* the root and origin of; *gå till ~en med* get to the root (bottom) of; *ha sin ~ i* (*bildl.*) have its origin in; *skog på ~* standing forest (timber); *rycka upp med ~en* pull up by the roots, *bildl.* root up, uproot; *slå ~* strike (take) root (*äv. bildl.*)
1 rota (*böka*) poke about; ~ *fram* dig up; ~ *i* rout about in, poke into
2 rota root; ~ *sig* strike (take) root; *djupt ~d* deeply rooted, deep-rooted
rotation rotation; revolution
rotations|axel axis of rotation **-hastighet** speed of rotation **-press** rotary press
rot|blad radical leaf **-blöta** *s1* soak[er], drench [er] **-borste** scrubbing brush
rote *s2, mil.* file; *gymn.* squad **rotel** *s2* (*i ämbetsverk*) department, division; *jur.* section
roter|a rotate; revolve **-ande** *a4* rotating (*hjul* wheel); revolving, rota[to]ry (*rörelse* movement; *motor* engine)
rot|fast [firmly] rooted; *bildl. äv.* securely established **-frukt** root; *~er* (*äv.*) root crops **-fylla** fill a root cavity in **-fyllning** root filling **-fäst** *a4, bildl.* ingrained **-fästa** root; ~ *sig* (*bildl.*) establish itself (*etc.*) **-knöl** tuber, bulb **-lös** rootless **-löshet** rootlessness **-mos** mashed turnips and potatoes (*pl*) **-märke** *mat.* radical sign
rotogravyr [-'vy:r, ˣrɔ:-, ˣrå:-] *s3* rotogravure
rotor *s3* rotor, armature
rots [-å-] *s3* glanders
rot|saker *pl* roots **-selleri** celeriac **-skott** sucker **-stock** rhizome, rootstock **-tecken** *se rotmärke*
rotting [ˣrått-] rattan, cane **-stol** cane (rattan) chair
rottråd root fibre
rotunda [-ˣtunn-] *s1* rotunda
rotvälska [ˣrɔ:t-] *s1* double Dutch, lingo; *prata ~* (*äv.*) talk gibberish
roué [rɔ'e:] *s3* roué, rake
rouge [rɔ:ʃ] *s4, s3* rouge
roulad [rɔ'la:d] *s3, se rulad*
roulett [rɔ'lett] *s3* roulette; *spela [på] ~* play roulette; *vinna på ~* win at roulette
rov *s7* **1** (*om djur: byte*) prey; *gå på ~* be on the prowl; *leva av ~* live [up]on prey **2** (*om människor: röveri*) robbing, robbery; (*byte*) booty, spoil[s *pl*]; *bildl.* prey; *bli ett ~ för* fall a prey (victim) to; *vara ute på ~* be out plundering; *icke akta för ~ att* (*bibl.*) not deem it robbery, (*friare*) think nothing of (+ *ing-form*)
rova *s1* **1** (*rotfrukt*) turnip **2** (*klocka*) turnip; *sätta en ~* fall on one's behind
rov|djur beast of prey **-drift** ruthless exploitation, overexploitation **-fågel** bird of prey **-girig** rapacious; predatory **-girighet** rapacity **-jakt** *bedriva ~* exhaust the stock of game **-lysten** *se -girig*
rovolja rape (colza) oil
rov|riddare robber baron **-stekel** digger wasp; mud dauber
rubank ['ru:-] *s2, snick.* trying plane
rubb *i uttr.: ~ och stubb* lock, stock and barrel, the whole lot
rubba 1 (*flytta på*) dislodge, move **2** *bildl.* (*störa*) disturb, upset; (*ändra*) alter; (*bringa att vackla*) shake; *han låter inte ~ sig* there is no moving him; *~ inte mina cirklar!* don't upset my calculations! **rubbad** *a5* (*sinnes-*) deranged; crazy **rubbning 1** dislodging, moving **2** disturbance; alteration, change; (*nervös*) derangement; *mentala ~ar* mental disorders
rubel ['ru:-] *s9, om myntstycken s3* r[o]uble
rubidium [-'bi:-] *s8, kem.* rubidium
rubịn *s3* ruby **-röd** ruby red
rubricer|a 1 (*förse med rubrik*) give a heading to, headline **2** (*beteckna*) classify, characterize **-ing 1** heading **2** classification, characterization
rubrịk *s3* heading, title; (*tidnings-*) headline, caption **-stil** *boktr.* display type
rucka (*rubba*) move; (*klocka*) regulate, adjust; ~ *på ngns vanor* change a p.'s habits
1 ruckel ['rukk-] *s7* (*kyffe*) ramshackle house, hovel
2 ruck|el ['rukk-] *s7* (*svirande*) revelry, debauchery
ruckl|a revel, lead a dissolute life **-are** rake, fast liver
rucklig *a1* (*fallfärdig*) ramshackle, tumble-down
ruckning (*klockas*) regulation, adjustment
ruda *s1* crucian
rudimẹnt *s7* rudiment **-ạ̈r** *a1* rudimentary
rudis ['ru:-] *oböjligt a, vard.* ignorant
ruelse *s5* remorse, compunction
1 ruff *s2, sjö.* deckhouse, cabin
2 ruff *s9, s7 sport.* rough play
3 ruff *s2, golf.* rough
ruffa play a rough game, foul
ruffad *a5, sjö., vara ~* have a cabin
1 ruffig *a1, sport.* rough
2 ruffig *a1* (*sjaskig*) shabby, seedy-looking; dilapidated
rufs *s7* tousle **rufsa** ~ *till* ruffle, tousle **rufsig** *a1* tousled; *vara ~ i håret* (*äv.*) have untidy hair
rugby ['ruggbi, -y] *s9* rugby [football]; *vard.* rugger; *AE. ung.* football

rugga 1 (*ylle e.d.*) tease[l]; ~ *upp* buff, nap **2** (*om fåglar*) moult **rugge** *s2* (*vass- o.d.*) clump; (*tuva*) tuft **ruggig** *a1* **1** (*uppruggad*) teaselled **2** (*fransig*) raw; *bok med ~t snitt* a raw-edged book **3** (*uppburrad*) ruffled (*sparv* sparrow) **4** (*sjaskig*) shabby, frowzy, frowsy; (*gråkall*) bleak, raw; (*kuslig*) gruesome **ruggning** (*fåglars*) moulting

ruin *s3* ruin; *bildl. äv.* wreck; *det blev hans ~* it brought about his ruin; *på ~ens brant* on the verge of ruin

ruiner|a ruin (*äv. bildl.*), bring to ruin (bankruptcy); *bli ~d* be ruined, go bankrupt, *vard.* go broke; ~ *sig* ruin o.s., go bankrupt **-ande** *a4* ruinous

ruin|hög heap of ruins **-stad** ruined city (town)

rulad *s3* **1** *kokk.* roll **2** *mus.* roulade, run

rulett *se roulett*

ruljangsen [-'jaŋ-] *best. form, vard., sköta* [*hela*] ~ run the [whole] show (business)

1 rull|a *s1, mil.* roll, list, register; *införa i -orna* (*äv.*) enrol; *avföra ur -orna* remove from (strike off) the list, *mil. äv.* disenrol

2 rulla *v1* **1** (*förflytta*) roll; (*linda äv.*) reel, wind; (*på hjul*) wheel; (*rep*) coil; ~ *tummarna* twirl one's thumbs **2** (*förflyttas*) roll (*äv. om fartyg, dimma, åska*); *låta pengarna* ~ make the money fly; ~ *med ögonen* roll one's eyes **3** (*med betonad partikel*) ~ *av* unroll, unwind, uncoil; ~ *ihop* roll up, make a roll of; ~ *ihop sig* roll up, (*om orm o.d. äv.*) coil; ~ *upp* roll up, wind (coil) [up], (*gardin*) pull up, *bildl.* unfold **4** *rfl* roll [over]; ~ *sig i stoftet* cringe, grovel

rullager (*särskr. rull-lager*) roller bearing

rull|ande *a4* rolling (*material* stock); ~ *klinik* mobile clinic; ~ *planering* ongoing planning; ~ *reform* continuous reform **-bana** (*transport-*) roller conveyor; *flyg.* taxi strip, runway **-band** rolling hoop **-bord** tea (service) trolley **-bräde** skateboard **-bälte** inertia-reel seat-belt, inertia safety belt

rull|e *s2* roll; (*film-, pappers-*) reel; (*rep-*) coil; (*spole*) bobbin; (*dikterings-*) cylinder **-fåll** *sömn.* rolled hem **-gardin** [roller] blind; *AE.* shade **-lager** *se rullager* **-ning** rolling; *sjö. äv.* roll; *sätta i* ~ start rolling **-skridsko** roller skate **-sten** boulder **-stensås** boulder ridge **-stol** wheelchair, invalid chair **-sylta** collared brawn **-trappa** escalator; moving staircase **-tårta** Swiss roll

rulta I *s1* podgy woman; (*flicka*) roly-poly, dumpling **II** *v1* waddle, joggle **rultig** *a1* podgy, dumpy

1 rum [rumm] *s7* **1** (*bonings-*) room; ~ *åt gatan* (*gården*) front (back) room; *beställa ~ på ett hotell* reserve a room at a hotel; *ett ~ och kök* one room and [a] kitchen **2** (*utrymme*) room; (*plats*) place; *hur många får ~ i soffan?* how many is there room for on the sofa?; *den får inte ~ här* there is no room for it here; *i främsta ~met* in the first place; *komma i första ~met* come first; *lämna ~ för* leave room for (*äv. bildl.*); *lämna* (*bereda*) ~ *åt* make room for; *ta stort ~* be bulky, take up a lot of room; *äga ~* take place; (*om möte o.d.*) be held **3** (*rymd*) space; *tid*[*en*] *och ~*[*met*] time and space; *lufttomt ~* vacuum **4** *sjö.* (*last-*) hold

2 rum [rumm] *a1, i ~ sjö* in open water (the open sea)

rumba *s1* rumba

rumla go on a spree, revel **rumlare** reveller, carouser **rummel** ['rumm-] *s7* revelry

rump|a *s1* buttocks (*pl*), posterior, behind; *vard.* backside, rump **-huggen** *a3* tail-docked; *bildl.* truncated, with an abrupt end

rums|adverb adverb of place **-arrest** *mil.* open arrest **-beställning** booking of rooms (a room); (*på skylt*) receptionist **-brist** shortage of accommodation **-förmedling** room agency **-kamrat** roommate; *vara ~er* share a room **-last** hold (inboard) cargo **-lig** *a1* spatial, spacial **-ren** (*om hund e.d.*) house-trained (house-broken) **-temperatur** room temperature

rumstera rummage about (round)

rums|uppassare room attendant **-växt** indoor plant

rumän *s3* Ro[u]manian

Rumänien [-'mä:-] *n* Ro[u]mania

rumän|ier [-'mä:-] *s9* Ro[u]manian **-[i]sk** *a5* Ro[u]manian **-ska 1** (*kvinna*) Ro[u]manian woman **2** (*språk*) Ro[u]manian

run|a *s1* **1** (*skrivtecken*) rune; *rista -or* carve runes **2** (*minnes-*) obituary **-alfabet** runic alphabet

rund I *s3* circle, ring; *poet.* round **II** *a1* round; (*cirkel-*) circular; (*klot-*) spherical; (*cylindrisk*) cylindrical; (*fyllig*) plump, chubby; *en ~ summa* a round (lump) sum; *i runt tal* in round figures, roughly **rund|a I** *s1* round; *gå en ~* go for a stroll **II** *v1* **1** round (*av* off) **2** *sjö.* double

rund|abordskonferens round-table conference **-båge** round arch **-bågsstil** Romanesque (*Storbritannien* Norman) style

rund|el *s2, trädg.* round [flower]bed; (*rund plats*) circus; (*vindling*) circle **-fil** round file **-flygning** sightseeing flight **-fråga** inquiry, questionnaire **-horisont** *teat.* cyclorama **-hult** *s7, sjö.* spar **-hänt** *a1* generous, liberal **-järn** round [bar-]iron **-kindad** [-ç-] *a5* round-cheeked, chubby--cheeked **-kullig** *a1,* ~ *hatt* bowler [hat] **-kyrka** round church **-lagd** *a5* plump, rotund **-lig** *a1* ample; (*-hänt*) generous, liberal; *en ~ summa* a good round sum; *en ~ tid* a long[ish] time **-mask** roundworm **-munnar** *pl, zool.* cyclostomes **-målning** panorama (*äv. bildl.*) **-ning** (*-ande*) rounding; (*-het*) roundness, curvature; (*utbuktning*) bulge, swell **-nätt** small and plump **-radio** broadcasting **-radiostation** broadcasting station **-resa** tour, round trip **-skrivelse** circular letter, circular **-smörja** grease **-smörjning** lubrication, greasing **-stav** *pl* billets **-såg** fret saw, circular saw **-tur** sightseeing tour (trip) **-vandring** tour; *göra en ~ i* make a tour of **-ögd** *a5* round-eyed

runforsk|are runologist **-ning** runology

runga resound **rungande** *a4* resounding; *ett ~ hurra* a ringing cheer; *ett ~ skratt* a roar of laughter

runinskrift runic inscription

runka 1 (*gunga*) rock, wag; (*skaka*) shake (*på huvudet* one's head) **2** *vard.* jerk off, masturbate

runnit *sup. av rinna*

run|olog runologist **-ologi** *s3* runology **-ristare** rune cutter (carver) **-skrift** runic characters (*pl*); (*inskription*) runic inscription **-slinga** runiform

R

ornament **-stav** rune-staff **-sten** runestone, runic stone

runt I *adv* round; ~ *om[kring]* round about; *det går ~ för mig* my head is in a whirl; *lova ~ och hålla tunt* promise a lot, fulfil ne'er a jot **II** *prep* round (*hörnet* the corner); ~ *om* around, all round; *resa jorden ~* travel round the world; ~ *hela jorden* the world over; *året ~* all the year round

runtecken runic character

rupie ['ru:-] *s5* rupee

ruptur rupture, breach

rus *s7* intoxication (*äv. bildl.*); *bildl.* ecstasy, transport; *ett lätt ~* a slight intoxication; *sova ~et av sig* sleep o.s. sober; *ta sig ett ~* get drunk; *under ~ets inverkan* under the influence of drink

rusa 1 (*störta fram*) rush, dash; (*flänga*) tear; ~ *fram* rush up (*framåt:* forwards); ~ *i väg* rush (dash, dart) off; ~ *i fördärvet* plunge into ruin; ~ *på dörren* rush for the door; ~ *på ngn* rush (fly) at s.b.; ~ *upp från* spring (jump) up from; *blodet ~de upp i ansiktet på honom* the blood rushed to his face; ~ *upp ur sängen* spring (dash) out of bed **2** (*om motor, ånga*) race; ~ *en motor* race (rev up, gun) an engine

rusch *s3* rush; drive **-ig** *a1* energetic; go-ahead

rus|dryck intoxicating liquor, intoxicant **-drycksförbud** prohibition

rush [ruʃ] *s3, sport.* rush

rusig *a1* (*berusad*) drunk; intoxicated (*av vin* with wine; *av lycka* with happiness)

rusk *s7* wet (bad) weather; *i regn och ~* in rain and storm

1 ruska *v1, det regnar och ~r* it's wet and windy

2 rusk|a *s1* tuft; (*träd-*) bunch of twigs

3 ruska *v1* (*skaka*) shake; ~ *ngn omilt* give s.b. a good shaking; ~ *liv i* shake into life, (*ngn*) rouse; ~ *på huvudet* shake one's head; ~ *om ngn* give s.b. a shaking

ruskig *a1* (*om väder*) nasty, unpleasant; (*om pers.: sluskig*) disreputable, shady; (*om t.ex. kvarter*) squalid; (*otäck*) horrid; *känna sig litet ~* feel a little out of sorts (seedy) **ruskighet** (*vädrets*) nastiness *etc.*; (*otäckhet*) gruesomeness; *~er* gruesome things, horrors **ruskigt** *adv, vard. äv.* terribly, awfully

ruskprick *sjö.* broom-beacon, broom-perch

ruskväder *se rusk*

rus|ning [ˣru:s-] rush (*efter* for); (*av motor*) racing, overspeeding **-ningstid** rush hour[s *pl*], peak period

russ *s7* Gotland pony

russifi[c]era Russify, Russianize

russin *s7* raisin **-kärna** raisin seed

rusta 1 arm (*till krig* for war); (*utrusta*) equip **2** (*göra i ordning*) prepare, make preparations (*för, till* for); ~ *upp* (*reparera*) do up, repair **3** *rfl* (*göra sig färdig*) get ready, make preparations (*till* for); (*väpna sig*) arm o.s. **rustad** *a5* (*ut-*) equipped; (*beväpnad*) armed **rusthåll** *s7, stå för ~et* (*bildl.*) be responsible for the whole affair, run the show

rustibus[s] *s2* lively child

rustịk *a1* rustic; (*bondaktig*) countrified; (*grov*) boorish

rust|kammare armoury **-mästare** staff sergeant 1st class

rustning 1 (*krigsförberedelse*) armament **2** *konkr.* armour, coat of mail; *fullständig ~* (*äv.*) panoply **rustningsindustri** armament industry

ruta I *s1* square; (*i mönster*) check; (*fönster-*) [window]pane; (*TV-*) screen **II** *v1* (*göra rutig*) check; *~t papper* cross-ruled (squared) paper

1 ruter ['ru:-] *s9, kortsp., koll.* diamonds (*pl*); *jfr hjärter*

2 ruter ['ru:-] *r, det är ~ i henne* she has got pluck; *det är ingen ~ i honom* he has no go in him

rutformig [-å:-] *a1* square-shaped **rutig** *a1* check[ed]; chequered

rutịn *s3* routine; (*färdighet*) professional experience, practical knowledge; *~er* (*äv.*) procedures **-arbete** routine work **-erad** [-'ne:-] *a5* experienced, practised, skilled **-kontroll** routine checkup **-mässig** *a1* routine **-mässighet** routine **-mässigt** *adv* by routine; *neds.* mechanically

rut|mönster check (*snedvinkligt:* diamond) pattern **-papper** cross-ruled paper

rutsch|a [ˣruttʃa] slide; (*slira*) skid **-bana** chute, slide; (*vatten-*) water chute

rutt *s3* route

rutten *a3* rotten (*äv. bildl.*); putrid; (*om tänder*) decayed; (*moraliskt äv.*) corrupt, depraved **ruttenhet** rottenness *etc.*; *bildl. äv.* corruption **ruttna** become (get) rotten, rot; (*om virke äv.*) decay; (*om kött äv.*) decompose

ruva sit [on eggs], brood; ~ *på* (*bildl.*) brood on; ~ *över* jealously safeguard (*sina skatter* one's treasures) **ruvning** [-u:-] sitting, brooding

1 rya [ˣry:a] *v1* shout

2 rya [ˣry:a] *s1* long-pile rug, hooked rug

ryamatta *se 2 rya*

ryck *s7* **1** (*knyck*) jerk, tug, pull **2** (*sprittning*) start; (*nervöst*) twitch, spasm; *vakna med ett ~* wake up with a start; *snabba ~* fast going, good going **3** *bildl.* (*anfall*) fit, flicker; (*nyck*) whim, freak **4** (*i tyngdlyftning*) snatch

ryck|a *v3* **I 1** (*dra*) pull, jerk; (*hastigt*) snatch; (*våldsamt*) wrench; (*slita*) tear; ~ *ngn i armen* pull s.b. by the arm **2** (*lin, hampa*) pull **3** (*ruska, dra hit o. dit*) pull, tug, jerk; ~ *i dörren* pull at the door; ~ *i klocksträngen* pull the bell[cord]; ~ *på axlarna* shrug one's shoulders (*åt* at); *det -te i mungiporna på henne* the corners of her mouth twitched **4** *mil.* march, move (*mot fienden* against the enemy; *mot målet* towards the objective); ~ *närmare* approach; ~ *ngn in på livet* press s.b. hard; ~ *till ngns undsättning* rush to a p.'s rescue **II** (*med betonad partikel*) **1** *han -tes bor[t] vid unga år* he was snatched away in early life **2** ~ *fram* (*mil. o.d.*) push forward, advance **3** ~ *in a*) *boktr.* inset, *b*) (*om trupper*) march into, *c*) (*om värnpliktig*) join up; ~ *in i en stad* march into (enter) a town; ~ *in i ngns ställe* take a p.'s place **4** ~ *loss* wrench (jerk) loose **5** *hon -tes med av hans berättelse* she was carried along by his story ~ *med sig* carry away **6** ~ *till* give a start, start; ~ *till sig* snatch **7** ~ *upp* a) (*ogräs*) pull up, *b*) (*dörr e.d.*) pull open; ~ *upp sig* pull o.s. together **8** ~ *ut a*) pull out, (*tand*) extract, *b*) *mil.* (*om trupp[er]*) move out, break camp, (*om värnpliktig*) be fur[-] loughed home (released), (*om brandkår o.d.*) turn out

rycken ['rykk-] *i uttr.: stå ~* stand it, hold one's own; *stå ~ för* stand up to **ryckig** *a1* jerky; spasmodic; disjointed **ryckning** pull, jerk; (*nervös*) twitch, spasm; *nervösa ~ar* (*äv.*) a nervous tic (*sg*) **ryckvis** by jerks, by fits and starts; (*då o. då*) intermittently

rygg *s2* back; *falla ngn i ~en* attack s.b. from the rear; *gå bakom ~en på ngn* (*bildl.*) go behind a p.'s back; *ha ~en fri* have a line of retreat open; *hålla ngn om ~en* (*bildl.*) support s.b., back s.b. up; *skjuta ~* (*om katt*) arch its back; *stå med ~en mot* stand with one's back to; *tala illa om ngn på hans ~* speak ill of s.b. behind his back; *vända ngn ~en* (*bildl.*) turn one's back on s.b.; *så snart man vänder ~en till* as soon as one's back is turned

rygg|a 1 (*om häst*) back; (*om pers.*) step (*häftigt* start) back; (*dra sig tillbaka*) withdraw (*från* from); (*frukta för*) shrink, recoil (*inför* at, before) **2** *ridk.* back (*en häst* a horse) **-bedövning** spinal anaesthesia **-fena** dorsal fin **-kota** vertebra **-läge** *intaga ~* lie down on one's back **-märg** spinal cord **-märgsprov** lumbar puncture **-rad** spine, spinal column; *bildl.* backbone **-radsdjur** vertebrate **-radslös** invertebrate; *bildl.* without backbone, spineless **-sim** backstroke **-skott** lumbago **-stöd** *eg.* support for the back; (*på stol e.d.*) back; *bildl.* backing, support **-säck** rucksack, backpack **-tavla** back **-ås** ridgepole **-åsstuga** *ung.* timber cottage open to the roof

ryk|a *imperf. rök, äv. v3* **1** smoke; reek; (*pyra*) smoulder; (*ånga*) steam; (*om damm*) fly about; *det -er in* the chimney is smoking; *rågen -er* the rye is smoking; *slåss så det -er om det* fight so the feathers fly **2** *där rök hans sista slantar* there goes the last of his money; *~ ihop* fly at each other, (*slåss*) come to blows; *~ på* (*anfalla*) assault, (*med fråga e.d.*) attack **-ande** *a4* smoking *etc.*; *~ varm mat* piping hot food; *i ~ fart* at a tearing pace

rykt *s3* (*av häst*) dressing; grooming; *språkets ~ och ans* the cultivation and improvement of the language **rykta** dress; groom, curry

rykt|as *opers. dep, det ~ att* it is rumoured (there is a rumour) that **-bar** *a1* famous, renowned; *neds.* notorious; *~ person* (*äv.*) celebrity **-barhet** fame, renown; *neds.* notoriety; *pers.* celebrity

ryktborste grooming-brush

rykte *s6* **1** (*kringlöpande nyhet*) rumour; report; (*hörsägen*) hearsay; (*skvaller*) gossip; *det går ett ~ att* there is a rumour that; *lösa ~n* vague rumours **2** (*ryktbarhet*) fame, renown; (*allmänt omdöme om ngn*) reputation, name, repute; *bättre än sitt ~* better than one's reputation; *upprätthålla sitt goda namn o. ~* uphold one's fair name and fame; *åtnjuta det bästa ~* be in the highest repute; *ha dåligt ~* [*om sig*] have a bad reputation; *ha ~ om sig att vara* be reputed to be, have the reputation of being

ryktes|flora crop of rumours **-smidare** scandalmonger **-spridare** spreader of rumours **-spridning** spreading of rumours **-vis** (*som ett rykte*) by [way of] rumour; (*genom hörsägen*) by hearsay

ryl *s2, bot.* wintergreen, shinleaf

rymd *s3* **1** (*volym*) volume, capacity **2** (*världs-*) space; *bildl.* region, sphere; *tomma ~en* vacancy, vacuity; *yttre ~en* outer space; *tavlan har ~* the picture gives a feeling of space **-biologi** astrobiology, exobiology **-dräkt** spacesuit **-farare** spaceman (*fem.* spacewoman), astronaut **-farkost** spacecraft **-flygning** space flight **-forskare** space scientist **-forskning** space research **-färd** space trip (flight) **-färja** space shuttle **-geometri** stereometry; solid geometry **-kapsel** space capsule **-medicin** space medicine **-mått** cubic measure **-promenad** spacewalk **-raket** space rocket **-skepp** spaceship **-sond** space probe **-station** space station (platform) **-teknik** space technique (technology) **-åldern** the Space Age

rymlig *a1* (*stor*) spacious, roomy; (*som rymmer mycket*) capacious; *~t samvete* accommodating conscience

rymling fugitive, runaway; *mil.* deserter

rymma *v2* **1** (*innehålla*) contain, hold; (*ha plats för*) take, have room for, accommodate **2** (*fly*) run away; (*om fånge*) escape; (*om kvinna: ~ från hemmet*) elope; *~ fältet* quit the field

rymmar|e *se rymling*; *~ och fasttagare* (*lek*) cops and robbers **-färd, -stråt** *vara på ~* be on the run

rymmas *v2, dep, det ryms mycket i den här lådan* this box holds a great deal; *det ryms mycket på en sida* there is room for a great deal on one page; *det ryms många i rummet* the room holds many people

rym|ning escape, flight; *mil.* desertion **-ningsförsök** attempted escape (*etc.*)

rynka I *s1* (*i huden*) wrinkle; (*på kläder*) crease, *sömn.* gather **II** *v1* **1** *sömn.* gather, fold; *~ pannan* knit one's brows; *~ ögonbrynen* frown; *~ på näsan* wrinkle one's nose, *bildl.* turn up one's nose (*åt* at) **2** *rfl* wrinkle, get wrinkled; (*om tyg*) crumple, crease **rynkig** *a1* wrinkled, furrowed **rynktråd** drawing thread

rys|a *v3, imperf. äv. rös* shiver, shake (*av köld* with cold); shudder (*av fasa* with terror); *det -er i mig när* I shudder when **-are** thriller

rysch *s7* r[o]uche, frill

rysk *a1* Russian

rysk|a *s1* **1** (*språk*) Russian **2** (*kvinna*) Russian woman **-fientlig** anti-Russian **-språkig** *a1* (*-talande*) Russian-speaking; (*på ryska*) in Russian **-svensk** Russo-Swedish **-vänlig** pro-Russian

ryslig [ˣry:s-] *a1* terrible, dreadful; *vard.* awful **ryslighet** *~er* horrors, (*begångna*) atrocities **rysligt** *adv* terribly *etc.*; *vard.* awfully (*snällt av dig* nice of you)

rysning [ˣry:s-] shiver; shudder

ryss *s2* Russian

ryssja [ˣryʃa] *s1* fyke (hoop) net

Ryssland ['ryss-] *n* Russia

ryssläder Russia leather

ryta *röt rutit* roar (*åt* at); (*om pers. äv.*) shout, bawl (*åt* at) **rytande** *s6* roar[ing]

rytm *s3* rhythm **rytmik** *s3, ej pl* rhythmics (*pl, behandlas som sg*) **rytmisk** ['rytt-] *a5* rhyth-

R

mic[al]
ryttar|e rider, horseman; (*i kortsystem*) tab, signal **-inna** horsewoman, woman rider **-staty** equestrian statue **-tävling** horse-riding competition
rytteri cavalry
ryttla hover
ryttmästare cavalry captain
RÅ [ärrå] *förk. för riksåklagare*
1 rå *s5, sjö.* yard
2 rå *s5, s4* (*gränslinje*) boundary, borderline
3 rå *s6, s5, myt.* sprite, fairy
4 rå *a1* **1** (*okokt*) raw (*fisk* fish); fresh (*frukt* fruit) **2** (*obearbetad*) crude (*malm* ore); (*ogarvad*) raw **3** (*om klimat*) raw, damp and chilly **4** (*primitiv*) primitive; (*grov*) coarse; (*simpel*) vulgar; (*ohövlig*) rude; (*brutal*) brutal; *den ~a styrkan* brute force; *en ~ sälle* a ruffian; *ett ~tt överfall* a brutal assault
5 rå *v4* (*jfr råda*) **1** (*orka*) manage, have the strength (power) to; (*vara starkare, längre*) be the stronger (taller); *jag ~r inte med det* I cannot manage it, it is too much for me; *människan spår, men Gud ~r* man proposes, God disposes; *~ sig själv* be one's own master, have one's time to o.s. **2** (*med betonad partikel*) *jag ~r inte för att* it is not my fault that; *jag ~r inte för det* I cannot help it; *du ~r själv för att* it is your own fault that; *~ med* manage [to carry (lift *etc.*)]; *~ om* be the owner of, possess; *~ på* be stronger than, get the better of, be able to beat
råbalans *hand.* proof sheet
råbandsknop reef (square, flat) knot
rå|barkad *a5, bildl.* coarse, rough-mannered **-biff** scraped raw beef
råbock roebuck
råd *s7, i bet. 2 o. 5 äv. r* **1** (*tillrådan*) advice; (*högtidligare*) counsel; *ett* [*gott*] *~* a piece of [good] advice, *AE. äv.* a pointer; *~ och anvisningar för* hints and directions for; *be ngn om* [*ett*] *~* ask s.b. for advice; *bistå ngn med ~ o. dåd* give s.b. advice and assistance; *fråga ngn till ~s* ask a p.'s advice, consult s.b.; *få många goda ~* receive a lot of good advice; *följa* (*lyda*) *ngns ~* follow (take) a p.'s advice; *ge goda ~* give good advice; *den ~ lyder är vis* he who listens to counsel is wise **2** (*utväg*) means (*sg o. pl*), expedient, way; *finna på ~* find a way out; *veta ~ för* know a remedy for; *det blir väl ngn ~* s.th. is sure to turn up, we shall manage somehow; *det blir ingen annan ~ än att* there is no other alternative than to; *nu vet jag* [*mig*] *ingen levandes ~* now I am at my wits end (completely at a loss) **3** (*församling*) council **4** (*person*) councillor **5** (*tillgång*) means (*sg o. pl*); *ha god ~ till ngt* have ample means for s.th., be able to afford s.th.; *jag har inte ~ att* (*till* det) I haven't got the money to (for it), I cannot afford to (it); *efter ~ och lägenhet* according to one's means
råd|a *v2* **1** (*ge råd*) advise, give advice, counsel; *om jag får ~ dig* if you take my advice; *jag skulle ~ dig att låta bli* I should advise you not to do it; *jag -er dig att inte* I warn you not to **2** *~ bot för* (*på*) find a remedy (cure) for **3** (*härska*) rule; *om jag finge ~* if I had my way; *han vill alltid ~* he always wants to be master; *~ över* have control of **4** (*förhärska*) prevail, be prevalent; be, reign; *tystnad -er överallt* (*äv.*) silence reigns everywhere; *det -er inget tvivel* there is no doubt; *det -er ett gott förhållande mellan dem* they are on good terms [with each other] **-ande** *a4* prevailing; current (*priser* prices); *under ~ förhållanden* in the circumstances, under present conditions
rådbråka **1** *hist.* break on the wheel **2** *bildl.* (*ett språk*) mangle, murder; *på ~d engelska* in broken English; *~ franska* speak broken French; *känna sig alldeles ~d* be aching in every joint, be stiff all over
råd|fråga consult; seek advice from; *~ advokat* take counsel's opinion **-frågning** [-:å-] consultation; inquiry **-givande** advisory, consulting, consultative **-givare** adviser; *jur.* counsel; (*dipl. e.d.*) counsellor **-givning** [-ji:-] guidance, counselling; advisory service **-givningsbyrå** advisory bureau, information office **-göra** *~ med* confer with; *~ med ngn om ngt* (*äv.*) discuss s.th. with s.b. **-hus** town (*AE.* city) hall **-husrätt** municipal court; (*i Storbritannien*) magistrates' court; (*för svårare brottmål*) central criminal court; *jfr tingsrätt*
rådig *a1* (*fyndig*) resourceful; resolute (*handling* act) **-het** resourcefulness; resolution, presence of mind
rådjur roe [deer]
rådjurs|blick *bildl.* fawnlike glance **-sadel** saddle of venison **-stek** [joint of] venison
råd|lig [ˣrå:d-] *a1* (*klok*) wise; (*till-*) advisable; *inte ~* (*äv.*) inadvisable **-lös** perplexed, at a loss; *bättre brödlös än ~* better breadless than headless **-löshet** perplexity; irresolution **-man** [borough] magistrate, alderman; (*vid tingsrätt*) judge of a district court; (*vid länsrätt*) judge of a county administrative court **-pläga** deliberate (*om* about) **-plägning** [-ä:-] deliberation, conference **-rum** respite; (*betänketid*) time for reflection (consideration)
råds [-å:-] *se råd 1*
råds|församling council, board **-herre** councillor
råd|slag *se rådplägning*; *hålla ~ se -slå* **-slå** take counsel (*med varandra* together), consult (*med ngn* with s.b.) **-snar** resourceful
råds|republik Soviet republic **-sal** council hall
råd|sturätt *se rådhusrätt* **-vill** *a1* (*villrådig*) irresolute; (*-lös*) perplexed, at a loss **-villhet** irresolution; perplexity
råg *s2* rye
råga I *s1* (*se råge*); *till ~ på allt* to crown everything; *till ~ på eländet* to make matters worse **II** *v1* heap, pile (*faten* the dishes); (*fylla t. brädden*) fill up [to the brim]; *~d* full, brimful; *en ~d sked* a heaped spoonful; *nu är måtet ~t* this is the last straw
råg|ax ear of rye **-blond** light-blond **-bröd** rye bread
råge *s2* full (good) measure
råglas crude glass
råg|mjöl rye flour **-sikt** sifted rye flour
rågummi crude rubber **-sula** crepe-rubber sole
rågåker rye field
rågång boundary [line], (*i skog äv.*) boundary clearing; *bildl.* demarcation line

råhet rawness; *bildl.* coarseness; (*brutalitet*) brutality
1 råk *s2* (*is-*) crack, rift
2 råk *s7, s3, ej pl* (*fisk-*) guts (*pl*)
1 råka *s1, zool.* rook
2 råka *v1* **1** (*träffa rätt*) hit (*målet* the mark) **2** (*möta*) meet; encounter, come across (*äv.* ~ *på*) **3** (*händelsevis komma att*) happen (*göra* to do) **4** ~ *i bakhåll* fall into an ambush; ~ *i fara* get into danger, *bildl.* be endangered; ~ *i gräl* fall out, start quarreling; ~ *i händerna på* fall into the hands of; ~ *i olycka* come to grief; ~ *i raseri* fly into a rage; ~ *i slagsmål* come to blows; ~ *på avväger* go astray; ~ *ur gängorna* (*bildl.*) get out of gear, be upset **5** (*med betonad partikel*) ~ *fast* get caught; ~ *in i* get into, (*bli invecklad i*) be involved in; ~ *illa ut* get into trouble; ~ *på* come across; ~ *illa ut för* fall into the hands of (*en bedragare* an imposter), get caught in (*oväder* a storm), meet with (*en olycka* an accident)
råkall raw and chilly, bleak
råkas *dep* meet
rå|kopia proof **-kost** raw vegetables and fruit **-kostare** [-ås-] vegetarian **-kurr** *vard.* punch-up, brawl
råma moo; *bildl.* bellow
rå|material raw material **-mjölk** beestings (*pl*), *AE.* beastings (*pl*)
råmärke boundary mark; ~*n* (*bildl.*) bounds, limits; *inom lagens* ~*n* within the pale of the law
1 rån *s7* (*bakverk*) wafer
2 rån *s7* (*brott*) robbery; (*överfall*) mugging
rån|a rob **-are** robber; mugger **-försök** attempted robbery **-kupp** [daring] robbery **-mord** murder with robbery **-mördare** person who has committed murder with robbery
rånock *sjö.* yardarm
rå|olja crude oil **-raka** *s1* potato pancake **-ris** brown rice **-riven** *a5* grated raw **-rörd** *a5* (*sylt*) preserved by combining with sugar **-saft** raw juice
råsegel square sail
rå|siden raw silk, shantung **-skala** peel raw; ~*d potatis* potatoes peeled before boiling **-skinn** [-ʃ-] *s7, bildl.* tough, brute **-skälla** *vard.* rave aginst s.b., shout at s.b. **-socker** raw (unrefined) sugar **-sop** *s2, vard.* swipe; *ge ngn en* ~ swing out wildly at **-sprit** crude alcohol **-steka** (*grönsaker*) fry [without previously boiling]; *-stekt potatis* fried potatoes **-sten** raw limestone
rått|a *s1* rat; (*mus*) mouse (*pl* mice) **-bo** mouse (rat's) nest; *bildl.* rat-infested hovel **-fälla** mousetrap, rattrap **-gift** ratpoison **-hål** mouse (rat) hole **-jakt** *vara ute på* ~ (*om katt*) be out mouse-hunting **-lort** rat-dung **-svans** rat's tail; (*hårfläta*) pigtail **-unge** young rat (mouse) **-utrotningsmedel** rat exterminator **-äten** *a5* gnawed by rats (mice)
rå|vara raw material **-varukälla** raw-material source **-varuproduktion** primary production **-varutillgång** supply of raw materials
räck *s7, gymn.* [horizontal] bar
räck|a I *s1* row, line, range; (*serie*) series, succession **II** *v3* **1** (*över-*) hand, pass; ~ *ngn handen* give s.b. one's hand; ~ *en hjälpande hand* extend a helping hand; ~ *varandra handen* shake hands; *vill du* ~ *mig brödet?* would you pass me the bread, please? **2** (*nå*) reach; (*gå ända t.*) extend, stretch; (*fortgå*) last, go on (*i evighet* for ever); *jag -er honom till axeln* I reach (come up) to his shoulder; *kön -te ut på gatan* the queue stretched out to the street; *jag -er inte dit* it is beyond my reach; *dra så långt vägen -er* go to blazes **3** (*förslå*) be enough (sufficient), suffice ; *oljan -er en vecka* there is enough oil for one week; *det -er inte långt* that won't go far; *det -er* (*äv.*) that will do **4** (*med betonad partikel*) ~ *till* be enough (sufficient), suffice; *få pengarna att* ~ *till* (*äv.*) make both ends meet; *tiden -er aldrig till för mig* I can never find enough time; *inte* ~ *till* (*äv.*) fall short; ~ *upp* put (stretch) up, (*nå upp*) reach up; ~ *upp handen* raise (put up) one's hand; ~ *ut handen* (*i trafiken*) make a hand signal; ~ *ut tungan* put out one's tongue (*åt* at)
räcke *s6* rail[ing], barrier; (*trapp-*) ba[n]nisters (*pl*)
räck|håll reach; *inom* (*utom*) ~ *för ngn* within (beyond) a p.'s reach **-vidd** *eg.* reach; (*skjutvapens e.d.*) range; *bildl. äv.* scope, extent
räd *s3* raid (*mot* on); (*bomb- äv.*) blitz
räd|as *-des -its, dep* fear, dread (*varken fan el. trollen* neither the devil nor his dam)
rädd *a1, n sg obest. form undviks* afraid (*för* of); (*skrämd*) frightened, scared, alarmed; (~ *av sig*) timid, timorous; (*bekymrad*) anxious (*för* about); *mycket* ~ very much afraid; *vara* ~ *för* be afraid (frightened) of, (*sitt liv e.d.*) be in fear of; *vara* ~ *om* be careful with, take care of; *var* ~ *om dig!* take care!
rädda save; (*befria ur fara*) rescue, deliver (*från att* from + *ing-form*; *ur* out of); *R~a barnens riksförbund* Swedish Save the Children Federation; *den stod inte att* ~ there was no saving (rescuing) it, it was beyond saving; ~ *ngt undan glömskan* rescue s.th. from oblivion; ~ *undan ngt* save (salvage) s.th.; ~*nde ängel* angel of mercy **räddare** rescuer, (*ur nöd*) deliverer
rädd|hågad *a5*, **-hågsen** *a5* fearful, timid, timorous
räddning rescue; (*ur trångmål*) deliverance; (*frälsning*) salvation; *fotb.* save
räddnings|ankare *bildl.* sheet anchor **-arbete** rescue work **-båt** lifeboat **-löst** [-ö:-] *adv*, ~ *förlorad* irretrievably lost **-kryssare** rescue cruiser **-manskap** rescue party **-planka** last resort **-stege** fire escape
rädisa [ˣrädd-, ˣrä:-] *s1* radish
rädsla [ˣrädd-, ˣrä:-] *s1* fear, dread (*för* of)
räffl|a I *s1* groove; (*ränna*) channel; (*i eldvapen*) rifle **II** *v1* groove, channel; (*eldvapen*) rifle; ~*d kant* (*på mynt*) milled edge
räfsa I *s1* rake **II** *v1* rake
räfst *s3* inquisition; (*bestraffning*) chastisement; *hålla skarp* ~ *med* call rigorously to account **-- och rättarting** *hålla* ~ *med* take severely to task, call to account
räjong [-'jåŋ] *s3* district, area; *bildl.* range, scope
räka *s1* shrimp; (*djuphavs-*) prawn
räkel *s2, lång* ~ lanky fellow
räkenskap *s3* account; ~*er* accounts, books, records; *avfordra ngn* ~ *för* call s.b. to account for; *avlägga* ~ *för ngn* render (give) an account to s.b.

R

of; *~ens dag* the day of reckoning; *avsluta (göra upp) ~erna* close (settle) the accounts **räkenskapsår** financial year
räkfiske shrimp-fishing
räkna [ˣrä:k-] **1** (*hop-, upp-*) count; (*göra uträkningar*) do sums (arithmetic); (*be-*) calculate, reckon; *lära sig läsa, skriva och ~* learn reading, writing and arithmetic; *~ till tio* count up to ten; *~ ett tal* do a sum; *~ i huvudet* do mental arithmetic; *~ med bråk* do fractions; *~ fel* miscalculate, *bildl.* be mistaken; *det ~s inte* that doesn't count; *hans dagar är ~de* his days are numbered; *~ tvätt* count the laundry; *högt (lågt) ~t* at a high (low) estimate, at the most (least); *i pengar ~t* in terms of money; *i procent ~t* on a percentage basis; *förändring i procent ~t* percentage change; *noga ~t* to be exact; *~ med* count (reckon) [up]on, (*ta med i beräkningen*) reckon with, allow for; *~ på ngn* count (rely) on s.b. **2** (*hänföra t.*) count (*till* among); (*anse*) regard, consider, look upon; *~ det som en ära att* count (consider) it an honour to; *~ ngn ngt till godo* (*last*) put s.th. down to a p.'s credit (discredit) **3** (*uppgå till*) number; *hären ~de 30 000 man* the army numbered 30 000 men **4** (*med betonad partikel*) *~ av* deduct, subtract; *~ efter* count over; *~ efter vad det blir* see what it makes; *~ ihop* add (sum) up; *~ ned* (*ange återstående tid*) count down; *~ upp* (*pengar*) count out, (*nämna i* ordning) enumerate; *~ ut* (*ett tal*) work out, (*fundera ut*) think (figure) out
räknare calculator
räkne|bok arithmetic book **-exempel** arithmetic example, sum [to be worked out] **-fel** mistake in calculation, arithmetical error **-färdighet** numeracy **-konst** *~en* arithmetic **-maskin** calculating machine, calculator **-operation** calculating operation **-ord** numeral **-sticka** slide rule **-sätt** method of calculation; *de fyra ~en* the four rules of arithmetic **-tal** sum **-verk** counter, counting mechanism
räkning [ˣrä:k-] **1** (*hop-*) counting; (*ut-*) calculation; (*upp-*) enumeration; (*skolämne*) arithmetic; *duktig i ~* good at figures (arithmetic); *hålla ~ på* keep count of; *tappa ~en* lose count (*på* of); *gå ner för ~* (*boxn.*) take the count **2** (*konto*) account (*hos* with); (*nota*) bill, *AE.* check; (*faktura*) invoice; *~ på* bill (invoice) for; *kvitterad ~* receipted invoice (bill); *löpande ~* current account; *specificerad ~* itemized account; *för ngns ~* on a p.'s account (behalf); *köp i fast ~* outright purchase; *köpa i fast ~* buy firm (outright); *skriva ut en ~* make out a bill (invoice); *sätt upp det på min ~!* put it down to my account!; *ta på ~* take on account (credit) **3** *göra upp ~en utan värden* reckon without one's host; *göra upp ~en med livet* settle one's account with life; *hålla ngn ~ för ngt* put s.th. down to a p.'s credit; *ta med i (lämna ur) ~en* take into (leave out of) account; *ett streck i ~en för* a disappointment to; *det får stå för din ~* that is your responsibility; *vara ur ~en* be out of the running
räksallad shrimp sallad
räl *s3* rail
räls *s2, s3* rail **-buss** railcar **-skarv** rail joint **-spik** rail (dog) spike
rämna I *s1* (*spricka*) fissure, crevice; (*i tyg*) rent, slit; (*i moln*) break, rent **II** *v1* crack; (*om tyg*) rend, tear
ränk|er *pl* intrigues, machinations, plots; *smida ~* intrigue, plot **-lysten** intriguing, scheming **-smidare** intriguer, plotter, schemer
1 ränna *s1* (*fåra*) groove, furrow; (*segel-, is-*) channel; (*flottnings-*) flume; (*transport-*) chute
2 ränna *v2* **1** (*springa*) run; *~ i väg* run away, dash off; *~ med skvaller* run about gossiping; *~ i höjden* shoot up fast **2** (*stöta*) run, thrust (*kniven i ngn* one's knife into); *~ huvudet i väggen* (*bildl.*) run one's head against the wall
rännande *s6* running; *det har varit ett förfärligt ~ här idag* people have been running in and out all day
rännil rill, rivulet
ränn|ing warp **-snara** running noose
ränn|sten gutter, gully **-stensunge** guttersnipe
ränsel *s2* knapsack, kitbag
1 ränta *s1* (*inälvor*) offal
2 ränt|a I *s1* interest; (*räntesats*) rate [of interest] ; *~ på ~* compound interest; *bunden (fast, rörlig) ~* restricted (fixed, flexible) rate of interest; *upplupen ~* accrued interest; *hög (låg) ~* high (low) interest (rate); *årlig ~* annual interest; *ge 4 % ~* give (yield) 4 %; *löpa med 4 % ~* carry 4 % interest; *räkna ut ~n* compute the interest; *leva på -or* live on the interest on one's capital; *låna (låna ut) mot ~* borrow on (lend at) interest; *ge betalt för ngt med ~* (*bildl.*) pay back s.th. with interest **II** *v1, rfl, se förränta sig*
räntabel [-'ta:-] *a2* profitable; remunerative, lucrative **räntabilitet** earning power (capacity); remunerativeness
ränte|avdrag tax relief on the interest on a loan **-avkastning** [interest] yield **-belopp** amount of interest **-beräkning** calculation (computation) of interest **-betalning** payment of interest **-bärande** interest-bearing, interest-carrying **-eftergift** interest remission **-fot** rate of interest, interest rate **-fri** free of interest **-frihet** exemption from interest **-förlust** loss of interest **-garanti** fixed interest rate **-höjning** increase in interest rate **-inkomst** income from interest **-kostnader** *pl* interest costs (charges) **-räkning** *se -beräkning* **-sats** *se -fot* **-sänkning** lowering (reduction) of interest rates **-termin** date of payment of interest
rät *a1* straight (*linje* line); right (*vinkel* angle); *bilda ~ vinkel med* form a right angle with, be at right angles to; *~ maska* knit [stitch] **räta I** *s1* right side, face **II** *v1* straighten (*äv. ~ på*); *~ på ryggen* straighten one's back **rätlinjig** *a1* rectilinear, straight-lined; *bildl.* straightforward
räto|roman *s3* Rhaeto-Roman **-romansk** [-a:-] *a5* Rhaetian, Rhaeto-Romanic **-romanska** [-'ma:n-] *s9* (*språk*) Rhaetian, Rhaeto-Romanic
rätsida right side, face; (*på mynt o.d.*) obverse; *inte få ngn ~ på ngt* not be able to get a proper hold (make head or tail) of s.th.
1 rätt *s3* (*mat-*) dish; (*del av måltid*) course; *en middag med tre ~er* a three-course dinner; *dagens ~* today's special
2 rätt I *s3* **1** (*-ighet*) right (*till* to, of); (*-visa*) justice; *~ till ersättning* right to compensation; *~ till fiske* right to fish; *lag och ~* law and justice; *få ~*

prove (be) right, (*inför domstol*) win the case; *ge ngn ~* admit that s.b. is right; *ge ngn ~ till* entitle (authorize) s.b. to; *du ger mig nog ~ i att* I think that you will agree that; *göra ~ för sig* do one's full share, (*ekonomiskt*) pay one's way; *du gör ~ i att* you are right in (+ *ing-form*); *ha ~* be right, (*ha ~en på sin sida*) be in the right; *det har du ~ i* you are right there; *ha ~ till att* have a (the) right to, be entitled to; *komma till sin ~* (*bildl.*) do o.s. justice, show to advantage; *med ~ eller orätt* rightly or wrongly; *med full ~* with perfect justice (good reason); *ta ut sin ~* claim one's due; *vara i sin fulla ~* be quite within one's rights **2** *få ~ på* find **3** (*rättsvetenskap*) law; *romersk ~* Roman law **4** (*domstol*) court [of justice]; *inför högre ~* before a superior court; *inställa sig inför ~en* appear before the court; *sittande ~* court [in session]; *inför sittande ~* in open court **II** *a1* **1** (*riktig*) right; (*korrekt äv.*) correct; (*vederbörlig*) proper; (*sann*) true; *det ~a* what is right, (*vid visst tillfälle*) the right thing; *det enda ~a* the only right thing; *~a ordet* the right (appropriate) word; *~e ägaren* the rightful owner; *den ~e* (*i fråga om kärlek*) Mr. Right; *du är just den ~e att* (*iron.*) you are just the right one (person) to; *det var ~!* that's right!; *det är ~ åt dig!* it serves you right!; *det är inte mer än ~ och billigt* it is only fair; *komma på ~ bog* (*bildl.*) get on the right tack; *i ordets ~a bemärkelse* in the proper sense of the word; *i ~an tid* at the right moment; *ett ord i ~an tid* a word in season **2** *sticka avigt och ~* knit purl and plain **III** *adv* **1** (*riktigt*) *a*) (*före verbet*) rightly, *b*) (*efter verbet vanl.*) right; *~ gissat* rightly guessed; *gissa ~* guess right; *om jag minns ~* if I remember right [ly]; *går klockan ~?* is the clock right?; *förstå mig ~!* don't misunderstand me!; *när man tänker ~ på saken* when you come to think of it; *eller ~are sagt* or rather **2** *~ och slätt förneka* simply deny; *~ och slätt en bedragare* a swindler pure and simple **3** (*ganska*) pretty; quite, rather; *vard.* jolly; *jag tycker ~ bra om* (*äv.*) I quite like; *~ många* a good number of, quite a lot **4** *~ som det var* all at once (of a sudden) **IV** *adv* (*t. rät*) straight; right; *~ fram* straight on (ahead); *~ upp i ansiktet* straight to one's face; *~ upp och ner* straight up and down

rätt|a I *oböjl. s, i vissa uttr.* **1** *dra ngn inför ~* bring s.b. before the court; *ställa* (*stämma*) *ngn inför ~* bring s.b. to trail, arraign s.b.; *stå inför ~* be brought before the court; *gå till ~ med ngn för ngt* rebuke s.b. for s.th. **2** *finna sig till ~* accommodate (adapt) o.s. (*med* to), (*trivas*) feel at home; *hjälpa ngn till ~* set (put) s.b. right, lend s.b. a hand; *komma till ~* be found, turn up; *komma till ~ med* manage, handle, (*pers. äv.*) bring round; *tala ngn till ~* talk s.b. into being sensible, get s.b. to see reason **3** *med ~* rightly, justly; *det som med ~ tillkommer mig* what right [ful]ly accrues to me; *och det med ~* and right[ful] ly so **II** *v1* **1** (*räta upp*) straighten (*på ryggen* one's back); (*ordna till*) adjust, put straight **2** (*korrigera*) correct (*fel* mistakes); *~ till* (*äv.*) set right; *~ en skrivning* mark a paper **3** (*avpassa*) adjust, accommodate (*efter* to); *~ sig efter* a) (*om pers.*) obey (*befallningar* orders), comply with, follow (*ngns önskningar* a p.'s wishes), accommodate (adapt) o.s. to (*omständigheterna* circumstances), conform to, observe (*reglerna* the rules), *b*) (*om sak*) agree with, follow; *det är ingenting att ~ sig efter* it is nothing to go by; *veta vad man har att ~ sig efter* know what one has to go by; *det -er och packer eder efter!* those are the orders you have to obey

rättare *jordbr.* [farm] foreman

rättegång *s2* action; legal proceedings (*pl*); [law] suit; (*rannsakning*) trial; (*rättsfall*) case; *anställa ~ mot* take legal proceedings (bring an action) against; *förlora en ~* fail in a suit, lose a case; *ha fri ~* be entitled to the services of a solicitor and a counsel free of charge

rättegångs|balk code of procedure, rules of court **-biträde** counsel **-fullmakt** power of attorney **-förfarande** course of law **-förhandlingar** *pl* court procedings **-handlingar** *pl* documents of a case; court records **-kostnader** *pl* court (legal) costs, legal expenses **-protokoll** minutes (*pl*) of [court] proceedings **-sak** legal matter **-sal** courtroom

rätteligen by rights, rightly **rättelse** correction, amendment, adjustment; *~r* (*som rubrik*) errata, corrigenda **rättesnöre** *bildl.* guiding principle, guide; *ta ngt till ~* take s.th. as a guide **rättfram** *a1* straightforward; (*ärlig*) upright; (*frispråkig*) outspoken

rätt|färdig *a1* righteous, just; *sova den ~es sömn* sleep the sleep of the just **-färdiga** (*urskulda*) excuse (*ngns handlingssätt* a p.'s conduct); (*fritaga*) exculpate, vindicate (*ngn från* s.b. from); (*berättiga*) justify; *~ sig* justify (vindicate) o.s. (*inför* to) **-färdiggöra** justify, vindicate **-färdiggörelse** justification (*genom tron* by faith) **-färdighet** righteousness; justness, justice; *uppfylla all*[*an*] *~* fulfil all righteousness

rätthaveri *se rättshaveri*

rättighet right; privilege; *ha ~ till* have a (the) right to, be entitled to; *beröva ngn medborgerliga ~er* deprive s.b. of civil rights; *ha fullständiga ~er* (*om restaurang*) be fully licensed

rättika *s1* black (turnip) radish

rättmätig *a1* (*laglig*) rightful, lawful; (*befogad*) legitimate (*harm* indignation); *det ~a i* the legitimacy of; *~ ägare* rightful (lawful) owner

rättning *mil.* alignment, dressing; *~ höger!* right dress!

rättrogen (*särskr. rätt-trogen*) faithful; (*renlärig*) orthodox; *en ~ kristen* a true believer **-het** faithfulness; orthodoxy

rättrådig honest, upright; (*rättvis*) just **-het** honesty, uprightness; justice

rätts|anspråk legal (lawful) claim; *göra sina ~ gällande* assert one's legal claims **-begrepp** concept (idea) of justice; *stridande mot alla ~* contrary to all ideas of right and justice **-fall** legal case **-filosofi** legal philosophy **-fråga** legal question **-förhållande** legal relations (*pl*) (*mellan* between); (*i stat*) judicial system (*sg*) **-handling** legal act (transaction) **-haveri** dogmatism **-haverist** litigious, dogmatic person **-historia** history of law, legal history **-hjälp** legal aid

rätt|sinnad *a5, se rättrådig*

rättsinnehavare assignee, assign

rätt|sinnig *a1* honest, upright **-skaffenhet**

R

honesty, uprightness **-skaffens** *oböjligt a, se -sinnig*

rätts|kapabel legally competent **-kapacitet** legal capacity (competence) **-kemi** forensic chemistry **-kemisk** of forensic chemistry; *~t laboratorium* forensic laboratory

rättskipning [-ʃi:-] administration of justice

rättskriv|ning orthography; (*skolämne*) spelling; *ha ~* do dictation **-ningsregler** *pl* rules for spelling

rätts|kränkning (*civilrätt*) tort, violation of a p.'s rights; (*straffrätt*) criminal offence **-känsla** sense of justice **-lig** *a1* (*laglig*) legal; (*domstols-*) judicial; (*juridisk*) juridical; *på ~ väg* by legal means; *medföra ~ påföljd* involve legal consequences; *vidtaga ~a åtgärder* institute judicial proceedings **-läkare** medicolegal practitioner **-lärd** jurisprudent **-lös** without legal rights (protection) **-medicin** forensic medicine, medical jurisprudence **-medicinsk** medicolegal **-medvetande** legal conscience, sense of justice **-ordning** legal system **-praxis** case law, legal usage **-psykiater** forensic psychiatrist **-röta** *ung.* corrupt legal practice **-sak** case, lawsuit **-sal** courtroom **-samhälle** law-governed society **-skipning** *se rättskipning* **-stat** constitutional state **-stridig** unlawful, illegal, contrary to law **-säkerhet** legal security; law and order

rättstavning [correct] spelling; orthography

rätts|tjänare court usher **-tvist** legal dispute, litigation **-uppfattning** conception of justice **-vetenskap** jurisprudence, legal science **-vetenskaplig** jurisprudential, forensic **-väsen** judicial system, judiciary

rättvis *a1* just (*dom* sentence; *sak* cause; *mot* to [wards]); (*opartisk*) impartial (*domare* judge; (*skälig*) fair; *det är inte mer än ~t* it is only fair; *hur mycket är en ~ klocka?* what is the right time?

rättvisa *s1* justice; (*opartiskhet*) impartiality; (*skälighet*) fairness; (*lag*) law; *för ~ns skull* for the sake of justice; *i ~ns namn* (*bildl.*) in all fairness; *låta ~n ha sin gång* let justice take its course; *skipa ~* do justice; *göra [full] ~ åt* do … [full] justice, do [full] justice to; *överlämna i ~ns händer* deliver into the hands of the law

rättvisande *a4* (*om klocka o.d.*) correct; *sjö.* true (*bäring* bearing) **rättvisekrav** demand for justice **rättvisligen** justly, in justice (fairness)

rättvänd *a5* turned right way round (side up)

rättänkande (*särskr. rätt-tänkande*) right-minded, fair-minded

rät|vinge *zool.* orthopteron (*pl äv.* orthoptera), orthopteran **-vinklig** *a1* right-angled

räv *s2* fox; *ha en ~ bakom örat* always have some trick up one's sleeve; *han är en riktig ~* he is a sly customer; *surt, sa ~en om rönnbären* sour grapes, said the fox; *svälta ~* (*kortsp.*) beggar-my-neighbour **-aktig** *a1* foxy, foxlike; *bildl.* cunning, sly, wily **-farm** fox farm **-gryt** fox earth (den) **-hanne** dog fox, he-fox **-hona** she-fox, vixen **-jakt** fox-hunting; (*en ~*) fox hunt **-lya** *se -gryt* **-rumpa** *bot.* common horsetail **-sax** fox trap **-skinn** fox skin **-spel** *eg.* fox-and-geese; *bildl.* jobbery, deep game; *politiskt ~* (*äv.*) political intrigue **-svans** foxtail, foxbrush **-unge** fox cub

rö *s6, s7* reed

röd *a1* red; (*hög-*) scarlet, crimson; *~a hanen* the fire fiend; *~a hund* (*sjukdom*) German measles, rubella; *den ~a tråden* the main thread, theme; *bli ~ i ansiktet* go red in the face; *det var som ett rött skynke* it was like a red rag to a bull; *i dag ~ i morgon död* here today, gone tomorrow; *inte ett rött öre* not a bean (brass farthing); *köra mot rött ljus* jump the lights; *se rött* see red; *R~a halvmånen* the Red Crescent; *R~a havet* the Red Sea; *R~a korset* the Red Cross

röd|akorssyster [-ˣkårs-] Red Cross nurse **-aktig** *a1* reddish **-alg** red alga **-bena** *s1, zool.* redshank **-beta** beetroot; *AE.* red beet **-blindhet** red-blindness **-blommig** *bildl.* rosy (*kind* cheek) **-blå** reddish blue, purple **-bok** *bot.* beech **-brokig** *~ svensk boskap* Swedish red-and-white cattle **-brun** reddish brown **-brusig** *a1* red-faced **-flammig** *~ hy* blotchy complexion **-fläckig** red-spotted **-fnasig** *a1, ung.* red and chapped **-färg** red paint; red ochre **-förskjutning** red shift **-gardist** red guard **-glödga** make red-hot **-gråten** *a5* (*om pers*) red-eyed; *-gråtna ögon* eyes red with weeping **-gul** orange[-coloured] **-hake** robin [redbreast] **-hårig** redhaired; (*om pers.*) red-headed

röding char

röd|kantad *a5* red-bordered; *~e ögon* red-rimmed eyes **-kindad** *a5* red-cheeked, rosy-cheeked **-klöver** red clover **-krita** red chalk (crayon) **-kål** red cabbage **-luva** *R~n* Little Red Riding Hood **-lätt** ruddy **-lök** red onion **-mosig** red bloated **-näst** [-ä:-] *a1* red-nosed **-- och vitrandig** with red-and-white stripes **-ockra** red ochre **-penna** red pencil **-prickig** dotted red **-randig** striped red, red-striped **-rutig** red-chequered, red-check **-räv** red fox **-skinn** redskin; American (Red) Indian **-skäggig** red-bearded **-sot** dysentery **-spotta** *s1* plaice **-sprit** methylated spirit **-sprängd** *a1* bloodshot (*ögon* eyes) **-spätta** *s1, se -spotta* **-stjärt** redstart **-vin** red wine; (*Bordeaux*) claret; (*Bourgogne*) burgundy **-vinge[trast]** redwing **-vinstoddy** mulled claret **-ögd** *a1* red-eyed

1 röja [ˣröjja] *v2* **1** (*förråda*) betray; (*yppa*) reveal, disclose; *~ sig* betray o.s., give o.s. away **2** (*ådagalägga*) display, show

2 röj|a [ˣröjja] *v2* (*bryta, odla upp*) clear (*mark* land); (*gallra*) thin; *~ väg för* clear a path for, *bildl. äv.* pave the way for; *~ undan* clear away, remove; *~ upp* tidy up; *~ ngn ur vägen* make away with s.b.

röjdykare frogman

röjning clearance; *konkr.* clearing **röjningsarbete** clearance work **röjningsmanskap** clearance squad

1 rök *imperf. av ryka*

2 rök *s2* smoke; (*ånga*) steam; (*i sht illaluktande*) fume[s *pl*]; *gå upp i ~* go up (*bildl. äv.* end) in smoke; *ingen ~ utan eld* no smoke without fire; *vi har inte sett ~en av honom* we have not seen a trace of him

rök|a *v3* **1** (*om tobak*) smoke; *generar det dig om jag -er?* do you mind my smoking?; *~ cigaretter* smoke cigarettes; *~ in en pipa* break in a pipe **2** (*om matvaror*) smoke[-cure]; (*sill äv.*) bloat **3**

(*mot ohyra, smitta*) fumigate; ~ *ut* smoke out
rök|are smoker; *icke* ~ (*ej -kupé*) nonsmoker **-avvänjning** antidotal treatment for smokers **-bildning** smoke generation (production) **-bomb** smoke bomb **-bord** smoker's table **-dykare** smoke-helmeted fireman
rökelse incense **-kar** censer, thurible
rök|eri smokehouse, curing house **-fri** free from smoke; smokeless (*bränsle* fuel) **-fylld** smoke-filled **-fång** [fume] hood, smoke bonnet **-förbud** ban on smoking **-förgiftad** *a5* poisoned by smoke, asphyxiated **-gas** flue gas; fumes (*pl*) **-gång** *s2* [smoke] flue **-hosta** smoker's cough (hack) **-huv** chimney cowl; smoke hood
rök|ig *a1* smoky **-kupé** smoking compartment, smoker; (*anslag*) for smokers **-lukt** smell of smoke **-moln** cloud of smoke
rök|ning [-ö:-] smoking; (*desinfektion*) fumigation; ~ *förbjuden* no smoking; ~ *tillåten* smoking, for smokers **-paus** smoking break **-pelare** column of smoke **-ridå** smoke screen **-ring** smoke ring **-rock** smoking jacket **-rum** smoking (smoke) room **-smak** *få* ~ get a smoky taste **-sugen** dying for a smoke **-svag** (*om krut*) smokeless **-svamp** puffball
rökt [-ö:-] *a4* smoked; (*om träslag*) fumed (*ek* oak); ~ *sill* (*ung.*) bloater, kippered herring; ~ *sidfläsk* bacon
rök|topas smoky topaz **-verk** *s7, ej pl* smokes (*pl*); *har du ~?* have you anything to smoke?
rölleka *s1* yarrow, milfoil
rön *s7* (*erfarenhet*) experience, (*pl äv.* findings); (*iakttagelse*) observation **röna** *v3* meet with (*förståelse* understanding); experience (*motgång* a setback); ~ *livlig efterfrågan* be in great demand
rönn *s2* [European] mountain ash, rowan **-bär** rowanberry
röntga X-ray, take an X-ray
röntgen ['rönt-] *r* roentgen **-anläggning** X-ray equipment (unit) **-apparat** X-ray machine (apparatus) **-avdelning** X-ray (radiotherapy) department **-behandling** X-ray treatment, radiotherapy **-bestrålning** X-raying **-bild** X-ray picture, radiograph **-diagnostik** X-ray (radio) diagnostics (*pl, behandlas som sg*) **-fotografering** X-ray photography, radiography **-genomlysning** fluoroscopy, radioscopy **-läkare, -olog** radiologist, roentgenologist **-plåt** X-ray plate **-stråle** X-ray **-strålning** emission of X-rays, X-ray emission **-terapi** radiotherapy **-undersökning** X-ray (radiograph) examination
rör *s7* **1** *tekn.* tube; *koll.* tubing; (*lednings-*) pipe, *koll.* piping; *elektron.* valve; *AE.* tube **2** *bot.* reed; (*bambu-, socker-*) cane; *spanskt* ~ Spanish reed **3** *se rörskridsko*
rör|a I *s1* mess; mishmash; (*virrvarr*) confusion, muddle; *en enda* ~ a fine (regular) mess **II** *v2* **1** (*sätta i -else, rubba*) move, stir (*i gröten* the porridge; *en lem* a limb); *inte ~ ett finger* not lift (stir) a finger; ~ *på sig* move, (*motionera*) get some exercise; *rör på benen!* hurry up!, get going! **2** (*be-*) touch; *se men inte ~!* look but don't touch [anything]!; *allt han rör vid tjänar han pengar på* he makes money out of everything he touches **3** (*framkalla -else hos*) move (*till tårar* to tears) **4** (*angå*) concern, affect; *den här saken rör dig inte* this is none of your business; *det rör mig inte i ryggen* it doesn't affect me (I don't care) in the least **5** (*med betonad partikel*) ~ *i* stir in, stir into; ~ *ihop* (*kokk. o.d.*) stir (mix) together; *han -de ihop alltsammans* (*bildl.*) he got it all muddled up; ~ *om i brasan* poke (rake, stir) up the fire; ~ *upp damm* raise (stir up) dust; ~ *upp himmel och jord* move heaven and earth; ~ *ut med vatten* thin down (dilute) with water **6** *rfl* move; stir; *inte ~ sig ur fläcken* not stir (budge) from the spot; ~ *sig med grace* carry o.s. gracefully; *inte en fläkt -de sig* not a breath of wind was stirring; *det -de sig om stora summor* it was a question of large sums, a lot of money was involved; *ha mycket pengar att ~ sig med* have a lot of money at one's disposal; *vad rör det sig om?* what is it all about? **rörande I** *a4* touching, moving, pathetic **II** *prep* concerning, regarding, as regards, as (in regard) to
rörarbetare plumber
rörd [-ö:-] *a5* moved (*äv. bildl.*); *kokk.* stirred; (*be-, vid-*) touched; *rört smör* creamed butter; *djupt* ~ deeply moved (touched)
rördrom [-åmm] *s2* bittern
rörelse 1 (*ändring av läge el. ställning*) movement; (*åtbörd äv.*) gesture, motion (*med handen* of the hand); (*motion*) exercise; (*oro, liv*) commotion, bustle, agitation; (*gång*) motion; *mycket folk var i* ~ a lot of people were on the move (were about); *sätta en maskin i* ~ set a machine in motion (moving), start a machine; *sätta sig i* ~ begin to move; *sätta fantasin i* ~ stimulate (excite) the imagination; *starka krafter är i ~ för att* (*bildl.*) strong forces are at work to **2** (*affärs-*) business, firm; (*verksamhet*) activity **3** (*strömning, folk-*) movement **4** (*själs-*) emotion **-energi** motive (kinetic) energy **-frihet** freedom of movement, liberty of action **-förmåga** locomotive faculty; ability to move **-hindrad** disabled **-idkare** owner of a firm, businessman **-kapital** working capital **-riktning** direction of movement
rörformig [-å-] *a1* tubular
rörig *a1* muddled, confused
rörled|ning piping, conduit; (*större*) pipeline **-ningsentreprenör** plumbing contractor
rörlig [ˣrö:r-] *a1* **1** (*om sak*) movable; moving; (*lätt-*) mobile; *~a delar* movable (*i maskin:* moving) parts; *~a kostnader* variable costs; *~t kapital* working capital **2** (*om pers.*) (*snabb*) agile, brisk; (*livlig*) alert; (*verksam*) active; *~t intellekt* versatile intellect; *vara på ~ fot* be moving about, be on the move; *föra ett ~t liv* lead an active life **-het 1** mobility; (*räntas e.d.*) flexibility; ~ *på arbetsmarknaden* mobility of labour **2** agility, briskness; alertness; activity
rör|läggare pipe-layer **-läggeri** pipe-laying **-mokare** plumber **-mokeri 1** (*-installation*) plumbing **2** *se rörledningsentreprenör* **-post** pneumatic dispatch (tube system) **-skridsko** tubular skate **-socker** cane sugar **-sopp** [-å-] *s2* boletus **-tång** pipe wrench
1 rös *imperf. av rysa*
2 rös *s7, se röse*
rösa mark [with boundary-stones] **röse** *s6* cairn, mound of stones
röst *s3* **1** (*stämma*) voice; *ha* (*sakna*) ~ have a

good (have no) voice; *med hög* (*låg*) ~ in a loud (low) voice; *känna igen ngn på ~en* recognize s.b. by his (*etc.*) voice; *~- och talvård* voice and speech care **2** (*vid -ning*) vote; *avge sin* ~ cast one's vote (*för* for); *ge sin ~ åt* give one's vote to; *nedlägga sin* ~ abstain from voting

röst|a vote (*för, på* for); ~ *blankt* hand in a blank voting paper; ~ *ja* (*nej*) vote for (against); ~ *öppet* (*slutet*) vote by yes and no (by ballot); ~ *om ngt* put s.th. to the vote; ~ *på högern* vote Conservative

röst|ande *a4* voting; *de* ~ the voters **-berättigad** entitled to vote **-etal** number of votes; *vid lika* ~ if the votes are equal **-fiske** *polit.* angling for votes **-kort** poll card **-läge** pitch [of the voice] **-längd** electoral register **-ning** voting, vote; (*sluten*) ballot[ing] **-omfång** voice range (compass) **-plikt** voting duties (*pl*) **-resurser** *pl* vocal powers **-räkning** counting of votes **-rätt** right to vote; franchise; suffrage; *allmän* (*kvinlig*) ~ universal (woman's, women's) suffrage; *fråntaga ngn ~en* disfranchise s.b, deprive s.b. of the right to vote **-rättsreform** franchise reform **-rättsålder** voting age **-sedel** ballot (voting) paper **-siffra** number of votes, poll **-skolning** voice training **-springa** *anat.* glottis **-styrka 1** strength (power) of the (one's) voice **2** *polit.* voting strength **-värvning** canvassing [for votes] **-övervikt** majority [of votes]

röt *imperf. av ryta*

röt|a I *s1* **1** rot, decay; putrefaction **2** *vard.* luck **II** *v1, v3* **1** (*skadas av* ~) rot **2** (*lin, hampa*) ret **-månad** *~en* the dog days (*pl*) **-månadshistoria** silly-season story **-ning** [-ö:-] rotting; retting **-skada** decay damage **-slam** sludge **-svamp** mould fungus

rött *s, best. form det röda* red; *se* ~ see red; *jfr röd*

rötägg *bildl.* bad egg, failure

röv *s2, vard.* arse, *AE.* ass

röva rob (*ngt från ngn* s.b. of s.th.); ~ *bort* abduct **rövarband** gang of robbers

rövar|e robber; *leva* ~ (*leva vilt*) lead a dissolute life, (*fara vilt fram*) play havoc, raise hell; *leva ~ med ngn* lead s.b. a dance **-historia** cock-and--bull story **-händer** *pl, falla i* ~ be captured by bandits, *bildl.* fall among thieves **-hövding** robber chief **-näste** haunt of robbers, den of thieves **-pris** daylight robbery; *betala ett* ~ pay through the nose; *få ngt för* ~ get s.th. dirt cheap

röveri robbery, plundering

S

Saar [sa:r] *n* the Saar, Saarland **-området** the Saar territory

sabbat ['sabb-] *s3* Sabbath; *fira* ~ observe (keep) the Sabbath

sabbats|brott breach of the Sabbath **-dag** Sabbath [day] **-år** sabbatical [year]

sabel ['sa:-] *s2* sabre **-balja** scabbard, sabre sheath **-fäktning** fencing with sabre **-fäste** sabre hilt **-hugg** sabre cut **-skrammel** clank of swords; *bildl.* sabre rattling

sabin *s3* Sabine **sabinsk** [-i:-] *a5* Sabine

sabla [ˣsa:-] **I** *v1,* ~ *ner* (*bildl.*) slash, tear to pieces **II** *oböjligt a* cursed, blasted

sabotage [-'ta:ʃ] *s7* (*göra* commit) sabotage **sabotagegrupp** *mil.* sabotage unit **sabotera** sabotage **sabotör** saboteur

sachsare [ˣsaksare] Saxon **Sachsen** ['saksen] *n* Saxony **sachsisk** ['saksisk] *a5* Saxon

sacka ~ *efter* lag behind, straggle

sackarin *s4* saccharine

sadducé *s3* Sadducee

sade *vard. sa, imperf. av säga*

sadel ['sa:-] *s2* **1** saddle; *bli kastad ur ~n* be unseated; *sitta säkert i ~n* sit one's horse well, *bildl.* sit firmly in the saddle; *stiga i ~n* mount one's horse; *utan* ~ bareback **2** *slaktar. o. kokk.* saddle **3** (*på fiol*) nut **-bom** (*stomme*) saddletree; (*hög kant*) saddlebow **-brott** saddle-gall **-gjord** saddle-girth, bellyband **-knapp** pommel [of a saddle] **-makare** saddler, harness-maker **-makeri** saddlery **-plats** (*på kapplöpningsbana*) paddock **-täcke** saddle-blanket **-väska** saddlebag

sad|ism sadism **-ist** sadist **-istisk** [-'diss-] *a5* sadistic

sadla [ˣsa:d-] saddle, put the saddle on; ~ *av* unsaddle; ~ *om* (*byta åsikt*) change one's opinion, (*byta yrke*) change one's profession

SAF [ˣessa:eff] *förk. för Svenska Arbetsgivareföreningen* the Swedish Employers' Confederation

safari [-'fa:-] *s3* safari

saffian *s3, s4* saffian; morocco

saffran *s3, s4* saffron **saffransgul** saffron [yellow]

safir *s3* sapphire **-blå** sapphire [blue]

saft *s3,* juice; (*kokad med socker*) [fruit] syrup; (*växt-*) sap; (*kött-*) gravy; *bildl.* pith

saft|a make fruit syrup (*etc.*) out of; ~ *sig* make sap, run to juice **-flaska** bottle of juice (*etc.*) **-ig** *a1* juicy (*äv. bildl.*); (*om ört*) succulent; (*om kött*) juicy; *bildl.* highly flavoured, spicy; *~a eder* juicy oaths **-lös** juiceless, dry **-ning** juice-making, syrup-making **-press** juice squeezer **-sås** *ung.* fruit sauce

sag|a *s1* fairy tale (story); (*nordisk*) saga; *berätta -or* tell fairy stories (*äv. bildl.*); *dess ~ är all* it is finished and done with, that's the end of it

sag|d *a5* said; *det är för mycket -t* that is saying too much; *det är inte -t* it is not so certain; *bra -t!* well put!; *nog -t* suffice it to say, *-t och gjort* no sooner said than done; *som -t var* as I said [before]

sagen ['sa:-] *i uttr.: den bär syn för* ~ it tells its own tale, it speaks for itself **sagesman** informant, spokesman, authority

sago|berättare storyteller **-bok** storybook, fairy-tale book **-djur** fabulous animal **-figur** character (figure) from a fairy tale

sagogryn *koll.* pearl sago (*sg*)

sago|kung legendary king; (*i barnsaga*) fairy--tale king **-land** wonderland, fairyland **-lik** fabulous; *en ~ tur* [a] fantastic [piece of] luck **-prins**

fairy[-tale] prince **-slott** fairy castle
sagt *sup. av säga*
Sahara ['sa:hara] *n* the Sahara
sak *s3* **1** *konkr.* thing; (*föremål äv.*) object, article; *~er* (*tillhörigheter*) belongings; *en sällsynt ~* (*äv.*) a curiosity **2** *abstr. o. bildl.* thing; (*angelägenhet*) matter, affair, subject; (*uppgift*) task; (*omständighet*) circumstance; (*rättegångs-*) cause (*äv. friare*); *~en i fråga* the matter in question; *~en är den att* the fact is that; *det är en ~ för sig* that is another story (matter); *det är en annan ~* that is quite a different matter; *det är hela ~en* there is nothing more to it, that's all there is to it; *det är min ~* it is my business; *det är inte min ~ att* it is not for me to; *det är ~ samma* it makes no difference, it doesn't matter; *för den goda ~ens skull* for the good of the cause; *göra ~ av ngt* (*jur.*) take s.th. to court; *hålla sig till ~en* keep (stick) to the point; *som hör till ~en* pertinent; *som inte hör till ~en* irrelevant; *i ~* essentially; *ha rätt i ~* be right in the main; *kunna sin ~* know one's job; *det är inte så farligt med den ~en* that is nothing to worry about, it is not so bad after all; *säk er på sin ~* sure of one's point; *söka ~ med ngn* try to pick a quarrel with s.b.; *till ~en!* to the point!; *han tog ~en kallt* he took it calmly, it left him cold
saka *kortsp.* discard, throw away
saker ['sa:-] *oböjligt a, jur.* guilty (*till* of) **-förklara** *~ ngn* find s.b. guilty
sak|fel factual error **-fråga** point at issue **-förare** lawyer, solicitor, attorney, counsel **-förhållande** fact, state of affairs **-granska** check facts
sak|kunnig expert; competent; *en ~* an expert (a specialist) (*på* in); *från ~t håll* in expert (authoritative) circles; *tillkalla ~a* call in experts **-kunnighet** *se -kunskap* **-kunnigutlåtande** expert opinion (report) **-kunskap** expert knowledge; *~en* (*de -kunniga*) the experts, competent advisers (*pl*)
saklig [-a:-] *a1* (*t. saken hörande*) to the point, pertinent; (*grundad på fakta*) founded on facts; (*objektiv*) objective, unbiased; (*nykter*) matter-of-fact **-het** pertinence; objectivity
saklöst [-ö:-] (*ostraffat*) with impunity; (*utan skada*) easily, safely
sakna [ˣsa:k-] **1** (*inte äga*) lack; (*vara utan*) be devoid of (*mänskliga känslor* human feelings), be without (*mat* food); *~ humor* have no sense of humour; *~ all grund* be totally groundless; *~ ord* be at a loss for words; *det torde inte ~ intresse* it will not be without interest **2** (*märka frånvaron el. förlust av*) miss, not find, (*starkare*) feel the loss of; *~r du ngt?* do you miss anything?, (*har du förlorat ngt?*) have you lost anything?
saknad [ˣsa:k-] **I** *a5* missed; (*borta*) missing **II** *s3* **1** (*brist*) lack, want (*på* of); (*frånvaro*) absence (*av* of); *i ~ av* in want of, lacking **2** (*sorg, längtan*) regret; *känna ~ efter* miss; *~en efter henne är stor* her loss is deeply felt
sakna|s [ˣsa:k-] *dep* (*fattas*) be lacking; (*böra finnas*) be wanting; (*vara borta*) be missing; *tio personer -des* ten persons were missing (reported lost)
sakprosa ordinary prose
sakral *a1* sacred
sakrament *s7* sacrament **sakramental** *a1* sacramental **sakramentskad** [-'ment-] *a5, vard.* damned, confounded
sakregister subject (analytical) index
sakristia *s1* sacristy, vestry **sakrosankt** [-'saŋkt] *a1* sacrosanct
sakskäl practical reason, positive argument
sakta I *adv* (*långsamt*) slowly; (*tyst*) low; (*dämpat*) softly, gently; *~ men säkert* slow but sure; *~ i backarna!* gently!, take it easy!, gently does it!; *klockan går för ~* the clock is slow; *~!* (*sjö.*) easy ahead! **II** *a1* (*långsam*) slow; (*tyst, svag*) low (*mumlande* murmur), soft (*musik* music), gentle (*bris* breeze); *vid ~ eld* over a slow fire **III** *v1* (*minska farten* [*hos*]) slacken; (*dämpa*) muffle, hush; *~ farten* (*äv.*) slow down; *~ sig* (*minska*) decrease, abate; *klockan ~r sig* the clock is losing [time]
sakt|eligen *se sakta I* **-färdig** slow, tardy **-mod** meekness **-modig** meek; *saliga äro de ~a* blessed are the meek
sak|uppgift fact **-ägare** *jur.* (*målsägare*) plaintiff; (*part*) party to a case
sal *s2* hall; (*på sjukhus*) ward; *allmän ~* public ward
sala *vard.* club together (*till* for)
saladjär *s3* salad bowl
salamander [-'mann-] *s2* salamander
salami [-'la:-] *s3* salami
saldera strike a balance, balance [up]
saldo ['sall-] *s6* balance; *ingående* (*utgående*) *~* balance brought (carried) forward; *~ mig till godo* balance in my favour **-besked** advice of the balance of an account, balance certificate
salicylsyra [-ˣsy:l-] salicylic acid
salig *a1* **1** (*frälst, säll*) blessed **2** (*om avliden*) late; *~ kungen* the late [lamented] king; *i ~ åminnelse* of blessed memory; *var och en blir ~ på sin fason* everybody is happy in his own way **-en** *~ avsomnad* dead and gone to glory **-förklara** beautify **-görande** [-j-] *a4* saving; *den allena ~* (*vard.*) the one and only **-het** blessedness; (*stor lycka*) bliss, felicity
salin *s3* saline; saltworks (*pl, behandlas som sg*)
saliv *s3* saliva **-avsöndring** salivary secretion **-sugare** salivary extractor
sallad [ˣsall-, 'sall-] *s3, bot.* lettuce; (*maträtt*) salad
sallads|bestick salad servers (*pl*) **-huvud** lettuce **-skål** salad bowl
salmiak ['sall-] *s3* sal ammoniac
salmonella [-ˣnella] *s1* salmonella
salning [ˣsa:l-] *sjö.* crosstrees (*pl*)
Salomo Solomon; *~s Höga Visa* the Song of Solomon **salomonisk** [-'mo:-] *a5* Solomonic, Solomonian
salong [-'låŋ] *s3* saloon; (*i hem*) drawing room, parlour; (*teater- etc.*) auditorium; *~en* (*publiken*) the audience
salongs|berusad *a5* tipsy, merry **-fähig** *se -mässig* **-gevär** small-bore rifle **-kommunist** parlour communist **-lejon** society lion **-mässig** *a1* fit for the drawing room; (*om pers.*) polite; *inte ~* (*om pers.*) not presentable **-uppassare** *sjö.* waiter **-vagn** saloon (*AE.* parlor) car
salpeter *s2* saltpetre; nitre; (*kali-*) potassium ni-

S

trate **-syra** nitric acid
salsmöbel [-a-] dining-room furniture
salt I *s4* salt; *attiskt* ~ Attic salt (wit) **II** *a1* salt, salty; ~ *fläsk* salt[ed] pork
salt|a ~ [*på*] salt, sprinkle with salt; ~*d* salted, pickled; *en ~d räkning* a stiff bill; ~ *in* salt, brine **-gruva** salt mine **-gurka** pickled gherkin **-halt** salinity, salt content **-haltig** *a1* saline, briny **-kar** saltcellar **-korn** grain of salt **-kött** salt (*konserverat:* corned) beef **-lake** brine, pickle; *lägga i* ~ pickle **-lösning** saline solution **-ning** salting; pickling
saltomortạl *s3* (*göra en* turn a) somersault
salt|sjö salt lake **-stod** pillar of salt **-ströare** salt shaker **-stänk** salt spray **-syra** hydrochloric acid **-vatten** salt water, brine **-vattensfisk** saltwater fish, sea fish
salu *s, endast i uttr.: till* ~ for (on) sale **-bjuda** offer for sale **-föra** *se -bjuda*; (*torgföra*) market, deal in **-hall** market hall **-stånd** booth, stand, stall
salụt *s3* salute **-era** salute
salu|torg market[place] **-värde** market value
1 salva *s1* (*gevärs- etc.*) volley; salvo
2 salva *s1* ointment, salve
salvburk ointment jar
salvelse unction, pathos **-full** unctuous; *vard.* soapy
salvia ['sall-] *s1, bot.* sage
sam [samm] *imperf. av simma*
sam|arbeta [ˣsamm-] collaborate; (*samverka*) cooperate **-arbete** collaboration; cooperation
samarbets|avtal [ˣsamm-] agreement for cooperation, collaboration agreement **-man** collaborator **-nämnd** cooperation council (committee, commission) **-vilja** cooperativeness; *visa* ~ show that one is willing to cooperate **-villig** cooperative
samarịt *s3* Samaritan; (*sjukvårdare*) first-aid man; *den barmhärtiga ~en* the good Samaritan **-kurs** first-aid course
samba *s1* samba
sam|band [ˣsamm-] connection; *ställa* (*sätta*) *ngt i* ~ *med* connect (relate, associate) s.th. with **-bandsofficer** liaison officer **-beskattning** joint taxation (assessment)
sambo [ˣsamm-] *s5, vard.* (*som jämställs med make/maka*) common law husband (wife)
same ['sa:-] *s5* Lapp, Laplander **-slöjd** Lapp handicrafts
samexistens [ˣsamm-] coexistence
sam|fund [ˣsamm-] *s7* association; (*lärt*) [learned] society, academy; (*religiöst*) denomination, communion **-fälld** *a5* **1** (*gemensam*) joint, common; (*enhällig*) unanimous **2** *jur.* joint (*egendom* property) **-fällighet** *abstr.* relationship; *konkr.* association, society **-färdsel** *s9* communication[s *pl*], intercourse; (*trafik*) traffic **-färdsled** route [of communication] **-färdsmedel** means of communication; (*transportmedel*) means of transport **-förstånd** concert, concord; (*enighet*) unity; (*hemligt* secret) understanding; (*i brottslig bemärkelse*) collusion; *komma till* [*ett*] ~ come to an understanding **-förståndspolitik** policy of compromise
samgående fusion, cooperation
samhälle [ˣsamm-] *s6* **1** society; community; ~*t* society, the community **2** (*kommun, by, tätort*) municipality, village, urban district **3** *biol.* colony **-lig** *a1* social; (*medborgerlig*) civil, civic (*rättigheter* rights)
samhälls|anda public spirit **-arbete** community work **-bevarande** *a4* conservative **-debatt** public debate on problems of modern society **-ekonomi** national economy **-ekonomisk** economic **-fara** social danger, danger to society **-farlig** dangerous to society **-fientlig** antisocial **-form** social structure (system); (*statsform*) polity **-förhållanden** *pl* social conditions **-grupp** social group **-hygien** public and environmental health **-intresse** public interest **-klass** class [of society] **-kontrakt** social contract (compact) **-kunskap** civics (*pl, behandlas som sg*) **-lära** civics (*pl, behandlas som sg*), sociology **-medicin** community and environmental health **-nytta** commonweal **-nyttig** of service to society; *ett ~t företag* a public utility undertaking **-omstörtande** subversive **-ordning** social order **-orienterande** ~ *ämnen* (*förk. SO-ämnen*) social subjects **-planering** national planning; planning of society **-problem** problems of society **-satir** social satire **-sektor** social sector **-skick** social order (conditions *pl*) **-skikt** *se -klass* **-struktur** social structure **-ställning** social position (status) **-tillvänd** socially aware **-vetare** sociologist, social scientist; student of sociology (social sciences) **-vetenskap** social science **-vård** social welfare
sam|hörande [ˣsamm-] *a4*, **-hörig** *a1* associated; (*inbördes förenade*) mutually connected, interlinked; (*om frågor o.d.*) pertinent, kindred **-hörighet** solidarity; (*frändskap*) affinity, kinship **-hörighetskänsla** feeling of affinity (kinship)
samisk ['sa:-] *a5* Lapp, Lappish **samiska** *s1* (*språk*) Lappish
sam|klang accord, harmony; *i* ~ *med* in harmony with **-kostnader** *pl* common costs **-kväm** *s7* social [gathering] **-könad** [-ç-] *a5* androgynous, hermaphrodite
samla 1 collect (*frimärken* stamps; *pengar* money); gather (*fakta* facts; *snäckor* seashells); (*så småningom*) amass (*en förmögenhet* a fortune); (*lagra*) store up; (*för-*) assemble, bring together; ~ *på hög* accumulate, hoard up; ~ *på sig* accumulate (*arbete* work; *en massa skräp* a lot of rubbish); ~ *sina krafter* get up one's strength (*till* for); ~ *sina tankar* collect one's thoughts, *vard.* pull o.s. together **2** *rfl* collect (gather) [together]; gather (*kring* round); (*hopas*) accumulate; *bildl.* collect o.s., *vard.* pull o.s. together
samlad *a5* collected; *ge en* ~ *bild av* give a concise picture of; ~ *skoldag* integrated schoolday; *hålla tankarna ~e* keep one's thoughts composed; *i* ~ *trupp* in a body; *~e skrifter* complete works
samlag [ˣsamm-] *s7* sexual intercourse; *med.* coitus, coition
samlar|e collector **-vurm** collecting mania **-värde** value to the collector
samlas *dep* **1** (*om pers.*) collect, gather, come together; (*skockas*) congregate **2** *allm.* gather [to-

gether]
sam|lastning [ˣsamm-] groupage traffic; collective consignment **-levnad** *fredlig* ~ peaceful coexistence
samlevnads|problem *pl* problems in personal relations **-frågor** personal relationship matters **-undervisning** sex education, instruction in marital and personal relationships
samling 1 *abstr.* collection, gathering, meeting; *mil. äv.* rallying; *inre* ~ composure **2** *konkr.* collection; (*av pers.*) meeting, crowd
samlings|lins convex lens **-lokal** assembly (community) hall **-ministär** coalition ministry **-plats** meeting place **-pärm** file, binder **-regering** coalition government **-sal** *se -lokal* **-verk** compilation, collection [of articles]
samliv [ˣsamm-] life together, cohabitation; *det äktenskapliga ~et* married life
samma [the] same (*som* as); (*liknande*) similar (*som* to); *på ~ gång* at the same time, (*samtidigt*) simultaneously; *på ~ sätt* (*äv.*) similarly; *redan ~ dag* that very day; *det är en och ~ sak* it comes to the same thing **-ledes** likewise, in the same manner (way)
sammalen [ˣsamm-ma:-] *a5* (*om mjöl*) coarse
sammalunda *se sammaledes*
samman ['samm-, *i sms.* ˣsamm-] together; *jfr ihop, tillsammans* **-binda** join, connect **-biten** *a5, se ~ ut* look resolute, have a dogged expression; *~ beslutsamhet* dogged determination **-blanda** *se blanda* [*ihop*]; (*förväxla*) confuse **-blandning** *bildl.* confusion **-bo** cohabit, live together [as husband and wife] **-boende I** *a4* cohabiting **II** *s6, ung.* common law husband (wife) **-brott** collapse, breakdown **-drabbning** *mil.* encounter, engagement; *bildl.* conflict, clash **-drag** summary, condensation, synopsis, precis; *redogörelse i ~* abridged (concise) report **-draga 1** (*samla*) assemble; *mil.* rally, concentrate **2** (*hopdraga*) contract; *fack.* constrict; *~nde medel* astringent **3** (*förkorta*) abridge **4** *rfl* contract; *som kan ~ sig* contractible **-dragning 1** concentration (*av trupper* of troops) **2** contraction (*av muskler* of muscles) **3** (*förkortning*) abridgement **-falla** (*vara samtidig*) coincide (*med* with); *~nde* coincident, congruent; *-fallna kinder* shrunken cheeks **-fatta** sum up, summarize **-fattning** summary, summing up, recapitulation **-fattningsvis** to sum up **-flyta** flow together; (*om floder äv.*) meet; (*om färger*) run together **-fläta** interlace **-flöde** confluence, junktion **-foga** join [together]; *bildl.* unite, combine **-fogning** [-o:-] **1** *konkr.* joint **2** *abstr.* joining [together] **-föra** bring together; (*förena*) combine, unite **-gadda** *rfl* conspire, plot (*mot* against)
samman|hang *s7* (*förbindelse*) connection, relation; (*följdriktighet*) coherence; (*i text*) context; *det har ett bra inre ~* it is well integrated; *brist på ~* incoherence; *fatta ~et* grasp the connection; *i ett ~* without interruption; *ryckt ur ~et* detached from the context; *tala utan ~* talk incoherently, ramble; *utan ~ med* independent of **-hållning** (*enighet*) unity, concord, harmony **-hänga** (*ha sambamd med*) be connected (united) (*med* with); *jfr hänga* [*ihop*] **-hängande** *a4* connected, coherent (*tal* speech); (*utan avbrott*) continuous **-jämka** *se jämka* [*ihop*] **-jämkning** *bildl.* conciliation, compromise (*av åsikter* of views) **-kalla** call together; summon, convene (*ett möte* a meeting); *~ parlamentet* convoke Parliament **-kallande 1** *s6* calling together *etc.* **2** *s9* (*person*) convener, convenor **-komst** [-å-] *s3* gathering, meeting, conference; (*av två pers.*) interview **-koppla** *se koppla* [*ihop*] **-lagd** *a5* total; *våra ~a inkomster* our combined income[s]; *-lagt 50 pund* a total of 50 pounds, 50 pounds in all; *utgifterna uppgår -lagt till* the expenses total **-läggningsavhandling** doctoral thesis [consisting of previosly published articles by candidate, with a summary] **-länka** chain together; *bildl.* link [together] **-packa, -pressa** compress **-räkna** add (sum) up **-räkning** addition, summing up; (*av röster*) count, counting
samman|satt *a4* compound (*ord* word); (*av olika delar, äv. tekn.*) composite (*tal* number); (*invecklad*) complicated (*natur* nature); *~ av* composed (made up) of; *vara ~ av* (*äv.*) consist of **-slagning** [-a:g-] (*förening*) unification, union; (*fusion*) merger, amalgamation, fusion (*av bolag* of companies) **-sluta** *-slöt -slutit, rfl, bildl.* join (*i* in), unite **-slutning** [-u:-] (*förening*) association, alliance, union; (*koalition*) coalition **-slå** (*hopslå*) nail up (together); *bildl.* turn into one, unite **-smälta 1** (*hop-*) fuse, melt together; *bildl.* amalgamate, merge **2** (*förenas, förminskas*) melt down; *bildl. äv.* coalesce; (*om färger*) blend, run together **-smältning** fusion, melting (*etc.*); (*av färger*) blending; *bildl.* coalescence, amalgamation **-snöra** *mitt hjärta -snördes av ängslan* anxiety wrung my heart; *~ sig* compress, (*om strupe*) be constricted **-stråla** converge; *vard.* meet **-ställa** put (place) together; make up (*en tablå* a schedule); compile (*en diktsamling* a collection of poems) **-ställning** placing together *etc.*; (*förteckning*) list, specification; (*uppställning*) statement **-stötning** [-ö:-] collision; (*konflikt*) conflict; *mil.* encounter **-svetsa** weld together **-svuren** *-svurne -svurna, mest i pl* conspirator, plotter **-svärja** *rfl* conspire (*mot* against) **-svärjning** conspiracy, plot **-sätta** (*hopsätta*) join, put together, compound; (*av flera delar*) compose (*en matsedel* a menu) **-sättning** putting together, joining, composition; (*blandning*) mixture; (*struktur*) structure; (*konstitution*) constitution; *språkv.* compound **-sättningsled** element
samman|träda meet, assemble **-träde** *s6* [committee] meeting, conference; (*session*) session; *han sitter i ~* he is at a meeting (in conference); *extra ~* [a] called session **-trädesrum** assembly (meeting, conference) room **-trädesteknik** technique of running a meeting; conference technique **-träffa** meet; (*om omständighet*) coincide, concur **-träffande** *s6* (*möte*) meeting; *bildl.* concurrence, *ett egendomligt ~* a curious coincidence **-trängd** *a1* compressed; concentrated **-vuxen** grown together, consolidated; *bot.* accrete
samme *se samma*
sammelsurium [-'su:-] *s4* conglomeration, jumble, omnium-gatherum

S

sammet *s2* velvet
sammets|band velvet ribbon **-len** as soft as velvet, velvety
samnordisk [ˣsamm-] Nordic
samojed *s3* Samoyed **-isk** *a5* Samoyedic
samordn|a [ˣsamm] coordinate; *~de satser* coordinate clauses **-ande** *a4* coordinating **-ing** coordination
samovạr *s3* samovar
samp|el ['sa:m-] *s7* sample **-ling** ['sa:m-] sampling
sam|realskola [ˣsamm-] *ung.* coeducational junior secondary school **-regent** co-regent **-råd** consultation, conference; *efter ~ med* having consulted; *i ~ med* in consultation with **-råda** consult, confer **-röre** *s6* collaboration
sams *oböjligt a, bli ~* be reconciled, make it up; *bli ~ om ngt* agree upon s.th.; *vara ~* be friends; *vara ~ med ngn* be on good terms with s.b. **samsas** *dep* agree (*med* with); get on well together; *~ om utrymmet* share the space
sam|segling [ˣsamm-] joint (combined) service **-sikt** coarse meal **-skola** coeducational (*vard.* co-ed) school **-spel** teamwork, ensemble [playing]; *bildl.* interplay, combination (*av färger* of colours) **-spelt** [-e:-] *a1, vara ~a* play well together; *bildl.* be in accord **-språk** conversation, talk; (*förtroligt*) chat **-språka** converse, talk; *vard.* have a chat **-stämmig** *a1* in accord; unanimous **-stämmighet** accord, concordance; (*enighet*) unanimity **-sändning** *radio.* joint broadcast; simulcast
samt I *konj* and [also], [together] with **II** *adv, ~ och synnerligen* each and all, all and sundry; *jämnt och ~* always, constantly, (*oupphörligt*) incessantly
samtal [ˣsamm-] conversation, talk; (*småprat*) chat; (*lärt*) discourse; (*överläggning*) conference; (*telefon-*) call; *~ mellan fyra ögon* tête-a-tête, private interview; *bryta ~et* (*tel.*) interrupt the call; *~ pågår* (*tel.*) call in progress
samtala converse (*om* about), talk (*om* about, of); (*småprata*) chat; (*överlägga*) confer
samtals|avgift *tel.* call charge **-form** *i ~* in dialogue form **-rum** (*i kloster*) parlour; (*läkares*) consultation room **-räknare** [-ä:-] *tel.* telephone-call meter **-terapi** conversation therapy **-ton** *i ~* in conversational tone **-ämne** topic (subject) of conversation; *det allmänna ~et i staden* the talk of the town
samtaxer|a [ˣsamm-] assess jointly **-ing** joint taxation
sam|tid [ˣsamm-] *~en* the age in which we (*etc.*) live, our (*etc.*) age (time) **-tida** *oböjligt a* contemporary **-tidig** contemporaneous; (*sammanfallande*) coincident; (*inträffande -tidigt*) simultaneous **-tidighet** simultaneousness, contemporaneousness **-tidigt** *adv* at the same time (*med mig* as I; *som* as)
samtliga [ˣsamt-] *pl a* all; the whole body of (*lärare* teachers); *~ skulder* the total debts
samtrafik [ˣsamm-] joint (combined) service
samtyck|a [ˣsamm-] agree, give one's consent (*till [att]* to; *nicka ~nde* nod assent; *den som tiger han -er* silence gives consent **samtycke** consent, assent; (*tillåtelse*) permission, leave; *ge sitt ~, se samtycka*; *med hans ~* by his leave
samụm *s3* simoom, simoon
samundervisning [ˣsamm-] coeducation
samurạj *s3* samurai (*pl* samurai)
sam|variera vary in correlation **-varo** *s9* being (time) together; *tack för angenäm ~!* I have enjoyed your company very much! **-verka** cooperate, work (act) together; *bildl.* concur, conspire (*till att* to) **-verkan** cooperation, united action; concurrence
samvete [ˣsamm-] *s6* conscience; *dåligt ~* a bad conscience; *~t slog honom* his conscience pricked him; *inte ha ~ att göra ngt* not have the conscience to do s.th.; *på heder och ~!* on my honour!; *det tar jag på mitt ~* I shall answer for that
samvets|agg twinge (prick) of conscience; compunction **-betänkligheter** *pl* scruples **-fråga** delicate (indiscreet) question **-förebråelse** remorse; self-reproach; *göra sig ~r* reproach o.s. **-grann** conscientious; (*skrupulös*) scrupulous; (*minutiös*) meticulous **-grannhet** conscientiousness *etc.* **-kval** *pl* pangs of conscience **-lös** unscrupulous, unprincipled; (*om pers. äv.*) remorseless **-löshet** unscrupulousness *etc.* **-pengar** *pl* conscience money (*sg*) **-sak** matter of conscience **-äktenskap** *ung.* free union **-öm** overscrupulous; *en ~* (*om värnpliktsvägrare*) a conscientious objector
samvälde [ˣsamm-] *Brittiska ~t* the British Commonwealth [of Nations]
samåka car pool
sanatori|evård [-ˣto:-] treatment at a sanatorium **-um** [-'to:-] *s4* sanatorium; *AE. äv.* sanitarium
sand *s3* sand; *byggd på lösan ~* built upon the sand; *rinna ut i ~en* (*bildl.*) come to nothing **sanda** sand
sandạl *s3* sandal; *klädd i ~er* sandalled **-ẹtt** sandalette
sand|bank sandbank **-blästra** sandblast **-blästring** sandblasting **-botten** sand[y] bottom **-dyn** sand dune (hill)
sandelträ sandalwood
sand|grop sandpit **-gång** gravel walk **-hög** heap (mound) of sand
sand|ig *a1* sandy **-jord** sandy soil **-kaka** (*av sand*) sand pie; (*bakverk*) sand cake **-korn** grain of sand **-låda** (*för barn*) sandpit, sandbox **-ning** sanding **-papper** sandpaper; *ett ~* a piece of sandpaper **-pappra** sandpaper **-rev[el]** shoal [of sand]; bar of sand **-slott** sand castle **-sten** sandstone **-storm** sandstorm **-strand** sandy beach (shore) **-säck** sandbag **-tag, -täkt** sandpit
sandwich ['sändvitʃ, 'sand-] *ung.* canapé **-man** sandwich man
sandöken sand desert
saner|a (*göra sund*) make healthy; *mil.* degas; (*slumkvarter o.d.*) clear; (*finanser o.d.*) refinance; (*företag*) reorganize, reconstruct **-ing** sanitation; degassing; slum clearance; refinancing; reorganization, reconstruction
sanforiser|a sanforize **-ing** sanforizing
sang *s9, kortsp.* no trumps
sangvin|iker [-'vi:-] sanguine person **-isk** *a5* sanguine

sanitets|binda [-ˣte:ts-] sanitary towel **-gods** sanitary ware **-teknik** sanitary technology
sanitạ̈r *a1* sanitary
sank I *oböjligt s, borra i* ~ sink, scuttle **II** *a1* swampy, waterlogged **-mark** marsh
sankt *mask. äv. -e, fem. -a* saint; *S~e Per* St. Peter **-bẹrnhardshund** St. Bernard [dog]
sanktion [-k'ʃɑ:n] sanction; (*bifall äv.*) assent, approbation **-era** sanction, approve of
sanktpaulia [-'pau-] *s1* African violet, saintpaulia
sann *a1* true (*mot* to); (*sanningsenlig*) truthful; (*verklig*) real; (*uppriktig*) sincere; (*äkta*) genuine; *en ~ kristen* a true Christian; *där sa du ett sant ord!* you are right there!; *inte sant?, se* [*eller*] *hur*; *det var så sant!* by the way!, that reminds me!; *så sant mig Gud hjälpe!* so help me God!; *det är så sant som det är sagt* quite true, how true
sann|a *~ mina ord!* mark my words! **-dröm** *ha ~mar* have dreams that come true
sann|erligen indeed, really; truly; *~ tror jag inte att de* I do believe they; *det var ~ inte för tidigt* it was certainly not too soon **-färdig** truthful, veracious **-färdighet** truthfulness, veracity
sanning truth; (*-färdighet*) veracity; *tala ~* speak the truth; *hålla sig till ~en* stick to the truth; *den osminkade ~en* plain (naked) truth; *säga ngn obehagliga ~ar* tell s.b. a few home truths; *~en att säga* to tell the truth; *säga som ~en är* tell (speak) the truth; *komma ~en närmare* be nearer the truth; *i ~* in truth, truly; *det är dagsens ~* it is God's truth
sannings|enlig [-e:-] *a1* truthful, veracious **-enlighet** [-e:n-] truthfulness, veracity **-försäkran** statutory declaration **-halt** veracity **-kärlek** love of truth **-serum** truth drug (serum) **-sökare** seeker after truth **-vittne** witness to the truth **-älskande** veracious, truth-loving
sannolik *a1* probable, likely; *AE. äv.* apt; (*plausibel*) plausible (*version* version); *det mest ~a är* the most probable thing is; *det är ~t att de gör det* they are likely to do so **-het** probability, likelihood (*för att* that); (*rimlighet*) plausibility; *med all ~* in all probability **-hetskalkyl** calculus of probability **-hetslära** probability theory
sann|saga true story **-skyldig** true, veritable **-spådd** *a5, bli* (*vara*) ~ be proved a true prophet
1 sans [saŋ] *s9, kortsp., se sang*
2 sans [sanns] *s3, ej pl* senses (*pl*); *jfr medvetande, besinning*
sansa *rfl* calm down **sansad** *a5* sober; (*moderad*) moderate; (*klok*) sensible, prudent; *lugn och ~* calm and collected **sanslös** senseless, unconscious
sant *adv* truly, sincerely; *tala ~* tell (speak) the truth
sapfisk ['sapp-] *a5* Sapphic
sapon|ifikation saponification **-ịn** *s4* saponin **-lack** [-ˣpå:n-] silver [zapon] lacquer
sappör *mil.* engineer, sapper
saprofỵt *s3* saprophyte
sarac|ẹn *s3* Saracen **-ẹnsk** [-e:-] *a5* Saracenic[al]
sard|ẹll *s3* sardelle, anchovy **-ịn** *s3* sardine
sardinare [-ˣdi:-] Sardinian **Sardinien** [-'di:-] *n* Sardinia **sardinsk** [-'di:nsk] *a5* Sardinian
sardonisk [-'dɑ:-] *a5* sardonic (*leende* smile)

sarg [-j] *s3, s2* border, edging; (*ram*) frame; (*på farkost*) coaming; (*ishockey*) boards (*pl*)
sarga [-ja] lacerate; *bildl.* harrow
sari *s3* sari
Sargassohavet [-ˣgassɑ-] the Sargasso Sea
sarkạs|m *s3* sarcasm; *konkr.* sarcastic remark **-tisk** *a5* sarcastic[al]
sarkofạg *s3* sarcophagus (*pl äv.* sarcophagi)
sarkom [-'kå:m] *s7* sarcoma
sarong [-'råŋ] *s3* sarong
sars *s3, s4* serge
sarv *s2* (*fisk*) rudd, redeye
satan *r* Satan; *ett ~s oväsen* the devil (deuce) of a row **satanisk** [-'ta:-] *a5* satanic[al] **sate** *s2* devil; *stackars ~* poor devil
satellịt *s3* satellite **-bana** orbit of a satellite **-stat** satellite state **-sändning** satellite transmission **--TV** satellite TV
satin [-'täŋ] *s3, s4, se satäng* **-era** [-ti-] (*glätta*) glaze, polish
satịr *s3* satire (*över* upon) **-iker** satirist **-isera** satirize **-isk** *a5* satiric[al]
satis|faktion [-k'ʃɑ:n] satisfaction **-fiera** satisfy
satkär[r]ing [ˣsa:t-] bitch, vixen
1 sats *s3* **1** *mat., log.* proposition; (*tes*) thesis, theme; *språkv.* clause, sentence **2** *mus.* movement
2 sats *s3* **1** (*dosis*) dose; *kokk.* batch **2** (*uppsättning*) set **3** *boktr.* type; *stående ~* standing type
3 sats *s3, sport. o.d.* run; take off; *ta ~* take a run, run up
1 satsa 1 (*i spel*) stake, wager, gamble; *~ på fel häst* back the wrong horse **2** (*investera*) invest **3** *~ på* (*inrikta sig på*) go in for, concentrate on
2 satsa *se 3 sats*
sats|accent sentence stress **-analys** parsing **-bindning** compound sentence
satsbord *koll.* nest of tables
sats|byggnad sentence structure **-del** part of [a] sentence; *ta ut ~ar* analyse a sentence **-fogning** [-ɑ:-] complex sentence **-förkortning** contracted sentence **-lära** syntax **-lösning** parsing
satsning (*i spel*) staking; (*investering*) investment; (*inriktning*) concentration
satsuma [-'su:-] *s1 bot.* satsuma
1 satt *a1* stocky, thickset
2 satt *imperf. av sitta*
3 satt *sup. av sätta*
satte *imperf. av sätta*
sat|tyg [ˣsa:t-] *s7* devilry **-unge** imp; brat
saturera *kem.* saturate
saturnalier [-'na:-] *pl* saturnalia
Saturnus [-'turr-] *r* Saturn
satỵr *s3* satyr
satạ̈ng *s3, s4* satin; (*foder*) satinet
saudi|arab Saudi **-arabisk** Saudi [Arabian]
Saudi-Arabien [ˣsau-] *n* Saudi Arabia
sauna ['sau-] *s1* sauna
sav *s3* sap (*äv. bildl.*); *~en stiger* the sap is rising
savạnn *s3* savanna
savarạ̈ng *s3* savarin
savojkål [-ˣvåjj-] savoy
1 sax *s2* scissors (*pl*); (*plåt-, ull- etc.*) shears (*pl*); (*fälla*) trap; *en ~* (*två ~ar*) a pair (two pairs) of scissors (*etc.*); *den här ~en* these scissors (*pl*), this pair of scissors

S

2 sax *s2, vard.* saxophone, sax
saxa (*korsa*) cross; (*klippa*) cut (*ur en tidning* out of a paper); *sport.* scissor; (*skidor*) herringbone
sax|are *s9* Saxon **-isk** ['sakks-] *a5* Saxon
saxofon [-'få:n] *s3* saxophone **-ist** saxophonist
saxsprint split pin, cotter [pin]
scarf [ska:(r)f] *s2, pl äv. scarves* scarf
scen [se:n] *s3* scene; (*skådebana*) stage; *gå in vid ~en* go on the stage **-anvisning** stage direction **-arbetare** stagehand
scen|ario [-'na:-] *s6, pl äv. -arier* scenario **-bild** set, scene **-eri** scenery **-förändring** change of scenery **-ingång** stage door **-isk** ['se:-] *a5* scenic, theatrical **-konst** dramatic (scenic) art **-ograf** *s3* set designer **-skola** drama school **-vana** stage experience **-öppning** proscenium opening
sch be quiet!, shush!
schaber ['ʃa:-] *pl, vard.* brass, dough
schablon *s3, i måleri etc.* stencil; *gjut.* template; (*modell*) model, pattern; *bildl.* cliché **-avdrag** standard deduction **-mässig** *a1* stereotyped **-regel** standard rule
schabrak *s7* housing
schack I 1 *s7* (*spel*) chess; *spela* (*ta ett parti*) ~ play (have a game of) chess **2** *s2, s7* (*hot mot kungen i schack*) check; *hålla i ~* keep in check **II** *interj, ~!* check!; *~ och matt!* checkmate!
schack|a check **-bräde** chessboard **-drag** move [in chess]; *ett slugt ~* (*äv. bildl.*) a clever (sly) move
schakel ['ʃakk-] *s2* shackle
schack|matt *a4* checkmate; *bildl.* worn out, exhausted **-ningsperiod** *sport.* temporary failure of strength **-parti** game of chess **-pjäs** chessman, chess piece
schackra (*driva småhandel*) peddle, hawk; (*friare o. bildl.*) chaffer, haggle (*med* with); traffic (*med* in); (*om ngt*) bargain
schack|ruta square of a chessboard **-spel** *abstr.* chess; *konkr.* chessboard and [set of] men **-spelare** chessplayer
schagg *s3* plush **-soffa** plush sofa
schah [ʃa:] *s3* shah
schakal *s3* jackal
1 schakt *s7* (*gruv-*) shaft, pit
2 schakt *s4, s3* (*[jord]skärning*) excavation, cutting
schakt|a excavate; *~ bort* (*undan*) cut away, remove **-maskin** excavator **-ning** excavation
schal *s2, se sjal*
schalottenlök [-ˣlått-] shallot, scallion
schaman *s3* shaman **-ism** shamanism
schampo *s6, s9* shampoo **-nera** shampoo **-nering** [-'ne:-] shampoo[ing] **-neringsmedel** shampoo
schanker ['ʃann-] *med.* chancre; sore; *mjuk ~* soft sore
schappa *se sjappa*
scharlakan [-ˣla:-, ˣʃa:r-, ˣʃarr-] *s7* scarlet
scharlakans|feber scarlet fever; *fack.* scarlatina **-röd** scarlet
schas *se sjas*
schatter|a shade, shadow [out]; shade (tone) off **-ing** shading, gradation [of colours]; *konkr.* shade **-söm** *ung.* satin stitch
schatull *s7* casket
schavott [-'vått] *s3* scaffold; (*skampåle*) pillory **-era** stand in the pillory; *låta ngn ~ i pressen* pillory s.b. in the press
schejk *s3* sheik[h] **-roman** *ung.* romantic novel of desert life
schellack ['ʃell-] shellac
schema ['ʃe:-, ˣʃe:-] *s6* (*timplan*) timetable, *AE.* [time] schedule; (*uppgjord plan*) schedule, plan; (*över arbetsförlopp*) process chart; (*formulär*) form, *AE.* blank; *filos.* scheme, outline; *göra upp ett ~* draw up a timetable (*etc.*); *utanför ~t* extracurricular **-lagd** *a5* timetabled, scheduled **-läggning** timetabling, scheduling **-tisera** schematize; (*skissera*) sketch, outline **-tisk** [-'ma:-] *a5* schematic; diagrammatic; *~ teckning* skeleton sketch (drawing)
schersmin *s3, bot.* mock orange, syringa
schimpans *s3* chimpanzee
schism *s3* schism **-atisk** [-'ma:-] *a5* schismatic [al]
schizo|fren [skitså'fre:n] *a1* schizophrenic **-freni** *s3* schizophrenia
schlager ['ʃla:-] *s2, s9* hit song **-musik** popular music
schlaraffenland [-'raff-] Cockaigne, Cockayne
Schleswig ['ʃle:s-] *n* Schleswig
schottis ['ʃått-] *s2* schottische
Schwarzwald ['ʃvarts-] *n* the Black Forest
Schweiz [ʃvejts] *n* Switzerland
schweizare [ˣʃvejts-] Swiss
schweizer|franc [ˣʃvejts-] Swiss franc **-ost** Swiss cheese
schweiz|isk ['ʃvejts-] *a5* Swiss, Helvetian **-iska** *s1* Swiss woman
schvung *s2* go, pep; verve
schäfer ['ʃä:-] *s2*, **-hund** Alsatian; *AE.* German shepherd [dog]
schäs *s2* chaise **-long** [-'låŋ] *s3* chaise longue
scout [skaut] *s3* scout; (*flick-*) [girl] guide, girl scout; (*pojk-*) boy scout **-chef** chief scout **-förbund** scout association **-kår** scout troop **-ledare** scoutmaster **-läger** scout camp **-rörelsen** the Scout movement
screentryck [ˣskri:n-] [silk-]screen printing
scripta [ˣskripp-] *s1, se skripta*
se *såg sett* **1** see; (*titta*) look; (*bli varse*) perceive, catch sight of; (*urskilja*) distinguish; (*betrakta*) look at, regard; *AE. sl.* dig; (*möta, träffa*) meet, see; *vi ses i morgon* see you tomorrow; *vi ses* see you later; *~ bra* (*illa*) see well (badly), have good (bad) eyesight; *~ en skymt av* catch a glimpse of; *jag tål inte ~ henne* I cannot stand the sight of her; *vi får väl ~* we shall see; *få ~!* let me see!; *som jag ~r det* as I see it; *väl* (*illa*) *~dd* popular (unpopular); *låt ~ att det blir gjort!* see [to it] that it is done!; *... ~r du ...*, you see (know); *~ där* (*här, hit*)*!* look there (here)!; *~ så!* now then!; *~ så där* [*ja*]*!* well I never!, (*gillande*) that's it (the way)!; *~ gäster hos sig* have guests; *~ ngn på en bit mat* have s.b. to dinner (a meal) **2** (*med prep.-uttr.*) *härav ~r man att* from this it may be concluded that; *~ efter a*) (*ngt bortgående*) gaze after, *b*) (*leta*) look for; *~ in i framtiden* look into the future; *~ på* look at, (*noggrant*) watch, observe; *inte ~ på besväret* not mind the trouble; *~ på slantarna* take care of the pence; *man ~r på*

henne att you can see by her looks that; ~ *åt ett annat håll* look away; ~ *ngn över axeln* look down upon s.b. **3** (*med betonad partikel*) ~ *tiden an* wait and see, bide one's time; ~ *efter a*) (*ta reda på*) [look and] see, *b*) (*passa*) look after, take care of (*barnen* the children); ~ *efter i* look in, (*lexikon e.d.*) look up in; ~ *igenom* (*granska*) look through (over); ~ *ner på* look down upon; ~ *på* look on; *~r man på!* just look!, why [did you ever]!; ~ *till att* see [to it] that; ~ *till att du inte* be careful not to, mind you don't; *jag har inte ~tt till dem* I have seen nothing of them; ~ *upp!* look sharp!; ~ *upp för* look out for, mind; ~ *upp med …!* be on your guard against …!; ~ *upp till* look up to, respect; ~ *ut a*) look out (*genom fönstret* of the window), *b*) (*förefalla*) look, seem; *han ~r bra ut* he is good-looking; *det ~r bra ut* it looks fine; *det ~r så ut* it looks like it; *det ~r bara så ut* it only appears so; *hur ~r det ut*? what does it look like?; *så du ~r ut!* what a fright you look!; *det ~r ut att bli snö* it looks like snow; ~ *över* look over, inspect, go through **4** *rfl*, ~ *sig för* be careful, look out; ~ *sig om a*) (*tillbaka*) look back, *b*) (*omkring*) look round, *c*) (*i världen*) see the world; ~ *sig om efter* (*söka*) look out for

seans [-'ans, -'aŋs] *s3* seance

seborré *s3*, *med.* seborrhoea

sebra [ˣse:-] *s1* zebra

sebu ['se:-] *s3* zebu

sed *s3* custom; *~er* (*moral*) morals, habits; *~er och bruk* manners and customs; *som ~en är bland* as is customary with; *ta ~en dit man kommer* when in Rome do as the Romans do

1 sedan [ˣse:-, 'se:-] *förk. sen* [senn] **I** *adv* **1** (*därpå*) then; (*efteråt*) afterwards; (*senare*) later **2** (*tillbaka*) *det är länge ~* it is a long time ago; *för tio år ~* ten years ago **3** *vard., än sen då?* what of it?, so what?; *kom sen och säg att* don't dare to say that; *och så billig sen!* and so cheap too! **II** *prep* (*från, efter*) since; ~ *dess* since then; ~ *många år tillbaka* for many years **III** *konj* since (*jag såg honom* I saw him); (*efter det att*) after (*han gått* he had gone); ~ *han gjort det gick han* when he had done that he left; *först ~ de gått* not until after they had left

2 sedan [-'daŋ, -'dann] *s3* sedan

sedativ I *a1* sedative **II** *s7* sedative

sede|betyg conduct mark; *få sänkt ~* get lower marks for good conduct **-fördärv** corruption; immorality

sed|el ['se:-] *s2* (*betalningsmedel*) bank note; *AE.* bill; *i -lar* in notes (paper money; *AE.* bills)

sedelag moral law, ethical code

sedel|bunt bundle of bank notes **-förfalskare** forger of bank notes **-omlopp** note circulation **-press** printing press for bank notes **-reserv** reserve of bank notes **-tryckeri** note-printing works **-utgivning** note issue, issue of bank notes

sedelär|a moral philosophy; ethics (*pl, behandlas som sg*) **-ande** *a4* moral; ~ *berättelse* story with a moral

sedermera *se sedan I 1*

sede|roman novel portraying life and manners **-sam** *a1* modest, decent; (*tillgjort*) prudish

sedeslös immoral, unprincipled **-het** immorality; (*fördärv*) depravity

sedig *a1* gentle (*häst* horse)

sediment *s7* sediment **-era** (*sjunka*) settle **-är** *a1* sedimentary

sedlig [ˣse:d-] *a1* (*moralisk*) moral; (*etisk*) ethical; *föra ett ~t liv* lead a virtuous life; *i ~t hänseende* morally, from a moral point of view **-het** morality; decency

sedlighets|brott sexual offence, indecent assault **-förbrytare** sexual offender **-polis** vice squad **-sårande** indecent, offensive

sed|vana custom, practice **-vanerätt** customary law **-vanlig** customary, usual **-vänja** *s1* custom; practice

seeda [ˣsi:da] *sport.* seed

seende *a4* seeing *etc.*; (*mots. blind*) sighted

sefardisk [-'farr-] *a5* Sephardic

sefyr [-'fy:r, 'se:-] *s3* zephyr

seg *a1* tough (*äv. bildl.*); (*om kött äv.*) leathery; (*trögflytande*) viscous; (*limaktig*) gluey, sticky; *bildl.* tenacious; *~t motstånd* tough (stubborn) resistance **sega** *rfl*, ~ *sig upp* struggle up

segel ['se:-] *s7* sail; *hissa* (*stryka*) ~ set (strike) sail; *segla för fulla ~* go with all sails set; *sätta till alla ~* crowd on sail **-bar** *a1* navigable, sailable **-båt** sailing boat, *AE.* sailboat **-duk** sailcloth, canvas **-fartyg** sailing ship (vessel) **-flygare** glider [pilot] **-flygning** gliding, soaring, sailplaning **-flygplan** sailplane, soaring-plane; (*glid-*) glider **-garn** [sailmaker's] twine, packthread **-jakt** sailing yacht **-kanot** sailing canoe **-led** fairway, channel **-makare** sailmaker **-ränna** channel **-sport** yachting **-sällskap** yacht[ing] club **-yta** sail area

seger ['se:-] *s2* victory (*över* over; *vid* of, at); (*erövring*) conquest; *sport.* win; *avgå med ~n* come off victorious; *en lätt ~* an easy conquest, *sport.* a walkover; *vinna ~* win a victory **-byte** spoils of victory, booty **-herre** victor, conqueror **-hjälte** conquering hero **-huva** caul **-hymn** hymn of victory **-jubel** triumph, jubilation over a victory **-krönt** [-ö:-] *a4* crowned with victory **-rik** victorious, triumphant **-rop** triumphant shout **-rus** intoxication of victory **-tåg** triumphal progress (march) **-vilja** determination to win **-viss** sure (certain) of victory **-yra** flush of victory

seghet [ˣse:g-] toughness *etc.*; tenacity

segla [ˣse:g-] sail; make sail (*till* for); ~ *i kvav* founder, go down; ~ *i motvind* sail against the wind; ~ *omkull* capsize; ~ *på* run into, collide with; ~ *på grund* run aground; ~ *på havet* sail the sea **seglare** (*fartyg*) sailing vessel; *pers.* sailor; (*kapp-*) yachtsman

seglation sailing, navigation **seglationsperiod** sailing (navigation) period **seglats** *s3* sailing trip (tour); (*överfart*) crossing, voyage

segl|ing [ˣse:g-] sailing; *sport. äv.* yachting **-ingsbeskrivning** sailing directions

seglivad *a5* tough; hard to kill; *vard.* die-hard; *en ~ fördom* a deep-rooted prejudice

segment *s7* segment **-era** segment

segna [ˣseŋna] ~ [*ner*] sink down, collapse

segr|a [ˣse:g-] win; be victorious; *bildl.* prevail; (*i omröstning*) be carried; ~ *över, se besegra* **-ande** *a4* victorious, winning; *gå ~ ur striden* emerge

S

victorious from the battle **-are** victor, conqueror; (*i tävling*) winner
segreg|ation segregation **-era** segregate **-ering** [-'ge:-] segregating; segregation
segsliten tough; *en ~ fråga* a vexed question; *en ~ tvist* a lengthy dispute
seismisk ['sejs-] *a5* seismic
seismo|graf *s3* seismograph **-log** seismologist **-logisk** [-'lå:-] *a5* seismologic[al]
sej [sejj] *s2, se gråsej*
sejdel [ˣsejj-] *s2* (*av glas*) beer mug, glass; (*av silver, tenn etc.*) tankard
sejour [se'ʃɷ:r] *s3* sojourn, stay
sejsning *sjö.* lanyard, seizing
sekant *mat.* secant
sekatör *s3* pruning shears, secateurs (*pl*); *en ~* a pair of pruning shears (*etc.*)
sekel ['se:-] *s7, s4* century **-gammal** centuries old; (*hundraårig*) centenary **-jubileum** centenary **-skifte** *vid ~t* at the turn of the century
sekin *s3* sequin; *-er, vard.* dough, bread
sekond [-'kånd] *s3* **1** *sjö.* second-in-command, mate **2** *boxn.* second
1 sekret *s7* secretion
2 sekret *a1* secret
sekretariat *s7* secretariat
sekreter|arbefattning [-ˣte:-] secretarial post **-are** secretary (*hos* to) **-arfågel** secretary bird
sekretess (*under* in) secrecy **-belägga** classify [as secret] **-plikt** (*läkares etc.*) [obligation to observe] professional secrecy **-skydd** (*hopskr. sekretesskydd*) secrecy safeguards (*pl*)
sekret|ion secretion **-orisk** [-'tɷ:-] *a5* secretory
sekretär *s3* writing desk, bureau, escritoire
sekt *s3* sect **sekterism** sectarianism **sekterist** sectarian
sek|tion [-k'ʃɷ:n] **1** *geom.* section **2** (*avdelning*) section **3** *med.* resection **-tor** [-år] *s3* sector
sekulariser|a secularize **-ing** secularization
sekulär *a1* secular
sekund *s3* second; *jag kommer på ~en!* just a second!
sekunda [-ˣkunn-] *oböjl. a* second-rate; (*om virke*) seconds; *~ växel* (*hand.*) second of exchange
sekundant second
sekundchef second-in-command, colonel
sekundera second
sekund| meter metre per second **-visare** second hand
sekundär *a1* secondary **-lån** loan secured by a second mortgage **-minne** *data.* secondary storage
sekvens *s3, mus.* sequence
sel|a *~* [*på*] harness; *~ av* unharness **-bruten** galled **-don** harness
sele harness; (*barn-*) reins (*pl*); *en ~* (*barn-*) a pair of reins; *ligga i ~n* (*bildl.*) be in harness
selekt|ion [-k'ʃɷ:n] selection **-iv** [-'ti:v, 'sell-] *a1* selective **-ivitet** selectivity
selen *s3, s4, kem.* selenium
selkammare harness room
selleri [-'ri:, 'sell-] *s4, s3* celery **-botten** *kokk.* [filled] celeriac
selot *s3* zealot
selters|glas small tumbler **-vatten** Seltzer [water]
semafor [-'få:r] *s3* semaphore **-era** semaphore **-ering** [-'re:-] semaphore
semant|ik *s3, ej pl* semantics (*pl, behandlas som sg*) **-isk** [-'mann-] *a5* semantic
semester [-'mess-] *s2* holiday[s *pl*]; *AE.* vacation; *ha ~* be on holiday, have one's holiday[s *pl*] **-by** holiday (vacation) settlement (camp, village) **-dag** day of one's (*etc.*) holiday **-ersättning** holiday (*etc.*) compensation **-firare** holiday-maker; *AE.* vacationist, vacationer **-hem** holiday home **-lag** holidays law (act) **-lista** holiday schedule (rota) **-lön** holiday pay (*etc.*) **-månad** holiday month **-resa** holiday trip **-vikarie** holiday relief (substitute)
semestra [-'mess-] *se* [*ha*] *semester*; *~ vid havet* spend one's holiday by the sea
semi|final [-'na:l, ˣse:-] semifinal **-kolon** [-'kɷ:-, 'se:-] semicolon
seminarie|uppsats [-ˣna:-] seminar essay (paper) **-övning** seminar
seminar|ist student at a training college **-ium** [-'na:-] *s4* (*lärar-*) teacher's training college; (*präst-*) [theological] seminary; *univ.* seminar
semin|ation insemination **-förening** [-ˣmi:n-] artificial insemination society (association)
semiotik *s3* semiotics (*pl, behandlas som sg*)
semit *s3* Semite **-isk** [-'mi:-] *a5* Semitic
semla *s1* cream bun eaten during Lent
1 sen [senn] *adv, se sedan*
2 sen [se:n] *a1* **1** late; *det börjar bli ~t* it is getting late; *vara ~* be late; *vid denna ~a timme* at this late (advanced) hour **2** (*långsam*) slow; tardy; *han är aldrig ~ att hjälpa* he is always ready to help; *~ till vrede* slow to anger
sena *s1* tendon, sinew
senap *s3* mustard
senaps|gas mustard gas **-korn** mustard seed
senare I *a, komp. t. 2 sen* **1** later; (*kommande*) future; (*följande*) subsequent; (*motsats förra*) latter; *de*[*n*] *~* the latter; *det blir en ~ fråga* that will be considered later; *på ~ tid* of later years, (*nyligen*) recently; *vid en ~ tidpunkt* at a future date **2** (*långsammare*) slower; (*senfärdigare*) tardier **II** *adv, komp. t. sedan* later [on] (*på dagen* in the day); *förr eller ~* sooner or later; *inte ~ än* not later than, by **-lägga** postpone; put forward **-läggning** postponement
senast I *a, superl. t. 2 sen* latest; (*sist förfluten*) last; (*nyligen inträffad*) recent; *i ~e laget* at the last moment; *på ~e tid*[*en*] lately **II** *adv, superl. t. sedan* **1** (*i tid*) latest; (*i följd*) last; *jag såg honom ~ i går* (*i lördags*) I saw him only yesterday (last Saturday); *tack för ~!* I enjoyed my stay (the evening I spent) with you very much! **2** (*ej senare än*) at the latest; *~ på lördag* by Saturday at the latest; *~ den 1:a maj* by May 1, on May 1 at the latest
senat senate **senator** [-ˣna:tår] *s3* senator
sendrag cramp
sen|färdig slow, tardy **-född** late-born **-grekisk** late Hellenic **-gångare** *zool.* sloth
senhinna sclerotic coat
senhöst late autumn; *på ~en* late in the (in the late) autumn
senig *a1* sinewy; (*om kött*) tough, stringy; (*om*

pers.) wiry
senil *a1* senile **-itet** senility
senior ['se:niår] **I** *oböjligt. a* senior, elder **II** [*sport.* -'å:r] *s3* senior member; *sport.* senior
sen|komling [-å-] latecomer **-kommen** [-å-] *a5* (*alltför sen*) tardy, belated **-latin** late Latin
sensation sensation **-ell** *a1* sensational, thrilling
sensations|lysten *vara ~* be a sensation hunter (out after a thrill) **-makare** sensationalist **-press** yellow (sensational) press
sensib|el [-'si:-] *a2* sensitive **-ilisera** sensitize **-ilitet** sensitivity, sensitiveness
sensivitetsträning sensitivity training
sensmoral [sens-, saŋ(s)-] *s3, ~en är* the moral is
sensommar late summer; *jfr senhöst*
sensorisk [-'so:-] *a5* sensory, sensorial
sensträckning strain of a tendon
sensu|alism sensualism **-alitet** sensuality **-ell** *a1* sensual, sensuous
sent [-e:-] *adv* late; *bittida och ~* early and late; *bättre ~ än aldrig* better late than never; *komma för ~* be late (*till skolan* for school); *som ~ skall glömmas* that will not be forgotten in a hurry; *~ omsider* at long last; *till ~ på natten* till far into the night
sentens *s3* maxim
sent|era [saŋ'te-, senn-] (*uppskatta*) appreciate; (*sätta värde på*) value
sentida of today, of our days
sentimental [sent-] *a1* sentimental; (*gråtmild*) maudlin **-itet** sentimentality
separat **I** *a4* separate; (*fristående*) detached **II** *adv* separately; *~ sänder vi* we are sending you under separate cover **-fred** separate peace
separation separation **separatist** *s3* separatist **separatistisk** [-'tiss-] *a5* separatist **separator** [-ˣra:tår] *s3* separator
separat|tryck offprint **-utställning** one-man show
separer|a separate **-ing** separation
september [-'temm-] *r* September
septett *s3* septet[te]
sept|iktank septic tank **-isk** ['sepp-] *a5* septic (*tank* tank)
septima ['sepp-] *s1, mus.* seventh
seraf *s3* seraph
serafimer|orden [-ˣfi:-] the Order of the Seraphim **-riddare** Knight of the Order of the Seraphim
serafisk [-'ra:-] *a4* seraphic
serälj *s3* seraglio
serb *s3* Serb[ian] **Serbien** ['särr-] *n* Serbia
serbisk ['särr-] *a5* Serbian **serbokroatisk** [-'kroa:-] *a5* Serbo-Croatian
serenad *s3* serenade; *hålla ~* [*för*] serenade
sergeant [-r'ʃant] *s3* sergeant; staff sergeant; *AE.* sergeant first class; (*vid flottan*) chief petty officer; (*vid flygvapnet*) flight sergeant, *AE.* master sergeant
serie ['se:-] *s5* **1** series; (*följd*) succession; (*om värdepapper*) issue; (*skämt-*) comic strip, cartoons (*pl*), *AE. vard.* funny; *i ~* (*äv.*) serially **2** *sport.* division **3** *mat.* series, progression **-figur** character in a comic strip **-koppla** *elektr.* connect in series **-krock** multiple collision; *vard.* pile-up **-magasin** comic [paper]; funny paper **-match** league match **-nummer** serial number **-tidning** comic [paper]; funny paper **-tillverkning** series (long-line) production
serigrafi *s3* serigraphy
seriös *a1* serious
serologi *s3* serology
serpentin *s3* serpentine; (*pappersremsa*) streamer **-väg** serpentine road
serum ['se:-] *s8* serum
serv|a [ˣsörva] *sport.* serve; *vard.* service (*en bil* a car); (*hjälpa*) serve, back up **-boll** *s2* service **-linje** service line
serve [sörv] *s2, sport.* service, serv **-ruta** service court
server|a serve; (*passa upp vid bordet*) wait at table; *~ ngn ngt* help s.b. to s.th.; *middagen är ~d!* dinner is served (ready)! **-ing** **1** *abstr.* service; *sköta ~en vid bordet* do the waiting **2** *konkr., se matservering*
serverings|bord service table **-lucka** service hatch **-rum** pantry
servett *s3* napkin, serviette; *bryta ~er* fold napkins; *ta emot ngn med varma ~er* (*bildl.*) give s.b. a warm reception **-ring** napkin ring **-väska** napkin case
service ['sö:r-, 'sörv-] *s9* service **-hus** block of service flats; *AE.* apartment hotel **-man** (*reklamman*) agency representative; (*på -station*) petrol-station attendant **-verkstad** car service station **-yrke** service occupation
servil *a1* servile; (*krypande*) cringing **-itet** servility; (*fjäsk*) cringing
servis *s3* **1** (*mat-*) service, set **2** *mil.* gun crew **-avgift** service charge; (*dricks*) tip **-ledning** service line, feeder
servitris waitress; (*på fartyg*) stewardess
servitut *s7* easement, encumbrance; *belagd med ~* encumbered with an easement
servitutsrätt right to an easement
servitör waiter; (*på fartyg*) steward
servo|broms servo[-assisted] brake **-motor** servomotor **-styrning** power steering, servo control **-teknik** servo technique
ses *sågs setts, dep* see each other, meet; *vi ~!* I'll be seeing you!
1 sesam ['se:-] *s3, bot.* sesame
2 sesam ['se:-] *n, ~ öppna dig!* open sesame!
session [se'ʃo:n] *parl.* session, sitting; (*domstols-*) session, court; (*sammanträde*) meeting; *avsluta ~en* (*vid domstol*) close the court
sessions|dag (*vid domstol*) court day **-sal** session (assembly) room; (*vid domstol*) courtroom; *parl.* chamber
se|så now then!; (*gillande*) that's it!; (*tröstande*) come, come!
set [sett] *s7, sport. o. allm.* set **-boll** set point
sett *sup. av se*
setter *s2* setter
sevärd worth seeing, notable **-het** sight; (*byggnad e.d. äv.*) monument
1 sex [seks] *räkn* six; (*för sms. jfr fem-*)
2 sex *s7* sex
1 sexa [ˣseksa] *s1* (*måltid*) light supper
2 sexa [ˣseksa] *s1* (*siffra*) six
sex|cylindrig *a1* six-cylinder (*motor* engine)

S

-dubbel sixfold
sex|dåre sex maniac **-film** sex film (movie), blue movie **-galning** sex maniac
sex|hundratalet the seventh century **-hörnig** [-ö:-] *a1* hexagonal **-hörning** [-ö:-] hexagon
sexig *a1* sexy **sexism** sexism
sexkant hexagon
sex|klubb sex club **-liv** sex life **-ologi** sexology
sexsiffrig *a1* of six figures; *ett ~t tal* a six-figure number
sext|ant sextant **-ett** *s3* sextet[te]
sex|tio [ˣseks-, 'seks-, *vard.* ˣseksti, 'seksti] sixty **-tionde** sixtieth **-tioåring** sexagenarian
sex|ton [ˣsekstån] sixteen **-tonde** sixteenth **-tondelsnot** *s3* semiquaver, *AE.* sixteenth note
sexual|brott [-ˣa:l-] sex[ual] crime **-drift** sexual instinct (urge) **-förbrytare** sex criminal, sexual offender **-hygien** sexual hygiene **-itet** sexuality **-liv** sex[ual] life **-rådgivning** advisory service on sexual matters **-system** *bot.* sexual system **-undervisning** sex instruction **-upplysning** information on sexual matters
sexuell *a1* sexual
sfinx [-iŋks] *s3* sphinx **-artad** [-a:r-] *a5* sphinxlike
sfär *s3* sphere; *bildl. äv.* province **-isk** ['sfä-] *a5* spheric[al]; *~ triangel* (*mat.*) circular triangle
shah *se schah*
shaman *se schaman*
shampoo *se schampo*
shantung ['ʃann-] *s2* shantung
sherry ['ʃärri, -y] *s9* sherry
shetlandsull [ˣʃett-] Shetland wool
shiamuslim [ˣʃi:a-] *s3*, **shiit** [ʃi:t] *s3* Shiit, Shiah
shilling ['ʃill-] *s9* shilling (*förk.* s[h].); *det gick 20 ~ på ett pund* there were 20 shillings to the pound
shingla [ˣʃiŋla] shingle
shoppa [ˣʃåppa] go shopping
shopping|center shopping centre **-vagn** shopping trolley **-väska** shopping bag
show [ʃåo, ʃåvv] *s3* show
shunt [ʃunt] *s2, elektr.* shunt, bypass **-ledning** shunt lead **-ventil** shunt valve
1 si *interj* look!; (*högtidligare*) behold!
2 si *adv, ~ och så* only so-so; *det gick ~ och så* it wasn't up to much
sia prophesy (*om* of)
siames *s3* Siamese **-isk** [-'me:-] *a5* Siamese
siar|e seer, prophet **-gåva** second sight
Sibirien [-'bi:-] *n* Siberia **sibirisk** [-'bi:-] *a5* Siberian
sibyll|a [-ˣbylla] *s1* sibyl **-insk** [-'li:nsk] *a5* sibylline
sicili|an *s3*, **-anare** [-ˣa:na-] *s9* Sicilian **-ansk** [-a:-] *a5* Sicilian
Sicilien [-'si:-] Sicily
sickativ *s7* siccative
sicken *~ en!* what a character!
sickl|a *fack.* scrape **-ing** *konkr.* scraper, scraping iron
sicksack zigzag; *gå i ~* zigzag **-linje** zigzag [line]
sid *a1* long [and loose]
sid|a *s1* **1** side; (*mil., byggn.*; *djurs*) flank; (*bok-*) page; *geom.* (*yta*) face; *~ upp och ~ ner* page after page; *~ vid ~* side by side; *anfalla från ~n* attack in (on) the flank; *sedd från ~n* seen side-face; *med händerna i ~n* with arms akimbo; *på båda -or* (*äv.*) on either side (*av* of); *åt ~n* to the [one] side, (*gå* step) aside **2** *bildl.* side, part; (*synpunkt*) aspect, point of view; *visa sig från sin fördelaktigaste ~* show o.s. at one's best; *från hans ~* on (for) his part; *från regeringens ~* from (on the part of) the Government; *se saken från den ljusa ~n* look on the bright side of things; *det har sina -or att* there are drawbacks to; *hon har sina goda -or* she has her good points; *problemet har två -or* there are two sides to the problem; *stå på ngns ~* side (take sides) with s.b.; *han står på vår ~* he is on our side; *när han sätter den ~n till* when he makes up his mind to; *vid ~n av* (*bildl.*) beside, next to, (*jämte*) along with; *å ena* (*andra*) *~n* on one (the other) hand; *vi å vår ~* we for (on) our part, as far as we are concerned; *är inte hans starka ~* is not his strong point **-antal** number of pages **-bena** side parting **-byte** change of ends
siden *s7* silk **-band** silk ribbon **-glänsande** satiny, silky **-klänning** silk dress **-sko** satin shoe **-svans** *zool.* waxwing **-tyg** silk [material (cloth, fabric)] **-varor** *pl* silk goods **-väveri** silk-weaving mill
siderisk [-'de:-] *a5, astr.* sidereal
sid|fläsk bacon **-hänvisning** page reference **-led** *i ~* lateral[ly], sideways
sido|apparat extension [phone] **-blick** sidelong glance; *utan ~ på* (*bildl.*) without a thought for **-byggnad** annex, wing **-dörr** side door **-fönster** side window **-gata** side street, bystreet **-gren** side branch; (*av släkt*) collateral branch **-linje** (*parallell-*) sideline; *järnv.* junction line, branch; (*släktled*) collateral line (branch); *fotb.* touchline; *barn på ~n* natural children **-replik** aside **-skepp** (*i kyrka*) lateral aisle **-spår** sidetrack (*äv. bildl.*); *järnv.* siding **-vinkel** adjacent angle **-vördnad** irreverence, disrespect
sid|roder *flyg.* rudder **-siffra** page number **-steppa** *vard.* sidestep **-söm** side seam **-vagn** (*på motorcykel*) sidecar **-vind** crosswind; *landa i ~* (*flyg.*) make a crosswind landing **-vördnad** *se sidovördnad*
sierraleonier [-le'å:-] Sierra Leonean
sierska seeress, prophetess
siesta [-ˣess-] *s1* siesta, [after dinner] nap
siffer|beteckning number **-granskare** checking-clerk, auditor of accounts **-granskning** checking of accounts **-mässig** *a1* numeral, numeric[al] **-räkning** numerical calculation **-skyddsmaskin** checkwriter **-system** numerical system **-tips** correct score forecasting **-värde** numerical value
siffr|a *s1* figure; *konkr. äv.* numeral; (*entalssiffra äv.*) digit; (*tal*) number; *romerska -or* Roman numerals; *skriva med -or* write in figures
sifon [-'få:n] *s3* siphon; soda fountain (siphon)
sig [sejj, *äv.* si:g] oneself; himself, herself, itself, themselves; *han anser* (*säger*) *~ vara frisk* he thinks (says) he is well; *tvätta ~ om händerna* wash one's hands; *man skall inte låta ~ luras* don't let yourself be deceived (led up the garden path); *det låter ~ inte göra[s]* it can't be done; *vara häftig av ~* be hot-tempered by nature; *det är en sak för ~* that's another story; *var för ~* one by one; *i och för ~* in itself; *det för med ~ ...* it

involves ... (brings ... in its train); *ha ögonen med ~* keep one's eyes open; *han tog med ~ sin bror* he took his brother [along] with him; *ha pengar på ~* have some money on one; *inte veta till ~ av glädje* be overjoyed; *han är inte längre ~ själv* he is no longer himself; *av ~ själv[t]* by itself (*etc.*); *för ~ själv* by o.s. (itself *etc.*); *behålla ngt för ~ själv* (*för egen räkning*) keep s.th. for o.s., (*hemlighålla*) keep s.th. to o.s.

sigill [-'jill] *s7* seal; *sätta sitt ~ under* (*på*) affix one's seal to, seal **-bevarare** (*stor-*) Keeper of the [Great] Seal; *Storbritannien* Lord Privy Seal **-lack** (*hopskr. sigillack*) sealing wax **-ring** signet (seal) ring

signa [siŋna] *se välsigna*; *den ~de dag* the blessed day

signal [siŋ'na:l] *s3* signal; *ge ~* make a signal, (*i bil*) sound the horn; *ge ~ till* give the signal for **-anläggning** signalling equipment **-anordning** signalling device **-bok** code of signals, signal book

signalemẹnt [siŋna-] *s7* description **signalera** signal; (*med signalhorn äv.*) sound the horn

signal|flagga signal flag **-horn** [signal] horn; [car] horn, hooter **-ist** *mil.* signaller, signalman **-raket** signal rocket **-regemente** signal regiment **-skola** *mil.* signal[ling] school **-spaning** signal (communication) intelligence **-system** signalling system **-tjänst** communications (*pl*)

signatur [siŋn-] signature; (*författares äv.*) pen name **-melodi** signature tune, *AE.* theme song

signatärmakt [siŋna×tä:r-] signatory power

signer|a [siŋn-, sinj-] sign; initial, mark **-ing** signing

signetring [siŋ×ne:t-] signet ring

signifik|ant [-'ant, -'aŋt] *a1* significant **-atịv** [*äv.* 'siŋni-] *a1* significative, significant

sik *s2, zool.* whitefish

1 sikt *s2* (*redskap*) sieve

2 sikt *s3* **1** visibility; view; *dålig* (*ingen*) *~* poor (zero) visibility **2** *hand.* sight, presentation **3** (*tidrymd*) term, run; *på ~* in the long run; on the long term

1 sikta (*sålla*) sift, pass through a sieve; (*mjöl*) bolt

2 sikta 1 (*med vapen*) take aim, aim (*på, mot* at) (*äv. bildl.*); point (*på, mot* at); *~ högt* (*bildl.*) aim high **2** *sjö.* sight

sikt|e *s6* **1** (*på gevär o.d.*) sight **2** (*synhåll*) sight, view; (*mål*) aim; *få ngt i ~* get s.th. in sight, *sjö.* sight s.th.; *i ~* in sight, *bildl.* in prospect (view); *land i ~!* land ahoy; *med ~ på* with a view to; *ur ~* out of sight; *förlora ngt ur ~* lose sight of s.th. **-punkt** point of aim (sight) **-skåra** [sighting] notch **-växel** sight draft (bill)

sil *s2* **1** strainer, sieve **2** *sl.* fix, hit, shot

sil|a 1 (*filtrera*) strain, sieve, filter; *~ ifrån* strain off; *~ mygg och svälja kameler* strain at a gnat and swallow a camel **2** (*sippra*) trickle; (*om ljus*) filter **-ben** *anat.* ethmoid [bone] **-duk** straining cloth, screen

sileshår *bot.* sundew

silhuett [silu'ett] *s3* silhouette

silikạt *s7, s4* silicate **silikon** [-'kå:n] *s3, s4* silicone **silikos** [-'kå:s] *s3* silicosis

silke *s6* silk; *av ~* (*äv.*) silken; *mjuk som ~* silky

silkes|apa marmoset **-fjäril** silk[worm] moth **-len** as soft as silk; silken (*röst* voice) **-mask** silkworm **-maskodling** sericulture; *konkr.* silkworm farm **-papper** tissue paper **-snöre** silk cord; *ge ngn ~t* politely dismiss s.b. **-strumpa** silk stocking **-trikå** silk tricot **-tråd** silk thread, (*från kokong*) silk filament **-vante** *använda -vantar* (*bildl.*) use kid gloves **-vävnad** silk fabric

sill *s2* herring; *inlagd ~* pickled herring; *salt ~* salt[ed] herring; *som packade ~ar* packed together like sardines **-bulle** *kokk.* herring rissole **-burk** tin of herrings **-grissla** guillemot **-mjölke** *s2* milksop **-sallad** *s3* mixture of pickled herring, beetroot, cooked meat and potatoes **-stim** shoal of herring **-trut** *s2* lesser black-backed gull **-tunna** herring barrel **-val** *s2* rorqual, finback

silning [×si:l-] straining; filtering

silo ['si:-] *s5, s3* silo

siluẹtt *s3, se silhuett*

silụr *s3* Silurian **-isk** *a5* Silurian

silver ['sill-] *s7* silver; *förgyllt ~* silver-gilt **-beslag** silver-mount[ing] **-bröllop** silver wedding **-bägare** silver cup (goblet) **-fat** silver dish (plate) **-fisk** (*insekt*) silverfish **-gran** silver fir **-gruva** silver mine **-halt** silver content, fineness **-haltig** *a1* argentiferous, silver-bearing **-medalj** silver medal **-mynt** silver coin; *i ~* in silver **-penning** *sälja ngn för 30 ~ar* betray s.b. for 30 pieces of silver **-poppel** white poplar, abele **-räv** silver fox **-sak** silver article; *~er* (*koll.*) silverware (*sg*) **-sked** silver spoon **-skål** silver bowl **-smed** silversmith **-smide** wrought silver **-stämpel** hallmark **-te** hot water with sugar [and cream] **-tärna** arctic tern **-vit** silvery

sim|bassäng [×simm-] swimming pool **-blåsa** (*hos fisk*) sound, air (swim) bladder **-byxor** *pl* swimming trunks **-dyna** swimming float **-fena** *zool.* fin **-fot** *zool.* webbed foot; *-fötter* (*för dykare*) [diving] flippers **-fågel** web-footed bird, swimmer **-hall** indoor swimming bath **-hopp** dive **-hud** web; *med ~ mellan tårna* with webbed feet

simili ['si:-] *s9, s7* imitation **-diamant** paste diamond **-pärla** artificial pearl

sim|kunnig [×simm-] able to swim **-kunnighetsprov** swimming test **-lärare** swimming instructor

simma *v1 el. sam summit* swim; *bildl. äv.* be bathed (*i* in); (*flyta*) float [on the water]; *~ bra* be a good swimmer **simmare, simmerska** swimmer **simmig** *a1* well thickened (*sås* sauce); treacly (*punsch* punch); hazy (*blick* look) **simning** swimming

simonị *s3* simony

simpa *s1* bullhead

simpel ['simm-] *a2* **1** (*enkel*) simple; plain (*arbetskläder* working clothes); common (*soldat* soldier); (*lätt*) easy **2** (*tarvlig*) common, vulgar; (*föraktlig*) low, base; (*om kläder*) mean, shabby **simpelt** *adv* **1** *helt ~* simply **2** (*tarvligt*) low, mean[ly], shabbily; *det var ~ gjort* it was a mean (shabby) thing to do

simplifier|a simplify **-ing** simplification

simsalabim [-'bimm] *interj* hocus pocus

sim|skola [×simm-] swimming school **-sätt** (*fritt* free) style **-tag** stroke **-tur** swim **-tävling** swim-

S

ming competition

simul|ant malingerer **-ator** [-ˣla:tår] *s3* simulator **-era** simulate; (*om soldat*) malinger

simultạn *a1* simultaneous **-schack** simultaneous chess-playing **-tolk** simultaneous interpreter **-tolka** interpret [speech] simultaneously

1 sin [sinn] (*sitt, sina*) *pron* one's; *fören.* his, her, its, their; *självst.* his, hers, its, theirs; ~ *nästa* one's neighbour; *i sitt och ~ familjs intresse* in his own interest and that of his family; *de ~a* his (*etc.*) relations (people), his (*etc.*) own family; *bli ~ egen* be[come] one's own master (boss); *det kan göra sitt till* that can help matters; *ha sitt på det torra* not stand to lose anything; *kärleken söker inte sitt* (*bibl.*) love seeketh not its own; *vad i all ~ dar* what on earth; *i ~om tid* in due [course of] time; *på ~ tid* formerly; *på ~a ställen* in places; *hålla på sitt* watch one's own interest; *gå var och en till sitt* all go back home

2 sin [si:n] *s, i uttr.: stå* (*vara*) *i ~* be dry

sina dry; *brunnen har ~t* the well has dried up; *ett aldrig ~nde ordflöde* a never-ceasing flow of words

sinekur [-'ku:r, ˣsi:-] *s3* sinecure

singalẹs [siŋga-] *s3* Sin[g]halese **-isk** *a5* Sin[g]halese

1 singel ['siŋ-] *s9* (*grus*) shingle

2 singel ['siŋ-] *s2* **1** *sport.* singles (*pl*) **2** *kortsp.* singleton

singel|olycka accident involving one vehicle only **-skiva** single

singla 1 (*kasta*) toss [up]; ~ *slant om* toss for **2** (*dala*) float

singular [ˣsiŋgu-, 'siŋgu-] *s3, se singularis* **singularform** [ˣsiŋgu-] singular form **singular|is** [ˣsiŋgu-, 'siŋgu-] *-en -er* (*stå i* be in the) singular

singuljạ̈r *a1* singular

1 sinka *v1* (*fördröja*) delay; (*söla*) waste time

2 sinka I *s1* (*metallkrampa*) rivet; (*hörntapp*) dovetail **II** *v1* (*porslin*) rivet; (*bräder*) dovetail

sinkadụs *s3* **1** (*örfil*) biff **2** (*slump*) toss-up, chance; *en ren ~* a pure toss-up

sinnad *a5* (*andligt* spiritually) minded; (*vänskapligt* amiably) inclined

sinne *s6* **1** *fysiol.* sense; *de fem ~na* the five senses; *ha ett sjätte ~* have a sixth sense; *med alla ~n på helspänn* with all one's wits about one; *från sina ~n* out of one's senses (mind); *vid sina ~ns fulla bruk* in one's right mind, in full possession of one's senses **2** (*-lag*) mind, temper, nature; (*väsen, hjärta*) soul, heart; (*håg*) taste, inclination, turn; *ett häftigt ~* a hasty temper; *ha ett vaket ~ för* be alert (open) to; *~t rann på honom* he lost his temper (flew into a passion); *en man efter mitt ~* a man to my mind (taste); *han har fått i sitt ~ att* he has got it into his head to; *ha ~ för humor* have a sense of humour; *ha ~ för språk* have a talent for languages; *ha i ~t* contemplate; *ha ont i ~t* have evil intentions; *i mitt stilla ~* in my own mind, inwardly; *sätta sig i ~t att göra ngt* set one's mind [up]on doing s.th.; *till ~s* in mind; *sorgsen till ~s* in low spirits; *det gick honom djupt till ~s* he felt it deeply **-bild** symbol, emblem **-bildlig** symbolical, emblematic[al] **-lag** *s7* temperament, disposition; *vänligt ~* friendly disposition

sinnes|frid peace of mind **-frånvaro** absence of mind **-förnimmelse** sensation **-förvirrad** *a5* distracted **-förvirring** mental aberration; *under tillfällig ~* while of unsound mind **-intryck** sensation, impression **-jämvikt** equanimity **-lugn** tranquillity (calmness) of mind **-närvaro** presence of mind **-organ** sense organ **-rubbad** mentally deranged **-rubbning** mental disorder, derangement **-rörelse** emotion; mental excitement **-sjuk** mentally ill, insane; *en ~* a mentally ill person **-sjukdom** mental disease; insanity **-sjukhus** mental hospital; (*förr*) lunatic asylum **-slö** mentally deficient (retarded) **-slöhet** mental deficiency **-stämning** frame of mind **-svag** feeble-minded **-tillstånd** mental condition (state) **-undersökning** mental examination **-villa** hallucination **-ändring** change of attitude

sinnevärlden the material (external) world

sinn|lig *a1* **1** (*som rör sinnena*) pertaining to the sense **2** (*köttslig*) sensual; *en ~ människa* a sensualist **-lighet** sensuality **-rik** ingenious (*påhitt* device) **-rikhet** ingenuity

sino|log Sinologue, Sinologist **-logị** *s3* Sinology

1 sinom [ˣsinnåm] *se 1 sin*

2 sinom [ˣsinnåm] *i uttr.: tusen ~ tusen* thousands and thousands

sinsemellan [-ˣmell-] between (*om sak:* among) themselves

sintra sinter; *~de plattor* sintered slabs

sinuịt *s3, med.* sinusitis

sinus ['si:-] *r* **1** *mat.* sine **2** *anat.* sinus **-funktion** *mat.* sinusoidal function **-ịt** *se sinuit* **-kurva** sine curve, sinusoid

sion|ism Zionism **-ist** Zionist

sipp *a1* prim, prudish

sippa *s1, bot.* anemone, windflower

sippra trickle, drop, percolate; ~ *fram* ooze out; ~ *ut* (*bildl.*) transpire, leak out

sira decorate, ornament, deck

sirap *s3* **1** treacle, golden syrup; *AE.* molasses **2** *med.* syrup; *AE.* sirup

sirạt ornament, decoration **-lig** *a1* (*ceremoniös*) ceremonious

sirẹn *s3* (*myt. o. signalapparat*) siren

sirlig [ˣsi:r-] *a1* graceful, elegant; (*om pers.*) ceremonious, formal; (*fin*) dignified

sisalhampa [ˣsi:-, -ˣsa:l-] sisal hemp

siska *s1, zool.* siskin

sist I *adv* last; *till ~* (*som det ~a*) at last, (*slutligen*) finally, in the end; *spara det bästa till ~* save the best until last (till the end); *allra ~* last of all; *först och ~* from first to last; *först som ~* just as well now as later; *näst ~* the last but one; *~ men inte minst* last but not least; *den ~ anlände* the last arrival (comer); *han blev ~ färdig* he was the last to get ready; *~ i boken* at the end of the book; *stå ~ på listan* be the last on the list **II** *konj, ~ jag såg honom var han* the last time I saw him he was

sist|a *-e, superl. a* last; (*senaste*) latest; (*slutlig*) final; *den ~ juni* [on] the last of June; *~ anmälningsdag* closing date for entries; *~ gången* (*sidan*) the last time (page); *~ modet* the latest fashion; *~ skriket* all the rage (go); *~ smörjelsen* the extreme unction; *~ vagnen* (*järnv.*) tail (rear) wagon; *hans ~ vilja* his [last] will [and testament]; *den -e* (*av två*) the latter; *han var den -e som kom* he was the last to arrive; *de två ~ månaderna* the last two months; *lägga ~ handen vid* put the finishing touch to; *utandas sin ~ suck* breathe one's last; *för ~ gången* (*för all tid*) for ever (good); *i ~ instans* (*jur.*) in the court of highest instance, *bildl.* in the last resort; *in i det ~* to the very last; *på ~ tiden* lately, of late; *sjunga på ~ versen* draw to its close; *till ~ man* to a man

sist|an *s, best. form, leka ~* play tag (touchlast) **-liden** *a5* last **-nämnda** *a, best. form* [the] last-mentioned, last-named; (*av två*) the latter **-one** [-å-] *s, i uttr.: på ~* lately

sisu ['si:-] *s9* perseverance, endurance

sisyfosarbete Sisyphean task (labour)

sits *s2* **1** (*stol-, stjärt o.d.*; *ridk.*) seat; *ha bra ~* (*ridk.*) have a good seat **2** *kortsp.* lie, lay; *dra om ~en* draw for partners; *bildl., en svår ~* a tricky situation, a sensitive position

sitt *se 1 sin*

sitt|a *satt suttit* **1** (*om levande varelse*) sit; (*på -plats äv.*) be seated; (*motsats stå, ligga*) be sitting; (*om fågel*) perch; (*befinna sig*) be (*i fängelse* in prison); (*om regering*) be in office; *~ bekvämt* be comfortably seated; *sitt* [*ner*]*!* sit down, please!; *~ för en målare* sit as a model; *~ och prata* sit talking; *~ still* sit still, (*friare äv.*) keep quiet; *~ trångt* be jammed, *ekon.* be in a tight place; *få ~ a*) get (obtain) a seat, *b*) (*ej bli uppbjuden*) sit out, be a wallflower; *inte ~ i sjön* not be stranded; *~ inom lås och bom* be under lock and key; *~ med goda inkomster* have a large income; *~ vid makten* be in power; *nu -er vi där vackert!* we are in for it now!, now we are in the soup! **2** (*om sak*) be [placed]; (*hänga*) hang; (*om kläder*) sit, fit; *kjolen -er bra* the skirt is a good fit (fits well); *~ på sned* be (*hänga*: hang) askew; *mitt onda -er i* my trouble (the pain) is in; *inte veta hur korten -er* not know how the cards lie **3** (*med betonad partikel*) *~ av* dismount, alight; *~ emellan* (*få obehag*) have trouble, (*bli lidande*) be the sufferer (loser); *~ fast, se 2 fast 3*; *~ hemma* stay at home; *en färg som -er i* a fast colour; *lukten -er i* the smell clings; *nyckeln -er i* the key is in the lock; *ovanan -er i* I (*etc.*) can't free mysolf of the [bad] habit; *~ inne a* (*inomhus*) keep in[doors], *b*) (*i fängelse*) be in prison, do time; *bekännelsen satt långt inne* the confession was hard to get: *~ inne med upplysningar* be in possession of information; *~ kvar a*) remain sitting (seated), *b*) (*stanna*) remain, stay, *c*) (*efter skolan*) stay (be kept) in [after school]; *låt kappan ~ på!* keep your coat on!; *locket -er på* the lid is on; *~ sönder* wear out by sitting on; *jag -er inte så till att* I am not in a position to, from where I am sitting I can't; *~ illa till* (*bildl.*) be in a bad spot; *~ upp a*) (*på häst*) mount, get on, *b*) (*räta upp sig*) sit up; *~ uppe och vänta på* wait up for; *~ åt* (*om plagg*) be tight; *det -er hårt åt* (*bildl.*) it's tough; *~ över a*) (*dans e.d.; i spel*) sit out, *b*) (*arbeta över*) work overtime

sitt|ande *a4* seated; sitting (*ställning* posture); (*om regering*) in office, present; (*om domstol*) in session; *inför ~ rätt* in open court **-bad** hip (sitz) bath **-ben** *anat.* ischium **-brunn** cockpit **-bräde** seat [board] **-möbler** chairs and sofas **-ning** sitting **-opp** [-'åpp] *s2* (*slag*) clout **-pinne** perch **-plats** seat **-platsbiljett** seat reservation (ticket) **-riktig** designed for comfortable sitting **-strejk** sit-down strike; shop-floor protest **-vagn** *järnv.* day-carriage; (*barnvagn*) push-chair, *AE.* stroller

situation situation; *sätta sig in i ngns ~* put o.s. in a p.'s place; *vara ~en vuxen* be equal to the occasion

situations|komik comedy; (*i film o.d.*) slapstick **-plan** *byggn.* layout, site plan

situerad [-u'e:-] *a5, väl* (*illa*) *~* well (badly) off

Sixtinska kapellet [-'ti:n-] the Sistine Chapel

SJ [ˣessji:] *förk. för Statens Järnvägar* the Swedish State Railways

sjabbig [ʃ-] *a1* shabby

sjabbla [ʃ-] *vard.* muff it

sjakal [ʃ-] *se schakal*

sjal [ʃ-] *s2* shawl **-ett** *s3* kerchief; head scarf

sjanghaja [ʃaŋ'hajja] shanghai

sjappa [ʃ-] bolt, scram **sjappen** ['ʃapp-] *s, i uttr.: ta till ~* take to one's heels

sjas [ʃ-] scat!, be off!; *~ katta* shoo! **sjasa** shoo away

sjaskig [ʃ-] *a1* slovenly; mucky; shabby

sjava [ʃ-] shuffle **sjavig** *a1* slovenly, slapdash

sjok [ʃ-] *s7* lump, chunk

sju [ʃu:] seven; (*för sms. jfr fem-*) **sjua** *s1* seven **sjuarmad** *a5* seven-branched (*ljusstake* candlestick)

sjubb [ʃ-] *s2* [North American] rac[c]oon

sjud|a [ʃ-] *sjöd -it* simmer; seethe (*äv. bildl.*); *~ av vrede* seethe with anger; *~nde liv* seething life **-it** *sup. av sjuda*

sju|dubbel [ˣʃu:-] sevenfold **-dundrande** [-ˣdunn-] *a4* terrific **-falt** sevenfold; seven times (*värre* worse) **-jäkla** [-ˣjä:k-] *a4, ett ~ liv* a hell of a life

sjuk [ʃ-] *a1* **1** (*predikativt*) ill; (*attr. o. illamående*) sick; (*dålig*) indisposed, unwell; *den ~e* the sick person, (*på sjukhus*) the patient; *de ~a* the sick; *bli ~* get (fall, be taken) ill; *mitt ~a knä* my bad knee; *svårt ~* seriously ill; *ligga ~ i mässling* be down with the measles; *äta sig ~* eat o.s. sick; *~ av* (*i*) suffering from, *bildl.* sick with; *jag blir ~ bara jag tänker på det* the mere thought of it makes me sick **2** *bildl., saken är ~* it's a shady business; *ett ~t samvete* a guilty conscience; *han ber för sin ~a mor* that's one for her and two for himself; *~ efter* (*på*) eager (*vard.* dying) for

sjuk|a [ʃ-] *s1, se sjukdom*; *engelska ~n* rickets; *spanska ~n* the Spanish flu; *det är hela ~n* that's the whole trouble **-anmäla** *~ ngn* (*sig*) report s.b. (report) sick (ill); *-anmäld* reported sick (ill) **-anmälan** notification of illness **-avdelning** ward, infirmary **-avdrag** deduction for sickness **-besök** visiting the sick; (*läkares*) visit to a patient, sick visit **-bädd** sickbed; *vid ~en* at the bedside **-dom** [-domm] *s2* illness, ill-health; (*speciell o. bildl.*) disease; (*ont*) complaint, disorder; *ärftlig ~* hereditary disease

sjukdoms|alstrande *a4* pathogenic **-bild** pathological picture, picture of the (a) disease **-fall** case [of illness] **-orsak** cause of a (the) disease **-sym(p)tom** sympton of a (the) disease

sjuk|ersättning sickness benefit (allowance)

S

-försäkring health insurance **-försäkringsbesked** health insurance card **-gymnast** physiotherapist **-gymnastik** physiotherapy, remedial exercises (*pl*) **-hem** nursing home
sjukhus hospital **-direktör** hospital manager **-dräkt** hospital uniform **-läkare** hospital physician (surgeon) **-vård** hospital treatment (care)
sjuk|intyg medical (doctor's) certificate **-journal** case record; (*för en patient*) case sheet **-kassa** (*allmän* regional) health insurance office **-kassekort** health insurance card **-ledig** *vara ~* be on sick leave **-ledighet** sick leave **-lig** [-u:-] *a1* infirm, weak in health; sickly; *bildl.* morbid (*misstänksamhet* suspiciousness) **-lighet** [-u:-] infirmity, ill-health; morbidity **-ling** [-u:-] sick person, patient; invalid **-lista** sick list **-lön** sick pay
sjuk|na [-u:-] fall (be taken) ill (*i* with); sicken **-penning** sickness benefit (allowance) **-penningsklass** sickness benefit category (group) **-pension** disablement pension **-permission** sick leave **-rapport** medical report **-rum** sick room **-sal** [hospital] ward **-skriva** *~ ngn* put s.b. on the sick list; *~ sig* report sick (ill); *-skriven* sick-listed, reported sick **-skötare** [male] nurse **-sköterska** nurse; (*examinerad*) trained (staff, *AE.* graduate) nurse
sjuksköterske|elev student nurse **-skola** nurses' training school **-uniform** nurse's uniform **-utbildning** nursing training
sjuk|stuga cottage hospital **-syster** *se sjuksköterska* **-säng** *se sjukbädd* **-transport** conveyance of patients **-vård** medical care (attendance), nursing; care of the sick; *fri ~* free medical attention (treatment) **-vårdare** male nurse; *mil.* medical orderly
sjukvårds|artiklar *pl* sanitary (medical) articles **-biträde** assistant nurse, [hospital] orderly **-ersättning** medical expenses allowance **-kunnig** trained in nursing the sick
sjumila|steg *gå med ~* walk with seven-league strides **-stövlar** *pl* seven-league boots
sjunde [ʃ-] seventh; *i ~ himlen* in [the] seventh heaven **-dagsadventist** Seventh-Day Adventist **-del** seventh [part], one seventh
sjunga [ʃ-] *sjöng sjungit* sing; (*om fågel äv.*) warble; *~ falskt* sing out of tune; *~ rent* sing in tune; *~ ngns lov* sing a p.'s praises; *~ på sista versen* be on one's last legs, draw to its close; *~ in* (*på grammofon*) record; *~ ut* sing out, *bildl.* speak out, speak one's mind **sjungit** *sup. av sjunga*
sjunk|a [ʃ-] *sjönk -it* sink; (*om fartyg äv.*) founder, go down; (*falla*) drop, fall (*t. botten* to the bottom); (*minska*) decrease (*i antal* in numbers); (*i värde*) depreciate, decline, sink, fall; *febern -er* the fever is abating; *kaffet står och -er* the coffee is settling; *priserna -er* prices are falling (declining), prices show a downward tendency; *solen -er* the sun is setting; *termometern -er* the temperature is falling; *önska att man kunde ~ genom jorden* wish one could sink through the floor; *känna modet ~* lose courage (heart); *~ i ngns aktning* go down in a p.'s estimation; *~ i glömska* sink into oblivion; *~ i vanmakt* faint away; *~ ihop* (*bildl.*) break down, collapse; *~ ner på en stol* sink down on to a chair; *~ till marken* drop to the ground; *~ till ngns fötter* fall at a p.'s feet; *~ undan* sink, subside; *han är djupt -en* he has sunk very low
sjunkbomb depth charge (bomb) **sjunkit** *sup. av sjunka*
sju|sovare [-å-] **1** *zool.* dormouse **2** *pers.* lieabed, sluggard **-stjärnan** *sg, best. form*, **-stjärnorna** *pl, best. form* the Pleiades (*pl*) **-särdeles** [-ˣsä:r-] *vard.* terrific **-tillhållarlås** mortise (mortice) lock
sjuttio [ˣʃuttiɔ, 'ʃutt-, *vard.* ˣʃutti, 'ʃutti] seventy **sjuttionde** [ˣʃuttiå-] seventieth **sjuttioåring** septuagenarian
sjutton [ˣʃuttån] seventeen; *aj som ~!* by Jove!, Good Lord!; *det var dyrt som ~* it cost a packet; *full i ~* full of mischief; *för ~ gubbar* for goodness sake; *nej för ~!* Good Lord, no!; *ge ~ i att* (*låta bli*) stop, leave off, (*strunta i*) not bother; *ge sig ~ på att* bet your life that; *det vore väl ~ om* it would be a wonder if **sjuttonde** seventeenth **sjuttonhundratalet** the eighteenth century
sjå [ʃ-] *s7, vard.* big (tough) job **-are** docker longshoreman, stevedore
sjåp [ʃ-] *s7* [silly] goose, ninny **sjåpa** *rfl* be silly, act the ninny **sjåpig** *a1* silly, foolish; *vard.* namby-pamby **sjåpighet** silliness *etc.*
själ [ʃ-] *s2* **1** *filos., psykol., rel.-hist.* soul; (*ande*) spirit; *~ens behov* spiritual needs **2** (*sinne*) soul, mind; *det skar mig in i ~en* it cut me to the heart (quick); *få ro i sin ~* get peace of mind; *i ~ och hjärta* at heart, in one's heart of hearts; *med liv och ~* body and soul; *två ~ar och en tanke* two minds with but a single thought; *~arnas sympati* spiritual affinity; *min ~ tror jag inte* upon my soul if it's not **2** *pers.* soul; *vara ~en i ngt* be [the life and] soul of s.th.; *där fanns inte en ~* there wasn't a soul; *en glad ~* a jolly fellow; *varenda ~* (*vard.*) every man jack
själa|glad overjoyed, delighted **-herde** pastor, shepherd of souls **-mässa** requiem **-nöd** anguish of the soul, spiritual agony **-ringning** [death] knell, passing (death) bell **-sörjare** spiritual guide **-tåget** *ligga i ~* be dying, be breathing one's last **-vandring** transmigration [of souls] **-vård** cure of souls, spiritual charge of a parish
själfull soulful (*ansikte* face); (*anderik*) animated (*föredrag* lecture) **-het** soulfulness; animation
Själland ['ʃäll-] *n* Zealand
själlös soulless; spiritless; (*livlös*) inanimate **-het** soullessness *etc.*
själs|adel nobility of mind **-dödande** soul-destroying, deadly **-egenskap** mental quality **-fin** refined, noble **-frånvarande** absent-minded **-frände** kindred spirit; *vara ~r* (*äv.*) sympathize **-frändskap** congeniality of mind, spiritual affinity **-förmögenhet** faculty, mental ability **-gåvor** *pl* intellectual (mental) gifts **-kval** mental suffering, agony **-lig** [-ä:-] *a1* mental; (*andlig*) spiritual **-liv** intellectual (spiritual) life **-sjuk** (*sinnessjuk*) mentally ill; (*hypokondrisk*) hypochondriac[al] **-strid** mental struggle **-styrka** strength of mind
själv [ʃ-] **1** myself, yourself, himself, herself, itself, oneself; *pl* ourselves, yourselves, themselves; *det har jag gjort ~* I did it myself; *han har ~ skrivit ...* he has written ... himself; *~ är bästa*

dräng if you want a thing done well, do it yourself; *bli sig ~ igen* be oneself again; *komma ~* come personally (in person); *om jag får säga det ~* if I may say so myself; *tack ~!* thank you!; *vara sig ~ nog* be self-sufficient; *det kan du vara ~!* (*vard.*) so are you!; *av sig ~* of oneself, spontaneously, (*frivilligt*) voluntarily; *för sig ~* (*avsides*) aside; *tala för sig ~* talk to oneself; *i sig ~* in itself; *hon heter A. i sig ~* her maiden name is A.; *på sig ~ känner man andra* one judges others by o.s. **2** *hon är blygsamheten ~* she is modesty itself; *~e* (*~aste*) *kungen* the king himself (in person); *på ~a födelsedagen* on the very birthday; *i ~a verket* as a matter of fact; *han gör ~a grovarbetet* he does the real heavy (ground) work

själv|aktning self-respect **-antändning** spontaneous ignition, self-ignition **-bedrägeri** self-deception, self-delusion **-befruktning** self-fertilization; *bot.* self-pollination **-behärskning** self-control, self-restraint **-bekännelse** confession **-belåten** self-satisfied; complacent **-bestämmanderätt** right of self-determination, autonomy **-betjäning** self-service **-betjäningsbutik** self-service store **-betraktelse** self-contemplation, introspection **-bevarelsedrift** instinct of self-preservation **-bindare** *lantbr.* [reaper] binder **-biografi** autobiography **-biografisk** autobiographical **-deklaration** income tax return (*AE.* report) **-disciplin** self-discipline **-dö** die out of itself; *ett ~tt djur* an animal that has died from natural causes **-fallen** *a3* obvious, apparent **-fallenhet** matter of course **-förakt** self-contempt **-förbränning** spontaneous combustion **-förebråelse** self-reproach **-förgudning** self-glorification **-förhävelse** presumption **-förnekelse** self-denial **-försakelse** self-denial **-försvar** (*till* in) self-defence **-försörjande** *a4* self-supporting **-försörjning** self-sufficiency **-förtroende** self-confidence, self-reliance **-förverkligande** self-realization **-förvållad** *a5* self-inflicted

själv|gjord self-made **-god** self-righteous **-godhet** self-righteousness **-hjälp** self-help; *hjälp till ~* assistance supplementary to one's own efforts **-hushåll** *ha ~* do one's own housekeeping **-hushållning** economy based on domestic production [of necessities] **-häftande** *a4* [self-]adhesive **-härskare** autocrat **-hävdelse** self-assertion **-hävdelsebegär** urge to assert o.s. **-ironi** irony directed against o.s. **-ironisk** ironic at one's own expense

självisk ['ʃäll-] *a5* selfish, egoistic[al] **-het** ['ʃäll-] selfishness, egoism

själv|klar obvious; *det är ~t* it is a matter of course, it goes without saying **-kopierande** *a4* self-copying **-kostnad** prime (production) cost **-kostnadspris** cost price; *till ~* at cost [price] **-kritik** self-criticism **-kritisk** self-critical **-kännedom** self-knowledge **-känsla** self-esteem **-ljud** vowel [sound] **-lockig** naturally curly **-lysande** luminous (*färg* paint) **-länsande** *a4* self-bailing **-lärd** self-taught; *en ~* an autodidact

själv|mant [-a:-] *adv* of one's own accord, voluntarily **-medlidande** self-pity **-medvetande** self-assurance **-medveten** self-assured **-mord** (*begå* commit) suicide **-mordsförsök** attempted suicide **-mordskandidat** would-be suicide **-mål** *sport.*, *göra ~* shoot the ball (*etc.*) into one's own goal **-mördare** suicide **-plågeri** self-torture **-porträtt** self-portrait **-påtagen** *a5* self-assumed **-rannsakan** self-examination **-registrerande** [-j-] *a4* self-recording **-reglerande** *a4* self-regulating, self-adjusting **-renande** self-cleaning **-risk** *försäkr.* excess, [deductible] franchise **-rådig** self-willed, wilful

själv|servering self-service [restaurant], cafeteria **-skriven** *a3, han är ~ som ordförande* he is just the man for chairman; *han är ~ till platsen* he is sure to get the post **-smörjande** *a4* self-lubricating (*lager* bearing) **-spelande** *~ piano* pianola (*varumärke*), *AE.* player piano **-spricka** *s1* chap; *få -sprickor på händerna* get chapped hands **-start** self-starter **-studium** self-instruction, self-tuition, private study **-styre[lse]** self-government, autonomy; *lokal ~* local [self-]government **-ständig** *a1* independent; self-governed **-ständighet** independence **-ständighetsförklaring** declaration of independence **-suggestion** autosuggestion

självsvåld self-indulgence; self-will **-ig** *a1* undisciplined; self-willed

själv|svängning self-oscillation **-sådd** *a5* self-sown **-säker** self-confident, self-assured **-tagen** *a5* self-assumed (*makt* power); usurped (*rätt* right) **-tillräcklig** self-satisfied; self-sufficient **-tillit** self-reliance **-tryck** gravity **-tvätt** self-service laundry, Launderette (*varumärke*), *AE.* Laundromat (*varumärke*) **-uppdragande** *a4* selfwinding **-uppfyllande** *a4* self-fulfilling **-uppoffrande** self-sacrificing **-uppoffring** self-sacrifice **-upptagen** self-centred **-utlösare** *foto.* self-timer **-utnämnd** *a5* self-styled **-utplånande** *a4* self-effacing **-vald** (*-utnämnd*) self-elected; (*frivillig*) self-chosen **-verkande** automatic, self-acting **-verksamhet** self-activity **-ägande** *a4, ~ bönder* owner-farmers, freeholders **-ändamål** end in itself **-övervinnelse** self-mastery; *det kostade mig verklig ~ att* it was hard to bring myself to

sjätte [ʃ-] sixth **-del** sixth [part]

sjö [ʃö:] *s2* **1** (*in-*) lake; (*hav*) sea; *gå i ~n* (*dränka sig*) drown o.s.; *~n går upp* the ice breaks up; *~n ligger* the lake is coated with ice; *på öppna ~n* on the open sea; *sätta en båt i ~n* put out a boat; *till ~ss* at sea; *gå till ~ss* (*om pers.*) become a sailor, go to sea, (*om fartyg*) put [out] to sea; *till lands och ~ss* on land and sea; *ute till ~ss* in the open sea; *kasta pengarna i ~n* throw money away; *kasta yxan i ~n* throw up the sponge; *regnet bildade ~ar på gatorna* the rain lay in great pools in the streets **2** (*-gång; stört-*) sea, wave; *hög ~* high (heavy) sea; *få en ~ över sig* ship a sea; *tåla ~n* stand the sea, be a good sailor

sjö|befäl ship's officers (*pl*) **-befälsskola** school of nautical studies **-björn** *bildl., se sjöbuss 1* **-bod** boathouse **-borre** [-å-] *s2, zool.* sea urchin **-bris** sea breeze **-buss 1** *bildl.* sea dog, salt **2** (*farkost*) ferryboat

sjöd *imperf. av sjuda*

sjö|duglig seaworthy **-elefant** elephant seal, sea elephant **-farande** *a4* seafaring (*folk* nation); *en ~* a mariner (seafaring man, seafarer)

S

-farare seafarer **-fart** (*skeppsfart*) navigation; (*sjöhandel*) shipping [business, trade]; *handel och ~* commerce (trade) and shipping **-fartsbok** discharge book **-fartsmuseum** maritime (nautical) museum **-fartsverket** the Swedish national administration of shipping and navigation **-flygplan** seaplane, hydroplane **-folk** *pl* (*-män*) seamen **-fågel** aquatic bird, sea bird (fowl) **-förklaring** [captain's] protest; *avge ~* enter (make) a protest **-försvar** naval defence **-försäkring** marine insurance **-gräs** seaweed **-grön** sea-green **-gurka** sea cucumber **-gång** roll[ing], [heavy, high] sea **-hjälte** naval hero **-häst** sea horse **-jungfru** mermaid

sjö|kadett naval cadet, midshipman **-kapten** [sea] captain, master mariner **-ko** sea cow **-kort** [nautical, marine] chart **-krig** naval war[fare] **-krigshögskola** naval staff college **-krigsskola** naval college **-lag** maritime law **-ledes** by water (sea) **-lejon** sea lion **-lilja** sea lily **-lägenhet** *med första ~* by the first boat **-lök** sea squill (onion) **-makt** sea power; (*örlogsflotta*) naval force **-malm** bog-iron ore **-man** sailor, seaman; mariner

sjömans|biff *ung.* casserole of beef, potatoes and onions **-blus** sailor's blouse **-hem** seamen's home

sjömanskap *s7* seamanship

sjömans|kista seaman's (sea) chest **-kostym** sailor suit **-krage** sailor collar **-mission** seamen's mission **-mössa** sailor's cap **-präst** seamen's chaplain **-uttryck** nautical expression **-visa** sailor's song, shanty

sjö|mil nautical mile **-militär I** *a1* naval **II** *s3* naval man **-märke** navigation mark, seamark; buoy beacon

sjönk [ʃ-] *imperf. av sjunka*

sjö|nöd distress **-odjur** sea monster **-officer** naval officer **-olycka** accident at sea **-orm** sea serpent **-penna** *zool.* sea pen **-ranunkel** great spearwort **-rapport** weather forecast for sea areas **-reglering** regulation of water level in lakes **-resa** [sea] voyage **-räddning** sea rescue; (*organisation*) lifeboat service (institution), *AE.* coastguard **-räddningsfartyg** rescue launch; lifeboat **-rätt** maritime law; (*domstol*) maritime court **-rövare** pirate **-röveri** piracy **-scout** sea scout **-seger** naval victory, victory at sea **-sidan** *från ~* from the sea[ward side]; *åt ~* towards the sea **-sjuk** seasick **-sjuka** seasickness **-skadad** *a5* seadamaged **-skum 1** *eg.* sea foam **2** *miner.* meerschaum **-slag** naval battle, action at sea; *bildl.* wet party **-stad** seaport [town] **-stjärna** starfish **-strid** naval encounter **-stridskrafter** *pl* naval forces **-stövel** sea boot **-säker** seaworthy **-sätta** launch **-sättning** launch[ing] **-term** nautical term **-tomt** beach lot, lakeside site **-tunga** *zool.* [European] sole **-van** used (accustomed) to the sea; *bli ~* (*äv.*) find one's sea legs **-vana** familiarity with the sea **-vatten** lake (sea) water **-väg** sea route, seaway; *ta ~en* go by sea **-värdig** seaworthy **-värnskår** auxiliary naval corps

s.k. *förk. för så kallad* so-called

ska *vard. för skall, se 1 skola*

skabb *s3* [the] itch; scabies; (*hos djur*) mange **-ig** *a1* scabious, scabby; *neds.* mangy

skabrọs *a1* scabrous, indecent, obscene

skad|a I *s1* injury (*på* to); *med. äv.* insult; (*förödelse*) damage; (*motsats nytta*) harm, mischief; (*förlust*) loss; ('*synd*') pity; *anställa ~* cause (do) damage; *avhjälpa en ~* repair an injury; *av ~n blir man vis* once bitten, twice shy; *bli vis av ~n* learn by painful experience; *det är ingen ~ skedd* there is no harm done; *det är ngn ~ på maskinen* s.th. has gone wrong (there is s.th. the matter) with the machine; *det är ~ att* it is a pity that; *det var ~!* what a pity!; *erhålla lätta* (*svåra*) *-or* be slightly (seriously) injured (hurt); *ta ~* suffer (*av* from), (*om sak*) be damaged (*av* by); *ta ~n igen* make up for it; *tillfoga ... ~* inflict damage on ... **II** *v1, pers.* hurt, injure; (*såra*) wound; (*sak*) damage; *abstr.* damage, injure (*ngns rykte* a p.'s reputation); *det ~r inte att försöka* there is no harm in trying; *det skulle inte ~ om* it would do no harm if; *~ sig* be (get) hurt, hurt o.s.; *~ sig i handen* hurt one's hand

skade|anmälan notification of damage **-djur** noxious animal; *koll.* vermin (*pl*) **-ersättning** compensation [for damage], indemnification; indemnity **-glad** spiteful, malicious **-glädje** malicious pleasure, malice **-görelse** [-j-] damage **-insekt** noxious insect **-reglering** settlement [of claims], claims adjustment

skadeslös *hålla ngn ~* indemnify s.b.

skade|stånd *s7* damages (*pl*); *begära ~* claim damages **-ståndsanspråk** compensation claim, claim for damages **-ståndsskyldig** liable to pay damages **-verkan** damage; deleterious effect

skad|lig [ˣska:d-] *a1* injurious, harmful (*för* to); noxious, unwholesome (*mat* food); (*menlig*) detrimental (*för* to); *ha ~ inverkan på* have a detrimental effect on **-skjuta** wound

skaffa 1 (*an-*) get, procure (*åt* for); (*finna*) find (*arbete* work), furnish (*bevis* proofs); (*förse med*) provide with; (*skicka efter*) send for; (*~ hit*) bring; *~ barn till världen* bring children into the world; *~ ngn bekymmer* cause s.b. anxiety; *~ kunder* attract customers; *~ sig fiender* make enemies; *jag skall ~ pengarna åt dig* I'll find (raise) the money for you; *~ ur världen* do away with; *~ fram* produce; *~ undan* remove, get out of the way **2** (*göra*) do; *jag vill inte ha med honom att ~* I don't want to have anything to do with him **3** *sjö.* (*äta*) eat **4** *rfl* procure (*etc.*) [for] o.s.; (*köpa*) buy o.s., acquire (*nya kläder* new clothes); make (*vänner* friends); obtain (*upplysningar* information), attain (*kunskaper* knowledge); (*ådraga sig*) contract (*en förkylning* a cold; *skulder* debts); (*förse sig med*) furnish (provide) o.s. with; (*finna*) find (*tillfälle* an opportunity)

skafferi larder, pantry **skaffning** *sjö.* (*måltid*) meal; food

ska[f]föttes [ˣska:-, ˣskaff-] *ligga ~* lie head to foot

skaft *s7* **1** (*handtag*) handle (*på verktyg o.d. äv.*) shaft; (*på stövel, strumpa*) leg; *sätta ~ på* furnish with a handle, fix handle to **2** *bot.* stalk, stem **3** *bildl., ha huvudet på ~* have one's head screwed on the right way; *med ögonen på ~* with one's eyes starting (popping) out of one's head

Skagen ['ska:-] *n* the Skaw

Skagerack ['ska:-] *n* the Skagerrak
skaka 1 (*försätta i skakning*) shake; (*friare o. bildl.*) agitate (*sinnena* the senses), convulse; ~ *hand med* shake hands with; *berättelsen ~de henne djupt* she was deeply shaken by the story; ~ *ngt ur ärmen* (*bildl.*) do s.th. offhand (straight off) **2** (*häftigt röras*) shake (*av* with); (*darra*) shiver (*av köld* with cold); *fys.* vibrate ; (*vagga*) rock; (*om åkdon*) jog, bump (*fram* along); *samhället ~de i sina grundvalar* society was shaken to its [very] foundations; ~ *av skratt* shake (rock) with laughter; ~ *på huvudet* shake one's head **3** (*med betonad partikel*) ~ *av* [*sig*] shake off; ~ *om* shake up, stir **skakande** *a4* shaking; (*upp-*) harrowing (*skildring* description)
skak|el ['skakk-, 'ska:-] *s2* shaft; *hoppa över -larna* (*bildl.*) kick over the traces, run riot
skak|is ['ska:-] *oböjligt a, vard., känna sig* ~ feel shaky (jittery) **-ning** [-a:-] shake (*på* of); shaking; (*darrning*) trembling; *~ar i motorn* vibrations in the engine
skal *s7* (*hårt* ~) shell; (*skorpa äv.*) crust; (*apelsin-, äppel- etc.*) peel; (*banan-, druv-, potatis-*) skin; (*gurk-, melon-*) rind; (*på ris*) husk; (*avskalat*) peelings, parings (*pl*); *sluta sig inom sitt* ~ retire into one's shell
1 skala *v1* [un]shell; (*apelsin, potatis*) peel; (*äpple*) pare; ~ *av* peel (*etc.*) off
2 skala *s1, mat., mus.* scale; (*på radio*) dial; *i stor* (*liten*) ~ on a large (small) scale; *en karta i ~ 1:50 000* a map on the scale of 1:50 000; *ordnad efter fallande* ~ arranged on a descending scale
skalbagge beetle; *AE. äv.* bug; *fack.* coleopteran, coleopteron
skald *s3* poet **skalda** make poetry
skalde|gåva poetic gift, poetic[al] talent **-konst** poetry, poesy **-stycke** poem, piece of poetry
skaldinna poetess
skaldjur shellfish, crustacean
skalenlig [-e:n-] *a1* made to scale
1 skalk *s2* (*brödkant*) crust; (*ostkant*) rind
2 skalk *s2* (*skälm*) rogue, wag; *ha en ~ i ögat* have a twinkle in one's eye
skalka *sjö.* batten down (*luckorna* the hatches)
skalkaktig *a1* roguish, waggish **-het** roguishness *etc.*
skalkas *dep* joke, jest
skalkniv skinning knife
1 skall *pres. av 1 skola*
2 skall *s7* (*hund-*) bark; (*ljud*) clang, ring, ringing; *ge* ~ bark
skalla 1 (*genljuda*) clang, ring; (*eka*) resound; *ett ~nde skratt* a peal of laughter **2** *sport.* head
skallbas base of the skull
skalle *s2* skull; *anat.* cranium; *tekn.* head; *vard.* pate; noddle; *dansk* ~ butt with the head
skallerorm rattlesnake
skallfraktur fracture of the skull
skall|gång *s2* chase, search; *gå ~ efter* search for, organize a search for **-gångskedja** searchers (*pl*); *jakt.* beaters (*pl*)
skallig *a1* bald **-het** baldness
skallra I *s1* rattle **II** *v1* rattle; (*klappra*) clatter; (*om tänder*) chatter
skallskada skull injury
skalm *s2* **1** (*skakel*) shaft **2** *~ar* (*på glasögon*) bows, (*på sax*) scissor-blades
skalmeja [-ˣmejja] *s1* shawn
skalmodell model built to scale, scale model
skalp *s3* scalp
skalpẹll *s3* scalpel
skalpera scalp, take s.b.'s scalp
skalv *s7* quake; (*jord-*) earthquake
skalạ̈r *a1* scalar (*storhet* quantity)
skalömsning shedding of the shell
skalövning *mus.* scale practice
skam [skamm] *s2* **1** (*blygsel*) shame; (*ngt -ligt*) dishonour; (*skändlighet*) infamy; ~ *till sägandes* to my (*etc.*) shame; *fy ~!* shame on you!; *det var inte fy* ~ that was not bad at all; *för ~s skull* for very shame; *bita huvudet av ~men* be past (lost to) shame; *nu går ~[men] på torra land* that's the last straw **2** (*vanära*) shame; disgrace (*för* for, to); ~ *den som ...!* shame on him that ...!; *det är ingen* ~ there is no disgrace (*att förlora* in losing); *komma på* ~ be frustrated; *få stå där med ~men* be put to shame **-fila 1** *möblerna var ~de* the furniture was the worse for wear; *med ~t rykte* with a tarnished reputation **2** *sjö.* chafe **-fläck** stain, taint; *vara en ~ för* be a disgrace to **-grepp** *eg.* grabbing of the opponent's genitals; *bildl.* hit below the belt **-känsla** sense of shame **-lig** *a1* shameful, disgraceful; (*vanhedrande*) dishonourable; *det är verkligen ~t att* it is really disgraceful that **-ligen, -ligt** *adv* outrageously **-lös** shameless; (*fräck*) impudent **-löshet** shamelessness; impudence **-påle** pillory; *stå vid ~n* (*bildl.*) be publicly disgraced **-sen** *a3* ashamed (*över* of) *AE. vard.* mean **-senhet** shame **-vrå** *stå i ~n* stand in the corner
skandạl *s3* scandal; *ställa till* ~ cause a scandal; *vard.* kick up a row **-artad** [-a:r-] *a5* scandalous **-hungrig** fond of scandal
skandal|isera disgrace **-omsusad** *a5, ung.* scandal-prone **-tidning** scandal sheet **-unge** potential scandal
skandalọ̈s *a1* scandalous
skander|a scan **-ing** scanning, scansion
skandinạv *s3* Scandinavian **Skandinavien** [-'na:-] *n* Scandinavia
skandinav|isk [-'na:-] *a5* Scandinavian **-ism** Scandinavianism
skandium ['skann-] *s8, kem.* scandium
skank *s2, s1, vard.* shank, leg
skans *s2* **1** *mil.* redoubt; (*kastell*) fortlet; *siste man på ~en* (*bildl.*) the last survivor, the last one out **2** *sjö.* forecastle, fo'c's'le
skapa create, make; (*alstra*) produce; (*framkalla*) cause, give rise to, engender; ~ *förutsättningar för* pave the way for; ~ *sig en förmögenhet* make a fortune; *du är som ~d för uppgiften* you are just the man (*etc.*) for the job; ~ *om sig* transform o.s. (*till* into) **skapande I** *a4* creative (*konstnär* artist); constructive (*sinne* mind); *inte ett ~ grand* not a mortal thing **II** *s6* creation, creating *etc.*
skapar|e creator **-förmåga** creative ability **-glädje** creative joy **-kraft** creative force
skapelse creation; *~n* (*världen*) creation; *~ns krona* the crown of creation **-berättelse** creation narrative (myth)
skap|lig [-a:-] *a1* passable, tolerable, not too bad

S

-ligt [-a:-] *adv*, ~ [*nog*] tolerably well, well enough **-lynne** character, disposition **-nad** *s3* shape, form, figure
skar *imperf. av 2 skära*
skar|a *s1* crowd, multitude; *mil.* troop, band (*soldater* of soldiers); *en ~ arbetare* a team (gang) of workmen; *en brokig ~* a motley crowd; *en utvald ~* a select group; *samla sig i -or kring* flock round
skarabé *s3* scarab
skare *s2* crust [on the snow]; *~n bär* the snow surface is hard enough to bear
skarp I *a1* (*om kniv, spets, vinkel, sluttning o.d.*) sharp; (*om egg, rakkniv, blåst o.d.*) keen; (*besk*) strong (*smak* taste); *~t angrepp* sharp attack; *~a hugg* (*äv. bildl.*) hard blows; *en ~ intelligens* a keen intelligence, *pers.* a man of keen intelligens; *~a konturer* (*gränser*) distinct (clear-cut) outlines (limits); *~ kritik* sharp criticism; *~ köld* piercing cold; *~t ljus* glaring light; *~ ammunition* live ammunition; *en ~ tunga* a sharp tongue **II** *s2, hugga i på ~en* set to work with a will; *ta itu med ngn på ~en* take s.b. really in hand; *säga till på ~en* give s.b. a ticking-off
skarp|blick acute perception, penetration **-ladda** load with live cartridges **-rättare** executioner **-sill** sprat **-sinne** acumen, penetration, ingenuity; (*klarsyn*) perspicacity **-sinnig** *a1* keen, acute; (*klarsynt*) perspicacious, shrewd **-skjutning** firing with live ammunition **-skuren** *a5, -skurna drag* clear-cut features **-skytt** sharpshooter **-slipa** sharpen, whet; *~d* (*äv.*) sharp-edged **-synt** [-y:-] *a1* sharp-sighted **-sås** *kokk.* sauce piquante **-ögd** *a1, se -synt*
skarsnö crusty snow
1 skarv *s2, zool.* cormorant
2 skarv *s2* (*fog*) joint; (*söm*) seam; (*-bit*) lengthening-piece; *bildl.* interval
skarv|a 1 (*hopfoga*) join; *tekn.* joint, splice; (*förlänga*) lengthen; *~ till* add, *sömn.* let in **2** (*ljuga*) stretch a point, embroider the truth **-sladd** *elektr.* extension flex (cord) **-yxa** adz[e]
skat|a *s1* magpie **-bo** magpie's nest
skatt *s3* **1** (*klenod*) treasure (*äv. bildl.*) **2** (*t. staten*) tax; (*t. kommun*) local taxes, *i Storbritannien* [town] rate, *AE.* city (municipal) taxes; (*på vissa varor*) duty; *~er* (*allm.*) [rates and] taxes; *direkt ~* direct tax; *indirekt ~* indirect tax
skatta 1 (*betala skatt*) pay taxes (*etc.*); *han ~r för 30 000 om året* he is assessed at 30 000 a year **2** (*plundra*) plunder, rifle; *~ en bikupa på honung* take honey from a beehive **3** (*upp-*) estimate, value; *min högt ~de vän* my highly esteemed friend **4** (*betala tribut*) pay tribute to; *~ åt förgängelsen* pay the debt to nature, go the way of all flesh **5** *~ sig lycklig* count o.s. fortunate (lucky)
skatte|avdrag tax deduction (allowance) **-belopp** amount of tax **-betalare** taxpayer **-börda** tax burden **-flykt** tax evasion **-fri** tax-free; (*om vara*) duty-free, free of duty **-frihet** exemption from taxes **-fusk** tax evasion **-fuskare** tax dodger **-förmåga** tax-paying ability **-höjning** increase in taxation **-inkomst** revenue from taxation **-krona** tax rate; *i Storbritannien ung.* rate poundage **-kvitto** (*för fordon*) motor tax disc **-lagstiftning** fiscal (tax) legislation **-lättnad** tax relief **-medel** *pl* tax revenue (*sg*) **-myndighet** tax[ation] authority **-paradis** tax haven **-planering** tax avoidance **-pliktig** (*om pers.*) liable to pay tax[es]; (*om vara etc.*) taxable; *~ inkomst* taxable (assessable) income **-politik** fiscal policy **-rätt** taxation law **-sats** tax rate **-skala** tax scale **-skolk** tax evasion **-smitare** tax dodger **-sänkning** tax reduction (relief) **-tabell** table of tax rates **-teknisk** fiscal **-termin** tax payment period **-uppbörd** tax collection, collection of taxes **-utskott** *~et* the [Swedish Parliamentary] standing committee on taxation **-verk** tax department (division); *i Storbritannien ung.* Board of Inland Revenue, *AE. ung.* Inland Revenue Service **-återbäring** tax refund
skatt|grävare treasure hunter **-gömma** [treasure] cache **-kammare** treasury **-kammarväxel** treasury bill **-mas** tax collector **-mästare** treasurer **-ning** *fack.* approximation, estimate **-pliktig** *se skattepliktig* **-sedel** income-tax demand note; *AE.* tax-bill **-skriva** tax **-skyldig** liable to pay tax[es] **-sökare** treasure hunter
skava *v2* chafe (*äv. ~ på*); scrape; gall (*hål på skinnet* one's skin); *~ hål på* rub a hole in
skavank [-'vaŋk] *s3* flaw, fault; (*krämpa*) ailment
skavsår sore
ske [ʃe:] *v4* happen, occur; (*verkställas*) be done; *~ Guds vilja!* God's will be done!; *skall ~!* [all] right!; *ingen skada ~dd* no harm done; *allt som händer och ~r* all that is going on; *vad stort ~r det ~r tyst* noble deeds are done in silence
sked [ʃ-] *s2* spoon; *en ~ …* (*som mått*) a spoonful of …; *ta ~en i vacker hand* make the best of it
skeda [ʃ-] *kem.* separate, segregate
sked|and [ʃ-] *zool.* shoveller **-blad** bowl of a spoon **-drag** spoon[bait]
skede [ʃ-] *s6* phase, period; stage
sked|full spoonful (*soppa* of soup) **-skaft** handle of a spoon
skedvatten [ʃ-] *kem.* aqua fortis
skedvis by the spoonful
skeende [ʃ-] *s6* course of events
skela [ʃ-] squint (*på vänster öga* in the left eye)
skelett *s7* skeleton; *bildl. äv.* framework
skel|ning [ˣʃe:l-] squint **-ögd** *a1* squint-eyed, squinting;; *vara ~* (*äv.*) have a squint
skelört [ʃ-] greater celandine, swallowwort
1 sken [ʃ-] *s7* **1** (*ljus*) light; (*starkt äv.*) glare **2** (*falskt yttre*) appearance[s *pl*], semblance, guise; *~et bedrar* appearances are deceptive; *han har ~et emot sig* appearances are against him; *hålla ~et uppe* keep up appearances; *ge sig ~ av att vara* make a show of being; *under ~ av vänskap* under the semblance (cloak) of friendship
2 sken [ʃ-] *n* (*vilt lopp*) bolting; *falla i ~* bolt
3 sken *imperf. av skina*
1 skena [ʃ-] *v1* bolt, run away; *en ~nde häst* a runaway horse
2 skena [ʃ-] *s1* bar, band; (*järnvägs-*) rail; *med.* splint
sken|anfall [ʃ-] feigned attack; *mil. äv.* diversion **-bar** *a1* apparent, seeming **-barligen** [-a:-] obviously **-bart** [-a:-] *adv* apparently, seemingly
skenben [ʃ-] *anat.* shinbone, tibia
sken|bild [ʃ-] phantom, distorted picture **-död I** *a1* apparently dead **II** *s2* apparent death **-frukt**

pseudocarp, false fruit **-helig** hypocritical, canting **-helighet** hypocrisy, cant **-köp** sham (mock) purchase **-liv** semblance of life **-manöver** diversion, feint

skenskarv *järnv.* rail joint

skepnad [ˣʃe:p-] *s3* **1** (*gestalt*) figure; shape, guise **2** (*spöke*) phantom

skepp [ʃ-] *s7* **1** (*fartyg*) ship; vessel, craft; *bränna sina* ~ (*bildl.*) burn one's boats **2** *arkit.* nave; (*sido-*) aisle **3** *boktr.* galley **skeppa** ship

skeppar|e [ʃ-] master; skipper **-brev** master's certificate **-historia** sailor's yarn **-krans** Newgate fringe (frill)

skeppning [ʃ-] shipping, shipment

skepps|brott shipwreck; *lida* ~ be shipwrecked **-bruten** shipwrecked; *bildl.* derelict **-byggare** shipbuilder **-byggnad** shipbuilding **-byggnadskonst** shipbuilding engineering, naval architecture **-båt** ship's boat, launch **-dagbok** ship's log[book] **-docka** dock **-gosse** ship's boy; (*kajutvakt*) cabin boy **-handlare** ship chandler, marine-store dealer **-handlingar** ship's papers **-katt** ship's cat; (*straffredskap*) cat-o'-nine-tails **-klarerare** shipping agent, shipbroker **-klocka** ship's bell, watch bell **-kock** ship's cook **-kök** caboose **-last** cargo, shipload **-läkare** ship's doctor **-mask** shipworm **-mäklare** shipbroker **-papper** *pl* ship's papers (documents) **-präst** chaplain **-redare** shipowner **-skorpa** hardtack, ship's (sea) biscuit **-sättning** *arkeol.* ship barrow (tumulus) **-varv** shipyard, shipbuilding yard

skep|sis ['skepp-] *s2*, **-ticism** scepticism **-tiker** ['skepp-] sceptic **-tisk** ['skepp-] *a5* sceptic[al]

sket [ʃ-] *imperf. av skita*

sketch [sketʃ] *s3* sketch

skev [ʃ-] *a1* warped; *bildl.* wry; distorted (*uppfattning om* notion of) **skeva 1** (*vara skev*) warp; (*vinda*) squint **2** (*ställa snett*) slope, slant; *flyg.* bank; ~ *en åra* feather an oar **skevning** [-e:-] warping; *flyg.* bank[ing] **skevningsroder** aileron **skevt** [-e:-] *adv* askew

skick [ʃ-] *s7* **1** (*tillstånd*) condition, state; *i befintligt* ~ with all faults, in condition as presented; *i färdigt* ~ in a finished state; *i gott* ~ in good condition (repair, order); *i oförändrat* ~ unchanged, unaltered; *i oskadat* ~ (*hand.*) intact, in good condition; *försätta ur stridbart* ~ put out of action **2** *sätta ngt i* ~ *igen* put s.th. in order again **3** *se bruk 2, sed* **4** (*uppträdande*) manners (*pl*), behaviour; *är det* ~ *och fason det?* do you call that good form?

skicka [ʃ-] **1** (*sända*) send (*efter* for; *med* by; *till* to); dispatch; remit (*pengar* money); ~ *polisen på ngn* set the police on [to] s.b.; *vill du* ~ *mig brödet?* will you pass me the bread, please?; ~ *bort* send away, dismiss; ~ *i förväg* send on before (ahead); ~ *hit* send here, send to me (us); ~ *med* send [... with him (*etc.*)], (*bifoga*) enclose; ~ *omkring* circulate, (*cirkulär*) circularize; ~ *tillbaka* send back, return; ~ *vidare* send on (forward) **2** *rfl* (*uppföra sig*) behave [o.s.] **skickad** *a5* (*lämpad*) fitted, qualified (*för* for)

skickelse [ʃ-] **1** (*bestämmelse*) decree, ordinance; *ödets* ~ [the decree of] Fate, destiny; *genom en försynens* ~ by an act of providence, providentially **2** (*skepnad*) apparition **-diger** fateful, eventful

skicklig [ʃ-] *a1* skilful, clever; good (*i* at); (*duglig*) able, capable; (*händig*) dexterous; *en* ~ *arbetare* an able (a capable) workman **-het** skill, skilfulness, cleverness; ability, capability; dexterity

1 skida [ʃ-] *s1* **1** *bot.* siliqua **2** (*slida*) sheath, scabbard; *sticka svärdet i* ~*n* sheathe one's sword

2 skid|a [ʃ-] *s1* (*snö-*) ski; *åka -or* ski, go skiing

skid|backe ski slope **-bindning** ski binding (strap) **-byxor** ski[ing] trousers **-dräkt** ski (skiing) suit **-färd** skiing tour **-före** *bra* ~ good skiing surface **-lift** ski lift **-lärare** ski instructor **-löpare** skier **-löpning** cross-country skiing **-pjäxa** ski[ing] boot **-skytte** biathlon **-spets** ski tip **-sport** skiing **-spår** ski track **-stav** ski stick (pole) **-terräng** skiing country **-tävling** skiing competition, ski race **-utrustning** skiing equipment (outfit) **-valla** ski wax **-åkare** skier **-åkning** skiing

skiffer ['ʃiff-] *s2* slate; schist; (*ler-*) shale; (*som vara*) slating; *täcka med* ~ slate **-olja** shale oil **-grå** slate-gray **-tak** slate (slated) roof

skiffrig [ˣʃiff-] *a1* slaty

skift [ʃ-] *s7* (*arbetsomgång*) shift; turn; (*arbetslag*) shift, gang; *i* ~ in shifts **skifta 1** (*fördela*) divide (*arv* an inheritance); ~ *boet* distribute the estate **2** (*utbyta*) exchange (*hugg* blows); (*byta*) change; ~ *gestalt* shift form; ~ *ord med* bandy (exchange) words with **3** (*förändra sig*) shift, change; (*omväxla* [*med varandra*]) alternate; ~ *i grönt* be shot (tinged) with green

skift|ande [ʃ-] *a4* changing, varied; eventful (*liv* life); *med* ~ *innehåll* with a varied content **-arbete** shift work

skifte [ʃ-] *s6* **1** (*fördelning*) distribution, division (*av arv* of an inheritance) **2** (*jorddelning*) parcelling[-out]; (*jordområde*) parcel, field **3** (*växling*) vicissitude; (*ombyte*) change, turn; *i livets alla* ~*n* in the ups and downs of life

skiftes|bruk rotation farming **-rik** eventful, chequered **-vis** by turns, alternately

skift|ning [ʃ-] 1 (*förändring*) change; (*nyans*) nuance, shade, tinge; *inte en* ~ *i hans ansiktsuttryck* not the slightest change in his expression; *med en* ~ *i grönt* with a tinge of green **-nyckel** adjustable spanner; *AE.* [monkey] wrench

skikt [ʃ-] *s7* layer; (*tunt*) film; *geol.* stratum (*pl* strata); *bildl.* layer, stratum **skikta** stratify

skild [ʃ-] *a1* **1** (*olika*) separate; different, divers; *vitt* ~*a intressen* widely differing interests; *gå* ~*a vägar* (*bildl.*) go separate ways **2** (*från-*) divorced

skildr|a [ʃ-] describe, depict; (*förlopp*) relate **-ing** description; relation, account

skilj|a [ʃ-] *v2* **1** (*från-*) separate, part (*från* from); (*hugga av*) sever (*huvudet från bålen* the head from the body); (*sortera*) sort out (*renar* reindeer); ~ *agnarna från vetet* sift the wheat from the chaff; ~ *ngn från ett ämbete* dismiss s.b. from his office **2** (*åt-*) divide; (*ngt sammanhörande*) disunite, disconnect; *pers. äv.* separate, part; divorce (*äkta makar* married people) **3** ~ *mellan* (*på*) distinguish between; ~ *mellan höger och vänster* know the difference between right and left; *jag kan inte* ~ *dem från varandra* I cannot tell

S

them apart **4** *rfl* part (*från* with); ~ *sig* divorce (*från sin make* one's husband); ~ *sig från mängden* stand out in a crowd; ~ *sig med heder från sin uppgift* acquit o.s. creditably of one's task

skiljaktig [ʃ-] *a1* different; ~ *mening* divergent opinion **-het** difference; disparity (*i åsikter* of opinions)

skilj|as [ʃ-] *v2, dep* part (*från* from, with); (*om äkta makar*) divorce, be divorced; *här skils våra vägar* this is where our ways part **-bar** *a1* separable

skilje|dom *s2* arbitration; award **-domare** arbitrator **-domsförfarande** arbitral (arbitration) procedure **-domstol** court of arbitration; *Internationella ~en i Haag* Permanent Court of Arbitration, the Hague Tribunal **-mur** partition [wall]; barrier (*äv. bildl.*) **-mynt** change, [small] coin **-nämnd** arbitration board **-tecken** *språkv.* punctuation mark **-väg** crossroad; *vid ~en* at the crossroads (*pl*)

skillingtryck [ʃ-] chapbook

skillnad [ʃ-] *s3* difference (*i* in; *på* between); (*avvikelse*) distinction, divergence; *det är det som gör ~en* that's what makes all the difference; *göra ~ på* make a distinction between, treat ... differently; *till ~ från* in contrast to, unlike

skilsmässa [ʃ-] **1** (*äktenskapsskillnad*) divorce; *ta ut ~* sue (apply) for a divorce **2** (*uppbrott*) separation; parting (*från* with); *kyrkans ~ från staten* the disestablishment of the Church

skilsmässo|ansökan petition for divorce **-barn** child of divorced parents **-orsak** grounds (*pl*) for divorce **-process** divorce suit (proceedings *pl*)

skiltvakt [ʃ-] *s3* sentry

skimmel [ˈʃimm-] *s2* roan

skimmer [ˈʃimm-] *s7* shimmer, gleam; (*glans*) lustre; *sprida ett löjets ~ över* throw an air of ridicule over **skimra** shimmer, gleam

skin|a [ʃ-] *sken -it* shine; (*stråla*) beam; *solen -er* the sun is shining; ~ *av välmåga* glow with wellbeing; ~ *igenom* show through; *han sken upp* he brightened up; *han är ett klart ~nde ljus* he is a shining light

skingra [ʃ-] disperse; scatter; (*förjaga*) dispel; ~ *ngns bekymmer* banish (drive away) a p.'s cares; ~ *tankarna* divert one's mind (thoughts); ~ *ngns tvivel* dispel a p.'s doubts **skingras** *dep* disperse, be dispersed (scattered); *folkmassan ~des* the crowd dispersed **skingringsförbud** *jur.* injunction against alienation (sale) of property

skinit *sup. av skina*

skinka [ʃ-] *s1* **1** (*rimmad*) ham; (*färsk*) pork; *bräckt ~* fried ham; *kokt ~* ham **2** (*kroppsdel*) buttock

skinn [ʃ-] *s7* **1** (*hud*) skin; (*päls*) fur, pelt; (*fäll*) fell; (*läder*) leather; *hudar och ~* hides and skins; *kylan biter i ~et* the cold is biting (piercing); *inte sälja ~et förrän björnen är skjuten* don't count your chickens before they are hatched; *Gyllene ~et* the Golden Fleece; *ha ~ på näsan* (*bildl.*) have a will (mind) of one's own; *hålla sig i ~et* (*bildl.*) control o.s., keep within bounds, behave o.s.; *vara bara ~ och ben* be nothing but skin and bone **2** (*på mjölk e.d.*) film, skin

skinn|a *bildl.* skin, fleece (*ngn på* s.b. of) **-band** leather binding; [*bunden*] *i ~* leather-bound **-beredning** dressing of fur skins **-byxor** *pl* leather breeches **-fodrad** [-ɑ:-] *a5* lined with leather **-jacka** leather jacket **-klädd** leather-covered **-knutte** *s2* rocker, leather jacket **-krage** fur collar **-mössa** leather cap **-- och benfri** skinned and boned (*ansjovis* anchovy) **-rygg** *bokb.* leather back **-soffa** leather-covered sofa **-torr** skinny, dry as a bone **-varor** *pl* skins, furs, leather articles

skioptikon [skiˈåpp-, ʃi-] *s7* magic lantern; slide projector **-bild** slide

skipa [ʃ-] ~ *rättvisa* do justice; ~ *lag och rätt* administer justice

skippa (*slopa*) skip

skir [ʃ-] *a1* **1** (*florstunn*) gossamer; *bildl.* ethereal **2** (*klar*) clear (*honung* honey) **skira** melt (*smör* butter)

skiss *s3* sketch, outline (*till* of) **-artad** [-a:r-] *a5* sketchy **-block** sketchblock **-bok** sketchbook **-era** sketch [out], draw up outline

skit [ʃ-] *s2, vard.* shit **skita** *sket -it, vard.* shit; *det skall du ~ i* (*bildl.*) that's none of your bloody business; *det -er jag i* to hell with it **skitig** *a1, vard.* dirty **skitit** *sup. av skita* **skitsnack** *sl.* crap, bull-shit] **-viktig** uppity

skiv|a [ʃ-] **I** *s1* **1** plate, slab; (*rund*) disc, disk; (*bords- etc.*) top; (*tunt lager*) flake, lamina **2** (*grammofon-*) record; (*skuren ~*) slice; *spela in en ~* cut a record, make a gramophone recording **3** (*fest*) party **4** *klara ~n* (*bildl.*) manage it (the job), bring it off **II** *v1* slice, cut in slices **-broms** disc brake **-bytare** record changer **-formig** [-å-] *a1* disc-shaped **-ling** [-i:v-] *bot.* agaric **-minne** *data.* disk memory **-pratare** disc jockey **-rem** pulley belt **-samlare** discophil[e] **-samling** collection of records **-spelare** record-player **-stång** disc bar **-tallrik** (*på grammofon*) turntable

skjort|a [ˣʃo:r-, ˣʃorr-] *s1* shirt **-blus** shirt blouse **-bröst** shirt front **-linning** neckband **-ärm** shirtsleeve; *gå i ~arna* be in one's shirtsleeves; *kavla upp ~arna* roll up one's shirtsleeves

skjul [ʃu:l] *s7* shed, hovel

skjut|a [ʃ-] *sköt -it* **I 1** (*med -vapen*) shoot; (*av lossa*) fire (*ett skott* a shot); ~ *bra* shoot well, be a good shot; ~ *skarpt* shoot with live cartridges ~ *efter* shoot at; ~ *till måls* practise target-shooting; ~ *över målet* overshoot the mark; ~ *på* (*uppskjuta*) put off, postpone; *hennes ögon sköt blixtar* her eyes flashed **2** (*förflytta*) push, shove move (*undan* away); (*i bollspel*) shoot (*i mål* a goal); ~ *en båt i sjön* launch a boat **3** ~ *knopp* bud; ~ *skott* sprout; ~ *som svampar ur jorden* spring up like mushrooms; ~ *i höjden a*) (*växa*) shoot up, grow tall, *b*) (*om priser*) soar [up] **II** (*med betonad partikel*) **1** ~ *fram* push (move) forward, (*om föremål*) project, stand out, (*ila*) dash (dart) forward **2** ~ *för* push to (shoot) (*en regel* a bolt) **3** ~ *ifrån* push (shove) off; ~ *ifrån sig* push (shove) away, *bildl.* shift off **4** ~ *igen* shut, close **5** ~ *ihjäl* shoot dead **6** ~ *in sig* (*med -vapen*) find the range **7** ~ *ner* push down, lower (*döda*) shoot down, (*flygplan*) shoot (bring

down **8** ~ *på* push **9** ~ *till a*) *se* ~ *igen*, b) (*bidraga med*) contribute **10** ~ *upp a*) (*om växter*) shoot up, *bildl.* put off, postpone, *b*) (*raket*) launch **11** ~ *ut* push (shove) out, (*båt*) launch, (*om föremål*) project, protrude
skjut|bana shooting range; *mil.* rifle range **-bar** *a1* sliding **-dörr** sliding door **-fält** range **-fönster** sash (sliding) window **-galen** trigger-happy
skjut|it *sup. av skjuta* **-järn** gun **-järnsjournalistik** hard-hitting journalism, rapid-fire interviewing **-lucka** sliding shutter **-läge** shooting position **-mått** vernier calliper
skjutning [ˣʃu:t-] shooting, firing; *mil.* fire
skjuts [ʃuss, ʃutts] *s2* **1** (*-ning*) conveyance; *få* ~ get a lift; *ge ngn* ~ give s.b. a lift **2** (*förspänt åkdon*) [horse and] carriage
skjuts|a [ˣʃussa, ˣʃuttsa] drive, take **-håll** stage; (*-station*) relay, station **-häst** post horse
skjut|skicklighet markmanship, skill in shooting **-tävling** shooting competition (match) **-vapen** firearm **-övning** shooting practice
skjuv|a [ˣʃu:-] *tekn.* shear **-ning** shearing
sklero|s [-'rå:s] *s3* sclerosis **-tisk** [-'rå:-] *a5* sclerotic
sko I *s5* shoe; (*grövre*) boot; *det är där ~n klämmer* (*bildl.*) that is where the shoe pinches **II** *v4* **1** (*häst*) shoe **2** (*med beslag*) mount; (*kanta*) line **3** *rfl* line one's pocket (*på ngns bekostnad* at a p.'s expense) **-affär** shoe shop **-block** shoetree **-borste** shoebrush **-borstning** [-å-] shoecleaning; *AE.* shoeshining
skock [å-] *s2* crowd, herd **skocka** *rfl* crowd (cluster) [together], gather together; (*om djur äv.*) flock [together]
sko|dd *a5* shod; (*kantad*) lined **-don** *pl* shoes, footwear (*sg*) **-fabrik** shoe factory
skog *s2* wood[s *pl*]; (*större*) forest; *plantera* ~ afforest; ~ *på rot* standing forest (timber); *fälla* ~ cut (fell) timber (trees); *det går åt ~en* it is all going wrong (to pieces); *i ~ och mark* in woods and fields, (*friare*) in the countryside, out in the country; *dra åt ~en!* go to blazes!, (*starkare*) go to hell!; *inte se ~en för bara träd* not see the wood for the trees **-bevuxen** wooded, forested, forest-clad **-fattig** poorly wooded
skogig *a1* wooded, woody **skoglig** [-ɷ:-] *a1* forestry, silvicultural **skogrik** well-wooded, well-forested, rich in forests (woods)
skogs|arbetare wood[s]man, lumberjack **-areal** forest[ed] area **-avverkning** felling; *AE.* logging, lumbering **-backe** wooded hillside **-brand** forest fire; *fara för* ~ danger of forest fire **-bruk** forestry, silviculture **-bruksskola** college of forestry **-bryn** edge of a (the) wood **-bygd** woodland **-bälte** forest belt **-dunge** grove; (*mindre*) copse **-duva** stock dove **-forskning** forestry research **-fågel** forest bird; *koll.* grouse, black game **-gud** silvan god, faun **-hantering** forestry, forest management **-huggare** woodcutter; *AE.* lumberman, lumberjack **-högskola** college of forestry **-industri** forest industry **-mark** wooded ground **-mus** field mouse **-mård** pine marten **-nymf** wood nymph, dryad **-plantering** afforestation **-rå** wood-spirit **-skövling** deforestation, devastation of forests **-stig** forest path **-stjärna** *bot.* chickweed wintergreen **-styrelse** *~n* [the Swedish] national board of forestry **-trakt** woodland, lumberland, wooded region **-troll** woodland troll **-viol** common violet **-vård** forestry, silviculture **-väg** forest road **-äng** woodland meadow
skogvaktarboställe forester's house
skogvaktare forester, gamekeeper, forest keeper; *AE.* [forest] ranger
sko|handlare shoe (footwear) dealer **-horn** shoehorn **-hylla** shoe-rack **-industri** footwear industry
skoj [skåjj] *s7* **1** (*skämt*) joke, jest; (*fuffens*) frolic, lark; *göra ngt för ~s skull* do s.th. for the fun of it; *på* ~ for fun; *göra ~ av ngn* make fun of (poke fun at) s.b. **2** (*bedrägeri*) fraud, swindle, racket **skoja 1** (*skämta*) joke, jest, lark; ~ *med ngn* pull a p.'s leg **2** (*bedraga*) swindle, cheat **skojare 1** (*skämtare*) joker, jester; (*kanalje*) scamp **2** (*bedragare*) cheat, fraud; *AE.* racketeer **skojarfirma** swindling (bogus) firm **skojfrisk** mischievous, full of fun **skojig** *a1* funny; *jfr lustig*
sko|kartong shoebox **-kräm** shoe polish (cream)
1 skola *skulle -t, pres. skall* **I** *inf. skola*; *sup. skolat*; *han sade sig ~ bli glad om* he said that he would be glad if; *de lär ~ resa i morgon* they are said to be leaving tomorrow; *han lär ~ komma* it is thought that he will come; *han hade ~t* (*bort*) *inställa sig inför rätta i går* he should have appeared in court yesterday **II** *pres. skall, vard. ska*; *imperf. skulle* **1** (*ren framtid*) *pres.* shall (*1:a pers.*), will (*2:a o. 3:e pers.*) *imperf.*, *äv. konditionalis* should *resp.* would; *vad skall det bli av henne?* what will become of her?; *du skall få dina pengar tillbaka* you will get your money back; *jag skall aldrig glömma honom* I shall never forget him; *han och jag skall gå och bada* he and I are going swimming; *jag skall gärna hjälpa dig* I shall be pleased to help you; *han skall resa nästa vecka* he will leave (is leaving) next week; *det går nog bra skall du se* that will be all right, you'll see; *som vi snart skall få se* as we shall soon see; *vi skall träffas i morgon* we shall meet tomorrow; *jag var säker på att jag inte skulle glömma det* I was sure I should not forget it; *jag skulle gärna hjälpa dig om jag kunde* I should be pleased to help you if I could; *jag skulle ha hunnit om jag hade givit mig av genast* I should have been in time if I had started at once; *vad skulle hända om vi blev upptäckta?* what would happen if we were found out?; *han trodde inte att jag skulle lyckas* he didn't think I should succeed; *skulle han känna igen henne nu om han såg henne?* would he recognize her now if he saw her?; *i ditt ställe skulle jag ha stannat hemma* in your place I should have stayed at home; *det skulle jag inte tro* I shouldn't think so; *jag frågade om han skulle vara närvarande* I asked if he would be present; *de visste att de alltid skulle vara välkomna* they knew they would always be welcome; *skulle du vilja ha en kopp kaffe?* would you like a cup of coffee?; *jag skulle vilja visa dig* I should (would) like to show you **2** (*om ngt nära förestående el. avsett*) *pres.* am (*etc.*) going to; am (*etc.*) + *ing-form*; *imperf.* was (*etc.*) going to, was (*etc.*) + *ing-form*; *vi skall*

börja snart we are going to start (are starting) soon; *jag skall gå och bada i eftermiddag* I am going swimming (to swim) this afternoon; *just som tåget skulle gå* just as the train was going to leave (was leaving); *han skulle just resa när jag kom* he was about to leave when I arrived; *hon sade att hon skulle resa till Paris* she said she was going to Paris; *vi skulle just sätta oss till bords* we were just going to sit down to dinner (lunch *etc.*) **3** (*egen vilja*) will *resp.* would; (*annans vilja*) shall *resp.* should; (*efter tell, want m.fl.*) *inf.-konstr.*; *jag skulle hellre dö än* I would rather die than; *vi skall väl fara, eller hur?* we will go, won't we?; *jag skulle ge vad som helst för att få se* I would give anything to see; *jag skall göra det åt dig* I will do it for you; *jag lovade ju att jag skulle göra det* I did promise that I would do it; *vad skall du med alla pennorna till?* what do you want with all those pens?; *jag skall ta med mig några skivor* I will bring some records; *jag skulle önska jag var död!* I would I were dead!; *du skall få så många du vill* you shall have as many as you want; *vad skall det här föreställa?* what is this supposed to be?; *skall vi gå på bio?* what about going (shall we go) to the cinema?; *vad vill du att jag skall göra?* what do you want me to do?; *de vill att vi skall komma* they want us to come; *de bad oss att vi skulle komma* they asked us to come; *du skall rätta dig efter vad jag säger* you are to do as I tell you; *det skall han få sota för* he shall smart (pay) for that; *du skall icke stjäla* (*bibl.*) thou shalt not steal; *han frågar om han skall ta sin bror med* he asks if he shall (should) bring his brother; *jag skulle inte få tala om det för dig* I was not supposed to tell you; *vad skall det tjäna till?* what is the use of that?; *jag vet inte vad jag skall tro* I don't know what to think; *jag lovar att det inte skall upprepas* I promise that it shall not happen again; *han gör det för att det skall så vara* he does it because that's how it is supposed to be; *skall det vara så skall det vara* one may as well do the thing properly or not at all; *skall jag öppna fönstret?* shall I open the window? **4** (*förutbestämt*) *pres.* am (*etc.*) to; *imperf.* was (*etc.*) to; *han skulle bli borta i många år* he was to be away for many years; *planet skall komma kl. 6* the plane is due at 6; *när skall jag vara tillbaka?* when am I to be back?; *de skulle aldrig återse varandra* they were never to see each other again **5** (*pres. bör, imperf. borde*) should, ought to; (*måste*) must, have (*imperf.* had) [got] to; *du skulle gå på den utställningen* you should go to that exhibition; *du skulle ha sett honom* you should have seen him; *jag vet inte vad jag skall ta mig till* I don't know what to do; *du skall inte tala illa om honom* you should not speak ill of him; *jag skulle ha varit försiktigare* I should (ought to) have been more careful; *vi skall alla dö* we must all die; *jag skall gå nu* (*jfr II 1, 2 o. 3*) I must go now; *du skall inte hålla boken för nära ögonen* you must not hold the book too close to your eyes; *att ni alltid skall gräla!* why must you always quarrel!; *naturligtvis skulle det hända just mig* of course it would happen to me of all people; *han skall då alltid klaga* he is always complaining, he must always complain; *det skall vara en läkare som skall kunna se det* it needs a doctor to (only a doctor can) see that **6** (*sägs, lär*) *pres.* am (*etc.*) said to; *imperf.* was (*etc.*) said to; *skulle det verkligen förhålla sig så?* I wonder if that is really the case?; *det skall vara ett bra märke* it is said to be a good make; *han skall vara mycket rik* he is supposed to be very rich; *det sägs att han skall vara rik* they say he is rich **7** (*retoriskt*) should; *varför skulle någon frukta honom?* why should anybody be afraid of him?; *vem skulle han träffa på om inte sin egen syster* whom should he meet but his own sister?; *hur skall jag kunna veta det?* how should I know? **8** (*i vissa bisatser*) should; *att det skulle gå därhän!* that it should have come to this!; *om vi skulle missa tåget får vi ta taxi* if we should (were to) miss the train we must take a taxi; *om han skall kunna räddas måste något göras snart* if he is to be saved something must be done soon; *de gick närmare så att de skulle se bättre* they went closer so that they should see better; *om vi skulle ta en promenad?* what (how) about going for a walk?; *det är synd att det skall vara så kallt* it is a pity that it should be so cold; *jag är ledsen att det skall vara nödvändigt* I am sorry that this should be necessary; *hon gick tyst så att hon inte skulle väcka honom* she walked quietly so that she should (might) not wake him **9** (*annan konstr.*) *vad skall det betyda?* what is the meaning of that?; *vi väntade på att någon skulle komma* we were waiting for s.b. to come; *det är för kallt för att någon skall kunna gå ut* it is too cold for anyone to go out; *det var för dåligt väder för att tävlingen skulle kunna äga rum* the weather was too bad for the race to take place; *vad skall jag med det till?* what am I to do with that?; *det skall du säga som aldrig har försökt!* that's easy for you to say who have never tried!; *jag längtar efter att dagen skall ta slut* I am longing for the day to come to an end; *han skall naturligtvis tränga sig före!* of course, he would push in front!; *du skulle bara våga!* just you dare! **10** (*med betonad partikel*) *jag skall av här* I'm getting (*t. konduktör:* I want to get) off here; *jag skall bort* (*hem, ut*) I'm going out (home, out); *jag skall in på posten* I'm going to call in at the post office; *jag skall iväg nu* I must be off (be going) now; *det skall mycket till för att hon skall ändra på sig* it takes a lot to make her change; *det skall så litet till för att glädja henne* it takes so little to make her happy

2 skol|a I *s1* school; *~n* (*undervisningen*) school, (*-byggnaden*) the school; *gå i ~n* go to school; *vara i ~n* be in (at) school; *sluta ~n* leave school; *när ~n slutar* (*för dagen*) when school is over for the day, (*för terminen*) when school breaks up; *bilda ~* found a school; *den högre ~n* (*ridk.*) haute école; *ta sin mats ur ~n* back out **II** *v1* **1** school, teach, train **2** (*omplantera*) transplant

skol|ad *a5* trained, educated; cultivated (*röst*) voice) **-arbete** schoolwork

skolast|ik *s3* scholasticism **-iker** [-'lass-] scholastic **-isk** [-'lass-] *a5* scholastic

skolat *sup. av 1 skola*

skol|atlas school atlas **-avgift** school fees (*pl*) **-avslutning** breaking-up; *AE.* commencement **-barn** schoolchild **-bespisning** school meal service **-betyg** school report **-bildning** schooling, education **-bok** schoolbook, textbook **-bänk**

desk; *sitta på ~en* (*bildl.*) be at school **-dag** schoolday **-direktion** local education authority **-exempel** object lesson, typical example **-fartyg** training ship **-ferier** *pl* [school] holidays (vacation *sg*) **-flicka** schoolgirl **-flygning** training flight **-flygplan** trainer, training aircraft **-frukost** school lunch **-fröken** schoolmistress **-gång** *s2* school attendance, schooling **-gård** playground, school yard **-hem 1** boarding school **2** reform school **-inspektör** schools inspector

skolk [-å-] *s7* truancy, nonattendance **skolka** shirk; *skol.* play truant (*vard.* hookey)

skol|kamrat schoolfellow, schoolmate; (*vän*) schoolfriend; *vi var ~er* we were at school together **-klass** [school] class **-kunskaper** *pl* knowledge (*sg*) acquired at school; schooling (*sg*) **-kurator** *BE.* educational welfare officer, *AE.* attendance officer **-kök** (*ämne*) domestic science; (*lokal*) school kitchen **-kökslärarinna** domestic science teacher; *AE.* home economics teacher

skolla [-å-] *se skålla*

skol|leda school fatigue **-ljus** shining light at school **-lov** [-å:v] *s7* holiday[s *pl*] **-lovskoloni** holiday camp **-lunch** school dinner **-läkare** school doctor **-lärare** schoolmaster, schoolteacher **-lärarinna** schoolmistress, schoolteacher **-materiel** school materials (supplies) **-matsal** [school] canteen **-mogen** ready to start school **-mognadsprov** test of readiness for school attendance **-måltid** school dinner (meal) **-mästaraktig** pedantic **-ning** [-o:-] training, schooling, education **-plikt** compulsory school attendance **-pliktig** of school age **-pojke** schoolboy **-psykolog** educational (school) psychologist **-radio** school radio; broadcasting for schools **-reform** school (educational) reform **-resa** school trip; (*kortare*) outing **-ridning** manège riding, haute école **-ryttare** equestrian, manège rider **-sal** classroom **-sjuk** *vara ~* feign illness to avoid going to school **-skepp** training ship **-skjuts** school transport **-skrivning** written test **-sköterska** schoolnurse **-styrelse** local education board **-tandvård** school dental service **-television** school television **-tid** (*tid på dagen*) schoolhours (*pl*); (*period då man går i -an*) schooldays (*pl*) **-underbyggnad** [educational] grounding, [previous] schooling **-undervisning** school teaching, schooling **-ungdom** school children (*pl*) **-vaktmästare** school caretaker, *AE.* school custodian **-väg** way to school **-vägran** refusal to attend school **-värd[inna]** school help **-väsen** educational system **-väska** schoolbag; satchel **-ålder** school age **-år** school year; (*-tid*) schooldays (*pl*) **-överstyrelse** *~n* the [Swedish] national board of education

skomak|are shoemaker; shoe-repairer **-eri** shoemaker's workshop

skona spare; *~ ögonen* save one's eyes; *~ sin hälsa* take care of one's health; *~ sig* spare o.s.

skonare *s9*, **skonert** [-'närt, 'sko:-] *s3, pl äv. -ar* ['sko:-] *sjö.* schooner

skoning (*doppsko*) ferrule; (*fåll*) false hem

skon|ingslös unsparing; merciless **-sam** *a1* (*mild*) lenient; (*överseende*) indulgent; (*fördragsam*) forebearing **-samhet** leniency; indulgence; forebearance

skonummer size in shoes

skopa *s1* scoop, dipper; *sjö.* bailer; (*på grävmaskin e.d.*) bucket, ladle; *en ~ ovett* a good telling-off

skopolamin *s4, kem.* scopolamine

sko|putsare bootblack, shoeblack; *AE.* shoeshine [boy] **-putsning** cleaning (polishing) of shoes; *AE.* shoeshining **-reparation** shoe repair **-rem** shoelace

skorpa [-å-] *s1* **1** (*hårdnad yta*) crust; (*sår-*) scab **2** (*bakverk*) rusk

skorpion [-å-'o:n] *s3* scorpion

skorp|mjöl, -smulor *pl* golden breadcrumbs

skorr|a [-å-] **1** (*rulla på r-et*) speak with a burr, burr **2** (*låta illa*) grate, jar **-ande** *a4* burred (*r* r) **-ning 1** burr **2** jarring sound

skorsten [ˣskårr-] *s2* chimney; (*på fartyg, lok*) funnel; (*fabriks-*) smokestack

skorstens|eld chimney fire **-fejare** chimney sweep (sweeper) **-mur** chimney breast **-pipa** chimneypot

1 skorv [-å-] *s2* (*gammalt fartyg*) old tub

2 skorv [-å-] *s2, med., bot.* scurf

skorvig [-å-] *a1* scurfy

sko|skav *s7, ej pl* chafed feet (*pl*) **-smörja** *se skokräm* **-snöre** shoelace, shoestring **-spänne** shoe buckle **-sula** sole [of a shoe] **-svärta** shoeblacking

skot *s7, sjö.* sheet **skota** sheet (*hem* home)

skoter ['sko:-] *s2* [motor] scooter

skotillverkning shoe manufacture

skotsk [-å-] *a1* Scotch; (*i Skottl.*) Scottish, Scots; *S~a högländerna* the [Scottish] Highlands **skotska** *s1* **1** (*språk*) Scotch, Scottish; (*i Skottl.*) Scots **2** (*kvinna*) Scotchwoman, Scotswoman

skott [-å-] *s7* **1** (*gevärs- etc.*; *sport.*) shot; (*laddning*) charge; *ett ~ föll* a shot was fired; *jag kommer som ett ~* I'll come like a shot **2** *bot.* shoot, sprout; *skjuta ~* sprout **3** *sjö.* bulkhead; *vattentätt ~* watertight bulkhead

skotta [-å-] shovel (*snö* away the snow); *~ igen* fill in (*en grav* a grave)

skottavla (*särskr. skott-tavla*) target; *vara ~ för* (*bildl.*) be the butt of

skottdag [-å-] leap day, intercalary day

skott|e [-å-] *s2* **1** Scotchman; (*i Skottl.*) Scot, Scotsman; *-arna* (*koll.*) the Scotch (Scots) **2** (*hund*) Scottish terrier

skott|fri 1 *se skottsäker* **2** (*obeskjuten*) shot-free; *gå ~* (*bildl.*) go scot-free **-fält** field of fire **-glugg** loophole; (*för kanon*) embrasure; *komma i ~en* (*bildl.*) come under fire **-hål** bullet hole **-håll** range; *inom* (*utom*) *~* within (out of) range (*för* of) **-kärra** wheelbarrow

Skottland ['skått-] *n* Scotland

skott|linje line of fire **-lossning** firing, discharge **-pengar** *pl* bounty (*sg*) **-rädd** gun-shy **-salva** round, volley **-skada** (*på sak*) damage caused by gunshot; *jfr -sår* **-spole** shuttle **-sår** gunshot wound **-säker** bulletproof **-tavla** *se skottavla* **-vidd** range of fire **-växling** exchange of shots; (*-lossning*) firing, shooting **-år** leap year

skovel ['skåvv-, 'skå:-] *s2* **1** (*redskap*) shovel, scoop **2** (*på vattenhjul, mudderverk etc.*) bucket;

S

(*på ångturbin*) blade **skovelhjul** paddle wheel; (*på ångturbin*) blade wheel **skovla** shovel
skraffera *konst.* hatch
skraj [-ajj] *a1, vard., vara ~* have the wind up, be in a [blue] funk (*för* about), *AE.* have the jitters
skrake *s2, zool.* merganser
skral *a1* **1** (*underhaltig*) poor, inferior; (*krasslig*) poorly, seedy; *AE. vard.* mean **2** *sjö., vinden är ~* the wind is slight (scant) **skralt** [-a:-] *adv* badly **skraltig** [ˣskrall-] *a1, se skral 1*
skramla I *s1* rattle **II** *v1* **1** rattle, clatter **2** *vard.* club together (*till* for) **skramlig** *a1* rattly **skrammel** ['skramm-] *s7* (*-lande*) rattling *etc.*; (*ett ~*) rattle, clatter, clank
skranglig *a1* **1** (*gänglig*) lank; (*om pers. äv.*) loose-limbed **2** (*ranglig*) rickety (*stege* ladder)
skrank *s7* barrier, railing; (*domstols-*) bar **skrank|a** *s1* barrier; *-or* (*bildl.*) limits, restraints, bounds; *sociala -or* social barriers
skrap *s7, se skrapning*
skrap|a I *s1* **1** (*redskap*) scraper, rake **2** (*skråma*) scratch **3** (*tillrättavisning*) scolding; *få en ordentlig ~* get a good rating **II** *v1* scrape; (*om katt, penna*) scratch; *~ med fötterna* scrape one's feet; (*om häst e.d.*) paw [the ground]; *~ ihop pengar* scrape together money; *~ sig på knät* graze [the skin off] one's knee **-ning** [-a:-] **1** scraping *etc.*; (*en ~*) scrape **2** *med.* curettage **-nos** (*spel*) spillikins (*pl*)
skratt *s7* laughter; (*ett ~*) laugh; *brista i ~* burst out laughing; *vara full av* (*i*) *~* be bursting (ready to burst) with laughter; *få sig ett gott ~* have a good laugh; *ett gott ~ förlänger livet* mirth prolongeth life and causeth health
skratta laugh (*åt* at); *det är ingenting att ~ åt* it is no laughing matter; *~ ngn rakt upp i ansiktet* laugh in a p.'s face; *~r bäst som ~r sist* he laughs best who laughs longest; *~ till* give a laugh; *~ ut a*) (*förlöjliga*) laugh at, turn to ridicule, *b*) (*~ ordentligt*) have a good laugh; *~ sig fördärvad åt* split one's sides laughing at
skratt|are laugher; *få -arna på sin sida* have the laugh on one's side **-grop** dimple **-muskel** risible muscle **-mås** black-headed gull **-paroxysm** fit of laughter **-retande** *a4* laughable, droll; (*löjlig*) ridiculous **-salva** burst (roar) of laughter **-spegel** distorting mirror
1 skred *imperf. av skrida*
2 skred *s7* [land]slide, [land]slip
skrek *imperf. av skrika*
1 skrev *imperf. av skriva*
2 skrev *s7* crotch, crutch
1 skreva *s1* crevice, cleft
2 skreva *v1, ~ med benen* straddle
skri *s6* **1** scream, yell, shriek; (*rop*) cry **2** (*djur-*) shriek; (*ugglas*) hoot **skria** scream *etc.*; cry out **skriande** *a4* crying (*nöd* need); flagrant (*orättvisa* injustice); glaring (*missbruk* abuse)
skribent writer, author
skrid|a *skred -it* (*röra sig framåt*) advance [slowly], proceed; (*med stora steg*) stride; (*glida*) glide; *arbetet -er framåt* the work advances; *~ till huvudförhandling* (*jur.*) open the hearing; *~ till verket* set (go) to work **skridit** *sup. av skrida*
skridsko ['skrissko] *s5* skate; *åka ~r* skate, go skating **-bana** skating-rink **-is** ice for skating **-prinsessa** girl figure skater **-segel** skating sail, handsail **-segling** skate sailing **-tävling** skating competition **-åkare** skater **-åkning** skating
1 skrift *s3* **1** (*skrivande*) writing; (*skrivtecken*) [written] characters (*pl*); (*handstil*) handwriting; *i tal och ~* verbally and in writing 2 (*-alster*) paper; (*broschyr*) booklet; (*tryckalster*) publication; *samlade ~er* collected works; *den heliga ~* the Scriptures (*pl*), Holy Scripture (Writ)
2 skrift *s3* **1** (*förberedelse t. nattvardsgång*) shriving **2** *se bikt*
skrifta 1 shrive **2** confess **skriftermål** *s7* **1** (*nattvardsgång*) communion **2** (*bikt*) confession
skrift|expert handwriting expert **-lig** *a1* written; *~ bekräftelse* (*äv.*) confirmation in writing **-ligt** *adv* in writing; (*genom brev*) by letter; *ha ~ på ngt* have s.th. in black and white **-lärd** versed in the Scriptures; *bibl.* scribe **-prov** *konkr.* specimen of a p.'s handwriting **-språk** written language **-ställare** writer, author **-växling** *dipl.* exchange of notes
skrik *s7* cry (*på hjälp* for help; *av förtjusning* of delight); (*gällt*) scream, shriek, yell; (*rop*) shout; (*oväsen*) clamour (*äv. bildl.*); *bildl. äv.* outcry; *sista ~et* all the rage, the latest craze
skrik|a I *s1* jay; *mager som en ~* [as] thin as a rake **II** *skrek -it* cry out (*på hjälp* for help); shout, scream (*åt* at); (*om småbarn*) howl, squeal; *~ i himlens höjd* shout to high heaven; *~ till* cry out; *~ sig hes* shout o.s. hoarse **-hals** screamer; (*om barn*) crybaby
skrikig *a1* screaming *etc.*; (*bjärt*) glaring (*färg* colour); (*om röst*) shrill **skrikit** *sup. av skrika*
skrin *s7* box, case, casket; (*för bröd*) bin
skrinda *s1* haycart, haywagon
skrinlägga (*inställa*) relinquish; (*uppskjuta*) postpone, shelve
skrinna skate
skripta *s1* continuity girl
skritt *s3, i ~* at a walking pace **skritta** walk
skriv|a *skrev -it* **I 1** write; (*författa äv.*) compose; (*stava*) spell; *hur -er man ...?* how do you spell ...?; *han -er på en roman* he is writing a novel; *~ sitt namn* sign one's name; *~ i en tidning* write for (be a contributor to) a paper; *~ på maskin* type; *~ rent* make a fair copy of, copy out; *i ~nde stund* at the time of writing; *~ firman på sin hustru* settle one's firm on one's wife; *får ~s på hans sjukdom* must be ascribed to his illness; *han är -en Stockholm* he is registered in Stockholm; *~ ngn ngt på näsan* tax s.b. with s.th.; *~ ngn ngt till godo* put s.th. down to a p.'s credit **II** (*med betonad partikel*) **1** *~ av a*) (*kopiera*) copy, *b*) *se avskriva* **2** *~ in* enter; *~ in sig* (*på hotell*) register, *AE* check in; (*i klubb o.d.*) enrol[l] o.s. **3** *~ om* rewrite **4** *~ på a*) (*lista*) put down one's name [on] *b*) (*växel o.d.*) stand surety **5** *~ under* sign [one's name], *bildl.* subscribe (*på ngt* to s.th.) **6** *~ upp* write (note, put) down, *bokför.* write up; *~ upp ngns namn* take down a p.'s name; *~ upp på ngns konto* charge to a p.'s account **7** *~ ut a*) (*renskriva*) copy out, *b*) (*utfärda*) make (write) out (*en räkning* a bill), draw up (*ett kontrakt* a contract), *c*) (*skatter, trupper*) levy, *d*) (*~ t. slut*) fill up, *e*) (*läkemedel*) prescribe, *f*) (*från sjukhus*

discharge
skriv|arbete writing, desk work **-are** writer; scribe; *data.* printer **-biträde** clerk **-block** writing pad **-bok** *skol.* exercise book; (*för välskrivning*) copybook **-bord** desk; writing table
skrivbords|lampa desk lamp **-produkt** drawing-board product **-underlägg** *se skrivunderlägg*
skriv|byrå typewriting bureau (agency) **-don** writing materials **-else** (*brev*) letter; *jur.* writ; *polit.* address **-eri** writing; *neds.* scribbling **-fel** error (mistake) in writing; typing error; clerical error **-göromål** desk work
skriv|it *sup. av skriva* **-klåda** itch to write **-konst** art of writing; penmanship **-kramp** writer's cramp **-kunnig** able to write **-kunnighet** ability to write **-maskin** typewriter; *skriva på ~* type **-maskinsbord** typewriter (typist's) table **-maskinspapper** typing paper **-ning** [-i:v-] writing; *skol.* written examination; *rätta ~ar* mark papers, correct exercises **-papper** writing paper **-penna** [writing] pen **-pulpet** writing desk; (*hög*) writing stand **-stil** (*tryckstil*) cursive script **-ställ** writing set, inkstand **-tecken** [written] character; graphical sign **-underlägg** writing (blotting, desk) pad **-vakt** *BE.* invigilator, *AE.* proctor **-övning** writing exercise
skrock [-å-] *s7* superstition
skrocka [-å-] cluck; (*om pers.*) chuckle
skrockfull superstitious **-het** superstition, superstitiousness
skrodera swagger, bluster, brag
skrofler ['skråff-, 'skroff-] *pl* scrofula
skrot *s7* scrap; (*järn-*) scrap [iron]; *de är av samma ~ och korn* they are birds of a feather
1 skrota *sjö., vinden ~r [sig]* the wind is veering
2 skrot|a (*förvandla t. skrot*) scrap, reject; (*fartyg e.d.*) break up; *gå och ~* (*vard.*) moon about
skrot|bil junk heap **-handlare** scrap [iron] merchant, junk dealer **-hög** scrapheap **-upplag** scrap yard **-värde** scrap value
skrov [-å:-] *s7* **1** (*kropp*) body; (*djurskelett*) carcass; *få litet mat i ~et* get some food inside one **2** *sjö.* hull
skrovlig [ˣskrå:v-, ˣskråvv-] *a1* rough; (*om klippa*) rugged; (*hes*) hoarse, raucous
skrovmål [-å:v-] *få sig ett ~* have a square meal
skrubb *s2* (*utrymme*) closet, cubbyhole, boxroom
skrubb|a (*skura*) scrub; (*skrapa*) rub **-hyvel** rough (scrub) plane **-sår** graze, abrasion
skrud *s2* attire, garb **skruda** deck, dress
skrump|en *a3* shrunk[en], wrinkled **-lever** cirrhosis [of the liver] **-na** shrivel, shrink
skrupelfri [ˣskru:p-. ˣskrupp-] unscrupulous
skrupler *pl* scruples **skrupulös** *a1* scrupulous
skrutit *sup. av skryta*
skrutt *vard.* **1** *s2* (*person*) good-for-nothing **2** *n* (*sak*) rubbish **3** *du ser ut som en ~* you look awful **-ig** *a1, vard.* wretched, miserable
skruv *s2* screw; (*på fiol*) [turning] peg; *dra åt* (*lossa på*) *en ~* tighten (slacken) a screw; *högergängad ~* right-hand screw; *ha en ~ lös* have a screw loose; *det tog ~* (*bildl.*) that did it (went home)
skruv|a screw; *~ [på] sig* fidget, squirm; *~ av* (*loss*) unscrew; *~ fast* screw up (on), fasten; *~ i* screw in (on); *~ ner* lower, turn down (*gasen* the gas); *~ till* screw up (down); *~ upp* screw up, (*öppna*) unscrew, open, (*gasen*) turn up, (*priser*) push (force) up **-boll** *sport.* spin ball **-borr** helical auger **-bult** screw bolt **-gänga** screw thread **-hål** screw hole **-is** pack ice **-lock** screw lid (cap) **-mejsel** screwdriver **-mutter** nut **-nyckel** spanner, *AE.* wrench **-stycke, -städ** vice; *AE.* vise **-tving** screw clamp
skrymm|a *v2* take up [a great deal of] space; be bulky **-ande** *a4* bulky, voluminous
skrymsla *s1*, **skrymsle** *s6* corner, nook
skrymtare hypocrite, dissembler
skrynk|elfri non-creasable, creaseproof, crease-resisting **-la I** *s1* crease, wrinkle **II** *v1* crease, wrinkle; *~ ihop* (*ner, till*) crease, crumple up; *~ sig* crease, get creased (crumpled) **-lig** *a1* creased, crumpled; (*om hud*) wrinkled
skryt *s7* boast[ing], brag[ging], swaggering; *tomt ~* [an] empty (idle) boast; *säga ngt på ~* say s.th. just to show off **skryta** *skröt skrutit* boast, brag (*med, över* of); *~ med* (*äv.*) show off
skrytsam *a1* boastful, bragging **-het** boastfulness, bragging
skrå *s6* [trade] guild; livery company; (*friare*) fraternity, corporation **-anda** guild spirit; *neds.* cliquishness
skrål *s7* bawl[ing], bellow **skråla** bawl, bellow; make a noise **skrålig** *a1* bawling *etc.*; noisy
skråma *s1* scratch, cut; superficial wound
skråpuk *s2* scarecrow; repulsive mask
skrå|tvång obligation to belong to a guild **-väsen** guild system
skräck *s3* terror (*för* of, to); (*fasa*) horror; (*skrämsel*) fright, dread; (*plötslig*) scare, panic; *sätta ~ i* fill (strike) ... with terror, terrify **-bild** frightful image; *bildl.* terrifying picture **-exempel** hair-raising example **-figur** fright, bugbear **-film** horror film, bloodcurdler all **-fylld** horror-filled **-injagande** *a4* horrifying, terrifying **-kabinett** chamber of horrors **-propaganda** atrocity (terror) propaganda **-regemente** reign of terror, terrorism **-slagen** panic-stricken, horror-struck **-stämning** atmosphere of terror **-välde** terrorism **-ödla** dinosaur
skräda *v2* (*malm*) pick, separate; (*mjöl*) bolt; *inte ~ orden* not mince matters (one's words)
skräddar|e tailor **-gesäll** journeyman tailor **-krita** French chalk **-mästare** master tailor **-räkning** tailor's bill **-sydd** *a5* bespoke, tailor--made, tailored; *AE.* custom-made; *bildl.* tailor--made, custom-made, custom-built
skrädderi (*yrke*) tailoring [business]; *konkr.* tailor's shop, *AE.* tailor shop
skräll *s2* crack, bang; (*åsk-*) clap of thunder; *bildl.* crash, sensation **skrälla** *v2* **1** crack *etc.* **2** score a surprise win, win against all odds **skrällande** *a4* cracking *etc.*; *~ hosta* hacking cough; *~ högtalare* blaring loudspeaker
skrälle *s6, ett gammalt ~* (*om piano*) a cracked old piano, (*om pers.*) a decrepit old body; *ett ~ till vagn* a rickety old car
skrällig *a1, se skrällande*
skräm|ma *v2* frighten; (*plötsligt*) scare, startle; *bli -d* be frightened (scared); *låta ~ sig* be intimi-

S

dated; ~ *upp* frighten, terrify, (*fågel*) beat up; ~ *livet ur ngn* scare the life out of s.b.; *ge en ~nde bild av* give a terrifying picture of **-sel** ['skrämm-] *s9* fright, scare **-skott** warning shot; *bildl.* empty menace
skrän *s7* yell, howl **skräna** yell, howl; (*gorma*) bluster **skränfock** [-å-] *s2* blusterer, bawler **skränig** *a1* vociferous, noisy
skränka *v3, tekn.* set the teeth (*en såg* of a saw)
skräp *s7* rubbish, trash; junk; (*avskräde*) litter; *prata ~* talk nonsense; *det är bara ~ med honom* he is in a bad way **skräpa** *ligga och ~* lie about and make the room (*etc.*) [look] untidy; *~ ner* litter, *absol.* make a litter **skräphög** heap of rubbish **skräpig** *a1* untidy, littered **skräpkammare** lumber room **skräpsak** trifle, trifling matter
skrävel ['skrä:-, 'skrävv-] *s7* bragging; *vard.* bounce **skrävla** [ˣskrä:v-, ˣskrävv-] brag, bluster **skrävlare** [ˣskrä:v-, ˣskrävv-] braggart, blusterer
skröna *s1* tall tale
skröplig [ˣskrö:p-, ˣskröpp-] *a1* frail, fragile; (*orkeslös*) decrepit **-het** frailty, fragility; decrepitude
skröt *imperf. av skryta*
skubba 1 (*gnugga*) rub, chafe **2** (*springa*) be off, clear out
skudda *~ stoftet av sina fötter* shake the dust off one's feet
skuffa push, shove **skuffas** *dep* jostle
skugg|a I *s1* (*motsats ljus*) shade; (*av ngt*) shadow (*äv. bildl.*); *-or och dagrar* light and shade; *ställa i ~n* (*bildl.*) put in the shade; *en ~ av sitt forna jag* a mere shadow of one's former self **II** *v1* **1** shade **2** (*följa o. bevaka*) shadow; *vard.* tail **-bild** (*silhuett*) silhouette; *bildl.* phantom, shadow **-boxning** shadow-boxing **-ig** *a1* shady, shadowy **-kabinett** *i Storbritannien* shadow cabinet **-lik** *a5* shadowy **-liv** shadowy existence **-ning** shading; *konkr.* shade, shadow; (*övervakning*) shadowing **-sida** shady (*bildl. äv.* dark, seamy) side **-spel** shadow play
skuld *s3* **1** (*penning-*) debt; *ha stora ~er* be heavily in debt; *infria sina ~er* meet one's liabilities; *stå i ~ hos* be indebted to; *sätta sig i ~, se skuldsätta*; *resterande ~er* arrears; *tillgångar och ~er* assets and liabilities **2** (*förvållande*) fault, blame; (*synd*) guilt; *vems är ~en?* whose fault is it?, who is to blame?; *jag bär största ~en för detta* I am most to blame in this matter; *fritaga ngn från ~* exculpate s.b.; *kasta ~en för ngt på ngn* lay (put) the blame for s.th. on s.b.; *ta hela ~en på sig* take the entire blame [on o.s.]; *vara ~ till* be to blame for; *vara utan ~* not be responsible (to blame); *förlåt oss våra ~er* (*bibl.*) forgive us our trespasses **-belastad** burdened with debt; guilty (*samvete* conscience) **-börda** burden of debt; guilt **-ebrev** *se skuldsedel*
skulderblad shoulder blade; *anat.* scapula
skuld|fri free from debt; (*om egendom*) unencumbered; (*oskyldig*) guiltless, innocent **-förbindelse** *se skuldsedel* **-känsla** sense of guilt **-medveten** guilty (*min* look)
skuldr|a *s1* shoulder; *vara bred över -orna* be broad-shouldered
skuld|regleringsfond debt adjustment fund **-satt** *a4* in debt, indebted; (*om egendom*) encumbered **-sedel** instrument of debt, [promissory] note, note of hand, I.O.U. (= I owe you) **-sätta** (*egendom*) encumber; *~ sig* run into debt, incur (contract) debts
skull *i uttr.*: *för din ~* for your sake; *gör det för min ~* (*äv.*) do it to please me; *för vädrets ~* (*t. följd av*) because (on account) of the weather; *för Guds ~!* for God's sake!; *för en gångs ~* for once; *för skams* (*syns*) *~* for the sake of appearances, for form's sake; *för skojs ~* for fun; *för säkerhets ~* for safety['s sake]
1 skulle *imperf. av 1 skola*
2 skulle *s2* (*hö-*) hayloft
skulor *pl* swill (*sg*)
skulpter|a sculpture; carve in stone (*etc.*); *vard.* sculp **-ing** sculpturing
skulptris sculptress **skulptur** sculpture **skulptural** *a1* sculptural **skulptör** sculptor
1 skum [skumm] *a1* dusky, dim, misty; (*beslöjad*) veiled (*blick* look); (*ljusskygg*) shady (*individ* individual)
2 skum [skumm] *s7* foam; (*fradga*) froth, spume; (*lödder*) lather; (*på kokande vätska*) scum; *vispa till ~* beat (whip) to a froth
skum|bad foam bath **-bildning** frothing **-gummi** foam rubber
skumma 1 (*bilda skum*) foam, spume, froth; (*om vin*) sparkle; (*om öl*) foam, froth; (*om läskedryck e.d.*) fizz; *~ av ilska* foam with rage **2** (*avskilja skum*) skim; *~ grädden av mjölken* skim the cream off the milk; *~ en tidning* skim through a paper **skummjölk** skim[med] milk
skumpa *v1, ~ [i väg]* scamper off (away); (*om åkdon*) jog, bump **skumpig** *a1* bumpy (*väg* road)
skumplast foam plastic
skumrask *s7* dusk [of the evening] **-affär** shady business (transaction) **-figur** suspicious individual
skumsläckare foam extinguisher
skumögd *a1* purblind, dim-sighted; bleary-eyed
skunk *s2* [striped] skunk
skur *s2* shower; (*regn- äv.*) downpour, drencher; *spridda ~ar* scattered showers
skur|a scour, scrub; (*polera*) polish, burnish (*mässing* brass) **-borste** scrubbing brush **-duk** scouring cloth **-golv** plain deal floor **-gumma** charwoman **-hink** bucket, pail
skurit *sup. av 2 skära*
skurk *s2* scoundrel, villain; (*skojare*) rascal blackguard **-aktig** *a1* villainous, scoundrelly **-aktighet** villainy **-streck** evil deed; dirty trick
skur|lov *skol., vi har ~* our shcool is closed for cleaning **-pulver** scouring powder **-trasa** scouring cloth
skut|a *s1* small cargo boat; *vard.* boat, old ship **-skeppare** skipper
skutt *s7* leap, bound **skutta** leap, *etc., jfr hoppa*
skvadron *s3* squadron of cavalry
skval|a stream (*äv. bildl.*); pour, spout **-ande** *s*[…] pouring
skvaller ['skvall-] *s7* gossip; (*lösa rykten*) town talk; (*förtal*) slander; *skolsl.* sneaking **-aktig** *a*[…] gossipy; (*förtalande*) slanderous **-bytta** *s1* gos[…]

sip, gossipmonger, telltale; *skolsl.* sneak **-historia** piece of gossip **-krönika** chronicle of scandal **-käring** [old] gossip, scandalmonger **-rör** overflow pipe **-spegel** window mirror **-tacka** *s1, vard., jfr -bytta*

skvallr|a gossip, tattle; *skolsl.* sneak; ~ *för mamma* tell mother; ~ *på ngn* report s.b.; ~ *ur skolan* tell tales out of school; *hans min ~de om* his looks betrayed **-ig** *a1, se skvalleraktig*

skvalmusik nonstop popular music [on the radio]; (*bakgrundsmusik*) muzak (*varumärke*)

skvalp *s7* splash[ing], lap[ing] **skvalpa** (*om vågor*) lap, ripple; (*skvimpa*) splash to and fro; (*spilla*) spill

1 skvatt *n, inte ett* ~ not a thing (scrap)

2 skvatt *adv,* ~ *galen* clean crazy, mad as a hatter

skvattram [-amm] *s3, bot.* wild rosemary

skvimpa ~ [*över*] splash over

skvätt *s2* drop, splash (*mjölk* of milk); *gråta en* ~ shed a few tears **skvätta** *v3* splash, spill; (*småregna*) drizzle **skvättbord** *sjö.* waterboard, washboard

1 sky [ʃy:] *s2* (*moln*) cloud; (*himmel*) sky, heaven; *lätta ~ar* light clouds; *stå som fallen från ~n* (*~arna*) be struck all of a heap; *skrika i högan* (*himmelens*) ~ cry blue murder; *höja till ~arna* praise to the skies

2 sky [ʃy:] *s3* (*köttsaft*) gravy, meat juice; *AE.* pan gravy

3 sky [ʃy:] *v4* shun, avoid; (*frukta*) dread; *inte ~ ngn möda* spare no pains; *inte ~ några kostnader* spare no expense; ~ *som pesten* shun like the plague; *bränt barn ~r elden* once bitten, twice shy

skydd [ʃ-] *s7* protection (*mot* against, from); (*försvar*) defence; (*av växel*) protection, honour; (*mera konkr.*) shelter; (*tillflykt*) refuge; *i ~ av* under cover of (*mörkret* darkness); *söka ~ a*) (*mot*) take (seek) shelter (*mot vinden* from the wind); *b*) (*hos*) seek protection, take refuge (*hos* with); *till ~ för* for the protection of

skydda [ʃ-] protect; (*försvara*) preserve, defend (*mot* against, from); (*värna*) shield; (*trygga*) safeguard; (*mera konkr.*) cover, shelter; *~d från insyn* screened off from people's view; *lagligen ~d* protected by law; *~d verkstad* sheltered workshop

skydds|ande guardian spirit **-anordning** safety device (contrivance) **-dräkt** protective suit **-färg** protective colouring **-galler** [protective] grating **-glasögon** *pl* protective goggles **-handskar** protective gloves **-helgon** patron [saint] **-hem** reformatory [school]; *BE.* approved school; *AE.* institution for juveniles **-hjälm** hard hat, crash (protective) helmet **-häkte** preventive arrest, protective custody **-ingenjör** safety engineer **-kläder** protective clothing **-kommitté** safety committee **-konsulent** chief probation [and parole] officer **-kräm** barrier cream **-ling** ward, protegé **-lös** defenceless **-mask** *s3* respirator **-medel** protective agent; *med.* prophylactic **-märke** trademark **-nät** safety net **-ombud** safety controller (representative) **-omslag** (*på bok*) dust jacket (cover) **-område** *mil.* restricted area **-patron 1** *se -helgon* **2** (*gynnare*) patron, favourer **-rum** [air-raid] shelter; *mil. äv.* dugout **-tillsyn** probation **-tull** protective duty **-uppfostran** correctional education **-vall** (*mot havet*) sea defence work **-ympning** vaccination **-åtgärd** protective measure, preventive **-ängel** guardian angel

sky|drag waterspout, tornado **-fall** cloudburst

skyffel [ˈʃyff-, ˣʃyff-] *s2* shovel; (*sop-*) dustpan

skyffla [ˣʃyff-] shovel; ~ *ogräs* hoe weeds; ~ *snö* shovel (clear) snow

skygg [ʃ-] *a1* shy (*för* of); (*blyg*) timid; (*rädd*) frightened; (*tillbakadragen*) reserved; (*ängslig*) timorous; (*om häst*) skittish **skygga** start, take fright (*för* at); (*om häst*) shy (*för* at); ~ *för* (*vara rädd för*) shy of, shrink from **skygghet** shyness *etc.*; timidity, fear; reserve **skygglappar** blinkers, *AE.* blinders

skyhög towering, colossal; sky-high

skyl [ʃ-] *s2* shock, stook

1 skyla [ʃ-] *v2* (*hölja*) cover; hide (*sitt ansikte* one's face); ~ *över* cover [up], *bildl.* veil, hide

2 skyla [ʃ-] *v1* (*säd*) shock, stook

skyldig [ʃ-] *a1* **1** (*betalnings-*) in debt; *vara ~ ngn ngt* owe s.b. s.th.; *vad är jag ~?* what do I owe [you]?, (*vid uppgörelse*) how much am I to pay?; *vara ngn tack* ~ be indebted to s.b.; *inte bli ngn svaret* ~ have a reply ready **2** (*som bär skulden t. ngt*) guilty (*till* of); *jur.* convicted, found guilty (*till* of); *den ~e* the culprit (offender); *erkänna sig* ~ plead guilty; *förklara ngn* ~ find s.b. guilty, convict s.b.; *göra sig ~ till* commit, be guilty of (*ett brott* a crime) **3** (*pliktig*) bound, obliged; *vara ~ att* have to; *han är inte ~ att* (*äv.*) he is under no obligation to **-het** duty, obligation (*mot* towards); *ikläda sig ~er* assume liabilities; *rättigheter och ~er* rights and obligations

skyldra [ʃ-] ~ *gevär* present arms

skylla [ʃ-] *v2,* ~ *ngt på ngn* blame s.b. for s.th.; ~ *på otur* plead bad luck; *du får ~ dig själv* you only have yourself to blame; ~ *ifrån sig* put (lay) the blame on s.b. else

skylt [ʃ-] *s2* sign[board]; (*reklam-*) advertisement board, poster **skylta** display [one's goods]; ~ *med* put on show, display, *bildl.* show off, display; ~ *om* redress a shop window

skylt|docka dummy, lay figure **-fönster** shop window; *AE.* show (store) window **-låda** showcase **-ning** (*-ande*) displaying, window-dressing; *konkr.* window-display **-ställ** display stand (rack)

skyltvakt [ʃ-] sentry

skymf [ʃ-] *s3* insult, affront, offence; (*kränkning*) outrage **skymfa** insult, affront, offend; (*kränka*) outrage **skymflig** *a1* ignominious (*död* death); outrageous (*behandling* treatment) **skymford** insulting (abusive) word; *koll.* abusive language (*sg*), insults (*pl*)

skym|ma [ʃ-] *v2* **1** (*fördunkla*) stand in the way (light) of; (*dölja*) conceal, hide; *du -mer mig* you are [standing] in my light; *hennes blick -des av tårar* her eyes were dimmed (blinded) by tears **2** (*mörkna*) *det -mer* it is getting dark (dusk); *det -de för ögonen på henne* her eyes grew dim **-ning** twilight, dusk, nightfall; *hålla* (*kura*) ~ sit in the twilight

skymt [ʃ-] *s2* glimpse; (*aning*) idea, suspicion; (*spår*) trace; *fånga* (*se*) *en ~ av* catch a glimpse

of; *en ~ av hopp* a gleam of hope; *utan ~en av bevis* without a trace of evidence; *inte en ~ av intresse* not the slightest interest; *inte en ~ av tvekan* not a trace of hesitation
skymta [ʃ-] **1** (*se en skymt av*) catch a glimpse of **2** (*skönjas*) be dimly seen (visible); *~ fram* peep out; *sjön ~r [fram] mellan träden* the lake glitters through the trees; *solen ~r fram* the sun peeps out [from behind the clouds]; *~ förbi* be seen flitting past
skymundan [ʃ-, -ˣunn-] *n, i ~* in the background (shade); *hålla sig i ~* keep o.s. out of the way
skynd|a [ʃ-] hurry, hasten (*t. ngns hjälp* to a p.'s rescue); *~ långsamt!* hasten slowly!; more haste, less speed!; *~ ngn till mötes* hasten to meet s.b.; *~ på* hurry up (on); *~ på med* hurry on with; *~ sig* hurry [up] **-sam** *a1* speedy; prompt (*hjälp* help); (*rask*) quick, hurried (*steg* steps) **-samhet** speed[iness], promptness *etc.*
skynke [ʃ-] *s6* cover[ing], cloth; *... är för honom ett rött ~* for him ... is like a red rag to a bull
skyskrapa skyscraper
skyt [ʃ-] *s3* Scythian **-isk** ['ʃy:-] Scythian **-iska** ['ʃy:-] *s1* (*språk*) Scythian
skytt [ʃ-] *s2* shot, marksman; *S~en* Sagittarius, the Archer
skytte [ʃ-] *s6* shooting **-förening** rifle (shooting) club **-grav** trench
skyttel [ʃ-] *s2* shuttle
skyttelinje firing line
skytteltrafik shuttle service
skåda behold, see; (*varsebli*) perceive; *~ dagens ljus* see the light of day
skåde|bana *s1* stage; scene **-bröd** showbread **-lysten** eager to see; (*nyfiken*) curious **-penning** medal **-plats** *bildl.* scene [of action] **-spel** spectacle, sight; *teat.* play, drama **-spelare** actor; *bli ~* go on the stage **-spelarkonst** art of acting, histrionic art **-spelartrupp** theatrical company **-speleri** *se -spelarkonst*; (*förkonstling*) artificiality **-spelerska** actress **-spelsförfattare** playwright, dramatist
skål *s2* **1** (*kärl*) bowl; (*spilkum*) basin **2** (*välgångs-*) toast; *dricka ngns ~* drink [to] a p.'s health; *utbringa en ~ för ngn* propose a toast to s.b.; *~!* here's to you!, cheers! **skåla 1** *~ för* propose a toast to; *~ med* drink to (*varandra* one another) **2** (*urholka*) scoop (gouge) [out] **skålformig** [-å-] *a1* cup-shaped, bowl-shaped
1 skålla *s1* (*tunn platta*) scale, lamina
2 skålla (*med hett vatten*) scald
skållhet scalding (boiling, *vard.* piping) hot
skålpund *ung.* pound
skåltal toast; after-dinner speech
Skåne *n* Scania **skånsk** *a1* Scanian
skåp *s7* cupboard; *AE. äv.* closet; (*med lådor*) cabinet; (*i omklädningsrum*) locker; *bestämma var ~et skall stå* wear the breeches **-bil** [delivery] van, *AE.* panel truck **-dörr** cupboard (*etc.*) door **-mat** (*rester*) remnants (*pl*); *bildl.* stale stuff **-supa** drink in private (on the sly) **-supare** secret drinker
skåra *s1* score; (*inskärning*) notch; (*spår*) groove, slot; (*sår*) cut
skäck [ʃ-] *s2* piebald horse **-ig** *a1* piebald, pied
skädda [ʃ-] *s1* (*fisk*) dab
skägg [ʃ-] *s7* **1** beard; *ha ~* have (wear) a beard; *låta ~et växa* grow a beard; *tala ur ~et* speak out; *tvista om påvens ~* split hairs **2** *biol.* barb; (*på mussla*) beard **-botten** *mörk ~* a blue chin **-dopping** great crested grebe
skägg|ig *a1* bearded; (*orakad*) unshaved **-lös** beardless **-strå** [a] hair [out] of one's beard **-stubb** bristles (*pl*); (*eftermiddagsskägg*) five-o'clock shadow **-svamp** barber's itch (rash) **-töm** (*på fisk*) barbel **-växt** [growth of] beard[s *pl*]; *han har kraftig ~* his beard grows fast
skäkta [ʃ-] **I** *s1* swingle **II** *v1* (*lin*) swingle, scutch
skäl [ʃ-] *s7* reason (*till* of, for); (*orsak*) cause, ground; (*bevekelsegrund*) motive; (*argument*) argument (*för och emot* for and against); *så mycket större ~ att* so much more the reason to; *vägande ~* weighty arguments; *av principiella ~* on ground of principle; *göra ~ för sig* give satisfaction; *ha allt ~ att* have every reason to; *det har sina [randiga] ~* there are very good reasons for it; *med [fullt] ~ kan man säga* one is [fully] justified in saying; *det vore ~ att* it would be well to; *det vore ~ i att du försökte* you would do well to (you had better) try; *väga ~en för och emot* weigh the pros and cons **skälig** *a1* reasonable, fair; *finna ~t* find it proper **skäligen** (*tämligen*) pretty (*enkel* simple); (*rimligtvis*) reasonably, fairly
skäll [ʃ-] *s7, se ovett*
1 skälla [ʃ-] *v2* bark; (*om räv*) yelp, cry; (*vara ovettig*) scream, bellow; *~ ngn för bracka* call s.b. a Philistine; *~ på* (*bildl.*) abuse, scold; *~ ut* blow up, tell off
2 skälla [ʃ-] *s1* bell; *nu blev det annat ljud i ~n* then things took on a new note
skällko bell-cow
skällsord word of abuse; *pl koll.* foul language (*sg*), invectives
skälm [ʃ-] *s2* rogue; (*lymmel*) rascal; (*-unge*) monkey, trot; (*spjuver*) wag; *en inpiskad ~* an arch rogue; *med ~en i ögat* with a roguish twinkle **-aktig** *a1* roguish; mischievous; *~ blick* arch look **-roman** picaresque novel
skälm|sk [ʃ-] *a1, se skälmaktig* **-stycke** piece of roguery; (*spratt*) practical joke
skälv|a [ʃ-] *v2* shake, quake; (*darra*) tremble, quiver (*av* with) **-ande** *a4* shaking *etc.*; tremulous **-ning** shaking *etc.*; (*en ~*) tremor; (*rysning*) thrill
skämd [ʃ-] *a5* (*om kött*) tainted; (*om frukt*) rotten; (*om luft, ägg*) bad **skämma** *v2* (*fördärva*) spoil; (*vanpryda*) mar; *för mycket och för litet skämmer allt* too much and too little spoils everything; *~ bort* spoil; *~ ut* dishonour, put to shame; *~ ut sig* disgrace o.s. **skämmas** *v2, dep* be ashamed; *det är inget att ~ för* that is nothing to be ashamed of; *boken skäms inte för sig* the book does itself credit; *~ ögonen ur sig* die of shame; *fy -s!* shame on you!
skämt [ʃ-] *s7* joke, jest; *dåligt ~* bad (poor) joke; *grovt ~* coarse joke; *förstå ~* understand (be able to see) a joke; *säga ngt på ~* say s.th. in fun; *~ åsido!* joking apart! **skämta** joke, jest; *~ med* make fun of, poke fun at **skämtare** joker, jester, wag
skämt|artikel party novelty **-historia** funny story **-lynne** humour **-sam** *a1* jocular; (*hu*

moristisk) humourous; (*rolig*) funny, comical, droll; *ta ngt från den ~ma sidan* take s.th. as a joke **-samhet** jocularity, humour **-serie** comic strip; *AE.* funny **-tecknare** comic artist, cartoonist **-teckning** cartoon **-tidning** comic magazine (paper)

skänd|a [ʃ-] defile, pollute; desecrate (*gravar* graves) **-lig** *a1* infamous (*handling* deed); (*neslig*) nefarious, atrocious (*brott* crime) **-lighet** infamy, atrocity, outrage

1 skänk [ʃ-] *s2* (*skåp*) sideboard, buffet; cupboard

2 skänk [ʃ-] *s3* (*gåva*) gift, present; *till ~s* as a gift

skänka [ʃ-] *v3* **1** give (*äv. bildl.*); present (*ngn ngt* s.b. with s.th.); *~ bort* give away **2** *~ i* [*glasen*] fill the glasses

skänkel [ʃ-] *s2* shank, leg (*äv. tekn.*)

skäppa [ʃ-] *s1* (*rymdmått*) bushel; *ge ngn ~n full* let s.b. have it; *sätta sitt ljus under en ~* hide one's light under a bushel

1 skär [ʃ-] *a1* (*ren*) pure, clean; (*obefläckad*) immaculate; [*ren och*] *~ lögn* a downright lie

2 skär [ʃ-] *a1* (*ljusröd*) pink, light red

3 skär [ʃ-] *s7* (*ö*) skerry, rocky islet

4 skär [ʃ-] *s7* **1** (*egg*) [cutting] edge **2** (*skåra*) notch **3** (*med skridsko*) stride

1 skära [ʃ-] *s1* **1** sickle **2** (*mån-*) crescent

2 skära [ʃ-] *skar skurit* **1** cut (*äv. bildl.*); (*kött*) carve; *~* (*korsa*) *varandra* intersect, (*om gator*) cross; *~ halsen av sig* cut one's throat; *~ i bitar* cut up (... to pieces); *~ i remsor* shred; *~ i skivor* slice; *~ i trä* carve; *fartyget skär* [*genom*] *vågorna* the ship cleaves the waves; *~ tänder*[*na*] gnash (grind) one's teeth; *~ alla över en kam* treat all alike; *~ guld med täljknivar* coin money; *~ pipor i vassen* have a big income and little to do for it; *det skär i öronen* it jars (grates) upon my ears **2** (*med betonad partikel*) *~ av* (*bort*) cut off; *~ för* carve; *~ ihop* (*tekn.*) seize; *~ in* incise; *~ in i* cut into; *~ till* cut out; *~ upp* cut up, (*öppna*) cut open; *~ ut* carve **3** *rfl* cut o.s.; *kokk.* curdle; *~ sig i tummen* cut one's thumb; *det skar sig mellan dem* they clashed with one another

skär|ande *a4* cutting *etc.*; (*om ljud*) piercing, shrill **-bräde** cutting (chopping) board; (*för bröd*) breadboard **-brännare** cutting blowpipe, fusing burner **-bönor** French beans

skärgård [ˣʃä:r-, ˈʃä:r-] archipelago, fringe of skerries; *i ~en* in the archipelago (skerries) [off Stockholm *etc.*]

skärm [ʃ-] *s2* screen; *tekn.* shield; (*på huvudbonad*) peak **skärma** *~* [*av*] screen, shield; *~ för* screen off

skärmaskin cutting machine; (*för matvaror*) slicer

skärm|bild mass radiograph, fluoroscopic image **-bilda** *v1* mass-radiograph **-bildsfotografering** mass radiography, X-ray screening

skärmmössa peaked cap

skärmytsl|a [ˣʃä:r-] skirmish **-ing** skirmish

skär|ning [ˣʃä:r-] cutting **-ningspunkt** [point of] intersection

skärp [ʃ-] *s7* belt; (*broderat o. uniforms-*) sash

skärpa [ʃ-] **I** *s1* sharpness, keenness *etc.* (*jfr skarp*); *foto., TV* definition; (*klarhet*) exactness, stringency; (*i ton*) acerbity; *det är ~ i luften* there's a nip in the air **II** *v3* sharpen (*äv. bildl.*); *bildl. äv.* strengthen, quicken; (*öka*) increase, heighten; *konflikten har skärpts* the conflict has deepened (been aggravated); *~ kontrollen* increase (tighten) the control; *~ sina sinnen* sharpen one's senses; *~ straffet* increase (raise) the penalty; *~ tonen* sharpen one's (*etc.*) tone; *~ uppmärksamheten* be more vigilant; *~ sig* sharpen up; *nu får du ~ dig* pull yourself together now **skärpedjup** *foto.* depth of field (definition) **skärpning** sharpening *etc.*; aggravation **skärpt** *a1*, *vard.* sharp, smart, bright

skärra [ʃ-] *~ upp* frighten, worry; *~ inte upp dig* don't get excited **skärrad** *a5*, *vard.* in a state, all of a dither

skärseld [ˣʃä:rs-] purgatory; *bildl.* ordeal

skärskåd|a [ʃ-] view, examine; scrutinize; scan **-ande** *s6* viewing, examination; *ta i ~* inspect, examine

skärslipare knife grinder

skärsår cut, gash

skärtorsdag [ʃ-] Maundy (Holy) Thursday

skärv [ʃ-] *s2, bibl.* mite; *min sista ~* my last farthing

skärva [ʃ-] *s1* (*kruk- o.d.*) sherd, shard; (*glas-, granat- o.d.*) splinter; (*friare*) fragment, bit

sköka [ʃ-] *s1* harlot

sköld [ʃ-] *s2* shield; (*vapen- äv.*) [e]scutcheon; *zool.* scutellum; (*på sköldpadda*) shell; *bildl.* shelter **-brosk** *anat.* thyroid cartilage **-emärke** [heraldic] bearing **-körtel** thyroid gland **-mö** Amazon **-padd** *s3* tortoise (turtle) shell **-padda** (*land-*) tortoise; (*vatten-*) turtle **-paddsskal** tortoise shell **-paddssoppa** turtle soup

skölj|a [ʃ-] *v2* rinse; (*spola*) wash; *vågorna -er stranden* the waves wash the shore; *~s överbord* be washed overboard; *~ av* rinse off; *~ bort* wash away; *~ sig i munnen* rinse one's mouth **-kopp** finger bowl **-ning** rinsing *etc.*; (*en ~*) rinse, wash; *med.* douche **-skål** (*på matbord*) finger bowl **-vatten** rinsing water

1 skön [ʃ-] *n* discretion; *efter eget ~* at one's own discretion

2 skön [ʃ-] *a1* beautiful; fair; (*angenäm*) nice; (*behaglig*) comfortable; *den ~a* the fair lady (one); *ha sinne för det ~a* have a sense of beauty; *~t!* that's fine!; *en ~ historia* (*iron.*) a pretty story

skön|ande lover of the arts **-het** [-ö:-] beauty (*äv. konkr.*); *konkr. äv.* belle

skönhets|behandling beauty treatment **-drottning** beauty queen **-expert** cosmeticologist; *AE. äv.* beautician **-fel, -fläck** flaw **-ideal** idea of beauty **-medel** cosmetic, beauty preparation **-salong** beauty salon (parlour); *AE.* beauty shop (parlor) **-sinne** sense of beauty **-sömn** *vard.* beauty sleep **-tävling** beauty contest (competition) **-vård** beauty care **-värde** aesthetic value

skönj|a [ʃ-] *v2* discern; *inte ~ ngn ljusning* see no signs of improvement **-bar** *a1* discernible; (*synlig*) visible; (*tydlig*) perceptible

skön|litteratur [ʃ-] fiction, belles-lettres **-litterär** literary; *~t arbete* work of fiction **-målning** *bildl.* idealization, gilding **-skrift** calligraphy

sköns|mässig [ˣʃö:ns-] *a1* discretionary, op-

S

tional **-taxering** discretionary (arbitrary) [tax] assessment

skör [ʃ-] *a1* brittle (*nagel* nail); (*spröd*) fragile, frail; *tyget är ~t* the cloth tears easily

skörbjugg [ˣʃö:r-] *s2* scurvy

skörd [ʃö:rd] *s2* harvest (*äv. bildl.*); (*gröda*) crop; *av årets ~* of this years's growth; *en rik ~ av erfarenheter* a rich store of experience **skörda** harvest; reap (*äv. bildl.*); (*bär*) pick; *som man sår får man ~* as you sow, so shall you reap

skörde|fest harvest festival (home) **-maskin** harvester, harvesting machine **-tid** harvest time **-tröska** *s1* combine [harvester] **-utsikter** *pl* harvest prospects

skörhet [ˣʃö:r-] brittleness; fragility, frailty

skörlevnad [ˣʃö:r-] loose living

skört [ʃ-] *s7* tail, flap **skörta** *~ upp a)* (*bedraga*) fleece, overcharge, *b)* (*fästa upp*) tuck up

1 sköt [ʃ-] *imperf. av skjuta*

2 sköt [ʃ-] *s2* drift net

sköt|a [ʃ-] *v3* **1** (*vårda*) nurse, tend (*sjuka* sick people); (*om läkare*) attend [to]; *~ sin hälsa* look after one's health; *~ om* take care of, attend to, nurse; *~ om ett sår* dress a wound; *sköt om dig väl!* take good care of yourself! **2** (*förestå*) manage; run (*en affär* a shop); (*ombesörja*) attend (see) to; (*se efter*) look after, take care of; *~ sitt arbete* do one's work; *~ hushållet* do the housekeeping; *~ kassan* (*räkenskaperna*) keep the cash ([the] accounts); *~ korrespondensen* handle the correspondence; *~ sina kort* (*äv. bildl.*) play one's cards well; *inte kunna ~ pengar* not be able to handle money; *~ sina plikter* discharge one's duties; *den saken -er jag* I'll attend to that; *sköt du ditt!* mind your own business! **3** *rfl* (*uppföra sig*) conduct o.s. (*bra* well); (*~ om sig*) look after o.s.; *han har måst ~ sig själv* he has had to manage by himself **-are** tender, keeper **-bord** nursing table

sköte [ʃ-] *s6* **1** lap; bosom (*äv. bildl.*) **2** vagina **3** (*moderliv*) womb **-barn** *bildl.* darling, favourite

sköterska [ʃ-] nurse

sköterske|biträde assistant nurse **-elev** pupil nurse, probationer **-uniform** nurse's uniform **-utbildning** training of nurses

skötesynd [ʃ-] besetting sin

skötsam [ˣʃö:t-] *a1* well-behaved; orderly; (*plikttrogen*) conscientious

skötsel ['ʃött-] *s9* care, tending (*av* of); (*tillsyn*) attention, attendance; (*av maskin*) operation, running; (*förvaltning*) management; (*odling*) cultivation; *kräva ~* need (require) attendance (care) **-anvisning** operating instructions (*pl*)

skövl|a [ˣʃö:v-, ˣʃövv-] devastate; (*ödelägga*) ravage; wreck (*ngns lycka* a p.'s happiness); (*skog*) damage by reckless cutting **-ing** devastation; ravage

slabba splash about **slabbgöra** mucky job **slabbig** *a1* sloppy, splashy

slacka slacken

1 sladd *s2* **1** (*tågända*) [rope's] end **2** (*ledningstråd*) flex[ible cord]; *AE.* cord **3** *bildl.*, *komma på ~en* bring up the rear; *komma med på ~en* slip in with the rest

2 sladd *s2* (*med fordon*) skid

sladda lurch, skid, slip sideways

sladdbarn child born several years after the other[s] [in a family]; *vard.* afterthought

sladder ['sladd-] *s7* chatting, babbling; gossip **-tacka** *s1* gossipmonger

sladdlampa portable worklamp

sladdra chatter, babble; gossip

sladdrig *a1* (*slapp*) flabby, limp; (*om tyg*) flimsy

slafs *s7* sloppiness **slafsa** *~ i sig* lap up, gobble up

1 slag *s7* (*art, sort*) kind, sort; (*typ*) type; *fack.* species; (*kategori*) category, class; *alla ~s* all kinds of; *böcker av alla* [*de*] *~* all sorts (kinds) of books, books of every description; *allt ~s* every kind of; *han är något ~s direktör* he is a manager of some sort (some kind of manager); *i sitt ~* of its kind, in its way; *vad för ~?* what?

2 slag *s7* **1** (*smäll*) blow (*äv. bildl.*), stroke, hit; (*lätt*) pat, dab; (*rapp*) lash, cut; (*knytnävs-*; *knackning*) knock; *ge ngn ett ~* deal s.b. a blow; *ett ~ för örat* (*bildl.*) a knockout blow; *ett ~ i luften* (*äv. bildl.*) a shot in the dark; *hugg och ~* biffs and blows; *~ i ~* in rapid succession; *göra ~ i saken* clinch the matter; *i* (*med*) *ett ~* all at once, straight off; *slå ett ~ för* strike a blow for **2** (*rytmiskt ~*) beat; *koll.* beating; (*hjärtats äv.*) throbbing; (*puls- äv.*) throb; (*pendel-*) oscillation **3** (*klock-*) stroke; *på ~et sex* at six o'clock sharp, on the stroke of six; *komma på ~et* arrive on the dot **4** (*-anfall*) [apoplectic] stroke; *få ~* have a stroke; *jag höll på att få ~* (*vard.*) I nearly had a fit; *skrämma ~ på ngn* frighten s.b. out of his wits **5** (*fält-*) battle (*vid* of) **6** (*varv*) turn, round; (*kolv-*) stroke; (*tag*) moment, while; *ett ~ trodde jag* at one time I thought **7** *sjö.* tack; *göra ett ~* tack, beat **8** (*fågeldrill*) warbling **9** (*på plagg*) facing; (*rock- äv.*) lapel; (*på ärm*) cuff; (*byx-*) turn-up, *AE.* cuff

slag|a *s1* flail **-anfall** apoplectic stroke **-björn** killer bear **-bom** lift gate; (*i vävstol*) batten **-bord** gate-leg[ged] table **-dänga** *s1* hit, street ballad

slag|en *a5* struck (*av förvåning* with surprise); (*besegrad*) defeated, beaten, *AE. äv.* beat; *en ~ man* a broken man **-fast** impact resistant **-fält** battlefield battleground **-färdig** *eg.* ready for battle (fight); *bildl.* quick at repartee, quick-witted **-färdighet** *eg.* readiness for battle; *bildl.* ready wit, quickness at repartee

slagg *s3, s4* slag, cinder[s *pl*], clinkers (*pl*), dross, scoria **slagga** (*avlägsna slagg*) take off the slag; (*bilda slagg*) form slag

slagg|artad [-a:r-] *a5* slaggy, cindery; scoriaceous **-bildning** slag formation; scorification **-hög** slag heap

slag|hållfasthet impact strength, shock resistance **-hök** goshawk **-instrument** percussion instrument

slag|it *sup. av 2 slå* **-kraft** striking power (*äv. bildl.*); effectiveness **-kraftig** effective **-kryssare** battle cruiser **-linje** line of battle **-längd** *tekn.* [ram] travel, [piston] stroke **-löda** braze **-man** (*i bollspel*) batsman **-nummer** hit **-ord** catchword, slogan **-ordning** battle array **-påse** punching bag; *bildl.* whipping boy **-regn** downpour, pelting rain **-ruta** *s1* divining (dowsing) rod **-sida** *sjö.* list; *bildl.* preponderance; *få ~*

heel over; *ha* ~ have a list **-skepp** battleship **-skugga** projected shadow
slags|kämpe [ˣslakks-] fighter; rowdy **-mål** *s7* fight; *råka i* ~ come to blows; *ställa till* ~ start a fight
slag|stift *mil.* striker; firing pin **-svärd** large [two-handed] sword **-trä** (*i bollspel*) bat **-tålig** knock resistant **-uggla** Ural owl **-vatten** *sjö.* bilge water **-verk 1** (*i ur*) striking mechanism **2** *mus.* percussion instruments (*pl*) **-växling** exchange of blows
slak *a1* slack (*lina* rope), loose; (*kraftlös*) limp; ~ *i benen* wobbly at the knees **slakna** [ˣsla:k-] slacken, flag
slakt *s3, s7* slaughter[ing] **slakta** slaughter; (*döda*) kill; (*människor*) massacre; *bildl.*, ~ *en bil* strip down a car
slakt|arbutik butchery, butcher's shop **-are** butcher **-avfall** offals (*pl*) **-boskap** beef (slaughter) cattle **-bänk** slaughterer's block; *leda till ~en* (*bildl.*) be led to the slaughter **-eri, -hus** slaughterhouse **-mask** slaughtering mask **-offer** sacrifice, victim
slalom ['sla:låm] *s3* slalom; *åka* ~ do slalom-skiing **-backe** slalom slope **-byxor** *pl* slalom pants **-skida** slalom ski **-tävling** slalom
1 slam [slamm] *s2, kortsp.* slam
2 slam [slamm] *s4* mud, ooze; slime
slam|avlagring siltration, silt deposit **-bildning** sludge (slime) formation
slamma (*rena*) wash, purify; (*kalkstryka*) limewash; *~d krita* precipitated chalk, whiting; ~ *igen* get filled with mud
slammer ['slamm-] *s7* rattle, clatter; (*vapen- etc.*) jangle
slam|mig *a1* muddy, slimy **-ning** elutriation; desludging
slampa *s1* slut, slattern, hussy **slampig** *a1* sluttish, slatternly, slipshod
slamra ~ [*med*] rattle, clatter
slams *s7* slovenliness **slamsa I 1** *s1* (*av kött*) scrap **2** (*kvinna*) *se slampa* **II** *v1* **1** (*slarva*) scamp **2** (*sladdra*) babble, chatter **slamsig** *a1* **1** *se slampig* **2** (*om kött*) flabby
slana *s1* pole
1 slang *s2* tube (*äv. inner-*), hose
2 slang *s3* (*språk*) slang
3 slang *i uttr.: slå sig i* ~ *med* strike up an acquaintance with
slang|båge catapult; *AE.* slingshot **-gurka** cucumber **-klämma** hose clip (clamp) **-koppling** hose coupling (coupler) **-lös** *~a däck* tubeless tyres
slang|ord slang word **-uttryck** slang expression
1 slank *imperf. av 2 slinka*
2 slank *a1* slender, slim
slankig *a1* limp, lank[y]
1 slant *imperf. av slinta*
2 slant *s2* coin; (*koppar-*) copper; *för hela ~en* (*bildl.*) for all one is worth; *ha en sparad* ~ have some money saved; *en vacker* ~ a nice sum; *slagen till* ~ fit for nothing; *vända på ~en* (*bildl.*) be economical, look at every penny
1 slapp *imperf. av slippa*
2 slapp *a1* slack, loose; (*sladdrig*) flaccid; (*kraftlös*) soft, limp; (*matt*) languid; (*löslig*) lax (*moral* morals *pl*)
slappa *vard.* laze around **slapphet** slackness *etc.*; flaccidity; laxity; lack of energy **slappna** ~ [*av*] slack, slacken, relax
slarv *s7* carelessness, negligence; (*oreda*) disorder **slarva I** *s1* careless (negligent, slovenly) woman (girl) **II** *v1* be careless; ~ *med* scamp, (*klädsel o.d.*) neglect; ~ *bort* lose; ~ *ifrån sig* do by halves **slarver** ['slarr-] careless fellow; *en liten* ~ a slapdash boy **slarvfel** careless mistake **slarvig** *a1* careless, negligent; (*hafsig*) slovenly; (*osnygg*) untidy **slarvsylta 1** *kokk.* minced meat **2** *bildl.* mincemeat
slashas [ˣsla:s-] *s2* ragamuffin, good-for-nothing
slask *s7* **1** (*-ande*) splashing; (*-väder*) slushy weather **2** (*väglag*) slush **3** *se slaskvatten* **4** *se slasktratt*
slask|a 1 splash about; ~ *ner* splash **2** *det ~r* it is slushy weather **-hink** slop pail **-spalt** light column **-tratt** [kitchen] sink **-vatten** slops (*pl*), dishwater
slatt *s2* drop
1 slav *s3* (*folk*) Slav
2 slav *s2* (*träl*) slave (*äv. bildl.*); *vara* ~ *under* be a slave to (the slave under)
slav|a slave; (*friare*) drudge **-arbete** slave labour **-binda** make a slave of **-drivare** slave-driver **-eri** bondage, slavery **-göra** slavery; *bildl.* drudgery **-handel** slave trade; *vit* ~ white-slave traffic **-handlare** slaver, slave-trader **-inna** [female] slave
1 slavisk ['sla:-] *a5* (*t. 1 slav*) Slav[ic], Slavonic; *~a språk* Slav[on]ic languages
2 slavisk ['sla:-] *a5* (*t. 2 slav*) slavish; *bildl. äv.* servile
slaviskhet servility
slav|ism Slavism **-ist** Slavist
slav|kontrakt contract which binds one hand and foot (*äv. bildl.*) **-marknad** slave market **-piska** slave-driver's whip; *ha ~n över sig* (*bildl.*) be slave-driven **-skepp** slave ship **-ägare** slave owner
slejf *s3, s2* strap **-sko** strap-shoe
slem [slemm] *s7* slime; *fack.* mucus; (*vid hosta*) phlegm **-avsöndrande** *a4* mucus-secreting **-bildning** *abstr.* formation of mucus; *konkr.* mucus secretion **-hinna** mucous membrane **-lösande** *a4* expectorant **-mig** *a1* slimy; *fack.* mucous; (*klibbig*) viscous
slentrian *s3* routine; *fastna i* ~ get into a rut **-mässig** *a1* routine; *undersökningen var* ~ the investigation was a matter of routine
slet *imperf. av slita*
slev *s2* ladle; *få en släng av ~en* (*bildl.*) come in for one's share **sleva** ~ *i sig* shovel into one's mouth
slick *s2* lick **slicka** lick; ~ *i sig* lap [up]; ~ *på* lick; ~ *sig om munnen* lick one's lips; *~t hår* sleek hair
slicke|pinne *s2* lollipop **-pott** [-å-] *s2* **1** (*pekfinger*) forefinger **2** (*hushållsskrapa*) dough-scraper
slid *s3, tekn.* slide; (*i ångmaskin*) [slide] valve
slida *s1* sheath (*äv. bot.*); *anat.* vagina
sliddersladder ['slidd-] *s7* fiddle-faddle; *~!* fiddlesticks!
slid|hornsdjur bovid animal **-kniv** sheath knife
slik *a1* such like; *~t* that sort of thing

S

slimmad *a5*, ~ *skjorta* slim-fit shirt
slinga *s1* coil, loop; *sjö.* sling; (*ornament*) arabesque; (*blad-*) creeper; (*rök-*) wisp
slinger|bult *s2* **1** (*undanflykt*) dodge, prevarication **2** *pers.* dodger **-växt** creeper, trailing plant
slingra 1 (*linda*) wind, twine; (*sno*) twist **2** (*om fartyg*) roll **3** *rfl* wind [in and out]; (*sno sig*) twist, twine; (*om flod äv.*) meander; (*om orm*) wriggle; (*om växt*) trail, creep; *bildl.* dodge, hedge; ~ *sig om varandra* (*äv.*) intertwine; ~ *sig från ngt* (*bildl.*) wriggle out of s.th.; ~ *sig undan* (*bildl.*) get out of **slingrande** *a4* winding; (*om flod, väg äv.*) meandering, serpentine **slingrig** *a1* sinuous, tortuous, winding **slingring** wind; twine, wriggle; *sjö.* roll
1 slinka *s1* wench, hussy
2 slinka *slank slunkit* **1** (*smyga*) slink (*i väg, undan* away, off); ~ *om hörnet* slip round the corner; ~ *igenom* (*förbi*) slip through (past); ~ *in* (*äv.*) steal (sneak) in **2** (*hänga lös*) dangle, hang loose
slint *s, i uttr.: slå* ~ come to nothing, fail **slinta** *slant sluntit* slip; *jag slant med foten* my foot slipped; *glaset slant ur handen på mig* the glass slipped out of my hand
slip *s2* slipway; *ta upp ett fartyg på* ~ take up a vessel on to the slips
slipa (*skärpa*) grind, whet, sharpen; (*glätta*) grind; (*polera*) polish; (*glas e.d.*) cut **slipad** *a5, bildl.* smart; cunning **slipare** grinder; cutter **slipduk** abrasive cloth
sliper ['sli:-] *s2* [railway] sleeper; *AE.* [railroad] crosstie, tie
slip|eri grindery **-maskin** grinding machine **-massa** mechanical wood pulp **-ning** [-i:p-] grinding *etc., jfr slipa*
slipp|a *slapp sluppit* **1** (*undgå*) escape [from]; (*besparas*) be spared [from]; (*inte behöva*) not need [to] (have to); (*undgå*) avoid; *du -er* [*göra det*] you needn't [do it]; *du -er inte* [*ifrån det*] you cannot get out of it; *kan jag få ~?* can I be excused (let off)?; *låt mig ~ se det!* I don't want to see it!; *jag ser helst att jag -er* I would rather be excused (rather not); ~ *besvär* save (be spared) trouble; *han slapp göra det* he did not have to do it; *för att ~ straff* to avoid punishment **2** (*med betonad partikel*) ~ *ifrån* get away [from], escape; ~ *in* be admitted (let in); ~ *lös* break loose, (*bli släppt*) be set free; *elden slapp lös* a fire broke out; ~ *undan* escape, *absol.* get out of it; ~ *undan med blotta förskräckelsen* get off with a fright; ~ *upp i sömmen* come apart at the seams; *det slapp ur mig* it escaped me; ~ *ut* get (be let) out, (*sippra ut*) leak out
slipprig *a1* slippery; (*oanständig*) indecent, obscene
slips *s2* tie
slip|skiva grinding wheel **-sten** grindstone
slira slip, slide; (*om fordon*) skid; (*om hjul*) spin **slirig** *a1* slippery **slirning** [-i:r-] sliding, slide; (*fordons*) skidding; (*kopplings*) slipping
sliskig *a1* sickly sweet; *bildl.* oily
slit *s7* toil, drudgery **slita** *slet slitit* **1** (*nöta*) wear (*hål på* a hole in); *den håller att ~ på* it stands a great deal of wear; *slit den med hälsan!* you're welcome to it!; ~ *ut* wear out; ~ *ut sig* wear o.s. out with [over]work **2** (*knoga*) toil, drudge; ~ *och släpa* toil and moil; ~ *ont* have a rough time of it **3** (*rycka*) pull (*i* at); tear (*av* off; *sönder* to pieces); ~ *sitt hår* tear one's hair **4** *rfl* get loose, (*om båt*) break adrift (loose) **slitage** [-'ta:ʃ] *s7* wear [and tear] **slitas** *slets slitits, dep,* ~ *mellan hopp och fruktan* be torn between hope and dread **slitbana** (*på däck*) [tyre] tread **sliten** *a3* worn [out]; (*lugg-*) threadbare, shabby, shiny; *bildl.* hackneyed (*fras* phrase) **slitit** *sup. av slita* **slitning** [-i:t-] wear; *bildl.* discord, friction
slits *s2* slit; (*på kläder*) vent **slitsa** slit
slit|sam [-i:-] *a1* strenuous, hard; *ha det ~t* have a hard time [of it] **-stark** hardwearing, durable, lasting **-styrka** durability, wearing qualities **-sula** outsole **-varg** *han är en* ~ he is hard on his clothes
slockn|a [-å-] go out; lie down; (*somna*) drop off; *~d vulkan* extinct volcano; *~d blick* dull (lifeless) look **-ande** *a4* expiring; dying down
slog *imperf. av 2 slå*
slogan ['slo:-, 'slå:-] *s3, äv. best. form slogan, pl slogan* slogan, catch phrase
slok|a slouch, droop; ~ *med svansen* drag one's tail **-hatt** slouch hat **-örad** *a5* lop-eared; *bildl.* crestfallen
slopa (*avskaffa*) abolish, reject; ~ *tanken på* abandon (give up) the thought of
slott [-å-] *s7* palace; (*befäst*) castle; (*herresäte*) manor [house], hall
slotts|fogde warden of a castle **-fru** chatelaine **-herre** lord of a (the) castle (manor) **-kapell** chapel of a palace, chapel royal **-lik[nande]** palatial **-park** castle (palace) park **-ruin** ruined castle **-tappning** chateau wine **-väbel** *s2* superintendent of a royal palace
slovạk *s3* Slovak **-isk** *a5* Slovak
slo|vẹn *s3* Slovene **-vẹnsk** [-e:-] *a5* Slovenian, Slovene
sludder ['sludd-] *s7* slurred speech **sluddra** slur one's words; (*om drucken*) talk thick **sluddrig** *a1* slurred; thick
slug *a1* shrewd; (*listig*) cunning, sly, wily; (*finurlig*) resourceful
slugga *vard.* slog, *AE.* slug **slugger** ['slugg-] *s2, vard.* slogger, *AE.* slugger
slughuvud *ett* ~ a sly dog
sluka *v1, imperf. äv. slök* swallow (*äv. bildl.*); devour (*böcker* books); ~ *maten* gobble up (bolt) one's food
slum [slumm] *s3* slum **-kvarter** slum[s *pl*], slum district
slummer ['slumm-] *s9* slumber; (*lur*) doze, nap
slump *s2* **1** (*tillfällighet*) chance; luck, hazard; *av en* ~ by chance, accidentally; *en ren* ~ a mere chance (toss-up); *~en gjorde att jag* it so happened that I; *~en gynnade oss* fortune favoured us **2** (*återstod*) remnant
slump|a 1 ~ [*bort*] sell off (at bargain prices; *vard.* dirt cheap) **2** *det ~de sig så att* it so happened that **-artad** [-a:r-] *a5*, **-mässig** *a1* haphazard, chance, random **-urval** random sample **-vis** *adv* (*på en slump*) at random (haphazard)
slumr|a slumber, be half-asleep; (*ta en lur*) doze, nap; ~ *in* doze off [to sleep] **-ande** *a4* slumber-

ing; *bildl.* dormant, undeveloped
slumsyster woman Salvationist working in slums
slung|a I *s1* sling **II** *v1* sling; (*honung*) extract; (*friare*) fling, hurl; ~ *ngt i ansiktet på ngn* throw s.th. in a p.'s face **-boll** sling ball
slunkit *sup. av 2 slinka*
sluntit *sup. av slinta*
slup *s2* (*skeppsbåt*) launch, pinnace; (*enmastad*) sloop
sluppit *sup. av slippa*
slurk *s2* drink; swig; a few drops
slusk *s2* shabby[-looking] fellow; (*lymmel*) ruffian **sluskig** *a1* shabby
sluss *s2* lock; (*dammlucka*) sluice; (*luft-*) airlock
sluss|a (*gå igenom sluss*) pass through a lock; (*låta gå genom sluss*) take through a lock **-avgift** lock dues (*pl*), lockage **-bassäng** lock chamber **-ning** lockage, passing [a ship] through a lock **-port** lock gate **-trappa** flight of locks
slut I *s7* end; (*avslutning*) ending, termination, close, finish; (*utgång*) result; *när ~et är gott är allting gott* all's well that ends well; *~et blev att han* the end of it (result) was that he; *~et på visan blev* the end of the story was; *få ett ~* come to an end; *få ~ på* get to the end of, see the end of; *göra ~ med ngn* break it off with s.b.; *göra ~ på a*) (*göra av med*) use up, consume, *b*) (*stoppa*) put an end to; *i* (*vid*) *~et* at the end; *känna ~et nalkas* feel that the end is near; *dagen lider mot sitt ~* the day is drawing to a close; *läsa ~ en bok* finish reading a book; *till ~* at last, finally; *ända till ~et* (*vard.*) to the bitter end; *från början till ~* from beginning to end; *låt mig tala till ~* let me finish what I was saying **II** *oböjligt predik. a* at an end, [all] done (over), finished; *det måste bli ~ på* there must be an end to (*ofoget* this mischief); *är ~ a*) (*i tid*) is at an end, is over *b*) (*om vara o.d.*) is used up, (*slutsåld*) sold out, *c*) (*om krafter, tålamod e.d.*) is exhausted; *kaffet är ~* there is no more coffee; *jag är alldeles ~* I am dead beat; *det är ~ mellan oss* it is all over between us; *ta ~, se sluta II 2*; *... har tagit ~* (*hand.*) we are [sold] out of ..., there is no more ...; *bensinen håller på att ta ~* we are getting (running) short of petrol; *aldrig tyckas ta ~* (*äv.*) seem endless (interminable)
slut|a I *slöt -it* **1** (*till-*) close, shut; *~ leden* close the ranks; *~ ngn i sin famn* lock s.b. in one's arms; *~ en cirkel kring* form a circle round; *~ ögonen för* (*bildl.*) shut one's eyes to; *~ till* shut, close; *~ upp* gather, assemble **2** (*göra upp*) conclude (*fred* peace); *~ avtal* make (conclude, come to) an agreement **3** (*dra -sats*) conclude (*av* from) **II** *v1, imperf. äv. slöt* **1** (*av-*) end, bring to an end; (*säga t. slut*) conclude; (*göra färdig*) finish; *~ skolan* leave school **2** (*upphöra, ta slut*) end (*med* with; *på konsonant* in a consonant); come to (be at) an end, stop, cease; *AE. äv.* quit; (*~ sin anställning*) leave, quit; *~ gråta* stop crying; *han ~de läsa på sidan ...* he left off reading on page ...; *~ röka* give up (stop) smoking; *~ där man börjat* come full circle; *det kommer att ~ illa* it will end badly; *hon har ~t hos oss* she has left us; *hans liv ~de i fattigdom* he ended up in poverty; *~ i en spets* end in a point; *han ~de med några uppskattande ord* he wound up (concluded) with a few appreciative words; *~ upp* stop (*med ngt* doing s.th.) **III** *slöt -it, rfl* **1** (*stänga sig*) shut, close; *~ sig inom sig själv* retire into one's shell **2** *~ sig till ngn* (*ngt*) join s.b. (s.th.); *~ sig tillsammans* (*om pers.*) unite **3** *~ sig till ngt* (*komma fram t.*) conclude (infer) s.th.
slut|akt *teat.* last (final) act **-anmärkning** closing remark, final observation **-are** *foto.* shutter **-avräkning** final settlement (account) **-behandla** conclude (*ett mål* a case); *saken är ~d* the matter is settled **-betalning** final payment (settlement) **-betyg** final (leaving) certificate **-betänkande** final committee report
slut|en *a3* **1** (*till-*) closed; (*förseglad*) sealed (*försändelse* package); *~ omröstning* secret ballot, ballot vote; [*tätt*] *-na led* serried ranks; *ett -et sällskap* a private company; *~ vokal* close vowel; *~ vård* inpatient care, institutional care; *-et TV-system* closed-circuit television **2** (*inbunden*) reserved; *vard.* buttoned-up **-examen** final (leaving) examination; *vard.* finals **-fall** *mus.* cadence **-föra** bring to an end, conclude **-försäljning** clearance sale **-förvaring** *kärntekn.* landfill [ing], deposition, controlled tipping **-giltig** definitive, final
slut|it *sup. av sluta I o. III* **-kläm** closing remark, final comment; (*sammanfattning*) summing-up **-körd** *a5, vard.* exhausted, deadbeat **-ledning** conclusion, deduction, inference; (*i logiken*) syllogism **-leverans** final delivery
slutlig [-u:-] *a1* final, ultimate; *~ skatt* final tax **slutligen** [-u:-] finally; (*till sist*) in the end, ultimately, eventually; (*omsider*) at last
slut|likvid final (full) payment (settlement) **-lön** terminal (severance) pay **-muskel** *anat.* sphincter **-mål** ultimate objective **-omdöme** final verdict **-plädering** concluding speech **-poäng** total points (*pl*) **-produkt** end product (item), finished product **-prov** final test **-punkt** extremity; terminal point **-redovisning** final statement of account **-replik** closing rejoinder; (*i pjäs*) closing lines **-resultat** final result **-sats** conclusion, inference; *dra sina ~er* draw one's conclusions **-scen** final (closing) scene **-sedel** *hand.* contract note, bill of sale **-signal** *sport.* final whistle **-skattesedel** final [income-tax] demand note **-skede** final stage (phase) **-spel** *sport.* finals; (*i schack*) endgame **-spurt** final spurt; finish **-stadium** final stage **-station** terminus; *AE.* terminal **-steg** (*i raket*) last (final) stage **-stycke** (*på eldvapen*) bolt **-summa** total [amount], sum total **-såld** sold out, out of stock; (*om bok*) out of print
slutt|a decline, slope [downwards]; descent; *~ brant* slope abruptly **-ande** *a4* inclined (*plan* plane); sloping (*axlar* shoulders); slanting (*tak* roof); *komma på det ~ planet* (*bildl.*) be on the downgrade
sluttentamen final examination
sluttning slope, descent
slut|uppgörelse final settlement **-vinjett** (*i bok e.d.*) tailpiece; *bildl.* concluding remark, (*höjdpunkt*) peak, culmination
slyna *s1* hussy, minx
slyngel *s2* young rascal; scamp **-aktig** *a1* ill-mannered **-åldern, -åren** the awkward age

1 slå *s2* crossbar, slat, rail

2 slå *slog slagit* **I 1** (~ *till, äv. bildl.*) strike (*ett slag* a blow; *ngn med häpnad* s.b. with amazement); hit; smite, knock; (*flera slag; besegra*) beat (*ngn gul o. blå* s.b. black and blue; *på trumma* the drum; *fienden* the enemy); (*om hjärta, puls*) beat, throb; (*om segel*) flap; *han slog henne* he beat (hit, struck) her; *samvetet slog mig* my conscience smote me; *det slog mig att* it struck me that; ~ *en bonde* (*schack.*) take a pawn; ~ *broar* throw bridges (*över* across); ~ *kana* slide, go sliding; *fönstret står och ~r* the window keeps banging [to and fro]; *gäddan ~r* the pike is splashing about; *klockan ~r* the clock strikes; *en vara som ~r* a product that catches on; ~ *fel nummer* dial the wrong number; ~ *för en flicka* court (*AE. äv.* date) a girl; ~ *i dörrarna* bang the doors; ~ *en spik i väggen* knock (drive) a nail into the wall; *regnet ~r mot fönstret* the rain is beating against the window; *vågorna ~r mot stranden* the waves are beating on the shore; ~ *armarna om* put (throw) one's arms round; ~ *papper om* wrap up in paper; ~ *ett snöre om* tie up with string; ~ *en knut* make a knot; ~ *en ring omkring* form a circle round; ~ *på stort* lay it on, do the thing in style; ~ *ngn till marken* knock s.b. down **2** (*meja*) mow, cut (*hö* hay) **3** (*hälla*) pour (*i, upp* out) **4** (*om fåglar*) warble **II** (*med betonad partikel*) **1** ~ *an a*) (*en sträng*) touch, strike, *b*) (*en ton*) strike up; ~ *an på* catch on with, captivate (*åhörarna* the audience); ~ *av a*) knock off, *b*) (*koppla ifrån*) switch off, *c*) (*hälla av*) pour off **2** ~ *av på priset* reduce (knock down) the price; ~ *av sig* get flat, lose strength **3** ~ *bort* throw away, (*tankar e.d.*) chase away, drive (shake) off; ~ *bort tanken på* ... dismiss the thought of ... from one's mind; ~ *bort med ett skämt* pass off with a joke **4** ~ *emellan* (*boktr.*) lead [out], space out **5** ~ *i a*) (*spik*) knock (drive) in, *b*) (*hälla i*) pour out (in); ~ *i ngn ngt* drum s.th. into a p.'s head, (*lura*) talk s.b. into believing s.th. **6** ~ *igen a*) (*smälla igen*) slam, bang (*dörren* the door), (*stänga*) shut (*locket* the lid), close, shut down (*butiken* the shop), (*stängas*) shut [with a bang], *b*) (~ *tillbaka*) hit (strike) back **7** ~ *igenom a*) (*tränga igenom*) penetrate, soak through, *b*) (*lyckas*) succeed, make a name for o.s. **8** ~ *ihjäl* (*äv. tiden*) kill **9** ~ *ihop a*) (*händerna e.d.*) clap, (*smälla ihop*) clash together, *b*) (*fälla ihop*) fold [up], (*slå igen*) shut, *c*) (*förena*) put together, unite, combine **10** ~ *in a*) (*krossa*) smash, break, (*dörr*) force, *b*) (*paket e.d.*) wrap up (*i* in), *c*) (*besannas*) come true; ~ *in på en annan väg* turn into (take) another road, *bildl.* branch off, take another course **11** ~ *ner a*) (*t. marken*) knock down, *b*) (*driva ner*) beat (hammer) down (*en stolpe* a pole), *c*) (*fälla ner*) let down, (*ögonen*) lower, (*krage e.d.*) turn down, *d*) (*om åskan*) strike, *e*) (*om rovfågel o. bildl.*) swoop down, pounce; *röken ~r ner* the smoke is driving down[wards]; *nyheten slog ner som en bomb* the news broke like a bomb **12** ~ *om* (*bildl. o. om väder*) change **13** ~ *omkull* throw (knock) over (down) **14** ~ *runt* somersault, overturn, (*festa*) go on the spree; ~ *sönder* break [to pieces] **15** ~ *till a*) strike, (*ngn äv.*) hit, *b*) (*inkoppla*) switch on, turn on, *c*) (*om relä e.d.*) pull up **16** ~ *tillbaka* hit (beat, strike) back, beat off (*ett anfall* an attack) **17** ~ *upp a*) (*öppna*) open, (*dörr e.d.*) throw (fling) open, (*ord i ordbok e.d.*) look up, *b*) (*fästa upp*) stick up, (*affisch e.d.*) post up, *c*) (*fälla upp*) turn up (*kragen* the collar), pitch (*ett tält* a tent, *d*) (*förlovning*) break off, *e*) (*om lågor*) flare up; ~ *upp sidan 5* turn to (open at) page 5; ~ *upp en artikel på första sidan* splash an article over the front page; *hon har slagit upp med honom* she has broken it off with him **18** ~ *ut a*) knock (beat) out, (*fönster*) smash, *b*) (*breda ut*) open (*vingarna* its (*etc.*) wings), *c*) (*om träd, växt*) burst into leaf, come out, (*om knopp*) open, *d*) (*hälla ut*) pour out, (*spilla*) spill [out], *e*) (*fördela*) spread over (*kostnaderna* the costs); *lågorna slog ut från taket* the flames burst through the roof; *försöket slog väl ut* the experiment turned out well; *många kommer att ~s ut i konkurrensen* many will go under in the competition **19** ~ *över* (*gå t. överdrift*) overdo it; *vågorna slog över båten* the waves washed over the boat **III** *rfl* **1** (*göra sig illa*) hurt o.s.; ~ *sig fördärvad* smash o.s. up **2** ~ *sig för sitt bröst* beat one's breast; ~ *sig för pannan* strike one's forehead; *du kan ~ dig i backen på att han kommer* you bet he will come **3** (*bli krokig*) warp, cast **4** (*i prep. uttryck*) ~ *sig fram* (*bildl.*) make (fight) one's way [in the world]; ~ *sig ihop* (*för att köpa*) club together; ~ *sig ihop med* (*äv.*) join [forces with]; ~ *sig lös, se lös*; ~ *sig ner* sit down, (*bosätta sig*) settle [down]; ~ *sig på* (*ägna sig åt*) go into (*affärer* business); *sjukdomen slog sig på lungorna* the disease went to (affected) the lungs

slående *a4* striking (*likhet* resemblance)

slån *s9, s7* blackthorn, sloe **-bär** sloe

slåss *slogs slagits, dep* fight (*om* about; *med ngn* [with] s.b.)

slåtter ['slått-] *s2* haymaking **-gille** hay-harvest festival **-karl** haymaker **-maskin** mower

1 släcka *v3, sjö.,* ~ [*på*] slacken, ease [off]

2 släcka *v3* (*få att slockna*) extinguish, put out; (*elektr. ljus*) switch off; put out; (*gaslåga*) turn out; (*kalk; törst*) slake

släckning extinction *etc.*

släcknings|arbete fire-fighting [work] **-manskap** fire-fighting squad; fire-fighters (*pl*) **-redskap** fire[-fighting] appliance

släd|e *s2* sleigh; sledge; *åka* ~ sleigh, go sleighriding **-färd** sleigh ride **-före** *bra* ~ good snow for sleighing **-parti** sleigh excursion (ride)

slägg|a *s1* sledge[hammer]; *sport.* hammer; *kasta* ~ (*sport.*) throw the hammer **-kastare** hammer-thrower **-kastning** throwing the hammer

släkt I *s3* (*ätt*) family; (*-ingar*) relations, relatives (*pl*); *det ligger i ~en* it runs in the family; ~ *och vänner* friends and relations; *tjocka ~en* (*vard.*) near relations **II** *oböjligt pred. a* related (*med* to), of the same family (*med* as); *jag är ~ med honom* I am a relative of his; ~ *till ~en* related to one's relations; *vara nära* ~ be closely related; ~ *på långt håll* distantly related **-drag** family trait (characteristic)

släkt|e *s6* (*-led*) generation; (*ätt, ras*) race; *biol.* genus; *det manliga ~t* the male species **-fejd** family feud **-forskare** genealogist **-forskning** genealogy **-ing** relative, relation (*till mig* of mine) **-klenod** [family] heirloom **-kär** fond of (attached to) one's family **-led** generation **-möte** family gathering **-namn** family name, surname; *biol.* generic name **-skap** *s3, s4* relationship; *bildl.* affinity, kinship **-skapsförhållande** relationship **-tavla** genealogical table **-tycke** family likeness

1 slända *s1* (*redskap*) distaff

2 slända *s1, zool.* dragonfly; neuropter[an]

släng *s2* **1** (*häftig rörelse*) toss, jerk (*med huvudet* of the head) **2** (*snirkel*) flourish **3** (*slag*) lash, cut **4** (*lindrigt anfall*) touch (*av influensa* of the flu); dash (*av galenskap* of madness)

slänga *v2* **1** (*kasta*) toss, jerk, fling; dash; ~ *av sig rocken* throw off one's coat; ~ *i sig maten* gulp down the food; ~ *på sig kläderna* throw one's clothes on **2** (*dingla*) dangle (*hit o. dit* to and fro); (*svänga*) swing; ~ *i dörrarna* slam the doors; ~ *med armarna* wave one's arms about

släng|d *a1* (*skicklig*) clever, good (*i* at) **-gunga** swing **-kappa** [Spanish] cloak

släng|ig *a1* (*ledlös*) loose-limbed; (*om handstil*) careless **-kyss** *kasta en ~ till ngn* blow s.b. a kiss **-kälke** merry-go-round on the ice **-polska** swinging reel **-skott** pot shot

slänt *s3* slope

släntra saunter, stroll

släp *s7* **1** (*på klädesplagg*) train **2** (*-vagn*) trailer; *ha* (*ta*) *på* ~ have (take) in tow **3** (*slit*) toil, drudgery; *slit och* ~ toil and moil

släpa I *v1* **1** (*dra efter sig*) drag, trail; (*bogsera*) tow, tug; ~ *fötterna efter sig* drag one's feet; ~ *med sig* drag about with one; ~ *sig fram* drag o.s. along, *bildl.* drag [on] **2** (*hänga ner*) drag, trail (*i golvet* on the floor) **3** (*slita*) toil, drudge **II** *s1* sled, sledge

släp|ig *a1* trailing, shuffling (*gång* gait); drawling (*röst* voice) **-kontakt** trailing (sliding) contact **-lift** ski tow **-logg** patent log

släpp|a *v3* **1** (*låta falla*) let go; (*tappa*) drop, let slip **2** (*frige, lösa*) release, let loose; (*överge*) give up (*tanken på* the thought of); ~ *taget* release one's hold, let go **3** (*lossna*) come loose; leave hold **4** (*med betonad partikel*) ~ *efter* release one's hold, *bildl.* get lax; ~ *efter på disciplinen* relax the discipline; ~ *fram* (*förbi*) let pass; ~ *ifrån sig* let go, part with, (*avstå från*) give up; ~ *in* let in, admit; ~ *lös* release, let loose; ~ *ner* (*sänka; lägga ner*) let down; ~ *på vatten* turn the water on; ~ *till pengar* contribute (furnish) money; ~ *ut* let out (*äv. sömn.*), (*fånge*) release **-hänt** *a1* butterfingered; *bildl.* indulgent, easy-going (*mot ngn* towards, with) **-hänthet** indulgence; laxity

släp|räfsa hay sweep, sweeping rake **-sko** *elektr.* trailing (sliding) contact **-skopa** drag [line] bucket **-tåg** *ha i ~* (*bildl.*) have in tow, bring in one's (its) wake **-vagn** trailer

slät *a1* **1** smooth; (*jämn*) even, level; (*om mark äv.*) flat; *~t hår* smooth (sleek) hair **2** (*enkel*) plain; (*-struken*) mediocre; (*usel*) poor; *göra en ~ figur* cut a poor figure **släta** ~ [*till*] smooth [down]; (*platta till*) flatten; ~ *ut* smooth out [the creases in]; ~ *över* (*bildl.*) smooth over

slät|fila smooth-file **-hugga** cut smooth **-hyvla** smooth-plane **-hårig** straight-haired; (*om hund*) smooth-haired **-kamma** comb smooth; *~d* (*äv.*) sleek-haired **-löpning** flat-race **-prick** *sjö.* spar buoy, marker **-rakad** *a5* clean-shaven **-struken** *a3, bildl.* mediocre, indifferent

1 slätt *adv* **1** smoothly; *ligga ~* be smooth **2** *rätt och ~* [quite] simply; *stå sig ~* cut a poor figure, come off badly

2 slätt *s3* plain; (*hög-*) plateau

slätt|bygd, -land plain, flat country

slät|var [-ä:-] *s2* brill **-välling** thin gruel

slö *a1* blunt, dull (*äv. bildl.*); (*dåsig*) inert; (*loj*) indolent, listless **slöa** idle; *sitta och ~* sit idle, be dawdling; ~ *till* get slack; (*dåsa till*) get drowsy

slödder ['slödd-] *s7* mob, rabble

slö|fock [-å-] *s2* dullard, mope **-het** bluntness *etc.*; indolence, lethargy

slöja [ˣslöjja] *s1* veil

slöjd *s3* handicraft; (*skolämne*) handicraft (woodwork, carpentry; needlework) instruction **slöjda** do woodwork (*etc.*) **slöjdalster** handmade article

slöjdans dance of the veils

slöjd|lärare craft teacher **-sal** manual workshop **-skola** handicraft (arts and crafts) school

slöjmoln cirrostratus

slök *imperf. av sluka*

slör *s2, sjö.* free (large) wind **slöra** sail (go) large

slösa 1 (*använda t. övermått*) squander, be wasteful (lavish) (*med* with) **2** (*ödsla*) waste (*pengar* money), spend [lavishly], squander; (*beröm, omsorg o.d.*) lavish; ~ *bort* waste, squander **slösaktig** *a1* lavish (*med* with), wasteful (*med* with, of); extravagant **slösaktighet** lavishness *etc.*; extravagance **slösande** *a4, jfr -aktig*; ~ *prakt* lavish splendour **slösare** spendthrift, squanderer **slöseri** wastefulness, extravagance; waste (*med tiden* of time)

slöt *imperf. av sluta*

smack *n, inte ett ~* not a bit

smack|a smack; ~ *med tungan* click one's tongue; ~ *åt* (*häst*) gee up **-ning** smack[ing noise], click

smak *s3* taste (*av* of; *för* for) (*äv. bildl.*); (*arom*) flavour (*av vanilj* of vanilla); *~en är olika* tastes differ; *om tycke och ~ skall man inte diskutera* there is no accounting for tastes; *falla ngn i ~en* please s.b., strike a p.'s fancy; *få ~ för* take a liking to, get a taste for; *jag har förlorat ~en* I have lost my sense of taste; *ha god* (*säker*) ~ have an unerring taste; *en person med god ~* a person of [good] taste; *äta med god ~* eat with gusto (a relish); *i min ~* to my taste; *den är inte i min ~* (*äv.*) I don't fancy it; *sätta ~ på* give a flavour to, season; *ta ~ av ngt* take on the taste of s.th.

smak|a 1 (*av-, eg. o. bildl.*) taste, have a taste of (*äv. få ~, ~ på*); (*erfara*) experience; ~ *av, se avsmaka*; [*få*] ~ *riset* get a taste of the rod; *han ~r aldrig starkt* he never touches strong drink **2** (*ha viss smak*) taste, have a taste (*tomat* of tomato); ~ *gott* (*illa*) taste nice (bad), have a nice (bad) taste; *hur ~r det? a*) what does it taste like?, *b*) (*tycker du om det?*) is it to your taste?; *nu skall det ~ med te* tea will be welcome; ~ *på* taste; *låta sig ngt väl ~* eat s.th. heartily, help o.s. liberally to; *det kostar mer än det ~r* it costs more than it is worth; *~r det så kostar det* you won't get something for nothing; *han ~de knappt på maten*

S

he hardly touched the food **-bit** bit to taste; (*prov*) sample **-domare** arbiter of taste **-full** tasteful; (*elegant*) stylish, elegant **-fullhet** tastefulness; style, elegance **-förbättring** improvement in taste **-försämring** impairment of taste
smak|lig [-a:-] *a1* (*aptitlig*) appetizing; (*läcker*) delicate, dainty; tasty **-lök** *anat.* taste bud **-lös** tasteless (*äv. bildl.*); *eg. äv.* flat, insipid; *bildl. äv.* in bad taste **-löshet** tastelessness *etc.*; insipidity; *bildl.* bad taste **-nerv** gustatory nerve **-prov** sample **-riktning** taste; tendency, style **-råd** advice (*pers.*: adviser) in matters of taste **-sak** matter of taste **-sensation** taste sensation **-sinne** [sense of] taste **-sätta** flavour, season **-sättning** seasoning **-ämne** flavouring
smal *a1* (*motsats bred, vid*) narrow; (*motsats tjock*) thin; (*om pers. äv.*) lean; (*slank*) slender; *vara ~ om midjan* have a slender waist; *det är en ~ sak* (*bildl.*) it is a small matter (a trifle) **-axlad** *a5* narrow-shouldered **-ben** lower shin **-bent** [-e:-] *a1* slender-legged, thin-legged **-film** substandard (8 (16) mm) film **-filmskamera** cine (*AE.* movie) camera
small *imperf. av smälla*
smal|na [-a:l-] narrow [off, down]; (*magra, bli tunnare*) grow thinner; (*t. en spets*) taper **-randig** narrow-striped **-spårig** *a1* narrow-gauge; *bildl.* narrow-minded
smaragd *s3* emerald **-grön** emerald-green
smart [-a:-] *a1* smart
smash smash **smasha** smash
smaska slurp **smaskens** ['smask-] (*endast pred.*) *vard.* delicious, yummy **smaskig** *a1, vard.* delicious, yummy
smatt|er ['smatt-] *s7* clatter; patter, rattle; (*av* (*om*) *trumpet*) blare **smattra** clatter; patter, rattle; (*av* (*om*) *trumpet*) blare
smed *s3* [black]smith **smedja** [-e:-] *s1* smithy; forge
smek *s7* caressing; (*kel*) fondling; (*ömhetsbetygelser*) caresses (*pl*) **smeka** *v3* caress; (*kela med*) fondle; (*klappa*) pat **smekande** *a4* caressing; gentle, soft (*toner* tones)
smek|as *v3, dep* caress [each other] **-månad** honeymoon **-namn** pet name **-ning** [-e:-] caress, endearment **-sam** [-e:-] *a1* caressing, fondling
1 smet *imperf. av 1, 2 smita*
2 smet *s3* (*sörja*) sludge; *kokk.* paste, [cake] mixture; (*pannkaks-*) batter
smeta daub, smear (*på* on); *~ fast* stick; *~ av sig* make smears, (*om färg*) come off; *~ ner* [be] smear, bedaub; *~ ner sig* make a mess of o.s. **smetig** *a1* smeary, sticky
smicker ['smikk-] *s7* flattery; (*inställsamt*) blandishment; (*grovt*) blarney; *vard.* soft soap **smickra** flatter, cajole; *~ sig med* flatter o.s. upon (*att ha gjort ngt* having done s.th.), plume o.s. on (*att vara* being) **smickrande** *a4* flattering; *föga ~* hardly flattering **smickrare** flatterer
smida *v2* forge (*äv. bildl.*); hammer; *bildl.* devise, concoct (*planer* schemes); *~ ihop* forge together, weld; *~ medan järnet är varmt* strike while the iron is hot
smidbar [-i:-] *a1* forgeable, malleable; *~t järn* malleable (wrought) iron **-het** malleability, forging quality
smidd *a5* forged; wrought, hammered **smide** *s6* forging; *~n* hardware (*sg*), iron goods, forgings
smides|järn forging steel (iron), wrought iron **-verkstad** forge, smithy
smidig *a1* (*böjlig*) ductile, flexible; pliable, supple (*äv. bildl.*); (*vig*) lithe; *~a tyger* soft materials **-het** flexibility; suppleness
smil *s7* smile; (*hångrin*) grin; (*självbelåtet*) smirk
smil|a smile; grin; smirk **-band** *dra på ~et* smile [faintly] (*åt* at) **-fink** sycophant, toady **-grop** dimple
smink *s4* make-up; (*rött*) rouge; *teat. äv.* grease paint **sminka** make up, paint; paint o.s.; *teat.* make up
smink|loge [-lå:ʃ] *s5* dressing room **-ning** making up; (*en ~*) make-up **-stång** stick of grease paint **-ör** make-up man
smisk *s7* smack[ing] **smiska** smack
1 smita *smet smitit* make off, run away; *vard.* hook it; (*från bilolycka*) hit and run; *~ från betalningen* dodge payment
2 smita *smet smitit, ~ åt* (*om plagg*) be tight
smitit *sup. av 1, 2 smita*
smitta I *s1* infection, contagion (*äv. bildl.*); *överföra ~* transmit infection **II** *v1, ~* [*ner*] infect (*äv. bildl.*); *bli ~d* catch the infection (*av ngn* from s.b.; *han ~de henne* (*äv.*) she caught it from him; *exemplet ~r* the example is infectious **smittande** *a4* catching, infectious; *~ skratt* infectious laughter
smitt|bärare [disease] carrier **-fara** danger of infection **-fri** noninfectious, noncontagious **-förande** *a4* (*om pers.*) infectious; infected, contaminated; disease-carrying **-härd** focus (source) of infection **-koppor** *pl* smallpox (*sg*) **-källa** source of infection **-risk** risk of infection **-sam** *a1* catching; infectious; contagious (*äv. bildl.*) **-spridare** [disease] carrier **-spridning** transmission of infection **-ämne** infectious matter, contagion
smock [-å-] *s3* (*rynkning*) smocking
smock|a [-å-] **I** *s1* biff **II** *v1, ~ till ngn* sock s.b. **-full** crammed full (*med* of), chock-full
smoking ['små:-] dinner jacket; *AE.* tuxedo; *vara klädd i ~* (*äv.*) wear a black tie **-skjorta** evening (*vard.* boiled) shirt
smolk [-å-] *s7* mote; some dirt (*i ögat* in one's eye); *det har kommit ~ i mjölken* (*bildl.*) there is a fly in the ointment
smor|d [-ɔ:-] *a5* greased; oiled; *Herrans ~* the Lord's anointed; *det går som -t* it goes like clockwork **smorde** *imperf. av smörja II* **smorläder** grain-leather **smort** *sup. av smörja II*
smuggel|gods smuggled goods (*pl*), contraband; *vard.* run goods (*pl*) **-trafik** smuggling
smuggl|a smuggle **-are** smuggler; (*sprit-*) bootlegger **-ing** smuggling
smugit *sup. av smyga*
1 smul *a1, sjö.* smooth
2 smul *r el. n, inte ett ~* not a scrap
smul|a I *s1* **1** (*bröd- etc.*) crumb; *-or* (*äv.*) scraps; *små -or är också bröd* better half a loaf than no bread **2** *bildl.* particle, fragment, atom; *en ~* a bit (trifle, little); *den ~ franska han kan* the little French he knows **II** *v1, ~* [*sönder*] crumble; *~ sig*

crumble **smulig** *a1* crumbly, full of crumbs
smultron [-ån] *s7* wild strawberry **-ställe** *eg.* place where wild strawberries grow
smussel ['smuss-] *s7, ej pl* underhand practices (*pl*); *vard.* hanky-panky **smussla** practice underhand tricks, cheat, swindle; ~ *in* smuggle (slip) in; ~ *till ngn ngt* slip s.b. s.th.; ~ *undan* smuggle out of the way
smuts *s3* dirt, filth (*äv. bildl.*); (*gat- etc.*) mud, soil; *dra* (*släpa*) *i ~en* drag through the mire
smuts|a ~ [*ner*] make dirty, soil; (*smeta ner*) muck up; (*fläcka*) stain; ~ *ner sig* get dirty; ~ *ner sig om händerna* get one's hands dirty **-brun** dirty brown **-fläck** blotch, smudge **-gam** Egyptian vulture **-gris** (*om barn*) dirty [little] grub
smuts|ig *a1* dirty; filthy; (*äv. bildl.*); *bildl. äv.* foul; (*om gator etc.*) muddy; *bli* ~ get dirty; *vara ~ om händerna* have grubby hands **-kasta** *bildl.* throw mud at; defame **-kastning** mud-throwing; defamation **-kläder** *pl* dirty linen (*sg*) **-litteratur** gutter literature **-säck** dirty-clothes bag **-titel** *boktr.* half-title, bastard title **-tvätt** *se -kläder* **-vatten** slops (*pl*)
smutta ~ [*på*] sip
smycka adorn, ornament; (*dekorera*) decorate **smycke** *s6* piece of jewellery, trinket; *bildl.* ornament; *~n* jewellery (*sg*) **smyckeskrin** jewel box (case)
smyg 1 *s2, se fönstersmyg* **2** *i uttr.: i* ~ stealthily, furtively, on the sly **smyga** *smög smugit* **1** (*smussla*) ~ [*in*] slip (*ngt i handen på ngn* s.th. into a p.'s hand) **2** (*oförmärkt glida*) sneak (*som en indian* like an Indian); *gå och* ~ [go] sneak [ing] about; *komma ~nde* come sneaking **3** *rfl* steal, sneak (*bort* away); ~ *sig intill ngn* snuggle up to s.b.; ~ *sig på ngn* steal up to s.b.
smyg|ande *a4* sneaking; lurking (*misstanke* suspicion); insidious (*sjukdom* illness; *gift* poison) **-handel** illicit trade **-läsa** read on the sly **-premiär** *AE.* sneak preview **-propaganda** insidious propaganda **-röka** smoke on the sly **-supa** drink on the sly **-väg** secret path; *~ar* (*bildl.*) underhand means
små *smått smärre*; *i stället för felande former används liten* (*jfr liten*) little; small; *bildl. äv.* petty; ~ *barn* little (small) children; ~ *bokstäver* small letters; *de* ~ (*barnen*) the little ones; *stora och* ~ great and small, (*om pers. äv.*) old and young **-aktig** *a1* petty, mean; *AE. äv.* picayune **-aktighet** pettiness, meanness **-barn** little children; infants **-barnsaktig** *a1* childish **-barnsfamilj** family with small children **-barnsåldern** infancy; childhood **-belopp** *pl* small amounts (sums) **-bil** small car; (*mycket liten*) mini-car **-bildskamera** miniature camera, minicamera **-blommig** with small flowers **-bord** small tables **-borgerlig** [petit] bourgeois **-bruk** smallholding, small farm **-brukare** smallholder, small farmer **-bröd** *koll.* biscuits (*pl*); *AE.* cookies (*pl*) **-båtar** *pl* small boats **-båtshamn** harbour for small boats, marina **-delar** *pl* particles, small parts
små|fel *pl* petty faults (errors); *tekn.* small (minor) defects **-fisk** *koll.* [small] fry **-flickor** *pl* little girls **-folk** humble folk, ordinary people **-franska** French roll **-frusen** chilly **-fräck** cheeky **-fågel** small bird[s] **-företagare** *pl* owners of small firms (businesses, companies) **-gata** bystreet **-gnola** hum **-grisar** piglets, young pigs **-gräla** bicker **-handlare** *eg.* small dealer; *bildl.* small fry **-husbebyggelse** area of one-family houses **-kaka** *se småbröd* **-klasser** first three forms in primary school **-koka** simmer **-krafs** odds and ends (*pl*) **-kryp** insect; *vard.* bug **-krämpor** *pl* aches and pains **-le** smile (*mot* at) **-leende I** *a4* smiling **II** *s6* smile **-mynt** *se småpengar* **-mönstrad** small-patterned
småningom [-åm] [*så*] ~ (*efter hand*) gradually, little by little, (*med tiden*) by and by
små|näpen, -nätt sweet little **-ord** *pl* small words; *språkv.* particles **-paket** *post.* small packet **-pengar** *pl* small change (*sg*) **-planet** asteroid, planetoid **-plock** *koll.* odds and ends (*pl*) **-pojkar** little boys **-potatis** *det var inte* ~ (*bildl.*) that wasn't to be sneezed at, *AE.* that wasn't small potatoes **-prat** chat, small talk **-prata** chat **-prickig** with small dots **-påve** *neds.* big noise **-randig** narrow-striped **-regna** drizzle **-rolig** [quietly] amusing, droll **-rutig** small-checked **-rätter** *pl ung.* hors d'oeuvres
små|sak trifle, small (little) thing; *hänga upp sig på ~er* worry about little (unimportant) things; *det är inte ~er* it is no light matter **-sint** *a1, se småaktig* **-skog** brushwood **-skola** junior school **-skol[e]lärare** junior school teacher **-skratta** chuckle **-skrift** pamphlet, booklet **-skulder** *pl* small (petty) debts **-skuren** *a3* fine[ly] cut; *bildl. se småaktig* **-slantar** *se -pengar* **-slug** shrewd, artful **-snål** cheeseparing **-sparare** small saver **-springa** half run, trot **-stad** small town; (*lands-orts-*) country (provincial) town **-stadsaktig** *a1* provincial **-stadsbo** inhabitant of a small town (*etc.*), provincial **-sten** *koll.* pebbles (*pl*) **-summor** *pl* small (petty) sums **-sur** sulky **-svära** swear under one's breath **-syskon** *pl* small (younger) sisters and brothers **-timmarna** *pl* the small hours; *fram på* ~ in the small hours of the morning **-tokig** scatty **-trevlig** cosy; (*om pers.*) pleasant
smått I *a, jfr små* little, small; ~ *och gott* a little of everything; *ha det* ~ be badly off; *ha* ~ *om* be short of; *hacka ngt* ~ chop s.th. small **II** *adv* a little; slightly, somewhat (*förälskad* in love) **III** *s, i vissa uttr.: vänta* ~ expect a baby; *i* ~ in little [things], in a small way, on a small scale; *i stort som* ~ in great as in little things **-ing** baby, youngster, kid
småtvätt *s2, ej pl* smalls (*pl*)
små|varmt *best. form det -varma, koll.* hot snack **-vilt** *koll.* small game **-vägar** *pl* byroads **-växt** *a4* (*om pers.*) short [of stature]; (*om djur*) small; (*om växt*) low
smäcka *vard.* **1** (*slå*) slam, hit **2** (*ljuga*) lie, brag
smäcker ['smäkk-] *a2* slender
smäda abuse; (*ärekränka*) defame; ~ *Gud* blaspheme **smädedikt** lampoon, libellous poem **smädelse** abuse; defamation; *~r* invectives **smädeskrift** libel[lous pamphlet], lampoon **smädlig** [-ä:-] *a1* abusive
smäkt|a languish **-ande** *a4* (*trånande*) languishing; (*ljuv*) melting
smälek *s2* disgrace, ignominy; *lida* ~ suffer (be

S

put to) shame

smäll 1 *s7, få ~* get a spanking (smacking) **2** *s2* (*knall, skräll*) bang, crack; *dörren slog igen med en ~* the door shut with a bang (slammed to) **3** *s2* (*slag*) smack, slap; (*med piska*) lash

smäll|a *v2, imperf. i intransitiv betydelse äv. small* **1** (*slå*) slap; (*ge ngn smäll*) spank, smack **2** (*frambringa en smäll*) crack; *~ i dörrarna* bang (slam) the doors; *~ med piskan* crack the whip; *nu -er det!* off it goes!; *~ igen* shut [...] with a bang, ([*om*] *dörr*) bang, slam **-are** cracker **-fet** immensely fat **-kall** bitterly cold **-karamell** cracker **-kyss** smack

smält|a I *s1, tekn.* [s]melt **II** *v3* **1** (*göra flytande*) melt; (*metall äv.*) smelt, fuse; (*mat o.d.*; *bildl.*) digest; *bildl. äv.* put up with, swallow (*förtreten* one's annoyance); *smält smör* drawn butter **2** (*övergå t. flytande form*) melt (*äv. bildl.*); (*om is, snö äv.*) thaw; (*lösa sig*) dissolve; (*vekna*) soften; *~ ihop* fuse (*äv. bildl.*); (*minskas*) twindle [down]; *-er i munnen* melts in the mouth; *~ ner* [s]melt down; *~ samman* fuse (*äv. bildl.*); *~ samman med* (*äv.*) merge into **-ande** *a4* melting (*toner* tones); *bildl. äv.* liquid **-degel** crucible, melting pot **-hytta** smelting works **-ning** [s] melting *etc.*; liquefaction; dissolution; fusion; (*av mat*) digestion **-ost** processed cheese **-punkt** melting (fusing) point **-säkring** [safety] fuse **-ugn** [s]melting furnace **-vatten** melted snow (ice) **-värme** fusion (melting) heat

smärgel [ˣsmärjel, 'smärr-] *s9* emery **-duk** emery cloth **-skiva** emery wheel

smärgla [-j-] emery, grind (polish) with emery

smärre *komp. t. små* smaller; minor (*fel* faults)

smärt *a1* slender, slim

smärt|a I *s1* pain; (*häftig, kort*) pang, twinge [of pain]; (*pina*) agony, torment; (*lidande*) suffering; (*sorg, bedrövelse*) grief, affliction, distress; *känna ~* feel (be in) pain, (*själsligt*) be grieved (pained) (*över* at); *med ~ hör jag att* I am grieved to hear that **II** *v1* pain; (*själsligt äv.*) grieve (*djupt* deeply) **-fri** painless; (*smidig*) smooth **-förnimmelse** sensation of pain **-gräns** pain threshold

smärting canvas

smärt|lindring pain relief **-punkt** focus of pain **-sam** *a1* painful; (*själsligt äv.*) sad, grievous, distressing; *ytterst ~ma plågor* (*äv.*) extreme pain (*sg*) **-stillande** *a4* pain-relieving, analgesic; (*lugnande*) sedative; *~ medel* analgesic, anodyne, sedative

smög *imperf. av smyga*

smör *s7* butter; *breda ~ på* spread with butter, spread butter on, butter; *gå åt som ~ i solsken* sell like hot cakes; *inte för allt ~ i Småland* not for all the tea in China; *se ut som om man sålt ~et och tappat pengarna* look as though one has made a fortune and lost it; *komma* [*sig*] *upp i ~et* be in clover, be in high favour **smöra** *v1* butter

smör|ask butter box **-bakelse** puff-pastry cake **-blomma** buttercup **-boll** *bot.* globeflower **-deg** puff paste **-dosa** butter dish **-fett** butterfat; butyrin

smörgås [ˣsmörr-] *s2* [piece (slice) of] bread and butter; (*med pålägg*) open sandwich; *kasta ~* (*lek*) play ducks and drakes **-bord** smorgasbord; hors d'oeuvres (*pl*) **-mat** sliced meats (cheese *etc.*) used on open sandwiches (*pl*) **-nisse** *s2* assistant waiter; *AE.* bus boy

smörj *s7* thrashing, licking **smörja I** *s1* **1** (*-medel*) grease, lubricant **2** (*skräp*) rubbish, trash; *prata ~* talk nonsense (rubbish) **II** *smorde smort* **1** grease, lubricate; (*med olja*) oil; (*med salva*) salve; (*kung e.d.*) anoint; (*bestryka*) smear; *~ in a*) (*ett ämne*) rub in *b*) (*ngn, ngt*) *dets. som smörja* **2** *~ ngn* (*smickra*) butter s.b. up, (*muta*) grease (oil) a p.'s palm **smörjare** greaser, oiler **smörjelse 1** (*-ning*) anointing **2** (*salva*) ointment; (*helig olja*) chrism; *sista ~n* the extreme unction

smörj|fett [lubricating] grease (fat) **-grop** greasing pit **-hall** greasing bay **-hål** lubricating (oil) hole **-ig** *a1* (*smutsig*) greasy, smeary **-kanna** oilcan, lubricating can **-kopp** oilcup, lubricating cup **-medel** *tekn.* lubricant **-ning** greasing *etc.*; lubrication **-nippel** oil (grease) nipple **-olja** lubricating oil **-spruta** grease (lubricating) gun

smör|klick pat of butter **-kniv** butter knife **-kräm** butter cream **-kärna** churn **-papper** greaseproof paper **-sopp** *s2* ringed boletus **-syra** butyric acid

snabb *a1* rapid, swift (*rörelse* motion); speedy; fast (*löpare* runner); prompt, quick (*svar* reply); *~ i vändningarna* nimble, alert, agile; *~t tillfrisknande* speedy recovery

snabb|a *~ på* hurry up **-behandla** (*hopskr. snabbehandla*) *~ ett ärende* take prompt action on (deal quickly with) a matter **-eld** *mil.* rapid firing **-fotad** *a5* fleet-footed, swift-footed **-förband** adhesive plaster **-gående** *a4* fast, high-speed **-het** swiftness *etc.*; rapidity; speed **-kaffe** instant coffee **-kurs** short (concentrated) course **-köp[sbutik]** self-service shop (*AE.* store) **-läsning** speed reading **-seglande** [-e:-] *a4* fast [-sailing] **-seglare** fast[-sailing] vessel **-simmare** fast (racing) swimmer **-skjutande** [-ʃ-] *a4* quickfiring **-skrift** shorthand [writing] **-skrivare** *data.* high-speed printer **-stål** high-speed steel **-telefon** intercom [telephone] **-tänkt** *a1* quick-witted, ready-witted **-tänkthet** quickness of wit **-växande** fast-growing

snabel ['sna:-] *s2* trunk

snack *s7, vard., se prat, strunt* **snacka** chatter, chat **snacksalig** *vard.* garrulous

snagg *s3* crew cut **snagga** crop **snaggad** *a5* cropped

snappa snatch, snap (*efter* at); *~ bort* snatch away; *~ upp* snatch (pick) up; *~ upp några ord* catch a few words

snapphane *s2, hist.* pro-Danish partisan in Scania (17th C)

snaps *s2* schnap[p]s **-visa** drinking song

snar *a1* speedy (*bättring* recovery); quick (*t. vrede* to anger); *inom en ~ framtid* in the immediate (near) future

snar|a I *s1* snare; (*fälla*) trap; (*fågel-*) springe; (*ränn-*) noose; *lägga ut -or för* set (lay) traps for; *fastna i ~n* fall into the trap (*äv. bildl.*) **II** *v1* snare

snar|are *adv* **1** (*hellre*) rather; *~ kort än lång* short rather than long; *det är ~ så att ...* the fact is that ... if anything; *jag tror ~ att* I am more inclined to think that **2** (*snabbare*) sooner **-ast** *adv* **1** *~* [*möjligt*] as soon as possible, at one's earliest convenience, without delay **2** (*egentligen*) if any-

thing **-fager** pretty-pretty
snark|a snore **-ning** snore; *~ar* (*äv.*) snoring (*sg*)
snar|lik rather like; *~ i form* much of the same shape; *en ~ historia* an analogous (similar) story **-likhet** close similarity **-stucken** *a5* quick to take offence; touchy, susceptible **-stuckenhet** touchiness
snar|t [-a:-] *adv* soon; (*inom kort*) shortly, before long; *alltför ~* only too soon; *~ sagt* well-nigh, not far off; *så ~* [*som*] as soon as, directly; *så ~ som möjligt, se snarast 1* **-tänkt** *a1* ready-witted, quick-witted
snask *s7* sweets (*pl*); *AE.* candy **snaska 1** eat sweets; *~ i sig* munch **2** *~ ner* make a mess on (of); *~ ner sig* mess o.s. up **snaskig** *a1* messy, dirty
snatta pilfer, pinch, filch
snatter ['snatt-] *s7* quack[ing]; gabble (*äv. bildl.*); *bildl. äv.* jabber
snatteri petty theft, *jur.* petit (petty) larceny; (*butiks-*) shoplifting
snattra (*om fågel*) quack; gabble (*äv. bildl.*); *bildl. äv.* jabber
snava stumble, trip (*på* over)
sned I *a1* (*om linje, vinkel e.d.*) oblique; (*lutande*) slanting, sloping, inclined; (*skev*) askew, warped; (*krokig*) crooked (*rygg* back); *kasta ~a blickar på* look askance at **II** *s i uttr.: sitta* (*hänga*) *på ~* be (hang) askew (on one side, awry); *gå på ~* (*bildl.*) go [all] wrong (awry); *komma på ~* (*bildl.*) go astray; *lägga huvudet på ~* put one's head on one side **-belastning** uneven weight distribution **-bena** side parting
snedda 1 (*gå snett* [*över*]) edge; *~ förbi* pass by; *~ över gatan* slant across (cross) the street **2** (*avskära på -en*) slant, slope; *tekn.* bevel **snedden** ['snedd-] *s best. form i uttr.: på ~* obliquely, diagonally; *klippa ett tyg på ~* cut a piece of cloth on the cross (bias)
sned|gången *a5* (*om sko*) worn down on one side **-het** [-e:d-] obliqueness, obliquity; (*krokighet*) crookedness **-hugga** bevel **-klaff** sloping top **-rekrytering** biased (unequal) recruitment **-remsa** bias strip (band) **-skuren** *a5* cut obliquely (*om tyg*: [on the] bias) **-språng** sideleap; *bildl.* slip, lapse, escapade **-steg** *jfr -språng* **-streck** slanting line, oblique [stroke], solidus, *vard.* slash **-tak** sloping roof **-vinklig** *a1* oblique-angled **-vriden** distorted (*äv. bildl.*), warped **-ögd** *a1* slanteyed
snegla [ˣsne:-, ˣsnegg-] ogle; *~ på* ogle, look askance at, (*lömskt*) leer at
snett *adv* obliquely; awry, askew; *bo ~ emot* live nearly opposite; *gå ~ över gatan* cross the street diagonally; *gå ~ på skorna* wear one's shoes down on one side; *hänga ~* hang awry (crooked); *se ~ på ngn* look askance at s.b.
snibb *s2* corner, point; (*spets äv.*) tip; *se äv. blöjsnibb* **snibbig** *a1* pointed
snickarbänk joiner's bench
snickar|e (*möbel-*) joiner, cabinet-maker; (*byggnads-*) carpenter **-glädje** *skämts.* ornate decorative carving **-lim** joiner's glue **-verkstad** joiner's (carpenter's) workshop
snickeri 1 (*snickrande*) joinery, carpentry **2** *se snickarverkstad* **3** (*snickararbete*) piece of carpentry [work] **-arbete** *se snickeri 3* **-fabrik** joinery (carpentry) shop
snickra do joinery (carpentry) work, do woodwork; *~ en möbel* make a piece of furniture
snicksnack *s7 vard.* rubbish, nonsense
snid|a carve [in wood] **-are** woodcarver **-eri** carving; *konkr. äv.* carved work
sniff|a sniff (*äv. om missbruk*) **-ning** sniffing
snigel *s2* slug; (*med hus*) snail **-fart** *med ~* at a snail's pace
snigla [-i:-] *~ sig fram* creep along (forward)
sniken *a3* avaricious, greedy (*efter, på* of) **-het** greed[iness]
snille *s6* genius; *han är ett ~* he is a man of genius **-blixt** brain wave, flash of genius
snillrik *a1* brilliant (*uppfinnare* inventor); (*om pers. äv.*) of genius **-het** genius
snip|a *s1* (*båt*) gig **-ig** *a1* pointed, peaked
snirk|el *s2, byggn.* volute; (*släng*) flourish **-lad** *a5* (*krystad*) ornate
snits *s2* chic, style; *sätta ~ på ngt* give s.th. style
snitsel *s2* **1** (*pappersremsa*) paper strip **2** (*av sockerbetor*) beet slices (*pl*) **-jakt** paper chase
snitsig *a1* elegant, chic
snitsla mark path with paper strips
snitt *s7* **1** (*skärning*) cut, section; *kir.* incision; *gyllene ~et* (*mat.*) the golden section **2** (*preparat*) section cutting **3** (*tvär-*) section **4** (*trä-*) [wood] cut **5** (*på kläder*) cut, pattern **6** (*bok-*) edge **-blomma** cut flower **-yta** cut, section (*etc.*) surface
sno *v4* **1** (*hopvrida*) twist; (*tvinna*) twine; (*vira*) twirl (*tummarna* one's thumbs); (*linda*) turn, wind; *~ ett rep om* wind a rope round **2** (*springa*) scamper, run; *~ runt på klacken* turn on the heel; *~ om hörnet* dash round the corner **3** *rfl* twist, get twisted (*hoptrasslad*: entangled); (*skynda sig*) hurry [up] **4** *vard.* steal, lift
snobb [-å-] *s2* snob; (*kläd-*) dandy, fop **snobba** *~* [*med*] show off, swank about **snobberi** snobbery, dandyism **snobbig** *a1* (*sprättaktig*) snobbish, *vard.* stuck up; (*överdrivet elegant*) foppish
snodd *s3, s2, konkr.* string, cord; (*t. garnering*) lace
snofsig [-å-] *a1*, *vard.* dapper, spiffing
snok *s2* grass snake
snoka spy, pry; poke, ferret; *gå och ~* go prying about, *vard.* snoop; *~ efter* hunt for; *~ i* poke [one's nose] into; *~ igenom* rummage; *~ reda på* hunt up, ferret out
snopen *a3* baffled, crestfallen; *se ~ ut* (*äv.*) look blank (foolish); *han blev ngt* [*till*] *~* he was struck all of a heap
snopp [-å-] *s2* **1** (*ljus-*) snuff, trim; (*bär-*) tail **2** *vard., barnspr.* (*penis*) willy **snoppa** (*ljus*) snuff; (*bär e.d.*) top and tail; (*cigarr*) cut; *~ av ngn* (*bildl.*) snub s.b., take s.b. down a peg or two
snor *s7, vard.* snot **snora** snivel **snorfana** *sl.* (*näsduk*) nose rag **snorgärs** [-j-] *s2* **1** *zool.* ruff [e], pope **2** *se snorunge* **snorig** *a1* snivelling, snotty
snorkel [-å-] *s2* snorkel
snorkig [-å-] *a1* snooty
snor|unge, -valp *vard.* snotty kid, whelp
snubbeltråd tripwire **snubbla** stumble [and fall]

snubbor *pl* snubbing, rating (*sg*)
snudd *s2* light touch; ~ *på skandal* little short of a scandal; ~ *på seger* on the verge of victory **snudda** ~ *vid* graze, brush against, *AE.* sideswipe, *bildl.* touch [up]on
snugga *s1* (*pipa*) cutty [pipe]
snurr *s7* (*-ande*) whirl, rotation; *rena ~en* (*galenskapen*) sheer madness **snurra I** *s1* (*leksak*) top **II** *v1* **1** (*rotera*) whirl, spin; ~ *runt* go round and round, rotate; *det ~r runt i huvudet på mig* my head is spinning **2** (*låta rotera*) spin, whirl **snurrig** *a1* dizzy; (*virrig*) confused, muddled
snus *s4* snuff; *en pris* ~ a pinch of snuff **snusa 1** (*använda snus*) take snuff **2** (*lukta*) sniff (*på* at); (*under sömnen*) breathe heavily **snusande** *a4* snuff-taking **snusdosa** snuffbox **snusen** ['snu:-] *s best. form, vard., vara på* ~ be tipsy
snusförnuft knowingness **-ig** would-be-wise; (*om barn*) precocious; *en ~ person* a wiseacre, a know-all
snusk *s7* dirt[iness]; uncleanness, squalor; obscenity **snuska** ~ *ner* mess up, soil **snuskhummer** *vard.* [old] lecher, dirty old man **snuskig** *a1* dirty, squalid; filthy, smutty (*historia* story) **snuskpelle** *s2* dirty [little] pig
snus|malen *a5, -malet kaffe* finely ground (pulverized) coffee **-näsduk** bandan[n]a **-torr** [as] dry as dust (*äv. bildl.*); *vard.* bone-dry
snut *s2, vard.* **1** (*trut*) snout **2** (*polis*) cop[per]; *~en* the fuzz, *AE.* the heat
snutit *sup. av snyta*
snutt *s2* short piece [of music *etc.*], snatch
snuva *s1* head cold; *få* ~ catch (get) a cold **snuvig** *a1, vara* ~ have a cold in the head
snyft|a sob (*fram* out); ~ *till* give a sob **-ning** sob
snygg *a1* tidy; (*ren*) clean; (*vacker, om man*) handsome; (*vacker, om kvinna*) pretty; *iron. äv.* fine, pretty; *det var en ~ historia!* that's a pretty story! **snygga** ~ *upp* make tidy, tidy up; ~ *till sig* make o.s. presentable **snygghet** tidiness; cleanliness **snyggt** *adv* tidily; (*prydligt*) neatly; ~ *klädd* nicely (well) dressed
snylt|a be a parasite (sponge) (*på* on) **-gäst** parasite, sponger **-rot** *bot.* broomrape
snyt|a *snöt snutit* **1** wipe a p.'s nose; (*ljus*) snuff; *det är inte snutet ur näsan* it's not just a case of pressing a button; ~ *sig* blow one's nose **2** (*snatta*) pinch, snatch; (*lura*) cheat **-ing** punch on the nose **-ning** [-y:-] blowing (wiping) of the nose
snål *a1* **1** stingy; (*knusslig*) parsimonious, mean, cheeseparing **2** (*bitande*) cutting (*blåst* wind) **snåla** be stingy *etc.*, pinch and screw; ~ *in på ngt* save on s.th.
snål|blåst bitter wind **-het** [-å:-] stinginess *etc.*; *~en bedrar visheten* penny wise pound foolish **-jåp** *s2* miser, skinflint **-skjuts** *åka* ~ get a lift, *bildl.* take advantage [of] **-varg** *se -jåp* **-vatten** *-vattnet rinner på honom* his mouth waters
snår *s7* thicket; brush **-ig** *a1* brushy **-skog** brushwood, undergrowth
snäck|a *s1* **1** *zool.* gast[e]ropod; (*trädgårds-*) helix; (*-skal*) shell; *anat.* cochlea **2** *tekn.* worm **-formig** [-å-] *a1* spiral, helical **-skal** [sea]shell **-växel** worm gear
snäll *a1* good; (*av naturen*) good-natured; (*vänlig*) kind, nice (*mot* to); *~a du!* my dear!; *vara* ~ *a*) (*om barn*) be good, *b*) (*om vuxen*) be kind; *var ~ och stäng dörren* please shut the door; *har barnen varit ~a?* have the children behaved themselves? **-het** goodness *etc.*
snäll|press high-speed (cylinder) press **-tåg** express [train], fast train
snälltågs|biljett supplementary express [train] ticket **-fart** *med* ~ at express speed
snäppa *s1, zool.* sandpiper
snärj *s7* (*jäkt*) hectic time **snärja** *v2* [en]snare, entangle (*i* in) (*äv. bildl.*); *bildl. äv.* catch; ~ *in sig i* get entangled in **snärjande** *a4, bildl.* insidious (*frågor* questions) **snärjig** *a1, eg.* tangled; (*jäktig*) hectic; (*jobbig*) laborious
snärt *s2* **1** (*på piska*) lash, thong **2** (*slag*) lash **3** (*stickord*) gibe, taunt **snärta I** *v1,* ~ [*till*] lash; (*pika*) gibe at, make a crack at **II** *s1, se flicksnärta* **snärtig** *a1* cutting (*svar* reply)
snäs|a I *v3* speak harshly to, snap at **II** *s1* snub[bing], rating, rebuff **-ig** *a1* snappish, brusque **-ning** [-ä:-] *se snäsa II*
snäv *a1* **1** (*trång*) narrow; (*om plagg*) tight, close **2** (*ovänlig*) stiff, cold; curt (*svar* answer)
snö *s3* snow; *tala inte om den ~ som föll i fjol* let bygones be bygones; *det som göms i ~ kommer upp i tö* there is no secret time will not reveal
snö|a snow; *det ~r* it is snowing; *vägen har ~t igen* the road is blocked (covered) with snow **-blandad** *-blandat regn* sleet **-blind** snow-blind **-boll** snowball **-bollskrig** snowball fight **-by** snow squall **-bär** snowberry
snöd *a1* sordid, vile
snö|driva snowdrift **-droppe** *bot.* snowdrop **-fall** snowfall, fall of snow **-fattig** with little snow **-flinga** snowflake **-fästning** snow castle **-glopp** [-å-] *s7* sleet **-grotta** igloo **-gräns** snow line **-gubbe** snowman **-hinder** snow obstruction **-ig** *a1* snowy **-kedja** tyre chain, non-skid chain **-klädd** snowclad **-kristall** snow crystal **-lykta** lantern made of snowballs **-man** abominable snowman, yeti **-mos** *bildl.* boloney
snöp|a *v3* geld **-ing** gelding
snöplig [-ö:-] *a1* ignominious, inglorious; *få ett ~t slut* come to a sad (sorry) end
snöplog snowplough **-ning** [-o:-] snowploughing
snöra *v2* lace [up]; ~ *fast* fasten [with a lace]; ~ *till* lace up (*ett par skor* a pair of shoes); ~ *på sig* put on (*skridskorna* the skates); ~ *upp* unlace; ~ *åt* draw together, (*hårdare*) tighten; ~ *sig* lace o.s. up
snör|e *s6* string, cord; (*segelgarn*) twine; (*prydnads-*) braid **-hål** lace hole, eyelet
snöripa *se dalripa*
snör|liv stays (*pl*), corset; *ett* ~ a pair of stays **-makare** lacemaker **-makeri** (*hantverk*) lacemaking; (*-verkstad*) passementerie workshop; *~er* (*tränsar m.m.*) lace (*sg*), braids and trimmings **-ning** [-ö:-] lacing
snörp|a *v3* purse (*ihop* up); ~ *på* (*med*) *munnen* purse (screw up) one's mouth **-vad** *s2* purse seine (net)
snör|rem lace; (*läder-*) strap **-rät** [as] straight as an arrow **-sko** laced shoe **-stump** piece of string
snörvl|a snuffle, speak through one's (the) nose **-ing** snuffling; (*en* ~) snuffle

snö|skata *se björktrast* **-sko** snowshoe **-skoter** snowmobile, snow scooter **-skottare** [-å-] snow clearer (shoveller) **-skottning** [-å-] snow clearing **-skovel** *se -skyffel* **-skred** avalanche **-skydd** snowbreak **-skyffel** snow shovel **-slask** sleet; slush **-slunga** snow thrower **-smältning** melting (thawing) of [the] snow **-sparv** snow bunting **-storm** snowstorm; blizzard **-sväng** *s2, vard.* snow-clearance squad **-sörja** slush, melting snow

snöt *imperf. av snyta*

snö|tjocka snow fog **-täcke** covering of snow **-täckt** *a4* snow-covered **-vidd** snowfield **-vit** snowy, snow-white; *S~* Snow White **-yra** whirling snow, snowstorm

so *best. form son, som pl används suggor* sow

soaré *s3* soiree, evening entertainment; *musikalisk ~* musical evening

sobel ['så:-] *s2* sable **-päls** sable coat

sober ['så:-] *a2* sober; subdued

social *a1* social **-antropologi** cultural (social) anthropology **-arbetare** social (welfare) worker **-arbete** social (welfare) work **-assistent** social welfare officer **-bidrag** social (*AE.* public) assistance; supplementary benefit **-byrå** welfare office **-demokrat** social democrat **-demokrati** social democracy **-demokratisk** social democratic; *Sveriges ~a arbetareparti* [the] Swedish social democratic party **-departement** *~et* [the] ministry for health and social affairs, *BE. ung.* the ministry of pensions and national insurance, *AE. ung.* the department of health, education and welfare **-ekologi** human ecology **-fall** s.b. receiving social assistance **-försäkring** national (social) insurance **-försäkringsutskott** *~et* [the Swedish] [parliamentary] standing committee on social insurance **-förvaltning** *ung.* [local authority] social services department **-grupp** social group; *~ 1* [the] upper class; *~ 2* [the] middle class; *~ 3* [the] working (lower) class **-hjälp** [public] assistance allowance; *få ~* receive public assistance, be on welfare (relief) **-högskola** school of social studies

social|isera socialize; nationalize **-isering** [-'se:-] socialization; nationalization **-ism** socialism (*äv. ~en*) **-ist** socialist **-istisk** [-'liss-] *a5* socialist[ic]

social|kunskap social studies **-lagstiftning** social (*AE.* security) legislation **-liberal** liberal social reformer **-medicin** social[ized] medicine **-minister** minister of health and social affairs **-nämnd** social welfare committee **-politik** social [welfare] policy; social politics (*pl, behandlas som sg*) **-politisk** sociopolitical, of social policy **-styrelse** *~n* [the Swedish] national board of health and welfare **-utskott** *~et* the [Swedish] [parliamentary] standing committee on social questions **-vetenskap** social science[s *pl*] **-vetenskaplig** of social science[s] **-vetenskapsman** sociologist **-vård** social welfare (assistance) **-vårdare** welfare officer, social worker **-vårdsbyrå** [local] social welfare office (bureau)

societet *s3* society

societets|dam socialite **-hus** clubhouse; casino **-lejon** social lion

socio|ekonomisk socioeconomic **-gram** [-'gramm] *s7* sociogram **-log** sociologist **-logi** *s3* sociology **-logisk** [-'lå:-] *a5* sociological **-nom** graduate from a school of social studies **-pat** sociopath

socka [ˣsåkka] *s1* sock

sockel ['såkk-] *s2* (*byggn.*; *postament*) base, plinth; (*fattning*) holder, mounting; (*lamp-*) socket

socken ['sɔkk-] *socknen socknar* parish **-bo** parishioner; *~r* (*äv.*) the inhabitants of a parish **-dräkt** *ung.* peasant costume **-kyrka** parish church **-stämma** parish meeting

socker ['såkk-] *s7* sugar **-bagare** confectioner **-beta** sugar beet **-bit** lump of sugar **-bruk** sugar mill (refinery) **-dricka** *ung.* lemonade **-fri** sugar-free **-haltig** *a1* containing sugar **-kaka** sponge cake **-kulör** caramel **-lag** *s2* syrup [of sugar] **-lönn** sugar maple **-lösning** sugar solution **-piller** sugar-coated pill **-plantage** sugar plantation **-pulla** sugarplum **-raffinaderi** sugar refinery **-rör** sugar cane **-sjuk** diabetic **-sjuka** diabetes **-skål** sugar basin **-ströare** sugar sifter (castor) **-söt** [as] sweet as sugar; *bildl. äv.* sugary, honeyed **-topp** sugar loaf **-tång** sugar tongs (*pl*) **-vatten** sugared water **-ärtor** sugar peas

sockra [ˣsåkk-] sweeten [with sugar], sugar; *~ på* put sugar in (on); *~ sig* sugar, crystallize

soda *s9* soda **-lut** soda lye **-vatten** soda water

sodomi *s3* sodomy

soff|a [-å-] *s1* sofa; (*liten*) settee; (*trädgårds-*) seat **-bord** coffee table **-grupp** three-piece suite **-kudde** sofa cushion **-liggare** idler; (*vid val*) abstainer **-lock** sofa seat (top); *ligga på ~et* take it easy, idle

sof|ism *s3* sophism **-ist** sophist **-istikerad** [-'ke:-] *a5* sophisticated **-istisk** [-'fiss-] *a5* sophistic[al]

soignerad [sɔan'je:-] *a5* soigné[e]; *en ~ herre* (*äv.*) a well-groomed gentleman

soja [ˣsåjja] *s1* soya; soy **-böna** soya bean; *AE.* soybean **-sås** soy (soya) sauce

sokratisk [så'kra:-] *a5* Socratic

sol *s2* sun

sol|a expose to the sun; *~ sig* sun o.s., sunbathe, *bildl.* bask **-aktivitet** solar activity **-altan** sun balcony (terrace)

solar *a1* solar **solarium** [-'la:-] *s4* solarium

solarplexus [-ˣla:r-, 'sɔ:-] *s2* solar plexus

solaväxel [ˣså:-] sole (single, only) bill [of exchange]

sol|bad sun bath **-bada** sunbathe, take a sun bath **-bana** ecliptic, solar orb **-batteri** solar battery **-belyst** [-y:-] *a4* sunlit, sunny **-blekt** [-e:-] *a4* sun-bleached **-blind** sun-blind, blinded by the sun **-blindhet** sun-blindness **-bränd** *a5* sunburnt, tanned **-bränna** *s1* sunburn, tan **-cell** solar cell

sold [-å-] *s3, mil.* pay

soldat soldier; *bli ~* enlist, join the army; *den okände ~ens grav* the tomb of the Unknown Soldier **-ed** military oath **-esk** *s3* [licentious] soldiery **-hop, -hord** rabble of soldiers **-liv** [a] soldier's (military) life **-rock** soldier's tunic **-torp** tenement soldier's smallholding

sol|dis heat haze **-dräkt** sunsuit **-dyrkan** sun

S

worship **-eksem** sun rash **-el[ektrisk energi]** solar electric power, solar electricity **-energi** solar energy
solenn *a1* solemn **-itet** *s3* solemnity
sol|eruption solar flare **-fattig** not very sunny; *en ~ trakt* a district with little sun[shine] **-fjäder** fan **-fjäderformad** [-å-] *a5* fan-shaped **-fläck** sunspot **-fångare** solar collector **-följare** sun tracker **-förmörkelse** eclipse of the sun, solar eclipse **-gass** blazing (blaze of the) sun **-glasögon** sunglasses **-glimt** glimpse of the sun **-glitter** (*på vatten*) sparkle **-gud** sun-god **-gård** [solar] halo **-höjd** altitude of the sun
solid *a1* solid; *ekon. äv.* sound, well-established, respectable; *~a kunskaper* [a] thorough (sound) knowledge
solidar|isera *rfl* identify o.s. (*med* with) **-isk** [-'da:-] *a5* loyal, solidary; joint; *~ med* loyal to; *förklara sig ~ med* declare one's solidarity with **-itet** solidarity
soliditet solidity; (*ekonomisk*) solvency, soundness; (*persons*) respectability
soliditets|byrå credit information agency; *AE.* mercantile agency **-upplysning** credit[worthiness] report
solig *a1* sunny (*äv. bildl.*)
solist soloist, solo performer
solitär *s3* solitaire
solk *s7* soil **solka** [-å-] *~ ner* soil
solkatt reflection of the sun
solkig [-å-] *a1* soiled
sol|klar clear and sunny; *bildl.* as clear as noonday (daylight) **-konungen** the Sun King **-korona** solar corona, corona of the sun **-kraftverk** solar power station **-kurva** *en ~ hade uppstått* the rails had buckled in the sun **-ljus I** *s7* sunlight **II** *a5, se -klar* **-månad** solar month **-mättad** sun-drenched **-nedgång** sunset, sundown; *i ~en* at sunset
solo ['sɔ:-] **I** *s6* solo (*pl äv.* soli) **II** *oböjligt a o. adv* solo
solochvåra [-ˣvå:-] obtain valuables by false promise of marriage; *bli ~d* be cheated by false promise of marriage **solochvårare** con man [who cheats women out of money by false promises of marriage]
solo|dansös solo dancer, prima ballerina **-flygning** solo flight
sololja suntan oil (lotion)
solo|nummer solo **-stämma** solo part **-sång** solo singing
sol|ros sunflower **-rosolja** sunflower seed oil **-rök** haze **-segel** awning **-sida** *på (åt) ~n* on the sunny side **-sken** sunshine; *det är ~* the sun is shining **-skensdag** sunny day **-skenshistoria** charming little story **-skenshumör** sunny mood **-skiva** sun's disk **-skydd** (*i bil*) sun shield (screen) **-skärm** sunshade **-spektrum** solar spectrum **-sting** (*få* have) sunstroke **-strimma** ray of sunshine **-stråle** sunbeam **-strålning** solar radiation **-styng** *se -sting* **-stånd** solstice **-system** solar system **-tak** awning; (*på bil*) sliding roof (top) **-teknik** solar technology **-torka** dry [...] in the sun; *~d* sun-dried **-tält** awning **-uppgång** sunrise; *AE. äv.* sunup; *i ~en* at sunrise **-uppvärmning** solar heating **-ur** sundial
solution rubber solution
solv [-å-] *s7, väv.* heddle
sol|varg *han är en riktig ~* he's as happy as a sandboy **-vargsleende** dazzling smile **-varv** revolution of the sun
solv|ens [-å-] *s3* solvency; reliability **-ent** *a1* solvent; reliable **-era** [-å-] *mat.* solve
sol|vind solar wind **-vända** *s1, bot.* rockrose **-värme** heat of the sun; *fack.* solar heat **-värmekraftverk** solar thermal power station **-år** solar year **-är** *a1* solar
som [såmm] **I** *pron* (*om pers.*) who (*som obj. o. efter prep äv.* whom); (*om djur el. sak*) which; (*i nödvändig rel. sats om djur, sak o. ibl. pers., äv.*) that; (*efter such o. vanl. the same*) as; *pojken ~ kommer här* the boy who comes here; *den ~ lever får se* he who lives will see; *den ~ köper en bil måste* anyone who buys (anyone buying) a car must; *det är en dam ~ söker dig* there is a lady [who wants] to see you; *han frågade vem det var ~ kom* he asked who came (had come); *vem är det ~ du pratar med?* who is that you are talking to?; *det är ngn ~ gråter* s.b. is crying; *huset ~ de bor i* the house where (in which) they live; *han brukade berätta sagor, något ~* he used to tell stories, which; *allt* (*mycket, litet*) *~* all (much, little) that; *det är saker ~ vi sällan talar om* these are things [that] we seldom speak of; *den största konstnär ~ någonsin levat* the greatest artist that ever lived; *mannen och hästen ~ gick förbi* the man and the horse that passed; *vem ~ än kommer* whoever comes; *vad ~ än händer* whatever happens; *det var på den tiden ~* it was at the time when; *de var de sista ~ kom* they were the last to arrive; *så dum jag var ~ sålde den!* what a fool I was to sell it!; *jag kom samma dag ~ han reste* I arrived on the [same] day [as] he left; *det är samme man ~ vi såg i går* that is the same man [that, whom] we saw yesterday ; *hon var en sådan skönhet ~ man sällan ser* she had the kind of beauty one seldom sees **II** *konj* **1** *såväl ... ~* as well ... as; *unga ~ gamla* young and old alike **2** (*såsom, i egenskap av*) as; (*såsom, i likhet med*) like; *redan ~ pojke* even as a boy; *L ~ i London* L as in London; *säg ~ det är* tell me (him *etc.*) exactly how things stand; *kom ~ du är* come as you are, don't dress up, don't bother to change; *~ vanligt* as usual; *han är lika lång ~ jag* he is as tall as I am; *~ tur var* as luck would have it, luckily; *~ läkare måste han* as (being) a doctor he must; *~ sagt* as I (*etc.*) said before; *gör ~ du vill* do as you like; *gör ~ jag* do as I do, do like me; *vara ~ en mor för ngn* be [like] a mother to s.b.; *vara ~ förbytt* be changed beyond recognition; *om jag vore ~ du* if I were you; *det är bara ~ du tror* that's only your idea **3** *han lever ~ om var dag var den sista* he lives as though each day was his last; *det verkar ~ om* it seems as if (though) **4** (*när*) when; *just* (*bäst*) *~* [just] as, at the very moment [when]; *rätt ~ det var* all of a sudden, all at once **5** (*eftersom*) as, since; *~ han är sjuk kan han inte komma* as (since) he is ill he cannot come **III** *adv, när jag ~ bäst höll på med att* while I was in the midst of (+ *ing-form*); *du kan väl titta in ~ hastigast* you can surely pop in for just a moment; *när solen står ~ högst* when the sun is at its height;

vi skulle resa ~ på måndag we were to leave on Monday **IV** *interj, ~ vi skrattade!* how we laughed!

somatisk [-'ma:-] *a5* somatic

somlig [ˣsåmm-] some; *~a* (*om pers.*) some [people]; *~a andra* some other people; *~t* some things (*pl*); *i ~t* in some parts (respects)

sommar [ˣsåmm-] *s2* summer; *i ~* this (next) summer; *i somras* last summer; *om ~en* (*somrarna*) in the summer; *på ~en 1968* in the summer of 1968; *en svala gör ingen ~* one swallow does not make a summer **-dag** summer['s] day **-gäst** summer visitor **-kappa** summer coat **-klänning** summer dress **-kostym** summer suit **-kväll** summer evening **-lov** summer vacation (holidays) (*pl*), long vacation **-nöje** *se -ställe* **-sjuka** summer diarrhoea **-solstånd** summer solstice **-stuga, -ställe** weekend cottage, summer cottage (villa); *vårt ~* (*äv.*) the place where we spend our summers **-tid** summertime; (*framflyttning av klockan*) daylight-saving time **-värme** summer warmth; heat

somna [-å-] *~* [*in*] fall asleep, go to sleep; *vard.* drop off; *~ från lampan* go to sleep and leave the light on; *~ om* go to sleep again; *~ vid ratten* fall asleep when driving; *min fot har ~t* my foot has gone to sleep

somnambul [-å-] **I** *s3* somnambulist **II** *a1* somnambulistic

somt [-å-] some things (*pl*); *~ föll på hälleberget* some fell on stony ground

son [så:n] *-en söner* son (*till* of)

sona expiate; make amends for

sonant sonant

sonar ['så:-] *s3* echo sounder, sonar, asdic

sonat sonata **-form** sonata form **-in** *s3* sonatina

sond [sånd, sånd] *s3, kir.* probe, sound; *rymd.* probe **sondera** probe, sound; *~ terrängen* reconnoitre, see how the land lies **sondering** [-'de:-] probing, probe, sounding **sondmatning** nasogastric feeding

sondotter granddaughter; *~s barn* great-grandchild

sonett *s3* sonnet

sonhustru daughter-in-law

sonika ['so:-] *helt ~* [quite] simply, without ceremony

son|lig [ˣså:n-] *a1* filial (*vördnad* piety) **-namn** family name ending in -son

sonor [-'nå:r] *a1* sonorous **-itet** sonority

son|son grandson **-sonsson** great-grandson

sop|a sweep (*gatan* the street); *~ rent* sweep [...] clean (*från* of); *~ upp* sweep up; *~ rent för egen dörr* put one's own house in order; *~ igen spåren efter* (*bildl.*) cover up one's tracks after **-backe** refuse tip **-bil** refuse [collection] lorry, dustcart; *AE.* garbage truck **-borste** brush, broom **-hink** refuse bucket **-hämtare** dustman; *AE.* garbage collector **-hämtning** refuse collection; *AE.* garbage removal **-hög** rubbish heap **-kvast** broom **-kärl** dustbin **-lår** *se soptunna* **-nedkast** refuse (*AE.* garbage) chute **-ning** [-o:-] sweeping **-or** *pl* sweepings; (*avfall*) refuse, waste, *AE.* garbage (*sg*)

sopp|a [-å-] *s1* soup; (*kött-*) broth; *koka ~ på en spik* (*bildl.*) make s.th. from nothing **-ben** *pl* bones for soup **-kittel** soup cauldron **-rötter** *pl* vegetables for soup, potherbs **-skål** [soup] tureen **-slev** soup ladle **-tallrik** soup plate **-terrin** *se -skål*

sopran *s3* soprano; (*-stämma äv.*) treble

sop|skyffel dustpan **-säck** refuse sack **-tipp** refuse (*AE.* garbage) dump **-tunna** dustbin; *AE.* garbage (trash) can **-åkare** dustman

sorbet [-'be:(t)] *s3* sorbet, sherbet

sordin [-å-] *s3, mus.* sordino; *lägga ~ på* (*bildl.*) put a damper on

sorg [sårj] *s3* **1** sorrow (*över* at, for, over); grief (*över* for, of, at); distress; (*bedrövelse*) affliction; (*bekymmer*) trouble, care; *med ~ i själen* with sorrow in one's heart; *den dagen den ~en* cross your bridges when you come to them; *efter sju ~er och åtta bedrövelser* after much trial and tribulation **2** (*efter avliden*) mourning; *bära ~* be in (wear) mourning (*efter* for); *djup ~* full (deep) mourning; *beklaga ~en* express one's sympathy; *få ~* have a bereavement, lose a relative **-band** mourning (crape) band **-dräkt** mourning

sorge|barn problem child; black sheep **-bud** sad news, news of a death **-hus** house of mourning **-högtid** funeral ceremony **-musik** funeral music **-spel** tragedy **-tåg** funeral procession

sorg|flor mourning crape **-fri** carefree, free from care **-fällig** *a1* careful; conscientious, solicitous **-fällighet** care[fulness]; solicitude **-kant** black edge (border); *kuvert med ~* black-edged envelope **-klädd** [dressed] in mourning **-kläder** *pl* mourning [attire] (*sg*)

sorglig [ˣsårj-] *a1* sad; (*bedrövlig*) deplorable (*syn* sight); (*ömklig*) pitiful; *~t men sant* sad but true; *en ~ historia* a sad (deplorable, tragic) story **sorgligt** *adv* sadly; *~ nog* unfortunately

sorg|lustig tragicomic **-lös 1** *se sorgfri* **2** (*obetänksam*) careless; (*lättsinnig*) happy-go-lucky, improvident; (*tanklös*) unthinking, heedless **-löshet** carelessness *etc.* **-mantel** *zool.* Camberwell beauty, *AE.* mourning cloak **-marsch** funeral march **-modig** melancholy

sorgsen [ˣsårj-] *a3* sad; (*bedrövad*) grieved (*över* at); (*nedslagen*) depressed; (*betryckt*) melancholy, gloomy **-het** sadness *etc.*; melancholy, gloom

sork [-å-] *s2* vole; (*förr*) fieldmouse

sorl [-å:-] *s7* (*vattenbrus*) ripple; (*bäcks äv.*) murmur, purl; (*av röster*) murmur, hum; *det gick ett ~ av bifall genom publiken* a murmur of approval went through the house (theatre, hall *etc.*) **sorla** ripple, purl; murmur, hum

sort [-å-] *s3* sort, kind; species, description; (*märke*) brand, mark; *mat.* denomination; *den ~ens människor* people of that kind (sort), that sort of people; *av bästa ~* first-rate **sortera 1** (*dela upp*) [as]sort; classify, grade; (*efter storlek*) size **2** *~ under* belong to, (*ämbetsverk*) come under the supervision of **sorterad** [-'te:-] *a5* (*välförsedd*) well-stocked (*i* in); *vara ~ i* (*äv.*) have a large assortment of **sortering** [-'te:-] (*-erande*) [as]sorting, assortment; (*sortiment*) selection; *första ~* first[s *pl*] **sorteringsmaskin** sorting (grading) machine

sorti *s3* exit

sortiment *s7* (*varulager*) assortment, range;

S

product mix; (*uppsättning*) set; *fullständigt ~ av* full line of, complete range of
sosse *s2, vard.* social democrat
1 sot *s7* **1** soot; (*i motor*) carbon **2** (*på säd*) brand, blight
2 sot *s3* (*sjukdom*) sickness, disease
1 sota (*umgälla*) *~ för* smart (suffer) for
2 sota 1 (*befria från sot*) sweep (*en skorsten* a chimney); decarbonize (*en motor* a motor) **2** (*svärta*) *~ [ner]* soot, cover with soot; *~ ner sig* get o.s. sooty **3** (*~ ifrån sig*) soot, give off soot
sotar|e chimney sweep[er] **-murre** *s2, vard., se -are* **-mästare** master sweep
sotdöd *dö ~en* die a natural death
sot|eld chimney fire **-fläck** smudge, smut **-höna** coot
sot|ig *a1* **1** sooty; (*om skorsten*) full of soot; (*fläckig*) smudgy, smutty **2** (*om säd*) smutty, blighted **-lucka** soot door **-ning** [-o:-] (*av skorsten*) chimney-sweeping; (*av motor*) decarbonization **-svamp** common smut of wheat **-svart** sooty [black]
sotsäng *ligga på ~en* lie on one's deathbed
sotviska flue brush
souschef [ˣso:ʃe:f] deputy chief
souvenir [sove-] *s3* souvenir, keepsake
sov [-å:-] *imperf. av sova*
sov|a [-å:-] *sov -it* sleep; (*ligga o. ~*) be asleep; *lägga sig att ~* go to sleep (bed); *~ gott* sleep soundly, be fast asleep, (*som vana*) sleep well; *sov gott!* sleep well!; *har du -it gott i natt?* did you have a good night?; *~ oroligt* have a troubled sleep; *mitt ben -er* my leg has gone to sleep; *~ på saken* sleep on it; *~ ut* have enough sleep **-alkov** bed recess **-ande** *a4* sleeping; *bildl.* dormant; *en ~* a sleeper **-dags** bedtime **-dräkt** sleeping suit
sovel ['så:-] *s7* meat, cheese *etc.*
sovit [-å:-] *sup. av sova*
sovjet [-å-] *s3* soviet; *högsta ~* Supreme Soviet **-isk** *a5* Soviet, of the Soviet Union **-republik** Soviet Republic **-rysk** Soviet Russian
Sovjet|ryssland Soviet Russia **-unionen** the Soviet Union
sov|kupé sleeping-compartment, sleeper **-plats** sleeping-place; (*på tåg, båt*) berth **-påse** sleeping bag
sovr|a [-å:-] pick over; sift, winnow; (*malm e.d.*) dress **-ing** picking *etc.*
sov|rum bedroom **-sal** dormitory **-stad** dormitory suburb; *AE.* bedroom suburb (town) **-säck** sleeping bag **-vagn** sleeping car, sleeper **-vagnsbiljett** sleeper ticket **-vagnskonduktör** sleeping-car attendant
spackel ['spakk-] *s7* putty [knife] **spackla** putty **spackling** puttying
spad *s7, sg best. form vard. spat* liquid; (*kött-*) broth; (*grönsaks- äv.*) water; *trilla i spat* (*vard.*) fall into the water
spade *s2* spade
spader ['spa:-] *s9, kortsp., koll.* spades (*pl*); *en ~* a spade; *~ kung* the king of spades; *dra en ~* (*vard.*) have a game of cards
spadtag cut (dig) with a spade; *ta det första ~et* throw up the first sod; *inte ta ett ~* (*vard.*) not lift a finger
spagat *s3, gå ner i ~* do the splits
spagetti [-'getti] *s9* spaghetti **-västern** *r, vard.* spaghetti western
1 spak *s2* lever; bar; *flyg.* control stick
2 spak *a1* manageable, tractable; docile; *bli ~* relent, soften
spaljé *s3* espalier, trelliswork, latticework **-träd** trained fruit tree
spalt *s3* column; *figurera i ~erna* appear in the papers
spalt|a 1 (*dela i -er*) put into columns **2** (*klyva*) split, cleave **-bredd** column width **-fyllnad** padding **-korrektur** galley proof **-vis** (*i -er*) in columns; (*spalt efter spalt*) columns of, column after column
spana watch, look out (*efter* for); scout; *mil.* reconnoitre, observe; *~ efter* (*äv.*) search (be on the lookout) for; *~ upp* spy out; *~ ut över* gaze out over (*vidderna* the expanses); *~nde blickar* searching looks **spanare** scout; *flyg.* observer
spaniel ['spanjel] *s2* spaniel
Spanien ['spannjen] *n* Spain
spaning search; *mil.* reconnaissance; *få ~ på ngt* (*vard.*) get wind of s.th.
spanings|arbete *~t har pågått* the search has been on **-flygplan** reconnaissance aircraft scout **-ledning** search coordination headquarters **-patrull** search party; *mil.* reconnaissance [party] **-uppbåd** search party
spanjor *s3* Spaniard **-ska** [-ˣjo:r-] Spanish woman
spankulera stroll, saunter
1 spann *s7, byggn.* span
2 spann *s2, s7, pl äv. spänner* (*hink*) pail, bucket
3 spann *s9* (*mått*) span
4 spann *s7* (*av dragdjur*) team [of horses *etc.*]; *köra* (*med*) *i ~* drive a team of [horses *etc.*]
5 spann *imperf. av spinna*
spannmål *s3* grain, corn; (*brödsäd*) cereal[s *pl*]
spannmåls|förråd corn (*etc.*) store **-handel** corn (grain) trade (business) **-magasin** granary, corn (grain) store **-produkt** grain (corn) product **-skörd** grain (corn) crop
spansk *a1* Spanish; *~a sjukan* the Spanish flu; *~ peppar* red pepper; *~a ryttare* (*mil.*) chevaux-de-frise
spansk|a *s1* (*språk*) Spanish **--amerikansk** Spanish-American **-fluga** *zool.* Spanish fly; (*drog*) cantharis **-gröna** *s1* verdigris **-rör** rattan [cane]
spant *s7, sjö.* frame, rib
spara save (*pengar* money; *sina krafter* one's strength; *tid* time; *arbete* work); spare (*hästarna* the horses); (*för framtiden*) reserve (*till* of); (*uppskjuta*) put off; *~ på* save, economize, use sparingly; *~ in* save; *den som spar han har* waste not want not; *snål spar och fan tar* ever spare, ever bare; *inte ~ på beröm* be lavish in praise; *det är inget att ~ på* it is not worth saving (keeping); *~ sig* spare o.s., husband one's strength; *du kunde ha ~t dig den mödan* you could have spared yourself the trouble
sparande *s6* saving; thrift; *det privata ~t* private saving[s *pl*]; *frivilligt ~* voluntary saving **sparare** saver; depositor
spar|bank *s3* savings bank **-banksbok** savings-[-bank] book **-bössa** money-box **-gris** piggy

bank

spark *s2* **1** kick; *få ~en* (*avsked*) get the sack, be fired (sacked) **2** kick-sledge

sparka kick; *~ av sig skorna* kick off one's shoes; *~ av sig täcket* kick off one's bedclothes; *~ bakut* (*om häst*) kick [out behind]; *~ fram* (*bildl.*) thrust forward; *~ ngn* [*snett*] *uppåt* (*vard.*) kick s.b. upstairs; *~ till* give a kick; *~ ut ngn* kick s.b. out

sparkapital savings (*pl*), saved capital

sparkas *dep* kick

sparkassa savings association

sparkasseräkning savings account

spark|boll football **-byxor** *pl* rompers **-cykel** scooter **-dräkt** rompers (*pl*)

spar|klubb thrift (savings) club **-konto** thrift account; *jfr äv. sparkasseräkning*

sparkstötting kick-sledge

spar|lakan bed curtain **-lakansläxa** curtain lecture

spar|låga low heat; *ställa på ~* put on a low heat, simmer gently **-medel** *pl* savings **-obligation** savings bond

sparra *sport.* spar

sparre *s2* small square timber; (*tak-*) rafter, baulk

sparris ['sparr-] *s2* asparagus **-knoppar** asparagus tips **-kål** broccoli

sparsam [ˣspa:r-] *a1* (*ekonomisk*) economical (*med* with, in); thrifty; sparing (*på* (*med*) *beröm* of one's praise); (*enkel*) frugal; (*gles*) sparse, scanty; (*sällsynt*) rare (*förekomst* occurrence) **-het** economy; thrift; (*sparsam förekomst*) scantiness

sparsamhets|kampanj economy drive (campaign) **-skäl** *av ~* for reasons of economy

sparsamt *adv* economically *etc.*; *förekomma ~t* occur rarely, be scarce

sparsmakad *a5* fastidious

spart|ạn *s3* Spartan **-ạnsk** [-a:-] *a5* Spartan

sparv *s2* sparrow **-hök** sparrowhawk **-uggla** pygmy owl

spasm *s3* spasm; convulsion, cramp **spasmodisk** [-'mo:-] *a5* spasmodic

spast|iker *s9* spastic **-isk** ['spass-] *a5* spastic

spat *s3, miner.* spar

spatel *s2* spatula

spatiös [-tsi'ö:s] *a1* spacious; roomy

spatser|a walk; strut **-käpp** walking stick

spatt *s3* spavin **-ig** *a1* spavined; (*om pers.*) stiff

spe *n* (*narr*) derision, ridicule; (*hån*) sneer[s *pl*], gibe[s *pl*]

speaker ['spi:ker] *s2* (*utropare*) compere; *AE. äv.* emcee; (*hallåman*) announcer

specerịaffär grocer's [shop], grocery [store]

speceri|er [-'ri:-] *pl* groceries **-handlare** grocer

speciạl|affär specialized shop **-arbetare** specialist worker **-arbete** *skol.* special project **-begåvning** special gift **-byggd** *a5* specially built, *AE.* custom-made **-erbjudande** special offer **-fall** special case **-intresse** special interest; hobby

special|isera *rfl* specialize (*på* in) **-isering** [-'se:-] specialization, specializing **-ist** specialist (*på* in); expert (*på* on) **-itẹt** *s3* special[i]ty

special|klass *skol.* remedial class **-kunskaper** *pl* specialist knowledge **-lärare** remedial teacher **-pedagogik** special education, remedial teaching **-stål** special steel **-tillverkad** *a5* specially made, *AE.* custom-made **-uppdrag** special task (charge, mission) **-utbildning** special training **-utrustning** special equipment

speciẹll *a1* special, particular; (*konstig*) odd, peculiar

specificer|a specify, itemize, detail, particularize **-ing** specification, specifying

specifik [-'fi:k] *a1* specific (*vikt* gravity, weight) **-ation** specification, detailed description

specimen ['spe:-] *n, pl äv. specimina* [-'si:] specimen

spedi|era forward, dispatch **-tion** forwarding (dispatch) [of goods] **-tionsfirma** forwarding (shipping) agency **-tör** forwarding (shipping) agent

spe|full (*hånfull*) mocking, derisive; (*gäcksam*) quizzical; (*om pers.*) given to mockery **-fågel** wag, tease

spegel *s2* mirror, looking glass; *se sig i ~n* look into the mirror; *själens ~* the mirror of the soul; *sjön ligger som en ~* the lake is as smooth as glass **-bild** reflected image, reflection; *bildl.* image **-blank** glassy (*yta* surface); like a mirror; (*om sjö*) [as] smooth as glass **-fäktning** dissimulation, dissembling **-galleri** gallery of mirrors **-glas** mirror (plate) glass **-reflexkamera** reflex camera **-sal** hall of mirrors **-skrift** reversed (mirror) script **-teleskop** reflecting telescope **-vänd** *a5* reversed

spegl|a [ˣspe:g-] reflect, mirror; *~ sig* (*avspegla sig*) be reflected (*i vattnet* in the water), (*om pers.*) look at o.s. in the mirror **-ing** reflection

speglosa gibe, scoff

spej|a [ˣspejja] spy (*efter* about (round) for); *mil.* scout **-ande** *a4* spying; searching (*blick* look) **-are** spy; *mil.* [reconnaissance] scout

spektakel [-'ta:-] *s7* **1** (*oväsen*) row; (*skandal*) scandal; (*förtret*) mischief, trouble; *ställa till ~* make a scene; *ett sånt ~!* what a nuisance! **2** (*åtlöje*) ridicule; *göra ~ av ngn* make a fool of s.b.

spektakulạ̈r *a1* spectacular

spektrạl|analys spectrum (spectral) analysis **-färg** spectral colour **-klass** *astr.* spectral type (class)

spektro|grạf *s3* spectrograph **-skop** [-'skå:p] *s7* spectroscope

spektrum ['spekk-] *s8* spectrum (*pl* spectra); [*dis*]*kontinuerligt ~* [dis]continuous spectrum

spekulant 1 (*reflektant*) prospective (would-be) buyer; *hugade ~er* prospective buyers; *vara ~ på* be [a] prospective buyer of **2** (*börs-*) operator, speculator **spekulation** speculation, venture; (*börs- äv.*) operation; *på ~* on speculation **spekulationsvinst** speculative profit (gain) **spekulativ** [-'ti:v, 'spekk-] speculative **spekulera** **1** speculate (*på* on; *i baisse* (*hausse*) for a decline (rise)) **2** (*tänka*) ponder, think (*på, över* about)

1 spel *s7* (*vinsch*) winch, windlass; (*gruv-*) winder; (*-rum*) clearance, play

2 spel *s7* **1** (*-ande*) play[ing]; (*musikaliskt -sätt*) execution; *teat.* acting; (*lek; idrott*) game (*äv. bildl.*); *~ om pengar* playing for money; *~et är förlorat* the game is up; *dra sig ur ~et* quit [the game]; *övernaturliga makter driver sitt ~* supernatural powers are abroad; *förlora* (*vinna*) *på ~*

lose (win) at play (by gambling); *det är en kvinna med i ~et* there is a woman in the case; *ha ett finger med i ~et* have a finger in the pie; *otur i ~ tur i kärlek* unlucky at cards, lucky in love; *rent ~* fair play; *spela ett högt ~* play for high stakes, *bildl.* play a high game; *stå på ~* be at stake; *sätta på ~* put at stake, stake; *ta hem ~et* win; *tillfälligheternas ~* pure chance **2** (*parningslek*) courtship **3** *kortsp.* trick

spela 1 play (*fiol* the violin; *ett spel* a game; *om pengar* for money); (*musikstycke äv.*) execute, perform; *gå och ~ piano för* take piano lessons from; *~ falskt* play out of tune, *kortsp.* cheat [at cards]; *~ hasard* gamble; *~ sina kort väl* play one's cards well; *~ ngn i händerna* play into a p.'s hands **2** *teat.* act, play; *~ herre* play the gentleman; *~ sjuk* pretend to be ill; *~ teater* (*låtsas*) make pretence **3** (*med betonad partikel*) *~ av ngn ngt* win s.th. off s.b.; *~ bort* gamble away; *~ in a*) (*inöva*) rehearse, *b*) (*på grammofonskiva e.d.*) make a recording, record; *det är många faktorer som ~r in* many factors come into play; *~ upp till dans* strike up; *~ ut ett kort* play a card; *~ ut ngn mot ngn* play s.b. off against s.b.; *han har ~t ut sin roll* he is played out (finished); *~ över a*) (*öva*) practise, *b*) (*överdriva*) overdo it, overact

spelande *a4* playing; sparkling (*ögon* eyes); *de ~* the players, *mus.* the musicians, *teat.* the actors

spelarbyte (*fotboll*) exchange of player for reserve; (*ishockey*) change of players

spel|are player; (*hasard-*) gambler **-automat** gambling (slot) machine, fruit machine **-bank** casino **-bar** *a1*, *teat., mus.* performable; *sport.* (*om spelare*) unmarked **-bord** card (gambling) table **-djävulen** *gripas av ~* be gambling-mad **-dosa** music[al] box

speleologi *s3* speleology

spelevink [-'viŋk] *s2* irresponsible youngster

spel|film feature (full-length) film **-hall** amusement arcade **-håla** gambling den **-kort** playing card **-lektion** music lesson **-lista** *teat.* list of performances, repertory **-man** musician; (*fiolspelare*) fiddler **-mark** counter; (*-penning*) jetton

spel|ning engagement, *vard.* gig **-passion** gambling fever **-regel** rule of the game **-rum** *bildl.* scope, margin, freedom to act; *lämna fritt ~* give free scope **-skuld** gambling debt **-säsong** theatrical season **-sätt** *mus.* [way of] execution; *sport.* style of play **-teori** *företagsekon.* game theory **-tid** (*för film*) screen (running) time; (*för grammofonskiva*) playing time **-vinst** winnings (*pl*) [at cards (from gambling)] **-år** *teat.* theatrical year **-öppning** *schack. o. bildl.* gambit; *sport.* opening [of the game]

spenabarn suckling

spenat spinach

spender|a spend [... liberally], bestow (*på* upon) **-byxorna** *pl*, *ha ~ på sig* be in a generous (lavish) mood **-sam** *a1* generous, liberal **-samhet** generosity, liberality

spene *s2* teat, nipple

spenslig *a1* [of] slender [build]; slim

spenvarm *~ mjölk* milk warm from the cow

sperm|a [ˣspärr-] *s9, s7* sperm **spermaceti** [-'se:-] *s9* spermaceti **spermatozo** [-tå'så:] *s3*, **spermie** ['spärr-] *s5* spermatozoon (*pl* spermatozoa)

speta 1 (*spreta*) stick up (out) **2** (*kliva*) stalk about **spetig** *a1* **1** (*spretande*) straggly **2** (*tunn*) skinny; *~a ben* spindly legs

1 spets *s2* **1** (*udd*) point (*äv. bildl.*); (*på finger, tunga o.d.*) tip; (*berg-*) peak, top; *geom.* apex; *bildl. äv.* head; *bjuda ngn ~en* stand up to s.b., defy s.b.; *driva ngt till sin ~* carry s.th. to extremes; *gå i ~en* walk at the head, lead the way, *bildl. äv.* be the prime mover (*för* of); *stå i ~en för* be at the head of, head; *samhällets ~ar* the leaders of society (a nation) **2** (*betyg*) with distinction

2 spets *s2, text.* lace; (*sydd*) needlepoint

3 spets *s2* (*hund*) spitz; Pomeranian

spets|a 1 (*göra -ig*) point; sharpen (*en blyertspenna* a pencil); *~ öronen* prick up one's ears **2** (*genomborra*) pierce; (*på nål*) pin, nail; (*på spjut etc.*) spear *etc.* **3** (*en dryck*) lace, *vard.* spike

Spetsbergen Spitsbergen

spets|bov arch rogue **-byxor** *pl* [riding-]breeches **-båge** pointed (Gothic, lancet) arch **-bågsstil** pointed (Gothic) style **-fundig** *a1* subtle; hairsplitting **-fundighet** subtlety; *~er* (*äv.*) sophistry, quibbling (*sg*) **-gavel** pointed gable **-glans** *s3, miner.* stibnite, antimony glance **-glas** tapering dram-glass **-hacka** pickaxe

spetsig *a1* pointed (*äv. bildl.*); (*avsmalnande*) tapering; pointed (*skägg* beard); *bildl. äv.* cutting, sarcastic; *~ vinkel* acute angle **-het** pointedness *etc.*; *~er* (*sarkasmer*) sneers, sarcasms

spets|krage lace collar **-krås** lace frill **-näst** [-ä:-] *a4* sharp-nosed **-vinklig** *a1* acute-angled

spett *s7* crowbar; pinch bar; (*stek-*) spit **-[e]kaka** cake baked on a spit

spetälsk *a5* leprous; *en ~* a leper **spetälska** *s9* leprosy

spex *s7* students' farce; (*friare*) farce **spexa** *ung.* rollick **spexhumör** rollicking mood **spexig** *a1* farcial; comical

spicke|n *a5* salt-cured **-sill** salt herring

spigg *s2* stickleback

1 spik *adv, ~ nykter* [as] sober as a judge

2 spik *s2* nail; *slå huvudet på ~en* hit the nail on the head; *den ~en drar* (*bildl.*) that strikes home

spik|a nail; spike; (*med nubb*) tack; *bildl.* peg, fix; *~ fast* fasten with nails, nail (*ngt vid* s.th. on to); *~ igen* nail down; *~ upp* nail [... up], placard **-huvud** head of a nail, nailhead **-hål** nail hole **-klubba** *hist.* mace **-matta** bed of nails

spiknykter *se 1 spik*

spikpiano tinny [old] piano

spikrak [as] straight as an arrow (a poker)

spiksko *sport.* track shoe

spilkum *s2* bowl, basin

spill *s7* wastage, waste; *radioaktivt ~* radioactive fallout **spilla** *v2* **1** (*hälla ut*) spill, drop; *~ på sig* spill (drop) s.th. on one's clothes; *~ ut* spill [out], shed; *spill inte!* don't spill it! **2** (*för-*) waste, lose; *-d möda* labour thrown away, (*friare*) waste of energy; *-da människoliv* lost lives; *det var många -da människoliv* the loss of life was very great

spillkråka black woodpecker

spillning 1 (*avfall*) refuse **2** droppings (*pl*); (*gödsel*) dung

spillo *oböjligt s, ge ... till ~* give ... up [as lost], abandon; *gå till ~* get (be) lost, go to waste
spillolja waste oil
spillr|a *s1* (*flisa*) splinter; *-or* (*bildl.*) remaining fragments, scattered remnants, wreckage (*sg*); *falla* (*gå*) *i -or* fly (break) into splinters, fall to pieces; *slå i -or* break into fragments, *bildl.* shatter
spill|tid lost (waste[d]) time **-vatten** waste water; overflow; (*avloppsvatten*) sewage **-värme** surplus heat
spillånga [ˣspi:llåŋa, ˣspill-] (*fisk*) stockfish
spilta *s1* stall; (*för obunden häst*) loose box
spinalanestesi [-ˣna:l-] *kir.* spinal anaesthesia
1 spindel *s2, tekn.* spindle
2 spindel *s2, zool.* spider
spindelben spider's leg, *bildl.* spindleleg
spindelbult steering pivot pin, kingpin, swivel pin
spindel|nät, -väv cobweb[s *pl*]; (*tunnare*) gossamer
spinett *s3, mus.* spinet
spinkig *a1* very thin, spindly **-het** thinness
1 spinn *r, flyg.* spin; *råka i ~* get into a spin
2 spinn *s7* (*fiske*) *se -fiske*
spinna *spann spunnit* **1** spin; twist (*tobak* tobacco); (*rotera*) spin, twirl **2** (*om katt*) purr
spinnaker ['spinn-, ˣspinn-] *s2* spinnaker
spinnarfjäril bombycid
spinneri spinning (cotton) mill **spinnerska** [female] spinner
spinn|fiske spinning; *AE.* bait-casting **-hus** spinning-house **-maskin** spinning machine **-rock** spinning wheel **-rulle** *fisk.* casting reel **-sida** distaff side **-spö** spinning (casting) rod
spion *s3* spy **spionage** [-'na:ʃ] *s7* espionage, spying **spionera** spy (*på* [up]on) **spioneri** *se spionage* **spionliga** spy ring
1 spira *v1, ~* [*upp*] sprout, germinate; *~nde kärlek* budding love
2 spira *s1* (*torn-*) spire; (*trä-*) spar (*äv. sjö.*); (*stång*) pole; (*värdighetstecken*) sceptre
spiral *s3* **1** spiral, helix; (*vindling*) whorl; *gå i ~* turn spirally **2** (*livmoderinlägg*) coil, intrauterine device (*förk.* I.U.D.) **-block** spiral notebook **-fjäder** coil spring; (*plan*) spiral spring **-formig** [-å-] *a1* spiral, helical **-rörelse** spiral motion (movement) **-trappa** spiral (winding) staircase
spirant *fonet.* fricative [sound]
spirea [-ˣre:a] *s1, bot.* spiraea
spirit|ism spiritism **-ist** spiritist **-istisk** [-'tiss-] *a5* spiritistic
spiritual|ism spiritualism **-ist** spiritualist **-istisk** [-'liss-] *a5* spiritualistic **-itet** *s3* wit, esprit
spirituell *a1* brilliant; witty
spirituosa [-tuˣo:sa] *s1* spirits; spirituous liquors
spiritus ['spi:-] *r* spirit, alcohol
1 spis *s2, boktr.* rising space; *AE.* work-up
2 spis *s2* (*eldstad*) fireplace; (*köks-*) stove, range; *öppen ~* [open] fireplace; *stå vid ~en* stand over the stove, be cooking
3 spis *s3* (*föda*) food (*äv. bildl.*); *bildl. äv.* nourishment
spis|a 1 eat **2** *vard.* listen intently (*jazz* to jazz); dig **-bröd** crispbread
spisel *s2, se 2 spis* **-häll** hearth[stone] **-krans** mantelpiece
spis|krok poker **-kupa** [range, ventilating] hood **-vrå** chimney (fireside) corner
spjut *s7* spear; (*kort*) dart; *sport.* javelin; *kasta ~* (*sport.*) throw the javelin **-formig** [-å-] *a1* spear-shaped; lanciform (*blad* leaf) **-kast** throw of a (the) spear (*etc.*) **-kastare** *sport.* javelin-thrower **-kastning** *sport.* javelin-throwing **-skaft** shaft of a (the) spear (*etc.*) **-spets** spearhead, spearpoint (*etc.*)
spjuver ['spju:-] *s2* rogue **-aktig** *a1* roguish
spjäl|a I *s1* lath; (*i jalusi*) rib, slat **II** *v1* splint; *med. äv.* put in splints **-förband** splint dressing
spjälk|a split **-ning** splitting; (*atom-*) fission
spjäll *s7* damper, register; (*på motor*) throttle; *öppna ~et* open the damper (*etc.*) **-snöre** cord of a (the) damper (*etc.*)
spjäl|låda [-ä:-] crate **-ning** [-ä:-] *med.* splinting **-staket** pale fence **-säng** cot with bars **-verk** trelliswork, latticework
spjärn [-ä:-] *n, ta ~* brace one's feet (*mot* against)
spjärna *~ emot* kick against, resist
splines [splajns] *pl, tekn.* splines
splint *s3, bot.* sapwood; *koll.* (*flisor*) splinters (*pl*)
split *s7* discord, dissension; *utså ~* sow dissension
splits *s2, sjö.* splice **splitsa** splice **splitsning** splicing; *konkr.* splice
1 splitter ['splitt-] *adv, ~ ny* brand-new
2 splitt|er ['splitt-] *s7, koll.* (*flisor*) splinters (*pl*); (*granat- etc.*) splinter
splitterfri *~tt glas* safety glass **splittra I** *s1* splinter, shiver **II** *v1* splinter, break into splinters; *bildl.* divide [up]; *känna sig ~d* feel at sixes and sevens; *~ sig* (*bildl.*) divide (split) one's energy
splittring *bildl.* split, division; (*söndring*) disruption
1 spola (*skölja*) flush, rinse, wash; *vågorna ~de över däcket* the waves washed the deck; *~ av a*) wash down (*en bil* a car), *b*) rinse, swill (*disken* the dishes); *~ bort* wash away; *~ gatorna* sprinkle (water) the streets; *~* [*på toaletten*] flush the toilet; *~ en skridskobana* flood a skating rink
2 spola (*garn*) spool, reel, wind [up]; (*film*) reel
spolarvätska washer fluid **spole** *s2* **1** (*garn-; på* [*sy*]*maskin*) bobbin; (*för film*) spool; *elektr.* coil, spiral **spolformig** [-år-] *a1* spool-shaped
spolier|a spoil, wreck **-ing** spoliation
spoling *vard.* stripling; whippersnapper
spolmask ascarid
1 spolning [-o:-] (*t. 1 spola*) flushing *etc.*
2 spolning [-o:-] (*t. 2 spola*) reeling, winding
spondé [-å-] *s3* spondee **spondeisk** [-'de:-] *a5* spondaic[al]
sponsor ['spånsår] *s3* sponsor, backer
spont [-å-] *s3* groove, tongue, rebate **sponta** groove, tongue, rebate; *~de bräder* match[ed] boards; *~d och notad* tongued and grooved
spontan [-å-] *a1* spontaneous **-ism** abstract expressionism **-ist** painter of the abstract expressionist school **-itet** spontaneity
spor *s3* spore
sporadisk [-'ra:-] *a5* sporadic; isolated
sporde [-o:-] *imperf. av spörja*
sporra [-å-] spur (*hästen* one's horse); *bildl. äv.* incite (*ngn till att* s.b. into + *ing-form*), stimulate

S

sporr|e [-å-] *s2* spur (*äv. bildl.*); (*på hund äv.*) dewclaw; *bildl. äv.* incentive, stimulus; *vinna sina -ar* (*bildl.*) win one's spurs **-sträck** *i* ~ at full gallop (speed) **-trissa** rowel
1 sport [-ɑ:-] *sup. av spörja*
2 sport [-å-] *s3* sport[s *pl*]; games (*pl*)
sport|a go in for sports (games) **-affär** sports shop (outfitter) **-artiklar** *pl* sports (sporting) equipment (*sg*) **-bil** sports car **-dräkt** sports suit (*dams* costume); tweeds (*pl*) **-dykare** skin-diver, free diver **-fiskare** angler **-fiske** angling **-flygare** private pilot **-flygning** private flying **-flygplan** private (sports) plane **-journalist** sports writer
sportig [-å-] *a1* sporty; keen on sport[s]
sportler ['spårt-] *pl* perquisites
sport|lov winter sports holidays (*pl*) **-sida** (*i tidning*) sports page
sports|lig [-å-] **1** sporting (*chans* chance) **-man** sportsman **-mannaanda** sportsmanship **-mässig** *a1* sportsmanlike
sportstuga weekend cottage, log-cabin
spotmarknad [ˣspått-] spot market
spotsk [-å-] *a1* contemptuous, scornful **-het** contempt, scorn
spott [-å-] *s3, s7* **1** (*saliv*) spittle, saliva **2** (*hån*) scorn
spott|a [-å-] spit; ~ *i nävarna och ta nya tag* spit in one's hands and have another go [at it] **-kopp** spittoon; *AE.* cuspidor **-körtel** salivary gland **-strit** froghopper, spittle insect, spittlebug **-styver** *för en* ~ for a song, for next to nothing
spov *s2* curlew
sprack *imperf. av spricka II*
sprak|a sparkle, emit sparks **-ande I** *a4* sparkling; crackling (*ljud* sound); ~ *kvickhet* sparkling wit **II** *s6* sparkling **-fåle** frisky colt; *bildl.* scapegrace **-galler** fireguard
sprallig *a1* frisky, lively
sprang *imperf. av 2 springa*
1 spratt *s7* trick; hoax; *spela ngn ett* ~ play a trick on s.b., trick (hoax) s.b.
2 spratt *imperf. av spritta*
sprattel ['spratt-] *s7* flounder, struggle **-gubbe** jumping jack
sprattla flounder, struggle; (*om fisk*) frisk (flap) about; (*med benen*) kick about
spray [sprejj] *se sprej*
spred *imperf. av sprida*
sprej [sprejj] *s3* spray **spreja** spray **sprejflaska** spray bottle; atomizer
spret|a sprawl **-ig** *a1* sprawling, straggling
spri *s6, sjö.* sprit
sprick|a I *s1* crack, fissure; (*större*) crevice; (*hud-*) chap; *bildl.* breach, schism, rift **II** *sprack spruckit* **1** crack; (*brista*) break, burst; (*rämna*) split; ~ *av ilska* burst with rage; *äta tills man är färdig att* ~ eat till one is ready to burst; *spruckna läppar* chapped lips; ~ *ut* (*om knopp*) open, (*om löv*) come out **2** (*bli kuggad*) fail, be ploughed **-bildning** cracking, formation of cracks **-fri** crack-proof **-färdig** ready to burst; (*om knopp*) ready to open
sprickig *a1* cracked; chapped
sprida *v2, imperf. äv. spred* spread; distribute (*reklam* advertisements); circulate (*ett rykte* a report); (*utströ*) scatter; ~ *en doft av* give off a smell of; ~ *glädje* bring joy; ~ *ljus över* shed light on; ~ *ut* (*semestrar, arbetstid*) stagger; ~ *sig* spread, (*skingras*) be scattered, scatter, be dispersed, disperse, (*utbreda sig*) extend; *en rodnad spred sig över hennes ansikte* a blush suffused her face; *ryktet spred sig* the rumour got abroad
spridare spreader, sprayer; (*vatten-*) sprinkler
sprid|d *a5* spread; scattered; dispersed; *en allmänt* ~ *uppfattning* a widespread view (conception); ~*a fall* isolated cases; *några* ~*a hus* a few scattered houses; *i* ~ *ordning* in scattered (*mil.* extended) order; *på* ~*a ställen* here and there **-ning** [-i:d-] spreading *etc.*; spread (*av en växt* of a plant; (*av tidning*) circulation, distribution; *boken har vunnit stor* ~ (*äv.*) the book has become very popular
1 spring *s7* (*-ande*) running; *det är ett* ~ *dagen i ända* people are coming and going all day
2 spring *s7, sjö.* sheer; (*på kabel*) spring
1 springa *s1* chink, fissure; slot, slit
2 springa *sprang sprungit* **1** run (*hit o. dit* to and fro); (*fly*) make off; (*hoppa*) spring, jump (*i sadeln* into the saddle); *vi måste* ~ *allt vad vi orkade* we had to run for it; ~ *sin väg* run away, make off, *vard.* skedaddle; ~ *ärenden* run errands; ~ *efter flickor* run after girls; ~ *efter hjälp* run for help; ~ *hos läkare* keep running to the doctor; ~ *i affärer* go shopping; ~ *i höjden* (*om pris*) soar; ~ *på dörren* make for the door; ~ *på bio* keep going to the cinema **2** (*brista*) burst; (*om säkring e.d.*) blow; ~ *i dagen* come to light, (*om källa*) spring forth; ~ *i luften* [be] blow[n] up, explode **3** (*med betonad partikel*) ~ *av* (*brista*) burst; ~ *fram* rush out, (*om sak*) stand out, project; ~ *ifatt* overtake, catch up; ~ *ifrån* run away from, desert; ~ *om* pass [... running], run past; ~ *omkring* run around; ~ *omkull* run down; ~ *upp a)* (*rinna upp*) spring up, *b)* (*om dörr*) fly open
spring|ande *a4* running; *den* ~ *punkten* the crucial point **-are** (*häst*) courser, steed; (*i schack*) knight **-brunn** fountain **-flicka** errand girl **-flod** spring tide **-mask** pinworm, threadworm **-pojke** errand boy, messenger **-vikarie** (*lärare*) supply teacher
sprinkler ['sprinn-] *s9, pl äv. -s* sprinkler **-anläggning** sprinkler plant (installation) **-system** sprinkler system
sprint *s2* split pin, peg
sprinter ['sprinn-] *s2* sprinter **-lopp** sprint[race]
sprisegel spritsail
sprit *s3* spirits (*pl*); alcohol; liquor; *denaturerad* ~ methylated spirits; *ren* ~ pure alcohol
sprita (*ärter*) shell, hull, pod
sprit|begär craving for spirits (liquor) **-bolag** company selling alcoholic liquors **-drycker** *pl* spirits, alcoholic liquors (beverages) **-duplicering** spirit duplication **-dupliceringsapparat** spirit duplicator **-fabrik** [alcohol] distillery **-förbud** prohibition **-haltig** *a1* spirituous, alcoholic **-kök** spirit stove **-langare** bootlegger **-missbruk** abuse of alcohol **-påverkad** *a5* under the influence of drink **-rättigheter** *pl, ha* ~ be fully licensed
sprits *s2* forcing (piping) bag **spritsa** pipe
sprit|skatt duty on spirits, liquor tax **-smugg-**

lare liquor smuggler, bootlegger
spritt *adv,* ~ *galen* stark (raving) mad; ~ *naken* stark-naked
spritt|a *spratt spruttit,* ~ [*till*] give a start, start, jump (*av förskräckelse* with fright); *det -er i benen* I want to dance so much I can't keep still **-ande** *a4,* ~ *glad* ready to jump for joy; *en* ~ *melodi* a lively tune **-ning** start, jump
spritärter shelling peas
spruck|en *a5* cracked (*tallrik* plate; *röst* voice) **-it** *sup. av spricka II*
sprudl|a [-u:-] bubble, gush **-ande** *a4* bubbling over (*av* with); sparkling (*kvickhet* wit); ~ *fantasi* exuberant imagination; ~ *humör* high spirits (*pl*)
sprund *s7* (*i plagg*) slit, opening; (*på laggkärl*) bung[hole]
sprungit *sup. av 2 springa*
sprut|a *s1* spray[er], squirt; (*finfördelande*) atomizer; (*brand-*) fire engine; (*injektions-*) syringe; *få en* ~ get an injection, have a shot **II** *v1* spray, squirt; (*spola*) wash, flush; ~ *eld* spit (*om vulkan* emit) fire; *hennes ögon ~de eld* her eyes flashed fire; ~ *vatten på* throw water on, hose; ~ *in* (*med.*) inject; ~ *ut* eject, spout, throw out **-lackera** spray[-paint] **-lackering** spraying, spray painting **-munstycke** spray nozzle, jet pipe **-måla** *se -lackera* **-ning** [-u:-] spraying, squirting; (*med brandspruta*) playing the hose[s] **-pistol** spray gun
spruttit *sup. av spritta*
språk *s7* language; idiom, tongue; (*tal*) speech; manner of speaking, style; *föra ett bildat* ~ speak in an educated manner; *lärare i* ~ teacher of languages; *skriva ett ledigt* ~ have an easy (natural) style of writing; *inte vilja ut med ~et* beat about the bush; *slå sig i* ~ *med* enter into conversation with **språka** talk, speak (*om* about); (*förtroligt*) chat **språkas** *dep,* ~ *vid* talk to each other; ~ *vid om* (*äv.*) discuss
språk|begåvad *vara* ~ have a gift for languages **-bruk** usage; *gällande* ~ current usage **-centrum** (*i hjärnan*) speech areas **-familj** family of languages **-fel** linguistic error **-forskare** linguist **-forskning** linguistics (*pl, behandlas som sg*), linguistic research; *jämförande* ~ (*äv.*) comparative philology **-färdighet** language proficiency **-förbistring** confusion of tongues (languages) **-geni** genius for languages **-gräns** linguistic frontier **-historia** history of languages **-kunnig** skilled in languages; *en* ~ *person* a good linguist **-kunskap** knowledge of language[s] **-kurs** language course **-känsla** feeling for language **-laboratorium** language laboratory **-lektion** language lesson
språk|lig [-å:-] *a1* linguistic (*studier* studies); philological (*problem* problem); *i ~t avseende* from a linguistic point of view **-ljud** speech sound **-låda** *slå upp ~n* start talking **-lära** grammar **-lärare, -lärarinna** teacher of languages **-man** linguist **-melodi** intonation **-nämnd** *Svenska ~en* [the] Swedish language committee **-riktighet** grammatical correctness **-rör** *bildl.* spokesman (*fem.* spokeswoman), mouthpiece **-sam** [-å:-] *a1* talkative; (*prat-*) loquacious; (*meddel-*) communicative **-samhet** [-å:-] talkativeness *etc.* **-sinne** talent for languages; *jfr äv. språkkänsla* **-studier** *pl* study (*sg*) of languages, linguistic studies **-störningar** speech disabilities (defects) **-svårigheter** *pl* difficulties in speaking and/or understanding a language **-undervisning** language teaching **-vetare** linguist; student of languages **-vetenskap** linguistics (*pl, behandlas som sg*) **-vetenskaplig** philological; linguistic **-vård** preservation of terminology and usage [in a language] **-öra** *ha ett gott* ~ have an ear for languages
språng *s7* leap, spring; (*skutt*) bound, skip; *ta ett* ~ take a leap, make a jump; *i fullt* ~ at full speed; *på* ~ on the run; *ta ~et ut i det okända* take a leap in the dark **-bräda** springboard (*äv. bildl.*) **-marsch** *i* ~ [at] double quick [time], *mil.* at a run **-segel** jumping sheet, canvas **-vis** by leaps (*etc.*)
spräcka *v3* crack; break; ~ *skallen* fracture one's skull
spräcklig *a1* speckled; mottled
spräng|a *v2* burst; (*med -ämne*) blast, blow up, explode; (*skingra*) scatter, *mil.* put to the rout; ~ *banken* break the bank; ~ *en häst* break a horse's wind; *det -er i örat* my (his *etc.*) ear is throbbing; ~ *fram* gallop along (forward) **sprängas** *v2, dep* burst, break
spräng|bomb high-explosive bomb **-deg** explosive paste **-granat** high-explosive shell **-kil** wedge **-kraft** explosive force **-laddning** blasting (explosive) charge; (*i robot o.d.*) warhead **-lista** (*vid val*) splinter list **-lärd** brimful of learning, erudite **-läsa** cram, swot **-ning** bursting *etc.*; explosion; (*skingring*) dispersion **-ningsarbete** blasting work **-skiss** exploded view **-skott** blast **-sten** blast stone, broken rock **-verkan** explosive (blast) effect **-ämne** explosive **-ämnesexpert** explosives expert
sprätt *s2* **1** dandy, fop, *AE.* dude **2** *sätta* ~ *på a)* (*ngn*) ginger up, *b)* (*pengar*) throw around
1 sprätta *v1, v3* (*skära upp*) rip [open] (*en söm* a seam), unpick (*en klänning* a dress); ~ *upp* rip up; ~ *ur* rip out (*en knapp* a button)
2 sprätta *v3, bet. 1 äv. v1* **1** (*snobba*) show off, swank **2** (*om höns*) scratch **3** (*sprida*) scatter **4** (*stänka*) spatter; (*om penna*) spurt
sprättbåge *som en* ~ (*bildl.*) like a drawn bow
sprättig *a1* smart[ly dressed], dandified, foppish
spröd *a1* brittle; short; (*klen*) fragile **-het** [-ö:-] brittleness; shortness; fragility
spröjs *s2* bar
spröt *s7* **1** (*paraply-*) rib **2** *zool.* antenna, feeler
spunnit *sup. av spinna*
spurt *s3, sport.* spurt **spurta** *sport.* spurt
spy *v4* vomit (*äv. rök* smoke); (*om kanon*) belch out **spyor** [ˣspy:ɑr] *s, pl* vomit
spydig *a1* malicious, sarcastic, ironic[al] **-het** malice, sarcasm; *AE. äv.* wisecrack
spyfluga blowfly, bluebottle; *bildl.* caustic person
spygatt [ˣspy:-, -'gatt] *s7, sjö.* scupper
spå *v4, absol.* tell fortunes (*i kort* by the cards); ~ *ngn* tell s.b. his (*etc.*) fortune; *jfr äv. förutsäga*; ~ *i händer* practise palmistry, read hands; *jag ~dde rätt* my prediction came true; *människan ~r och Gud rår* man proposes, God disposes **-dom** *s2*

S

prophecy; prediction; soothsaying **-domskonst** art of divination **-kvinna** [female] fortune-teller; sibyl **-man** fortune-teller; soothsayer

spån *s7, s1* (*trä-, metall-*) chip; (*hyvel-*) shaving; *koll.* chips, shavings (*pl*); *dum som ett ~* as stupid as they come

spånad *s3, abstr.* spinning; *konkr.* spun yarn

spånads|lin [fibre] flax **-växt** textile plant

spån[fiber]platta chipboard, fibreboard

spång *s2, pl äv. spänger* footbridge, plank

spån|korg chip basket **-tak** shingled roof **-täcka** shingle

spår *s7* **1** (*märke*) mark (*efter* of); (*fot-*) [foot]step (*äv. bildl.*), footprint; (*djur-*) track, trail; *bildl. äv.* trace, vestige; *inte det minsta ~ av tvivel* not the faintest doubt; *inte ett ~ intresserad* not a bit interested; *följa i ~en* be fast on the heels of, *bildl.* follow in the footsteps of; *förlora ~et* lose the track (*om jakthund*: scent); *komma på ~en* get on the track of, *bildl. äv.* find out; *sopa igen ~en efter sig* obliterate one's tracks; *sätta djupa ~* (*bildl.*) make a profound impression; *vara inne på rätt ~* be on the right track **2** (*skenor*) rails (*pl*); *järnv.* track; *vagnen hoppade ur ~et* the carriage (wagon) ran off the track (left the rails)

spåra 1 (*söka spår av*) track, trace (*äv. bildl.*); *jakt. äv.* scent; *~ upp* track down, (*friare o. bildl.*) hunt out, discover **2** (*gå upp ett* [*skid-*] *spår*) make a track **3** *~ ur a*) (*järnv.*) run off the rails, derail, *b*) (*om pers.*) go astray, *c*) (*om diskussion*) sidetrack, get off the track

spår|bunden trackbound **-element** trace[r] element **-hund** sleuthhound; bloodhound (*äv. bildl.*) **-korsning** *järnv.* rail crossing **-ljus** tracer **-löst** [-ö:-] *adv* leaving no trace, without leaving any tracks; *den är ~ försvunnen* it has vanished into thin air **-sinne** scent; nose **-snö** [new-fallen] snow in which tracks are visible **-vagn** tram[car]; *AE.* streetcar, trolley [car]

spårvagns|biljett tram ticket **-förare** tram driver; *AE.* motorman **-konduktör** tram conductor

spår|vidd [track] gauge **-väg** tramway **-vägslinje** tramline; *AE.* streetcar line **-vägsstall** tram depot; *AE.* carbarn **-växel** point[s *pl*]; *i sht AE.* switch[es *pl*] **-ämne** trace[r] element

späck *s7* lard; (*val-*) blubber

späck|a lard; *bildl.* interlard; *en ~d plånbok* a bulging (fat) wallet **-huggare** *zool.* killer [whale], grampus **-nål** larding needle **-strimla** lardon

späd *a1* (*mycket ung*) tender (*grönska* verdure; *ålder* age); (*spenslig*) slender (*växt* growth); *bot. äv.* young (*löv* leaves); *från sin ~aste barndom* from one's earliest infancy; *~ röst* feeble (weak) voice

späda *v2, ~* [*ut*] dilute, thin down; *~ på* ([*ut*]-*öka*) add, mix in

späd|barn infant, baby **-barnsdödlighet** infant mortality **-barnsvård** infant welfare **-gris** sucking pig **-het** [-ä:-] tenderness *etc.* **-kalv** sucking calf

späk|a *v3* mortify (*sitt kött* one's flesh); (*friare*) castigate; *~ sig* mortify o.s. **-ning** [-ä:-] mortification *etc.*

spän|d *a1* (*jfr spänna*) tight (*rep* rope); stretched; (*styv*) taut; *bildl.* tense, highly strung (*nerver* nerves), intense, intent; (*om båge*) drawn; *-t förhållande* strained relations (*pl*) (*till* with); *högt ~a förväntningar* eager expectations; *lyssna med ~ uppmärksamhet* listen with strained (tense) attention; *jag är ~ på hur det skall gå* I am eager to see how things go

spänn *s, sätta ngt i ~* put s.th. in a press; *sitta på ~* be on tenterhooks

spänna *v2* **1** (*sträcka*) stretch (*snören* strings); strain (*musklerna* one's muscles); tighten (*ett rep* a rope); *~ en fjäder* tighten a spring; *~ hanen på en bössa* cock a gun; *~ en båge* draw (bend) a bow; *~ bågen för högt* (*bildl.*) aim too high; *~ sina krafter till det yttersta* muster up all one's strength, *bildl.* strain every nerve; *~ ögonen i* fasten (rivet) one's eyes on; *~ öronen* prick up one's ears **2** (*med spänne*) clasp, buckle; (*med rem*) strap **3** (*om kläder*) be tight, pull **4** *rfl* strain (brace) o.s. **5** (*med betonad partikel*) *~ av a*) unstrap, unfasten, undo, *b*) *vard.* relax, lean back, *~ av sig skridskorna* take off one's skates; *~ fast* fasten, buckle (strap) on (*vid* to); *~ för* (*ifrån*) (*absol.*) harness (unharness) the horse[s]; *~ på sig* put on (*skridskorna* one's skates), strap on (*ryggsäcken* one's knapsack); *~ upp* undo, unfasten, (*rem*) unstrap, (*paraply*) put up; *~ ut* stretch, (*magen*) distend, (*bröstet*) expand; *~ åt* tighten

spännande *a4, bildl.* exciting, thrilling; *en ~ bok* (*äv.*) a thriller **spänne** *s6* buckle, clasp, clip

spänning tension; *tekn. äv.* strain, stress; *elektr.* voltage; *bildl.* tension, excitement, stress, strain; *livsfarlig ~* (*på anslag*) live wire; *hållas i ~* be kept on tenterhooks; *vänta med ~* wait excitedly (eagerly)

spännings|fall *elektr.* voltage (potential) drop **-förande** *a4, elektr.* live, under tension **-tillstånd** state of strain

spänn|kraft tension, elasticity, resilience, *bildl.* tone **-ram** tenter **-skruv** turnbuckle **-vidd** span; *stat.* range; *bildl.* scope

spänsband waistband

spänst *s3* vigour, elasticity; *bildl.* buoyancy

spänstig *a1* elastic, springy; (*kraftig*) vigorous; *bildl.* buoyant; *gå med ~a steg* walk with a springy gait **-het** elasticity, spring[iness]; vigour; *bildl.* buoyancy

spänt *adv* (*jfr spänd*), *iakttaga ngn ~* observe s.b. intently

spänta split (*stickor* wood)

1 spärr *i uttr.: rida ~ mot* tilt against (at); *bildl.* resist, struggle against

2 spärr *s2, boktr.* spaced-out type (letters *pl*)

3 spärr *s2, tekn.* catch, stop, barrier; *järnv.* gate, barrier; (*hinder*) block, obstacle; (*väg-*) roadblock; *skol.* restricted intake

4 spärr *s2,* (*i bowling*) spare

1 spärra 1 (*ut-*) spread out, stretch open; *~ upp ögonen* open one's eyes wide **2** *boktr.* space out; *~d stil* spaced-out type (letters *pl*)

2 spärra 1 (*avstänga*) bar; block [up]; obstruct (*vägen för ngn* a p.'s passage); blockade, close (*en hamn* a port) **2** *hand.* block (*ett konto* an account); *~ en check* stop [payment of] a cheque

spärr|ballong barrage balloon; *vard.* blimp **-eld**

barrage [fire] **-hake** [locking] pawl; (*på kugghjul*) click, catch **-konto** blocked (frozen) account **-ning 1** barring *etc.*; obstruction; blockade **2** (*av konto e.d.*) blocking, freezing **-vakt** *järnv.* ticket collector

spätta *s1, zool.* plaice **-filé** fillet of plaice

spö *s6* **1** (*kvist*) twig; (*käpp*) switch; (*ridpiska*) whip; (*met-*) rod; *regnet står som ~n i backen* it's pouring rain, *vard.* it is raining cats and dogs **2** *slita ~* be publicly flogged (whipped) **spöa** flog, whip

spök|a (*visa sig som -e*) haunt a place, walk the earth; *det ~r i huset* the house is haunted; *gå uppe och ~ om nätterna* be up and about at night; *~ ut sig* make a fright of o.s. **-aktig** *a1* ghostlike; (*hemsk*) weird, uncanny **-bild** *TV* ghost

spök|e *s6* ghost, spectre; *vard.* spook; *bildl.* scarecrow, *se ~n på ljusa dagen* be haunted by imaginary terrors **-eri** *~er* ghostly disturbances **-historia** ghost story **-lik** ghostlike, ghostly; (*kuslig*) uncanny, weird; *ett ~t sken* a ghostly light

spöknippe bundle of rods

spök|rädd afraid of ghosts **-skepp** phantom ship **-skrivare** ghostwriter **-slott** haunted castle **-timme** witching hour

spöregn downpour, pouring rain **spöregna** pour, pelt

spörja *sporde sport* **1** (*fråga*) ask, inquire **2** (*erfara*) learn

spörsmål *s7* question, matter, problem; *ett intrikat ~* an intricate problem

spöstraff whipping, flogging

squash [skvåʃ, skoåʃ] *s3* (*spel o. grönsak*) squash

stab *s3* staff; *tjänstgöra på ~* be on the staff

stabil *a1* stable; *en ~ firma* a sound firm; *~a priser* stable prices **-isator** [-ˣsa:tår] *s3, sjö.* stabilizer; (*flygplans-, ubåts-*) tailplane **-isera** stabilize; *förhållandena har ~t sig* conditions have stabilized (become more settled) **-isering** [-'se:-] stabilization **-itet** stability

stabs|chef chief of staff **-officer** staff officer

1 stack *imperf. av sticka II o. stinga*

2 stack *s2* stack, rick; (*myr-*) ant hill (heap); *dra sitt strå till ~en* do one's share (*vard.* bit)

stacka stack, rick

stackare [poor] wretch; (*ynkrygg*) coward, funk; *en ~ till ...* a wretch of a ...; *en fattig ~* a beggar; *den ~n!* poor thing (devil)!; *en svag ~* a weakling, a pitiable creature; *var och en är herre över sin ~* everybody is s.b.'s master **stackars** *oböjligt a* poor (*krake* wretch); *~ du* (*dig*)*!* poor you!; *~ liten!* poor little thing!

stackato [-'ka:-, -'kattå] *s6 o. adv, mus.* staccato

stackmoln cumulus

1 stad *s3* (*på väv*) selvage, selvedge; *AE.* selvage

2 stad *r* (*ställe*) stead; abode; *var och en i sin ~* each in his own place

3 stad *-en städer, best. form vard. stan* (*samhälle*) town; (*större o. katedral-*) city; *~en Paris* the city of Paris; *den eviga ~en* the Eternal City; *land och ~* town and country; *han har blivit en visa för hela stan* he is the talk of the town; *bo i ~en* live in [the] town; *gå ut på stan* go into town; *lämna ~en* leave town; *resa till ~en* go up to town; *springa stan runt efter* rush round town for; *över hela ~en* all over the town

stadd *a5, ~ i fara* in [the midst of] danger; *vara ~ i upplösning* be disintegrating; *~ på resa* on the move; *~ vid kassa* in funds

stadde *imperf. av städja*

stadfäst|a confirm (*en dom* a sentence); establish (*en lag* a law); legalize, sanction (*en förordning* a decree); ratify (*ett fördrag* a treaty) **-else** confirmation; establishment; legalization, sanction; ratification

stadga I *s1, i bet. 2 äv. s5* **1** (*stadighet*) consistency; steadiness, firmness (*äv. bildl.*) **2** (*förordning*) regulation, statute; *föreningens ~r* the charter (*sg*) (rules) of the association **II** *v1* **1** (*ge fasthet*) consolidate, steady **2** (*föreskriva*) direct, prescribe, enact; (*bestämma*) decree **3** *rfl* consolidate, become firm[er] (steadier); (*om vädret*) become settled; (*om pers.*) settle down **stadg|ad** *a5* steady, staid; *en ~ herre* a staid (reliable) man; *komma till ~ ålder* arrive at a mature age; *ha -at rykte för att vara* have a well-established reputation of being

stadge|enlig [-'e:n-] *a1* according to regulation (rules *pl*), statutory **-ändring** alteration of [the] rules (statutes)

stadig *a1* steady; (*fast*) firm; (*stabil*) stable; (*grov o. stark*) square built, sturdy; (*tjock*) stout; (*kraftig*) substantial (*mat* food), thick (*gröt* porridge); *bildl.* (*varaktig*) permanent (*kund* customer); *~ blick* firm look; *~ hand* steady (firm) hand; *ett ~t mål mat* (*äv.*) a square meal; *ha ~t arbete* have a steady job (regular work) **stadigt** *adv* steadily *etc.*; *sitta ~* (*om sak*) be firmly fixed; *stå ~* stand steady (firm) **stadigvarande** *a4* permanent (*anställning* employment); constant; *~ inkomst* steady income

stadion ['sta:djån] *n* stadium

stadium ['sta:djum] *s4* stage; (*skede*) phase; *befinna sig på ett förberedande ~* be at a preparatory (an initial) stage

stads|antikvarie city (town) antiquarian **-arkitekt** town (city) architect **-arkiv** municipal (city, town) archives (*pl*) (records office) **-barn** town (city) child **-befolkning** urban (town) population **-bibliotek** public (town, city) library **-bo** town dweller; (*borgare*) citizen; *~r* townspeople **-bud** [town] messenger; (*bärare*) porter **-budskontor** messengers' (porters') office **-del** quarter of a city (town), district **-fiskal** public prosecutor; *AE. ung.* district attorney **-fogde** [court] bailiff; *AE.* sheriff, marshal **-fullmäktig** city (town) councillor; *~e* city (town) council (*sg*) **-förvaltning** civic (city, town) administration **-gas** town (coal) gas **-gräns** city (town) boundary **-hotell** principal hotel in a town **-hus** town (city) hall **-kärna** [the old] city centre **-lag** urban code **-liv** town (city) life **-läkare** municipal (city, town) medical officer **-mur** town (city) wall **-plan** town plan **-planerare** town planner **-planering** town (city) planning **-port** town (city) gate **-rättigheter** *pl* town charter (*sg*) **-teater** municipal theatre **-vapen** city arms (*pl*)

stafett *s3* **1** (*kurir*) courier **2** *se -pinne*; *springa ~* run in a relay race **-löpning** relay race **-pinne** [relay-race] baton

staffage [-'fa:ʃ] *s4* figures (*pl*) in a landscape **-figur** *eg.* foreground figure; *bara en ~* (*bildl.*) just an ornament

staffli *s4, s6* easel **-målare** painter who uses an easel

stafylokock [-'kåkk] *s3* staphylococcus (*pl* staphylococci)

stag *s7, sjö.* stay; *gå över ~* go about **staga** *sjö.* stay (tack) ship; *allm.* stay

stagn|ation [-ŋn-] stagnation; (*stopp*) stoppage, standstill **-era** stagnate

stag|ning [-a:-] staying **-vända** tack, go about

1 staka *rfl* stumble, hesitate; *~ sig på läxan* stumble over one's lessons

2 staka 1 punt, pole ([*fram*] *en båt* a boat [along]) **2** mark (*en väg* a road); *~ ut, se utstaka*

stake *s2* pole, stake; (*ljus-*) candlestick

staket *s7* fence, railing[s *pl*], paling

stal *imperf. av stjäla*

sta|lagmit *s3* stalagmite **-laktit** *s3* stalactite

1 stall *s7* (*på fiol*) bridge

2 stall 1 (*för hästar*) stable; *AE. äv.* barn; (*uppsättning hästar*) stud **2** (*lok- etc.*) depot, garage

stall|a stable **-backe** stable yard **-broder** companion; *vard.* chum **-dräng** stableman, groom **-knekt** stableman **-lykta** (*hopskr. stallykta*) hurricane lamp, storm lantern **-pojke** stableboy

stam [stamm] *s2* **1** (*träd-*) stem, trunk (*äv. bildl.*); *språkv.* stem, radical **2** (*i checkbok o.d.*) counterfoil, stub **3** (*släkt*[*e*]) family, lineage; (*folk-*) tribe; *en man av gamla ~men* a man of the old stock **-aktie** ordinary (*AE.* common) share; *~r* (*koll.*) stock (*sg*), equities; *utdelning på ~r* ordinary dividend **-anställd** *a o. s* regular **-bana** main line [railway]; *norra ~n* the main northern line **-bok** (*över djur*) pedigree book; (*över hästar*) studbook; (*över nötkreatur*) herd-book **-bord** regular table **-fader** [first] ancestor; progenitor **-form** (*med avseende på härstamning*) primitive (original) form **-gäst** regular [frequenter] (*på en restaurang* of a restaurant), habitué **-kund** regular customer

1 stamma *se härstamma*

2 stamma (*tala hackigt*) stutter; (*svårare*) stammer; *~ fram* stammer out

stammanskap regulars (*pl*)

stammare stutterer, stammerer

stammoder [first] ancestress

stamning stuttering, stammering

stam|ord radical word **-ort** place of origin

stamp 1 *s7, se stampning* **2** *s2, tekn.* (*hål-*) punch; (*stämpel*) stamp

1 stampa 1 stamp (*i golvet* [on] the floor); (*om häst*) paw the ground; *stå och ~ på samma fläck* (*bildl.*) be still on the same old spot, be getting nowhere; *~ takten* beat time with one's feet; *~ av sig snön* stamp the snow off one's shoes; *~ till jorden* trample down the earth **2** *sjö.* pitch, heave and set **3** stamp, punch (*hål i* a hole in); (*kläde*) mill, full

2 stamp|a *vard., ~ på* (*pantsätta*) hock, pop

stampen ['stamm-] *endast best. form, vard.* (*pantlånekontor*) *på ~* at uncle's, in hock

stamp|kvarn stamp[ing] mill **-maskin** stamp, stamping machine **-ning** stamping; pawing; *tekn.* punching, pounding

stam|ros standard rose **-tavla** genealogical table; pedigree (*äv. om djur*) **-tillhåll** [favourite] haunt **-träd** genealogical (family) tree

standar *s7* standard

standard ['stann-] *s3* standard **-avvikelse** *stat.* standard deviation (error) **-brev** form letter **-format** standard size **-hus** house of standard design; (*monteringsfärdigt*) prefabricated house **-höjning** rise in the standard of living; *en allmän ~* a general rise in the living standard **-isera** standardize **-isering** [-'se:-] standardization **-modell** standard design **-mått** standard size; (*likare*) standard measure[ment] **-prov** *skol.* standardized achievement test **-sänkning** lowering of one's standard [of living] **-utförande** standard design **-verk** standard work

standert ['stann-] *s2, sjö.* [broad] pennant

1 stank *s3* stench, stink

2 stank *imperf. av stinka*

stanna 1 (*upphöra att röra sig*) stop, stand still; (*av-*) come to a standstill; (*upphöra äv.*) cease; *hjärtat har ~t* the (his *etc.*) heart has stopped (ceased to beat); *klockan ~de* the (my *etc.*) watch stopped; *~ i växten* stop growing; *~ på halva vägen* stop halfway; *han lät det ~ vid hotelser* he went no further than threats; *reformerna ~de på papperet* the reforms never got past the paper stage; *det ~de därvid* it stopped at that **2** (*om vätska*) cease to run; (*stelna*) coagulate; *kokk.* set **3** (*dröja kvar*) stay [on], stop; (*slutgiltigt förbli*) remain; *~ hemma* stay [at] home; *~ hos ngn* stay with s.b.; *~ kvar* stay [on]; remain; *~ till middagen* stay for dinner; *~ över natten* stay the night (*hos* with); *låt det ~ oss emellan!* this is between you and me! **4** (*hejda*) stop; (*fordon äv.*) bring to a standstill; (*maskin*) stop

stannfågel sedentary (nonmigratory) bird

stanniförening stannic compound

stanniol [-'jɔ:l, -'jå:l] *s3* tinfoil **-papper** tinfoil

1 stans *s3, versl.* stanza

2 stans *s2* punch

stans|a *~* [*ut*] punch **-maskin** punching machine **-ning** punching **-operatris** puncher, punching-machine operator

stapel *s2* **1** (*trave*) pile, stack **2** *skeppsb.* stocks (*pl*); *gå* (*löpa*) *av ~n* leave the stocks, be launched, *bildl.* take place, come off **3** (*på bokstav*) stem; *nedåtgående* (*uppåtgående*) *~* down stroke (upstroke) **-avlöpning** launch, launching **-bar** *a1, ~a stolar* nesting (stacking) chairs **-bädd** stocks (*pl*), slip, slipway **-diagram** histogram, bar graph **-stad** staple town (port) **-vara** staple [commodity]

stapl|a [ˣsta:-] *~* [*upp*] pile [up], heap up, stack **-ingsbar** stackable

stappl|a (*gå ostadigt*) totter; (*vackla*) stagger; *~ sig fram* stumble along; *~ sig igenom läxan* stumble through one's lesson **-ande** *a4* tottering; staggering; *de första ~ stegen* the first stumbling steps

stare *s2* starling

stark *a1* strong; (*kraftfull*) powerful (*maskin* engine); (*om maskin äv.*) high-powered; (*hållbar*) solid, durable; (*fast*) firm (*karaktär* character); (*utpräglad*) pronounced, mighty; (*intensiv*) intense; *~ blåst* high wind; *~a drycker* strong drinks; ~ *efterfrågan på* great (strong) demand for; ~ *fart* great speed; ~ *färg* strong colour; ~*t gift* virulent poison; ~*t inflytande* powerful influence; ~ *kyla* bitter (intense) cold; ~*a misstankar* grave (strong) suspicions; ~ *motvilja* pronounced aversion; ~*a skäl* strong reasons; ~*a verb* strong verbs; *är inte min ~a sida* is not my strong point; *en sex man ~ deputation* a deputation of six men; *med den ~ares rätt* with the right of might **-sprit** spirits (*pl*); *AE.* hard liquor **-ström** high-tension current

starkt *adv* strongly *etc.*; ~ *kryddad* highly seasoned; *lukta ~ av* smell strongly of; *jag misstänker ~ att* I very much suspect that; *det var väl ~* that's a bit thick (much)

stark|varor *pl* spirits **-vin** dessert wine **-öl** strong beer

1 starr *s3, bot.* sedge

2 starr *s2* (*sjukdom*) [*grå*] ~ cataract; *grön ~* glaucoma

starrblind *bildl.* purblind

start [-a(:)-] *s3* start; *AE. vard.* kickoff; *flyg.* takeoff; (*av företag*)starting, launching

start|a [-a(:)-] start; *AE. vard.* kick off; *flyg.* take off; (*företag*) start, launch; ~ *en affär* open a business **-anordning** starter **-avgift** entry fee **-bana** *flyg.* runway; tarmac (*varumärke*) **-block** starting block

start|er ['sta:r-] *s2, sport.* starter **-förbud** *flyg.*, *det råder ~* all planes are grounded **-grop** starting hole; *ligga i ~arna* (*äv. bildl.*) be waiting for the starting signal **-kablar** jump leads, *AE.* jumper cables **-kapital** initial capital **-klar** ready to start **-knapp** starter button **-kontakt** starter **-linje** starting line **-motor** starting motor **-nyckel** ignition key **-pedal** starting pedal; (*på motorcykel*) kick-starter **-pistol** starting pistol **-platta** (*för robot e.d.*) launch[ing] pad **-raket** booster, launching vehicle **-signal** starting signal **-skott** *sport.* starting shot; ~*et gick* the pistol went off **-snöre** starting strap **-vev** starting handle, crank

stas *s3, med.* stasis

stass *s3* finery

1 stat *s3* (*samhälle*; *rike*) state; ~*en* the State; *Förenta ~erna* the United States [of America]; ~*ens finanser* Government finance (*sg*); *S~ens Järnvägar* the Swedish State Railways; ~*ens tjänst* public (government) service; *i ~ens tjänst* in the service of the State; ~*ens verk* Government (civil service) departments; *på ~ens bekostnad* at public expense

2 stat *s3* **1** (*tjänstemannakår*) staff; (*förteckning*) list of persons belonging to the establishment **2** *föra* [*stor*] ~ live in [grand] style; *dra in på ~en* cut down expenses

3 stat *s3* **1** (*avlöningsanordning*) establishment; *officer på ~* permanent officer **2** (*budget*) estimates (*pl*), budget

statare farm labourer, cotter

statera walk on, be a super (extra)

stat|ik *s3, ej pl* statics (*pl, behandlas som sg*)

station [-(t)'ʃo:n] station; *ta in en ~* (*radio.*) tune in a station **-era** station **-ering** [-'ne:-] stationing

stations|inspektor stationmaster **-samhälle** town (village) around a railway station **-skrivare** railway clerk **-vagn** (*bil*) estate car; *AE.* station wagon

stationär [-tʃo'nä:r] *a1* stationary

statisk ['sta:-] *a5* static; ~ *elektricitet* static electricity

statist *teat.* walker-on, supernumerary, *vard.* super; *film.* extra

statist|ik *s3, ej pl* statistics (*pl, behandlas som sg*) **-iker** [-'tiss-] statistician **-isk** [-'tiss-] *a5* statistic [al]; *S~a centralbyrån* Statistics Sweden; ~*a uppgifter* statistical data (*sg*), statistics; ~ *årsbok* statistical yearbook

stat|iv *s7* stand, rack; (*stöd*) support; (*trebent*) tripod

statlig [ˣsta:t-] *a1* state (*egendom* property); government (*verk* office); national (*inkomstskatt* income tax); public (*institution* institution); ~*t ingripande* government (state) intervention; *i ~ regi* under government auspices, run by the State

stats|angelägenhet affair of state **-anslag** government (state, public) grant (subsidy) **-anställd** *a5* employed in government service; *en ~* a government (state) employee **-arkiv** [public] record office **-bana** state (state-owned) railway **-besök** state (official) visit **-bidrag** *se statsunderstöd* **-budget** national budget **-chef** head of a (the) state **-egendom** state (national, public) property; *göra till ~* nationalize **-fientlig** subversive (*verksamhet* activity) **-finanser** *pl* public (government) finances **-finansierad** *a5* state-financed **-form** form of government, polity **-fru** lady of the bedchamber **-fängelse** state prison **-förbrytare** political offender **-förbrytelse** political crime, high treason **-förbund** association (union, [con]federation) of states **-författning** constitution **-förvaltning** public (state) administration **-gräns** state boundary, frontier

stats|hemlighet state secret **-historia** political history **-inkomster** *pl* public (national) revenue (*sg*) **-kalender** official yearbook (directory) **-kassa** treasury, exchequer **-klok** politic, versed in state affairs **-klokhet** political wisdom **-konst** statesmanship, statecraft; diplomacy **-kontoret** [the Swedish] agency for administrative development **-kontrollerad** *a5* state (government) controlled **-kunskap** political science **-kupp** coup d'état **-kyrka** established (national, state) church; *engelska ~n* the Church of England, the Anglican Church; *svenska ~n* the Lutheran State Church of Sweden; *avskaffa ~n* disestablish the Church **-kyrklig** state-church **-lån** government (state) loan **-lära** sociology **-lös** stateless **-makt** state authority, power of the state; ~*er* (*äv.*) government authorities; *den fjärde ~en* (*pressen*) the fourth estate **-man** statesman; (*politiker*) politician **-minister** prime minister, premier; *ställföreträdande ~* deputy prime minister **-obligation** government bond; ~*er* (*äv.*) government securities, consols **-papper** *pl* government securities, treasury bills **-polis** national (state) police **-revision** auditing of public (state, national) accounts

stats|råd 1 *pers.* [cabinet] minister, councillor of state; *Storbritannien äv.* secretary of state; *konsultativt ~* minister without portfolio **2** (*ministär*)

S

council of state cabinet **3** (*sammanträde*) cabinet council (meeting); *konungen i ~et* the king in council **-rådinna** [cabinet] minister's wife **-rådsberedning** *~en* [the] cabinet office **-rätt** constitutional law **-sekreterare** under-secretary of state **-skatt** national (state) tax **-skick** constitution **-skuld** national debt **-teater** national theatre **-tjänst** public (civil) service **-tjänsteman** civil servant, government employee **-understöd** government subsidy, state aid **-understödd** *a5* state-subsidized **-utgifter** *pl* state (government) expenditure (*sg*) **-verksproposition** budget bill (proposals *pl*) **-vetare** *vard.* political scientist, expert in (student of) political science **-vetenskap** political science **-vetenskaplig** of political science **-vetenskapsman** expert on political science **-välvning** [political] revolution **-överhuvud** *se statschef*

statt *sup. av städja*

statuera *~ ett exempel* make an example

status ['sta:-, ˣsta:-] *s2, s7* (*ställning*) status; (*affärsföretags*) standing; *~ quo* status quo; *rättslig ~* legal status **-symbol** status symbol

statuter [-'tu:-] *pl* rules, regulations, statutes

staty *s3* statue **-ett** *s3* statuette

stav *s2* staff; *sport.* pole; (*skid-*) ski stick (pole); (*i tunna*) stave; *bryta ~en över ngn* (*bildl.*) condemn s.b. [outright]

stava spell; *hur ~s ...?* how do you spell ...?; *~ och lägga ihop* put two and two together; *~ sig igenom* spell one's way through

stavbakterie rod-shaped bacterium, bacillus

stav|else syllable **-fel** spelling mistake; orthographical error

stav|hopp pole vault; (*-hoppning*) pole-vaulting; *hoppa ~* pole-vault **-hoppare** pole-vaulter **-kyrka** stave church **-lampa** electric torch **-magnet** bar magnet

stavning [-a:-] spelling; (*rättskrivning*) orthography

stavrim alliteration

stearin *s4, s3* stearin[e], candle-grease **-ljus** candle **-syra** stearic acid

1 steg *imperf. av stiga*

2 steg *s7* **1** step (*äv. bildl.*); (*gång äv.*) gait, pace; *små ~* short steps; *ta stora ~* take great (long) strides; *gå framåt med stora ~* (*bildl.*) advance with rapid strides; *~ för ~* step by step, *bildl. äv.* gradually; *hålla jämna ~* keep pace (*med* with); *med långsamma ~* at a slow pace; *med spänstiga ~* with a springy gait; *följa på några ~s avstånd* follow a few paces behind; *styra (ställa) sina ~ till* direct one's steps to; *ta första ~et till försoning* make the first move towards conciliation; *ta ~et fullt ut* (*bildl.*) go the whole way (*vard.* hog); *vidtaga sina mått och ~* take measures **2** *tekn.* stage

stega 1 *~ [upp]* step out, pace **2** *~ i väg* stride out (along)

stege *s2* ladder

stegel *s7* wheel **stegla** [-e:-] break upon the wheel

steglitsa [ˣste:-, -'litt-] *s1* goldfinch

steg|längd pace **-löst** *adv, ~ variabel* infinitely variable

stegpinne rung

1 stegra [-e:-] *rfl* rear; *bildl.* rebel; object

2 stegr|a [-e:-] raise, increase; (*förstärka*) intensify, heighten

stegring rise, increase; intensification, heightening

stegräknare pedometer

stegvagn ladder truck

stegvis step by step, by steps; (*gradvis äv.*) gradually, by stages (degrees)

1 stek *s7, sjö.* hitch; bend

2 stek *s2* joint; *kokk.* roast meat, joint [of roast meat]; *ösa en ~* baste a joint

steka *v3* **1** roast (*kött* meat; *kastanjer* chestnuts); (*i stekpanna*) fry; (*i ugn*) roast (*potatis* potatoes); (*halstra*) broil **2** *bildl., solen steker* the sun is broiling; *~ sig i solen* broil (bake) in the sun **stekande** *a4* broiling, roasting (*hett* hot; *sol* sun) **stekas** *v3* roast, be roast, broil, be broiling

stekel *s2, zool.* hymenopteran, hymenopteron

stek|fat meat dish **-fett** frying fat **-flott** dripping **-fläsk** sliced pork **-gryta** braising-pan **-het** broiling, roasting **-hus** steakhouse **-ning** [-e:-] roasting *etc.*, *jfr steka* **-nål** [meat] skewer **-os** smell of frying (*etc*) **-panna** frying pan, *AE.* frypan **-spade** slice, spatula **-spett** spit **-sås** [pan] gravy

stek|t [-e:-] *a4* roast (*kött* meat); fried (*potatis* potatoes; *ägg* eggs); baked (*äpplen* apples); *för mycket* (*litet*) *~* overdone (underdone); *lagom ~* well done **-ugn** [roasting] oven **-vändare** turnspit, roasting jack

stel *a1* stiff (*äv. bildl.*); (*styv*) rigid (*äv. bildl.*); (*av köld*) numb; *bildl.* formal, reserved (*sätt* manners *pl*); *~ av fasa* paralysed (frozen) with horror; *vara ~ i ryggen* have a stiff back; *en ~ middag* a very formal dinner **-bent** [-be:-] *a1* stiff-legged; *bildl.* stiff, formal **-frusen** (*om pers.*) stiff with cold, frozen stiff; (*om kött, mark e.d.*) [hard] frozen **-het** stiffness *etc.*; rigidity; *bildl. äv.* formality, constraint **-kramp** tetanus, *vard.* lockjaw

stellarastronomi [-ˣla:r-] stellar astronomy

stelna [-e:-] get (grow) stiff; stiffen; (*övergå i fast form*) solidify; (*om vätska*) congeal, coagulate, (*om blod äv.*) clot; *kokk.* set; *~de metaforer* frozen metaphors; *~ till is* be congealed into ice; *man ~r till med åren* one stiffens up as one gets older; *han ~de till när han fick se oss* he froze when he caught sight of us

sten *s2* stone (*äv. i frukt o. med.*); *AE. äv.* rock; (*liten*) pebble; (*stor äv.*) boulder, rock; *bryta ~* quarry stone; *en ~ har fallit från mitt bröst* that's a load off my mind; *hugga i ~* (*bildl.*) bark up the wrong tree; *kasta ~ på* throw stones at; *lägga ~ på börda* increase the burden; *inte lämna ~ på ~* not leave one stone upon another; *det kunde röra en ~ till tårar* it is enough to melt a heart of stone

sten|a stone (*till döds* to death) **-art** variety of stone **-beläggning** paving **-bit** *zool.* lump **-block** boulder [stone], block of stone **-bock 1** *zool.* ibex; steinbok **2** *astr., S~en* Capricorn **-brott** quarry **-bräcka** *bot.* saxifrage **-bumling** boulder **-bär** stone bramble

stencil *s3* stencil; *skriva en ~* cut a stencil **-era** stencil **-ering** [-'le:-] stencil copying

sten|dammlunga silicosis **-död** stone dead

vard. [as] dead as a doornail **-döv** stone deaf, [as] deaf as a post **-flisa** chip of stone **-fot** *byggn.* stone base **-frukt** stone fruit; *fack.* drupe **-get** chamois **-gods** stoneware **-golv** stone floor **-gärdsgård** *se stenmur* **-huggare** stonemason **-huggeri** stonemasonry **-hus** stone house; (*tegel-*) brick house **-hård** [as] hard as stone (flint); (*bildl.*) adamant **-häll** stone slab; (*platta*) flagstone; (*i öppen spis*) hearthstone

sten|ig *a1* stony; rocky (*bergsluttning* hillside); (*mödosam*) hard **-kaka** *vard.* 78 [record] **-kast** (*avståndsmått*) stone's throw **-kista** caisson **-kol** [pit] coal, mineral (hard) coal

stenkols|formation *geol.* carboniferous formation **-förande** *a4* carboniferous **-gruva** coal mine, colliery **-tjära** coal tar

sten|kross stone crusher **-kruka** stoneware (earthenware) jar **-kula** (*leksak*) [stone] marble **-kummel** cairn [of stones] **-lägga** pave **-läggning** *abstr.* paving; *konkr.* pavement **-mur** stone wall; (*tegel-*) brick wall **-murkla** turban-top

steno|graf *s3* shorthand writer, stenographer; ~ *och maskinskriverska* shorthand typist **-grafera** take down in shorthand; *absol.* write shorthand **-grafi** *s3* stenography, shorthand **-grafisk** [-'gra:-] stenographic, shorthand, in shorthand

stenogram [-'gramm] *s7* stenograph, shorthand notes; *skriva ut ett* ~ transcribe shorthand notes **-block** shorthand pad

sten|parti rock garden, rockery **-platta** stone slab, flagstone **-rik** *bildl.* rolling in money **-riket** the mineral kingdom **-rös[e]** mound (heap) of stones **-skott** flying stone [hitting a motorcar] **-skvätta** *s1* wheatear **-slipare** stone polisher, lapidary **-sliperi** stone polisher's workshop **-sopp** *s2* cep **-stil** lapidary style **-sätta** *se stenlägga* **-sättare** paver **-sättning** *arkeol.* circle (row) of stones, cromlech **-söta** *s1, bot.* polypody **-tavla** *bibl.* table of stone

stentorsröst [ˣstentårs-] stentorian voice

sten|tryck lithography, lithographic printing; *konkr.* lithograph **-ull** mineral (rock) wool **-yxa** stone axe **-åldern** the Stone Age; *yngre* (*äldre*) ~ the neolithic (palaeolithic) period **-åldersmänniska** Stone Age man **-öken** stony (rocky) desert; (*bildl. om stad*) wilderness of bricks and mortar

stepp *s3* tap dance

stepp|a tap-dance **-dansör** tap-dancer

stereo ['ste:-] *s5* stereo, stereophonic sound **-anläggning** stereo [equipment] **-foni** [-å'ni:] *s3* stereophony **-fonisk** [-'få:-] *a5* stereophonic **-fotografi** stereophotography **-metri** *s3* stereometry **-metrisk** [-'me:-] *a5* stereometric **-skop** [-'skå:p] *s7* stereoscope **-skopisk** [-'skå:-] *a5* stereoscopic **-typ I** *a5* stereotyped, set (*leende* smile) **II** *s3* stereotype, cliché **-typi** *s3* stereotyping

steril *a1* sterile; (*ofruktbar*) barren (*mark* ground) **-isera** sterilize **-isering** [-'se:-] sterilization **-itet** sterility; barrenness

sterling ['stö:r-, 'stä:r-] *pund* ~ pound sterling **-blocket** the sterling area (bloc)

stetoskop [-'skå:p] *s7* stethoscope

stia [ˣsti:a] *s1* [pig]sty, *AE.* pigpen

stick I *s7* **1** stick[ing]; (*nål-*) prick; (*med vapen*) stab, thrust; (*insekt-*) sting, bite **2** *lämna ngn i ~et* leave s.b. in the lurch **3** (*gravyr*) engraving, print **4** *kortsp.* trick **II** *adv,* ~ *i stäv* (*sjö.*) dead ahead, *bildl.* directly contrary (*mot* to)

stick|a I *s1* **1** (*flisa*) splinter, split; (*pinne*) stick; *få en ~ i fingret* run a splinter into one's finger; *mager som en* ~ [as] thin as a rake **2** (*strump-*) [knitting] needle **II** *stack stuckit* **1** (*med nål e.d.*) prick, stick; (*med kniv e.d.*) stab; (*slakta*) stick; (*om insekt*) sting, bite; (*stoppa*) put (*handen i fickan* one's hand into one's pocket), (*häftigare*) thrust; *bildl.* sting; ~ *kniven i* stab [... with a knife]; ~ *eld på* set fire to, set on fire; ~ *hål på* prick (make) a hole in, puncture; ~ *en nål igenom* run a pin through; ~ *in huvudet i* pop one's head into; *hans ord stack mig i själen* his words cut me to the heart **2** (*gravera*) engrave **3** (*med -or*) knit; (*på symaskin*) stitch; (*vaddera*) quilt **4** *det -er i bröstet* I have a pain in my chest; *lukten -er i näsan* the smell makes my nose itch; *ljuset stack mig i ögonen* the light dazzled me; ~ *till sjöss* put out (*om pers.* run off) to sea; *kom så -er vi!* (*vard.*) come on, let's go (get out of here)!; ~ *sin väg* clear out, hit the road **5** *rfl* prick o.s.; *jag stack mig i fingret* I pricked my finger **6** (*med betonad partikel*) ~ *av* (*kontrastera*) contrast (*mot, från* to); ~ *emellan med* fit in; ~ *fram a*) stretch (stick) out (*nosen* its (*etc.*) nose) *b*) (*skjuta fram*) project, protrude; *månen -er fram* the moon is peeping out; ~ *ner* (*ihjäl*) stab [to death]; *det stack till i foten* I had a sudden twinge in my foot; *det stack till i honom* (*bildl.*) he felt a pang; ~ *upp a*) stick up (*huvudet* one's head), *b*) (*framträda*) stick up (out), (*träda i dagen*) crop up, *c*) *vard.* be cheeky; ~ *ut* stick out; ~ *ut ögonen på ngn* put out a p.'s eyes; ~ *över a*) *kortsp.* take, *absol.* take it, *b*) (*kila över*) pop over

stickande *a4* shooting (*smärta* pain); pungent (*lukt* smell); piercing (*blickar* looks); ~ *smak* pungent (biting) taste

stick|as *stacks stuckits, dep* prick, sting (*jfr sticka II 1*) **-beskrivning** knitting instructions **-bäcken** bedpan

stickel ['stikk-] *s2, tekn.* graving tool

stickelhår (*i päls*) bristles (*pl*)

stick|garn knitting yarn (wool) **-ig** *a1* prickly **-kontakt** (*-propp*) plug; (*vägguttag*) point, wall socket

stickling cutting, slip

stick|maskin knitting machine **-ning 1** knitting (*äv. konkr.*) **2** (*-ande känsla*) pricking [sensation] **-ord 1** (*gliring*) sarcasm, taunt **2** (*uppslagsord*) entry, headword **3** *teat.* cue **-propp** plug **-prov** sample (spot) test; *ta ett* ~ take a sample **-provsförfarande** sample-test procedure **-provsundersökning** random sampling **-replik** *se -ord 1 o. 3* **-spår** *järnv.* dead-end siding (track) **-vapen** pointed (stabbing) weapon

1 stift *s7* **1** (*att fästa med*) pin, brad, tack; (*rit-*) drawing pencil, crayon; (*penn-*) pencil lead; (*grammofon-*) needle **2** *bot.* style

2 stift *s7, kyrkl.* diocese

stift|a (*in-*) found; establish (*en fond* a fund); institute (*regler* rules); form (*ett förbund* an alliance); ~ *bekantskap med ngn* make a p.'s ac-

S

quaintance; ~ *fred* conclude (make) peace; ~ *lagar* institute laws, legislate **-ande** *s6* founding *etc.*; foundation; establishment **-are** founder; originator

stiftelse foundation; institution, establishment **-urkund** charter of foundation; (*bolags*) memorandum of association; *AE.* articles of incorporation, corporate charter

stiftpenna propelling (automatic) pencil

stifts|adjunkt diocesan curate **-jungfru** [secular] canoness **-stad** cathedral city, diocesan capital

stifttand pivot (pin) tooth

stig *s2* path; *bildl. äv.* track

stig|a *steg -it* **1** (*kliva*) step (*fram* forward); walk (*in i rummet* into the room); *jag kan inte ~ på foten* I can't put my weight on my foot; ~ *i land* go ashore; ~ *miste* make a false step; ~ *närmare* step nearer **2** (*höja sig*) rise; (*om pris äv.*) increase, go up, (*från säljarsynpunkt*) advance, improve; *flyg.* climb, ascend; (*öka*) rise, increase; *aktierna -er* shares are going up; *barometern -er* the barometer is rising; *febern -er* his (*etc.*) temperature is going up; ~ *i ngns aktning* rise in a p.'s esteem; ~ *i pris* advance (rise) in price; ~ *i rang* acquire a higher rank, advance; ~ *i värde* rise in value; *tårarna steg henne i ögonen* tears rose to her eyes; ~ *till a*) (*nå*) rise to, attain, *b*) (*belöpa sig t.*) amount to; ~ *ur sängen* get out of bed; *framgången steg honom åt huvudet* success went to his head **3** (*med betonad partikel*) ~ *av* get off, (*häst*) dismount, (*tåg*) get off; ~ *fram* step forward, approach; ~ *in* step (walk) in; *stig in!* please come in!, (*som svar på knackning*) come in!; ~ *ner* descend; ~ *på* (*absol.*) come in; ~ *på tåget* get on the train, take the train (*vid* at); ~ *upp* rise, *vard.* get up; ~ *upp från bordet* (*äv.*) leave the table; ~ *upp i en vagn* get into a carriage; *stig upp!* get up!; *en misstanke steg upp inom henne* a suspicion arose within her; ~ *upp på* mount, ascend; ~ *ur* get (step) out (*en vagn* of a carriage); ~ *ur sängen* get out of bed; ~ *ut* step out; ~ *över* step over (across)

stigande *a4* rising; (*ökande äv.*) increasing, growing; (*om pris*) rising, advancing; ~ *konjunkturer* rising tendency; ~ *kurva* upward curve; *efter en ~ skala* on an ascending scale, progressively; *vara i ~* be on the rise

stigarledning *se stigrör*

stigbygel stirrup; (*i örat*) stirrup-bone; *fack.* stapes (*pl*)

stigfinnare pathfinder

stig|hastighet *flyg.* rate of climb **-höjd** ceiling **-it** *sup. av stiga*

stigma [ˣstigg-] *s6* stigma

stigman highwayman, brigand; footpad

stigmatiser|a stigmatize **-ing** stigmatization

stig|ning [-i:g-] rising, rise, ascent; (*ökning*) increase; (*i terräng*) incline, slope; *flyg.* climb **-ort** *gruv.* raise **-rör** ascending pipe, riser **-vinkel** *flyg.* angle of climb

stil *s2* **1** (*hand-*) hand[writing] **2** (*konstnärlig ~, stilart*; *bildl.*) style; touch, manner; *det är ~ på honom* he has style; *det är hennes vanliga ~* it is her usual way; *hålla ~en* observe good form; *i ~ med* in keeping with; *ngt i den ~en* s.th. in that line; *i stor ~* on a large scale **3** *skol.* [written] exercise **4** (*trycktyp*) type; *spärrad ~* spaced-out letters (*pl*) **5** (*tideräkning*) style **-art** style **-bildande** style-forming **-blomma** *ung.* unsuccessful attempt at rhetorical brilliance **-brott** breach of style **-brytning** *ung.* clash of styles **-drag** characteristic of a style **-enlig** [-e:-] *a1* in keeping with the style [of the period]

stilętt *s3* stiletto **-klack** stiletto (spike) heel

stil|full stylish, tasteful, in good style **-gjuteri** *boktr.* type foundry **-grad** *boktr.* type size, size of type

stilig *a1* stylish, elegant, chic, *vard.* smart; *det var ~t gjort av henne* it was a fine thing of her to do

stiliser|a **1** (*förenkla*) stylize, conventionalize **2** (*formulera*) word, compose **-ing** **1** formalizing *etc.* **2** wording

stil|ist stylist; *en god ~* a master of style **-istįk** *s3* stylistics (*pl el. sg*) **-istisk** [-'liss-] *a5* stylistic; *i ~t avseende* as regards style **-känsla** feeling for style, artistic sense (taste)

still *se stilla I*

stilla I *oböjligt a o. adv* **1** (*utan rörelse, äv. bildl.*) still; (*lugn*) calm; (*svag*) soft (*bris* breeze); (*tyst*) quiet; *S~ havet* the Pacific [Ocean]; ~ *vatten* calm (unruffled) waters; *S~a veckan* Holy Week; *tyst och* ~ quiet and tranquil; *föra ett ~ liv* lead a quiet life; *det gick ett ~ sus genom salen* a gentle murmur went through the room (hall); *ligga* (*sitta, stå, vara*) ~ lie (sit, stand, be) still; *vi sitter för mycket ~* we lead a too sedentary life; *smedjan stod ~* the forge was at a standstill; *stå* (*var*) *~!* keep still (quiet)!; *luften står ~* the air is not stirring; *det står alldeles ~ för mig* just can't remember, it's gone completely out of my head; *tiga ~* be silent **II** *v1* (*dämpa*) appease; (*lugna*) quiet; (*lindra*) soothe, alleviate (*smärtan* the pain); ~ *sin hunger* appease one's hunger; ~ *sin nyfikenhet* satisfy one's curiosity; ~ *sin törst* slake (quench) one's thirst

stillahavskusten the Pacific Coast

stilla|sittande I *a4* sedentary (*arbete* work) **II** *s* sedentary life **-stående I** *a4* stationary (*luft* air) stagnant (*vatten* water); (*utan utveckling*) unprogressive **II** *s6* standstill; stagnation **-tigande** *a4* silent; in silence; ~ *finna sig i ngt* accept s.th in silence

stillbild still

stilleben ['still-, -'le:-] *s7* still life (*pl* still lifes)

stille|stånd *s7* **1** *mil.* armistice, truce **2** (*vid industri o.d.*) standstill **-ståndsavtal** truce

still|film film strip **-het** calm, quiet; stillness tranquillity; *begravningen sker i ~* the funeral will be strictly private; *i all ~* quite quietly, in silence; *leva i ~* lead a quiet life

stillna quieten down; (*mojna*) abate, drop

stillsam *a1* quiet, tranquil; *vara ~ av sig* be of a quiet disposition

stil|lös without style, in bad style **-löshet** lack of style **-möbler** *pl* period furniture **-prov** (*handstils-*) specimen of a p.'s handwriting; *boktr.* type specimen **-ren** [of] pure [style] **-sort** *boktr.* kind of type; *fel ~* wrong fo[u]nt (*förk.* w.f.)

stiltje [ˣstilltje] *s9* calm; lull

stilvidrig at variance with the style [of the whole]

stim [stimm] *s7* **1** (*fisk-*) shoal; (*av småfisk*) fry **2**

(*stoj*) noise, din **stimma 1** (*om fisk*) shoal **2** (*stoja*) be noisy, make a noise
stimul|ans [-'lans, -'laŋs] *s3* stimulation (*till* of); stimulus; (*medel*) stimulant **-antia** [-'lantsia] *pl* stimulants, stimuli **-era** stimulate; *~nde medel* stimulant **-ering** [-'le:-] stimulation **-us** ['sti:-] *r, pl stimuli* stimulus (*pl* stimuli)
sting *s7* (*stick*) prick, sting (*äv. bildl.*); *bildl. äv.* pang (*av svartsjuka* of jealousy); (*kraft*) bite, go; *det är inget ~ i det här* there is no punch in this **stinga** *stack stungit* sting; *jfr sticka* **stingslig** *a1* touchy, irritable
stink|a *stank* (*sup. saknas*) stink; *~ av ngt* smell strongly of s.th., *vard.* stink of s.th. **-djur** skunk **-näva** *s1, bot.* herb Robert
stinn *a1* (*uppblåst*) inflated; (*utspänd*) distended; (*av mat*) full [up]; *en ~ penningpung* a bulging (fat) purse
stins *s2* stationmaster
stint *se ~ på ngn* look hard at s.b.; *se ngn ~ i ögonen* look s.b. straight in the eye
stipel ['sti:-] *s3, bot.* stipel; stipule
stipendiat holder of a scholarship
stipendie|ansökan application for a scholarship (grant) **-fond** scholarship fund **-nämnd** scholarship committee
stipendium [-'penn-] *s4* scholarship; (*bidrag*) grant, award
stipul|ation stipulation **-era** stipulate; state
stirra stare, gaze (*på* at); *~ som förhäxad på* stare as one bewitched at; *~ sig blind på* (*bildl.*) have eyes for nothing else but **stirrande** *a4* staring; *~ blick* (*äv.*) fixed look **stirrig** *a1* scatterbrained; nervous
stjäla [ʃ-] *stal stulit* steal (*äv. bildl.*); *~ sig till att göra ngt* do s.th. by stealth; *~ sig till en stunds vila* snatch a short rest
stjälk [ʃ-] *s2* stalk; stem **-blad** stem leaf **-stygn** stem stitch
stjälp|a [ʃ-] *v3* **1** (*välta*) overturn; tip; upset (*äv. bildl.*); *~ av* (*ut*) tip out; *~ i sig* gulp down; *~ upp* turn out **2** (*falla över ända*) [be] upset, turn (topple, tip) over **-ning** tipping, upsetting
stjärn|a [ˣʃä:r-] *s1* star **-baneret** the Star-Spangled Banner, the Stars and Stripes **-beströdd** *a5* starred, starry **-bild** constellation **-fall 1** (*-skott*) [swarm of] shooting star[s *pl*] **2** (*ordensregn*) shower of decorations **-formig** [-å-] *a1* star-shaped; *fack.* stellar, stelliform **-fysik** astrophysics (*pl, behandlas som sg*) **-himmel** starry sky **-karta** star chart **-kikare** [astronomic] telescope **-klar** starlit (*natt* night); starry (*himmel* sky); *det är ~t* the stars are out (shining) **-lös** starless **-skott 1** *se -fall 1* **2** (*underhållare*) shooting star **-smäll** *vard., ge ngn en ~* make s.b. see stars, knock s.b. into the middle of next week **-system** stellar (star) system **-tydare** astrologer **-år** sidereal year
stjärt [ʃ-] *s2* tail (*äv. tekn.*); (*på pers.*) behind, bottom **-fena** tail (caudal) fin **-fjäder** tail feather **-lanterna** *flyg.* tail (rear) light **-mes** long-tailed tit
sto *s6* mare; (*ungt*) filly
stock [-å-] *s2* **1** (*stam*) log; *sova som en ~* sleep like a log; *över ~ och sten* up hill and down dale, across country; *sitta i ~en* be (sit) in the stocks **2** (*på gevär*) stock **3** *tryck från ~ar* (*boktr.*) block printing
1 stocka [-å-] (*hattar*) block
2 stocka [-å-] *rfl* clog; stagnate (*äv. om trafik*); *orden ~r sig i halsen* the words stick in my throat
stock|blind stone-blind **-bro** pole bridge **-eld** log fire **-fisk** stockfish
stockholmare [-å-å-] inhabitant of Stockholm, Stockholmer
stock|hus log house **-konservativ** *en ~* a die-hard conservative
stockning [-å-] (*avbrott*) stoppage; (*försening*) delay; (*blod-*) [blood] stasis; (*trafik-*) traffic jam, block, congestion; *bildl.* deadlock
stock|ros hollyhock **-ved** logwood
1 stod *imperf. av stå*
2 stod *s3* (*bildl-*) statue
stoff [-å-] *s7, om tyger o.d. s4* stuff (*till* for) (*äv. bildl.*); material[s *pl*]; (*ämne*) [subject] matter **-era** hem
stofil *s3* odd fish; *gammal ~* (*äv.*) old fogey
stoft [-å-] *s7* dust; (*puder*) powder; (*jordiska kvarlevor*) ashes, remains (*pl*); *kräla i ~et för* crawl in the dust before **-hydda** mortal clay **-korn** grain of dust
sto|icism [-å-] stoicism **-iker** ['stå:-] stoic **-isk** ['stå:-] *a5* stoic[al]
stoj [ståjj] *s7* noise, din **stoja** make a noise, be noisy; (*om barn äv.*) romp **stojig** *a1* noisy, boisterous; romping
stokastisk [-'kass-] *a5* stochastic; *stat. äv.* random
stol *s2* chair; (*utan ryggstöd*) stool; *sticka under ~ med* hold back, conceal; *sätta sig mellan två ~ar* (*bildl.*) fall between two stools
stola [ˣstå:-] *s1* stole
stolgång *s2* **1** (*ändtarmsmynning*) anus **2** (*avföring*) stools (*pl*), motion
stoll [-å-] *s2, gruv.* gallery; *AE.* adit
stolle [-å-] *s2* fool, silly person
stollift chair lift
stollig [-å-] *a1* cracked, crazy
stolpe [-å-] *s2* post; pole; (*stötta*) prop, stanchion; (*i virkning*) treble; (*minnesanteckning*) brief note, jotting
stolpiller suppository
stolpskor *pl* climbing irons
stols|ben chair leg, leg of a chair **-karm** arm of a chair **-rygg** back of a chair **-sits** [chair] seat
stolt [-å-] *a1* proud (*över* of); (*högdragen*) haughty; *med en ~ gest* with a proud gesture; *vara ~ över* (*äv.*) pride o.s. on, take pride in **-het** pride (*över* in); (*högdragenhet*) arrogance; *berättigad ~* legitimated pride; *sårad ~* (*äv.*) pique, *sätta sin ~ i* take pride in **-sera** *absol.* swagger; (*gå o. ~*) swagger about; (*om häst*) prance; *~ med* parade
stomatit *s3* stomatitis
stomme *s2* frame[work], shell; skeleton (*äv. bildl.*)
stomp [-å-] *s2* stump
stop *s7* **1** (*kärl*) stoup, pot **2** (*rymdmått*) quart
1 stopp [-å-] **I** *s7* (*stockning*) stoppage (*i röret* in the pipe); (*stillastående*) stop, standstill (*äv. bildl.*); *sätta ~ för* put an end (a stop) to; *säg ~!* (*vid påfyllning*) say when! **II** *interj* stop!

S

2 stopp [-å-] *s2* **1** (*på strumpa e.d.*) darn **2** (*pip-*) fill

1 stoppa [-å-] **1** (*hejda*) stop, bring to a standstill; stem (*blodflödet* the flow of blood) **2** (*stanna*) stop, come to a standstill **3** (*förslå*) suffice, be enough **4** (*orka*) stand the strain; *han ~r nog inte länge till* he can't stand the strain much longer

2 stoppa [-å-] **1** (*laga hål*) darn (*strumpor* socks) **2** (*fylla*) fill (*pipan* one's pipe); stuff (*korv* sausages; *med tagel* with horsehair); upholster (*möbler* furniture); (*proppa*) cram; *~ fickorna fulla med* fill one's pockets with **3** (*sticka in*) put (*ngt i fickan* s.th. into one's pocket); tuck **4** (*med betonad partikel*) *~ i ngn ngt* stuff s.b. with s.th.; *~ i sig* put away; *~ ner* put (tuck) down; *~ om ett barn* tuck a child up [in bed]; *~ om en madrass* re-stuff a mattress; *~ på sig* put into one's pocket, pocket; *~ undan* stow away

stopp|boll *sport.* drop shot **-förbud** (*på skylt*) No waiting; *~ gäller* waiting is prohibited

stoppgarn darning wool (cotton, worsted)

stopp|gräns stopping limit **-knapp** stop button **-plikt** (*hopskr. stopplikt*) obligation to stop

stoppljus stoplight

stopp|ning [-å-] (*jfr 2 stoppa*) darning; filling; stuffing *etc.* **-nål** darning needle

stopp|signal halt signal, red light **-skruv** set (stop) screw **-skylt** stop sign

stoppsvamp darning egg (mushroom)

stopp|ur stopwatch **-volley** *sport.* stop volley

stor *-t större störst* **1** (*i sht om ngt konkr.*) large (*hus* house; *förmögenhet* fortune); (*i sht i kroppslig bet.*) big (*näsa* nose), (*starkare*) huge; (*reslig*) tall; (*i sht om ngt abstr.*) great (*skillnad* difference); *bildl. äv.* grand; *Alexander den ~e* Alexander the Great; *Karl den ~e* Charlemagne; *dubbelt så ~ som* double the size of, twice as large (*etc.*) as; *lika ~ som* the same size as, as large (*etc.*) as; *hur ~ är han?* how big is he?; *en ~ beundrare av* a great admirer of; *~ bokstav* capital [letter]; *~ efterfrågan* great (large, heavy) demand; *ett ~t antal* a great (large) number (*barn* of children); *hon är ~a flickan nu* she is a big girl now; *den ~a hopen* the crowd; *han är ~a karlen nu* he is quite a man now; *en ~ man* a great man; *vara ~ i maten* be a big eater; *ett ~t nöje* a great pleasure; *~a ord* big words; *bruka ~a ord* talk big; *du ~e tid!* good heavens!; *i ~a drag* in broad outline; *i det ~a hela* on the whole, by and large; *till ~ del* largely, to a great extent **2** (*fullvuxen*) grown-up, adult; *de ~a* grown-up people; *när jag blir ~* when I grow up

storartad [-a:r-] *a5* grand; magnificent, splendid; *på ett storartat sätt* (*äv.*) magnificently, splendidly

storasyster big sister

stor|belåten highly satisfied **-blommig 1** *bot.* large-flowered **2** (*om mönster*) with a large floral pattern **-bonde** farmer with extensive lands **-boskap** cattle

Storbritannien *n* Great Britain

stor|cirkel great circle **-dia** *s1, s6* overhead transparency **-drift** large-scale production (*jordbr.* farming) **-dåd** great (noble) achievement **-ebror** big brother

stor|en ['stɑ:-] *best. form, sjö.* the main **-familj** extended family **-favorit** main favourite **-finans** high finance **-främmande** distinguished guest[s *pl*] **-furste** grand duke **-furstendöme** grand duchy **-förbrukare** bulk (big) consumer **-företag** large[-scale] enterprise (company) **-gods** large landed estate **-gråta** cry copiously **-hertig** grand duke **-het** [-ɑ:-] **1** *abstr.* greatness; *fack.* magnitude **2** *mat.* quantity **3** (*om pers.*) great man (personage); (*berömdhet*) celebrity; *en okänd ~* an unknown celebrity (quantity)

storhets|tid (*lands*) era of greatness **-vansinne** megalomania, illusions (*pl*) of grandeur

stor|hjärna *~n* [the] cerebrum **-industri** big (large[-scale]) industry

stork [-å-] *s2* stork

storkapital big capital

storkbo [-å-] stork's nest

storkna [-å-] choke, suffocate

stor|kommun big (large) municipal district **-konflikt** major conflict **-kornig** coarse-grained **-kors** (*av orden*) grand cross (*förk.* G.C.) **-kök** catering [service] **-lek** *s2* size; dimensions (*pl*); (*omfång*) extent, width, vastness; (*rymd*) volume; *fack.* magnitude; *av betydande ~* of large dimensions; *i ~* in size (*etc.*); *i naturlig ~* life-size; *stora ~ar* (*av plagg e.d. äv.*) outsizes; *upplagans ~* number of copies printed **-leksordning** magnitude, order; size; *av ~en* in the region of (*500 pund* 500 pounds), of the order of (*5% 5%*); *av första ~en* of the first order (magnitude); *i ~* in order of size **-ligen** [-ɑ:-] greatly; highly; very much **-ljugare** arrant liar **-lom** black-throated diver

storm [-å-] *s2* **1** (*vind*) storm (*äv. bildl.*); gale; (*oväder*) tempest; *det blåser upp till ~* a storm is brewing; *~ i ett vattenglas* a storm in a teacup; *lugn i ~en!* calm down now!; *rida ut ~en* (*bildl.*) ride out the storm **2** *mil., ta med ~* (*äv. bildl.*) take by storm; *gå till ~s mot* make an assault upon **3** *se stormhatt 1*

storma [-å-] **1** (*blåsa*) storm; *det ~r* storm is raging, it is stormy, a gale is blowing **2** *bildl.* (*rasa*) storm, rage; (*rusa*) rush; *~ fram* rush forward **3** *mil.* assault, force, storm

stor|makt great power **-maktspolitik** [great-] power politics (*pl*) **-man** great man; magnate; (*berömdhet*) celebrity

stormande [-å-] *a4* **1** *eg., se stormig* **2** *bildl.* thunderous (*applåder* applause); tremendous, enormous (*succé* success); *göra ~ succé* (*om skådespelare äv.*) bring down the house

stor|marknad hypermarket, out-of-town superstore **-maskig** *a1* wide-meshed, coarse-meshed **-mast** mainmast

storm|by heavy squall **-centrum** storm centre **-driven** *a5* storm-tossed **-flod** flood [caused by a storm] **-fågel** fulmar **-förtjust** absolutely delighted **-gräla** quarrel furiously (*med* with); *~ på ngn* storm at s.b. **-hatt 1** (*hög hatt*) top (high) hat **2** *bot.* monkshood

storm|ig *a1, eg. o. bildl.* stormy; tempestuous (*känslor* emotions); *bildl. äv.* tumultuous (*uppträde* scene); *~t hav* rough sea **-klocka** alarm bell **-lykta** hurricane lamp, storm lantern

-ning *mil.* assault, storming **-plugga** swot; read hard, cram **-rik** immensely rich **-segel** storm sail **-steg** *med* ~ by leaps and bounds **-styrka** gale force **-svala** storm[y] petrel **-trupp** *mil.* storming party **-tändsticka** fusee **-varning** gale warning **-vind** gale [of wind] **-virvel** violent whirlwind, tornado

stor|märs *sjö.* maintop **-mästare** grandmaster **-mönstrad** large-patterned **-möte** general meeting **-ordig** [-o:rd-] *a1* grandiloquent; (*skrytsam*) boastful **-pamp** *vard.* big noise (shot), bigwig, VIP **-politik** top-level politics (*pl*) **-politisk** *~t möte* summit meeting **-rengöring** spring-cleaning **-rutig** large-checked **-rysk, ryss** Great Russian **-rökare** heavy smoker **-segel** mainsail **-sint** *a1* magnanimous, generous **-sinthet** magnanimity, generosity **-skarv** *zool.* cormorant **-skifte** amalgamation of smallholdings into large production units **-skog** large forest **-skojare** big swindler **-skrake** goosander; *AE.* merganser **-skratta** roar with laughter, guffaw **-skrika** yell (scream) [at the top of one's voice] **-skrävlare** swaggerer, big braggart **-slagen** *a3* magnificent, grand **-slagenhet** magnificence, grandeur **-slalom** giant slalom **-slam** *kortsp.* grand slam **-slägga** *ta till ~n* (*bildl.*) go at s.th. with hammer and tongs **-spov** curlew **-stad** big town, city; metropolis **-stadsaktig** *a1* metropolitan, fitting to a big town **-stadsbo** inhabitant of a big town (*etc.*), city dweller **-stilad** *a5* grand, fine

Stor-Stockholm Greater Stockholm

stor|strejk general strike **-ståtlig** majestic, grand, magnificent **-städning** *se storrengöring* **-stövlar** *pl* high boots **-säljare** best seller

stort [-o:-] **I** *adv* largely *etc.*; *inte ~ mer än* not much more than; *det hjälper inte ~* it won't help much; *tänka ~* think nobly **II** *a, i ~* on a large scale; *i ~ sett* on the whole; *slå på ~* make a splash, do the thing big

stor|ting Storting, Norwegian Parliament **-tjuta** howl **-tjuv** masterthief **-tvätt** big wash **-tå** big (great) toe **-verk** *se stordåd* **-vesir** grand vizier **-vilt** big game **-vulen** *a3, se storstilad* **-vuxen** tall [of stature] **-ätare** big eater; (*frossare*) glutton **-ögd** *a1* large-eyed **-ögt** *adv, titta ~ på* gaze round-eyed at

straff *s7* punishment (*för* for); *jur.* penalty, *avtjäna sitt ~* serve one's penalty; *milt ~* light (mild) punishment; *strängt ~* severe sentence; *lagens strängaste ~* the maximum penalty; *ta sitt ~* take one's punishment; *till ~ för* as (for) [a] punishment for **straffa** punish (*för* for); (*näpsa*) reprove; *~s med böter eller fängelse* carries a penalty of fines or imprisonment; *synden ~r sig själv* sin carries its own punishment **straffad** *a5* punished; *jur.* convicted; *tidigare ~* previously convicted

straff|arbete penal servitude; *livstids ~* penal servitude for life; *ett års ~* one year's hard labour **-bar** *a1* punishable; (*brottslig*) criminal; (*friare*) condemnable **-dom** *Herrens ~* divine judgement **-eftergift** remission [of penalty] **-exercis** punishment drill **-fri** (*hopskr. straffri*) exempt from punishment **-friförklara** (*hopskr. straffriförklara*) discharge without penalty, exempt from punishment **-frihet** (*hopskr. straffrihet*) impunity, exemption from punishment **-fånge** (*hopskr. straffånge*) convict **-fängelse** (*hopskr. straffängelse*) penitentiary, convict prison **-föreläggande** (*hopskr. strafföreläggande*) *ung.* order [of summary punishment] **-kast** *sport.* penalty [throw] **-koloni** penal settlement **-lag** criminal (penal) code (law) **-lindring** reduction [of penalty] **-område** *sport.* penalty area **-predikan** hellfire sermon; (*friare*) severe lecture **-påföljd** penalty, [punitive] sanction; *vid ~* on penalty **-register** criminal (police) records (*pl*) **-ränta** penal interest, interest on arrears **-rätt** *jur.* penal (criminal) law **-rättslig** criminal, penal **-slag** *sport.* penalty [shot] **-spark** *sport.* penalty [kick] **-tid** term of punishment; *avtjäna sin ~* (*äv.*) undergo one's sentence, *vard.* do one's time

stram *a1* (*spänd*) tight, strained; *bildl.* stiff (*uppträdande* bearing); (*reserverad*) distant; *en ~ livsföring* an austere way of life; *en ~ kreditpolitik* a stiff (restrictive) credit policy **strama** (*sträckas*) be tight, pull; *~ åt* tighten, stiffen

stramalj *s3* canvas [for needlework]

stramhet [-a:-] tightness *etc.*; *bildl.* stiffness **stramt** [-a:-] *adv* tightly *etc.*; *sitta ~* be (fit) tight; *hälsa ~* give a stiff greeting

strand *-en stränder* shore; (*havs- äv.*) seashore; (*sand-*) beach; (*flod-*) bank

strand|a run ashore, be stranded; strand (*äv. bildl.*); *bildl. äv.* fail, break down **-aster** sea aster **-brink** [steep river] bank **-brädd** waterside; brink of the water **-fynd** flotsam, jetsam **-hugg** *göra ~* (*om sjörövare*) raid a coast, (*om seglare*) go ashore **-ning** stranding *etc.*; *bildl. äv.* failure **-pipare** *zool.*, *större ~* ringed plover **-promenad** (*väg*) promenade, *AE.* boardwalk **-remsa** strip of shore, foreshore **-råg** lyme grass **-rätt** right to use the beach; (*rätt att bärga vrakgods*) salvage right **-satt** *a4, bildl.* stranded, at a loss (*på* for) **-skata** oystercatcher **-sätta** *bildl.* fail, leave in the lurch **-tomt** beach lot, lakeside site **-vallmo** yellow horned poppy **-ägare** riparian owner

strapats *s3* hardship **-rik** adventurous

strass *s3* paste, strass; rhinestones (*pl*)

stra|teg *s3* strategist **-tegi** [*äv.* -'ʃi] *s3* strategy **-tegisk** [-'te:-] *a5* strategic[al]

stratifier|a stratify **-ing** stratification

stratosfär stratosphere

strax I *adv* **1** (*om tid*) directly, immediately; (*med ens*) at once; (*om ett ögonblick*) in a moment; [*jag*] *kommer ~!* just a moment (minute)!; *klockan är ~ 12* it is close on twelve o'clock; *~ efter* just (immediately) after **2** (*om rum*) just (*utanför* outside); *~ bredvid* close by; *följa ~ efter* follow close on **II** *konj, ~ jag såg dig* directly (the moment) I saw you

streber ['stre:-] *s2* pusher, climber, thruster; *AE. vard.* go-getter **-aktig** *a1* pushing

streck *s7* **1** (*penndrag*) stroke; (*linje*) line; (*grad-*) mark; (*kompass-*) point; *munnen smalnade till ett ~* his (*etc.*) mouth became a thin line; *vi stryker ett ~ över det* (*bildl.*) let's forget it; *ett ~ i räkningen* a disappointment; *hålla ~* (*bildl.*) hold good, be true; *artikel under ~et* feature arti-

S

cle **2** *polit.* qualification **3** (*kläd-*) cord, line **4** (*spratt*) trick; *ett dumt ~* a stupid trick
streck|a mark with lines; (*skugga*) hatch; *~ för* check (tick) off; *~ under* underline; *~d linje* broken line **-kliché** line block **-ning** (*i ritning e.d.*) streaking; (*skuggning*) hatching **-teckning** line drawing
stred *imperf. av strida*
strejk *s3* strike; *gå i ~* go (come out) on strike; *vild ~* wildcat strike
strejk|a strike, go (come out) on strike **-ande** *a4* striking; *de ~* those (the workers *etc.*) on strike, the strikers; *~ hamnarbetare* dock strikers **-brytare** strikebreaker, non-striker; *neds.* blackleg, *AE.* scab **-hot** strike threat **-kassa** strike fund **-rätt** right to strike **-vakt** picket **-varsel** strike notice, notice of a strike; *utfärda ~* serve notice of strike
strepto|kock [-'kåkk] *s3* streptococcus (*pl* streptococci) **-mycin** *s4* streptomycin
stress *s3* stress **stressa 1** put under pressure **2** *vard., han ~de iväg till jobbet* he dashed off to work; *han ~de som en galning för att hinna i tid* he rushed off his feet to make it on time **stressad** *a5* under stress (tension); overstrained **stressande** *a4* stressful **stressfaktor** stress factor
streta strive, struggle (*med* with; *mot* against); *~ emot* resist, struggle against (*äv. bildl.*); *~ uppför backen* struggle up the hill
1 strid *a1* rapid, violent (*ström* current); torrential (*regn* rain); *gråta ~a tårar* weep bitterly
2 strid *s3* struggle (*för* for; *mot* against; *om* about); (*kamp, äv. mil.*) fight, combat, battle; (*dispyt*) dispute, altercation; *inre ~* inward struggle; *livets ~* the struggle (battle) of life; *en ~ på liv och död* a life and death struggle; *öppen ~* open war; *en ~ om ord* a dispute about mere words; *det står ~ om honom* he is the subject of controversy; *i ~ens hetta* in the heat of the struggle (*bildl. äv.* debate); *stupa i ~* be killed in action; *i ~ med* (*mot*) in opposition to, in contravention of; *inlåta sig i ~ med* get mixed up in a fight with; *råka i ~ med* get into conflict with; *stå i ~ mot* be at variance with; *göra klar[t] till ~* prepare for action; *gå segrande ur ~en* emerge victorious from the battle; *ge sig utan ~* give up without a fight
strid|a *stred -it, v2* **1** fight (*om* for); battle (*för* for); (*friare*) struggle, strive (*för* for); (*tvista*) contend (*om* about) **2** (*stå i motsats* [*till*]) be contrary (opposed, in opposition) to; *det -er mot lagen* it is contrary to (against) the law **stridande** *a4* **1** *mil.* combatant, fighting; (*friare*) contending, opposing; *de ~* the fighters, *mil.* the combatants **2** (*oförenlig*) adverse, opposed (*mot* to), contrary (*mot* to), incompatible (*mot* with) **stridbar** *a1* fighting (*skick* trim); (*stridslysten*) battling (*sinne* spirit **stridig** *a1* **1** *se stridslysten* **2** (*omstridd*) disputable, disputed; *göra ngn rangen ~* contend for precedence with s.b., *bildl.* run s.b. close **3** (*motstridig*) contradictory; conflicting; *~a känslor* conflicting feelings **stridighet 1** (*motsättning*) opposition, antagonism **2** (*tvist*) dissension, dispute **stridit** *sup. av strida*
strids|anda fighting spirit **-beredskap** readiness for action **-domare** umpire **-duglig** in fighting trim; fit for fight **-duglighet** fighting efficiency **-flygare** fighter pilot **-flygplan** fighter aircraft **-fråga** controversial question (issue), point at issue **-gas** war gas **-handling** act of war [fare] **-handske** gauntlet **-häst** charger **-humör** fighting mood **-iver** *i ~n* in the heat of the battle **-krafter** *pl* military [armed] forces **-kämpe** warrior, combatant **-laddning** warhead **-ledning** supreme command **-linje** battle line, front **-lust** fighting spirit **-lycka** fortune[s *pl*] of war **-lysten** eager for battle; (*friare*) aggressive, quarrelsome; argumentative **-lystnad** pugnacity, fighting mood **-medel** weapon **-robot** guided missile with warhead **-rop** war (battle) cry **-skrift** [polemical] pamphlet **-spets** warhead **-tupp** gamecock, fighting cock **-vagn** tank, armoured car **-vagnsförband** armoured unit **-vapen** combat weapon **-vimmel** confusion of battle; *mitt i -vimlet* in the thick of the battle **-yxa** battle-axe; (*indians*) tomahawk; *gräva ner ~n* bury the hatchet (*äv. bildl.*) **-åtgärd 1** *mil.* action **2** (*på arbetsmarknaden*) industrial action **-äpple** apple of discord, bone of contention **-övning** tactical exercise, manoeuvre
strig|el *s2* strop **-la** [-i:-] strop
strike [strajk] *s2* (*bowling*) strike
strikt *a1* strict; (*sträng*) severe; *~ klädd* soberly dressed
stril *s2* spray nozzle **strila** spray; (*spruta*) sprinkle; *~ in* filter in; *~ ner* come down steadily
strimla I *s1* strip, shred **II** *v1* cut in strips, shred
strimm|a *s1* streak; (*rand*) stripe; (*i marmor*) vein; *bildl.* gleam **-ig** *a1* streaked, striped
string|ens [-ŋ'gens] *s3* stringency; cogency **-ent** *a1* stringent; logical
strip|a I *s1* wisp of hair **II** *v1* strip **-ig** *a1* lank, straggling (*hår* hair)
strippa *vard.* **I** *v1* strip **II** *s1* stripper
strit *s2, zool.* cicada (*pl äv.* cicadae)
strof [-å:-] *s3* stanza
strong [-å-] *a1* (*fin*) fine; (*stram*) strict
strontium ['stråntsium] *s8* strontium
stropp [-å-] *s2* **1** strap, strop; *sjö. äv.* sling; (*på skor*) loop **2** *pers.* snooty devil **-ig** *a1* snooty, stuck-up
strosa stroll around; mooch about
struk|en *a5, en ~ tesked* a level teaspoonful (*salt* of salt) **-it** *sup. av stryka*
struktur structure; *bildl. äv.* texture **-alism** structuralism **-ell** *a1* structural **-era** structure **-formel** structural formula **-omvandling** structural change (transformation) **-rationalisering** structural rationalization
struma *s1* struma, goitre
strump|a *s1* stocking; (*kort*) sock; *-or* (*koll.*) hose (*sg*) **-byxor** *pl* [stretch] tights
strumpe|band suspender; (*ringformigt o. AE.*) garter **-bandshållare** suspender (*AE.* garter) belt **-bandsorden** the Order of the Garter
strump|fabrik hosiery, stocking manufactures (*pl*) **-läst** *i ~en* in one's stockinged feet **-sticka** knitting needle **-stoppning** darning of stockings (*etc.*)
strunt *s3, s4* rubbish, trash; *det vore väl ~ om* it

would be the limit if; *å ~!* bosh!, poppycock!; *~ i det!* never mind!; *prata ~* talk nonsense (rubbish)
strunt|a *~ i* not care a bit about (a fig for) **-förnäm** would-be refined **-prat** nonsense, rubbish; *AE.* boloney **-sak** trifle **-summa** trifle, trifling sum
strup|e *s2* throat; (*svalg*) gorge; (*luft-*) windpipe; *anat.* trachea; (*mat-*) gullet; *få ngt i galen ~* have s.th. go down the wrong way; *ha kniven på ~n* have no alternative, be at bay **-grepp** stranglehold **-huvud** larynx **-katarr** laryngitis **-ljud** guttural sound, guttural **-lock** epiglottis **-mikrofon** throat microphone **-tag** se *-grepp*
strut *s2* cornet, cone
struts *s2* ostrich **-fjäder** ostrich feather **-plym** ostrich plume **-politik** *bedriva ~* be unwilling to face unpleasant facts
strutta strut, trip
stryk *s7* (*ge ngn* give s.b.) a beating (whipping); (*i slagsmål*) a thrashing; *få ~* be beaten (*äv. bildl.*); *ett kok ~* a good thrashing; *han tigger ~* (*bildl.*) he is asking for a thrashing; *ful som ~* ugly as sin
stryk|a *strök strukit* **1** (*med handen e.d.*) stroke; (*släta*) smooth **2** (*med -järn*) iron **3** (*be-, med färg e.d.*) paint, coat; *~ salva på ett sår* smear ointment on a wound; *~ smör på brödet* spread [a piece of] bread with butter **4** (*bryna*) whet **5** *~ eld på en tändsticka* strike a match **6** (*utesluta*) cut out, delete (*ngt i en text* s.th. from a text); (*~ över*) cross (strike) out; *stryk det icke tillämpliga!* cross out what does not apply!; *~ ngn ur medlemsförteckningen* strike s.b. off the list of members; *~ ett streck över* draw a line through, *bildl. se streck 1* **7** *sjö.* strike (*flagg* one's colours; *segel* sail) **8** (*ströva*) roam, ramble (*omkring* about); *flygplanet strök över taken* the aeroplane swept over the roofs **9** *~ askan av en cigarr* knock the ash off a cigar; *~ handsken av handen* strip the glove off the hand; *~ håret ur pannan* brush one's hair from one's forehead; *~ på foten* give in (*för* to) **10** *rfl* rub (*mot* against); *~ sig om munnen* wipe one's mouth (*med* with); *~ sig över håret* pass one's hand over one's hair **11** (*med betonad partikel*) *~ bort* sweep off (away); *~ fram* pass; *~ för* mark, check off; *~ förbi* sweep past; *~ in* rub in (*salvan* the ointment); *~ med a*) (*gå åt*) go [too], (*om pengar*) be spent, *b*) (*dö*) die, perish; *~ omkring* rove [about], (*om rovdjur*) prowl about; *~ omkring på gatorna* wander about the streets; *~ på* spread, lay on; *~ tillbaka* stroke back; *~ under* underline, *bildl.* emphasize, stress; *~ ut* (*utplåna*) strike out, (*utradera*) scratch out, erase, (*torka bort*) rub out; *~ över* (*med färg*) give another coat of paint
stryk|ande *a4*, *~ aptit* ravenous appetite; *ha ~ åtgång* (*hand.*) have a rapid sale **-bräda** ironing board **-erska** ironing woman **-filt** ironing cloth **-fri** noniron **-inrättning** ironing workshop **-järn** [flat]iron **-mangel, -maskin** ironing machine
stryknin *s4, s3* strychnine
stryk|ning [-y:-] **1** (*smekning*) stroke, stroking; (*gnidning*) rubbing **2** (*med -järn*) ironing **3** (*med färg e.d.*) painting, coating **4** (*uteslutning*) deletion, cancellation **5** *geol.* strike, course
stryk|pojke *bildl.* whipping boy, scapegoat **-rädd** afraid of getting thrashed
stryk|tips results pool **-torr** ready for ironing
stryk|tålig tough, durable **-täck** cheeky, impudent
stryp|a *v3, imperf. äv. ströp* strangle; throttle (*äv. bildl. o. tekn.*); (*friare o. tekn.*) choke **-ning** [-y:-] strangling *etc.*; strangulation; *bildl. äv.* constriction **-sjuka** croup; (*hos djur*) strangles (*pl*) **-ventil** throttle valve
strå *s6* straw (*äv. koll.*); (*hår-*) hair; (*gräs-*) blade; *ett ~ vassare* a cut above; *dra det kortaste ~et* get the worst of it, come off worst; *dra sitt ~ till stacken* do one's part (bit); *inte lägga två ~n i kors* not lift a finger **-hatt** straw hat
stråk *s7* (*samfärdsled*) passage, course; thoroughfare
stråk|drag stroke of the bow
stråk|e *s2* bow **-ensemble** string ensemble **-föring** bowing; *ha en bra ~* have a good bow hand **-instrument** string[ed] (bow) instrument **-kvartett** string quartet **-orkester** string orchestra (band)
stråkväg highroad, thoroughfare; *den stora ~en* (*bildl.*) the beaten track
strål|a beam, be radiant (*av glädje* with joy); (*skina*) shine (*äv. bildl.*); (*sprida -ar*) radiate, emit rays **-ande** *a4* beaming, radiant; brilliant (*solsken* sunshine); (*lysande*) brilliant (*äv. bildl.*); *~ glad* radiantly happy; *~ ögon* sparkling eyes
strål|behandling radiation treatment, radiotherapy **-ben** *anat.* radius **-blomma** ray flower **-blomstrig** [-å-] *a1* radiate **-brytning** refraction **-dos** radiation dose
strål|e *s2* **1** ray, beam; *bildl.* gleam (*av hopp* of hope) **2** (*vätske-*) jet, spray; (*fin*) squirt **3** *bot.* radius **-form** *i ~* in the form of rays **-formig** [-å-] *a1* radiate[d], radiating **-glans** radiance (*äv bildl.*); (*friare*) brilliance **-kamin** radiation heater **-kastare** searchlight; (*på bil*) headlight; (*för fasadbelysning*) floodlight; *teat.* spotlight **-kastarljus** searchlight; *teat.* spotlight; (*fasadbelysning*) floodlight **-kirurgi** radiation surgery **-knippe** bunch (pencil) of rays **-ning** [-å:-] beaming *etc.*; (*ut-*) radiation; (*be-*) irradiation
strålnings|biologi radiation biology **-detektor** radiation detector **-energi** radiant energy, emissive power **-kemi** radiation chemistry **-källa** source of radiation **-mätare** *kärnfys.* radiation meter, radiac dosimeter **-olycka** radiation accident **-risk** [ionizing] radiation risk **-skydd** protection against radiation **-värme** radiant heat **-värmare** radiant heater
strål|sjuka radiation sickness **-skada** radiation damage (*på pers.* injury) **-skydd** *se strålningsskydd* **-svamp** *koll.* actinomycete **-svampsjuka** *veter.* actinomycosis, *vard.* lumpy jaw
stråt *s2* path, way **-rövare** highwayman, brigand: footpad
sträck **1** *n, utan pl, i* [*ett*] *~* at a stretch, on end; *vara borta månader i ~* be away for months on end; *läsa fem timmar i ~* read for five hours without stopping; *sova hela natten i ett ~* sleep all night through **2** *s7* (*flyttfågels-*) flight (track) of

S

migratory birds
sträck|a I *s1* stretch; (*väg-*) length, distance, way; (*järnvägs-*) section, run **II** *v3* **1** (*räcka ut; tänja; spänna*) stretch (*händerna mot* one's hand to[wards]; *på benen* one's legs; *en lina* a rope); (*ut-*) extend; (*för-*) strain (*en sena* a tendon); ~ *på sig* straighten (pull) o.s. up, stretch **2** ~ *kölen till ett fartyg* lay [down] the keel of a vessel **3** ~ *vapen* lay down one's arms, surrender **4** (*om fåglar*) migrate **5** *rfl a*) (*ha utsträckning*) stretch, extend, *b*) (~ *ut kroppen*) stretch o.s., *c*) (*räcka*) stretch [out], reach; ~ *sig längs kusten* run along the coast; *längre än till 10 pund -er jag mig inte* I will go no farther than £ 10; ~ *sig över 10 år* extend over a period of ten years; ~ *ut sig på sängen* stretch out on the bed **6** (*med betonad partikel*) ~ *fram handen* hold out one's hand; ~ *upp sig a*) *se sträcka* [*på sig*], *b*) (*klä sig fin*) dress up; ~ *ut* a) extend, stretch out, *b*) (*förlänga*) prolong (*äv. bildl.*), *c*) (*gå fort*) stride (step) out; ~ *ut huvudet genom fönstret* put one's head out of the window; *låta hästen* ~ *ut* give one's horse its head **-bänk** rack; *ligga på ~en* be on the rack; *hålla ngn på ~en* (*bildl.*) keep s.b. on tenterhooks **-förband** traction bandage **-läsa** read without stopping **-ning** (*-ande*) stretching *etc.*; (*ut-*) extension; (*riktning*) direction; (*för-*) strain
1 sträng *a1* severe (*kyla* cold); (*ytterst noggrann*) strict (*disciplin* discipline), rigorous (*rättvisa* justice), rigid (*uppsikt* supervision); (*allvarlig*) stern (*min* look), austere (*uppsyn* countenance); *~t arbete* exacting work; *hålla ~ diet* be on a strict diet; *vara ~ mot* be severe (*mot barn*: strict) with
2 sträng *s2* (*mus.*; *båg-*) string (*äv. bildl.*); *bildl. äv.* chord; *ha flera ~ar på sin lyra* (*båge*) (*bildl.*) have more than one string to one's bow
stränga string; ~ *sin lyra* (*bildl.*) tune one's harp (lyre)
strängaspel playing upon a stringed instrument
sträng|eligen strictly, severely; *jfr strängt* **-het** severity; strictness, rigour
stränginstrument stringed instrument
strängt *adv* **1** severely *etc.*; *arbeta ~* work hard; ~ *förbjudet* strictly forbidden (prohibited); ~ *hållen* (*om barn*) strictly brought up; ~ *konfidentiellt* strictly confidential; ~ *upptagen* fully occupied, pressed for time **2** (*noga*) *hålla ~ på* observe rigorously; ~ *taget* strictly speaking
sträv *a1* rough; (*i smak o. bildl.*) harsh; (*barsk*) stern, gruff; ~ *smak* (*äv.*) acerbity; *under den ~a ytan* (*bildl.*) under the rough (rugged) surface
1 sträva *s1, byggn.* strut, shore; (*sned*) brace
2 sträva *v1* strive; (*knoga*) toil; ~ *att* endeavour to; ~ *efter* strive for; ~ *mot himlen* (*om torn e.d.*) soar aloft; ~ *med* work hard at, struggle with; ~ *till* aspire to; ~ *uppåt* strive upwards, *bildl.* aim high
strävan *best. form strävan, pl -den* striving, aspiration; (*ansträngning*) effort; (*möda*) labour, toiling; (*bemödande*) endeavour; *misslyckas i sin ~* fail in one's efforts; *hela min ~ går ut på att* it is my greatest ambition to
strävbåge *byggn.* flying buttress
sträv|het [-ä:-] roughness, harshness *etc.* (*jfr sträv.*); (*i smak*) acerbity, asperity **-hårig** rough-haired; (*om hund*) wire-haired
strävpelare *byggn.* buttress
strävsam [-ä:-] *a1* **1** (*arbetsam*) assiduous, industrious, hard-working **2** (*mödosam*) laborious, strenuous; *föra ett ~t liv* lead a strenuous life **-het** industriousness; thrift
strävt [-ä:-] *adv, ha det ~* have a hard time of it
strö I *s7* litter **II** *v4* strew; sprinkle (*socker på* sugar on; *över* over); ~ ... *omkring sig* scatter [... about]; ~ *pengar omkring sig* splash money around; ~ *rosor för ngn* (*bildl.*) flatter s.b. **ströare** castor, dredger **ströbröd** breadcrumbs **strödd** *a5, ~a anmärkningar* casual remarks; *~a anteckningar* odd notes
strög *s7* main street, boulevard
strök *imperf. av stryka*
strökund odd (stray) customer
ström [-ömm] *s2* **1** (*flod*) stream; river (*äv. bildl.*); (*flöde*) flood (*av tårar* of tears), flow (*av ord* of words); (*häftig*) torrent (*äv. bildl.*); *en ~ av folk* a stream of people; *en ~ av blod* a stream of blood; *gästerna kom i en jämn ~* the guests arrived in a steady stream; *vinet flöt i ~mar* wine flowed freely **2** (*i luft, vatten*; *äv. elektr.*) current; *bildl. äv.* tide; *följa med ~men* (*äv. bildl.*) follow the tide, drift with the current; *gå mot ~men* go against the current (*friare o. bildl.*: tide); *stark ~* (*i vatten*) rapid current; *sluta ~men* switch on the current, close the circuit **-avbrott** power failure; (*avstängning*) power cut **-brytare** switch; (*för motor e.d. äv.*) circuit breaker **-drag** current; race **-fåra** stream (*äv. bildl.*); (*flodbädd*) bed **-förande** *a4* live, charged; *vara ~* be alive **-förbrukning** power (current) consumption **-fördelare** (*i bil*) distributor **-försörjning** power (current) supply **-kantring** *bildl.* turn of the tide (*äv. om tidvatten*), changeover **-karlen** [-ka:ren] *se näcken* **-krets** circuit **-linje** streamline **-linjeform** streamlining, streamlined shape **-linjeformad** [-å-] *a5* streamlined **-lös** *elektr.* dead **-löshet** absence of current
strömma stream, flow; (*om regn, tårar*) [come] pour[ing]; (*häftigt*) gush, rush; *den välvilja som ~de emot mig* the goodwill that met me; ~ *fram* pour out; ~ *in* rush in, [come] pour[ing] in; *folk ~de till* people came flocking; ~ *ut* stream (*etc.*) out, (*om gas e.d.*) escape; *folk ~de ut ur teatern* people came pouring out of the theatre; ~ *över* overflow
strömming Baltic herring
ström|mätare *elektr.* amperemeter, ammeter; *se äv. elmätare* **-ning** current, flow, stream; *bildl.* current, tide **-riktning** direction of current **-skena** conductor rail **-snål** electricity-saving **-stare** dipper, water ouzel **-styrka** *elektr.* current [intensity], amperage **-stöt** current rush, impulse
ström|t *a4, end. i n, ~ vatten* rapid-flowing water **-virvel** whirl[pool], eddy
ströp *imperf. av strypa*
ströppla *fack.* stipple
strö|skrift pamphlet, tract **-socker** granulated (castor) sugar
strössel ['ströss-] *s9, s7, ej pl, fack.* hundreds and thousands (*pl*)
ströv|a stroll, ramble; wander; (~ *hit o. dit*) stray; ~ *omkring* range, rove; *~nde renar* stray

reindeer **-område** rambling area **-tåg** ramble, excursion; *pl äv.* wanderings; *bildl.* excursion

1 stubb *se rubb [och stubb]*

2 stubb *s2* (*av säd e.d.*) stubble; (*skägg-*) bristles (*pl*)

stubb|a crop (*håret* the hair); dock (*svansen på en hund* a dog's tail) **-brytare** (*hopskr. stubbrytare*) [stump] grubber (puller) **-brytning** (*hopskr. stubbrytning*) stump pulling

stubb|e *s2* stump, stub **-ig** *a1* stubbed, stubb[l]y **-svans** bobtail, docked tail **-åker** stubble field

stubin *s3*, **-tråd** fuse

stuck *s3* stucco **-atur** stucco [work] **-atör** stucco worker

stuck|en *a5, bildl.* nettled, offended **-it** *sup. av sticka II*

student [university, college] student, undergraduate; *ta ~en* qualify for entrance to a university **-betyg** higher school certificate; *Storbritannien* General Certificate of Education at Advanced level (A level) **-bostad** room in [student] hall of residence, student flat **-examen** higher school examination; *Storbritannien* [examination for the] General Certificate of Education at Advanced level (*förk.* G.C.E. at A level) **-förening** student association **-hem** students' hostel; *AE.* dorm[itory] **-ikos** [-'kå:s] *a1* student-like; carefree, high-spirited **-kamrat** fellow student **-kår** students' union **-liv** university (college) life **-mössa** student's cap **-rabatt** student reduction **-rum** room in [student] hall of residence **-ska** girl student; undergraduate; *AE. vard. äv.* co-ed **-skrivning** written examination for entrance to a university

studer|a study (*språk* languages; *till läkare* to be a doctor); *~ medicin* (*äv.*) be a student of medicine; *~ juridik* study (read) law; *låta sina barn ~* let one's children go to college (the university); *~ vid universitetet* study (be) at the university, go to college; *en ~d karl* a scholar, a man with a university education **-ande I** *s9* student (*vid* at); (*vid univ. o. högskola*) undergraduate; (*skolelev*) pupil; *ekonomie ~* student of economics; *juris ~* law student, student of law; *medicine ~* medical student; *odontologie ~* dental surgery student; *teknologie ~* student of engineering (technology); *teologie ~* divinity student, student of theology (divinity) **II** *a4, den ~ ungdomen* schoolboys and schoolgirls, [the] young people at college (the university) **-kammare** study

studie ['stu:-] *s5* study (*över, av* of); (*konstnärs äv.*) sketch (*av* of); (*litterär*) essay (*över* on) **-begåvning** aptitude for studies; *han är en ~* he is a gifted student **-besök** educational (study) visit **-cirkel** adult education class, study circle **-dag** teachers' seminar **-finansiering** study support **-handbok** guide for students **-intyg** proof of registration **-kurs** course of studies **-ledare** leader of a study circle **-ledighet** study (educational) leave **-lån** study loan **-material** study material **-medel** study support **-objekt** object of study **-plan** plan of studies, curriculum; (*för visst ämne*) syllabus **-rektor** *ung.* director of studies **-resa** study trip **-rådgivare** educational adviser **-rådgivning** educational guidance **-skuld** study debt, debt incurred for higher education **-stöd** study support **-stödsnämnd** *centrala ~en* [the Swedish] national board for educational assistance **-syfte** *i ~* for purposes of study **-teknik** study technique **-år** *pl* years of study

studio ['stu:-] *s5* studio **studiosus** [-ˣɑ:-, -ˣå:-] *r* student

studi|um ['stu:-] *s4* study; *bli föremål för ett ingående ~* be the subject of close study; *bedriva -er* study; *lärda -er* advanced studies; *musikaliska -er* the study (*sg*) of music; *vetenskapliga -er* scientific research

studs *s2* rebound, bounce **studsa** rebound, bounce (*mot väggen* off the wall); (*om kula*) ricochet; *bildl.* start, be taken aback **studsare** sporting rifle

studs|matta trampoline **-ning** rebounding *etc.*; repercussion

stug|a *s1* cottage; (*vardagsrum*) living room **-by** holiday village **-knut** cottage corner **-sittare** home-body

1 stuka *s1* potato (*etc.*) clamp

2 stuka *v1* **1** (*kroppsdel*) sprain **2** (*deformera*) batter, knock out of shape; *bildl.* browbeat, crush, humiliate **3** *tekn.* upset, jump

stukning [-u:-] **1** spraining; *en ~* a sprain **2** battering *etc.*; browbeating, humiliation **3** upsetting

stul|en *perf. part. av stjäla* **-it** *sup. av stjäla*

stulta *v1* (*om barn*) toddle

stum [stumm] *a1* **1** dumb; (*mållös*) mute (*beundran* admiration); (*som inte uttalas*) silent, mute; *~ av förvåning* dumb with astonishment; *bli ~* be struck dumb (*av* with) **2** (*ej fjädrande*) rigid **-film** silent film **-fin** *~ linje* (*boktr.*) obtuse (blunt) line **-het** dumbness; muteness

stump *s2* stump, end; *sjunga en ~* sing a tune **stumpa** *s1* toddler; poppet

stund *s3* while; (*ögonblick*) moment, instant, minute; (*eg. timme*) hour; *en god ~* quite a while; *det dröjde en ~ innan* it was some little time before; *en liten ~* a few minutes, a short while; *han har sina ljusa ~er* he has his bright moments; *när ~en är kommen* when one's hour has come; *min sista ~* my last hour; *från första ~[en]* from the [very] first moment; *för en ~ sedan* a [little] while (few minutes) ago; *i denna ~* [at] this [very] moment; *ännu i denna ~ vet jag inte* I don't know to this [very] moment; *i farans ~* in the hour of danger; *i samma ~* at the same moment (*som* when); *i sista ~[en]* at the [very] last moment, just in time; *om en liten ~* in a little while, presently; *på lediga ~er* in one's spare (leisure) moments; *adjö på en ~!* so long!

stund|a approach, be at hand **-ande** *a4* (*nästkommande*) next; (*in-*) coming **-ligen** constantly **-om** [-åm] at times; *se äv. ibland* **-tals** [-a:-] now and then; at intervals

stungit *sup. av stinga*

stup *s7* precipice, steep **stupa 1** (*falla omkull*) fall; *hästen ~de under honom* his horse went down under him; *~ i säng* tumble into bed; *~ på en uppgift* (*bildl.*) fail in a task; *jag var nära att ~ av trötthet* I was ready to drop [with fatigue], was tired to death **2** (*i strid*) fall, die, be killed; *de ~de* (*subst.*) the killed (fallen) **3** (*brant sänka sig*) descend abruptly, incline sharply **4** (*luta*) tip (*en*

S

balja a tub)

stup|full reeling drunk **-rör** drainpipe **-stock** block

sturig *a1* sullen, sulky

stursk *a1* (*uppstudsig*) insolent, impudent; (*fräck*) brazen; (*högfärdig*) stuck-up; *vara ~* (*äv.*) give o.s. airs, show off **-het** insolence; bumptiousness

stuss *s2* seat; *vard.* bottom, behind

stut *s2* steer **-eri** stud [farm]

stuv *s2* remnant [of cloth]; *~ar* (*äv.*) oddments

1 stuva *kokk.* cook in white sauce; *~d potatis* potatoes in white sauce

2 stuva (*inlasta*) stow; (*kol, säd äv.*) trim; *~ om* shift, rearrange; *~ undan* stow away

stuvare stevedore, longshoreman

stuvbit *se stuv*

stuveri|arbetare *se stuvare* **-förman** stevedore's foreman

1 stuvning [-u:-] (*kött-*) stew; (*vit sås*) white sauce

2 stuvning [-u:-] (*inlastning*) stowage, stowing

stybb *s3, s4* coal dust; *sport.* cinders (*pl*)

styck *oböjligt s* piece; *per ~* each, a piece; *1 krona* [*per*] *~* 1 krona each (a piece); *kostnad per ~* piece cost, cost each; *pris per ~* price each

stycka 1 *slaktar.* cut up **2** (*uppdela*) divide up; (*~ sönder*) cut into pieces; *~ till tomter* parcel out in plots

stycke *s6* **1** (*bit, del*) piece (*bröd* of bread); (*avsnitt*) part; (*lösryckt*) fragment; *ett ~ land* a piece of land; *bestå av ett enda ~* consist of one single piece; *jag har hunnit ett bra ~* I have made considerable progress (*på* with); *i ett ~* all [in] one piece, all of a piece; *slå i ~n* smash, knock to pieces **2** (*avdelning*) part, section (*av en bok* of a book); (*ställe*) passage; (*i skrift*) paragraph; (*musik-*) piece [of music]; (*teater-*) play; *tredje ~t nedifrån* third paragraph from below; *sjunga ett ~* sing a song; *valda ~n* selected pieces (passages) **3** (*hänseende*) respect, regard; *i många ~n* in many respects **4** (*exemplar*) piece; specimen, *vi var tio ~n* we were ten, there were ten of us; *kan jag få tio ~n* may I have ten; *ett par ~n* a couple of; *en tjugo, trettio ~n* twenty, thirty or so **5** (*väg*) way; (*sträcka*) distance; *det är bara ett litet ~ dit* it is only a short distance, it is not far from here; *ett gott ~ in på nästa år* well on into next year **6** (*neds. om kvinna*) *elakt ~* nasty piece of work; *lättfärdigt ~* trollop **-bruk** gun foundry (factory) **-gods** (*t. sjöss*) general (mixed) cargo; (*t. lands*) part loads; *järnv.* part-load traffic, parcels (*pl*) **-pris** price each (a piece, per unit) **-vis** (*per styck*) by the piece; (*en efter en*) piece by piece, piecemeal

styckjunkare *mil.* sergeant-major of artillery; *AE.* warrant officer

styck|mästare *slaktar.* butcher **-ning 1** cutting up **2** dividing up; partition; (*sönderdelning*) dismemberment

styckvis *se styckevis*

stygg *a1* bad, wicked; (*om barn*) naughty; (*otäck*) nasty, ugly **-else** abomination **-het** wickedness; naughtiness **-ing** naughty (nasty) thing

stygn [-ŋn] *s7* stitch; *sy med långa ~* tack

stylt|a *s1* stilt; *gå på -or* walk on stilts

stymp|a maim, mutilate; (*friare o. bildl.*) mangle; (*förvanska text e.d.*) mutilate; *geom.* truncate; *~d kon* (*äv.*) frustum of a cone **-are** (*klåpare*) bungler **-ning** maiming *etc.*, mutilation; truncation

1 styng *s7, sömn., se stygn*

2 styng *s7, se sting*

3 styng *s7* (*insekt*) botfly

styr *r, hålla ~ på, hålla i ~* keep in order (in check); *hålla sig i ~* keep a hold on o.s., restrain o.s.; *över ~, se överstyr*

styr|a *v2* **1** (*föra*) steer (*ett fartyg* a ship; *en bil* a car), (*fartyg äv.*) navigate; (*stå vid rodret*) be at the helm; *~ i hamn* bring into port **2** (*rikta*) direct (*sina steg* one's steps); (*leda*) guide; (*behärska*) control, dominate; *~ sina begär* control one's desires; *~ sin tunga* curb one's tongue; *~ sig* control (master) o.s.; *~ allt till det bästa* arrange things for the best, see things through **3** (*bestämma över*) govern, rule (*landet* the country); *~ och ställa i huset* manage the house; *~ och ställa som man vill* have a free hand, *vard.* be cock of the roost **4** *språkv.* govern (*genitiv* the genitive) **5** (*med betonad partikel*) *~ om* (*bildl.*) see to (about); *~ om att* see to it that; *det skall jag ~ om* I will see to it that; *~ till, se ställa* [*till*]; *~ till sig* get [o.s.] into a mess; *vad du har -t till dig!* what a fright you look!; *~ ut från land* stand off shore; *~ ut till sjöss* make for the open sea; *~ ut sig* dress up

styr|ande *a4* governing (*myndighet* body); *de ~* those in power, *vard.* the powers that be **-bar** *a1* steerable, dirigible **-bord** ['sty:r-] *s, böjligt endast i genitiv, sjö.* starboard; *för ~s halsar* on the starboard tack **-bordslanterna** starboard light

styre *s6* **1** (*fartygs*) helm; (*-stång*) handlebar[s *pl*] **2** rule; *sitta vid ~t* be in power (at the helm)

styrelse 1 *abstr.* government; administration, regime **2** *konkr.* (*bolags-*) board [of directors]; (*förenings-*) council, committee; *sitta i ~n* be on the board **-berättelse** annual report, report of the board **-ledamot** director, member of the board (council, committee); *han är ~ i* he is on the board [of directors] of **-ordförande** chairman of the board (committee) **-sammanträde** board (committee) meeting **-sätt** system (form) of government

styrẹnplast polystyrene

styr|esman governor; (*föreståndare*) director **-fart** *sjö.* steerage-way **-förmåga** manoeuvrability **-hytt** pilot house, wheelhouse **-inrättning** steering gear

styrk|a I *s1* **1** strength (*hos, i* of); (*kropps- äv.*) vigour; (*kraft*) power; force; (*intensitet*) intensity; *den råa ~n* brute force; *med hela sin ~* with all one's strength; *har aldrig varit min ~* has never been my strong point; *pröva sin ~ på* try one's strength on; *vinna ~* gain strength, (*om sak*) gain [in] force **2** (*krigs-, arbetar-*) force; (*numerär*) number[s *pl*]; *väpnad ~* armed force **II** *v3* **1** (*stärka*) strengthen, confirm; (*ge ~*) fortify; *-t av mat och dryck* fortified with food and drink **2** (*bevisa*) prove, give proof of; (*med vittne*) attest, verify; (*bekräfta*) confirm; *-t avskrift* attested copy

styrke|demonstration display of [military]

power **-förhållande** *ett ojämnt* ~ uneven odds **-grad** [degree of] strength **-tår** bracer, pick-me--up

styr|man ['sty:r-] mate; *förste* ~ first mate (officer) **-medel** instrument[s] of control **-ning** [-y:-] steering; (*manövrering*) operation control; (*ledning*) management **-organ** *flyg.* controls (*pl*); *data.* control unit **-sel** ['styrr-] *s9* (*stadga*) firmness; *bildl.* stability **-skena** guide rail **-snäcka** steering box **-spak** steering lever; *flyg.* control column **-spindel** steering knuckle **-stång** (*på cykel*) handlebar **-teori** control theory **-växel** steering gear **-åra** steering oar

styv *a1* **1** (*stel*) stiff (*i lederna* in the joints); (*spänd*) tight, rigid (*fjäder* spring); ~ *bris* stiff breeze; *visa sig på ~a linan* (*bildl.*) show off; ~ *i korken* (*vard.*) cocky, snooty **2** *en* ~ *timme* a good hour; *ett ~t arbete* (*tungt*) a stiff (tough, hard) job **3** (*skicklig*) clever (*i* in, at), good (*i* at); capital (*simmare* swimmer); ~ *i engelska* good at English

styv|barn stepchild **-bror** stepbrother **-dotter** stepdaughter

styver ['sty:-] *s9, s2* stiver; farthing; *hålla på ~n* stick to one's cash, be tightfisted

styv|far stepfather **-förälder** step-parent

styv|hala *sjö.* haul taut **-het** [-y:-] stiffness *etc.*

styv|moderlig stepmotherly; (*friare*) grudging, unfair (*behandling* treatment) **-mor** stepmother **-morsviol** wild pansy, heartsease, *AE.* Johnny--jump-up

styv|na [-y:-] stiffen, become (get, grow) stiff **-nackad** *a5, bildl.* obstinate **-sint** *a1* obstinate, headstrong, stubborn **-sinthet** obstinacy, stubbornness

styv|son stepson **-syskon** stepbrothers and stepsisters **-syster** stepsister

styvt [-y:-] *adv* **1** stiffly *etc.*; *hålla* ~ *på a*) (*ngt*) insist [up]on, *b*) (*ngn*) se great store by, think a lot of **2** (*duktigt*) *det var* ~ *gjort!* well done!

stå *stod stått* **I 1** *eg.* stand [up]; *han har redan lärt sig* ~ he has already learnt to stand; *han stod hela tiden* he stood (was standing [up]) the whole time; *det ~r en stol där* there is a chair [standing] there; *få* ~ (*inte sitta*) have to stand; *låta ngn* ~ (*inte sitta*) let s.b. stand [up]; ~ *ostadigt* wobble, (*om sak äv.*) be shaky (rickety); ~ *stilla* keep still, not move; *tornet ~r ännu* the tower is still standing; *kom som du går och ~r!* come just as you are! ~ *och vänta* stand (be) waiting; ~ *inte där och se dum ut!* don't stand there looking foolish! **2** (*vara*) be, stand; (*vara placerad*) be placed; (*ha sin plats*) be kept; (*äga bestånd*) remain, last, exist; (*vara skrivet*) be written; *grinden ~r öppen* the gate is open; *maten ~r och kallnar* the food is getting cold; *hans liv stod inte att rädda* his life couldn't be saved; *låta ngt* ~ (*inte flytta*) leave, (*inte röra*) leave alone, (*om ord e.d.*) keep; *han ~r som ägare till* he is the owner of; ~ *ensam i livet* be alone in the world; *det ~r dig fritt att* you are free (at liberty) to; ~ *som objekt till* function (act) as the object of; *det kommer att* ~ *dig dyrt* you'll pay for this; *nu ~r vi där vackert!* now we are in a fix!; ~ *som ett levande frågetecken* look the picture of bewilderment; *hur ~r det?* (*sport.*) what is the score?; *det ~r 6--4* the score (it) is six four; *var skall tallrikarna ~?* where do the plates go?; *så länge världen ~r* as long as the world remains (lasts); *det ~r i Biblen* it says in the Bible, the Bible says; *vad ~r det i tidningen?* what's in the paper?; *det ~r Brown på dörren* there is Brown on the door; *orten ~r inte på kartan* the place is not marked on the map; *läsa vad som ~r om* read what is written about; *var ~r den dikten?* where is that poem to be found? **3** (*inte vara i gång*) *klockan ~r* the clock has stopped; *klockan har ~tt sedan i morse* the clock has not been going since this morning; *maskinerna ~r stilla* the engines are (stand) idle; *hur länge ~r tåget här?* how long will the train stop (wait) here?; *affärerna* (*fabriken*) *~r stilla* business (the factory) is at a standstill; *mitt förstånd ~r stilla* I just can't think [any more] **4** (*äga rum*) take place; (*om slag*) be fought; *när skall bröllopet ~?* when is the wedding to be?; *bröllopet stod i dagarna tre* the wedding went on for three days; *slaget vid Brännkyrka stod år 1518* the battle of Brännkyrka was fought in 1518 **5** ~ *sitt kast* take the consequences; ~ *risken* run the risk, chance it **II** *rfl* **1** (*hålla sig*) keep; *mjölken ~r sig inte till i morgon* the milk won't keep until tomorrow; *målningen har ~tt sig bra* the paint has worn well; *det vackra vädret ~r sig* the fine weather will last **2** (*klara sig*) manage; ~ *sig bra i konkurrensen* hold one's own in competition; *vi ~r oss på några smörgåsar* a few sandwiches will keep us going; *vi ~r oss till middagen* we can do (manage) until dinner **III** (*med obetonad prep*) **1** *det är ingenting att* ~ *efter* (*eftertrakta*) that is not worth while; ~ *efter ngns liv* seek a p.'s life **2** ~ *för a*) (*ansvara för*) be responsible (answer) for, *b*) (*sköta*) be in charge of, *c*) (*innebära*) represent, stand for; ~ *för betalningen* pay; ~ *för dörren* (*bildl.*) be approaching (imminent); ~ *för följderna* take the consequences; ~ *för vad man säger* stand by what one has said; *det yttrandet får* ~ *för honom* if he has said so, he'll have to stand by it **3** ~ *i affär* work in a shop; ~ *i blom* be in bloom; ~ *i förbindelse med* be in touch with; ~ *i genitiv* be in the genitive; ~ *i ljuset för ngn* stand in a p.'s light; ~ *i tur* be next; ~ *i vatten till fotknölarna* be up to one's ankles in water; ~ *i vägen för ngn* be in a p.'s way; *aktierna ~r i 100 kronor* the shares are quoted at 100 kronor; *ha mycket att* ~ *i* have many things to attend to **4** *företaget ~r och faller med honom* the venture (business) stands or falls with him **5** *valet ~r mellan* the choice lies between **6** *klänningen ~r vackert mot hennes hår* the dress goes well with her hair; *uppgift ~r mot uppgift* one statement contradicts the other **7** ~ *på benen* stand on one's legs, (~ *upp*) stand [up]; ~ *på egna ben* stand on one's own feet; *det får* ~ *på framtiden* we must let the matter rest for the time being; ~ *på näsan* fall on one's face; ~ *på sin rätt* stand on one's rights; *barometern ~r på regn* the barometer is pointing to rain; *termometern ~r på noll* the thermometer is at zero **8** *hoppet ~r till* my (*etc.*) hope is in; ~ *till förfogande* be available (at disposal); ~ *till svars för* be held responsible for; *vattnet ~r mig till knäna* the water comes up to my knees **9** ~ *under förmyndare* be under guardianship, have a guardian **10** *det ~r mig upp* *i halsen* I'm fed up to the teeth with it **11** ~ *vid sitt ord* stand by (stick to) one's word **IV** (*med betonad partikel*) **1** ~ *bakom* (*stödja*) be behind, support, (*ekonomiskt*) sponsor **2** ~ *bi a*) (*räcka till*) last, hold out, *b*) (*stödja*) support **3** ~ *efter a*) (*komma efter*) come after, follow, *b*) (*bli förbigången*) be passed over (*för ngn* by s.b.); *låta ngt ~ efter för ngt annat* let s.th. be neglected in favour of s.th. else **4** ~ *emot, se motstå* **5** ~ *fast* be firm; ~ *fast vid* stand by **6** ~ *framme* (*framtagen e.d.*) be out (ready), (*t. påseende*) be displayed, (*skräpa*) be [left] about **7** ~ *för* (*skymma*) stand in front of; *det ~r för mig att* I have an idea that **8** ~ *i* (*knoga*) work hard, keep at it; *arbeta och ~ i* be busy working **9** *jag lät pengarna ~ inne på banken* I left the money on deposit **10** ~ *kvar* (*förbli stående*) remain standing, (*stanna*) remain, stay **11** ~ *på* (*vara påkopplad*) be on; *det stod inte länge på förrän* it was not long before; *vinden stod på hela dagen* the wind blew all day; *fartyget ~r hårt på* the ship is fast aground; ~ *på sig* (*hävda sig*) hold one's own, (*inte ge vika*) be firm; ~ *på dig!* don't give in!; *vad ~r på?* what's going on? **12** *hur ~r det till?* how are you?; *hur ~r det till hemma?* how is your family?; *det ~r illa till med henne* she is in a bad way; *så ~r det till* [*med den saken*] that is how matters stand; *det här ~r inte rätt till* there is something the matter with this; *de åt så det stod härliga till* they were eating like anything **13** *han fick alltid ~ tillbaka för sin bror* he was always pushed into the background by his brother **14** ~ *upp, se uppstå* **15** ~ *ut a*) (*skjuta ut*) stand out, project, protrude, *b*) (*härda ut*) stand (put up with) it; ~ *ut med* stand, bear, put up with **16** ~ *över a*) (*i rang*) be above [in rank], (*vara överlägsen*) be superior (*ngn* to s.b.), *b*) (*hålla efter*) stand above, *c*) (*vänta*) wait (*till* till), *d*) (*i spel*) pass [one's turn], miss a turn

stående I *a4* standing; (*stilla-*) stationary (*bil* car); *bli ~ a*) (*bli kvar*) remain standing, *b*) (*stanna*) stop, come to a standstill; ~ *armé* (*skämt*) standing (army) joke; *en ~ rätt på matsedeln* a standing dish on the menu; *ett ~ uttryck* a stock phrase; *de närmast ~* those immediately around him (*etc.*); *på ~ fot* offhand **II** *s6* standing position; *~t blev tröttsamt* having to stand was tiring

ståhej [-'hejj] *s7* hullabaloo, fuss

stål *s7* steel **-band** steel strip (tape) **-blank** [as] bright as steel **-borste** wire brush **-fjäder** steel spring **-grå** steel[y] grey **-hjälm** steel helmet **-kant** steel edge **-klädd** steel clad **-konstruktion** steel structure **-lina** steel rope (wire, cable) **-penna** [pen] nib **-plåt** steel plate, sheet steel **-rör** steel tube **-sätta** *bildl.* steel, brace; ~ *sig* brace (harden) o.s. **-tråd** [steel] wire **-trådsnät** wire netting **-ull** steel wool (shavings *pl*) **-verk** steelworks (*sg o. pl*)

stånd *s7, i bet. 6 -et ständer* **1** (*skick*) state, condition; (*gott ~*) repair, keeping; *få till ~* bring about; *komma till ~* come (be brought) about, be realized; *sätta i ~ a*) (*ngt*) put in order, *b*) (*ngn*) put in a position, enable; *sätta ngn ur ~* make s.b. incapable (*att tala* of speaking), make s.b. unfit (*att arbeta* for work); *sätta ngt ur ~* damage s.th., put s.th. out of order; *vara i ~ till* be able (*att arbeta* to work), be capable (*att arbeta* of working); *vara ur ~ att* be unable to **2** (*ställning*) stand; *hålla ~* hold one's ground, hold out; *hålla ~ mot* resist **3** (*salubod*) stall, booth **4** (*planta*) stand **5** (*levnadsställning*) station, status; *ogift ~* unmarried state; *äkta ~et* the married state; *inträda i det äkta ~et* enter into matrimony **6** (*samhällsklass*) rank, class; (*andligt* spiritual) estate; *gifta sig under sitt ~* marry beneath one['s station]; *de fyra ~en* the four Estates **7** *vard.* (*erektion*) hard-on; *få ~* (*äv.*)

stånd|a *se stå* **-aktig** *a1* steadfast, stable; *vara ~* (*äv.*) stand firm, persevere **-aktighet** steadfastness, stability; perseverance

ståndar|e 1 (*stöd*) standard, upright **2** *bot.* stamen (*pl äv.* stamina) **-knapp** anther **-mjöl** pollen

stånd|punkt standpoint, position; *bildl.* point of view; *välja ~* take up a position (an attitude); *ändra ~* take up another position (attitude), revise one's opinion; *stå på en hög ~* be at a very high level; *på sakernas nuvarande ~* in the present state of things, as matters stand now **-rätt** *mil.* martial law

stånds|cirkulation movement of persons from one social class to another **-mässig** *a1* consistent with one's station [in life] **-person** person of rank **-riksdag** Diet of the Four Estates **-samhälle** *ung.* class society

stång *-en stänger* **1** (*tjock*) pole, staff; (*tunnare*) bar, rod; (*stift*) stick; *hålla ngn ~en* (*bildl.*) hold one's own against s.b.; *flagga på halv ~* fly the flag [at] half-mast **2** *sjö.* pole, spar **3** (*i betsel*) bar **stånga** butt; (*spetsa på hornen*) toss [on the horns] **stångas** *dep* butt; (*stånga varandra*) butt each other

stångjärn bar (rod) iron

stångjärns|hammare tilt [hammer] **-smedja** ironworks forge **-smide** hammered iron

stång|korv sausage of barley and meat **-krok** (*fiskeredskap*) ledger tackle **-piska** queue **-störtning** *sport.* tossing the

1 stånka *s1* tankard

2 stånka *v1* puff and blow; (*stöna*) groan

stånkande *a4* puffing and blowing; groaning

ståplats standing room **-läktare** stand with standing accommodation

ståt *s3* splendour, grandeur; *med stor ~* with great pomp, in great style **ståta** parade; ~ *med* make a great display of, show off

ståthållare governor

ståtlig [-å:-] *a1* (*praktfull*) magnificent, grand; (*imponerande*) impressive (*byggnad* edifice); stately (*hållning* bearing); *en ~ karl* a fine-looking fellow

stått *sup. av stå*

stäcka *v3* clip; *bildl.* foil, thwart, (*ngns planer* a p.'s plans)

städ *s7* anvil (*äv. anat.*)

städa (*göra rent*) clean, *AE. vard.* fix up (*en våning* a flat); (*ställa i ordning*) put things straight (*på skrivbordet* on the desk); (*ha storstädning i*) clean out; ~ *efter* tidy up after; ~ *efter sig* leave things tidy; ~ *undan* put away (out of the way); ~ *åt ngn* clean for s.b. **städad** *a5* tidy; (*proper*) decent, proper; (*om pers. äv.*) well-behaved

städ|are cleaner **-bolag** cleaning company (agency) **-dille** cleaning mania **-erska** charwoman, cleaning-woman; (*kontors-*) cleaner **-hjälp** charwoman, daily help

städja [-ä:-] *stadde statt* engage, hire

städ|ning [-ä:-] cleaning; tidying [up] *etc.*; charring **-rock** overall; *AE.* smock

städse [-ä:-] always; constantly

städ|skrubb, -skåp broom cupboard

städsla [-ä:-] *se städja*

ställ *s7* **1** (*stöd*) rack, stand **2** (*omgång*) set

ställ|a I *v2* **1** (*placera*) put; place; set; (~ *upprätt*) place (set) upright, stand **2** (*sätta på visst sätt*) set right; (*inställa*) adjust, regulate (*instrument* instruments), set (*klockan på två* the clock at two) **3** (*rikta*) direct (*sina steg* one's steps); (*adressera*) address; ~ *anspråk på* make demands on; ~ *en fråga till* put a question to; ~ *problem under debatt* bring problems up for discussion; ~ *ngt på framtiden* let s.th. rest for the time being **4** (*lämna*) give (*borgen* security) **5** (*med prep uttryck*) ~ *i ordning* put in order (to rights); ~ *i skuggan* put in the shade, *bildl. äv.* obscure, overshadow; ~ *ngn inför rätta* commit s.b. for trail; ~*s inför frågan om* be faced with the question whether; ~ *ngn mot väggen* (*bildl.*) drive s.b. into a corner; ~ *stora förväntningar på* have great expectations of; ~ *ngn till ansvar för* hold s.b. responsible for; ~ *ngt till rätta* put (set) s.th. right **II** (*med betonad partikel*) **1** ~ *bort* put aside (down) **2** ~ *fram* put forward (*äv. klocka*); ~ *fram stolar åt* place chairs for **3** ~ *ifrån sig, se* ~ *bort* **4** ~ *in radion* tune in (*på en annan station* another station; *på program 3* to the third program); ~ *in i ett skåp* put into a cupboard; ~ *in sig på att* make up one's mind to **5** ~ *om a*) [re]-adjust (*sin klocka* one's watch), *b*) (*ordna*) see about (to), arrange **6** ~ *till* arrange (*kalas* a party); ~ *till en scen* make a scene; *vad har han nu -t till?* what has he been up to now?; *så ni har -t till!* what a mess you have made [of it (things)]! **7** ~ *tillbaka* put back, replace (*i skåpet* in the cupboard) **8** ~ *undan* put away **9** ~ *upp a*) (*ställa högre*) put up, (*resa*) raise (*en stege mot väggen* a ladder against the wall), *b*) (*ordna*) arrange (*i en lång rad* in a long file), *mil.* draw up, *c*) (*deltaga*) take part, join in, (*låta deltaga*) put up; ~ *upp sig* form up, get into position; ~ *upp sig på linje* line up **10** ~ *ut* put out; ~ *ut på en mässa* exhibit goods at a fair; ~ *ut en växel på* make out (draw) a draft (bill) on **III** *rfl* **1** (*placera sig*) place (station) o.s. (*i vägen för ngn* in a p.'s way); stand (*framför* in front of; *på tå* on tiptoe; *på en stol* on a chair); ~ *sig i rad* line up; ~ *sig in hos ngn* curry favour with s.b.; ~ *sig på ngns sida* side (take sides) with s.b. **2** (*bete sig*) behave (conduct) o.s.; (*låtsas*) feign (*sjuk* illness); ~ *sig avvaktande* take up a wait-and-see attitude; *inte veta hur man skall* ~ *sig* not know what attitude to take; *det -er sig dyrt* it is (will be) expensive; *hur -er du dig till ...?* what is your attitude towards ...?

ställbar *a1* adjustable

ställ|d *a5* **1** placed *etc.*; *ha det gott -t* be well off; *en växel* ~ *på* a bill (draft) payable to **2** (*svarslös*) nonplussed; at a loss

ställe *s6* **1** (*plats, rum*) place; ('*fläck*') spot; (*i skrift*) passage; *på* ~*t a*) *eg.* in (at) the place, *b*) (*genast*) on the spot, there and then; *på* ~*t marsch!* mark time!; *på* ~*t vila!* stand at ease!; *på annat* ~ in (at) another place, somewhere else; *på ngt* ~ somewhere; *på ort och* ~ on the spot; *på rätt* ~ in the right place; *lägga ngt på rätt* ~ put s.th. in its proper place; *på vissa* (*sina*) ~*n* in some places, here and there **2** *i* ~*t* instead [of it], (*i dess* ~) in place of it (that); *i* ~*t för* instead of (*att komma* coming); *sätta ngt i* ~*t för* substitute s.th. for, replace s.th. with; *om jag vore i ditt* ~ if I were you; *upptaga ngn i barns* ~ adopt s.b.; *vara ngn i mors ställe* be a mother to s.b.

ställföreträd|ande *a4* acting, deputy, assistant; ~ *lidande* vicarious suffering **-are** deputy, proxy, substitute; *vara* ~ *för* deputize

ställning 1 (*sätt att stå etc.*) position (*äv. mil.*); (*läge*) situation; (*inställning*) attitude; (*social position*) status, standing; (*samlags-*) position; *sport.* core; *ekonomisk* ~ financial position; *liggande* ~ lying (recumbent) position; *statsrättslig* ~ [constitutional] status; *underordnad* ~ subordinate position; *i ledande* ~ in a key (leading) position; *ta* ~ *till* decide on, consider, make a decision on **2** *konkr.* stand; (*byggnads-*) scaffold [ing]; (*stomme*) frame

ställnings|krig positional war[fare] **-steg** *göra* ~ stand at attention **-tagande** *s6* attitude (*till* to); decision; *vårt* ~ our standpoint

ställverk *järnv.* signal box (cabin); *elektr.* bridge signal cabin

stämband [ˣstämm-] vocal cord

stäm|d *a5* (*vänligt* favourably) disposed (inclined) (*mot* towards); *avogt* ~ *mot* prejudiced against **-gaffel** tuning fork

stämjärn [ˣstämm-] [wood] chisel

1 stämm|a I *s1* **1** (*röst*) voice; *mus.* part; *första* ~*n* the first (leading, principal) part **2** (*rösträtt*) vote; *ha säte och* ~ *i* have a seat and a vote in **II** *v2* **1** *mus.* tune; pitch (*högre* higher); ~ *högre* (*äv.*) sharp; ~ *lägre* (*äv.*) deepen; ~ *upp en sång* strike up a song **2** *bildl.*, *det -er* [*sinnet*] *till eftertanke* it gives you s.th. to think about; *jfr äv. stämd* **3** (*passa ihop, överens-*) agree, accord, tally; *AE. äv.* check; ~ *med originalet* be in accordance with the original; *kassan -er* the cash account balances; *räkenskaperna -er inte* there are discrepancies in the accounts; *räkningen -er* the account is correct; *det -er!* quite right!, that's it!; ~ *av* (*bokför.*) tick off, balance; ~ *överens* agree, accord

2 stämma *v2* (*hejda*) stem, check; ~ *blod* sta[u]nch blood; *det är bättre att* ~ *i bäcken än i ån* it is better to nip it in the bud

3 stämma I *s1* (*sammankomst*) meeting, assembly **II** *v2* **1** *jur.* bring an action against, sue; ~ *ngn som vittne* summon s.b. as a witness **2** ~ *möte med ngn* arrange to meet s.b.

1 stämning 1 *mus.* pitch, key, tune; *hålla* ~*en* keep in tune **2** (*sinnestillstånd*) mood, temper; *en festlig* ~ a festive atmosphere; ~*en var hög* (*tryckt*) spirits (*pl*) ran high (were depressed); ~*en bland folket* (*äv.*) public sentiment; *upprörd* ~ agitation, excitement; *komma* (*vara*) *i* ~ get (be) in the right mood

S

2 stämning *jur.* writ, [writ of] summons; *delge ngn en ~* serve a writ (summons) on s.b.; *ta ut ~ mot* cause a summons to be issued against, sue
stämningsansökan application for a summons, plaint
stämnings|bild lyrical (sentimental) picture **-full** full of feeling; moving; solemn **-människa** spontaneous person
stämpel *s2* **1** (*verktyg*) stamp, punch; (*mynt-*) die **2** (*avtryck*) stamp (*äv. bildl.*); (*på frimärke*) postmark, cancel; (*guld-, silver-*) hallmark (*äv. bildl.*); (*på varor e.d.*) brand, mark **-avgift** stamp duty (tax) **-dyna** stamp pad **-färg** stamp [ing] (marking) ink **-klocka** time clock **-skatt** stamp duty (tax)
1 stämpla (*med stämpel*) stamp; mark, impress (*äv. bildl.*); (*guld, silver*) hallmark; (*post-*) postmark, cancel; (*skog*) blaze; (*med brännjärn*) brand (*äv. bildl.*)
2 stämpla (*konspirera*) plot, conspire
1 stämpling (*t. 1 stämpla*) stamping *etc.*
2 stämpling (*t. 2 stämpla*) *~ar* conspiracy, plotting (*sg*), machinations
stäm|skruv [ˣstämm-] peg **-ton** concert pitch
ständer ['stänn-] *pl, se stånd 6*
ständig *a1* permanent (*sekreterare* secretary); constant (*oro* worry); perpetual; *~ ledamot* life-member; *~t utskott* standing committee
stäng|a *v2* shut (*dörren* the door); close; (*med lås*) lock; (*med regel*) bolt; (*med bom*) bar; (*hindra*) bar, obstruct (*utsikten* the view); *vi -er kl. 5* we close at five; *~ butiken* shut up shop; *~ dörren efter sig* shut the door behind one; *~ sin dörr för* close one's door to; *dörren -er sig själv* the door shuts by (of) itself; *~ en fabrik* shut down (close) a factory; *~ av, se avstänga*; *~ igen om sig* shut (lock) o.s. in; *~ in sig* shut o.s. up; *~ sig inne på sitt rum* keep (lock o.s. up in) one's room; *~ till* close, shut [up], lock [up]; *~ ute* keep (shut) out (*ljuset* the light); *~ ngn ute* shut s.b. out
stängel *s2* stalk, stem; (*bladlös*) scape
stäng|ning shutting, closing *etc.* **-ningsdags, -ningstid** closing time
stängsel ['stäŋ-] *s7* fence; (*räcke*) rail[ing]; enclosure; *bildl.* bar, barrier **-tråd** fencing wire
stänk *s7* (*vatten-*) sprinkle, sprinkling, drop; (*smuts-*) splash; (*av vattenskum o.d.*) spray; *bildl.* touch, tinge (*av saknad* of regret); *få några grå ~ i håret* get a powdering of grey in one's hair
stänk|a *v3* sprinkle (*vatten på* water on; *tvätt* clothes); splash, sp[l]atter; (*småregna*) spit, sprinkle; (*dugga*) drizzle; *~ ner* splash all over (*med* with); *regnet började ~* it began to spit **-bord** *sjö.* washboard **-flaska** sprinkler bottle **-ning** sprinkle, sprinkling, splash[ing] **-skydd** (*på bil*) mudflap, splash guard **-skärm** (*på fordon*) mudguard, wing; *AE.* fender
stäpp *s3* steppe **-höns** Pallas's sandgrouse
stärbhus estate [of a deceased person] **-delägare** heir, beneficiary
stärk|a *v3* **1** (*göra stark*[*are*]) strengthen (*karaktären* the character); fortify (*ngn i hans tro* s.b. in his belief); (*i sht fysiskt*) invigorate; (*bekräfta*) confirm (*misstanken* the suspicion); *~ sig med mat och dryck* take some refreshment[s] **2** (*styv-*) starch **-ande** *a4* strengthening *etc.*; *~ medel* tonic, restorative **-else** starch **-krage** starched collar **-ning** starching **-skjorta** starched shirt; (*frack-*) dress shirt
stätta *s1* stile
stäv *s2* stem
1 stäva *s1* (*mjölk-*) milk pail
2 stäva *v1, sjö.* head (*norrut* [to the] north)
stävja [-ä:-] check, put a stop to; (*tygla*) restrain; *~ ngns iver* damp a p.'s ardour
stöd *s7, tekn.* support (*för ryggen* for one's back); prop, stay, foot; *bildl.* support; aid (*för minnet* for the memory); (*om pers.*) support[er]; *ekonomiskt ~* economic aid (assistance); *~ för ett påstående* support of a statement; *få ~ av* (*i tvist*) be backed up by; *ge* [*sitt*] *~ åt* support; *med ~ av* with the support of; *som ~ för* (*bildl.*) in confirmation (as a proof) of; *ta ~, se stödja* [*sig*]
stöd|a *v2, se stödja* **-aktion** [action to] support **-de** *imperf. av stödja*
stöddig *a1* heavily built; substantial; *vard.* stuck-up
stödförband [emergency] splint
stödja [-ö:-] *stödde stött* support; (*stötta*) prop [up]; (*friare o. bildl.*) sustain; (*luta*) rest (*huvudet i handen* one's head in one's hand); (*grunda*) found, base (*sina uttalanden på* one's statements on); *inte kunna ~ på foten* not be able to stand on one's foot; *~ sig* support o.s., (*luta sig*) lean, rest (*mot* against; *på* on); *~ sig på* (*bildl.*) base one's opinion upon
stöd|jevävnad *anat.* connective tissue **-köp** supporting purchase **-lån** stand-by (emergency) loan **-mur** retaining wall **-område** development area **-punkt** point of support; *tekn.* fulcrum; *mil.* base **-trupper** *pl* supporting troops, reserves **-undervisning** remedial instruction **-åtgärder** support
stök *s7* (*städning*) cleaning; (*före helg o.d.*) preparation **stöka** clean up; potter; *gå ut och ~* potter about; *~ till* make a mess **stökig** *a1* untidy, messy
stöld *s3* stealing; (*en ~*) theft; *jur.* larceny; *föröva en ~* steal; *grov ~* grand larceny **-försäkra** insure against theft **-försäkring** theft insurance; (*inbrotts-*) burglary insurance **-gods** stolen goods (*pl*) **-kupp** raid **-säker** thief-proof
stön *s7* groan **stöna** groan; (*svagare*) moan
stönande *s6, se stön*
stöp *s7, gå i ~et* come to nothing **stöpa** *v3* cast, mould; *~ bly* (*äv.*) melt lead; *~ ljus* dip candles; *stöpt i samma form* (*bildl.*) cast in the same mould **stöpning** [-ö:-] casting *etc.* **stöpslev** *vara i ~en* (*bildl.*) be in the melting pot
1 stör *s2, zool.* sturgeon
2 stör *s2* pole, stake
1 störa *v1* pole (*bönor* beans); stick (*ärtor* peas)
2 störa *v2* disturb (*ngn i hans arbete* s.b. at his work); (*göra intrång på*) interfere with (*ngn i hans arbete* a p.'s work); (*oroa*) trouble; harass (*fienden* the enemy); (*avbryta*) interrupt; *förlåt att jag stör* excuse me for disturbing you; *jag hoppas att jag inte stör* I hope I am not disturbing you; *inte så det stör* (*vard.*) not so that you'd notice; *~ en radioutsändning* jam a broadcast
stör|ande *a4* disturbing; *~ uppträdande* disorderly conduct **-ning** [-ö:-] disturbance; *radio.*

äv. jamming, interference; (*-ande buller*) noise; (*själslig*) mental disorder; *atmosfäriska ~ar* atmospherics

störnings|skydd suppressor, interference eliminator **-sändare** *radio.* jamming station, jammer

större ['större] *komp. t. stor* larger, bigger *etc.*, *jfr stor*; major; (*ganska stor*) large, considerable, fair-sized; *bli ~* (*öka*) increase, (*växa*) grow, (*om barn*) grow up; *~ delen* the greater part, the majority; *desto ~ anledning att* all the more reason for (+ *ing-form*); *närmast ~ storlek* one size larger; *vara ~ än* (*i antal*) greater in number; *en ~ order* a large order

störst *superl. t. stor* largest, biggest *etc.*, *jfr stor*; (*ytterst stor*) utmost, maximum; *~a bredd* (*på fartyg*) overall width; *~a delen* the greatest part, (*huvuddelen*) the main (major) part, (*flertalet*) the greater number, most (*av dem* of them); *med ~a möjliga aktsamhet* with the greatest care, with all possible care; *till ~a delen* for the most part, mostly, (*huvudsakligen*) principally, mainly

stört absolutely, downright (*omöjligt* impossible)

störta 1 (*bringa att falla, äv. bildl.*) precipitate, throw (*ngn nedför trappan* s.b. down the stairs); (*stjälpa*) tip; (*avsätta*) overthrow (*en diktator* a dictator); *~ ngn i fördärvet* bring about (cause) a p.'s ruin, ruin s.b. **2** (*falla*) fall (tumble) [down] (*ner i* into); (*med flygplan*) crash; (*om häst*) fall; *~ omkull* fall (tumble) down; *~ samman* collapse, (*om byggnad*) fall in, *bildl.* break down; *~ till marken* drop to the ground **3** (*rusa*) rush, dash, dart (*fram* forward); *~ upp* spring to one's feet **4** *rfl* precipitate (throw) o.s. (*i* into); rush, dash; *~ sig på huvudet i vattnet* plunge headlong into the water; *~ sig över* fall upon (*ngn* s.b.) pitch into (*maten* the food)

stört|bombare dive bomber **-dyka** *flyg.* nosedive **-dykning** *flyg.* nose dive **-flod** torrent (*äv. bildl.*) **-hjälm** crash helmet **-lopp** (*på skidor*) downhill race **-ning** *flyg.* crash **-regn** downpour, torrential rain **-regna** pour down; *vard.* rain cats and dogs **-sjö** heavy sea; *få en ~ över sig* ship a heavy sea; *en ~ av ovett* a torrent of abuse **-skur** heavy shower; *vard.* drencher; *bildl se -sjö*

stöt *s2* thrust (*äv. bildl.*); *fäktn. äv.* pass; (*slag*) hit; blow; (*knuff*) push, shove; (*dunk*) knock, bump (*i huvudet* on the head); (*av vapen*; *biljard-*) stroke; (*sammanstötning*) shock (*äv. elektr.*); *aktas för ~ar* (*på kolli*) handle with care, fragile; *ta emot första ~en* take the first impact

stöt|a *v3* **I 1** (*'köra'*) thrust; hit, blow *etc.*; *~ foten mot en sten* hit one's foot against a stone; *~ huvudet i taket* bang one's head on the ceiling; *~ kniven i bröstet på ngn* stab s.b. in the chest; *~ käppen i golvet* strike one's stick on the floor **2** (*krossa*) pound; (*i mortel äv.*) pestle **3** (*förarga*) offend, give offence to, (*starkare*) shock; (*såra*) hurt; *det -er ögat* it is an eyesore; *det -er örat* it jars upon my ear; *~ och blöta en fråga* thrash over a problem **4** (*om åkdon*) bump, jolt; (*om skjutvapen*) kick; *fäktn.* thrust, make a pass **5** (*gränsa*) border (*till* [up]on); (*blåsa*) blow (*i trumpet* the trumpet; *~ i blått* incline to blue, have a tinge of blue in it; *~ på motstånd* meet with resistance; *det -er på bedrägeri* it verges (borders) on fraud **6** (*med betonad partikel*) *~ bort* push away, *bildl.* repel; *~ emot* knock (bump) against; *~ fram* (*ljud*) emit, jerk out, utter; *~ ifrån sig* push back (away), (*ngn*) repel; *~ ihop a*) knock (bump) together, (*med en skräll*) clash [together], (*kollidera*) collide, *b*) (*råkas*) run into; *~ ihop med a*) (*kollidera*) collide with, run into, *b*) (*träffa*) run across each other; *~ omkull* upset, knock over; *~ på a*) *sjö.* strike, *b*) (*råka*) come across *c*) (*påminna*) jog a p.'s memory (*om ngt* about s.th.); *~ till a*) (*knuffa till*) push, bump, *b*) (*ansluta sig till*) join, *c*) (*tillkomma*) come on; *~ ut a*) (*en båt från land*) push (shove) off, *b*) (*utesluta*) expel **II** *rfl*, *~ sig på knäet* hurt (bruise) one's knee; *~ sig med ngn* fall out with s.b., offend s.b.

stöt|ande *a4* (*anstötlig*) offensive, shocking; (*obehaglig*) objectionable **-dämpare** shock absorber

stöt|esten *bildl.* stumbling block **-fångare** bumper, fender; *AE.* (*på lokomotiv*) cowcatcher **-ig** *a1* shaky; jolting **-säker** shockproof

1 stött *sup. av stödja*

2 stött *a4* **1** (*skadad*) hurt, damaged; (*om frukt*) bruised **2** (*förolämpad*) offended (*på ngn* with s.b.; *över* at, about); *bli ~* take offence

stötta I *s1* prop, support, stay; (*gruv-*) pit prop; *sjö.* stanchion, pillar **II** *v1* prop [up]; *bildl.* support, bear up **stöttepelare** *eg.* prop, support; *bildl.* mainstay; *samhällets ~* the pillars of society

stöt|trupp shock troops (*pl*) **-vapen** thrusting weapon **-vis** by jerks; (*om vind*) in gusts; (*sporadiskt*) intermittently **-våg** shock wave

stövare harrier

stövel ['stövv-, 'stö:-] *s2* high boot **-knekt** bootjack **-krage, -skaft** bootleg

stövl|a [ˣstövv-, ˣstö:-] stalk, stride; trudge **-ett** *s3* bootee

subaltern [-'tä:rn] *s3*, **-officer** subaltern [officer]

subba *s1, vard., neds.* cow, good-for-nothing

subjekt *s7* subject **-iv** ['subb-, -'ti:v] *a1* subjective **-ivism** subjectivism **-ivitet** subjectivity, subjectiveness

subjektskasus nominative case

sub|kultur subculture **-kutan** *a1* subcutaneous (*injektion* injection)

sublim *a1* sublime

sublimat *s4, s3* mercuric chloride, [corrosive] sublimate

sublim|era *kem. o. psyk.* sublimate, sublime **-ering** [-'me:-] sublimation **-itet** sublimity

submarin *a1* submarine

subordin|ationsbrott breach of discipline, case of insubordination **-era** (*underordna*) subordinate; (*vara underordnad*) be subordinate (*under* to)

subrett *s3, teat.* soubrette

subsidi|er [-'si:-] *pl* subsidies **-era** subsidize

subskribent subscriber **subskribera** subscribe (*på* for); *~d middag* a subscription dinner **subskription** [-p'ʃɑ:n] subscription

sub|stans *s3* substance; (*ämne*) agent; *ytaktiv ~* surfactant **-stantiell** [-[t]si'ell] *a1* substantial **-stantiv** *s7* noun, substantive **-stantivera** convert into a noun **-stantivisk** *a5* substantival (*användning* use); substantive (*sats* clause) **-sti-**

S

tuera substitute **-stitut** *s7* substitute **-strat** *s7* substratum (*pl* substrata), substrate **-til** *a1* subtle; fine-drawn **-tilitet** *s3* subtlety **-trahend** *s3* subtrahend **-trahera** subtract (*från* from) **-traktion** [-k'ʃo:n] subtraction **-traktionstecken** minus sign **-tropisk** [-'trå:-] *a5* subtropical **-vention** [-n'ʃo:n] subvention **-ventionera** subsidize **-versiv** *a1* subversive

succé [suk'se:, syk-] *s3* success; *göra* ~ be (score) a success, *teat. äv.* bring down the house **-författare** successful writer, best seller **-roman** best seller

succession [sukse'ʃo:n] [right of] succession

successionsordning order of succession

successiv [-'si:v, 'suks-] *a1* successive; gradual **successivt** *adv* gradually, by gradual stages

suck *s2* sigh (*av lättnad* of relief); *~arnas bro* the Bridge of Sighs; *dra en djup* ~ heave a deep sigh; *utandas sin sista* ~ breathe one's last **sucka** sigh (*av* with; *efter* for; *över* for, at)

suckat *s3, s4* candied peel

Sudan *n* the Sudan **sudanesisk** [-'ne:-] *a5* Sudanese

sudd 1 *s7* (*klotter*) scribbling; (*med bläck o.d.*) smudge **2** *s2* (*tuss*) pad, wad **sudda 1** (*plumpa*) blot; (*smutsa*) soil, smear **2** ~ *bort* (*ut*) erase, efface, rub out, (*från svarta tavlan*) wipe off; ~ *ner* blur, smudge, blot; ~ *över* blot out **3** (*festa*) go on the spree **suddgummi** eraser, rubber **suddig** *a1* blurred, blotched; (*otydlig*) fuzzy; (*om skrift*) indistinct; *foto.* fogged

suffix *s7* suffix

sufflé *s3* soufflé

suffler|a prompt **-ing** prompting

sufflett *s3* hood; *hopfällbar* ~ (*på bil*) folding top

sufflör *teat.* prompter **-lucka** prompt box

sufflös prompter

suffragett *s3* suffragette

sug 1 *s7* (*-ning*) suck, draw **2** *s2* (*-anordning*) suction apparatus **3** *i uttr.: tappa ~en* (*ge upp*) lose heart, give up **suga** *sög sugit* suck (*honung* honey; *på tummen* one's thumb); (*om pump*) draw, fetch; *bildl.* drink in, imbibe; ~ *musten ur ngn* take the life out of s.b.; *det suger i magen på mig* my stomach is crying out for food; *sjön suger* the sea air takes it out of one; ~ *på ramarna* live on one's hump; ~ *i sig* suck up, absorb; ~ *ut* suck out, *bildl.* bleed, fleece; ~ *ut jorden* impoverish the soil; ~ *sig fast* adhere (*vid* to)

sug|ande *a4, en ~ känsla i magen* a sinking feeling; *en ~ uppförsbacke* a gruelling climb; ~ *blickar* come-hither looks **-anordning** suction apparatus **-en** *a3* peckish; *vara ~ på* be longing for **-fisk** remora, suckerfish **-fot** sucker foot

sugga *s1* sow

suggerera suggest **suggestibel** [-'ti:-] *a2* suggestible **suggestion** [-e'ʃo:n] suggestion **suggestiv** *a1* suggestive

sug|hävert siphon **-it** *sup. av suga* **-kopp** suction cup **-kraft** suction power **-mun** suctorial mouth **-ning** [-u:-] sucking *etc.*, suction **-pump** suction pump **-rör** (*för dryck*) straw; *tekn.* suction pipe; *zool.* sucker **-skål** suction cup (disc) **-ventil** suction valve **-vårta** *zool.* sucker

sujett [sy'ʃett, su-] *s3* actor, *fem.* actress

sukta ~ *efter ngt* sigh in vain for s.th.

1 sula I *s1* sole (*äv. tekn.*) **II** *v1* sole

2 sula *s1, zool.* booby

sulfa *s1* sulpha; *AE. äv.* sulfa **-preparat** sulpha drug

sulfat *s7, s4* sulphate; *AE.* sulfate **-fabrik** sulphate mill

sulfid *s3* sulphide; *AE.* sulfide **sulfit** *s7, s3* sulphite; *AE.* sulfite **sulfonamid** [-ˣfå:-] *s3* sulphonamide; *AE.* sulfonamide

sulky ['sullki, -y] *s3* sulky; (*barnvagn*) pushchair, stroller

sul|läder sole leather **-ning** [-u:-] soling

sultan *s3* sultan **-at** *s7* sultanate

summa *s1* sum; (*belopp äv.*) amount; (*slut-*) [sum] total; *en stor* ~ a large sum [of money]; *rund* ~ round (lump) sum; ~ *summarum* all told, altogether, in all; ~ *tillgångar* total assets; *en nätt* ~ a tidy sum, a pretty penny

summarisk [-'ma:-] *a5* summary; (*kortfattad*) succinct, brief; ~ *översikt* summary

summer ['summ-] *s2* buzzer

summer|a sum (add) up **-ing** summation; *bildl.* summing-up, summary

summerton buzzer signal (tone)

summit *sup. av simma*

sump *s2* **1** (*kaffe-*) grounds (*pl*) **2** (*-mark*) fen, marsh **3** (*fisk-*) corf, fish chest; (*i båt*) well

sumpa *vard.* (*missa*) muff, miss

sump|bäver coypu, nutria **-feber** malaria, marsh fever **-gas** marsh gas **-höna** crake **-ig** *a1* (*sank*) swampy, marshy **-mark** *s3* fen[land], marsh, marshland, swamp

1 sund *s7* sound, strait[s *pl*]; *ett smalt* ~ (*äv.*) a narrow passage (channel)

2 sund *a1* sound (*äv. bildl.*); (*hälsosam*) healthy; *en ~ själ i en ~ kropp* a sound mind in a sound body; *sunt förnuft* common sense

sund|het soundness; health **-hetsintyg** [clean] bill of health, health certificate

sunnan I *adv* from the south **II** *r* south wind **-vind** south wind

sunnit *s3* Sunnite

sup *s2* dram; (*brännvin*) schnap[p]s

sup|a *söp -it* drink; (*starkare*) booze; *han -er* he is a heavy driner, he is heavy on the booze; ~ *ngn full* make s.b. drunk (tipsy); ~ *sig full* get drunk (tipsy); ~ *in* (*bildl.*) inhale, imbibe; ~ *upp sina pengar* drink away one's money; ~ *ur* drink up **-ande** *s6* drinking; boozing **-broder** drinking companion

sup|é *s3* supper **-era** have supper

superb [-'ärb] *a1* superb

super|fosfat superphosphate **-intendent** superintendent **-lativ** ['su:-] **I** *s3* superlative **II** *a1* superlative **-makt** superpower **-oxid** peroxide **-sonisk** [-'så:-] supersonic **-stjärna** superstar **-tanker** supertanker

sup|gille drinking bout, *vard.* booze, spree **-ig** *a1* addicted to drink[ing]

supinum [-ˣpi:-] *s4, best. form äv. supinum* [the] supine, (*motsv. i eng.*) past (perfect) participle

supit *sup. av supa*

supple|ant [-'ant, -'aŋ] deputy, substitute; (*i styrelse äv.*) deputy member

supplement *s7* supplement **-band** supplementary volume **-vinkel** supplementary angle **-är** *a5*

supplementary
supplera supplement, fill up
supplik *s3* supplication, petition **-ant** suppliant, petitioner
supponera suppose (*att* that)
supra|ledare [ˣsu:-] superconductor **-ledning** superconductivity
suprematị *s3* supremacy
supụt *s3, s2* tippler, boozer
sur *a1* **1** sour; (*syrlig*) acid, sharp; *kem.* acid, acetous; *bildl.* sour, surly; *se ~ ut* look sour (surly); *göra livet ~t för ngn* lead s.b. a dog's life; *det kommer ~t efter* one will have to pay for it afterwards; *bita i det ~a äpplet* swallow the bitter pill; *~t sa räven om rönnbären* "sour grapes", said the fox **2** (*fuktig*) wet, damp; *~ pipa* foul pipe; *~ ved* green wood; *~a ögon* bleary eyes
1 sura *sitta och ~* sulk
2 sura *s1, relig.* sura[h]
surdeg leaven
surf|a [ˣsurfa, sörfa] surf, go surfing **-ing** ['surr-, 'sörr-] surf-riding **-bräda** surfboard
sur|het [ˣsu:r-] sourness *etc.*; acidity **-kart** green fruit; *bildl.* sourpuss **-kål** *kokk.* sauerkraut **-mjölk** sour milk **-mulen** *a3* sullen, surly **-mulenhet** sullenness, surliness
sur|na [-u:-] sour, turn (get) sour **-puppa** *s1* sourpuss; grouch
surr *s7* hum[ming]; (*av röster äv.*) buzz[ing]; (*av maskin*) whir[ring]
1 surra hum; buzz; whir
2 surra *sjö., ~* [*fast*] frap, lash, make fast
surrealis|m surrealism **-tisk** *a5* surrealist[ic]
surrogạt *s7* substitute; makeshift
sur|stek *kokk. ung.* marinated roast beef **-strömming** fermented Baltic herring **-söt** bittersweet
surt [-u:-] *adv* sourly; *smaka ~* taste sour, have a sour taste; *~ förvärvade pengar* hard-earned money (*sg*)
surven ['surr-] *best. form., i uttr.: hela ~* (*vard.*) the whole lot
surögd *a1* bleary-eyed
sus *s7* **1** (*vindens etc.*) sough[ing]; sigh[ing]; (*friare*) murmur[ing]; *det gick ett ~ genom publiken* a murmur went through the audience **2** *leva i ~ och dus* lead a wild life, go the pace **susa 1** (*vina*) sough; sigh; *det ~r i öronen på mig* my ears are buzzing **2** (*ila*) whizz, swish; *~ förbi* sweep (*om bil:* flash) past
susen ['su:-] *best. form vard., i uttr.: göra ~* do the trick
susning [ˣsu:s-] *se sus 1*
suspẹkt *a1* suspect
suspen|dera [susp-, sysp-, -en'de:-, -aŋ'de] suspend **-sion** [-pen-, -paŋ-] suspension **-sịv** [-pen-, -paŋ-] *a1* suspensive; *~t veto* delaying veto
suspensoạr *s3* jockstrap, athletic supporter, suspensory [bandage]
sutare tench
sutenör pimp, ponce
suterrängvåning [-ˣräŋ-] basement
suttit *sup. av sitta*
sutur suture **-tråd** suture [thread]
suvenịr *se souvenir*
suverạ̈n I *s3* sovereign **II** *a1* sovereign (*stat* state); (*överlägsen*) supreme; superb (*tennisspelare* tennis player); *med ~t förakt* with supreme contempt **-itet** sovereignty; supremacy
svabb *s2* swab **svabba** swab
svacka *s1* depression, hollow
svada *s1* volubility, torrent of words; *ha en förfärlig ~* have the gift of the gab
svag *a1, allm.* weak (*förstånd* intellect; *kaffe* coffee; *skäl* argument; *syn* sight; *verb* verb); feeble (*försök* attempt; (*kraftlös*) powerless; (*klen*) delicate (*till hälsan* in health); (*om ljud, färg*) faint; (*om ljus*) weak, poor; (*lätt*) light (*cigarr* cigar); (*skral*) poor (*hälsa* health; *ursäkt* excuse); (*sakta*) soft (*bris* breeze); *ha en ~ aning om* have a faint idea of; *ett ~t hopp* a slight (faint) hope; *det ~a könet* the weaker sex; *köttet är ~t* the flesh is weak; *den ~a punkten* the weak point; *i ett ~t ögonblick* in a moment of weakness; *bli ~* weaken; *vara ~ för* have a weakness for, be fond of, (*ngn äv.*) have a soft spot for **-dricka** small beer **-het** weakness *etc.*; (*ålderdoms-*) infirmity; (*svag* sida) foible; (*böjelse*) weakness **-hetstecken** sign of weakness **-hetstillstånd** weak condition, general debility **-presterande** low-achieving; *de ~* the low achievers **-sint** *a1* feeble-minded **-ström** light (low-power) current **-strömsledning** communication (low-voltage) line **-synt** [-y:-] *a1* weak-sighted
svagt [-a:-] *adv* weakly *etc.*; (*klent*) poorly (*upplyst* illuminated)
svaj [svajj] *s7* **1** *ligga på ~* (*sjö.*) swing at anchor; *med mössan på ~* with one's cap at a jaunty angle **2** *radio.* wobbling, fading; (*om skivspelare*) wow and flutter **svaja 1** *sjö.* swing **2** (*vaja*) float **svajig** *a1* **1** swinging (*gång* gait) **2** (*flott*) stylish
sval *a1* cool (*äv. bildl.*)
sval|a *s1* swallow; *en ~ gör ingen sommar* one swallow does not make a summer **-bo** swallow's nest
svalde [-a:-] *imperf. av svälja*
svalg [svalj] *s7* **1** *anat.* throat; *fack.* pharynx **2** (*avgrund*) abyss, gulf
svalgång gallery
svalk|a I *s1* coolness, freshness **II** *v1* cool; (*uppfriska*) refresh; *~ sig* cool [o.s.] off, cool down, refresh o.s. **-ande** *a4* cooling, refreshing
svall *s7* surge; (*våg- äv.*) surging of [the] waves; (*dyning*) swell; *bildl.* flush, flow **svalla** surge; swell; (*sjuda*) seethe; *diskussionens vågor ~de* the discussion became heated; *känslorna ~de* feelings ran high; *~ över* overflow **svallning** surging; swelling; *hans blod råkade i ~* his blood began to boil **svallvåg** surge; (*efter fartyg*) wash
svaln|a [-a:l-] *~* [*av*] get cool, cool down (*äv. bildl.*) **-ing** cooling down
1 svalt [-a:-] *sup. av svälja*
2 svalt [svallt] *imperf. av svälta*
svalört lesser celandine, pilewort
svam|la ramble [on]; (*utbreda sig*) discourse (*om* upon) **-lig** *a1* rambling;(*oredig*) vaporous (*artikel* article) **-mel** ['svamm-] *s7* rant, verbiage; (*nonsens*) drivel
svamp *s2* **1** *bot.* fungus (*pl* fungi); (*ätbar*) mushroom; (*ej ätbar*) toadstool; *med.* fungoid growth; *plocka ~* go mushrooming **2** (*tvätt-*) sponge; *tvätta med ~* (*äv.*) sponge; *dricka som en ~* drink

S

like a fish **-aktig** *a1* **1** *bot., med.* fungous; mushroom[-like] **2** spongy **-bildning** fungus [growth], fungosity **-dödande** ~ *medel* fungicide **-förgiftning** fungus poisoning **-ig** *a1* **1** *med.* fungoid **2** spongy **-infektion** fungus infection **-karta** mushroom (fungi) chart **-kännare** mycologist, expert on fungi **-kännedom** mycology **-odling** mushroom cultivation (growing) **-plockning** mushroom gathering

svan *s2, s1* swan **-damm** swannery **-dun** swan's-down **-esång** swan song (*äv. bildl.*)

svang *s, i uttr.: vara* (*komma*) *i* ~ be (get) abroad

svanhopp *sport.* swallow dive, *AE.* swan dive

svank *s2, s7* hollow **svanka** be sway-backed

svankrygg sway-back **-ig** *a1* sway-backed

svann *imperf. av svinna*

svans *s2* tail; *astr.* trail (*äv. bildl.*); *bildl.* following, train

svans|a ~ *för* (*bildl.*) cringe to, fawn on **-kota** caudal vertebra **-lös** tailless **-motor** rear engine **-spets** tip of a tail

svanunge cygnet

svar *s7* answer (*på* to); reply; (*motåtgärd*) reply, counter; (*reaktion*) response; *jur.* rejoinder; ~ *betalt* reply paid (*förk.* R.P.); *jakande* ~ (*äv.*) acceptance; *nekande* ~ (*äv.*) refusal; ~ *med löneanspråk* replies stating salary expected; *bli ~et skyldig* not answer (reply); *inte bli ~et skyldig* have a reply ready; *få ~ på en fråga* get an answer to a question; *ge ngn ~ på tal* answer back, give s.b. tit for tat; *om ~ anhålles* an answer is requested, (*på bjudningskort*) R.S.V.P.; *som ~ på Ert brev* in reply to your letter; *stå till ~s för* be held responsible for

svara answer; reply (*på* to); (*skriftligen äv.*) write back; (*reagera*) respond; *rätt ~t!* that's right!; ~ *näsvist* give an impudent reply; *han ~de ingenting* he made no reply (*på* to); ~ *för* (*ansvara för*) answer (be responsible) for, account for; *jag ~r för att* I'll see to it that; ~ *i telefonen* answer the telephone; ~ *mot* correspond (answer) to, meet, match; *vad ~de du på det?* what did you reply (say) to that?; ~ *på en fråga* (*ett brev*) answer a question (letter); *jag ~de ja på hans fråga* I answered yes to his question

svarande *s9, jur.* defendant **-sidan** the defending party, the defence

svaromål *s7, jur.* [defendant's] plea, defence; *ingå i* ~ reply to a charge

svars|kupong reply coupon **-lös** at a loss for a reply; *bli* ~ be nonplussed; *göra* ~ reduce to silence; *inte vara* ~ have an answer ready **-not** [note in] reply **-porto** return postage **-signal** *tel.* reply signal **-skrift** [written] reply

svart I *a1* black (*äv. bildl.*); (*dyster*) dark; *S~a havet* the Black Sea; *~e Petter* (*kortsp.*) old maid; *~a börsen* the black market; *familjens ~a får* the black sheep of the family; ~ *hål* black hole; *~a Maja* black Maria; *~a tavlan* the blackboard; *bli* ~ get (grow) black, blacken; *stå på ~a listan* be on the black list **II** *s, best. form det svarta* black (*äv. schack.*); *de ~a* the blacks; *få ~ på vitt på ngt* get s.th. in black and white; *klä sig i* ~ dress in black; *måla i* ~ paint in black colours; *se allting i* ~ look on the dark side of things

svartabörs|affär black market transaction **-haj** black-marketeer, spiv

svart|betsa ebonize **-blå** blue-black **-broder** Black Friar, Dominican **-bygge** *ung.* house built without planning permission **-fläckig** blackspotted **-fot** (*indian*) Blackfoot; (*strejkbrytare*) blackleg, scab **-hårig** black-haired **-ing** darky **-jord** black earth **-klädd** [dressed] in black **-konst** (*magi*) black magic (art), necromancy **-krut** black powder **-kråka** carrion crow **-lista** blacklist **-mes** coal tit **-muskig** *a1* swarthy **-måla** paint in black colours **-målning** *bildl.* blackening **-na** blacken, get (grow, turn, go) black; *det ~de för ögonen på mig* everything went black for me **--och-vitrandig** *a1* zebra striped, black-and-white striped **-peppar** black pepper **-prickig** black-dotted **-rock** (*präst*) black-coat **-rost** (*på säd*) black rust **-sjuk** jealous (*på* of) **-sjuka** jealousy **-skjorta** blackshirt, fascist **-soppa** goose-giblet soup **-syn** pessimism **-vit** black and white, monochrome (*film* film) **-ögd** *a1* black-eyed, dark-eyed

svarv *s2* [turning] lathe **svarva** turn [in a lathe] **svarvad** *a5* turned; *bildl.* well-turned, elaborate [d] **svarvare** turner, lathe operator **svarveri** turning-mill **svarvstol** [turning] lathe

svass|a ~ [*omkring*] strut about **-ande** *a4* (*om gång*) strutting; grandiloquent, highfalutin[g], hifalutin

svastika ['svass-] *s1* swastika

svavel ['sva:-] *s7* sulphur; *AE.* sulfur **-aktig** *a1* sulphur[e]ous **-bad** sulphur bath **-blomma** [-ˣblomma, ˣsva:-] flowers (*pl*) of sulphur **-haltig** *a1* sulphurous, sulphuric **-kis** sulphur pyrite, iron pyrites **-lukt** sulphurous smell **-predikant** fire-and-brimstone preacher **-sticka** sulphur match **-syra** sulphuric acid **-syrad** *a5, -syrat natron* sodium sulphate **-syrlighet** sulphurous acid **-väte** hydrogen sulphide

svavla [-a:-] *v1* sulphurate, sulphurize

Svea rike the land of Sweden **svear** *pl* Swedes

svecism *s3* Swedishism

sved *imperf. av svida*

1 sveda *s1* smart[ing pain]; ~ *och värk* physical suffering

2 sved|a *v2* singe; (*om frost*) nip; (*om solen*) parch; *lukta -d* smell burnt

svedja [-e:-] burn woodland

svedje|bruk burn-beating **-land** burn-beaten land

1 svek *imperf. av svika*

2 svek *s7* treachery, perfidy; (*bakslughet*) deceit, guile; *jur.* fraud

svek|full treacherous, perfidious; deceitful, guileful; fraudulent **-fullhet** treacherousness *etc.*; guile **-lös** guileless, single-hearted

sven [svenn] *s3* swain, page; *riddare och ~ner* knights and squires **-dom** *s2* chastity **-sexa** stag party

svensk I *a1* Swedish; *~a kronor* Swedish kronor (*förk.* SEK); *en ~ mil* a Swedish mile, 10 kilometres **II** *s2* Swede **svenska** *s1* **1** (*språk*) Swedish **2** (*kvinna*) Swedish woman

svensk|amerikan Swedish-American **-amerikansk** Swedish-American **--engelsk** Anglo-Swedish; Swedish-English (*ordbok* dictionary) **-finne** Finn living in Sweden **--fransk** Swedish-

-French, Franco-Swedish **-född** Swedish born, Swedish by birth **-het** Swedishness **-lärare** Swedish teacher, teacher of Swedish **-språkig** *a1* **1** (*-talande*) Swedish-speaking **2** (*avfattad på -a*) in Swedish, Swedish **-talande** Swedish-speaking
svep *s7* sweep; *i ett ~* at one go **svepa** *v3* **1** (*vira*) (*äv. ~ in*) wrap [up] (*i* in); (*lik*) shroud, lay out; *~ om* [*kring*] *sig* wrap around one, wrap o.s. up in **2** *sjömil.* sweep for (*minor* mines) **3** (*hastigt dricka el. äta*) knock back **4** (*blåsa hårt*) sweep (*fram* along) **svepande** *a4* sweeping (*argument* argument)
svep|e *s6, bot.* involucre **-ning** [-e:-] **1** (*min-*) sweeping **2** (*av lik*) shrouding; *konkr.* shroud **-skäl** pretext, subterfuge; prevarication; *komma med ~* make excuses
Sverige ['sverrje] *n* Sweden
svets *s2, abstr.* welding; *konkr.* weld
svets|a weld **-aggregat** welding set **-are** welder **-loppa** welding spark **-låga** welding flame **-ning** welding
svett *s3* perspiration; *vard.* sweat; *arbeta så ~en lackar* work till one is dripping with perspiration; *i sitt anletes ~* in the sweat of one's brow **svettas** *dep* perspire; *vard.* sweat (*äv. bildl.*); *jag ~ om fötterna* my feet are sweaty
svett|bad (*stark -ning*) bath of perspiration; (*bad*) sweat[ing bath] **-drivande** *a4 ~* [*medel*] sudorific, sudatory **-droppe** drop of perspiration **-drypande** all in a sweat, dripping with perspiration **-ig** *a1* perspiring; *vard.* sweaty; *bli ~* perspire **-körtel** sweat gland **-ning** sweat[ing], perspiration; *komma i ~* start sweating **-pärla** bead of perspiration **-rem** sweatband
svib|el ['svi:-] *s2, boktr.* pie[d type] **-la** [-i:-] pie
svicka *s1* spigot, plug
svid *s2, vard.* suit, outfit
svid|a *sved -it* smart; (*friare*) ache; *såret -er* (*äv.*) the wound is very painful; *det -er i ögonen* [*på mig*] my eyes smart; *röken -er i ögonen* the smoke makes my eyes smart; *det -er i halsen* [*på mig*] my throat feels sore, I have a sore throat; *det -er i själen på mig att se* it breaks my heart to see; *det -er men det -er gott* it hurts but you feel better for it **-ande** *a4* smarting; *med ~ hjärta* with an aching heart **-it** *sup. av svida*
svik|a *svek -it* **1** (*överge*) fail, desert; (*i kärlek*) jilt, *vard.* chuck; *~ en vän i nödens stund* leave a friend in the lurch; *~ sitt löfte* break one's promise, go back on one's word; *~ sin plikt* fail in one's duty **2** (*svikta, tryta*) fail, fall short; *krafterna svek mig* my strength gave out; *minnet* (*modet*) *-er mig* my memory (courage) fails me; *rösten svek honom* his voice failed him **-it** *sup. av svika* **-lig** [-i:k-] *a1* fraudulent (*förfarande* proceeding [s *pl*]), breach of trust
svikt *s2* **1** (*spänst*) spring[iness], elasticity; (*böjlighet*) flexibility; *ha ~* (*äv.*) be springy (flexible) **2** (*trampolin*) springboard; diving board **svikta** **1** (*ge svikt*) be resilient; (*gunga*) shake, rock **2** (*böja sig*) bend (*under* beneath); (*ge efter*) give way, sag **3** *bildl.* flinch, give way, waver
svikt|ande *a4, med aldrig ~* with never-failing (unflinching) **-hopp** (*i simning*) springboard diving; *gymn.* jumping on the spot
svim|färdig ready to drop **-ma** *~* [*av*] faint [away], swoon, fall into a swoon, *vard.* pass out; *~ av trötthet* faint with fatigue **-ning** fainting, swoon; (*medvetslöshet*) unconsciousness **-ningsanfall** fainting-fit
svin *s7* pig; *koll. o. bildl.* swine; *bildl. äv.* hog
svin|a *~ ner* make a dirty mess (*sig* of o.s.) **-aktig** *a1* piggish, swinish; *bildl. äv.* mean; (*oanständig*) indecent, filthy (*historia* story); beastly (*tur* luck) **-aktighet** piggishness *etc.*; meanness; *~er* (*i ord*) foul (filthy) things **-avel** pig breeding **-borst** pig's (hog's) bristle
svindel *s9* **1** (*yrsel*) giddiness, dizziness; *med.* vertigo; *få ~* turn giddy (dizzy) **2** (*svindleri*) swindle, humbug, trickery
svindl|a **1** *det ~r för ögonen* my head is swimming; *tanken ~r* the mind reels **2** (*bedriva -eri*) swindle, cheat **-ande** *a4* giddying, dizzying; giddy, dizzy (*höjd* height); *i ~ fart* at a breakneck pace; *~ summor* prodigious sums [of money] **-are** swindler, crook, cheat, humbug **-eri** *se svindel 2*; *~er* swindles
svineri filth, dirty habits
sving *s2, sport.* swing **svinga** swing; brandish (*svärdet* the sword); *~ sig* swing o.s.; *~ sig ner* swing down; *~ sig upp a*) (*i sadeln*) vault (swing o.s. up) [into the saddle], *b*) (*om fågel*) take wing, soar, *c*) *bildl.* rise [in the world]
svin|gård piggery, pig farm **-hugg** *~ går igen* tit for tat, the biter bit **-hus** piggery **-kall** beastly cold **-koppor** *pl* impetigo (*sg*) **-kött** pork **-läder** pigskin **-mat** pig (hog) feed; (*av avfall*) pigwash, swill **-målla** *s1* fat hen, *AE.* pigweed
svinn *s7* waste, wastage; loss **svinna** *svann svunnit* (*om tid*) pass; *svunna tider* days gone by
svin|pest swine fever, *AE.* hog cholera **-päls** *bildl.* swine, dirty beggar **-skötare** pigman, swineherd **-skötsel** pig-breeding **-stia** pigsty, pigpen; *bildl.* sty
svira be on the spree
svirvel *s2* swivel
svischa swish
sviskon [-ån] *s7* prune
svit *s3* **1** (*följe*) suite **2** (*rad*) succession, series; (*av rum*) suite; *kortsp.* sequence **3** (*påföljd*) aftereffect; *med.* sequela (*pl* sequelae)
svor *imperf. av svära* **-dom** [-domm] *s2* oath; (*förbannelse*) curse; *~ar* swearing, bad language (*sg*)
svull|en *a3* swollen (*kind* cheek); puffed **-na** *~* [*upp*] become swollen, swell **-nad** *s3* swelling
svulst *s3* **1** (*tumör*) tumour, tumefaction **2** *bildl.* bombast, pomposity, turgidity **-ig** *a1* bombastic; inflated, turgid **-ighet** *se svulst 2*
svult|en *a5* famished **-it** *sup. av svälta*
svunn|en *a5* bygone, past (*tid* time) **-it** *sup. av svinna*
svur|en *a5* sworn **-it** *sup. av svära*
svåger ['svå:-] *s2* brother-in-law
svål *s2* (*svin-*) rind; *se äv. huvudsvål*
svångrem belt; *dra åt ~men* (*bildl.*) tighten one's belt
svår *a1* **1** (*besvärlig*) difficult (*för* for); (*mödosam*) hard (*uppgift* task; *för* for; *mot* on); (*inveckad*) complicated (*problem* problem); *~ examen* stiff examination; *ett ~t slag* a hard blow; *en ~ tid* hard times (*pl*); *~ uppgift* (*äv.*) difficult problem,

S

arduous task; ~ *överresa* rough crossing; *ha ~t för att* find it difficult to; *ha ~t för ngt* find s.th. difficult; *ha ~t för att fatta* be slow on the uptake; *ha mycket ~t för att* have great difficulty in (+ *ing-form*); *ha det ~t a*) suffer greatly, *b*) (*ekonomiskt*) be badly off, *c*) (*slita ont*) have a rough time of it; *jag har ~t för att tro att* I find it hard to believe that; *det är ~t att* it is hard (difficult) to **2** (*allvarlig*) grave, serious, severe (*sjukdom* illness); *ett ~t fall a*) *eg.* a serious fall, *b*) *bildl.* a grave (difficult) case; *i ~are fall* in [more] serious cases; *~t fel a*) (*hos sak*) serious drawback, *b*) (*hos pers.*) serious fault, *c*) (*misstag*) grave error; *~ frestelse* sore (heavy) temptation; *~ förbrytelse* serious offence (*jur.* crime); *han har ~t hjärtfel* he has a serious heart condition; *~ hosta* bad cough; *~ kyla* severe cold; *~a lidanden* severe (great) suffering (*sg*); *~ olycka* great misfortune, (*enstaka olyckshändelse*) serious accident; *ha ~a plågor* be in great pain; *~ sjö[gång]* rough sea **3** *vara ~ på ngt* be overfond of s.th.; *du är för ~!* you are the limit!, you are too bad!

svår|anträffbar hard to contact, elusive **-artad** [-a:r-] *a5* malignant (*sjukdom* illness) **-bedömd** *a5* difficult to appraise (assess, *vard.* size up) **-begriplig** hard (difficult) to understand; (*dunkel*) abstruse **-definierbar** difficult to define **-fattlig** *a1, se -begriplig* **-flirtad, -flörtad** *a5, eg.* unapproachable; *bildl.* hard to convince **-framkomlig** ~ *väg* difficult (rough) road **-förklarlig** difficult to explain **-gripbar** hard to get hold of; *bildl.* elusive **-hanterlig** difficult to manage (handle); (*friare, om pers.*) intractable, (*om sak*) awkward

svår|ighet difficulty; (*möda*) hardship; (*besvär*) trouble; (*olägenhet*) inconvenience; (*hinder*) obstacle; *göra ~er* make difficulties; *det möter inga ~er* that's not difficult, *vard.* that's all plain sailing; *däri ligger ~en* that's the trouble; *i ~er* in trouble; *utan ~* without any difficulty **-ighetsgrad** degree of difficulty **-ligen** [-å:-] hardly, scarcely **-läslig** *a1*, **-läst** [-ä:-] *a1* difficult to read; (*om handstil*) hardly legible **-löslig** *kem.* sparingly soluble **-löst** [-ö:-] *a4* difficult to solve; (*om gåta*) hard, intricate **-mod** melancholy; (*nedslagehet*) low spirits (*pl*); (*dysterhet*) gloom, spleen **-modig** melancholy, sad; gloomy **-såld** difficult to sell; hard-selling

svår|t [-å:-] *adv* seriously (*sjuk* ill); badly (*sårad* wounded) **-tillgänglig** difficult of access (to get at); (*om pers. äv.*) distant, reserved **-tillgänglighet** difficulty of access; reserve **-uppnåelig** *a1* difficult (hard) to achieve **-åtkomlig** *se -tillgänglig* **-överskådlig** difficult to survey

svägerska sister-in-law

svälja *v2, el. svalde svalt* swallow (*äv. bildl.*); *bildl. äv.* pocket; *~ förtreten* swallow one's annoyance; *~ ner* swallow; *~ orden* swallow one's words

sväll|a *v2* swell; (*höja sig*) rise; (*utvidga sig*) expand (*äv. bildl.*); *seglen -er* the sails are swelling (filling); *~ upp* swell up (out), become swollen; *~ ut* swell [out], (*bukta ut*) bulge out **-ande** *a4* swelling; (*uppsvälld*) turgescent; *~ barm* ample bosom

svält *s3* starvation; (*hungersnöd*) famine; *dö av ~* die of starvation

svält|a 1 *svalt svultit* starve; (*starkare*) famish; *~ ihjäl* starve to death **2** *v3* (*imperf. äv. svalt*) (*låta hungra*) starve; *~ sig* starve o.s.; *~ ut* starve out **-född** [half] starving, underfed **-gräns** *leva på ~en* live on the hunger line **-konstnär** person who needs very little food **-kost** starvation diet **-lön** starvation wages (*pl*)

svämma ~ *över* [rise and] overflow [its banks]

sväng *s2* (*rörelse*) round; (*krök*) bend, turn; (*av flod, väg e.d.*) curve, wind[ing]; *ta ut ~en* take the corner wide; *ta sig en ~* (*dansa*) shake a leg; *vägen gör en ~* the road bends (turns); *vara med i ~en* be in the swing **-ig** *a1* swinging

sväng|a *v2* **1** (*sätta i rörelse*) swing (*armarna* one's arms); (*vifta med*) wave; (*vapen*) brandish; (*vända*) turn (*bilen* the car) **2** (*hastigt röra sig*) swing (*fram o. tillbaka* to and fro); (*pendla*) oscillate (*äv. bildl.*); (*svaja*) sway; (*om sträng*) vibrate; (*kring en tapp*) swing, pivot; (*rotera*) turn, rotate; (*göra en sväng*) turn; *~ av* turn off; *~ in på* turn into; *~ med armarna* swing one's arms; *~ om a*) turn round, (*om vind*) veer round, *bildl.* shift, change, *b*) (*i dans*) have a dance; *~ om på klacken* turn on one's heels; *~ om hörnet* turn the corner; *~ till* (*hastigt laga till*) knock up; *bilen -de upp på gården* the car swung up into the courtyard **3** *rfl* (*kretsa*) circle, rotate; (*göra undanflykter*) prevaricate; *~ sig med* flaunt (*latin* Latin) **-bar** *a1* revolving, pivoting **-borr** breast drill **-bro** swing (pivot, swivel) bridge

säng|d *a5* (*böjd*) bent, curved **-dörr** swing[ing] door; revolving door **-hjul** flywheel; (*i ur*) balance wheel **-ning** (*gungning*) swing; (*fram o. tillbaka*) oscillation, vibration; (*rotation*) wheeling, rotation

svängnings|radie turning radius **-rörelse** oscillatory motion, oscillation **-tal** frequency, number of oscillations

sväng|rum space to move, elbowroom (*äv. bildl.*) **-tapp** pivot, swivel

svära *svor svurit* **1** (*använda svordomar*) swear (*över* at); (*förbanna*) curse **2** (*gå ed*) swear (*på, att* that; *vid* by); (*avge löfte äv.*) vow; *~ dyrt och heligt* make a solemn vow; *~ falskt* perjure o.s., commit perjury; *jag kan ~ på att* I'll swear to it that; *det kan jag inte ~ på* (*vard.*) I won't swear to it that; *~ sig fri* swear one's way out **3** *~ mot* clash with (*äv. om färg*)

svärd [-ä:-] *s7* sword **-fisk** swordfish **-formig** [-å-] *a1, bot.* ensiform

svärdotter daughter-in-law

svärds|dans sword dance **-egg** sword edge **-fäste** sword hilt **-hugg** sword cut **-lilja** iris **-sidan** *i uttr.: på ~* on the male (spear) side **-slukare** sword swallower

svär|far father-in-law **-förälder** parent-in-law

svärm *s2* swarm (*av* of); (*flock*) flock **svärma 1** (*om bin*) swarm, cluster; (*om mygg e.d.*) flutter about **2** *~ i månskenet* spoon in the moonlight; *~ för* fancy, (*starkare*) be mad about, (*för pers. äv.*) be crazy about **svärmare 1** (*drömmare*) dreamer; fantast **2** (*fjäril*) sphinx (hawk) moth **svärmeri 1** enthusiasm (*för* for); *religiöst ~* fanaticism, religiosity **2** (*förälskelse*) infatuation; (*om pers.*) sweetheart **svärmisk** ['svärr-] *a5* dreamy;

romantic, fanciful **svärmning** swarming [of bees]; flutter
svär|mor mother-in-law **-son** son-in-law
svärta I *s1* **1** (*färg*) blackness; (*ämne*) blacking **2** *zool.* scoter **II** *v1* blacken; *~ ner* blacken, *bildl. äv.* defame; *handskarna ~r av sig* the colour comes off the gloves
sväva 1 (*glida*) float, be suspended; (*om fågel*) soar; (*kretsa*) hover (*äv. bildl.*); (*hänga fritt*) hang; (*dansa fram*) flit (glide) along; *~ genom luften* sail through the air; *~ omkring* soar **2** *~ i fara* be in danger; *~ i okunnighet om* be in [a state of] ignorance about; *~ mellan liv och död* hover between life and death; *~ på målet* falter in one's speech **svävande** *a4* floating *etc.*; *bildl.* vague, uncertain **svävare, svävfarkost** hovercraft
sy *v4* sew (*för hand* by hand; *på maskin* on the machine); (*tillverka*) make; *absol.* do needlework; *kir.* sew up, suture; *låta ~ ngt* have s.th. made; *~ fast* (*i*) sew on; *~ ihop* sew up; *~ in* (*minska*) take in; *~ om* remake **-ask** workbox **-ateljé** dressmaker's [workshop]
sybarit *s3* sybarite
sy|behör *s7* sewing materials (*pl*), haberdashery; *AE. äv.* notions (*pl*) **-behörsaffär** haberdasher's [shop], haberdashery **-bord** worktable, sewing table
syd *s9, adv o. oböjligt a* south
Sydafrika *n* South Africa **sydafrikansk** South African **Sydamerika** *n* South America **sydamerikansk** South American **Sydeuropa** *n* Southern Europe **sydeuropeisk** South European
syd|frukt *~er* citrus and tropical fruits **-gående** *a4* southbound **-kust** south[ern] coast **-lig** [-y:-] *a1* southern (*länder* countries); south[erly] (*vind* wind); *~are* further south; *~ bredd* south latitude **-ländsk** *a5* southern, of the South **-länning** southerner **-ost I** *s2* (*~lig vind*) southeast wind; southeaster; (*väderstreck*) southeast (*förk.* SE) **II** *adv* southeast
Sydostasien Southeast Asia
syd|ostlig [-ˣosst-] *a1* southeast[ern] **-ostpassaden** *best. form* southeast trade wind **-pol** *~en* the South Pole **-polsexpedition** Antarctic expedition **-sluttning** southfacing slope **-staterna** the Southern States; the South (*sg*) **-svensk** Southern Swedish **-sydost** south-southeast (*förk.* SSE) **-vart** southwards **-väst I** *s2* (*~lig vind*) southwest wind; southwester; (*hatt*) sou'wester **II** *adv* southwest **-västlig** [-ˣvässt-] *a1* southwest[ern] **-östlig** *se sydostlig*
syfili|s ['sy:-] *s2* syphilis **-tisk** [-'li:-] *a5* syphilitic
syfta aim (*på* at); (*häntyda*) allude (*på* to), hint (*på* at); *~ högt* aim high; *~ på* (*avse*) have in view (mind); *~ till* (*eftersträva*) aim at; *~ tillbaka på* refer [back] to
syft|e *s6* aim, purpose, end, object [in view]; *vad är ~t med ...?* what is the object (purpose) of ...?; *i ~ att lära känna* with a view to getting to know; *i detta ~* to this (that) end (purpose); *i vilket ~?* to what end?; *med ~ på* with regard to **-emål** *se syfte* **-linje** sight line **-ning** aiming *etc.*; *tekn.* alignment
sy|förening sewing circle; *i Storbritannien äv.* Dorcas society **-junta** sewing guild
sykomor [-'må:r] *s3* sycamore
sy|korg work basket **-kunnig** able to sew
syl *s2* awl; *inte få en ~ i vädret* (*vard.*) not get a word in edgeways
sylfid *s3* sylph **-isk** *a5* sylphlike
syll *s2, järnv.* sleeper, *AE.* crosstie, tie; *byggn.* [ground] sill
syllogism *s3* syllogism
sylt *s3* jam, preserve **sylta I** *s1* **1** *kokk.* brawn **2** (*krog*) third-rate eating house **II** *v1* preserve, make jam [of]; *~ in sig* (*vard.*) get [o.s.] into a mess; *~ in sig i* (*med*) (*vard.*) get mixed up in (with)
sylt|burk jam pot (jar); (*med sylt*) pot (jar) of jam **-gryta** preserving pan (kettle) **-lök** pearl onion; (*-ad lök*) pickled onions (*pl*) **-ning** preserving **-socker** preserving sugar
sylvass [as] sharp as an awl; *~a blickar* piercing looks
sy|lön dressmaker's (tailor's) charges (*pl*) **-maskin** sewing machine
symbios [-'å:s] *s3* symbiosis
symbol [-'bå:l] *s3* symbol; (*om pers. äv.*) figurehead **-ik** *s3* symbolism **-isera** [-'se:-] symbolize **-isk** *a5* symbolic[al]; (*bildlig*) figurative; *~ betalning* token payment **-ism** symbolism
symfon|i *s3* symphony **-iker** [-'få:-] **1** (*kompositör*) symphonist **2** (*orkestermedlem*) member of a symphony orchestra
symfoni|orkester symphony orchestra **-sk** [-'få:-] *a5* symphonic
symmetr|i *s3* symmetry; *brist på ~* lack of symmetry, asymmetry **-isk** [-'me:-] *a5* symmetric[al]
sym|patetisk [-'te:-] *a5* sympathetic; *~t bläck* (*äv.*) invisible ink **-pati** *s3* sympathy (*för* for; *med* with); *gripas av ~ för ngn* take a liking to s.b.; *hysa ~ för* sympathize with; *~er och antipatier* likes and dislikes; *~erna var på hennes sida* she got all the sympathy **-patisera** sympathize (*med* with) **-patisk** [-'pa:-] *a5* nice, likeable; *äv.* sympathetic; attractive (*utseende* looks *pl*); *~a nervsystemet* the sympathetic nervous system **-patistrejk** sympathy (sympathetic) strike **-patisör** sympathizer
symposium [-'på:-] *s4* symposium
sym[p]tom [-'tå:m] *s7* symptom (*på* of) **-atisk** [-'ma:-] *a5* symptomatic
syn *s3* **1** (*-sinne*) [eye]sight; (*-förmåga*) vision; *~ och hörsel* sight and hearing; *få ~ på* catch sight of; *förlora ~en* lose one's [eye]sight; *förvända ~en på ngn* throw dust in a p.'s eyes; *ha god* (*dålig*) *~* have good (poor, weak) eyesight; *komma till ~es* appear **2** (*åsikt*) view, opinion; outlook; *hans ~ på* his view of; *ha en ljus ~ på* take a bright view of **3** *bära ~ för sägen* look like it; *för ~s skull* for the look of the thing; *till ~es* apparently, seemingly, to all appearances **4** (*ansikte*) face; *bli lång i ~en* pull a long face; *ljuga ngn mitt i ~en* lie in a p.'s face **5** (*anblick*) sight; *en härlig ~* a grand spectacle; *en ~ för gudar* a sight for the gods **6** (*dröm-*) vision; *ha ~er* have visions; *se i ~e* (*se orätt*) be mistaken **7** (*besiktning*) inspection, survey
syna inspect, survey; examine; *~ ngt i sömmarna* (*bildl.*) look thoroughly into s.th.
synagoga *s1* synagogue

S

synaps *s3* synapsis, synapse
syn|as *v3, dep* **1** (*ses*) be seen; (*vara -lig*) be visible (*för* to); (*visa sig*) appear (*för* to); *-s inte härifrån* cannot be seen from here; *det -s inte* it doesn't show; *fläcken -tes tydligt på* the spot could be seen clearly on; *det -tes på honom att* you could tell by looking at him that; *som -es* (*äv. bildl.*) as is evident, as you can see; *vilja ~* want to make a show; *vilja ~ vara förmer än* want to appear superior to; *~ till* appear, be seen; *ingen människa -tes till* not a soul was to be seen **2** (*tyckas*) appear, seem (*för ngn* to s.b.); *det -tes mig som om* it looked to me as if; *vägen -tes henne lång* it seemed a long way to her **-bar** *a1* visible; (*märkbar*) apparent; (*uppenbar*) obvious, evident **-barligen** [-a:-] apparently; (*tydligen*) evidently, obviously **-bild** visual picture **-centrum** visual centre
synd *s3* **1** sin; *~en straffar sig själv* sin carries its own punishment; *förlåt oss våra ~er* (*bibl.*) forgive us our trespasses; *begå en ~* commit a sin; *bekänna sin ~* confess one's guilt; *för mina ~ers skull* (*vard.*) for my sins; *hata ngn som ~en* hate s.b. like poison; *det är ingen ~ att dansa* there is no harm (sin) in dancing **2** (*skada*) pity; *så ~!* what a pity (shame)!; *det är ~ och skam att* it is really too bad that; *det är ~ att du inte kan komma* what a pity you can't come; *det är ~ om honom* one can't help feeling sorry for him; *det är ~ på så rara ärter* (*vard.*) what a waste!; *det vore ~ att påstå att* you can't really say that; *tycka ~ om* pity, feel sorry for
synda sin, commit a sin (*mot* against); (*bryta mot*) trespass (*mot* against)
synda|bekännelse confession of sin[s] **-bock** scapegoat; *vard.* whipping boy **-fall** *~et* the Fall [of man] **-flod** flood, deluge; *~en* the Flood; *före* (*efter*) *~en* antediluvian (postdiluvian) **-förlåtelse** remission of sins; *kyrkl.* absolution; *ge ngn ~* absolve s.b. of his (*etc.*) sin[s] **-pengar** (*orätt vunna*) ill-gotten gains; (*om pris*) exorbitant price (*sg*)
synda|re sinner **-register** *bildl.* list (register) of one's sins **-straff** punishment for [one's] sin[s]
synderska sinner, sinful woman
syndetikon [-'de:-, -ån] *s7* [fish] glue
synd|fri free from sin, sinless **-full** full of sin; sinful (*liv* life) **-ig** *a1* sinful; *det vore ~t att* it would be a sin to **-igt** *adv* **1** sinfully **2** *vard.* awfully
syndikal|ism syndicalism **-ist** *s3* syndicalist **-istisk** [-'liss-] *a5* syndicalist[ic]
syndikat *s7* syndicate; combine; trust
syndrom [-'å:m] *s7* syndrome
syn|eförrättning inspection, survey **-fel** visual defect **-fält** field (range) of vision (sight) **-förmåga** [faculty of] vision, [eye]sight **-håll** *inom* (*utom*) *~* within (out of) sight (view) **-intryck** visual impression
synka (*vard. för synkronisera*) sync
synkop [-'kå:p] *s3* syncope
synkop|e ['synn-] *s3, språkv. o. med.* syncope **-era** syncopate **-ering** [-'pe:-] syncopation
synkrets *se synfält*; *bildl.* [mental] horizon, range of vision
synkron [-'krå:n] *a1* synchronous **-isera** synchronize; *~d växellåda* synchromesh gearbox **-isering** [-'se:-] synchronization **-isk** *a1* synchronic **-motor** synchronous motor **-ur** synchronous clock
syn|lig [ˣsy:n-] *a1* visible (*för* to); (*iögonfallande*) conspicuous; (*märkbar*) discernible; *bli ~* become visible, (*komma i sikte*) come in sight, *sjö.* heave in sight; *~t bevis* physical evidence **-lighet** visibility **-minne** visual memory
synner|het *r, i ~* [more] particularly (especially); *i all ~* in particular; *i ~ som* (*äv.*) all the more [so] as **-lig** *a1* particular; (*påfallande*) pronounced, marked **-ligen** particular; extraordinarily; *~ lämpad för* eminently suited for; *~ tacksam* extremely grateful; *samt och ~* (*allesamman*) all and sundry
synnerv optic (visual) nerve
synod [-'nå:d, -'nɑ:d] *s3* synod
synonym I *a1* synonymous **II** *s3, s7* synonym **-ordbok** dictionary of synonyms
synop|s [-å-] *s3*, **-sis** [-'nåpp-] *s3* synopsis **-tisk** [-'nåpp-] *a5* synoptic (*karta* chart)
synorgan organ of sight
syn|punkt *bildl.* point of view, viewpoint; *från medicinsk ~* from a medical point of view; *från en annan ~* from a different angle **-rand** horizon **-sinne** [faculty of] vision, [eye]sight; *med ~t* (*äv.*) visually
syn|sk [-y:-] *a5* clairvoyant **-skadad** with defective vision **-skärpa** visual acuity **-sätt** outlook, approach
syn|taktisk [-'takk-] *a5* syntactic[al] **-tax** *s3* syntax **-tes** *s3* synthesis
syntet|fiber synthetic (man-made) fibre **-isera** synthesize, synthetize **-tisk** [-'te:-] *a5* synthetic [al]
syn|vidd range of vision (sight) **-villa** optical illusion **-vinkel** visual (optic) angle; *bildl.* angle of approach
sy|nål [sewing] needle **-nålsbrev** packet of needles
syokonsulent [ˣsy:ɑ-] *ung.* careers master (mistress, adviser)
sypåse workbag
syra I *s1* **1** *kem.* acid; *frätande ~* corrosive acid **2** (*syrlig smak*) acidity, sourness; *äpplenas friska ~* the fresh tang of the apples **3** *bot.* dock, sorrel **II** *v1* acidify, sour **-angrepp** corrosion **-bad** acid bath **-fast** acid-proof, acid-resisting **-överskott** excess of acid, hyperacidity
syre *s6* oxygen **-brist** lack of oxygen **-fattig** deficient in oxygen **-förening** oxygen compound **-haltig** *a1* containing oxygen, oxygenous
syren *s3* lilac, syringa **-buske** lilac [bush]
syretillförsel oxygen supply (feed)
syrgas oxygen **-apparat** oxygen apparatus **-behållare** oxygen cylinder (container)
Syrien ['sy:-] *n* Syria
syr|ier ['sy:-] *s9* Syrian **-isk** ['sy:-] *a5* Syrian
syrlig [ˣsy:r-] *a1* acid (*äv. bildl.*), sourish, somewhat sour; *göra ~* acidify **-het** [sub]acidity, sourness; *bildl.* acidity
syrsa *s1* cricket
syrsätt|a oxygenate, oxygenize **-ning** oxygenation
syrtut *s3* surtout; frock coat
sy|saker *pl, se sybehör* **-silke** sewing silk

syskon [-ån] *s7* brother[s] and sister[s]; *fack.* sibling[s] **-barn 1** (*kusin*) *vi är ~* we are [first] cousins **2** (*pojke*) nephew, (*flicka*) niece **-bädd** *sova i ~* bundle **-skara** family [of brothers and sisters]
syskrin workbox
sysselsatt *a4* occupied (*med* with; *med att* in + *ing-form*); (*upptagen*) engaged (*med* in, with; *med att* in + *ing-form*); (*strängt upptagen*) busy (*med* with; *med att* + *ing-form*); (*anställd*) employed (*vid* on; *med* in)
sysselsätt|a occupy; engage; keep busy; *hur många arbetare -er fabriken?* how many workers does the factory employ?; *~ sig med* occupy (busy) o.s. with; *vad skall vi ~ barnen med?* what shall we occupy the children with? **-ning** (*-ande*) occupying; (*göromål*) occupation, employment; *konkr. äv.* work, something to do; *full ~* full employment; *utan ~* idle, with nothing to do, (*arbetslös*) out of work, unemployed
sysselsättnings|problem employment problem **-terapi** occupational therapy
syssl|a I *s1* **1** (*sysselsättning*) occupation *etc.*; (*göromål äv.*) work, business, task; *husliga -or* household (domestic) duties, *AE. äv.* chore; *sköta sina -or* do one's work; *tillfälliga -or* odd jobs **2** (*tjänst*) office, employment; *sköta sin ~* discharge one's duties **II** *v1* busy o.s., be busy (*med* with); (*göra*) do; (*plocka*) potter (*med* over); (*yrkesmässigt ägna sig åt*) do [for a living]
syssling second cousin
sysslo|lös idle; (*arbetslös*) unemployed, out of work; (*overksam*) inactive; *gå ~* go idle, do nothing **-löshet** idleness, inactivity; unemployment **-man** (*vid sjukhus*) manager, superintendent; (*i konkurs*) receiver; (*domkyrko-*) deacon
system *s7* system; (*friare*) method, plan; *periodiska ~et* the periodic table; *enligt ett ~* on (according to) a system; *sätta i ~, se systematisera*
systematik *s3, ej pl* systematics (*pl, behandlas som sg*), systematism; (*klassificering*) classification **-er** [-'ma:-] systematist
systematiser|a systematize, reduce to a system **-ing** systematizing; (*med pl*) systematization
system|atisk [-'ma:-] *a5* systematic[al]; methodical **-bolag** [state-controlled] company for the sale of wines and spirits **-butik** [state-controlled] liquor shop
system|erare [-ˣme:-], **-man** computer programmer **-skifte** change of system **-teori** systems theory **-vetenskap** systems analysis
syster *s2* sister; (*sjuk-*) nurse **-dotter** niece **-fartyg** twin ship **-företag** sister company, affiliated firm **-lig** *a1* sisterly **-skap** sisterhood **-son** nephew
syträd sewing cotton (thread)
syvende *till ~ och sist* in the final analysis
1 så *s2* tub, bucket
2 så I *adv* **1** (*på ~ sätt*) so, (*starkare*) thus; (*i ~ hög grad*) so, such; (*vid jämförelse*) as, (*nekande*) so; (*hur*) how; *den ~ kallade* the so-called; *~ att säga* so to speak; *si och ~* [rather] so-so; *än si än ~* now this way now that; *han säger än si än ~* he says one thing now and s.th. else later; *hur ~?* how then?, how do you mean?; *det förhåller sig ~ att* the fact is that; *~ går det när* that is what happens when; *~ får man inte göra* you must not do that; *~ skall man inte göra* that is not the way to do it; *~ sade han* those were his words; *det ser inte ~ ut* it doesn't look like it; *skrik inte ~!* don't shout like that!; *~ slutade hans liv* that's how his life ended; *han var listigare än ~* he was more cunning than that; *även om ~ skulle vara* even if that was so; *~ är det* that's how it is; *är det inte ~?* isn't that right?; *det är ~ att* the thing is that; *det är nu en gång ~ att* it so happens that; *tack ~ mycket!* thank you so much!; *~ dum är han inte* he is not that stupid; *det var ~ dåligt väder att* it was such bad weather that; *med ~ hög röst* in such a loud voice; *det är inte ~ lätt* it is not so easy; *hon blev ~ rädd att* she was so frightened that; *du skrämde mig ~* you frightened me so; *inte ~ stor som* not so big as; *han skakade ~ stor han var* he was shaking all over; *~ snällt av dig!* how nice of you!; *~ stor du har blivit!* how tall you have grown!; *~ du säger!* whatever are you saying? **2** (*i vissa uttryck*) *~ här* (*där*) like this (that); *~ där en 25 år* round about 25 years, (*om pers.*) somewhere about 25; *~ där en tio pund* a matter of ten pounds; *~ här kan det inte fortsätta* it (things) can't go on like this; *rätt ~* quite; *för ~ vitt* provided (*han kommer* that he comes) **3** *~?* (*verkligen*) really?; *~ [där] ja!* (*lugnande*) there you are!; *se ~, upp med hakan!* come now, cheer up! **4** (*sedan*) then; *först hon ~ han* first she then he **5** (*konjunktionellt*) then, and; *kom ~ får du se* come here and you will see; *om du säger det ~ är det ~* if you say so, then it is so; *vill du ~ kommer jag* if you wish I shall come; *vänta ~ kommer jag* wait there and I shall come; *men ~ är jag också* but then I am **II** *pron, i ~ fall* in that (such a) case, if so; *i ~ måtto* to that (such an) extent (*att* that); *på ~ sätt* in that way
3 så *v4* sow (*äv. bildl.*); (*beså äv.*) seed
sådan [ˣså:-, *vard.* sånn] such; like this (that); *en ~ a)* (*fören.*) such a[n], *b)* (*självst.*) one of those; *en ~ som han* a man like him; *~ där* (*här*) like that (this); *~ är han* that is how he is; *~t* (*självst.*) such a thing; *allt ~t* everything of the kind; *ngt ~t* such a thing, s.th. of the kind; *~t händer* these things will happen; *det är ~t som händer varje dag* these are things that (such things as) happen every day; *~t är livet* such is life; *en ~ vacker hatt!* what a beautiful hat!; *~a påhitt!* what ideas!
sådd *s3* sowing; (*utsådd säd*) seed
såd|ig *a1* branny **-or** *pl* bran (*sg*)
så|där *se 2 så I 2* **-framt** *se såvida*
1 såg *imperf. av se*
2 såg *s2* saw; (*sågverk*) sawmill
såg|a saw (*av* off); *~ till* saw; *~ sönder* saw up **-blad** sawblade **-bock** sawhorse **-fisk** sawfish **-klinga** (*cirkel-*) circular sawblade **-ning** [-å:-] sawing **-spån** sawdust **-tandad** *a5* sawtoothed; *fack.* serrate[d] **-verk** sawmill; *AE.* lumber mill **-verksindustri** sawmill (*AE.* lumber) industry
så|här *se 2 så I 2* **-ja** ['så:-] *se 2 så I 3*
såld *a5* sold; *gör du det är du ~* (*vard.*) if you do that you are done for **sålde** *imperf. av sälja*
således 1 (*följaktligen*) consequently, accordingly **2** (*på det sättet*) thus
såll *s7* sieve, sifter, strainer; (*grovt*) riddle **sålla** sift, sieve; riddle; *bildl.* sift, screen

S

sålt *sup. av sälja*
sålunda thus; in this way (manner)
sång *s3* song; (*sjungande*) singing (*äv. som skolämne*); (*kyrko-*) hymn; (*munkars*) chant, chanting; (*dikt*) poem; (*avdelning av dikt*) canto
sång|are 1 *pers.* singer; (*i kör äv.*) chorister; (*t. yrket*) professional singer; (*jazz- o.d.*) vocalist **2** *zool.* warbler **-bar** *a1* singable, melodious **-bok** song book **-erska** [female] singer *etc., jfr sångare* **-fågel** songster, singing bird, songbird **-förening** singing club; choral society, glee club **-gudinna** muse **-kör** choir **-lektion** singing lesson **-lärare** singing master **-lärarinna** singing mistress **-mö** muse **-röst** singing voice **-spel** musical; ballad opera **-stämma** vocal part **-svan** whooper [swan] **-trast** song thrush **-övning** singing exercise
sånings|man sower **-maskin** sowing machine; (*rad-*) [sowing] drill
sånär almost
såp|a I *s1* soft soap **II** *v1,* ~ [*in*] soap **-bubbla** soap bubble; *blåsa -bubblor* blow bubbles **-hal** slippery; *vägen var* ~ the road was like a skating rink **-lödder** soapsuds (*pl*), lather **-vatten** suds (*pl*), soapy water
sår *s7* wound (*äv. bildl.*); (*bränn-*) burn; (*skär-*) cut; (*var-*) sore (*äv. bildl.*); *ett gapande* ~ a gash, a deep cut
såra wound (*äv. bildl.*); *bildl. äv.* hurt **sårad** *a5* wounded (*äv. bildl.*); (*skadad*) injured; *djupt* ~ deeply hurt; ~ *fåfänga* pique; *känna sig* ~ feel hurt (offended) **sårande** *a4* (*kränkande*) insulting, offensive
sår|bar [-å:-] *a1* vulnerable; *bildl. äv.* susceptible; *vard.* touchy **-barhet** vulnerability *etc.*; touchiness **-feber** surgical fever **-förband** bandage **-ig** *a1* covered with sores; (*inflammerad*) ulcered **-salva** ointment [for wounds] **-skorpa** scab, crust
sås *s3* sauce; (*kött-*) gravy, juice **såsa 1** (*tobak*) sauce **2** (*söla*) dawdle, loiter **såskopp 1** *se såsskål* **2** *pers.* dawdler, slowcoach, *AE.* slowpoke
såsom ['så:såm] **1** (*liksom; i egenskap av*) as; ~ *den äldste i sällskapet* as the eldest present [at the gathering] **2** (*t. exempel*) for instance; such as
sås|sked sauce ladle, gravy spoon **-skål** gravy dish, sauce boat **-snipa** sauce boat
såt *a1, ej gärna i enstavig form, ~a vänner* intimate friends, great chums (pals)
så|tillvida [-ˣvi:-] ~ *som* [in] so far as, inasmuch as **-vida** [-ˣvi:-] provided (*inget oförutsett inträffar* [that] nothing unforeseen happens); ~ *annat ej överenskommits mellan parterna* unless the parties have agreed otherwise **-vitt** as (so) far as (*jag vet* I know) **-väl** ['så:-, -'vä:l] ~ *stora som små* big as well as small, both big and small
säck *s2* sack; (*mindre*) bag; *en ~ potatis* a sack of potatoes; *köpa grisen i ~en* buy a pig in a poke; *i ~ och aska* in sackcloth and ashes; *svart som i en ~* [as] black as ink; *det har varit i ~ innan det kom i påse* he (*etc.*) has picked that up from somewhere (someone) else; *bädda ~* make an apple-pie bed **säcka** (*hänga som en säck*) be baggy; ~ *ihop* (*bildl.*) collapse
säck|hållare sack holder **-ig** *a1* baggy **-löpning** sack race **-pipa** bagpipe[s *pl*] **-pip[s]blåsare** piper, bagpiper **-väv** sacking, sackcloth
säd *s3* **1** ([*frön av*] *sädesslag*) corn; *i sht AE.* grain; (*utsäde*) seed; (*gröda*) crop[s *pl*] **2** (*sperma*) sperm, semen; seed (*äv. bildl.*)
sädes|avgång ejaculation **-ax** ear of corn **-cell** sperm [cell] **-fält** cornfield **-korn** grain of corn **-kärve** [corn]sheaf (*pl* sheaves) **-slag** [kind (variety) of] corn (grain), cereal **-ärla** wagtail **-vätska** seminal fluid
säg|a [*vard.* ˣsäjja] *sade* (*vard. sa*) *sagt* **I 1** say (*ett ord* a word; *nej* no); (*berätta;* ~ *till, åt*) tell; ~ *ja* [*till* ...] (*äv.*) answer [...] in the affirmative, (*förslag*) agree to ...; ~ *nej* [*till* ...] (*äv.*) answer [...] in the negative; *gör som jag -er* do as I say (tell you); *vem har sagt det?* who said so?, who told you?; *-er du det?* you don't say?, really?; *det -er du bara!* you're only saying that!; *så att* ~ so to speak; *om jag så får* ~ if I may say so; *om låt oss ~ en vecka* in [let us] say a week; ~ *vad man vill men* say what you will, but; *inte låta ~ sig ngt två gånger* not need to be told twice; *sagt och gjort* no sooner said than done; *ha mycket att* ~ (*bildl.*) have a great deal to say; *det vill* ~ that is [to say]; *förstå vad det vill ~ att* know what it is [like] to; *vad vill detta ~?* what is the meaning of this?; *han slog näven i bordet så det sa pang* he banged his fist down on the table; *det må jag* [*då*] *~!, jag -er då det!* I must say!, well, I never!; *vad -er du!* you don't say [so]!, well, I never!; *vad var det jag sa!* well, I told you so!, what did I tell you?; *det -s att han är rik, han -s vara rik* he is said to be rich; *jag har hört ~s* I have heard [it said], I have been told **II** (*med betonad partikel*) **1** ~ *efter* repeat **2** ~ *emot* contradict **3** ~ *ifrån* speak one's mind; *säg ifrån när du är trött* let me (*etc.*) know when you are tired; ~ *ifrån på skarpen* put one's foot down **4** ~ *om* say over again, repeat; *det -er jag ingenting om* I am not surprised [to hear that], (*det har jag inget emot*) I have nothing against (no objection to) that **5** ~ *till ngn* tell s.b.; *gå utan att ~ till* go without leaving word; *säg till när du är färdig* let me (*etc.*) know when you are ready; ~ *till om ngt* order s.th. **6** ~ *upp en hyresgäst* give a tenant notice [to quit]; ~ *upp sin lägenhet* give notice [of removal]; ~ *upp ngn* give s.b. notice, *vard.* sack s.b.; ~ *upp sig* (*sin plats*) give notice; ~ *upp ett kontrakt* revoke (cancel) an agreement; ~ *upp bekantskapen med* break off relations with **7** ~ *åt ngn* tell s.b. (*att han skall komma* to come) **III** *rfl,* ~ *sig vara* pretend to be (*glad* happy); *han -er sig vara sjuk* he says he is ill; *det -er sig* [*av sig*] *självt* it goes without saying
sägandes *i uttr.: skam till* ~ to my (*etc.*) shame I (*etc.*) must admit
sägen ['sä:-] *sägnen* [-ŋn-] *sägner* [-ŋn-] legend **-omspunnen** legendary
säk|er ['sä:-] *a2* (*viss*) sure (*om, på* of, about), certain (*på* of); positive (*på* about); (*som ej medför fara*) safe (*förvar* custody), secure; (*pålitlig*) safe, trustworthy, reliable; (*garanterad*) assured (*ställning* position); ~ *blick* [a] sure eye; *-ra bevis* positive proofs; *gå en ~ död till mötes* [go to] meet certain death; *är det alldeles ~t?* is it really true?; *så mycket är ~t att* this much is certain that; *vara ~ på sin sak* (*vara viss*) be certain [that] one is right, be quite sure; *kan jag vara ~ på det?*

can I be sure of that?; *är du ~ på det?* are you sure (certain) [about] that?; *jag är nästan ~ på att vinna* I am almost certain to win; *du kan vara ~ på att* you may rest assured that; *lova ~t att du gör det* be sure to do it; *det blir ~t regn* it is sure to rain; *vara ~ på handen* have a steady (sure) hand; *vara ~ i engelska* be good at English; *det är -rast att du* to make quite sure you had better; *-ra papper* good securities; *gå ~ för* be safe from, be above; *ingen går ~* no one is safe (immune); *sitta ~t i sadeln, se sadel*; *ta det -ra före det osäkra* better be safe than sorry; *vara på den -ra sidan* be on the safe side; *från ~ källa* from a reliable source (a trustworthy informant); *~ smak* infallible taste; *ett ~t uppträdande* assured manners (*pl*)

säkerhet 1 certainty; safety, security; (*själv-*) confidence, assurance; reliability; *för ~s skull* for safety's sake; *den allmänna ~en* public safety; *i ~* in safety, safe; *sätta sig i ~* get out of harm's way; *med* [*all*] *~* certainly; *med ~ komma att* be sure (certain) to; *veta med ~* (*äv.*) know for certain **2** (*borgen*; *garanti*) security; *ställa ~* give (provide, furnish) security; *~ i fast egendom* real security

säkerhets|anordning safety device (appliance) **-avstånd** safe distance **-bestämmelser** *pl* security (safety) regulations **-bälte** safety (seat) belt; *ta på sig ~t, vard.* belt up **-kedja** door (safety) chain **-lina** safety harness **-lås** safety lock **-marginal** safety margin, clearance **-nål** safety pin **-polis** security police **-risk** security risk **-rådet** the Security Council **-skäl** reasons of security **-synpunkt** security (safety) point of view **-tjänst** (*mot spionage etc.*) counterintelligence, security service **-tändsticka** safety match **-ventil** safety valve **-åtgärd** precautionary measure, precaution; *vidtaga ~er* take precautions

säker|ligen certainly, no doubt, undoubtedly **-ställa** ensure, guarantee; (*ekonomiskt äv.*) provide with sufficient funds; *~ sig* protect (cover) o.s. (*för* against)

säkert ['sä:-] *adv* (*med visshet*) certainly, to be sure, no doubt; *AE. äv.* sure; (*stadigt*) securely, firmly; (*pålitligt*) steadily; *du känner dem ~* I am sure you know them; *det vet jag* [*alldeles*] *~* I know that for certain (sure); *jag vet inte ~ om* I am not quite sure (certain) whether

säkr|a [-ä:-] **1** (*skydda*) safeguard, secure; (*ekonomiskt*) secure, guarantee **2** (*vapen*) put (set) at safety (half-cock); (*göra fast*) fasten, secure **-ing** *elektr.* fuse; (*trög*) delayed-action fuse; (*på vapen*) safety catch; *en ~ har gått* a fuse has blown

säl *s2* seal **-bisam** muskrat **-fångst** sealing

sälg [-j] *s2* sallow **-pipa** willow pipe

sälj|a *sålde sålt* sell; (*marknadsföra*) market; (*handla med*) trade in; *~ ngt för 5 pund* sell s.th. for 5 pounds; *~ i parti* sell wholesale; *~ i minut* retail; *~ ngt i fast räkning* receive a firm order for s.th.; *~ slut* clear; *~ ut* sell out **-are** seller; *jur. äv.* vendor; *~ns marknad* seller's market **-bar** *a1* saleable, marketable; *inte ~* unsaleable **-främjande** *a4, ~ åtgärder* sales promotion (*sg*) **-förmåga** ability to sell **-ingenjör** sales engineer **-kurs** selling rate (price); *sälj- och köpkurs* ask and bid price **-ledare** sales executive (manager)

säll *a1* blissful; (*salig*) blessed; *de ~a jaktmarkerna* the happy hunting grounds

sälla *~ sig till* join, associate [o.s.] with

sällan seldom, rarely; *~ eller aldrig* hardly ever; *~ förekommande* [of] rare [occurrence]; *högst ~* very seldom, *vard.* once in a blue moon; *inte så ~* pretty frequently, quite often

sälle *s2* fellow; *en oförvägen ~* a daredevil; *en rå ~* a brute

sällhet felicity, bliss

sällsam *a1* strange; singular

sällskap *s7* **1** (*samling pers.*) party; company; *slutet* (*blandat*) *~* private (mixed) party (company) **2** (*samfund*) society; (*församling*) assembly; (*förening äv.*) association, club **3** (*följeslagare*; *samvaro*) company; *får vi ~?* (*på vägen*) are you going my way?; *för ~s skull* for company; *göra ~ med ngn* go with s.b.; *gör du ~ med oss?* are you coming with us?; *hålla ngn ~* keep s.b. company; *råka i dåligt ~* get into bad company; *resa i ~ med ngn* travel together with s.b.

sällskap|a *~ med* associate with **-lig** [-a:-] *a1* social; (*som trivs i sällskap*) sociable (*läggning* disposition)

sällskaps|dam [lady's] companion (*hos* to) **-dans** ballroom dance (dancing) **-hund** pet dog **-lek** party game **-liv** social life, society; *deltaga i ~et* move in society; *debutera i ~et* come out **-människa** sociable person **-resa** conducted tour **-rum** drawing room; (*på hotell e.d.*) lounge, assembly room **-sjuk** longing for company **-spel** party (parlour) game **-talang** social talent

Sällskapsöarna *pl* the Society Islands

sällspord [-ɑ:-] *a5, se -synt*

sällsynt [-y:-] *a1* rare, uncommon; unusual; *en ~ gäst* an infrequent (a rare) visitor; *en ~ varm dag* an exceptionally hot day **-het** rarity; *det hör till ~erna* it is a rare thing (is unusual); *det är ingen ~* it is by no means a rare thing

säl|skinn sealskin **-skytt** sealer **-skytte** sealing **-späck** seal blubber

sälta *s1* saltness, salinity; *mista sin ~* (*äv.*) get (become) insipid

sälunge seal calf

sämja *s1* concord, amity, harmony **sämjas** *v2, dep* agree (*i fråga om* on); *jfr samsas*

sämre ['sämm-] **I** *a, komp. t. dålig* (*vid jämförelse*) worse; (*underlägsen*) inferior (*kvalitet* quality; *än* to), poorer; (*utan eg. jämförelse*) bad, poor; *bli ~* (*äv. om sjuk*) get (grow) worse; *han är inte ~ för det* he is none the worse for that **II** *adv, komp. t. illa* worse; badly, poorly

sämsk|garva chamois **-skinn** chamois [leather]; wash-leather

sämst *a o. adv, superl. t. dålig, illa* worst; *han är ~ i klassen* he is the worst in (at the bottom of) the class; *tycka ~ om* dislike most

sända *v2* **1** send; *hand. äv.* dispatch, transmit; (*pengar*) remit; *~ med posten* post, mail; *~ vidare* forward, send (pass) on **2** *radio.* transmit, broadcast; *TV* televise, telecast

sändar|amatör radio amateur **-anläggning** transmitting equipment

sändare *radio.* transmitter **sändebud 1** envoy; (*minister*) minister; (*ambassadör*) ambassador **2** messenger, emissary

sänder ['sänn-] *i uttr.: i ~* at a time; *en i ~ (äv.)* one by one; *litet i ~* little by little; *en sak i ~* one thing at a time

sänd|lista mailing list **-ning 1** sending; (*varu-*) consignment; (*med fartyg*) shipment **2** *radio.* transmission, broadcast

sändningstid *radio.* air (transmission) time; *på bästa ~ (i TV)* during peak viewing hours

säng *s2* **1** bed; (*själva möbeln äv.*) bedstead; *i ~en* in bed; *hålla sig i ~en* stay in bed; *skicka i ~* send to bed; *stiga ur ~en* get out of bed; *ta ngn på ~en* catch s.b. in bed, *bildl.* catch s.b. napping; *dricka kaffe på ~en* have coffee in bed; *ligga till ~s* be in bed; *lägga till ~s* put to bed **2** (*träd-gårds-*) bed **-botten** bottom of a (the) bed[stead] **-dags** *det är ~* it is time to go to bed; *vid ~* at bedtime **-fösare** nightcap **-gavel** end of a (the) bed (bedstead) **-gående** *s6, vid ~t* at bedtime, on retiring **-halm** bedstraw **-himmel** canopy **-kammare** bedroom **-kant** edge of a (the) bed; *vid ~en* at the bedside **-kläder** bedclothes; bedding (*sg*) **-lampa** bedside lamp **-liggande** [ly-ing] in bed; (*sjuk*) confined to [one's] bed; (*sedan länge*) bedridden; *bli ~ (lägga sig sjuk)* take to one's bed **-linne** bed-linen **-matta** bedside rug **-omhänge** bed-curtains, bed-hangings (*pl*) **-plats** sleeping accommodation; bed **-skåp** box bed, wardrobe bed **-stolpe** bedpost **-täcke** quilt **-värmare** warming pan; hot-water bottle **-vätare** bed-wetter **-vätning** bed-wetting **-överkast** bedspread, counterpane

sänk|a I *s1* **1** (*fördjupning*) hollow, depression [in the ground]; (*dal*) valley **2** *med., se sänknings-reaktion* **II** *v3* **1** (*få att sjunka*) sink; (*borra fartyg i sank*) scuttle; (*i vätska*) submerge **2** (*göra lägre, dämpa*) lower (*priset* the price; *sina anspråk* one's pretentions; *rösten* one's voice); *~ blicken* drop one's eyes; *~ fanan* dip the flag; *~ priserna* (*äv.*) reduce the prices; *~ vattennivån i en sjö* lower (sink) the level of a lake; *~ skatterna* cut (lower, reduce) taxes **3** *rfl* descend; (*om sak*) sink, droop; (*om mark*) incline, slope; (*om pers.*) lower (demean) o.s.; *~ sig till att* condescend to; *skymningen -er sig* twilight is falling; *solen -er sig i havet* the sun is sinking into the sea **-bar** *a1* folding down; *höj- och ~* vertically adjustable

sänk|e *s6* (*på metrev*) sinker, lead; (*smides-*) die, swage **-håv** scap (scoop) net **-lod** plumb [bob], plummet **-ning 1** sinking *etc.*; (*av pris*) reduction, lowering **2** (*fördjupning*) declivity, downward slope **-ningsreaktion** sedimentation rate (reaction)

Säpo ['sä:-] (*förk. för säkerhetspolisen*) the [Swedish] security police

sär|a *~ [på]* separate, part **-art** specific nature (type) **-behandla** (*missgynna*) discriminate against, disfavour; (*gynna*) favour **-beskattning** individual (separate) taxation **-deles** extraordinarily, exceedingly **-drag** characteristic; (*egenhet*) peculiarity **-egen** *a3* peculiar, singular **-fall** special case

särk *s2, åld.* shift; *vard.* (*nattsärk*) nightshirt

sär|klass *i ~* a class of its own **-ling** individualist; eccentric, character **-märke, -prägel** *se särdrag* **-präglad** [-ä:g-] *a5* striking, peculiar, individual, distinctive **-skild** *a5* (*bestämd, viss*) special, particular; (*avskild*) separate; (*egen*) individual, peculiar; *vid ~a tillfällen* on special (*olika:* several) occasions; *ingenting -skilt* nothing special (in particular); *i detta ~a fall* in this specific case; *måste anges -skilt* must be specified separately **-skilja** separate, keep separate; (*åt-*) distinguish; (*ur-*) discern **-skiljande** [-ʃ-] *s6* separation; distinction **-skilt** [-ʃ-] *adv* [e]specially *etc.*; (*för sig*) apart; *var och en ~* each one separately; *~ som* [e]specially as (since) **-skola 1** school for handicapped children **2** (*motsats samskola*) school for boys (girls) only **-skriva** write in two words **-ställning** *intaga en ~* hold a unique (an exceptional) position **-tryck** offprint, separate impression; *~ ur* reprinted from

säsong [-'sɔŋ] *s3* season; *mitt i ~en* in mid-season **-arbetare** seasonal worker **-arbetslöshet** seasonal unemployment **-betonad** seasonal **-biljett** season ticket

säte *s6* (*sits*) seat; (*huvudkvarter*) headquarters (*pl*); (*residens*) residence; (*bakdel*) seat, *vard.* behind; *ha sitt ~* reside; *skillnad till säng och ~* (*jur.*) separation from bed and board, judicial separation; *ha ~ och stämma* have a seat and vote

säter ['sä:-] *s2, se fäbod*

säteri *ung.* manor

sätes|bjudning *med.* breech presentation (birth) **-förlossning** breech delivery

1 sätt *s7* way, manner; fashion; (*tillvägagångs-*) method; (*umgänges-*) manners (*pl*); *ha ett vinnande ~* have winning manners; *vad är det för ett ~?* don't you know any better?, what do you think you are doing?; *på ~ och vis* in a way, in certain respects; *på allt ~* in every way; *på annat ~* in another (a different) way; *på bästa ~* in the best [possible] way; *på det ~et* in this way (manner); *på ett eller annat ~* somehow [or other], in some way; *på mer än ett ~* in more ways than one; *inte på minsta ~* not by any means, in no way; *det är på samma ~ med* it is the same [thing] with; *på sitt ~* in his (*etc.*) way; *på så ~* in that way, (*som svar*) I see

2 sätt *s7* (*uppsättning*) set

sätt|a *satte satt* **I 1** (*placera*) place, put; (*i sittande ställning*) seat (*ett barn på en stol* a child on a chair); *~ barn till världen* bring children into the world; *~ en fläck på* make a mark (stain) on; *~ frukt* form fruit; *inte ~ sin fot på en plats vidare* not set foot in a place any more; *~ färg på* colour, *bildl. äv.* lend (give) colour to; *~ händerna för öronen* put one's hands over one's ears; *~ klockan på sex* set one's watch at six; *~ komma* (*punkt*) put a comma (full stop); *~ ngn främst* put s.b. first; *~ ngn högt* esteem s.b. highly, think highly of s.b.; *~ värde på* value **2** (*plantera*) plant, set **3** *boktr.* compose, set [up] **4** *komma ~ndes* come dashing (running) **II** (*med betonad partikel*) **1** *~ av a*) *~ av ngn någonstans* put s.b. down somewhere, *b*) (*rusa iväg*) dash off (away), *c*) (*pengar*) set apart, earmark **2** *~ bort* put aside **3** *~ efter* (*förfölja*) set off after; run after **4** *~ fast a*) (*fästa*) fix (*på* to), *b*) (*ange*) report **5** *~ fram* put (set) out, (*stolar*) draw up; *~ fram en stol åt* bring [up] a chair for **6** *~ för* put up (*fönsterluckor* shutters) **7** *~ i a*) put in, *b*) (*införa*) install, *c*) (*installera*) install; *~ i ngn ngt* (*inbilla*) put s.th.

into a p.'s head; ~ *i sig mat* (*vard.*) stow away food **8** ~ *ihop* put together, *bildl.* (*utarbeta*) draw up, compose (*ett telegram* a telegram), (*ljuga*) invent, make up **9** ~ *in a*) put ... in, put in ..., (*brev e.d.*) file, *b*) (*börja*) set in, begin; ~ *in pengar i* (*bank*) deposit money in, put (place) money into, (*företag*) invest money in; ~ *ngn in i ngt* initiate s.b. into s.th. **10** ~ *ner* put down, (*plantera*) plant, set; reduce, depress **11** ~ *om* reset, replace, (*omplantera*) replant, *boktr.* reset, (*växel*) renew, prolong **12** ~ *på sig* put on (*kläder* clothes), take on (*en viktig min* consequential airs) **13** ~ *till alla klutar* clap on all sail; ~ *till livet* lose (sacrifice) one's life **14** ~ *undan* put by (aside) **15** ~ *upp a*) put up (*ett staket* a fence), put ... up (*på en hylla* on a shelf), *b*) (*grunda*) found, set up (*en affär* a business), *c*) (*skriftligt avfatta*) draw up (*ett kontrakt* a contract); ~ *upp ett anslag* stick up a bill; ~ *upp en armé* raise an army; ~ *upp gardiner* hang curtains; ~ *upp håret* put up one's hair; ~ *upp ngn mot ngn* prejudice s.b. against s.b.; ~ *upp en teaterpjäs* stage a play; *sätt upp det på mig* put it down to my account **16** ~ *ut a*) put out, (*ett barn*) expose, *b*) (*skriva ut*) put down (*datum* the date) **17** ~ *åt ngn* (*bildl.*) clamp down on s.b. **18** ~ *över* (*forsla över*) put across; ~ *över ett hinder* leap (jump) over a fence **III** *rfl* **1** *eg.* seat o.s.; ~ *sig* [*ner*] sit down (*i soffan* on the sofa); ~ *sig bekvämt* (*äv.*) find a comfortable seat; *han gick och satte sig vid* he went and sat down by; *gå och sätt er!* go and sit down! **2** (*placera sig*) place o.s.; put o.s. (*i spetsen för* at the head of); *det onda har satt sig i ryggen* the pain has settled in my (*etc.*) back; ~ *sig fast* stick; ~ *sig emot* oppose, rise (rebel) against; ~ *sig i respekt* make o.s. respected, ~ *sig in i* familiarize o.s. with, get aquainted with, get into (*ett ämne* a subject); ~ *sig upp i sängen* sit up in bed; ~ *sig över* (*bildl.*) disregard, ignore, not mind **3** (*sjunka* [*ihop*]) settle; *huset har satt sig* the house has settled **4** (*om vätska*) settle; (*om grums e.d.*) settle to the bottom

sättar|e compositor, typesetter **-lärling** compositor's apprentice

sätteri composing room **-faktor** composing-room foreman

sätt|lök (*blomlök*) bulb **-maskin** *boktr.* composing (typesetting) machine, composer, typesetter **-ning 1** setting; (*plantering*) planting **2** *boktr.* composing, [type]setting **3** (*hopsjunkning*) sinking, settling **4** *mus.* setting, arrangement **-potatis** seed potatoe

säv *s3* rush

sävlig [ˣsä:v-] *a1* slow, leisurely; *vara* ~ (*äv.*) be a slowcoach, *AE.* slowpoke **-het** slowness

sävsångare sedge warbler

söcken ['sökk-] *s, i uttr.: i helg och* ~ [on] weekdays and Sundays **-dag** weekday, workday

söder ['sö:-] **I** *s9* south; ~*n* the South **II** *adv* south; ~ *ifrån* from the south; ~ *ut* to the south

Söder|havet the South Pacific **-havsöarna** *pl* the South Sea Islands

söder|sol *med* ~ facing south **-vägg** south-facing wall **-över** ['sö:-] in the south, southwards

södra [ˣsö:d-] *a, best. form* southern; ~ *halvklotet* the southern hemisphere; *S~ ishavet* the Antarctic Ocean

sög *imperf. av suga*

sök|a *v3* **1** seek (*lyckan* one's fortune); (*forska, spana*) search (*efter* for); (*leta efter*) look for (*nyckeln* the key), be on the lookout for (*arbete* work); (*försöka träffa*) call on, want ([have] come) to see; ~ *ngns blick* (*äv.*) try to catch a p.'s eye; ~ *bot för* seek a remedy (cure) for; ~ *efter* search (look) for; *han -te efter ord* he was at a loss for words; ~ *i fickorna* search (rummage) in one's pockets; ~ *kontakt med* try to [establish] contact [with]; ~ *lugn och ro* try to find (be in search of) peace and quiet; ~ *läkare* go to (consult) a doctor; ~ *sanningen* seek [the] truth; *kärleken -er icke sitt* (*bibl.*) love seeketh not its own; *vem -er ni?* whom do you want to see?; *en dam har -t er* a lady has called on (*per telefon*: rung, called) you **2** (*för-*) try; ~ *vinna ngt* try (seek) to win s.th. **3** (*an- om*) apply for (*plats* a post); try (compete) for (*ett stipendium* a scholarship) **4** (*lag-*) sue for (*skilsmässa* a divorce) **5** (*trötta*) try; *luften -er* the air is very relaxing **6** *rfl,* ~ *sig bort* try to get away; ~ *sig till* seek; ~ *sig till storstäderna* move to the cities; ~ *sig en annan plats* try to find another post **7** (*med betonad partikel*) ~ *fram* hunt out; ~ *igenom* search (look) through; ~ *upp a*) seek out, *b*) (*be-*) go to see; ~ *ut* (*välja*) choose, pick out

sökande I 1 *s6* search; pursuit **2** *s9, pers.* applicant, candidate (*t. en plats* for a post); (*rätts-*) claimant, plaintiff; *anmäla sig som* ~ send (give) in one's name as a candidate **II** *a4* searching (*blick* look); *en* ~ *själ* a seeker, an enquirer

sökaranläggning paging equipment **sökare 1** *foto.* [view]finder **2** (*-ljus*) [adjustable] spotlight

sökarljus *se sökare 2*

sökt [-ö:-] *a4* (*lång-*) far-fetched; (*tillgjord*) affected

söl *s7* (*senfärdig*) tardiness; (*dröjsmål*) delay

1 söla (*vara långsam*) loiter, lag [behind]; (*dröja*) delay, tarry; ~ *på vägen hem* loiter on the way home

2 söla (*smutsa*) soil (*äv.* ~ *ner*)

sölig *a1* (*långsam*) loitering, tardy, laggard

sölja *s1* buckle, clasp

sölkorv *vard.* slowcoach, dawdler; loiterer; *AE.* slowpoke

1 söm [sömm] *s7, koll. äv. s9* (*hästsko-*) horse nail

2 söm [sömm] *s2* seam; *med., anat.* suture; *gå upp i ~men* come apart at the seam; *syna ngt i ~marna* scrutinize s.th.

sömlös seamless **sömma** sew, stitch

sömmersk|a seamstress; (*kläd-*) dressmaker **-etips** (*ung.*) pools coupon filled in by a greenhorn (*eg.* seamstress)

sömn *s3* sleep; *falla i* ~ go to sleep, fall asleep; *gnugga ~en ur ögonen* rub the sleep out of one's eyes; *gå* (*tala*) *i ~en* walk (talk) in one's sleep; *ha god* ~ sleep well, be a sound sleeper; *i ~en* in one's sleep; *gråta sig till ~s* cry o.s. to sleep

sömnad *s3* sewing, needlework

sömn|drucken heavy with sleep **-givande** soporific **-gångaraktig** *a1* somnambulistic **-gångare** sleepwalker, somnambulist

sömn|ig *a1* sleepy; (*dåsig*) drowsy; *~t väder* lethargic weather **-ighet** sleepiness *etc.* **-lös** sleepless; *ha en ~ natt* have a sleepless night **-löshet** sleeplessness; *med.* insomnia; *lida av ~* be unable to sleep, suffer from insomnia **-medel** sleeping drug, soporific; hypnotic **-sjuka** (*afrikansk*) sleeping sickness **-tablett** sleeping tablet **-tuta** *s1* great sleeper; sleepyhead

sömsmån seam allowance

söndag ['sönn-] *s2* Sunday; *sön- och helgdagar* Sundays and public holidays

söndags|barn Sunday child; *han är ett ~* (*äv.*) he was born under a lucky star **-bilaga** Sunday supplement **-bilist** Sunday driver **-bokstav** dominical letter **-fin** *göra sig ~* put on one's Sunday best **-frid** sabbath calm **-kläder** *pl* Sunday clothes; *vard.* Sunday best **-promenad** Sunday walk **-seglare** Sunday sailor **-skola** Sunday school

sönder ['sönn-] **I** *pred. a* broken; (*-riven*) torn; (*i bitar*) [all] in pieces **II** *adv* (*isär*) asunder; (*i flera delar*) to pieces, (*mera planmässigt*) into pieces; (*itu*) in two; *gå ~* get broken, break, smash [in two]; *krama ~* squeeze to bits; *slå ~* break, (*krossa äv.*) smash (*ett fönster* a window); *slå ngn ~ och samman* beat s.b. up **-bruten** broken [in two] **-bränd** *a5* burnt up (through); badly burnt **-dela** break up; (*stycka*) disjoint, dismember; *kem.* decompose **-delning** breaking up; disjointing *etc.*; *kem.* decomposition **-fall** disintegration, decomposition **-falla** fall to pieces; *bildl. o. fys.* disintegrate; (*kunna indelas*) be divisible (*i* into); *kem.* decompose (*i* into) **-fallshastighet** *kärnfys.* decay (disintegration) rate **-frusen** frozen to pieces **-kokt** [-ɷ:-] *a4* boiled to bits **-körd** (*om väg*) rutted **-läst** tattered **-riven** *a5* torn to pieces **-skjuten** [-ʃ-] *a5* riddled with bullets **-skuren** *a5* cut to pieces **-slagen** broken; *han var ~ i ansiktet* his face was badly knocked about **-slitande** *a4* tearing apart; *bildl.* shattering (*sorg* sorrow); excruciating (*smärta* pain) **-smula** crumble, crush **-trasad** *a5* tattered [and torn], in rags

söndr|a (*dela*) divide; (*avskilja*) sever, separate; (*göra oense*) disunite; *~ och härska* divide and rule; *~ sig i två grupper* divide (split up) into two groups **-ig** *a1, se trasig* **-ing** (*splittring*) division; (*oenighet*) discord, dissension, disagreement; (*schism*) schism

söp *imperf. av supa*

1 sörja *s1* sludge; (*smuts*) mud

2 sörj|a *v2* **1** (*i sitt sinne*) grieve (*över* at, for, over), feel grief (*över* at); *det är ingenting att ~ över* that is nothing to worry about **2** (*en avliden*) mourn; (*bära sorgdräkt efter*) be in mourning for; *~ förlusten av ngn* (*äv.*) grieve for (feel grief at) the loss of s.b. **3** *~ för* (*ombesörja*) attend to, see to (about); (*ha omsorg om*) provide (make provisions) for (*sina barns framtid* the future of one's children); *det är väl -t för henne* she is well provided for

sörjig *a1* sludgy, slushy

sörpla drink noisily; *~ i sig* lap up

söt *a1* **1** (*i smaken*) sweet (*äv. bildl.*); (*om vatten, mjölk*) fresh; *~ doft* sweet scent **2** (*vacker*) pretty, lovely; (*intagande*) charming, attractive; *AE. äv.* cute; *~a du!* my dear!

söt|a sweeten **-aktig** *a1* sweetish, sickly sweet **-ebrödsdagar** *pl* halcyon days

söt|ma [ˣsött-] *s1* sweetness **-mandel** sweet almond **-mjölk** fresh milk; (*oskummad*) whole (full-cream) milk **-ning** [-ö:-] sweetening; sugaring **-ningsmedel** sweetening [agent], sweetener **-nos** *s2* darling, poppet; *AE.* honey, cutie **-potatis** batata; *koll.* batatas, sweet potatoes (*pl*) **-saker** *pl* sweets, sweetmeats; *AE.* candy; *vara förtjust i ~* (*äv.*) have a sweet tooth **-sliskig** sickly sweet, mawkish **-sur** sour-sweet (*äv. bildl.*)

sött *adv* sweetly, in a sweet manner; *smaka ~* have a sweet taste; *sova ~* sleep peacefully

sötvatten freshwater

sötvattens|biologi limnology **-fisk** freshwater fish

söv|a *v2* **1** (*få att sova*) put to sleep; (*vagga t. sömns*) lull [to sleep]; (*göra sömnig*) make sleepy (drowsy); *bildl.* silence (*samvetet* one's conscience) **2** (*vid operation* an[a]esthetize; (*med kloroform äv.*) chloroform **-ande** *a4* soporific (*medel* drug); *~ mummel* drowsy murmur **-ning** [-ö:-] administration of an[a]esthetics **-ningsmedel** an[a]esthetic

T

ta *tog tagit* **I** take; (*~ fast*) catch, capture, seize; (*tillägna sig*) appropriate; (*~ med sig hit*) bring; (*~ sig*) have (*lektioner* lessons; *en cigarr* a cigar); (*göra*) make, do; *~ hand om* take charge of; *~ ngn i armen* take (seize) s.b. by the arm; *han vet hur han skall ~ henne* he knows just how to take her; *~ ledigt* take time off; *~ ngt för givet* (*på allvar*) take s.th. for granted (in earnest); *han tog det som ett skämt* he took it as a joke; *~ tid* take time; *~ fast tjuven* catch the thief; *han tog varenda boll* he caught every ball; *~ betalt* be paid; *~ bra betalt* know how to charge (make people pay); *vad ~r ni för … ?* how much do you charge for …?; *det tog honom hårt* it affected him deeply (hit him hard); *man ~r honom inte där man sätter honom* he has a will of his own; *vem ~r du mig för?* who do you think I am?; *~ fasta på* bear in mind, keep hold of; *skall vi ~ och öppna fönstret?* shall we open the window?; *kniven ~r inte* the knife does not bite; *var tog skottet?* where did it hit (go)?; *~ galoscher* put on rubbers; *var skall vi ~ pengarna ifrån?* where are we to find the money (get the money from)?; *~ det inte så noga* don't be too particular (fussy) about it; *~ pris* win a prize; *han ~r priset* (*bildl.*) he takes the cake; *~ tåget* take the train; *det ~r på krafterna* it tells on the (one's) strength; *han tog åt mössan* he touched his cap **II** (*med betonad partikel*) **1** ~ *av a*) take off (... off), *b*) (*vika av*) turn off; ~ *av* [*sig*] *kappan* take off one's coat **2** ~ *bort* take away (... away), remove **3** ~ *efter* imitate; copy **4** ~ *emot a*) (*mot-*) receive, (*folk äv.*) see (*gäster* guests), (*an-*) accept (*erbjudandet* the offer), take in (*tvätt* laundry), take up (*avgifter* fees), *b*) (*avvärja*) parry (*stöten* the blow), *c*) (*vara i vägen*) be in the way, offer resistance, *d*) (*vara motbjudande*) be repugnant; ~ *emot sig med händerna* put out one's hands to break one's fall; ~*r doktorn emot?* can I see the doctor? **5** ~ *fram* take out (... out) (*ur* of), produce (*biljetten* one's ticket) **6** ~ *för sig av* help o.s. to **7** ~ *hem a*) *kortsp.* take, get (*ett stick* a trick), *b*) *sjö.* reef (*seglen* the sails); ~ *hem på* shorten (*skotet* the sheet) **8** ~ *i* (*med händerna*) pull away, (*hjälpa till*) lend a hand, (*anstränga sig*) go at it [vigorously]; *det tog i att blåsa* the wind got up; *vad du* ~*r i!* you do go the whole hog, don't you? **9** ~ *ifrån* take away [from], (*ngn ngt äv.*) deprive s.b. of s.th. **10** ~ *igen* take back; (*förlorad tid äv.*) make up for; ~ *igen sig* (*vila sig*) take a rest, (*repa sig*) recover, come round **11** ~ *in a*) take in, (*bära in*) carry (bring) in, (*importera*) import, (*radiostation*) tune in to, *c*) (*förtjäna*) profit by, *d*) (*beställa*) order, *e*) (*läcka, bli överspolad*) ship (*vatten* water), *f*) (*ngn i en förening*) admit, *g*) (*slå sig ner*) put up (*hos ngn* at a p.'s house; *på hotell* at a hotel) **12** ~ *itu med* (*ngt*) set about [working at], set to work at, (*ngn*) take in hand **13** ~ *med* (*föra med sig*) bring; ~ *med ngt i räkningen* take s.th. into account **14** ~ *ner* take (fetch, bring) down, (*segel*) take in **15** ~ *om* take (read, sing, go through) again, *mus., teat., film äv.* repeat **16** ~ *på* [*sig*] *a*) (*klädesplagg o.d.*) put on, *b*) (*ansvar*) take upon o.s., (*för mycket arbete e.d.*) undertake, *c*) (*viktig min*) assume **17** ~ *till a*) take to (*vintermössan* one's winter cap), *b*) (*beräkna*) set up, charge (*för högt pris* a too high price), *c*) (*börja*) start, set about (*att + inf. el. ing-form*), *d*) (*överdriva*) overdo it, exaggerate; ~ *mod till sig* pluck up courage **18** ~ *tillbaka* take (carry, bring) back, (*ansökan, yttrande*) withdraw, (*löfte*) retract **19** ~ *undan* take away, (*för att gömma*) put out of the way **20** ~ *upp* (*jfr upp-*) *a*) take (carry, bring) up, (*från marken; passagerare*) pick up, *b*) (*öppna*) open, (*en knut*) undo, *c*) (*lån e.d.*) take up, *d*) (*order, skatter*) collect, *e*) *bildl.* bring up (*ett problem* a problem), (*en sång äv.*) strike up; ~ *upp sig, se repa sig, förkovra sig* **21** ~ *ur* take out [of], (*tömma äv.*) empty, (*fågel*) draw, (*fisk*) gut, (*fläck*) remove **22** ~ *ut a*) take (carry, bring) out, *b*) (*från* bank) withdraw, draw, *c*) (*lösa*) make out (*en rebus* a rebus), solve (*ett problem* a problem); ~ *ut en melodi på piano* pick out a tune on the piano; ~ *ut satsdelar* analyse [a sentence]; ~ *ut stegen* stride out **23** ~ *vid* (*börja, fortsätta*) step in, follow on, (*om sak*) begin, start; ~ [*illa*] *vid sig* be upset (put out) (*för* about) **24** ~ *åt sig a*) (*smuts e.d.*) attract, *b*) (*tillskriva sig*) take (*äran för* the credit for), *c*) (*känna sig träffad*) feel guilty; *vad* ~*r det åt dig?* what is the matter with you? **25** ~ *över* take over **III** *rfl* **1** take, have (*ett bad* a bath), (*servera sig äv.*) help o.s. to (*en kopp te* a cup of tea); ~ *sig för pannan* put one's hand to one's forehead **2** (*växa till*) grow (come) on, (*om eld*) begin to burn; (*bli bättre*) improve **3** (*med betonad partikel*) ~ *sig an* take up; ~ *sig fram a*) (*bana sig väg*) [manage to] get, (*hitta*) find one's way, *b*) (*ekonomiskt*) make one's way, get on; ~ *sig för ngt* (*att + inf.*) set about s.th. (+ *ing- form*); *inte veta vad man skall* ~ *sig till* not know what to do; *vad* ~*r du dig till?* what are you up to?; ~ *sig ut* (*eg. bet.*) find (make) one's way out (*ur* of); ~ *sig bra ut* look well, show to great advantage

tabbe *s2* blunder, bloomer; *AE.* boner

tabẹll *s3* table (*över* of) **-form** *i* ~ in tabular form; *uppställning i* ~ tabular statement; *ordna i* ~ tabulate **-huvud** table heading

tabernakel [-'na:-] *s7* tabernacle

tablẹtt *s3* **1** (*läkemedel*) tablet; (*hals- etc.*) lozenge **2** (*tallriksunderlägg*) table mat **-förgiftning** poisoning from overdose of tablets, tablet poisoning

tablå *s3* tableau (*pl* tableaux), schedule; *teat.* tableau

tabu [-'bu:, 'ta:-] **I** *s6* taboo; *belägga med* ~ taboo **II** *oböjligt a* taboo **-föreställning** taboo

tabul|ator [-ˣla:tår] *s3* tabulator [key] **-era** tabulate

taburẹtt *s3* **1** tabo[u]ret; stool **2** (*statsrådsämbete*) ministerial office, seat in the Cabinet

tack *s7, s9* thanks (*pl*); *ja* ~*!* yes, please!; *nej* ~*!* no, thank you (thanks)!; ~ *så mycket!* many thanks!, thank you very much!; ~ *ska du ha!* thanks awfully!; ~ *för att du kom* thank you for coming; ~ *för lånet!* thank you [for the loan]!; ~ *för senast!* thank you for a lovely (nice) evening (party *etc.*)!; *hjärtligt* ~ *för ...!* most hearty thanks for ...!; *det är* ~*en för ...!* that's all the thanks you get for ...!; ~ *och lov!* thank heavens!; *vara ngn* ~ *skyldig* owe s.b. thanks; ~ *vare* thanks (owing) to

1 tacka *v1* thank (*ngn för* s.b. for); ~ *ja* (*och ta emot*) accept with many thanks; ~ *nej* [*till* ...] decline ... with thanks; *jo jag* ~*r* [*jag*]*!* well, I say!, well, well!; ~ *för det!* of course!; *det är ingenting att* ~ *för!* don't mention it!; ~ *vet jag ...* give me ... any day; *ha ngn att* ~ *för ngt* owe s.th. to s.b.

2 tacka *s1* (*fårhona*) ewe

3 tacka *s1* (*järn-, bly-*) pig; (*guld-, silver-, stål-*) ingot

tackbrev letter of thanks

tackel ['takk-] *s7* tackle [block]; ~ *och tåg* the rigging

tackjärn pig iron

tackkort thank-you card

tackl|a 1 *sjö.* rig **2** *sport.* tackle **3** ~ *av* (*magra*) grow (get) thin, fall away **-ing 1** *sjö.* rig[ging] **2** *sport.* tackle

tacknämlig [-ä:-] *a1* (*värd tack*) praiseworthy; (*gagnelig*) worthwhile, profitable, rewarding

tack- och avskedsföreställning farewell performance

tackoffer thank-offering

tacksam *a1* grateful (*för* for; *mot* to); (*mot försynen o.d.*) thankful (*för, över* for); (*uppskattande*) appreciative (*för* of); (*förbunden*) obliged; (*givande*) rewarding, worthwhile (*uppgift* task); *jag vore er mycket ~ om* I should be very much obliged to you if **-het** gratitude; thankfulness

tacksamhets|bevis token (mark) of gratitude **-skuld** debt of gratitude; *stå i ~ till* be indebted to (*ngn för* s.b. for)

tacksamt *adv* gratefully *etc.*; *vi emotser ~ Ert snara svar* we should appreciate your early reply; *vi erkänner ~ mottagandet av* we acknowledge, with thanks, [the] receipt of; *~ avböja* regretfully decline

tacksägelse *framföra sina ~r till ngn* proffer one's thanks to s.b. **-gudstjänst** thanksgiving service

tacktal speech of thanks

tadel ['ta:-] *s7* blame, censure; *utan fruktan och ~* without fear and without reproach **tadellös** blameless **tadla** [-a:-] *se klandra*

1 tafatt *s3* (*lek*) tag

2 tafatt [ˣta:-] *a1* awkward; clumsy

taffel ['taff-] *s2* **1** *hålla öppen ~* keep open house **2** *mus.* square piano **-musik** mealtime music **-täckare** footman laying the [Royal] table

tafflig *a1, vard.* awkward, clumsy

tafs *s2* **1** (*på metrev*) trace, leader, *AE.* snell **2** *få på ~en* get it hot; *ge ngn på ~en* give s.b. it hot **tafsa** fiddle, tamper; *~ på ngn* paw s.b.

taft *s3, s4* taffeta

tag *s7* **1** (*grepp*) grip, grasp (*omkring* round); hold (*i, om* of); *sport.* tackle; *fatta* (*gripa, hugga*) *~ i* grasp (seize, catch) [hold of]; *få ~ i* (*på*) get hold of, (*komma över*) come across, pick up; *släppa ~et* leave hold of, let go, (*ge upp*) give in (up); *ta ett stadigt ~ i* take firm hold of **2** (*sim-, år-*) stroke; *simma med långa ~* swim with long strokes; *ta ett ~ med sopborsten* have a go with the broom; *ha ~en inne* have the knack [of the thing]; *komma* (*vara*) *i ~en* get started, be at it **3** (*gång, liten stund*) little while; *kom hit ett ~!* come here a second[, will you]!; *en i ~et* one at a time; *i första ~et* at the first try (*vard.* go); *jag ger mig inte i första ~et* I don't give up at the first try

taga *se ta* **tagas** *se tas*

tagel ['ta:-] *s7* horsehair **-madrass** horsehair mattress **-orm** hairworm **-skjorta** hair shirt

tag|en *a5* taken *etc.*; *bli* [*djupt*] *~ av* be deeply affected by; *han såg mycket ~ ut* he looked deeply moved (*trött*: very tired); *strängt -et* strictly speaking; *över huvud -et* on the whole

tagg *s2* prickle; (*törn-*) thorn; *naturv.* spine; (*på -tråd*) barb **-ig** *a1* prickly; thorny; spiny **-svamp** hedgehog mushroom **-tråd** barbed wire, barbwire **-trådshinder** barbed-wire entanglement **-trådsstängsel** barbed-wire fence

tagit *sup. av ta*[*ga*]

tagla [ˣta:-] *sjö.* serve

tagning [-a:-] *film.* take

taiwanẹs *s3* Taiwanese **-isk** *a5* Taiwanese

tajma *vard.* time

tajt *a1, vard.* tight

tak *s7* (*ytter-*) roof; (*inner-*) ceiling (*äv. bildl.*); (*på bil etc.*) top; *bildl.* roof, shelter, cover, (*övre gräns*) ceiling; *brutet ~* mansard (curb) roof; *här är det högt* (*lågt*) *i ~* this room has a lofty (low) ceiling; *i ~et* on the ceiling; *grödan är under ~* the harvest is housed; *ha ~ över huvudet* have a roof over one's head; *vara utan ~ över huvudet* (*äv.*) have no shelter; *ingen fara på ~et* no harm done, all's well

taka *oböjligt a, pl, ~ händer* [legal] trust; *sätta ngt i ~ händer* deposit s.th. with a trustee (on trust)

tak|belysning ceiling lighting; ceiling fitting **-bjälke** beam [of the roof] **-bjälklag** tie beams (*pl*) **-dropp** (*från yttertak*) eaves drop; (*från innertak*) dropping from the ceiling **-fönster** skylight, fanlight **-krona** chandelier **-lagsfest** [-a:gs-] party for workmen when roof framework is completed **-lampa** ceiling lamp **-list** cornice **-lucka** roof hatch **-lök** *bot.* houseleek **-målning** ceiling painting; *~ar* (*äv.*) painted ceilings **-nock** roof ridge **-panna** roofing tile **-papp** roofing-felt **-räcke** (*på bil*) roof rack **-ränna** gutter **-skägg** eaves (*pl*) **-stol** roof truss

takt *s3* **1** (*finkänslighet*) tact, delicacy; (*urskillning*) discretion **2** (*av musikstycke*) bar; (*versfot*) foot **3** (*tempo*) time; *mus. äv.* measure; (*friare*) pace, rate; (*vid rodd*) stroke; *ange ~en* set the time (*vid rodd:* the pace); *gå i ~* keep in step; *hålla ~en* keep time; *hålla ~en med* keep pace with; *i ~ med musiken* in time to the music; *komma ur ~en* get out of time (step, the pace); *slå ~en* beat time; *stampa ~en* beat time with one's foot; *öka ~en* increase the speed (pace); *nu skall ni få se på andra ~er* this is where we get a move on **4** (*motors*) stroke **-art** time **-beteckning** time signature **-del** beat

tak|tegel roofing tile **-terrass** roof terrace, terrace roof

takt|fast (*om steg e.d.*) measured; *marschera ~* march in perfect time **-full** tactful; discreet **-fullhet** tactfulness; discretion

takt|ịk *s3* tactics (*pl, behandlas som sg*) **-iker** ['takk-] tactician

taktịl *a1* tactile

taktisk ['takk-] *a4* tactical

takt|känsla **1** *mus.* sense of rhythm **2** (*-fullhet*) sense of tact, tactfulness **-lös** tactless, indiscreet **-löshet** want of tact; tactlessness **-mässig** *a1* rhythmical **-pinne** baton **-streck** bar[line]

tak|täckare roofer; (*med -tegel*) tiler; (*med halm*) thatcher **-täckning** roofing; tiling; thatching **-ås** roof ridge

1 tal *s7, mat.* number; (*räkne-*) sum; *hela ~* integers, whole numbers; *ensiffriga ~* digits; *fyrsiffriga ~* numbers of four digits, four-figure numbers; *i runt ~* in round figures (numbers)

2 tal *s7* (*förmåga* (*sätt*) *att tala, språk*) speech; (*prat*) talk[ing]; (*sam-*) conversation; (*anförande*) speech, address; *~ets gåva* the gift of speech; *hålla ~* make a speech; *i ~ och skrift* verbally and in writing; *falla ngn i ~et* interrupt s.b., cut s.b. short; *det blev aldrig ~ om* there was never any question of; *det kan inte bli ~ om* there can be no talk (question) of; *föra på ~* bring up [for discussion]; *komma på ~* come (crop) up; *det är på ~ att* there is a talk of (+ *ing-form*); *på ~ om* speaking of

tala speak (*med* to; *om* about, of; *på* in); (*prata, konversera*) talk (*i telefon* on the telephone; *i sömnen* in one's sleep; *i näsan* through one's nose); *~ är silver, tiga är guld* speech is silver, silence is golden; *~ förstånd med* talk sense to; *får* *jag ~ ett par ord med dig?* can I have a word with you?; *~ rent* (*om barn*) speak properly; *allvarligt ~t* seriously speaking; *~ för* (*t. förmån för*) speak for (in favour of), (*tyda på*) indicate, point towards; *~ för sig själv* (*utan åhörare*) talk to o.s., (*i egen sak*) speak for o.s.; *de ~de i munnen på varandra* they were all talking at the same time; *~ om* speak (talk) about (of); *~ illa om* speak disparagingly about; *det är ingenting att ~ om!* (*avböjande*) don't mention it!; *för att inte ~ om* to say nothing of, not to mention; *låta ~ om sig* give rise to a lot of talk; *~ om* (*berätta*) tell; *~ inte om det för ngn!* don't tell anybody!; *~ sig hes* talk o.s. hoarse; *~ sig varm för* warm up to one's subject; *~ till ngn* speak to (address) s.b.; *~ ur skägget* speak up; *~ ut a*) (*så det hörs*) speak up (out), *b*) (*~ rent ut*) speak one's mind; *vi har ~t ut med varandra* we have had it out [with one another]; *~ vid ngn att han* tell (ask, arrange with) s.b. to (+ *inf.*)

talan *r* suit; (*kärandes*) claim; (*svarandes*) plea; *föra ngns ~* plead a p.'s cause, (*friare*) be a p.'s spokesman; *nedlägga sin ~* withdraw one's suit; *han har ingen ~* (*bildl.*) he has no voice in the matter **talande** *a4* speaking *etc.*; (*uttrycksfull*) expressive; (*menande*) significant (*blickar* looks); (*om siffror*) telling; *den ~* the speaker

talang talent, gift, aptitude; *pers.* talented (gifted) person **-full** talented, gifted **-fullt** *adv* with great talent **-lös** untalented **-scout** talent scout, star spotter

talar|e speaker; (*väl-*) orator; *föregående ~* the previous speaker; *han är ingen ~* he's not much of a speaker **-konst** art of [public] speaking; rhetoric **-stol** platform, rostrum

tal|as *dep, höra ~ om* hear of; *jag har hört ~ om honom* I have heard of him; *vi får ~ vid om saken* we must have a talk about it (talk the matter over) **-bok** talking book **-esman** spokesman (*för* of); *göra sig till ~ för* voice the feelings of **-esätt** (*stående* current) phrase, mode of expression **-fel** speech defect **-film** sound (talking) film; *vard.* talkie **-för** *a5* talkative, loquacious **-förmåga** faculty (power) of speech; *mista ~n* lose one's speech

talg [-j] *s3* tallow; (*njur-*) suet **-dank** tallow dip **-ig** *a1* tallowy, greasy **-körtel** sebaceous gland **-ljus** tallow candle **-oxe** great tit

talhytt call (telephone) box

talisman *s3* talisman

talj|a *s1*, **-block** tackle [blocks *pl*]

talk *s3* talc[um] **talka** talc **talkpuder** talcum powder, talc

talkör chorus; choral speech

tall *s2* (*träd*) [common] pine, pine tree, Scots (Scotch) pine (fir); (*trä*) pinewood, redwood **-barr** pine needle[s *pl*] **-barrsolja** pine-needle oil

tallektion elocution lesson

tallium ['tall-] *s8* thallium

tallkott|e pine cone **-körtel** pineal gland (body); *fack.* epiphysis

tallrik *s2* plate; *djup ~* soup plate; *flat ~* ordinary [dinner] plate; *en ~ gröt* a plate of porridge **tallriksis** pancake ice

tall|ris pine twigs (*pl*) **-skog** pine forest **-tita** *s1* willow tit

tallös innumerable, countless

talman speaker; *parl.* Speaker of Parliament (*i Sverige äv.* the Riksdag)

talmud ['ta:l-] Talmud

talong [-'låŋ] *s3* counterfoil; *AE.* stub; *kortsp.* talon

tal|organ organ of speech; (*röst*) voice **-pedagog** speech therapist **-pjäs** *teat.* straight play **-registreringsapparat** recording machine, recorder

talrik numerous; *~a* (*äv.*) numbers of **talrikt** [-i:-] *adv* numerously, in large numbers; *~ besökt* well-attended

tal|roll *teat.* spoken part **-rubbning** impairment of speech **-rör** speaking tube

tal|s [-a:-] *i uttr.: komma till ~ med* get to speak to, talk to **-scen** dramatic theatre **-språk** spoken (colloquial) language; *engelskt ~* spoken (*etc.*) English

talsystem number system, system of figures

talteknik elocution, speech training

talteori theory of numbers

tal|trast song thrush **-tratt** *tel.* mouthpiece **-trängd** *a1* eager to speak; (*som vana*) loquacious, garrulous **-övning** conversation exercise (practice); (*uttals-*) speech training

tam *a1* tame; (*om djur*) domestic[ated] **-boskap** domestic cattle (*pl*)

tambur hall; (*kapprum*) cloakroom

tamburin *s3* tambourin

tambur|major drum major; *vard. se följande* **-vaktmästare** cloakroom attendant

tam|djur tame (*etc.*) animal **-fågel** poultry **-får** domestic[ated] sheep **-het** tameness

tamp *s2* [rope's] end

tampas *dep* tussle

tamponera *v1*, **tampong** [-'påŋ] *s3* tampon

tamsvin pig

tamtam [ˣtammtamm] (*gonggong*) gong, tam-tam; (*trumma*) tom-tom

tand *-en tänder* tooth (*pl* teeth); (*vilddjurs*) fang; *tekn.* tooth, cog; *~ för ~* a tooth for a tooth; *tidens ~* the ravages (*pl*) of time; *få tänder* be teething, cut one's teeth; *försedd med tänder* toothed; *ha ont i tänderna* have toothache; *hålla ~ för tunga* (*bildl.*) keep one's own councel; *visa tänderna* show one's (*om hund:* bare its) teeth (*mot* at) **tanda** tooth; indent

tand|agnisslan *i uttr: gråt och ~* weeping and gnashing of teeth **-ben** toothbone **-borste** toothbrush **-borstglas** tooth glass **-borstning** [-å-] brushing of teeth **-brygga** dental bridge

tandem ['tann-] (*hästspann*) *s7*, (*cykel*) *s2* tandem **-cykel** tandem cycle **-sadel** pillion; *AE.* buddy seat

tand|garnityr set of teeth, denture **-hals** neck of a tooth **-hygien** dental hygiene **-hygienist** dental hygienist **-kirurgi** dental surgery **-klinik** dental clinic **-krona** crown of a tooth **-kräm** toothpaste **-kött** gum; *fack.* gingiva; *~et* the gums (*pl*) **-läkarborr** dentist's drill **-läkare** dentist, dental surgeon **-läkarexamen** dental degree **-läkarstol** dentist's (dental) chair **-lös** toothless **-ning** *konkr.* toothing; (*såg-*) serration; (*kuggar*) teeth cogs (*pl*) **-pasta** tooth-

T

paste, dentifrice **-petare** toothpick **-rad** row of teeth **-reglering** prevention and correction of irregular dentition; orthodontics (*pl*) **-röta** [dental] caries **-skydd** (*i boxning*) gumshield; mouthpiece; *sport.* chin protector **-sköterska** dental nurse **-sprickning** teething, cutting of the teeth **-sten** tartar; scale **-ställning** brace[s *pl*] **-tekniker** dental technician (mechanic) **-tråd** dental floss **-utdragning** tooth extraction **-val** toothed whale **-vall** alveolar ridge **-vård** dental care (service) **-värk** toothache **-ömsning** second dentition

tangent [-nj-, *i sht tekn. o. geom.* -ŋg-] **1** *mus., tekn.* key **2** *geom.* tangent **-bord** (*i skrivmaskin*) keyboard **-ial** [-ŋgen[t]si'a:l] *a1*, **-iell** [-ŋgen[t]si'ell] **1** tangential

Tanger [taŋ'ʃe:] *n* Tangier

tanger|a [-ŋg-, -nj-] **1** (*gränsa t.*) touch upon, border on **2** *geom.* be a tangent to, touch **3** *sport.* equal **-ingspunkt** tangential point; *bildl.* point of contact

tango ['taŋgo] *s5* tango

tanig *a1* thin **-het** thinness

tank **1** *s2* (*behållare*) tank, container **2** *s2* (*stridsvagn*) tank **tanka** fill up, refuel **tanker** ['tann-] *s2* tanker **tankbil** petrol (*AE.* gas[oline]) truck; *Storbritannien äv.* tank (tanker) lorry

tank|e *s2* thought (*på* of); (*idé*) idea (*om, på* of); (*åsikt*) opinion (*om* about); (*avsikt*) intention; (*plan*) plan (*på* for); *blotta ~ en på* the mere thought of; *var har du dina -ar?* what are you thinking about?; *ha -arna med sig* have one's wits about one; *ha en låg ~ om* have a poor opinion of; *ha ~ på att göra ngt* have got the idea of doing s.th.; *jag har aldrig haft en ~ ditåt* such a thought has never occurred to me; *i ~ att* with the idea (intention) of (+ *ing-form*); *försänkt i -ar* lost in thought; *jag hade ngt annat i -arna* I was thinking of s.th. else; *det leder [osökt] ~n till* it makes one think of; *med ~ på* bearing ... in mind; *få ngn på andra -ar* make s.b. change his mind; *komma på bättre -ar* think better of it; *utbyta -ar om* exchange ideas about

tanke|ansträngning mental exertion (effort) **-arbete** brain work **-bana** line of thought **-diger** profound **-experiment** intellectual experiment **-frihet** freedom of thought **-förmåga** capacity for thinking **-gång** *s2* train of thought **-läsare** thought-reader, mind-reader **-möda** *se -ansträngning* **-skärpa** mental acumen **-ställare** warning, food for thought; *få sig en ~* get s.th. to think about **-utbyte** exchange of thoughts (ideas, opinions) **-verksamhet** mental activity **-väckande** *a4* thought-provoking **-värld** world of ideas **-överföring** telepathy, thought transference

tankfartyg tanker

tank|full thoughtful, contemplative **-lös** thoughtless, unreflecting; (*om pers. äv.*) scatterbrained **-löshet** thoughtlessness *etc.*; *en ~* a thoughtless act

tankning refuelling, filling up

tank|spridd *a5* absent-minded **-spriddhet** preoccupation (absence) of mind **-streck** dash

tankvagn tank wagon; *i sht AE.* [rail] tank car

tannin *s4, s3* tannin, tannic acid

tant *s3* aunt; (*smeksamt*) auntie; *~ Andersson* Mrs. Andersson

tantal *s3, s4, kem.* tantalum; (*malm*) tantalite

tantaluskval *pl* torments of Tantalus

tantiem [taŋt-, tant-, -i'e:m, -i'ä:m] *s7* commission on profit[s *pl*], bonus

tantig *a1* old-maidish; frumpy

tanzan|ier [-'(t)sa:-] *s9*, **-isk** *a5* Tanzanian

tapet *s3* wallpaper; (*vävd*) tapestry; *sätta upp ~er* hang (put up) wallpaper; *vara på ~en* (*bildl.*) be on the tapis **-klister** paperhanger's paste **-rulle** roll of wallpaper

tapetser|a [hang] paper, decorate; *~ om* repaper **-are** [-ˣse:-] upholsterer **-arverkstad** upholstery [work]shop, upholstery **-ing** paperhanging, wallpapering

tapioka [-i'åk:a, -iˣå:ka] *s1, bot.* tapioca

tapir *s3, zool.* tapir; (*schabrak-*) Malayan tapir

tapisseri tapestry **-affär** fancywork shop **-arbete** fancywork, tapestry work

tapp *s2* **1** (*i tunna e.d.*) tap, faucet; (*i badkar, båt e.d.*) plug **2** (*t. hopfästning*) peg; (*trä-*) tenon; (*axel*) journal; (*sväng-*) pivot, trunnion **3** (*syn-cell*) cone **4** (*hö-*) wisp; (*ull-*) flock; (*moln-*) wisp

1 tappa (*vätska*) tap (*äv. med.*); (*av-, ~ upp*) draw [off]; *~ på buteljer* draw [... off]; pour (tap) into bottles; *~ blod av* bleed, draw blood from; *~ i vatten i badkaret* run water into the bath; *~ ur vattnet ur* let the water out of

2 tappa (*släppa*) drop, let fall; (*förlora*) lose (*äv. ~ bort*); *~ i golvet* drop (*etc.*) on (to) the floor; *~ huvudet* (*bildl.*) lose one's head; *~ bort sig* get lost, lose o.s.; *~ bort varandra* lose (get separated from) each other

tapper ['tapp-] *a2* brave; courageous; (*ridderligt ~*) gallant **-het** bravery, valour; courage **-hetsmedalj** medal for valour; distinguished service medal

tapp|hål taphole, pouring hole **-kran** drain cock **-ning** (*av vätska*) drawing, tapping; *vin av en god ~* a vintage wine; *i annan ~* (*bildl.*) formulated differently, in a different form

tappt *i uttr: ge ~* give in

tapto ['tapp-] *s6* tattoo; *blåsa ~* beat (sound) the tattoo; *AE.* taps (*pl*)

tara *s1* tare

taran|tel [-'rann-] *s2* tarantula **-tella** [-ˣtella] *s1* tarantella

tarer|a tare **-ing** taring

tariff *s3* tariff; schedule (list) [of rates]

tarm *s2* intestine; *~arna* (*äv.*) the bowels (entrails, *vard.* guts) **-flora** intestinal flora **-kanal** intestinal canal **-katarr** intestinal catarrh **-käx** [-ç-] *s7* mesentery **-ludd** intestinal villi (*pl*) **-vred** *s7* ileus, intestinal obstruction **-vägg** intestinal wall

taro *s5* taro, elephant's ear, dasheen

tars *s3* tarsus (*pl* tarsi) **-led** tarsal joint

tartar *s3* Tartar **-biff** *se råbiff* **-sås** tartar sauce

tartelett *s3* tartlet

tarv *s7, förrätta sitt ~* ease nature **tarva** require, demand, call for **tarvas** *dep, se behövas* **tarvlig** *a1* (*enkel*) frugal (*måltid* meal); (*smaklös*) cheap (*klänning* dress); (*om pers. o. smak*) vulgar, common; (*lumpen*) shabby (*uppförande* behaviour)

tarvligt *adv* frugally *etc.*; *bära sig ~ åt* behave shabbily (*mot* to) **tarvlighet** frugality; cheapness; vulgarity *etc.*; *~er* vulgarities

tas *togs tagits, dep, vard., hon är inte god att ~ med* she is a difficult person (child)

taskig *vard.* (*elak*) mean; (*orättvis*) unfair; (*dålig*) poor, lousy

taskspelar|e juggler, conjurer **-konst** *~er* juggling (conjuring) tricks

tass *s2* paw; *bort med ~arna!* hands off!; *räcka vacker ~* put out a paw nicely; *skaka ~ med* shake hands with **tassa** patter, pad

tassel ['tass-] *s7, tissel och ~* tittle-tattle **tassla** tittle-tattle

tatar *s3* Ta[r]tar

tattar|e *ung.* gypsy **-unge** gypsy kid

tatuer|a tattoo **-ing** tattooing

tautologi tautology

tavel|förfalskare forger of paintings **-galleri** picture gallery **-ram** picture frame **-samling** collection of pictures **-utställning** exhibition of paintings

taverna [-ˣvärr-] *s1* tavern

tavla [ˣta:v-] *s1* **1** *konst.* picture (*äv. bildl.*) **2** (*platta*) table; (*anslags-*) board; *svarta ~n* the blackboard **3** *vard., vilken ~!* what a slip-up (*AE.* boner)!

tax *s2* dachshund

1 taxa *v1, flyg.* taxi

2 taxa *s1* (*pris*) rate, charge; (*för personbefordran e.d.*) fare; (*telefon-*) fee; (*förteckning*) list of rates, tariff; *enhetlig ~* standard (flat) rate; *full ~* full rate

taxameter [-'me:-] *s2* taximeter, fare meter **-bil** *se taxi*

taxe|bestämmelser tariff (fare) regulations **-höjning** increase of charges (*etc.*); (*av biljettpris*) increase in fares

taxer|a assess [... for taxes] (*till* at), tax; (*uppskatta*) rate; (*värdera*) estimate, value; *~d inkomst* assessed income; *han ~r för 5 000 pund om året* he is assessed at 5,000 pounds a year **-ing** [tax] assessment; *för hög ~* over-valuation; *~ till kommunal* (*statlig*) *inkomstskatt* assessment for local (national) income tax

taxerings|belopp sum charged, amount of assessment **-distrikt** assessment district **-kalender** taxpayers' (ratepayers') directory **-man** [tax] assessor **-myndighet** assessment authority **-nämnd** assessment board (committee) **-värde** rat[e]able value; *AE.* tax assessment [value] **-år** year of assessment

taxi ['taksi] *s9* taxi [cab], cab **-båt** taxi boat **-chaufför** taxi driver, cab driver, cabman **-flyg** taxiplane service **-station** taxi (cab) rank; *AE.* taxi (cab) stand

tazett [-s-] *s3* French daffodil

tbc [tebe'se:] *best. form tbc-n* T.B., t.b. **-sjuk** *subst.* TB-sufferer

T-benstek T-bone steak

Tchad *n* Chad **tchad|ier** ['tʃa:-] *s9*, **-isk** ['tʃa:-] *a5* Chadian

TCO [tese'o:] (*förk. för Tjänstemännens Centralorganisation*) *se under tjänsteman*

1 te *s4* tea; *koka* (*dricka*) *~* make (have) tea

2 te *v4, rfl* appear

teak [ti:k] *s3* teak

teater [-e'a:-] *s2* theatre; *absurd ~* theatre of the absurd; *spela ~* act, *bildl.* play-act; *gå* (*vara*) *på ~n* go to (be at) the theatre; *gå in vid ~n* go on the stage **-affisch** playbill **-besök** visit to the theatre **-besökare** theatre-goer **-biljett** theatre ticket **-chef, -direktör** theatre manager **-folk** stage people **-föreställning** theatrical performance **-historia** stage history **-kikare** opera glasses (*pl*) **-kritiker** dramatic critic **-pjäs** [stage] play **-publik** theatre-goers (*pl*); audience **-recension** theatrical review **-sällskap** theatrical company **-viskning** stage whisper

teatralisk [-'tra:-] *a5* theatrical

te|bjudning tea party **-blad** tea leaf **-blask** *vard.* dishwater **-burk** tea caddy **-buske** tea plant

tecken ['tekk-] *s7* sign (*på, till* of); (*känne-*) mark (*på* of); (*symbolisk figur*) symbol (*äv. kem.*); *mat.* sign; (*skriv-*) character, sign; (*signal*) signal (*till* for); *det är ett gott ~* it is a good sign; *göra ~ åt ngn* make signs (a sign) to s.b.; *i enighetens ~* in a spirit of unity; *på givet ~* at a given sign (signal); *till ~ på* as a token (mark) of; *visa alla ~ till att* show every sign of (+ *ing-form*); *inte ett ~ till rädsla* not a vestige (trace) of fear **-förklaring** key to the (table of) signs **-ruta** (*t.ex. på miniräknare*) display **-språk** sign language **-tydare** auger

teckna 1 (*ge tecken*) sign (make signs, a sign) (*till, åt* to) **2** (*skriva*) sign; (*genom namnteckning utlova*) put one's name down for; *~ aktier* subscribe for (to) shares; *~ firman* sign for a company; *~ kontrakt* make (enter) into a contract **3** (*rita*) draw (*efter* from; *för* for); (*skildra äv.*) delineate, depict; *~ av* sketch [off]; *~d film* [animated] cartoon; *~d serie* comic strip; *djuret är vackert ~t* the animal is beautifully marked **4** *rfl* (*an- sig*) put one's name down (*för* for); (*av- sig*) be depicted (*i ngns ansikte* on a p.'s face); *~ sig för en försäkring* take out an insurance; *~ sig till minnes* commit to memory

teckn|are 1 drawer, artist; (*illustratör*) illustrator **2** (*aktie-*) [share] subscriber **-ing 1** drawing; *konkr. äv.* sketch; (*i ord*) description **2** *zool.* markings, lines (*pl*) **3** *hand.* subscription (*av aktier* to shares)

tecknings|bevis subscription certificate (*Storbritannien* warrant) **-lektion** drawing lesson **-lista** subscription list **-lärare** drawing master, art teacher **-rätt** *hand.* subscription right **-rättsbevis** *hand.* participation certificate **-undervisning** teaching of drawing

tedags *vid ~* at tea time

teddy|björn teddy bear **-kappa** artificial fur coat

tedeum [-ˣde:-] *s7, best. form äv. tedeum* Te Deum

tefat saucer; *flygande ~* flying saucer

1 teg *s2* strip (piece) of tilled land

2 teg *imperf. av tiga*

tegat *sup. av tiga*

tegel ['te:-] *s7* [building] brick; *koll.* bricks (*pl*); (*tak-*) tile, *koll. tiles* (*pl*); *eldfast ~* firebrick **-bruk** brickworks, brickyard; brick kiln **-bränning** brick-burning, tile-burning **-mur** brick wall

T

-panna [roofing] tile; pantile **-röd** brick-red **-rör** tile (earthenware) pipe **-sten** brick **-stensroman** great thick novel, tome **-tak** tile [d] roof **-täckt** *a4* tiled
te|hus teahouse **-huv** tea cosy **-in** *s4* theine
teis|m theism **-tisk** [-'iss-] *a5* theistic[al]
tejp *s3* tape
tek|a *sport.* face off **-ning** *sport.* face-off
te|kaka teacake **-kanna** teapot **-kittel** kettle
tekn|ik *s3* **1** (*ingenjörsvetenskap*) technics (*pl*); engineering, technology; *~ens framsteg* technological advances **2** (*tillvägagångssätt*) technique **-ikalitet** *s3* technicality **-iker** ['tekk-] technician, engineer **-isk** ['tekk-] *a5* technical; technological; *~ högskola* institute of technology; *~t missöde* technical hitch; *~t museum* museum of science and technology
tekno|krat technocrat **-log** technologist, technological student **-logi** *s3* technology **-logisk** [-'lå:-] *a5* technological
tekoindustri textile and clothing industry
te|kopp teacup; (*som mått*) teacupful [of] **-kök** tea urn
telefon [-'få:n] *s3* telephone; *vard.* phone; *det ringer i ~en* the telephone is ringing; *det är ~ till dig* you are wanted on the telephone; *svara i ~* answer the telephone; *tala i ~* talk (speak) on the telephone; *per ~* by (on the, over the) telephone **-abonnent** telephone subscriber **-apparat** telephone [apparatus] **-automat** slot telephone; *AE.* pay [tele]phone **-avgift** telephone rental (charge) **-avlyssning** wire-tapping **-central** telephone exchange **-era** telephone (*efter* for; *till* to); *vard.* phone, *AE.* call (*till ngn* s.b.) **-förbindelse** telephone connection **-hytt** call (telephone) box; *AE.* telephone booth
telefon|i *s3* telephony **-ist** telephone operator **-katalog** telephone directory (*AE.* book) **-kiosk** *se telefonhytt* **-kontakt** *stå i ~ med* keep in touch by telephone with **-kö** telephone queue [service] **-ledning** telephone circuit (wire) **-lur** receiver **-nummer** telephone number; *hemligt ~* unlisted telephone number **-påringning** telephone call **-reparatör** telephone mechanic **-räkning** telephone bill **-samtal** telephone conversation; (*påringning*) telephone call; *åberopande vårt ~* referring to our telephone conversation **-station** telephone exchange (call office; *AE.* office) **-stolpe** telephone pole **-svarare** telephone answering machine; *pers.* answering-service operator **-terror** threatening phone calls **-tid** telephone hours (*pl*) **-tråd** telephone wire **-vakt** telephone answering service **-väckning** alarm call **-väkteri** phone-in [radio programme] **-växel** telephone exchange
telefoto wirephoto, telephoto
telegraf *s3* telegraph **-arbetare** telegraph-service worker **-era** wire, telegraph; (*utom Europa äv.*) cable **-ering** [-'fe:-] telegraphy; cabling
telegraf|i s3 telegraphy **-isk** [-'gra:-] *a5* telegraphic **-iskt** [-'gra:-] *adv* telegraphically; *svara ~* wire (cable) back **-ist** telegraph operator; *sjö.* radio officer **-station** telegraph office **-stolpe** telegraph pole **-verk** telegraph service
telegram [-'gramm] *s7* telegram; *vard.* wire; (*utom Europa*) cable[gram]; *~ med betalt svar* reply-paid telegram **-adress** telegraphic (cable) address **-avgift** telegram (*etc.*) charge **-bild** telephoto **-blankett** telegram form (*AE.* blank) **-byrå** news (press) agency; *Tidningarnas ~* [the] Swedish central news agency **-pojke** telegraph boy **-remissa** telegraphic remittance (money order, transfer) **-stil** telegraphic style
tele|kinesi telekinesis **-kommunikation** telecommunication[s *pl*] **-objektiv** telephoto lens **-ologi** teleology **-pati** *s3* telepathy **-patisk** [-'pa:-] *a5* telepathic **-printer** [-'prinn-] *s2* teleprinter, *AE.* teletypewriter **-printerremsa** ticker tape
teleskop [-'skå:p] *s7* telescope **-antenn** telescopic aerial (antenna) **-isk** [-'skå:-] *a5* telescopic
tele|station telephone and telegraph office **-teknik** telecommunication [engineering] **-tekniker** telecommunication engineer **-teknisk** telecommunication **-verket** [the Swedish] telecommunications administration **-visera** televise, telecast **-vision** television (*förk.* TV); *vard.* telly (*Storbritannien*), video (*AE.*); *intern ~* closed-circuit television; *komma i ~* appear on television, be on TV; *se på ~* watch television (the TV); *sända per ~, se -visera*
televisions|apparat television (TV) [set] **-kamera** television camera **-ruta** viewing screen **-sändare** television transmitter **-sändning** television transmission (broadcast)
telex ['te:-] *s2* telex; *AE.* teletype (*varumärke*) **telexa** [ˣte:-] telex, teletype
telfer ['tell-] *s2* [electric] hoist (telpher)
tellur *s3, s4* tellurium
teln [-e:-] *s2* net-rope
telning [ˣte:l-] (*skott*) sapling; (*avkomma*) offspring; (*unge*) kid
tema [ˣte:-, 'te:-] *s6* **1** (*ämne*) theme (*äv. mus.*) **2** (*skolstil*) composition; (*översättning*) translation **3** *språkv., säga ~ på ett verb* give the principle parts of a verb **-tisk** [-'ma:-] *a5* thematic
temp *s2, vard., ta ~en* take one's temperature
tempel ['temm-] *s7* temple **-dans** temple dance **-herreorden** the Order of Knights Templar[s] **-skändare** [-ʃ-] desecrator of a temple **-tjänare** temple servant; *bibl.* Levite
1 tempera ['temm-] *s9* tempera, distemper
2 tempera *v1* time, set a fuse
temperament *s7* temperament
temperaments|full temperamental **-sak** *en ~* a matter of temperament
temperatur temperature; *absolut ~* thermodynamic (absolute) temperature **-fall** fall of (in the) temperature **-förändring** change of (in the) temperature
temperer|a **1** (*värma*) temper, warm, take the chill off **2** *mus.* temper **-ad** *a5* (*om vin e.d.*) tempered; (*om klimat e.d.*) temperate **-ing** warming, tempering
tempo ['temm-] *s6* **1** (*hastighet*) pace, speed; *mus.* tempo (*pl* tempi); *forcera ~t* force the pace, speed up **2** (*handgrepp*) operation **-arbetare** semiskilled worker **-arbete** serial production **-beteckning** *mus.* expression mark **-ral** *a*[illegible] temporal **-rär** *a1* temporary
tempus ['temm-] *n* tense **-följd** sequence of tenses

ten *s2* [metal] rod
tendẹns *s3* tendency; (*utvecklingsriktning*) trend **-fri** nontendentious **-roman** novel with a purpose
tendentiös [-n(t)si'ö:s] *a1* tendentious; (*friare*) bias[s]ed
tender ['tenn-] *s2* tender
tendera tend (*mot* towards; [*till*] *att* to)
Teneriffa [-ˣriffa] *n* Tenerife
tenn *s4* tin; *engelskt* ~ pewter **-bägare** pewter tankard **-folie** tinfoil **-gjutare** pewterer **-gjuteri** pewter foundry
tennis ['tenn-] *s2* tennis **-arm** tennis elbow (arm) **-bana** tennis court **-boll** tennis ball **-hall** covered tennis court, tennis hall **-racket** tennis racket **-sko** tennis shoe **-spelare** tennis player **-tävling** tennis tournament
tenn|kanna pewter jug **-lödning** tin (soft) soldering **-plåt** (*material*) sheet tin; *konkr.* tin sheet, tinplate **-soldat** tin soldier **-stop** pewter mug
tenọr *s3* tenor **-klav** tenor clef **-saxofon** tenor saxophone **-stämma** tenor voice
tensịd *s3* surfactant, surface-active agent
tenta *vard., se tentamen o. tentera*
tentakel [-'takk-] *s3* tentacle, feeler
tent|amen [-'ta:-] *r, -amen -amina* examination; *muntlig* ~ oral examination, viva [voce]
tentamens|läsa revise, read (study) for an examination **-period** examination period **-skräck** horror of exams
tentạnd *s3* examinee, candidate
tentativ [-'ti:v, 'tenn-] *a1* tentative
tent|ator [-ˣa:tår] *s3* examiner **-era 1** (*prövas*) be examined (*för* by; *i* in) **2** (*pröva*) examine; *absol.* conduct an examination
teodl|are tea planter **-ing** tea growing; *konkr.* tea plantation
teodolịt *s3* theodolite, *AE.* transit
teo|log theologian **-logị** *s3* theology; (*som studieämne äv.*) divinity; *~e doktor* doctor of theology (divinity); *~e studerande* theology student, student of theology (divinity) **-logisk** [-'lå:-] *a5* theological; ~ *fakultet* (*äv.*) faculty of theology
teorẹ|m *s7* theorem **-tiker** [-'re:-] theoretician, theorist **-tisera** theorize (*om, över* about) **-tisk** [-'re:-] *a5* theoretic[al]
teorị *s3* theory
teo|sof [-'så:f] *s3* theosophist **-sofị** [-så'fi:] *s3* theosophy **-sofisk** [-'så:-] *a5* theosophic[al]
tepåse tea bag
terapeut [-'pevt] *s3* therapist **-isk** [-'pevv-] *a5* therapeutic[al]
terapị *s3* therapy
term *s3* term
termer ['terr-] *pl* (*bad*) thermae
termịk [-'mi:k] *s3* thermal[s *pl*]
termin [-'mi:n] *s3* **1** (*del av läsår*) term; *AE.* semester **2** (*tidpunkt*) stated (fixed) time, term; (*förfallotid*) time of maturity, due date; (*betalnings-*) day (time) of payment; *betalning i ~er* payment by instalment
terminal [-'na:l] **I** *s3* terminal **II** *a1* terminal
terminologị *s3* terminology
termins|affär forward deal (transaction) **-avgift** term fee **-betyg** term report **-vis** by (in) instalments
termisk *a5* thermal, thermic
termistor [-ˣmistår] *s3* thermistor
termit [-'mi:t] *s3* termite, white ant
termo|dynamik [ˣtärr-, -'i:k] thermodynamics (*pl, behandlas som sg*) **-dynamisk** [ˣtärm-, -'na:-] thermodynamic[al] **-elektrisk** [ˣtärr-, -'lekk-] thermoelectric[al] **-element** [ˣtärr-] [bimetallic] thermocouple **-grạf** *s3* thermograph **-meter** [-'me:-] *s2* thermometer; *~n visar 5 grader* the thermometer stands at 5 degrees; *~n faller* the temperature is falling **-meterskala** thermometric (thermometer) scale **-nukleär** [ˣtärr-, -'ä:r] thermonuclear **-plast** [ˣtärr-] thermoplastic
termos ['tärr-] *s2*, **-flaska** thermos [flask] (*varumärke*) **-kanna** vacuum jug
termostat *s3* thermostat **-reglerad** thermostat controlled
terpentịn *s3, s4* turpentine
terrakotta [-ˣkåtta] *s9* terra cotta
terrarium [-'ra:-] *s4* vivarium; terrarium
terrạss *s3*, **-era** *v1* terrace **-formig** [-å-] *a1* terraced
terrester [-'ress-] *a2* terrestrial
terrier ['tärr-] terrier
terrịn *s3* tureen
territorial|gräns [-ˣa:l-] limit of territorial waters **-vatten** territorial waters (*pl*)
territor|iẹll *a1* territorial **-ium** [-'to:-] *s4* territory
terror ['tärrår] *s9* terror **-balans** balance of terror **-dåd** terrorist act
terror|isera terrorize **-ism** terrorism **-ist** terrorist
terror|verksamhet terrorist activity **-vapen** *pl* terror weapons
terrạng *s3* terrain; ground, country; land; *kuperad* ~ hilly country; *förlora* ~ lose ground **-bil** cross-country vehicle, *AE.* all-terrain vehicle (*förk.* ATV), jeep **-förhållanden** *pl* nature (condition) (*sg*) of the ground **-gående** *a4* cross-country (*fordon* vehicle) **-löpning** cross-country running (run; *vid tävling*: racing, race) **-ritt** cross-country riding (ride)
ters *s3* tierce; *mus. äv.* third
tertiär [-tsi'ä:r] *a1* tertiary **-lån** loan secured by a third mortgage, third mortgage loan **-tiden** the Tertiary [Age]
terylen [-'le:n] *s3, s4* terylene (*urspr. varumärke*); *AE. äv.* dacron (*varumärke*)
terzin [-t'si:n] *s3* terza rima (*pl* terze rime)
tes *s3* thesis (*pl* theses)
te|servis tea service (set) **-sil** tea strainer **-sked** teaspoon; (*som mått*) teaspoonful [of] **-sort** type (blend) of tea; *~er* (*äv.*) teas
1 test *s2* (*hår-*) wisp
2 test *s7, s9* (*prov*) test; *data.* check
testa test
testa|mentarisk [-'ta:-] *a5* testamentary **-mente** [-'menn-] *s6* **1** *jur.* [last] will [and testament]; *upprätta sitt* ~ make (draw up) one's will; *inbördes* ~ [con]joint will **2** *bibl., Gamla* (*Nya*) *~et* the Old (New) Testament **-mentera** ~ *ngt till ngn* bequeath s.th. to s.b., leave s.b. s.th. **-mentsexekutor** executor [of a will] **-tor**

T

[-ˣa:tår] *s3* testator; *fem.* testatrix
test|bild test pattern, test card; *AE. äv.* resolution chart **-cykel** ergometer bicycle **-flygare** test pilot
testikel [-'tikk-] *s2* testicle, testis (*pl* testes)
testning testing
testosteron [-'rå:n] *s4* testosterone
testpilot test pilot
tetanus ['te:-] *r* tetanus
tetraeder [-'e:d-] *s2* tetrahedron
te|vagn tea trolley **-vatten** water for the tea; *sätta på ~* put the kettle on; *-vattnet kokar* the kettle is boiling
teve *s2, se TV o. television*
te|veronika *s1,* **-ärenpris** *s3, bot.* germander speedwell
t.ex. (*förk. för till exempel*) e.g., for example; say
text *s3* text; (*bibelställe äv.*) passage; (*motsats musik*) words (*pl*); (*sammanhang*) context; *sätta ~ till musik* put the words to music; *gå vidare i ~en* (*bildl.*) go on; *lägga ut ~en* (*bildl.*) embroider things
text|a 1 (*skriva*) use (write in) block letters **2** (*uttala tydligt*) articulate **-analys** textual analysis **-are** calligrapher **-författare** author of a text; (*t. film*) scriptwriter; (*t. opera*) librettist; (*reklam-*) copywriter **-förklaring** textual commentary **-häfte** book of accompanying text
textil *a1* textile **-fabrik** textile mill (factory) **-fiber** textile fibre **-ier** *pl* textiles, textile goods **-industri** textile industry **-konstnär[inna]** textile stylist, pattern designer **-lärare** teacher of textile craft **-varor** *pl, se textilier*
text|kritik textual criticism **-kritisk** critical **-ning** block writing, lettering **-reklam** editorial advertising **-sida** page of text **-ställe** passage, paragraph **--TV** teletext
textur texture
t.f. [ˣteeff] (*förk. för tillförordnad*) acting (*rektor* headmaster)
t.h. (*förk. för till höger*) to the right
thai|ländare *s9,* **-ländsk** *a5* Thai **-ländska** (*kvinna*) Thai woman **-siden** Thai silk **-språk** Thai
Themsen ['temm-] *r* the [River] Thames **-mynningen** the Thames Estuary
thinner ['tinn-] *s9* thinner **-sniffning** thinner sniffing
thoraxkirurgi [ˣto:-, ˣtå:-] thoracic surgery
thriller ['trill-, *äv. eng. uttal*] *s9* thriller
thymus ['ty:-] *r* thymus (*pl äv.* thymi)
tia [ˣti:a] *s1* ten; (*sedel*) ten-kronor note
tiar[a] [-ˣa:r(a)] *s3* [*s1*] tiara
Tibet *n* Tibet
tibet|an *s3* Tibetan **-ansk** [-a:-] *a5* Tibetan **-anska** [-'ta:n-] **I** (*språk*) Tibetan **II** (*kvinna*) Tibetan woman
1 ticka *s1* polypore
2 ticka *v1* tick
ticktack (*om mindre klocka*) ticktick; (*om större klocka*) ticktock; (*om hjärta*) ticktack
tid *s3* **1** time (*och rum* and space); (*-punkt äv.*) hour, moment; (*period*) period, space; (*tidsålder*) day[s *pl*], time[s *pl*]; *beställa ~* make an appointment (*hos* with); *bestämma* [*en*] *~* set a day (date) (*för* for); *en ~ brukade jag* at one time I used to; *en ~s vila* a period of rest; *när jag får ~* when I get time (an opportunity) (*med, till* for; *att* to); *har du ~ ett ögonblick?* can you spare a moment?; *allt har sin ~* there's a time for everything; *kommer ~ kommer råd* don't cross your bridges until you get to them; *medan ~ är* while there is yet time; *ta ~* (*sport.*) time; *ta god ~ på sig* take one's time; *det är god ~* there is plenty of time (*med* (*till*) *det* for that); *det är hög ~ att* it is high time to; *~en är knapp* time is short; *den ~en den sorgen* worry about that when the time comes; *~en för avresan* the time (hour, date) for departure; *~en går* time passes; *~ens gång* the course of time; *~ens tand* the ravages of time; *ha ~en för sig* have the future before one; *hela ~en* all the time; *nya ~en* the new age; *se ~en an* bide one's time, wait and see; *öppet alla ~er på dygnet* open day and night; *alla ~ers största målare* the greatest painter ever; *alla ~ers chans* the chance of a lifetime; *det var alla ~ers!* that was simply marvellous!; *andra ~er andra seder* manners change with the times; *det var andra ~er då* times were different then; *gamla ~er* ancient times, the old days; *långa ~er kunde han* for long periods he could **2** (*med föregående prep.*) *efter en* (*ngn*) *~* after a time (while), (*om särskilt fall*) some time afterwards; *efter en månads ~* after [the lapse of] a (one) month, in a month's time; *~ efter annan* from time to time; *vara efter sin ~* be behind the times; *enligt den ~ens sed* in accordance with the custom of those times; *från vår ~* from (of) our times; *för en ~* for some time; *för en ~ av sex månader* for a period of six months; *nu för ~en* nowadays; *före sin ~* ahead of one's time; *i ~* in time (*för, till* for; *för att* for + *ing-form*); *i ~ och evighet* for all time; *i ~ och otid* at any time (all times); *i god ~* in good time; *i rätt* (*rättan*) *~* at the right (in [due]) time; *i sinom ~* in due course; *i två års ~* for [a period of] two years; *i vår ~* in our times (age); *förr i ~en* in former times, formerly; *i alla ~er* (*hittills*) from time immemorial; *med ~en* in [course of] time, as time goes on; *på Cromwells ~* in Cromwell's day[s *pl*]; *springa på ~* (*sport.*) run against time; *på bestämd ~* at the appointed time; *på min ~* in my time (day); *på senare ~* in recent times; *på senaste* (*sista*) *~en* latterly, recently; *fara bort på en ~* go away for a time; *det är på ~en att vi* it is about time we; *under ~en* in the meantime, meanwhile; *under ~en 1–10 maj* during the period 1–10 May; *under den närmaste ~en* during the next few days (weeks); *under en längre ~* for a long (any great length of) time; *gå ur ~en* be removed; *vid ~en för* at the time of; *vid den ~en* at (by) that time; *vid den här ~en* by now (this time); *vid den här ~en på dagen* at (by) this time of the day; *vid en ~ som denna* at a time like this; *vid sjutiden* at about seven [o'clock]; *över ~en* beyond (past) the proper time **3** *~s nog* early enough
tidelag *s7* bestiality, sexual intercourse with animals
tide|räkning chronology; *gregorianska ~en* the Gregorian calendar **-varv** period, age, epoch
tidgivning [-ji:v-] time signalling; (*i radio*) time announcement
tidig *a1* early **tidigare I** *a, komp. t. tidig* earlier

(*föregående äv.*) previous, former, prior **II** *adv* earlier; at an earlier hour, sooner; (*förut*) previously, formerly **tidigarelägga** advance; ~ *ett sammanträde* hold a meeting earlier **tidigast** *a, superl. t. tidig o. adv* earliest; *allra* ~ at the very earliest
tidigt *adv* early; *för* ~ too early (*för* for; *för att* to), (*i förtid*) prematurely (*född* born); *det blev* ~ *höst* autumn was early; ~ *på dagen* (*morgonen*) early in the day (morning); ~ *på våren* (*äv.*) in early spring; *vara* ~ *uppe* be up early; *vara för* ~ *ute* (*bildl.*) be premature
tid|kort timecard, clock card **-lön** time rate (wages); (*daglön*) day[work] rate; *ha* ~ be paid by the hour **-lös** timeless **-lösa** *s1, bot.* autumn crocus, meadow saffron **-mätare** time meter **-mätning** measurement of time, chronometry
tidning [ˣti:d-] newspaper; paper; *daglig* ~ daily [paper]; *det står i ~en* it's in the paper
tidnings|anka hoax, canard **-artikel** newspaper article **-bilaga** newspaper supplement **-bud** person who delivers newspapers **-försäljare** newsagent, newsvendor; *AE.* newsdealer **-kiosk** newsstand, bookstall **-man** newspaperman, *fem.* newspaperwoman **-papper** *hand.* newsprint, news stock; *en bit* ~ a piece of newspaper **-press** (*samtliga ~ar*) press **-redaktion** newspaper office **-redaktör** newspaper editor **-stöd** state newspaper subsidy **-urklipp** press cutting; *AE.* clipping; *bok för* ~ scrapbook, press-cutting book **-utgivare** newspaper publisher
tid|punkt point [of time]; time; *vid ~en för* at the time of **-rymd** period, space of time
tids [-i:-] *se tid 3*
tids|adverb adverb of time **-anda** ~*n* the spirit of the age **-befrakta** *v1*, **-befraktning** *s2*, time charter **-begrepp** idea of time **-begränsad** limited in time **-begränsning** time limit **-besparande** *a4* timesaving **-besparing** time saved **-beställning** appointment **-bestämma** date; *-bestämt straff* fixed term [of imprisonment] **-brist** lack of time **-bunden** dated, of its period **-enhet** unit of time **-enlig** [-e:-] *a1* in keeping with the times; up-to-date **-faktor** time factor **-frist** time limit, deadline; (*anstånd*) respite **-fråga** *en* ~ a matter of time **-följd** *i* ~ in chronological order **-fördriv** *s7, till* ~ as a pastime **-förlust** loss of time **-gräns** time limit **-inställd** timed; ~ *bomb* time bomb **-inställning** *foto.* shutter setting
tidskrift periodical [publication], publication; journal, review; (*lättare*) magazine
tidskrifts|artikel article in a periodical (*etc.*) **-nummer** issue of a periodical (*etc.*) **-stöd** state magazine subsidy
tidskrivare time recorder
tids|läge situation at the time; *nuvarande* ~ the present juncture **-nöd** lack of time **-period** period, space, time **-plan** timetable, time schedule **-signal** time signal **-skede** epoch **-skildring** picture of the time **-skillnad** difference in time **-spillan** *r* waste of time **-studie** time [and motion] study **-studieman** time-study man, timer **-trogen** true to the period; faithful **-typisk** characteristic of the time **-vinst** time-saving; *med stor* ~ with a great gain of time **-ålder** age **-ödande** *a4* time-consuming, time-wasting
tid|tabell timetable; *AE. äv.* schedule **-tabellsenlig** [-e:n-] *a1* scheduled **-tagare** *sport.* timekeeper **-tagarur** stopwatch; timer **-tagning** timekeeping **-tals** [-a:-] (*stundtals*) at times; (*långa tider*) for periods together **-vatten** tide; tidal water **-vattenkraftverk** tidal power station **-vis** (*då o. då*) at times; (*med mellanrum*) intermittently, periodically
tig|a *teg tegat* (*äv. -it*) be (remain) silent (*med* about); ~ *med ngt* (*äv.*) keep s.th. to o.s.; ~ *som muren* keep silent; ~ *ihjäl* hush up; *tig!* shut up!; *han fick så han teg* it silenced him; *den som -er samtycker* silence gives consent
tiger ['ti:-] *s2* tiger **-hane** male tiger **-hjärta** *tröst för ett* ~ a poor consolation **-hona** female tiger **-lilja** tiger lily **-skinn** (*på tiger*) tiger's coat; (*avdraget*) tiger skin **-språng** tiger's leap (*äv. bildl.*) **-unge** tiger cub
tigga *v2* beg (*av* of; *om* for); *AE. sl.* panhandle; *gå omkring och* ~ go begging; ~ *och be* beg and beg; ~ *ihop* collect by begging; ~ *sig fram* beg one's way along; ~ *sig till ngt av ngn* coax s.th. out of s.b.; ~ *stryk* (*vard.*) ask for a thrashing
tiggarbrev begging letter
tiggar|e beggar; *AE. sl.* panhandler; (*yrkesmässig äv.*) mendicant **-munk** mendicant friar **-påse** beggar's wallet **-ranunkel** crowfoot **-stav** beggar's staff; *bringa ngn till ~en* reduce s.b. to beggary
tigger|i begging **-ska** beggar-woman
tigit *sup. av tiga*
tigr|erad [-'re:-] *a5* tigrine **-inna** tigress
tik *s2* bitch
tilj|a *s1* (*planka*) board; *beträda ~n* go on the stage; *gå över ~n* (*om skådespel*) be performed
till I *prep* **1** *rumsbet.* (*äv. friare*) *a*) *allm.* to; (*in* ~) into; (*mot*) towards; *vägen* ~ *handelsboden* the road to the shop; ~ *vänster* to the left; *ända* ~ *stationen* as far as the station; *ha gäster* ~ *middagen* have guests to dinner; *ha fisk* ~ *middag* have fish for dinner; *dricka öl* ~ *maten* have beer with one's food, *b*) (*ankomst*) at (*vid orter*), in (*vid länder, stora städer*); *ankomsten* ~ *Arlanda* (*Stockholm*) the arrival at Arlanda (in Stockholm); *han anlände* ~ *stationen* (*Sicilien*) he arrived at the station (in Sicily); *vid deras ankomst* ~ *staden* on their arrival in the city (at the town); *komma* ~ *ett resultat* arrive at a result, *c*) (*avresa*) for; *bussen* (*tåget*) ~ *A.* the bus (train) for A.; *vid vår avresa* ~ *London* on our departure for London; *lösa biljett* ~ *A.* buy a ticket for A. **2** *tidsbet.* (*som svar på 'hur länge'*) till, until; (*ända* ~) [up] to; (*vid tidpunkt*) at; (*ej senare än*) by; (*avsett för viss tid*) for; *jag väntade* ~ *klockan sex* I waited till six o'clock; *jag väntade från klockan fem* ~ *klockan sex* I waited from five o'clock to (till) six o'clock; ~ *långt in på natten* till far on into the night; *vi träffas* ~ *påsk* we will meet at Easter; ~ *dess* by then; *ända* ~ *dess* up to that time; *du måste vara hemma* ~ *klockan sex* you must be home by six; *natten* ~ *lördagen* Friday night; *vi har ingen mat* ~ *i morgon* we have no food for tomorrow; *jag reser hem* ~ *jul* I am going home for Christmas; *köpa en ny hatt* ~ *våren* buy a new hat

T

for the spring; *sammanträdet är bestämt ~ i morgon* the meeting is fixed for tomorrow; *jag har tre läxor ~ i morgon* I have three lessons for tomorrow **3** (*dativförhållande*) to; (*avsedd för*) for; *jag sade det ~ dig* I said it to you; *skriva ~ ngn* write to s.b.; *sjunga ~ gitarr* sing to [the accompaniment of] the guitar; *det finns post ~ dig* there are some letters for you; *fyra biljetter ~ söndag* four tickets for Sunday; *hans kärlek ~ pengar* his love of money; *av kärlek ~ nästan* out of love for one's neighbour; *vår tillit ~ honom* our confidence (trust) in him **4** (*genitivförhållande*) of; to; *hon är dotter till en general* she is a (the) daughter of a general; *dörren ~ huset* the door of the house; *författaren ~ pjäsen* the author of the play; *en källa ~* (*bildl.*) a source of; *mor ~ två barn* the mother of two children; *nyckeln ~ garaget* the key to the garage; *en vän till mig* (*min syster*) a friend of mine (my sister's); *ägaren ~ bilen* the owner of the car **5** (*efter verb*) *se verbet* **6** (*uttr. ändamålet*) for; (*såsom*) as, by way of; *köpa gardiner ~ köket* buy curtains for the kitchen; *sakna pengar ~* lack money for; *~ metspö använde han* he used ... as a fishing rod; *ge ngn ngt ~ julklapp* give s.b. s.th. as a Christmas present; *ha ngn ~ vän* have s.b. as a friend **7** (*uttr. verkan, resultat*) to; *~ min fasa* to my horror; *vara ~ hinder för* be a hindrance to; *~ skada för* to the detriment of **8** (*uttr. förändring*) into; *omvandlingen ~* the transformation (change) into; *översättning ~ svenska* translation into Swedish; *en förändring ~ det bättre* a change for the better **9** (*vid pris o.d.*) at; (*vid måttsuppgift*) of; *jordgubbar ~ 15 kronor litern* strawberries at 15 kronor per litre; *~ en längd av sex meter* of a length of 6 metres **10** (*i fråga om*) in; (*genom*) by; *~ antalet* (*utseendet*) in number (looks); *~ det yttre* in external appearance; *läkare ~ yrket* doctor by profession **11** (*i egenskap av*) of; *det var en baddare ~ gädda!* that pike is a real whopper!; *ett nöt ~ karl* a fool of a man; *ett ruckel ~ hus* a ramshackle old house; *en slyngel ~ son* a rascal of a son **12** (*före inf.*) *~ att börja med* to begin with; *ett gevär ~ att skjuta med* a gun for shooting (to shoot with); *han är inte karl ~ att* he's not the man to **13** *~ och med* up to [and including], *AE.* through; *~ och med söndag* (*äv.*) inclusive of Sunday, *AE.* through Sunday; *jfr II 4* **14** *svag ~ måttlig vind* light to moderate winds; *det var 20 ~ 30 personer där* there were 20 or (to) 30 persons there; *1 ~ 2 tabletter* one to two tablets **II** *adv* **1** (*ytterligare*) more; *en gång ~* once more; *det kommer tre ~* three more are coming; *ta en kaka ~!* have another biscuit!; *lika mycket ~* as much again; *det gör varken ~ eller från* it makes no difference **2** (*på instrumenttavla o.d.*) on **3** (*tillhörande*) to it; *ett paraply med fodral ~* an umbrella with a case to it; *en radio med batteri ~* a radio and battery [to it] **4** *~ och med* even (*jfr I 13*); *~ och från* (*då o. då*) off and on; *hon går ~ och från* (*om städhjälp*) she comes in; *åt skolan ~* towards the school; *vi skulle just ~ att börja* we were just about to start (on the point of starting) **III** *konj*, *~ dess* [*att*] till, until

tillag|a (*särskr. till-laga*) make (*soppa* soup; *te* tea); (*steka*) cook; (*göra i ordning*) get ready, prepare; (*tillblanda*) mix **-ning** (*särskr. till-lagning*) making *etc.*; preparation; *~ av mat* cooking

tillbaka [-'ba:-] back; (*bakåt*) backwards; *sedan fem år ~* for the last (past) five years; *sedan ngn tid ~* for some time [past] **-bildad** *a5, biol.* vestigial **-blick** retrospect; (*i film, bok*) flashback **-böjd** bent backwards **-dragen** *bildl.* retiring, unobtrusive, reserved **-draget** *adv, leva ~* live in retirement **-gående** *a4* retrograde; retrogressive; *bildl. äv.* declining **-gång** (*nedgång*) retrogression, decline, setback (*i* of) **-lutad** *a5* leaning backwards; (*om pers. äv.*) leaning back, reclining **-satt** *a4, känna sig ~* feel slighted (neglected) **-syftande** *a4* referring [back] to **-visa** (*förslag*) reject, refuse; (*påstående*) refute; (*beskyllning*) repudiate

till|be[dja] worship; (*friare*) adore **-bedjan** [-e:-] *best. form -bedjan, r* worship; adoration **-bedjansvärd** *a1* adorable **-bedjare** [-e:-] adorer; *hennes ~* her admirer **-behör** *s7, pl* accessories, fittings, appliances; (*reservdelar*) spare parts **-blivelse** coming into being; (*begynnelse*) origin, birth **-bommad** *a5* barred and bolted **-bringa** spend, pass (*med att* in + *ing-form*) **-bringare** jug; *AE.* pitcher **-bucklad** *a5* dented **-bud** (*olycks-*) narrow escape **-buds** [-u:-] *se bud 5* **-byggnad** extension, addition **-börlig** [-ö:-] *a1* due; proper (*aktning* respect); (*lämplig*) fitting, appropriate **-börligen** [-ö:-] duly *etc.* **-dela** allot (assign, give) [to]; award (*ngn ett pris* s.b. a prize, a prize to s.b.); confer, bestow (*ngn en utmärkelse* a distinction [up]on s.b.); (*vid ransonering*) allocate; *~ ngn ett slag* deal s.b. a blow **-delning** allotment, assignment, allocation; award; conferment, bestowal; *konkr.* allowance, ration **-dels** [-e:-] partly **-dess** *konj. ~* [*att*] till, until

till|dra[ga] *rfl* **1** (*draga åt sig*) attract (*uppmärksamhet* attention) **2** (*hända*) happen, occur **-dragande** *a4* attractive **-dragelse** occurrence; (*viktig*) event **-döma** *~ ngn ngt* adjudge s.th. to s.b., award s.b. s.th.; *-dömd ersättning* award **-erkänna** *~ ngn ngt* award (grant) s.b. s.th.; *modern -erkändes vårdnaden om barnet* the mother was granted the custody of the child; *~ ngt en viss vikt* ascribe (attach) a certain importance to s.th. **-falla** go (fall) to; accrue to **-fart** [-a:-] *s3* means of access **-fartsväg** approach, access road **-flykt** refuge (*mot, undan* from); *ta sin ~ till a*) (*en pers.*) take refuge with, go to for refuge, *b*) (*stad, land etc.*) take refuge in, *c*) *bildl.* resort (have recourse) to, take refuge in **-flyktsort** place of refuge (*undan* from) **-flöde** (*flods etc.*) feeder stream, affluent; *bildl.* inflow, influx **-foga 1** (*-lägga*) add (affix, append) (*till* to) **2** (*förorsaka*) inflict (*ngn skada* harm on s.b.), cause (*ngn en förlust* s.b. a loss); *~ ngn ett nederlag* (*äv.*) defeat s.b. **-freds** [-e:-] *oböjligt a* satisfied, content; *~ med livet* at one with the world

tillfreds|ställa [ˣtill-] satisfy, give satisfaction to, content; (*göra t. lags äv.*) please; (*begäran*) gratify; (*hunger e.d.*) appease; *~ ngns anspråk* fulfil a p.'s expectations **-ställande** *a4* satisfactory (*för* to); (*glädjande*) gratifying (*för* to) **-ställd** *a5* satisfied, content (*med* with) **-ställelse** satisfaction (*över, med* at)

till|friskna recover (*efter, från* from); *absol. äv.* get well (*vard.* get better) again **-frisknande** *s6* recovery **-frusen** frozen (iced) over; (*om farvatten*) icebound **-fråga** ask; (*rådfråga*) consult (*om* as to, about); *han ~des om sina åsikter* he was asked his opinion **-frågan** *i uttr.: på ~* when asked (*om* about) **-fullo** [-ˣfullo] *se full 3* **-fyllest** [-'fyll-] *se fyllest* **-fånga** [-ˣfåŋa] *se 1 fånga* **-fångataga** [-ˣfåŋa-] capture; *bli -fångatagen* be taken prisoner **-fångatagande** [-ˣfåŋa-] *s6* capturing, capture

tillfälle *s6* (*tidpunkt*) occasion; (*lägligt*) opportunity; (*möjlighet*) chance, possibility; *~t gör tjuven* opportunity makes the thief; *begagna ~t* take the opportunity; *bereda ngn ~ att* provide s.b. with an opportunity to (of + *ing-form*); *det finns ~n då* there are times when; *få* (*ha*) *~ att* find (get) an opportunity of (+ *ing- form*) (to); *så snart ~ ges* when an opportunity occurs (arises); *för ~t* (*för närvarande*) at present, just now, (*för ögonblicket*) for the time being; *inte vara i ~ att* be unable (in no position) to, not be in a position to; *vid ~* when opportunity occurs, when convenient; *vi ber Er meddela oss det vid ~* please let us know it at your convenience; *vid detta ~* on this occasion; *vid första* [*bästa*] *~* at the first opportunity, at your earliest convenience; *vid lämpligt ~* at a suitable (convenient) opportunity; *låta ~t gå sig ur händerna* let the opportunity slip, miss the opportunity

tillfällig *a1* (*då o. då förekommande*) occasional; (*av en händelse*) accidental, casual, incidental; (*kortvarig, provisorisk*) temporary; *~t arbete* casual work; *~a arbeten* odd jobs; *inkomst av ~ förvärvsverksamhet* income from incidental sources; *~t utskott* select committee **-het** accidental occurrence (circumstance); (*slump äv.*) chance; (*sammanträffande*) coincidence; *av en* [*ren*] *~* by pure chance **-hetsdikt** occasional poem

tillfälligt *adv* temporarily, for the time being **-vis** accidentally, by accident; (*oförutsett*) incidentally; (*av en slump*) by chance; (*helt apropå*) casually

tillför|a bring (*ngn ngt* s.th. to s.b.), supply, furnish (*ngn ngt* s.b. with s.th.; *-d effekt* (*fys.*) [power] input

tillförlitlig [-i:t-] *a1* reliable, trustworthy; authentic; *ur ~ källa* (*äv.*) on good authority **-het** reliability, trustworthiness; authenticity

till|förordna appoint temporarily; *~d* acting (*professor* professor), [appointed] pro tempore **-försel** *s9* supply, delivery, provision (*av* of); *~ av nytt kapital* provision of fresh capital **-försel-väg** supply route, approach **-försikt** *s3* confidence (*till* in) **-försäkra** secure, ensure (*ngn ngt* s.b. s.th); *~ sig ngt* secure (make sure of) s.th. **-gift** [-j-] *s3* forgiveness; *be om ~* ask for forgiveness **-given** [-j-] *a3* attached; affectionate; (*om make, hund*) devoted; *vara ngn mycket ~* be very devoted (attached) to s.b.; *Din -givne* (*i brev*) Yours sincerely (*t. nära vän:* affectionately) **-givenhet** [-j-] attachment, devotion, devotedness (*för* to); (*kärlek*) affection (*för* for) **-gjord** affected; (*konstlad*) artificial **-gjordhet** [-j-] affectation; affected manners (*pl*)

tillgodo [-ˣgo:-] *se under godo* **-göra** *rfl* utilize; avail o.s. of; *bildl.* profit by (*undervisningen* the education) **-havande** *s6* balance in one's favour, balance due to one; (*i bank*) [credit] balance (*hos* with), holdings, assets (*pl*); *ha ett ~ hos* have a balance in one's favour with; *vårt ~ hos er* the amount you owe us, our account against you **-kvitto** credit note (*AE.* slip) **-räkna** *rfl, ~ sig ngt* (*kreditera sig*) put s.th. to one's credit, (*rabatt*) allow o.s. s.th., *bildl.* take the credit for s.th. **-se** pay due attention to; satisfy, meet (*krav* demands); supply, provide for (*ngns behov* a p.'s needs)

till|grepp (*ur kassa e.d.*) misappropriation (*ur* from); (*stöld*) theft **-gripa 1** take unlawfully, seize upon; (*stjäla*) thieve; (*försnilla*) misappropriate **2** *bildl.* resort (have recourse) to **-gå 1** (*försiggå*) *det brukar ~ så att* what usually happens is that, the normal procedure is that; *spelet ~r så att* the rules of the game are that **2** *finnas att ~* be obtainable, be to be had (*hos* from); *ha ngn* (*ngt*) *att ~* have s.b. (s.th.) at hand **-gång** *s2* **1** (*förfogande*) access (*t. telefon* to telephone); *jag har ~ till bil i dag* I have the use of a car today **2** (*värdefull ~*) asset; (*bildl. om pers.*) asset; *~ar* means, assets, resources; *~ar och skulder* assets and liabilities; *leva över sina ~ar* live beyond one's means; *fasta* (*rörliga*) *~ar* fixed (current) assets; *han är en stor ~ för företaget* he is a great asset to the company **3** (*förråd*) supply (*på* of); *~ och efterfrågan* supply and demand; *~ på arbetskraft* supply of labour, labour supply **-gänglig** [-jäŋ-] *a1* **1** (*som man kan nå*) accessible (*för* to); (*som finns att -gå*) available (*för* for, to), obtainable; (*öppen*) open (*för* to); *med alla ~a medel* by every available means; *parken är ~ för besökare* the park is open to visitors **2** (*om pers.*) easy to approach, approachable; (*vänlig*) affable **-gänglighet** [-jäŋ-] **1** accessibility **2** affability

tillhanda [-ˣhann-] *se hand 3* **-hålla** (*saluföra*) sell; *~ ngn ngt* supply (furnish, provide) s.b. with s.th.; *~s* (*äv.*) be on sale

till|handla *rfl* buy o.s. (*av ngn* off, from s.b.) **-hands** *se hand 4* **-hjälp** *med ~ av* with the aid (assistance) of; *med din ~* by your aid (help) **-hopa** [-'ho:-] [al]together, in all **-hygge** weapon **-håll** haunt (*för* of); *ha sitt ~ hos ngn* have one's quarters with s.b. **-hålla** *~ ngn att* urge s.b. to; *~ ngn att inte* tell s.b. not to

tillhör|a 1 belong to; (*vara medlem av äv.*) be a member of; (*räknas t.*) be among (one of); *jag tillhör inte dem som* I am not one of those who; *~ en förnäm släkt* (*äv.*) come of a distinguished family **2** *se tillkomma* **-ande** *a4* belonging to; appurtenant; *en maskin med ~ delar* a machine complete with fittings **-ig** *a1, en mig ~* a[n] ... belonging to me **-ighet** possession; [private] property; *mina ~er* (*äv.*) my belongings; *politisk ~* political affiliation

tillika [-ˣli:-, -'li:-] also, as well, ... too; (*dessutom*) besides, moreover; *~ med* together with

tillintet|gjord [-ˣinn-] (*nedbruten*) crushed (*av sorg* with sorrow) **-göra** (*nedgöra*) annihilate; (*besegra*) defeat completely; (*krossa*) crush (*äv. bildl.*); (*förhoppningar*) shatter; (*planer*) frustrate; *~nde blickar* withering looks **-görelse** [-j-] annihilation; demolition; ruin; shattering;

T

frustration
tillit confidence, trust, faith (*till* in); reliance (*till* on); *sätta sin ~ till* put one's confidence in
tillitsfull confident; confiding, trustful
till|kalla summon, call; *~ hjälp* summon assistance; *~ läkare* send for a doctor **-klippning** cutting **-klippt** *a4* cut out **-knyckla** (*skrynkla*) crumple [up]; (*hatt e.d.*) batter [about] **-knäppt** *a4* buttoned-up; (*om pers.*) reserved **-komma 1** (*komma som tillägg*) *se komma* [*till*]; *dessutom -kommer* (*äv.*) in addition there is **2** (*uppstå*) *se komma* [*till*] **3** (*vara ngns rättighet*) be (a p.'s) due; (*åligga*) be incumbent [up]on; *det -kommer inte mig att* it is not for me to **4** *-komme ditt rike!* Thy Kingdom come! **-kommande** *a4* (*framtida*) future, coming, ... to come; *hennes ~* (*som subst.*) her husband-to-be (future husband) **-komst** [-å-] *s3* coming into being (existence); (*uppkomst*) origin, rise **-koppla** attach, hook on; *järnv.* couple [up]; (*motor*) put in[to] gear **-krånglad** *a5* (*-trasslad*) entangled; (*invecklad*) complicated **-kämpa** *rfl* obtain (gain) after a struggle; *~d* hard-won
tillkännagiv|a [-ˣçänn-] notify, announce, make known (*för* to); (*röja*) disclose; *härmed -es att* notice is hereby given that **-ande** *s6* notification, announcement, declaration; (*anslag äv.*) notice
till|mäle *s6* word of abuse, epithet; *grova ~n* (*äv.*) invectives **-mäta 1** (*uppmäta*) measure out to, allot **2** (*tilläkna*) attach to; *~ ngt betydelse* attach importance to s.th.; *~ sig äran* take the credit **-mätt** *a4* measured out; apportioned
tillmötes [-ˣmö:-] *se möte 1* **-gå** (*ngn*) oblige, meet; (*begäran, önskan*) comply with **-gående I** *a4* obliging (*sätt* manners), courteous; (*om pers.*) accommodating (*mot* to[wards]) **II** *s6* obligingness, courtesy, compliance; *tack för Ert ~* thank you for your kind assistance
till|namn surname, family name **-närmelsevis** [-ˣnärr-] approximately; *icke ~* nothing like
tillopp (*särskr. till-lopp*) (*tillflöde*) influx, inflow; (*av ånga*) induction, inlet; (*av människor*) rush, run
tillopps|kanal feeder; (*t. motor*) lead **-rör** delivery (feed) tube
till|pąss *se 5 pass* **-platta** flatten, compress; *känna sig ~d* (*bildl.*) feel crushed (sat on)
till|ra roll; trickle **-reda** prepare, get ready **-ręds** [-e:-] *vara* (*stå*) *~* be ready (*för, till* for; *för* (*till*) *att* to) **-rop** call, shout; *glada ~* joyous acclamations **-ropa** hail; (*om vakt*) *o.d.* challenge **-ryggalägga** [-ˣrygg-] cover
tillråd|a advise, recommend, suggest **-an** *r, på ngns ~* on the (by) advice of s.b. **-lig** *a1* advisable **-lighet** advisability
tillräck|lig *a1* sufficient, enough (*för, åt* for); *vi har ~t med* we have ... enough; *mer än ~t* more than enough, enough and to spare **-ligt** *adv* sufficiently, enough; *~ många* a sufficient number of; *~ ofta* often enough, sufficiently often
tillräkna *~ ngn ngt* put s.th. down to s.b.; *~ ngn förtjänsten av ngt* give s.b. the credit of s.th.; *~ sig* take (ascribe) to o.s.; *~ sig själv hela äran* take all the credit o.s.
tillräknelig [-ä:-] *a5* accountable (responsible) [for one's actions] **-het** accountability
tillrätta [-ˣrätta] *se rätta I 2* **-lagd** *a5, ~* [*för*] arranged (adjusted) to suit **-lägga** correct, make clear **-visa** reprove, censure; (*starkare*) reprimand, rebuke **-visning** reproof, censure; reprimand, rebuke
tills I *konj* (*t. dess att*) till, until **II** prep (*t. ngn tidpunkt*) up to; *~ för två år sedan* until two years ago; *~ vidare* until further notice; *~ på lördag* till (until) Saturday
till|sagd *a5* told; *han är ~* he has been told; *är det -sagt?* (*i butik*) are you being attended to [, Sir (Madam)]? **-sammans** [-'samm-] together (*med* with); (*sammanlagt*) in all, altogether; (*gemensamt*) jointly; *alla ~* all together; *äta middag ~ med* dine with; *det blir 50 pund ~* it will be 50 pounds in all; *~ har vi 50 pund* we have 50 pounds between (*om fler än två:* amongst) us **-sats 1** (*-sättning*) adding, addition **2** (*ngt -satt*) added ingredient; (*liten ~*) dash; *bildl.* admixture, addition **-satsmedel** additive **-se** (*ha -syn över*) look after, superintend; (*sörja för*) see [to it] (*att ngt blir gjort* that s.th. is done) **-sinnes** [-ˣsinnes] in mind; *munter ~* in high spirits **-sjst** finally; at last **-skansa** *rfl* appropriate for o.s.; *~ sig makten* usurp power **-skjuta** contribute, pay in (*kapital* capital) **-skott** *s7* contribution; (*utökning*) addition, increase **-skottsvärme** incidental heat gain **-skriva 1** (*skriva t.*) write to **2** (*-räkna*) *~ ngn ngt* ascribe (attribute) s.th. to s.b., (*-erkänna äv.*) credit s.b. with s.th.; *~ sig, se tillräkna* [*sig*] **-skrynkla** crease (crumple) up
tillskynd|a (*tillfoga*) cause (*ngn en förlust* s.b. a loss) **-an** *r, på ngns ~* at the instigation (instance) of s.b. **-are** initiator
tillskär|a cut out **-are** cutter **-ning** cutting out
till|slag (*tennis etc.*) hit; (*fotboll*) kick **-sluta** close, shut (*för* to) (*äv. bildl.*) **-slutning** [-u:-] **1** (*-slutande*) closing [up] *etc.* **2** (*an-*) *mötet hölls under stor ~* the meeting was very well attended **-spetsa** *eg.* sharpen, point; *bildl.* bring to a head; *läget har ~ts* the situation has become critical **-spillo** [-ˣspillo] *se spillo* **-spillogiva** (*låta gå förlorat*) allow to run to waste; *en -spillogiven dag* a wasted day **-stampa** (*jord o.d.*) stamp **-stoppa** stop (shut) [up] **-strömning** streaming in; (*om vätska*) inflow; (*-skott utifrån*) influx; (*publik-*) stream, rush **-stymmelse** *inte en ~ till* not a trace of; *utan varje ~ till* without any semblance of **-styrka** recommend, support, be in favour of **-styrkan** *r* recommendation **-stå** (*medge*) admit; (*bekänna*) confess (*för* to; *att* that)
1 tillstånd *s7* (*tillåtelse*) permission, leave; (*av myndighet äv.*) sanction; (*-sbevis*) permit, licence; *få ~ att* receive (be granted) permission to; *ha ~ att* (*äv.*) have been authorized (licenced) to; *med benäget ~ av* by kind permission of
2 tillstånd *s7* (*beskaffenhet; skick*) state, condition; (*sinnes-*) state [of mind]; *fast* (*flytande*) *~* solid (liquid) form; *i dåligt ~* in bad condition (repair); *i naturligt ~* in the natural state; *miner.* native; *i berusat ~* in a state of intoxication; *i medtaget ~* in an exhausted condition
till|ståndsbevis permit, licence; *AE.* license, certificate **-städes** [-ˣstä:-] *vara ~* be on the spot, (*närvarande*) be present; *komma ~* arrive

to the place **-städesvarande** *a4, de ~* those present **-ställa** (*-sända*) send (forward) to; (*överlämna*) hand [over] to **-ställning 1** entertainment, (*fest*) party (*för* for, in honour of); *en lyckad ~* a successful party **2** *det var just en skön ~* (*iron.*) that's a nice business **-stöta** (*inträffa, tillkomma*) occur, happen; (*om sjukdom*) set in
tillsvidare [-ˣvi:-] *se vidare II 6* **-anställning** nontenured appointment
till|syn *s3, ha ~ över* supervise, superintend, be in charge of; *utan ~* (*äv.*) unattended **-synes** [-ˣsy:-] *se syn 3* **-syningsman** supervisor (*över* of)
tillsyns|lärare deputy head teacher **-myndighet** supervising authority
till|säga *se säga* [*till*] **-sägelse** (*befallning*) order (*om* for); (*uppmaning*) summons; (*begäran*) demand (*om* for); (*tillrättavisning*) admonition, reprimand; *få ~* [*om*] *att* receive orders (be told) to; *utan ~* without being told **-sätta 1** (*utnämna*) appoint, nominate; *~ en tjänst* nominate (appoint) s.b. to a post, fill a vacancy; *~ en kommitté* set up a committee **2** (*-lägga*) add on (*till* to) **3** (*blanda i*) add (*till* to) **-sättande** *s6* **1** *~t av tjänsten* the appointment to a post **2** addition **3** adding
tillta *se tilltaga*
till|tag (*företag*) venture; (*försök*) attempt; (*påhitt*) trick; *ett sådant ~!* (*äv.*) what a thing to do! **-taga** increase, grow **-tagande I** *a4* increasing *etc.* **II** *s6* increase, growth; *vara i ~* be on the increase **-tagen** *a5, knappt ~* on the small side, (*om mat e.d.*) scanty in quantity, (*om lön*) meagre; *väl ~* a good (fair) size **-tagsen** [-tags-, -taks-] *a3* enterprising, go-ahead; (*djärv*) bold, daring
till|tal address; *används i ~* is used as a form of address; *svara på ~* answer when [one is] spoken to **-tala 1** (*tala t.*) address, speak to; (*ngn på gatan*) accost; *den ~de* the person addressed (spoken to) **2** (*behaga*) attract, please; (*i sht om sak*) appeal to; *det ~r mig mycket* (*äv.*) I like it very much **-talande** *a4* attractive, pleasing (*för* to); acceptable (*förslag* proposal)
tilltals|form vocative form **-namn** Christian name normally used; *~et understruket* (*på formulär e.d.*) underline the name used **-ord** word (form) of address
till|trasslad *a4* entangled; *~e affärer* muddled finances **-tro I** *s9* credit, credence; confidence (*till* in); *sätta ~ till a*) (*ngn*) place confidence in, *b*) (*ngt*) give credit (credence) to; *vinna ~* gain credence (*hos* with) **II** *v4, ~ ngn ngt* believe s.b. capable of s.th., give s.b. credit for s.th. **-träda** (*befattning*) enter upon [the duties of]; (*ta i besittning*) take over (*en egendom* a property); *~ arv* come into [possession of] an inheritance; *~ sin tjänst* take up one's duties (an appointment) **-träde** *s6* **1** (*-trädande*) entry (*av* into possession of); entrance (*av ämbete* upon office) **2** (*inträde*) entrance, admission; (*tillstånd att inträda*) admittance; *luftens ~* the access of the air; *bereda ~ för* give access to; *fritt ~* admission (entrance) free; *~ förbjudet* no admittance; *ha ~ till* have admission to; *barn äga ej ~* children [are] not admitted; *obehöriga äga ej ~* no admittance except on business **-trädesdag** day of taking possession; (*installationsdag*) inauguration day **-tugg** *s7* snack **-tvinga** *rfl* obtain (secure) by force **-tyga** *illa ~ ngt* (*ngn*) use (handle) s.th. (s.b.) roughly, *vard.* manhandle s.th. (s.b.); *han var illa ~d* he had been badly knocked about **-tänkt** *a4* (*påtänkt*) contemplated, proposed; (*planerad*) projected, intended **-valsämne** optional (*AE.* elective) subject **-vand** *a5* addicted (*vid* to)
tillvaratag|a [-ˣva:-] take charge of; (*bevaka*) look after; (*skydda*) protect, safeguard; (*utnyttja*) utilize (*tiden* time), take advantage of; *~ sina intressen* look after (protect) one's interests **-ande** *s6, ~t av* the taking charge of (looking after)
tillvaro *s9* existence; life; *kampen för ~n* struggle for existence
tillverk|a manufacture, make, produce **-are** manufacturer *etc.* **-ning** (*-ande*) manufacture, make, production; (*det som -ats*) manufacture, make, product; (*-ningsmängd*) output, production; *ha ngt under ~* have s.th. in production
tillverknings|kostnad cost of production **-pris** factory (cost) price **-process** manufacturing process
till|vinna *rfl* gain, obtain, secure; (*ngns respekt äv.*) win **-vita** *~ ngn ngt* charge s.b. with s.th. **-vitelse** charge, imputation (*för* of; *för att* of + *ing-form*) **-väga** [-ˣvä:-] *se väg 2* **-vägagångssätt** course (line) of action, procedure **-välla** *rfl* usurp, arrogate to o.s. (*rätten att* the right of + *ing-form*) **-växa** grow; *bildl. äv.* increase (*i* in) **-växt** *s3* growth; (*ökning*) increase; *vara stadd i ~* be increasing (growing, on the increase) **-växttakt** rate of growth **-yxa** rough-hew, rough-cut; (*friare*) roughly shape
tillåt|a (*särskr. till-låta*) **1** allow, permit; (*samtycka t.*) consent to; (*om sak*) admit (allow) of; (*finna sig i*) suffer; *tillåt mig fråga om ni* allow me to (let me) ask if you; *-er ni att jag röker?* do you mind my smoking?; *om ni -er* if you will allow me; *om vädret -er* weather permitting; *min ekonomi -er inte det* my finances won't allow it **2** *rfl* (*unna sig*) allow (permit) o.s.; (*ta sig friheten*) take the liberty to (of) + *ing-form* **-else** permission, leave; (*av myndighet e.d.*) licence, authorization; *be om ~ att* ask [for] permission to; *få ~ att* be allowed (permitted) to, get (be given) permission to; *med er ~* with your permission **-en** *a5* allowed, permitted; (*laglig*) lawful; *är det -et att ...?* may I ...?; *det är inte -et att röka här* smoking is not allowed here; *högsta -na hastighet* the maximum speed allowed, the speed limit; *vara ~* (*jakt.*) be in season **-lig** [-å:-] *a1* allowable, permissible
tillägg (*särskr. till-lägg*) *s7* addition; (*t. dokument äv.*) rider, additional paragraph; (*t. bok*) supplement, appendix; (*t. manuskript*) insertion; (*t. brev*) postscript; (*t. testamente*) codicil; (*löne-*) rise, bonus; (*anmärkning*) addendum (*pl* addenda); *rättelser och ~* corrections and additions, corrigenda and addenda; *procentuellt ~* [a] percentage addition; *dock med det ~et att* it being understood, however, that; *utan ~* without any addition
tillägga add (*till* to)
tilläggs|avgift extra (additional) fee, surcharge

-bestämmelse additional (supplementary) regulation **-biljett** supplementary ticket **-pension** supplementary pension **-pensionering** *allmän ~* (*förk. ATP*) national supplementary pensions scheme **-plats** *sjö.* berth, landing (mooring) place **-porto** surcharge, additional postage **-premie** *försäkr.* additional (extra) premium

till|ägna [-'äŋna] **1** (*dedicera*) dedicate (*ngn en bok* a book to s.b.) **2** *rfl* (*tillskansa sig*) appropriate, seize [upon], lay hands on; (*förvärva*) acquire (*kunskaper* knowledge); (*tillgodogöra sig*) assimilate, profit by; *orättmätigt ~ sig ngt* appropriate s.th. unlawfully **-ägnan** [-äŋn-] *r* dedication **-ämna** intend, have in view **-ämnad** *a5* intended; (*påtänkt*) premeditated

tillämp|a (*särskr. till-lämpa*) apply (*på* to); (*metod e.d.*) practise; *kunna ~s på* (*äv.*) be applicable to; *~ ngt i praktiken* put s.th. into practice; *~d forskning* applied research **-bar** *a1* applicable **-lig** *a1* applicable (*på* to); *stryk det ej ~a* strike out words not applicable; *i ~a delar* wherever applicable (relevant) **-ning** application (*på* to); *äga ~ på* be applicable to

tilländа [-ˣänn-] *se 1 ända I 1* **-lupen** *a5* expired; *vara ~* be at (have come to) an end

till|öka add to; (*göra större*) enlarge **-ökning** (*-ökande*) increasing, enlargement (*av, i* of); *konkr.* increase (*av* of); increment (*på lön* in one's salary); *vänta ~* [*i familjen*] be expecting an addition to the family **-önska** wish **-önskan** wish; *med ~ om* best wishes for **-övers** [-'ö:-] *se övers*

tilta *s1, lantbr.* ridge

1 tima [ˣti:ma] *åld.* happen, occur

2 tima [ˣtajma] *vard.* time, coordinate

tim|antal number of hours **-arbete** work by the hour

timbạl *s3* **1** *mus.* kettledrum **2** *kokk.* timbale

timbre ['täŋber] *s9* timbre

timer ['tajj-] *s9* time switch

tim|förtjänst hourly earnings (*pl*) **-glas** hourglass, sandglass

timịd *a1, n sg obest. form undviks* timid

timing ['tajj-] timing, coordination

timjan *s9* thyme

tim|lig *a1* temporal; *det ~a* things temporal; *lämna det ~a* depart this life **-lärare** *ung.* part-time teacher **-lön** hourly wage[s *pl*], payment by the hour; *få ~* be paid by the hour

timma *s5,* **timme** *s2* hour; (*lektion*) lesson; *en ~s resa* an hour's journey; *varannan ~* every other hour; *åtta timmars arbetsdag* an eight-hour day; *efter en ~* an hour later; *i ~n* an hour; *i flera timmar* for [several] hours; *om en ~* in an hour; *per ~* per (by the) hour

timmer ['timm-] *s7* timber; *AE.* lumber **-avverkning** logging, timber cutting (felling) **-bil** timber lorry, *AE.* logging truck **-bröt** log jam (blockage) **-flottare** log driver **-flotte** log raft **-flottning** timber (log) driving **-huggare** woodcutter, logger; *AE.* lumberjack **-koja** log cabin **-lass** load of logs (timber) **-man** carpenter **-ränna** flume **-släp** log (timber) raft (transport) **-stock** log; *dra ~ar* (*snarka*) be driving one's hogs to market

timotej [-'tejj] *s3* timothy [grass], *AE.* herd's grass

tim|penning hourly wage **-plan** timetable

timra build with logs, construct out of timber; *absol.* do carpentry; *~d stuga* timbered cottage

timslag *på ~et* on the stroke of the hour

timslång of an hour's duration, lasting an hour

tim|tals [-a:-] for hours together, for hours and hours **-vis** by the hour **-visare** hour (small) hand

1 tina *s1* **1** (*laggkärl*) tub **2** (*fiskredskap*) creel

2 tina *v1, ~* [*upp*] thaw (*äv. bildl.*), melt; (*bildl. om pers.*) become less reserved (more sociable)

tindra twinkle; (*starkare*) sparkle, scintillate; *med ~nde ögon* starry-eyed

1 ting *s7* (*sak*) thing; (*ärende äv.*) matter; (*föremål*) object; *saker och ~* [a lot of] things

2 ting *s7* (*domstolssammanträde*) district-court sessions (*pl*), crown courts (*pl*); *Engl. förr* assizes, quarter sessions (*pl*); *hist.* thing; *sitta ~* be on duty at a district court

tinga (*beställa*) order [in advance], bespeak; (*ngn*) retain, engage; (*göra avtal om*) bargain for

tingeltangel [-'taŋ-, ˣtiŋ-] *s7* noisy funfair, cheap entertainment

tingest ['tiŋ-] *s2* thing, object; *vard.* contraption

tings|dag sessions day **-hus** courthouse, law courts (*pl*) **-meriterad** *a5, ~ jurist* (*ung.*) jurist with district-court practice **-meritering** *ung.* period of service in a district court **-notarie** clerk of a [district] court **-rätt** district (city) court; court of first instance **-sal** sessions hall **-tjänstgöring** court practice

tinktur tincture

tinn|e *s2* pinnacle; *bildl.* summit; *torn och -ar* towers and pinnacles; *försedd med -ar* pinnacled

tinning temple

tio [ˣti:o, *vard.* ˣti:e] ten; (*för sms. jfr fem-*); *~-i--topp* top ten **-dubbel** tenfold **-dubbla** multiply by ten, increase tenfold **-falt** ten times, tenfold

tio|hörning [-ö:-] decagon **-kamp** *sport.* decathlon **-kampare** *sport.* decathlete **-kronesedel, -kronorssedel** ten-kronor note

tion|de [-å-] **I** *räkn.* tenth **II** *s9, s7* tithes (*pl*); *ge ~* pay [one's] tithes **-[de]del** tenth **-[de]dels** [-de:ls] *oböjligt a, en ~ sekund* one (a) tenth of a second

tio|pundssedel ten-pound note; *vard.* tenner **-tal** ten; *ett ~* (*ung. tio*) about (some) ten; *i jämna ~* in multiples of ten; *under ett ~ år* for ten years [or so]; *på ~et* (*1910-talet*) in the nineteen-tens **-tiden** *vid ~* [at] about ten [o'clock] **-tusental** *i ~* in tens of thousands **-tusentals** [-'tu:-, ˣti:o-, -a:-] *i ~ år* for tens of thousands of years **-årig** *a1* ten-year-old **-åring** ten-year-old boy (*etc.*), boy (*etc.*) of ten **-årsdag** tenth anniversary (*av* of) **-öring** ten-öre piece

1 tipp *s2* (*spets*) tip (*av* of)

2 tipp *s2* (*avstjälpningsplats*) tip, dump; (*på lastfordon*) tipping device; *lastbil med ~* tipper truck (lorry), *AE.* dump (tip) truck

1 tippa (*stjälpa ur*) tip, dump

2 tippa (*förutsäga*) spot; *sport.* play the pools

1 tippning (*avstjälpning*) tipping, dumping; *~ förbjuden!* no tipping allowed!

2 tippning *sport.* playing the pools

tippvagn 1 (*lastbil*) *se 2 tipp* **2** *järnv.* tipping

truck; *AE.* dump car
tips *s7* **1** (*vink*) tip[-off], hint; *ge ngn ett ~* give s.b. a tip **2** (*fotbolls-*) football pools; *vinna på ~* win on the pools
tips|a tip **-kupong** [football-]pools coupon **-rad** line on a pools coupon **-vinst** [football-]pools win (dividend)
tiptop [-tåpp] *oböjligt a* tiptop, first-rate
tirad *s3* tirade
tisdag ['ti:s-] *s2* Tuesday; (*jfr fredag*)
tiss|el ['tiss-] *s7, ~ och tassel* tittle-tattle **-la** *~ och tassla* tittle-tattle
tistel *s2, bot.* thistle
tistelstång shaft, pole
titan 1 *s3, myt.* Titan **2** *s3, s4, kem.* titanium **-isk** *a5* (*jättelik*) titan[ic] **-vitt** titanium white
tit|el ['titt-] *s2* **1** (*bok- etc.*) title (*på* of); *med ~n* entitled **2** (*persons*) title; (*benämning*) designation, denomination; *lägga bort -larna* drop the Mr. (*etc.*)
titel|blad title page **-match** championship (title) match **-roll** *teat. e.d.* title role **-sida** title page **-sjuka** mania for titles **-vinjett** headpiece
titrer|a titrate **-ing** titration
1 titt *adv, ~ och tätt* frequently, repeatedly, over and over again
2 titt *s2* **1** (*blick*) look; (*hastig*) glance; (*i smyg*) peep; *ta sig en ~ på* have a look at **2** (*kort besök*) call (*hos* on; *på* at); *tack för ~en!* kind of you to look me up!
titta 1 look (*på* at); (*hastigt*) glance (*på* at); (*kika*) peep (*på* at); *~ efter* gaze after, (*söka*) look for; *~ i* have a look at (in); *~ för djupt i glaset* be too fond of the bottle; *~ sig i spegeln* look (have a look) at o.s. in the mirror; *~ ngn djupt in i ögonen* look deep into a p.'s eyes; *~ på* (*äv.*) have a look at; *vi skall ut och ~ på möbler* we are going to the shops to look at furniture; *~ på TV* watch TV; *jag vill inte ~ åt honom* I can't bear the sight of him; *titt ut!* boo!, *AE.* peekaboo! **2** (*med betonad partikel*) *~ efter* (*undersöka*) [look and] see; *~ fram* peep out (forth); *vill du ~ hit ett ögonblick* will you come over here for a minute; *~ in a*) look in (*genom fönstret* at the window), *b*) (*hälsa på* look (drop) in (*till* to see); *~ in hos ngn* look s.b. up; *~ in i* look into; *~ ner* lower one's eyes; *~ på* look on, watch; *~ upp* look up, raise one's eyes; *~ ut genom fönstret* look out of the window; *~ ut ngn* stare s.b. out of the room
tittar|e (*TV--*) **1** viewer **2** (*voyeur*) Peeping Tom, voyeur **-frekvens** television audience measurement (T.A.M.) rating **-storm** *TV-programmet utlöste en ~* the TV switchboard was jammed with angry callers after the programme
titt|glugg spy hole **-hål** peephole **-skåp** peep-show **-ut** *s2, leka ~* play [at] bo-peep
titul|atur title[s *pl*] **-era** style, call; *~ ngn* (*äv.*) address s.b. as **-är** *a1* titular[y]
tivoli ['ti:-] *s6* amusement park; *AE. äv.* carnival
tixotrop [-'å:p-] *a1* thixotropic
tja [ça:] well!
tjafs [ç-] *s7* tommyrot **tjafsa** talk a lot of tommyrot
tjall|a [ç-] squeal **-are** informer, squealer
tjat [ç-] *s7* nagging **tjata** nag **tjatig** *a1* nagging; (*långtråkig*) tedious
tjatter ['çatt-] *s7*, **tjattra** [ˣçatt-] *v1* jabber, chatter
tjeck [çekk] *s3* Czech **-isk** ['çekk-] *a5* Czech **-oslovak** *s3* Czechoslovak
Tjeckoslovakien [çekk-, -'va:-] *n* Czechoslovakia
tjej [çejj] *s3* (*flicka*) girl, bird; (*kvinna*) woman
tjo [çɷ:] *s7, ~ och tjim* whoopee-making **tjoa** [ˣçɷ:a] shout **tjohej** *interj* whoopee!
tjock [çåkk] *a1* thick; (*om pers.*) stout, fat; (*tät*) dense, thick; *~ grädde* thick cream; *det var ~t med folk på gatan* the street was packed with people
tjock|a [ˣçåkka] *s1* fog **-bottnad** [-å-] *a5* thick-bottomed **-flytande** viscous, viscid, heavy, thick **-hudad** *a5* thick-skinned (*äv. bildl.*) **-hudíng** *zool.* pachyderm **-is** ['çåkk-] *s2, vard.* fatty, fatso **-lek** *s2* thickness; (*dimension*) gauge; *med en ~ av 1 meter* 1 metre thick **-magad** *a5* big-bellied
tjock|na [ˣçåkk-] thicken; *~ till* get (become) thicker **-olja** heavy fuel oil **-skalig** *a1* (*om nöt, ägg o.d.*) thick-shelled; (*om potatis, frukt o.d.*) thick-skinned, thick-peeled **-skalle** fathead, num[b]skull **-skallig** thickheaded (*äv. bildl.*) **-tarm** large intestine, *fack.* colon **-ända, -ände** thick-end, butt-end
tjog [çå:g] *s7* score; *ett ~ ägg* (*vanl.*) twenty eggs; *fem ~* five score of **-tals** [-a:-] scores; *~ med* scores of **-vis** by the score
tjuder ['çu:-] *s7* tether **tjudra** [ˣçu:-] tether (*fast vid* up to)
tjuga [ˣçu:-] *s1* hayfork
tjugo [ˣçug:ɷ, *vard.* -ge] (*för sms. jfr. fem-*) twenty **-en** [-'enn, -'e:n] twenty-one **-ett 1** *räkn* twenty-one **2** *kortsp.* blackjack, vingt-et-un, pontoon **-femårsjubileum** twenty-fifth anniversary **-femöring** twenty-five-öre piece **-första** [-ˣförsta] twenty-first
tjugon|de [ˣçu:gån-] twentieth **-[de]dag** *~en* (*~ jul*) Hilarymas [Day] **-[de]del** twentieth
tjugo|tal *ett ~* about (some) twenty; *på ~et* (*1920-talet*) in the [nineteen] twenties
tjur [çu:r] *s2* bull
tjura [ˣçu:-] sulk, be in a sulk
tjurfäkt|are bullfighter **-ning** bullfighting; *en ~* a bullfight
tjurig [ˣçu:-] *a1* sulky **-het** sulkiness
tjur|kalv bull calf **-skalle** stubborn (pig-headed) person **-skallig** *a1* stubborn, pig-headed **-skallighet** stubbornness, pig-headedness
tjus|a [ˣçu:-] enchant, charm; (*friare*) fascinate **-arlock** kiss (*AE.* spit) curl **-ig** *a1* captivating, charming **-kraft** power to charm **-ning** [-u:-] charm, enchantment; fascination; *fartens ~* the fascination of speed
tjut [çu:t] *s7* howling; (*ett ~*) howl **tjuta** *tjöt tjutit* howl; (*skrika*) shriek, yell; (*om mistlur*) hoot; *stormen tjuter kring knutarna* the storm is howling round the house **tjutit** *sup. av tjuta*
tjuv [çu:v] *s2* thief; *ta fast ~en!* stop thief!; *som en ~ om natten* like a thief in the night **-aktig** *a1* thievish **-eri** theft; *jur.* larceny **-fiska** poach fish **-fiskare** fish poacher **-fiske** fish poaching **-gods** stolen property (goods *pl*) **-godsgömma** cache **-godsgömmare** [-j-] re-

T

ceiver of stolen property (*etc.*); *sl.* fence **-gubbe** old rascal **-hålla** keep back [for later] **-knep** *bildl.* sharp practice; dirty trick **-koppla** (*bil*) bypass the ignition switch **-larm** burglar alarm **-liga** gang of thieves (burglars) **-lyssna** eavesdrop **-lyssnare** eavesdropper; *radio.* wireless pirate **-läsa** read on the sly

tjuv|nad [ˣçu:-] *s3* stealing, theft; *jur.* larceny **-nadsbrott** larceny **-nyp** *ge ngn ett ~* pinch s.b. on the sly, *bildl.* give s.b. a sly dig **-- och-rackarspel** *vard.* underhand dealings, skulduggery **-pojke** young rascal **-pojksaktig** *a1* roguish **-pojksstreck** dirty trick **-skytt** poacher **-skytte** poaching **-språk** argot, thieves' slang **-stanna** (*om motor*) stall **-start** *sport.* false start; *vard.* jumping (beating) the gun **-starta** *sport.* jump (beat) the gun **-streck** dirty trick **-titta** *~ i* take a look into on the sly **-tjockt** *jag mår ~* I feel lousy **-tryck** pirate edition **-åka** steal a ride **-åkare** fare dodger

tjäder ['çä:-] *s2* capercaillie; *koll. äv.* woodgrouse **-höna** hen-capercaillie **-lek** capercaillie courtship **-tupp** cock-capercaillie

tjäle [ˣçä:-] *s2* ground (soil) frost; *när ~n går ur jorden* when the frost in the ground breaks up

tjäll [ç-] *s7* humble abode

tjäl|lossning thawing of frozen soil, break of the frost **-skada** frost damage **-skott** frost heave; (*hål*) pothole

tjän|a [ˣçä:-] **1** (*förtjäna*) earn (*pengar* money); gain (*på affären* by the bargain); *~ ihop* save up; *~ in sin pension* earn one's pension **2** (*vara anställd*) serve (*hos* in a p.'s house; *som* as a[n]); *~ staten* serve the State; *~ hos ngn* (*äv.*) be in a p.'s service (employ); *~ upp sig* work one's way up; *~ ut* (*om soldat*) serve one's time; *den har ~t ut* it has seen its best days **3** (*användas*) serve, do duty (*som* as); *~ ngn till efterrättelse* serve as an example to s.b.; *det ~r ingenting till att* there is no use (point) in (+ *ing-form*); *vad ~r det till?* what is the use (good) of that?

tjän|ande [ˣçä:-] *a4* serving (*till* as); *~ andar* ministering spirits **-are** servant; (*betjänt*) manservant; *en kyrkans ~* a minister of the Church; *en statens ~* a public servant; *~!* hello!, (*vid avsked*) bye-bye! **-arinna** [maid]servant, domestic [servant] **-lig** [-ä:-] *a1* serviceable (*till* for); (*passande*) suitable (*till* for); (*ändamålsenlig*) expedient (*till* for); *vid ~ väderlek* when the weather is suitable

tjänst [ç-] *s3* **1** (*anställning*) service; (*befattning*) appointment, place, situation; (*högre*) office, post; (*prästerlig*) charge, ministry; *i ~* on duty, in service; *i ~en* on official business, (*å ämbetets vägnar*) ex officio, officially; *i statens ~* in the service of the State; *vara i ngns ~* be employed by s.b., be in a p.'s service; *lämna sin ~* resign one's appointment; *söka ~* apply for a situation (job); *ta ~* (*om tjänare*) go into service (*hos ngn* in a p.'s house), (*allmännare*) take a job (situation) (*som* as); *utom ~en* off duty **2** (*hjälp*) service (*mot* to); *be ngn om en ~* ask a favour of s.b.; *göra ngn en ~* do s.b. a service (good turn); *gör mig den ~en att* oblige me by (+ *ing-form*); *göra ngn den sista ~en* pay one's last respects to s.b.; *varmed kan jag stå till ~?* what can I do for you?; *till er ~!* at your service (command)! **3** (*nytta*) service; *göra ~* do service (duty), serve, (*fungera*) work **-aktig** *a1* ready to render service, obliging **-duglig** fit for service; (*om sak*) serviceable

tjänste|ande servant; *vard.* slavey **-angelägenhet** official matter **-avtal** employment contract **-betyg** certificate of service **-bil** official (company) car **-bostad** housing accommodation supplied by a company; official residence **-brev** official letter; *skicka som ~* send as official matter **-bruk** official use **-ed** oath of office **-fel** breach of duty **-flicka** servant [girl], maid **-folk** [domestic] servants (*pl*) **-förmåner** fringe benefits **-förrättande** *a4* acting; in charge **-grad** rank **-läkare** staff medical officer **-man** employee, clerk; (*högre*) official, officer; (*stats-*) civil servant; *vard.* white-collar worker; *Tjänstemännens centralorganisation* (*förk. TCO*) [the Swedish] central organization of salaried employees **-mannabana** white-collar career **-mannakår** staff of officers and employees **-meddelande** official communication **-pension** occupational pension **-plikt 1** official duty **2** compulsory service **-resa** official journey, journey on official business; (*i privat tjänst*) business trip (journey) **-rum** office **-ställning** *mil.* official standing **-tid 1** (*anställningstid*) period of service **2** (*kontorstid*) office hours **-utövning** *under ~* when discharging one's duties **-vikt** (*bils*) kerb weight plus driver's weight **-ålder** *gå efter ~* go by seniority **-år** year[s *pl*] of service (in office) **-ärende** official matter

tjänstgör|a serve (*som* as; *på, vid* at); (*om pers. äv.*) act (*som* as); (*vara i tjänst*) be on duty, (*vid hovet o.d.*) be in attendance (waiting) (*hos* on) **-ande** *a4* on duty, in charge, (*vid hovet*) in attendance **-ing** service; duty; work; attendance; *ha ~* be on duty

tjänstgörings|betyg testimonial, certificate of service **-reglemente** service regulations (*pl*) **-tid 1** (*daglig*) [office] hours (*pl*), hours (*pl*) of service (duty) **2** (*tid i samma tjänst*) [period of] service

tjänst|ledig *vara ~* be on leave (off duty); *~ för sjukdom* on sick leave; *ta ~t* take leave of absence **-ledighet** leave [of absence]; (*för sjukdom*) sick leave **-villig** obliging, helpful, eager to help

tjär|a [ˣçä:-] **I** *s1* tar **II** *v1* tar; *~t tak* tarred roof **-blomster** red German catchfly **-bloss** pitch torch, link **-fläck** tar stain **-ig** *a1* tarry **-kokare** tar-boiler

tjärn [çä:rn] *s2, s7* tarn

tjär|ning [ˣçä:r-] tarring **-papp** tarred [roofing] felt

tjöt [çö:t] *imperf. av tjuta*

toa [ˣto:a] *s9, vard., BE.* loo, *AE.* john

toalett *s3* **1** (*WC*) toilet, lavatory; (*offentlig*) public convenience, *AE.* washroom, rest room; (*på restaurang o.d.*) cloakroom, men's (ladies') room; *gå på ~en* go to the toilet **2** (*klädsel*) toilet, dress; *stor ~* full dress; *göra ~* make one's toilet; *göra ~ till middagen* dress for dinner **-artiklar** toilet requisites **-bord** dressing (toilet) table; *AE. äv.* dresser **-borste** lavatory brush **-papper** toilet paper (tissue) **-rum** toilet [room], lavatory; *se äv. toalett 1* **-saker** *pl* toiletries **-tvål** (*hopskr.*

toalettvål) en ~ a bar (piece) of toilet soap

tobak ['tɔbb-, 'tɔ:b-] *s3* tobacco; *ta sig en pipa* ~ have a pipe **-ist** tobacconist

tobaks|affär tobacconist's [shop], tobacco shop **-blandning** blend of tobacco **-burk** tobacco jar, humidor **-buss** quid **-handlare** tobacconist **-märke** brand of tobacco **-planta** tobacco plant **-pung** tobacco pouch **-rök** tobacco smoke **-rökning** tobacco smoking; ~ *förbjuden* no smoking **-varor** *pl* tobacco [products]

toddy ['tåddy, -i] *s2, pl äv. toddar* toddy

toffel ['tåff-] *s1* slipper; *stå under* ~*n* be henpecked, be tied to s.b.'s apron strings **-djur** slipper animalcule **-hjälte** henpecked husband **-regemente** petticoat government

tofs [-å-] *s2* tuft, bunch; (*på fågel äv.*) crest; (*på möbler, mössa*) tassel **-lärka** crested lark **-mes** crested tit **-vipa** lapwing, peewit

toft [-å-] *s3* thwart

tog *imperf. av ta*

toga [ˣtå:-] *s1* toga

togoles *s3*, **-isk** *a5* Togolese

tok 1 *s2, pers.* fool; (*obetänksam pers.*) duffer **2** *oböjligt i uttr.: gå* (*vara*) *på* ~ go (be) wrong; *jag har fått på* ~ *för mycket* I have been given far too much **toka** *s1* fool of a woman (girl); *en liten* ~ a silly little thing

tokajer [-'kajj-] Tokay

tok|er ['tɔ:-] *-ern -ar, se tok 1* **-eri** folly, nonsense; ~*er* (*upptåg*) foolish pranks **-ig** [ˣtɔ:-] *a1* mad (*av* with; *efter* after; *i, på* on); (*oförståndig*) silly, foolish; (*löjlig*) ridiculous; (*-rolig*) comic, droll; (*mycket förtjust*) crazy (*i* about); *det låter inte så* ~*t* that doesn't sound too bad; *det är så man kan bli* ~ it's enough to drive one round the bend **-igt** [ˣtɔ:-] *adv* madly *etc.*; *bära sig* ~ *åt* act foolishly (like a fool) **-rolig** [extremely] funny (comic, droll) **-stolle** madcap; crazy guy

toler|abel [-'a:-] *a2* tolerable **-ans** [-'rans, -'raŋs] *s3* tolerance (*mot* towards) **-ant** [-'rant, -'raŋt] *a1* tolerant, forbearing (*mot* towards); (*friare*) broadminded **-era** tolerate, put up with

tolft [-å-] *s3* dozen

tolfte [-å-] twelfth **-del** twelfth

1 tolk [-å-] *s2* (*verktyg*) gauge; *AE.* gage

2 tolk [-å-] *s2* (*översättare o.d.*) interpreter; *göra sig till* ~ *för* (*bildl.*) voice, (*åsikt*) advocate

1 tolka [ˣtåll-] *sport.* go skijoring

2 tolka [ˣtåll-] (*översätta muntligt*) interpret; (*dikt*) translate, interpret; (*handskrift*) decipher; (*återge*) render; (*uttrycka känslor*) express, give expression to; ~ *på engelska* interpret into English; *hur skall jag* ~ *detta?* what am I to understand by this?

tolk|are [-å-] (*av musik, roll o.d.*) interpreter, renderer **-ning** interpretation (*av* of); (*av handskrift*) decipherment; (*av dikt*) translation; (*muntlig*) interpretation; *felaktig* ~ misinterpretation; *fri* ~ free rendering **-ningsfråga** question of interpretation, matter of opinion

tolv [-å-] twelve; (*för sms. jfr fem-*); *klockan* ~ *på dagen* (*natten*) at noon (midnight)

tolv|a [-å-] *s1* twelve **-fingertarm** duodenum (*pl* duodena[s]) **-hundratalet** *på* ~ in the thirteenth century **-tiden** *vid* ~ at about twelve **-tonsmusik** twelve-tone music

Tolvöarna *pl* the Dodecanese [Islands]

t.o.m. (*förk. för till och med*) *se till I 13 o. II 4*

tom [tɔmm] *a1* empty, void (*på* of) (*äv. bildl.*); (*ej upptagen*) vacant; (*naken*) bare; (*oskriven*) blank; (*öde o.* ~) deserted; ~*t prat* empty words; ~*t skryt* vain boasting; *känna sig* ~ *i huvudet* feel void of all thought (unable to think); *känna sig* ~ *i magen* feel empty inside; *det känns* ~*t efter dig* it feels so empty without you

tomat tomato **-juice** tomato juice **-ketchup** tomato ketchup **-puré** tomato purée **-soppa** tomato soup

tombola ['tåmm-] *s1* tombola

tom|butelj empty bottle **-fat** empty cask **-glas** *koll.* empty bottles (*pl*) **-gång** idling, idle running; *gå på* ~ idle, tick over **-het** emptiness, bareness (*etc.*); vacancy; *bildl.* void **-hänt** *a1* empty-handed

tomografi *s3* tomography

tomrum empty space; (*lucka*) gap; (*på blankett o.d.*) blank; *fys.* vacuum; *bildl.* void, blank; *han har lämnat ett stort* ~ *efter sig* he has left a void (great blank) behind him

tomt [-å-] *s3* (*obebyggd*) [building] site, lot; (*kring villa e.d.*) garden, grounds (*pl*); *lediga* ~*er* vacant sites

tomte [-å-] *s2* brownie; goblin **-bloss** sparkler **-bolycka** married bliss **-nisse** little brownie

tomt|gräns boundary of a building site **-hyra** ground rent **-jobbare** land speculator **-karta** land register map **-mark** land for building on **-rätt** site-leasehold right **-rättsavgäld** [-j-] *s3* rent for a leasehold site

1 ton [tånn] *s7* (*viktenhet = 1 000 kg*) metric ton; (*Storbritannien, ca 1016 kg*) long ton; (*AE., ca 907 kg*) short ton

2 ton [tɔ:n] *s3* (*mus.*; *färg-*; *bildl.*) tone; (*röst äv.*) tone of voice; (*på -skala*) note; (*-höjd*) pitch; (*mus. o. friare*) key[note], tune; (*umgänges-*) tone, manners (*pl*); ~*ernas rike* the realm of music; *ange* ~*en a*) *mus.* give (strike) the note, *b*) *bildl.* give (set) the tone; *i befallande* ~ in a tone of command; *hålla* ~ keep in tune; *hålla ut* ~*en* hold the note; *stämma ner* ~*en* (*bildl.*) temper one's tone; tone down; *ta sig* ~ put on (assume) a lofty air (*mot ngn* towards s.b.); *träffa den rätta* ~*en* strike the right note; *takt och* ~ good manners; *det hör till god* ~ it is good form

ton|a (*ljuda*) sound; (*ge färgton åt*) tone (*äv. foto.*); ~ *bort a*) (*förtona*) die away, *b*) (*få att upphöra, avlägsna*) fade out **-al** *a1* tonal **-alitet** tonality **-ande** *a4* sounding; *fonet.* voiced (*ljud* sound) **-art** *mus.* key; *berömma ngn i alla* ~*er* sing a p.'s praises in every possible way **-band** recording tape **-dikt** symphonic (tone) poem **-diktare** composer **-fall** intonation; accent

tonfisk tunny [fish], tuna

ton|givande *i* ~ *kretsar* in leading quarters **-gång** ~*ar a*) *mus.* progressions, successions of notes, *b*) *bildl.* strains **-höjd** pitch **-ing** toning, tinting **-konst** [art of] music **-kontroll** tone control **-läge** *mus.* pitch; (*rösts omfång*) range, compass **-lös** (*om röst*) toneless; (*om ljud*) flat, dull **-målning** tone picture

tonnage [tå'na:ʃ] *s4* tonnage

tonomfång range, compass

T

tonsill [tån'sill] *s3* tonsil
ton|skala musical scale **-steg** interval **-styrka** intensity of sound
tonsur [tån'su:r] tonsure
ton|sätta set to music **-sättare** composer **-sättning** [musical] composition **-vikt** *språkv.* stress; accent; *bildl.* emphasis; *lägga ~ på a) eg.* stress, put stress on, *b) bildl.* emphasize, lay stress on
tonår|en [ˣtånn-] *pl, i ~* in one's teens **-ing** teenager
tonåtergivning tone reproduction
topạs *s3* topaz
topograf|ị *s3* topography **-isk** [-'gra:-] *a5* topographic[al]
1 topp [-å-] *interj* done!, agreed!, a bargain!
2 topp [-å-] **I** *s2* top; (*bergs- äv.*) summit; (*väg-*) crest; (*friare*) peak, pinnacle; *från ~ till tå* from top to toe; *i ~en* at the top (*av* of); *med flaggan i ~* with the flag flying; *hissa flaggan i ~* run up the flag; *vara på ~en av sin förmåga* be at the height of one's powers **II** *adv, bli ~ tunnor rasande* boil over with rage, blow one's top
topp|a 1 (*-hugga*) pollard; (*växt*) top **2** (*stå överst på*) top, head **-befattning** top-level position (post) **-belastning** peak (maximum) load **-dressa** *trädg.* top-dress **-dressing** *trädg.* top dressing **-form** *vara i ~* be in top form **-formig** [-å-] *a1* conical **-hastighet** maximum (top) speed **-hemlig** top-secret **-ig** *a1* conical **-klass** top class **-konferens** summit conference (meeting) **-kraft** first-rate capacity **-kurs** *hand.* top (peak) rate **-lanterna** masthead light, top light **-lock** cylinder head **-luva** [pointed] knitted cap **-modern** ultramodern **-murkla** [edible] morel **-mössa** pointed (conical) cap **-möte** summit meeting **-prestation** (*hopskr. topprestation*) top performance **-punkt** (*hopskr. toppunkt*) highest point, summit **-rida** bully **-segel** topsail **-siffra** peak (record) figure **-socker** loaf sugar **-märke** topmark **-ventil** overhead valve
Tor *myt.* Thor
tordas [ˣtɑ:r-] *vard., se töras* **tordats** *vard., sup. av töras* **torde 1** (*i uppmaning*) will, (*artigare*) will please; *ni ~ observera* you will please (*anmodas*: are requested to) observe; *ni ~ erinra er* you will remember **2** (*uttr. förmodan*) probably; *det ~ dröja innan* it will probably be a long time before; *man ~ kunna påstå att* it may (can; might, could) probably be asserted that; *ni ~ ha rätt* I dare say you are right **tordes** *imperf. av töras*
tordmule [ˣtɑ:rd-] *s2* razorbill, razor-billed auk
tordyvel [ˣtɑ:rd-] *s2* dor [beetle]
tordön [ˣtɑ:r-] *s7* thunder **tordönsstämma** voice of thunder, thunderous voice
torft|ig [-å-] *a1* (*fattig*) poor; (*enkel*) plain; (*knapp*) scanty, meagre; *~a kunskaper* scanty knowledge (*sg*) **-ighet** poorness *etc.* **-igt** *adv* poorly *etc.*
torg [tårj] *s7* (*öppen plats*) square; (*salu-*) market, marketplace; *Röda ~et* the Red Square; *gå på ~et* go to the market, (*för att handla*) go marketing **-dag** market day **-föra** take (bring) to market, market, *bildl.* bring forward **-gumma** market woman **-handel** market trade, marketing **-kasse** market bag **-skräck** agoraphobia **-stånd** market stall
torium ['tɑ:-] *s8, kem.* thorium
tork [-å-] **1** *s2* drier, dryer **2** *oböjligt i uttr.: hänga på ~* hang [out] to dry; *hänga ut tvätten till ~* hang the washing out to dry
tork|a [-å-] **I** *s1* drought, dry weather; *svår ~* severe drought **II** *v1* **1** (*göra torr*) dry, get dry; *~ tvätt* dry the washing **2** (*~ av*) wipe [dry], dry; *~ disken* dry the dishes; *~ fötterna* wipe one's feet; *~ sina tårar* wipe away (dry) one's tears **3** (*bli torr*) dry, get dry; (*vissna äv.*) dry up **4** (*med betonad partikel*) *~ bort a)* (*av-*) wipe off (up), *b)* (*~ ut*) get dried up, (*om vätska*) dry up; *~ fast* dry and get stuck; *~ ihop* dry up; *~ in* dry in, *bildl. äv.* come to nothing; *~ upp a)* (*av-*) wipe (mop) up, *b)* (*bli torr*) dry up, get dry; *~ ut* dry up, run dry **5** *rfl* dry (wipe) o.s. (*med, på* with, on); *~ sig om händerna* dry one's hands; *~ dig om munnen!* wipe your mouth! **-arblad** (*på bil*) [windscreen] wiper blade **-huv** hood hairdryer (hairdrier) **-ning** drying; (*av-*) wiping [off], mopping [up] **-skåp** drying cabinet (cupboard) **-streck** clothesline **-ställ[ning]** drying rack; (*för disk*) plate rack **-tumlare** tumbler [drier], tumble drier **-ugn** drying kiln (oven, furnace)
1 torn [-ɑ:-] *s2, bot.* spine, thorn
2 torn [-ɑ:-] *s7* **1** tower; (*litet ~*) turret; (*spetsigt*) steeple; (*klock-*) belfry **2** (*schackpjäs*) rook, castle
torna [-ɑ:-] *~ upp sig* pile itself (themselves) up, *bildl.* tower aloft
tornad|o [-'na:-] *s5, s3* tornado
torner|a tourney, joust **-ing, -spel** tournament, tourney, joust
tornfalk kestrel
tornister [-'niss-] *s2* **1** (*proviantväska*) canvas field bag **2** (*foderpåse*) nosebag
torn|seglare [common] swift **-spira** spire; steeple **-svala** *se tornseglare* **-uggla** barn owl **-ur** tower clock
torp [-å-] *s7* crofter's holding; (*sommarstuga*) cottage **-are** crofter
torpẹd [-å-] *s3* torpedo; *målsökande ~* homing torpedo; *skjuta av en ~* launch a torpedo **-båt** torpedo boat **-era** torpedo (*äv. bildl.*) **-ering** [-'de:-] torpedoing
torr [-å-] *a1* dry; (*torkad*) dried; (*uttorkad*) parched, arid (*jord* ground); (*om klimat*) torrid; *bildl.* bald (*siffror* figures), (*tråkig*) dry, dull; *jag känner mig ~ i halsen* my throat feels dry; *han är inte ~ bakom öronen* he is [still] wet behind the ears; *på ~a land* on dry land; *ha sitt på det ~a* be comfortably off **-batteri** dry[-cell] battery **-boll** *vard.* stick-in-the-mud, sobersides **-dass** dry privy **-destillation** destructive (dry) distillation **-destillera** carbonize, burn without flame **-docka** *sjö.* dry dock **-het** dryness; parchedness; aridity **-hosta I** *s1* dry cough **II** *v1* have a dry cough **-jäst** dry yeast **-klosett** earth closet **-lägga 1** drain; (*mosse, sjö*) reclaim **2** (*införa spritförbud*) make dry **-läggning 1** drainage; reclamation **2** making (turning) dry **-mjölk** powdered (dried) milk **-nål, -nålsgravyr** *konst.* dry point **-rolig** (*hopskr. torrolig*) droll; (*om historia e.d.*) drily amusing **-rolighet** (*hopskr. torro-*

lighet) dry wit; drily witty remark **-schamponering** dry shampoo **-sim** swimming practice on land **-skaffning** cold food; *mil.* haversack ration **-skodd** *a5* dryshod **-spricka** sun shake **-substans** dry (solid) matter **-ögd** *a1* dry-eyed

torsdag ['tɑ:rs-] *s2* Thursday; (*jfr fredag*)

torsion [tår'ʃɑ:n] torsion

torsionsfjäder torsion spring

1 torsk [-å-] *s2, med.* thrush

2 torsk [-å-] *s2, zool.* cod[fish]

torsk|fiske cod-fishing **-lever** cod liver **-leverolja** cod-liver oil **-rom** cod roe

torso ['tårr-] *-n torser, s3* torso

tortera torture

torts [-ɑ:-] *sup. av töras*

tortyr *s3* torture; *utsättas för* ~ be tortured (put to the torture) **-bänk** rack **-kammare** torture chamber **-redskap** instrument of torture

torv [-å-] *s3* peat; *ta upp* ~ dig [out] peat[s]

torv|a [-å-] *s1* (*gräs-*) [piece of] turf; (*jordbit*) plot [of ground]; *kärleken till den egna ~n* love of one's own little acre **-brikett** peat briquette **-mosse** peat bog (moor) **-mull** peat mould **-strö** peat litter **-tak** sod roof **-täcka** sod, turf

tosig *a1, se tokig*

tota ~ *ihop* (*till*) put together [some sort of] (*ett brev* a letter), get together (*en middag* a dinner)

total *a1* total; entire, complete; *~t krig* total war (warfare) **-bild** general (overall) view (picture) **-förbud** total prohibition **-förlust** total loss **-förstöra** totally destroy (demolish) **-försvar** total (military, economic, psychological and civil) defence **-haverera** become a total loss; *~d bil* a completely smashed up car **-haveri** total loss; total wreck

totalisator [-ˣsa:tår] *s3* totalizator; *vard.* tote; *spela på* ~ bet with the totalizator **-spel** tote-betting

total|itet totality **-itär** *a1* totalitarian **-kvadda** *vard.* wreck, smash up, *AE. sl.* total **-vägrare** conscientious objector who also refuses to do community service **-värde** aggregate (total) value

totem ['tå:-] *s9, s7* **-påle** totem [pole]

1 toto *s9, vard., se totalisator*

2 toto *barnspr.* (*häst*) gee-gee

tott [-å-] *s2* (*hår-, garn- etc.*) tuft [of ...]

tov|a I *s1* twisted (tangled) knot (bunch) **II** *v1,* ~ [*ihop*] *sig* become tangled **-ig** *a1* tangled, matted

tox|icitet [-å-] toxicity **-ikologi** *s3* toxicology **-in** *s4, s3* toxin **-isk** ['tåks-] *a5* toxic

trad *s3* [shipping, (sea)] route

tradera hand down, transmit orally [from one generation to another]

tradig *a1* (*långtråkig*) tedious

tradition tradition **-ell** *a1* traditional

traditions|bunden tradition bound; *vara* ~ be bound by (rooted in) tradition **-rik** rich in tradition

trafik *s3* **1** traffic; (*drift*) service; *genomgående* ~ through traffic; *gå i* [*regelbunden*] ~ *mellan* ply between; *visa hänsyn i ~en* show courtesy on the road; *sätta in en buss i* ~ put a bus into service; *vårdslöshet i* ~ careless driving; *ej i* ~ (*på skylt*) depot only **2** (*hantering*) traffic, trade; *~en med narkotika* the traffic in narcotics **-abel** [-'ka:-] *a2* trafficable **-anhopning** traffic jam **-ant** user, customer; (*landsvägs-*) road-user; (*fotgängare*) pedestrian **-belastning** traffic load **-bil** (*last-*) lorry; (*taxi*) taxi[cab] **-buller** noise from traffic **-delare** traffic pillar (island) **-döden** the traffic toll

trafiker|a (*färdas på*) use, frequent, travel by; (*ombesörja trafik på*) operate, work, ply on; *livligt ~d* heavily trafficked, busy; ~ *en linje* operate a route **-bar** [-ˣke:r-] *a1* trafficable

trafik|flyg air service; civil aviation **-flygare** airline (commercial) pilot **-flygplan** passenger plane **-fyr** traffic light (signal) **-fälla** road trap **-förordning** traffic regulation **-förseelse** traffic offence **-försäkring** traffic insurance **-hinder** traffic obstacle; hold-up in [the] traffic **-knut** traffic centre (junction) **-konstapel** policeman on point duty; *AE., vard.* traffic cop **-kort** heavy vehicle licence **-led** traffic route **-ledare** *flyg.* control officer **-ljus** traffic light[s] **-märke** traffic sign **-olycka** traffic (road, street) accident **-polis** (*polisman*) policeman on point duty, traffic policeman; *koll.* traffic police **-signal** traffic signal (light) **-skylt** traffic sign, signpost **-stockning** traffic jam, congestion of the traffic **-stopp** traffic hold-up **-säkerhet** road safety **-säkerhetsverk** *~et* [the Swedish] national road safety office **-teknik** transport engineering **-utskott** *~et* [the Swedish parliamentary] standing committee on transport and communications **-vakt** traffic warden **-vett** good traffic sense **-väsen** traffic services (*pl*) **-övervakning** traffic supervision

tragedi [-ʃe'di:] *s3* tragedy **-enn** *s3* tragedienne

traggla (*käxa*) go on (*om* about); (*knoga*) plod on (*med* with)

trag|ik *s3* tragedy; *~en i* the tragedy of **-iker** ['tra:-] tragedian **-ikomisk** [-'kɑ:-] *a5* tragicomic [al] **-isk** ['tra:-] *a5* tragic[al] **-öd** *s3* tragedian

trailer ['trej-] *s2,* (*släpvagn o. film.*) trailer

trakass|era pester, badger; persecute **-eri** pestering, badgering; persecution

trakom [-'å:m] *s7* trachoma

trakt *s3* (*område*) district, parts (*pl*); region; *här i ~en* in this neighbourhood, hereabout[s], round about here

trakta ~ *efter* aspire to, aim at; ~ *efter ngns liv* seek a p.'s life

traktamente [-'menn-] *s6* allowance [for expenses], subsistence allowance

traktan *r, se diktan*

traktat 1 (*fördrag*) treaty; *ingå en* ~ make a treaty **2** (*småskrift*) tract

trakter|a 1 (*bjuda*) treat (*ngn med* s.b. to); (*underhålla*) regale (*ngn med* s.b. with); *inte vara vidare ~d av* not be flattered (particularly pleased) by **2** (*spela*) play; (*blåsa*) blow **-ing** (*förplägnad*) entertainment [provided]; *riklig* ~ sumptuous banquet, *vard.* plenty of food

traktor [-år] *s3* tractor; (*band-*) caterpillar [tractor]

traktör innkeeper; restaurateur, caterer

tralala *interj* tra-la-la!

1 trall *s2, s7* (*golv-*) duckboard; *sjö.* grating

2 trall *s2* (*låt*) melody, tune; *den gamla ~en* (*bildl.*) the same old routine

T

1 tralla *v1*, ~ [*på*] warble, troll
2 tralla *s1* (*transport-*) truck; (*dressin*) trolley
tramp *s7* tramping, tramp **trampa I** *s1* (*på cykel o.d.*) pedal; (*på maskin*) treadle **II** *v1* tramp, tread; (*cykel, symaskin etc.*) treadle, pedal; (*tungt*) trample; (*orgel*) blow the bellows of; ~ *i klaveret* drop a brick, put one's foot in it; ~ *ngt i smutsen* (*bildl.*) trample s.th. in the dirt; ~ *ihjäl* trample to death; ~ *ner a*) (*jord*) tread down, *b*) (*gräs*) trample down, *c*) (*skor*) tread down at the heels; ~ *ngn på tårna* tread on a p.'s toes; ~ *sönder* tread (trample) to pieces; ~ *ur* (*koppling*) declutch; ~ *ut barnskorna* grow up; ~ *vatten* tread water
tramp|bil (*för barn*) pedal car **-båt 1** (*nöjesfarkost*) pedalo **2** (*fraktfartyg*) *se trampfartyg* **-cykel** pedal cycle **-dyna** pad, matrix
tramp|fart tramping, tramp trade; *gå i* ~ run in the tramp trade **-fartyg** tramp [vessel], tramp steamer
tramp|kvarn treadmill (*äv. bildl.*) **-mina** *mil.* antipersonnel mine
trampolin *s3* [high-diving] springboard; (*vid simhopp äv.*) diving board, high-board **-hopp** high-board diving
trams *s7, vard.* nonsense, drivel, rubbish **tramsa** act (play) the fool, fool around **tramsig** *a1* daft; *nu är du* ~ you are being silly
tran *s3*, *s4* train (whale) oil
tran|a *s1* crane **-bär** cranberry
trancher|a [-aŋ'ʃe:-, -an-] carve **-kniv** carving knife
trandans dancing of cranes
trankil [-aŋ'ki:l] *a1* cool, calm
tran|kokeri tryworks (*sg o. pl*), train-oil factory **-lampa** train-oil lamp
trans *s3* trance; *vara i* ~ be in a trance
trans|aktion transaction **-alpin[sk]** [-i:-] transalpine **-atlantisk** [-'lann-] transatlantic
transcendent [-nsen'dent, -nʃen-] *a4*, **-al** *a1* transcendent[al]
transfer ['trans-] *s9* transfer **-era** transfer **-summa** transfer fee
transform|ation transformation **-ator** [-ˣa:tår] *s3* transformer **-era** transform
transfusion [blood] transfusion
transistor [-ˣsistår] *s3* transistor **-isera** transistorize **-radio** transistor radio **-teknik** transistor technology
transit ['trans-, -'si:t] *s3* transit **-era** pass (convey) in transit, transit **-ering** [-'te:-] [forwarding in] transit **-hall** transit lounge (hall)
transitiv ['trann-] *a1* transitive
transito ['trann-, -ˣsi:-] *s9* transit **-hall** *se transithall* **-handel** transit trade (business)
Transjordanien [-'da:-] *n* Trans-Jordan
tran|skribera transcribe **-skription** [-p'ʃo:n] transcription
translator [-ˣla:tår] *s3* translator; *auktoriserad* ~ authorized (registered) translator
trans|mission transmission; *tekn. äv.* countershaft transmission **-missionsväxel** transmission gear **-mittera** transmit **-mutation** transmutation **-ocean[sk]** [-a:-] *a5* transoceanic, overseas **-parang** transparency **-parent** [-'rent, -'raŋt] *a1* transparent **-piration** (*svettning*) perspiration; *bot.* transpiration **-pirationsmedel** deodorant **-pirera** (*svettas*) perspire; *bot.* transpire **-plantat** *s7* transplant, organ (tissue) transplanted **-plantation** transplantation, [skin] grafting **-plantera** transplant, graft **-ponera** transpose **-ponering** [-'ne:-] transposition
transport [-å-] *s3* **1** (*forsling*) transport[ation], conveyance; (*fraktavgift*) cost of transport; *under ~en* in transit; *fördyra ~en* increase the cost of transport **2** (*överlåtelse av check etc.*) transfer; *bokför.* carried forward (*utgående saldo*), brought forward (*ingående saldo*) **3** (*förflyttning*) transfer, removal; *söka* ~ apply for transfer (*etc.*) **-abel** [-'a:bel] *a2* transportable **-apparat** conveyor **-arbetare** transport worker **-band** conveyor belt **-behållare** [transport] container **-chef** *mil.* transportation officer **-era** (*jfr transport*) **1** transport, carry, convey **2** (*överlåta*) transfer (*på* to); *bokför.* carry (bring) forward **3** (*förflytta*) transfer, remove **-fartyg** *mil.* transport vessel, troopship **-företag** [road] haulage (transport) business; *AE.* trucking business **-försäkring** transport (transportation) insurance **-kostnad** transport[ation] (carrying, shipping) cost **-medel** means of transport (conveyance) **-väsen** transport [service] **-ör** *tekn.* conveyor
trans|position *mus.* transposition **-sibirisk** [-'bi:-] trans-Siberian **-substantiation** [-(t)sia-] transubstantiation
trans|umera copy in extract **-sumt** [-'sumt] *s7* extract
transuran *s4, s3, kem.* transuranic element
transvers|al I *s1* transversal [line] **II** *a1* transverse, transversal **-ell** *a1, se transversal II*
transvestit *s3* transvestite **-ism** transvestism
trapets 1 *s7, s4, mat.* trapezium; *AE.* trapezoid **2** *s3, gymn.* trapeze **-konstnär** trapeze artiste
trapp|a I *s1* (*utomhus*) stairs (*pl*), flight of stairs; (*farstu-*) doorstep[s *pl*]; (*inomhus*) stairs (*pl*), staircase, stairway, flight [of stairs]; *en ~ upp* on the first (*AE.* second) floor, (*i tvåvåningshus*) upstairs; ~ *upp och ~ ner* up and down stairs; *i ~n* on the stairs; *nedför* (*uppför*) *~n* down (up) the stairs, downstairs (upstairs) **II** *v1*, ~ *av* reduce; ~ *ned* reduce; ~ *upp* escalate, step up **-avsats** (*inomhus*) landing; (*utomhus*) platform **-gavel** stepped gable **-hus** stairwell **-ljus** staircase light **-räcke** [staircase] banisters (*pl*) **-steg** step, stair; *bildl. äv.* stage **-stege** stepladder **-uppgång** staircase; stairs (*pl*)
tras|a I *s1* **1** [piece of] rag; shred; *falla* (*slita*) *i -or* go to (tear [in]to) rags; *utan en ~ på kroppen* without a rag of clothing on one's body; *våt som en ~* wringing wet; *känna sig som en ~* feel washed out **2** *se damm-, skur-* **II** *v1*, ~ *sönder* tear [in]to rags (shreds, *äv. bildl.*) **-docka** rag doll **-grann** (*om pers.*) tawdry, shoddy; (*om sak*) gaudy **-hank** ragamuffin, tatterdemalion **-ig** *a1* ragged, tattered; (*om kläder äv.*) torn; (*i kanten*) frayed; (*sönderbruten*) broken; (*i olag*) out of order; *~a nerver* frayed nerves
traska trudge; trot (*i väg* off; *omkring* [a]round)
tras|matta rag (rug) [mat] **-proletariat** lumpenproletariat
trassat *hand.* drawee

trassel ['trass-] *s7* **1** (*oreda*) tangle; *bildl. äv.* muddle, confusion; (*besvärligheter*) trouble; bother (*sg*), complications (*pl*); *ställa till* ~ make trouble (*för ngn* for s.b.), *vard.* kick up a fuss **2** (*textilavfall*) cotton waste, waste wool **-sudd** piece of cotton waste

trass|ent *hand.* drawer **-era** *hand.* draw

trassl|a (*krångla*) make a fuss, be troublesome; ~ *ihop* get into a tangle, entangle; ~ *in sig a*) get itself (o.s.) entangled (*i* in), *b*) (*bildl. om pers.*) entangle o.s., get o.s. involved (*i* in); ~ *med betalningen* be irregular about paying; ~ *till a*) *se* ~ *ihop, b*) *bildl.* muddle; ~ *till sina affärer* get one's finances into a muddle; ~ [*till*] *sig* get entangled; ~ *sig fram a*) make one's way along with difficulty, *b*) *bildl.* muddle along; ~ *sig ifrån* wriggle out of **-ig** *a1* tangled, entangled; (*friare*) muddled; ~*a affärer* shaky finances

trast *s2* thrush

tratt *s2* funnel; (*matar- etc.*; *stormvarningssignal*) hopper

1 tratta *s1, hand.* draft, bill [of exchange]

2 tratta *v1,* ~ *i ngn ngt* (*äv. bildl.*) stuff s.b. with s.th.; ~ *ngt i öronen på ngn* din s.th. into a p.'s ears; ~ *ngn full med lögner* stuff s.b. with a lot of lies

trattformig [-å-] *a1* funnel-shaped, funnelled

trauma ['trau-] *s6* trauma **-tisk** [-'ma:-] *a5* traumatic

trav *s4, s3* trot; *rida i* ~ ride at a trot; *sätta av i* ~ start trotting; *hjälpa ngn på* ~*en* (*bildl.*) put s.b. on the right track, give s.b. a start

1 trava (*lägga i trave*) pile, stack (*virke* wood)

2 trava trot; ~ *på* trot along

trav|are *se travhäst* **-bana** trotting course (track)

trave *s2* pile, stack (*böcker* of books; *ved* of wood)

travers [-'värs] *s3* **1** (*lyftkransanordning*) overhead [travelling] crane; (*tvärbalk*) cross member **2** *mil.* traverse

travestera *v1*, **travestị** *s3* travesty, spoof

trav|häst trotter, trotting horse **-kusk** sulky driver **-sport** trotting **-tävling** trotting race

tre three; (*för sms. jfr fem-*); ~ *och* ~ (~ *i taget*) three at a time; *ett par* ~ *stycken* two or three; *alla* ~ *böckerna* all three books; *vi gjorde det alla* ~ all [the] three of us did it; *i* ~ *exemplar* in triplicate, in three copies; *alla goda ting är* ~ all good things are three in number

tre|a *s1* three; (*lägenhet*) three-room flat, flat with two bedrooms; ~*n*[*s växel*] [the] third [gear]; *han kom* ~ he came in third (as number three); *han blev* ~ he was number three **-bent** [-e:-] *a4* three-legged **-dela** divide into three; *geom.* trisect **-dimensionell** *a1* three-dimensional, three-D

tredje [ˣtre:d-] third; ~ *graden* (*jur.*) third degree; ~ *klass* third class; ~ *man a*) (*jur.*) third party, *b*) *kortsp.* [the] third hand; ~ *riket* the Third Reich; ~ *världen* the Third World; ~ *statsmakten* the Press **-dag** ~ *jul* the day after Boxing Day **-del** third; *en* ~*s* a third of; *två* ~*ar* two thirds **-klassbiljett** third-class ticket

tredsk [-e:-, *vard.* tresk] *a1* refractory, defiant **tredska** *s1* refractoriness, defiance; *jur.* obstinacy, contumacy **tredskas** *dep* be refractory

tredsko|dom judgement by default **-domsförfarande** undefended proceedings (*pl*)

tredubb|el treble, threefold, triple; *det -la priset* treble (three times) the price **-la** treble, triple

treenig triune **-het** triunity, trinity; ~*en* the Trinity

trefaldig *a1* threefold, treble, triple **-het** [ˣtre:-, -'fall-] *kyrkl.* [the] Trinity **-hetssöndag** ~*en* Trinity Sunday

tre|falt threefold, trebly; thrice (*lycklig* blessed) **-fas** three-phase **-fasström** three-phase current **-fjärdedelstakt** [-ˣfjä:r-] three-four [time], *AE.* three-quarter time **-fot** tripod **-glasfönster** triple glazing (*koll.*) **-hjulig** [-j-] *a1* three-wheeled **-hjuling** [-j-] three-wheeler; (*cykel*) tricycle; (*bil*) tricar **-hundratalet** the fourth century **-hundraårsjubileum** tercentenary, tercentennial **-hörning** [-ö:-] triangle **-kant** triangle **-kantig** triangular; ~ *hatt* cocked (three-cornered) hat **-klang** *mus.* triad **-klöver** *bot.* three-leaf clover; *bildl.* trio **-kropparsproblemet** the three body problem **-kvạrt** *på* ~ at an angle

trekvạrts *i* ~ *timme* for three quarters of an hour **-lång** three-quarter length **-strumpa** knee hose (sock)

treledare three-wire, triple wire

trema *s6* di[a]eresis (*pl* di[a]ereses)

tremakts|avtal tripartite agreement **-förbund** triple alliance **-fördrag** tripartite treaty

tre|mannadelegation three-man delegation **-mastare** three-master, three-masted schooner **-milsgräns** three-mile limit **-motorig** *a1* three-engine[d]

tremul|ant *mus.* tremulant **-era** quaver, sing (play) with a tremolo **-ering** [-'le:-] tremolo

tre|månadersväxel three-month bill **-männing** second cousin

trenchcoat ['tren(t)ʃkått] *s2* trench coat

trend *s3* trend, fashion **-ig** *a1* trendy

trenne three

trepaner|a trepan, trephine **-ing** trepanation, trephining

tre|procentig *a1* three-percent **-radig** *a1* three-rowed **-rumslägenhet** three-room[ed] flat; two-bedroom flat **-sidig** *a1* trilateral **-siffrig** *a1* three-figure; three-digit **-sitsig** *a1* three-seated **-skift** three-shift **-snibb** triangular cloth **-spann** team of three horses, troika; *köra* ~ drive three in hand **-språkig** *a1* trilingual **-stavig** *a1* trisyllabic[al] **-steg** *sport.* triple jump, hop, step and jump **-stegsraket** three-stage rocket **-stjärnig** [-ʃä:-] *a1* three-star (*konjak* brandy) **-stämmig** *a1* for three voices, in three parts **-takt** *mus.* three-four time, *AE.* three-quarter time **-taktsmotor** three-stroke engine **-tal** (*antal av tre*) triad; *kortsp.*, ~ *i ess* three aces; ~*et* [the number] three **-tiden** *vid* ~ [at] about three [o'clock]

tretti|o [ˣtretti(ɷ), 'tretti(ɷ)] thirty; *klockan tre och* ~ at three thirty **-onde** [-å-] thirtieth **-on[de]del** thirtieth [part]

trettio|tal *ett* ~ some (about) thirty; *på* ~*et* (*1930-talet*) in the thirties **-årig** *a1* thirty-year[-old]; ~*a kriget* the Thirty Years' War

tretton [-ån] thirteen **-dagen** Twelfth Day, Epiphany **-dagsafton** Twelfth Night **-de** thir-

T

teenth **-hundratalet** *på ~* in the fourteenth century **-årig** *a1* thirteen-year-old

tre|tumsspik three-inch nail **-tungad** *a5* three-tongued; three-tailed (*flagga* flag) **-udd** trident **-uddig** *a1* with three prongs

trev|a grope [about] (*efter* for); *~ efter ord* fumble for words; *~ i mörkret* go groping about (*bildl.* be groping) in the dark; *~ sig fram* grope one's way along **-ande** *a4* groping, fumbling; *bildl. äv.* tentative **-are** feeler

trev|lig [ˣtre:v-] *a1* pleasant, agreeable; (*mera vard.*) nice; *AE. äv.* cute; (*rolig*) enjoyable; (*om lägenhet o.d.*) comfortable; (*sällskaplig*) sociable; *~ resa!* a pleasant journey!, bon voyage!; *vi hade mycket ~t* we had a very nice time, we enjoyed ourselves very much; *vi har haft mycket ~t* we have had a wonderful time; *det var ~t att [få] höra* I am glad to hear that; *det var just ~t!* (*iron.*) what a pretty kettle of fish! **-ligt** *adv* pleasantly *etc.* **-nad** *s3* comfort, comfortable feeling; *sprida ~ omkring sig* create a cheerful atmosphere

tre|våningshus three-storeyed house **-värd** *kem.* trivalent **-årig** *a1* three-year[s']; (*om barn o. djur*) three-year-old **-åring** child of three [years of age]; (*om häst*) three-year-old

tri *s9, vard.* trichlor[o]ethylene

triangel [-'aŋ-] *s2* triangle **-drama** eternal-triangle drama **-formig** [-å-] *a1* triangular **-mätning** triangulation **-punkt** triangulation point

triangul|ering [-ŋgu'le:-] triangulation **-ạ̈r** *a1* triangular

trias ['tri:-] *r* Trias **-perioden** the Triassic period

tribạd *s3* tribade

1 tribụn *s3* (*plattform*) platform, tribune

2 tribụn *s3* (*rom. ämbetsman*) tribune

tribun|ạl *s3, s4* tribunal **-ạt** *s7* tribunate, tribuneship

tribụt *s3* tribute

1 trick *s7, s2, kortsp.* trick [over book]

2 trick *s7* (*knep*) trick, dodge; (*reklam- etc.*) gimmick

trickfilmning trick filming **tricks** *s7, se 2 trick* **tricksa** use tricks; *~ med bollen* dribble

triftong [-'tåŋ] *s3* triphthong

trigonometr|ị *s3* trigonometry **-isk** [-'me:-] *a5* trigonometric[al]

trikịn *s3* trichina (*pl* trichinae)

trikloretylen [-ˣklå:r-] trichlor[o]ethylene

trikolor [-'lå:r] *s3, ~en* the Tricolour

trikạ̊ *s3* **1** (*tyg*) tricot, stockinet[te] **2** *~er* tights; *hudfärgade ~er* fleshings **-affär** knitwear shop **-fabrik** knitwear factory **-underkläder** *pl* machine-knitted (cotton) underwear **-varor** *pl* knitwear (*sg*), knitted (hosiery) goods

triljọn *s3* trillion; *AE.* quintillion

trilla I *s1* (*vagn*) surrey **II** *v1* **1** (*rulla*) roll; *~ piller* make pills **2** (*ramla*) drop, fall, tumble; (*om tårar*) trickle; *~ omkull* tumble over; *~ av pinn* (*vard.*) kick the bucket

trilling triplet

tri|lobịt *s3* trilobite **-logị** *s3* trilogy

trilsk *a1* (*motsträvig*) contrary; (*egensinnig*) wilful; (*omedgörlig*) intractable; (*tjurig*) mulish, pigheaded **trilska** *s1* contrariness *etc.* **trilskas** *dep* be contrary (*etc.*)

trim [trimm] *s9, s7* trim; *vara i ~* (*sport. o. vard.*) be in good trim

trimarạn *s3* trimaran

trim|ma *sjö.* trim (*äv. pälsen på hund*); (*justera motor o.d.*) trim, adapt **-ning** trimming, trim

trind *a1* (*rund*) round[-shaped], roundish; (*fyllig*) plump, *vard.* tubby, chubby **-het** roundness; rotundity

trio ['tri:ɔ] *s5* trio **triod** [-'å:d] *s3* triode **triol** [-'ɔ:l, -'å:l] *s3* triplet

1 tripp *s3, s2* (*resa*) [short] trip (*äv. narkotikarus*); *göra* (*ta sig*) *en ~* go for (take) a trip

2 tripp *i uttr.: ~ trapp trull a*) (*spel*) noughts and crosses, tick-tack-toe, *b*) *bild.* one, two, three [going down in height]

tripp|a (*gå på tå*) trip along; (*knarka*) trip **-ande** *a4* tripping; *~ steg* mincing steps

trippel|allians *~en* the Triple Alliance **-vaccinering** three-way D.P.T. (diphtheria, pertussis and tetanus) inoculation

trippmätare trip meter

triptỵk *s3* triptych

triss *s3, kortsp., se tretal*

triss|a I *s1* [small] wheel, trundle, disc; (*i block e.d.*) pulley; (*sporr-*) rowel; *dra på -or!* (*vard.*) go to blazes! **II** *v1, ~ upp priserna* push up the prices

trist *a1* (*långtråkig*) tiresome, tedious; (*dyster*) gloomy, dismal; (*sorgsen*) sad, melancholy; (*föga uppbygglig*) depressing, dreary **-ess** tiresomeness *etc.*; melancholy

triton [-'tå:n, -'tɔ:n] *s3* triton

triụmf *s3* triumph **-ator** [-ˣfa:tår] *s3* triumphator **-båge** triumphal arch **-era** triumph; (*jubla*) exult **-erande** [-'fe:-] *a4* triumphant, exultant; *~ leende* triumphant smile **-tåg** triumphal procession (*bildl.* march, progress) **-vagn** triumphator's chariot; car of triumph

triumvịr *s3* triumvir **-ạt** *s7* triumvirate

triv|as *v2, dep* get on well, be happy; (*frodas*) thrive; (*blomstra*) flourish, prosper; *han -s i England* he likes being (likes it) in England; *~ med* like, (*ngn äv.*) get on [well] with

triviạl *a1* trivial; commonplace **-itet** *s3* triviality

trivsam [-i:-] *a1* pleasant, comfortable, cosy, snug; (*om pers.*) easy to get on with, congenial **-het** cosiness, hominess; congeniality

trivsel ['tri:v-] *s9* (*välbefinnande*) wellbeing, comfort[ableness]; (*trevnad*) ease, cosiness

tro I *s9* **1** belief (*på* in); (*tillit, tilltro*) faith, trust (*till, på* in); *~, hopp och kärlek* faith, hope, love; *den kristna ~n* the Christian faith; *i den ~n att* believing (thinking) that; *leva i den ~n att* believe that; *i den fasta ~n att* convinced that; *i god ~* in good faith, bona fide; *sätta ~ till* trust, believe, (*ngn äv.*) put confidence in **2** *svära ngn ~ och lydnad* swear allegiance to s.b.; *uppsäga ngn ~ och lydnad* withdraw one's allegiance from s.b.; *på ~ och loven* on one's honour; *skänka ngn sin ~* give s.b. one's plighted word **II** *v4* **1** believe, trust; (*förmoda*) think, suppose, *AE. o. vard.* guess, reckon; (*föreställa sig*) imagine, fancy; *ja, jag ~r det* yes, I believe so; *jag skulle ~ det* I should think so; *~ det den som vill!* believe that if you like!; *du kan aldrig ~ hur* you can't possibly imagine how; *~ mig, ...* take my word for it, ...; believe me, ...; ..., *må du ~!* ..., I can tell you!; *det ~r du bara!* that's only your imagination (an idea of yours)!; *det var det jag ~dde!* [that's] just what I thought!; *det ~r jag det!* I should jolly well think so!; *~ ngn om gott* expect well of s.b.; *~ ngt om ngn* believe s.th. of s.b.; *~ ngn på hans ord* take a p.'s word for it; *~ ngn vara* believe s.b. to be; *~ på* believe in (*äv. relig.*), (*hålla för sann*) believe **2** *rfl* think (believe) o.s. (*säker* safe); *~ sig vara* think that one is, consider (believe) o.s. to be; *~ sig kunna* believe o.s. (that one is) capable of (+ *ing- form*) (able to)

tro|ende *a4* believing; *en ~* a believer; *de ~* (*äv.*) the faithful **-fast** true, constant (*vän* friend); loyal (*vänskap* friendship); faithful (*kärlek* love); (*~ av sig*) true-hearted, trusty **-fasthet** constancy; loyalty; faithfulness

trofé *s3* trophy

trogen *a3* faithful (*intill döden* unto death; *mot* to); true (*sina ideal* to one's ideals); *sin vana ~* true to habit

trohet faithfulness; fidelity; loyalty

trohets|brott breach of faith **-ed** (*avlägga* take the) oath of allegiance **-löfte** vow of fidelity **-plikt** allegiance

trohjärtad [-j-] *a5* true-hearted; (*ärlig*) frank; (*förtroendefull*) confiding

Troja [ˣtråjja] *n* Troy

troj|an [-å-] *s3*, **-ansk** [-a:-] *a3* Trojan

trojka [ˣtråjj-] *s1* troika

troké *s3* trochee **trokeisk** [-'ke:isk] *a5* trochaic

trolig *a1* probable, likely; *AE. äv.* apt; (*trovärdig*) credible, plausible; *det är ~t att han* he will probably (is likely to); *det är föga ~t* it is hardly likely; *hålla [det] för ~t att* think it likely that; *söka göra ngt ~t* try to make s.th. plausible **-en, -tvis** very (most) likely, probably; *han kommer ~ inte* he is not likely to come

troll [-å-] *s7* troll; (*elakt*) hobgoblin; *när man talar om ~en står de i farstun* talk of the devil and he'll appear; *ditt lilla ~!* you little witch

troll|a [-å-] (*utöva -dom*) conjure; (*om -konstnär*) perform conjuring tricks; *~ bort* spirit (conjure) away; *~ fram* conjure forth (up) **-bunden** spellbound **-dom** [-domm] *s2* witchcraft, sorcery; (*magi*) magic; *bruka ~* use magic, practise witchcraft **-domskonst** *~en* [the art of] witchcraft **-dryck** magic potion **-eri** magic, enchantment **-erikonstnär** *se -konstnär* **-formel** magic formula; charm, spell; (*besvärjelse*) incantation **-karl** magician, wizard; sorcerer **-konst** *~er* (*häxas*) magic (*sg*); (*-konstnärs*) conjuring (jugglery) trick; *göra ~er* perform conjuring tricks **-konstnär** conjurer **-kraft** magic power **-krets** *bildl.* magic sphere **-kunnig** skilled in magic **-kvinna** *se -packa* **-makt** spell **-packa** *s1* witch, sorceress **-slag** *som genom ett ~* as if by [a stroke of] magic **-slända** dragonfly **-spö, -stav** magic wand **-trumma** troll drum **-tyg** *s7* witchery, sorcery

trolov|ad *a5, hans* (*hennes*) *~e* his (her) betrothed **-ning** betrothal **-ningsbarn** betrothal child

trolsk [-å-] *a1* magic[al]; (*tjusande*) bewitching; (*hemsk*) weird

trolös faithless, unfaithful, disloyal (*mot* to); (*förrädisk*) treacherous, perfidious (*mot* to, towards) **-het** faithlessness; breach of faith; *~ mot huvudman* breach of trust committed by an agent on his principal

1 tromb [-å-] *s3* (*skydrag*) tornado

2 tromb [-å-] *s3* (*blodpropp*) thrombus (*pl* thrombi)

trombon [tråm'bå:n] *s3* trombone **-ist** trombonist

trombos [tråm'bå:s] *s3* thrombosis

tron *s3* throne; *avsäga sig ~en* abdicate; *bestiga ~en* ascend (accede to) the throne; *störta ngn från ~en* dethrone s.b.

tron|a be enthroned (*på* on) **-arvinge** heir to the throne **-avsägelse** abdication **-bestigning** accession to the throne **-följare** successor to the throne **-följd** succession [to the throne] **-följdsordning** act of succession; *Storbritannien* act of settlement **-himmel** canopy **-pretendent** pretender (claimant) to the throne **-sal** throne room, room of state **-skifte** accession of a new monarch **-tal** speech from the throne

trop [-å:-] *s3, språkv.* trope

trop|ik *s3* tropic; *~erna* the Tropics, the torrid (tropic) zone (*sg*) **-ikhjälm** pith helmet, topee, topi **-isk** ['trå:-] *a5* tropic[al]

troposfär *s3* troposphere

tropp [-å-] *s2* troop; (*infanteri-*) section; *gymn.* squad

tropp|a [-å-] **1** *mil.* troop (*fanan* the colour) **2** *~ av* move off **-chef** troop (section, squad) commander

tros|artikel article of faith; (*friare*) doctrine **-bekännare** *främmande ~* adherent of an alien creed **-bekännelse** confession (declaration) of [one's] faith; (*lära*) creed; *augsburgska ~n* the Augsburg Confession **-frihet** religious liberty **-frände** fellow believer **-gemenskap** communion in the faith **-iver** religious zeal **-ivrare** religious zealot

troskyldig true-hearted; frank (*blick* look)

troslära doctrine of faith, dogma

trosor *pl* briefs, panties

1 tross [-å-] *s2, sjö.* hawser; rope

2 tross [-å-] *s2, mil.* baggage [train]; supply vans (*pl*)

tros|sak matter of faith **-samfund** religious community **-sats** dogma

trossbotten *byggn.* double floor[ing]; *sjömil.* lower deck; (*manskapslogement*) crew's quarter

trosviss full of implicit faith **-het** certainty of belief; assured faith

trotjänar|e, -inna [*gammal*] *~* faithful old servant

trots [-å-] **I** *s7* defiance (*mot* of); (*motsträvighet*) obstinacy (*mot* to[wards]), scorn (*mot* of); *visa ~ mot ngn* bid defiance to (defy) s.b.; *i ~ av* in spite of; *på ~* in (out of) defiance; *alla ansträngningar till ~* in spite of all efforts **II** *prep* in spite of; notwithstanding, despite

trots|a [-å-] defy; (*bjuda … trots*) bid defiance to; (*utmana*) brave, scorn, stand up to; *det ~r all beskrivning* it is beyond description **-ig** *a1* defiant (*mot* to, towards); (*uppstudsig*) refractory (*mot* towards); (*hånfull*) scornful, insolent **-ighet** refractoriness *etc.*; defiance **-ålder** *~n* the obstinate age

trottoar *s3* pavement; *AE.* sidewalk **-kant** kerb;

T

AE. curb **-servering** pavement restaurant (café)
trotyl *s3* trinitrotoluene, trotyl
trovärdig credible; (*tillförlitlig*) reliable, trustworthy; *från ~t håll* from a reliable quarter **-het** credibility; reliability, trustworthiness
trubadur troubadour
trubba ~ [*av, till*] blunt, make blunt
trubbel ['trubb-] *s7, vard.* trouble
trubb|ig *a1* blunt; (*avtrubbad*) blunted; (*ej spetsig*) pointless; (*om vinkel*) obtuse **-näsa** snub nose **-vinklig** *a1* obtuse-angled
truck *s2* truck; (*med lyftanordning*) lift truck **-förare** truck driver
trudelutt *s3, vard.* ditty, little song
truga ~ *ngn att* press s.b. to, urge (importune, solicit) s.b. to; ~ *i (på) ngn ngt* press s.th. [up]on s.b.; ~ *sig på ngn* force o.s. [up]on s.b.; ~ *i sig maten* force o.s. to eat
truism *s3* truism
trum|broms drum (expanding) brake **-eld** drumfire
trumf *s7, s2* trump; *spader är ~* spades are trumps; *sitta med alla ~ på hand* have all the trumps; *spela ut sin sista ~* play one's last trump (*bildl.* card)
trumf|a trump, play trumps; ~ *i ngn ngt* drum (pound) s.th. into a p.'s head; ~ *igenom* force through, *AE. vard.* railroad; ~ *över ngn* out trump s.b. **-färg** trump suit **-kort** trump [card] **-spel** trump game **-äss** ace of trumps
trum|hinna eardrum, tympanic membrane **-ma I** *s1* **1** *mus.* drum; *slå på ~* beat the drum (*för* for) **2** *tekn.* drum, cylinder, barrel **II** *v1* drum; (*om regn äv.*) beat; ~ *ihop* (*bildl.*) drum (beat) up; ~ *på piano* strum on the piano **-minne** *data.* drum store
trumpen *a3* sulky, sullen; morose
trumpet *s3* trumpet; *blåsa* [*i*] ~ play (sound) the trumpet
trumpet|a trumpet (*ut* forth) **-are** [-ˣpe:-] trumpeter; *mil. äv.* bugler **-fanfar** fanfare of trumpets **-signal** trumpet signal (call) **-stek** *s7, sjö.* sheepshank **-stöt** trumpet blast
trum|pinne drumstick **-skinn** drumhead **-slagare** drummer **-slagarpojke** drummer boy **-virvel** drum roll
trupial *s3, zool.* oriole
trupp *s3* troop; (*-styrka*) contingent; (*-enhet*) unit, detachment; (*idrotts-*) team; (*teater-*) troupe, company; *~er* (*mil.*) troops, forces **-förband** [military] unit **-revy** review [of troops] **-rörelse** military movement **-sammandragning[ar]** concentration of troops **-slag** branch of service, arm **-styrka** military force **-transport** transport[ation] of troops **-transportfartyg** troopship, troop carrier (transport) **-transportplan** transport plane, troop carrier [plane]
trust *s3* trust **-bildning** establishment of trusts **-väsen** trust system
1 trut *s2, zool.* gull
2 trut *s2, vard.* (*mun*) kisser; *hålla ~en* shut up; *vara stor i ~en* blow one's own trumpet
truta ~ *med munnen* pout [one's lips]
trutit *sup. av tryta*
tryck *s7* **1** (*fys. o. friare*) pressure (*på* on); weight (*över bröstet* on one's chest); *bildl.* constraint, strain; *språkv.* stress; *utöva ~* exert pressure, (*friare*) put pressure (*på* on); *det ekonomiska ~et* the financial strain **2** (*av bok e.d.*) print; (*av-*) impression; *komma ut i ~* appear (come out) in print; *ge ut i ~* print, publish
tryck|a *v3* **1** (*fys. o. friare*) press (*mot* against, to); (*klämma*) squeeze; (*tynga* [*på*]) lie heavy on, oppress; *tryck!* (*på dörr*) push!; *tryck på knappen!* press the button!; ~ *ngns hand* shake a p.'s hand; ~ *ngn till sitt bröst* press (clasp) s.b. to one's breast; ~ *en kyss på* imprint a kiss on **2** (*med betonad partikel*) ~ *av a*) (*ta avtryck av*) impress, *b*) (*kopiera*) copy [off], *c*) (*avskjuta*) fire, *absol.* pull the trigger; ~ *fast* press on; ~ *ihop* press (squeeze) together; ~ *in* (*ut*) press (force) in (out); ~ *sig intill* press up against; ~ *ner* press down, (*friare o. bildl.*) depress; ~ *upp* press up, force open **3** (*om villebråd*) squat; *ligga o.* ~ (*om pers.*) lie low **4** *boktr. o.d.* print; (*med stämpel*) stamp; ~ *en bok i 2 000 exemplar* print 2,000 copies of a book; ~ *om* reprint; *-es* (*på korrektur*) ready for press **-alster** publication; printed matter **-ande** *a4* pressing *etc.*; (*friare o. bildl.*) oppressive; (*om väder*) sultry, close; (*tung*) heavy; *värmen känns ~* the heat is oppressive **-are** printer; (*dans*) *BE. sl.* smooch **-ark** printed sheet **-belastning** [compressive] load **-bokstav** (*textad*) block letter **-dräkt** pressure suit **-eri** printing works (house); (*motsats sätteri*) press room; *skicka till ~et* send to the printer[s] **-erifaktor** press-room (printer's) foreman **-fel** printer's error, misprint **-felsnisse** *s2* printer's gremlin **-frihet** freedom (liberty) of the press
tryckfrihets|brott breach of the press law **-förordning** press law **-mål** press-law suit
tryck|färdig ready for the press (for printing) **-färg** printing (printer's) ink **-godkännande** permission to print, imprimatur **-impregnera** impregnate under pressure **-kabin** *flyg.* pressure cabin **-kammare** pressure chamber **-knapp 1** (*strömbrytare*) push button **2** (*för knäppning*) press stud; *AE.* snap fastener **-kokare** pressure cooker **-kontakt** push-button switch **-luft** compressed air **-luftsborr** pneumatic drill **-luftsdriven** *a5* pneumatic, air-operated
tryck|ning 1 (*av böcker o.d.*) printing; *godkännes till ~* ready for press; *lämna till ~* hand in to be printed; *under ~* in the press; *boken är under ~* (*äv.*) the book is being printed **2** pressing *etc.*; pressure; (*med fingret*) press **-ningskostnader** printing costs **-ort** place of publication, [printer's] imprint **-penna** automatic pencil **-press** printing press **-pump** pressure pump **-punkt 1** *fysiol.* pressure spot **2** *elektr.* pressure (feeding) point **-sak** *~er* printed matter (paper) **-sida** *boktr.* printed page **-stark** *språkv.* stressed, accented **-stil** [printing] type **-svag** *språkv.* unstressed, unaccented **-svärta** *se tryckfärg*
tryck|t 1 pressed *etc.* **2** *boktr.* printed (*hos* by); *~a kretsar* (*radio.*) printed circuits **3** (*nedstämd*) oppressed, dejected **-våg** blast wave **-år** year of publication
tryff|el ['tryff-] *s2* truffle **-era** garnish with truffles; *~d* (*äv.*) truffled

trygg *a1* safe, secure (*för* from); (*om pers.*) confident; (*orädd*) dauntless, assured
trygg|a make safe, secure (*för, emot* from); safeguard; ~ *framtiden* provide for the future; ~ *freden* guarantee the peace; ~*d ålderdom* a carefree (secure) old age **-het** safety, security **-hetsavtal** job security agreement **-hetskänsla** feeling (sense) of security
tryggt *adv* safely *etc.*, with safety; ~ *påstå* confidently declare
trymå *s3* pier glass
tryne *s6* snout; *ett fult* ~ (*vard.*) an ugly mug
tryta *tröt trutit* (*fattas*) be lacking; (*ta slut*) run short, be deficient; *förråden börjar* ~ supplies are getting low (running short); *krafterna börjar* ~ his (*etc.*) strength is beginning to ebb; *tålamodet tröt mig* my patience gave out
tråckel|stygn tacking-stitch **-tråd** tacking-thread
tråckl|a tack; ~ *fast ngt* tack s.th. on (*på, vid* to) **-ing** tacking
tråd *s2* thread; (*bomulls-*) cotton; (*metall-*) wire; (*glöd-*) filament; (*fiber*) fibre; *den röda* ~*en* (*i berättelse o.d.*) the main theme; *går som en röd* ~ *genom* runs all through, is the governing idea of; *få ngn på* ~*en* (*tel.*) get s.b. on the line; *hålla i* ~*arna* (*bildl.*) hold the reins; *hans liv hängde på en* ~ his life hung by a thread; *tappa* ~*en* (*bildl.*) lose the thread
tråda *v2,* ~ *dansen* dance
tråd|buss trolley bus **-drageri** [wire] drawing mill, wire mill **-fin** threadlike, finespun **-gardin** net (lace) curtain **-ig** *a1* fibrous, filamentous; (*om kött e.d.*) stringy **-kors** *fys.* cross wires (hairs) (*pl*) **-liknande** threadlike; filamentous **-lös** wireless (*telegrafi* telegraphy) **-radio** wire[d] broadcasting **-rakt** *adv* the way of the thread [s *pl*] **-rulle** (*med tråd*) reel of cotton, *AE.* spool of thread; (*för tråd*) cotton reel, *AE.* spool **-sliten** threadbare **-smal** [as] thin as a thread **-spik** wire nail **-ända** end of cotton (thread)
tråg *s7* trough; (*mindre djupt*) tray
tråk|a (*driva med*) tease, (*starkare*) pester; ~ *ihjäl* (*ut*) bore to death **-ig** *a1* (*lång-*) boring, tedious; (*om pers. äv.*) dull; (*ointressant*) uninteresting; (*besvärlig*) tiresome; (*oangenäm*) unpleasant, disagreeable; *en* ~ *historia* a nasty affair; *en* ~ *människa* (*äv.*) a bore; *så* ~*t!* (*så synd*) what a pity!, (*det gör mig ont*) oh, I'm sorry!; *det var verkligen* ~*t!* that was too bad!; *det var* ~*t för dig!* how tiresome for you!; *det vore* ~*t om* I (we) should be [very] sorry if **-ighet** (*utan pl*) tediousness *etc.*; (*med pl*) trouble, annoyance **-igt** *adv* tediously *etc.*; ~ *nog* unfortunately, I am sorry to say; *ha* ~*t* be bored, have a tedious time of it **-måns** *s2* bore
trål *s2*, **tråla** *v1* trawl **trålare** trawler **trålfiske** trawling
trån|a pine, languish (*efter* for) **-ad** *s3* pining, languishing (*efter* for)
trång *-t trängre trängst* narrow (*i halsen* in (at) the neck; *över ryggen* across the back); (*åtsittande*) tight; (*om bostad e.d.*) cramped; *det är* ~*t i* there is very little space in, (*det är fullt med folk*) ... is very crowded; *det är* ~*t om saligheten* there's not much room to move **-bodd** *a1* overcrowded; *vara* ~ be cramped for space, live in overcrowded conditions **-boddhet** overcrowding, cramped housing accommodation **-bröstad** *a5* (*intolerant*) narrow-minded; (*pryd*) strait-laced **-mål** distress; (*penningknipa*) embarrassment, straits (*pl*); *råka i* ~ get into straits (*vard.* a tight corner) **-sinne** narrow-mindedness **-synt** [-y:-] *a1* narrow; *vara* ~ have a narrow outlook **-synthet** [-y:-] narrowness; narrow outlook
trångt *adv, bo* ~ live in [over]crowded conditions; *sitta* ~ *a*) sit close together, *bildl.* be hard up, be in a tight corner, *b*) (*om plagg*) fit too tight
trånsjuka pining, languishing (*efter* for)
1 trä *v4, se 2 träda*
2 trä *s6* wood; *av* ~ (*äv.*) wooden; *ta i* ~*!* touch wood!
trä|aktig *a1* woodlike; *bildl.* woody, wooden **-ben** wooden leg **-bit** piece (bit) of wood **-blåsare** wood[wind] player; *-blåsarna* the woodwind (*sg*) **-blåsinstrument** woodwind instrument **-bjälke** timber beam **-bock 1** (*bock av trä*) wooden trestle **2** *pers.* dry stick **-bro** wooden bridge **-byggnad** wooden building
träck *s3* excrement[s *pl*]; (*djur-*) dung
träd *s7* tree; *växer inte på* ~ (*bildl.*) don't grow on trees; *inte se skogen för bara* ~ not see the wood for the trees
1 träda *v2* (*gå, komma*) step, tread; ~ *i förbindelse med* enter into a relationship with; ~ *i kraft* come into force, take effect; ~ *i likvidation* go into liquidation; ~ *emellan* step between, *absol. äv.* intervene; ~ *fram* come (step) forward; ~ *tillbaka* retire, withdraw (*för* in favour of); ~ *ut* step (walk) out
2 träda *v2* (~ *på*) thread (*på* on to); (*halsband äv.*) string; (*friare*) pass, slip; ~ *en handske på handen* draw a glove on to the hand; ~ *på en nål* thread a needle; ~ *en nål* (*ett band*) *igenom ngt* run a needle (ribbon) through s.th.; ~ *pärlor på ett band* thread pearls on [to] a string, string pearls; ~ *upp* thread (*på* on [to])
3 träda *s1* (*trädesåker*) fallow [field], lay-land; *ligga i* ~ lie fallow
träd|bevuxen wooded, timbered **-dunge** clump of trees **-fattig** with few trees **-fällning** wood cutting (felling) **-gren** branch [of a tree] **-gräns** timber (tree) line
trädgård ['träggå:rd, ˣträgg-] *s2* garden; *AE. äv.* yard; *anlägga en* ~ lay out a garden; *botanisk* (*zoologisk*) ~ botanical (zoological) gardens (*pl*)
trädgårds|anläggning (*-anläggande*) landscape gardening; *konkr.* garden[s *pl*], grounds **-arbetare** gardener, garden hand **-arbete** gardening, garden work **-arkitekt** landscape gardener (architect) **-fest** garden party **-förening** horticultural society **-gunga** lawn swing **-gång** garden path **-land** garden plot **-mästare** gardener **-möbel** [piece of] garden furniture **-odling** *abstr.* horticulture **-produkt** garden product; ~*er* (*äv.*) garden produce (*sg*) **-redskap** garden[ing] tool **-skötsel** horticulture, gardening **-slang** garden hose **-sångare** *zool.* garden warbler **-täppa** garden plot **-utställning** horticultural show (exhibition), flower show

T

träd|krona crown of a (the) tree, tree top **-krypare** *zool.* tree creeper **-lös** treeless **-plantering** plantation of trees **-slag** variety of tree, tree species **-stam** tree trunk **-topp** tree top

träexport timber export[s *pl*]

träff *s2* **1** (*skott som -ar*) hit; *få in en ~* score a hit **2** (*möte*) rendezvous; *AE.* date; (*för fler än två*) meeting, get-together

träff|a 1 (*vid kast, skott e.d.*) hit; strike; *~ målet* (*sitt mål*) hit the target; *när ljudet ~r örat* when the sound strikes the ear; *inte ~ målet* (*äv.*) miss the mark **2** (*möta*) meet; see; *jag skall ~ dem i morgon* I shall see them tomorrow; *~ ngn hemma* find s.b. at home; *~s herr A.?* is Mr. A. in (at home)?, (*i telefon*) can I speak to Mr. A.?, is Mr. A. available?; *doktorn ~s mellan 8 och 9* the doctor is at home to callers between 8 and 9; *~ på* [happen to] come across (come [up]on, meet with) **3** (*drabba*) hit, strike; *~s av solsting* get sunstroke **4** (*riktigt återge*) hit off; catch; *~* (*gissa*) rätt hit on the right answer; *~ den rätta tonen* (*äv. bildl.*) strike the right note **5** (*vidtaga*) make (*anstalter* arrangements); *~ ett val* make a choice **-ad** *a5* hit; *känna sig ~* (*bildl.*) feel guilty **-ande** *a4* to the point; pertinent (*anmärkning* remark); (*välfunnen*) apposite, appropriate **-as** *dep* meet; *vi skall ~ i morgon* we shall meet (be seeing each other) tomorrow

träff|punkt point of impact **-säker** sure in aim; *bildl.* sure (*omdöme* judgment); apposite (*yttrande* remark); *en ~ skytt* a good marksman, a dead shot **-säkerhet** precision (accuracy) of aim; (*i omdöme*) rightness (sureness) of judgment

trä|fiber wood fibre **-fiberplatta** fibreboard **-fri** wood-free **-förädling** woodworking, wood processing

trägen *a3* assiduous, persevering; *~ vinner* persevere and never fear **-het** assiduity, perseverance

trä|haltig *a1* woody; *~t papper* paper containing wood fibres **-hus** wooden (timber) house; *AE. äv.* frame house **-häst** wooden horse **-ig** *a1* woody; (*om grönsak o.d.*) tough, stringy; *bildl.* wooden **-industri** timber industry **-karl** *kortsp.* dummy **-karlsbridge** dummy bridge **-kol** charcoal **-kolsframställning** charcoal-burning **-konservering** wood preservation **-konstruktion** timber (wood[en]) structure (construction) **-kärl** wooden vessel

träl *s2* thrall; serf; *bildl.* slave, bondsman **träla** toil [like a slave], slave (*med* at)

trälast timber (*AE.* lumber) cargo

träl|bunden enslaved **-dom** [-dɔmm] *s2* bondage, thralldom; *bildl.* slavery, servitude **-domsok** yoke of bondage **-göra** *s6* drudgery

trä|mask woodworm **-massa** wood pulp **-massefabrik** pulp mill **-mjöl** wood meal (flour, dust)

trän|a train (*i* in; *till* for); (*öva sig*) practise; *börja ~* go into training **-ad** *a5* trained; (*erfaren*) experienced, practised **-are** trainer; coach

träng *s3* train; *Storbritannien* army service corps; *AE.* maintenance and supply troops (*pl*)

träng|a *v2* **I 1** (*vara trång*) be (feel) tight **2** (*driva, pressa*) drive, force, push, press; *fienden -er oss från alla håll* the enemy presses in upon us on every side; *han -de mig efter omkörningen* he cut me up after he overtook me **3** (*bana sig väg*) force one's (its) way (*österut* east[wards]); *inte ett ljud -de över hans läppar* not a sound escaped his lips **II** (*med betonad partikel*) **1** *~ av* force off **2** *~ fram* penetrate, force one's (its) way (*till* to) **3** *~ igenom* penetrate, (*om vatten*) come through; *uttrycket har -t igenom i skriftspråket* the expression has found its way into the written language **4** *~ ihop* (*ngt*) compress, (*människor*) crowd (pack) together; *~ ihop sig* crowd together **5** *~ in ...* [*i*] press (force) ... in[to]; *~ in i* (*bildl.*) penetrate into; *kulan -de djupt in i* the bullet penetrated deep into **6** *~ ner* force one's (its) way down (*i* into), (*i sht bildl.*) penetrate (*i* into; *till* to) **7** *~ på* push (press) on **8** *~ undan* force (push) out of its (his *etc.*) place (out of the way) **9** *~ ut a)* (*ngn*) force (push) out, (*ngt*) displace, *b)* (*strömma ut*) force one's (its) way out, (*om rök, vätska o.d.*) issue [forth]; *ögonen -de ut ur sina hålor* his (*etc.*) eyes were starting out of their sockets **III** *rfl, ~ sig fram a) eg.* push one's way forward, *b) bildl.* push o.s. forward; *~ sig in* intrude (*i* upon); *~ sig på* force (thrust) o.s. upon (*ngn* s.b.), *absol.* intrude, obtrude ; *minnena -er sig på mig* memories come thronging in upon my mind

träng|ande *a4* (*tvingande*) pressing; (*angelägen*) urgent; *vid ~ behov* in an (a case of) emergency **-as** *v2, dep* push, jostle one another; (*skockas*) crowd [together]; *man behövde inte ~* there was no crowding

träng|re ['träŋre] **I** *a, komp. t. trång* narrower; more limited; (*om plagg äv.*) tighter; *i den ~ familjekretsen* in the immediate family; *inom en ~ krets* [with]in a [strictly] limited circle **II** *adv* more narrowly; (*tätare*) closer [together] **-sel** ['träŋ-] *s9* crowding; (*folk-*) crush (throng) [of people]; *salen var fylld till ~* the hall was thronged (packed, overcrowded) (*av* with); *det råder ~ på lärarbanan* the teaching profession is overcrowded **-st** (*jfr trängre*) **I** *a, superl. t. trång* narrowest *etc.* **II** *adv* most narrowly; closest

trängta yearn, pine (*efter* for; *efter att* to) **trängtan** *r* yearning

träning training; (*av ngn äv.*) coaching; (*övning*) practice; *ligga* (*lägga sig*) *i ~* be in (go into) training (*för* for)

tränings|overall tracksuit **-skola** school for severely mentally retarded children **-värk** *ha ~* be stiff [after training]

träns *s2* **1** (*snodd*) braid, cord **2** (*betsel*) snaffle [bit] **tränsa** (*förse med träns*) cord, braid

trä|panel wood panel[ling], wainscoting **-pinne** [round] piece of wood **-plugg** wooden plug (pin) **-ribba** wooden lath

träsk *s7* marsh, swamp, fen; *bildl.* sink

träskalle *bildl.* blockhead, num[b]skull

träskartad [-a:r-] *a5* marshy, fenny

träsked wooden spoon

träskmark marshy (fenny) ground

trä|sko wooden shoe; (*med -botten*) clog **-skodans** (*~ande*) clog dancing; (*en ~*) clog dance **-skruv** (*av trä*) wooden screw; (*av metall*) wood screw **-skyddsmedel** rot-proofing agent **-skål**

wooden bowl **-slag** sort (kind) of wood **-slev** wooden ladle **-sliperi** mechanical [wood-]pulp mill **-slöjd** woodwork, carpentry, joinery **-smak** *vard., jag har ~* I've got a sore bottom **-snidare** woodcarver, wood engraver **-snideri** woodcarving, wood engraving **-snitt** woodcut **-sprit** wood alcohol (spirit) **-sticka** [wood] splinter **-svarv** wood lathe

trät|a I *s1* quarrel; *häftig ~* fierce row **II** *v3* quarrel; (*svagare*) bicker (*om* about) **-girig** quarrelsome **-obroder** sparring partner, adversary

trä|tjära wood tar **-toffel** clog **-ull** wood wool, excelsior **-varor** *pl* timber (*sg*), wood products; (*bearbetade*) wooden goods **-varuhandel** timber (*AE.* lumber) trade (business) **-varuhandlare** timber merchant; *AE.* lumber dealer **-virke** timber, wood, (*i byggnad*) woodwork; *AE.* lumber **-vit** *en ~ bokhylla* a whitewood bookcase

trög *a1* slow (*i* at; *i att* at + *ing-form*); (*om pers. äv.*) inactive, inert, languid; (*senfärdig*) tardy (*i att* in + *ing-form*); (*slö*) dull (*äv. om affärer*); *fys.* inert; (*i rörelse*) sluggish; *låset är ~t* the lock is stiff; *ha ~ mage* be constipated **-djur** sloth; *bildl.* sluggard **-flytande** viscous, viscid; (*om vattendrag*) slow-flowing, sluggish **-het** slowness *etc.*; inactivity, inertia **-hetsmoment** moment of inertia **-läst** [-ä:-] *a4* heavy (dull) [to read] **-måns** *s2* sluggard, slacker

trög|t [-ö:-] *adv* slowly *etc.*; *affärerna går ~* business is dull; *motorn går ~* the engine is sluggish; *det går ~* (*om arbete o.d.*) it's hard-going **-tänkt** *a1* slow-witted, slow-thinking, slow on the uptake

tröja [ˣtröjja] *s1* sweater, jersey; (*under-*) vest, singlet, *AE.* undershirt

tröska I *v1* thresh; *~ igenom* (*bildl.*) plough through **II** *s1* **1** *se tröskverk* **2** (*skörde-*) combine [harvester]

tröskel *s2* threshold (*till* of); (*dörr- äv.*) doorstep **-värde** *fys.* threshold value

trösk|ning threshing **-verk** thresher, threshing machine

tröst *s3* consolation; solace; (*svagare*) comfort; *en klen ~* a poor consolation; *det är en ~ i olyckan* that is some consolation; *hennes ålders ~* a comfort in her old age; *skänka ~* afford consolation; *söka [sin] ~ i* seek solace in

tröst|a console; solace; comfort; *Gud -e mig!* God have mercy upon me!; *~ sig* console o.s. (*över* for); *hon ville inte låta ~ sig* she was inconsolable **-erik** full of consolation, consoling **-lös** (*som inte låter -a sig*) disconsolate; (*hopplös*) hopeless, desperate **-napp** dummy, comforter; *AE.* pacifier **-pris** consolation prize

tröt *imperf. av tryta*

trött *a1* tired (*av* with; *efter* after, as a result of; *på* of); (*uttröttad*) weary, fatigued; *jag är ~ på* (*äv.*) I am sick of; *jag är ~ i benen* my legs are tired (*av att* with, from + *ing-form*); *dansa sig ~* dance till one is tired [out]

trött|a tire; weary, fatigue; *det ~r att stå* standing makes you tired (is tiring); *~ ut ngn* tire s.b. out **-ande** *a4* tiring **-as** *dep* get tired (*etc.*) (*av* by) **-het** tiredness; weariness, fatigue **-hetskänsla** sense of fatigue **-köra** overdrive; overwork (*äv. bildl.*) **-na** tire, get tired, weary, get weary (*på* of; *på att* of + *ing-form*) **-sam** *a1* tiring, fatiguing

tsar [(t)sa:r] *s3* tsar, czar **-döme** *s6* (*-rike*) tsar's realm; (*-välde*) tsardom, czardom **-inna** tsarina, czarina

tsetsefluga tsetse (tzetze) fly

T-tröja T-shirt, tee-shirt

tu two; *ett ~ tre* all of a sudden; *de unga ~* the young couple; *det är inte ~ tal om den saken* there is no question about that; *på ~ man hand* in private

tub *s3* **1** tube **2** (*kikare*) telescope

tuba *s1* tuba **-blåsare** tuba player

tubba *~ ngn till* induce s.b. to

tuberkel [-'bärr-] *s3* tubercle **-bacill** tubercle bacillus

tuberkuli̲n *s4* tuberculin **-prov** tuberculin test

tuberkulos [-'lå:s] *s3* tuberculosis (*i* of) (*förk.* T.B.) **-sjuk** suffering from tuberculosis **-undersökning** examination for tuberculosis

tuberkulö̲s *a1* tuberculous, tubercular

tubformig [-å-] *a1* tubular

tudel|a divide into two [parts]; *geom.* bisect **-ning** dividing into two [parts]; *geom.* bisection

1 tuff *s3* (*bergart*) tuff; (*kalk-*) tufa

2 tuff *a1 vard.* (*hård*) tough (*kille* guy); (*snygg*) smart (*jacka* jacket)

tuffa (*om tåg*) puff

tuffing tough guy

tuff-tuff-tåg *barnspr.* puff-puff, *AE.* choo-choo

tugg|a I *s1* bite; chew **II** *v1* chew; (*mat äv.*) masticate; *hästen ~r på betslet* the horse is champing at the bit; *~ om* chew [over] again, *bildl.* repeat, keep harping on (*samma sak* the same string) **-buss** quid [of tobacco] **-gummi** (*hopskr. tuggummi*) chewing gum **-ning** chewing; mastication **-tobak** chewing tobacco

tuja [ˣtujja] *s1* arbor vitae

tukt *s3* discipline; *i Herrans ~ och förmaning* in good order **tukta 1** (*aga, äv. friare*) chastise, (*bestraffa*) punish **2** (*forma*) [hammer] dress (*sten* stone); prune (*träd* trees) **tuktan** *r* chastisement, castigation; correction **tukthus** house of correction, penitentiary

1 tull *se* *årtull*

2 tull *s2* **1** (*avgift*) [customs] duty (*på* on); *hög ~* heavy duty; *belägga med ~* impose a duty on; *hur hög är ~en på ...?* what is the duty on ...?; *betala 2 pund i ~* pay two pounds [in] duty **2** (*-verk, -hus*) customs, Customs (*pl*); *~en* (*-personalen*) the customs officers (*pl*); *gå genom ~en* go through customs **3** (*stads-*) tollgate; (*infart t. stad*) entrance to a town

tull|a 1 (*betala tull*) pay [customs] duty (*för* on) **2** (*snatta*) *~ på* (*av*) pinch some of **-behandla** clear through the Customs, clear [in]; *~de varor* goods examined and cleared **-belägga** levy duty on; *-belagda varor* dutiable goods **-bestämmelser** customs regulations **-bevakning** customs supervision; *konkr.* preventive service **-deklaration** customs declaration **-deklarera** declare at Customs **-fri** duty-free, free of duty **-frihet** exemption from duty; *åtnjuta ~* be exempt from duty **-hus** custom-house, customs house **-kryssare** revenue cutter **-mur** tariff wall (barrier) **-myndighet[er]** customs authorities

-personal customs officers (*pl*) **-pliktig** dutiable, liable to duty **-sats** tariff rate, [rate of] duty **-skydd** tariff protection **-station** customs station **-sänkning** tariff reduction **-taxa** customs tariff **-tjänsteman** customs officer (*högre:* official) **-union** customs union **-uppsyningsman** preventive officer **-verk** customs [and excise] department **-visitation** customs examination **-visitera** examine **-väsen** customs administration
tulpan *s3* tulip
tulta I *v1* toddle **II** *s1* little girl, toddler girl
tum [tumm] *s9* inch; *en kung i varje* ~ every inch a king; *jag viker inte en* ~ I won't budge (give an inch)
tuml|a 1 (*falla*) tumble, fall (*över ända* over); ~ *om* romp around; ~ *om med varandra* have a tussle [together] **2** ~ *en häst* caracole a horse **-are 1** (*delfin*) [common] porpoise **2** (*bägare*) tumbler
tumma 1 ~ [*på*] finger; *det ~r vi på!* let's shake upon it! **2** ~ *på* (*jämka på*) compromise with (*hederskänslan* one's sense of honour), stretch (*en regel* stretch a point) **3** (*uppmäta i tum*) gauge
tumm|e *s2* thumb; *bita sig i ~n* (*bildl.*) get the wrong sow by the ear; *ha ~ med ngn* be chummy with s.b.; *hålla ~n på ögat på ngn* keep a tight hand on s.b.; *hålla -arna för ngn* keep one's fingers crossed for s.b.; *rulla -arna* twiddle one's thumbs; *-en upp!* thumbs up!
tummeliten [-ˣli:-] *r* Tom Thumb
tummelplats battlefield, battleground (*för* for)
tum|metott [-'tått, ˣtumme-] *s2* thumb **-nagel** thumbnail **-regel** rule of thumb
tums|bred an inch broad (wide) **-bredd** *en* ~ the breadth (width) of an inch
tum|skruv thumbscrew; *sätta ~ar på ngn* (*bildl.*) put the thumbscrews on s.b., squeeze s.b. **-stock** folding rule **-sugning** thumbsucking
tumụlt *s7* tumult; commotion; (*oväsen*) uproar; (*upplopp*) disturbance, riot **-uarisk** [-'a:risk] *a5* tumultuous
tumvante [woollen] mitten
tumör tumour
tundra *s1* tundra
tung *-t tyngre tyngst* heavy; weighty; (*betungande*) cumbersome, burdensome; (*svår*) hard, grievous; *bildl.* ponderous, cumbrous (*stil* style); ~ *industri* (*luft*) heavy industry (air); *med ~t hjärta* with a heavy heart; *jag känner mig ~ i huvudet* my head is heavy; *göra livet ~t för ngn* make life a burden to s.b.; *det känns ~t att* it feels hard to
tunga *s1* **1** tongue; (*på våg äv.*) needle, pointer; (*i musikinstrument*) reed; (*på flagga*) tail; *en elak* (*rapp*) ~ a malicious (ready) tongue; *vara ~n på vågen* tip the scale; *ha ett ord på ~n* have a word on the tip of one's tongue; *hålla tand för* ~ keep one's own counsel; *hålla ~n rätt i mun* mind one's p's and q's; mind one's step; *räcka ut ~n åt* poke one's tongue out at **2** (*fisk*) sole
tungarbeta|d *a5* that is heavy to work; *ett -t kök* an inconvenient kitchen
tung|band *anat.* ligament of the tongue **-ben** *anat.* tongue bone
tungfotad *a5* heavy-footed
tunghäfta tongue-tie; *hon lider inte av* ~ (*vard.*) her tongue is well oiled
tungmetall heavy metal
tungomål tongue **tungomålstalande** *s6* gift of tongues, speaking in tongues
tungrodd *a5, eg.* that is heavy to row; *bildl.* heavy, unwieldy; (*om arbete*) [heavy and] time-consuming
tung|rot root of the tongue **-rygg** back of the tongue
tung|sinne melancholy **-sint** *a1* melancholy, gloomy **-spat** *s3* barytes, barite, heavy spar
tung|spene *anat.* uvula (*pl äv.* uvulae) **-spets** tip of the tongue
tungsövd [-ö:-] *a5, vara* ~ be a heavy sleeper
tungt *adv* heavily; *gå* ~ *a*) (*om pers.*) have a heavy tread, *b*) (*om maskin e.d.*) run heavily (heavy); ~ *vatten* heavy water; ~ *väte* heavy hydrogen, deuterium; ~ *vägande skäl* weighty reasons; *hans åsikt väger* ~ his opinion carries a lot of weight
tungus [-ŋ'gu:s] *s3* Tungus; *~erna* the Tungus [ians]
tungvikt heavyweight **-are** heavyweight [boxer, wrestler]
tunik [-'ni:k, -'nikk] *s3* tunic **tunika** ['tu:-] *s1* tunic
Tunisien [-'ni:-] *n* Tunisia
tunis|ier [-'ni:-] *s9* Tunisian **-isk** *a5* Tunisian
tunn *a1* thin; (*om tyg äv.*) flimsy; (*om rock o.d. äv.*) light; (*om tråd*) fine; (*om dryck*) weak, watery
1 tunna *v1,* ~ *av* (*smalna*) get (grow) thin (thinner), (*glesna*) thin
2 tunna *s1* barrel; cask; *hoppa i galen* ~ (*bildl.*) jump in the wrong box
tunn|band barrel hoop; (*leksak*) hoop **-bindare** cooper, hooper **-binderi** *abstr.* coopering; *konkr.* cooperage
tunnbröd *ung.* thin unleavened bread
tunnel *s2* tunnel; (*gång- äv.*) subway, *AE.* underpass **-bana** underground railway; *Storbritannien äv.* tube, underground; *AE. äv.* subway **-banestation** underground (tube; *AE.* subway) station
tunn|flytande *a4* thin (*vätska* liquid) **-het** thinness *etc.* **-hudad** *a5* that has a thin skin; *bildl.* thin-skinned **-hårig** thin on [the] top **-klädd** lightly clad
tunnland *n, ung.* acre
tunn|skalig *a1* thin-shelled (*etc., jfr skal*) **-sliten** threadbare **-sådd** *a1* thinly sown; *bildl.* few and far between **-tarm** small intestine
tunt *adv* thinly; (*glest*) sparsely
tupé *s3* toupee **tupera** backcomb, tease
tupp *s2* cock; rooster; *en ~ i halsen* a frog in one's throat
tupp|a *vard.,* ~ *av* pass out, black out **-fjät 1** *eg.* cock's stride **2** *bildl., bara ett* [*par*] ~ only a hand ['s-]breadth; *inte ett* ~ not an iota **-fäktning** cockfighting **-kam** crest, cockscomb **-kyckling** cockerel; *bildl.* coxcomb, cocky young devil **-lur** catnap; *ta sig en* ~ (*äv.*) have forty winks
1 tur *s3* (*lycka; lyckträff*) luck; *ha* ~ have luck, be lucky; *ha ~ med sig* (*medföra* ~) bring luck; *ha ~ hos damerna* have a way with the ladies; *ha ~en att* have the [good] luck (be lucky enough) to; ~

i oturen (*ung.*) a blessing in disguise; *mer ~ än skicklighet* more good luck than good management; *det var ~ att* it was (is) lucky that, how fortunate that

2 tur *s3* **1** (*resa*) tour; (*kortare äv.*) round; trip; (*bil- äv.*) drive; (*cykel- äv.*) ride; (*promenad äv.*) walk, stroll; *~ och retur*[*-resa*] return journey, *AE.* round trip; *reguljära ~er* regular service (*sg*) (*flyg.* flights; *sjö.* sailings); *göra en ~* take (go for) a trip **2** (*i dans*) figure **3** (*följd, ordning*) turn; *i ~ och ordning* in turn, by turns; *nu är det min ~* now it's my turn; *stå närmast i ~* be next (on the list)

tur|a *v1*, **-as** *v1 dep*, *~ om att* take [it in] turns to; *~ om med ngn* take turns with s.b.

turban *s3* turban **-klädd** turbaned

turbin *s3* turbine **-driven** turbine-powered, turbine-driven **-hjul** turbine wheel **-motor** turbine [engine], turbomotor

turbo|jetplan turbojet [aircraft] **-propplan** turboprop [aircraft]

turbul|ens *s3* turbulence **-ent** *a1* turbulent

turism tourism **turist** tourist; sightseer **turista** [-'riss-] *vard.* travel as a tourist

turist|attraktion tourist attraction, sight **-broschyr** travel folder **-buss** touring (sightseeing) coach **-byrå** travel (tourist) agency (bureau) **-hotell** tourist hotel **-industri** tourist industry **-information** tourist information **-karta** touring map **-klass** tourist class **-land** tourist country **-ort** tourist resort **-säng** folding bed **-valuta** tourist (travel) allowance **-väsen** tourism; tourist services (*pl*)

turk *s2* **1** Turk **2** *vard.* Turkish bath **-cypriot** Turkish Cypriot

Turkiet [-'ki:-] *n* Turkey

turk|isk ['turr-] *a5* Turkish; Turkey (*matta* carpet) **-iska** *s1* **1** (*språk*) Turkish **2** (*kvinna*) Turkish woman

turkos [-'kå:s, -'ko:s] *s3* turquoise **-blå** turquoise blue

turlista timetable

turmalin *s3* tourmaline

turn|é *s3* tour; *göra en ~* tour, make a tour **-era** **1** (*vara på turné*) tour **2** (*formulera*) turn, put; *väl ~d* well-turned **-ering** [-'ne:-] tournament

turnyr *s3* bustle

tur- och returbiljett return (*AE.* round-trip) ticket

tursam [ˣtu:r-] *a1* lucky, fortunate

turturduva [ˣturr-] turtledove

turvis [ˣtu:r-] by (in) turns, in turn

tusan *r*, *för ~!* hang it!; *det var ~!* well, I'll be blowed!; *av bara ~* like blazes (the very deuce); *en ~ till karl* a devil of a fellow

1 tusch *s2*, *mus.* (*anslag*), *konst.*, *fäkt.*, *bildl.* touch; (*fanfar*) flourish

2 tusch *s3*, *s4* (*färg*) Indian ink

tuschteckning pen and ink drawing

tusen ['tu:-] thousand; *T~ och en natt* The Arabian Nights; *~ sinom ~* thousands and (upon) thousands; *~ tack!* a thousand thanks!, *vard.* thanks awfully; *inte en på ~* not one in a thousand; *flera ~* several thousand[s of]; *jag ber ~ gånger om ursäkt!* [I beg] a thousand pardons! **-bladstårta** puff-pastry layer cake **-de I** *s6* thousand **II** (*ordningstal*) thousandth **-[de]del** thousandth [part] **-faldig** *a1* thousandfold **-fotıng** myriapod; centipede, millepede **-hövdad** *a5* many-headed **-konstnär** jack of all trades, handyman **-kronorssedel, -lapp** thousand-kronor note **-sköna** [-ʃ-] *s1*, *bot.* [common] daisy **-tal 1** *ett ~* some (about a) thousand **2** *på ~et* in the eleventh century **-tals** [-a:] thousands [of]; in thousands **-årig** *a1* a thousand years old; *det ~a riket* the millennium **-årsjubileum** millennial celebration

tuskaft *väv.* two-leaved twill

tuss *s2* wad

tussa *~ hunden på ngn* set the dog on to s.b.; *~ ihop* set at each other, (*friare*) set by the ears

tussilago [-'la:-] *s5*, *s9*, *bot.* coltsfoot

tut I *s7* toot[ing] **II** *interj* toot!

1 tuta *s1* (*finger-*) fingerstall

2 tuta *v1* toot[le] (*i en lur* [on] a horn); (*med signalhorn*) hoot; *~ ngt i öronen på ngn* (*bildl.*) din s.th. into a p.'s ears

tutning [-u:-] tooting; hooting

1 tutta *s1* (*liten flicka*) little girl

2 tutta *v1*, *~* [*eld*] *på* set fire to, set on fire

tuva *s1* tussock, tuft; (*gräs- äv.*) tuft [of grass]; *liten ~ välter ofta stort lass* little strokes fell great oaks **tuvig** *a1* tufty

t.v. *förk. för a*) *till vänster* to the left, *b*) *tills vidare, se vidare II 6*

TV [ˣte:ve:] *s2* (*jfr television*) TV; *BE. vard.* telly; *AE. vard.* video

tvagning [-a:-] *åld.* washing; (*relig. el. skämts.*) ablutions

tvang *imperf. av tvinga*

TV-apparat TV [set]

tvedräkt *s3* dissension, discord

tweed [tvi:d] *s3* tweed **-dräkt** tweed suit

tve|eggad *a5* two-edged; *bildl. äv.* double-edged **-gifte** bigamy **-hågsen** *a5* in two minds

tveka hesitate (*om* about, as to); be uncertain (doubtful) (*om hur man skall* [about] how to)

tvekamp duel; (*envig*) single combat

tvek|an *r* hesitation; uncertainty, indecision; *med* (*utan*) *~* with some (without [any]) hesitation **-ande** *a4* hesitating *etc.*; hesitant

tvekluven forked; *bot.* bipartite

tvek|lös [-e:-] unhesitating **-löst** [-ö:-] *adv* without hesitation **-sam** *a1* uncertain, doubtful (*om* about, as to; *om huruvida* whether); (*obeslutsam*) irresolute; *känna sig ~* (*äv.*) feel dubious **-samhet** hesitation, hesitance; doubt[fulness]

tvekönad [-çö:-] *a5* bisexual, hermaphrodite

tve|nne two **-stjärt** [common European] earwig **-talan** *beslå ngn med ~* convict s.b. of self-contradiction **-tydig** *a1* ambiguous; double-barrelled; equivocal; (*oanständig*) indecent; (*tvivelaktig*) dubious **-tydighet** ambiguousness; ambiguity; indecency

tvi *interj* ugh!; pshaw!

tvilling twin **-bror** twin brother **-par** pair of twins **-stjärna** twin (double) star **-syskon** *de är ~* they are twins **-syster** twin sister

tvills *s3* twill

tvina languish; *~ bort, se förtvina*

tving *s2*, *tekn.* clamp, cramp

tvinga *tvang tvungit*, *v1* force (*ngn till ngt* s.b. to do s.th.); compel (*till att* to); (*friare äv.*) constrain; (*svagare*) oblige; ~ *fram* extort (*en bekännelse* a confession); ~ *i ngn ngt* force s.b. to eat (drink) s.th.; ~ *i sig ngt* force down s.th.; ~ *på ngn ngt* force s.th. on s.b.; ~ *till sig ngt* obtain s.th. by force **2** *rfl* force o.s. (*till att* to); constrain o.s.; ~ *sig fram* force one's way forward; ~ *sig på ngn* force o.s. on s.b. **tvingande** *a4* imperative (*skäl* reasons); (*trängande*) urgent; (*oemotståndlig*) irresistible; ~ *omständigheter* circumstances over which I (*etc.*) have no control; *utan* ~ *skäl* without urgent (very good) reasons

tvinna twine; twist; (*silke*) throw

tvinsot consumption

tvist *s3* strife, quarrel; (*ordstrid*) dispute, controversy; *ligga i* ~ *med* be at strife (controversy) with; *slita ~en* decide the dispute **tvista** dispute, quarrel (*om* about)

tviste|fråga question (point) at issue, matter (point) in dispute **-frö** seed of dissension, bone of contention **-mål** civil case **-ämne** subject of contention, controversial issue

tvivel ['tvi:-] *s7* doubt; (*betänkligheter*) misgivings (*pl*); *det är* (*råder*) *intet* ~ *om* there is no doubt about; *utan* ~ without any doubt, no doubt, doubtless; *utan allt* ~ beyond all doubt, beyond [all] question **-aktig** *a1* doubtful; dubious, questionable (*ära* honour); *det är ~t om* it is doubtful whether

tvivelsmål doubt[s *pl*]; *draga ngt i* ~ call s.th. in question; *sväva i* ~ *om* have doubts [in one's mind] about

tvivl|a [-i:-] ~ *på* doubt, be doubtful about, (*misstro*) mistrust, have no faith in, (*ifrågasätta*) call in question **-ande** *a4* incredulous; sceptical; *ställa sig* ~ *till* doubt, feel dubious about **-are** doubter; sceptic

TV-|kamera TV camera **-mottagare** TV set **-pjäs** television play, teleplay **-program** TV programme **-ruta** TV screen **-studio** TV studio **-sändare** TV transmitter **-sändning** TV transmission (broadcast) **-tittande** viewing **-tittare** viewer

tvungen *a3* **1** (*tvingad*) forced; enforced; *vara* ~ *att* be forced (compelled) to, have to, (*i sht av inre tvång*) be obliged to; *vara så illa* ~ have no other choice, jolly well have to; *vara nödd och* ~ be compelled to **2** *det är en* ~ *sak* it (that) is a matter of necessity **3** (*tillgjord*) forced, constrained (*leende* smile) **tvungit** *sup. av tvinga*

1 två *v4* wash; *jag ~r mina händer* (*bildl.*) I wash my hands of it

2 två *räkn* two; ~ *och* ~ two and two; *en* ~ *tre stycken* two or three [of them]; *det skall vi bli* ~ *om!* I can put the lid on that!; *kl. halv* ~ at half past one; *jag tar båda* ~ I'll take both [of them]

två|a *s1* two; (*i spel*) *äv.* deuce; (*lägenhet*) two-room flat, one-bedroom flat; *hon kom* ~ she came [in] second; *~n a*) *skol.* the second class, *b*) (*bilväxel*) [the] second [gear] **-basisk** *kem.* dibasic **-bent** [-e:-] *a4* two-legged **-bladig** *a1* (*om växt*) two-leaved; (*om propeller, kniv e.d.*) two-bladed **-byggare** *bot.* di[o]ecious plant **-cylindrig** *a1* twin-cylinder (*motor* engine) **-dela** halve, split; *~d* two-piece (*baddräkt* bathing suit), in two parts **-dimensionell** *a1* two-dimensional **-faldig** *a1* twofold; double **-familjshus** two-family house; *AE.* duplex house **-fas** two-phase **-färgad** two-colour[ed] **-hjulig** [-j-] *a1* two-wheel[ed] **-hjuling** [-j-] two-wheeler **-hjärtbladig** *a1*, *bot.* dicotyledonous; ~ *växt* dicotyledon **-hundratalet** *på* ~ in the third century **-kammarsystem** bicameral (two-chamber) [parliamentary] system **-krona** two-kronor piece

tvål *s2* soap; *en* ~ a bar (cake) of soap

tvål|a ~ *in* soap; lather; ~ *till ngn* crush s.b., deal s.b. a heavy blow **-ask** soap case **-bit** piece of soap

tvåledare two-wire

tvål|fager sleek **-flingor** *pl* soap-flakes **-ig** *a1* soapy **-kopp** soap dish **-lödder** soap lather **-lösning** soap solution **-opera** *AE.* soap opera **-vatten** soapy water; soapsuds (*pl*)

två|läppig *a1, bot.* bilabiate **-mans** for two [men, persons], two-person **-manssäng** double bed **-mastare** two-master **-motorig** *a1* twin-engine[d]

tvång *s7* compulsion, coercion, constraint; (*våld*) force; *jur.* duress; *psykol.* compulsion; *det är inte ngt* ~ it is not absolutely necessary; *handla under* ~ act under compulsion (constraint); *rättsstridigt* ~ duress

tvångs|arbete forced (compulsory) labour **-föreställning** obsession **-förflyttning** compulsory transfer **-försäljning** forced (compulsory) sale **-läge** *vara i* ~ be in an emergency situation **-mata** force-feed **-medel** means of coercion **-mässig** *a1* compulsive **-neuros** compulsion neurosis **-permittera** lay off **-sparande** compulsory saving **-tanke** obsession **-tröja** straitjacket (*äv. bildl.*) **-uppfostran** reformatory upbringing **-uppfostringsanstalt** reformatory, approved school **-uttagning** *mil.* conscription **-åtgärd** *vidtaga ~er* use coercive measures

två|partiregering two-party government **-procentig** *a1* two-percent **-radig 1** two-line[d]; two-row[ed] (*korn* barley); double-breasted (*rock* coat) **-rumslägenhet** two-room[ed] flat, one-bedroom flat **-siffrig** *a1* two-figure **-sitsig** *a1* two-seat[ed]; *~t flygplan* two-seater **-språkig** *a1* bilingual **-stavig** *a1* two-syllable[d], dis[s]yllabic **-stegsraket** two-stage rocket **-struken** *mus.* two-line, twice-marked **-stämmig** *a1* for two voices, in two parts **-taktsmotor** two-stroke (*AE.* two-cycle) engine **-tiden** *vid* ~ at [about] two [o'clock] **-vingar** *pl, zool.* dipterans **-våningshus** two-storey[ed] house **-våningssäng** bunk bed **-vägskommunikation** two-way communication **-värd** *kem.* divalent **-årig** *a1* two-year-old; (*om växt*) biennial **-åring** child of two **-åråldern** the age of two **-äggstvilling** fraternal twin **-öring** two-öre piece

tvär I *s, i uttr.*: *på ~en* across, crosswise; *sätta sig på ~en a*) (*om sak*) get stuck crossways, *b*) (*bildl. om pers.*) turn obstinate (awkward) **II** *a1* (*plötslig*) sudden; (*abrupt*) abrupt; (*brant*) steep; (*motsträvig*) refractory; (*vresig*) sullen, blunt, brusque; *göra en* ~ *krök* make a sharp turn; *ett ~t avbrott a*) *eg.* a sudden break (interruption), *b*) (*skarp kontrast*) a sharp contrast (*mot* to); *ta ett ~t slut* come to a sudden end

tvär|a cross, go across **-balk** crossbeam, stretcher **-brant** precipitous **-bromsa** slam on the brakes, brake suddenly **-gata** cross-street; *ta nästa ~ till höger!* take the next turning to the right! **-gående** *a4* transverse **-hand** hand['s-]breadth **-huggen** *a5* squared; *bildl.* abrupt **-linje** transverse line, cross-line **-mätt** *bli ~* suddenly feel full **-randig** cross-striped, banded

tvärs across; *~ [för] (sjö.)* abeam of; *akter (för) om ~* abaft (before) the beam; *härs och ~, se härs*; *~ igenom* right (straight) through; *~ över* straight (right) across; *bo ~ över gatan* live just across the street; *gå ~ över gatan* cross the street

tvär|skepp *byggn.* transept **-skepps** *adv* athwartships **-slå** crossbar, crosspiece **-snitt** cross section **-stanna** stop dead, come to a dead stop **-stopp** dead stop (halt) **-streck** cross-line; cross stroke (*äv. mus.*) **-säker** absolutely sure, positive; cocksure **-säkerhet** (*självsäkerhet*) cocksureness

tvärt *adv* squarely (*avskuren* cut); (*plötsligt*) abruptly; (*genast*) at once, directly; *svara ~* reply straight off; *käppen gick ~ av* the stick broke right in two; *bryta ngt ~ av* break s.th. right off; *svara ~ nej* refuse flatly **-emọt** quite contrary to; *göra ~* do exactly the opposite of **-ọm** on the contrary; (*svagare*) on the other hand; *och (eller) ~* and (or) contrariwise (vice versa); *alldeles ~* just the reverse; *det förhåller sig alldeles ~* it is just the other way round; *snarare ~* rather the reverse

tvär|tystna become suddenly silent **-vetenskaplig** interdisciplinary, multidisciplinary **-vigg** *s2* contrary person; *vard.* crosspatch **-vägg** transverse wall

tvätt *s2* wash[ing]; (*kläder t. ~*) laundry; *kemisk ~* dry-cleaning, (*-inrättning*) dry-cleaners; *~ och strykning* washing and ironing; *är på ~* is in the wash (*-inrättningen:* at the laundry); *gå bort i ~en* wash out; *skicka bort ~en* send the washing to the laundry

tvätt|a wash; (*rengöra*) clean (*fönsterna* the windows); *~ kemiskt* dry-clean; *~ åt ngn* do a p.'s washing; *~ bort* wash away; *jag måste ~ upp litet kläder* I must wash out a few clothes; *~ sig* wash [o.s.], have a wash, *AE.* wash up; *~ sig om händerna* wash one's hands **-anvisningar** *pl* washing intstructions **-balja** washtub **-bar** *a1* washable **-björn** [North American[rac[c]oon **-bräde** washboard **-eri** laundry **-erska** laundress; (*förr*) washerwoman **-fat** washbasin; *AE. äv.* washbowl **-gryta** washboiler, copper **-inrättning** laundry; *kemisk ~* dry-cleaning establishment **-kläder** *pl* laundry, washing (*sg*), dirty linen **-korg** clothes basket **-lapp** [face] flannel (cloth); *AE.* washcloth, washrag **-maskin** washing machine **-medel** washing detergent (agent, powder), detergent **-ning** washing **-nota** laundry list **-omat** launderette, *AE.* laundromat (*varumärken*) **-pulver** washing powder **-rum** washroom, lavatory **-siden** washing silk **-skinnshandske** wash-leather glove **-stuga** (*rum*) laundry **-ställ** washstand, (*väggfast*) washbasin **-svamp** [bath] sponge **-säck** laundry bag **-vante** washing glove **-vatten** washing water; (*använt*) dirty water, slops (*pl*) **-äkta** washable, washproof; (*om färg*) fast; *bildl.* authentic; (*inbiten*) out-and-out

TV-övervakning [closed-circuit] TV monitoring

1 ty *konj* for; because

2 ty *v4, rfl, ~ sig till* turn to

tyck|a *v3* **1** think (*om* about; *att* that); (*anse äv.*) be of the opinion (*att* that); *det -er jag* (*äv.*) that's what I think; *säg vad du -er!* tell us your opinion!; *han säger vad han -er* (*sin mening*) he says what he thinks; *jag -er nog att* I really (do) think; *vad -er du om ...?* what do you think of ...?; *han -er att han är någonting* he thinks a great deal of himself; *som du -er!* as you please!; *du -er väl inte illa vara att jag* I hope you don't mind my (+ *ing-form*); *~ sig höra* think (imagine, fancy) that one hears; *~ sig vara* think that one is, imagine o.s. to be **2** *~ om* like (*starkare*: be fond of) (*att läsa* reading); *jag -er rätt bra om* I quite like; *jag -er mycket om* I like very much; *jag -er illa om* (*äv.*) I dislike; *jag -er mer om ... än ...* I like ... better than ..., I prefer ... to ...

tyck|as *v3, dep* seem; *det kan ~ så* it may seem so; *det -s mig som om* it seems to me as if; *vad -s?* what do you think (say)?

tyck|e *s6* **1** (*åsikt*) opinion; *i mitt ~* to my way of thinking, in my opinion **2** (*böjelse*) inclination, fancy (*för* for); (*smak*) liking; *fatta ~ för* take a liking (fancy) to; *om ~ och smak skall man inte tvista* (*ung.*) that's a matter of taste; *efter mitt ~* according to my taste **3** (*likhet*) likeness, resemblance; *han har ~ av sin far* he bears a resemblance to his father **-mycken** *a3* fastidious; touchy

tyd|a *v2* **1** (*tolka*) interpret; (*ut-*) decipher, solve; (*förklara*) explain; *~ allt till det bästa* put the best construction on everything; *hur skall man ~ (uppfatta) detta?* how should one take this? **2** *~ på* indicate (*att* that; *gott omdöme* good judgement), point to, suggest; *allt -er på att han* everything points to his (+ *ing-form*)

tydbar [-y:-] *a1* interpretable **tydlig** *a1* (*lätt att se*) plain, clear, sharp; (*markerad*) marked, pronounced; (*distinkt*) distinct; (*påtaglig*) obvious, apparent, evident; *~a bevis på* distinct proofs of; *~ bild* sharp picture; *~ handstil* legible (fair) hand; *i ~a ordalag* in plain terms; *det är ~t att* it is obvious (evident) that; *ha ett ~t minne av* have a distinct remembrance of; *talar sitt ~a språk* speaks for itself; *undergå en ~ förbättring* improve noticeably **tydligen** evidently, obviously, apparently **tydlighet** plainness *etc.*; *med all önskvärd ~* leaving no room for doubt **tydligt** *adv* (*skriva, tala etc.*) plainly, distinctly; (*uttrycka sig*) clearly; *vilket ~ framgår av* as is plain from **tydligtvis** *se tydligen* **tydning** interpretation; decipherment, solution **tydningsförsök** attempt at interpretation

tyfoidfeber [-ˣi:d-] typhoid fever

tyfon [-'få:n] *s3* typhoon

tyfus ['ty:-] *s2* (*fläckfeber*) typhus [fever]

1 tyg *s7, s4* (*vävnad*) material (*till* for); cloth, stuff; *i sht hand.* fabric; *~er* textiles

2 tyg 1 *i uttr.: allt vad ~en håller* (*med all kraft*) for all one is worth, (*i full fart*) at top speed **2** *s7, mil.* ordnance

tyg|blomma cloth flower **-bredd** width of cloth

tyg|el *s2* rein; bridle; *bildl. äv.* check; *ge hästen*

T

lösa -lar give the horse a free rein; *ge sin fantasi fria* (*lösa*) *-lar* give [a free] rein to one's imagination; *med lösa -lar* with slack reins
tygellös *bildl.* (*otyglad*) unbridled; (*om liv, pers.*) dissolute, licentious; (*om levnadssätt äv.*) loose, wild **-het** unbridled behaviour; licentiousness *etc.*
tyg|förråd ordnance depot **-förvaltare** *ung.* ordnance officer **-hus** arsenal, armoury
tygknapp covered button
tygla [ˣty:g-] rein [in]; *bildl.* bridle; (*betvinga*) restrain, check; ~ *sig* restrain o.s.
tyg|packe bale of cloth **-sko** cloth shoe **-stycke** piece of cloth; (*rulle äv.*) roll of cloth
tykobrahedag [-ˣbra:-] *ung.* black-letter day
tyll *s3, s4* tulle; net
tymus *se thymus*
tyna languish, pine, fade (*bort* away)
tyng|a *v2* **1** (*vara tung*) weigh (*på* [up]on); (*kännas tung*) be (feel) heavy (*på* to); (*trycka*) press (*på* [up]on **2** (*plåga*) weigh down; *det -er mitt sinne* it preys on me (on my mind) **3** (*belasta*) weight (*med* with); burden, load (*minnet med* one's memory with) **-ande** *a4* heavy; weighty; *bildl. äv.* burdensome
tyngd I *a5* weighed down (*av sorg* by grief) **II** *s3* weight (*äv. konkr.*); load; *fys.* gravity; *en ~ har fallit från mitt bröst* a weight (load) has dropped off my mind; *ge ~ åt ett argument* give weight to an argument **-kraft** *~en* [the force of] gravity (gravitation) **-lagen** the law of gravitation **-lyftare** weightlifter **-lyftning** weightlifting **-lös** weightless **-löshet** weightlessness **-punkt** centre of gravity; *bildl.* main (crucial, central) point (*i* in)
tyngre ['tyŋ-] **I** *a, komp. t. tung.* heavier *etc.* (*jfr tung*); ~ *fordon* (*pl*) heavy-duty vehicles **II** *adv* more heavily **tyngst I** *a, superl. t. tung* heaviest *etc.* (*jfr tung*) **II** *adv* most heavily
typ *s3* **1** *boktr.* type; *fet* (*halvfet*) ~ boldface[d] (semibold) type **2** (*sort*) type; model; *han är ~en för en lärare* he's a typical teacher; *han är inte min* ~ he's not my type **typa** (*fastställa typen av*) type
typ|arm typebar **-exempel** typical example, case in point **-fall** typical case **-huvud** [type]face **-isk** ['ty:-] *a5* typical, representative (*för* of)
typo|graf *s3* typographer **-grafi** *s3* typography **-grafisk** [-'gra:-] *a5* typographical **-logi** *s3* typology
typsnitt [type]face
tyrann *s3* tyrant **-i** *s4* tyranny **-isera** tyrannize over; (*friare*) domineer over **-isk** *a5* tyrannical; (*friare äv.*) domineering
tyristor [-ˣriss-] thyristor
tyrolare [-ˣrå:-] Tyrolese, Tyrolean **Tyrolen** [-'rå:-] the Tyrol (Tirol) **tyrolerhatt** [-ˣrå:-] Tyrolese hat **tyrolsk** [-å:-] *a5* Tyrolese, Tyrolean
tysk I *a1* German; *T~a Riket* the German Empire, (*1918-45*) the Reich **II** *s2* German
tysk|a *s1* **1** (*språk*) German **2** (*kvinna*) German woman **-fientlig** anti-German
Tyskland ['tysk-] *n* Germany
tyskvänlig pro-German
tyst I *a1* silent; still; (*lugn*) quiet; (*ljudlös*) noiseless; (*outtalad*) tacit, mute; ~ *förbehåll* mental reservation; *hålla sig ~* keep quiet (silent); *han är inte ~ ett ögonblick* he can't keep silent (quiet) for a moment; *var ~!* be quiet!, silence!; *i det ~a* on the quiet, in a quiet way **II** *adv* silently; quietly, in silence; *håll ~!* keep quiet!; *hålla ~ med ngt* keep s.th. quiet; *det skall vi tala ~ om* (*vard.*) the less said about that, the better **tysta** silence; ~ *munnen på ngn* stop a p.'s mouth, make s.b. hold his tongue; ~ *ner a*) (*ngn*) [reduce ... to] silence, *b*) (*ngt, bildl.*) suppress, hush up; *låt maten ~ mun* (*munnen*) don't talk while you're eating
tyst|gående *a4* noiseless, silent[-running] **-het** silence; quietness; (*hemlighet*) secrecy; *i* [*all*] ~ in secrecy, secretly, privately; *i största ~* in the utmost secrecy **-hetslöfte** pledge (promise) of secrecy **-låten** *a3* aciturn; silent; (*förtegen*) reticent; (*hemlighetsfull*) secretive **-låtenhet** taciturnity; silence; reticency; secretiveness
tystna become silent; (*om ljud äv.*) cease, stop
tystnad *s3* silence; *djup* (*obrottslig*) ~ profound (strict) silence; *bringa ngn till ~* reduce s.b. to silence, silence s.b.; *förbigå ngt med ~* pass s.th. over in silence; *under ~* in silence; *ålägga ngn ~* enjoin silence [up]on s.b. **tystnadsplikt** obligation to observe silence; (*läkares äv.*) professional secrecy; *bryta sin ~* commit a breach of professional secrecy
tyvärr unfortunately; (*som interj äv.*) alas!; *jag kan ~ inte komma* I am sorry [to say] I can't come; ~ *måste vi meddela att* we regret to inform you that; ~ *inte* I am afraid not
tå *s5* toe; *gå på ~* walk on one's toes (on tiptoe); *skorna är trånga i ~rna* my (*etc.*) shoes pinch at the toes; *stå på ~ för ngn* (*bildl.*) be at a p.'s beck and call; *trampa ngn på ~rna* (*äv. bildl.*) tread on a p.'s toes **-flört** *vard.* footsie **-flörta** *vard.* play footsie
1 tåg *s7* (*rep*) rope
2 tåg *s7* **1** (*marsch*) march[ing]; *mil. äv.* expedition; (*fest- o.d.*) procession **2** (*järnvägs-*) train; *~et går kl. 2* the train leaves at two o'clock; *byta ~* change trains; *när kommer ~et?* when will the train be in (is the train due)?; *med ~*[*et*] by train; *på ~et* on the train; *~ till London* train[s *pl*] for London; *ta ~et till* take the (go by) train to
1 tåga *s1* (*fiber*) filament, thread; *bildl.* nerve, sinew; *det är ~ i honom* he is tough
2 tåga *v1* march; walk in procession; ~ *mot fienden* march against the enemy; ~ *fram* march along
tåg|attentat train outrage **-biljett** railway ticket **-färja** train ferry **-förbindelse** train service (connection); *ha bra ~r med* have an excellent train service to and from **-klarerare** [train] dispatcher **-konduktör** [train] guard; *AE.* conductor **-kupé** compartment **-ledes** by train **-luffa** travel on an interrail card **-luffare** traveller with an interrail card **-olycka** railway accident **-ombyte** change of trains **-ordning** marching order; *bildl.* slow bureaucratic procedure, red tape **-personal** train staff **-resa** train journey **-sätt** *ett ~ av 10 vagnar* a train of ten carriages (coaches) **-tid** *~er* train times **-tidtabell** railway timetable (*AE.* schedule) **-trafik** train service, railway traffic **-urspåring** derailment [of a train]

tågvirke cordage; ropes (*pl*)

tå|gångare *zool.* ~ (*pl*) digitigrades **-hätta** toe-cap **-hävning** [-ä:-] heel-raising **-järn** (*på sko*) toe plate

tål|a *v2* bear, endure; (*stå ut med*) stand; (*lida*) suffer, put up with; *han tål inte att ngn avbryter honom* he can't stand anyone['s] interrupting him; *jag tål henne inte* I can't stand (bear) her; *han tål inte skämt* he can't take a joke; *jag tål inte jordgubbar* strawberries upset (don't agree with) me; *han har fått vad han tål a)* (*av sprit e.d.*) he has had as much as he can stand, *b)* (*av stryk e.d.*) he has had all he can bear; *det tål att tänka* på it is worth consideration; *illa -d av* in bad favour with; *bör inte ~s* should not be tolerated

tålamod *s7* patience; *ha ~* have patience, be patient; *ha ~ med* be patient with, bear with; *förlora ~et* lose [one's] patience; *mitt ~ är slut* my patience is exhausted; *sätta ngns ~ på [hårt] prov* try a p.'s patience [severely]

tålamods|prov *ett riktigt ~* a real trial to one's patience **-prövande** *a4* trying [to one's patience]

tålig *a1* patient **-het** patience

tålmodig patient; (*långmodig*) long-suffering **-het** patience; long-suffering

tåls [-å:-] *i uttr.: ge sig till ~* have patience, be patient

tånagel toenail

1 tång *s3* (*växt*) seaweed; (*blås-*) rockweed

2 tång *-en tänger* (*verktyg*) tongs (*pl*); pliers, pincers, nippers (*pl*); *kir.* forceps; *en ~* (*två tänger*) a pair (two pairs) of tongs (*etc.*); *den vill jag inte ta i med ~* I wouldn't touch it with a bargepole

tångförlossning forceps delivery

tår *s2* **1** tear; *brista i* (*fälla*) *~ar* burst into (shed) tears; *jag fick ~ar i ögonen* tears came into my eyes **2** (*skvätt*) drop; *ta sig en ~ på tand* have a drop [of brandy (*etc.*)] **-ad** *a5* filled with tears **-as** *dep* fill with tears; (*av blåst o.d.*) water

tår|drypande *a4* maudlin, sentimental **-dränkt** *a4* tearful **-eflod** stream of tears **-flöde** flood (torrent) of tears **-fylld** filled with tears; (*om blick, röst*) tearful **-gas** tear gas **-kanal** lacrimal (tear) duct **-körtel** lacrimal (tear) gland **-pil** *bot.* weeping willow

tårt|a [*tå:r-] *s1* cake, gâteau; (*mördegs-, smördegs- äv.*) tart; *~ på ~* the same thing twice over **-bit** piece of cake **-kartong** cake carton **-papper** cake doily **-spade** cake slice

tårögd *a1* with tears in one's eyes, with eyes filled with tears

tåspets tip of a (the, one's) toe **-dans** toe dance **-dansös** toe dancer

tåt *s2* piece (bit) of string (*grövre*: cord)

täck *a1* pretty; *det ~a könet* the fair sex

täck|a *v3* cover (*med* with); *eg. bet. äv.* coat; *trädg. äv.* cover over (up); (*skydda*) protect (*äv. växel*); *~ sina behov* supply (cover) one's needs; *~ en förlust* meet (cover) a loss; *-t bil* closed car **-ande** *s6* covering *etc.*; *till ~ av kostnaderna* to cover (defray) costs

täck|as *v3, dep* (*behaga*) *ni -[t]es erinra er* please be good enough to remember

täck|blad (*på cigarr*) wrapper **-dika** drain **-dike** covered drain **-dikning** underdrainage, pipe draining

täck|e *s6* cover[ing], coating; (*säng-*) [bed] quilt, *AE. äv.* comforter; (*skynke*) cloth; *spela under ~[t] med* (*bildl.*) be in collusion with **-else** cover[ing]; *dra ett ~ över* draw a veil over; *låta ~t falla* unveil, *bildl.* reveal, disclose **-färg** finishing (top) coat

täckhet prettiness

täck|jacka quilted jacket **-mantel** *under vänskapens ~* under the cloak (guise, veil) of friendship, under cover of friendship **-namn** assumed name **-ning** covering *etc.*; *hand.* cover (*för en check* for a cheque); (*skydd*) protection; *check utan ~* uncovered cheque; *till ~ av* in cover of, covering; *till ~ av vår faktura* in payment of our invoice **-vinge** wing sheath, shard **-vitt** lithopone

tälja *v2* ([*till*]*skära*) carve, whittle, cut

täljare *mat.* numerator

tälj|kniv (*slid-*) sheath knife; (*fäll-*) jackknife **-sten** soapstone, soaprock

tält *s7* tent **tälta** (*slå upp tält*) pitch one's tent **2** (*bo i tält*) tent; camp (be camping) [out]

tält|duk canvas **-läger** camp **-makare** tentmaker **-pinne** tent peg **-stol** camp stool **-säng** camp bed

täm|ja *v2, -de -t -d* tame; domesticate; *bildl.* curb, harness

tämligen tolerably; fairly; (*vanl. gillande*) pretty; (*vanl. ogillande*) rather; *~ bra* pretty well, [fairly] tolerable, well enough; *det är ~ likgiltigt* it makes little difference; *det blev ~ sent* it was rather (pretty) late

tänd|a *v2* **1** (*få att brinna*) light (*äv. bildl.*); (*elektr. ljus*) turn (switch) on; *tekn.* ignite, fire; *bildl. äv.* kindle; *~ [belysningen]* light up; *~ [eld] på* set fire to, set ... on fire; *~ i spisen* make a fire; *stå som -a ljus* stand like statues; *hoppet -es på nytt* the spark of hope revived **2** (*fatta eld*) ignite, catch fire; light (*lätt* readily); (*om motor*) spark, fire; *bildl., vard., ~ på ngn* (*ngt*) get turned on by s.b. (s.th.); *hon -e på honom* he turned her on

tänd|ande *a4* lighting *etc.*; *den ~ gnistan* the igniting spark **-apparat** igniter, firing device; (*vid sprängning*) blasting machine **-are** (*cigarett- o.d.*) lighter **-gnista** ignition spark **-hatt** detonator, percussion (blasting) cap **-kulemotor** compression-ignition (ignition bulb) engine **-ning** lighting *etc.*; *tekn.* ignition; *hög ~* advanced spark; *justera ~en* adjust the ignition timing **-ningslås** ignition lock **-[nings]nyckel** ignition key **-ordning** (*i motor*) firing order **-sats** (*i tändmedel*) detonating composition, fuse body; (*på tändsticka*) head **-sticka** match; *tända en ~* strike a match **-sticksask** (*tom*) matchbox; (*med tändstickor i*) box of matches **-sticksfabrik** match factory **-stift** (*i motor*) sparking (*AE.* spark) plug; (*i vapen*) firing pin **-stiftskabel** ignition wire

tänj|a *v2* stretch; *~ ut* stretch, *bildl.* draw out, prolong; *~ ut sig* stretch; *~ på en princip* stretch a principle **-bar** *a1* stretchable; *tekn.* tensile, tensible; (*elastisk*) elastic

tänk|a *v3* **1** think (*högt* aloud; *på* of, about; *väl om ngn* well of s.b.); (*fundera äv.*) meditate; (*förmoda*) suppose; (*föreställa sig*) imagine; ~

T

olika om hold divergent opinions about; ~ *själv* think for o.s.; ~ *för sig själv* think to o.s.; *säga vad man -er* (*äv.*) speak one's mind; *tänk först och tala sedan!* look before you leap!; *tänk om jag skulle …!* supposing (what if) I should …!; *tänk …! a*) (*som utrop*) to think (*att jag är färdig* [that] I am ready), *b*) (*betänk*) think …!, *c*) (*tänk efter*) reflect …!; *ja* (*nej*) *tänk!* [oh], I say!; *det var det jag -te!* just as I thought!; *den är dyr, kan jag* ~ it is expensive, I shouldn't wonder; ~ *på att* think of, reflect upon (+ *ing-form*); *ha mycket att* ~ *på* have a great deal to think about; *jag kom att* ~ *på att* the thought occurred to me that; *det vore ngt att* ~ *på* that's [a thing] quite worth considering; *när jag -er rätt på saken* when I come to think of it; *det är inte att* ~ *på* there's no thinking of that, that is out of the question; *jag skall* ~ *på saken* I will think it (the matter) over **2** (*med betonad partikel*) ~ *efter* think, reflect, consider; *tänk noga efter!* think [it over] carefully!; *när man -er efter* (*äv.*) when one comes to think of it; ~ *igenom* think … out; ~ *ut* think out, (*plan e.d.*) devise; ~ *över* think over, consider **3** (*ämna*) intend (mean, be going; *AE. äv.* aim) to; (*anse*) consider; *vad -er du om det?* what do you think (is your opinion) of that? **4** *rfl* (*föreställa sig*) imagine, fancy; (*ämna* [*begiva*] *sig*) think of going [to]; *jag har -t mig att* my idea is that, I have thought that; *kan du* ~ *dig vad som …?* can you imagine what …?; *det kunde jag just* ~ *mig!* I might have known that (as much)!; *kan man* ~ *sig!* well, I never!; *det låter* ~ *sig* that's very possible; ~ *sig för* think a (the) matter over; *du bör* ~ *dig för två gånger* you should think twice; ~ *sig in i* imagine … to o.s.; *vart har du -t dig?* where have you thought of going [to]?

tänk|ande I *s6* thinking *etc.*; (*begrundan*) meditation, reflection **II** *a4* thinking, reflective; *en* ~ *människa* a thoughtful (reflecting) person **-are** thinker; *filos.* speculator **-bar** *a1* conceivable, thinkable; (*friare*) imaginable; *bästa ~a* the best possible; *i högsta ~a grad* to the highest degree imaginable; *den enda ~a* the only conceivable

tänke|språk adage, proverb **-sätt** way of thinking; (*friare*) turn of mind, way of looking at things

tänk|t *a4* thought *etc.*; (*ej verklig*) imagined (*situation* situation); imaginary (*linje* line); *det var inte så dumt* ~ [*av dig*]*!* that was not such a bad idea [of yours]! **-värd** *a1* worth considering (taking into consideration); (*minnesvärd*) memorable

täpp|a I *s1* (*land*) garden plot (patch); *vara herre på ~n* rule (be cock of the) roost **II** *v3* ~ [*för, igen, till*] stop up, obstruct; *jag är -t i näsan* my nose feels stopped (stuffed) up; ~ *munnen på ngn* (*bildl.*) shut a p.'s mouth; *-t* stopped-up, choked-up

tära *v2* consume; ~ *på* waste [… away], reduce [… in bulk], (*förbruka*) use up; ~ *på reserverna* draw on the reserves; *sorgen tär på henne* sorrow is preying [up]on her **tärande** *a4* consuming; wasting (*sjukdom* illness); wearing (*bekymmer* anxiety) **tärd** [-ä:-] *a1* worn, wasted (*av* by); *se* ~ *ut* (*äv.*) look haggard; ~ *av bekymmer* (*äv.*) careworn

1 tärna [ˣtä:r-] *s1* (*brud-*) bridesmaid; *poet.* maid [en]

2 tärna [ˣtä:r-] *s1* (*fågel*) tern, sea swallow

tärning [ˣtä:r-] **1** die (*pl* dice); *falska ~ar* loaded (weighted) dice; *~en är kastad* (*bildl.*) the die is cast **2** *geom.* cube

tärnings|kast throw of a die (the dice) **-spel** game of dice; dice-playing

1 tät *s3* head; *gå i ~en för* walk (*friare*: place o.s.) at the head of

2 tät *a1* **1** (*motsats gles*) close; (*svårgenomtränglig o.d.*) thick, dense; (*kompakt*) compact, massive; (*utan springor e.d.*) tight **2** (*som ofta förekommer*) frequent (*besök* visits), repeated **3** (*rik*) well-to-do

täta *v1* tighten, make tight; (*stoppa till*) stop [up] (*en läcka* a leak); (*hermetiskt*) seal; *sjö.* caulk; *tekn.* pack

tätatät *s3* tête-à-tête

tät|bebyggd *a5* densely built-up **-befolkad** [-å-] *a5* densely populated **-het** [-ä:-] **1** (*vävs e.d.*) closeness; (*skogs e.d.*) density, denseness; (*ogenomtränglighet*) impenetrability; *fys.* density **2** frequency

tät|na [-ä:-] become (get, grow) dense (compact); (*om rök e.d.*) thicken **-ning** [-ä:-] tightening; (*packning*) packing

tätnings|bricka grommet **-list** (*för fönster e.d.*) weather strip, strip seal; (*mot drag äv.*) draught-excluder

tät|ort [densely] built-up area, densely populated area **-ortsbebyggelse** city (town) buildings (*pl*) **-skriven** *a3* closely written

tätt *adv* **1** closely; densely; *hålla* ~ be watertight, *bildl.* keep quiet (close); *locket sluter* ~ the lid fits tight; *husen ligger* ~ the houses stand close together; ~ *åtsittande* tight[-fitting], skintight; ~ *efter* close behind; ~ *intill a*) *adv* close to, *b*) *prep* close up to **2** frequently, repeatedly; *breven duggade* ~ the letters came thick and fast **-bebyggd, -befolkad** *se tätbebyggd, tätbefolkad*

tätting passerine

tätt|skriven *se tätskriven* **-slutande** *a4* tight[-fitting]

tätört butterwort

tävla [ˣtä:v-] compete (*med* with; *om* for); *han har slutat* ~ he doesn't enter competitions any more; *de ~de med varandra om priset* they competed for the prize; *skall vi* ~ *om vem som kommer först?* shall we race to see who comes first?; *de ~de om att säga henne artigheter* they vied with each other in paying her compliments; *det här märket kan* ~ *med* this brand can stand comparison with; ~ *om makten* strive (struggle) for [the] power **tävlan** *r, som pl används tävlingar* competition (*i* in; *om* for); rivalry, emulation; *ädel* ~ honourable rivalry; *delta utom* ~ take part without competing for a prize **tävlande I** *s6* competing *etc.* **II** *a4* competing *etc.*; (*en* ~) competitor, (*löpare*) runner, (*i bridge e.d.*) tournament player **tävling** competition; contest; *AE. äv.* bee; *sport. äv.* (*löpning*) race, (*match*) match

tävlings|bana tournament ground; (*löpar-*) racetrack; (*kapplöpnings-*) racecourse **-bil** racing car, racer **-bidrag** entry; answer, solution **-domare** adjudicator, judge **-förare** racing driver **-regler** *pl* rules of (for) the competition (game)

-uppgift problem (subject) for a prize competition

tö *s6* thaw **töa** thaw; ~ *bort* thaw [away]; ~ *upp* thaw (*äv. bildl.*)

töcken ['tökk-] *s7* haze, mist; *höljd i* ~ shrouded (veiled) in mist, misty, hazy **-gestalt** vague figure

töcknig *a1* hazy, misty

töff puff **töffa** puff

töj|a [ˣtöjja] *v2* stretch; ~ *ut* stretch out, extend; ~ *sig* stretch **-bar** *a1* stretchable; extensible **-ning** stretching; extension

tölp *s2* boor; (*drummel*) lout **-aktig** *a1*, **-ig** *a1* boorish, loutish

töm [tömm] *s2* rein

töm|ma *v2* **1** (*göra tom*) empty [out] (*i* into; *på* on [to]); (*dricka ur äv.*) drain; (*brevlåda*) clear; ~ *lidandets kalk* drain the cup of suffering; *salen -des hastigt* the hall emptied (was cleared [of people]) quickly **2** (*hälla*) pour [out] (*på flaskor* into bottles) **-ning** emptying [out] *etc.*; (*av brevlåda*) collection; (*tarmens*) evacuation; (*tappning*) pouring [out] **-ningstid** *post.* time of collection

tönt *s2, sl.* jerk, dope **-ig** *a1* awkward, clumsy

tör *det* ~ *dröja innan* it will probably be some time before

tör|as *tordes torts* (*vard. äv. inf.*: *tordas, sup.*: *tordats*) *dep* dare; *hon -s inte för sin mor* she doesn't dare because of her mother; *jag -s inte* säga I'm afraid to say, (*friare*) I can't tell exactly; *om jag -s fråga* if I may ask; *jag -s lova mitt liv på det* I'd stake my life on it

törhända [-ˣhänn-] *se måhända*

törn [-ö:-] *s2* **1** (*stöt*) blow, bump; *bildl.* shock; *ta* ~ (*sjö.*) bear off **2** *sjö.* (*arbetsskift*) watch; *ha* ~ have the watch **törna** ~ *emot* strike, bump into, *absol.* strike, make a bump; ~ *emot ngn* come into collision with s.b.; ~ *in* (*sjö.*) turn in

törn|beströdd *a5, bildl.* thorny **-bevuxen** overgrown with thorns **-buske** *se törne 1*

törne *s6* **1** (*buske*) thorn bush; (*vildros*) wild rose **2** (*tagg*) thorn; *ingen ros utan ~n* no rose without a thorn **-krona** crown of thorns **-krönt** [-ö:-] *a4* crowned with thorns **-stig** *bildl.* thorny path

törn|ig *a1* thorny (*äv. bildl.*) **-ros** rose (*jfr törne 1*)

Törnrosa [-ˣro:-] the Sleeping Beauty

törn|rosasömn *bildl.* slumber, trance; sleep of the ages **-rosbuske** *se törne 1* **-skata** red-backed shrike; *koll.* butcherbird **-snår** thorn-brake, briery thicket **-tagg** thorn, prickle

törst *s3* thirst; (*längtan*) longing (*efter* for); *dö av* ~ die of thirst **törsta** thirst (*efter* for); ~ *efter hämnd* thirst for vengeance; ~ *ihjäl* die of thirst **törstig** *a1* thirsty

tös *s3* girl, lass[ie]

töva *se dröja*

töväder thaw; *det är* ~ a thaw has set in

U

U-balk channel [iron], U-iron

ubåt submarine; (*tysk*) U-boat

ubåts|bas *s3* submarine base **-fara** submarine menace **-fälla** decoy ship **-jagare** submarine chaser **-krig** submarine war[fare]

U.D. [ˣu:de:] *förk. för utrikesdepartementet*

udd *s2* (*skarp spets*) [sharp] point; (*på gaffel o.d.*) prong; (*flik av tyg e.d.*) point, jag, (*rundad*) scallop; *bildl.* point, pungency; *satirens* ~ the sting of satire; *bryta ~en av* (*bildl.*) turn the edge of; *med* ~ *mot* (*bildl.*) directed against

udda *oböjligt a* **1** (*om tal*) odd, uneven; *låta* ~ *vara jämnt* let s.th. pass **2** (*omaka*) odd; ~ *varor* (*äv.*) oddments

udde *s2* cape; point; (*hög*) promontory

udd|ig *a1* pointed; (*rundad*) scalloped **-ljud** *språkv.* initial sound **-lös** pointless (*äv. bildl.*)

ufo ['u:fo] *s6* UFO (*förk. för unidentified flying object*) **-log** ufologist **-logi** ufology

ugand|ier [-'gann-] *s9*, **-isk** *a5* Ugandan

uggl|a *s1* owl; *det är -or i mossen* there is mischief brewing, something is up

uggle|skri owl's hoot; tu-whit tu-whoo **-unge** owlet, young owl

ugn [uŋn] *s2* furnace; (*bak-*) oven; (*bränn-, tork-*) kiln

ugns|bakad *a5* baked, roasted **-eldfast** oven-proof, heat-resisting **-lackera** stove enamel **-lucka** furnace (*etc.*) door **-pannkaka** batter pudding **-raka** oven rake **-steka** roast; (*potatis o.d.*) bake; *-stekt* roast[ed], baked **-svärta** stove polish (black) **-torka** oven (kiln) dry; bake (*tegel* bricks)

u-hjälp aid to developing countries

ukas *s3* ukase

Ukraina [-ˣkrajj-] *n* [the] Ukraine **ukrain|are** [uˣkrajj-] *s9*, **-sk** *a5* Ukrainian

ukulele [-ˣle:-] *s5* ukulele

u-land developing country

ulk *s2* bullhead

ull *s3* wool; (*kamel-, get- äv.*) hair; *av* ~ of wool, woollen; *ny* ~ virgin wool; *han är inte av den ~en* he is not that sort (kind of man) **-fett** wool fat (grease) **-garn** wool[en yarn]; (*kamgarn*) worsted yarn **-ig** *a1* woolly, fleecy; *~a moln* fleecy clouds **-karda** wool card **-marknad** wool market **-strumpa** *se yllesstrumpa*; *gå på i -strumporna* go straight ahead **-tapp, -tott** tuft (flock) of wool

ulster ['uls-] *s2* ulster

ultim|ativ [-'ti:v, 'ult-] *a1* imperative; indispensable **-atum** [-ˣma:-] *s8* ultimatum; *ställa* ~ present an ultimatum

ultimo ['ull-] *s6* the last day of the month

ultra ultra **-konservativ** ultraconservative **-kortvåg** ultrashort wave **-ljud** ultrasonic (supersonic) sound **-marin I** *a1* ultramarine **II** *s3* ultramarine **-modern** ultramodern **-radikal** ultraradical, extreme radical **-rapid** *a1, n sg obest. form undviks* slow-motion; *i ~* in slow-motion **-röd** infrared, ultrared **-violett** ultraviolet

ulv *s2* wolf; *en ~ i fårakläder* a wolf in sheep's clothing; *man måste tjuta med ~arna* one must cry with the pack

umbra *s9* umber

umbär|a *nästan endast i inf.* do (go) without **-ande** *s6* privation, hardship; deprivation **-lig** [-ä:-] *a1* dispensable

umgicks [-j-] *imperf. av umgås* **umgås** *umgicks umgåtts, dep* **1** (*vara tillsammans*) associate, keep company; (*besöka*) be a frequent (regular) visitor (*hos* at a p.'s house); *de ~ mycket med varandra* they see a great deal of each other; *~ i de högre kretsarna* move in exalted circles; *ha lätt att ~ med folk* (*äv.*) be a good mixer; *de ~ inte* they have nothing to do with one another **2** *~ med planer på att* have plans to (+ *inf*), contemplate (+ *ing-form*) **3** (*handskas*) *~ med* handle **-gåtts** *sup. av umgås*

um|gälla [-j-] *v2* pay for; *få ~* suffer (smart) for **-gänge** [-jäŋe] *s6* (*samvaro*) intercourse; (*pers. man umgås med*) company, society; *ha stort ~* have a large circle of friends; *sexuellt ~* sexual intercourse

umgänges|former forms of [social] intercourse **-krets** [circle of] friends and acquaintances **-liv** social life **-rätt** right of parental access **-sätt** manners (*pl*) [in company]

undan I *adv* **1** (*bort*) away; (*ur vägen*) out of the way (*för* of); (*åt sidan*) aside (*för ngn* for s.b.); *komma ~* get off, escape; *lägga ~* put away **2** (*fort*) fast, rapidly; *det gick ~ i backen* we (*etc.*) whizzed down the hill; *det går ~ med arbetet* work is getting on fine **3** *~ för ~* little by little, one by one **II** *prep* (*bort från*) from; *fly ~ förföljarna* run away from the persecutors; *söka skydd ~ regnet* take shelter from the rain

undan|bad *imperf. av undanbe[dja]* **-be[dja]** [-e:-] *-bad - bett, rfl* decline, not seek (*återval* re-election); *jag -ber mig* kindly spare me **-bedjas** [-e:-] *-bads -betts, dep, rökning -bedes* please refrain from smoking; *blommor -bedes* no flowers by request **-bett** *sup. av undanbedja* **-dra[ga]** withdraw (*ngn ngt* s.th. from s.b.); (*beröva*) deprive (*ngn ngt* s.b. of s.th.); *~ sig* shirk, elude, evade (*ansvar* responsibility; *straff* punishment); *det -drar sig mitt bedömande* it is beyond my power to judge **-dragande** *s6* evasion, withdrawal **-dräkt** *s3, jur.* petty embezzlement **-flykt** evasion; subterfuge; prevarication, excuse; *komma med ~er* make excuses, prevaricate excuses **-gjord** *a5* done, ready; over [and done with] **-glidande** *a4, bildl.* evasive **-gömd** [-j-] *a5* concealed, hidden away; (*om plats*) secluded, out-of-the-way **-hålla** withhold (*ngn ngt* s.th. from s.b.), keep back; *~ sanningen* conceal the truth **-manöver** evasion action **-röja** remove; (*upphäva*) set aside **-röjning** clearance, removal **-skaffa** remove, get out of the way **-skymd** [-ʃ-] *a5* hidden, concealed; remote (*vrå* corner) **-stuvad** *a5* stowed away **-stökad** *a5* finished and done with

undan|ta *se undantaga* **-tag** *s7* exception (*från* from, to); *~et bekräftar regeln* the exception proves the rule; *ingen regel utan ~* [there is] no rule without an exception; *med ~ av* (*för*) with the exception of, except for, ... excepted; *utan ~* without [an, any] exception; *sätta på undantag* set aside **-taga** exempt from, except; (*göra -tag*) make an exception for; *ingen -tagen* none excepted, exclusive of none **-tagandes** except [for], excepting, save

undantags|bestämmelse special stipulation (provision) **-fall** exception[al case]; *i ~, se -vis* **-lös** without exception **-tillstånd** (*proklamera* proclaim) a state of emergency **-vis** in exceptional cases, by way of (as an) exception

undantränga force out of its (his *etc.*) place; force (push, brush) aside (*äv. bildl.*); (*om idéer o.d.*) supersede, take the place of

1 under ['unn-] *s7* wonder, marvel; (*friare*) miracle; *~ över alla ~!* wonder of wonders!; *naturens ~* the wonders of Nature; *teknikens ~* the marvels of science (technology); *göra ~* work (do) wonders; *som genom ett ~* as if by a miracle

2 under ['unn-] **I** *prep* **1** (*om rum*) under; underneath; (*på lägre nivå*) below, beneath; *långt ~* far below; *sätta sitt namn ~ ngt* put one's name to (sign) s.th.; *~ ytan* below the surface **2** (*om tid*) during (*natten* the night); in the course of (*samtalets gång* the conversation); (*om, på*) in (*våren* the spring); (*som svar på 'hur länge'*) for (*tre veckor* three weeks); *~ hans regering* during (in) his reign; *~ hela veckan* throughout the week, all the week **3** *bildl.* under (*drottning Viktoria* Queen Victoria; *befäl av* command of); below (*inköpspris* cost price); beneath (*min värdighet* me) **4** *~ det [att]* while (*han talade* he was talking) **II** *adv* underneath; beneath; (*nedanför*) under; *skriva ~* sign

under|arm forearm **-avdelning** subdivision (*äv. mil.*), subsection, branch; *naturv.* subgroup

underbalanser|a *~d budget* budget [closing] with a deficit **-ing** *~ av budget* deficit financing

under|bar *a1* wonderful, marvellous; (*övernaturlig*) miraculous **-barn** infant prodigy

underbefolkad *a5* underpopulated

underbefäl *s7* noncommissioned officer (*koll.* officers *pl*); *AE.* enlisted man **-havare** second-in-command

under|bemannad *a5* undermanned, shorthanded **-ben** shank, lower part of the leg **-betala** underpay **-bett** underbite, protruding lower jaw **-betyg** *få ~* fail (*i* in), be marked below standard **-binda** *kir.* ligate, ligature **-bjuda** underbid, undercut **-blåsa** *bildl.* fan, add fuel to **-bygga** support, substantiate **-byggnad 1** *eg.* foundation, substructure **2** *bildl.* grounding, schooling **-byxor** *pl* pants; *AE.* underpants; (*korta*) trunks, (*dam-*) knickers, (*trosor*) panties **-bädd** (*i sovkupé, hytt*) lower berth **-del** lower (under) part, bottom **-dimensionera** give too small dimensions, make too small; underestimate the size of **-domstol** *se underrätt* **-drift** understatement

underdånig *a1* humble, (*krypande*) obsequious; *~st* Your Majesty's most obedient servant (subject) **-het** humility; (*inställsamhet*) servility, obsequiousness

underexponer|a *foto.* underexpose **-ing** *foto.*

underexposure
underfund *komma ~ med* find out, get hold of, (*inse*) realize, (*upptäcka*) discover, get to know
underfundig *a1* cunning, artful; subtle
underförstå understand tacitly; *~dd* implied, implicit; *det var ~tt dem emellan* it was understood (a tacit understanding) between them; *~tt* (*nämligen*) that is to say
undergiven submissive; resigned (*sitt öde* to one's fate) **-het** [-j-] submissiveness, submission, resignation (*under, för* to)
under|gräva undermine (*äv. bildl.*) **-gå** undergo, go through; *~ förändringar* change; *~ examen* be examined **-gång** *s2* **1** (*ruin*) ruin, destruction; (*skeppsbrott*) wreck, loss; *gå sin ~ till mötes* be heading for disaster; *dömd till ~* doomed [to destruction] **2** (*passage*) subway; *AE.* underpass
undergör|ande [-j-] *a4* miraculous; wonder-working **-are** miracle worker, wonder-worker
underhaltig *a1* below (not up to) standard; [of] inferior [quality] **-het** inferiority, inferior (poor) quality
underhand privately
underhandl|a negotiate (*med* with; *om* for, about); confer (*om* on); *~ om* (*äv.*) discuss, negotiate **-are** negotiator **-ing** negotiation; *mil. äv.* parley; *ligga i ~ar med* be negotiating with
underhands|besked confidential communication **-löfte** confidential (informal) promise
under|havande *s9* dependant, dependent; (*på gods*) tenant, *koll.* tenantry (*sg*) **-hud** corium **-huggare** underling; sidekick **-huset** the House of Commons (*AE.* Representatives)
underhåll *s7* **1** (*vidmakthållande*) maintenance, upkeep (*av* of) **2** (*understöd*) allowance; support; (*t. frånskild hustru*) alimony
underhåll|a 1 maintain, support; (*byggnad e.d.*) keep in repair; (*kunskaper*) keep up; *väl -en* well-kept, in good repair **2** (*roa*) entertain, amuse; divert; *~ sig med* talk (converse) with **-ande** *a4* entertaining *etc.* **-are** entertainer **-ning** entertainment, amusement; diversion
underhållnings|litteratur light literature **-musik** light music **-program** entertainment program[me]
underhålls|bidrag alimony **-fri** requiring no maintenance **-kostnad** [cost of] maintenance (upkeep) **-skyldighet** maintenance obligation[s *pl*], duty to support **-tjänst** *mil.* maintenance [service]
under|ifrån from below (underneath) **-jorden** the lower (nether) regions (*pl*); Hades **-jordisk** subterranean; underground (*äv. bildl.*); *myt.* infernal; *~ järnväg* underground, *AE.* subway; *~a atomprov* underground nuclear tests **-kant** lower edge (side); *i ~* (*bildl.*) [rather] on the small (low) side
underkast|a 1 (*låta -gå*) subject (submit) to; *~ ngn ett förhör* put s.b. through an interrogation; *bli ~d kritik* be subjected to criticism; *det är tvivel ~t* it is open to doubt **2** *rfl* (*kapitulera*) surrender; (*finna sig i*) submit [to], resign [o.s. to] **-else** (*kapitulation*) surrender; (*lydnad*) submission (*under* to)
under|kjol underskirt **-klass** lower class; *~en* the lower classes (*pl*) **-klassig** lower-class **-kläder** *pl* underwear, underclothing (*sg*); underclothes, undergarments; *vard.* undies **-klänning** slip, petticoat **-kropp** lower part of the body **-kunnig** *a1* aware (*om* of); *göra sig ~ om* acquaint o.s. with **-kurs** *hand., till ~* at a discount, below par **-kuva** subdue, subjugate; (*besegra*) conquer **-kyla** supercool, undercool; *-kylt regn* freezing (supercooled) rain **-käke** lower jaw **-känna** disallow, not approve; *skol.* fail, reject; *bli -känd* (*skol.*) fail, *vard.* plough, *AE.* flunk **-kännande** [-ç-] *s6* disallowance; *skol.* rejection, failure
under|lag *s7* (*grundval*) foundation, basis (*äv. tekn.*); (*stöd*) support; *byggn.* bed[ding] **-lakan** bottom sheet **-leverantör** subcontractor
underlig *a1* strange, curious; odd, queer (*kurre* chap); *~ till mods* queer; *det är inte ~t om* it is not to be wondered at if; *det ~a var* the funny thing about it was **-het** strangeness *etc.*; oddity; *hans ~er* his peculiarities
underligt *adv* strangely *etc.*; *~ nog* strangely (oddly) enough
under|liv lower abdomen; (*kvinnliga könsorgan*) female organs of reproduction **-livssjukdomar** disorders of the female reproductive organs **-lydande I** *a4* dependent, subject **II** *s9* subordinate
underlåt|a (*låta bli*) omit; (*försumma*) neglect, fail; *han -lät att* he failed to; *jag kan inte ~ att säga* I cannot help saying **-enhet** omission; negligence **-enhetssynd** sin of omission
under|läge weak position; *vara i ~* be at a disadvantage, (*friare*) fall short, get the worst of it **-lägg** *s7* underlay, pad, mat **-lägsen** *a3* inferior (*ngn* to s.b.); *jag är ~ henne* (*äv.*) I am her inferior **-lägsenhet** inferiority **-läkare** assistant (house) physician (surgeon) **-läpp** lower lip **-lätta** facilitate, make easy (easier); *det kommer att ~ saken* it will simplify matters
under|medvetande subconsciousness **-medveten** subconscious; *det -medvetna* the subconscious [mind] **-mening** hidden meaning **-minera** undermine; sap **-målig** *a1* (*otillräcklig*) deficient; (*dålig*) inferior, poor **-närd** [-ä:-] *a5* underfed, undernourished **-näring** undernourishment, malnutrition **-officer** noncommissioned officer **-ordna** subordinate (*under* to) **-ordnad** *a5* subordinate; inferior, minor; (*en ~*) subordinate; *av ~ betydelse* of minor importance, incidental; *~ sats* subordinate clause **-ordnande** [-å:-] *a4* subordinating (*konjunktion* conjunction) **-ordning** suborder **-pant 1** *jur.* collateral [security] **2** *bildl.* token **-presterande** underachieving **-pris** losing price; *sälja till ~* sell at a loss **-privilegierad** *a5* underprivileged **-rede** [base] frame; (*på bil*) chassis (*pl* chassis) **-redsbehandla** underseal, undercoat **-redsbehandling** underseal[ing], undercoat[ing] **-representerad** underrepresented **-rubrik** subheading **-rätt** lower (inferior) court, court of first instance
underrätta inform, notify, tell (*ngn om* s.b. of); *hand.* advise, give notice; *göra sig ~d om* inquire (make inquiries) about; *hålla sig ~d om* keep o.s. informed about (as to); *~ mig* let me know; *väl ~d* well informed
underrättelse information; intelligence; (*nyhet*)

U

news; (*på förhand*) notice; *en* ~ a piece of information (*etc.*); *närmare* ~*r* further information (*sg*), particulars; *inhämta* ~*r hos ngn om ngt* procure information from s.b. about s.th. **-tjänst** secret service, intelligence [service] **-verksamhet** *olovlig* ~, *se olovlig*

under|sida underside, bottom (underneath) side **-skatta** underrate, underestimate **-skott** deficit (*på* of); (*förlust*) loss **-skrida** be below, fall short of; ~ *ett pris* sell below a price **-skrift** signature; (*-skrivande*) signing; *förse med sin* ~ put one's signature to, sign; *utan* ~ (*äv.*) unsigned **-skriva** sign, put one's signature to; (*godkänna*) endorse, subscribe to **-skåp** hutch

underskön exquisitely beautiful

under|sköterska staff nurse **-slev** *s7* embezzlement; fraud; *begå* ~ embezzle

underst ['unn-] *adv* at the [very] bottom (*i* of) **understa** ['unn-] *superl. a* undermost; lowermost, lowest; ~ *lådan* the bottom drawer

under|stiga be (fall) below (short of); (*om pris*) not come up to **-streckare** feature article **-stryka** underline; (*betona*) emphasize **-ström** undercurrent **-stundom** [-ˣstundåm] at times **-stå** *rfl* presume, dare, make so bold as **-ställa** submit to; refer to; *-ställd* subordinate[d] to, placed under

under|stöd support; aid, assistance; (*penning-*) benefit; *periodiskt* ~ periodical allowance **-stödja** support, assist, aid; (*ekonomiskt äv.*) subsidize, sponsor; (*förslag*) second **-stödjare** [-ö:-] supporter; sponsor

understöds|fond relief fund **-tagare** person receiving public assistance (*etc.*) **-verksamhet** public assistance

under|såte *s2* subject **-såtlig** [-å:-] *a1* as a subject; civic **-säng** lower bed **-sätsig** *a1* stocky, thickset **-sätsighet** stockiness

undersök|a examine; (*sakförhållande e.d.*) investigate, look (inquire) into **-ning** examination; investigation, inquiry; *vid närmare* ~ on closer examination (investigation)

undersöknings|domare examining magistrate; (*vid dödsfall*) coroner **-kommission** commission of inquiry **-ledare** officer in charge of an investigation, investigator

underteckn|a sign, put one's name to; ~*d* (*om brevskrivare*) I, the undersigned; *mellan* ~*de* between the undersigned **-ande** *s6* signing, signature; *vid* ~*t* on signature, on signing **-are** signer; signatory

under|titel subtitle **-ton** undertone **-trycka** suppress; (*kuva*) oppress, subjugate; (*hålla tillbaka*) repress, restrain **-tråd** (*på symaskin*) underthread **-tröja** vest; *AE.* undershirt **-utvecklad** *a5* underdeveloped; ~*e länder, se utvecklingsland*

undervattens|båt submarine; (*tysk*) U-boat **-kabel** submarine cable **-klippa** sunken rock **-läge** submerged position; *intaga* ~ submerge **-mina** submarine mine **-sten** sunken rock

undervegetation underbrush, undergrowth

underverk miracle; *världens sju* ~ the seven wonders of the world; *uträtta* ~ do (work) wonders

underviktig *a1* underweight

undervis|a teach, instruct **-ning** teaching, instruction; training, education; *högre* ~ higher education, advanced instruction; *privat* ~ private tuition; *programmerad* ~ programmed instruction

undervisnings|anstalt educational institution **-börda** teaching load **-maskin** teaching machine **-material** teaching materials (*pl*) **-metod** teaching method **-plan** curriculum **-råd** head of division of the Swedish national board of education **-sal** instruction room **-sjukhus** teaching (training) hospital **-skyldighet** *med* ~ *i* with the obligation to teach **-språk** language of instruction **-vana** teaching experience **-väsen** educational system, education

under|värdera underrate, underestimate **-värdering** underestimation, underrating **-värme** heat from below **-årig** *a1* underage, minor

undfall|a escape; *uttrycket undföll mig* the expression slipped out; *låta sig* ~ *ngt* let s.th. slip out **-ande** *a4* compliant; submissive **-enhet** compliancy, complaisance; submissiveness

und|fly flee from; escape (*faran* danger) **-få** receive **-fägna** treat (*ngn med* s.b. to) **-fägnad** entertainment **-gå** escape; *ingen* ~*r sitt öde* there is no escaping one's fate; *jag kunde inte* ~ *att höra* I couldn't help hearing; *den kan inte* ~ *att göra intryck* it is bound to make an impression **-komma** escape; get away; ~ *sina förföljare* escape from one's pursuers

undra wonder (*över* at); *det* ~*r jag inte på* I don't wonder (am not surprised) [at that]; ~ *på att...!* no wonder ...! **undran** *r* wonder

undre ['unn-] *a, komp. t. 2 under* [the] lower; bottom; ~ *världen* the underworld

und|seende *s6* deference; *ha* ~ *med* have forbearance with **-slippa** *se undgå, undkomma*; *låta* ~ *sig* let slip, allow to escape one **-sätta** relieve (*äv. mil.*); (*friare*) succour **-sättning** relief; succour; *komma till ngns* ~ come to a p.'s rescue (succour) **-sättningsexpedition** relief expedition

undulat budgerigar; *vard.* budgie

und|vara *sup. -varit, övriga former saknas* do without, dispense with; *inte kunna* ~ (*äv.*) not be able to spare **-vika** avoid (*att: -ing-form*); keep away from, shun; (*med list*) evade, dodge; *som inte kan* ~*s* unavoidable **-vikande I** *s6* avoidance; *till* ~ *av* in order to avoid **II** *a4* evasive (*svar* reply) **III** *adv, svara* ~ give an evasive answer

ung *-t yngre yngst* young (*för sina år* for one's years); *de* ~*a* the young, young people; *vid* ~*a år* early in life, at an early age; *som* ~ *var han* as a young man he was; *bli* ~ *på nytt* regain one's youth; *ha ett* ~*t sinne* be young at heart **-djur** *koll.* young stock (*sg*) **-dom** [-domm] *s2* **1** *abstr.* youth; *i* ~*en, i sin* ~ in one's youth **2** (*ung människa*) young person (man, girl), adolescent; ~*ar* young people; *nationens* ~ the youth of the nation **-domlig** [-domm-] *a1* youthful; juvenile

ungdoms|avdelning youth department; (*på bibliotek*) juvenile department **-bjudning** party for young people **-brottslighet** juvenile delinquency **-brottsling** juvenile offender (delinquent) **-böcker** *pl* juvenile books **-fängelse** reformatory [school] **-förbund** youth association (club, *polit.* league) **-gård** youth centre **-kultur** youth culture **-kärlek** youthful passion **-ledare** youth leader **-litteratur** literature for the young **-minne** memory of one's youth **-tid** youth **-vårdsskola** *BE.* community home, borstal, *AE.* reformatory **-vän** *en* ~ a friend of one's youth **-år** *pl* early years

ung|e *s2* (*av djur*) *se fågel-, katt- etc.*; young; (*barn-*) kid, baby; *-ar* young [ones]; *få -ar* bring forth young; *som föder levande -ar* viviparous; *våra barn och andras -ar* our children and others' brats; *din otäcka* ~ you awful child

ungefär [unj-, uŋ-] about; something like; approximately; ~ *detsamma* pretty much the same; ~ *100* (*äv.*) 100 or so, say 100; ~ *här* somewhere about here; *för* ~ *fem år sedan* some five years ago; *på ett* ~ approximately, roughly **-lig** *a1* approximate, rough (*beräkning* estimate) **-ligen** approximately; roughly

Ungern ['uŋ-] *n* Hungary

ung|ersk ['uŋ-] *a5* Hungarian **-erska** *s1* **1** (*språk*) Hungarian **2** (*kvinna*) Hungarian woman

ung|ersven [young] swain, lad **-flicksaktig** *a1* girlish **-herre** young gentleman **-häst** colt **-höns** pullet; *kokk.* spring chicken **-karl** bachelor

ungkarls|hotell hostel for single men **-tid** bachelor days **-våning** bachelor's apartment

ungmö maid[en]; *gammal* ~ old maid, spinster

ungrare [ˣuŋ-] Hungarian

ungtupp cockerel (*äv. bildl.*)

uniform [-å-] *s3* uniform; full dress; *mil. äv.* regimentals (*pl*); *i* ~ (*äv.*) uniformed **-era 1** (*göra likformig*) make uniform **2** (*förse med uniform*) uniform **-itet** uniformity

uniforms|kappa regulation greatcoat **-klädd** in uniform, uniformed **-mössa** uniform cap **-rock** tunic

unik *a1* unique **unikum** ['u:ni-] *s8* unique [specimen]

unilateral *a1* unilateral

union *s3* union

unions|flagga union flag; *~n* (*Storbritannien*) Union Jack **-vänlig** pro-union

unisex *s7* unisex **-mode** unisex fashion

unison *a1* unison; ~ *sång* (*äv.*) community singing **unisont** [-o-] *adv* in unison

universal *a1* universal **-arvinge** residuary (sole) heir **-geni** all-round genius **-itet** universality **-medel** panacea, cure-all

universell *a1* universal

universitet *s7* university; *ligga vid* ~ be at a university

universitets|adjunkt *ung* junior lecturer **-bibliotek** university library **-bildad** university trained **-examen** university degree **-filial** affiliated university, branch campus **-kanslern** the chancellor of the Swedish universities and colleges **-lektor** senior [university] lecturer, reader; *AE. äv.* assistant professor **-lärare** university teacher **-rektor** rector; *Storbritannien ung.* vice chancellor; *AE. ung.* president **-studerande** university student, undergraduate **-studier** *pl* university (*Storbritannien undergraduate*) studies **-styrelse** *BE.* senate, *AE.* board of regents (directors) **-utbildning** university education

universum [-ˣvärr-] *s8* universe

unken *a3* musty; (*om lukt, smak äv.*) stale **unket** *adv, lukta* ~ smell musty (stale)

unna ~ *ngn ngt* not [be]grudge s.b. s.th.; *det är honom väl unt* he is very welcome to it; ~ *sig ngt* allow o.s. s.th.; *han ~r sig ingen ro* (*äv.*) he gives himself no rest

uns *s7* ounce (*förk.* oz.); *inte ett* ~ (*friare*) not a scrap

u.p.a. [u:pe:'a:] (*förk. för utan personligt ansvar*) Ltd., Limited; without personal liability

upp up; (*-åt äv.*) upward[s]; (*ut*) out; *knyta* (*låsa*) ~ untie (unlock); *gata* ~ *och gata ner* up one street and down another; *hit* ~ up here; *denna sida ~!* this side up!; *det är* ~ *till dig* (*vard.*) it's up to you; ~ *med huvudet!* (*bildl.*) keep your chin up; ~ *med händerna!* hands up!, stick'em up!; ~ *ur* out of; *gå* ~ (*ur vattnet*) get out of the water; *hälla* ~ pour out; *vända* ~ *och ner på* turn upside down; *äta* ~ eat up **-amma** nurse, foster **-arbeta** (*jord*) cultivate; (*firma e.d.*) work up, develop

uppass|are *särskr. upp-passare* waiter; *mil.* officer's [bat]man **-erska** waitress; (*på båt*) stewardess **-ning** waiting; attendance

upp|backa back up, support **-backning** backing up, backup, support **-bjuda** muster, summon (*alla sina krafter* all one's strength); exert (*energi* energy) **-bjudande** *s6, med* ~ *av alla sina krafter* exerting all one's strength **-bjudning** invitation (*till dans* to dance) **-blanda** mix [up], intermix; (*vätska*) dilute **-blomstrande** flourishing, prospering; developing (*industri* industry) **-blomstring** prosperity, rise, development **-blossande** *a4* blazing (flaring) up; ~ *vrede* (*äv.*) flash of anger **-blåsbar** [-å:-] *a1* inflatable; pneumatic **-blåst** [-å:-] *a1* inflated; puffed up; *bildl. vard.* stuck-up **-blött** *a4, marken var alldeles* ~ the ground was sopping wet **-bragt** *a4* indignant, irritated; (*starkare*) exasperated **-bringa 1** (*fartyg*) capture, seize **2** (*skaffa*) procure, obtain, raise **-bromsning** braking; *bildl.* slowing down **-brott** breaking-up; (*avresa*) departure, departing; *mil.* decampment; *göra* ~ *a*) (*från bjudning*) break up [the party], take leave, *b*) *mil.* break [up the] camp **-brottsorder** order[s *pl*] to march **-brottsstämning** breaking-up mood **-brusande** *a4, bildl.* hot-tempered, irascible, impetuous **-brusning** [-u:-] burst of passion **-bränd** *a5* burnt [up] **-buren** *a5, vara mycket* ~ be thought highly (*firad:* made much) of

uppbygg|a 1 *eg. bet., se bygga upp* **2** *bildl.* edify **-else** edification **-elselitteratur** edifying literature **-lig** *a1* edifying **-nad** building [up], construction; (*organisering*) build-up **-nadsarbete** reconstruction

upp|båd *s7, mil.* summons to arms, calling out; (*friare*) levy; *ett stort* ~ a large force **-båda** summon to arms, call out; (*trupper äv.*) levy; (*friare*) mobilize (*hjälp* help) **-bära 1** (*erhålla*) receive, collect; ~ *skatt* collect taxes **2** (*vara föremål för*) suffer; come in for (*klander* criticism) **3** (*stödja*) support

uppbörd [-ö:-] *s3* collection [of taxes]; *förrätta* ~ collect taxes, take up the collection

uppbörds|distrikt revenue district **-kontor**

U

[tax] collector's (revenue) office **-man** tax collector **-termin** collection period **-verk** inland revenue office; *AE.* internal revenue service

upp|daga discover; reveal **-datera** update **-dela** divide [up] **-delning** division, dividing [up] **-diktad** *a5* invented; trumped up

uppdra *se dra [upp]*

uppdrag commission; mission; (*uppgift*) task, *AE.* assignment; *hand.* order; *enligt ~* by order (direction); *med ~ att* with orders (instructions) to; *på ~ av* at the request of, as instructed by, (*mer officiellt*) by order of; *få i ~ att göra ngt* be instructed (commissioned) to do s.th., be charged with doing s.th.; *ge ngn i ~ att* commission (instruct) s.b. to; *skiljas från ett ~* be removed from office; *utföra ett ~ åt ngn* execute a commission for s.b.

uppdrag|a 1 *se dra [upp]*; (*uppfostra*) bring up; (*växter*) grow, rear **2** (*rita upp*) draw, trace; *~ en jämförelse* draw a comparison (*mellan* between); *~ gränserna för* delimit, *bildl. äv.* lay down the scope of **3** *~ åt ngn att* instruct (order, commission) s.b. to **-en** *a5, klockan är ~* the clock is wound up **-ning** (*av klocka*) winding up

upp|dragsgivare principal; (*arbetsgivare*) employer; (*kund*) customer, client **-driva** (*öka*) raise, increase; (*skaffa*) procure, obtain; *högt -drivna förväntningar* high expectations **-dykande** *s6* emersion; *bildl.* appearance **-dämma** dam up

uppe 1 (*mots. nere*) up (*äv. uppstigen*); (*i övre våningen*) upstairs; *vara tidigt ~* be up early, (*som vana*) be an early riser (*vard.* bird); *~ i landet* up country; *högt ~ på himlen* high in the sky **2** *vard.* (*öppen*) open **3** *vara ~ i tentamen* take (have) an [oral] exam

uppegga incite, egg on

uppehåll *s7* **1** (*avbrott*) interruption, break; (*paus*) pause, interval; (*tågs*) stop; *göra ett ~* (*i tal o.d.*) make a pause, break off, (*allm. o. om tåg*) stop; *utan ~* without stopping (a stop), incessantly **2** (*vistelse*) sojourn; (*kortare*) stay, stop; *göra ~ i* (*under resa*) stop over at

uppehålla 1 (*hindra*) detain, delay, keep [... back] **2** (*vidmakthålla*) keep up (*skenet* appearances); support (*livet* life); maintain (*en stor familj* a large family) **3** (*tjänst*) discharge the duties of **4** *rfl* (*vistas*) stay, live, reside; (*livnära sig*) support o.s. (*med musiklektioner* by giving music lessons); *bildl.* dwell (*vid småsaker* [up]on details)

uppehålls|ort [place of] residence; (*tillfällig*) place of sojourn, whereabouts; *jur.* domicile **-tillstånd** residence permit **-väder** dry (fair) weather

uppehälle *s6* subsistence, sustenance; *fritt ~* free board and lodging; *förtjäna sitt ~* earn one's living; *sörja för ngns ~* support s.b.

uppemot ['upp-, -'mo:t] nearly, almost

uppenbar *a1* obvious, evident; distinct, apparent; *när förseelsen blir ~* when the offence comes to light **uppenbara 1** (*avslöja*) reveal, disclose **2** *rfl* reveal o.s. (*för* to) (*äv. relig.*); (*visa sig*) appear

uppenbarelse revelation (*om* of); *konkr.* apparition, vision **-boken** *U~* the Revelation of St. John the Divine, [the Book of] Revelation[s], Apocalypse

uppenbarligen [-a:-] obviously *etc.*

upp|fart ascent; (*väg*) approach, ramp; *under ~en* while driving up, on the way up **-fatta** apprehend; grasp; (*förstå*) comprehend, understand; (*tolka*) interpret; *jag kunde inte ~ vad han sa* I couldn't catch what he said; *~ ngt såsom* take s.th. as **-fattning** apprehension; comprehension, understanding; (*föreställning*) idea, conception; *bilda sig en ~ om* form an opinion (idea) of

uppfinn|a invent; devise, contrive **-are** inventor **-ing** invention; (*nyhet äv.*) innovation

uppfinnings|förmåga [power of] invention, inventiveness **-rik** inventive; (*fyndig äv.*) ingenious **-rikedom** inventiveness; ingenuity

upp|flugen *a5* perched **-flytta** (*i lönegrad*) advance, promote; *bli ~d* (*skol.*) get one's remove **-flyttning** moving up; *skol.* remove; (*i lönegrad*) advance, rise

1 uppfordra (*uppmana*) call upon, request; (*t. strid*) challenge, summon

2 uppfordra (*forsla upp*) haul, raise [... to the surface], draw up

uppfordringsverk drawing engine; *gruv.* elevator (hoist) frame

uppfostr|a bring up; *AE. äv.* raise; (*bilda*) educate; (*uppöva äv.*) train; *illa ~d* badly brought up **-an** upbringing; education; training **-are** educator; tutor

uppfostrings|anstalt reformatory [school]; *Engl.* approved school; *AE.* institution for juveniles, workhouse **-bidrag** *jur.* alimony **-syfte** *i ~* for educational purposes

upp|friska freshen up; refresh **-friskande** *a4* refreshing **-fräta** eat away; corrode completely **-fylla 1** (*fullgöra*) fulfil; (*plikt äv.*) perform, carry out; (*ngns önskningar äv.*) meet, comply with; *få sin önskan -fylld* have one's wish **2** (*fylla*) *bildl.* fill; *~ jorden* (*bibl.*) replenish the earth; *-fylld av* filled with, full of **-fyllelse** accomplishment; (*av profetia*) fulfilment; *gå i ~* be fulfilled (accomplished), come true **-fånga** catch; (*signaler*) pick up; (*hindrande*) intercept **-föda** bring up; nourish; (*djur*) breed, rear; *AE. äv.* raise **-födare** breeder **-födning** [-ö:-] breeding **-följa** follow up **-följning** follow-up, following-up **-följningsbrev** follow-up letter

uppför ['upp-] **I** *adv* uphill; *vägen bär ~* it is uphill **II** *prep* up (*backen* the hill); *gå ~ trappan* (*äv.*) go upstairs

uppföra 1 (*bygga*) build; raise, erect (*ett monument* a monument) **2** (*anteckna*) put down, enter **3** (*teaterstycke*) give, perform, present; (*musikstycke*) perform **4** *rfl* behave [o.s.], conduct o.s., carry o.s.; *~ sig väl* (*illa*) behave [well] (badly), (*som vana*) have good (bad) manners

uppförande *s6* **1** (*byggande*) building *etc.*; erection, construction; *är under ~* is being built, is under construction **2** (*av teater- o. musikstycke*) performance **3** (*beteende*) behaviour, conduct; *dåligt ~* (*äv.*) misbehaviour **-betyg** conduct marks **-rätt** performing rights (*pl*)

uppförs|backe ascent, rise **-väg** uphill road

upp|ge 1 (*meddela*) state; give (*namn o. adress* name and address); (*säga*) say; (*rapportera*) report; *~ sig vara* state (say) that one is; *~ namnet* *på* name, give the name of; ~ *ett pris* quote a price; *enligt vad han själv -gav* (*äv.*) on his own statement **2** (*överge, avstå från*) give up, abandon; ~ *andan* expire, breathe one's last **3** (*utstöta*) give (*ett skrik* a cry)

upp|gift [-j-] *s3* **1** (*meddelande*) statement (*om* of); (*upplysning*) information (*om* on); (*lista*) list, specification (*om* of); (*officiell*) report (*på* on); *närmare ~er* (*äv.*) further particulars; *enligt* ~ from information received, according to reports; *kompletterande ~er* supplementary data (details) (*om* on); *med* ~ *om* stating; *statiska ~er* returns, statistics **2** (*åliggande*) task, charge; (*kall*) mission, object (*i livet* in life); *förelägga ngn en* ~ set s.b. a task; *det är hans* ~ *att* it is his duty (business) to **3** (*i examen o.d.*) [examination *etc.*] question; *matematisk* ~ [mathematical] problem; *skriftlig* ~ [written] exercise **-giftslämnare** informant; respondent

upp|giva *se uppge* **-given** (*tillintetgjord*) overcome (*av trötthet* with fatigue); exhausted (*av sorg* with grief) **-gjord** settled, arranged; ~ *på förhand* prearranged **-gå 1** (*belöpa sig*) amount (*till* to); *i genomsnitt* ~ *till* average **2** (*sammansmälta*) ~ *i* be merged (*om firma e.d. äv.* incorporated) in **-gående I** *s6,* ~ *i* absorption by (*arbete* work) **II** *a4* rising; (*om himlakropp äv.*) ascending **-gång** *s2* **1** (*väg*) way up; (*trapp-*) stairs (*pl*), staircase **2** (*himlakropps*) rise **3** (*ökning*) rise, increase; upswing, upturn **-görelse** [-j-] **1** (*avtal*) agreement; (*överenskommelse äv.*) arrangement, settlement; (*affär*) transaction; ~ *i godo* amicable settlement, settlement out of court; *träffa en* ~ make an agreement, come to terms **2** (*dispyt*) dispute, showdown **-handla** purchase, buy (in, up) **-handling** purchase, purchasing, buying **-haussa** force up, boost

upphets|a excite; inflame; *bli ~d* get excited **-ande** *a4* exciting; inflammatory (*tal* speech) **-ning** excitement

upp|hetta heat, make hot; ~ *för mycket* overheat **-hettning** heating **-hinna** catch up, overtake **-hitta** find **-hittare** finder **-hjälpa** (*förbättra*) improve **-hostning** expectoration

upphov *s7* origin; source; (*orsak*) cause; (*början äv.*) beginning, origination; *ge* ~ *till* give rise (birth) to; *ha sitt* ~ *i* (*äv.*) originate in; *vara* ~ *till* be the cause of

upphovs|man author, originator (*till* of) **-rätt** copyright **-rättslig** ~ *lagstiftning* copyright legislation

upp|hällning 1 pouring out **2** *vara på ~en* be on the decline (wane), (*om förråd*) be running short **-hänga** suspend, hang [up] **-hängning** suspension; mounting **-häva 1** (*återkalla*) revoke, withdraw; (*förklara ogiltig*) annul, declare invalid (void); (*kontrakt*) cancel; (*neutralisera*) neutralize **2** (*avbryta*) raise (*belägringen* the siege) **3** (*utstöta*) raise (*ett skri* a cry); ~ *sin röst* lift one's voice, begin to speak

upp|höja raise (*äv. mat.*); elevate; (*berömma*) extol; ~ *i kvadrat* square, raise to second power **-höjd** *a5* **1** *bildl.* elevated, exalted; *med -höjt lugn* with supreme composure **2** (*om arbete, bokstäver*) raised **-höjdhet** elevation; loftiness **-höjelse** elevation, exaltation; promotion **-höjning** *konkr.* elevation (*i marken* of the ground), rise; (*kulle*) eminence

upphör|a cease, stop (*med att göra ngt* doing s.th.); (*sluta*) end, come to an end; ~ *med* (*äv.*) discontinue, (*en vana*) give up; *firman har -t* the firm has closed down **-ande** *s6* ceasing *etc.*; cessation; (*avbrott äv.*) interruption; (*tillfälligt*) suspension

uppifrån I *adv* from above; ~ *och ner* from top to bottom **II** *prep* [down] from

uppiggande (*särskr. upp-piggande*) **I** *a4* stimulating, bracing (*verkan* effect); *något* ~ a pick-me-up **II** *adv, verka* ~ have a reviving (bracing) effect

upp|jagad *a5* [over]excited; heated (*fantasi* imagination); overstrained (*nerver* nerves) **-kalla 1** (*benämna*) call, name; *~d efter* called (named) after **2** (*be [ngn] att komma upp*) call up **3** (*mana*) call [up]on **-kastning** vomiting; *med.* emesis; *få ~ar* vomit **-klarna** clear up **-knäppt** *a4* unbuttoned (*äv. bildl.*) **-kok** boiling, warming up; *bildl.* rehash (*på* of); *ge ngt ett* ~ boil s.th. up

upp|komling [-å-] upstart, parvenu (*fem.* parvenue) **-komma** (*uppstå*) arise (*av* from), originate (*ur* in); (*börja*) begin; (*plötsligt*) start up; *de -komna skadorna* the damage (*sg*) incurred **-kommande** *a4* possible, arising; *vid* ~ *skada* in case of damage **-komst** [-å-] *s3* (*tillblivelse*) origin, beginning; appearance; *fack.* genesis; *ha sin* ~ *i* have its origin in, originate in **-konstruera** (*uppfinna*) invent; (*hitta på*) make up, create **-krupen** *a5, sitta* ~ be curled up (*i soffan* on the sofa) **-käftig** [-ç-] *a1* cheeky, saucy **-käftighet** [-ç-] cheek, sauce **-köp** (*-köpande*) buying [in], purchasing; (*ett* ~) purchase; *göra* ~ do one's purchasing (*vard.* shopping) **-köpa** buy [in, up], purchase **-köpare** buyer, purchaser **-körd** [-çö:-] *a5* **1** (*däst*) bloated **2** (*lurad*) fleeced

upp|laddning charge, charging (*äv. bildl.*); *bildl. äv.* build-up; *eg. äv.* electrification **-lag** *s7* store, stock, supply **-laga** *s1* edition; (*tidnings- äv.*) circulation; *bildl.* version; *förkortad* ~ abbreviated (abridged) edition; *~ns storlek* number of copies printed, print **-lagd** *a5* **1** (*om vara, fartyg*) laid up; *stort -lagt projekt* large-scale project **2** (*hågad*) inclined, disposed; *känna sig* ~ *för att* be in a mood for, feel like (+ *ing-form*) **-lagesiffra** circulation figures (*pl*) **-lagring** storing, storage **-lagsnäring** reserve nutrition **-lagsplats** depot, storing place, storage yard **-land** *s7* surrounding area; (*innanför kusten*) hinterland **-lappning** *boktr.* making ready **-leta** find, hunt up

upp|leva (*erfara*) experience, meet with (*besvikelser* disappointments); (*leva tills ngt inträffar*) live to (*år 2000* the year 2000), [live to] see; (*bevittna*) witness; *han har -levt mycket* he has been through a lot (had an eventful life) **-levelse** (*erfarenhet*) experience; (*händelse*) event; *detta blev en* ~ *för mig* it was quite an experience for me **-linjera** rule [lines in] **-liva** (*förnya*) renew (*bekantskapen med* the acquaintance with); (*pigga upp*) cheer [up], exhilarate; ~ *minnet* refresh (brush up) one's memory; ~ *gamla minnen* revive old memories **-livande** *a4* cheering, stimulating **-livningsförsök** [-li:v-] *pl* attempts at resusci-

U

tation

upp|lopp 1 (*tumult*) riot, tumult **2** *sport.* finish **-luckra** loosen, break up; *bildl. äv.* relax (*bestämmelserna* the regulations, *moralen* morals) **-lupen** *a5,* ~ *ränta* accrued interest, interest due **-lyfta** lift up; *högt.* elevate; *med -lyft huvud* head high **-lyftande** *a4* elevating; sublime

upplys|a 1 (*göra ljus*) light [up], illuminate **2** (*underrätta*) inform (*ngn om* s.b. of), tell (*ngn om* s.b.); enlighten (*ngn i en fråga* s.b. on a point) **-ande** *a4* informative, illustrative (*exempel* example); (*förklarande*) explanatory (*anmärkningar* remarks); (*lärorik*) instructive **-ning 1** (*belysning*) lighting, illumination **2** (*underrättelse*) information (*om* about, of, on); (*förklaring*) explanation; (*kredit-*) credit[worthiness] report; *en* ~ a piece of information; *~ar* information (*sg*); *närmare ~ar* further particulars (details) **3** ([*bibringande av*] *kunskaper*) enlightenment, elucidation; (*kultur*) civilization, culture; *~en* (*hist.*) the [Age of] Enlightenment

upplysnings|byrå information office (bureau) **-tiden** the Age of Enlightenment **-verksamhet** information service (activities *pl*) **-vis** by way of information; for your information

upp|lyst [-y:-] *a1* **1** *eg.* illuminated, lighted (lit) up **2** *bildl.* enlightened **-låna** borrow, raise **-låning** borrowing [transaction[s *pl*]] **-låta** open (*för trafik* to traffic), make available (*för* to); ~ *ett rum åt ngn* put a room at a p.'s disposal, grant s.b. the use of a room **-låtelse** grant, giving up; ~ *nyttjanderätt* grant of enjoyment **-läggning 1** *sömn.* shortening, taking up **2** (*planering*) planning, arrangement; (*disposition*) disposition; (*av konto o.d.*) drawing up; (*av håret*) coiffure **3** (*magasinering*) storage, storing; (*av fartyg*) laying up **4** (*på fat etc.*) arrangement **-läsare** reader, reciter **-läsning** reading; recital **-läxning** sermon; *vard.* telling-off

upplös|a 1 (*knyta upp*) *se lösa* [*upp*] **2** (*komma* [*ngt*] *att upphöra*) dissolve, wind up (*ett företag* a company); (*skingra*) dissolve, dismiss; (*möte*) break up; (*trupper*) disband **3** (*sönderdela*) dissolve, disintegrate; *mat.* solve **4** (*bringa oreda i*) disorganize; *-löst i tårar* dissolved in tears **5** *rfl* dissolve, be dissolved (*i* into); (*sönderfalla*) decompose **-ande** *a4* dissolving *etc.* **-as** *v3, dep, se upplösa* **-bar** *a1* dissoluble **-ning** dissolution, winding up (*etc.*); (*samhälls-*) disintegration; (*dramas*) unravelling, denouement **-ningstillstånd** state of dissolution (decomposition); *vara i* ~ (*bildl.*) be on the point of collapse

upp|mana exhort; (*hövligt*) request, invite, (*enträget*) urge, incite; *besökare ~s att* visitors are recommended (requested) to **-maning** exhortation; request; summons, call; *på* ~ *av* at the request of, on the recommendation of **-marsch** marching-up; *mil.* deployment, drawing-up **-maskning** mending [of a ladder] **-mjuka** make soft, soften; (*göra smidig*) limber up; (*moderera*) modify, moderate **-mjukning** [-u:-] *sport.* limbering-up

uppmuntr|a (*jfr muntra* [*upp*]); (*inge förhoppningar e.d.*) encourage; (*gynna*) favour, promote; (*uppmana*) exhort **-an** *best. form -an, pl -ingar* encouragement; favouring, patronage **-ande** *a4* encouraging; *föga* ~ anything but encouraging, discouraging

uppmärk|sam *a1* attentive (*äv. förekommande*) (*på, mot* to); (*aktgivande*) watchful, observant (*på* of); *göra ngn* ~ *på* draw (call) a p.'s attention to **-samhet** attention; (*som egenskap*) attentiveness; (*aktgivande*) watchfulness, observation; *rikta ngns* ~ *på* call a p.'s attention to; *undgå ngns* ~ escape a p.'s attention; *visa ngn* ~ pay attention to s.b.; *väcka* ~ attract attention; *ägna* ~ *åt* give (pay) attention to **-samma** notice, observe; pay attention to; *bli ~d* attract attention; *en mycket ~d bok* a book that has created a stir **-samt** *adv* attentively; (*starkare*) intently

upp|mäta measure [out] **-mätning** measuring [up] **-nosig** *a1* impertinent, saucy, pert **-nå** reach, attain; arrive at; (*ernå*) obtain; (*vinna*) gain; *vid ~dd pensionsålder* at pensionable age **-näsa** snub (turned-up) nose **-näst** [-ä:-] *a4* snub-nosed

uppochnedvänd [-ˣne:d-] [turned] upside down; inverted, reversed; *bildl.* topsy-turvy

upp|odla cultivate **-odling** (*-odlande*) cultivation; *konkr.* cleared plot [of land] **-offra** sacrifice (*allt* everything; *sig* o.s.) **-offrande** [-å-] *a4* self-sacrificing **-offring** [-å-] sacrifice; *det har kostat henne stora ~ar* she has sacrificed a great deal **-packning** (*hopskr. uppackning*) unpacking **-passare** *se uppassare* **-piggande** *a4, se uppiggande* **-reklamera** boost, puff **-rensa** clean (clear) out; *mil.* mop up **-rensning** cleaning out; *mil.* mopping-up

upprep|a repeat; (*säga om o. om igen*) reiterate; (*förnya*) renew; *~de gånger* repeatedly, again and again **-repning** [-e:-] repetition; reiteration; renewal; recurrence

1 uppresa *s1* journey up; *på ~n* on my (*etc.*) journey up

2 uppresa *v3* **1** (*uppföra*) raise; put up **2** *rfl* rise, revolt

uppretad *a5* irritated; exasperated (*folkhop* mob); enraged (*tjur* bull)

upprik|tig *a1* sincere; (*ärlig*) honest; (*öppen*) frank, candid; ~ *vän* true friend; *säga ngn sin ~a mening* tell (give) s.b. one's honest opinion **-tighet** sincerity; frankness, candour; honesty **-tigt** *adv* sincerely *etc.*; ~ *sagt* candidly [speaking]; *säg mig* ~ *...!* tell me honestly ...!

upp|ringning [telephone] call **-rinnelse** origin, source **-rivande** *a4* harrowing, shocking **-riven** *a5, bildl.* (*nervös*) worked up; ~ *av sorg* broken by sorrow **-rop** (*av namn*) roll call, call-over; (*vädjan*) appeal; (*på auktion*) announcement

uppror *s7* insurrection, rebellion; *mil.* mutiny; (*mindre*) revolt, uprising; (*oro*) agitation; *göra* ~ rise in rebellion, revolt; *hans känslor råkade i* ~ he flared up **-isk** *a5* rebellious; seditious, insubordinate

upprors|anda rebellious spirit, spirit of revolt **-fana** *höja ~n* raise the standard of rebellion **-försök** attempted (attempt at) rebellion **-makare** instigator of rebellion; (*vid myteri*) ringleader; (*svagare*) troublemaker

upp|rusta rearm **-rustning** *mil.* rearmament; (*renovering*) restoration, reparation **-rutten** rotten to the core **-ryckning** *bildl.* rousing, shaking-up; *ge ngn en ~* give s.b. a shaking-up **-rymd** *a1* exhilarated, elated **-rymdhet** exhilaration, elation **-räcka** *ta emot ngt med -räckta händer* receive s.th. with open arms **-räkna** enumerate **-räkning** enumeration; (*höjning*) adjustment upwards

upprätt *a4 o. adv* upright, erect; (*helt ~ äv.*) perpendicular

upprätt|a 1 (*grunda*) found, establish, set up (*en skola* a school); create (*en befattning* a post); *~ förbindelser med* establish relations with **2** (*avfatta*) make, draw up (*ett testamente* a will) **3** (*rehabilitera*) rehabilitate; restore (*ngns rykte* a p.'s reputation); retrieve (*sin ära* one's honour) **-ande** *s6* raising, foundation; establishment; drawing-up **-else** reparation, redress; rehabilitation; *få ~* obtain redress; *ge ngn ~* make amends to s.b. (*för ngt* for s.th.) **-hålla** (*vidmakthålla*) maintain, keep up, uphold (*disciplin* discipline; (*sköta*) hold (*en tjänst* a post); (*hålla i gång*) keep going **-hållande** *s6* maintenance, upholding *etc.* **-hållare** upholder *etc.*; *ordningens ~* the upholders of law and order **-stående** *a4* upright, erect

upp|röjning clearance, clearing **-röjningsarbete** clearance work **-röra** *bildl.* stir [up], irritate, disturb, upset **-rörande** *a4* agitating *etc.*; (*starkare*) shocking **-rörd** [-ö:-] *a1* indignant, excited; upset; *bli ~ över* be upset about **-rördhet** indignation, irritation; excitement

upp|sagd *a5* (*om hyresgäst, personal*) under notice; (*om fördrag e.d.*) denounced; *bli ~* get notice; *vara ~* be under notice of dismissal **-samla** gather [up], collect **-samling** gathering, collection

uppsamlings|område (*för evakuerade*) reception area **-plats** collecting centre; assembly point (*äv. mil.*)

uppsats *s3* **1** (*i bok e.d.*) essay, paper (*om* on); (*i tidning*) article (*om* on); (*skol-*) composition **2** (*uppsättning, sats*) set **-skrivning** composition-writing, essay-writing

uppsatt *a4* **1** (*om pers.*) exalted, distinguished; *en högt ~ person* a person of high station **2** *boktr.* in type

uppseende attention; (*starkare*) sensation; scandal; *väcka ~* attract attention (*genom* by) **-väckande** *a4* sensational; startling

upp|segling *vara under ~* (*bildl.*) be brewing **-sikt** control, superintendence, supervision; *ha ~ över* have charge of, supervise, superintend; *stå under ~* be under supervision (superintendence) **-sjö** *en ~ på* (*bildl.*) an abundance (a wealth) of **-skakad** *a5* upset, shaken, shocked **-skakande** *a4* upsetting, shocking **-skatta** (*värdera*) estimate (*efter* by; *till* at), value; (*sätta värde på äv.*) appreciate (*duglighet* ability); *~d till 1 000 pund* valued at 1,000 pounds; *~t pris* estimated price; *kan inte ~s nog högt* cannot be too highly prized **-skattning** estimation, valuation; appreciation **-skattningsvis** approximately, roughly, about **-skjuta 1** (*i tiden*) put off, postpone; (*sammanträde*) adjourn; *parl.* prorogue **2** (*raket*) launch **-skjutning** launch

upp|skov *s7* postponement (*med* of), delay; (*anstånd*) respite (*med* for); *begära ~* apply for a term of respite; *bevilja ~* grant a respite (prolongation); *utan ~* without delay, immediately, promptly **-skrivning** (*av valuta*) revaluation **-skruvad** *a5* **1** *~e priser* exorbitant prices **2** wrought-up, worked-up **-skrämd** *a5* startled, frightened **-skuren** *a5* (*om bok*) with the pages cut; *~ korv* sliced sausage; *-skuret* slices of cold meat **-skärrad** [-ʃ-] *a5* overexcited **-skörta** [-ʃ-] *bli ~d* be overcharged (fleeced) **-skörtning** [-ʃ-] swindle, cheating

upp|slag *s7* **1** (*idé*) idea, project, impulse; *nya ~* fresh suggestions, new ideas; *ge ~ till* give rise to, start, begin **2** (*på kläder*) facing; (*rock-*) lapel; (*ärm-*) cuff; (*på byxor*) turn-up, *AE.* cuff **3** (*i bok*) opening; (*i tidning*) [double-page] spread **-slagen** *a5* (*jfr slå* [*up*]) **1** opened *etc.*; *som en ~ bok* (*bildl.*) like an open book; *med ~ rockkrage* with one's collar turned up **2** (*om förlovning*) broken [off]

uppslags|bok encyclopaedia; reference book **-ord** [main] entry, headword **-rik** full of suggestions, ingenious **-verk** work of reference, reference work **-ända** *bildl.* clue

upp|slamma silt [up]; *kem. äv.* dredge; *~d* suspended, muddy **-slitande** *a4, bildl.* heart-rending **-slitsa** split open **-sluka** devour; *bildl.* engulf, absorb; *ett allt ~nde intresse* an all-absorbing interest **-sluppen** *a3* **1** (*i söm*) [ripped] open **2** *bildl.* exhilarated, in high spirits, jolly **-sluppenhet** exhilaration, high spirits (*pl*) **-slutning** [-u:-] *mil.* forming (*t. höger* to the right); (*tillströmning*) rallying, assembly **-snabba** speed up **-snappa** snatch (pick) up; *~ ett ord* catch a word; *~ ett brev* intercept a letter **-snyggad** *a5* tidied up **-spelning** audition

upp|spelt [-e:-] *a1* exhilarated, jolly, gay **-spetad** *a5, sitta ~* be perched (*på* on) **-sprucken** *a5* ripped (split) [up, open] **-spåra** *se spåra* [*upp*] **-spärrad** *a5* wide open; (*om näsborrar*) distended **-stapla** stack **-stekt** [-e:-] *a4* fried-up **-stigande** *s6*, **-stigning** (*jfr stiga* [*upp*]) rise, rising; (*på berg*) ascent; (*på tron*) ascension (*på* to); *flyg.* takeoff, ascent **-stoppad** [-å-] *a5* (*om djur*) stuffed **-stoppare** [-å-] taxidermist **-stoppning** stuffing; taxidermy **-sträckning** *bildl.* rating, telling-off, reprimand; *AE. vard.* calling down **-sträckt** *a4* (*finklädd*) dressed up **-ströms** upstream **-studsig** *a1* refractory, insubordinate **-studsighet** refractoriness, insubordination **-styltad** *a5* stilted, affected; (*svulstig*) bombastic

upp|stå 1 (*-komma*) arise; come up; (*börja*) start **2** (*resa sig*) rise (*från de döda* from the dead) **-stående** *a4* stand-up (*krage* collar) **-ståndelse 1** *bildl.* commotion, excitement **2** (*från de döda*) resurrection **-stånden** *a5* risen **-ställa** (*jfr ställa* [*upp*]); *~ fordringar* make stipulations; *~ regler* lay down (establish) rules; *~ som villkor* state as a condition, make it a condition (*att* that) **-ställning** arrangement; *mil.* formation (*på linje* in line), parade; (*i rad*) alignment; (*lista o.d.*) list, specification; *~!* fall in!, attention!; *~ i tabellform* tabular statement **-ställningsplats** *mil.* parade ground **-stötning** [-ö:-] belch; *med.* eructation **-suga** absorb, draw up **-sugningsförmåga** absorbency **-sving** *s7* upswing, rise,

U

upsurge; *hand. äv.* boom **-svullen** *a5*, **-svälld** *a5* swollen **-svällning** swelling **-syn 1** (*min*) look[s *pl*], countenance **2** *se uppsikt* **-syningsman** overseer, supervisor; inspector

uppsåt *s7* intent, intention; *i ~ att* with the intention of (*skada* damaging); *med ont ~* with malicious intent; *utan ~* unintentionally, *jur.* without premeditation; *utan ont ~* without malice **-lig** [-å:-] *a1* intentional; (*överlagd*) wilful (*mord* murder) **-ligen** [-å:-] purposely, intentionally; *~ eller av vårdslöshet* (*jur.*) prepensely or negligently

uppsäg|a *se säga* [*upp*]; *~ ngn tro och lydnad* withdraw one's allegiance from s.b. **-bar** [-ä:-] *a1* subject to notice; (*om kontrakt*) terminable; (*om lån*) redeemable **-else, -ning** [-ä:-] notice; (*av kontrakt*) notice of termination, cancellation; (*av lån*) recalling; (*av fördrag e.d.*) withdrawal; (*av personal*) notice of dismissal (to quit), warning; *med 6 månaders ~* at 6 months' notice **-ningstid** [period of] notice

upp|sända (*rikta*) offer up (*böner* prayers) **-sätta** *se sätta* [*upp*] **-sättning 1** (*-sättande*) putting up (*etc., jfr sätta* [*upp*]) **2** *konkr.* set, collection; *tekn.* equipment, installation; *teat. o. film.* production, *konkr.* [stage-]setting; *full ~ av* full set of **-söka** (*leta reda på*) seek (hunt) out; (*besöka*) go to see, call on

upp|ta[ga] 1 *se ta* [*upp*] **2** (*antaga*) take up; take (*ngn som delägare* s.b. into partnership; *som ett skämt* as a joke); (*mottaga*) receive; (*i förening*) admit; *~s till behandling* come (be brought) up for discussion; *målet skall ~s på nytt* (*jur.*) the case is to be resumed (to come on again) **3** (*ta i anspråk*) take up (*tid* time; *utrymme* room); engage (*alla ens tankar* all one's thoughts) **-tagen** *a5* **1** *eg.* taken up (*etc.*) **2** (*sysselsatt*) occupied, busy; (*om pers.*) engaged, busy; *jag är ~ i morgon eftermiddag* I am (shall be) engaged tomorrow afternoon **3** (*om sittplats*) occupied, taken, reserved; (*om telefonnummer*) engaged, *AE.* busy; *platsen* (*befattningen*) *är redan ~* the post has already been filled (is no longer vacant) **4** (*på räkning e.d.*) listed **-tagetsignal** engaged tone, *AE.* busy signal **-tagning** (*grammofon-, radio-*) recording; (*film-*) filming, taking, shooting

upp|takt *mus.* anacrusis; *bildl.* beginning, prelude, preamble **-taxera** (*höja taxering*) raise a tax assessment **-teckna** take down, make a note of; (*folkvisor e.d.*) record, chronicle **-teckning** noting down (*etc.*); *konkr.* record, chronicle **-till** at the top **-tina** thaw **-trampa** tread, beat [out]; *~d stig* beaten track **-trappa** escalate **-trappning** escalation **-träda 1** (*framträda*) appear (*offentligt* in public); (*om skådespelare äv.*) perform, give performances (a performance); *~ som talare* speak; *~ som vittne* give evidence **2** (*-föra sig*) behave [o.s.]; (*ingripa*) act (*med bestämdhet* resolutely); *~ med fasthet* display firmness **-trädande I** *s6* (*framträdande*) appearance; (*beteende*) behaviour, conduct **II** *a4*, *de ~* (*artisterna*) the performers (actors) **-träde** *s6* scene, scandal; *ställa till ett ~* make a scene **-tuktelse** *ta ngn i ~* give s.b. a good talking-to, take s.b. to task **-tåg** prank; practical joke; *ha dumma ~ för sig* be up to some silly lark **-tågsmakare** practical joker, wag

upp|täcka discover; (*avslöja*) detect, find out; (*uppspåra*) track down; *då -tes det att* (*äv.*) it then turned out that **-täckare** discoverer, finder; detector **-täckt** *s3* discovery; (*avslöjande*) revelation; *undgå ~* (*äv.*) elude detection

upptäckts|färd expedition **-resande** explorer

upp|tända light; *bildl.* kindle, inflame, excite; *-tänd av iver* glowing with zeal; *~ av raseri* enraged **-tänklig** *a1* conceivable, imaginable; *på alla ~a sätt* (*äv.*) in every possible way **-vaknande** [-va:k-] *s6* awakening

uppvakt|a (*hylla*) congratulate, honour; (*göra* [*ngn*] *sin kur*) court, *AE. vard. äv.* date; (*besöka*) call on; (*tjänstgöra hos kunglig pers.*) attend **-ande** *a4* attentive (*kavaljer* admirer); *de ~* (*gratulanterna*) the congratulators; *~ kammarherre* chamberlain-in-waiting **-ning 1** (*-ande*) attendance; waiting upon; (*hövlighetsvisit*) [complimentary, congratulatory] call; *göra ngn sin ~* pay one's respects to s.b. **2** (*följe*) attendants (*pl*), gentlemen-in-waiting, ladies-in-waiting (*pl*); *tillhöra ngns ~* belong to a p.'s suite, be in attendance on

uppvigl|a [-i:-] stir up [to rebellion (revolt)] **-are** [-i:-] agitator, instigator of rebellion (*etc.*) **-ing** [-i:-] agitation; instigation **-ingsförsök** attempt to instigate rebellion; attempted mutiny

upp|vilad *a5* rested **-vind** *flyg.* upwind **-visa** (*framvisa*) show, exhibit, display; (*förete*) present, produce (*en biljett* a ticket); (*blotta*) show up (*felaktigheter* errors) **-visande** *s6* showing *etc.*; *vid ~t* on presentation (*av* of); *mot ~ av* upon production of **-visning** show; *mil.* exhibition, review **-vuxen** grown up; *han är ~ i* he has grown up in **-väcka** raise (*från de döda* from the dead); rouse (*lidelser* passions) **-väga** *bildl.* [counter]balance, weigh against; compensate for, neutralize **-värdera** upgrade **-värma** warm (heat) [up]; *-värmd mat* warmed-up food **-värmning** heating; *sport.* warm-up **-växande** *a4* growing [up]; *det ~ släktet* the rising (coming) generation **-växt** growth; *jfr äv. följ.* **-växtmiljö** environment s.b. grew (grows) up in **-växttid** adolescence, youth; *under ~en* while growing upp

uppåt ['upp-] **I** *adv* upward[s]; *stiga ~* (*äv.*) ascend **II** *prep* up to[wards]; *~ landet* (*floden*) up country (the river) **II** *oböjligt a* (glad) in high spirits **-böjd** bent upwards **-gående I** *a4* ascending; rising; upward (*tendens* tendency) **II** *s6* ascension; *hand.* rise, hausse; *vara i ~* be on the upgrade, (*om pris e.d.*) be rising **-riktad** *a5* directed upwards **-strävande** *a4* aspiring; struggling to rise [in the world]; *bildl. äv.* ambitious (*planer* plans) **-vänd** *a5* turned up[wards]

upp|äten *a5* eaten; *vara ~ av mygg* be stung all over by gnats **-öva** train, exercise **-över** ['upp-, -'ö:ver] *prep* over; *~ öronen* head over heels (*förälskad* in love)

1 ur *i uttr.: i ~ och skur* in all weathers, (*friare*) through thick and thin

2 ur I *prep* out of, from (*minnet* memory); (*inifrån*) from within; *~ funktion* unserviceable **II** *adv* out

3 ur *s7* watch; (*större*) clock; *fröken Ur* speaking

clock, (*i Storbritannien äv.*) TIM
uraffär watchmaker's [shop]
uraktlåt|a neglect, omit, fail **-enhet** omission, failure
Uralbergen [u×ra:l-] *pl* the Urals, the Ural Mountains
uralstring spontaneous generation
uran *s4, s3* uranium **-bränsle** uranium fuel **-fyndighet** uranium deposit **-haltig** *a1* uranous **-id** *s3* uranide
ur|arta degenerate; (*friare*) turn (*till* into); *~d* degenerate[d], depraved **-artning** [-a:-] degeneration **-arva** *oböjligt a, göra sig ~* renounce all claim[s] on the estate
urban *a1* **1** (*belevad*) urbane, affable **2** ([*stor*]*stads*) urban
urbaniser|ing [-'se:-] urbanization **-ingsprocess** urbanization process
ur|befolkning original population; *~en* (*äv.*) the aborigines (*pl*) **-berg** primary (primitive) rock[s *pl*] **-bild** prototype, archetype, original (*för* of)
ur|blekt [-e:-] *a4* faded, (*-tvättad äv.*) washed out; *bli ~* fade, discolour **-blåst** *a4* gutted (*hus* house) **-bota** *oböjligt a* **1** *jur.*, *~ brott* felony, capital offence **2** (*oförbätterlig*) hopeless, incorrigible
ur|cell, -djur primeval cell, protozoan
uremi *s3* uraemia
urfader first father, progenitor
ur|fånig idiotic **-gammal** extremely old; (*forn*) ancient; *en ~ rättighet* a time-honoured privilege **-germansk** Primitive Germanic
ur|gröpa hollow out; (*-gröpt äv.*) concave **-gröpning** hollow **-holka** hollow [out]; (*gräva ut*) excavate, dig out; *tekn.* scoop [out]; *~d* (*äv.*) hollow, concave **-holkning** [-å-] (*-ande*) hollowing out, excavation; *konkr.* hollow, cavity
urin *s3* urine **-blåsa** [urinary] bladder **-drivande** *a4, ~* [*medel*] diuretic **-era** urinate **-förgiftning** uraemia **-glas** urinal **-ledare** ureter
urin[ne]vånare original inhabitant, aboriginal; *pl äv.* aborigines
urin|oar *s3* urinal **-prov** specimen of urine **-rör** urethra **-syra** uric acid **-vägsinfektion** inflammation of the urinary tract
ur|klipp [press] cutting; *AE.* clipping **-klippsbok** scrapbook, press-cutting book **-kokt** *a4* with all the flavour boiled out [of it]; (*friare*) overboiled
urkomisk irresistibly (screamingly) funny
urkoppling (*av maskin*) decoupling, declutching; *elektr.* disconnection, interruption
ur|kraft primitive force; *bildl.* immense power **-kristendom** primitive Christianity
ur|kund *s3* [original] document; record **-kundsförfalskning** forging (forgery) of documents **-källa** *bildl.* fountainhead (*äv. bildl.*)
ur|ladda discharge; (*kamera*) unload; *~d* (*om batteri*) dead; *~ sig* (*bildl.*) explode, burst **-laddning** discharge; *bildl.* explosion, outburst **-laka** soak; *~d* (*kraftlös*) jaded, exhausted **-lasta** unload **-lastning** unloading
urmak|are watchmaker; clockmaker **-eri** *abstr.* watchmaking, clockmaking; (*verkstad*) watchmaker's [shop]

ur|minnes *oböjligt a* immemorial (*hävd* usage); *från ~ tider* from times immemorial (time out of mind) **-moder** first mother, progenitor **-modig** *a1* out-of-date, antiquated, outmoded **-människa** primitive man
urn|a [×u:r-] urn **-lund** *ung.* garden of rest, outdoor columbarium
urnordisk Primitive Scandinavian
urnyckel watch (clock, winding) key
uro|grafi *s3* urography **-log** urologist **-logi** *s3* urology
ur|oxe aurochs **-plock** selection; assortment **-premiär** first performance (*för Sverige* in Sweden)
urring|a *v1* cut out; (*i halsen*) cut low; *~d* (*om plagg*) low-necked, (*om pers.*) wearing a low-necked dress **-ning** *abstr.* cutting out; *konkr.* decolletage, neckline, low neck
ursinn|e fury, frenzy; rage **-ig** *a1* furious (*på* with; *över* at); *bli ~* (*äv.*) fly into a rage (passion)
ur|skilja discern, make out **-skiljbar** *a1* discernible **-skillning** discernment; discrimination; judgement, discretion; *med ~* (*äv.*) discriminately; *utan ~* (*äv.*) indiscriminately
urskillnings|förmåga judgement **-lös** indiscriminate
urskog primeval (virgin) forest; *AE.* backwoods (*pl*); jungle
urskuld|a exculpate; excuse (*sig* o.s.) **-ande I** *a4* apologetic (*min* air) **II** *s6* excuse, exculpation
ursprung *s7* origin; (*friare*) source, root; (*härkomst*) extraction; *leda sitt ~ från* derive one's (its) origin from, be derived from; *till sitt ~* in (by) origin; *av engelskt ~* of English extraction **-lig** *a1* original; primitive; (*okonstlad*) natural, simple **-ligen** originally; primarily **-lighet** originality, primitiveness
ursprungs|beteckning mark (indication) of origin **-bevis** certificate of origin **-land** country of origin
urspår|a run off the rails, derail; *bildl.* go wrong **-[n]ing** derailment
urståndsatt [-×stånd-] *a4* incapacitated, incapable
ursäkt *s3* excuse (*för* for); apology; (*förevändning*) pretext; *anföra som ~* plead ..., give ... as a pretext; *be om ~* apologize, make apologies; *be ngn om ~* beg a p.'s pardon, apologize to s.b.; *framföra sina ~er* make one's excuses (apologies)
ursäkt|a excuse, pardon; *~!* excuse me!, I beg your pardon!, [I'm] sorry!; *~ att jag* excuse my (+ *ing-form*); *~ sig* excuse o.s. (*med att* on the grounds that) **-lig** *a1* excusable, pardonable
urtag recess, notch; *elektr.* socket, *AE.* outlet
urtavla dial; clock face
ur|tida *oböjligt a* primeval, prehistoric; *geol.* pal[a]eontological **-tiden** prehistoric times (*pl*) **-tima** *oböjligt a* extraordinary (*möte* session); *~ riksdag* (*Storbritannien ung.*) autumn session **-tråkig** extremely dull **-typ** prototype; archetype
uru|guayare [-×ajj-] *s9*, **-guaysk** [-'ajsk] *a5* Uruguayan
ur|uppförande first (original) performance **-usel** extremely bad; *vard.* abysmal
ur|val *s7* choice; selection; *hand. äv.* assortment;

U

(*stickprov*) sample; *naturligt* ~ natural selection; *representativt* (*slumpmässigt*) ~ representative (probability) sample; *rikt* ~ large (rich) assortment (selection); ... *i* ~ (*som boktitel*) selections from ... **-valsmetod** selection method **-vattna** soak; ~*d* (*bildl.*) watered down, insipid

urverk works (*pl*) of a clock (watch); *som ett* ~ (*äv. bildl.*) like clockwork

urvuxen outgrown

uråldrig extremely old, ancient

USA [ˣu:essa:, -'a:] the U.S.[A.] (*sg*)

usans [u-, y'saŋs] *s3* trade (commercial) custom; *enligt* ~ according to custom

usch ugh!

usel ['u:-] *a2* wretched, miserable; *vard.* abysmal; (*om pers. äv.*) worthless; (*avskyvärd*) execrable; (*moraliskt*) vile, base; (*dålig*) poor, bad (*hälsa* health; *föda* food) **uselhet** wretchedness *etc.*; misery; (*moralisk*) meanness **uselt** *adv* wretchedly *etc.*; *ha det* ~ (*ekonomiskt*) be very badly off **usling** [ˣu:s-] wretch; (*starkare*) villain; (*stackare*) wretch

usurp|ator [-ˣpa:tår] *s3* usurper **-era** usurp

U-sväng (*i trafik*) U-turn

ut out; *år* ~ *och år in* year in year out; *nyheten kom* ~ (*äv.*) the news got abroad; *stanna månaden* ~ stay the month out; ~*!* get out!, out with you!; ~ *och in* in and out; *vända* ~ *och in på* turn inside out; *inte veta varken* ~ *eller in* not know which way to turn, be at one's wits end; *det kommer på ett* ~ it makes no difference, it is all one; *gå* ~ *i* go out into (*skogen* the woods); *han ville inte* ~ *med det* he wouldn't come out with it; *jag måste* ~ *med mycket pengar* I must pay out a lot of money; ~ *på* out into (*gatan* the street), out on (*isen* the ice); ~ *ur* out of

ut|ackordera board out, *vard.* farm out **-agerad** *a5, saken är* ~ the matter is settled

utan I *prep* without, with no (*pengar* money); ~ *arbete* out of work; *bli* ~ (*absol.*) have to go (do) without, get nothing; *inte bli* ~ have one's share; ~ *vidare* without further notice (ado), *vard.* just like that; *prov* ~ *värde* sample of no value; *det är inte* ~ (*vard.*) it is not out of the question; *det är inte* ~ *att han har* it cannot be denied that he has; ~ *dem hade jag* but (were it not) for them I would have; ~ *att* without (*kunna* being able to); ~ *att ngn märker ngt* without anybody's noticing anything **II** *konj* but; *icke blott* ~ *även* not only ... but [also]; ~ *därför* [and] so **III** *adv* outside; *känna ngt* ~ *och innan* know s.th. inside out

utand|as *dep* breathe out; exhale, expire; ~ *sin sista suck* breathe one's last [breath] **-ning** expiration, exhalation; *in- och* ~ inhalation and expiration

utanför I *adv* outside **II** *prep* outside; in front of, before; *sjö.* off (*Godahoppsudden* the Cape of Good Hope); *en som står* ~ an outsider

utan|läsning recitation by heart **-läxa** lesson [to be] learnt by heart

utannonsera advertise

utanordn|a ~ *ett belopp* order a sum of money to be paid [out] **-ing** directions for payment of a sum of money; *konkr.* voucher

utanpå I *prep* outside, on the outside of; *gå* ~ (*vard.*) beat, surpass **II** *adv* outside **-skjorta** tunic [shirt]

utan|skrift address [on the cover]; *det syns på* ~*en att han är lärare* you can see by his appearance that he is a teacher **-till** by heart **-tilläxa** (*särskr. utantill-läxa*) *se utanläxa* **-verk** *mil.* outwork, outer work; *bildl.* façade

ut|arbeta work out; (*förslag e.d. äv.*) draw (make) up; (*sammanställa*) compile; (*omsorgsfullt*) elaborate; (*karta, katalog e.d.*) prepare **-arbetad** *a5* **1** worked out (*etc.*) **2** (*-sliten*) overworked, worn-out **-arbetande** *s6* working out (*etc.*); preparation; *är under* ~ is being prepared, is in course of preparation **-arma** impoverish, reduce to poverty; (*starkare*) pauperize; ~ *jorden* impoverish the soil; ~*d* (*äv.*) destitute **-armning** impoverishment **-arrendera** lease (let) [out] **-arrendering** leasing

uțav *se av*

ut|basunera trumpet forth, blazon abroad **-bedja** *rfl* solicit, ask for, request **-bekomma** obtain (*sin lön* one's salary); obtain access to (*handlingar* documents) **-betala** pay [out, down], disburse **-betalning** payment, disbursement; *göra en* ~ make (effect) a payment

utbild|a train; (*undervisa*) instruct; (*uppfostra*) educate; *mil. äv.* drill; (*utveckla*) develop; ~ *sig till läkare* study to become a doctor; ~ *sig till sångare* train o.s. to become a singer **-ad** *a5* trained *etc.*; skilled (*arbetare* worker); (*utvecklad*) developed **-ning** training *etc.*; (*undervisning*) instruction; (*uppfostran*) education; *få sin* ~ *vid* (*äv.*) be educated (trained) at; *språklig* ~ linguistic schooling

utbildnings|anstalt educational (training) institution **-bevis** university course matriculation certificate **-bidrag** study grant; (*för doktorander*) postgraduate grant **-departement** ministry of education; (*i Sverige*) ministry of education and cultural affairs **-linje** study programme **-minister** minister of education; (*i Sverige*) minister of education and cultural affairs **-tid** period of training; apprenticeship **-utskott** ~*et* [the Swedish parliamentary] standing committee on education

ut|bjuda offer [for sale], put up for sale **-blick** view; perspective **-blommad** *a5* faded **-blottad** destitute (*på* of); *i -blottat tillstånd* in a state of destitution **-blåsningsventil** exhaust valve; (*på ångmaskin*) blow-off [valve] **-bombad** *a5* bombed out **-bordare** [-ɔ:-] outboard motor **-breda** spread [out]; expand; (*ngt hopvikt*) unfold; ~ *sig* spread (itself), extend; ~ *sig över ett ämne* expiate upon a subject **-bredd** *a5* [widely] spread, widespread; prevalent (*åsikt* opinion); *med* ~*a armar* with open arms **-bredning** [-e:-] **1** (*-ande*) spreading *etc.* **2** spread, extension, distribution; (*av sjukdom, bruk*) prevalence **-bringa** propose (*en skål* a toast); ~ *ett leve för* cheer for **-brista 1** (*-ropa*) exclaim **2** *se brista 1* **-brodera** *bildl.* deck out

ut|brott (*-brytande*) breaking out; (*av sinnesrörelse*) outburst (*av vrede* of rage), fit (*av dåligt humör* of temper); (*vulkan-*) eruption; (*krigs-*) outbreak; *komma till* ~ break out **-brunnen** *a5* burnt out; (*om vulkan*) extinct **-bryta 1** (*ta bort*) break out; *mat.* remove; ~ *ur sammanhanget* detach from the context **2** (*om krig, farsot e.d.*) break out **-brytarkung** escapologist, escape artist **-brytning** breaking out; breakout; (*från fängelse*) escape **-bränd** *a5* burnt out **-buad** (*från scenen*) booed off the stage; *hon blev* ~ she was booed, she got the bird **-bud** offer [for sale]; (*tillgång*) supply **-buktad** *a5* bent outwards **-buktning** bulge; protuberance **-byggd** *a5* built out; (*om fönster äv.*) projecting; *-byggt fönster* (*äv.*) bow window **-byggnad** *abstr.* extension, enlargement; *konkr.* annexe, addition

ut|byta [ex]change (*mot* for); (*ömsesidigt*) interchange; ~ *erfarenheter* (*äv.*) compare notes; ~ *meddelanden* communicate [with each other] **-bytbar** [-y:-] *a1* replaceable; (*ömsesidigt*) interchangeable **-byte** exchange; (*ömsesidigt*) interchange; (*behållning*) gain, profit; *i* ~ in exchange (*mot* for); *få ngt i* ~ *mot* (*äv.*) get s.th. instead of; *lämna ngt i* ~ (*vid köp*) trade in s.th. (*mot* for); *ha* ~ *av ngt* derive benefit from s.th., profit by s.th. **-bär[n]ing** distribution; (*av post äv.*) delivery **-böling** outsider, stranger **-checka** [-çe-] check out

ut|data *data.* output [data] **-debitera** impose (*skatt* taxes) **-debitering** imposition **-dela** distribute; deal (portion, hand) out; deliver (*post* mail); ~ *order om* give orders for; ~ *slag* deal out (administer) blows **-delning** distribution; dealing out *etc.*; (*av post*) delivery; (*på aktie*) dividend; *extra* ~ bonus, extra dividend; *ge 10% i* ~ yield a dividend of 10%; *~en fastställdes till* a dividend of ... was declared **-dikning** drainage [by ditches] **-drag** extract, excerpt (*ur* from) **-dragbar** [-a:-] *a1* extensible **-dragen** *a5* drawn out; (*i tid*) lengthy, long [drawn-out]

utdrags|bord extension table **-skiva** sliding leaf; (*på bord*) [pull-out] slide **-soffa** sofa bed

ut|driva drive out (*ur* from); (*fack. o. friare*) expel; (*onda andar*) exorcise **-dunsta 1** (*avgå i gasform*) evaporate **2** (*avsöndra*) transpire, perspire; (*om sak*) exhale (*fuktighet* moisture) **-dunstning** transpiration, perspiration; evaporation **-död** extinct; (*-rotad*) exterminated; (*friare*) deserted (*stad* town) **-döende I** *a4* dying, expiring **II** *s6* dying out; extinction; *är stadd i* ~ is dying out **-döma 1** (*genom dom*) impose (*ett straff* a penalty); adjudge (*ett belopp* an amount) **2** (*kassera*) reject; condemn (*ett fartyg* a vessel); *-dömda bostäder* condemned houses, houses declared unfit for habitation

ute 1 *rumsbet.* out; (*i det fria äv.*) outdoors, out-of-doors; (*utanför*) outside; *där* ~ out there; *vara* ~ *och* be out (+ *ing-form*); *fåren går* ~ *hela året* the sheep are in the open pasture the whole year round; *äta* ~ (*på restaurang*) dine out, (*i det fria*) dine out-of-doors **2** (*slut*) up; *allt hopp är* ~ all hope is gone, there is no hope; *tiden är* ~ [the] time is up; *det är* ~ *med honom* it is all up with him, he is quite done for **3** (*utsatt*) *de har varit* ~ *för en olycka* they met with an accident; *jag har aldrig varit* ~ *för ngt sådant* I have never experienced anything like that; *vara illa* ~ be in a spot **4** (*omodern*) out

ute|bli[va] (*ej inträffa*) not (fail to) come off, not occur (happen); (*ej infinna sig*) stay away, not turn up (appear, come); ~ *inför rätta* fail to appear in court **-blivande** *s6* absence, failure to attend; *jur.* default **-bliven** *a5* that has failed to appear (*etc.*); (*frånvarande*) absent; ~ *betalning* nonpayment **-bruk** *för* ~ for outdoor use **-dass** *vard.* outside privy, *AE.* outhouse

utefter ['u:t-, -'eff-] [all] along

ute|grill outdoor grill **-gångsfår** sheep in open pasture **-gångsförbud** curfew [order] **-lek** outdoor game **-liggare** vagrant, homeless person **-liv 1** (*på restauranger e.d.*) *idka* ~ go out a lot **2** (*friluftsliv*) outdoor life **-lämna** leave out, omit; (*hoppa över*) pass over **-lämnande** *s6* omission **-löpande** *a4,* ~ *sedelmängd* volume of notes in circulation; ~ *växlar* outstanding bills

utensilier [-'si:-] *pl* (*tillbehör*) accessories; (*redskap o.d.*) utensils, appliances

uterus ['u:-] *r* uterus (*pl* uteri)

ute|servering open-air restaurant (cafeteria *etc.*) **-sluta** *-slöt -slutit* exclude (*ur* from); (*ur förening*) expel; *fack.* eliminate; *det -sluter inte att jag* this does not prevent my (+ *ing-form*); *det är absolut -slutet* it is absolutely out of the question **-slutande I** *a4* exclusive, sole **II** *adv* exclusively, solely **III** *s6* exclusion; expulsion (*ur* from); elimination; *med* ~ *av* with the exclusion (exception) of **-slutit** *sup. av utesluta* **-slutning** [-u:-] *se -slutande III* **-slöt** *imperf. av utesluta* **-spelare** (*anfallsspelare*) forward, (*försvarsspelare*) defender; *alla -spelarna* all the players except the goalkeeper **-stående** *a4* **1** ~ *gröda* standing (growing) crops (*pl*) **2** (*som ej inbetalats*) outstanding; ~ *fordringar* accounts receivable, outstanding claims **-stänga** shut (lock) out; keep out; (*hindra*) debar; (*-sluta*) exclude; *bli -stängd* be shut (locked) out **-stängning** shutting out *etc.*; exclusion; debarment

ut|examinera examine for the final degree; *AE. äv.* graduate; *~d* certified, graduate; *bli ~d* pass one's final examination; *~d sjuksköterska* trained (registered, *AE.* graduate) nurse; *han är ~d från* he is a graduate of **-experimentera** discover (find out) by means of experiment

ut|fall 1 *fäkt.* lunge; *mil.* sally, sortie; *bildl.* (*attack*) attack; *göra ett* ~ (*mil.*) make a sally, *fäkt.* make a lunge, *bildl.* launch an attack (*mot* against) **2** (*resultat*) result, outturn **3** (*bortfall*) disappearance, dropping out (*av en vokal* of a vowel) **4** (*radioaktivt*) fallout **-falla 1** *se falla ut* **2** (*om lott*) give (*med 100 pund* £100); ~ *med vinst* (*om lott*) be a winning ticket; ~ *till belåtenhet* give satisfaction; *skörden har -fallit bra* the harvest has been good; *utslaget -föll gynnsamt för oss* the verdict went in our favour

ut|fart 1 (*färd ut*) departure (*ur* from) **2** (*väg ut*) way out, exit; (*från stan*) main road [out of the town] **-fattig** miserably poor; (*utblottad*) destitute; (*utan pengar*) penniless **-fiska** overfish **-flaggning** registration of ships under a flag of convenience **-flugen** *a5, är* ~ is (has) flown; *barnen är -flugna* the children have all left home **-flykt** excursion, outing; trip; (*i det gröna*) picnic; *göra en* ~ make an excursion, take a trip (*till* to) **-flyktsmål** destination of an excursion; *vårt* ~ *var Bristol* (*äv.*) we made for Bristol **-flyttning** moving out, removal **-flöde** outflow, discharge, escape; *bildl.* emanation **-fodra** keep,

U

feed (*med* on) **-fodring** [-o:-] feed[ing], keep **-fordra** demand; challenge
ut|forma (*gestalta*) give final shape to, model; (*-arbeta*) work out; (*text e.d.*) draw up, formulate; ~ *en annons* design (lay out) an advertisement **-formning** [-å-] shaping *etc.*; working out *etc.* **-forska** find out, investigate, search into; *geogr.* explore **-forskning** investigation; exploration **-frusen** *han är* ~ he has been frozen out, he has been sent to Coventry **-frysa** freeze out, send to Coventry **-fråga** question, interrogate; (*korsförhöra*) cross-examine **-frågning** [-å:-] questioning, interrogation; cross-examination; (*av expert inför utskott o.d.*, *äv.*) hearing **-fundera** think (work, find) out **-fyllnad** (*-fyllande*) filling up (in); *konkr.* filling; *bildl.* padding **-fälla** *kem.* precipitate **-fällbar** folding out, collapsible **-fällning 1** (*-fällande*) folding out **2** *kem.* precipitation, deposit **-färd** excursion (*jfr utflykt*)
ut|färda [-ä:-] (*-ställa*) make out, draw up; issue (*fullmakt* power of attorney); (*påbjuda*) order, impose; ~ *lagar* enact legislation; *stormvarning har ~ts för* a gale warning has been issued for; ~ *en kommuniké* issue (publish) a communiqué **-fästa** offer (*en belöning* a reward); promise; ~ *sig* promise, engage (*att* to) **-fästelse** promise, pledge **-för** ['u:t-] **I** *prep* down **II** *adv* down [wards]; *det bär* (*sluttar*) ~ it slopes downhill; *gå* ~ descend; *det går ~ med dem* (*bildl.*) they are going downhill
utför|a 1 *se föra* [*ut*] *o. exportera* **2** (*uträtta*) carry out, perform, effect, execute; (*göra*) do; ~ *en plan* realize (carry out) a plan; *ett väl -t arbete* a good piece of work **3** *hand.* carry out (*en post* an item); ~ *en summa* place (put) a sum to account **-ande** *s6* **1** *eg.* taking out *etc.*; (*export*) exportation **2** (*uträttande*) carrying out, performance, execution; (*utformning*) design, model **3** (*framföringssätt*) style; (*talares*) delivery **4** *hand.* carrying out **-bar** *a1* practicable, feasible; realizable, executable
utför|lig [-ö:-] *a1* detailed; (*uttömmande*) exhaustive **-lighet** fullness (completeness) [of detail] **-ligt** *adv* in detail, fully; exhaustively
utförsbacke downhill
utförsel *s9* export[ation] **-förbud** export ban **-tillstånd** export licence (permit)
utförs|gåvor *pl* eloquence (*sg*); *han har goda* ~ he is very eloquent **-åkning** (*på skidor*) downhill [skiing]
utförsälj|a sell out (off) **-ning** clearance (closing-down) sale **-ningspris** (*detaljhandelspris*) retail price; (*realisationspris*) bargain (clearance) price
ut|gallring sorting out; (*av skog*) thinning [out]; *bildl.* elimination **-ge 1** *se ge* [*ut*] **2** *rfl*, ~ *sig för att vara* give o.s. out (pretend) to be **-gift** *s3* expense; *~er* (*äv.*) expenditure (*sg*); *inkomster och ~er* income and expenditure; *stora ~er* heavy expenses (expenditure); *få inkomster och ~er att gå ihop* make [both] ends meet
utgifts|konto expense account **-post** item of expenditure **-sida** debit side; *på ~n* on the debit side **-stat** estimate of expenditure
utgiva *se utge*
utgivar|e 1 (*av skrift*) publisher **2** (*utfärdare*) drawer (*av en växel* of a bill) **-korsband** (*angivelse på försändelse*) Printed Matter Rate
utgiv|en published **-ning** (*av bok*) publication; *under* ~ in course of publication **-ningsår** year of publication
ut|gjuta pour out (*äv. bildl.*); shed (*tårar* tears); ~ *sig* pour out one's feelings, (*i tal*) dilate (*över* on); ~ *sig över* (*äv.*) pour o.s. out about; ~ *sin vrede över* vent one's anger upon **-gjutelse** [-j-] pouring out; shedding; *bildl.* effusion **-gjutning** *med.* extravasation, suffusion **-grena** *rfl* branch out **-gräva** *se gräva* [*ut*] **-grävning** excavation
ut|gå 1 *se gå* [*ut*] **2** (*komma*) come, issue, proceed, (*från* from); *bildl.* start (*från* from); *förslaget -gick från honom* the proposal came from him **3** ~ *från* (*förutsätta*) suppose, assume, take it, (*ta som ämne för utläggning*) start out from **4** (*betalas*) be paid (payable); *arvode ~r med* the fee payable (to be paid) is **5** (*utelämnas*) *denna post ~r* this item is to be deleted (left out, expunged) (*ur* from) **6** (*gå t. ända*) come to an end, expire **7** ~ *som segrare* come off a victor (victorious) **-gående I** *a4* outgoing; *sjö. äv.* outward-bound; ~ *balans* balance carried forward **II** *s6* going out; (*utgång*) departure; *på* ~ (*sjö.*) outward bound **-gång 1** (*väg ut*) exit; way out **2** (*slut*) end, termination; (*av tidsfrist*) expiration; *vid ~en av 1968* by the end of 1968 **3** (*resultat*) result, outcome, issue; *få dödlig* ~ prove fatal **4** *kortsp.* game; *få* (*göra*) ~ score game **-gången** *a5, han är* ~ he has gone out; (*slutsåld*) sold out, no longer in stock; (*om bok*) out of print
utgångs|hastighet initial velocity **-läge** initial position, starting point **-material** source (basic, original) material **-psalm** concluding hymn, postlude **-punkt** starting point, point of departure; (*friare äv.*) basis (*för* of)
ut|gård outlying farm **-gåva** edition **-göra** (*bilda*) constitute, form, make; (*tillsammans* ~) compose, make up; (*belöpa sig t.*) amount to, be, total; *hyran -gör 900 kronor i månaden* the rent is 900 kronor a month; *~s av* (*vanl.*) consist (be composed) of **-hamn** outport, outer harbour **-huggning** (*skogsbruk*) clearing **-hungra** starve into surrender; *~d* famished, starving **-hus** outhouse **-hyrning** [-y:-] letting [out], renting, hiring [out]; *till* ~ for hire; *se äv. hyra* **-hyrningsbyrå** estate agency, house-agent's office
uthållig *a1* with staying power; persevering, persistent; tough **-het** (*fysisk*) staying power, stamina, perseverance, persistence **-hetsprov** endurance test
uthärd|a endure, stand, bear **-lig** *a1* endurable, bearable
ut|i [-'i:, 'u:-] *se i* **-ifrån I** *prep* from [out in] (*gatan* the street); from [out of] (*skogen* the woods) **II** *adv* from outside; (*från utlandet*) from abroad
util|ism utilitarianism **-ist** *s3*, **-istisk** [-'liss-] *a5* utilitarian **-itarism** *se utilism*
ut|jämna level (*äv. bildl.*), even; (*-släta*) smooth [out]; (*göra lika*) equalize; *hand.* [counter]balance; ~ *ett konto* settle an account **-jämning** levelling *etc.*; equalization; *fys. o. bildl.* compensation; *till* ~ *av* (*hand.*) in settlement of; ~ *av*

motsättningar the straightening out of differences **-kant** (*av skog e.d.*) border; *i stadens ~er* in the outskirts of the town **-kast 1** *bildl.* draft (*till* of); sketch; (*t. tavla e.d.*) design; *göra ett ~ till* (*äv.*) trace [... in outline], design **2** (*i bollspel*) throw-out **-kastare 1** *tekn.* ejector **2** (*ordningsvakt*) chucker-out; *AE.* bouncer

ut|kik [-çi:k] *s2* **1** lookout station, watch tower; *hålla ~* be on the lookout (*efter* for), watch **2** (*-kiksplats på fartyg*) lookout, crow's nest; *pers.* lookout [man] **-kikstorn** lookout [tower] **-klarera** enter (clear) outwards **-klarering** clearance outwards, outward clearance **-klassa** outclass **-klädd** dressed up (*till* as a) **-klädning** [-ä:-] dressing up **-komma** *se komma* [*ut*]; *en nyligen -kommen bok* a recently published book **-kommendera** order out **-komst** [-å-] *s3* living, livelihood **-komstmöjlighet** means of subsistence **-konkurrera** oust, outstrip; *bli ~d* be outclassed (crowded out)

ut|kora elect; *den ~de* the chosen one **-kristallisera** crystallize (*sig* o.s.) **-kräva** claim, require; *~ hämnd* take vengeance (*på* on); *~ skadestånd* demand damages **-kvittera** receipt [and receive] ; (*pengar*) cash; *~ en försändelse* give a receipt for a consignment **-kyld** [-çy:-] *a5* chilled down; *rummet är -kylt* (*äv.*) the room has got quite cold **-kämpa** fight [out]; *strider ~des* battles were fought **-körare** delivery man **-körd** [-çö:-] *a5* **1** (*-jagad*) turned out [of doors] **2** (*-tröttad*) worn out **-körning** [-çö:-] (*av varor*) delivery **-körsport** [-çö:-]

utlandet *best. form, från* (*i, till*) *~et* abroad; *i ~et* (*äv.*) in foreign countries

utlands|affärer *pl* foreign business (*sg*) **-svensk** overseas (expatriate) Swede **-vistelse** sojourn (stay) abroad

ut|led[sen] thoroughly (utterly) tired; *vard.* bored to death (*på* of), fed up (*på* with) **-levad** *a5* decrepit; (*genom utsvävningar*) debauched **-ljud** *språkv.* final sound **-lokalisera** relocate [outside capital] **-lokalisering** relocation [outside capital] **-lopp** outflow; outlet (*äv. bildl.*); *ge ~ åt* give vent to **-lotsning** piloting out **-lotta** dispose of by lottery; (*obligation e.d.*) draw **-lova** promise

ut|lysa give notice of, publish; *~ ett möte* convene (call) a meeting; *~ nyval* appeal to the country; *~ stejk* call a strike; *~ en tävlan* announce a competition **-låna** lend; *AE.* loan; *~ mot ränta* lend at interest; *boken är ~d* the book is out on loan **-låning** lending; *affärsbankernas ~* the advances of the commercial banks **-låningsränta** lending rate, interest rate for advances (loans) **-låta** *rfl* express o.s. (*om, över* [up]on); (*yttra äv.*) state, say **-låtande** *s6* [stated] opinion, report, statement [of opinion]; verdict; (*från högre myndighet*) rescript; *avge ett ~* deliver (give) an opinion (*om* on, about), present a report (verdict) (*om* on) **-lägg** *s7* outlay; expense[s *pl*], disbursement; *kontanta ~* out-of-pocket expenses **-lägga** *se lägga* [*ut*]; (*förklara*) interpret, comment **-läggning** laying [out]; (*förklaring*) interpretation, comments (*pl*); *~ av kablar* cable-laying **-lämna** give (hand) out; issue (*biljetter* tickets); (*överlämna*) give up, surrender; (*brottsling t. främmande land*) extradite; *känna sig ~d* (*bildl.*) feel deserted **-lämning** giving out, distribution, issue; (*av post*) delivery; (*av brottsling*) extradition

ut|ländsk *a5* foreign **-ländska** *s1* foreign woman (lady) **-länning** foreigner **-länningskommission** aliens commission **-lärd** *vara ~* have served one's apprenticeship **-läsa** (*sluta sig t.*) gather, understand (*av* from) **-löpa 1** (*om fartyg*) put to sea, leave port **2** (*gå t. ända*) come to an end, expire; *kontraktet -löper den* the contract expires on **-löpare 1** *bot.* runner **2** (*från bergskedja*) spur; *bildl.* offshoot **-lösa 1** redeem; (*delägare*) buy out; (*pant*) get out of pawn **2** (*frigöra*) release; (*igångsätta*) start, trigger [off] **3** (*framkalla*) bring about, produce, create **-lösning 1** redeeming *etc.*; redemption **2** release; starting *etc.* **3** orgasm **-lösningsmekanism** release

utman|a challenge; (*trotsa*) defy; *~ ngn på duell* (*äv.*) call s.b. out **-ande** *a4* challenging; defying, defiant; (*om uppträdande*) provocative, (*i sht kvinnas*) enticing **-are** challenger **-ing** challenge (*äv. bildl.*)

ut|manövrera outmanoeuvre **-mark** outlying land

utmatt|ad *a5* exhausted; *vard.* knocked up **-ning** exhaustion

utmattnings|krig war of attrition **-tillstånd** state of exhaustion

ut|med ['ut-, -'me:d] [all] along; *~ varandra* alongside each other, side by side **-mejsla** chisel [out] **-minutera** sell by retail, retail **-minutering** retail sale [of liquors], retailing [of spirits] **-mynna** (*om vattendrag*) discharge (*i* into); (*om gata o.d.*) open out (*i* into); *~ i* (*bildl.*) end [up] with, result in **-måla** *bildl.* paint, depict **-märglad** [-j-] *a5* emaciate[d], haggard **-märgling** [-j-] emaciation

utmärk|a (*sätta märke vid*) mark [out]; (*beteckna*) denote; (*angiva*) indicate; (*karakterisera*) characterize, distinguish; (*hedra*) honour; *~ med rött* indicate (mark) in red; *~ sig* distinguish o.s. (*äv. iron.*) (*genom* by) **-ande** *a4* characteristic (*för* of); *~ egenskap* characteristic, distinguishing quality; *det mest ~ draget i* (*äv.*) the outstanding feature of

utmärkelse distinction; honour **-tecken** [mark of] distinction

utmärkt I *a4* excellent, superb; *vard.* capital, splendid, first-rate, fine **II** *adv* excellently *etc.*; *~ god* (*äv.*) excellent, delicious, exquisite; *må ~* feel fine (first-rate)

utmät|a *jur.* levy a distress (execution); *absol.* distrain **-ning** distraint, distress; *göra ~ hos ngn* distrain upon s.b., levy execution on a p.'s property

utmätnings|förfarande attachment proceedings (*pl*) **-man** [court] bailiff, distrainer

utmönstr|a (*kassera*) reject, discard **-ing** rejection, discarding

utnyttj|a utilize, exploit, use; (*t. egen fördel*) take advantage of; *~ situationen* make the most of the situation; *väl ~d tid* time well spent **-ande** *s6* utilization, exploitation

ut|nämna appoint (*ngn t. överste* s.b. [a] colo-

U

nel), nominate, make **-nämning** appointment, nomination **-nötning** wearing out **-nötningskrig** war of attrition **-nötningstaktik** wearing-down tactics (*pl*) **-nött** worn out; *bildl.* hackneyed, well-worn

utochinvänd inside out

utom [ˣu:tåm] **1** (*med undantag av*) except, save; with the exception of; *alla ~ jag* all except me; *ingen ~ jag* no one but me; *vara allt ~* be anything but, be far from; *~ att* except that, besides that; *~ att det är för dyrt är det också* besides being too expensive it is also; *~ när* except when **2** (*utanför*) outside (*dörren* the door); out of (*fara* danger); beyond (*allt tvivel* all doubt); *inom och ~ landet* at home and abroad **3** *vara ~ sig* be beside o.s. (*av* with), (*starkare*) go frantic, be transported (*av* with) **-bordsmotor** outboard motor **-europeisk** non-European

utomhus outdoors, out-of-doors **-antenn** outdoor (open-air) aerial (*AE.* antenna) **-bruk** outdoor use **-grill** barbecue **-sport** outdoor sports (*pl*)

utom|lands abroad **-ordentlig** extraordinary; (*förträfflig*) excellent; *av ~ betydelse* of extreme importance **-ordentligt** *adv* extraordinarily *etc.* **-skärs** [-ʃä:rs] beyond (off) the skerries; in open waters **-stående** *a4, en ~* an outsider, the uninitiated **-äktenskaplig** extramarital; *~a barn* illegitimate children

utop|i *s3* utopia; utopian scheme **-isk** [-'tå:-] *a5* utopian

ut|organ *data.* output device **-peka** point out; *~ ngn som* indicate (designate) s.b. as **-pinad** *a5* harrowed, harassed; (*starkare*) excruciated **-placera** set out **-plantera** plant out **-plundra** fleece, strip **-plåna** obliterate, efface, wipe out (*minnet av* the memory of); (*förinta*) annihilate **-plåning** obliteration; effacing *etc.*; annihilation **-portionera** portion out, distribute **-post** outpost, advanced post **-postera** station, post

utpress|a 1 *eg.* press (squeeze) out **2** *~ pengar av* extort money from, blackmail **-are** blackmailer; *AE. äv.* racketeer **-ning** blackmail; extortion; *AE. äv.* racket **-ningsförsök** attempted blackmail **-ningspolitik** policy of extortion

ut|pricka mark out; *~d farled* buoyed-off fairway **-prickning** marking; *sjö.* beaconage, [system of] buoyage **-prova** test [out], try out; (*kläder*) try on **-provning** test; (*av kläder*) trying on **-prångla** hawk; *~ falska mynt* utter (pass) base coin **-präglad** [-ä:-] *a5* pronounced, marked, decided **-pumpad** *a5, bildl.* done up, fagged out **-rangera** discard, scrap **-rannsaka** search out, fathom

utred|a 1 (*bringa ordning i*) disentangle; clear up; (*lösa*) solve; (*undersöka*) investigate, inquire into; (*grundligt*) analyse **2** *jur.* (*avveckla*) wind up; (*konkurs*) liquidate **-ning 1** disentanglement; (*undersökning*) investigation, inquest; analysis; *vara under ~* be under consideration; *för vidare ~* for further consideration; *offentliga ~ar* official reports **2** *jur.* winding up; liquidation

utrednings|arbete investigation work **-man** investigator, examiner; (*i bo*) executor, administrator; (*i konkurs*) liquidator

ut|rensning *bildl.* purge, cleanup **-resa** outward voyage (journey) **-resetillstånd** exit permit **-riggad** *a5* outrigged **-riggare** outrigger

utrikes I *oböjligt a* foreign; *på ~ ort* abroad; *~ resa* journey abroad **II** *adv* abroad; *resa ~* go abroad **-departement** *~et* [the] ministry for foreign affairs, *Storbritannien* Foreign Office, *AE.* [the] State Department **-handel** foreign trade **-handelsminister** minister for foreign trade **-korrespondent** foreign correspondent **-minister** minister for foreign affairs, foreign minister (*Storbritannien* secretary), *AE.* secretary of state **-ministerkonferens** foreign minister's conference **-nämnd** *~en* the advisory council on foreign affairs, *AE.* the foreign relations committee **-politik** foreign politics (*pl*) (policy) **-politisk** relating to foreign politics (*etc.*); *det ~a läget* the political situation abroad **-representation** (*ett lands*) foreign service; (*en firmas*) foreign representation **-råd** head of department [of the ministry for foreign affairs] **-utskott** *~et* [the Swedish parliamentry] standing committee on foreign affairs

utrikisk [-'ri:-] *a5* foreign; *tala ~a* (*vard.*) speak a foreign lingo

ut|rop 1 exclamation; *ge till ett ~ av förvåning* give a cry of (cry out with) surprise **2** (*på auktion*) cry **-ropa 1** (*ropa högt*) exclaim; ejaculate **2** (*offentligt förkunna*) proclaim (*ngn t. kung* s.b. king) **3** (*på auktion*) cry; (*på gatan*) hawk **-ropare** (*på auktion*) crier; (*härold*) herald **-ropstecken** exclamation mark **-rota** eradicate, kill off, root out; (*fullständigt*) extirpate; (*ett folk*) exterminate **-rotning** [-ɷ:-] eradication, killing off *etc.*; extirpation; extermination; (*av folkgrupp*) genocide **-rotningskrig** war of extermination **-rotningsmedel** means of extermination; killer **-rusande** *a4, komma ~* come out with a rush

ut|rusta equip; (*med vapen äv.*) arm; (*fartyg o.d.*) fit out; (*förse*) furnish, supply, provide; *rikt ~d* (*bildl.*) richly endowed; *vara klent ~d å huvudets vägnar* be weak in the head **-rustning** equipment, outfit; *mil. äv.* kit; *maskinell ~* machinery, mechanical equipment **-ryckning 1** tearing (pulling) out (*jfr rycka ut*) **2** (*uttåg*) march[ing] out; (*brandkårs etc.*) turnout; *mil.* decampment, departure; (*hemförlovning*) discharge from active service **-ryckningsfordon** rescue vehicle **-rymma** (*bostad e.d.*) vacate, clear out of; *mil.* evacuate; (*överge*) abandon; *~ rättssalen* clear the court **-rymme** *s6* space, room (*äv. bildl.*); *bildl. äv.* scope; *ge ~ för* provide [space, room] for; *kräva mycket ~* take up room, (*om sak äv.*) be bulky; *ett hus med många ~n* a house with plenty of storage space

utrymmes|besparande *a4* space-saving **-krävande** requiring much space; bulky **-skäl** *i uttr.: av ~* from considerations of space

ut|rymning (*bortflyttning*) removal; (*av lägenhet*) quitting; *mil.* evacuation, abandonment **-räkna** (*beräkna*) calculate; work out (*kostnaden* the cost) **-räkning** calculation, working out; *det är ingen ~* [*med det*] it is no good (not worth while) **-rätta** do (*en hel del* a great deal); *~ ett uppdrag* carry out (perform) a commission;

~ *ett ärende* go on (do) an errand; *få ngt ~t* get s.th. done **-rättning** (*ärende*) job, errand, commission **-röna** ascertain, find out; (*konstatera*) establish

utsag|a *s1* statement; saying; (*vittnesbörd*) evidence, testimony; *enligt hans -o* according to him (what he says)

ut|satt *a4* **1** *se sätta* [*ut*] *o. utsätta* **2** (*fastställd*) appointed, fixed; *på ~ tid* at the appointed time, at the time fixed **3** (*blottställd*) exposed (*läge* position; *för* to); *~ för kritik* subject[ed] to criticism; *~ för fara* in danger; *~ för förkylningar* liable to catch colds **-schasad** *se utsjasad* **-se** choose, select; *~ ngn till ordförande* appoint s.b. chairman

1 utseende *s6* (*val*) selecting *etc.*; appointment

2 utseende *s6* (*yttre*) appearance, look; (*persons*) looks (*pl*); *av ~t att döma* to judge by appearances, from the look of him (*etc.*); *ha ett underligt ~* have an odd look; *känna ngn till ~t* know s.b. by sight

ut|sida outside; exterior; (*fasad*) façade, front **-sikt** *s3* **1** *eg.* view; outlook; *ha ~ över* look (open) on to, overlook; *med ~ åt norr* facing north **2** *bildl.* prospect; chance, outlook; *ha alla ~er att* have every chance of; *ställa ngt i ~* hold out the prospect of s.th.

utsikts|berg hill with a [fine] view **-lös** hopeless **-plats** outlook **-torn** outlook tower

ut|sira decorate, deck out; (*smycka*) adorn **-sirad** *a5* ornamented; ornamental (*bokstav* letter) **-sirning** [-i:r-] ornament[ation]; embellishment **-sjasad** [-ʃ-] fagged out, dog-tired **-skeppa** ship [out]; export **-skeppningshamn** port of shipment **-skjutande** *a4* projecting; (*fram-*) protruding; salient (*hörn* angle) **-skjutning** discharge, firing, shooting; launching **-skjutningsramp** launching pad

1 utskott [-å-] *s7* (*dålig vara*) rejections, throw-outs (*pl*)

2 utskott [-å-] *s7* **1** (*kommitté*) committee **2** (*utväxt*) outgrowth

utskotts|behandling debate in committee **-betänkande** committee report

utskotts|bräder *pl* rejected deals, waste boards **-porslin** defective china **-varor** *pl* defective (damaged) goods; rejects **-virke** defective [sawn] goods (*pl*); *AE.* defective lumber

ut|skrattad *a5* laughed to scorn **-skrift** clean (fair) copy; transcription **-skriva** *se skriva* [*ut*] **-skrivning** **1** writing out [in full]; (*ren-*) transcription, copying; (*av kontrakt e.d.*) drawing up, making out **2** (*av skatter*) levy, imposition **3** *mil.* conscription, enlistment **4** (*från sjukhus*) discharge **-skuren** *a5* cut out **-skyld** [-ʃ-] *s3* tax; (*kommunal*) rate **-skällning** rating; *vard.* blowing up; *AE. vard. äv.* calling down **-skämd** disgraced **-skänka** serve on the premises **-skänkning** [-ʃ-] serving on the premises **-skänkningslokal** licensed house (premises *pl*), public house **-skärning** [-ʃ-] cutting [out]

ut|slag **1** (*beslut*) decision; *jur.* (*i civilmål*) judgement; (*skiljedom*) award; (*i brottmål*) sentence; (*jurys*) verdict; *fälla ~* pronounce (give a) verdict; *hans ord fällde ~et* his words decided the matter **2** *med.* rash, eruption; *få ~* break out into a rash **3** (*på våg e.d.*) turn of the scales, deviation; *mätaren gör ~* the meter is registering **4** (*resultat*) result, decision; (*uttryck*) manifestation; (*yttring*) outcrop; *ett ~ av dåligt humör* a manifestation of bad temper **-slagen** *a5* (*om blomma*) in blossom; (*om träd*) in leaf; (*om hår*) brushed out; (*utspilld*) spilt; *sport.* eliminated **-slagning** [-a:-] *sport.* elimination; (*i boxning*) knockout

utslags|fråga decisive issue; (*i tävling*) elimination question **-givande** *a4* decisive; *det blev ~ för mig* that decided me **-röst** casting vote **-tävlan** elimination (*sport.* knockout) competition (match)

ut|sliten worn-out; *vard.* jaded, worn-out; (*om uttryck o.d.*) hackneyed, stale; *~ fras* (*äv.*) cliché **-slockna** go out; (*om ätt*) die out; *~d* (*äv.*) extinct **-slunga** hurl (fling) out; throw out; *~ hotelser* threaten **-släpad** *a5, bildl.* worn-out; *vard.* dog-tired **-släpp** *s7* discharge (*av olja* of oil) **-släppa** (*sätta i omlopp*) issue, put on the market; (*jfr släppa* [*ut*]) **-smycka** adorn, decorate; deck out; (*försköna*) embellish (*en berättelse* a story) **-smyckning** adornment, ornamentation; embellishment; *konkr. äv.* ornament **-socknes** *oböjligt a* of another parish **-spark** *sport.* goal kick **-spekulerad** *a5* studied; artful, cunning

ut|spel *kortsp.* lead; *bildl.* move, initiative **-spelad** *a5, -spelat kort* card played [out] **-spelas** *dep* take place; *scenen ~ i* the scene is laid in **-spinna** *rfl* (*om samtal*) be carried on **-spionera** spy out **-spisa** cater; feed **-spisning** catering; feeding **-sprida** spread out; (*friare*) spread (*ett rykte* a rumour); (*utströ äv.*) scatter about **-språng** projection; protrusion; (*klipp-*) jut; (*bergs-*) shoulder **-spy** vomit, belch forth **-späda** dilute, thin [out] **-spädning** [-ä:-] dilution, thinning out **-spänd** spread [out], stretched; (*av luft*) inflated **-spärra** **1** spread out, stretch open **2** (*från utbildning*) deny admission, exclude **-spökad** *a5* rigged out, guyed-up

ut|staka stake (set, mark, peg) out; *bildl.* lay down; (*föreskriva*) determine, prescribe **-stakad** *a5* marked out; fixed **-stakning** [-a:-] staking out *etc.* **-stansa** stamp (punch) [out] **-stoffera** dress up, garnish; (*berättelse e.d.*) pad out **-stråla** (*utgå som strålar*) [ir]radiate, emit, send forth (*ljus* light); *~ värme* radiate (emit) heat; *~ godhet* radiate goodness **-strålning** [ir]radiation, emission, emanation

ut|sträcka stretch [out], extend; *~ sig* extend **-sträckning** **1** (*-ande*) extension; (*i tid*) prolongation **2** (*vidd*) extent; extensiveness; (*dimension*) dimensions (*pl*); *i stor ~* to a great (large) extent; *i största möjliga ~* to the fullest possible extent; *i viss ~* to a certain degree (extent); *använda i stor ~* make extensive use of, use extensively **-sträckt** *a4* outstretched; extended; *ligga ~* lie full length (*framstupa* prostrate) **-studerad** *a5* (*raffinerad*) studied, artful; (*inpiskad*) thoroughpaced **-styra** fit out; (*pynta*) dress up, array; *så -styrd du är!* what a fright you look! **-styrsel** *s2* (*utrustning*) outfit; (*bruds*) trousseau; (*t.ex. boks*) get-up; (*förpackning*) package; (*tillbehör*) fittings (*pl*) **-styrselpjäs** spectacular play **-stå** suffer, endure; (*genomlida*) go through **-stående** *a4* protruding, projecting; salient

U

(*hörn* angle); ~ *öron* protruding ears; ~ *kindknotor* (*äv.*) high (prominent) cheekbones
utställ|a 1 *se ställa* [*ut*] **2** (*t. beskådande*) show; (*på -ning*) exhibit, expose, display **3** (*utfärda*) draw, make out, issue (*en växel* a bill) **-are 1** (*av varor*) exhibitor **2** (*av värdehandling*) drawer, issuer **-ning** exhibition, show; display; (*av tavlor äv.*) gallery
utställnings|föremål exhibit **-kommissarie** exhibition commissioner **-lokal** showrooms (*pl*); (*med försäljning*) salesroom
ut|stöta (*utesluta*) expel, eject (*ur* from); (*ljud*) utter, emit; (*rökmoln*) puff out; (*om vulkan*) belch out (*lava* lava); (*ur kyrkan*) excommunicate; *vara -stött ur samhället* be a social outcast **-stötning** [-ö:-] ejection; expulsion **-suga** (*jord*) impoverish **-sugare** *pers.* extortioner, bloodsucker **-sugning** sucking out; (*evakuering*) evacuation; (*av jord*) impoverishment; *bildl.* extortion
utsugnings|anordning extractor **-ventil** evacuation valve
ut|svulten starved, famished **-svängd** *a5* curved (bent) outwards **-svängning** curve **-svävande** *a4* dissipated, dissolute, disorderly **-svävningar** [-ä:-] *pl* dissipation (*sg*), excesses; extravagances **-syning** rejection, discarding; (*av träd*) marking [out] **-så** sow [out] (*äv. bildl.*) **-såld** sold out; *-sålt* (*teat.*) all tickets sold, house full, *AE.* full house **-säde** *s6* [planting] seed, grain **-sända 1** send out; (*utgiva*) publish, issue; *vår -sände medarbetare* our special correspondent **2** (*alstra*) send out, emit (*värme* heat) **3** (*i radio*) transmit, broadcast **-sändning 1** sending out; publication, issue **2** emission **3** transmission, broadcasting
ut|sätta 1 (*blottställa*) expose, subject (*för* to) **2** (*fastställa*) appoint, fix (*dagen för* the day for) **3** *rfl* expose o.s., lay o.s. open (*för* to); *det vill jag inte ~ mig för* (*äv.*) I don't want to run that risk **-sökning** [-ö:-] *jur.* recovery of a debt by enforcement order **-sökt I** *a1* exquisite, choice, select **II** *adv* exquisitely; ~ *fin* (*äv.*) very choice **-söndra** secrete, excrete **-söndring** secretion, excretion **-söndringsorgan** secretory (excretive) organ **-sövd** [-ö:-] *a5* thoroughly rested
utta [ˣu:t-] *se uttaga*
uttag 1 *elektr.* socket; *AE.* outlet **2** (*av pengar*) withdrawal; *varorna skall levereras för ~ efter köparens behov* the goods are to be delivered at (on) call **uttaga** (*jfr ta* [*ut*]) take out; ~ *i förskott* draw in advance
uttag|are (*av pengar*) drawer **-bar** [-a:g-] *a1* detachable **-ning** (*av pengar*) withdrawal; *sport.* selection **-ningstävling** trial [game]; trials (*pl*)
ut|tal pronunciation; (*artikulering*) articulation; *ha ett bra engelskt ~* have a good English accent **-tala 1** (*frambringa*) pronounce; (*tydligt*) articulate **2** (*uttrycka*) express (*en önskan* a wish) **3** *rfl* speak (*om* of, about); pronounce (*för* for; *mot* against); ~ *sig om* (*äv.*) comment (express an opinion) on **-talande** *s6* pronouncement, statement; *göra ett ~* make a statement
uttals|beteckning phonetic notation **-lära** phonetics (*pl, behandlas som sg*) **-ordbok** pronouncing dictionary

uttaxer|a levy **-ing** levy; *konkr.* taxes (*pl*)
utter ['utt-] *s2* otter **-skinn** otter's skin, otter
ut|tittad *a5* stared at **-tjatad** [-ç-] *a5* (*om ämne*) hackneyed; *vara ~* be fed up **-tjänad** [-ç-] *a5* who (which) has served his (*etc.*) time; *en ~ soldat* a veteran **-tolka** *se 2 tolka* **-torkad** [-å-] *a5* dried up (out) **-torkning** drying up; *fack.* desiccation
uttryck expression; (*talesätt äv.*) phrase; (*tecken*) mark, token (*för* of); *stående ~* set (stock) phrase; *tekniskt ~* technical term; *ålderdomligt ~* (*äv.*) archaism; *ge ~ åt* give expression (vent) to; *ta sig ~ i* find expression in, show itself in; *välja sina ~* choose (pick) one's expressions
uttryck|a express (*en förhoppning* a hope; *en önskan* a wish); *som han -te det* as he put it; ~ *sig* express o.s.; *om jag så får ~ mig* if I may be permitted to say so **-lig** *a1* express, explicit, definite; ~ *befallning* express (strict) order **-ligen** expressly, explicitly; strictly
uttrycks|full expressive; (*om blick, ord*) significant, eloquent **-fullhet** expressiveness **-fullt** *adv* expressively; with expression **-lös** expressionless; vacant, blank (*min* look) **-löshet** expressionlessness, inexpressiveness **-medel** means of expression **-sätt** way of expressing o.s., manner of speaking; style
ut|tråkad *a5* bored [to death] **-träda** *se träda* [*ut*] ; *bildl.* retire, withdraw (*ur* from); ~ *ur* (*äv.*) leave, resign one's membership of (in) **-träde** *s6* retirement, withdrawal; *anmäla sitt ~ ur* (*förening*) announce one's resignation from **-tränga** force aside; *bildl.* supersede, displace **-tröttad** *a5* tired out, weary; (*utmattad*) exhausted **-tröttning** (*uttröttande*) tiring out; (*trötthet*) weariness, exhaustion **-tyda** interpret; (*dechiffrera*) decipher
ut|tåg march (marching) out, departure; *i sht bibl.* exodus; *israeliternas ~ ur Egypten* the Exodus **-tåga** march out, depart from **-tänja** stretch, extend **-tänka** think out; (*hitta på*) devise **-tömma** empty; *bildl.* exhaust (*sina tillgångar* one's resources); *hans krafter är -tömda* he is exhausted, he has no strength left; *han har -tömt ämnet* he has exhausted the subject **-tömmande** *a4* exhaustive, comprehensive; *behandla ~* treat exhaustively, exhaust **-tömning** emptying; exhaustion, draining; *med.* excretion, evacuation; ~ *av valutareserven* exhaustion of (drain on) the foreign exchange reserves
ut|ur ['u:t-, -'u:r] out of **-vakad** *a5* tired out through lack of sleep **-vald** chosen; selected (*verk* works); select (*grupp* group); picked (*trupper* troops); (*utsökt*) choice **-valsning** rolling out; sheeting **-vandra** emigrate **-vandrare** emigrant **-vandring** emigration; (*friare*) migration
utveckla 1 *se veckla* [*ut*] **2** (*utbilda; klargöra*) develop (*sina anlag* one's talents; *två hästkrafter* two horsepower; *en plan* a plan); (*lägga i dagen*) show, display (*energi* energy); *fys.* generate (*värme* heat); ~ *sina synpunkter* (*äv.*) expound one's views; *det är ~nde att resa* travelling broadens the mind; *tidigt ~d* (*om barn*) advanced for his (her) age **3** *rfl* develop (*till* into; *från* out of); (*om blomma, fallskärm o. bildl.*) unfold ; ~ *sig till* (*äv.*) grow into, become **utveckling** devel-

opment; progress; growth; (*i sht fack.*) evolution; *vara stadd i ~* be developing; *~en går i riktning mot* the trend is towards
utvecklings|arbete development work **-bar** *a1* capable of development (progress) **-land** developing country **-linje** trend **-lära** doctrine (theory) of evolution; evolutionism **-möjlighet** possibility of development **-stadium** stage of development **-störd** [-ö:-] *a5* [mentally] retarded **-störning** retardation
utverka obtain, bring about, procure, secure
utvidg|a 1 (*utsträcka*) expand (*ett välde* an empire); (*göra bredare*) widen, broaden; (*göra längre*) extend; (*förstora*) enlarge; *fys.* expand, dilate **2** *rfl* widen, broaden; *fys.* expand, dilate; (*friare*) extend, expand **-ning** expansion; extension; dilation
utvidgnings|förmåga expansive power, extensibility; (*metalls*) ductility **-koefficient** coefficient of expansion
utvikning [-i:-] *bildl.* deviation; digression (*från ämnet* from the subject)
utviknings|blad gatefold, foldout **-brud** centrefold girl
ut|vilad *a5* thoroughly rested **-vinna** extract, win **-visa 1** (*visa bort*) send out; (*förvisa*) banish; (*ur landet*) expel, deport; *sport.* order off **2** (*visa*) indicate, show; (*bevisa*) prove; *det får framtiden ~* time will show **-visning** sending out; banishment; expulsion, deportation; (*ishockey.*) penalty; (*fotboll.*) ordering off
utvisnings|beslut deportation (expulsion) order **-bås** penalty box
ut|vissla *se vissla [ut]* **-vissling** hiss, whistle **-väg** *bildl.* expedient, resource, way out; means; *finna en ~* find some expedient; *jag ser ingen annan ~* I see no other way out (alternative) **-välja** choose [out], select **-väljande** *s6* choice, selection **-vändig** *a1* outward, external **-vändigt** *adv* outwardly; [on the] outside **-värdera** evaluate **-värdshus** out-of-town restaurant **-värtes I** *oböjligt a* external, outward; *för ~ bruk* for external use **II** *adv se -vändigt* **-växla** exchange; interchange **-växling 1** (*utbyte*) exchange; interchange **2** *tekn.* gear[ing]; *ha liten* (*stor*) *~* be low-geared (high-geared) **-växlingsanordning** transmitter, gear mechanism **-växt** outgrowth; protuberance; *bildl.* excrescence, growth
utåt ['u:t-] **I** *prep* out into (towards); *fönstret vetter ~ gatan* the window looks out onto the street **II** *adv* outward[s]; *gå ~ med fötterna* walk with one's toes turned out **-böjd** bent outwards **-riktad** *a5* turned outwards, out-turned; *bildl.* extrovert, outgoing
ut|ägor *pl* outlying fields **-öka** increase; extend, expand; enlarge; *~d upplaga* enlarged edition **-ösa** *bildl.* shower [a torrent of] (*ovett över* abuse upon); *~ sin vrede över* vent one's anger upon
utöva (*bedriva*) carry on (*ett hantverk* a trade); practise (*ett yrke* a profession); (*verkställa*) exercise (*kontroll* control; *rättvisa* justice); exert (*tryck* pressure); *~ befäl* hold (exercise) command; *~ hämnd* take vengeance (*mot* upon); *~ inflytande på* exercise (exert) influence on, influence; *~ kritik* criticize; *~ värdskapet* act as host **utövande I** *s6* exercise, performance, execution **II** *a4* executive; *~ konstnär* creative artist **utövare** practiser, practician
utöver [-'ö:-, 'u:t-] *prep* [over and] above, beyond; *gå ~* exceed
utövning *se utövande I*
uv *s2* [great] horned owl
uvertyr *se ouvertyr*
uvular I *a1* uvular **II** *s3* uvular

V

va *vard.* what?
vaccin [vak'si:n] *s4, s9* vaccine **-ation** vaccination **-ationstvång** compulsory vaccination **-era** vaccinate; inoculate **-ering** [-'ne:-] vaccination
vacker ['vakk-] *a2* **1** beautiful; (*i sht om man*) handsome; (*förtjusande*) lovely; (*söt*) pretty; (*storslagen*) fine; (*tilltalande*) nice; (*fager*) fair; *~ som en dag* [as] fair as a day in June; *~t väder* beautiful (lovely) weather; *vackra lovord* high praise (*sg*); *en ~ dag* (*bildl.*) one fine day **2** (*ansenlig*) handsome (*summa* sum); *det är ~t så!* [it is] pretty good at that!, fair enough! **3** *iron.* fine, pretty
vackert *adv* **1** beautifully *etc.*; *huset ligger ~* the house is beautifully situated; *det var ~ gjort av dig* it was a fine thing of you to do; *det där låter ~* that sounds well; *~!* (*vard.*) well done!, marvellous! **2** *iron.* nicely, prettily; *jo ~!* I should think so!, not likely!; *som det så ~ heter* as they so prettily put it **3** *det låter du ~ bli!* you will just not do so!; *du stannar ~ hemma!* you just stop at home; *sitt ~!* (*t. hund*) beg!
vackl a totter; (*ragla*) stagger; *bildl.* falter, waver, vacillate; *bruket ~r* the usage varies; *han ~de fram* he staggered along; *~ hit och dit* (*äv.*) sway to and fro **-an** *r* wavering, vacillation; (*obeslutsamhet*) irresolution, indecision **-ande** *a4* tottering *etc.*; (*om hälsa*) uncertain, failing; *hans hälsa börjar bli ~* his health is beginning to give way
1 vad *s3, s1* (*på ben*) calf (*pl* calves) [of the leg]
2 vad *s2* (*fisknot*) seine [net]; *fiska med ~* seine
3 vad *s7, jur.* [notice of] appeal; *anmäla ~* give notice of (lodge an) appeal
4 vad *s7* (*avtal*) bet (*om en summa* of a sum; *om resultatet* on the result); *slå ~* bet, make a bet; *det kan jag slå ~ om* I['ll] bet you; *jag slår ~ om ett pund* I['ll] bet you one pound
5 vad *s7, se vadställe*
6 vad I *pron* **1** *interr.* what; *~?* [I beg your] pardon?, *vard.* what?; *vet du ~!* I'll tell you what!; *nej, ~ säger du!* really!, well, I never!; *~ nytt?* any news?; *~ för en* what; *~ för [en] bok* what book;

~ för slag? what?; *~ är det för slags bok?* what kind of a book is that?; *~ gråter du för?* why are you crying?, what are you crying for?; *~ har du för anledning att* what reason have you for (+ *ing-form*); *jag vet inte ~ jag skall göra* I don't know what to do; *~ är det?* what is the matter?; *~ är det för dag i dag?* what day is it today? **2** *rel.* (*det som*) what; *~ mig beträffar* as far as I am concerned; *~ som är viktigt är att* the important thing is that; *~ som helst* anything [whatever]; *~ som än händer* whatever happens; *~ värre är* what is [even] worse; *inte ~ jag vet* (*vard.*) not as far as I know **II** *adv* how (*du är snäll!* kind you are!)

vada wade (*över* across); *~ över en flod* (*äv.*) ford a river; *han ~r i pengar* he's wallowing in money

vadan *åld., se varifrån, varför*

vadar|e, -fågel shore bird, wader

vadben splint bone, fibula

vadd *s2* wad[ding]; (*bomulls-*) cotton wool; *AE.* absorbent cotton; (*fönster-*) padding **-era** wad, pad; (*täcke, morgonrock etc.*) quilt **-ering** [-'de:-] wadding, padding; (*med stickningar*) quilting **-täcke** quilt

vadeinlaga [document (notice) of] appeal

vadhelst [-'helst, 'va:d-] whatever

vadhåll|are better, backer **-ning** betting, wagering

vadmal [ˣvadd-, ˣva:d-] *s3, s4* rough homespun; frieze; russet

vadslagning [-a:g-] betting

vadställe ford[able place]

vafạlls [I beg your] pardon?

vag *a1* vague; indistinct, undefined, hazy

vagabond [-'bånd, -'båŋd] *s3* vagabond, tramp; *AE. äv.* hobo; *jur.* vagrant **-era** vagabondize; be (go) on the tramp **-liv** vagabond life

1 vagel ['va:-] *s2* (*i ögat*) sty[e] (*pl äv.* sties)

2 vagel ['va:-] *s2* (*sittpinne*) perch, roost

vagg|a I *s1* cradle; *från -an till graven* from the cradle to the grave **II** *v1* rock (*i sömn* to sleep); (*svänga, vicka*) swing; (*gå ~nde*) waddle; *~nde gång* rocking (waddling) gait **-visa** lullaby

vagn [vaŋn] *s2* **1** carriage; *AE.* car (*äv. järnv. person-*); (*större, gala-*) coach; (*last-, gods-*) wag[g]on, *AE.* car; (*kärra*) cart; *häst och ~* a horse and carriage; (*direkt*) *genomgående ~* (*järnv.*) through carriage **2** *fackl.* (*på kran*) trolley **-makare** coach-maker, coach-builder; cartwright **-makeri** (*tillverkning*) carriage-making, coach-building; (*verkstad*) carriage works (*sg o. pl*) **-park** *järnv.* rolling stock; (*bil-, buss-*) fleet [of cars (buses)]

vagns|axel axletree **-hjul** carriage (car) wheel

vagnskadeförsäkring insurance against material damage to a motor vehicle

vagns|korg carriage (wag[g]on) body **-last** cartload, carriage load; *järnv.* wag[g]onload, truckload **-lider** coach house

vagnsätt *järnv.* train [of coaches]

vaja [ˣvajja] *v1* float, fly; (*fladdra*) flutter, stream

vajer ['vajj-] *s2* cable, wire

vak *s2* (*is-*) hole in the ice, ice hole

vaka I *s1* vigil, watch; (*lik-*) wake **II** *v1* **1** (*hålla vakt*) watch (*hos ngn* by a p.'s bedside); keep watch; (*hålla sig vaken*) stay up; *~ över ngn* watch (keep watch) over s.b. **2** *sjö.* (*om båt*) ride

vak|ans [-'kans, -'kaŋs] *s3* vacancy **-ant** *a4* vacant, unoccupied

vakare *sjö.* buoy

vaken *a3* (*ej sovande*) *predik.* awake; *attr.* waking; (*uppmärksam*) observing, noticing (*barn* child); (*pigg*) wide-awake, brisk; (*mottaglig*) open (*blick* eye), alert (*sinne* mind); *i vaket tillstånd* when awake **-het** wakefulness; *bildl.* alertness

vak|na [ˣva:k-] wake [up], awake; *bildl. äv.* awaken; *~ till besinning* come to one's senses; *~ till medvetande* become conscious (*om* of); regain consciousness; *~ på fel sida* get out of bed on the wrong side **-natt** wakeful night

vaksam [ˣva:k-] *a1* watchful (*blick* eye); vigilant; on the alert **-het** watchfulness; vigilance

vakt *s3* **1** (*-hållning*) watch (*äv. sjö.*); *mil.* guard, duty; *gå på ~* mount guard, go on duty; *ha ~en* be on duty; *hålla ~* keep watch, be on guard (duty); *slå ~ om* (*bildl.*) stand up for (*friheten* liberty), keep an eye on; *vara på sin ~* be on one's guard (on the alert); *inte vara på sin ~* be off one's guard **2** *pers.* guard, watchman; *mil.* sentry; (*-manskap*) [men (*pl*) on] guard, *sjö.* watch; *avlösa ~en* relieve the guard

vakt|a 1 (*bevaka*) guard; watch over, look after (*barn* children); *~ får* tend (herd) sheep; *~ på* watch **2** (*hålla vakt*) keep guard (watch) **3** *rfl, se akta 2* **-are** watcher, guardian; (*bro-, djur- e.d.*) keeper **-arrest** close arrest **-avlösning** changing of the guard

vaktel *s2* quail

vakt|havande *a4* on duty; *sjö. äv.* of the watch **-hund** watchdog **-hållning** patrol, patrolling; guard[ing] **-kur** sentry box **-manskap** [men (*pl*) on] guard **-mästare 1** (*vid ämbetsverk*) messenger; (*på museum*) attendant; (*skol-*) porter; *univ.* beadle; (*dörr-*) doorkeeper; (*platsanvisare*) usher; (*uppsyningsman*) caretaker **2** (*kypare*) waiter **-ombyte** changing of (relieving) the guard; *~[t] sker kl.* the guard is relieved at **-parad** changing of the guard **-post** *se vakt 2* **-tjänst** guard (*sjö.* watch) duty **-torn** watchtower

vakuum ['va:kum] *s8* vacuum **-förpackad** *a5* vacuum-packed **-förpackning** vacuum pack **-torkad** [-å-] *a5* vacuum-dried (*potatis* potatoes)

1 val *s2, zool.* whale; *~ar* (*koll.*) cetaceans

2 val *s7* **1** (*väljande*) choice; (*ur-*) selection; *efter eget ~* at one's own option, according to choice; *fritt ~* option, free choice; *göra ett bra ~* (*äv.*) choose well; *göra sitt ~* make one's choice; *jag hade inget annat ~* I had no alternative; *vara i ~et och kvalet* be in two minds (*om man skall gå el. inte* whether to go or not) **2** (*offentlig förrättning*) election; *allmänna ~* general election (*sg*); *förrätta ~* hold an election; *gå till ~* go to the polls; *tillsatt genom ~* elected, elective

valack [-'lakk, 'vall-] *s3* gelding

val|affisch election poster **-agitation** electioneering; canvassing **-arbetare** electioneer

valbar [ˣva:l-] *a1* eligible (*till* for); *ej ~* ineligible **-het** eligibility

valberättigad entitled to vote; *en ~* an elector; *de ~e* the electorate (*sg*)

valborgsmässo|afton [-bårjs-] Walpurgis

night **-eld** bonfire on Walpurgis night
valbyrå election office
val|d [-a:-] *a5* chosen, selected; *några väl ~a ord* a few well-chosen words; *~a skrifter* selected works **-dag** polling (election) day **-de** [-a:-] *imperf. av välja* **-deltagande** poll[ing], participation in the election; *stort* (*litet*) ~ heavy (low) polling **-distrikt** electoral (voting) district (*AE.* precinct)
valens *s3* valency; *AE.* valence
valeriana [-ˣa:na] *s1* valerian
wales|are [ˣœjls-] Welshman **-isk** [ˈœjls-] **5** Welsh **-iska** [ˈœjl-] *s1* **1** (*språk*) Welsh **2** (*kvinna*) Welshwoman
valfisk *åld.* whale
val|fiske *vard.* fishing for votes, electioneering **-fläsk** election promise[s *pl*], bid for votes **-fri** optional; discretionary; *~tt ämne* (*skol.*) optional subject, *AE.* elective **-frihet** [right of] option, freedom of choice **-fusk** electoral rigging
val|fångare whaler; (*fartyg äv.*) whaling ship **-fångst** whaling
val|förrättare election supervisor **-hemlighet** secrecy of the polls
valhänt [-a:-] *a4* numb[ed]; *bildl.* awkward, clumsy (*försök* attempt), lame (*ursäkt* excuse); *vara ~* (*eg.*) have numb hands **-het** numbness in the (one's) hands; *bildl.* clumsiness *etc.*
validitet validity
valk *s2* **1** (*förhårdnad*) callus, callosity **2** (*hår-*) pad; (*fett-*) roll of fat
valka mill, full
valkampanj election campaign
valkig *a1* callous; horny
valkokeri [whale] factory ship
val|konung elective king **-krets** constituency
valkyria [-ˈky:-] *s1* Valkyr[ie], Walkyrie
1 vall *s2* (*upphöjning*) bank, embankment; (*strand-*) dike, dyke; *mil.* rampart
2 vall *s2* (*slåtter-*) ley, temporary pasture; (*betes-*) pasture [ground (land)]; *driva i ~* turn out to grass; *gå i ~* be grazing
1 valla *v1* tend (*boskap* cattle); (*vakta*) watch, guard; (*brottsling*) take to the scene of the crime
2 valla I *s1* (*skid-*) ski wax **II 1** wax
vallag electoral (election) law; *Storbritannien* Reform (Representation of the People) Act
vallar|e herdsman, tender **-låt** *se vallvisa*
wallboard [ˈvållbå:rd, ˈœll-] *s3* fibreboard; (*hård*) hardboard; (*porös*) insulation fibreboard
vall|fart pilgrimage **-fartsort** resort of pilgrims, shrine; *bildl.* Mecca
vallflicka herdsmaid, shepherdess
vallfärda go on a pilgrimage
vallgrav moat, foss[e]
vall|horn herdsman's horn **-hund** shepherd's dog; (*ras*) sheepdog, collie
vallmo *s5* poppy **-frö** poppy seed
vallokal polling station (place); poll[s *pl*]
vallon *s3*, **-sk** [-ɑ:-] *a5* Walloon
vall|pojke shepherd boy **-visa** herdsman's song
vallväxter *pl* pasture (ley) plants
val|längd electoral register **-löfte** electoral promise
vallört comfrey
val|man elector; voter **-manskår** electorate **-metod** voting method **-möte** election meeting **-nederlag** defeat [at the polls (elections)] **-nämnd** election (electoral) committee; *~ens ordförande* (*ung.*) the returning officer
valnöt walnut
valp *s2* pup[py]; (*pojk-*) cub
valp|a whelp **-aktig** *a1* puppyish
valplats field [of battle]
val|program election program[me]; platform **-propaganda** election propaganda
valpsjuka canine distemper
valrav [ˣva:l-] *s3* spermaceti
valresultat election result[s *pl*] (returns *pl*)
valross [ˣva:lråss] *s2* walrus; morse
valrörelse electioneering, election campaign
1 vals *s2* (*cylinder*) roll[er]; cylinder (*äv. skrivmaskins-*)
2 vals *s3* (*dans*) waltz
1 valsa *v1* (*dansa*) waltz
2 valsa *v1* (*låta passera genom valsar*) roll; (*plåt äv.*) laminate, sheet; *~t järn* rolled (sheet) iron; *~t stål* rolled (laminated) steel
val|sedel ballot [paper], voting paper **-seger** election victory
vals|formig [-å-] *a1* cylindrical **-järn** rolled iron
valskolkare [-å-] abstainer
vals|kvarn roller mill **-ning** rolling; lamination
valspråk motto, device
valstakt *i ~* in waltz-time
valsverk rolling mill
valsätt electoral system; *proportionellt ~* proportional representation
valt [-a:-] *sup. av välja*
valtal election address (speech) **-are** election speaker
valthorn French horn **-blåsare** French-horn player
valurna ballot box
valuta [-ˣlu:-] *s1* (*myntslag*) currency; *inhemsk ~* domestic currency; *utländsk ~* foreign exchange (currency); *~ bekommen* value received; *få ~ för* get good value for; *få ~ för sina pengar* (*äv.*) get one's money's worth **-bestämmelser** currency (*för utländsk valuta*: foreign exchange) regulations; *brott mot ~na* exchange control offences **-fond** monetary fund **-handel** exchange dealings (*pl*), foreign exchange **-kontor** [foreign] exchange control office **-kontroll** [foreign] exchange control **-kurs** rate of exchange **-marknad** foreign exchange market **-reserv** foreign exchange reserve[s *pl*] **-restriktioner** currency (*för utländsk valuta*: [foreign] exchange) restrictions **-tilldelning** [foreign] exchange allocation **-tillgångar** foreign exchange holdings
valv *s7* vault (*äv. bank-*); arch; *skeppsb.* counter **-båge** arch **-gång** archway **-konstruktion** arch vault[ing]
valör value; (*på sedlar o.d.*) denomination
vamp *s2, s3*, **vampa** vamp **vampyr** *s3* vampire
van *a5* (*övad*) practised, experienced; (*skicklig*) skilled; *han är gammal och ~* he's an old hand [at]; *vara* (*bli*) *~ vid* be (get) used (accustomed) to (*att + ing-form*); *bara man blir litet ~* (*äv.*) once you get into the knack of it; *med ~ hand* with a deft (skilled) hand
van|a *s1* (*sed, bruk*) custom; (*persons*) habit; (*er-*

farenhet) experience (*vid* of); (*övning*) practice; *~ns makt* the force of habit, *ha dyrbara -or* have expensive habits; *av gammal ~* by force of habit, from [mere] habit; *sin ~ trogen* as is one's wont; *bli en ~* become a habit (*hos ngn* with s.b.); *ha ~n inne att* be used to; *ha för ~ att* be in the habit of (+ *ing-form*)

vanadịn *s4, s3* vanadium

vanart [ˣva:n-] bad disposition; (*starkare*) depravation

vanartig *a1* depraved, demoralized; vicious **-het** depravity, depravation

vandạl *s3* vandal **-isera** vandalize **-ism** vandalism

vande [ˣva:n-] *imperf. av vänja*

vandel ['vann-] *s9* conduct, behaviour, mode of life; *föra en hederlig ~* lead an honourable life

vandr|a walk (*äv. bildl.*); ramble, hike; (*ströva*) wander, stroll, rove, roam (*omkring* about); (*om djur, folk*) migrate **-ande** *a4* wandering; (*kring-*) itinerant, ambulatory; travelling (*gesäll* journeyman); (*flyttande*) migratory; *den ~ juden* the Wandering Jew; *~ blad* (*zool.*) leaf insect; *~ njure* floating kidney; *~ pinne* (*zool.*) stick insect, *AE.* walking stick

vandrar|e wanderer **-folk** nomadic (migratory) people **-hem** youth hostel

vandring wandering; (*kortare*) walk[ing tour]; (*genom livet*) way; (*folk-*, djur-) migration

vandrings|bibliotek travelling library **-lust** longing to travel, wanderlust **-man** *se vandrare* **-pokal** challenge cup **-pris** challenge prize **-utställning** travelling (touring) exhibition

vane|bildande *a4* habit-forming; addictive **-djur** creature of habit **-drinkare** habitual drinker **-förbrytare** habitual criminal; *vard.* jailbird **-människa** *se -djur* **-mässig** *a1* habitual, routine **-rökare** habitual smoker **-sak** matter of habit **-tänkande** *s6* thinking in grooves

van|fejd *s3* dishonour; infamy **-för** *a5* disabled, crippled, lame; (*en ~*) cripple, disabled person **-föreställning** misconception, wrong idea, false notion **-heder** dishonour, disgrace **-hedra** dishonour, disgrace; be a disgrace to **-hedrande** disgraceful, ignominious, dishonouring **-helga** profane, desecrate **-helgande** *a4* profaning, desecrating **-helgd** profanation, desecration; (*av kyrka e.d. äv.*) sacrilege **-hävd** neglect; *komma i ~* go (run) to waste; *ligga i ~* lie waste

vanịlj *s3* vanilla **-glass** vanilla ice **-sås** vanilla sauce; (*tjock äv.*) custard

vanillinsocker [-ˣli:n-] vanillin sugar

vank *r, utan ~* flawless; *utan ~ och lyte* without defect or blemish

vanka [*gå och*] *~* saunter (wander) (*omkring* about)

vanka|s *dep, det -des kakor* we (*etc.*) were treated to biscuits; *det ~ stryk* he (*etc.*) is in for a thrashing

vankelmod irresolution, indecision; hesitation; (*ombytlighet*) inconstancy **-ig** irresolute, inconstant; vacillating

vanlig [ˣva:n-] *a1* **1** (*som sker efter vanan*) usual (*hos* with); habitual (*sysselsättning* occupation); (*bruklig*) customary; *det är det ~a* that's the usual thing; *på ~ tid* at the usual time; *på sin ~a plats* in its (*etc.*) usual place; *som ~t* as usual; *bättre än ~t* better than usual **2** (*ofta förekommande*) common (*blomma* flower; *fel* mistake; *namn* name); frequent (*missuppfattning* misconception); (*allmän*) general (*uppfattning* belief); (*alldaglig, vardags-*) ordinary (*mat* food; *folk* people); *mindre ~* less (not very) common; *~t bråk* simple (vulgar, common) fraction; *vi ~a dödliga* we ordinary mortals; *den gamla ~a historien* the same old story; *~a människor* (*äv.*) the common run of people; *den ~a åsikten bland* the opinion generally held by; *i ~a fall* as a rule, ordinarily, in ordinary cases; *i ordets ~a bemärkelse* in the ordinary sense of the word; *på ~t sätt* in the ordinary (usual) manner (way) **vanligen** usually, generally; as a rule **vanlighet** usualness, frequency; *efter ~en* as usual; *mot ~en* contrary to the (his *etc.*) usual practice; *det hör inte till ~erna att* it is not very common that

vanligt [ˣva:n-] *adv* usually *etc.* **-vis** *se vanligen*

van|lottad [-å-] *a5* badly off (*i fråga om* as regards) **-makt 1** (*medvetslöshet*) unconsciousness; *falla i ~* have a fainting-fit, faint, swoon **2** *bildl.* impotence; powerlessness **-mäktig 1** unconscious, fainting **2** impotent; powerless, vain

vann *imperf. av vinna*

vanna I *s1* **1** (*sädes-*) fan **2** (*glastillv.*) tank furnace **II** *v1* (*säd*) fan, winnow

van|pryda disfigure, spoil the look of **-prydnad** disfigurement **-ryktad** *a5* notorious, ill-famed **-rykte** disrepute, bad repute; discredit

van|sinne insanity; mental disease; (*galenskap*) madness; *driva ngn till ~* drive s.b. mad (crazy); *det vore rena ~t* it would be insane (sheer madness) **-sinnig** *a1* insane; (*tokig*) crazy; (*galen*) mad; *bli ~* go mad; *det är så man kan bli ~* it is enough to drive one mad **-sinnigt** *adv* insanely; crazily; madly; (*förstärkande*) awfully, terribly; *~ roligt* awfully funny; *~ förälskad* madly in love **-skapt** [-a:-] *a4* deformed, misshapen

vansklig *a1* (*osäker*) hazardous, risky (*företag* enterprise); (*tvivelaktig*) doubtful; (*brydsam*) delicate (*uppgift* task); (*svår*) awkward

van|sköta mismanage, neglect; *trädgården är -skött* the garden is not looked after properly; *~ sig* be neglectful; *~ sin hälsa* neglect one's health **-skötsel** mismanagement; negligence; *av ~* for (from) want of proper care **-släktad** *a5* degenerate[d] **-släktas** *dep* degenerate **-styre** misrule **-ställa** disfigure, deform; (*friare*) spoil [the look[s] of], (*förvrida*) distort

1 vant *s7, s4, sjö.* shroud

2 vant [-a:-] *sup. av vänja*

vant|e *s2* (*finger-*) woollen (cotton) glove; (*tum-*) mitt[en]; *lägga -arna på* (*bildl.*) lay hands [up]on; *slå -arna i bordet* (*bildl.*) put the shutters up

van|tolka misinterpret; misconstrue **-trivas** *dep* feel ill at ease (uncomfortable); not feel at home; get on [very] badly (*med ngn* with s.b.); (*om djur, växter*) not thrive; *jag -trivs med mitt arbete* I am not at all happy in my work **-trivsel** discomfort, unhappiness; (*djurs, växters*) inability to thrive **-tro** false belief; disbelief **-vett** insanity; mania; *det vore rena ~et att* it would be sheer madness to **-vettig** *a1* mad; absurd, wild **-vård** neglect, negligence, mismanagement **-vårda** *se vansköta*

-vördig disrespectful (*mot* to); (*mot ngt heligt*) irreverent (*mot* to) **-vördnad** disrespect; irreverence **-ära I** *s1* dishonour, disgrace; (*skam*) shame, ignominy; *dra ~ över* bring shame (disgrace) upon **II** *v1* dishonour, disgrace

vapen ['va:-] *s7* **1** weapon; *koll.* arms (*pl*); *bära* (*föra*) ~ carry arms; *gripa till* ~ take up arms; *med ~ i hand* weapon in hand; *nedlägga vapnen* lay down [one's] arms, surrender; *slå ngn med hans egna* ~ beat s.b. at his own game **2** *her.* (*-märke*) arms (*pl*), coat of arms **-bragd** feat of arms; (*friare*) military achievement **-broder** brother-in-arms **-brödraskap** brotherhood of arms **-bärare** weapon carrier **-dragare** *hist.* armour-bearer; *bildl.* supporter **-fabrik** armament factory **-fri** ~ *tjänst* unarmed national (military) service **-för** *a5* fit for military service **-föring** handling (wielding) of a weapon **-förråd** armoury, arsenal **-gny** clash of arms, din of battle **-gren** fighting service, branch of the armed forces **-gömma** concealed store of arms (weapons)

vapen|handel trading in arms; armaments trade **-handlare** arms dealer **-hjälp** arms assistance **-hus** [church] porch **-licens** licence for carrying arms, firearms (*AE.* gun) licence **-lös** unarmed **-makt** (*med* by) force of arms **-rock** tunic **-samling** collection of arms **-skrammel** *bildl.* show of arms **-sköld** coat of arms, escutcheon, blazon **-slag** service branch, arm **-smed** armourer; gunsmith **-smedja** armourer's workshop **-smuggling** gunrunning **-stillestånd** armistice; truce **-stilleståndsvillkor** armistice terms **-tillverkning** manufacture of arms **-tjänst** military service **-vila** *se -stillestånd* **-vägran** refusal to bear arms **-vägrare** [-ä:-] conscientious objector; *vard.* conchie, draft resister (*AE.* dodger) **-övning** training in the use of arms

1 var *s7* (*kudd-*) case, slip

2 var *s7* (*i sår*) pus; *få ~ i ögonen* get infected eyes

3 var (*~t*) *pron a*) (*som adj.*) (*varenda*) every, (*varje särskild*) each; *b*) (*som subst.*) *se envar*; ~ *dag* every day; ~ *gång* every (each) time; ~ *fjärde* every fourth (*timme* hour), every four (*timme* hours); ~ *och en a*) (*som subst.*) every man (person), everybody, everyone, (~ *och en särskilt*) each [one] (*av* of), *b*) (*som adj.*) each, every; *de gick ~ och en till sig* each [of them] went home, they went each to his (*etc.*) own house; *~s och ens ensak* everybody's own business; *det tycker vi nog litet* ~ pretty well every one of us thinks so; ~ *för sig* each individually, separately; *de har ~ sin bok* each [of them] has his book, they have a book each; *göra ngt ~ sin gång* do s.th. by (in) turns; *på ~ sin sida om* on either side of; *de gick åt ~ sitt håll* they went their separate ways, they all went off in different directions

4 var *adv* where; (*-än, -helst äv.*) wherever; *här och* ~ here and there; ~ *som helst* anywhere; ~ *någonstans* where[abouts]; ~ *i all världen* wherever, where on earth

5 var *imperf. av 5 vara*

1 vara *v1, rfl, med.* suppurate, fester

2 vara *oböjligt s, ta ~ på* (*ta reda på*) take care of, (*använda väl*) make good use of (*tiden* one's time); *ta väl ~ på dig!* take good care of yourself!; *ta sig till* ~ be careful, mind what one is doing; *ta sig till ~ för* be on one's guard against

3 var|a *s1* (*artikel*) article, product; *-or* (*äv.*) goods, merchandise, (*i sms. vanl.*) ware (*sg*); *-or och tjänster* goods and services; *explosiva -or* explosives; *korta -or* haberdashery; *tala för en* ~ (*äv. bildl.*) speak (argue) in favour of s.th.

4 vara *v1* (*räcka*) last (*två timmar* [for] two hours); (*fortfara*) go on, continue; *så länge det ~r* as long as it lasts

5 vara *var varit, pres. är* **I** *huvudv* **1** *allm.* be; (*existera äv.*) exist; (*äga rum äv.*) take place; (*utgöra äv.*) make; *att ~ eller icke ~* to be or not to be; ~ *från Sverige* (*om pers.*) be from Sweden, (*om sak*) come from Sweden; ~ *vid posten* be working at the Post Office; ~ *av den åsikten att* be of the opinion that; *vad anser du ~ bäst?* what do you think is best?; *för att ~ så liten är han* considering he is so small he is; *såsom ~nde den äldste* being the oldest; *vi är fyra* there are four of us; *jag är för lång, är jag inte?* I'm too tall, aren't I (am I not)?; *om så är* if that be the case, if so; *det lilla som är* what (the) little there is; *snäll som jag är skall jag* as I am nice I will; *vad är att göra?* what is to be done?; *vad är den här knappen till?* what is this button [meant] for?; *hon är och handlar* she is out shopping; *när är premiären?* when is the opening night?; *båten är av plast* the boat is [made] of plastic; *tre och tre är sex* three and three are (is, make[s]) six; *det är att frukta att* it is to be feared that; *det är farliga saker* these are dangerous things; *det är ingenting för mig* that is not at all in my line; *det är inte mycket med den längre* it is not up to much any longer; *det är och förblir en gåta* it remains a mystery; *det är som det är* things are as they are; *det här är mina handskar* these gloves are mine; *hur är det att bo i London?* what's it like (how do you like) living in London?; *som det nu är* as things are (matters stand) now; *goddag, det är Lily* (*i telefon*) hello, [this is] Lily speaking, hello, Lily here; *är det herr A.?* (*vid tilltal*) are you Mr. A.?, (*i telefon*) is that Mr. A. speaking?; *vad är det nu då?* what is it (what is the matter) now?; *vad är det med TV:n?* what has happened to the TV; *de var två* there were two of them (*om lotten* to share the lottery ticket; *om arbetet* on the job); *jag var där en kvart* I stayed there for a quarter of an hour; *jag var och hälsade på dem* I went to see them; *de var och mötte honom* they were there to meet him; *om jag var* (*vore*) *rik* if I was (were) rich; *det var bra att du kunde komma* it's a good thing you could come; *det var det som var felet* that's what was wrong; *det var snällt av dig att komma* it's (it was) very kind of you to come; *var inte pjoskig!* don't make [such] a fuss!; *hur trevligt det än hade varit* however nice it would have been; *har du varit på teatern* (*Macbeth*)*?* have you been to the theatre (to see "Macbeth")?; *jag vore tacksam om ni* I should be grateful if you; *det vore roligt* that would be fun **2** (*annan konstr.*) *deras sätt att* ~ their manners; *hur därmed än må* ~ be that as it may; *vi kan ~ sju i båten* there is room for seven of us (we can sit seven) in the boat; *vad får det lov att ~?* (*i butik*) what can I do for you?, (*t. gäst*) what can I offer you; *för att ~ utlänning är han*

V

for a foreigner he is; *får det ~ en kopp kaffe?* would you like a cup of coffee; *det får ~ för mig* I would rather not, (*jag orkar inte*) I can't be bothered; *det får ~ som det är* we'll leave it at that (as it is); *det får ~ till en annan gång* it will have to wait until another time; *den dag som i dag är* this very day; *det är bara att komma* just come; *hur vore det om vi skulle gå och bada?* what about going swimming?; *under veckan som varit* during the last week **II** *hjälpv* **1** *allm.* be; *jag är född 1931* I was born in 1931; *boken är tryckt i New York* the book was printed in New York **2** *de är bortresta* they are (have gone) away; *jag är ditbjuden i morgon* I have been invited there tomorrow; *han är utgången* he has gone out, he is out **III** (*med betonad partikel*) **1** ~ *av* (*avbruten*) be [broken] off; ~ *av med ngt* (*ha förlorat*) have lost, (*ha sluppit ifrån*) have got (be) rid of **2** ~ *borta a*) *eg.* be away, *b*) (*försvunnen*) be missing, *c*) (*död*) be gone, *d*) *bildl.* be lost **3** ~ *efter a*) (*förfölja*) be after, *b*) (*ej ha hunnit med*) be behind (*i skolan* at school); *han var långt efter oss* he was far behind us; ~ *efter sin tid* be behind the times, *AE.* be a back number; ~ *efter med betalningen* be in arrears with payment **4** ~ *emot* be against **5** ~ *för* (*gilla*) be in favour of; *fönsterluckorna var för* the shutters were closed (to) **6** ~ *före a*) (*ha hunnit före*) be ahead (*sin tid* of the times), *b*) *jur.* be on, be before the court, *c*) (*dryftas*) be up [for discussion], (*behandlas*) be dealt with **7** ~ *ifrån sig* be beside o.s. **8** ~ *kvar a*) (*inte ha gått*) remain, stay [on], *b*) (*återstå*) remain, be left [over] **9** ~ *med a*) (*deltaga*) take part, (*närvara*) be present (*på, vid* at), *b*) (*vara medräknad*) be included; *är osten med?* (*har vi med*) have we got the cheese?; *får jag ~ med?* may I join you (join in)?; *han var inte med planet* he wasn't on the plane; *är du med?* (*förstår du*) do you follow me?; ~ *med sin tid* keep up with the times, be up to date; *hur är det med henne?* how is she?; *vad är det med henne?* what is the matter with her?; ~ *med i* (*på*) (*deltaga i*) take part in, (*bevista*) attend; ~ *med om* (*bevittna*) see, witness, (*uppleva*) experience, (*genomgå*) go through, (*råka ut för*) meet with, (*deltaga i*) take part in; ~ *med om att* (*medverka*) do one's share towards (+ *ing-form*), (*hjälpa till*) help to (+ *inf.*); *hon är med på allt som är tokigt* she is in on anything crazy (mad) **10** ~ *om sig* look after one's own interests, be on the make **11** ~ *på a*) (~ *påsatt*) be on, *b*) (*röra vid*) be at; ~ *på ngn* (*ligga efter*) be on at s.b., (*slå ner på*) be down on s.b. **12** ~ *till* exist; *den är till för det* that's what it is there for; ~ *till sig* be beside o.s. **13** ~ *ur, knappen är ur* the button has come off; *nyckeln är ur* the key is not in the lock **14** ~ *över a*) (*förbi*) be over (past), *b*) (*kvar*) left, [left] over; *snart är fienden över oss* the enemy will be over us any minute

varaktig *a1* lasting (*lycka* happiness); (*hållbar*) durable; (*beständig*) permanent (*adress* address); *~a konsumtionsvaror* consumer durables **-het** (*i tid*) duration; (*hållbarhet*) durability; (*beständighet*) permanency; *av kort ~* (*äv.*) short-lived, brief

varande I *a4* being; (*existerande*) existing; *den i bruk ~* the ... in use **II** *s6* being; (*tillvaro*) existence

var|andra [-'and-, *vard.* -'rann] (*om två vanl.*) each other; (*om flera vanl.*) one another; *bredvid ~* (*äv.*) side by side; *efter ~* one after the other (another); *två dagar efter ~* two days running, two days in succession; *tätt efter ~* close upon each other; *byta frimärken med ~* exchange stamps; *de rusade om ~* they rushed round one another; *två på ~ följande* two successive **-annan** [-ˣannan] **1** every other (second); ~ *dag* (*äv.*) every two days; ~ *vecka* (*äv.*) every two weeks, fortnightly; ~ *gång* (*äv.*) alternately **2** *om vartannat* indiscriminately

varav ['va:r-] (*av vilken*) from which (what); ~ *följer att* and hence (so) it follows that; ~ *100 pund är* £100 of which is

var|bildning suppuration; *konkr.* abscess **-böld** boil

varda [ˣva:r-] *vart, perf. part. vorden, se bliva*; *i ~nde* in the making

vardag ['va:r-] *s2* weekday; (*arbetsdag äv.*) working day, *i sht AE.* workday; *om* (*på*) *~arna, till ~s* on weekdays **-lig** [ˣva:r-] *a1* everyday; (*alldaglig*) commonplace **-lighet** [ˣva:r-] triviality

vardags|bestyr *pl* daily duties **-bruk** *till ~* for everyday use (*om kläder*: wear) **-klädd** dressed in everyday clothes **-kläder** *pl* everyday clothes **-kväll** weekday evening **-lag** *i uttr.*: *i ~* in everyday life, on weekdays **-liv** everyday life **-mat** everyday (ordinary) food (fare) **-middag** everyday dinner; *kom och ät ~ med oss* come and take potluck with us **-människa** ordinary (commonplace) person **-rum** living (sitting) room, lounge, parlour **-språk** colloquial language **-uttryck** everyday expression, colloquialism

vardera ['va:r-] each; *på ~ sidan* on either side; *i vartdera fallet* in both cases, in each case

vare *konjunktiv av 5 vara* be; *ära ~ Gud* glory be to God; ~ *därmed hur som helst* however that may be, be that as it may

varefter [-'eff-] after which; (*om tid äv.*) whereupon

varelse being; creature

varemot ['va:r-] **I** *adv* against which; (*i jämförelse med vilken*) compared to which **II** *konj* while, whereas

varenda [-ˣenn-] every; ~ *en* every [single] one

vare sig ~ ... *eller inte* whether ... or not; ~ *du vill eller inte* whether you want to or not; *han kom inte ~ i går eller i dag* he did not come either yesterday or today

varest ['va:r-] where; and there

vareviga [-ˣe:-] every single (*dag* day)

varflytning flow[ing] of pus; pyorrhoea

varfågel [ˣva:r-] great grey shrike

varför ['varr-, 'va:r-] **1** (*av vilket skäl*) why; for what reason, on what account; *vard.* what for; ~ *det?* why?; ~ *inte?* why not? **2** (*och därför*) so, and therefore; wherefore **3** (*för vilken*) for which; *orsaken ~ jag slutade* the reason [why] I left

varg [-j] *s2* wolf; *hungrig som en ~* ravenous; *äta som en ~* eat voraciously; ~ *i veum* outlaw **-avinter** bitter winter **-flock** pack of wolves **-grop** wolf pit **-hane** [he]wolf **-hona, -inna** she-wolf **-lik** *a5* wolfish **-skinnspäls** wolfskin fur[coat]

-tjut howling of wolves (a wolf) **-unge** wolf cub; (*scout*) Cub [Scout], (*förr*) Wolf Cub
varhelst [-'helst, 'va:r-] wherever
varhärd focus of suppuration
vari ['va:ri, -'i:] in which (what), wherein
varia ['va:-] *pl* various things; (*som boktitel*) miscellanies **-bel** [-'a:bel] **I** *a2* variable, changeable **II** *s3* variable
vari|ans [-'ans, -'aŋs] *s3, stat.* variance **-ạnt** variant; (*i textutgåva e.d.*) variant reading; *biol.* variety **-ation** variation
variations|bredd variation range; *stat.* range **-rikedom** abundance of variation
varibland ['va:r-] among which; and among them (*etc.*), including
varier|a 1 (*skifta*) vary; (*inom vissa gränser*) range (*mellan ... och* from ... to); (*vara ostadig*) fluctuate **2** (*förändra*) vary **-ande** *a4* varying, fluctuating
varieté *s3* **1** (*-föreställning*) variety [show], music-hall performance; *AE. äv.* vaudeville [show], burlesque **2** (*lokal*) variety theatre, music hall **-artist** variety (music-hall) artist **-föreställning** *se varieté 1*
varietẹt *s3, biol.* variety
varifrån ['va:r-] *adv* **1** *interr.* where ... from, from where; *~ kommer han?* where does he come from? **2** *rel.* from which; (*från vilken plats*) from where; *vi kom till A., ~ vi fortsatte till* we arrived at A., from where we continued to
varig *a1* purulent; festering
varigenom ['va:r-] *adv* (*jfr genom*) **1** *interr.* in what way; (*genom vilka medel*) by what means **2** *rel.* through which, by means of which; (*betecknande orsak*) whereby
varit *sup. av 5 vara*
varje (*jfr 3 var*) every; (*~ särskild*) each; (*vilken ... som helst*) any; *litet av ~* a little of everything; *i ~ fall* in any case, at any rate; *i ~ särskilt fall* in each [specific] case; *till ~ pris* at all costs, at any price **-handa** *oböjligt a* diverse, various, all sorts of [things]; (*som rubrik*) miscellanies
varjạmte besides (in addition to) which, and besides [that]
varken neither (*... eller ...* nor); *han ~ ville eller kunde* he neither could nor would; *~ bättre eller sämre än* no better nor worse than; *~ det ena eller det andra* (*fågel eller fisk*) neither fish, flesh nor fowl
varl|ig [˟va:r-] *a1* gentle, soft; *jfr varsam* **-igt** *adv* gently
varm *a1* warm (*rock* coat; *färg* colour; *deltagande* sympathy); (*het*) hot (*bad* bath; *mat* food; *vatten* water); *bildl. äv.* hearty, cordial (*mottagande* reception), ardent (*beundrare* admirer), fervent; *~t hjärta* warm heart; *~ korv* hot dog; *~a källor* hot springs; *fem grader ~t* five degrees above zero (freezing point); *bli ~* get warm (hot), (*om maskin*) warm up; *jag blev ~ om hjärtat* my heart warmed; *bli ~ i kläderna* (*bildl.*) [begin to] find one's feet; *ge ngt med ~ hand* give s.th. gladly (readily, of one's own free will); *gå ~* (*om maskin*) run hot, get overheated; *tala sig ~ för en sak* warm up to a subject; *vara ~ om händerna* have warm hands **-bad** hot bath **-blod** (*häst*) blood horse **-blodig** (*om djur*) warm-blooded; (*om pers.*) hot-blooded
varmed ['va:r-] *adv* **1** *interr.* with (by) what; *~ kan jag stå till tjänst?* what can I do for you? **2** *rel.* with (by) which
varm|front *meteor.* warm front **-garage** heated garage **-gång** *tekn.* overheating, running hot **-hjärtad** [-j-] *a5* warm-hearted **-köra** (*motor*) warm up, run hot **-luft** hot air **-luftsridå** hot-air curtain **-rätt** hot dish **-vatten** hot water **-vattenberedare** [electric] water heater; boiler, geyser **-vattenkran** hot[-water] tap
varn|a [˟va:r-] warn (*för ngt* of s.th.; *för ngn* against s.b.; *för att* not to); (*mana t. försiktighet äv.*) caution (*för att* against + *ing-form*); *ett ~nde exempel* a warning (lesson)
varnagel [˟va:r-] *r* example; *honom till straff och andra till ~* as a punishment to himself and a warning to others
varning warning; (*varingsord äv.*) caution; (*vink*) hint; (*förmaning*) premonition; *~ för* beware of; *ett ~ens ord* a word of warning (caution)
varnings|lampa warning light **-ljus** hazard warning light (flasher) **-märke** warning sign; (*trafik-*) danger sign **-signal** warning signal **-skott** warning shot **-triangel** warning triangle
varnolẹn *s3* white spirit; petroleum spirits (*pl*)
varom ['va:råm] **I** *adv, rel.* about (of) which; *interr.* about (of) what; *~ mera nedan* about which more is said (written) below **II** *konj, ~ icke* and if not
1 varp *s2* (*i väv*) warp [wires *pl*]; (*handgjord*) chain; *sätta up en ~* build up a warp; *~ och inslag* warp and weft (*AE.* filling)
2 varp *s7* **1** *se notvarp* **2** *sjö.* warp, kedge
1 varpa *väv.* **I** *s1* warping machine **II** *v1* warp
2 varpa *s1* (*sten*) stone disc
varptråd warp thread
varpå ['va:r-] *adv, rel.* on which; *interr.* on what; (*om tid äv.*) whereupon, and so, after which; *~ beror misstaget?* what is the reason for the mistake?, what is the mistake due to?
1 vars (*rel. pron, genitiv av vilken*) whose, of whom (which); *för ~ skull* for whose sake, for the sake of whom (which)
2 vars *interj, ja* (*jo*) *~* (*någorlunda*) not too bad; *nej, ~* not really
var|sam [˟va:r-] *a1* wary, cautious; (*aktsam*) careful **-samhet** care; caution **-samt** *adv* warily *etc.*; *behandlas ~* handle with care
varse *oböjligt a, bli ~* perceive, (*upptäcka*) discover, (*märka*) notice
varsebliv|a *se* [*bli*] *varse* **-ning** perception
varsel ['varr-] *s7* **1** (*förvarning*) premonitory sign, presage, foreboding **2** (*vid arbetstvist o.d.*) notice, warning; *utfärda ~ om strejk* give notice of a strike; *med kort ~* at short notice
varsko [˟va:r-] *v4* warn (*ngn om* s.b. of); give notice (*om flyttning* to quit); *polisen är ~dd* the police have been notified
varsla 1 (*vara förebud*) forebode, augur, portend; *~ om* (*äv.*) be ominous of; *det ~r illa* that is no good omen, that augurs no good **2** (*varsko*) give notice (*om* of); *~ om strejk, se varsel 2*
varsna *se* [*bli*] *varse*
varstans ['va:r-] *lite ~* here, there and everywhere

Warszawa [var×sa:va] *n* Warsaw
1 vart *r, inte komma ngn* ~ get nowhere, make no progress; *jag kommer ingen* ~ *med honom* I can do nothing with him
2 vart *adv* where; *vard.* where to; ~ *som helst* anywhere; *jag vet inte* ~ *jag skall ta vägen* I don't know where to go; ~ *vill du komma* (*bildl.*) what are you driving at?
3 vart *imperf. av varda*
vartannat [-×ann-] *se varannan 2*
vart|efter [-'eft-, 'vart-] (*efter hand som*) [according] as; (*så småningom*) little by little **-hän** where
vartill ['va:r-] *adv, rel.* to (for) which; *interr.* for what [purpose]; ~ *nyttar det?* what is the good (use) of that?
vartåt [-'å:t, 'vart-] where; in what direction; *nu ser jag* ~ *det lutar* (*bildl.*) now I see which way things are going
varu|belåning loan on goods; *konkr.* pawnbroking business **-beteckning** description of goods **-bil** delivery van, *AE.* panel truck **-bud** delivery boy (messenger) **-deklaration** merchandise description; informative label **-distribution** distribution of goods **-fordringar** *pl* commercial (trade) claims **-försändelse** consignment (*med fartyg*: shipment) [of goods] **-handel** trade, commerce **-hiss** goods (freight) lift, hoist; *AE.* freight elevator **-hus** department store **-huskedja** multiple retail organization; *AE.* chain store organization **-konto** trading (trade) account **-kännedom** knowledge of merchandise **-lager** stock [of goods], goods in stock; (*magasin*) warehouse; *inneliggande* ~ stock in trade
varulv werewolf
varu|magasin warehouse, storehouse **-märke** trademark **-märkesansökan** trademark application **-märkesskydd** trademark protection **-mässa** trade fair (exhibition)
varunder [-'unn-] under (*om tid*: during) which
varuprov sample
varur ['va:r-] *adv* out of which, from which
varu|rabatt trade discount **-skatt** purchase (*AE.* sales) tax; *allmän* ~ general purchase (*etc.*) tax **-slag** line (kind) of goods **-transport** carriage (conveyance) of goods
varutöver [-'ö:-] over and above (besides, in addition to) which
varu|utbyte exchange of goods, trade **-växel** trade (commercial) bill
1 varv *s7* (*skepps-*) shipyard, shipbuilding yard; (*flottans*) [naval] dockyard; *på ~et* in the shipyard
2 varv *s7* **1** (*omgång*) turn; (*hjul-*) revolution; *sport.* round, lap, (*vid stickning o.d.*) row; *linda ngt tre* ~ *runt* wind s.th. three times round **2** (*lager*) layer; ~ *ner i* ~ (*bildl.*) unwind
varva 1 (*lägga i varv*) put in layers **2** *sport.* lap
varvid ['va:r-] at which; (*om tid äv.*) when; ~ *han* (*äv.*) in doing which he
varv|ig *a1* (*skiktad*) varved (*lera* clay) **-räknare** revolution counter, tachometer
varvs|arbetare shipyard worker **-chef** shipyard manager **-industri** shipbuilding industry
varvtal number of revolutions
varöver [-'ö:-] *adv, rel.* over (at) which; *interr.* over (at) what
vas *s3* vase
vasạll *s3* vassal **-stat** vassal state; satellite state
vasa|loppet the Vasa ski race, the Vasa run **-riddare** Knight of the Order of Vasa
vaselịn *s4, s3* petrolatum, mineral jelly; vaseline (*varumärke*)
vask *s2* (*avlopp*) sink
vask|a wash; (*guld äv.*) pan; (*bergsvetenskap äv.*) buddle **-malm** wash ore **-ning** panning; (*guld-*) placer-mining; **-tråg** washing trough; (*guld-*) cradle, rocker
vasomotorisk [-'to:-] *a5* vasomotor (*nerv* nerve)
1 vass *s2* [common] reed; *koll.* reeds (*pl*); *i ~en* among (on) the reeds
2 vass *a1* sharp (*kniv* knife); keen (*egg* edge) (*äv. bildl.*); sharp-edged (*verktyg* tool); (*stickande*) piercing; (*sarkastisk*) caustic (*ton* tone); *~a blickar* keen (piercing) looks; ~ *penna* pointed (*bildl. äv.* caustic) pen; *en* ~ *tunga* a sharp (biting) tongue; *ett strå ~are* [*än*] (*vard.*) a cut above
vassbuk *zool.* sprat
vasskant *i ~en* at the edge of the reeds
vassla I *s1* whey **II** *v1, rfl* turn (go, get) wheyey
vassleaktig *a1* wheyey, wheyish
vassnäst [-ä:-] *a4* sharp-nosed, with a pointed (sharp) nose
vass|rugge clump of reeds **-strå** (*hopskr. vasstrå*) reed
vassögd *a1* sharp-eyed, with piercing eyes
Vatikanen [-'ka:-] *r, best. form* the Vatican
watt [v-] *s9* watt
wattal (*särskr. watt-tal*) wattage
vatten ['vatt-] *s7* **1** water; *hårt* (*mjukt*) ~ hard (soft) water; *rinnande* ~ running water; *per första öppet* ~ per first open water (*förk.* f.o.w.); *leda in* ~ lay on water: *lägga* (*sätta*) *i* ~ put in water; *ta in* ~ (*om båt*) make (take in) water, water; *på* (*i*) *svenska* ~ on Swedish waters; *under* ~ under water, submerged; *simma under vattnet* swim below the surface; *sätta under* ~ flood, submerge **2** *fiska i grumligt* ~ fish in troubled waters; *få* ~ *på sin kvarn* get grist to one's mill; *det är som att hälla* ~ *på en gås* it's like pouring water on a duck's back; *kunna ngt som ett rinnande* ~ know s.th. off pat; *känna sig som fisken i vattnet* feel thoroughly at home; *ta sig* ~ *över huvudet* (*bildl.*) take on more than one can manage, bite off more than one can chew; *i de lugnaste vattnen går de största fiskarna* still waters run deep **3** *med.* water (*i knäet* on the knee); ~ *i lungsäcken* wet pleurisy **4** *kasta* ~ (*urinera*) make (pass) water
vatten|avrinning drainage **-avvisande** water-repellent **-bad** water-bath **-behållare** water tank **-blandad** mixed with water **-brist** water shortage **-bryn** *i ~et* at the surface of the water, (*vid stranden*) at the water's edge **-buren** *a5* waterborne **-cykel** water cycle, pedalo **-delare** watershed, divide **-djup** depth of water **-djur** aquatic animal **-domstol** water rights court, riparian court **-drag** watercourse **-droppe** drop of water **-fall** waterfall; falls, rapids (*pl*), cataract; *bygga ut ett* ~ harness a waterfall **-fallsverk** *statens v~* [the Swedish] state power board **-fast** waterproof; water-resistant **-fattig** scantily supplied with water; (*ofruktbar*) arid **-fri** free from water; *kem.* anhydrous, dehydrated **-fågel**

waterfowl (*äv. koll.*); aquatic bird **-färg** watercolour **-förande** *a4* water-bearing **-förbrukning** water consumption **-förorening** water pollution **-förråd** supply of water **-försörjning** water supply **-glas 1** drinking-glass; *en storm i ett ~* a storm in a teacup **2** *kem.* water glass **-grav** (*sport.*) water jump; (*vallgrav*) moat **-halt** water content **-haltig** *a1* watery, containing water; *kem.* hydrous; *med.* serous **-kamma** wet comb **-kanna** (*för vattning*) watering can; (*för tvättvatten*) water jug **-kanon** water cannon **-karaff** carafe, water bottle **-kastare** hydrant **-klosett** water closet (*förk.* W.C.); *AE. äv.* bathroom **-konst** [artificial] fountain **-koppor** *se vattkoppor* **-kraft** water power **-kraftverk** hydroelectric power station (plant) **-kran** water tap; *AE.* faucet **-krasse** watercress **-kvarn** water mill **-kyld** [-çy:ld] *a5* water-cooled (*motor* engine)

vatten|ledning water main, [water] conduit; (*-ledningssystem*) system of water mains; *det finns ~* there is water laid on (*i huset* to the house) **-ledningsrör** water pipe; (*huvudledning*) water main[s *pl*] **-ledningsvatten** tap water **-linje** water line **-lås** waterseal, clean-out trap, drain trap **-löslig** soluble in water **-massa** volume (body) of water **-melon** watermelon **-märke** watermark **-mätare** (*för flöde*) water meter; (*för innehåll*) water gauge **-möja** *s1, bot.* water crowfoot **-odling** aquaculture **-pass** spirit (bubble) level **-pelare** column of water **-pistol** water pistol (*AE.* gun), squirt **-planing** aquaplaning **-polo** water polo **-post** [fire] hydrant **-prov 1** water sample; water test **2** *hist.* ordeal by water **-pump** water pump **-pöl** pool of water, puddle **-reglering** water regulation (control) **-reningsverk** water-purifying plant, sewage disposal plant **-reservoar** water reservoir (tank) **-ridå** water seal **-rik** abounding in water; *~ trakt* well-watered country **-rätt** *jur.* water laws (rights) (*pl*) **-rättsdomare** judge of a water rights court **-rör** water pipe **-samling** pool of water; (*pöl*) puddle **-show** aquashow, *AE.* aquacade **-sjuk** boggy, waterlogged **-skada** water damage **-skadeförsäkring** water damage insurance **-skalle** *med.* hydrocephalus; *vard.* water on the brain **-skida** water-ski; *åka -skidor* water-ski **-skidåkning** water-skiing **-skott** *bot.* water shoot (sprout) **-slang** hose **-slipning** water sanding **-snok** grass snake **-spegel** mirror (surface) of the water **-sport** aquatic sports, aquatics (*pl*) **-spridare** water sprinkler **-stråle** jet of water **-stånd** water (sea) level; *högsta ~* high- water level **-stämpel** watermark **-stänk** splash of water **-torn** water tower; standpipe **-trampning** treading water **-tunna** water cask; (*för regnvatten*) water butt **-turbin** water (hydraulic) turbine **-täkt** *s3* water supply (resources *pl*) **-tät** (*om tyg e.d.*) waterproof; (*om fartyg, kärl*) watertight **-uppfordringsverk** water-raising plant **-uppsugande** *a4* water-absorbent, hygroscopic **-verk** waterworks (*sg o. pl*); water service **-vård** water conservation (protection) **-väg** waterway **-växt** aquatic plant, hydrophyte **-yta** surface of water **-åder** vein of water **-ånga** steam; water vapour **-ödla** newt

vattgröt porridge [made with water]

wattimme (*särskr. watt-timme*) watt-hour

vatt|koppor *pl* chickenpox (*sg*), *med.* varicella **-lägga** soak, put in water

vattna water (*äv. djur*); (*be-*) sprinkle, irrigate; *~ ur* soak (*sill* herring) **vattnas** *dep, det ~ i munnen på mig* it makes my mouth water (*när jag tänker på* to think of) **vattnig** *a1* watery; *bildl.* insipid **vattning** watering; sprinkling, irrigation

vattra water, wave; *~t tyg* moire, watered silk

vattu|mannen *V~* Aquarius **-siktig** *a1* dropsical **-skräck** rabies; (*hos människa äv.*) hydrophobia **-sot** dropsy

vattvälling water gruel; *var och en rosar sin ~* everyone swears by his own remedy

vax *s4* wax **vaxa** wax

vax|artad [-a:r-] *a5* waxy **-böna** wax (butter) bean **-docka** wax doll **-duk** oilcloth, American cloth **-figur** wax figure, waxwork **-gul** wax-coloured, waxen **-kabinett** waxworks (*sg o. pl*) **-kaka** honeycomb **-ljus** wax candle **-papper** wax paper **-plugg** plug of earwax

WC [ˣve:se:] *s6* W.C., toilet, lavatory **--borste** lavatory brush

VD [ˣve:de:] *förk. för verkställande direktör, se under verkställande*

ve I *oböjligt s* woe; *ditt väl och ~* your welfare (wellbeing); *svära ~ och förbannelse över* call down curses on **II** *interj, ~ dig!* woe betide ([be] to) you!; *~ mig!* woe is me!; *o, ~!* alas!; *~ och fasa!* alackaday!

veck *s7* fold; (*sytt äv.*) pleat, plait; (*invikning*) tuck; (*skrynkla; press-*) crease; (*i ansiktet*) wrinkle; *bilda ~* fold; *lägga ~* put in pleats (*på* on); *lägga sig i ~* form pleats; *lägga pannan i ~* pucker (knit) one's brow

1 vecka *v1* pleat, put pleats in; *~ sig* fold, crease, (*om papper*) crumple

2 vecka *s1* week; [*i*] *förra ~n* last week; *~ för ~* week by week; *en gång i ~n* once a week, (*utkommande etc.*) weekly; *om en ~* in a week['s time]; *i dag om en ~* a week today, this day week; *på fredag i nästa ~* on the Friday of next week

veckig *a1* creased; (*skrynklig*) crumpled, crinkled

veckla wrap (*in i* up in); *~ ihop* fold up; *~ upp* (*ut*) unfold, (*flagga*) unfurl (*äv. ~ ut sig*)

vecko|avlönad weekly paid (*arbetare* worker); paid by the week **-avlöning** weekly wage[s *pl*] (pay, salary) **-dag** day of the week **-helg** weekend **-kort** weekly season (*AE.* commuter) ticket **-lön** *se -avlöning* **-pengar** *pl* [weekly] pocket money (allowance) (*sg*) **-press** weekly press; *~en* the weeklies (*pl*) **-slut** weekend **-tal** *i ~* for weeks together (on end) **-tidning** weekly [paper, magazine] **-tvätt** weekly wash

veckända weekend

ved *s3* wood; (*bränsle äv.*) firewood **-artad** [-a:r-] *a5* woody, ligneous **-bod** woodshed

vederbör *i uttr.: den det ~* whom it may concern, the party concerned **-ande I** *a4* the proper, the ... in question; *~ myndighet* the proper (competent) authority, the authority concerned **II** *s9* the party concerned (in question); *pl* the parties concerned, those concerned; *höga ~* the authorities (*pl*), the person (people) in authority **-lig** [-ö:-] *a1* due, proper; appropriate; *i ~ ordning* in due

V

course; *med ~t tillstånd* with the necessary authorization, (*friare*) with due permission; *på ~t avstånd* (*äv.*) at a discreet distance; *ta ~ hänsyn till* pay due regard (attention) to **-ligen** [-ö:-] duly, properly; in due course

veder|döpare anabaptist **-faras** *-fors -farits, dep* (*komma t. del*) fall to (*ngn* a p.'s lot); befall (happen to) (*ngn* s.b.) **-farits** *sup. av vederfaras* **-fors** [-o:-] *imperf. av vederfaras* **-gälla** [-j-] *v2* repay; return (*ont med gott* good for evil) **-gällning** [-j-] retribution (*äv. relig.*); reprisal; (*lön*) requital, recompense; (*hämnd*) retaliation; *~ens stund* day of retribution; *torde mot ~ återlämnas* reward offered for the return of **-gällningsaktion** retaliatory action **-häftig 1** (*pålitlig*) reliable, trustworthy (*person* person); authentic, sure (*uppgift* statement) **2** *hand.* solvent; *icke ~* insolvent **-häftighet 1** reliability, trustworthiness; authenticity **2** solvency **-kvicka** *v3* (*uppfriska*) refresh; (*stärka*) invigorate; (*ge nya krafter*) restore **-kvickande** *a4* refreshing; recreative; restorative **-kvickelse** refreshment; recreation; comfort

veder|lag *s7* compensation; remuneration, recompense **-lägga** confute; refute (*ngn* s.b.); contradict, deny (*ett påstående* a statement); *som inte kan ~s* (*äv.*) irrefutable **-mäle** *s6* token, mark **-möda** hardship; travail **-sakare** adversary **-stygglig** *a1* abominable; (*ful*) hideous **-styggllighet** abomination; horror **-tagen** *a5* established (*bruk* custom); conventional (*uppfattning* idea); accepted **-vilja** antipathy (*mot* towards); loathing (*mot* of) **-värdig** repulsive, repugnant; (*avskyvärd*) disgusting **-värdighet** repulsiveness; (*motgång*) vexation, contrariety; *~er* (*äv.*) horrors

vedettbåt picket boat

ved|handlare firewood dealer **-huggning** woodcutting, woodchopping **-kap** circular saw **-kubbe** chopping block **-lår** firewood bin **-pinne** stick of wood **-skjul** woodshed **-spis** wood stove **-såg** wood saw **-trave** woodpile, wood stack **-trä** log, piece of wood, [split] billet

vegetabil|ier [-'bi:-] *pl* vegetables; crops **-isk** *a5* vegetable (*föda* food)

vegetar|ian *s3* vegetarian **-isk** [-'ta:-] *a4* vegetarian (*kost* food)

veget|ation vegetation **-ativ** *a1* vegetative; *~a nervsystemet* the autonomic nervous system **-era** vegetate (*äv. bildl.*); *bildl. äv.* lead an inactive life

Weichsel ['vajksel] *r* the Vistula

1 vek *imperf. av vika*

2 vek *a1* (*som lätt böjs*) pliant, pliable; (*svag*) weak; (*mjuk*) soft; (*känslig*) gentle, tender; *~a livet* the waist; *ett ~t hjärta* a soft (tender) heart; *bli ~* soften, grow soft; *bli ~ om hjärtat* feel one's heart soften

veke *s2* wick **-garn** wick yarn

vek|het [ˣve:k-] pliancy; weakness; softness; tenderness **-hjärtad** [-j-] *a5* tenderhearted, softhearted

veklagan lamentation, wailing

veklig [ˣve:k-] *a1* soft; effeminate; (*svag*) weak [ly]; *föra ett ~t liv* lead a very easy life **-het** softness *etc.*; effeminacy

vek|ling weakling; *vard.* milksop **-na** grow soft (tender), soften; (*ge vika*) relent

vektor [ˣvektår] *s3* vector **-algebra** vector algebra **-analys** vector analysis

vela *vard.* dither

velar *a1 o. s3, språkv.* velar

velat *sup. av vilja*

velig *a1* irresolute, in two minds

wellpapp [ˣvell-] corrugated cardboard

velociped *s3* bicycle

velour[s] [-'lo:r] *s3* velour[s]

weltervikt [ˣvell-], **-are** welterweight

velur *se velour[s]*

veläng *s3* vellum [paper]

vem [vemm] *pron* **1** *interr.* who (*som obj.* who[m]; *efter prep* whom); (*vilkendera*) which [of them]; *~ av dem ...?* which of them ...?; *~ där?* who is there?; *~ som* who; *~s är felet?* whose fault is it?; *~ får jag lov att hälsa ifrån?* what name shall I say? **2** *rel.*, *~ som helst* anybody, anyone; *det kan ~ som helst se* anybody can see that; *~ det vara må* whoever it may be

vemod *s7* [pensive] melancholy, [tender] sadness **-ig** *a1* melancholy, sad [at heart]; blue

vemodsfylld full of sadness (melancholy)

1 ven *imperf. av vina*

2 ven *s3, anat.* vein

vend *s3*, **-er** ['venn-] *s9* Wend **-isk** ['venn-] *a5* Wendish

Venedig [-'ne:-] *n* Venice

venerisk [-'ne:-] *a5* venereal (*sjukdom* disease)

veneti|an [-etsi'a:n] *s3*, **-anare** [-ˣa:na-] *s9*, **-ansk** [-a:-] *a5* Venetian

ventil *s3* **1** (*i rörledning e.d.*) valve **2** (*för luftväxling*) ventilator, vent[hole], air regulator **3** (*i fartygssida e.d.*) porthole; *AE.* air port **4** *mus.* valve **-ation** ventilation

ventilations|ruta quarterlight, *AE.* wing **-system** ventilation system

ventil|ator [-ˣla:tår] *s3* ventilator **-basun** valve trombone **-era 1** ventilate; air **2** (*dryfta*) discuss, debate, ventilate **-gummi** valve rubber **-hatt** valve (dust) cap **-slipning** valve grinding

ventrikel [-'trikk-] *s2* (*magsäck*) stomach; (*hjärn-, hjärt-*) ventricle

venös *a1* venous (*blod* blood)

veranda [-ˣrann-] *s1* veranda[h]; *AE. äv.* porch

verb *s7* verb

verbal *a1* verbal **-isera** verbalize **-substantiv** verbal noun

verbform verbal form

verifi|era verify **-kation** (*-ering*) verification; (*intyg, kvitto äv.*) voucher **-kationsnummer** voucher number

veritabel [-'ta:-] *a2* veritable, true

verk *s7* **1** (*arbete*) work; (*litt. o. konst. äv.*) production; (*gärning äv.*) deed; *samlade ~* collected works; *ett ögonblicks ~* the work of an instant; *gripa sig ~et an, gå* (*skrida*) *till ~et* set (go) to work; *sätta kronan på ~et* crown (put the seal on) the work; *sätta i ~et* carry out, put ... into practice, (*förverkliga*) realize; *i själva ~et* as a matter of fact, actually **2** (*ämbets-*) office, [civil service] department; *stadens ~* municipal authorities; *statens ~* government (civil service) departments **3** (*fabrik*) works **4** (*fästnings-, ur-*) works (*pl*); (*me-*

kanism) mechanism, apparatus

verka 1 (*ha ~n*) work; act; *medicinen ~de inte* the medicin had no effect (did not work); *vi får se hur det ~r* we shall see how it works (what effect it has); ~ *lugnande* have a soothing effect **2** (*arbeta*) work; ~ *för* work for (in behalf of), devote o.s. to, interest o.s. in **3** (*förefalla*) seem, appear; *han ~r sympatisk* he makes an agreeable impression [upon one]; *hon ~r äldre än hon är* she strikes one as being older than she is

verkan *r, som pl används verkningar* (*resultat*) effect, result; (*in- äv.*) action; (*verkningskraft*) effectiveness; (*medicins*) efficacy; *orsak och ~* cause and effect; *fördröjd ~* retarded action; *förtaga ~ av* take away the effect[s] of, neutralize; *göra ~* take effect, be effective; *inte göra ~* be of no effect; *ha åsyftad ~* have the desired effect; *till den ~ det hava kan* in the hope it may work **verkande** *a4* active; (*arbetande*) working; *kraftigt ~* powerful, very effective; *långsamt ~* slow[-acting]

verklig *a1* real; (*sann*) true (*vän* friend); (*äkta*) genuine, veritable; (*faktisk*) actual (*inkomst* income); *det ~a förhållandet* the actual situation, the [real] facts (*pl*), the truth of the matter; *i ~a livet* in real life **-en** really; actually, indeed; *~?* indeed?, really?, you don't say [so]?; *jag hoppas ~ att* I do hope that; *jag vet ~ inte* I really don't know **-het** reality (*äv. ~en*); fact; (*sanning*) truth; *bli ~* materialize, come true; *i ~en* in reality, in real life, (*i själva verket*) as a matter of fact; *se ngn i ~en* see s.b. in the flesh

verklighets|flykt escapism **-främmande** out of touch with realities (real life) **-sinne** sense of reality **-skildring** realistic (true) description **-trogen** realistic, true to [real] life; (*om porträtt*) lifelike **-underlag** factual basis

verkmästare [industrial] supervisor, [factory] overseer, foreman

verkning *se verkan*

verknings|full effective **-grad** [degree of] efficiency, effectiveness; *ha hög ~* be highly efficient **-kraft** efficiency **-krets** incidence **-lös** ineffective **-område** sphere of influence **-radie** radius of action, range **-sätt** [mode of] action (operation)

verksam *a1* **1** (*effektiv*) effective (*medicin* medicine) **2** (*arbetsam*) industrious, busy; (*aktiv*) active; (*driftig*) energetic; *ta ~ del i* take an active part in; *vara ~ som* work as **-het** activity; (*rörelse, handling*) action; (*arbete*) work; (*handels- e.d.*) business, operations (*pl*); *oamerikansk ~* un-American activities (*pl*); *inställa ~en* cease one's activities, stop work; *sätta i ~* set working; *träda i ~* come into action (operation), start work; *vara i ~* be at work, (*om sak*) be in operation (action)

verksamhets|berättelse annual report **-form** form of activity **-fält** field of action; (*persons*) sphere of activity; *hand.* line [of business] **-lust** energy, craving for action **-år** *hand.* financial year

verkskydd industrial civil defence [unit]

verksläkare staff medical officer

verkstad ['värk-] *-en verkstäder* workshop; [repair, machine] shop; (*bil-*) garage; *mekanisk ~* engineering plant (workshop); *skyddad ~* sheltered workshop

verkstads|arbetare engineering worker, mechanic **-chef** works (*AE.* plant) manager **-golv** shop floor **-industri** engineering industry **-klubb** trade union branch, works committee

verkställ|a carry out (into effect), perform; (*t.ex. dom*) execute; ~ *betalningar* make (effect) payments **-ande** *a4* executive (*makt* power); ~ *direktör* managing director, general manager, *AE.* president; *vice ~ direktör* deputy managing director (general manager), *AE.* [executive] vice president; ~ *utskott* executive committee **-are** executor **-ighet** execution; effect; *gå i ~* be put into effect, be carried out

verk|tum [Swedish] inch **-tyg** tool, instrument (*äv. bildl.*); *eg. äv.* implement

verktygs|låda tool box **-skåp** tool cupboard (locker) **-utrustning** tool kit (outfit) **-väska** tool bag

vermiceller [-'sell-] *pl, kokk.* vermicelli

verm[o]ut ['värmut] *s2* vermouth

vernissage [-'sa:ʃ] *s5* opening of an exhibition; private view

veronal *s4, s3* veronal (*varumärke*)

veronika [-'rå:-] *s1, bot.* speedwell

vers [-ä-] *s3, s2* verse (*äv. i Bibeln*); (*strof*) stanza, strophe; (*dikt*) poem; *sjunga på sista ~en* be on one's (its) last legs; *skriva ~* write poetry (poems)

versal [-ä-] *s3, boktr.* capital [letter]; cap

vers|byggnad metrical structure **-drama** verse (metrical) drama

verserad [värˈse:-] *a5* well-mannered

vers|form metrical form **-fot** metrical foot

versifier|a versify **-ing** versification

version [värˈʃo:n] version

vers|konst metrical art **-krönika** verse drama **-lära** prosody; metrics (*pl, behandlas som sg*) **-makare** versifier **-mått** metre **-rad** line of poetry

vertebrat [vä-] vertebrate

vertikal [vä-] vertical **-plan** vertical plane

verv [-ä-] *s3* verve, animation

vesir *s3* vizier

vespa *s1* Vespa scooter

vesper ['vess-] *s2* vesper

vessla *s1* **1** weasel; ferret **2** (*fordon*) snow cat[erpillar]

vestal *s3* vestal [virgin]

Westfalen [ˣvest-] *n* Westphalia **westfalisk** [ˣvest-] *a5* Westphalian; *~a freden* the Peace of Westphalia

vestibul *s3* vestibule; entrance hall, lobby

vet|a *visste -at* **1** know; be aware of; *det är inte gott att ~* one never knows (can tell); *du vet väl att* I suppose you know (are aware of the fact) that; *inte ~ vad man vill* not know one's own mind; *vad vet jag?* how should I know?; *vet du vad, ...!* tell you what, ...!; *~ sin plats* know one's place; *vet skäms!* be ashamed of yourself!; *det -e fåglarna!* goodness knows!; *så mycket du vet det!* and now you know!; *så vitt jag vet* as far as (for all) I know; *inte så vitt jag vet* not that I know of; ~ *att* know how to (*uppföra sig* behave); *få ~* get to know, hear, learn (*av* from), be told (*av* by); *jag fick ~ det av honom själv* I had it from his own lips; *hur*

V

fick du ~ det? how did you get to know that (of it)?; *man kan aldrig ~* you never know (can tell); *låta ngn [få] ~* let s.b. know; *det måtte väl jag ~!* I ought to know! **2** (*med betonad partikel*) ~ *av* know of; *han vill inte ~ av* a) (*ngn*) he won't have anything to do with, *b*) (*ngt*) he won't hear of; *innan man vet ordet av* before you can say Jack Robinson; ~ *med sig* be conscious (aware) (*att man är* of being, that one is); ~ *om* know [of, about]; *inte ~ om* (*äv.*) be ignorant of; *inte ~ till sig* not know what to do; ~ *varken ut eller in* not know which way to turn **3** *rfl, inte ~ sig ha sett* not know that one has seen; *hon visste sig ingen levande[s] råd* she was at her wits' end

vetande I *a4, mindre ~* not quite right in the head, feeble-minded **II** *s6* knowledge; (*kunskaper äv.*) learning; *mot bättre ~* against one's better judgement; *tro och ~* faith and knowledge

vetat *sup. av veta*

vete *s6* wheat; *rostat ~* puffed wheat **-ax** ear of wheat **-bröd** white bread **-bulle** bun **-grodd** wheat germ **-kli** bran **-korn** grain of wheat **-mjöl** wheat flour

vetenskap *s3* science; (*-sgren*) branch of science (scholarship); *de humanistiska ~erna* the humanities (arts); *det är en hel ~* (*mycket invecklat*) it's an art in itself **-lig** [-a:-] *a1* scientific; (*lärd*) scholarly **-lighet** [-a:-] scholarliness; scientific character **-ligt** [-a:-] *adv* scientifically; *bevisa ~* prove scientifically

vetenskaps|akademi academy of science[s] **-gren** branch of science (scholarship) **-historia** history of science **-man** scientist; (*humanist*) scholar **-teori** epistemology, theory of science and research

veteran *s3* veteran **-bil** veteran car

veterinär *s3* veterinary surgeon, *AE.* veterinarian; *vard.* vet **-besiktning** veterinary inspection **-högskola** veterinary college

veter|lig *a1* known; *göra ~t, se kungöra* **-ligen, -ligt** as far as is known; *mig ~* as far as I know, to my knowledge

vetgirig eager to learn (know), craving for knowledge, inquiring, inquisitive **-het** thirst for knowledge; inquiring mind; inquisitiveness

veto *s6* veto; *inlägga sitt ~* interpose one's veto; *inlägga sitt ~ mot* veto, put one's veto on **-rätt** [right of] veto

vetskap [ˣve:t-] *s3* knowledge; *få ~ om* get to know, learn about; *utan min ~* (*äv.*) unknown to me

vett *s7* [good] sense; wit; *med ~ och vilja* knowingly, wittingly; *ha ~ att* have the good sense to; *vara från ~et* be out of one's senses

vett|a *-e -at, ~ mot* (*åt*) face (*norr* the north)

vette *s2* stool pidgeon, decoy

vett|ig *a1* sensible; (*omdömesgill*) judicious **-lös** senseless **-skrämd** *a5* frightened (scared) out of one's senses (wits) **-villing** madman

vev *s2* crank, handle

vev|a I *s1, i samma ~* just at that (the same) moment **II** *v1, ~ [på]* turn [the crank (handle) [of]]; grind (*på ett positiv* an organ); *~ på* grind away **-axel** crankshaft **-hus** crankcase **-stake** connecting rod **-tapp** crankpin

v.g.v. *förk. för var god vänd, se vända 1*

whisky ['viss-] *s3* whisky; (*skotsk*) Scotch [whisky]; (*AE.*) rye, bourbon **-grogg** *en ~* a whisky and soda, *AE.* a highball

vi we; *~ andra* (*äv.*) the rest of us; *~ själva* we ourselves; *~ bröder* my brother[s] and I, we brothers

via via, by way of; through

viadukt *s3* viaduct

vial *s3, bot.* vetchling

vibr|afon [-'få:n] *s3* vibraphone **-ation** vibration **-ationsfri** vibrationless, vibration-free **-ator** [-ˣbra:tår] *s3* vibrator **-era** vibrate

vice *oböjligt a* **1** vice[-]; deputy (*talman* speaker) **2** *~ versa* vice versa, the other way round **-amiral** vice admiral **-konsul** vice consul **-konung** viceroy **-korpral** (*vid armén*) lance corporal, *AE.* private 1st class; (*vid flyget*) aircraftman 1st class, *AE.* airman 2nd class **-president** vice president **-värd** proprietor's (landlord's) agent, caretaker; *AE.* superintendent

vichyvatten soda water

1 vicka rock, sway; *bordet ~r* the table wobbles; *~ på foten* wag one's foot; *sitta och ~ på stolen* sit and swing on (sit balancing) one's chair; *~ omkull* tip (tilt) over, upset; *~ till* tip up, (*om båt äv.*) give a lurch

2 vicka *vard. för vikariera* sub[stitute] (*för* for)

vicker ['vikk-] *s2* vetch; *koll.* vetches (*pl*)

1 vid *prep* **1** *rumsbet., allm.* at; (*bredvid, invid; med hjälp av*) by; (*geogr. läge*) on; (*i närheten av*) near; (*vid gata, torg; anställd vid*) in; (*i prep. attr.*) of; (*efter fästa, binda e.d.*) to; *sitta ~ ett bord* sit at (*bredvid* by) a table; *röka ~ bordet* smoke at table; *sitta och prata ~ en kopp te* have a chat over a cup of tea; *bilen stannade ~ grinden* the car stopped at the gate; *klimatet ~ kusten* the climate at the coast; *sätta ett kryss ~ ett namn* put a cross against a name; *sitta ~ ratten* be at the wheel; *tåget stannar inte ~ den stationen* the train does not stop at that station; *studera ~ universitetet* study (be) at the university; *sitta ~ brasan* sit by the fire; *steka ~ sakta eld* fry over a slow fire; *leda ngn ~ handen* lead s.b. by the hand; *vi bor ~ kusten* we live by (near) the coast; *sida ~ sida* side by side; *~ min sida* by (at) my side; *skuldra ~ skuldra* shoulder to shoulder; *stolen står ~ väggen* the chair stands by (*intill* against) the wall; *~ gränsen* on the border; *staden ligger ~ havet* the town is [situated] on the sea; *~ horisonten* on the horizon; *en gata ~ torget* a street near (off) the square; *huset ligger ~ torget* the house is in the square; *anställd ~* employed in (at); *tjänstgöra ~ flottan* serve in the Navy; *vara* (*gå in*) *~ teatern* be (go) on the stage; *slaget ~ Waterloo* the battle of Waterloo; *binda [fast] ngt ~* tie s.th. [on] to; *fäst ~* (*äv. bildl.*) attached to **2** *tidsbet., allm.* at; (*omedelbart efter*) on; (*omkring*) about; *~ den här tiden på året* at this time of the year; *~ den här tiden i morgon* at this time tomorrow; *~ jultiden* at Christmas; *~ tiden för* at the time of; *~ midnatt* at (*omkring* about) midnight; *~ nymåne* at new moon; *~ sin död var han* at the time of his death (when he died) he was; *~ fyrtio års ålder* at the age of forty; *~ första ögonkastet* at first sight; *~ min ankomst till* on my arrival in; *~ ett tillfälle* on one occasion, *~ sextiden* about six o'clock; *~ användningen av* when using; *~ halka* when it is slippery; ~ *kaffet talade vi om* when we were having coffee we talked about; ~ *sjukdom* in case of illness **3** *oegentlig bet.*; ~ *behov* when necessary, if required; ~ *fara* in case of danger; ~ *Gud!* by God!; ~ *allt vad heligt är* by everything that is sacred; ~ *gott mod* in good heart; ~ *namn Z.* called (named) Z., by the name of Z.; *hålla* ~ *makt* maintain, keep up; *hålla fast* ~ stick to; *stå* ~ *vad man sagt* stand by (keep to) what one has said; *van* ~ used (accustomed) to; *vara* ~ *liv* be alive **II** *adv* **1** *sitta* ~ [*sitt arbete*] stick to one's work **2** ~ *pass 15 personer* about 15 people, 15 persons or so

2 vid *a1* wide; (*-sträckt*) vast, extensive; broad (*dal* valley); (*om klädesplagg*) loose[ly fitting]; *i ~a kretsar* (*äv.*) widely; *det öppnar ~a perspektiv* it opens up wide vistas; *på ~a havet* on the open sea; *i ~a världen* in the wide world

vida *adv* **1** (*långt*) ~ [*omkring*] [far and] wide; ~ *berömd* renowned **2** (*mycket*) far (*bättre* better)

vidare *a, komp. t. 2 vid* **1** (*med större vidd*) wider *etc.* (*jfr 2 vid*); *bli* (*göra*) ~ (*äv.*) widen **2** (*ytterligare*) further (*underrättelser* particulars); more; *ni får* ~ *besked* (*äv.*) you will hear more **II** *adv* **1** (*komp. t. vida 1, 2 vitt*) wider, more widely; (*längre*) farther, further (*t.ex. gå, föra, läsa* ~) on; (*i tid*) longer, more; *~!* go on!; *den behövs inte* ~ it is no longer needed; *innan vi går* ~ before we go any further; *läsa* ~ read on, continue to read; *och så* ~ and so on (forth) **2** (*ytterligare*) further, more; ~ *meddelas att* it is further stated that; *jag har inget* ~ *att tillägga* I have nothing to add; *jag kommer inte* ~ *att* ... I won't ... any more; *vi talar inte* ~ *om det!* don't let us talk any more about that! **3** (*dessutom*) further[more], also; *se* ~ *sidan 5* see also page 5 **4** (*igen*) again; *låt det inte hända* ~ don't let it happen again **5** (*särskilt*) *inte* ~ not particularly (very); *det är inget* ~ *att bo här* it's not very pleasant living here; *vi hade inte* (*inget*) ~ *roligt* it wasn't much fun, we did not enjoy ourselves very much **6** *tills* ~ until further notice, for the present; *utan* ~ without further notice (any more ado), *vard.* just like that

vidare|befordra forward, send on; (*upplysningar o.d. äv.*) pass on **-befordran** forwarding; *för* ~ *till* to be forwarded to **-utbildning** further (advanced) training (education) **-utveckling** further development

vid|bränd *a5, är* ~ has got burnt **-bränt** *adv, smaka* ~ have a burnt taste; *det luktar* ~ there is a smell of [something] burning

vidbrättad *a5* wide-brimmed

vidd *s3* **1** (*omfång*) width; *fack.* amplitude; (*kläders etc.*) fullness, looseness **2** *bildl.* (*utsträckning*) extent; (*omfattning*) scope; *i hela sin* ~ to (in) its whole extent; *~en av hans kunskaper* the scope of his knowledge **3** (*-sträckt yta*) expanse; plain

vide *s6* willow; (*korg-*) osier **-korg** wicker basket

video ['vi:-] *s5* **1** *tekn.* video **2** *se -bandspelare* **-band** video tape **-bandspelare** video [cassette] recorder **-förstärkare** video amplifier

vidertryck backing [up]

videsnår osiery

vidfilm wide-screen film; *i* ~ on wide screen

vid|foga append, affix **-fästa** attach, fix on

vidg|a (*äv. rfl*) widen (*äv. bildl.*); expand, enlarge; (*spänna ut*) dilate; ~ *sina vyer* broaden one's mind **-as** *dep, se vidga* **-ning** widening; expansion, enlargement; dilation

vid|gå own (*att man är* being), confess **-gående** *s6* owning, confession **-hålla** maintain; keep (adhere, *vard.* stick) to; insist on **-häfta 1** (*häfta fast vid*) adhere, stick **2** *se vidlåda* **-häftning** adherence, adhesion **-häftningsförmåga** adhesiveness, adhesive capacity (power) **-hängande** *a4* attached, fastened (tied) on; ~ *adresslapp* tag, tie-on label

vidimer|a attest, *~s* signed in the presence of, witnessed **-ing** attestation

vidja [ˣvi:d-] *s1* osier switch, wicker

vid|kommande *s6, för mitt* ~ as far as I am concerned **-kännas** *v2, dep* **1** (*erkänna*) own, admit, acknowledge **2** (*lida*) suffer, bear, endure (*en förlust* a loss); ~ *kostnaderna* bear the costs

vidlyftig *a1* **1** (*omfattande*) extensive; (*omständlig*) wordy (*berättelse* narrative); *~a resor* extensive travels **2** (*tvivelaktig*) questionable (*affär* transaction); (*utsvävande*) fast (*herre* liver); *ett ~t fruntimmer* a woman of easy virtue **-het 1** extensiveness *etc.* **2** (*i seder*) dissipation; (*-a äventyr*) escapades (*pl*)

vid|låda be inherent in; *de fel som -låder* (*äv.*) the [inherent] faults of **-makthålla** maintain, keep up, preserve **-makthållande** *s6* maintenance, upholding, preservation

vidrig [ˣvi:d-] *a1* **1** (*motbjudande*) repulsive, disgusting; (*förhatlig*) odious; (*otäck*) horrid **2** (*ogynnsam*) contrary; adverse (*omständigheter* circumstances) **-het 1** repulsiveness *etc.* **2** contrariness; adversity

vidrigt *adv* repulsively *etc.*; *lukta* ~ have a terrible smell; *smaka* ~ taste abominable

viräkning settlement of accounts; *vard.* showdown; *en skarp* ~ *med* a sharp attack on

vidskepelse [-ʃ-] superstition

vidskeplig [-ʃe:-] *a1* superstitious **-het** superstitiousness, superstition

vidsträckt *a1* extensive, wide; vast (*område* area); expansive (*utsikt* view); *~a befogenheter* extensive powers; *göra ~a resor* (*äv.*) travel extensively; *i* ~ *bemärkelse* in a wide (broad) sense

vidstående *a4* adjoining (*sida* page)

vid|syn broad outlook (views *pl*) **-synt** [-y:-] *a1* broad-minded **-synthet** broad- mindedness

vid|ta[ga] 1 (*företaga*) take (*åtgärder* steps); make (*anstalter* arrangements) **2** (*fortsätta*) come; (*börja*) begin; *efter lunchen -tog* after the lunch followed **-tala** arrange with; *jag har ~t honom om saken* I have spoken to him about it

vidunder monster; (*enastående företeelse*) prodigy **-lig** [ˣvi:d-, -'unn-] monstrous; (*orimlig*) preposterous **-lighet** monstrosity

vid|vinkelobjektiv *foto.* wide-angle lens **-öppen** wide-open

Wien [vi:n] *n* Vienna

wien|are [ˣvi:nare] Viennese (*pl lika*) **-erbröd** Danish pastry **-erschnitzel** [-ʃnitsel] *s2* Wiener schnitzel **-sk** [-i:-] *a5* Viennese

Vierwaldstättersjön [fi:rvaltˣʃtätter-] the Lake of Lucerne

vietnamęs *s3* Vietnamese (*pl lika*) **-isk** [-'me:-] *a5* Vietnamese
vift *s3, ute på* ~ out on the spree
vift|a I *s1* whisk **II** *v1* wave (*farväl åt ngn* s.b. farewell); ~ *bort* whisk away (*flugor* flies); ~ *med* wave; brandish; ~ *på svansen* wag its tail **-ning** waving, wave; wag
vig *a1* agile, supple, lithe
vig|a *v2* **1** (*helga; in-*) consecrate; (*präst*) ordain; (*ägna*) dedicate, devote (*sitt liv åt* one's life to); ~ *ngn till biskop* consecrate s.b. bishop; ~ *ngn till den sista vilan* commit s.b. to his (*etc.*) last resting place; *-d jord* consecrated ground **2** (*förena genom vigsel*) marry; ~*s* get married (*vid* to)
1 vigg *s2* (*fågel*) tufted duck
2 vigg *s2, vard.* touch; *slå en* ~ *hos ngn* touch s.b. for money
vigga *vard.* touch
vighet [ˣvi:g-] agility, suppleness, litheness
vigil|ans [-'lans, -'laŋs] *s3, se 2 vigg* **-era** *se vigga*
vigsel ['vi:g-, 'vikk-] *s2* marriage [ceremony], wedding; *borgerlig* ~ civil marriage; *kyrklig* ~ church (religious) marriage; *förrätta* ~ officiate at a marriage **-akt** marriage ceremony **-attest, -bevis** marriage certificate (lines *pl*) **-formulär** marriage formula **-förrättare** person officiating at a wedding **-ring** wedding ring
vigvatten holy water **-skål** holy water stoup
vigör vigour; fettle; *vid full* ~ in full vigour (capital form)
vik *s2* bay; (*mindre*) creek; (*havs-*) gulf; *ha en vän i* ~*en* (*vard.*) have a friend at court
vik|a *vek -it el. -t* **1** fold; (~ *dubbel äv.*) double; (*fåll*) turn in; *får ej* ~*s* do not bend **2** (*gå undan*) yield, give in (*för* to); (*flytta sig*) budge; *mil.* retreat; *bildl.* waver, flinch; ~ *för övermakten* yield to [superior] numbers; *inte* ~ *en tum* not move an inch; *han vek inte från hennes sida* he did not budge from her side; ~ *om hörnet* turn [round] the corner; ~ *åt sidan* turn aside; *vik hädan!* get thee behind me! **3** *ge* ~ give way (in) (*för* to), (*böja sig*) yield (*för* to), (*falla ihop*) collapse; *inte ge* ~ (*äv.*) hold one's own, keep firm **4** *vard.* (*reservera*) set aside; *platsen är -t för honom* the post is earmarked for him **5** *rfl* double up; (*böja sig*) bend; *benen vek sig under mig* my legs gave way under me; *gå och* ~ *sig* (*vard.*) turn in **6** (*med betonad partikel*) ~ *av* turn off; ~ *ihop* fold up; ~ *in* fold in, *sömn.* turn in; ~ *in på* turn into (*en gata* a street); ~ *ner* turn down; ~ *tillbaka a*) fold back, *b*) (*dra sig undan*) fall back, (*om pers.*) retire; ~ *undan a*) fold back, *b*) (*gå åt sidan*) give way, stand aside, (*för slag e.d.*) dodge; ~ *upp a*) turn up, (*ärmar äv.*) tuck up, *b*) (*veckla upp*) unfold; ~ *ut* unfold **vikande** *a4, aldrig* ~ never yielding, (*ständig*) incessant
vikare *zool.* ringed seal
vikariąt *s7* deputyship; temporary post
vikarie [-'ka:-] *s5* deputy; (*för lärare*) substitute; (*för läkare, präst*) locum [tenens]
vikarier|a ~ *för ngn* deputize for s.b., act as a p.'s substitute **-ande** *a4* deputy; acting (*professor* professor)
vik|bar [ˣvi:k-] *a1* foldable **-dörr** folding door
viking Viking
vikinga|balk law of the Vikings **-färd** Viking expedition **-skepp** Viking ship **-tiden** the Viking Age **-tåg** Viking raid
vikit *sup. av vika*
1 vikt [-i:-] *sup. o. perf. part. av vika*
2 vikt [vikkt] *s3* **1** weight (*äv. konkr.*); *fys.* gravity; *efter* ~ by weight; *i lös* ~ in bulk; *specifik* ~ specific gravity; *förlora i* ~ lose weight; *hålla* ~*en* be full weight; watch one's weight (diet); *inte hålla* ~*en* be (fall) short in weight **2** (*betydelse*) importance; weight; *lägga* ~ *vid* lay stress on; *av största* ~ of the utmost importance; [*inte*] *vara av* ~ be of [no] consequence (importance)
vikta *stat.* weight
vikt|enhet unit of weight **-förlust** loss of weight
viktig *a1* **I** (*betydelsefull*) important, of importance; (*allvarlig*) serious (*problem* problem); (*angelägen*) urgent (*sak* matter); *ytterst* ~ vital[ly important], of utmost importance; *det* ~*aste* the main (most important) thing, the essential point **2** (*högfärdig*) self-important, stuck-up; *göra sig* ~ put on airs **-petter** *s2* stuck-up fellow
vikt|klass *sport.* class, weight **-lös** weightless **-löshet** weightlessness **-minskning** reduction in weight **-mängd** weight
viktoriąnsk [-a:-] *a5* Victorian
vikt|sats set of weights **-system** system of weights
viktualiehandlare [-ˣa:li-] provision merchant
viktualier [-'a:li-] *pl* provisions, victuals
viktökning increase in (of) weight
vila I *s1* rest (*äv. om maskin e.d.*); (*ro äv.*) repose; *en stunds* ~ a little rest; *i* ~ at rest; *söka* ~ seek repose; *den sista* (*eviga*) ~*n* the final rest **II** *v1* rest (*mot* against, on); repose; *absol. äv.* be at rest; (*vara stödd äv.*) lean (*mot* on); *arbetet* ~*r* work is at a standstill; *här* ~*r* here lies; ~ *i frid!* sleep in peace!; *saken får* ~ *tills vidare* the matter must rest there [for the present]; *avgörandet* ~*r hos honom* the decision rests with him; ~ *sig* rest [o.s.], take a rest; ~ *på* rest on, (*vara grundad på*) be based (founded) on; ~ *på hanen* have one's finger on the trigger; ~ *på årorna* rest on one's oars; *det* ~*r en förbannelse över a*) (*ngn*) a curse has fallen on, *b*) (*ngt*) there is a curse upon; ~ *ut* have a good rest
vild *a1* **1** wild; (*ociviliserad, otämjd*) savage (*stammar* tribes); (*ouppodlad, ödslig*) uncultivated; (*förvildad*) feral; ~*a djur* wild (savage) animals; *V*~*a Västern* the Wild West **2** *bildl.* wild; (*otyglad äv.*) unruly (*pojke* boy); (*rasande*) furious (*fart* pace); ~*a fantasier* wild ideas; ~ *flykt* headlong flight; ~ *förtvivlan* wild despair; *föra ett vilt liv* lead a wild (dissipated) life; *vilt raseri* frenzied rage; *bli* ~ go mad (frantic) (*av glädje* with joy); *vara* ~ (*utom sig*) be beside o.s., be mad (*av* with); *vara* ~ *i* (*på, efter*) be mad for; *vara* ~ *på att* be wild to **-and** wild duck **-apel** crab apple [tree] **-basare** scapegrace **-djur** wild beast; *bildl. äv.* brute
vild|e *s2* savage; *AE. polit.* maverick **-fågel** wildfowl **-gås** wild goose **-havre** wild oats (*pl*); *så sin* ~ sow one's wild oats **-het** wildness; savagery; (*sinnelag äv.*) wild character; (*-sinthet*) ferocity **-hjärna** madcap **-honung** wild honey **-inna** female savage, wild woman **-katt** wildcat **-mark** wilderness; wilds (*pl*) **-marksliv** life in the wilds

-ros wild rose **-sint** *a1* fierce, savage, ferocious **-svin** [wild] boar **-svinshona** wild sow **-vin** Virginia creeper, *AE.* American ivy, woodbine **-vuxen** that runs wild, wild

vilja I *s1* will; (*önskan*) wish, desire; (*avsikt*) intention; *med bästa ~ i världen* with the best will in the world; *av egen fri ~* of one's own accord (free will); *med litet god ~* with a little good will; *ngns sista ~* a p.'s last will [and testament]; *driva sin ~ igenom* work one's will; *få sin ~ igenom* get (have) one's own way, have one's will; *med eller mot sin ~* whether one will (likes it) or not; *göra ngt med ~* do s.th. on purpose (deliberately, purposely) **II** *ville velat* **1** will; (*vara villig* [*att*] *äv.*) be willing [to]; (*åstunda, önska*) want, wish, desire; (*ha lust* [*till*]) like, please; (*ämna*) intend, mean; (*stå i begrepp att*) be about (going) to; *~ ngns bästa* desire a p.'s good; *~ ngn väl* wish s.b. well; *~ är ett och kunna ett annat* to be willing is one thing, to be able another; *det ena du vill, det andra du skall* what I would I cannot and what I would not I must; *det är det jag vill* that is what I want; *du kan om du vill* you can if you want to; *jag både vill och inte vill* (*äv.*) I am in two minds; *som du vill!* [just] as you like!; *låta ngn göra som han vill* let s.b. have his own way (mind); *det vill jag verkligen hoppas* I should hope so; *det vill tyckas som om* it would seem as though; *slumpen ville att vi* [as] chance would have it, we; *vad vill du ha?* what do you want?, (*om mat e.d.*) what will you have?; *vad vill du att jag skall göra?* what do you want me to do?; *vad vill du mig?* what do you want of me?; *jag vill gärna* I should like to (*gå dit* go there), I shall be glad to (*komma* come; *hjälpa dig* help you); *motorn vill gärna stanna* the engine is apt to stop; *jag skulle ~* I should like to; *jag skulle ~ ha* I should like [to have]; *nej, det vill jag inte* no, I won't; *han vill inte att hon skall a*) (*tillåter inte*) he won't have her (+ *ing-form*), *b*) (*tycker inte om*) he does not like her (+ *ing-form*), *c*) (*önskar inte*) he does not want her to (+ *inf.*); *jag vill inte gärna* I would rather not, I prefer not to; *härmed vill jag inte ha sagt* by this I don't mean; *du vill väl inte säga att ...?* you surely don't mean to say that ...?; *jag ville inte* I did not want to, (*vägrade*) I would not **2** (*med betonad partikel*) *inte ~ fram med a*) (*pengar*) not want to fork out, *b*) (*sanningen etc.*) not want to come out with; *~ hem* want to go home; *det vill till mycket pengar* it takes (requires) a lot of money; *det vill till att kunna arbeta om* it takes a lot of work if; *~ åt* (*ngn*) want to get at s.b., (*ngt*) want to get hold of s.th. **3** *rfl, om det vill sig väl* (*illa*) if all goes well (if things go wrong); *det vill sig inte för mig* nothing is going right for me; *det ville sig så väl att vi* (*äv.*) as [good] luck would have it, we

vilje|akt [act of] volition **-ansträngning** effort of will **-fast** firm of purpose **-kraft** willpower **-liv** volitional life **-lös** without a will of one's own, weak-minded; (*apatisk*) apathetic

vilje|s *i uttr.: göra ngn till ~* do as s.b. wants, humour s.b. **-stark** strong-willed; (*beslutsam*) resolute, determined **-styrka** *se viljekraft* **-svag** weak-willed **-yttring** manifestation of the (one's) will

vilk|en 1 *rel. a*) *självst.* (*om pers.*) who, (*om sak*) which, (*i inskränkande satser äv.*) that, *b*) *fören.* which; *-a alla* all of whom, (*om saker*) all of which; *de -as namn* those whose names; *den stad i ~ jag bor* (*äv.*) the town where I live; *gör -et du vill* do as (what) you like; *om hon kommer, -et är föga troligt* if she comes, which is not very likely **2** *interr. a*) (*vid urval*) which, *b*) (*i obegränsad bet.*) (*fören. om pers. o. saker, självst. om saker*) what, (*självst. om pers.*) who, (*vid urval*) which of them; *~ bok skall jag köpa?* (*~ av dessa*) which (*~ av alla*: what) book shall I buy?; *-a är dina skäl?* what are your reasons?; *åt -et håll skall vi gå?* which way shall we go?; *~ härlig dag!* what a lovely day!; *-a vackra blommor!* what beautiful flowers! **3** *indef., ~ som helst* anyone, anybody; *får jag ta ~ som helst* [*av de här två*]*?* may I take either [of these two]?; *~ som helst som* whoever, whichever; *~ ... än* whichever, whatever, (*om pers.*) whoever

vilkendera which [of them (the two)]

vill *pres. av vilja*

1 villa *s1* **I** (*villfarelse*) illusion, delusion; (*förvirring*) confusion; *optisk ~* optical illusion; *då blir den sista ~n värre än den första* (*bibl.*) so the last error shall be worse than the first **II** *v1, ~ bort* confuse; *~ bort sig* lose one's way, *bildl. äv.* go astray; *på ~nde hav* on the boundless sea

2 villa *s1* house; (*större*) villa; (*enplans-*) bungalow; (*stuga*) cottage

villa|bebyggelse *området är avsett för ~* the area is reserved for the building of one-family houses **-kvarter** *se -område* **-olja** light fuel oil **-område** residential district (neighbourhood) **-stad** residential (garden) suburb **-ägare** house-owner

ville *imperf. av vilja*

villebråd *s7* game; (*jagat el. dödat*) quarry

villervalla *s1* (*förvirring*) confusion; (*oreda*) muddle, jumble; *allmän ~* general confusion

villfara grant, comply with (*ngns önskan* a p.'s wish)

villfarelse delusion; mistake; *sväva i den ~n att* be under the delusion that; *ta ngn ur hans ~r* enlighten s.b., open a p.'s eyes

villig *a1* willing; ready, prepared; *vara ~* (*äv.*) agree (*att komma* to come) **-het** willingness; readiness

villkor [-å:r] *s7* **1** condition; *pl* (*i kontrakt, fördrag e.d.*) terms; (*bestämmelser*) stipulation, (*förbehåll*) provision, reserve; *på goda ~* on favourable (fair) terms; *på inga ~* on no condition; *på ~ att* on [the] condition that, provided [that]; *på överenskomna ~* on the terms agreed upon; *ställa som ~* make ... a condition; *ställa som ~ att* make it a condition that; *uppställa som ~* state as a condition; *våra ~ är följande* our terms are as follows **2** (*levnads-*) *pl* condition (*sg*), circumstances; *leva i* (*under*) *svåra ~* be badly off, live in reduced circumstances **-lig** [-å:-] *a1* conditional; *~ dom* suspended (qualified, conditional) sentence; *få ~ dom* (*äv.*) be put on probation; *~ frigivning* conditional release **-ligt** [-å:-] *adv* conditionally; *~ dömd* (*person*) probationer; *~ frigiven* on parole, released conditionally

villkors|bisats conditional clause **-lös** unconditional (*kapitulation* surrender)

V

villo|lära false doctrine; (*kätteri*) heresy **-spår** *komma* (*vara*) *på* ~ get (be) on the wrong track; *föra ngn på* ~ (*äv.*) throw s.b. off the scent **-väg** false path, wrong way; *föra ngn på ~ar* lead s.b. astray
villrådig irresolute (*om* as to); *vara* ~ (*äv.*) be in two minds (*om huruvida* as to whether) **-het** irresolution; hesitation
villsam *a1, bildl.* confusing, puzzling; *~ma vägar* devious paths
vilo|dag day of rest **-hem** nursing (convalescent) home **-läge** rest[ing] position, *i* ~ at rest **-läger** place of repose **-paus** break, pause **-rum** (*grav*) last resting place **-stund** hour of rest, leisure hour **-tid** time of rest
vilsam [ˣvi:l-] *a1* restful
vilse *adv o. oböjligt a* astray; *gå* ~ go astray, lose one's way (o.s.), (*i skogen*) get lost [in the woods]; *föra ngn* ~ lead s.b. astray, *bildl. äv.* mislead s.b. **-förd** [-ö:-] *a5* led astray, misguided, misled **-gången** *a5*, **-kommen** [-å-] *a5* gone astray; stray; *känna sig -kommen* feel lost **-leda** lead astray, mislead; (*leda på fel spår*) throw off the scent, lead by the nose **-ledande** *a4* misleading, deceptive; ~ *framställning* (*äv.*) misrepresentation
vilsen lost; confused
vil|soffa couch **-stol** (*fåtöjl*) easy chair, armchair; (*fällstol*) folding (reclining) chair
vilt I *adv* wildly *etc., jfr vild*; *växa* ~ grow wild; ~ *främmande* perfectly (quite) strange; *en ~ främmande människa* an absolute (perfect, complete) stranger **II** *s7* game **-bestånd** stock of game **-handel** poulterer's [shop] **-reservat** wildlife refuge **-vård** wildlife conservation, game protection **-vårdare** game warden
vimla swarm, be crowded, teem (*av* with); abound (*av* in); *det ~r av folk på stranden* the beach is swarming with people; *det ~r av fisk i sjön* the lake is teeming with fish
vimmel ['vimm-] *s7* crowd, throng **-kantig** *a1* giddy, dizzy; (*förvirrad*) bewildered; *den gjorde mig* ~ (*äv.*) it made my head swim
vimpel *s2* streamer; *sjö. o. mil.* pennant
vimsig *a1* scatterbrained, featherbrained
1 vin *s4* (*-ranka*) vine; (*dryck*) wine; ~ *av årets skörd* this year's vintage; *där ~et går in går vettet ut* when the wine is in the wit is out; *skörda ~et* gather in the vintage
2 vin *s7* (*-ande*) whine, whiz[z]; whistle; *stormens* ~ the howl of the storm
vin|a *ven -it* whine, whistle; sough; *kulorna ven* the bullets whistled (whizzed); *vinden -er* the wind is howling; *i ~nde fart* at a headlong (rattling) pace
vin|beredning wine-making **-berg** hill planted with vines **-bergssnäcka** edible snail **-bär** (*svart*) blackcurrant; (*rött*) redcurrant **-bärsbuske** currant bush **-bärssaft** *svart* ~ blackcurrant juice
1 vind *s2* (*blåst*) wind; *väder och* ~ wind and weather; *god* (*nordlig*) ~ fair (north[erly]) wind; *svag* ~ light breeze; *växlande ~ar* variable (*sjö.* baffling) winds; *vad blåser det för ~ i dag?* what is the wind today?, *bildl.* (*eftersom du kommer*) what wind has blown you in here?; *med ~ens hastighet* with lightning speed, like the wind; *borta med ~en* gone with the wind; *~en har vänt sig* the wind has shifted (veered); *få ~ i seglen* catch the wind, *bildl.* get a good start; *gå upp i* ~ sail near the wind; *driva ~ för våg* be adrift, be drifting [at the mercy of the winds]; *låta ngt gå ~ för våg* let s.th. take care of itself; *lämna sina barn ~ för våg* leave one's children to fend for themselves; *skingras för alla ~ar* be scattered to the winds
2 vind *s2* (*i byggnad*) attic, garret; loft; *på ~en* in the attic (*etc.*)
3 vind *a1* (*skev*) warped; askew; (*sned o.* ~) twisted
1 vinda I *s1* (*nyst-*) winder, reel **II** *v1*, ~ [*upp*] wind [up]; (*ankare*) hoist, heave [up]
2 vinda *v1* (*skela*) squint, have a squint, be cross-eyed
3 vinda *s1, bot.* bindweed
vindbrygga drawbridge
vind|böjtel *s2, pers.* weathercock **-driven 1** weather-driven; *bildl.* rootless **2** (*om väderkvarn*) wind-driven
vindel *s2* whorl; spiral **-trappa** winding (spiral) staircase
vind|energi wind energy **-fläkt** breath of wind **-flöjel** weathercock, [weather] vane **-fång 1** (*förstuga*) [small] entry, porch **2** (*yta*) surface exposed to the wind; *ha stort* ~ catch a great deal of wind **-fälle** *s6* windfall[en tree] **-hastighet** velocity of wind, wind velocity
vindi|cera reclaim, vindicate **-kation** claim for restitution of property
vindil gust [of wind]
vindistrikt winegrowing district
vind|kantring change of wind **-kast** sudden shift of wind
vindkraft wind power **-anläggning, -verk** wind power station (plant)
vindkåre breeze
vindla wind, meander
vindling whorl; *fack. äv.* convolution (*i hjärnan* of the brain); *~ar* (*i flod, väg e.d.*) windings
vind|motor wind wheel **-mätare** anemometer, wind gauge **-pinad** *a5* windswept; (*om träd o.d.*) windblown **-pust** whiff (puff) of wind **-riktning** direction of the wind **-ros** *meteor.* wind rose; (*kompass-*) compass card **-ruta** windscreen; *AE.* windshield **-rutespolare** windscreen washer **-rutetorkare** windscreen (*AE.* windshield) wiper
vindruva grape
vindruvsklase bunch of grapes
vinds|fönster attic (garret) window **-glugg** skylight
vind|sidan the windward side; *åt* ~ windward **-skala** scale of wind force
vinds|kammare attic (garret) [room] **-kontor** boxroom [in the attic (garret)] **-kupa** attic
vindskydd windshield, windbreak
vindslucka ceiling hatch
vindspel winch, windlass
vindsrum [room in the] attic, garret [room]
vindstilla I *oböjligt a* calm, becalmed **II** *s1* calm
vindstrappa staircase up to the attic
vind|strut windsock, air sock, wind cone (sleeve) **-styrka** wind force **-stöt** gust [of wind],

squall

vindsvåning attic [storey]

vind|tunnel wind tunnel (channel) **-turbin** wind turbine **-tyg** windproof cloth **- tygsjacka** windcheater, windjammer, *AE.* windbreaker (*varumärke*) **-tät** windproof **- vridning** shift (change) of wind

vindögd *a1* squint-eyed **-het** squint

vinerbröd *se wienerbröd*

vinflaska bottle of wine; (*tom*) wine bottle

ving|ad *s6* winged **-ben** wing bone **-bredd** wingspread; *flyg.* [wing]span **-bruten** broken-winged (*äv. bildl.*)

ving|e *s2* wing (*äv. bot.*); (*på fläkt*) blade; *flaxa med -arna* flap (flutter) the wings; *flyga högre än -arna bär* fly too high; *få luft under -arna* (*bildl.*) get started, get going; *pröva -arna* (*bildl.*) try paddling one's own canoe; *ta ngn under sina -ars skugga* (*bildl.*) take s.b. under one's wing **-frukt** key, key-fruit **-klaff** *flyg.* wing flap **-klippa** clip the wings of; pinion

vingla (*gå ostadigt*) stagger; (*stå ostadigt*) wobble, sway [to and fro]

vinglas wineglass

vinglig *a1* (*som rör sig ostadigt*) staggering (*gång* gait); (*som står ostadigt*) wobbly (*stol* chair) **-het** unsteadiness

vinglögg mulled wine

ving|lös wingless **-mutter** wing (butterfly) nut **-par** pair of wings **-penna** wing quill, pinion **-skjuten** *a5* winged **-slag** wing-beat **-snäcka** pteropod, sea butterfly **-spegel** *zool.* speculum **-spets** wing tip, tip of the wing; *avstånd mellan ~arna* span **-sus** swish of wings

vin|gud god of wine **-gård** vineyard **-gårdsman** vinedresser **-handlare** wine merchant, vintner

vinit *sup. av vina*

vinjett *s3* vignette, [printer's] flower; (*slut-*) tail-piece

vinjäst wine yeast

vink *s2* **1** wave; (*med handen*) beck; *lyda ngns minsta ~* obey a p.'s every sign, be at a p.'s beck and call; *vid minsta ~ från* at a nod from **2** (*antydan*) hint; *en tydlig ~* a broad hint; *en fin ~* (*äv.*) a gentle reminder; *ge ngn en ~* give (drop) s.b. a hint; *förstå ~en* take the hint

vinka 1 (*med handen*) wave (*åt* at; *farväl* farewell); (*göra tecken*) beckon (*åt* to; *ngn till sig* s.b. to come up [to one]); *~ avvärjande* make a deprecating gesture; *~ åt ngn att* (*äv.*) sign to s.b. to **2** *vi har inte mycket tid att ~ på* we have not much time to spare

vinkel *s2* **1** *mat.* angle; (*på rör*) knee, elbow; (*verktyg*) try square; *död ~* dead angle; *spetsig* (*trubbig*) *~* acute (obtuse) angle; *i ~* at an angle; *i rät ~ mot* at right angles to; *i 60° ~* at an angle of 60 degrees; *bilda ~ mot* form an angle with **2** (*vrå*) nook; (*hörn*) corner; *i alla vinklar och vrår* in every nook and corner **-ben** side (leg) of an angle **-formig** [-å-] *a1* angular **-hake** set square, triangle; *boktr.* composing stick **-järn** angle iron (bar) **-linjal** T-square **-mått** square rule, joint hook **-rät** perpendicular, at right angles (*mot* to); *gå ~t mot varandra* be at right angles to each other **-spets** vertex [of an angle]

vinkl|a angle, slant; weight; bias **-ing** angle, slant; weighting; bias

vinkning waving *etc., se vinka*

vin|krus wine jar, tankard **-kylare** wine cooler **-källare** wine cellar **-kännare** connoisseur of wine **-lista** wine list **-löv** vine leaf **-lövsranka** vine leaves (*pl*)

vinn *oböjligt s, lägga sig ~ om, se vinnlägga* [*sig*]

vinn|a *vann vunnit* **1** (*segra* [*i*]; *erhålla vinst*) win (*ett krig* a war; *pris* a prize; *en process* a suit; *på lotteri* in a lottery); *~ i bridge* (*på tips*) win at bridge (the pools); *~ i ärlig strid* win a fair fight; *~ på poäng* win by points; *~ över ngn* (*äv.*) beat s.b. **2** (*skaffa sig*) gain; (*förvärva*) acquire; (*uppnå*) attain, obtain; *~ avsättning för* find a [ready] market for; *~* [*ngns*] *bifall* meet with [a p.'s] approval; *~ erkännande* gain (receive) recognition; *~ gehör* obtain a hearing; *~ ngns hjärta* win a p.'s heart; *~ insteg* gain (obtain) a footing; *~ inträde* obtain admission; *~ laga kraft* gain legal force, become legal[ly binding]; *~ ngn för sin sak* get s.b. on one's side, win s.b. for one's cause; *~ spridning* become popular; *~ sitt syfte* gain (attain) one's end; *~ terräng* (*tid*) gain ground (time) **3** (*förändras t. sin fördel*) gain (*vid jämförelse* by comparison); ([*för*]*tjäna*) profit (*på affären* by the transaction); *du -er ingenting på att* you'll gain nothing by (+ *ing-form*); *hon -er i längden* (*vid närmare bekantskap*) she improves on closer acquaintance, she grows on you; *~ på bytet* profit by (win on) the bargain (change); *rummet kommer att ~ på ommöbleringen* the room will improve with refurnishing **4** *~ på ngn* (*knappa in*) gain [ground] on s.b., *trägen -er* perseverance carries the day

vinn|ande *a4* winning; (*tilltalande äv.*) attractive **-are** winner **-ing** gain; profit; *snöd ~* sordid gain, filthy lucre

vinnings|lysten covetous, mercenary, greedy **-lystnad** greed, covetousness **-syfte** *i ~* with the intention of gain

vinnlägga *rfl, ~ sig om* take pains (*att skriva fint* to write well; *ett gott uppförande* to behave well); strive after

vin|odlare wine-grower; viticulturist **-odling** wine-growing; viticulture **-press** winepress **-provare** wine-taster **-ranka** [grape]vine **-rättighet** licence to serve wine **-röd** wine-red

vinsch *s2, s3* winch; hoist **vinscha** hoist

vin|skörd vintage, wine harvest **-sort** sort of wine

vinst *s3* gain; *i sht hand.* profit[s *pl*]; (*behållning*) proceeds (*pl*), return; (*i lotteri*) prize; (*på spel*) winnings (*pl*); *~ och förlust* profit and loss; *på ~ och förlust* (*bildl.*) at random (a venture), on speculation; *del i ~* share in profits; *högsta ~en* the first prize; *ren ~* net (clear) profit; *ta in 10 pund i ren ~* make a clear profit of £10; *ge ~* yield a profit, turn out well; *gå med ~* (*om företag*) be a paying concern; *sälja med ~* sell at a profit; *utfalla med ~* (*om lott*) be a winning ticket **-andel** share of (in) [the] profits **-begär** greed, cupidity **-delning** protif-sharing

vinsten [ˣvi:n-] tartar; *kem.* potassium bitartrate, potassium hydrogen tartrate; *renad ~* cream of tartar

vinst|givande profitable, remunerative, lucra-

V

tive **-kupong** dividend warrant **-lista** [lottery] prize list, lottery list **-lott** winning ticket **-marginal** profit margin **-medel** *pl* profits
vinst- och förlust|konto, -räkning profit and loss account
vinstock [grape]vine
vinstsida *på ~n* on the credit side
vin|stuga tavern, bodega **-syra** tartaric acid **-säck** wineskin
vint|er ['vinn-] *s2* winter; *i ~* this winter; *mitt i ~n* in the middle of [the] winter, in midwinter; *i -ras* last winter; *om (på) ~n (-rarna)* in winter
vinter|badare winter bather **-bona** make fit for winter habitation **-bostad** winter residence **-dag** winter['s] day **-dvala** winter (hibernal) sleep; *ligga i ~* hibernate **-däck** snow tyre **-frukt** winter fruit **-fälttåg** winter campaign **-förråd** winter stock (supply) **-gatan** the Milky Way, the Galaxy **-grön** evergreen **-gröna** *s1* (*Pyrola*) wintergreen; (*trädgårds-*) [lesser] periwinkle **-gäck** [-j-] *s2, bot.* winter aconite **-halvår** winter half (term) **-härdig** hardy **-idrott** winter sports (*pl*) **-kappa** winter coat **-klädd** winter-clad **-kläder** *pl* winter clothes (clothing *sg*) **-kvarter** *s7* (*lägga sig i* go into) winter quarters (*pl*) **-kyla** cold of winter, winter cold **-körning** (*bil-*) winter motoring
vinter|lig *a1* wintry; brumous **-olympiad** Olympic Winter Games **-rock** winter coat, greatcoat **-solstånd** winter solstice **-sport** *s3* winter sports (*pl*) **-sportort** winter sports resort **-sömn** *se vinterdvala* **-tid I** *s3* wintertime, winter season **II** *adv* in [the] winter **-trädgård** winter garden **-väg** winter road
vintrig *a1* wint[e]ry, winterly, winter-like
vinthund greyhound
vintunna wine cask (barrel)
vinyl *s3* vinyl **-plast** vinyl plastic **-platta** vinyl tile
vinår (*gott* good) vintage [year]
vin|äger [-'nä:-] *s2*, **-ättika** wine vinegar
viol *s3* violet
viola ['vi:-, -'å:la] *s1* viola, tenor violin
viol|blå violet-blue **-ett** *a1* violet; (*rödaktig äv.*) purple; (*blålila äv.*) mauve
violin *s3* violin **-ist** violinist; *förste ~* first violin [ist] **-klav** treble (G) clef
violoncell [-lån'sell, -låŋ'sell] *s3* [violon]cello
viol|doft fragrance of violets **-rot** orrisroot
VIP [vipp] *s2* VIP (*initialord för very important person*)
vipa *s1, zool.* lapwing, peewit
vipp *s2, vard., vara på ~en att* be on the point of (+ *ing-form*); *det var på ~en att han föll* he was within an ace of falling; *kola ~en* (*sl.*) kick the bucket
1 vippa *s1* **1** puff; *jfr damm-, puder-* **2** *bot.* panicle
2 vipp|a *v1* tilt (tip) [up]; (*röra sig upp o. ner*) rock, bob up and down; *~ på stjärten* wag[gle] one's tail
vipp|arm rocker [arm], lever arm **-kärra** tilt cart **-port** (*hopskr. vipport*) (*garagedörr*) overhead door
vips *~ var han borta* hey presto, he was gone!
1 vira *s9* (*kortspel*) vira
2 vira *v1* wind (*med* [round] with; *om[kring]* round); (*veckla*) wrap; (*krans*) weave; *~ in* wrap up (*i* in); *~ av* unwind
viril *a1* virile
virka crochet
virke *s6* wood, timber; *AE.* lumber; *färskt ~* green wood; *hyvlat ~* planed wood; *ohyvlat ~* rough sawn timber; *kvistfritt ~* clean timber; *han är av hårdare ~ än sin bror* he's of a tougher fibre than his brother
virkes|avfall wood waste **-mätning** timber scalling **-upplag** stock of timber (wood)
virk|garn crochet yarn **-ning** crocheting; *konkr.* [piece of] crochet [work] **-nål** crochet hook
viro|log virologist **-logi** virology **-logisk** [-'lå:-] *a5* virological
virrig *a1* (*om pers.*) muddleheaded, scatter-brained; (*om sak*) muddled, confused (*svar* reply); (*osammanhängande*) disconnected (*tal* speech) **-het** confused state of mind, muddle-headedness *etc.*
virrvarr *s7* confusion, muddle; *vard.* mess; *ett ~ av* a confused (tangled) heap of
virtuos I *s3* virtuoso; master **II** *a1* masterly **-itet** virtuosity
virul|ens *s3* virulence **-ent** *a1* virulent
virus ['vi:-] *s7, best. form äv. virus* virus **-sjukdom** virus disease
virvel *s2* **1** whirl (*äv. bildl.*); turbulence; (*ström-*) whirlpool, (*mindre*) eddy; *fack. o. bildl.* vortex (*pl* vortexes, vortices); (*hår-*) vertex (*pl* vertexes, vertices); *en ~ av nöjen* a whirl of pleasures; *dansens virvlar* the whirls of the dance **2** (*trum-*) roll; *slå en ~* beat a roll **-rörelse** whirling motion, gyration, turbulence **-storm** cyclone **-vind** whirlwind
virvla whirl; (*om vatten*) eddy; *~ runt* whirl round; *~ upp* whirl up
1 vis *s7* (*sätt*) manner, way; *på det ~et* in that way, (*i utrop*) oh, that's how it is!, I see!; *på sätt och ~* in a way; *på intet ~* in no way; *på sitt ~ är hon snäll* she is quite nice in her own way
2 vis *a1* wise; *en ~ [man]* (*äv.*) a sage; *Greklands sju ~e* the seven sages; *de ~es sten* the philosophers' stone; *de tre ~e männen* the three wise men, the three Magi; *av skadan bli man ~* experience is the father of wisdom; once bit, twice shy
1 vis|a *s1* song; ballad; *Höga ~n* the Song of Songs (Solomon); *ord och inga -or* plain words (speaking); *hon är en ~ i hela stan* she is the talk of the town; *alltid samma ~* always the same old story; *slutet på ~n blev att* the end of the story was that
2 visa *v1* **1** show (*vänlighet* kindness; *hur man skall* how to); (*peka*) point (*på* out, to); (*ut-*) indicate, show (*tiden* the time); (*förete*) present, show (*ett glatt ansikte* a happy face), produce (*biljetten* one's ticket); (*ådagalägga*) exhibit, display (*skicklighet* skill); (*be-*) prove, show; *erfarenheten ~r att* experience proves (tells us) that; *utställningen ~s kl.* the exhibition may be seen (visited) at; *~ ngn en artighet* show courtesy to s.b.; *~ med exempel* demonstrate by example; *~ ngn på dörren* show s.b. the door, turn s.b. out; *~ tänderna* (*bildl.*) show fight; *gå före och ~ vägen* lead the way; *~ ngn vägen till* show s.b. the way to, direct

s.b. to; *klockan ~r på 8* the clock says 8; *termometern ~r på 20* the thermometer says 20 **2** (*med betonad partikel*) ~ *bort* dismiss (*äv. bildl.*), send away; ~ *fram* show, (*ta fram*) produce (*biljetten* one's ticket); ~ *tillbaka* turn back, *bildl.* reject; ~ *upp* show [up], *bildl.* exhibit, produce; ~ *ut* send out **3** *rfl* show o.s. (itself); (*framträda*) appear (*av* from; *för* to; *offentligt* in public); (*bli sedd*) be seen; (*dyka upp*) turn up; *det kommer snart att ~ sig* (*bli uppenbart*) it will soon be seen; *åter ~ sig* reappear; ~ *sig från sin bästa sida* show one's best side; ~ *sig för pengar* go round in a show; ~ *sig vara* turn out (prove) [to be]; ~ *sig vänlig* be kind, show kindness (*mot* to)

visar|e (*på ur*) hand; (*på instrument*) pointer, indicator, needle **-tavla** dial

visavi I *adv o. prep* vis-à-vis, opposite **II** *s3* vis-à--vis, lady (*etc.*) opposite

visbok song book, book of ballads

vischan *s, best. form, vard.* the back of beyond; *AE.* the sticks (*pl*); *på ~* at the back of beyond, *AE.* out in the sticks

visdiktare song (ballad) writer

visdom [-domm] *s2* wisdom; (*klokhet äv.*) prudence

visdoms|ord word of wisdom, maxim **-tand** wisdom tooth

vise *s2* queen [bee]

visent European bison, wisent

viser|a visa (*ett pass* a passport) **-ing** visa[ing]

vishet [ˣvi:s-] wisdom

vishets|lära philosophy **-regel** maxim

vision vision **-är** *a1 o. s3* visionary

1 visir *s3* (*titel*) vizier

2 visir *s7* (*på hjälm*) visor; *fälla upp ~et* raise the visor; *med öppet ~* (*bildl.*) straightforwardly

visirskiva *foto.* focusing screen

visit *s3* call; visit; *avlägga ~ hos ngn* pay s.b. a visit, call on s.b.; *fransysk ~* flying call **-ation** inspection, examination; (*kropps-*) search; *jur.* revision **-ationsresa** tour of visitation **-dräkt** afternoon dress **-era** inspect; (*tull-*) examine; (*jur. o. friare*) search **-ering** [-'te:-] examination; search **-kort** [visiting] card

1 viska I *s1* whisk; (*borste äv.*) wisp **II** *v1* sponge (*ett eldvapen* a firearm)

2 viska *v1* whisper (*ngt t. ngn* s.th. to s.b.; ~ *ngt i ngns öra* whisper s.th. in a p.'s ear

visk|ning whisper **-ningskampanj** whispering campaign

viskos [-'kå:s] *s3* viscose **-itet** viscosity

visky ['viss-] *se whisky*

viskös *a1* viscous

visligen [ˣvi:s-] wisely

vismut ['viss-] *s3* bismuth

visning [ˣvi:s-] show[ing]; demonstration; (*föreäv.*) exhibition; ~ *varje timme* hourly tours

visp *s2* whisk; (*grädd-, ägg-*) beater

visp|a whip (*grädde* cream); (*ägg e.d.*) beat [up] **-grädde** double cream; whipping cream; whipped cream **-ning** whipping *etc.*

viss *a1* **1** (*säker*) sure, certain (*om, på* about, of); (*tvärsäker*) positive (*på* of); *det är sant och ~t* it is true [enough]; *döden är ~* death is certain **2** (*odefinierbar*) certain (*skäl* reasons); (*bestämd äv.*) given, fixed (*tid* time); *en ~* some (*tvekan* hesitation), a certain degree of (*skicklighet* skill); *en ~ herr A.* a certain Mr. A.; *hon har ngt ~t* she has a certain s.th.; *på ~a håll* in certain (some) quarters; *till ~ grad* to (in) a certain degree (extent); *ställd till ~ person* made out to a certain name, personal

vissel|konsert hissing consert **-pipa** whistle

vissen *a3* faded, wilted (*äv. bildl.*); dry, dead; *vard.* (*dålig*) off colour, rotten, (*krasslig*) under the weather

viss|erligen it is true (*är den dyr* that it is expensive), certainly; ~ ... *men* it is true [that] (certainly) ... but **-het** certainty; (*tillförsikt*) assurance; *med ~* (*äv.*) for certain; *få ~ om* find out [for certain]; *skaffa sig ~ om* ascertain, make sure about

viss|la I *s1* whistle **II** *v1* whistle; ~ *på* whistle for, (*hund*) whistle to; ~ *ut ngn* hiss s.b. [off the stage] , *vard.* give s.b. the bird **-ing** (*-ande*) whistling; (*en ~*) whistle; (*kulas*) whizz, whistle

vissna fade; wither, wilt; die down; ~ *bort* (*om pers.*) fade away

visso *s, i uttr.: till yttermera ~* to make doubly sure, what is more

visst *adv* **1** (*säkerligen*) certainly; to be sure; (*naturligtvis*) by all means; *det kan jag ~* of course I can; ~ *skall du göra det* [you should do so] by all means; *det tror jag ~ det* I most certainly think so; *helt ~* [most] certainly; ~ *inte* not at all, by no means; *ja ~!* [yes] certainly!, of course!, yes, indeed!, *AE. äv.* sure!; *ja ~ ja!* yes, of course, that's true! **2** (*nog*) probably, no doubt; *han har ~ rest* he has left, I think; *du tror ~* you seem to believe (think); *vi har ~ träffats förr* I'm sure we must have met be fore

visste *imperf. av veta*

vis|stump scrap of a song **-sångare** ballad singer

vist *s2* (*kortspel*) whist

vist|as *dep* stay; be; (*bo*) live; *hur länge har ni -ats här?* how long have you been [staying] here? **-else** stay; (*boende*) residence **-elseort** [place of] residence, dwelling place, abode; *jur.* domicile

visthus[bod] storehouse; (*matbod*) pantry

visu|alisera visualize **-ell** *a1* visual

visum *s8* visa (*pl* visas) **-ansökan** application for visa **-tvång** compulsory visa system

vit *a1* white; *de ~a* white people, the whites; *~a frun* the White Lady; ~ *slavhandel* white-slave traffic; *~a varor* white goods, linen drapery (*sg*); *sjön går ~* the sea is white with foam

vit|a *s1* white [of an egg] **-aktig** *a1* whitish

vital *a1* vital, of vital importance; (*livskraftig*) vigorous; (*mycket viktig äv.*) momentous **-isera** vitalize **-isering** vitalizing **-itet** vitality; vigour

vitamin *s4* vitamin; *fettlösliga* (*vattenlösliga*) *~er* fat-soluble (watersoluble) vitamins **-behov** vitamin requirement[s *pl*] **-berikad** *a5* vitamin enriched **-brist** vitamin deficiency; avitaminosis **-fattig** deficient in vitamins **-halt** vitamin content **-isera** vitaminize **-isering** [-'se:-] vitaminization **-källa** source of vitamins **-piller** vitamin pill **-preparat** vitamin preparation **-rik** rich in vitamins

vit|beta *bot.* white beet **-bok 1** *s2, bot.* hornbeam **2** *~en -böcker, dipl.* white book

vite *s6* penalty, fine; *vid ~* under penalty of a fine; *vid ~ av 10 pund* under [a] penalty of a £10 fine; *tillträde vid ~ förbjudet* trespassers will be prosecuted
vitesföreläggande order to pay a fine
vit|fläckig white-spotted **-glödande** incandescent, white-hot **-glödga** bring to a white heat **-gran** white spruce **-grå** whitish grey; hoary **-gul** pale yellow, flaxen **-het** whiteness **-hårig** white-haired; hoary **-kalka** whitewash **-klädd** dressed in white **-klöver** white clover **-kål** white cabbage **-kålshuvud** white cabbage **-limma** whitewash
vitling [ˣvitt-] *zool.* whiting
vit|lök garlic **-löksklyfta** clove of garlic **-mena** *v1* whitewash **-mening** whitewashing; *konkr.* whitewash **-metall** white metal **-mossa** peat moss **-måla** paint white; *~d* painted white
vit|na [-i:-] whiten, grow (*hastigt*: turn) white **-peppar** white pepper **-prickig** dotted with (spotted) white **-randig** striped [with] white **-rappa** roughcast with white plaster
vitrin *s3* (*skåp*) display cabinet; (*låda*) display case
vitriol *s3* vitriol
vit|rysk *a1,* **-ryss** *s3* Byelorussian, White Russian
Vitryssland Byelorussia, White Russia
vits *s2* (*ordlek*) pun; (*kvickhet*) joke, jest, witticism; *inte förstå ~en med ngt* not see the point of s.th.
vits|a pun, crack jokes, joke **-are** punster, joker **-ig** *a1* full of puns (*etc.*); witty
vit|sippa wood anemone, windflower **-skäggig** with a white beard, white-bearded
vits|ord (*vittnesbörd*) testimonial; (*omdöme*) verdict; (*i betyg*) grade, mark; *få goda ~* be highly recommended; *äga ~* be considered lawful evidence **-orda** testify (bear testimony) to; *~ ngn* give s.b. a good character; *~ ngns duglighet* recommend s.b., testify to a p.'s ability
1 vitt *best. form det vita* white; *klädd i ~* [dressed] in white; *göra svart till ~* swear black is white
2 vitt *adv* **1** (*vida*) widely (*skild* separated); wide, far (*åtskilda* apart); *~ och brett, ~ omkring* far and wide; *orda ~ och brett om* talk at great length on; *~ utbredd* widespread; *vara ~ skild från* (*bildl. äv.*) differ greatly from **2** *så ~ jag vet* as far as I know; *så ~ möjligt* as far as possible; *för så ~* (*ifall*) provided, if
vitt|bekant widely known, famous; (*ökänd*) notorious **-berest** *vara ~* have travelled a great deal, be a travelled person **-berömd** renowned, farfamed, illustrious **-berömdhet** wide renown
vitten ['vitt-] *r el. n, inte vara värd en* (*ett*) *~* not be worth a damn
vitter ['vitt-] *a2* literary; *en ~ man* (*äv.*) a man of letters **-het** literature, belles-lettres (*pl, behandlas som sg*) **-hetsakademi** academy of literature (*etc.*)
vitt|förgrenad *a5* with many ramifications, widely ramified **-gående** *a4* far-reaching (*följder* consequences); extensive (*reformer* reforms)
vittja examine [and empty] (*nät* nets); *~ ngns fickor* (*vard.*) pick a p.'s pockets
vittn|a (*inför domstol*) witness; give evidence (*om* of); (*intyga*) testify (*om* to), (*skriftligt*) certify; *~ om* (*bära -esbörd om*) bear witness to, (*visa äv.*) show
vittne *s6* witness (*till* of); *ha ~n på* have witnesses to; *i ~ns närvaro* before witnesses; *inkalla ngn som ~* call s.b. as a witness; *vara ~ till* be [a] witness to, witness
vittnes|berättelse deposition [of a witness], evidence **-bås** witness box; *AE.* witness stand **-börd** [-ö:-] *s7* testimony; *jur.* evidence; *bära ~* testify; *bära falskt ~* bear false witness **-ed** oath [of a witness] **-ersättning** compensation to witnesses, witness's fee **-förhör** hearing of witnesses; *anställa ~* examine a witness **-gill** competent to witness; *~ person* competent witness **-mål** evidence; (*skriftligt*) deposition; *avlägga ~* give evidence
vittomfattande far-reaching, extensive; comprehensive (*studier* studies)
vittra weather, decompose
1 vittring *geol.* weathering, decomposition
2 vittring *jakt.* scent; *få upp ~* pick up the scent; *känna ~ efter* (*äv. bildl.*) catch the scent
vittsvävande high-aspiring, ambitious
vit|tvätt white washing **-varuaffär** linen-draper's business (shop) **-vin** white wine **-öga** white of the eye; *se döden i ~t* face death [bravely]
viv *s7, poet.* spouse
vivel *s2* weevil, snout beetle
vivisektion vivisection
vivre ['vi:ver, -re] *s7* board and lodging; *fritt ~* free board and lodging, all found
vivör man about town, rake, roué
Vlissingen [ˣfliss-] *n* Flushing
voall *s3* voile
vodka [-å-] *s1* vodka
voffla [-å-] *s1, se våffla*
Vogeserna [få'ge:-] *pl* the Vosges
vokabel [-'ka:-] *s3* vocable, word **-samling** *s2* vocabulary
vokabulär *s3* vocabulary
vokal I *s3* vowel **II** *a1* vocal **-isation** vocalization **-isera** vocalize **-ist** vocalist **-musik** vocal music **-möte** hiatus
vokativ ['våkk-] *s3* vocative
volang *s3* flounce, frill
volauvent [vållå'vaŋ] *s3* vol-au-vent
volfram ['våll-] *s3, s4* tungsten, wolfram
volleyboll ['vålli-] volleyball
volm, volma *s3 vålm, vålma*
volontär [vållån'tä:r] *s3* (*på kontor*) voluntary worker, unsalaried clerk; *mil.* volunteer
1 volt [-å-] *s3* **1** (*luftsprång*) somersault; *slå en ~* turn a somersault **2** (*på ridbana*) volt
2 volt [-å-] *s9, elektr.* volt
volt|astapel voltaic (galvanic) pile **-meter** coulometer, voltameter
voluminös *a1* voluminous; (*skrymmande*) bulky
volym *s3* volume **-kontroll** volume control **-procent** percentage by volume
vom [våmm] *se våm*
vomera vomit
vorden [ˣvo:r-] *perf. part. av varda, se bliva*
vore (*imperf. konj. av 5 vara*) were; (*skulle vara*) should be (*1 pers.*), would be (*2 o. 3 pers.*); *det ~ trevligt* it would be nice

voter|a vote **-ing** voting, vote; *begära ~* demand a division (*om* on); *vid ~* on a vote
votivtavla [-ˣti:v-] votive tablet
votum *s8* vote
vov|ve *s2 vard. o. barnspr.* doggy, doggie **--vov** *interj* bow-wow
vrak *s7* wreck (*äv. bildl.*); *bli ~* get wrecked
vraka reject
vrak|gods wreckage, stranded goods; (*flytande*) flotsam; (*kastat över bord*) jetsam **-plundrare** wrecker **-plundring** plundering of wrecks, wrecking
vrakpris bargain price, cut rate; *för ~* dirt-cheap
vrakspillror *pl* wreckage (*sg*), pieces of wreckage
1 vred *imperf. av vrida*
2 vred *s7* handle; (*runt äv.*) knob
3 vred *a1, n sg obest. form undviks* wrathful, irate; very angry; (*starkare*) furious (*på ngn* with s.b.)
vrede *s9* wrath; (*ursinne*) fury, rage; (*ilska*) anger; *koka av ~* foam with rage; *låta sin ~ gå ut över* vent one's anger on; *snar till ~* quick to anger
vredes|mod *i uttr.: i ~* in anger **-utbrott** outburst of anger, fit of rage
vredg|ad *a5, se vred; äv.* incensed, angered **-as** *dep* get angry, become incensed
vrenskas *dep* be difficult to manage; (*om häst*) be restive (balky)
vresig *a1* cross, sullen, surly
vrick|a 1 (*vrida fram o. åter*) wriggle **2** (*båt*) scull **3** (*stuka*) sprain; *~ foten* sprain one's ankle **-ad** *a5, vard.* (*tokig*) nuts, cracked **-borr** gimlet; (*större*) auger **-ning 1** wriggling; (*en ~*) wriggle **2** sculling **3** spraining; (*en ~*) sprain; (*ur led*) dislocation **-åra** scull[ing oar]
vrid|a *vred -it* **1** (*vända*) turn (*på huvudet* one's head); (*hårt*) wring (*nacken av en tupp* a cock's neck; *sina händer* one's hands) (*sno*) twist, wind; (*häftigt*) wrench; (*slita*) wrest; *~ och vända på ett problem* turn a problem over; *~ tvätt* wring [out] washing; *~ ur led* put out of joint, dislocate **2** (*med betonad partikel*) *~ av* twist (wrench) off, (*kontakt*) switch off; *~ fram klockan* put the clock (one's watch) forward; *~ loss* wrench (wrest) loose; *~ om* turn (*nyckeln* the key); *~ på* (*gasen*) turn on, (*strömmen*) switch on; *~ runt* turn round, revolve; *~ sönder* break [by twisting]; *~ till* (*kran e.d.*) turn off; *~ tillbaka klockan* put the clock (one's watch) back; *~ upp* (*klocka*) wind up; *~ ur* (*tvätt*) wring out **3** *rfl* turn, revolve (*runt en axel* round an axle); (*sno sig*) twist, wind; writhe (*av smärta* with pain); wriggle (*som en mask* like a worm)
vrid|bar [-i:-] *a1* revolving, rotating, turnable **-en** *a5* twisted; (*för-*) distorted, warped; *bildl.* (*rubbad*) cracked, unhinged **-hållfasthet** torsional (twisting) strength **-it** *sup. av vrida* **-kondensator** adjustable disc condenser **-maskin** (*för tvätt*) wringer, mangle **-moment** torque, torsional moment **-motstånd** rheostat **-ning** [-i:d-] turning *etc.*; (*en ~*) turn *etc.* **-ningsrörelse** rotary movement **-scen** revolving stage
vrist *s3* instep; (*ankel*) ankle; *anat.* tarsus; *smäckra ~er* slim ankles **-rem** shoe-strap

vrå *s5* (*hörn*) corner, nook; (*undangömt ställe*) recess, cranny; *i en undangömd ~ av världen* in an out-of-the-way spot
vråk *s2, zool.* buzzard
vrål *s7* roar[ing], howl[ing], bellow[ing]
vrål|a roar, howl, bellow **-apa** howler [monkey] **-åk** *vard.* flashy high-powered car
vrång *a1* **1** (*ogin*) disobliging, perverse, contrary; *vara ~ mot ngn* (*vard.*) make things difficult for s.b. **2** (*orätt*) wrong; *~ dom* miscarriage of justice, wrong verdict **-bild** distorted picture, caricature **-het** contrariness **-strupe** *få ngt i ~n* have s.th. go down the wrong way
vräk|a *v3* **1** heave; (*kasta*) toss; (*huller om buller*) tumble; *~ bort* toss (throw) away; *~ i sig maten* gobble down the food; *~ omkull* throw over; *~ ur sig* (*bildl.*) spit out (*skällsord* invectives); *~ ut* heave (*etc.*) out, (*pengar*) throw to the winds **2** (*avhysa*) evict, eject **3** *sjön -er* the sea is heaving; *regnet -er ner* it's pouring [rain]; *snön -er ner* the snow is falling in masses **4** *rfl* (*kasta sig*) throw (fling) o.s. down (*i* in); *bildl. vard.* play the swell; *~ sig i en fåtölj* lounge about in an armchair; *~ sig i lyx* roll in luxury
vräkig *a1* ostentatious, extravagant; *vard.* flashy **-het** ostentation, extravagance
vräk|ning [-ä:-] (*avhysning*) eviction, ejection **-ningsbeslut** eviction order
vränga *v2* **1** (*vända ut o. in på*) turn inside out **2** (*för-*) twist (*lag* the law)
vulgari|sera vulgarize **-tet** vulgarity
vulgär *a1* vulgar, common **-latin** popular Latin
vulkan *s3* volcano
vulkaniser|a vulcanize **-ing** vulcanization
vulkan|isk [-'ka:-] *a5* volcanic **-kägla** volcanic cone **-utbrott** volcanic eruption **-ö** volcanic island
vulst *s3* **1** *byggn.* torus, round **2** (*plåtslageri.*) upset **3** (*på däck*) bead, heel
vunn|en *a5* gained *etc., se vinna*; *därmed är föga -et* there is little [to be] gained by that; *därmed är ändå ngt -et* that's something anyway **-it** *sup. av vinna*
vurm *s2* mania, craze, passion (*för* for) **vurma** have a craze (passion) (*för* for)
vurpa I *s1* (*kullkörning*) fall; (*kullerbytta*) somersault **II** *v1* overturn, make a somersault
vuxen *a3* **1** (*full-*) grown-up (*barn* children), adult; *barn och vuxna* children and grown-ups (adults) **2** *vara situationen ~* be equal to the occasion; *vara ~ sin uppgift* be equal (up) to one's task **-gymnasium** upper secondary school for adults **-studerande** adult student **-undervisning, -utbildning** adult education
vy *s3* view; (*utsikt äv.*) sight **-kort** picture postcard
vyss hushaby! **vyss[j]a** [ˣvyssa, ˣvyʃa] lull (*i sömn, till sömns* to sleep)
våd *s3* (*kjol-*) gore; (*tapet-*) length
våda *s1* **1** *jur., av ~* by misadventure (accident) **2** (*fara*) risk, danger **-dråp** unintentional homicide; *jur.* chance-medley **-skott** accidental shot
våd|eld accidental fire **-lig** [-å:-] *a1* **1** *se farlig* **2** *vard.* (*förfärlig*) awful **-ligt** *adv, vard.* awfully
våffel|järn waffle iron **-vävnad** honeycomb (towelling) fabric

V

våffla *s1* waffle

1 våg *s2 (för vägning)* balance; (*butiks-, hushålls- e.d.*) scales (*pl*); *V~en* (*astr.*) Libra, the Scales

2 våg *s1 (bölja, ljud-, ljus- etc.)* wave (*äv. bildl.*); (*dyning*) roller; (*störtsjö*) breaker; *poet.* billow; *gå i ~or* surge; (*friare äv.*) go in waves, undulate; *~orna går höga* the sea is running high; *diskussionens ~or gick höga* it was a very heated discussion

1 våga (*göra vågig*) *~ håret* have one's hair waved

2 våga 1 (*tordas*) dare [to]; venture; (*djärvas*) make so bold as to; *~ försöket* try the experiment; *~ en gissning* hazard a guess; *friskt ~t är hälften vunnet* boldly ventured is half won; *du skulle bara ~!* you dare!; *~r jag besvära er att ...?* may (might) I trouble you to ...?; *jag ~r påstå att* I venture to say that **2** (*äventyra*) risk, jeopardize (*sitt liv* one's life); (*sätta på spel*) stake (*sitt huvud på* one's life on); *jag ~r hundra mot ett att* I'll stake a hundred to one that **3** *rfl* venture; *~ sig dit* (*fram*) venture [to go] there (to appear); *~ sig på a*) (*ngt*) dare to tackle, *b*) (*ngn*) venture to approach (attack); *~ sig ut i kylan* brave (venture out in) the cold; *~ sig ut på djupet* dare to go into deep water

vågad *a5* (*djärv*) daring, bold; (*riskfylld*) risky, hazardous; (*frivol*) risqué, *vard.* near the bone; *det är litet vågat att* it's a bit risky to

våg|berg ridge of a wave **-brytare** breakwater, pier, jetty **-dal** trough between two waves; *en ~* (*bildl.*) the doldrums (*pl*)

våghals daredevil, madcap **-ig** *a1* foolhardy, reckless, rash

våg|ig *a1* wavy; waving, undulating **-kam** crest of a wave **-linje** wave-line; wavy (sinuous) line **-längd** wavelength

våg|mästarroll *polit., spela en ~* hold the balance of power **-rät** horizontal, level; *~a ord* (*i korsord*) clues across **-rätt** *adv* horizontally; *~ 5* (*i korsord*) 5 across

vågrörelse undulatory (wave) motion, undulation

vågsam [-å:-] *a1* risky, hazardous

vågskvalp lapping [of waves]

vågskål scale (pan) [of a balance]; *lägga i ~en* put in (on) the scale; *väga tungt i ~en* (*bildl.*) be weighty, carry weight

våg|spel, -stycke bold venture, daring (risky) enterprise

våg|svall surging sea, surge **-topp** crest of a wave

våld *s7* **1** (*makt, välde*) power; (*besittning*) possession; *få* (*ha*) *i sitt ~* get (have) in one's power; *råka i ngns ~* fall into a p.'s power; *ge sig i ngns ~* deliver o.s. into a p.'s hands; *dra för fan i ~!* go to hell (the devil)! **2** (*maktmedel, tvång*) force; (*över-*) violence; (*våldsdåd*) outrage, assault (*mot* upon); *bildl.* violation (*mot den personliga friheten* of personal liberty); *med ~* by force, forcibly; *med milt ~* with gentle compulsion; *yttre ~* violence; *begå ~* resort to violence; *begå nesligt ~ mot, se våldtaga*; *bruka ~ mot* use force (violence) against; *bruka större ~ än nöden kräver* employ more force than the situation demands; *göra ~ på* violate; *göra ~ på sig* restrain o.s.; *öppna med ~* force open **-föra** *~ [sig på]* violate **-gästa** *~ [hos]* abuse a p.'s hospitality, descend on s.b. [for a meal] **-sam** *a1* violent; (*om pers. äv.*) vehement; (*ursinnig*) furious; (*larmande*) tumultuous (*oväsen* noise); *~ död* violent death; *göra ~t motstånd mot* violently resist **-samhet** violence; vehemence; fury; *~er* (*äv.*) excesses **-samt** *adv* violently; *~ rolig* terrifically (terribly) funny

vålds|brott crime (act) of violence **-dåd** act of violence; outrage **-härskare** tyrant **-man** *se -verkare* **-politik** policy of violence **-verkare** perpetrator of an outrage, assailant **-åtgärder** forcible means

våld|ta[ga] violate, rape; *jur.* assault **-täkt** *s3* rape; *jur.* indecent assault **-täktsförsök** attempted rape **-täktsman** person guilty of rape, rapist

våll|a (*förorsaka*) cause, be the cause of; bring about; (*åsamka*) give (*ngn besvär* s.b. trouble); *~ ngn smärta* (*äv.*) make s.b. suffer **-ande I** *s6*, *för ~ av annans död* for causing another person's death, for manslaughter **II** *a4*, *vara ~ till* be the cause of

vålm *s2* haycock **vålma** cock

vålnad [ˣvå:l-] *s3* ghost, phantom, apparition; *Skottl.* wraith

våm [våmm] *s2* rumen, paunch, first stomach

vånda *s1* agony; throes (*pl*) **våndas** *dep* suffer (be in) agony; *~ inför ngt* dread s.th.; *~ över ngt* go through agonies over s.th.

våning 1 (*lägenhet*) flat; *AE.* apartment; *en ~ på tre rum och kök* a three-room[ed] flat with a kitchen **2** (*etage*) stor[e]y, floor; *övre ~en* the upper (top) floor; *ett tre ~ar högt hus* a three-storey[ed] house; *på första ~en* (*botten-*) on the ground (*AE.* first) floor; *på andra ~en* (*en trappa upp*) on the first (*AE.* second) floor

vånings|byte exchange of flats **-hotell** apartment hotel **-plan** floor **-säng** bunk bed

våp *s7* goose, simpleton, silly **-ig** *a1* soft

1 vår *pron*; *fören.* our; *självst.* ours; *de ~a* our people, (*~a trupper*) our men; *allas ~ vän* the friend of all of us, our mutual friend; *vi skall göra ~t* (*~t bästa*) we shall do our part (our utmost)

2 vår *s2* spring; *poet.* springtime; *i livets ~* in the prime of life; *i ~* this spring; *i ~as* last spring; *om* (*på*) *~en* (*~arna*) in spring

vår|as *dep, det ~* spring is on its way **-blomma** spring flower **-bruk** spring farming **-brytning** *i ~en* as winter gives way to spring

1 vård [-å:-] *s2* (*minnesmärke*) monument, memorial

2 vård [-å:-] *s2* (*omvårdnad*) care (*om* of); (*tillsyn äv.*) charge, custody; (*sjuk- äv.*) nursing; *få god ~* be well cared for (looked after); *ha ~ om* have charge (the care) of; *den som har ~ om* the man (*etc.*) in (who takes) charge of; *lämna ngt i ngns ~* leave s.th. in a p.'s charge

vård|a 1 take care of, look after; (*sjuka*) nurse; (*ansa*) tend; (*bevara*) preserve (*minnet av* the memory of); *han ~s på sjukhus* he is [being treated] in hospital **2** *rfl*, *~ sig om* take care of, cherish, cultivate **-ad** *a5* careful; (*om klädsel, hår*) well-groomed; (*väl-*) well-kept; (*prydlig*) neat (*handstil* handwriting); *-at språk* correct lan-

guage; *använd ett -at språk!* mind how you speak!; *ett -at yttre* well-groomed appearance
vårdag spring day **-jämning** vernal equinox
vård|anstalt nursing home (institution) **-are** caretaker; (*sjuk-*) male nurse, attendant; (*djur-*) keeper; (*bevarare*) preserver **-arinna** nurse; *jfr vårdare* **-fall** *vara ett ~* be in need of professional care **-hem** nursing home **-kas[e]** *s2* beacon **-nad** *s3* guardianship; *ha ~en om* have the custody of **-nadsbidrag** child maintenance allowance **-nadshavare** guardian, custodian; *jur.* next friend **-personal** medical (nursing) staff
vårdslös [ˣvå:rds-, ˣvårs-] careless (*i* in; *med* with); negligent (*i* in; *med* of); (*försumlig äv.*) neglectful (*med sitt utseende* of one's appearance); (*slarvig*) slovenly (*klädsel* dress) **vårdslösa** neglect, be careless about, be neglectful of **vårdslöshet** carelessness, negligence, neglect; *grov ~* gross negligence; *~ i trafiken* careless driving
vård|tecken token **-yrke** occupation in medical or social services
vårflod spring flood
vårfrudagen Lady (Annunciation) Day
vår|hatt spring hat **-himmel** spring sky **-känsla** *ha -känslor* have the spring feeling **-lig** [-å:-] *a1* vernal, of spring, spring **-lik** springlike **-luft** spring air **-lök** *bot.* gagea **-mode** spring fashion **-regn** spring rain **-sidan** *på ~* when spring comes (came) **-sol** spring (vernal) sun **-städa** spring-clean **-städning** spring-cleaning **-sådd** spring sowing **-säd** spring (summer) corn (grain)
vårt|a [ˣvå:r-] *s1* wart **-bitare** *zool.* long-horned grasshopper **-björk** silver birch
vår|tecken sign of spring **-termin** spring term
vårtlik wartlike, warty
vårtrötthet spring fever
vårtsvin wart hog
vår|vind spring (vernal) breeze **-vinter** late winter
våt *a1* wet (*av* with); (*fuktig*) moist, damp; (*flytande*) liquid, fluid; *bli* (*vara*) *~ om fötterna* get (have) wet feet; *hålla ihop i ~ och torrt* stick together through thick and thin **-docka** *sjö.* wet dock **-dräkt** wet suit **-mark** wetland **-stark** *~t papper* wet-strength paper **-varm** warm and wet **-varor** *pl* liquids; (*sprit-*) alcoholic beverages **-värmande** *a4, ~ omslag* fomentation **-äng** marsh meadow
väbel ['vä:-] *s2, mil.* regimental sergeant major
väck [*puts*] *~* gone, lost, vanished
väcka *v3* **1** (*göra vaken*) wake [up]; rouse [from sleep]; (*på beställning*) call; *bildl.* awaken (*äv. relig.*), [a]rouse (*till* to; *ur* from, out of); *~ ngn till besinning* call s.b. to his (her) senses; *~ till liv* bring back to life, *bildl. äv.* arouse, revive **2** (*framkalla*) awaken (*medlidande* compassion), cause (*förvåning* astonishment); arouse (*nyfikenhet* curiosity; *misstankar* suspicion (*sg*); *sympati* sympathy); (*upp- äv.*) raise (*förhoppningar* hopes); excite (*avund* envy; *beundran* admiration), call up (*gamla minnen* old memories), call forth (*gillande* approbation), provoke (*vrede* anger); (*ge upphov t.*) create, cause (*oro* alarm); *~ intresse* awaken (arouse) an interest; *~ tanken på ngt* evoke the idea of s.th., suggest s.th.; *~ uppmärksamhet* attract attention **3** (*framställa*) bring up, raise (*en fråga* a question); *~ förslag om* propose, suggest
väckande *s6, ~ av åtal* [the] bringing [of] an action
väckarklocka alarm clock
väckelse [religious] revival **-möte** revivalist meeting **-predikant** revivalist **-rörelse** revivalist movement, revival
väckning awakening; (*per telefon*) alarm call; *får jag be om ~ kl. 6* I should like to be called at 6
väckt *a4* woken, awakened *etc.*; *relig.* saved
vädd *s2, bot.* scabious
väd|er ['vä:-] *s7* **1** weather; *-rets makter* the clerk (*sg*) of the weather; *ett sådant ~!* what weather!; *i alla ~* in all weathers, *bildl. äv.* in rain and shine; *det är fult* (*vackert*) *~* it is dirty (nice) weather; *det ser ut att bli vackert ~* the weather looks promising; *det vackra -ret fortsätter* it is keeping fine; *vad är det för ~?* what is the weather like?; *om -ret tillåter* weather permitting **2** (*luft, vind*) air, wind; *~ och vind* wind and weather; *hårt ~* stormy weather; *prata i -ret* talk rubbish through one's hat; *släppa ~* break wind; *gå till ~s* rise [in the air], *sjö.* go [up] aloft
väder|beständig weatherproof, weather-resistant **-biten** *a5* weather-beaten **-karta** weather map (chart) **-korn** scent; *gott ~* [a] keen scent, [a] sharp nose; *hunden har fått ~ på* the dog has picked up the scent of (has scented) **-kvarn** windmill **-lek** weather
väderleks|förhållanden *pl* weather conditions **-förändring** change in the weather **-karta** weather map (chart) **-prognos** weather forecast **-rapport** weather report (forecast) **-station** meteorological (weather) station **-tjänst** weather service (bureau); meteorological office **-utsikter** *pl* weather forecast (*sg*)
väder|rapport weather forecast **-spåman** weather prophet **-spänd** flatulent **-spänning** flatulence **-streck** quarter; point of the compass; *i vilket ~?* in what quarter?; *de fyra ~en* the four cardinal points
vädja [ˣvä:d-] *~ till* appeal to (*äv. jur.*) **vädjan** *r* appeal **vädjande** *a4* appealing (*blick* look) **vädjobana** lists (*pl*); (*livets* life's) arena
vädr|a [ˣvä:d-] **1** (*lufta*) air; *~ kläder* (*äv.*) give the clothes an airing **2** (*få vittring av*) scent (*äv. bildl.*); sniff **-ing** airing *etc.*
vädur *s2* ram; *V~en* (*astr.*) Ram, Aries
väft *s3* weft
väg *s2* **1** *konkr.* road; (*mer abstr. o. bildl.*) way; (*bana*) path, course; (*färd-*) journey, drive, ride, walk; (*sträcka*) distance; (*rutt*) route; (*levnadsbana*) career; *~en till* the road to; *allmän* (*enskild*) *~* public (private) road; *den breda* (*smala*) *~en* (*bildl.*) the broad (narrow) path; *förbjuden ~!* no thoroughfare!; *halva ~en* halfway; *raka ~en* the straight course; *gå raka ~en hem* go straight home; *fyra timmars ~* four hours' journey (drive, walk); *bryta nya ~ar* (*bildl.*) break new ground; *det är lång ~ till* it is a long way to; *vilken ~ gick de?* which way did they go (road did they take)?; *gå ~en fram* [be] walk[ing] along the road; *gå all världens ~* go the way of all flesh; *gå sin ~* go away, *vard.* be off; *gå din ~!* go away!,

make yourself scarce!; *gå sin egen ~* go one's own way; *om du har ~arna hitåt* if you happen to be [coming] this way; *resa sin ~* go away, leave; *ta ~en* take the road (*genom* through; *över, förbi* by); *vart skall du ta ~en?* where are you going (off to)?; *inte veta vart man skall ta ~en* not know where to go; *vart har min hatt tagit ~en?* what has become of my hat?; *gå före och visa ~en* lead the way **2** (*föregånget av prep*) *i ~* off; *gå* (*komma*) *i ~en för ngn* be (get) in a p.'s way; *ge sig i ~* be off (*till* for); *ngt i den ~en* s.th. like that (of that sort); *lägga hinder i ~en för ngn* put obstacles in a p.'s way; *längs ~en* along the road[side]; *på ~en* on the way (*dit* there); *på diplomatisk ~* through diplomatic channels, diplomatically; *på laglig ~* by legal means, legally; *inte på långa ~ar* (*bildl.*) not by a long way (chalk); *ett gott stycke på ~* well on the way; *följa ngn ett stycke på ~* accompany s.b. part of the way; *vara på ~ till* be on one's way to; *vara på ~ att* be on the point of (+ *ing-form*); *vara på god ~ att* be well on the way to; *gå till ~a* proceed, go about it; *under ~en* on the (one's) road (way), en route; *ur ~en* out of the way; *ur ~en!* get out of the way!, stand aside!; *gå ur ~en för ngn* get out of a p.'s way; *det vore inte ur ~en om* (*att*) it wouldn't be a bad idea to; *vid ~en* near (by the side of) the road, by the roadside

väg|a *v2* weigh (*äv. bildl.*); *hur mycket -er du?* how much do you weigh?; *hon -er hälften så mycket som jag* she is half my weight; *det -er jämnt* the scales are even; *det står och -er mellan* (*bildl.*) the decision lies (*vard.* it is a toss-up) between; *~ skälen för och emot* weigh the pros and cons; *sitta och ~ på stolen* sit balancing [on] one's chair; *det är väl -t* it is good weight; *hans ord -er tungt* his words carry great weight; *~ upp a*) *eg.* weigh out, *b*) (*~ mer än*) poise up, *c*) (*upp-, bildl.*) [counter] balance **-ande** *a4* weighty; [*tungt*] *~ skäl* weighty reasons

väg|arbetare roadworker **-arbete** roadwork; (*på skylt*) Road Up!, Men at Work!, Road under Repair! **-bana** roadway; *slirig ~* slippery roadway (road surface) **-bank** road embankment

vägbar [-ä:-] *a1* ponderable

väg|beläggning road surface (metalling) **-bom** [road] barrier **-byggare** road builder (maker) **-bygge** road construction (work, building, making) **-farande I** *a4* travelling; *poet.* wayfaring **II** *s9* traveller; (*trafikant*) road user **-förbindelse** road communication; *det finns ~ till* there is a road going to **-förvaltning** road maintenance authority

vägg *s2* wall; (*tunn skilje-*) partition; *bo ~ i ~ med* live next door to; *~arna har öron* walls have ears; *köra huvudet i ~en* (*bildl.*) run one's head against a wall; *ställa ngn mot ~en* (*bildl.*) drive s.b. into a corner, press s.b. hard; *uppåt ~arna* (*bildl.*) all wrong, wide of the mark; *det är som att tala till en ~* it's like talking to a brick wall **-almanack[a]** wall calendar **-block** *byggn.* wall panel **-bonad** wall hanging, tapestry **-fast** fixed to the wall; *~a inredningar* fixtures; *~ skåp* wall cabinet (cupboard) **-klocka** wall clock **-kontakt** wall socket (plug) **-lus** bedbug **-målning** mural (wall) painting **-pelare** pilaster **-uttag** point, wall socket **-yta** wall space (surface)

väg|hyvel road grader (drag) **-hållning** [road making and] road maintenance; (*bils*) roadholding **-kant** roadside **-karta** road map **-korsning** [road] crossing, crossroads **-krök** curve (bend) in the road **-lag** *s7* state of the road; *halt ~* slippery road **-leda** guide; direct; *några ~nde ord* a few [introductory] directions **-ledare** guide; counsellor **-ledning** guidance; *till ~ för* for the guidance of; *tjäna som ~* serve as a guide **-märke** road sign **-mätare** mileometer; *AE.* odometer **-mätarställning** mileage

vägnar [ˣväŋnar] *pl,* [*p*]*å ngns ~* on behalf of s.b.; *å tjänstens* (*ämbetets*) *~* by (in) virtue of one's office, ex officio; *rikt utrustad å huvudets ~* well equipped with brains, very clever, brainy

vägning [ˣvä:g-] weighing

vägnät road network

väg- och vattenbygg|are civil engineer **-nad[skonst]** civil engineering, road construction and hydraulic engineering

vägport [road] underpass, road arch

vägr|a [ˣvä:g-] refuse; (*om häst äv.*) balk, jib; *~ att mottaga* refuse [to accept], decline **-an** *r* refusal; declining

väg|ren verge, shoulder **-rätt** right of way **-skatt** road tax **-skrapa** road grader (scraper) **-skylt** road (traffic) sign **-skäl** fork [in a road]; *vid ~et* at the crossroads **-spärr** road block; *mil.* barricade **-sträcka** stretch [of a road], road section; (*avstånd*) distance **-styrelse** highway (road) board **-trafikförordning** highway code, road (*AE.* highway) traffic act; *överträdelse av ~en* (*vanl.*) motoring offence **-underhåll** road maintenance **-verk** *~et* [the Swedish] national road administration **-vett** road sense **-visare 1** *pers.* guide **2** (*bok*) guide, guidebook, directory **3** (*skylt*) direction post (sign), signpost **-vält** [road]roller **-övergång** viaduct, flyover, overpass

väj|a [ˣväjja] *v2* make way (*för* for); give way, yield (*för* to); *sjö.* veer, give way; *~ för* (*undvika*) avoid; *inte ~ för ngt* (*bildl.*) not mind anything, stick at nothing **-ningsplikt** *sjö.* obligation to veer (give way)

väktare custodian, watchman, guard[ian]; *ordningens ~* the guardians of law and order

väl I *n* welfare, wellbeing; *det allmännas ~* the common weal; *vårt ~ och ve beror på* our happiness is dependent upon **II** *bättre bäst, adv* **1** *beton.* [vä:l] **a**) (*bra, gott*) well; *~ förfaren* experienced; *allt ~!* all's well!; *så ~!* what a good thing!; *befinna sig ~* be well; *det går aldrig ~!* it can't turn out well!; *om allt går ~* if nothing goes wrong; *hålla sig ~ med ngn* keep in with s.b.; *ligga ~ till* be in a favourable position; *låta sig ~ smaka* enjoy one's food; *stå ~ hos ngn* be on the right side of s.b.; *ta ~ upp* receive favourably; *tala ~ om* speak well of; *veta mycket ~ att* be perfectly (fully) aware that; *det var för ~ att* it was a blessing that, **b**) (*alltför*) rather [too], over; (*över*) over, rather more [...] than; *~ mycket* rather too much; *~ stor* rather (almost too) big; *gott och ~* well over (*1 timme* one hour); *länge och ~* for ages, no end of a time, **c**) (*omsider, en gång*) once; *det hade inte ~ börjat förrän* no sooner had it begun than; *när hon ~ hade somnat* *var hon* once asleep she was, **d**) *inte henne men ~ hennes syster* not her but her sister **2** *obetonat* [väll] **a**) (*uttryckande förmodan el. förhoppning*) surely; (*förmodar jag*) I suppose; (*hoppas jag*) I hope; *du kommer ~?* I hope you will come!; *du är ~ inte sjuk* you are surely not ill?, you are not ill, are you?; *han får ~ vänta* he will have to wait; *jag gör ~ det då* I suppose I had better do that then; *det kan ~ hända* that's possible; *det kan mycket ~ tänkas att hon* there is every possibility of her (+ *ing- form*); *det var ~ det jag trodde* that's just what I thought; *de är ~ framme nu* they must be there by now; *det är ~ inte möjligt* it can't be possible; *det hade ~ varit bättre att ...* wouldn't it have been better to ...?; *du vet ~ att* I suppose you know; you must know, **b**) (*som fyllnadsord i frågor*) *vem kunde ~ ha trott det?* who would have believed such a thing?; *vad är ~ lycka?* what is happiness [after all]? **3** *så ~ som* as well as **II** *interj, ja ~!* of course!; *nå ~!* well then!

väl|an well [then]! **-artad** [-a:r-] *a5* well-behaved **-avlönad** well-paid **-befinnande** wellbeing **-behag** pleasure; complacency **-behållen** safe [and sound]; (*om sak*) in good condition; *komma fram ~* arrive safely **-behövlig** badly (much) needed **-bekant** well-known **-beställd** well-to-do, well-off **-betänkt** well-advised, judicious; *mindre ~* ill-advised, injudicious **-boren** honourable **-borenhet** [-å:-] *Ers ~* your Excellency **-bärgad** well-to-do; wealthy

väld|e *s6* **1** (*rike*) state, empire **2** (*makt*) domination, power; *bringa ett folk under sitt ~* bring a people under one's domination (sway), subject a people **-ig** *a1* **1** (*stor*) huge; enormous; (*vidsträckt*) immense, vast **2** (*mäktig*) mighty **-igt** *adv, vard.* awfully, tremendously, terrifically

väl|doftande fragrant **-etablerad** well-established **-funnen** *a5* apt (*uttryck* phrase) **-fylld** well-filled **-fägnad** food and drink; good cheer **-färd** [-ä:-] *s3* welfare; wellbeing **-färdssamhälle** welfare state **-född** well-fed; plump **-förrättad** *s5, efter -förrättat värv gick han* having completed his job he went **-försedd** *a5* well-stocked, well-supplied **-förtjänt** well-earned; well-deserved; *få sitt ~a straff* get the punishment one deserves; *det var ~!* that served you (*etc.*) right! **-gjord** well-made **-grundad** well-founded; good (*anledning* reason) **-gräddad** *a5* well-baked **-gång** prosperity, success; *lycka och ~!* all good wishes for the future! **-gångsskål** toast; *dricka en ~ för ngn* drink [to] a p.'s health **-gångsönskningar** *pl* good wishes **-gärning** kind (charitable) deed; (*om sak*) blessing, boon; *det var då en ~ att* it was a real blessing (boon) that **-gödd** [-j-] *a5* well-fattened

välgör|ande [-j-] *a4* (*nyttig*) beneficial (*solsken* sunshine); (*hälsosam*) salutary (*sömn* sleep); refreshing; *~ ändamål* charitable purposes; *vara ~ för ngn* (*äv.*) be good for s.b., do s.b. [a lot of] good **-are** benefactor **-enhet** charity **-enhetsinrättning** charitable institution **-enhetsmärke** charity seal (*frimärke*: stamp) **-erska** benefactress

väl|hållen well-kept **-hängd** (*mör*) tender **-informerad** [-å-] *a5* well-informed (*kretsar* circles)

välja *valde valt* **1** (*ut-*) choose (*bland* from, out of; *mellan* between; *till* as); (*noga*) select, pick (*sina ord* one's words), pick out (*äv. ~ ut*); *få ~* be allowed to choose, have one's choice; *låta ngn ~* give s.b. the choice; *inte ha mycket att ~ på* not have much choice; *~ bort* (*skolämne*) drop **2** (*genom röstning*) elect (*ngn t. president* s.b. president); (*t. eng. parl.*) return; *~ in ngn* elect s.b. [as] a member (*i* of); *~ in ngn i styrelse* elect s.b. to a board; *~ om* relect

väljar|e voter, elector **-kår** electorate

välklädd well-dressed **-het** being well dressed

välkom|men [-å-] *a5* welcome; *~!* I am (*etc.*) glad to see you!; *hälsa ngn ~* welcome s.b. **-na** welcome

välkomst|bägare [-å-] *tömma en ~* drink a toast of welcome **-hälsning** [address of] welcome **-ord** *pl* word of welcome

välkänd well-known

välla *v2* **1** gush (well, spring) (*fram* forth, up; *fram ur* from); *~ upp* ooze **2** *tekn.* weld

vällevnad good (luxurious) living, [life of] luxury

välling gruel **-klocka** farm[yard] bell

väl|ljud euphony; *mus.* harmony, melody **-ljudande** [-j-] *a4* euphonious; harmonious, melodious; (*om instrument*) with a beautiful tone; (*om toner*) sweet **-lovlig** *i ~a ärenden* on lawful occasions **-lukt** sweet smell (scent); perfume, fragrance; *sprida ~* fill with fragrance, smell sweet **-luktande** *a4* sweet-smelling, sweet-scented; aromatic; fragrant **-lust** voluptuousness; sensual pleasure **-lustig** *a1* voluptuous; sensual; (*liderlig*) libidinous **-lusting** voluptuary; sensualist; (*liderlig pers.*) libertine, debauchee **-läsning** elocution **-makt** prosperity **-menande** *a4* well-meaning, well-intentioned **-mening** good intention; *i bästa ~* with the best of intentions **-ment** [-e:-] *a4* well-meant **-meriterad** *a5* highly qualified, meritorious **-motiverad** *a5* well-founded, well-justified **-mående** *a4* thriving; (*blomstrande*) flourishing, prosperous; (*-bärgad*) well-to-do; *se ~ ut* look prosperous (thriving) **-måga** *s1* wellbeing, good health; *i högönsklig ~* in the best of health **-ordnad** well-arranged, well-organized; well-managed (*affärer* affairs) **-orienterad** well-informed **-pressad** *a5* well-pressed **-rakad** *a5* clean-shaved **-renommerad** [-å-] *a5* well-reputed, well-established **-riktad** a5 well-aimed, well-directed **-sedd** *a5* acceptable; welcome (*gäst* guest)

väl|signa [-iŋna] bless **-signad** *a5* blessed; (*besvärlig, vard. äv.*) confounded; *i -at tillstånd* in the family way

väsignelse [-siŋn-] blessing; (*bön*) benediction; *ha ~ med sig* bring a blessing [in its (*etc.*) train]; *det är ingen ~ med* no good will come of **-bringande** *a4* blessed, beneficial **-rik** full of blessings

väl|sinnad *a5* well-disposed **-sittande** *a4* well-fitting **-situerad** *a5* well-situated, in good circumstances **-skapad** *a5* well-shaped; (*-formad* äv.) shapely; *ett -skapt gossebarn* a bonny boy **-skriven** *a5* well-written (*bok* book) **-skrivning** *skol.* writing **-skött** [-ʃ-] *a4* well-managed (*affär* business); well-kept (*trädgård* garden); well-tended (*händer* hands); well looked after (*baby* baby) **-smakande** *a4* appetizing; (*läcker*)

V

delicious; (*svagare*) palatable **-sorterad** (*med god sortering*) well-stocked, well-assorted; *vara ~* have a wide range (large assortment) of goods **-stånd** prosperity; wealth **-sydd** *a5* well-tailored, well-cut

vält *s2* roller; *jordbr. äv.* packer

1 välta I *s1* (*timmer-*) log pile **II** *v1* roll

2 välta *v3* **1** (*stjälpa*) upset (*äv. ~ omkull*) **2** (*ramla omkull*) fall over; (*köra omkull*) turn over, (*om bil*) overturn

vältalare orator

vältalig *a1* eloquent **-het** eloquence

vältra 1 (*flytta*) roll [... over], trundle; *~ skulden på ngn* throw the blame on s.b.; *~ bort* (*åt sidan*) roll away **2** *rfl, ~ sig i gräset* roll over in the grass; *~ sig i smutsen* wallow in the mud; *~ sig i pengar* roll in money

väl|tränad *a5* fit **-underrättad** *a5, se välinformerad* **-uppfostrad** *a5* well-bred, well-mannered; *deras barn är ~e* their children are well brought up **-utrustad** well-equipped, well-appointed

välva *v2* **1** (*förse med valv*) vault, arch **2** *rfl* form a vault (an arch), vault **3** *~ stora planer* revolve great plans

välvil|ja benevolence; good will, kindness; *hysa ~ mot* be well-disposed towards; *visa ngn ~* show s.b. kindness; *mottogs med ~* was favourably received **-lig** benevolent; kind[ly] **-ligt** *adv* benevolently; kindly; *~ inställd mot* favourably disposed towards

välvning vaulting, arching; *konkr.* vault, arch

väl|vårdad well-kept; (*om pers.*) groomed **-växt** *a4* shapely, well-formed

vämj|as *v2 el. vämdes vämts, dep, ~ vid* be disgusted (nauseated) at (by) **-elig** *a1* nauseous, disgusting; loathsome **-else** loathing, disgust; (*starkare*) nausea; *känna ~ vid* be revolted by

1 vän [vä:n] *a1* fair; lovely, graceful

2 vän [vänn] *s3* friend; *vard.* pal, chum; *min lilla ~* (*i tilltal*) my dear [child]; *en ~ till mig* a friend of mine, one of my friends; *~ av ordning* a lover of law and order; *släkt och ~ner* friends and relations; *goda ~ner* close friends; *ha en ~ i ngn* (*ngn till ~*) have a friend in s.b., have a p.'s friendship; *bli* (*vara*) *~ med* make (be) friends with; *jag är mycket god ~ med honom* he is one of my greatest friends; *inte vara ngn ~ av* (*äv.*) not be fond of, dislike

vänd|a *v2* **1** (*ge* (*intaga*) *annat läge*) turn; (*rikta äv.*) direct; *sjö.* go about; *~ en bil* turn a car [round]; *~ hö* turn over hay; *~ ngn ryggen* turn one's back upon s.b.; *~ stegen hemåt* direct one's steps homewards; *var god vänd!* please turn over (p.t.o.), *AE. äv.* over; *vänd mot öster* facing the east; *med ansiktet vänt mot* facing; *~ allt till det bästa* make the best of it; *~ ngt till sin fördel* turn s.th. to one's advantage; *~ om* (*tillbaka*) turn [back]; *~ på* turn [over]; *~ på huvudet* turn one's head; *~ på sig* turn round; *~ på slanten* look twice at one's money; *vrida och ~ på* turn and twist; *~ upp och ner* (*ut och in*) *på* turn upside down (inside out); *~ åter* return **2** *rfl* turn (*omkring* about, round); (*om vind*) shift, veer; (*förändras*) change; *~ sig kring en axel* (*äv.*) revolve on an axle; *~ sig i sängen* (*äv.*) turn over in bed; *bladet har vänt sig* the tables are turned; *inte veta vart man skall ~ sig* not know which way to turn; *hans lycka -e sig* his luck changed; *~ sig ifrån* turn away from; *~ sig mot* turn towards (*fientligt:* against, upon); *~ sig om* turn round; *~ sig till ngn a*) *eg. bet.* turn to[wards] s.b., *b*) (*med fråga e.d.*) address s.b., *c*) (*för att få ngt*) apply (appeal) to s.b. (*för att få* for), see s.b. (*för att få* about)

vändbar *a1* turnable; (*omkastbar*) reversible (*kappa* coat)

vände[l]rot *bot.* valerian

vänd|kors turnstile **-krets** tropic[al circle]; *Kräftans* (*Stenbockens*) *~* the tropic of Cancer (Capricorn) **-ning 1** (*-ande*) turning *etc.* **2** ([*in*] *riktning*) turn; (*förändring*) change (*t. det bättre* for the better); (*uttryckssätt*) turn [of phrase], term; *ta en annan ~* take a new turn; *ta en allvarlig ~* take a serious turn; *vara kvick i ~arna* be alert (nimble); *vara långsam i ~arna* be slow on one's feet, *vard.* be a slowcoach (*AE.* slowpoke) **-punkt** turning point (*äv. bildl.*); *bildl. äv.* crisis; *utgöra en ~* mark a turning point **-radie** turning radius **-skiva 1** *järnv.* turntable **2** (*på plog*) mouldboard **-tapp** trunnion

vän|fast constant in friendship, [loyally] attached to one's friends **-gåva** gift from a friend **-inna** girlfriend, ladyfriend

vänja *vande vant* **1** accustom (*vid* to), familiarize (*vid* with); (*härda*) inure, harden (*vid* to); *~s vid att* be trained to the habit of (+ *ing-form*); *~ ngn av med att* get s.b. out of [the habit of] (+ *ing-form*); *~ ngn av med en ovana* cure s.b. of a bad habit **2** *rfl* accustom o.s. (*vid* to); (*bli van*) get accustomed (used) (*vid* to); *~ sig av med att* get out (rid o.s.) of the habit of (+ *ing-form*)

vänkrets circle of friends

vän|lig *a1* kind (*mot* to); (*välvillig äv.*) kindly; (*-skaplig*) friendly; *~t ansikte* (*leende, råd*) friendly face (smile, piece of advice); *så ~t av er!* how kind of you!; *ett ~t mottagande* a kind reception, a friendly welcome **-ligen** kindly **-lighet** kindness; kindliness; friendliness; *i all ~* in a friendly way, as a friend **-ligt** *adv* kindly *etc.*; *~ sinnad* friendly

vänort sister community; adopted town (city)

vänskap *s3* friendship (*för, till* for); *fatta ~ för* get friendly with; *hysa ~ för* have a friendly feeling towards (for); *för gammal ~s skull* for old times' (friendship's) sake **-lig** [-a:-] *a1* friendly; *leva på ~ fot med* be on friendly terms with **-lighet** [-a:-] friendliness, amicability; *i all ~, se under vänlighet* **-ligt** [-a:-] *adv* in a friendly way; amicably; *~ sinnad* friendly

vänskaps|band tie (bond) of friendship; *knyta ~ med* form a friendship with **-bevis** token of friendship **-full** kind, friendly **-match** friendly [match] **-pakt** treaty of friendship, friendship pact **-pris** *till ~* at a price as between friends

Vänskapsöarna *pl* the Friendly Islands, Tonga

vänslas *dep* bill and coo, spoon; (*om hund*) fawn

vänster ['vänn-] **I** *a, best. form vänstra* left (*jfr höger*) **II 1** *oböjligt s, till ~* to the left (*om* of) **2** *s9, polit., ~n* the Left **-extremist** *s3*, **-extremistisk** *a5* left-wing extremist **-flygel** *polit.* left wing; *tillhöra ~n* be a leftist **-gänga** left-hand-

[ed] thread **-hänt** *a4* left-handed **-inner** *sport.* inside left **-parti** left- wing party; *~et kommunisterna* (*vpk*) left party communists **-prassel** *vard.* extramarital relations, (*sl.*) a little bit on the side **-radikal** leftist **-sida** (*i bok*) left-hand page **-styrning** (*av bil*) left-hand drive **-sväng** left turn **-trafik** left-hand traffic **-vriden** *~ kommentar* pro-leftist commentary **-vridning** *polit.* veering (swing) to the left; leftism **-ytter** *sport.* outside left

vänsäll popular; *vara ~* have many friends

vänta 1 (*motse, förvänta* [*sig*]) expect (*besked* an answer; *att ngn skall komma* s.b. to come; *av* from); (*förestå*) await, be in store for; *det är att ~* it is to be expected; *det var inte annat att ~* what else could you expect?; *som man kunde ha ~t sig* as might have been expected; *han ~s hit i dag* he is expected to arrive here today; *döden ~r oss alla* death awaits us all; *du vet inte vad som ~r dig* you don't know what is in store for you; *~ ut ngn* wait for s.b. to go (come) **2** (*avvakta, bida*) wait (*på* for; *på att ngn skall* for s.b. to; *och se* and see); *~ lite!* wait a bit!; *~ länge* wait a long time; *få ~* have to wait; *gå och ~* wait [and wait]; *låta ngn ~* keep s.b. waiting; *låta ~ på sig a*) (*om pers.*) keep people (*etc.*) waiting, be late, *b*) (*om svar e.d.*) be long in coming; *~ med* (*uppskjuta*) put off, (*sitt omdöme e.d.*) postpone, reserve; *~ inte med middagen* don't wait dinner **3** *rfl* expect (*mycket av* a lot from; *ett kyligt mottagande* a cool reception); *det hade jag inte ~t mig av dig* I didn't expect that from you

väntan *r* wait, waiting; (*för-*) expectation; (*spänd ~*) suspense; *i ~ på* while waiting for, awaiting, pending

vänte|lista waiting list **-tid** time of waiting, wait, waiting period; *under ~en kan vi* while we are waiting we can

vänthall waiting room

väntjänst *göra ngn en ~* do s.b. a good turn

vänt|rum, -sal waiting room

väpna [ˣvä:p-] arm **väpnare** *hist.* [e]squire

väppling trefoil, clover

1 värd [-ä:-] *s2* host; *se äv. hyres-, värdshus-*; *fungera som ~* act as host, do the honours

2 vär|d [-ä:-] *a5* **1** worth (*besväret* the trouble; *att läsa*[*s*] reading); (*värdig, förtjänt av*) worthy (*all uppmuntran* of every encouragement; *beröm* of praise); *inte vara mycket ~* (*bildl.*) be good for nothing; *arbetaren är ~ sin lön* the labourer is worthy of his hire; *~ priset* worth the price, good value; *det är -t att lägga märke till* it is worth noting; *det är inte mödan -t* it is not worth while; *det är fara -t att* it is to be feared that; *det är inte -t att du gör det* you had better not do it **2** (*aktningsvärd*) esteemed; *Er ~a skrivelse* your esteemed letter

värddjur host

värde [ˣvär:-] *s6* value; (*inre ~*) worth; *det bokförda ~t* the book value; *stora ~n* (*summor*) large sums, (*föremål*) valuable property; *pengar eller pengars ~* money or its equivalent; *av noll och intet ~* null and void, of no value whatsoever; *av ringa ~* of small value; *till ett ~ av* to a (the) value of; *prov utan ~* sample of no value; *ha stort ~* be of great value; *sjunka* (*stiga*) *i ~* fall (rise) in value; *sätta ~ på* attach value to, lay (put, set) store by, (*uppskatta*) appreciate; *uppskatta ngt till sitt fulla ~* appreciate s.th. fully

värdebeständig of stable value; *~ pension* with constant purchasing power; *~a tillgångar* real-value assets **-het** stability of value

värde|full valuable (*för* to); *det skulle vara mycket ~t om* it would be very useful (helpful) if **-föremål** article (object) of value, valuable [thing] **-försändelse** registered (insured) postal matter (*brev*: letter; *paket*: parcel) **-gemenskap** community of values **-laddad** loaded with subjective judgements **-lös** worthless; of no value, valueless **-minskning** depreciation, decrease (fall) in value **-minskningskonto** depreciation account **-mässig** *a1* in terms of value; *den ~a stegringen* the rise in value **-mätare** standard of value **-papper** valuable document; security; bond; *koll.* (*aktier*) stock (*sg*); *belåning av ~* loans on (pledging of) securities, hypothecation **-post** registered (insured) mail

värder|a (*bestämma värdet av*) value, estimate (*till* at); (*på uppdrag*) appraise; (*om myndighet*) assess; *~ för högt* (*äv.*) overestimate **2** (*uppskatta*) value, appreciate; (*högakta*) esteem, estimate; *vår ~de medarbetare* our esteemed colleague **-ing** valuation; estimation, estimate; appraisement; assessment; *~ar* (*allm.*) set of values

värderings|grund basis of valuation **-man** valuer; (*för skada*) claims assessor

värde|sak article (object) of value; *~er* valuables **-stegring** rise in value, appreciation **-säker** *se värdebeständig* **-sätta** *se värdera o.* [*sätta*] *värde* [*på*]

värdfolk *vårt ~* our host and hostess

värdig [ˣvä:r-] *a1* worthy (*efterträdare* successor); (*aktningsvärd*) dignified; (*passande för*) fitting, seemly (*ngn* for s.b); *på ett ~t sätt* in a dignified manner, with dignity **-as** *dep* deign (condescend) to **-het** dignity; (*som egenskap*) worthiness; (*ämbetsställning*) position; (*rang*) rank; *hålla på sin ~* stand on one's dignity; *anse det under sin ~ att* consider it beneath one (one's dignity) to

värdinna hostess; lady of the house

värdinneplikter *pl* duties of a hostesss

värdshus [ˣvä:rds-, ˣvärs-] inn; tavern; (*restaurang*) restaurant **-värd** innkeeper, landlord

värdskap [ˣvä:rd-] *s7* duties (*pl*) of [a] host (*etc.*); *utöva ~et* do the honours, act as host

värdväxt host

1 värja *v2* defend (*sitt liv* one's life; *sig* o.s.); *man kan inte ~ sig från misstanken att* one cannot help suspecting that

2 värja *s1* sword; (*stick-*) rapier

värj|fäktning sword fight **-fäste** sword hilt **-stöt** sword thrust

värk *s2* ache, pain[s *pl*]; *~ar* labour pains; *reumatisk ~* rheumatic pains

värk|a *v3* ache; *det -er i armen* my arm aches; *det -er i hela kroppen* (*äv.*) I ache all over; *~ ut* work out **-bruten** crippled with rheumatism

värld [vä:rd] *s2* world; (*jord*) earth; *gamla* (*nya*) *~en* the Old (New) World; *en man av ~* a man of the world; *undre ~en* the underworld; *hur i all ~en?* how on earth?; *hela ~en* the whole world, (*alla människor*) all the world, everybody; *från* *hela ~en* from all over the world; *det är väl inte hela ~en!* it doesn't matter all that much!; *hur lever ~en med dig?* (*vard.*) how's the world treating you?; *inte se mycket ut för ~en* not look much; *slå sig fram i ~en* make one's way in the world; *för allt i ~en!* for goodness' sake!; *inte för allt i ~en* not for [all] the world; *förr i ~en* formerly, in former days; *så går det till här i ~en* that's the way of the world; *se sig om i ~en* see the world; *komma till ~en* come into the world; *bringa ur ~en* settle [once and for all]

världs|alltet the universe; *fack.* cosmos **-artikel** article with a worldwide market **-artist** international (world-famous) performer **-banken** the World Bank **-bekant** universally known **-berömd** world-famous **-bild** idea (conception) of the world **-brand** world conflagration **-dam** woman of the world, lady of fashion **-del** part of the world, continent **-fred** world (universal) peace **-frånvarande** who is living in a world of his own **-frånvänd** *a5* detached **-främmande** ignorant of the world; unrealistic **-förakt** contempt of the world **-föraktare** cynic **-förbättrare** reformer **-handel** world (international) trade **-hav** ocean **-herravälde** universal (world) supremacy (dominion) **-historia** world history; *-historien* the history of the world **-historisk** of the history of the world **-hushållning** world economy; universal economics (*pl*) **-händelse** event of worldwide importance, historic event **-karta** map of the world, world map **-klass** *i ~* of international caliber **-klok** worldly wise **-klokhet** worldly wisdom **-kongress** world congress **-krig** world war; *första* (*andra*) *~et* (*äv.*) World War I (II); *utlösa ett ~* unleash a world war

världslig [ˣvä:rds-] *a1* worldly (*ting* matter); (*av denna värld*) mundane, of the world; (*motsats helig*) profane; (*motsats kyrklig*) secular; *~ makt* temporal power; *~a ting* (*äv.*) temporal affairs; *~a nöjen* worldly pleasures **världsligt** *adv* worldly; *~ sinnad* (*äv.*) worldly-minded

världs|litteratur world literature **-läge** *~t* the world situation **-makt** world power **-man** man of the world **-marknad** world market **-medborgare** citizen of the world; cosmopolitan **-medborgarskap** world citizenship **-mästare** world champion **-mästerskap** world championship **-omfattande** worldwide; global **-omsegling** circumnavigation of the earth; sailing round the world **-opinion** world opinion **-ordning** world order; *den nuvarande ~en* (*äv.*) the present order of things in the world **-organisation** world organization **-politik** world politics (*pl*) **-politisk** of world politics; *en ~ händelse* a political event of world importance **-press** world press **-problem** world problem **-rekord** world record **-rykte** world[wide] fame (renown) **-rymden** *best. form* outer space **-språk** world language **-stad** metropolis **-stat** world state **-trött** weary of the world **-utställning** world fair **-van** experienced in the ways of the world **-välde** world empire **-åskådning** ideology; [general] view of life

värma *v2* warm; (*hetta*) heat; *~ upp* warm (heat) up

värme *s9, fackl. s7* warmth; (*hetta*) heat (*äv. fys.*); *bildl. äv.* fervour, ardour; *hålla ~n* keep warm; *stark ~* great (intense) heat; *i 60° ~* at 60° above zero **-alstring** heat production **-anläggning** heating plant, [central] heating **-apparat** heater **-behandla** treat with heat **-behandling** *med.* thermotherapy; *tekn.* heattreatment **-beständig** heat-resistant **-bölja** heat wave **-central** district heating plant **-dyna** [electric] heating pad **-element** (*radiator*) radiator; (*elektriskt*) electric heater **-energi** thermal energy **-enhet** thermal (heat) unit **-filt** electric blanket **-flaska** hot-water bottle **-förlust** heat loss, loss of heat **-isolera** insulate against heat **-isolering** thermal insulation **-kraftverk** thermal power station **-källa** source of heat **-känslig** sensitive to heat **-lampa** infrared lamp **-ledare** heat conductor; *dålig ~* bad (poor) conductor of heat **-ledning** central heating; *fys.* heat (thermal) conduction **-ledningselement** radiator **-lära** thermology **-motor** heat engine **-mätare** heat meter, calorimeter **-panel** heating panel **-panna** heating boiler, central heater **-platta** hotplate **-pump** heat pump **-skåp** (*i kök*) warming cupboard; (*i laboratorium*) incubator **-sköld** heat shield **-slag** *med.* heatstroke **-slinga** heating coil **-strålning** thermal (heat) radiation **-ugn** [re]heating furnace **-utvidgning** heat (thermal) expansion **-verk** heating plant **-värde** calorific value **-växlare** heat exchanger

värmning heating

värn [-ä:-] *7* defence, safeguard; protection; (*skytte-*) fire trench **värna** *~ [om]* defend, safeguard; protect **värnlös** defenceless; *~a barn* (*vanl.*) orphans

värnplikt *allmän ~* compulsory military service, *Storbritannien* [compulsory] national service; *AE.* universal military training; *fullgöra sin ~* do one's military service **-ig** liable for (to) military service; *en ~* a conscript (*AE.* draftee); *~ officer* conscript officer

värnplikts|tjänstgöring national service training **-vägran** refusal to do military service **-ålder** call-up (*AE.* draft) age **-skatt** national defence levy

värp|a *v3* lay [eggs] **-höna** laying hen

värre ['värre] **I** *a, komp. t. ond* worse (*jfr illa o. ond*); *bli ~ och ~* get worse and worse, go from bad to worse; *det var ~ det!* that's too bad!; *och vad ~ är* and what's worse **II** *adv, komp. t. illa* worse; (*allvarligare*) more seriously (*sjuk* ill); *dess ~* unfortunately; *så mycket ~* so much the worse; *vi hade roligt ~* we had no end of fun; *hon var fin ~* she was dressed [up] to the nines

värst I *a, superl. t. ond* worst (*jfr illa o. ond*); *släkten är ~* preserve me (us) from relatives!; *frukta det ~a* fear the worst; *det ~a återstår* the worst is yet to come; *det ~a är att* the worst of it is that; *det var ~* (*det ~a*)*!* well, I never!; *det var det ~a jag har hört!* I never heard the like!; *du skall då alltid vara ~* you always have to go one better; *i ~a fall* at worst, if the worst comes to the worst; *mitt under ~a* in the midst of [the], at the height of; *när ... var som ~* when ... was at its worst (height) **II** *adv, superl. t. illa* [the] most; *när jag var som ~ sjuk* when I was at my worst; *inte så ~*

not very (*bra* good); *jag är inte så ~ glad åt det* it doesn't make me any too happy

värv *s7* (*sysselsättning*) work; (*uppgift*) task; (*åliggande*) function, duty; *fullgöra sitt ~* (*äv.*) do one's part; *fredliga* (*krigiska*) *~* (*äv.*) the arts of peace (war)

värv|a secure (*kunder* customers; *röster* votes); *mil.* enlist; *~ röster* (*äv.*) canvass [for votes], electioneer; *låta ~ sig* (*mil.*) enlist; *~ trupper* raise (levy) troops **-ning** enlistment; *ta ~* enlist [in the army]

väsa *v3* hiss; *~ fram* hiss [out]

väsen ['vä:-] **1** *-det -den el. väsen* (*äv. väsende* [ˣvä:-] *s6*) (*varelse*) being; *det högsta ~det* the Supreme Being; *inte ett levande ~* not a living soul **2** *böjs enl. 1* (*sätt att vara*) being, nature, person, character; (*innersta natur*) essence; *till sitt ~* of disposition **3** *-det, pl väsen* (*buller*) noise; (*ståhej*) fuss, ado; *mycket ~ för ingenting* much ado about nothing; *göra mycket ~* make a great fuss (*av ngn* of s.b.; *av ngt* about s.th.); *göra ~ av sig* make o.s. felt [in the world]; *hon gör inte mycket ~ av sig* (*äv.*) she is not very pushing **-de** *se väsen 1*

väsens|besläktad kindred **-främmande** alien (*för* to) **-skild** essentially different **-skillnad** essential difference

väsentlig [-'senn-] *a1* essential; principle, main; (*betydelsefull*) important; (*avsevärd*) considerable; *det ~a* the essentials (*pl*); *det ~a i* the essential part of; *en högst ~ skillnad* a very important difference; *mindre ~* (*äv.*) not so important; *i ~ grad* essentially, to a considerable extent; *i allt ~t* in [all] essentials, essentially **-en** essentially; principally, mainly; (*i väsentlig grad*) substantially **-het** essential thing; *~er* vital points, essentials

väsk|a *s1* bag; (*hand-*) handbag; (*res-*) suitcase, valise **-ryckare** bag-snatcher

väsljud [ˣvä:s-] *språkv.* fricative

väsnas [ˣvä:s-] *dep* be noisy, make a noise

väsning [ˣvä:s-] hissing; *en ~* a hiss

vässa sharpen; whet

1 väst *s2* (*plagg*) waistcoat; (*AE. o. dam-*) vest

2 väst *s9 o. adv* (*väderstreck*) west, West

Västafrika West Africa

västan I *adv, ~* [*ifrån*] from the west **II** *r, se följ.* **-vind** west wind; *~en* (*poet.*) Zephyrus

Väst|asien Western Asia **-australien** Western Australia

västblocket the Western bloc

väster ['väss-] **I** *s9* **1** (*väderstreck*) the west; (*jfr norr*) **2** *~n* the West (Occident); *Vilda V~n* the Wild West **II** *adv* west **-landet** the West (Occident) **-ländsk** *a5* western, occidental **-länning** westerner, occidental **-ut** westward[s]

Västeuropa Western Europe

västeuropeisk West European

västficka waistcoat pocket

västficksformat vest-pocket size

väst|front *~en* the Western front **-got** Visigoth **-gotisk** Visigothic **-götaklimax** [ˣvästjö:-, ˣväʃö:-] anticlimax

Västindien the West Indies (*pl*)

västindisk West Indian

västklänning jumper (*AE.*)

väst|kust west coast **-lig** *a1* west[erly] (*vind* wind); western (*landskap* provinces); *den ~a världen* the Western World, the West; *vinden är ~* the wind is [from the] west; *~ast* westernmost, most westerly (western) **-makterna** the Western Powers **-maktspolitik** Western policy **-nordväst** west-northwest **-orienterad** *bildl.* Westorient[at]ed

väst|ra *a, best. form* [the] western; *i ~ Sverige* (*äv.*) in the west of Sweden **-romersk** Western Roman; *~a riket* the Western [Roman] Empire **-sida** *på ~n* to the west **-sydväst** west-southwest **-tysk** *s2 o. a5* West German

Västtyskland West Germany; (*officiellt*) the Federal Republic of Germany

väst|vart ['väst-] westward[s] **-världen** the Western world

väta I *s1* wet; moisture, damp[ness]; *aktas för ~* to be kept dry, keep dry **II** *v3, ~* [*ner*] wet; *~ ner sig* get [o.s.] wet; *~ i sängen* wet the bed

väte *s6* hydrogen **-atom** hydrogen atom **-bomb** hydrogen bomb, H-bomb **-bombskrig** thermonuclear war **-cyanid** hydrogen cyanide, hydrocyanic acid **-kraft** hydrogen power **-peroxid** hydrogen peroxide **-superoxid** *se -peroxid*

vätgas hydrogen gas

vätmedel wetting agent

vätsk|a I *s1* liquid, fluid; *vid sunda -or* in good form **II** *v1, ~* [*sig*] run, discharge fluid

vätske|balans fluid balance **-form** liquid state **-kylning** liquid-cooling **-pelare** liquid column

vätteros *bot.* toothwort

väv *s2* (*tyg*) fabric; (*varp*) web; *sätta upp en ~* loom a web

väv|a *v2* weave **-are** weaver **-arfågel** weaver [bird] **-bom** beam

väv|d [-ä:-] *a5* woven **-eri** weaving mill **-erska** woman weaver **-nad** [-ä:-] *s3* [woven] fabric; *biol. o. bildl.* tissue; *~er* (*äv.*) textiles; *en ~ av lögner* a tissue of lies **-nadsindustri** weaving industry **-ning** [-ä:-] weaving **-plast** [plastic-]-coated fabric **-sked** [weaving] reed **-stol** loom; (*hand-*) hand loom; (*maskin-*) power loom

växa *v3* **1** grow (*t. ngt* into s.th.); (*öka*) increase (*i antal* in numbers); *~ i styrka* increase in strength; *~ sig* grow (*stark* strong); *låta skägget ~* grow a beard; *~ ngn över huvudet a*) *eg. bet.* outgrow s.b., *b*) *bildl.* get beyond a p.'s control **2** (*med betonad partikel*) *~ bort* disappear with time; *~ fast vid* grow [on] to; *~ fram* grow (come) up (*ur* out of), (*utvecklas*) develop; *~ ifatt ngn* catch s.b. up in height (size); *~ ifrån* outgrow (*ngn* s.b.), grow out of (*en vana* a habit); *~ igen* (*om stig e.d.*) become grassed, (*om dike e.d.*) fill up [with grass]; *~ ihop* grow together; *~ in i a*) *eg. bet.* grow into, *b*) *bildl.* grow familiar with; *~ om* outgrow; *~ till sig* improve in looks; *~ upp* grow up; *~ upp till kvinna* grow into womanhood; *~ ur* grow out of, outgrow; *~ ut* grow out, (*bli utvuxen*) attain its (*etc.*) full growth; *~ över* overgrow

växande *a4* growing, increasing; *~ gröda* (*äv.*) standing crops (*pl*); *~ skog* standing forest

1 väx|el ['väks-] *s2, bank.* bill [of exchange] (*förk.* B/E); (*tratta*) draft; *egen* (*främmande*) *~* bill payable (receivable); *förfallen ~* bill due; *prima* (*sekunda*) *~* first (second) of exchange; *ac-*

ceptera en ~ accept a bill; *dra en ~ för ett belopp på ngn på sex månader* draw [for] an amount on s.b. at six months; *dra -lar på framtiden* (*bildl.*) count too much on the future; *inlösa en ~* discharge (honour) a bill; *omsätta* (*utställa*) *en ~* renew (draw) a bill

2 väx|el ['väks-] *s2* **1** (*-pengar*) [small] change; *inte ha ngn ~ på sig* have no change [about one] **2** *tekn.* gear; *järnv.* points (*pl*), *AE.* switch[es *pl*]; *fyra -lar framåt* (*på bil*) four forward gears; *lägga om ~n* (*järnv.*) reverse the points; *passera en ~* (*om tåg*) take a point **3** (*telefon-*) [telephone] exchange; (*-bord*) switchboard; *sitta i ~n* be a switchboard operator

växel|acceptant acceptor [of a bill] **-affär 1** (*enskild*) bill transaction **2** *göra ~er* do exchange business **-belopp** amount of a bill **-blankett** bill[-of-exchange] form

växel|bord switchboard **-bruk** rotation of crops, crop rotation; *bedriva ~* practise rotation farming

växel|diskontering discounting of bills **-fordringar** *pl, bokför.* bills receivable **-förfalskning** forging (forgery) of bills

växel|kassa small-change cash **-kontor** exchange office **-kurs** rate [of exchange], exchange rate

växellag bills of exchange (negotiable instruments) act

växel|lok[omotiv] shunting engine; *AE.* switch engine **-låda** gearbox; (*AE.* transmission [case] **-pengar** *pl* [small] change (*sg*)

växel|protest protest of a bill **-rytteri** kite-flying, bill-jobbing

växel|spak (*i bil*) gear lever, *AE.* gearshift **-spel** interplay, interaction **-spår** *järnv.* siding (*AE.* switch) track **-spänning** *elektr.* alternating voltage **-station** *tel.* subexchange **-ström** alternating current (*förk.* A.C.) **-strömsmotor** alternating-current motor **-sång** alternating song; *kyrklig ~* antiphon

växeltagare payee [of a bill]

växeltelefonist switchboard operator

växelutställare drawer [of a bill]

växel|varm *~a djur* cold-blooded animals **-verkan** reciprocal action, interaction **-vis** alternately; in (by) turns

växla 1 (*pengar*) change; (*utbyta*) exchange (*ringar* rings); *kan du ~ 5 kronor åt mig?* (*äv.*) can you give me change for 5 kronor?; *~ en sedel* break a note (*i* into); *~ ett par ord med* have a word with; *vi har aldrig ~t ett ont ord* we have never had words; *~ fel* give the wrong change; *~ in* (*pengar*) change, cash **2** (*tåg e.d.*) shunt, switch; (*i bil*) change (shift) gear, *AE.* shift the gears **3** (*skifta*) vary, change; (*~ om*) alternate; (*om priser*) fluctuate

växlande *a4* varying, changing; variable (*vindar* winds); *~ framgång* varying success; *~ öden* (*äv.*) vicissitudes

växl|ing 1 (*-ande*) changing *etc.* **2** (*skiftning*) change; variation, fluctuation; (*inbördes*) alternation; (*regelbunden*) rotation; *årstidernas ~ar* the rotations of the seasons; *ödets ~ar* the vicissitudes of fortune **3** (*av tåg*) shunting, switching; (*av bil*) gear changing (shifting) **-ingsrik** full of changes (*etc.*)

växt I *a4* (*väl* well) grown **II** *s3* **1** (*tillväxt*) growth; *hämma i ~en* check the growth of; *stanna i ~en* stop growing **2** (*kroppsbyggnad*) shape, figure, build; *av ståtlig ~* of a fine stature; *liten* (*stor*) *till ~en* short (tall) of stature **3** (*planta*) plant; (*ört*) herb; (*utväxt*) growth, tumour; *samla ~er* collect wild flowers **-art** plant species **-biologi** plant biology **-cell** plant cell **-del** part of a plant **-familj** plant family **-fett** vegetable fat **-fiber** plant (vegetable) fibre **-färg** vegetable dye **-följd** rotation (succession) of crops **-förädling** plant breeding (improvement) **-geografi** plant geography, phytogeography **-gift** vegetable poison; (*bekämpningsmedel*) herbicide, weedkiller **-hus** greenhouse; (*uppvärmt*) hothouse **-huseffekt** greenhouse effect **-kraft** growing power **-lighet** vegetation **-liv** plant life; vegetation, flora **-lära** botany **-namn** plant name **-period** period of growth **-press** botanical (plant) press **-riket** the plant (vegetable) kingdom **-saft** [vegetable] sap **-sjukdom** plant disease **-skyddsmedel** plant protectant **-släkte** plant family **-sätt** growth habit (form) **-värk** growing pains (*pl*) **-värld** flora; *jfr äv. -riket* **-ätande** *a4* herbivorous

vörda [ˣvö:r-] revere, venerate; (*högakta*) respect **vördig** *a1, se vördnadsbjudande*; (*i titel*) reverend **vördnad** *s3* reverence, veneration; *sonlig ~* filial piety; *betyga ngn sin ~* pay one's respects to s.b.; *hysa ~ för* revere, venerate, respect; *inviga ~* (*äv.*) command respect

vördnads|betygelse mark (token) of respect (reverence) **-bjudande** venerable; (*friare äv.*) imposing, grand **-full** reverent[ial], respectful (*mot* of) **-värd** venerable

vörd|sam *a1* respectful **-samt** *adv* respectfully; deferentially; (*i brevslut*) Yours respectfully

vört *s3* wort **-bröd** bread flavoured with wort

X

x-a [ˣeksa] ~ [*över*] 'x' out

Xantippa [ksanˣtippa] Xant[h]ippe

xantippa *s1* shrew

x-axel [ˣeks-] x-axis

Xenofon ['ksenåfån] Xenophon

xenon [kse'nå:n] *s4, kem.* xenon

xerografi [kse:-] *s3* xerography

X-krok [ˣeks-] picture hook

x-kromosom [ˣeks-] X-chromosome

xylofon [ksylo'få:n] *s3* xylophone

xylo|graf [ksylo-] *s3* xylographer **-grafi** *s3* xylography

xylol [ksy'lå:l] *s3, kem.* xylene, xylol

xylos [ksy'lå:s] *s3, kem.* xylose

Y

yacht [jått] *s3* yacht **-klubb** yacht[ing] club
yankee ['jänki] *s5* [*pl* -kier] Yankee; *vard.* Yank
y-axel y-axis
yemenit *se jemenit*
Y-kromosom Y-chromosome
yla howl **ylande** *s6* howling
ylle *s6* wool; *av* ~ [made] of wool, woollen **-filt** woollen blanket; (*material*) wool felt **-foder** woollen lining **-fodrad** [-o:-] *a5* wool-lined, flannel-lined **-halsduk** woollen scarf **-kläder** *pl* woollen clothing (*sg*) **-muslin** delaine **-skjorta** flannel shirt **-strumpa** woollen stocking (*kort:* sock) **-tröja** jersey, sweater; (*undertröja*) woollen vest **-tyg** woollen material (cloth) **-varor** woollen goods, woollens **-väveri** woollen mill (factory)
ymnig *a1* abundant, plentiful; heavy (*regn* rain) **-het** abundance, profusion **-hetshorn** horn of plenty, cornucopia
ymnigt *adv* abundantly *etc.*; (*blöda* bleed) profusely; *förekomma* ~ abound, be plentiful
ymp *s2* graft; bud
ymp|a 1 *med.* inoculate **2** *trädg.* graft **-kniv** grafting knife **-kvist** graft, scion **-ning 1** *med.* inoculation **2** *trädg.* grafting **-vax** grafting wax
yngel ['yŋel] *s7, koll.* brood; (*fisk-, grod-*) fry; (*i romkorn*) spawn (*äv. bildl. neds.*); *ett* ~ one of the brood (*etc.*)
yngla [ˣyŋla] breed; spawn; ~ *av sig* (*eg. o. friare*) multiply
yngling youth, young man; (*skol-*) [school]boy **-aålder** [years (*pl*) of] adolescence
yngre ['yŋ-] *a, komp. t. ung* **1** younger (*än* than); (*i tjänsten*) junior; (*senare*) later, more recent; *han är 3 år* ~ *än jag* (*äv.*) he is my junior by 3 years; *av* ~ *datum* of a more recent (later) date; *se* ~ *ut än man är* (*äv.*) not look one's years; *den* ~ *herr A.* Mr. A. Junior; *Dumas den* ~ Dumas the younger; *Pitt den* ~ the younger Pitt; *de* ~ the juniors, the younger people **2** (*ganska ung*) young[ish], fairly young (*herre* gentleman)
yngst *a, superl. t. ung* (*jfr yngre*) youngest; latest, most recent; *den* ~*e i* the youngest [member] of; *den* ~*e i tjänsten* the most recently appointed member of the staff
ynka *se ömka* **ynkedom** [-domm] *s2, det var rena* ~*en* it was a poor show (pitiable affair (performance)) **ynklig** *a1* pitiable, miserable **ynkrygg** funk; milksop
ynnest ['ynn-] *s2* (*visa ngn en* do s.b. a) favour **-bevis** [mark (token) of] favour
yppa 1 reveal, disclose (*för* to); ~ *en hemlighet för ngn* (*äv.*) let s.b. into a secret **2** *rfl* (*uppstå*) arise, crop up; (*erbjuda sig*) offer, present itself, turn up
ypperlig *a1* excellent, splendid; superb; (*av hög kvalitet*) superior, first-class **ypperst** ['ypp-] *superl. a* best, finest, most outstanding; choicest (*kvalitet* quality); noblest, greatest (*man* man)
yppig *a1* **1** (*om växtlighet e.d.*) luxuriant; lush (*gräs* grass); (*om figur*) full, buxom; ~ *barm* ample bosom **2** (*luxuös*) luxurious, sumptuous **-het 1** luxuriance; lushness *etc.* **2** luxuriousness, sumptuousness
yr *a1* (*i huvudet*) dizzy, giddy; (*ostyrig*) giddy, harum-scarum; *bli* ~ turn (go) dizzy (*etc.*); ~ *av glädje* giddy with joy; ~ *i mössan* flustered, flurried, all in a fluster (flurry); *som* ~*a höns* like giddy geese **yra I** *s1* **1** *se snöyra* **2** (*under sjukdom*) delirium; (*vild* ~) frenzy; *i stridens* ~ in the frenzy of the fray **II** *v1* **1** (*tala i yrsel*) be delirious; ~ *om ngt* rave about s.th. **2** (*virvla*) whirl; *snön yr* the snow is whirling (driving) about, *skummet yr om stäven* the spray is swirling round the stem; *dammet yr i luften* there are clouds of dust in the air; ~ *igen* (*om väg*) get blocked with snow; ~ *omkring* go whirling about **yrhätta** madcap, tomboy
yrka (*begära*) demand; ~ *ansvar på ngn* demand a p.'s conviction, prefer a charge against s.b.; ~ *bifall* (*parl.*) move that the motion be agreed to; ~ *bifall till* support; ~ *på* demand, claim (*ersättning* compensation), apply for (*uppskov* a postponement); (*ihärdigt*) insist [up]on (*att ngn gör ngt* a p.'s doing s.th.) **yrkande** *s6* **1** (*utan pl*) demanding *etc.* **2** (*med pl*) demand; claim (*på ersättning* for compensation); *parl.* motion; *på* ~ *av* at the instance of
yrke *s6* profession; (*sysselsättning*) occupation; (*hantering*) trade; (*kall*) vocation; *lärare till* ~*t* a teacher by profession; *fria* ~*n* [liberal] professions; *han har till* ~ *att undervisa* teaching is his profession
yrkes|arbetande *a4* working in a profession (*etc.*); *de* ~ the working population **-arbetare** skilled worker **-arbete** profession, skilled work **-erfarenhet** professional experience **-fiskare** fisherman by trade **-gren** occupational branch **-grupp** occupational group **-hemlighet** trade (business) secret **-inspektion** ~*en* [the Swedish] labour inspectorate **-kunnig** skilled, trained **-kvinna** professional woman **-liv** working (professional) life **-lärare** vocational teacher **-man** craftsman, skilled worker **-medicin** occupational medicine **-musiker** professional musician **-mässig** *a1* professional **-område** vocational (occupational) field (sphere) **-orientering** vocational guidance **-register** trade register, (*i tel.katalog*) classified telephone directory, *AE.* yellow pages **-rådgivning** *se - orientering* **-sjukdom** occupational disease **-skada** industrial injury **-skadeförsäkring** industrial injury insurance **-skicklig** skilled **-skicklighet** professional (occupational) skill, skill in one's work **-skola** vocational (trade) school **-stolthet** professional pride **-titel** professional title **-trafik** commercial traffic **-undervisning** vocational training **-utbildad** *a5* skilled, trained **-utbildning** vocational training **-val** choice of career (vocation, occupation, profession) **-verksamhet** economic activity, trade **-vägledning** *se -orientering*
yrsel ['yrr-] *s2* dizziness, giddiness; (*omtöckning*) delirium; *ligga i* ~ be delirious; *jag greps av* ~

(*äv.*) my head began to swim **-anfall** *få ett ~* have an attack of giddiness
yrsnö whirling (driving) snow
yrvaken drowsy [with sleep], startled out of [one's] sleep
yrväder snowstorm, blizzard
ysta (*en ost*) make; (*mjölk*) make into cheese; *~ sig* curdle, coagulate
yster ['yss-] *a2* frisky, lively, boisterous; *en ~ häst* a frisky (spirited) horse; *en ~ lek* a romping game
ystning cheese-making; (*löpning*) curdling [process]
yt|a *s1* **1** surface; *geom. äv.* face; *på ~n* on the (its *etc.*) surface; *endast se till ~n* take a superficial view of things, take s.th. at its face value **2** (*areal*) area **-aktiv** surface-active **-behandla** finish **-behandling** finish[ing], surface treatment **-beklädnad** facing **-beläggning** surface coating, surfacing, coating **-beräkning** area calculation **-bildning** *geogr.* configuration **-enhet** unit [of] area **-innehåll** area **-lager** surface layer (coating)
ytlig [ˣy:t-] *a1* superficial (*äv. bildl.*); skin-deep (*sår* wound); (*grund*) shallow; (*flyktig*) cursory; *en ~ kännedom om* (*äv.*) a smattering of **-het** superficiality
yt|läge *sjö.* surface position **-mått** square measure **-post** (*motsats t. flygpost*) surface mail **-spänning** surface tension
ytter ['ytt-] *s2, sport.* outside forward **-bana** *sport.* outside track **-dörr** outer (front) door **-fil** ouside lane **-kant** outer edge, fringe, verge **-kläder** *pl* outdoor clothes **-kurva** outer curve
ytterlig *a1* extreme; (*fullständig*) utter; (*överdriven*) excessive **-are I** *komp. a* further; additional; (*mera*) more **II** *adv* (*vidare*) further; (*ännu mera*) still more; *~ ett exemplar* another (one more) copy; *~ några dagar* a few days more; *har förbättrats ~* has been further improved **-het** extreme; (*-hetsåtgärd*) extremity; *~erna berör varandra* extremes meet; *gå till ~er* go to extremes; *till ~ oartig* extremely (exceedingly) impolite
ytterlighets|fall extreme case **-man** extremist **-parti** extremist party **-åtgärd** extreme measure
ytterligt *adv* extremely; exceedingly, excessively
ytter|mera *oböjligt a, till ~ visso* what is more **-mått** outer dimension; external measurements (*pl*) **-plagg** outdoor garment **-ring** tyre, tire **-rock** overcoat, greatcoat **-sida** outer side, exterior, outside **-skor** outdoor shoes **-skär** *åka ~* skate on the outside edge **-skärgård** outer isles
ytterst ['ytt-] *superl. adv* **1** (*längst ut*) farthest out (off), outermost **2** (*synnerligen*) extremely, exceedingly, most **3** (*i sista hand*) ultimately, finally
yttersta ['ytt-] *best. superl. a* **1** (*längst ut belägen*) outermost, remotest; (*friare*) utmost; *bildl.* extreme; *den ~ gränsen* the utmost limit; *~ vänstern* the extreme left **2** (*störst, högst*) utmost; extreme; *göra sitt ~* do one's utmost, make every effort; *i ~ nöd* in direst necessity; *i ~ okunnighet* in utter ignorance; *till det ~* to the utmost (limit), (*kämpa* fight) to the bitter end, (*pressa* press) to the last ounce, (*i (till) högsta grad*) to an extreme pitch **3** (*sist*) last; *~ domen* the last judgment; *på ~ dagen* on the last day; *göra ett ~ försök* make one last (a final) attempt; *ligga på sitt ~* be in extremis (at the point of death)
ytter|tak roof **-trappa** *s1* steps (*pl*), flight of steps **-vägg** outer (outside) wall **-världen** the outer (outside) world **-öra** external ear
yttra I (*uttala*) utter, say; (*ge uttryck åt*) express; *~ några ord* utter (speak) a few words **II** *rfl* **1** (*ta t. orda*) speak (*vid ett sammanträde* at a meeting); (*uttala sig*) express an (one's) opinion (*om* about, on) **2** (*visa sig*) manifest itself; *sjukdomen ~r sig i* the symptoms of the disease are
yttrande *s6* **1** (*utan pl*) uttering **2** (*med pl*) utterance; (*anmärkning*) remark, observation, statement [of opinion]; *avge sitt ~* submit one's comments **-frihet** freedom of speech (expression)
yttre ['ytt-] **I** *komp. a* (*längre ut belägen*) outer (*hamn* harbour; *skärgård* archipelago); (*utvändig*) external, exterior (*diameter* diametre), outside (*mått* measurement); *bildl.* external (*fiender* enemies; *förbindelser* relations), outward (*skönhet* beauty); extrinsic (*företräden* advantages); (*utrikes*) foreign (*mission* missions); *Y~ Mongoliet* Outer Mongolia; *~ orsak* external cause; *~ rymden* outer space; *~ skada* external (outer) damage; *i ~ måtto* (*vanl.*) outwardly, externally **II** *n* exterior, outside; [external] appearance; *till det ~* externally, outwardly
yttring manifestation, mark (*av* of)
yt|vatten surface water **-verkan** *elektr.* skin effect **-vidd** area
yvas *v2, dep, ~ över* be proud of, glory in
yverboren [ˣy:-, -å:-] *a5, bildl.* ultrapatriotic
yvig *a1* bushy (*svans* tail; *skägg* beard); thick (*hår* hair); *~a fraser* high-flown phrases
yx|a I *s1* axe; *kasta ~n i sjön* (*bildl.*) throw up (in) the sponge **II** *v1, ~ till* rough-hew **-hammare** axe-head **-hugg** cut (blow) with (of) an (the) axe **-skaft** axe handle (helve); *goddag ~!* neither rhyme nor reason!

Z

---

zair|ier [sa'i:-] Zaïrese **-isk** *a5* Zaïrese
zamb|ier ['samm-] Zambian **-isk** *a5* Zambian
zenit ['se:-] *oböjligt s* [the] zenith **-avstånd** zenith distance
zeppelinare [s-, -ˣli:-] zeppelin; *vard.* zep[p]
zigenarblod [siˣje:-, -ˣge:-] gypsy blood
zigenar|e [siˣje:-, -ˣge:-] gypsy, gipsy **-flicka** gypsy girl **-läger** gypsy camp (encampment) **-musik** gypsy music **-språk** gypsy language,

Rom[m]any
zigenerska [si×je:-, -×ge:-] gypsy woman (girl)
zigensk [si'je:nsk, -g-] *a5* gypsy
zimbabw|ier [sim'babb-] Zimbabwean **-isk** *a5* Zimbabwean
zink [s-] *s3* zinc **-haltig** *a1* zinc-bearing, zinciferous **-legering** zinc alloy **-plåt** zinc plate (sheet) **-salva** zinc ointment **-spat** zinc spar **-vitt** *s9* zinc (Chinese) white
zinnia ['sinnia] *s1* (*växt*) zinnia
zirkonium [sir'ko:-] *s8* zirconium
zodiak|alljus [s-] zodiacal light **-en** [-'a:-] *s, best. form* the zodiac
zon [so:n] *s3* zone **-gräns** zonal boundary **-indelning** zone division **-tariff** zone tariff, zonal rate
zoofysiologi [sråå:-] zoophysiology, zoophysics
zoo|log [såå'lå:g] zoologist **-logi** *s3* zoology **-logisk** [-'lå:-] *a5* zoological; ~ *trädgård* zoological gardens (*pl*), *vard.* zoo
zooma [×so:-] *foto.* zoom
zoo|tomi [sååtå'mi:] *s3* zootomy **-tomisk** [-'tå:-] *a5* zootomic[al]
zulu ['su:lu] *s3* Zulu **-kaffer** Zulu-Kaffir **-språket** Zulu
zygot [sy'gå:t] *s3, naturv.* zygote
Zürich ['sy:riç] *n* Zürich, Zurich

Å

1 å *s2* [small] river; stream; *AE. äv.* creek; *gå över ~n efter vatten* give o.s. unnecessary trouble, put o.s. to unnecessary inconvenience
2 å *prep., se på*
3 å *interj* oh!
åberopa 1 (*anföra*) adduce (*som exempel* as an example); (*hänvisa t.*) refer to, quote, cite; (*t. försvar*) plead; ~ *som ursäkt* allege as an excuse; *~nde vårt brev* referring to our letter **2** *rfl, se 1*
åberopande *s6, under ~ av a*) on the plea (*att* that), *b*) *hand.* referring to (*vårt brev* our letter)
åbo *s5* farm tenant with fixity of tenure, copyholder **-rätt** copyhold right, hereditary lease
åbrodd [×å:-, -å-] *s2* (*växt*) southernwood, lad's love
åbäka *rfl* make ridiculous gestures; (*göra sig till*) show off **åbäke** *s6* huge and clumsy creature (*om sak*: thing); monster, monstrosity; *ett ~ till karl* a great lump of a fellow **åbäkig** *a1* unwieldy, hulky, shapeless
ådagalägg|a [×å:-, -×da:-] (*visa*) show [o.s. to possess], manifest, display, exhibit; (*bevisa*) prove **-ande** *s6* manifestation *etc.*
åder ['å:-] *s1* vein (*äv. bildl.*); (*puls-*) artery; *geol.* vein, lode; (*i trä*) vein, grain; (*käll-*) spring **-brock, -bråck** varicose veins (*pl*), *fack.* varix (*pl* varices) **-förkalkad** *a5* suffering from arteriosclerosis; *hon börjar bli ~* (*äv.*) she is getting senile **-förkalkning** arteriosclerosis, *vard.* hardening of the arteries **-låta** bleed (*äv. bildl.*); *bildl. äv.* drain **-låtning** [-å:-] bleeding, blood-letting; *bildl.* drain, depletion
ådra [×å:-] **I** *s1, se åder* **II** *v1* vein; (*sten, trä e.d. äv.*) grain, streak
ådraga 1 (*förorsaka*) cause (*ngn obehag* s.b. inconvenience); bring down upon **2** *rfl* bring down upon o.s.; contract (*sjukdom* an illness); catch (*förkylning* a cold); (*utsätta sig för*) incur (*kritik* criticism); ~ *sig uppmärksamhet* attract attention
ådr|ig [×å:-] *a1* veined, veiny; (*om trä, sten e.d.*) grained, streaked; *bot.* venous **-ing** veining; *konkr. äv.* veinage, grain, streak; *bot.* venation
ådöma sentence (*ngn ngt* s.b. to s.th.); inflict (*ngn straff* a penalty upon s.b.); ~ *ngn böter* impose a fine on (fine) s.b.
åh *se 3 å*
å|hej heave-ho! **-hoj** [å'håjj] *skepp ~!* ship ahoy **-hå** aha!, oh!
åhöra listen to, hear
åhörar|e hearer, listener; *koll.* audience **-dag** *skol.* parents' day **-läktare** [public] gallery
å|ja ['å:-] (*tämligen*) fairly **-jo** ['å:-] (*jo då*) oh yes; (*tämligen*) fairly
åk *s7* **1** *vard.* (*bil*) car **2** *sport.* run
åk|a *v3* **1** *eg. bet.* ride (*baklänges* backwards; *karusell* on the merry-go-round); (*färdas*) go ([*med*] *tåg etc.* by train *etc.*); (*köra*) drive ([*i en*] *bil* a car); *absol.* go by car (*etc.*); ~ *cykel* ride a bicycle (*vard.* bike); ~ *framlänges* sit facing the engine; ~ *första klass* travel (go) first class; ~ *gratis* travel free; ~ *hiss* take the lift; ~ *efter häst* drive behind a horse; ~ *kana* slide; ~ *kälke* toboggan; ~ *skidor* ski; ~ *skridskor* skate; *får jag ~ med dig?* can you give me a lift? **2** (*glida*) slide, glide, slip; *skjortan -er jämt upp* my (*etc.*) shirt keeps riding up; *vasen -te i golvet* the vase fell on the floor **3** (*med betonad partikel*) ~ *av* slip off; ~ *bort* go away; ~ *efter* (*hämta*) fetch [by car *etc.*]; ~ *fast* get (be) caught by the police; ~ *förbi* pass, drive past; ~ *in a*) *eg.* drive in, *b*) *vard.* (*i fängelse*) land in jail; [*få*] ~ *med* get a lift; ~ *om* overtake, pass; ~ *omkull a*) fall (*på cykel* from one's bicycle; *på vägen* on the road), *b*) (*ngn, ngt*) run down; ~ *ut a*) *eg.* go for a drive, *b*) *vard.* (*kastas ut*) be turned (kicked) out
åkall|a invoke, call upon **-an** *r* invocation
åkar|brasa *ta sig* (*slå*) *en ~* slap o.s. to keep warm **-dräng** carter
åkar|e haulage contractor, carrier **-häst** carthorse **-kamp** *vard.* [old] hack **-taxa** (*för gods*) cartage
åkdon vehicle
åker ['å:-] *s2* (*-fält*) [tilled] field; (*-jord*) arable [land]; ~ *och äng* arable and pasture land; *ute på ~n* out in the field[s *pl*] **-areal** area under cultivation, arable acreage **-bruk** *se jordbruk* **-bär** arctic raspberry (bramble)

åkeri haulage contractor[s], haul[i]er; *AE.* trucker
åker|jord arable (tilled) land, cultivated field **-lapp** patch of cultivated ground **-mark** *se -jord* **-ren** headland **-senap** charlock, wild mustard **-sork** field vole **-spöke** *vard.* scarecrow **-stubb** stubble **-tistel** creeping thistle, *AE.* Canada thistle **-vicker** vetch **-vinda** bindweed **-ärt** field pea
åklaga [ˣå:-] prosecute
åklagar|e [ˣå:-] prosecutor; *Skottl.* procurator fiscal; *allmän ~* public prosecutor, *AE.* district attorney **-myndighet** public prosecution authority **-sidan** the prosecution **-vittne** witness for the prosecution
åkomma [ˣå:kå-] *s1* complaint; affection
åk|sjuka travel sickness **-tur** ride, drive; *göra (ta) en ~* go for a ride (drive)
ål *s2 (fisk)* eel; *hal som en ~* [as] slippery as an eel
åla crawl
ålder ['åll-] *s2* age; *av ~* traditionally, of old; *böjd av ~* bent with age; *personer av alla åldrar* persons of all ages; *efter ~* according to age (*i tjänsten*: seniority); *liten för sin ~* small for one's age; *ha ~n inne* be old enough (*för* for; *för att* to); *hon är i min ~* she is [about] my age; *i sin bästa ~* in the prime of life; *vid 35 års ~* at the age of thirty-five; *vid hög ~* at an advanced (a great) age; *mogen ~* maturity
ålderdom [-domm] *s2* old age **-lig** *a1* ancient (*sed* custom); (*gammaldags*) old-fashioned; (*föråldrad*) archaic; *~t uttryck* archaic expression **-ligt** *adv*, *~ klädd* dressed in old-fashioned clothes
ålderdoms|hem home for the aged, old people's home **-krämpor** infirmities of old age **-svag** decrepit, senile **-svaghet** decrepitude, senility
ålderman alderman; (*i skrå*) [guild]master
ålders|betyg birth certificate **-fördelning** age structure **-grupp** age group **-gräns** age limit **-klass** age class **-pension** retirement pension; (*folkpension*) old age pension **-president** president by seniority; (*i underhuset*) Father of the House [of Commons] **-sjukdomar** *läran om ~na* geriatrics (*pl*, *behandlas som sg*) **-skillnad** difference of (in) age **-streck** *falla för ~et* reach retiral age **-tecken** sign of age
ålderstigen *a5* old, aged; advanced in years
ålderstillägg seniority increment
åldfru royal housekeeper
åldr|ad *a5* aged **-ande** *a4 o. s6* ag[e]ing **-as** *dep* grow old[er], age **-ig** *a1* old; aged **-ing** old man (woman *etc.*); *~ar* old people **-ingsvård** care of the aged
åligg|a be incumbent [up]on, rest [up]on (with); *det -er honom att* (*äv.*) it is his duty to; *det -er köparen att* the buyer shall **-ande** *s6* duty; obligation; (*uppgift*) task; *sköta sina ~n* discharge one's duties
ål|kista eel hatch (trap) **-ning** [ˣå:l-] *mil.* crawling **-skinn** eel skin
ålägga enjoin (*ngn att göra ngt* s.b. to do s.th.; *ngn ngt* s.th. on s.b.); order, command; (*tilldela*) impose (*ngn en uppgift* a task on s.b.); *~ sig ngt* impose s.th. on o.s.
åma *rfl, se åbäka*
åminnelse commemoration; *till ~ av* in commemoration of **-gudstjänst** memorial service
ånej ['å:-] (*nej då*) oh no!; (*inte vidare*) not very
ång|a I *s1* (*vatten-*) steam; (*dunst*) vapour (*äv. fys.*); *bilda ~* make steam; *få upp ~n* (*äv. bildl.*) get up steam; *hålla ~n uppe* (*äv. bildl.*) keep up steam; *släppa ut ~* let off steam **II** *v1* steam (*av* with); *det ~r från lokomotivet* the engine is steaming; *~ bort* steam off; *tåget ~de in på* the train steamed into **-are** steamer, steamship (*förk.* S/S, S.S.); *med ~n X* by the X, by S.S. X **-bad** vapour bath **-bildning** steam generation; vaporization **-båt** *se -are*
ångbåts|bolag steamship company **-brygga** landing stage, jetty, pier **-förbindelse** steamship service **-resa** steamer voyage **-trafik** steamship service (traffic) **-turer** *pl* sailings of steamers; (*förteckning*) list of sailings
ång|central steam power station **-driven** *a5* (*om maskin*) steam-operated, steam-driven; (*om båt*) steam-propelled
ånger ['åŋer] *s9* repentance (*över* for, of); remorse, compunction; (*ledsnad*) regret (*över* at, for) **-full** repentant (*över* of); remorseful (*över* at); regretful **-köpt** [-çö:pt] *a4, se -full*; *vara ~ över ngt* regret it (what one has done) **-vecka** cooling-off week
ångest ['åŋ-] *s2* agony; anguish; *i dödlig ~* in deadly (mortal) fear (*för* of) **-full** filled with agony; anguished **-känsla** [feeling of] alarm (anguish) **-skrik** cry of agony, anguished cry
ång|fartyg *se ångare* **-koka** steam **-kraft** steam power **-kraftverk** steam power station (plant) **-kvarn** steam mill **-lok, -maskin** steam-engine **-panna** [steam-]boiler **-preparerad** *a5* evaporated; *~e havregryn* rolled oats
ångra regret; feel sorry for (*att man gjort* doing); repent [of] (*sina synder* one's sins); *~ sig* regret, be sorry, repent; *det skall du inte behöva ~* you will not have cause to regret it
ång|slup steam cutter (launch) **-spruta** steam fire engine **-strykjärn** steam iron **-stråle** jet of steam **-ström** *r, fys.* angstrom [unit] (*förk.* Å., A.U.) **-tryck** boiler (steam, vapour) pressure **-turbin** steam turbine **-vissla** steam whistle **-vält** steamroller
ånyo [åˣny:o] anew, afresh, [once] again
år *s7* year; *~ 1960 a) adv* in [the year] 1960, *b) s* the year 1960; *nådens ~ 1960* the year of grace 1960; *1960 ~s modell* the 1960 model; *1808 ~s krig* the war of 1808; *~ för ~* year by year; *~ ut och ~ in* year in and year out; *Gott Nytt År!* [A] Happy New Year!; *~ts skörd* this year's harvest; *två ~s fängelse* two years' imprisonment; *ett halvt ~* six months; *ett och ett halvt ~* eighteen months; *hela ~et* the whole year, all the year round; *under hela ~et* throughout the year, all through the year; *bära sina ~ med heder* carry one's years well, wear well; *när fyller du ~?* when is your birthday?; *ha ~en inne* be of the age; *med ~en* with time; *om ett ~* in a year['s time]; *per ~* a year, yearly, annually, per annum; *på ~ och dag* for years [and years]; *vi är vänner sedan många ~ tillbaka* we have been friends for many years; *till ~en [kommen]* advanced in years; *under senare ~*

in recent years; *under de senaste ~en* during the last few years
åra *s1* oar; (*mindre*) scull; (*paddel-*) paddle
åratal *i uttr.: i* (*under*) ~ for years [and years]
årblad oar blade
årder ['å:r-] *s4, s3* wooden plough
år|gång *s2* **1** (*av tidskrifter e.d.*) [annual] volume; *en* ~ (*äv.*) a year's issue; *gamla ~ar* back-volumes, old files **2** (*av vin*) vintage **3** (*åldersklass*) *de yngre ~arna* the younger age groups; *min* ~ people of my year **-hundrade** century
årklyka rowlock; *AE.* oarlock
årlig [ˣå:r-] *a1* annual, yearly **-en** annually, yearly; ~ *återkommande* annual; *det inträffar* ~ it happens every year
års [å:rs] *adv, så här* ~ at this time of [the] year **-avgift** annual charge (fee); (*i förening e.d.*) annual subscription (*AE.* dues *pl*) **-avslutning** breaking-up; *AE.* commencement **-barn** *vi är* ~ we were born in the same year **-berättelse** annual report **-bok** yearbook, annual **-bokstav** year hallmark **-dag** anniversary **-fest** annual festival (celebration) **-gammal** one-year-old; *ett ~t barn* a one-year-old child; *ett ~t djur* (*äv.*) a yearling **-hyra** annual rent **-inkomst** annual (yearly) income **-klass** age class (group); *stat.* generation **-kontingent** *mil.* annual contingent (quota) **-kontrakt** contract by the year **-kort** season ticket [for a year] **-kull** age group; (*av elever*) batch; *efterkrigstidens stora ~ar* the large number of children born after the war, *äv.* the high birth rate of the postwar period **-kurs** form; *AE.* grade; (*läroplan*) curriculum **-lång** year-long; lasting one year (many years) **-lön** annual salary; *ha 30 000 i* ~ have an annual income of 30,000 **-modell** (*av senaste* of the latest) model **-möte** annual meeting **-omsättning** annual turnover (sales) **-redogörelse** annual report **-ring** annual ring **-ränta** annual interest **-skifte** turn of the year **-skrift** yearbook **-tid** season, time of the year **-vinst** annual profit **-växt** year's crop[s *pl*]
årtag stroke of the oar[s *pl*]
år|tal date, year **-tionde** decade
årtull rowlock; *AE.* oarlock
årtusende millennium (*pl äv.* millennia); *ett* ~ (*vanl.*) a thousand years; *i ~n* for thousands of years
ås *s2* ridge
å|samka *se ådraga* **-se** (*se på*) watch; (*bevittna*) witness
åsido [åˣsi:do] aside, on one side; *lämna ngt* ~ (*äv.*) leave s.th. out of consideration; *skämt* ~ joking apart **-sätta** (*ej bry sig om*) disregard, set aside; (*försumma*) neglect, ignore; *känna sig -satt* feel slighted **-sättande** *s6* disregard, setting aside; neglect; *med* ~ *av alla hänsyn* having no consideration
åsikt *s3* opinion, view (*om* of, on, about); *~erna är delade* opinions differ (are divided); *egna ~er* views of one's own; *enligt min* ~ in my opinion; *ha* (*hysa*) *en* ~ have (hold) an opinion; *vara av den ~en att* be of the opinion that, hold the view that; *vad är din ~ i saken?* what is your view of (on) the matter?, what do you think about it
åsikts|brytning difference of opinion **-frihet** freedom of opinion **-förtryck** suppression of free opinion **-utbyte** exchange of views
åsk|a I *s1* thunder; (*-väder*) thunderstorm; *~n går* it is thundering, there is thunder; *~n slog ner i X.* X. was struck by lightning; *det är ~ i luften* there is thunder in the air; *vara rädd för ~n* be afraid of thunder **II** *v1, det ~r* it is thundering **-by** thundershower **-front** thundery front **-knall** thunderclap **-ledare** lightning conductor (rod) **-lik** thundery **-moln** thundercloud **-nedslag** stroke of lightning **-regn** thundery rain **-skräll** thunderclap, peal of thunder **-skur** thundershower **-vigg** thunderbolt **-väder** thunderstorm
åskåda [ˣå:-] *se åse*
åskådar|e spectator; onlooker, looker-on; (*mera tillfällig*) bystander; *-na* (*på teater e.d.*) the audience, (*vid idrottstävling*) the crowd; *bli ~ till ngt* witness s.th. **-läktare** [grand]stand; (*utan tak*) bleachers (*pl*) **-platser** *pl* places [for spectators]
åskådlig [-å:d-] *a1* (*klar*) clear, lucid; (*tydlig*) perspicuous; *ett ~t exempel* an object lesson; *en ~ skildring* (*äv.*) a graphic description **-göra** make clear, visualize; illustrate (*med* by) **-het** clearness, clarity; perspicuity
åskådning [-å:d-] (*uppfattning*) opinions, views (*pl*); outlook; *vilken är hans politiska ~?* what is his political position?, where does he stand politically?
åskådnings|materiel audiovisual materials in education: *som* ~ (*friare*) as an illustration **-undervisning** audiovisual education
åsna [ˣå:s-] *s1* donkey; *bildl. o. bibl.* ass; *envis som en* ~ [as] stubborn as a mule
åsne|aktig *a1* asslike, asinine **-brygga** *bildl.* crib **-drivare** donkey driver **-föl** ass's (donkey's) foal **-hingst** he-ass, jackass **-skri** bray[ing] of donkeys (a donkey)
åsninna she-ass
åstad off; *bege sig* ~ go away (off), set out; *gå ~ och* go [off] and
åstadkomm|a [ˣå:-] (*få t. stånd*) bring about, effect (*en förändring* a change); (*förorsaka*) cause, make (*stor skada* great damage); (*frambringa*) produce; (*göra*) do; (*prestera*) achieve; ~ *ett gott arbete* do it well, (*friare*) do a good job of work; ~ *förvirring* cause confusion; ~ *underverk* work wonders **-ande** *s6, för ~ av* [in order] to bring about (*etc.*)
åstund|a desire, long for; (*åtrå*) covet **-an** *r* desire, longing
åsyfta (*ha t. mål*) aim at, have in view; (*avse, mena*) intend, mean (*med* by); *ha ~d verkan* have the desired effect
åsyn sight; *blotta ~en av honom* the mere (very) sight of him; *i allas* ~ in public, in full view of everybody; *i broderns* ~ before his (her) brother, under the very eyes of his (her) brother; *försvinna ur ngns* ~ be lost to (pass out of) a p.'s sight (view); *vid ~en av* at the sight of **åsyna** *oböjligt a,* ~ *vittne* eyewitness (*till* of)
åsätta ~ *en prislapp på ngt* put (fix) a price ticket on [to] s.th.; ~ *ett pris på en vara* put a price on an article; *det åsatta priset* the price marked
1 åt *imperf. av äta*
2 åt I *prep* (*se äv. under resp. verb*) **1** *rumsbet.* to; ([*i riktning*] *mot*) towards, in the direction of; ~

vänster (*norr*) to the left (north); *gå ~ sidan* step aside; *jag har ngt ~ magen* there is s.th. the matter with my stomach; *han tog sig ~ hjärtat* he put his hand to his heart **2** *glad ~* happy about; *nicka* (*skratta*) ~ nod (laugh) at; *vad går det ~ dig?* what is the matter with you?; *göra ngt ~ saken* do s.th. about it; *hon tog ~ sig* she took it personally **3** (*uttr. dativförh.*) to; (*för ngn*[*s räkning*]) for; *ge ngt ~ ngn* give s.th. to s.b., give s.b. s.th.; *köpa ngt ~ ngn* buy s.th. for s.b., buy s.b. s.th.; *jag skall laga rocken ~ dig* I'll mend your coat [for you]; *säga ngt ~ ngn* say s.th. to s.b., tell s.b. s.th. **4** *fyra ~ gången* four at a time **II** *adv* (*se äv. under resp. verb*) tight; *sitta ~* be (fit) tight

åtag|a *rfl* undertake, take upon o.s.; *~ sig ansvaret för* assume (take) the responsibility for; *~ sig ngt* take s.th. on, take a matter in hand **-ande** *s6* undertaking; (*förpliktelse äv.*) obligation, commitment, engagement

åtal *s7* (*av allm. åklagare*) prosecution; (*av enskild*) [legal] action; *allmänt ~* public prosecution; *enskilt ~* private action; *väcka ~ mot ngn för ngt* take proceedings against s.b. for s.th., (*om målsägare äv.*) bring an action against (sue) s.b. for s.th. **åtala** (*om allm. åklagare*) prosecute; (*om enskild*) bring an action against; *bli ~d för* be prosecuted for; *den ~de* (*vanl.*) the defendant; *frikänna en ~d* acquit an accused **åtalbar** *a1* actionable, indictable

åtals|eftergift nolle prosequi; *bevilja ~* refuse to prosecute a case, withdraw a charge; *han beviljades ~* the charge brought against him was withdrawn, his case was dropped **-punkt** count [of an indictment]

åtanke remembrance; *ha i ~* remember, bear in mind; *komma i ~* be remembered (thought of)

åtbörd [-ö:-] *s3* gesture, motion; *göra ~er* gesticulate

åtel *s2* carrion

åtdraga tighten (*en bult* a bolt)

åter ['å:-] **1** (*ånyo*) again, once more; *nej och ~ nej!* no, a thousand times no!, no, and no again!; *tusen och ~ tusen* thousands upon thousands; *affären öppnas ~* the shop reopens (will be reopened) **2** (*tillbaka*) back [again]; *fram och ~* there and back, (*av o. an*) to and fro **3** (*däremot*) again, on the other hand **-anpassa** readjust **-anpassning** readjustment **-anskaffa** replace **-anskaffning** replacement **-anskaffningsvärde** replacement value (cost) **-anställa** re-engage, re-employ; *AE.* rehire **-använda** recycle **-användning** recycling **-berätta** (*i ord -ge*) relate; (*berätta i andra hand*) retell **-besätta** *mil.* reoccupy; (*tjänst e.d.*) refill **-besök** (*hos läkare e.d.*) next visit (appointment); *göra ett ~* make another visit **-betala** pay back, repay; (*lån e.d. äv.*) refund **-betalning** repayment, reimbursement, refund **-betalningsskyldighet** obligation to repay (refund) **-blick** retrospect (*på* of); (*i film e.d.*) flashback (*på* to); *göra* (*kasta*) *en ~ på* look back upon

åter|bud (*t. inbjudan*) excuse; (*avbeställning*) cancellation, annulment; *ge* (*skicka*) ~ *a*) (*att man inte kommer*) send word [to say] that one cannot come, send an excuse, (*t. tävling*) drop out, *b*) (*att ngt inställs*) cancel a party (dinner etc.), (*att ngt återkallas*) send a cancellation; *ge ~ till doktorn* cancel one's appointment with the doctor; *vi har fått några ~* a few people [sent word that they] could not come **-bäring** refund; bonus; (*i detaljhandel o. försäkr.*) dividend **-börda** [-ö:-] *v1* restore; *~ ngn t. hemlandet* repatriate s.b. **-erövra** recapture, win back **-erövring** recapture, reconquest

åter|fall relapse (*i* into) **-falla 1** (*i brott etc.*) relapse (*i, till* into) **2** (*falla tillbaka*) recoil (*på* upon) **-fallsförbrytare** recidivist, backslider **-finna** find again; (*-få*) recover; *adresser -finns på s. 50* for addresses see p. 50; *citatet -finns på s. 50* the quotation is to be found on p. 50 **-finnande** *s6, han var vid ~t* when he was found again, he was **-fordra** demand back, reclaim; (*lån*) call in **-få** get back; recover, regain (*medvetandet* consciousness) **-färd** *se återresa* **-föra** bring back; *~ ngt till* (*bildl.*) trace s.th. back to **-förena** reunite, bring together again; *~ sig med* rejoin **-förening** reunion; *Tysklands ~* the reunification of Germany **-försäkra** reinsure; *~ sig* (*bildl.*) take measures (*mot* against) **-försäkring** reinsurance **-försälja** resell; (*i minut*) retail **-försäljare** retail dealer, retailer; *pris för ~* trade price; *sälja till ~* sell to the trade **-försäljning** resale, reselling **-förvisa** *jur.* refer back, *AE.* remand **-förvärv** recovery, retrieval

åter|ge 1 (*ge tillbaka*) give back, return; *~ ngn friheten* give s.b. his freedom **2** (*tolka*) render; (*framställa äv.*) reproduce, represent; *~ i ord* express in words; *~ i tryck* reproduce in print; *~ på engelska* render in[to] English **-givande** [-j-] *s6*, **-givning** [-ji:v-] *s2* rendering; reproduction, representation; (*-ljud*) reproduction **-glans** reflection **-gå 1** (*gå tillbaka*) go back, return; *~ till arbetet* go back to work **2** (*om köp*) be cancelled; *låta ett köp ~* cancel a purchase **-gång 1** (*-vändande*) return (*t. arbetet* to work) **2** *jur.* (*av egendom*) reversion; (*av köp*) cancellation, annulment; *~ av äktenskap* annulment (nullity) of marriage **3** *bildl.* retrogression **-gälda** (*-betala*) repay; (*vedergälla äv.*) return, reciprocate; *~ ont med gott* return good for evil

återhåll|a restrain, keep back (*ett leende* a smile), suppress; (*hejda*) check; *verka ~nde* have a curbing effect; *med -en andedräkt* with bated breath **-sam** *a1* (*måttfull*) moderate, temperate; (*behärskad*) restrained **-samhet** moderation, temperance; restraint

åter|hämta fetch back; *bildl.* recover, regain (*sina krafter* one's strength); *~ sig* recover **-hämtning** recovery **-igen** ['å:-] again; (*däremot*) on the other hand **-införa** reintroduce **-insätta** reinstate, reinstall **-inträda** re-enter; *~ i tjänst* resume one's duties **-inträde** re-entry, reentrance (*i* into); resumption (*i* of)

åter|kalla 1 (*ropa tillbaka*) call back; recall **2** (*ta tillbaka*) cancel (*en beställning* an order); revoke (*en befallning* an order); withdraw (*en ansökan* an application) **3** *bildl.*, *~ ngn till livet* (*verkligheten*) bring s.b. back to life (reality); *~ ngt i minnet* recall s.th., call s.th. to mind **-kallelse 1** recall **2** cancellation; revocation; withdrawal **-kasta** (*ljus*) reflect; (*ljud*) reverberate, re-echo; *ljudet ~des av bergväggen* the sound was thrown back from the cliff **-klang** reverberation; echo (*äv. bildl.*) **-klinga** echo, resound, reverberate (*av* with) **-knyta** (*på nytt uppta*) re-establish (*förbindelser* connections), renew (*vänskap* friendship); *~ till vad man tidigare sagt* refer (go back) to what one said earlier **-komma** come back, return; *bildl.* return, revert, recur; *ett sådant tillfälle -kommer aldrig* an opportunity like this will never turn up (come) again; *vi ber att få ~ längre fram* you will be hearing from us (we will write to you) again later on **-kommande** *a4* recurrent; *ofta ~* frequent; *~ till vårt brev av* further (with reference) to our letter of **-komst** [-å-] *s3* return **-koppling** *radio.* feedback [coupling] **-kräva** reclaim **-köp** repurchase **-köpa** repurchase, buy back **-köpsrätt** right of repurchase (redemption); *försäljning med ~* sale with option of repurchase

åter|lämna return, give (hand) back **-lämnande** *s6* return **-lösa** redeem **-lösning** redemption **-marsch** march back; (*-tåg*) retreat **-remiss** recommitment, return for reconsideration; *yrka ~* move [that a (the) bill be sent back] for reconsideration; *vi har fått ... på ~ ...* has been referred back to us **-remittera** refer back, return for reconsideration, recommit **-resa** journey back; *på ~n* on one's (the) way back **-se** see (*träffa*: meet) again; *~ varandra* (*äv.*) meet again **-seende** meeting [again]; *på ~!* see you again (later)!, *vard.* be seeing you!; *~ts glädje* the joy of reunion **-skaffa** recover **-skapa** re-create **-skall** echo, reverberation **-sken** reflection **-skänka** give back; *~ ngn livet* restore s.b. to life **-spegla** reflect, mirror **-spegling** reflection **-stod** rest, remainder; *ekon.* balance; (*lämning*) remnant, remains (*pl*) **-studsa** rebound; (*om ljud*) be reflected; (*om kula*) ricochet **-studsning** rebound[ing] **-stå** remain; (*vara kvar*) be left [over]; *det ~r ännu fem lådor* there are still five cases left; *det ~r att se* it remains to be seen; *det värsta ~r ännu* the worst is yet to come, (*att göra*) the worst still remains to be done; *det ~r mig inget annat än att* I have no choice but to **-stående** *a4* remaining; *~ delen av året* the rest (remaining part) of the year; *hans ~ liv* the rest of his life **-ställa 1** (*försätta i sitt förra tillstånd*) restore; *~ ngt i dess forna skick* restore s.th. to its former state; *~ jämvikten* restore equilibrium; *~ ordningen* restore order **2** (*-lämna*) return, restore, give back **-ställande** *s6* restoration, repair; return **-ställare** *en ~* a hair of the dog [that bit one last night], a pick-me-up **-ställd** *a5, han är fullt ~ efter sin sjukdom* he has quite recovered from his illness **-ställningstecken** *mus.* natural, *AE.* cancel **-sända** send back, return **-ta[ga] 1** take back; (*-erövra*) recapture; (*-vinna*) recover **2** (*-gå t.*) resume **3** (*åter ta t. orda*) resume **4** (*-kalla*) withdraw, cancel (*en beställning* an order); retract (*ett löfte* a promise) **-tåg** retreat; *anträda ~et* start retreating; *befinna sig på ~* be in (on the) retreat

återuppbygg|a rebuild, reconstruct **-ande, -nad** rebuilding, reconstruction **-nadsarbete** reconstruction work

återupp|föra *se återuppbygga* **-liva** revive; (*drunknad*) resuscitate; (*bekantskap*) renew; *~ gamla minnen* revive old memories **-livningsförsök** [-li:v-] attempt (effort) at resuscitation **-repa** repeat, reiterate **-repning** [-e:-] repetition, reiteration **-rustning** rearmament **-rätta** (*på nytt upprätta*) re-establish, restore; (*ge -rättelse åt*) rehabilitate **-rättelse** rehabilitation **-stå** rise again, arise anew; (*friare*) be revived **-ståndelse** resurrection **-ta[ga]** resume, take up again; *~ arbetet* resume [one's] work; *~ ngt till behandling* reconsider s.th. **-täcka** rediscover **-väcka** reawaken; revive; *~ ngn från de döda* raise s.b. from the dead

åter|utsända *radio.* retransmit; (*program*) rebroadcast **-utsändning** *radio.* retransmission; rebroadcast **-val** re-election; *undanbe sig ~* decline re-election **-verka** react, retroact, have repercussions (*på* on) **-verkan, -verkning** reaction, retroaction, repercussion **-vinna** win back; (*-få*) regain, recover (*fattningen* one's composure); (*-använda*) recycle **-vinning** recycling **-visit** return visit **-väg** way back; *på ~en kom vi* on our way back we came **-välja** re-elect **-vända** return, turn (go, come) back; revert (*till ett ämne* to a subject) **-vändo** *i uttr.: det finns ingen ~* there is no turning back; *utan ~* (*oåterkallelig*) irrevocable **-vändsgata, -vändsgränd** blind alley, cul-de-sac; *bildl. äv.* impasse, dead end **-växt** regrowth, fresh growth; *bildl.* rising (coming) generation; *sörja för ~en* (*bildl.*) ensure the continuance (continued growth)

åt|följa accompany; (*som uppvaktning*) attend; (*följa efter*) follow **-följande** *a4* accompanying *etc.*; (*bifogad*) enclosed; *med ty ~* with the ensuing **-gång** (*förbrukning*) consumption; (*avsättning*) sale; *ha stor ~* sell well; *ha strykande ~* have a rapid sale **-gången** *a5, illa ~* roughly treated (handled), badly knocked about **-gärd** [-jä:-] *s3* measure; (*mått o. steg*) step, move; *föranledde ingen ~* could not be considered; *lämna utan ~* not be able to consider; *vidtaga ~er* take measures (action) **-gärda** [-jä:r-] *vi måste ~* we must do s.th. about **-görande** [-j-] *s6* action; *det skedde utan A:s ~* A. had nothing to do with it, it was none of A.'s doing **-hutning** [-u:-] reprimand, rating **-hävor** *pl* manners; behaviour (*sg*); *utan ~* without a lot of fuss **-komlig** [-å-] *a1* within reach (*för* of); *lätt ~* easily accessible, within easy reach

åtkomst [-å-] *s3* possession, acquisition **-handling** title deed (document) **-tid** *data.* access time

åt|lyda obey; (*föreskrift e.d.*) observe; *bli -lydd* be obeyed **-lydnad** obedience **-löje** ridicule; (*föremål för löje*) laughing stock; *göra sig till ett ~* make a laughing stock (fool) of o.s., make o.s. ridiculous; *göra ngn till ett ~* make s.b. a laughing stock, hold s.b. up to ridicule

åtminstone [-ˣminstå-] at least; (*minst äv.*) at the least; (*i varje fall*) at any rate

åtnjut|a enjoy (*aktning* esteem); *~ aktning* (*äv.*) be held in esteem **-ande** *s6* enjoyment; *komma i ~ av* come into possession of, get the benefit of

åtra [ˣå:-] *rfl* change one's mind; (*återta sitt ord*) go back on one's word

åtrå [ˣå:-] **I** *s9* desire (*efter* for); (*sinnlig äv.*) lust (*efter* for) **II** *v4* desire; (*trakta efter*) covet **-värd** *a1* desirable

åt|sida (*hitre sida*) near side; (*på mynt*) obverse **-sittande** *a4* tight[-fitting], snug[-fitting] **-skild** separate[d]; *bildl. äv.* distinct; *ligga ~a* lie apart **-skilja** separate; part; (*skilja från varandra*) distinguish [between] **-skillig** [-ʃ-] *a1, fören.* a great (good) deal of; *självst.* a great (good) deal; *~a* (*flera*) several, (*många*) quite a number of, a great (good) many, (*olika*) various; *det finns ~a som tror det* there are many who think so **-skilligt** [-ʃ-] *adv* a good deal, considerably, not a little; *~ mer än 100 personer* well over a hundred people **-skillnad** *göra ~* make a distinction (*mellan* between); *utan ~* without distinction, indifferently **-skils** [-ʃ-] apart, asunder **-smitande** *a4* tight[-fitting] **-stramning** [-a:-] *eg.* contraction; (*ekonomisk*) tightening[-up]; (*kredit- etc.*) squeeze, restraint; (*på börsen*) stiffening

åtta I *räkn* eight; *~ dagar* (*vanl.*) a week; *~ dagar i dag* this day week **II** *s1* eight **-dubbel** eightfold; octuple **-hundratalet** the ninth century **-hörnig** [-ö:-] *a1* octagonal, eight-cornered **-hörning** [-ö:-] octagon **-sidig** *a1* eight-sided, octahedral **-timmarsdag** eight-hour [working] day

åttio [ˣåtti(o), 'åtti(o)] eighty **-nde** [-å-] eightieth **-n[de]del** eightieth [part] **-tal** *ett ~* some eighty (*personer* persons); *på ~et* in the eighties

ått|kantig *a1* octagonal **-onde** [-å-] eighth; *var ~ dag* every (once a) week **-on[de]del** eighth [part]; *fem ~ar* five eighths **-ondelsnot** *mus.* quaver; *AE.* eighth note

åverkan damage, injury; *göra ~ på* do damage to, damage; *utsätta för ~* tamper with

åvila rest with ([up]on), lie upon

åvägabringa [åˣvä:-] bring about, effect

Ä

äckel ['äkk-] *s7* **1** nausea, sick feeling; *bildl.* disgust; *känna ~ inför ngt* feel sick at s.th.; *jag känner ~ vid blotta tanken* the mere thought [of it] makes me feel sick **2** (*-lig person*) repulsive chap

äckla nauseate, sicken; *bildl.* disgust; *det ~r mig* it sickens me **äcklas** *dep* be disgusted (*vid* by, at) **äcklig** *a1* nauseating; (*friare*) sickening; (*motbjudande*) repulsive

ädel ['ä:-] *a2* noble; (*om metall, stenar*) precious; (*av ~ ras*) thoroughbred; (*högsint*) noble-minded, magnanimous; *av ~ börd* of noble birth; *kroppens ädlare delar* the vital parts [of the body]; *~t vilt* big game; *~t vin* fine vintage **-boren** noble-born **-gas** inert (rare) gas **-het** nobility, nobleness **-metall** precious metal **-mod** noble-mindedness, generosity; magnanimity **-modig** noble-minded, generous; magnanimous **-ost** blue cheese **-sten** precious stone; (*arbetad*) gem, jewel **-trä** (*lövträ*) hardwood

ädling [ˣä:d-] nobleman, noble [man]

äg|a I *s1* **1** *i sg end. i uttr.*: *ha i sin -o* possess; *komma i ngns -o* come into a p.'s hands; *vara i ngns -o* be in a p.'s possession; *vara i privat -o* be private property; *övergå i privat -o* pass into private ownership **2** *pl -or* grounds; property (*sg*) **II** *v2* **1** (*rå om*) own, be the owner of; (*besitta*) possess; (*ha*) have; *allt vad jag -er och har* all I possess, all my worldly possessions; *han -er en förmögenhet* he is worth a fortune; *~ giltighet* be valid; *det -er sin riktighet* it is true (a fact); *~ rum* take place; *~ rätt att* have a (the) right to **2** *~ att a*) (*ha rättighet*) have a (the) right to, be entitled to, *b*) (*vara skyldig att*) have (be required) to

ägande|rätt right of possession; ownership, proprietorship (*till* of); (*upphovsrätt*) copyright; *jur.* title (*till* to); *~en har övergått till* the right of possession has passed to **-rättsbevis** document of title

ägar|e owner, proprietor; *övergå till ny ~* come under new ownership **-inna** owner, proprietress

ägg *s7* egg; *biol.* ovum (*pl* ova); *det är som Columbi ~* (*ung.*) it's as plain as a pikestaff; *där har vi ~et* (*bildl.*) there is the crux of the matter **-bildning** ovulation **-cell** ovum (*pl* ova) **-formig** [-å-] *a1* egg-shaped; *fack.* oviform **-gula** (*hopskr. äggula*) yolk; *en ~* (*vanl.*) the yolk of an egg **-kläckning** hatching, incubation **-kläckningsmaskin** [chicken, poultry] incubator **-kopp** egg cup **-ledare** *anat.* Fallopian tube; *zool.* oviduct **-lossning** ovulation **-läggning** egg-laying **-läggningsrör** ovipositor **-pulver** egg powder **-rund** oval **-röra** scrambled eggs (*pl*) **-sjuk** *gå omkring som en ~ höna* be wanting to get s.th. off one's chest **-skal** eggshell **-sked** egg spoon **-stanning** baked egg **-stock** ovary **-stocksinflammation** ovaritis **-toddy** egg-nog **-vita 1** (*vitan i ägg*) egg white, white of [an] egg; *en ~* (*vanl.*) the white of an egg **2** (*ämne*) albumin; (*i ägg*) albumen, white of egg **3** (*sjukdom*) albuminuria, Bright's disease **-viteämne** protein; (*enkelt*) albumin

ägna [ˣäŋna] **I** devote; *högt.* dedicate (*sitt liv åt* one's life to); (*skänka*) bestow (*omsorg åt* care on); *~ intresse åt* take an interest in; *~ en tanke åt ...* give ... a thought; *~ sin tid åt* devote one's time to; *~ ngt sin uppmärksamhet* give one's attention to s.th. **II** *opers., som det ~r och anstår* as befits (becomes) **III** *rfl* **1** *~ sig åt* devote o.s. to (*att göra ngt* doing s.th.), *högt.* dedicate o.s. to, (*utöva*) follow (*ett yrke* a trade), pursue (*ett kall* a calling), (*slå sig på*) go in for, take up (*affärer* business) **2** (*lämpa sig*) *~ sig för* be suited (adapted) for (to), (*om sak äv.*) lend itself to

ägnad [ˣäŋnad] *a5* suited, fitted; *inte ~ att inge förtroende* not calculated (likely) to inspire confidence; *~ att väcka farhågor* likely to cause alarm

ägo *se äga I 1* **-delar** *pl* property (*sg*), belongings, possessions; *jordiska ~* worldly goods

ägor *pl, se äga I 2*

äh oh!, ah!; (*avvisande äv.*) pooh!

äkta I *a1* (*oböjligt a*) **1** genuine, real; (*autentisk*) authentic; (*om konstverk*) original; (*om färg*) fast; (*uppriktig*) sincere; (*sann*) true (*konstnär* artist); ~ *pärlor* real (genuine) pearls; ~ *silver* sterling (pure, real) silver **2** ~ *barn* legitimate child; ~ *hälft* (*vard.*) better half; ~ *maka* (*make*) [wedded (lawful)] wife (husband); ~ *par* married couple, husband and wife **II** *s, i uttr.: ta ngn till ~, se följ.* **III** *v1* wed, espouse

äktenskap *s7* marriage; *jur. äv.* wedlock, matrimony; *efter fem års* ~ after five years of married life; *barn i* (*utom*) *~et* child born in (out of) wedlock; *ingå ~ med* marry; *ingå nytt* ~ marry again, remarry; *leva i ett lyckligt* ~ have a happy married life; *till ~ ledig* unmarried, on the marriage market **-lig** *a1* matrimonial; conjugal, marital; married (*samliv* life); ~ *börd* legitimate birth; *~a rättigheter* marital rights

äktenskaps|anbud proposal (offer) of marriage **-annons** matrimonial advertisement **-betyg** certificate of marital (matrimonial) capacity **-brott** adultery **-brytare** adulterer **-bryterska** adulteress **-byrå** matrimonial agency **-förord** marriage settlement (articles *pl*) **-hinder** impediment to marriage **-löfte** promise of marriage; *brutet* ~ breach of promise **-mäklare** matrimonial agent, *vard.* matchmaker **-rådgivning** marriage guidance **-skillnad** divorce, dissolution of marriage **-tycke** *de har* ~ they are so well matched **-ålder** marrying age

äkt|het (*jfr äkta I 1*) genuineness, reality; authenticity; originality; sincerity; (*färg-*) fastness; *bevisa ~en av* authenticate **-hetsbevis** proof of authenticity **-svensk** genuinely Swedish

äld|re ['äll-] *a, komp. t. gammal* older (*än* than); (*om släktskapsförh.*) elder; (*i tjänst*) senior (*än* to); (*tidigare*) earlier; (*ganska gammal*) elderly; ~ *järnåldern* the early Iron Age; ~ *människor* old (elderly) people; ~ *årgång* (*av tidskrift e.d.*) old (back) volume; *av ~ datum* of an earlier date; *i ~ tider* in older (more ancient) times; *de som är ~ än jag* my elders (seniors), those older than myself; *herr A. den* ~ Mr. A. Senior; *Dumas den* ~ Dumas the elder; *Pitt den* ~ the elder Pitt **-omsorg** old-age care

äldst [*vard.* älst] *a, superl. t. gammal* oldest; (*om släktskapsförh.*) eldest; (*av två äv.*) older (elder); (*i tjänst*) senior; (*tidigast*) earliest; *de ~a* (*i församling e.d.*) the Elders; *den ~e* (*i kår e.d.*) the doyen

älg [älj] *s2* elk; *AE.* moose **-antilop** eland **-gräs** *bot.* meadowsweet **-jakt** (*jagande*) elk-hunting; (*jaktparti*) elk-hunt; *vara på* ~ be out elk-hunting **-kalv** elk calf **-ko** cow (female) elk **-stek** roast elk **-tjur** bull (male) elk **-ört** *se -gräs*

älsk|a love; (*tycka mycket om*) like, be [very] fond of **-ad** *a5* beloved; (*predik. äv.*) loved; *~e Tom!* Tom darling!, (*i brev*) my dear Tom; *min ~e* my beloved (darling) **-ande** *a4* loving (*par* couple); *de* ~ the lovers

älskar|e lover; *förste* ~ (*teat.*) juvenile lead; *inte vara ngn ~ av* not be fond of **-inna** mistress **-roll** *teat.* [part of the] juvenile lead

älsklig *a1* charming, sweet, lovable **-het** charm, sweetness, lovable character

älskling darling; (*i tilltal äv.*) love; *AE.* honey; (*käresta*) sweetheart

älsklings|barn favourite child **-elev** favourite (pet) pupil **-rätt** favourite dish

älsk|og *s2* love **-ogskrank** *a1* lovesick

älskvärd amiable, kind **-het** amiability, kindness

älta knead (*deg* dough); work (*smör* butter); *bildl.* go over again and again; ~ *samma sak* go harping on the same string

ältranunkel *bot.* lesser spearwort

älv *s2* river

älv|a *s1* fairy, elf (*pl* elves); *poet.* fay **-[a]drottning** fairy queen; *~en* (*äv.*) Queen Mab **-[a]kung** fairy king **-dans** fairy dance **-lik** fairylike

älvmynning mouth of a (the) river, river mouth

ämabel [-'ma:-] *a2, se älskvärd*

ämbar *s7* pail, bucket

ämbete *s6* office; *bekläda* (*inneha*) *ett* ~ hold an office; *i kraft av sitt ~,* [*p*]*å ~ts vägnar* by (in) virtue of one's office, in one's official capacity, ex officio

ämbets|ansvar official responsibility **-broder** colleague **-brott** malpractice, misconduct [in office] **-byggnad** government office [building] **-dräkt** official dress, uniform **-ed** oath of office; *avlägga ~en* be sworn in **-examen** *filosofisk* ~ Master of Arts (*förk.* M.A.), Bachelor of Education (*förk.* B.Ed.); *avlägga filosofisk* ~ pass (take) one's Master's degree **-förrättning** official function **-man** official, public (Government) officer; (*i statens tjänst äv.*) civil servant

ämbetsmanna|bana official (civil service) career **-delegation** delegation of officials **-kår** body of civil servants; officials (*pl*), official class **-välde** bureaucracy

ämbets|plikt official duty **-rum** office **-tid** period of office; *under sin* ~ while in office **-verk** government office, civil service department

ämna intend (mean, plan, *AE.* aim) to; *jag ~de just* I was just going to; ~ *sig hem* (*ut*) intend to go home (out); *vart ~r du dig?* where are you going (you off to)?

ämne *s6* **1** (*material*) material; (*för bearbetning*) blank; (*arbetsstycke*) workpiece; *han har ~ i sig till en stor konstnär* he has the makings of a great artist **2** (*materia*) matter, substance, stuff; *fasta ~n* solids; *flytande ~n* liquids; *enkla ~n* elements; *sammansatta ~n* compounds; *organiskt* ~ organic matter **3** (*tema, samtals-, skol- etc.*) subject; matter; theme; (*samtals- äv.*) topic; *frivilligt* ~ (*skol.*) optional (*AE.* elective) subject; *obligatoriskt* ~ (*skol.*) compulsory subject; *~t för romanen* the subject for the novel; *litteraturen i ~t* the literature on this subject; *byta* ~ change the subject; *hålla sig till ~t* keep to the subject (point); *komma till ~t* come to the point; ~ *till betraktelse* food for thought

ämnes|grupp group of subjects, subject group **-kombination** combination of subjects **-konferens** *skol.* staff meeting of teachers of the same subject **-lärare** teacher of a special subject **-namn** material noun **-område** subject field **-omsättning** metabolism; *fel på ~en* metabolic disturbance **-val** choice of subject

än [änn] **I** *adv* **1** *se ännu* **2** *hur gärna jag ~ ville* however much I should like to; *när* (*var*) *jag ~* whenever (wherever) I, no matter when (where) I; *om ~ aldrig så litet* however small [it may be],

Ä

no matter how small; *vad som ~ må hända* whatever happens; *vem han ~ må vara* whoever he may be **3** ~ ... ~ now ..., now, sometimes ..., sometimes; ~ *si* ~ *så* now this way, now that; ~ *huttra,* ~ *svettas* shiver and sweat by turns **4** ~ *sen då?* well, what of it?, *vard.* so what? **II** *konj* **1** (*i jämförelser*) than; *mindre* ~ smaller than; *inte mindre* ~ no less than; *ingen mindre* ~ no less a person than **2** *ingen annan* ~ no other than (*kungen* the king), no one but; *inget annat* ~ nothing else but; *han är allt annat* ~ *dum* he is anything but stupid

1 ända I *s5* **1** (*äv. ände*) end; (*yttersta del äv.*) extremity; (*spetsig*) tip; *nedre* (*övre*) *~n av* the bottom (top) of; *världens* ~ the ends (*pl*) of the world; *allting har en* ~ there is an end to everything; *det är ingen* ~ *på* there is no end to; *ta en* ~ *med förskräckelse* come to a sad end; *börja i galen* ~ start at the wrong end; *stå på* ~ stand on end, (*om hår äv.*) bristle; *gå till* ~ come to an end, expire; *falla över* ~ tumble (topple) over **2** *vard.* (*stuss*) behind, bottom, posterior, rear; *en spark i ~n* a kick on the behind (in the pants); *sätta sig på ~n* (*ramla*) fall on one's behind **3** (*stump*) bit, piece; *sjö.* [bit of] rope **4** *dagen i* ~ all day long **5** (*syfte*) *till den ~n* to that end **II** *v1* end

2 ända *adv* right (*till* to; *hit* here); (*hela vägen*) all the way (*hem* home); ~ *fram till* right up to; ~ *från början* right from the beginning; ~ *från 1500-talet* ever since the sixteenth century; ~ *från Indien* all the way from India; ~ *in i minsta detalj* down to the very last detail; ~ *in i det sista* down (up) to the very end; ~ *till slutet* to the very end; ~ *till påsk* right up to Easter; ~ *till midnatt* [all the time] till (until) midnight; ~ *till kyrkan* as far as (all the way to) the church; ~ *till nu* until (till, [right] up to) now, (*t. våra dagar*) down to the present time

ändalykt *s3* **1** (*slut*) *en sorglig* ~ a tragic end **2** (*stuss*) posterior

ändamål *s7* purpose; end; (*syfte äv.*) object; (*avsikt*) aim; *~et med* the purpose of; *~et helgar medlen* the end justifies the means; *för detta* ~ for this purpose, to this end; *det fyller sitt* ~ it is suited to (serves) its purpose; *ha ngt till* ~ have s.th. as an end; *välgörande* ~ charitable (charity, welfare) purposes

ändamåls|enlig [-e:-] *a1* [well] adapted (suited) to its purpose, suitable; (*lämplig*) appropriate; (*praktisk*) practical; *vara mycket* ~ be very much to the purpose **-enlighet** [-e:n-] fitness, practicality, expediency **-lös** purposeless; aimless; (*gagnlös*) useless

ändas *dep* end, terminate (*på* in, with)

ände *s2, se I ända I 1*

änd|else ending **-hållplats** bus (tram) terminus **-lig** *a1* finite **-lös** endless; (*som aldrig tar slut äv.*) interminable; *mat.* infinite **-morän** end (terminal) moraine

ändock yet, still, nevertheless, for all that

ändpunkt terminal point, end

ändr|a 1 alter; (*byta*) change, shift; (*rätta*) correct; (*förbättra*) amend; (*modifiera*) modify; (*revidera*) revise; ~ *en klänning* alter a dress; ~ *mening* change one's opinion (mind) (*om* about); *inte ~ en min* (*vanl.*) not move a muscle; *det ~r inte mitt beslut* it does not alter my decision; *det ~r ingenting i sak* it makes no difference in substance; *domen ~des till böter* the sentence was commuted into a fine; *paragraf 6 skall ~s* paragraph 6 shall be amended; *obs ~d tid!* note the alteration of time!; ~ *om* alter; ~ *om ngt till* change (transform) s.th. into; ~ *på* alter, change **2** *rfl* alter, change; (*rätta sig*) correct o.s.; (*fatta annat beslut*) change one's mind; (*byta åsikt äv.*) change one's opinion **-ing** alteration (*äv. av klädesplagg*); change; correction; amendment; *tekn. e.d.* modification; *en* ~ *till det bättre* a change for the better; *en obetydlig* ~ a slight modification **-ingsförslag** proposed alteration (amendment)

änd|station terminus (*pl äv.* termini), terminal [station] **-tarm** rectum **-tarmsöppning** anus, anal orifice

ändå [×änn-, -'då:] **1** (*likväl*) yet, still; (*icke desto mindre*) nevertheless; (*i alla fall*) all the same; *det är* ~ *något* it's something, anyway; *om han* ~ *kunde komma!* if only (I do wish) he could come! **2** (*ännu*) still, even (*mer* more)

äng *s2* meadow; *poet.* mead

ängd *s3, se trakt*

ängel *s2* angel; *det gick en* ~ *genom rummet* there was a sudden hush in the room; *han kom som en räddande* ~ he came like an angel to the rescue

ängla|lik angelic[al]; *hon har ett ~t tålamod* she has the patience of an angel (of Job) **-makerska** baby-farmer **-skara** angelic host **-vakt** guardian angel **-vinge** wing of an angel

ängs|blomma meadow flower **-kavle** [-a:-] *s2, bot.* foxtail

ängsl|a alarm, cause alarm, make anxious **-an** *r* anxiety; (*oro*) alarm, uneasiness; (*starkare*) apprehension, fright **-as** *dep* be (feel) anxious (*för, över* about); (*oroa sig*) worry (*för* about) **-ig** *a1* **1** (*rädd*) anxious, uneasy (*för* about); ~ *av sig* timid, timorous; *var inte ~!* don't worry (be afraid)!; *jag är* ~ *för att ngt kan ha hänt* I am afraid (fear) s.th. may have happened **2** (*ytterst noggrann*) scrupulous; *med* ~ *noggrannhet* with [over]scrupulousness

ängs|mark meadow land **-syra** sorrel **-ull** [common] cotton grass

änka *s1* widow; (*änkenåd*) dowager; *vara* ~ *efter* be [the] widow of; *hon blev tidigt* ~ she was early left a widow

änke|drottning queen dowager; (*regerande monarks mor*) queen mother **-fru** widow; ~ *A.* Mrs. A.[, widow of the late Mr. A.] **-man** widower **-nåd** *s3* dowager **-- och pupillkassa** widows' and orphans' fund **-pension** widow's pension **-stånd** widowhood **-stöt** knock on the funny (*AE.* crazy) bone **-säte** dowager's residence

änkling widower

ännu [×ännu, -'nu:] **1** (*fortfarande*) still; (*om ngt som ej inträffat*) yet; (*hittills*) as yet, so far; *har de kommit ~?* have they come yet?; *inte* ~ not yet; *medan det* ~ *är tid* while there is still time, while the going is good; *det har* ~ *aldrig hänt* it has never happened so far; *det dröjer* ~ *länge innan* it will be a long time before; ~ *så länge* so far, up to now, (*för närvarande*) for the present; ~ *när han var 80* even at the age of eighty; ~ *så sent som i*

går only (as recently as, as late as) yesterday **2** (*ytterligare*) more; ~ *en* one more, yet (still) another; ~ *en gång* once more, (*återigen*) again; *det tar* ~ *en stund* it will take a while yet **3** (*vid komp.*) still, even (*bättre* better)
änterhake *sjö.* grapnel, grappling iron (hook)
äntligen at last; (*omsider äv.*) at length
äntr|a board (*ett fartyg* a ship); (*klättra*) climb (*uppför en lina* up a rope) **-ing** boarding; climbing
äppel|blom *koll.* apple-blossom[s *pl*] **-blomma** apple-blossom **-brännvin** apple brandy; *AE.* applejack **-kaka** apple cake **-kart** green apple[s *pl*] **-klyfta** slice of [an] apple **-kompott** stewed apples **-kärna** apple pip **-mos** mashed apples (*pl*), apple sauce **-must** apple juice **-paj** apple-pie **-skal** apple-peel **-skrott** [-å-] *s2* apple-core **-sort** brand of apple **-träd** apple tree **-vecklare** *zool.* codling moth **-vin** cider **-år** *ett gott* ~ a good year for apples
äpple *s6* apple; ~*t faller inte långt från trädet* he (she) is a chip of the old block; like father, like son
är *pres. av vara*
ära I *s1* honour; (*heder*) credit; (*berömmelse*) glory, reknown; ~ *vare Gud!* Glory be to God!; ~*ns fält* military exploits (*pl*), field of glory; *en* ~*ns knöl* a downright swine; *det är en stor* ~ *för oss att* it is a great honour for us to; *få* ~*n för* get the credit for; *får jag den* ~*n att* may I have the honour of (+ *ing-form*); *ge ngn* ~*n för* give s.b. the credit for, credit s.b. with; *det gick hans* ~ *för när* that wounded (piqued) his pride; *göra ngn den* ~*n att* do s.b. the honour (favour) of (+ *ing-form*); *ha* ~*n att* have the honour of (+ *ing-form*); *har den* ~*n* [*att gratulera!*] congratulations!, (*på födelsedag*) many happy returns [of the day]!, happy birthday!; *sätta en* (*sin*) ~ *i att* make a point of (+ *ing-form*); *vinna* ~ gain honour (credit); *bortom all* ~ *och redlighet* miles from anywhere (civilization); ... *i all* ~ with all deference (respect) to ...; *göra ngt med den* ~*n* do s.th. with credit; *på min* ~*!* upon my honour!; *dagen till* ~ in honour of the day; *till ngns* ~ in a p.'s honour; *till Guds* ~ for the glory of God **II** *v1* honour; (*vörda*) respect, revere, venerate; ~*s den som* ~*s bör* honour where (to whom) honour is due
ärad *a5* honoured; (*om kund e.d.*) esteemed; *Ert* ~*e* [*brev*] your letter, *åld.* your favour (esteemed letter)
ärbar [ˣä:r-] *a1* decent, modest **-het** decency, modesty; *i all* ~ in all decency
äre|betygelse *se hedersbetygelse* **-girig** ambitious; aspiring **-girighet** ambition[s *pl*]; aspiration[s *pl*] **-kränka** defame **-kränkande** *a4* defamatory; (*i skrift*) libellous **-kränkning** defamation; (*skriftlig*) libel **-lysten** *se -girig* **-lystnad** *se -girighet* **-lös** infamous **-minne** memorial (*över* to, in honour of)
ärende *s6* **1** (*uträttning*) errand; (*uppdrag*) commission; (*besked*) message; *framföra sitt* ~ state one's errand, give one's message; *får jag fråga vad ert* ~ *är?* what brings you here, if I may ask?; *gå* ~*n* go [on] errands, be an errand boy (girl) (*åt* for); *gå ngns* ~*n* (*bildl.*) run a p.'s errands; *göra sig ett* ~ *till* find an excuse for going to; *boken har ett* ~ the book has a message; *ha ett* ~ *i* (*till*) *stan* have business in town; *ha ett* ~ *till ngn* have to see s.b. about; *i lovliga* ~*n* on lawful business (errands); *med oförrättat* ~ without having achieved one's object **2** (*angelägenhet*) matter; *löpande* ~*n* [the] usual routine, current matters; *utrikes* ~*n* foreign affairs; *handlägga ett* ~ deal with (handle) a matter
ärenpris *s3, bot.* [common] speedwell
äre|port triumphal arch **-rörig** *a1* slanderous, defamatory, calumnious **-varv** *sport.* lap of honour **-vördig** venerable
ärftlig *a1* hereditary (*anlag* disposition); (*om titel e.d.*) inheritable; *det är* ~*t* (*vanl.*) it runs in the family **-het** heredity; (*sjukdoms e.d.*) hereditariness
ärftlighets|forskare geneticist **-forskning** genetics (*pl, behandlas som sg*), genetic research **-lära** genetics (*pl, behandlas som sg*), science of heredity
ärftligt *adv* hereditarily; by inheritance; *vara* ~ *belastad* have a hereditary taint
ärg [-j] *s3* verdigris; patina **ärga** (*bli -ig,* ~ *sig*) become coated with verdigris; ~ *av sig* give off verdigris **-grön** verdigris green **-ig** *a1* verdigrised; *konst.* patinated
ärke|biskop archbishop **-biskopinna** archbishop's wife **-biskoplig** archiepiscopal **-biskopsdöme** *s6* archdiocese, archbishopric, archbishop's diocese **-bov** archvillain, unmitigated scoundrel **-fiende** archenemy **-hertig** archduke **-hertigdöme** archduchy **-nöt** nitwit, utter fool **-reaktionär** archreactionary; *en* ~ (*äv.*) a die-hard **-skälm** archrogue **-stift** *se -biskopsdöme* **-säte** archiepiscopal see **-ängel** archangel
ärla [ˣä:r-] *s1* wagtail
ärlig [ˣä:r-] *a1* honest; (*hederlig*) honourable (*avsikt* intention); (*rättfram*) straightforward; (*uppriktig*) sincere; *vard.* straight, on the level; ~*t spel* fair play; *om jag skall vara helt* ~ to be quite honest, honestly; *säga sin* ~*a mening* give one's honest opinion **-en** honestly *etc.*; *det har du* ~ *förtjänat* you have fairly earned it, that is no more than your due; ~ *förtjäna sitt uppehälle* make an honest living **-het** honesty, straightforwardness; ~ *varar längst* honesty is the best policy; *i* ~*ens namn måste jag* to be quite honest I must
ärligt [ˣä:r-] *adv, se -en*; ~ *talat* to be quite honest with you
ärm *s2* sleeve **-bräda** sleeve board **-hål** armhole **-hållare** armband; *AE.* arm (sleeve) garter **-linning** wristband **-lös** sleeveless
ärna [ˣä:r-] *se ämna*
äro|full glorious; honourable (*återtåg* retreat) **-rik** (*-full*) glorious; (*som förvärvat stor ära*) illustrious (*krigare* warrior)
ärr *s7* scar; *fack.* cicatrice **ärra** *rfl*, **ärras** *dep* scar; *fack.* cicatrize
ärr|bildning scar formation; *fack.* cicatrization **-ig** *a1* scarred; (*kopp-*) pockmarked
ärt *s3*, **ärta** *s1* pea
ärt|balja, -skida pea pod; (*tom*) pea shell **-soppa** pea soup **-törne** *bot.* gorse **-växt** leguminous plant
ärva *v2* [*få*] ~ inherit (*av, efter* from); ~ *ngn* be a

p.'s heir; ~ *en tron* succeed to a throne; *jag har fått* ~ I have come into money **ärvd** *a5* inherited; (*medfödd*) hereditary **ärvdabalk** laws (*pl*) of inheritance, inheritance code
äsch ah!, oh!; (*besviket*) dash it!; ~, *det gör ingenting!* oh, never mind!, oh, it doesn't matter!
äsk|a demand, ask for; ~ *tystnad* call for silence **-ande** *s6* demand, claim, request
äsping (*orm*) [young female] viper
äss *s7* ace
ässja [ˣäʃa] *s1* forge
ät|a *åt -it* **1** eat; (*frukost etc.*) have; *har du -it ännu?* have you had [your] dinner (*etc.*) yet?; *vi sitter och -er* we are at (are having [our]) dinner (*etc.*); ~ *frukost* have breakfast; ~ *middag* have dinner, dine; ~ *gott* get good food; *tycka om att* ~ *gott* be fond of good food; ~ *litet* (*mycket*) be a poor (big) eater; ~ *på ngt* eat (munch) s.th.; ~ *ngn ur huset* eat s.b. out of house and home **2** *rfl,* ~ *sig mätt* have enough to eat; ~ *sig sjuk* eat o.s. sick; ~ (*nöta*) *sig igenom* wear its way through; ~ *sig in i* (*om djur*) eat into **3** (*med betonad partikel*) ~ *upp* eat [up], consume; *jag har -it upp* I have finished [my food]; *det skall du få* ~ *upp!* (*bildl.*) you'll have that back [with interest]!; ~ *upp sig* put on weight, fatten [up]; ~ *ut ngn* (*bildl.*) cut s.b. out
ät|bar [ˣä:t-] *a1* eatable (*mat* food) **-it** *sup. av äta* **-lig** [ˣä:t-] *a1* edible (*svamp* mushroom)
ätt *s3* family; (*furstlig*) dynasty; *den siste av sin* ~ the last of his (*etc.*) line; *~en utslocknade år* the family died out in **ättartavla** genealogy, genealogical table
ätte|fader [first] ancestor **-hög** barrow **-lägg** *s2* scion
ättestupa *s1, ung.* [suicidal] precipice
ättika *s1* vinegar; *kem.* acetum; *lägga in i* ~ pickle
ättiksgurka pickled cucumber, gherkin
ättik|sprit vinegar essence **-sur** [as] sour as vinegar; *bildl.* vinegary **-syra** acetic acid
ättling descendant, offspring
även also, ... too; (*likaledes*) ... as well; (*till och med*) even (*om* if, though); *icke blott ... utan* ~ not only ... but also **-ledes** also, likewise **-som** as well as **-så** also, likewise
äventyr *s7* **1** adventure; (*missöde*) misadventure **2** (*vågstycke*) hazardous venture (enterprise) **3** *jur., vid* ~ *att* at the risk of; *vid* ~ *av böter* on pain (under penalty) of fines (a fine) **4** *till ~s* perchance, peradventure
äventyr|a risk, hazard, jeopardize; imperil, endanger **-are** adventurer **-erska** adventuress **-lig** [-y:-] *a1* adventurous; (*riskabel*) venturesome, risky, hazardous **-lighet** [-y:-] adventurousness *etc.*
äventyrs|lust love of adventure **-lysten** adventure-loving, fond of adventure **-roman** adventure story, story of adventure; romance
ävlan [ˣä:v-] *r* striving[s *pl*] **ävlas** *dep* strive (*efter* for, after)

Ö

ö *s2* island; (*i vissa geogr. namn*) isle; *bo på en* ~ live on (*om stor ö*: in) an island
ÖB [ˣö:be:] *förk. för överbefälhavaren*
öbo *s5* islander
öda *v2,* ~ [*bort*] waste
1 öde *s6* fate; (*bestämmelse*) destiny; *~t* Fate; Destiny; *~n* destinies, (*levnads-*) fortunes; *skiftande ~n* changing fortunes, vicissitudes [of fortune]; *ett sorgligt* ~ a tragic fate; *~ts skickelse* the decree of fate, Fate; *efter många ~n och äventyr* after many adventures; *hans* ~ *är beseglat* his fate is sealed; *dela ngns* ~ share a p.'s fate (lot); *finna sig i sitt* ~ submit (resign o.s.) to one's fate; *förena sina ~n med ngn* cast in one's lot with s.b.
2 öde *oböjligt a* desert, waste; (*övergiven*) deserted; (*enslig*) lonely; (*ödslig*) desolate; (*obebodd*) uninhabited; *ligga* ~ *a*) (*folktom*) be deserted, *b*) (*om åkerjord*) lie waste
öde|bygd depopulated (deserted) area **-gård** deserted (derelict) farm **-kyrka** abandoned church **-lägga** lay waste; (*skövla*) ravage, devastate; (*förstöra*) ruin, destroy **-läggelse** (*-läggning*) laying waste; (*om resultatet*) devastation, ruin, destruction
ödem *s7, med.* oedema (*pl* oedemata)
ödemark waste, desert; (*vildmark*) wilderness; (*obygd*) wilds (*pl*), *AE.* backwoods (*pl*)
ödes|bestämd fated **-diger** (*skickelsediger*) fateful; (*avgörande äv.*) decisive; (*olycksbringande*) fatal, disastrous, ill-fated **-gudinnor** *pl* Fates **-mättad** fateful, fatal **-timma** fateful (fatal) hour, hour of destiny
ödla [ˣö:d-] *s1* lizard; (*vatten-*) newt, eft
öd|mjuk [ˣö:d-] *a1* humble; (*undergiven*) submissive **-mjuka** *rfl* humble o.s. (*inför* before) **-mjukhet** humility, humbleness; submission; *i all* ~ in all humility
ödsla [ˣö:d-, ˣödd-] ~ [*med*] be wasteful with (of); ~ *bort* waste, squander
ödslig [ˣö:d-, ˣödd-] *a1* desolate, deserted; (*dyster*) dreary **-het** desolateness *etc.*; desolation
ödsligt *adv, ligga* ~ be lonely; *en* ~ *belägen* a desolate
öfolk (*öbor*) islanders (*pl*); (*nation*) insular nation
ög|a *-at -on* **1** eye; ~ *för* ~ an eye for an eye; *stå* ~ *mot* ~ stand face to face with; *anstränga -onen* strain one's eyes; *falla i -onen* catch (strike) the eye; *få ett blått* ~ get a black eye; *få upp -onen för* have one's eyes opened to; *göra stora -on* open one's eyes wide, stare; *ha -onen med sig* keep one's eyes open, be observant; *inte ha -on för ngn annan än* have eyes for nobody but; *ha ett gott* ~ *till* have one's eyes on; *jag har ljuset i -onen* the light is in my eyes; *ha ngt för -onen* keep s.th. before one['s sight]; *ha svaga -on* have a poor eyesight; *hålla ett* ~ *på* keep an eye on; *i mina* (*folks*) *-on* in my (people's) eyes (opinion); *inför*

allas -on in sight (before the eyes) of everybody; *finna nåd inför ngns -on* find favour with s.b.; *kasta ett ~ på* have a look at, glance at; *med blotta ~t* with the naked eye; *mellan fyra -on* in private, privately; *samtal mellan fyra -on* private talk, tête-à-tête; *mitt för -onen på* before the very eyes of, in full view of; *det var nära ~t* that was a narrow escape (close shave); *jag ser dåligt på vänstra* (*högra*) *~t* the sight is poor in my left (right) eye; *se ngn rakt i -onen* look s.b. straight in the face; *skämmas -onen ur sig* be thoroughly ashamed of o.s.; *slå ner -onen* cast down one's eyes; *så långt ~t når* as far as the eye can reach **2** (*på tärning*) pip **3** (*på potatis*) eye

ögla [ˣö:g-, ˣögg-] *s1* loop, eye; *göra en ~ på* loop

ögna [ˣöŋna] *~ i* have a glance (look) at, glance at; *~ igenom* glance through, scan

ögon|blick *s7* moment; instant; *ett ~!* one moment, please!, just a moment (minute)!; *ett ~s verk* the work of a moment (an instant); *ett obevakat ~* an unguarded moment; *har du tid ett ~?* can you spare [me] a moment?; *det tror jag inte ett ~* I don't believe that for a moment; *för ~et* at the moment, at present, just now; *i nästa ~* [the] next moment; *i samma ~ jag såg det* the moment I saw it; *om ett ~* in a moment (an instant); *på ett ~* in a moment (an instant), in the twinkling of an eye **-blicklig** *a1* instantaneous; immediate, instant **-blickligen** instantly, immediately; (*genast*) at once **-blicksbild** snapshot

ögon|bryn eyebrow; *höja* (*rynka*) *~en* raise (knit) one's eyebrows **-droppar** *pl* eye drops (lotion *sg*) **-frans** eyelash **-fröjd, -fägnad** feast for the eye, delightful sight **-färg** colour of the (one's) eyes **-glob** eyeball **-håla** eye socket, *fack.* orbit **-hår** eyelash **-inflammation** ophthalmia **-kast** glance; *vid första ~et* at first sight, at the first glance **-klinik** eye hospital (clinic) **-lock** eyelid **-läkare** eye specialist; ophthalmologist, oculist **-mått** *ha gott ~* have a sure eye; *efter ~* by [the] eye **-märke** sighting (aiming) point **-sikte** *förlora ur ~* lose sight of **-sjukdom** eye (ophthalmic) disease **-skenlig** [-ʃe:n-] *a1* apparent; (*påtaglig*) [self-]evident; (*tydlig*) obvious **-skugga** eye shadow **-specialist** *se -läkare* **-sten** *bildl., ngns ~* the apple of a p.'s eye **-tjänare** timeserver, fawner **-tröst** *bot.* eyebright **-vita** the white of the eye **-vittne** eyewitness **-vrå** corner of the (one's) eye

ögrupp group (cluster) of islands

ök *s7* (*lastdjur*) beast of burden; (*dragdjur*) beast of draught; (*häst*) jade

öka 1 (*göra större*) increase (*med* by); (*ut-, till-*) add to; (*utvidga*) enlarge; (*förhöja*) enhance (*värdet av* the value of); *~ farten* (*äv.*) speed up, accelerate; *~ kapitalet med 1 miljon* add 1 million to the capital; *~ kraftigt* increase rapidly, undergo a rapid growth; *~ priset på* raise (increase, put up) the price of; *~ till det dubbla* (*tredubbla*) double (treble); *~ på* increase; *~ ut a*) (*dryga ut*) eke out, *b*) (*utvidga*) enlarge (*lokalerna* the premises), increase (*sitt vetande* one's knowledge) **2** (*tilltaga*) increase; (*om vind äv.*) rise; *~ i vikt* put on weight **ökad** *a5* increased *etc.*; (*ytterligare*) added; additional (*utgifter* expenditure *sg*); *ge ~ glans åt* lend additional lustre to **ökas** *dep se öka 2*

öken [ˈö:-, ˈökk-] *s2* desert; *bibl.* wilderness; *öknens skepp* (*kamelen*) the ship of the desert **-artad** [-a:r-] *a5* desertlike **-folk** desert people **-kängor** desert boots **-område** desert region **-råtta** *mil. vard.* desert rat **-räv** fennec **-vandring** wandering[s *pl*] in the wilderness **-vind** desert wind; (*samum*) simoom, simoon

öklimat insular climate

öknamn nickname; *ge* [*ett*] *~* nickname

ökning [ˣö:k-] increase (*i* of); addition; enlargement; enhancement; *~ av farten* acceleration of [the] speed

ökänd [ˣö:çänd] notorious

öl *s7* beer; *ljust ~* light beer, pale ale; *mörkt ~* dark beer, stout **-back** case of beer; (*tom*) beer case **-bryggeri** brewery **-burk** beer can **-butelj, -flaska** bottle of beer; (*tom*) beer bottle **-glas** beer glass; (*glas öl*) glass of beer **-kafé** beerhouse, public house, pub **-sejdel** beer mug; (*med lock*) tankard **-sinne** *ha gott* (*dåligt*) *~* carry one's liquor well (badly) **-stuga** *åld.* alehouse; *AE. äv.* beer parlor **-utkörare** [brewer's] drayman **-öppnare** bottle (beer-can) opener

ölandstok shrubby cinquefoil

öm [ömm] *a1* **1** (*ömtålig*) tender, sore (*fötter* feet); *en ~ punkt* (*bildl.*) a tender spot, a sore point; *vara ~ i hela kroppen* be (feel) sore (aching) all over **2** (*kärleksfull*) tender, loving, fond; *~ omtanke* solicitude; *hysa ~ma känslor för ngn* have tender feelings for s.b. **-fotad** *a5, vara ~* have tender (sore) feet, be footsore **-het 1** (*smärta*) tenderness, soreness **2** (*kärleksfullhet*) tenderness, [tender] affection, love **-hetsbehov** need for affection **-hetsbetygelse** proof (token) of affection, endearment **-hjärtad** [-j-] *a5* tenderhearted

ömk|a commiserate, pity; *~ sig över ngt* complain about s.th.; *~ sig över ngn* feel sorry for (pity) s.b. **-an** *r* compassion, pity **-ansvärd** [-ä:-] *a1* pitiable; (*stackars*) poor, wretched **-lig** *a1* pitiful, miserable; deplorable, lamentable; *en ~ min* a piteous air; *en ~ syn* a pitiful (sad) sight; *ett ~t tillstånd* a piteous state

ömm|a 1 (*vara öm*) be tender (sore); *~ för tryck* ache at pressure **2** (*hysa medkänsla*) feel [compassion] (*för* for), sympathize (*för* with) **-ande** *a4* **1** *se öm* **2** (*ömkansvärd*) distressing (*omständigheter* circumstances); *i ~ fall* in deserving cases

ömsa change; *~ skinn* (*om orm äv.*) cast (slough) its skin

ömse *oböjligt a, på ~ håll* (*sidor*) on both sides (each side) **-sidig** *a1* mutual, reciprocal; *~a anklagelser* cross accusations; *~t beroende* interdependence; *~t försäkringsbolag* mutual insurance company; *kontraktet gäller med 6 månaders ~ uppsägning* the contract is subject to 6 months' notice by either party; *till ~ belåtenhet* to our mutual satisfaction **-sidighet** reciprocity, mutuality **-vis** alternately; (*i tur o. ordning*) by turns

ömsint *a4* tender[hearted] **-het** tenderness of heart

ömsom [ˣömmsåm] *~ ... ~ ...* sometimes ..., sometimes ..., ... and ... alternately

ömtålig *a1* **1** (*som lätt skadas*) damageable, easily damaged; (*om matvara*) perishable; (*om tyg*) flimsy; (*bräcklig*) frail, fragile **2** (*om hälsa*) delicate; (*känslig*) sensitive; (*mottaglig*) susceptible (*för* to) **3** (*lättsårad*) touchy; (*grannlaga*) delicate (*fråga* question) **-het** liability to damage; perishableness *etc.*; fragility; delicacy; sensitiveness; susceptibility; touchiness

önsk|a 1 wish; (*åstunda*) desire; (*vilja ha*) want; *jag ~r att han ville komma* I [do] wish he would come; *vad ~s?* (*i butik*) what can I do for you[, Madam (Sir)]?; *om så ~s* if desired, if you wish; *stryk det som ej ~s* delete as required; *lämna mycket övrigt att ~* leave a great deal to be desired; *~de upplysningar* information desired; *icke ~d* unwanted, undesirable **2** *rfl* wish for, desire; *~ sig ngt i julklapp* want (wish for) s.th. for Christmas; *~ sig bort* wish o.s. (wish one were) far away; *~ sig tillbaka till* wish one were back in **-an** *r, som pl används pl av önskning* wish, desire; *enligt ~* as desired, according to your (his *etc.*) wishes; *uttrycka en ~ att* express a wish to; *med ~ om* with best wishes for

önske|dröm [cherished] dream; pipe dream **-lista** want list; (*t. jul e.d.*) list of presents one would like **-mål** wish, desire; object desired, desideratum (*pl* desiderata); *ett länge närt ~* a long-felt want **-program** request programme **-tänkande** *s6* wishful thinking **-väder** ideal weather

önsk|ning *se önskan* **-värd** [-ä:-] *a1* desirable, to be desired; *icke ~* undesirable **-värdhet** [-ä:-] desirability, desirableness

öpp|en *a3* open; aboveboard; (*uppriktig*) frank, candid; (*mottaglig*) susceptible (*för* to); *~ båt* (*äv.*) undecked boat; *~ eld* open fire; *-et förvar* (*i bank*) safe custody; *-et köp* purchase on approval; *på -et köp* on a sale-or-return basis; *~ spis* fireplace; *frågan får stå ~* the matter must be left open; *platsen står ~ för hans räkning* the post is reserved for him; *vara ~, hålla -et* keep open; *för ~ ridå* with the curtain up, *bildl.* in public; *i ~ räkning* in open account; *i ~ sjö* on the open sea; *på -na fältet* in the open field; *vid* (*per*) *första* (*sista*) *-et vatten* at (per) first (last) open water (*förk.* f.o.w. *resp.* l.o.w.)

öppen|het openness; frankness, candour; sincerity; susceptibility **-hjärtig** [-j-] *a1* open-hearted, frank, unreserved **-hjärtighet** [-j-] open-heartedness

öppet *adv* openly *etc.*; *~ och ärligt* squarely and fairly; *förklara ~* declare freely; *ligga ~* have an exposed situation **-hållande** *s6* business (service, opening and closing) hours (*pl*)

öppn|a 1 open; (*låsa upp*) unlock; *~ för ngn* open the door for s.b., let s.b. in; *~ affär* open (start) a shop (business); *affären ~r* (*~s*) *kl. 9* the shop opens at nine [o'clock]; *~ kredit* open a credit; *~ vägen för* (*bildl.*) pave the way for; *~ ngns ögon för* open a p.'s eyes to; *vi såg dörren ~s* we saw the door open[ing]; *~!* open up!; *~s här* open here; *~s för trafik i mars* will be open to traffic in March; *dörren ~s utåt* the door opens outwards **2** *rfl* open; (*vidga sig*) open out **-ing 1** opening (*äv. i schack*); (*hål*) aperture, hole; (*mynning*) orifice; (*springa*) chink; (*för mynt*) slot; (*i mur e.d.*) gap, break; (*glänta*) glade, clearing **2** (*avföring*) motion, defecation

öppnings|anförande opening (introductory) address **-bud** opening bid **-ceremoni** opening ceremony, inauguration (ceremony]

ör|a *-at -on* **1** ear (*äv. bildl.*); *dra -onen åt sig* become wary, take alarm; *gå in genom ena ~t och ut genom det andra* go in at one ear and out at the other; *ha ~ för musik* have an ear for music; *få det hett om -onen* be in for it, get into hot water; *höra dåligt* (*vara döv*) *på ena ~t* hear badly with (be deaf in) one ear; *mycket skall man höra innan -onen faller av!* I've never heard such a thing!, well, I never!, what next!; *han ville inte höra på det ~t* (*bildl.*) he wouldn't listen at all; *vara idel ~* be all ears; *klia sig bakom ~t* scratch one's head; *det har kommit till mina -on* it has come to my ears; *som ett slag för ~t* like a [shattering] blow; *det susar* (*ringer*) *i -onen* my ears are buzzing (singing); *tala för döva -on* talk to deaf ears; *inte vara torr bakom -onen* be very green; *små grytor har också -on* little pitchers have long ears; *upp över -onen förälskad* head over heels in love **2** (*handtag*) handle; (*på tillbringare*) ear **-clips** *pl* ear clips

öre *s6* öre; *inte ha ett ~* not have [got] a penny, be penniless; *inte ett rött ~* not a bean; *inte värd ett rött* (*ruttet*) *~* not worth a brass farthing; *inte för fem ~* not a bit; *räkna ut priset på ~t* work out the price to the last penny; *jag kan inte säga på ~t vad det kostar* I cannot tell you the exact price; *till sista ~t* to the last farthing

Öresund *n* the Sound

ör|fil [ˣö:r-] *s2* box on the ear **-fila** *~ [upp] ngn* box a p.'s ears, cuff s.b. **-hänge** (*smycke*) earring; (*långt*) eardrop; (*schlager*) hit

örike island state (country)

öring salmon trout

örlig [ˣö:r-] *s*, **örlog** [-å-] *s* [naval] war

örlogs|fartyg warship, man-of-war (*pl* men-of--war) **-flagg[a]** naval (man-of-war) flag **-flotta** navy, naval force **-hamn** naval port **-kapten** lieutenant commander **-man** man-of-war **-varv** naval dockyard (*AE.* shipyard)

örn [ö:rn] *s2* eagle **-blick** eagle eye **-bo** eyrie, aerie, eagle's nest **-bräken** *s2* bracken, brake

örngott [-å-] *s7* pillowcase, pillowslip

örn|näbb eagle's beak **-näsa** aquiline nose **-näste** *se örnbo* **-unge** eaglet, young eagle

öron|bedövande *a4* deafening **-clips** *se örclips* **-inflammation** inflammation of (in) the ear[s] ; *med.* otitis **-lappsfåtölj** wing chair **-klinik** ear clinic **-läkare** ear specialist, aurist, otologist; *öron-, näs- och halsläkare* ear, nose and throat specialist, otorhinolaryngologist, *vard.* E.N.T. specialist **-lös** *en ~ kopp* a cup without a handle **-mussla** [ear] concha; (*hörpropp*) earphone **-märkning** earmarking **-propp** (*vaxpropp*) plug of wax; (*mot ljud*) earplugg **-sjukdom** disease of the ear, aural disease **-skydd** earflap; earmuff **-susning** singing (buzzing) in one's ears **-trumpet** auditory (Eustachian) tube

ör|snibb ear lobe, lobe of the ear **-språng** earache; *med.* otalgia

ört *s3* herb, plant; *~er* (*äv.*) herbaceous plants **örtagård** garden

örvax earwax; *fack.* cerumen

ös|a *v3* **1** scoop; (*sleva*) ladle (*upp* out); (*hälla*) pour; ~ *en båt* bale (bail) a boat; ~ *en stek* baste a joint; ~ *presenter över ngn* shower s.b. with gifts; ~ *på ngn arbete* overburden s.b. with work; ~ *ur sig otidigheter över* shower abuse on; ~ *ut pengar* throw one's money around, waste (squander) one's money **2** *det* (*regnet*) *-er ner* it is pouring down, *vard.* it is raining cats and dogs **-kar** bailer, dipper **-regn** pouring rain, downpour **-regna** pour

öst *r* east; *jfr nord*

Östafrika East Africa

östan *r*, **-vind** *s2* east[erly] wind

östasiatisk East Asiatic **Östasien** Eastern Asia

Östberlin East Berlin

östblocket the Eastern bloc

öster ['öss-] **I** *oböjligt s o. s9* the east; *Ö~n* the East (Orient) **II** *adv* [to the] east (*om* of) **-ifrån** from the east

Österlandet *n* the East (Orient) **öster|ländsk** *a5* oriental, eastern **-länning** Oriental

österrikare Austrian **Österrike** *n* Austria **österrikisk** *a5* Austrian

Östersjön the Baltic [Sea]

Östeuropa Eastern Europe **östeuropeisk** East European

öst|front *~en* the Eastern front **-got** Ostrogoth **-gotisk** Ostrogothic **-kust** east coast

östlig *a1* easterly; east[ern]; *jfr nordlig* **östra** *best. a* the east; the eastern; *jfr norra*

östrogen [-'je:n] *s7, med.* [o]estrogen

östromersk *Ö~a riket* the Eastern Roman Empire; the Byzantine Empire

östron [-'å:n] *s7, med.* [o]estrone

öst|stat eastern state, East European state **-tysk** East German

Östtyskland East Germany; (*officiellt*) the German Democratic Republic, the GDR

öva 1 (*träna*) train (*ngn i ngt* s.b. in s.th.; *ngn i att* s.b. to); *mil.* drill, exercise; ~ *in* practise, (*roll e.d.*) rehearse; ~ *upp* train, exercise, (*utveckla*) develop; ~ *upp sig i engelska* brush up one's English **2** (*ut-*) exercise (*inflytande* influence); ~ *kritik* [*mot*] criticize; ~ *rättvisa* do justice; ~ *våld* use (make use of) violence **3** *rfl* practise; ~ *sig i att* practise (+ *ing-form*); ~ *sig i pianospelning* (*skjutning*) practise on the piano (with the rifle); ~ *sig i tålamod* learn to be patient **övad** *a5* practised; trained; (*erfaren*) experienced; (*skicklig*) skilled

över ['ö:-] **I** *prep* **1** over; (*högre än, ovanför*) above; (*tvärs-*) across; (*i tidsangivelse*) past, *AE. äv.* after; *bron ~ floden* the bridge across the river; *gå ~ gatan* walk across the street, *vanl.* cross the street; *bo ~ gården* live across the [court] yard; *500 meter ~ havet* 500 metres above sea level; ~ *hela kroppen* all over the body; ~ *hela landet* throughout (all over) the country; ~ *hela linjen* all along the line; ~ *hela vintern* throughout (all through) the winter; *tak ~ huvudet* a roof over one's head; *högt ~ våra huvuden* high above our heads; *bred ~ höfterna* broad across the hips; *höjd ~ alla misstankar* above (beyond) suspicion; *plötsligt var stormen ~ oss* suddenly the storm came upon us; *leva ~ sina tillgångar* live beyond one's means; *klockan är* [*fem*] ~ *sex* it is [five] past (*AE. äv.* after) six; ~ *veckoslutet* over the weekend; *det är inte så ~ sig* (*inget vidare*) it's not all that good **2** (*via*) via, by [way of] **3** (*mer än*) over, more than, above; ~ *hälften* over (more than) half; *dra* [*tio minuter*] ~ *tiden* run over the time [by ten minutes] **4** (*uttr. makt, -höghet o.d.*) over; (*i fråga om rang*) above; *löjtnant är ~ sergeant* a lieutenant ranks (is) above a sergeant; *makt* ~ power over; *överlägsenhet* ~ supremacy to **5** (*uttr. genitivförh.*) of; (*om, angående*) [up] on; *essä* ~ essay on; *karta* ~ map of; *föreläsa* ~ lecture on **6** (*med anledning av*) at; of; *glad* (*förvånad*) ~ glad (surprised) at; *lycklig* ~ happy about; *rörd* ~ touched by; *undra* ~ wonder at **II** *adv* **1** over; above; across; *jfr över I*; *resa ~ till Finland* go over to Finland; *gå ~ till grannen* walk round (pop over) to the neighbour's; *arbeta* ~ work overtime; *50 pund och ~ på det* 50 pounds and more **2** (*kvar*) left, [left] over; *det som blir* ~ what is left, the remainder; *det blev pengar* ~ I have (he has *etc.*) some money left **3** (*slut*) over, at an end; (*förbi äv.*) past; *nu är sommaren* ~ summer is over now; *smärtan har gått* ~ the pain has passed

överaktiv [ˣö:-] hyperactive

överallt ['ö:-, -'allt] everywhere; *AE. vard.* every place; ~ *där* wherever; *han är smutsig* ~ he is dirty all over

över|ambitiös overambitious **-anstränga 1** overstrain, overexert (*hjärtat* one's heart); ~ *ekonomin* overstrain the economy **2** *rfl* overstrain o.s.; (*arbeta för mycket*) overwork o.s., work too hard **-ansträngd** overworked; (*rent fysiskt*) overstrained **-ansträngning** overwork; overstrain, overexertion (*av hjärtat* of the (one's) heart) **-antvarda** [-a:r-] deliver up, entrust (*åt* to); ~ *ngn i rättvisans händer* deliver s.b. into the hands of justice **-arbeta 1** (*bearbeta för mycket*) overelaborate **2** (*omarbeta*) revise **-arm** upper arm; *anat.* brachium (*pl* brachia) **-armsben** humerus

över|balans *ta ~en* lose one's balance, overbalance, topple over **-balansera** *~d budget* budget that shows a surplus **-befolkad** [-å-] *a5* overpopulated **-befolkning** overpopulation **-befäl** *abstr.* supreme command (*över* of); *konkr. koll.* [commissioned] officers (*pl*) **-befälhavare** commander in chief, supreme commander; *~n* [the] supreme commander of the armed forces **-begåvad** hyperintelligent **-belasta** overload (*äv. elektr.*); *bildl.* overstrain, overtax **-belastning** overloading; *bildl.* overtaxing **-beskydda** overprotect **-beskyddande** overprotective **-betala** overpay **-betona** overemphasize, lay too much stress on **-bett** overbite **-betyg** honours (*pl*), mark above the pass standard **-bevisa** convict (*ngn om* s.b. of); (*-tyga*) convince (*ngn om* s.b. of) **-bevisning** conviction **-bibliotekarie** chief (head) librarian **-bjuda** outbid, overbid; *bildl.* [try to] outdo, rival; *de -bjöd varandra i artighet* they tried to outdo one another in courtesy

över|blick survey, general view (*över* of); *ta en ~ över* (*äv.*) survey **-blicka** survey; *bildl.* take in (*situationen* the situation); *följder som inte kan ~s* consequences that cannot be foreseen **-bli-**

ven *a5* remaining, left over; *komma på -blivna kartan* remain on the shelf **-boka** overbook **-bord** [-o:-] *falla* (*spolas*) ~ fall (be washed) overboard; *man ~!* man overboard!; *kasta* ~ (*äv.*) jettison **-bringa** deliver, convey; hand in **-bringare** bearer (*av ett budskap* of a message) **-brygga** *v1* bridge [over]; ~ *motsättningar* reconcile differences **-bud** higher bid, overbid **-byggnad** superstructure (*äv. bildl.*) **-bädd** upper bed (*i hytt e.d.* berth)

över|del top (*äv. av plagg*), upper part **-dimensionera** oversize, overdimension; *~d* (*äv.*) oversize[d] **-direktör** (*i statligt verk*) deputy director-general **-domare** (*i tennis*) referee **-dos, -dosera** overdose **-drag** cover[ing]; (*på möbel*) cover; (*på kudde*) [pillow]case; (*av fernissa e.d.*) coat[ing]; (*tids-*) running over the time **-dragning** (*av konto*) overdraft **-dragskläder** *pl* overalls, coveralls **-dramatisera** exaggerate; *sl.* pile on the agony

överdrift exaggeration; (*i tal äv.*) overstatement; (*ytterlighet*) excess; *gå till* ~ go too far, go to extremes, (*om pers. äv.*) carry things too far; *man kan utan ~ säga att* it is no exaggeration to say that

över|driva exaggerate, overstate; overact, overdo (*en roll* a part); (*gå för långt*) overdo it; *-driver du inte nu?* aren't you piling it on a bit? **-driven** *a5* exaggerated; excessive, exorbitant; *-drivet bruk av* excessive use of; *-drivet nit* overzealousness; *hon är så -driven* she overdoes it **-drivet** *adv* exaggeratedly *etc.*; ~ *noga* too careful, overcareful, overscrupulous; ~ *känslig* (*äv*) hypersensitive; ~ *sparsam* overeconomical, (*i småsaker*) cheeseparing, (*gnidig*) stingy, niggardly

över|dåd (*slösaktighet*) extravagance; (*lyx*) luxury; (*dumdristighet*) foolhardiness, rashness **-dådig** *a1* **1** (*slösaktig*) extravagant; (*lyxig*) luxurious, sumptuous **2** (*utmärkt*) excellent, superb, first-rate **3** (*dumdristig*) foolhardy, rash **-dängare** past master (*i* in, at); *vara en ~ i* (*äv.*) be terrifically good at; *han är en ~ i skjutning* he is a crack shot

överens *vara* ~ be agreed (*om* on; *om att* that); *komma ~ om* agree (come to an agreement, *AE. äv.* get together) on (about); *komma ~ om att träffas* agree to meet, arrange a meeting; *komma bra ~ med ngn* get on well with s.b.; *de kommer bra* (*dåligt*) ~ they get on (don't get on) well [together] **-komma** [ˣö:-, -ˣens-] agree (*om* on, about); (*göra upp*) arrange, settle; *den -komna tiden* the time agreed [up]on (fixed); *som -kommet* as agreed **-kommelse** [-å-] agreement; arrangement; *enligt* ~ by (according to) agreement, as agreed [upon]; *gällande ~r* existing (current) agreements; *träffa en* ~ make (come to) an agreement, come to terms; *tyst* ~ tacit understanding, gentlemen's agreement **-stämma** [ˣö:-, -ˣens-] agree, be in accordance, accord; (*passa ihop äv.*) correspond, tally; *inte* ~ (*äv.*) disagree **-stämmelse** agreement; accord[ance]; conformity; (*motsvarighet*) correspondence; *bristande* ~ incongruity, discrepancy; *i ~ med* (*enligt*) in accordance (conformity) with, according to; *bringa* (*stå*) *i ~ med* bring into (be in) agreement (line) with

över|exekutor chief executory authority (officer) **-exponera** overexpose **-exponering** overexposure **-fall, -falla** assault, attack; (*från bakhåll*) ambush **-fart** crossing; (*-resa äv.*) voyage, passage **-fettad** *a5* superfatted **-flyga** fly over **-flygla** [-y:-] *mil.* outflank; (*-träffa*) surpass, exceed; (*-lista*) outmanoeuvre, outdo **-flygning** flight over, overflight; (*vid flygparad*) fly-past **-flytta** move over (across); (*friare*) transfer **-flyttning** moving [over] *etc.*; transport; (*friare*) transfer

över|flöd *s7* (*ymnighet*) abundance, profusion, plenty (*av, på* of); (*materiellt*) affluence; (*övermått*) superfluity, superabundance; (*på arbetskraft, information*) redundance; (*lyx*) luxury; *ha ~ på, ha … i* ~ have an abundance of, have … in plenty, have plenty of; *finnas i* ~ be abundant **-flöda** abound (*av, på* in, with); *~nde* abundant, profuse **-flödig** *a1* superfluous; (*onödig äv.*) unnecessary; *känna sig* ~ feel unwanted (in the way) **-flödighet** superfluousness **-flödssamhälle** affluent society

över|full overfull, too full; (*om lokal e.d.*) overcrowded, crammed; ~ *sysselsättning* overfull employment, overemployment **-furir** (*vid armén*) sergeant, *AE.* staff sergeant; (*vid marinen*) petty officer, *AE.* petty oficer 1. class; (*vid flyget*) sergeant, *AE.* technical sergeant **-fyllnad** repletion; (*på marknaden*) glut **-färd** *se -fart* **-föra 1** *se föra* [*över*] **2** (*-flytta*) transfer, transmit; *bokför.* carry over (forward); ~ *blod* transfuse blood; ~ *smitta* transmit infection (contagion); *i -förd bemärkelse* in a figurative (transferred) sense **3** (*-sätta*) translate, turn (*till* into) **-förenkla** oversimplify **-förfinad** *a5* overrefined **-förfriskad** *a5* tipsy, intoxicated **-föring** transfer[ence] (*äv. tekn.*); conveyance, transport[ation] (*av trupper* of troops); (*av blod*) transfusion; (*av smitta*) transmission (*äv. radio.*); ~ *av pengar* transfer of money **-förmyndare** chief guardian **-förtjust** overjoyed, delighted

över|ge, -giva abandon; desert; (*lämna äv.*) leave; (*ge upp äv.*) give up; ~ *ett fartyg* abandon a ship; ~ *en plan* abandon (give up) a plan **-given** [-j-] *a5* abandoned *etc.*; *ensam och* ~ forlorn **-givenhet** [-j-] abandonment; forlornness **-glänsa** outshine, eclipse **-grepp** (*inkräktande*) encroachment (*mot* on); (*-våld*) outrage; ~ (*pl*) excesses (*mot* against) **-gripande** *a4* overarching

över|gå 1 *eg.*, *se gå* [*över*] **2** (*-träffa*) [sur]pass (*ngns förväntningar* a p.'s expectations) **3** (*-stiga*) exceed, be beyond (above); *det ~r mitt förstånd* it is above my comprehension (beyond me) **4** (*drabba*) overtake, befall **5** (*-flyttas*) change hands, be transferred; *färger som ~r i varandra* colours that merge (melt) into each other; *sommaren -gick i höst* summer turned into autumn; ~ *till annat parti* go over to another party; ~ *till dagordningen* proceed (pass) to the business of the day; ~ *till katolicismen* embrace (be converted to) Catholicism, become a Catholic; ~ *till professionalism* turn professional; ~ *till annan verksamhet* pass on to other activities; *äganderätten har -gått till* the title has been transferred to

-gående *a4* passing; (*kortvarig äv.*) transient, transitory, of short duration; *av ~ natur* of a temporary (transitory) nature **-gång** *s2* **1** *abstr.* crossing (*över* of); (*omställning*) changeover; (*utveckling*) transition; (*mellantillstånd*) intermediate stage; (*omvändelse*) conversion; *~ förbjuden!* do not cross! **2** (*-gångsställe*) (*vid järnväg e.d.*) crossing; (*fotgängar-, se övergångsställe*) **3** *se övergångsbiljett*; *ta ~ till tunnelbana* change to the underground
övergångs|bestämmelse provisional (transitional, temporary) regulation **-biljett** transfer [ticket] **-form** transitional (intermediate) form **-stadium** transitory (transition[al]) stage **-ställe** (*för fotgängare*) [pedestrian, zebra] crossing, *AE.* crosswalk **-summa** transfer fee **-tid** transition[al] period, period (time) of transition **-tillstånd** transition[al] state, state of transition **-ålder** (*klimakterium*) change of life, climacteric [age, period]; (*pubertet*) [years (*pl*) of] puberty
över|göda overfeed, surfeit **-gödsling** top dressing **-halning** [-a:-] **1** (*fartygs slingring*) lurch; *göra en ~* (*äv. bildl.*) lurch **2** (*utskällning*) *ge ngn en ~* give s.b. a good rating **-hand** *få* (*ta*) *~* get the upper hand (*över* of), prevail (*över* over), (*om tankar, växter e.d.*) be[come] rampant; *hungern tog ~en* hunger got the better of them (us *etc.*) **-handsknop** *~ i åtta* figure eight knot **-het** *~en* the authorities, the powers that be (*pl*) **-hetsperson** person in authority; (*ämbetsman*) public officer **-hetta** overheat, superheat **-hettning** overheating, superheating
över|hopa *~ ngn med ngt* heap (shower) s.th. upon s.b., heap (shower) s.b. with; *~d med arbete* overburdened with work; *~d med skulder* loaded with debts, *vard.* up to one's neck in debt **-hoppad** [-å -] *a5, bli ~* (*om text e.d.*) be omitted (left out), (*om pers.*) be passed over **-hovmästarinna** mistress of the robes **-hud** epidermis **-hus** *parl.* upper house (chamber); *~et* the House of Lords (*Storbritannien*), the Senate (*AE.*)
överhuvud [ˣö:-] *s7, s6* head; (*ledare*) chief
över huvud [-ˣhu:-] *adv* (*i jakande sats*) on the whole; (*i nekande, frågande, villkorlig sats*) at all; *det är ~* [*taget*] *svårt att* on the whole it is difficult to; *han vet ~ taget ingenting* he knows nothing at all
över|hängande *a4* (*nära förestående, hotande*) impending; (*om fara äv.*) imminent; (*brådskande*) urgent; *det är ingen ~ fara* there is no immediate danger **-höghet** supremacy, sovereignty **-hölja** *bildl., ~ ngn med ngt* heap s.th. upon s.b., heap s.b. with s.th. **-hövan** [-ˣhö:-] *se* [*över*] *hövan*
över|ila *rfl* be rash (hasty), act rashly; (*förgå sig*) lose one's head **-ilad** *a5* rash, hasty; *gör ingenting -ilat!* don't do anything rash! **-ilning** rashness, precipitation; *handla i ~* act rashly **-ingenjör** chief engineer **-inseende** supervision **-isad** *a5* covered with ice, iced up **-jaget** *psykol.* the superego **-jordisk** (*himmelsk*) unearthly, celestial; (*eterisk*) ethereal, divine (*skönhet* beauty) **-jägmästare** chief forest officer
över|kant upper edge (side); *i ~* (*bildl.*) rather on the large (big, long *etc.*) side, too large (*etc.*) if anything **-kapacitet** surplus capacity **-kast** (*säng-*) bedspread, counterpane **-klaga** appeal against, lodge (enter) an appeal against; *beslutet kan ej ~s* the decision is final **-klagande** *s6* appeal (*av* against) **-klass** upper class; *~en* the upper classes (*pl*) **-klasskvinna** upper-class woman **-klädd** covered; (*om möbel*) upholstered **-komlig** [-å-] *a1* surmountable (*hinder* obstacle); *till ~t pris* at a reasonable (moderate) price **-kommando** supreme (high) command **-kompensation** overcompensation **-konstapel** (*polis-*) [police] sergeant; (*kriminal-*) detective sergeant **-korsad** [-å-] *a5* crossed-out
över|kropp upper part of the body; *med naken ~* stripped to the waist **-kucku** *s2, vard.* top dog **-kultiverad** overrefined **-kurs** *hand.* premium [rate]; *till ~* at a premium **-kvalificerad** overqualified , too highly qualified **-käke** upper jaw; *anat.* maxilla **-käksben** upper jawbone; *anat.* maxillary [bone] **-känslig** hypersensitive, oversensitive; (*allergisk*) allergic (*för* to) **-känslighet** hypersensitiveness *etc.*; allergy (*för* to) **-körd** [-çö:rd] *a5, bli ~* be (get) run over (knocked down)
överlag *adv* generally
över|lagd *a5* (*noga* well) considered; (*uppsåtlig*) premeditated; *-lagt mord* premeditated (wilful) murder, criminal homicide **-lakan** top sheet **-lappa** overlap **-lappning** overlapping **-lasta** overload, overburden; (*fartyg*) overfreight; *~ minnet* overburden (encumber) one's memory; *~ (berusa) sig* get intoxicated, intoxicate o.s. **-lastad** *a5* **1** (*berusad*) intoxicated, the worse for liquor **2** (*alltför utsmyckad*) overburdened with ornaments **-leva** survive; *~ ngn* (*äv.*) outlive s.b.; *~ sig själv* (*om sak*) outlive its day, become out of date; *det kommer han aldrig att ~* he will never get over it, it will be the death of him **-levande** *a4* surviving; *de ~* the survivors (*från* of) **-leverans** excess delivery **-levnad** survival **-liggare** *univ.* "perpetual student" **-lista** outwit; *han ~de mig* (*äv.*) he was too sharp for me **-ljudsbang** supersonic bang **-ljudshastighet** supersonic speed **-ljudsplan** supersonic aircraft (aeroplane)
överlopps [-å-] *i uttr.: till ~* to spare **-energi** surplus energy **-gärning** *teol.* work of supererogation; *det vore en ~ att* it would be quite superfluous to
över|lupen *a5* **1** (*-vuxen*) overgrown (*med, av* with) **2** (*-hopad*) overburdened (*med arbete* with work); (*hemsökt*) overrun (*av besökare* with visitors); deluged (*av förfrågningar* with inquiries) **-lycklig** overjoyed **-låta 1** (*avhända sig*) transfer, make over (*ngt t. ngn* s.th. to s.b.); *jur. äv.* convey, assign; *biljetten får ej ~s* the ticket is not transferable **2** (*hänskjuta*) leave (*ngt i ngns hand* s.th. in a p.'s hands); *jag -låter åt dig att* I leave it to you to **-låtelse** transfer; *jur. äv.* conveyance, assignment **-låtelsehandling** deed (instrument) of conveyance (transfer, assignment) **-läge** *bildl.* advantage, superior position
över|lägga confer, deliberate (*om* on, about); *~ om* (*äv.*) discuss **-läggning** deliberation; (*övervägande äv.*) consideration; (*diskussion äv.*) dis-

Ö

cussion **-lägsen** *a3* superior (*ngn* to s.b.); (*stor-artad*) excellent; (*högdragen*) supercilious; *han är mig ~* (*äv.*) he is my superior; *~ seger* signal (easy) victory **-lägsenhet** superiority (*över* to); (*högdragenhet*) superciliousness **-lägset** *adv* in a superior manner; excellently; superciliously **-läkare** consultant; chief (senior, head) physician (*kirurg* surgeon)

överlämn|a 1 deliver [up, over]; (*framlämna*) hand over; (*skänka*) present, give; (*anförtro*) entrust, leave; (*uppge*) surrender (*ett fort* a fort); *~ ett meddelande* deliver a message; *~ blommor till ngn* present flowers to s.b., present s.b. with flowers; *~ i ngns vård* leave in a p.'s care, entrust to s.b.; *jag ~r åt dig att* I leave it to you to; *~d åt sig själv* left to o.s. **2** *rfl* surrender (*åt fienden* to the enemy); *~ sig åt sorgen* surrender [o.s.] (give way) to grief **-ande** *s6* delivery, handing over; presentation; surrender

över|läpp upper lip **-lärare** headmaster **-löpare** deserter; *polit.* defector, renegade

över|maga *oböjligt a* (*-modig*) presumptuous, overweening **-makt** (*i styrka*) superior force; (*i antal*) superior numbers (*pl*); *ha ~en* be superior in numbers (*över* over); *kämpa mot ~en* fight against odds; *vika för ~en* yield to superior force (numbers) **-man** superior; *finna sin ~* meet (find) one's match; *ej ha sin ~* have no superior; *vara ngns ~* (*äv.*) be more than a match for s.b. **-manna** overpower **-mod** (*förmätenhet*) presumption, overweening confidence (pride); (*våghalsighet*) recklessness; *ungdomligt ~* youthful recklessness **-modig** (*förmäten*) presumptuous, overweening; (*våghalsig*) reckless **-mogen** overripe **-mognad** overripeness **-morgon** *i ~* the day after tomorrow **-mått** *bildl.* excess; (*-flöd äv.*) exuberance; *ett ~ av* an excess of; *till ~* to excess **-måttan** [-ˣmått-] *adv* extremely, beyond measure; *roa sig ~* have no end of fun **-mäktig** superior (*fiende* enemy); *sorgen blev mig ~* I was overcome by grief; *smärtan blev honom ~* the pain became too much for him **-människa** superman **-mänsklig** superhuman **-mätt** surfeited, satiated (*på* with) **-mätta** surfeit, satiate; *kem.* supersaturate **-mättnad** surfeit; (*leda*) satiety **-mättning** *kem.* supersaturation

över|nationell supranational **-natta** stay the night, stay overnight; (*på hotell e.d. äv.*) spend the night **-nattning** *~ i Hamburg* stop overnight in Hamburg **-naturlig** supernatural **-nervös** very nervous, highly strung **-nog** more than enough; *nog och ~* enough and to spare **-ord** *pl* (*skryt*) boasting (*sg*); (*överdrift*) exaggeration (*sg*); *det är inga ~* that is no exaggeration **-ordna** *~ ngn över* place s.b. above **-ordnad** [-å:-] *a5* superior; *~ sats* principle clause; *~ ställning* responsible position; *han är min ~e* he is above me, he is my chief; *mina närmaste ~e* my immediate superiors

över|plats (*i hytt e.d.*) upper berth **-prestation** overachievement **-presterande** overachieving **-pris** excessive price; *betala ~ för ngt* be overcharged for s.th.; *sälja ngt till ~* overcharge for s.th.; sell s.th. at too high a price **-produktion** overproduction

överrask|a surprise; (*överrumpla äv.*) take by surprise; (*obehagligt*) startle; *~ ngn med att stjäla* catch (surprise) s.b. in the act of stealing; *~ ngn med en present* surprise s.b. with a gift, give s.b. a gift as a surprise; *glatt ~d* pleasantly surprised; *~d över* surprised at; *~d av regnet* caught in the rain **-ning** surprise; *glad ~* pleasant surprise; *det kom som en ~ för mig* (*äv.*) it took me by surprise; *till min stora ~* (*äv.*) much to my surprise

över|rede (*av vagn e.d.*) body **-reklamerad** *a5* overrated **-resa** crossing, passage; voyage **-retad** *a5* overexcited; *i -retat tillstånd* (*äv.*) in a state of overexcitement **-retning** overexcitation **-rock** overcoat; (*vinter-*) greatcoat **-rumpla** surprise, take unawares; *låta sig ~s* let o.s. be caught napping, be off one's guard **-rumpling** surprise **-rumplingstaktik** surprise tactics (*pl, behandlas som sg*) **-räcka** hand [over]; (*skänka*) present **-rösta 1** (*ropa högre än*) shout (cry) louder than; *larmet ~de dem* the din drowned their voices; *han ~de* he made himself (his voice was) heard above **2** (*i omröstning*) outvote

övers ['ö:-] *i uttr.: ha tid till ~* have spare time; *har du en tia till ~?* have you [got] ten kronor to spare?; *inte ha mycket* (*ngt*) *till ~ för* have no time for, not think much of

över|se *~ med ngt* overlook s.th.; *~ med ngn* excuse a p.'s behaviour **-seende I** *a4* indulgent (*mot* towards) **II** *s6* indulgence; *ha ~ med* be indulgent towards, make allowance[s] for; *jag ber om ~ med* I hope you will overlook **-sida** top [side], upper side **-siggiven** [-ˣji:-] in despair (*över, för* about, at) **-sikt** *s3* survey (*över, av* of); (*sammanfattning*) summary, synopsis (*över, av* of) **-siktlig** *a1, se överskådlig* **-siktskarta** key map **-sinnlig** supersensual; (*andlig*) spiritual **-sittare** bully; *spela ~* play the bully; *spela ~ mot ngn* bully (browbeat) s.b. **-sittaraktig** *a1* bullying **-sittarfasoner, -sitteri** bullying [manner]

över|skatta overrate, overestimate **-skattning** overrating, overestimation **-skeppa** ship across **-skjutande** [-ʃ-] *a4* **1** additional (*dag* day); surplus, excess (*belopp* amount); *~ skatt* surplus tax **2** (*framskjutande*) projecting (*klippa* rock) **-skott** surplus; excess; (*nettoförtjänst äv.*) profit **-skottslager** surplus stock **-skrida** cross (*gränsen* the frontier); *bildl.* exceed, overstep (*sina befogenheter* one's authority); *~ sitt konto* overdraw one's account; *~ sina tillgångar* exceed one's means **-skrift** heading; title **-skugga** overshadow (*äv. bildl.*); *det allt ~nde problemet* the all-pervading problem **-skyla** cover [up]; (*dölja*) disguise; (*släta över*) gloss over, palliate **-skådlig** [-å:-] *a1* (*klar, redig*) clear, lucid; (*-siktlig*) perspicuous; *inom en ~ framtid* in the foreseeable future **-skådlighet** [-å:-] clearness, lucidity; perspicuity **-sköljning** wash, washing **-sköterska** head nurse, sister

över|slag 1 (*förhandsberäkning*) [rough] estimate (calculation) (*över* of); *göra ett ~ över* (*äv.*) estimate, calculate ... [roughly] **2** (*volt*) somersault **3** *elektr.* flashover **-slagsberäkning** rough estimate **-snöad** *a5* covered with snow **-spel 1** *kortsp.* extra trick **2** *teat.* overacting **-spela** overact **-spelad** *det är -spelat nu* it's not relevant any longer, it's a thing of the past now **-spelning** [-e:l-] practising [on the piano *etc.*] **-spänd** (*hypernervös*) overstrung, highly strung, *AE.* high-strung; (*svärmisk*) romantic **-spändhet** overstrung state; romanticism **-spänning** *elektr.* overvoltage

överst ['ö:-] *adv* uppermost, on top; ~ *på sidan* at the top of the page; *stå* ~ *på listan* head the list **översta** ['ö:-] *best. superl. a,* [*den*] ~ the top (*lådan* drawer); (*av två*) the upper; *den allra* ~ the topmost (*grenen* branch)

överstatlig supranational

överste ['ö:-] *s2* (*vid armén*) colonel; (*vid flyget*) group captain, *AE.* colonel; ~ *av 1.graden* (*vid armén*) brigadier, *AE.* brigadier general; (*vid flyget*) air commodore, *AE.* brigadier general **-löjtnant** [-ˣlöjt-] (*vid armén*) lieutenant colonel; (*vid flyget*) wing commander, *AE.* lieutenant colonel **-präst** high priest

överstig|a *bildl.* exceed, be beyond (above); *ett pris ej ~nde* a price not exceeding; *det -er mina krafter* it is beyond my powers, it is too much for me

överstimulera overstimulate

överstinna colonel's wife; *~n A.* Mrs. A.

över|strykning crossing-out, deletion **-strö** sprinkle, powder, dust **-stycke** top [piece, part] ; (*dörr-*) lintel **-styr** *i uttr.: gå* ~ (*om företag o.d.*) fail, go to rack and ruin, (*om plan e.d.*) come to nothing, (*välta*) topple over **-styrd** [-y:-] *a5, tekn.* oversteered; *radio.* overmodulated **-styrelse** central (national) board **-styrning** *tekn.* oversteering; *radio.* overload, overmodulation **-stånden** *a5, vara* ~ be over (surmounted); *nu är det värsta -ståndet* the worst is over now; *ett -ståndet stadium* a thing of the past; *en* ~ *operation* a completed operation; *-stândna faror* surmounted dangers **-ståthållare** governor [general] **-ståthållarämbetet** (*i Stockholm*) the office of the governor of Stockholm **-stämma** *mus.* upper part **-stämpla** overprint (*ett frimärke* a stamp) **-stökad** *a5* over [and done with] **-svallande** *a4* overflowing (*vänlighet* kindness); (*om pers.*) effusive, gushing; ~ *glädje* exuberant joy, rapture, excess of joy

över|svämma (*strömma ut över*) flood, inundate (*äv. bildl.*); *stora områden är ~de* large areas are flooded; ~ *marknaden* flood (glut) the market **-svämning** flood; (*-svämmande*) flooding, inundation **-syn** inspection, overhaul; *ge motorn en* ~ give the engine an overhaul, overhaul the engine **-synt** [-y:-] *a4* long-sighted; *fack.* hypermetropic **-synthet** [-y:-] long-sightedness; *fack.* hypermetropia **-sålla** strew, cover; *~d med blommor* (*äv.*) starred with flowers **-sända** send; forward; (*pengar*) remit **-säng** upper bed **-sätta** translate (*från* from; *till* into); (*återge*) render; ~ *till engelska* (*äv.*) turn into English **-sättare** translator **-sättning** translation (*till* into); (*version*) version; (*återgivning*) rendering; *trogen* ~ true (faithful) translation; *i* ~ *av* translated by **-sättningsfel** mistranslation, translation error **-sättningsrätt** right of translation; translation rights (*pl*)

över|ta *se övertaga* **-tag** *bildl.* advantage (*över* over); *få ~et över* get the better of; *ha ~et* (*äv.*) have the best of it **-taga** take over; ~ *ansvaret* take [over] the responsibility; ~ *ledningen av* take charge of, assume the management of; ~ *makten* come into power, take over (control) **-tagande** *s6* taking over **-tala** persuade; *vard.* get round; (*förmå äv.*) induce; ~ *ngn att* persuade s.b. to (*komma* come), coax s.b. into (*komma* coming); *låta* ~ *sig att* [let o.s.] be talked into, be persuaded into (*komma* coming) **-talig** *a1* supernumerary **-talning** [-a:-] persuasion; *efter många ~ar* after much persuasion **-talningsförmåga** persuasive powers (*pl*), powers (*pl*) of persuasion **-talningsförsök** attempt at persuasion **-teckna** oversubscribe (*ett lån* a loan) **-teckning** oversubscription

över|tid overtime; *arbeta på* ~ work overtime **-tidsarbete** overtime [work] **-tidsblockad** overtime ban **-tidsersättning** overtime pay [ment] (compensation) **- tolka** overinterprete **-ton** overtone (*äv. bildl.*) **-tramp** *sport.* failure; *göra* ~ overstep the mark (*äv. bildl.*) **-trassera** overdraw **-trassering** overdraft **-tro** (*vidskepelse*) superstition; (*blind tro*) blind faith (*på* in) **-trumfa** *bildl.* go one better than, outdo **-tryck** **1** *fys.* overpressure; (*över atmosfärtrycket*) pressure exceeding atmospheric pressure **2** (*påtryck*) overprint **-trycksventil** pressure relief valve **-träda** transgress; (*förbud*) infringe, break; (*kränka*) violate **-trädelse** transgression; infringement, breach; violation; trespass; ~ *beivras* trespassers will be prosecuted **-träffa** surpass, exceed; (*besegra*) outdo, *vard.* beat; ~ *ngn i ngt* be better than s.b. in (at) s.th.; ~ *sig själv* surpass (excel) o.s. **-tydlig** overexplicit

över|tyga convince (*om* of; *om att* that); *du kan vara ~d om att* you may rest assured that; ~ *sig om ngt* make sure of (ascertain) s.th. **-tygande** *a4* convincing; (*i ord äv.*) persuasive; (*bindande äv.*) cogent, conclusive **-tygelse** conviction; (*tro*) belief; *i den fasta ~n att* in the firm conviction that, being firmly convinced that; *handla mot sin* ~ act against one's convictions **-täcka** cover **-tänd** *a5, byggnaden var helt* ~ the building was all in flames **-tänkt** *a4, ett väl* ~ *svar* a well-considered answer

över|upplaga *boktr.* [over]plus; over copies (*pl*) **-uppseende, -uppsikt** superintendence, supervision **-uppsyningsman** [chief] supervisor (overseer, inspector) **-utbilda** overeducate

över|vaka superintend, supervise; ~ (*tillse*) *att* see [to it] that **-vakare** supervisor; (*av villkorligt dömd*) probation officer **-vakning** [-a:-] supervision, superintendence; (*av villkorligt dömd*) probation; *stå under* ~ be on probation **-vara** *-var -varit* (*pres. saknas*) attend, be present at; *festen -vars av Mr. S.* Mr. S. was present at the party **-vattensläge** surface position **-vikt** **1** *eg.* overweight, excess (surplus) weight; (*bagageäv.*) excess luggage (*AE.* baggage); *betala* ~ pay [an] excess luggage charge **2** *bildl.* predominance, preponderance, advantage; *få* (*ha*) *~en* (*äv.*) predominate, preponderate **-viktig** *a1* overweight, too heavy **-vinna** overcome; (*besegra äv.*) vanquish, conquer, defeat; ~ *en fiende* overcome an enemy; ~ *sina betänkligheter* overcome one's scruples; ~ *sig själv* get the better of o.s. **-vintra** pass the winter, winter; (*ligga i ide*) hibernate **-vintring** wintering; (*i ide*) hibernation **-vunnen** *a5, det är ett -vunnet stadium* that is a thing of the past, I have got over that stage **-vuxen** overgrown; ~ *med ogräs* (*äv.*) overrun with weeds **-våld** outrage; *jur.* assault **-våning** upper floor (storey)

1 överväg|a (*noga genomtänka*) reflect [up]on, ponder over; (*betänka*) consider; (*överlägga med sig själv*) deliberate; (*planera*) contemplate, plan; *i väl -da ordalag* in well-considered words; *när man -er vad* considering what; *jag skall ~ saken* I will consider the matter (think the matter over); *ett väl -t beslut* a well-considered decision

2 överväg|a (*väga mer än*) outweigh; (*överstiga i antal*) be in majority; *fördelarna -er olägenheterna* the advantages outweigh the disadvantages

1 övervägande *s6* consideration; deliberation; *ta ngt i* (*under*) ~ take s.th. into consideration; *efter moget ~* after careful consideration; *vid närmare ~* on [further] consideration, on second thoughts

2 övervägande I *a4* predominant, preponderating; *den ~ delen* the greater part, the majority; *frågan är med ~ ja besvarad* the great majority is in favour, the ayes have it; *till ~ del* mainly, chiefly **II** *adv* (*t. största delen*) mainly, chiefly; ~ *vackert väder* mainly fair

över|väldiga overpower, overwhelm (*äv. bildl.*); *~d av trötthet* overcome by fatigue **-väldigande** *a4* overpowering, overwhelming; *en ~ majoritet* an overwhelming (a crushing) majority **-vältra** ~ *ansvaret på* shift the responsibility on **-värdera** overestimate, overrate, overvalue **-värme** (*t.ex. i ugn*) heat from above, top heat **-växel** (*i bil*) overdrive **-årig** *a1* (*över viss ålder*) overage, above the prescribed age; (*över pensionsålder*) superannuated **-ösa** ~ *ngn med ngt* shower (heap) s.th. upon s.b.

övlig [ˣö:v-] usual, customary; *på ~t sätt* in the usual manner

övning [ˣö:v-] **1** (*övande*) practice; (*träning*) training; ~ *ger färdighet* practice makes perfect; *sakna ~ i* have no (be out of) practice in (*att teckna* drawing) **2** (*utövning*) exercise; *~ar* (*äv.*) practice (*sg*); *andliga* (*gymnastiska*) *~ar* religious (physical) exercises

övnings|bil driving-school car; learner's car **-exempel** exercise; *mat. o.d.* problem **-flygning** training (practice) flight **-fält** *mil.* training (drill) ground **-häfte** exercise book, notebook **-köra** learn how to drive; get driving practice **-körning** practice driving **-lärare** teacher in a practical subject **-område** *mil.* military training (manoeuvres) area **-uppgift** exercise **-ämne** *skol.* practical subject

övre ['ö:v-] *komp. a* upper; (*översta äv.*) top

övrig [ˣö:v-] *a1* (*återstående*) remaining; (*annan*) other; *det ~a* the rest (remainder); *de ~a* the others, the rest (*sg*); *lämna mycket ~t att önska* leave a great deal to be desired; *det ~a Sverige* the rest of Sweden; *för ~t a*) (*annars*) otherwise, in other respects, for (as to) the rest, b) (*dessutom*) besides, moreover, *c*) (*i förbigående sagt*) by the way, incidentally

övärld archipelago (*pl* archipelagos)

ÖÄ *förk. för överståthållarämbetet*